Hoffmann-Riem/Schmidt-Aßmann/Voßkuhle

Grundlagen des Verwaltungsrechts

Grundlagen des Verwaltungsrechts

Band II

Informationsordnung · Verwaltungsverfahren · Handlungsformen

Herausgegeben von

Wolfgang Hoffmann-Riem · Eberhard Schmidt-Aßmann · Andreas Voßkuhle

Mit Beiträgen von

Marion Albers · Ivo Appel · Hartmut Bauer · Armin von Bogdandy · Gabriele Britz · Christian Bumke · Michael Fehling · Christoph Gusy · Georg Hermes · Hermann Hill/Mario Martini · Wolfgang Hoffmann-Riem · Bernd Holznagel · Wolfgang Köck · Karl-Heinz Ladeur · Lothar Michael · Rainer Pitschas · Hans Christian Röhl · Helge Rossen-Stadtfeld · Michael Sachs · Ute Sacksofsky · Eberhard Schmidt-Aßmann · Jens-Peter Schneider · Thomas Vesting

2. Auflage
2012

Zitiervorschlag: *Bearbeiter*, Titel des Beitrags, in: Hoffmann-Riem/Schmidt-Aßmann/Voßkuhle (Hrsg.), GVwR II², § Rn.

www.beck.de

ISBN 978 3 406 62082 9

© 2012 Verlag C. H. Beck oHG
Wilhelmstraße 9, 80801 München
Satz, Druck und Bindung: Druckerei C. H. Beck Nördlingen
(Adresse wie Verlag)

Gedruckt auf säurefreiem, alterungsbeständigem Papier
(hergestellt aus chlorfrei gebleichtem Zellstoff)

Verfasserverzeichnis

Dr. Marion Albers
o. Prof. an der Universität Hamburg

Dr. Ivo Appel
o. Prof. an der Universität Hamburg

Dr. Hartmut Bauer
o. Prof. an der Universität Potsdam

Dr. Armin von Bogdandy
o. Prof. an der Universität Frankfurt a.M., Direktor am Max-Planck-Institut
für ausländisches öffentliches Recht und Völkerrecht in Heidelberg

Dr. Gabriele Britz
o. Prof. an der Universität Gießen,
Richterin des Bundesverfassungsgerichts

Dr. Christian Bumke
o. Prof. an der Bucerius Law School, Hamburg

Dr. Michael Fehling
o. Prof. an der Bucerius Law School, Hamburg

Dr. Christoph Gusy
o. Prof. an der Universität Bielefeld

Dr. Georg Hermes
o. Prof. an der Universität Frankfurt a.M.

Dr. Hermann Hill
o. Prof. an der Deutschen Universität für Verwaltungswissenschaften Speyer

Dr. Wolfgang Hoffmann-Riem
em. o. Prof. an der Universität Hamburg,
aff. Prof. an der Bucerius Law School, Hamburg,
Richter des Bundesverfassungsgerichts a.D.

Dr. Bernd Holznagel
o. Prof. an der Universität Münster

Verfasserverzeichnis

Dr. Wolfgang Köck
o. Prof. an der Universität Leipzig,
Helmholtz-Zentrum für Umweltforschung GmbH – UFZ, Leipzig

Dr. Dr. h. c. Karl-Heinz Ladeur
em. o. Prof. an der Universität Hamburg

Dr. Mario Martini
o. Prof. an der Deutschen Universität für Verwaltungswissenschaften Speyer

Dr. Lothar Michael
o. Prof. an der Universität Düsseldorf

Dr. Dr. h. c. Rainer Pitschas
o. Prof. an der Deutschen Universität für
Verwaltungswissenschaften Speyer, Seniorprofessur

Dr. Hans Christian Röhl
o. Prof. an der Universität Konstanz

Dr. Helge Rossen-Stadtfeld
o. Prof. an der Universität der Bundeswehr München

Dr. Michael Sachs
o. Prof. an der Universität Köln

Dr. Ute Sacksofsky
o. Prof. an der Universität Frankfurt a. M.

Dr. Dres. h. c. Eberhard Schmidt-Aßmann
em. o. Prof. an der Universität Heidelberg

Dr. Jens-Peter Schneider
o. Prof. an der Universität Freiburg

Dr. Thomas Vesting
o. Prof. an der Universität Frankfurt a. M.

Vorwort zur 2. Auflage

Die Neuauflage der „Grundlagen des Verwaltungsrechts" aktualisiert das Werk, ohne die bisherige Systematik zu verändern. Zugleich werden die Beiträge der drei Bände noch stärker miteinander verzahnt. Die in der ersten Auflage verwendeten Randnummern sind gleich geblieben und gegebenenfalls um alphanumerische Randnummern ergänzt worden.

Die positive Rezeption des Werks in Rechtswissenschaft und Rechtspraxis diente den Herausgebern als Ermunterung, die durch das Verständnis der „Neuen Verwaltungsrechtswissenschaft" als Steuerungswissenschaft bedingte erweiterte Systemperspektive, das Arbeiten mit Referenzgebieten und die Offenheit für die Erkenntnisse anderer Disziplinen beizubehalten. Die zunehmende Bedeutung der Internationalisierung und der Europäisierung des Verwaltungsrechts verlangte deren verstärkte Berücksichtigung, bedingt auch durch den Vertrag von Lissabon, die EU-Grundrechte-Charta und wichtige Sekundärrechtsakte wie die EU-Dienstleistungsrichtlinie. Steuerungs- und Regulierungsaufgaben waren auf neue Problemlagen, aktuell etwa die Finanz- und Schuldenkrise, zu erstrecken. Neue Konzepte der Gewährleistungsverwaltung, wie das Verfahren der Wissensgenerierung und die Verantwortungsteilung in der Chemikalienregulierung durch die REACh-Verordnung, waren ebenfalls in die Systematik des Verwaltungsrechts einzubauen.

Die Herausgeber danken den Autoren für ihren Einsatz, der Thyssen-Stiftung für die Förderung sowie Frau Dr. Ina Klingele und Herrn Cordt-Magnus van Geuns-Rosch für die sorgfältige redaktionelle Begleitung der Neuauflage und die Aktualisierung des Sachverzeichnisses.

Wolfgang Hoffmann-Riem	*Eberhard Schmidt-Aßmann*	*Andreas Voßkuhle*
Hamburg	Heidelberg	Karlsruhe/Freiburg i. Br.

Vorwort zur 2. Auflage

Die Neuauflage der "Grundzüge des Verwaltungsrechts" ermöglicht, das Werk, ohne die Leitlinie des Konzepts zu verrücken, in Z./1966 werden die beim gedruckten Lande noch stärker miteinander verzahnt. Hiernach der ersten Auflage verwendeten Randnummern sind gleich geblieben und gegebenenfalls nur als thematische Randnummern ergänzt worden.

Die zweite Rezeption des Werks in Rechtswissenschaft und Rechtspraxis macht der Herausgeber als Ermutigung, die auch das Verständnis der neuen Verwaltungsrechtswissenschaft als Steuerungswissenschaft befördern öffentliche Erscheinungsform der Arbeiten mit Bezugsrechten und die Gesichtsthemen der Distribution bezüglich Darstellung. Die ursprüngliche Erscheinung der Forschungsleistung und der Liberalisierung der Verwaltung. Hieran in einem bestimmten Rechtsanspruch behält nicht durch verschiedene Liegenschaften eingetragenen nach und verschiedene Schnittstellen wie das Zuhörinstitut an Systematisierung und Regulation zu begegnen wie durch Publikationen, soweit eine die Einsatz unterstützen konnte an erstatten. Neue Konzepte die Verwaltungsverantwortung, wie das Verhältnis der Verantwortung und die Verantwortung und die Verantwortung der letzten AGB Verordnung, wurde ebenfalls in die Systematik des Verwaltungsrechts eingebaut.

Die Herausgeber danken den Autoren, für ihre Einsatz der Thema Sitzung für die Präsenz, sowie Frau Bettina Klingelt und Heinrich und Manuel von Gärtnersalat für die sorgfältige redaktionelle Bearbeitung der Neuauflage und die Verantwortung des Autorenteams.

Wolfgang Hoffmann-Riem, Eberhard Schmidt-Aßmann, Andreas Voßkuhle

Hamburg, Heidelberg, Freiburg i. Br.

Vorwort zur ersten Auflage

Ziele und Konzepte der auf drei Bände angelegten „Grundlagen des Verwaltungsrechts" sind im Vorwort zum ersten Band näher dargelegt worden. Die Beiträge des nun vorliegenden zweiten Bandes behandeln das Verwaltungsrecht als Informations- und Kommunikationsordnung, das Verwaltungsverfahren sowie die Handlungs- und Bewirkungsformen der öffentlichen Verwaltung.

Verwaltung besteht zu einem wesentlichen Teil aus Informationsverarbeitung. Daher findet sich das Recht der Kommunikationsbeziehungen zwischen Bürgern und Behörden sowie zwischen Behörden an die erste Stelle gesetzt (§§ 20–26). Der Umgang mit personenbezogenen Daten als ein schon klassisches Thema des Verwaltungsrechts wird hier ebenso behandelt wie das Recht der Kommunikationsinfrastrukturen und der elektronischen Verwaltung. Der zweite Themenblock ist dem Verwaltungsverfahrensrecht gewidmet (§§ 27–32). Er umfasst neben der Erläuterung der wichtigsten Bestimmungen der Verwaltungsverfahrensgesetze, die eine Art Standardverfahren ausbilden, auch die Darstellung neuer Verfahrenstypen im deutschen und im europäischen Recht: Verfahren der Qualitätssicherung, der Nachhaltigkeitsprüfung und der Wissensgenerierung sowie die „gemischten" Verfahren, in denen mitgliedstaatliche und gemeinschaftliche Verwaltungsinstanzen im Europäischen Verwaltungsverbund zusammenwirken. Den dritten Schwerpunkt des vorliegenden Bandes bilden die Handlungs- und Bewirkungsformen der öffentlichen Verwaltung (§§ 33–42). Dazu zählen aus herkömmlicher Sicht die vertrauten Formen administrativer Rechtsetzung (Rechtsverordnung, Satzung, Verwaltungsvorschriften etc.), Verwaltungsakte, Verwaltungsverträge und Pläne. Die Beiträge setzen sich aber auch mit den verschiedenen Ausprägungen des informellen und schlichten Verwaltungshandelns, Anreizstrukturen und Überlegungen zum Formen- und Instrumentenmix auseinander. Eine detaillierte Aufarbeitung der Maßstäbe des Verwaltungshandelns dient dazu, der Vielfalt der Handlungs- und Bewirkungsformen inhaltliche Ausrichtung zu geben.

Dem methodischen Konzept des Gesamtwerks entsprechend stellt auch dieser Band die Arbeitsperspektive der Verwaltung und des Gesetzgebers in den Mittelpunkt; dazu war es wichtig, aus dem großen Feld des Besonderen Verwaltungsrechts immer wieder neue Referenzgebiete und ihre Realbereiche in die rechtliche Bearbeitung einzubeziehen (→ Band I § 1). Gleichzeitig lebt eine systematische Gesamtdarstellung, wie wir sie mit dem Grundlagenwerk anstreben, von der inhaltlichen Vernetzung seiner Beiträge, auf die wieder besonderer Wert gelegt wurde.

Unser besonderer Dank gilt erneut Frau Ina Klingele geb. Stammann, die sehr umsichtig und mit großem Engagement die organisatorische und technische Seite des Projekts betreut hat. In ihrer Verantwortung lag auch die Erstellung des Sachverzeichnisses. Unterstützt wurde sie insbesondere von Frau

Vorwort zur 1. Auflage

Nora Heinzelmann und Herrn Frank Zeiler, denen wir ebenfalls danken möchten.

Wolfgang Hoffmann-Riem *Eberhard Schmidt-Aßmann* *Andreas Voßkuhle*
Karlsruhe/Hamburg Heidelberg Freiburg i. Br.

Vorwort zu Band I, erste Auflage

Verwaltung und Verwaltungsrecht stehen am Anfang des 21. Jahrhunderts vor vielfältigen Herausforderungen, die sich umschreiben lassen mit Begriffen wie Privatisierung, Ökonomisierung, Digitalisierung, Europäisierung und Internationalisierung. Damit einher gehen weitreichende Auswirkungen auf die verwaltungsrechtliche Systembildung: Neben die vertrauten Formen des Verwaltungshandelns treten zunehmend Verfahren gesellschaftlicher Selbstregulierung. „Indirekte" Steuerungsformen, wie etwa das Setzen ökonomischer Anreize oder die Beeinflussung von Handlungskontexten durch Rahmenvorgaben und Spielregeln, gewinnen an Bedeutung. Verwaltungsabläufe und Verwaltungsorganisation müssen umgestellt werden auf die Möglichkeiten elektronischer Kommunikation und die Einbindung nationaler Verwaltungen im Europäischen Verwaltungsverbund. Schließlich zwingen internationales Recht und vor allem das Europarecht dazu, neue Instrumente, Regelungstypen und Konzepte in die eigene Rechtsordnung zu integrieren.

Allein mit den Methoden einer auf die Auslegung von Normtexten spezialisierten hermeneutisch ausgerichteten Rechtswissenschaft, die zudem hauptsächlich am Tätigkeitsfeld des Richters orientiert ist, lassen sich die skizzierten Veränderungen kaum angemessen dogmatisch verarbeiten. Eine Verwaltungsrechtswissenschaft, die den Steuerungsauftrag des Rechts im demokratischen Verfassungsstaat ernst nimmt, muss daher die Arbeitsperspektive der Verwaltung und des Gesetzgebers in ihre Betrachtung mit einbeziehen. Sie hat immer auch danach zu fragen, wie erwünschte Wirkungen erreicht und unerwünschte vermieden werden. Gesetzesbindung im Sinne von Subsumtionsrichtigkeit bleibt ein zentraler Maßstab; dieser ist aber angesichts der Einschätzungs- und Gestaltungsoffenheit vieler Rechtsvorschriften zu ergänzen durch Zielwerte wie Effizienz, Akzeptabilität, Kooperationsbereitschaft, Flexibilität oder Implementierbarkeit. Gleichzeitig gilt es, das Zusammenspiel des Verwaltungsrechts im tradierten Sinne mit anderen Rechtsgebieten – so dem Zivilrecht, aber auch dem Strafrecht – intensiver mit in den Blick nehmen.

Dem Ziel, Bestand und Veränderungsnotwendigkeiten des Verwaltungsrechts aus einer stärker problem- und steuerungsorientierten Handlungs- und Entscheidungsperspektive zu erfassen, dienten zehn in den Jahren 1991 bis 2003 durchgeführte Tagungen zur „Reform des Verwaltungsrechts". Die dort und in neueren Arbeiten zu Referenzgebieten des besonderen Verwaltungsrechts gewonnenen Einsichten sollen nun erstmals in einer systematischen Gesamtdarstellung des Verwaltungsrechts verallgemeinert und fortentwickelt werden.

Zu diesem Zweck haben die Herausgeber zunächst eine detaillierte Gliederung erarbeitet. Auf ihrer Grundlage erstellten die Autoren erste Entwürfe, die dann in Workshops kritisch diskutiert und mit weiteren Anregungen versehen wurden. Ungeachtet unterschiedlicher Sichtweisen und Ansätze ist es durch diese Vorgehensweise gelungen, das erforderliche Maß inhaltlicher Abstimmung und Kohärenz der auf drei Bände angelegten Darstellung zu gewährleisten. Die

Vorwort zu Band I, erste Auflage

wissenschaftliche Verantwortung für seinen Beitrag trägt gleichwohl jeder Autor allein.

Das Werk will die Aufgaben eines Handbuchs zum Nachschlagen mit denen eines großen systematischen Lehrbuchs verbinden. Es wendet sich damit gleichermaßen an die Verwaltungen in Bund und Ländern, an Anwaltskanzleien, Gerichte und Verbände sowie an die Wissenschaft.

Wir danken der Thyssen-Stiftung für die Förderung des Projekts. Dank für die Organisation und technische Vereinheitlichung der Manuskripte gebührt Frau Anne-Kathrin Schiffer und vor allem Frau Ina Stammann, in deren Händen auch die Erstellung des Sachverzeichnisses lag.

Wolfgang Hoffmann-Riem	*Eberhard Schmidt-Aßmann*	*Andreas Voßkuhle*
Karlsruhe/Hamburg	Heidelberg	Freiburg i. Br.

Inhalt Band II

Informationsordnung · Verwaltungsverfahren · Handlungsformen

Verfasserverzeichnis	V
Vorwort	VII
Vorwort zur ersten Auflage	IX
Vorwort zu Band I, erste Auflage	XI
Inhalt	XIII
Inhalt der übrigen Bände	XV
Abkürzungen	XVII
Verzeichnis der Standardliteratur	XLV

Sechster Teil
Verwaltungsrecht als Informations- und Kommunikationsordnung

§ 20	Die Bedeutung von Information und Kommunikation für die verwaltungsrechtliche Systembildung *(Thomas Vesting)*	1
§ 21	Die Kommunikationsinfrastruktur der Verwaltung *(Karl-Heinz Ladeur)*	35
§ 22	Umgang mit personenbezogenen Informationen und Daten *(Marion Albers)*	107
§ 23	Informationsbeziehungen zwischen Staat und Bürger *(Christoph Gusy)*	235
§ 24	Informationsbeziehungen in und zwischen Behörden *(Bernd Holznagel)*	321
§ 25	Informationsbeziehungen innerhalb des Europäischen Verwaltungsverbundes *(Armin von Bogdandy)*	365
§ 26	Elektronische Verwaltung *(Gabriele Britz)*	435

Siebter Teil
Verwaltungsverfahren

§ 27	Der Verfahrensgedanke im deutschen und europäischen Verwaltungsrecht *(Eberhard Schmidt-Aßmann)*	495
§ 28	Strukturen und Typen von Verwaltungsverfahren *(Jens-Peter Schneider)*	557
§ 29	Beteiligung, Partizipation und Öffentlichkeit *(Helge Rossen-Stadtfeld)*	663
§ 30	Ausgewählte Verwaltungsverfahren *(Hans Christian Röhl)*	731
§ 31	Verfahrensfehler im Verwaltungsverfahren *(Michael Sachs)*	799
§ 32	Privatverfahren *(Ivo Appel)*	851

Inhalt

Achter Teil
Handlungs- und Bewirkungsformen der öffentlichen Verwaltung

§ 33	Rechtsformen, Handlungsformen, Bewirkungsformen *(Wolfgang Hoffmann-Riem)*	943
§ 34	Normsetzung und andere Formen exekutivischer Selbstprogrammierung *(Hermann Hill/Mario Martini)*	1025
§ 35	Verwaltungsakte *(Christian Bumke)*	1127
§ 36	Verwaltungsverträge *(Hartmut Bauer)*	1255
§ 37	Pläne *(Wolfgang Köck)*	1389
§ 38	Informelles Verwaltungshandeln *(Michael Fehling)*	1457
§ 39	Schlichtes Verwaltungshandeln *(Georg Hermes)*	1523
§ 40	Anreize *(Ute Sacksofsky)*	1577
§ 41	Formen- und Instrumentenmix *(Lothar Michael)*	1639
§ 42	Maßstäbe des Verwaltungshandelns *(Rainer Pitschas)*	1689

Sach- und Personenregister 1813

Inhalt der übrigen Bände

Band I

Methoden · Maßstäbe · Aufgaben · Organisation

Erster Teil
Verwaltung und Verwaltungsrecht als Gegenstand wissenschaftlicher Forschung

§ 1	Neue Verwaltungsrechtswissenschaft	1
§ 2	Entwicklungsstufen der Verwaltungsrechtswissenschaft	65
§ 3	Methoden	123
§ 4	Modalitäten und Wirkungsfaktoren der Steuerung durch Recht	179

Zweiter Teil
Demokratie, Rechts- und Sozialstaatlichkeit: Fundamente der öffentlichen Verwaltung und des Verwaltungsrechts

§ 5	Verfassungsprinzipien für den Europäischen Verwaltungsverbund	261
§ 6	Die demokratische Legitimation der Verwaltung	341
§ 7	Der Rechtsstatus des Einzelnen im Verwaltungsrecht	437
§ 8	Funktionenordnung des Grundgesetzes	543
§ 9	Das Parlamentsgesetz als Steuerungsmittel und Kontrollmaßstab	585
§ 10	Eigenständigkeit der Verwaltung	677

Dritter Teil
Aufgaben der öffentlichen Verwaltung

§ 11	Verwaltungsaufgaben	779
§ 12	Grundmodi der Aufgabenwahrnehmung	823

Vierter Teil
Verwaltung als Organisation

§ 13	Die Verwaltungsorganisation als Teil organisierter Staatlichkeit	905
§ 14	Grundbegriffe des Verwaltungsorganisationsrechts	953
§ 15	Verfassungsrechtliche Vorgaben der Verwaltungsorganisation	1005
§ 16	Verwaltungsorganisation und Verwaltungsorganisationsrecht als Steuerungsfaktoren	1067

Inhalt der übrigen Bände

Fünfter Teil
Normative Steuerung des Verwaltungshandelns

§ 17	Rechtsquellen und Rechtsschichten des Verwaltungsrechts	1163
§ 18	Rechtsregime	1257
§ 19	Regulierungsstrategien	1319

Band III

Personal · Finanzen · Kontrolle · Sanktionen · Staatliche Einstandspflichten

Neunter Teil
Zusammenspiel des Verwaltungsrechts mit den Steuerungsressourcen Personal und Finanzen

§ 43 Personal
§ 44 Finanzen

Zehnter Teil
Durchsetzung von Verwaltungsrecht und Verwaltungsentscheidungen

§ 45 Überwachung
§ 46 Vollstreckung und Sanktionen

Elfter Teil
Kontrolle der Verwaltung und des Verwaltungshandelns

§ 47 Begriff, Funktionen und Konzepte von Kontrolle
§ 48 Selbstkontrollen der Verwaltung
§ 49 Öffentlichkeitskontrolle
§ 50 Gerichtliche Verwaltungskontrollen

Zwölfter Teil
Einstandspflichten im Verwaltungsrecht

§ 51 Vom überkommen Staatshaftungsrecht zum Recht der staatlichen Einstandspflichten
§ 52 Allgemeine Elemente der Einstandspflichten für rechtswidriges Staatshandeln
§ 53 Abwehr und Beseitigung rechtswidriger hoheitlicher Beeinträchtigungen
§ 54 Retrospektive Kompensation der Folgen rechtswidrigen Hoheitshandelns
§ 55 Retrospektive und prospektive Kompensation der Folgen rechtmäßigen Hoheitshandelns

Abkürzungsverzeichnis

a. A.	anderer Ansicht
a. a. O.	am angegebenen Ort
a. D.	außer Dienst
a. E.	am Ende
a. F.	alte Fassung
a. M.	anderer Meinung; am Main
AbfAblV	Verordnung über die umweltverträgliche Ablagerung von Siedlungsabfällen
AbfG	Gesetz über die Vermeidung und Entsorgung von Abfällen (Abfallbeseitigungsgesetz)
Abg.	Abgeordnete/r
abgedr.	abgedruckt
AbgG	Gesetz über die Rechtsverhältnisse der Mitglieder des Deutschen Bundestages (Abgeordnetengesetz)
abl.	ablehnend
ABl. EG	Amtsblatt der Europäischen Gemeinschaft (bis 2003 Nr. L 26 bzw. C 24)
ABl. EU	Amtsblatt der Europäischen Union (ab 2003 Nr. L 27 bzw. C 25)
ABMG	Gesetz über die Erhebung von streckenbezogenen Gebühren für die Benutzung von Bundesautobahnen mit schweren Nutzfahrzeugen (Autobahnmautgesetz für schwere Nutzfahrzeuge)
Abs.	Absatz
Abschn.	Abschnitt
Abt.	Abteilung
abw.	abweichend
AcP	Archiv für die civilistische Praxis
AdG	Archiv der Gegenwart
AEG	Allgemeines Eisenbahngesetz
AEUV	Vertrag über die Arbeitsweise der Europäischen Union
AFG	Arbeitsförderungsgesetz
AfK	Archiv für Kommunalwissenschaften
AfP	Archiv für Presserecht
AG	Aktiengesellschaft; Amtsgericht; Ausführungsgesetz
AGF	Arbeitsgemeinschaft der Großforschungseinrichtungen
AgrarR	Agrarrecht
AGVwGO	Gesetz zur Ausführung der Verwaltungsgerichtsordnung
ähnl.	ähnlich
AJDA	Actualité Juridique – Droit Administratif
AJIL	American Journal of International Law
AK	Kommentar aus der Reihe der Alternativkommentare
AK-GG	Denninger, Erhard/Hoffmann-Riem, Wolfgang/Schneider, Hans-Peter/Stein, Ekkehart (Hrsg.), Kommentar zum Grundgesetz für die Bundesrepublik Deutschland (aus der Reihe der Alternativkommentare), 3. Aufl. 2001, Losebl.; zit.: *Bearbeiter*, in: AK-GG, Art. Rn.
AkkStelleG	Gesetz über die Akkreditierungsstelle (Akkreditierungsstellengesetz)
AkkStelleGBV	Verordnung über die Beleihung der Akkreditierungsstelle nach dem Akkreditierungsstellengesetz (AkkStelleG-Beleihungsverordnung)
AktG	Gesetz über Aktiengesellschaften und Kommanditgesellschaften auf Aktien (Aktiengesetz)
allg.	allgemein
ALR	Allgemeines Landrecht für die preußischen Staaten von 1794
Alt.	Alternative
AltZertG	Gesetz über die Zertifizierung von Altersvorsorge- und Basisrentenverträgen (Altersvorsorgeverträge-Zertifizierungsgesetz)

Abkürzungsverzeichnis

AMG	Gesetz über den Verkehr mit Arzneimitteln (Arzneimittelgesetz)
Änd.	Änderung
ÄndG	Änderungsgesetz
Anh.	Anhang
Anl.	Anlage
Anm.	Anmerkung
AnwBl	Anwaltsblatt
AO	Abgabenordnung
AöR	Archiv des öffentlichen Rechts
AP	Arbeitsrechtliche Praxis
APF	Ausbildung, Prüfung, Fortbildung – Zeitschrift für die staatliche und kommunale Verwaltung
APoG	Gesetz über das Apothekenwesen
APuZ	Aus Politik und Zeitgeschichte
ArbG	Arbeitsgericht
ArbGG	Arbeitsgerichtsgesetz
ArchKathKR	Archiv für Katholisches Kirchenrecht
ArchPF	Archiv für das Post- und Fernmeldewesen
ArchPT	Archiv für Post und Telekommunikation (bis 1991: Archiv für das Post- und Fernmeldewesen, ArchPF)
arg.	argumentum
ARSP	Archiv für Rechts- und Sozialphilosophie
Art.	Artikel
ArtikelG	Gesetz zur Umsetzung der UVP-Änderungsrichtlinie, der IVU-Richtlinie und weiterer EG-Richtlinien zum Umweltschutz vom 27. Juli 2001
ArztR	Arztrecht
ASG	Gesetz zur Sicherstellung von Arbeitsleistungen für Zwecke der Verteidigung einschließlich des Schutzes der Zivilbevölkerung (Arbeitssicherungsgesetz)
ASOG Berl.	Allgemeines Gesetz zum Schutz der öffentlichen Sicherheit und Ordnung in Berlin (Allgemeines Sicherheits- und Ordnungsgesetz)
AsylVfG	Gesetz über das Asylverfahren (Asylverfahrensgesetz)
AT	Allgemeiner Teil
AtG	Gesetz über die friedliche Verwendung der Kernenergie und den Schutz gegen ihre Gefahren (Atomgesetz)
AtSMV	Verordnung über den kerntechnischen Sicherheitsbeauftragten und über die Meldung von Störfällen und sonstigen Ereignissen (Atomrechtliche Sicherheitsbeauftragten- und Meldeverordnung)
AufenthaltG/EWG	Gesetz über Einreise und Aufenthalt von Staatsangehörigen der Mitgliedstaaten der Europäischen Wirtschaftsgemeinschaft (Aufenthaltsgesetz/EWG)
AufenthG	Gesetz über den Aufenthalt, die Erwerbstätigkeit und die Integration von Ausländern im Bundesgebiet (Aufenthaltsgesetz)
Aufl.	Auflage
AuR	Arbeit und Recht
ausf.	ausführlich
Ausg.	Ausgabe
AuslG	Gesetz über die Einreise und den Aufenthalt von Ausländern im Bundesgebiet (Ausländergesetz)
AV	Ausführungsverordnung
AVG	Angestelltenversicherungsgesetz
AVR	Archiv des Völkerrechts
AWD	Außenwirtschaftsdienst des Betriebs-Beraters
AWG	Außenwirtschaftsgesetz
Az.	Aktenzeichen
AZG	Allgemeines Zuständigkeitsgesetz
Bad.-Württ.	Baden-Württemberg; Baden-Württemberger, auch: BW
bad.-württ.	baden-württembergisch, auch: BW

Abkürzungsverzeichnis

BaFin	Bundesanstalt für Finanzdienstleistungsaufsicht
BAföG	Bundesgesetz über individuelle Förderung der Ausbildung (Bundesausbildungsförderungsgesetz)
BAG	Bundesarbeitsgericht
BAGE	Entscheidungen des Bundesarbeitsgerichts
BÄK	Bundesärztekammer
BAnz	Bundesanzeiger
BApO	Bundesapothekerordnung
BArchG	Gesetz über die Sicherung und Nutzung von Archivgut des Bundes (Bundesarchivgesetz)
BAT	Bundesangestelltentarifvertrag (Bund, Länder, Gemeinden)
BauGB	Baugesetzbuch
BaulandG	Gesetz zur Bereitstellung von Grundstücken für Baumaßnahmen
BauNVO	Baunutzungsverordnung
BauO	Bauordnung
BauPG	Gesetz über das Inverkehrbringen von und den freien Warenverkehr mit Bauprodukten zur Umsetzung der Richtlinie 89/106/EWG des Rates vom 21. Dezember 1988 zur Angleichung der Rechts- und Verwaltungsvorschriften der Mitgliedstaaten über Bauprodukte und anderer Rechtsakte der Europäischen Gemeinschaften (Bauproduktengesetz)
BauplanungsR	Bauplanungsrecht
BauR	Baurecht
Bay.	Bayern
bay.	bayerisch
BayAGGVG	Gesetz zur Ausführung des Gerichtsverfassungsgesetzes und von Verfahrensgesetzen des Bundes (Bayern)
BayBO	Bayerische Bauordnung
BayGO	Gemeindeordnung für den Freistaat Bayern
BayKAG	Bayerisches Kommunalabgabengesetz
BayKrO	Bayerische Kreisordnung
BayLplG	Bayerisches Landesplanungsgesetz
BayObLG	Bayerisches Oberstes Landesgericht
BayStG	Bayerisches Stiftungsgesetz
BayVBl.	Bayerische Verwaltungsblätter
BayVerfGH	Bayerischer Verfassungsgerichtshof
BayVerfGHE	Sammlung von Entscheidungen des Bayerischen Verwaltungsgerichtshofs mit Entscheidungen des Bayerischen Verfassungsgerichtshofs
BayVGemO	Bayerische Verwaltungsgemeinschaftsordnung
BayVGH	Bayerischer Verwaltungsgerichtshof; Sammlung von Entscheidungen des Bayerischen Verwaltungsgerichtshofs mit Entscheidungen des Bayerischen Verfassungsgerichtshofs, des Bayerischen Dienststrafhofs und des Bayerischen Gerichtshofs für Kompetenzkonflikte
BB	Der Betriebs-Berater
BBauG	Bundesbaugesetz
BBergG	Bundesberggesetz
BBesG	Bundesbesoldungsgesetz
Bbg	Brandenburg; auch: Brandenb.
BbG	Bundesbahngesetz
BBG	Bundesbeamtengesetz
BBiFG	Gesetz zur Förderung der Berufsbildung durch Planung und Forschung (Berufsbildungsförderungsgesetz)
BBiG	Berufsbildungsgesetz
BBodSchG	Bundesbodenschutzgesetz
BBodSchV	Bundes-Bodenschutz- und Altlastenverordnung
Bd.	Band
Bde.	Bände
BDG	Bundesdisziplinargesetz
BDGVR	Berichte der Deutschen Gesellschaft für Völkerrecht

Abkürzungsverzeichnis

BDO	Bundesdisziplinarordnung
BDSG	Bundesdatenschutzgesetz
BDSGVO	Verordnung über Zuständigkeiten nach dem Bundesdatenschutzgesetz
BDVR	Bund Deutscher Verwaltungsrichter und Verwaltungsrichterinnen
BeamtenR	Beamtenrecht
BeamtStG	Gesetz zur Regelung des Statusrechts der Beamtinnen und Beamten in den Ländern (Beamtenstatusgesetz)
BeamtVG	Gesetz über die Versorgung der Beamten und Richter in Bund und Ländern (Beamtenversorgungsgesetz)
Bearb.	Bearbeiter; Bearbeitung
BeckRS	Beck-Rechtsprechung
BEG	Bundesgesetz zur Entschädigung für Opfer der nationalsozialistischen Verfolgung (Bundesentschädigungsgesetz)
Begr.	Begründung; Begründer
BEGTPG	Gesetz über die Bundesnetzagentur für Elektrizität, Gas, Telekommunikation, Post und Eisenbahnen
Beih.	Beiheft
Beil.	Beilage
Bek.	Bekanntmachung
Bem.	Bemerkung
Ber.	Bericht
ber.	berichtigt
Berl.	Berlin; Berliner, auch: Bln./bln.
berl.	berlinisch; auch: bln.
BErzGG	Gesetz über die Gewährung von Erziehungsgeld und Erziehungsurlaub
bes.	besonders; besondere
Beschl.	Beschluss
BesG	Besoldungsgesetz
BesStruktG-E	Gesetzentwurf zur Reform der Strukturen des öffentlichen Dienstrechts (Strukturreformgesetz – StruktRefG)
BestG	Gesetz über das Friedhofs- und Leichenwesen (Bestattungsgesetz)
BesVNG	Gesetz zur Vereinheitlichung und Neuregelung des Besoldungsrechts in Bund und Ländern
betr.	betreffend
BetrVG	Betriebsverfassungsgesetz
BEVVG	Gesetz über die Eisenbahnverkehrsverwaltung des Bundes (Bundeseisenbahnverkehrsverwaltungsgesetz)
BezO	Bezirksordnung
BezVG	Bezirksverwaltungsgesetz
BFH	Bundesfinanzhof
BFHE	Sammlung der Entscheidungen des Bundesfinanzhofs
BFH/NV	Sammlung der Entscheidungen des Bundesfinanzhofs
BfRG	Gesetz über die Errichtung eines Bundesinstitutes für Risikobewertung (BfR-Gesetz)
BFStrMG	Gesetz über die Erhebung von streckenbezogenen Gebühren für die Benutzung von Bundesautobahnen und Bundesstraßen (Bundesfernstraßenmautgesetz)
BfV	Bundesamt für Verfassungsschutz
BG	Beamtengesetz
BGA	Bundesgesundheitsamt
BGB	Bürgerliches Gesetzbuch
BGBl	Bundesgesetzblatt
BGE	Entscheidungen des Schweizerischen Bundesgerichts
BGG	Gesetz zur Gleichstellung behinderter Menschen (Behindertengleichstellungsgesetz)
BGH	Bundesgerichtshof
BGHSt	Entscheidungen des Bundesgerichtshofs in Strafsachen
BGHZ	Entscheidungen des Bundesgerichtshofs in Zivilsachen
BGS	Bundesgrenzschutz

Abkürzungsverzeichnis

BGSG	Gesetz über den Bundesgrenzschutz (Bundesgrenzschutzgesetz)
BHO	Bundeshaushaltsordnung
Bibl.	Bibliographie
BImSchG	Gesetz zum Schutz vor schädlichen Umwelteinwirkungen durch Luftverunreinigungen, Geräusche, Erschütterungen und ähnliche Vorgänge (Bundes-Immissionsschutzgesetz)
BImSchV	Verordnung zur Durchführung des BImSchG
BIT	Bureau International du Travail (Internationale Arbeitsorganisation)
BIZ	Bank für Internationalen Zahlungsausgleich
BJagdG	Bundesjagdgesetz
BK	Bonner Kommentar zum Grundgesetz, hrsg. von Dolzer, Rudolf/Kahl, Wolfgang/Waldhoff, Christian, Losebl.; zit.: *Bearbeiter*, in: BK, Art. Rn.
BKA	Bundeskriminalamt
BKAG	Gesetz über das Bundeskriminalamt und die Zusammenarbeit des Bundes und der Länder in kriminalpolizeilichen Angelegenheiten (Bundeskriminalamtgesetz)
BKartA	Bundeskartellamt
BLG	Bundesleistungsgesetz
BLK	Bund-Länder-Kommission für Bildungsplanung und Forschungsförderung
Bln.	Berlin
bln.	Berliner, berlinisch
BLV	Verordnung über die Laufbahnen der Bundesbeamten (Bundeslaufbahnverordnung)
BM	Bundesminister
BMF	Bundesminister/-ministerium der Finanzen
BMI	Bundesminister/-ministerium des Innern
BMJ	Bundesministerin/-ministerium der Justiz
BMT	Bundes-Manteltarif
BMU	Bundesminister/-ministerium für Umwelt, Naturschutz und Reaktorsicherheit
BMWi	Bundesminister/-ministerium für Wirtschaft und Technologie
BNatSchG	Gesetz über Naturschutz und Landschaftspflege
BND	Bundesnachrichtendienst
BNDG	Gesetz über den Bundesnachrichtendienst
BO	Bauordnung
BodSchG	Bodenschutzgesetz
BPersVG	Bundespersonalvertretungsgesetz
BPolG	Gesetz über die Bundespolizei (Bundespolizeigesetz)
BR	Bundesrat
Brandenb.	Brandenburg; Brandenburger; auch: Bbg
brandenb.	brandenburgisch
BRD	Bundesrepublik Deutschland
BRDrucks	Drucksachen des Bundesrates
BReg	Bundesregierung
Brem.	Bremen; Bremer
brem.	bremisch
BRHG	Gesetz über den Bundesrechnungshof (Bundesrechnungshofgesetz)
BriefArbbV	Verordnung des Bundesministeriums für Arbeit und Soziales über zwingende Arbeitsbedingungen für die Branche Briefdienstleistungen vom 28. Dezember 2007 (Postmindestlohnverordnung)
brit.	britisch
BRRG	Rahmengesetz zur Vereinheitlichung des Beamtenrechts (Beamtenrechtsrahmengesetz)
BRS	Baurechtssammlung
BRüG	Bundesgesetz zur Regelung der rückerstattungsrechtlichen Geldverbindlichkeiten des Deutschen Reiches und gleichgestellter Rechtsträger (Bundesrückerstattungsgesetz)
BSB	Beschäftigungsbedingungen für die sonstigen Bediensteten
BSeuchG	Gesetz zur Verhütung und Bekämpfung übertragbarer Krankheiten beim Menschen (Bundesseuchengesetz)

Abkürzungsverzeichnis

BSG	Bundessozialgericht
BSGE	Entscheidungen des Bundessozialgerichts
BSHG	Bundessozialhilfegesetz (vgl. SGB XII)
BSI	Bundesamt für Sicherheit in der Informationstechnik
BSIG	Gesetz über das Bundesamt für Sicherheit in der Informationstechnik (BSI-Gesetz)
Bsp.	Beispiel/Beispiele
BSt.	Statut der Beamten der Europäischen Gemeinschaft
BStatG	Gesetz über die Statistik für Bundeszwecke (Bundesstatistikgesetz)
BStBl	Bundessteuerblatt
BT	Besonderer Teil; Deutscher Bundestag
BTDrucks	Drucksachen des Deutschen Bundestages
BtMG	Gesetz über den Verkehr mit Betäubungsmitteln (Betäubungsmittelgesetz)
BTOElt	Verordnung über allgemeine Tarife für die Versorgung mit Elektrizität (Bundestarifordnung Elektrizität)
Buchholz	Sammel- und Nachschlagewerk der Rechtsprechung des Bundesverwaltungsgerichts, begründet von Karl Buchholz, 1957 ff.
Buchst.	Buchstabe
Bull.	Bulletin
BV	Bundesverfassung
BVerfG	Bundesverfassungsgericht
BVerfG (K)	Kammerentscheidung des Bundesverfassungsgerichts
BVerfGK	Kammerentscheidungen des Bundesverfassungsgerichts. Eine Auswahl, hrsg. v. Verein der Richter des BVerfG e. V.
BVerfGE	Entscheidungen des Bundesverfassungsgerichts
BVerfGG	Gesetz über das Bundesverfassungsgericht (Bundesverfassungsgerichtsgesetz)
BVerfSchG	Gesetz über die Zusammenarbeit des Bundes und der Länder in Angelegenheiten des Verfassungsschutzes und über das Bundesamt für Verfassungsschutz (Bundesverfassungsschutzgesetz)
BVerwG	Bundesverwaltungsgericht
BVerwGE	Entscheidungen des Bundesverwaltungsgerichts
BVFG	Gesetz über die Angelegenheiten der Vertriebenen und Flüchtlinge (Bundesvertriebenengesetz)
BVG	Gesetz über die Versorgung der Opfer des Krieges (Bundesversorgungsgesetz)
B-VG	Bundes-Verfassungsgesetz der Republik Österreich
BVO	Verordnung über die Gewährung von Beihilfen in Krankheits-, Geburts- und Todesfällen (Beihilfenverordnung)
BVT	Beste verfügbare Technik
BW	Baden-Württemberg
BWaldG	Bundeswaldgesetz
BWG	Bundeswahlgesetz
BWGZ	Die Gemeinde (BWGZ) – Zeitschrift für die Städte und Gemeinden, für Stadträte, Gemeinderäte und Ortschaftsräte, Organ des Gemeindetags Baden-Württemberg
BWO	Bundeswahlordnung
BWVP	Baden-Württembergische Verwaltungspraxis
bzgl.	bezüglich
BZRG	Gesetz über das Zentralregister und das Erziehungsregister (Bundeszentralregistergesetz)
bzw.	beziehungsweise
ca.	circa
CDE	Cahiers de Droit Européen
CEN	Comité Européen de Normalisation
CENELEC	Comité Européen de Normalisation Electrotechnique
ChemG	Gesetz zum Schutz vor gefährlichen Stoffen (Chemikaliengesetz)
CIC	Codex iuris canonici
CIV	Convention Internationale concernant le transport des voyageurs et des bagages par chemins de fer (Internationales Übereinkommen über den Eisenbahn-Personen- und Gepäckverkehr)

Abkürzungsverzeichnis

CMLRev	Common Market Law Review
CR	Computer und Recht
d.h.	das heißt
d.i.	das ist
DAG	Deutsche Angestelltengewerkschaft
DAR	Deutsches Autorecht
DARA	Deutsche Agentur für Raumfahrtangelegenheiten
DAU	Deutsche Akkreditierungs- und Zulassungsgesellschaft für Umweltgutachter
DB	Der Betrieb
DBA	Doppelbesteuerungsabkommen
DDR-StHG	DDR-Staatshaftungsgesetz vom 12. Mai 1969
DEGES	Deutsche Einheit Fernstraßenplanungs- und -baugesellschaft mbH
DeputG	Brem. Gesetz über die Deputationen
ders.	derselbe
desgl.	desgleichen
DFG	Deutsche Forschungsgemeinschaft
DfK	Deutsche Zeitschrift für Kommunalwissenschaften; früher: Archiv für Kommunalwissenschaften (AfK)
DGO	Deutsche Gemeindeordnung
DienstR	Dienstrecht
DienstleistungsRL	Richtlinie 2006/123/EG des Europäischen Parlaments und des Rates vom 12. Dezember 2006 über Dienstleistungen im Binnenmarkt
dies.	dieselbe, dieselben
diff.	differenzierend
DIMDI	Deutsches Institut für medizinische Dokumentation und Information
DIN	Deutsches Institut für Normung
Diss.	Dissertation
DJT	Deutscher Juristentag
DJZ	Deutsche Juristenzeitung
dms	der moderne staat – Zeitschrift für Public Policy, Recht und Management
DO	Dienstordnung
Doc.	document
DÖD	Der öffentliche Dienst. Personalmanagement und Recht
DOG	Deutsches Obergericht für das Vereinigte Wirtschaftsgebiet
DÖH	Der Öffentliche Haushalt. Archiv für das öffentliche Haushaltswesen
Dok.	Dokument
DONot	Verordnung über die Dienstordnung der Notare
DÖV	Die Öffentliche Verwaltung
DR	Decisions and Reports. Entscheidungen und Berichte der Europäischen Kommission für Menschenrechte
DRB	Deutscher Richterbund
DRiG	Deutsches Richtergesetz
DRiZ	Deutsche Richterzeitung
Drucks	Drucksache
DRV	Deutsche Rentenversicherung
DSB	Dispute Settlement Body
DSchG	Denkmalschutzgesetz
DSG	Datenschutzgesetz
DSR	Deutscher Standardisierungsrat
DStR	Deutsche Steuer-Rundschau
DStZ	Deutsche Steuer-Zeitung
dt.	deutsch
DTAG	Deutsche Telekom AG
DtZ	Deutsch-Deutsche Rechtszeitschrift
DuD	Datenschutz und Datensicherung
DuR	Demokratie und Recht

Abkürzungsverzeichnis

DUZ	Deutsche Universitäts-Zeitung
DV	Die Verwaltung
DVBl	Deutsches Verwaltungsblatt
DVP	Deutsche Verwaltungspraxis
DVR	Datenverarbeitung im Recht
DWiR	Deutsche Zeitschrift für Wirtschaftsrecht
e. V.	eingetragener Verein
EAC	European Advisory Commission
EAG	Europäische Atom-Gemeinschaft
EAGV	Vertrag über die Gründung der Europäischen Atom-Gemeinschaft (EAG) vom 25. März 1957
EALG	Gesetz über die Entschädigung nach dem Gesetz zur Regelung offener Vermögensfragen und über staatliche Ausgleichsleistungen für Enteignungen auf besatzungsrechtlicher oder -hoheitlicher Grundlage (Entschädigungs- und Ausgleichsleistungsgesetz)
ebd.	ebenda
EBDD	Europäische Beobachtungsstelle für Drogen und Drogensucht (European Monitoring Centre for Drugs and Drug Addiction [EMCDDA])
EBLR	European Business Law Review
EBO	Eisenbahn-Bau- und Betriebsordnung
ECAD	European Civil Affairs Division
ECE	Economic Commission for Europe (Regionale Wirtschaftskommission der UNO für den Bereich Europa)
EDF	Electricité de France
EDI	Economic Development Institute
EDV	Elektronische Datenverarbeitung
EEA	Einheitliche Europäische Akte vom 28. Februar 1986; Europäische Umweltagentur
EEAZustG	Zustimmungsgesetz zur Einheitlichen Europäischen Akte
EEG	Gesetz für den Vorrang Erneuerbarer Energien
EfbV	Verordnung über Entsorgungsfachbetriebe
EFG	Entscheidungen der Finanzgerichte
EFS	Einrichtungen der Freiwilligen Selbstkontrolle im Jugendmedienschutz
EFTA	European Free Trade Association
EG	Europäische Gemeinschaft(en)
EGBGB	Einführungsgesetz zum Bürgerlichen Gesetzbuch
EGGVG	Einführungsgesetz zum Gerichtsverfassungsgesetz
EGKS	Europäische Gemeinschaft für Kohle und Stahl
EGKSV	Vertrag über die Gründung der Europäischen Gemeinschaft für Kohle und Stahl vom 18. April 1951
EGMR	Europäischer Gerichtshof für Menschenrechte
EGMR (GK)	Große Kammer des Europäischen Gerichtshofs für Menschenrechte
EGStGB	Einführungsgesetz zum Strafgesetzbuch
EGV	Vertrag zur Gründung der Europäischen Gemeinschaft vom 25. März 1957 (in der Fassung des Änderungsvertrages über die Europäische Union vom 26. Februar 2001)
EGZPO	Einführungsgesetz zur Zivilprozeßordnung
EheG	Ehegesetz
EHO	Verordnung (EG, Euratom) Nr. 1605/2002 des Rates vom 25. Juni 2002 über die Haushaltsordnung für den Gesamthaushaltsplan der Europäischen Gemeinschaften (Europäische Haushaltsordnung)
EIB	Europäische Investitionsbank
Einf.	Einführung
EinigungsV	Einigungsvertrag
Einl.	Einleitung
einschl.	einschließlich
EIONET	Europäisches Umweltinformations- und Umweltbeobachtungsnetz
EIoP	European Integration online Papers
EIRO	European Industrial Relation Observatory

Abkürzungsverzeichnis

EJIL	European Journal of International Law
ELJ	European Law Journal
EL Rev	European Law Review
EMAS	Eco-Management and Audit Scheme (System für das Umweltmanagement und die Umweltbetriebsprüfung)
EMCDDA	European Monitoring Centre for Drugs and Drug Addiction (= EBDD)
EMRK	Europäische Konvention zum Schutz der Menschenrechte und Grundfreiheiten (Europäische Menschenrechtskonvention)
endg.	endgültig
EnteignG	Enteignungsgesetz
EntlG	Gesetz zur Entlastung der Gerichte in der Verwaltungs- und Finanzgerichtsbarkeit
Entsch.	Entscheidung
EntschG	Entschädigungsgesetz
Entw.	Entwurf
EnWG	Energiewirtschaftsgesetz
EP	Europäisches Parlament
EPC	European Political Cooperation (Europäische Politische Zusammenarbeit)
EPIL	Encyclopedia of Public International Law. Published under the auspices of the Max Planck Institute for Comparative Public Law and International Law, Neuausgabe, Amsterdam/New York/Oxford, Bd. I, 1992; Bd. II, 1995; Bd. III, 1997; Bd. IV, 2000; Bd. V (Lists – Indices), 2003
Erg.	Ergänzung
ErgBl	Ergänzungsblatt
Erl.	Erläuterung
ERPL/REDP	European Review of Public Law/Revue Européenne de Droit Public
Erwgrd.	Erwägungsgrund
ESG	Gesetz über die Sicherstellung der Versorgung mit Erzeugnissen der Ernährungs- und Landwirtschaft sowie der Forst- und Holzwirtschaft (Ernährungssicherstellungsgesetz)
EStG	Einkommensteuergesetz
ESVGH	Entscheidungssammlung des Hessischen Verwaltungsgerichtshofs und des Verwaltungsgerichtshofs Baden-Württemberg mit Entscheidungen der Staatsgerichtshöfe beider Länder
et	Energiewirtschaftliche Tagesfragen
ETS	European Treaty Series
ETSI	European Telecommunications Standards Institute
ESZB	Europäisches System der Zentralbanken
etc.	et cetera
EU	Europäische Union
EU-DSRL	Richtlinie 95/46/EG des Europäischen Parlaments und des Rates vom 24. Oktober 1995 zum Schutz natürlicher Personen bei der Verarbeitung personenbezogener Daten und zum freien Datenverkehr (Datenschutzrichtlinie)
EUDUR	Hans-Werner Rengeling (Hrsg.), Handbuch zum europäischen und deutschen Umweltrecht, 2. Aufl., Bd. I, 2003; Bd. II, 2 Teilbände, 2003; zit.: *Bearbeiter,* Titel des Beitrags, in: EUDUR I, II/1, II/2, § Rn.
EuG	Europäisches Gericht (Gericht erster Instanz)
EuGH	Gerichtshof der Europäischen Gemeinschaften
EuGH, Slg.	Sammlung der Rechtsprechung des EuGH, ab 1990 zweigeteilt in I – Rechtsprechung des EuGH, II – Rechtsprechung des Gerichts (des Gerichts erster Instanz)
EuGRZ	Europäische Grundrechte-Zeitschrift
EuGVÜ	Europäisches Übereinkommen vom 27. September 1968 über die gerichtliche Zuständigkeit und die Vollstreckung gerichtlicher Entscheidungen in Zivil- und Handelssachen
EuR	Europarecht
Euratom	Europäische Atomgemeinschaft
EuropaR	Europarecht
EuropolÜ	Übereinkommen aufgrund von Artikel K.3 des Vertrags über die Europäische Union über die Errichtung eines Europäischen Polizeiamts (Europol-Übereinkommen)

Abkürzungsverzeichnis

EurUm	Europäische Umwelt. Internationale Zeitschrift für Politik, Recht und Technologie-Entwicklung/Forum für Umweltrecht
EurUP	Zeitschrift für Europäisches Umwelt- und Planungsrecht
EuSC	Europäische Sozialcharta
EUV	Vertrag über die Europäische Union nach dem Lissabon-Vertrag vom 13. Dezember 2007
EuWG	Gesetz über die Wahl der Abgeordneten des Europäischen Parlaments aus der Bundesrepublik Deutschland (Europawahlgesetz)
EuZW	Europäische Zeitschrift für Wirtschaftsrecht
ev.	evangelisch
EvStL	Werner Heun/Martin Honecker/Martin Morlok (Hrsg.), Evangelisches Staatslexikon, Neuausg. 2006 (Hermann Kunst/Roman Herzog/Wilhelm Schneemelcher [Hrsg.], 3. Aufl. 1987); zit.: *Bearbeiter,* in: EvStL (bzw. EvStL, 3. Aufl. 1987), Sp.
EVU	Energieversorgungsunternehmen
EWG	Europäische Wirtschaftsgemeinschaft
EWGV	Vertrag zur Gründung der Europäischen Wirtschaftsgemeinschaft vom 25. März 1957
EWiR	Entscheidungen zum Wirtschaftsrecht
EWR	Europäischer Wirtschaftsraum
EWS	Europäisches Wirtschafts- und Steuerrecht
EZAR	Entscheidungssammlung zum Ausländer- und Asylrecht
EZB	Europäische Zentralbank
F.	Fassung
f.	folgende, -r, -s
FAG	Gesetz über den Finanzausgleich (Finanzausgleichsgesetz)
FamRZ	Zeitschrift für das gesamte Familienrecht
FAnlG	Gesetz über Fernmeldeanlagen (Fernmeldeanlagengesetz)
FAZ	Frankfurter Allgemeine Zeitung
FeV	Verordnung über die Zulassung von Personen zum Straßenverkehr (Fahrerlaubnis-Verordnung)
FEVS	Fürsorgerechtliche Entscheidungen der Verwaltungs- und Sozialgerichte
ff.	und folgende Seiten
FFH-RL	Richtlinie 92/43/EWG zur Erhaltung der natürlichen Lebensräume sowie der wildlebenden Tiere und Pflanzen (Fauna-Flora-Habitat-Richtlinie)
FG	Festgabe; Finanzgericht
FGG	Gesetz über die Angelegenheiten der Freiwilligen Gerichtsbarkeit
FGO	Finanzgerichtsordnung
FinArch	Finanzarchiv
FinDAG	Gesetz über die Bundesanstalt für Finanzdienstleistungsaufsicht (Finanzdienstleistungsaufsichtsgesetz)
FlurbG	Flurbereinigungsgesetz
FMStG	Gesetz zur Umsetzung eines Maßnahmenpakets zur Stabilisierung des Finanzmarktes (Finanzmarktstabilisierungsgesetz)
Fn.	Fußnote(n)
FNA	Bundesgesetzblatt Teil I, Fundstellennachweis A (Bundesrecht ohne völkerrechtliche Vereinbarungen)
FreizügG/EU	Gesetz über die allgemeine Freizügigkeit von Unionsbürgern (Freizügigkeitsgesetz/EU)
FreqNPAV	Verordnung über das Verfahren zur Aufstellung des Frequenznutzungsplanes (Frequenznutzungsplanaufstellungsverordnung)
frz.	französisch
FS	Festschrift
FSK	Freiwillige Selbstkontrolle der Filmwirtschaft
FStrAbÄndG	Gesetz zur Änderung des Gesetzes über den Ausbau der Bundesfernstraßen
FStrG	Bundesfernstraßengesetz
FTEG	Gesetz über Funkanlagen und Telekommunikationsendeinrichtungen
FuR	Familie und Recht

Abkürzungsverzeichnis

G	Gesetz
G 10	Gesetz zur Beschränkung des Brief-, Post- und Fernmeldegeheimnisses (Gesetz zu Art. 10 Grundgesetz)
GA	Generalanwalt, general attorney; Goltdammer's Archiv für Strafrecht
GABl.	Gemeinsames Amtsblatt
GASP	Gemeinsame Außen- und Sicherheitspolitik
GastG	Gaststättengesetz
GATS	General Agreement on Trade in Services
GATT	General Agreement on Tariffs and Trade (Allgemeines Zoll- und Handelsabkommen)
GBl	Gesetzblatt
GBO	Grundbuchordnung
GD	Generaldirektion
GDF	Gaz de France
Geb.	Geburtstag
GefStoffV	Verordnung zum Schutz vor Gefahrstoffen (Gefahrstoffverordnung)
gegr.	gegründet
GEIN	Umweltinformationsnetz Deutschland (German Environmental Information Network)
gem.	gemäß
GemFinRefG	Gesetz zur Neuordnung der Gemeindefinanzen
GemHVO	Verordnung über das Haushaltswesen der Gemeinden (Gemeindehaushaltsverordnung)
GemO	Gemeindeordnung
GenG	Gesetz betreffend die Erwerbs- und Wirtschaftsgenossenschaften (Genossenschaftsgesetz)
GenTG	Gentechnikgesetz
GSG	Gesetz zur Sicherung und Strukturverbesserung der gesetzlichen Krankenversicherung (Gesundheitsstrukturgesetz)
GesO	Gesamtvollstreckungsordnung
GesR	GesundheitsRecht – Zeitschrift für Arztrecht, Krankenhausrecht, Apotheken- und Arzneimittelrecht
GewArch	Gewerbearchiv
GewO	Gewerbeordnung
GewStG	Gewerbesteuergesetz
GewStR	Gewerbesteuer-Richtlinien
GG	Grundgesetz für die Bundesrepublik Deutschland vom 23. Mai 1949
ggf.	gegebenenfalls
GGK	Münch, Ingo von/Kunig, Philip (Hrsg.), Grundgesetz-Kommentar, Bd. I, 5. Aufl. 2000; Bd. II, 4./5. Aufl. 2001; Bd. III, 4./5. Aufl. 2003; zit.: *Bearbeiter*, in: v. Münch/Kunig (Hrsg.), GGK I, Art. Rn.
GGO	Gemeinsame Geschäftsordnung der Bundesministerien, in der Fassung der Bekanntmachung des Bundesministers des Innern vom 9. August 2000, GMBl S. 526, wenn keine abweichende Jahresangabe erfolgt
ggü.	gegenüber
GjSM	Gesetz über die Verbreitung jugendgefährdender Schriften und Medieninhalte
GKÖD	Walther Fürst, Gesamtkommentar Öffentliches Dienstrecht, Losebl., 5 Bde.; zit.: *Bearbeiter*, in: GKÖD, Teil § Rn.
GKV-OrgWG	Gesetz zur Weiterentwicklung der Organisationsstrukturen in der gesetzlichen Krankenversicherung vom 15. 12. 2008
GlG	Gesetz zur Gleichstellung von Frauen und Männern
GLJ	German Law Journal
GmbH	Gesellschaft mit beschränkter Haftung
GmbHG	Gesetz betreffend die Gesellschaften mit beschränkter Haftung
GMBl	Gemeinsames Ministerialblatt
GmSOGB	Gemeinsamer Senat der obersten Gerichtshöfe des Bundes
GO	Geschäftsordnung; Gemeindeordnung
GOBR	Geschäftsordnung des Bundesrates

Abkürzungsverzeichnis

GOBReg	Geschäftsordnung der Bundesregierung
GOBT	Geschäftsordnung des Deutschen Bundestages
GPA	Agreement on Government Procurement
GPR	Zeitschrift für Gemeinschaftsprivatrecht
GPSG	Gesetz über technische Arbeitsmittel und Verbraucherprodukte
gr.	griechisch
GRCh	Charta der Grundrechte der Europäischen Union
grdl.	grundlegend
grds.	grundsätzlich
GrEStG	Grunderwerbsteuergesetz
GRG	Gesetz zur Strukturreform im Gesundheitswesen (Gesundheitsreformgesetz)
GrS	Großer Senat
GrStG	Grundsteuergesetz
GRUR	Gewerblicher Rechtsschutz und Urheberrecht
GS	Gedächtnisschrift; Gesetzessammlung
GTZ	Deutsche Gesellschaft für Technische Zusammenarbeit
GUG	Gesetz über die Unterbrechung von Gesamtvollstreckungsverfahren (Gesamtvollstreckungs-Unterbrechungsgesetz)
GüKG	Güterkraftverkehrsgesetz
GUS	Gemeinschaft Unabhängiger Staaten
GV NW	Gesetz- und Verordnungsblatt für das Land Nordrhein-Westfalen
GVBl bzw. GVOBl	Gesetz- und Verordnungsblatt (jew. wie offiziell abgekürzt)
GVFG	Gesetz über Finanzhilfen des Bundes zur Verbesserung der Verkehrsverhältnisse der Gemeinden (Gemeindeverkehrsfinanzierungsgesetz)
GVG	Gerichtsverfassungsgesetz
GVO	Grundstücksverkehrsordnung; gentechnisch veränderte Organismen
GWB	Gesetz gegen Wettbewerbsbeschränkungen (Kartellgesetz)
GWU	Geschichte in Wissenschaft und Unterricht
GYIL	German Yearbook of International Law
H.	Heft
h. A.	herrschende Ansicht
h. L.	herrschende Lehre
h. M.	herrschende Meinung
ha	Hektar
HACCP	Hazard Analysis and Critical Control Points
HAG	Heimarbeitsgesetz
Hamb	Hamburg; Hamburger
hamb.	hamburgisch
HChE	Entwurf des Verfassungskonvents in Herrenchiemsee, 10.–23. August 1948 (Herrenchiemseer Entwurf)
Hdb.	Handbuch
HdbEuR	Frenz, Walter, Handbuch Europarecht: Bd. I, 2004, Bd. II, 2006, Bd. III, 2007, Bd. IV, 2009, Bd. V, 2010; zit.: *Frenz*, HdbEuR I, Rn.
HdbRs	Rengeling, Hans-Werner/Middeke, Andreas/Gellermann, Martin (Hrsg.), Handbuch des Rechtsschutzes in der Europäischen Union, 2. Aufl. 2003; zit.: *Bearbeiter*, Titel des Beitrags, in: Rengeling/Middeke/Gellermann (Hrsg.), HdbRs, § Rn.
HdbStKirchR	Joseph Listl/Dietrich Pirson (Hrsg.), Handbuch des Staatskirchenrechts der Bundesrepublik Deutschland, 2. Aufl., Bd. I, 1994; Bd. II, 1995; zit.: *Bearbeiter*, Titel des Beitrags, in: HdbStKirchR I, § S.
HdbVerfR	Benda, Ernst/Maihofer, Werner/Vogel, Hans-Jochen (Hrsg.), Handbuch des Verfassungsrechts, 2. Aufl. 1994; zit.: *Bearbeiter*, Titel des Beitrags, in: HdbVerfR, § Rn.
HdSW	Erwin v. Beckerath u. a. (Hrsg.), Handwörterbuch der Sozialwissenschaften, Bd. I, 1956; Bd. II, 1959; Bd. III, 1961; Bd. IV, 1965; Bd. V, 1956; Bd. VI, 1959; Bd. VII, 1961; Bd. VIII, 1964; Bd. IX, 1956; Bd. X, 1959; Bd. XI, 1961; Bd. XII, 1965; Ergänzungsband 1968; zit.: *Bearbeiter*, in: HdSW I, Sp.

Abkürzungsverzeichnis

HdUR	Kimminich, Otto/Lersner, Heinrich Freiherr von/Storm, Peter-Christoph (Hrsg.), Handwörterbuch des Umweltrechts, 2 Bde., 2. Aufl. 1994; zit: *Bearbeiter*, in: HdUR I, Sp.
HEG	Gesetz zur Erneuerung der Hochschulen (Hochschulerneuerungsgesetz)
HENatG	Hessisches Naturschutzgesetz
HEP	Hochschulerneuerungsprogramm
Hess	Hessen
hess.	hessisch
HFR	Höchstrichterliche Finanzrechtsprechung
HG	Gesetz über die Feststellung des Bundeshaushaltsplans (Haushaltsgesetz)
HGB	Handelsgesetzbuch
HGO	Hessische Gemeindeordnung
HGR	Merten, Detlef/Papier, Hans-Jürgen (Hrsg.), Handbuch der Grundrechte in Deutschland und Europa, Bd. I, 2004; Bd. II, 2006; Bd. III, 2009; Bd. VI/I, 2010; Bd. VI/II, 2009; Bd. VII/I, 2009; Bd. VII/II, 2007; zit.: *Bearbeiter*, Titel des Beitrags, in: HGR I, § Rn.
HGrG	Gesetz über die Grundsätze des Haushaltsrechts des Bundes und der Länder (Haushaltsgrundsätzegesetz)
Hinw.	Hinweis
Hk-VerwR	Fehling, Michael/Kastner, Berthold/Wahrendorf, Volker (Hrsg.), Verwaltungsrecht – VwVfG/VwGO, 2. Aufl. 2010; zit.: *Bearbeiter*, in: Hk-VerwR, § Rn.
HKWP	Günter Püttner (Hrsg.), Handbuch der kommunalen Wissenschaft und Praxis, Bd. I (hrsg. zus. mit Thomas Mann), 3. Aufl., 2007; 2. Aufl., Bd. II, 1982; Bd. III, 1983; Bd. IV, 1983; Bd. V, 1984; Bd. VI, 1985; zit.: *Bearbeiter*, Titel des Beitrags, in: HKWP I, S.
HO	Haushaltsordnung
HÖV	Handbuch für die öffentliche Verwaltung. Einführung in ihre rechtlichen und praktischen Grundlagen; Bd. I: Grundlagen, hrsg. von Mutius, Albert von, 1984; Bd. II: Besonderes Verwaltungsrecht, hrsg. von Friauf, Karl H., 1984; Bd. III: Privatrecht, hrsg. von Westermann, Harm P., 1982; zit.: *Bearbeiter*, Titel des Beitrags, in: HÖV I, Rn.
HPflG	Haftpflichtgesetz
HPolizeiR	Lisken, Hans/Denninger, Erhard (Hrsg.), Handbuch des Polizeirechts, 4. Aufl. 2007; zit.: *Bearbeiter*, Titel des Beitrags, in: Lisken/Denninger (Hrsg.), HPolizeiR, Großbuchst. Rn.
HRG	Hochschulrahmengesetz
HRQ	Human Rights Quarterly
HRRS	Online-Zeitschrift für Höchstrichterliche Rechtsprechung im Strafrecht
hrsg.	herausgegeben
Hrsg.	Herausgeber
Hs.	Halbsatz
HSG	Hochschulgesetz
HSiG	Gesetz zur Sicherung des Haushaltsausgleichs (Haushaltssicherungsgesetz)
HSOG	Hessisches Gesetz über die öffentliche Sicherheit und Ordnung
HStR	Isensee, Josef/Kirchhof, Paul (Hrsg.), Handbuch des Staatsrechts der Bundesrepublik Deutschland, Bd. I, 3. Aufl. 2003; Bd. II, 3. Aufl. 2004; Bd. III, 3. Aufl. 2005; Bd. IV, 3. Aufl. 2006; Bd. V, 3. Aufl. 2007; Bd. VI, 3. Aufl. 2008; Bd. VII, 3. Aufl. 2009; Bd. VIII, 3. Aufl. 2010; Bd. IX, 3. Aufl. 2011; Bd. X, 2000; zit.: *Bearbeiter*, Titel des Beitrags, in: HStR I, § Rn.bzw. i. V.m. Anschütz/Thoma (Hrsg.): Anschütz, Gerhard/Thoma, Richard (Hrsg.), Handbuch des Deutschen Staatsrechts, Bd. I, 1930; Bd. II, 1932; zit.: *Bearbeiter*, Titel des Beitrags, in: Anschütz/Thoma (Hrsg.), HStR I, S.
HwO	Gesetz zur Ordnung des Handwerks (Handwerksordnung)
HwStW	Elster, Ludwig/Weber, Adolf/Wieser, Friedrich (Hrsg.), Handwörterbuch der Staatswissenschaften, 4. Aufl., Bd. I, 1923; Bd. II, 1924; Bd. III, 1926; Bd. IV, 1927; Bd. V, 1923; Bd. VI, 1925; Bd. VII, 1926; Bd. VIII, 1928; Ergänzungsband 1929; zit.: *Bearbeiter*, Titel des Beitrags, in: HwStW I, S.
HZ	Historische Zeitschrift

Abkürzungsverzeichnis

i.d.F.	in der Fassung
i.d.R.	in der Regel
i.d.S.	in diesem Sinne
i.e.	im Einzelnen
i.E.	im Ergebnis
i.e.S.	im engeren Sinne
i.J.	im Jahre
i.S.	im Sinne
i.S.d.	im Sinne des/r
i.S.v.	im Sinne von
i.Ü.	im Übrigen
i.V.m.	in Verbindung mit
i.w.S.	im weiteren Sinne
IAIS	International Association of Insurance Supervisors
IBR	Immobilien- & Baurecht
ICJ	International Court of Justice (= IGH)
IEC	International Electrotechnical Commission
IED/IVU-RL	Richtlinie 2010/75/EU über Industrieemissionen (integrierte Vermeidung und Verminderung der Umweltverschmutzung) (Neufassung)
IFG	Informationsfreiheitsgesetz; ohne weiteren Zusatz dasjenige des Bundes
IFG-ProfE	Friedrich Schoch/Michael Kloepfer, Informationsfreiheitsgesetz (IFG-ProfE) – Entwurf eines Informationsfreiheitsgesetzes für die Bundesrepublik Deutschland, 2002
IfSG	Gesetz zur Verhütung und Bekämpfung von Infektionskrankheiten beim Menschen (Infektionsschutzgesetz)
IGH	Internationaler Gerichtshof
IGH-Statut	Statut des Internationalen Gerichtshofes vom 26. Juni 1945
IHK	Industrie- und Handelskammer
IHKG	Gesetz über die Industrie- und Handelskammern
IKT	Informations- und Kommunikationstechnologie
ILM	International Legal Materials
ILO	International Labour Organization
IMK	Ständige Konferenz der Innenminister der Länder
IMO	International Maritime Organization
InfAuslR	Informationsbrief Ausländerrecht
insbes.	insbesondere
InsO	Insolvenzordnung
Inst.	Institutiones Iustiniani, Buch, Kap.
IntV	Verordnung über die Durchführung von Integrationskursen für Ausländer und Spätaussiedler (Integrationskursverordnung)
IntVG	Gesetz über die Wahrnehmung der Integrationsverantwortung des Bundestages und des Bundesrates in Angelegenheiten der Europäischen Union (Integrationsverantwortungsgesetz)
InVeKo S	Integriertes Verwaltungs- und Kontrollsystem (in der Gemeinsamen Agrarpolitik)
InvZulG	Investitionszulagengesetz
IOSCO	International Organization of Securities Commissions
IPBürgR	Internationaler Pakt über bürgerliche und politische Rechte vom 19. Dezember 1966, CCPR
IPE	Bogdandy, Armin von/Cruz Villalón, Pedro/Huber, Peter M. (Hrsg.), Handbuch Ius Publicum Europaeum: Bd. I, 2007, Bd. II, 2008; Bogdandy, Armin von/Cassese, Sabino/Huber, Peter M. (Hrsg.), Handbuch IuS Publicum Europaeum: Verwaltungsrecht in Europa: Bd. III, 2010; Bd. IV, 2011; Bd. V, [im Erscheinen]; zit.: *Bearbeiter*, Titel des Abschnittsthemas, in: IPE I, § Angabe des Landes, Rn.
IPR	Internationales Privatrecht
IR	InfrastrukturRecht
IRG	Gesetz über internationale Rechtshilfe in Strafsachen
ISO	International Organization for Standardization
ISSN	Internationale Standard-Seriennummer
ital.	italienisch

Abkürzungsverzeichnis

IuK-Techniken	Informations- und Kommunikationstechniken
iur	Informatik und Recht
IVU-RL	Richtlinie 96/61/EG über die integrierte Vermeidung und Verminderung der Umweltverschmutzung (s. a. IED/IVU-RL)
JA	Juristische Arbeitsblätter
Jb.	Jahrbuch
JbUTR	Jahrbuch des Umwelt- und Technikrechts
JCMS	Journal of Common Market Studies
jew.	jeweils
Jg.	Jahrgang
Jh.	Jahrhundert
JK	Jura-Kartei der Zeitschrift Juristische Ausbildung (Jura)
JMBl.	Justizministerialblatt
JMStV	Staatsvertrag über den Schutz der Menschenwürde und den Jugendschutz in Rundfunk und Telemedien (Jugendmedienschutz-Staatsvertrag)
JöR	Jahrbuch des öffentlichen Rechts der Gegenwart (1.1907–25.1938)
JöR N. F.	Jahrbuch des öffentlichen Rechts, Neue Folge (1.1951 ff.)
JR	Juristische Rundschau
Jura	Juristische Ausbildung
JurA	Juristische Analysen
JuS	Juristische Schulung
JW	Juristische Wochenschrift
JWG	Gesetz für Jugendwohlfahrt
JZ	Juristenzeitung
K&R	Kommunikation und Recht
KAG	Kommunalabgabengesetz
Kap.	Kapitel
KEF	Kommission zur Ermittlung des Finanzbedarfs
KEK	Kommission zur Ermittlung der Konzentration im Medienbereich; Entscheidungen der KEK
Kfz	Kraftfahrzeug
KG	Kammergericht; Kommanditgesellschaft
KHG	Gesetz zur wirtschaftlichen Sicherung der Krankenhäuser und zur Regelung der Krankenhauspflegesätze (Krankenhausfinanzierungsgesetz)
KGSt	Kommunale Gemeinschaftsstelle für Verwaltungsmanagement, bis 11/2005: Kommunale Gemeinschaftsstelle für Verwaltungsvereinfachung
KirchE	Entscheidungen in Kirchensachen seit 1946
KJ	Kritische Justiz
KJM	Kommission für Jugendmedienschutz
KKW	Kernkraftwerk
KKZ	Kommunal-Kassen-Zeitschrift
KMK	Kultusministerkonferenz
KO	Konkursordnung (s. aber auch ThürKO)
KOM	Kommission der Europäischen Gemeinschaften: Eingegangene Dokumente und Veröffentlichungen
KommJur	Kommunaljurist
KommunalR	Kommunalrecht
KonTraG	Gesetz zur Kontrolle und Transparenz im Unternehmensbereich
KraftStG	Kraftfahrzeugsteuergesetz
krit.	kritisch(e)
KritV	Kritische Vierteljahresschrift für Gesetzgebung und Rechtswissenschaft
KrV	Die Krankenversicherung
KrW-/AbfG	Kreislaufwirtschafts- und Abfallgesetz
KSchG	Kündigungsschutzgesetz
KStZ	Kommunale Steuer-Zeitschrift

Abkürzungsverzeichnis

KSVG	Gesetz über die Selbstverwaltung der Gemeinden, Ämter und Landkreise (Kommunalselbstverwaltungsgesetz)
KSZE	Konferenz über Sicherheit und Zusammenarbeit in Europa
KTA	Kerntechnischer Ausschuss
KTS	Konkurs-, Treuhand- und Schiedsgerichtswesen: Zeitschrift für Insolvenzrecht
KUG	Gesetz betreffend das Urheberrecht an Werken der bildenden Künste und der Photographie (Kunsturhebergesetz)
KÜO	Kehr- und Überprüfungsordnung
KVerf	Kommunalverfassung
KWG	Gesetz über das Kreditwesen
KZfSS	Kölner Zeitschrift für Soziologie und Sozialpsychologie
LadSchlG	Gesetz über den Ladenschluß
LAG	Landesarbeitsgericht
LArchG	Landesarchivgesetz
lat.	lateinisch
LBG	Landesbeamtengesetz
LBO	Landesbauordnung
LDSG	Landesdatenschutzgesetz
LfbG	Gesetz über die Laufbahnen der Beamten (Laufbahngesetz)
Lfg.	Lieferung
LFGB	Lebensmittel-, Bedarfsgegenstände- und Futtermittelgesetzbuch
LG	Landgericht
LHO	Landeshaushaltsordnung
Lit.	Literatur
lit.	littera
liv.	livre
LKrO	Landkreisordnung
LKV	Landes- und Kommunalverwaltung
LM	Lindenmaier-Möhring. Nachschlagewerk des Bundesgerichtshofs
LMBG	Gesetz über den Verkehr mit Lebensmitteln, Tabakerzeugnissen, kosmetischen Mitteln und sonstigen Bedarfsgegenständen (Lebensmittel- und Bedarfsgegenständegesetz)
LMedienG	Landesmediengesetz
LNatSchG	Gesetz zum Schutz der Natur (Landesnaturschutzgesetz)
LOG	Gesetz über die Organisation der Landesverwaltung (Landesorganisationsgesetz)
Losebl.	Loseblattsammlung, -werk
LPlG	Gesetz zur Raumordnung und Landesplanung (Landesplanungsgesetz)
LS	Leitsatz
LSA	Sachsen-Anhalt; sachsen-anhaltinisch; auch Sachs.-Anh./sachs.-anh.
LSG	Landessozialgericht
LTDrucks	Drucksachen des Landtags
LuftSiG	Luftsicherheitsgesetz
LuftVG	Luftverkehrsgesetz
LuftVO	Luftverkehrs-Ordnung
LVerfG	Landesverfassungsgericht/Verfassungsgericht des Landes
LVwG	Landesverwaltungsgesetz
LVwVfG	Landesverwaltungsverfahrensgesetz
LZ	Leipziger Zeitschrift für Deutsches Recht
M.	Meinung
m.	mit
m.a.W.	mit anderen Worten
m.E.	meines Erachtens
m.w.N.	mit weiteren Nachweisen
MABl	Ministerialamtsblatt der bayerischen Inneren Verwaltung
Mass.	Massachusetts
mbH	mit beschränkter Haftung

Abkürzungsverzeichnis

MBl	Ministerialblatt
MBPlG	Gesetz zur Regelung des Planungsverfahrens für Magnetschwebebahnen (Magnetschwebebahnplanungsgesetz)
MDR	Monatsschrift für Deutsches Recht
MDStV	Mediendienstestaatsvertrag
ME	Musterentwurf
Mecklenb.-Vorp.	Mecklenburg-Vorpommern; auch: MV
mecklenb.-vorp.	mecklenburg-vorpommerisch
MedienG	Mediengesetz
MedR	Medizinrecht
MEG	Gesetz über die Erprobung und Entwicklung neuer Rundfunkangebote und anderer Mediendienste in Bayern (Medienerprobungs- und Entwicklungsgesetz)
MHG	Gesetz zur Regelung der Miethöhe (Miethöhegesetz)
MinBl	Ministerialblatt
Mio.	Million(en)
MiStra	Anordnung über Mitteilungen in Strafsachen
MitbestG	Gesetz über die Mitbestimmung der Arbeitnehmer (Mitbestimmungsgesetz)
Mitt NWStGB	Mitteilungen des nordrhein-westfälischen Städte- und Gemeindebundes
MMR	MultiMedia und Recht
MOG	Marktorganisationsgesetz
MPG	Gesetz über Medizinprodukte
MPI	Max-Planck-Institut
Mrd.	Milliarde(n)
MRRG	Melderechtsrahmengesetz
MS	Manuskript
MTB II	Manteltarifvertrag für Arbeiter des Bundes vom 27. Februar 1964
MTL II	Manteltarifvertrag für Arbeiter der Länder vom 11. Juli 1966
MuSchG	Mutterschutzgesetz
MV	Mecklenburg-Vorpommern; auch: Mecklenb.-Vorp.
N.	Nachweis(e)
n. F.	neue Fassung
N. F.	neue Folge
N&R	Netzwirtschaft & Recht
NABEG	Netzausbaubeschleunigungsgesetz Übertragungsnetz
Nachdr.	Nachdruck
NATO	North Atlantic Treaty Organization (Nordatlantische Allianz)
NatSchG	Naturschutzgesetz
NC	Numerus clausus
Nds.	Niedersachsen; niedersächsisch; auch: Niedersachs.
NdsVBl.	Niedersächsische Verwaltungsblätter
NDV	Nachrichtendienst des Deutschen Vereins für Öffentliche und Private Fürsorge
NGO	Non-governmental organization (Nichtregierungsorganisation); Niedersächsische Gemeindeordnung
Niedersachs.	Niedersachsen; niedersächsisch; auch: Nds.
NJ	Neue Justiz. Zeitschrift für Rechtsprechung und Rechtsentwicklung in den Neuen Ländern
NJW	Neue Juristische Wochenschrift
NJW-RR	NJW-Rechtsprechungs-Report Zivilrecht
NK-VwGO	Helge Sodan/Jan Ziekow (Hrsg.), Nomos-Kommentar zur Verwaltungsgerichtsordnung, Losebl., 1. Aufl.; zit.: *Bearbeiter*, in: NK-VwGO, § Rn.
no.	numero; number (Nummer)
NordÖR	Zeitschrift für öffentliches Recht in Norddeutschland
NPD	Nationaldemokratische Partei Deutschlands
NPL	Neue Politische Literatur
Nr.	Nummer

Abkürzungsverzeichnis

Nrn.	Nummern
NRW	Nordrhein-Westfalen; auch: NW
NSM	Neues Steuerungsmodell
NStZ	Neue Zeitschrift für Strafrecht
NuR	Natur und Recht
NVwZ	Neue Zeitschrift für Verwaltungsrecht
NVwZ-RR	NVwZ-Rechtsprechungs-Report Verwaltungsrecht
NW	Nordrhein-Westfalen; nordrhein-westfälisch; auch NRW
nw.	nordrhein-westfälisch
NWB	Neue Wirtschafts-Briefe für Steuer- und Wirtschaftsrecht
NWVBl	Nordrhein-Westfälische Verwaltungsblätter
NZA	Neue Zeitschrift für Arbeits- und Sozialrecht
NZA-RR	Rechtsprechungs-Report Arbeitsrecht
NZBau	Neue Zeitschrift für Baurecht und Vergaberecht
NZG	Neue Zeitschrift für Gesellschaftsrecht
NZS	Neue Zeitschrift für Sozialrecht
NZV	Neue Zeitschrift für Verkehrsrecht
NZZ	Neue Züricher Zeitung
o.ä.	oder Ähnliche(s/r)
o.g.	oben genannt(e/er)
o.J.	ohne Jahresangabe
o.O.	ohne Ortsangabe
OBG	Ordnungsbehördengesetz
OECD	Organisation for Economic Co-operation and Development
öffentl.	öffentlich
OG	Organisationsgesetz
OGH	Oberster Gerichtshof
OHG	Offene Handelsgesellschaft
ÖJZ	Österreichische Juristen-Zeitung
OLG	Oberlandesgericht
OLGSt	Entscheidungen der Oberlandesgerichte zum Straf- und Strafverfahrensrecht
OMV	Österreichische Mineralölverwaltung
ÖPP	Öffentlich Private Partnerschaft(en) (Public Private Partnership)
ÖR	Öffentliches Recht
ORDO	Jahrbuch für die Ordnung von Wirtschaft und Gesellschaft
österr.	österreichisch
ÖTV	Öffentliche Dienste, Transport und Verkehr
OVG	Oberverwaltungsgericht
OVGE	Entscheidungen der Oberverwaltungsgerichte für das Land Nordrhein-Westfalen in Münster sowie für die Länder Niedersachsen und Schleswig-Holstein in Lüneburg; mit Zusatz Bln.: Entscheidungen des Oberverwaltungsgerichts Berlin
OWiG	Gesetz über Ordnungswidrigkeiten
ÖZW	Österreichische Zeitschrift für Wirtschaftsrecht
PAG	Gesetz über die Aufgaben und Befugnisse der Polizei (Polizeiaufgabengesetz)
ParlamentsR	Parlamentsrecht
PartG	Gesetz über die politischen Parteien (Parteiengesetz)
PaßG	Gesetz über das Paßwesen (Paßgesetz)
PAuswG	Gesetz über Personalausweise und den elektronischen Identitätsnachweis (Personalausweisgesetz vom 18. Juni 2009)
PBefG	Personenbeförderungsgesetz
PersV	Die Personalvertretung
PflSchG	Pflanzenschutzgesetz
PflVG	Gesetz über die Pflichtversicherung für Kraftfahrzeughalter (Pflichtversicherungsgesetz)
PJZS	Polizeiliche und Justizielle Zusammenarbeit in Strafsachen

Abkürzungsverzeichnis

POG	Gesetz über die Organisation der Polizei (Polizeiorganisationsgesetz); mit Zusatz Rh.-Pf.: Polizei- und Ordnungsbehördengesetz
PolG	Polizeigesetz
PolDVG	Gesetz über die Datenverarbeitung der Polizei
PolizeiR	Polizeirecht
PostG	Gesetz über das Postwesen
PostO	Postordnung
PPP	Public Private Partnership (Öffentlich Private Partnerschaft)
pr.	preußisch
PreisG	Übergangsgesetz über Preisbildung und Preisüberwachung (Preisgesetz)
PrG	Pressegesetz
ProfBesReformG	Gesetz zur Reform der Professorenbesoldung (Professorenbesoldungsreformgesetz)
Prot.	Protokoll
ProdSG	Gesetz über die Bereitstellung von Produkten auf dem Markt (Produktsicherheitsgesetz)
PrOVG	Entscheidungen des Preußischen Oberverwaltungsgerichts
PrVerf	Preußische Verfassung vom 31. Januar 1850
PStG	Personenstandsgesetz
PVS	Politische Vierteljahresschrift
RabelsZ	Rabels Zeitschrift für ausländisches und internationales Privatrecht
RABT	Rechtsausschuss des Bundestages
RAO	Reichsabgabenordnung
RBerG	Rechtsberatungsgesetz
RdA	Recht der Arbeit
RdC	Recueil des Cours
RdE	Recht der Energiewirtschaft
RdErl	Runderlass
RdJB	Recht der Jugend und des Bildungswesens
RDV	Recht der Datenverarbeitung
REACh	Registration, Evaluation and Authorisation of Chemicals
Recht	Recht. Eine Information des Bundesministeriums der Justiz
RefE	Referentenentwurf
RegE	Regierungsentwurf
RegRL	Registraturrichtlinie für das Bearbeiten und Verwalten von Schriftgut in Bundesministerien der Bundesregierung vom 11. Juli 2001
RegTP	Regulierungsbehörde für Telekommunikation und Post
REITOX	Europäisches Informationsnetz für Drogen und Drogensucht (Réseau Européen d'Information sur les Drogues et les Toxicomanies)
Reports	European Court of Human Rights, Reports of Judgments and Decisions
Res.	Resolution
resp.	respektive
RG	Reichsgericht
RGBl	Reichsgesetzblatt
RGewO	Reichsgewerbeordnung
RGSt	Entscheidungen des Reichsgerichts in Strafsachen
RGW	Rat für gegenseitige Wirtschaftshilfe
RGZ	Entscheidungen des Reichsgerichts in Zivilsachen
Rh.-Pf.	Rheinland-Pfalz; auch: RP
rh.-pf.	rheinland-pfälzisch
RHO	Reichshaushaltsordnung
RiA	Das Recht im Amt
RiG	Richtergesetz
RIW	Recht der internationalen Wirtschaft
RIW/AWD	Recht der internationalen Wirtschaft/Außenwirtschaftsdienst
RJD	Report of Judgements and Decisions of the European Court of Human Rights
RK	Reichskonkordat

Abkürzungsverzeichnis

RL	Richtlinie
RM	Reichsmark
RMC	Revue du Marché Commun et de l'Union européenne
Rn.	Randnummer(n)
ROG	Raumordnungsgesetz
ROW	Recht in Ost und West
RP	Rheinland-Pfalz; auch: Rh.-Pf.
Rpfleger	Der Deutsche Rechtspfleger
RPflG	Rechtspflegergesetz
Rs.	Rechtssache(n)
RschO	Reichsschuldenordnung
RsDE	Beiträge zum Recht der sozialen Dienste und Einrichtungen
Rspr.	Rechtsprechung
RStV	Staatsvertrag für Rundfunk und Telemedien (Rundfunkstaatsvertrag)
RTDE	Revue Trimestrielle de Droit Européen
RTW	Recht, Technik, Wirtschaft (Zeitschrift)
RuF	Rundfunk und Fernsehen
RuP	Recht und Politik. Vierteljahreshefte für Rechts- und Verwaltungspolitik
RuStAG	Reichs- und Staatsangehörigkeitsgesetz
RV	Verfassung des Deutschen Reiches vom 16. April 1871 (Bismarck'sche Reichsverfassung)
RVBl	Reichsversorgungsblatt
RVO	Rechtsverordnung; Reichsversicherungsordnung
Rz.	Randziffer
S.	Seite(n); Satz; Siehe
s.	siehe
s. a.	siehe auch
s. o.	siehe oben
s. u.	siehe unten
Saarl.	Saarland; auch: SL
saarl.	saarländisch
Sachs.	Sachsen
sächs.	sächsisch
Sachs.-Anh.	Sachsen-Anhalt; auch: LSA
sachs.-anh.	sachsen-anhaltinisch; auch: LSA
SächsVBl	Sächsische Verwaltungsblätter
SAE	Sammlung arbeitsrechtlicher Entscheidungen
SammlG	Sammlungsgesetz
SBZ	Sowjetische Besatzungszone
SC	UN Security Council (Sicherheitsrat der Vereinten Nationen)
SchFG	Schulfinanzgesetz
SchfG	Schornsteinfegergesetz
Schl.-Hol.	Schleswig-Holstein; Schleswig-Holsteiner; auch SH
schl.-hol.	schleswig-holsteinisch
SchlHA	Schleswig-Holsteinische Anzeigen
SchulG	Schulgesetz
SchwbG	Gesetz zur Sicherung der Eingliederung Schwerbehinderter in Arbeit, Beruf und Gesellschaft (Schwerbehindertengesetz)
scil.	scilicet (nämlich)
SDSRV	Schriftenreihe des Deutschen Sozialrechtsverbandes
SDÜ	Schengener Durchführungsübereinkommen
SeemG	Seemannsgesetz
SEK	Dokumente des Sekretariats der Kommission der Europäischen Gemeinschaften
sen.	Senior
ser.	series
Ser.	Serie
SG	Sozialgericht; Soldatengesetz

Abkürzungsverzeichnis

SGb	Die Sozialgerichtsbarkeit
SGB	Sozialgesetzbuch
SGB I	Sozialgesetzbuch, Erstes Buch. Allgemeiner Teil
SGB II	Sozialgesetzbuch, Zweites Buch. Grundsicherung für Arbeitsuchende
SGB III	Sozialgesetzbuch, Drittes Buch. Arbeitsförderung
SGB IV	Sozialgesetzbuch, Viertes Buch. Gemeinsame Vorschriften für die Sozialversicherung
SGB V	Sozialgesetzbuch, Fünftes Buch. Gesetzliche Krankenversicherung
SGB VI	Sozialgesetzbuch, Sechstes Buch. Gesetzliche Rentenversicherung
SGB VII	Sozialgesetzbuch, Siebtes Buch. Gesetzliche Unfallversicherung
SGB VIII	Sozialgesetzbuch, Achtes Buch. Kinder- und Jugendhilfe
SGB IX	Sozialgesetzbuch, Neuntes Buch. Rehabilitation und Teilhabe behinderter Menschen
SGB X	Sozialgesetzbuch, Zehntes Buch. Sozialverwaltungsverfahren und Sozialdatenschutz
SGB XI	Sozialgesetzbuch, Elftes Buch. Soziale Pflegeversicherung
SGB XII	Sozialgesetzbuch, Zwölftes Buch. Sozialhilfe
SGG	Sozialgerichtsgesetz
SH	Schleswig-Holstein; auch Schl.-Hol.
SHG	Gesetz zur Milderung dringender sozialer Notstände (Soforthilfegesetz)
SigG	Gesetz über Rahmenbedingungen für elektronische Signaturen (Signaturgesetz)
SIPE	Veröffentlichungen der Societas Iuris Publici Europaei
SJZ	Schweizerische Juristen-Zeitung
SL	Saarland; auch: Saarl.
Slg.	Sammlung
SNG	Saarländisches Naturschutzgesetz
SoFFin	Sonderfonds für Finanzmarktstabilisierung
SOG	Gesetz zum Schutz der öffentlichen Sicherheit und Ordnung
sog.	sogenannte(r/s)
Sp.	Spalte
SprengG	Gesetz über explosionsgefährliche Stoffe (Sprengstoffgesetz)
SpStr.	Spiegelstrich
SRU	Rat von Sachverständigen für Umweltfragen
StaatsR	Staatsrecht
StaatshaftungsR	Staatshaftungsrecht
StaatsV	Staatsvertrag
StabG	Gesetz zur Förderung der Stabilität und des Wachstums der Wirtschaft (Stabilitätsgesetz)
StAG	Staatsangehörigkeitsgesetz
StAnz	Staatsanzeiger
StatG	Gesetz über die Statistik (Statistikgesetz)
StAZ	Das Standesamt
std.	ständig
std. Rspr.	ständige Rechtsprechung
stellv.	stellvertretend
StGB	Strafgesetzbuch
StGH	Staatsgerichtshof
StGHG	Gesetz über den Staatsgerichtshof
StHG	Staatshaftungsgesetz vom 26. Juni 1981
StIGH	Ständiger Internationaler Gerichtshof (PCIJ)
StL	Staatslexikon, hrsg. von der Görres-Gesellschaft, 7. Aufl., Bd. I, 1985; Bd. II, 1986; Bd. III, 1987; Bd. IV, 1988; Bd. V, 1989; Bd. VI, 1992; Bd. VII, 1993 zit.: *Bearbeiter*, in: StL I, Sp.
StoffR	Zeitschrift für Stoffrecht
StPO	Strafprozessordnung
str.	streitig
StrEG	Gesetz über die Entschädigung für Strafverfolgungsmaßnahmen
StrG	Straßengesetz

Abkürzungsverzeichnis

StrlSchV	Verordnung über den Schutz vor Schäden durch ionisierende Strahlen (Strahlenschutzverordnung)
StromStG	Stromsteuergesetz
StrVG	Gesetz zum vorsorgenden Schutz der Bevölkerung gegen Strahlenbelastung (Strahlenschutzvorsorgegesetz)
StrWG	Straßen- und Wegegesetz
StT	Der Städtetag
StUG	Gesetz über die Unterlagen des Staatssicherheitsdienstes der ehemaligen DDR (Stasi-Unterlagen-Gesetz)
StuR	Staat und Recht
StuW	Steuer und Wirtschaft. Zeitschrift für die gesamten Steuerwissenschaften
StV	Strafverteidiger
StVG	Straßenverkehrsgesetz
StVO	Straßenverkehrsordnung
StVZO	Straßenverkehrs-Zulassungs-Ordnung
StWStP	Staatswissenschaften und Staatspraxis
SUPG	Gesetz zur Einführung einer Strategischen Umweltprüfung und zur Umsetzung der Richtlinie 2001/42/EG
suppl.	supplement (Ergänzungsband)
SV	Sondervotum
SWI	Steuer- und Wirtschaft International – Tax and Business Review
SWR-Staatsvertrag	Staatsvertrag über den Südwestrundfunk
SZ	Süddeutsche Zeitung
SZIER	Schweizerische Zeitschrift für internationales und europäisches Recht
TA	Technische Anleitung
TA Lärm	Technische Anleitung zum Schutz gegen Lärm
TA Luft	Technische Anleitung zur Reinhaltung der Luft
TBT	Technical Barriers to Trade
TEHG	Gesetz über den Handel mit Berechtigungen zur Emission von Treibhausgasen (Treibhausgas-Emissionshandelsgesetz)
Teilbd.	Teilband
TH	Thüringen; Thüringer; auch: Thür.
Thür.	Thüringen; Thüringer; auch: TH
thür.	thüringisch
ThürBO	Thüringer Bauordnung
ThürKO	Thüringer Kommunalordnung
ThürNatG	Thüringer Naturschutzgesetz
ThürVBl	Thüringer Verwaltungsblätter
TierSchG	Tierschutzgesetz
TierSG	Tierseuchengesetz
TitelG	Gesetz über Titel, Orden und Ehrenzeichen
TK	Telekommunikation
TKG	Telekommunikationsgesetz
TMG	Telemediengesetz
TNV	Telekommunikations-Nummerierungsverordnung
TPG	Gesetz über die Spende, Entnahme und Übertragung von Organen (Transplantationsgesetz)
TranspR	Transportrecht
TRIPS	Agreement on Trade-Related Aspects of Intellectual Property Rights
TRIS	Technical Regulations Information System
TVG	Tarifvertragsgesetz
TV-L	Tarifvertrag für den öffentlichen Dienst der Länder
TVöD	Tarifvertrag für den öffentlichen Dienst
TWG	Telegraphenwegegesetz
Tz.	Textziffer, -zahl

Abkürzungsverzeichnis

u.	und; unten; unter
u.a.	und andere(s)
u.ä.	und Ähnliche(s)
u.a.m.	und andere(s) mehr
u.ä.m.	und Ähnliche(s) mehr
u.H.	unter Hinweis
u.ö.	und öfter
u.U.	unter Umständen
u. Verw.	unter Verweis
UA	Untersuchungsausschuss
UAbs.	Unterabsatz
UAG	Gesetz zur Ausführung der Verordnung (EG) Nr. 761/2001 des Europäischen Parlaments und des Rates vom 19. März 2001 über die freiwillige Beteiligung von Organisationen an einem Gemeinschaftssystem für das Umweltmanagement und die Umweltbetriebsprüfung (EMAS) (Umweltauditgesetz)
UBA	Umweltbundesamt
UBAG	Gesetz über die Errichtung eines Umweltbundesamtes
UG	Universitätsgesetz
UGB	Umweltgesetzbuch
UGB AT	Michael Kloepfer/Eckhard Rehbinder/Eberhard Schmidt-Aßmann, Umweltgesetzbuch – Allgemeiner Teil, 2. Aufl. 1991
UGB BT	Hans D. Jarass u.a., Umweltgesetzbuch – Besonderer Teil, 1994
UGB-KomE	BMU (Hrsg.), Umweltgesetzbuch, Entwurf der unabhängigen Sachverständigenkommission zum Umweltgesetzbuch, 1998
UIG	Umweltinformationsgesetz
ÜK	Übereinkommen
umfangr.	umfangreich
UMK	Umweltministerkonferenz
umstr.	umstritten
UMTS	Universal Mobile Telecommunications System
UmweltHG	Umwelthaftungsgesetz
UmweltR	Umweltrecht
UmwRG	Gesetz über ergänzende Vorschriften zu Rechtsbehelfen in Umweltangelegenheiten nach der EG-Richtlinie 2003/35/EG (Umwelt-Rechtsbehelfsgesetz)
UN	United Nations
UN-Charta	Charta der Vereinten Nationen vom 26. Juni 1945
UNCED	United Nations Conference on Environment and Development
UNDP	United Nations Development Programme
UNECE	United Nations Economic Commission for Europe
UNO	United Nations Organization
UNTS	United Nations Treaty Series
unveränd.	unverändert
UPR	Umwelt- und Planungsrecht
UR	Umsatzsteuer-Rundschau
UrhG	Gesetz über Urheberrecht und verwandte Schutzrechte (Urheberrechtsgesetz)
Urt.	Urteil
UStG	Umsatzsteuergesetz
usw.	und so weiter
UTR	Jahrbuch des Umwelt- und Technikrechts
UVP	Umweltverträglichkeitsprüfung
UVPG	Gesetz über die Umweltverträglichkeitsprüfung
UVP-RL	Richtlinie über die Umweltverträglichkeitsprüfung bei bestimmten öffentlichen und privaten Projekten
UWG	Gesetz gegen den unlauteren Wettbewerb
UZwG	Gesetz über den unmittelbaren Zwang bei Ausübung öffentlicher Gewalt durch Vollzugsbeamte des Bundes
UZwGBw	Gesetz über die Anwendung unmittelbaren Zwanges und die Ausübung besonderer Befugnisse durch Soldaten der Bundeswehr und zivile Wachpersonen

Abkürzungsverzeichnis

v.	vom; von; vor; versus
v. a.	vor allem
VA	Verwaltungsakt
VAG	Versicherungsaufsichtsgesetz
Var.	Variante
VBl	Verordnungsblatt
VBlBW	Verwaltungsblätter für Baden-Württemberg
VDE	Verband der Elektrotechnik Elektronik Informationstechnik e. V.
VDI	Verein Deutscher Ingenieure
VDI-Richtlinien	Richtlinien des Vereins Deutscher Ingenieure
verb.	verbundene
VereinsG	Gesetz zur Regelung des öffentlichen Vereinsrechts (Vereinsgesetz)
Verf.	Verfassung; Verfasser(in)
VerfG	Verfassungsgesetz; Verfassungsgericht
VerfGG	Verfassungsgerichtsgesetz (Österreich)
VerfGGBbg	Gesetz über das Verfassungsgericht Brandenburg
VerfGH	Verfassungsgerichtshof
VerfGHG	Gesetz über den Verfassungsgerichtshof
VerfO	Verfahrensordnung
VerfR	Verfassungsrecht
VerfUrk	Verfassungsurkunde
VergabeR	Vergaberecht
Verh.	Verhandlung(en)
VerkPBG	Gesetz zur Beschleunigung der Planungen für Verkehrswege in den neuen Ländern sowie im Land Berlin (Verkehrswegeplanungsbeschleunigungsgesetz)
VermG	Gesetz zur Regelung offener Vermögensfragen (Vermögensgesetz)
VerpackV	Verpackungsverordnung
VersG	Gesetz über Versammlungen und Aufzüge (Versammlungsgesetz)
VersR	Versicherungsrecht
VerwaltungsL	Verwaltungslehre
VerwaltungsprozessR	Verwaltungsprozessrecht
VerwArch	Verwaltungsarchiv
VerwR	Verwaltungsrecht
VerwREU	Terhechte, Jörg P. (Hrsg.), Verwaltungsrecht der Europäischen Union, 2011; zit.: *Bearbeiter*, Titel des Beitrags, in: Terhechte (Hrsg.), VerwREU, § Rn.
VerwVerfR	Ule, Carl H./Laubinger, Hans-Werner, Verwaltungsverfahrensrecht, 4. Aufl. 1995; zit.: *Ule/Laubinger*, VerwVerfR, § Rn.
VfGH	Verfassungsgerichtshof (Österreich)
VG	Verwaltungsgericht
VgG	Vergabegesetz
VGH	Verwaltungsgerichtshof
vgl.	vergleiche
VGPolG	Vorschaltgesetz zum Polizeigesetz
VgV	Vergabeverordnung
VIG	Gesetz zur Verbesserung der gesundheitsbezogenen Verbraucherinformation (Verbraucherinformationsgesetz)
VIZ	Zeitschrift für Vermögens- und Investitionsrecht
VK	Vergabekammer
VM	Verwaltung & Management
VO	Verordnung
VOB/	Vergabe- und Vertragsordnung für Bauleistungen – Teil
VOBl	Verordnungsblatt
VOL/	Verdingungsordnung für Leistungen – Teil
Vorb./Vorbem.	Vorbemerkung
VR	Verwaltungsrundschau
VSG NRW	Gesetz über den Verfassungsschutz (Verfassungsschutzgesetz)
VSSR	Vierteljahresschrift für Sozialrecht

Abkürzungsverzeichnis

VuR	Verbraucher und Recht
VV-BHO	Verwaltungsvorschrift zur Bundeshaushaltsordnung
VVDStRL	Veröffentlichungen der Vereinigung der Deutschen Staatsrechtslehrer
VVE	Entwurf des Vertrags über eine Verfassung für Europa
VVG	Gesetz über den Versicherungsvertrag
VW	Versicherungswirtschaft
VwG	Verwaltungsgesetz
VwGO	Verwaltungsgerichtsordnung
VwGOÄndG	Gesetz zur Änderung der Verwaltungsgerichtsordnung
VwRehaG	Gesetz über die Aufhebung rechtsstaatswidriger Verwaltungsentscheidungen im Beitrittsgebiet und die daran anknüpfenden Folgeansprüche (Verwaltungsrechtliches Rehabilitierungsgesetz)
VwV	Verwaltungsvorschrift(en)
VwVfG	Verwaltungsverfahrensgesetz; ohne weiteren Zusatz dasjenige des Bundes
VwVG	Verwaltungsvollstreckungsgesetz; ohne weiteren Zusatz dasjenige des Bundes
VwZG	Verwaltungszustellungsgesetz
VwZVG	Verwaltungszustellungs- und Vollstreckungsgesetz
VZOG	Gesetz über die Feststellung der Zuordnung von ehemals volkseigenem Vermögen (Vermögenszuordnungsgesetz)
WaffG	Waffengesetz
WahlG	Wahlgesetz
WaldG	Waldgesetz (eines Landes)
WaStrG	Bundeswasserstraßengesetz
WBeauftrG	Gesetz über den Wehrbeauftragten des Deutschen Bundestages (Gesetz zu Artikel 45b des Grundgesetzes)
WehrG	Wehrgesetz
WDO	Wehrdisziplinarordnung
WEU	Westeuropäische Union
WG	Wassergesetz
WHG	Gesetz zur Ordnung des Wasserhaushalts (Wasserhaushaltsgesetz)
WHO	World Health Organization
WiPrO	Gesetz über eine Berufsordnung der Wirtschaftsprüfer (Wirtschaftsprüferordnung)
WiR	Wirtschaftsrecht. Beiträge und Berichte aus dem Gesamtbereich des Wirtschaftsrechts
WissR	Wissenschaftsrecht, Wissenschaftsverwaltung, Wissenschaftsförderung. Zeitschrift für Recht und Verwaltung der wissenschaftlichen Hochschulen und der wissenschaftspflegenden Organisationen und -fördernden Stiftungen
WiSt	Wirtschaftswissenschaftliches Studium
wistra	Zeitschrift für Wirtschafts- und Steuerstrafrecht
WiVerw	Wirtschaft und Verwaltung
WM	Wertpapier-Mitteilungen
WP	Wahlperiode
WPflG	Wehrpflichtgesetz
WPG	Wahlprüfungsgesetz
WpHG	Gesetz über den Wertpapierhandel (Wertpapierhandelsgesetz)
WRP	Wettbewerb in Recht und Praxis
WRV	Verfassung des Deutschen Reichs vom 11. August 1919 (Weimarer Reichsverfassung)
WStG	Wehrstrafgesetz
WTO	World Trade Organization
WuB	Entscheidungssammlung zum Wirtschafts- und Bankrecht
württ.	württembergisch
WuW	Wirtschaft und Wettbewerb
WVK	Wiener Übereinkommen über das Recht der Verträge vom 23. Mai 1969 (Wiener Vertragsrechtskonvention)
WZB-Jb.	Wissenschaftszentrum Berlin – Jahrbuch

Abkürzungsverzeichnis

zahlr.	zahlreich
ZaöRV	Zeitschrift für ausländisches öffentliches Recht und Völkerrecht
ZAP	Zeitschrift für die Anwaltspraxis
ZAR	Zeitschrift für Ausländerrecht und Ausländerpolitik
ZAU	Zeitschrift für angewandte Umweltforschung
z. B.	zum Beispiel
ZBR	Zeitschrift für Beamtenrecht
ZDG	Gesetz über den Zivildienst der Kriegsdienstverweigerer (Zivildienstgesetz)
ZESAR	Zeitschrift für europäisches Sozial- und Arbeitsrecht
ZEuP	Zeitschrift für Europäisches Privatrecht
ZEuS	Zeitschrift für europarechtliche Studien
ZevKR	Zeitschrift für evangelisches Kirchenrecht
ZfA	Zeitschrift für Arbeitsrecht
ZfBR	Zeitschrift für deutsches und internationales Baurecht
ZFdG	Gesetz über das Zollkriminalamt und die Zollfahndungsämter (Zollfahndungsdienstgesetz)
ZfIR	Zeitschrift für Immobilienrecht
ZfJ	Zentralblatt für Jugendrecht
ZfP	Zeitschrift für Politik
ZfRSoz	Zeitschrift für Rechtssoziologie
ZfRV	Zeitschrift für Rechtsvergleichung, Internationales Privatrecht und Europarecht
ZfS	Zeitschrift für Schadensrecht
ZFSH/SGB	Zeitschrift für Sozialhilfe und SGB
ZfStrVo	Zeitschrift für Strafvollzug und Straffälligenhilfe
ZfU	Zeitschrift für Umweltpolitik und Umweltrecht
ZfVP	Zeitschrift für Vergleichende Politikwissenschaft
ZfW	Zeitschrift für Wasserrecht
ZG	Zeitschrift für Gesetzgebung
ZGR	Zeitschrift für Unternehmens- und Gesellschaftsrecht
ZgS	Zeitschrift für die gesamte Staatswissenschaft
ZHR	Zeitschrift für das gesamte Handelsrecht und Wirtschaftsrecht
Ziff.	Ziffer
ZIP	Zeitschrift für Wirtschaftsrecht und Insolvenzpraxis
zit.	zitiert
ZJS	Zeitschrift für das Juristische Studium
ZKM	Zeitschrift für Konfliktmanagement
ZLR	Zeitschrift für das gesamte Lebensmittelrecht
ZLW	Zeitschrift für Luftrecht und Weltraumrechtsfragen
ZMR	Zeitschrift für Miet- und Raumrecht
ZNER	Zeitschrift für Neues Energierecht
ZNR	Zeitschrift für Neuere Rechtsgeschichte
ZögU	Zeitschrift für öffentliche und gemeinwirtschaftliche Unternehmen
ZÖR	Zeitschrift für öffentliches Recht
ZOV	Zeitschrift für offene Vermögensfragen
ZP	Zusatzprotokoll
ZParl	Zeitschrift für Parlamentsfragen
ZPF	Zeitschrift für das Post- und Fernmeldewesen
ZPO	Zivilprozessordnung
ZPol	Zeitschrift für Politikwissenschaft
ZRP	Zeitschrift für Rechtspolitik
ZS	Zivilsenat
Zs.	Zeitschrift
ZSR	Zeitschrift für Schweizerisches Recht
ZStV	Zentrales Staatsanwaltschaftliches Verfahrensregister
ZStW	Zeitschrift für die gesamte Strafrechtswissenschaft
ZSW	Zeitschrift für das gesamte Sachverständigenwesen
z. T.	zum Teil
ZTR	Zeitschrift für Tarifrecht

Abkürzungsverzeichnis

ZuG 2007 .... Gesetz über den nationalen Zuteilungsplan für Treibhausgas-Emissionsberechtigungen in der Zuteilungsperiode 2005 bis 2007
ZuG 2012 .... Gesetz über den nationalen Zuteilungsplan für Treibhausgas-Emissionsberechtigungen in der Zuteilungsperiode 2008 bis 2012
ZUM .... Zeitschrift für Urheber- und Medienrecht; früher: Film und Recht (FuR)
ZUR .... Zeitschrift für Umweltrecht
zust. .... zustimmend
ZustVO .... Zuständigkeitsverordnung
zutr. .... zutreffend
ZVG .... Gesetz über die Zwangsversteigerung und die Zwangsverwaltung
ZWeR .... Zeitschrift für Wettbewerbsrecht
z. Zt. .... zur Zeit
ZZP .... Zeitschrift für Zivilprozeß

Im Übrigen wird verwiesen auf *Kirchner*, Abkürzungsverzeichnis der Rechtssprache, 6. Auflage, Berlin 2008.

Verzeichnis der Standardliteratur

1. Europäisches und Internationales Recht

Lehrbücher und Monographien

Bieber, Roland/Epiney, Astrid/Haag, Marcel, Die Europäische Union, 9. Aufl. 2011; zit.: *Bieber/Epiney/Haag*, Die EU, Rn.

Bogdandy, Armin von/Bast, Jürgen (Hrsg.), Europäisches Verfassungsrecht – Theoretische und dogmatische Grundzüge, 2. Aufl. 2009; zit.: *Bearbeiter*, Titel des Beitrags, in: v. Bogdandy/Bast (Hrsg.), Europäisches VerfR, S.

Danwitz, Thomas von, Europäisches Verwaltungsrecht, 2008; zit.: *v. Danwitz*, Europäisches VerwR, S.

Fastenrath, Ulrich/Groh, Thomas, Europarecht, 3. Aufl. 2012; zit.: *Fastenrath/Groh*, EuropaR, Rn.

Grabenwarter, Christoph, Europäische Menschenrechtskonvention, 5. Aufl. 2011; zit.: *Grabenwarter*, EMRK, § Rn.

Haltern, Ulrich, Europarecht, 2. Aufl. 2007; zit.: *Haltern*, EuropaR, S.

Haratsch, Andreas/Koenig, Christian/Pechstein, Matthias, Europarecht, 8. Aufl. 2012; zit.: *Haratsch/Koenig/Pechstein*, EuropaR, Rn.

Herdegen, Matthias, Europarecht, 14. Aufl. 2012; zit.: *Herdegen*, EuropaR, § Rn.

Huber, Peter M., Recht der Europäischen Integration, 2. Aufl. 2002; zit.: *Huber*, Recht der Europäischen Integration, § Rn.

Lecheler, Helmut, Einführung in das Europarecht, 2. Aufl. 2003; zit.: *Lecheler*, EuropaR, S.

Pechstein, Matthias/Koenig, Christian, Die Europäische Union, 3. Aufl. 2000; zit.: *Pechstein/Koenig*, Die EU, Rn.

Oppermann, Thomas/Classen, Claus D./Nettesheim, Martin, Europarecht, 5. Aufl. 2011; zit.: *Oppermann/Classen/Nettesheim*, EuropaR, Rn.

Oppermann, Thomas, Europarecht, 3. Aufl. 2005; zit.: *Oppermann*, EuropaR, Rn.

Schöndorf-Haubold, Bettina, Europäisches Sicherheitsverwaltungsrecht, 2010; zit.: *Schöndorf-Haubold*, Europäisches SicherheitsR, Rn.

Schuppert, Gunnar Folke/Pernice, Ingolf/Haltern, Ulrich (Hrsg.), Europawissenschaft, 2005; zit.: *Bearbeiter*, Titel des Beitrags, in: Schuppert/Pernice/Haltern (Hrsg.), Europawissenschaft, S.

Schwarze, Jürgen, Europäisches Verwaltungsrecht – Entstehung und Entwicklung im Rahmen der Europäischen Gemeinschaft, 2. Aufl. 2005 (Neudr. mit Einleitung); zit.: *Schwarze*, Europäisches VerwR I, S.

Streinz, Rudolf, Europarecht, 9. Aufl. 2012; zit.: *Streinz*, EuropaR, Rn.

Kommentare und Handbücher

Bogdandy, Armin von/Cruz Villalón, Pedro/Huber, Peter M. (Hrsg.), Handbuch Ius Publicum Europaeum: Bd. I, Grundlagen und Grundzüge staatlichen Verfassungsrechts, 2007, Bd. II, Offene Staatlichkeit – Wissenschaft vom Verfassungsrecht, 2008; zit.: *Bearbeiter*, Titel des Abschnittsthemas, in: IPE I, § Angabe des Landes, Rn.

Bogdandy, Armin von/Cassese, Sabino/Huber, Peter M. (Hrsg.), Handbuch Ius Publicum Europaeum: Verwaltungsrecht in Europa: Bd. III, Grundlagen, 2010; Bd. IV, Wissenschaft, 2011; Bd. V, Grundzüge [im Erscheinen]; zit.: *Bearbeiter*, Titel des Abschnittsthemas, in: IPE III, § Rn.

Calliess, Christian/Ruffert, Matthias (Hrsg.), EUV/AEUV, 4. Aufl. 2011; zit.: *Bearbeiter*, in: Calliess/Ruffert (Hrsg.), EUV/AEUV, Art. Rn.

Calliess, Christian/Ruffert, Matthias (Hrsg.), EUV/EGV, 3. Aufl. 2007; zit.: *Bearbeiter*, in: Calliess/Ruffert (Hrsg.), EUV/EGV, Art. Rn.

Dauses, Manfred A. (Hrsg.), Handbuch des EU-Wirtschaftsrechts, Losebl.; zit.: *Bearbeiter*, Titel des Beitrags, in: Dauses (Hrsg.), Hdb. EU-WirtschaftsR, Bd. I, Abschn. Rn.

Ehlers, Dirk (Hrsg.), Europäische Grundrechte und Grundfreiheiten, 3. Aufl. 2009; zit.: *Bearbeiter*, Titel des Beitrags, in: Ehlers (Hrsg.), Europäische Grundrechte, § Rn.

Verzeichnis der Standardliteratur

Frenz, Walter, Handbuch Europarecht: Bd. I, Europäische Grundfreiheiten, 2. Aufl. 2012, Bd. II, Europäisches Kartellrecht, 2006, Bd. III, Beihilfe- und Vergaberecht, 2007, Bd. IV, Europäische Grundrechte, 2009, Bd. V, Wirkungen und Rechtsschutz, 2010; Bd. VI, Institutionen und Politiken, 2010; zit.: *Frenz*, HdbEuR I, Rn.

Frowein, Jochen A./Peukert, Wolfgang, Europäische Menschenrechtskonvention. EMRK-Kommentar, 3. Aufl. 2009; zit.: *Frowein/Peukert*, EMRK, Art. Rn.

Geiger, Rudolf/Khan, Daniel-Erasmus/Kotzur, Markus, EUV/AEUV, Vertrag über die Europäische Union und Vertrag über die Arbeitsweise der Europäischen Union, 5. Aufl. 2010; zit.: Geiger/Khan/Kotzur, EUV/AEUV, Art. Rn.

Geiger, Rudolf, EUV/EGV, Vertrag über die Europäische Union und Vertrag zur Gründung der Europäischen Gemeinschaft, 4. Aufl. 2004; zit.: *Geiger*, EU-/EG-Vertrag, Art. Rn.

Grabitz, Eberhard/Hilf, Meinhard/Nettesheim, Martin (Hrsg.), Das Recht der Europäischen Union, Losebl.; zit.: *Bearbeiter*, in: Grabitz/Hilf/Nettesheim (Hrsg.), EU-Recht, Art. Rn.

Groeben, Hans von der/Schwarze, Jürgen (Hrsg.), Kommentar zum Vertrag über die Europäische Union und zur Gründung der Europäischen Gemeinschaft, 4 Bde., 6. Aufl. 2003/2004; zit.: *Bearbeiter*, in: v. d. Groeben/Schwarze (Hrsg.), EU-/EG-Vertrag, Art. Rn.

Grote, Rainer/Marauhn, Thilo (Hrsg.), EMRK/GG – Konkordanzkommentar zum europäischen und deutschen Grundrechtsschutz, 2006; zit.: *Bearbeiter*, in: Grote/Marauhn (Hrsg.), EMRK/GG, Kap. Rn.

Hailbronner, Kay/Klein, Eckart/Magiera, Siegfried/Müller-Graff, Peter-Christian, Handkommentar zum Vertrag über die Europäische Union (EUV/EGV), Losebl.; zit.: *Bearbeiter*, in: Hailbronner/Klein/Magiera/Müller-Graff, EU-/EG-Vertrag, Art. Rn.

Heselhaus, F. Sebastian/Nowak, Carsten (Hrsg.), Handbuch der Europäischen Grundrechte, 2006; zit.: *Bearbeiter*, Titel des Beitrags, in: Heselhaus/Nowak, Hdb. EU-Grundrechte, § Rn.

Jarass, Hans D., Charta der Grundrechte der Europäischen Union, 2010; zit.: *Jarass*, GRCh, Art. Rn.

Lenz, Carl O./Borchardt, Klaus-Dieter (Hrsg.), EU-Verträge, 5. Aufl. 2010; zit.: *Bearbeiter*, in: Lenz/Borchardt (Hrsg.), EU-Verträge, Art. Rn.

Lenz, Carl O./Borchardt, Klaus-Dieter (Hrsg.), EU- und EG-Vertrag, 4. Aufl. 2006; zit.: *Bearbeiter*, in: Lenz/Borchardt (Hrsg.), EU-/EG-Vertrag, Art. Rn.

Meyer, Jürgen (Hrsg.), Charta der Grundrechte der Europäischen Union, 3. Aufl. 2011; zit.: *Bearbeiter*, in: Meyer (Hrsg.), Charta, Art. Rn.

Möllers, Christoph/Voßkuhle, Andreas/Walter, Christian (Hrsg.), Internationales Verwaltungsrecht, 2007; zit.: *Bearbeiter*, Titel des Beitrags, in: Möllers/Voßkuhle/Walter (Hrsg.), Internationales VerwR, S.

Rengeling, Hans-Werner/Middeke, Andreas/Gellermann, Martin (Hrsg.), Handbuch des Rechtsschutzes in der Europäischen Union, 2. Aufl. 2003; zit.: *Bearbeiter*, Titel des Beitrags, in: Rengeling/Middeke/Gellermann (Hrsg.), HdbRs, § Rn.

Schmidt-Aßmann, Eberhard/Schöndorf-Haubold, Bettina (Hrsg.), Der Europäische Verwaltungsverbund, 2005; zit.: *Bearbeiter*, Titel des Beitrags, in: Schmidt-Aßmann/Schöndorf-Haubold (Hrsg.), Europäischer Verwaltungsverbund, S.

Schulze, Reiner/Zuleeg, Manfred/Kadelbach, Stefan (Hrsg.), Europarecht, 2. Aufl. 2010; zit.: *Bearbeiter*, Titel des Beitrags, in: Schulze/Zuleeg/Kadelbach (Hrsg.), EuropaR, § Rn.

Schwarze, Jürgen (Hrsg.), EU-Kommentar, 3. Aufl. 2012; zit.: *Bearbeiter*, in: Schwarze (Hrsg.), EU, Art. Rn.

Streinz, Rudolf (Hrsg.), EUV/AEUV, Vertrag über die Europäische Union und Vertrag über die Arbeitsweise der Europäischen Union, 2. Aufl. 2012; zit.: *Bearbeiter*, in: Streinz (Hrsg.), EUV/AEUV, Art. Rn.

Streinz, Rudolf (Hrsg.), EUV/EGV, Vertrag über die Europäische Union und Vertrag zur Gründung der Europäischen Gemeinschaft, 2003; zit.: *Bearbeiter*, in: Streinz (Hrsg.), EUV/EGV, Art. Rn.

Terhechte, Jörg P. (Hrsg.), Verwaltungsrecht der Europäischen Union, 2011; zit.: *Bearbeiter*, Titel des Beitrags, in: Terhechte (Hrsg.), VerwREU, § Rn.

Tettinger, Peter J./Stern, Klaus (Hrsg.), Kölner Gemeinschaftskommentar zur Europäischen Grundrechte-Charta, 2006; zit.: *Bearbeiter*, in: Tettinger/Stern (Hrsg.), EuGR-Charta, Art. Rn.

Vedder,, Christoph/Heintschel von Heinegg, Wolff (Hrsg.), Europäisches Unionsrecht, 2012; zit.: *Bearbeiter*, in: Vedder,/Heintschel v. Heinegg (Hrsg.), Unionsrecht, Art. Rn.

Verzeichnis der Standardliteratur

2. Staatsrecht

Lehrbücher und Monographien

Badura, Peter, Staatsrecht, 5. Aufl. 2012; zit.: *Badura,* StaatsR, Großbuchstabe Rn.
Degenhart, Christoph, Staatsrecht I – Staatsorganisationsrecht, 27. Aufl. 2011; zit.: *Degenhart,* StaatsR I, Rn.
Hesse, Konrad, Grundzüge des Verfassungsrechts der Bundesrepublik Deutschland, 20. Aufl. 1995, Neudr. 1999; zit.: *Hesse,* Grundzüge, Rn.
Kloepfer, Michael, Verfassungsrecht, Bd. I, 2011; Bd. II, 2010; zit.: *Kloepfer,* VerfassungsR I, § Rn.
Maurer, Hartmut, Staatsrecht I, 6. Aufl. 2010; zit.: *Maurer,* StaatsR, § Rn.
Sachs, Michael, Verfassungsrecht II, Grundrechte, 2. Aufl. 2003; zit.: *Sachs,* VerfR II, Abschn. Rn.
Schuppert, Gunnar Folke, Staatswissenschaft, 2003; zit.: *Schuppert,* Staatswissenschaft, S.
Stein, Ekkehart/Frank, Götz, Staatsrecht, 21. Aufl. 2010; zit.: *Stein/Frank,* StaatsR, S.
Zippelius, Reinhold/Würtenberger, Thomas, Deutsches Staatsrecht, 32. Aufl. 2008; zit.: *Zippelius/Würtenberger,* StaatsR, § Rn.

Kommentare und Handbücher

Anschütz, Gerhard/Thoma, Richard (Hrsg.), Handbuch des Deutschen Staatsrechts, Bd. I, 1930; Bd. II, 1932; zit.: *Bearbeiter,* Titel des Beitrags, in: Anschütz/Thoma (Hrsg.), HStR I, S.
Benda, Ernst/Maihofer, Werner/Vogel, Hans-Jochen (Hrsg.), Handbuch des Verfassungsrechts, 2. Aufl. 1994; zit.: *Bearbeiter,* Titel des Beitrags, in: HdbVerfR, § Rn.
Bonner Kommentar zum Grundgesetz, hrsg. von Dolzer, Rudolf/Kahl, Wolfgang/Waldhoff, Christian, Losebl.; zit.: *Bearbeiter,* in: BK, Art. Rn.
Denninger, Erhard/Hoffmann-Riem, Wolfgang/Schneider, Hans-Peter/Stein, Ekkehart (Hrsg.), Kommentar zum Grundgesetz für die Bundesrepublik Deutschland (aus der Reihe der Alternativkommentare), 3. Aufl. 2001, Losebl.; zit.: *Bearbeiter,* in: AK-GG, Art. Rn.
Depenheuer, Otto/Grabenwarter, Christoph (Hrsg.), Verfassungstheorie, 2010; zit.: *Bearbeiter,* Titel des Beitrags, in: Depenheuer/Grabenwarter (Hrsg.), Verfassungstheorie, S.
Dreier, Horst (Hrsg.), Grundgesetz, 2. Aufl., Bd. I, 2004; Bd. II, 2006; Bd. III, 2008; Suppl. 2010; zit.: *Bearbeiter,* in: Dreier (Hrsg.), GG I, Art. Rn.
Elster, Ludwig/Weber, Adolf/Wieser, Friedrich (Hrsg.), Handwörterbuch der Staatswissenschaften, 4. Aufl., Bd. I, 1923; Bd. II, 1924; Bd. III, 1926; Bd. IV, 1927; Bd. V, 1923; Bd. VI, 1925; Bd. VII, 1926; Bd. VIII, 1928; Ergänzungsband 1929; zit.: *Bearbeiter,* Titel des Beitrags, in: HwStW I, S.
Epping, Volker/Hillgruber, Christian (Hrsg.), Grundgesetz, 2009; zit.: *Bearbeiter,* in: Epping/Hillgruber (Hrsg.), GG, Art. Rn.
Friauf, Karl H./Höfling, Wolfram (Hrsg.), Berliner Kommentar zum Grundgesetz, Losebl.; zit.: *Bearbeiter,* in: Friauf/Höfling (Hrsg.), GG, Art. Rn.
Isensee, Josef/Kirchhof, Paul (Hrsg.), Handbuch des Staatsrechts der Bundesrepublik Deutschland, Bd. I, 3. Aufl. 2003; Bd. II, 3. Aufl. 2004; Bd. III, 3. Aufl. 2005; Bd. IV, 3. Aufl. 2006; Bd. V, 3. Aufl. 2007; Bd. VI, 3. Aufl. 2008; Bd. VII, 3. Aufl. 2009; Bd. VIII, 3. Aufl. 2010; Bd. IX, 3. Aufl. 2011; Bd. X, 2000; zit.: *Bearbeiter,* Titel des Beitrags, in: HStR I, § Rn.
Jarass, Hans D./Pieroth, Bodo, Grundgesetz für die Bundesrepublik Deutschland, 11. Aufl. 2011; zit.: *Bearbeiter,* in: Jarass/Pieroth, GG, Art. Rn.
Leibholz, Gerhard/Rinck, Hans-Justus/Hesselberger, Dieter, Grundgesetz für die Bundesrepublik Deutschland, Losebl.; zit.: *Bearbeiter,* in: Leibholz/Rinck, GG, Art. Rn.
Mangoldt, Hermann von/Klein, Friedrich/Starck, Christian (Hrsg.), Kommentar zum Grundgesetz, 3 Bde., 6. Aufl. 2010; zit.: *Bearbeiter,* in: v. Mangoldt/Klein/Starck (Hrsg.), GG I, Art. Rn.
Maunz, Theodor/Dürig, Günter, Grundgesetz, Losebl.; zit.: *Bearbeiter,* in: Maunz/Dürig, GG, Art. Rn.
Maunz, Theodor/Schmidt-Bleibtreu, Bruno/Klein, Franz/Bethge, Herbert, Bundesverfassungsgerichtsgesetz, Losebl.; zit.: *Bearbeiter,* in: Maunz/Schmidt-Bleibtreu, BVerfGG, § Rn.
Merten, Detlef/Papier, Hans-Jürgen (Hrsg.), Handbuch der Grundrechte in Deutschland und Europa, Bd. I, 2004; Bd. II, 2006; Bd. III, 2009; Bd. IV, 2011; Bd. VI/I, 2010; Bd. VI/II, 2009; Bd. VII/I, 2009; Bd. VII/II, 2007; zit.: *Bearbeiter,* Titel des Beitrags, in: HGR I, § Rn.
Münch, Ingo von/Kunig, Philip (Hrsg.), Grundgesetz-Kommentar, 2 Bde., 6. Aufl. 2012; zit.: *Bearbeiter,* in: v. Münch/Kunig (Hrsg.), GGK I, Art. Rn.
Sachs, Michael (Hrsg.), Grundgesetz, 6. Aufl. 2011; zit.: *Bearbeiter,* in: Sachs (Hrsg.), GG, Art. Rn.

Verzeichnis der Standardliteratur

Schmidt-Bleibtreu, Bruno/Hofmann, Hans/Hopfauf, Axel (Hrsg.), Kommentar zum Grundgesetz, 12. Aufl. 2011; zit.: *Bearbeiter*, in: Schmidt-Bleibtreu/Hofmann/Hopfauf (Hrsg.), GG, Art. Rn.

Schneider, Hans-Peter/Zeh, Wolfgang (Hrsg.), Parlamentsrecht und Parlamentspraxis in der Bundesrepublik Deutschland, 1989; zit.: *Bearbeiter*, Titel des Beitrags, in: Schneider/Zeh (Hrsg.), ParlamentsR, § Rn.

Stern, Klaus, Das Staatsrecht der Bundesrepublik Deutschland, Bd. I, 2. Aufl. 1984; Bd. II, 1980; Bd. III/1, 1988; Bd. III/2, 1994; Bd. IV/1, 2006; Bd. IV/2, 2011; Bd. V, 1999; zit.: *Stern*, StaatsR I, S.

Umbach, Dieter C./Clemens, Thomas (Hrsg.), Grundgesetz, Mitarbeiterkommentar, 2 Bde., 2002; zit.: *Bearbeiter*, in: Umbach/Clemens (Hrsg.), GG, Art. Rn.

3. Allgemeines Verwaltungsrecht, Verwaltungsgeschichte, Verwaltungswissenschaft

Lehrbücher und Monographien

Achterberg, Norbert, Allgemeines Verwaltungsrecht, 2. Aufl. 1986; zit.: *Achterberg*, VerwR, § Rn.

Badura, Peter, Das Verwaltungsrecht des liberalen Rechtsstaates, 1967; zit.: *Badura*, VerwR, S.

Bogumil, Jörg/Jann, Werner, Verwaltung und Verwaltungswissenschaft in Deutschland, 2. Aufl. 2008; zit.: *Bogumil/Jann*, Verwaltung, S.

Bull, Hans P./Mehde, Veith, Allgemeines Verwaltungsrecht mit Verwaltungslehre, 8. Aufl. 2009; zit.: *Bull/Mehde*, VerwR, Rn.

Dennewitz, Bodo, Die Systeme des Verwaltungsrechts. Ein Beitrag zur Geschichte der modernen Verwaltungswissenschaft, 1948; zit.: *Dennewitz*, Systeme, S.

Detterbeck, Steffen, Allgemeines Verwaltungsrecht mit Verwaltungsprozessrecht, 10. Aufl. 2012; zit.: *Detterbeck*, Allg. VerwR, Rn.

Detterbeck, Steffen/Windthorst, Kay/Sproll, Hans-Dieter, Staatshaftungsrecht, 2000; zit.: *Detterbeck/Windthorst/Sproll*, StaatshaftungsR, § Rn.

Erbguth, Wilfried, Allgemeines Verwaltungsrecht mit Verwaltungsprozess- und Staatshaftungsrecht, 4. Aufl. 2011; zit.: *Erbguth*, VerwR, § Rn.

Erichsen, Hans-Uwe/Ehlers, Dirk (Hrsg.), Allgemeines Verwaltungsrecht, 14. Aufl. 2010; zit.: *Bearbeiter*, Titel des Beitrags, in: Erichsen/Ehlers (Hrsg.), VerwR, § Rn.

Faber, Heiko, Verwaltungsrecht, 4. Aufl. 1995; zit.: *Faber*, VerwR, S.

Fleiner, Fritz, Institutionen des Deutschen Verwaltungsrechts, 8. Aufl. 1928, 3. Neudr. 1995; zit.: *Fleiner*, Institutionen des VerwR, S.

Forsthoff, Ernst, Lehrbuch des Verwaltungsrechts, Bd. I, Allgemeiner Teil, 10. Aufl. 1973; zit.: *Forsthoff*, VerwR, S.

Heyen, Erk V. (Hrsg.), Geschichte der Verwaltungsrechtswissenschaft in Europa, 1982; zit.: *Bearbeiter*, Titel des Beitrags, in: Heyen (Hrsg.), Geschichte, S.

Heyen, Erk V. (Hrsg.), Wissenschaft und Recht der Verwaltung seit dem Ancien Régime, 1984; zit.: *Bearbeiter*, Titel des Beitrags, in: Heyen (Hrsg.), Wissenschaft, S.

Hoffmann-Riem, Wolfgang, Offene Rechtswissenschaft. Ausgewählte Schriften von Wolfgang Hoffmann-Riem mit begleitenden Analysen, 2010; zit.: *Bearbeiter*, Titel des Beitrags, in: Hoffmann-Riem, Offene Rechtswissenschaft, S.

Hoffmann-Riem, Wolfgang/Schmidt-Aßmann, Eberhard/Schuppert, Gunnar Folke (Hrsg.), Reform des Allgemeinen Verwaltungsrechts: Grundfragen, 1993; zit.: *Bearbeiter*, Titel des Beitrags, in: Hoffmann-Riem/Schmidt-Aßmann/Schuppert (Hrsg.), Reform, S.

Hoffmann-Riem, Wolfgang/Schmidt-Aßmann, Eberhard (Hrsg.), Innovation und Flexibilität des Verwaltungshandelns, 1994; zit.: *Bearbeiter*, Titel des Beitrags, in: Hoffmann-Riem/Schmidt-Aßmann (Hrsg.), Innovation, S.

Hoffmann-Riem, Wolfgang/Schmidt-Aßmann, Eberhard (Hrsg.), Öffentliches Recht und Privatrecht als wechselseitige Auffangordnungen, 1996; zit.: *Bearbeiter*, Titel des Beitrags, in: Hoffmann-Riem/Schmidt-Aßmann (Hrsg.), Auffangordnungen, S.

Hoffmann-Riem, Wolfgang/Schmidt-Aßmann, Eberhard (Hrsg.), Effizienz als Herausforderung an das Verwaltungsrecht, 1998; zit.: *Bearbeiter*, Titel des Beitrags, in: Hoffmann-Riem/Schmidt-Aßmann (Hrsg.), Effizienz, S.

Hoffmann-Riem, Wolfgang/Schmidt-Aßmann, Eberhard (Hrsg.), Verwaltungsrecht in der Informationsgesellschaft, 2000; zit.: *Bearbeiter*, Titel des Beitrags, in: Hoffmann-Riem/Schmidt-Aßmann (Hrsg.), Informationsgesellschaft, S.

Hoffmann-Riem, Wolfgang/Schmidt-Aßmann, Eberhard (Hrsg.), Verwaltungsverfahren und Verwaltungsverfahrensgesetz, 2002; zit.: *Bearbeiter*, Titel des Beitrags, in: Hoffmann-Riem/Schmidt-Aßmann (Hrsg.), Verwaltungsverfahren, S.

Verzeichnis der Standardliteratur

Huber, Peter M., Allgemeines Verwaltungsrecht, 2. Aufl. 1997; zit.: *Huber,* Allg. VerwR, S.
Hufen, Friedhelm, Fehler im Verwaltungsverfahren, 4. Aufl. 2002; zit.: *Hufen,* Fehler, Rn.
Ipsen, Jörn, Allgemeines Verwaltungsrecht, 7. Aufl. 2011; zit.: *Ipsen,* VerwR, § Rn.
Jellinek, Walter, Verwaltungsrecht, 3. Aufl. 1931 mit Nachtrag 1950, Neudr. 1966; zit.: *Jellinek,* VerwR, S.
Koch, Hans-Joachim/Rubel, Rüdiger/Heselhaus, Sebastian, Allgemeines Verwaltungsrecht, 3. Aufl. 2003; zit.: *Koch/Rubel/Heselhaus,* VerwR, § Rn.
Loeser, Roman, System des Verwaltungsrechts, Bd. I und II, 1994; zit.: *Loeser,* System I, § Rn.
Maurer, Hartmut, Allgemeines Verwaltungsrecht, 18. Aufl. 2011; zit.: *Maurer,* VerwR, § Rn.
Mayer, Otto, Deutsches Verwaltungsrecht, 2 Bde., 3. Aufl. 1924, unveränd. Nachdr. 2004; zit.: *Mayer,* VerwR I, S.
Meyer-Hesemann, Wolfgang, Methodenwandel in der Verwaltungsrechtswissenschaft, 1981; zit.: *Meyer-Hesemann,* Methodenwandel, S.
Ossenbühl, Fritz, Staatshaftungsrecht, 5. Aufl. 1998; zit.: *Ossenbühl,* StaatshaftungsR, S.
Peine, Franz-Joseph, Allgemeines Verwaltungsrecht, 10. Aufl. 2011; zit.: *Peine,* VerwR, Rn.
Püttner, Günter, Verwaltungslehre, 4. Aufl. 2007; zit.: *Püttner,* VerwaltungsL, S.
Schmidt-Aßmann, Eberhard, Das allgemeine Verwaltungsrecht als Ordnungsidee, 2. Aufl. 2004; zit.: *Schmidt-Aßmann,* Ordnungsidee, Kap. Rn.
Schmidt-Aßmann, Eberhard/Hoffmann-Riem, Wolfgang (Hrsg.), Verwaltungsorganisationsrecht als Steuerungsressource, 1997; zit.: *Bearbeiter,* Titel des Beitrags, in: Schmidt-Aßmann/Hoffmann-Riem (Hrsg.), Verwaltungsorganisationsrecht, S.
Schmidt-Aßmann, Eberhard/Hoffmann-Riem, Wolfgang (Hrsg.), Strukturen des Europäischen Verwaltungsrechts, 1999; zit.: *Bearbeiter,* Titel des Beitrags, in: Schmidt-Aßmann/Hoffmann-Riem (Hrsg.), Strukturen, S.
Schmidt-Aßmann, Eberhard/Hoffmann-Riem, Wolfgang (Hrsg.), Verwaltungskontrolle, 2001; zit.: *Bearbeiter,* Titel des Beitrags, in: Schmidt-Aßmann/Hoffmann-Riem (Hrsg.), Verwaltungskontrolle, S.
Schmidt-Aßmann, Eberhard/Hoffmann-Riem, Wolfgang (Hrsg.), Methoden der Verwaltungsrechtswissenschaft, 2004; zit.: *Bearbeiter,* Titel des Beitrags, in: Schmidt-Aßmann/Hoffmann-Riem (Hrsg.), Methoden, S.
Schuppert, Gunnar Folke, Verwaltungswissenschaft, 2000; zit.: *Schuppert,* Verwaltungswissenschaft, S.
Stolleis, Michael, Geschichte des öffentlichen Rechts in Deutschland, Bd. I, 1988; Bd. II, 1992; Bd. III, 1999; Bd. IV, 2012; zit.: *Stolleis,* Geschichte I, S.
Thieme, Werner, Verwaltungslehre, 4. Aufl. 1984; zit.: *Thieme,* VerwaltungsL, Rn.
Ule, Carl H./Laubinger, Hans-Werner, Verwaltungsverfahrensrecht, 4. Aufl. 1995; zit.: *Ule/Laubinger,* VerwVerfR, § Rn.
Wahl, Rainer, Herausforderungen und Antworten: Das Öffentliche Recht der letzten fünf Jahrzehnte, 2006; zit.: *Wahl,* Herausforderungen, S.
Wallerath, Maximilian, Allgemeines Verwaltungsrecht, 6. Aufl. 2009; zit.: *Wallerath,* VerwR, § Rn.
Wolff, Hans J./Bachof, Otto/Stober, Rolf, Verwaltungsrecht, Bd. I, 11. Aufl. 1999; Bd. II, 6. Aufl. 2000; Bd. III, 5. Aufl. 2004; zit.: *Wolff/Bachof/Stober,* VerwR I, § Rn.
Wolff, Hans J./Bachof, Otto/Stober, Rolf/Winfried, Kluth, Verwaltungsrecht, Bd. I, 12. Aufl. 2007; Bd. II, 7. Aufl. 2010; zit.: *Wolff/Bachof/Stober/Kluth,* VerwR I, § Rn.

Kommentare und Handbücher

Fehling, Michael/Kastner, Berthold (Hrsg.), Verwaltungsrecht, 2. Aufl. 2010; zit.: *Bearbeiter,* in: Hk-VerwR, § Rn.
Handbuch für die öffentliche Verwaltung. Einführung in ihre rechtlichen und praktischen Grundlagen; Bd. I: Grundlagen, hrsg. von Mutius, Albert von, 1984; Bd. II: Besonderes Verwaltungsrecht, hrsg. von Friauf, Karl H., 1984; Bd. III: Privatrecht, hrsg. von Westermann, Harm P., 1982; zit.: *Bearbeiter,* Titel des Beitrags, in: HÖV I, Rn.
Jeserich, Kurt G. A./Pohl, Hans/Unruh, Georg-Christoph von (Hrsg.), Deutsche Verwaltungsgeschichte, Bd. I, 1983; Bd. II, 1983; Bd. III, 1984; Bd. IV, 1985; Bd. V, 1987, m. Registerband 1988; zit.: *Bearbeiter,* Titel des Beitrags, in: Jeserich/Pohl/v. Unruh (Hrsg.), Verwaltungsgeschichte I, S.
Knack, Hans J./Henneke, Hans-Günter, Verwaltungsverfahrensgesetz, 9. Aufl. 2009; zit.: *Bearbeiter,* in: Knack/Henneke, VwVfG, § Rn.
Kopp, Ferdinand O./Ramsauer, Ulrich, Verwaltungsverfahrensgesetz, 12. Aufl. 2011; zit.: *Kopp/Ramsauer,* VwVfG, § Rn.
Obermayer, Klaus/Fritz, Roland (Hrsg.), Kommentar zum Verwaltungsverfahrensgesetz, 3. Aufl. 1999; zit.: *Bearbeiter,* in: Obermayer, VwVfG, § Rn.

Verzeichnis der Standardliteratur

Stelkens, Paul/Bonk, Heinz J./Sachs, Michael (Hrsg.), Verwaltungsverfahrensgesetz, 7. Aufl. 2008; zit.: *Bearbeiter*, in: Stelkens/Bonk/Sachs (Hrsg.), VwVfG, § Rn.

Trute, Hans-Heinrich/Groß, Thomas/Röhl, Hans C./Möllers, Christoph (Hrsg.), Allgemeines Verwaltungsrecht – Zur Tragfähigkeit eines Konzepts, 2008; zit.: *Bearbeiter*, Titel des Beitrags, in: Trute/Groß/Röhl/Möllers (Hrsg.), Allgemeines Verwaltungsrecht, S.

Ziekow, Jan, Verwaltungsverfahrensgesetz, 2. Aufl. 2010; zit.: *Ziekow*, VwVfG, § Rn.

4. Besonderes Verwaltungsrecht

a) Gesamtdarstellungen

Achterberg, Norbert/Püttner, Günter/Würtenberger, Thomas (Hrsg.), Besonderes Verwaltungsrecht – Ein Lehr- und Handbuch, 2 Bde., 2. Aufl. 2000; zit.: *Bearbeiter*, Titel des Beitrags, in: Achterberg/Püttner/Würtenberger (Hrsg.), Bes. VerwR, Rn.

Schmidt-Aßmann, Eberhard/Schoch, Friedrich (Hrsg.), Besonderes Verwaltungsrecht, 14. Aufl. 2008; zit.: *Bearbeiter*, Titel des Beitrags, in: Schmidt-Aßmann/Schoch (Hrsg.), Bes. VerwR, Kap. Rn.

Steiner, Udo (Hrsg.), Besonderes Verwaltungsrecht, 8. Aufl. 2006; zit.: *Bearbeiter*, Titel des Beitrags, in: Steiner (Hrsg.), Bes. VerwR, Rn.

b) Baurecht

Battis, Ulrich/Krautzberger, Michael/Löhr, Rolf-Peter, Baugesetzbuch, 11. Aufl. 2009; zit.: *Bearbeiter*, in: Battis/Krautzberger/Löhr, BauGB, § Rn.

Berliner Kommentar zum BauGB, hrsg. von Schlichter, Otto/Stich, Rudolf, Losebl.; zit.: *Bearbeiter*, in: Berliner Kommentar zum BauGB, § Rn.

Brügelmann, Hermann, Baugesetzbuch, Losebl.; zit.: *Bearbeiter*, in: Brügelmann, BauGB, § Rn.

Ernst, Werner/Zinkahn, Willy/Bielenberg, Walter/Krautzberger, Michael (Hrsg.), Baugesetzbuch, Losebl.; zit.: *Bearbeiter*, in: Ernst/Zinkahn/Bielenberg/Krautzberger (Hrsg.), BauGB, § Rn.

Gelzer, Konrad/Bracher, Christian-Dietrich/Reidt, Olaf, Bauplanungsrecht, 7. Aufl. 2004; zit.: *Bearbeiter*, in: Gelzer/Bracher/Reidt, BauplanungsR, Rn.

Hoppe, Werner/Bönker, Christian/Grotefels, Susan, Öffentliches Baurecht, 4. Aufl. 2010; zit.: *Bearbeiter*, in: Hoppe/Bönker/Grotefels, BauR, § Rn.

Jäde, Henning/Dirnberger, Franz/Weiß, Josef, Baugesetzbuch, Baunutzungsverordnung, 6. Aufl. 2010; zit.: *Bearbeiter*, in: Jäde/Dirnberger/Weiß, BauGB/BauNVO, § Rn.

Koch, Hans-Joachim/Hendler, Reinhard, Baurecht, Raumordnungs- und Landesplanungsrecht, 5. Aufl. 2009; zit.: *Koch/Hendler*, BauR, § Rn.

Peine, Franz-Joseph, Öffentliches Baurecht, 4. Aufl. 2003; zit.: *Peine*, BauR, Rn.

Schrödter, Hans, Baugesetzbuch, 7. Aufl. 2006; zit.: *Bearbeiter*, in: Schrödter, BauGB, § Rn.

Stüer, Bernhard, Handbuch des Bau- und Fachplanungsrechts, 4. Aufl. 2009; zit.: *Stüer*, Hdb. BauR, Rn.

c) Kommunalrecht

Burgi, Martin, Kommunalrecht, 3. Aufl. 2010; zit.: *Burgi*, KommunalR, § Rn.

Gern, Alfons, Deutsches Kommunalrecht, 3. Aufl. 2003; zit.: *Gern*, KommunalR, Rn.

Mann, Thomas/Püttner, Günter (Hrsg.), Handbuch der kommunalen Wissenschaft und Praxis, Bd. I, 3. Aufl. 2007; Bd. II, 3. Aufl. 2011; Bd. III, 2. Aufl. 1983; Bd. IV, 2. Aufl. 1983; Bd. V, 2. Aufl. 1984; Bd. VI, 2. Aufl. 1985; zit.: *Bearbeiter*, Titel des Beitrags, in: HKWP I, S.

Mutius, Albert von, Kommunalrecht, 1996; zit.: *v. Mutius*, KommunalR, Rn.

Waechter, Kay, Kommunalrecht – Ein Lehrbuch, 3. Aufl. 1997; zit.: *Waechter*, KommunalR, Rn.

d) Polizeirecht

Drews, Bill/Wacke, Gerhard/Vogel, Klaus/Martens, Wolfgang, Gefahrenabwehr, 9. Aufl. 1986; zit.: *Drews/Wacke/Vogel/Martens*, Gefahrenabwehr, S.

Götz, Volkmar, Allgemeines Polizei- und Ordnungsrecht, 14. Aufl. 2008; zit.: *Götz*, PolizeiR, Rn.

Gusy, Christoph, Polizei- und Ordnungsrecht, 8. Aufl. 2011; zit.: *Gusy*, PolizeiR, Rn.

Lisken, Hans/Denninger, Erhard (Hrsg.), Handbuch des Polizeirechts, 5. Aufl. 2012; zit.: *Bearbeiter*, Titel des Beitrags, in: Lisken/Denninger (Hrsg.), HPolizeiR, Großbuchst. Rn.

Möller, Manfred/Warg, Gunter, Allgemeines Polizei- und Ordnungsrecht, 6. Aufl. 2011; zit.: *Möller/Warg*, PolizeiR, Rn.

Verzeichnis der Standardliteratur

Pieroth, Bodo/Schlink, Bernhard/Kniesel, Michael, Polizei- und Ordnungsrecht, 6. Aufl. 2010; zit.: *Pieroth/Schlink/Kniesel*, PolizeiR, § Rn.
Schenke, Wolf-Rüdiger, Polizei- und Ordnungsrecht, 7. Aufl. 2011; zit.: *Schenke*, PolizeiR, Rn.
Würtenberger, Thomas/Heckmann, Dirk, Polizeirecht in Baden-Württemberg, 6. Aufl. 2005; zit.: *Würtenberger/Heckmann*, PolizeiR, Rn.

e) Umweltrecht

Epiney, Astrid, Umweltrecht in der Europäischen Union, 2. Aufl. 2005; zit.: *Epiney*, UmweltR in der EU, S.
Frenz, Walter, Europäisches Umweltrecht, 1997; zit.: *Frenz*, Europäisches UmweltR, Rn.
Hoppe, Werner/Beckmann, Martin/Kauch, Petra, Umweltrecht, 2. Aufl. 2000; zit.: *Hoppe/Beckmann/Kauch*, UmweltR, § Rn.
Kimminich, Otto/Lersner, Heinrich Freiherr von/Storm, Peter-Christoph (Hrsg.), Handwörterbuch des Umweltrechts, 2 Bde., 2. Aufl. 1994; zit.: *Bearbeiter*, in: HdUR I, Sp.
Kloepfer, Michael, Umweltrecht, 3. Aufl. 2004; zit.: *Kloepfer*, UmweltR, § Rn.
Koch, Hans-Joachim (Hrsg.), Umweltrecht, 3. Aufl. 2010; zit.: *Bearbeiter*, in: Koch (Hrsg.), UmweltR, § Rn.
Landmann, Robert von/Rohmer, Gustav, Umweltrecht, Losebl., 4 Bde.; zit.: *Bearbeiter*, in: Landmann/Rohmer, UmweltR I, § Rn.
Rengeling, Hans-Werner (Hrsg.), Handbuch zum europäischen und deutschen Umweltrecht, 2 Bde., 2. Aufl. 2003; zit.: *Bearbeiter*, Titel des Beitrags, in: EUDUR I, § Rn.
Schmidt, Reiner/Kahl, Wolfgang, Umweltrecht, 8. Aufl. 2010; zit.: *Schmidt/Kahl*, UmweltR, § Rn.
Sparwasser, Reinhard/Engel, Rüdiger/Voßkuhle, Andreas, Umweltrecht, 5. Aufl. 2003; zit.: *Sparwasser/Engel/Voßkuhle*, UmweltR, § Rn.
Wolf, Joachim, Umweltrecht, 2002; zit.: *Wolf*, UmweltR, Rn.

f) Öffentliches Dienstrecht

Behrens, Hans-Jörg, Beamtenrecht, 2. Aufl. 2001; zit.: *Behrens*, BeamtenR, § Rn.
Fürst, Walther (Hrsg.), Gesamtkommentar Öffentliches Dienstrecht, Losebl., 5 Bde.; zit.: *Bearbeiter*, in: GKÖD I, § Rn.
Plog, Ernst/Wiedow, Alexander, Bundesbeamtengesetz, Losebl.; zit.: *Bearbeiter*, in: Plog/Wiedow, BBG, § Rn.
Schnellenbach, Helmut, Beamtenrecht in der Praxis, 7. Aufl. 2011; zit.: *Schnellenbach*, BeamtenR, Rn.
Schütz, Erwin (Hrsg.), Beamtenrecht des Bundes und der Länder, Losebl.; zit.: *Bearbeiter*, in: Schütz (Hrsg.), BeamtenR, § Rn.
Leppek, Sabine, Beamtenrecht, 11. Aufl. 2011; zit.: *Leppek*, BeamtenR, Rn.
Wichmann, Manfred/Langer, Karl-Ulrich, Öffentliches Dienstrecht, 6. Aufl. 2007; zit.: *Bearbeiter*, in: Wichmann/Langer, DienstR, Rn.

g) Regulierungsrecht, Technikrecht

Fehling, Michael/Ruffert, Matthias (Hrsg.), Regulierungsrecht, 2010; zit.: *Bearbeiter*, Titel des Beitrags, in: Fehling/Ruffert (Hrsg.), Regulierungsrecht, § Rn.
Schulte, Martin/Schröder, Rainer (Hrsg.), Handbuch des Technikrechts, 2. Aufl. 2011; zit.: *Bearbeiter*, Titel des Beitrags, in: Schulte/Schröder (Hrsg.), Technikrecht, S.

5. Verwaltungsprozessrecht

Lehrbücher und Monographien

Ehlers, Dirk/Schoch, Friedrich (Hrsg.), Rechtsschutz im Öffentlichen Recht, 2009; zit.: *Bearbeiter*, in: Ehlers/Schoch (Hrsg.), Rechtsschutz im ÖR, § Rn.
Hufen, Friedhelm, Verwaltungsprozessrecht, 8. Aufl. 2011; zit.: *Hufen*, VerwaltungsprozessR, § Rn.
Kuhla, Wolfgang/Hüttenbrink, Jost/Endler, Jan, Der Verwaltungsprozess, 3. Aufl. 2002; zit.: *Bearbeiter*, in: Kuhla/Hüttenbrink/Endler, Verwaltungsprozess, Großbuchstabe Rn.
Lorenz, Dieter, Verwaltungsprozeßrecht, 2000; zit.: *Lorenz*, VerwaltungsprozeßR, § Rn.
Schenke, Wolf-Rüdiger, Verwaltungsprozessrecht, 13. Aufl. 2012; zit.: *Schenke*, VerwaltungsprozessR, Rn.

Verzeichnis der Standardliteratur

Schmitt Glaeser, Walter/Horn, Hans-Detlef, Verwaltungsprozeßrecht, 16. Aufl. 2009; zit.: *Schmitt Glaeser/Horn*, VerwaltungsprozeßR, Rn.
Würtenberger, Thomas, Verwaltungsprozessrecht, 3. Aufl. 2011; zit.: *Würtenberger*, VerwaltungsprozessR, Rn.

Kommentare

Eyermann, Erich/Fröhler, Ludwig, Verwaltungsgerichtsordnung, 13. Aufl. 2010; zit.: *Bearbeiter*, in: Eyermann, VwGO, § Rn.
Fehling, Michael/Kastner, Berthold (Hrsg.), Verwaltungsrecht – VwVfG/VwGO, 2. Aufl. 2010; zit.: *Bearbeiter*, in: Hk-VerwR, § Rn.
Gräber, Fritz, Finanzgerichtsordnung, 7. Aufl. 2010; zit.: *Bearbeiter*, in: Gräber, FGO, § Rn.
Kopp, Ferdinand O./Schenke, Wolf-Rüdiger, Verwaltungsgerichtsordnung, 18. Aufl. 2012; zit.: *Kopp/Schenke*, VwGO, § Rn.
Meyer-Ladewig, Jens/Keller, Wolfgang/Leitherer, Stephan, Sozialgerichtsgesetz, 10. Aufl. 2012; zit.: *Bearbeiter*, in: Meyer-Ladewig/Keller/Leitherer, SGG, § Rn.
Posser, Herbert/Wolff, Heinrich A. (Hrsg.), Verwaltungsgerichtsordnung, 2008; zit.: *Bearbeiter*, in: Posser/Wolff (Hrsg.), VwGO, § Rn.
Redeker, Konrad/Oertzen, Hans-Joachim von, Verwaltungsgerichtsordnung, 15. Aufl. 2010; zit.: *Bearbeiter*, in: Redeker/v. Oertzen, VwGO, § Rn.
Schoch, Friedrich/Schmidt-Aßmann, Eberhard/Pietzner, Rainer (Hrsg.), Verwaltungsgerichtsordnung, Losebl.; zit.: *Bearbeiter*, in: Schoch/Schmidt-Aßmann/Pietzner (Hrsg.), VwGO, § Rn.
Sodan, Helge/Ziekow, Jan (Hrsg.), Verwaltungsgerichtsordnung, 3. Aufl. 2010; zit.: *Bearbeiter*, in: Sodan/Ziekow (Hrsg.), VwGO, § Rn.
Wolff, Heinrich A./Decker, Andreas, Studienkommentar VwGO VwVfG, 3. Aufl. 2012; zit.: *Bearbeiter*, in: VwGO/VwVfG Studienkommentar, § Rn.

Sechster Teil

Verwaltungsrecht als Informations- und Kommunikationsordnung

Sechster Teil

Verwaltungsrecht als Informations-
und Kommunikationsordnung

§ 20 Die Bedeutung von Information und Kommunikation für die verwaltungsrechtliche Systembildung

Thomas Vesting

Übersicht

	Rn.		Rn.
A. Verwaltung als Informationsverarbeitung	1	C. Veränderungen im Realbereich: Die Herausforderungen durch die Informations- und Wissensgesellschaft	36
B. Begriffliche Klärungen	11	D. Notwendigkeit, Aufgaben, Felder und Regelungssektoren eines Informationsverwaltungsrechts	47
I. Daten	11		
II. Information	18	Ausgewählte Literatur	
III. Wissen	26		
IV. Kommunikation	28		

A. Verwaltung als Informationsverarbeitung

1   Umgang und Verarbeitung von Informationen und Wissen ist nichts Neues im Alltag der öffentlichen Verwaltung. Schon immer hat die Verwaltung Informationen und Wissen verarbeitet bzw. auf dieser Grundlage gehandelt, etwa wenn sie im Vorfeld der Genehmigung des Betriebs eines Dampfkessels ein bestimmte Punkte der Genehmigung betreffendes Gespräch mit dem Dampfkesselbetreiber gesucht und geführt hat. Im liberalen Verwaltungsrecht des späten 19. Jh. werden die informationellen Grundlagen des Verwaltungshandelns aber nicht eigens reflektiert; ein Begriff wie „Information" taucht in den Sachregistern der einschlägigen Lehrbücher nicht auf. Erst seit der **Karriere des Informationsbegriffs** im Kontext des Aufstieg der Kybernetik zu einer Grundlagendisziplin und erst mit der Transformation des Informationsbegriffs zu einer zentralen kulturellen, sozialen und ökonomischen Kategorie in der zweiten Hälfte des 20. Jh. ist die grundlegende Bedeutung des Umgangs und der Verarbeitung von Informationen und Wissen auch für die öffentliche Verwaltung erkennbar geworden. Das hat sich auf der Ebene der Verwaltungsrechtswissenschaft in der Diskussion über die Notwendigkeit des Aufbaus eines „Informationsverwaltungsrechts" niedergeschlagen, an die der vorliegende Beitrag anzuknüpfen versucht.[1]

2   Im Informationsverwaltungsrecht wird die juristische Beobachtung auf die operative Basis der Verwaltung, d.h. auf die Informationsverarbeitung selbst bezogen.[2] Dahinter steht die Annahme, dass alle relevanten Operationen der Verwaltung, auch die der Rezeption und Produktion von Recht, *ausschließlich* solche der Verarbeitung von Informationen und Wissen sind. Schon die **Verwaltungsrechtswissenschaft des späten 19. Jahrhunderts** hat den kommunikativen (informationsverarbeitenden) Charakter aller Verwaltung – zumindest implizit – anerkannt. Autoren wie *Otto Mayer* haben die Einheit der Verwaltung von ihrer

---

[1] *Karl-Heinz Ladeur*, Privatisierung öffentlicher Aufgaben und die Notwendigkeit der Entwicklung eines neuen Informationsverwaltungsrechts, in: Hoffmann-Riem/Schmidt-Aßmann (Hrsg.), Informationsgesellschaft, S. 225 ff.; *Wolfgang Hoffmann-Riem*, Verwaltungsrecht in der Informationsgesellschaft – Einleitende Problemskizze, in: ders./Schmidt-Aßmann (Hrsg.), Informationsgesellschaft, S. 9 ff.; *Andreas Voßkuhle*, Der Wandel von Verwaltungsrecht und Verwaltungsprozessrecht in der Informationsgesellschaft, in: Hoffmann-Riem/Schmidt-Aßmann (Hrsg.) Informationsgesellschaft, S. 349 ff. (355 ff.); *ders.* Das Konzept des rationalen Staates, in: ders./Gunnar Folke Schuppert (Hrsg.), Governance von und durch Wissen, 2008, S. 13 ff.; *Marion Albers*, Information als neue Dimension im Recht, Rechtstheorie, Bd. 33 (2002), S. 61 ff.; *dies.*, Komplexität verfassungsrechtlicher Vorgaben für das Wissen der Verwaltung, in: Peter Collin/Indra Spiecker gen. Döhmann (Hrsg.), Generierung und Transfer staatlichen Wissens im System des Verwaltungsrechts, 2008, S. 50 ff. (53 f.); *Schmidt-Aßmann*, Ordnungsidee, 6. Kap. Rn. 2 ff.; weitere Hinweise zur Diskussion bei *Hans-Heinrich Trute*, Wissen – Einleitende Bemerkungen, DV, Beiheft 9, 2010, S. 11 ff.; *Ino Augsberg*, Von der Gefahrenabwehr zu Risikomanagement und Opportunitätswahrnehmung – Paradigmen des Umgangs mit Unsicherheit, Ungewissheit und Nichtwissen im Verwaltungsrecht, in: Dorett Funcke/Claudia Peter, Unabsehbare Folgen neuer medizintechnischer Möglichkeiten. Analysen im Umgang mit Ungewissheit und Nicht-Wissen, 2011 im Erscheinen, S. 1 ff.; *Burkard Wollenschläger*, Wissensgenerierung im Verfahren, 2009, S. 30 ff.; *Peter Collin/Indra Spiecker gen. Döhmann*, Generierung und Transfer staatlichen Wissens im System des Verwaltungsrechts – ein Problemaufriss, in: dies. (Hrsg.), a.a.O., 2008, S. 3 ff.; *Claudio Franzius*, Gewährleistung im Recht, 2009, S. 615 ff.; *Anna-Bettina Kaiser*, Die Kommunikation der Verwaltung, 2009, S. 253 ff.

[2] Angelehnt an *Albers*, Information (Fn. 1), S. 62; vgl. auch *Collin/Spiecker*, Problemaufriss (Fn. 1), S. 3 ff., 8 („Verwaltungen sind ‚informationsverarbeitende Systeme'.").

A. Verwaltung als Informationsverarbeitung

„Tätigkeit" her definiert,[3] d.h. den Handlungsaspekt der Verwaltung akzentuiert, die kommunikativen Operationen, nicht aber die vermeintliche Substanzhaftigkeit der Verwaltung, die Einheit von Personal, Gebäuden, Schreibtischen, Aktenschränken usw.

Verwaltung wurde im **liberalen Verwaltungsrecht** aber üblicherweise nach dem Vorbild des modernen Menschen und einer ihm zugeschriebenen autonomen „Selbstheit" modelliert, als eine zweckmäßig und rational in einer Umwelt handelnde Person.[4] Rückt man dagegen die Verarbeitung von Informationen und Wissen in den Mittelpunkt des juristischen Interesses, sieht man, dass die öffentliche Verwaltung kein Mensch im Großformat ist, sondern ein *zwischen* Menschen angesiedeltes Beziehungs- und Kommunikationsnetzwerk, das nicht auf die Intentionen von Sprechern und Handelnden reduziert werden kann. Zumindest führt ein informationstheoretischer Ansatz in der Verwaltungsrechtswissenschaft automatisch in die Nähe solcher Unternehmen, die die Verwaltung schärfer als eine vom Menschen als körperlicher und seelischer Einheit getrennte autonome Organisation (Korporation, Ordnung, System etc.) konstruieren. Insbesondere in der Systemtheorie *Niklas Luhmanns* ist die öffentliche Verwaltung nur ein besonderer Fall von „Organisation", ein auf Entscheidungsproduktion angelegtes soziales System, das seine eigene Grenzziehung und damit sich selbst – als Differenz zu seiner Umwelt – im Wege zirkulärer Selbstherstellung, als Produkt eigener Produktion (*Autopoiesis*), selbst erzeugt.[5]

Mit einer informationstheoretischen Ausgangsdisposition wird die am modernen Menschen abgelesene Vorstellung von **„Selbstheit"** und **autonomer Subjektivität** für das verwaltungsrechtliche Denken problematisch, weil das Selbst bzw. das Subjekt (des Wissens) dezentriert und disaggregiert worden ist.[6] Die Verwaltungsrechtswissenschaft muss dann nach Ersatzlösungen für die heute problematischen Aspekte des eher anthropologischen Paradigmas des liberalen Verwaltungsrechts suchen, also vor allem Ersatz im Hinblick auf die Komponenten finden, die in der Tradition der Einheit von „Vernunft" und „Wille" als Medien planvoller „menschlicher Zwecksetzung" zugeschrieben wurden. So kann insbesondere die im 19. Jahrhundert auch an naturphilosophischen Modellbildungen orientierte hierarchische Abschichtung zwischen einer dem Staat als politischem Subjekt zugeschriebenen Willensäußerung in Gesetzesform einerseits (Allgemeinwille = allgemeines Gesetz = Ausdruck der Vernunft) und ge-

---

[3] *Mayer*, VerwR, S. 13 („Staatstätigkeit"). Das bleibt auch später so. *Adolf Merkl*, Allgemeines Verwaltungsrecht, Wien/Berlin 1927 (Nachdruck Darmstadt 1969), S. 2 („Tätigkeit"); *Jellinek*, VerwR, S. 2 („Tätigwerden eines Trägers öffentlicher Gewalt"); *Forsthoff*, VerwR, S. 1 f. („Verrichtungen", „Tätigkeit"); *Maurer*, VerwR, § 1 Rn. 2 („Verwaltungstätigkeit" = so genannter materieller Verwaltungsbegriff).

[4] So etwa bei *Mayer*, VerwR, S. 13, wo Verwaltung als Tätigkeit zur *Verwirklichung* staatlicher *Zwecke* definiert wird. Noch deutlicher ist *Merkl*, Verwaltungsrecht (Fn. 3), S. 2, der Verwaltung als „planvolle *menschliche* Tätigkeit zur Erreichung bestimmter *menschlicher* Zwecke" definiert; zum Hintergrund der Personifikation transpersonaler Phänomene *Lionel Trilling*, Kunst, Wille und Notwendigkeit, 1990, insb. S. 266 ff., 281.

[5] Vgl. nur *Niklas Luhmann*, Organisation und Entscheidung, 2000, S. 39 ff.

[6] Vgl. *Karl-Heinz Ladeur*, Kommunikation über Risiken im Rechtssystem, in: Christian Büscher/Klaus P. Japp (Hrsg.), Ökologische Aufklärung. 25 Jahre „Ökologische Kommunikation", 2010, S. 131 ff. (138 ff.); vgl. auch *Karl-Heinz Ladeur/Ino Augsberg*, Die Funktion der Menschenwürde im Verfassungsstaat, 2008, S. 16 ff., (23 ff.); und allg. *Alain Ehrenberg*, Das Unbehagen in der Gesellschaft, 2011, insb. S. 208 ff.

setzlich gebundener administrativer Einzelfallentscheidung durch ein rational handelndes Subjekt andererseits (Anwendung/Vollzug des Gesetzes durch verständige Beamte) heute nicht mehr unbesehen übernommen und als für alle Bereiche der Verwaltung gleich gültig unterstellt werden. Die Lehre vom Vorrang des Gesetzes muss auf die inzwischen stärker sichtbar gewordenen Phänomene der Pluralisierung des Staates sowie der damit einhergehenden Selbstbindung oder „Selbstprogrammierung" der Verwaltung eingestellt werden.[7] Ziel dieses Unternehmens muss es sein, die *Bindung* der Verwaltung an Recht und Gesetz (Art. 20 Abs. 3 GG), an der hier selbstverständlich festgehalten wird, als Prozess der *internen* Informations- und Wissensverarbeitung, als laufende Kommunikation der Verwaltung mit ihren Umwelten, mit Politik, Gerichten, Publikum, Medien etc. zu rekonstruieren. Sehr allgemein gesprochen geht es in einem Informationsverwaltungsrecht also um eine Umstellung von Handlung auf Information/Kommunikation, von Linearität/Kausalität auf netzwerkartige Vorstellungen, von Hierarchie auf Heterarchie sowie – dieser letzte Punkt soll hier nur programmatisch angedeutet werden – um die Umstellung von Begründung/Legitimation auf Erzeugung ausreichender Redundanz.[8]

4   Gibt man die problematischen Komponenten der subjekttheoretischen Konstruktion des liberalen Verwaltungsrechts auf und ersetzt diese durch ein Modell der Verarbeitung von Information und Wissen in Beziehungs- und Kommunikationsnetzwerken, hat das sowohl Folgen für die juristische (Re-)Konstruktion der **Verwaltungsorganisation** selbst als auch für die der administrativen **Handlungspraxis.** In einer informationstheoretischen Perspektive können z. B. weder die Existenz stabiler Weisungshierarchien zwischen politischer Gesetzgebung und Verwaltung als selbstverständlich unterstellt werden noch Asymmetrien zwischen Verwaltung und Publikum bzw. zwischen „verwaltendem Staate" und der „Masse der Menschen, die ihm Untertan sind", wie es noch bei *Otto Mayer* hieß.[9] Damit soll natürlich nicht behauptet werden, dass es in Staat, Politik und Verwaltung keine Hierarchien und Asymmetrien mehr gäbe. Zweifellos können Politik und parlamentarische Gesetzgebung eingefahrene Kommunikationsroutinen der Verwaltung ändern, und zweifellos kann die Verwaltung durch Anordnungen nach außen autoritativ handeln. Wenn sich beispielsweise Kommunen wie Stuttgart aufgrund normativer Vorgaben der EG-Kommission ab 2007 zu einem ganzjährigen Fahrverbot von älteren Dieselfahrzeugen mit schlechterem Standard als Euro 1 im innerstädtischen Bereich entschließen, wird dieses Verbot mit großer Wahrscheinlichkeit auch befolgt werden. Das ist und bleibt unbestritten. Die informationstheoretische Perspektive macht aber klar, dass Hierarchien und Asymmetrien zwischen der Verwaltung und ihrer Umwelt von Dynamiken der Informations- und Wissensgenerierung und -verteilung abhängig sind. Überlegener Sachverstand ist jedoch nicht per se in der öffentlichen

---

[7] Dazu früh *Wolfgang Hoffmann-Riem*, Selbstbindungen der Verwaltung, VVDStRL, Bd. 40 (1982), S. 187. S. a. → Bd. I *Hoffmann-Riem* § 10 Rn. 59, 116; Bd. II *Hill/Martini* § 34 Rn. 1 ff. Zur Vereinbarkeit der Selbstprogrammierung der Verwaltung mit dem Grundsatz vom Vorrang des Gesetzes → Bd. I *Reimer* § 9 Rn. 73 ff.

[8] So programmatisch *Niklas Luhmann*, Steuerung durch Recht?, ZfRSoz, Bd. 11 (1990), S. 137 (145) in einem rechtssoziologischen Kontext; zum letzten Punkt weiterführende Überlegungen bei *Trute*, Wissen (Fn. 1), S. 35 f.

[9] *Mayer*, VerwR, S. 13.

A. Verwaltung als Informationsverarbeitung

Verwaltung akkumuliert. Im Gegenteil, gerade die Karriere des Informationsverwaltungsrechts deutet darauf hin, dass hierarchische Verhältnisse, Herrschaft kraft Wissen im Sinne *Max Webers*,[10] nicht länger den Normalfall öffentlicher Verwaltungstätigkeit darstellen (wenn dies im liberalen Verwaltungsrecht überhaupt jemals der Fall gewesen und das staatliche Wissen nicht schon immer auf soziale Wissenspraktiken angewiesen ist).

Die thematische Perspektive des Informationsverwaltungsrechts darf daher nicht zu eng gefasst werden. Informationsverarbeitung verweist auf eine **neue Grundlegung des Verwaltungsrechts.** Begriffe wie „Information", „Kommunikation" und „Wissen" müssen zu Grundkategorien einer erneuerten Verwaltungsrechtswissenschaft werden.[11] Sie sind auf der gleichen Ebene angesiedelt wie etwa der Begriff der „Handlung" oder „Entscheidung" im überkommenen Verwaltungsrecht.[12] Der grundlegende Charakter solcher Begriffe wie „Information", „Kommunikation" und „Wissen" zwingt deshalb dazu, ein „umfassendes rechtliches Informationskonzept"[13] zu entwickeln und traditionelle verwaltungsrechtliche Begriffe wie „Handlung" oder „Entscheidung" mit informationstheoretischen Begrifflichkeiten anzureichern und ggf. umzustellen. Mit „Umstellung" ist dabei gemeint, Verknüpfungen und gegenseitige Abhängigkeiten, z. B. zwischen Verarbeitung von Information und Wissen und Verwaltungsentscheidung, aufzuzeigen und von hier aus eine „immanente Umformung und veränderte Zuordnung der überkommenen Systemteile" vorzunehmen.[14] Anders formuliert: Die immanente Umformung und veränderte Zuordnung der „überkommenen Systemteile" muss auch in einer informationsverwaltungsrechtlichen Perspektive stets in ihren Rückwirkungen auf sämtliche Grundbegriffe des Verwaltungsrechts reflektiert werden.[15] Es geht also darum, einen produktiven Lernprozess zwischen den Begrifflichkeiten des überkommenen Verwaltungsrechts und einer erneuerten (informationstheoretisch basierten) Verwaltungsrechtswissenschaft in Gang zu setzen. Dieser Lernprozess sollte es letztlich ermöglichen, beide (historischen) Schichten miteinander zu verbinden und das überkommene Verwaltungsrecht auf einer informationstheoretischen Grundlage, dort wo es notwendig erscheint, neu aufzubauen.

Negativ formuliert geht es im Informationsverwaltungsrecht daher **keines**wegs um ein erweitertes **Datenschutzrecht.** Das ist in der Literatur inzwischen wiederholt angemerkt worden.[16] Dieser Punkt sei hier aber noch einmal betont, weil sich bislang weder in der juristischen Literatur noch in der Gesetzgebungs- oder Ge-

---

[10] *Max Weber,* Wirtschaft und Gesellschaft, 1921, 5. Aufl. 1972, S. 129.

[11] Vgl. auch → Bd. I *Voßkuhle* § 1 Rn. 11. Zur Neuen Verwaltungsrechtswissenschaft → ebd., Rn. 1 ff.

[12] Das betont auch *Albers,* Information (Fn. 1), S. 62.

[13] *Schmidt-Aßmann,* Ordnungsidee, 6. Kap. Rn. 5; ähnlich *Hoffmann-Riem,* Informationsgesellschaft (Fn. 1), S. 14, der die Leitfrage eines Informationsverwaltungsrechts darin sieht, „ob und wieweit sich in der Informations- und Wissensgesellschaft der Typ der Verwaltung und dementsprechend der Typ des Verwaltungsrechts ändert".

[14] *Schmidt-Aßmann,* Ordnungsidee, 6. Kap. Rn. 11.

[15] Zu dieser methodischen Prämisse allg. *Schmidt-Aßmann,* Ordnungsidee, S. VIII.

[16] *Schmidt-Aßmann,* Ordnungsidee, 6. Kap. Rn. 5; *Albers,* Information (Fn. 1), S. 66 („Da sie [die Information, T. V.] als Grundkategorie und als neue Dimension des Rechts zu begreifen ist, lässt sie sich nicht in Form eines ‚besonderen' Rechtsgebiets abgrenzen."); *Hoffmann-Riem,* Informationsgesellschaft (Fn. 1), S. 9 ff., 14 f.; *Voßkuhle,* Der Wandel (Fn. 1), S. 356.

richtspraxis eindeutige Konturen des Informationsverwaltungsrechts herausgebildet haben. Entgegen einem manchmal verbreiteten Eindruck dürfen jedenfalls erste Entwicklungen des Informationsverwaltungsrechts, wie z.B. neuere Entwicklungen im Informationsfreiheitsschutz,[17] nicht für das Ganze genommen werden. Weil Information und Wissen Grundbegriffe der operativen Ebene der Verwaltung sind, wird sich das Informationsverwaltungsrecht nicht in der Form eines abgrenzbaren Rechtsgebiets etablieren und einfach als weitere Materie *neben* Polizeirecht, Umweltrecht oder allgemeines Verwaltungsrecht treten. Die gestiegene Bedeutung von Information und Wissen wird sich vielmehr in unterschiedlichsten Zusammenhängen manifestieren, etwa beim Umgang mit personenbezogenen Informationen und Daten,[18] in den Informationsbeziehungen zwischen Staat und Bürger,[19] beim intrabehördlichen Informationsaustausch sowie im Rahmen der Informationsbeziehungen innerhalb des europäischen Verwaltungsverbundes.[20] Auch die aus der Innovation der technischen (Kommunikations-)Medien resultierenden Veränderungen der verwaltungsinternen Informations- und Wissensgenerierung, die Umstellung von Aktenstudium auf neue Medientechnologien *(Electronic Government),* signalisieren die gestiegene Bedeutung der neuen Begrifflichkeiten und sind daher dem Informationsverwaltungsrecht zuzuordnen.[21] Schließlich dürfte etwa auch das Verwaltungsverfahrensrecht nicht unberührt von der gestiegenen Bedeutung der Verarbeitung von Information und Wissen bleiben, etwa im Hinblick auf die eigenständige Funktion des Verfahrensrechts in europarechtlichen Zusammenhängen.[22]

7   Mit der Umstellung auf eine informationstheoretische Perspektive soll einerseits die Einsicht in den informationellen (wissensbezogenen) Charakter des rechtsgebundenen Verwaltungshandelns akzentuiert werden.[23] Das Informationsverwaltungsrecht will auf der anderen Seite eine neue Sicht auf bestimmte Entscheidungs- und Organisationsprobleme der Verwaltung eröffnen. Beide Aspekte hängen eng zusammen. Informationsverarbeitung heißt: Verarbeitung von Überraschungen, Kenntnisnahme von Sinngehalten, die für das verarbeitende System

---

[17] Dazu näher *Elke Gurlit,* Das Informationsverwaltungsrecht im Spiegel der Rechtsprechung, DV, Bd. 44 (2011), S. 75 ff.; *Markus Möstl,* Informationsinteresse und Geheimhaltungsbedürfnis als Antipoden im Verbraucherinformationsgesetz?, in: Stefan Leible (Hrsg.), Verbraucherschutz durch Information im Lebensmittelrecht, 2010, S. 149 ff.; *Friedrich Schoch,* Aktuelle Fragen des Informationsfreiheitsrechts, NJW 2009, S. 2987 ff.

[18] → Bd. II *Albers* § 22.

[19] → Bd. II *Gusy* § 23.

[20] Zu den Informationsbeziehungen in und zwischen Behörden → Bd. II *Holznagel* § 24; zum europäischen Verwaltungsverbund *Martin Eifert,* Europäischer Verwaltungsverbund als Lernverbund, in: Collin/Spieker (Hrsg.), Staatliches Wissen (Fn. 1), S. 159 ff.; aus methodologischer Perspektive *Ino Augsberg,* Methoden des europäischen Verwaltungsrechts, in: Terhechte (Hrsg.), VerwREU, im Erscheinen, § 4 Rn. 15 ff. → Bd. II *v. Bogdandy* § 25.

[21] → Bd. II *Britz* § 26; vgl. auch *Christoph Holtwisch,* Die informationstechnologische Verwaltung im Kontext der Verwaltungsmodernisierung – Bürger und Verwaltung in der Internet-Demokratie, DV, Bd. 43 (2010), S. 567 ff.

[22] → Bd. II *Schmidt-Aßmann* § 27 Rn. 15 f., *Röhl* § 30 Rn. 7, 50.

[23] Dazu programmatisch *Schmidt-Aßmann,* Ordnungsidee, 6. Kap. Rn. 11, mit der Bemerkung, dass „ein Informationsverwaltungsrecht die informationsbedingten Änderungen der Strukturen und Ausdrucksformen des Rechts selbst" einbeziehen müsse; in dieselbe Richtung *Ladeur,* Privatisierung (Fn. 1), S. 225 ff.; ähnlich auch *Schuppert,* Verwaltungswissenschaft, S. 745 ff., der davon spricht, dass verwaltungsrechtsförmige Entscheidungsprozesse vor allem Informationsverarbeitungsprozesse seien.

A. Verwaltung als Informationsverarbeitung

(Organisationen, Personen, Menschen) neu sind. Die Bedeutung von Information, Wissen und Kommunikation liegt daher für die Verwaltungsrechtswissenschaft in erster Linie in der Reflexion der Tatsache, dass die Verwaltung zunehmend mit Neuem, mit Unkenntnis, Nicht-Wissen oder besser mit **Ungewissheit** konfrontiert ist, „als einer nicht hintergehbar(en) Eigenschaft des Entscheidungswissens", als „bleibendes und unvermeidbares Element einer neuen experimentellen Logik",[24] dessen Management deshalb nicht vorweg rechtlich „programmiert", dessen Bewältigung jedenfalls nicht allein durch Gesetzgebung auf parlamentarisch-politischer Ebene antizipiert werden kann. Um Ungewissheit absorbieren zu können, genügt die wiederholende (redundante), weitere Informationen ausschaltende Orientierung am Gesetz nicht, insbesondere dann nicht, wenn der Gesetzgeber die Lösung von Problemen materiell-rechtlich nicht mehr ausreichend vorstrukturiert. Die Verwaltung muss jetzt vielmehr informationelle Absicherungen für *eigenständige* (autonome) Handlungsstrategien jenseits abschließend vorgegebener normativer Kriterien entwickeln und *selbst* befriedigende (nicht optimale) Lösungen finden.[25] Das ist – historisch gesehen – kein völlig neues Phänomen. Aber erst jetzt, mit dem Aufstieg der „Informations- und Wissensgesellschaft" und der durch sie erzeugten Ungewissheit, wird diese bislang implizit gebliebene Grundlage des Verwaltungshandelns erkennbar, und zwar so deutlich, dass sie zu einem expliziten Thema des Verwaltungsrechts werden kann und muss.

Im Informationsverwaltungsrecht gewinnen auch die **kognitiven** (wissensbezogenen) **Komponenten** der verwaltungsinternen Informationsverarbeitung gegenüber rein normativen Strukturen an Relevanz. Lag die Aufmerksamkeit des überkommenen Verwaltungsrechts im Bereich der Sicherung der Gesetzmäßigkeit des Verwaltungshandelns und hier insbesondere bei der juristischen Konturierung der Handlungsformen (Verwaltungsakt),[26] verschiebt sie sich in einem Informationsverwaltungsrecht auf die informationellen (und wissensbezogenen) Grundlagen des Verwaltungshandelns, die die sachverhaltsbezogene und die regelbezogene Ebene – über die Einbeziehung von „Sachverständigen" in Entscheidungsprozessen hinaus – füreinander durchlässig machen.[27] Daher kommt gerade dem **Verfahren** und dem **Verfahrensrecht** eine so große Bedeutung zu: In informationstheoretischer Perspektive ist das Verfahren normativer Träger der Prozesse der Informations- und Wissensgenerierung und damit konstitutiver Bestandteil der Entscheidung, nicht aber bloßes Hilfsmittel der Produktion materieller Richtigkeitsgewähr; mit *Eberhard Schmidt-Aßmann, Hans C. Röhl* u.a. ist deshalb die enge Verknüpfung und gegenseitige Abhängigkeit zwischen Informationsverarbeitung und Verwaltungsentscheidung zu akzentuieren.[28] Aus der

8

---

[24] *Ladeur*, Kommunikation (Fn. 6), S. 131 ff., 135; *Augsberg*, Risikomanagement (Fn. 1), S. 1 ff., 17; vgl. auch *Niklas Luhmann*, Die Wissenschaft der Gesellschaft, 1990, S. 120 ff.

[25] Zu der von *Herbert A. Simon* entdeckten *bounded rationality* des Verwaltungshandelns vgl. nur *Ladeur*, Kommunikation (Fn. 6), S. 131 ff., 134 ff.; *Schuppert*, Verwaltungswissenschaft, S. 765 f. Vgl. a. → Bd. II *Röhl* § 30 Rn. 27, 38, *Pitschas* § 42 Rn. 185 ff.

[26] Siehe a. → Bd. I *Voßkuhle* § 1 Rn. 8, *Stolleis* § 2 Rn. 106 f.; Bd. II *Hoffmann-Riem* § 33 Rn. 30, 56 ff.

[27] *Trute*, Wissen (Fn. 1), S. 11 ff., 28 ff.; *Augsberg*, Risikomanagement (Fn. 1), S. 1 ff., 3 f., 21.

[28] → Bd. II *Schmidt-Aßmann* § 27 Rn. 1 f., die Entscheidung selbst wird damit „prozeduralisiert" und gewissermaßen in das Verfahren hinein genommen; *Wollenschläger*, Wissengenerierung (Fn. 1); vgl. auch *Christian Quabeck*, Dienende Funktion des Verwaltungsverfahrens, 2010; → Bd. II *Röhl* § 30

Hinwendung zu den kognitiven (wissensbezogenen) Komponenten der verwaltungsinternen Informations- und Wissensverarbeitung folgt aber beispielsweise auch die Notwendigkeit, ein neues **Recht der Kommunikations-Infrastrukturen** und seiner historischen (auch medialen) Veränderungen zu entwerfen.[29] In einer stärker evolutionstheoretischen Fassung, die sich an neuartigen Wissensproblemen der Verwaltung in privat-öffentlichen Beziehungsnetzwerken orientiert, lässt sich die Perspektive des Informationsverwaltungsrechts mit *Karl-Heinz Ladeur* auch dahingehend formulieren, dass sich die Aufmerksamkeit der Verwaltungsrechtswissenschaft auf die „Veränderung der Wissensbasis durch das Auftreten grundlegend neuer Wissensformen und -typen zu richten" und „die Rechtsbegriffe und Methoden darauf einzustellen" hätte.[30]

9   Zu dieser Infrastruktur von Wissensformen gehört auch das „implizite Wissen".[31] Mit **implizitem Wissen** ist primär die Abhängigkeit der administrativen Handlungspraxis von dem in seiner Umwelt zerstreuten praktischen (nicht vollständig explizierbaren) Wissen gemeint (z.B. die bürgerliche Vorstellung von „Normalität"), und erst sekundär die Abhängigkeit allen Verwaltungshandelns von personengebundenem Können oder internen Kommunikationsroutinen. Im herkömmlichen Verwaltungsrecht hat etwa der polizeirechtliche Gefahrenbegriff die Funktion, die Abhängigkeit der Verwaltung von gesellschaftlichen Wissensbeständen rechtlich abzubilden.[32] Was eine Gefahr war (und auch heute noch ist), war niemals abschließend positiv-rechtlich (d.h. schriftlich) normiert, sondern ergab (und ergibt sich noch immer) aus einem gemeinsamen Wissen, aus geteilter *Erfahrung* als spezifischem Wissenstypus, der sich in kanonisierten Beispielen sedimentierte: Weil allgemein durch Erfahrungsurteil akzeptiert ist, dass herumstreunende Löwen in Wohngebieten im Normalfall Schäden verursachen können, kann darin im Einzelfall eine Gefahr gesehen werden. So wie das Polizeirecht daher auf einer voraussetzungsreichen Konventionsbildung aufsattelt (der Abweichung von der Normalität), muss es im Informationsverwaltungsrecht um eine Verknüpfung des Verwaltungsrechts mit seinen kognitiven Komponenten und Voraussetzungen gehen, mit einem „Bestand privater Verhaltensmuster, Erwartungen, Standards der Beobachtung von Risiken etc.".[33] Sieht man die Verwaltung als „informationsverarbeitendes System", dann steht die Transformation von Handlungs- zu Wissensformen im Mittelpunkt. Das ist etwas anderes als eine unspezifische Hinwendung zur Informationsfülle der realen Verwaltungswirklichkeit. Das bedeutet dann auch, dass der Verlust gemeinsamen (praktischen)

---

insbesondere Rn. 26 ff. zu den Verfahren der Wissensgenerierung im Risiko- und Regulierungsrecht, → Bd. II *Appel* § 32 Rn. 7.

[29] Dazu → Bd. II *Ladeur* § 21.

[30] *Ladeur*, Privatisierung (Fn. 1), S. 238; *ders.*, Die Netzwerke des Rechts, in: Michael Bommes/Veronika Tacke (Hrsg.), Netzwerke in der funktional differenzierten Gesellschaft, 2010, S. 143 ff.

[31] Implizites Wissen meint hier „tacit knowing" bzw. „personal knowledge" im Sinne von *Michael Polanyi*, Personal Knowledge, Chicago (1958), 1974, S. 69 ff.; dazu in rechtstheoretischer Perspektive *Karl-Heinz Ladeur*, Negative Freiheitsrechte und gesellschaftliche Selbstorganisation, 2000, S. 56 ff., und *Thomas Vesting*, Die Medien des Rechts: Sprache, 2011, S. 35 ff., 83 ff.; *Trute*, Wissen (Fn. 1), S. 11 ff., 19 (implizites Wissen „existiert fast notwendig nur lokal und kann nur personal vermittelt transferiert werden").

[32] Vgl. nur *Wollenschläger*, Wissensgenerierung (Fn. 1), S. 13, 15; *Ladeur*, Privatisierung (Fn. 1), S. 229; *ders.*, Netzwerke (Fn. 30), S. 143 ff., 146; → Bd. II *Röhl* § 30 Rn. 28.

[33] *Ladeur*, Kommunikation (Fn. 6), S. 133.

Wissens und der Bedeutungszuwachs von (hochspezialisiertem) Expertenwissen einschließlich des Wandels der epistemologischen Modelle der Wissenschaft in Zukunft viel genauer beobachtet werden muss.

Aus den bisherigen Überlegungen ergibt sich, dass das Informationsverwaltungsrecht in der **aktuellen Diskussion** in doppelter Weise einzuordnen ist. Es hat zum einen Rückwirkungen auf viele Aspekte der verwaltungsrechtlichen Arbeit, etwa auf Organisationsrecht, Verfahrensrecht, Handlungsformen, Ermessenslehre usw. Andererseits versucht das Informationsverwaltungsrecht eine Reihe neuartiger Phänomene, die aus dem Umgang der Verwaltung mit Ungewissheit resultieren, in einer synthetisierenden Perspektive zu erfassen. Das Informationsverwaltungsrecht versteht sich nicht als „Supertheorie". Es will nicht alle anderen möglichen Zugriffe auf neuere Entwicklungen verdrängen, sondern ist eher auf einer „mittleren Ebene" angesiedelt und sucht zu anderen Konzepten, wie z.B. zu denen des Gewährleistungsverwaltungsrechts oder der Steuerungstheorie, ein Verhältnis der Kooperation und Ergänzung.[34] Es geht um einen evolutorischen Ideenwettbewerb, d.h., erst die Zukunft wird zeigen, ob es bei einem Pluralismus der Perspektiven bleibt oder ob eine Theorievariante stimmiger ist und über ein begriffliches Auflöse- und Rekombinationsvermögen verfügt, das sie in die Lage versetzt, konkurrierende Ansätze in sich aufzunehmen und „aufzuheben".

B. Begriffliche Klärungen

I. Daten

„**Daten**" sollen hier interpretationsfreie „Zeichen" oder „Symbole" genannt werden,[35] bei denen der Selektionszwang im Verstehensprozess entfällt. Von Daten sollte in einem verwaltungsrechtlichen Kontext also primär dann die Rede sein, wenn es sich um Zeichen (Symbole) handelt, die strikt formalisierbar sind und in schematisierten Abläufen (Verfahren) beliebig reproduziert werden können. Phänomenologisch gesprochen fehlt dem „Datum" gerade das mit jeder *sozialen* Kommunikation verknüpfte Potential an nicht aktualisierten Möglichkeiten, der mit sprachgebundenem Verständigungshandeln verknüpfte Verweisungsüber-

---

[34] *Andreas Voßkuhle*, Beteiligung Privater an der Wahrnehmung öffentlicher Aufgaben und staatliche Verantwortung, VVDStRL, Bd. 62 (2003), S. 266 (307 ff.); → Bd. I *Schulze-Fielitz* § 12 Rn. 51 ff.; vgl. auch *Claudio Franzius*, Der „Gewährleistungsstaat" – ein neues Leitbild für den sich wandelnden Staat, Der Staat, Bd. 42 (2003), S. 493 ff.

[35] Beide Begriffe werden hier synonym gebraucht. Entgegen einem in der traditionellen Linguistik verbreiteten Sprachgebrauch gehe ich aber – mit *Jacques Derrida, Christian Stetter u.a.* – davon aus, dass Zeichen (gr.: *gramma*) und Symbol (gr.: *symbolon*) Schrift voraussetzen. Von einem „sprachlichen Zeichen" kann daher erst nach Erfindung der (griechischen) Alphabetschrift die Rede sein. Das schließt nicht aus, den Zeichenbegriff zu generalisieren und ihn auch auf vor-schriftlichen „Symbolgebrauch", etwa auf Laute, auszudehnen. Im Übrigen liegt das Besondere des „Datums" nicht schon in seiner Eigenschaft, „Zeichen" oder „Symbol" zu sein. Auch natürliche Sprachen verwenden Schrift als Zeichen oder Symbol, zunächst in Form von Zählzeichen und Bildzeichen, wie sie etwa die frühen mesopotamischen Schriften (Zählzeichen), das Chinesische oder die ägyptischen Hieroglyphen kennen, später auch phonetische Zeichen wie etwa die mesopotamischen Keilschriften oder die Buchstaben der Alphabetschrift.

§ 20 Information und Kommunikation

schuss. Während beispielsweise jedes erneute Lesen eines Textes eine Sinnverschiebung, eine Andersheit oder „Iterierbarkeit" im Akt der Wiederaneignung des Textes impliziert,[36] ist Daten eine stabile und eindeutige, gewissermaßen zeit- und kontextlose Bedeutung eigen.

12 Ein derartig interpretationsfreier Sinn wird herkömmlich **Zahlen** zugeschrieben. Bildet man beispielsweise eine Reihe von Zahlen durch schematische Anwendung vorgegebener Regeln der Arithmetik ab, etwa 3+5=8, braucht man nicht daran zu denken, was diese Zahlenreihe eigentlich bedeutet, ob damit Äpfel, Sandsäcke oder Milliarden von Euro gemeint sind. Man kann darüber auch keine Geschichte erzählen, aber gerade deshalb handelt es sich um besonders sicheres Wissen. Schon bei Platon nimmt die Arithmetik eine wichtige Funktion für beweisendes Denken ein, d.h. für die Herstellung epistemischer (wissenschaftlicher) Erkenntnisse. In der Neuzeit führt der Aufschwung der Mathematik dann zur Ausbildung eines strikt formalen Denkens, einer Idee der Formalisierung, die bereits bei Leibniz in der Vorstellung logischer Kalküle in aller Deutlichkeit gefasst ist. Die Idee, mit Symbolen mechanisch zu operieren, ist die eigentliche Vorgeschichte der Datenverarbeitung. Technisch hat sich diese Formalisierung/Mechanisierung des Zeichengebrauchs in einer strikt binären Codierung der Computersprache niedergeschlagen, die nur noch zwei Werte, 0 und 1, kennt.[37]

13 Nur aufgrund ihres strikt formalen Charakters können **Computer** Daten lesen. So können beispielsweise die auf einem Personal-Computer installierten Codes und Programme eines Betriebssystems in Sekundenbruchteilen von der Hardware verstanden werden, sind Computer in der Lage, laufend mit anderen Komponenten desselben Systems zu kommunizieren und ihre Arbeitsergebnisse wechselseitig mit einzelnen oder beliebig vielen kompatiblen Schnittstellen auszutauschen. Die Tatsache, dass hier Maschinen und nicht mehr Menschen „lesen", „verstehen" und „kommunizieren", wird heute in Begriffen wie „Informationstechnologie", „Symboltechnologie" oder „technische Kommunikation" zum Ausdruck gebracht. Entscheidend für den Begriff des Datums ist also, dass die Produktion und Reproduktion von Daten in symbolischen (zeichenverarbeitenden) Maschinen abläuft, also nicht auf die Beteiligung psychischer Systeme oder „psychischer Apparate", um *Freuds* Ausdruck zu gebrauchen, angewiesen ist. Datenverarbeitung ist ein rein technisches Geschehen, das von außen gesteuert wird und aufhört zu prozessieren, wenn keine Impulse mehr nachkommen. *Niklas Luhmann* spricht von datenverarbeitenden Maschinen daher auch als „allopoietische(r) Systeme" (von gr.: *allos*: anders, fremd).[38]

---

[36] So die Terminologie bei *Jacques Derrida*, Randgänge der Philosophie, 1988, S. 333 („Diese Iterierbarkeit – iter-, ,von neuem', kommt von *itara, anders* im Sanskrit, und alles Folgende kann hier als die Ausbeutung jener Logik gelesen werden, welche die Wiederholung mit der Andersheit verbindet, strukturiert das Zeichen der Schrift selbst, welcher Typ von Schrift es im Übrigen auch immer sein mag [...]"). In der Systemtheorie, z.B. *Niklas Luhmann*, Die Gesellschaft der Gesellschaft, 1997, S. 74 f., wird dieser Sachverhalt (*différance*, Wiederholung/Andersheit) mit der Doppelbegrifflichkeit von „Kondensierung" und „Konfirmierung" von Sinn beschrieben. *Eric A. Havelock*, The Muse Learns to Write, 1986, S. 55, spricht von „accumulation of information and its storage for re-use in human language". Vgl. dazu auch *Ino Augsberg*, Rechtslektionen, Rechtstheorie, Bd. 40 (2009), S. 71 ff. (87).
[37] Vgl. *Sybille Krämer*, Symbolische Maschinen. Die Idee der Formalisierung in geschichtlichem Abriss, 1988 (dort auch nähere Hinweise zu *Leibniz*).
[38] *Luhmann*, Organisation (Fn. 5), S. 376.

Zusammengefasst kann man also formulieren, dass Daten –wie Zahlen– ein hoch formalisierter Typus von Zeichen sind. Im Unterschied zu Zahlen setzt das Prozessieren von Daten jedoch eine **digitale Codeschrift** und darauf abgestimmte technische Datenträger und Prozessoren voraus. Daten sind zu ihrer Realisierung auf schematisierte Vergegenständlichungsprozeduren und, soweit sie in elektronischen Computern bearbeitet werden, auf Materie und Energie angewiesen. Zum „Datum" gehört neben der semantischen also eine physikalische Komponente, d.h. Daten sind von einem komplexen *technischen* Medium abhängig, in dem sie jeweils prozessiert werden. „Daten sind Zeichen, die auf einem Datenträger festgehalten sind. Sie sind damit – ganz im Unterschied zu Informationen – vergegenständlicht und lassen sich aufgrund der Verkörperung in eigenständiger Weise erfassen."[39] Die *Bedeutung* eines Datums, die Information, die es prozessiert, kann mit anderen Worten nicht von der Materialität des codierten Zeichens getrennt werden, auch wenn es dabei bleibt, dass die Informationen, die aus Daten gewonnen und in die Verwaltungskommunikation eingespeist werden, nicht mit dem Datum und seiner Vergegenständlichung auf dem materiellen Datenträger, z.B. der *Harddisc* oder dem *USB-Stick*, verwechselt werden dürfen.[40]

II. Information

Information impliziert die Veränderung des Zustands an Kenntnissen, des Wissensbestands, über den die Verwaltung zu einem gegebenen Zeitpunkt x verfügt. Information ist nichts Festes und Fertiges, sondern ein zeitabhängiges Ereignis und als solches an Neuheit oder Überraschung gekoppelt.[41] Information ist, nach der berühmten Formel von *Gregory Bateson*, ein Unterschied, der einen Unterschied macht:[42] Nachdem der zuständige Sachbearbeiter von der dreifachen Verurteilung des Antragstellers wegen Trunkenheit im Verkehr erfahren hatte, lehnte er es ab, ihm eine Gaststättenerlaubnis zu erteilen. Damit wird hier ein *differenztheoretischer* Informationsbegriff zugrunde gelegt, bei dem die Gedankenbewegung mit einer Differenz startet und mit einer Differenz endet. Zunächst erfährt die Verwaltung von der dreifachen Verurteilung des Antragstellers, dann verweigert sie die amtliche Erlaubniserteilung. Die Einheit des Informationsbegriffs wird also in zwei Ereignisse oder Unterschiede aufgebrochen, den der Informationsmitteilung beim Absender (jemand hatte die dreifache Verurteilung wegen Trunkenheit im Verkehr mitgeteilt) und der Informationserzeugung beim

---

[39] *Albers*, Information (Fn. 1), S. 74f.; vgl. auch *dies.*, Komplexität (Fn. 1), S. 50ff., 54.
[40] In diesem Sinne auch *Arno Scherzberg*, Die öffentliche Verwaltung als informationelle Organisation, in: Hoffmann-Riem/Schmidt-Aßmann (Hrsg.), Informationsgesellschaft, S. 195ff., 199 („Erst die Zuweisung von Bedeutung macht das Datum zur Information."); zur Unterscheidung von Daten und Informationen vgl. auch etwa *Hoffmann-Riem*, Informationsgesellschaft (Fn. 1), S. 12 („Daten sind nicht identisch mit Informationen."); *Albers*, Information (Fn. 1), S. 74.
[41] *Luhmann*, Organisation (Fn. 5), S. 57f., 143; ähnlich auch *Georg Franck*, Mentaler Kapitalismus, 2005, S. 17, 151 (definiert Information als „Überraschungswert, den wir aus Mustern ziehen").
[42] *Gregory Bateson*, Ökologie des Geistes, 1981, S. 488 („Der terminus technicus ‚Information' kann vorläufig als irgendein Unterschied, der bei einem späteren Ereignis einen Unterschied ausmacht, definiert werden."); *ders.*, Geist und Natur: eine notwendige Einheit, 1982, S. 123 („Informationen bestehen aus Unterschieden, die einen Unterschied machen.").

Empfänger (die Verwaltung hatte nach Antragstellung von den Trinkgewohnheiten und der Verurteilung des Antragstellers erfahren und deshalb den Antrag auf Gaststättenerlaubnis negativ beschieden).[43]

19 Informationen können weder von außen in die Verwaltung durchgereicht werden noch ihr Verhalten determinieren. Anders als der elektronische Impuls, der den Zustand einer **datenverarbeitenden Maschine** unmittelbar beeinflusst, beruht das Verstehen einer Mitteilung stets auf einem eigenständigen, nicht-determinierten Vorgang, der Informationsverarbeitung, die die Gewinnung der (vorher beim Absender erzeugten) Information durch den Empfänger einschließt. Informationen können also strenggenommen nicht aus der Umwelt in die Verwaltung „übertragen" werden. Sie zirkulieren auch nicht innerhalb der Verwaltung, etwa von einer Stelle zu einer anderen. Information ist kein Ding oder Gut, das wie eine Ware transportiert werden könnte, sondern ein temporal gebundenes Geschehen, ein Ereignis im Fluss der Zeit, zu dem notwendigerweise gehört, dass etwas anderes, was hätte sein können, ausgeschlossen wird (Selektion). Die Verwaltung musste auf der Grundlage der Kenntnis der Trinkgewohnheiten des Antragstellers eine Entscheidung treffen. Aber die Ablehnung seines Antrags auf Erteilung einer Gaststättenerlaubnis beruhte nicht auf der Tatsache des Bekanntwerdens der Trinkgewohnheiten als solcher, sondern auf der Art und Weise, wie diese Information nach allen Umständen, nach gesetzlicher Ausgangslage und bisheriger Entscheidungspraxis von der Verwaltung interpretiert werden musste, nämlich als Zuverlässigkeitsausschlussgrund – obwohl es in der Vergangenheit auch andere Entscheidungen gegeben hatte. Im Gegensatz zur Datenverarbeitung ist Informationsverarbeitung also ein stets aktiver Vorgang, der durch verwaltungseigene Selektionen und Festlegungen, durch „Hermeneutik" konstituiert wird.

20 Die Bindung des Informationsbegriffs an eine aktuelle Zustandsänderung in der Wissensbasis der Verwaltung ist essentiell und muss auch gegenüber kritischen Stimmen festgehalten werden.[44] Auf der operativen Ebene ist **Neuheit** für den Begriff der Information konstitutiv und mehr als nur eine historisch variable Zuschreibung auf der Ebene der Beobachtung von kognitiven Prozessen. Die Notwendigkeit der Bindung des Informationsbegriffs an Neuheit oder Überraschung zeigt sich vor allem daran, dass Information nicht mit Sinn und Bedeutung (einer schon erschlossenen Welt) deckungsgleich ist. Die Verwaltung kann nur dann Ereignisse mit Überraschungswert erkennen, also überhaupt nur dann Informationen verarbeiten, wenn Informationsverarbeitungsprozesse hinreichend vom Fluss der Phänomene einer sinnhaft erscheinenden Welt unterschieden werden können, die für die Verwaltung stets vorausgesetzt bleiben muss. Die qualitative Zustandsänderung der Wissensbasis des administrativen

---

[43] Dazu näher *Albers*, Information (Fn. 1), S. 68 („Information bezeichnet die Differenz zweier verknüpfter Differenzen. In der Identitätsterminologie würde man sagen: die Einheit zweier verknüpfter Differenzen, ginge damit aber darüber hinweg, dass nicht die Einheit, sondern die Differenz wirkt, und die Einheit nur durch Beobachtung rekonstruiert werden kann.").

[44] Insbesondere bei *Albers*, Information (Fn. 1), S. 74, die meint, dass das Kriterium der Selektivität genüge, um den Informationsbegriff zu bestimmen. Dazu a. → Bd. II *Albers* § 22 Rn. 12. Man kann in Anlehnung an *Hans J. Rheinberger*, Historische Epistemologie zur Einführung, 2007, S. 53, auch sagen, dass Erkennen nicht nur einen „Erkenntnisgegenstand", sondern zugleich auch einen „Wissensbestand" voraussetzt, und „Information" eben das ist, was auf der Grundlage von schon vorhandenem Wissen als „neu" erkannt wird.

B. Begriffliche Klärungen

Entscheidens muss folglich einen anderen Fall darstellen als die laufende Reproduktion des allem Verwaltungshandeln zugrunde liegenden Weltbezugs. Die Verwaltung muss schon wissen, dass eine Information eine Information sein könnte, also eine Ahnung davon entwickeln können, dass einem kommunikativen Ereignis ein Informationswert zuzuschreiben ist. Sinn wird insofern durch Wiederholung und Routinen in der Verwaltung stabilisiert (Redundanz), Information ist dagegen das, was für die Verwaltung dabei neu und überraschend ist. Das muss nicht unbedingt Tatsachen betreffen, sondern kann sich auch auf normative Prämissen selbst beziehen, man denke nur an den inzwischen weit verbreiteten Fall der plötzlichen Änderung einer gesetzlichen Grundlage im Steuerrecht.

Es kommt ferner darauf an, den Begriff der Information historisch angemessen zu situieren. Das macht es erforderlich, den Informationsbegriff im Zusammenhang mit seiner Karriere in der **Kybernetik** *(Norbert Wiener, Heinz v. Foerster)* und anderen, mit dem Aufstieg des Computers verbundenen Grundlagendisziplinen wie z.B. der allgemeinen mathematischen **Informationstheorie** *(Claude E. Shannon, Warren Weaver)* zu behandeln.[45] Zwar hat Information eine weit hinter die neuere Informationstheorie zurückweisende Begriffsgeschichte. Diese lässt sich bis in die antike Rhetorik nachverfolgen, prominent etwa bei *Cicero.* Dort ist Information (lat. *informatio*) das Resultat der Klärung und Entfaltung des Inhalts eines Wortes, Information meint hier also die Belehrung, Anweisung, das In-Kenntnis-Setzen durch eine Mitteilung.[46] Ethymologisch schwingt in Information sogar noch Platons Begriff der Idee (gr.: *eidos*, lat.: *forma*) nach.[47] Trotz dieser mehr als zweitausend Jahre alten Wurzeln bleibt es aber wichtig festzuhalten, dass der Informationsbegriff eine Art Doppelstatus hat: Er gehört einerseits in die Welt des Sozialen, der Sprache, der Kommunikation, insofern Information Bedeutungen (Semantik), d.h. stets selektierten Sinn prozessiert. Andererseits verweist Information, insbesondere als „Nachricht" oder „Signal", auf eine transsoziale Struktur, die enge Verflochtenheit von Informationsverarbeitung und Technik, die bislang eher in kulturkritischen Kontexten reflektiert worden ist, etwa bei *Martin Heidegger, Theodor W. Adorno* oder in einem berühmten Gedicht von *Thomas S. Eliot.*[48]

Eine **historische Einordnung** des **Informationsbegriffs** ist auch für die verwaltungsrechtliche Diskussion wichtig. Die elektronische Datenverarbeitung schränkt gerade den Ideenüberschuss der sozialen Kommunikation – den Zufall, die Abweichung – durch eine strikte Formalisierung des Zeichengebrauchs ein.

---

[45] Dazu *Dirk Baecker,* Kommunikation, 2005, S. 61 ff.
[46] Vgl. den Eintrag „Information" in: *Joachim Ritter/Karlfried Gründer* (Hrsg.), Historisches Wörterbuch der Philosophie, Bd. 4, 1976, S. 358.
[47] *Holger Lyre,* Informationstheorie, 2002, S. 11.
[48] Vgl. nur *Martin Heidegger,* Unterwegs zur Sprache (1959), 2007, S. 263, der das transhumane und unvordenkliche Ereignis der modernen Technik (Ge-Stell) akzentuiert. Dieses transhumane „Geschick" manifestiert sich für Heidegger u.a. in einem „rechnenden Denken", das nur noch die Sprache des Ge-Stells spricht. Diese Sprache, dieses „gestellte Sprechen", ist für *Heidegger* „Information". Für *Theodor W. Adorno,* Theorie der Halbbildung, Gesammelte Schriften, Bd. 8, 2006, S. 93 ff. (115), ist „Information" Ausdruck einer bloß „punktuelle(n), unverbundene(n), auswechselbare(n) und ephemere(n) Informiertheit", Charakteristikum des „subjektlosen Subjekts", eines fluiden und substanzlosen Sozialcharakters, der eine Information durch beliebige andere ersetzt. Bei *Thomas S. Eliot,* The Rock, 1960, geht es ähnlich wie bei *Adorno* um die Dekomposition und den Verfall des Wissens durch neue Medien: „Where is all the wisdom we have lost in knowledge? Where is all the knowledge we have lost in information?"

Diese Tendenz zeigt insbesondere die Diskussion um die Automatisierung des Verwaltungshandelns. In der Debatte um die elektronische Verwaltung steht heute zwar nicht mehr die Automatisierung der eigentlichen administrativen Entscheidungsprozesse im Vordergrund (wie noch in den 70er Jahren), aber in den neuen Leitbildern des *Electronic Government* geht es doch in einem nicht weniger anspruchsvollen Sinn darum, die Gesamtheit der internen Handlungsabläufe der Verwaltung elektronisch zu standardisieren. Ziel ist der Aufbau neuartiger Formen der Vernetzung nicht-hierarchischer Art,[49] und Teil dieser Strategie sind etwa umfassende Vorgangssteuerungen durch sog. softwarebasierte Workflow-Management-Systeme. In diesen Systemen werden verwaltungsinterne Handlungsabläufe in standardisierte Elemente wie etwa Verfügungen, Kenntnisnahmen, Weiterleitungen, Zeichnungen, Sicht- und Geschäftsgangvermerke „zerlegt" und die einzelnen Bestandteile und ihre Verknüpfung softwareförmig remodelliert.[50] Was früher nur unzureichend durch Verwaltungsvorschriften geregelt werden konnte, leistet jetzt die Computer-Software: Die Herstellung von immer gleichem Output bei gleichbleibenden Ausgangsbedingungen.

24   Auch wenn zum gegenwärtigen Zeitpunkt nicht absehbar ist, was dieser Trend für die Verwaltung insgesamt bedeuten wird, sollte die Diskussion um die **elektronische Verwaltung** für die Verwaltungsrechtswissenschaft Anlass dazu sein, Symboltechnologien nicht zu vorschnell auf die Ebene eines „materiellen Substrats" der Kommunikation abzuschieben. Es wäre kaum der Sache angemessen, Information einfach *als* Information zu behandeln, ganz gleich welches Medium sie produziert. Die Computertechnologie ist zweifellos mehr als eine für den Begriff der Information indifferente physikalische Umwelt.[51] Vielmehr sind beide Ebenen, Computertechnologie und Informationsbegriff, eng miteinander verflochten, so wie es etwa in Heideggers Wort vom „rechnenden Denken" gut zum Ausdruck kommt. Wenn dieses „rechnende Denken" als *Electronic Government* in die Verwaltung einwandert und ihre Selbstorganisationsformen mehr und mehr strukturiert, wird das auch für die Verwaltungsrechtswissenschaft Konsequenzen haben. Diese muss sich dann beispielsweise auf die Auflösung der Unterscheidung von rechtlichen (normativen) und technischen (kognitiven) Regeln einstellen: Die Steuerungsleistung des Verwaltungsrechts verschiebt sich dann von der humanen „Verhaltenssteuerung" auf die transhumane Ebene der technischen Konfigurationen, der Beeinflussung technischer Architekturen. Das wird nicht nur die elektronische Verwaltungsorganisation betreffen, die neuartige Bedeutung des Managements technischer Regeln zeigt sich auch beim Schutz personenbezogener Informationen im Internet, ja der „Datenschutz" scheint sich ganz auf die Ebene der Softwareprogrammierung, auf einen „technischen Designschutz" zu verlagern.[52]

---

[49] → Bd. II *Britz* § 26 Rn. 2 ff.; *Thomas Groß*, Die Informatisierung der Verwaltung – eine Zwischenbilanz auf dem Weg von der Verwaltungsautomation zum E-Government, VerwArch, Bd. 95 (2004), S. 400 ff.
[50] → Bd. II *Britz* § 26 Rn. 30.
[51] Zu einem Indifferenzkonzept tendiert *Niklas Luhmann*. Vgl. nur *ders.*, Das Recht der Gesellschaft, 1993, S. 245 f.; kritisch dazu *Cornelia Vismann*, Akten. Medientechnik und Recht, 2000, S. 58 f.; auch *Albers*, Information (Fn. 1), S. 75, betont, dass es darum gehen müsse, die „Verflochtenheit" von Informationsvorgängen und Datenverarbeitungsprozessen zu erkennen.
[52] *Thomas Vesting*, Das Internet und die Notwendigkeit der Transformation des Datenschutzes, in: Karl-Heinz Ladeur (Hrsg.), Innovationsoffene Regulierung des Internet, 2003, S. 181 ff.

B. Begriffliche Klärungen

Für die verwaltungsrechtliche „Systembildung" muss der Übergang zur elektronischen Verwaltung zur Konsequenz haben, die Einheit der Differenz von Datenverarbeitung und Informationsverarbeitung stärker herauszuarbeiten. Computer und Computernetzwerke steigern die Komplexität der **Medien der Verwaltungskommunikation,** und die elektronische Verwaltung ist dann der Versuch, sich dieser medialen Komplexität zur Vereinfachung bestimmter Handlungsvorgänge zu bedienen; nicht nur intern, sondern auch bei der Kommunikation mit den Bürgern (§ 3a VwVfG: „elektronische Kommunikation") oder zur Erhöhung der Transparenz von Verwaltungsentscheidungen (Informationsfreiheitsgesetz). Andererseits verschmilzt die Ebene des *Electronic Government* nicht mit derjenigen der verwaltungsinternen Informationsverarbeitung. Die Bedeutungszunahme der elektronischen Kommunikation konstituiert vielmehr eine neue Differenz zwischen den datenförmigen und informationellen Grundlagen des Verwaltungshandelns: Dort, wo Verfahrens- und Entscheidungsabläufe nicht automatisiert werden können, bleibt Verwaltungshandeln auf soziale Kognition und Wissen und damit auf Unbestimmtheit angewiesen. Solche Zusammenhänge von Medientechnologie und Verwaltungsrecht wären auch in verwaltungshistorischen Studien, einer noch zu schreibenden Mediengeschichte des Verwaltungsrechts, aufzuarbeiten. *Niklas Luhmann* hat beispielsweise schon vor mehr als einem Jahrzehnt darauf hingewiesen, dass es kein Zufall ist, dass der frühneuzeitliche Begriff der Polizei in dem Zeitraum eingeführt wurde, als der Buchdruck sich auszuwirken begann. „Polizei heißt [um 1500, T. V.] eben: Regulierungsvollmacht in Bereichen, die (damals noch) nicht der Jurisdiktion und ihren fixierten Texten unterworfen waren".[53]

Die hier vorgenommene Begriffsabgrenzung bringt den Informationsbegriff primär mit der semantischen Ebene der **menschlichen Sprache** in Verbindung, mit Problemen des Verstehens, der Bedeutung und des Inhalts von Nachrichten und Informationen, und erst sekundär mit dem Medium des Computers und dem Sammeln, Registrieren und Verarbeiten von Daten. Das ist gute phänomenologische und hermeneutische Tradition, deren Fortschreibung aber heute nicht ganz unproblematisch geworden ist: Die Karriere des Informationsbegriffs steht ja gerade in unmittelbarem Zusammenhang mit der Emergenz des Computers und darauf bezogener Beschreibungen wie Kybernetik und mathematischer Kommunikationstheorie. Information setzt jedoch dort die Abspaltung von der Semantik voraus und ihre In-Beziehung-Setzung mit formalisierbaren (statistischen) Termini. Dieses Feld soll hier, um es noch einmal zu wiederholen, dem Datenbegriff vorbehalten bleiben. Daten können maschinell gelesen, Informationen müssen verstanden werden. Damit widersprechen wir insbesondere der mathematischen Kommunikationstheorie *Claude E. Shannons*,[54] die Information als die Grundeinheit der Hervorbringung, Übertragung und Speicherung von Inhalten auf der Grundlage codierter Sprachzeichen bestimmt. Diese Entscheidung rechtfertigt sich auch dadurch, dass man, würde man *Shannons* Prämissen akzeptieren, zwischen dem Informationsverwaltungsrecht und dem Medium, in dem es heute artikuliert und geschrieben wird, dem Computer und seinen internen „Juridismen" (*Cornelia Vismann*), nicht mehr unterscheiden könnte. Aber

---

[53] *Luhmann*, Recht der Gesellschaft (Fn. 51), S. 120 Fn. 155; dazu allg. *Vismann*, Akten (Fn. 51).
[54] Dazu *Baecker*, Kommunikation (Fn. 45), S. 61 ff. m. w. N.

gerade wenn man die Möglichkeit einschließen will, einen Sinnkomplex wie das Verwaltungsrecht auf Spuren seiner medialen Infrastruktur abzusuchen, um die Verschleifung des Rechts mit eben dieser medialen Infrastruktur aufzuzeigen, können doch nur Differenzen Gegenstand solcher „Spuren" und „Verschleifungen" sein.

III. Wissen

26   **Wissen** kann als Information definiert werden, die ihren Überraschungswert eingebüßt hat. Während Information ein *Ereignis* ist, ein Unterschied, der einen Unterschied macht, ist Wissen der *Bestand* an Erkenntnissen, der in der Verwaltung auch aufgrund von Verwendungserfahrungen als bekannt und bewährt vorausgesetzt werden kann. Der Begriff des Wissens ist also eher auf gleich bleibende Strukturen und Muster bezogen, die von der Verwaltung wiederholt benutzt werden, Rechtsnormen aller Art, Handlungsroutinen oder gesellschaftliche Konventionen, die die Verwaltung als gegeben voraussetzen muss. *Scherzberg* und *Hoffmann-Riem* haben den Wissensbegriff dahingehend zu fassen versucht, dass eine Information dann zu Wissen wird, wenn sie mit dem Ziel des Verstehens bearbeitet und in den Kontext von schon Bekanntem bzw. in den Kontext schon vorhandenen Wissens eingeordnet wird.[55] An diese Überlegung wird hier angeknüpft, denn sie betont zu Recht den Unterschied zwischen der Information als Ereignis/Operation und den Strukturen oder Mustern des Wissens, die systemintern aufgebaut und dann bei der Verarbeitung von Informationen benutzt werden.

27   Allerdings wird man Wissen im Unterschied zur Information nicht per se als komplexeres Phänomen, sozusagen als „organisierte und systematisierte Form von Information" bestimmen können.[56] Zwar hat dieser Vorschlag auf den ersten Blick einiges für sich: Der Begriff des Wissens ist – historisch gesehen – an Schrift und Buchdruck und damit an die Organisation und Systematisierung von Sätzen zu Texten gebunden: Wissen als Substantiv – sei es Meinungswissen (gr.: *doxa*), sei es als sicheres Wissen (gr.: *episteme*) – ist eine platonische Erfindung und ihrerseits ein Effekt der philosophischen Reflexion und Substantivierung flüchtigen mündlichen Sprachhandelns im stabilen Medium der Schrift.[57] Dennoch erscheint es zweifelhaft, Information als das Elementare und Einfache, das einzelne Wort, den Namen zu fassen, Schrift dagegen als das Zusammengesetzte, Kombinatorische, als Satz oder Absatz. Würde man so unterscheiden, müsste man beispielsweise

---

[55] *Hoffmann-Riem*, Informationsgesellschaft (Fn. 1), S. 12; vgl. auch *ders.*, Wissen, Recht, Innovation, DV, Beiheft 9, 2010, S. 159 (160 ff.); *ders.*, Wissen als Risiko – Unwissen als Chance, in: Ino Augsberg (Hrsg.), Ungewissheit als Chance, 2009, S. 17 ff.; *Scherzberg*, Die öffentliche Verwaltung (Fn. 40), S. 200 („Wissen ist verarbeitete Information"); *ders.*, Zum Umgang mit impliziten Wissen, in: Schuppert/Voßkuhle (Hrsg.), Governance (Fn. 1), S. 240 ff.; *Luhmann*, Organisation (Fn. 5), S. 143, spricht ähnlich von der Transformation der Information in die „Form des Wissens", eine Form, die man, so *Luhmann*, nicht wieder „wegwissen" kann; vgl. auch *Albers*, Komplexität (Fn. 1), S. 50 ff., 55; und *Trute*, Wissen (Fn. 1), S. 13 f., 16 (Wissen ist eine „stabilisierte Erwartungsstruktur", „kognitiv stilisierter Sinn", der in „Kommunikationen" verfügbar gemacht wird).

[56] *Hoffmann-Riem*, Informationsgesellschaft (Fn. 1), S. 12.

[57] Vgl. *Eric A. Havelock*, Preface to Plato, 1963. Ein weiteres Indiz für die Richtigkeit einer solchen Auffassung ist, dass sich *informatio* zunächst tatsächlich auf die Klärung eines einzelnen Wortes innerhalb eines Textes oder einer Rede bezog.

den einfachen Ausdruck „Verwaltungsakt" als Information und die komplexere Definition des § 35 VwVfG als Wissen interpretieren. Eine gute Verwaltung wird jedoch mit dem Ausdruck Verwaltungsakt immer die Definition des § 35 VwVfG verbinden, eine schlechte wird vielleicht nicht einmal den Namen kennen. Das zeigt, dass derselbe Sachverhalt einmal Information, ein anderes Mal Wissen sein kann. Der Wissensbegriff ist also kein Substanzbegriff, sondern ein **Relationsbegriff**.[58] Es geht bei der Unterscheidung von Information und Wissen nicht um die Einfachheit oder Komplexität von Sachverhalten, sondern um die Frage, ob die Verwaltung als erkennendes System (repräsentiert durch ihre Amtsträger) „Umweltrauschen" als Überraschung zur Kenntnis nimmt oder ob sie sich in ihren Kommunikationsroutinen nicht irritieren lässt. Nur im zuletzt genannten Fall ist die Information für die Verwaltung bereits in konsolidiertes Wissen oder „Redundanz" übergegangen.

IV. Kommunikation

Kommunikation ist nach Auffassung der Systemtheorie ein mehr oder weniger flüchtiges Geschehen, das Information, Mitteilung und Verstehen zu einer einheitlichen Operation verknüpft, zu einem Gruß, einem Aufruf, einer Antwort, einer Schwärmerei unter Freunden usw.[59] In einem verwaltungsrechtlichen Kontext kommt es vor allem darauf an, die primär *soziale* und *pragmatische* Referenz aller Kommunikation hervorzuheben. Kommunikation ist – abgesehen vom Fall der maschinellen oder technischen „Kommunikation" – eine Form des Sprachgebrauchs, die ein Moment des Verständigungshandelns, des Referierens auf Gemeinschaft *(com-municatio)*, einschließt. Das hängt mit der genuin transsubjektiven Natur der menschlichen Sprache zusammen, die man als ein „distributives Allgemeines" fassen kann,[60] als ein kollektives Geschehen oder öffentliches Gut, an dessen Aufbau und Reproduktion die Individuen zwar „beteiligt" sind, dessen Regeln sie aber nicht machen. Keinesfalls kann die eigenständige Realität der Sprache auf (subjektive) Intentionen zurückgeführt werden. Oder, wie *Luhmann* provokativ formuliert hat: „Menschen können nicht kommunizieren, nicht einmal ihre Gehirne können kommunizieren, nicht einmal das Bewusstsein kann kommunizieren. Nur die Kommunikation kann kommunizieren."[61]

Luhmanns Zuspitzung des selbsttragenden Charakters der Kommunikation („nur die Kommunikation kann kommunizieren") mag auf den ersten Blick nicht nur provokativ sondern auch befremdlich wirken. Gerade in einem rechtswissenschaftlichen Kontext ist aber daran zu erinnern, dass das liberale Recht die **transsubjektive Struktur der Sprache** immer vorausgesetzt hat und auch heute weiterhin als ein gegenüber den einzelnen Sprechern Anderes voraussetzen muss.

---

[58] → Bd. I *Jestaedt* § 14 Rn. 14.
[59] *Niklas Luhmann*, Soziale Systeme, 1984, S. 193 ff.; dazu allg. *Baecker*, Kommunikation (Fn. 45).
[60] So der Ausdruck bei *Christian Stetter*, Nach Chomsky. Überlegungen zu einer symboltheoretisch fundierten Linguistik, in: Jürgen Fohrmann (Hrsg.), Rhetorik. Figuration und Performanz, 2004, S. 193 (206 ff.); bei *Havelock*, The Muse (Fn. 36), S. 54, heißt es dazu lapidar: „Yet language is by definition a collectivist activity."; vgl. auch *Kaiser*, Kommunikation (Fn. 1), S. 59.
[61] *Niklas Luhmann*, Materialitäten der Kommunikation, in: Hans-Ulrich Gumbrecht u. a. (Hrsg.), Wie ist Bewußtsein an Kommunikation beteiligt?, 1988, S. 884.

§ 20 Information und Kommunikation

Man denke nur an die zivilrechtlichen Dogmen über den Charakter einer Willenserklärung (objektiver Empfängerhorizont), an entsprechende Vorstellungen im Bereich der Auslegung des Verwaltungsaktes oder der weitgehend unbestrittenen Notwendigkeit der objektiven Auslegung von Gesetzen. Der Richter ist nicht Urheber des Rechts, er muss Recht und Gesetz vielmehr wie eine Gabe behandeln, die er als Subjekt nur annehmen kann. Nichts anderes meint: Gehorsam gegen das Gesetz. Der Richter, sagt *Paul Laband* an einer berühmten Stelle seines Reichsstaatsrecht ganz zu Recht, hat „nicht *seinen* Willen, sondern denjenigen des objektiven Rechts zur Geltung zu bringen; er ist die viva vox legis; er schafft nicht den Obersatz, sondern er nimmt ihn hin als von einer über ihm stehenden Macht gegeben."[62] Auch *Laband* geht also davon aus, dass sich die Kommunikation – der Wille des objektiven Rechts – im Akt der „Hinnahme" des Obersatzes selbst mitteilt, so dass es gar nicht darauf ankommt, wer entscheidet.

30 Konzipiert man Kommunikation als objektives, eigenständiges soziales Geschehen, wird auch einsichtig, dass jede Kommunikation eine **Auswahl** oder **Selektion** einschließt,[63] nicht aber einfach als Übertragung bzw. „Transfer" von Informationen von A nach B gefasst werden kann. Kommunikation setzt voraus, dass der Empfänger eine Information, die vom Sender mitgeteilt wird, versteht. Im Unterschied zum maschinellen Lesen eines digitalen Codes verweist der Vorgang des Verstehens jedoch auf eine sinnhafte, nicht vollständig schematisierbare Tätigkeit. Jede mündliche, schriftliche oder elektronisch gestützte Kommunikation enthält, außer einen Verweis auf sich selbst, den Verweis auf anderes,[64] jene Möglichkeiten beispielsweise, die im Verstehensprozess übergangen werden, obwohl sie im Zentrum einer Mitteilungsabsicht standen: Der Liebhaber wollte mit dem Brillianten seine Liebe schenken, aber sie interessierte nur sein Geld. Der fremde Autofahrer wollte nur eine Auskunft einholen, aber der Polizist verlangte den Führerschein. Auch wenn die Mitteilung dem Verstehen zeitlich voraus liegt, verwebt erst das Verstehen die Kommunikation zu einer „Einheit". Erst die Stellungnahme, die die Mitteilung der Nachricht dem Empfänger abverlangt, schließt die Kommunikation, um daran weitere Kommunikationen anzuknüpfen. Es ist also eine prinzipiell unendliche Menge von Selektionen aus einem ständig mitlaufenden Überschuss von (Verstehens-)Möglichkeiten, die das unendlich geflochtene Band der Kommunikation in Bewegung hält. Und nochmals: Deren Abfolge und Züge können keinesfalls auf subjektive Zwecksetzungen zurückgeführt werden.[65]

31 Die Verwaltung wird immer, wenn sie rechts- und damit sprachabhängig operiert, in das transsubjektive Geschehen der Kommunikation hineingezogen. Und zwar in doppelter Weise: Zum einen ist die administrative Handlungspraxis sprachabhängig, zum anderen ist die Verwaltungsorganisation selbst nichts anderes als ein **Netzwerk von Kommunikationen,** d.h. alle verwaltungsbezogenen Operationen, auch die der Rezeption und Produktion von Recht, sind solche

---

[62] *Paul Laband,* Das Staatsrecht des Deutschen Reiches, 5. Aufl. 1911, (Neudruck 1964), Bd. II, S. 178. Diese Passage ist institutionalistisch zu lesen, „als ob", nicht als Ausdruck deutschen Obrigkeitsdenkens!

[63] Das ist insbesondere in der mathematischen Informationstheorie von *Claude E. Shannon* und *Warren Weaver* herausgearbeitet worden. Vgl. nur *Baecker,* Kommunikation (Fn. 45), S. 61 ff.

[64] Dazu näher *Baecker,* Kommunikation (Fn. 45), S. 66 f.

[65] Denn Selektionen werden zumeist durch Nicht-Wissen ausgelöst, wie *Luhmann,* Die Gesellschaft (Fn. 36), S. 39 f., bemerkt.

B. Begriffliche Klärungen

der Verarbeitung von Information und Wissen.[66] Da die Verwaltung also nur kommunikativ handeln kann und nur in der Kommunikation zur „Einheit" findet, kann sie die Grenzen und damit den Bestand ihrer selbst auch nur im Medium der Kommunikation reproduzieren. Die Verwaltung übernimmt ihre Informationen also nicht einfach aus der Umwelt, sondern remodelliert sie und stellt sie darin selbst her; würde sie anders agieren und Informationen durchweg aus ihrer Umwelt adaptieren, würde das Kommunikationsnetzwerk der Verwaltung sofort diffundieren und damit in sich zusammenbrechen. Es gibt deshalb keine „Intersubjektivität" im Verwaltungsalltag. Das Draußen (der Bürger) ist für die Verwaltung nur als Fremdreferenz zugänglich. Gerade weil die mitgeteilte Information verstanden werden muss, um einen sozialen Charakter anzunehmen, ist es das verwaltungs*interne* Verstehen, die Verarbeitung von Information und Wissen, durch die die Verwaltung allein und ausschließlich auf externe Mitteilungsabsichten reagieren kann.

Das ist eine Einsicht, die in ihrer Bedeutung kaum zu überschätzen sein dürfte. **32** Daher kommt es darauf an, diese These möglichst lebens- und praxisnah zu spezifizieren. Sie bedeutet nicht, dass die Verwaltung überhaupt nicht mit ihrem Draußen, ihrer Umwelt, kommunizieren könnte; auf einer alltagssprachlichen (gesellschaftsweiten) Ebene ist dies jederzeit möglich. Aber auf dieser Ebene kann bei genauerer Analyse auch kein spezifisch verwaltungsförmiges Handeln entstehen. Solange in der Verwaltung nur über das schlechte Abschneiden von Michael Schumacher beim letzten Formel 1 Rennen gesprochen wird, operiert die Verwaltung nicht als eigenständige – nach inneren Eigengesetzlichkeiten handelnde – Organisation. Erst wenn der Sprachgebrauch auf verwaltungsförmiges Handeln hin dirigiert wird, setzt ein **Prozess der Absonderung** bzw. die keineswegs selbstverständliche Bildung einer staatlichen Verwaltungsorganisation ein. Aus der These, dass die öffentliche Verwaltung als selbstreferentielles Kommunikationsnetzwerk zu verstehen ist, folgt also nur, dass alltagssprachliche Einsichten in ein für interne Verfahrensabläufe und für die interne Entscheidungsfindung spezifisches Wissen übersetzt werden müssen. Die Kommunikation muss einen professionellen Charakter annehmen, die Verwaltung eine Sondersprache aufbauen und Probleme und deren Lösung müssen darin formulierbar sein. Nur dann und erst dann ist verwaltungsförmiges (und nicht einfach: soziales, religiöses oder politisches) Handeln überhaupt möglich.

Das gilt generell für alles **Verwaltungshandeln,** also auch für rechtsgebundenes **33** Verwaltungshandeln. Eine Bindung von Außen, eine Fremdprogrammierung, kann es unter den hier entwickelten Prämissen nicht geben; das unterscheidet den Fall der („autopoietischen") Informationsverarbeitung ja gerade von der („allopoietischen") Datenverarbeitung. Beschließt der Bundestag, die zahnmedizinische Versorgung mit Inlays aus der gesetzlichen Krankenversicherung auszusondern, können die Bundestagsabgeordneten diese Information, den Unterschied zur bisherigen Gesetzeslage, weder persönlich in die Sozialverwaltung tragen

---

[66] In Anlehnung an *Luhmann,* Organisation (Fn. 5), S. 57. Für das Verwaltungsorganisationsrecht ist dies in der neueren verwaltungsrechtswissenschaftlichen Diskussion anerkannt. Vgl. nur *Schmidt-Aßmann,* Ordnungsidee, 5. Kap. Rn. 1 ff.; *Hans-H. Trute,* Die Funktionen der Organisation und ihre Abbildung im Recht, in: Eberhard Schmidt-Aßmann/Wolfgang Hoffmann-Riem (Hrsg.), Verwaltungsorganisationsrecht als Steuerungsressource, 1997, S. 249 ff.; → Bd. I *Voßkuhle* § 1 Rn. 67.

noch ihre Entscheidung selbst direkt – etwa ohne Hilfe der gesetzlichen Krankenkassen – umsetzen. Der Gesetzgeber hat nur die Möglichkeit, der Verwaltung in Form eines Gesetzes ein „Gesprächsangebot" zu machen, diese Information im Bundesgesetzblatt zu publizieren und wichtiger noch: das neue Gesetz und seine „Vorteile" mit Hilfe der Massenmedien zu kommunizieren. Dabei muss *unterstellt* werden, dass die Sozialverwaltung die redundante, weitere Informationen ausschaltende Orientierung an der bisherigen Gesetzeslage aufgibt, sich auf Irritationen, d.h. auf die neue Gesetzeslage einlässt und ihre Strukturen und Kommunikationsroutinen entsprechend ändert, d.h. Anträge auf Kostenerstattung in Zukunft negativ bescheidet. Auch wenn dann, *ex post*, gesagt werden kann, das der vom Gesetzgeber *ex ante* erwartete Zustand eingetreten ist, ändert das nichts daran, dass die Verwaltung selbst ihre Praxis ändern musste, nicht aber der Gesetzgeber diese Praxis geändert hat oder hätte ändern können.

34 Die Aussage, dass sich die Verwaltung immer nur selbst an Recht und Gesetz binden kann, steht daher nicht im Widerspruch zu, sondern in Einklang mit Art. 20 Abs. 3 GG. Dass die Verwaltung nicht einfach das Gegenteil von Recht und Gesetz, die Gesetzlosigkeit oder das Unrecht, als Handlungsoption wählen kann oder sollte, versteht sich von selbst und wird hier – in einem rechtswissenschaftlichen Text – vorausgesetzt. Der Unterschied zwischen der Sprache des traditionellen Verwaltungsrechts, der Rede von der **„Rechtsbindung"** der Verwaltung,[67] zu der in diesem Text benutzten informationstheoretischen Terminologie liegt nicht in unterschiedlichen „normativen Orientierungen", sondern in einem Reflexionsgewinn: „Bindung" kommt von *obligatio* (lat.: *ligare*, binden) und meint in der Tradition des römischen Rechts die rechtliche Fessel (lat.: *iuris vinculum*), die den Schuldner in der gleichen Weise an sein (Leistungs-)Versprechen bindet, wie Rinder durch Stricke an einen festen Ort gebunden werden.[68] Diese altrömische Vorstellung der „Rechtsbindung" wird hier durch einen zweiteiligen Informationsbegriff ersetzt und als Unterschied behandelt, „der bei einem späteren Ereignis einen Unterschied ausmacht".[69] Herstellung eines Gesetzes (Veränderung der bisherigen Rechtslage) und Bindung an das Gesetz (Anpassung der Verwaltung an die neue Rechtslage) können unter dieser Voraussetzung nicht gleichzeitig geschehen. Die im Gesetz mitgeteilte Information wird von der Verwaltung notwendigerweise zu einem anderen Zeitpunkt, in einer anderen Situation als derjenigen rezipiert, in der der Gesetzgeber das Gesetz verabschiedet. Die „Anwendung" eines Gesetzes kann deshalb immer nur im Hinblick auf einen *späteren* Unterschied thematisiert werden, der den *eigenen* Zustand der Verwaltung ändert. Damit ist über die empirische Wahrscheinlichkeit des „Gesetzesgehorsams" nichts gesagt, es ist nur festgelegt, dass die Bindung der Verwaltung an Recht und Gesetz die Überbrückung unüberbrückbarer Differenzen voraussetzt. Anders gesagt: Rechtsbindung ist ein prozesshaftes Geschehen, das Zeit benötigt (und als Ereignis nie zweimal stattfinden kann). Damit wird aber gerade das allgemeine Gesetz, das im herkömmlichen Verwaltungsrecht immer als zeitenthoben, als zeitlich unverbrüchlich gedacht war, für die Irreversibilität der Zeit geöffnet und damit auch für Veränderungen

---

[67] Vgl. dazu → Bd. I *Reimer* § 9 Rn. 73 ff.
[68] Inst. 3,13; und dazu den Kommentar bei *Max Kaser/Rolf Knütel*, Römisches Privatrecht, 17. Aufl. 2003, S. 197.
[69] *Bateson*, Ökologie des Geistes (Fn. 42), S. 488.

der Kontexte der Gesetzesanwendung – für eine Transformation des Gesetzes im Momente seiner Wiederverwendung, eine eigentümliche Bewegung von Wiederholung/Andersheit, die *Jacques Derrida* mit Begriffen wie *différance, itérabilité, trace, supplément* einzufangen versucht.

Die informationstheoretische Perspektive zeigt also, dass die **Bindung** der **Verwaltung an Recht und Gesetz** eine ganz unwahrscheinliche Errungenschaft des liberalen Verwaltungsrechts ist, auch wenn sie in vielen Bereichen noch heute unproblematisch funktioniert. Das legt die Vermutung nahe, dass die Vorstellung der Rechtsbindung der Verwaltung schon immer mit Supplementen, einem gemeinsamen (praktischen impliziten) Wissen, verknüpft war, nie aber über den bloßen Vollzug von „syllogistischen Schlüssen" (Regel-Anwendungs-Vorstellung) gesichert wurde. Wenn hier die Bindung der Verwaltung an Recht und Gesetz (Art. 20 Abs. 3 GG) informationstheoretisch über die Figur einer Zeit verbrauchenden Differenzverkettung beschrieben wird, über die „Logik von Differenz und Wiederholung",[70] soll damit keinesfalls eine „liberale Ideologie" entlarvt werden. Es wird lediglich behauptet, dass das Informationsverwaltungsrecht eine bessere Sicht auf die Funktionsbedingungen der Rechtsbindung bietet und damit gerade dort hilfreich werden kann, wo die Bindung der Verwaltung an Recht und Gesetz heute tatsächlich an Leistungsgrenzen stößt.

C. Veränderungen im Realbereich: Die Herausforderungen durch die „Informations- und Wissensgesellschaft"

Die Selbstthematisierung der Gesellschaft als „**Informations-**" bzw. „**Wissensgesellschaft**"[71] ist einerseits ein deutliches Indiz dafür, dass Prozesse der Informationsverarbeitung gegenüber Prozessen materieller Reproduktion inzwischen erheblich an Bedeutung gewonnen haben. Andererseits scheint diese Transformation die gesamte Gesellschaft zu betreffen. Die seit den späten 70er Jahren des letzten Jahrhunderts auftauchenden Formeln zielen ja nicht mehr auf ein bestimmtes Teilsystem der Gesellschaft, etwa auf Veränderungen des ökonomisch-technischen Feldes, wie etwa *Ernst Forsthoffs* „Industriegesellschaft",[72] vielmehr weist die Selbstbeschreibungsformel der „Informations- und Wissensgesellschaft" auf umfassende Modifikationen in allen Bereichen der modernen Gesellschaft hin. Dieser Eindruck drängt sich insbesondere dann auf, wenn man die moderne Gesellschaft und ihre Teilsysteme nicht mehr substantiell, von ihren „Mitgliedern", den Menschen, her denkt, sondern von den sprachlich-kommunikativen und medialen Beziehungen *zwischen* ihnen. Informationen können nur mit Hilfe von Medien – durch Sprache, Schrift, Buchdruck oder elektronische Medien – produziert und kommuniziert werden. Für die Kommunikationsme-

---

[70] *Augsberg*, Rechtslektionen (Fn. 36), S. 87.
[71] Zur Genese der Formel „Informationsgesellschaft" vgl. die Überlegungen und Nachweise bei *Albers*, Information (Fn. 1), S. 61 f. (Nachweise in Fn. 1); *Luhmann*, Die Gesellschaft (Fn. 36), S. 1089 ff. (Nachweise in Fn. 357); zur „Wissensgesellschaft" (der Begriff stammt wohl von *Dale E. Zand*), Hinweise bei *Karl-Heinz Ladeur*, Das Umweltrecht der Wissensgesellschaft, 1995, S. 55 f.; vgl. auch *Steffen Augsberg*, Der Staat als Informationsmittler, DVBl 2007, S. 733 ff.
[72] *Ernst Forsthoff*, Der Staat der Industriegesellschaft, 1971, S. 30 ff.

dien der Gesellschaft ist es jedoch zunächst einmal gleichgültig, welche Inhalte (ökonomische, rechtliche, religiöse usw.) sie formulieren und distribuieren.

37 Die im Wesentlichen in der Soziologie des späten 20. Jahrhunderts entwickelte Vorstellung einer „Informations- und Wissensgesellschaft" ist **keine Zauberformel,** die beanspruchen könnte, sämtliche Transformationsprozesse abzubilden, denen die Gesellschaft momentan unterworfen ist. Dazu sind diese Selbstbeschreibungsformeln auch zu unbestimmt. Die Rede von der „Informations- und Wissensgesellschaft" macht aber deutlich, dass sich die Transformation auf der operativen Ebene der Gesamtgesellschaft vollzieht und eng mit dem Phänomen des Medienwandels verknüpft ist. Erst durch den enormen Bedeutungszuwachs, den die elektronischen Medien seit den späten 60er Jahren erfahren haben, insbesondere durch den Aufstieg des Computers und der auf ihm basierenden Kommunikationsnetzwerke, konnte sich die Informationskomponente der Kommunikation gegenüber der Mitteilungskomponente ausdifferenzieren und die soziale Bedeutung einer von Interaktionsbezügen gelösten Information und der daran geknüpfte Überraschungswert, die Neuheit (der Information), die Aktualität, das *„just in time",* so sehr an Bedeutung gewinnen.[73] Diese Dynamik könnte auch erklären, warum heute flexible, heterarchische und konnexionistische Strukturen hierarchisch abgeschichtete Beziehungen zwischen stabilen Subjekten (Personen, Organisationen) ablösen und die Abhängigkeit der Wissenserzeugung von den das Wissen mitteilenden Individuen, ihrer sozialen Stellung und topographischen Verortung abnimmt.[74]

38 In der **Wirtschaft** hat sich dieser Prozess in einem Bedeutungszuwachs an informationshaltigen Gütern und Dienstleistungen niedergeschlagen. Die „Informationsökonomie" realisiert Symboltechnologien,[75] während die Wirtschaft der Industriegesellschaft auf der Automatisierung körperlicher Prozesse beruhte. Technologisch gesehen ist dieser Veränderungsschub durch die Umstellung von analogen auf digitale Systeme bestimmt. Das zeigt sich etwa im Aufschwung der Computer- und Internetindustrie, in den erheblichen Wachstumsraten der Telekommunikations- und Medienindustrie, aber auch in der gestiegenen ökonomischen Bedeutung des Informationsanteils von Produkten im Automobil-, Maschinen- und Anlagenbau, um nur einige Beispiele zu nennen. Mit den neuen Symboltechnologien gehen erheblich dynamischere Märkte als die der klassischen Ressourcenökonomie einher. In informationsökonomischen Märkten werden alte Unterscheidungen, wie etwa die zwischen Ökonomie und Kultur (und daran anknüpfende Marktabgrenzungen), destabilisiert.[76] Überdies werden dynamische Märkte von einer grundlegenden Veränderung des Charakters der wirtschaft-

---

[73] *Luhmann,* Die Gesellschaft (Fn. 36), S. 1091; ähnlich *Albers,* Information (Fn. 1), S. 62 („tiefgreifende Entkopplung der Informationskomponente von Kommunikations- und Handlungsbezügen"); vgl. dazu in historischer Perspektive *Joyce Appleby,* The Relentless Revolution, 2010, S. 317 ff., 331 ff.

[74] Dazu näher in rechtstheoretischer Perspektive *Gunther Teubner,* Netzwerk als Vertragsverbund, 2004, S. 43 ff., 66 ff.; *Ladeur,* Umweltrecht (Fn. 71), S. 52 ff., 58 ff.; *ders.,* Der Staat gegen die Gesellschaft, 2006, S. 296 ff.; vgl. auch *Hoffmann-Riem,* Wissen, Recht (Fn. 55), S. 159 ff., 195 ff.

[75] Zu den Merkmalen der „Informationsökonomie" und ihrer dynamischen Märkte vgl. allg. *Carl Shapiro/Hal R. Varian,* Information Rules: A Strategic Guide to the Network Economy, 1999; für die Filmindustrie *Arthur S. de Vany,* Hollywood Economics: How extreme uncertainty shapes the film industry, 2004.

[76] Zu dieser Entgrenzung des Ökonomischen zu einer Kulturökonomie bzw. *„Entertainment-Economy"* unter dem Gesichtspunkt der Aufmerksamkeitsabsorption *Franck,* Kapitalismus (Fn. 41).

C. Veränderungen im Realbereich

lichen Organisation begleitet.[77] Es wächst nicht nur der quantitative Informationsanteil an Produkten und Dienstleistungen, auch die Generierung und Distribution des Wissens erfolgt in neuartigen Mustern jenseits stabiler Grenzen *zwischen* Organisation und Markt sowie jenseits der tradierten Abschichtung von allgemein zugänglichem (öffentlichem) und privat angeeignetem Wissen. Information und Wissen werden jetzt nicht mehr entweder kollektiv in Staat und Verwaltung aggregiert oder dezentral über den Markt bzw. über ein auf die Wahlfreiheit von Individuen zugeschnittenes „Entdeckungsverfahren" gesammelt (diese Alternative wird z. B. bei *Friedrich A. v. Hayek* noch vorausgesetzt), sondern strategisch und netzwerkabhängig, inter- und intraorganisational erzeugt. Kurzum: In der Informations- und Wissensgesellschaft folgt die Wissensproduktion dem Modell „überlappender Netzwerke".

Diese Entwicklung lässt sich besonders gut am **Internet** veranschaulichen, wenn sie auch keineswegs auf dieses beschränkt ist. Das Internet basiert auf einer komplexen technischen Architektur, die man als ein „System der Systeme" bzw. besser als ein „Netzwerk von Netzwerken" beschreiben kann.[78] Seine technische Dynamik basiert auf dem „hypermedialen", ja „transmedialen" Charakter des Computers. Das Internet folgt einer Logik der Vernetzung, d. h. einer dauernden Grenzverschiebung, Grenzüberschreitung und Grenzauflösung, die noch das Medium selbst bestimmt: Die Ebene der *Software,* der Codes, Protokolle, Standards und Programme, wird mit der physikalischen Ebene der *Hardware,* der Ebene der Mikroprozessoren, Festplatten, Speicherchips und Bildschirme, verschleift.[79] Selektionen, die in der natürlichen Sprache der Selbstorganisation der Kommunikation überlassen waren, erfolgen jetzt unmittelbar durch die Symboltechnologie und die an die *Software*-Entwicklung gebundenen Wissensnetzwerke. Während etwa die grammatikalischen Regeln der Schriftsprache, ja noch die typographischen Standards, die den Buchdruck ermöglicht haben, öffentliche Güter waren und sind, die im freien Spiel der Kräfte evoluieren konnten, wird die technische Architektur des Internets, der „Code" im Sinne von *Lawrence Lessig,*[80] in der Computer- und Internetindustrie mit Hilfe von Patent- und Urheberrechten jedenfalls zum Teil privat angeeignet; man denke auf der Ebene der Betriebssysteme nur an das eher proprietäre Modell von Microsoft einerseits und das mehr auf eine quasi-öffentliche *peer-to-peer* Struktur bezogene Modell von Linux andererseits. Das für die Entwicklung und Weiterentwicklung der Betriebsprogramme relevante Wissen ist jetzt in einem Netzwerk von intra- und interorganisationalen Relationen gebunden, und damit jenseits der strikten Dichotomie von öffentlichem Wissen, das allgemein zugänglich ist (oder zumindest mit Hilfe staatlicher Institutionen wie Schule und Universität als gemeinsamer Bestand an Wissen jedermann zugänglich gemacht werden

---

[77] *Shapiro/Varian,* Information Rules (Fn. 75), S. 173 ff.; *Manuel Castells,* The Rise of Network Society, 1996, S. 151 ff.

[78] *Eli Noam,* From the Network of Networks to the System of Systems, in: Wolfgang Hoffmann-Riem/Thomas Vesting (Hrsg.), Perspektiven der Informationsgesellschaft, 1995, S. 49 ff.

[79] Zum transmedialen Charakter des Internets ausführlich *Thomas Vesting,* The Autonomy of Law and the Formation of Network Standards, 5 German Law Journal No. 6 (1 June 2004), S. 649 ff.; *ders.,* Notwendigkeit der Transformation (Fn. 52), S. 176 ff., 178 ff.; *Karl-Heinz Ladeur,* „Offenheitspflege" im Internet – eine neue Funktion für die objektiv-rechtliche Dimension der „Medienfreiheit"?, in: ders. (Hrsg.), Regulierung des Internet (Fn. 52), S. 101, 117 ff. jeweils m. w. N.

[80] *Lawrence Lessig,* Code and other Laws of Cyberspace, 1999, S. 6, definiert Code als „the software and hardware that make cyberspace what it is".

kann), und privat angeeignetem Wissen. An diese technische Architektur und deren Vorstrukturierungsleistungen wird auch die öffentliche Verwaltung verwiesen, wenn sie sich zu einer elektronischen Verwaltung transformiert oder wenn sie das Internet zur staatlichen Öffentlichkeitsarbeit oder zur sonstigen Informationstätigkeit (Diskussionsforen, Ratgebung, Produktwarnungen etc.) nutzt.[81]

40 Die Informationsökonomie stellt das Verwaltungsrecht vor eine Reihe von **Herausforderungen,** auf die es heute Antworten finden muss. In den Bereichen, in denen der nationale Gesetzgeber (zumeist unter Einfluss der EU-Kommission) auf den Zuwachs an technischer Komplexität und wirtschaftlicher Dynamik durch „Privatisierung" geantwortet hat,[82] etwa im Bereich der Telekommunikation und der Medien,[83] hat das Parlament von klassischer Gesetzgebung mit stabilen substantiellen Regeln (allgemeine Gesetze) auf ein neuartiges „Privatisierungsfolgenrecht" umgestellt,[84] das in der neueren Literatur auch als Recht der „Gewährleistungsverwaltung" bezeichnet worden ist.[85] Das Gewährleistungsverwaltungsrecht ist vor allem durch eine Verknüpfung von Komponenten der Regulierung und Selbstregulierung gekennzeichnet. Bei genauerer Analyse lässt es sich als eine Variante der Prozeduralisierung des Rechts fassen, bei der die Regulierung auf einen stärker provisorischen, nachfassenden, begrenzt rationalen Rechtsstil einschwenkt, auf eine *bounded rationality* im Sinne von *Herbert A. Simon*.[86] An dieser Stelle wäre etwa an die Möglichkeit einer Kooperation von Gewährleistungsverwaltungsrecht und Informationsverwaltungsrecht zu denken. Bezieht man die sich herausbildende kooperative „Gewährleistungsverwaltung" nicht einfach auf sämtliche Kooperationsformen von Staat und Privaten, sondern nur auf solche, in der die kooperative Aufgabenerledigung die Verknüpfung unterschiedlicher Wissensformen und Rationalitäten voraussetzt, wäre das Gewährleistungsverwaltungsrecht auf Phänomene der privat-öffentlichen Kooperation in „Netzwerken autonomer Systeme" spezialisiert,[87] während es im Informationsverwaltungsrecht allgemeiner um die Verarbeitung von Ungewissheit in unterschiedlichen Feldern des allgemeinen Verwaltungsrechts und verschiedener Regelungssektoren des besonderen Verwaltungsrechts ginge.

---

[81] Zum letzten Punkt vgl. *Martin Eifert*, Verwaltungskommunikation im Internet, in: Ladeur (Hrsg.) Regulierung des Internet (Fn. 52), S. 131 ff.

[82] Zu den einzelnen Erscheinungsformen der Privatisierung → Bd. I *Schulze-Fielitz* § 12 Rn. 91 ff.; *Schuppert*, Verwaltungswissenschaft, S. 370 ff.; *Friedrich Schoch*, Privatisierung von Verwaltungsaufgaben, DVBl 1994, S. 962 ff.

[83] Für die Telekommunikation unter dem Blickwinkel des „Gewährleistungsstaates" *Eifert*, Verwaltungskommunikation (Fn. 81), S. 139 ff.; für die Medien *Wolfgang Hoffmann-Riem*, Regulierung der dualen Rundfunkordnung, 2000, S. 23 ff.; kritisch zu der am Gewährleistungsstaat orientierten Perspektive *Thomas Vesting*, in: AK-GG, Art. 87 f Rn. 19 ff., 25 ff.

[84] Vgl. *Jörn A. Kämmerer*, Verfassungsstaat auf Diät?, JZ 1996, S. 1042 (1047 f.); *Martin Burgi*, Kommunales Privatisierungsfolgenrecht: Vergabe, Regulierung und Finanzierung, NVwZ 2001, S. 601 ff.

[85] *Voßkuhle*, Beteiligung Privater (Fn. 34), S. 307 ff.; → Bd. I *Voßkuhle* § 1 Rn. 61 a. E., *Burgi* § 18 Rn. 79; Bd. II *Appel* § 32 Rn. 61, 73. Zur Einordnung der Gewährleistungsverwaltung in die Modi der Aufgabenwahrnehmung → Bd. I Schulze-Fielitz § 12 Rn. 51 ff. S. a. → Bd. II *Appel* § 32 Rn. 73 ff.

[86] Dazu näher *Ladeur*, Kommunikation (Fn. 6), S. 131 ff., 134 ff.; *ders.*, Die Regulierung von Selbstregulierung und die Herausbildung einer „Logik der Netzwerke", DV, Beiheft 4, 2001, S. 59 ff. Vgl. auch → Bd. II *Schmidt-Aßmann* § 27 Rn. 76.

[87] *Franzius*, Gewährleistungsstaat (Fn. 34), S. 510; vgl. auch *Karl-Heinz Ladeur*, Kritik der Abwägung in der Grundrechtsdogmatik – Plädoyer für eine Erneuerung der liberalen Grundrechtstheorie, 2004, S. 83, ähnlich S. 65.

C. Veränderungen im Realbereich

Die Umstellung vom allgemeinen Gesetz auf einen begrenzt rationalen Regulierungsstil *(bounded rationality)* macht eine Veränderung der Dogmatik des **Gesetzes- bzw. Parlamentsvorbehalts** notwendig.[88] Das Verwaltungsrecht muss in dem Maße nach funktionalen Äquivalenten für die Relativierung der Bedeutung des traditionellen Gesetzes- bzw. Parlamentsvorbehalts suchen, in dem der neue Gesetzgebungsstil realisiert wird. Eine solche kompensatorische Rolle könnte etwa das **Verwaltungsorganisationsrecht** übernehmen.[89] Wenn auch praktisches Wissen vorab in organisationalen Netzwerken strategisch erzeugt wird, an die es gebunden bleibt (nicht aber abschließend im Gesetz fixiert bzw. auch nicht mehr über generalklauselartige Scharnierbegriffe von der Verwaltung unproblematisch rezipiert werden kann), muss beispielsweise das Verwaltungsorganisationsrecht vom Modell einer gegenüber ihrer Umwelt abgeschlossenen, hierarchischen Vollzugsverwaltung abrücken.[90] Die Verwaltung muss sich zu einer stärker heterarchisch agierenden „Gewährleistungsverwaltung" wandeln.[91] Dabei spielt die Konstruktion „hochstufiger, fachlicher Sonderbehörden"[92] eine wichtige Rolle im Sinne einer Kompensations- und Substitutionsstrategie für den Bedeutungsverlust der Rationalitätsunterstellungen des allgemeinen Gesetzes.

Die Möglichkeit einer solchen Kompensations- und Substitutionsstrategie hat sich beispielsweise im **Telekommunikationsrecht** in der hybriden Konstruktion einer nach US-amerikanischem Vorbild konstruierten Regulierungsbehörde (§§ 116 ff. TKG – RegTP) niedergeschlagen, die organisatorisch in der neuen Bundesnetzagentur aufgegangen ist.[93] Die Aufgabe der Bundesnetzagentur, soweit sie den Telekommunikationsbereich betrifft, besteht in einer komplexen Marktregulierung. Dazu ist sie nicht nur funktionell, sondern auch gegenüber politischen Weisungsrechten als weitgehend unabhängig konzipiert worden.[94] Seit einiger Zeit ist sie durch europarechtlich vorgeschriebene Abstimmungspflichten (§§ 10 ff. TKG) sogar mit anderen nationalen Regulierungsbehörden in ein transnationales Regulierungsnetzwerk verwebt worden, in einen „Regulierungsverbund",[95] der *neben* die Ebene der Gemeinschaft *und* der mitgliedstaatlichen Zusammenarbeit

41

42

---

[88] Dazu Überlegungen bei *Wolfgang Hoffmann-Riem*, Gesetz und Gesetzesvorbehalt im Umbruch, AöR, Bd. 130 (2005), S. 5, 34 f., 37; *Karl-Heinz Ladeur*, Was kann das Konzept der „Prozeduralisierung" zum Verständnis des Vorbehalts des Gesetzes und der Rechtsfortbildung beitragen, in: Christian Joerges/Gunther Teubner (Hrsg.), Rechtsverfassungsrecht, 2003, S. 85, 92 ff. Zum Gesetzesvorbehalt vgl. auch → Bd. I *Reimer* § 9 Rn. 23 ff.

[89] → Bd. I *Schuppert* § 16 Rn. 1 ff.

[90] *Schmidt-Aßmann*, Ordnungsidee, 5. Kap. Rn. 5 f.; kritisch dazu → Bd. I *Jestaedt* § 14 Rn. 5, Fn. 20.

[91] *Voßkuhle*, Beteiligung Privater (Fn. 34), S. 307 ff.

[92] *Schmidt-Aßmann*, Ordnungsidee, 5. Kap. Rn. 8; *Thomas Vesting*, Nachbarwissenschaftlich informierte und reflektierte Verwaltungsrechtswissenschaft – „Verkehrsregeln" und „Verkehrsströme", in: Schmidt-Aßmann/Hoffmann-Riem (Hrsg.), Methoden, S. 128 ff.

[93] Zum US-amerikanischen Hintergrund von „Regulation" *Wolfgang Schulz*, Regulierte Selbstregulierung im Telekommunikationsrecht, DV, Beiheft 4, 2001, S. 101 ff.; *Dieter Wolfram*, Prozeduralisierung des Verwaltungsrechts, 2005, S. 56 ff.; allg. *Oliver Lepsius*, Verwaltungsrecht unter dem Common Law, 1997, S. 164 ff., 174 ff.; zur Regulierungsbehörde bzw. Bundesnetzagentur → Bd. I *Eifert* § 19 Rn. 139 ff., *Trute* § 6 Rn. 68, *Wißmann* § 15 Rn. 70.

[94] *Hans-H. Trute*, in: ders./Hans-Heinrich Spoerr/Wolfgang Bosch (Hrsg.), Telekommunikationsgesetz mit FTEG: Kommentar, 2001, § 66 TKG Rn. 6 ff., 11 ff., 13; → Bd. I *Eifert* § 19 Rn. 141; vgl. auch *Vesting*, in: AK-GG, Art. 87 f Rn. 65, 66.

[95] *Hans-Heinrich Trute*, Der europäische Regulierungsverbund in der Telekommunikation, in: FS Selmer, 2004, S. 565 ff., 578 ff.; → Bd. I *Schmidt-Aßmann* § 5 Rn. 26 f.

tritt.[96] Außerdem verfügt die Regulierungsbehörde über eine Reihe eher untypischer Kompetenzen zur Bewältigung der komplexen Regulierungsaufgaben, nicht zuletzt über eine justizähnliche Einrichtung (§ 132 TKG – Beschlusskammern).[97] Deren Entscheidungsrationalität ist stark am Verfahrensgedanken ausgerichtet (Beschlusskammerverfahren) und lässt sich daher nicht so ohne weiteres in die deutsche Tradition eines an der „materiell richtigen" Entscheidung orientierten Verwaltungshandelns einfügen.

43 Im **Rundfunkrecht** hat der gleiche technologische Veränderungsschub zur paradoxen Konstruktion staatsfreier und gleichwohl als „Anstalt" bezeichneter Landesmedienanstalten als Aufsichtsorgane über private Rundfunkveranstalter geführt. Auch diese nehmen komplexe Gestaltungsaufgaben wahr, und auch diese haben durch „gemeinsame Einrichtungen" u. a. in den Bereichen Werbung, Jugendschutz und Konzentrationskontrolle ein Netzwerk horizontaler Abstimmungspflichten geschaffen und etwa in Form der Kommission zur Ermittlung der Konzentrationskontrolle (KEK) als „dritte Ebene" neben Ländern und Bundesstaat institutionalisiert.[98] Das Verwaltungsrecht steht hier wie im Telekommunikationsrecht vor der Herausforderung, die neuen, auf Kooperation angelegten Organisationstypen und ihre netzwerkartigen horizontalen Verknüpfungen genauer zu klassifizieren und dabei Anschlüsse an bisherige dogmatische Unterscheidungen zu finden oder neue Kategorien auszudifferenzieren. Das wird vermutlich nicht ohne eine Weiterentwicklung der dogmatischen Figur der juristischen Person gehen.[99] Diese muss sowohl für die europäischen Regulierungsnetzwerke als auch für netzwerkartige Kooperationen im Bundesstaat geöffnet, d. h. in einer informationstheoretischen Perspektive auf mehr Heterogenität eingestellt werden.

44 Durch die Privatisierung gewinnt auch das **Verfahrensrecht** an Bedeutung. Das betrifft vor allem die Verfahren, in denen die fachlichen Sonderbehörden die an sie adressierten Regulierungsaufgaben zu bewältigen suchen. Die Landesmedienanstalten binden die gesteigerte Ungewissheit, wie sie im Medienrecht durch die digitalen (Rundfunk-) Technologien und die mögliche Erweiterung der Optionen ausgelöst worden sind, im Fall der Einführung des digitalen Fernsehens durch Satzungsermächtigungen (vgl. § 53 RStV). Ein strukturell vergleichbarer Fall im Telekommunikationsrecht ist die Entgeltregulierung (§§ 30 ff. TKG).[100] Hier erfolgt die entscheidungsrelevante Informationsverarbeitung über das gesetzlich wenig strukturierte Instrument einer gegenüber § 13 VwVfG erweiterten Verfahrensbeteiligung im Beschlusskammerverfahren (§ 134 Abs. 2

---

[96] Richtlinie 2002/21/EG vom 7. 3. 2002, ABl. EG 2002, Nr. L 108, S. 33; dazu *Claudio Franzius*, Strukturmodelle des europäischen Telekommunikationsrechts, EuR 2002, S. 660 ff.; zu den Konsequenzen der Umsetzung des Richtlinienpakets *Karl-Heinz Ladeur/Christoph Möllers*, Der europäische Regulierungsverbund der Telekommunikation im deutschen Verwaltungsrecht, DVBl 2005, S. 525, 526 ff.

[97] Vgl. → Bd. I *Trute* § 6 Rn. 68.

[98] Zu den unterschiedlichen Kooperationsformen vgl. nur *Albrecht Hesse*, Rundfunkrecht, 2003, S. 222 f.

[99] Zu den Problemen der Leistungsfähigkeit der Rechtsfigur der juristischen Person am Beispiel des Vergaberechts vgl. *Markus Pöcker/Jens Michel*, Vergaberecht und Organisation der öffentlichen Verwaltung: Vom Formalismus der juristischen Person zur Anpassung an sich verändernde Handlungs- und Organisationsrationalitäten, DÖV 2006, S. 445 ff. S. a. → Bd. I *Jestaedt* § 14 Rn. 21.

[100] Siehe a. → Bd. I *Eifert* § 19 Rn. 137; Bd. II *Röhl* § 30 Rn. 31 f.

C. Veränderungen im Realbereich

Nr. 3 TKG). Rechtsdogmatisch bedarf sowohl die Selbstbindung der Informationsverarbeitung über Satzungen im Fall der Landesmedienanstalten als auch die über Beschlusskammerverfahren im Fall der RegTP einer genaueren Konturierung. Insbesondere scheint es notwendig zu sein, die Möglichkeiten eines eigenständigen Ermessens bzw. Beurteilungsspielraums der sektorspezifischen Sonderbehörden zu reformulieren.[101] Eine produktive Antwort auf die neuartigen Fragen der Wissensgenerierung unter Bedingungen gesteigerter Ungewissheit könnte darin bestehen, an Rechtsfiguren des Planungsrechts anzuknüpfen und die Gewinnung von Informationen, ihre Selektion, Ordnung und Bewertung, im Sinne einer planerischen „Einstellung von Belangen" zu strukturieren.[102]

Vor noch größeren Herausforderungen steht das Verwaltungsrecht im Bereich des Internets. Durch das **Internet** und seine hybriden Nutzungsformen (E-*Mail*, Auktionen, Shops, *Downloads, live stream* etc.) gerät nicht nur die herkömmliche Abgrenzung zwischen Telekommunikation und Rundfunk auf materieller und kompetenzrechtlicher Ebene unter Druck. Das Verwaltungsrecht wird hier noch viel grundsätzlicher mit der dynamischen Architektur eines neuartigen technischen Mediums konfrontiert. Hier liegt die wohl größte Herausforderung für das traditionelle Vollzugsverwaltungsrecht. Das Medienrecht evoluierte zunächst als ein am Modell des Polizeirechts orientiertes Presserecht, das dem privaten Handeln Schranken zur Vermeidung von Schäden setzte (Sorgfaltspflichten, Persönlichkeitsrecht etc.). Das Rundfunkrecht hat dieses Modell der negativen Schrankensetzung um ein an Organisation und Verfahren orientiertes Modell „positiver Ordnung" ergänzt.[103] Die Architektur des Internets sprengt die Rationalität beider Modellbildungen. Das hat verschiedene Gründe, ist aber nicht zuletzt darauf zurückzuführen, dass das dynamische Netzwerk der Netzwerke schon den Gegenstandsbereich des Internets, den Optionenraum, laufend verändert. 45

Das Verwaltungsrecht muss auf die **Ungewissheit** der Informationsökonomie ähnlich reagieren wie das Umweltrecht auf die Ungewissheit der Umweltrisiken. So wie das Umweltrecht auf die Grenzen der Möglichkeit der Schadensvermeidung durch Orientierung an allgemeiner Erfahrung mit der Ausdifferenzierung des Vorsorgeprinzips geantwortet hat,[104] wäre für das Verwaltungsrecht für 46

---

[101] Für den Fall der Regulierung der digitalen Fernsehtechnologie durch Satzungen vgl. *Thomas Vesting*, Satzungsbefugnis von Landesmedienanstalten und die Umstellung der verwaltungsrechtlichen Systembildung auf ein Informationsverwaltungsrecht, DV, Bd. 35 (2002), S. 433 ff., 451 ff.; für die Entgeltregulierung im Beschlusskammerverfahren vgl. *Karl-Heinz Ladeur*, Regulierung nach dem TKG, K&R 1998, S. 479 ff., 485 ff.

[102] In diese Richtung *Schmidt-Aßmann*, Ordnungsidee, 4. Kap. Rn. 69 f.; *Karl-Heinz Ladeur*, Normkonkretisierende Verwaltungsvorschriften als Recht privat-öffentlicher Kooperationsverhältnisse, DÖV 2000, S. 217, 221, 223; *Vesting*, Satzungsbefugnis (Fn. 101), S. 456, 458; für den europäischen Regulierungsverbund *Ladeur/Möllers*, Regulierungsverbund (Fn. 96), S. 532.

[103] *BVerfGE* 57, 295 (320); dazu z.B. *Helge Rossen*, Freie Meinungsbildung durch den Rundfunk, 1988, S. 252 ff., 284 ff.; kritisch zu der an nationaler „Ausgewogenheitspflege" orientierten Rundfunkrechtsprechung z.B. *Martin Bullinger*, Medien, Pressefreiheit, Rundfunkverfassung, in: FS 50 Jahre Bundesverfassungsgericht, Bd. 2, 2001, S. 193 ff.

[104] → Bd. I *Schulze-Fielitz* § 12 Rn. 31; *Sparwasser/Engel/Voßkuhle*, UmweltR, § 2 Rn. 18 f.; *Arno Scherzberg*, Risiko als Rechtsproblem – Ein neues Paradigma für das technische Sicherheitsrecht, VerwArch, Bd. 84 (1993), S. 484, 498; *Ulrich K. Preuß*, Risikovorsorge als Staatsaufgabe, in: Dieter Grimm (Hrsg.), Staatsaufgaben, 1994, S. 523 ff., 537 ff.; in rechtstheoretischer Perspektive *Ladeur*, Umweltrecht (Fn. 71), S. 99 ff.

eine prospektive Strategie der Erhaltung von Diversität zu plädieren.[105] Diese Strategie muss auf die dynamische Architektur des Internets und hier insbesondere auf die Ebene der Symboltechnologien, des „Codes", zugeschnitten werden.[106] Dabei kann das Rundfunkrecht modellbildend wirken. Zwar kann das programmbezogene Rundfunkrecht nicht einfach auf das Internet übertragen werden, aber es könnte doch insofern als Vorbild dienen, als einige seiner objektivrechtlichen Komponenten, insbesondere die Idee einer Vielfaltssicherung durch Organisation und Verfahren, übernommen werden könnten. Paradigma eines auf die technische Architektur des Internets bezogenen Auftrags könnten die Vorstellungen der „Offenheitspflege"[107] sowie eine damit verknüpfte „Strukturschaffungspflicht"[108] sein.

D. Notwendigkeit, Aufgaben, Felder und Regelungssektoren eines Informationsverwaltungsrechts

47 Die **Notwendigkeit** eines **Informationsverwaltungsrechts**[109] wird – neben den im letzten Abschnitt beschriebenen Herausforderungen in der Verwaltungspraxis – auch durch Veränderungen in den Nachbardisziplinen der Verwaltungsrechtswissenschaft nahegelegt.[110] Eine informationstheoretische Perspektive ist im Wissenschaftssystem weit verbreitet. Sie ist vor allem durch die sich nach dem Zweiten Weltkrieg rasch entwickelnde Informationstheorie und Kybernetik angestoßen worden, zweier Disziplinen, die ihrerseits nicht von der Erfindung des Computers und der die Computertechnologie tragenden Geschichte der Formalisierung des Zeichengebrauchs getrennt werden können. Im weiteren Umfeld der Informationstheorie sind so einflussreiche geistes- und sozialwissenschaftliche Unternehmen wie Medientheorie *(Eric A. Havelock, Herbert Marshall McLuhan)*, Grammatologie *(Jacques Derrida)* und Systemtheorie *(Niklas Luhmann)* entstanden; sowie solche für die „Informations- und Wissensgesellschaft" unentbehrlichen Grundlagenfächer wie Informatik und Computer Science. Außerdem hat die informationstheoretische Perspektive bereits seit Mitte der 40er Jahre nachhaltig auf Disziplinen wie Ökonomie *(Friedrich A. von Hayek)*, Wissenschaftstheorie *(Michael

---

[105] *Ladeur*, Internet (Fn. 52), S. 111 ff., 126 f.; *Thomas Vesting*, Einleitung, in: Werner Hahn/ders. (Hrsg.), Beck'scher Kommentar zum Rundfunkrecht, 2008, Rn. 50 ff.

[106] Das technische Medium des Computers und das elektronische Kommunikationsnetzwerk des Internets würden dann auch den Gegenstandsbereich des Informationsverwaltungsrechts in diesem Bereich bestimmen. Dann wäre nicht nur der Datenschutz Teil des Informationsverwaltungsrechts, sondern auch das Urheber- und Patentrecht, soweit es vielfaltsgenerierend oder -verengend wirkt. Zu der Notwendigkeit einer Beobachtung des Urheber- und Patentrechts unter Vielfaltsgesichtspunkten allg. *Lawrence Lessig*, The Future of Ideas, 2001; *Thomas Vesting*, Subjektive Freiheitsrechte als Elemente von Selbstorganisations- und Selbstregulierungsprozessen in der liberalen Gesellschaft, DV, Beiheft 4, 2001, S. 21 ff., 50 ff.; *Ladeur*, Internet (Fn. 52), S. 118 ff.

[107] *Bullinger*, FS BVerfG (Fn. 103), S. 211 m. w. N.

[108] So der in einem Zusammenhang mit „Privatisierung" verwendete Begriff bei *Martin Burgi*, Privat vorbereitete Verwaltungsentscheidungen und staatliche Strukturschaffungspflicht im Kooperationsspektrum zwischen Staat und Gesellschaft, DV, Bd. 33 (2000), S. 183 ff.; zur Verknüpfung dieser Begrifflichkeiten *Ladeur*, Internet (Fn. 52), S. 112, 127.

[109] Vgl. a. → Bd. I *Hoffmann-Riem* § 10 Rn. 131 ff.

[110] Siehe a. → Bd. I *Voßkuhle* § 1 Rn. 11.

D. Notwendigkeit eines Informationsverwaltungsrechts

Polanyi) und Organisationstheorie *(Herbert A. Simon)* eingewirkt, um nur einige Hinweise auf das weit verzweigte Netz von Anreizen und Einflüssen zu geben.

In den letzten Jahren hat die informationstheoretische Perspektive in neu entstandenen Fächern wie Informationsökonomie, Kulturtheorie oder Medienphilosophie weiteren Auftrieb erfahren. Über den Informationsbegriff lassen sich außerdem Brücken zu neueren naturwissenschaftlichen Forschungen wie z. B. in der Biologie und Kognitionswissenschaft schlagen (genetischer Code, künstliche Intelligenz, neuronale Netze etc.). Der gemeinsame Nenner all dieser Forschungen kann darin gesehen werden, die Bedeutung der Informationsverarbeitung und ihre Abhängigkeit von den dabei verwendeten Medien zu akzentuieren, auch wenn es sich insgesamt um sehr unterschiedliche Disziplinen und recht unterschiedliche Theorieprogramme handelt. Die Umstellung der Verwaltungsrechtswissenschaft auf eine informationstheoretische Perspektive kann sich jedenfalls einer breiten **interdisziplinären Fundierung** gewiss sein. Auch deshalb sollte das Informationsverwaltungsrecht ein wichtiger Knoten, eine tragende Ordnungsidee der neuen Verwaltungsrechtswissenschaft werden.[111]

48

Die zentrale **Aufgabe** des Informationsverwaltungsrechts besteht darin, deutlich zu machen und zu zeigen, dass Verwaltungshandeln Umgang mit und Verarbeitung von Informationen und Wissen in einer Verwaltungsorganisation ist, die selbst wiederum nichts anderes als eine informationsverarbeitende Organisation ist.[112] Auch Verwaltungsentscheidungen müssen dann als Resultat verwaltungsinterner (organisationsinterner) Informationsverarbeitungsprozesse konzipiert werden. In diese Prozesse fließt natürlich auch Rechtswissen in Form von Entscheidungsprämissen und Entscheidungsregeln und darauf bezogener Verwendungserfahrungen ein.[113] Damit ist das Verwaltungshandeln aber weder determiniert noch abschließend programmiert. Das Verwaltungsrecht konnte eine Bindung an Rechtsnormen und insbesondere die Bindung an das allgemeine (Parlaments-)Gesetz solange unterstellen, wie die allgemeinen Gesetze mit einem gemeinsamen Bestand an Erfahrung und Wissen gekoppelt waren. Erst in der Kombination von Rechtsnorm und sozialer Konvention konnte die materielle Richtigkeit von Verwaltungsentscheidungen und die Gewissheit ihrer Wiederholung in gleich gelagerten Fällen garantiert werden. Die polizeiliche Generalklausel war und ist dafür noch heute das paradigmatische Beispiel. In Handlungsfeldern, in denen die Verwaltung dagegen mit Nicht-Wissen und Ungewissheit konfrontiert ist, etwa im Umwelt-, Medien- und Telekommunikationsrecht, kann die Verwaltung nicht länger über allgemeine Gesetze und das fallweise Lernen aus Erfahrung stabile (regelhafte) Selbstbindungen aufbauen.

49

In stark dynamischen Handlungsfeldern hat sich die **Wissensbasis** des administrativen Entscheidens dahingehend verändert, dass Wissen weder innerhalb noch außerhalb der Verwaltung als stabil vorausgesetzt werden kann. Das Wissen muss jetzt im Zuge der administrativen Entscheidung erst situativ in intra- und interorganisationalen Netzwerken, also auch in Interaktion von privater und öffentlicher Hand, erzeugt werden. Das erklärt auch, warum der Gesetzgeber dem

50

---

[111] *Schmidt-Aßmann*, Ordnungsidee, 6. Kap. Rn. 4 ff.; → Bd. I *Voßkuhle* § 1 Rn. 67.
[112] *Luhmann*, Organisation (Fn. 5), S. 57; *Schmidt-Aßmann*, Ordnungsidee, 5. Kap. Rn. 14.
[113] *Luhmann*, Organisation (Fn. 5), S. 222 ff., 256 ff., spricht von Entscheidungsprämissen und -programmen.

Vorgang der Informationsbeschaffung und damit dem Verwaltungsverfahren seit einiger Zeit eine größere – jedenfalls über das Niveau der allgemeinen Grundsätze des Verwaltungsverfahrensgesetzes hinausgehende – Aufmerksamkeit schenkt: Nur durch die Erweiterung des Kreises der Beteiligten kann die kognitive Basis des Verwaltungshandelns erweitert bzw. kann die Erschütterung der Bestände des allgemeinen Wissens kompensiert werden. Dafür gibt es nicht nur im Bereich des Medien- und Telekommunikationsrechts eine Reihe von – weiter oben z. T. behandelten – Beispielen,[114] sondern etwa auch und gerade im Umwelt- und Technikrecht.[115] Das Informationsverwaltungsrecht hat die Aufgabe, diesen Trend zur genaueren Konturierung der informationellen Voraussetzungen des Verwaltungshandelns aufzugreifen und voranzutreiben. Dazu bietet es sich an, gleichsam früher und tiefer als das herkömmliche Verwaltungsrecht anzusetzen. Dazu ist in erster Linie die Ausarbeitung informations- und wissensbezogener Strukturierungsleistungen erforderlich. Diese wären vor allem als Alternative zu unspezifischen informellen Arrangements zwischen Verwaltung und Verfahrensbeteiligten, wie es in manchen Konzepten eines „kooperativen Staates" anklingt, zu konturieren. Aus Sicht des Informationsverwaltungsrechts wäre es jedenfalls ungenügend, darauf zu vertrauen, dass sich staatliche Informations- und Steuerungsdefizite durch die Setzung von Anreizen zur Selbstverpflichtung wirtschaftlicher Akteure überwinden ließen, während der Staat im Gegenzug für die Produktivität dieser Selbstverpflichtungen der Wirtschaft lediglich eine abstrakt bleibende „Verantwortung" übernimmt.

51 Ansätze der Entwicklung eines Informationsverwaltungsrechts lassen sich in unterschiedlichen Feldern des allgemeinen Verwaltungsrechts aufzeigen. Aus der Perspektive des **allgemeinen Verwaltungsrechts** manifestiert sich das Informationsverwaltungsrecht zum einen als Medium der Anpassung der Kommunikationsbeziehungen zwischen Verwaltung und Publikum an die Möglichkeiten elektronischer Kommunikationsmedien. Dazu gehört etwa die Einführung der Möglichkeit rechtsverbindlicher elektronischer Mitteilungen (Signaturgesetz) sowie – gleichsam in die andere Richtung gedacht – die Einräumung voraussetzungsloser Akteneinsichtsrechte (Informationsfreiheitsgesetz).[116] Darüber hinaus ist das Informationsverwaltungsrecht in neueren Entwicklungen des Organisationsrechts präsent, für das das überkommene Verwaltungsrecht, wenn überhaupt, immer nur einen flüchtigen Blick übrig hatte. Die dominante Fixierung auf die rechtsstaatliche Programmierung der Einzelfallentscheidung substituiert das Informationsverwaltungsrecht also vor allem dadurch, dass es Organisation wie Verfahren als „Steuerungsfaktor" bzw. „Steuerungsressource" begreift.[117]

---

[114] → Rn. 42.
[115] Vgl. nur *Ladeur*, Privatisierung (Fn. 1), S. 233 ff.
[116] Dazu näher → Bd. I *Voßkuhle* § 1 Rn. 67. Zur elektronischen Signatur → Bd. II *Britz* § 26 Rn. 49 ff.; 54; zur Informationszugangsfreiheit → Bd. II *Ladeur* § 21 Rn. 10 f.; *Gusy* § 23 Rn. 82 ff.; *Schneider* § 28 Rn. 58.
[117] → Bd. I *Schuppert* § 16 Rn. 5; *Trute*, Funktionen der Organisation (Fn. 66), S. 249 ff.; vgl. auch *Winfried Kluth*, Die Strukturierung von Wissensgenerierung durch das Verwaltungsorganisationsrecht, in: Collin/Spiecker (Hrsg.), Staatliches Wissen (Fn. 1), S. 73 ff.; und *Monika John-Koch*, Organisationsrechtliche Probleme des Informationstransfers in privat-staatlichen Kooperationen, ebd., S. 94 (95 ff.).

D. Notwendigkeit eines Informationsverwaltungsrechts

Der in der Regel an materialen Zwecksetzungen orientierte Rekurs auf "Steuerung" bedarf allerdings, nicht zuletzt aufgrund der begrenzten Strukturierungskraft des politik- und sozialwissenschaftlichen Steuerungsbegriffs,[118] einer informationstheoretischen Anreicherung. Aus der Perspektive des Informationsverwaltungsrechts geht es in organisations- und verfahrensrechtlichen Zusammenhängen primär um die Bedeutung der Wahl von Organisationsstrukturen und der Möglichkeiten organisatorischen Handelns unter Aspekten der Informations- und Wissensgenerierung. Die genauere Spezifizierung dieser Aufgabe lässt sich derzeit am besten in solchen privat-öffentlichen Beziehungsnetzwerken ablesen, in denen Ungewissheit verarbeitet werden muss. Sie ist also Teil der „kooperativen Verwaltung" bzw. der Aufgabe einer „Kooperationalisierung".[119] Die Beispiele der Regulierung des Aufbaus digitaler Fernsehtechnologien durch an Landesmedienanstalten adressierte Satzungsrechte und die Entgeltregulierung durch ein Beschlusskammerverfahren innerhalb einer gegenüber dem politischen Prozess verselbständigten Regulierungsbehörde zeigen, in welche Richtung Antworten auf die Grenzen der Gesetzesbindung im Sinne des liberalen Verwaltungsrechts gefunden werden können. Statt der Verwaltung immer wieder die Position eines idealen Beobachters zu bescheinigen, der kraft eines überlegenen Wissens herrscht, muss eine realistische Strategie gerade die Abhängigkeit der neuartigen Organisationsformen der Gewährleistungsverwaltung von privat-öffentlichen Wissensnetzwerken akzeptieren und in *diese* distanz- und neutralitätsschaffende Mechanismen einbauen.

In den Zusammenhang einer informationstheoretischen Neujustierung des Organisations- und Verfahrensrechts gehört auch eine neue Fassung der **„Außenkontakte"** einer bislang nationalstaatlich geprägten Verwaltung. Zur Bewältigung der Integration des nationalen Verwaltungsrechts in ein Netzwerk nationaler, europäischer und transnationaler Verwaltungsrechte fragt das Informationsverwaltungsrecht genauer nach den kommunikativen Schnittstellen in diesem „vertikalen" und „horizontalen Rechtssetzungsverbund".[120] Sofern „Rechtssetzung" dabei weit verstanden wird und die netzwerkartige Konventions- und Standardbildung, also „gesellschaftliche Selbstregulierung",[121] einschließt, öffnet dies die Möglichkeit, die rechtliche Strukturierung dieser transnationalen Regulierungsverbundsysteme als Kommunikation zwischen unterschiedlichen Organisationen und Netzwerken auszuarbeiten. Der europäische Regulierungsverbund in der Telekommunikation zeigt, dass das Europarecht auf die Wissensprobleme der nationalen Verwaltungen durch den Aufbau von Netzwerken der wechsel-

---

[118] → Bd. I *Eifert* § 19 Rn. 5, versteht unter Regulierung „jede gewollte staatliche Beeinflussung gesellschaftlicher Prozesse [...], die einen spezifischen, aber über den Einzelfall hinausgehenden Ordnungszweck verfolgt und dabei im Recht zentrales Medium und Grenze findet."

[119] Begriff bei *Andreas Voßkuhle*, „Schlüsselbegriffe" der Verwaltungsrechtsreform. Eine kritische Bestandsaufnahme, VerwArch, Bd. 93 (2002), S. 184 ff., 203 f.; vgl. auch → Bd. I *Schuppert* § 16 Rn. 90.

[120] Vgl. *Armin v. Bogdandy*, Information und Kommunikation in der Europäischen Union: föderale Strukturen in supranationalem Umfeld, in: Hoffmann-Riem/Schmidt-Aßmann (Hrsg.), Informationsgesellschaft, S. 133 ff.; *Eifert*, Europäischer Verwaltungsverbund (Fn. 20), S. 159 ff. → Bd. I *Schmidt-Aßmann* § 5 Rn. 3 ff., 16 ff.; ferner die Beiträge in Karl-Heinz Ladeur (Hrsg.), The Europeanisation of Administrative Law, 2002.

[121] → Bd. I *Eifert* § 19 Rn. 144 ff.

seitigen Selbst- und Fremdbeobachtung nationaler Regulierungsbehörden reagiert.[122] Diese Netzwerke dürfen aber ihrerseits nicht als abgeschlossene Behördennetzwerke gedacht werden, sondern müssen gerade als „überlappende Netzwerke", d.h. als offen für die Gewinnung von Wissen aus dem Umgang mit an den Entscheidungsverfahren beteiligten Industrien konzipiert werden. Abstimmungspflichten zwischen nationalen Regulierungsbehörden können dann schlüssig als Teil einer planerischen Abwägungsentscheidung gefasst und rechtlich präziser konturiert werden.[123]

54 Mit Blick auf die **gerichtliche Kontrolle**[124] besteht die Aufgabe des Informationsverwaltungsrechts darin, die Notwendigkeit der Eigenständigkeit der verwaltungsinternen Informationserzeugung herauszustellen. Diese Forderung gewinnt gerade dann an Plausibilität, wenn die Verwaltung mit Ungewissheit konfrontiert ist und das entscheidungsrelevante Wissen in überlappenden Netzwerken unter der Beteiligung Privater erzeugt wird. Die Verwaltungsgerichte müssen in solchen Bereichen von der Vorstellung einer gesetzlichen Programmierung der administrativen Einzelfallentscheidung und damit auch von der Vorstellung einer materiellen Richtigkeitskontrolle abrücken. Das Informationsverwaltungsrecht plädiert hier für eine stärkere Berücksichtung von Organisationsentscheidungen und Verfahrensabläufen, also für eine gewisse Hinwendung zur US-amerikanischen Verwaltungskultur bzw. zu solchen in europäischen Rechtsordnungen entwickelten Ermessenslehren, „die die Kontrollreichweite in materieller Hinsicht begrenzen, aber der Verfahrenskontrolle erhebliches Gewicht beimessen".[125] Gerade weil der Verfahrensgedanke in der Tradition des deutschen Verwaltungs- und Verfassungsrechts so wenig ausgebildet ist und noch heute schnell – aber durchaus zu Unrecht – mit dem Makel des „Demokratiedefizits" versehen wird, fällt es in der (gerichtlichen) Praxis offensichtlich schwer, sich auf die neuartigen Wissensprobleme der Verwaltung und die Konsequenzen für die gerichtliche Nachkontrolle einzustellen. Das zeigt sich etwa im Telekommunikationsrecht.[126] Umso mehr kommt es darauf an, für diese Zusammenhänge größere Sensibilität durch und in einem Informationsverwaltungsrecht zu schaffen.

55 Neben Organisationsrecht, Verfahrensrecht, Ermessenslehre und dem Recht für transnationale Regulierungsverbundsysteme tritt im Informationsverwaltungsrecht ein weiterer, heute noch recht unübersichtlicher Bereich unterschiedlicher **Regelungssektoren.** Aus der herkömmlichen Perspektive des besonderen Verwaltungsrechts gehören zu diesen Regelungssektoren neben dem Umwelt- und Telekommunikationsrecht vor allem das Medienrecht, hier verstanden als Presse-, Rundfunk- und Internetrecht, einschließlich der jeweils darauf bezogenen Querschnittsmaterien wie Werbe-, Persönlichkeits- und „Datenschutzrecht". Das Informationsverwaltungsrecht sucht hier nach Bestandteilen einer „Informa-

---

[122] → Bd. II *Röhl* § 30 Rn. 60. S.a. → Bd. I *Schmidt-Aßmann* § 5 Rn. 26.
[123] → Rn. 41. → Bd. I *Franzius* § 4 Rn. 101. Zu den Informationsbeziehungen im europäischen Verwaltungsverbund vgl. → Bd. II *v. Bogdandy* § 25.
[124] → Bd. III *Schoch* § 50.
[125] Vgl. → Bd. I *Hoffmann-Riem* § 10 Rn. 73 ff., 79 (Zitat), 81 ff.; zur Neukonzeption der Ermessenslehre im europäischen Kontext vgl. auch *Schmidt-Aßmann*, Ordnungsidee. 4. Kap. Rn. 46.
[126] Vgl. *Hans-Heinrich Trute*, Das Telekommunikationsrecht – Eine Herausforderung für die Verwaltungsgerichte, in: FS 50 Jahre BVerwG, 2003, S. 857 ff., 867, 873 f., 881 f.

tionsordnung",¹²⁷ d.h., es versucht, eine breitere Perspektive auf diese Regelungssektoren zu werfen; breiter als dies etwa allein aus der Perspektive des Rundfunkrechts möglich wäre. Diese Aussage bedarf allerdings der Differenzierung:

Solange sich **Presse, Fernsehen, Hörfunk, Film** etc. als eigenständige Märkte mit stabilen Grenzen reproduzieren, gibt es keinen Grund, die jeweils daran anknüpfenden Teilrechtsgebiete wie Presse-, Rundfunk- oder Filmrecht in einem allgemeinen Informationsrecht aufzulösen. Im Gegenteil, gerade die verbreitete Ablösung bestimmter Querschnittsmaterien wie etwa des Datenschutzrechts von den Medien, auf die es bezogen ist, kann schnell problematische Effekte erzeugen. Das zeigt etwa die z.T. undifferenzierte Übertragung des herkömmlichen Datenschutzrechts auf das Internet.¹²⁸ Ein anderes Beispiel ist die Ausdehnung presserechtlicher Regelungen wie des Rechts auf Gegendarstellung auf sog. im Internet angebotene „Telemediendienste".¹²⁹ Die Erfahrungen mit derartig unproduktiven Generalisierungen zeigen, dass auch ein Informationsverwaltungsrecht im Bereich des Medienrechts nicht zu vorschnell über bereichsspezifische Differenzierungen hinweggehen, sondern zunächst einmal als Recht spezifischer informationsökonomischer Märkte entwickelt werden sollte. **56**

Auf der anderen Seite ist nicht zu leugnen, dass genau die herkömmlichen Abgrenzungen des Medienrechts durch das neue Netzwerk der Netzwerke einer Dynamik der Grenzüberschreitungen und Grenzauflösungen ausgesetzt sind. Das macht es nicht nur notwendig, die tradierten Abgrenzungen immer wieder zu überprüfen, etwa die Unterscheidung von Rundfunk- und Telekommunikationsrecht. Darüber hinaus muss das Informationsverwaltungsrecht hier in seiner systematisierenden Korrekturfunktion in Anschlag gebracht werden: Die auf die Entwicklung dynamischer Medienmärkte bezogenen Regulierungen wären nach strukturellen Gemeinsamkeiten abzutasten. In einem laufenden Zusammenspiel von Allgemeinem und Besonderem, auch von Rückverweisungen an das allgemeine Verwaltungsrecht,¹³⁰ wären Haltepunkte für ein neues Informationsverwaltungsrecht zu entwickeln. **57**

Ausgewählte Literatur

Albers, Marion, Information als neue Dimension im Recht, Rechtstheorie, Bd. 33 (2002), S. 61–89.
– Komplexität verfassungsrechtlicher Vorgaben für das Wissen der Verwaltung, in: Peter Collin/Indra Spiecker gen. Döhmann (Hrsg.), Generierung und Transfer staatlichen Wissens im System des Verwaltungsrechts, Tübingen 2008, S. 50–69.
Augsberg, Ino, Von der Gefahrenabwehr zu Risikomanagement und Opportunitätswahrnehmung – Paradigmen des Umgangs mit Unsicherheit, Ungewissheit und Nichtwissen im Verwaltungsrecht, in: Dorett Funcke/Claudia Peter (Hrsg.), Unabsehbare Folgen neuer medizintechnischer Möglichkeiten. Analysen im Umgang mit Ungewissheit und Nicht-Wissen, Frankfurt am Main 2011 (im Erscheinen), S. 1 ff.
– (Hrsg.), Ungewissheit als Chance, Tübingen 2009.

---

[127] *Friedrich Schoch,* Öffentlich-rechtliche Rahmenbedingungen einer Informationsordnung, VVDStRL, Bd. 57 (1998), S. 158 ff.; *Hans-Heinrich Trute,* Rechtliche Rahmenbedingungen einer Informationsordnung, ebd., S. 216 ff.
[128] *Vesting,* Notwendigkeit der Transformation (Fn. 52); *Karl-Heinz Ladeur,* Datenschutz – vom Abwehrrecht zur planerischen Optimierung von Wissensnetzwerken, DuD, Bd. 24 (2000), S. 12 ff.
[129] *Wolfgang Schulz,* in: Hahn/Vesting (Hrsg.), Rundfunkrecht (Fn. 105), § 56 Rn. 1, 2, 57 ff.
[130] Zum Profil des Allgemeinen Verwaltungsrechts vgl. → Bd. I *Burgi* § 18 Rn. 106 ff.

§ 20 Information und Kommunikation

Collin, Peter/Spiecker gen. Döhmann, Indra, Generierung und Transfer staatlichen Wissens im System des Verwaltungsrechts – ein Problemaufriss, in: dies. (Hrsg.), Generierung und Transfer staatlichen Wissens im System des Verwaltungsrechts, Tübingen 2008, S. 3–25.

Eifert, Martin, Verwaltungskommunikation im Internet, in: Karl-Heinz Ladeur (Hrsg.), Innovationsoffene Regulierung des Internet, Baden-Baden 2003, S. 131–154.

– Europäischer Verwaltungsverbund als Lernverbund, in: Collin/Spieker, Generierung und Transfer staatlichen Wissens im System des Verwaltungsrechts, 2008, S. 159–175.

Franzius, Claudio, Gewährleistung im Recht, Tübingen 2009.

Hoffmann-Riem, Wolfgang, Gesetz und Gesetzesvorbehalt im Umbruch, AöR, Bd. 130 (2005), S. 5–71.

– Selbstbindungen der Verwaltung, VVDStRL, Bd. 40 (1982), S. 187–239.

– Verwaltungsrecht in der Informationsgesellschaft – Einleitende Problemskizze, in: Hoffmann-Riem/Schmidt-Aßmann (Hrsg.), Informationsgesellschaft, S. 9–58.

– Wissen, Recht, Innovation, DV, Beiheft 9, 2010, S. 159–211.

– Wissen als Risiko – Unwissen als Chance, in Ino Augsberg (Hrsg.), Ungewissheit als Chance, 2009, S. 17–38.

Ladeur, Karl-Heinz, Das Umweltrecht der Wissensgesellschaft, Berlin 1995.

– Die Netzwerke des Rechts, in: Michael Bommes/Veronika Tacke (Hrsg.), Netzwerke in der funktional differenzierten Gesellschaft, Wiesbaden 2010, S. 143–171.

– Die Regulierung von Selbstregulierung und die Herausbildung einer „Logik der Netzwerke". Rechtliche Steuerung und die beschleunigte Selbsttransformation der postmodernen Gesellschaft: DV, Beiheft 4, 2001, S. 59–77.

– Kommunikation über Risiken im Rechtssystem, in: Christian Büscher/Klaus P. Japp (Hrsg.), Ökologische Aufklärung. 25 Jahre „Ökologische Kommunikation", Wiesbaden 2010, S. 131–155.

– Privatisierung öffentlicher Aufgaben und die Notwendigkeit der Entwicklung eines neuen Informationsverwaltungsrechts, in: Hoffmann-Riem/Schmidt-Aßmann (Hrsg.), Informationsgesellschaft, S. 225–256.

Luhmann, Niklas, Das Recht der Gesellschaft, Frankfurt am Main 1993.

– Organisation und Entscheidung, Opladen/Wiesbaden 2000.

– Steuerung durch Recht?, ZfRSoz, Bd. 11 (1990), S. 137–160.

Noam, Eli, From the Network of Networks to the System of Systems, in: Wolfgang Hoffmann-Riem/Thomas Vesting (Hrsg.), Perspektiven der Informationsgesellschaft, Baden-Baden 1995, S. 49–59.

Röhl, Hans C. (Hrsg.), Wissen – zur kognitiven Dimension des Rechts, DV, Beiheft 9, 2010.

Scherzberg, Arno, Die öffentliche Verwaltung als informationelle Organisation, in: Hoffmann-Riem/Schmidt-Aßmann (Hrsg.), Informationsgesellschaft, S. 195–223.

– Risiko als Rechtsproblem – Ein neues Paradigma für das technische Sicherheitsrecht, VerwArch, Bd. 84 (1993), S. 484–551.

– Zum Umgang mit implizitem Wissen, in Gunnar Folke Schuppert/Andreas Voßkuhle (Hrsg.), Governance von und durch Wissen, Baden-Baden 2008, S. 240–258.

Teubner, Gunther, Netzwerk als Vertragsverbund, Baden-Baden 2004.

Trute, Hans-Heinrich, Rechtliche Rahmenbedingungen einer Informationsordnung, VVDStRL, Bd. 57 (1998), S. 216–273.

– Die Funktionen der Organisation und ihre Abbildung im Recht, in: Schmidt-Aßmann/Hoffmann-Riem (Hrsg.), Verwaltungsorganisationsrecht, S. 249–295.

– Wissen – Einleitende Bemerkungen, in: DV, Beiheft 9, 2010, S. 11–38.

Vesting, Thomas, Das Internet und die Notwendigkeit der Transformation des Datenschutzes, in: Karl-Heinz Ladeur (Hrsg.), Innovationsoffene Regulierung des Internet, Baden-Baden 2003, S. 155–190.

– Nachbarwissenschaftlich informierte und reflektierte Verwaltungswissenschaft – „Verkehrsregeln" und „Verkehrsströme", in: Schmidt-Aßmann/Hoffmann-Riem (Hrsg.), Methoden, S. 253–292.

– Die Medien des Rechts: Sprache, Weilerswist 2011.

Voßkuhle, Andreas, Beteiligung Privater an der Wahrnehmung öffentlicher Aufgaben und staatliche Verantwortung, VVDStRL, Bd. 62 (2003), S. 266–335.

– Das Konzept des rationalen Staates, in: ders./Gunnar Folke Schuppert (Hrsg.), Governance von und durch Wissen, Baden-Baden 2008, S. 13–32.

– Der Wandel von Verwaltungsrecht und Verwaltungsprozessrecht in der Informationsgesellschaft, in: Hoffmann-Riem/Schmidt-Aßmann (Hrsg.) Informationsgesellschaft, S. 349–404.

Wollenschläger, Burkard, Wissensgenerierung im Verfahren, Tübingen 2009.

§ 21 Die Kommunikationsinfrastruktur der Verwaltung

Karl-Heinz Ladeur

Übersicht

	Rn.
A. Akten als Medien der Verwaltung	1
I. Einleitung	1
II. Geschichte der „Akten"	5
1. Verwaltungserfahrung und gesellschaftliche Erfahrung	5
III. Gegenwärtige Bedeutung der Aktenführung	7
1. Strukturierung und Gewährleistung der Unpersönlichkeit des Verwaltungshandelns	7
2. Information des Vorgesetzten	8
3. Information der politischen Leitung (Regierung, Parlament)	9
4. Information der Öffentlichkeit	10
5. Information der Beteiligten	11
IV. Aktenführung und Recht	12
1. Vorbemerkung zur Rechtstechnik der Regelung der Aktenführung	12
2. Mittelbare Regelungen über die Führung von Akten – Verwaltungsverfahrensgesetz	14
3. Besondere (nicht personalbezogene) mittelbare Regelungen der Aktenführung (Planungsrecht, Technikrecht etc.)	16
4. Datenschutz	18
V. Verwaltungsvorschriften über die Aktenführung: Gemeinsame Geschäftsordnungen, Landesvorschriften etc.	19
1. Bund	19
VI. Berichtspflichten	21
1. Vorbemerkung	21
2. Öffentliche Verwaltung	22
3. Berichterstattung über Unternehmen in öffentlicher Hand	24
4. Grenzen der Berichterstattung	26
VII. Komplexe Verwaltungsverfahren (Beteiligung Privater, Bearbeitung über mehrere Verfahrensstufen)	27
1. Outsourcing und Public-Private-Partnership	27

	Rn.
VIII. Zentrale Register	29
1. Vorbemerkung zur Geschichte	29
2. Einzelne Register	30
3. Register und Datenschutz	32
4. „Administrative Karten" u. ä.	33
IX. Resümee	34
B. Archive	35
I. Geschichte	35
II. Die neuere Rechtsentwicklung	36
1. Gesetzliche Regelungen	36
2. Geheimhaltung und Zugänglichkeit	38
3. Datenschutz und flexible Archivnutzung	39
4. Rechtsschutz	40
III. Die Zukunft der Archive	41
1. IT und Archive	41
2. Elektronische Archive als „Data Warehouse"?	42
3. Verknüpfung von Aktenführung und Archivkonzeption	43
4. Ausblick	44
C. Der Sachverständige in der Verwaltung	45
I. Die rechtswissenschaftliche Reflexion über die Stellung des Sachverständigen in den 80er und 90er Jahren des 20. Jahrhunderts	45
II. Der Sachverstand und die Besinnung auf die Eigenrationalität des Rechts und der Verwaltung	46
1. Öffnung und Schließung des Verwaltungsverfahrens im Angesicht von Komplexität	46
2. Die Notwendigkeit der Erzeugung einer eigenständigen Verwaltungserfahrung	48
3. Die Crux der „schlecht strukturierten Fragen"	50
III. Die Notwendigkeit einer neuen „sozialen Epistemologie" für	

§ 21 Die Kommunikationsinfrastruktur der Verwaltung

	Rn.
die Strukturierung komplexer Sachverhalte	51
1. Auf der Suche nach funktionalen Äquivalenten zur praktischen „Erfahrung"	51
2. „Prozeduralisierung" als Variante der Strukturierung von Wissen – Die Suche nach „best practices"	52
3. Prozedurale Bewältigung des „Wissenschaftspluralismus"	53
IV. Modellierung komplexer Entscheidungen und Kooperation mit Sachverständigen	54
1. Zur Kooperation der Verwaltung mit Sachverständigen	54
2. Die Gewinnung von Flexibilität durch Kooperation mit Sachverständigen	56
V. Begriff und Arten des Sachverstandes	58
1. Die Unterscheidung der Anschlussbedingungen für die Nutzung von Sachverstand	58
2. „Interessierter" und „nicht interessierter" Sachverstand	59
3. Auswahl von Sachverständigen und Abschätzung der Selbstkontrolle der „professionellen Gemeinschaften"	60
4. Das Verhältnis der Behörde zum Sachverständigen – Koordination der Verwaltungsaufgabe mit dem Auftrag für den Sachverständigen	61
5. Risiken der Beteiligung von Sachverständigen	62
VI. Besondere Erscheinungsformen des Verhältnisses von Verwaltung und Sachverstand	63
1. Private Selbstkontrolle	63
2. Abstufungen des Verhältnisses öffentlicher und privater Betätigung	64
3. Öffentliche Bestellung von Sachverständigen	65
4. Freiheit und Bindung der Verwaltung im Verhältnis zum Sachverständigen	66
VII. Funktion des Sachverständigen in der „Wissensgesellschaft"	67
1. Verknüpfung privaten und öffentlichen Wissens	67
2. Sachverstand als Ressource des strategischen Wissensmanagements	69

	Rn.
D. Statistik	70
I. Geschichtliche Vorbemerkung	70
1. Statistik und frühneuzeitlicher Staat	70
2. Statistik und gesellschaftliche Wissenssysteme	71
3. Veränderungen der Statistik in der Moderne	72
II. Das Recht der Statistik	73
1. Bundesrecht	73
2. Landesrecht	74
3. Vereinheitlichung der Statistik durch das Statistikregistergesetz	75
4. Statistik, Datenschutz und Gesetzesvorbehalt	76
III. Methodische Verbesserung der Statistik im „Gewährleistungsstaat"	77
1. Statistik als Teil der „Kommunikationsinfrastruktur"	77
2. Statistik und Archive	79
3. Statistik, Volkszählung und die neuen administrativen Anforderungen	80
IV. Statistik und die Entwicklung eines privat-öffentlichen Wissenssystems	81
1. Die Suche nach „best practices"	81
2. Statistik und Monitoring von Verwaltungsaufgaben	82
3. Verbesserung der Statistiken durch Nutzung von „Verwaltungsdaten"	83
V. Ausblick	84
E. Die elektronische Kommunikationsinfrastruktur der Verwaltung	85
I. Die „Kommunikationsinfrastruktur" der Verwaltung unter den Bedingungen der elektronischen Medien	85
1. Zum Wandel des Konzepts der „Infrastruktur"	85
2. Konvergenz von Technik und (administrativem) „content"	86
II. Electronic Government und die Evolution der elektronischen Medien	88
1. Der Beginn der „elektronischen Datenverarbeitung"	88
2. Der Übergang zu „intelligenten" IT-Systemen	89
3. Zwischen Zentralisierung und Dezentralisierung	90
4. Entwicklung einer neuen privat-öffentlichen Wissensbasis?	92

Übersicht

	Rn.
5. Neue Wissensmanagementsysteme	94
6. Private „Joint Ventures" – öffentliche „joint administrations"	95
7. Die Bedeutung von Suchsystemen	96
III. Beispiele für komplexere Modelle des Wissensmanagements	97
1. Informationssysteme für Gemeinderäte	97
2. Geo-Daten-Systeme	98
3. Umweltinformationssysteme	99
IV. Die Zukunftsperspektive einer vernetzten Verwaltung	101
1. Gemeinsame Wissenserzeugung – gemeinsame Wissensnutzung	101
2. Die Öffnung der Informationssysteme für die Partizipation der Bürger	103
3. Vom Electronic Government zum „virtuellen Staat"	105
4. Der „virtuelle Staat" als „Netzwerkstaat"	107
5. Wiederherstellung einer gemeinsamen privat-öffentlichen Wissensbasis in netzwerkbasierten Governance-Strukturen?	108
Ausgewählte Literatur	

A. Akten als Medien der Verwaltung

I. Einleitung

1 *Cornelia Vismann* hat in ihrer Arbeit mit dem knappen Titel „Akten – Medientechnik und Recht"[1] konstatiert, eine „Betrachtung ihres Handwerkzeugs fehlt in der Rechtswissenschaft", obwohl dieses Handwerkszeug, die Akten, die „Arbeitsgrundlage des Rechts" sei. Gerade ihr eigentlicher „Gebrauchszweck", die Erzeugung einer Kontinuität der „Prozessgeschichte",[2] die alles, was im Verfahren als Information zählt, in einen Zusammenhang bringt, und das, was nicht zählt, ausschließt und ins Unstrukturierte verweist, werde von der Rechtswissenschaft reduziert auf einen externen sekundären Effekt: Die Frage nach den Beweis- und Vermutungsregeln, nach denen Akten im Verfahren Vertrauen schaffen können. Der Rechtshistoriker *Karl Kroeschell* teilt diese Ansicht und führt dies darauf zurück, dass dem „modernen Juristen [...] der Umgang mit Akten so selbstverständlich [sei], dass er kaum auf den Gedanken kommen wird, es habe etwas zu bedeuten, dass die moderne Verwaltung und Rechtsprechung diese Bündel von Schriftstücken produzieren".[3] Ob dies auch heute noch zutrifft, wird zu fragen sein, richtig ist aber sicher, dass die Akten in der Vergangenheit im Recht und in der Rechtswissenschaft – und dies gilt auch für die Verwaltungsrechtswissenschaft – nur eine begrenzte Aufmerksamkeit gefunden haben, obwohl erst mit der „Konzentration der sachlichen Betriebsmittel [...], eine ‚staatliche' Verwaltung im ‚eigentlichen' Sinne entsteht"[4] – und diese ist an die **Rationalität der Aktenführung** gebunden.

2 Umso mehr sind Akten aber Gegenstand einer Vielzahl von verwaltungsinternen Vorschriften und Konventionen geworden, die man – soweit sie explizit „verschriftlicht" worden sind[5] – im modernen Sinne als Verwaltungsvorschriften einordnen würde. Ein kurzer Ausblick auf die Geschichte der Akten zeigt aber, dass ihrer „Materialität" als rechtlichem *Medium* gegenüber dem von ihr transportierten Sinn durchaus eine eigene Bedeutung zukommt. Akten *erzeugen* aktiv ein „Feld der Präsenz"[6] durch Verknüpfung von „Dokumenten", die erst Optio-

---

[1] *Cornelia Vismann*, Akten – Medientechnik und Recht, 2. Aufl. 2001, S. 27.
[2] Vgl. zu diesem Begriff *Niklas Luhmann*, Legitimation durch Verfahren (1976), 1989, S. 44; auch *Thomas Scheffer*, Staging, Reiteration, and Mobilisation – The function of legal discourse or how local utterances are turned into binding statements, Vortrag 7./8. Juli 2005, ZiF Bielefeld, Tagung „Normativities" (Alfons Bora); *ders.*, Materialities of Legal Proceedings, International Journal for Semiotics of Law 2004, S. 356 ff.
[3] *Karl Kroeschell*, Deutsche Rechtsgeschichte, Bd. 2, 1250–1650, 1980, S. 173; *Vismann*, Akten (Fn. 1), S. 28; zum Übergang von der Mündlichkeit zur Schriftlichkeit von Verfahren auf der Grundlage von „recordkeeping" im Common Law *Livia Iacovino*, Recordkeeping, Ethics and Law. Regulatory Models, participant Relationships and Rights and Responsibilities in the Online World, 2006, S. 56 ff.
[4] *Max Weber*, Wirtschaft und Gesellschaft, 5. Aufl. 1980, S. 573; *Vismann*, Akten (Fn. 1), S. 95.
[5] Vgl. allgemein *Jack Goody*, The Logic of Writing and the Organization of Society, 1986.
[6] *Michel Foucault*, The Archaeology of Knowledge (1973), 2003, S. 64; auch *Scheffer*, Staging (Fn. 2); zur Notwendigkeit des Rechts, auch Fakten zu erzeugen: *Lawrence Rosen*, Law as Culture, 2006, S. 69, 93, 129; aus der Sicht der Rechtswissenschaft zur Systematisierungsleistung des Rechts → Bd. I *Voßkuhle* § 1 Rn. 5 ff.

A. Akten als Medien der Verwaltung

nen des Entscheidens durch das Prozessieren von in die „Prozessgeschichte" eingeschriebenen Anschlussmöglichkeiten und -zwängen einerseits erzeugen und andererseits als ihre Kehrseite aus dem Entscheidungsspektrum ausscheiden. Diese produktive Seite der Akten („*quod non est in actis, non est in mundo*") kann eine Zeitlang in den Hintergrund treten, wenn die Organisation des Wissens in der Gesellschaft einigermaßen stabil gehalten wird und die verschiedenen privaten und öffentlichen Modi der **Wissensgenerierung in Entscheidungsverfahren** einen Sinn für Kontinuität herstellen, der durch historische Brüche und Verwerfungen nicht grundsätzlich in Frage gestellt wird.[7]

Es wird noch zu zeigen sein, dass die rechtliche Unsichtbarkeit der Akten auch darauf zurückzuführen ist, dass die moderne Verwaltung auf ihre Weise mit der Erzeugung von „Akten" an das Vorherrschen des „Erfahrungswissens" als Wissenstypus anknüpfen kann, der selbst durch die kontinuierliche Verknüpfung von praktischem Handeln und dessen selbstreflexiver Beobachtung gekennzeichnet ist. Das generative Moment der praktischen **Selbsterzeugung von Entscheidungswissen** durch das Prozessieren von „Akten" als „Schreibwerk ohne Adressaten"[8] und – wie man hinzufügen könnte – ohne Urheber unterscheidet sich dann nicht wesentlich von anderen Praktiken, die Gebrauchswissen erzeugen. Während sich die Historiker seit langem für die Entstehung rechtlicher Entscheidungen und deshalb für ihre Selbstdokumentation durch Akten interessieren,[9] war für das Recht im Allgemeinen und das Verwaltungsrecht im Besonderen lange Zeit nur das Ergebnis, der „Verwaltungsakt", von Belang. Hinter dieser Entscheidung „mit Außenwirkung" auf rechtlicher Grundlage mit expliziter, nach außen adressierter Begründung treten die „prozessgenerierten" Akten (so ein Terminus der Archivwissenschaft[10]), die keinen Urheber haben und auf die Entscheidung hin angelegt werden, nicht aber von der Person des Entscheiders bestimmt werden, als bloße interne „Vorbereitung" zurück. Dies ist ein Ausdruck der Tatsache, dass die Frage der Geltung ebenso wie auf der Ebene der abstrakten Rechtsnorm auch auf der Ebene der einzelnen Handlung der Verwaltung gegenüber dem „Vorgang" ihrer Hervorbringung, hier: der Geltung des Verwaltungsakts, dominiert.[11]

Dies ändert nichts daran, dass das Prozessieren von Akten innerhalb der Verwaltung über Jahrhunderte von ausdifferenzierten Regelsystemen, praktischen Konventionen und einer **Verwaltungserfahrung** bestimmt war,[12] die für die

---

[7] Vgl. zur administrativen Verstetigung des technischen Wissens *Robert Strecke,* Anfänge und Innovation der preußischen Bauverwaltung. Von D. Gilly zu F. Schinkel, 2000; *Milos Vec,* Aushöhlung des Staates? Selbst-Normierung im Staat der Industriegesellschaft als historisches Problem, Rechtshistorisches Journal 2000, S. 517; *ders.,* Recht und Normierung in der industriellen Revolution: neue Strukturen der Normsetzung in Völkerrecht, staatlicher Gesetzgebung und gesellschaftlicher Selbstnormierung, 2006; → Bd. II *Vesting* § 20 Rn. 26 f.; allg. zum Wissen der Verwaltung → Bd. I *Voßkuhle* § 1 Rn. 11.

[8] *Heinrich O. Meisner,* Archivalienkunde vom 16. Jahrhundert bis 1918, 1969, S. 127; *Vismann,* Akten (Fn. 1), S. 28.

[9] Vgl. *Vismann,* Akten (Fn. 1), S. 27.

[10] *Vismann,* Akten (Fn. 1), S. 23.

[11] *Vismann,* Akten (Fn. 1), S. 228; vgl. a. → Bd. I *Voßkuhle* § 1 Rn. 15, *Hoffmann-Riem* § 10 Rn. 32 ff.; zur historischen Entwicklung des Verwaltungsrechts → Bd. I *Stolleis* § 2 Rn. 26 ff.

[12] Vgl. *Karl-Heinz Ladeur,* The Postmodern Condition of Law and Societal „Management of Rules" – Facts and Norms Revisited, ZfRSoz 2006, S. 87 ff.; → Bd. II *Vesting* § 20 Rn. 9.

Verwaltungspraxis von großer Bedeutung waren, auch wenn sie „nach außen" weder Wirkung erzeugten noch sonst wahrgenommen wurden – es sei denn in einer literarisch distanzierten Form als einer Erscheinungsform der „Entfremdung" in der modernen Welt. Es wird noch zu zeigen sein, dass die Proceduralisierung des „Verwaltungsakts", die sich in der neuen Einsicht ausdrückt, die Entscheidung sei ein Produkt des Prozesses der Informationsverarbeitung,[13] nicht nur das Verfahren stärker zum Gegenstand expliziter rechtlicher Regelung macht, sondern auch den „Akten" eine wachsende Bedeutung zumisst. Neue Verfahrenspflichten der Verwaltung z. B. zur „Einstellung von Belangen" in einen planerischen Abwägungsprozess[14] bringen neue Dokumentationspflichten mit sich, die auch den Akten eine größere externe Bedeutung geben.

II. Geschichte der „Akten"

1. Verwaltungserfahrung und gesellschaftliche Erfahrung

5   Die administrative Verfahrensweise entsprach der Erfahrungsorientierung der frühen Produktionstechnik in der „Privatrechtsgesellschaft" *(Franz Böhm)* und der Stabilisierung ihrer Regeln, die sich in Konventionen, „Handelsbräuchen" etc. ablagerten.[15] Dieser Zusammenhang erhellt die große Bedeutung der Aktenführung für die neuzeitliche Verwaltung, die nicht nur – in einem modernen Sinne – „Transparenz" schaffte, sondern Verwalten erst ermöglichte. Die Akten bildeten das **„Gedächtnis der Verwaltung"**. Neben dem „Kurzzeitgedächtnis" für den einzelnen Vorgang förderten sie auch die Herausbildung einer Vorstellung für historische Entwicklungen in einem „Langzeitgedächtnis", in dem sich dauerhafte Entscheidungspraktiken als „Erfahrung" speichern ließen, die von Fall zu Fall variiert und im Grundsatz wiederholt werden konnte. Die letzte Stufe der Aktenführung bildete dann die Archivierung, die die Historisierung des Verwaltens erlaubte. Im 20. Jahrhundert verändert sich die Aktenführung grundlegend durch den Übergang von der „Kanzlei", in der die Dokumente geschrieben und zu Akten geordnet wurden, zur „Bürotechnik". Die Rationalität der Bürokratie bedient sich der damals „modernen Verkehrsmittel" (Telefon und vor allem Schreibmaschine).[16] Es realisiert sich das „bürokratische Prinzip", wie es *Max Weber* beschrieben hat: „Akten und kontinuierlicher Betrieb durch Beamte zusammen ergeben: Das Büro als [...] Kernpunkt jedes modernen Verwaltungshandelns".[17] Sämtliche zentralen Kanzleitätigkeiten werden dadurch überflüssig.[18] Die Schreibmaschine und der „Durchschlag" erlaubten die Organisation und Kontrolle der „aktenmäßigen Verwaltung", die auch dort galt, „wo mündliche Erörterung tatsächlich Regel oder geradezu Vorschrift" waren.[19]

---

[13] Vgl. auch → Bd. II *Schmidt-Aßmann* § 27 Rn. 1.
[14] Vgl. nur *Werner Hoppe*, in: Hoppe/Bönker/Grotefels, BauR, § 5. Zur Planung allgemein → Bd. II *Köck* § 37.
[15] *Ladeur*, Postmodern (Fn. 12), i. E.
[16] *Vismann*, Akten (Fn. 1), S. 267 ff.
[17] *Weber*, Wirtschaft (Fn. 4), S. 126; *Vismann*, Akten (Fn. 1), S. 272.
[18] *Vismann*, Akten (Fn. 1), S. 274.
[19] *Vismann*, Akten (Fn. 1), S. 272.

Durch diesen ersten Technisierungsschub wird auch die **Formalisierung und** 6
Standardisierung des Verwaltens beschleunigt: Immer mehr „Vordrucke" und Formulare werden eingeführt: Alle Fortschritte der preußischen Verwaltungsorganisation sind gewesen und werden auch künftig sein: Fortschritte des „bürokratischen [...] Prinzips".[20] In den 1920er Jahren werden die Regeln der Aktenführung durch die „gemeinsame Geschäftsordnung für die Verwaltung" (GGO I, 1926) und die „gemeinsame Geschäftsordnung für die höheren Reichsbehörden" (GOH 1928) formalisiert. Auch dies bedeutet einen Rationalitätsschub, der die Vielzahl der Aktenordnungen und Praktiken in eine einheitliche Form überführte.[21] Daran konnten auch die Verwaltungsvorschriften über die Aktenführung auf Bundes- und Landesebene in der Nachkriegszeit anschließen, insbesondere die GGO der Bundesministerien von 1958, 1976[22] und auf Landesebene etwa die Geschäftsordnungen in Nordrhein-Westfalen und Bayern. Eine grundlegende Veränderung setzt demgegenüber erst wieder mit der Einführung der neuen Informationstechnologien gegen Ende des 20. Jahrhunderts ein.[23]

III. Gegenwärtige Bedeutung der Aktenführung

1. Strukturierung und Gewährleistung der Unpersönlichkeit des Verwaltungshandelns

Nach wie vor gilt für Verwaltungsverfahren das Prinzip der Schriftlichkeit 7
(§ 12 Abs. 2 GGO; §§ 2, 4 Registraturrichtlinie – wenn auch nicht ausdrücklich: der Stand des Verfahrens muss jederzeit aus der Akte ersichtlich sein), d.h. auch mündliche Informationen sind zu protokollieren, über verfahrensbedeutsame Auskünfte etc. sind „Vermerke" anzulegen. Damit soll auch in der Gegenwart die **Unparteilichkeit als Prinzip**[24] des bürokratischen Entscheidens gewährleistet werden, der Entscheidungsvorgang soll sich selbst „prozessieren",[25] sein Fortgang soll nicht von dem subjektiv bleibenden Wissen des bearbeitenden Beamten abhängig sein. Dieses Prinzip kollidiert mit dem Einsatz des Telefons zur Informationserzeugung und zur Verfahrensförderung: Es werden dann mehr und mehr „Vermerke" über Telefongespräche angelegt (Diese Entwicklung verändert sich noch einmal mit der Einführung der neuen Informationstechnologien in die Verwaltung.). Durch die Aktenführung soll der jeweilige „Stand" des Verfahrens wiedergegeben werden. Die Akten werden für einzelne „Verfahren" angelegt, an deren Ende stets die Entscheidung steht. Sicher bestehen daneben auch Akten mit allgemeinen Informationen und Regeln, die für die Verwaltung von Bedeutung sind, aber diese prägen nicht die Routinen der Aktenführung. Charakteristisch bleibt der „Aktenvorgang", der auf eine

---

[20] *Vismann*, Akten (Fn. 1), S. 276. Vgl. aber auch → Bd. II *Vesting* § 20 Rn. 16.
[21] *Vismann*, Akten (Fn. 1), S. 268.
[22] Vgl. dazu allgemein *Heinz Hoffmann*, Behördliche Schriftgutverwaltung. Ein Handbuch für das Ordnen, Registrieren, Aussondern und Archivieren von Akten der Behörden, 1993.
[23] Vgl. dazu → Rn. 88 ff.
[24] Vgl. auch → Bd. II *Schneider* § 28 Rn. 32 ff.
[25] Vgl. jetzt *Michael Wettengel*, eGovernment und elektronische Überlieferungsbildung, Vortrag 6. 2. 2002, www.sachsen.de/archivverwaltung; *Angelika Menne-Haritz*, Steuerungsinstrumente in der Verwaltungsarbeit, DV, Bd. 33 (2000), S. 1 (16).

Entscheidung zielt; an dessen Ende wird die Akte geschlossen und dem „Archiv" überantwortet, wo sie nach anderen Gesichtspunkten geordnet wird, damit sie ggf. wieder „bereitgestellt" werden kann.

2. Information des Vorgesetzten

8   Die Verwaltungsvorschriften über die Auslegung von Rechtsbegriffen („norminterpretierende" Verwaltungsvorschriften) ebenso wie die Ausfüllung von „Beurteilungsspielräumen" („normkonkretisierende" Verwaltungsvorschriften) und von „Ermessensspielräumen" („ermessensleitende" Verwaltungsvorschriften) sind nicht vorstellbar ohne eine Regelmäßigkeit der kontinuierlich von Fall zu Fall sich entwickelnden Rechtspraxis.[26] Dies schlägt sich nicht nur in der begrenzten Bindungswirkung von Verwaltungsvorschriften nieder: Sie sind in ganz erheblichem Maße für das Lernen durch Praxis ex ante sowie ex post durchlässig.[27] Verwaltungsvorschriften sind – soweit sie überhaupt partiell externe Wirkung entfalten – nicht nur Regeln, die in der Normenhierarchie „unten" angesiedelt sind, sie sind auch anders als Rechtsvorschriften, da sie von vornherein auf Spezifizierung durch Erfahrung angelegt sind. Die „aktenmäßige Verwaltung" ist jedenfalls in weitaus stärkerem Maße als die normative Weisungsbefugnis das Substrat des **Hierarchieprinzips,**[28] weil erst die Herausbildung von Routinen und „administrativen Erfahrungen" eine Selbstbestätigung des Verwaltungshandelns durch hierarchische Führung erlaubt und die Hierarchie nicht nur auf die punktuelle Intervention in Verwaltungsvorgänge festlegt.[29] Die Horizontalverknüpfung der Fälle und „Vorgänge" erzeugt einen eigenen Wissenstypus der „Verwaltungserfahrung", der von der Aktenmäßigkeit der „Selbstprozessierung" der Entscheidungen nicht zu trennen ist. Erst dadurch wird auch die hierarchische Führung mit Leben erfüllt. In der klassischen liberalen rechtsstaatlichen Verwaltung wird die „Aktenmäßigkeit" aber auch charakterisiert durch die Vorstellung einer „punktuellen" Entscheidung innerhalb eines relativ begrenzten Zeitraums und einer Logik, der die Wiederholbarkeit des „Routinefalls" entspricht. Der „punktuellen" Intervention entspricht zugleich die Vorstellung einer sich prinzipiell selbst ordnenden Gesellschaft, in die der Staat nur im Falle von „Störungen" eingreift.

3. Information der politischen Leitung (Regierung, Parlament)

9   Die „Aktenmäßigkeit" der Verwaltung hat auch für die **politische Leistungsebene** (Regierung, Parlament) in einer liberalen rechtsstaatlichen Ordnung eine erhebliche Bedeutung. Sie hat eine entlastende Wirkung insofern, als das Prozessieren von Routinen nicht immer wieder Interventionen durch politische Füh-

---

[26] Vgl. dazu instruktiv *Eberhard Schmidt-Aßmann/Thomas Groß*, Die verwaltungsgerichtliche Kontrolldichte nach der Privatgrundschulentscheidung des BVerwG, NVwZ 1993, S. 617; → Bd. I *Ruffert* § 17 Rn. 74 ff.; Bd. II *Hill/Martini* § 34 Rn. 41 ff. Allg. zu Verwaltungsvorschriften vgl. → Bd. I *Ruffert* § 17 Rn. 67 ff.; Bd. II *Hill/Martini* § 34 Rn. 37 ff.
[27] Vgl. *Schmidt-Aßmann/Groß*, Kontrolldichte (Fn. 26), S. 617.
[28] Siehe auch → Bd. I *Schuppert* § 16 Rn. 43 ff.
[29] Vgl. zum Hierarchieprinzip allgemein *Horst Dreier,* Hierarchische Verwaltung im demokratischen Staat, 1991.

rungsentscheidungen fordert. Die Abweichung von der Routine als Regelverstoß oder als Überwindung ihrer Grenzen durch Innovationen sind die charakteristischen Aufgaben der Regierung oder der Kontrolle durch das Parlament. Vor allem der Gesichtspunkt des Schutzes des „Eigenbereichs" der Regierung hat in der Vergangenheit den Zugriff auf die zur Entscheidung über Leitungsaufgaben der Regierung gehörenden Akten begrenzt (parlamentarische Untersuchungsausschüsse).[30]

4. Information der Öffentlichkeit

Nicht zuletzt die Zunahme von nicht routinisierten Entscheidungsverfahren, die von einem sehr viel höheren Entscheidungsbedarf, aber auch von einem höheren Alternativreichtum bestimmt sind, hat die **Forderung nach Aktenöffentlichkeit** laut werden lassen. Das Muster für diese Forderung, die seit langem auch in Deutschland erhoben wird, bildet der amerikanische *Freedom of Information Act* (FOIA).[31] Danach sind Akten grundsätzlich öffentlich[32] – unabhängig von einem Entscheidungsvorgang. Ausgenommen sind nur solche Informationen, die als private Betriebs- und Geschäftsgeheimnisse geschützt sind oder an deren Geheimhaltung ein besonderes öffentliches Interesse besteht (das aber nicht mehr das Interesse an der Aufrechterhaltung eines allgemeinen „Aktengeheimnisses" sein kann). In Deutschland hat sich dieses Interesse – neben dem Akteneinsichtsrecht von Entscheidungsbetroffenen[33] unter dem Einfluss des europäischen Rechts zunächst im Umweltinformationsgesetz (UIG) niedergeschlagen,[34] seit dem 1. Januar 2006 besteht auch in Deutschland nach dem Informationsfreiheitsgesetz[35] u.a. ein **allgemeines Aktenzugangsrecht.**[36] Diese Veränderung folgt dem Aufstieg des Paradigmas der „Abwägung" aller Interessen,[37] die nach einem fallübergreifenden „Meta-Prinzip" der prozeduralen Konsistenz des Argumentierens erfolgt, aber keine routinisierte Regelhaftigkeit mehr hervorbringen kann.[38] Damit verändert sich auch die Funktion der Aktenführung: Die Verfahrensschritte und „Sachverhalte", die sich in den Akten niederschlagen, folgen immer weniger einer Logik der Beobachtung von Fall zu Fall, sondern sie müssen reflexiv geplant und methodisch erzeugt werden. Die Generierung von

---

[30] *BVerfGE* 67, 100 (130); 77, 1 (48).
[31] Vgl. dazu nur *Elke Gurlit*, Verwaltungsöffentlichkeit im Umweltrecht, 1989; vgl. zur Entwicklung in Deutschland nur *Joachim Scherer,* Verwaltung und Öffentlichkeit, 1978. → Bd. II *Gusy* § 23 Rn. 82.
[32] Das *OVG NW* hatte noch in einer Entscheidung von 1959 den gegenteiligen Grundsatz bekräftigt: DÖV 1959, S. 391: Danach kann die „Einsichtnahme in amtliche Akten" von einer Privatperson grundsätzlich nicht verlangt werden; ähnlich auch *BVerfGE* 12, 296 (303).
[33] Siehe → Rn. 16 f.
[34] UIG vom 8. 7. 1994, BGBl I, S. 1490.
[35] IFG vom 5. 9. 2005, BGBl I, S. 2722.
[36] *Friedrich Schoch*, Informationszugangsfreiheit in Deutschland und in der Schweiz, DÖV 2006, S. 1; *Michael Kloepfer/ders.*, Informationsfreiheitsgesetz (IFG-Prof-E), 2002. → Bd. II *Gusy* § 23 Rn. 82 ff., *Rossen-Stadtfeld* § 29 Rn. 102 f.
[37] Vgl. nur *Christian Bönker,* in: Hoppe/Bönker/Grotefels, BauR (Fn. 14), § 7.
[38] Vgl. zum „Kooperationsprinzip" nur *Gunnar Folke Schuppert;* Verwaltungskooperationsrecht, 2003, Gutachten erstattet im Auftrag des Bundesministers des Innern, www.staat-modern.de; aus der amerikanischen Literatur *Jody Freeman,* The Contracting State, Florida State University Law Review 2000; S. 155; *dies.*, The Private Role of Public Governance, New York Law Review 2000, S. 543, 649; *Martin Shapiro*, Administrative Law Unbound: Reflections on Government and Governance, Indiana Journal of Global Law Studies, 2001, S. 369.

5. Information der Beteiligten

11 Einen ersten Schritt zur Öffnung des Arkanbereichs der „aktenmäßigen" Verwaltung bedeutete die Einführung eines **Akteneinsichtsrechts für die Beteiligten**.[39] Damit wurde zugleich ein Schritt zur Verlagerung der Kontrolle des Verwaltungshandelns vom Entscheidungsergebnis zum Entscheidungsprozess getan. Auch wenn dadurch noch nicht das Verfahren der Entscheidung unmittelbar zum Gegenstand der gerichtlichen Kontrolle wird, so wird den „Beteiligten" damit doch die Möglichkeit eröffnet, insbesondere die Schließung von Informationslücken anzuregen oder ggf. Argumente gegen das Entscheidungsergebnis aus den Akten des Entscheidungsprozesses zu gewinnen. In der gegenständlichen Beschränkung des Akteneinsichtsrechts auf *Verfahrens*akten, aber auch auf Akten in laufenden Verfahren sowie von der subjektiven Seite her auf einen eng begrenzten Kreis von „Beteiligten"[40] (heute § 13 VwVfG) kommt noch der Anspruch der Verwaltung auf die grundsätzliche Anerkennung ihrer Stellung als Hüterin der öffentlichen Interessen und auf die Zweckbindung der Akten für die Wahrung der Eigenrationalität des Entscheidens zum Ausdruck: Nur die „Beteiligten", die ihrerseits ein besonderes subjektives Interesse verfolgen, können dadurch, außer durch ein Recht auf Anhörung (§ 28 VwVfG),[41] das durch das Akteneinsichtsrecht ergänzt wird, auch die Verwaltung über Besonderheiten des einzelnen Falles und insbesondere Informationslücken aufklären, deren Schließung hier aufgrund allgemeiner „Erfahrungen" nicht ohne weiteres möglich sein wird.

IV. Aktenführung und Recht

1. Vorbemerkung zur Rechtstechnik der Regelung der Aktenführung

12 Die Aktenführung ist ein Gegenstand des „Eigenbereichs" der Verwaltung par excellence. Die rechtliche Steuerung des Verwaltungshandelns war ergebnisorientiert, deshalb waren Verfahrensfehler nur insoweit von Bedeutung, als sie sich im Ergebnis (z. B. in der Variante der unvollständigen Aufklärung des Sachverhaltes) niederschlugen.[42] Dazu bedurfte es keiner eigenständigen rechtlichen Regelung über die Aktenführung. Daran hat sich trotz der Veränderung der Stellung der Verwaltung (und der Verwaltungsakten) im Angesicht von Komplexität insofern nichts geändert, als die **Gestaltung der Aktenführung** nach wie vor eine interne Angelegenheit der Verwaltung ist. Doch hat die beschriebene Zunahme der Bedeutung des Verfahrens[43] – nicht nur für die gerichtliche Kontrolle von

---

[39] → Bd. II *Gusy* § 23 Rn. 44 ff., *Schneider* § 28 Rn. 51 ff.
[40] Vgl. *Kopp/Ramsauer*, VwVfG, § 13 Rn. 59 ff. → Bd. II *Schneider* § 28 Rn. 23, *Rossen-Stadtfeld* § 29 Rn. 13 ff.
[41] → Bd. II *Gusy* § 23 Rn. 48 ff., *Schneider* § 28 Rn. 42 ff.
[42] → Bd. II *Schmidt-Aßmann* § 27 Rn. 107 ff. Anders → Bd. II *Sachs* § 31 Rn. 46 ff.
[43] Siehe auch → Bd. II *Schmidt-Aßmann* § 27 Rn. 16, 46.

A. Akten als Medien der Verwaltung

Verwaltungsentscheidungen, sondern auch für das verwaltungsinterne prozesshafte Management von Entscheidungsprozessen – ihre Kehrseite zwangsläufig in einer steigenden auch rechtlichen Bedeutung der Verwaltungsakten. Interessanterweise leitet etwa das Bundesverwaltungsgericht in einer Entscheidung aus dem Jahre 1988 eine allgemeine Rechtspflicht zur Aktenführung auch ohne besondere Rechtsgrundlage nunmehr aus der Stellung der Verwaltung im Staat selbst ab: Es hält fest, dass „die den Behörden nach dem Grundgesetz obliegende Vollziehung der Gesetze [...] nicht ohne eine Dokumentation der einzelnen Vorgänge denkbar" wäre. Deshalb sei die „Führung von Akten" erforderlich, und zwar „ohne dass dies eines ausdrücklichen Ausspruchs im Gesetz bedürfte".[44]

Dennoch gibt es inzwischen eine Vielzahl von Vorschriften, die jedenfalls mittelbar eine **Pflicht zur Aktenführung** voraussetzen. Diese Technik der Regulierung ist nach wie vor charakteristisch: Aus der möglichen Beeinträchtigung eines externen Interesses werden rechtliche Vorgaben für die Aktenführung abgeleitet. Das Datenschutzrecht regelt zwar seinerseits die Aktenführung nicht unmittelbar, es hat aber für deren Anlegung und deren Inhalt eine erhebliche Bedeutung. Der Datenschutz ist insofern selektiv, als er nur die Aufnahme von „Daten"[45], also einzelner Informationen mit Personenbezug in der Form eines „Speicherns" auf Datenträger (einschließlich Papier) regelt. Nicht aber regelt er die Führung von Akten insgesamt (auch hier die Ausnahme: Personalakte). Das Bundesverfassungsgericht[46] hat in einer früheren Entscheidung zur Führung von Ausländerakten das Anlegen von Akten als solche als nicht dem Gesetzesvorbehalt[47] unterworfen angesehen. Danach verlangt der Grundsatz der Vollständigkeit einer Akte sogar, dass möglicherweise falsche (negative) Eintragungen (allerdings natürlich mit einem entsprechenden Vermerk) in der Akte geführt werden. 13

2. Mittelbare Regelungen über die Führung von Akten – Verwaltungsverfahrensgesetz

Das **Verwaltungsverfahrensgesetz** bringt die Durchlässigkeit des Verwaltungsverfahrens für externe Interessen in der Anerkennung von Rechten an und im Verfahren zum Ausdruck. Dazu zählt das Recht auf Anhörung sowie das Akteneinsichtsrecht.[48] Damit wird zwar nicht ausdrücklich die Aktenführung geregelt, aber aus der Normierung dieses Rechts gibt sich als Kehrseite auch die Pflicht zur Führung von Akten. Weiter ergibt sich aus dem Recht der Anhörung auch die Pflicht der Behörde, entsprechende Eingaben und Begründungen auch zu den Akten zu nehmen bzw. mündliche Mitteilungen zu protokollieren. Aus dem Akteneinsichtsrecht ergibt sich somit indirekt auch die Pflicht, Akten überhaupt zu führen,[49] und zwar so, dass alle bei der Behörde eingehenden Schrift- 14

---

[44] BVerwG, NVwZ 1988, S. 621, 622; ähnlich früher auch schon BVerfG, NJW 1983, S. 2135. S.a. → Bd. I *Schmidt-Aßmann* § 5 Rn. 74. Zu den Anforderungen an die elektronische Aktenführung → Bd. II *Britz* § 26 Rn. 74 ff.

[45] Kritisch zu dieser Verwendung des Datenbegriffs → Bd. II *Vesting* § 20 Rn. 15 ff.

[46] BVerfG, NJW 1984, S. 419 ff.

[47] → Bd. I *Reimer* § 9 Rn. 23 ff.

[48] Vgl. allgemein nur *Kopp/Ramsauer*, VwVfG, § 9 Rn. 29. → Bd. II *Gusy* § 23 Rn. 43 ff., *Schneider* § 28 Rn. 42 ff.

[49] *Clausen*, in: Knack, VwVfG, § 29 Rn. 7; *Bonk/Kallerhoff*, in: Stelkens/Bonk/Sachs, VwVfG, § 29 Rn. 25; vgl. auch *Kopp/Ramsauer*, VwVfG, § 29 Rn. 44.

stücke, einschließlich der Vermerke, Protokolle etc. zu den Akten zu nehmen sind. Daraus ergibt sich zugleich eine Verpflichtung, Akten zügig zu führen, da sonst das Akteneinsichtsrecht bei unvollständiger Aktenlage seine Aktualität einbüßt. Aus dieser Verpflichtung zur Aktenführung folgt weiter, dass die nachträgliche dauerhafte oder vorübergehende Entfernung von Aktenteilen oder deren Verfälschung oder Vernichtung unzulässig ist.[50] Eine Ausnahme gilt für rechtswidrig angelegte oder aufbewahrte Akten.[51]

15 Der **Begriff der „Akte"** ist umfassend zu verstehen; er betrifft nicht nur die formell zusammengestellte Akte, sondern auch solche Unterlagen, die sich z. B. in der Ablage oder an anderer Stelle befinden, soweit sie zu dem durch die Akten dokumentierten „Vorgang" gehören („materieller Aktenbegriff").[52] Die Eigenrationalität der Verwaltung und der Zweck der Aktenführung werden dadurch berücksichtigt, dass nicht Entwürfe zu Entscheidungen oder die Dokumentation anderer Arbeiten, die nur der Entscheidungsvorbereitung dienen, als Bestandteil von Akten gelten.[53] Diese „Interna" dürfen in Handakten[54] oder sonst separat geführt werden.

3. Besondere (nicht personalbezogene) mittelbare Regelungen der Aktenführung (Planungsrecht, Technikrecht etc.)

16 Wie oben erwähnt, wirkt sich die zunehmende **Verrechtlichung des Verwaltungsverfahrens** und deren Überwirkung auf das Entscheidungsergebnis und seiner Kontrolle (vgl. insbesondere § 46 VwVfG[55]) mittelbar auch auf die Führung der Akten aus, ohne dass sie selbst Gegenstand besonderer verwaltungsrechtlicher Regelungen werden. Dies gilt insbesondere für das planerische Verfahren (Bauplanungs- und Fachplanungsverfahren). Die komplexen, prozesshaften, in der Zeit strukturierten Planungsverfahren, an deren Ende die Abwägungsentscheidung der zuständigen Behörde in der Sache steht, stellen mittelbar auch neue Anforderungen an Anlegung und Führung von Akten. Sowohl die Beachtung der generellen Planungsziele (§ 1 Abs. 5 Satz 1 BBauG) als auch die konkreten Planungsleitlinien (Satz 2), wie die neben den Abwägungsdirektiven stehenden Planungsgrundsätze (Konfliktbewältigung, Rücksichtnahmegebot) oder die Entwicklung der einzelnen Phasen der Abwägung (Ermittlung, Einstellung, Gewichtung und Ausgleich von Belangen)[56], verlangen ein gestuftes Verfahren der Informationsgewinnung, das ohne eine angemessene Dokumentation nicht vorstellbar und vor allem nicht gerichtlich nachvollziehbar sein kann. Die **„Zusammenstellung" des Abwägungsmaterials** kann nicht erst in der eigentlichen Entscheidung erfolgen, sie bedarf einer Strukturie-

---

[50] *Clausen*, in: Knack, VwVfG, § 29 Rn. 7.
[51] *VG Frankfurt a. M.*, NJW 1988, S. 1613.
[52] *Clausen*, in: Knack, VwVfG, § 29 Rn. 13; *Bonk/Kallerhoff*, in: Stelkens/Bonk/Sachs, VwVfG, § 29 Rn. 35.
[53] *Clausen*, in: Knack, VwVfG, § 29 Rn. 15.
[54] § 4 Abs. 4 Registraturrichtlinie vom 11. September 2001, GMBl 2001, S. 469 ff.; im Übrigen dürfen aber keine sachbezogenen Dokumente in „Handakten" verschwinden.
[55] Vgl. nur *Kopp/Ramsauer*, VwVfG, § 46 Rn. 46 ff. S. a. → Bd. II Schmidt-Aßmann § 27 Rn. 13, 64, 87 ff., *Schneider* § 28 Rn. 35, *Sachs* § 31 Rn. 118 ff.
[56] Vgl. für das Baurecht, *Werner Hoppe*, in: Hoppe/Bönker/Grotefels, BauR (Fn. 14), § 5 Rn. 3 ff. Allgemein zur Planung → Bd. II *Köck* § 37.

rung und Systematisierung der Informationen, die in den Akten dokumentiert werden müssen. Die Ermittlung wird durch allgemeine Kriterien der „Abwägungsbeachtlichkeit" gesteuert, der dann die Einstellung der Belange „nach Lage der Dinge" folgt.[57]

Daraus ergibt sich ein **„Aufwands- und Sorgfaltsmaßstab"**,[58] der auch für die Aktenführung von Bedeutung ist. Bei der Ausgestaltung des Verfahrens und der Formulierung von Anforderungen an die Aktenführung im Einzelnen muss aber eine administrative Kompetenz zur eigenverantwortlichen „Sachherrschaft" beachtet werden,[59] die sich auch auf Art und Umfang der Dokumentation einzelner Verfahrensschritte erstreckt. Auch die im Planaufstellungsverfahren nach § 3 Abs. 2 Satz 2 BauGB nach Auslegung von Plan und Erläuterungsbericht vorgebrachten Bedenken und Anregungen müssen dem Gemeinderat zugeleitet werden. Darin ist auch eine mittelbare Regelung der Aktenführung enthalten, da deren Unvollständigkeit ebenfalls zu einem Verfahrensfehler führen kann. Aus der UVP ergeben sich insbesondere Anforderungen an die Mitwirkung **privater Vorhabenträger**. Danach müssen (§§ 5, 6 UVPG) Unterlagen vorgelegt werden,[60] auf deren Grundlage die Auswirkungen des Vorhabens auf die Umwelt bewertet werden können. Auch dies erfordert eine Dokumentation. Ein besonderes Augenmerk verdient in diesem Zusammenhang das „Scoping"-Verfahren,[61] in dem die vom (privaten) Vorhabenträger vorzunehmende Voruntersuchung und deren Reichweite festgelegt werden. Hier zeigen sich die Auswirkungen der Beteiligung Privater am Verwaltungsverfahren.

17

4. Datenschutz

Wie oben erwähnt, werden auch **Datenschutzvorschriften** mittelbar zu Regeln über die Aktenführung.[62] Sie statuieren nämlich ebenfalls, dass auch im Hinblick auf „personenbezogene" Entscheidungen Verfahren durchgeführt und „Ermittlungen" angestellt werden dürfen.[63] Von den Anforderungen des Planungsrechts unterscheiden sie sich dadurch, dass sie negativ wirken, indem sie die „Speicherung" von personenbezogenen „Daten" (auch) in Akten beschränken. Dahinter steht der Gesetzesvorbehalt für die „Speicherung" solcher Daten. Dies geht wiederum auf die Anerkennung eines Grundrechts auf „informatio-

18

---

[57] Vgl. nur *Christian Bönker*, in: Hoppe/Bönker/Grotefels, BauR (Fn. 14), § 7 Rn. 47; BVerwG, NJW 1980, 1061 – Abwägungserheblichkeit; methodisch zur den Anforderungen an die „Realbereichsanalyse" → Bd. I *Voßkuhle* § 1 Rn. 29 ff.
[58] *Christian Bönker*, in: Hoppe/Bönker/Grotefels, BauR (Fn. 14), § 7 Rn. 51; vgl. dort auch zum Vorhaben und Erschließungsplan § 7 Rn. 36.
[59] *Eberhard Schmidt-Aßmann*, Verwaltungsverantwortung und Verwaltungsgerichtsbarkeit, VVDStRL, Bd. 34 (1976), S. 221, 253 f.
[60] *Wolfgang Haneklaus*, in: Werner Hoppe (Hrsg.), UVPG, 1995, § 6 Rn. 3, 13; *Martin Beckmann*, ebd., § 11 Rn. 8 f ; vgl. zu anderen Verfahren auch *Barbara Remmert*, Private Dienstleistungen in staatlichen Verwaltungsverfahren, 2003, insbesondere S. 38 ff.; *Martin Burgi*, Die Funktion von Verfahren in privatisierten Bereichen – Verfahren als Gegenstand der Regulierung nach Verantwortungsbereichen, in: Hoffmann-Riem/Schmidt-Aßmann (Hrsg.), Verwaltungsverfahren, S. 155, 173; → Bd. II *Appel* § 32 Rn. 24.
[61] *Karl-Heinz Ladeur*, Umweltverträglichkeitsprüfung und Ermittlung von Umweltbeeinträchtigungen unter Ungewissheitsbedingungen, ZfU 1994, S. 1.
[62] Vgl. → Rn. 11 ff.
[63] → Bd. II *Albers* § 22 Rn. 29 ff.

nelle Selbstbestimmung"⁶⁴ zurück. Diesem negativen Recht entspricht die Erweiterung des Akteneinsichtsrechts, das seiner praktischen Durchsetzung dient.

V. Verwaltungsvorschriften über die Aktenführung: Gemeinsame Geschäftsordnungen, Landesvorschriften etc.

1. Bund

19   Auf der (früheren) Reichs- bzw. der Bundesebene war die Aktenführung mit Beginn des 20. Jahrhunderts in einer **„gemeinsamen Geschäftsordnung" der Reichsbehörden bzw. der Bundesministerien** einheitlich geregelt. Vorher galt eine Vielzahl einzelner Anordnungen und bestanden unterschiedliche Praxisformen. Vor allem der 1. Weltkrieg hat einen Kontinuitätsbruch in der Verwaltung herbeigeführt, der die Notwendigkeit einer Systematisierung von allgemeinen, bisher eher mündlich tradierten Grundsätzen geschaffen hat. 1926 wurde die GGO I bekannt gemacht, dem folgte die GOH (Geschäftsordnung für die höheren Reichsbehörden).⁶⁵ Die Reform der 1920er Jahre hat unter anderem die Durchsetzung der „Büroreform" zum Gegenstand gehabt und den systematischen Gebrauch der Schreibmaschine und auf dieser Grundlage die umfassende Nutzung von Formularen ermöglicht. Schon damals bestand die Sorge vor dem Anwachsen der Aktenberge, das die Funktion der Verwaltung zu bedrohen schien. Die Voraussetzungen für einen weiteren Rationalisierungsschub wurden deshalb durch die GGO von 1929 geschaffen. Außerdem wurden neue Aufbewahrungsformen und -techniken der Aktenführung durch die GGO begleitet.⁶⁶ Die nunmehr geltende neue GGO vom 26. Juli 2000,⁶⁷ die einer weiteren Revision der 1950er und der 1970er Jahre folgte, reagiert vor allem auf den neuen Wandel der Bürotechnik, der mit der Verbreitung der Informationstechnologien in die private Wirtschaft Eingang gefunden hatte. Die GGO enthält in Kapitel 4 (§§ 11 ff.) Vorschriften über „Führung, Arbeitsablauf", die allgemeine Regeln über die Dokumentation der Entscheidungsabläufe in Bundesministerien enthalten. Dies betrifft die Nutzung **„elektronischer Verfahren"** in den „Arbeitsabläufen", die „soweit wie möglich" erfolgen soll (§ 12 Abs. 1). In § 12 Abs. 2 wird der alte Grundsatz der Aktenführung wieder aufgenommen: „Stand und Entwicklung der Vorgangsbearbeitung müssen jederzeit [...] aus den elektronisch oder in Papierform geführten Akten nachvollziehbar sein". Wegen der Einzelheiten wird auf die „Registratur-Richtlinie" vom 11. September 2001⁶⁸ verwiesen, die die GGO konkretisiert.

20   In der früheren GGO II war eine Vielzahl von Detailvorschriften über die Rechtsförmigkeit der Aktenführung enthalten. Diese sind weitestgehend aufgrund einer Vereinfachung entfallen. Stattdessen verweist § 42 Abs. 4 der neuen GGO auf das vom Bundesminister der Justiz herausgegebene **Handbuch zur**

---

⁶⁴ → Bd. II *Albers* § 22 Rn. 56 ff., *Gusy* § 23 Rn. 24.
⁶⁵ *Vismann*, Akten (Fn. 1), S. 268.
⁶⁶ Vgl. zur Entwicklung bis zu den 1950er Jahren *Rudolf Schatz*, Behördenschriftgut, Aktenbildung, Aktenverwaltung, Archivierung, 1961.
⁶⁷ Abgedruckt in GMBl 2000, S. 525 ff.
⁶⁸ Abgdruckt in GMBl 2001, S. 469 ff.

Rechtsförmlichkeit. Dadurch ist die GGO übersichtlicher geworden. In der GGO I waren weiter Vorschriften über Details wie die Abkürzungen etc. den einzelnen Ressorts überlassen worden. In der ergänzenden Registraturrichtlinie wird besonders auf die Notwendigkeit der Umstellung der Verwaltung auf die neuen Informationstechnologien und ihre Möglichkeiten verwiesen (Vorwort). Dazu soll nach § 5 GGO ein internes Kommunikationssystem für den Austausch zwischen den Ministerien aufgebaut werden. Vorschriften, wie sie die GGO der Bundesministerien und die Registraturrichtlinie enthalten, sind auch auf Landesebene erlassen worden, als Beispiel sei hier die allgemeine Geschäftsordnung für die Behörden des Freistaats Bayern (2000) genannt.

VI. Berichtspflichten

1. Vorbemerkung

Entsprechend den Grundsätzen einer hierarchisch aufgebauten Verwaltung wird die strukturierte Aktenführung ergänzt durch ein System von **Berichtspflichten,** das die Rückkopplung von unteren Unterscheidungsebenen an die Leitungsebene gewährleisten soll. Diese Berichtspflichten bestehen deshalb seit langem,[69] sie sind eng mit der Entstehung einer neuzeitlichen hierarchischen Verwaltung verbunden. Die Veränderung der Verwaltung, insbesondere der Übergang von der routinisierten Aufgabenwahrnehmung zu komplexen Entscheidungsprozessen, hat die Berichterstattung erheblich erschwert, da das „gemeinsame Wissen" der Verwaltung, an das die jeweils besonderen Berichte anknüpfen können, nicht mehr in dem früher üblichen Maße vorausgesetzt werden kann. Dieser sich allmählich vollziehende Wandel ist in den letzten Jahren durch die wachsende Tendenz zur Bildung relativ selbstständiger Verwaltungsträger innerhalb des Staates und vor allem durch die Übertragung von Aufgaben auf private Träger, die nicht einmal in vollem Umfang in der Hand des Staates bleiben, beschleunigt worden.[70] Die Übertragung von Verwaltungsaufgaben auf verselbstständigte private Träger soll zu einem Gewinn an Autonomie und Flexibilität der Bearbeitung der jeweiligen Aufgaben und zu einer Nutzung besonderer spezialisierter Wissensbestände außerhalb der Verwaltung führen. Damit kontrastieren die Ziele des Berichtswesens, die gerade die Kontinuität der Bearbeitung von Vorgängen unterstellt, die durch die „Aktenführung" strukturiert werden und deshalb auch dem Bericht zugänglich sind.

2. Öffentliche Verwaltung

„Die **Berichterstattung ist Steuerungselement** jeder organisierten Rechtsform".[71] Sie soll für alle anderen Steuerungselemente (Vorgabe von Regeln, Personalverwaltung,[72] Kontrolle einzelner Maßnahmen, finanzielle Steuerung[73] etc.) die

---

[69] Vgl. allgemein nur *Roman Loeser,* Das Berichtswesen der öffentlichen Verwaltung, 1991; → Bd. II *Holznagel* § 24 Rn. 36.
[70] *Loeser,* Berichtswesen (Fn. 69), S. 7. Zur Pluralisierung der Verwaltung → Bd. I *Hoffmann-Riem* § 10 Rn. 18 ff.
[71] *Loeser,* Berichtswesen (Fn. 69), S. 92.
[72] → Bd. III *Voßkuhle* § 43.
[73] → Bd. III *Korioth* § 44.

informationelle Grundlage bieten. Es handelt sich daher um ein „Querschnitts-Steuerungselement".[74] Die Berichte schaffen für den Entscheider ebenso wie für die Legitimationsebene zugleich Legitimation. Deshalb wird der „Dienstweg" (von unten nach oben) auch als „Berichtsweg" bezeichnet.[75] Entwürfe, Vorlagen etc. sind dem Vorgesetzten (soweit der Bearbeiter nicht selbst entscheidungsbefugt ist) auch zur Entscheidung vorzulegen. Das Berichtswesen soll die Gewinnung konkreter Informationen über bestimmte Verwaltungsverfahren und -entscheidungen ermöglichen. Es setzt die Tradition einer der Funktionen der Aktenführung in der Gegenwart fort. Das klassische Berichtswesen, das aufgrund der damit stets in Bezug genommenen besonderen Verwaltungserfahrung sehr voraussetzungsvoll ist, kann mit den **Anforderungen des New Public Management** kollidieren.[76] Dieses neue Steuerungsmodell operiert eher mit Zielsetzungen („Zielvereinbarungen")[77] und der Vorgabe von variabel einsetzbaren Ressourcen statt durch Regeln wie die tradierte Verwaltung. Es verlangt deshalb auch andere Aufsichtsformen, die sich nicht mehr der Form des Berichts als vielmehr des globalen Controlling, das sich der Realisierung von Teilzielen, des Einsatzes von Ressourcen und der Herstellung von „Produkten" bedient.[78] Da die Akten sich immer weniger „selbst erklären" und „selbst prozessieren", müssen auch die Berichte einen stärker strategischen, problembezogenen Charakter annehmen, da – außer in Rechtsmittelverfahren – auch komplexe Entscheidungen nicht ohne weiteres durch die höheren Instanzen in der Hierarchie nachvollzogen werden können.

23 Daneben besteht in der Verwaltung die Übung, insbesondere für neue Techniken oder Strategien des Entscheidens allgemeine **Erfahrungsberichte** zu erstellen. Da die höhere Instanz die Entscheidungspraxis nicht mehr im Einzelnen überschauen kann – mangels eines geteilten Erfahrungshintergrunds – ist damit ein Machtzuwachs der dezentralen Ebene verbunden. Die Abschichtung von Allgemeinem und Besonderem, die die Aktenbearbeitung in der klassischen liberal-rechtstaatlichen Verwaltung gekennzeichnet hat und die durch die Technik der „selbsterklärenden" Aktenführung reproduziert worden ist, steht den komplexen situativen Verwaltungsagenden gegenüber, mit denen die Verwaltung zum Beispiel im Technik- und Umweltrecht befasst ist. Hier bedarf es neuer strategischer Varianten der Steuerung, die sich in entsprechend fokussierten Be-

---

[74] *Loeser*, Berichtswesen (Fn. 69), S. 96.
[75] *Loeser*, Berichtswesen (Fn. 69), S. 96.
[76] Vgl. zu dessen Entwicklung allgemein *Jens-Peter Schneider*, Das neue Steuerungsmodell als Innovationsimpuls für Verwaltungsorganisation und Verwaltungsrecht, in: Schmidt-Aßmann/Hoffmann-Riem (Hrsg.), Verwaltungsorganisationsrecht, S. 103 ff.; s. a. → Bd. I *Voßkuhle* § 1 Rn. 50 ff., *Schuppert* § 16 Rn. 112 ff. Zu den Grenzen des Modells kritisch *Hartmut Elsenhans/Roland Kulke/Christian Roschmann*, Verwaltungsreform in Deutschland: Das neue System des Managements als Anwendung der New-Public-Management-Theorie und die Krise des Wohlfahrtsstaats, DV, Bd. 38 (2005), S. 315; *Susanne Ast*, Verwaltungsreform ohne Ziel?, VerwArch, Bd. 93 (2003), S. 57; allgemein auch *Ezra Suleiman*, Dismantling the Democratic State, 2005.
[77] *Hermann Hill*, Zur Rechtsdogmatik von Zielvereinbarungen in Verwaltungen, NVwZ 2002, S. 1059 ff.
[78] Vgl. *Rainer Gebhard*, Berichtswesen als Controlling, in: Hermann Hill/Helmut Klages (Hrsg.), Die moderne Verwaltung – Gestaltung durch Information, 1999, S. 145, 150; zum Berichtswesen nach dem neuen Steuerungsmodell *Jens-Peter Schneider*, Steuerungsmodell (Fn. 76), S. 133; zu den Versuchen einer verfassungsrechtlichen Bewältigung der Folgen der Privatisierung von Verwaltungsaufgaben BremStGH, Urt. vom 15. 1. 2002, NordÖR 2002, S. 60.

richten niederschlagen muss. Charakteristisch ist aber die Zunahme von – z.T. auch in Gesetzen vorgesehenen – allgemeinen Berichten über eine Verwaltungspraxis auch gegenüber den Parlamenten (Subventionsbericht).[79] Diese Form der Berichte nimmt z.T. den Charakter von statistischen Auswertungen an.[80] Diese neue Variante von Berichten ist durchaus ambivalent zu bewerten: Vielfach werden sie, wenn sie von den Parlamenten nicht reflektiert-strategisch sondern „flächendeckend" angefordert werden, eher zu einer Überlastung der Verwaltung führen, der kein entsprechender Informationszuwachs des Parlaments entspricht, da Berichte vielfach für Nicht-Fachleute nicht „selbsterklärend" sind.

3. Berichterstattung über Unternehmen in öffentlicher Hand

Vor allem die zunehmende „**Organisationsprivatisierung**"[81] hat die Rolle der Berichterstattung über Unternehmen, an denen der Staat oder Gemeinden beteiligt sind, noch gesteigert. Die Privatisierung soll vor allem Flexibilisierungsgewinne erbringen. Diese werden aber erkauft mit der Inkonsequenz, die die Verselbständigung öffentlicher Unternehmen in privat-rechtlichen Formen mit sich bringt. Die Unternehmen haben ihre eigene Organisationsform, die sich nach dem Gesellschaftsrecht richtet (GmbHG, AktG, HGB, BGB). Grundrechte schließen die Auferlegung von Berichtspflichten gegenüber öffentlichen Unternehmen, an denen Private beteiligt sind, nicht aus, während Art. 14 GG der Möglichkeit der Verpflichtung privater Unternehmen i.e.S. Grenzen setzt.[82] Allerdings ergeben sich auch aus einfachgesetzlichen Regeln Schranken für die Berichtspflichten öffentlicher Unternehmen in privat-rechtlicher Form, die den Organisationsprinzipien der privat-rechtlichen Gesellschaftsformen geschuldet sind. Diese Grenzen sind teilweise dadurch überwindbar, dass mehrere Unternehmen, z.B. einer Gemeinde, zu einem Konzern zusammengeschlossen werden und die Berichtspflicht durch einen Beherrschungsvertrag geregelt wird. Dennoch sind damit nicht alle Probleme zu lösen,[83] die der Herstellung von Transparenz entgegenstehen. Dafür müsste aber im Grunde eine neue Berichtstechnik ermittelt werden, die mit besonderen Methoden des **Controllings** in der Verwaltung abgestimmt müsste. Nach *Roman Loeser* hat allerdings die „selbstständige Berichterstattung" gerade wegen der geschilderten Komplexität und wegen der Offenheit der Zielbestimmung eher „steuerungsvermeidende" Funktionen.[84]

24

Praktisch bestehen aber neben den privat-rechtlichen Vorschriften über organisationsinterne Berichterstattung weitere spezifisch **öffentlich-rechtliche Berichterstattungsregeln**,[85] die für den Bund vom Finanzministerium und unter Beteiligung des Bundesrechnungshofes für die erweiterte Abschlussprüfung

25

---

[79] Vgl. nur *Bundesminister der Finanzen* (Hrsg.), 19. Subventionsbericht der Bundesregierung (2001–2004).
[80] Vgl. → Rn. 82 f.
[81] Vgl. *Rainer Wahl*, Privatisierungsorganisationsrecht als Steuerungsinstrument bei der Wahrnehmung öffentlicher Aufgaben, in: Schmidt-Aßmann/Hoffmann-Riem (Hrsg.), Verwaltungsorganisationsrecht, S. 301 ff., 330; → Bd. I *Schulze-Fielitz* § 12 Rn. 109, *Eifert* § 19 Rn. 48.
[82] *Loeser*, Berichtswesen (Fn. 69), S. 100. S. allgemein → Bd. I *Wißmann* § 15 Rn. 4, 15.
[83] *Loeser*, Berichtswesen (Fn. 69), S. 99.
[84] *Loeser*, Berichtswesen (Fn. 69), S. 100.
[85] *Loeser*, Berichtswesen (Fn. 69), S. 105 ff.

nach § 53 HGrG aufgestellt worden sind. Diese Regeln verlangen eher eine allgemeine deskriptive Berichterstattung. Auch der Bundesrechnungshof prüft die „Betätigung des Bundes bei Unternehmen in einer Rechtsform des privaten Rechts, an denen der Bund unmittelbar oder mittelbar beteiligt ist, unter Beachtung kaufmännischer Grundsätze" (§ 92 Abs. I BHO, § 44 HGrG).[86] Darüber wird jährlich gegenüber dem Bundestag, dem Bundesrat und der Bundesregierung berichtet (Art. 114 Abs. 2 Satz 2 GG, § 97 BHO).[87] Die „institutionelle und normative" Steuerungskapazität des Staates gegenüber verselbständigten öffentlichen Unternehmen in privater Form wird im Vergleich zu den gegenüber Behörden und öffentlich-rechtlichen juristischen Personen bestehenden Kontrollen als eher gering eingestuft.[88]

4. Grenzen der Berichterstattung

26 Auch bei den Berichten über die öffentlichen Unternehmen in privat-rechtlicher Form kann Desinformation auf eine paradoxe Weise auch durch die übergroße Menge an Informationen entstehen. Dabei zeigt sich ein weiteres Mal, dass die Berichterstattung durch den Wandel der staatlichen Aufgabenwahrnehmung stark verändert worden ist. Ohne eine ausreichende Grundlage in einem strukturierten, durch die Aktenführung „selbst prozessierenden" Vorgang der Erzeugung und Bestätigung von Informationen ist es schwierig, eine angemessene Form der Berichterstattung zu finden. Ergänzend zur **Suche nach „best practices",** die sich an „Benchmarks" orientieren, an denen öffentliche Unternehmen gemessen werden können, werden mehr und mehr auch private Unternehmensberater zur Herstellung von Transparenz herangezogen. Auch hier ist es aber nicht einfach, die besonderen öffentlichen Aufgaben – ohne konkretisierende Standards – als Zielgrößen für die Unternehmensberatung zu verwenden. Auf der gemeindlichen Ebene wird in letzter Zeit das Berichtswesen in der Tat auch praktisch schon mit der Funktion des Controlling verknüpft,[89] über die Vorgabe von Zielen, Ressourcen, Leistungs- und Kontrollkriterien kann die Beteiligung der Gemeinden an Unternehmen besser und vor allem konsequenter organisiert werden.[90]

VII. Komplexe Verwaltungsverfahren (Beteiligung Privater, Bearbeitung über mehrere Verfahrensstufen)

1. Outsourcing und Public-Private-Partnership

27 Mehr und mehr werden auch Teile klassischer Verwaltungsverfahren **privaten Trägern** auf gesetzlicher Grundlage anvertraut. Dies gilt etwa für die Koordination unterschiedlicher Komponenten komplexer Planungs- und Genehmigungsver-

---

[86] *Loeser*, Berichtswesen (Fn. 69), S. 114 ff.
[87] *Loeser*, Berichtswesen (Fn. 69), S. 117, m. w. N.
[88] *Loeser*, Berichtswesen (Fn. 69), S. 108.
[89] *Gebhard*, Berichtswesen (Fn. 78), S. 145 ff.
[90] Vgl. aus der amerikanischen Literatur *Jody Freeman*, Contracting State (Fn. 38), S. 649; → Bd. I *Voßkuhle* § 1 Rn. 56.

fahren durch private Mediatoren („Projektmanager", § 2 Abs. 2 S. 3 Nr. 5 der 9. BImSchV; § 71c VwVfG; § 4b BauGB). Hier kann z. B. im Interesse der Beschleunigung und Effektivierung des Verfahrens und der Koordination der Beteiligung unterschiedlicher Behörden ein privater Rechtsanwalt mit der Verfahrensleitung beauftragt werden.[91] Hier besteht für die Verwaltung eine Rechtspflicht, den Beteiligten zur Strukturierung des Verwaltungsverfahrens Dokumentationspflichten aufzuerlegen. Ein Verstoß wird mittelbar dadurch sanktioniert, dass die Planungsprozesse und -entscheidungen, auf die die Privaten gestaltend einwirken, nicht mehr nachvollziehbar sind, wenn eine Dokumentation der Koordinationsleistung nicht erfolgt ist. Allerdings sind die Grenzen der zwangsläufig nur unvollständig bleibenden formalen Einhegung informaler Verfahren zu beachten: Die tatsächlichen Grundlagen sind zu dokumentieren, soweit sie auch für den Übergang zu einer formellen Entscheidung benötigt werden. Ähnliches gilt für den Vorhabens- und Erschließungsplan, der in weitaus höherem Maße eine Erfüllung öffentlicher Aufgaben durch Private vorsieht.[92] Die Erfüllung der öffentlichen Aufgaben muss auch durch Auferlegung entsprechender Dokumentationspflichten kontrollierbar sein. Der Vorteil der Mediation liegt jedoch auch darin, dass insbesondere die Einigungsvorschläge nicht in vollem Umfang zu den Akten genommen werden sollten, weil sonst eine Einigung möglicherweise erschwert wird.[93]

Eine Variante des **Public-Private-Partnership** (PPP)[94] diesseits der nicht-hoheitlichen Verwaltung, die die eigentliche Domäne von PPP ist, lässt sich beispielhaft an einem Modell der BID-Gesetze („*Business Improvement District*" – vgl. z. B. hamb.BID-G) der Länder demonstrieren: Hier können private Interessen unter Aufwertung von (Teil-)Zentren der Städte und Gemeinden von privaten Trägern (in Hamburg in Verbindung mit der Handelskammer) koordiniert und in einer Investitionsstrategie aggregiert werden, für deren Zwecke auch Zwangsbeiträge erhoben werden können. Dies ist das spezifisch hoheitliche Element dieser Variante der PPP. Auch hier bedarf es einer Dokumentation des Projekts und seiner Umsetzung in einzelnen Schritten, die erst den Einsatz von Zwang zur Beteiligung an der Finanzierung verfahrensrechtlich rechtfertigen kann (von dem materiellrechtlichen Voraussetzungen ganz abgesehen). Auch bei dieser Variante der Privatisierung, die eine, sei es verfassungsrechtlich, sei es gesetzlich begründete „Gewährleistungsverantwortung" des Staates bestehen lässt (vgl. insbesondere Art. 87f GG für die Telekommunikation),[95] wird es erforderlich sein, diese spezifische Verpflichtung des Staates verfahrensrechtlich durch die Auferlegung von **Dokumentationspflichten** abzusichern. Eine weitere Variante privat-öffent-

28

---

[91] Vgl. allgemein *Ines Härtel*, Mediation im Verwaltungsrecht, JZ 2005, S. 753, zur Akteneinsicht: S. 758; → Bd. II *Appel* § 32 Rn. 138.

[92] Vgl. zur Beteiligung Privater an Planfeststellungsverfahren *Rainer Wahl*, Privatisierungsorganisationsrecht (Fn. 81), S. 307 f.; vgl. auch *Ernst-Hasso Ritter*, Verfahrensprivatisierung, in: Hoffmann-Riem/Schmidt-Aßmann (Hrsg.), Verwaltungsverfahren, S. 212, 226

[93] Vgl. zum Problem der Wahrung der Vertraulichkeit im Mediationsprozeß *Härtel*, Mediation (Fn. 91), S. 761; → Bd. II *Appel* § 32 Rn. 116; allg. → Bd. II *Appel* § 32 Rn. 102 ff.; *Fehling* § 38 Rn. 30 ff.

[94] Vgl. allgemein *Jan Ziekow*, Public Private Partnership und Verwaltungsverfahrensrecht, in: Karl-Peter Sommermann/ders. (Hrsg.), Perspektiven der Verwaltungsforschung, 2002, S. 269; → Bd. I *Voßkuhle* § 1 Rn. 63 mit Fn. 343, *Schulze-Fielitz* § 12 Rn. 117, *Groß* § 13 Rn. 91.

[95] Vgl. allgemein nur *Martin Eifert*, Grundversorgung mit Telekommunikationsleistungen im Gewährleistungsstaat, 1998.

licher Kooperation besteht in der Form der „regulierten Selbstregulierung", wie z.B. beim Jugendmedienschutz.[96] Auch hier ist die Annahme einer Dokumentationspflicht erforderlich, auch wenn dies nicht gesetzlich ausdrücklich verlangt wird, weil sonst der staatliche Teil der Ko-Regulierung nicht verantwortlich und vor allem nicht in transparenter Form wahrgenommen werden kann.

VIII. Zentrale Register

1. Vorbemerkung zur Geschichte

29   Ähnlich wie das Aktenwesen steht auch die Führung **allgemeiner Register,** die verfahrensunabhängig geführt werden, am Anfang der liberalen rechtsstaatlichen Verwaltung. Der Staat versucht durch die Führung von Statistiken ein systematisches „Bild der Zustände" der Wirtschaft und ihrer Veränderung zu gewinnen.[97] Die Motive für die Anlegung von Registern sind zunächst militärischer (Bevölkerungsdaten als Grundlage für die Rekrutierung von Soldaten) und finanzieller Natur (Erfassen der Besteuerungsmöglichkeiten). Daraus erwächst weiter das öffentliche Interesse an der Führung von Standesregistern, die in der Vergangenheit von den Kirchen geführt worden waren. Die „Bevölkerungspolizei", die anfangs die Einführung des „Standesregisters" betrieb, soll den Zustand und die „Bewegung der Bevölkerung" erfassen.

2. Einzelne Register

30   Das Personenstandsregister setzt das ursprüngliche historische Interesse an der „Zählung" der Bevölkerung und der Erfassung wesentlicher privater Daten[98] in der Gegenwart fort. Es hat die Funktion, bestimmte Grundverhältnisse wie Geburt, Personenstand, Staatsangehörigkeit etc. zu erfassen,[99] die als solche ihrerseits zum „Vorgang" werden können, wenn sie bearbeitet werden, im Übrigen aber für eine Vielzahl von Verwaltungsentscheidungen von Bedeutung sind. Für Verfahren, in denen es auf die Stellung des Einzelnen, seine Rechte und Pflichten und deren Feststellung ankommt, bietet das Personenstandsregister vor die Klammer gezogene Information, die für einzelne Vorgänge dann auch außerhalb der Personenstandsverwaltung herangezogen werden können. Dies ist die **typische Leistung eines „Registers",** das bestimmte Daten für vielseitige Verwendung in einzelfallbezogenen „Vorgängen" (Akten) festhält (daneben bleibt die Verwendung für statistische und persönliche Zwecke bestehen). Eine ähnliche Funktion hat das „Melderegister", das über den Aufenthaltsort einer Person Auskunft geben soll. Daneben entstehen weitere speziellere Register, die standardisierte allgemeine Daten für Massenverfahren erfassen oder der wiederholten Erfassung von Daten durch dieselben oder mehrere unterschiedliche Behörden für voneinander abhängige Vorgänge dienen. Inzwischen hat sich eine

---

[96] Vgl. nur *Johannes Kreile/Martin Diesbach*, Der neue Jugendmedienschutzstaatsvertrag, ZUM 2002, S. 859; *Karl-Heinz Ladeur*, Regulierte Selbstregulierung im Jugendmedienschutzrecht, ZUM 2002, S. 859. S. a. → Bd. I *Eifert* § 19 Rn. 52 ff.
[97] Vgl. → Rn. 72.
[98] *Lorenz v. Stein*, Handbuch der Verwaltungslehre, 2. Theil, 3. Aufl. 1888, S. 56.
[99] *Stein*, Verwaltungslehre (Fn. 98), S. 56.

A. Akten als Medien der Verwaltung

Vielzahl von weiteren Verwaltungsverfahren herausgebildet, in denen nicht – wie beim „Berichtswesen" – bestimmte verallgemeinerungsfähige Informationen auf der höheren Hierarchieebene zusammengeführt werden sollen, sondern eine Art horizontale Vernetzung von Verwaltungsverfahren ermöglicht werden soll: In diesen Verfahren ist die Entscheidung einer Behörde von anderen Entscheidungen abhängig, die typischerweise von einer anderen Behörde auf derselben Hierarchieebene mit derselben Zuständigkeit getroffen worden sind (oder im umgekehrten Fall muss gerade ausgeschlossen werden, dass eine andere Behörde in einem ähnlichen Vorgang bereits eine Entscheidung getroffen hat). Beispiele dafür bietet das Ausländerrecht.[100] Viele ausländerrechtliche Entscheidungen setzen komplexe Wertungen über die persönlichen Verhältnisse der Betroffenen voraus, die von einer Vielzahl vorgängiger Entscheidungen nicht nur von anderen Ausländerbehörden sondern auch von Behörden mit anderen Zuständigkeiten oder von Gerichten abhängig sein können. Hier ist wegen der fragmentarischen Bearbeitung die Aktenführung bei einer Behörde nicht möglich oder nicht sinnvoll, deshalb muss gewährleistet werden, dass eine Vielzahl von Behörden zur Mitteilung von Daten an die Ausländerbehörden verpflichtet[101] und eine zentrale Erfassung damit möglich ist. Eine weitere spezielle Datei ist das Automatisierte Fingerabdruck-Identifizierungs-System (AFIS),[102] das Fingerabdrücke und Bilder erfasst, die zum Zwecke der Gefahrenabwehr genutzt werden können. Hier ist die Zusammenfassung von Informationen in einem Register mit dem hohen technischen Aufwand der Identifizierung zu erklären, der eine einzelne Ausländerbehörde überfordern würde. Für die Erfassung der speziellen Daten von Ausländern, die mit ihrem Status in Deutschland zusammenhängen, ist als allgemeines Register das „Ausländerzentralregister" angelegt worden. Auch asylrechtlich relevante Daten werden in das Ausländerzentralregister aufgenommen. Eine dem Zentralregister ähnliche Funktion erfüllt der *regelmäßige* **Datenabgleich** etwa in Vergabeverfahren zwischen Leistungsbehörden und Statistikbehörden. Auch hier geht es darum, nicht nur punktuell aufgrund einzelner Vorgänge „Amtshilfe" in Anspruch zu nehmen, sondern um eine systematische Vernetzung zwischen Verwaltungsbehörden. Daraus entstehen datenschutzrechtliche Probleme, deren Bewältigung eine spezialgesetzliche Ermächtigung erfordert. Dies gilt allgemein auch für die Benutzung von Daten anderer Behörden für Zwecke, die in einer Vielzahl von Gesetzen systematisch vorgesehen ist.[103]

Auch für allgemeine polizeiliche Zwecke ist ein **„Aktennachweissystem"** eingeführt worden, das eine ähnliche Funktion wie ein zentrales Register hat.[104] Hier wird allerdings nicht ein „vor die Klammer gezogener" Datenbestand zentralisiert und für die einzelne Behörde bereit gehalten sondern nur ein zentrali-

31

---

[100] *Thilo Weichert*, Datenschutz in Ausländerbehörden, in: Alexander Roßnagel (Hrsg.), Handbuch des Datenschutzrechts, 2003, S. 1574.
[101] *Weichert*, Datenschutz in Ausländerbehörden, in: Roßnagel (Hrsg.), Datenschutzrecht (Fn. 100), S. 1577.
[102] *Weichert*, Datenschutz in Ausländerbehörden, in: Roßnagel (Hrsg.), Datenschutzrecht (Fn. 100), S. 1581.
[103] *Helmut Bäumler*, Datenschutz bei der Polizei, in: Roßnagel (Hrsg.), Datenschutzrecht (Fn. 100), S. 1458; → Bd. II *Holznagel* § 24 Rn. 78 ff. S. a. → Bd. II *Albers* § 22 Rn. 94, 136.
[104] *Bäumler*, Datenschutz bei der Polizei, in: Roßnagel (Hrsg.), Datenschutzrecht (Fn. 100), S. 1458.

siertes Aktenverzeichnis, während die Akten selbst nach wie vor dezentral geführt werden. Bestimmte Personeninformationen, wie Namen etc., werden aber auf diese Weise ebenfalls zentral „registriert". Ein klassisches Register ist das **Bundeszentralregister,**[105] das ausdrücklich im GG vorgesehen ist (Art. 74 Nr. 11) und Daten aus dem Bereich des Strafrechts und des Strafprozessrechts erfasst. Eine ähnliche Funktion erfüllen das staatsanwaltliche Verfahrensregister und das Verkehrszentralregister.[106] Von besonderer Bedeutung ist auch das **Gewerbezentralregister,** das Daten erfassen soll, die für die Gewerbeaufsicht von Bedeutung sind.[107] Die Vielfalt der Funktionen solcher Register wird an der Forderung deutlich, ein „Unternehmensregister" zu führen. Dieses Register soll die Zusammenführung aller Daten über Unternehmen erleichtern, die für statistische Zwecke erhoben werden. Dadurch sollen nicht einzelne Entscheidungen unterstützt werden, sondern die Statistik abgestützt werden. Eine ähnliche Funktion wird auch durch die Führung des „Krebsregisters" erfüllt.[108]

3. Register und Datenschutz

32   Alle diese Verfahren der Anlegung und Führung von Registern werfen datenschutzrechtliche Probleme auf. Die Vielzahl insbesondere der Leistungsgesetze und die Mobilität der Bevölkerung erzwingen sowohl eine systematische Zusammenführung einzelner Daten oder mehrerer Akten auch jenseits des einzelnen „Vorgangs", und zwar bei unterschiedlichen sachlichen und örtlichen Zuständigkeiten, als auch eine Zusammenführung der von Privaten gesammelten Daten für bestimmte öffentliche Zwecke (Gesundheitssystem). Der **Datenschutz** ist bisher noch allzu sehr an der Einzelfallentscheidung orientiert, die er durch das Prinzip der Trennung von Entscheidungsfunktionen für den Datenschutz nutzt. In der Zukunft wird der Datenschutz nicht mehr schematisch, sondern eher nach Gefährdungslagen strategisch konzipiert werden müssen, da sonst die Vorteile der Datenverknüpfung und der Wissenserzeugung durch Behörden nicht genutzt werden können.[109]

4. „Administrative Karten" u.ä.

33   Eine weitere Variante der Zusammenführung einer Vielzahl von – hier privat gesammelten – Daten bei der öffentlichen Verwaltung zeigt sich in der Sozialverwaltung, insbesondere bei der Krankenversicherung. Hier werden die priva-

---

[105] *Gudrun Tolzmann,* Datenschutz in öffentlichen Registern, in: Roßnagel (Hrsg.), Datenschutzrecht (Fn. 100), S. 1542.

[106] *Tolzmann,* Datenschutz in öffentlichen Registern, in: Roßnagel (Hrsg.), Datenschutzrecht (Fn. 100), S. 1542.

[107] *Tolzmann,* Datenschutz in öffentlichen Registern, in: Roßnagel (Hrsg.), Datenschutzrecht (Fn. 100), S. 1543.

[108] Eine Übersicht bevölkerungsbezogener Krebsregister in Deutschland findet sich auf der Homepage der Gesellschaft der epidemiologischen Krebsregister in Deutschland e.V. (GEKID) unter www.gekid.de.

[109] *Karl-Heinz Ladeur,* Datenschutz. Vom Abwehrrecht zur planerischen Optimierung von Wissensnetzwerken, DUD 2000, S. 12; ob eine Umstellung auf den Schutz vor der Verbreitung von „Information", also durch abstraktere Fassung des Schutzguts, das Recht stärker konturieren kann (so *Marion Albers,* Informationelle Selbstbestimmung, 2005; → Bd. II *Albers* § 22 Rn. 7 ff.), erscheint zweifelhaft; → Bd. II *Vesting* § 20 Rn. 6.

ten Daten von Patienten zu einem erheblichen Teil zum Zwecke der Abrechung an die öffentlich-rechtlichen Versicherungen weiter gegeben und erfasst.[110] Die **„administrative Karte" („Gesundheitskarte"),** die an die Stelle des Krankenversicherungsscheins getreten ist, soll aber nach der bisherigen Rechtslage noch nicht primär für die Speicherung medizinischer Daten benutzt werden. Auch dieses Beispiel zeigt, dass in Deutschland die grundlegende Veränderung des Wissenssystems, die mit dem Aufstieg des Paradigmas der Vernetzung einhergeht, noch nicht ernst genommen wird und die sicher nicht zu vernachlässigende Problematik des Datenschutzes den Blick auf die Notwendigkeit der Entwicklung einer „Gesundheitstelematik" verstellt, die einen wesentlichen Beitrag nicht nur zur Kostendämpfung leisten kann.[111] Die „Gesundheitstelematik" erlaubt insbesondere die Suche nach Ineffizienzen und die Fokussierung des „Gesundheitsmonitorings" auf bestimmte Krankheitsgruppen, die – sowohl in medizinischer als auch in finanzieller Hinsicht – besondere Aufmerksamkeit verlangen. Die Erweiterung der horizontalen Verknüpfung von Patientendaten in „Netzwerken" mehrerer Ärzte, wie sie im SGB V (§ 140a Abs. 2 Satz 2) mit Einwilligung der Patienten ermöglicht wird, soll zunächst auf der Ebene der behandelnden Ärzte den Zugang von Gesundheitsdaten und damit die Behandlung verbessern. In einem nächsten Schritt wäre denkbar, die Steuerung der Krankenbehandlung durch ein „Fallmanagement" der Krankenversicherungsträger zu ermöglichen. Die „administrative Karte" ist aber jedenfalls eine weitere Variante der systematischen Zusammenführung von Daten, die hier jeweils von einem durch den Privaten selbst ausgelösten Behandlungsvorgang ausgeht. Sie gehört deshalb in den Zusammenhang der „Register"; die Datensammlung auf einem Server oder verteilt über ein Netzwerk übernimmt dann eine ähnliche Funktion wie ein „Register", aus dem Daten für unterschiedliche private oder öffentliche „Vorgänge" abgerufen werden können.[112]

IX. Resümee

Der Überblick über die Regeln der Aktenführung in der modernen Verwaltung hat gezeigt, dass die zunehmende Vernetzung von Informationen, als deren Verarbeitung sich das Verwaltungsverfahren darstellt, auch das **Medium „Akte"** grundlegenden Veränderungen unterwirft. War dieses Medium zunächst bezogen auf den einzelnen entscheidungsorientierten „Vorgang", so entwickeln sich in Folge der Herausbildung von immer mehr auf Dauer angelegten Statusverhältnissen (Ausländerrecht, Sozialrecht etc.), die nicht mehr punktuelle Entscheidungen zum Gegenstand haben, sondern sich über die Zeit erstrecken und eine multipolare administrative Kooperation verlangen, auch immer mehr differenzierte Informationsbeziehungen. Außerdem müssen Informationen vor die

---

[110] *Horst D. Schirmer,* Datenschutz im Gesundheitswesen, in: Roßnagel (Hrsg.), Datenschutzrecht (Fn. 100), S. 1385.
[111] Vgl. dazu *Reinhold A. Mainz/Karl A. Stroetmann,* Gesundheitstelematik in Deutschland – Zur Notwendigkeit einer ergebnisoffenen Analyse, EHEALTHCOM 2/2011, S. 42; zum Datenschutz *Weichert,* Datenschutz im Gesundheitswesen, in: Roßnagel (Hrsg.), Datenschutzrecht (Fn. 100), S. 1587.
[112] *Weichert,* Datenschutz im Gesundheitswesen, in: Roßnagel (Hrsg.), Datenschutzrecht (Fn. 100), S. 1593.

Klammer gezogen und in zentralen Registern verwaltet werden, von denen aus sie für einzelne Vorgänge abgerufen werden können. Aber auch diesseits hierarchischer Grenzen bilden sich **horizontale Informationsnetze,**[113] die die Verteilung der Information über mehrere teils gegenständlich kooperativ, teils zeitlich prozesshaft hintereinander geschaltete Verwaltungsverfahren ermöglichen und verbessern sollen.

B. Archive

I. Geschichte

35 Ebenso wenig wie die „Akten" für den einzelnen Vorgang oder die „Register" für die „Zustände der Bevölkerung" sind die „Archive" nur passive Speicher. *Cornelia Vismann* hat mit Recht darauf aufmerksam gemacht, dass der preußische Reformstaat empirische Daten „nicht mehr vorfindet und in ein Tableau einordnet", sondern „sie stattdessen schreibend, aufzeichnend hervorbringt", und dass er sich damit „selbsttätig hervorbringe".[114] Wie die Akten das unpersönliche „Selbstprozessieren" der Verwaltungs- „Vorgänge" institutionalisieren, so werden sie am Ende im „Archiv" auch nicht nur gelagert: Das „Staatsarchiv" wird in die Ordnung der Verwaltung eingebunden.[115] Die „Schriftlichkeit" der Verwaltung soll sich bis in die Archive hinein durchsetzen und ein „Spiegelbild der historischen Entwicklung der Zentralbehörden" bieten.[116] Das **Archiv wird zum Gedächtnis des Staates,** es wird die „Seele aller öffentlichen Staatsgeschäfte".[117] Dem entspricht die Vorstellung, dass das Archiv dem Arkanbereich des Staates zuzurechnen sei und „Herrschaftswissen" speichern müsse. Der Übergang zur Verwaltung der „Wissensgesellschaft" müsste eigentlich dazu führen, dass der Gebrauch der Archive ebenfalls dynamisiert wird, davon kann aber noch kaum die Rede sein.[118]

II. Die neuere Rechtsentwicklung

1. Gesetzliche Regelungen

36 Auch die Archive und ihre Nutzung sind bis in die jüngste Vergangenheit nicht gesetzlich geregelt worden. Zunächst ist die Aufbewahrung und weitere

---

[113] Siehe auch → Bd. II *Holznagel* § 24 Rn. 19, *v. Bogdandy* § 25 Rn. 62 ff.
[114] *Vismann*, Akten (Fn. 1), S. 246.
[115] *Vismann*, Akten (Fn. 1), S. 247.
[116] *Immanuel K. Cosmar*, Geschichte des königlich-preußischen Staats- und Kabinettsarchivs bis 1806, 1993, S. 139; *Vismann*, Akten (Fn. 1), S. 248.
[117] *Adolf Brenneke*, Archivkunde, 4. Aufl. 1993, S. 372; *Vismann*, Akten (Fn. 1), S. 248.
[118] Vgl. dazu *Peter Collin*, Archive und Register. Verlorenes Wissen oder Wissensressourcen der Zukunft?, in: Gunnar Folke Schuppert/Andreas Voßkuhle (Hrsg.), Governance von und durch Wissen, 2008, S. 75; zur älteren Vorstellung *Vismann*, Akten (Fn. 1), S. 248; → Bd. II *Gusy* § 23 Rn. 2; zur Entwicklung in Frankreich *Jean Favier*, Les Archives, 2001, S. 17 ff.; insbesondere zur Entwicklung in der französischen Revolution *Sophie Coeuré/Vincent Duclert*, Les Archives, 2001, S. 65 ff.

B. Archive

„Bereitstellung" von abgeschlossenen Vorgängen der Verwaltung selbst vorbehalten worden.[119] Aufgrund von nicht rechtlich kontrollierbaren Ermessensentscheidungen konnten die Archive auch für wissenschaftliche Interessenten punktuell geöffnet werden. Manche Staaten kennen bis heute den Status des „Staatshistorikers", der einen allgemeinen Zugang zu den Akten (mit Ausnahme der geheim zu haltenden Vorgänge) auch ohne besondere Genehmigung hat. Erst 1958 ist in Deutschland die **Nutzung der Archive durch Gesetz** geregelt worden. In den 1980er Jahren ist die Archivgesetzgebung auf Bundes- wie auf Landesebene erneuert worden,[120] sie folgt seitdem relativ einheitlichen Grundsätzen und Kriterien. Die Archivgesetze verpflichten alle Behörden und öffentlichen Stellen dazu, grundsätzlich alle Dokumente, die nicht mehr von der aktiven Verwaltung benötigt werden, den zuständigen Archiven anzubieten. Die Archivgesetzgebung verwendet hierzu den Begriff der „Unterlagen": Unterlagen sind nicht nur Akten i.e.S. sondern auch Karten, Pläne u.ä. und in neuerer Zeit Träger von Daten, Bild- und Tonaufzeichnungen einschließlich elektronischer Formen.

Das **Archivgesetz des Bundes** (BArchG) ist terminologisch noch nicht in vollem Umfang auf die Speicherung elektronischer Daten umgestellt. Hier ist noch – neben der Speicherung von Akten in Papierform – nur von „Daten*trägern*" die Rede, die archiviert werden müssen (§ 2 Abs. 8 BArchG). In § 2 Abs. 5 BArchG ist ausdrücklich bei technischen Daten eine ergänzende Mitteilung über die Form der Übermittlung vorgesehen[121] (ähnlich z.B. auf **Landesebene** § 6 Abs. 5 rh.-pf. LArchG: Beteiligung sachverständiger Behörden an der Speicherung elektronischer Dokumente). Klarer ist dies in Baden-Württemberg (§ 2 Abs. 4 LArchG BW) geregelt: dort werden explizit die Unterlagen genannt, die maschinenlesbar zu speichern sind – „Informationen und Programme" –, ohne dass auf die Bindung an einen Datenträger abgestellt wird. § 4 LArchG BW regelt ausdrücklich das Problem der Verknüpfung personenbezogener Daten nach ihrer Archivierung. Diese wird innerhalb von Sperrfristen zugelassen, wenn „schutzwürdige Belange des Betroffenen angemessen berücksichtigt sind". § 6 Abs. 5 LArchG BW verhindert die Umgehung von Löschungs- und Vernichtungsregeln, die die Behörden verpflichten: die Behörde darf solche Daten nicht mehr benutzen. § 4 BArchG statuiert wiederum, dass Rechtsansprüche auf Vernichtung der davon betroffenen Unterlagen „unberührt" bleiben. Daraus geht aber hervor, dass solche Ansprüche gegenüber Archiven nicht durch die Archivgesetze selbst geschaffen werden. Baden-Württemberg enthält insofern keine Regelung, das Schweigen des Gesetzgebers führt aber nicht zu einer anderen Rechtslage als im Bund. Die Ansprüche können sich dann nur aus den Datenschutzgesetzen ergeben.

37

---

[119] Vgl. zur Geheimhaltung in Frankreich *Favier,* Archives (Fn. 118), S. 65ff.; *Coeuré/Duclert,* Archives (Fn. 118), S. 91ff.

[120] Eine neue Welle der Gesetzgebung, die der stärken Anpassung der Archive an die Bedingungen der Speicherung elektronischer Dokumente dient, setzte 2010 ein; vgl. auch *Werner Schneider,* Datenschutz im Archivwesen, in: Roßnagel (Hrsg.), Datenschutzrecht (Fn. 100), S. 1616.

[121] DOMEA, Organisationskonzept 2.0, Oktober 2004, Schriftenreihe der KBSt, Bd. 61, S. 10, abrufbar unter www.kbst.bund.de; vgl. dazu allg. jetzt *Friedrich Schoch/Michael Kloepfer/Hansjürgen Garstka,* Archivgesetz (ArchG – ProfE), 2007, S. 55f.

2. Geheimhaltung und Zugänglichkeit

38 Ein weiteres Problem bildet die Behandlung der geheimhaltungsbedürftigen insbesondere personenbezogenen Daten; nur ein Land (Baden-Württemberg) hat bestimmte Unterlagen, die die Tätigkeit oder Beratungen in Ehe-, Familien-, Jugendangelegenheiten etc. in der Speicherung beschränkt. Die anderen Länder und der Bund haben **Schutzinteressen Betroffener** durch Beschränkungen bei der Benutzung berücksichtigt. Die Aufnahme von Dokumenten durch die Archive setzt eine eigene Entscheidung des Archivpersonals voraus, es ist also nicht alles zu speichern, was die Behörden „abgeben" wollen.[122] Entsprechend dem Wandel des Aktengeheimnisses zur „beschränkten Aktenöffentlichkeit" bei den aktenführenden Behörden gilt auch bei den Archiven in neuerer Zeit der Grundsatz der allgemeinen Zugänglichkeit für jedermann; dies ist nicht mehr beschränkt auf Personen, die ein besonderes Interesse nachweisen können, das mit einem öffentlichen Interesse übereinstimmt.[123]

3. Datenschutz und flexible Archivnutzung

39 Der Schutz der Integrität von Akten erscheint angemessen. Bedenklich erscheint demgegenüber die Löschungspflicht für Akten, die die Behörde nicht mehr benötigt, weil es sich um „Dateien" i.e.S. handelt. Zu den „Dateien" gehören Datensammlungen, die durch „automatisierte Verfahren" ausgewertet werden können (automatisierte Datei), aber auch eine gleichartig aufbereitete Sammlung von Daten, die nach bestimmten Merkmalen geordnet oder ausgewertet werden kann, so weit es sich nicht bereits um eine automatisierte Datei handelt, § 4 Abs. 6 hamb.DSG. Nach Satz 2 werden davon „Akten" und „Aktensammlungen" ausgeschlossen, es sei denn, dass sie durch **automatisierte Verfahren** ausgewertet werden können. Eine Akte wird als eine sonstige „Unterlage" nur sehr allgemein definiert. Hier weist das Datenschutzrecht eine erhebliche Unklarheit auf.[124] Unter dem Gesichtspunkt des Dokumentationsinteresses der Archive ist der Begriff der Datei eng mit dem Erfordernis des gleichartigen Aufbereitens zu verknüpfen, das entweder automatisiert oder nicht automatisiert eine „Ordnung" oder „Auswertung" nach „bestimmten Merkmalen" erfordert oder zulässt. Die Standardisierung der Aktenführung und die Entwicklung der „elektronischen Akten" kann nicht dazu führen, dass der Begriff der „Datei" weiter zu fassen ist. Die Akte ist durch den Bezug auf einen Vorgang zu beschreiben. Die Zuordnung von Daten zu diesem Begriff wird auch nicht dadurch ausgeschlossen, dass einzelne Teile von Akten standardisiert („gleichartig aufgebaut") sind. Dies ist nur dann anzunehmen, wenn die Bearbeitung ganz nach solchen Maßstäben erfolgt. Hier ist in teleologischer Betrachtungsweise auch auf die Vollständigkeit der Akten zu achten. Die Interessen der Betroffenen sind durch Archivie-

---

[122] *Schneider*, Datenschutz im Archivwesen, in: Roßnagel (Hrsg.), Datenschutzrecht (Fn. 100), S. 1618.

[123] *Rudolf Schulmeyer*, Die Nutzung der Städtestatistik für die kommunale Planung, in: Hill/Klages (Hrsg.), Moderne Verwaltung (Fn. 78), S. 25; vgl. die Beiträge in: *Nils Brübach* (Hrsg.), Der Zugang zu Verwaltungsinformationen – Transparenz als archivische Dienstleistung, 2000. Vgl. a. → Bd. II *Gusy* § 23 Rn. 82ff.; *Bartholomäus Manegold*, Archivrecht, 2002, insbes. S. 65ff.

[124] *Klaus Globig*, Zulässigkeit der Erhebung, Verarbeitung und Nutzung im öffentlichen Bereich, in: Roßnagel (Hrsg.), Datenschutzrecht (Fn. 100), S. 634.

rungsregeln und die Beschränkung des Austauschs ausreichend berücksichtigt: Die Pflicht zur Löschung kann sich nur auf solche Dateien beziehen, deren Funktion gerade durch die Gleichartigkeit des Datenaufbaus charakterisiert ist und bei denen die Gefahr eines „Gedächtnisverlustes" durch Dezimierung des Archivguts nicht besteht oder zu vernachlässigen ist.

4. Rechtsschutz

Der datenschutzrechtliche Anspruch auf **Auskunft über die Speicherung personenbezogener Daten** besteht auch gegenüber Archiven.[125] Anstelle der Auskunft kann auch Akteneinsicht gewährt werden. Sind Daten unrichtig, kann keine Löschung verlangt werden, sondern es besteht ein Anspruch auf Aufnahme eines Vermerkes über die Unrichtigkeit in den Unterlagen. Ggf. ist ein Recht auf Gegendarstellung einzuräumen. 40

III. Die Zukunft der Archive

1. IT und Archive

Die Aktenführung und die Registraturvorgänge werden sich in Zukunft grundlegend verändern:[126] Haben bisher die durch Register „vor die Klammer gezogenen" Dateien und ihre Vernetzung im Sinne einer Flexibilisierung der Bearbeitung die Informationsverarbeitungsmöglichkeiten der Verwaltung gesteigert, so wird diese Möglichkeit durch die Anlegung **elektronischer Akten**[127] noch verbessert werden. Die Probleme der Interoperabilität der Aktensysteme werden sich auch auf die Speicherung in Archiven auswirken. Auch hier wird es in Zukunft immer wichtiger werden, die Lesbarkeit und Zuordnungsfähigkeit des archivierten Schriftguts nicht nur durch angemessene „Meta-Daten" zu erhalten, sondern es wird andererseits auch darum gehen können, die Verknüpfung zwischen Akten zu erleichtern[128] und dadurch sehr viel mehr Informationen für die Verwaltung zu generieren. Die Archivierung durch elektronische Aktenführung erfordert eine genauere systematische Aufbereitung, die durch angemessene Suchverfahren abgestützt wird.[129] 41

---

[125] *Schneider*, Datenschutz im Archivwesen, in: Roßnagel (Hrsg.), Datenschutzrecht (Fn. 100), S. 1621.
[126] Vgl. auch → Rn. 91 f.
[127] → Bd. II *Britz* § 26 Rn. 32, 75 ff.
[128] *Gerhard Knorz*, Visualisierung von Zusammenhängen: Von der Wissenskarte zur interaktiven graphischen Topic Map, in: Angelika Menne-Haritz (Hrsg.), Online-Findbücher, Suchmaschinen und Portale, 2002, S. 195, 198.
[129] Die Archivgesetze sind inzwischen auf die Notwendigkeit der Erfassung elektronischer Dokumente eingestellt worden, vgl. als Beispiel das NRW-ArchivG v. 16. 3. 2010 (GV.NRW 2010, 188), insbesondere §§ 2 Abs. 1, 3 Abs. 4 und 5; die Notwendigkeit der Entwicklung von Suchfunktionen ist aber nur in allgemeinen Vorschriften über die Beteiligung der sachkundigen Behörden mittelbar vorgesehen worden; vgl. zur Erschließung *Peter Hoppen*, Datenarchivierung, CR 2008, S. 674; *Menne-Haritz* (Hrsg.), Online-Findbücher (Fn. 128), 2002; *dies.*, Digitale Archive, 1999; vgl. allg. zu den angelsächsischen Ländern *Iacovino*, Recordkeeping, Ethics and Law (Fn. 3), S. 296 ff.

2. Elektronische Archive als „Data Warehouse"?

42 Ein neues Problem könnte daraus erwachsen, dass elektronische Akten schon vorzeitig an die Archive abgegeben werden, weil die elektronische Form einfache Vervielfältigung zulässt und die Archive dann durch die Möglichkeit der erleichterten elektronischen Bearbeitung einfacher kombiniert, aufeinander bezogen und für die Generierung neuer Informationen benutzt werden könnten, die auch für die Behörden von Bedeutung sein werden. Dann könnten die Archive zu einem hochkomplexen vielfältigen **„Data Warehouse"** werden, das in verschiedenen Varianten zu einem „Data Mining" für neue Verwaltungsstrategien genutzt werden könnte.[130] Ein „Data Warehouse" ist eine große Datenbank oder ein Netz von Datenbanken, die für unterschiedliche Strategien der Suche nach Verknüpfungsmustern durch Suchverfahren („Data Mining") zur Verfügung stehen: mit Hilfe experimenteller, variabler Suchstrategien können vorab schwer oder nicht erkennbare Relationierungen gebildet und erprobt werden, die etwa Zusammenhänge zwischen Vorgängen sichtbar machen, die auf den ersten Blick nicht zu vermuten sind. Die Entwicklung zum „virtuellen Staat", der nächsten Dimension der Staatlichkeit jenseits des gegenwärtigen Electronic Government, wird sehr viel stärker von den Metaregeln abhängen, die über die bloße Standardisierung hinaus für die Interpretation und Verknüpfung von Daten benötigt werden.[131] Die Archive könnten auch deshalb in Zukunft eine wichtige Funktion übernehmen,[132] weil sie Daten über einen längeren Zeitraum sammeln und deshalb auch für lange Zeithorizonte Suchstrategien entwickeln könnten.[133]

3. Verknüpfung von Aktenführung und Archivkonzeption

43 In Zukunft muss die aktenführende Behörde bei der Einführung von **elektronischen „Vorgangsbearbeitungssystemen"** von vornherein die Archivierungsbedürfnisse prüfen.[134] Dies ist in neueren Organisationskonzepten der Bundesministerien berücksichtigt worden. Es bedarf auch der geeigneten Erfassung der „Metadaten", die für die Erschließung und das Lesen der Daten erforderlich sind.[135] Die Dokumente müssen in Zukunft von vornherein in einem für die Archivierung geeigneten Format gespeichert werden. Dazu gehört auch das Erfordernis, die Softwareanwendungen zur Verfügung zu stellen, die für die Archivierung benötigt werden.

---

[130] *Philip Scholz*, Datenschutz bei Data Warehousing und Data Mining, in: Roßnagel (Hrsg.), Datenschutzrecht (Fn. 100), S. 1837. „Targeting" ist allerdings insofern ambivalent, als es zu neuen Diskriminierungen führen kann; dies betont *Paul Henman*, Targeting and Data Profiling: Policy and Ethical Issues of Differential Treatment, Journal of E- Government 2005, S. 79 ff.

[131] *Patrick Cohendet/Frieder Meyer-Krahmer*, The Theoretical and Policy Implications of Knowledge Codification, Research Policy, 2001, S. 1563 ff.

[132] *Scholz*, Datenschutz bei Data Warehousing und Data Mining, in: Roßnagel (Hrsg.), Datenschutzrecht (Fn. 100), S. 1841.

[133] *Scholz*, Datenschutz bei Data Warehousing und Data Mining, in: Roßnagel (Hrsg.), Datenschutzrecht (Fn. 100), S. 1841.

[134] DOMEA Organisationskonzept 2.0 (Fn. 121), S. 79. Vgl a. → Bd. II *Britz* § 26 Rn. 78.

[135] Zur E-Mail-Konzeption, die die Verwirrung von privater und amtlicher Adressierung vermeiden will, DOMEA Organisationskonzept (Fn. 121), S. 12.

4. Ausblick

Die Archive werden für die Ziele der öffentlichen Verwaltung im Nachhinein nur wenig benutzt. Im Vordergrund steht aus administrativer Sicht die Verhinderung der Nutzung durch externe Dritte. Es ist oben gezeigt worden, dass Register, wenn sie in elektronischer Form geführt werden, weit über die bisherige eher begrenzte statistische Nutzung hinaus zu einer Vernetzung von Verwaltungsverfahren führen können. Auch die Umstellung der Archivierung auf elektronische Formen wird möglicherweise das Interesse an den Daten, jedenfalls aber den Wert der Daten für die aktive Verwaltung erhöhen. Insbesondere das „Data Mining" wird es in Zukunft erlauben, eine Fülle von neuen **Verknüpfungsmustern zwischen Daten** zu erschließen und die Archive mit der aktiven Verwaltung und deren Aktenführung zu verbinden. Dazu bedürfte es aber der Entwicklung entsprechender Software.

44

C. Der Sachverständige in der Verwaltung

I. Die rechtswissenschaftliche Reflexion über die Stellung des Sachverständigen in den 80er und 90er Jahren des 20. Jahrhunderts

In den achtziger und neunziger Jahren des vergangenen Jahrhunderts ist die Rolle des Sachverständigen vor allem unter dem Druck des Aufstiegs neuer Technologien auch zu einem Gegenstand der rechtswissenschaftlichen Untersuchung geworden,[136] während früher das Verhältnis von Wissen und Recht eher über pragmatische Erfahrungsregeln bestimmt worden ist. Die Problematik des **Verhältnisses von Sachverstand und öffentlichen Entscheidungen** ist keineswegs auf technisch-wissenschaftliche Verfahren begrenzt.[137] Für das Rechts- und Verwaltungssystem muss es zwar auch darum gehen, „möglichst ‚richtige' Entscheidungen" zu treffen,[138] aber diese Aufgabe kann nicht an den Sachverstand abgegeben werden.[139] Darüber besteht zwar weitgehende Einigkeit, doch bedarf diese Überlegung einer Präzisierung, die sich in der Verweisung auf das normative Prinzip der demokratischen und rechtsstaatlichen Legitimation staatlichen Handelns nicht erschöpfen kann.[140] Von dort kommt das Problem nämlich immer

45

---

[136] Vgl. nur *Udo Di Fabio*, Verwaltungsentscheidung durch externen Sachverstand am Beispiel des arzneimittelrechtlichen Zulassungs- und Überwachungsverfahrens, VerwArch, Bd. 81 (1990), S. 193; *ders.* Risikoentscheidungen im Rechtsstaat, 1994; vgl. auch BVerwGE 55, 250 (256); OVG NW, NVwZ-RR 1989, S. 640; *Rüdiger Breuer*, Die rechtliche Bedeutung der Verwaltungsvorschriften nach § 48 BImSchG im Genehmigungsverfahren, DVBl 1978, S. 28. S. a. → Bd. III *Voßkuhle* § 43 Rn. 45 ff.

[137] Vgl. allg. auch schon *Ernst Forsthoff*, Rechtsstaat im Wandel. Verfassungsrechtliche Abhandlungen 1954–1973, 2. Aufl. S. 227 ff.

[138] *Andreas Voßkuhle*, Sachverständige Beratung des Staates, in: HStR III, § 43.

[139] Zum faktischen Einfluß des Sachverständigen *Voßkuhle*, Beratung (Fn. 138), Rn. 22.

[140] Zum Legitimationsproblem *Voßkuhle*, Beratung (Fn. 138), Rn. 58 ff., insbesondere zur Umsetzung in normkonkretisierende Verwaltungsvorschriften Rn. 59; *Angelika Nußberger*, Sachverständigenwissen als Determinante verwaltungsrechtlicher Einzelentscheidungen, AöR, Bd. 129 (2004), S. 282; vgl. zum Einfluss der wissenschaftlichen Beratung auf die Politik *Stefan Fisch/Wilfried Rudloff* (Hrsg.), Experten und Politik: Wissenschaftliche Politikberatung in geschichtlicher Perspektive, 2005.

häufiger unter Hinweis auf die „Einschätzungsprärogative" des Staates zurück,[141] die ihrerseits die Ordnungsleistung der Grundrechte für die Selbstorganisation ausdifferenzierter gesellschaftlicher Teilbereiche (Wirtschaft, Wissenschaft, Kunst, Religion etc.) zu unterlaufen droht. Wenn (selbst) die Wissenschaft keine eindeutigen Antworten liefern kann, lassen sich auch kontroverse Sachverständigengutachten immer noch für einen neuen administrativen Dezisionismus in Stellung bringen,[142] da es mit einem „non liquet" nicht sein Bewenden haben kann.

II. Der Sachverstand und die Besinnung auf die Eigenrationalität des Rechts und der Verwaltung

1. Öffnung und Schließung des Verwaltungsverfahrens im Angesicht von Komplexität

46 Mit einem gewissen Abstand zu den erbitterten Auseinandersetzungen um die Beherrschbarkeit neuer Risiken lässt sich heute möglicherweise konstatieren, dass dem Rechts- und Verwaltungssystem die Bewältigung der Probleme des Einbaus und der Begrenzung der Bedeutung des Sachverstandes in Verwaltungsverfahren nur durch eine paradox erscheinende Rückbesinnung auf seine **administrative Eigenrationalität** gelingen kann.[143] Ein wesentlicher Teil dieser Eigenrationalität des Rechts- und Verwaltungssystems wird von Verfahrensregeln bestimmt, die gerade das Operieren mit den Grenzen des Wissens ermöglichen und vor allem nicht primär als leere Form dem Ziel der Gewinnung materieller Richtigkeit unterworfen sind. Verfahrensrationalität kann nur selektiv sein, sie kann nicht jedes „Argument" zulassen, sie kann nicht die Überflutung von Entscheidungsverfahren mit „Gesichtspunkten" durch kognitive Öffnung „für alles" erlauben.[144] Hier ist zunächst daran zu erinnern, dass das liberale Recht stets mit einer Vielzahl von ungeschriebenen Wissens- und Vermutungsregeln operiert hat.[145]

47 Die Verwaltung benutzt im Ordnungsrecht insbesondere **Vermutungsregeln**,[146] um die Gefahrengrenze zu bestimmen. Ähnliche Voraussetzungen liegen auch der „staatlichen Fürsorge" zugrunde, die ein gesellschaftliches Verständnis

---

[141] Vgl. nur *BVerfGE* 49, 89 (132) – Kalkar; *Voßkuhle*, Beratung (Fn. 138), Rn. 61; *Ino Augsberg/Steffen Augsberg*, Prognostische Elemente in der Rechtsprechung des Bundesverfassungsgerichts, VerwArch, Bd. 98 (2007), S. 290 ff.

[142] Zu dieser Gefahr *Voßkuhle*, Beratung (Fn. 138), Rn. 26.

[143] Zum Konzept *Gunther Teubner*, Globale Zivilverfassungen: Alternativen zur staatszentrierten Verfassungstheorie, ZaöRV, Bd. 63 (2003), S. 1.

[144] Vgl. *Christoph Lumer*, Habermas' Diskursethik, Zeitschrift für philosophische Forschung 1997, S. 42.

[145] Vgl. zur kooperativen Entwicklung des Wissenssystems der Gesellschaft im 19. Jahrhundert *Vec*, Normierung (Fn. 7); zum Konflikt mit den Ansprüchen der „Staatswissenschaft" des Absolutismus vgl. *Matthias Bohlender*, Metamorphosen des Gemeinwohls. Von der Herrschaft *guter polizey* zur Regierung durch *Freiheit und Sicherheit*, in: Herfried Münkler/Harald Bluhm (Hrsg.), Gemeinwohl und Gemeinsinn. Historische Semantiken politischer Leitbegriffe, S. 247; zum Wissensbegriff → Bd. II *Vesting* § 20 Rn. 26 f.

[146] *Nadia Urbinati*, Mill on Democracy, 2000; dies muss auch von einer rechtstheoretischen Beobachtung des Rechts immer mitgedacht werden; vgl. dazu allg. *Alexander Somek*, Rechtliches Wissen, 2006, wo diese Grenzen nicht ganz ernst genommen werden.

von „ordentlicher Erziehung"¹⁴⁷ in Bezug nimmt und davon die „Verwahrlosung" als Abweichung bestimmt.

2. Die Notwendigkeit der Erzeugung einer eigenständigen Verwaltungserfahrung

Das oben beschriebene Prozessieren der Verwaltungsentscheidungen über das unpersönliche „aktenmäßige" Verfahren ist auch von der Voraussetzung impliziter Wissens- und Vermutungsregeln bestimmt, die diesseits der expliziten Setzung begrenzender Regeln etc. die Generierung von Verwaltungs*erfahrung* mit einer Eigenrationalität und Selektivität erlaubt.¹⁴⁸ Es besteht eine „relationale Rationalität", die ihre eigene Richtigkeit durch Anschlussfähigkeit (retrospektiv und prospektiv) definiert und gerade nicht (auch nicht im Rahmen offener Begriffe wie des Gefahrenbegriffs) immer wieder „alles" in Frage stellt und neu definiert. Sie führt ein Moment der **Selbstdefinition des administrativ Richtigen** mit sich, das von außen betrachtet als willkürlich erscheinen kann, aber nur wenn man den Einzelfall aus einer auf Fortsetzung angelegten Entscheidungskette herauslöst und alle Besonderheiten des „Falles" rekonstruieren will.¹⁴⁹

48

Auch der Sachverständige erhält dadurch im liberalen rechtsstaatlichen Verfahren seinen Platz: Er hat nicht nur das der aus Entscheidungsexperten bestehenden Verwaltung erschlossene Experten*wissen* formuliert, sondern er hat es – genauer gesagt – anschlussfähig für Entscheider formuliert: Ob Symptome bei einem Kranken einem bestimmten Krankheitsbild entsprechen, ob ein technisches Problem entsprechend den Anforderungen des Sachverstands gelöst worden ist, dies sind typische Fragen an den Sachverständigen. Es handelt sich um „gut strukturierte" Fragen,¹⁵⁰ deren Zielrichtung durch Entscheidungsverfahren bestimmt wird und deren Antworten sich in die Eigenrationalität der regelhaft verfahrenden Verwaltung einfügen. Die Beispiele sind nicht zufällig Sachverstandsbereichen entnommen, die ihrerseits schon durch ihre eigene Festlegung auf eine „gute Praxis", auf einen Bestand von Konventionen innerhalb **professioneller Gemeinschaften** verweisen,¹⁵¹ der nicht selbst in vollem Umfang wissenschaftlich begründet oder nachvollziehbar ist. Insbesondere das medizinische und das Ingenieurwissen sind dafür paradigmatisch.¹⁵² Sie beruhen auf einem Fundus von idealen, verallgemeinerten Regeln und Fallkonstellationen, deren

49

---

¹⁴⁷ *KG Berlin,* ZfJ 1929, S. 336; vgl. *Karl-Heinz Ladeur,* Risikomanagement. Warum der Jugendmedienschutz sich vom Leitbild der Gefahrenabwehr lösen sollte, Funkkorrespondenz 20/21 (2005), S. 3.
¹⁴⁸ Vgl. *Niklas Luhmann,* Organisation und Entscheidung, 2000, S. 219 ff.
¹⁴⁹ *Scheffer,* Staging (Fn. 2).
¹⁵⁰ Diese sind vor allem Gegenstand von „Zustandsfeststellungen" *Patrick Scholl,* Der private Sachverständige im Verwaltungsrecht, 2005, S. 105.
¹⁵¹ *John S. Brown/Paul Duguid,* Organizational Learning and Communities of Practice: Toward a Unified View of Working, Learning and Innovation, Organization Science 1991, S. 40 ff.; *Frédéric Creplet u.a.,* Consultants and Experts in Management Consulting Firms, Research Policy 2001, S. 1517 ff.; *Patrick Cohendet/Frieder Meyer-Krahmer,* Technology Policy in the Kowledge-Based Economy, in: Patrick Llerena/Mireille Matt (Hrsg.), Innovation Policy in the Knowledge-Based Economy, 2006, S. 75 ff. (100); *Patrick Cohendet,* Knowing Communities in Organizations, in: Brian Kahin/Dominique Foray (Hrsg.), Advancing Knowledge and the Knowledge Economy, 2006, S. 91 (93).
¹⁵² Vgl. allg. *Rainer Wolf,* Der Stand der Technik, 1986; *Vec,* Normierung (Fn. 7).

wissenschaftliche Beherrschung die Lösung von „nicht-idealen" besonderen Problemen eben nicht in vollem Umfang determiniert, sondern zu Analogien zwingt[153] und dadurch zugleich die Anschlussfähigkeit der wissenschaftlichen und technischen Praxis erhält. Dies ist eine Leistung, an die die Eigenrationalität der Verwaltung anknüpfen kann.

3. Die Crux der „schlecht strukturierten Fragen"

50   In Verwaltungsverfahren, die mit komplexen Sachverhalten konfrontiert sind, kann es nicht etwa um die Übernahme wissenschaftlicher Lösungen in das Recht oder in die Verwaltungspraxis gehen, sondern es muss darum gehen, dass eine Vorstrukturierung des „Sachverhalts" innerhalb der jeweiligen Wissenschaft oder technischen Praxis durch ihre eigenen Regeln und Selektivitäten erfolgt. Die dafür genutzten Inferenz- und Verknüpfungsregeln haben nicht den gleichen wissenschaftlichen Status wie etwa wissenschaftliche „Gesetze" oder experimentell durch Kontrolle von Zusammenhängen gewonnene Erkenntnisse, weil die Analogiebildung eine nicht-ideale Konstellation vor nicht in vollem Umfang definierten und kontrollierten Variablen einführt.[154] Andererseits handelt es sich auch nicht um willkürliche oder einem Nicht-Fachpublikum ohne weiteres ebenso mögliche Setzungen, da dem Laienpublikum die notwendigen analytischen Ableitungen nicht zugänglich sind,[155] die notwendigerweise auch in Analogiebildungen Eingang finden. In einer gewissen, durch den Kontext erzwungenen Vereinfachung lässt sich die These aufstellen, dass moderne technische und wissenschaftliche Probleme vor allem dadurch charakterisiert sind, dass sie **„schlecht strukturiert"** („ill-structured") sind. Diese Charakterisierung ist darauf zurückzuführen, dass der Übergang von der Wissenschaft zur technologischen Anwendung beschleunigt erfolgt und grundlegend neue Kausalitäts- und Wahrscheinlichkeitsannahmen formuliert werden, die mit sehr viel mehr Variablen operieren als die kontinuierliche Variation von erprobten Handlungsmustern. Dies führt wiederum dazu, dass insbesondere Wissenschaftler jenseits der bisherigen Praxisregeln mit der Notwendigkeit der Modellierung von komplexen Entwicklungstrajektorien konfrontiert werden.[156]

III. Die Notwendigkeit einer neuen „sozialen Epistemologie" für die Strukturierung komplexer Sachverhalte

1. Auf der Suche nach funktionalen Äquivalenten zur praktischen „Erfahrung"

51   Innerhalb des Rechts- und Verwaltungssystems findet diese Entwicklung ihre Entsprechung darin, dass auch die kognitive Selbstorientierung der entscheidenden Verwaltung durch Erfahrung und deren Ratifizierung an der „Schadensgrenze" ins Wanken gerät. Unterschiedliche Varianten von Ungewissheit

---

[153] *Stephen P. Turner*, Liberal Democracy 3.0, 2003, S. 61; vgl. auch *Steve Fuller*, Social Epistemology, 1988, S. 289; *Cohendet/Meyer-Krahmer*, Knowledge Codification (Fn. 131), S. 1563 ff.
[154] *Fuller*, Epistemology (Fn. 153), S. 289.
[155] *Turner*, Democracy (Fn. 153), S. 63.
[156] *Cohendet/Meyer-Krahmer*, Knowledge Codification (Fn. 131), S. 1563 ff.

lassen sich nur noch jenseits dieser Grenze im Risikobegriff zusammenfassen, ohne aber den Rückgriff auf einfache **„soziale Epistemologien"** zuzulassen, die an die Stelle der alten erfahrungsbasierten Kausalitätsmuster treten könnten.[157] Die Paradoxie der analogischen Verfahren der Erzeugung neuen wissenschaftlichen Wissens durch Erprobung ist eine Variante des Lernens, das nicht unstrukturiert erfolgen kann,[158] sondern immer einen kognitiven und institutionellen Rahmen benötigt, der seinerseits nicht ohne Voraussetzungen auskommt. Dies erklärt zugleich, warum innerhalb des Wissenschaftssystems eine Pluralität unterschiedlicher Positionen entsteht:[159] Im Kern (vor allem) der Naturwissenschaften sind solche Kontroversen höchst selten, aber im Bereich der ohne analogisches Denken nicht auskommenden Praxis der Erprobung von Wissen am Fall ist die Vielfalt unvermeidlich, da es hier um die Erzeugung des Neuen geht.[160] Der Prozess der Selbsterzeugung der Wissenschaft sedimentiert sich später in „best practices", die an den Kern der Wissenschaft anzuschließen sind. Daraus lässt sich zugleich eine Perspektive für die Kooperation von Verwaltung/Recht einerseits und anwendungsbezogenem „sachverständigen" Wissen andererseits gewinnen:[161] Das Rechtssystem muss auf die Möglichkeit der Herausbildung von **„good judgement"** innerhalb dieser „best practices" setzen und diesen Prozess möglichst abstützen und in seinen eigenen Darstellungsbedingungen nachbilden: Dazu gehört z.B. die Konturierung des „Vorsorge"-Begriffs; „Vorsorge" ist anders als Schadensvermeidung prinzipiell grenzenlos.[162] Wenn die Kontrolle an externen Standards der Erfahrung nicht möglich ist, so bietet sich doch eine Variante der selbstreflexiven Kontrolle der Vorsorge durch Festlegung auf bestimmte Konsistenzerfordernisse an: Das hat die Rechtsprechung des Bundesverwaltungsgerichts[163] im Erfordernis eines „Konzepts" für die Vorsorgestrategie zum Ausdruck gebracht. Dies muss sich in der „planerischen" Koordination einer Vielzahl von Maßnahmen und ihrer Effekte sowie in einem Risiko-Nutzen-Vergleich mit Blick auf andere Risikoentscheidungen niederschlagen.[164]

---

[157] *Fuller*, Epistemology (Fn. 153), S. 281.

[158] *Pier L. Porta*, Accounting for Social Knowledge in Economic Analysis, in: Salvatore Rizzello (Hrsg.), Cognitive Developments in Economics, 2003, S. 103, 109; deshalb ist ein Lernprozess sinnlos, der nicht systematisch die Möglichkeit des Scheiterns einkalkuliert und gerade aus dessen Beobachtung neues Wissen gewinnt, *Stefan Thomke*, Innovation, Experimentation, and Technological Change, in: Kahin/Foray (Hrsg.), Advancing Knowledge (Fn. 151), S. 257 (261); *Patrick Llerena/Mireille Matt* (Hrsg.), Knowledge-Based Economy (Fn. 151), S. 1 (4).

[159] *Philip E. Tetlock*, Expert Political Judgment. How Good is it?, 2005, S. 230.

[160] *Cohendet/Meyer-Krahmer*, Knowledge Codification (Fn. 131), S. 1563 ff.

[161] Vgl. auch *Scholl*, Sachverständige (Fn. 150), S. 113.

[162] *Karl-Heinz Ladeur*, The Introduction of the Precautionary Principle into EC Environmental and Public Health Law – A Pyrrhic Victory?, Common Market Law Review 2003, S. 1455; *Christian Gollie*, Should we beware of the precautionary Principle?, Economic Policy, no. 33 (2000), S. 301.

[163] BVerwGE 69, 37 (42).

[164] *Rüdiger Breuer*, Anlagensicherheit und Störfälle – Vergleichende Risikobewertung im Atom- und Umweltschutzrecht, NVwZ 1990, S. 211; *Michael Fehling*, Kosten-Nutzen-Analysen als rechtlicher Maßstab für Verwaltungsentscheidungen, VerwArch, Bd. 95 (2004), S. 443; zu denken wäre auch an die Einführung von Systemen zur Sicherung der Qualität von Informationen, auf denen Politiken beruhen; ob der amerikanische Data Quality Act (Sec. 515, Public Law 106/554) dazu schon geeignet ist, mag bezweifelt werden, *Paul Raeburn*, A Regulation on Regulations, www.sciamdigital.com/ 26. 6. 2006, S. 1; immerhin verlangt er von den Federal Agencies, dafür spezifische Richtlinien aufzustellen, www.whitehouse.gov/omb/infore/agency_info_quality; für Deutschland *Hans-Heinrich Trute*,

2. „Prozeduralisierung" als Variante der Strukturierung von Wissen – Die Suche nach „best practices"

52 Eine neue Form der Strukturbildung könnte in der **Prozeduralisierung** (Verzeitlichung) von Risikoentscheidungen bestehen:[165] Strukturierte Lernprozesse können mit den Entscheidungen selbst verknüpft werden, wenn Teilentscheidungen für die Selbstbeobachtung des zeitlich gestreckten Entscheidungsprozesses genutzt werden und damit mehr kognitive Möglichkeiten eröffnet werden. Das heißt, die Offenheit eines wissenschaftlichen Prozesses der Suche nach „best practices" wird abgestimmt auf den nicht mehr in einer punktuellen Entscheidung zum Abschluss kommenden Entscheidungsprozess selbst. Eine weitere Variante der Prozeduralisierung könnte in der Konkretisierung und Entfaltung eines Begriffs bestehen, den das Bundesverfassungsgericht zwar mehrfach für die Kontrolle komplexer Gesetzes- und Verwaltungsentscheidungen beschworen hat, dem aber jede Kontur fehlt, nämlich der Pflicht zur Beobachtung (Nachbesserung) von Entscheidungen.[166] Dies könnte durchaus ein praktisches Äquivalent zur klassischen Variante des Prozessierens der Entscheidungen von Fall zu Fall sein: Dies ist das Ausprobieren ex ante, während das **Monitoring** die Beobachtung der Haltbarkeit von Entscheidungen unter Ungewissheitsbedingungen ex post bedeutet.[167] Entscheidungen unter Ungewissheitsbedingungen bedürfen häufig einer strukturierten Beobachtung, die nicht mehr über die allgemeine Öffentlichkeit erfolgen kann, weil der Zugang zu neuen Erfahrungen vielfach auf bestimmte Organisationen begrenzt ist.

3. Prozedurale Bewältigung des „Wissenschaftspluralismus"

53 Wenn man den auf Selbstveränderung angelegten Charakter der ihre eigene Anwendung beobachtenden Wissenschaft akzentuiert, wird dadurch zugleich eine Verfahrensvariante für die Bewältigung des nicht hintergehbaren **Wissenschaftspluralismus** ermöglicht: Die Verwaltung kann eine praktikable Version zur Grundlage einer Entscheidung machen und zugleich eine andere für das Monitoring dieser Entscheidung benutzen. Vorausgesetzt ist dabei aber immer ein auf Überprüfung angelegtes Design der Suche nach einer „best practice".[168] Grundsätzliche Fragen über die Zulassung der Nutzung einer bestimmten Technik, eines Infrastrukturprojekts u. ä. müssen dagegen auf der Gesetzesebene vorentschieden werden. Eines der Probleme der Nutzung und Bewertung technischen Sachverstandes in der Vergangenheit war vor allem darin begründet, dass die Grundsatzfragen im Gesetz nur unzulänglich entschieden worden sind und dann jede einzelne Entscheidung wieder zu einem Grundsatzproblem geworden ist. Jedenfalls lassen sich nach der hier skizzierten Position mehrere Schichten des Expertenwissens unterscheiden. Im Verwaltungsverfahren können dann nur noch Konzeptio-

---

Democratizing Science: Expertise and Participation in Administrative Decision-Making, in: Helga Nowotny u. a. (Hrsg.), The Public nature of Science under Assault, 2005, S. 87 ff., 100; *ders.*, Wissenschaft und Technik, in: HStR IV, § 88 Rn. 44.

[165] Vgl. allg. *David Dequech*, The New Institutional Economics of the Theory of Behaviour under Uncertainty, Journal of Economic Behavior and Organization 2006, S. 109, 113.

[166] BVerfGE 49, 89; 50, 290.

[167] *Voßkuhle*, Beratung (Fn. 138), Rn. 67, 73.

[168] *Tetlock*, Judgment (Fn. 159), S. 230.

nen „mittlerer Reichweite" mit praktisch überprüfbaren und beobachtbaren Hypothesen zugelassen werden. Auf dieser Grundlage ist auch eine Einschätzungsprärogative der Verwaltung sinnvoll und legitim.[169] Sie wird prozedural durch die Möglichkeit der Wahl einer „praktikablen" Variante des Sachverstandes sowie durch die Notwendigkeit zur Evaluation ex post strukturiert und kontrolliert.

IV. Modellierung komplexer Entscheidungen und Kooperation mit Sachverständigen

1. Zur Kooperation der Verwaltung mit Sachverständigen

Unter Bedingungen von Komplexität kommt es für Staat und Verwaltung vor allem darauf an, durch ein prozedurales Design ex post und ex ante längerfristig herauszufinden, welche Art des Sachverstandes im Entscheidungsverfahren tragfähig ist. *Philip Tetlock* hat dafür – im Anschluss an *Isaiah Berlin* – die Unterscheidung zwischen dem Vorgehen des Fuchses und des Igels gewählt: Der Fuchs „arbeitet" mit dissonanten heterogenen „Szenarien", die sich selbst in Frage stellen – er weiß wenig über Vieles, er neigt zu Improvisation und zur Wahl eklektischer Suchstrategien; der Igel hat dagegen ein einzige „große" Strategie, die er formell auf oft ganz unterschiedliche Situationen bezieht. Das Denken des Fuchses wäre auch für die Bewältigung komplexer administrativer und politischer Aufgaben geeignet; es schließt an die Rationalität des klassischen Entscheidungsdenkens der Verwaltung an. Vor diesem Hintergrund lässt sich auch ein Plädoyer für ein Verfahren der **Kooperation der Verwaltung mit Sachverständigen** formulieren: Die praktischen Annahmen, die die Brücke von gesichertem Wissen, kontrollierten Experimenten und Sachverständigenaussagen zu eher impliziten Plausibilitäten, Rahmenunterstellungen, Anwendungsbezügen, der Reflexivität durch Evaluation und Monitoring herstellen, müssen zum Ansatz für eine Verständigung zwischen Sachverständigen und Verwaltung werden, nicht der eigentliche wissenschaftliche Kern der Überlegungen. Hier ist eine produktive Kooperation möglich, die auf die Offenlegung solcher praktischer Annahmen zielt und über einen Bestand von Verwaltungspraxis und Sachverständigenwissen übergreifenden Meta-Regeln „good judgement" zu gewährleisten sucht.[170]

Die damit skizzierte prozedurale Eigenrationalität des Entscheidens bildet das Paradigma für die Selbstbegrenzung der kognitiven Offenheit der Verwaltung, die stets nicht nur über die materiell rechtlichen Tatbestandsbegriffe, sondern auch durch prozedurale Festlegungen, **Vermutungsregeln, Beweislasten u.a. Wissensregeln** begrenzt werden muss, weil es um „schlecht strukturierte" Probleme geht. Es geht weder um die „Übernahme" von sachverständigen Entscheidungsvorschlägen in die Verwaltungspraxis noch um die scheinbar reflektierte „ganzheitliche" Entscheidung, deren Grundlage in jeder Hinsicht von der Verwaltung nachvollziehbar sein muss, sondern vielmehr um die Gewinnung von Kooperationsregeln zwischen Verwaltungspraxis und einer praktischen Expertise.

---

[169] BVerfGE 49, 89 (132). S. a. → Bd. I *Hoffmann-Riem* § 10 Rn. 92 ff.
[170] Dazu gehört auch das paradoxe Einkalkulieren der Möglichkeit des Scheiterns *Henry Petrowski*, Success through Failure: The Paradox of Design, 2006, S. 3, 5 f.

Nur wenn dies gelingt, können auch Missverständnisse und Missbräuche vermieden werden, die auch zu der verbreiteten „Schubladisierung" von Sachverständigengutachten führen.

2. Die Gewinnung von Flexibilität durch Kooperation mit Sachverständigen

56 Die umgängliche Wissensbasierung komplexer Entscheidungen kann nicht primär darauf zielen, Ungewissheit durch Wissen zu beseitigen oder möglichst zu begrenzen, sondern sie muss darauf angelegt sein, bei komplexen Entscheidungen Ungewissheit eher proaktiv durch die **Flexibilität des Entscheidungsverfahrens,** durch Bereithaltung von mehr Möglichkeiten zu finden und „haltbar" zu machen. Bei ökonomischen Reformen, die schematisch den Modellannahmen einer bestimmten „Lehre" folgen, ist inzwischen der Verlauf des Scheiterns beinahe allgemein anerkannt: Sie setzen ideale Bedingungen voraus, während die Wirklichkeit nicht ideal ist.[171] Nicht anders sind aber z.B. viele pädagogische Reformprogramme strukturiert:[172] Sie setzen einseitig auf Variablen, die durch staatliche Intervention möglicherweise zu verändern sind, vernachlässigen jedoch schwer erfassbare und nur in dieser Hinsicht „weichere" Variablen wie die Stellung der Bildung in der Gesellschaft, die Erreichbarkeit der Individuen durch staatliche Programme, das Zusammenspiel verschiedener Variablen bei der Motivation der Beteiligten etc.[173] Für diese – wiederum sehr unterschiedlichen – Entscheidungsvariablen muss die Verwaltung, soweit wie möglich, die „Strategie des Fuchses"[174] wählen, die immer mit dem Unvorhergesehenen rechnet und keine „nothing but"-Vorschläge akzeptiert, die am Ende nur die Wirklichkeit für ihr Scheitern verantwortlich machen.[175]

57 Neben den grundlegenden Unterschieden zwischen gut und schlecht strukturierten Fragestellungen ist aber noch eine Reihe weiterer konkreter prozeduraler Anforderungen an die Berücksichtigung von Sachverstand in Verwaltungsentscheidungen zu beachten, die im Folgenden beschrieben werden sollen. Auch für diese Elemente einer administrativen Verfahrensrationalität gilt aber die These, dass die Bedeutung der Frage der demokratischen **Legitimation des Einflusses von Sachverständigen** nicht überschätzt werden darf.[176] Komplexe Entscheidungen werden nicht dadurch besser, dass sie demokratisch, und das heißt letztlich unter Inanspruchnahme einer „Entscheidungsprärogative", getroffen werden, wenn diese ihrerseits nicht durch eine gute, wissensbasierte, Lernen ermöglichende Strategie vorstrukturiert wird. Die Suche nach der „demokratischen Legitimation" kann dann leicht ein Plädoyer für Nicht-Lernen sein.

---

[171] Vgl. aber auch zum Scheitern des Keynesianismus, der ignoriert, dass die wirtschaftlichen Akteure die Steuerungsziele des Staates antizipieren und damit Inflation erzeugen, *Nico Stehr,* Praktische Erfahrung, 1991, S. 142; *Harald Scherf,* Marx und Keynes, 1986, S. 132.
[172] *Giancarlo Corsi,* Sistemi che apprendono, 1997.
[173] Vgl. *Niklas Luhmann,* Schriften zur Pädagogik, 2004, S. 235 ff.; *Nathan Glazier,* The Limits of Social Policy, 1990.
[174] → Rn. 54.
[175] *Stehr,* Erfahrung (Fn. 171), S. 142; *Scherf,* Marx und Keynes (Fn. 171), S. 132.
[176] *Voßkuhle,* Beratung (Fn. 138), Rn. 60; *Nußberger,* Sachverständigenwissen (Fn. 140), S. 283.

C. *Der Sachverständige in der Verwaltung*

V. Begriff und Arten des Sachverstandes

1. Die Unterscheidung der Anschlussbedingungen für die Nutzung von Sachverstand

Das Konzept des Sachverstandes (Privater) muss zunächst von anderen externen Beiträgen zum Verwaltungsverfahren unterschieden werden,[177] wie etwa privaten Beteiligungen am Verfahrensmanagement. Im Anschluss an die oben angestellten Überlegungen muss weiter danach unterschieden werden, ob der Sachverständigenauftrag durch Anschlüsse – intern an die eigene Disziplin sowie extern an eine klar bestimmte **administrative Fragestellung** – in einem Verwaltungsverfahren bestimmt ist oder ob es um eine Frage geht, die schwer strukturierbar ist, insbesondere weil sie zu einer Modellierung unterschiedlicher Variablen zwingt. Dabei muss im Einzelnen auch die Art des Sachverstands beachtet werden. Dies gilt insbesondere für organisationsbezogene Sachverständigengutachten von **Unternehmensberatern,** deren Leistung darin besteht, dass sie von außen nur schwer beobachtbare Erfahrungen, die in einzelnen Unternehmen gesammelt werden, akkumulieren und für andere Unternehmen nutzbar machen.[178]

58

2. „Interessierter" und „nicht interessierter" Sachverstand

Zu unterscheiden vom Sachverstand i. e. S. ist auch der **„interessierte Sachverstand".**[179] Zwar gibt es keinen interessenlosen Sachverständigen, doch war der klassische Sachverständige durch die Zugehörigkeit zu einer bestimmten „professionellen Gemeinschaft" (Ärzte, Ingenieure etc.) einer gewissen informellen Kontrolle unterworfen, die durch die Ausübung der Profession überwiegend in der Form der „freien Berufe" abgestützt worden ist (und weiter abgestützt wird).[180] Durch die zunehmende Fragmentierung des Wissens büßt diese Autonomie der von professionellen Gemeinschaften angelegten Selbstkontrolle an Bedeutung ein; für manche neuere Wissenschaftsarten hat sie von vornherein keine Rolle spielen können. Davon zu unterscheiden sind aber die erwähnten „interessierten Sachverständigen", die z. B. im Verfahren der Kommentierung von Maßnahmenentwürfen der Bundesnetzagentur nach dem TKG[181] oder im Verfahren der Regulierung neuer Technologien beteiligt werden. Diese Notwendigkeit der Beteiligung des „interessierten Sachverstandes" ist auch darauf zurückzuführen, dass für viele wissenschaftliche, technologische und ökonomische Fragen kein unabhängiger Sachverstand mehr zur Verfügung steht und andererseits die Unternehmensstrategien, über die die Sachverständigen Auskunft geben, selbst so komplex gewor-

59

---

[177] Vgl. zu den Merkmalen *Scholl,* Sachverständige (Fn. 150), S. 93 ff.; *Voßkuhle,* Beratung (Fn. 138), Rn. 2.
[178] *Cohendet/Meyer-Krahmer,* Knowledge Codification (Fn. 131), S. 1563; *dies.,* Technology Policy (Fn. 151), S. 75 ff.; *Patrick Cohendet,* Knowing Communities, in: Kahin/Foray (Hrsg.), Advancing Knowledge (Fn. 151), S. 91, 93 ff.
[179] *Raimund Schütz,* Kommunikationsrecht, 2005, Rn. 881.
[180] *Cohendet/Meyer-Krahmer,* Knowledge Codification (Fn. 131), S. 1563 ff.; *dies.,* Technology Policy (Fn. 151); *Tom Schuller,* Social Capital, Networks, and Communities of Knowledge, in: Kahin/Foray (Hrsg.), Advancing Knowledge (Fn. 151), S. 75, 78.
[181] → Bd. II *Röhl* § 30 Rn. 32.

den sind, dass Regulierungsmaßnahmen ohne eine detaillierte Anhörung dieses neuen Typus von Sachverstand nicht möglich sind. Hier muss die Behörde versuchen, die Grenzen der Aufklärung und des Sachverhalts durch strukturelle Konfrontation unterschiedlicher Positionen zu lockern.[182]

3. Auswahl von Sachverständigen und Abschätzung der Selbstkontrolle der „professionellen Gemeinschaften"

60 Auch bei der Auswahl der Sachverständigen spielt die Frage eine Rolle, ob es sich um eine gut oder eine schlecht strukturierte Problemstellung handelt.[183] Bei der ersteren wird unschwer nach Reputation ausgewählt werden können. Bei der letzteren wird auch das Interesse der Verwaltung an der Entwicklung und Durchführung eines Projekts von Bedeutung sein.[184] Im Anschluss an die oben angestellten Überlegungen zu den Grenzen des auf Entwicklung angelegten Fachwissens ist diese Bindung der Auswahl von Sachverständigen an bestimmte Erwartungen weder illegitim, noch ist die Abhängigkeit des Sachverständigengutachtens von diesen Erwartungen überraschend oder gar dubios, solange die Standards der Wissenschaft[185] oder des Faches beachtet bleiben. Je nach Art des Gegenstands der Sachverständigenbewertung, der seinerseits festliegen oder entwicklungsoffen gehalten werden kann, muss auch der Gutachtenauftrag gegenständlich beschrieben werden. Die Selbstkontrolle professioneller Gemeinschaften[186] wird mit der **öffentlichen Bestellung** von Sachverständigen noch verstärkt und abgestützt. Daneben leistet eine Kontrolle durch anerkannte Methoden einen wichtigen Beitrag zur Transparenz. Für einfache Sachverhalte steht auch der Typus des privat ausgewählten Sachverständigen, dessen Gutachten aber einer bestimmten öffentlich-rechtlich durch Gesetz oder ähnlich vorgeprägten Wertung unterliegt.[187]

4. Das Verhältnis der Behörde zum Sachverständigen – Koordination der Verwaltungsaufgabe mit dem Auftrag für den Sachverständigen

61 Falls es sich um schlecht strukturierte Problemstellungen handelt, für deren Bewältigung ein Sachverständiger beauftragt wird, sollte die Behörde versuchen, durch Absprachen mit den Gutachtern die unterschiedlichen Teilfragen und die damit verbundenen Ungewissheiten zu strukturieren und die möglichen Evaluations- und Monitoring-Schritte **kooperativ** festzulegen. Auf dieser Grundlage

---

[182] Vgl. *Michael Fehling*, Kosten-Nutzen-Analysen als rechtlicher Maßstab für Verwaltungsentscheidungen, VerwArch, Bd. 95 (2004), S. 443; *Karl-Heinz Ladeur*, Rechtliche Regulierung von Informationstechnologien und Standards, CR 1999, S. 398; vgl. allg. zur Rolle des Staates als „Mediator" gesellschaftlicher Prozesse *François Moreau*, The Role of the State in Evolutionary Economics, Cambridge Journal of Economics, 2004, S. 847; zur Wissensgenerierung im telekommunikationsrechtlichen Verfahren → Bd. II *Röhl* § 30 Rn. 31 f.; allg. → Bd. II *Vesting* § 20 Rn. 50 ff., *Röhl* § 30 Rn. 24 ff.
[183] *Scholl*, Sachverständige (Fn. 150), S. 139.
[184] *Detlof v. Winterfeldt*, Expert Knowledge and Public Values. The Role of Decision Analysis, in: Sheldon Krimsky/Dominic Golding (Hrsg.), Social Theories of Risk, 1992, S. 321.
[185] Zum Stand der Wissenschaft BVerfGE 49, 89 (132 ff.); zur Kooperation von Rechtswissenschaft und anderen Wissenschaften → Bd. I *Voßkuhle* § 1 Rn. 31; 37 ff.
[186] *Cohendet/Meyer-Krahmer*, Knowledge Codification (Fn. 131), S. 1563 ff.
[187] Zur Bindungswirkung allg. *Voßkuhle*, Beratung (Fn. 138), Rn. 59; *Scholl*, Sachverständige (Fn. 150), S. 168, 244; *Nußberger*, Sachverständigenwissen (Fn. 140), S. 296 f.

sollte auch die Verantwortung so weit wie möglich geteilt werden. Die Behörde sollte eine Einschätzungsprärogative für die Übernahme einer durch die Absprache selbst strukturierten Ungewissheit in Anspruch nehmen können, nicht aber aus der Ungewissheit eine unstrukturierte Ermächtigung zur freien Entscheidung ableiten können.

5. Risiken der Beteiligung von Sachverständigen

Die Risiken der Beteiligung von Sachverständigen am Verwaltungsverfahren bestehen bei schlecht strukturierten Aufgabenstellungen einerseits darin, dass die Behörde die Verlässlichkeit eines Sachverständigengutachtens überschätzt und die mit der Modellierung von Variablen verbundenen **Ungewissheiten** in ihrer Tragweite unterschätzt. Andererseits liegt ein weiteres Risiko darin, dass die Behörde ihrerseits nicht etwa passiv zum Opfer der eigenen Leichtgläubigkeit wird, sondern umgekehrt das Sachverständigengutachten strategisch einsetzt, um Einwänden aus der Öffentlichkeit unter Rekurs auf die Objektivität des Sachverstandes entgegentreten zu können. Dies ist eine durchaus nahe liegende kurzsichtige Strategie, die aber längerfristig die Glaubwürdigkeit der Verwaltung untergraben kann. 62

VI. Besondere Erscheinungsformen des Verhältnisses von Verwaltung und Sachverstand

1. Private Selbstkontrolle

Eine im Zuge der **Privatisierung** von Staatsaufgaben häufiger eingesetzte Form des Sachverständigenauftrags besteht in der Aufsicht über die Nutzung von technischen Anlagen, Stoffen u. ä., die mit schädlichen Nebenwirkungen verbunden sind. Diese Variante ist vielfach auch Teil einer Strategie der „regulierten Selbstregulierung"[188] – das gilt z. B. für Kinofilme, über deren Verbreitung im Fernsehen (Alterskontrolle) seit dem JMStV primär durch Einrichtungen der Selbstkontrolle der Rundfunkveranstalter entschieden wird, aber auch für die Selbstkontrolle von Kinofilmen; für die ersteren können die Einrichtungen der privaten Veranstalter einen privatisierten Beurteilungsspielraum gegenüber den Aufsichtsbehörden (Kommission für Jugendmedienschutz [KJM], Landesmedienanstalten) in Anspruch nehmen. Solche Formen der Überlassung von Bewertungs- und Entscheidungsspielräumen an Private sind weniger bedenklich,[189] wenn man die Grenzen der Tragfähigkeit demokratischer Legitimationsketten realistisch in Rechnung stellt. 63

2. Abstufungen des Verhältnisses öffentlicher und privater Betätigung

Die Ergebnisse eines privaten Sachverständigengutachtens oder die Hinzuziehung eines privaten Gutachters selbst sind nur **selten unmittelbar für die Behörde bindend**. In einzelnen Gesetzen wie dem Arzneimittelgesetz (AMG) 64

---

[188] Vgl. dazu nur *Andreas Voßkuhle*, Regulierte Selbstregulierung – Zur Karriere eines Schlüsselbegriffs, DV, Beiheft 4, 2001, S. 197. S. a. → Bd. I *Fifert* § 19 Rn. 52 ff. Zur Kontrolle der Kontrolleure ebd., Rn. 92 ff.

[189] *Ladeur*, Jugendmedienschutzrecht (Fn. 96), S. 859. Vgl. a. → Bd. I *Trute* § 6 Rn. 75 ff.

wird aber dieses Verfahren der privaten Bestellung von Gutachtern sowie der weit reichenden Bindung der Behörde durch das von ihm abgegebene Gutachten statuiert. In anderen Varianten wird der Gutachter als Verwaltungshelfer oder Beliehener in die öffentliche Verwaltung eingeordnet. In manchen Fällen ist die dogmatische Einordnung zweifelhaft. Die mehr oder minder weit reichende Bindungswirkung privater Gutachter für die öffentliche Verwaltung wird im Hinblick auf das Demokratieprinzip als problematisch angesehen.[190] Dieses gilt insbesondere dann, wenn die Auswahl des Sachverständigen den Privaten überlassen bleibt.[191] Hier wäre genauer darauf abzustellen, ob es professionelle Gremien gibt, die eine gewisse Unabhängigkeit des Sachverständigen gewährleisten. Im Übrigen ist es mit der Gewährleistung der rechtlichen Legitimation der Verwaltung für die Bestellung privater Gutachter allein kaum getan, wenn die Verwaltung praktisch keinerlei eigene Wissensressourcen besitzt, die eine qualifizierte Überprüfung des Sachverständigengutachtens zulassen.

3. Öffentliche Bestellung von Sachverständigen

65   Daneben existieren wiederum in verschiedenen Abstufungen Varianten der **öffentlichen Bestellung** von Sachverständigen für bestimmte Aufgaben allgemein sowie für einzelne Verfahren.[192] Die mittelbare Bindungswirkung aufgrund des argumentativen Gewichts der Begründung im Verwaltungs- wie im Gerichtsverfahren ist im Allgemeinen zunächst abhängig von der Unabhängigkeit des Sachverständigen. Vor allem für organisierte Formen der Beurteilung bestimmter Risiken und anderer Sachfragen hat die Rechtsprechung die Kategorie des „antizipierten Sachverständigengutachtens" entwickelt.[193] Diese Einordnung setzt aber ebenfalls eine umfassende Interessenberücksichtigung und -abwägung voraus. Diese Anforderungen erfüllen die DIN-Normen nicht,[194] auch wenn das Deutsche Institut für Normung (DIN) aufgrund eines Vertrags mit der Bundesregierung inzwischen eine gewisse öffentlich-rechtliche Bindung eingegangen ist. Die vom DIN gesetzten Standards genügen diesen Anforderungen an „antizipierte Sachverständigengutachten" nicht, soweit sie nicht rein technischer Natur sind. Das Monitoring der Ergebnisse privater Sachverständigengutachten – soweit es rechtliche Wirkungen erzeugen kann wie im AMG – ist bisher nur teilweise geregelt.

4. Freiheit und Bindung der Verwaltung im Verhältnis zum Sachverständigen

66   Die **Bindung der Behörde an Sachverständigengutachten** kann sich auf unterschiedliche Weise ergeben: Sie kann nicht nur im Gesetz unmittelbar für die Behörde vorgegeben sein oder sich aus einer formellen, Entscheidungselemente (feststellender Verwaltungsakt) implizierenden Kompetenz nach außen ergeben,

---

[190] *Nußberger*, Sachverständigenwissen (Fn. 140), S. 302 f.; relativierend *Voßkuhle*, Beratung (Fn. 138), Rn. 60.
[191] Vgl. zum Fall des AMG schon *Di Fabio*, Sachverstand (Fn. 136), S. 196, 199. Zum Demokratieprinzip → Bd. I *Trute* § 6 Rn. 16.
[192] *Scholl*, Sachverständige (Fn. 150), S. 139, 244, 255.
[193] OVG NW, DVBl 1988, 153; differenzierend *Breuer*, Verwaltungsvorschriften (Fn. 136).
[194] Dazu *Voßkuhle*, Beratung (Fn. 138), Rn. 42 f.

sondern sie kann auch bei Privatgutachten, auf die die Behörde ihrerseits in unterschiedlicher Form einwirken kann (Bestellung, Anerkennung etc.), faktisch von großem Gewicht sein, weil die Infragestellung durch die Behörde damit eng begrenzt wird.[195]

VII. Funktion des Sachverständigen in der „Wissensgesellschaft"

1. Verknüpfung privaten und öffentlichen Wissens

Die Hinzuziehung speziellen Sachverstandes in Verwaltungsverfahren ist nichts Ungewöhnliches, sie bedeutet grundsätzlich keine Gefährdung der Eigenrationalität der Verwaltung. Die Verwaltung in einer liberalen Gesellschaft steht in einem ständigen Austauschprozess mit den gesellschaftlichen Akteuren, sie hat eine kooperierende, moderierende Rolle auch dann, wenn sie hoheitlich in gesellschaftliche Prozesse interveniert.[196] Sie mag zwar – wie oben beschrieben – ihre eigene Rationalität erhalten und dafür auch eine eigene Wissensbasis aufbauen, aber auch diese **kognitive Selbststeuerung** durch Gewinnung von Routinen, Erfahrungen, Wissens- und Beweisregeln kann nur kooperativ in Abstimmung auf die zu regelnden gesellschaftlichen Teilbereiche erfolgen. Dies war früher nicht anders als heute. Der Staat kann keine eigene „Staatswissenschaft" entwickeln. Zu Zeiten der klassischen liberalen Gesellschaftsordnung konnte allerdings eine relativ stabile Unterscheidung von allgemeinem, sich nur allmählich verändernden gesellschaftlichen Wissensbeständen einerseits und dem je besonderen, in den einzelnen Teilbereichen z.B. für wirtschaftliche und technische Zwecke akkumulierten besonderen Wissen unterstellt werden. Diese Wissenskonstellation schien die Interpretation zuzulassen, dass der Staat seine eigene Wissensbasis für die Beobachtung der Gesellschaft nutzen kann. Doch auch dieses allgemeine (Erfahrungs-)Wissen oder der gesetzesförmige wissenschaftliche Sachverstand war nicht Produkt der staatlichen Verwaltung i.e.S. Vor diesem Hintergrund konnte die Aufgabe von Sachverständigen relativ gut definiert werden.

67

Die Bewältigung komplexer Verwaltungsaufgaben kann jedoch nicht mehr eine relativ gut strukturierte Organisation und Ordnung des Wissens voraussetzen, wenngleich auch die Tatsache nicht zu vernachlässigen ist, dass in vielen Bereichen die tradierte Nutzung des Wissens weiter vorherrschend ist. Die Verwaltung hat sich allerdings in weitem Maße noch nicht auf die „neue Wissensordnung" eingestellt und berücksichtigt zu wenig, dass vielen komplexen Verwaltungsverfahren ein Moment des Experiments, des Entwurfs, der **Modellierung von Handlungs- und Beziehungsnetzwerken** inhärent ist und externer Sachverstand dafür anders als früher konzipiert und eingesetzt werden muss. Für solche Aufgaben muss – wie in der Vergangenheit auch, allerdings auf einer höheren Abstraktionsebene – ein kooperatives Modell des Wissensmanagements konstruiert werden,[197] das nicht eine illusionäre Sicherheit des Wissens anstrebt,

68

---

[195] *Scholl*, Sachverständige (Fn. 150), S. 168; *Voßkuhle*, Beratung, in: HStR III (Fn. 138), § 43 Rn. 59; *Nußberger*, Sachverständigenwissen (Fn. 140), S. 295 f.
[196] *Moreau*, Evolutionary Economics (Fn. 182).
[197] *Stephanie Ihringer*, Wissensmanagement: Ein Schlüsselfaktor für die Zukunftsfähigkeit von Staat und Verwaltung, Splitter. IT-Nachrichten für die Berliner Verwaltung 2002, Nr. 3, S. 4; *Hermann Hill*,

2. Sachverstand als Ressource des strategischen Wissensmanagements

69 Der Begriff der Wissensgesellschaft[198], der den Übergang der Industriegesellschaft zu einer neuen postindustriellen Gesellschaftsformation beschreiben soll, muss so verstanden werden, dass die informationellen kognitiven Komponenten der Produktion und der Entscheidung zu Lasten der material-, sach- und erfahrungsgebundenen Komponenten immer mehr an Bedeutung gewinnen. Nicht aber ergibt sich daraus, dass die Gesellschaft immer mehr weiß und deshalb immer weniger Ungewissheit bestünde – im Gegenteil! *Niklas Luhmann* spricht ironisch von der Notwendigkeit, „die Kommunikation von Nichtwissen aushalten zu können".[199] Daraus ergibt sich auch die nicht hintergehbare **Instabilität des Optionenraums der Verwaltung.** Die neuen Erscheinungsformen von Ungewissheit stellen auch die Stabilität der Trennung von normativer Festlegung und kognitiver (auch durch Sachverständige konturierte) Öffnung des Rechtssystems in Frage. Hier lässt sich aber der Bogen wieder zurückschlagen zu den Anfängen des modernen Verwaltungsrechts und der Zentralität des Verwaltungsakts: Dessen Leistung besteht nicht primär in der „richtigen Anwendung" des Rechts auf den Einzelfall, sondern in seinem Beitrag zur Schaffung von entscheidbaren „Fällen". Darüber kann Ungewissheit gebunden – nicht beseitigt – werden; auf diese Weise kann die „Eigenrationalität" der Verwaltung im strukturierten Prozessieren von Entscheidung zu Entscheidung entwickelt und stabilisiert werden. Das darf bei aller Betonung der heute erforderlichen genaueren Rekonstruktion des „Realbereichs"[200] nicht vergessen werden. Die Zukunft des Entscheidens besteht nicht in der noch besseren Begründung, in der noch ausführlicheren Berücksichtigung aller Umstände des Einzelfalls, sondern in der Suche nach einem produktiven Modus des Operierens *mit* Ungewissheit und d.h. Nichtwissen. Deshalb muss das Rechts- und Verwaltungssystem mehr und mehr zu einem strategischen Management des Entscheidens übergehen, das bei komplexen Fragestellungen nicht auf Beseitigung von Ungewissheit, sondern auf die Bereithaltung von Flexibilität für die Bewältigung des Unvorhersehbaren setzt.[201] Eine avancierte Form des **Managements von Ungewissheit** bestünde darin, Sachverständige nicht mehr nur zum „Wissensversorgen"[202] einzusetzen, sondern über die Gesellschaft und ihre Teilsysteme distribuierte kollektive Intel-

---

Wissensmanagement in Organisationen, in: ders. (Hrsg.), Staatskommunikation, Bd. 5, 1997, S. 14; *Stefan Paal/Jasminko Nova/Bernd Freisleben*, Kollektives Wissensmanagement in virtuellen Gemeinschaften, in: Peter Gendolla/Jörgen Schäfer (Hrsg.), Wissensprozesse in der Netzwerkgesellschaft, 2005, S. 119; *Eileen M. Milner*, Managing Information and Knowledge in the Public Sector, 2000, S. 65, 164 ff.

[198] Siehe auch → Bd. II *Vesting* § 20 Rn. 36 ff.

[199] *Niklas Luhmann*, Beobachtungen der Moderne, 1992, S. 176; vgl. auch *Boris Holzer/Stefan May*, Herrschaft kraft Nichtwissen. Politische und rechtliche Folgeprobleme der Regulierung neuer Risiken, Soziale Welt 2005, S. 317.

[200] → Bd. I *Voßkuhle* § 1 Rn. 29 ff.

[201] *Niklas Luhmann*, Erkenntnis als Konstruktion, 1988, S. 10, *Georges Balandier*, Le désordre, 1988, S. 55, 65; *Torsten Strulik/Matthias Kussin*, Finanzmarktregulierung und Wissenspolitik, ZfRSoz, Bd. 26 (2005), S. 101. Vgl. a. → Bd. II *Röhl* § 30 Rn. 26 ff., *Pitschas* § 42 Rn. 185 ff.

[202] *Scholl*, Sachverständige (Fn. 150), S. 104 f.

ligenz stärker in den Blick zu nehmen und deren Reflexionspotential anzuregen.[203] Erst auf dieser Grundlage kann eine eigenständige Evaluation und Selbstreflexion z.B. von regulierten Unternehmen ermöglicht werden. Ein Beispiel dafür bildet die Finanzmarktregulierung, die von einer intensiven strukturierten Kopplung zwischen Selbststeuerung und öffentlicher Intervention bestimmt ist.[204] Diese Variante bildet ein funktionales Äquivalent zur spontanen Erzeugung von Erfahrungswissen und seiner administrativen Nutzung in Verwaltungsverfahren z.B. im klassischen Ordnungsrecht. Dabei muss in Rechnung gestellt werden, dass Unternehmen oder Unternehmungsgruppen mehr und mehr aus Netzwerken überlappender wissenserzeugender Gemeinschaften bestehen,[205] die in einem kooperativen Verhältnis zueinander stehen müssen. Auch bei weniger komplexen Aufgaben muss aber die Einbettung des jeweils verfügbaren Wissens in professionelle praktische oder epistemische (wissenschaftliche) Gemeinschaften stärker berücksichtigt werden.[206] Vor allem bei neuen Formen der „Beratung", die selbst nicht auf stabile Wissensbestände zurückgreifen können,[207] wird strategische Irritation zur Selbstreflexion und Selbststimulation von Veränderungen (Unternehmens-, Organisationsberatung) möglich sein.[208]

D. Statistik

I. Geschichtliche Vorbemerkung

1. Statistik und frühneuzeitlicher Staat

Auch die Entwicklung der amtlichen Statistik ist mit dem Aufstieg des frühneuzeitlichen Staates verbunden: War die Akte das Medium der die einzelne Entscheidung prozessierenden unpersönlichen Verwaltung, so bildete sich die **Statistik als das Medium der Beschreibung** des Staates und der Gesellschaft selbst in ihren verschiedenen Erscheinungsformen heraus:[209] die Wissenschaft von der *Polizey*,[210]

70

---

[203] *Strulik/Kussin*, Finanzmarktregulierung (Fn. 201); *Karl-Heinz Ladeur*, The Financial Market Crisis – A Case of Network Failure?, in: Poul F. Kjaer/Gunther Teubner/Alberto Febbrajo (Hrsg.), Financial Crisis in Constitutional Perspective: The Dark Side of Functional Differentiation, 2011, S. 63; allg. *Karl-Heinz Ladeur*, Das Umweltrecht der Wissensgesellschaft, 1995.

[204] *Ino Augsberg/Steffen Augsberg*, Prognostische Elemente (Fn. 141), S. 290 ff.

[205] *John S. Metcalfe*, Knowledge, Understanding, and the Epistemology of Innovative Firms, in: Salvatore Rizzello (Hrsg.), Cognitive Developments in Economics, 2003, S. 193, 213.

[206] *Michel Gensollen*, Economie non rivale et communautés d'information, Réseaux 2004, Nr. 124, S. 141; *ders.*, Des réseaux aux communautés: La transformation des marchés et des hierarchies, Working Paper 2005.

[207] Die darin liegenden Risiken werden von der Verwaltung viel zu wenig beachtet. Beratung ist nicht zur Kompensation von Orientierungslosigkeit geeignet, ihre Nutzung setzt eigene strategische Fähigkeiten voraus; die Risiken der Beratung von ratlosen Verwaltungen werden deutlich bei *Thomas Leif*, Beraten und verkauft. McKinsey & Co – der große Bluff der Unternehmensberater, 2006.

[208] *Cohendet/Meyer-Krahmer*, Knowledge Codification (Fn. 131).

[209] Zu Statistiken *Alain Desrosières*, How to Make Things Which Hold Together: Social Science, Statistics and the State, in: Peter Wagner/Björn Wittrock/Richard Whitley (Hrsg.), Discourses on Society. Sociology of the Sciences Yearbook 1991, S. 195.

[210] *Bohlender*, Metamorphosen (Fn. 145); *Paolo Napoli*, Naissance de la police moderne, 2003; s.a. → Bd. I *Stolleis* § 2 Rn. 9 ff.

die beansprucht, den „Zustand eines Staates [...] von Zeit zu Zeit mit einem Blick zu übersehen",[211] arbeitete vor allem mit „Tabellen", in die die unterschiedlichen Merkmale insbesondere von Personen eingetragen wurden. Während die Statistik in einem ersten Schritt auf die Sammlung von vorfindlichen Beschreibungsmerkmalen der gesellschaftlichen „Zustände" angelegt war, so entwickelte sich daraus beizeiten die Vorstellung einer engen Verknüpfung mit den Agenden des Staates: Tabellen sind nicht mehr nachträgliche „Zusammenstellungen" von vorgefundenem Material aus Beobachtungen und Beschreibungen Dritter,[212] sondern der Staat führt im 18. Jahrhundert neue Erhebungstechniken ein, die sich vor allem am Interesse des Militärs und der staatlichen Steuererhebung orientieren.[213] Wie die Aktenführung im Einzelfall nicht nur auf die Sammlung von „Daten" zielt, sondern der unpersönliche „Vorgang" des Entscheidens prozessiert werden soll, so hat auch die Statistik die Aufgabe über die Sammlung von Informationen hinaus, die Wirklichkeit des Staates und der Gesellschaft zu „kodieren", standardisierte Merkmale und Bezugsgrößen festzustellen, die Äquivalenzen zwischen Elementen und stabile Relationierungen der Zeit erheben sollen.[214]

2. Statistik und gesellschaftliche Wissenssysteme

71   Die Statistik ist ein Ausdruck der Kooperation von Staat und Gesellschaft, die das Denken in Trennungen, das sich im 19. Jahrhundert herausbildete, relativiert. Vor allem die wirtschaftlichen Umwälzungen des 19. Jahrhunderts haben den Datenhunger des Staates, der sich immer stärker auch als Wirtschaftsförderer verstanden hat, angetrieben. Mit diesem Interesse des Staates geht auch ein methodisches Problem der Statistik einher, es wächst nämlich die Gefahr, dass mit wachsender Komplexität der statistischen Daten, die den Zufall zu bannen suchen, das Moment der *Konstruktion* **in statistischen Erhebungen** an Bedeutung gewinnt:[215] Statistiken scheinen die Möglichkeit zu versprechen, Entwicklungsschwankungen und -störungen in einer Gesellschaft, die bisher als unberechenbar und unbeherrschbar galten, als „Gruppenwahrscheinlichkeiten" erfassen zu können.[216] Der Wandel des gesellschaftlichen Wissens und die Herausbildung neuer Wissensarten geht letztlich auf die Herausbildung neuer Institutionen der „Privatrechtsgesellschaft" *(Franz Böhm),* auf den Übergang zur „Gruppengesellschaft" zwischen Staat und Privatsphäre (im Anschluss an die Herausbildung der Gesellschaft der Individuen) zurück. Private und öffentliche Versicherungen sowie die Entwicklung der Finanzmärkte wären ohne Techniken der Statistik nicht denkbar.

---

[211] *Eberhard J. W. E. v. Massow,* Anleitung zum praktischen Dienst der königlich-preußischen Justizbedienten für Referendarien, 1816, S. 141; *Vismann,* Akten (Fn. 1), S. 211.

[212] *Theodore M. Porter,* Lawless Society: Social Science and the Reinterpretation of Statistics in Germany, 1850–1880, in: Lorenz Krüger/Lorraine J. Daston/Michael Heidelberger (Hrsg.), The Probabilistic Revolution, 1987, S. 351; das deutsche Statistiksystem war bis in die Mitte des 20. Jahrhunderts in hohem Maße effizient und innovative, *J. Adam Tooze,* Statistics and the German State. 1900–1945. The making of Modern Economic Knowledge, 2001.

[213] Vgl. dazu auch *Naúm Reichesberg,* Soziale Gesetzgebung und Statistik, 1908; *Reinhold Jäckel,* Statistik und Verwaltung, 1913.

[214] Vgl. allgemein *Desrosières,* Statistics (Fn. 209); *François Ewald,* L'Etat Providence, 1986, *Theodore J. Porter,* The Rise of Statistical Thinking, 1986.

[215] *Ladeur,* Postmodern (Fn. 12), *Vec,* Normierung (Fn. 7).

[216] Vgl. allg. *Ian Hacking,* The Taming of Chance, 1990; *Kenneth J. Meier/Jeffrey L. Brudney* (Hrsg.), Applied Statistics for Public Administration, 4. Aufl. 1997.

D. Statistik

Statistiken setzen jenseits sehr einfacher Erfassungen von Daten in „Tabellen" auf eine Standardisierung und Quantifizierung von Wahrscheinlichkeitsregeln, die eine eigene Rationalität entwickeln. Zu Beginn des 19. Jahrhunderts waren quantitative statistische Informationen nur in einem begrenzten Umfang in den größten Staaten Europas verfügbar und nutzbar, weil schon die Maße und Gewichte regional zu verschieden waren.[217] Frühe Untersuchungen der Statistik zeigen, dass die Welt zunächst quantifizierbar „gemacht" werden musste,[218] bevor an den systematischen Aufbau von Statistiken gedacht werden konnte. Was heute selbstverständlich erscheint, z. B. die Einteilung der Arbeitskräfte nach bestimmten Kategorien (Arbeiter, Angestellte etc.), ist das Ergebnis einer langen Entwicklung zur Standardisierung der Bevölkerung, ohne die eine Statistik nicht auskommt. Durch Standardisierung wird – wie man formulieren könnte[219] – die Welt, die beobachtet und gemessen wird, zugleich verändert, und zwar so, dass sie zu den neuen Institutionen des Staates und der Gruppengesellschaft „passt". Man könnte sogar soweit gehen, die Herausbildung der Konzeption der „Gesellschaft" selbst für ein Produkt der Statistik zu erklären.[220] **Standardisierungen,** Vereinheitlichung von Maßen und statistische Analysen ermöglichen erst die Entwicklung eines Wissens, das für große Räume Gültigkeit beanspruchen kann, die durch persönliche Kontakte nicht mehr zusammengehalten werden können. *Alain Desrosieres* hat dafür eine Formel gefunden: die Statistik zielt auf die Technik, „how to make things which hold together".[221] Damit ist der Staat zugleich ein wichtiger Interessent für die Schaffung von „Infrastrukturen" für große Länder und Protagonist der sozialen Statistiken.[222]

3. Veränderungen der Statistik in der Moderne

Der Datenhunger des Staates kommt darin zum Ausdruck, dass eine Juris-Abfrage des Verfassers im Juni 2005 ergab, dass es weit mehr als 650 Bundesgesetze gibt, die statistische Angaben insbesondere für die Kontrolle der Wirksamkeit staatlichen Verwaltens (und der Gesetzgebung) vor allem von Privaten verlangen. Während im 19. Jahrhundert viele Behörden noch die Systematisierungen und Standardisierungen nachgezeichnet haben, die durch die Herausbildung der modernen Wirtschaft entwickelt wurden, nehmen mit den wachsenden Aufgaben des Staates die Anforderungen an **mikrostatistische Erhebungen** in den einzelnen Wirtschaftsbereichen und in solchen Handlungsbereichen zu, die von einer dauerhaften Abhängigkeit von staatlichen (Steuerungs-)Leistungen bestimmt werden (Sozialstatistiken). Damit geht partiell eine gegenläufige Entwicklung einher, die die Standardisierungseffekte der Statistiken wieder konterkarieren könnte, andererseits aber auch neue Interpretations- und Konstruktionsprobleme schafft. Wenn sich immer mehr Handlungsbereiche bilden, in denen der Staat eine aktive Rolle

---

[217] *Porter,* Statistical Thinking (Fn. 214), S. 91.
[218] *Porter,* Statistical Thinking (Fn. 214), S. 91.
[219] *Porter,* Statistical Thinking (Fn. 214), S. 92.
[220] *Porter,* Statistical Thinking (Fn. 214), S. 93.
[221] *Desrosières,* Statistics (Fn. 209).
[222] *Reichesberg,* Statistik (Fn. 213); *Daniel Schmidt,* Statistik und Staatlichkeit, 2005, S. 42 ff.; *Alexander Pinwinkler,* Amtliche Statistik, Bevölkerung und staatliche Politik in Westeuropa ca. 1850–1950, in: Peter Collin/Thomas Horstmann (Hrsg.), Das Wissen des Staates. Geschichte, Theorie und Praxis, 2004, S. 195 ff.

spielt, werden Statistiken, die auf die besonderen Probleme dieser Bereiche abgestimmt sind, immer stärker von dessen Bedürfnissen bestimmt und immer mehr an besonderen Kriterien orientiert,[223] die die Aussagekraft der statistischen Systeme untergraben. Wenn z. B. über Jahre hinweg eine Abhängigkeit von staatlichen Hilfeleistungen entstanden ist (Sozialhilfe), lassen sich die Wirkungen solcher Leistungen immer weniger beobachten und beschreiben.[224] Es entstehen dann besondere Verhaltensweisen, die sich auf einen allgemeinen Standard der Erwartungsbildung und der Verhaltensorientierung nicht mehr sinnvoll beziehen lassen. Dies gilt insbesondere für die administrative Betreuung sozialstaatlicher Klientelen, für deren „Integration" keinerlei standardisierte Beschreibung oder standardisierte Zielgröße mehr vorgegeben oder unterstellt werden kann.

II. Das Recht der Statistik

1. Bundesrecht

73   Der Bund hat nach Art. 73 Nr. 11 GG eine (ausschließliche) Gesetzgebungskompetenz für die **Statistik für Bundeszwecke;** damit ist aber die Erhebung von Daten, deren Nutzung auch den Ländern dient, nicht ausgeschlossen.[225] Durch Verabschiedung des Bundesstatistikgesetzes (BStatG) ist von dieser Kompetenz Gebrauch gemacht worden. Das Gesetz gilt nach § 1 allgemein für die Aufgaben der Bundesstatistik und ihre Organisation. Eine Besonderheit des Bundesrechts besteht darin, dass die Erhebung von Statistiken jeweils durch Gesetz bestimmt sein muss. Deshalb entsteht auch eine kaum überschaubare Fülle von gesetzlichen Vorschriften über statistische Erhebungen, die in Spezialgesetzen vorgesehen sind. Das BStatG selbst enthält in § 5 auch eine Ermächtigung, Wirtschafts- und Umweltstatistiken bei Unternehmen, Betrieben und Arbeitsstätten vorzusehen, wenn dies für bestimmte, im Zeitpunkt der Erhebung festgelegte Bundeszwecke erforderlich ist und nur ein beschränkter Personenkreis erfasst wird (§ 5 Abs. 2). Die Regierung wird außerdem ermächtigt, vorgesehene Statistiken zu modifizieren. Nach § 7 darf das statistische Bundesamt einen kurzfristig auftretenden Datenbedarf durch eine statistische Erhebung befriedigen, wenn die Statistik von einer Obersten Bundesbehörde angefordert wird. Nach § 8 ist die Aufbereitung nichtstatistischer Daten, die im Verwaltungsvollzug anfallen, durch das statistische Bundesamt zulässig. § 10 definiert die Erhebungs- und sonstigen Merkmale, die für Statistiken benötigt werden. § 12 regelt weitere Einzelheiten der Formulierung statistischer Merkmale. § 13 sieht die Führung von Adressdateien vor, die für die Durchführung statistischer Erhebungen erforderlich sind. § 13a erlaubt die Zusammenführung von Datensätzen aus Statistiken, die nach unterschiedlichen Gesetzen erhoben worden sind, soweit dies zur Generierung zusätzlicher Infor-

---

[223] Vgl. *Jürgen Schupp/Felix Büchel/Martin Diewald*, Arbeitsmarktstatistik zwischen Realität und Fiktion, 1998; allgemein zu Methodenproblemen *Joel Best*, More Damned Lies and Statistics, 2004.

[224] Vgl. zur Sozialpolitik das Beispiel von *Martin Beck*, Konzeption der neuen Jugendhilfe-Statistik, 1996; zu methodischen Problemen der öffentlichen Statistiken *Sally C. Morton/John E. Rolph* (Hrsg.), Public Policy and Statistics. Case Studies from RAND, 2000; *Meier/Brudney* (Hrsg.), Applied Statistics (Fn. 216); *Steven Kelman*, Why should Government Gather Statistics?, Journal of Official Statistics 1985, S. 361 ff.

[225] *Pieroth*, in: Jarass/Pieroth, GG, Art. 73 Rn. 26.

D. Statistik

mationen erforderlich ist. § 15 betrifft die Festlegung der Auskunftspflicht; § 16 regelt die Geheimhaltung der Einzelangaben in Statistiken. Die Vorschrift lässt die Übermittlung statistischer Daten an wissenschaftliche Einrichtungen zu. § 17 betrifft die Unterrichtungspflicht gegenüber den Befragten. § 21 verbietet aus Gründen des Datenschutzes[226] die Re-Individualisierung befragter Personen durch Zusammenführung von Datensätzen.

2. Landesrecht

Die **Landesgesetze für Statistik** sind ähnlich aufgebaut. Anzumerken ist aber, dass die Länder auch die Statistik für kommunale Zwecke regeln (z. B. § 9 StatG BW). Die Durchführung von Statistiken mit Auskunftspflicht bedarf einer Regelung durch eine Satzung auf der kommunalen Ebene, doch können im Einzelfall auch Statistiken auf Anordnung des Bürgermeisters durchgeführt werden. Einzelne Länder haben die Einrichtung von „Statistikstellen" bei den Gemeinden besonders dadurch angeregt (Bayern), dass „planungsrelevante Daten" aus Volkszählungen nur an Gemeinden übermittelt werden dürfen, die solche Statistikstellen eingerichtet haben. Auch die Durchführung von Statistiken auf der Grundlage von Satzungen ist in mehreren Ländern (Bayern: Art. 24 bay. StatG) nur zulässig, wenn zuvor eine Statistikstelle eingerichtet worden ist. Dies ist auch deshalb erforderlich, weil Vorsorge für die Einhaltung des Datenschutzes nur durch die dafür besonders eingerichteten Statistikstellen in verlässlicher Form geschaffen werden kann.[227] Auch die Gemeinden legen „Statistische Informationssysteme" an,[228] in denen die wichtigsten für die kommunale Planung und Entwicklung erforderlichen Daten „aus der Verwaltungstätigkeit und statistischen Erhebungen" zu speichern sind. Dort sind auch die im Rahmen der Verwaltungstätigkeit erhobenen Daten auf Anforderung der Statistikstelle zu sammeln. Das Gleiche gilt für Datensammlungen aus „Fachdienststellen". Daneben bestehen Statistiken, die aus Quellen und für Zwecke der Verwaltungstätigkeit einer anderen Fachdienststelle als der Statistikstelle geführt werden.[229] Die Kommunen entwickeln eigene „merkmalbezogene" Klassifizierungssysteme, mit denen die Vereinheitlichung der Datensammlung hergestellt und erhalten werden kann. Anzumerken ist, dass einzelne Länder (Baden-Württemberg) ein „Landesinformationssystem" aufgebaut haben, über das alle Statistiken miteinander verknüpft werden sollen. Die neuere Entwicklung zu einer Dezentralisierung und Vernetzung der Computernutzung muss aber nicht zum Aufbau eines einheitlichen gemeinsamen Servers führen.[230]

74

3. Vereinheitlichung der Statistik durch das Statistikregistergesetz

Auf der Grundlage einer EG-Verordnung zur innergemeinschaftlichen Koordination des Aufbaus von **Unternehmensregistern** für statistische Verwendungszwecke vom 22. Juli 1993 hat der Bund das Statistikregistergesetz be-

75

---

[226] S. a. – mit anderer Konzeption – → Bd. II *Albers* § 22.
[227] Vgl. exemplarisch für die kommunale Ebene: *Stadt Regensburg* (Hrsg.), Dienstanweisung für Statistik und Stadtforschung i. d. F. vom 1. 12. 1999, www.regensburg.de/stadtrecht/satzungen.
[228] *Regensburg* (Hrsg.), Statistik (Fn. 227), 2.3
[229] *Regensburg* (Hrsg.), Statistik (Fn. 227), 2.6.
[230] Vgl. dazu → Rn. 105 ff.

schlossen,[231] das die Vereinheitlichung der Führung von Statistiken über die Unternehmenstätigkeit bezweckt. Danach sind Daten, die der Bildung von Erhebungsmerkmalen dienen, an die statistischen Stellen zu übermitteln. Dadurch soll die wirtschaftliche Aktivität erfasst und über einen längeren Zeitraum beobachtet werden können. Hier wird deutlich, dass staatliche Register nicht nur für die aktive Verwaltungstätigkeit durch Sammlung von Informationen, die „vor die Klammer" gezogen werden und die Bearbeitung einzelner „Vorgänge" erlauben sollen von Bedeutung sind, sondern auch eine Zusammenführung bestimmter Daten erleichtern sollen, die für statistische Zwecke mit anderen besonderen Datensätzen kombiniert werden und nicht immer wieder neu erfasst werden müssen. Das einzelne Unternehmen, das Angaben für besondere statistische Zwecke machen muss, kann dann auf seine Kennnummer im Register verweisen, unter der die allgemeinen Daten über Rechtsform, Art der Wirtschaftstätigkeit etc. abgefragt werden können.

4. Statistik, Datenschutz und Gesetzesvorbehalt

76   Stellung und Organisation der Statistiken in Deutschland sind durch das erweiterte Verständnis des **Gesetzesvorbehalts**[232] unter dem Gesichtspunkt des Datenschutzes seit dem Volkszählungsurteil[233] erschwert worden: Die Flexibilität der Datenerhebung leidet darunter, dass entweder in langwierigen Gesetzesvorbereitungen besondere Statistikgesetze oder Vorschriften über die Datenerhebung in anderen Gesetzen in politischen Gremien vorstrukturiert werden müssen oder aber „Vorratsgesetze" beschlossen werden müssen, die die Grundlage für bestimmte Statistiken in allgemeiner Form regeln.

III. Methodische Verbesserung der Statistik im „Gewährleistungsstaat"

1. Statistik als Teil der „Kommunikationsinfrastruktur"

77   Gravierende Probleme gehen mit dem Übergang zur elektronischen Vereinheitlichung und Systematisierung der Statistiken einher. Eine solche Vereinheitlichung ist erforderlich, da die Durchführung der statistischen Erhebungen die Befragten (vor allem Unternehmer) belastet, aber deren kontinuierliche Verarbeitung auch die Verwaltung belastet. Vor diesem Hintergrund hat das Bundesministerium für Forschung und Bildung im Jahre 2000 eine „Kommission zur Verbesserung der informationellen Infrastruktur" (KVI) eingerichtet, deren Ziel vor allem in der Verbesserung der Statistik in Deutschland besteht. Symptomatisch ist hier die Begrifflichkeit, die die **Statistik als eine „informationelle Infrastruktur" der Verwaltung** und der Öffentlichkeit betrachtet. Auch dies ist eine Erscheinungsform der Dynamisierung der Verwaltung und der Verwaltungsentscheidungen unter dem Eindruck der zunehmenden Wissensprobleme, deren Bewältigung eine bessere Verknüpfung zwischen aktiv entscheidender Verwaltung und Datengenerierung über die Statistik verlangt. Die Kommission hat in

---

[231] Gesetz vom 16. 6. 1998 BGBl I, S. 1300.
[232] → Bd. I *Reimer* § 9 Rn. 23 ff.
[233] *BVerfGE* 65, 1.

ihrem im Jahre 2001 vorgelegten Bericht[234] Defizite vor allem bei Längsschnittanalysen gesehen. Darin schlägt sich die mangelnde Vereinheitlichung der Datenaggregation in Statistiken nieder. Ein besonderes Augenmerk wird auf die bessere Verknüpfung der „Registerdaten" mit den statistischen Anfragen gelegt.

Eine Schwäche des deutschen statistischen Systems, die die Integration in eine „informationelle Infrastruktur" der Verwaltung erschwert, besteht darin, dass die Daten, die etwa in einzelnen z. B. planerischen Verwaltungsverfahren anfallen („amtliche prozessproduzierte Daten") oder an Universitäten für die Zwecke der Bildungsstatistik sowie bei „parastaatlichen" Verwaltungsträgern (Sozialversicherung) generiert werden, nicht systematisch in die Statistiksysteme von Bund und Ländern integriert werden. Die **Standardisierung** ist bisher unzureichend gewesen. Ähnliche Integrationsprobleme stellen sich im Hinblick auf die umfangreichen Erhebungen der Bundesbank. Die Kommission konstatiert auch das verfassungsrechtliche Problem der Anpassung der Statistik an die durch die Entwicklung der Informationstechnologien veränderten Bedingungen.[235]

78

2. Statistik und Archive

Die zunehmende Integration der Verwaltungsaufgaben im Bereich der Dokumentation, die die Bildung des Begriffs „informationelle Infrastruktur" rechtfertigt, wird dadurch belegt, dass auch die Archivierung von Statistikdaten zu einem neuen Problem geworden ist. Ihre elektronische Fassung würde einerseits eine **Dynamisierung der Datenaufbereitung** in Längsschnittanalysen erlauben, andererseits bereitet auch hier unzureichende Kompatibilität der Computersysteme Probleme bei der Erhaltung der Lesbarkeit der Daten. Die Kommission macht weiter darauf aufmerksam, dass die Serviceorientierung der Statistik im Rahmen der Konzeption der „informationellen Infrastruktur" verbessert werden müsse.[236] Datenanalysen müssen auch für Forschungszwecke erleichtert werden. Die Kooperation zwischen Wissenschaft und staatlicher Statistik erweist sich bisher als schwierig. Zur Bewältigung dieser Probleme fordert die Kommission die Einrichtung eines Rates für Sozial- und Wirtschaftsdaten.[237]

79

3. Statistik, Volkszählung und die neuen administrativen Anforderungen

Die Bereitstellung statistischer Daten und Dienstleistungen gegenüber Wissenschaft und Wirtschaft müsste durch Angebote von Daten im Internet erleichtert werden. Die **neuen Möglichkeiten der Datenverarbeitung** sollen im Übrigen durch die Gesetzgebung auch ohne Zustimmung der Befragten ermöglicht werden. Die Kosten der Anonymisierung von Daten müssten im Verbund mit der Forschung von der öffentlichen Hand übernommen werden, damit nicht die Forschung mit diesen Kosten belastet werde. Datenverknüpfungen müssten eher durch die Verwaltung selbst als durch den Gesetzgeber kontrolliert werden. Dies wäre ein Element der Selbstprogrammierung der Verwaltung, das der ad-

80

---

[234] Bericht der Kommission, www.ratswd.de/download/kvi_d.pdf.
[235] KVI, Bericht (Fn. 234), S. 14.
[236] KVI, Bericht (Fn. 234), S. 16; vgl. allg. zur Bedeutung von öffentlichen Informationen und ihrer Verwertung *Jan O. Püschel*, Informationen des Staates als Wirtschaftsgut, 2006.
[237] KVI, Bericht (Fn. 234), S. 32, 41.

ministrativen Rationalität durchaus entspräche. Die Kommission empfiehlt weiter eine neue Volkszählung. Der Grund dafür ist in der stärkeren Fragmentierung der Wirtschaft und dem Übergang zu neuen dezentralen Netzwerken, Kleinunternehmen in Kooperationsverbünden u.a. Formen der Flexibilisierung in der Wirtschaft zu sehen. Auch hier zeigt sich, dass die Zunahme nicht standardisierter Verwaltungstätigkeit, die nicht durch allgemeine Normen programmiert wird, sich auch in der Veränderung des Informationsbedarfs sowie im Wandel der informationellen Infrastruktur selbst niederschlagen muss: Die Statistik hat bisher entweder mit dem „Mikrozensus" gearbeitet,[238] der eine relativ hohe Standardisierung der erfassten Merkmale voraussetzt, oder mit besonderen Statistiken, die z.B. auf besondere Register (Unternehmensregister) zurückgreifen können. Vor allem die Entwicklung neuer Lebensformen, neuer Wirtschaftsmodelle, die sich zwar relativ schnell setzen, aber gerade nicht in Bahnen verlaufen, die in den bisher gebräuchlichen statistischen Merkmalen erfasst werden, macht das Bedürfnis für eine vollständige Erfassung der Mikrodaten durch eine Volkszählung plausibel.

IV. Statistik und die Entwicklung eines privat-öffentlichen Wissenssystems

1. Die Suche nach „best practices"

81   Es hat in der Vergangenheit ein Entsprechungsverhältnis zwischen der Entwicklung des Erfahrungswissens in der Gesellschaft und der fallorientierten „unpersönlichen" Aktenführung in der Verwaltung gegeben. Die Entwicklung zu komplexeren, langfristig wirkenden und prozesshaft gestalteten Verwaltungsentscheidungen (Sozial- und Wirtschaftsverwaltung), zur Herausbildung **kooperativer privat-öffentlicher Problembearbeitung,** zu planerischen multipolaren Entscheidungen etc. kann sich nicht mehr an der Kontinuität der Erfahrung orientieren. Sie kann im Übrigen für den einzelnen Fall eine Datenfülle generieren, die weder auf konsentierte öffentliche Informationssysteme zurückgreifen noch die ad hoc entwickelten Daten wiederum in ein solches Informationssystem zurückführen kann, damit es für andere Entscheidungen zu nutzen ist. Eine systematisch aufgebaute Statistik als Teil einer „informationellen Infrastruktur" der Verwaltung könnte dazu beitragen, die Bearbeitung einzelner Entscheidungen wieder stärker mit einem offenen selbstorganisierten Informationssystem zu verknüpfen, das als eine Art öffentliches Gedächtnis fungieren kann und in dieser Rolle mit dem früheren Erfahrungswissen vergleichbar wäre. Die Verwaltung der Zukunft wird sich kaum noch primär durch allgemeine Normen und die allgemeine Erfahrung als ihr faktisches Pendant steuern lassen. Sie wird sich aber an „best practices", am bewährten Beispiel orientieren können. Der Aufbau eines dynamischen Informationssystems, das die variable Verknüpfung statistischer Daten innerhalb einer relativ einheitlichen „informationellen Infrastruktur" systematisch erlauben würde, könnte eine bessere Trennung zwischen solchen Problemen ermöglichen, für die schon „best practices" zur Verfügung stehen, und solchen Aufgaben, für die mit experimentellen Normen der Modellbildung, des Entwurfs, operiert werden müsste.

---

[238] Vgl. *BVerfGE* 27, 1.

2. Statistik und Monitoring von Verwaltungsaufgaben

Die Verbesserung von Statistiken durch größere Flexibilisierung einerseits und systematische Verknüpfung mit den Zielen der Verwaltungsentscheidungen andererseits könnte zur Abstützung der Implementation des Neuen Steuerungsmodells[239] genutzt werden. Die Aufschlüsselung von Daten z. B. auch auf Gemeindeebene, und ihre zeitliche Fortschreibung in Langzeitanalysen könnte auch das **Monitoring** von komplexen prozesshaften Verwaltungsentscheidungen begleiten. Das „New Public Management"[240] ist „ressourcen- und produktorientiert", während die Wirkung, vor allem die Realisierung komplexer Ziele jenseits einfacher gesetzlich definierter Merkmale (Erfüllung von Ansprüchen) nur begrenzt überprüft werden kann. Dazu bedürfte es eines neuen strategischen Controlling,[241] das eine Verknüpfung der „Produkthaushalte" mit globalen Zielen und der statistischen Erfassung von Wirkungen leisten könnte. Es könnte z. B. für die Evaluation komplexer Verwaltungsaufgaben wie der „Betriebsführung", der Jugendhilfe oder der Sozialhilfe genutzt werden. Eine systematische Verknüpfung könnte es ermöglichen, Relationierungsmuster zwischen Instrumenten und Zielen zu beobachten und in einer Längsschnittanalyse zu verfolgen. Wenn diese Form der Effizienzsteigerung nicht gelingt, wird es auch in Zukunft immer wieder dazu kommen, dass einzelne Verwaltungen „Modelle" entwickeln, die außer auf ihre Ziele und die eingesetzten Ressourcen nur schwer zu beschreiben und zu evaluieren sind.

3. Verbesserung der Statistiken durch Nutzung von „Verwaltungsdaten"

Wenn in Zukunft stärker die Verwaltungsdaten selbst so erhoben werden, dass sie für strategische Zwecke verwendet werden können, wird ihre Nutzung weiter zunehmen.[242] Damit werden Datenschutzprobleme aufgeworfen; dennoch wird diese Methode besonders bedeutsam sein, da sie eine enge Rückkopplung an die aktive Verwaltung zulässt. Die Grenzen der Entwicklung einer „informationellen Infrastruktur" lassen sich auch hier daran erkennen, dass die Verknüpfung von **„Verwaltungsdaten",** die mehr und mehr in den Fachverwaltungen erhoben werden, mit allgemeinen statistischen Erhebungen wiederum in einen Konflikt mit dem Gesetzesvorbehalt führen: Der Gesetzgeber hat dieses Problem mit dem Verwaltungsdatengesetz[243] zu bewältigen versucht. Danach übermitteln insbesondere die Finanzämter und die Bundesagentur für Arbeit dem statistischen Bundesamt und den statistischen Landesämtern die bei ihnen vorhandenen Daten für die Zwecke der Statistik einschließlich des Statistikregisters (§ 1). Dabei werden auch Daten der Steuerverwaltung und personenbezo-

---

[239] → Bd. I *Voßkuhle* § 1 Rn. 53 ff.
[240] Vgl. *Hermann Hill*, Neue Organisationsformen in der Staats- und Kommunalverwaltung, in: Schmidt-Aßmann/Hoffmann-Riem (Hrsg.), Verwaltungsorganisationsecht, S. 65 ff.; *ders.*, Bürgermitwirkung unter neuen Perspektiven im multimedialen Zeitalter, Jahrbuch Telekommunikation und Gesellschaft, 1999 –Media@verwaltung, S. 234; → Bd. I *Voßkuhle* § 1 Rn. 50 f.
[241] *Hill*, Organisationsformen (Fn. 240), S. 65 ff.
[242] Vgl. dazu die allg. Qualitätsstandards in der Statistik, hrsg. von den statistischen Ämtern des Bundes und der Länder, 2003; vgl. auch zu öffentlichen Daten als Wirtschaftsgut *Jan O. Püschel*, Information als Wirtschaftsgut, 2006.
[243] G vom 31. 10. 2003, BGBl I, S. 2149.

gene Sozialdaten sowie Daten der Bundesagentur für Arbeit zur Auswertung übermittelt. Diese „Verwaltungsdaten" sind für die Statistik von großer Bedeutung, zumal die Bundesrepublik über kein aktuelles Volkszählungsergebnis verfügt, das die Gesamtheit der Daten umfassen könnte, die für die Statistik von Bedeutung sind. Die Verwaltungsdaten sind in den jeweiligen Bereichen relativ vollständig, aber eben nur im Hinblick auf die begrenzten Erhebungszwecke. Vor allem dann, wenn die Verwaltung ihrerseits mehr statistische Daten für Planungszwecke benutzt und ihre eigenen Daten in eine für die statistische Wiederverwendung geeignete Form bringt,[244] könnten diese Daten für die Statistik noch wertvoller werden. Sie können auf der anderen Seite Unternehmen von der Auskunftpflicht für statistische Zwecke entlasten.

V. Ausblick

84 Resümierend lässt sich im Statistikrecht, das von der Verwaltungsrechtswissenschaft eher vernachlässigt wird, auch eine interessante Entwicklung beobachten: Statistiken werden immer stärker „dynamisiert", sie werden schneller erhoben und ihre Zwecke werden enger mit den Aufgaben der aktiven Verwaltung verknüpft. Die Statistik wird mehr und mehr zu einem Bestandteil der „informationellen Infrastruktur", innerhalb derer sie nicht mehr nur auf die Beobachtung allgemeiner Entwicklungen in der Gesellschaft eingestellt bleibt, sondern eine enge Verbindung mit komplexen, insbesondere planerischen Verwaltungsentscheidungen sucht, die auf das Zusammenwirken einer Mehrzahl von Faktoren (ex ante) zielen. Umgekehrt werden statistische Erhebungen immer mehr auch für das Monitoring der Verwaltungsentscheidungen (oder von globalen Politiken) ex post eingesetzt. Diese Entwicklung befindet sich noch in den Anfängen; sie wird zu einer Veränderung der Statistik beitragen.

E. Die elektronische Kommunikationsinfrastruktur der Verwaltung

I. Die „Kommunikationsinfrastruktur" der Verwaltung unter den Bedingungen der elektronischen Medien

1. Zum Wandel des Konzepts der „Infrastruktur"

85 Mit dem Begriff der **„Infrastruktur"** verbindet sich die Vorstellung einer relativ stabilen Basis von Ressourcen und Verbindungen,[245] die dauerhaft sind und auf deren Grundlage sich eine Vielzahl von veränderlichen Leistungen und Funktionen abwickeln lassen. Dies gilt etwa für die Verkehrsinfrastruktur, aber in einem allgemeinen Sinne auch für das Bereitstellen von Kontakten, die für jeweils besondere Produktionen und Dienstleistungen von Unternehmen genutzt und für eine Vielfalt von Spezifizierungen eingesetzt werden können. Der Begriff der Verkehrsinfrastruktur steht für alle „großen Netze"[246] wie Elektrizitäts-

---

[244] *Schulmeyer,* Städtestatistik (Fn. 123), S. 25.
[245] Vgl. allg. *Georg Hermes,* Staatliche Infrastrukturverwaltung, 1998.
[246] *Thomas P. Hughes,* Networks of Power. Electrification in Western Societies, 1993.

leitungssysteme, Flugplätze, Straßen, Eisenbahnen, aber auch für das Dienstleistungsangebot in Städten, das die Grundlage für viele Spezialisierungen der Wirtschaft bieten kann. In diesem Sinne ist das Netz der Telekommunikation zur Kommunikationsinfrastruktur eines Landes und damit auch der Verwaltung zu rechnen.[247] Auch die Leistungen der Verwaltung selbst sind in einem hohen Maße auf Kommunikationsinfrastrukturen angewiesen, die die externe wie interne behördliche Kommunikation ermöglichen.

2. Konvergenz von Technik und (administrativem) „content"

Diese Veränderung ist um so mehr für die IT-Infrastruktur des Electronic Government[248] zu konstatieren: Vor dem Hintergrund der hier angestellten Überlegungen zur Offenheit der Verknüpfungsmöglichkeiten innerhalb von Infrastrukturen lässt sich auch eine genauere Vorstellung von dem ganz anderen Charakter der **Kommunikationsinfrastruktur** gewinnen. Die eigentlichen inhaltlichen Dienste, die quantitative Steigerung der Datenverarbeitung und die qualitativen Prozesse der Wissensverknüpfung und -erzeugung lassen sich nicht unmittelbar über ein der Kommunikation dienendes „Leitungsnetz" transportieren. Die Konvergenz der inhaltlichen und der technischen Dimension führt zu einer komplexen Systemarchitektur, die über mehrere Schichten die Grundlage für das Prozessieren von Daten erzeugt. Während frühere technologische Veränderungsschübe von technischen Medien mit relativ festen Leistungsbeschreibungen bestimmt waren (Schreibmaschine, Telefon), ist die IT-Entwicklung nicht mehr dadurch charakterisiert, dass die scheinbar neutrale, in Wirklichkeit aber nur starre Technik die Möglichkeiten der Kommunikation definiert.[249] Ähnlich wie im Rundfunkrecht und im Recht der neuen Medien, aber auch im Telekommunikationsrecht lässt die Technik sehr viel mehr Optionen zu. Sie ist offen für die Orientierung an Zielen, die von inhaltlichen Anforderungen vorgegeben werden. Insbesondere die Standards und Protokolle, an die die neuen inhaltlichen Anwendungen anknüpfen müssen, lassen auch Möglichkeiten der aufgabenabhängigen Steuerung zu. Allerdings darf man sich diesen Zusammenhang nicht so vorstellen, als ob nun mehr die Verhältnisse sich umgekehrt hätten und die Technik den Inhalten untergeordnet wäre. Hierin vollzieht sich eher eine Art von „struktureller Kopplung" *(Niklas Luhmann),* die mehr Anschlüsse zwischen der variabel werdenden technischen **„Intelligenz" der Netze** und den ihrerseits variabler werdenden Vorgängen der Informationsverarbeitung auf der Seite der Anwender eröffnet.

86

In der jüngsten Vergangenheit stand die **Steigerung der technischen Leistungsfähigkeit** der Verwaltung, gemessen an Art und Zahl der Dienstleistungen, die elektronisch abgewickelt werden, ganz im Vordergrund. Von dieser Sichtweise ist auch noch die Untersuchung der EU zur Nutzung der Potenziale des Electronic Government in Europa bestimmt.[250] Die Erweiterung der Mög-

87

---

[247] Zum Begriff *Brian Kahin,* The U.S. National Information Infrastructure Initiative, in: ders./ E.J. Wilson III (Hrsg.), National Information Infrastructure Initiatives, 1997, S. 150, 157 ff.

[248] Vgl. zum Begriff auch *Thomas Groß,* Die Informatisierung der Verwaltung – Eine Zwischenbilanz auf dem Weg von der Verwaltungsautomation zum E-Government, VerwArch, Bd. 95 (2004), S. 400 ff.; → Bd. II *Britz* § 26 Rn. 1 ff.

[249] *Ladeur,* Standards (Fn. 182).

[250] Zu Großbritannien vgl. *Eileen Milner,* E-Government – Rhetoric or Reality?, in: Valerie J. Nurcombe (Hrsg.), Modernizing Government – its impact on information services, 2002, S. 45 ff.

II. Electronic Government und die Evolution der elektronischen Medien

1. Der Beginn der „elektronischen Datenverarbeitung"

88 Alle neuen Medien bilden ihre Struktur zunächst in den Darstellungsbedingungen aus, die von den älteren Medien geprägt sind: Sie behaupten sich als Steigerungsform eines anderen Mediums. Das ist für die Medien des Verwaltungsverfahrens und der Verwaltungsorganisation nicht anders: Die Einführung elektronischer Medien ist als „elektronische Datenverarbeitung" verstanden worden, die vor allem – gemessen an der modernen Bürokommunikation in den Formen der 1920er Jahre – als Verbesserung der Daten-, Speicher- und Übertragungsleistung sowie der Standardisierung wahrgenommen worden ist. Schon diese erste Phase zeigt, dass – wie in der Vergangenheit – die **„Medien" der Verwaltung** nicht neutral sind, sondern ihre Form der Bearbeitung der „Vorgänge" selbst aufprägen. Die quantitative Anfangsphase der „Computerisierung" ist inzwischen abgeschlossen, sie hat große Teile der Verwaltung, vor allem die Bearbeitung der einzelnen Entscheidungen, stark verändert. Sie ist in ihrer Bedeutung mit früheren Modernisierungsschüben vergleichbar.[253]

2. Der Übergang zu „intelligenten" IT-Systemen

89 Die zweite Welle der Nutzung von IT-Medien, die sich in der Entwicklung des Internet symbolisiert hat, hat jedoch weitaus tiefer greifende Auswirkungen auf die Verwaltung. Sie ist durch eine *qualitative* Veränderung **des Wissensprozesses** bestimmt: Ihre Erscheinungsformen sind nicht primär durch eine quantitative Steigerung der verarbeiteten Datenmengen charakterisiert. Die neuen IT-Medien entwickeln nicht nur auf der technischen Seite eine sehr viel komplexere Systemarchitektur, in der sich die relativ stabile Hardware, Betriebssysteme, die variable Software, die Standards der Interoperabilität und die einzelnen prozessierten Inhalte (Anwendungen) unterscheiden lassen.[254] Die neuen Systeme sind weiter

---

[251] *Ralf Klischewski*, Information Integration or Process Integration?, in: Roland Traunmüller (Hrsg.), Electronic Government. Third International Conference EGOV, 2004, S. 57, dort auch zur Entwicklung eines europäischen *Interoperablity Framework*, S. 59.

[252] *Joe McCrea*, Direktor der Abteilung für Knowledge Enhanced Government, in: Nurcombe (Hrsg.), Modernizing (Fn. 250), S. 15; *Martin Eifert*, Electronic Government – das Recht der elektronischen Verwaltung, 2006, S. 326.

[253] *Gregory C. Curtin/Michael H. Sommer/Veronika Vis-Sommer*, Introduction, in: dies. (Hrsg.), The World of E-Government, 2003, S. 1, 9. Zu Entwicklungsetappen vgl. a. → Bd. II Britz § 26 Rn. 15 ff.

[254] Vgl. *Ladeur*, Standards (Fn. 182); *Bruce Kahin/Janet Abbate* (Hrsg.), Standards Policy for Information Infrastructure, 1995; *Katherine Barrett/Richard Greene*, Powering up: How Public Managers Can Take Control of Information Technology, 2001, S. 43 ff.; zur gemeinsamen Software-Entwicklung

durch Rückkopplungsprozesse zwischen Technik und Inhalten ausgezeichnet: Es ist nicht mehr wie in der Vergangenheit zu unterstellen, dass das technische System invariant ist und seine Form der Verwaltung der Inhalte aufprägt, vielmehr wird die Form sehr viel stärker durchlässig für die von den Inhalten vorgegebenen Bedingungen. Der Alternativenreichtum von technischen Lösungen steigt. Eine weitere Veränderung des Wissenssystems besteht darin, dass die neuen Systeme eher dezentral angelegt sind. Es geht nicht mehr um den noch größeren Zentralcomputer, sondern um die intelligente Verknüpfung zwischen einer Vielzahl von Computern, deren Größe ihre Bedeutung als Steuerungsparameter für das System verliert. Die Intelligenz der Systeme wird variabel. Sie verteilt sich über verschiedene Ebenen und Netzwerke; sie ist nicht mehr konzentriert in dem einen großen System. Die Programme werden variabel, die Standards können jedenfalls so angelegt sein (Internet), dass immer weniger starre Vorgaben als unveränderlich (wie in der Vergangenheit) hinzunehmen sind. Die **Standards, Protokolle und Verknüpfungsregeln** werden offen und lassen mehr Variationen zu. Sie werden nicht mehr nur von den technischen Entscheidungen geprägt, die bei der Anschaffung des technischen Systems vorher festgelegt werden müssen, sondern die Systeme können unterschiedlich gestaltet und weiter variiert werden, ohne dass die Systemstruktur verändert werden muss. In der Vergangenheit hat z.B. der Vorrang der Anschaffung von Großcomputern oder die Option für bestimmte Datenverarbeitungssysteme die weiteren Nutzungsmöglichkeiten auf Jahre hinaus festgelegt und damit Risiken geschaffen – bis hin zur Bindung an einen bestimmten Hersteller oder Dienstleister und dessen Geschäftsstrategie (einschließlich des Konkursrisikos, das zugleich eine Gefährdung der Weiterentwicklung der Systeme bedeutete[255]).

3. Zwischen Zentralisierung und Dezentralisierung

Die erste Phase der „EDV" war stark von quantitativen Zielen bestimmt[256] **90** und favorisierte deshalb die **Zentralisierung von Informationssystemen.** Einige Länder haben „Landesinformationssysteme" entwickelt.[257] Zum Teil sind Landesministerien auch durch Gesetze über die Datenverarbeitung ermächtigt worden, verbindliche technische Vorgaben auch gegenüber Kommunen zu machen.[258] Die Entwicklung ist in Zusammenhang mit der „Planungseuphorie" der 1970er Jahre[259] zu verorten, der dann bald eine gewisse Ernüchterung folgte. Die Koordinierungs- und Beratungsstelle der Bundesregierung für Informationstechnik in der Bundesverwaltung (KBSt) konstatiert z.B., dass der Informationsbedarf der Verwaltung in Verflechtungsprozessen doch nicht so gewachsen sei,

---

Dimitris Apostolou u.a., Towards a Semiotically Driven Software Engineering Environment for eGovernment, in: Michael Böhlen u.a. (Hrsg.), E-Government: Towards Electronic Democracy, 2005, S. 158; → Bd. II *Britz* § 26 Rn. 9.

[255] *Barrett/Greene,* Information Technology (Fn. 254), S. 56.

[256] Vgl. → Rn. 88; *Andreas Voßkuhle,* Die Verwaltung in der Informationsgesellschaft – Informationelles verwaltungsorganisationsrecht, in: Dieter Leipold (Hrsg.), Rechtsfragen des Internet und der Informationsgesellschaft, 2003, S. 144 ff.

[257] Vgl. → Rn. 74; *Eifert,* Electronic Government (Fn. 252), S. 320.

[258] *VerfGH NRW,* DÖV 1979, S. 639 f. m. Anm. *Frido Wagener.*

[259] → Bd. I *Stolleis* § 2 Rn. 114, 117 f., Bd. II *Köck* § 37 Rn. 2 ff.

§ 21 Die Kommunikationsinfrastruktur der Verwaltung

wie das ursprünglich erwartet worden war. Dies stellte sich jedoch bald als ein vorläufiges Urteil heraus. Wie häufig in der Entwicklung neuer technischer Systeme tritt nach einer ersten Phase der raschen Verbreitung eine gewisse Ernüchterung ein, weil die Möglichkeiten des „Neuen" überschätzt worden sind. Zugleich geht aber auch der Ausbau der Technik und die Fortentwicklung ihrer Möglichkeiten weiter und setzt neue Möglichkeiten frei, für die dann ein komplexeres Umfeld vorhanden ist. Demgegenüber ist die Entwicklung von der personellen und organisatorischen Seite zunächst auf einige „early adopters" konzentriert, während sich der Kontext nur wenig verändert. Dem folgt eine Phase der Desintegration der Entwicklung,[260] die zu einer starken Verbreitung von kleinen PCs statt großer Computer führt und dann die dezentrale Kompetenz der einzelnen Verwaltungen und Entscheider steigert.

91 Die nächste Phase der Entwicklung verläuft dann „bottom up" und verlangt nach einiger Zeit eine konsistente Integration der Datensysteme. „Landesinformationssysteme" im engeren Sinne der Konzentration von Softwareentwicklung, Speicherung der Daten an einem zentralen Ort und Konzentration des Datenschutzes dürften den neuen Anforderungen der dezentralisierten flexiblen Entwicklung von Informations- und Kommunikationstechnologie nicht mehr entsprechen.[261] Stattdessen entwickeln sich auch die Informationssysteme in einer vernetzten Form als **virtuelles System,** das auf eine Vielzahl von Datenträgern, Systemebenen und Protokollen in der technologischen Architektur und dem Netzwerk der Entscheider verteilt ist. Ein solches virtuelles System benötigt größere Flexibilität. Die erste Phase der Verbreitung der Informations- und Kommunikationstechnologie ging noch von starren Systemkomponenten und -funktionen aus. Dabei waren die Funktionen des zentralen Servers, der Verbindungen und der Endpunkte (sowie deren Leistungen) vorgegeben. Mit der Ubiquität der Computerisierung wird es aber möglich, die „Intelligenz" eines Systems variabel zu distribuieren. Die **„Intelligenz" der Systeme** kann stark dezentralisiert und z.B. in Endgeräte verlagert werden, sie kann aber auch im Distributionsnetz angesiedelt werden (z.B. „intelligentes" Kabel im Kabelfernsehen), und sie kann auf einem zentralen Server gespeichert sein. Viele dieser Lösungen sind auch in der Kombination unterschiedlicher Teile möglich – ähnliches gilt für die Kommunikationsinfrastruktur der Verwaltung. Der zentrale Server (der seinerseits stärker dezentralisiert werden kann) behält seine Bedeutung im Netzwerk, aber er wird stärker für die quantitative Informationssammlung und den strukturellen Aufbau der Systemarchitektur benötigt. Die Steuerungselemente innerhalb des Systems können demgegenüber immer stärker dezentralisiert werden. Die Koordination erfolgt dann nicht mehr von einer hierarchischen Position (einem zentralen Server) aus, sondern sie ist über eine **gemeinsame Netzarchitektur** distribuiert, die ihrerseits nicht dauerhaft stabil ist, sondern von den dezentralen Ebenen aus variabel benutzt werden kann und zu Rückkopplungsprozessen wieder verändert wird. Dies ist die Leistung, die etwa durch die Standardisierung des Electronic Government erbracht wird. Der Bund und die Länder haben auf der Grundlage von Art. 91c GG den IT-Staatsvertrag insbesondere über die Er-

---

[260] *Eifert,* Electronic Government (Fn. 252), S. 320.
[261] Allgemein *Flemming Moos,* Datenschutz im E-Government: in: Detlev Kröger/Dirk Hoffmann (Hrsg.), Rechtshandbuch zum E-Government, 2005, S. 328 ff.

richtung eines IT-Planungsrates abgeschlossen, der die Standardisierung des Electronic Government erleichtern soll.²⁶²

4. Entwicklung einer neuen privat-öffentlichen Wissensbasis?

In der Epoche der Postmoderne lässt die Erzeugung von Wissen auch in der privaten Wirtschaft nicht mehr eine relativ deutliche Trennung von wissenschaftlichem Wissen, praktischer Erfahrung und dem je spezifischen „impliziten" Wissen²⁶³ oder den durch Patente aneignungsfähigen, besonderen wissensbasierten Verfahren zu. Auch hier entsprechen sich neue Wissenstypen und neue Techniken: Auch die Technik ist sehr viel weniger von bestimmten, relativ starren allgemeinen Vorgaben für die „Datenverarbeitung" bestimmt, innerhalb derer jeweils besondere Nutzungen formuliert werden können. **Medientechnik und Wissensentwicklung** entsprechen einander. Dadurch wird in der privaten Wirtschaft auch die tradierte Organisationshierarchie unterlaufen, die ebenfalls auf der stabilen Trennung von allgemeinem und besonderem Wissen basierte. Projektartig vernetzte, Ebenen übergreifende Wissensprozesse entwickeln sich heterarchisch außerhalb der tradierten hierarchischen Ordnung. Die Trennung von innen und außen wird durchlässig: Für die Unternehmen besteht nicht mehr nur die Alternative, z. B. beim Erwerb von Maschinenteilen zwischen der Option „Organisation" (Einverleiben des zuliefernden Unternehmens) und „Markt" (Kauf der einzelnen Produkte) zu unterscheiden. Stattdessen entwickeln sich neue Typen „relationaler Verträge" und Netzverträge, die dynamische Verknüpfungen jenseits der Formen des Gesellschafts- und des Vertragsrechts zulassen. Umgekehrt wird auch innerhalb der Unternehmensorganisation selbst mit dem *„re-entry"* von Erscheinungsformen des Marktes experimentiert: Einzelne Abteilungen werden innerhalb der Organisation verselbständigt, die ihre Aufgaben in einer quasi-kontraktuellen Form erledigen und nicht mehr nur auf Weisung „von oben". Zwischen konkurrierenden Unternehmen werden Vereinbarungen über „Joint Ventures" geschlossen,²⁶⁴ die bei fortbestehendem Wettbewerb auf dem Güter- und Dienstleistungsmarkt die Wissensentwicklung kollektiv organisieren (dies gilt vor allem für die Biotechnologie, sonstige High Technology etc., weil das *„trickling down"* von allgemeinem Wissen [Wissenschaft und Erfahrung] zu den besonders aneignungsfähigen Formen des Wissens [und deren Schutz durch Patente, know how etc.] nicht mehr in dem früher bekannten Maße vorausgesetzt werden kann).²⁶⁵

Ähnlich sind auch Entwicklungen wie die Verbreitung von freier Software zu erklären, die erst die Grundlage dafür schaffen, dass eine Vielzahl von Interes-

---

²⁶² Vgl. *Sönke E. Schulz/Maximilian Tallich*, Rechtsnatur des IT-Staatsvertrages und seiner Beschlüsse, NVwZ 2010, S. 1338; zu den Standards im Einzelnen: SAGA 4.0 (2008), www.cio.bund.de/cae/servlet/contentblob/77116/publicationFile/3995/saga_4_0_download.pdf (Die Beauftragte der Bundesregierung für Informationstechnik); allg. zur Bedeutung von Standards *Karl-Heinz Ladeur*, Digitalisierung des Kabelnetzes und technische Standards, CR 2005, S. 99 ff.; zu Realisierungsproblemen → Bd. II *Britz* § 26 Rn. 35.

²⁶³ → Bd. II *Vesting* § 20 Rn. 9.

²⁶⁴ *Hans-Jürgen Warnecke*, Die fraktale Fabrik, 2. Aufl. 1996; *Brian Uzzi*, Social Structure and Competition in Interfirm Networks: The Paradox of Embeddedness, Administrative Science Quarterly 1997, S. 35.

²⁶⁵ *Burkhard Nett/Volker Wulff*, Wissensprozesse in der Softwarebranche, in: Peter Gendolla/Jürgen Schäfer (Hrsg.), Wissensprozesse in der Netzwerkgesellschaft, 2005, S. 119 (128).

senten dafür neue Anwendungen dafür schreibt, und dann auch neue Geschäftsmöglichkeiten für die Entwicklung von Programmen erzeugt werden. Auf diese Weise entstehen neue Formen der **Wissensgenerierung in „virtuellen Gemeinschaften"** („cognitive communities"),[266] die zwar unterschiedliche Interessen haben, aber dennoch an der Entwicklung eines gemeinsamen „Informationspools" interessiert sind,[267] weil dieser für verschiedene Anwendungen offen ist, die ihrerseits wiederum mehr Möglichkeiten für andere Nutzer schaffen. Diese Entwicklung hat auch Konsequenzen für die Bestimmung der Komponenten des Kommunikationssystems, die zur (relativ stabil bleibenden) „Infrastruktur" zu zählen sind: Die Abgrenzungen sind nicht mehr so eindeutig wie in der Vergangenheit, wenn jetzt die „Anwendungen" („applications") immer wichtiger und vielfältiger werden und die Bedeutung der Hardware zurückgeht.[268] Innerhalb der variablen Systemarchitektur des Internet oder anderer Netzwerke mit begrenztem Teilnehmerkreis bilden sich „Wissensportale und -plattformen" heraus, die unterschiedliche „Expertengemeinschaften" verbinden.[269] Die an solche neuen „Netzwerke innerhalb von Netzwerken" adressierten Erwartungen zielen darauf, „eine Anzahl von unterschiedlichen inhaltlichen Sichtweisen auf einen ständig wachsenden und heterogenen Informationspool zu bilden und miteinander zu vernetzen".[270] Deren Aufbau erfolgt kooperativ mit dem Ziel, lernende Netzwerke zu installieren.[271]

5. Neue Wissensmanagementsysteme

94 Hier kann nur eine kurze Skizze eines generellen grundlegenden Wandels der gesellschaftlichen Wissenssysteme geliefert werden. Es ist aber zu erwarten, dass auch die Verwaltung letztlich kein anderes Wissenssystem zur Verfügung haben wird als die „Privatrechtsgesellschaft". Das hängt damit zusammen, dass auch sie immer komplexere Aufgaben bewältigen muss, die über rechtliche Normen, über „Erfahrung" oder ad hoc durchgeführte „Ermittlung" von Sachverhalten allein nicht mehr zu lösen sind. Die Komplexität der Aufgabenstruktur unterscheidet sich nicht grundlegend von derjenigen, mit denen private Organisationen konfrontiert sind. Selbstverständlich wird es auch in Zukunft große Teile der Verwaltungsagenden geben, die mit traditionellen Mitteln der Verwaltung gut beherrscht

---

[266] *Michel Gensollen*, Economie non rivale et communautés d'information (Fn. 206), S. 141; *ders.*, Des réseaux aux communautés: La transformation des marchés et des hiérarchies (Fn. 206); → Bd. II *Vesting* § 20 Rn. 38 ff; *Cohendet/Meyer-Krahmer,* Knowledge Codification (Fn. 131), S. 1563 ff.; *dies.*, Technology Policy (Fn. 151), S. 75 ff.; *Stephen Goldsmith/William D. Eggers,* Governing by Network. The New Shape of the Public Sector, 2004, S. 110.

[267] *Lucia D'Adderio*, Configuring Software, Reconfiguring Memories: The Influence of Integrated Systems on the Reproduction of Knowledge and Routines, Industrial and Corporate Change 2003, S. 321 (325).

[268] *Brian Kahin*, The U.S. National Information Infrastructure Initiative (Fn. 247), S. 173.

[269] *Nett/Wulff*, Wissensprozesse (Fn. 265), S. 128; *Darrell M. West,* Digital Government: Technology and Public Sector Performance, Princeton 2005, S. 5; *Goldsmith/Eggers*, Governing by Network (Fn. 266), S. 109.

[270] *Nett/Wulff*, Wissensprozesse (Fn. 265), S. 128; *Hanno Kube*, Neue Medien – Internet, HStR IV, § 91 Rn. 61 ff.

[271] Zu den Möglichkeiten der kooperativen Evaluation vgl. *Lasse Berntzen/Marte Winsvold*, Web-Based Tools for Policy Evaluation, in: Michael Böhlen u.a. (Hrsg.), E-Government (Fn. 254), S. 13; vgl. auch *Karl-Heinz Ladeur*, Was leistet die Netzwerkanalyse für die Verwaltungswissenschaft?, in: FS Hans P. Bull, 2011, S. 639.

werden können oder bei denen es gelingen wird, durch Vereinfachung (Computerisierung erster Ordnung) Effizienzgewinne zu erzielen. Doch auch die Verwaltung hat es in zunehmendem Maße mit komplexen Planungs- und Entwicklungsentscheidungen, mit vernetzten oder kumulativen Prozessen zu tun, die einen schwer abschätzbaren Gesamteffekt erzeugen sollen („Förderung" neuer Technologien, Hilfe für Jugendliche mit ganz unterschiedlichen Lebensprofilen, Ausbildung von Arbeitslosen etc.).[272] Auch hier wird es jenseits der Abwicklungs- und Organisationsfragen auf der Implementationsebene des Verwaltungsverfahrens darum gehen, die Komponente der Modellierung von Entwicklungsprozessen, die Beobachtung von Mustern, die Suche nach „best practices" zu ergänzen. Dazu könnten auch **öffentliche „Wissensmanagementsysteme"** beitragen, die kollektive Erschließung und den Austausch von Wissen in heterarchischen Expertengemeinschaften erlauben.[273] Dabei geht es vor allem darum, das implizite Wissen, das teils an die Praxis selbst gebunden, teils über diffuse Beziehungsnetzwerke in der Gesellschaft (oder in der Verwaltung) distribuiert ist, zu explizieren und für Modellbildungen oder für Entscheidungsmuster nutzbar zu machen. Dies ist in privaten Organisationen nicht anders,[274] und doch werden dort immer mehr Strategien des Wissensmanagements entwickelt,[275] die über Unternehmensgrenzen hinweg beispielgebend sein können. Durch eine solche auf die Verwaltung bezogene Strategie würde auch die Nutzung des „Benchmarking" als ein Verfahren der Zielkontrolle erleichtert, das bisher eher von außen an die Behörden herangetragen wird, nicht aber integrierter Bestandteil des Verwaltungshandelns ist. Ein Beispiel dafür bietet der Vergleich der Aufwendungen für Arbeitslose auf der lokalen Ebene der Bundesanstalt für Arbeit.[276] Die Verwaltung operiert ihrerseits nicht unähnlich einem privaten Unternehmen der High Technology: in **offenen „Optionsräumen"**, soweit sie komplexe Aufgaben bearbeitet, statt innerhalb eines überschaubaren Spektrums der Möglichkeiten zwischen einzelnen Entscheidungsalternativen zu wählen. Für solche notwendigerweise kreativen gestaltenden Formen der Entscheidung jenseits vorfindlicher Optionen bedarf es auch des Rückgriffs auf neue Wissensformen und -systeme. Solche avancierte Formen der Informationsgenerierung sind als Prozesse zu verstehen, die es den Nutzern erlauben, durch Interaktion neue Wissensstrukturen anzulegen. Insbesondere Methoden der künstlichen Intelligenz erlauben es z. B., interaktiv „Wissenskarten" zu aggregieren, die unterschiedliche Sichtweisen auf einen Informationspool eröffnen.[277]

---

[272] Zu neuen Verfahrenstypen s. → Bd. II *Schmidt-Aßmann* § 27 Rn. 77 ff.

[273] *Nett/Wulff*, Wissensprozesse (Fn. 265), S. 132; *Harald Mehlich*, Von der offline-Verwaltung zum eGovernment. Perspektiven für Wissensmanagement und informelle Organisation in virtuellen Verwaltungsstrukturen, in: Collin/Horstmann (Hrsg.), Wissen des Staates (Fn. 222), S. 388 ff. → Bd. II *Britz* § 26 Rn. 27 mit Fn. 125, Rn. 36 ff. Zu Europäischen Datennetzen vgl. a. → Bd. II *v. Bogdandy* § 25 Rn. 28 ff.

[274] *Georg v. Krogh/Ikujiro Nonaka*, Enabling Knowledge Creation, 2000.

[275] *Cohendet/Meyer-Krahmer*, Knowledge Codification (Fn. 131), S. 1563 ff.; *dies.*, Technology Policy (Fn. 151), S. 75 (100); für die Entwicklung und Anpassung von Organisationsrecht, das an die zu unterscheidenden „Funktionsmodi" des Wissens („Kontrolle, Koordination" vs. „Kooperation, Assistenz") anknüpft, *Peter Collin*. Ordnungsüberlegungen zum Organisationsrecht des binnenadministrativen Wissenstransfers, in: Indra Spiecker gen. Döhmann/ders. (Hrsg.), Generierung und Transfer staatlichen Wissens im System des Verwaltungsrechts, 2008, S. 136 (137).

[276] Vgl. Wirtschaftswoche Nr. 35 vom 25. 8. 2005, S. 46.

[277] *Nett/Wulff*, Wissensprozesse (Fn. 265), S. 131.

6. Private „Joint Ventures" – öffentliche „joint administrations"

95   Vor allem die innovativen Möglichkeiten der Nutzung mobiler lokaler Zugänge (Laptop, WLAN etc.) stützen diese Formen der heterarchischen Vernetzung der interaktiven Aggregierung und Strukturierung **gemeinsamer Wissenspools**.[278] Diese Überlegungen laufen darauf hinaus, eine Art „joint administration" aufzubauen, die ein Pendant zu den wissensbasierten „Joint Ventures" der privaten Wirtschaft bilden würden.[279] Es könnte dann zugleich eine Entsprechung zur Zentralisierung von Informationen durch „Register" gebildet werden, die eher die Möglichkeit der quantitativen Erfassung und Nutzung von Daten zum Ausdruck bringen. Demgegenüber käme es in Zukunft aber darauf an, organisationsübergreifende „Expertengemeinschaften" zu initiieren, die interaktiv einen gemeinsamen Wissensbestand aggregieren und mit der Entscheidungspraxis verschleifen. In Zukunft werden neue Methoden des kollektiven Wissenserwerbs und der interaktiven Bearbeitung von „Wissenslandschaften" durch „Expertengemeinschaften" auch in der Verwaltung die Möglichkeit schaffen, „Kontexte und Beziehungen zwischen unterschiedlichen Themen und Wissensbereichen zu entdecken" und für die Bewältigung komplexer Aufgaben zu nutzen. Bisher wird die grundlegende Veränderung des gesellschaftlichen Wissenssystems, das mit der Verbreitung von heterarchisch über Netzwerke distribuierten Wissens einhergeht, nur unzulänglich genutzt. Es geht nicht nur um „Informationsaustausch" unter Nutzung der elektronischen Kommunikationsmittel, sondern vielmehr um die Koordination der Durchführung komplexer Aufgaben zum Zwecke der gemeinsamen Erzeugung von Wissen z. B. in der lokalen Sozialpolitik.[280]

7. Die Bedeutung von Suchsystemen

96   Auch unterhalb der Grundsatzfragen nach einer eher offenen problemorientierten Methode des Electronic Government und eher binnenorientierten, quantitativen Herangehensweisen bilden sich Verzweigungspunkte, an denen unterschiedliche Optionen gewählt werden können. Wissensbasierte Systeme, die eine kaum überschaubare Vielfalt von Informationen verarbeiten können, sind für die Verwaltung wie für externe Nutzer nur dann praktisch brauchbar, wenn die **Suchsysteme** *(retrieval systems)* komplex und flexibel gestaltet sind und sich an

---

[278] *Arne Franz*, Mobile Kommunikation: Anwendungsbereiche und Implikationen für die öffentliche Verwaltung, 2005.
[279] *Gerhard Lutz/Gamal Moukabary*, The Challenge of Inter-Administration e-Government, in: Traunmüller (Hrsg.), Electronic Government (Fn. 251), S. 256; insbesondere zu „best practices" im Verwaltungsrecht differenzierend *David Zaring*, Best Practices, New York University Law Review 2006, S. 294, 298.
[280] *Nett/Wulff*, Wissensprozesse (Fn. 265), S. 128; vgl. zu neuen flexiblen Kooperationsformen auf kommunaler Ebene *Harald Mehlich/Bernd Hofmann*, Virtuelle Kooperation: Zukunftsperspektiven auch für Kommunen, in: Kommune 21, 7/2004, S. 12 f.; *Holger Straßheim*, Netzwerkpolitik. Governance und Wissen im administrativen Austausch, 2011, S. 13, 237; *ders./Maria Oppen*, Lernen in Städtenetzwerken, 2006, S. 54, 67; vgl. zu einem Beispiel auch *ders.*, Wissensgenerierung und Wissenstransfer in Netzwerken der lokalen Beschäftigungspolitik, in: Thomas Edeling/Werner Jann/Dieter Wagner (Hrsg.), Wissensmanagement in Politik und Verwaltung, 2004, S. 57; in den USA ist diese erweiterte, über den allgemeinen Erfahrungsaustausch hinausgehende Kooperation in der öffentlichen Verwaltung sehr viel weiter verbreitet, dazu existiert ein eigenes „social network for government": www.govloop.com, das intensiv von Verwaltungsmitarbeitern über die Kompetenzgrenzen hinaus genutzt wird; dort werden mehr als 350 „open gov projects" genannt.

Erwartungen der Nutzer anpassen können.²⁸¹ Hier zeigen sich ähnliche Probleme wie bei den Suchmaschinen im Internet. Eine nur an der Häufigkeitsverteilung orientierte Begriffsrecherche wird gerade wegen der hohen Zahl von Informationen kaum für die Verwaltung brauchbar sein. Deshalb kommt es auch hier auf die Flexibilität der sich verändernden Relevanzen an, auf die Suchsysteme eingestellt sind; diese müssen also lernfähig sein. Dazu bedarf es so genannter dynamischer Taxonomien, d.h. es bedarf des Aufbaus einer Begriffshierarchie, die nicht von vornherein fest vorgegeben ist, sondern sich an die Bedürfnisse der Benutzer anpassen kann. Dies ist auch eine Grundlage für eine produktive Kommunikation zwischen IT-Experten und Verwaltungspersonal: Ein komplexes technologisches System, das zunächst nach seinen technologischen Spezifikationen aufgebaut wird und dann von den Verwaltungsentscheidern benutzt wird, kann der Eigenkomplexität der verwaltungsinternen Entscheidungsprozesse nicht gerecht werden. Ebenso wenig ist auch die umgekehrte Verfahrensweise denkbar, weil die Veränderungen, die durch die neue Kommunikationsinfrastruktur ermöglicht werden, vorab nicht bekannt sein können.²⁸²

III. Beispiele für komplexere Modelle des Wissensmanagements

1. Informationssysteme für Gemeinderäte

Eine Variante des Wissensmanagements hat sich in Deutschland auch auf der Kommunalebene für die Verknüpfungen zwischen Gemeindeorganen und insbesondere für die Verbesserung der Kommunikation unter den Mitgliedern des Gemeinderates sowie der Kommune mit den Bürgern entwickelt.²⁸³ Ein solches System kann zunächst die Speicherung der bisherigen Protokolle, Dokumente und Zielbestimmungen bzw. -vereinbarungen im Rahmen des neuen Steuerungsmodells ermöglichen und über ein sich verbesserndes Suchsystem – unter Voraussetzung der Flexibilität und einer Basisstandardisierung der Taxonomien – die Informationsverarbeitung durch die Beteiligten verbessern. Dadurch kann auch die **Kommunikation unter den Ratsmitgliedern** allgemein oder nach Fraktionen gesteigert werden.²⁸⁴ Zusätzlich lassen sich damit Kommentierungssysteme verbinden, die es erlauben, die unterschiedlichen Positionen zu sammeln und zu systematisieren: Dazu lässt sich die Technik des **„Weblogs"** einsetzen: Damit wird eine Art Tagebuch neben dem Dokumentationsdienst gestaltet,²⁸⁵ das nach unterschiedlichen Teilnehmerkreisen (alle Ratsmitglieder, Fraktionen etc.) unterscheiden kann und die Moderation durch Dritte zulässt. Hier ließe sich auch

97

---

²⁸¹ *Giovanni M. Sacco*, No (e)Democracy without (e)Knowledge, in: Böhlen u.a. (Hrsg.), Electronic Government (Fn. 254), S. 147; zu Suchmaschinen vgl. *Jürgen Kühling*, Internetsuchmaschinen als Hüter des Wissens?, in: Schuppert/Voßkuhle (Hrsg.), Governance (Fn. 118), S. 202.
²⁸² *Sacco*, No (e-)Democracy, in: Böhlen u.a. (Hrsg.), Electronic Government (Fn. 254), S. 149; → Bd. II *Britz* § 26 Rn. 33, 37.
²⁸³ *Bernd Vöhringer*, Computergestützte Führung in Kommunalverwaltung und Politik, 2004, S. 376.
²⁸⁴ Vgl. *Jörn Richter*, Datenhighway zwischen Rat und Verwaltung – Das Ratsinformationssystem der Stadt Nordhorn, in: Hill/Klages (Hrsg.), Moderne Verwaltung (Fn. 78), S. 135 ff.
²⁸⁵ *Ann MacIntosh/Andy McKay-Hubbard/Danae Shell*, Using Weblogs to Support Local Democracy, in: Böhlen u.a. (Hrsg.), Electronic Government (Fn. 254), S. 8; allgemein *Vöhringer*, Führung (Fn. 283), S. 376 (382).

mit Links zu anderen verwandten Seiten operieren. Daran könnten wiederum politische Evaluationssysteme anschließen,[286] wenn das Kommunikationssystem im Internet installiert wird. Auf diese Weise ließe sich auch ein öffentlicher Raum schaffen, der die Blogger-„Tools" für Kommentierungen nutzt und daneben auch ein „Diskussionsforum" eröffnet. Solche Entwicklungen hängen auch von wechselseitigen Irritationen zwischen dem technischen System und den kommunikativen Bedürfnissen ab. In Kooperation mit Lokalzeitungen oder dem lokalen Hörfunk oder Fernsehen ließen sich bestimmte Schwerpunkte für die Gemeinde setzen, an die „Blogger" anknüpfen können, während die Mediation über Journalisten in privaten Medien übernommen werden könnte. Auch für die Kommunalwahlen ließen sich möglicherweise von Mediatoren gestaltete **Diskussionsforen** einrichten.[287] Das Beispiel zeigt, wie technische und inhaltliche Aspekte sich wechselseitig beeinflussen können, wenn die Technik offen gestaltet ist. Welches Interesse tatsächlich an der Steigerung der internen und externen Kommunikation in der Gemeinde besteht und welche Richtung sich dabei durchsetzt, ist vorab nur schwer zu erkennen. Wenn das technische System aber eine gewisse technikinterne Komplexität entwickelt, lassen sich neue Anwendungen sowohl nur intern aus der Verwaltung als auch extern von Interessenten (Unternehmern, Bürger etc.) vorstellen, die das System in einen Evolutionsprozess treiben.

Daneben bestehen schon heute in vielen Gemeinden allgemeine Diskussionsforen, deren Bedeutung aber nur schwer abschätzbar ist. Diese Foren sind vielfach von den anderen Kommunikationsformen noch getrennt. Die Zukunft liegt wohl eher in projektartiger Verknüpfung zwischen verschiedenen internen und externen Kommunikationsformen. Jedenfalls für öffentliche Diskussionsforen wäre auch an eine Art moderierte Diskussion zu denken: Hier könnten neutrale Moderatoren bestimmt oder gewählt werden, die die Kommunikationsstruktur und mögliche Diskussionsstränge und -formen nebeneinander zulassen und Vorschläge für die Weiterentwicklung der Technologie machen. Die Flexibilität der Technologie lässt auch die Konkurrenz unterschiedlicher Varianten von Diskussionsforen zu: So könnte es ein eher ausgewogenes „repräsentatives" Diskussionsforum geben, mit dem andere über Links verbunden wären, die stärker polarisierend und einseitig sein könnten und im Rahmen einer prozesshaften Kommunikation wieder an das „repräsentative" Forum angeschlossen werden könnten.

2. Geo-Daten-Systeme

98   Ein weiteres avanciertes wissensbasiertes Informationssystem für Gemeinden besteht in der **„Geo-Daten Infrastruktur"**, die auf kommunaler Ebene aufgebaut werden soll: Dabei geht es um die systematische Fassung aller verfügbaren raumbezogenen Informationen, die für nicht von vornherein festliegende, u.a.

---

[286] *Henner Breuer*, Kommunales statistisches Informationsmanagement mit kommunaler Marktforschung für ein strategisches Controlling, in: Hill/Klages, Moderne Verwaltung (Fn. 78), S. 41 ff.; *Berntzen/Winsvold*, Web-based Tools for Policy Evaluation, in: Böhlen u.a. (Hrsg.), Electronic Government (Fn. 254), S. 13 ff.

[287] *Karl-Heinz Ladeur*, E-Voting. Eine neue politische Institution für die Gesellschaft der Netzwerke?, in: Andreas Auer/Thomas Koller/Alexander Trechsel (Hrsg.), E-Voting. Actes du colloque informatique 2002, 2003, S. 337.

aber auch für planerische Zwecke zur Verfügung stehen könnten.²⁸⁸ Ausgangsbasis dieser Entwicklung bildet das bisherige Katasteramt, in dem standardisierte Daten über gemeindliche Räume, ihre Nutzung und ihre eigentumsrechtliche Zuordnung gespeichert sind. Die Weiterentwicklung zu einem umfassenden Geo-Daten-System würde aber über einen längeren Zeitraum und über verschiedene Verfahrensschritte und Systemebenen zu einem immer komplexer werdenden Informationssystem führen, in das alle Daten eingebaut werden können, die einen Raumbezug haben. Ein komplexeres System müsste auch die Vernetzung mit anderen Daten, z. B. mit Sozialdaten (Verteilung der Kriminalität, Verteilung von Sozialhilfe), Wirtschaftsdaten (Art und Verteilung der wirtschaftlichen Aktivitäten), Bildungsdaten etc., ermöglichen. Das System wird sich schnell so weit entwickeln, dass sein Ursprung im „Katasteramt" der Gemeinde kaum mehr erkennbar sein wird. Der Interministerielle Ausschuss für Geo-Informationswesen hat inzwischen einen Standard für die Meta-Informationen definiert, die den Austausch ermöglichen und die „Lesbarkeit" der Informationen selbst erhalten.²⁸⁹

3. Umweltinformationssysteme

Internetbasierte Kommunikationsdienste, die auf den Austausch von Wissen angelegt sind, lassen sich auch für besondere Verwaltungsbereiche entwickeln, die auf ein besonders hohes Maß an technischem Wissen angewiesen sind, das einen gemeinsamen Kern (Basiswissen) mit jeweils situativen Besonderheiten verbindet. Dies gilt insbesondere für Umweltrecht und -politik. Zwar lassen sich z. B. für Gewässer Standards der Belastung formulieren, die das Wasserrecht z. B. in § 7a WHG voraussetzt. Neben dieser verallgemeinernden Standardisierung bedarf es aber lokaler Spezifizierungen, die ihrerseits wiederum in Praktikernetzen beobachtet, kommentiert und verglichen werden können und dann für bestimmte besondere Entscheidungen respezifiziert werden müssen. Diese Form der Weitergabe horizontalen Wissens z. B. über die Auswirkungen bestimmter Stoffkombinationen, die allgemein schwer abzuschätzen ist, könnte für einzelne Bereiche der Umweltverwaltung, vor allem des stoffbezogenen Umweltrechts, aber auch für den Gewässerschutz, von großer Bedeutung sein.²⁹⁰ Auch hier käme es nicht nur darauf an, eigene verwaltungsinterne Datenbanken aufzubauen, sondern auch über ein System von Links eine Vernetzung zu ermöglichen, die zu einer wechselseitigen Irritation zwischen den einzelnen Wissenssystemen führen könnte. Auf der europäischen Ebene könnte die Europäische Umweltagentur²⁹¹ hier eine wichtige organisatorische und moderierende Rolle übernehmen. Darauf ließen sich

99

---

²⁸⁸ www.BundOnline.de; vgl. aus der Praxis der Länder *Klaus Kummer,* GeoGovernment in Sachsen-Anhalt, LKV 2004, S. 158 ff. S. a. → Bd. II *Holznagel* § 24 Rn. 54.
²⁸⁹ *Martin Eifert/Jan O. Püschel,* Electronic Government as a Challenge for Cooperation between different levels of public administration, in: dies. (Hrsg.), National Electronic Government. Comparing Governance Structures in Multi-Layer-Administrations, 2004, S. 243 (251).
²⁹⁰ *Timothy J. Sullivan u. a.,* Application of a Regionalized Knowledge-Based Model for Classifying Impacts of Nitrogen, Sulfur, and Organic Acids on lake Water Chemistry, The Knowledge Economy 2005, S. 55.
²⁹¹ *Karl-Heinz Ladeur,* The New European Agencies, WP Robert Schumann Centre, Europäisches Hochschulinstitut, 1996. → Bd. II *v. Bogdandy* § 25 Rn. 85 ff.

wiederum spezialisierte Datensysteme (DSS) aufbauen.[292] Für einzelne Stoffe oder Stoffverbindungen und bestimmte standardisierte Vorgehensweisen könnten sich durch Erfahrungsaustausch **„Expertengemeinschaften"** herausbilden. Auch diese Technik ließe sich verbinden mit verschiedenen Varianten der Kommentierung, die auch unter Beteiligung externer Organisationen oder Personen im Wissensaustausch ergänzt und verbessert werden könnten. Ansatzweise finden sich solche neuen **wissensbasierten Behördennetzwerke,** die auf koordinierte Wissenserzeugung zielen, in §§ 28, 29 GenTG und in §§ 67, 68 AMG bzw. Art. 21 ff. VO 726/2004 (Pharmakovigilanz).[293] Danach sind Daten in einer zentralen Datenbank zu sammeln, die auch kooperatives Entscheiden ermöglichen kann und soll.

100 Schließlich wäre es auf dieser Grundlage denkbar, doch für die Verwaltung wieder auf den schon früher einmal entwickelten Typus eines **„Expertensystems"** zurückzukommen,[294] der das für bestimmte Probleme gesammelte Wissen für den privaten Gebrauch individualisiert und mobilisiert (z.B. Dosierung von Schädlingsbekämpfungsmitteln für Landwirte nach Art des Bodens, Jahreszeit, Temperatur, Wetter etc.). Die dazu früher unternommenen Versuche sind nicht sehr weit gediehen, weil der Aufwand für einzelne Systeme zu groß ist.[295] Wenn sich solche mobilen Expertensysteme aber mit einem großen Datennetzwerk verbinden lassen, könnte diese Form des individualisierten, für den einzelnen privaten Entscheider zu nutzenden Expertensystems wieder an Bedeutung gewinnen. Hier zeigen sich auch neue Formen privat-öffentlicher Kommunikation, die für die modernen Informationssysteme nicht untypisch sind und nach neuen Rechtsformen verlangen.[296] Für komplexe Verwaltungsverfahren im Umweltrecht wäre auch an eine privat-öffentliche Kooperation (hier: zwischen Verwaltung und Unternehmen) zu denken, bei der die Wissenssysteme privater Entscheider miteinander verglichen und aufeinander abgestimmt werden könnten. Dies setzt allerdings voraus, dass zwischen solchen Systemen Interoperabilität besteht.[297] Die systematische Datenaufbereitung, die für eine Vielzahl von Behörden von Interesse sein wird, könnte auch dazu führen, dass hier wieder eine gewisse Waffengleichheit der Verwaltung im Verhältnis zu privaten Unternehmen erreicht wird, die über eine Vielzahl von Daten verfügen. Auf dieser Grundlage könnte es auch gelingen, das Wissen, das teilweise für hochkomplexe einzelne Entscheidungen generiert werden muss, für andere Entscheider anschlussfähig und damit allgemein nutzbar zu machen.

---

[292] *Sabine Tönsmeyer-Uzuner*, Expertensysteme in der öffentlichen Verwaltung, 2000; → Bd. II *v. Bogdandy* § 25 Rn. 95 ff.

[293] Siehe auch → Bd. II *Röhl* § 30 Rn. 25, 40 mit Fn. 166.

[294] Dazu früher sehr kritisch *Wolfgang Coy*, Entwicklung der Expertensystemtechnik, in: Hinrich Bonin (Hrsg.), Entmythologisierung von Expertensystemen, 1990, S. 29 ff.

[295] Siehe a. → Bd. II *Britz* § 26 Rn. 27.

[296] *Marga M. Groothuis*, Expert Systems in the Field of General Assistance: An Investigation into Juridical Quality, Syracuse Law Review 2002, S. 1269 ff.

[297] → Bd. II *Britz* § 26 Rn. 9, 11; vgl. zu einer europäischen Strategie: Linking up Europe: The Importance of Interoperability for eGovernment Sevices, Commission Staff Working Paper, 2003, und das Kommissionspapier The European Interoperability Framework for Pan-European eGovernment, 2004.

IV. Die Zukunftsperspektive einer vernetzten Verwaltung

1. Gemeinsame Wissenserzeugung – gemeinsame Wissensnutzung

Ein flexibel komponiertes Informationssystem der öffentlichen Verwaltung mit einer guten **kooperativ nutzbaren Wissensbasis**[298] kann für die Bewältigung komplexer Aufgaben von großer Bedeutung sein[299] und vor allem ein Lernen unter Bedingungen des schnellen Personalwechsels erlauben. Dieses Problem stellt sich auch in Einrichtungen der Forschung in großen Zentren (CERN).[300] Das dort beschäftigte hoch qualifizierte Personal wechselt häufig den Arbeitsplatz und für den Nachfolger sind viele Informationen, die in Wissensspeichern dokumentiert sind, nicht oder nicht mehr ohne weitere Informationen verständlich. Von der Beobachtung solcher Systeme kann die Verwaltung lernen; auch dort geht häufig wertvolle Information verloren, weil qualifizierte Mitarbeiter, die eine hohe Kompetenz an einzelnen Projekten erworben haben, den Arbeitsplatz wechseln, insbesondere befördert werden. Vor allem wegen der Bedeutung situativen Wissens ist dies problematisch. Damit die Informationen sich besser selbst prozessieren und ihre Erschließung sowohl von den ursprünglichen Autoren als auch von der Technik der Suche unabhängig wird, muss eine Methode der Speicherung so gestaltet werden, dass sie nicht ihre eigenen Zwänge auf die Information und ihre Recherche überträgt. Deshalb muss das hierarchische System, das entweder ein hohes Maß an Vorwissen voraussetzt oder zu viel Information produziert, ersetzt werden durch ein „Netzwerk" von Knoten zwischen Links (wie Fußnoten), die über den Text gezogen werden.[301] Für das neue Wissensmanagement ist die Liste der Links wichtiger als der Text des einzelnen „Knotens". So entsteht ein **„Hypertext"** über den Texten, der die Information in einer offenen, nicht durch ein bestimmtes System festgelegten Weise verknüpft: Dokumente enthalten dann „Hot Spots" wie hervorgehobenen Sätze oder Satzteile, die beim Anklicken aufgerufen werden oder eine eigenständige Lesart der Texte erlauben.[302] Diese Verknüpfungen sollen nicht nur innerhalb einer Datenbank möglich sein, sondern „Knoten" in verschiedenen Textbasen erschließen. Voraussetzung dafür ist ein gemeinsamer Standard.

Längerfristig ist ein **universales vernetztes Informationssystem** mit allgemeiner Zugänglichkeit und Portabilität über Speichergrenzen[303] hinweg wichtiger als die Grafiken, die heute vielfach zur Visualisierung verwendet werden, aber für den versierten Nutzer nicht viele Informationen erschließen. Hier stellen sich auch erhebliche Probleme bei der Kommunikation zwischen IT-Experten und den administrativen Entscheidern, die in den Entwurf der Systemarchitek-

---

[298] Vgl. für Großbritannien, das im Übrigen sehr viel weiter in seiner E-Government-Strategie vorangekommen ist, www.cabinetoffice.gov.uk/policy docs/e-government.
[299] Zu den verwaltungsverfahrensrechtlichen Möglichkeiten und Grenzen *Gabriele Britz*, Reaktionen des Verwaltungsverfahrensrechts auf die informationstechnischen Vernetzungen der Verwaltung, in: Hoffmann-Riem/Schmidt-Aßmann (Hrsg.), Verwaltungsverfahren, S. 213 ff.
[300] *Tim Berners-Lee*, Weaving the Web, 2000, S. 211.
[301] *Berners-Lee*, Web (Fn. 300), S. 213.
[302] *Berners-Lee*, Web (Fn. 300), S. 219.
[303] *Marleen Huysman/Volker Wulf*, The Role of Information Technology in Building and Sustaining the Relational Base o Communities, The Information Society 2005, S. 81 ff.; → Bd. II *Britz* § 26 Rn. 55.

§ 21 Die Kommunikationsinfrastruktur der Verwaltung

tur nicht ausreichend einbezogen werden. Dabei geht es aber über die technische Verknüpfung hinaus um die Herausbildung neuer Wissensnetzwerke, über die ständig neues Wissen generiert und durch Entwicklung gemeinsamer Verknüpfungsregeln („common knowledge") kommuniziert werden kann.[304]

2. Die Öffnung der Informationssysteme für die Partizipation der Bürger

103 Trotz des zu beobachtenden Wandels der Technologie und des Übergangs zu flexiblen Formen der Information und Kommunikation in Verwaltungssystemen[305] bleibt die Außenwahrnehmung des Electronic Government für die Rollen, die dem Bürger zugeschrieben werden, durch das Konzept des „Kunden" bestimmt. Die Evolution der Computernetze, die innerhalb der Verwaltung die Zuständigkeitsgrenzen durchlässig machen und ähnlich wie in der privaten Wirtschaft zu hybriden Organisations- und Beobachtungsformen führen, ließe sich später auch auf die **Formen der Beteiligung der Bürger** erstrecken.[306] Partizipation in der „offline world"[307] hat vielfach zu ernüchternden Ergebnissen geführt, weil auf der Seite der Bürger halb professionelle NGOs die Informationsbeziehungen mit der Verwaltung monopolisieren oder blockieren und die nicht organisierten Bürger eher davon abgeschreckt werden, sich auf langwierige Verhandlungs- und Beobachtungsprozesse einzulassen. Die elektronische Ablaufplanung und ihre informationstechnologische Bearbeitung und Visualisierung könnte jedoch zu einer Veränderung der Beteiligungsmöglichkeiten führen.[308] Ein elektronisches Planungsverfahren könnte vorab bestehende konsolidierte Verfahrensschritte für die Öffentlichkeitsbeteiligung offen legen und in Diskussionsforen zur Meinungsbildung stellen. Denkbar ist auch die Aufbereitung von Planungsdaten durch Computersysteme derart, dass verschiedene Alternativen durch Modellierungen durchgespielt und mit Informationen für die Bürger verknüpft werden können. Solche Planungsmodelle sind im Experiment schon durchgespielt worden: Sie sollten stärker in der Verwaltung erprobt werden. Auch hier bietet sich eine Parallele zu komplexen Formen der Problembewältigung in der privaten Wirtschaft an: Im Bereich der High-Technology wird

---

[304] *Ikujiro Nonaka/Ryoko Toyoma /Noboru Konno*, SECI, Ba and Leadership: A Unified Model of Knowledge Creation, Long Range Planning 2000, S. 5 ff.

[305] Zu Großbritannien vgl. *Eileen Milner*, E-Government – Rhetoric or Reality?, in: Valerie Nurcombe (Hrsg.), Modernizing Government (Fn. 250) S. 45 ff.

[306] Vgl. allgemein *Claus Leggewie/Christoph Bieber*, Interaktive Demokratie – Politische Online-Kommunikation und digitale Politikprozesse, Aus Politik und Zeitgeschichte, Bd. 41–42, 2001, S. 37 ff.; *Thomas Zittel*, Elektronische Demokratie – ein Demokratietypus der Zukunft?, ZfParl 2000, S. 903 ff.; in Hamburg bestehen eine Reihe von elektronisch gestützten Foren der Bürgerpartizipation, die teils staatlich, teils privat organisiert werden: So organisiert die Bürgerschaft (Landtag) eine Haushaltsdebatte online, an der sich Bürger beteiligen können (www.haushalt-hamburg.de). Daneben besteht eine private Web-Site (www.abgeordnetenwatch.de), die es ermöglicht, Abgeordneten Fragen zu stellen. Diese Seite wird auch in beachtlichem Maße genutzt; auch die befragten Abgeordneten beteiligen sich rege durch Beantwortung der Fragen. Dazu trägt möglicherweise ein Ranking bei, das die Zahl der an Abgeordnete gerichteten Fragen und der dazu gegebenen Antworten aufführt. → Bd. II *Britz* § 26 Rn. 24.

[307] Siehe dazu a. → Bd. II *Rossen-Stadtfeld* § 29.

[308] *Sabrina Idecke-Lux*, Der Einsatz von multimedialen Dokumenten bei der Genehmigung von neuen Anlagen nach dem Bundesimmissionsschutzgesetz, 2000; in theoretischer Perspektive *Birger P. Priddat*, 2nd order democracy. Politikprozesse in der Wissensgesellschaft, in: Collin/Horstmann (Hrsg.), Wissen des Staates (Fn. 222), S. 72 ff.

die Unterscheidung zwischen Kunden/Konsument (passiv) und Produzent (aktiv) wieder durchlässig. Beim Gebrauch von technologischen Produkten entsteht neues Wissen, das wiederum in die Produktion zurückgeführt werden kann. Dies ist durch Computerisierung möglich, während die Austauschfähigkeit früher eines hohen Zeitaufwandes bedurft hätte.

Ähnliche privat-öffentliche Kooperationen ließen sich in der Verwaltung auch für das Verhältnis zu Unternehmen denken: Auch dort entsteht ständig neues Wissen über die Effekte etwa von Genehmigungsentscheidungen in komplexen Produktionsverhältnissen. Diskussionsforen könnten dazu benutzt werden, Probleme bei der Nutzung anspruchsvoller Programme zu fokussieren und für bessere Informationsflüsse zu sorgen.[309]

104

3. Vom Electronic Government zum „virtuellen Staat"

Die Entwicklung des Electronic Government zum **„virtuellen Staat"**[310] geht über die Verbesserung, Beschleunigung, Verbilligung der bisherigen Leistungen und Informationen für die Verarbeitungsprozesse des Staates hinaus, die bisher den Schwerpunkt der IT-Gesetzgebung und der IT-Planungen des Bundes und der Länder ausgemacht und damit die Potentiale der Digitalisierung nur unzureichend erschlossen haben[311] Damit werden neue Organisationsphänomene möglich, die sich auch schon in den privaten Unternehmen beobachten lassen: So entwickeln sich auch jenseits der Zuständigkeit interne Kontraktualisierungen, neue Varianten der PPP und komplexer Netzwerke zwischen europäischen, internationalen und nationalen Behörden, privaten Unternehmen und non-profit-Organisationen.[312] Die jetzt in der Regierungspraxis sichtbar gewordene – wenig strukturierte – Neigung, private Beratungsagenturen mit der Beobachtung, dem Entwurf, dem Monitoring von Entscheidungsstrategien zu beauftragen, ist erst ein Vorläufer dieser neuen Entwicklung, die die Praxis der internen Flexibilisierung von Organisationen und **interorganisationaler Kooperationsformen,** z.B. durch komplexe Qualitätssicherungsvereinbarungen wie sie sich in der privaten Wirtschaft entwickeln, auch in der öffentlichen Verwaltung nachvollziehen wird. Die bei der gesteigerten Nachfrage nach Sachverständigenwissen zu beobach-

105

---

[309] *Bernd Holznagel/Andreas Grünwald/Annika Hanßmann* (Hrsg.), Elektronische Demokratie. Bürgerbeteiligung per Internet zwischen Wissenschaft und Praxis, 2001; *Herbert Kubicek/Hilmar Westholm/Martin Wind*, Stand und Perspektiven der Bürgerbeteiligung via Internet, Verwaltung & Management 2002, S. 260 ff.; *Matthias Ruffert*, eDemocracy, in: Wolfgang Bär u. a. (Hrsg.), Rechtskonformes eGovernment – eGovernmentkonformes Recht, 2005, S. 53 ff.; *Indra Spiecker gen. Döhmann*, Die informationelle Inanspruchnahme des Bürgers im Verwaltungsverfahren: Der Amtsermittlungsgrundsatz nach § 24 VwVfG, in: dies./Collin (Hrsg.), Generierung (Fn. 275), S. 196; der Bund hat inzwischen das Bürgerportalgesetz verabschiedet, das aber entgegen dem vielversprechenden Titel letztlich primär die Zuverlässigkeit der – vor allem – E-Mail-Kommunikation stärkt, vgl. *Dennis Werner/Christoph Wagner*, Bürgerportale, CR 2009, S. 310; *Thomas Warnecke*, Das Bürgerportalgesetz, MMR 2010, S. 227.

[310] *Jane F. Fountain*, Building the Virtual State. Information Technology and Institutional Change, 2001.

[311] So etwa das Programm der Bundesregierung „eGovernment 2.0" (2006) oder das erste Egovernmentgesetz eines Landes (Schleswig-Holstein, GOVBl 2009, S. 398; vgl. *Sönke E. Schulz*, Können E-Government-Gesetze den IT-Einsatz erfassen?, eGovernment 5/2010, S. 22; allg. *Hermann Hill*, Transformation der Verwaltung durch E Government, Deutsche Zeitschrift für Kommunalwissenschaften 2004, S. 17.

[312] Zu den Informationsbeziehungen im europäischen Verwaltungsverbund → Bd. II *v. Bogdandy* § 25.

§ 21 Die Kommunikationsinfrastruktur der Verwaltung

tende Tendenz, die Grenzen zwischen privaten und öffentlichen, faktischen und rechtlichen Bindungen, Information und Entscheidung zu unterlaufen, ist eine nicht mehr hintergehbare Erscheinungsform der Wissensgesellschaft,[313] in der sich nicht nur die einzelnen Optionen, sondern auch die Optionsräume ständig verändern und stabile Unterscheidungen in Frage stellen. Die Informationen und die Anschlusszwänge, die früher mit dem Aktensystem auf der Grundlage relativ stabiler hierarchischer Unterscheidungen und Kompetenzen prozessiert worden sind, können in Zukunft über variable Netzwerke zwischen Entscheidern innerhalb von Behörden, zwischen ihnen und über die Grenzen der öffentlichen Entscheidungsräume hinaus transferiert und rekodiert werden. Daran wird sichtbar, dass die bisherigen hierarchisch organisierten bürokratischen Organisationsformen, die die Zerlegung komplexer Probleme in bearbeitbare Entscheidungsvorgänge ermöglicht und abgestützt haben, von neuen integrativen Momenten überlagert werden.[314]

106 An die im früheren System abgelagerten Regeln konnten auch neue Probleme immer wieder angeschlossen werden. Die neuen vernetzt distribuierten Entscheidungsformen werden Regeln und Ordnungsmuster verlangen, deren Konstruktion erst in Umrissen zu erkennen ist. Dadurch werden auch die tradierten Prinzipien der Sachlichkeit und Neutralität des „abstrakten" Entscheidens in Frage gestellt. Der Übergang von einer sequenziellen Informationsverarbeitung zum **Parallelprozessieren von Informationen** in distribuierten Netzwerken wird sich auch in der Verwaltung vollziehen und die Bürokratie grundlegend verändern. Regeln werden dann mehr und mehr in die Anwendung von Programmen und Informationen eingeschrieben sein als in die tradierte Hierarchie von allgemeinen Regeln, Entscheidungsverfahren und Ausführungsroutinen. Auch das eher langsame Aufsichts- und Berichtswesen wird durch kontinuierliches Monitoring und schnelle Anpassung charakterisiert sein.

4. Der „virtuelle Staat" als „Netzwerkstaat"

107 Der virtuelle Staat muss ein **„Netzwerkstaat"** sein,[315] der in hohem Maße das Internet oder funktional äquivalente Intranetze für die Informationsverarbeitung nutzt. Solche heterarchischen Netzwerkstrukturen sind effektiver in der Beobachtung und Beschreibung von Umwelten, die schnellem Wandel unterliegen und mit den traditionellen Hierarchien von normativen Regeln und kognitiven Wahrscheinlichkeitsannahmen sowie etablierten Wahrnehmungsmustern nicht mehr adäquat abzubilden sind.[316] Damit nähert sich die öffentliche Verwaltung stärker an moderne Managementsysteme an, die in privaten Unternehmen schon länger vorherrschend sind.[317] Als „Privatisierung" oder „Ökonomisie-

---

[313] *Helmut Willke*, Global Governance, 2006; → Bd. II *Vesting* § 20 Rn. 36 ff.

[314] *Fountain*, Virtual State (Fn. 310), S. 48; *Herbert A. Simon*, The Many Shapes of Knowledge, Revue d'Economie Industrielle, No. 88, 153; vgl. allg. *Jochen Steinbicker*, Der Staat der Wissensgesellschaft. Zur Kompetenz des Staats in den Theorien der Wissensgesellschaft, in: Collin/Horstmann (Hrsg.), Wissen des Staates (Fn. 222), S. 90 ff.

[315] *Fountain*, Virtual State (Fn. 310), S. 70.

[316] → Bd. I *Franzius* § 4 Rn. 101. Skeptisch → Bd. II *Britz* § 26 Rn. 68, zur Enthierarchisierung s. aber auch ebd., Rn. 69.

[317] *Ikujiro Nonaka/Ryoko Toyoma*, A Firm as a Dialectical Being: Towards a Dynamic Theory of a Firm, Industrial and Corporate Change 2002, S. 995 (997, 1000).

rung" kann dies aber nicht einfach beschrieben werden, denn diese Parallele hat es auch im Verhalten der hierarchisch organisierten Großunternehmen gegeben. Das neue private Paradigma des Managements ist eher durch die Überwindung der hierarchischen internen Grenzen und externen Unterscheidungen zwischen Organisation und Markt charakterisiert, die durch Herausbildung diverser projektbezogener Relationierungen und auf Lernen angelegter Netzbildungen überlagert werden.[318] Die neue Konzeption des Unternehmens jenseits der standardisierten Massenproduktion ist bestimmt zum einen von einer Perspektive auf die sich innerhalb von internen Netzwerken entwickelnde „collection of evolving knowledge assets"[319] und zum anderen von einer Fähigkeit zur Relationierung dieser unterschiedlichen Wissenskomponenten und produktiven Operationsformen. Die jetzt vorherrschende, auch das „Neue Steuerungsmodell" beherrschende Kundenorientierung bleibt zu vordergründig und wird den neuen komplexen Aufgaben der Verwaltung nicht gerecht.[320]

5. Wiederherstellung einer gemeinsamen privat-öffentlichen Wissensbasis in netzwerkbasierten Governance-Strukturen?

Wie oben für die Nutzung von Sachverständigenwissen in Entscheidungsverfahren gezeigt,[321] zeichnet sich – unterstützt durch die größere Kapazität zur Informationsverarbeitung und die Durchlässigkeit der Grenzen zwischen öffentlichen und privaten Organisationen – die Möglichkeit ab, hybride Formen der Entscheidung über ein variables Netzwerk distribuierter **„kollektiver Intelligenz"** (z. B. für die Finanzmarktregulierung) zu konzipieren[322] und die kontextuelle Selbststeuerung von wirtschaftlichen Teilsystemen zu irritieren. Denn diese entwickeln ihrerseits eine größere Fähigkeit, längerfristige Entscheidungsprärogativen zu entwerfen, und halten dafür mehr Flexibilität bereit, an die auch die Erfüllung öffentlicher Zwecke angeschlossen werden kann. Dies gilt insbesondere für die Suche nach Risikomanagementsystemen, die die Grenzen zwischen privaten und öffentlichen Entscheidern übergreifen.[323] Auf diesem Hintergrund können auch die Konzepte des Gewährleistungs- oder des kooperativen Staates Konturen gewinnen.[324] Das Gleiche gilt für die Entwicklung des Konzepts der „Governance", was Netzwerkstrukturen an die Stelle des hierarchischen „Steuerungsdenkens" setzt und damit die stabile Unterscheidbarkeit von Steuerungssubjekt und Steuerungsobjekt aufgibt.[325] Die neue Kommunikationsinfrastruktur

---

[318] *Fountain*, Virtual State (Fn. 310), S. 81.
[319] *Nonaka/Toyoma*, Theory of a Firm (Fn. 317), S. 995 (997).
[320] *Elsenhans* u.a., Verwaltungsreform (Fn. 76); in der Perspektive der Wissensgenerierung *Alfred Reichwein*, Strategische Steuerung auf kommunaler Ebene. Neue Steuerung braucht neues Wissen, in: Collin/Horstmann (Hrsg.), Wissen des Staates (Fn. 222), S. 415 ff. Zum Neuen Steuerungsmodell → Bd. I *Voßkuhle* § 1 Rn. 53 ff.
[321] Vgl. → Rn. 54.
[322] *Strulik/Kussin*, Finanzmarktregulierung (Fn. 201).
[323] *D'Adderio*, Configuring (Fn. 267), S. 324.
[324] *Wolfgang Hoffmann-Riem*, Governance im Gewährleistungsstaat, in: Schuppert (Hrsg.), Governance-Forschung, 2005, S. 195.
[325] *Renate Mayntz*, Governance-Theorie als fortentwickelte Steuerungstheorie?, in: Gunnar Folke Schuppert (Hrsg.), Governance-Forschung, 2005, S. 11. → Bd. I *Voßkuhle* § 1 Rn. 68 f., *Schuppert* § 16 Rn. 20 ff., 134 ff.

der Verwaltung wird den Übergang zum „virtuellen Staat" abstützen. Die jetzigen Formen des Electronic Government stellen dazu nur eine Vorform dar.

Ausgewählte Literatur

Berners-Lee, Tim, Weaving the Web, San Francisco 2000.
Best, Joel, More Damned Lies and Statistics, Berkeley 2004.
Brenneke, Adolf, Archivkunde, 4. Aufl., München 1993.
Britz, Gabriele, Reaktionen des Verwaltungsverfahrensrechts auf die informationstechnischen Vernetzungen der Verwaltung, in: Hoffmann-Riem/Schmidt-Aßmann (Hrsg.), Verwaltungsverfahren, S. 213–276.
Brown, John S./Duguid, Paul, Organizational Learning and Communities of Practice: Toward a Unified View of Working, Learning and Innovation, Organization Science 1991, S. 40–57.
Brübach, Nils (Hrsg.), Der Zugang zu Verwaltungsinformationen. Transparenz als archivische Dienstleistung, Marburg 2000.
Coeuré, Sophie/Duclert, Vincent, Les Archives, Paris 2001.
Cohendet, Patrick/Meyer-Krahmer, Frieder, The Theoretical and Policy Implications of Knowledge Codification, Research Policy 2001, S. 1563–1591.
Cosmar, Immanuel K., Geschichte des königlich-preußischen Staats- und Kabinettsarchivs bis 1806, Köln 1993.
Creplet, Frédéric u.a., Consultants and Experts in Management Consulting Firms, Research Policy 2001, S. 1517–1535.
Desrosières, Alain, How to Make Things Which Hold Together: Social Science, Statistics and the State, in: Peter Wagner/Björn Wittrock/Richard Whitley (Hrsg.), Discourses on Society. The shaping of the social science disciplines, Dordrecht 1991, S. 195–218.
Eifert, Martin, Electronic Government: das Recht der elektronischen Verwaltung, Baden-Baden, 2006.
Di Fabio, Udo, Verwaltungsentscheidung durch externen Sachverstand am Beispiel des arzneimittelrechtlichen Zulassungs- und Überwachungsverfahrens, VerwArch, Bd. 81 (1990), S. 193–227.
– Risikoentscheidungen im Rechtsstaat, Tübingen 1994.
Favier, Jean, Les Archives, Paris 2001.
Fountain, Jane F., Building the Virtual State. Information Technology and Institutional Change, Washington (D.C.) 2001.
Hill, Hermann, Bürgermitwirkung unter neuen Perspektiven im multimedialen Zeitalter, Jahrbuch Telekommunikation und Gesellschaft 1999 – Media@verwaltung, S. 234–247.
– Transformation der Verwaltung durch E-Government, Deutsche Zeitschrift für Kommunalwissenschaften 2004, S. 17–47.
Hoffmann, Heinz, Behördliche Schriftgutverwaltung. Ein Handbuch für das Ordnen, Registrieren, Aussondern und Archivieren von Akten der Behörden, Boppard a. Rh. 1993.
Kahin, Brian, The U.S. National Information Infrastructure Initiative, in: ders./Ernest J. Wilson III (Hrsg.), National Information Infrastructure Initiatives, Cambridge 1996, S. 150–189.
– */Abbate, Janet* (Hrsg.), Standards Policy for Information Infrastructure, Cambridge 1995.
Ladeur, Karl-Heinz, Rechtliche Regulierung von Informationstechnologien und Standards, CR 1999, S. 398–404.
– Digitalisierung des Kabelnetzes und technische Standards, CR 2005, S. 99–106.
Loeser, Roman, Das Berichtswesen der öffentlichen Verwaltung, Baden-Baden 1991.
Lutz, Gerhard/Moukabary, Gamal, The Challenge of Inter-Administrative-Government, in: Roland Traunmüller (Hrsg.), Electronic Government. Third International Conference, EGOV, Berlin u.a. 2004, S. 256–259.
Mainz, Reinhold A./Stroetmann, Karl A., Gesundheitstelematik in Deutschland – Zur Notwendigkeit einer ergebnisoffenen Analyse, EHEALTHCOM 2/2011, S. 42–45.
Meier, Kenneth J./ Brudney, Jeffrey L. (Hrsg.), Applied Statistics for Public Administration, 4. Aufl., Fort Worth 1997.
Meisner, Heinrich O., Archivalienkunde vom 16. Jahrhundert bis 1918, Leipzig 1969.
Menne-Haritz, Angelika (Hrsg.), Online-Findbücher, Suchmaschinen und Portale, Marburg 2002.
– Geschäftsprozesse der öffentlichen Verwaltung: Grundlagen für ein Referenzmodell für elektronische Bürosysteme, Heidelberg 1999.

Ausgewählte Literatur

- Das Dienstwissen der öffentlichen Verwaltung. Wissensmanagement für kooperative Entscheidungsprozesse, Verwaltung und Management 2001, S. 198–204.

Morton, Sally C./Rolph, John E. (Hrsg.), Public Policy and Statistics. Case Studies from RAND, New York 2000.

Nett, Burkhard/Wulff, Volker, Wissensprozesse in der Softwarebranche, in: Peter Gendolla/Jürgen Schäfer (Hrsg.), Wissensprozesse in der Netzwerkgesellschaft, Bielefeld 2005, S. 147–168.

Nußberger, Angelika, Sachverständigenwissen als Determinante verwaltungsrechtlicher Einzelentscheidungen, AöR, Bd. 129 (2004), S. 282–307.

Paal, Stefan/Nova, Jasminko/Freisleben, Bernd, Kollektives Wissensmanagement in virtuellen Gemeinschaften, in: Peter Gendolla/Jörgen Schäfer (Hrsg.), Wissensprozesse in der Netzwerkgesellschaft, Bielefeld 2005, S. 119–145.

Porter, Theodore J., The Rise of Statistical Thinking, Princeton 1986.

Püschel, Jan O., Informationen des Staates als Wirtschaftsgut, Berlin 2006.

Roßnagel, Alexander (Hrsg.), Handbuch Datenschutzrecht, München 2003.

Sacco, Giovanni M., No (e-)Democracy without (e-)Knowledge, in: Michael Böhlen u.a. (Hrsg.), E-Government: Towards Electronic Democracy, Berlin u.a. 2005, S. 147–156.

Schatz, Rudolf, Behördenschriftgut, Aktenbildung, Aktenverwaltung, Archivierung, Boppard a.Rh. 1961.

Schoch, Friedrich, Informationszugangsfreiheit in Deutschland und in der Schweiz, DÖV 2006, S. 1–10.

Scholl, Patrick, Der private Sachverständige im Verwaltungsrecht, Baden-Baden 2005.

Schupp, Jürgen/Büchel, Felix/ Diewald, Martin, Arbeitsmarktstatistik zwischen Realität und Fiktion, Berlin 1998.

Schuppert, Gunnar Folke/Voßkuhle, Andreas (Hrsg.), Governance von und durch Wissen, Baden-Baden 2008.

Spiecker gen. Döhmann, Indra/Collin, Peter (Hrsg.), Generierung und Transfer staatlichen Wissens im System des Verwaltungsrechts, Tübingen 2008.

Tetlock, Philip E., Expert Political Judgment. How Good is it?, Princeton 2005.

Traunmüller, Roland (Hrsg.), Electronic Government. Third International Conference EGOV Berlin u.a. 2004.

Vec, Milos, Recht und Normierung in der industriellen Revolution, Frankfurt a.M. 2006.

Vismann, Cornelia, Akten – Medientechnik und Recht, 2. Aufl., Frankfurt a.M. 2001.

Voßkuhle, Andreas, Sachverständige Beratung des Staates, in: HStR III, § 43, S. 425–475.

Winterfeldt, Detlof v., Expert Knowledge and Public Values. The Role of Decision Analysis, in: Sheldon Krimsky/Dominic Golding (Hrsg.), Social Theories of Risk, Westport (CT) 1992, S. 321–342.

Wolf, Rainer, Der Stand der Technik. Geschichte, Strukturelemente und Funktion der Verrechtlichung technischer Risiken am Beispiel des Immissionsschutzes, Opladen 1986.

Ziekow, Jan, Public Private Partnership und Verwaltungsverfahrensrecht, in: Karl-Peter Sommermann/ders. (Hrsg.), Perspektiven der Verwaltungsforschung, Berlin 2002, S. 269–316.

§ 22 Umgang mit personenbezogenen Informationen und Daten

Marion Albers

Übersicht

	Rn.		Rn.
A. Der Umgang mit personenbezogenen Informationen und Daten als eigenständige Dimension des Verwaltens	1	a) Die Konzeption des Bundesverfassungsgerichts	58
I. Information als Grundkategorie	7	aa) Schutzbereich und Grenzen	58
1. Die Unterscheidung von Informationen und Daten	8	bb) Genese und Hintergründe	61
2. Die Strukturdimension: Das Wissen der Verwaltung	14	cc) Novellierungen und Bruchlinien	62
3. Die Prozessdimension: Verarbeitungsabläufe und -netze	19	b) Leistungen und Defizite des Rechts auf informationelle Selbstbestimmung	68
4. Bezugsebenen: Die Verwaltung als Kommunikationssystem	22	2. Inhalte und Dogmatik des Rechts auf Gewährleistung der Vertraulichkeit und Integrität informationstechnischer Systeme	68a
5. Kommunikations- und Datenverarbeitungstechniken und -netze	24	3. Gegenstandsgerechte Grundrechtsvorgaben in einer Zwei-Ebenen-Konzeption	69
II. Der Fokus personenbezogener Informationen und Daten	29	a) Mehrdimensionalität und Vielfalt der Gewährleistungsinhalte	70
III. Anforderungen an ein Recht des Umgangs mit personenbezogenen Informationen und Daten	34	aa) Rechtsbindungen und Schutzpositionen einzelner Freiheitsgewährleistungen	71
B. Europa- und verfassungsrechtliche Grundlagen	38a	bb) Rechtsbindungen und Schutzpositionen auf übergreifend-vorgelagerter Ebene	75
I. Europäisierung des Rechts des Umgangs mit personenbezogenen Informationen und Daten	38a	cc) Das Zusammenspiel in Form einer Grundrechtskooperation	83
1. Heterogenität der unionsrechtlichen Regelungsebenen und -konzeptionen	39	b) Mehrdimensionalität und Vielfalt der Regelungs- und Konkretisierungserfordernisse	84
2. Zentrale Determinanten für die mitgliedstaatliche Verwaltung	42	C. Regulierung und Gestaltung des Umgangs mit personenbezogenen Informationen und Daten	88
a) Datenschutz als Gegenstand europäischer Grundrechte	43	I. Genese und Strukturen der Datenschutzgesetze	88
b) Grundlinien sekundärrechtlicher Konzeptionen	46	II. Einsatzfelder und Systembildung	90
aa) Die EU-Datenschutzrichtlinie als allgemeines Konzept	47	1. Datenschutzrecht in der Differenz von Öffentlichem und privatem Recht	90
bb) Bereichsspezifische Muster und Perspektiven	54	2. Datenschutzrecht im Verwaltungsrecht	92
II. Informationelle Selbstbestimmung als verfassungsrechtliches Leitbild	56		
1. Inhalte und Dogmatik des Rechts auf informationelle Selbstbestimmung	58		

§ 22 Umgang mit personenbezogenen Informationen und Daten

	Rn.
3. Allgemeiner Teil und bereichsspezifische Regelungskomplexe	97
III. Ausgestaltung und Koordination der zentralen Bausteine	101
1. Systemdatenschutz als Kontextsteuerung und Kontextgestaltung	102
a) Funktionen und Anknüpfungspunkte	102
b) Verallgemeinerte Komponenten der Systemgestaltung	105
aa) Datensicherheit als Ausgangs- und Ansatzpunkt	105
bb) Grundsätze der Datenvermeidung und Datensparsamkeit	106
cc) Pflicht zum Einsatz von Anonymisierungs- und Pseudonymisierungsmöglichkeiten	109
c) Bereichsspezifische Optionen der Systemgestaltung	112
d) Von Minimierungsstrategien zum Datenschutzmanagement	114
2. Entwicklung und Gestaltung der Kommunikations- und Datenverarbeitungstechniken	115
a) Funktionen, Schichten und Instrumentarien	115
b) Rechtliche Standards datenschutzgerechter Technikgestaltung	118
3. Regulierung und Gestaltung der Verarbeitungsphasen	121
a) Phasenübergreifende Elemente: Zwecksetzungen und Erforderlichkeit	123
aa) Zweckfestlegung, Zweckbindung, Zweckänderungen	123
bb) Erforderlichkeit als Regelungselement	130

	Rn.
b) Phasendifferenzierung und phasenbezogene Elemente	134
aa) Differenzierung einzelner Phasen nach Funktionen und normativen Problemen	134
bb) Phasenbezogene Elemente im Verarbeitungsprozess	135
c) Rechtmäßigkeitsanforderungen und Rechtswidrigkeitsfolgen	141
4. Information der betroffenen Personen	146
a) Funktionen und Ebenen der Informationsrechte	146
b) Ausgestaltung und Konkretisierung von Informationsrechten	148
c) Kontrolle und Rechtsschutz	154
5. Einfluss und Partizipation der betroffenen Personen	156
a) Funktionen und Ebenen der Einflussrechte	156
b) Ausgestaltung und Konkretisierung von Einflussrechten	158
6. Gewährleistungs- und Kontrollmechanismen	161
a) Datenschutzbeauftragte als Kontroll- und Beratungsinstanz	161
b) Datenschutzaudit und Produktzertifizierung als Qualitätsgewährleistung	164
7. Koordination der Bausteine in übergreifenden Kontexten	166
IV. Recht des Umgangs mit personenbezogenen Informationen und Daten als Komponente des modernen Verwaltungsrechts	169

Leitentscheidungen

Ausgewählte Literatur

A. Der Umgang mit personenbezogenen Informationen und Daten als eigenständige Dimension des Verwaltens

Der Umgang mit Informationen und Daten gehört zu den Konstituenzien öffentlicher Verwaltung.[1] Soweit es sich um personenbezogene Informationen und Daten handelt, betrifft er – im Vergleich zu den „Informationsbeziehungen zwischen Staat und Bürgern",[2] den „Informationsbeziehungen in und zwischen Behörden"[3] oder den „Informationsbeziehungen im europäischen Verwaltungsverbund"[4] – einen spezifischen Aspekt, der durch den Schutzbedarf der Personen gekennzeichnet wird, auf die die Informationen und Daten verweisen. Reichweite und Tiefe der darin eingeschlossenen Informationsbeziehungen und Rechtsbindungen machen den „Datenschutz" trotzdem zu einer zentralen Materie des Verwaltungsrechts. Seine Gestaltung wird allerdings immer noch geprägt von seiner Genese: der Steuerung der Verarbeitung personenbezogener Daten in abgrenzbaren, aus der unmittelbaren Verwaltungskommunikation ausgegliederten Großrechenanlagen.[5] Er scheint ein Spezialgebiet zu sein, das man interessierten Experten überlassen kann. Das reale Umfeld und die normative Lage haben sich jedoch mittlerweile fundamental geändert. Der „Datenschutz" muss zu einem **Recht des Umgangs mit personenbezogenen Informationen und Daten** fortentwickelt werden, indem man ihn mit Hilfe grundlegend-übergreifender Perspektiven neu in das gesamte Verwaltungsrecht einordnet und dabei wechselwirksam beide Seiten reformiert.

Die überkommene Verwaltungsrechtsdogmatik arbeitete mit Modellen, die zur Beschreibung der Verwaltung auf die Konstruktion als „Person" zurückgriffen, den Schwerpunkt auf die „Tätigkeit" zur Erfüllung staatlicher Zwecke legten und im Staat/Bürger-Verhältnis vor allem die Verhaltens- oder Duldungsanordnungen mit ihrem spezifischen Regelungsgehalt für determinationsbedürftig hielten.[6] Handlung und Handlungsformen als Rechtsformen,[7] Entscheidung, Verfahren[8] und Organisation[9] sind danach zentrale Grundkategorien. Begriffe, wie sie in anderen Disziplinen seit langem prägend sind, nämlich Kommunikation, Wissen oder Information, waren keine Leitbegriffe des Verwaltungsrechts. Information als Form der Beobachtung und Beschreibung wurde der Entscheidung oder dem Verfahren funktional zu- und untergeordnet. Schrittweise und unter verschiedenen Aspekten hat sich dies jedoch deutlich geändert. Mittlerweile wird die Verwaltung im Anschluss an soziologische Analysen (auch) als „informationsverar-

---

[1] → Bd. II *Vesting* § 20.
[2] → Bd. II *Gusy* § 23.
[3] → Bd. II *Holznagel* § 24.
[4] → Bd. II *v. Bogdandy* § 25.
[5] Grdl. zum ursprünglichen rechtlichen Konzept *Wilhelm Steinmüller u.a.*, Grundfragen des Datenschutzes: Gutachten im Auftrag des BMI, 1971, BTDrucks VI/3826, Anl. 1, bes. S. 36 ff.
[6] Siehe etwa *Jellinek*, VerwR, S. 1 ff., bes. S. 4; *Forsthoff*, VerwR, S. 1 ff.; *Fleiner*, Institutionen des VerwR, S. 1 ff.; *Mayer*, VerwR, S. 1 ff.
[7] › Bd. II *Hoffmann Riem*, § 33 Rn. 1 ff.; *Schmidt Aßmann*, Ordnungsidee, 6. Kap. Rn. 31 ff.
[8] → Bd. II *Schmidt-Aßmann* § 27, *Schneider* § 28.
[9] → Bd. I *Groß* § 13, *Jestaedt* § 14, *Wißmann* § 15, *Schuppert* § 16.

beitendes System"¹⁰ beschrieben. Dieses neue Modell im Recht ist kein unmittelbar interdisziplinärer Erfolg. Es ist Folge der wachsenden rechtlichen Relevanz, die dem Umgang der Verwaltung mit Informationen und Daten oder mit Wissen im Zuge gesellschaftlicher Entwicklungen in verschiedenen Bereichen zukommt.¹¹

3   Der Datenschutz im engeren Sinne, der sich in seinen Ansätzen in den 1970er Jahren rechtlich etablierte, gehört zu den ursprünglich zentralen Elementen, die zur relativen Eigenständigkeit der Informationsdimension im Recht beitragen. Die Vision zentraler Großrechenanlagen hat die Ebene der Datenverarbeitung aus den unmittelbaren Handlungs- und Entscheidungszusammenhängen herausgelöst und die Aufmerksamkeit auf die Verarbeitungsprozesse als solche gelenkt.¹² Gegenüber der anfänglichen Beschränkung auf die automatische Datenverarbeitung ist der Anwendungsbereich der Datenschutzvorschriften inzwischen erheblich erweitert worden, ohne dass das Verhältnis zu traditionellen Informationsnormen angemessen geklärt wäre. Zeitlich parallel, aber in anderen Diskussionszusammenhängen hat die Aufwertung der Verfahrensdimension gegenüber der abschließenden Verwaltungsentscheidung das Interesse für die Kommunikations- und Informationsprozesse geweckt.¹³ Bot der Verfahrensbegriff zunächst noch einen diesen Prozessen übergeordneten Rahmen, rücken die Informations- und Wissensproduktion im Kontext komplexer Verwaltungsaufgaben oder der Bewältigung von Risiken immer stärker in den Vordergrund und beeinflussen selbst das Verfahrensverständnis.¹⁴ In ähnlicher Weise wird die Verwaltungsorganisation als „informationelle Organisation" rekonstruiert.¹⁵ In-

---

¹⁰ Zu den in der Soziologie geradezu „klassischen" Sehweisen vgl. nur *Niklas Luhmann*, Organisation und Entscheidung, 2. Aufl. 2006, S. 56 ff. Vgl. außerdem etwa *Rainer Pitschas*, Verwaltungsverantwortung und Verwaltungsverfahren, 1990, S. 28; *Eberhard Schmidt-Aßmann*, Verwaltungsorganisationsrecht als Steuerungsressource – Einleitende Problemskizze, in: Schmidt-Aßmann/Hoffmann-Riem (Hrsg.), Verwaltungsorganisationsrecht, S. 9 (37). S. auch *Wolff/Bachof*, VerwR III, 4. Aufl. 1978, § 156 Rn. 1. → Bd. II *Vesting* § 20 Rn. 1 ff., *Schmidt-Aßmann* § 27 Rn. 1.
¹¹ Die Entwicklung zur „Informationsgesellschaft" ist nicht allein als Wandel der „Industrie-" oder der „Dienstleistungsgesellschaft" oder als Korrelat neuer Techniken zu verstehen. Zu den verschiedenen Erklärungsansätzen *Jochen Steinbicker*, Zur Theorie der Informationsgesellschaft, 2. Aufl. 2011, S. 7 ff.; *Frank Webster*, Theories of the Information Society, 3. Aufl. 2006, S. 8 ff.; *ders.* (Hrsg.), The Information Society Reader, 2004, passim; *Hans-Dieter Kübler*, Mythos Wissensgesellschaft, 2. Aufl. 2009, S. 65 ff. Die „Informationsgesellschaft" ist als Selbstbeschreibung der Gesellschaft vor allem eine Folge funktionaler Differenzierung, der daraus resultierenden Polykontexturalität und der hinsichtlich gesellschaftlicher Entwicklungen insgesamt zunehmenden Rolle von Informationen und Wissen. Entsprechend vielfältig gestaltet sich deren wachsende rechtliche Relevanz. S.a. → Bd. II *Vesting* § 20 Rn. 36 f.
¹² Zur bereits sehr differenzierten „klassischen" Diskussion um den Datenschutz *Marion Albers*, Informationelle Selbstbestimmung, 2005, S. 113 ff.
¹³ Siehe etwa *Albert v. Mutius*, Verwaltungsverfahrensrecht, in: HÖV I, S. 223 (226 ff.); *Pitschas*, Verwaltungsverantwortung (Fn. 10), S. 28 ff. Vgl. → Bd. II *Schmidt-Aßmann* § 27 Rn. 46.
¹⁴ → Bd. II *Röhl* § 30 Rn. 24 ff. Zum Umgang mit Ungewissheit *Ivo Appel*, Rechtliche Strategien im Umgang mit Ungewissheit, in: Alexander Ruch (Hrsg.), Recht und neue Technologien, 2004, S. 123 (123 ff.); *Arno Scherzberg*, Wissen, Nichtwissen und Ungewissheit im Recht, in: Christoph Engel/Jost Halfmann/Martin Schulte (Hrsg.), Wissen – Nichtwissen – Unsicheres Wissen, 2002, S. 113 (114 ff.); *ders.*, Risikosteuerung durch Verwaltungsrecht: Ermöglichung oder Begrenzung von Innovationen?, VVDStRL Bd. 63 (2004), S. 214 (245 ff.); *Marion Albers*, Risikoregulierung im Bio-, Gesundheits- und Medizinrecht, in: dies. (Hrsg.), Risikoregulierung im Bio-, Gesundheits- und Medizinrecht, 2011, S. 9 (bes. 18 ff.).
¹⁵ *Arno Scherzberg*, Die öffentliche Verwaltung als informationelle Organisation, in: Hoffmann-Riem/Schmidt-Aßmann (Hrsg.), Informationsgesellschaft, S. 195 (196 ff.); *Andreas Voßkuhle*, Die

A. Der Umgang mit personenbezogenen Informationen

ternet, Electronic Government[16] oder Digital Governance[17] ziehen neue Kommunikations-, Informations- und Datenverarbeitungsformen der Verwaltung mit einem eigenständigen Regulierungsbedarf nach sich. Informationsbeziehungen zwischen Staat und Bürger werden im Zuge des Wandels staatlicher Öffentlichkeitsarbeit[18] ebenso reformiert wie durch den Prinzipienwechsel zu einem allgemeinen Zugang zu Verwaltungsdokumenten,[19] der zugleich die Organisation des Wissens der Verwaltung grundlegend verändern wird.

Diesen unterschiedlichen Entwicklungslinien folgt die Suche nach einem übergreifenden Konzept. Der Datenschutz wird zu einem darin einzuordnenden Teilelement und infolgedessen seinerseits von der Gestalt des übergreifenden Konzepts beeinflusst. Prominente Paradigmata sind die „Informationsordnung"[20] oder das „Informationsverwaltungsrecht".[21] Sie werden allerdings nicht einheit- 4

Verwaltung in der Informationsgesellschaft – Informationelles Verwaltungsorganisationsrecht, in: Dieter Leipold (Hrsg.), Rechtsfragen des Internet und der Informationsgesellschaft, 2002, S. 97 (100 ff.).

[16] *Martin Eifert,* Electronic Government, 2006; außerdem die Beiträge in: Bernd W. Wirtz (Hrsg.), E-Government, 2010. → Bd. I *Voßkuhle* § 1 Rn. 65 ff.; Bd. II *Britz* § 26, jeweils m. w. N.

[17] *Michael E. Milakovich,* Digital Governance, 2012, der dies explizit als Weiterentwicklung des E-Government-Konzepts versteht. S. außerdem die Beiträge in: *Simone van der Hof/Marga M. Groothuis* (Hrsg.), Innovating Government, 2011.

[18] → Bd. II *Gusy* § 23 Rn. 95 ff. m. w. N.; *Frank Schürmann,* Öffentlichkeitsarbeit der Bundesregierung, 1992, bes. S. 103 ff.; *Christof Gramm,* Aufklärung durch staatliche Publikumsinformationen, Der Staat, Bd. 30 (1991), S. 51 (51 ff.); *Christian Bumke,* Publikumsinformation, DV, Bd. 37 (2004), S. 3 (3 ff.). S. außerdem *Steffen Augsberg,* Der Staat als Informationsmittler, DVBl 2007, S. 733 (734 ff.). Zur Verbraucherinformation und den insoweit bestehenden zahlreichen Problemfeldern *Marion Albers/Bettina Ortler,* Verbraucherschutz und Markttransparenz im Recht der Verbraucherinformation, GewArch 2009, S. 225 (225 ff.); *Ferdinand Wollenschläger,* Staatliche Verbraucherinformation als neues Instrument des Verbraucherschutzes, VerwArch, Bd. 102 (2011), S. 20 (20 ff.).

[19] → Bd. II *Gusy* § 23 Rn. 82 ff. Weiter *Arno Scherzberg,* Die Öffentlichkeit der Verwaltung, 2000, S. 228 ff., 289 ff., 385 ff.; *Helge Rossen-Stadtfeld,* Kontrollfunktion der Öffentlichkeit – ihre Möglichkeiten und ihre (rechtlichen) Grenzen, in: Schmidt-Aßmann/Hoffmann-Riem (Hrsg.), Verwaltungskontrolle, S. 117 (bes. 131 ff., 181 ff.); *Bettina Sokol,* Datenschutz und Informationszugang, in: Helmut Bäumler (Hrsg.), „Der neue Datenschutz", 1998, S. 35 (35 ff.); *Johannes Masing,* Transparente Verwaltung: Konturen eines Informationsverwaltungsrechts, VVDStRL, Bd. 63 (2004), S. 377 (bes. 422 ff.); *Marion Albers,* Grundlagen und Ausgestaltung der Informationsfreiheitsgesetze, ZJS 2009, S. 614 (614 ff.); *Friedrich Schoch,* Aktuelle Fragen des Informationsfreiheitsrechts, NJW 2009, S. 2987 (2987 ff.). Zur Reichweite des Anspruchs auch hinsichtlich des Regierungshandelns BVerwG, Urteile v. 3. 11. 2011, Az. 7 C 3.11 und 7 C 4.11, abrufbar unter www.bverwg.de.

[20] Dieser Begriff findet sich in unterschiedlicher Ausfüllung etwa bei *Wolfgang Zöllner,* Informationsordnung und Recht, 1990, S. 7 ff.; *Michael Kloepfer,* Geben moderne Technologien und die europäische Integration Anlaß, Notwendigkeit und Grenzen des Schutzes personenbezogener Informationen neu zu bestimmen?, Gutachten D für den 62. DJT, in: Verh. des 62. DJT, Bd. I/1, 1998, S. 85; *Rainer Pitschas,* Allgemeines Verwaltungsrecht als Teil der öffentlichen Informationsordnung, in: Hoffmann-Riem/Schmidt-Aßmann/Schuppert (Hrsg.), Reform, bes. S. 251 ff.; *Eberhard Schmidt-Aßmann,* Ordnungsidee, 6. Kap. Rn. 3 ff.; *Friedrich Schoch,* Öffentlich-rechtliche Rahmenbedingungen einer Informationsordnung, VVDStRL, Bd. 57 (1998), S. 158 (bes. 163 ff.); *Hans-Heinrich Trute,* Öffentlich-rechtliche Rahmenbedingungen einer Informationsordnung, VVDStRL, Bd. 57 (1998), S. 216 (218 ff.). Kritisch zum Einsatz dieses Begriffs *Thomas Vesting,* Zur Entwicklung einer „Informationsordnung", in: FS 50 Jahre BVerfG, 2001, S. 219 (222 ff.). S. a. → Bd. II *Vesting* § 20 Rn. 36 f.

[21] Zu diesem Begriff, wiederum mit unterschiedlichen Akzenten, *Rainer Pitschas,* Verwaltungsrecht (Fn. 20), S. 242, 279 ff.; *Schmidt-Aßmann,* Ordnungsidee, 6. Kap. Rn. 7 ff.; *Thomas Vesting,* Satzungsbefugnis von Landesmedienanstalten und die Umstellung der verwaltungsrechtlichen Systembildung auf ein „Informationsverwaltungsrecht", DV, Bd. 35 (2002), S. 433 (437 f.); *Andreas Voßkuhle,* Der Wandel von Verwaltungsrecht und Verwaltungsprozeßrecht in der Informationsgesellschaft, in:

lich verwendet. Teilweise wird der Begriff der „Informationsordnung" in Anlehnung an den Begriff der „Wirtschaftsordnung" mit der Vorstellung eines abgrenzbaren Bereichs verknüpft, für den ein einheitlicher rechtlicher Rahmen geschaffen werden soll, nämlich ein Informationsrecht im Sinne eines Rechtsgebiets mit öffentlich-rechtlichen, privatrechtlichen und strafrechtlichen Gehalten.[22] Teilweise stehen die „Informationsordnung" oder das „Informationsverwaltungsrecht" dagegen für eine neue dogmatische Systembildung, die Kommunikation, Wissen und Information als Grundkategorien aufgreift und im Rahmen der dadurch veränderten Perspektiven die darauf gerichteten Elemente untereinander, aber auch mit den überkommenen und gegebenenfalls umzuformenden Elementen des Verwaltungsrechts abstimmt.[23] In theoretischer Weiterentwicklung bezeichnet das Informationsverwaltungsrecht „ein Verwaltungsrecht, welches das Organisations- und Entscheidungsproblem der öffentlichen Verwaltung und seine damit verknüpften kognitiven Voraussetzungen in einer informations- und wissenstheoretischen Perspektive neu fassen würde".[24]

5 Wegen des Grundlagencharakters von Kommunikation und Information erfordert die Entwicklung eines übergreifenden Konzepts sowohl rechtsdogmatische Analysen als auch theoretische Überlegungen. Beide Ebenen müssen einerseits unterschieden werden, andererseits zusammenwirken. Die Verwaltungsrechtsdogmatik gewinnt ihre Leistungsfähigkeit erst durch das Zusammenspiel mehrerer Grundkategorien. Insbesondere ist man auf dogmatischer Ebene darauf angewiesen, dass man den Umgang mit Informationen und Daten und die darauf gerichteten Regelungen abgrenzen kann. Er muss deswegen zum einen als relativ eigenständige Dimension herauskristallisiert, zum anderen in das Netzwerk anderer Grundkategorien mit ihren wiederum jeweils eigenständigen Funktionen eingebettet werden.[25] Beispielsweise ermöglichen die rechtsverbindliche (Ab-

---

Hoffmann-Riem/Schmidt-Aßmann (Hrsg.), Informationsgesellschaft, S. 355 ff.; *Rolf Gröschner,* Transparente Verwaltung: Konturen eines Informationsverwaltungsrechts, VVDStRL, Bd. 63 (2004), S. 344 (358 ff.); *Masing,* Verwaltung (Fn. 19), S. 432 ff.; *Elke Gurlit,* Konturen eines Informationsverwaltungsrechts, DVBl 2003, S. 1119 (1119 ff.); *dies.,* Das Informationsverwaltungsrecht im Spiegel der Rechtsprechung, DV, Bd. 44 (2011), S. 75 (75 f.).

[22] Hierzu insbes. *Kloepfer,* Technologien (Fn. 20), S. 85. Zur daran anschließenden Idee der Kodifikation eines Informationsgesetzbuches *Michael Kloepfer,* Informationsgesetzbuch – Zukunftsvision ?, K&R 1999, S. 241 (241 ff.); *Klaus H. Stohrer,* Informationspflichten Privater gegenüber dem Staat in Zeiten von Privatisierung, Liberalisierung und Deregulierung, 2007, S. 44 ff., 383 f. Grdl. *Hansjürgen Garstka,* Zur Wissensordnung der Informationsverarbeitung – Plädoyer für ein allgemeines Informationsgesetz, in: Jürgen Taeger/Andreas Wiebe (Hrsg.), Informatik – Wirtschaft – Recht, 2004, S. 189 (194 ff.).

[23] Mit unterschiedlich weitreichenden Sehweisen s. insbes. *Pitschas,* Verwaltungsrecht (Fn. 20), bes. S. 232 ff.; *Schmidt-Aßmann,* Ordnungsidee, 6. Kap. Rn. 2 ff.; → Bd. I *Voßkuhle* § 1 Rn. 67 ff.; Bd. II *Vesting* § 20 Rn. 1 ff.

[24] *Thomas Vesting,* Nachbarwissenschaftlich informierte und reflektierte Verwaltungsrechtswissenschaft – „Verkehrsregeln" und „Verkehrsströme", in: Schmidt-Aßmann/Hoffmann-Riem (Hrsg.), Methoden, 2004, S. 253 (282 ff.). Diese Sicht knüpft zwar an den Begriff des Informationsverwaltungsrechts an, dabei wird jedoch eine andere, viel tiefer greifende Bedeutung zugrunde gelegt als bei der bündelnden Definition, die sich bei *Pitschas,* Verwaltungsrecht (Fn. 20), S. 242, findet und die in der Diskussion ebenfalls oft herangezogen wird: „Informations-(verwaltungs-)recht in diesem Sinne bedeutet dann die Gesamtheit jener öffentlich-rechtlichen Normen, die sich auf den staatlichen Umgang mit Informationen und Kommunikationshandeln beziehen und die das Informationsverhalten der Behörden untereinander sowie gegenüber den Bürgern regeln."

[25] Vgl. bereits *Marion Albers,* Information als neue Dimension im Recht, Rechtstheorie, Bd. 33 (2002), S. 61 (77 f., 82 ff.).

A. Der Umgang mit personenbezogenen Informationen

schluss)Entscheidung, mit der ein bestimmter Sinngehalt festgelegt wird,[26] und das darauf gerichtete (Verwaltungs)Verfahren die Be- und Abgrenzung theoretisch unendlich fortlaufender Verarbeitungsprozesse. Sie können insofern den maßgeblichen Fokus zur Selektion von Informations- und Datenverarbeitungen liefern.[27] Als „elementarer Teil jeden Verwaltens überhaupt"[28] ist der Umgang mit Informationen und Daten somit in einen mehr oder weniger engen, jedenfalls nicht vollständig lösbaren Zusammenhang mit anderen verwaltungsrechtsdogmatischen Grundkategorien zu stellen. Das ist freilich nicht in Form einer schlichten Ergänzung traditioneller Muster zu leisten. Die Integration neuer Grundkategorien wie Kommunikation oder Information führt zu veränderten Perspektiven und bedingt eine neue Beschreibung nicht nur der rechtsrelevanten Entscheidungen oder der Grenzen und internen Struktur eines Verfahrens, sondern auch der Entscheidungsprobleme überhaupt. Sie erfordert deswegen immer zugleich Umbauten, in deren Rahmen überkommene Kategorien einerseits in ihren eigenständigen Funktionen bewahrt, andererseits selbst partiell neu konzipiert werden. An dieser Stelle sind theoretische Überlegungen hilfreich: mit Hilfe kommunikationstheoretischer Ansätze und des Modells der Verwaltung als „informationsverarbeitendes System" können traditionelle Kategorien wie die „Entscheidung", die „Handlung" oder das „Verfahren" neu begriffen werden.[29] Statt einer verwaltungsrechtlichen „Informationsordnung" in Form eines besonderen Rechtsgebiets[30] muss im Ergebnis ein **neues übergreifendes Konzept** entstehen, das die Kategorien **Kommunikation, Wissen und Information** auf einer **Grundlagenebene in das Verwaltungsrecht integriert,** die Auswirkungen auf andere verwaltungsrechtliche Grundbegriffe sowie die daraus resultierenden **Innovationserfordernisse** beachtet, kommunikations- oder informationsbezogene Normen aus den **Gesamtkontexten** heraus versteht und so zu einer angemessenen Dogmatik gelangt.[31]

Damit lässt sich der Umgang mit personenbezogenen Informationen und Daten übergreifend einordnen. Er bezeichnet eine zentrale Dimension des Verwaltens, die sich um Information als Grundkategorie dreht und mit dem Kriterium des Personenbezugs einen spezifischen Aspekt betrifft. Mit seinen Charakteristika ist er eigenständig, aber nicht isoliert auszuarbeiten. Dogmatisch ist es entscheidend, darauf gerichtete Regelungen in ihren Zusammenhängen zum einen mit den sachlichen, organisations- und verfahrensbezogenen Vorschriften, zum anderen mit den weiteren kommunikations-, informations- und datenbezogenen

---

[26] Zum Begriff und zur Funktion von Entscheidungen umfassender *Niklas Luhmann*, Organisation und Entscheidung, in: *ders.*, Soziologische Aufklärung 3, 4. Aufl. 2005, S. 389 (391 ff.).

[27] Zutr. für Verwaltungsverfahren i.S.d. § 9 VwVfG → Bd. II *Gusy* § 23 Rn. 32 ff., ohne dass dies bedeutet, dass eine Entscheidung nicht auch aus einer übergreifenden Perspektive selbst als Information beschrieben werden könnte oder dass der Umgang mit Informationen und Daten immer im Rahmen eines Verwaltungsverfahrens zu betrachten wäre.

[28] *Masing*, Verwaltung (Fn. 19), S. 433.

[29] Ausführlicher dazu *Vesting*, Verwaltungsrechtswissenschaft (Fn. 24), S. 284 ff. Zur informations- und wissensbezogenen Rekonstruktion von Staatsstrukturbestimmungen und staatsorganisationsrechtlichen Mustern *Marion Albers*, Die Komplexität verfassungsrechtlicher Vorgaben für das Wissen der Verwaltung. Zugleich ein Beitrag zur Systembildung im Informationsrecht, in: Indra Spiecker gen. Döhmann/Peter Collin (Hrsg.), Generierung und Transfer staatlichen Wissens im System des Verwaltungsrechts, 2008, S. 50 (65 ff.).

[30] Wie hier → Bd. I *Hoffmann-Riem* § 10 Rn. 132; Bd. II *Vesting* § 20 Rn. 2 ff.; *Masing*, Verwaltung (Fn. 19), S. 433.

[31] → Bd. II *Vesting* § 20 Rn. 2 ff. Vgl. auch *Albers*, Information (Fn. 25), bes. S. 86 ff.

Bestimmungen[32] zu begreifen. Eine angemessene Integration in ein übergreifendes Konzept setzt jedoch voraus, dass der Datenschutz sich von seiner Entstehungsgeschichte emanzipiert und selbst neu konzipiert wird.

I. Information als Grundkategorie

7   Zur Fortentwicklung des Datenschutzrechts muss man das Bild der Datenverarbeitung in einer abgegrenzten Zentralrechenanlage ersetzen durch die Beobachtung des Umgangs mit Information und Daten im sozialen Kontext der Verwaltung. Ohne die **Unterscheidung von Informationen und Daten** kommt man dann nicht mehr aus: Informationen sind die Leitkategorie; Daten sind Informationsgrundlagen. Informationen lassen sich nur im Kontext begreifen. Sie verweisen auf die Strukturdimension, das **Wissen der Verwaltung,** ebenso wie auf die Prozessdimension, also auf die **Verarbeitungsprozesse und -netze,** in die sich ein bestimmter Verarbeitungsschritt eingliedert. Die für das Verwaltungsrecht des Umgangs mit Informationen und Daten maßgebliche Bezugsebene ist die **Verwaltung als Kommunikationssystem.** Wird das Datenschutzrecht in dieser Weise neu angelegt, müssen die Ziele des Datenschutzes, insbesondere die seitens der Bürger bestehenden Schutzerfordernisse, ihrerseits reformuliert werden.

1. Die Unterscheidung von Informationen und Daten

8   Die Regelungen zum Umgang mit personenbezogenen Informationen und Daten behandeln Informationen und Daten bisher meist als Synonyme. Nach der Legaldefinition des § 3 Abs. 1 BDSG umfassen personenbezogene Daten alle Einzelangaben über persönliche oder sachliche Verhältnisse einer bestimmten oder bestimmbaren natürlichen Person.[33] Während die meisten Gesetzesbestimmungen allein auf Daten Bezug nehmen, beziehen sich die Vorschriften des BVerfSchG teilweise darüber hinaus, das IFG sogar überwiegend auf Informationen, ohne dass sich die unterschiedliche Begriffsverwendung stringent einordnen ließe.[34]

9   Die unzureichende Differenzierung von Informationen und Daten ist keine reflektierte Regelungsentscheidung. In den einzelnen Vorschriften ist vielmehr

---

[32] Das betrifft die Zusammenhänge zwischen allgemeinen und besonderen Vorschriften des Datenschutzrechts im engeren Sinne, aber auch zwischen diesen und den traditionellen Informationsnormen oder den modernen Datenzugangsrechten. Zur bislang unzureichenden Abstimmung des Datenschutzrechts mit traditionellen Informationsnormen vgl. *Gernot Sydow,* Staatliche Verantwortung für den Schutz privater Geheimnisse, DV, Bd. 38 (2005), S. 35 (35 ff.); *Marius Raabe/Niels Helle-Meyer,* Informationsfreiheit und Verwaltungsverfahren, NVwZ 2004, S. 641 (642 ff.); *Christoph Schnabel,* Das Recht am eigenen Bild und der Datenschutz, ZUM 2008, S. 657 (658 ff.).

[33] Ausf. dazu *Ulrich Dammann,* in: Spiros Simitis (Hrsg.), Bundesdatenschutzgesetz, 7. Aufl. 2011, § 3 Rn. 4 ff., der unter den Begriff „Angabe" jede Information, ausdrücklich auch den Gegenstand einer Mitteilung, fasst.

[34] Vgl. §§ 8 ff. BVerfSchG, zu dem die Gesetzgebungsmaterialien – Gesetzentwurf der Bundesregierung zur Fortentwicklung der Datenverarbeitung und des Datenschutzes, BTDrucks 11/4306, S. 60 – ausführen, dass Information ein Oberbegriff sei, der sowohl personenbezogene als auch sachbezogene Vorgänge umfasse und unabhängig vom Trägermedium (auch: Flugschriften, Broschüren, Fotografien) sei, während der Entwurf für Informationen mit Dateibezug den Begriff Daten verwende. § 2 IFG bezeichnet als „amtliche Information" jede amtlichen Zwecken dienende Aufzeichnung, unabhängig von der Art ihrer Speicherung, und als Dritten jeden, über den „personenbezogene Daten oder sonstige Informationen" vorliegen. Auf eine Einordnung als Synonyme deutet § 3 Abs. 3 UIG hin, der lautet: „Umweltinformationen sind unabhängig von der Art ihrer Speicherung alle Daten über [...]".

A. Der Umgang mit personenbezogenen Informationen

deutlich erkennbar, dass Informationen und Daten begrifflich nicht in dem erforderlichen Umfang geklärt sind. Zudem spiegelt sich in den Normen immer noch ihre Genese zu Zeiten der Großrechenanlagen wider. Allerdings haben sich bereits die Kommunikations- und Datenverarbeitungstechniken verändert: Sie sind mittlerweile durch die Vernetzung und die damit verbundene Kombination von Zentralität und Dezentralität gekennzeichnet, so dass die Datenverarbeitung, wenn auch in neuer Form, in bestimmtem Umfang in die Kommunikations- und Handlungszusammenhänge reintegriert wird.[35] Darüber hinaus hat sich der Anwendungsbereich des Datenschutzrechts erweitert: Bei öffentlichen Stellen richtet es sich nicht mehr allein auf die automatisierte Datenverarbeitung, sondern im Grundsatz auf den Umgang mit personenbezogenen Informationen und Daten insgesamt.[36]

Eine anschluss- und entwicklungsfähige Konzeption der rechtlichen Determination des Umgangs mit personenbezogenen Informationen und Daten setzt voraus, dass man Informationen und Daten unterscheidet und an diese Unterscheidung anknüpft. Dabei ist die Informationsebene leitend, die Datenebene grundsätzlich nachgeschaltet.[37] Erst durch eine solche Differenzierung können Schutzerfordernisse auf Seiten betroffener Personen, die auf beiden Ebenen in je spezifischer Weise bestehen, angemessen herausgearbeitet werden. Immerhin dient der Datenschutz nicht dem Schutz von Daten, sondern dem Schutz von Personen.[38]

10

Daten sind **Zeichen,** die auf einem Datenträger festgehalten sind und als **Informationsgrundlagen** fungieren können.[39] Aufgrund ihrer Vergegenständlichung sind sie in eigenständiger Weise fassbar. Insofern bieten sie einen wichtigen Anknüpfungspunkt für die rechtliche Steuerung der Verwaltung als Kommunikationssystem. Schriftliche Dokumente oder analoge Ton- und Videoaufnahmen gehören ebenso dazu wie digital auf Festplatten oder mobilen Speicherträgern gespeicherte Daten. Daten sind weniger als einzelnes Datum von Bedeutung, sondern verweisen in der Strukturdimension auf wissensrelevante **Speicherformen**[40] wie Akten, Archive oder Datenbanken und in der Prozessdimension auf **Datenverarbeitungsprozesse.** Daten, Speicherformen und Verarbeitungsprozesse werden durch die verschiedenen Medien, Techniken und Netze geprägt, die von der Schrift bis hin zur rechnergestützten vernetzten Datenverarbeitung reichen. In der modernen Gesellschaft zählen Daten, die in Rechnern und Netzen verarbeitet werden, zu den zentralen Grundlagen von Informationen.

11

---

[35] *Jörg v. Lucke,* Regieren und Verwalten im Informationszeitalter, 2003, S. 86 ff.; *Dirk Heckmann,* E-Government im Verwaltungsalltag, K&R 2003, S. 425 (427 ff.); *Thomas Groß,* Die Informatisierung der Verwaltung, VerwArch, Bd. 95 (2004), S. 400 (400 ff.). Zur Veränderung der Technik vgl. → Bd. II *Ladeur* § 21 Rn. 85 ff.; *Britz* § 26.

[36] Das gilt für die bereichsspezifischen Regelungen ebenso wie für die Datenschutzgesetze. Vgl. etwa für den Bund §§ 1 Abs. 2; 3 Abs. 1, 3, 4 und 5 BDSG.

[37] Ausf. *Albers,* Selbstbestimmung (Fn. 12), S. 141 ff.

[38] *Spiros Simitis,* in: ders. (Hrsg.), BDSG (Fn. 33), Einleitung Rn. 2, und Rn. 3 ff. zur Geschichte des Begriffs „Datenschutz".

[39] Enger mit der Beschränkung auf einen hoch formalisierten Typus digitalisierter Zeichen → Bd. II *Vesting* § 20 Rn. 11 ff. Selbst wenn dieser Typus besondere Kennzeichen hat und partiell technikspezifische Regelungen erfordert, ist eine solche Beschränkung des Begriffs der „Daten" im Kontext des Datenschutzrechts zu eng. Zum Begriff vgl. auch *Hellmut Willke,* Systemisches Wissensmanagement, 2. Aufl. 2001, S. 7 f.

[40] Siehe → Bd. II *Ladeur* § 21 Rn. 1 ff.

12 **Informationen** sind **Sinnelemente,** die in einem bestimmten sozialen Kontext aus Beobachtungen, Mitteilungen oder Daten erzeugt und dann genutzt werden.[41] Sie sind nicht als „Abbild der sozialen Wirklichkeit" zu verstehen.[42] Vielmehr kennzeichnet sie eine zweigliedrige Struktur:[43] Auf der einen Seite knüpfen die erzeugten Informationsinhalte an das Beobachtete, an Mitteilungsinhalte oder an Daten an. Auf der anderen Seite werden sie erst durch die Interpretationsleistungen der empfangenden Person oder Stelle vollendet, die das Beobachtete, die Mitteilungsinhalte oder die Daten sinnhaft verstehen muss. Informationen bezeichnen also das Sinnelement, das als Inhalt einer Beobachtung, einer Mitteilung oder eines Datums mit Hilfe einer Interpretationsleistung erzeugt wird. Aus der beständig laufenden Reproduktion von Sinn werden sie mit Hilfe von Relevanzkriterien herausgehoben. Informationsgehalt kommt aber nicht nur Neuigkeiten zu, sondern auch den Angaben, die eine Erwartung bestätigen, Wissen aktualisieren oder die routinemäßig abgearbeitet werden können.[44] Indem Informationen eine **Deutungsleistung** voraussetzen, die **im jeweiligen Wissens- und Interpretationskontext** und in Abhängigkeit von den je situativen Interpretationsbedingungen erfolgt, verweisen sie auf die Strukturen und Prozesse, in deren Rahmen sie überhaupt erst gebildet werden können. In der Strukturdimension sind das **Wissen** und das Gedächtnis der jeweiligen Person oder des jeweiligen Kommunikationssystems an der Erzeugung von Informationen beteiligt. In der Prozessdimension verweisen Informationen auf die **Bewusstseins- oder Kommunikationsprozesse,** in deren Rahmen sie sich bilden und weitergeführt werden. Im jeweiligen Kontext bestehen außerdem Wechselwirkungen zwischen Informationen und **Verhalten:** Handlungen und Handlungsziele, wie sie für die Verwaltung als System in normierten Kompetenzen festgelegt sind, beruhen auf Informationen.[45]

---

[41] *Albers,* Information (Fn. 25), S. 67 ff.; *Ralf Grötker,* Information, in: Stefan Gosepath/Wilfried Hinsch/Beate Rössler (Hrsg.), Handbuch der politischen Philosophie und Sozialphilosophie, 2007 (i. E.), Rn. 1.2; *Hans-Heinrich Trute,* Verfassungsrechtliche Grundlagen, in: Alexander Roßnagel (Hrsg.), Handbuch Datenschutzrecht, 2003, Kap. 2.5 Rn. 18. Der obige Begriff der „Information" ist bereits auf soziale Systeme zugeschnitten. Zur Diskussion darum, ob es ein einheitliches begriffliches „Ur-Konzept" geben kann, *Luciano Floridi,* Information, in: ders. (Hrsg.), The Blackwell guide to the philosophy of computing and information, 2004, S. 40 (40 ff.). Übergreifend *Sascha Ott,* Information, 2004, S. 25 ff.

[42] Anders etwa *Michael Kloepfer,* Informationsrecht, 2002, § 1 Rn. 50.

[43] Dazu auf abstrakter Ebene *Gregory Bateson,* Steps to an ecology of mind, 1972, S. 315 ff.; dt.: Ökologie des Geistes, 8. Aufl. 2001, S. 407 ff.

[44] In diesem Punkt anders: → Bd. II *Vesting* § 20 Rn. 20. Vgl. aber bereits *Albers,* Information (Fn. 25), S. 74 mit Fn. 58. Aus der Praxis BVerwG, NJW 2005, S. 2330 (2331): „Der Eingriffscharakter der Informationsverbreitung entfällt auch nicht deswegen, weil [...] der Landeshauptstadt München Kontakte des Kl. zur Scientology-Organisation bereits anlässlich dessen Bewerbung und Einstellung in den Dienst der Stadt bekannt geworden waren. Denn durch das Informationsschreiben des Bayerischen Ministeriums des Innern an die Landeshauptstadt München wurden dieser die Zugehörigkeit des Kl. zur Scientology-Organisation erneut nachdrücklich mit dem Ziel ins Bewusstsein gerufen, eine Überprüfung des Kl. auf seine Verfassungstreue [...] zu veranlassen. Das Schreiben war daher geeignet, bei der Arbeitgeberin des Kl. Zweifel an dessen Eignung für den öffentlichen Dienst hervorzurufen sowie belastende Folgerungen für das Arbeitsverhältnis nach sich zu ziehen, und hat tatsächlich zu entsprechenden Reaktionen der Arbeitgeberin geführt."

[45] Sog. pragmatischer Aspekt von Information, s. dazu *Charles W. Morris,* Grundlagen der Zeichentheorie; Ästhetik und Zeichentheorie, 2. Aufl. 1975, S. 23 ff., dessen Ausführungen sich allerdings im Wesentlichen auf die Interpretation der Bedeutung von Zeichen beschränken; *Holger Lyre,* Informationstheorie, 2002, S. 16 ff. In juristischen Zusammenhängen vgl. *Steinmüller u. a.,* Grundfragen (Fn. 5), S. 43, nach denen Information geeignet ist, „das Verhalten oder den Zustand des Empfängers

Umgekehrt tragen sie selbst zu deren Inhalten bei, weil sie als Faktoren der Interpretation vorwirken.

Daten und Informationen sind also vor allem deshalb keine Synonyme, weil Daten als Informationsgrundlagen zwar Informationen vermitteln, diese aber weit mehr voraussetzen als nur Daten. Informationen kann man nicht beschreiben, ohne in übergreifender Perspektive neben den Informationsgrundlagen die jeweils relevanten Wissensstrukturen, die Umsetzungsprozesse und den weiteren Kontext mitzubeobachten, in dem sie entstehen. Diese Kontextabhängigkeit ist im Datenschutzrecht hinsichtlich des Informationsgehalts von Daten durchaus anerkannt, dogmatisch jedoch noch nicht wirklich umgesetzt: die Bedeutung eines Datums erschließt sich erst mit Blick auf den „Verwendungszusammenhang".[46]

2. Die Strukturdimension: Das Wissen der Verwaltung

Die Konzentration auf Daten im gegenwärtigen Datenschutzrecht bringt es mit sich, dass die Rolle des Wissens der Verwaltung vernachlässigt wird. Es taucht oft nur rudimentär unter dem Aspekt der Möglichkeiten zur „Verknüpfung von (neu erhobenen mit bereits vorhandenen) Daten" auf. Sobald man Information als Leitkategorie herausstellt, ändert sich die Perspektive: **Wissen ist Faktor und Produkt des Kontexts,** in dem sich der Umgang mit Informationen und Daten vollzieht. Damit wirken sich das Wissen der Verwaltung und seine Speicherformen auf den Schutzbedarf der Personen aus, auf die Informationen und Daten verweisen.

Wissen beeinflusst die Deutung von Beobachtungen, Mitteilungen oder Daten und damit deren Informationsgehalt. Es besteht aus komplex aufgebauten kognitiven Erwartungen, die gegenüber einzelnen Ereignissen relativ zeitbeständig sind, sich allerdings zugleich durch prinzipielle Lernfähigkeit und -bereitschaft auszeichnen.[47] Ohne ein in irgendeiner Hinsicht bereits vorhandenes Wissen wäre die notwendige Interpretationsleistung nicht möglich. Zugleich setzt es der Vielzahl theoretisch denkbarer Interpretationen jedoch Grenzen. Es **ermöglicht** die **Deutungsleistungen** und **begrenzt** die **Deutungsmöglichkeiten.**

Das Bild, das sich die Verwaltung von einem Sachverhalt oder von einer Person macht, entsteht nicht nur mit Hilfe erhobener Daten oder daraus gewonnener Informationen, sondern auch unter Beteiligung des Wissens. Dieses wirkt auf die Erzeugung von Informationen in Form vielschichtiger Erwartungen ein. Wegen de-

---

zu beeinflussen"; *Jean N. Druey,* Information als Gegenstand des Rechts, 1995, S. 8 ff.; *Stohrer,* Informationspflichten (Fn. 22), S. 39 ff. Unter rational-choice-Aspekten *Wojciech Załuski,* Über zwei mathematische Definitionen von Information und deren Nutzen für juristische Erwägungen, in: Jerzy Stelmach/Reiner Schmidt (Hrsg.), Information als Gegenstand des Rechts, 2006, S. 57 (67 ff.).

[46] *BVerfGE* 65, 1 (45).

[47] Zu dieser abstrakten Definition *Niklas Luhmann,* Die Wissenschaft der Gesellschaft, 1. Aufl. 1990, S. 137 ff. Vgl. außerdem *Willke,* Wissensmanagement (Fn. 39), S. 11 (Hervorh. i. Orig.): „Aus Informationen wird *Wissen* durch Einbindung in einem zweiten Kontext von Relevanzen. Dieser zweite Kontext besteht nicht, wie der erste, aus Relevanzkriterien, sondern aus bedeutsamen Mustern, die das System in einem speziell dafür erforderlichen Gedächtnis speichert und verfügbar hält." Ausf. unter dem Aspekt der Beziehungen zwischen Organisationen und Wissen *Thomas Drepper,* Organisation und Wissen, in: Rainer Schützeichel (Hrsg.), Handbuch Wissenssoziologie und Wissensforschung, 2007, S. 588 ff. Treffend und umfassender zum Wissensbegriff auch *Hans-Heinrich Trute,* Wissen – Einleitende Bemerkungen, in: Hans C. Röhl (Hrsg.), Wissen – Zur kognitiven Dimension des Rechts, DV, Beiheft 9, 2010, S. 11 ff. Zum Verständnis von Wissen vgl. auch mit teilweise anders ansetzenden Überlegungen → Bd. II *Vesting* § 20 Rn. 26 f.

rer Mitwirkung können auch das Ausbleiben einer erwarteten Beobachtung oder das Unterbleiben einer erwarteten Mitteilung Informationsqualität gewinnen.[48] Erwartungen ermöglichen außerdem das Auffüllen von Informationslücken mittels Unterstellungen.[49] Im Gegenzug wirken die erzeugten Informationen ihrerseits auf das Wissen ein. Sie können es bestätigen und verfestigen. Aufgrund der prinzipiellen Lernfähigkeit können sie aber auch dazu führen, dass sich das Wissen ändert, und dadurch eine neue Deutung von Ereignissen bewirken.[50] Genau daran kann der Betroffene Interesse haben. Der Einfluss von Wissen führt also dazu, dass personenbezogene Angaben oder Daten nachteilige informatorische Effekte auslösen können, wenn sie fehlen. Umgekehrt können sie positiv wirken, wenn die Verwaltung aus ihnen zusätzliche Informationen zur Beurteilung eines Sachverhalts gewinnen kann. Pauschale Strategien der Minimierung von Daten, wie sie im Schlagwort der „Datenaskese" oder in einem missverstandenen Grundsatz der Datenvermeidung anklingen mögen, sind deshalb verfehlt.

17 So wie man Informationen und Daten unterscheiden muss, sind Wissen und **Speicherformen** zu unterscheiden. Einerseits ist Wissen als Struktur vielschichtig, andererseits kann es im Ansatz immer nur selektiv in der jeweiligen Interpretationssituation aufgebaut werden.[51] Explizites Wissen muss aktiviert, implizites Wissen aktualisiert werden. In beiden Hinsichten kann nicht das gesamte Wissen, das (aus einer Beobachtungsperspektive) zur Verfügung stehen könnte, in der jeweiligen Situation vergegenwärtigt werden. Wissen lässt sich deshalb nicht als Bestand und auch nicht als Vorrat von Erkenntnissen begreifen.[52] Speicherformen, auf die unter Inanspruchnahme von Zeit und immer nur selektiv zurückgegriffen werden kann, sind nicht das Wissen selbst, sondern **Wissensgrundlagen**.[53] In der Verwaltung zählen dazu Texte, Akten, Archive, Register, Datenbanken, Expertensysteme, aber auch institutionelle Arrangements, arbeitsteilige Organisationen oder strukturierte Verfahrensabläufe.[54] Je komplexer sie

---

[48] Vgl. *Gregory Bateson*, Geist und Natur, 4. Aufl. 1984, S. 62 f., 137 f.
[49] Unterstellungen erlauben es, so vorzugehen, als hätte man entsprechende Informationen, und beeinflussen darüber zugleich den Sinngehalt, den man anderen Angaben zuschreibt.
[50] Vgl. *Thomas Dreier*, Informationsrecht in der Informationsgesellschaft, in: Johann Bizer/Bernd Lutterbeck/Joachim Rieß (Hrsg.), Umbruch von Regelungssystemen in der Informationsgesellschaft, 2002, S. 65 (70 f.). In diesem Sinne ist Wissen immer auch „verarbeitete Information", so *Scherzberg*, Wissen (Fn. 14), S. 200; wegen seiner Eigenständigkeit ist es aber mehr als dies. Das Verständnis von Wissen als „organisierter Information" – so etwa *Daniel Bell*, The Coming of Post-Industrial Society, 1973, S. 175; außerdem *Voßkuhle*, Wandel (Fn. 21), S. 353; *Burkard Wollenschläger*, Wissensgenerierung im Verfahren, 2009, S. 30 – formuliert eine hierarchische Asymmetrie, die als Grundlage zu kurz greift. Ebenfalls unzureichend zum Verhältnis von Informationen und Wissen – selbst bei eingegrenztem Erkenntnisgegenstand – *Markus Reinhardt*, Wissen und Wissenszurechnung im öffentlichen Recht, 2010, S. 30 ff.
[51] Vgl. auch *Luhmann*, Wissenschaft (Fn. 47), S. 129 f., 135, 154.
[52] *Peter Collin/Thomas Horstmann*, Das Wissen des Staates – Zugänge zu einem Forschungsthema, in: dies. (Hrsg.), Das Wissen des Staates, 2004, S. 9 (13). Die (nur) aus dem historischen Kontext heraus erklärbare Vorstellung, dass Wissen ein „Vorrat" sei, findet sich etwa bei *Francis Bacon*, Neues Organon (1620), 1990, Buch I, Aphorismus 81.
[53] Die Differenzierung ist nötig, auch wenn das Wissen „mediale Möglichkeitsbedingungen" hat, vgl. dazu *Drepper*, Organisation (Fn. 47), S. 608.
[54] Dazu *Helmut Willke*, Supervision des Staates, 1997, S. 23. Zur Verwaltung als „Wissensnetz" und zum institutionellen Gedächtnis s. weiter *Roland Traunmüller*, Annäherung an die Verwaltung aus der Sicht der Informatik: Technikpotentiale und Systemlösungen, in: Klaus Lenk/ders. (Hrsg.), Öffentliche Verwaltung und Informationstechnik, 1999, S. 21 (41 ff.). Außerdem → Bd. II *Ladeur* § 21 Rn. 1 ff., 70 ff.

A. Der Umgang mit personenbezogenen Informationen

werden, desto mehr sind ein „Wissen zweiter Ordnung",[55] also ein Wissen, wie man Wissen generiert, und ein Wissensmanagement notwendig, die sicherstellen sollen, dass Wissen in der Form und in der Situation zur Verfügung steht, in der es benötigt wird.

Wissen ist außerdem in den übergreifenden sozialen Kontexten zirkulär mit **Handeln** verknüpft, so dass es nicht allein dem Handeln vorausgeht und es erklärt,[56] sondern umgekehrt auch Handlungsmuster und die daraus resultierenden kognitiven Schemata das aktualisierte Wissen und die Sinnerzeugung mitprägen.[57] Für die Verwaltung sind daher nicht nur die Regeln und Muster bedeutsam, die unmittelbar die Informationserzeugung oder die Gestaltung und Nutzung von Speicherformen betreffen. Auch die in Rechtsnormen verankerten **sachlichen Aufgaben und Befugnisse** leiten die Wissensproduktion.[58] Diese beeinflusst wiederum das Verständnis und die Wahrnehmung jener. Man benötigt hier insgesamt ein angemessenes Konzept des Organisationswissens.[59] Wissen ist ebenso wie der Umgang mit Informationen und Daten immer in soziale Kontexte eingebettet, zu denen es selbst als eigenständiger Faktor beiträgt und die es dynamisiert. **18**

3. Die Prozessdimension: Verarbeitungsabläufe und -netze

Im Rahmen eines abgegrenzten Kontexts kann man in der Prozess- oder Zeitdimension zunächst auf Datenebene **verschiedene Phasen des Umgangs mit Daten** unterscheiden. In der Terminologie des § 3 Abs. 3–6a BDSG werden die Erhebung, die Speicherung, die Veränderung, die Übermittlung, die Nutzung, die Anonymisierung und Pseudonymisierung sowie die Sperrung und die Löschung differenziert. Wie man Phasen beschreibt, steht allerdings nicht aus sich heraus fest, sondern hängt von der eingesetzten Technik und vom Kontext ab. Daher ist das Vorbild des Art. 2b EU-Datenschutzrichtlinie (EU-DSRL) sinnvoll: Er stellt den Begriff der Verarbeitung in den Mittelpunkt, so dass sich Verarbeitungsphasen relativ zu den jeweiligen Verarbeitungszusammenhängen ergeben.[60] Bei organisiertem und linearem Verlauf sind die Erhebung, die Speicherung und die Veränderungen an der vorgesehenen Nutzung der Daten als Informationen **19**

---

[55] Zur Vielschichtigkeit des Wissens, dies auch mit der Unterscheidung von Wissen erster und Wissen zweiter Ordnung (Wissen, wie man Wissen erlangen kann), s. etwa *Nina Degele*, Informiertes Wissen, 2000, bes. S. 77 ff.

[56] Der Zusammenhang zwischen Wissen und Handlungsvermögen steckt hinter den berühmten, oft mit dem Schlagwort „Wissen ist Macht" fehlinterpretierten Ausführungen *Bacon*, Neues Organon (Fn. 52), Aphorismen 1 ff. S. außerdem *Nico Stehr*, Die Zerbrechlichkeit moderner Gesellschaften, 2000, S. 81 ff.

[57] *Petra Hiller*, Organisationswissen, 2005, S. 13 ff.; *Ronald Hitzler*, Konsequenzen der Situationsdefinition, in: ders./Jo Reichertz/Norbert Schröer (Hrsg.), Hermeneutische Wissenssoziologie, 1999, S. 289 (291), jeweils m. w. N.

[58] Vgl. auch *Garstka*, Wissensordnung (Fn. 22), S. 191 f.: Das Rechtssystem ist selbst ein System aufeinander bezogener, normativer Informationen, eine Wissensordnung eigener Art. Analytisch muss man dieses mittels gespeicherter Normen begründete Wissen allerdings von dem mit seiner Hilfe produzierten sachverhaltsbezogenen Wissen unterscheiden, auch wenn sich beide Arten wechselseitig beeinflussen.

[59] Dazu, auch zur Komplexität der Konzepte, *Drepper*, Organisation (Fn. 47), S. 588 ff.

[60] RL 95/46/EG des Europäischen Parlaments und des Rates vom 24. 10. 1995 zum Schutz natürlicher Personen bei der Verarbeitung personenbezogener Daten und zum freien Datenverkehr, ABl. EG Nr. L 281/31. Vgl. auch *Kloepfer*, Technologien (Fn. 20), S. 106 f.

orientiert. Umgekehrt baut die Nutzung auf der Datenbasis auf, die durch die Erhebung, Speicherung und Veränderung begründet wird. Datenverarbeitungsphasen verlaufen allerdings nicht notwendig linear: Daten können gespeichert, abgerufen und mit verändertem Gehalt erneut gespeichert werden. Die Phasen können faktisch auch weitgehend voneinander entkoppelt werden; Daten können in mehrere Verarbeitungszusammenhänge einfließen und etwa in Registern gerade für vielfältige Verwendungszwecke bereitgehalten werden.[61] Der Verarbeitungszusammenhang, der Datenverarbeitungsphasen verbindet, steht daher keineswegs aus sich heraus fest, sondern muss hergestellt werden. Man hat es also einerseits mit relativ eigenständigen Verarbeitungsphasen, andererseits mit Verarbeitungszusammenhängen zu tun. Dabei wird die rechtliche Beurteilung eines Datenverarbeitungsschritts erst vor dem Hintergrund des jeweils zu bestimmenden Verarbeitungszusammenhanges sinnvoll, der die Gewinnung und Verwendung von Informationen einschließt. Diese verleihen dem Umgang mit Daten seine spezifische soziale Relevanz. Die übliche Konzentration auf die Datenverarbeitungsprozesse ist deshalb eine verkürzte Perspektive.

20 Auf Informationsebene bewegen sich **Informationen** im Rahmen von Prozessen, indem **aus Informationen** bei einem Abgleich mit Wissen **neue Informationen** erzeugt, **Datenverarbeitungen zwischengeschaltet** und Informationen schließlich in **Entscheidungen oder Handlungen umgesetzt** werden. In der Verwaltung als Kommunikationssystem ist die Gewinnung und Verwendung von Informationen regelmäßig mit Datenverarbeitungen verwoben. Erlangte Informationen können bei einer bestimmten Stelle zu einem bestimmten Zeitpunkt in eine von der jeweiligen Technik abhängige Datenform gebracht und so gespeichert werden. Diese Daten können dann in prinzipiell beliebigen Konstellationen und über technisch relativ unbegrenzte Zeiträume hinweg immer wieder als Anknüpfungspunkt für Informationen dienen. Dabei können Verarbeitungsprozesse zwischengeschaltet sein. Werden Daten in einem bestimmten Verwendungszusammenhang abgerufen und zum Anknüpfungspunkt von Informationen, können die Informationen mit weiteren – gegebenenfalls aus anderen Daten gewonnenen – Informationen oder mit Wissen abgeglichen, umgedeutet und erneut in Form von Daten mit nunmehr verändertem Aussagegehalt gespeichert werden. Im Ergebnis können komplexe Abläufe und Netze einer Verwobenheit von Informationen und Daten entstehen. Die Verwendung von Informationen als Grundlage für Entscheidungen oder Handlungen ist dann der unmittelbare Kontaktpunkt zwischen den Informations- und Datenverarbeitungsprozessen und den sachlichen Kompetenzen der Verwaltung.

21 Prozesse oder Verfahren können **sachlichen Entscheidungen funktional zugeordnet,** auf **Ziele** bezogen und **organisiert** werden. Das gilt gerade auch für Prozesse der Informations- und Datenverarbeitung. Sie sind konstituierendes Element von Verwaltungsverfahren, ohne dass sie sich darin oder Verwaltungsverfahren sich in ihnen erschöpften.[62] Verwaltungsverfahren sind, unter Berücksichtigung der Verfahrenskontexte, auf Aufgaben zugeschnitten. Sie können dabei auf Zwischen- oder Abschlussentscheidungen, aber auch auf die Produktion von Wis-

---

[61] → Bd. II *Ladeur* § 21 Rn. 29 ff.
[62] Zum Verständnis des Verwaltungsverfahrens → Bd. II *Schmidt-Aßmann* § 27 Rn. 44 ff., *Schneider* § 28 Rn. 1 ff.

sen ausgerichtet und in Teilprozesse mit unterschiedlichen sachlichen Funktionen oder in zeitliche Abschnitte differenziert werden.[63] Gestaltung und Abläufe des Verfahrens strukturieren die Informations- und Datenverarbeitungsvorgänge und beeinflussen damit wiederum die Informationserzeugung. Verwaltungsverfahren bieten insofern den Rahmen für die Selektion und für die Produktion von Informationen.[64] **Informations- und Datenverarbeitungsprozesse** sind deshalb eng mit dem **Verfahrenstypus** und den dahinter stehenden **sachlichen Aufgaben und Befugnissen** verknüpft. Sie müssen sich etwa bei Planungsverfahren, die durch eine umfassende Abwägung aller involvierten öffentlichen und privaten Belange gekennzeichnet sind, oder bei Strategien der Risikobewältigung anders gestalten als bei punktuellen ordnungsbehördlichen Entscheidungen.[65] Die Prozessdimension verweist deshalb ebenfalls immer auf den übergreifenden Kontext.

4. Bezugsebenen: Die Verwaltung als Kommunikationssystem

In juristischen Zusammenhängen ist es eine weit verbreitete Vorstellung, dass Informationen „im Kopf" entstehen.[66] Das ist aber nicht die einzig denkbare und im Recht nicht die zentrale Bezugsebene. Das Recht orientiert sich nicht vorrangig an dem, was in den Köpfen von Menschen vor sich geht, sondern an Kommunikationssystemen und an dem sich darin vollziehenden Umgang mit Informationen und Daten. Das schließt nicht aus, dass rechtliche Regelungen gerade auf das Wahrnehmungs- und Denkpotenzial von Personen reagieren, beispielsweise bei Durchsichts- oder Auswertungsvorbehalten[67] oder bei „Zufallsfunden".[68] Im Kern kommt es jedoch immer auf die Informationen an, die in den

22

---

[63] → Bd. II *Schneider* § 28 Rn. 7f., 15ff., hier auch dazu, dass vor- und nachgelagerte Phasen mitberücksichtigt werden müssen.

[64] → Bd. II *Gusy* § 23 Rn. 33.

[65] Vgl. mit Blick auf verschiedene Referenzgebiete B. *Wollenschläger*, Wissensgenerierung (Fn. 50), bes. S. 55 ff. Zur Informationsgewinnung im Umweltrecht und zu den Wechselwirkungen zwischen materiellen, verfahrensbezogenen und informationellen Vorgaben *Indra Spiecker gen. Döhmann*, Informationsgewinnung im Umweltrecht durch materielles Recht, DVBl 2006, S. 278 (278ff.). Zum Umgang mit Daten und Informationen in der Planungsverwaltung *Uwe Zepf*, Informationsflut in der Planungsverwaltung, in: Collin/Horstmann (Hrsg.), Wissen (Fn. 52), S. 286 (bes. 289ff.). Zur datenschutzrechtlichen Sicht *Wolfgang Durner*, Datenschutzrecht in der Fach- und Bauleitplanung, UPR 2003, S. 262 (262ff.); *ders.*, Datenschutz in der Raumplanung, in: Jan Ziekow (Hrsg.), Beschränkung des Flughafenbetriebs – Planfeststellungsverfahren – Raumordnungsrecht, 2004, S. 217 (217ff.). Zum Bemühen um einen übergreifend-strukturierenden Zugriff *Indra Spiecker gen. Döhmann*, Wissensverarbeitung im Öffentlichen Recht, Rechtswissenschaft 2010, S. 247 (261ff.).

[66] So *Matthias Rossi*, Informationszugangsfreiheit und Verfassungsrecht, 2004, S. 19.

[67] Durchsichts- oder Auswertungsvorbehalte sollen gewährleisten, dass möglichst wenige Personen Kenntnis von dem gesamten Inhalt besonders geschützter Dokumente erhalten und die für das Verwaltungsverfahren relevanten von den irrelevanten Aussagen trennen. Vgl. für beschlagnahmte Tagebücher die Ausführungen von *Knut Amelung*, Der Grundrechtsschutz der Gewissenserforschung und die strafprozessuale Behandlung von Tagebüchern, NJW 1988, S. 1002 (1006); *ders.*, Die zweite Tagebuchentscheidung des BVerfG, NJW 1990, S. 1753 (1759f.). Vgl. dazu auch BVerfGE 113, 29 (53ff.); BVerfG, Beschl. vom 12. 10. 2011, Az. 2 BvR 236/08 u. a., abrufbar unter www.bverfg.de, Rn. 221ff.

[68] Zufallsfunde betreffen Erkenntnisse, die eine Person „bei Gelegenheit" einer Ermittlung gewonnen hat. Vgl. dazu etwa *Michael Labe*, Zufallsfund und Restitutionsprinzip im Strafverfahren, 1990, S. 38ff., 104ff.; *Olaf Schmechel*, Zufallsfunde bei Durchsuchungen im Steuerstrafverfahren, 2004, S. 15ff. S. außerdem *Jürgen Wolter*, in: Hans-Joachim Rudolphi/Eckard Horn/Erich Samson (Hrsg.), Systematischer Kommentar zur StPO und zum GVG, Losebl., vor § 151 Rn. 180ff., der zugleich zutr.

Kommunikationen, Entscheidungen und Handlungen der Verwaltung gebildet und umgesetzt werden.

23 Die für das Verwaltungsrecht zentrale Bezugsebene ist die **Verwaltung als Kommunikationssystem.** In inhaltlicher Hinsicht sind daher die für die Verwaltung maßgeblichen tatsächlichen und rechtlichen Strukturen der Aufgabenerfüllung ein wesentlicher Faktor des Umgangs mit Informationen und Daten.[69] Wenn die sachlichen Aufgaben differenziert, die Tatbestandsvoraussetzungen der sachlichen Befugnisse eingeengt, die Verwaltungsorganisation oder der Technikeinsatz neu gestaltet werden, dann verändern sich immer auch die auf die jeweilige Aufgabenerledigung bezogenen Informations- und Datenverarbeitungsvorgänge. Eine solche auf die gesamten Strukturen der Aufgabenerfüllung ausgerichtete „Systemgestaltung" stellt eine Kontextsteuerung dar, die viel effektiver sein kann als die Regulierung der Verarbeitungsphasen.[70] Der Umgang mit Informationen und Daten erschließt sich somit insgesamt im Zusammenhang des jeweiligen exekutiven Kommunikationssystems.

5. Kommunikations- und Datenverarbeitungstechniken und -netze

24 **Medien, Techniken und Netze** der Kommunikation und der Datenverarbeitung prägen den Umgang mit Informationen und Daten, indem sie sich auf die **Art und Beschaffenheit der Datenbasis** und auf die **Produktion von Informationen** auswirken. Ob Akten, Ton- und Bildaufzeichnungen oder Rechner- und Netzarchitekturen als Datenträger eingesetzt werden, beeinflusst die Quantität der zugriffsbereit speicherbaren Daten, die theoretisch denkbare Speicherdauer, die Formen der Codierung, die Formen der Datenveränderung zwischen Eingabe und Abruf oder die Mechanismen der Datenübermittlung. Folgen für die Produktion von Informationen ergeben sich zum einen wegen dieses Einflusses auf die Datenbasis, zum anderen wegen des Einflusses auf soziale Bedingungen: Die zeitliche Spanne zwischen Datenerzeugung und Informationsgewinnung, die aus dem Wegfall persönlicher Kontakte resultierende Angewiesenheit auf Daten oder die Differenzierung der Rollen von Beobachtern, Verarbeitern und Nutzern wirkt sich darauf aus, wie Daten interpretiert werden, welche Aussagekraft man ihnen zuschreibt, inwieweit Zusatzwissen eingesetzt wird oder ob (vermeintliche) Informationslücken mit Unterstellungen gefüllt werden.[71] Ebenso wie Medien,

---

ausführt, dass die Problematik der „Zufallsfunde" in die datenschutzrechtlichen Figuren der Zweckfestlegung, der Zweckbindung und der Zweckänderungsmöglichkeiten einzubetten ist. Das Grundproblem besteht deshalb nicht exklusiv bei strafprozessualen Zwangsmaßnahmen, so aber *Judith Natterer*, Die Verwertbarkeit von Zufallsfunden aus der Telefonüberwachung im Strafverfahren, 2001, S. 14 ff.

[69] Der gesamte Kontext kann zwar immer nur aus einer Beobachtungsperspektive, selektiv und unvollständig beschrieben werden; für einen tragfähigen rechtlichen Schutz reicht dies aber aus.

[70] → Rn. 102 ff.

[71] Zur Informationsgewinnung und -ergänzung durch Beziehungsaspekte *Paul Watzlawick*, Menschliche Kommunikation, 10. Aufl. 2000, S. 53 ff. Zur Reorganisation von Kommunikation und Wissen im Falle der Vermittlung von Kommunikation durch Medien, Techniken und Netze *Georg Elwert*, Die gesellschaftliche Einbettung von Schriftgebrauch, in: FS Niklas Luhmann, 1987, S. 238 (bes. S. 248 ff.); *Michael Giesecke*, Der Buchdruck in der frühen Neuzeit, 1991; *Walter J. Ong*, Orality and Literacy: The Technologizing of the Word, 1982, S. 103 ff.; *Jay D. Bolter*, Das Internet in der Geschichte der Technologien des Schreibens, in: Stefan Münker/Alexander Roesler (Hrsg.), Mythos Internet, 1997, S. 37 (37 ff.); *Andreas Ziemann*, Soziologie der Medien, 2006, S. 25 ff.

A. Der Umgang mit personenbezogenen Informationen

Techniken und Netze den Umgang mit Informationen und Daten prägen, sind sie umgekehrt selbst in soziale Zusammenhänge und Praktiken eingebettet.[72]

Datenschutz war **ursprünglich** eine **Reaktion auf die Techniken automa- 25 tischer Datenverarbeitung.** Die populärste Beschreibung für die Gefahren, die man zentralen Großrechenanlagen und umfassenden Datenbanken zuschrieb, ist die „Big-Brother"[73]-Metapher. Bei näherer Analyse erweist sich bereits die frühe Diskussion um den Datenschutz als teils pauschal und politisiert, teils hoch differenziert. Manchmal wird lediglich auf das Macht-, Kontroll- und Überwachungspotenzial verwiesen, das das Wissen über eine Person einem anderen biete und das deren Verhaltensspielräume einschränke, so dass die Erlangung von Wissen, Informationen und Daten reguliert werden müsse.[74] Bei solchen Überlegungen kommt zu kurz, dass der Erwerb von Wissen über andere, die Orientierung an Verhaltens- oder Erwartungserwartungen und sogar die „soziale Kontrolle" mit sozialen Beziehungen notwendig verbunden sind und keinen pauschalen Schutzbedarf des „Betroffenen" begründen.[75] Meist werden die Gefahren jedoch mit der Folge einer deutlich komplexeren Argumentation präziser herausgearbeitet: sachlich und zeitlich allumfassende Datenbanken mit ungesteuerten Zugriffsmöglichkeiten sämtlicher staatlicher Behörden, zunehmend datengestützte behördliche Entscheidungen ohne jede Regulierung der Fehlerquellen rechnergestützter Datenverarbeitung, Wegfall auch der angemessenen Wissensschranken in sozialen Beziehungen, erwartungsvermittelte Selbstregulationen auch des effektiv grundrechtsgeschützten Verhaltens.[76] Solche Argumentationsmuster verweisen auf vielfältige, differenziert zu entwickelnde Regelungs- und Schutzerfordernisse. Sie werden durch die Technik ihrer Zeit ausgelöst, aber keineswegs vollständig geprägt.

Inzwischen hat sich der Einsatzbereich des Datenschutzes aus guten Gründen **26** erweitert.[77] Einerseits haben sich die Techniken verändert: Statt zentraler Groß-

---

[72] Übergreifend dazu die Beiträge in *Peter Weingart* (Hrsg.), Technik als sozialer Prozess, 1989; *David Edge*, The Social Shaping of Technology, in: Nick Heap u.a. (Hrsg.), Information Technology and Society, 1995, S. 14 (14 ff.); *Hans-Heinrich Trute*, The Impact of Global Networks on Political Institutions and Democracy, in: Christoph Engels/Kenneth H. Keller (Hrsg.), Governance of Global Networks in the Light of Differing Local Values, 2000, S. 131 (132 ff.); *Cornelia Vismann*, Akten, 2. Aufl. 2001, S. 7 ff. Für eine Aufgabe des Dualismus von technischer Operation und sozialer Aktion *Werner Rammert*, Technik in Aktion: Verteiltes Handeln in soziotechnischen Konstellationen, in: Thomas Christaller/Josef Wehner (Hrsg.), Autonome Maschinen, 2003, S. 289 (bes. 300 ff.).
[73] *George Orwell*, 1984, 1. Aufl. 1949.
[74] Etwa *Steinmüller u.a.*, Grundfragen (Fn. 5), S. 40 f., 85 ff.; *Eggert Schwan*, Datenschutz, Vorbehalt des Gesetzes und Freiheitsrechte, VerwArch, Bd. 66 (1975), S. 120 (123 f.).
[75] Kritisch zum pauschalen Verweis auf Macht *Zöllner*, Informationsordnung (Fn. 20), S. 23 f.
[76] Etwa *Ernst Benda*, Privatsphäre und „Persönlichkeitsprofil", in: FS Willi Geiger, Menschenwürde und freiheitliche Rechtsordnung, 1974, S. 23 (24 ff.); *Hermann Heußner*, Zur Funktion des Datenschutzes und zur Notwendigkeit bereichsspezifischer Regelungen, in: Wolfgang Gitter/Werner Thieme/Hans F. Zacher (Hrsg.), Im Dienst des Sozialrechts, 1981, S. 173 (174 ff.); *Otto Mallmann*, Zielfunktionen des Datenschutzes, 1977, bes. S. 35 ff.; *Paul J. Müller*, Die Gefährdung der Privatsphäre durch Datenbanken, in: Ulrich Dammann/Mark Karhausen/Paul J. Müller/Wilhelm Steinmüller (Hrsg.), Datenbanken und Datenschutz, 1974, S. 63 (81 ff.); *Walter Schmidt*, Die bedrohte Entscheidungsfreiheit, JZ 1974, S. 241 (241 ff.); *Spiros Simitis*, Chancen und Gefahren der elektronischen Datenverarbeitung, NJW 1971, S. 673 (675 ff.).
[77] Dazu aus verfassungsrechtlicher Perspektive BVerfGE 78, 77 (84); außerdem *Hansjürgen Garstka*, Empfiehlt es sich, Notwendigkeit und Grenzen des Schutzes personenbezogener – auch grenzüberschreitender – Informationen neu zu bestimmen?, DVBl 1998, S. 981 (981 ff.).

rechenanlagen prägt die Vernetzung von Rechnern und Netzwerken das Bild. Andererseits bergen rechner- oder netzgestützte Systeme weder ein in jeder Hinsicht gesteigertes Gefährdungspotenzial noch sind Schutzerfordernisse im Rahmen anderweitiger Formen des Umgangs mit personenbezogenen Informationen und Daten grundsätzlich weniger gewichtig.[78] Deshalb wäre es in rechtlicher Hinsicht verfehlt, pauschal nach der eingesetzten Technik der Datenverarbeitung zu differenzieren, anstatt sich an den jeweils **im und aus dem Umgang mit Informationen entstehenden Folgen** zu orientieren und diese auf ihre **rechtliche Relevanz** hin zu untersuchen.[79]

27 Dennoch behalten die Techniken eine bedeutende Rolle. Zum einen prägen sie die Beschreibungen des Umgangs mit Informationen und Daten. Und auch in einem übergeordneten Rahmen bestehen mit Rücksicht auf die jeweiligen Verarbeitungsbedingungen und Missbrauchsgefahren technikspezifische Schutzerfordernisse.[80] Die Gefährdungspotenziale haben sich um aktuelle Probleme wie die der Datensammlung oder der Profilbildung über Netze und vernetzte Speichermedien, der Authentizität von Kommunikationspartnern, der Manipulationsgefahren oder der Datensicherheit unter anderem in Konstellationen des Outsourcings oder des Cloud Computings erweitert.[81] Zum anderen gewinnt die Technik mittlerweile umgekehrt an Relevanz, weil sich Datenschutz gerade auch durch Technik realisieren lässt.[82]

28 Unabhängig davon erfordert die Verallgemeinerung des Schutzes im Hinblick auf den Umgang mit personenbezogenen Informationen und Daten eine Rekon-

---

[78] Beispiele für die Schutzerfordernisse außerhalb der automatisierten Datenverarbeitung: *BGH*, DÖV 1991, S. 849 (849 f.) – längerfristige Videoüberwachung; *BGH*, NJW 1992, S. 763 (764 f.) – Beschlagnahme von Karteien mit Patientinnendaten bei einem Arzt; *OVG NW*, DuD 2005, 487 (488 ff.) – Übermittlung von Beihilfeakten.

[79] Vgl. auch *Hans P. Bull*, Was ist Informationsrecht?, IuR 1986, S. 287 (290).

[80] *Hans P. Bull*, Die Grundprobleme des Informationsrechts, 1985, S. 32 ff.

[81] Übergreifend *Johann Bizer*, Datenschutzrecht, in: Martin Schulte (Hrsg.), Handbuch des Technikrechts, 1. Aufl. 2003, S. 561 (569 f.); *Hannes Federrath/Andreas Pfitzmann*, Datensicherheit, in: Schulte/Schröder (Hrsg.), Technikrecht, S. 857 (857 ff.); *Hans-Heinrich Trute*, Rechtspolitik der Zukunft – Informationsrecht, in: Michael Holoubek/Georg Lienbacher (Hrsg.), Rechtspolitik der Zukunft – Zukunft der Rechtspolitik, 1998, S. 313 (337 f., 344 ff.); *Marc Langheinrich*, Privacy by Design – Principles of Privacy-Aware Ubiquitous Systems, in: Gregory Abowd/Barry Brumitt/Steven Shafer (Hrsg.), Proceedings of Ubicomp 2001, S. 273 (273 ff.); *Jürgen Bohn u.a.*, Allgegenwart und Verschwinden des Computers, http://www.jjbohn.de/papers/bohn_allgegenwart_privat_2003.pdf, bes. S. 5 ff.; *Claudia Eckert*, Mobile Kommunikation: Technik und Sicherheitsprobleme, in: Norbert Kartmann/Friedrich v. Zezschwitz (Hrsg.), Datenschutz in der mobilen Welt – Realität oder Utopie?, 2005, S. 17 (21); *Alexander Roßnagel*, Modernisierung des Datenschutzrechts für eine Welt allgegenwärtiger Datenverarbeitung, MMR 2005, S. 71 (71 ff.); *Jürgen Kühling*, Datenschutz in einer Welt allgegenwärtiger Datenverarbeitung, DV, Bd. 40 (2007), S. 153 (158 ff.); *Michel Friedewald/Ralf Lindner*, Datenschutz, Privatsphäre und Identität in intelligenten Umgebungen: Eine Szenarioanalyse, in: Friedemann Mattern (Hrsg.), Die Informatisierung des Alltags, 2007, S. 207 (207 ff.); *Margarete Schuler-Harms*, Netz-Communities als Grundlage sozialer Innovationen und die Aufgabe des Rechts, in: Martin Eifert/Wolfgang Hoffmann-Riem (Hrsg.), Innovation, Recht und öffentliche Kommunikation, 2011, S. 191 (200 ff.). Vgl. dagegen auch *Thomas Vesting*, Das Internet und die Notwendigkeit der Transformation des Datenschutzes, in: Karl-Heinz Ladeur (Hrsg.), Innovationsoffene Regulierung des Internet, 2003, S. 155 (162 ff.). Zum Outsourcing umfassend *Dirk Heckmann*, IT-Outsourcing der öffentlichen Hand, in: Peter Bräutigam (Hrsg.), IT-Outsourcing, 2. Aufl. 2009, S. 645 (645 ff. m. zahlr. N.). Zum Cloud Computing s. allgemein *Carsten Schulz*, Rechtliche Aspekte des Cloud Computings im Überblick, in: Jürgen Taeger/Andreas Wiebe (Hrsg.), Inside the Cloud, 2009, S. 403 (403 ff.) und → Rn. 95 mit Fn. 357.

[82] Näher noch → Rn. 115 ff.

struktion des Schutzbedarfs. Hilfreicher als die Abstraktion – „Informationsgerechtigkeit" als Leitziel[83] – sind mehr Präzision und mehr Differenzierung. Der Begriff **„Datenschutz" bündelt** eine **Vielzahl unterschiedlicher Schutzerfordernisse,** und angemessene Regelungen setzen deren Aufschlüsselung voraus. Auch die mit Blick auf die automatische Datenverarbeitung entworfenen **Schutzmechanismen** können nicht pauschal in einen verallgemeinerten Kontext transformiert werden. Im Gegenteil müssen sie aufgrund der Entwicklung von einem Recht der automatischen Datenverarbeitung hin zu einem Recht des Umgangs mit (personenbezogenen) Informationen und Daten weiterentwickelt, ergänzt oder mit anderweitigen, etwa den „klassischen" verwaltungsverfahrensrechtlichen, Schutzmechanismen verknüpft werden.

II. Der Fokus personenbezogener Informationen und Daten

Der Umgang mit personenbezogenen Informationen und Daten unterliegt besonderen Rechtsbindungen wegen der **Schutzerfordernisse,** die man hinsichtlich der **Personen** herausarbeiten kann, auf die **Informationen und Daten** mit ihren Aussagegehalten **verweisen.** Personenbezogen sind Informationen und Daten, wenn sie sich auf eine bestimmte oder bestimmbare natürliche Person beziehen.[84] Damit schließt die Personenbezogenheit – hier spiegeln sich die Differenz von Informationen und Daten und die Kontextabhängigkeit wider – die Personenbeziehbarkeit ein.[85] Insofern ist die Personenbezogenheit weder in isolierter Betrachtung eines einzelnen Datums noch mit Blick auf die einzelne Information, sondern im übergreifenden Kontext und unter Umständen je nach Beziehung relativ zu bestimmen. Der Kontext und damit die Personenbezogenheit lässt sich durch rechtliche Bestimmungen gestalten. Zu denken ist nicht nur an explizite Vorschriften zur Anonymisierung und Pseudonymisierung, sondern etwa auch an Regelungen darüber, welche Angaben welchem Teilnehmer zugänglich sind und wer somit welche Informationen bilden kann. Trotzdem werden mit dem Fokus der Personenbezogenheit **weite Felder exekutiver Tätigkeit** erfasst.[86]

29

Schutzerfordernisse sind im überkommenen Datenschutzrecht an den Personenbezug geknüpft worden, weil die jeweilige Person immer involviert oder „betroffen" ist, sobald staatliche oder private Stellen personenbezogene Daten sammeln, daraus Informationen oder Wissen über die Person gewinnen und dieses Wissen bei der Wahl ihrer Handlungen und Entscheidungen nutzen können. Entwickelt man den traditionellen Datenschutz zu einem Recht des Umgangs mit personenbezogenen Informationen und Daten im Verwaltungsrecht fort, ergibt sich ein teils erweitertes, teils stärker differenziertes Bild.

30

---

[83] *Kloepfer,* Informationsrecht (Fn. 42), § 4 Rn. 2 ff., 15 ff.; *Dreier,* Informationsrecht (Fn. 50), S. 67 f.; *Thomas Hoeren,* Informationsgerechtigkeit als Leitperspektive des Informationsrechts, in: Taeger/Wiebe (Hrsg.), Informatik (Fn. 22), S. 91 (92 ff.).
[84] Vgl. die Legaldefinitionen in § 3 Abs. 1 BDSG.
[85] Näher *Peter Gola/Rudolf Schomerus,* BDSG, 10. Aufl. 2010, § 3 Rn. 10; *Wolfgang Schulz,* Verfassungsrechtlicher „Datenschutzauftrag" in der Informationsgesellschaft, DV, Bd. 32 (1999), S. 137 (162 ff.).
[86] Zur Weite des Begriffs „personenbezogene Daten" s. auch *BVerwG,* NJW 1995, S. 410 (410 f.); Urt. v. 24. 3. 2010, Az. 6 A 2.09, Rn. 33 ff., abrufbar unter www.bverwg.de; *EuGH,* Rs. C-465/00, Slg. 2003, I-4989, Rn. 64. Vgl. außerdem die Differenzierungen bei *Alexander Roßnagel/Andreas Pfitzmann/Hansjürgen Garstka,* Modernisierung des Datenschutzrechts, Gutachten im Auftrag des BMI, 2001, S. 61 ff., 68 ff.

31 **Der Begriff der Personenbezogenheit** beschreibt den individuellen Schutzbedarf zum einen **nicht erschöpfend.** Allein die Tatsache, dass Daten oder Informationen auf eine Person verweisen, kann keinen umfassend-pauschalen Schutz begründen. Die häufig zitierte Ausführung des Bundesverfassungsgerichts, es gebe „unter den Bedingungen der modernen Datenverarbeitung kein ‚belangloses Datum' mehr",[87] ist insofern richtig, als auch Daten, die für sich genommen belanglos erscheinen, in einem bestimmten Kontext oder in Verknüpfung mit anderen Daten einen Informationsgehalt erhalten können, mit Blick auf den eine Person schutzbedürftig ist. Das heißt aber nur, dass Daten nicht von vornherein aus dem Schutz herausfallen dürfen. Sobald man mit der Unterscheidung von Daten und Informationen arbeitet, versteht sich dies von selbst: Es kommt gar nicht auf die Daten, sondern auf die Informationen an, die sich nur im übergreifenden Kontext erschließen. Relativ zu einem bestimmten Kontext ist eine Beschreibung von Daten, von Informationen oder von Verarbeitungsvorgängen als „trivial" oder „belanglos" jedoch ebenso möglich wie die Feststellung eines gesteigerten Schutzbedarfs.[88] Das eigentliche Problem liegt woanders: Daten können theoretisch in beliebige Kontexte fließen, immer wieder neu mit anderen Daten kombiniert werden und so immer wieder neue Informationen vermitteln. Aus sich heraus sind die Kontexte, in denen sich der Umgang mit Informationen und Daten vollzieht und die über deren „Trivialität" oder „Sensitivität" entscheiden, nicht bestimm- und abgrenzbar. Allerdings könnte man dieses Problem in eigenständiger Weise durch rechtliche Grenzen lösen. Ist die Bestimm- und Abgrenzbarkeit von (Verwendungs-)Kontexten auf einer ersten Regelungsebene in rechtlich tragfähiger Weise sichergestellt und sind die notwendigen Kenntnis- und Einflussmöglichkeiten betroffener Personen gewährleistet, lässt sich auf einer zweiten Regelungsebene ein gefährdungsabhängiger Schutz entwickeln, der mehr Faktoren einbezieht als die schlichte Personenbezogenheit von Daten oder Informationen.[89]

---

[87] *BVerfGE* 65, 1 (45). Vgl. a. → Rn. 65 mit Fn. 217 zur Reformulierung in der jüngeren Rspr. des Gerichts.

[88] Ein gesteigerter Schutzbedarf ergibt sich – entgegen dem in § 3 Abs. 9 BDSG verankerten Konzept der „sensitiven Daten", das auf Art. 8 Abs. 1 EU-DSRL beruht – weniger aus den Daten als vielmehr aus deren Informationsgehalt und den zu erwartenden Folgen in bestimmten sozialen Kontexten. Kritisch zum Konzept der „sensitiven" Daten *Spiros Simitis*, „Sensitive" Daten – Zur Geschichte und Wirkung einer Fiktion, in: FS Mario M. Pedrazzini, 1990, S. 469 (470 ff.). In gewissem Umfang mag man vom Ausgangspunkt der Daten aus typisieren können. Wie schwierig dies ist, zeigen jedoch die Diskussionen um ein Gendiagnostikgesetz. S. dazu das Gesetz über genetische Untersuchungen bei Menschen (Gendiagnostikgesetz – GenDG) vom 31. Juli 2009, BGBl I, S. 2529, 3672. Überblick dazu bei *Angie Genenger*, Das neue Gendiagnostikgesetz, NJW 2010, S. 113 (113 ff.). Aus der umfassenderen Diskussion: *Hans-Heinrich Trute*, Wissenspolitik und rechtliche Regulierung – Überlegungen am Beispiel der Erzeugung und Verwendung genetischer Daten, in: Martin Eifert/Wolfgang Hoffmann-Riem (Hrsg.), Innovation und rechtliche Regulierung, 2002, S. 290 (295 ff.); *Reinhard Damm/Steffen König*, Rechtliche Regulierung prädiktiver Gesundheitsinformationen und genetischer „Exzeptionalismus", MedR 2008, S. 62 (62 ff.); *Michael Kiehntopf/Cornelia Pagel*, Der Entwurf des Gendiagnostikgesetzes – genetischer Exzeptionalismus oder allgemeines Diagnostikgesetz?, MedR 2008, S. 344 (346 ff.); *Reinhard Damm*, Gendiagnostik und Risikosteuerung: Risikodimensionen, Regulierungsbedarf, Regelungselemente, in: Albers, Risikoregulierung (Fn. 14), S. 243 (243 ff.).

[89] Näher zu dieser Zwei-Ebenen-Konzeption noch → Rn. 69 ff. Zum Erfordernis eines „gefährdungsabhängigen" Schutzes weiter *Wolfgang Hoffmann-Riem*, Informationelle Selbstbestimmung in der Informationsgesellschaft – Auf dem Wege zu einem neuen Konzept des Datenschutzes, AöR, Bd. 123 (1998), S. 513 (527 ff.); *Hans-Heinrich Trute*, Der Schutz personenbezogener Informationen in der Informationsgesellschaft, JZ 1998, S. 822 (826 f.).

A. Der Umgang mit personenbezogenen Informationen

Zum anderen ist der Fokus personenbezogener Informationen und Daten eine **spezifische Perspektive,** die den individuellen Schutzbedarf **nicht umfassend abdeckt.** Beispielsweise verdeutlichen Data-Warehouse- und Data-Mining-Strategien, dass auch die statistische Bündelung von Daten problematisch sein und Regelungs- oder Schutzerfordernisse hervorrufen kann.[90] Bei solchen Strategien werden Datenbestände für unterschiedliche Zwecke verfügbar gehalten, um allgemein zugängliche oder käuflich erwerbbare Daten angereichert, untereinander vernetzt und schließlich statistische Aussagen gewonnen, die auf Personen(-gruppen) übertragen werden. Auch beim Scoring können statistische Wahrscheinlichkeitsaussagen, etwa über Wohngegenden, zur Einschätzung der Kreditwürdigkeit von Personen genutzt werden und zu unterschiedlichen Kreditbedingungen führen, also bestimmte Personen erheblich benachteiligen.[91]

Schutzerfordernisse betroffener Personen bestehen darüber hinaus in der Sache: Ein Gewerbetreibender, dem die Gewerbeausübung wegen Unzuverlässigkeit untersagt wird, hat nicht nur Schutzansprüche hinsichtlich der personenbezogenen Daten und Informationen, sondern auch Ansprüche hinsichtlich der formellen und materiellen Rechtmäßigkeit der sachlichen Entscheidung. Selbstverständlich handelt es sich dabei um einen anderen Bezugspunkt. Eine strikte Abgrenzung überspielte aber die Überschneidungen. Der Umgang der Verwaltung mit Informationen und Daten unterfällt nämlich zumindest partiell gleichermaßen den Anforderungen des Datenschutzrechts und den für die sachliche Abschlussentscheidung geltenden Rechtmäßigkeitsanforderungen, namentlich denjenigen des Verwaltungsverfahrensrechts. Bislang stehen die Anforderungen meist unverbunden nebeneinander. In einem übergreifenden Konzept könnten Regelungsebenen und Schutzpositionen auf- und miteinander abgestimmt werden, ohne dass dies ihre relative Eigenständigkeit in Frage stellte.

III. Anforderungen an ein Recht des Umgangs mit personenbezogenen Informationen und Daten

Das „Datenschutz"recht lässt sich nicht mehr als ein Spezialgebiet begreifen, das sich in einer Nische des Besonderen Verwaltungsrechts bewegt. Fortentwickelt zu einem Recht des Umgangs mit personenbezogenen Informationen und Daten betrifft es eine **grundlegende Querschnittsdimension des Verwaltungs-**

---

[90] *Ralf Groetker,* Informationelle Selbstbestimmung – ein zeitgemäßes Leitprinzip?, in: Bettina Sokol (Hrsg.), Total transparent – Zukunft der informationellen Selbstbestimmung?, 2006, S. 48 (55 ff.); *Margarete Schuler-Harms,* Die kommerzielle Nutzung statistischer Persönlichkeitsprofile als Herausforderung für den Datenschutz, in: Bettina Sokol (Hrsg.), Living by numbers: Leben zwischen Statistik und Wirklichkeit, 2005, S. 5 (10 ff.); *Jaideep Vaidya/Christopher W. Clifton/Yu M. Zhu,* Privacy Preserving Data Mining, 2006, S. 1 ff.; *Ira S. Rubinstein/Ronald D. Lee/Paul M. Schwartz,* Data Mining and Internet Profiling: Emerging Regulatory and Technological Approaches, The University of Chicago Law Review, Bd. 75 (2008), S. 261 (262 ff., hier auch zur Verflochtenheit sach- und personenbezogener Suchmuster); *Mireille Hildebrandt,* Who is Profiling Who? Invisible Visibility, in: Serge Gutwirth u. a. (Hrsg.), Reinventing Data Protection?, 2009, S. 239 (239 ff.). Vgl. a. → Bd. II *Ladeur* § 21 Rn. 42.

[91] Vgl. dazu jetzt § 28b BDSG. Zumindest die Informationsgewinnung, die statistische Daten und persönliche Angaben der Kreditantragsteller zusammenführt, ist personenbezogen. Wichtiger ist die – bereits für die Anfertigung und Übermittlung von Scorewerten relevante – Erkenntnis, dass statistische Aussagen zu Nachteilen für bestimmte Personen führen können, wenn sie der Gewinnung von (Risiko-)Informationen über Personen dienen.

rechts überhaupt. Zugleich stellt es **besondere inhaltliche und dogmatische Anforderungen.** Man muss die Unterscheidung von Informationen und Daten, die auf die strukturell eigenständige Beziehung zwischen der Person, von der Informationen oder Daten handeln, und der informations- und datenverarbeitenden Verwaltung verweist, ebenso handhaben wie die Bezüge auf die jeweiligen Wissens- und Handlungskontexte und auf die Verarbeitungsprozesse. Informationsrecht erfordert, selbst wenn man sich auf einen bestimmten Verarbeitungsschritt konzentriert, immer auch ein **spezifisches Denken in sozialen Beziehungen,**[92] **in übergreifenden Kontexten und in Prozessen.**

35 Seinen Zuschnitt gewinnt das Recht des Umgangs mit personenbezogenen Informationen und Daten aufgrund des Schutzbedarfs der Person, auf die die Informationen und Daten verweisen. Deshalb setzt es eine **angemessene Beschreibung der Schutzerfordernisse** voraus. In der klassischen Diskussion um den Datenschutz finden sich hierzu eher eklektizistische, häufig nicht sonderlich präzise, aber partiell durchaus plausible Überlegungen.[93] Mittlerweile scheint dieser Punkt durch übergeordnete Regelungsebenen geklärt zu sein, insbesondere durch das aus Art. 2 Abs. 1 i. V.m. Art. 1 Abs. 1 GG hergeleitete Recht auf informationelle Selbstbestimmung, das einen weit reichenden Einfluss auf die gesetzliche Lage hat. Dessen Analyse zeigt jedoch, dass es aus mehreren Gründen überdacht werden und dass man die verfassungsrechtlichen Bindungen und Rechte neu konzipieren muss.[94] Dann gelangt man zu dem Ergebnis, dass man mit vielfältigen Schutzerfordernissen zu tun hat, die problemadäquat herauszukristallisieren und schon wegen des technischen Fortschritts immer wieder überprüfungsbedürftig sind. Da Daten als Informationsgrundlage, Informationen und Wissen im Mittelpunkt stehen, deren Erfassung und Beschreibung wiederum ein Denken in Kontexten erfordert, lassen sich vielfältige Schutz- und Regulierungsmechanismen entwickeln. Mit Blick auf die Relevanz der Kontexte sind dabei auch anderweitige Regelungen insoweit einzubeziehen, als sie sich auf den Umgang mit Daten, Informationen und Wissen mit Personenbezug auswirken.[95]

36 Schon deswegen dürfen die **rechtlichen Schutzmechanismen** nicht länger isoliert, also nicht länger wie zu Zeiten des Modells der Datenverarbeitung in abgegrenzten Großrechenanlagen, entwickelt werden. Sie müssen stärker in die anderweitigen Regelungen des Allgemeinen und Besonderen Verwaltungsrechts integriert und mit ihnen abgestimmt werden. Das ist keineswegs als reine Einschränkung in dem Sinne gemeint, dass der individuelle Schutz hinsichtlich des Umgangs mit personenbezogenen Informationen und Daten mit den Informationsbedürfnissen der Verwaltung abgewogen werden und unter Umständen zurückstehen müsste. Vielmehr lässt sich dieser Schutz gerade auch durch die Gestaltung der sachlichen Kompetenzen, der Verwaltungsverfahren, der Verwaltungsorganisation und der Kommunikationstechniken realisieren, wenn man sich die Wechselbezüge und die Verflechtungen zwischen den jeweiligen Bezugs-

---

[92] Die Abhängigkeit des Informationsgehalts der Daten vom jeweiligen Empfänger erklärt manche Praktikabilitätsprobleme des Informationsrechts, so *Ulrich Sieber*, Informationsrecht und Recht der Informationstechnik, NJW 1989, S. 2569 (2572 f.).
[93] Oben → Rn. 25.
[94] Näher → Rn. 68 ff.
[95] Vgl. dazu auch *Hans C. Röhl*, Der rechtliche Kontext der Wissenserzeugung, in: ders. (Hrsg.), Wissen (Fn. 47), S. 65 (65 ff.).

punkten und Regelungsebenen zunutze macht. Darüber hinaus muss der Schutz mit anderen informationsrechtlichen Vorgaben, insbesondere mit Datenzugangsrechten, abgestimmt werden.

Die Debatte um die Modernisierung des Datenschutzrechts hat deutlich gemacht, dass es mittlerweile unterschiedliche **Bausteine eines Rechts des Umgangs mit personenbezogenen Informationen und Daten** gibt. Die überkommene Steuerung der Datenverarbeitungsphasen wird ergänzt durch den „Systemdatenschutz", durch den „Datenschutz durch Technik", durch eine verstärkte Partizipation der betroffenen Personen, durch einen Wandel der Rolle der Datenschutzbeauftragten, durch Datenschutzaudit und Produktzertifizierung oder durch die „regulierte Selbstregulierung".[96] Sowohl die Ausarbeitung als auch die Koordination dieser Bausteine sind noch im Fluss. Trotzdem ist bereits erkennbar, dass man das Datenschutzrecht aus der überholten Vorstellung einer vollständigen ordnungsrechtlichen Determination des staatlichen Umgangs mit Informationen und Daten löst und nach gegenstandsgerechten Regelungsformen sucht.

37

Das Recht des Umgangs mit personenbezogenen Informationen und Daten setzt sich zusammen aus einer Kombination **allgemeiner und bereichsspezifischer Regelungen.** Diese Kombination hat eine andere Tradition als der gewohnte Dreiklang von Allgemeinem Verwaltungsrecht, Allgemeinem Teil eines besonderen Rechtsgebiets und genuin bereichsbezogenen Vorschriften.[97] Das Allgemeine Datenschutzrecht will nämlich nicht vorrangig zwischen jenem und diesen vermitteln. Stattdessen steckt in ihm die Ursprungsidee, dass Vorgaben für den Staat und für Private in einem möglichst einheitlichen Konzept zusammengeführt werden. Im Zuge einer Fortentwicklung muss man also einerseits überlegen, inwieweit an diesem Ansatz festgehalten werden soll,[98] andererseits gegebenenfalls darüber nachdenken, ob und wie er verwirklicht werden kann, wenn zugleich eine stärkere Integration des staatlichen Umgangs mit personenbezogenen Informationen und Daten in das Regime des Verwaltungsrechts sinnvoll ist. Auch ohne das Problem, ob man einheitliche Grundsätze für den Staat und für Private herausarbeiten kann, gehört die Ausarbeitung der Kombination allgemeiner und bereichsspezifischer Regelungen zu den anforderungsreichsten Aufgaben der Zukunft. Sie setzt nämlich keineswegs nur eine Systematisierungsleistung, sondern viel grundlegender eine Verständigung über den Gegenstand, über die Schutzerfordernisse und über die passenden Schutzmechanismen des Rechts des Umgangs mit personenbezogenen Informationen und Daten voraus.

38

B. Europa- und verfassungsrechtliche Grundlagen

I. Europäisierung des Rechts des Umgangs mit personenbezogenen Informationen und Daten

Das Recht des Umgangs mit personenbezogenen Informationen und Daten wird schon wegen der Entwicklung des Internet, des wachsenden weltweiten Datentransfers und der Probleme, die disparate Rechtsregime hervorrufen, zuneh-

38a

---

[96] Zur Konzeption regulierter Selbstregulierung → Bd. I *Eifert* § 19 Rn. 49 ff.
[97] Dazu *Schmidt-Aßmann*, Ordnungsidee, Rn. 16. Ausf. → Rn. 96 ff.
[98] Vgl. noch → Rn. 90 f.

mend durch eine Internationalisierung und vor allem durch eine Europäisierung geprägt.[99] Mit dem Ziel einer Konzeption transnational anerkannter Mindeststandards soll etwa die Datenschutzkonvention des Europarats modernisiert werden, die im Jahre 1981 erste allgemeine Grundzüge formulierte, die sich an den OECD-Leitlinien und an den damals vorhandenen mitgliedstaatlichen Datenschutzgesetzen orientierten.[100] Die Überlegungen richten sich unter anderem auf die Reformulierung der Schutzziele, auf die Erweiterung des Anwendungsbereichs über die automatisierte Datenverarbeitung hinaus, auf die Modernisierung und Erweiterung der Grundsätze, zum Beispiel hinsichtlich der Transparenz, auf die Präzisierung und Erweiterung der Rechte der betroffenen Person ebenso wie der Verantwortlichkeiten der datenverarbeitenden Stellen und auf Vorgaben zum grenzüberschreitenden Datenfluss.[101] In daran angelehnter Weise orientieren sich Konzepte einer globalen Regulierung an Prinzipien wie denjenigen der Eingrenzung von Datenverarbeitungen, unter anderem über Zweckfestlegungen und Angemessenheit, der Sicherstellung der Datenqualität, der Verankerung von Verantwortlichkeiten, der Transparenz und der Partizipation betroffener Personen.[102] Überzeugende Konzeptionen setzen allerdings voraus, dass man die Regulierungs- und Schutzziele ebenso wie etwa die Möglichkeiten, Grenzen und Reflexivitätserfordernisse einer Regulierung durch Recht sachgerecht beschreibt und nicht überkommene, unter Umständen nicht oder jedenfalls nicht mehr passende Denkmuster weiterführt.

38b Zu den in gewissem Umfang relevanten völkerrechtlichen Maßgaben zählen die Europäische Menschenrechtskonvention (EMRK) und die Rechtsprechung des Europäischen Gerichtshofs für Menschenrechte (EGMR), dies nicht nur wegen ihrer Rolle im Unionsrecht[103], sondern auch wegen ihres Einflusses als Auslegungshilfe für die Grundrechte des Grundgesetzes und in Form eines Berücksichtigungsgebots bei der Auslegung und Anwendung des Gesetzes-

---

[99] Vgl. dazu nur *Cécile de Terwangne*, Is a Global Data Protection Regulatory Model Possible?, in: Gutwirth u.a. (Hrsg.), Reinventing Data Protection? (Fn. 90), S. 175 (176 ff.); *Franz C. Mayer*, Europäisches Internetverwaltungsrecht, in: Terhechte (Hrsg.), VerwREU, § 25 Rn. 8 ff.; *Pierre Trudel*, Privacy Protection on the Internet: Risk Management and Networked Normativity, in: Gutwirth u.a. (Hrsg.), Reinventing Data Protection? (Fn. 90), S. 317 (317 ff.).

[100] Übereinkommen zum Schutz des Menschen bei der automatischen Verarbeitung personenbezogener Daten (Konvention 108) des Europarats vom 28. 1. 1981, BGBl II (1985), S. 538. Näher dazu *Council of Europe*, Explanatory report on the Convention for the Protection of Individuals with regard to Automatic Processing of Personal Data, 1981. Zum Hintergrund s. auch *Viktor Mayer-Schönberger*, Generational Development of Data Protection in Europe, in: Philip E. Agre/Marc Rotenberg (Hrsg.), Technology and Privacy: The New Landscape, 1997, S. 219 (220 ff.); *Lee A. Bygrave*, Data Protection Law, 2002, S. 94 ff. Zu den OECD-Leitlinien s. die Empfehlung des Rates der Organisation für wirtschaftliche Zusammenarbeit und Entwicklung (OECD) vom 23. 9. 1980 über Leitlinien für den Schutz des Persönlichkeitsbereichs und den grenzüberschreitenden Verkehr personenbezogener Daten, BAnz, Amtl. Teil v. 14. 11. 1981, Nr. 215. Ausf. dazu *Reinhard Ellger*, Der Datenschutz im grenzüberschreitenden Datenverkehr, 1990, S. 513 ff.; *Herbert Burkert*, Internationale Grundlagen, in: Roßnagel (Hrsg.), Handbuch (Fn. 41), Kap. 2.3 Rn. 22 ff.

[101] Siehe die Roadmap und die Materialien zur Modernisation of Convention No. 108 auf der Seite des Council of Europe unter www.coe.int/t/dghl/standardsetting/dataprotection/modernisation_en.asp. Vgl. dazu auch *Sjaak Nouwt*, Towards a Common European Approach to Data Protection: A Critical Analysis of Data Protection Perspectives of the Council of Europe and the European Union, in: Gutwirth u.a. (Hrsg.), Reinventing Data Protection? (Fn. 90), S. 275 (275 ff.).

[102] Etwa *de Terwangne*, Global Data Protection (Fn. 99), S. 182 ff.

[103] → Rn. 43 f.

B. Europa- und verfassungsrechtliche Grundlagen

rechts.[104] Im Hinblick auf den Umgang mit personenbezogenen Informationen und Daten spielt der Anspruch auf Achtung des Privatlebens in Art. 8 Abs. 1 EMRK eine zentrale Rolle. Nach der Rechtsprechung des EGMR schützt Art. 8 EMRK mit dem „Privatleben" ein durchaus breites Interessenspektrum und schließt dabei in gewissem Umfang soziale Beziehungen und öffentliche Aktivitäten ein; in mittlerweile gefestigter Weise gibt der Anspruch auf Achtung des Privatlebens auch Schutzpflichten und -ansprüche her.[105] Im Hinblick auf den staatlichen Umgang mit personenbezogenen Informationen und Daten hat der Gerichtshof fallspezifisch eine Reihe von Schutzpositionen hergeleitet.[106] Das Sammeln, Aufzeichnen, Nutzen oder Veröffentlichen kann eine Beeinträchtigung sein, ohne dass es darauf ankommt, ob die Daten sensitiv sind oder ob der Betroffene konkrete Nachteile hatte.[107] Im Falle einer systematischen Sammlung und Speicherung durch staatliche Behörden werden auch öffentlich zugängliche Daten vom Schutz erfasst.[108] Nähere Anforderungen an die notwendige gesetzliche Grundlage präzisiert der EGMR unter anderem mit Blick auf die Vorgaben der Datenschutzkonvention.[109] Mit Rücksicht auf die Funktionen des persönlichen Wissens über das personenbezogene Wissen der sozialen Umwelt kann Art. 8 EMRK zudem (eingrenzbare) Kenntnisrechte hergeben, etwa Auskunfts- oder Akteneinsichtsansprüche hinsichtlich der bei Behörden vorhandenen personenbezogenen Daten oder Unterlagen.[110] Insgesamt weist die Rechtsprechung des EGMR sich verfestigende Grundlinien auf. Die Rechtspositionen hinsichtlich der hier interessierenden Aspekte sind jedoch zumindest bislang nicht so elaboriert, dass sie Modifikationen im nationalen Recht veranlassen könnten. Für die Europäisierung des staatlichen Umgangs mit personenbezogenen Informationen und Daten weitaus einflussreicher ist das Unionsrecht, das im Bereich der Unionsgrundrechte wiederum von der EMRK und der Rechtsprechung des EGMR mitgeprägt wird.[111]

---

[104] *BVerfGE* 111, 307 (315 ff.); 128, 326 (366 ff.).

[105] Aus der jüngeren Rechtsprechung des EGMR s. etwa Urt. v. 25. 11. 2008, Nr. 23 373/03 – Biriuk, Rn. 34 ff.; Urt. v. 4.12. 2008, Nr. 30 562/04 – S. and Marper, Rn. 66 ff., jeweils abrufbar unter www.echr.coe.int./echr; Entscheidung v. 5. 10. 2010, Nr. 420/07 – Köpke, EuGRZ 2011, S. 471 (474 ff.). Allgemein auch Urt. v. 16.12.2010, Nr. 25 579/05 – A, B, C v. Ireland, Rn. 212 ff., www.echr.coe.int./echr.

[106] Ausf. Analysen bei *Albers*, Selbstbestimmung (Fn. 12), S. 288 ff.; *Birte Siemen*, Datenschutz als europäisches Grundrecht, 2006, S. 51 ff.; *Rainer Schweizer*, Die Rechtsprechung des Europäischen Gerichtshofes für Menschenrechte zum Persönlichkeits- und Datenschutz, DuD 2009, S. 462 (464 ff.); *Paul De Hert/Serge Gutwirth*, Data Protection in the Case Law of Strasbourg and Luxemburg: Constitutionalisation in Action, in: Gutwirth u. a. (Hrsg.), Reinventing Data Protection? (Fn. 90), S. 3 (14 ff.).

[107] *EGMR*, Urt. v. 26. 3. 1987, Nr. 9248/81 – Leander, Rn. 48; Urt. v. 16. 2. 2000, Nr. 27 798/95 – Amann, Rn. 44 ff.; Urt. v. 4. 5. 2000, Nr. 28 341/95 – Rotaru, Rn. 42 ff.; Urt. v. 25. 9. 2001, Nr. 44 787/98 – P.G., Rn. 57 ff., Urt. v. 28. 1. 2003, Nr. 44 647/98 – Peck, Rn. 57 ff.; Urt. v. 11. 1. 2005, Nr. 50 774/99 – Sciacca, Rn. 26 ff.; Urt. v. 6. 6. 2006, Nr. 62 332/00 – Segerstedt-Wiberg, Rn. 69 ff.; Urt. v. 4. 12. 2008, Nr. 30 562/04 – S. and Marper, Rn. 58 ff.; alle abrufbar unter www.echr.coe.int./echr.

[108] *EGMR*, Urt. v. 4. 5. 2000, Nr. 28 341/95 – Rotaru, Rn. 43 f.; Urt. v. 6. 6. 2006, Nr. 62 332/00 – Segerstedt-Wiberg, Rn. 72; abrufbar unter www.echr.coe.int./echr.

[109] Etwa *EGMR*, Urt. v. 4. 12. 2008, Nr. 30 562/04 – S. and Marper, Rn. 103; s. auch zu den im Falle geheimer staatlicher Überwachungsmaßnahmen spezifizierten Anforderungen Urt. v. 28. 6. 2007, Nr. 62 540/00 – Association for European Integration and Human Rights u. Ekimdzhiev, Rn. 75 ff.; abrufbar unter www.echr.coe.int./echr.

[110] *EGMR*, Urt. v. 7. 7. 1989, Nr. 10 454/83 – Gaskin, Rn. 37; Urt. v. 6. 6. 2006, Nr. 62 332/00 – Segerstedt-Wiberg, Rn. 99 ff.; abrufbar unter www.echr.coe.int./echr.

[111] → Rn. 43 f.

1. Heterogenität der unionsrechtlichen Regelungsebenen und -konzeptionen

39   Anders als im nationalstaatlichen Recht, in dem traditionelle Modelle bis heute fortwirken, hat die Informationsdimension im Unionsrecht schnell eine hervorgehobene Rolle gespielt. Im europäischen Verwaltungsverbund werden Kooperation und Kontrolle über zunehmend ausgebaute vertikale und horizontale Informationsbeziehungen sowie über institutionalisierte Informationssysteme realisiert.[112] Im Verhältnis zu den Unionsbürgern haben Legitimationskonzepte der Transparenz und der Partizipation zur Verankerung von Informationszugangsrechten sowohl hinsichtlich der Institutionen der Union als auch in Form von Vorgaben für die Mitgliedstaaten geführt.[113]

40   Das **europäische Datenschutzrecht** hat sich allerdings nicht aus diesen Zusammenhängen heraus, sondern in **vielfältigen, partiell eigenständigen Linien** entwickelt. Seinen Ausgangspunkt teilt es mit dem nationalstaatlichen Recht: Es hat sich als Reaktion auf das Gefahrenpotenzial von Großrechenanlagen etabliert. Die aus den Ursprüngen des Datenschutzes stammenden Regelungsmuster der Datenschutzkonvention des Europarats hatten Vorbildfunktion für die Datenschutzrichtlinien der Europäischen Union. Diese haben nicht nur einen ausgeprägten Einfluss auf das mitgliedstaatliche Recht. Sie bilden darüber hinaus einen Kern unionsrechtlicher Regelungskonzeptionen, weil Art. 286 EGV a. F. sie durch eine geltungserweiternde Verweisung auf die Organe und Einrichtungen der Union transferiert hat und ihre Vorgaben dann weitgehend in die EG-Datenschutzverordnung übernommen worden sind.[114] Der langwierige Entstehungsprozess der EU-Datenschutzrichtlinie[115] drehte sich freilich vor allem darum, wie sich, sofern nicht die Anknüpfung an die Datenschutzkonvention hilfreich war, verschiedene nationale Regelungsmuster konsistent miteinander kombinieren ließen. Daher spiegelt sie, wenn auch nicht auf kleinstem gemeinsamen Nenner, den in den Mitgliedstaaten erreichten Stand wider und entwickelt diesen gelegentlich moderat weiter.[116] Sie ist kein neuartiger, auf ihre eigenen Funktionen

---

[112] → Bd. I *Schmidt-Aßmann* § 5 Rn. 16, 25 ff.; Bd. II *v. Bogdandy* § 25 Rn. 1 ff. m. w. N.; *Schöndorf-Haubold*, Europäisches SicherheitsR, Rn. 7, 17 ff.; *Jens-Peter Schneider*, Informationssysteme als Bausteine des Europäischen Verwaltungsverbunds, NVwZ 2012, S. 65 (65 ff.).

[113] Vgl. insbes. Art. 15 Abs. 3 AEUV und die VO (EG) Nr. 1049/2001 über den Zugang der Öffentlichkeit zu Dokumenten des Europäischen Parlaments, des Rates und der Kommission vom 30. 5. 2001, ABl. EG Nr. L 145/43. Aus der jüngeren Rspr. s. *EuGH*, Urt. vom 21. 7. 2011, Rs. C-506/08 P, EuGRZ 2011, S. 494 ff. S. weiter die Überblicke bei *Carsten Nowak*, Informations- und Dokumentenzugangsfreiheit in der EU, DVBl 2004, S. 272 (272 ff.), und bei *Friedrich Schoch*, Informationsrecht in einem grenzüberschreitenden und europäischen Kontext, EuZW 2011, S. 388 (388 ff.). Vgl. außerdem → Bd. I *Schmidt-Aßmann* § 5 Rn. 86 f.; Bd. II *Gusy* § 23 Rn. 82 ff., *Rossen-Stadtfeld* § 29 Rn. 73 ff.

[114] VO (EG) Nr. 45/2001 des Europäischen Parlaments und des Rates vom 18. 12. 2000 zum Schutz natürlicher Personen bei der Verarbeitung personenbezogener Daten durch die Organe und Einrichtungen der Gemeinschaft und zum freien Datenverkehr, ABl. EG 2001, Nr. L 8, S. 1. Dazu *Mark Ennulat*, Datenschutzrechtliche Verpflichtungen der Gemeinschaftsorgane und -einrichtungen, 2008, S. 117 ff. Zu den Kontroll- und Beratungskompetenzen des Europäischen Datenschutzbeauftragten s. *EuGH*, Rs. C-318/04, Slg. 2005, I-2467, Rn. 18.

[115] Oben → Fn. 60.

[116] Vgl. *Spiros Simitis*, Die EU-Datenschutzrichtlinie – Stillstand oder Anreiz?, NJW 1997, S. 281 (282): „kunstvolle Collage nationaler Regelungen". Außerdem *Stefan Walz*, Datenschutz-Herausforderungen durch neue Technik und Europarecht, DuD 1998, S. 150 (150): „ein ‚patchwork' aus unterschiedlichen ein-

B. Europa- und verfassungsrechtliche Grundlagen

zugeschnittener Lösungsansatz mit innovativer Qualität. Die bereichsspezifischen Richtlinien im Telekommunikations- oder im Finanzsektor bauen teils auf ihr auf, teils enthalten sie besondere Muster.[117] Der Rahmenbeschluss 2008/977/JI über den Schutz personenbezogener Daten, die im Rahmen der polizeilichen und justiziellen Zusammenarbeit in Strafsachen verarbeitet werden,[118] ist sektorspezifisch zugeschnitten, aber in seinen systematisierenden Grundbegriffen und -strukturen an der Konzeption der EU-Datenschutzrichtlinie orientiert. Dagegen unterstehen die transnationalen Informationssysteme im Rahmen von Eurojust[119] und Europol[120] oder des Schengen-Übereinkommens[121] jeweils einem Regime mit eigenständigen Zügen, das sich aus teilweise ausführlichen eigenen Bestimmungen, aus Verweisen auf die Datenschutzkonvention sowie die den Polizeibereich betreffende Empfehlung des Ministerkomitees des Europarats und aus partiellen Bezugnahmen auf das nationalstaatliche Recht zusammensetzt. Dabei ist es mit Blick auf Ziele und Strukturen der Kooperations- und Informationsbeziehungen ausgeformt.[122] Hier treten eine Reihe bilateraler Verträge völkerrechtlicher Qualität, aber auch eine Vielzahl punktueller Beschlüsse des Rates und Empfehlungen der Kommission hinzu, die sich um die Verbesserung der vertikalen oder der horizontalen Informationsbeziehungen drehen.[123] Eine übergreifende Bedeutung,

---

zelstaatlichen Datenschutzsystemen" (Hervorh. i. Orig.); *Nadine Bodenschatz,* Der europäische Datenschutzstandard, 2010, S. 188 ff.

[117] Hierzu → Rn. 54.

[118] Rahmenbeschluss 2008/977/JI des Rates vom 27. 11. 2008, ABl. EU 2008, Nr. L 350, S. 60. S. dazu auch den Bericht der Kommission an das Europäische Parlament, den Rat, den europäischen Wirtschafts- und Sozialausschuss und den Ausschuss der Regionen vom 25. 1. 2012, KOM (2012) 12 endg.

[119] Beschluss 2002/87/JI des Rates vom 28. 2. 2002 über die Errichtung von Eurojust zur Verstärkung der Bekämpfung der schweren Kriminalität, ABl. EG 2002, Nr. L 63, S. 1, geänd. durch den Beschluss 2009/426/JI des Rates vom 16. 12. 2008; s. außerdem Art. 85 AEUV.

[120] Beschluss 2009/371/JI des Rates vom 6. 6. 2009 zur Errichtung eines Europäischen Polizeiamtes (EUROPOL), ABl. EU 2009, Nr. L 121, S. 37; s. außerdem Art. 88 AEUV.

[121] Grundlagen: Übereinkommen zur Durchführung des Übereinkommens von Schengen vom 14. 6. 1985, BGBl II (1993), S. 1013; VO (EG) Nr. 871/2004 des Rates vom 19. 4. 2004 und Beschluss 2005/211/JI des Rates v. 4. 2. 2005 über die Einführung neuer Funktionen für das Schengener Informationssystem, auch im Hinblick auf die Terrorismusbekämpfung, ABl. EG 2004, Nr. L 162, S. 29, und ABl. EG 2005, Nr. L 68, S. 44; Verordnung (EG) Nr. 1987/2006 und Beschluss 2007/533/JI des Rates vom 12. 6. 2007 über die Einrichtung, den Betrieb und die Nutzung des Schengener Informationssystems der zweiten Generation (SIS II), ABl. EU 2006, Nr. L 381, S. 4, und ABl. EU 2007, Nr. L 205, S. 63; Verordnung (EG) Nr. 1104/2008 und Beschluss 2008/839/JI des Rates vom 24. 10. 2008 über die Migration vom Schengener Informationssystem (SIS 1+) zum Schengener Informationssystem der zweiten Generation (SIS II), ABl. EU 2008, Nr. L 299, S. 1 und 43; Verordnung (EU) Nr. 541/2010, ABl. EU 2010, Nr. L 155, S. 19. Vgl. auch → Bd. II *v. Bogdandy* § 25 Rn. 79 ff.

[122] Zu Schengen s. insbes. die Regelungen in Art. 92 ff., bes. 102 ff. SDÜ; Art. 4 ff. der Verordnung (EG) Nr. 1987/2006. Zu Europol die Regelungen in Art. 5 ff., 10 ff. des Beschlusses 2009/371/JI. Zur Entwicklung und Einordnung vgl. ansonsten *Satish Sule,* Europol und europäischer Datenschutz, 1999; *Mark A. Zöller,* Informationssysteme und Vorfeldmaßnahmen von Polizei, Staatsanwaltschaft und Nachrichtendiensten, 2002, S. 392 ff., 417 ff.; *Jan U. Ellermann,* Europol und FBI, 2005, bes. S. 32 ff., 347 ff.; *Schöndorf-Haubold,* Europäisches SicherheitsR, Rn. 41 ff.; *Franziska Boehm,* Information Sharing and Data Protection in the Area of Freedom, Security and Justice, 2012, S. 19 ff. S. außerdem den Beschluss 2008/615/JI des Rates vom 23. 6. 2008 zur Vertiefung der grenzüberschreitenden Zusammenarbeit, insbesondere zur Bekämpfung des Terrorismus und der grenzüberschreitenden Kriminalität, ABl. EU 2008, Nr. L 210, S. 1.

[123] Vgl. die Analysen bei *Jan Hecker,* Europäisches Verwaltungskooperationsrecht am Beispiel der grenzüberschreitenden polizeilichen Zusammenarbeit, EuR 2001, S. 826 (828 ff.); *Manfred Baldus,* Transnationales Polizeirecht, 2001, S. 31 ff.

die auch in der Praxis zunehmen wird, erlangen schließlich die Aussagen europäischer Grundrechte, die sich für den Umgang mit personenbezogenen Informationen und Daten herausbilden. Mit dem Vertrag von Lissabon ist das Recht jeder Person auf Schutz der sie betreffenden personenbezogenen Daten zum einen in Art. 16 Abs. 1 AEUV festgehalten, zum anderen verbindlich in der Charta der Grundrechte der Europäischen Union (GRCh)[124] kodifiziert worden. Die Charta genießt nach Art 6 Abs. 1 EUV den gleichen rechtlichen Rang wie die Verträge und umfasst einen inhaltlich breiten Katalog von Grundrechten bei gleichzeitiger Anerkennung unterschiedlicher Grundrechtsfunktionen.

41 Die Europäisierung des mitgliedstaatlichen Rechts und der exekutiven Praxis des Umgangs mit personenbezogenen Informationen und Daten wird somit von **heterogenen Determinanten auf unterschiedlichen Ebenen** geprägt. In den europäischen Regelungskonzeptionen setzen sich teilweise die **eigenständige Genese des Datenschutzes** und die in diesem Rahmen etablierten Diskurse durch. Teilweise entstehen Regelungsmuster und Praktiken der Verarbeitung oder des Austauschs von Daten im **Kontext der Sach-, Organisations- oder Kooperationsstrukturen** im jeweiligen Handlungsfeld. Daraus resultiert ein uneinheitliches Bild.[125]

41a Art. 16 Abs. 2 AEUV bietet nunmehr allerdings, mit der Ausnahme für den Bereich der Gemeinsamen Außen- und Sicherheitspolitik in Art. 39 S. 1 EUV, eine umfassende einheitliche Kompetenzgrundlage[126] zur Regelung von Vorschriften über den Schutz natürlicher Personen bei der Verarbeitung personenbezogener Daten und über den freien Datenverkehr. Die Norm ist eine zentrale Innovation und wird, dies in systematischer Kombination mit Art. 16 Abs. 1 AEUV und den einschlägigen Rechten der EU-Grundrechtecharta, als Gewährleistungs- oder Schutzverpflichtung von Parlament und Kommission gelesen.[127] Damit stellen sich auf europäischer Ebene in neuartiger Weise Fragen danach, wie man künftig einen kohärenten Rechtsrahmen und ein passendes Verhältnis zwischen allgemeinen und bereichsspezifischen Bestimmungen gestalten kann. Insgesamt ist, wie sich in den aktuellen Vorschlägen der Kommission zu einer **EU-Datenschutz-Grundverordnung** und einer neuen **Richtlinie im Bereich der Straftatenverhütung und -verfolgung sowie der Strafvollstreckung** bereits

---

[124] Zur Entwicklung und zu den Funktionen ausf. *Marion Albers*, Die Kodifikation von Grundrechtsnormen im Recht der Europäischen Union, in: dies./Manfred Heine/Georg Seyfarth (Hrsg.), Beobachten – Entscheiden – Gestalten, 2000, S. 129 (130 ff.).

[125] Vgl. auch kritisch *Felix Hanschmann*, Das Verschwinden des Grundrechts auf Datenschutz gegen hoheitliche Maßnahmen in der Pluralität von Rechtsregimen, in: Nele Matz-Lück/Mathias Hong (Hrsg.), Grundrechte und Grundfreiheiten im Mehrebenensystem – Konkurrenzen und Interferenzen, 2012, S. 293 (bes. 314 ff.).

[126] Nach Art. 9 des Protokolls (Nr. 36) über die Übergangsbestimmungen, s. ABl. EU Nr. C 83/322 vom 30. 3. 2010, behalten die Rechtsakte auf der Grundlage der Titel V und VI, die vor dem Inkrafttreten des Lissaboner Vertrages auf der Grundlage des EUV angenommen wurden, so lange Rechtswirkung, bis sie in Anwendung der Verträge aufgehoben, für nichtig erklärt oder geändert werden.

[127] *Hielke Hijmans*, Recent developments in data protection at European Union level, ERA Forum 11 (2010), S. 219 (220): „most important change"; s. außerdem *Indra Spiecker gen. Döhmann/Markus Eisenbarth*, Kommt das „Volkszählungsurteil" nun durch den EuGH? – Der Europäische Datenschutz nach Inkrafttreten des Vertrags von Lissabon, JZ 2011, S. 169 (172, 173). Mit Betonung der zweipoligen Finalität *Jens-Peter Schneider*, Stand und Perspektiven des europäischen Datenverkehrs- und Datenschutzrechts, DV, Bd. 44 (2011), S. 499 (505 f.).

zeigt,[128] ein erheblicher Europäisierungsschub bei der Regulierung des Umgangs mit personenbezogenen Informationen und Daten zu erwarten.

2. Zentrale Determinanten für die mitgliedstaatliche Verwaltung

Zu einem für die mitgliedstaatliche Verwaltung maßgeblichen Faktor können sich zunächst die **Unionsgrundrechte** entwickeln. Das Grundrecht des Art. 8 Abs. 1 GrCh verankert – neben Art. 16 Abs. 1 AEUV – den Datenschutz explizit.[129] Unionsgrundrechte greifen bei der Umsetzung sekundärrechtlicher Vorgaben und – neben den sekundärrechtlichen Vorschriften – als Maßstäbe, anhand derer umsetzendes nationales Recht unionsrechtskonform auszulegen ist.[130] Inwieweit diese und nicht (mehr) die nationalen Grundrechte greifen, hängt davon ab, ob ein Mitgliedstaat im Anwendungsbereich oder „in Durchführung" (Art. 51 Abs. 1 S. 1 GRCh) des Rechts der Union handelt. Hierfür kommt es nicht zuletzt darauf an, wie man die EU-Datenschutzrichtlinie versteht. Nach der Rechtsprechung des EuGH kann sich ihr Anwendungsbereich auch auf Sachverhalte ohne grenzüberschreitenden Bezug erstrecken,[131] und sie richtet sich auf eine grundsätzlich umfassende Harmonisierung mitgliedstaatlicher Rechtsvorschriften.[132] So erkennt der EuGH zwar Flexibilitäten der Richtlinienvorgaben etwa in Art. 7 EU-DSRL an, differenziert jedoch zwischen (unzulässigen) nationalen Maßnahmen, die die Tragweite dieser Vorgaben verändern, und (zulässigen) nationalen Maßnahmen, die die Vorgaben nur näher bestimmen.[133] Diese Sehweisen führen zugleich zu einem weit reichenden Einsatzbereich der europäischen Grundrechte. Auch unabhängig von diesen Wechselwirkungen kommt des Weiteren den maßgeblichen **sekundärrechtlichen Vorgaben** zentrale Bedeutung für die mitgliedstaatliche Verwaltung zu. Das betrifft vor allem die **EU-Datenschutzrichtlinie** wegen ihrer, wenn auch begrenzten, Funktion als unionsrechtliches Leitmodell. Darüber hinaus wirken **sämtliche Datenschutzrichtlinien** nach ihrer Umsetzung als Auslegungsmaßstäbe für die sie umsetzenden nationalen Vorschriften fort.[134] Daher ist ihre Realisierung ein auf Verwaltungs-

42

---

[128] → Rn. 46a.

[129] Zum Problem der Abstimmung von Art. 16 Abs. 1 AEUV, 8, 52 Abs. 1 und 52 Abs. 2 GRCh → Rn. 43 mit Fn. 141.

[130] → Bd. I *Ruffert* § 17 Rn. 148.

[131] *EuGH*, Rs. C-465/00, Slg. 2003, I-4989, Rn. 64. Der EuGH stellt darauf ab, dass der freie Verkehr personenbezogener Daten zwischen Mitgliedstaaten sichergestellt werden solle und alle personenbezogenen Daten zwischen den Mitgliedstaaten übermittelt werden könnten. Außerdem setze die Heranziehung von Art. 100a EGV a. F. als Rechtsgrundlage nicht voraus, dass in jedem Einzelfall, der von dem auf dieser Rechtsgrundlage ergangenen Rechtsakt erfasst werde, tatsächlich ein Zusammenhang mit dem freien Verkehr zwischen Mitgliedstaaten bestehe. Zu Recht kritisch dazu mit Rücksicht auf den Charakter des Datenschutzes als weit reichende Querschnittsmaterie und mit der Forderung nach einem besonderen Bezug des Sachverhalts zum Unionsrecht, der nicht in der Datenverarbeitung als solcher besteht, *Gabriele Britz*, Europäisierung des grundrechtlichen Datenschutzes?, EuGRZ 2009, S. 1 (4f.).

[132] *EuGH*, Rs. C-524/06, Slg. 2008, I-9705, Rn. 51; Urt. v. 24. 11. 2011, Rs. C-468/10 u. C-469/10, abrufbar unter http://curia.europa.eu, Rn. 29.

[133] *EuGH*, Urt. v. 24. 11. 2011, Rs. C-468/10 u. C-469/10, abrufbar unter http://curia.europa.eu, Rn. 35.

[134] → Bd. I *Schmidt-Aßmann* § 5 Rn. 32, *Ruffert* § 17 Rn. 139. Unter Umständen ist es hier schwer zu klären, inwieweit nationale Behörden im Falle einer Richtlinie, die in das nationale Recht umgesetzt worden ist, Unionsrecht oder lediglich nationales Recht vollziehen. Vgl. zum Anwendungsbereich der EU-DSRL *EuGH*, Rs. C-465/00, Slg. 2003, I-4989, Rn. 31 ff.; Rs. C-101/01, Slg. 2003, I-12971, Rn. 40 ff.

ebene weiterlaufender Prozess. Die Konkretisierungsempfehlungen der nach Art. 29 EU-DSRL institutionalisierten Datenschutzgruppe sollen dabei den europäischen Einfluss stärken.[135] Bereichsspezifisch wirkt unter anderem der Rahmenbeschluss über den Schutz personenbezogener Daten, die im Rahmen der polizeilichen und justiziellen Zusammenarbeit in Strafsachen verarbeitet werden,[136] auf das mitgliedstaatliche Recht ein, sofern nicht vor seinem Erlass ergangene Rechtsakte Vorrang haben.[137]

a) Datenschutz als Gegenstand europäischer Grundrechte

43 Primärrechtlich verankert zum einen Art. 16 Abs. 1 AEUV das **Recht jeder Person auf Schutz der sie betreffenden personenbezogenen Daten.** Mit gleicher normtextlicher Formulierung wird dieses Recht zum anderen in **Art. 8 Abs. 1 GRCh** abgesichert. Hinzu tritt Art. 7 GRCh, der in weit gehendem Gleichklang mit Art. 8 Abs. 1 EMRK das Recht jeder Person auf Achtung ihres Privat- und Familienlebens, ihrer Wohnung sowie ihrer Kommunikation normiert und wegen der Klausel des Art. 52 Abs. 3 GRCh[138] besondere Bedeutung gewinnt. Diese Klausel führt in Verknüpfung mit dem Befund, dass der Europäische Gerichtshof für Menschenrechte keine explizite Norm zur Verfügung und Art. 8 EMRK zur zentralen Grundlage näherer Maßgaben zum Umgang mit personenbezogenen Informationen und Daten ausgebaut hat, zu Abgrenzungsschwierigkeiten zwischen den Schutzgehalten des Art. 7 und des Art. 8 GRCh. Dieser ist nicht etwa pauschal lex specialis zu jenem.[139] Die sinnvollste Lösung liegt vielmehr darin, einen partiell spezifischen Gehalt von Art. 7 GRCh, eine Abgrenzung nicht erfordernde Schnittmengen beider Grundrechte und einen partiell eigenständigen Gehalt von Art. 8 GRCh zu Grunde zu legen. Dies ermöglicht eine mit der Rechtsprechung des EGMR abgestimmte, gleichwohl unionsrechtlich zugeschnittene dynamisch-innovative Entfaltung der Schutzgehalte. Dabei lässt sich sowohl der Achtungsanspruch des Art. 7 GRCh als auch der Schutzanspruch des Art. 8 Abs. 1 GRCh mehrdimensional entfalten. Im Übrigen präzisieren Art. 8 Abs. 2 und 3 GRCh einige Komponenten: Personenbezogene Daten dürfen nur nach Treu und Glauben für festgelegte Zwecke und mit Einwilligung der betroffenen Person oder aufgrund einer sonstigen gesetzlich geregelten legitimen Grundlage verarbeitet werden. Jede Person hat das Recht, Auskunft über die sie betreffenden erhobenen Daten zu erhalten und Berichtigung der Daten zu erwirken. Die Einhal-

---

[135] Zur Datenschutzrichtlinie *Ulf Brühann*, Datenschutz und Europäische Gemeinschaft, AfP 1998, S. 345 ff. (350 f.). Vgl. auch die Mitteilung der Kommission an das Europäische Parlament und den Rat über den Stand des Arbeitsprogramms für eine bessere Durchführung der Datenschutzrichtlinie vom 7. 3. 2007, KOM (2007) 87 endg.

[136] Oben → Fn. 118. S. dazu auch den Bericht der Kommission an das Europäische Parlament, den Rat, den europäischen Wirtschafts- und Sozialausschuss und den Ausschuss der Regionen vom 25. 1. 2012, KOM (2012) 12 endg.

[137] Siehe Art. 28 des Rahmenbeschlusses 2008/977/JI.

[138] Art. 52 Abs. 3 GRCh lautet: „Soweit diese Charta Rechte enthält, die den durch die Europäische Konvention zum Schutz der Menschenrechte und Grundfreiheiten garantierten Rechten entsprechen, haben sie die gleiche Bedeutung und Tragweite, wie sie ihnen in der genannten Konvention verliehen wird. Diese Bestimmung steht dem nicht entgegen, dass das Recht der Union einen weiter gehenden Schutz gewährt." Zur Diskussion um diese Klausel ausf. *Gero Ziegenhorn*, Der Einfluss der EMRK im Recht der EU-Grundrechtecharta, 2010, m. w. N.

[139] So aber etwa *Thorsten Kingreen*, in: Calliess/Ruffert (Hrsg.), EUV/AEUV, Art. 8 GRCh Rn. 1; *Veith Mehde*, Datenschutz, in: Heselhaus/Nowak, Hdb EU-Grundrechte, § 21 Rn. 13.

B. Europa- und verfassungsrechtliche Grundlagen

tung dieser Vorschriften soll von einer unabhängigen Stelle überwacht werden. Bei näherer Analyse erweisen sich diese Komponenten freilich als unsystematische Zusammenstellung mehrerer Faktoren unterschiedlicher Provenienz, mit der Folge, dass der stimmige Anschluss von Art. 52 Abs. 1 GRCh Probleme bereitet.[140] Hinzu kommen die Schwierigkeiten der Abstimmung von Art. 16 Abs. 1 AEUV, Art. 8, Art. 52 Abs. 1 und Art. 52 Abs. 2 GRCh, die mit einer teleologischen Reduktion des Art. 52 Abs. 2 GRCh zu lösen sind.[141] Art. 8 Abs. 2 und 3 GRCh beschreiben auch nicht etwa einen Kerngehalt des „Rechts auf Schutz personenbezogener Daten". Zum Beispiel bedarf die Zweckfestlegung komplementärer Figuren wie die der Zweckkompatibilität oder der Zweckbindung. Auch deckt das Recht auf Auskunft, selbst wenn Wissensrechte zutreffend als essentieller Baustein hervorgehoben werden, die erforderlichen Informationsrechte betroffener Personen keineswegs vollständig ab. Insoweit ist Art. 8 GRCh im Ergebnis missglückt. Unabhängig davon liegt es nahe, eine **breite normative Basis zur Konkretisierung unionsgrundrechtlicher Vorgaben für den Umgang mit personenbezogenen Informationen und Daten** zu nutzen, beispielsweise die Rechte jeder Person auf Achtung ihres Privat- und Familienlebens, ihrer Wohnung und ihrer Kommunikation, auf Gedanken-, Gewissens- und Religionsfreiheit, auf Meinungsäußerungs- und Versammlungsfreiheit oder auf Berufsfreiheit.[142]

Die **Rechtsprechung des Europäischen Gerichtshofs** zum informations- und datenbezogenen Grundrechtsschutz bleibt aus strukturellen Gründen hinter dem Stand zurück, der bei anderen Unionsgrundrechten erreicht worden ist. Ausführlichere Entscheidungen zu diesem Themenkreis gibt es erst seit einigen Jahren.[143] Dabei sind die Ausführungen des Gerichtshofs noch durch Unsicherheiten gekennzeichnet. Vor der verbindlichen Kodifikationen der Unionsgrundrechte hat er sich nahezu ausschließlich an Art. 8 Abs. 1 EMRK sowie an der einschlägigen Rechtsprechung des EGMR orientiert und dementsprechend den unionsrechtlichen Begriff des „Privatlebens" weit verstanden, die Frage des Eingriffs phasenspezifisch, kontextbezogen und ungeachtet einer etwaigen Sensitivität der Daten beantwortet und die Rechtfertigung des Eingriffs nach den gleichen Kriterien wie

44

---

[140] Zu den Komponenten des Art. 8 GRCh *Albers*, Selbstbestimmung (Fn. 12), S. 305 f. m. w. N. Hinsichtlich der Schwierigkeiten s. etwa die Überlegungen von *Britz*, Europäisierung (Fn. 131), S. 9, die – insoweit wenig überzeugend – „Treu und Glauben" und das Erfordernis einer Zweckfestlegung als Schranken-Schranken versteht.

[141] Siehe dazu etwa *Britz*, Europäisierung (Fn. 131), S. 2; *Schneider*, Stand (Fn. 127), S. 502 ff.; *Kingreen*, in: Calliess/Ruffert (Hrsg.), EUV/AEUV, Art. 8 GRCh Rn. 3; weniger überzeugend *Norbert Bernsdorff*, in: Meyer (Hrsg.), Charta, Art. 8 Rn. 17.

[142] Zur Konkretisierung der Grundrechte des GG → Rn. 70 ff.

[143] Zu früheren, jedoch wenig ergiebigen Entscheidungen im Rahmen des Persönlichkeitsschutzes, des Rechts auf Achtung des Privatlebens oder der Unverletzlichkeit der Wohnung s. *EuGH*, Rs. 29/69, Slg. 1969, 419 (425); verb. Rs. 46/87 u. 227/88, Slg. 1989, 2859 (2924); Rs. C-400/92, Slg. 1994, I-4701 Rn. 17 ff. Als zentrale Entscheidungen aus jüngerer Zeit, bei denen einige implizit auch eine Wirkung hinsichtlich des Verhältnisses unter Privaten zu Grunde legen, *EuGH*, Rs. C-369/98, Slg. 2000, I-6751, Rn. 23 ff.; Rs. C-465/00, Slg. 2003, I-4989; Rs. C-101/01, Slg. 2003, I-12971; Rs. C-275/06, Slg. 2008, I-271; Rs. C-524/06, Slg. 2008, I-9705; Rs. C-73/07, Slg. 2008, I-9831; Rs. C-28/08 P, Slg. 2010 I-6051; Urt. v. 9. 3. 2010, Rs. C-518/07; Urt. v. 9. 11. 2010, Rs. C-92/09 u. C-93/09; Urt. v. 24. 11. 2011, Rs. C-468/10 u. C-469/10; Urt. v. 16. 2. 2012, Rs. C-360/10; jeweils abrufbar unter http://curia.europa.eu. Vgl. auch *Siemen*, Datenschutz (Fn. 106), S. 251 ff.; *De Hert/Gutwirth*, Data (Fn. 106), S. 29 ff. Zum Ausgleich mit Datenzugangsinteressen, hier zur Substantiierung einer behaupteten Diskriminierung *EuGH*, Urt. v. 21. 7. 2011, Rs. C-104/10, EuGRZ 2011, S. 505 (508 f.).

in Art. 8 Abs. 2 EMRK beurteilt.¹⁴⁴ In der Entscheidung über die Veröffentlichung von Informationen über die Empfänger von Agrarbeihilfen aus dem Jahre 2010 stellt er auf Art. 7 und Art. 8 Abs. 1 GRCh ab, hebt deren engen Zusammenhang hervor, kombiniert deren Aussagen zu der „in den Art. 7 und 8 der Charta anerkannte(n) Achtung des Privatlebens" und überprüft dann im Wesentlichen unter Rückgriff auf Art. 52 Abs. 1 der Charta das Vorhandensein einer gesetzlichen Grundlage und die Wahrung des Grundsatzes der Verhältnismäßigkeit.¹⁴⁵ Die unzulängliche Differenzierung zwischen Art. 7 GRCh und Art. 8 GRCh geht darüber hinweg, dass dieses Grundrecht ein eigenständiges Potenzial in sich birgt, das von jenem nicht vollständig erfasst wird. In der Entscheidung zur Vereinbarkeit einer Regelung des spanischen Datenschutzrechts mit der EU-Datenschutzrichtlinie setzt er bei der Beschreibung der Schutzgehalte ähnlich an; im Rahmen der Beeinträchtigung unterscheidet er dann allerdings zwischen Informationen, die über Daten aus öffentlich zugänglichen Quellen vermittelt werden, und Informationen über die Privatsphäre der betroffenen Person.¹⁴⁶ Aber nicht nur die Schutzinhalte, auch die aus den Grundrechten folgenden Maßgaben für einschränkende oder ausgestaltende Vorschriften sind noch unzureichend entwickelt. Im Ergebnis **fehlt** es bislang an einem **inhaltlich gesicherten Fundament** und an **dogmatischer Stabilität.** In Ansätzen sind die Inhalte und Grenzen zwar in Gestalt eines **mehrdimensionalen Schutzes** erkennbar. Sie müssen sich aber noch in gefestigterer Form herausbilden.

45 Damit sind die unionsgrundrechtlichen Vorgaben für den Umgang mit personenbezogenen Informationen und Daten bislang nur begrenzt ausgearbeitet. Die Behauptung, es gebe ein „Recht auf informationelle Selbstbestimmung" auf europäischer Ebene, ist zumindest dann vorschnell, wenn man damit die Fassung verbindet, zu der das Bundesverfassungsgericht gelangt ist.¹⁴⁷ Soweit Folgerungen bereits möglich sind, gestaltet sich der europäische Schutz **substanzhaltiger** und ist, vor allem mit der eigenständigen Rolle der individuellen Wissensrechte, **mehrdimensional** angelegt.

b) Grundlinien sekundärrechtlicher Konzeptionen

46 Auf sekundärrechtlicher Ebene hat sich die **EU-Datenschutzrichtlinie** in begrenztem Umfang als **unionsrechtliches Leitmodell** herauskristallisiert.¹⁴⁸ Mit

---

¹⁴⁴ *EuGH,* Rs. C-465/00, Slg. 2003, I-4989, Rn. 71 ff. Zur Rechtsprechung des EGMR s. näher → Rn. 38 a.
¹⁴⁵ *EuGH,* Urt. v. 9. 11. 2010, Rs. C-92/09 u. C-93/09, abrufbar unter http://curia.europa.eu, Rn. 45 ff. Kritische Würdigungen bei *Stefan Brink/Heinrich A. Wolff,* Anmerkung, JZ 2011, S. 206 (206 ff.); *Schneider,* Stand (Fn. 127), S. 509 f., 514 f., 516. Zur Transparenz als europäischem Gemeinwohlbelang *Markus Kotzur,* Der Schutz personenbezogener Daten in der europäischen Grundrechtsgemeinschaft, EuGRZ 2011, S. 105 (112).
¹⁴⁶ *EuGH,* Urt. v. 24. 11. 2011, Rs. C-468/10 u. C-469/10, abrufbar unter http://curia.europa.eu, Rn. 41 ff.
¹⁴⁷ Siehe etwa *Kingreen,* in: Calliess/Ruffert (Hrsg.), EUV/AEUV, Art. 8 GRCh Rn. 1; *Bernsdorff,* in: Meyer (Hrsg.), Charta, Art. 8 Rn. 13 f.; *Nikolaos Lavranos,* Datenschutz in Europa, DuD 1996, S. 400 (401); *Matthias Mähring,* Das Recht auf informationelle Selbstbestimmung im europäischen Gemeinschaftsrecht, EuR 1991, S. 369 (371 ff.); *Sule,* Europol (Fn. 122), S. 49 ff. Zum Recht auf informationelle Selbstbestimmung i. d. F. des BVerfG → Rn. 58 ff.
¹⁴⁸ Zum Anwendungsbereich s. Art. 3 Abs. 2 EU-DSRL, vgl. auch bereits o. → Rn. 42 mit Fn. 131 sowie *EuGH,* Rs. C-101/01, Slg. 2003, I-12971, Rn. 37 ff. Zu den allgemeinen Datenschutzprinzipien und ihrem Einfluss s. auch *Boehm,* Information Sharing (Fn. 122), S. 127 ff.

B. Europa- und verfassungsrechtliche Grundlagen

Art. 25 Abs. 1 EU-DSRL, der Vorgabe zur Übermittlung personenbezogener Daten in Drittländer, trägt sie zugleich zur Internationalisierung des Datenschutzes bei.[149] Auf das mitgliedstaatliche Recht hat sie sich wegen des Konzepts der sensitiven Daten oder der hervorgehobenen Bedeutung der Informations- und Einflussrechte betroffener Personen erheblich ausgewirkt.[150] Als allgemeines Konzept wird sie durch **bereichsspezifische Regelungskonzeptionen** ergänzt oder abgeändert.

Über den Bedarf nach einer Novellierung, die auf den technischen und gesellschaftlichen Fortschritt reagiert und ein kohärenteres Konzept des Datenschutzes in der Europäischen Union schafft, besteht seit geraumer Zeit Konsens.[151] Im Januar 2012 hat die Kommission zwei Vorschläge vorgelegt: eine **EU-Datenschutz-Grundverordnung**[152], mit der die EU-Datenschutzrichtlinie abgelöst werden soll, und eine **Richtlinie** in den Bereichen der **Straftatenverhütung, -verfolgung, -vollstreckung und der entsprechenden behördlichen Zusammenarbeit**[153], die den Rahmenbeschluss im Rahmen der polizeilichen und justiziellen Zusammenarbeit in Strafsachen ablösen und mehr Kohärenz zwischen den insoweit einschlägigen Rechtsakten veranlassen soll. Der Vorschlag einer EU-Datenschutz-Grundverordnung zielt mit der Umstellung der Rechtsform auf eine unmittelba-

46a

---

[149] Allgemein zu den Grundsätzen eines angemessenen Datenschutzniveaus und zu Standardvertragsklauseln *Alexander Dix/Anja-Maria Gardain*, Datenexport in Drittstaaten, DuD 2006, S. 143 (143 ff.); s. a. den Überblick über die Kommissionsentscheidungen unter http://ec.europa.eu/justice/data-protection/document/international-transfers/adequacy/index_en.htm. Zum Verhältnis zu den USA und den Vereinbarungen über *Safe Harbor Principles Thomas Sanhüter*, Datenschutzpolitik im Zeitalter des Internet, 2004, S. 225 ff. Zur nicht unter die EU-DSRL fallenden Übermittlung europäischer Fluggastdaten s. *EuGH*, EuZW 2006, S. 403 (404 ff.), mit Bespr. von *Dietrich Westphal*, EuZW 2006, S. 406 (406 ff.); *Spiros Simitis*, Übermittlung der Daten von Flugpassagieren in die USA: Dispens vom Datenschutz?, NJW 2006, S. 2011 (2011 ff.). Übergreifender *Maarten Peeters*, Security Policy vs. Data Protection – Transfer of Passsengers' Data to U.S. Authorities, MMR 2005, S. 11 (12 ff.); *Hanschmann*, Verschwinden (Fn. 125), S. 314 ff. S. weiter den Vorschlag der Kommission für einen Beschluss des Rates über den Abschluss des Abkommens zwischen der Europäischen Union und den Vereinigten Staaten von Amerika über die Verwendung von Fluggastdatensätzen und deren Übermittlung an das United States Department of Homeland Security, KOM (2011) 807 endg.

[150] *Ulf Brühann*, Europarechtliche Grundlagen, in: Roßnagel (Hrsg.), Handbuch (Fn. 41), Kap. 2.4 Rn. 16; *Robert Steinbach*, Die Umsetzung der EG-Richtlinie Datenschutz im Sozialgesetzbuch, NZS 2002, S. 15 (bes. 18 ff.).

[151] Siehe nur *Spiros Simitis*, Die EG-Datenschutzrichtlinie: eine überfällige Reformaufgabe, in: FS Winfried Hassemer, 2010, S. 1235 (1235 ff.); *Schneider*, Stand (Fn. 127), S. 517 ff. m. w. N. Außerdem die Mitteilungen der Kommission, Gesamtkonzept für den Datenschutz in der Europäischen Union, KOM (2010) 609 endg.; Der Schutz der Privatsphäre in einer vernetzten Welt – Ein europäischer Datenschutzrahmen für das 21. Jahrhundert, KOM (2012) 9 endg.; *Viviane Reding*, Sieben Grundbausteine der europäischen Datenschutzreform, ZD 2012, S. 195 (195 ff.).

[152] Vorschlag der Kommission vom 25. 1. 2012 für eine Verordnung des Europäischen Parlaments und des Rates zum Schutz natürlicher Personen bei der Verarbeitung personenbezogener Daten und zum freien Datenverkehr (Datenschutz-Grundordnung), KOM (2012) 11 endg. Zum Überblick s. *Niko Härting*, Starke Behörden, schwaches Recht – der neue EU-Datenschutzentwurf, BB 2012, S. 459 (459 ff.); *Jochen Schneider/Niko Härting*, Wird der Datenschutz nun endlich internettauglich?, ZD 2012, S. 199 (200 ff.); *Gerrit Hornung*, Eine Datenschutz-Grundverordnung für Europa?, ZD 2012, S. 99 (100 ff.).

[153] Vorschlag der Kommission vom 25. 1. 2012 für eine Richtlinie des Europäischen Parlaments und des Rates zum Schutz natürlicher Personen bei der Verarbeitung personenbezogener Daten durch die zuständigen Behörden zum Zwecke der Verhütung, Aufdeckung, Untersuchung oder Verfolgung von Straftaten oder der Strafvollstreckung sowie zum freien Datenverkehr, KOM (2012) 10 endg. Näher dazu *Matthias Bäcker/Gerrit Hornung*, EU-Richtlinie für die Datenverarbeitung bei Polizei und Justiz in Europa, ZD 2012, S. 147 (147 ff.).

re Geltung der europäischen Vorgaben in sämtlichen Mitgliedstaaten der Europäischen Union. Inhaltlich werden wesentliche Komponenten der EU-Datenschutzrichtlinie übernommen. Neue Elemente sind unter anderem eine partielle Ausdehnung der Anwendbarkeit hinsichtlich transnationaler Konstellationen, die deutliche Stärkung sowohl der Einwilligung des Betroffenen als auch der Transparenz der Datenverarbeitung, detailliertere Regelungen zur Verantwortlichkeit und zur Auftragsverarbeitung, nähere Bestimmungen zum Datenschutz durch Technik und zur Datensicherheit, bei denen die Kommission zur weiteren Rechts- und Standardsetzung ermächtigt wird, sowie das Verfahren der Datenschutz-Folgeabschätzung im Falle besonders riskanter Verarbeitungsvorgänge. Ein markantes Novum stellt zudem das entworfene ausgefeilte Aufsichtssystem einschließlich eines Aufsichtsverbundes dar. Die Europäische Datenschutzgruppe soll ein Europäischer Datenschutzausschuss ablösen, dem deutlich weiter reichende Aufgaben zugewiesen werden. Für besondere Datenverarbeitungssituationen sind spezielle Vorgaben vorgesehen, die teilweise den Mitgliedstaaten nähere Regelungsmöglichkeiten überlassen. Die durchaus weitreichenden Folgen der Realisierung dieses Vorschlags stehen im Hintergrund einer Subsidiaritätsrüge des Bundesrates.[154] Zu einem Europäisierungsschub führte auch der Richtlinienvorschlag der Kommission in den Bereichen der Straftatenverhütung, -verfolgung, -vollstreckung und der entsprechenden behördlichen Zusammenarbeit, der ausdrücklich darauf zielt, dass die Beschränkungen des bisherigen Rahmenbeschlusses auf Datenverarbeitungen in grenzübergreifenden Kontexten entfallen, und der partiell detaillierte Vorgaben auch für bislang nationalstaatlich geregelte Felder enthält, etwa zur Rechtmäßigkeit der Verarbeitung oder zu den Informationsrechten der betroffenen Person. Im Übrigen zeigen sowohl die Regelungen des Verordnungs-Vorschlags als auch die Differenzierung der Vorschläge einerseits einer Verordnung und andererseits einer Richtlinie, dass auf europäischer Ebene verstärkt das Problem aufgeworfen werden wird, wie man das **Verhältnis allgemeiner und bereichsspezifischer Vorgaben** angemessen gestaltet.[155] Dies erfordert nicht nur den Blick auf die jeweils sachlich geregelten Felder, sondern auch eine Abstimmung mit dem Verhältnis zwischen Union und Mitgliedstaaten.

aa) Die EU-Datenschutzrichtlinie als allgemeines Konzept

47   Schutzziel der EU-Datenschutzrichtlinie ist die Gewährleistung des **Schutzes der Grundrechte und Grundfreiheiten,** insbesondere des Schutzes der Privatsphäre natürlicher Personen bei der Verarbeitung personenbezogener Daten.[156]

---

[154] Beschl. des Bundesrates v. 30. 3. 2012, BRDrucks. 52/12.

[155] Für bereichsspezifische Regeln im Bereich der polizeilichen und justiziellen Zusammenarbeit etwa *Diana Alonso Blas,* Ensuring effective data protection in the field of police and judicial activities: some considerations to achieve security, justice and freedom, ERA Forum 11 (2010), S. 233 (236 ff.).

[156] Siehe Art. 1 Abs. 1 EU-DSRL. Die nachfolgende Regelung des Art. 1 Abs. 2 EU-DSRL zum freien Verkehr personenbezogener Daten zwischen Mitgliedstaaten ist eine Konsequenz der kompetentiellen Abstützung, aber auch Ausdruck einer Konzeption, nach der der freie Datenverkehr mit Hilfe des Datenschutzes realisiert wird, selbst wenn in bestimmten Konstellationen ein Ausgleich zwischen gegenläufigen Interessen hergestellt werden muss. Vgl. *EuGH,* Rs. C-101/01, Slg. 2003, I-12971 Rn. 96 f. Vgl. auch *Graham Pearce/Nicholas Platten,* Achieving Personal Data Protection in the European Union, Journal of Common Market Studies 1998, S. 529 (532); *Spiros Simitis,* in: Ulrich Dam-

B. Europa- und verfassungsrechtliche Grundlagen

Die Richtlinie hebt somit das unionsrechtliche Schutzgut der Privatsphäre hervor, vermeidet jedoch eine Verengung darauf. Der Begriff der „personenbezogenen Daten" deckt alle Informationen über eine bestimmte oder bestimmbare natürliche Person ab.[157] Die Differenz von Informationen und Daten wird in diesem Rahmen nicht reflektiert. Man kann sie jedoch mit Hilfe des Rückgriffs auf die Schutzziele mitdenken. Grenzen setzt die Beschränkung auf entweder automatisiert oder in Dateien erfolgende Verarbeitungsformen.[158] Dem Kernelement der Verarbeitung ordnet Art. 2b EU-DSRL die Verarbeitungsphasen flexibel zu. Damit greift die Richtlinie die Erkenntnis auf, dass die Aufschlüsselung der Datenverarbeitung nach Phasen nicht natürlicherweise vorgegeben ist, sondern im Rahmen eines abgegrenzten Kontexts unter Berücksichtigung der eingesetzten Technik erfolgen muss. Zum anderen hat sie von der technischen Dynamik gelernt, indem sie eine Reihe von Phasen aufzählt, ohne dass dies als abschließende Beschreibung zu verstehen wäre.[159]

Im Rahmen der Zulässigkeitsanforderungen folgt Art. 7 EU-DSRL dem **Regelungskonzept einer bereichsübergreifenden und umfassenden rechtlichen Determination** der Verarbeitung personenbezogener Daten. Darin steckt eine zentrale Grundentscheidung in Abgrenzung gegen Regelungskonzepte, die sich auf die Verhinderung des Datenmissbrauchs konzentrieren. Sie wird durch eine weit gefasste Beschreibung der Konstellationen ausgefüllt, in denen die Mitgliedstaaten eine Verarbeitung zulassen.[160] Dazu gehören die Einwilligung der betroffenen Person oder die Erforderlichkeit der Verarbeitung für die Wahrnehmung einer Aufgabe, die im öffentlichen Interesse liegt.[161] Art. 8 EU-DSRL verschärft die Vorgaben in Konstellationen der Verarbeitung „sensitiver" personenbezogener Daten, denen in typisierender Betrachtung aufgrund ihres Aussagegehalts besondere Risiken einer Schutzgutverletzung zugeschrieben werden.[162]

48

---

mann/Spiros Simitis, EG-Datenschutzrichtlinie, 1997, Einl. Rn. 9; anders *Irini Vassilaki*, The constitutional background of privacy protection within the European Communities, Revue Européenne de Droit Public 1994, S. 109 (114f.).

[157] Art. 2a EU-DSRL. Vgl. auch *EuGH*, Rs. C-465/00, Slg. 2003, I-4989, Rn. 64; Rs. C-73/07, Slg. 2008, I-9831, Rn. 35ff.; Rs. C-28/08 P, Slg. 2010 I-6051, Rn. 58ff.

[158] So Art. 3 Abs. 1 EU-DSRL auf der Grundlage eines weiten Dateibegriffs, s. Art. 2c EU-DSRL.

[159] Siehe Art. 2b EU-DSRL: Erheben, Speichern, Organisation, Aufbewahrung, Anpassung oder Veränderung, Auslesen, Abfragen, Benutzung, Übermittlung, Verbreitung, jede andere Form der Bereitstellung, Kombination oder Verknüpfung, Sperren, Löschen oder Vernichten. Vgl. auch oben → Rn. 19f.

[160] Die Richtlinie strebt allerdings nicht lediglich eine Mindestharmonisierung an, s. *EuGH*, Rs. C-524/06, Slg. 2008, I-9705, Rn. 51. Weder zu Gunsten des Datenschutzes und zu Lasten des freien Datenverkehrs noch umgekehrt darf eine mitgliedstaatliche Regelung neue Zulässigkeitsanforderungen oder zusätzliche Bedingungen vorsehen, mit denen die Tragweite der Richtlinienregelung verändert wird, *EuGH*, Urt. v. 24. 11. 2011, Rs. C-468/10 u. C-469/10, abrufbar unter http://curia.europa.eu, Rn. 30ff. Vgl. auch *Ulf Brühann*, Mindeststandards oder Vollharmonisierung des Datenschutzes in der EG. Zugleich ein Beitrag zur Systematik von Richtlinien zur Rechtsangleichung im Binnenmarkt in der Rechtsprechung des Europäischen Gerichtshofs, EuZW 2009, S. 639 (639ff.).

[161] Der Begriff der Erforderlichkeit ist ein autonomer Begriff des Unionsrechts und kann in den einzelnen Mitgliedstaaten keinen variablen Inhalt haben, vgl. *EuGH*, Rs. C-524/06, Slg. 2008, I-9705, Rn. 52, mit näheren Ausführungen zur Konkretisierung der „Erforderlichkeit" in Rn. 53ff.

[162] Dazu bereits → Rn. 31. S. weiter *Bodenschatz*, Datenschutzstandard (Fn. 116), S. 199f. Insgesamt kritisch zum Ansatz des Art. 8 EU-DSRL *Dammann*, in: Dammann/Simitis, EG-Datenschutzrichtlinie (Fn. 156), Art. 8 Rn. 3 (Hervorh. i. Orig.): „Eine Regelung, die nur die Dimension des Informationsgehalts als Kriterium für einen besonderen Schutz heranzieht, bildet die soziale Realität *eindimensional* ab und läuft damit Gefahr, zugleich *übermäßig* und *defizitär* zu wirken."

49 Zu den wesentlichen Bausteinen der unionsrechtlichen Vorgaben zählen **Qualitätsgrundsätze,** die Bedingungen der Rechtmäßigkeit des Umgangs mit personenbezogenen Informationen und Daten formulieren,[163] von den Mitgliedstaaten allerdings nach Art. 13 EU-DSRL eingeschränkt werden dürfen.[164] Neben Richtigkeitsanforderungen gibt Art. 6 EU-DSRL zum einen die Zweckfestlegung und die Zweckkompatibilität vor: Die Erhebung erfolgt grundsätzlich für (zuvor oder zugleich) festgelegte Zwecke, die rechtmäßig und zudem eindeutig sein müssen.[165] Die erhobenen Daten dürfen nicht in einer Weise weiterverarbeitet werden, die mit den Zweckbestimmungen unvereinbar ist. Die Datenschutzrichtlinie verlangt damit zwar eine spezifizierte Zweckfestlegung, aber keine „strikte Zweckbindung".[166] Zum anderen müssen personenbezogene Daten den Zwecken entsprechen, für die sie erhoben oder weiterverarbeitet werden, dafür erheblich sein und dürfen nicht darüber hinausgehen. Die Erheblichkeit begründet eine Abhängigkeitsbeziehung zwischen Daten und festgelegten Zwecken: Jene müssen in sachlicher und zeitlicher Hinsicht für diese benötigt werden. Im Zusammenwirken begrenzen und strukturieren die Figuren der Zweckfestlegung, der Zweckkompatibilität und der Erheblichkeit den Umgang mit personenbezogenen Informationen und Daten, indem sie diesen bestimmten, im Unionsrecht freilich nach dem Maßstab der Kompatibilität veränderbaren Zwecken zuordnen und darüber Verarbeitungszusammenhänge herstellen.

50 Neben die Regulierung der Verarbeitung treten **Informationsrechte der betroffenen Person** als gleichwertiger Baustein hinzu.[167] Sie sind nicht allein mit Blick auf Rechtsschutzinteressen der Betroffenen zu verstehen.[168] Die Datenschutzrichtlinie konzipiert sie vielmehr als Wissensrechte, die auf dem Beteiligtsein oder eben der „Betroffenheit" der Person gründen, auf die die Daten verweisen. In den Art. 10 ff. EU-DSRL werden die vorzusehenden, aber wiederum einschränkbaren Unterrichts- und Auskunftsrechte mehrstufig angelegt, kombiniert und je-

---

[163] Vgl. *Eugen Ehmann/Marcus Helfrich*, EG-Datenschutzrichtlinie, 1999, Vor Art. 6 Rn. 2. Die Figur der Qualitätsgrundsätze entstammt Art. 5 der Datenschutzkonvention des Europarats.

[164] Die bei näherer Betrachtung nur begrenzt nachvollziehbaren Einschränkungsmöglichkeiten hinsichtlich der Qualitätsgrundsätze beruhen auf der regelungstechnischen Entscheidung zu Gunsten einer übergreifend-zusammenfassenden Vorschrift über Ausnahmen und Einschränkungen. Art. 13 EU-DSRL bezweckt vorrangig die Möglichkeit der Einschränkung der Vorgaben zu den Informationsrechten. Für die Qualitätsgrundsätze muss er teleologisch über das Tatbestandsmerkmal der „Notwendigkeit" einer Beschränkung eingeengt werden.

[165] Vgl. die Begründung zu Art. 6 EU-DSRL, abgedr. in Dammann/Simitis, EG-Datenschutzrichtlinie (Fn. 156): „[...] das Ziel der Erhebung und Benutzung der Daten muss so genau wie möglich definiert werden".

[166] Mit dem Begriff der „Zweckbindung" ist im Datenschutzrecht nicht die Rechtsbindung an festgelegte oder festzulegende Zwecke gemeint, sondern die prozessübergreifende Bindung sämtlicher Datenverarbeitungsschritte an die bei der Erhebung festgelegten Zwecke, vgl. dazu noch → Rn. 123 ff. Eine Zweckkompatibilität reicht weniger weit als eine Zweckbindung. Näher *Albers*, Selbstbestimmung (Fn. 12), S. 324 f., und zu den Folgen der unterschiedlichen Muster S. 507 ff.; s. auch *Martin Eifert*, Zweckvereinbarkeit statt Zweckbindung als Baustein eines modernisierten Datenschutzes, in: FS Universität Gießen, 2007, S. 139 (139 ff.); *Boehm*, Information Sharing (Fn. 122), S. 132 f. Unscharf zur EU-DSRL etwa *Brühann*, Grundlagen (Fn. 125), Rn. 29 („strikter Zweckbindungsgrundsatz"); *Siemen*, Datenschutz (Fn. 106), S. 237 f.; ebenso unscharf zu Art. 8 GRCh *Mehde*, Datenschutz, in: Heselhaus/Nowak, Hdb EU-Grundrechte, § 21 Rn. 24.

[167] Zur Gleichwertigkeit s. *Ian Lloyd*, Data Protection after September 11, in: Taeger/Wiebe (Hrsg.), Informatik (Fn. 22), S. 225 (232).

[168] So die Hervorhebung bei *Ehmann/Helfrich*, EG-Datenschutzrichtlinie (Fn. 163), Art. 10 Rn 2.

weils in differenzierter Form gestaltet. Im Ergebnis soll die betroffene Person die Möglichkeit haben zu wissen, zu welchen Zwecken welche Daten in welchen Zusammenhängen verarbeitet werden, woher sie stammen und an wen sie weitergeleitet werden, wer für die Datenverarbeitung verantwortlich ist und bei wem Rechte geltend gemacht werden können.[169]

Einflussrechte der betroffenen Person ergänzen die Zulässigkeitsvoraussetzungen und die Qualitätsanforderungen. Sie bauen auf den Informationsrechten auf. Zu ihnen gehören die Berichtigungs-, Sperrungs-, Löschungs- oder Nachberichtsansprüche.[170] Hinzu kommt das nach Art. 14 EU-DSRL vorzusehende Widerspruchsrecht, das nach französischem Vorbild[171] der betroffenen Person die Möglichkeit einräumt, jederzeit mit konkreten Einwänden eine erneute Prüfung der Rechtmäßigkeit der Datenverarbeitung zu veranlassen. 51

Vorgaben zur **Sicherheit der Datenverarbeitung** dienen der Datensicherheit und der Sicherstellung der Rechtmäßigkeit des Umgangs mit Informationen und Daten. In begrenztem Umfang berücksichtigen Art. 17 und 20 EU-DSRL präventive Aspekte, indem adäquate technische und organisatorische Maßnahmen sowohl zum Zeitpunkt der Planung des Verarbeitungssystems als auch zum Zeitpunkt der Verarbeitung selbst zu treffen und institutionalisierte Vorabkontrollen einzuführen sind. Dies bietet zumindest einen Ansatzpunkt für die modernen Bausteine der Systemgestaltung und der Technikgestaltung.[172] 52

Neben den Rechtmäßigkeitsbedingungen und den individuellen Rechten verankert die Richtlinie Anforderungen an die übergreifende **Transparenz**[173] und an eine **institutionalisierte Kontrolle** der Anwendung der richtlinienumsetzenden Vorschriften. Art. 28 EU-DSRL sieht vor, dass die Kontrollinstanzen die ihnen zugewiesenen Aufgaben in völliger Unabhängigkeit mit Hilfe von Untersuchungsbefugnissen, wirksamen Einwirkungsbefugnissen[174] oder Vorabkontrollen wahrnehmen. Der Europäische Gerichtshof hat aus dem in Art. 28 Abs. 2 EU-DSRL festgehaltenen Merkmal „in völliger Unabhängigkeit" mit Blick auf den Wortlaut, die Ziele der Richtlinie und daraus hergeleitete funktionale Überlegungen zu den Kontrollstellen sowie auf die Systematik der Richtlinie weit reichende Folgerungen gezogen. Danach schließt diese Unabhängigkeit „nicht nur jegliche Einflussnahme seitens der kontrollierten Stellen aus, sondern auch jede Anordnung und jede sonstige äußere Einflussnahme, sei sie unmittelbar oder mittelbar, durch die in Frage gestellt werden könnte, dass die genannten Kontrollstellen ihre Aufgabe, den Schutz des Rechts auf Privatsphäre und den freien Verkehr personenbezogener Daten ins Gleichgewicht zu bringen, er- 53

---

[169] Vgl. dazu *EuGH*, Rs. C-553/07, Slg. 2009, I-3889, Rn. 49 ff., hier auch zum Konflikt zwischen Auskunftsansprüchen und Löschungspflichten.

[170] Art. 12 b und c EU-DSRL. Nachberichtsansprüche sollen gewährleisten, dass Berichtigungen, Löschungen oder Sperrungen den Stellen mitgeteilt werden, an die die Daten zuvor übermittelt worden sind.

[171] Art. 26 Loi no. 78/17 du 18. janvier 1978 relative à l'informatique, aux fichiers et aux libertés (LIFL).

[172] *Dammann*, in: ders./Simitis, EG-Datenschutzrichtlinie (Fn. 156), Art. 17 Rn. 7. Zur Förderung und zur Nutzung von *Privacy Enhancing Technologies* s. *EG-Kommission*, Erster Bericht über die Durchführung der Datenschutzrichtlinie (EG 95/46), KOM (2003) 265 endg., S. 17 f., 28.

[173] Art. 21 EU-DSRL.

[174] Die Optionen des Art. 28 Abs. 3 EU-DSRL schließen auch die Befugnis zur Anordnung der Sperrung, Löschung oder Vernichtung von Daten oder eines Verarbeitungsverbots ein.

füllen".¹⁷⁵ Eine staatliche Aufsicht gleich welcher Art, die es einer Regierung oder einer Stelle der ihr untergeordneten Verwaltung grundsätzlich ermögliche, auf Entscheidungen der Kontrollstellen unmittelbar oder mittelbar Einfluss zu nehmen, sei mit diesen Maßgaben unvereinbar, selbst wenn die Aufsicht nur auf die Sicherstellung der Rechtmäßigkeit des Handelns der Kontrollstellen ziele; bereits die bloße Gefahr einer politischen Einflussnahme der Aufsichtsbehörden auf die Entscheidungen der Kontrollstellen reiche aus. Die – mindestens für die Kontrolle im nichtöffentlichen Bereich nahe liegenden – Einwände aus dem Demokratieprinzip hält der Gerichtshof für unbegründet. Dieses sei mit unabhängigen öffentlichen Stellen außerhalb des klassischen hierarchischen Verwaltungsaufbaus vereinbar; eine Rückbindung an das Parlament könne etwa über dessen Personalhoheit sowie über Rechenschaftspflichten der Kontrollstelle gewährleistet werden.¹⁷⁶ Demnach haben die Kontrollstellen eine institutionell und organisatorisch sicherzustellende besondere Stellung, die auf nationaler Ebene mit den Anforderungen demokratischer Legitimation und mit dem differenzierten System von Rechts-, Fach- und Dienstaufsicht in Einklang gebracht werden muss, und eine eigenständige Funktion bei der Realisierung des Datenschutzes. Diese Funktion wird in Art. 28 Abs. 4 EU-DSRL durch eine Verknüpfung mit den Rechten der betroffenen Personen vervollständigt.

bb) Bereichsspezifische Muster und Perspektiven

54 Bereichsspezifisch reagieren mehrere Richtlinien auf den Ausbau digitalisierter Kommunikationsnetze und die dadurch entstehenden Anforderungen an den Schutz hinsichtlich des Umgangs mit personenbezogenen Informationen und Daten.¹⁷⁷ Die **EU-Datenschutzrichtlinie für elektronische Kommunikation** reguliert in mehrdimensionaler Form die Verarbeitungsmöglichkeiten und die Löschungs-, Anonymisierungs- und Unterrichtungspflichten der Betreiber öffentlicher Kommunikationsnetze oder -dienste hinsichtlich der Verkehrsdaten, die sich auf Teilnehmer und Nutzer beziehen.¹⁷⁸ Sie schließt Muster, die auf den

---

¹⁷⁵ *EuGH*, Rs. C-518/07, Slg. 2010, I-01 885, Rn. 17 ff. mit dem Zitat in Rn. 30.

¹⁷⁶ *EuGH*, Rs. C-518/07, Slg. 2010, I-01 885, Rn. 31 ff. Zust. dazu etwa *Alexander Roßnagel*, Anm. zur Entscheidung des EuGH, EuZW 2010, S. 296 (299 ff.); *Jürgen Taeger*, Kommentar zur Entscheidung des EuGH, K&R 2010, S. 330 (330 ff.); vgl. auch vor der Entscheidung des EuGH *Thomas Petri/Marie-Theres Tinnefeld*, Völlige Unabhängigkeit der Datenschutzkontrolle. Demokratische Legitimation und unabhängige parlamentarische Kontrolle als moderne Konzeption der Gewaltenteilung, MMR 2010, S. 157 (157 ff.). Kritisch dagegen *Indra Spiecker gen. Döhmann*, Anmerkung zur Entscheidung des EuGH, JZ 2010, S. 787 (789 ff.); *Hans P. Bull*, Die „völlig unabhängige" Aufsichtsbehörde. Zum Urteil des EuGH vom 9. 3. 2010 in Sachen Datenschutzaufsicht, EuZW 2010, S. 488 (489 ff.); *Heinrich A. Wolff*, Die „völlig unabhängige" Aufsichtsbehörde, in: FS Hans P. Bull, 2011, S. 1071 (1072 ff.). S.a. → Rn. 161.

¹⁷⁷ Insbesondere die RL 2002/58/EG des Europäischen Parlaments und des Rates vom 12. 7. 2002 über die Verarbeitung personenbezogener Daten und den Schutz der Privatsphäre in der elektronischen Kommunikation, ABl. EG, Nr. L 201, S. 37, zul. geänd. durch die RL 2009/136/EG, ABl. EG 2009, Nr. L 337, S. 11. S. a. die Universaldienst-RL 98/10/EG vom 26. 2. 1998, ABl. EG Nr. L 101, S. 24, zul. geänd. durch die RL 2009/136/EG, und zu deren datenschutzrechtlichen Komponenten *EuGH*, Rs. C-109/03, Slg. 2004, I-11 273 Rn. 30 ff. Zum Hintergrund der europäischen Regulierung des Telekommunikationssektors *Michael Kloepfer/Andreas Neun*, Rechtsfragen der europäischen Informationsgesellschaft, EuR 2000, S. 512 (533 ff.). S. außerdem die Signatur-RL 99/93/EG vom 13. 12. 1999, ABl. EG 2000 Nr. L 113/12, geänd. durch die VO (EG) 1137/2008, ABl. EG 2008, Nr. L 311, S. 1.

¹⁷⁸ Insbes. Art. 6 EK-DSRL. Näher *Anna Ohlenburg*, Die neue EU-Datenschutzrichtlinie 2002/58/EG, MMR 2003, S. 82 (82 ff.).

B. Europa- und verfassungsrechtliche Grundlagen

Regelungssektor und die darin bestehenden Schutzerfordernisse abgestimmt sind, und in verstärktem Umfang Komponenten der Technikgestaltung ein.[179] Der **Rahmenbeschluss 2008/977/JI** des Rates über den Schutz personenbezogener Daten, die im Rahmen der polizeilichen und justiziellen Zusammenarbeit in Strafsachen verarbeitet werden, legt in diesem Bereich und den entsprechenden grenzübergreifenden Kontexten einen allgemeinen Rechtsrahmen fest, der in sektorspezifischem Zuschnitt die Datenschutzrichtlinie ergänzen soll; dieses Ziel hat er aus verschiedenen Gründen aber nur begrenzt realisiert.[180] Weitere **Rechtsakte im Kontext der Sicherheit**, hier vor allem der Terrorismusbekämpfung, treten hinzu, etwa die Verordnung zu biometrischen Daten in Pässen und Reisedokumenten,[181] die Richtlinie zur Geldwäschebekämpfung[182] und die Richtlinie zur Vorratsdatenspeicherung[183]. Diese Rechtsakte charakterisiert, dass sie den Umgang mit personenbezogenen Informationen und Daten betreffen, jedoch nicht aus einer Datenschutzperspektive heraus, sondern mit Blick auf den Informationsbedarf für bestimmte öffentliche Aufgaben formuliert sind. Generell werden in den bereichsspezifischen Regelungsmustern und -perspektiven die Verknüpfungen zwischen Informations- und Sachdimension deutlich.

Im Ergebnis lassen sich aus der EU-Datenschutzrichtlinie einige zentrale unionsrechtliche Muster herauskristallisieren, deren wichtigstes Kennzeichen die **Gleichwertigkeit und Verzahnung regulierender Determinanten, individueller Wissensrechte, individueller Einflussrechte** und **institutionalisierter Kontrollen** ist. Der Einfluss dieser Richtlinie relativiert sich allerdings, weil sie – mit der Folge eigenständiger mitgliedstaatlicher Lösungen in den neuen Feldern der System- und Technikgestaltung, der Videotechnologie oder der Chipkarten – auf technische Entwicklungen allenfalls schwerfällig reagieren kann.[184] Der Vorschlag der Kommission für eine Datenschutz-Grundverordnung versucht, dem durch eine Dynamisierung der Rechts- und Standardsetzung zu begegnen. Die europäischen Konzeptionen prägen bereits jetzt wesentliche Bausteine des mitgliedstaatlichen Rechts des Umgangs mit personenbezogenen Informationen und Daten. Für die nähere Zukunft ist eine noch deutlich verstärkte Europäisierung mit vielfältigen Herausforderungen und Fragen absehbar.

55

---

[179] Art. 8 ff. der EK-DSRL.

[180] Rahmenbeschluss 2008/977/JI des Rates (Fn. 118); Bericht der Kommission (Fn. 118).

[181] Verordnung (EG) Nr. 2252/2004 des Rates vom 13. 12. 2004 über Normen für Sicherheitsmerkmale und biometrische Daten in von den Mitgliedstaaten ausgestellten Pässen und Reisedokumenten, ABl. EG 2004, Nr. L 385, S. 1; geänd. durch die Verordnung (EG) Nr. 444/2009 des Europäischen Parlaments und des Rates vom 6. 6. 2009, ABl. EU 2009, Nr. L 142, S. 1.

[182] RL 2005/60/EG des Europäischen Parlaments und des Rates vom 26. 10. 2005 zur Verhinderung der Nutzung des Finanzsystems zum Zwecke der Geldwäsche und der Terrorismusfinanzierung, ABl. EG 2005, Nr. L 309, S. 15, zul. geänd. durch die RL 2010/78/EU, ABl. EU 2010, Nr. L 331, S. 120.

[183] RL 2006/24/EG des Europäischen Parlaments und des Rates vom 15. 3. 2006 über die Vorratsspeicherung von Daten, die bei der Bereitstellung öffentlich zugänglicher elektronischer Kommunikationsdienste oder öffentlicher Kommunikationsnetze erzeugt oder verarbeitet werden, und zur Änderung der RL 2002/58/EG, ABl. EG 2006, Nr. L 105, S. 54. Zu den Kompetenzen *EuGH*, Urt. v. 10. 2. 2009, Rs. C-301/06, Slg. 2009, I-00593, Rn. 60 ff. Zur Entscheidung des BVerfG *BVerfGE* 125, 260.

[184] Siehe dazu *Mads Andenas/Stefan Zleptnig*, Surveillance and Data Protection: Regulatory Approaches in the EU and Member States, EBLR 2003, S. 765 (bes. 782 ff.); *Christopher Kuner*, Challenges for Review of the EU Data Protection Directive, DuD 2002, S. 553 (555).

II. Informationelle Selbstbestimmung als verfassungsrechtliches Leitbild

56 Im Verfassungsrecht haben „Wissen" und „Information" als Kategorien lange Zeit nur eine untergeordnete Rolle gespielt. Ihre Charakteristika kommen im Grundrechtsbereich in vollem Umfang erst zum Tragen, sobald es um den Schutz einer Person im Hinblick auf den Umgang staatlicher Stellen oder anderer Privater mit den Informationen und Daten geht, die auf die Person verweisen.[185] Der entscheidende Strukturunterschied zwischen den darauf gerichteten und den traditionellen grundrechtlichen Schutzpositionen besteht darin, dass jene nicht individualistisch, sondern nur als **Positionen in der Sozialität** zu begreifen sind: Schutzpositionen im Hinblick auf das (potenzielle) Wissen anderer über einen selbst setzen das Mitdenken der anderen bereits in der Grundstruktur des Schutzgegenstandes voraus. Sie müssen eigenständig hergeleitet werden, sei es mit Blick auf Interdependenzen zur individuellen Selbstbestimmung oder zum individuellen Verhalten, sei es unter Rückgriff auf Formen der Beschreibung individueller Freiheit im Kontext sozialer Beziehungen, die in den Sozialwissenschaften selbstverständlich, in juristischen Zusammenhängen jedoch bisher ungewohnt sind.

57 **Seit dem Volkszählungsurteil ist das** aus Art. 2 Abs. 1 i.V.m. Art. 1 Abs. 1 GG hergeleitete **„Recht auf informationelle Selbstbestimmung"** die zentrale grundgesetzliche Position, die jeder Person Schutz im Hinblick auf den Umgang mit Informationen und Daten vermittelt. Die Landesverfassungen haben einen solchen Schutz in unterschiedlichen Textfassungen verankert.[186] Die neu entwickelten Grundrechtsvorgaben haben weitreichende Auswirkungen für die allgemeinen und bereichsspezifischen Vorschriften des Datenschutzes. Inhalte und Dogmatik des Rechts auf informationelle Selbstbestimmung sind freilich **nicht gegenstandsgerecht,** und die verfassungsgerichtliche Rechtsprechung selbst weist inzwischen Novellierungen und Bruchlinien auf. Mit Blick darauf bedarf es einer **Neukonzeption** des grundrechtlichen Schutzes.

1. Inhalte und Dogmatik des Rechts auf informationelle Selbstbestimmung

a) Die Konzeption des Bundesverfassungsgerichts

aa) Schutzbereich und Grenzen

58 Den **Schutzbereich** des Rechts auf informationelle Selbstbestimmung beschreibt das Bundesverfassungsgericht als die „Befugnis des Einzelnen, grundsätzlich selbst über die Preisgabe und Verwendung seiner persönlichen Daten zu

---

[185] Die Informationsfreiheit des Art. 5 Abs. 1 GG ordnet sich in die „klassischen" Eingriffsabwehrrechte ein, indem sie die Freiheit der Grundrechtsträger schützt, sich selbst aus allgemein zugänglichen Quellen zu informieren. Dazu *BVerfGE* 27, 71 (80 ff.); 27, 88 (98 ff.); 66, 116 (137); 90, 27 (31 ff.); 103, 44 (59 ff.); 119, 309 (318 ff.).

[186] Art. 33 BerlinVerf, 11 BrandenbVerf, 12 Abs. 3–5 BremVerf., 6 Abs. 1–2 MecklenbVorpVerf, 4 Abs. 2 NWVerf, 4a RheinlPfalzVerf, 2 S. 2 SaarlVerf, 33 SächsVerf, 6 Abs. 1 SachsAnhVerf, 6 Abs. 2–4 ThürVerf.; vgl. dazu auch *Hartmut Bauer,* Grundrechtsdogmatische Eckpunkte des Schutzes informationeller Selbstbestimmung im innerbundesstaatlichen Verfassungsvergleich, in: FS Hans P. Bull, 2011, S. 945 (950 ff.).

B. Europa- und verfassungsrechtliche Grundlagen

bestimmen".[187] Kernelement dieses relativ abstrakten und dadurch weit reichenden Inhalts ist ein **abwehrrechtlich geschütztes individuelles Entscheidungsrecht**. Dessen Gegenstand ist der Umgang mit den Daten, die sich auf das geschützte Individuum beziehen. Den Begründungs- und Argumentationskontexten der verfassungsgerichtlichen Entscheidungen lässt sich allerdings entnehmen, dass Daten ihre (grund)rechtliche Relevanz als Informationsgrundlagen gewinnen und dass es deshalb auf das Zusammenspiel von Daten und Informationen ankommt.[188] Deren Differenz und deren Verhältnis zueinander werden in der Rechtsprechung jedoch unzureichend ausgearbeitet. Daneben setzt der Schutzbereich nur noch den Personenbezug oder die Personenbeziehbarkeit der Daten oder Informationen voraus. Darin liegt eine folgenreiche Abstraktion gegenüber dem Recht auf Achtung der Privatsphäre und den vorangegangenen Konkretisierungen des allgemeinen Persönlichkeitsrechts. Das Entscheidungsrecht erstreckt sich von der Preisgabe bis zur Verwendung von Daten.[189] Dem Gegenstand nach ist es **daten- und informationsorientiert,** der Reichweite nach ist es **prozess- und verarbeitungsorientiert.** Sein eingriffsabwehrrechtlicher Gehalt wird ergänzt durch Verpflichtungen, organisations-, verfahrens- oder technikbezogene Schutzvorkehrungen zu schaffen[190] oder Kenntnisrechte der Betroffenen zu gewährleisten[191].

Aufgrund des Schutzbereichs bezeichnet die verfassungsgerichtliche Rechtsprechung grundsätzlich jeden Schritt der Verarbeitung personenbezogener Daten als **Eingriff** in das Recht auf informationelle Selbstbestimmung.[192] Auf die Datenverarbeitungstechnik kommt es nicht an.[193] Eingriffe beschränken sich nicht auf die (relativ) klaren Phasen der Speicherung, Veränderung, Nutzung oder Übermittlung, die zu Zeiten der Großrechenanlagen konzipiert worden sind. Angesichts der nicht-linearen, vernetzten und vielschichtigen Prozesse der Informations- und Datenverarbeitung ist es vielmehr eine eigenständige Leistung herauszuarbeiten, welcher Schritt eigentlich als rechtsrelevante Aktion herauszukristallisieren und ein Eingriff ist.[194] Der Eingriff wird vom traditionellen Eingriffsverständnis gelöst; er wird auf die Schutzbereichsbeschreibung abgestimmt und folgt ihr nach. 59

Ist danach jeder Verarbeitungsschritt ein Grundrechtseingriff, benötigt die Verwaltung für jeden Schritt eine **verfassungsmäßige gesetzliche Ermächtigungs-** 60

---

[187] *BVerfGE* 65, 1 (42 f.). Danach etwa *BVerfGE* 78, 77 (84); 84, 192 (194); 113, 29 (46); 115, 166 (188); *BVerfG* (K), NVwZ 2005, S. 571 (571); NVwZ 2006, S. 681 (681). Zum Schutz auch juristischer Personen *BVerfGE* 118, 168 (203 f.).

[188] Näher *Albers*, Selbstbestimmung (Fn. 12), S. 158 f., 270 ff.

[189] Mit ihrer Beschränkung auf das „Offenbaren" in einem entscheidenden Punkt zu kurz *Bodo Pieroth/Bernhard Schlink*, Grundrechte – Staatsrecht II, 27. Aufl. 2011, Rn. 399, selbst wenn einige Entscheidungen des *BVerfG* allein dies hervorheben, so *BVerfGE* 80, 367 (373); 96, 171 (181); 103, 21 (33).

[190] *BVerfGE* 65, 1 (46).

[191] Im Volkszählungsurteil tauchen Kenntnisrechte fallbedingt nur am Rande auf, vgl. *BVerfGE* 65, 1 (46, 70). Zur nachfolgenden Rechtsprechung → Rn. 66.

[192] Z. B. *BVerfGE* 65, 1 (52, 61); 78, 77 (84). Vgl. auch *BVerwG*, NJW 2005, S. 2330 (2331).

[193] So ausdrücklich *BVerfGE* 78, 77 (84); *BVerfG* (K), NVwZ 2005, S. 681 (682).

[194] So qualifiziert die Entscheidung zur strategischen Fernmeldeüberwachung des Bundesnachrichtendienstes mit Blick auf den Verarbeitungszusammenhang auch die der Kenntnisnahme vorangehende maschinelle Erfassung personenbezogener Daten, deren Abgleich mit Suchbegriffen oder deren Relevanzprüfung als Eingriff; die unmittelbar nach der Signalaufbereitung technisch wieder spurenlos ausgesonderten Daten klammert es aus, *BVerfGE* 100, 313 (366 f.).

grundlage. Allein sachbezogene Aufgaben- und Befugnisnormen können den Umgang mit personenbezogenen Informationen und Daten nicht abdecken.[195] Das gilt umso mehr, als an die Verfassungsmäßigkeit der Ermächtigungsgrundlagen eigenständige Anforderungen gestellt werden. Neben dem Übermaßverbot hebt das Bundesverfassungsgericht die Grundsätze der Zweckfestlegung und der Zweckbindung hervor: Der Gesetzgeber muss die Zwecke festlegen, für die personenbezogene Daten verwendet werden, und die Datenverarbeitung ist grundsätzlich an diese Zwecke gebunden.[196] Eine „Sammlung nicht anonymisierter Daten auf Vorrat zu unbestimmten oder noch nicht bestimmbaren Zwecken" wäre verfassungswidrig.[197] Eine „vorsorglich anlasslose Speicherung von Telekommunikationsverkehrsdaten zur späteren anlassbezogenen Übermittlung" unterfällt aus Sicht des Gerichts allerdings nicht diesem strikten Verbot.[198] Zweckänderungen benötigen eine gesetzliche Grundlage und müssen mit dem ursprünglichen Verwendungszweck vereinbar, normenklar geregelt sowie durch Allgemeininteressen gerechtfertigt sein, die die grundrechtlich geschützten Interessen überwiegen.[199] Im Übrigen hat das Gericht mittlerweile eine Reihe näherer Maßgaben, insbesondere auch organisations-, verfahrens- und technikbezogene Schutzvorkehrungen, entwickelt.[200]

bb) Genese und Hintergründe

61 Das Recht auf informationelle Selbstbestimmung ist keine „Erfindung" des Bundesverfassungsgerichts.[201] Es ist vielmehr unter Rückgriff sowohl auf die vorangegangene Rechtsprechung als auch auf die begleitende fachliche Diskussion entwickelt worden.[202] Das Gericht knüpft zum einen an seine eigenen Entscheidungen zum Grundrecht auf Achtung der Privatsphäre[203] und zum verfassungsrechtlichen Persönlichkeitsrecht an, hier insbesondere an das Selbstbestimmungsrecht des Einzelnen über die Darstellung der eigenen Person.[204] Es reagiert zum anderen auf die Kritik an seiner Rechtsprechung, die sich unter den Stichpunkten „Relativität der Privatsphäre"[205] und „Bedeutung des Verwendungszusammen-

---

[195] Ebenso *Simitis*, in: ders. (Hrsg.), BDSG (Fn. 33), § 1 Rn. 102.
[196] *BVerfGE* 65, 1 (46); 84, 239 (280f.); 113, 29 (51f.); 115, 166 (191). Vgl. auch bereits vor dem Volkszählungsurteil das Sondervotum *Martin Hirsch*, BVerfGE 57, 170 (201f.). Für Art. 10 GG BVerfGE 100, 313 (359f.), 110, 33 (68f.); für Art. 13 GG BVerfGE 109, 279 (375f.).
[197] *BVerfGE* 65, 1 (46); 115, 320 (350) 118, 168 (203f.); vgl. auch *BVerfGE* 77, 65 (77f.).
[198] *BVerfGE* 125, 260 (316); kritisch dazu *Marion Albers/Jörn Reinhardt*, Vorratsdatenspeicherung im Mehrebenensystem: Die Entscheidung des BVerfG vom 2. 3. 2010, ZJS 2010, S. 767 (770f.). Zur VorratsdatenspeicherungsRL → Rn. 54.
[199] *BVerfGE* 65, 1 (61ff.); 100, 313 (360); 109, 279 (375f.); 110, 33 (69).
[200] → Rn. 65 m.N. in Fn. 220.
[201] Vgl. zur Diskussion nach dem Volkszählungsurteil *Peter Krause*, Das Recht auf informationelle Selbstbestimmung – BVerfGE 65, 1, JuS 1984, S. 268 (268). Aus jüngerer Zeit *Ivo Geis*, Anmerkung zum Beschl. des VG Karlsruhe v. 1. 12. 1999, MMR 2000, S. 184 (184).
[202] Quellen werden offengelegt bei *Hermann Heußner*, Das informationelle Selbstbestimmungsrecht in der Rechtsprechung des Bundesverfassungsgerichts, SGb 1984, S. 279 (280f.). Vgl. auch *Ernst Benda*, Das Recht auf informationelle Selbstbestimmung und die Rechtsprechung des Bundesverfassungsgerichts zum Datenschutz, DuD 1984, S. 86 (86ff.).
[203] *BVerfGE* 27, 1 (6ff.); 27, 344 (350ff.); 32, 373 (378ff.); 33, 367 (376ff.); 34, 238 (245f.); 44, 353 (372ff.).
[204] *BVerfGE* 35, 202 (220); 54, 148 (155f.); 63, 131 (142).
[205] Dazu *Steinmüller u.a.*, Grundfragen (Fn. 5), S. 51; *Christoph Mallmann*, Datenschutz in Verwaltungs-Informationssystemen, 1976, S. 47f., 78f.; *Bernhard Schlink*, Das Recht der informationellen Selbstbestimmung, Der Staat, Bd. 25 (1986), S. 233 (242); *Daniel Solove*, The digital person, 2004,

hanges für die rechtliche Beurteilung von Daten(verarbeitungen)"[206] bündeln lässt. Darüber hinaus verarbeitet es die – zur Zeit des Volkszählungsurteils nur begrenzt vorhandenen – Vorarbeiten zum Datenschutzrecht, die auf der Basis eines relativ schlichten kybernetischen Modells Interdependenzen zur Verhaltensfreiheit herausgestellt und so bereits ein informationelles Selbstbestimmungsrecht entworfen haben.[207] Es rekombiniert all diese Stränge, obwohl sie aus verschiedenen Zusammenhängen stammen, in der eingriffsabwehrrechtlichen Verbürgung eines Entscheidungsrechts über die Preisgabe und Verwendung persönlicher Daten.

cc) Novellierungen und Bruchlinien

In der Rechtsprechung des Bundesverfassungsgerichts scheint das Recht auf informationelle Selbstbestimmung in den Grundlinien gefestigt zu sein. Doch dieser Eindruck täuscht. Bei näherer Analyse der Entscheidungen, die nach dem Volkszählungsurteil getroffen worden sind, kann man eine Reihe von **Novellierungen und Bruchlinien** aufzeigen.

62

Bei der Verankerung des „grundrechtlichen Datenschutzes" zieht das Bundesverfassungsgericht nicht nur Art. 2 Abs. 1 i.V.m. Art. 1 Abs. 1 GG, sondern gelegentlich auch, freilich meist ohne vertiefende Erörterung, **andere Freiheitsgewährleistungen** heran.[208] Insbesondere Art. 10 und Art. 13 GG bezeichnet es als „spezielle Garantien".[209] Sie schützen die „verdateten" Kommunikationsbeiträge und -umstände oder die aus einer Wohnraumüberwachung stammenden personenbezogenen Daten jedoch nicht in Gestalt einer individuellen Verfügungsbefugnis. Vielmehr vermitteln sie in ihrem Anwendungsbereich individuelle Abwehr- und Kenntnisrechte hinsichtlich staatlicher Überwachungs- und Verarbeitungsmaßnahmen mit Blick auf deren Folgen für die grundrechtsgeschützten Verhaltensweisen oder Kommunikationen.[210] Ihren Schutz können weitere Grundrechtsgarantien, etwa die Pressefreiheit, ergänzen, die wegen des Inhalts und des Kontexts einer Kommunikation oder im Hinblick auf die beeinträchtigenden Folgen der Verwendung erlangter Kenntnisse in neuen Verwendungszusammenhängen einschlägig sind.[211] Mit der inhalts-, kontext- und folgenorientierten Argumentation gewinnt der grundrechtliche Schutz eine neue Basis und einen neuen Gehalt.

63

S. 212 f. Als Kritik an der Rspr. des *BVerfG* überzeugt der Topos von der „Relativität der Privatsphäre" allerdings nur begrenzt, näher dazu *Albers,* Selbstbestimmung (Fn. 12), S. 211 f.

[206] Dazu *Spiros Simitis,* Chancen (Fn. 76), S. 680; *Otto Mallmann,* Volkszählung und Grundgesetz, JZ 1983, S. 651 (653); *Schwan,* Datenschutz (Fn. 74), S. 147.

[207] *Steinmüller u.a.,* Grundfragen (Fn. 5), S. 86 ff.; *Mallmann,* Datenschutz (Fn. 205), S. 47 ff.

[208] Zu Art. 5 GG etwa *BVerfGE* 100, 313 (365); 107, 299 (329 ff.). Zu Art. 4 und Art. 6 GG *BVerfGE* 109, 279 (326 f.). Zu Art. 8 GG *BVerfGE* 122, 342 (359, 368 ff.); undeutlicher *BVerfGE* 69, 315 (349); 77, 65 (77 f.). Zu Art. 10 GG *BVerfGE* 100, 313 (358 ff.); 107, 299 (312 ff.). Zu Art. 12 GG *BVerfGE* 96, 171, (180, 185 ff.); 113, 29 (48 f.); 118, 168 (206). Zu Art. 13 GG *BVerfGE* 109, 279 (325 ff.). Zu Art. 14 GG *BVerfGE* 67, 100 (142 f.); 84, 239 (279).

[209] *BVerfGE* 100, 313 (358); 109, 279 (325 f.); 110, 33 (53); 125, 200 (310). Zur Entwicklung ähnlicher Anforderungen im Rahmen der Einschränkbarkeit *Elke Gurlit,* Verfassungsrechtliche Rahmenbedingungen des Datenschutzes, NJW 2010, S. 1035 (1037 ff.).

[210] *BVerfGE* 100, 313 (359); 107, 299 (313).

[211] *BVerfGE* 100, 313 (365); 107, 299 (329 ff.); 109, 279 (326 f.). Anders zum Ergänzungsverhältnis, aber insoweit nicht überzeugend *BVerfGE* 113, 348 (364). Zur eher sphärenorientierten Konzeption des Schutzes der Pressefreiheit *BVerfGE* 20, 162 (176, 187 ff.); 50, 234 (240); 66, 116 (133 ff.); 77, 65 (74 f.).

64 Die **genetischen Grundlagen** des Rechts auf informationelle Selbstbestimmung haben sich an zentralen Stellen **verändert**. Das Recht auf Achtung der Privatsphäre ist als Gewährleistungsinhalt mit reduzierten Funktionen beibehalten und zugleich partiell umgestaltet worden: Nicht allein räumlich abgeschottete Sphären, sondern auch die erwartbaren beeinträchtigenden Folgen des Wissens anderer begründen den Schutz.[212] Beim allgemeinen Persönlichkeitsrecht hat das Gericht seine früheren Ausführungen zum Selbstbestimmungsrecht des Einzelnen über die Darstellung der eigenen Person schrittweise korrigiert.[213] Nunmehr entwickelt es aus diesem Grundrecht mit Hilfe einer sozialen Perspektive und einer entsprechend komplexen Argumentation inhaltlich begründete und begrenzte Schutzpositionen in sozialen Beziehungen.[214] Mit diesen Korrekturen sind tragende Grundlagen des Rechts auf informationelle Selbstbestimmung aufgegeben worden.

65 Obwohl das Bundesverfassungsgericht regelmäßig mit einer noch unzureichenden Unterscheidung von Informationen und Daten operiert, wird vor allem bei der Beurteilung des Gewichts des Eingriffs[215] sowie im Rahmen der Abwägungen deutlich, dass nicht Daten, sondern **Informationen im Mittelpunkt des Schutzes informationeller Selbstbestimmung** stehen. Auf der einen Seite stehen die Interessen des Grundrechtsträgers, dass staatliche Stellen oder Dritte etwas nicht als Information erfahren und nutzen können, und auf der anderen Seite deren Wissens- und Verwertungsinteressen.[216] In der Entscheidung zur Rasterfahndung lässt das Gericht sogar offen, ob das Recht auf informationelle Selbstbestimmung vor der Erhebung jedes einzelnen erfassten Datums schützt. Maßgeblich ist vielmehr, dass die Datenerhebung und -verarbeitung auf die Gewinnung von Erkenntnissen über Verdachtsmomente und gefahrenverstärkende Eigenschaften von Personen zielt und Personen „in das Visier staatlicher Überwachungstätigkeit" gelangen können.[217] Teilweise sieht das Gericht in der Erhebung von Daten aus öffentlich zugänglichen Quellen keinen Eingriff, soweit sich nicht aus deren systematischer Erfassung, Sammlung und Verarbeitung die für das Recht auf informationelle Selbstbestimmung spezifische Gefährdungslage

---

[212] *BVerfGE* 101, 361 (382); 120, 180 (199); vgl. dazu *Marion Albers*, Grundrechtsschutz der Privatheit, DVBl 2010, S. 1061 (1065 f.).

[213] *BVerfGE* 101, 361 (380): „Ein allgemeines und umfassendes Verfügungsrecht über die Darstellung der eigenen Person enthält Art. 2 Abs. 1 in Verbindung mit Art. 1 Abs. 1 GG […] nicht." Im Anschluss daran *BVerfGE* 120, 180 (198). Zur vorangegangenen Entwicklungslinie *BVerfGE* 82, 236 (269); 97, 125 (149); 97, 391 (403); 99, 185 (194).

[214] Vgl. *BVerfGE* 97, 125 (146 ff.); 97, 391 (403 ff.); 99, 185 (193 ff.); 120, 180 (197 ff.).

[215] Siehe dazu auch *Christoph Gusy*, Die „Schwere" des Informationseingriffs, in: FS Wolf-Rüdiger Schenke, 2011, S. 395 (399 ff.).

[216] *BVerfGE* 67, 100 (142 ff.); 76, 363 (388); 77, 1 (46 ff.); 84, 192 (195 ff.); 96, 171 (181 ff.); 118, 168 (196 ff.); *BVerfG* (K), NJW 1988, S. 3009 (3009 f.). Vgl. auch die Ausführungen zum Informationsgehalt von Daten in *BVerfGE* 120, 378 (400, 403 ff.).

[217] *BVerfGE* 115, 320 (342 ff.). Die Auseinandersetzung mit dem Schutzgehalt des Rechts auf informationelle Selbstbestimmung liegt bei der Rasterfahndung nahe: Einerseits bedingt diese Methode der rechnergestützten Massendatenverarbeitung die Erhebung und Verarbeitung einer Vielzahl einzelner, dabei auch scheinbar belangloser personenbezogener Daten; andererseits steht dies im Kontext sicherheitsbehördlicher Ermittlungen mit deren potenziellen Folgen für davon Betroffene. Vgl. auch die Reformulierung in *BVerfGE* 118, 168 (185); 120, 378 (399); *BVerfG*, Beschl. vom 24. 1. 2012, Az. 1 BvR 1299/05, abrufbar unter www.bverfg.de, Rn. 122, es gebe unter den Bedingungen der elektronischen Datenverarbeitung bzw. angesichts der Verarbeitungs- und Verknüpfungsmöglichkeiten kein *schlechthin, also ungeachtet des Verwendungskontextes,* belangloses personenbezogenes Datum (Hervorh. von M. A.).

B. Europa- und verfassungsrechtliche Grundlagen

ergibt.[218] In einigen jüngeren Entscheidungen beschreibt das Gericht das Recht auf informationelle Selbstbestimmung als einen „den grundrechtlichen Schutz von Verhaltensfreiheit und Privatheit" flankierenden und erweiternden Schutz, der schon auf der Stufe der Persönlichkeitsgefährdung beginne.[219] Diese Sicht ist zwar unterkomplex und keine gegenstandsgerechte Grundlage für eine sinnvolle Weiterentwicklung, deutet aber immerhin auf eine gewisse Loslösung von einer eigentumsanalogen Fassung hin. Der Ausrichtung auf den Informationsgehalt und auf die Folgen für die betroffenen Personen entspricht, dass das Bundesverfassungsgericht im Laufe seiner Rechtsprechung eine Fülle von Maßgaben entwickelt hat, die es den Grundsätzen der Zweckfestlegung und der Zweckbindung, den Prinzipien der Normenklarheit und Normenbestimmtheit oder dem Übermaßverbot zuordnet und die im Ergebnis den Kontext des Umgangs mit Informationen und Daten, den Zugang zu oder die Verteilung von Informationen und Wissen mit Blick auf die damit verbundenen Folgen regulieren. Auch die Ausgestaltung des Schutzes eines **Kernbereichs privater Lebensgestaltung** zeigt, dass Informationen und Wissen sowie die damit verbundenen Folgen im Zentrum des Schutzes stehen.[220]

Die Gewährleistung der **individuellen Kenntnismöglichkeiten** über die 66 staatliche Informations- und Datenverarbeitung ist zu einer eigenständigen Komponente des grundrechtlichen Schutzes aufgewertet worden. Das Bundesverfassungsgericht hat sich zunächst auf den funktionalen Zusammenhang zwischen dem abwehrrechtlichen Gehalt und den Kenntnismöglichkeiten gestützt.[221] Mittlerweile hebt es auch die für die freie Entfaltung der Persönlichkeit wichtige Orientierung und Erwartungssicherheit hervor, die es erfordert, dass

---

[218] BVerfGE 120, 274 (344 f.); 120, 351 (361 f.). Die Ausführungen betreffen das bloße behördliche Surfen im Internet oder Angaben aus Telefonbüchern oder Handelsregistern. Eine Rückkehr zu einer (zu) schlichten Differenz zwischen Öffentlichkeit und Privatheit wäre verfehlt; insoweit zu kurz greifend *Thomas Böckenförde*, Auf dem Weg zur elektronischen Privatsphäre, JZ 2008, S. 925 (935). Vgl. auch zur Rechtsprechung des EGMR → Rn. 38a; sowie die Ausführungen in BVerfGE 120, 378 (399). In der Entscheidung zur Online-Überwachung verneint das Gericht einen Eingriff grundsätzlich selbst dann, wenn eine staatliche Stelle unter Verschleierung ihrer Identität im Rahmen internetvermittelter Kommunikationsbeziehungen zu Grundrechtsträgern Daten über diese sammelt, weil es hier von vornherein am Vertrauen hinsichtlich der Identität der Kommunikationspartner fehle, BVerfGE 120, 274 (345). Diese so pauschal nicht tragfähige – und von einer überholten Dichotomie von „realer" und „virtueller" Welt geprägte – Ausführung wird nicht nachhaltig sein. Vgl. auch *Matthias Bäcker*, Die Vertraulichkeit der Internetkommunikation, in: Hartmut Rensen/Stefan Brink (Hrsg.), Linien der Rechtsprechung des Bundesverfassungsgerichts – erörtert von den wissenschaftlichen Mitarbeitern, 2009, S. 99 (133 f.). S. für Konstellationen außerhalb des Internet BVerfG, Beschl. vom 12. 10. 2011, Az. 2 BvR 236/08 u. a., abrufbar unter www.bverfg.de, Rn. 238.
[219] BVerfGE 118, 168 (184 f.); 120, 274 (312); 120, 351 (360); 120, 378 (397 ff.).
[220] Zu den näheren Maßgaben etwa BVerfGE 115, 320 (359 ff.); 118, 168 (186 ff.); 120, 351 (366 ff.); 120, 378 (407 ff.); 125, 260 (325 ff.); vgl. etwa zum Erfordernis der Zweckfestlegung und ihren Funktionen BVerfGE 118, 168 (187 f.); 120, 378 (408 ff., 429, 431 f.); zur Kennzeichnungspflicht zwecks Gewährleistung der Zweckbindung BVerfGE 100, 313 (360 f.); 109, 279 (379 f.); zur Gewährleistung eines besonders hohen Standards der Datensicherheit durch Verpflichtungen Privater im Falle der „vorsorglich anlasslosen" Datenspeicherung BVerfGE 125, 260 (325 ff.). Zum Schutz eines Kernbereichs privater Lebensgestaltung s. BVerfGE 109, 279 (313 ff.); 113, 348 (390 ff.); 120, 274 (335 ff.); BVerfG, Beschl. vom 12. 10. 2011, Az. 2 BvR 236/08 u. a., abrufbar unter www.bverfg.de, Rn. 209 ff.
[221] BVerfGE 100, 313 (361); 109, 279 (363 f.); BVerfG (K), DVBl 2001, S. 275 (275 f.); DVBl 2001, S. 1057 (1059). Weiterführend BVerfG (K), NJW 2006, S. 1116 (1117 ff.). Zur ergänzenden Herleitung von Kenntnisrechten aus Art. 19 Abs. 4 GG: BVerfGE 100, 313 (364); 109, 279 (364); 118, 168 (207 ff.); 120, 351 (362 f.).

man das einen selbst betreffende Wissen seiner sozialen Umwelt einigermaßen abschätzen kann.[222] Zu den abwehrrechtlichen Positionen treten damit leistungsrechtliche Schutzpositionen[223] hinzu, die gegenstands- und problembezogen gesetzlich ausgestaltet werden müssen.[224]

67   Zur **Geltung** des Rechts auf informationelle Selbstbestimmung **im Verhältnis unter Privaten** führt das Gericht zwar gelegentlich aus, dass die allgemeine Dogmatik der „mittelbaren Drittwirkung" anzuwenden ist.[225] Trotzdem greift es auf dieses Recht nur sehr selten zurück. Im Gegenteil zieht es selbst in eigentlich eindeutig darunter fallenden Konstellationen das allgemeine Persönlichkeitsrecht vor.[226] Hinter dieser Ausweichstrategie verbergen sich die inhaltlichen und dogmatischen Probleme, die ein individuelles Entscheidungsrecht über die Preisgabe und Verwendung persönlicher Daten bereitet.

b) Leistungen und Defizite des Rechts auf informationelle Selbstbestimmung

68   Seit der Institutionalisierung des Rechts auf informationelle Selbstbestimmung sind Individualrechtspositionen, die sich auf den staatlichen Umgang mit personenbezogenen Informationen und Daten richten, als ein **selbstständiges Grundrechtsthema** anerkannt. Im Vergleich zum Recht auf Achtung der Privatsphäre oder zum allgemeinen Persönlichkeitsrecht zeichnet sich dieses Recht durch seinen unmittelbaren Bezug auf die Informations- und Datenebene und durch einen höheren Abstraktionsgrad aus. Damit öffnet es die Grundrechtsverbürgungen für weitere, gegebenenfalls künftig erst entstehende Schutzerfordernisse. Defizite lassen sich im Wesentlichen damit erklären, dass der Schutzbereich **trotz der neuen Inhalte** mit den **Mustern der traditionellen Dogmatik** beschrieben wird. Er erhält eine eigentumsanaloge Fassung, obwohl Informationen und Daten dem Einzelnen auch dann, wenn sie auf ihn verweisen, nicht grundsätzlich[227] eigentumsähnlich zugeordnet werden können.[228] Er ist isolie-

---

[222] *BVerfGE* 120, 351 (362 f.).
[223] Vgl. *BVerfG* (K), DVBl 2001, S. 275 (275).
[224] Näher *BVerfGE* 120, 351 (362 ff.).
[225] *BVerfGE* 84, 192 (194 ff.); *BVerfG* (K), Beschl. vom 23. 10. 2006, 1 BvR 2027/02, abrufbar unter www.bverfg.de, Rn. 31.
[226] Etwa *BVerfG* (K), NJW 2000, S. 2413 (2414 f.), obwohl die Vorinstanzen das Recht auf informationelle Selbstbestimmung thematisiert haben, *OLG Naumburg*, NJ 1994, S. 177 (178); *BGH*, JZ 1995, S. 253 (253 f.).
[227] Formen der Kommerzialisierung sind unabhängig davon, ob man sie in Teilbereichen für sinnvoll hält oder nicht – vgl. dazu *Thilo Weichert*, Die Ökonomisierung des Rechts auf informationelle Selbstbestimmung, NJW 2001, S. 1463 (1464 ff.); *ders.*, Wem gehören die privaten Daten?, in: Taeger/Wiebe (Hrsg.), Informatik (Fn. 22), S. 281 (bes. 283 ff.) –, immer (nur) eine unterverfassungsrechtliche Frage der gesetzgeberischen Gestaltung von Eigentumsrechten. Vgl. auch den allenfalls in begrenzten Feldern überzeugenden Ansatz bei *Benedikt Buchner*, Informationelle Selbstbestimmung im Privatrecht, 2006, S. 201 ff. S. außerdem *ders.*, Die Einwilligung im Datenschutzrecht – vom Rechtfertigungsgrund zum Kommerzialisierungsinstrument, DuD 2010, S. 39 (39 ff.). Ebenfalls zur Diskussion, wenn auch nicht immer überzeugend *Florian Unseld*, Die Kommerzialisierung personenbezogener Daten, 2010.
[228] *Spiros Simitis*, Die informationelle Selbstbestimmung – Grundbedingung einer verfassungskonformen Informationsordnung, NJW 1984, S. 398 (400); *Marion Albers*, Zur Neukonzeption des grundrechtlichen „Daten"schutzes, in: Andreas Haratsch/Dieter Kugelmann/Ulrich Repkewitz (Hrsg.), Herausforderungen an das Recht der Informationsgesellschaft, 1996, S. 113 (119, 123); *Wolfgang Hoffmann-Riem*, Datenschutz als Schutz eines diffusen Interesses in der Risikogesellschaft, in: Ludwig Krämer/Hans-W. Micklitz/Klaus Tonner (Hrsg.), Recht und diffuse Interessen in der Europäischen Rechtsordnung, 1997, S. 777 (781 f.); *Daniel Solove*, Person (Fn. 205), S. 88 ff.; *Trute*, Grundlagen

rend auf einzelne Daten ausgerichtet, anstatt, wie es dann partiell implizit im Rahmen der Abwägung geschieht, Informationen in den Mittelpunkt zu stellen und kontext- und prozessbezogen anzusetzen. So entsteht eine Fülle gesetzlicher Ermächtigungen[229], die zum Teil wenig substantiellen Gehalt aufweisen[230] und unkoordiniert neben den anderweitigen Vorschriften stehen. Die Rolle der Kenntnis- und Einflussrechte der betroffenen Personen als Essentialia des Rechts auf informationelle Selbstbestimmung wird nicht hinreichend deutlich. Im Ergebnis hat sich das Bundesverfassungsgericht nicht konsequent genug auf einen informations- und datenorientierten Schutz ein- und umgestellt.

2. Inhalte und Dogmatik des Rechts auf Gewährleistung der Vertraulichkeit und Integrität informationstechnischer Systeme

Aus Anlass der Überwachungsregelungen des § 5 Abs. 2 Nr. 11 S. 1 i. V. m. § 7 Abs. 1 VSG NW a. F., die dem Landesamt für Verfassungsschutz Befugnisse zum „heimlichen Aufklären des Internets" und zum „heimlichen Zugriff auf informationstechnische Systeme" zuwiesen, hat das Bundesverfassungsgericht das **Recht auf Gewährleistung der Vertraulichkeit und Integrität informationstechnischer Systeme** als neue Facette des Art. 2 Abs. 1 i. V. m. Art 1 Abs. 1 hergeleitet.[231] Begründet hat es dies mit neuartigen Gefährdungen[232] und mit Schutzlücken, die Art. 10 und 13 GG sowie das auf „einzelne Datenerhebungen" ausgerichtete Recht auf informationelle Selbstbestimmung beließen.[233] Informationstechnische Systeme könnten allein oder in ihren technischen Vernetzungen personenbezogene Daten des Betroffenen in einem Umfang und in einer Vielfalt enthalten, dass ein Zugriff auf das System es ermögliche, einen Einblick in wesentliche Teile der Lebensgestaltung einer Person zu gewinnen oder gar ein aussagekräftiges Bild der Persönlichkeit zu erhalten.[234] Als Beispiele nennt das Gericht PCs, Smartphones oder das Internet als Verbund von Rechnernetzen.[235] Soweit Grundrechts-

68a

(Fn. 41), Rn. 19, 21, 22; *Gabriele Britz*, Informationelle Selbstbestimmung zwischen rechtswissenschaftlicher Grundsatzkritik und Beharren des Bundesverfassungsgerichts, in: Hoffmann-Riem, Offene Rechtswissenschaft, S. 562 (566 ff.); *Karl-Heinz Ladeur*, Das Recht auf informationelle Selbstbestimmung: Eine juristische Fehlkonstruktion?, DÖV 2009, S. 45 (48 ff.). Die Ausführungen des *BVerfG*, der Einzelne habe kein Recht im Sinne einer absoluten, uneinschränkbaren Herrschaft über „seine" Daten, BVerfGE 65, 1 (43 f.), stehen im Kontext der gesetzlichen Einschränkungsmöglichkeiten und ändern deswegen an der Grundstruktur des eigentumsanalogen Schutzbereichs nichts.

[229] *Carl-Eugen Eberle*, Löst die Informationstechnik, insbesondere über den Datenschutz, eine Verrechtlichungswelle aus?, in: Heinrich Reinermann u. a. (Hrsg.), Neue Informationstechniken – neue Verwaltungsstrukturen?, 1988, S. 141 (141 ff.); *Gunnar Duttge*, Recht auf Datenschutz?, Der Staat, Bd. 36 (1997), S. 281 (281 ff.); *Hoffmann-Riem*, Selbstbestimmung (Fn. 89), S. 514 ff.

[230] *Albers*, Neukonzeption (Fn. 228), S. 120; *Wolfgang Hoffmann-Riem*, Weiter so im Datenschutzrecht?, DuD 1997, S. 684 (684 ff.).

[231] *BVerfGE* 120, 274 (302 ff.).

[232] U. a.: Bedeutung und Allgegenwärtigkeit informationstechnischer Systeme mit weit reichenden und vielfältigen Funktionen, zunehmende Vernetzung, Relativierung des Selbstschutz-Paradigmas.

[233] Zu der der Entscheidung vorangegangenen Diskussion s. nur *BGH*, Urt. vom 31. 1. 2007, Az. StB 18/06, www.bundesgerichtshof.de; *Ulf Buermeyer*, Die „Online-Durchsuchung". Verfassungsrechtliche Grenzen des verdeckten hoheitlichen Zugriffs auf Computersysteme, HRRS 2007, S. 329 (329 ff.); *Johannes Rux*, Ausforschung privater Rechner durch die Polizei- und Sicherheitsbehörden, JZ 2007, S. 285 (292 ff.); *Stephan Schlegel*, Warum die Festplatte keine Wohnung ist – Art. 13 und die „Online-Durchsuchung", GA 2007, S. 648 (650 ff.).

[234] *BVerfGE* 120, 274 (314).

[235] *BVerfGE* 120, 274 (303 f., 311, 314).

träger solche Systeme als eigene nutzen und den Umständen nach darauf vertrauen dürfen, dass sie allein oder zusammen mit anderen zur Nutzung berechtigten Personen über das informationstechnische System selbstbestimmt verfügen, sind ihre Interessen daran geschützt, dass sowohl die Vertraulichkeit der von dem System erzeugten, verarbeiteten und gespeicherten Daten als auch die Integrität des Systems selbst gewahrt bleiben.[236] Dem so entwickelten Gewährleistungsgehalt entspricht es, dass gesetzliche Ermächtigungen zu einem heimlichen (sicherheits)behördlichen Zugriff hohe Anforderungen etwa hinsichtlich der Einschreitschwellen oder der verfahrensrechtlichen Schutzvorkehrungen erfüllen müssen.[237]

68b Das „neue" Recht ist **hinsichtlich der Herleitung und der Gestaltung unausgereift** und wirft **zahlreiche Fragen** auf. Beschreibung und Abgrenzung des Rechts auf informationelle Selbstbestimmung überzeugen weder mit Blick auf die vorangegangene noch mit Blick auf die nachfolgende Rechtsprechung. Danach bietet dieses Recht Schutz etwa gegen die Herstellung eines Persönlichkeitsprofils oder gegen Rundumüberwachungen.[238] Umgekehrt zielt eine „Online-Durchsuchung" durch „Trojanische Pferde" regelmäßig nicht auf die Übermittlung sämtlicher auf einer Festplatte gespeicherter Daten, sondern auf die mittels Suchfunktionen gezielt-selektive Übermittlung relevanter Daten, etwa der Kontaktpersonen in Adressverzeichnissen, der Partner bestimmter Kommunikationen oder bestimmter Inhalte abgespeicherter e-mails.[239] Neben der somit unscharfen Abgrenzung bleibt die Einschlägigkeit des „IT-Grundrechts" in den einem Zugriff nachfolgenden Verarbeitungsphasen offen, in denen die dieses Recht stützende Begründung des Gerichts nicht mehr unbedingt trägt. Hinsichtlich der Gestaltung des Schutzbereichs ist unter anderem unklar, was ein „informationstechnisches System" ist, was „Vertraulichkeit" und „Integrität" im Näheren bedeuten, welche Verknüpfungen zwischen informationstechnischen Systemen und Grundrechtsträgern jene zu „eigengenutzten" Systemen machen, wie sich individuelle Rechtspositionen außerhalb der Konstellationen der Platzierung eines auslesenden oder manipulierenden Programms auf dem Computer des Grundrechtsträgers gestalten und wie sich die Fassung als ein Recht auf „Gewährleistung" auf den Schutzinhalt auswirkt.[240]

---

[236] *BVerfGE* 120, 274 (314 f.).

[237] *BVerfGE* 120, 274 (315 ff.).

[238] Siehe auch *Gabriele Britz*, Vertraulichkeit und Integrität informationstechnischer Systeme, DÖV 2008, S. 411 (413 ff.); *Martin Eifert*, Informationelle Selbstbestimmung im Internet – das BVerfG und die Online-Durchsuchungen, NVwZ 2008, S. 521 (521 ff.).

[239] Ein umfassender Auslese- und Übertragungsvorgang durch „Trojanische Pferde" würde von dem jeweiligen Nutzer sogar möglicherweise als permanente Rechenleistung seines Computers bemerkt.

[240] Vgl. auch aus der Besprechungsliteratur nur *Matthias Bäcker*, Das IT-Grundrecht: Funktion, Schutzgehalt, Auswirkungen auf staatliche Ermittlungen, in: Robert Uerpmann-Wittzack (Hrsg.), Das neue Computergrundrecht, 2009, S. 1 (8 ff.); *ders.*, Das IT-Grundrecht – Bestandsaufnahme und Entwicklungsperspektiven, in: Ulrich Lepper (Hrsg.), Privatsphäre mit System. Datenschutz in einer vernetzten Welt, 2010, S. 4 (5 ff.); *Böckenförde*, Weg (Fn. 218), S. 927 ff.; *Britz*, Vertraulichkeit (Fn. 238), S. 413 ff.; *Eifert*, Selbstbestimmung (Fn. 238), S. 521 ff.; *Gerrit Hornung*, Ein neues Grundrecht, CR 2008, S. 299 (300 ff.); *Markus Thiel*, Die „Entgrenzung" der Gefahrenabwehr, 2011, S. 284 ff. S. weiter die vertiefenden, aber noch viele Fragen offen lassenden Überlegungen bei *Wolfgang Hoffmann-Riem*, Der grundrechtliche Schutz der Vertraulichkeit und Integrität eigengenutzter informationstechnischer Systeme, JZ 2008, S. 1009 (1010 ff.), und bei *Bäcker*, Vertraulichkeit (Fn. 218), bes. S. 118 ff.

Trotz dieser Unstimmigkeiten und Fragen besteht die Leistung des Rechts auf Gewährleistung der Vertraulichkeit und Integrität informationstechnischer Systeme darin, dass es deutlich macht, dass ein auf Entscheidungsbefugnisse des Einzelnen fokussiertes Schutzkonzept zu kurz greift. Der in Rede stehende Schutz der Grundrechtsträger erfordert das Mitdenken von Kontexten und kontextual konzipierte mehrdimensionale und insofern zumindest auch zu „gewährleistende" Rechtspositionen.[241] Das gilt bereits für das Recht auf informationelle Selbstbestimmung, bei dem die Rückbindung an die Grundrechtsträger mittels des Paradigmas der Personenbezogenheit der Informationen und Daten erfolgt, selbst wenn es, wie sich etwa beim „Systemdatenschutz" zeigt, weit auf Aufgabengestaltung, Organisation und Verfahren informations- und datenverarbeitender Stellen ausgreifen kann. Das Recht auf Gewährleistung der Vertraulichkeit und Integrität informationstechnischer Systeme weist über dieses Paradigma hinaus. Darin hat es einen eigenständigen Wert. Die dogmatisch notwendige Rückkoppelung zu den Grundrechtsträgern und die Begründung gerade *ihrer* Rechte sind dann allerdings regelmäßig besonders anforderungsreich.[242] Präzisiert und weiterentwickelt mag das „IT-Grundrecht" einen sinnvollen Gehalt neben und in Ergänzung zu dem auf personenbezogene Informationen und Daten gerichteten Schutz gewinnen, der seinerseits rekonzeptioniert werden muss.

68c

3. Gegenstandsgerechte Grundrechtsvorgaben in einer Zwei-Ebenen-Konzeption

Gewährleistungen im Hinblick auf den Umgang mit personenbezogenen Informationen und Daten betreffen einen **neuen Schutzgegenstand,** der sich von traditionellen Schutzgütern wie Verhalten oder Eigentum unterscheidet. Der Schutz bezieht sich auf Informationen und Daten, die als Sinnelemente oder Zeichen in Beobachtungs-, Kommunikations- oder Handlungszusammenhängen, also im jeweiligen Wissens- und Deutungskontext, erzeugt und prozediert werden. Staatliche Stellen oder andere Private sind daran strukturell beteiligt. Man benötigt also überindividuelle und übergreifende Perspektiven, damit man den „Gegenstand" Information erfassen kann.[243] Bereits diese grundlegende Form der Beobachtung geht über den Ansatz der traditionellen Eingriffsabwehr hinaus, die auf der Basis einer spezifischen Unterscheidung von Staat und Gesellschaft mit individualistisch konzipierten Schutzgütern operiert. Noch deutlicher werden die Erfordernisse eines eigenständigen Zugriffs im Rückblick auf die Vielschichtigkeit sowohl der Grundbegriffe als auch der in den „Daten"schutzdiskussionen thematisierten Schutzbedürfnisse.[244] Die **moderne Grundrechtsdogmatik** ermöglicht es allerdings, Gewährleistungsinhalte mit Hilfe überindividueller und übergreifender Perspektiven zu formulieren. Der Eingriffsbegriff ist

69

---

[241] Siehe auch *Bäcker,* Vertraulichkeit (Fn. 218), bes. S. 123 ff.; *Britz,* Vertraulichkeit (Fn. 238), S. 412: „Grundrechtlicher Daten- und Informationsschutz muss darum (auch) durch die normative Anerkennung spezifischer Vertraulichkeitserwartungen konstituiert werden." Vgl. weiter *Rainer Pitschas,* Regulierung des Gesundheitssektors durch Telematikinfrastruktur – die elektronische Gesundheitskarte, NZS 2009, S. 177 (182 ff.).
[242] Ein Verständnis als Schutz einer „elektronischen Privatsphäre" – so *Böckenförde,* Weg (Fn. 218), bes. S. 938 f. – griffe zu kurz.
[243] Oben → Rn. 8 ff.
[244] Oben → Rn. 8 ff., bündelnd → Rn. 34 ff.

§ 22 Umgang mit personenbezogenen Informationen und Daten

erweitert worden; darüber hinaus geben die Grundrechte leistungsrechtliche Schutzpositionen her. Die Gesetzesvorbehalte werden multifunktional verstanden. Auf einer solchen Grundlage lassen sich gegenstandsgerechte Grundrechtsvorgaben im Hinblick auf den Umgang mit personenbezogenen Informationen und Daten ausarbeiten.[245]

a) Mehrdimensionalität und Vielfalt der Gewährleistungsinhalte

70   Handlungs- und Entscheidungsfreiheiten werden von sämtlichen Grundrechten in jeweils spezifischer Form garantiert. Da Informationen gleichermaßen eine Grundkategorie sind und in der Diskussion um den Datenschutz vielfältige Schutzerfordernisse herauskristallisiert werden, muss man die grundrechtliche Basis breit anlegen. Anstatt die Einzelgrundrechte dabei vorschnell als spezielle Garantien des Rechts auf informationelle Selbstbestimmung zu verstehen,[246] sind Inhalte und Dogmatik der Gewährleistungen im Ansatz neu zu entwerfen. Der Schutz muss, wie jeder Grundrechtsschutz, als Reaktion auf Freiheitsgefahren begriffen werden, ohne dass man dabei das Freiheitsverständnis allein mit Verhaltensfreiheiten assoziieren darf. Trotz insoweit mehr oder weniger enger Wechselspiele ist der Schutz im Hinblick auf den Umgang mit personenbezogenen Informationen und Daten nicht als rein akzessorisches Recht mit instrumentellem Charakter zum Schutz anderer Grundrechtspositionen oder im Sinne eines vorverlagerten Schutzes zu konzipieren, der lediglich anderweitige Grundrechte bereits vor Gefährdungen bewahren soll.[247] Er ist vielmehr eigenständig, mit Hilfe neuer, die Limitationen der klassischen Dogmatik überwindender Denkmuster bei den Schutzpositionen[248] und insbesondere auch auf unterschiedlichen Ebenen[249]

---

[245] Ausführlich zu der hier zugrunde gelegten Konzeption *Albers*, Selbstbestimmung (Fn. 12), m.w.N. Vgl. zum Erfordernis vielschichtiger Ansätze auch *Helen Nissenbaum*, Privacy in Context, 2010, S. 18 ff.; s. außerdem zu Privatheitsregulierungsstrategien als Politikfeld *Colin J. Bennett/Charles D. Raab*, The Governance of Privacy, 2003, S. 13 ff. Zur Ausarbeitung des Grundrechtsschutzes gegenüber anderen Privaten auf der Basis von Schutzpflichten *Matthias Bäcker*, Grundrechtlicher Informationsschutz gegen Private, Der Staat, Bd. 51 (2012), S. 91 (bes. 97 ff.).

[246] Ein Rückgriff auf die einzelnen Freiheitsgewährleistungen wird meist lediglich von Vorrang- und Subsidiaritätsüberlegungen getragen, vgl. *Hans W. Alberts*, Informationelle Tätigkeit und spezielle Grundrechte, CR 1994, S. 492 (494 ff.); *Markus Deutsch*, Die heimliche Erhebung von Informationen und deren Aufbewahrung durch die Polizei, 1992, S. 85 ff.; *Rupert Scholz/Rainer Pitschas*, Informationelle Selbstbestimmung und staatliche Informationsverantwortung, 1984, S. 93 ff.; *Klaus Vogelgesang*, Grundrecht auf informationelle Selbstbestimmung?, 1987, S. 89 ff.; *Zöller*, Informationssysteme (Fn. 122), S. 30 ff. Im Ansatz anders – Schwerpunkt der Zuordnung bei Art. 2 Abs. 1 i.V.m. Art. 1 Abs. 1 GG – *Schmitt Glaeser*, Schutz der Privatsphäre, in: HStR VI, § 129 Rn. 81 ff. Vgl. auch *Friederike Neunhoeffer*, Das Presseprivileg im Datenschutzrecht, 2003, S. 96 f.

[247] Aus der jüngeren Rspr. des *BVerfG* s. die N. oben → Rn. 65. In die Richtung eines instrumentell-akzessorischen Schutzes, im Einzelnen allerdings differenziert die Überlegungen bei *Britz*, Selbstbestimmung (Fn. 228), S. 569 ff.; *Ralf Poscher*, Die Zukunft der informationellen Selbstbestimmung als Recht auf Abwehr von Grundrechtsgefährdungen, in: Hans-Helmuth Gander u.a. (Hrsg.), Resilienz in der offenen Gesellschaft, 2012, S. 167 (178 ff.). Vgl. auch *Antoinette Rouvroy/Yves Poullet*, The Right to Informational Self-Determination and the Value of Self-Development: Reassessing the Importance of Privacy for Democracy, in: Gutwirth u.a. (Hrsg.), Reinventing Data Protection? (Fn. 90), S. 45 (bes. 61 ff.).

[248] Insbes. erfordert der auf Daten, Informationen und Wissen ausgerichtete Schutz eine Loslösung von den spezifisch individualistischen Schutzgutbeschreibungen der klassischen Dogmatik und die Entwicklung genuin sozialer Schutzpositionen des Individuums, vgl. dazu auch *Marion Albers*, Faktische Grundrechtsbeeinträchtigungen als Schutzbereichsproblem, DVBl 1996, S. 233 (236 ff.).

[249] Siehe zur Begründung unten → Rn. 75.

zu konzipieren. Bei näherer Analyse gibt es Grundrechte, die Vorgaben für den Umgang mit Informationen und Daten mit Rücksicht auf deren medialen oder räumlichen Herkunftskontext hergeben, und Grundrechte, bei denen solche Vorgaben aus der Verknüpfung eines inhaltlichen Themas mit einem Freiheitsversprechen zu entwickeln sind. Man muss außerdem die Schutzpositionen, die in konkreten Konstellationen bestehen, von den Schutzpositionen unterscheiden, die sich auf einer vorgelagert-übergreifenden Ebene auf eine Grundregulierung der Informations- und Datenverarbeitungen richten.

aa) Rechtsbindungen und Schutzpositionen einzelner Freiheitsgewährleistungen

Art. 10 und Art. 13 GG knüpfen Garantien und Rechte hinsichtlich des Umgangs mit Informationen und Daten an deren **mediale oder räumliche Herkunftskontexte** an.[250] Art. 10 GG, der angesichts der zunehmenden Kommunikationen über die Telekommunikationsnetze eine wachsende Bedeutung gewinnt, ist für die Verwaltung etwa im Bereich polizei- und nachrichtendienstrechtlicher Überwachungsmaßnahmen,[251] im Bereich der Regulierung der Telekommunikation[252] oder in Teilbereichen des Electronic Government[253] relevant. Voraussetzung sind Individualkommunikationen, die über die aufgezählten Medien und Techniken vermittelt werden.[254] Sie fänden nicht mehr „frei" statt, wenn ihre Teilnehmer mit einer zwangsweisen oder heimlichen Teilhabe staatlicher Stellen rechnen müssten.[255] Deshalb gewährleistet Art. 10 GG ihre Geheimnis-

71

---

[250] Zu Art. 10 GG *BVerfGE* 100, 313 (358 ff.); 106, 28 (35 ff.); 107, 299 (312 ff.); 110, 33 (52 ff.); 113, 348 (364 ff.); 115, 166 (181 ff.); 120, 274 (306 ff., 340 ff.); *BVerfG*, Urt. vom 24. 1. 2012, Az. 1 BvR 1299/05, abrufbar unter www.bverfg.de, Rn. 111 ff. Zu Art. 13 GG *BVerfGE* 32, 54 (69 ff.); 51, 97 (107); 75, 318 (328); 109, 279 (309 ff.); 115, 166 (196 ff.); s. auch *VerfGH Rheinl.-Pfalz*, Urt. vom 29. 1. 2007, VGH B 1/06. Es ist Folge der Anknüpfung an mediale oder räumliche Herkunftskontexte, dass zu den jeweiligen Bindungen andere Grundrechtsgewährleistungen mit ihren näheren inhaltlichen Maßgaben verstärkend hinzutreten, wenn etwa Telefonate von Journalisten oder Selbstgespräche mit Gewissensauseinandersetzungen in einer Wohnung abgehört werden, vgl. o. die N. in Fn. 211.

[251] Zur Online-Durchsuchung und Online-Überwachung, bei der Art. 10 GG (nur) in bestimmten Konstellationen einschlägig ist, *BVerfGE* 120, 274 (306 ff., 340 ff.). Zu Speicher- und Auskunftspflichten der Diensteanbieter gegenüber den Sicherheitsbehörden *BVerfG*, Urt. vom 24. 1. 2012, Az. 1 BvR 1299/05, abrufbar unter www.bverfg.de. Ansonsten zu Problemen im Bereich des Internet *Michael Germann*, Gefahrenabwehr und Strafverfolgung im Internet, 2000, S. 117 ff., 264 ff.; *Malte Sievers*, Der Schutz der Kommunikation im Internet durch Artikel 10 des Grundgesetzes, 2003, bes. S. 108 ff., 149 ff.

[252] *Ulrich Wuermeling/Stefan Felixberger*, Fernmeldegeheimnis und Datenschutz im Telekommunikationsgesetz, CR 1997, S. 230 (230 ff.).

[253] *Volker Boehme-Neßler*, Electronic Government: Internet und Verwaltung, NVwZ 2001, S. 374 (376 f.).

[254] Die „Massenkommunikation" wird dagegen traditionell von Art. 5 Abs. 1 S. 2 GG erfasst. Im Rahmen des Internet entstehen freilich erhebliche Abgrenzungsschwierigkeiten. Statt vieler *Johann Bizer*, AK-GG, Art. 10 Rn. 64; *Christoph Gusy*, in: v. Mangoldt/Klein/Starck (Hrsg.), GG I, Art. 10 Rn. 43 ff.; *Albers*, Grundrechtsschutz (Fn. 212), S. 1064; weit reichend zum Anwendungsbereich des Art. 10 GG *Sievers*, Schutz (Fn. 251), S. 114 ff., 129 ff.; *Peter Schaar*, Datenschutz im Internet, 2002, Rn. 61. S. auch die Abgrenzung über die Modalitäten des staatlichen Zugriffs und über das Kriterium der Autorisierung bei *Bäcker*, Vertraulichkeit (Fn. 218), S. 106 ff. Vgl. weiter aus der amerikanischen Diskussion mit dem Kriterium „reasonable expectation of privacy" Keeping Secrets in Cyberspace: Establishing Fourth Amendment Protection for Internet Communication, Harvard Law Review Bd. 110 (1996/97), S. 1591 (1591 ff.).

[255] Zur Argumentation *BVerfGE* 100, 313 (359); 107, 299 (313).

qualität in der Vermittlungsphase und damit ihre Transparenz für die Teilnehmer als Bedingungen der Möglichkeit einer freien und unbefangenen Brief- und Telekommunikation.[256] Er schließt Kommunikations- und Verhaltensoptionen der Teilnehmer ein, insbesondere auch die Option, die Geheimnisqualität der Kommunikation durch den Einsatz von Verschlüsselungstechniken oder Anonymisierungsdiensten stärker zu sichern.[257] Sein Schutz erfasst die verdateten Kommunikationsbeiträge und -umstände, soweit und solange das jeweilige Medium benutzt wird.[258] Davon ausgehend beschränkt er sich in der Reichweite dann allerdings nicht auf die staatliche Kenntnisnahme, sondern erstreckt sich auf die nachfolgenden Informations- und Datenverarbeitungen.[259] Mit all dem sind die aus Art. 10 GG resultierenden Rechtspositionen der Grundrechtsträger nicht, wie es manchmal in Anlehnung an das Recht auf informationelle Selbstbestimmung formuliert wird,[260] als „Verfügungsbefugnis über Informationen, die übermittelte Kommunikationsvorgänge betreffen", zu begreifen. Vielmehr schützt das Grundrecht, indem es die individuellen Kommunikations- und Verhaltensoptionen sowie die Geheimnisqualität und Transparenz der Kommunikation selbst verbürgt, die Grundrechtsträger darauf bezogen als Kommunikationsteilnehmer[261] durch ein Bündel von Abwehr- und Leistungsrechten. Abwehrrechte werden im Falle „klassischer" verhaltensregelnder Eingriffe, etwa im Falle eines Verbots des Einsatzes von Verschlüsselungstechniken, aber auch bei Informations- und Datenverarbeitungsmaßnahmen ausgelöst.[262] Leistungsrechtlich gewährleistet Art. 10 GG Kenntnisrechte, die einen individuellen Anspruch auf Information über die staatlichen Informations- und Datenverarbeitungsmaßnahmen verbürgen, die auf einer Überwachung von Brief- oder Telekommunikationen beruhen.[263] Im Zuge der Privatisierungsfolgenverantwortung bestehen staatliche

---

[256] Das gilt unabhängig von der „Privatheit" der Kommunikationsinhalte, s. *BVerfGE* 100, 313 (358); 106, 28 (36).

[257] Dazu *Johann Bizer*, AK-GG, Art. 10 Rn. 41; *Rainer Grote*, Kommunikative Selbstbestimmung im Internet und Grundrechtsordnung, KritV 1999, S. 27 (40 f.); *Thilo Marauhn*, Sicherheit in der Kommunikationstechnik durch legislatives Risikomanagement, KritV 1999, S. 57 (81); *Hauke Möller*, Regulierung anonymer E-Mail: Verfassungsrechtliche Vorgaben, DuD 2000, S. 267 (269 f.); *Julia Gerhards*, (Grund-)Recht auf Verschlüsselung?, 2010, S. 123 ff.

[258] *BVerfGE* 106, 28 (37 f.). Der Schutz erstreckt sich grds. nicht auf Datenträger wie z. B. Festplatten oder SIM-Karten, auf denen die Kommunikationsumstände gespeichert sind, es sei denn, es kann, wie etwa bei der Online-Überwachung nach § 5 Abs. 2 Nr. 11 VSG NW, die laufende Kommunikation am Endgerät überwacht werden, vgl. zunächst *BVerfG* (K), NJW 2005, S. 1637 (1639 f.), dann *BVerfGE* 115, 166 (181 ff.). Dazu auch *Jens Eckardt*, Wie weit reicht der Schutz des Fernmeldegeheimnisses (Art. 10 GG)?, DuD 2006, S. 365 (365 ff.).

[259] *BVerfGE* 100, 313 (359).

[260] *Georg Hermes*, in: Dreier (Hrsg.), GG, 2. Aufl. 2004, Art. 10 Rn. 15 f.; *Marauhn*, Sicherheit (Fn. 257), S. 81.

[261] Die Teilnehmer werden jeweils eigenständig geschützt; der Schutz hängt also nicht davon ab, dass beide Teilnehmer ihn gleichermaßen wahrnehmen, dazu *BVerfGE* 85, 386 (398 f.). Art. 10 GG schützt allerdings nicht davor, dass der Kommunikationspartner den Inhalt einer Kommunikation weitererzählt und damit ein personengebundenes Geheimhaltungsvertrauen enttäuscht. Problematisch zum Mithören eines Dritten bzw. eines Polizeibeamten über technische Mithöreinrichtungen, das von dem einen Kommunikationspartner zugelassen wird, für den anderen jedoch heimlich erfolgt, *BVerfGE* 106, 28 (37 f.), und *BGHSt* 42, 139 (153 f.).

[262] Jede Verarbeitungsphase kann als Eingriff eingestuft werden, sofern sie grundrechtsrelevante Probleme aufwirft und deswegen in Abgrenzung gegen vorherige oder nachfolgende Phasen rechtliche Eigenständigkeit gewinnt, dazu insbes. *BVerfGE* 100, 313 (366 f.).

[263] *BVerfGE* 100, 313 (361).

B. Europa- und verfassungsrechtliche Grundlagen

Ausgestaltungs- und Schutzpflichten.[264] Der somit mehrdimensionale und vielfältige Schutz des Art. 10 GG kann über die Gesetzesvorbehalte eingeschränkt und ausgestaltet werden.

Bei den anderen Freiheitsgewährleistungen ist die **Verknüpfung eines inhaltlichen Themas mit einem Unverletzlichkeits-, Schutz- oder Freiheitsversprechen** das Fundament grundrechtlicher Garantien und Rechte hinsichtlich des Umgangs mit personenbezogenen Informationen und Daten. Die gängige Herleitung von Privatheits- oder Geheimnisgarantien[265] greift dabei zu kurz.[266] Eine inhaltlich, dogmatisch und methodisch eigenständige Form der Grundrechtskonkretisierung ermöglicht es, Schutzpositionen zu entwickeln, die sich gerade auf den staatlichen Umgang mit Wissen, Informationen oder Daten über die Grundrechtsträger beziehen. Tatsächliche Basis der Normauslegung ist eine übergreifend angelegte Perspektive: Zum einen muss man die Sachverhalte, die Grundlage der staatlichen Informationen sind (Tagebuchaufzeichnungen, das Ereignis einer Versammlung, geschäftliche Unterlagen eines Unternehmens) oder die soziale Position des Grundrechtsträgers einbeziehen, die von einer staatlichen Verwendung oder Übermittlung von Informationen betroffen ist (das Bild einer Religionsgemeinschaft in der Öffentlichkeit, der Ruf eines Unternehmens am Markt). Zum anderen muss man die Verarbeitungsprozesse und -kontexte aufschlüsseln, in denen die staatlichen Stellen oder private Dritte die personenbezogenen Informationen gewinnen, gegebenenfalls als Daten speichern, in anderen Kontexten wieder abrufen und schließlich die Informationen mit bestimmten Folgen nutzen. Im Rahmen der jeweiligen Folgenanalyse können soziologische, psychologische oder ökonomische Erkenntnisse Schutzerfordernisse aufzeigen: Autonomes und authentisches individuelles Verhalten wird immer von generalisierten und zugleich kontextbezogen differenzierten Erwartungen an das Wissen begleitet, das andere über das Verhalten und die Person erzeugen. Ändern sich diese Erwartungen, findet das Verhalten überhaupt nicht mehr, anders als zuvor oder zumindest in dem Bewusstsein potenziell veränderten Wissenserwerbs anderer statt.[267] So sind Gewissensauseinandersetzungen darauf angewiesen, dass jemand seine Gedanken im Tagebuch ohne die Befürchtung festhalten kann, dass die Aufzeichnungen von anderen gelesen und in anderen Kontexten ausgewertet werden. Die Ausleihe von Büchern in Bibliotheken oder die Teilnahme an Versammlungen setzen das Vertrauen der Grundrechtsträger voraus, dass ihr Verhalten nicht durch den Verfassungsschutz mit der Folge überwacht wird, dass die erlangten Informationen über Leseinteressen, Versammlungsteilnahmen und daraus gefolgerte politische Einstellungen später zu Nachteilen führen. Vermittelt der Staat anderen Privaten Informationen über ein Unternehmen, kann dies dessen Kommunikations- und Verhaltenschancen am Markt nachteilig verändern. Die Erkenntnisse der Nachbarwissenschaften verdeutlichen damit insgesamt zum einen die Selektivität des traditionellen Freiheitsschutzes, der die soziale Konstitution der Freiheit ausblendet, zum anderen

72

---

[264] BVerfGE 106, 28 (37). Zu den umfassenden Schutzmechanismen auf der Basis der aus Art. 10 GG folgenden Schutzpflichten *Thomas Groß*, Die Schutzwirkung des Brief-, Post- und Fernmeldegeheimnisses nach der Privatisierung der Post, JZ 1999, S. 326 (332 ff.).

[265] Siehe dazu *Dietwalt Rohlf*, Der grundrechtliche Schutz der Privatsphäre, 1980, S. 135 ff.; *Schmitt Glaeser*, Schutz (Fn. 246), Rn. 3 ff., 41, jeweils m.w.N.

[266] Näher *Albers*, Selbstbestimmung (Fn. 12), S. 366 ff., 376 ff. m.w.N.

[267] Vgl. nur *Beate Rössler*, Der Wert des Privaten, 2001, S. 201 ff.

die Notwendigkeit eines um die Sozialität des Individuums erweiterten Grundrechtsverständnisses, das dann unter anderem den Schutz im Hinblick auf den Umgang anderer mit personenbezogenen Informationen und Daten einschließen muss. Auf der übergreifenden tatsächlichen Basis können die Freiheitsgewährleistungen mit ihrem thematischen Gehalt an unterschiedlichen Punkten ansetzen. Das Grundrecht, dessen Regelungsbereich bestimmte Sachverhalte unterfallen, kann Vorgaben für den Umgang mit Informationen und Daten hergeben, der an diese Sachverhalte anknüpft. Sind Tagebücher mit Gewissensauseinandersetzungen Informationsgrundlage, greift Art. 4 GG,[268] im Falle der von Bibliotheksnutzern ausgeliehenen Bücher greift Art. 5 Abs. 1 S. 1 GG,[269] im Falle der Beobachtung von Versammlungen greifen Art. 5 Abs. 1 S. 1 und Art. 8 GG,[270] im Falle geschäftlicher Dokumente eines Unternehmens greift unter weiteren Voraussetzungen Art. 12 GG.[271] Einsatzfähig sein kann zudem das Grundrecht, das die Bereiche oder Positionen erfasst, die infolge einer Gewinnung oder Verwendung von Informationen betroffen wären. So kommt Art. 12 GG in Betracht, wenn staatliche Stellen Informationen über ein Unternehmen oder dessen Produkte an die Öffentlichkeit vermitteln.[272] Sind Konstellationen nicht sachlich, sondern rein persönlichkeitsbezogen zu beurteilen oder in Form einer Bündelung vielfältiger Situationen oder Folgen zu erfassen, ist Art. 2 Abs. 1 GG als Schutz personeller Identität, Individualität oder sozialer Positionen einschlägig, zum Beispiel bei Gesundheits- oder genetischen Daten oder bei „Rundumüberwachungen".[273] Inwiefern das jeweilige Grundrecht dann Rechtsbindungen und Schutzpositionen hinsichtlich des Umgangs mit den Informationen und Daten hergibt, ist über die Konkretisie-

---

[268] Zutr. *Amelung*, Tagebuchentscheidung (Fn. 67), S. 1754, 1758 f.

[269] *Hans P. Bull*, Verfassungsrechtlicher Datenschutz, in: GS Christoph Sasse, 1981, S. 869 (882); *Christoph Degenhart*, in: BK, Art. 5 Abs. 1 u. 2, Rn. 308 f.; *Roman Herzog*, in: Maunz/Dürig, GG, Art. 5 I, II Rn. 79 f., 99; *Christian Starck*, in: v. Mangoldt/Klein/Starck (Hrsg.), GG I, Art. 5 Abs. 1, 2, Rn. 56; *Rudolf Wendt*, in: v. Münch/Kunig (Hrsg.), GGK I, Art. 5 Abs. 27; *Wolfgang Hoffmann-Riem*, in: AK-GG, Art. 5 Abs. 1, 2, Rn. 102, 111; *Helmuth Schulze-Fielitz*, in: Dreier (Hrsg.), GG I, Art. 5 I, II Rn. 130.

[270] *Helmut Bäumler*, Versammlungsfreiheit und Verfassungsschutz, JZ 1986, S. 469 (470 ff.); *Michael Kniesel*, Die Versammlungs- und Demonstrationsfreiheit – Verfassungsrechtliche Grundlagen und versammlungsgesetzliche Konkretisierung, NJW 1992, S. 857 (860); *Otto Depenheuer*, in: Maunz/Dürig, GG, Art. 8 Rn. 126; *Wolfgang Hoffmann-Riem*, in: AK-GG, Art. 8 Rn. 33, 43, 52; *Philip Kunig*, in: v. Münch/Kunig (Hrsg.), GGK I, Art. 8 Rn. 19; *Wolfram Höfling*, in: Sachs (Hrsg.), GG, Art. 8 Rn. 51.

[271] Dazu BVerfGE 115, 205 (229 ff.). Aus der Diskussion mit partiell unterschiedlichen Ergebnissen *Heinrich A. Wolff*, Der verfassungsrechtliche Schutz der Betriebs- und Geschäftsgeheimnisse, NJW 1997, S. 98 (99 ff.); *Martin Böse*, Wirtschaftsaufsicht und Strafverfolgung, 2005, S. 82 ff. m. w. N.; sowie umfassend mit einer bei differenziert aufgeschlüsselten Schutzbereichen im Wesentlichen auf Art. 2 Abs. 1 i. V. m. Art. 1 Abs. 1 und Art. 12 GG zurückgreifenden Lösung *Hannes Beyerbach*, Die geheime Unternehmensinformation, 2012, S. 109 ff.

[272] Derartige Fälle werden, obwohl man sie auf das Problem des Schutzes gegen eine staatliche Informationsvermittlung zuspitzen kann, in der Regel als „faktische Beeinträchtigung" der Verhaltensfreiheit erörtert, vgl. *VGH BW*, NJW 1986, 340 (340 f.); *BVerwGE* 71, 183 (189 ff.); *OVG NW*, GewArch 1988, 11 (12 ff.); *BVerwGE* 87, 37 (39 ff.); *BVerwGE* 105, 252 (264 ff.); *BVerwG*, NJW 2006, S. 1303 (1303 ff.).

[273] Ausführlicher zum Einsatz des Art. 2 Abs. 1 GG auf dieser Ebene *Albers*, Selbstbestimmung (Fn. 12), S. 593 ff. Zu Gesundheitsdaten etwa *BVerwGE* 119, 341 (344). Zu genetischen Daten *Trute*, Wissenspolitik (Fn. 88), S. 295 ff., 303 ff. Zur „Rundumüberwachung" BVerfGE 112, 304 (319 ff.); *BVerfG*, Beschl. vom 7. 12. 2011, Az. 2 BvR 2500/09 u. a., abrufbar unter www.bverfg.de, Rn. 106 f.; zur Videoüberwachung öffentlicher Plätze *BVerfG* (K), DVBl 2007, S. 497 (500 ff.); zur längerfristigen polizeilichen Observation *BGH*, DÖV 1991, S. 849 (849 f.); zur Videoüberwachung am Arbeitsplatz *BAG*, NZA 2004, S. 1278 (1280 ff.); Beschl. v. 26. 8. 2008, Az. 1 ABR 16/07, abrufbar unter www.bundesarbeitsgericht.de.

B. Europa- und verfassungsrechtliche Grundlagen

rung des mit dem thematischen Gehalt verknüpften freiheitsrechtlichen Gehalts zu beantworten. Es reicht nicht aus, dass die Informationen oder Daten neben den sachlichen Sinnbezügen auch einen Bezug auf die Grundrechtsträger aufweisen, also personenbezogen sind. Auf der herausgearbeiteten übergreifenden Basis begründbar ist ein grundrechtlicher Schutz dagegen mit Blick auf die sozialen Beziehungen im jeweiligen Kontext und auf die generalisiert-typisierten nachteiligen Folgen, die die Gewinnung und Umsetzung der Informationen oder die Verarbeitung der Daten für die Grundrechtsträger hätte.[274] Das erfordert eine normorientierte Argumentation, mit Hilfe derer begründet wird, dass die erwartbaren Nachteile bei Berücksichtigung der zugrunde gelegten übergreifend-sozialen Perspektive nach den Kriterien des einschlägigen Grundrechts rechtlich relevant sind und dessen freiheitsrechtlichem Gehalt widersprechen.[275] Man kann hier bereits verfestigte Argumentationsmuster nutzen: Grundrechte können informations- und datenbezogene Schutzpositionen mit Blick auf normativ unerwünschte Beeinträchtigungen des „Bildes" in den Augen anderer und individueller Rollen in sozialen Systemen oder mit Blick auf die absehbare Anpassung grundrechtsgeschützter Verhaltens- und Kommunikationsweisen einschließen.[276] Da etwa Buchausleihen in Bibliotheken trotz des grundrechtlichen Schutzes unterblieben, wenn zu befürchten wäre, dass der Verfassungsschutz Daten über die von den Nutzern ausgeliehenen Bücher erhebt, daraus Informationen über politische Einstellungen gewinnt und diese Informationen gegebenenfalls mit nachteiligen Folgen verwendet,[277] erstreckt sich Art. 5 Abs. 1 GG darauf, dass eine solche Erhebung und Auswertung grundsätzlich unterlassen wird.[278] Erhebt und speichert

---

[274] Verglichen mit der traditionellen Eingriffsabwehrdogmatik liegt der Grundrechtsinterpretation dabei eine erheblich komplexere Beschreibung der sozialen Wirklichkeit zugrunde; sie wird deshalb selbst komplexer. Zu den methodischen Hintergründen vgl. *Dieter Grimm*, Grundrechte und soziale Wirklichkeit, in: Winfried Hassemer (Hrsg.), Grundrechte und soziale Wirklichkeit, 1982, S. 39 (42 ff.); *Wolfgang Hoffmann-Riem*, Sozialwissenschaftlich belebte Rechtsanwendung, in: FS Thomas Raiser, 2005, S. 515 (520 ff.).

[275] Über die normorientierte Argumentation wird eine rechtliche Beziehung zwischen den Positionen der Grundrechtsträger und dem – losgelöst von ihnen verlaufenden – Umgang anderer mit Informationen und Daten hergestellt. In der traditionellen Eingriffsabwehrdogmatik ist die Verknüpfung von individueller Position und beeinträchtigenden Folgen in den Begriffsmerkmalen des Eingriffs aufgehoben, vgl. *Albers*, Selbstbestimmung (Fn. 12), S. 237.

[276] Zur grundrechtlichen Relevanz solcher Anpassungsmechanismen s. etwa BVerfGE 43, 130 (136); 107, 299 (330 f.); 113, 29 (49); 117, 244 (259); std. Rspr. Vgl. auch *Walter Schmidt*, Die bedrohte Entscheidungsfreiheit, JZ 1974, S. 241 (245 ff.). Die Argumentation mit einer absehbaren Anpassung grundrechtsgeschützter Verhaltens- und Kommunikationsweisen hat eine Parallele im Topos des „chilling effect" in der Rechtsprechung des U.S. Supreme Court. Dazu *U.S. Supreme Court*, Dombrowski v. Pfister, 380 U.S. 479 (1965); Ashcroft v. American Civil Liberties Union, 542 U.S. 656 (2004).

[277] Das Beispiel liegt keineswegs fern: In den USA wurde dem FBI durch § 215 des USA PATRIOT ACT vom 24.10.2001 die Kompetenz zugewiesen, unter bestimmten verfahrensrechtlichen Voraussetzungen auf Datenbestände von Bibliotheken zuzugreifen, vgl. www.fbi.gov/page2/dec03/library.htm.; www.usatoday.com/news/sept11/2002/06/25/fbi-libraries.htm.

[278] *Hermann Heußner*, Zur Funktion des Datenschutzes und zur Notwendigkeit bereichsspezifischer Regelungen, in: FS Wannagat, 1981, S. 173 (175); *Bull*, Datenschutz (Fn. 269), S. 882; *Christoph Degenhart*, in: BK, Art. 5 Abs. 1 u. 2, Rn. 308 f.; *Roman Herzog*, in: Maunz/Dürig, GG, Art. 5 I, II Rn. 79 f., 99; *Christian Starck*, in: v. Mangoldt/Klein/Starck (Hrsg.), GG I, Art. 5 Abs. 1, 2 Rn. 56, *Rudolf Wendt*, in: v. Münch/Kunig (Hrsg.), GGK I, Art. 5 Rn. 27; *Wolfgang Hoffmann-Riem*, in: AK-GG, Art. 5 Abs. 1, 2, Rn. 102, 111; *Helmuth Schulze-Fielitz*, in: Dreier (Hrsg.), GG I, Art. 5 I, II Rn. 130.

dagegen eine kommunale Bibliothek die gleichen Daten zur Rückgabekontrolle, ist dies aus Perspektive der Informationsfreiheit irrelevant. Da die staatliche Überwachung von Versammlungen Grundrechtsträger von einer Versammlungsteilnahme abhielte, schließen Art. 5 Abs. 1 und Art. 8 GG dagegen gerichtete Abwehrrechte ein, ohne dass die Beobachtung der Versammlung und ihres politischen Anliegens durch die Regierung deswegen ein Problem wäre.[279] Kommt den Betriebs- und Geschäftsunterlagen eines Unternehmens in Bezug auf das Wissen der Konkurrenz und die daraus resultierenden Nachteile „Geheimnis"qualität zu, stehen die Garantien des Art. 12 oder des Art. 14 GG einer staatlich veranlassten öffentlichen Auslegung, nicht jedoch der Kenntnis und Auswertung der Unterlagen in effektiv abgeschotteten staatlichen Verwaltungsverfahren entgegen.[280] Führt die staatliche Vermittlung von Informationen an Marktteilnehmer zu nachteiligen Folgen für den Ruf und die Verhaltenschancen eines Unternehmens, gibt Art. 12 GG Abwehrrechte hinsichtlich einer solchen Informationsübermittlung her, soweit der Schutz der Rolle des Unternehmens im sozialen System „Markt" sie trägt.[281] Als solche sind diese Schutzpositionen zum einen eine neuartige Erweiterung der traditionellen Schutzgüter, zum anderen immer nur kontextbezogen, also „relativ", und von vornherein begrenzt.[282] Indem sie quer über den aufgeschlüsselten Verarbeitungskontexten und -prozessen liegen, können sie an genau bestimmbaren Stellen, also punktuell und differenzierend, greifen. Sie können die staatliche Stelle bereits zur Unterlassung der Kenntnisnahme bestimmter Sachverhalte verpflichten, die Dauer einer Speicherung von Daten determinieren, bestimmte Verwendungsweisen gewonnener Informationen unterbinden oder verlangen, dass die Übermittlung bestimmter Daten an private Dritte unterbleibt.

---

[279] *VG Bremen*, NVwZ 1989, 895 (897); *OVG Bremen*, NVwZ 1990, 1188 (1189); *Bäumler*, Versammlungsfreiheit (Fn. 270), S. 472; *Hartmut Brenneisen*, Informationelle Eingriffe im Vorfeld von Versammlungen, DuD 2000, S. 651 (652f.); *Kniesel*, Demonstrationsfreiheit (Fn. 270), S. 860; *Depenheuer*, in: Maunz/Dürig, GG, Art. 8 Rn. 87; *Hoffmann-Riem*, in: AK-GG, Art. 8 Rn. 33, 43, 52; *Kunig*, in: v. Münch/Kunig (Hrsg.), GGK I, Art. 8 Rn. 19; *Höfling*, in: Sachs (Hrsg.), GG, Art. 8 Rn. 51; *Thilo Weichert*, Informationelle Selbstbestimmung und strafrechtliche Ermittlung, 1990, S. 180 ff. Ähnlich zum Schutz von Berufsgeheimnisträgern gegen Auskunftsbegehren der Polizei durch Art. 12 GG *Jochen Zühlke*, Der Schutz von besonderen Vertrauensverhältnissen im Polizeirecht der Länder, 2004, S. 67 ff.

[280] Zutr. *BGH*, Beschl. vom 19. 6. 2007, KVR 16/06, Rn. 48, www.bundesgerichtshof.de. Im Ergebnis wie hier auch *Böse*, Wirtschaftsaufsicht (Fn. 271), S. 84 ff.

[281] Vgl. dazu BVerfGE 105, 252 (252, 265 ff.). Erläuternd *Wolfgang Hoffmann-Riem*, Grundrechtsanwendung unter Rationalitätsanspruch, Der Staat, Bd. 43 (2004), S. 203 (217 ff.). Zust. *Bumke*, Publikumsinformation (Fn. 18), bes. S. 23 ff. Im Grundsatz zust., in der Herleitung anders *Albers*, Selbstbestimmung (Fn. 12), S. 408 ff. Vgl. außerdem umfassend *Matthias Bäcker*, Wettbewerbsfreiheit als normgeprägtes Grundrecht, 2007, S. 83 ff. Kritisch dagegen *Dietrich Murswiek*, Das Bundesverfassungsgericht und die Dogmatik mittelbarer Grundrechtseingriffe, NVwZ 2003, S. 1 (1 ff.); *Michael Sachs*, Informationsinterventionismus und Verfassungsrecht, in: FS Peter Selmer, 2004, S. 209 (213 ff.).

[282] Kritisch zu solchen Interpretationen *Wolfgang Kahl*, Vom weiten Schutzbereich zum engen Gewährleistungsgehalt, Der Staat Bd. 43 (2004) S. 167 (bes. 184 ff.); *Christoph Möllers*, Wandel der Grundrechtsjudikatur, NJW 2005, S. 1973 (1976 ff.). Die Kritik übersieht jedoch die neuartigen Herausforderungen insbes. bei der Entwicklung neuartiger, im Ansatz zunächst schutz*erweiternder* Gewährleistungsinhalte. S. auch die zutr. Ausführungen bei *Wolfgang Hoffmann-Riem*, Enge oder weite Gewährleistungsgehalte der Grundrechte?, in: Michael Bäuerle u. a. (Hrsg.), Haben wir wirklich Recht?, 2004, S. 53 (54 ff.); ebenso *ders.*, Grundrechtsanwendung (Fn. 281), S. 208 ff.; außerdem *Uwe Volkmann*, Veränderungen der Grundrechtsdogmatik, JZ 2005, S. 261 (261 ff.).

Die thematisch spezifizierten Freiheitsgewährleistungen vermitteln Abwehr- 73
rechte, sofern Verarbeitungsvorgänge als **Eingriff** eingeordnet werden können.
Ebenso wie bei Art. 10 und 13 GG muss der Eingriffsbegriff angepasst werden.
Angesichts des strukturell neuartigen Schutzgegenstandes macht es wenig Sinn,
sich dabei an den überkommenen Kriterien zu orientieren.[283] Vielmehr lässt sich
der Begriff des Eingriffs beschreiben als **eine dem Staat zurechenbare Abweichung von den Vorgaben der Grundrechtsnorm,** die für den Umgang mit personenbezogenen Informationen und Daten bestehen.[284] Ob eine Gewinnung oder
Verwendung von Informationen, ob eine Erhebung, Speicherung, Nutzung oder
Übermittlung von Daten als „Eingriff" die grundrechtlichen Schutzmechanismen
auslösen, ist eine Frage der Subsumtion. Einzelne Phasen sind also nicht von
vornherein als „Informationseingriff" zu beschreiben.[285] Der Schwerpunkt verlagert sich auf die inhaltlichen Aussagen der Gewährleistungen. Neben Eingriffsabwehrrechten können sie Kenntnisrechte verstärken oder im Verhältnis zu privaten Dritten Schutzansprüche hergeben.

Über die **Gesetzesvorbehalte** kann der Gesetzgeber die grundrechtlichen 74
Schutzpositionen einschränken oder ausgestalten. Darüber hinaus muss das Bild
vervollständigt werden, weil die Einsatzfähigkeit der thematisch spezifizierten
Gewährleistungen voraussetzungsvoll ist. Ihre Konkretisierung in der beschriebenen Form ist nur möglich, wenn man den jeweils relevanten Umgang mit personenbezogenen Informationen und Daten sowie dessen Folgen im erforderlichen Umfang beschreiben, also insbesondere auch die jeweiligen Verarbeitungskontexte abgrenzen kann. Dabei kann man aber auf Schutzpositionen auf
übergreifender Ebene aufbauen, die in rechtlich verlässlicher Weise gewährleisten, dass Informations- und Datenverarbeitungen nicht beliebig und grenzenlos
verlaufen.

bb) Rechtsbindungen und Schutzpositionen auf übergreifend-vorgelagerter Ebene

Allumfassende, unbegrenzte und intransparente Informations- und Daten- 75
verarbeitungen gehören von Anbeginn an zu den zentralen Themen des Datenschutzes. Der Wunsch, vor den damit verbundenen Gefahren geschützt zu werden, ist durch Metaphern kulturell verankert und popularisiert worden, vor allem
durch Orwells „Big Brother", aber auch durch Benthams „Panopticon" oder durch
Kafkas „Der Proceß".[286] Die insoweit bestehenden Schutzerfordernisse hat das
Bundesverfassungsgericht im „Schutz des Einzelnen gegen unbegrenzte Erhebung, Speicherung, Verwendung und Weitergabe seiner persönlichen Daten" mitbedacht.[287] Es versucht, die Schutzerfordernisse in konkreten Konstellationen,

---

[283] Der Rückgriff auf den Topos des „funktionalen Äquivalents", s. dazu *BVerfGE* 105, 252 (273); 105, 279 (303), ist nicht hilfreich.

[284] Ausf. *Albers*, Selbstbestimmung (Fn. 12), S. 441 ff., bes. 444 ff.

[285] Anders vor dem Hintergrund der traditionellen Dogmatik *Schwan*, Datenschutz (Fn. 74), S. 127 ff.

[286] *Orwell*, 1984 (Fn. 73); *Jeremy Bentham,* The Panopticon Writings (Edition Miran Bozovic), 1995, S. 29 ff.; *Franz Kafka,* Der Proceß, 1990 (Red. Hans-Georg Koch). S. auch *Daniel Solove,* Privacy and Power: Computer Databases and Metaphors for Information Privacy, Stanford Law Review Vol. 53 (2001), S. 1393 (1413 ff.).

[287] Dies bereits im Volkszählungsurteil: *BVerfGE* 65, 1 (43). Danach etwa *BVerfGE* 67, 100 (143); 84, 239 (279); 103, 21 (33).

etwa im Falle der Überwachung einer Versammlung durch den Verfassungsschutz, und die Schutzerfordernisse, die hinsichtlich unbegrenzter Informations- und Datenverarbeitungen bestehen, über ein einheitliches Recht zu bewältigen. Genau darin steckt eine der Wurzeln der Schwierigkeiten, die das Recht auf informationelle Selbstbestimmung bereitet. Viel näher liegt es, die beiden Probleme zu differenzieren und je eigenständige Lösungen zu suchen. In konkreten Konstellationen geht es um Unterlassungs- und Schutzansprüche, die man gegebenenfalls aus den thematisch spezifizierten Grundrechten herleiten kann. Das Problem unbegrenzter und intransparenter Informations- und Datenverarbeitungen liegt dagegen auf einer den konkreten Fallkonstellationen vorgelagerten Ebene. Es muss durch eine Norm gelöst werden, die darauf zugeschnitten ist.

76 **Auf der grundlegend-vorgelagerten Ebene** greift die Kombination des **Art. 2 Abs. 1 i. V. m. Art. 1 Abs. 1 GG.** Das Grundrecht auf freie Entfaltung der Persönlichkeit kann Konstellationen auf einer gegenüber den sachlich spezifizierten Gewährleistungen höheren Abstraktionsebene erfassen und grundlegende Bedingungen individueller Freiheit einfangen: „Die persönliche Freiheit liegt seit jeher auf einer andern ‚Ebene' als die traditionellen Freiheitsrechte, welche (u.a.) Freiräume gewährleisten: Sie schützt *essentielle, existentiale Voraussetzungen* für die Ausübung jeglicher Freiheit."[288] Im Bereich des Umgangs mit personenbezogenen Informationen und Daten kann es in bestimmten Hinsichten durch die Aussagen des Art. 1 Abs. 1 GG ergänzt werden. So ist die Menschenwürde einschlägig, wenn ein umfassender Datenverbund der staatlichen Verwaltung weitreichende Persönlichkeitsprofile erlaubte oder wenn staatliche Stellen heimlich Daten über persönliche Angelegenheiten verarbeiteten und dem Betroffenen jegliche Informationsmöglichkeiten darüber vorenthielten. Art. 2 Abs. 1 i. V. m. Art. 1 Abs. 1 GG schützt die Grundrechtsträger somit vor Informations- und Datenverarbeitungen, die grenzenlos in immer neuen Zusammenhängen stattfinden und die sich ihren Kenntnis- und Einflusschancen entziehen, obwohl die Informationen von ihnen handeln.

77 Indem die Norm hier gerade nicht als traditionelles Eingriffsabwehrrecht eingesetzt wird, gelangt man bei ihrer weiteren Konkretisierung weder zu einem Entscheidungsrecht des Einzelnen über den Umgang mit persönlichen Daten noch zu einer Verpflichtung des Staates, jeglichen Umgang mit personenbezogenen Informationen und Daten grundsätzlich zu unterlassen. Im Einklang mit den Freiheitsgefahren und Schutzerfordernissen zielen die grundrechtlichen Vorgaben vielmehr, ohne dass deswegen die Herleitung subjektiver Rechte ausgeschlossen wäre,[289] als **Regulierungsanforderungen an die Gesetzgebung** und im Folge-

---

[288] *Peter Saladin*, Persönliche Freiheit als soziales Grundrecht? in: Charles-Albert Morand (Hrsg.), Le droit social à l'aube du XXIe siècle, 1989, S. 99 (100, Hervorh. i. Orig.; für die schweizerische Bundesverfassung).

[289] Entgegen sehr verbreiteter Sicht stehen objektivrechtliche Vorgaben und subjektive Rechte im Bereich der Grundrechtsnormen nicht gegensätzlich nebeneinander. Ebenso wie im Verwaltungsrecht beruhen die subjektiven Rechte vielmehr auf den objektivrechtlichen Vorgaben; diese vermitteln jene. Inwieweit sich welche Rechte herleiten lassen, richtet sich, dies entspricht der „Schutznormtheorie", danach, ob und inwieweit man Aussagen mit einem bestimmten verpflichtenden Inhalt herausarbeiten und ihnen den Zweck zuerkennen kann, individuelle Personen zu schützen und ihnen die Durchsetzung der Beachtung der Norm zu ermöglichen. Dabei können auch der Verpflichtung der Legislative, gesetzliche Regelungen zu schaffen, subjektive Rechte entsprechen; die in

schritt als **Anforderungen an die Verwaltung** darauf, dass der Umgang mit personenbezogenen Informationen und Daten nicht weitgehend ungebunden, unbegrenzt, undurchschaubar und an den Betroffenen vorbei verläuft.[290] Ausgehend von den Schutzzielen und -inhalten ergeben sich mehrere Komponenten, die sich unterscheiden lassen, aber auch in bestimmtem Umfang aufeinander aufbauen.

Damit die Verarbeitung personenbezogener Daten und die Gewinnung oder Verwendung personenbezogener Informationen nicht unbegrenzt und unüberschaubar verlaufen, verpflichtet Art. 2 Abs. 1 i.V.m. Art. 1 Abs. 1 GG erstens zu einer **sachgerechten und transparenzsichernden Gestaltung des Umgangs mit personenbezogenen Informationen und Daten.** Das schließt ein, dass – mit Rücksicht auf je gegebene strukturelle Gefährdungen – die Richtigkeit der Informationen und Daten gesichert wird.[291] Der Vision der allwissenden Verwaltung und des gläsernen Bürgers wird insbesondere dadurch entgegengewirkt, dass personenbezogene Informationen und Daten der Exekutive nicht frei, sondern nur kompetenzgebunden zur Verfügung stehen, also mit den sachlichen Aufgaben und Befugnissen verkoppelt werden. Dadurch wird sichergestellt, dass kein umfassender Datenpool hergestellt wird, auf den alle Stellen beliebig zugreifen können, und dass personenbezogene Informationen und Daten nicht aus bloßer staatlicher Neugierde, ohne Anlass oder „zweckfrei" gewonnen und gespeichert werden. Zugleich wird der Wissens- und Verwendungskontext eingegrenzt. Diese kompetenzbezogene Herstellung von Grenzen und Strukturen für den Umgang mit personenbezogenen Informationen und Daten ist mit dem deskriptiven Schlagwort der „informationellen Gewaltenteilung" gemeint. Spezifizierte Vorfeld- oder Vorsorgeaufgaben mit den darauf zugeschnittenen Informations- und Datenverarbeitungen oder Zweckfestlegungen, die in bündelnder Form mehrere Aufgaben umfassen oder im Rahmen von Registern eine multifunktionale Nutzung bestimmter Daten in bestimmten Kontexten vorsehen, werden dadurch nicht ausgeschlossen. Eine unbestimmte „Informationsvorsorge" als solche oder eine Datenspeicherung auf Vorrat wären im Bereich personenbezogener Informationen und Daten jedoch verfassungswidrig.

78

Wegen der Bedeutung des Wissens- und Verwendungskontexts im Kommunikationssystem „Verwaltung" eröffnet sich dem Gesetzgeber die Möglichkeit, eine sachgerechte und transparenzsichernde Regulierung der Verarbeitungsverläufe im Wege einer **Kontextsteuerung** umzusetzen.[292] Er kann den Rahmen und die

79

---

diesem Zusammenhang entstehenden Probleme werden durch besondere Instrumente, z.B. die „Übergangsfrist", gelöst. Ausf. *Albers,* Selbstbestimmung (Fn. 12), S. 39 ff., 484 ff., m.w.N. Vgl. außerdem das wechselwirksame Verhältnis von objektiv-überindividuellen Vorgaben und individuellen Schutzpositionen in der Konzeption des Art. 5 Abs. 1 GG bei *Helge Rossen,* Freie Meinungsbildung durch den Rundfunk, 1988, S. 79 ff. Vgl. auch → Bd. I *Masing* § 7 Rn. 98 ff.

[290] Treffend dazu *Spiros Simitis,* Programmierter Gedächtnisverlust oder reflektiertes Bewahren, in: FS Wolfgang Zeidler, Bd. 2, 1987, S. 1475 (1492): „Die Verfassung ordnet also nicht die Daten den jeweils in Betracht kommenden einzelnen zu, um Herrschaftsrechte zu begründen, sondern formuliert an die Adresse des Gesetzgebers die Verpflichtung, den Kommunikationsprozeß organisatorisch durch Vorkehrungen abzusichern, die eine offene, für den Betroffenen erkennbare und nachvollziehbare Verarbeitung ebenso gewährleisten wie sie manipulative Verarbeitungsstrategien oder die Verbreitung unzutreffender Informationen ausschließen."

[291] Vgl. dazu auch *BVerfG* (K), NVwZ 2005, S. 571 (571 f.).

[292] Gemeint ist hier die Steuerung der Rahmenbedingungen, also des Wissens- und Verwendungskontexts des Umgangs mit Informationen und Daten, nicht der abstraktere rechtssoziologische

Bedingungen konkreter Informations- und Datenverarbeitungen und damit diese selbst beeinflussen, indem er die sachlichen Kompetenzen, die Verfahren und die Organisation der Verwaltung als Kommunikationssystem oder den Einsatz von Kommunikations- und Datenverarbeitungstechniken anforderungsgerecht gestaltet.[293] Art. 2 Abs. 1 i. V. m. Art. 1 Abs. 1 GG kann, abhängig vom jeweiligen Regelungskontext, Vorschriften zur System- und zur Technikgestaltung entweder verlangen oder jedenfalls auch dadurch realisiert werden.[294] In Form einer **Phasensteuerung** kann der Gesetzgeber die Verarbeitungsabläufe begrenzen, strukturieren und transparent gestalten, indem er die Verarbeitungsphasen mit den sachlichen Aufgaben und Befugnissen rechtlich verklammert, dadurch sachorientierte Verarbeitungszusammenhänge herstellt und die einzelnen Phasen in dem damit geschaffenen Rahmen näher determiniert. Dabei ergänzen sich phasenübergreifende und phasenspezifische Maßgaben. Zu den phasenübergreifenden Maßgaben gehören die Figuren der Zweckfestlegung, der Zweckbindung und der Zweckänderungsmöglichkeiten sowie das Regelungselement der Erforderlichkeit. Diese Figuren ergeben sich weder aus dem Übermaßverbot[295] noch als Konsequenz individueller Entscheidungsrechte hinsichtlich der Preisgabe und Verwendung persönlicher Daten.[296] Sie sind Bausteine der gesetzlichen Regulierung des Umgangs mit personenbezogenen Informationen und Daten, die mit ihren Funktionen zur Realisierung der grundrechtlichen Anforderungen beitragen und jeweils eine gesetzgeberische Ausgestaltung erfordern, bei der die Schutzerfordernisse und der sachliche oder technische Regelungskontext zu beachten sind.[297] In einen solchen Rahmen sollte man die Formulierung des Bundesverfassungsgerichts, der Gesetzgeber müsse den Verwendungszweck „bereichsspezifisch und präzise" bestimmen,[298] oder Streitigkeiten darüber einordnen, was der Gesetzesbegriff „Erforderlichkeit" bedeutet.[299]

Begriff der Kontextsteuerung, dazu etwa *Gunther Teubner/Helmut Willke*, Kontext und Autonomie: Gesellschaftliche Steuerung durch reflexives Recht, ZfRSoz 1984, S. 4 (bes. S. 32 f.).

[293] Diese Aspekte werden im Datenschutzrecht unter den Stichworten „Systemdatenschutz" oder „Datenschutz durch Technik" breit diskutiert. Vgl. noch → Rn. 101 ff., 114 ff.

[294] Zur Trennung von Verwaltungsvollzug und Statistik als Grundrechtsgebot *BVerfGE* 65, 1 (48 ff.). Grundrechtsgebote im Bereich der System- und Technikgestaltung können sich außerdem ergeben, damit der Realisierung der gesetzlichen Determinanten, die für die einzelnen Verarbeitungsvorgänge gelten, keine strukturellen, für die verantwortliche Stelle unabänderlichen systemischen oder technischen Hindernisse entgegenstehen. Im Regelfall handelt es sich jedoch um Optionen, die neben und in Ergänzung der Phasensteuerung zur Verfügung stehen.

[295] So klingt es jedoch an in *BVerfGE* 65, 1 (46 ff.). Für den Begriff der „Erforderlichkeit" auch bei *Marie-Theres Tinnefeld*, Persönlichkeitsrecht und Modalitäten der Datenerhebung im Bundesdatenschutzgesetz, NJW 1993, S. 1117 (1118); *Hans-Ullrich Gallwas*, Zum Prinzip der Erforderlichkeit im Datenschutzrecht, in: FS Arthur Kaufmann, 1993, S. 819 (821 ff.).

[296] Für die Zwecksetzung etwa *Johann Bizer*, Forschungsfreiheit und Informationelle Selbstbestimmung, 1992, S. 140: das wesentliche Sicherungsinstrument, mit dem der Betroffene seine Entscheidungsfreiheit ausübt. Außerdem *Steinmüller* u. a., Grundfragen (Fn. 5), S. 114 f.; *Hans-Peter Hüsch*, Verwertungsverbote im Verwaltungsverfahren, 1991, S. 153 f.; *Ulrich Marenbach*, Die informationellen Beziehungen zwischen Meldebehörde und Polizei in Berlin, 1995, S. 105 ff., 112 ff. Ähnlich *Stefan Bischoff*, Zur Komplementierung des Datenschutzes unter organisatorischen Aspekten: Das Konzept der Zweckbindung, in: Roland Traunmüller u. a. (Hrsg.), Neue Informationstechnologien und Verwaltung, 1984, S. 193 (201 ff.).

[297] Näher → Rn. 124 ff.

[298] *BVerfGE* 65, 1 (46). Außerdem *BVerfGE* 100, 313 (360).

[299] Näher → Rn. 131 ff.

B. Europa- und verfassungsrechtliche Grundlagen

Art. 2 Abs. 1 i.V.m. Art. 1 Abs. 1 GG richtet sich mit Blick auf die „Wissenskomponente" freier Entfaltung der Persönlichkeit[300] zweitens auf die **Gewährleistung individueller Kenntnismöglichkeiten.**[301] Im Unterschied zu traditionellen Schutzgütern ist es das Charakteristikum des Umgangs mit personenbezogenen Informationen und Daten, dass er sich weitgehend losgelöst von der Person vollzieht, auf die sich die Informationen und Daten beziehen, und dass die jeweilige Person davon nicht notwendig etwas weiß. Indem über sie Informationen gewonnen und verwendet oder Daten verarbeitet werden, ist sie davon aber „betroffen". Diese Betroffenheit hat aus verschiedenen Gründen rechtliche Relevanz. Zwischen den geschützten Verhaltensfreiheiten und dem Wissen der geschützten Person über sie betreffende Vorgänge in ihrer sozialen Umwelt bestehen Wechselbezüge. Die Orientierung und die Erwartungssicherheit, die für eine freie Entfaltung notwendig sind, werden erst ermöglicht, indem die geschützte Person in bestimmtem Umfang ihrerseits Kenntnis über das Wissen erlangen kann, das staatliche Stellen über sie haben.[302] Hinzu kommt die unabhängig von Verhaltenschancen thematisierbare Bedeutung dieses Wissens für die Persönlichkeits- und Identitätsbildung, für das Selbstwertgefühl und die Selbst-Behauptung oder für die orientierunggebende Einschätzung des Bildes der sozialen Umwelt.[303] Im Übrigen geriete der Einzelne entgegen Art. 1 Abs. 1 GG in einen Objektstatus, wenn ihm grundsätzlich die Möglichkeit vorenthalten bliebe, von den ihn betreffenden Informations- und Datenverarbeitungen zu erfahren und darauf Einfluss zu nehmen. Sofern aus diesen Gründen Kenntnismöglichkeiten zu gewährleisten sind, ist dies nicht von weitergehenden berechtigten Interessen der betroffenen Person abhängig. Es genügt, dass die Person wissen will, was staatliche Stellen über sie wissen.[304] Darüber hinaus ergeben sich Pflichten zur Gewährleistung von Kenntnismöglichkeiten wegen der funktionalen Bezüge zu den anderen informations- und datenbezogenen Schutzpositionen.[305] Diese Pflichten lassen sich sachlich oder zeitlich präzisieren und werden durch Art. 19 Abs. 4 GG verstärkt. Da es sich um Leistungsrechte handelt, müssen die zu gewährleistenden Kenntnismöglichkeiten gesetzlich ausgestaltet

80

---

[300] Der Begriff findet sich bei *Stephan Lodde*, Informationsrechte des Bürgers gegen den Staat, 1996, S. 40.

[301] *Albers*, Selbstbestimmung (Fn. 12), S. 469 ff.; mit partiell anderer Grundkonzeption *Lodde*, Informationsrechte (Fn. 300), S. 30 ff.; *Helmut Mayer-Metzner*, Auskunft aus Dateien der Sicherheits- und Strafverfolgungsorgane, 1994, S. 85 ff., bes. 116 ff.; *Rainer Pitschas*, Das Informationsverwaltungsrecht im Spiegel der Rechtsprechung, DV, Bd. 33 (2000), S. 111 (123).

[302] Vgl. nunmehr *BVerfGE* 120, 351 (362 f.); zuvor *BVerfG* (K), NJW 2006, S. 1116 (1117 ff.). Aus der fachgerichtlichen Rechtsprechung, in der dieser Aspekt sich häufig mit dem der Kenntnis als Voraussetzung der Rechtswahrnehmung vermischt, vgl. etwa *BayVGH*, NVwZ 1990, S. 775 (777); *OVG NW*, DVBl 1995, S. 371 (372); *VerfGH Rheinl.-Pfalz*, NJW 1999, S. 2264 (2264). Vgl. außerdem *BVerwGE* 89, 14 (18).

[303] Diese Aspekte hat das BVerfG bislang nur begrenzt im Kontext des Rechts auf Kenntnis über die eigene Abstammung angesprochen, vgl. *BVerfGE* 79, 256 (268 f.).

[304] Ebenso *Pitschas*, Informationsverwaltungsrecht (Fn. 301), S. 123. Das BVerwG hat seine restriktive frühere Rspr. – *BVerwGE* 84, 375 (379 ff.); *BVerwG*, NJW 1990, S. 2765 (2765 ff.) – mittlerweile aufgegeben, etwa *BVerwGE* 89, 14 (17 f.). S. auch *BVerfG* (K), DVBl 2001, S. 275 (275).

[305] Vgl. *BVerfGE* 100, 313 (361); 109, 279 (363); *BVerfG* (K), DVBl 2001, S. 1057 (1059); *OVG Bremen*, NVwZ 1983, S. 358 (360); *OVG Bremen*, NJW 1987, S. 2393 (2394, 2395); *OVG Bln.*, NVwZ 1987, S. 817 (818); *Mayer-Metzner*, Auskunft (Fn. 301), S. 122 ff.; *Wolfgang Kay*, Das Recht des Bürgers auf Akteneinsicht oder Auskunft, Die Polizei 1990, S. 76 (76); *Spiros Simitis/Gerhard Fuckner*, Informationelle Selbstbestimmung und „staatliches Geheimhaltungsinteresse", NJW 1990, S. 2713 (2717).

werden.³⁰⁶ Dabei kommt es auf die Wissenschancen und -interessen und auf die Perspektive der Grundrechtsträger an. Sie müssen sich in Form einer grundsätzlichen Orientierung und in Form näherer konkreter Kenntnischancen über die Verarbeitungszusammenhänge und die Verarbeitungsverläufe, über Verwendungszwecke und damit verbundene Folgen informieren können. Die Gewährleistung von Kenntnismöglichkeiten ist daher auf mehreren Ebenen in unterschiedlicher Form auszugestalten, nämlich unter anderem durch die Gestaltung der Rechtsgrundlagen für die Datenverarbeitung, durch eine offene Erhebung oder durch Stellungnahmemöglichkeiten und vorherige Unterrichtungen des Betroffenen, durch Kenntnisrechte auf Initiative des Betroffenen oder durch Benachrichtigungen.³⁰⁷ Im Rahmen der Ausgestaltung darf der Gesetzgeber die Kenntnisrechte unter Beachtung der grundrechtlichen Maßgaben eingrenzen.

81 Drittens verpflichtet Art. 2 Abs. 1 i.V.m. Art. 1 Abs. 1 GG zur **Gewährleistung individueller Einflusschancen** auf den staatlichen Umgang mit personenbezogenen Informationen und Daten. Dieser soll, selbst wenn er objektiv angemessen geregelt wäre, nicht an den Grundrechtsträgern vorbei verlaufen, sondern sie einbeziehen. Zudem ergänzen rechtlich gewährleistete Einflusspositionen die begrenzten Steuerungswirkungen der abstrakt-typisierenden gesetzlichen Determination, indem sie den Grundrechtsträgern die (Möglichkeit der) Beteiligung an den konkreten Verarbeitungsabläufen garantieren. Inhalte und Reichweite sicherzustellender Einflusschancen beschränken sich nicht auf Unterlassensansprüche, sondern richten sich darüber hinaus auf eine positive Einflussnahme. Im Zentrum steht die Chance der betroffenen Person, die Informationen, das Wissen oder das „Bild" zu beeinflussen, das andere über sie gewinnen und das deren Entscheidungen und Verhalten ihr gegenüber prägt. Einflussmöglichkeiten auf Informations- und Datenverarbeitungen werden über deren gesetzliche Ausgestaltung sichergestellt. Sie sind inhaltlich und zeitlich so in die jeweils geregelten Verarbeitungsverläufe einzugliedern, dass sie für den Vorgang wirksam werden können, an dem der Grundrechtsträger zu beteiligen ist.

82 Die danach aufgrund des Art. 2 Abs. 1 i.V.m. Art. 1 Abs. 1 GG gebotenen Regelungen werden viertens durch die Anforderung einer **Institutionalisierung adäquater Kontrollen** ergänzt. Diese Anforderung reagiert darauf, dass der Umgang mit Informationen und Daten in komplexen Prozessen und Zusammenhängen weitgehend losgelöst von den geschützten Personen verläuft. Außerdem muss eine begleitende Kontrolle schon an Stellen und zu Zeitpunkten greifen, bei denen eine konkrete Betroffenheit noch nicht individualisierbar ist. Mit Blick auf die Funktion der Überwachung der Umsetzung der rechtlichen Regelungen durch deren Adressaten ist die Unabhängigkeit der kontrollierenden Instanz ein not-

---

[306] Übergreifend zu Leistungsrechten *Michael Sachs,* in: Stern, StaatsR III/1, § 67. Leistungsrechtliche Grundrechtsgehalte reduzieren sich nicht notwendig auf ein „Minimum"; vielmehr kommt es darauf an, inwieweit sich die grundrechtlichen Aussagen zu Pflichten verdichten. Unabhängig davon beziehen sich die Kenntnisrechte des Grundrechtsträgers auf sein Wissen um das staatliche Wissen über ihn selbst und werfen andere Probleme auf als beispielsweise Ansprüche auf finanzielle Unterstützung oder Schutzansprüche. Zum Beispiel stellt sich die Frage des „Vorbehalts des Möglichen" (nur) in einer Form, wie sie auch bei Eingriffsabwehransprüchen auftauchen kann, nämlich als Verwaltungsaufwand, vgl. BVerfGE 77, 84 (110f.). Zu dieser Figur s. auch *Veith Mehde,* Grundrechte unter dem Vorbehalt des Möglichen, 2000, bes. S. 34 ff.

[307] *BVerfGE* 120, 351 (363 ff.); *Albers,* Selbstbestimmung (Fn. 12), S. 565 ff.

wendiges Merkmal.³⁰⁸ Ansonsten gilt für die Ausgestaltung der Kontrollinstitution und der Kontroll- und Entscheidungsbefugnisse der Maßstab der Realisierbarkeit der Funktionen der Kontrolle. Im Vergleich zu den Einflussrechten und Rechtsschutzgarantien, die der betroffenen Person zur Verfügung stehen müssen, dienen die institutionalisierten Kontrollen der gegenstandsbedingten Kompensation und Ergänzung. Sie haben keinen Ersatzcharakter. Insofern können sie selbst präzisiert und zugleich in eine übergreifende Konzeption der Kontrollmöglichkeiten integriert werden.

cc) Das Zusammenspiel in Form einer Grundrechtskooperation

Art. 2 Abs. 1 i.V.m. Art. 1 Abs. 1 GG und die einzelnen Freiheitsgewährleistungen wirken in Form einer **Grundrechtskooperation** zusammen: Jenes Grundrecht schafft die Voraussetzungen für die Einsatzfähigkeit dieser Gewährleistungen in konkreten Konstellationen.³⁰⁹ Seine Anforderungen richten sich auf eine grundlegende Regulierung des Umgangs mit personenbezogenen Informationen und Daten, deren Verwirklichung dazu führt, dass abschätzbar wird, in welchen Kontexten welche Informationen erzeugt und wie sie genutzt werden und welche nachteiligen Folgen der Einzelne in konkreten Konstellationen überhaupt zu erwarten hat. Auf der zweiten Ebene setzen die kontext- und folgenorientiert zu konkretisierenden Freiheitsgewährleistungen für Verarbeitungsvorgänge Vorgaben an genau der Stelle, an der ein Schutzbedarf besteht.³¹⁰ Mit ihrem offenen Konzept und der Breite der in ihrem Rahmen thematisierbaren Gesichtspunkte geben sie mehr als den besonderen Schutz her, den Art. 8 EU-DSRL für „sensitive" Daten vorsieht. In den Grundlinien fügen sich die grundgesetzlichen und die zentralen europäischen Vorgaben in ein stimmiges Bild, denn die Anforderungen des Art. 2 Abs. 1 i.V.m. Art. 1 Abs. 1 GG und der hinzutretenden Freiheitsgewährleistungen führen, anders als ein „Entscheidungsrecht über die Preisgabe und Verwendung persönlicher Daten", zu einem **mehrdimensionalen, vielfältigen und substanzhaltigen Grundrechtsschutz.** Vor allem sind die Rolle und die Funktionen von Legislative und Exekutive vielfältiger zu bestimmen.

b) Mehrdimensionalität und Vielfalt der Regelungs- und Konkretisierungserfordernisse

Beim Recht auf informationelle Selbstbestimmung steht die Legislative vor der schlichten, aber zugleich umfangreichen und kaum erfüllbaren Anforderung, gesetzliche Ermächtigungsgrundlagen für jeden Datenverarbeitungsschritt zu schaffen. Im Rahmen einer Zwei-Ebenen-Konzeption mit mehrdimensionalen Rechtsbindungen und Schutzpositionen kommt dagegen die **Multifunktionalität der grundrechtlichen Gesetzesvorbehalte** zum Tragen.³¹¹ Soweit Art. 2 Abs. 1

---

³⁰⁸ *BVerfGE* 65, 1 (46).
³⁰⁹ Zum Begriff der Grundrechtskooperation *Michael Kloepfer*, Grundrechte als Entstehenssicherung und Bestandsschutz, 1970, S. 17.
³¹⁰ Vgl. auch *Albers*, Grundrechtsschutz (Fn. 212), S. 1068.
³¹¹ Zur Multifunktionalität der Gesetzesvorbehalte *Walter Krebs*, Vorbehalt des Gesetzes und Grundrechte, 1975, S. 69 ff. Zur Ausgestaltung vgl. auch *Christian Bumke*, Der Grundrechtsvorbehalt, 1998, S. 180 ff.; *Martin Gellermann*, Grundrechte im einfachgesetzlichen Gewande, 2000. S. auch die weiter reichenden Überlegungen bei *Wolfgang Hoffmann-Riem*, Gesetz und Gesetzesvorbehalt im

i. V. m. Art. 1 Abs. 1 GG Aussagen auf einer den einzelnen Freiheitsgewährleistungen vorgelagerten Ebene hergibt, hat der Gesetzesvorbehalt die Funktion der **Zuweisung von Ausgestaltungs- und Konkretisierungskompetenzen.** Die Grundrechtsgewährleistung enthält trotzdem nicht lediglich eine vage finale Programmierung. Zum einen verdichten sich ihre Maßstäbe mit Blick auf diejenigen Normen auf sachlicher Ebene, an die Regelungen des Umgangs mit Informationen und Daten anknüpfen. Zum anderen gibt sie in einem Wechselspiel zwischen Grundrecht und gesetzlicher Umsetzung der Anforderungen Aussagen auf unterschiedlichen Abstraktionsstufen und hinsichtlich unterschiedlicher Gesichtspunkte her. Bestimmte Vorgaben sind unter Berücksichtigung bereits vorhandener Normierungen oder im Anschluss an gesetzgeberische Entscheidungen als Maßstabsetzungen auf zweiter (oder weiterer) Stufe entwickelbar.[312] Soweit einzelne Freiheitsgewährleistungen mit ihrem besonderen Schutz hinzutreten, haben die jeweiligen Gesetzesvorbehalte vor allem die Funktion der **Zuweisung von Einschränkungskompetenzen.** Der Gesetzgeber braucht diese aber nicht zu nutzen, sondern kann besonderen Schutzerfordernissen Rechnung tragen, indem er die geschaffenen oder vorgesehenen grundlegenden Bestimmungen, die als Struktur zugrundezulegen sind, nach Maßgabe der einzelgrundrechtlichen Bindungen präzisiert, abwandelt, einschränkt oder ergänzt.[313] Alternativ steht es ihm zu, die jeweiligen Freiheitsgewährleistungen nach Maßgabe der regulären verfassungsrechtlichen Anforderungen im Wege einer freiheitsreduzierenden Modifikation oder Ergänzung der grundlegenden Bestimmungen einzuschränken.

85 Soweit sich Art. 2 Abs. 1 i. V. m. Art. 1 Abs. 1 GG auf die Gewährleistung individueller Kenntnis- und besonderer Einflussrechte erstreckt, überantwortet der Gesetzesvorbehalt der Legislative wiederum die grundsätzliche **Ausgestaltung adäquater Kenntnis- und Einflussrechte.**[314] Insbesondere bei den Kenntnisrechten können entgegenstehende Belange die Anspruchsreichweite eingrenzen. Legitimen Belangen darf nur nach Maßgabe einer Abwägung Vorrang eingeräumt werden, in die der besondere Einfluss des Art. 1 Abs. 1 GG in Form des Verbots einer Objektstellung und der Gesichtspunkt der Wahrnehmbarkeit anderweitiger Rechtspositionen eingestellt wird. Tragfähig sein können die Erfüllung der behördlichen Aufgaben und Befugnisse, soweit und solange sie die Abschottung des Wissens gegenüber der betroffenen Person erfordert, oder der Schutz von In-

---

Umbruch, AöR, Bd. 130 (2005), S. 5 (10 ff.); *Karl-Heinz Ladeur/Tobias Gostomzyk*, Der Gesetzesvorbehalt im Gewährleistungsstaat, DV, Bd. 36 (2003), S. 141 (142 ff.); sowie die auf die Rationalität des „klassischen" Vorbehaltsdenkens abstellenden, gleichwohl funktional differenzierenden Überlegungen bei *Johannes Masing*, Gesetz und Gesetzesvorbehalt – zur Spannung von Theorie und Dogmatik am Beispiel des Datenschutzrechts, in: Hoffmann-Riem, Offene Rechtswissenschaft, S. 467 (485 ff.). Allg. zum Gesetzesvorbehalt → Bd. I Reimer § 9 Rn. 24 ff.

[312] Dazu *BVerfGE* 80, 124 (133 f.); 87, 181, (197 f.); ausf. *Albers*, Selbstbestimmung (Fn. 12), S. 66 f., 481 ff. Die Hierarchie zwischen Verfassung und Gesetz bleibt dabei für die konkrete Maßstabsetzung bestehen.

[313] Die Freiheitsgewährleistungen blieben unter diesen Umständen unberührt. Ihre zusätzlichen Bindungen spiegelten sich also bspw. darin wider, dass die sachlichen Aufgabenzuweisungen differenzierter oder präziser gestaltet, die organisatorische und technische Abschottung von Verarbeitungsbereichen aufgegeben, Pflichten zur Anonymisierung oder Pseudonymisierung vorgesehen, die Verwendungszwecke enger oder differenzierter festgelegt oder die tatbestandlichen Voraussetzungen für die Verarbeitungsvorgänge eingegrenzt werden. Vgl. noch → Rn. 112, 120, 126, 133, 140.

[314] Näher *OVG Bremen*, NJW 1987, S. 2393 (2395).

B. Europa- und verfassungsrechtliche Grundlagen

formationsquellen, falls besondere Gesichtspunkte ihn rechtfertigen.[315] Im Falle einer verfassungsrechtlich unbedenklichen Eingrenzung ergibt sich zugleich die Zulässigkeit einer Einschränkung der – grundsätzlich bestehenden – Pflicht zur Begründung, soweit diese den Zweck der Verweigerung der Kenntnisgewähr gefährdete.[316] Kontrollvorkehrungen müssen eine Kompensation leisten.[317]

Die Institutionalisierung adäquater Kontrollen erfordert ebenfalls eine **gesetzliche Ausgestaltung**. Art. 2 Abs. 1 i. V. m. Art. 1 Abs. 1 GG gibt die Unabhängigkeit der Kontrolle, nicht aber die Kontrollinstanz vor. Im gegebenen System sind vor allem die Datenschutzbeauftragten zu nennen.[318] Auch hinsichtlich der Kontroll- und der Entscheidungsbefugnisse der Kontrollinstanz verbleiben der Legislative mehr oder weniger weit reichende Gestaltungsspielräume. Die Reichweite der Kontrollbefugnisse folgt den Funktionen der Kontrolle.[319] Die Frage nach den Entscheidungsbefugnissen der Kontrollinstanz ist differenzierter zu beantworten. Der Umgang mit personenbezogenen Informationen und Daten ist in einer Weise integraler Bestandteil der Wahrnehmung der Aufgaben und Befugnisse,[320] dass es jedenfalls im Bereich der Grundregulierung problematisch wäre, den Kontrollstellen umfassende Einwirkungsbefugnisse im Sinne von Unterlassungs- oder Löschungsanordnungen einzuräumen.[321] Der Gesetzgeber darf besondere Formen der Dissensregulierung zwischen der für die Informations- und Datenverarbeitung verantwortlichen und dabei an das Gesetz gebundenen Stelle einerseits und der Kontrollstelle andererseits einführen und dies bei der Zuweisung von Entscheidungsbefugnissen an diese berücksichtigen. Ausgestaltungsoptionen ergeben sich außerdem aufgrund der Integration in eine übergreifende Konzeption der Kontrollmechanismen.

86

Die Anforderungen der Grundrechtsgewährleistungen, die sich im Rahmen einer Zwei-Ebenen-Konzeption ergeben, sind im Vergleich zu den Vorgaben eines Entscheidungsrechts über die Preisgabe und Verwendung persönlicher Daten qualitativ komplexer, führen jedoch nicht zu noch zahlreicheren Vorschriften. Auf verschiedenen Ebenen ergeben sich **Konkretisierungs- und Entscheidungsspielräume** sowohl der **Legislative** als auch der **Exekutive**. Das gilt umso mehr, als die

87

---

[315] BVerfGE 57, 250 (284); 100, 313 (397f.); 109, 279 (364, 365ff.); VerfGH Rheinl.-Pfalz, NJW 1999, S. 2264 (2265f.); BVerwGE 89, 14 (19); OVG Bln., NVwZ 1987, S. 817 (819); VGH BW, NVwZ-RR 2003, S. 843 (844ff.). Außerdem Lodde, Informationsrechte (Fn. 300), S. 140ff.; Mayer-Metzner, Auskunft (Fn. 301), S. 164ff.

[316] Zur Begründungspflicht – mit unterschiedlichen Ansätzen – BVerfGE 6, 32 (44); 40, 276 (286); BVerwGE 91, 262 (265ff.); 99, 185 (189ff.); Jörg Lücke, Begründungszwang und Verfassung, 1987, S. 37ff.; Uwe Kischel, Die Begründung, 2003, S. 63ff., 87f.; Eberhard Schmidt-Aßmann, in: Maunz/Dürig, GG, Art. 19 Abs. IV, Rn. 253f. Zu den Einschränkungsmöglichkeiten BVerwGE 74, 115 (120); OVG Bln., NVwZ 1987, S. 817 (820).

[317] Siehe → Rn. 154. Zu den Kontrollvorkehrungen bei heimlichen Informations- und Datenverarbeitungen und Benachrichtigungseinschränkungen BVerfGE 30, 1 (23f., 30f.); 67, 157 (185); 100, 313 (361f., 401f.); 109, 279 (367f.).

[318] → Rn. 161ff. Skeptisch zur verfassungsrechtlichen Verankerung Dieter Zöllner, Der Datenschutzbeauftragte im Verfassungssystem, 1995, S. 174ff., der jedoch unzureichend würdigt, dass das Kenntnis- und Einflusspotenzial der Betroffenen auch unter Berücksichtigung von Verbesserungsmöglichkeiten allein nicht ausreicht.

[319] Siehe allerdings zur Problematik der Kontrolle des Betriebsrats durch den behördlichen Datenschutzbeauftragten BAG, NJW 1998, S. 2466 (2466ff.).

[320] Vgl. auch BAG, NJW 1998, S. 2466 (2468).

[321] Vgl. jedoch Art. 28 Abs. 3 EU-DSRL und dazu → Rn. 53.

informations- und datenbezogenen Regelungen in vielfältiger Weise aufeinander aufbauen, aber auch einander ersetzen können. Der Gesetzgeber muss sie untereinander koordinieren und zugleich in ein übergreifendes Konzept eingliedern, im Rahmen dessen sie mit den Vorgaben zu den Handlungs- und Entscheidungsmöglichkeiten, zu den Kommunikationsstrukturen oder zur Organisation und zum Verfahren der Verwaltung in dem jeweiligen Regelungsgebiet abgestimmt sind. Dabei ist den verschiedenen Verwaltungstypen mit ihren notwendig unterschiedlichen Formen der Wissens- und Informationserzeugung und -verwendung Rechnung zu tragen. Die Exekutive muss die informations- und datenbezogenen Regelungen grundrechtsgerecht konkretisieren. Sie ist gegenstandsbedingt mehr oder weniger weit reichend mit eigenständigen Konkretisierungsleistungen eingebunden.[322] Im Gesamtbild ist so eine angemessene Regulierung des Umgangs mit personenbezogenen Informationen und Daten möglich.

C. Regulierung und Gestaltung des Umgangs mit personenbezogenen Informationen und Daten

I. Genese und Strukturen der Datenschutzgesetze

88 Soweit die Verwaltung mit Wissen, Informationen und Daten über Personen umgeht, muss sie die rechtlichen Vorgaben der Datenschutzgesetze beachten. Deren gegenwärtiges Bild wird noch immer davon geprägt, dass sie in den 1970er Jahren als Reaktion auf die Möglichkeiten und Gefahren der automatisierten Datenverarbeitung in Großrechenanlagen entstanden sind.[323] Die durch die Denkmuster der Kybernetik beeinflusste und aus rechtlicher Sicht sperrige Materie wurde im ersten Zugriff durch generalisierende, öffentliche und private Bereiche umspannende Vorschriften geregelt. Die Bausteine bestanden im Wesentlichen aus einer Regulierung der Phasen automatisierter Datenverarbeitung, Dateienregistern, Auskunfts- und Einflussrechten betroffener Personen und einer Institutionalisierung von Kontrollbehörden.[324] Hatte man dabei noch den Anspruch einer prospektiven Regulierung neuer gesellschaftlicher Risiken, waren die nachfolgenden Reformen umso mehr von Hektik getrieben. Die erste große Herausforderung, das Volkszählungsurteil des Bundesverfassungsgerichts, führte dazu, dass sowohl die Gesetzesziele als auch der Anwendungsbereich novelliert und forciert bereichsspezifische Vorschriften ausgearbeitet wurden. Wegen des lediglich durch die „Übergangsfrist" abgemilderten Regelungsdrucks fügte man solche Vorschriften oft nur als neuen Komplex in die Fachgesetze ein, wiederholte dabei allgemeine Grundsätze und versäumte eine angemessene Koordination mit

---

[322] Allgemein zur Eigenständigkeit der Verwaltung gegenüber dem Gesetzgeber → Bd. I *Hoffmann-Riem*, § 10 Rn. 36 ff.

[323] Zur Genese *Ralf-Bernd Abel*, Geschichte des Datenschutzrechts, in: Roßnagel (Hrsg.), Handbuch (Fn. 41), Kap. 2.7 Rn. 1 ff.; *Simitis*, in: Simitis (Hrsg.), BDSG (Fn. 33), Einleitung, Rn. 1 ff.; *Johann Bizer*, Datenschutzrecht (Fn. 81), S. 564 ff.

[324] Zur Phasenregulierung als zentralem Baustein *Steinmüller* u. a., Grundfragen (Fn. 5), S. 92 (Hervorh. i. Orig.): „Der zu regelnde *Sachverhalt* ist die öffentliche Informationsverarbeitung in ihren einzelnen Schritten." Zum dahinter stehenden Modell der Großrechenanlage *Abel*, Geschichte (Fn. 323), Rn. 6: „Datenverarbeitung fand in zentralen, in der Regel gut abgeschirmten Rechenzentren statt […]".

C. Regulierung u. Gestaltung des Umgangs mit persbez. Informationen u. Daten

bereits vorhandenen informations- oder datenbezogenen Normen und mit den sachlichen Kompetenzen.[325] Die zweite große Herausforderung, die Umsetzung der EU-Datenschutzrichtlinie, fiel zusammen mit der ersten Welle der Modernisierungsdiskussion. Am Ende bestimmte der durch das drohende Vertragsverletzungsverfahren entstandene Zeitdruck das Ergebnis einer „kleinen" Lösung, die die Datenschutzgesetze im Wege partiell wörtlicher Übernahmen an die unionsrechtlichen Vorgaben anpasste und um einige neue Bausteine ergänzte.[326] Die dritte große Herausforderung stellt nunmehr die anerkanntermaßen notwendige Modernisierung des Datenschutzrechts dar. Die BDSG-Novellen aus dem Jahre 2009 haben inhaltlich nur auf wenige spezifische Probleme reagiert, etwa im Bereich des Scorings, der Datenübermittlung an Auskunfteien, der Markt- oder Meinungsforschung, des Beschäftigtendatenschutzes oder der Betroffenenauskunft; im Übrigen wurden unter anderem die aufsichtsbehördlichen Befugnisse im Bereich nicht-öffentlicher Stellen und öffentlich-rechtlicher Wettbewerbsunternehmen erweitert.[327] Die Grundsatzdiskussion listet in zwei eher konträren Linien einerseits eine Fülle neuer Regelungsanforderungen infolge technischer und gesellschaftlicher Entwicklungen auf.[328] Andererseits wird eine Reduktion und Entdifferenzierung der Datenschutzregelungen verlangt.[329] Die Kombination eines umfassenden Regelungsanspruchs und eines unterdifferenzierten Regelungsansatzes trägt allerdings eher zur Blockade der Modernisierung des Datenschutzrechts bei. Stattdessen steht auf fundamentaler Ebene die komplexe Fortentwicklung zu einem Recht des Umgangs mit personenbezogenen Informationen und Daten an.[330]

Das Bundesdatenschutzgesetz enthält im Ersten Teil gemeinsame Bestimmungen und anschließend Abschnitte über die Datenverarbeitung zum einen der öffentlichen Stellen, zum anderen der nicht-öffentlichen Stellen und der öffentlich-rechtlichen Wettbewerbsunternehmen. Es wird durch die allgemeinen Landesdatenschutzgesetze und durch weiter differenzierende, bereichsspezifische Vor-

89

---

[325] Das beruht nicht zuletzt darauf, dass das BVerfG im Volkszählungsurteil kaum hinreichende Maßstäbe formuliert hat, o. → Rn. 60.

[326] Dazu nur *Marie-Theres Tinnefeld*, Die Novellierung des BDSG im Zeichen des Gemeinschaftsrechts, NJW 2001, S. 3078 (3079 ff.).

[327] Siehe dazu nur *Alexander Roßnagel*, Die Novellen zum Datenschutzrecht – Scoring und Adresshandel, NJW 2009, S. 2716 (2716 ff.). Zur Erweiterung der aufsichtsbehördlichen Befugnisse s. die Änderung des § 38 Abs. 5 im Gesetz zur Änderung datenschutzrechtlicher Vorschriften vom 14. 8. 2009, BGBl I, S. 2814. Zur Debatte um den „Rote-Linie"-Vorschlag des BMI zum Datenschutz im Internet vgl. *Hans P. Bull*, Persönlichkeitsschutz im Internet: Reformeifer mit neuen Ansätzen, NVwZ 2011, S. 257 (261 ff.).

[328] Statt vieler *Roßnagel/Pfitzmann/Garstka* Modernisierung (Fn. 86), S. 22 ff.; *Spiros Simitis*, Auf dem Weg zu einem neuen Datenschutzkonzept, DuD 2000, S. 714 (716 ff.); *Roßnagel*, Modernisierung (Fn. 81), S. 71 ff.; *Thilo Weichert*, Dauerbrenner BDSG-Novellierung, DuD 2010, S. 7 (bes. 11 ff.); *Der Landesbeauftragte für den Datenschutz BW* (Hrsg.), Konferenz der Datenschutzbeauftragten des Bundes und der Länder, Ein modernes Datenschutzrecht für das 21. Jahrhundert, 2010, S. 3 ff.

[329] *Johann Bizer*, Ziele und Elemente der Modernisierung des Datenschutzrechts, DuD 2001, S. 274 (275 ff.); *Simitis*, Weg (Fn. 328), S. 719 ff.; *Roßnagel/Pfitzmann/Garstka*, Modernisierung (Fn. 86), S. 13, 29 ff., 43 ff., mit dem Hinweis auf das Telekommunikations-, Tele- und Mediendienstedatenschutzrecht als Vorbild einer Vereinheitlichung (S. 43). Zu Recht kritisch dazu *Christian Koenig/Andreas Neumann*, Das Ende des sektorspezifischen Datenschutzes für die Telekommunikation?, ZRP 2003, S. 5 (5 ff.). Vgl. auch *Ulf Brühann*, Die Europaverträglichkeit der „Modernisierung des Datenschutzes", DuD 2002, S. 296 (296 ff.).

[330] O. → Rn. 34 ff.

schriften ergänzt.³³¹ Entsprechend dem überkommenen Datenschutzkonzept wird die öffentliche Verwaltung vor allem durch die Regulierung der Phasen der Datenverarbeitung gesteuert. § 4 Abs. 1 BDSG macht die Erhebung, Verarbeitung und Nutzung personenbezogener Daten von einer gesetzlichen Erlaubnis oder Anordnung oder von der Einwilligung der betroffenen Person abhängig mit der Folge, dass gesetzliche Regelungen den exekutiven Umgang mit Informationen und Daten **in Form von Ermächtigungsgrundlagen** abdecken müssen. Dieser genetisch und mit dem Entscheidungsrecht über die Preisgabe und Verwendung personenbezogener Daten zu erklärende Zugriff schließt insoweit nicht nur ein Verständnis des Datenschutzrechts als „Reserve- und Rückfallordnung für den Konfliktfall"³³² aus, sondern erschwert es auch, die Regulierung der Verarbeitungsphasen auf der grundlegenden Ebene im Sinne einer **Rahmenordnung** zu verstehen, obwohl man damit den Regelungsgegenstand der Kommunikations- und Informationsprozesse zwischen Verwaltung und Bürgern besser erfasste.³³³ Zu der in den §§ 4, 12 ff. BDSG verankerten Phasenregulierung hinzugekommen sind unter anderem die Grundsätze der Datenvermeidung und der Datensparsamkeit in § 3a BDSG, Regelungen zur Videoüberwachung öffentlicher Räume und zu „intelligenten" Chipkarten in den §§ 6b und c BDSG oder das Datenschutzaudit in § 9a BDSG. Die Rechte der betroffenen Personen folgen in den §§ 19 ff. BDSG, die Kompetenzen des Datenschutzbeauftragten in den §§ 22 ff. BDSG. Im Ergebnis setzt sich das Recht des Umgangs mit Informationen und Daten mittlerweile aus **verschiedenen Bausteinen** zusammen, die partiell **umfassend,** partiell **punktuell** wirken.

II. Einsatzfelder und Systembildung

1. Datenschutzrecht in der Differenz von Öffentlichem und privatem Recht

90 Es zählt zu den Charakteristika des Datenschutzrechts, dass es in seinem Grundkonzept **den öffentlichen und den privaten Bereich** gleichermaßen erfasst. Traditionell sind die Gefahren staatlicher und privater automatisierter Datenverarbeitung in Großrechenanlagen als gleichgelagert angesehen worden.³³⁴ Gegenüber der Ausgangslage haben sich die Verarbeitungstechniken zwar mittlerweile ebenso verändert wie die Regelungsfelder. Der Standpunkt, Gefahren und Regelungserfordernisse seien gleichgelagert, hat sich aber erhalten. In der aktuellen Diskussion um die Modernisierung des Datenschutzrechts mündet er häufig in die Forderung nach einer weiter reichenden Vereinheitlichung der grundsätz-

---

331 Zu den jeweiligen Anwendungsbereichen s. § 1 Abs. 2 Nr. 2 BDSG.
332 Siehe die Ausführungen zum Verwaltungsverfahrensrecht in → Bd. II *Gusy* § 23 Rn. 62.
333 Ein solches Verständnis würfe die Phasenregulierung nicht auf einen Missbrauchsschutz zurück, sondern löste sie nur aus dem insgesamt und gefährdungsunabhängig geltenden Konzept einer detaillierten Determination. Es ändert nichts daran, dass hinreichend präzise Ermächtigungsgrundlagen erforderlich sind, sofern Informations- und Datenverarbeitungen in einzelne Freiheitsgewährleistungen eingreifen (dazu o. → Rn. 71 ff.). Mit den unionsrechtlichen Vorgaben des Art. 7 EU-DSRL (dazu o. → Rn. 48) ist es wegen derer weiten Fassung und wegen der mitgliedstaatlichen Umsetzungsspielräume vereinbar.
334 Statt vieler *Spiros Simitis*, Datenschutz – Notwendigkeit und Voraussetzungen einer gesetzlichen Regelung, DVR Bd. 2 (1973), S. 138 (158 ff.).

C. Regulierung u. Gestaltung des Umgangs mit persbez. Informationen u. Daten

lichen Vorgaben für den öffentlichen und den privaten Bereich.[335] Der spezifische Regelungsansatz des Datenschutzrechts würde dadurch noch verstärkt.

Die Frage, inwieweit ein übergreifender Regelungsansatz im Recht des Umgangs mit personenbezogenen Informationen und Daten sachgerecht ist, muss jedoch deutlich differenzierter beantwortet werden. **Inhaltlich** sind die **Schutzerfordernisse** vielfältiger zu beschreiben als in der überkommenen selektiven Sicht. Im Grundsatz gestalten sie sich im öffentlichen Bereich und im privaten Bereich manchmal schon im Ansatz und häufiger zumindest im Ergebnis des gesetzlichen Ausgleichs anders. Dieser Grundsatz wird freilich durch die Vielfalt der Aufgaben und der Regelungsfelder relativiert.[336] **Dogmatisch** ist die **Differenz von Öffentlichem und privatem Recht** grundsätzlich nach wie vor prägend für die gesamte Rechtsordnung, weil das Grundgesetz den Staat anders konstituiert als es den privaten Bereich regelt.[337] Allerdings wird auch diese Aussage durch zunehmende Verflechtungen zwischen öffentlich-rechtlichen und privatrechtlichen Ordnungen und durch Verbund-Perspektiven relativiert.[338] Vor diesem Hintergrund verlangen die Schutzerfordernisse zwar ein gefährdungsadäquates und in diesem Sinne gleichwertiges Schutzniveau.[339] Der Lösung weniger gebietsübergreifender Schutzmechanismen stehen jedoch **inhaltlich** der durch die Vielfalt der Schutzerfordernisse und der Regelungsfelder bedingte **Differenzierungsbedarf** und **dogmatisch** der **Koordinationsbedarf** mit den anderweitigen Normstrukturen des jeweiligen Sachgebiets entgegen. Die Gesetzgebung findet verschiedene Strukturen vor, mit denen die informations- und datenbezogenen Regelungsmuster verzahnt und abgestimmt werden müssen.[340] Übergreifende Maßgaben für den öffentlichen und den privaten Bereich passen lediglich dann, wenn sie sich auf einer relativ hohen Abstraktionsebene bewe-

91

---

[335] *Roßnagel/Pfitzmann/Garstka,* Modernisierung (Fn. 86), S. 44; *Simitis,* Weg (Fn. 328), S. 719 ff.; *Jörg Tauss/Monika Griefahn u. a.,* Umfassende Modernisierung des Datenschutzrechtes voranbringen, BT-Drucks 14/9709, S. 4.

[336] Die Muster staatlicher Aufgabenwahrnehmung reichen von traditionell hoheitlich geprägten Aufgaben, wie denen der Polizei, über die vielschichtigen Tätigkeiten der Umweltbehörden bis hin zu den persönlichkeitsnahen beratungsintensiven Aufgaben der Jugendhilfe oder der Drogenberatung. Allgemein zu Aufgabentypen und zu den Modi der Aufgabenwahrnehmung → Bd. I *Baer* § 11 Rn. 23 ff., *Schulze-Fielitz* § 12 Rn. 24 ff. Der private Bereich schließt unterschiedlichste vertragliche und deliktsrechtliche Verhältnisse, die ehemals hoheitlichen Leistungen und Dienste in Telekommunikationsnetzen oder in der Arbeitsvermittlung – dazu mit weit reichenden Folgerungen in Richtung einer Angleichung des Datenschutzes *Spiros Simitis,* Privatisierung und Datenschutz, DuD 1995, S. 648 (649 ff.) –, Rechtsbeziehungen im Electronic und im Mobile Commerce – dazu statt vieler *Alexander Roßnagel/Jürgen Banzhaf/Rüdiger Grimm,* Datenschutz im Electronic Commerce, 2003; *Johannes S. Ranke,* M-Commerce und seine rechtsadäquate Gestaltung, 2004 – oder auf Informationssammlungen und -auswertungen spezialisierte Dienstleistungen – dazu etwa *Roßnagel,* Modernisierung (Fn. 81), S. 71 ff. – ein.

[337] Vgl. *Schmidt-Aßmann,* Ordnungsidee, 1. Kap. Rn. 26.

[338] → Bd. I *Burgi* § 18 Rn. 1 ff., 34 ff.; s. außerdem die Beiträge in *Hoffmann-Riem/Schmidt-Aßmann,* Auffangordnungen.

[339] Wegen der grundrechtlichen und rechtsstaatlichen Bindungen des Handelns der Exekutive können die ihr gegenüber bestehenden Schutzerfordernisse sogar niedriger sein als gegenüber Privaten, so zutr. *Hoffmann-Riem,* Datenschutz (Fn. 228), S. 784.

[340] Näher dazu, dass die Ausgestaltung des „Systemdatenschutzes", der Phasenregulierung mit den Elementen Zweckfestlegung und Zweckbindung oder der ineinandergreifenden Kenntnisrechte Betroffener im Bereich der Exekutive an die bereits vorhandene Determination durch sachliche Aufgaben und Befugnisse anknüpft, → Rn. 112 ff., 123 ff., 149 f.

gen.³⁴¹ Darüber hinaus wird das Recht des Umgangs mit personenbezogenen Informationen und Daten immer sowohl einen Allgemeinen Teil als auch Sonderregime benötigen, die jeweils auf das Verwaltungsrecht zugeschnitten sein müssen.

2. Datenschutzrecht im Verwaltungsrecht

92 Die Genese und die abstrakt-übergreifende Konzeption des Datenschutzes haben dazu geführt, dass er bis heute als eine äußerliche Spezialmaterie empfunden wird. Dabei ist er eng mit den sachlichen Kompetenzen, dem Verwaltungsverfahren, der Verwaltungsorganisation und anderen Regelungen über Informationsbeziehungen verbunden. Bisher fehlt es jedoch an vielen Stellen an einer echten Integration und Koordination.

93 Zusammenhänge zwischen den **sachlichen Kompetenzen** der Exekutive und dem Umgang mit personenbezogenen Informationen und Daten bestehen in mehreren Hinsichten. Faktisch sind die sachlichen Aufgaben und Befugnisse eine Komponente des Kontexts, in den Verarbeitungsvorgänge und Wissensproduktion eingebettet sind.³⁴² Rechtlich wirken sie sich auf die Handlungs- und Entscheidungsoptionen oder auf die Organisationsmuster der Verwaltung aus. Sie prägen den Schutzbedarf, der zum einen hinsichtlich der Begrenzung, Strukturierung und Transparenz der Verarbeitungsvorgänge, zum anderen hinsichtlich potenziell beeinträchtigender Folgen der Verwaltungsaktivitäten besteht und der gefährdungs- und deshalb unter anderem aufgabenabhängig zu konkretisieren ist.³⁴³ Indem die sachlichen Aufgaben und Befugnisse Komponenten des Kontexts sind, bieten sie zugleich ein Gerüst für die Ausgestaltung der Verarbeitungsregelungen. Die Zweckfestlegung und die Zweckbindung erfüllen ihre Funktionen, indem sie den Umgang mit personenbezogenen Informationen und Daten mit den sachlichen Kompetenzen verklammern, und nur mit Blick auf diese gewinnt das Regelungselement der „Erforderlichkeit" seinen Gehalt.³⁴⁴ Die Vorschriften über den Umgang mit personenbezogenen Informationen und Daten müssen somit immer zugleich aus dem schon durch sachliche Normen vorstrukturierten Gesamtkontext heraus verstanden werden.

94 Ebenfalls enge Wechselbeziehungen gibt es zwischen dem **Verwaltungsverfahren** und dem Umgang mit personenbezogenen Informationen und Daten.³⁴⁵ Soweit beide auf die Erledigung einer sachlichen Aufgabe gerichtet sind, ist das

---

³⁴¹ So gelten die oft als Paradigma angeführten Vorgaben der EU-DSRL zwar prinzipiell übergreifend, sind aber in Teilen hochabstrakt und im Rahmen der Umsetzungsspielräume ausfüllungsbedürftig. Auf der Basis, dass die Sachgerechtigkeit übergreifender Determinanten von deren Inhalt abhängt, könnte mancher Prinzipienstreit durch mehr Konkretion und mehr Differenzierung an Sachlichkeit gewinnen. Zur Diskussion um den partiell übergreifenden Ansatz des BDSG *Horst Ehmann*, Prinzipien des deutschen Datenschutzrechts – unter Berücksichtigung der Datenschutz-Richtlinie der EG vom 24. 10. 1995 – (2. Teil), RDV 1999, S. 12 (14 ff.). Deutlich differenzierter *Giselher Rüpke*, Aspekte zur Entwicklung eines EU-Datenschutzrechts, ZRP 1995, S. 185 (187 ff.). Für die – dann allerdings wiederum differenzierende und im Wesentlichen auf Kredit- oder Personalinformationssysteme bezogene – Übertragung bestimmter Grundsätze *Otto Mallmann*, Zweigeteilter Datenschutz?, CR 1988, S. 93 (94 ff.). S. außerdem die differenzierten Ausführungen bei *Bäcker*, Informationsschutz (Fn. 245), S. 99 ff.
³⁴² → Rn. 18, 20, 23.
³⁴³ Vgl. bereits → Rn. 71 ff., 77 ff.
³⁴⁴ → Rn. 123 ff., 131 ff.
³⁴⁵ Zum Verhältnis von Entscheidungsprogrammen, Entscheidungsabläufen und Informationsverarbeitung *Bernd Becker*, Öffentliche Verwaltung, 1989, bes. S. 421 ff., 462 ff.

C. Regulierung u. Gestaltung des Umgangs mit persbez. Informationen u. Daten

Verwaltungsverfahren (auch) Informations- und Datenverarbeitung. Das Recht des Verwaltungsverfahrens hat allerdings einen ausgeprägteren Sachbezug. Das Recht des Umgangs mit personenbezogenen Informationen und Daten realisiert spezifische Erfordernisse individuellen Schutzes und ist insofern nicht von vornherein funktional auf die sachlichen Aufgaben bezogen, sondern erhält diese Bezüge erst aufgrund der faktischen und rechtlichen Eingliederung der Verarbeitungsvorgänge in den jeweiligen sachlichen Kontext.[346] Beide Komplexe sind prozedural angelegt, aber aus einer je unterschiedlichen Perspektive gestaltet. Hier steckt die Wurzel der gelegentlich mehrfachen Determinanten sowie der Koordinationserfordernisse und -probleme. §§ 24, 26 oder 28 VwVfG leben von funktionalen Bezügen zur Aufgabenwahrnehmung[347], während der Grundsatz der Erhebung beim Betroffenen in § 4 Abs. 2 BDSG oder das Auskunftsrecht des § 19 BDSG primär dem Schutz der betroffenen Person dienen. Für die Verwaltung ergeben sich Schnittmengen, innerhalb derer sich verfahrensrechtliche und datenschutzrechtliche Determinanten überschneiden. § 1 Abs. 4 BDSG löst bestimmte Aspekte durch eine Vorrangklausel, die sich freilich regelmäßig nicht als Verdrängung, sondern lediglich als Modifikation auswirkt. Nach seinem Normtext betrifft er die Sachverhaltsermittlung im Falle der Verarbeitung personenbezogener Daten, also die Überlagerung des Untersuchungsgrundsatzes und der Beweismittelregeln (§§ 24, 26 VwVfG) durch das Prinzip der Erhebung beim Betroffenen (§ 4 Abs. 2 BDSG). Richtigerweise erstreckt sich das Vorrangverhältnis jedoch auf weitere Verarbeitungsphasen, so dass etwa auch die Zweckbindung des § 14 BDSG den Untersuchungsgrundsatz des § 24 VwVfG relativiert und die Bedingungen des § 15 BDSG für Datenübermittlungen die allgemeinen Amtshilfebestimmungen des § 5 VwVfG überlagern.[348] Die Ansprüche auf Anhörung nach § 28 VwVfG oder auf Akteneinsicht nach § 29 VwVfG stehen dagegen eigenständig neben dem Auskunftsanspruch nach § 19 BDSG,[349] selbst wenn

---

[346] Die daraus resultierende Schwierigkeit, im Informations- oder Datenschutzrecht eine Grenze zwischen Verfahrensrecht und „materiellem" Recht zu setzen, spiegelt sich wider in der Frage, ob eine Datenschutzgesetzgebung eine Regelung des „Verwaltungsverfahrens" im Sinne des Art. 84 Abs. 1 GG darstellt. Dazu *BVerfGE* 14, 197 (220f.) und 55, 274 (318 ff. und 331 ff. – Sondervotum –); *Hans P. Bull*, in: AK-GG, Art. 84 Rn. 17 („überwiegend Verwaltungsverfahrensrecht, ausgenommen die darin begründeten Rechte der Betroffenen"); *Simitis*, in: Simitis (Hrsg.), BDSG (Fn. 33), § 1 Rn. 8 ff. (zumindest die Rechte der Betroffenen und die Vorschriften über die Kontrolle insbes. durch Datenschutzbeauftragte als „materielles" Recht); *Hans-Heinrich Trute*, in: v. Mangoldt/Klein/Starck (Hrsg.), GG III, Art. 84 Rn. 13 f.: „alle zur Strukturierung der Informationsgewinnung und -verarbeitung vorgesehenen Normen (können) unter diesen weiten Verfahrensbegriff fallen […]".

[347] Zu § 24 VwVfG und zum Amtsermittlungsgrundsatz vgl. auch *Indra Spiecker gen. Döhmann*, Die informationelle Inanspruchnahme des Bürgers im Verwaltungsverfahren: Der Amtsermittlungsgrundsatz nach § 24 VwVfG, in: dies./Collin (Hrsg.), Generierung und Transfer staatlichen Wissens (Fn. 29), S. 196 (196 ff.).

[348] Ebenso *Alexander Dix*, in: Simitis (Hrsg.), BDSG (Fn. 33), § 1 Rn. 192 ff. Zurückhaltender, aber nicht vertiefend *Klaus Globig*, Zulässigkeit der Erhebung, Verarbeitung und Nutzung im öffentlichen Bereich, in: Roßnagel (Hrsg.), Handbuch (Fn. 41), Kap. 4.7 Rn. 33. Ein deutlicher übergreifender Vorrang zu Gunsten der Datenschutzgesetze findet sich in § 2 Abs. 4 BlnDSG. Das Verhältnis zwischen § 16 BbgDSG und § 73 Abs. 4 und 6 VwVfG offen lassend *BVerwG*, NVwZ 2000, S. 760 (760); dahinter standen allerdings die Schwierigkeiten, die die generalisierte oder aus dem Erforderlichkeitsgrundsatz hergeleitete Pflicht zur Anonymisierung aufwirft, dazu noch → Rn. 110. Zur Amtshilfe s.a. → Bd. II *Holznagel* § 24 Rn. 21 ff.

[349] Näher *Dix*, in: Simitis (Hrsg.), BDSG (Fn. 33), § 1 Rn. 195.

dieser in manchen Konstellationen neben jenen praktisch nicht mehr relevant sein wird.

95 Für die Wechselbeziehungen zwischen der **Verwaltungsorganisation** und dem Umgang mit Informationen und Daten hat sich der Begriff der „informationellen Gewaltenteilung" etabliert.[350] Danach soll sich die vielfältige Gliederung der staatlichen Organisation in den Informationsbudgets widerspiegeln.[351] Ein eigenständiger normativer Gehalt steckt darin nicht. Als deskriptives Schlagwort zeichnet der Begriff vielmehr lediglich nach, dass sich Verwaltungseinheiten unter anderem infolge der (verfassungs-)rechtlichen Anforderungen, die sowohl ihre Organisation als auch ihren Umgang mit Informationen und Daten steuern, als informationsverarbeitende Systeme gegen ihre Umwelt abgrenzen.[352] Wichtiger als dieser Befund ist die Erkenntnis, dass sich das Verhältnis zwischen organisatorischen und informationellen Anforderungen nicht starr, sondern wegen ihrer relativen Eigenständigkeit flexibel und komplex gestaltet. Der „Systemdatenschutz" kann den sachlichen Kompetenzen nachgeschaltet sein und lediglich vorhandene Organisationsmuster durch zusätzliche Anforderungen, etwa an die Abschottung der zuständigen Stellen, verstärken. Er lässt sich aber gerade auch durch eine datenschutzgerechtere, meist differenziertere Gestaltung der sachlichen Kompetenzen und durch daraus resultierende organisatorische Konsequenzen realisieren.[353] Zweckfestlegung und Zweckbindung, die ebenfalls Vermittlungsfunktionen zwischen Organisationsrecht und Datenschutz einnehmen,[354] können an die sachlichen Zuständigkeiten anschließen. Sie können aber auch in Form von Zweckbündelungen über mehrere Organisationseinheiten hinweg greifen, soweit dies mit den grundrechtlichen Anforderungen in Einklang steht.[355] Für die Beurteilung der Einrichtung von Bürgerportalen auf kommunaler Ebene oder der Einrichtung gemeinsamer Dateien zwischen Polizeien und Nachrichtendiensten sind deshalb nicht unbewegliche datenschutzrechtliche Paradigmata, sondern die differenzierten grundrechtlichen Maßstäbe ausschlaggebend.[356] Eben wegen der Gestaltungsbedürftigkeit des Ver-

---

[350] BVerfGE 65, 1 (69). Übergreifend zu den Wechselbeziehungen zwischen Organisation und Umgang mit Informationen und Daten *Eifert*, Government (Fn. 16), bes. S. 166 ff.; *Scherzberg*, Verwaltung (Fn. 15), S. 203 ff.; *Heinrich Reinermann*, Vernetzte Verwaltung, DV, Bd. 28 (1995), S. 1 (1 ff.); *Werner Kilian/Martin Wind*, Vernetzte Verwaltung und zwischenbehördliche Beziehungen, VerwArch, Bd. 88 (1997), S. 499 (499 ff.); *Harald Mehlich*, Die Verwaltungsorganisation im Informatisierungsprozeß, DV, Bd. 29 (1996), S. 385 (385 ff.).

[351] *Bull*, Grundprobleme (Fn. 80), S. 38; *Nikolaus Forgó/Tina Krügel/Stefan Rapp*, Zwecksetzung und informationelle Gewaltenteilung, 2006, S. 16 f.

[352] Diese Grundaussage teilen die meisten organisationstheoretischen Ansätze. Vgl. den Überblick über die klassische Organisationstheorie und die spezielle Konzeption autopoietischer Systeme bei *Luhmann*, Organisation (Fn. 10), S. 11 ff., 39 ff.

[353] → Rn. 103 f., 112 f.

[354] Vgl. auch *Veith Mehde*, Terrorismusbekämpfung durch Organisationsrecht, JZ 2005, S. 815 (819).

[355] Vgl. → Rn. 78 f., 126.

[356] Bei datenschutzgerechter (partiell: gesetzlicher) Ausgestaltung sind Formen des One-Stop-Government oder Bürgerämter datenschutzrechtlich möglich. Zu den einschlägigen – auch organisationsrechtlichen – Fragen *Eifert*, Government (Fn. 16), S. 238 ff.; *Ferdinand Kirchhof*, Die Einrichtung von Bürgerämtern in Gemeinden und Kreisen, 1998, bes. S. 41 ff.; *Patrick Sensburg*, Datenschutz im Bürgeramt, DuD 1998, S. 650 (650 ff.); *Klaus Lenk*, Datenschutzprobleme bei integriertem Zugang zu Verwaltungsleistungen, DuD 2002, S. 542 (543 ff.). Mit Vorschlägen zur Technikgestaltung auf der Basis eines engen Zweckbindungsverständnisses *Alexander Roßnagel/Philip Laue*, Zweckbindung im

C. Regulierung u. Gestaltung des Umgangs mit persbez. Informationen u. Daten

hältnisses zwischen Verwaltungsorganisation und Datenschutz entsteht manchmal ein gesonderter Klärungsbedarf. Deshalb sieht etwa § 14 Abs. 3 S. 1 BDSG ausdrücklich vor, dass die Wahrnehmung von Aufsichts- und Kontrollbefugnissen nicht als Zweckänderung einzustufen ist. Einen gesteigerten organisations- und datenschutzrechtlichen Klärungsbedarf wirft auch die technische und organisatorische Entwicklung hin zum Cloud Computing auf, die als zumindest partielle Option in Teilen der öffentlichen Verwaltung zunehmend diskutiert wird.[357]

Zusätzlich zu diesen Abstimmungen muss das Recht des Umgangs mit personenbezogenen Informationen und Daten mit den **anderweitigen informations- und datenbezogenen Bestimmungen** abgeglichen werden. Neue Anforderungen an den Ausgleich kollidierender Interessen stellen sich insbesondere im Zusammenhang mit den allgemeinen Datenzugangsrechten.[358] Während hierbei der Datenzugang interessen- und zweckfrei gewährt werden soll, gehören die im Vorhinein verlässliche Begrenz- und Überschaubarkeit der über eine Person entstehenden Informationen, die mit Hilfe der Figuren der Zweckfestlegung und Zweckbindung realisiert werden sollen, zu den zentralen Prinzipien des Datenschutzes.[359] § 5 IFG sieht als Lösung die Möglichkeit der Einwilligung der Person, auf die die Daten verweisen, oder eine Interessenabwägung vor. Eine Interessenabwägung ist allerdings nur zu leisten, wenn man die Geheimhaltungs- und die Informationsinteressen bestimmen und gewichten kann. Man kommt also nicht umhin, die Schutzinteressen auf beiden Seiten präziser auszuarbeiten, als es die jeweils zugrunde liegenden Schutzkonzeptionen vorsehen.[360]

96

Electronic Government, DÖV 2007, S. 543 (544 ff.). Zu praktischen Problemen → Bd. II *Britz* § 26 Rn. 39 ff. Zu gemeinsamen Dateien zwischen Polizeien und Nachrichtendiensten → Rn. 140.

[357] Dazu *Sönke E. Schulz*, Cloud Computing in der öffentlichen Verwaltung: Chancen – Risiken – Modelle, MMR 2010, S. 75 (75 ff.). Allgemeiner und zum Problemüberblick *Jan Pohle/Thorsten Ammann*, Über den Wolken ... – Chancen und Risiken des Cloud Computing, CR 2009, S. 273 (273 ff.); näher zu Datenschutzfragen *Martin Reindl*, Cloud Computing & Datenschutz, in: Taeger/Wiebe (Hrsg.), Inside the Cloud (Fn. 81), S. 441 (442 ff.); *Ninja Marnau/Eva Schlehahn*, Cloud Computing und Safe Harbor, DuD 2011, S. 311 (311 ff.).

[358] Ausführlich zu den Datenzugangsrechten → Bd. II *Gusy* § 23 Rn. 82 ff.; *Gurlit*, Informationsverwaltungsrecht (Fn. 21), S. 75 ff. Auch wenn man bestimmte Interessen, insbes. die jeweiligen datenschutz- und datenzugangsrechtlichen Informationsinteressen der Bürger, unter dem Aspekt der Partizipation parallelisieren mag – vgl. etwa *Sokol*, Datenschutz (Fn. 19), S. 37 ff. –, stellen der Datenschutz in Form von Geheimhaltungsansprüchen einerseits und die Datenzugangsansprüche Dritter andererseits kollidierende Interessen dar. Vgl. auch *Rossi*, Informationszugangsfreiheit (Fn. 66), S. 135 ff. Zu undifferenziert und zu unscharf etwa *Dieter Kugelmann*, Das Informationsfreiheitsgesetz des Bundes, NJW 2005, S. 3609 (3612): Bei der Abwägung sei zu beachten, dass der Datenschutz nicht die Verhinderung von Kommunikation bezwecke, sondern Teil der Rahmenbedingungen von Kommunikation sei.

[359] Näher *Marion Albers*, Verfassungsrechtliche Grundlagen einer transparenten Verwaltung, in: Bettina Sokol (Hrsg.), Sommersymposium Informationsfreiheit, 2004, S. 31 (47 f.): Zweckfestlegung und Zweckbindung weisen in die noch nicht bestimmbare Zukunft, indem sie sicherstellen sollen, dass personenbezogene Daten auch künftig nicht mit der Folge einer beliebigen Verwendbarkeit durch andere zugänglich gemacht werden. Zum Problem außerdem *Masing*, Verwaltung (Fn. 19), S. 399 ff.; *Matthias Rossi*, Informationsfreiheitsgesetz, 2006, § 5 Rn. 2.

[360] Das gilt auf beiden Seiten, denn ebenso wie das Recht auf informationelle Selbstbestimmung in der Rspr. des BVerfG als abstraktes Entscheidungsrecht über die Preisgabe und Verwendung persönlicher Daten formuliert ist, soll der Datenzugang nach § 1 IFG gerade „voraussetzungslos", also nicht mehr von Interessen abhängig sein. S. dazu auch *Heribert Schmitz/Serge Daniel Jastrow*, Das Informationsfreiheitsgesetz des Bundes, NVwZ 2005, S. 984 (993); *Alexander Roßnagel*, Konflikte zwischen Informationsfreiheit und Datenschutz, MMR 2007, S. 16 (18 ff.); *Albers*, Grundlagen (Fn. 19),

3. Allgemeiner Teil und bereichsspezifische Regelungskomplexe

97 Das Recht des Umgangs mit personenbezogenen Informationen und Daten gliedert sich in eigenständiger Weise in einen **Allgemeinen Teil** und in **bereichsspezifische Regelungskomplexe.** Jener Teil besteht ebenso wie das Allgemeine Verwaltungsrecht nicht allein aus einer Kodifikation, sondern aus Regelungen, Instituten, Figuren, Grundsätzen und Rechtsbegriffen, die für das bereichsspezifische Recht systembildend wirken.[361] Jedoch kann er nicht ohne weiteres mit der Funktion einer Teilbereichsintegration auf einer „mittleren Ebene" zwischen Allgemeinem Verwaltungsrecht und bereichsspezifischem Datenschutzrecht angesiedelt werden.[362] Da die Informationsdimension die traditionellen Grundkategorien Handlung, Entscheidung, Organisation oder Verfahren dogmatisch ergänzt, liegt das Allgemeine Datenschutzrecht, selbst wenn es mit seinem Fokus personenbezogener Informationen und Daten nur eine Facette der Informationsdimension erfasst, prinzipiell auf der gleichen Ebene wie das Allgemeine Verwaltungsrecht. Dass es sich diesem trotzdem nicht glatt hinzufügen lässt, beruht darauf, dass es aus der spezifischen Perspektive individueller Schutzerfordernisse formuliert ist. Vor diesem Hintergrund muss es in mehrfacher Hinsicht koordiniert werden: Es muss mit den Kategorien des Allgemeinen Verwaltungsrechts abgestimmt werden und sie ergänzen. Es dient im Verhältnis zum Besonderen Verwaltungsrecht als Allgemeiner Teil in informationeller Hinsicht. Darüber hinaus muss es gegenüber dem bereichsspezifischen Datenschutzrecht die regulären Transformations-, Bündelungs-, Entlastungs-, Harmonisierungs- und sonstigen Systembildungsfunktionen erfüllen.[363] Damit treten Querbeziehungen zum Allgemeinen und zum Besonderen Verwaltungsrecht zu den Wechselbeziehungen zwischen Allgemeinem und bereichsspezifischem Datenschutzrecht hinzu.

98 In der Diskussion um die Modernisierung des Datenschutzrechts gehört die Neubestimmung der Relationen zwischen dem Allgemeinen Teil und den bereichsspezifischen Regelungskomplexen zu den wohl wichtigsten Punkten. Die Vorschläge laufen meistens darauf hinaus, den Allgemeinen Teil rechtsgebietsübergreifend mit wenigen zentralen Grundsatzbestimmungen auszufüllen und die bereichsspezifischen Regelungen deutlich zu reduzieren.[364] Diese allseits ge-

---

S. 622f.; *Friedrich Schoch*, Informationsfreiheitsgesetz, 2009, § 5 Rn. 28 ff. Zu § 2 S. 1 Nr. 2a VIG *Albers/Ortler*, Verbraucherschutz (Fn. 18), S. 228. Zum Konflikt zwischen Datenschutz- und Zugangsinteressen und zur Konkretisierungsbedürftigkeit der jeweiligen Interessen s. für die europäische Ebene auch *EuGH*, Rs. C-28/08 P, Slg. 2010, I-6051, Rn. 78.

[361] Allgemein dazu *Eberhard Schmidt-Aßmann*, Zur Funktion des Allgemeinen Verwaltungsrechts, DV, Bd. 27 (1994), S. 137 (137ff); *Matthias Schmidt-Preuß*, Das Allgemeine des Verwaltungsrechts, in: FS Maurer, 2001, S. 777 (778 f.); *Thomas Groß*, Die Beziehungen zwischen dem Allgemeinen und dem Besonderen Verwaltungsrecht, DV, Beiheft 2, 1999, S. 57 (57ff., bes. 70ff.). Weiter → Bd. I *Burgi* § 18 Rn. 96ff.

[362] Dazu *Rainer Wahl*, Die Aufgabenabhängigkeit von Verwaltung und Verwaltungsrecht, in: Hoffmann-Riem/Schmidt-Aßmann/Schuppert (Hrsg.), Reform, S. 177 (213ff.); *Schmidt-Aßmann*, Funktion (Fn. 361), S. 150f.; *Schmidt-Preuß*, Allgemeine (Fn. 361), S. 780f.

[363] Allgemein → Bd. I *Burgi* § 18 Rn. 107; *Groß*, Beziehungen (Fn. 361), bes. S. 70ff.

[364] Statt vieler *Roßnagel/Pfitzmann/Garstka*, Modernisierung (Fn. 86), S. 13, 43f., mit dem zusätzlichen Vorschlag, das allgemeine Gesetz solle präzise Vorschriften enthalten und offene Abwägungsklauseln möglichst vermeiden. Weniger radikal *Johann Bizer*, Strukturplan modernes Datenschutzrecht, DuD 2004, S. 6 (11 ff.). Mit teilweise deutlich zu kurz greifenden Erörterungen *Stefanie Petersen*, Grenzen des Verrechtlichungsgebotes im Datenschutz, 2000, S. 129 ff.

C. Regulierung u. Gestaltung des Umgangs mit persbez. Informationen u. Daten

fällige Forderung verliert sofort an Einheitlichkeit, sobald nähere Inhalte präsentiert werden. Unabhängig davon greift die Vorstellung, man könne den Regelungserfordernissen mit Grundsatzbestimmungen und wenigen bereichsbezogenen Modifikationen Rechnung tragen, im Ansatz zu kurz. In ihr steckt noch das Modell, das entstehungsgeschichtlich verfestigt, inzwischen aber in jeder Hinsicht überholt ist: das Modell der Determination einer Datenverarbeitung, die relativ losgelöst von inhaltlichen Kontexten und von Sachproblemen zu steuern ist.[365]

Eine Neugestaltung des allgemeinen und des bereichsspezifischen Rechts des Umgangs mit personenbezogenen Informationen und Daten setzt eine angemessene Beschreibung sowohl des Regelungsgegenstandes als auch der Schutzerfordernisse voraus. Auf dieser Grundlage müssen der Allgemeine Teil und die bereichsspezifischen Regelungskomplexe **unter Berücksichtigung der Querbeziehungen zu den sachlichen Strukturen auf ihre je eigenen Funktionen** hin zugeschnitten werden. Hierbei sind drei Aspekte wichtig: Erstens ist das allgemeine Recht des Umgangs mit personenbezogenen Informationen und Daten, ebenso wie das Allgemeine Verwaltungsrecht, nicht allein mit einer Kodifikation gleichzusetzen, die Querschnitts- und Auffangregelungen „vor die Klammer" zieht. Seine Funktionen erfüllt es auch mit Hilfe **allgemeiner Bausteine,** also anerkannter Institute, Figuren, Grundsätze und Rechtsbegriffe, die sich im bereichsspezifischen Recht widerspiegeln.[366] Zweitens sollten bereichsspezifische Regelungen nicht, wie es gegenwärtig häufig der Fall ist, allgemeine Aussagen wiederholen,[367] sondern **Regelungsprobleme,** die sich bereichsspezifisch stellen, in Abstimmung mit den sachlichen Regelungsstrukturen **sachgerecht und sachnah** lösen. Sie können eigenständige Lösungen bieten, die in anderen Regelungsfeldern nicht passen. Sie können aber auch Präzisierungen formulieren, die sich nur mit Blick auf die sachlichen Strukturen beschreiben lassen. Das verweist drittens darauf, dass es **Zwischenschichten** zwischen allgemeinem und bereichsspezifischem Recht gibt, in denen die Bausteine bereichsspezifisch ausgeformt werden, ohne dass ihre Entlastungs- und Systembildungsfunktionen dadurch ganz verloren gingen.[368] Anstatt nur in der Differenz von allgemeinen und bereichsspezifischen Vorschriften zu denken, muss man also die Bausteine des Rechts des Umgangs mit personenbezogenen Informationen und Daten in den Mittelpunkt rücken. Statt auf die Quantität der Vorschriften ist auf deren Qualität, Sinnhaftigkeit und systematische Nachvollziehbarkeit zu achten.

---

[365] Vgl. zum Modell eines generellen Verwaltungsverfahrensrechts *Rainer Wahl*, Vereinheitlichung oder bereichsspezifisches Verwaltungsverfahrensrecht?, in: Willi Blümel (Hrsg.), Die Vereinheitlichung des Verwaltungsverfahrensrechts, 1984, S. 19 (39): „Relativ stark abgehoben von den unterschiedlichen Sachproblemlagen des inhaltlichen Verwaltungsrechts bildet das Verwaltungsverfahren danach ein generelles Gebäude und Gehäuse, innerhalb dessen die Verwirklichung unterschiedlichen inhaltlichen Rechts geschieht und geschehen kann.", sowie zur Problematik dieser Sehweise insgesamt S. 38 ff. Der Umgang mit personenbezogenen Informationen und Daten ist mit den sachlichen Normstrukturen noch weitaus verwobener als das Verwaltungsverfahren.

[366] Mit Blick auf Allgemeines und Besonderes Verwaltungsrecht *Groß*, Beziehungen (Fn. 361), S. 70 f.

[367] Siehe auch *Hans P. Bull*, Aus aktuellem Anlass: Bemerkungen über Stil und Technik der Datenschutzgesetzgebung, RDV 1999, S. 148 (153).

[368] Zur Bedeutung der Abstufungen, die die starre Dichotomie zwischen Allgemeinem und Besonderem Teil überwinden, vgl. auch *Groß*, Beziehungen (Fn. 361), S. 78 ff.; *Wahl*, Vereinheitlichung (Fn. 365), S. 42 ff.; *Martin Schulte*, Fragmentierung des Verwaltungsverfahrensrechts, JöR Bd. 55 (2007), S. 303 (305 ff.).

100   **Referenzgebiete** können eine Mittlerfunktion zwischen dem allgemeinen und dem bereichsspezifischen Recht des Umgangs mit personenbezogenen Informationen und Daten erfüllen. Grundsätzlich sind Referenzgebiete diejenigen besonderen Gebiete, die fachübergreifende Problemlagen und -lösungen aufweisen und in deren Fallmaterial sich die allgemeinen Aussagen wiederfinden oder auch neu herauskristallisieren.[369] Allerdings ist im Recht des Umgangs mit personenbezogenen Informationen und Daten zu beachten, dass die Linie, die man aus dem Allgemeinen und Besonderen Verwaltungsrecht kennt, gebrochen wird durch den Koordinationsbedarf mit den sachlichen Strukturen. Mehr als sonst sind Referenzgebiete deshalb relativ zu bestimmen und Zwischenschichten mit Konstellationen herauszuarbeiten, die zwar nicht in allen, aber in mehreren Feldern auftreten. Zusätzlich sind spezielle Probleme insofern aufschlussreich, als sie aufzeigen, was nicht verallgemeinerbar ist, und dadurch allgemeine Muster erst als solche hervortreten lassen. Das Referenzgebiet **Sozialrecht** ist besonders charakteristisch als Recht staatlicher Leistungen, die man noch in ihrer strukturellen Eigenständigkeit und dem jeweils ausgeprägten Informations- und Wissensbedarf auffächern kann, und als Kooperationsrecht zwischen Behörden.[370] Es besitzt im Rahmen des Drei-Säulen-Modells selbst einen allgemeinen Verfahrensteil und hat sich zugleich mit weiteren Stufen ausdifferenziert.[371] Das **Melderecht** gibt noch ein Beispiel für eine – in Reaktion auf das Volkszählungsurteil, aber auch wegen der Multifunktionalität der Meldedaten vorgenommene – Detailregulierung her, bei der Zwecke und Datenkataloge im Einzelnen aufgelistet werden;[372] angesichts der zunehmenden Vielfalt komplexer Register kann es partiell aber auch vernetzte Datenverbünde modellieren. Weiter reichend entwickelt sich

---

[369] Zum Verständnis des Begriffs der Referenzgebiete *Schmidt-Aßmann* (Fn. 361), S. 148 ff.; → Bd. I *Voßkuhle* § 1 Rn. 43 ff., *Möllers* § 3 Rn. 53, *Burgi* § 18 Rn. 115 ff.

[370] Dazu → Bd. II *Schneider* § 28 Rn. 141, 170 ff. m. w. N. Übergreifend *Heike Rasmussen*, Sozialdatenschutz in der Praxis, 1997; *Ulrich v. Petersdorf*, Datenschutz in der Sozialverwaltung, in: Roßnagel (Hrsg.), Handbuch (Fn. 41), Kap. 8.13; *Heike Rasmussen*, Datenschutz in der Sozialversicherung, in: Roßnagel (Hrsg.), Handbuch (Fn. 41), Kap. 8.14; *Wolfgang Binne*, Sozialdatenschutz, in: Bernd Baron v. Maydell/Franz Ruland (Hrsg.), Sozialrechtshandbuch, 4. Aufl. 2008, S. 370 ff.; *Dietrich Schoch*, Datenschutz in der Sozialhilfe und der Grundsicherung für Arbeitssuchende, ZFSH/SGB 2005, S. 67 (67 ff.). Aus den Diskussionen: *Götz-Dietrich Renelt*, Sozialdatenschutz und Strafverfolgung, ZFSH/SGB 2002, S. 579 (579 ff., 643 ff.); *Andreas Marschner*, Änderung der Sozialhilfedatenabgleichsverordnung zur Verhinderung von Leistungsmissbrauch, NJW 2002, S. 737 (737 ff.); *Dirk Otto/Mark Rüdlin/Uwe Koch*, Weitergabe von Explorationsdaten aus der Drogenberatung an Leistungsträger, DuD 2002, S. 484 (484 ff.); *Reinhard Vetter*, Chancen und Risiken zentralisierter Patientendatenbestände, DuD 2003, S. 39 (39 ff.); *Carlos A. Gebauer*, Grenzen der Übermittlung von Patientendaten zwischen Krankenhaus und Krankenkasse, NJW 2003, S. 777 (777 ff.); *Katharina Krapp*, BAföG-Rasterfahndung, ZRP 2004, S. 261 (261 ff.); *Stefan Müller-Thele*, Hartz IV: Eine datenschutzrechtliche Risikoanalyse, NJW 2005, S. 1541 (1541 ff.); *ders.*, Hartz IV – Kontrollmaßnahmen gegen Leistungsmissbrauch, RDV 2005, S. 257 (257 ff.); *Ulrich Wenner*, Wie weit die Sozialbehörden Bankkonten überprüfen können und dürfen, Soziale Sicherheit 2005, S. 102 (102 ff.). Zur Pflicht zur Veröffentlichung der Vergütung von Vorstandsmitgliedern gesetzlicher Krankenversicherungen nach § 35a Abs. 6 S. 2 SGB IV *BVerfG* (K), NJW 2008, S. 1435 (1436 ff.).

[371] Vgl. etwa BVerwGE 119, 341 (346 f.); BVerwG, NVwZ-RR 2006, S. 624 (625 f.), zur bereichsspezifischen Vorschrift des § 29 SG, der in Abs. 1–3 allgemeine Bestimmungen zu Personalakten und in Abs. 4 weitere besondere Schutzbestimmungen im Falle von Gesundheitsdaten enthält. Zum (un-übersichtlichen) Ineinandergreifen unterschiedlicher Vorschriften bei Patientendaten *Beatrix Beyerle*, Rechtsfragen medizinischer Qualitätskontrolle, 2004, S. 83 ff.

[372] Siehe §§ 2, 3, 17 ff. MRRG. Aus der Literatur s. insbes. *Marenbach*, Beziehungen (Fn. 296); *Harald Wollweber*, Datenschutz im Melde-, Ausweis- und Passwesen, in: Roßnagel (Hrsg.), Handbuch (Fn. 41), Kap. 8.5 Rn. 1 ff.

das Registerrecht zu einem Recht der Wissensinfrastrukturen.³⁷³ In ähnlicher Weise wird das **Ausweiswesen** zu einer Identifizierungsinfrastruktur ausgebaut. Dies betrifft insbesondere den Personalausweis mit seinen Funktionen als auch elektronischer Identitätsnachweis, der mit Blick auf die Möglichkeiten und Erfordernisse in den Bereichen sowohl des E-Government als auch des E-Commerce konzipiert worden und insofern auch ein Beispiel für „Digital Governance" ist.³⁷⁴ Das **Telekommunikations-** und **Telemedienrecht** reagiert auf das Internet und hat – unabhängig davon, ob die Problemlösungen immer passen – die modernen Bausteine der Systemgestaltung oder der Technikentwicklung und -gestaltung ebenso beeinflusst wie die Fortentwicklung der Rechte betroffener Personen.³⁷⁵ Paradigmatisch wirken außerdem das **Polizei-** und das **Nachrichtendienstrecht.** Deren übergreifend bedeutsame Kennzeichen sind zum einen die Vorfeldaufgaben, die gerade mittels Informations- und Datenverarbeitungen und mittels Wissensproduktion erfüllt und durch entsprechende Regelungen erst präzisiert werden, sowie eingriffsintensive heimliche Ermittlungsmethoden mit der Folge näherer Regelungserfordernisse, die auf sämtliche Verarbeitungsphasen und auf die Zusammenarbeit zwischen Sicherheitsbehörden durchgreifen.³⁷⁶ Beide Kennzeichen veranschaulichen die Relevanz des Denkens in Regelungs- und Verarbeitungskontexten.

III. Ausgestaltung und Koordination der zentralen Bausteine

Zu den traditionellen Bausteinen des Datenschutzrechts gehören die Regulierung der Verarbeitungsphasen, Auskunfts- und Einflussrechte betroffener Personen und die Datenschutzkontrolle. Aus unions- und verfassungsrechtlichen

---

³⁷³ Übergreifend → Bd. II *Ladeur* § 21; näher → Bd. II *Holznagel* § 24 Rn. 49 ff.

³⁷⁴ Dazu etwa *Alexander Roßnagel/Gerrit Hornung/Christoph Schnabel*, Die Authentisierungsfunktion des elektronischen Personalausweises aus datenschutzrechtlicher Sicht, DuD 2008, S. 168 (168 ff.); *Alexander Roßnagel*, Ein Ausweis für das Internet, DÖV 2009, S. 301 (301 ff.); *Martin Schallbruch*, Elektronische Identitäten im Internet und die Einführung des elektronischen Personalausweises, in: Dieter Klumpp/Herbert Kubicek/Alexander Roßnagel/Wolfgang Schulz (Hrsg.), Netzwelt – Wege, Werte, Wandel, 2010, S. 211 (212 ff.); *Martin Zilkens*, Datenschutz im Pass- und Personalausweiswesen, RDV 2010, S. 14 (14 ff.). Zur Digital Governance → Rn. 3.

³⁷⁵ Dazu *Alexander Roßnagel*, Datenschutzrecht, in: ders./Banzhaf/Grimm (Fn. 336), S. 119 ff.

³⁷⁶ Das hat insbes. die verfassungsgerichtliche Rspr. herausgearbeitet: *BVerfGE* 110, 33 (57 ff.); 113, 348 (375 ff.); 115, 320 (341 ff.); 120, 274 (302 ff.); 125, 260 (309 ff.); *BVerfG*, Beschl. vom 12. 10. 2011, Az. 2 BvR 236/08 u.a.; Beschl. vom 7. 12. 2011, Az. 2 BvR 2500/09 u.a., Beschl. vom 24. 1. 2012, Az. 1 BvR 1299/05, jeweils abrufbar unter www.bverfg.de; *BayVerfGH*, DVBl 1995, S. 347 (348 ff.); NVwZ 2003, S. 1375 (1375 ff.); *SächsVerfGH*, DVBl 1996, S. 1423 (1423 ff.); Urt. vom 10. 7. 2003, Vf. 43 II/00 (juris); Urt. vom 21. 7. 2005, Vf. 67 II/04 (juris); BbgVerfG, LKV 1999, S. 450 (451 ff.); *MVVerfG*, LKV 2000, S. 149 (152 ff.); LKV 2000, S. 345 (346 ff.); *VerfGH Rheinl.-Pfalz*, Urt. vom 29. 1. 2007, Az. VGH B 1/06; bündelnd-analysierend *Hans-Heinrich Trute*, Grenzen des präventionsorientierten Polizeirechts in der Rechtsprechung des Bundesverfassungsgerichts, DV, Bd. 42 (2009), S. 85 (87 ff.). Übergreifend *Christoph Gröpl*, Die Nachrichtendienste im Regelwerk der deutschen Sicherheitsverwaltung, 1993, S. 301 ff.; *Martin Koch*, Datenerhebung und -verarbeitung in den Polizeigesetzen der Länder, 1999, bes. S. 47 ff.; *Marion Albers*, Die Determination polizeilicher Tätigkeit in den Bereichen der Straftatenverhütung und der Verfolgungsvorsorge, 2001, bes. S. 97 ff.; *Birgit Tischer*, Das System informationeller Befugnisse der Polizei, 2004, S. 51 ff.; *Susanne Graf*, Verdachts- und ereignisunabhängige Personenkontrollen, 2006; *Hans-Heinrich Trute*, Die Erosion des klassischen Polizeirechts durch die polizeiliche Informationsvorsorge, in: Wilfried Erbguth/Friedrich Müller/Volker Neumann (Hrsg.), Rechtstheorie und Rechtsdogmatik im Austausch, 1999, S. 403 (403 ff.).

Gründen und im Zuge rechtspolitischer Novellierungen haben sich diese Bausteine mittlerweile zum einen selbst verändert. Zum anderen sind weitere Elemente hinzugetreten, so die Systemgestaltung, die Technikentwicklung und Technikgestaltung, neue Formen der Kenntnis- und Einflussrechte Betroffener, erweiterte Funktionen der Datenschutzbeauftragten oder das Datenschutzaudit. Die dadurch gesteigerte Komplexität des Rechts des Umgangs mit personenbezogenen Informationen und Daten ist gegenstandsgerecht. Probleme und Realisierungsdefizite entstehen vor allem dadurch, dass die Bausteine hinsichtlich ihrer Ausgestaltung und ihrer Koordination unzureichend ausgearbeitet, nicht selten auch als solche ungeklärt sind.

1. Systemdatenschutz als Kontextsteuerung und Kontextgestaltung

a) Funktionen und Anknüpfungspunkte

102   Der Topos **„Systemdatenschutz"** beschreibt einen **neuen zentralen Baustein** im Recht des Umgangs mit personenbezogenen Informationen und Daten. Trotz seiner Karriere ist keineswegs deutlich, was damit eigentlich genau gemeint ist.[377] Ursprünglich ist er in Abgrenzung gegen den „Individualdatenschutz" in eine Reihe mehr oder weniger überzeugender Prinzipien ausgeformt worden: Transparenz des Informationsverhaltens, Beschreibbarkeit der Erforderlichkeitsrelation, Verbot hyperkomplexer Verwaltungstätigkeit, Gebot der Validität, Verbot der Kontextveränderung, Sicherung der Rechtspositionen von Betroffenen im Falle des Einsatzes rechnerunterstützter Informationssysteme.[378] An diese Ursprungsüberlegungen wird meist angeknüpft;[379] der „Systemdatenschutz" wird dann aber weiterentwickelt. Oft werden „technische Systeme" der Datenverarbeitung als Bezugspunkt gewählt: „Unter Systemdatenschutz versteht man Datenschutzfunktionalität eingebaut in Systeme und Verfahren".[380] Manchmal wird

---

[377] Aufschlussreich *Bizer*, Datenschutzrecht (Fn. 81), S. 591: „Heute zählt der Systemdatenschutz als griffiges Synonym für nicht näher spezifizierte Anforderungen zu den tragenden Strukturprinzipien des Datenschutzrechts."

[378] *Adalbert Podlech*, Individualdatenschutz — Systemdatenschutz, in: Klaus Brückner/Gerhard Dalichau (Hrsg.), Beiträge zum Sozialrecht, 1982, S. 451 (452, 454 ff.), mit der Definition des Systemdatenschutzes als „die Menge der Rechtsregeln, die Vorgänge der Informationserhebung oder der Informationsverarbeitung unabhängig davon, ob im Einzelfall Interessen der Betroffenen berührt sind oder nicht, rechtlich so ordnen, daß die Gesamtheit der rechtlich geregelten Informationsvorgänge keine sozialschädlichen Folgen herbeiführen".

[379] *Alfred Büllesbach/Hansjürgen Garstka*, Systemdatenschutz und persönliche Verantwortung, in: Günter Müller/Andreas Pfitzmann (Hrsg.), Mehrseitige Sicherheit in der Kommunikationstechnik, 1997, S. 383 (384); *Alexander Dix*, Konzepte des Systemdatenschutzes, in: Roßnagel (Hrsg.), Handbuch (Fn. 41), Rn 1 ff.; *Johann Bizer*, Datenschutzrecht (Fn. 81), S. 591.

[380] So – mit Bezug auf IT-Systeme – *Marit Köhntopp*, Datenschutz technisch sichern, in: Alexander Roßnagel (Hrsg.), Allianz von Medienrecht und Informationstechnik?, 2001, S. 55 (56). S. auch den Bericht der Bundesregierung über die Erfahrungen und Entwicklungen bei den neuen Informations- und Kommunikationsdiensten im Zusammenhang mit der Umsetzung des Informations- und Kommunikationsdienste-Gesetzes (IuKDG), BTDrucks 14/1191, S. 13. Vgl. weiter *Büllesbach/Garstka*, Systemdatenschutz (Fn. 379), S. 384 f.: Mit dem Paradigma des „Systemdatenschutzes" seien „die Anforderungen an die technische Umsetzung des informationellen Selbstbestimmungsrechts" gemeint, und die rechtliche Bewertung müsse „konstitutives Gestaltungsmerkmal der eingesetzten Technologie" sein. Selbst dies noch verkürzend *Kloepfer*, Informationsrecht (Fn. 42), S. 133 f., 303 f.: Systemdatenschutz als „ein Ausschnitt bzw. Teilbereich der – darüber hinausgehenden – Datensicherung".

darüber hinaus die Organisation der Verarbeitungszusammenhänge und -verfahren hervorgehoben.³⁸¹ Das Verhältnis von Technik und Organisation bleibt jedoch ebenso dunkel wie die Bestimmung des „Systems" im Systemdatenschutz.

Mehr Präzision erlaubt die Ausarbeitung der **Funktionen,** die der Systemdatenschutz erfüllen soll. Hinter ihm steht die treffende Überlegung, dass die Regulierung allein der Verarbeitungsvorgänge zu kurz greift. Denn indem Kommunikationstechniken und Kommunikations- und Entscheidungsverfahren den Kontext und die Bedingungen von Informations- und Datenverarbeitungen mitkonstituieren, prägen sie mit, welche personenbezogenen Daten benötigt werden, in welcher Form sie gespeichert werden, wie viele Personen darauf Zugriff haben und wie transparent Verarbeitungen ablaufen können. Unter Umständen erlauben sie es in ihrer vorgefundenen Gestalt nicht, die Informations- und Datenverarbeitungen anforderungsgerecht zu gestalten. Vielleicht könnte eine alternative Gestaltung die benötigten Daten oder die Zugriffserfordernisse deutlicher begrenzen und mit mehr Transparenz verbunden sein.³⁸² Vor diesem Hintergrund klärt sich das Verhältnis von Technik und Organisation: Da technische Datenverarbeitungssysteme eine Teilkomponente des übergreifenden Kommunikationssystems sind,³⁸³ umfasst eine Systemgestaltung die Technikgestaltung, erschöpft sich darin jedoch nicht. Sie bezieht sich auf abgrenzbare soziale Systeme oder Teilsysteme, in deren Rahmen in Kommunikations-, Entscheidungs-, Informations- und Datenverarbeitungsverfahren unter Einsatz von Kommunikations- und Datenverarbeitungstechniken Aufgaben erledigt oder bestimmte Ziele verfolgt werden und in denen sich die Verarbeitungsvorgänge bewegen. Systemdatenschutz hat somit die Funktion der sachlichen, organisatorischen und technischen Ausgestaltung der Kommunikationssysteme auf einer der Regulierung der Verarbeitungsphasen (analytisch) vorgelagerten Ebene. Inhaltlich entstehen dadurch vielschichtige Perspektiven. Dogmatisch löst sich das Recht des Umgangs mit personenbezogenen Informationen und Daten aus den Mustern des Ordnungsrechts.

103

Versteht man den Systemdatenschutz als **Kontextsteuerung und -gestaltung,** ist er breit angelegt: Er reicht von der Gestaltung der sachlichen Kompetenzen, auf die Verarbeitungsvorgänge ausgerichtet werden, über die Verwaltungsorganisation und die Entscheidungsverfahren bis hin zur technischen Einrichtung

104

---

³⁸¹ *Dix,* Konzepte (Fn. 379), Rn. 1 ff., bes. 12 ff. Ähnlich, aber mit stärkerem Akzent auf dem „technischen System" und der Realisierung des Systemdatenschutzes durch technische Maßnahmen *Roßnagel/Pfitzmann/Garstka,* Modernisierung (Fn. 86), S. 39 f.; *Volkmar Heinecker,* Modernisierungsansätze im Datenschutzrecht – die Erweiterung der organisatorischen Vorkehrungen zum Sozialdatenschutz um den Grundsatz der Datenvermeidung und Datensparsamkeit (§ 78 b SGB X) sowie um ein Datenschutzaudit (§ 78c SGB X), SdL 2004, S. 297 (303). Noch stärkerer Ansatz bei technischen Systemen, aber von dort aus ausgreifende Überlegungen bei *Trute,* Schutz (Fn. 89), S. 827 f.
³⁸² Siehe auch *Roßnagel/Pfitzmann/Garstka,* Modernisierung (Fn. 86), S. 101: „Wenn eine gewählte Abrechnungsform als Zweck der Erforderlichkeitsprüfung zugrunde gelegt wird, kann die Verarbeitung personenbezogener Daten erforderlich sein. Wird der abstraktere Zweck, die erbrachte Leistung abzurechnen, zum Bezugspunkt der Erforderlichkeitsprüfung, ergibt sich für die verantwortliche Stelle die Pflicht, nach einer Gestaltung der Abrechnungsverfahren zu suchen, die diesen Zweck erfüllt, aber ohne die Verarbeitung personenbezogener Daten auskommt. Eine solche Systemgestaltung ist der Kern des Systemdatenschutzes".
³⁸³ Oben → Rn. 24.

der Datenverarbeitungsanlagen. Abstrakt betrachtet gibt es kaum Faktoren, die nicht unter dem Aspekt der „Systemgestaltung" variiert werden könnten. Im ersten Schritt wählt der (jeweils zuständige Bundes- oder Landes-)Gesetzgeber im Rahmen seiner Kompetenzen und unter Beachtung anderweitiger (verfassungs)rechtlicher Vorgaben die Komponenten aus, bei denen er ansetzt. Im Rahmen der gesetzlichen Regelungen nimmt im zweiten Schritt die Verwaltung in (notwendig) relativ eigenständiger Weise die „Systemgestaltung" vor. Allgemein-abstrakt lassen sich deren Anknüpfungspunkte beschreiben – z.B. die Differenzierung oder Präzisierung der sachlichen Aufgaben und Befugnisse, die Abschottung von Verarbeitungszusammenhängen, die Gestaltung der Aufbau- und Ablauforganisation – oder bestimmte Komponenten herauskristallisieren. Im Konzept der Systemgestaltung steckt jedoch das Erfordernis bereichsspezifischer Realisierung, denn die Gestaltungserfordernisse und -möglichkeiten erschließen sich erst im jeweiligen Sachbereich.

b) Verallgemeinerte Komponenten der Systemgestaltung

aa) Datensicherheit als Ausgangs- und Ansatzpunkt

105   Die „klassische" allgemein-abstrakte Norm, die sich unter dem Paradigma der **„Datensicherheit"** auf Techniken und Organisation erstreckt, ist § 9 BDSG: Danach haben öffentliche und nicht-öffentliche Stellen die technischen und organisatorischen Maßnahmen zu treffen, die erforderlich sind, um die Ausführung der anderweitigen gesetzlichen Vorschriften, insbesondere die in der Anlage zu § 9 S. 1 BDSG genannten Anforderungen, zu gewährleisten. Die Erforderlichkeit der Maßnahmen steht unter dem Vorbehalt eines angemessenen Verhältnisses zwischen Aufwand und angestrebtem Schutzzweck.[384] Es kennzeichnet die Norm zwar noch, dass die Organisationsmaßnahmen den auszuführenden anderweitigen Vorschriften nachgeordnet sind. Dennoch weisen manche ihrer Komponenten bereits Übergänge zur Systemgestaltung auf.[385] Außerdem umfasst der Begriff des „Gewährleistens" eine Dynamisierungsklausel mit präventivem Gehalt, aufgrund derer bereits in der Konzeptionsphase neuer Verarbeitungsverfahren mitbedacht werden muss, wie damit in der Einsatzphase die datenschutzrechtlichen Anforderungen sichergestellt werden können.[386] Im Falle automatisierter Datenverarbeitung spezifiziert die Anlage zu § 9 S. 1 BDSG in einem Katalog beispielhaft eine Reihe von Funktionen, die Maßnahmen der innerbehördlichen Organisation erfüllen müssen: Zutrittskontrolle, Zugangskontrolle, Zugriffskontrolle, Weitergabekontrolle, Eingabekontrolle, Auftragskontrolle und Verfügbarkeitskontrolle.[387] Außerdem ist zu gewährleisten, dass Daten, die zu unterschiedlichen Zwecken erhoben worden sind, getrennt verarbeitet werden können. Diese auf abgegrenzte Datenverarbeitungsanlagen und -systeme zugeschnittenen Funktio-

---

[384] Das setzt eine differenzierte Beurteilung der Schutzzwecke voraus, vgl. auch *Walter Ernestus*, in: Simitis (Hrsg.), BDSG (Fn. 33), § 9 Rn. 26 ff.

[385] Siehe auch *Ernestus*, in: Simitis (Hrsg.), BDSG (Fn. 33), § 9 Rn. 160 f.

[386] *Ernestus*, in: Simitis (Hrsg.), BDSG (Fn. 33), § 9 Rn. 15 f., 24.

[387] Entspr. Datensicherungsmaßnahmen sind nicht nur im Falle automatisierter Datenverarbeitung, sondern ggf. auch bei im Dienstbereich aufbewahrten handschriftlichen Aufzeichnungen notwendig, dazu BVerwG, NVwZ-RR 2006, S. 556 (556 ff.). Vgl. auch etwa § 5 Abs. 4 BlnDSG.

C. Regulierung u. Gestaltung des Umgangs mit persbez. Informationen u. Daten

nen[388] sind in einigen Landesgesetzen zu partiell weiterreichenden Schutzzielen überarbeitet worden, die in den Diskussionszusammenhängen um die IT-Sicherheit standardisiert worden sind: **Vertraulichkeit, Integrität, Verfügbarkeit, Authentizität, Revisionsfähigkeit** und **Transparenz**.[389] Das hat den Vorteil der Anschlussfähigkeit an die Sprache und die Methoden der IT-Sicherheitstechnik.[390] Als Novellierung ist es außerdem sinnvoll, Vorgaben über allgemeine organisatorische Maßnahmen zur Verwirklichung datenschutzrechtlicher Anforderungen und über besondere Maßnahmen im Falle automatisierter Verfahren systematisch zu staffeln.[391] Die Maßnahmen sind in Abhängigkeit vom Schutzbedarf zu treffen. Die Anlage zu § 9 BDSG stellt dabei auf die Art der zu schützenden passenden personenbezogenen Daten oder Datenkategorien ab; sie lässt sich aber auch mit Rücksicht auf den Informationsgehalt von Daten verstehen. Unabhängig von der Formulierung der Zielvorgaben und von den Schutzerfordernissen zeichnet es die Regelungen aus, dass die Organisationsmaßnahmen selbst nicht im Einzelnen vorgeschrieben werden und der Exekutive **Realisierungsspielräume** verbleiben, im Rahmen derer ein breites Spektrum an Maßnahmen in Betracht kommt.[392] Dabei sind nicht nur die Anforderungen des § 9 BDSG selbst zu beachten. Maßstäbe und Grenzen folgen auch aus anderweitigen sachlichen, verfahrensrechtlichen und organisationsrechtlichen Vorgaben. Dieser Aspekt bindet die datenschutzrechtlichen Anforderungen in das übergreifende Verwaltungsrecht ein.

bb) Grundsätze der Datenvermeidung und Datensparsamkeit

Die ursprünglich ausschließlich im Recht der Tele- und Mediendienste verankerten, mittlerweile auf Bundesebene in § 3a BDSG[393] geregelten, öffentliche und private Stellen gleichermaßen bindenden **Prinzipien der Datenvermeidung und der Datensparsamkeit** gelten als „Prototyp innovativen Rechts".[394] § 3a BDSG formuliert sowohl für die „Gestaltung und Auswahl von Datenverarbeitungssystemen" als auch, dies seit der BDSG-Novelle II, für die Erhebung, Verarbeitung und Nutzung personenbezogener Daten[395] das Ziel, dass keine personenbezoge-

106

---

[388] Kritik bei *Walter Ernestus*, Bedarf die Anlage zu § 9 BDSG einer Modernisierung?, RDV 2000, S. 146 (146 ff.); *Roßnagel/Pfitzmann/Garstka*, Modernisierung (Fn. 86), S. 25. Vgl. auch *Dix*, Konzepte (Fn. 379), Rn. 14.

[389] §§ 5 Abs. 2 BlnDSG, 8 Abs. 2 HambDSG, 21 Abs. 2 DSG MV, 10 Abs. 2 DSG NW, 6 Abs. 2 DSG LSA, 9 Abs. 2 SächsDSG; 9 Abs. 2 ThürDSG. Zum Vergleich mit der Anl. zu § 9 BDSG: *Ernestus*, Anlage (Fn. 388), S. 148 f.

[390] *Bizer*, Datenschutzrecht (Fn. 81), S. 589, *Ernestus*, in: Simitis (Hrsg.), BDSG (Fn. 33), § 9 Rn. 1, 53. S. dann *Federrath/Pfitzmann*, Datensicherheit (Fn. 81), S. 859 ff.; mit Blick auf eine Integration in Kommunikations- und Datenverarbeitungszusammenhänge *Martin Rost/Andreas Pfitzmann*, Datenschutzziele – revisited, DuD 2009, S. 353 (353 ff.); weiterführend *Martin Rost/Kirsten Bock*, Privacy by Design und die neuen Schutzziele – Grundsätze, Ziele und Anforderungen, DuD 2011, S. 30 (31 ff.).

[391] §§ 5, 6 Schl.-Hol.LDSG.

[392] Beispiele: Verteilung von Aufgaben und Befugnissen, die Festlegung von Verantwortlichkeiten, die Protokollierung von Tätigkeiten, die Regelung von Zugangsberechtigungen, bauliche Maßnahmen, Kontrollen durch Personal oder Überwachungstechnik, vgl. *Ernestus*, in: Simitis (Hrsg.), BDSG (Fn. 33), § 9 Rn. 22; *Harald Pickel*, Organisatorische Vorkehrungen zum Schutz der Sozialdaten und besondere Datenverarbeitungsarten, SGb 2000, S. 198 (198 ff.).

[393] Auf Landesebene s. etwa § 4 Abs. 1 Schl.-Hol.LDSG.

[394] *Bizer*, in: Simitis (Hrsg.), Bundesdatenschutzgesetz, 6. Aufl. 2006, § 3a Rn. 27.

[395] Gesetz vom 14. 8. 2009, BGBl I, S. 2814. Zustimmend zur Ergänzung etwa *Jürgen Kühling/Simon Bohnen*, Zur Zukunft des Datenschutzrechts – Nach der Reform ist vor der Reform, JZ 2010, S. 600 (603).

nen Daten oder so wenig personenbezogene Daten wie möglich erhoben, verarbeitet oder genutzt werden.[396] Der Einfluss auf die „Gestaltung der Systemstrukturen, in denen personenbezogene Daten erhoben und verarbeitet werden",[397] soll auf der **einzelnen Verarbeitungsvorgängen vorgelagerten Ebene** die Bedingungen prägen, unter denen die Verarbeitung von Daten dann als erforderlich oder auch als nicht (mehr) erforderlich eingestuft wird.[398] Allerdings ist der Begriff des „Datenverarbeitungssystems" – ebenso wie der leitende Topos „Systemdatenschutz" – unzureichend geklärt. Entstehungsgeschichtlich steht eine eher technikgeprägte Vorstellung von Datenverarbeitungssystemen im Sinne von „Funktionseinheiten zur Verarbeitung von Daten"[399] im Hintergrund.[400] Das lässt sich jedoch von dem sozialen Kontext, der Organisation und den Kommunikationsverfahren nur begrenzt isolieren. Der Regelungsgehalt des § 3a BDSG erstreckt sich schon deshalb, wie zudem sein systematischer Zusammenhang mit der Anlage zu § 9 BDSG belegt, über technische Aspekte hinaus auf organisatorische oder verfahrensbezogene Faktoren. Deren Einbeziehung soll auch die im Gesetzestext vorgenommene Erweiterung des zunächst alleinigen Bezugspunktes der „Datenverarbeitungssysteme" um die „Erhebung, Verarbeitung und Nutzung personenbezogener Daten" sicherstellen.[401] Nur eine solche Interpretation macht diese Erweiterung – auch in ihrem Verhältnis zur Phasenregulierung und zum Erforderlichkeitsgrundsatz – verstehbar. Die Grundsätze der Datenvermeidung und der Datensparsamkeit entfalten als Zielvorgaben Bindungswirkung für die verantwortliche Stelle.[402] Relativiert wird dies dadurch, dass ein Ausgleich mit anderen Belangen vorgenommen werden muss.[403] Außerdem bestehen **Spielräume** bei der Umsetzung der Zielvorgaben. Eine Vermeidung oder eine Reduktion der Erhebung, Verarbeitung oder Nutzung personenbezogener Daten kann durch die Auswahl des Datenverarbeitungssystems oder durch die Gestaltung seiner Komponenten erreicht werden. Hierunter fallen die Wahl und Konfiguration der Verarbeitungsprogramme, die Integration von Abschottungsmechanismen, der Einsatz von Anonymisierungs- oder Pseudonymisie-

---

[396] Der Bezug auf den gesamten Verarbeitungszusammenhang – statt auf einzelne Daten – ermöglicht erst die Unterscheidung von Datenvermeidung einerseits und Datensparsamkeit andererseits. Die Unterscheidung ist nicht so zu treffen, dass die Datenvermeidung die Erhebung, die Datensparsamkeit die Verarbeitung und Nutzung von Daten erfasste, so aber *Heinecker*, Modernisierungsansätze (Fn. 381), S. 306.

[397] Siehe die Begründung des Gesetzentwurfs der Bundesregierung zur Änderung des Bundesdatenschutzgesetzes und anderer Gesetze, BTDrucks 14/4329, S. 27 und ähnlich S. 33.

[398] *Dix*, Konzepte (Fn. 379), Rn. 25; *Gola/Schomerus*, BDSG (Fn. 85), § 3a Rn. 4.

[399] Vgl. *Scholz*, in: Simitis (Hrsg.), BDSG (Fn. 33), § 3a Rn. 39: Der Begriff schließt Geräte und Baueinheiten sowie Datenverarbeitungsprogramme ein.

[400] Vgl. die Begründung des Gesetzentwurfs (Fn. 397), S. 33: „Die Vorschrift konkretisiert den Grundsatz der Verhältnismäßigkeit für die technische Gestaltung der Datenverarbeitungssysteme."

[401] So auch *Scholz*, in: Simitis (Hrsg.), BDSG (Fn. 33), § 3a Rn. 7, 43 f.

[402] Zu kurz *Gola/Schomerus*, BDSG (Fn. 85), § 3a Rn. 2; *Flemming Moos*, Datenschutz im Internet, in: Detlef Kröger/Marc André Gimmy (Hrsg.), Handbuch zum Internetrecht, 2. Aufl. 2002, S. 497 (525): „materielles Leitbild, welches keine unmittelbare rechtliche Bindung […] bewirkt". Zutr. *Scholz*, in: Simitis (Hrsg.), BDSG (Fn. 33), § 3a Rn. 27 f.

[403] § 3a BDSG legt die Verwaltung nicht auf eine Optimierung der in ihm verankerten Prinzipien fest. Anders, allerdings undeutlich hins. der Folgen *Alexander Roßnagel*, Das Gebot der Datenvermeidung und -sparsamkeit als Ansatz wirksamen technikbasierten Persönlichkeitsschutzes?, in: Hoffmann-Riem/Eifert (Hrsg.), Innovation, Recht und öffentliche Kommunikation (Fn. 81), S. 41 (45, 50).

C. Regulierung u. Gestaltung des Umgangs mit persbez. Informationen u. Daten

rungsverfahren, die Gestaltung des Verarbeitungsablaufs in seinen einzelnen Phasen oder Maßnahmen, die es den Nutzern ermöglichen, Daten zu reduzieren oder zu verschlüsseln.[404]

Selbst als Zielvorgaben wirken sich die Grundsätze der Datenvermeidung und Datensparsamkeit in beträchtlicher Weise auf die Kommunikation, die Wissenserzeugung und die Informations- und Datenverarbeitung der Verwaltung aus. **Probleme** produzieren sie aus mehreren Gründen. Eine Entscheidung darüber, ob die Verarbeitung personenbezogener Daten im Wege der Gestaltung der Systemstrukturen vermieden oder reduziert werden kann, setzt eine **Analyse** voraus, **welche Informationen** und **welche Daten** benötigt werden, damit die sachlichen Aufgaben vollständig und in rechtmäßiger Weise wahrgenommen werden können. Darüber hinaus sind **alternative Entwürfe** der Gestaltung des übergeordneten Systems und ein Vergleich der mit ihnen jeweils verbundenen Verarbeitung personenbezogener Daten nötig.[405] Was in überschaubaren (Rechts-)Verhältnissen leistbar ist, führt in komplexen Kommunikationsbeziehungen zwischen Bürgern und Behörden zu nur schwer lösbaren Schwierigkeiten. Das gilt zumal angesichts der Wechselwirkungen zwischen der sozialen Organisation und der Gestaltung des technischen Datenverarbeitungssystems. Hinzu kommt, dass die Prinzipien der Datenvermeidung und Datensparsamkeit **datenbezogen** und **rein quantitativ** ausgerichtet sind. Sie werden geprägt von der Fehlvorstellung, eine Minimierung personenbezogener Daten trage dem erforderlichen Schutz betroffener Personen am besten Rechnung. Eine solche Minimierung kann aber in der Praxis zu der kontraproduktiven Folge führen, dass Informationslücken mit überholtem Wissen oder mit nicht gesicherten Erwartungen und Unterstellungen gefüllt werden.[406] Unabhängig davon kann es sinnvoll sein, nach inhaltlichen Schutzwürdigkeitskriterien zu differenzieren, die Gestaltung des Systems auch danach auszurichten und dafür unter Umständen, insbesondere im Falle der Abschottung von Verarbeitungsbereichen, einen quantitativ größeren Bestand personenbezogener Daten in Kauf zu nehmen.[407]

Als generalisierter Standard der Datenschutzgesetze einsatzfähig sind die Prinzipien der Datenvermeidung und der Datensparsamkeit deshalb nur mit Relativierungen und nur in bestimmten Hinsichten, also als **Teilkomponente in einem übergreifenden Konzept**. Soweit man bereichsspezifisch mit sachlich und sozial überschaubaren Beziehungen zu tun hat, können sie dagegen ohne weiteres plausibel sein. Das gilt etwa für die Regulierung von Telekommunikations- oder Teledienstleistungen, für die Gestaltung von Chipkarten im Sozial- und Gesundheitsbereich oder für die Ausgestaltung der gespeicherten Merkmale und der Lesbarkeit bei Pass und Personalausweis.[408]

---

[404] Vgl. den Bericht der Bundesregierung (Fn. 380), S. 13; *Scholz*, in: Simitis (Hrsg.), BDSG (Fn. 33), § 3a Rn. 30 ff.; *Wolfgang Rombach*, in: Karl Hauck/Wolfgang Noftz, Sozialgesetzbuch – SGB X, Stand 2012, § 78b Rn. 11 (2002); *Marit Hansen*, Privacy Enhancing Technologies, in: Roßnagel (Hrsg.), Handbuch (Fn. 41), Rn. 46 ff.

[405] Vgl. auch *Scholz*, in: Simitis (Hrsg.), BDSG (Fn. 33), § 3a Rn. 42.

[406] → Rn. 16.

[407] Eine den Schutzerfordernissen entgegenkommende Pseudonymisierung kann zu einem zusätzlichen Speicher- und Verarbeitungsaufwand mit der Folge führen, dass das Verhältnis zum Datenvermeidungs- und Datensparsamkeitsgebot widersprüchlich wird, s. *Heinecker*, Modernisierungsansätze (Fn. 381), S. 308.

[408] Beispiele und weitere N. bei *Roßnagel*, Gebot (Fn. 403), S. 54 ff.

cc) Pflicht zum Einsatz von Anonymisierungs- und Pseudonymisierungsmöglichkeiten

109 Die als mittlerweile ebenfalls allgemeiner Standard in § 3a S. 2 BDSG verankerte Pflicht zum Einsatz von **Anonymisierungs- und Pseudonymisierungsmöglichkeiten** steht in Zusammenhang mit den Prinzipien der Datenvermeidung und der Datensparsamkeit, weist aber eigenständige Züge auf. Sie formuliert ein Regelbeispiel, das „eine von mehreren Möglichkeiten der Ausgestaltung des Systemdatenschutzes" beschreiben soll.[409] Bei einer Anonymisierung entfällt der Personenbezug der Daten.[410] Bei der Pseudonymisierung werden der Name und andere Identifikationsmerkmale durch ein Kennzeichen ersetzt, damit die Bestimmung des Betroffenen ausgeschlossen oder wesentlich erschwert ist.[411] Indem eine Zuordnungsfunktion oder ein Schlüssel existieren, die die Aufdeckung des Pseudonyms ermöglichen, sind pseudonymisierte Daten nur für diejenigen personenbezogen oder zumindest personenbeziehbar, die auf die jeweilige Zuordnungsfunktion zugreifen können; ansonsten kommen sie, soweit Aufdeckungsrisiken auf ein hinzunehmendes Maß reduziert sind, anonymisierten Daten gleich.[412] Die Pflicht, von den Möglichkeiten der Anonymisierung und Pseudonymisierung Gebrauch zu machen, kann von Anbeginn an oder im Verlauf der Verarbeitungsphasen und in verschiedenen Formen realisiert werden, etwa in aktiver Umsetzung durch die datenverarbeitende Stelle oder mit Hilfe entsprechender Angebote an die Betroffenen. Nach § 3a BDSG steht sie unter dem Vorbehalt, dass dies nach dem Verwendungszweck möglich ist, das mit der Verarbeitung konkret verfolgte Ziel also auch ohne Identifizierung der betroffenen Person erreicht werden kann.[413] Hinzu kommt der Vorbehalt der Angemessenheit des Aufwandes im Verhältnis zum angestrebten Schutzzweck. Vor allem Pseudonymisierungsverfahren setzen eine je nach Einsatzfeld und Anforderungsprofil mehr oder weniger anspruchsvolle Infrastruktur voraus.

110 Die zentrale **Problematik** steckt jedoch nicht erst in diesen Vorbehalten. Auf einer viel grundlegenderen Ebene betreffen Pflichten zur Anonymisierung oder Pseudonymisierung personenbezogener Daten das **Grundverständnis des Ver-**

---

[409] Der Gesetzgeber ist dabei – auf der Grundlage des Rechts auf informationelle Selbstbestimmung i.d.F. eines Entscheidungsrechts über die Preisgabe und Verwendung persönlicher Daten – davon ausgegangen, er sei bereits durch den Verhältnismäßigkeitsgrundsatz zur bereichsübergreifenden Verankerung einer Pflicht zum Einsatz von Anonymisierungs- und Pseudonymisierungsverfahren gezwungen, vgl. die Begründung des Gesetzentwurfs (Fn. 397), S. 33.

[410] Personenbezogene Daten werden dabei so verändert, dass die Einzelangaben über persönliche oder sachliche Verhältnisse nicht mehr oder nur mit einem unverhältnismäßig großen Aufwand einer bestimmten oder bestimmbaren natürlichen Person zugeordnet werden können, s. die Legaldef. in § 3 Abs. 6 BDSG.

[411] § 3 Abs. 6a BDSG. Pseudonyme können von der betroffenen Person selbst gewählt oder ihr mit oder ohne ihre Kenntnis von Dritten, vor allem von vertrauenswürdigen Institutionen oder von den datenverarbeitenden Stellen, zugeteilt werden, näher *Dammann*, in: Simitis (Hrsg.), BDSG (Fn. 33), § 3 Rn. 220ff.; *Alexander Roßnagel/Philip Scholz*, Datenschutz durch Anonymität und Pseudonymität, MMR 2000, S. 721 (725).

[412] *Roßnagel/Pfitzmann/Garstka*, Modernisierung (Fn. 86), S. 103f.; *Gola/Schomerus*, BDSG (Fn. 85), § 3a Rn. 10. Mit Rücksicht auf Aufdeckungsrisiken sehr restriktiv *Dammann*, in: Simitis (Hrsg.), BDSG (Fn. 33), § 3 Rn. 217ff. Zur „Anonymitätsstärke" von Pseudonymen s. auch *Köhntopp*, Datenschutz (Fn. 380), S. 58ff.

[413] Siehe auch *Scholz*, in: Simitis (Hrsg.), BDSG (Fn. 33), § 3a Rn. 52.

hältnisses zwischen Bürgern und Verwaltung. Kann die Verwaltung ihre Aufgaben mit anonymisierten oder pseudonymisierten Daten überhaupt in rechtmäßiger und sachgerechter Form realisieren? Neben der Frage, welche Daten benötigt werden, damit die Informationen erzeugt werden können, die für die Aufgabenwahrnehmung erforderlich sind, ist zusätzlich zwischen Sachgehalt und Personenbezug von Daten zu differenzieren: Reicht es aus, Daten mit ihrem Sachgehalt, aber ohne Personenbezug zur Verfügung zu haben? Reicht es aus, den Personenbezug nur im Falle des Eintritts bestimmter Bedingungen oder Überraschungen aufdecken zu können? Im Falle komplexer Kommunikationsbeziehungen, deren Verlauf nur begrenzt prognostizierbar ist und die durch vielfältige Faktoren beeinflusst werden, ist die Frage meistens nur schwer zu beantworten. Häufig ist sie aber jedenfalls in bestimmten Hinsichten zu verneinen. Das Handeln der staatlichen Verwaltung unterliegt inhaltlichen und verfahrensrechtlichen Rechtmäßigkeitsbedingungen – zum Beispiel der Bindung an Gesetz und Recht, dem Gleichheitssatz oder verfahrensrechtlichen Prinzipien in Abhängigkeit vom Typus des Verwaltungsverfahrens –, die nicht nur eine **Anonymisierung,** sondern auch eine **Pseudonymisierung** der personenbezogenen Daten der Beteiligten eines Verwaltungsverfahrens **in der Regel ausschließen.**[414] Empirisch liegt nahe, dass funktionale Zusammenhänge zwischen personenbezogenem Wissen mit (potentiellen) persönlichen Kontakten und der Rechtmäßigkeit exekutiver Aufgabenwahrnehmung bestehen.[415] Selbst wenn man Pseudonyme nicht gleich verwirft, setzte etwa die Verhinderung einer mehrfachen Inanspruchnahme staatlicher Leistungen eine Infrastruktur voraus, mittels derer unterschiedliche Pseudonyme einer Person verknüpft werden können und die wiederum – mit der Folge neuer Gefahren – die Verarbeitung personenbezogener Daten bedingt.[416]

Vor diesem Hintergrund lässt sich die generalisierte Pflicht zum Einsatz von Anonymisierungs- und Pseudonymisierungsmethoden **in vielen Aufgabenfeldern** der öffentlichen Verwaltung **nicht mit sachgerechten Ergebnissen** umsetzen. In **bestimmten Hinsichten** kann sie jedoch eine **gute Lösung** sein. Anonymisierung oder Pseudonymisierung mögen passen, wenn personenbezogene Daten verwaltungsintern für Aufgaben der Planung, der Statistik oder der Forschung zur Verfügung gestellt oder wenn Leistungen im Wege des Outsourcing mittels Datenverarbeitungen im Auftrag erledigt werden sollen.[417] Ihr eigentliches Feld erschließt sich erst im Kontext bereichsspezifischer Systemgestaltungen.

---

[414] Mit Blick auf die Funktionen der Anhörung in einem Planfeststellungsverfahren grds. abl. zur Frage, ob Einwendungen dem Vorhabenträger in anonymisierter Form übermittelt werden müssen, *BVerwG,* NVwZ 2000, S. 760 (760 f.). S. aber auch *OVG Lüneburg,* Urt. vom 28. 9. 2006, 15 KF 19/03 (juris). Weiter *Lukas Gundermann,* Sozialhilfe für Dagobert Duck. Sind Anonymität und Pseudonymität im E-Government möglich?, DuD 2003, S. 282 (283 ff.).

[415] Vgl. die ähnlichen Überlegungen zur Frage, ob Einwendungen von der konkreten Person des Einwenders und mithin von seinen personenbezogenen Daten gelöst werden können, in *BVerwG,* NVwZ 2000, S. 760 (760).

[416] *Gundermann,* Sozialhilfe (Fn. 414), S. 284 f.

[417] Für das Sozialrecht *Heinecker,* Modernisierungsansätze (Fn. 381), S. 308; *Clemens Kessler,* Outsourcing von Sozialdaten zur Kostenreduzierung, DuD 2004, S. 40 (42); *Frank Werner,* IT-Outsourcing im Sozial- und Gesundheitswesen, in: Bräutigam (Hrsg.), IT-Outsourcing (Fn. 81), S. 727 Rn. 56, beide mit dem Hinweis auf Praktikabilitätsprobleme wegen des durch die Anonymisierung entstehenden Aufwands. Zur Unzulässigkeit der Übermittlung von Patientendaten an private Dienstleis-

c) Bereichsspezifische Optionen der Systemgestaltung

112 Hat der Systemdatenschutz die Funktion der sachlichen, organisatorischen und technischen Ausgestaltung der Kommunikationssysteme auf einer der Regulierung der Verarbeitungsphasen vorgelagerten Ebene, lassen sich zwar **Anknüpfungspunkte allgemein-abstrakt, Realisierungsformen** aber nur **bereichsspezifisch** beschreiben. Denn es geht gerade um die Gestaltung der sachlichen oder organisatorischen Kompetenzen in ihrer Bedeutung als Faktoren exekutiven Umgangs mit Wissen, Informationen und Daten. In vielen Gesetzen hat die Integration von Verarbeitungsregelungen dazu geführt, dass die sachlichen **Aufgaben,** auf die der Umgang mit personenbezogenen Informationen und Daten bezogen ist und von denen er mitbestimmt wird, **gesetzlich verankert, präzisiert** oder **differenziert** wurden. So liefert im Recht der Nachrichtendienste und der Polizeien erst die Spezifizierung der (Vorfeld-)Aufgaben einen Rahmen und Orientierungspunkte für die Zulässigkeit der ihnen zuzuordnenden Informations- und Datenverarbeitungen.[418] Auf der Basis und im Rahmen differenzierter sachlicher Kompetenzen können Verarbeitungszusammenhänge zugeordnet und gegeneinander **abgeschottet** werden, **Anonymisierungs-** oder **Pseudonymisierungsmöglichkeiten** genutzt oder weitere **Organisations-** oder **Verfahrensmaßnahmen** getroffen werden. Eine Abschottung dient dem Schutz der betroffenen Personen davor, dass in den ausgegrenzten Kontexten Wissen über sie entsteht oder dass das Wissen aus unterschiedlichen Verwaltungskontexten zusammengeführt wird. Oft dient sie zugleich der Funktionsfähigkeit der Aufgabenerfüllung selbst. Klassisches Beispiel ist die Statistikerarbeitung.[419] Im Transplantationsrecht soll die abschottende Gestaltung der Verarbeitungsbefugnisse der Vermittlungsstelle, der Koordinierungsstelle und des Transplantationszentrums unter anderem sicherstellen, dass die Identität des Spenders dem Transplantationszentrum in der Regel nicht bekannt wird, und zugleich als Missbrauchsvorkehrung die gerechte Organverteilung gewährleisten.[420] Bei Nachrichtendiensten und Polizeien lässt sich das „Trennungsgebot" in Gestalt organisatorischer und informationeller Grenzen reformulieren, die für sämtliche Formen der Zusammenarbeit gelten.[421] Anonymisierungen oder Pseudonymisierungen sind schutzbedarfs- und aufgabengerecht im Rahmen von Teledienstleistungen, bei der Gestaltung von Chipkarten oder elektronischen Patientenakten im Gesundheitsbereich oder für die Sammlung genetischer Proben und Daten in Biobanken.[422]

---

tungsunternehmen *BSG*, Urt. v. 10.12.2008, Az. B 6 KA 37/07 R, abrufbar unter http://juris.bundessozialgericht.de.

[418] Dazu *Albers*, Determination (Fn. 376), S. 121 ff., 252 ff.

[419] §§ 10 ff. BStatG.

[420] Siehe insbes. §§ 13 ff. TPG; näher *Stephan Rixen*, Datenschutz im Transplantationsgesetz, DuD 1998, S. 75 (77 ff.). Vgl. auch zur Abschottung und Unzulässigkeit des Outsourcings der Beihilfebearbeitung *OVG NW*, Urt. vom 23.9.2003, 15 A 2053/98 (juris); *OVG Rh.Pf.*, ZBR 2002, S. 368 (368 f.).

[421] Dazu mit unterschiedlichen Ansichten zur verfassungsrechtlichen Verankerung *Albers*, Determination (Fn. 376), S. 221 ff.; *Zöller*, Informationssysteme (Fn. 122), S. 311 ff.; Karsten Baumann, Vernetzte Terrorismusbekämpfung oder Trennungsgebot?, DVBl 2005, S. 798 (800 ff.). Für Sachsen *SächsVerfGH*, Urt. vom 21.7.2005, Vf. 67 II/04 (juris).

[422] Zum Anspruch auf eine anonyme oder unter Pseudonym erfolgende Nutzung von Telemedien s. § 13 Abs. 6 TMG. Zu Chipkarten und elektronischer Patientenakte *Gerrit Hornung*, Die digitale Identität, 2005, S. 367. Zu Biobanken *Elmar Mand*, Biobanken für die Forschung und informationelle

In den bereichsspezifischen Zusammenhängen findet die Systemgestaltung **113** also gleichermaßen zum einen auf der gesetzlichen Ebene, zum anderen aber in weitem Umfang auf der exekutiven Ebene statt. Die Anforderungen des § 9 BDSG belassen den verantwortlichen Stellen gerade deshalb Entscheidungsoptionen, damit die Vorkehrungen auf die konkreten Verhältnisse zugeschnitten werden können. Selbst wenn weitere präzisere Vorgaben hinzukommen, verbleiben insgesamt **Spielräume,** im Rahmen derer die Exekutive den Erfordernissen sowohl der Aufgabenerfüllung als auch des Schutzes betroffener Personen durch die intra- und interbehördliche Ausgestaltung der Aufgabenwahrnehmung, der Organisation und der Verfahren Rechnung tragen kann. Die Systemgestaltung als Baustein des Rechts des Umgangs mit personenbezogenen Informationen und Daten zeigt die Verbindungslinien zwischen Wissens- und Informationsmanagement und Datenschutz auf.

d) Von Minimierungsstrategien zum Datenschutzmanagement

Da der „Systemdatenschutz" auf eine schutzbedarfsorientierte Steuerung und **114** Gestaltung des Kontexts des Umgangs mit personenbezogenen Informationen und Daten zielt, kann man zwei häufig noch getrennt verlaufende Diskussionslinien zusammenführen: Die **datenschutzrechtliche Systemgestaltung** lässt sich mit dem Topos des **Wissens-, Informations- und Datenmanagements**[423] verknüpfen. Das gilt umso mehr, als zwar auch, jedoch keineswegs in jeder Hinsicht gegenläufige Interessen involviert sind. Allerdings sind auf beiden Seiten **Perspektivenerweiterungen** notwendig. Auf Seiten des Systemdatenschutzes muss die bisherige, ohnehin kontraproduktive Leitidee einer pauschalen Minimierung personenbezogener Daten verabschiedet werden. Zu den zentralen Zielen gehört vielmehr, dass der exekutive Umgang mit Informationen und Daten sachgerecht begrenzt, strukturiert und transparent verläuft und dass spezifische Schutzerfordernisse betroffener Personen zu entsprechenden Verarbeitungsgrenzen oder -ausgestaltungen führen. Auf Seiten des Wissens-, Informations- und Datenmanagements muss die Effizienz der Aufgabenwahrnehmung als ein lediglich partieller Maßstab begriffen werden, der mit anderen Anforderungen, auch mit denen des Datenschutzrechts, in einem übergreifenden Konzept abzu-

---

Selbstbestimmung, MedR 2005, S. 565 (566 ff.); *Rita Wellbrock,* Datenschutzrechtliche Aspekte des Aufbaus von Biobanken für Forschungszwecke, MedR 2003, S. 77 (78 ff.).

[423] Vgl. → Rn. 17. Die Bedeutung der Konzepte des Wissens- und Informationsmanagements wird zunehmen, obwohl diese häufig noch sehr abstrakt erörtert werden, s. etwa *Lutz J. Heinrich,* Informationsmanagement, 10. Aufl. 2011; *Helmut Krcmar,* Informationsmanagement, 5. Aufl. 2011; *Freimut Bodendorf,* Daten- und Wissensmanagement, 2. Aufl. 2006. Mit Zuschnitt auf die öffentliche Verwaltung s. *Lothar Beyer,* Informationsmanagement und öffentliche Verwaltung, 1992; *Andreas Engel,* IT-gestützte Vorgangsbearbeitung in der öffentlichen Verwaltung, in: Lenk/Traunmüller (Hrsg.), Verwaltung (Fn. 54), S. 143 (144 ff.); *Roland Traunmüller,* Systeme zur IT-Unterstützung, in Lenk/Traunmüller (Hrsg.), Verwaltung (Fn. 54), S. 71 (71 ff.); *Guido Hertel,* Vernetzte Verwaltungen, 2001, bes. S. 77 ff.; *Ralf Daum,* Integration von Informations- und Kommunikationstechnologien für bürgerorientierte Kommunalverwaltungen, 2002, S. 19 ff.; *Arnim Bechmann/Gotthard Bechmann,* Verwaltungsmodernisierung im Übergang zur Wissensgesellschaft, in: Arnim Bechmann (Hrsg.), Verwaltungsmodernisierung durch Wissensmanagement, 2003, S. 31 (123 ff.); *Axel Lohmann,* Integriertes Informationsmanagement als Grundlage der Modernisierung der Verwaltung, LKV 2004, S. 392 (392 ff.).

§ 22 Umgang mit personenbezogenen Informationen und Daten

stimmen ist.[424] Übergreifende Implikationen werden bereits jetzt anschaulich im Verhältnis des Systemdatenschutzes zu anderen Bausteinen des Datenschutzrechts. Die Systemgestaltung ist eng verknüpft mit der institutionalisierten Vorabkontrolle und mit den dieser vorausgehenden Risikoanalysen und Sicherheitskonzepten,[425] mit dem Datenschutzaudit als verfahrensrechtlicher Umsetzung der Systemgestaltung oder mit der Institutionalisierung vor allem der behördlichen Datenschutzbeauftragten mit ihren auch beratenden Funktionen. Bislang nicht ausgeschöpft sind die Möglichkeiten einer datenschutzgerechten Systemgestaltung durch die Stärkung der Partizipation der betroffenen Personen. All dies verdeutlicht zugleich die Realisierungsschwierigkeiten: Mit Blick auf die regelmäßig komplexen Systeme der Verwaltungskommunikation müssen rechtliche, aufbau- und ablauforganisatorische sowie technische Gesichtspunkte in ein stimmiges Gesamtkonzept zusammengeführt werden. Datenschutzmanagement ist ein relativ eigenständiger Bestandteil des Informations- und Wissensmanagements, das im Rahmen der gesetzlichen Vorgaben der – beratenen und kontrollierten – Exekutive überantwortet wird und zugleich besondere Anforderungen an sie stellt.

2. Entwicklung und Gestaltung der Kommunikations- und Datenverarbeitungstechniken

a) Funktionen, Schichten und Instrumentarien

115   Datenverarbeitungstechniken und ihre sozialen Folgen sind zwar noch immer ein Grund für den Schutz im Hinblick auf den Umgang mit personenbezogenen Informationen und Daten. Sie bieten aber zugleich Möglichkeiten für dessen Realisierung. Das klassische Datenschutzrecht beschränkte sich auf Vorgaben zur technischen Flankierung der rechtlich determinierten Verarbeitungsprozesse. Das Recht des Umgangs mit personenbezogenen Informationen und Daten schließt dagegen den **Baustein der Technikentwicklung und Technikgestaltung** ein.[426] Damit entwickelt es sich mittlerweile neben dem Umweltrecht zu einem Referenzgebiet des Technikrechts.[427] Die **Funktionen** des Bausteins lassen

---

[424] Siehe zur üblichen Sicht *Sayeed Klewitz-Hommelsen*, Ganzheitliche Datenverarbeitung in der öffentlichen Verwaltung und ihre Beschränkung durch den Datenschutz, 1996, bes. S. 36, 60 ff., 175 ff.: Danach dient die ganzheitliche Datenverarbeitung der Steigerung von Effektivität und Effizienz eines Verwaltungssystems durch eine Neugestaltung unter Einsatz von Informationstechnik, insbes. von Daten-, Prozess- und Aufgabenintegration; der Datenschutz wird ausschließlich als Beschränkung begriffen. Vgl. auch *Lothar Ulschmid*, IT-Strategien für die öffentliche Verwaltung, 2003, bes. S. 126 ff. Im Ansatz anders *Beyer*, Informationsmanagement (Fn. 423), S. 9, 251 f.: Die ihrerseits nicht verkürzt zu verstehenden datenschutzrechtlichen Grundsätze seien „managementrelevant". S. weiter *Daum*, Integration (Fn. 423), S. 225 ff.; *Philip Laue*, Vorgangsbearbeitungssysteme in der öffentlichen Verwaltung, 2010, bes. S. 181 ff. Zu Effizienz als Maßstab im Recht → Bd. II *Pitschas* § 42 Rn. 111 ff.

[425] Vgl. §§ 5 Abs. 2 BlnDSG, 8 Abs. 2 HambDSG, 22 Abs. 5 DSG MV, 10 Abs. 3 DSG NW, 9 Abs. 2 ThürDSG.

[426] Übergreifend *Johann Bizer*, Datenschutz durch Technikgestaltung, in: Helmut Bäumler/Albert v. Mutius (Hrsg.), Datenschutzgesetze der dritten Generation, 1999, S. 28 (28 ff.).

[427] Siehe *Hannes Federrath/Andreas Pfitzmann*, Technische Grundlagen, in: Roßnagel (Hrsg.), Handbuch (Fn. 41), Kap. 2.2 Rn. 1 ff.; *Hansen*, Privacy (Fn. 403), Rn. 1 ff.; *Bizer*, Datenschutzrecht (Fn. 81), bes. S. 564 f.; *Fedderath/Pfitzmann*, Datensicherheit (Fn. 390), S. 857 ff. Allgemein zum Verhältnis von Technik und Recht und zu den verschiedenen Funktionen des Technikrechts *Reinhard Stransfeld*, Regelun-

sich aus zwei Richtungen bestimmen. Technische Anlagen und Verarbeitungsprogramme setzen den Formen und Optionen der Informations- und Datenverarbeitungen naturwissenschaftlich-verarbeitungstechnische Grenzen. Sollen diese nicht zum Verzicht auf den Technikeinsatz führen, müssen das technisch eröffnete Spektrum und die normativen Vorgaben miteinander vereinbar sein.[428] Umgekehrt kann die Installation verarbeitungstechnischer Grenzen dafür sorgen, dass es den Nutzern von Datenverarbeitungssystemen gar nicht möglich ist, rechtliche Vorgaben zu unterlaufen. Insofern kann Datenschutz weitaus effektiver durch Technik realisiert werden als durch Verhaltenspflichten.[429]

Vor diesem Hintergrund lassen sich mehrere Schichten differenzieren. Auf einer ersten Stufe zielt die **Steuerung von Technikentwicklungen** darauf, dass überhaupt Kommunikations- und Datenverarbeitungstechniken zur Verfügung stehen, mit denen sich die normativen Anforderungen an den Umgang mit personenbezogenen Informationen und Daten realisieren lassen. Auf der zweiten Stufe bewegen sich die **Technikgestaltungen,** die der Regulierung der Verarbeitungsprozesse **vorgelagert** sind. Hier werden Anforderungen an die Auswahl, den Einsatz und die Konfiguration von Datenverarbeitungsnetzwerken, -anlagen, -programmen oder Speichermedien gestellt, die sicherstellen sollen, dass normative Vorgaben technisch bereits verankert oder jedenfalls erfüllbar sind. Die dritte Stufe bezeichnet den überkommenen Komplex der Anforderungen an die **Technikgestaltung,** die die Regulierung der Verarbeitungsphasen begleiten und absichern, dieser also **nachgeschaltet** sind.[430] Sowohl die Steuerung der Technikentwicklung als auch vorgelagerte Anforderungen an Auswahl, Einsatz oder Konfiguration von Techniken setzen eine **Analyse** voraus, **welche Leistungsmerkmale** Anlagen oder Programme überhaupt erfüllen müssen.[431] Das ist nicht leicht auszuarbeiten. Schwierigkeiten kann bereits die angemessene Beschreibung der Schutzerfordernisse und deren Abstimmung mit anderweitig geltenden Anforderungen bereiten. Darüber hinaus besteht das gleiche Problem wie bei der Realisierung eines Datenschutzmanagements: Trotz der unterschiedlichen Kulturen und Denkmuster des Verwaltungspersonals und der Techniker müssen mit Blick auf regelmäßig komplexe Systeme der Verwaltungskommunikation rechtliche, aufbau- und ablaufor-

116

---

gen in der Informationstechnik und Telekommunikation – Innovationshemmnisse durch Recht?, in: Martin Schulte (Hrsg.), Technische Innovation und Recht – Antrieb oder Hemmnis?, 1996, S. 167 (168 ff.); *Alexander Roßnagel,* Rechtliche Regelungen als Voraussetzung für Technikgestaltung, in: Günter Müller/Andreas Pfitzmann (Hrsg.), Mehrseitige Sicherheit in der Kommunikationstechnik, 1997, S. 361 (bes. 364 ff.); *Claudio Franzius,* Technikermöglichungsrecht, DV, Bd. 34 (2001), S. 487 (487 f., 491 ff.).

[428] *Heiner Fuhrmann,* Technikgestaltung als Mittel zur rechtlichen Steuerung im Internet, ZfRSoz 2002, S. 115 (117). Vgl. auch zum Verhältnis von Verwaltungsverfahrensrecht und prozessorientierter Software → Bd. II *Britz* § 26 Rn. 61 ff.

[429] Statt vieler *Alexander Roßnagel,* Allianz von Medienrecht und Informationstechnik: Hoffnungen und Herausforderungen, in: ders. (Hrsg.), Allianz (Fn. 380), S. 17 (23 f.).

[430] Dabei werden „technische Anforderungen in die normative Ausformung der Anforderungen an die Verarbeitung personenbezogener Daten integriert", so *Roßnagel/Pfitzmann/Garstka,* Modernisierung (Fn. 86), S. 36.

[431] In technischen Diskussionsforen finden sich nähere Überlegungen unter dem Stichwort der „Schutzziele in IT-Systemen", die mit den normativen Vorgaben aber oft nur begrenzt abgestimmt sind, s. *Andreas Pfitzmann,* Datenschutz durch Technik, in: Bäumler/v. Mutius (Hrsg.), Datenschutzgesetze (Fn. 426), S. 18 (18 ff.); *Hannes Federrath/Andreas Pfitzmann,* Gliederung und Systematisierung von Schutzzielen in IT-Systemen, DuD 2000, S. 704 (704 ff.).

ganisatorische sowie technische Gesichtspunkte in ein stimmiges Gesamtkonzept zusammengeführt werden. Aus Sicht des Rechts ist die Technikentwicklung und -gestaltung zwar grundsätzlich auf (anderweitige) normative Vorgaben bezogen, die auf unterschiedlichen Ebenen und in verschiedenen Hinsichten den Umgang mit personenbezogenen Informationen und Daten steuern. Technische und ökonomische Bedingungen können aber nicht ausgeblendet werden. Etwa müssen Kommunikationstechniken aus ökonomischen Gründen in vielfältigen Anwendungsfeldern einsatzfähig sein. Auf abstrakter Ebene kommt es deshalb vor allem darauf an, dass die Techniken Gestaltungsoptionen bieten, die es ihren Anwendern ermöglichen, technische Anlagen oder Programme so zu konfigurieren, dass sie den für sie geltenden Vorgaben für den Umgang mit personenbezogenen Informationen und Daten in einer technisch abgesicherten Weise nachkommen können.[432] Spezifische Anforderungen sind dann im Wege der konkreten Gestaltung technisch umzusetzen. Diese hängt wiederum von den jeweiligen Systemen, Techniken oder Medien ab, also davon, ob man mit vernetzten Systemen, mit Chipkarten oder mit Videoüberwachungsanlagen zu tun hat.

117 Die Realisierungsprobleme verweisen darauf, dass es außerdem grundlegende Grenzen rechtlichen Einflusses gibt[433] und dass die **rechtlichen Instrumentarien** bisher ebenfalls wenig ausgearbeitet sind.[434] Das Recht des Umgangs mit Informationen und Daten muss hier vom originären Referenzgebiet des Technikrechts, dem Umweltrecht, lernen, aber zusätzlich eigene Instrumente entwickeln. Auf der Stufe der Technikentwicklung ist man im Wesentlichen auf indirekte Anreize und Einflussmechanismen, also auf Formen eines „soft law",[435] angewiesen.[436] In Betracht kommen die Institutionalisierung von Gremien oder Verfahren zur Entwicklung datenschutzgerechter Techniken *(Privacy Enhancing Technologies)*,[437] die Unterstützung und Begleitung der Standardbildung,[438] die Stimulation von Leit-

---

[432] Vgl. auch – in allgemeinerem Zusammenhang – *Fuhrmann*, Technikgestaltung (Fn. 428), S. 120 f.: „Die Hauptaufgabe der Techniksteuerung liegt also im Erhalt der Optionenvielfalt innerhalb technisch determinierter Handlungssysteme und nur in Ausnahmefällen in der strukturellen Einengung von Handlungsmöglichkeiten."

[433] Allgemein dazu etwa *Manfred Mai*, Autonomie und Eigendynamik der Technik, in: ders., Technik, Wissenschaft und Politik, 2011, S. 39 (43 ff.).

[434] Übergreifend *Michael Kloepfer*, Instrumente des Technikrechts, in: Schulte/Schröder (Hrsg.), Technikrecht, S. 151 (151 ff.).

[435] Dazu *Meinolf Dierkes/Weert Canzler*, Innovationsforschung als Gegenstand der Technikgeneseforschung, in: Wolfgang Hoffmann-Riem/Jens-Peter Schneider (Hrsg.), Rechtswissenschaftliche Innovationsforschung, 1998, S. 63 (76 ff.).

[436] Zu den Problemen, dass die Steuerung zu einem sehr frühen Zeitpunkt in den Entwicklungsprozessen ansetzen muss und dass ihre Adressaten private, international verteilte oder handelnde Akteure sind, *Fuhrmann*, Technikgestaltung (Fn. 428), S. 121; *Timo Kost*, Transnationales Datenschutzrecht, KJ 2009, S. 196 (196 ff.). Allgemein zu Anreizen → Bd. II *Sacksofsky* § 40.

[437] *Hansen*, Privacy (Fn. 403), Rn. 1 ff. m. w. N.

[438] Dazu *Karl-Heinz Ladeur*, Rechtliche Regulierung von Informationstechnologien und Standardsetzung, CR 1999, S. 395 (397 ff.); weiterführend mit Blick auf die Notwendigkeit transnationaler (Rechts-)Konzeptionen *Kost*, Datenschutzrecht (Fn. 436), S. 196 ff. Zu den Anforderungen an eine entwicklungsbegleitende Normung im Umweltrecht *Helmut Voelzkow/Volker Eichener*, Technikentwicklung und technische Normung, in: Jörg Bergstermann/Thomas Manz (Hrsg.), Technik gestalten, Risiken beherrschen, 1992, S. 93 (95 ff.); *Rudolf Steinberg/Daniel Schütze*, Umweltverträgliche Technikgestaltung durch Recht, KritV 1998, S. 255 (277 ff.). Zur „proaktiven Technik- und Umweltpolitik" bei Produkten *Juliane Jörissen*, Produktbezogener Umweltschutz und technische Normen, 1997, S. 7 ff.

bild- oder Metapherentwicklungen in den Bereichen der Kommunikationstechniken,[439] staatliche Fördermaßnahmen[440] oder die Vergabe von Gütesiegeln.[441] Auf der Stufe der Technikgestaltung verstehen sich das Bundesamt für Sicherheit in der Informationstechnik und die Datenschutzbeauftragten mit ihrer mittlerweile auch beratenden Rolle als zentrale IT-Sicherheitsdienstleister.[442] Auf der konkreten Ebene des Einsatzes von Kommunikations- und Datenverarbeitungstechniken arbeiten die Behörden das jeweilige Gesamtkonzept relativ eigenständig aus.[443] Sie werden dabei durch institutionalisierte Vorabkontrollen (§ 4d BDSG) und durch die Datenschutzbeauftragten unterstützt und kontrolliert.

b) Rechtliche Standards datenschutzgerechter Technikgestaltung

Für die Technikgestaltung gilt als **allgemeiner Standard** insbesondere § 9 BDSG. Die Parallelisierung zu den Anforderungen an die Verwaltungsorganisation hat ihren Hintergrund in der bei Großrechenanlagen engen Verknüpfung zwischen Organisation und Technik. Beide Komponenten könnten stärker differenziert werden. Im Übrigen müssen die Funktionen, die § 9 BDSG mit seiner Anlage oder die modernisierten Landesdatenschutzgesetze vorsehen, auch durch technische Maßnahmen sichergestellt werden. Die eingesetzten Kommunikations- und Datenverarbeitungstechniken müssen also die Verfügbarkeit von Daten in einer Weise gewährleisten, dass genau die, aber auch nur die Daten verfügbar sind, die nach den jeweiligen Regelungen und deren Konkretisierung in der Entscheidungssituation notwendig sind. Sie müssen eine Strukturierung des Datenbestandes ermöglichen, die vielfältige Spezifizierungen, insbesondere in Form unterschiedlicher Konfigurationen der konkreten Anwendungen oder unterschiedlicher Zugriffsberechtigungen, zulässt. Sie müssen Zugriffssicherungen bieten, über die sichergestellt werden kann, dass nur diejenigen Personen auf Daten zugreifen können, die dazu befugt sind. Sie müssen Richtigkeitssicherungen bei der Datenverarbeitung und bei der Datenübermittlung ebenso ermöglichen wie die Sicherstellung der Authentizität eines Beteiligten. Unter Umständen müssen sie der datenverarbeitenden Stelle oder externen Nutzern die Verschlüsselung, die Anonymisierung oder die Pseudonymisierung von Daten erlauben. Sie müssen nicht zuletzt Kenntnismöglichkeiten der betroffenen Personen zulassen.

118

---

[439] Aus dem Bereich des Umweltrechts *Meinolf Dierkes*, Ist Technikentwicklung steuerbar?, in: Bergstermann/Manz (Hrsg.), Technik (Fn. 438), S. 15 (23 f., 26 ff.); *Peter Mambrey/Michael Pateau/August Tepper*, Technikentwicklung durch Leitbilder, 1995, S. 16 ff.; *Steinberg/Schütze* Technikgestaltung (Fn. 438), S. 270 ff.; *Dierkes/Canzler*, Innovationsforschung (Fn. 435), S. 66 ff.; *Martin Schulte*, Techniksteuerung durch Technikrecht – rechtsrealistisch betrachtet, in: Klaus Vieweg (Hrsg.), Techniksteuerung und Recht, 2000, S. 23 (33).
[440] Näher für die europäische Ebene *EG-Kommission*, Erster Bericht (Fn. 172), S. 17 f., 28.
[441] Siehe noch → Rn. 164 f.
[442] Siehe dazu die Regelungen in §§ 3 ff. des Gesetzes zur Stärkung der Sicherheit in der Informationstechnik des Bundes vom 14. 8. 2009, BGBl I, S. 2821, und etwa die IT-Grundschutz-Kataloge des BSI, abrufbar unter https://www.bsi.bund.de/DE/Home/home_node.html. Weiterführend mit einer verstärkten Verknüpfung mit dem Datenschutz *Frank Reiländer/Gerhard Weck*, Datenschutzaudit nach IT-Grundschutz – Konvergenz zweier Welten, DuD 2003, S. 11 (11 ff.); *Martin Meints*, Datenschutz nach BSI-Grundschutz?, DuD 2006, S. 13 (13 ff.).
[443] Zu den Schwierigkeiten *Roßnagel*, Allianz (Fn. 380), S. 29 ff.

119 Übergreifende technische Anforderungen stellt darüber hinaus § 6c BDSG für mobile personenbezogene Speicher- und Verarbeitungsmedien.[444] „Intelligente Chipkarten" zeichnen sich dadurch aus, dass die betroffenen Personen ohne technische Lesegeräte die über sie auf der Karte gespeicherten und möglicherweise aufgrund von Verarbeitungen veränderten Daten nicht erkennen können, anderen aber einen Zugriff darauf eröffnen müssen. Dem begegnet § 6c BDSG unter anderem durch die Verpflichtung der verantwortlichen Stelle, Geräte und Einrichtungen zur Verfügung zu stellen, die zur Wahrnehmung des Auskunftsrechts erforderlich sind, und durch das Erfordernis der Signalisierung einer Datenverarbeitung.[445] Im Verwaltungsverfahrensrecht regelt § 3a VwVfG die elektronische Signatur, die mit der Sicherstellung der Authentizität beteiligter Personen auch datenschutzrechtliche Funktionen erfüllt.[446]

120 **Bereichsspezifische Anforderungen** an die Technikgestaltung ergeben sich über § 9 BDSG mit seinem Verweis auf die auszuführenden anderweitigen Vorschriften. Wegen der partiell notwendigen exekutiven Spielräume, aber auch wegen der bisher nur begrenzten Nutzung des Technikpotenzials werden sie ansonsten nur vereinzelt in gesetzlichen Bestimmungen vorgegeben. Im Bereich der gesetzlichen Krankenversicherung stellt § 291a SGB V für die elektronische Gesundheitskarte technische Anforderungen an die Datenverarbeitungs-, Authentifizierungs-, oder Verschlüsselungsmöglichkeiten und erfordert damit eine Telematik-Architektur.[447] Das Passgesetz formuliert Anforderungen an die maschinenlesbare Zone und im Kontext der Aufnahme biometrischer Merkmale an die Verschlüsselungs- und Sicherungsverfahren.[448] Deutlich weiter reichende Vorkehrungen enthalten die Bestimmungen der §§ 5, 10 ff. PAuswG, dies unter anderem als Reaktion auf die potenzielle Funktion des Personalausweises als elektronischer Identitätsnachweis. Im Zusammenhang mit dem automatisierten Kontenzugriff durch die Finanzämter werden den in Dienst genommenen privaten Kreditinstituten Maßnahmen zur Sicherstellung des Datenschutzes und der Datensicherheit entsprechend dem jeweiligen Stand der Technik auferlegt.[449] Auch bei weiteren bereichsspezifischen Informations- und Datenverarbeitungen könnten elaborierte Techniken Problemlösungen bieten. So wäre es technisch

---

[444] Dazu, dass die Norm nur einen Teilbereich der Chiptechnologie und der dadurch aufgeworfenen datenschutzrechtlichen Probleme erfasst, *Gerrit Hornung*, RFID und datenschutzrechtliche Transparenz, MMR 2006, S. XX (XX ff.).

[445] *Scholz*, in: Simitis (Hrsg.), BDSG (Fn. 33), § 6c Rn. 49 ff., 62 ff.; *Gerrit Hornung*, Datenschutz für Chipkarten, DuD 2004, S. 15 (18 ff.).

[446] Zur aktuellen Entwicklung → Bd. II *Britz*, § 26 Rn. 54. Übergreifend *Eifert*, Government (Fn. 16); S. 81 ff.; *Alexander Roßnagel*, Rechtsverbindliche Telekooperation, in: Schulte/Schröder (Hrsg.), Technikrecht, S. 887 (887 ff.). S. außerdem die Regelungen des De-Mail-Gesetzes vom 28. 4. 2011, BGBl I, S. 666, geänd. d. Gesetz vom 22. 12. 2011, BGBl I, S. 3044.

[447] Ausführlicher dazu, auch zu den Anforderungen und zur Akzeptanz, *Hornung*, Identität (Fn. 422), bes. S. 41 ff., 58 ff., 207 ff., 246 ff., 362 ff.; *ders.*, Der zukünftige Einsatz von Chipkarten im deutschen Gesundheitswesen, in: Patrick Horster (Hrsg.), D-A-CH Security, 2004, S. 226 (226 ff.); *Thilo Weichert*, Vertrauen in die Vertraulichkeit bei der elektronischen Gesundheitskarte, GesR 2005, S. 151 (151 ff.); *Christian M. Borchers*, Die Einführung der elektronischen Gesundheitskarte in das deutsche Gesundheitswesen, 2008, S. 79 ff.; *Pitschas*, Regulierung (Fn. 241), S. 177 ff.

[448] §§ 4, 16a PassG; näher *Hornung*, Identität (Fn. 422), S. 47 ff., 165 ff., 246 ff., 346 ff.; *Alexander Roßnagel/Gerrit Hornung*, Biometrische Daten in Ausweisen, DuD 2005, S. 69 (69 ff.). Zu den unionsrechtlichen Vorgaben o. → Rn. 54.

[449] § 24c Abs. 6 KWG.

möglich, die bei einer Videoüberwachung öffentlicher Räume erfassten Gesichter automatisch zu verschleiern und diese Verschleierung nur im Falle eines gefahrenabwehr- oder strafverfolgungsrechtlich relevanten Ereignisses aufzuheben. Das Problem der Streubreite dieser Maßnahme ließe sich dadurch reduzieren, das Übermaßverbot einhalten. Das **Potenzial der Technik** wird in solchen Zusammenhängen in der Praxis **bislang nicht ausgeschöpft**.[450] Technische An- und Herausforderungen gehen außerdem mit Pflichten zur Kennzeichnung von Daten einher, die im Falle des Einsatzes intensiv eingreifender Erhebungsmethoden die Zweckbindung sicherstellen sollen.[451]

3. Regulierung und Gestaltung der Verarbeitungsphasen

Die der System- und Technikgestaltung nachgeschaltete **Regulierung und Gestaltung der Verarbeitungsphasen** ist der historisch ursprüngliche und immer noch ausgefeilteste Baustein des Datenschutzrechts. Mit Blick auf das Modell der Großrechenanlage ließen sich bestimmte Phasen der Datenverarbeitung anschaulich differenzieren: die Erhebung, die Speicherung, die Veränderung, die Nutzung und die Löschung von Daten zeichneten den technisch vorgegebenen Verarbeitungsablauf nach. Das individuelle „Entscheidungsrecht über die Preisgabe und Verwendung persönlicher Daten" hat diese Perspektive noch verstärkt. Daraus erklärt sich die Grundnorm des § 4 Abs. 1 BDSG, das datenschutzrechtliche „Verbot mit Erlaubnisvorbehalt".[452] Sie knüpft die Zulässigkeit der Erhebung, Verarbeitung und Nutzung personenbezogener Daten an entweder eine gesetzliche Grundlage oder eine Einwilligung des Betroffenen. Allgemeine Grundlagen, die das allgemeine Verwaltungsverfahrensrecht überlagern und ergänzen, geben die §§ 13 ff. BDSG und die Parallelnormen der Landesdatenschutzgesetze her.[453] Bereichsspezifische Grundlagen regeln die Phasen detaillierter, allerdings nicht unbedingt abschließend.[454]

121

Das lineare Phasenmodell wird der Informations- und Wissensgewinnung der Verwaltung nicht gerecht. Das gilt zumal, seit sich die Techniken verändert haben und der Anwendungsbereich des Datenschutzrechts erweitert worden ist. Schon die Datenverarbeitungsphasen verlaufen nicht notwendig linear; sie sind zudem mit der Informationsgewinnung und -verwendung verflochten; hinzu kommt der Einfluss der Wissens- und Handlungskontexte.[455] Vor diesem Hintergrund

122

---

[450] Ob entsprechende technische Schutzvorkehrungen geboten sind, richtet sich in solchen Fällen nach dem „Vorbehalt des Möglichen", o. → Rn. 80 mit Fn. 306.

[451] Das gilt zumindest dann, wenn die Daten in übergreifenden Dateien oder Registern gespeichert werden und mit Kennungen versehen werden müssen.

[452] Dogmatisch ist die Bezeichnung nicht ganz treffend. Zum „Verbot mit Erlaubnisvorbehalt" als Grundprinzip statt vieler *Globig*, Zulässigkeit (Fn. 348), Rn. 6; *Gola/Schomerus*, BDSG (Fn. 85), § 4 Rn. 3; *Bizer*, Datenschutzrecht (Fn. 81), S. 581 f. Mit partiell kritischer Intention *Roßnagel/Pfitzmann/Garstka*, Modernisierung (Fn. 86), S. 15, 70 f.

[453] §§ 13 ff. BDSG fungieren im gegebenen Konzept als generelle Ermächtigungsgrundlagen; ob sie ausreichen, ist eine Frage der problem- und kontextbezogen zu beantwortenden Normenbestimmtheit. S. auch *Globig*, Zulässigkeit (Fn. 348), Rn. 15 f. m. N. Zum Verhältnis zum VwVfG o. → Rn. 94. § 24 VwVfG bietet somit keine Ermächtigungsgrundlage für die Beschaffung personenbezogener Informationen und Daten, s. etwa *Kopp/Ramsauer*, VwVfG, § 24 Rn. 29.

[454] Dazu *BVerwG*, NJW 2005, S. 2330 (2331 ff.). Die Behörde wird nicht nur durch die materiellen Voraussetzungen bereichsspezifischer Bestimmungen gebunden, sondern muss auch zuständig sein.

[455] Oben → Rn. 19 f.

macht die Phasenregulierung dann Sinn, wenn man sie **nicht als rechtliche Nachzeichnung faktischer Abläufe,** sondern als **problemorientierte Steuerung von Verarbeitungsphasen** begreift, die einerseits als solche, andererseits im jeweiligen Verarbeitungszusammenhang und -prozess zu betrachten sind. In diese Richtung weist auch Art. 2b EU-DSRL, der den Begriff der „Verarbeitung" in den Mittelpunkt sowie einzelne Phasen in diesen Rahmen stellt und damit erweiterte und flexiblere Perspektiven erlaubt. Dogmatisch bietet es sich an, die Phasenregulierung durch die **Unterscheidung übergreifender und phasenbezogener Elemente** zu strukturieren. Übergreifende Elemente beziehen sich auf alle Phasen und haben insbesondere die unions- und verfassungsrechtlich relevante Funktion, begrenzte und strukturierte Verarbeitungszusammenhänge herzustellen.[456] Phasenbezogene Elemente wirken ergänzend und reagieren zusätzlich auf bestimmte Regelungsprobleme.

a) Phasenübergreifende Elemente: Zwecksetzungen und Erforderlichkeit

aa) Zweckfestlegung, Zweckbindung, Zweckänderungen

123 **Zwecksetzungen** sind der zentrale phasenübergreifende Baustein der gesetzlichen Regulierung der Verarbeitungsphasen. Sie folgen nicht aus einem Entscheidungsrecht der betroffenen Personen und dürfen weder mit der Zweckkomponente des Übermaßverbots noch mit dem Gesetzeszweck oder den Verwaltungsaufgaben verwechselt werden.[457] Die **Festlegung der Verwendungszwecke** bestimmt, wofür Informationen und wofür Daten als Informationsbasis verwendet werden dürfen. Im Verwaltungsrecht dienen die sachlichen Kompetenzen dafür als Anknüpfungspunkt und als Gerüst.[458] Die Zweckfestlegung hat erstens die Funktion, die Informations- und Datenverarbeitungen und die sachlichen Kompetenzen der Verwaltung rechtlich miteinander zu verklammern. Diese Verklammerung verknüpft die Informations- und die Sachebene und damit auch – an einem ersten zentralen Punkt – das Datenschutzrecht mit dem materiellen Verwaltungsrecht. Sie führt zu einer Begrenzung und Strukturierung des Umgangs mit Informationen und Daten sowie zur Eingrenzung des jeweils relevanten Wissens- und Handlungskontexts. Zweitens bieten die jeweiligen Verwendungszwecke einen übergreifenden Orientierungspunkt und sind – im Verbund mit der Zweckbindung – das Band, das die einzelnen Verarbeitungsvorgänge zu jeweils einheitlichen oder auch zu sich differenzierenden Verarbeitungszusammenhängen verbindet. Drittens wird es möglich, die einzelnen Phasen zu präzisieren und näher einzugrenzen, welche Informationen für die Entscheidungen im Rahmen der Aufgabenerfüllung benötigt werden, welche Daten als Informationsgrundlage erforderlich und zu erheben sind, wie Daten unter Um-

---

[456] Dazu → Rn. 49, 78 f.

[457] Zum verfassungsrechtlichen Hintergrund o. → Rn. 79.

[458] Eine prinzipielle „Subjektivierung" in Form der Annahme, dass die betroffene Person die Verwendungszwecke selbst bestimmen darf – dazu *Nikolaus Forgó/Tina Krügel*, Die Subjektivierung der Zweckbindung, DuD 2005, S. 732 (733 ff.) –, scheidet daher ebenso aus wie eine unmodifizierte Übertragung auf den privaten Bereich, in dem dieses Gerüst gerade fehlt. Zu reduziert etwa *O. Mallmann*, Zweigeteilter Datenschutz? (Fn. 341), S. 97. Vgl. auch zur Problematik der Zweckfestlegung und Zweckbindung beim „Ubiquitous Computing" *Roßnagel*, Modernisierung (Fn. 81), S. 72 f., mit dem Ergebnis, dass man den Zweck hier zum „Erbringen einer rein technischen Funktion" abstrahieren muss.

ständen verändert werden müssen und wie lange man sie braucht. Die Zweckfestlegung wird durch die ihr nachgeschaltete **Zweckbindung** ergänzt.[459] Deren Aussagegehalt erschließt sich in der Zeitdimension: Die Verwaltung wird nicht nur bei der Erhebung, sondern auch bei der Speicherung von Daten, bei deren Nutzung als Informationsgrundlage oder bei der Verwendung der Informationen für Entscheidungen an die Verwendungszwecke gebunden, die sie bei der Erhebung festgelegt hat.[460] Die Annahme eines „Grundsatzes der Zweckbindung", aufgrund dessen im Sinne eines Regel-Ausnahme-Prinzips grundsätzlich durch immer nur einen Zweck abgeschottete Verarbeitungszusammenhänge zu schaffen wären, ist allerdings weder verfassungsrechtlich vorgegeben noch sachgerecht.[461] Mit einem solchen – von den Planbarkeitsvisionen der 1970er Jahre[462] und schlichten Modellen des Gesetzesvollzugs geprägten – Grundsatz würde man den Charakteristika der Wissenserzeugung nicht gerecht und nähme der Exekutive die Möglichkeit, auf den Informationsgehalt erhaltener Angaben zu reagieren oder Situationsänderungen und veränderte Nutzungserfordernisse im Zeitablauf zu berücksichtigen. Die Rechtswirkungen von Zweckfestlegung und Zweckbindung werden vielmehr durch **Zweckänderungsregelungen** modifiziert, die nicht als Ausnahme, sondern als ein notwendiges Korrelat der Zweckfestlegung und Zweckbindung einzuordnen sind. Sie unterliegen freilich ihrerseits unions- und verfassungsrechtlichen Maßstäben. Rückt man ihre Funktion als Aufmerksamkeitsregeln in den Vordergrund, ist die Kombination von Zweckbindung und Zweckänderungen sinnvoller als die unionsrechtliche Figur der Zweckkompatibilität, die die Vereinbarkeit zwischen ursprünglichem und neuem Zweck ausreichen lässt und bei der untergeht, dass Zweckänderungen auch Richtigkeits- oder Partizipationsprobleme aufwerfen können.[463]

Die **Zweckfestlegung** ergibt sich im ersten Schritt als Ergebnis der gesetzlichen **Ausgestaltung.** Die vielfältigen Streitigkeiten über den anzusetzenden Konkretionsgrad des „Zwecks"[464] übersehen, dass der Verwendungszweck nicht

124

---

[459] Die Zweckbindung wird häufig nicht gegen die Zweckfestlegung abgegrenzt, sondern dient als zusammenfassender Begriff – vgl. statt vieler *Bizer*, Datenschutzrecht (Fn. 81), S. 583 f. –, mit der Folge, dass notwendige Differenzierungen verloren gehen.

[460] Zu dieser in Verbindung mit der Zweckfestlegung erreichten Funktion *Simitis*, Gedächtnisverlust (Fn. 290), S. 1484, 1487 f.: „Dahinter steht die Überzeugung, dass nur auf diesem Weg die Überschaubarkeit und Kontrollierbarkeit der Verwendung personenbezogener Angaben gewährleistet werden kann. Die Zweckbindung engt den Verarbeitungsradius ein und schließt vor allem die durch die automatische Datenverarbeitung ermöglichte und perfektionierte multifunktionale Nutzung aus."

[461] Anders *Bizer*, Datenschutzrecht (Fn. 81), S. 583 f.; *Bull*, Grundprobleme (Fn. 80), S. 37; *Martin Kutscha*, Datenschutz durch Zweckbindung – ein Auslaufmodell? ZRP 1999, S. 156 (157 f.); *Simitis*, Weg (Fn. 328), S. 722; *Friedrich v. Zezschwitz*, Konzept der normativen Zweckbegrenzung, in: Roßnagel (Hrsg.), Handbuch (Fn. 41), Rn. 1 ff.

[462] Siehe dazu → Bd. I *Stolleis* § 2 Rn. 17; Bd. II *Köck* § 37 Rn. 2 f.

[463] Zur Zweckkompatibilität o. → Rn. 49. Zu Zweckänderungsvorschriften als Aufmerksamkeitsregeln → Rn. 128.

[464] *Peter Badura*, Anhörungsbeitrag in der öffentlichen Anhörung des Innenausschusses des Deutschen Bundestages vom 19. Juni 1989, in: Deutscher Bundestag (Hrsg.), Fortentwicklung der Datenverarbeitung und des Datenschutzes, Zur Sache 17/1990, S. 15 (16): Es sei unklar, „was denn Zweck überhaupt ist, wie eng oder wie weit der Zweck zu sehen ist, ob Zweck etwa gleich Aufgabe ist oder organisatorisch definiert werden kann usw." Zu den extensiven und restriktiven Sehweisen, die sämtlich unzureichend zwischen den im materiellen Recht festgelegten Aufgaben und den im Datenschutzrecht festgelegten Zwecken differenzieren, *Scholz/Pitschas*, Selbstbestimmung (Fn. 246), S. 119 ff., 123; *Marcus Walden*, Zweckbindung und -änderung präventiv und repressiv erhobener Da-

mit der sachlichen Aufgabe zusammenfällt, sondern gesondert vom Gesetzgeber festzulegen ist. Über diese Festlegung wird das jeweils relevante Aufgabenspektrum erst ab- und eingegrenzt. Der Gesetzgeber ist dabei insoweit gebunden, als die Zweckfestlegung wegen der unionsrechtlichen Bindungen eindeutige und rechtmäßige Zwecke enthalten und wegen der grundrechtlichen Bindungen die ihr zukommenden Funktionen bei der Realisierung begrenzter, strukturierter und transparenter Verarbeitungsverläufe und einzelgrundrechtlicher Anforderungen erfüllen muss.[465] Der gebotene Konkretionsgrad hängt also von den Schutzerfordernissen und vom Regelungskontext ab. In diesem Rahmen bestehen gesetzgeberische Ausgestaltungsoptionen. Sie sind an den jeweiligen Verwaltungsaufgaben und -typen zu orientieren, da die Zweckfestlegung das Verbindungsglied zwischen den Informations- und Datenverarbeitungen und den sachlichen Kompetenzen ist. Verarbeitungsabläufe und Wissensproduktion in Bereichen des klassischen Verwaltungsvollzuges dürfen und müssen anders geregelt werden als in den Bereichen der Risikovorsorge oder der Planung.[466] Das Spektrum reicht insofern von Zweckfestlegungen, die auf die fallbezogene Erfüllung einer bestimmten Aufgabe nach Maßgabe der Befugnisse ausgerichtet sind,[467] bis hin zu Zweckbündelungen, die – gegebenenfalls in einer zuständigkeitsübergreifenden Gestalt[468] – für die Erhebung oder Speicherung bestimmter Daten mehrere Zwecke oder einen übergeordneten, mehrere konkrete Nutzungsmöglichkeiten[469] einschließenden Verwendungszweck vorsehen. Die gesetzliche Zweckbestimmung ist von der Exekutive unter Beachtung der unions-, verfassungs- und einfachrechtlichen Vorgaben zu konkretisieren. Dabei hat sie mehr oder weniger weit reichende Spielräume für eine aufgaben- und fallgerechte Zweckkonkretisierung. Die auf gesetzlicher und exekutiver Ebene bestehende Anpassungsfähigkeit der Zweckfestlegung an Schutzerfordernisse und Kontexte entspricht ihrer zentralen Rolle in der Phasenregulierung.

---

ten im Bereich der Polizei, 1996, S. 253 ff.; *Spiros Simitis,* Von der Amtshilfe zur Informationshilfe, NJW 1986, S. 2795 (2799 f.); *Weichert,* Selbstbestimmung (Fn. 279), S. 48; *Marenbach,* Beziehungen (Fn. 296), S. 109 ff. Von den im juristischen Zusammenhang üblichen Beschreibungen gelöste Begriffs- und Verhältnisbestimmungen (Zweck als Beschreibung des Zustandes, der durch die Erfüllung der Aufgabe herbeigeführt werden soll) finden sich bei *Adalbert Podlech,* Die Transformation des für Informationssysteme geltenden Informationsrechts in die Informationssysteme steuerndes Systemrecht, in: Lothar Bräutigam/Heinzpeter Höller/Renate Scholz, Datenschutz als Anforderung an die Systemgestaltung, 1990, S. 346 (351 f.); *Bernhard Hoffmann,* Zweckbindung als Kernpunkt eines prozeduralen Datenschutzansatzes, 1991, bes. S. 76 ff.

[465] → Rn. 48, 79 f., 84.

[466] Vgl. → Bd. II *Schmidt-Aßmann* § 27 Rn. 14; zu Risikovorsorge vgl. → Bd. II *Schneider* § 28 Rn. 41, *Röhl* § 30 Rn. 24, 30; zu Planung vgl. → Bd. II *Köck* § 37.

[467] Diese Ausgestaltung kann in den typischen Bereichen der traditionellen gesetzesvollziehenden Verwaltung passen und durch insbes. einzelgrundrechtliche Bindungen vorgegeben sein; sie ist aber nicht von vornherein zwingend. So jedoch *Simitis,* Amtshilfe (Fn. 464), S. 2799; *Podlech,* Individualdatenschutz (Fn. 378), S. 456; *Weichert,* Selbstbestimmung (Fn. 279), S. 47 ff.; *Marenbach,* Beziehungen (Fn. 296), S. 109 ff.; *Globig,* Zulässigkeit (Fn. 348), Rn. 80 f.

[468] Die einer bestimmten Behörde zugewiesene Aufgabe ist nicht notwendig die äußerste Verarbeitungsbarriere, so aber etwa *Simitis,* Amtshilfe (Fn. 464), S. 2799. Bei Formen des One-Stop-Governments oder Bürgerämtern (vgl. → Bd. II *Britz* § 26 Rn. 39 ff.) kann man Zwecke und die ihnen zugeordneten Verarbeitungsmöglichkeiten differenzieren und diese Differenzierung technisch absichern, vgl. *Eifert,* Government (Fn. 16), S. 172 ff., 238 ff.; *Lenk,* Datenschutzprobleme (Fn. 356), S. 545.

[469] Diese können kumulativ oder alternativ, dies entweder in Abhängigkeit vom tatsächlichen Informationsgehalt der Daten oder zeit- und situationsabhängig, in Betracht kommen.

C. Regulierung u. Gestaltung des Umgangs mit persbez. Informationen u. Daten

Die allgemeinen Vorschriften der §§ 13 Abs. 1, 14 Abs. 1 S. 1 BDSG knüpfen die Zulässigkeit des Speicherns, Veränderns oder Nutzens personenbezogener Daten daran, dass sie „zur Erfüllung der Aufgaben der verantwortlichen Stelle" erforderlich sind. Für „sensitive" Daten enthält § 13 Abs. 2 BDSG weitere Einschränkungen.[470] Der allgemeine Bezug auf „die" Aufgaben lässt aus sich heraus offen, wie die Verwaltung Zwecke zu konkretisieren hat. Unter Berücksichtigung des Art. 6 EU-DSRL muss der festzulegende Zweck „eindeutig" sein. Im Lichte der grundrechtlichen Vorgaben muss er eine Begrenzung und Strukturierung von Verarbeitungszusammenhängen leisten und besonderen Schutzerfordernissen Rechnung tragen. In systematischer Auslegung ergibt sich mit Blick auf § 4 Abs. 3 S. 1 und § 14 Abs. 2 BDSG, dass im Grundsatz konkrete Zwecke festzulegen sind.[471] Je nach Schutzerfordernissen und Kontext ist es, da die Ausgestaltung des Kontexts die Verwirklichung datenschutzrechtlicher Anforderungen ihrerseits beeinflusst, aber auch nicht von vornherein ausgeschlossen, mehrere Zwecke festzulegen und in diesem Rahmen mehrere Nutzungsweisen zu realisieren. Auf einer solchen Basis werden die betroffenen Personen angemessen geschützt, ohne dass die Exekutive in kontraproduktiver Weise eingeengt wird, sofern die Zweckänderungsmöglichkeiten sachgerecht ausgestaltet sind. **125**

Im bereichsspezifischen Recht findet sich ein Spektrum von fallorientierten bis hin zu übergreifenden gesetzlichen Zweckfestlegungen, die allerdings nicht immer angemessen mit den Regelungs- und Schutzerfordernissen abgestimmt sind. Enge Zweckvorgaben sind sinnvoll, wenn ein besonderes Schutzniveau verankert werden muss oder soll. So sind die Zweckfestlegungen im Sozialrecht meistens auf konkrete Aufgaben bezogen,[472] und das Telemedienrecht sieht in § 15 TMG eine restriktive Zweckbestimmung vor, weil im Bereich des Internet zahlreiche, partiell sensible Nutzungsdaten anfallen, die leicht für personenbezogene Nutzungsprofile verwendet werden könnten. Weite Zweckvorgaben oder Zweckbündelungen sind möglich, wenn sie aufgrund präzise gefasster sachlicher Aufgaben Gehalt gewinnen, die eingeschlossenen konkreten Zwecke und die dafür geltenden Vorgaben nicht miteinander unvereinbar sind, Richtigkeitsanforderungen gewahrt bleiben, die sich im Kontext ergebenden Schutzerfordernisse betroffener Personen nicht entgegenstehen und deren Kenntnis- und Einflusschancen gewährleistet sind. Je nach Gesetzesfassung obliegt es in mehr oder weniger weit reichendem Umfang der Exekutive, die Zweckvorgaben aufgaben- und schutzbedarfsgerecht im Regelungs- und Entscheidungskontext zu konkretisieren.[473] **126**

Die gesetzliche **Ausgestaltung**, die **Reichweite** und die **Determinationskraft** der **Zweckbindung** folgen der Zweckfestlegung. Der normative Gehalt der Zweckbindung ist damit begrenzt. Ihre Funktion beschränkt sich auf die Sicherstellung einer prozessübergreifenden Geltung des gesetzlich festgelegten und exekutivisch konkretisierten Verwendungszwecks. Die allgemeine Aussage des § 14 Abs. 1 S. 1 und 2 BDSG lässt das Speichern, Verändern oder Nutzen perso- **127**

---

[470] Zum Konzept der „sensitiven" Daten → Rn. 31.
[471] Zutr. dazu *Gola/Schomerus*, BDSG (Fn. 85), § 14 Rn. 9.
[472] Vgl. *BSGE* 90, 162 (166f.), zur Frage, ob Krankenkassen im Rahmen des § 284 SGB V zur Mitgliederwerbung Daten erheben dürfen.
[473] Vgl. dazu die einzelfallbezogenen, also nicht generalisiert zu verstehenden Ausführungen in *BVerwG*, NJW 1990, S. 2768 (2768f.).

nenbezogener Daten zu, wenn es für die Zwecke erfolgt, für die die Daten erhoben oder sogleich gespeichert worden sind. Der Normtext bereichsspezifischer Vorschriften ist heterogen: Teilweise knüpfen sie die Zulässigkeit nachfolgender Verarbeitungsschritte an die bei Erhebung festgelegten Verwendungszwecke. Teilweise bestimmen sie, wie etwa §§ 4 Abs. 3 S. 4, 7 Abs. 2 S. 2 BFStrMG für die Mautdaten, dass eine Verarbeitung von Daten ausschließlich zu bestimmten festgelegten Zwecken erfolgen darf. Trotz der unterschiedlichen Formulierungen ist der darin verankerte normative Gehalt identisch. Der Sinn gesonderter bereichsspezifischer Zweckbindungsregelungen kann zum einen darin bestehen, in Abgrenzung zu § 14 BDSG klarzustellen, dass eine Bündelung mehrerer Zwecke nicht zulässig sein soll, also systematische Interpretationshilfe für die Zweckfestlegung zu sein. Zum anderen fungieren sie als Begrenzung der generalklauselartigen Ermittlungsbefugnisse, die der Gesetzgeber manchen Behörden eingeräumt hat und die § 14 BDSG, nicht aber bereichsspezifischen Zweckbindungen vorgehen. So stehen wegen der §§ 4 Abs. 3 S. 4 und 5, 7 Abs. 2 S. 2 und 3 BFStrMG die Mautdaten den Strafverfolgungsbehörden trotz der generalklauselartig gefassten §§ 161 Abs. 1, 163 Abs. 1 StPO nicht zur Verfügung.[474] Man erkennt bereits hier und mehr noch bei Zweckänderungen den Koordinationsbedarf, den die Regelung des Umgangs mit personenbezogenen Informationen und Daten in der Abstimmung der Informationsbeziehungen der verschiedenen Behörden aufwirft.

128 **Zweckänderungen** modifizieren die Zweckbindung als deren Korrelat. In den notwendig allgemein gefassten Vorschriften der §§ 14 Abs. 2, 15 Abs. 1 Nr. 2 BDSG, die insbesondere für „sensitive" Daten weiter eingegrenzt werden,[475] werden Zweckänderungsmöglichkeiten katalog-, wenn auch partiell generalklauselartig aufgelistet. Dahinter steht die Annahme eines Regel-Ausnahme-Prinzips im Verhältnis zwischen Zweckbindung und Zweckänderungsmöglichkeiten. Sinnvoll wäre es demgegenüber, die **Funktion** von Zweckänderungsregeln als **Aufmerksamkeitsregeln** in den Mittelpunkt zu stellen. Mit den Verwendungszwecken erweitern und ändern sich nämlich die Wissens- und Handlungskontexte; aus den Daten werden neue Informationen mit anderen Folgen für die Betroffenen erzeugt.[476] Zu den Voraussetzungen von Zweckänderungen muss ebenso wie bei Zweckbündelungen zählen, dass die Informations- und Datenverarbeitungen begrenzt, bestimmbar und transparent bleiben. Die jeweiligen Zwecke und die dafür geltenden Vorgaben dürfen nicht miteinander unvereinbar sein. Einzelgrundrechtliche Schutzerfordernisse sind zu beachten. Die Richtigkeit der Informationen und die Kenntnis- und Einflusschancen Betroffener müssen gewährleistet werden.[477] Diese Perspektive, aufgrund derer man die Ausgestaltung und Konkretisierung von Zweckänderungen sowohl sach- als auch schutzbe-

---

[474] Das ist eine bewusste, aktuell allerdings in Frage gestellte gesetzgeberische Entscheidung, die der Reichweite der Datenerfassung Rechnung tragen soll. Vgl. *Geelke Otten*, Zweckbindung im Autobahnmautgesetz, DuD 2005, S. 657 (660); *Alexander Pfab*, Rechtsprobleme bei Datenschutz und Strafverfolgung im Autobahnmautgesetz, NZV 2005, S. 506 (507 ff.). Ausf. zum gesamten Problemkreis *Patrick Gasch*, Grenzen der Verwertbarkeit von Daten der elektronischen Mauterfassung zu präventiven und repressiven Zwecken, 2012.

[475] §§ 14 Abs. 5, 15 Abs. 1 Nr. 2 BDSG. S. weiter § 14 Abs. 4 BDSG für Protokolldaten, § 39 BDSG in Fällen von Berufs- oder besonderen Amtsgeheimnissen.

[476] Vgl. *Wilhelm Steinmüller*, Informationstechnologie und Gesellschaft, 1993, S. 200: „Zweckänderung ist Informationsänderung".

[477] Vgl. partiell *BVerfGE* 65, 1 (61 ff., 64 ff.), 100, 313 (360); 109, 279 (375 f.). S. a. → Rn. 150.

darfsgerecht in den Zusammenhang von Zweckfestlegungen und Zweckbindung einfügen kann, kommt bisher zu kurz.

Auch bereichsspezifisch führen Zweckänderungen, etwa im Zusammenhang mit einer neuen Datennutzung oder einer Übermittlung, zu Kontextänderungen. Das ist keineswegs immer bedenklich. In bestimmten Konstellationen stellen sich aber Grundsatzprobleme. Beispiele sind die Fragen, ob strafrechtlich relevante Angaben aus einem Beratungsgespräch mit einem Sozialarbeiter an die Strafverfolgungsbehörden weiterzuleiten sind oder inwieweit gemeinsame Dateien zwischen Nachrichtendiensten und Polizeien aufgebaut werden dürfen.[478] Im Regel-Ausnahme-Schema wird die Problematik von Zweckänderungen auch bereichsspezifisch bisher vor allem als „Durchbrechung der Zweckbindung" begriffen und mit Hilfe einer darauf gerichteten gesetzlichen Ermächtigung zu lösen versucht.[479] Stattdessen müssten Lösungen mit Blick auf die konkreten individuellen Schutzerfordernisse beantworten, ob und gegebenenfalls mit welchen Einschränkungen und Schutzvorkehrungen, die die allgemeinen Voraussetzungen für Zweckänderungen spezifizieren, Daten und Informationen aus dem einen Verarbeitungs-, Wissens- und Handlungszusammenhang in den anderen Zusammenhang, in dem neue Folgen für die betroffenen Personen entstehen, transferiert werden dürfen.

129

bb) Erforderlichkeit als Regelungselement

Das Regelungselement der **Erforderlichkeit** zählt ebenfalls zu den gesetzlichen Komponenten der Regulierung des Umgangs mit personenbezogenen Informationen und Daten.[480] Seinen Funktionen nach beschreibt es „eine **Relation zwischen einem Informationsverarbeitungsvorgang und einer Aufgabenerfüllung**",[481] indem es eine Abhängigkeitsbeziehung herstellt und den Abhängigkeitsgrad festlegt, mit dem die jeweilige Stelle auf den jeweiligen Verarbeitungsvorgang angewiesen ist. Diese Relationierung ergänzt die Zweckfestlegung und Zweckbindung. Zugleich bewirkt sie, dass die einzelnen Phasen inhaltlich noch näher eingegrenzt werden können. Sie betrifft sämtliche Phasen im Prozess der Gewinnung und Umsetzung von Informationen und der Verarbeitung von Daten.[482] Erforderlich sein muss erstens gerade der jeweilige Verarbeitungsschritt mit den ihm zukommenden Funktionen. Zweitens muss die Verarbeitung gerade der personenbezogenen Informationen und Daten erforderlich sein, auf die sich die Verarbeitung bezieht.[483] Teilweise wird weiter differenziert, ob die Verarbeitung gerade personenbezogener Informationen und Daten erforderlich ist oder ob nicht anonymisierte oder pseudonymisierte Daten genügen.[484]

130

---

[478] Siehe noch → Rn. 140.
[479] Vgl. *v. Zezschwitz*, Konzept (Fn. 461), Rn. 58 ff.
[480] Deutlich in der Abgrenzung gegen die Erforderlichkeitskomponente des Übermaßverbots *VGH BW*, MMR 2004, S. 198 (201). Vgl. auch zur unionsrechtlichen Figur der „Erheblichkeit" o. → Rn. 49.
[481] So zutr. *Podlech*, Individualdatenschutz (Fn. 378), S. 455.
[482] Anonymisierung und Pseudonymisierung, Löschung und Sperrung sind dabei wegen ihrer eigenständigen Bedeutung ausgenommen.
[483] *Bettina Sokol*, in: Simitis (Hrsg.), BDSG (Fn. 33), § 13 Rn. 26. Zur Erforderlichkeit der Kennzeichnung von Überweisungen als „Sozialleistung" mit der Folge der Offenbarung von Sozialdaten *BVerwG*, NJW 1995, S. 410 (411 f.).
[484] *Roßnagel/Pfitzmann/Garstka*, Modernisierung (Fn. 86), S. 100 f. Dazu auch *BVerwG*, NVwZ-RR 2000, S. 760 (760 f.).

131 Im Rahmen der **gesetzlichen Ausgestaltung** beschränken sich die **allgemeinen Regelungen** der §§ 13–15 BDSG darauf festzuhalten, dass ein Verarbeitungsschritt zur Erfüllung der Aufgaben der jeweiligen Stelle erforderlich sein muss. Mehr als dies kann in einem allgemeinen Standard nicht geregelt werden. Determinationskraft gewinnt selbst diese Form der Regelung durch die Verknüpfung mit der sachlichen Ebene, die die Festlegung der Verwendungszwecke bewirkt. Der Gesetzgeber hat somit – dies verweist auf den Baustein der Systemgestaltung – die Möglichkeit, datenschutzrechtliche Ziele durch einen höheren Präzisionsgrad auf der sachlichen Ebene sicherzustellen. Im übergreifenden Kontext wird die **exekutive Konkretisierung** der „Erforderlichkeit" möglich.[485] Mit Blick auf den Regelungskontext und auf die sich in diesem Rahmen ergebenden Schutzerfordernisse ist dabei die strittige Frage zu beantworten, ob ein Verarbeitungsvorgang, etwa die Gewinnung bestimmter Informationen, für die Aufgabenerfüllung bloß „förderlich" zu sein braucht[486] oder „conditio sine qua non"[487] sein muss.

132 Hinter dieser Streitigkeit um die Auslegung des Erforderlichkeitsbegriffs versteckt sich eine Problematik, die – möglicherweise wegen einer Verwechslung des Regelungselements mit der Erforderlichkeitskomponente des Übermaßverbots – oft übersehen oder zumindest unterschätzt wird. Im Rahmen der Erforderlichkeit muss man bestimmen, **welche Informationen** und **welche Daten als Informationsgrundlage** die staatliche Stelle benötigt, damit sie die Aufgabe oder Befugnis in einem konkreten Fall vollständig und in rechtmäßiger Weise wahrnehmen kann. Das setzt eine Auslegung der in Bezug genommenen sachlichen Normen und ihrer Tatbestandsmerkmale sowie eine semantische Beschreibung der in den Normanwendungssituationen benötigten Informationen voraus. Wie **kompliziert** dies sein kann, zeigt bereits ein kurzer Blick auf die hier angebotene Aufschlüsselung von Subsumtionsinformationen, Entscheidungsinformationen und Unterstützungs- oder Hilfsinformationen.[488] Noch komplizierter wird es, wenn das Modell des traditionellen Gesetzesvollzugs, das diesen Kategorien zugrunde liegt, nicht passt.[489] Erschwerend kommt hinzu, dass vor allem zu Beginn eines Verarbeitungsprozesses noch der Prozess selbst antizipiert werden muss, der sich komplex gestalten und relativ unberechenbar verlaufen kann. Ob bestimmte personenbezogene Daten später tatsächlich noch benötigt werden, kann eine **hochgradig ungewisse Prognose** sein.[490] Es überrascht nicht, dass hier eine Quelle von Beurteilungsdifferenzen und -streitigkeiten liegt.

---

[485] Siehe z.B. die Konkretisierungen mit Blick auf Kompetenzen und Zweckfestlegungen in *BVerwGE* 120, 188 (191 ff.); *BSGE* 90, 162 (166 ff.); *HessVGH*, NJW 2005, S. 2727 (2730 ff.). Zum Telekommunikationsbereich *BVerwGE* 119, 123 (131 f.).

[486] So *BVerwG*, Buchholz 402.41 Nr. 56; NJW 1994, S. 2499 (2499).

[487] So *BSGE* 90, 162 (167 f.); *Sokol*, in: Simitis (Hrsg.), BDSG (Fn. 33), § 13 Rn. 26; *Globig*, Zulässigkeit (Fn. 348), Rn. 58 ff.

[488] *C. Mallmann*, Datenschutz (Fn. 205), S. 104 ff.; *Dammann*, in: Simitis (Hrsg.), BDSG (Fn. 33), § 15 Rn. 17.

[489] *Lohmann*, Informationsmanagement (Fn. 423), versucht im Rahmen eines erheblich komplexeren Modells, den „Dokumentenbedarf" zu beschreiben. Vgl. außerdem *Beyer*, Informationsmanagement (Fn. 423), S. 170 ff.

[490] Ein ähnliches Problem stellt sich für eine übermittelnde Behörde, sofern kein präziser gesetzlicher Übermittlungstatbestand existiert. Vgl. *BFH*, BB 2003, S. 2216 (2218 f.), zur Frage, inwieweit die Finanzbehörden bei der Offenbarung von Steuerrückständen gegenüber den Gewerbebehörden prüfen müssen, ob es sich um Tatsachen handelt, aus denen sich eine Unzuverlässigkeit im Sinne des § 35 GewO ergibt. Danach haben sie aufgrund der ihnen obliegenden Vorbeurteilung im Rahmen des § 30

C. Regulierung u. Gestaltung des Umgangs mit persbez. Informationen u. Daten

Bereichsspezifisch lässt sich die Komponente der Erforderlichkeit auf der Ebene der gesetzlichen Ausgestaltung spezifizieren. Sie kann zum einen in **phasenbezogene Tatbestandsvoraussetzungen** eingehen. Zum anderen kann der geforderte **Abhängigkeitsgrad** in unterschiedlicher Schärfe bestimmt werden.[491] Fehlt es an einer gesetzlichen Spezifikation, werden Einschreitschwellen oder tatbestandliche Einschränkungen im sachlichen Gesamtzusammenhang teilweise durch Verwaltungsvorschriften,[492] teilweise im Wege der Interpretation der Erforderlichkeitskomponente herauskristallisiert.[493]

133

b) Phasendifferenzierung und phasenbezogene Elemente

aa) Differenzierung einzelner Phasen nach Funktionen und normativen Problemen

Zu den phasenübergreifenden Elementen der Zwecksetzungen und der Erforderlichkeit kommen **phasenbezogene Elemente** hinsichtlich der einzelnen Verarbeitungsphasen hinzu. Das setzt deren Differenzierung voraus. Nach dem traditionellen Bild der Verarbeitungsabläufe werden in den Datenschutzgesetzen Legaldefinitionen formuliert, nach denen die Erhebung, die Speicherung, die Veränderung, die Nutzung, die Übermittlung, die Anonymisierung oder Pseudonymisierung, die Sperrung und Löschung von Daten als je eigenständig zu beschreibende Verarbeitungsvorgänge gegeneinander abgegrenzt werden können. Da Informations- und Datenverarbeitungen jedoch als verwobene Prozesse in Wissens- und Handlungskontexten verlaufen, ergibt sich ein gegenstandsgerechteres Bild, wenn man Phasen nach ihren **Funktionen** und nach den **normativen Problemen** differenziert, die sie einerseits für sich, andererseits mit Blick auf Verarbeitungsprozesse und -kontexte aufwerfen. Die Gesetzeslage ist zwar vielfach noch dem traditionellen Bild verhaftet. Trotzdem lässt sie im Grundsatz ein solches Verständnis zu.

134

bb) Phasenbezogene Elemente im Verarbeitungsprozess

Die **Beschaffung von Informationsgrundlagen** oder die **Erhebung personenbezogener Daten** werfen als aktive Auswahlhandlung in ihrem Informationsaspekt Fragen zu den Erhebungsvoraussetzungen, den zu erhebenden Aussagegehalten sowie zu den betroffenen Personen und in ihrem Handlungsaspekt Fragen zu den Methoden sowie zum Modus des staatlichen Vorgehens

135

AO „nur die Offenbarung von Tatsachen zu unterlassen, die eindeutig von vornherein nicht geeignet sind, allein oder in Verbindung mit anderen Tatsachen eine Gewerbeuntersagung zu rechtfertigen".

[491] Zum Polizeirecht *Albers*, Determination (Fn. 376), S. 281.

[492] Vgl. z. B. zum Abruf von Kontostammdaten durch die Finanzbehörde i. V.m. dem einschlägigen Anwendungserlass des BMF zur AO und zur Frage, ob dies als Einschreitschwelle genügt, *BVerfGE* 118, 168 (191 ff.).

[493] Für die Videoüberwachung öffentlicher Räume etwa *VGH BW*, MMR 2004, S. 198 (201): „[...] die zu überwachenden Orte (werden) durch das in § 21 Abs. 3 PolG enthaltene [...] Erforderlichkeitskriterium weiter eingegrenzt. [...] Dieses Merkmal bedeutet [...], dass die Örtlichkeit eine besondere Kriminalitätsbelastung aufweisen, es sich bei ihr um einen sog. Kriminalitätsbrennpunkt handeln muss".

auf.⁴⁹⁴ Den Informationsaspekt erfasst die grundlegende Norm des § 13 Abs. 1 BDSG mit Hilfe der allgemeinen Formel, dass das Erheben personenbezogener Daten nur zulässig ist, wenn deren Kenntnis **zur Erfüllung der Aufgaben der verantwortlichen Stelle erforderlich** ist. Die vage erscheinende Regelung verknüpft die Datenerhebung über die Zweckfestlegung („zur Erfüllung der Aufgaben") mit dem **materiellen Verwaltungsrecht** und über den Bezug auf gerade die verantwortliche Stelle mit dem **Organisationsrecht** und der **Zuständigkeitsverteilung**. Im Falle der Erhebung „sensitiver" Daten sieht § 13 Abs. 2 BDSG weitere Einschränkungen bei den Zwecken oder den Tatbestandvoraussetzungen vor. Der für die Methoden und Modi hinzutretende § 4 Abs. 2 Satz 1 BDSG verankert die Prinzipien der **Erhebung beim Betroffenen** und der **offenen Erhebung**.⁴⁹⁵ Diese Prinzipien sind mit der Regulierung des Verarbeitungsprozesses über die Vorstellung verknüpft, dass sie die Richtigkeit der Informationen fördern. Zugleich setzen sie Grundgedanken der Transparenz und der Partizipation Betroffener um.

136 Das **Speichern, Verändern** oder **Nutzen personenbezogener Daten** und das **Gewinnen** oder **Verwenden personenbezogener Informationen** sind nicht weniger relevant als die Erhebung. Sie erfahren in der überkommenen, auf Daten konzentrierten Sicht aber weniger oder gar keine Aufmerksamkeit. Die Datenspeicherung erfordert in der Sach-, Sozial- und Zeitdimension erneute Selektionen mit Blick darauf, zu welchen Zeitpunkten und in welchen Zusammenhängen welche Daten über welche Personen zur Verfügung stehen sollen; sie bringt außerdem die Transformation der in der Erhebungssituation erlangten Informationen oder Daten in ein durch den jeweiligen Technikeinsatz vorgegebenes System der Codierung mit sich.⁴⁹⁶ Die Datenveränderung ist geradezu das Kennzeichen einer Entscheidungsfindung. In der aus der Zeit der Großrechenanlagen stammenden Legaldefinition – das „inhaltliche Umgestalten gespeicherter personenbezogener Daten" – geht dies unter.⁴⁹⁷ Datenveränderungen können durch die auf Daten gestützte Informationsgewinnung und die nachfolgende Speicherung neuer Gehalte, durch automatische Verarbeitungsprozesse nach Maßgabe vorgegebener Programme, durch die umgestaltende Verknüpfung gespeicherter Daten mit anderen Daten, durch die Umwandlung in geraffte, schlussfolgernde oder wertende Aussagen oder auch durch das Herstellen eines neuen Kontexts erfolgen. Dabei werden beispielsweise Probleme der Sinnverzerrungen oder Kontextverluste oder Probleme der Nachvollziehbarkeit von Bewertungen im Verarbeitungsverlauf aufgeworfen. Die Nutzung von Informationsgrundlagen oder Daten in den verschiedenen Formen des Datenabgleichs und insbesondere auch als Grundlage

---

⁴⁹⁴ Zur Legaldefinition der Datenerhebung in § 3 Abs. 3 BDSG („Beschaffen von Daten über den Betroffenen") *Dammann*, in: Simitis (Hrsg.), BDSG (Fn. 33), § 3 Rn. 102 ff.; *Sokol*, in: Simitis (Hrsg.), BDSG (Fn. 33), § 13 Rn. 11. Das Heraussuchen von Daten aus schon vorhandenem Material oder das Gewinnen von Daten aus bereits erhobenen Daten sind danach keine „Erhebung".

⁴⁹⁵ Vgl. dagegen *OVG NW*, DVBl 1995, S. 373 (373 ff.), und *BVerwG*, NJW 1998, S. 919 (920): Im Falle einer Erhebung bei Dritten, die zugleich Informationen über die betroffene Person vermittelt, kann ein nicht offenes Vorgehen deren Interessen eher entsprechen. S. ansonsten *HambOVG*, NJW 2008, S. 96 (97 ff.), zur Rechtswidrigkeit der ausländerbehördlichen Beauftragung einer Detektei und derer Methoden.

⁴⁹⁶ Zum Begriff § 3 Abs. 4 S. 2 Nr. 1; *Dammann*, in: Simitis (Hrsg.), BDSG (Fn. 33), § 3 Rn. 114 ff.; *Gola/Schomerus*, BDSG (Fn. 85), § 3 Rn. 26 ff.

⁴⁹⁷ § 3 Abs. 4 S. 2 Nr. 2 BDSG. Ausf. *Dammann*, in: Simitis (Hrsg.), BDSG (Fn. 33), § 3 Rn. 129 ff.; *Gola/Schomerus*, BDSG (Fn. 85), § 3 Rn. 30.

der Informationen, die die sachlichen Entscheidungen tragen, erfordert erneut eine Entscheidung über deren Auswahl und Zusammenstellung. Die Gewinnung und Verwendung von Informationen bestimmen als Sinnselektionen darüber, welches Wissen über die betroffenen Personen entsteht, wie die weiteren Verarbeitungs- und Entscheidungsprozesse verlaufen und wie die Entscheidungen oder Handlungen der Verwaltung ausfallen. § 14 Abs. 1 BDSG bündelt die Regelung der Datenspeicherung, -veränderung und -nutzung in der Maßgabe, dass sie zulässig sind, wenn es **zur Erfüllung der Aufgaben der verantwortlichen Stelle erforderlich** ist.[498] Ebenso wie § 13 Abs. 1 BDSG beschränkt sich dieser allgemeine Standard somit darauf, die **Datenverarbeitung** mit dem **materiellen Verwaltungsrecht** und dem **Organisationsrecht** zu koppeln und dadurch zu regulieren. Etwa wird eine Speicherung „auf Vorrat" ausgeschlossen.[499] Ansonsten ist es im Wesentlichen eine Leistung der Exekutive, die Informations- und Datenverarbeitungen auf die Aufgabenerfüllung zuzuschneiden und die in den Verarbeitungsabläufen und -netzen entstehenden Probleme zu lösen.

Die in unterschiedlichen Formen mögliche **Übermittlung** betrifft die Fragen, welche Angaben oder Daten unter welchen Voraussetzungen von der übermittelnden Stelle an die empfangende Stelle gelangen und dort in neuen Zusammenhängen weiterverarbeitet sowie als Informationen verwendet werden.[500] Wegen der Beteiligung und Differenzierung zweier Stellen müssen zwei Kontexte und Regelungskomplexe – unter Umständen im Verhältnis zwischen Bund und Land – koordiniert werden. Das Verhältnis zwischen beteiligten öffentlichen Stellen wird von den Amtshilfenormen (Art. 35 Abs. 1 GG, §§ 4, 5 VwVfG) mit ihrer Funktion erfasst, Organisations- bzw. Kompetenz- und Zuständigkeitsgrenzen zu überwinden und Pflichten zwischen den beteiligten Behörden festzulegen.[501] Das – im Vergleich dazu eigenständige[502] – Verhältnis beider staatlicher Stellen zur betroffenen Person betrifft die Mitteilungs- oder Übermittlungsbefugnisse auf Seiten der weiterleitenden Stelle und die Empfangs- und Verwendungsbefugnisse auf Seiten der empfangenden Stelle. § 15 Abs. 1 BDSG knüpft die Übermittlungsbefugnisse an die **Erforderlichkeit zur Erfüllung der Aufgaben** entweder der **übermittelnden Stelle** oder der **empfangenden Stelle** und an die **Zulässigkeit der Zweckänderung,** die im Falle einer Übermittlung regelmäßig vorliegt. Ähnliche, aber modifizierte Vorgaben enthält § 16 Abs. 1 BDSG für die Datenübermittlung an nichtöffentliche Stellen. Über diese Standards hinaus regeln die §§ 15 Abs. 2 und 16 Abs. 2 BDSG die **Verantwortlichkeit,** die bei der Datenübermittlung an öffentliche Stellen von der Form der Übermittlung abhängt und bei der Datenübermittlung an Dritte der übermittelnden Stelle obliegt. Der Richtigkeit der Informationen dient die in § 20 Abs. 8 BDSG verankerte **Nachberichtspflicht.**

137

---

[498] Die in § 14 Abs. 1 BDSG zusätzlich erwähnte Zuständigkeit hat keine materielle Bedeutung, so auch *Gola/Schomerus*, BDSG (Fn. 85), § 14 Rn. 5.

[499] Dazu → Rn. 78.

[500] Siehe die Legaldefinition in § 3 Abs. 4 S. 2 Nr. 3 BDSG. Die unterschiedlichen – funktionalen bzw. aufgabenbezogenen oder institutionellen – Stellenbegriffe in Bundes- oder Landesgesetzen sind unproblematisch, weil die Verwendung eines institutionellen Stellenbegriffs (nur) dazu führt, dass datenschutzrechtliche Anforderungen im Rahmen der Nutzung relevant werden.

[501] Ausführlicher → Bd. II *Holznagel* § 24 Rn. 21 ff.; *Bernhard Schlink*, Die Amtshilfe, 1982.

[502] *Marenbach*, Beziehungen (Fn. 296), S. 115 f.; *Simitis*, Amtshilfe (Fn. 464), S. 2796 ff.; *Bernhard Schlink*, Datenschutz und Amtshilfe, NVwZ 1986, S. 249 (249 ff.).

138 Abgeschlossen werden Verarbeitungsprozesse mit der **Löschung** oder mit der **Sperrung** von Daten. Das Löschen personenbezogener Daten hebt deren Informationsfunktion auf.[503] Etwas unsystematisch bei den Rechten betroffener Personen eingeordnet, bestimmt § 20 Abs. 2 BDSG für automatisiert verarbeitete oder in nicht automatisierten Dateien gespeicherte personenbezogene Daten, dass sie zu löschen sind, wenn die verantwortliche Stelle sie zur Erfüllung ihrer Aufgaben nicht mehr zu kennen braucht. Bei Akten und den darin enthaltenen personenbezogenen Daten, bei denen eine parallel gestaltete Vernichtungspflicht in Betracht käme, wird die **Dokumentationsfunktion** in den Vordergrund gestellt, ohne dass man sich gründlich mit deren **Verhältnis zu den datenschutzrechtlichen Grundsätzen** beschäftigte.[504] Umgekehrt ist die Rolle der Dokumentationspflicht bei rechnergestützten Datenverarbeitungen oder „elektronischen Akten" bislang unzureichend geklärt.[505] Konstellationen wie diejenigen, dass Daten für einen bestimmten Zweck nicht mehr erforderlich, für andere Zwecke aber weiter zu nutzen sind, dass die Richtigkeit von Daten zweifelhaft ist oder dass bestimmte geschützte Interessen des Betroffenen, zum Beispiel ein geltend gemachter Auskunftsanspruch, einer Löschung entgegenstehen, lassen sich durch eine Sperrung der Daten lösen.[506]

139 Die allgemeinen Regelungen zielen mit ihren Anforderungen an die Verarbeitungsphasen also vorrangig darauf, die exekutiven Informations- und Datenverarbeitungen an die Erfüllung der jeweiligen sachlichen Aufgaben zu koppeln. Der Gesetzgeber reguliert den Umgang mit personenbezogenen Informationen und Daten insoweit durch eine **abstrakte Verknüpfung mit dem materiellen Verwaltungsrecht und dem Organisationsrecht.** Zumal da die Phasenregulierung einer von mehreren Bausteinen ist, der durch die Systemgestaltung, also durch die Gestaltung gerade der materiellen Kompetenzen oder der Organisation, ergänzt wird, steckt darin eine nicht zu unterschätzende **Begrenzungs- und Strukturierungsleistung.**[507] Insbesondere muss die Verwaltung die allgemeinen Standards notwendig im übergreifenden materiellen und organisatorischen Kontext konkretisieren. Dadurch gewinnen sie an Gehalt, ohne dass sie angesichts ihres Aufgabenbezugs notwendiges Wissen verhinderten. In vielen Konstellationen entsteht somit eine sachgerechte Mischung aus Grenzen und Spielräumen beim exekutiven Umgang mit personenbezogenen Informationen und Daten.

140 Trotzdem kann eine **weiterreichende Phasenregulierung** verfassungsrechtlich, vor allem wegen der **Bindungen einzelner Freiheitsgewährleistungen,** geboten oder rechtspolitisch erwünscht sein.[508] Sie ist erst und nur unter Berücksichtigung des bereichsspezifischen Kontexts, der hierin bestehenden Schutzerfordernisse oder der konkreten sachlichen Kompetenzen der Behörde möglich.

---

[503] *Dammann,* in: Simitis (Hrsg.), BDSG (Fn. 33), § 3 Rn. 173.

[504] Zum Grundsatz der Aktenvollständigkeit und Aktenwahrheit s. etwa *BVerwG,* NVwZ 1988, S. 621 (622); NVwZ 2002, 1519 (1521 f.); *VG Lüneburg,* NVwZ 1997, S. 205 (206).

[505] → Bd. II *Britz* § 26 Rn. 74 ff. Vgl. zum Konflikt zwischen Löschung und Auskunftsinteressen auch *EuGH,* Rs. C-553/07, Slg. 2009, I-3889, Rn. 49 ff. – Rijkeboer.

[506] Siehe die Legaldefinition in § 3 Abs. 4 S. 2 Nr. 4 BDSG: Kennzeichnen gespeicherter personenbezogener Daten, um ihre weitere Verarbeitung oder Nutzung einzuschränken.

[507] Diese Leistung wird oft verkannt, weil Zweckfestlegung und Erforderlichkeit dem Übermaßverbot zu- und dann als Wiederholung ohnehin geltender Grundsätze eingeordnet werden. Vgl. → Rn. 78 f., 123, 130.

[508] Vgl. zum StUG, das mit seinen ausgeprägten personellen Differenzierungen einem verstärkten Persönlichkeitsschutz dient, *BVerwGE* 116, 104 (109 ff.). Außerdem o. → Rn. 71 ff.

C. Regulierung u. Gestaltung des Umgangs mit persbez. Informationen u. Daten

Dem Gesetzgeber stehen eine Reihe phasenbezogener Regelungsmöglichkeiten zur Verfügung, die im Verbund, einander ergänzend oder kompensatorisch eingesetzt werden können. Er kann Zwecke spezifizieren, sachliche oder personelle Tatbestandsvoraussetzungen festlegen, Verarbeitungsvorgänge näher beschreiben oder unterbinden, Prüffristen und Richtigkeitsgewährleistungen verankern oder technische Schutzvorkehrungen vorsehen. Dabei sind Vorgaben zu den Verarbeitungsphasen regelmäßig nicht voneinander isolierbar, sondern wirken sich weiter in den Verarbeitungszusammenhängen und -prozessen aus.[509] Das macht die Regelungen und ihre Auslegung komplex und kompliziert. Ziel ist aber nicht die möglichst detaillierte Determination der Datenverarbeitung,[510] sondern die problemorientierte Steuerung und Gestaltung des Umgangs mit personenbezogenen Informationen und Daten. Greift man die wesentlichen Referenzgebiete heraus, zeichnet sich das **Melderecht** durch die Spezifikation von Zwecken und durch eine katalogartige Auflistung der Angaben in den Verarbeitungstatbeständen aus, weil die Erhebung der Meldedaten von Anbeginn an unterschiedlichen Zwecken dient und die Übermittlungen überschaubar sein sollen.[511] Ähnlich auflistbar sind die Daten im **Ausweisrecht**.[512] Dagegen werden die zu erhebenden Angaben im **Sozialrecht** gerade wegen des gesteigerten Informationsbedarfs meistens nicht im Einzelnen geregelt. Hier sind zunehmend Ermittlungs- und Abgleichsbefugnisse in Abweichung vom Grundsatz der Erhebung beim Betroffenen ergänzt worden. Ebenso wie im Steuerrecht wird den Betroffenen in den staatlichen Leistungssystemen nur noch begrenzt das Vertrauen geschenkt, dass ihre Angaben richtig sind.[513] Das ist in diesen – in der Tat missbrauchsanfälligen – Zusammenhängen kein Grundsatzproblem und gerade deswegen mit Blick auf die konkreten Beziehungen zu beantworten. Ein Datenaustausch und -abgleich zwischen verschiedenen Leistungsträgern, wie er ohnehin bei kooperativer Leistungserbringung stattfinden muss, ist regelmäßig unproblematischer als der Zugriff auf externe Datenbestände.[514] Beim Zugriff anderer Behörden, insbesondere der Strafverfolgungsbehörden, auf die Datenbestände der Sozialleistungsträger können dagegen andere Überlegungen eine Rolle spielen: Es gehört zum – (nur) in bestimmtem Umfang relativierbaren – Fürsorgegedanken,

---

[509] Zutr. zur Regelung von Übermittlungs- und Empfangsbefugnissen nicht als „bloße Normierungsduplizität", sondern als ein zwischen den oder innerhalb der jeweiligen Rechtsmaterien „korrelierendes Befugnisnorminstrumentarium" *Marenbach*, Beziehungen (Fn. 296), S. 87 ff.

[510] Vgl. aber *Gola/Schomerus*, BDSG (Fn. 85), § 13 Rn. 3: „Wo es möglich ist, sollten Art und Umfang der zu erhebenden Daten vorab festgelegt werden".

[511] *Wollweber*, Datenschutz (Fn. 372), Rn. 1 f., 15 ff.

[512] Überblick bei *Zilkens*, Datenschutz (Fn. 374), S. 15 f.

[513] Zum Sozialrecht ausf. *Gesa Zahn*, Datenabgleich zur Missbrauchskontrolle im Bereich der Sozialleistungen, 2001, S. 27 ff.; außerdem etwa *Müller-Thele* (Fn. 370), Kontrollmaßnahmen, S. 258 ff.; *Krapp*, BaföG-Rasterfahndung (Fn. 370), S. 262 ff. Vgl. auch zur Unzulässigkeit verdeckter Ermittlungen eines „Sozialdetektivs" *ThürOVG*, NVwZ-RR 2011, S. 323 (324 ff.). Zum Steuerrecht s. insbes. *BFH*, wistra 1998, S. 110 (bes. 112 ff.); *BFH*, Finanz-Rundschau 1998, S. 112 (113 ff.); *Joachim Wieland*, Zinsbesteuerung und Bankgeheimnis, JZ 2000, S. 272 (272 ff.); *Fritz-René Grabau/Irina Hundt/Jürgen Hennecka*, Das Bankgeheimnis und § 30 a III AO, ZRP 2002, S. 430 (430 ff.). Zu §§ 93, 93 b AO, 24 c KWG s. BVerfGE 118, 168 (183 ff.). S. weiter zur Steueridentifikationsnummer *BFH*, Urt. v. 18. 1. 2012, Az. II R 49/10, abrufbar unter www.bundesfinanzhof.de.

[514] Zu den Übermittlungserfordernissen, die sich aus der organisatorischen Differenzierung der Leistungsträger und der kooperativen Leistungserbringung ergeben, *Thomas P. Stähler*, Datenschutzrechtliche Aspekte der Weitergabe von Sozialdaten, 2000, S. 51 ff.

Betroffene nicht von der Inanspruchnahme benötigter Leistungen abzuschrecken.[515] Im **Sicherheitsrecht** führen zwei Charakteristika zur Notwendigkeit bereichsspezifischer Vorschriften. Zum einen sind die im Nachrichtendienstrecht typischen, im Polizeirecht dagegen neuen Vorfeldaufgaben[516] weit gefasst und nicht (einzel)fall-, sondern strukturbezogen. Zweckfestlegung und Erforderlichkeit können unter diesen Umständen keine hinreichenden Grenzen setzen.[517] Das erklärt die ausführlichen Vorschriften über Prüffristen hinsichtlich der Datenspeicherung und die zahlreichen Streitigkeiten über den für die Löschungspflichten relevanten Maßstab.[518] Zum anderen stehen den Sicherheitsbehörden intensiv eingreifende und regelmäßig heimlich eingesetzte Ermittlungsmethoden zur Verfügung, bei denen spezielle Freiheitsgewährleistungen oder der grundrechtliche Persönlichkeitsschutz greifen. Datenerhebungen mit solchen Methoden erfordern, wobei das Bundesverfassungsgericht die verfassungsrechtlichen Anforderungen an nachrichtendienst- und an polizeirechtliche Regelungen mittlerweile zumindest partiell parallelisiert hat, nähere sachliche, zeitliche und personelle Einschreitvoraussetzungen.[519] Daraus resultiert ein Folgeregelungsbedarf für anschließende Verarbeitungsphasen. Bei Datenübermittlungen, die gegebenenfalls mit Hilfe von „Öffnungsklauseln" zwischen Bund und Land koordiniert werden müssen,[520] liegt auf der Hand, dass Daten, deren Erlangung mittels besonderer

---

[515] Allgemein ist dies allerdings zu Gunsten der Strafverfolgung geklärt. Diskussionen gibt es noch im Falle besonderer Vertrauensverhältnisse, etwa in der Jugendhilfe, vgl. *Renelt*, Sozialdatenschutz (Fn. 370), S. 579 ff., 643 ff.

[516] Vgl. a. → Bd. I *Schulze-Fielitz* § 12 Rn. 28 f. Vgl. auch zur Entwicklung und zu den Aufgaben des BKA umfassend *Anicee Abbühl*, Der Aufgabenwandel des Bundeskriminalamtes, 2010, S. 146 ff., 221 ff.

[517] *Albers*, Determination (Fn. 376), S. 254 ff., 279 ff.; s. außerdem *Trute*, Erosion (Fn. 376), S. 405 ff.; *Helmuth Schulze-Fielitz*, Nach dem 11. September: An den Leistungsgrenzen eines verfassungsstaatlichen Polizeirechts?, in: Hans-Detlef Horn (Hrsg.), Recht im Pluralismus, 2003, S. 407 (427 f.).

[518] Etwa *VGH BW*, NVwZ-RR 2000, S. 287 (287 f.); *HessVGH*, NJW 2005, S. 2727 (2729 f.); *VG Gießen*, DÖV 2000, S. 516 (517). Zur Verfolgungsvorsorge vgl. *Carl-Friedrich Stuckenberg*, Speicherung personenbezogener Daten zur „vorbeugenden Straftatenbekämpfung" trotz Freispruchs?, in: Jürgen Wolter u. a. (Hrsg.), Datenübermittlungen und Vorermittlungen, 2003, S. 25 (27 ff.). Zur Realisierung des Löschungsanspruchs bei übergreifenden Dateien (hier: Inpol) *HessVGH*, Urt. v. 23. 4. 2002, 10 UE 4135/98 (juris); zur „Gewalttäterdatei Sport" *BVerwG*, Urt. v. 9. 6. 2010, Az. 6 C 5.09, Rn. 31 ff., abrufbar unter www.bverwg.de.

[519] Zur Parallelisierung der Anforderungen an nachrichtendienst- und an polizeirechtliche Regelungen *BVerfGE* 120, 274 (329 ff.); 125, 260 (331 f.). Vgl. ansonsten neben der N. aus der verfassungsgerichtlichen Rspr. in Fn. 376 z. B. zur Videoüberwachung öffentlicher Räume *VGH BW*, MMR 2004, S. 198 (199 ff.); *HambOVG*, MMR 2011, S. 128 (129 ff.); *BVerwG*, Urt. v. 25. 1. 2012, Az. 6 C 9.11, abrufbar unter www.bverwg.de; zur Videoüberwachung einer Hochschulbibliothek *OVG NW*, Urt. v. 8. 5. 2009, Az. 16 A 3375/07, BeckRS 2009 33695. Zur Beurteilung der präventiv-polizeilichen Videoüberwachung *Dorothée Füth*, Erfahrungen mit Evaluierungsprozessen in Nordrhein-Westfalen am Beispiel der präventiv-polizeilichen Videoüberwachung, in: Marion Albers/Ruth Weinzierl (Hrsg.), Menschenrechtliche Standards in der Sicherheitspolitik, 2010, S. 55 (57 ff.). Zum Rechtsschutz gegen den Einsatz verdeckter Ermittler *BVerwG*, NJW 1997, S. 2534 (2534 ff.); *VG Freiburg*, NVwZ-RR 2006, S. 322 (323 ff.). Zur Berücksichtigung besonderer Vertrauensverhältnisse *Thomas Würtenberger/Ralf P. Schenke*, Der Schutz von Amts- und Berufsgeheimnissen im Recht der polizeilichen Informationserhebung, JZ 1999, S. 548 (548 ff.); *Trute*, Erosion (Fn. 376), S. 417 f.; *Zühlke*, Schutz (Fn. 279), S. 280 ff. Zur Öffentlichkeitsfahndung *HambOVG*, NVwZ-RR 2009, S. 878 (879 ff.). Zur nachrichtendienstlichen Beobachtung von Abgeordneten *BVerwG*, Urt. v. 21. 7. 2010, Az. 6 C 22.09, abrufbar unter www.bverwg.de.

[520] Dazu *VerfGH Rheinl.-Pfalz*, Urt. vom 29. 1. 2007, VGH B 1/06, Umdruck S. 17; *Albers*, Determination (Fn. 376), S. 317 ff.; *Wolf-Rüdiger Schenke*, Probleme der Übermittlung und Verwendung strafprozessual erhobener Daten für präventivpolizeiliche Zwecke, in: Wolter u. a. (Hrsg.), Datenüber-

C. Regulierung u. Gestaltung des Umgangs mit persbez. Informationen u. Daten

Methoden nur mit Blick auf die spezifischen Aufgaben einer Behörde gerechtfertigt ist, nicht in gleicher Weise anderen Behörden zur Verfügung gestellt werden dürfen, denen diese Methode nicht zusteht.[521] Deswegen entsteht ein besonderer Regelungsbedarf für gemeinsame Dateien im Sicherheitsbereich, wie etwa die Anti-Terrordatei oder die Rechtsextremismus-Datei.[522] Die bereichsspezifische Phasenregulierung zeigt, wie verflochten die sachlichen Kompetenzen und die Regelungen des Umgangs mit personenbezogenen Informationen und Daten sind.

c) Rechtmäßigkeitsanforderungen und Rechtswidrigkeitsfolgen

Mit den Rechtmäßigkeitsanforderungen an den Umgang mit personenbezogenen Informationen und Daten wird die „rechtmäßige Handhabung der informationellen Ressourcen [...] zu einem Bezugspunkt, an dem sich das Verfahren ebenso zu orientieren hat wie an der Sachentscheidung, die bisher im Vordergrund stand".[523] Da sich die einzelnen Verarbeitungsphasen dabei nicht nur faktisch, sondern auch rechtlich in Verarbeitungs- und Regelungszusammenhänge eingliedern, sind sie nicht isoliert, sondern mit Blick auf ihre Chronologie zu beurteilen. Informationen haben eine **„Informationsgeschichte".**[524] Deshalb müssen im Verwaltungsrecht nunmehr in breitem Umfang Fragen beantwortet werden, die im Strafprozessrecht in Gestalt der „Beweisverbote" zu den besonders schwierigen Problemen gehören:[525] Welche Rechtsfolgen hat die Rechtswidrigkeit staatlichen Vorgehens in einer bestimmten Verarbeitungsphase erstens für nachfolgende Schritte und zweitens für die Sachentscheidung? Sowohl auf allgemeiner Ebene als auch in besonderen Feldern sind die Konstellationen vielfältig. Zieht der rechtswidrige Einsatz einer bestimmten Methode bei der Datenerhebung, beispielsweise eines Verdeckten Ermittlers, die Rechtswidrigkeit der Speicherung und Nutzung der Daten nach sich?[526] Führt ein Verstoß gegen sachliche Tatbestandsvoraussetzungen der Erhebungsermächtigung zur Rechtswidrigkeit der Gewinnung und Verwendung von Informationen aus den erlangten Daten und – trotz des Grundsatzes der Aktenvollständigkeit – zur Pflicht, Akten und Daten zu vernichten oder zu löschen?[527] Ist die Verwendung der Erkenntnisse durch die Empfangsbehörde rechtswidrig, wenn Daten von einer anderen Behörde übermittelt werden, ohne dass bestimmte einschränkende Voraussetzungen der Übermittlungsregelungen

---

mittlungen (Fn. 518), S. 233 ff. S. auch *BVerfG*, Beschl. vom 24. 1. 2012, Az. 1 BvR 1299/05, abrufbar unter www.bverfg.de, Ls. 2 und Rn. 123.

[521] *BVerfGE* 100, 313 (389 f.); 109, 279 (377 f.); *BVerfG*, Beschl. vom 7. 12. 2011, Az. 2 BvR 2500/09 u. a., abrufbar unter www.bverfg.de, Rn. 133 f.; *Albers*, Determination (Fn. 376), S. 323 ff. m. w. N.; *Walden*, Zweckbindung (Fn. 464), S. 276 ff. S. auch zur Verwertung von Erkenntnissen aus strafprozessualen Abhörmaßnahmen im Besteuerungsverfahren *BFH*, NJW 2001, S. 2118 (2119).

[522] Zur Anti-Terrordatei §§ 1 ff. ATDG. Ausf. *Julia Stubenrauch*, Gemeinsame Verbunddateien von Polizei und Nachrichtendiensten, 2009, S. 214 ff. Zur Rechtsextremismus-Datei §§ 1 ff REDG und dazu BTDrucks. 17/8672, 17/8990 sowie 17/10155. Zu den Registern im Sicherheitsbereich → Bd. II *Holznagel* § 24 Rn. 51. Zu einzelnen Registern s. a. → Bd. II *Ladeur* § 21 Rn. 30 f.

[523] *Carl-Eugen Eberle*, Zum Verwertungsverbot für rechtswidrig erlangte Informationen im Verwaltungsverfahren, in: GS Wolfgang Martens, 1987, S. 351 (358).

[524] *Hufen*, Fehler, Rn. 147; *Stephan Südhoff*, Der Folgenbeseitigungsanspruch als Grundlage verwaltungsverfahrensrechtlicher Verwertungsverbote, 1995, S. 132.

[525] Statt vieler *Knut Amelung*, Informationsbeherrschungsrechte im Strafprozeß, 1990; *Rainer Störmer*, Dogmatische Grundlagen der Verwertungsverbote, 1992.

[526] Vgl. z. B. *VGH BW*, DVBl 1995, S. 367 (369).

[527] *VG Stuttgart*, RDV 1993, S. 250 (252). Zum Grundsatz der Aktenvollständigkeit o. → Rn. 138.

vorlagen?⁵²⁸ Und ist die Rechtswidrigkeit eines Informations- oder Datenverarbeitungsvorgangs für die Rechtmäßigkeit der Sachentscheidung beachtlich?

142 Die Gesamtproblematik wird trotz ihrer großen praktischen Bedeutung eher marginal erörtert. Die Erörterungen leiden darunter, dass die verwaltungsrechtlichen und die datenschutzrechtlichen Diskussionsforen nebeneinander verlaufen. Im Allgemeinen Verwaltungsrecht ordnet man die Problematik häufig unter dem Stichwort „Beweiswürdigung" in den Kontext der §§ 24, 26 VwVfG ein und gelangt mit knappen Überlegungen zu einem „prinzipiellen (Beweis-)Verwertungsverbot" unter Anerkennung von Ausnahmen.[529] Dabei wird übersehen, wie weitreichend und wie differenziert das Recht des Umgangs mit personenbezogenen Informationen und Daten mittlerweile ist.[530] Da dessen inhaltliche Aussagen, Schutzzwecke und Reichweite das Problem in seinen Dimensionen erst konstituieren, führt auch der pauschale Verweis darauf, dass sich „Beweisverwertungsverbote" unter Berücksichtigung des Schutzzwecks aus dem materiellen Recht ergäben,[531] nur begrenzt weiter. Das gilt umso mehr, als in den datenschutzrechtlichen Diskussionsforen oft angenommen wird, dass Normverstöße an einer Stelle des Regelungszusammenhanges umstandslos zur Rechtswidrigkeit der weiteren Verarbeitungsvorgänge führen[532] und Unterlassens- oder Folgenbeseitigungsansprüche[533] der betroffenen Personen bestehen. Gegen die Annahme, im Öffentlichen Recht müsse man schon wegen der Bindung der Verwaltung an Recht und Gesetz eine makellose Rechtmäßigkeitskette voraussetzen, sprechen jedoch bereits die Fehlerfolgenlehren bei Verwaltungsakten,[534] die in weitreichendem Umfang deren Wirksamkeit trotz Rechtswidrigkeit absichern. Verfassungsrechtlich ist es keineswegs ausgeschlossen, dass man die in bestimmtem Umfang eigenständigen Verarbeitungsschritte anhand eines jeweils neuen Rechtmäßigkeitsurteils beurteilt.[535] Umgekehrt kann die

---

[528] *VGH BW*, NVwZ 1991, S. 695 (695).

[529] Etwa *Dieter Kallerhoff*, in: Stelkens/Bonk/Sachs (Hrsg.), VwVfG, § 24 Rn. 32f.; *Kyrill Schwarz*, in: Hk-VerwR, § 24 Rn. 48f.

[530] Beispielhaft die Aufzählung bei *Ziekow*, VwVfG, § 24 Rn. 7: Ein weitgehendes grds. Verwertungsverbot gelte für „unter Verstoß gegen das Steuergeheimnis, das Bankgeheimnis oder Vorschriften des Datenschutzes erlangte Informationen". Ähnlich weit reichend *Klaus Ritgen*, in: Knack/Henneke, VwVfG, § 24 Rn. 17, § 26 Rn. 16.

[531] So *Kopp/Ramsauer*, VwVfG, § 24 Rn. 29.

[532] Etwa *Christoph Gusy*, Grundrechtsschutz vor staatlichen Informationseingriffen, VerwArch, Bd. 74 (1983), S. 91 (104); *Gröpl*, Nachrichtendienste (Fn. 376), S. 270.

[533] Die Konstruktion ist umstritten; für Unterlassensansprüche vgl. etwa *Eberle*, Verwertungsverbot (Fn. 523), S. 358f.; weitreichend auch *Hüsch*, Verwertungsverbote (Fn. 296), S. 192ff.; für Folgenbeseitigungsansprüche *Südhoff*, Folgenbeseitigungsanspruch (Fn. 524), bes. S. 147ff. In bestimmtem Umfang hängt es von der Konstellation ab, welcher Anspruch einschlägig ist; im Übrigen gelangt man trotz unterschiedlicher Konstruktion zu ähnlichen Ergebnissen. Der Unterlassensanspruch setzt bei dem zu beurteilenden Schritt an und muss für das Rechtswidrigkeitsverdikt die Relevanz der für die vorangehenden Schritte geltenden Maßgaben voraussetzen. Eine solche rekursive Rechtswidrigkeitskette kann ggf. über die prozedural angelegten grundrechtlichen Vorgaben hergestellt werden. Der Folgenbeseitigungsanspruch geht von dem rechtswidrigen Verarbeitungsschritt aus und nimmt den nachfolgenden Schritt über die Folgenbeseitigungspflicht in den Blick. Auch diese Konstruktion muss einen Zusammenhang zwischen beiden Phasen herstellen und dafür ebenfalls die grundrechtlichen Vorgaben einbeziehen. Allg. zu Abwehr und Beseitigung rechtswidriger hoheitlicher Beeinträchtigungen → Bd. III *Enders* § 53.

[534] Dazu → Bd. II *Bumke* § 35 Rn. 153ff.

[535] Vgl. mit Blick auf das Strafverfahren *BVerfG*, Beschl. vom 7. 12. 2011, Az. 2 BvR 2500/09 u.a., abrufbar unter www.bverfg.de, Rn. 109ff., bes. 152ff. S. außerdem *BSG*, NZS 2006, S. 43 (45ff.); *VGH BW*, NJW 2007, S. 2571 (2572). S. weiter die differenzierend ausgearbeitete Sicht in *HambOVG*, NJW

C. Regulierung u. Gestaltung des Umgangs mit persbez. Informationen u. Daten

Rechtswidrigkeit eines vorangegangenen Schrittes für die Beurteilung nachfolgender Phasen wegen derer rechtsrelevanten Eingliederung in Verarbeitungs- und Regelungszusammenhänge aber auch nicht vollkommen unerheblich sein.[536]

Soweit es um die Rechtswidrigkeitszusammenhänge zwischen einzelnen Verarbeitungsvorgängen geht, lassen sich unterschiedliche Aspekte abschichten. Das Problem der Rechtswidrigkeitsfolgen im Verarbeitungsprozess stellt sich nicht, sofern bestimmte gesetzliche Maßgaben **durchgängig**, also für jede Phase, greifen und (auch) in der zu beurteilenden Phase fehlen. Das betrifft insbesondere den Verwendungszweck, der aufgrund der Zweckbindung in allen Phasen beachtet werden muss.[537] Es betrifft aber auch sachliche oder personelle Tatbestandsvoraussetzungen, die entweder nach dem ausdrücklichen Normtext oder im Wege der Interpretation in jeder Phase zugrunde zu legen sind.[538] Erfüllt die Verarbeitung diese Voraussetzungen nicht, ist sie aus sich heraus rechtswidrig und löst Unterlassensansprüche aus. Wenn Maßgaben dagegen nicht durchgängig gelten[539] oder zwar im ersten Verarbeitungsschritt fehlen, dann aber vorliegen,[540] kommt es primär darauf an, inwieweit **Rechtswidrigkeitsfolgen** in verfassungsmäßiger Weise **im Gesetz** selbst verankert sind. Das lässt sich (nur) bereichsspezifisch realisieren, und manche Vorschriften halten gesonderte Nutzungs- oder Verwendungsverbote im Falle der Rechtswidrigkeit vorangegangener Verarbeitungsvorgänge fest.[541] Umgekehrt kann der Gesetzgeber unter bestimmten Voraussetzungen, insbesondere im Falle gegebener Kompensations-

143

2008, S. 96 (98 ff.): Regel-Ausnahme-Konstruktion hinsichtlich der unmittelbar erlangten Erkenntnisse (insoweit gilt regelmäßig ein Verwertungsverbot, nur ausnahmsweise nach Maßgabe einer Abwägung ist die Verwertung zulässig) sowie Differenzierung zwischen einerseits der unmittelbaren Verwertung erlangter Erkenntnisse und andererseits ihrer Verwendung als Anknüpfungspunkt für weitere Ermittlungen (zulässig im Falle öffentlicher Interessen von erheblichem Gewicht).

[536] Zu kurz *BFHE* 96, 300 (302); *Gola/Schomerus*, BDSG (Fn. 85), § 13 Rn. 7.

[537] Eine Informations- und Datenverarbeitung zu einem anderen als zu dem bei der Erhebung festgelegten Verwendungszweck verstößt gegen die Maßgaben, die für den jeweiligen Verarbeitungsschritt selbst gelten, sofern nicht Zweckänderungsermächtigungen dies tragen. Vgl. auch *BSGE* 90, 162 (171 f.; Hervorh. i. Orig.): „Erhebt [...] die Klägerin unzulässigerweise Daten zum Zweck der Mitgliederwerbung [...], so ergibt sich aus der umfassenden **Koppelung** und Gleichschaltung der zulässigen Zwecke und Aufgaben im Rahmen **aller Phasen der Datenerfassung** (Erheben, Speichern, Verändern, Nutzen) automatisch auch die Unzulässigkeit der jeweiligen Maßnahme." Weiter dazu *Hüsch*, Verwertungsverbote (Fn. 296), S. 192 ff.; *Klaus Macht*, Verwertungsverbote bei rechtswidriger Informationserlangung im Verwaltungsverfahren, 1999, S. 164 ff. Im Ergebnis sollten diese Konstellationen allerdings gar nicht unter das Stichwort „Verwertungsverbot" gefasst werden.

[538] Wenn beispielsweise aufgrund thematisch spezifizierter Freiheitsgewährleistungen Einschreitschwellen für die Erhebung personenbezogener Daten festgelegt sind, können sich diese sachlichen Einschränkungen auf die Speicherung oder die Verwendung (dennoch) erlangter Daten erstrecken, selbst wenn der Normtext der Speicher- oder Verwendungsermächtigung dies nicht ausdrücklich regelt.

[539] Das sind insbesondere die phasenspezifischen Maßgaben i. e. S., dazu → Rn. 135 ff.

[540] Dies sind die eigentlich problematischen Konstellationen. Beispiel: Eine Behörde erhebt personenbezogene Daten, ohne dass die Voraussetzungen der Erhebungsermächtigung erfüllt wären, und gewinnt durch die rechtswidrige Erhebung Erkenntnisse, aufgrund derer nunmehr die Voraussetzungen einer Verarbeitung der Daten erfüllt sind.

[541] Z. B. § 51 Abs. 1 BZRG mit Ausnahmen in § 52 BZRG, und dazu *BVerwG*, DVBl 1995, 358 (358 f.). Beispiele finden sich auch im Gefahrenabwehrrecht, in dem – vom Gesetzgeber möglicherweise nicht vollständig durchdachte – ganz undifferenzierte Lösungen jedoch Schutzpflichten verletzen, vgl. *Albers*, Determination (Fn. 376), S. 333; *Joachim Schumacher*, Verwertbarkeit rechtswidrig erhobener Daten im Polizeirecht, 2001, S. 205, 211 f.

mechanismen, die Unbeachtlichkeit einer Rechtswidrigkeit bestimmter Elemente in einem Informations- und Datenverarbeitungsprozess vorsehen. In der Regel ergeben sich aus dem Gesetz jedoch keine ausdrücklichen Vorgaben. Unter diesen Umständen müssen Exekutive oder Judikative mit Blick auf den jeweils relevanten Regelungskomplex **interpretatorische Antworten** entwickeln.[542] Mit Hilfe des Kriteriums des Rechtswidrigkeitszusammenhanges lassen sich zunächst Verstöße gegen Regelungselemente ausgrenzen, die ausschließlich eine bestimmte Phase betreffen und gar nicht auf den Verarbeitungsverlauf durchgreifen. Das hilft allerdings nur begrenzt weiter, weil die phasenbezogenen Regelungen mit vielen ihrer Elemente ein sich ergänzendes Schutzkonzept bilden. Soweit Rechtmäßigkeitsverstöße Relevanz haben, kann im Verwaltungsverfahren der in § 45 VwVfG verankerte Grundgedanke der Heilung herangezogen werden: Bestimmte Rechtmäßigkeitsanforderungen, etwa der Grundsatz der Erhebung beim Betroffenen, können mit der Folge einer Korrektur der Rechtsfehler nachgeholt oder zumindest kompensiert werden.[543] Ausgeweitet wird der Heilungsgedanke in der Konstruktion des hypothetischen Ersatz- oder Widerholungseingriffs, nach der nachfolgende Verarbeitungsschritte keinem Rechtswidrigkeitsverdikt unterliegen, wenn die Behörde die Daten auch rechtmäßig erlangen könnte oder hätte erlangen können.[544] Die Überzeugungskraft dieser Konstruktion muss konstellationsabhängig und gegebenenfalls in den bereichsspezifischen Regelungszusammenhängen beurteilt werden.[545] Soweit eine Heilung nicht möglich ist, muss man mit einer normgeleiteten Abwägung operieren. Dafür kann man allgemein geltende, allerdings gegebenenfalls bereichsspezifisch auszufüllende Kriterien anführen: Auf der einen Seite fließen Inhalt, Umfang und Gewicht der Rechtsgüter oder der öffentlichen Belange ein, die im Falle einer Rechtswidrigkeit der weiteren Verarbeitung der Daten nicht geschützt oder realisiert werden könnten.[546] Auf der anderen Seite spielen das überindividuelle Interesse an der Rechtmäßigkeit exekutiven Handelns („Dis-

---

[542] Wegen der Neuartigkeit des Problems darf man aus dem Fehlen gesetzlicher Aussagen nicht folgern, dass insoweit nicht eingeschränkte Verarbeitungsermächtigungen die Verarbeitung sowohl rechtmäßig als auch rechtswidrig erlangter Daten abdecken. So aber *Macht*, Verwertungsverbote (Fn. 537), S. 228, mit Blick auf § 14 BDSG und mit nachfolgenden Einschränkungen im Wege der verfassungskonformen Auslegung.

[543] Zurückhaltender mit der Argumentation, mit Abschluss der Erstermittlung sei der Sachverhalt erforscht, sodass dieser Verfahrensschritt faktisch unwiederholbar und in demselben Verwaltungsverfahren nicht zu heilen sei, *Klaus Erfmeyer*, Die Wirksamkeit eines auf rechtswidriger Sachverhaltsermittlung beruhenden Verwaltungsakts – zulässige Verwertung fehlerhaft erlangter Erkenntnisse durch rechtmäßige Nachermittlung?, VR 2000, S. 325 (325 ff.). Ähnlich wie hier *Hufen*, Fehler, Rn. 149; *Eberle*, Verwertungsverbot (Fn. 523), S. 364. Das Verwaltungsverfahren unterscheidet sich an dieser Stelle grundlegend vom Strafprozess, in dem eine Nachholung oder Kompensation der Rechtmäßigkeitsanforderungen an die vorangegangene Informations- und Datenverarbeitung der Polizei oder der Staatsanwaltschaft in der Regel nicht möglich ist. Allg. zu § 45 VwVfG → Bd. II *Sachs* § 31 Rn. 115 f.

[544] Dazu in allgemeinem Kontext BVerwG, NJW 1984, S. 1315 (1316); *Hüsch*, Verwertungsverbote (Fn. 296), S. 192 f.; *Eberle*, Verwertungsverbot (Fn. 523), S. 364; *Macht*, Verwertungsverbote (Fn. 537), S. 57 f., 252 ff.

[545] Zum Polizeirecht *Albers*, Determination (Fn. 376), S. 320 ff., 325 ff. Kritisch zur Konstruktion als solcher *Matthias Jahn/Jens Dallmeyer*, Zum heutigen Stand der beweisrechtlichen Berücksichtigung hypothetischer Verläufe im deutschen Strafverfahrensrecht, NStZ 2005, S. 297 (297 ff.).

[546] *Hufen*, Fehler, Rn. 152.

ziplinierungsgedanke"),⁵⁴⁷ die Schutzfunktionen des Tatbestandselements, gegen das verstoßen worden ist,⁵⁴⁸ die Schwere der Rechtsverletzung sowie die Schutzwürdigkeit des individuell Betroffenen⁵⁴⁹ eine Rolle. Die Abwägung erfolgt demnach nicht in völlig neuer Weise, sondern ist auch an das (verletzte) Tatbestandselement in der Regelung des vorangegangenen Verarbeitungsschrittes rückgebunden. Die Folgen der Rechtswidrigkeit können jedoch, ohne dass die entsprechenden normativen Vorgaben und ihre Verletzung ganz bedeutungslos wären, in bestimmtem Umfang relativiert werden.

Sofern der Zusammenhang zwischen Informationsverwendung und Sachentscheidung zu beurteilen ist, kann die Rechtswidrigkeit jener prinzipiell nach § 46 VwVfG **unbeachtlich** sein.⁵⁵⁰ Im Vergleich zum Verhältnis zwischen Verwaltungsverfahren und Abschlussentscheidung resultieren jedoch Einschränkungen daraus, dass der Umgang mit personenbezogenen Informationen und Daten mehr noch als das Verwaltungsverfahren eigenständige Schutzinteressen realisiert.⁵⁵¹ Die Rechtswidrigkeit einer Informationsverwendung wirkt sich jedenfalls dann nicht aus, wenn die Entscheidung bereits von anderweitigen Informationen getragen wird, die in sie eingeflossen sind.⁵⁵² 144

Unionsrechtliche Vorgaben können bei der Abwägung, etwa bei der Beurteilung sowohl der Schutzfunktionen eines Tatbestandselements als auch der öffentlichen Belange, oder bei der Frage der Unbeachtlichkeit einer rechtswidrigen Informationsverwendung für die Sachentscheidung relevant werden. Trotz der größeren Bedeutung der Rechtmäßigkeitsanforderungen an Verfahren⁵⁵³ werden die beschriebenen Grundlinien in unionsrechtlich relevanten Konstellationen aber bislang nicht grundsätzlich modifiziert. 145

4. Information der betroffenen Personen

a) Funktionen und Ebenen der Informationsrechte

Informationsrechte der betroffenen Personen über den staatlichen Umgang mit den personenbezogenen Informationen und Daten ergänzen dessen Steuerung und Gestaltung als ihrerseits traditioneller und zentraler Baustein. Sie erfüllen unterschiedliche **Funktionen:** Sie sollen der Person die Informationen über das staatliche Wissen und über das staatliche „Bild" von der Person vermitteln, die für deren Orientierungen und Erwartungssicherheit notwendig sind. Sie liefern das Zwi- 146

---

⁵⁴⁷ *Albers,* Determination (Fn. 376), S. 331 f.; *Eberle,* Verwertungsverbot, (Fn. 523), S. 361.
⁵⁴⁸ Vgl. dazu *BGHSt* 38, 214 (220); 38, 372 (373 f.); 42, 15 (21); *BGH,* NStZ 1995, S. 410 (410 f.).
⁵⁴⁹ Das ist insbesondere nach grundrechtlichen Maßstäben zu beurteilen. Das Recht auf informationelle Selbstbestimmung i. d. F. des *BVerfG* liefert allerdings keine differenzierten Maßstäbe für die Schutzwürdigkeit der auf das Unterlassen der Informations- und Datenverarbeitung gerichteten Interessen, so dass hier erneut die Bedeutung eines differenzierteren grundrechtlichen Schutzkonzepts erkennbar wird. Insgesamt → Rn. 70 ff.
⁵⁵⁰ Ausführlicher *Macht,* Verwertungsverbote (Fn. 537), S. 275 ff., sowie weiter zur „Fernwirkung" S. 294 ff. Dazu, dass § 46 VwVfG einen allgemeinen Rechtsgedanken festhält, *BVerwGE* 110, 173 (180). Vgl. auch *BVerwG,* NJW 2005, S. 2330 (2332 f.), für den Fall eines Verstoßes gegen die sachliche Zuständigkeit.
⁵⁵¹ Allgemein → Rn. 94. Vgl. weiter *Erfmeyer,* Wirksamkeit (Fn. 543), S. 328 f.
⁵⁵² *Eberle,* Verwertungsverbot (Fn. 523), S. 365 ff.; *Hüsch,* Verwertungsverbote (Fn. 296), S. 227 ff.; *Macht,* Verwertungsverbote (Fn. 537), S. 284 ff.
⁵⁵³ Vgl. a. → Bd. II *Schmidt-Aßmann* § 27 Rn. 15.

schenglied zwischen der Steuerung und Gestaltung exekutiver Informations- und Datenverarbeitungen und den Partizipationschancen, die die Betroffenen nur im Falle eigener Informationen wahrnehmen können. Insofern sollen sie eine zuverlässige Grundlage für die von den Betroffenen selbst zu treffende Entscheidung darüber hergeben, welche Relevanz den jeweiligen Verarbeitungen beigemessen und inwieweit auf deren Inhalte oder deren Verlauf Einfluss genommen wird. Sie ermöglichen des Weiteren den individuellen Rechtsschutz.[554] Nicht zuletzt tragen sie zur Legitimation der Verwaltung bei, die unter anderem durch adäquate Formen der Information und Partizipation vermittelt wird.[555] Ihre Funktionen verweisen darauf, dass die reguläre informierende, beratende und unterstützende Kommunikation zwischen Verwaltung und Bürgern über die rechtlich geregelten Formen hinausgehen kann und wird. Ebenso wie die verwaltungsverfahrensrechtlichen Positionen der Anhörung und des Akteneinsichtsrechts in §§ 28, 29 VwVfG bieten die **datenschutzrechtlichen Informationsansprüche** den Betroffenen **rechtsförmige Minimalpositionen in Gestalt einer Reserveordnung.**[556] Das unterscheidet sie fundamental von der Steuerung und Gestaltung der Verarbeitungszusammenhänge.[557] Deswegen bedeutet ihre nur gelegentliche Inanspruchnahme in der Praxis keineswegs, dass sie wegen Desinteresses überflüssig wären. Im Gegenteil sorgt ihre Verankerung für das Vertrauen in ordnungsmäßige Verwaltungsabläufe, auf das die Verwaltung angewiesen ist.[558] Ihre Ziele der Orientierungs- und Erwartungssicherheit der betroffenen Personen und der Legitimation der Verwaltung erreichen sie gerade auch dann, wenn sie lediglich vorhanden sind, aber nicht permanent in Anspruch genommen werden (müssen).

147 Wegen der Vielfalt der Verwaltung und wegen der unterschiedlichen Funktionen der Informationsrechte sind **vielschichtige Formen der Gewährleistung der Information betroffener Personen** notwendig. Die überkommene Vorstellung der (auflistenden) Auskunft darüber, welche personenbezogenen Daten bei einer Behörde gespeichert sind, stammt aus den Zeiten der Großrechenanlagen mit überschaubarem Datenbestand. Mittlerweile ist sie unter jedem Aspekt unzureichend. Informationsrechte sind mit Blick auf die unions- und die verfassungsrechtlichen Vorgaben so zu gestalten und zu verwirklichen, dass sie den betroffenen Personen ein angemessenes Wissen um den Umgang der Verwaltung mit den personenbezogenen Informationen und Daten im jeweiligen Wissens- und Handlungskontext vermitteln (können).[559] Das erfordert **übergreifend-grundsätzliche Orientierungs- und nähere Kenntnischancen** über Verarbeitungszusammenhänge und Verarbeitungsverläufe, über Verwendungszwecke und damit verbundene Folgen. Deshalb müssen Informationsrechte stufenweise und in vielfältiger Gestalt gewährleistet und realisiert werden. Sie sind grundsätzlich unabhängig von den Rechten im Verwaltungsverfahren, ohne dass dies aus-

---

[554] Zum verfassungsrechtlichen Hintergrund → Rn. 80. Näher zum Aspekt der gerichtlichen Verwaltungskontrollen → Bd. III *Schoch* § 50.
[555] → Bd. II *Rossen-Stadtfeld* § 29 Rn. 6 ff.
[556] Zu den verwaltungsverfahrensrechtlichen Positionen → Bd. II *Gusy* § 23 Rn. 43.
[557] Siehe o. → Rn. 89.
[558] Angewiesen ist sie darauf nicht zuletzt, weil eine permanente Inanspruchnahme der Informationsrechte tatsächlich zu der Überlastung führen könnte, die die Verwaltung manchmal als Einwand vorbringt.
[559] Zu den unions- und zu den verfassungsrechtlichen Vorgaben → Rn. 50, 80.

schließt, dass man die Informations- und Partizipationsfunktionen dieser Rechte auch im datenschutzrechtlichen Kontext nutzt.[560]

b) Ausgestaltung und Konkretisierung von Informationsrechten

In das System allgemeiner und bereichsspezifischer Vorschriften ordnen sich Informationsrechte in eigengesetzlicher Weise ein. Sie können mit Bündelungs- und Entlastungsfunktion in Querschnitts- und Auffanggesetzen festgelegt werden, selbst wenn der exekutive Umgang mit personenbezogenen Informationen und Daten bereichsspezifisch geregelt ist. Ihre Voraussetzungen und Grenzen muss die Verwaltung dann mit Blick auf jene bereichsspezifischen Regelungen konkretisieren. Müssen Inhalte oder Grenzen dagegen auf Besonderheiten des jeweiligen Kontexts abgestimmt werden, lassen sich Informationsrechte mit hinreichender Bestimmtheit ihrerseits nur bereichsspezifisch festlegen. Insgesamt ergibt sich eine **Mischung allgemeiner und bereichsspezifischer Normen,** die im Vergleich mit den Standorten der Verarbeitungsregelungen relativ eigenständig ist. **148**

Bei der Gewährleistung von Informationsrechten ist auf einer ersten Stufe das Problem zu lösen, wie die betroffenen Personen erfahren können, in welchen Zusammenhängen und bei welcher Stelle überhaupt sie betreffende Informationen und Daten verarbeitet werden. Die notwendigen **übergreifenden Orientierungschancen** werden partiell dadurch gewährleistet, dass der exekutive Umgang mit personenbezogenen Informationen und Daten durch **normenklare Regelungen** begrenzt, strukturiert und transparent gestaltet wird.[561] Diese Regelungen erfüllen also **nicht lediglich Steuerungs-, sondern auch die Informationsfunktionen,** die Rechtsnormen im Rechtsstaat zukommen. Der Baustein der Information betroffener Personen ist auf einer grundlegenden Ebene mit ihnen verknüpft, baut in seiner Leistungsfähigkeit auf ihnen auf und wird deswegen je nach ihrer Gestaltung immer zugleich mitgestaltet. Wegen ihres Abstraktionsgrades und ihrer Allgemeinheit reicht allein dies aber nicht aus. Unterhalb der Normebene sind von Anbeginn an zusätzliche Pflichten zur Führung und Veröffentlichung von Dateienregistern hinzugekommen.[562] Diese haben sich jedoch als ungeeignet und mit ihrem Bezug (nur) auf Daten auch als unzulänglich erwiesen.[563] Überzeugender ist die Idee, dass **Informations- und Kommunikationspläne** die Strukturen und Prozesse exekutiver Informations- und Datenverarbeitungen in den jeweiligen Kommunikations- und Entscheidungszusammenhängen veranschaulichen könnten.[564] In diese Richtung geht die Konzeption im Rahmen der Gewährleistung des allgemeinen Datenzugangs: § 11 IFG sieht die insbesondere über das Internet zu realisierende Veröffentlichung von Verzeichnissen über Informationssammlungen **149**

---

[560] Zu den Informationsfunktionen der verwaltungsverfahrensrechtlichen Beteiligungsrechte vgl. auch → Bd. II *Gusy* § 23 Rn. 43 ff., *Rossen-Stadtfeld* § 29 Rn. 11 ff.

[561] Dazu *Helmut Bäumler,* Normenklarheit als Instrument der Transparenz, JR 1984, S. 361 (362). S. auch *BVerfGE* 112, 33 (53 ff.).

[562] Siehe noch §§ 18 Abs. 2, 38 Abs. 2 i. V. m. § 4e BDSG; § 12 BDSG a. F. sah weitere Veröffentlichungspflichten vor.

[563] Zu den Defiziten der überkommenen Dateienregister hinsichtlich der faktischen Publizität, hinsichtlich der Verständlichkeit und damit auch hinsichtlich der Leistungsfähigkeit, Transparenz herzustellen, s. nur *Ulrich Dammann,* Transparenz der Datenverarbeitung, ZRP 1980, S. 81 (82 ff.).

[564] *Eberle,* Informationstechnik (Fn. 229), S. 150 f.

§ 22 Umgang mit personenbezogenen Informationen und Daten

und -zwecke, Organisations- und Aktenplänen vor. Mittels dieser Vorgabe, die für die Behörden originäre Informationsgenerierungspflichten begründet, soll den Bürgern ein Überblick darüber ermöglicht werden, welche Informationen bei welchen Behörden vorhanden sind.[565] Da Datenzugangs- und Datenschutzrechte hinsichtlich der grundlegenden Information interessierter oder betroffener Personen ähnliche Probleme aufwerfen, bietet sich eine einheitliche Lösung in Form der Präsentation adäquater Informations- und Kommunikationspläne an.[566] Ziel ist eine verständliche Darstellung der Grundstrukturen des Umgangs mit Informationen und Daten in den Kommunikations- und Entscheidungszusammenhängen, also weder eine Darstellung jedes Details noch eine bloß abstrakt-technische Darstellung der Datenverarbeitung. Den interessierten Personen nähere Informationen zu vermitteln, ist die Funktion konkreter Kenntnisrechte und damit verbundener Beratungs- und Aufklärungsrechte.[567]

150   Auf einer zweiten Stufe garantieren **Beteiligungspflichten und -rechte** die individuellen Kenntnismöglichkeiten durch eine **Unterrichtung auf Initiative der Verwaltung**.[568] Sie sind darauf angelegt, dass die Betroffenen von einem sie angehenden beabsichtigten Vorgehen erfahren und darüber hinaus Gelegenheit zur Einflussnahme erhalten. § 4 Abs. 2 und 3 BDSG verankert die Grundsätze der offenen Erhebung und der Erhebung beim Betroffenen mit Unterrichtungs- und Hinweispflichten, im Rahmen derer vor allem die verantwortliche Stelle und die Verwendungszwecke mitzuteilen sind. In den Ausnahmefällen der Datenerhebung ohne Kenntnis des Betroffenen sieht § 19a BDSG Benachrichtigungspflichten vor. Grundsätzlich konzentriert sich das Datenschutzrecht somit bislang auf den Kontaktpunkt der Erhebung. Indem die dabei anzugebenden Verwendungszwecke der Steuerung des Verarbeitungsverlaufs bis zur Verwendung der Informationen dienen, wird der sich an die Erhebung anschließende Prozess zwar in den Blick genommen. Angemessene Beteiligungssicherungen im Prozess fehlen jedoch. Dahinter steht die Vorstellung des traditionellen Datenschutzrechts, ein Informations- und Datenverarbeitungsprozess verlaufe plan- und überschaubar. Sie ist angesichts der regelmäßig komplexen und veränderlichen exekutiven Verarbeitungs- und Entscheidungsverfahren jedoch überholt. Im Falle eines Verwaltungsverfahrens führt allerdings § 28 VwVfG dazu, dass der Betroffene unmittelbar vor dem beabsichtigten Erlass eines belastenden Verwaltungsakts davon erfährt und dazu angehört wird.[569] Die Anhörung soll nicht nur zu einer sachgerechten Entscheidung beitragen, indem die Behörde die Informationsgrundlagen und Informationen, auf die sie ihre Entscheidung stützen will, dem Betroffenen mit der Gelegenheit zur Stel-

---

[565] Näher dazu, auch zur Frage der subjektiven Rechte, *Rossi*, Informationsfreiheitsgesetz (Fn. 359), § 11 Rn. 2, 6 ff., 11 ff. Zu zurückhaltend *Schmitz/Jastrow*, Informationsfreiheitsgesetz (Fn. 360), S. 993. Als Bsp. s. dazu auch das Informationsregister für Bremen, abrufbar unter http://www.bremen.de/politik_und_staat/buergerservice/amtliche_informationen.

[566] § 11 Abs. 2 IFG, nach dem die Organisations- und Aktenpläne ohne Angabe personenbezogener Daten zugänglich zu machen sind, steht dem nicht entgegen, da es auch im Kontext der datenschutzrechtlichen Informationsrechte auf dieser Ebene nur darum geht, abstrakt zu verdeutlichen, in welchen Zusammenhängen personenbezogene Informationen und Daten verarbeitet werden.

[567] Allgemein zur Beratung im Verwaltungsverfahren → Bd. II *Schneider* § 28 Rn. 60 ff.

[568] Siehe den Überblick bei *Johann Bizer*, Datenschutzrechtliche Informationspflichten, DuD 2005, S. 451 (451 ff.).

[569] Zur Anhörung → Bd. II *Gusy* § 23 Rn. 48 ff., *Schneider* § 28 Rn. 42 ff.

lungnahme mitteilt. Sie schließt ein Ziel ein, das meist abstrakt als Gewährleistung einer Subjektstellung umschrieben wird: Der Betroffene soll erfahren und beeinflussen können, wie die Behörde die sich auf ihn beziehenden Informationen und Daten in der Sachverhaltskonstruktion, in Wertungen und in Schlussfolgerungen verarbeitet.[570] Selbst wenn der Gegenstand der verwaltungsverfahrensrechtlichen Anhörung auf die entscheidungserheblichen Tatsachen begrenzt ist,[571] kommt ihr auch eine datenschutzrechtliche Funktion zu, indem sie Kenntnis- und Einflusschancen an der letztmöglichen Stelle vor einer für den Betroffenen bedeutsamen Sachentscheidung bündelt. Insofern ist der hinter § 28 VwVfG stehende Gedanke über seinen bisherigen Anwendungsbereich hinaus erweiterungsfähig.[572] Im Recht des Umgangs mit personenbezogenen Informationen und Daten ginge es um eine **über den Kontaktpunkt der Datenerhebung hinausreichende Beteiligung an den rechtsrelevanten Stellen der Verarbeitungsprozesse,** also etwa bei Zweckänderungen und insbesondere in konfliktträchtigen Konstellationen.[573]

Auskunftsansprüche und **Akten- oder Dateieneinsichtsrechte** knüpfen an die Initiative der betroffenen Person an. Sie setzen grundlegende Orientierungschancen voraus. Die von Anbeginn an im Datenschutzrecht festgelegten Auskunftspflichten schützen das **reine Informationsinteresse der betroffenen Person,** ohne dass es auf eine potenzielle Verletzung anderweitiger Rechte ankäme.[574] Entscheidend ist, dass die Person den Prozess der sie betreffenden staatlichen Informations- und Datenverarbeitung nachvollziehen kann. Das schließt ein, dass sie die Möglichkeit hat, insbesondere die konkreten Verwendungszwecke, aber auch die Herkunft der Daten und Informationen oder die Empfänger im Falle von Übermittlungen zu kennen.[575] Gerade Auskunftsrechte sind dazu geeignet, dass die Verwaltung dem Betroffenen durch Aufbereitung und zusätzliche Erläuterungen die ihm zustehenden Kenntnisse verständlich vermittelt.[576] Ihre Kehrseite ist, dass die betroffene Person die Informations- und Datenverarbeitungen nicht unmittelbar nach eigenen Aufmerksamkeits- und Selektionskriterien und nach prinzipiell selbstbestimmtem Zeitaufwand mit eigenen Augen verfolgen kann.[577] Dass datenschutzrechtlich zunächst ausschließlich Auskunftsansprüche festgelegt worden sind, liegt allerdings nicht an gegenläufigen Belangen, sondern daran, dass solche Ansprüche bei Großrechenanlagen die einzig denkbare Form konkreter

---

[570] Vgl. *Jürgen Martensen,* Persönlichkeitsrecht und Anhörung des Bürgers vor dem Erlass belastender Verwaltungsakte, DÖV 1995, S. 538 (540): „Anhörungsvorschriften lassen sich als Gebot begreifen, den Bürger bei der Verarbeitung von ihn persönlich betreffenden Erkenntnissen zu beteiligen, und nehmen so an der Grundrechtsrelevanz des Informationsverarbeitungsvorgangs teil." S. weiter *Dieter Kugelmann,* Die informatorische Rechtsstellung des Bürgers, 2001, S. 242.
[571] Siehe etwa *BVerwGE* 66, 184 (190).
[572] Vgl. a. →Bd. II *Schneider* § 28 Rn. 44 f.
[573] Für Fälle der Datenübermittlungen an nicht-öffentliche Stellen s. bereits § 16 Abs. 3 BDSG.
[574] *BVerwGE* 89, 15 (17 f.); *LG Ulm,* DuD 2005, S. 100 (101).
[575] Zur Reichweite des Auskunftsanspruchs vgl. weiter *HessVGH,* DÖV 1991, S. 806 (806). Auch die Bestätigung einer Löschung ist vom Auskunftsanspruch umfasst, s. *BVerwG,* DVBl 1999, S. 332 (333).
[576] Vgl. Art. 12a EU-DSRL.
[577] Soweit es um die Rechtswahrnehmung geht, hatten Auskunftsrechte daher traditionell nur außerhalb der Verfahren, in denen den Beteiligten grundsätzlich Akteneinsichtsrechte zustanden, ihren Platz.

Kenntnisrechte waren. Inzwischen liegt es nahe, sie durch Akteneinsichtsrechte zu ergänzen. Diese sind für die Beteiligten von Verwaltungsverfahren in § 29 VwVfG traditionell anerkannt.[578] Sie werden auch in den allgemeinen Landesdatenschutzgesetzen zunehmend verankert.[579] Soweit die Informations- und Datenverarbeitungen nicht (mehr) in Papierform, sondern allein rechnergestützt erfolgen, müssen Einsichtsrechte in die Dokumente in Abhängigkeit von deren Form realisiert werden, also etwa im Wege des Ausdrucks oder des Lesezugriffs auf das EDV-System.[580] Auskunft und Einsicht funktionieren gerade auch als Kombination.[581] Da beide auf eine vollständige, wahrheitsgetreue und an rationalen Ordnungskriterien ausgerichtete Dokumentenführung angewiesen sind, müssen Konflikte zwischen den im Kontext der Steuerung der Datenverarbeitung vorgesehenen Löschungspflichten und den Informationsrechten der betroffenen Person, deren Interesse sich gerade auf die Rekonstruktion lange zurückliegender Ereignisse richten kann, gelöst werden.[582]

152 Allgemeine **Grenzen der Informationsansprüche** halten die §§ 19 Abs. 1 S. 2 und 3, Abs. 4, 19a Abs. 2 und 3 BDSG fest. Eingrenzungen, die die betroffene Person zur Bezeichnung der Art der Daten verpflichten oder auf den Aufwand des Auffindens von Daten in Akten abstellen, sind restriktiv auszulegen. Sie lassen sich dann damit rechtfertigen, dass sich der Anspruch auf personenbezogene Daten bezieht, nicht etwa nur auf zur Person geführte Akten oder Dateien.[583] Einschränkungen aus den Gründen der Gefährdung ordnungsmäßiger Aufgabenerfüllung, der Gefährdung der öffentlichen Sicherheit oder Ordnung und der Geheimhaltungsbedürftigkeit wegen der überwiegenden berechtigten Interessen eines Dritten sind nur nach Maßgabe einer Abwägung mit den Interessen des Betroffenen tragfähig und dabei in inhaltlicher, zeitlicher und personeller Hinsicht zu differenzieren.[584]

153 **Bereichsspezifische Regelungen** konkretisieren die Inhalte und vor allem die Grenzen der Informationsrechte. Sie finden sich insbesondere im Polizei- und Nachrichtendienstrecht. Die Reduktion des Auskunftsanspruchs auf einen Ermessensanspruch ist ebenso verfassungswidrig wie die tatbestandliche Voraussetzung eines berechtigten Interesses.[585] Auch darf der Anspruch nicht auf die in

---

[578] Zum Akteneinsichtsrecht im Verwaltungsverfahren und zur dadurch geprägten Ausgestaltung *Georgios Trantas*, Akteneinsicht und Geheimhaltung im Verwaltungsrecht, 1998, S. 441 ff.; *Kugelmann*, Rechtsstellung (Fn. 570), S. 243 ff. → Bd. II *Gusy* § 23 Rn. 44 ff., *Schneider* § 28 Rn. 51 ff.

[579] Bsp.: §§ 16 Abs. 4 BlnDSG, 18 Abs. 2 BbgDSG, 27 Abs. 2 Schl.-Holst.LDSG.

[580] Näher zu den verschiedenen Möglichkeiten *Peter Bachmann/Martin Pavlitschko*, Akteneinsicht in elektronische Behördenakten, MMR 2004, S. 370 (371 ff.).

[581] Vgl. etwa §§ 3, 12, 13 StUG.

[582] Siehe etwa *EGMR*, Urt. v. 7. 7. 1989, Nr. 10 454/83 – Gaskin, www.echr.coe.int./echr. Zum Problem der Abstimmung mit den Löschungspflichten und der gegenwärtigen, auch auf der Genese des Datenschutzrechts beruhenden Differenzierung zwischen Akten in Papierform und elektronischen Dokumenten o. → Rn. 138.

[583] Siehe dazu *Otto Mallmann*, in: Simitis (Hrsg.), BDSG (Fn. 33), § 19 Rn. 19.; *BVerwG*, Urt. v. 24. 3. 2010, Az. 6 A 2.09, Rn. 30 ff., abrufbar unter www.bverwg.de.

[584] *BVerwGE* 89, 15 (20 ff.); 118, 10 (13 f.), 119, 11 (13 ff.); *VerfGH Rheinl.-Pfalz*, NJW 1999, S. 2264 (2264 ff.); *OVG Bremen*, NJW 1987, S. 2393 (2394 ff.); *VG Wiesbaden*, NVwZ-RR 2006, S. 693 (694); *O. Mallmann*, in: Simitis (Hrsg.), BDSG (Fn. 33), § 19 Rn. 78 ff.; *Lodde*, Informationsrechte (Fn. 300), S. 139 ff.

[585] Siehe zu beiden Einschränkungen Art. 11 Abs. 1 Bayerisches Verfassungsschutzgesetz (BayVSG). Anders zur Verfassungswidrigkeit, ohne Bemühen um eine verfassungskonforme Auslegung

C. Regulierung u. Gestaltung des Umgangs mit persbez. Informationen u. Daten

Dateien gespeicherten Daten beschränkt werden und Akten von vornherein ausklammern.[586] Verglichen mit den allgemeinen Standards können Inhalte und Gewicht der Geheimhaltungsbelange präzisiert werden, ohne dass dadurch jedoch die differenzierte Abwägung mit den Interessen der betroffenen Person verkürzt werden dürfte.[587] Deswegen ist etwa der Wegfall der Pflicht zur Unterrichtung nach Maßgabe einer 5-Jahres-Frist seit Abschluss heimlicher Ermittlungen zumindest in solchen Konstellationen nicht tragfähig, in denen die Betroffenen auch dann noch ein begründetes Interesse daran haben können, von einer solchen Ermittlung zu erfahren.[588]

c) Kontrolle und Rechtsschutz

Lehnt die Verwaltung einen Antrag auf Auskunft oder Akteneinsicht ab, darf sie die Begründung des Bescheides einschränken, soweit diese den Zweck der Verweigerung der Kenntnisgewähr gefährdete.[589] Im Vorfeld von Gerichtsverfahren soll die Möglichkeit der Einschaltung des Datenschutzbeauftragten auf Initiative des Betroffenen dies kompensieren.[590] Bei heimlichen Informations- und Datenverarbeitungen sollen die vorgesehenen Benachrichtigungspflichten dem Betroffenen die Möglichkeit der Anrufung des Datenschutzbeauftragten oder des nachträglichen Rechtsschutzes eröffnen. Solche Schutzmechanismen funktionieren freilich nicht, wenn die Benachrichtigungspflichten in der Praxis missachtet oder zu restriktiv ausgelegt werden.[591] Unabhängige Kontrollgremien oder Berichtspflichten zwecks verstärkter parlamentarischer Kontrolle können eine notwendige Ergänzung, aber keine Substitution des Rechtsschutzes des Betroffenen sein.

154

Im Gerichtsverfahren verlangt Art. 19 Abs. 4 GG, dass die Dokumente über die maßgeblichen Verwaltungsvorgänge dem Gericht zur Verfügung stehen, soweit sie für die Beurteilung der Rechtmäßigkeit der behördlichen Entscheidung

155

---

und mit teilweise ersichtlich haltlosen Ergebnissen: *BayVerfGH*, NVwZ-RR 1998, S. 273 (279); *BayVGH*, Urt. v. 9. 4. 2003, 24 B 00.1240 (juris); Urt. v. 29. 4. 2004, 24 B 00.1446 (juris); zu einem Sonderfall *BVerwG*, NJW 2007, S. 1398 (1398 f.).

[586] Siehe dazu die verfassungskonforme Interpretation von § 7 S. 1 BNDG (im Sinne eines Mindestgehalts) in *BVerwGE* 130, 29 (35 ff.).

[587] Zu Einschränkungen vgl. etwa *BVerwG*, Urt. v. 24. 3. 2010, Az. 6 A 2.09, Rn. 44 ff., abrufbar unter www.bverwg.de; *OVG Bln.*, NVwZ 1987, S. 817 (819); *VGH BW*, NVwZ-RR 2003, S. 843 (844 ff.); *BFH*, DStR 1994, S. 1081 (1081 f.); *BFHE* 203, 227 (232 ff.). Mit Blick auf strafprozessuale Ermittlungsmaßnahmen *BVerfG*, Beschl. vom 12. 10. 2011, Az. 2 BvR 236/08 u. a., abrufbar unter www.bverfg.de, Rn. 225 ff.

[588] Siehe etwa § 22 Abs. 8 PolG BW; modifizierter §§ 12 Abs. 1 G 10, 5 Abs. 3 VSG NW. Zum Problem s. außerdem *VGH BW*, NVwZ-RR 2003, S. 843 (846 f.); *Hans Henning Kaysers*, Die Unterrichtung Betroffener über Beschränkungen des Brief-, Post- und Fernmeldegeheimnisses, AöR Bd. 129 (2004), S. 121 (135 ff.).

[589] *BVerwGE* 74, 115 (120); *OVG Bln.*, NVwZ 1987, S. 817 (820). Ein rigoroser Ausschluss der Begründung, wie in Art. 11 Abs. 4 BayVSG, ist verfassungswidrig. Anders: *BayVerfGH*, NVwZ-RR 1998, S. 273 (279); *BayVGH*, Urt. v. 9. 4. 2003, 24 B 00.1240 (juris); Urt. v. 29. 4. 2004, 24 B 00.1446 (juris).

[590] §§ 19 Abs. 5 und 6, 21 BDSG. Als bereichsspezifisches Beispiel s. § 15 Abs. 4 S. 3–5 BVerfSchG.

[591] Dazu *Hans-Jörg Albrecht/Claudia Dorsch/Christiane Krüpe*, Rechtswirklichkeit und Effizienz der Überwachung der Telekommunikation nach den §§ 100a, 100b StPO und anderer verdeckter Ermittlungsmaßnahmen, 2003, bes. S. 276 ff.; *Otto Backes/Christoph Gusy*, Wer kontrolliert die Telefonüberwachung?, 2003, S. 71 f., 126.

und der geltend gemachten Rechtsverletzung von Bedeutung sein können.[592] § 99 Abs. 2 VwGO sieht mittlerweile ein Zwischenverfahren vor, das in allen Fällen abgelehnter Informationsansprüche relevant werden kann.[593] Die Einführung von In-Camera-Verfahren, die den Rechtsschutzinteressen der Betroffenen besser Rechnung trügen, ist verfassungsrechtlich möglich.[594]

5. Einfluss und Partizipation der betroffenen Personen

a) Funktionen und Ebenen der Einflussrechte

156   **Einfluss- und Partizipationsformen** vervollständigen als Baustein des Rechts des Umgangs mit personenbezogenen Informationen und Daten dessen Regulierung und die Informationsrechte. Sie sollen den betroffenen Personen die Gelegenheit bieten, die Informationen, das Wissen oder das „Bild" zu beeinflussen, das die Verwaltung über sie gewinnt und das deren Entscheidungen und Verhalten ihnen gegenüber prägt. Sie richten sich zum einen auf die Daten, die der staatlichen Stelle im Verarbeitungsverlauf zur Verfügung stehen. Dabei können sie die vollständige Ausklammerung bestimmter Daten, aber auch die Nutzung der Daten zu einem bestimmten Zweck oder die Richtigkeit der Daten betreffen. Zum anderen richten sie sich auf die Informationen und übergreifender auf das Wissen, das aus Daten oder anderen Informationsgrundlagen über die Person erzeugt wird.[595] Sie tragen zur Legitimation der Verwaltung und zum Grundrechtsschutz bei. Die **gesonderten datenschutzrechtlichen Einflussrechte** sind ebenso wie die Informationsrechte **rechtsförmige Minimalpositionen,** die die Verwaltung um weitere sachgerechte Formen der Beteiligung ergänzen kann. Zusätzlich haben sie die Funktion strukturierender Aufmerksamkeitsregeln: Über die Partizipation betroffener Personen soll die Verwaltung die Vollständigkeit oder Aktualität der Informationsgrundlagen und damit zugleich die Sachgerechtigkeit der Entscheidungen absichern.

157   Dass Einflussmöglichkeiten in den erforderlichen vielfältigen Formen bestehen, wird im Ansatz dadurch erreicht, dass **gesetzliche Regelungen des Umgangs mit personenbezogenen Informationen und Daten individualschützenden Charakter** haben. Sind bestimmte Verarbeitungsvorgänge nach zumindest auch dem Schutz der betroffenen Personen dienenden Vorschriften zu unterlassen, stehen dieser zugleich individuelle Unterlassensansprüche zu. Sind Daten nach § 20 BDSG zu berichten, hat die betroffene Person mit dem ihr durch die

---

[592] *BVerfGE* 101, 106 (122 ff.).
[593] Aus der mittlerweile umfangreichen Rspr. s. *BVerwGE* 117, 8 (9 ff.); *BVerwG*, Urt. v. 19. 4. 2010, Az. 20 F 13.09; Urt. v. 19. 1. 2012, Az. 20 F 3.11, abrufbar unter www.bverwg.de. Vgl. auch zur Konstellation der Überprüfung der Unrichtigkeit gespeicherter Daten *BVerwG*, NJW 2007, S. 789 (790 ff.).
[594] Siehe die Konstellation in *BVerwG*, NJW 2007, S. 789 (789 ff.). Zum In-Camera-Verfahren als Option *BVerfGE* 101, 106 (128 ff.); 115, 205 (234 ff.); und als verfassungsrechtliches Gebot Sondervotum *Reinhard Gaier, BVerfGE* 115, 205 (250 ff.); *Thomas Mayen*, Verwertbarkeit von geheim gehaltenen Verwaltungsvorgängen im gerichtlichen Verfahren?, NVwZ 2003, S. 537 (542 ff.).
[595] Deutlich in den Ausführungen zum Berichtigungsanspruch in *BVerwGE* 120, 188 (190): „Unrichtig […] sind Daten, wenn die Information, welche die einzelnen Angaben über die persönlichen oder sachlichen Verhältnisse des Betroffenen vermitteln, nicht mit der Realität übereinstimmt. […] Unrichtig in diesem Sinne können Daten auch dann sein, wenn die durch sie vermittelte Information unvollständig, lückenhaft und dadurch missverständlich ist."

C. Regulierung u. Gestaltung des Umgangs mit persbez. Informationen u. Daten

Norm vermittelten Berichtigungsanspruch Einfluss darauf.[596] Der Pflicht, Daten zu löschen, entspricht ein Löschungsanspruch. Einflusschancen brauchen also nicht gesondert in Rechtspositionen festgehalten zu werden, wenn sich der individualschützende Gehalt einer objektivrechtlichen Aussage schlüssig ergibt. Sie sind insofern mit der Regulierung der Informations- und Datenverarbeitungen verknüpft und werden von deren Gestaltung mitgeprägt. **Besonders geregelte Einflussrechte**, etwa der Grundsatz der Erhebung beim Betroffenen oder Widerspruchsrechte und Gegendarstellungsrechte,[597] kommen hinzu. Hier lässt sich wiederum das datenschutzrechtliche Potenzial verwaltungsverfahrensrechtlicher Beteiligungsformen nutzen, selbst wenn bei diesen der Verfahrensgegenstand und nicht das Wissen der Verwaltung über eine Person im Mittelpunkt steht.[598]

b) Ausgestaltung und Konkretisierung von Einflussrechten

Neben den Rechten, die aus den datenschutzrechtlichen Pflichten hergeleitet werden können, ist in den allgemeinen Datenschutzgesetzen die **Einwilligung** der betroffenen Person in eine Datenverarbeitung an zentraler Stelle in § 4 Abs. 1 BDSG platziert. Danach ist die Erhebung, Verarbeitung oder Nutzung personenbezogener Daten entweder aufgrund einer Ermächtigung oder aufgrund einer Einwilligung zulässig. Diese Konzeption wird oft als selbstverständliche Folge eines Rechts auf informationelle Selbstbestimmung bezeichnet.[599] Richtigerweise handelt es sich bei der Einwilligung aber um eine gesonderte Einflussposition, die der Gesetzgeber sachgerecht in den jeweiligen Regelungsbereich einordnen und ausgestalten kann. In den meisten Feldern der öffentlichen Verwaltung kommt sie nur begrenzt und nur ergänzend in Betracht.[600] Die Zuweisung sachlicher Aufgaben würde konterkariert, wenn der Erhalt der Informationsgrundlagen, die die Behörde benötigt, damit sie die ihr zugewiesenen Aufgaben und Befugnisse in rechtmäßiger und vollständiger Weise wahrnehmen kann, von einer Einwilligung der betroffenen Person abhängig wäre, die diese erteilen oder eben nicht erteilen kann. Das gilt gerade auch im Leistungsbereich, wenn man den sachlichen Leistungsanspruch und die damit verbundene Informations- und Datenverarbeitung unterscheidet und die Einwilligung als eine verarbeitungsbezogene Einflussposition begreift. Diese kann daher nur in Konstellationen in Betracht kommen, in denen an „eigentlich" nicht erforderlichen Informationen und Daten ein

158

---

[596] *BVerwGE* 120, 188 (189, 191). S. außerdem zur Herleitung eines subjektiv-rechtlichen Anspruchs aus der Pflicht des § 13 Abs. 1 BVerfSchG *OVG NW*, NVwZ 2005, S. 969 (969); *BVerwG*, NJW 2007, S. 789 (790), und aus der Pflicht des § 6 HambMG *BVerwG*, NJW 2006, 3367 (3367 f.).

[597] Zum Bestreitensvermerk nach § 13 Abs. 1 BVerfSchG *OVG NW*, NVwZ 2005, S. 969 (969 ff.); *BVerwG*, NJW 2007, S. 789 (790 ff.).

[598] → Bd. II *Rossen-Stadtfeld* § 29 Rn. 5 ff.

[599] *Andreas Geiger*, Die Einwilligung in die Verarbeitung von persönlichen Daten als Ausübung des Rechts auf informationelle Selbstbestimmung, NVwZ 1989, S. 35 (36 ff.); *Marita Körner*, Informierte Einwilligung als Schutzkonzept, in: Dieter Simon/Manfred Weiss (Hrsg.), Zur Autonomie des Individuums, 2000, S. 131 (139 ff.); *Schulz*, „Datenschutzauftrag" (Fn. 85), S. 158, 161; *Roßnagel/Pfitzmann/Garstka*, Modernisierung (Fn. 86), S. 44 f., 72 ff., 90 ff., die ihre eigenen Ausführungen durch (zutr.) Hinweise darauf einschränken, dass die Einwilligung im öffentlichen Bereich strukturbedingt keine zentrale Rolle spielen kann.

[600] Anders kann sich dies im Verhältnis unter Privaten gestalten; vgl. etwa zu den Datenverarbeitungsklauseln von ebay *OLG Bbg.*, MMR 2006, S. 405 (406 ff.) mit kritischer Anm. von *Patrick Dreyer*, zu Datenverarbeitungsklauseln im Rahmen eines Payback-Systems *LG München*, RDV 2006, S. 169 (169 ff.).

berechtigtes Interesse der Behörde und zugleich Anlass besteht, deren Erhalt oder Verwendbarkeit von einer Zustimmung abhängig zu machen.[601] In der Praxis spielt sie vor allem deswegen eine gewisse Rolle, weil die Behörde Unsicherheiten bei der Konkretisierung der „Erforderlichkeit" mit Hilfe des Einverständnisses der betroffenen Person ausgleichen kann.

159 Chancen des Einflusses auf Informations- und Datenverarbeitungen und auf das daraus resultierende Wissen der Verwaltung bietet im Ansatz der **Grundsatz der Erhebung beim Betroffenen** in § 4 Abs. 2 S. 1 BDSG. Er führt dazu, dass grundsätzlich die Person, auf die sich Informationen und Daten beziehen, Angaben macht und so die zur Verfügung stehenden Daten und die daraus gebildeten Informationen mitprägt. Hinter der Verankerung als allgemeiner Standard steht die Vorstellung, dass damit zumindest in den meisten Konstellationen die Richtigkeit der Informationen, des Wissens und der Entscheidungen der Verwaltung am besten gesichert wird. Über den Kontaktpunkt der Erhebung hinaus bietet das – freilich dateibezogene[602] – **Widerspruchsrecht** nach § 20 Abs. 5 BDSG der betroffenen Person die Möglichkeit, jederzeit zusätzliche Angaben, ihre Perspektive oder schutzwürdige Belange vorzutragen.[603] Schutzwürdige Belange können aus der besonderen persönlichen Situation, aber auch aus der Veränderung bestimmter Umstände folgen.[604] Versteht man das Widerspruchsrecht als institutionalisierte Einflussposition, die darauf reagiert, dass der Umgang mit Informationen und Daten ein stets veränderlicher Prozess auf Seiten der verarbeitenden Stelle ist, in dem diese die ihr gesetzten Vorgaben mittels eigenständiger Konkretisierungsleistungen umsetzt, ist es über seine bisher eher marginale Rolle hinaus ausbaufähig. Seine besondere Qualität hat es darin, dass es unter bestimmten Umständen mit Hilfe der Partizipation der betroffenen Person Determinanten zu kompensieren vermag, die vage gestaltet oder flexibel ausfüllbar sind und darin bereichsbedingt oder eine bewusste gesetzgeberische Entscheidung zur Vermeidung einer dysfunktionalen Regelungsdichte sein mögen. Wiese man ihm solche Funktionen zu, setzte es freilich eine angemessene Gestaltung der Kenntnismöglichkeiten auch über die der Erhebung nachfolgenden Verarbeitungsprozesse voraus.

160 Im Sinne **bereichsspezifischer Partizipationsformen** wirkt sich vor allem die Verknüpfung zwischen der Regulierung des Umgangs mit personenbezogenen Informationen und Daten und den Einflussmöglichkeiten aus: Mit individualschützenden gesetzlichen Regelungen steht der geschützten Person je nachdem, wie intensiv die Gesetzgebung einen bestimmten Bereich regelt, eine mehr oder weniger weit reichende Vielfalt von Einflussmöglichkeiten auf die sie betreffenden Informations- und Datenverarbeitungen zu. Besondere Einflusspositionen werden bereichsspezifisch teils erweitert, teils eingeschränkt. So erweitert § 13 Abs. 4 und 6 TMG die individuellen Einflussmöglichkeiten um technikunterstützte Optionen, aufgrund derer die betroffenen Personen nach Maßgabe ihrer Präferenzen Art und Umfang der Verarbeitung sie betreffender Daten selbst

---

[601] Vgl. auch *Roßnagel/Pfitzmann/Garstka*, Modernisierung (Fn. 86), S. 73 f.
[602] Das liegt daran, dass sich § 20 Abs. 5 BDSG auf die bloße Umsetzung des Art. 14a EU-DSRL beschränkt.
[603] Siehe auch *Peter Gola*, Informationelle Selbstbestimmung in Form des Widerspruchsrechts, DuD 2001, S. 278 (278).
[604] Vgl. *VG Gießen*, DÖV 2000, S. 516 (518). Vgl. auch zum Begehren einer Auskunftssperre im Melderegister für Fälle einer Direktwerbung *BVerwG*, NJW 2006, 3367 (3367 ff.).

steuern.⁶⁰⁵ Eingeschränkt wird dagegen in vielen Feldern der allgemeine Grundsatz der Erhebung beim Betroffenen, indem für die Verwaltung die Möglichkeit besteht, Sachverhaltsermittlungen bei Dritten oder heimlich durchzuführen.⁶⁰⁶

6. Gewährleistungs- und Kontrollmechanismen

a) Datenschutzbeauftragte als Kontroll- und Beratungsinstanz

Die **Institutionalisierung besonderer Kontrollen** hat im Recht des Umgangs mit personenbezogenen Informationen und Daten eine erhebliche praktische Bedeutung, weil die Verarbeitungszusammenhänge regelmäßig komplex sind, sich den betroffenen Personen trotz der Informationsrechte nur begrenzt erschließen und die bloße Existenz einer unabhängigen Kontrolle zur Realisierung datenschutzrechtlicher Anforderungen in der Verwaltung beitragen kann. Dem in Art. 28 Abs. 1 S. 2 EU-DSRL herausgestellten Merkmal der Unabhängigkeit der Kontrollinstanz kommt danach eine zentrale Funktion zu. Die hierzu getroffene Entscheidung des EuGH aus dem Jahre 2010 hat in Abhängigkeit von den in Bund und Ländern zuvor jeweils realisierten Modellen mehr oder weniger weit reichende Reorganisationserfordernisse ausgelöst, dies mit Folgen auch für die Gestaltung der Kontroll- und Entscheidungsbefugnisse der Kontrollstellen, und insbesondere das Konzept einheitlicher Kontrollstellen im öffentlichen und nichtöffentlichen Bereich befördert.⁶⁰⁷ Die internen und externen Kontrollinstitutionen auf behördlicher und auf Bundes- oder Landesebene haben je eigene Aufgabenbereiche, können aber teilweise in einem Kooperationsverhältnis zusammenwirken.⁶⁰⁸ Bundes- und Landesdatenschutzbeauftragte sind zugleich Beauftragte für die Informationsfreiheit. Selbst wenn Interessenkollisionen nicht ausgeschlossen sind, handelt es sich dabei um eine tragfähige Lösung.⁶⁰⁹

161

Die **Kontrollbereiche** sind in Bund und Ländern umfangreich. Zu den **Kontrollgegenständen** zählen alle Sachverhalte, die den Regelungen der allgemeinen und der bereichsspezifischen Datenschutzbestimmungen unterfallen. Personalakten oder Akten mit Gesundheitsdaten veranschaulichen, dass sich den Datenschutzbeauftragten selbst damit Informationen mit besonderer Persönlichkeitsnähe erschließen.⁶¹⁰ Die gerade mit der Kontrolle realisierten Schutzfunktionen zu Gunsten betroffener Personen können dies jedoch rechtfertigen. Die Datenschutzbestimmungen liefern zugleich den **Kontrollmaßstab.** Darunter fällt nicht nur die Beachtung von Verarbeitungsverboten oder Berichtigungspflichten, sondern auch die Beachtung präventiver Maßnahmen der System-

162

---

⁶⁰⁵ In allgemeinen Zusammenhängen werden solche Optionen unter dem plakativen Stichwort des „Selbstdatenschutzes" thematisiert. Zur Palette der unterschiedlichen Instrumente *Alexander Roßnagel*, Konzepte des Selbstdatenschutzes, in: ders. (Hrsg.), Handbuch (Fn. 41), Kap. 3.4 Rn. 49 ff. Weiter *Hansjürgen Garstka*, Selbstdatenschutz, in: Bruno Baeriswyl/Beat Rudin (Hrsg.), Perspektive Datenschutz, 2002, S. 159 (bes. 169 ff.); *Hans-Hermann Schrader*, Selbstdatenschutz, in: Bäumler (Hrsg.), Datenschutz (Fn. 19), S. 206 ff.; *Roßnagel/Pfitzmann/Garstka*, Modernisierung (Fn. 86), S. 40 ff.

⁶⁰⁶ Siehe o. die N. in → Rn. 140.

⁶⁰⁷ Zur Entscheidung des *EuGH* → Rn. 53. Zur Differenzierung zwischen Rechts-, Fach- und Dienstaufsicht *Spiecker gen. Döhmann*, Anmerkung (Fn. 176), S. 789 ff.

⁶⁰⁸ §§ 4f und g, 22 ff. BDSG. Zum Verhältnis zueinander *Simitis*, in: ders. (Hrsg.), BDSG (Fn. 33), § 4g Rn. 13 ff.; *Ralf B. Abel*, Der behördliche Datenschutzbeauftragte, MMR 2002, S. 289 (289 ff.).

⁶⁰⁹ Zur Diskussion *Schmitz/Jastrow*, Informationsfreiheitsgesetz (Fn. 360), S. 994.

⁶¹⁰ Dazu *Thomas Engelien-Schulz*, Zur Reichweite der Kontrollkompetenz behördlicher Datenschutzbeauftragter bezogen auf Daten über die Gesundheit, RDV 2005, S. 7 (7 ff.).

oder Technikgestaltung.⁶¹¹ Mit Blick darauf ist die Kontrolle wegen der Verknüpfungen zwischen den informations- und datenbezogenen Regelungen und den sachlichen Vorschriften ausgedehnt und teilweise schwer ab- und einzugrenzen. Unter anderem deswegen sind die Beziehungen zwischen Datenschutzbeauftragten und Behörden nicht immer konfliktfrei. Wegen der Verknüpfungen zur Sachebene sind allerdings die **Entscheidungsbefugnisse** zurückgenommen. Als Folge ihrer Kontrolle stehen den Datenschutzbeauftragten – dies im Unterschied zu den weiter reichenden aufsichtsbehördlichen Befugnissen im Bereich nichtöffentlicher Stellen oder öffentlich-rechtlicher Wettbewerbsunternehmen – nicht etwa Mängelbeseitigungs-, Unterlassungs- oder Löschungsanordnungen, sondern nur die Mitteilung der Kontrollergebnisse gegenüber der kontrollierten Stelle und die förmlichere Beanstandung zu.⁶¹² Beide Entscheidungsformen können mit Vorschlägen zur Verbesserung des Datenschutzes verknüpft werden.

163 Standen die Kontrollfunktionen früher im Vordergrund, hat sich die Rolle der Datenschutzbeauftragten mittlerweile gewandelt: Sie nehmen zunehmend **Beratungsaufgaben** wahr.⁶¹³ Im Bundesbereich weisen §§ 4g Abs. 1, 26 Abs. 3 BDSG den Datenschutzbeauftragten diese Aufgabe zu. Im Bereich der Länder hat sich vor allem das Unabhängige Landeszentrum für Datenschutz Schleswig-Holstein als Serviceinstitution etabliert. Beratungsleistungen werden auf allen Ebenen des Datenschutzes, insbesondere hinsichtlich der System- und Technikgestaltung und im Rahmen institutionalisierter Vorabkontrollen, relevant. Ihre Wahrnehmung ist auf das Vertrauen, die Motivation und die Kooperation des Verwaltungspersonals angewiesen. Trotzdem ist die Verbindung der Aufgaben einer funktionsfähigen Kontrolle und funktionsfähiger Beratungen sinnvoll, zumal die Entscheidungsbefugnisse im Kontext der Kontrolle ebenfalls in gewissem Umfang auf die Kooperation der kontrollierten Stelle angewiesen sind.⁶¹⁴ Wechselwirkungen zwischen Praxisproblemen und -anforderungen sowie Kontroll- und Beratungsleistungen der Datenschutzbeauftragten können zu einem „lernenden" Datenschutzrecht beitragen.

b) Datenschutzaudit und Produktzertifizierung als Qualitätsgewährleistung

164 Neben den inhaltlichen Vorgaben für den Umgang mit personenbezogenen Informationen und Daten dienen das **Datenschutzaudit** und die **Produktzertifi-**

---

⁶¹¹ *Dammann,* in: Simitis (Hrsg.), BDSG (Fn. 33), § 24 Rn. 10.
⁶¹² Siehe für die aufsichtsbehördlichen Befugnisse § 38 Abs. 5 BDSG. Die Entscheidung des *EuGH* zur „völligen Unabhängigkeit" der Kontrollstellen wird sich auch auf die Ausgestaltung derer Befugnisse auswirken. Vgl. auch die Optionen in 28 Abs. 3 EU-DSRL und dazu o. → Rn. 53. S. weiter *Roßnagel/Pfitzmann/Garstka,* Modernisierung (Fn. 86), S. 194 ff., mit Forderungen nach einer weiter als bisher reichenden Ausgestaltung der Einwirkungsbefugnisse bei gleichzeitiger Erörterung der Problematik; *Ingrid Pahlen-Brand,* Mehr Kompetenzen für den behördlichen Datenschutzbeauftragten, DuD 2003, S. 637 (639 f.). Zu den individuellen Ansprüchen des Betroffenen gegenüber dem Datenschutzbeauftragten (Entgegennahme, sachliche Prüfung und Bescheidung, nicht aber Vornahme einer Beanstandung) *OVG NW,* NVwZ-RR 1994, S. 25 (25); ähnlich für die Aufsichtsbehörde im privaten Bereich BayVGH, Beschl. v. 11. 2. 2008, 5 C 08.277 (juris).
⁶¹³ Zu den Kompetenzen zur Publikumsinformation *VG Köln,* NVwZ 1999, S. 912 (912 ff.). Zu den Beratungsfunktionen des Europäischen Datenschutzbeauftragten s. *EuGH,* Rs. C-318/04, Slg. 2005, I-2467, Rn. 18.
⁶¹⁴ Siehe dazu *Dammann,* in: Simitis (Hrsg.), BDSG (Fn. 33), § 26 Rn. 18; *Helmut Bäumler,* Ein Gütesiegel auf den Datenschutz, DuD 2004, S. 80 (83).

zierung als Verfahrensinstitutionalisierungen der Qualitätsgewährleistung.[615] Das Datenschutzaudit kann sich als Systemaudit auf das Datenschutzkonzept oder das Datenschutzmanagement beziehen, mit dem die Verwaltung im Rahmen ihrer Entscheidungs- und Organisationskompetenzen den Umgang mit personenbezogenen Informationen und Daten nach den sie bindenden rechtlichen Maßgaben und nach sonstigen Kriterien gestaltet. Dieses Datenschutzmanagement wird durch unabhängige Gutachter überprüft und bewertet; das Ergebnis wird veröffentlicht. Beurteilungsgegenstand kann das gesamte System oder – meist praktikabler – ein Teilelement oder innerhalb des Systems abgrenzbares Verfahren sein.[616] Man mag das Systemaudit in Teilen als eine institutionalisierte Technikfolgenabschätzung[617] begreifen, ohne dass es sich damit vollständig deckte: Auf der Grundlage einer Analyse bestehender und geplanter Verarbeitungsprozesse sind die verschiedenen Modelle des Technikeinsatzes zu untersuchen und zu vergleichen.[618] Das Datenschutzaudit bezieht die System- und Technikgestaltung ein und ist auf möglichst optimale Lösungen im Rahmen der in Betracht kommenden Alternativen gerichtet. Es ist aber nicht etwa als ein Instrument konzipiert, das lediglich inhaltliche Vorgaben zur System- und Technikgestaltung verfahrensrechtlich absicherte. Soweit die Prüfungsmaßstäbe rechtliche Maßstäbe sind, zielt es auf die Verwirklichung sämtlicher Anforderungen an die Rechtmäßigkeit des Umgangs mit Informationen und Daten. Die vom Systemaudit zu unterscheidende Produktzertifizierung richtet sich dagegen auf die einmalige Zertifizierung von Geräten, Datenverarbeitungsprogrammen oder Datenverarbeitungsverfahren. Sie erfolgt in der Regel außerhalb des konkreten sozialen Systems, in dem das Produkt eingesetzt wird; sie wird von den Produktanbietern veranlasst. Im Hintergrund steht die Idee der Auslösung und Ausnutzung eines Wettbewerbs über die Entwicklung und den Einsatz datenschutzgerechter Techniken mit Hilfe eines Verfahrens, in dem die Qualität der Techniken durch autorisierte Gutachter geprüft und gegebenenfalls mit einem Zertifikat versehen wird.[619] Über die systemübergreifende Bewertung der Technikgestaltung hinaus soll dieses Instrument Anreize zur Technikentwicklung setzen.[620]

165 Auf Bundesebene ist das Datenschutzaudit in § 9a BDSG verankert: Anbieter von Datenverarbeitungssystemen und -programmen sowie datenverarbeitende Stellen können zur Verbesserung des Datenschutzes und der Datensicherheit ihr Datenschutzkonzept sowie ihre technischen Einrichtungen durch unabhängige und zugelassene Gutachter prüfen und bewerten lassen sowie das Ergebnis der Prüfung veröffentlichen. Nachdem der Gesetzentwurf der Bundesregierung zur Regelung eines Datenschutzaudits aus dem Jahre 2009 gescheitert ist, stehen die

---

[615] Umfassend zur Konzeption *Alexander Roßnagel*, Datenschutzaudit, 2000. S.a. → Bd. II *Schmidt-Aßmann* § 27 Rn. 79. Zu den Vorbildern des Umwelt-Audit und der Gütesiegel im Umweltschutzbereich *ders.*, Datenschutzaudit, in: ders. (Hrsg.), Handbuch (Fn. 41), Kap. 3.7 Rn. 83 ff. → Bd. II *Eifert* § 19 Rn. 90, *Britz* § 26 Rn. 79, *Appel* § 32 Rn. 28; *Sacksofsky* § 40 Rn. 21.
[616] *Roßnagel/Pfitzmann/Garstka*, Modernisierung (Fn. 86), S. 136 f.; *Roßnagel*, Datenschutzaudit (Fn. 615), Rn. 91 ff.
[617] → Bd. I *Voßkuhle* § 1 Rn. 34.
[618] *Bizer*, Datenschutz (Fn. 426), S. 53 ff.
[619] *Garstka*, Notwendigkeit (Fn. 77), S. 988.
[620] Zu Anreizen als Steuerungsinstrument → Bd. II *Sacksofsky* § 40.

besonderen gesetzlichen Regelungen, die die näheren Anforderungen an die Prüfung und Bewertung, das Verfahren sowie die Auswahl und Zulassung der Gutachter spezifizieren sollen, aber weiter aus.[621] Obwohl das Datenschutzaudit damit als allgemeine Vorgabe bereichsübergreifend geregelt ist, setzen sich die für die Beurteilung relevanten Rechtmäßigkeitsmaßstäbe aus den verfassungsrechtlichen Maßgaben, aus den abstrakt-allgemeinen und den bereichsspezifischen gesetzlichen Vorschriften und aus etwaigen untergesetzlichen Normen zusammen. In ihrem Datenschutzkonzept muss die datenverarbeitende Stelle sämtliche Rechtmäßigkeitsanforderungen beachten. Allerdings steht es ihr zu, das „System" abzugrenzen, für das ein zu beurteilendes Datenschutzkonzept entwickelt worden ist.[622] Solche Grenzziehungen können die praktischen Schwierigkeiten der Gestaltung und Beurteilung eines Datenschutzmanagements in komplexen Systemen verringern, aber nicht vollständig auflösen.[623]

7. Koordination der Bausteine in übergreifenden Kontexten

166 Die traditionellen und die modernen Bausteine des Rechts des Umgangs mit personenbezogenen Informationen und Daten stehen aus entstehungsgeschichtlichen Gründen eher nebeneinander, als dass sie angemessen miteinander abgestimmt wären.[624] Da die Informationsdimension in besonderer Weise ein Denken in Relationen, Kontexten und Prozessen erfordert, ist die **Koordination der Bausteine und ihrer einzelnen Elemente** ebenso wichtig wie deren Ausgestaltung. Dabei gibt es Wechselwirkungen: Die Ausgestaltung eines bestimmten Bausteins hängt, auch wenn er in bestimmten Hinsichten relativ eigenständig ist, von der Ausgestaltung anderer Bausteine ebenso ab wie der Koordinationsbedarf von den gewählten Gestaltungsformen. Darüber hinaus bestehen wegen der zahlreichen Verknüpfungspunkte, die die Analyse der einzelnen Bausteine aufgezeigt hat, Koordinations- und Integrationserfordernisse mit Blick auf die sachlichen, organisationellen und verfahrensbezogenen Strukturen des jeweiligen Regelungs- und Handlungsbereichs. Ebenso wie die Ausgestaltung muss deshalb die Koordination in übergreifenden Kontexten erfolgen. Zwei Aspekte kann man dabei unterscheiden. Zum einen kann die Gestaltung einer Komponente einen Folgeregelungs- oder Folgeentscheidungsbedarf an anderen Stellen auslösen. Zum anderen kann sie dazu führen, dass der Regelungs- oder Entscheidungsbedarf an anderen Stellen entfällt, weil sie das dort vorhandene Problem bereits löst.

---

[621] Zum Entwurf eines Gesetzes zur Regelung eines Datenschutzaudits und zur Änderung datenschutzrechtlicher Vorschriften s. BTDrucks 16/12011. Für Schleswig-Holstein s. § 4 Abs. 2 LDSG SH i. V. m. der Landesverordnung über ein Datenschutzaudit (zum Gütesiegel für Produkte), der einschließt, dass auditierte Produkte vorrangig eingesetzt werden sollen. S. im Übrigen § 43 Abs. 2 LDSG SH (Systemaudit als Serviceaufgabe des ULD). Vgl. insgesamt *Bäumler*, Gütesiegel (Fn. 614), S. 81 ff.; *Claudia Golembiewski*, Das Datenschutzaudit in Schleswig-Holstein, in: Helmut Bäumler/Albert v. Mutius (Hrsg.), Datenschutz als Wettbewerbsvorteil, 2002, S. 107 (107 ff.).

[622] *Roßnagel*, Datenschutzaudit (Fn. 615), Rn. 93. Zu den konkretisierungsbedürftigen Begriffen „Datenschutzkonzept" und „technische Einrichtungen" *Scholz*, in: Simitis (Hrsg.), BDSG (Fn. 33), § 9 a Rn. 26, 33; *Heinecker*, Modernisierungsansätze (Fn. 381), Teil 2, SdL 2005, S. 180 (191 ff.).

[623] Vgl. dazu o. → Rn. 114.

[624] Zu den Novellierungswellen o. → Rn. 88.

C. Regulierung u. Gestaltung des Umgangs mit persbez. Informationen u. Daten

Ein **Folgeregelungs- oder Folgeentscheidungsbedarf** aufgrund der Gestaltung einer Komponente kann sowohl innerhalb eines Bausteins als auch mit Blick auf andere Bausteine entstehen. Sind im Rahmen der Phasenregulierung Datenerhebungen mittels intensiv eingreifender Methoden vorgesehen, werden Einschränkungen und Schutzvorkehrungen bei der nachfolgenden Speicherung, Nutzung oder Übermittlung der Daten notwendig. Werden in Form der Systemgestaltung die exekutiven Aufgaben mit dem Ziel differenziert, dass die ihnen zugeordneten Verarbeitungszusammenhänge jeweils eigenständig gestaltet werden können, wirkt sich dies auf die nach § 9 BDSG erforderlichen Organisationsmaßnahmen ebenso aus wie auf den nachgeordneten Baustein der Regulierung und Gestaltung der Verarbeitungsphasen. Zweckänderungen sollten die Aufmerksamkeit dafür wecken, ob zur Gewährleistung der Richtigkeit der Informationen, die in dem veränderten Kontext aus den Daten gewonnen werden, weitere Maßnahmen erforderlich sind und ob eine gesonderte Information der betroffenen Person angemessen ist. Werden an bestimmten Stellen der Verarbeitungsabläufe individuelle Einflussmöglichkeiten garantiert, setzt dies eine damit abgestimmte Gewährleistung der individuellen Kenntnischancen voraus. **167**

Ebenso relevant sind die **Substitutions- oder Kompensationswirkungen,** die mit der Gestaltung einer Komponente innerhalb eines Bausteins oder zwischen den Bausteinen verbunden sein können. Die Erhebung beim Betroffenen, die als Grundsatz verankert ist, realisiert in bestimmtem Umfang dessen Informationsansprüche und entlastet die Verwaltung von Auskunftsbegehren. Werden im Rahmen der Systemgestaltung präzise und differenzierte Aufgaben geschaffen, gewinnen die Zweckfestlegung und die Erforderlichkeit als Determinanten der Verarbeitungsphasen ihrerseits Gehalt, sodass einschränkende phasenspezifische Tatbestandvoraussetzungen in Abhängigkeit von den Schutzerfordernissen unter Umständen nicht mehr nötig sind. Denkbar ist weiter, dass eine gesetzlich relativ vage und exekutiv-gestaltender Konkretisierung überlassene Zweckfestlegung, die in dieser Form dem Regelungsgebiet Rechnung trägt, durch Informations- und Partizipationsrechte der Betroffenen im weiteren Verarbeitungsverlauf kompensiert wird.[625] Der Verwendungszweck könnte dann zu Beginn abstrakt-umgreifend benannt, aber unter Beteiligung der betroffenen Personen an angemessenen Stellen im Entscheidungsprozess spezifiziert werden. In den übergreifenden Kontexten lässt sich darüber hinaus das datenschutzrechtliche Potenzial traditioneller verwaltungsverfahrensrechtlicher Informations- und Partizipationsrechte nutzen. Aufgrund dieser Substitutions- und Kompensationswirkungen im jeweiligen Gesamtzusammenhang gewinnt das Recht des Umgangs mit personenbezogenen Informationen und Daten Flexibilität. Zugleich können seine Schutzziele ohne eine dysfunktionale Überregulierung durch die sachgerechte Ausgestaltung und Koordination der Bausteine realisiert werden. **168**

---

[625] Vgl. dazu auch *Hoffmann-Riem*, Gesetz (Fn. 311), S. 35 f.; → Bd. I *Reimer* § 9 Rn. 82.

IV. Recht des Umgangs mit personenbezogenen Informationen und Daten als Komponente des modernen Verwaltungsrechts

169 Mit der Mehrdimensionalität und Vielfalt seiner Schutzziele, seiner Bausteine und seines Instrumentariums kristallisiert sich das Recht des Umgangs mit personenbezogenen Informationen und Daten als eine grundlegende Dimension des modernen Verwaltungsrechts heraus. Wegen seiner gegenstandsbedingten Charakteristika stellt es neue inhaltliche und dogmatische Anforderungen. Der Umgang mit Daten, Informationen und Wissen lässt sich nicht als isolierter Akt, sondern nur in sozialen Relationen, in Prozessen und in Kontexten beschreiben. Er entzieht sich der vollständigen Einordnung in Handlungs- und Rechtsformen[626] ebenso wie einer vollumfänglichen rechtlichen Determination, wie sie noch im überkommenen Modell ordnungsrechtlicher Ermächtigungen für jeden Datenverarbeitungsschritt mitschwingt. Möglich ist stattdessen eine rahmengebende und punktuelle Steuerung mittels der Kombination der Systemgestaltung, der vor- und nachgelagerten Technikgestaltung, der übergreifenden und problemorientierten Phasenregulierung, der Informations- und Einflussrechte betroffener Personen und der institutionalisierten Kontrollen. Diese Bausteine müssen angemessen ausgearbeitet und sowohl miteinander als auch mit den Sach-, Organisations- und Verfahrensstrukturen des jeweiligen Regelungs- und Handlungskontexts verknüpft und koordiniert werden. Wegen dieser notwendigen Verzahnungen ist das Recht des Umgangs mit personenbezogenen Informationen und Daten auf innovative Beschreibungen der Aufgaben, der Handlungsformen der Organisation sowie der Verfahren der Verwaltung angewiesen und führt auch hier zu neuen Perspektiven.[627] Es trägt damit insgesamt zur Modernisierung des Verwaltungsrechts bei.

Leitentscheidungen

EGMR, Urt. v. 7. 7. 1989, Nr. 10454/83, www.echr.coe.int./echr – Gaskin.
EGMR, Urt. v. 16. 2. 2000, Nr. 27798/95, www.echr.coe.int./echr – Amann.
EGMR, Urt. v. 28. 1. 2003, Nr. 44647/98, www.echr.coe.int./echr – Peck.
EGMR, Urt. v. 6. 6. 2006, Nr. 62332/00, www.echr.coe.int./echr – Segerstedt-Wiberg.
EGMR, Urt. v. 4. 12. 2008, Nr. 30562/04, www.echr.coe.int./echr – S. and Marper.
EuGH, Rs. C-465/00, Slg. 2003, I-4989 – Österreichischer Rundfunk.
EuGH, Rs. C-101/01, Slg. 2003, I-12971 – Bodil Lindqvist.
EuGH, Rs. C-524/06, Slg. 2008, I-9705 – Huber.
EuGH, Rs. C-518/07, Slg. 2010, I-01885 – Datenschutzkontrolle.
EuGH, Urt. v. 9. 11. 2010, Rs. C-92/09 u. C-93/09, http://curia.europa.eu – Schecke.
EuGH, Urt. v. 24. 11. 2011, Rs. C-468/10 u. C-469/10, http://curia.europa.eu – Spanisches Datenschutzrecht.
BVerfGE 65, 1 – Volkszählung.
BVerfGE 100, 313 – Telekommunikationsüberwachung durch den Bundesnachrichtendienst.
BVerfGE 107, 299 – Handy-Überwachung.
BVerfGE 109, 279 – Akustische Wohnraumüberwachung.
BVerfGE 113, 29 – Beschlagnahme von Datenträgern bei Berufsgeheimnisträgern.
BVerfGE 113, 348 – Polizeiliche Telekommunikationsüberwachung.

---

[626] Ausf. zu Rechts-, Handlungs- und Bewirkungsformen → Bd. II *Hoffmann-Riem* § 33.
[627] Näher *Albers*, Information (Fn. 25), S. 86 ff.

BVerfGE 115, 166 – Strafprozessualer Zugriff auf Verbindungsdaten.
BVerfGE 115, 320 – Polizeiliche Rasterfahndung.
BVerfGE 120, 274 – „Online-Durchsuchung" und Internetüberwachung.
BVerfGE 120, 378 – Automatisierte Kennzeichenerfassung.
BVerfGE 125, 260 – Vorratsdatenspeicherung.
BVerwGE 89, 14 – Auskunftsanspruch.
BVerwGE 120, 188 – Berichtigungsanspruch.
BVerwG, Urt. v. 24. 3. 2010, Az. 6 A 2.09, www.bverwg.de – Auskunftsanspruch gegen BND.
BVerwG, Urt. v. 25. 1. 2012, Az. 6 C 9.11, www.bverwg.de – Videoüberwachung öffentlicher Räume.

Ausgewählte Literatur

Albers, Marion, Information als neue Dimension im Recht, Rechtstheorie, Bd. 33 (2002), S. 61–89.
– Informationelle Selbstbestimmung, Baden-Baden 2005.
– Grundrechtsschutz der Privatheit, DVBl 2010, S. 1061–1069.
Bäcker, Matthias, Die Vertraulichkeit der Internetkommunikation, in: Hartmut Rensen/Stefan Brink (Hrsg.), Linien der Rechtsprechung des Bundesverfassungsgerichts – erörtert von den wissenschaftlichen Mitarbeitern, Berlin 2009, S. 99–136.
– Das IT-Grundrecht: Funktion, Schutzgehalt, Auswirkungen auf staatliche Ermittlungen, in: Robert Uerpmann-Wittzack (Hrsg.), Das neue Computergrundrecht, Münster 2009, S. 1–30.
– Grundrechtlicher Informationsschutz gegen Private, Der Staat, Bd. 51 (2012), S. 91–116.
Bennett, Colin J./Raab, Charles D., The Governance of Privacy, Aldershot 2003.
Boehm, Franziska, Information Sharing and Data Protection in the Area of Freedom, Security and Justice, Heidelberg u. a., 2012.
Gabriele Britz, Europäisierung des grundrechtlichen Datenschutzes?, EuGRZ 2009, S. 1–11.
– Informationelle Selbstbestimmung zwischen rechtswissenschaftlicher Grundsatzkritik und Beharren des Bundesverfassungsgerichts, in: Hoffmann-Riem, Offene Rechtswissenschaft, S. 562–596.
Dammann, Ulrich/Simitis, Spiros, EG-Datenschutzrichtlinie, Baden-Baden 1997.
Eifert, Martin, Electronic Government. Das Recht der elektronischen Verwaltung, Baden-Baden 2006.
Gutwirth, Serge u. a. (Hrsg.), Reinventing Data Protection?, 2009.
Hiller, Petra, Organisationswissen. Eine wissenssoziologische Neubeschreibung der Organisation, Wiesbaden 2005.
Hoffmann-Riem, Wolfgang, Informationelle Selbstbestimmung in der Informationsgesellschaft – Auf dem Wege zu einem neuen Konzept des Datenschutzes, AöR, Bd. 123 (1998), S. 513–540.
– Der grundrechtliche Schutz der Vertraulichkeit und Integrität eigengenutzter informationstechnischer Systeme, JZ 2008, S. 1009–1022.
Hornung, Gerrit, Die digitale Identität. Rechtsprobleme von Chipkartenausweisen: Digitaler Personalausweis, elektronische Gesundheitskarte, JobCard-Verfahren, Baden-Baden, 2005.
Kloepfer, Michael, Geben moderne Technologien und die europäische Integration Anlaß, Notwendigkeit und Grenzen des Schutzes personenbezogener Informationen neu zu bestimmen? Gutachten D für den 62. Deutschen Juristentag, in: Verhandlungen des 62. Deutschen Juristentages, Bd. I/1, München 1998, D 1-D 149.
Kugelmann, Dieter, Die informatorische Rechtsstellung des Bürgers. Grundlagen und verwaltungsrechtliche Grundstrukturen individueller Rechte auf Zugang zu Informationen der Verwaltung, Tübingen 2001.
Macht, Klaus, Verwertungsverbote bei rechtswidriger Informationserlangung im Verwaltungsverfahren, Berlin 1999.
Masing, Johannes, Transparente Verwaltung. Konturen eines Informationsverwaltungsrechts, VVDStRL, Bd. 63 (2004), S. 377–441.
– Gesetz und Gesetzesvorbehalt – zur Spannung von Theorie und Dogmatik am Beispiel des Datenschutzrechts, in: Hoffmann-Riem, Offene Rechtswissenschaft, S. 467–496.
Milakovich, Michael, Digital Governance, New York/London 2012.
Nissenbaum, Helen, Privacy in Context. Technology, Policy, and the Integrity of Social Life, Stanford 2010.
Pitschas, Rainer, Allgemeines Verwaltungsrecht als Teil der öffentlichen Informationsordnung, in: Hoffman-Riem/Schmidt-Aßmann/Schuppert (Hrsg.), Reform, S. 219–305.

Poscher, Ralf, Die Zukunft der informationellen Selbstbestimmung als Recht auf Abwehr von Grundrechtsgefährdungen, in: Hans-Helmuth Gander u.a. (Hrsg.), Resilienz in der offenen Gesellschaft 2012, S. 167–190.
Rössler, Beate, Der Wert des Privaten, Frankfurt a.M. 2001.
Roßnagel, Alexander (Hrsg.), Handbuch Datenschutzrecht. Die neuen Grundlagen für Wirtschaft und Verwaltung, München 2003.
– /*Pfitzmann, Andreas/Garstka, Hansjürgen,* Modernisierung des Datenschutzrechts. Gutachten im Auftrag des Bundesministeriums des Innern, hrsg. v. Bundesministerium des Innern, Berlin 2001.
Scherzberg, Arno, Die öffentliche Verwaltung als informationelle Organisation, in: Hoffmann-Riem/Schmidt-Aßmann (Hrsg.), Informationsgesellschaft, S. 195–223.
Schoch, Friedrich, Öffentlich-rechtliche Rahmenbedingungen einer Informationsordnung, VVDStRL, Bd. 57 (1998), S. 158–215.
Siemen, Birte, Datenschutz als europäisches Grundrecht, Berlin 2006.
Simitis, Spiros, Auf dem Weg zu einem neuen Datenschutzkonzept, DuD 2000, S. 714–726.
– (Hrsg.), Kommentar zum Bundesdatenschutzgesetz, 7. Aufl., Baden-Baden 2011.
Solove, Daniel, The Digital Person. Technology and Privacy in the Information Age, New York 2004.
– Understanding Privacy, Cambridge 2008.
Spiecker gen. Döhmann, Indra, Wissensverarbeitung im Öffentlichen Recht, Rechtswissenschaft 2010, S. 247–282.
Trute, Hans-Heinrich, Öffentlich-rechtliche Rahmenbedingungen einer Informationsordnung, VVDStRL, Bd. 57 (1998), S. 216–273.
– Der Schutz personenbezogener Informationen in der Informationsgesellschaft, JZ 1998, S. 822–831.
– Wissen – Einleitende Bemerkungen, in: Hans C. Röhl (Hrsg.), Wissen – Zur kognitiven Dimension des Rechts, DV, Beiheft 9, 2010, S. 11–38.
Vesting, Thomas, Zur Entwicklung einer „Informationsordnung", in: FS 50 Jahre Bundesverfassungsgericht, 2001, S. 219–240.
Voßkuhle, Andreas, Der Wandel von Verwaltungsrecht und Verwaltungsprozeßrecht in der Informationsgesellschaft, in: Hoffmann-Riem/Schmidt-Aßmann (Hrsg.), Informationsgesellschaft, S. 349–404.

§ 23 Die Informationsbeziehungen zwischen Staat und Bürger[*]

Christoph Gusy

Übersicht

	Rn.		Rn.
A. Einführung	1	c) Einbeziehung Nichtbeteiligter, insbesondere Verfahrensöffentlichkeit	53
B. Grundlagen eines Informationsrechts im Staat-Bürger-Verhältnis	9	d) Kontingentierte Informationsbeziehungen: Präklusion	57
I. Sozialtheoretische Vorfragen: Die Öffentlichkeit von Staat und Bürger	10	4. Verfahrensbeendende Kommunikation: Die Begründung	59
1. Staat und Öffentlichkeit	10	5. Zusammenfassung	62
2. Bürger und Öffentlichkeit	14	II. Informationsbeziehungen außerhalb des Verwaltungsverfahrensrechts	65
II. Verfassungs- und europarechtliche Rahmenbedingungen	18	1. Informationsrechte des Staates	68
1. Rechtsstaat	18	2. Informationsrechte der Bürger	81
2. Demokratieprinzip	20	a) Informationszugangsfreiheit („freedom of information")	82
3. Sozialstaatsprinzip	22	b) Sonstige Auskunftsansprüche	92
4. Grundrechte	24	D. Potentielle Informationsbeziehungen: Der Öffentlichkeitsauftrag der Staatsorgane	95
5. Europarechtliche Rahmenbedingungen	25	I. Öffentlichkeitsarbeit als Staatsaufgabe	95
6. Zusammenfassung: Ziele und Prinzipien des Informationsrechts	27	II. Rechtsfragen der Öffentlichkeitsarbeit	98
C. Informationsbeziehungen zwischen Staat und Einzelnen: Bestandsaufnahme	28	1. Informationsaufgaben	98
I. Informationsbeziehungen im Verwaltungsverfahrensrecht	32	2. Informationsbefugnisse, insbesondere Warnungen	100
1. Überblick	32	3. Rechtmäßigkeitsbedingungen staatlicher Öffentlichkeitsarbeit	109
2. Verfahrenseinleitende Informationsbeziehungen	37	E. Ausblick	112
3. Verfahrensverwirklichende Informationsbeziehungen	39	Ausgewählte Literatur	
a) Grundfragen	39		
b) Formalisierte Informationsrechte Beteiligter im Verfahren: Anhörung, Akteneinsicht u. a.	43		

---

[*] Für intensive Mitarbeit bei der Überarbeitung danke ich Herrn wiss. Mit. Dr. *Christoph Worms*, Frau *Elisabeth Dopheide*, Frau *Claudia Bendisch* und Herrn *Johannes Tellenbröker*.

A. Einführung

1 Verwaltung ist Informationsverarbeitung.[1] Entscheidungen, welche darauf programmiert sind, sachlich angemessen und rechtlich zulässig zu sein, müssen auf eine ausreichende, zutreffende und aktuelle Informationsbasis gestützt sein. Diese stellt nicht nur die Bedingung der Rechtmäßigkeit dar. Sie stellt vielmehr für die Beteiligten auch die Realität, an der sich die Rechtmäßigkeitsbedingungen zu bilden und zu bewähren haben, überhaupt erst her.[2] Die dafür notwendigen Voraussetzungen bereitzustellen, zeitnah zu optimieren und kontinuierlich zu garantieren stellt sich als Aufgabe des **behördlichen Informationsmanagements**[3] dar. In dessen Rahmen können die Behörden eigene Datenbestände anlegen bzw. auf derartige Bestände zurückgreifen.[4] Eine solche interne Informationsgewinnung und -verarbeitung verbleibt im Normalfall[5] im Innenbereich der einzelnen Stellen. **Außengerichtete Informationsbeziehungen** können dagegen entstehen, wenn Behörden Informationen bei anderen Stellen gewinnen oder ihnen übermitteln. Dies können sonstige Behörden oder staatliche Stellen im In- und Ausland sein,[6] zu denen zwischenbehördliche Informationsbeziehungen begründet werden können. Außerhalb des staatlichen Bereichs kommt aus behördlicher Sicht zum Zwecke der Informationsgewinnung bzw. -verbreitung die Nutzung allgemein zugänglicher Medien etwa in Archiven, Datensammlungen Dritter, Internet oder auch der Presse in Betracht.[7] Weiter können sich Maßnahmen zur Gewinnung bzw. Weitergabe von Informationen aber auch an einzelne, mehrere oder alle Bürgerinnen und Bürger richten. Solche Formen der Informationsgewinnung oder -verarbeitung können unter näher zu bestimmenden Umständen **Informationsbeziehungen des Außenrechts** begründen. Es gibt demnach zahlreiche Formen und Adressaten außengerichteter Tätigkeit der Verwaltung zur Informationsgewinnung und -übermittlung.

---

[1] Zum Thema näher → Bd. II *Vesting* § 20 Rn. 1 ff.; s.a. *Klaus Lenk*, Zur Bedeutung von Informationen und Kommunikation in der Verwaltung. Außerrechtliche Grundlagen für das Verwaltungsrecht in der Informationsgesellschaft, in: Hoffmann-Riem/Schmidt-Aßmann (Hrsg.), Informationsgesellschaft, S. 59 ff.; *Martin Wind*, Technisierte Behörden, 1999; *Jörn v. Lucke*, Regieren und Verwalten im Informationszeitalter, 2003 (alle m.w.N.).

[2] Dazu etwa *Arno Scherzberg*, Die öffentliche Verwaltung als informationelle Organisation, in: Hoffmann-Riem/Schmidt-Aßmann (Hrsg.), Informationsgesellschaft, S. 195 ff. Für das Prozessrecht etwa die Beiträge in dem Sammelband von *Detlev Frehsee u.a.* (Hrsg.), Konstruktion der Wirklichkeit durch Kriminalität und Strafe, 1997, Teil III, S. 200 ff.

[3] Dazu grundlegend etwa *Helmut Krcmar,* Informationsmanagement, 4. Aufl. 2005; *Lutz J. Heinrich*, Informationsmanagement, 2002.

[4] Dazu näher → Bd. II *Ladeur* § 21 Rn. 1 ff.; *Indra Spiecker/Peter Collin* (Hrsg.), Generierung und Transfer staatlichen Wissens im System des Verwaltungsrechts, 2008.

[5] Zu Ausnahmen bei der Verarbeitung personenbezogener Daten → Bd. II *Albers* § 22.

[6] Dazu näher → Bd. II *Holznagel* § 24 Rn. 20 ff., *Bogdandy* § 25. S.a. *Werner Krawietz/Bodo Pieroth/Boris N. Topornin*, Kommunikation und Recht in der modernen Wissensgesellschaft – national oder international?, 2003.

[7] Dazu → Bd. II *Ladeur* § 21 Rn. 29 ff. S.a. *Janbernd Oebbecke/Christian Nienkemper*, Archivbenutzung in verändertem Umfeld – Zum Verhältnis unterschiedlicher Zugangsregelungen zu Informationen im Archiv, DVBl 1994, S. 1509 ff.; *Rainer Polley* (Hrsg.), Archivgesetzgebung in Deutschland, 2003; *Dagmar Unverhau* (Hrsg.), Das Stasi-Unterlagengesetz im Lichte von Datenschutz und Archivgesetzgebung, 2. Aufl. 2004.

A. Einführung

Unter diesen sind **Informationsbeziehungen zwischen Staat und Bürgern** 2
nur eine von mehreren Dimensionen informationeller Außenkommunikation
der Verwaltung.[8] Doch weist gerade diese Dimension eine Vielzahl rechtlicher
Besonderheiten auf. Die Redeweise von den Informationsbeziehungen zwischen
Staat und Bürgern ist vergleichsweise jung.[9] Ein **älteres Paradigma** ging, ausgehend von der Trennung von Staat und Gesellschaft, **von einer weitgehenden informationellen Abschottung** beider Seiten aus. Es sah auf der einen Seite *arcana imperii*,[10] Staatsgeheimnisse oder ausschließlich im öffentlichen Interesse bzw. zu öffentlichen Zwecken gesammelte Akten oder Wissensbestände; auf der anderen Seite die prinzipiell unantastbare Intim- oder Privatsphäre der Bürger, die informationelle Selbstbestimmung der natürlichen und die Unternehmens- oder Betriebsgeheimnisse der juristischen Personen.[11] Aus einer solchen Perspektive erscheint das Unterbleiben von Kommunikation die Regel, ihr Stattfinden hingegen als begründungsbedürftige Ausnahme.[12] Demzufolge stand im Zentrum des Denkens an und um Informationsbeziehungen zwischen Staat und Bürgern eher Vermeidung als Begründung und Ausgestaltung jener Beziehungen. Jene älteren Paradigmata sind gewiss wichtig und keineswegs überholt. Auch in der Gegenwart stellt sich die Notwendigkeit, Staat und Bürger vor unerwünschter oder unerlaubter Kommunikation mit ihnen oder über sie zu schützen.[13] Schutz der Funktionsfähigkeit der Exekutive auch gegen voreilig intervenierende Informationsteilhabe Dritter ist wichtig.[14] Datenschutz als Sicherheit vor Ausspähung oder unkontrollierbarer Informationsweitergabe ist jenem Belang min-

---

[8] Zu Formen der Verschränkung (inner- und zwischenbehördlicher) exekutiver Binnenkommunikation und unterschiedlichen Dimensionen der Außenkommunikation *Monika Böhm*, Risikoregulierung und Risikokommunikation als interdisziplinäres Problem, NVwZ 2005, S. 609 ff.

[9] Die folgenden Ausführungen verdanken zahlreiche Anregungen der Darstellung von *Wolfgang Hoffmann-Riem*, Informationelle Selbstbestimmung in der Informationsgesellschaft – Auf dem Weg zu einem neuen Konzept des Datenschutzes, AöR, Bd. 123 (1998), S. 513 ff. Noch grundlegender *Dieter Suhr*, Entfaltung der Menschen durch die Menschen, 1976. Wichtig jüngst auch *Hans P. Bull*, Datenschutz, Informationsrecht und Rechtspolitik, 2005; jüngst *ders.*, Persönlichkeitsschutz im Internet: Reformeifer mit neuen Ansätzen, NJW 2011, S. 257 ff.

[10] Dazu *Michael Stolleis*, Arcana imperii und ratio status, 1980. Zur Entwicklung *Peter Collin/Thomas Horstmann*, Das Wissen des Staates, 2004; s. a. *Arno Scherzberg*, Von den arcana imperii zur freedom of information – Der lange Weg zur Öffentlichkeit der Verwaltung, ThürVBl 2003, S. 193 ff. S. a.
→ Bd. III *ders*. § 49 Rn. 23 f.

[11] Krit. dazu etwa *Dieter Suhr*, Staat-Gesellschaft-Verfassung, von Hegel bis heute, Der Staat, Bd. 17 (1978), S. 369 ff.

[12] Im Folgenden werden die Begriffe der Informationsbeziehung und der Kommunikation im Wesentlichen bedeutungsgleich benutzt. Kommunikation in diesem Sinne ist also Mitteilung von Tatsachen und Wertungen. Dabei soll nicht verkannt werden, dass der Kommunikationsbegriff wesentlich weiter reichende Implikationen aufweist. Über Informationsvermittlung hinaus können ihm etwa noch folgende Funktionen zukommen: Eindruck machen, Mitleid erregen, Entlastung, Vertrauensbildung und Kontaktaufbau- und -vermittlungsfunktion. Hierzu u. weiteren Funktionen etwa *Paul Watzlawik u.a.*, Menschliche Kommunikation, 6. Aufl. 1982, S. 50 ff. (72 ff.) u. ö.; *Friedemann Schulz v. Thun*, Miteinander Reden, Bd. 1 (1983), S. 99 ff. Sie alle werden hier nicht eigenständig gewürdigt, obwohl ihre Bedeutung für das Verwaltungshandeln unübersehbar ist.

[13] Dazu etwa *EGMR*, NJW 2004, S. 2647 ff. – Caroline.

[14] Zu dieser Grenze von Auskunftsansprüchen bei Untersuchungsausschüssen etwa BVerfGE 67, 100 (134 ff.); 76, 363 (387); 77, 1 (59); 84, 239 (279 f.); s.a. BremStGHE 5, 15 (16 ff.), BWStGH, VBlBW 1990, S. 51 (55); sehr weitgehend HambVerfG, LVerfGE 3, 194 (194); *Johannes Masing*, Parlamentarische Untersuchung privater Sachverhalte, 1998, S. 63 (214).

destens gleichrangig.¹⁵ Staat und Bürger haben ihre jeweilige, rechtlich unterschiedlich konzipierte, geschützte und ausgestaltete Geheimsphäre. Wer keine Kommunikation will, dem soll sie auch nur so weit wie zwingend notwendig aufgezwungen werden.

3   Und dennoch: Außerhalb jener Geheimsphären findet sich ein vielfältiger, reger und z.T. kontinuierlicher Informationsaustausch zwischen Staat und Bürgern, der für das Funktionieren vielfältiger öffentlicher Funktionen ebenso unentbehrlich ist wie für die Ausübbarkeit individueller Rechte und Freiheiten. Er wird von den Beteiligten auf beiden Seiten auch als völlig normal wahrgenommen; sei es, weil die Kommunikation freiwillig stattfindet, sei es, weil sie in ihrem jeweiligen Interesse ist. Was mit der Publikation von Rechtsnormen oder hoheitlichen Akten einerseits bzw. der Annahme von Petitionen oder auch dem Aufstellen öffentlicher Feuermelder begann, hat längst zahlreiche Bereiche der Staatsgewalt erfasst und z.T. geprägt. Dieser von den beiderseitigen Geheimsphären eher begrenzte als geprägte Bereich von Kommunikation und Informationsaustausch soll hier im Vordergrund stehen. Die folgende Darstellung geht von dem **neuen Paradigma** aus, wonach **Informationsbeziehungen als Regelfall, deren Unterbleiben** – sei es aus tatsächlichen, sei es aus rechtlichen Gründen – **als Grenzfall** zu begreifen ist. Ausgangspunkt ist also die Realität, Normalität und rechtliche Ausgestaltung von Informationsbeziehungen zwischen Staat und Bürger.¹⁶ Dies verkennt nicht deren rechtlich wie faktisch notwendige Schranken und Ausnahmen, sondern erkennt sie als das, was sie sind – nämlich eben Grenze der Kommunikation, nicht hingegen deren Normalfall.

4   In solchen Informationsbeziehungen können **alle Beteiligten in prinzipiell austauschbaren Rollen** auftreten. Weder ist der Staat ausschließlich Informationsnehmer, welcher auf unterschiedliche Weise Daten der Bürger erhebt oder verarbeitet. Noch ist auch der Bürger ausschließlich Informationsgeber, der lediglich eigene Informationen preisgibt bzw. deren Verarbeitung dulden muss. Im Gegenteil: Vielfach verlangen Bürger und Unternehmen als Informationsnehmer Auskünfte vom Staat, der somit seinerseits in die Rolle des Informationsgebers gerät. In nicht seltenen Konstellationen findet ein Informationsaustausch statt, in welchem sich Gegenseitigkeitsverknüpfungen und -erwartungen finden. Das vielfach gezeichnete Bild vom „verhandelnden Staat"¹⁷ stellt hierfür ein ausdrucksstarkes, aber eben auch nur ein Beispiel dar. Solche Verhältnisse sind auch keineswegs auf einzelne Zweige oder Bereiche der Verwaltung be-

---

¹⁵ Grundsätzlich und nach wie vor zutr. *BVerfGE* 65, 1 (41 ff.); 100, 313 (391 ff.); dazu vergleichend *Christoph Gusy*, Informationelle Selbstbestimmung und Datenschutz – Fortführung oder Neuanfang?, KritV 2000, S. 52 ff. → Bd. II *Albers* § 22.
¹⁶ Gewiss: Immer noch ist die Zahl der Behördenkontakte der meisten Menschen überaus begrenzt. Und es gibt immer noch viele Menschen, die mit Behörden oder Gerichten nichts zu tun haben wollen. Ein solches Verhalten ist eine wesentliche Voraussetzung dafür, dass die staatlichen Stellen ihre Aufgaben annäherungsweise erfüllen können. Dies schließt aber das Stattfinden von Informationsbeziehungen nicht aus, wenn die Bürger etwa behördliche Presseauskünfte oder Internetauftritte verlangen bzw. nutzen oder umgekehrt öffentliche Stellen über Bürgertelefone, Chatrooms oder Veranstaltungen die Menschen zu Kommunikation einladen.
¹⁷ Dazu näher *Nicolai Dose*, Die verhandelnde Verwaltung, 1995; s.a. *ders.*, Kooperatives Recht – Defizite einer steuerungsorientierten Forschung zum kooperativen Verwaltungshandeln, DV 1994, S. 91 ff.; *Helge Rossen*, Vollzug und Verhandlung. Die Modernisierung des Verwaltungsvollzugs, 1999, S. 339 ff.

A. Einführung

schränkt. Sie finden sich selbstverständlich in der Leistungsverwaltung: Nur wer den Behörden Auskunft über eine Notlage gibt, kann verlangen, dass sie angemessen und zeitgerecht Hilfe leisten.[18] Sie finden sich aber auch bei der eingreifenden Verwaltung: Wer die Polizei über Gefahren informiert, kann eher erwarten, dass sie ihn rechtzeitig und adäquat schützt, als derjenige, der Gefahren verschweigt.[19] Und wer ein eingesetztes Mittel für nicht erforderlich oder austauschbar (§§ 3 Abs. 2 NRWPolG, 21 NRWOBG[20]) hält, erreicht den Ersatz am ehesten, indem er ein mögliches überlegenes Mittel nennt.[21]

Kommunikation bedarf der Regeln.[22] Dies gilt namentlich für die Informationsbeziehungen zwischen Staat und Bürgern. Sie finden unter Bedingungen statt, welche es regelmäßig nicht erlauben, Bedingungen und Umstände der Kommunikation im Einzelfall zu bestimmen. Vielmehr sind sie ganz überwiegend angelegt auf Umstände, (1) in welchen die persönlich Beteiligten untereinander relativ anonym sind, also der Tatsache des Informationsaustauschs keine persönliche Vertrauensbeziehung vorausgeht, (2) Informationsabgabe und -erhebung vielfach eher als Massenvorgang anzusehen ist, welcher dann keine individuelle Vereinbarung der Kommunikationsregeln zulässt, so dass (3) ein praktisches Bedürfnis nach Routinisierung der einzelnen Kommunikationsvorgänge und damit einer Standardisierung der Regeln entsteht. Das Bedürfnis nach Regeln wirkt sich im Verhältnis zwischen Staat und Menschen als Bedarf nach Recht aus: **Informationsbeziehungen zwischen Staat und Bürger bedürfen des Informationsrechts.**

5

Die **Regelungsaufgaben und möglichen Inhalte des Informationsrechts**[23] können je nach der Gestaltung des Einzelfalles sehr unterschiedlich ausfallen. Am Anfang steht die Frage nach der **Begründung von Informationsbeziehungen.** Wer darf sich an einem Informationsaustausch beteiligen und wer nicht? Hier geht es um das Beteiligungsrecht beider Seiten. Umgekehrt: Wer muss in ein Kommunikationsverhältnis eintreten, wer hingegen nicht? Hier geht es um die Möglichkeiten zur Begründung von Informationspflichten, ggf. als Korrelat

6

---

[18] Zu Auskunftspflichten im Sozialrecht etwa § 60 SBG I.
[19] Zu Bürgerinformationen als Voraussetzungen von Gefahrenabwehr vgl. *Gorazd Meško*, Partnerschaftliche Sicherheitsgewährleistung, Kriminalistik 2004, S. 768 ff.
[20] Den polizeilichen Mittelaustausch beschreibt *Klaus Grupp*, Das Angebot des anderen Mittels, VerwArch, Bd. 69 (1978), S. 125 ff.
[21] Die Beispiele sind hier bewusst einfach gehalten. Sie sollen eher die Normalität jener Informationsbeziehungen in „Alltagssituationen" als deren Komplexität in rechtlich anspruchsvollen Einzelfällen zeigen. Gewiss stellen sich schwierigere Fragen etwa bei Aushandlungsprozessen im Kontext öffentlich-rechtlicher Verträge (§§ 54 ff. VwVfG), bei Planfeststellungsverfahren oder komplexen Genehmigungsanträgen. Aber an solchen Verhandlungen nimmt nur eine derart begrenzte Zahl von Beteiligten und Interessenten teil, dass es nahe liegen könnte, Informationsbeziehungen eben doch als Sonderphänomenen kleinerer Kreise zu qualifizieren, welche die Masse der Bevölkerung nicht betreffen. Da eine solche Perspektive hier aber gerade nicht eingenommen werden sollte (s. o. → Rn. 3), sind hier eher Beispiele aus Alltagssituationen gewählt worden.
[22] *Suhr*, Entfaltung (Fn. 9): „Freiheit bedarf der Verkehrsregeln", S. 104 (134).
[23] Dazu ebenso grundlegend wie umfassend *Michael Kloepfer*, Informationsrecht, 2002; schon früher *Hans-Heinrich Trute*, Rechtliche Rahmenbedingungen einer Informationsordnung, VVDStRL, Bd. 57 (1998), S. 216 ff.; *Friedrich Schoch*, Öffentlich-rechtliche Rahmenbedingungen einer Informationsordnung, VVDStRL, Bd. 57 (1998), S. 158 ff. → Bd. II *Vesting* § 20 Rn. 47 ff. Im Folgenden können nicht sämtliche Bereiche des Informationsrechts angesprochen werden. Vielmehr muss sich die Darstellung i.S. von o. → Rn. 1, auf das Recht der Informationsbeziehungen zwischen Staat und Bürger beschränken. Zu anderen Aspekten s. → Bd. II §§ 20–22; 24–26.

von Auskunftsansprüchen. Damit geht zugleich die Frage einher: Wer darf, wer muss einer Kommunikationsbeziehung fern bleiben? Hier geht es um den Schutz vor Zwangskommunikation oder Auskunftsansprüchen.[24] Des Weiteren stellt sich die Frage nach der **Ausgestaltung von Kommunikationsbeziehungen:** Am Anfang steht dabei die Konkretisierung, Eröffnung bzw. der Ausschluss bestimmter Informationsinhalte: Worüber darf in einer Informationsbeziehung kommuniziert werden und – ggf. – worüber nicht? Dies betrifft die Abgrenzung zulässiger von unzulässigen Informationsthemen. Hinzutreten können Fragen der formalen Ausgestaltung von Informationsbeziehungen: Welches sind die Modalitäten der Informationsabgabe bzw. -aufnahme: Wie kann und darf Kommunikation stattfinden, wie darf sie nicht stattfinden? Unter welchen Voraussetzungen ist ein Beteiligter verpflichtet, die Äußerungen der jeweils anderen Seite zur Kenntnis zu nehmen oder gar bei eigenen Handlungen zu berücksichtigen? Im gleichen Kontext stellen sich aber auch Fragen nach den Grenzen konkreter Kommunikationsbeziehungen: Hier geht es darum, zu welchen anderen Zwecken außerhalb der einzelnen Informationsbeziehung Daten verwendet werden dürfen. Und welchen Dritten müssen oder dürfen sie zugänglich gemacht werden? Dieser Ausgestaltungsauftrag des Rechts bezieht sich dann zugleich darauf, wem die Informationen nicht zugänglich gemacht werden dürfen. Schließlich kann im Einzelfall auch die **Beendigung einer Informationsbeziehung** Gegenstand rechtlicher Regelungen sein.

7 Die Notwendigkeit eines Rechts der Informationsbeziehungen lässt zwar die Umschreibung möglicher Regelungsgegenstände zu.[25] Weitaus weniger Folgerungen lassen sich jedoch hinsichtlich möglicher Regelungsinhalte ziehen. Eine Grundaussage lässt sich allerdings aus der Differenz zwischen den Beteiligten ziehen. Staat und Bürger sind in der Rechtsordnung in verschiedener Weise legitimiert, berechtigt und verpflichtet. Dieser grundlegende Unterschied lässt es nicht zu, das Informationsrecht einfach symmetrisch auszugestalten in dem Sinne, dass beiden Beteiligten in einer Informationsbeziehung gleiche oder gleichartige Rechte und Pflichten zustehen. Die Asymmetrie ihrer allgemeinen Rechtsstellung schlägt also unmittelbar auf die Asymmetrie ihrer Rechte und Pflichten innerhalb konkreter Informationsbeziehungen durch. Die Voraussetzungen, unter denen die öffentliche Hand Informationen des Bürgers erheben oder verarbeiten darf, unterscheiden sich elementar von denjenigen, unter welchen die Bürger Informationen vom Staat erlangen oder verarbeiten dürfen. Im Grundsatz gilt: Für die öffentliche Hand ist Informationstätigkeit Teil der durch Art. 20 Abs. 2 S. 1 GG konstituierten Staatsgewalt, für die Bürger Ausprägung ihrer grundrechtlich garantierten Freiheits-, Gleichheits- und Mitwirkungsrechte. Hier ist nicht der Ort, diesen Grundgedanken näher auszuführen. Doch kann festgehalten werden: **Im Staat-Bürger-Verhältnis ist Informationsrecht notwendig asymmetrisches Recht.** Grundanliegen dieses Gedankens ist die funktionsgerechte Ausgestaltung der Kommunikationsregeln, welche von der unterschiedlichen Legitimation und der unterschiedlichen allgemeinen Rechtsstellung von Staat und Bürgern ausgeht und von daher zu einer ebenso sachgerechten wie

---

[24] Zum Unterschied zwischen beiden am Beispiel der polizeilichen Befragung *Christoph Gusy*, Polizeiliche Befragung am Beispiel des § 9 NRWPolG, NVwZ 1991, S. 614 ff.
[25] Siehe o. → Rn. 6.

rechtlich angemessenen Ausgestaltung der beiderseitigen Informationsrechte und -pflichten gelangt. Denn nur **wer die Regeln einer Kommunikationsbeziehung zumindest umrisshaft kennt, kann selbstverantwortlich entscheiden, ob und wie er sich an der Kommunikation beteiligen muss oder will.**

Das neue Recht der Informationsbeziehungen zwischen Staat und Bürger weist mehrere unterschiedliche Quellen auf.[26] Neben gewandelte sozialtheoretische Einsichten über Bürger und Gesellschaft im demokratischen Staat treten neue **verfassungsrechtliche Einsichten,** namentlich zum Verhältnis von Kommunikationsfreiheit und Geheimnis- bzw. Datenschutzschutz. Hier galt und gilt es, Staat, Gesellschaft und Bürger weniger als Vorgegebenheiten und Vorbedingungen des Verfassungsrechts zu begreifen, sondern sie in das geltende Verfassungs- und Verwaltungsrecht angemessen einzubringen. Hinzu tritt eine wesentlich **europarechtliche Quelle,** welche das deutsche Recht aber nur in Randbereichen unmittelbar verändert und im Übrigen eher als Kontrast- bzw. exemplarische Folie eingebracht werden kann.[27] Wesentliche Quellen lassen sich aber auch durch eine rechtssystematisch angeleitete Auslegung und Anwendung der **informationsbezogenen Regelungen der Verwaltungsverfahrensgesetze** erzielen. Die hier seit langem geltenden rechtlichen Potentiale sind in der Vergangenheit nur unzulänglich oder gar nicht erschlossen worden. Doch sind die Gesetze längst nicht mehr bloß als Kodifikationen der Rechtsprechungsstände der 1970er Jahre zu begreifen. Ihre ausgreifenden und zukunftsweisenden Gehalte herauszuarbeiten und zu nutzen ist trotz offener und zugleich weit reichender Gesetzesformulierungen gerade für die hier behandelte Materie nahezu überall Desiderat geblieben. Vor der Forderung nach Änderungen des Rechtszustands hat daher diejenige nach seiner Erkenntnis zu stehen.

B. Grundlagen eines Informationsrechts im Staat-Bürger-Verhältnis

Der Grundsatz der informationellen Trennung von Staat und Bürger lässt sich nicht mehr einfach aus dem vorausgesetzten Grundsatz der Trennung von Staat und Gesellschaft herleiten. Seit der Einsicht, dass Staat und Gesellschaft nicht grundsätzlich getrennt, aber auch nicht identisch sind,[28] sind auch die aus dem

---

[26] Eine wichtige Vorbedingung muss hier ausgespart werden. Information und Informationsbeziehungen setzen Sprache voraus. Diese ist in § 23 VwVfG festgelegt. Doch kann die Bedeutung jener Vorschrift hier nicht näher ausgeleuchtet werden. Das gilt sowohl hinsichtlich ihres Regelungsgehaltes wie auch ihrer Ausnahmen (s. aber → Bd. II *Schmidt-Aßmann* § 27 Rn. 94 ff., *Schneider* § 28 Rn. 98 f.). Unter dem Aspekt der Informationsbeziehungen sind namentlich Verständlichkeit und Verbindlichkeit als maßgebliche Parameter anzusehen. Wichtig *Peter Häberle*, Verfassungsprinzipien „im" Verwaltungsverfahrensgesetz, in: Schmitt Glaeser (Hrsg.), Verwaltungsverfahren, 1977, S. 47 ff.; ganz grundsätzlich *Paul Kirchhof*, Deutsche Sprache, in: HStR II, § 20.

[27] Dazu → Rn. 25 ff., 81 ff.

[28] Richtige Formulierung einschließlich der Einsicht in die Vagheit der Tragweite dieser Formulierung *Konrad Hesse*, Bemerkungen zur heutigen Problematik und Tragweite der Unterscheidung von Staat und Gesellschaft, DÖV 1975, S. 437 ff.; s. a. *Dieter Grimm*, Staat und Gesellschaft, in: Ellwein/Hesse (Hrsg.), Staatswissenschaften: Vergessene Disziplin oder neue Herausforderung?, S. 13 ff. Anders aber *Ernst Wolfgang Böckenförde*, Die verfassungstheoretische Unterscheidung von Staat und Gesellschaft als Bedingung individueller Freiheit, in: Rheinisch-Westfälische Akademie der Wissenschaften, Vorträge G 183 (1973); *Hans H. Rupp*, Die Unterscheidung von Staat und Gesellschaft, in: HStR II, § 31.

Trennungsgrundsatz hergeleiteten informationellen Konsequenzen nicht mehr per se begründet, sondern ihrerseits begründungsbedürftig. Das gilt namentlich für den vorausgesetzten Grundsatz der Nichtöffentlichkeit staatlicher Informationen, welcher in Verfassung und Gesetzen nur schwach ausgedrückt ist.[29] Seine Begründung stößt auf zunehmende tatsächliche und rechtliche Hindernisse.

I. Sozialtheoretische Vorfragen: Die Öffentlichkeit von Staat und Bürger

1. Staat und Öffentlichkeit

10 Ungeachtet der Redeweise von der „öffentlichen" Verwaltung ist weder diese selbst noch der Staat insgesamt einfach Teil der Öffentlichkeit. Eher lässt sich die Öffentlichkeit ebenso als Umwelt des Staates bezeichnen, wie der Staat als Umwelt der Öffentlichkeit anzusehen wäre. Doch existieren beide Umwelten nicht einfach nebeneinander, sondern sind aufeinander bezogen. Solche Bezüge lassen sich organisatorisch, final und instrumentell nachweisen. Anders als in der Monarchie ist der Staat nicht mehr einfach Voraussetzung und Vorbedingung von Verfassung und Recht.[30] Jedenfalls unter den Bedingungen des demokratischen Verfassungsstaates lässt sich organisatorisch der Staat als Selbstorganisation der Gesellschaft zur Wahrnehmung gemeinsamer Aufgaben qualifizieren.[31] Die so umschriebene **organisatorische Verknüpfung von Staat und Gesellschaft** lässt einerseits Raum für die rechtlichen Besonderheiten des staatlichen Systems, hebt aber andererseits zu Recht die Gemeinsamkeit der personalen und organisatorischen Grundlagen hervor. Diese sind nicht einfach da, sie bedürfen vielmehr der fortwährenden Erinnerung, Erhaltung und Erneuerung. Die Verantwortung dafür trifft auch den Staat, dem so Verantwortung nicht nur für die eigene soziale Grundlage, sondern auch für die Gesellschaft insgesamt zukommt.[32] Bereits diese Wechselbezüglichkeit, die mit Formulierungen wie „Frühwarnsystem", „Reform-

---

[29] Zum Folgenden grundsätzlich → Bd. II *Vesting* § 20; *Arno Scherzberg*, Die Öffentlichkeit der Verwaltung, 2000; *Bernhard Wegener*, Der geheime Staat, 2006; *Rolf Gröschner*, Transparente Verwaltung: Konturen eines Informationsverwaltungsrechts, VVDStRL, Bd. 63 (2004), S. 344 ff.; *Johannes Masing*, Transparente Verwaltung: Konturen eines Informationsverwaltungsrechts, VVDStRL, Bd. 63 (2004), S. 377 ff.; schon früher *Andreas Haratsch/Dieter Kugelmann/Ulrich Repkewitz* (Hrsg.), Herausforderungen an das Recht der Informationsgesellschaft, 1996 (alle m.w.N.).

[30] Dieser Wandel schließt es auch aus, aus den vordemokratischen Staatsformen tradierte Figuren der Verwaltung und des Verwaltungsrechts einfach oder mit dem bloßen Hinweis auf ihre faktische Bewährung in das Recht des demokratischen Verfassungsstaates zu übernehmen. Richtig dazu am Beispiel der Nichtöffentlichkeit der Verwaltung die Überlegungen bei *Wegener*, Der geheime Staat (Fn. 29).

[31] So z.B. *Hesse*, Rn. 9; *Dieter Grimm*, Ursprung und Wandel der Verfassung, in: HStR I, § 1, insbes. Rn. 11 ff.; *Carl Schmitt*, Der Hüter der Verfassung, S. 78 ff. Kritik daran bei *Rupp*, Staat und Gesellschaft (Fn. 28), in: HStR II, § 31 Rn. 29 ff.; dagegen wieder *Christoph Gusy*, Brauchen wir eine juristische Staatslehre?, JöR 2007, S. 41 ff.

[32] Zwar soll der Staat nach einem bekannten Zitat auch von (gesellschaftlichen) Voraussetzungen leben, die er nicht selbst garantieren kann; s. *Ernst-Wolfgang Böckenförde*, Die Entstehung des Staates als Vorgang der Säkularisation, in: FS Ernst Forsthoff, 1967, S. 75 (93). Dies bedeutet aber nicht, dass ihm diese Voraussetzungen gleichgültig sein sollten oder sie gar aus seinem Aufgabenfeld exkludiert wären; sondern lediglich, dass die staatlichen Mittel allein nicht ausreichen, diese Voraussetzungen herzustellen, zu stabilisieren und zu garantieren.

B. Grundlagen eines Informationsrechts im Staat-Bürger-Verhältnis

bedarf" oder „Reformfähigkeit" in ihrer Permanenz und Kontinuität jedenfalls nicht vollständig wiedergegeben wird, bedingt informationelle Nähe und Offenheit, nicht hingegen Distanz und Abschottung.

Dies lenkt den Blick auf die **finale Verknüpfung von Staat und Gesellschaft.** Der Staat ist nicht um seiner selbst willen da. Das *telos* seines Daseins bestimmt zugleich dasjenige seiner Aufgaben wie auch seiner Aufgabenerfüllung.[33] Bürgerorientiert sind seine Zwecksetzung, deren Wahrnehmung und seine Verantwortung für die Art und Weise ihrer Wahrnehmung. Daraus bezieht er nicht nur seine Daseinsberechtigung, sondern auch maßgebliche Bedingungen seiner Handlungsfähigkeit und Wirksamkeit. Deren Optimierung setzt Optimierung von Wissensbeständen und -verfügbarkeit voraus. Das gilt – vice versa – für Staat und Bürger. In diesem Kontext kommt dem Vorhandensein und dem richtigen Einsatz von Informationen eine wesentliche Rolle zu. Das gilt in beiderlei Richtung. So sind die öffentlichen Hände auf ausreichende, zutreffende und zeitnahe Informationen über gesellschaftliche Problemlagen angewiesen, um die ihnen übertragenen Aufgaben rechtzeitig erkennen und sowohl sachgerecht wie auch rechtmäßig wahrnehmen zu können. Aus staatlicher Perspektive fördern Wissen und Kommunikation die Möglichkeiten angemessener (Selbst-)Programmierung der staatlichen Stellen,[34] die Optimierung ihrer Einzelentscheidungen und die Selbstkontrolle hinsichtlich der Zweckmäßigkeit und Rechtmäßigkeit dieser Entscheidungen als auch ihrer Wirkungen auf Adressaten und Dritte. **11**

Hier setzt die **legitimatorische Verknüpfung von Staat und Bürgern** ein. So wie der Staat ausreichende und sachgerechte Informationen für die Erfüllung seiner Aufgaben benötigt, bedürfen im Gegenzug auch die Bürger der Informationen darüber, ob und wie die staatlichen Institutionen die ihnen übertragenen Aufgaben sachgerecht erfüllen. Hier wirken sich Kommunikationsprozesse, -infrastrukturen und die durch sie hergestellten Informationsinhalte tatsächlich als „Produktivkräfte" staatlicher und gesellschaftlicher (Selbst-)Steuerung, Kontrolle und Legitimation aus.[35] In diesem Kontext kann Öffentlichkeit die Nähe, Sachhaltigkeit und Überprüfbarkeit von Informations- und Kommunikationsprozessen in der Gesellschaft,[36] aber auch zwischen ihr und dem Staat fördern. Hier können und müssen Informationsbeziehungen nicht nur punktuelle Staat-Bürger-Kontakte sachgerecht vorbereiten und abwickeln. Vielmehr sind sie in dem auf Permanenz und Kontinuität angelegten Staat-Bürger-Verhältnis darauf angewiesen, die generalisierte Bereitschaft der Bürger zur Befolgung staatlicher Anordnungen und Hinweise, zur Kooperation mit öffentlichen Einrichtungen sowie zur Kontrolle und Legitimation ihres Handelns sicherzustellen. Dies kann durch Maßnahmen informationeller Vorsorge, Steuerung durch Information und nicht zuletzt durch symbolische Öffentlichkeit geschehen.[37] **12**

---

[33] Vgl. a. → Bd. I *Masing* § 7 Rn. 8 ff.

[34] Auf den Wandel dieser Selbststeuerung aus der wesentlich hierarchisch geprägten Binnenstruktur und -kommunikation der Verwaltung heraus in Richtung auf ein System zirkulärer (politischer) Außen- und Binnenkommunikation verweist zu Recht *Scherzberg*, Öffentlichkeit (Fn. 29), S. 85 ff. (m. w. N.).

[35] Richtig *Hoffmann-Riem*, Informationelle Selbstbestimmung (Fn. 9), S. 522 ff. Zur Kommunikationsinfrastruktur der Verwaltung → Bd. II *Ladeur* § 21.

[36] Zur politischen und namentlich demokratischen Funktion von Kommunikation innerhalb der Gesellschaft *Scherzberg*, Öffentlichkeit (Fn. 29), S. 175 ff. (m. w. N.).

[37] Einzelheiten bei *Scherzberg*, Öffentlichkeit (Fn. 29), S. 196 ff.

13 Jene hier nur angedeuteten Zusammenhänge lassen sich zwar analytisch und darstellungstechnisch trennen, sind aber inhaltlich notwendig aufeinander bezogen. Eine Kultur von Öffentlichkeit und Kommunikation im Staat-Bürger-Verhältnis fördert nicht – je nach Sachbereich – bloß die eine oder andere Form der Staat-Bürger-Beziehung. Je besser in der Öffentlichkeit erkennbar ist, dass der Staat seine Funktionen sachgerecht und wirksam erfüllt, desto günstiger kann sich dies auf die generalisierte Befolgungs- und Legitimationsbereitschaft der Bürger auswirken. Umgekehrt ist deren Steigerung wiederum geeignet, das Verhältnis von Aufwand und Ertrag staatlicher Aktivitäten zu erhöhen: Wer Akzeptanz[38] bei Betroffenen und Öffentlichkeit nicht in jedem Einzelfall neu herstellen muss, sondern auf ein dort bereits kommunikativ aufbereitetes Legitimationspotential aufbauen kann,[39] kann Aufwand ersparen bzw. die Wirksamkeit der eigenen Maßnahmen erhöhen. Zudem können Durchsetzungs- und Überwachungsaufwand generell – wenn auch nicht in jedem Fall – sinken. Sowohl jene Einzelaspekte als auch ihr wechselseitiger Zusammenhang machen deutlich: Die Erfüllung zahlreicher Staatsaufgaben setzt staatliche Informationserhebung und Informationsabgabe gegenüber den Bürgern voraus. Zentrale Konsequenz dieser Einsichten ist das Paradigma der **Transparenz der Verwaltung,** welches in ebenso grundsätzlicher wie rechtlich differenzierungsbedürftiger Weise an die Stelle des älteren Geheimheitsparadigmas getreten ist.

2. Bürger und Öffentlichkeit

14 Während Transparenz und Öffentlichkeitsstatus der Verwaltung zu den viel diskutierten Themen der Rechtswissenschaft zählen, ist der **Öffentlichkeitsstatus des Bürgers**[40] eigenartig unterbelichtet geblieben.[41] Nach wie vor erscheint Frei-

---

[38] → Bd. II *Pitschas* § 42 Rn. 201 ff.

[39] Hieran schienen früher bisweilen Verfahren über die Zulassung von Atomkraftwerken, gegenwärtig eher solche hinsichtlich der Zulassung von Versuchen des Anbaus von gentechnisch veränderten Pflanzen zu leiden. Hier wird von Beteiligten, Betroffenen und der Öffentlichkeit nicht nur über den jeweiligen Einzelfall, sondern vielfach auch über die gesellschaftlich und politisch nicht ausdiskutierte, sondern allenfalls unter den Bedingungen überdurchschnittlich hoher naturwissenschaftlich-technischer Unsicherheit entschiedene Frage der Nutzung jener Techniken insgesamt diskutiert. Ein solches Vorgehen erhöhte nicht nur die Kosten jedes einzelnen Verfahrens, sondern war zudem geeignet, die dort getroffene Entscheidung zu diskreditieren und die gesamtpolitische Diskussion über jene Fragen zu belasten.

[40] Der Begriff des Bürgers wird hier in einem ganz untechnischen Sinne verstanden. Wer in unterschiedlichen juristischen Kontexten als „Bürger" in Betracht kommt, hängt von dem Inhalt der jeweils maßgeblichen Normen ab. Die Skala kann von dem engsten Konzept des politischen Aktivbürgers (i. S. d. Art. 38 Abs. 1, 2 GG; s. a. § 21 GONRW) über den EU-Bürger (Art. 20 AEUV) bis zu allen natürlichen Personen, welche in der Bundesrepublik ansässig sind, oder sonstigen Personen, die mit der deutschen Staatsgewalt in Kontakt geraten, reichen. Auf solche Differenzierungen wird im Folgenden nur dort explizit eingegangen, wo es aus speziellen Gründen der einzelnen Materie notwendig erscheint. Vertiefend und systematisierend *Susanne Baer*, Der „Bürger" im Verwaltungsrecht, 2006, S. 83 ff., die gleichzeitig die Abhängigkeit der Informationsbeziehungen und des Informationsrechts von den sozialtheoretischen Staatsmodellen herausarbeitet (ebd., S. 83 ff., 241 ff.).

[41] Ansätze am ehesten bei *Suhr*, Entfaltung (Fn. 9), S. 78 ff.; s. a. *Adalbert Podlech*, Das Recht auf Privatheit, in: Perels (Hrsg.), Grundrechte als Fundament der Demokratie, 1979, S. 50 ff.; *Hoffmann-Riem*, Informationelle Selbstbestimmung (Fn. 9), S. 519 ff.; deutlich zurückhaltender *Spiros Simitis*, in: ders. (Hrsg.), Kommentar zum Bundesdatenschutzgesetz, 6. Aufl. 2006, § 1 Rn. 26 ff., 29 ff., 36 ff.; zu Einzelfragen (des öffentlichen Raums) *Christoph Gusy*, Polizei und private Sicherheitsdienste im öffentlichen Raum, VerwArch, Bd. 92 (2001), S. 344 ff.; zu Verschränkungen des öffentlichen und des

B. Grundlagen eines Informationsrechts im Staat-Bürger-Verhältnis

heit eher als Freiheit von (unerwünschter) Kommunikation denn als Freiheit der (erwünschten) Kommunikation. Dies ist umso erstaunlicher, als das Paradigma vom Grundrechtsschutz der informationellen Selbstbestimmung eben nicht nur die Zurückhaltung der Informationen aus dem öffentlichen Kontext, sondern umgekehrt auch deren Einbringung, Verwendung, Kenntnisnahme, Erörterung und Reflexion im öffentlichen Kontext einschließen oder jedenfalls ermöglichen kann. Das bedeutet: Kommunikation ist zunächst Grundrechtsinhalt,[42] aber auch Ausübungsvoraussetzung der Grundrechte.[43] Dies gilt auch im Staat-Bürger-Verhältnis.[44]

Freiheitsschutz ist nicht nur Freiheit von Kommunikation, sondern auch der Kommunikation. Sie ist nicht bloß die Freiheit des isolierten Individuums, sondern zumindest auch diejenige der Menschen, welche zueinander in Kontakt treten und dabei Meinungen und Informationen austauschen. Dies beginnt mit der Möglichkeit, sich selbst zu informieren und so – ggf. in Kommunikation mit anderen – eine eigene Meinung zu bilden. Überaus vielfältig und differenziert sind traditionell diejenigen Garantien, welche die Äußerung religiöser, politischer oder privater Anschauungen umfassen. Dabei werden unterschiedliche Äußerungsformen ebenso benannt wie unterschiedliche Formen der Vergemeinschaftung in Familien, Versammlungen, Vereinigungen, Koalitionen und Parteien. Solche kommunikativ begründeten sozialen Systeme oder gar Organisationen haben nicht nur exkludierende Funktionen, indem sie solche Organisationen aus der Öffentlichkeit fernhalten, sondern vielfach final oder zumindest faktisch auch eine Öffentlichkeitswirkung, indem sie sich selbst in die allgemeine Meinungs- und Willensbildung einbringen. In diesem Sinne ist informationelle Selbstbestimmung wesentlich das Recht der Einzelnen, selbst darüber zu entscheiden, ob, wie und inwieweit sie sich in diesen Prozess öffentlicher Kommunikation einbringen. Es geht – auch – um Teilhabe und Mitwirkung an der öffentlichen Meinung und damit der Konstitution des Öffentlichen. Dies betrifft aber nicht nur die Kommunikationsfreiheiten im engeren Sinne: Vielfältige Dimensionen der Privatheit sind gleichfalls auf Kommunikation angelegt. Was für die Familie nahe liegt, gilt etwa auch für die Wohnung: Wer eingelassen werden soll und wer nicht, hängt von der Entscheidung des Inhabers ab. Dadurch kann die Wohnung eben nicht nur Forum individualisierter Kommunikationsferne, sondern auch ein solches limitierter und – von den Berechtigten – selbstbestimmter Legitimation sein. Ausschließlich sind Kommunikation und Öffentlichkeit Modalitäten der Ausübung zahlreicher anderer Freiheiten: Post- und Fernmeldegeheimnis, Berufsausübung oder Eigentumsnutzung sind ohne Kommunikation vielfach gar nicht denkbar und daher als Annexe der jeweiligen Spezialgarantien mitgarantiert. Freiheit ist nicht nur, vielleicht nicht einmal primär die Freiheit, seine Informationen für sich zu behalten und anderen ihre Informationen zu belassen. Sie ist zumindest auch in zahlreichen Dimensionen Freiheit der Kommunikation, Freiheit zur Öffentlichkeit. Der Öffentlichkeitsstatus des Bürgers ist

15

---

privaten Bereichs im Rahmen der Grundrechte ders., Grundrechtsschutz vor staatlichen Informationseingriffen, VerwArch, Bd. 74 (1983), S. 91 ff.; s.a. ders., Grundrechtsschutz des Privatlebens, in: FS Hans-Ernst Folz, 2003, S. 103 ff. → Bd. II *Rossen-Stadtfeld* § 29.

[42] Dazu → Rn. 15.
[43] Dazu → Rn. 16.
[44] Dazu → Rn. 17.

16 **Information und Kommunikation sind Ausübungsbedingungen der Freiheit.** Freiheit garantiert nicht zentral blinde Willkür, sondern jedenfalls die Möglichkeit, von ihr in bewusster Weise Gebrauch machen zu können. Dazu zählt insbesondere das Wissen um Vorteile und Risiken oder Nachteile einer Modalität der Freiheitsausübung: Wer frei handeln will, muss jedenfalls wissen können, worauf er sich einlässt. Erst dann kann er eine Entscheidung treffen, welche rechtlich garantiertes Vertrauen, aber auch rechtlich garantierte Verantwortung begründen kann. Dies setzt die Möglichkeit der Erlangung relevanter Informationen über jene Chancen und Risiken voraus. Als mögliche Quellen solcher Informationen kommen nicht nur private, sondern auch öffentliche Stellen in Betracht. Insoweit kann Freiheit auch die Möglichkeit der Informationserlangung vom Staat voraussetzen. Noch weiter reicht die Bedeutung staatlicher Informationstätigkeit, wenn nicht nur aus dem Stattfinden, sondern auch aus dem Unterbleiben von Informationen Schlüsse auf die Ausübungsmöglichkeiten von Freiheit gezogen werden. In solchen Fällen erscheint der Staat nahezu als Garant der Rechtsstellung des Einzelnen, wenn der Bürger etwa Warnungen oder Informationen über gefährliche Produkte oder Verfahren erwartet nach dem Motto: „Wenn die öffentliche Hand nicht warnt, wird schon alles in Ordnung sein."[45] Wenn diese Prämisse zutrifft, kann nicht nur die staatliche Kommunikation, sondern auch deren Unterlassen gegenüber dem Bürger Informationsgehalt erlangen.

17 Demnach ist die Gesellschaft nicht nur eine Sphäre der Privatheit, sondern auch eine der Öffentlichkeit. Doch **der Öffentlichkeitsstatus der Bürger bezieht sich nicht allein auf die Mitbürger, sondern auch auf den Staat.** Dieser steht als Nehmer, Träger und Geber von Informationen jedenfalls nicht neben der Öffentlichkeitssphäre. Die von ihm bereitgestellte Infrastruktur bezieht sich auch auf die Ausübungsmöglichkeiten und -bedingungen von Kommunikation: Massenmedien – etwa Rundfunkanstalten –, Bildungseinrichtungen, aber auch der öffentliche Raum sind Orte bzw. Medien der öffentlichen Kommunikation. Sie findet dort auch unter Bedingungen statt, welche von der öffentlichen Hand ausgestaltet und freiheitskonform zugeteilt werden. Auch nimmt der Staat öffentliche Kommunikation zum Anlass, sich selbst zu informieren und an Themenauswahl, Meinungs- und Willensbildung selbst teilzunehmen. Dies ist nicht nur ein tatsächliches Phänomen, sondern auch rechtlich vorgesehen: Der beschriebene Öffentlichkeitsauftrag setzt aktive Teilnahme des Staates am öffentlichen Kommunikationsprozess voraus. Umgekehrt ist eine Staatswillensbildung, die vom Volke ausgehen soll, darauf verwiesen, die im Volk vorhandenen Anschauungen und Strömungen zur Kenntnis zu nehmen und zur Grundlage des eigenen Handelns zu machen. Hier erlangt die Öffentlichkeit ihre demokratische Dimension: Wer die Volksmitwirkung nicht auf den punktuellen Wahlakt beschränken will, wird einer solchen passiv-rezipierenden staatlichen Wahrnehmung der öffentlichen Meinungen konstituierende Bedeutung für die Verwirklichung repräsentativer Demokratie beimessen. Gewiss ist die Öffentlichkeit eine vielfach gestaltete und

---

[45] Siehe *BVerfGE* 105, 252 (269); 279 (302), wonach „die Bürger für ihre persönliche Meinungsbildung und Orientierung von der Regierung Informationen [erwarten], wenn diese andernfalls nicht verfügbar wären"; → Rn. 104 ff.

fragmentierte: Doch wer sich in die Öffentlichkeit begibt, hat dort keinen Anspruch auf Anonymität gerade gegenüber dem Staat.[46] Hier treffen sich grundrechtliche Freiheit und demokratische Staatsform: Erstere ist nicht nur eine Grenze, sondern auch eine Grundlage funktionierender Demokratie.[47] Auf anspruchsvolle Weise formulieren dies Art. 8–11 (jeweils Abs. 2) EMRK: Einerseits sind dort Freiheitseingriffe zugelassen, soweit dies „in einer demokratischen Gesellschaft notwendig ist". Doch sind jene Notwendigkeiten nicht nur Schranke der Freiheitsrechte; im Gegenteil: Die dort in Bezug genommene demokratische Gesellschaft wird wesentlich durch die in der EMRK und ihren Zusatzprotokollen genannten Grundrechte geprägt.[48] Auch unter Würdigung der grundrechtlich gleichermaßen konstituierten Privatsphäre und ihres Schutzes bleibt festzuhalten: Informationelle Selbstbestimmung kann sowohl Schutz vor der Öffentlichkeit als auch Zugang zur und aktive wie passive Teilhabe an der Öffentlichkeit bedeuten. **Freiheit hat auch ihre öffentliche Dimension,** welche dem Bürger gerade in der „Informations- und Wissensgesellschaft"[49] zugleich einen Öffentlichkeitsstatus einräumt.

II. Verfassungs- und europarechtliche Rahmenbedingungen

1. Rechtsstaat

Die Rechtsbeziehungen zwischen Staat und Bürger[50] sind in hohem Maß von rechtsstaatlichen Grundsätzen geprägt, welche auf unterschiedliche Weise verfassungsrechtliche Anerkennung gefunden haben.[51] Sie begründen nicht allein Bindungswirkung und Vorrang des Gesetzes, sondern darüber hinaus auch die Verpflichtung des Staates, die Herrschaft des Rechts um- und durchzusetzen.[52] Ein solches Ziel erfordert bei Rechtsanwendern und Betroffenen die Kenntnis der Rechtsordnung selbst: **Publizität des Rechts** ist Voraussetzung und zentraler Inhalt des Rechtsstaats.[53] Sie begründet nicht allein Befolgbarkeit und Durchsetz-

18

---

[46] Eine andere Frage mag sein, ob und wie er die dort gewonnenen Informationen aufzeichnen, perpetuieren und verarbeiten darf. Dazu am Beispiel der Videoüberwachung *Christoph Gusy*, Polizeibefugnisse im Wandel, NWVBl 2004, S. 1 (2 ff.); *ders.*, Private und öffentliche Videoüberwachung in unseren Städten und informationelle Selbstbestimmung, in: Jahrbuch der Juristischen Gesellschaft Bremen, 2004, S. 103 ff. (m. w. N.); jüngst *Leon Hempel/Susanne Krasmann/Ulrich Bröckling* (Hrsg.) Sichtbarkeitsregime. Überwachung, Sicherheit und Privatheit im 21. Jahrhundert, 2010.
[47] *BVerfGE* 7, 198 (205): „schlechthin konstituierend" (zur Meinungsfreiheit); allgemeiner *Podlech*, Privatheit (Fn. 41), S. 52 ff.
[48] Richtig etwa *Grabenwarter*, EMRK, S. 118 ff.
[49] → Bd. II *Vesting* § 20 Rn. 36 ff.
[50] Die folgenden Ausführungen sind wesentlich geprägt von *Scherzberg*, Öffentlichkeit (Fn. 29), S. 289 ff.; *Dieter Kugelmann*, Die informatorische Rechtsstellung des Bürgers, 2001, S. 32 ff.
[51] Dazu grundlegend *Eberhard Schmidt-Aßmann*, Der Rechtsstaat, in: HStR I, 1987, § 24, insbes. Rn. 3 ff.; *Ernst Benda*, Der soziale Rechtsstaat, in: HdbVerfR (1986), S. 720 ff.; *Philip Kunig*, Das Rechtsstaatsprinzip: Überlegungen zu seiner Bedeutung für das Verfassungsrecht der Bundesrepublik Deutschland, 1986, S. 333 ff. (390 ff., 438 ff.); *Katharina Sobota*, Das Prinzip Rechtsstaat, 1997, S. 376 ff. S. a. → Bd. I *Schmidt-Aßmann* § 5 Rn. 49 ff.
[52] Dazu *Sobota*, Rechtsstaat (Fn. 51), S. 498 ff.
[53] Dazu grundlegend *Almut Wittling*, Die Publikation von Rechtsnormen einschließlich der Verwaltungsvorschriften, 1991. S. jetzt zur Veröffentlichungspflicht außenwirksamer Verwaltungsvorschriften auch *BVerwGE* 122, 264 ff. Zur älteren Rechtsprechung noch *BVerwGE* 61, 15 (20).

barkeit des objektiven Rechts,[54] sondern zugleich die Möglichkeit der Geltendmachung und Durchsetzbarkeit subjektiver Rechte der Bürger.[55] Diesem in Art. 19 Abs. 4 S. 1 GG teils positivierten, teils vorausgesetzten Gedanken kommt sowohl materiellrechtliche[56] als auch verfahrensrechtliche Bedeutung zu. Sie geht von der grundsätzlichen Anerkennung der Menschen als Rechtssubjekte (Art. 1 Abs. 1 S. 1 GG) aus, welche mit der Qualität ausgestattet sind, nicht nur Träger von Rechten zu sein, sondern diese auch im Rechtsverkehr grundsätzlich selbst ausüben und geltend machen zu können.[57] Dazu zählt zunächst das Recht auf Einräumung von Beteiligungsrechten an Verfahren und einer daraus abzuleitenden Position, die eigenen Rechte (auch)[58] selbst in das Verfahren einbringen zu können. Deren notwendige Voraussetzung ist die Möglichkeit einer Kenntnis dieser Rechte, ihrer materiellrechtlichen Voraussetzungen und der verfahrensrechtlichen Bedingungen und Modalitäten ihrer Geltendmachung. Kurz: Im Rechtsstaat setzt das Recht Rechtskenntnis einschließlich der Umstände seiner Geltendmachung in Entscheidungsprozessen voraus. Daraus herzuleitende Verpflichtungen treffen namentlich die Staatsorgane als rechtsetzende bzw. rechtsdurchsetzende Instanzen. Ihr **Rechtsetzungs- und Rechtsdurchsetzungsrecht wird zur Informationspflicht** jedenfalls dort, wo es auf die Kenntnis des von ihnen gesetzten oder anzuwendenden Rechts ankommen kann. Der Geltungs- und Anwendungsbereich jener Informationspflichten reicht gegenständlich über das Stattfinden von Gerichts-[59] oder Verwaltungsverfahren[60] hinaus. Insbesondere sind sie nicht zwingend an die Nutzung bestimmter staatlicher Handlungsformen gebunden.[61] Rechtsstaatliche Grundsätze sind somit geeignet und in der Lage, den informierenden Staat zu begründen. Aus ihnen können namentlich Informationsbeziehungen zwischen Staat und Bürger entstehen. Ob jenen Pflichten aus rechtsstaatlichen Erwägungen allein auch korrespondierende Individualrechte entnommen werden können, erscheint demgegenüber wenig wahrscheinlich. Denkbar wäre immerhin, einzelne Informationsansprüche der Bürger als Annexansprüche aus konkreten rechtsstaatsaffinen Individualrechten zu begrün-

---

[54] Zur Verwaltungssteuerung durch Recht → Bd. I *Franzius* § 4.

[55] Dazu historisch zutreffend *Hartmut Bauer*, Geschichtliche Grundlagen der Lehre vom subjektiven öffentlichen Recht, 1986, S. 163 ff. S. a. → Bd. I *Masing* § 7 Rn. 98 ff.

[56] Das Prinzip materiellrechtlicher Entscheidungsrichtigkeit ist bereits in Art. 20 Abs. 3 GG enthalten; s. dazu *Christoph Gusy*, Der Vorrang des Gesetzes, JuS 1983, S. 189 (191 f.; Ausführungspflicht, Abweichungsverbot).

[57] Dazu *Horst Dreier*, in: ders. (Hrsg.), GG I, Art. 1 Rn. 60: „Wahrung der Subjektqualität des Individuums".

[58] Dies schließt eine danebenstehende Pflicht zur Berücksichtigung subjektiver Rechte von Amts wegen selbstverständlich nicht aus.

[59] Zu Art. 103 Abs. 1 GG in diesem Kontext *Georg Nolte*, in: v. Mangoldt/Klein/Starck (Hrsg.), GG III, Art. 103 Rn. 30 ff.; zu Art. 6 EMRK und dem Grundsatz des fair trial *Dorothea Rzepka*, Fairness im deutschen Strafverfahren, 2000. Allg. zu gerichtlichen Kontrollen der Verwaltung → Bd. III *Schoch* § 50.

[60] Hierauf ist die Darstellung von *Kugelmann*, informatorische Rechtsstellung (Fn. 50), S. 35 ff., fokussiert.

[61] Die Anerkennung einer – auch nur faktischen Möglichkeit von – Freiheit der Formenwahl begründet zugleich die Bindung jener Formen an vergleichbare materiell- und verfahrensrechtliche Bindungen. Dazu *Christoph Gusy*, Freiheit und Formenwahl und Rechtsbindung der Verwaltung, Jura 1985, S. 578 ff. (m. w. N.). Zu Handlungsformen allg. → Bd. II *Hoffmann-Riem* § 33 Rn. 14 f.

den.[62] Gegenstände staatlicher Informationspflichten können sowohl der **Inhalt der anzuwendenden abstrakten bzw. generellen Normen** des objektiven Rechts als auch die Art und Weise sein, auf welche die rechtsanwendenden Stellen ihre **Rechtsbindung im Einzelfall**[63] einzuhalten gedenken bzw. eingehalten haben. Insoweit setzt Rechtsanwendung tatsächlich Kommunikation voraus. Grundsätzlich offen und nicht allein aus rechtsstaatlichen Grundsätzen ableitbar sind allerdings die Form und die sonstigen Umstände jener Informationen: Sie können auf jede zweckmäßige Weise erfolgen.

Die rechtsstaatlichen Grundsätze des GG binden allein die öffentliche Hand. **19** Daher kann auch nur sie daraus verpflichtet sein.[64] Des ungeachtet ist nicht zu verkennen, dass das Gebot einer effektiven Um- und Durchsetzung der Herrschaft des Rechts ein Wissen der Staatsorgane nicht nur um die selbstgenerierten Bedingungen und Umstände der Rechtsanwendung voraussetzt. Eine zusätzliche Voraussetzung wird für zahlreiche Fälle der Rechtsanwendung gegenüber dem Bürger darin liegen, auch über **Informationen über Umstände in der Sphäre beteiligter oder betroffener Privater** zu verfügen. Wenn etwa eine Rechtsnorm einen Anspruch des Bürgers in zulässiger Weise an bestimmte Voraussetzungen knüpft, so begründet dies gegenüber dem potentiell Begünstigten zugleich die Last, die erforderlichen Informationen über das Vorliegen jener Voraussetzungen zu geben, sofern er den Anspruch geltend machen will. Und wenn umgekehrt ein Anspruch der öffentlichen Hand gegen den Bürger geltend gemacht oder durchgesetzt werden soll, so müssen bei Bedarf Informationsansprüche hinsichtlich möglicher anspruchsbegründender, -modifizierender oder -beendender Umstände auch aus der Sphäre des Verpflichteten, also von Bürgern, entstehen können.[65] Ob und inwieweit solche rechtsstaatlichen Postulate Informationsrechte nicht nur der Privaten, sondern auch des Staates legitimieren – nicht: begründen[66] – können, ist bislang allerdings noch nicht diskutiert.

2. Demokratieprinzip

Demokratie im Sinne des Art. 20 Abs. 2 S. 1 GG setzt die Vorordnung des pluralistischen Volkswillens vor den einheitlichen Staatswillen voraus. Auf dieser Grundlage bedeutet sie die verfahrensmäßige Rückführbarkeit aller Staatsgewalt auf das Volk. Dabei besteht Einigkeit, dass sich der Gedanke der Ausübung von öffentlicher Gewalt und Legitimation der öffentlichen Gewalt durch das **20**

---

[62] Zu Informationsansprüchen aus Art. 19 Abs. 4 GG s. etwa *Peter Huber*, in: v. Mangoldt/Klein/Starck (Hrsg.), GG I, Art. 19 Rn. 484 ff.

[63] Hier geht es namentlich um Fragen der Vorbereitung bzw. Begründung rechtmäßiger Verwaltungsentscheidungen, wie sie für Verwaltungsakte und öffentlich-rechtliche Verträge in §§ 28, 29, 39 VwVfG grundsätzlich vorgeschrieben sind. Dazu u. → Rn. 37 ff.

[64] Vgl. a. → Bd. I *Masing* § 7 Rn. 43 ff., 137 ff.

[65] Dieser Gedanke inspirierte etwa zahlreiche Diskussionen um den sog. „Gefahrerforschungseingriff" im Polizeirecht; dazu etwa *Ralf Poscher*, Der Gefahrverdacht. Das ungelöste Problem der Polizeirechtsdogmatik, NVwZ 2001, S. 141 ff.; *Gerhard Roller*, Der Gefahrenbegriff im atomrechtlichen Aufsichtsverfahren, DVBl 1993, S. 21 ff.; *Birgit Tischer*, Das System der informationellen Befugnisse der Polizei, 2004.

[66] Begründen können sie solche Ansprüche schon wegen der damit einhergehenden Grundrechtseingriffe hingegen nicht. Hierzu bedarf es vielmehr wegen des Vorbehalts des Gesetzes einer ausreichenden Eingriffsermächtigung. Dazu näher *Christoph Gusy*, Gesetzesvorbehalte im Grundgesetz, JA 2002, S. 610 ff.

Volk nicht ausschließlich auf Akt und Termin der Wahl beschränkt, sondern auf einen kontinuierlichen Prozess der Gewährleistung von Diskutierbarkeit, Kontrollierbarkeit und Akzeptanzbeschaffung im Verhältnis zwischen Gewählten und Wählern bezieht.[67] Grundelemente eines solchen Prozesses sind u.a. Transparenz, Kommunikation und Responsivität des Staates[68] sowie politische Aktivität, Mobilisierbarkeit, Legitimationsfähigkeit und -bereitschaft auf Seiten der Bürger.[69] Sie gründen wesentlich auf Kommunikation als Basis demokratischer Herrschaft und Herrschaftslegitimation, die kreislaufförmig vom Staat zu den Bürgern wie auch umgekehrt von den Bürgern zum Staat verläuft.[70] **Demokratie bedingt und begründet Informationsbeziehungen zwischen Staat und Bürgern.** Legitimation setzt Wissen voraus, ein Bürgervotum in Unwissenheit kann keine legitimierende Wirkung erlangen. Jener informationelle Kreislauf setzt grundsätzliche Kenntnisse der Bürger von Abläufen und Inhalten der Politik voraus, die ihm entweder von den Staatsorganen aktiv vermittelt oder jedenfalls auf Verlangen zur Verfügung gestellt werden müssen. Daraus können unterschiedliche Informationspflichten der öffentlichen Hände erwachsen. Umgekehrt kann Responsivität der Politik nur gelingen, wenn die Staatsorgane über ausreichende Kenntnis von der Lebenswelt der Bürger, ihren Erwartungen und Wertungen verfügen. Daraus können Informationsnotwendigkeiten und ggf. -ansprüche der öffentlichen Hand entstehen. In dem beschriebenen Kreislauf kommt **Presse**[71] und **Medienöffentlichkeit** eine zentrale Rolle zu.

21 Derartige Anforderungen gelten auch in der repräsentativen Demokratie nicht ausschließlich im Verhältnis zwischen Wählern und Gewählten, also namentlich den Mandatsträgern der Legislative, sondern vielmehr jeweils aufgaben- und funktionsspezifisch **auch für die vollziehende**[72] **und die rechtsprechende Gewalt.** Hinsichtlich der Exekutive erschöpfen sie sich jedenfalls nicht allein in der Bindung an das demokratisch gesetzte Recht. Dies gilt umso eher, als nach verbreiteter Auffassung die Programmierungsleistung von Gesetzen sinkt, hingegen

---

[67] Dieser Prozess kann hier nicht einmal angedeutet werden. S. dazu exemplarisch näher *Wolfgang Ismayr*, Der deutsche Bundestag, 2. Aufl. 2001, S. 33 ff.; am Beispiel der parlamentarischen Kontrolle *Christoph Gusy*, Parlamentarische Kontrolle, JA 2005, S. 395 ff. Zur Tätigkeit des Europäischen Bürgerbeauftragten in diesem Zusammenhang *EuGH*, EuZW 2004, S. 436 ff.

[68] Siehe hierzu näher *Peter Badura*, Die parlamentarische Demokratie, in: HStR II, § 23, insbes. Rn. 8 ff.

[69] Zu diesen bislang wenig erörterten Anforderungen der Demokratie an die Bürger und Wähler s. a. *Otto Depenheuer*, Setzt Demokratie Wohlstand voraus?, Der Staat, Bd. 33 (1994), S. 329 ff. Die dort begonnene Diskussion bedarf noch der Fortsetzung und Vertiefung.

[70] Hierzu näher *Christoph Gusy*, in: AK-GG, 3. Aufl. 2003, Art. 21 Rn. 26 ff. (m.w.N.).

[71] Sie kann sowohl Akzeptanz als auch Kontrollierbarkeit herstellen. Zur Aufgabe der Medien in diesem Kontext *Kloepfer*, Informationsrecht (Fn. 23), S. 629 ff. (678 ff.). Zu den Informationsansprüchen der Presse aus den Landespressegesetzen *BGH*, DÖV 2005, S. 656 ff.; dazu *Helmut Köhler*, Der Auskunftsanspruch der Presse gegenüber Unternehmen der öffentlichen Hand, NJW 2005, S. 2337 ff.; *OVG NRW*, OVGE MüLü 50, 32 f.; NJW 2001, S. 3803 ff.; *BayVGH*, NJW 2004, S. 3358 ff.; NVwZ-RR 2007, S. 322 (325 ff.); *VG München*, NVwZ 2005, S. 477 ff.; *OLG Köln*, NJW-RR 2003, S. 429 ff.; *VG Berlin*, NJW 2001, S. 3799 ff.; *Martin Löffler*, Kommentar zu den Landespressegesetzen, 5. Aufl. 2006, S. 171 ff.

[72] Zur demokratischen Legitimation der Exekutive näher *Ernst-Wolfgang Böckenförde*, Demokratie als Verfassungsprinzip, in: HStR I, § 22, insbes. Rn. 21 f.; *Matthias Jestaedt*, Demokratieprinzip und Kondominalverwaltung. Entscheidungsteilhabe Privater an der öffentlichen Verwaltung auf dem Prüfstand des Verfassungsprinzips Demokratie, 1993, S. 270 ff.; ferner *Schuppert*, Verwaltungswissenschaft, S. 789 ff. → Bd. I *Trute* § 6.

die Bedeutung der Selbstprogrammierung der Verwaltung steigt und daher der Legitimationsbedarf der Exekutive immer weniger durch bloßen Verweis auf die Legislative befriedigt werden kann.[73] Die Information durch Begründung einzelner Verwaltungsentscheidungen aus dem angewandten Recht reicht in solchen Fällen immer weniger aus, die erforderliche Legitimation zu leisten. In diesem Sinne **ist die Exekutive nicht (mehr allein) von außen demokratisch legitimiert, sondern legitimationsbedürftig.** Hierzu bedarf es eigener, verwaltungsspezifischer Legitimationsformen und -stränge, etwa durch unterschiedliche Formen der Einbeziehung von Bürgern zum Zwecke der Legitimationsbeschaffung.[74] Sie reichen im Staat-Bürger-Verhältnis von der Einbeziehung von Parteien, Verbänden oder Interessengruppen in die Selbstprogrammierung der Verwaltung über die Mobilisierung Privater als Beliehene, Verwaltungshelfer oder *„partners"* (in Public Private Partnerships) über die Einräumung von Partizipationsrechten, Ein- und Mitwirkungsrechten (potentiell) betroffener oder interessierter Bürger in Verwaltungsverfahren bis hin zur Ausweitung von Beteiligtenstellung, Antrags-, Anhörungs- oder Klagerechten für Dritte oder bestimmte Verbände.[75] Noch komplexer sind Erwägungen zu netzförmigen Beteiligungs- und Legitimationsstrukturen, welche über das Staat-Bürger-Verhältnis weit hinausgreifen und auch das traditionell als „Innenbereich" des Staates bezeichnete Organisations- und Handlungsgefüge einbeziehen.[76] Sie alle sollen in graduell unterschiedlichem Maße Sachgerechtigkeit, Rechtmäßigkeit, Akzeptanz bei Beteiligten[77], Betroffenen und Dritten sowie demokratische Legitimation herstellen.[78] Sämtliche jener Formen bedürfen der Ausgestaltung der in ihrem Rahmen auszuübenden Rechte und Pflichten durch das Gesetz. Dem muss die informatorische Rechtsstellung des Bürgers gegenüber der Verwaltung entsprechen. Wer legitimieren soll, muss wissen können, was er legitimieren soll. Jene dem Bürger abgeforderte Leistung setzt Informationsrechte voraus. Sie können je nach den konkreten Umständen des Einzelfalles, des Grades der Einbeziehung der Bürger und ihrer Betroffenheit durch die Entscheidung durchaus unterschiedlich ausgestaltet sein.[79] Informationspflichten der Verwaltung und mögliche Informationsansprüche der Bürger werden durch das Demokratieprinzip[80] zwar legitimiert, aber nicht unmittelbar begründet. Am ehesten lässt sich jenem Prinzip eine **Ermächtigung zu amtlicher Öffentlichkeitsarbeit** entnehmen.[81] Dagegen ist die anspruchsbegründende Wirkung jenes Prinzips eher gering. So findet sich schon im Verfassungsrecht etwa die Tendenz, Informationsansprüche der gewählten Abgeordneten entweder vorauszusetzen oder aber einzelne Anspruchsgrundlagen zu Gunsten der Volksvertreter zu schaffen (s. etwa Art. 56 BbgVerf.; 79 BremVerf.; 24 ff. Hamb-

---

[73] Dazu näher *Dieter Grimm* (Hrsg.), Wachsende Staatsaufgaben – Sinkende Steuerungsfähigkeit des Rechts, 1990; Beschreibung bei *Rossen*, Vollzug (Fn. 17), S. 15 ff. S. a. → Bd. I *Reimer* § 9 Rn. 84 ff.

[74] Hierzu näher *Christoph Gusy*, Verwaltung zwischen parlamentarischer Steuerung und Partizipation Privater, EuGRZ 2006, S. 353 ff. Zum Folgenden Überblick bei *Andreas Fisahn*, Demokratie und Öffentlichkeitsbeteiligung, 2002.

[75] BVerfGE 44, 125 (147 f.); 63, 230 (243).

[76] Dazu etwa *Schuppert*, Verwaltungswissenschaft, S. 384 ff.

[77] Siehe auch → Bd. II *Pitschas* § 42 Rn. 201 ff.

[78] Hierzu näher → Bd. I *Trute* § 6 Rn. 15 ff.

[79] Siehe o. → Rn. 20.

[80] → Bd. I *Trute* § 6 Rn. 16.

[81] Siehe dazu näher → Rn. 95 ff.

Verf.; 53 LSAVerf.; 39 f. MVVerf.; 89 a ff. RPVerf.; 50 f. SachsVerf.; 22 f. SHVerf.; 67 f. ThürVerf.).[82] Dagegen werden sie nur selten aus dem Demokratieprinzip selbst oder aber dem Gedanken demokratischer Kontrolle der Staatsgewalt unmittelbar hergeleitet.[83] Entsprechend wird dies auch für die Rechtsstellung der Bürger gelten müssen: Das Demokratieprinzip mag einen Gesetzgebungsauftrag in Richtung auf eine Ausweitung von Beteiligungsrechten und Einflusschancen der Bürger enthalten.[84] Einzelne Mitwirkungs- oder Kontrollrechte konkreter Personen lassen sich daraus jedoch nicht unmittelbar herleiten. So **begründet das Verfassungsprinzip selbst keine unmittelbar subjektiven Auskunfts- oder Informationsansprüche der Bürger.** Vielmehr bedürfen Zielrichtung, Inhalt und Grenzen derartiger Ansprüche einer Ausgestaltung durch Verfassungsrecht[85] oder Gesetz.[86]

3. Sozialstaatsprinzip

22   Das Sozialstaatsprinzip begründet die Verpflichtung des Staates, sich der Angelegenheiten von Wirtschaft und Gesellschaft aktiv anzunehmen.[87] Neben und über Art. 1 Abs. 1 S. 2 GG hinaus statuiert es die **Orientierung der öffentlichen Hand, ihrer Ziele und Aufgaben auf die Menschen,** deren Rechte und Angelegenheiten oberster Zweck ihres Handelns sein soll. Der Unterschied zwischen Staat und Gesellschaft wird dadurch nicht völlig aufgehoben, wohl aber porös durch den Auftrag, eben nicht an jener Grenze „halt zu machen",[88] sondern sie durch Maßnahmen aktiver Sozialgestaltung durchlässig zu machen. Sozialtheoretisch gesprochen erfährt das politische System „Staat" durch das Sozialstaatsprinzip seine Außenorientierung und seine Offenheit gegenüber anderen sozialen Systemen. Die inhaltlichen Ziele jener Öffnung bleiben dagegen eher vage und unterschiedlicher politischer Gestaltung zugänglich. Im Zentrum stehen Erhaltung und Sicherung der gesellschaftlichen Voraussetzungen für die Realisier-

---

[82] Aus der Rechtsprechung zuletzt *BbgVfGH,* DÖV 2005, S. 473 ff.; anders partiell *NRWVfGH,* OVGE MüLü 43, 274 ff.; dazu *Christoph Gusy,* Frage und Antwort als Instrumente parlamentarischer Kontrolle, JuS 1995, S. 878 ff.

[83] Siehe *BVerwG,* DVBl 2004, S. 1172 ff., für Mitglieder der Vertreterversammlung einer IHK; *VG Schwerin,* LKV 1998, S. 76 f., für Mitglieder einer Gemeindevertretung. Zu rechtlichen Grenzen Überblick bei *Norbert Kazele,* Arkanbereiche der Exekutive?, VerwArch, Bd. 101 (2010), S. 469 ff. (N.).

[84] So zutr. *Kugelmann,* informatorische Rechtsstellung (Fn. 50), S. 35; *Karl-Peter Sommermann,* Staatsziele, 1997, S. 473. Zurückhaltend etwa *Marcel Kaufmann,* Grundrechtlicher Anspruch auf Akteneinsicht als Voraussetzung der Demokratie?, in: Bertschi u. a. (Hrsg.), Demokratie und Freiheit, 1999, S. 41 ff.

[85] Zur Möglichkeit der Begründung einzelner Informationsansprüche der Bürger gegenüber dem Staat als Annexansprüche zu Grundrechten *Kugelmann,* informatorische Rechtsstellung (Fn. 50), S. 54 ff. (m. w. N.).

[86] Hierin liegt der (einzig wesentliche) Unterschied zu der grundlegenden Arbeit von *Wegener,* Der geheime Staat (Fn. 29), welche aus dem Demokratieprinzip unmittelbar den Grundsatz der Öffentlichkeit staatlicher Informationen und einen damit einhergehenden Informationsanspruch der Bürger unmittelbar aus Art. 5 Abs. 1 S. 2 GG (Information aus „allgemein zugänglichen Quellen") herleiten will. Ein solcher Schluss aus den ansonsten dort ebenso zutreffend wie stringent dargestellten verfassungstheoretischen und -rechtlichen Prämissen erscheint rechtssystematisch zu weitgehend.

[87] Siehe dazu *BVerfGE* 22, 180 (204); 36, 237 (248); darauf Bezug nehmend: *Michael Kittner,* in: AK-GG, Art. 20 Abs. 1–3 IV Rn. 22 ff. Vgl. a. → Bd. I *Schmidt-Aßmann* § 5 Rn. 99 ff.

[88] So noch *Ernst Forsthoff,* Begriff und Wesen des sozialen Rechtsstaats, VVDStRL, Bd. 12 (1954), S. 8 (31 f.), zur Bedeutung der Unterscheidung von Staat und Gesellschaft im Rechtsstaat.

barkeit von Menschenwürde,[89] Freiheit[90] und Demokratie. Zu diesem Zweck wird der Auftrag an die öffentlichen Hände begründet, sozial ausgleichend und unterstützend darauf hinzuwirken, dass die Bürger dauerhaft in die Lage versetzt werden, ihre staatsgerichteten Rechte aktiv und eigenständig ausüben zu können.[91] Dies soll namentlich für sozial schlechter gestellte Bevölkerungsgruppen gelten, welche andernfalls nicht in der Lage wären, am gesellschaftlichen und politischen Leben entsprechend den Leitbildern von Verfassung und Gesetzen teilzuhaben.[92] Jener Verfassungsauftrag zur **Öffnung und Offenheit des Staates setzt Außenkommunikation voraus** und verpflichtet zu ihr. Eine solche Kommunikation verfolgt eine doppelte Zielrichtung: Einerseits sind die öffentlichen Hände auf Informationen über soziale Anforderungen und Problemlagen sowohl im Makrobereich der Gesamtgesellschaft als auch im Mikrobereich individueller Lebensbedingungen angewiesen.[93] Erst auf diese Weise kann sich das Staatshandeln an derartigen Aufgaben und Herausforderungen ausrichten. Diese Dimension sieht demnach die **staatlichen Instanzen** eher **in der Rolle von Informationsnehmern.** Andererseits richtet sich jener Auftrag aber auch darauf, (potentiell) Begünstigte und Betroffene über ihre Rechte, einzelne Leistungsangebote oder Möglichkeiten zur Inanspruchnahme von Hilfen zu informieren. Solche Informationspflichten können gegenüber Jedermann, also durch allgemeine Öffentlichkeitsarbeit, oder aber im Einzelfall, etwa gegenüber konkret Hilfesuchenden oder sonst Unterstützungsbedürftigen, erfolgen.[94] Dadurch gerät die **öffentliche Hand** zugleich **in die Rolle von Informationsgebern.** Beide Dimensionen lassen sich zwar grundsätzlich analytisch voneinander trennen, doch sind sie in der Praxis vielfältig miteinander verknüpft und aufeinander bezogen. Das gilt erst recht für den einzelnen „Sozialfall", welcher durch ein kaum entwirrbares Knäuel von Informationsbeziehungen begründet und geprägt wird.

Das Sozialstaatsprinzip richtet sich je aufgabenspezifisch an alle Zweige der Staatsgewalt,[95] im Rahmen und nach Maßgabe der Gesetze also auch an die Exekutive. Hier ist es teils in der Lage, konkrete Verpflichtungen unmittelbar zu begründen: Das gilt namentlich für die **Aufgabe einer aktiven Informationstätigkeit** über soziale Problemlagen und Instrumente. Darüber hinaus vermag es zusätzliche Aktivitäten, soweit sie gesetzlich begründet und ausgeformt sind, zu legitimieren. Das kann namentlich für einzelne Hilfeleistungen wie etwa **konkrete Beratungs- oder gar Unterstützungspflichten** gelten. Ihnen stehen nicht notwendig symmetrische Informationsansprüche der Bürger unmittelbar aus dem GG gegenüber. Sie können, jedenfalls im Regelfall, erst durch Gesetze entstehen.[96] Insoweit ist das Sozialstaatsprinzip des Grundgesetzes eher geeignet, 23

---

[89] So ganz grundsätzlich *BVerfGE* 1, 97 (104).
[90] Dazu näher *Ernst-Wolfgang Böckenförde*, Grundrechtstheorie und Grundrechtsinterpretation, NJW 1976, S. 1529 (1536 ff.).
[91] *BVerfGE* 35, 355 f.; s. eingehend *Hans-Friedrich Zacher*, Das soziale Staatsziel, in: HStR I, § 25 Rn. 27 ff., insbes. Rn. 31, 37 ff.
[92] *BVerfGE* 22, 180 (204); *Zacher*, Staatsziel (Fn. 91), Rn. 32 ff.
[93] Siehe dazu grundsätzlich *BVerfGE* 9, 35; 17, 11. S. a. *BVerfGE* 13, 248 (257).
[94] Vgl. etwa §§ 13 ff. SGB I; 25 VwVfG; dazu näher u. → Rn. 37.
[95] *BVerfGE* 1, 105; 8, 329; 50, 108; 52, 299; 65, 193; 75, 359 f.
[96] Eher schon lassen sich konkrete Teilhabeansprüche an ohnehin bestehenden Informations- oder Beratungsangeboten herleiten. Für Teilhaberechte aus dem Sozialstaatsprinzip *BVerfGE* 33, 303 (330 ff.). S. a. u. → Rn. 111.

andere verfassungsrechtliche Informationsaufgaben zu ergänzen; weniger hingegen, völlig neuartige Informationsbeziehungen zu begründen. Umgekehrt bedarf staatliche Sozialpolitik der Informationen über die Gesellschaft insgesamt wie auch über einzelne Bürger jedenfalls dann, wenn sie Unterstützungsbedürftigkeit geltend machen. Zwar kann insoweit das staatsgerichtete Sozialstaatsprinzip **unmittelbar keine Auskunftspflichten Privater begründen.** Doch erscheint es immerhin diskutabel, ob es derartige Verpflichtungen zumindest legitimieren kann.[97] Zwar bleibt es grundsätzlich dabei: Nach Art. 20 Abs. 1 GG hat der Staat, nicht hingegen der Bürger sozial zu sein. Doch kann der Staat seinen Auftrag sowohl makro- als auch mikropolitisch nur erfüllen, wenn er über die erforderliche Informationsbasis – auch vom Bürger – verfügt. Diese **informationelle Funktionsbasis des Sozialstaatsprinzips** ist jedenfalls durch den Gesetzgeber sicherzustellen.

4. Grundrechte

24   Grundrechte als verfassungsrechtliche Rahmenbedingung von Informationsbeziehungen zwischen Staat und Bürger wirken in unterschiedlicher, partiell gegenläufiger Weise auf jene Beziehungen ein. Grundsätzlich können sie im Staat-Bürger-Verhältnis sowohl als **Freiheit der Kommunikation**[98] **als auch als Freiheit von Kommunikation** im Sinne einer Garantie der Privatsphäre[99] wirken. Demnach können sie Informationsbeziehungen zwischen Verwaltung und Bürger sowohl begründen als auch begrenzen. Doch ist ihre Schutzrichtung insoweit einseitig: Sie berechtigen grundsätzlich allein natürliche Personen und juristische Personen des Privatrechts (Art. 19 Abs. 3 GG).[100] Ihnen stehen etwa die Rechte auf Kommunikationsfreiheit auch gegenüber dem Staat,[101] auf Informationsfreiheit (Art. 5 Abs. 1 S. 2 GG),[102] auf informationelle Selbstbestimmung[103] wie auch auf Freiheit von Kommunikation durch Schutz unterschiedlicher Dimensionen ihrer Privatsphäre[104] zu. Hinzu können aus Einzelgrundrechten etwa besondere Garantien auf kommunikative Mitwirkung bzw. Teilhabe an staatlichen Verfahren (etwa: Art. 19 Abs. 4; 103 Abs. 1 GG) sowie einzelne Anhörungsrechte (etwa: Art. 104 Abs. 2, 3 GG) entstehen. Umgekehrt hat sich der Ansatz, auch der öffentlichen Hand für einzelne Formen ihrer Öffentlichkeitsar-

---

[97] Zu vergleichbaren Auswirkungen des Rechtsstaatsprinzips s. o. → Rn. 18.
[98] Siehe o. → Rn. 15.
[99] Hierzu jüngste Überblicke bei *Martin Nettesheim,* Grundrechtsschutz der Privatheit, VVDStRL, Bd. 70 (2011), S. 7 ff.; *Oliver Diggelmann,* Grundrechtsschutz der Privatheit, ebd. S. 50 ff.; *Marion Albers,* Grundrechtsschutz der Privatheit, DVBl 2010, S. 1061 ff.
[100] Dazu grundsätzlich *BVerfGE* 15, 256 (262); 39, 302 (314 ff.); 59, 231 (254); 68, 193 (205 f.); 70, 1 (18); 77, 340 (344). Zu Ausnahmen zugunsten bestimmter juristischer Personen des öffentlichen Rechts s. *BVerfGE* 21, 362 (369); 31, 314 (322); 61, 82 (102); 70, 1 (15, 21). Vgl. a. → Bd. I *Wißmann* § 15 Rn. 15.
[101] Zum Grundrechtsschutz der Kommunikationsfreiheit jüngst *Helmuth Schulze-Fielitz,* in: Dreier (Hrsg.), GG I, Art. 5 Rn. 39 ff. (m. w. N.).
[102] Zum Grundrecht auf Information aus allgemein zugänglichen Quellen jüngst *Christian Starck,* in: v. Mangoldt/Klein/Starck (Hrsg.), GG I, Art. 5 Rn. 39 ff. (m. w. N.).
[103] Siehe a. → Bd. II *Albers* § 22 Rn. 56 ff.
[104] Siehe hierzu aus jüngerer Zeit *BVerfGE* 109, 279; dazu *Christoph Gusy,* Lauschangriff und Grundgesetz, JuS 2004, S. 457 (458 f.).

B. Grundlagen eines Informationsrechts im Staat-Bürger-Verhältnis

beit eine Art „Meinungsfreiheit" zuzusprechen und diese womöglich noch aus Art. 5 Abs. 1 S. 1 GG herzuleiten,[105] zu Recht nicht durchgesetzt. Eine partiell andere Betrachtungsweise mag sich ergeben, wenn die Grundrechte nicht ausschließlich in ihrer Funktion als Individualrechte, sondern daneben auch in ihrer Deutung als **Schutzpflichten** in Betracht gezogen werden.[106] In dieser Dimension können sie die öffentliche Gewalt verpflichten, Wirksamkeits- oder Ausübungsbedingungen von Freiheit und Gleichheit durch aktive Sozialgestaltung herzustellen oder aufrechtzuerhalten. Solche Pflichten kann die öffentliche Hand auf unterschiedliche Weise erfüllen. Dazu kann auch Grundrechtssicherung durch Information und Kommunikation zählen. Als mögliche Formen kommen etwa Beratung und Aufklärung über Rechte oder Handlungsmöglichkeiten Privater, Informationen über Chancen und Risiken von Verhaltensweisen, Verfahren oder Zuständen sowie Hinweise auf konkrete Gefahren, etwa durch Warnungen, in Betracht. So können grundrechtliche Schutzpflichten einzelne **Informationspflichten und -rechte von Trägern öffentlicher Gewalt** begründen. Grundrechtlich begründete Kommunikationsbeziehungen zwischen Staat und Bürger bedürfen nicht selten der **Ausgestaltung durch den Gesetzgeber.** Da jedenfalls Freiheitsrechte nicht unmittelbar als Leistungsrechte anzusehen sind, gilt dies jedenfalls für die meisten Informationsansprüche der Bürger gegen den Staat.[107] Umgekehrt gilt dies aber auch, sofern die öffentliche Hand durch eigene Öffentlichkeitsarbeit oder durch Informationsansprüche in Grundrechte der Bürger eingreift. Solche Eingriffe sind nicht per se unzulässig; im Gegenteil: Vielfach schaffen sie erst diejenigen Kommunikationsregeln, welche das im Staat-Bürger-Verhältnis notwendige Informationsrecht begründen und ausgestalten. Dieses ist eben nicht durch prinzipielle Abschottung, sondern durch eine Vielzahl rechtlich und tatsächlich notwendiger Kommunikationsbeziehungen geprägt. Insoweit können die hier genannten verfassungsrechtlichen Vorgaben einander in ganz unterschiedlicher Weise begrenzen, einschränken und dadurch ausgestalten. Dies ist es, was das Bundesverfassungsgericht als **„Menschenbild des GG"** – und eben nicht nur einzelner seiner Teile – zu umschreiben versucht hat.[108] Dieses gelangt hier an seine Schnittstelle zum **Staatsbild des GG,** welches durch die Menschen und ihre grundgesetzlich konstituierte Rechtsstellung wesentlich mitgeprägt wird. So treffen sich nicht nur Menschenbild und Staatsbild des Grundgesetzes, sondern auch die unterschiedlichen, hier aus Darstellungs-

---

[105] Missverständlich *BVerfGE* 40, 287 (292); *Karl-Heinz Ladeur,* Einstufung eines Vereins als linksextremistisch durch den Verfassungsschutz, NJW 1978, S. 1653 ff.; dagegen z.B. *Christoph Gusy,* Der Verfassungsschutzbericht, NVwZ 1986, S. 6 (7 Fn. 12); *Dietrich Murswiek,* Der Verfassungsschutzbericht – das scharfe Schwert der streitbaren Demokratie. Zur Problematik der Verdachtsberichterstattung, NVwZ 2004, S. 769 ff.

[106] Dazu grundlegend *BVerfGE* 39, 1 (42); 46, 120 (164 f.); 49, 89 (140 ff.); 53, 30 (65 f.); 79, 174 (202); 81, 242 (254 ff.); 88, 203 (251); Darstellung bei *Johannes Dietlein,* Die Lehre von den grundrechtlichen Schutzpflichten, 1992. S.a. → Bd. I *Masing* § 7 Rn. 56 ff. Nicht behandelt werden können hier mögliche staatliche Schutzpflichten gegen Kommunikation unter Privaten; s. dazu *Christoph Görisch,* To be or note2be? Lehrerbewertungsportale im deutsch-französischen Rechtsprechungsvergleich, DVBl 2010, S. 155 ff.

[107] Zu möglichen Ausnahmen und Grenzen *Kugelmann,* informatorische Rechtsstellung (Fn. 50), S. 54 ff. (m.w.N.).

[108] *BVerfGE* 12, 52; 28, 189; 30, 20; 33, 10 f. Näher hierzu *Peter Häberle,* Das Menschenbild im Verfassungsstaat, 2001. *Ulrich Becker,* Das „Menschenbild des Grundgesetzes" in der Rechtsprechung des Bundesverfassungsgerichts, DVBl 1998, S. 1240 ff.

gründen analytisch voneinander getrennt dargestellten verfassungsrechtlichen Vorgaben.[109]

5. Europarechtliche Rahmenbedingungen

25 Wesentlich unmittelbarer als das Verfassungsrecht waren und sind die Einwirkungen des Europarechts.[110] Sie folgen unmittelbar einschlägigen Regelungen, welche für den Bereich der EU das **Transparenzprinzip** begründen. Art. 15 AEUV begründet für Rechtsakte der Gemeinschaft das Prinzip der Aktenöffentlichkeit;[111] ein Prinzip, welches in Art. 42 GRCh mit Grundrechtsrang anerkannt ist.[112] Die Ausgestaltung der Prinzipien durch die **TransparenzVO**[113] gilt allerdings für den Bereich der Gemeinschaft und wirkt – auch nicht mittelbar – auf denjenigen der Mitgliedstaaten. Insoweit kann das Europarecht hier in den Staaten Vorbild-, aber keine Bindungswirkung erlangen. Anders ist dies mit bereichsspezifischen Regelungen, welche für einzelne, europarechtlich überformte Verwaltungsverfahren der Mitgliedstaaten besondere Öffentlichkeitspflichten begründen. Was mit der Umweltverträglichkeitsprüfung begann,[114] hat sich inzwischen in weitere Materien namentlich des Umweltrechts hinein ausgeweitet.[115] Sie stellen neben die allgemeinen und besonderen Regelungssysteme des deutschen Verwaltungsrechts alternative systematische Entwürfe mit eigenen,

---

[109] Wie schwer sich die Informationsbeziehungen bisweilen in die traditionellen Grundrechtskategorien von „Eingriff", „Leistung" und sonstigen Formen der Grundrechtsrelevanz einteilen lassen, zeigen exemplarisch die Ausführungen zum neuen Personalausweisrecht von *Georg Borges*, Der neue Personalausweis und der elektronische Identitätsnachweis, NJW 2010, S. 3334 ff. Zur Materie auch *Gerrit Hornung/Jan Möller*, Passgesetz/Personalausweisgesetz, 2011; *Friedrich Schoch*, Informationsrecht in einem grenzüberschreitenden und europäischen Kontext, EuZW 2011, S. 388 ff.

[110] → Bd. I *Voßkuhle* § 1 Rn. 13 f., *Schmidt-Aßmann* § 5 Rn. 30 ff., insbes. Rn. 33, 86 f.

[111] Zur Herkunft und zur älteren Rechtslage *Frank Riemann*, Die Transparenz der EU, 2004; *Daniel Meltzian*, Das Recht der Öffentlichkeit auf Zugang zu Dokumenten der Gemeinschaftsorgane, 2004; *Rudolf Feik*, Zugang zu EU-Dokumenten: Demokratie durch Transparenz, 2002; *Nikolaus Marsch*, Das Recht auf Zugang zu EU-Dokumenten, DÖV 2005, S. 639 ff.

[112] Zu diesem Grundrecht näher *Hans-Peter Folz*, Das Recht auf Zugang zu Dokumenten nach Art. 42 EU-Grundrechtscharta, in: Stelmach/Schmidt (Hrsg.), Information als Gegenstand des Rechts, 2006, S. 79 ff. (m. w. N.). Die juristische Verbindlichkeit dieser Regelung hängt allerdings vom gegenwärtig sehr ungewissen Inkrafttreten der EU-Verfassung bzw. jedenfalls ihres Grundrechtsteils ab. Vgl. a. → Bd. I *Ruffert* § 17 Rn. 32.

[113] Dazu näher VO 1049/2001 vom 30. 5. 2001, ABl. EG L 145, S. 43 ff. Dazu *EuGH*, NVwZ 2004, S. 462 ff.; *EuG*, Slg 2005, II-1429 ff. u. a.; *Christian Heitsch*, Die Verordnung über den Zugang zu Dokumenten der Gemeinschaftsorgane im Lichte des Transparenzprinzips, 2003; *Rudolf Feik*, Zugang zu EU-Dokumenten: Demokratie durch Transparenz, 2002; *Carsten Nowak*, Informations- und Dokumentenzugangsfreiheit in der EU, DVBl 2004, S. 272 ff.; *Yves Bock*, Ein Sieg für die Transparenz?, DÖV 2002, S. 556 ff.; *Christoph Partsch*, Die neue Transparenzverordnung (EG) Nr. 1049/2001, NJW 2001, S. 3154 ff.; *Frank Castenholz*, Die EU-Transparenzverordnung: Zugang der Öffentlichkeit zu Dokumenten, EWS 2001, S. 530 ff.; *Rolf Wägenbaur*, Der Zugang zu EU-Dokumenten – Transparenz zum Anfassen, EuZW 2001, S. 680 ff.

[114] Zuletzt: Umweltinformationsrichtlinie 2003/4/EG vom 28. 1. 2003, ABl. EU L 41, S. 26 (abgedr. in: NVwZ 2003, S. 697 ff.). Dazu *Christian Schrader*, Neue Umweltinformationsgesetze durch die Richtlinie 2003/4/EG, ZUR 2004, S. 130 ff.; *Markus Butt*, Erweiterter Zugang zu behördlichen Umweltinformationen – Die neue EG-Umweltinformationsrichtlinie, NVwZ 2003, S. 1071 ff.

[115] Zur (anhaltenden) Bedeutung der Aarhus-Konvention *Sabine Schlacke/Christian Schrader/Thomas Bunge*, Aarhus-Handbuch, 2010; *Thomas v. Danwitz*, Aarhus-Konvention: Umweltinformation, Öffentlichkeitsbeteiligung, Zugang zu den Gerichten, NVwZ 2004, S. 272 ff.; *Andreas Fisahn*, Effektive Beteiligung solange noch alle Optionen offen sind – Öffentlichkeitsbeteiligung nach der Aarhus-Konvention, ZUR 2004, S. 136 ff. S. a. → Bd. II *Schneider* § 28 Rn. 86 ff.

B. Grundlagen eines Informationsrechts im Staat-Bürger-Verhältnis

europäisch geprägten Grundsätzen. Das daraus entstehende Nebeneinander ist wenig systematisch und auch wenig systematisierungsfähig, da insoweit deutsches und Europarecht inhaltlich nicht kongruent sind. Dies schränkt zugleich die Möglichkeit wechselseitiger systematisierender Auslegung oder auch einer Analogiebildung ein.

Das bereichsspezifische Europarecht weist im Vergleich zu den allgemeinen Vorgaben des Grundgesetzes einen beschränkteren Anwendungsbereich auf. Es gilt eben nur für die Gemeinschaftsorgane und in einigen wenigen spezifischen Rechtsbereichen auch für das nationale Recht. Diese Umstände schränken die Reichweite seines Transparenzprinzips ein. Umgekehrt stehen dem aber auch unübersehbare Vorteile gegenüber: So findet sich in ihnen ein unmittelbarer Bezug zum Öffentlichkeitsprinzip, welcher nicht erst durch mehr oder weniger weitläufige Interpretation hergestellt werden muss. Zudem eröffnen jedenfalls die Bestimmungen zur Verfahrenstransparenz die Möglichkeit einer systematischen Verknüpfung mit den sonstigen Regelungen der konkreten Verwaltungsverfahren; eine Möglichkeit, die in solchen Fällen nicht durch Lückenfüllung oder Analogie erst gesucht bzw. gefunden werden muss.[116] Insoweit sind beide Systeme rechtlicher Vorgaben der Informationsbeziehungen zwischen Staat und Bürger rechtsquellentechnisch und rechtssystematisch unterschiedlich, inhaltlich hingegen partiell gleichgelagert. **26**

Umgekehrt ist die eingriffsrechtliche Dimension des Europarechts bislang schon deshalb wenig ausgearbeitet, weil die Union kaum über eigene administrative Eingriffsmöglichkeiten verfügt, sondern regelmäßig auf die Ergebnisse der Informationserhebung der Mitgliedstaaten zurückgreift. Daher erlangt hier am ehesten die rechtsetzende Rolle der Union Bedeutung.[117] Bei Eingriffen in Art. 8 EMRK, Art. 7, 8 GRCh wird das Übermaßverbot als Prüfungsmaßstab auch gegenüber europäischer Normsetzung angewandt. Es gebietet die Abwägung beteiligter öffentlicher und individueller Belange. Die – in Deutschland nicht unumstrittene[118] – ausnahmslose Veröffentlichung der Namen von Empfängern von Agrarsubventionen einschließlich der Höhe der empfangenen Summen ohne Differenzierung nach Häufigkeit, Art und Umfang dieser Beihilfen ist zwar im Interesse der Haushaltsdisziplin und der Transparenz der Haushaltspolitik sinnvoll. Sie ist jedoch mit dem Grundrechtsschutz der Privatsphäre jedenfalls gegenüber natürlichen Personen in dieser Form unvereinbar.[119] Soweit Rechtsakte des Ge- **26a**

---

[116] Zur Frage des Rechtsschutzes gegen Auslegungsmitteilungen nach Unionsrecht *EuG*, NZBau 2010, S. 510 ff.; *Matthias Knauff/Roland Schwensfeier*, Kein Rechtsschutz gegen Steuerung mittels „amtlicher Erläuterung"?, EuZW 2010, S. 611 ff.

[117] Zum rechtlich noch nicht vollständig ausgestandenen Sonderfall der Vorratsdatenspeicherung bislang *EuGH*, EuZW 2009, S. 212 ff.; *EuGH*, MMR 2010, S. 783 ff.; *Jörg Terhechte*, Rechtsangleichung zwischen Gemeinschafts- und Unionsrecht, EuZW 2009, S. 199 ff.; BVerfGE 125, 260; *Alexander Roßnagel*, Die „Überwachungs-Gesamtrechnung" – Das BVerfG und die Vorratsdatenspeicherung, NJW 2010, S. 1238 ff.; *Heinrich A. Wolff*, Vorratsdatenspeicherung – Der Gesetzgeber zwischen Europarecht und Verfassung?, NVwZ 2010, S. 751 ff. Zum Übergangsrecht BGH, NJW 2011, S. 467 ff.

[118] Dazu OVG RP, AS RP-SL 37, S. 402 ff.; HessVGH, LKRZ 2009, S. 355 ff.; VGH BW, VBlBW 2010, S. 35 ff.; Überblick bei *Ferdinand Wollenschläger*, Budgetöffentlichkeit in Zeiten der Informationsgesellschaft, AöR, Bd. 135 (2010), S. 363 ff.

[119] *EuGH*, EuZW 2010, S. 939 ff.; näher *Annette Guckelberger*, Veröffentlichung der Leistungsempfänger von EU-Subventionen und unionsrechtlicher Grundrechtsschutz, EuZW 2011, S. 126 ff.; *Wolfgang Kilian*, Subventionstransparenz und Datenschutz, NJW 2011, S. 1325 ff.

meinschaftsrechts den Mitgliedstaaten bei ihrer Umsetzung hinsichtlich der Eingriffstiefe Entscheidungsspielräume lassen, ist auch deren Nutzung durch nationales Recht sowohl an den europäischen als auch an den grundgesetzlichen Grund- und Menschenrechten zu messen.[120]

6. Zusammenfassung: Ziele und Prinzipien des Informationsrechts

27 **Information ist Bedingung der Verwirklichung zahlreicher verfassungsrechtlich vorgegebener Rechte und Pflichten.** Sollen diese nicht bloß auf dem Papier stehen, so müssen die handelnden Organe und Personen zumindest die Möglichkeit erlangen, sich angemessen informieren zu können. Dies setzt zunächst ein **angemessenes Informationsangebot** voraus, das einerseits bei den öffentlichen Händen selbst vorhanden sein muss und andererseits von diesen selbst oder unter ihrer Verantwortung von Dritten bereitgestellt wird. Demokratische Mitwirkungs- und Kontrollrechte setzen ausreichende Informationen der Mitwirkungs- und Kontrollberechtigten voraus. Daraus folgt der grundgesetzliche Auftrag eines **angemessenen Informationsrechts**: Als dessen prägende Elemente können u. a. der Grundsatz der (aktiv) informierenden Verwaltung, das Gebot differenzierender Informationsaufbereitung, informationsbezogene Strukturierung von Entscheidungsabläufen und entscheidungsbezogene Informationstätigkeit, die Technikgebundenheit und Technikabhängigkeit der Informationstätigkeit und die Prozesshaftigkeit der Ausgestaltung und des Ausbaus des „informierenden Staates" angesehen werden.[121]

C. Informationsbeziehungen zwischen Staat und Einzelnen: Bestandsaufnahme

28 Informationsbeziehungen zwischen Staat und Bürger bezeichnen **rechtlich begründete, anerkannte oder ausgestaltete Formen der Informationsgewinnung oder -übermittlung.** Sie bezeichnen einen Teilbereich aus der Summe öffentlicher oder privater Informationstätigkeit oder Informationserlangung: Ihre Grundlage ist eine rechtliche Beziehung, welche potentiell auf die Hervorbringung von Rechtsfolgen gerichtet sein kann. In diesem Sinne können Informationsbeziehungen Gegenstand des Informationsverwaltungsrechts sein. Damit fällt der Gegenstand dieses Abschnitts weitgehend mit dem **Informationsverwaltungsrechtsverhältnis** zusammen.[122] Das gilt jedenfalls, wenn dieses Konzept nicht eng verstanden wird. Doch darf seine Leistungsfähigkeit auch nicht

---

[120] *BVerfGE* 125, 260 (266 ff.) (Vorratsdatenspeicherung); s. a. *Rudolf Streinz/Walter Michl*, Die Drittwirkung des europäischen Datenschutzgrundrechts, EuZW 2011, S. 384 ff.
[121] *Rolf Gröschner*, Transparente Verwaltung: Konturen eines Informationsverwaltungsrechts, VVDStRL, Bd. 63 (2004), S. 344 ff.; *Johannes Masing*, Transparente Verwaltung: Konturen eines Informationsverwaltungsrechts, VVDStRL, Bd. 63 (2004), S. 377 ff., insbes. 422 ff.; *Hannes Tretter*, Der digital bewegte Mensch, Österreichisches Anwaltsblatt 2010, S. 165 ff.
[122] Näher zum Stand der Diskussion um das Verwaltungsrechtsverhältnis *Hartmut Bauer*, Verwaltungsrechtslehre im Umbruch? Rechtsformen und Rechtsverhältnisse als Elemente einer zeitgemäßen Verwaltungsrechtsdogmatik, DV 1992, S. 301 ff.; *Barbara Remmert*, Verwaltungshandeln und Verwaltungsrechtsverhältnis, in: Erichsen/Ehlers (Hrsg.), VerwR, § 17 (m. w. N.).

C. Informationsbeziehungen zwischen Staat und Einzelnen

überbewertet werden: Je weiter das Konzept der Rechtsverhältnislehre, desto schwächer sind zugleich seine rechtsfolgenbegründenden Potentiale.

Informationsbeziehungen können je nach ihrem Gegenstand und ihrer Ausgestaltung ganz unterschiedliche Funktionen erfüllen.[123] Sie sind mit dem Stichwort der Transparenz zwar sehr grundsätzlich beschrieben, doch innerhalb des damit eröffneten breiten Spektrums von Transparenzzielen und -formen weiter differenzierbar und differenzierungsbedürftig. Einzelne **Funktionen von Informationsbeziehungen** können namentlich sein:

(1) **Informationsbeschaffung:** Sie dient der einseitigen Erlangung von Informationen zur Verwirklichung rechtlich anerkannter oder vorausgesetzter Ziele des Staates oder der Allgemeinheit (Beispiel: Kenntniserlangung vom tatsächlichen Vorliegen der Tatbestandsvoraussetzungen einer Rechtsnorm im Einzelfall);

(2) **Verhaltenssteuerung** der Adressaten und Betroffenen von Informationstätigkeit, namentlich die Begründung von Verhaltenspflichten oder Lasten oder aber Begrenzung bzw. Ausschluss von Rechten (Beispiel: Bekanntgabe von Rechtsnormen, Anspruchsvoraussetzungen für Leistungen oder Antragsfristen);

(3) **Mobilisierung** durch Motivation der Adressaten zur Ausübung von Rechten bzw. zur Vornahme von Handlungen, zu welchen sie nicht verpflichtet sind, die aber im Interesse der Allgemeinheit, der informierenden Stelle oder im Einzelfall auch in ihrem eigenen Interesse liegen können (Beispiel: Informationen im Kontext von Wahlen, Ehrenämtern oder auch der steuerlichen Absetzbarkeit gemeinnütziger Spenden);

(4) **Service** zur Erleichterung der Nutzbarkeit von Angeboten oder Leistungen, etwa der Inanspruchnahme öffentlicher oder privater Einrichtungen oder Dienstleistungen (etwa: aufgeschlüsselte Verzeichnisse vorhandener Einrichtungen wie Kindertagesstätten, Fortbildungseinrichtungen u. ä., aber auch der Öffnungszeiten von Dienststellen oder der Zeitpunkte öffentlicher Dienstleistungen wie etwa der Müllabfuhr);

(5) **Legitimationsbeschaffung** durch Ermöglichung von Transparenz und Mobilisierung von Akzeptanz, etwa durch Öffentlichkeit von Verfahren, Ein- und Mitwirkungsmöglichkeiten oder Begründungen;

(6) **Kommerzialisierung** zum Zweck der Einnahmeerzielung durch marktmäßige Verfügbarmachung von Informationen, etwa den Verkauf statistischer oder meteorologischer Daten, der Inhalte staatlicher Register oder von Forschungsergebnissen.[124]

Die Redeweise vom Informationsverwaltungsrechtsverhältnis kann und darf nicht verdecken: **Die Rechtsstellung der Beteiligten – öffentliche Hände einerseits und Bürger andererseits – ist asymmetrisch.** Dies gilt umso mehr, als Kommunikation und Information zwischen Staat und Bürger als Ausprägung ihres allgemeinen rechtlichen Status angesehen wird. Dieser ist jedoch für beide völlig unterschiedlich. Darüber hinaus bedarf die Informationsbeziehung zwischen

---

[123] Für mündliche Anregungen zu diesem Absatz danke ich *Arno Scherzberg*, Erfurt.
[124] Dazu InformationsweiterverwendungsG v. 13. 12. 2006, BGBl I, S. 2913. Dazu *Friedrich Schoch*, Der Entwurf eines Informationsweiterverwendungsgesetz des Bundes, NVwZ 2006, S. 872 ff.; *Gernot Sydow*, Informationsgesetzbuch häppchenweise, NVwZ 2008, S. 481 ff.

ihnen keiner eigenen Begründung und Rechtfertigung durch besondere Rechtsnormen.[125] Das Recht kann und braucht das Kommunikationsverhältnis demnach nicht mehr zu begründen, sondern nur noch auszugestalten und ggf. zu begrenzen. Dabei sind neben dem allgemeinen Aspekt der Information und Kommunikation überaus unterschiedliche sachliche und rechtliche Vorbedingungen zu berücksichtigen, welche den Besonderheiten der jeweiligen Materie, der Rechtsstellung Beteiligter und Betroffener, Rechnung tragen. Die aus ganz unterschiedlichen Vorgegebenheiten resultierenden Anforderungen haben zur Folge, dass die **Regelungen der Materie außerordentlich vielgestaltig und zersplittert** erscheinen.[126] Die Ursachen resultieren aus unterschiedlichen, zeitbedingten und -geprägten Regelungsbedürfnissen ihrer jeweiligen Entstehungszeit sowie heterogenen Normierungsanliegen von Exekutive und Bürgern. Bis heute sind sie z.T. nur unzulänglich aufeinander abgestimmt. Aus informationsrechtlicher Perspektive sind jene Fragmentierungen vielfach als faktisch sachwidrig und rechtlich unsystematisch zu bezeichnen.

31   Der gewachsene Bestand jener Fragmentierungen orientierte sich namentlich daran,

– ob **im Einzelfall ein Verwaltungsverfahren stattfand** oder nicht. War dies der Fall, so stehen „Beteiligten" andere gesetzliche Rechte und Pflichten zu als Nichtbeteiligten oder auch als Beteiligten an solchen Rechtsbeziehungen zwischen Verwaltung und Bürger, welche nicht als „Verwaltungsverfahren" zu qualifizieren sind.

– ob im Einzelfall die **Datenverarbeitung mittels EDV oder aber schriftlich** in Akten stattfand. Im ersteren Fall gelten Sonderregelungen des Datenverarbeitungs- und des Datenschutzrechts,[127] welche auf die – immer noch vielfach anzutreffende – schriftliche Informationsverarbeitung nur teilweise anwendbar sind.

– ob der **Einzelfall im Anwendungsbereich des Europarechts anzusiedeln** war oder nicht. Das Ziel der Transparenz und Verwaltungsöffentlichkeit ist in Deutschland namentlich auf dem Umweg über das Europarecht angekommen. Das Recht der EU/EG folgte – namentlich außerhalb stattfindender Verwaltungsverfahren – grundsätzlich anderen Prinzipien als das deutsche Recht.[128] Diese Regeln galten und gelten aber im deutschen Informationsverwaltungsrecht nur selektiv insoweit, wie der Anwendungsbereich des Europarechts reicht. Entsprechend unterscheiden sich partiell auch die Regelungssysteme. Über diesen Bereich hinaus hat die europäische Rechtsordnung in Deutschland bislang aber nur sehr eingeschränkte Vorbildwirkung erlangt.[129]

---

[125] So der Sache nach *BVerfGE* 105, 252 (268 ff.); ferner etwa *Hoffmann-Riem*, Informationelle Selbstbestimmung in der Informationsgesellschaft – Auf dem Weg zu einem neuen Konzept des Datenschutzes, AöR, Bd. 123 (1998), S. 513 ff. (N.). Krit. jüngst etwa *Friedrich Schoch*, Informationszugangsfreiheit des Einzelnen und Informationsverhalten des Staates, AfP 2010, S. 313 ff. (N.). Zur Asymmetrie schon o. → Rn. 7.

[126] Zutreffend die Beobachtung von *Christian Starck*, Neue Verwaltungsrechtswissenschaft, JZ 2011, S. 1170 ff. (1172): „buntes Kaleidoskop".

[127] Diese können hier aus systematischen Gründen nicht umfassend dargestellt werden. S. dazu → Bd. II *Albers* § 22.

[128] Diese sind inzwischen von einigen Bundesländern und jüngst auch vom Bund teilweise in ihr eigenes Recht übernommen worden; s. dazu u. → Rn. 82 ff.

[129] Zu den Einwirkungen des Europarechts → Bd. I *Voßkuhle* § 1 Rn. 13 f., *Schmidt-Aßmann* § 5 Rn. 30 ff.

C. Informationsbeziehungen zwischen Staat und Einzelnen

Jene Unterscheidungen haben im Laufe der Zeit ihre Bedeutung teils mehr, teils weniger eingebüßt. Doch prägen sie nach wie vor den Bestand des (fort) geltenden Informationsrechts und lassen ihn als derart fragmentiert und zersplittert erscheinen.[130]

I. Informationsbeziehungen im Verwaltungsverfahrensrecht

1. Überblick

Grundlage und Ausgangspunkt des Rechts der Informationsbeziehungen ist in der Bundesrepublik das Verwaltungsverfahrensrecht. Dessen Gegenstand, das **Verwaltungsverfahren** im Sinne § 9 VwVfG,[131] lässt sich im vorliegenden Kontext zusammenfassend umreißen als Bündel rechtlicher Sonderbeziehungen zwischen Verwaltung und Bürgern, welche auf die Vorbereitung und den Erlass bestimmter formalisierter Rechtsakte gerichtet sind. Es findet seine Besonderheit und seine Legitimation in dem Umstand, dass der abschließende Rechtsakt geeignet ist, **subjektive Rechte oder Pflichten Verfahrensbeteiligter durchzusetzen.** Mit seiner gegenständlichen Bezogenheit auf derartige Rechte gerät das Verfahren in den Vorwirkungsbereich von Rechtsschutzgarantie und Verwaltungsprozessrecht: Beiden geht es rechtlich um das gleiche Ziel, allerdings zu unterschiedlichen Zeitpunkten und durch unterschiedliche Instanzen. Damit weist das Verwaltungsverfahren eine besondere Affinität sowohl zum subjektiven Recht einschließlich seiner prozeduralen Dimension als auch zur Garantie des Art. 19 Abs. 4 GG auf.[132] Doch ist dies lediglich das eine Spezifikum des Verwaltungsverfahrens. Das andere liegt in der Durchsetzung besonderer Ansprüche von Staat und Bürger gegeneinander **durch verbindlichen Rechtsakt.** Diese verfahrensbeendende Regelung begründet und begrenzt den Anwendungsbereich von Verwaltungsverfahren und -verfahrensrecht,[133] und zwar ohne Rücksicht auf die Zwecke von Rechtsverwirklichung und Rechtsdurchsetzung. Abgekürzt formuliert: Der gesetzlich vorgegebene Zweck des Verwaltungsverfahrens ist Rechtsverwirklichung durch Entscheidung.

Das intendierte Produkt des Verfahrens ist Entscheidung, nicht Information.[134] Informationsaustausch weist im Verfahren also lediglich dienende Zwecke

32

33

---

[130] Zur Reformanfälligkeit der Materie *Jürgen Kühling/Simon Bohnen*, Zur Zukunft des Datenschutzrechts – Nach der Reform ist vor der Reform, JZ 2010, S. 600 ff.
[131] → Bd. II *Schneider* § 28 Rn. 14 ff.
[132] Zu deren Bedeutung im Kontext des vorliegenden Themas s. näher o. → Rn. 18 f.
[133] Darin liegt eine offene Flanke jener Abgrenzung. Sofern die wechselseitigen Ansprüche nicht durch Regelungen, sondern durch andere Maßnahmen – etwa tatsächliches Handeln – verwirklicht werden, sind die VwVfGe nicht anwendbar. Damit endet hier zugleich die innere Logik der Abgrenzung, die letztlich nicht allein auf besondere Rechte und Pflichten, sondern daneben auch auf die Handlungsform ihrer Gestaltung abstellt. Die daraus entstehenden Rechtsfragen sind Gegenstand intensiver rechtswissenschaftlicher Diskussion, welche partiell geeignet ist, die innere Systematik von Verwaltungsverfahren und Verwaltungsrechtsschutz zu beeinträchtigen. S. dazu noch u. → Rn. 65 f. und *Marius Raabe/Niels Helle-Meyer*, Informationsfreiheit und Verwaltungsverfahren – zum Verhältnis neuer und klassischer Informationsrechte gegenüber der Verwaltung, NVwZ 2004, S. 641 ff.
[134] Verwaltungswissenschaftliche Analyse bei *Rossen*, Vollzug (Fn. 17), S. 112 ff. Zur dienenden Funktion des Verwaltungsverfahrens insgesamt *Christian Quabeck*, Dienende Funktion des Verwaltungsverfahrens und Prozeduralisierung, 2010.

auf, er ist kein eigener Verfahrenszweck. Informationsbeziehungen sind demnach kein Selbstzweck, sondern durch andere Zwecke des anwendbaren formellen und materiellen Rechts einerseits und das im Einzelfall stattfindende konkrete Verwaltungsverfahrens andererseits vorgegeben, ausgestaltet und begrenzt. Dieser Gedanke prägt den Status des Informationsverwaltungsrechts.[135] Ihm kommt primär **rechtsverwirklichende Zweckbestimmung** zu. Diese ist ihm im Einzelfall durch das konkret anwendbare formelle und materielle Recht vorgegeben. Die Verfahrenszwecke haben sowohl inkludierende als auch – erst recht – exkludierende Wirkung.[136] Sie begründen und begrenzen die **Relevanz von Kommunikation,** indem entscheidungserhebliche von -unerheblichen Informationen abgegrenzt werden können. In diesem Sinne kommt dem einzelnen Verfahren weniger eine Informations- als eine Informationsselektionsfunktion zu. Das Verfahren begründet und begrenzt auch die **maßgeblichen Kommunikationssubjekte.** Die Unterscheidung zwischen Trägern, notwendig Beteiligten, fakultativ zu Beteiligenden, Anzuhörenden und Außenstehenden[137] eröffnet Informationsrechte, kontingentiert diese aber auch: Wer nicht am Verfahren teilnehmen darf, ist von den Informationsbeziehungen über das Verfahren wie auch von denjenigen im Verfahren grundsätzlich ausgeschlossen. Solchen Personen kommen weder passive noch aktive Informationsansprüche zu. Schließlich begründet und begrenzt das Verfahren aber auch den **maßgeblichen Kommunikationsprozess.** Er findet seine Rechtfertigung ausschließlich in der Förderung eines Verfahrensergebnisses, welches unter den Prämissen der Zweckmäßigkeit und Zügigkeit (§ 10 VwVfG),[138] der Wirtschaftlichkeit und Sparsamkeit[139] sowie der Effektivität der Rechtsverwirklichung[140] steht. Nicht nur Kommunikationssubjekte und -inhalte, sondern auch die Kommunikation selbst ist deshalb notwendig limitiert und kontingentiert. Diese Grundsätze zeigen: Verwaltungsverfahren sind wesentlich Kommunikation. Doch ist Kommunikation kein Selbstzweck, sondern gerade durch den Verfahrensgedanken notwendig limitiert und restringiert. **Verfahrensziel ist** nicht Informationsmaximierung, sondern **Informationsoptimierung,** nämlich Generierung der notwendigen Informationen unter Einbeziehung der notwendigen Beteiligten auf verfahrensadäquate Art und Weise.

---

[135] Das gilt zwar nicht für das gesamte Informationsverwaltungsrecht, wohl allerdings für dessen hier behandelte Teilbereiche. Ursprünglich war hier für diese Teilbereiche der Begriff des Verwaltungsinformationsrechts gewählt worden, doch ist dieser letztlich aus Gründen terminologischer Vereinheitlichung im vorliegenden Werk allgemein durch den weiteren Begriff des Informationsverwaltungsrechts ersetzt worden. Zum Informationsverwaltungsrecht s. → Bd. II *Vesting* § 20 Rn. 5 ff., 47 ff. Kritisch zum Begriff des Informationsverwaltungsrechts → ebd. Rn. 25.

[136] Zu dieser Verfahrensfunktion allgemein → Bd. II *Schneider* § 28 Rn. 1 ff.

[137] Zu dieser Unterscheidung näher → Bd. II *Schneider* § 28 Rn. 22 ff., *Rossen-Stadtfeld* § 29 Rn. 13 ff.

[138] Dazu näher → Bd. II *Schmidt-Aßmann* § 27 Rn. 85 ff., *Schneider* § 28 Rn. 27, *Pitschas* § 42 Rn. 139 ff.

[139] Zu deren Bedeutung für die Verwaltung näher → Bd. II *Pitschas* § 42 Rn. 122 ff. Vgl. a. → Bd. I *Franzius* § 4 Rn. 64 ff.

[140] Zum (grund)rechtsverwirklichenden Zweck von Verwaltungsverfahren *Hermann Hill,* Verfassungsrechtliche Gewährleistungen gegenüber der staatlichen Strafgewalt, in: HStR VI, § 156 Rn. 35 ff.; *Rainer Wahl,* Verwaltungsverfahren zwischen Verwaltungseffizienz und Rechtsschutzauftrag, VVDStRL, Bd. 41 (1983), S. 151 ff.; *Jost Pietzcker,* Verwaltungsverfahren zwischen Verwaltungseffizienz und Rechtsschutzauftrag, VVDStRL, Bd. 41 (1983), S. 193 ff. S a. → Bd. II *Pitschas* § 42 Rn. 157 ff.

C. Informationsbeziehungen zwischen Staat und Einzelnen

Das Verwaltungsverfahren ist kein Informationsverfahren, basiert aber auf Kommunikation und Informationen.[141] Das genannte **Desiderat der Informationsoptimierung** erlangt dort eine mehrfache Bedeutung. (1) Da ist zunächst die **Rechtsdurchsetzungsfunktion**:[142] Das Verfahren dient nicht der Generierung irgendeiner Entscheidung. Vielmehr soll diese rechtmäßig und zweckmäßig sein. Der damit gezogene normative wie faktische Referenzrahmen setzt das Vorhandensein einer Vielzahl von Informationen voraus, welche jenen Rahmen überhaupt erst abstecken und im Einzelfall ausfüllen können. (2) Da ist weiter die **verfahrensrationalisierende Funktion**. Gegenstand, Umfang und Perspektiven des Verfahrens stehen nicht einfach von vornherein fest, sondern können sich im Zuge der Sachverhaltsaufklärung durchaus ändern. Das gilt namentlich für neue tatsächliche Umstände oder Entscheidungshypothesen, welche auf das weitere Vorgehen Einfluss erlangen können. Sie können insbesondere dazu führen, dass neue Tatsachen- oder Rechtsfragen einbezogen und weitere Ermittlungen angestellt werden oder weitere Betroffene, Interessenten oder Dritte herangezogen werden können oder müssen, um das Verfahren im Hinblick auf sein jeweils intendiertes Ergebnis sachgerecht zu gestalten und zu erhalten. (3) Da ist weiter die **Aufwandsminimierungsfunktion**. Rechtzeitiger Informationsaustausch kann dazu führen, das Verfahren zu beschleunigen, unnötige Ermittlungen zu vermeiden und dadurch den Verfahrensaufwand für alle Mitwirkenden in Grenzen zu halten. (4) Da ist schließlich die **Pazifizierungsfunktion**. Die Kommunikation erhöht im Verfahren die Möglichkeit von Behörden und Beteiligten, sich über wechselseitige Perspektiven und Bewertungen auszutauschen und so eine möglichst breite Basis der Übereinstimmung jedenfalls über die Entscheidungsgrundlagen zu erzielen. Ein solches Verhalten kann geeignet sein, Konsens- bzw. Akzeptanzchancen zu erhöhen und Auseinandersetzungen über die Entscheidung selbst gegenständlich oder inhaltlich zu begrenzen.

Regelungsgegenstände des Verwaltungsverfahrensrechts sind der zu erlassende Rechtsakt und einige formalisierte Verfahrensschritte auf dem Wege dorthin. Dabei lässt die beschriebene dienende Funktion des Informationsrechts bereits erkennen: **Je komplexer das Verwaltungsverfahren, desto komplexer ist zugleich die verfahrensbezogene Kommunikation.**[143] Gerade angesichts dieser Einsicht ist festzuhalten: Eine Kodifikation des Verwaltungsverfahrensrechts ist in den Verfahrensgesetzen weder enthalten noch angestrebt. Im Vergleich zu der Realität des verfahrensbezogenen Handelns von Verwaltung und Bürgern weist das **Gesetzesrecht nur fragmentarische Steuerungswirkung** auf. Diese bezieht sich namentlich auf das vorausliegende Informationsverwaltungsrecht. Obwohl

---

[141] Verwaltungswissenschaftliche Analyse bei *Rossen*, Vollzug (Fn. 17), S. 285 ff. → Bd. II *Schmidt-Aßmann* § 27 Rn. 1, *Schneider* § 28 Rn. 4 f.

[142] Zum Folgenden näher → Bd. II *Schneider* § 28 Rn. 1 ff.; *Eberhard Schmidt-Aßmann*, Verwaltungsrecht in der Informationsgesellschaft: Perspektiven der Systembildung, in: Hoffmann-Riem/ders. (Hrsg.), Informationsgesellschaft, S. 405 ff., insbes. S. 421 ff.

[143] Zur unterschiedlichen Komplexität von Verwaltungsverfahren und den auf sie bezogenen Regelungen namentlich → Bd. II *Schneider* § 28, *Röhl* § 30. Als zentrales Experimentier- und Diskussionsfeld hochkomplexer Verfahrens- und Informationsbeziehungen erweist sich in jüngerer Zeit das Regulierungsverwaltungsrecht; dazu → Bd. II *Schmidt-Aßmann* § 27 Rn. 65, 76, *Schneider* § 28 Rn. 168, *Röhl* § 30 Rn. 31 f., 59 ff. Zum Informationsrecht im Regulierungsverwaltungsrecht BVerfGE 115, 205 ff.; *Thomas v. Danwitz*, Der Schutz von Betriebs- und Geschäftsgeheimnissen im Recht der Regulierungsverwaltung, DVBl 2005, S. 597 ff.

die Gesetze an zahlreichen Stellen erkennen lassen, dass das Verfahren im Wesentlichen ein Informationsbeschaffungs- und -verarbeitungsverfahren ist und somit wesentlich von seinen informationellen Grundlagen geprägt wird, sind diese nur partiell Regelungsgegenstand der maßgeblichen Gesetze. Dies ist vorwiegend dort der Fall, wo einzelne Informationsbeziehungen in Sondergesetzen formalisiert wurden.[144] Umgekehrt fehlen Regelungen etwa zur verfahrensbegleitenden Datenverarbeitung. Hier und in anderen Fällen bedarf es zur Beschreibung des **verfahrensbezogenen Informationsrechts** eines ergänzenden Rückgriffs auf andere Gesetze bzw. auf allgemeine Rechtsgrundsätze.

36 Die unterschiedliche Rechtsstellung von Trägern und Beteiligten der Verwaltungsverfahren begründet die Notwendigkeit eines asymmetrischen Informationsrechts.[145] Die prinzipielle Verschiedenheit der Auskunftspflichten und -ansprüche von Staat und Bürgern würden es nahe legen, eine **Darstellung des Informationsrechts einerseits der öffentlichen Verwaltungsträger, andererseits der privaten Verfahrensbeteiligten** anzustreben. Eine solche Darstellungsform würde allerdings sowohl dem Regelungssystem der Verwaltungsverfahrensgesetze als auch dem Grundgedanken der Verfahrenskommunikation widersprechen. Verwaltung und Bürger sind im Kommunikationsprozess – ungeachtet der Tatsache, ob das einzelne Verfahren eher klassisch-„hoheitlich" oder eher aushandelnd-kooperativ durchgeführt wird – in vielfältiger Weise aufeinander bezogen und daher notwendig inhaltlich verschränkt.[146] Informationen wie Informationsverlangen der einen Seite sind ohne das korrespondierende Verhalten der anderen Seite weder sinnvoll noch sinnvoll darstellbar. Deshalb soll die **Darstellung entsprechend der gesetzlichen Systematik nach Verfahrensabschnitten** erfolgen. Dabei bietet sich die Aufteilung in verfahrensvorbereitende, -verwirklichende und -abschließende Kommunikation an. Dabei soll noch darauf hingewiesen werden, dass zahlreichen Informationsmedien im Verfahren zusätzlich weitere Zwecke zukommen. So sind etwa Anträge gewiss wichtige Informationsträger, können zudem allerdings auch weitere Charakteristika etwa als Willenserklärungen des materiellen Rechts oder auch des formellen Verfahrensrechts aufweisen. Solche weiteren Zwecke illustrieren die Einbettung der Informationsbeziehungen in das allgemeine Rechtsfindungs- und Entscheidungsverfahren,[147] können und müssen hier allerdings außer Betracht bleiben.

2. Verfahrenseinleitende Informationsbeziehungen

37 Gegenstand des Verwaltungsverfahrensrechts ist das Verfahren selbst von seinem Beginn (§ 22 VwVfG) bis zu seinem Ende (§ 9 VwVfG). Handlungen vor

---

[144] Siehe etwa §§ 30, 85 ff., 149 ff. AO; §§ 35 ff. SGB I; §§ 18 ff.; 67 a ff. SGB X; §§ 9 ff. NRWPolG; §§ 6 c, 11 f. GewO; §§ 37 c, 46 a, 51 BImSchG.

[145] Siehe dazu o. → Rn. 7.

[146] Dies kann etwa ein Blick auf die Kommunikation zur Anhörung im Verwaltungsverfahren zeigen. Hier hat einerseits die Verwaltung die Verpflichtung, den Bürger über das Verfahren, seinen Gegenstand, relevante Informationen und die Möglichkeit einer Stellungnahme aufzuklären; andererseits hat der Bürger das Recht, aus seiner Sicht zu allen relevanten Fragen – auch solchen, welche die Verwaltung nicht angesprochen hat, – Stellung zu nehmen und etwa Informationen oder Anträge vorzubringen. Beide Informationsvorgänge sind ohne Bezug aufeinander schwer darstellbar und verstehbar.

[147] Siehe o. → Rn. 32 f.

C. Informationsbeziehungen zwischen Staat und Einzelnen

Verfahrensbeginn sind daher nur ausnahmsweise geregelt. Einzelne Beratungspflichten begründet zu diesem Zeitpunkt am ehesten der eher eng ausgelegte § 25 S. 1 VwVfG.[148] Er statuiert keine allgemeine Informationspflicht der Behörde darüber, dass sie ein Verwaltungsverfahren einzuleiten beabsichtigt oder eingeleitet hat, und kann im Übrigen nur eher restriktiv verstandene Beratungspflichten begründen.[149] Daneben sollen zu diesem Zeitpunkt für Informationsansprüche und -pflichten die allgemeinen Regeln für verfahrensfreies Verwaltungshandeln gelten.[150] Eine Sonderform spezifischer verfahrensvorbereitender Kommunikation findet sich in einzelnen Fachgesetzen im Rahmen eines sog. **Scoping** (s. etwa § 5 UVPG).[151] Solche Vorgespräche vor bestimmten Verwaltungsverfahren sollen zwischen Behörde und Träger des Vorhabens kooperativ dessen Gegenstand und Reichweite abstecken und damit zugleich den weiteren Kommunikationsrahmen im Verfahren bestimmen und begrenzen. In dessen Rahmen entstehen sodann weitere Informationsrechte und -pflichten.

Erster formalisierter Informationsvorgang zu Verfahrensbeginn ist der **Antrag**, der in § 22 VwVfG eher vorausgesetzt als geregelt ist.[152] Das gilt erst recht für seine Informationsfunktion, welche regelmäßig in formularmäßigen Abfragen, der Verpflichtung zur Beifügung von Anlagen oder einer Antragsbegründung besteht. Sowohl die Antragstellung als auch die Angabe der geforderten Informationen steht den Bürgern rechtlich frei.[153] Damit disponieren sie im Rechtssinne selbst über das „Ob" wie auch den Umfang der Informationsübermittlung. Diese Freiwilligkeit wird aber erheblich eingeschränkt durch die Tatsache, dass antragsgebundene Vorteile von den Behörden regelmäßig nur gewährt werden, wenn die geforderten Informationen erteilt werden. Insoweit entsteht hier eine Art **Informationslast des Bürgers:** Materiell nähert sich die Informationsbeziehung einer Austauschbeziehung (etwa: Genehmigung gegen Information) an. Dagegen finden sich **behördliche Informationspflichten im Kontext der Antragstellung nur ausnahmsweise:** Einschlägig ist am ehesten erneut die allgemeine Beratungspflicht des § 25 VwVfG, die sich im Einzelfall auf Ergänzung, Vervollständigung

38

---

[148] Dazu näher *Janbernd Oebbecke*, Beratung durch Behörden, DVBl 1994, S. 147 ff.; *Franz-Ludwig Knemeyer*, Auskunftsanspruch und behördliche Auskunftsverweigerung, JZ 1992, S. 348 ff.; *Astrid Jochum*, Auskunfts- und Hinweispflichten bei der Wahrnehmung hoheitlicher Aufgaben, NVwZ 1987, S. 460 ff.; *Detlef Merten*, Auskunftsanspruch und Auskunftsbescheid im Sozialrecht, VSSR, Bd. 1 (1973), S. 66 ff.; *Wolfgang Meyer*, Behördliche Betreuungspflichten im Sozialverwaltungsrecht, SGb 1985, S. 57 ff.
[149] Krit. zu Recht *Ule/Laubinger*, VerwVerfR, § 26 Rn. 8. Doch liegt dies nicht nur an den Formulierungen des Gesetzes, sondern daneben auch an deren Auslegung durch Rechtsprechung und Rechtswissenschaft.
[150] Dazu → Rn. 65 ff.
[151] Dazu *Christoph Gusy*, Vom UVPG zur UVP – Mehr Fragen als Antworten?, JbUTR, Bd. 15 (1991), S. 3 (10 ff.); *Peter Nisipeanu*, Das Scoping-Verfahren nach § 5 UVPG – Dargestellt an (ab-)wasserwirtschaftlichen Genehmigungsverfahren, NVwZ 1993, S. 319 ff.; *Alexander Schink*, Umweltverträglichkeitsprüfung – Verträglichkeitsprüfung – naturschutzrechtliche Eingriffsregelung – Umweltprüfung, NuR 2003, S. 647 ff.; *ders.*, Die Bedeutung des UVP-Gesetzes des Bundes für die Kommunen, NVwZ 1991, S. 935 ff. Vgl. a. → Bd. II *Fehling* § 38 Rn. 84.
[152] Dazu *Paul Stelkens*, Der Antrag – Voraussetzung eines Verwaltungsverfahrens und eines Verwaltungsaktes?, NuR 1985, S. 213 ff.; *Christoph Gusy*, Der Antrag im Verwaltungsverfahren, BayVBl. 1985, S. 484 ff.; *Martin Schnell*, Der Antrag im Verwaltungsverfahren, 1986.
[153] Dazu *Peter Badura*, Das Verwaltungsverfahren, in: Erichsen/Ehlers (Hrsg.), VerwR, § 36 Rn. 5 ff. Informationspflichten der Bürger können nur bestehen, wenn ausnahmsweise sondergesetzlich begründete Auskunftsansprüche zugunsten der öffentlichen Hand begründet werden. Solche ergeben sich aus dem VwVfG nicht.

oder Berichtigung des Antrags richten kann.[154] Über die Annahmepflicht (§ 24 Abs. 3 VwVfG)[155] hinaus werden allenfalls rudimentäre Verpflichtungen zur Eingangsbestätigung, zur Weiterleitung von unzuständigen an zuständige Stellen[156] oder stattdessen zur Antragsrückgabe und Information über die zuständige Stelle[157] diskutiert. Insgesamt bleibt festzuhalten: Jedenfalls in diesem Verfahrensstadium nimmt eine vielfach von älteren Auslegungsstandards aus der Zeit vor Erlass des Verwaltungsverfahrensgesetzes[158] und einer gewissen Rücksichtnahme auf die Arbeitsbelastung zahlreicher Behörden geprägte Praxis im Einzelfall eher wenig Bezug auf die grundsätzlichen Prinzipien der Rechts- und Sozialstaatlichkeit.[159]

3. Verfahrensverwirklichende Informationsbeziehungen

a) Grundfragen

39 Nach Beginn des Verwaltungsverfahrens entstehen die wechselseitigen Informationsrechte und -pflichten des Verwaltungsverfahrensgesetzes. Ausgangspunkt ist der **Untersuchungsgrundsatz** (§ 24 Abs. 1 VwVfG).[160] Er begründet die Verantwortung der Behörde für Ermittlung und Bewertung der erheblichen Informationen. Die Vorschrift enthält die Grundregel der informationellen Kompetenzverteilung zwischen Trägern und Beteiligten im Verwaltungsverfahren. Nach ihr entscheidet die Behörde von Amts wegen über Umfang, Art und Weise sowie die Mittel der Sachverhaltsermittlung und -erstellung. Dabei ist sie an Gegenstand und rechtlichen Rahmen des konkreten Verwaltungsverfahrens gebunden: Verfahren und Verfahrensgegenstand eröffnen einen Kommunikationsraum, begrenzen ihn aber zugleich. In diesem Rahmen können neben dem Rückgriff auf behördliche und sonstige Bestände[161] Informationsbeziehungen zwischen Staat und Bürgern entstehen, wenn die Behörde bei Beteiligten, Betroffenen oder sonstigen Dritten Auskünfte einholt. Doch begründet § 24 VwVfG **keine eigenständigen Auskunftsansprüche.** Eine Informationspflicht jener Personen entsteht dadurch nicht; sie besteht nur, soweit sie durch andere gesetzliche Regelungen (z. B. § 13 BDSG) begründet ist. Sofern solche Personen in rechtmäßiger Weise nicht mitwirken, sind die Folgen fehlender Angaben verfahrensintern abzuwickeln.[162]

40 Auch wenn der Untersuchungsgrundsatz die Verantwortung der Verwaltung für Sachverhaltsaufklärung und -bewertung begründet, so bedeutet dies nicht,

---

[154] Dazu näher *Paul Stelkens/Dieter Kallerhoff*, in: Stelkens/Bonk/Sachs (Hrsg.), VwVfG, § 25 Rn. 30 ff.
[155] Dazu *Paul Stelkens/Dieter Kallerhoff*, in: Stelkens/Bonk/Sachs (Hrsg.), VwVfG, § 24 Rn. 71 ff.
[156] Dazu näher *Paul Stelkens/Herbert Schmitz*, in: Stelkens/Bonk/Sachs (Hrsg.), VwVfG, § 22 Rn. 54; *Paul Stelkens/Dieter Kallerhoff*, in: Stelkens/Bonk/Sachs (Hrsg.), VwVfG, § 24 Rn. 87: Weiterleitungspflichten nur aus Sondergesetzen, s. etwa §§ 16 Abs. 2 SGB I; 34 Abs. 4 VermG; 84 Abs. 2 SGG; 20 Abs. 3 GO NRW; 94 BWVwVfG.
[157] Dazu etwa *Kopp/Ramsauer*, VwVfG, § 24 Rn. 60.
[158] *Paul Stelkens/Dieter Kallerhoff*, in: Stelkens/Bonk/Sachs (Hrsg.), VwVfG, § 25 Rn. 10.
[159] Dazu o. → Rn. 18 f., 22 f.
[160] Zu dessen Tragweite näher *Paul Stelkens/Dieter Kallerhoff*, in: Stelkens/Bonk/Sachs (Hrsg.), VwVfG, § 24 Rn. 23 ff.; *Ule/Laubinger*, VerwVerfR, § 21 Rn. 1 ff. Vgl. a. → Bd. I *Trute* § 6 Rn. 100; Bd. II *Schneider* § 28 Rn. 36 ff.
[161] Siehe o. → Rn. 1 ff.
[162] Zu Darlegungs- und Beweislasten im Verfahren und ihrer rechtlichen Bewältigung exemplarisch *Thomas Berg*, Beweismaß und Beweislast im öffentlichen Umweltrecht, 1995.

dass alle Informationen allein und ausschließlich von den Behörden selbst ermittelt und aufgeklärt werden müssen. Im Gegenteil geht § 26 VwVfG von einem differenzierten Modell der Sachverhaltsfeststellung aus. Insbesondere können die **Beteiligten zur Sachverhaltsfeststellung herangezogen** werden. Darin liegt keine Einschränkung des Untersuchungsgrundsatzes, sondern dessen Wahrnehmung, solange die Verantwortung für das Untersuchungsergebnis bei der Behörde bleibt.[163] Die dadurch begründete kommunikative Sonderstellung der Beteiligten gegenüber Dritten begründet einerseits eine **Vielzahl von Mitwirkungslasten**,[164] insbesondere hinsichtlich der Übermittlung bekannter Sachverhaltsangaben und Beweismittel. Rechtlich durchsetzbare Informationspflichten gegenüber den Behörden entstehen dabei lediglich aus besonderen Verwaltungsgesetzen (s. etwa §§ 93 ff. AO;[165] §§ 60 ff. SGB I[166]). Umgekehrt entsteht durch die Heranziehung aber auch eine Vielzahl informationeller **Einwirkungsmöglichkeiten der Beteiligten,** indem sie an der Herstellung des entscheidungserheblichen Sachverhalts durch eigene Informationsauswahl, -arrangement und -anreicherung mitwirken können. Hier finden sich Elemente eines **Beibringungsgrundsatzes.**[167] Informationsbeibringung durch Betroffene und Dritte sowie der Untersuchungsgrundsatz sind Elemente einer arbeitsteiligen, kommunikativen Generierung der faktischen Entscheidungsgrundlage. Solche Kommunikationsbeziehungen im Verfahren lassen sich nicht allein in Informationsansprüche einerseits und Informationspflichten andererseits einteilen. Vielmehr entsteht ein komplexes Geflecht kommunikativer Beziehungen. So setzt die Heranziehung Betroffener voraus, dass die Behörden sie informieren, wozu sie sich äußern, Unterlagen beibringen oder sonstige Beweismittel angeben oder vorlegen sollen. Dies wiederum kann ihnen Einblick in bestimmte Aufklärungsrichtungen oder -hypothesen der Verwaltung geben, die sie umgekehrt durch Kommunikation zu beeinflussen versuchen können. In diesem Sinne ist Beibringung stets auch eine Einfluss- und Einwirkungschance des Bürgers auf die Entscheidungsfindung der Verwaltung. Das gilt umso mehr, je intensiver das maßgebliche Fall- oder Fachwissen beim Bürger und nicht bei der Verwaltung liegt.[168] Im Einzelfall kann dies sogar zu ei-

---

[163] Richtig *Paul Stelkens/Dieter Kallerhoff,* in: Stelkens/Bonk/Sachs (Hrsg.), VwVfG, § 24 Rn. 17; *Kopp/Ramsauer,* VwVfG, § 26 Rn. 27 ff.

[164] Richtigerweise als Last und nicht als Pflicht werden die Obliegenheiten der Herangezogenen gedeutet bei *Paul Stelkens/Dieter Kallerhoff,* in: Stelkens/Bonk/Sachs (Hrsg.), VwVfG, §24 Rn. 28; *Kopp/Ramsauer,* VwVfG, § 24 Rn. 12a; *Wolfgang Clausen,* in: Knack, VwVfG, § 24 Rn. 19; *Gerd Engelhardt,* in: Obermayer, VwVfG, § 24 Rn. 100 ff.; OVG NRW, NJW 1990, S. 728 (729); HessVGH, NJW 1986, S. 1129 (1130).

[165] Dazu näher *Jürgen Hagen,* Mitwirkungs- und Aufzeichnungspflichten des Steuerpflichtigen bei Sachverhalten mit Auslandsbezug und Rechtsfolgen bei Pflichtverletzung, Die steuerliche Betriebsprüfung 2005, S. 33 ff.

[166] Dazu näher *BSG,* SGb 2005, S. 300 ff.

[167] Näher *Klaus Grupp,* Mitwirkungspflichten im Verwaltungsverfahren, VerwArch, Bd. 80 (1989), S. 44 ff.; *Klaus D. Schromek,* Die Mitwirkungspflichten der am Verwaltungsverfahren Beteiligten, 1989. Gegen eine allzu scharfe Konfrontation von Untersuchungs- und Beibringungsgrundsatz im Verwaltungsverfahren zutr. *Paul Stelkens/Dieter Kallerhoff,* in: Stelkens/Bonk/Sachs (Hrsg.), VwVfG, § 24 Rn. 1; *Kopp/Ramsauer,* VwVfG, § 24 Rn. 6; *Wolfgang Clausen,* in: Knack, VwVfG, § 24 Rn. 2, 4; *Gerd Engelhardt,* in: Obermayer, VwVfG, § 24 Rn. 13 f.

[168] Zur Wissensbasis vgl. → Bd. II *Vesting* § 20 Rn. 50. Zum Amtsermittlungsgrundsatz bei der Einbeziehung Privater → Bd. II *Appel* § 32 Rn. 68. Zur Vorformung der Sachentscheidung durch die Anhörung → ebd., Rn. 42. S. weiterhin → Bd. I *Franzius* § 4 Rn. 55 ff.

ner Informationsbeherrschung durch Beteiligte – und nicht die Verwaltung – führen. Sachverhaltsermittlung durch Kommunikation setzt selbst Kommunikation über Grundlagen und Grenzen des Verfahrens voraus und generiert sie erneut durch die Verteilung von Kommunikationschancen und -lasten sowie durch Informationsrechte und -pflichten. Dies setzt sich im Verfahren fort, wenn etwa Behörden ankündigen, bestimmte Sachverhaltsangaben zugrunde zu legen, sofern kein Beteiligter gegenteilige Informationen beibringt.[169] Hier können dann faktische Darlegungs- und Argumentationslasten auch jenseits gesetzlicher Rechte und Pflichten entstehen.[170] Der umgekehrte Fall kann etwa eintreten, wenn in ein Verfahren Informationen eingebracht werden, welche nur unter ganz unvertretbar hohem Aufwand oder Kosten entkräftet werden können. Auf solche Weise kann die Situation eintreten, von der Unwiderlegtheit jener Informationen ausgehen zu müssen und so die Informationsaufnahme einzuschränken.[171] Derartige Konstellationen zeigen Chancen für Aushandlungsmodelle, welche nicht linear durch Rechts- und Pflichtenstrukturen beschrieben werden können. Dies gilt umso eher, je weniger eindeutig das materielle Recht den einzelnen Verfahrensgegenstand determiniert und begrenzt.

41 Die damit eröffnete Kommunikation ist also keine Einbahnstraße. Das Verwaltungsverfahren als rechtliche Sonderbeziehung zwischen unterschiedlichen Rechtssubjekten basiert auf der Anerkennung der Subjektstellung der **Beteiligten und Betroffenen**.[172] Sie sind **selbst berechtigt, am Verfahren mitzuwirken**, Informationen einzubringen und dadurch die Sachaufklärung der Behörden mitzubestimmen. Diese Rechtsstellung kommt im Gesetz an unterschiedlichen Stellen zum Ausdruck. So sind die Beteiligten etwa berechtigt, Anträge zu stellen und in diesem Kontext Angaben zu machen,[173] Tatsachen vorzubringen und Beweisanträge zu stellen (§ 24 Abs. 2 S. 2 VwVfG); und zwar ohne Rücksicht darauf, ob sie von der Behörde hierzu besonders herangezogen worden sind oder nicht. Diese **Beibringung** eröffnet ihnen über die Rolle der passiv Befragten, Beigezogenen oder Angehörten hinaus eine eigenständige Initiativfunktion hinsichtlich der behördlichen Aufklärungstätigkeit: Zwar ist die Behörde an ihre Angaben nicht gebunden. Doch darf sie diese umgekehrt auch nicht einfach unberücksichtigt lassen.[174] Vielmehr können solche Angaben Auswirkungen sowohl auf die Verfahrensgestaltung als auch auf die abschließende Entscheidung erlangen. Ersteres wäre der Fall, wenn die Behörde durch Angaben der Beteiligten zu weiterer eigener Informationserhebung motiviert würde; letzteres, wenn

---

[169] Dazu *BVerfGE* 69, 1 (6 ff.); *Wilfried Berg*, Grundsätze des verwaltungsgerichtlichen Verfahrens, in: FS Christian-Friedrich Menger, 1985, S. 537 (543 ff.); *Paul Stelkens/Dieter Kallerhoff*, in: Stelkens/Bonk/Sachs (Hrsg.), VwVfG, § 26 Rn. 7, § 24 Rn. 45 f. Zur Beweiswürdigung bei unterbliebener Mitwirkung etwa *BVerwGE* 74, 222; *BVerwG*, MDR 1970, S. 532 f.

[170] Nach *BVerwGE* 26, 30 (31); *OVG NRW*, FEVS, Bd. 39, S. 430 ff.; *BVerwG*, NJW 1986, S. 1703 (1704), soll darin keine Verschiebung der Beweislast liegen; N. bei *Paul Stelkens/Dieter Kallerhoff*, in: Stelkens/Bonk/Sachs (Hrsg.), (Fn. 154), § 26 Rn. 49 ff., § 24 Rn. 55 ff.

[171] Zur Zumutbarkeit und Verhältnismäßigkeit als Grenze der Mitwirkungslast bei Beteiligten *BVerwGE* 74, 222 ff.; *HessVGH*, FEVS, Bd. 58, S. 333 ff.

[172] Zum Moment der Mobilisierung der Bürger am Beispiel des Europarechts *Johannes Masing*, Die Mobilisierung der Bürger für die Durchsetzung des Rechts, 1997. → Bd. I *ders.* § 7 Rn. 91 ff.

[173] Siehe o. → Rn. 40.

[174] Dazu *Paul Stelkens/Dieter Kallerhoff*, in: Stelkens/Bonk/Sachs (Hrsg.), VwVfG, § 24 Rn. 43.

sie sich in der abschließenden Entscheidung jedenfalls argumentativ mit dem Vorbringen auseinander setzen müsste.

Die informationelle Mitwirkung Beteiligter an der Sachverhaltsfeststellung verschafft diesen eine Sonderrolle gegenüber Außenstehenden. **Beteiligung begründet Verfahrensrechte und -pflichten,** welche Außenstehenden nicht zustehen: Das gilt für das Recht, an der Sachaufklärung mitzuwirken, und das Recht, Beweisanträge zu stellen sowie für die Mitwirkung i.S.d. § 26 Abs. 2 VwVfG. Außenstehenden kommen Interventionsrechte auch informationeller Art nur ausnahmsweise zu. Sie können lediglich auf eigene Initiative oder auf Veranlassung von Behörden oder Beteiligten freiwillig Sachangaben machen oder aber im Rahmen einer behördlichen Beiziehung, Auskunftsaufforderung u.ä. punktuell an der Feststellung von Einzelfragen mitwirken. Das gilt jedenfalls für den Grundfall des binären Verwaltungsverfahrens.[175]

42

b) Formalisierte Informationsrechte Beteiligter im Verfahren: Anhörung, Akteneinsicht u.a.

Das verwaltungsverfahrensbegleitende Kommunikationsverfahren verläuft vielfach informell: Der Informationsaustausch erfolgt im Normalfall weitgehend rechtsfrei, und er bedarf auch zumeist keiner besonderen Ermächtigungsgrundlagen. Hierin erweist und bewährt sich der fragmentarische Charakter der Verwaltungsverfahrensgesetze:[176] Weder enthalten sie eine Kodifikation „des" Verfahrens einschließlich seines Umfeldes und seiner Voraussetzungen noch liegt ihnen die Intention einer vollständigen Formalisierung entscheidungsrelevanten Verwaltungshandelns zugrunde. Sie enthalten lediglich punktuelle Formalisierungen einzelner wesentlicher Aspekte. Im Kontext von Informationsrechten und -pflichten begründet das Verwaltungsverfahrensrecht drei formelle Kommunikationsrechte der Beteiligten: **Anhörung** (§ 28 VwVfG) und **Akteneinsicht** (§ 29 VwVfG) Beteiligter vor der Entscheidung sowie die **Begründungspflicht** der Behörde (§ 39 VwVfG) im Zusammenhang mit der Entscheidung selbst. Die beiden zuerst genannten Rechte haben demnach verfahrensverwirklichende, das zuletzt genannte eher verfahrensabschließende Bedeutung.[177] Jene oft als „Verfahrensgrundrechte" benannten Garantien bezeichnen das gesetzlich zwingend vorgeschriebene Minimum an Kommunikation. Sie sind Mindestgarantien zugunsten des Bürgers und öffnen das Verwaltungsverfahren für sein Umfeld, das Kommunikationsverfahren. Daraus lässt sich nicht herleiten, die Verfahrenskommunikation sei zwingend auf jene Garantien zu beschränken. Im faktischen Normalfall werden die formalisierten Kommunikationsrechte weitergehende informelle Kommunikationsbeziehungen eher ergänzen als ersetzen. In diesem Umfeld erlangen die Verfahrensgrundrechte insbesondere eine zweifache Bedeutung: Einerseits begründen sie als rechtsförmige **Rückfall- oder Reserveordnung** informationelle Minimalpositionen, sofern die sonstige verfahrensbegleitende Kommunikation nicht funktioniert oder rechtlich ausnahmsweise ausgeschlossen ist. In diesem Falle sind sie eher Ausdruck fehlender oder versagender verfahrensbegleitender Informationsbeziehungen. Andererseits kommt ihnen eine zusätzliche

43

---

[175] Zu Sonderformen im Falle der Öffentlichkeitsbeteiligung s. u. → Rn. 53.
[176] Siehe o. → Rn. 35.
[177] Dazu → Rn. 36.

Informations- bzw. Warnfunktion zu, und zwar in dem Sinne, ob und inwieweit bestehende Informationsbeziehungen in ein rechtlich geregeltes Verwaltungsverfahren einmünden können. In dieser Bedeutung sind sie eher Instrument eines Ebenenwechsels von der informellen zu einer formalisierten Staat-Bürger-Beziehung.

44 **§ 29 VwVfG** enthält eine Grundnorm des Informationsverwaltungsrechts, welche eine eigenständige Konstituierung von Informationsrecht und -schranken versucht. Der Anspruch auf **Akteneinsicht**[178] begründet grundsätzlich ein einseitiges Informationsrecht der Bürger gegen die Behörde. Ihm geht es um Transparenz des Verfahrens,[179] Kontrollierbarkeit laufender Entscheidungsprozesse[180] und damit die Optimierung der allgemeinen Verfahrensfunktionen.[181] Der Anspruch setzt das Stattfinden eines Verwaltungsverfahrens und die **Beteiligtenstellung des Anspruchstellers** (§ 13 VwVfG)[182] voraus. Insoweit normiert die Vorschrift bewusst ein Grundrecht der Bürger im Verfahren. Sie eröffnet das Recht Beteiligter auf kommunikative Verfahrensteilhabe durch Formalisierung von Informationsansprüchen gegen die Verwaltung. Insoweit trägt der Anspruch zur kommunikativen Ausdifferenzierung des Verfahrens aus der allgemeinen Staat-Bürger-Beziehung einerseits und der informationellen Sonderstellung der Beteiligten im Verfahren andererseits bei. Hier geht es um die Durchsetzung verfahrensbetroffener subjektiver Rechte,[183] nicht um allgemeine Rechtskontrolle stattfindender Verwaltungsverfahren durch die Öffentlichkeit.[184] Andere Personen als Beteiligte können sich nicht auf diese Anspruchsgrundlage, sondern nur auf allgemeine Ansprüche außerhalb von Verwaltungsverfahren berufen.[185]

45 Gegenstand des Einsichtsanspruchs sind die zum Verfahren angelegten **Akten** unabhängig vom Ort ihrer Aufbewahrung oder der Form ihrer Anlage und Dateien ohne Rücksicht auf ihre Speicherungsform.[186] Einziges Abgrenzungskriterium ist deren **Verfahrensbezug:** Dabei soll es allein auf den materiellen Inhalt,

---

[178] Sonderregelungen finden sich etwa in §§ 19 BDSG; § 3 StasiunterlagenG; § 4 Abs. 1 S. 1 UIG; § 25 SGB X. Kein Akteneinsichtsrecht findet sich dagegen in der AO. Zur Akteneinsicht bei den Finanzbehörden *BFH*, NVwZ 2004, S. 382 ff. Vgl. a. → Bd. II *Schneider* § 28 Rn. 51 ff., 57 f.

[179] *BayVGH*, NVwZ 1999, S. 889 (890); *Heinz J. Bonk/Dieter Kallerhoff*, in: Stelkens/Bonk/Sachs (Hrsg.), VwVfG, § 29 Rn. 4; *Kugelmann*, informatorische Rechtsstellung (Fn. 50), S. 243 (m. w. N.).

[180] *BayVGH*, ebd. (Fn. 179).

[181] Siehe o. → Rn. 18 f., 34.

[182] → Bd. II *Schneider* § 28 Rn. 23, *Rossen-Stadtfeld* § 29 Rn. 13 ff.

[183] Siehe o. → Rn. 32.

[184] Zurückhaltend insoweit auch *Roland Bieber*, Informationsrechte Dritter im Verwaltungsverfahren, DÖV 1991, S. 860 ff.; *Kugelmann*, informatorische Rechtsstellung (Fn. 50), S. 244 ff. (246). Etwas weiter spricht *Scherzberg*, Öffentlichkeit (Fn. 29), S. 386 ff., von einem „Grundsatz der begrenzten Aktenöffentlichkeit", am ehesten wohl zu verstehen als Grundsatz der Beteiligtenöffentlichkeit.

[185] Nach *BVerwGE* 30, 154 (160); *BVerwG*, DVBl 1984, S. 53 (55), soll dies auch für potentiell verfahrensbetroffene gelten.

[186] *Hufen*, Fehler, Rn. 241 ff.; *Scherzberg*, Öffentlichkeit (Fn. 29), S. 386 f. spricht in diesem Zusammenhang vom Wandel des Rechts in Richtung auf einen Anspruch zu behördlichen Informationsträgern. Zu den Dateien noch *Gabriele Britz*, Reaktionen des Verwaltungsverfahrensrechts auf die informationstechnischen Vernetzungen der Verwaltung, in: Hoffmann-Riem/Schmidt-Aßmann (Hrsg.), Verwaltungsverfahren, S. 228 ff. Dagegen allerdings *Heinz J. Bonk/Dieter Kallerhoff*, in: Stelkens/Bonk/Sachs (Hrsg.), VwVfG, § 29 Rn. 9. Auskunftsansprüche über nicht schriftlich oder elektronisch fixiertes Wissen der Behörden um das Verwaltungsverfahren entstehen aus dieser Vorschrift nicht. Zu Akten als Bestandteil der Kommunikationsinfrastruktur der Verwaltung → Bd. II *Ladeur* § 21 Rn. 1 ff.; zur elektronischen Aktenführung → Bd. II *Britz* § 26 Rn. 32, 75 ff.

nicht hingegen auf die formelle Bezeichnung als Verfahrensakte ankommen. Zu jenen zählen alle Unterlagen, welche für die einzelne Sachentscheidung Bedeutung erlangen können, weil sie in einem hinreichend konkreten Zusammenhang zum Verfahren stehen.[187] Nicht dazu zählen allerdings Entscheidungsentwürfe und vergleichbare Unterlagen (§ 29 Abs. 1 S. 1 VwVfG).[188] Der Anspruch soll nach verbreiteter Auffassung mit dem Beginn des Verwaltungsverfahrens (§ 22 VwVfG) einsetzen und mit dessen Abschluss i.S.d. § 9 VwVfG enden.[189] Die namentlich auf § 29 Abs. 1 S. 2 VwVfG gestützte Gegenauffassung,[190] welche auch nach Verfahrenabschluss Einsichtsrechte – und zwar auch in Entwürfe und vergleichbare Unterlagen – gewähren will, ist allerdings besser geeignet, die Rechtsverwirklichung im und durch Verfahren systematisch widerspruchsfrei zu verwirklichen. Grundsätzlich gilt jedoch: Das Verfahren begrenzt nicht nur den Kreis der potentiell Berechtigten, sondern auch den Inhalt ihres Einsichtsrechts und den Zeitraum seines Bestehens.

§ 29 VwVfG begründet einseitige Informationspflichten der öffentlichen Hand und dem korrespondierende Informationsrechte der Beteiligten. Dieser Anspruch ist ein formalisiertes Element der durch das Verfahren begründeten informationellen Sonderbeziehung zwischen Trägern und Beteiligten des Verfahrens. Einerseits setzt er voraus, dass die **Bürger über das Stattfinden des Verfahrens informiert** sind. Woher sie diese Kenntnis haben, lässt das Gesetz offen: Eine allgemeine Pflicht der Behörden zur Information (potentiell) Beteiligter über die Einleitung eines Verwaltungsverfahrens ist dem Gesetz nicht zu entnehmen. Umgekehrt ist Akteneinsicht ihrerseits geeignet und bestimmt, Kommunikation auch vom Beteiligten hin zur Behörde mit dem Ziel einer **Geltendmachung bzw. Verteidigung ihrer rechtlichen Interessen** zu ermöglichen. Diese Bestimmung zeigt eher die Zweckrichtung als die Grenze des Einsichtsrechts, ist doch die Beteiligtenstellung in § 13 VwVfG ihrerseits nahezu ausnahmslos daran gebunden, dass das Verfahren rechtlich anerkannte Interessen dieses Personenkreises berühren kann.[191] Ausnahmen können allenfalls dann gelten, wenn die Behörde im Einzelfall positive Kenntnis davon hat, dass Beteiligte ihr Einsichtsrecht zu verfahrens- oder rechtsverteidigungsfremden Zwecken einsetzen wollen. Von daher bleibt nur ein schmaler Anwendungsbereich für eine einschränkende Praxis.[192]

46

---

[187] *Matthias Preussner*, Das Recht auf Akteneinsicht im Verwaltungsverfahren, VBlBW 1982, S. 1 (2); zu einem möglichen Annexanspruch auf Beiziehung sonstiger Akten *Heinz J. Bonk/Dieter Kallerhoff*, in: Stelkens/Bonk/Sachs (Hrsg.), VwVfG, § 29 Rn. 8; *Kugelmann*, informatorische Rechtsstellung (Fn. 50), S. 248 ff.

[188] In diesem Kontext kommt der zeitlichen Grenze „bis zum Abschluss des Verwaltungsverfahrens" keine eigenständige Bedeutung zu, da zu diesem Zeitpunkt nach verbreiteter Auffassung das Einsichtsrecht i.S.d. § 29 Abs. 1 S. 1 VwVfG erlischt; *Kugelmann*, informatorische Rechtsstellung (Fn. 50), S. 248 ff.; *Hans Meyer/Hermann Borgs-Maciejewski*, Verwaltungsverfahrensgesetz, 2. Aufl. 1982, § 29 Rn. 11.

[189] *BVerwGE* 67, 300 (304); 84, 375 (376); *Heinz J. Bonk/Dieter Kallerhoff*, in: Stelkens/Bonk/Sachs (Hrsg.), VwVfG, § 29 Rn. 1; *Wolfgang Clausen*, in: Knack, VwVfG, § 29 Rn. 2; *Meyer/Borgs-Maciejewski*, VwVfG (Fn. 188), § 29 Rn. 11; *Scherzberg*, Öffentlichkeit (Fn. 29), S. 387; *Kugelmann*, informatorische Rechtsstellung (Fn. 50), S. 249 ff.

[190] *BayVGH*, NVwZ 1990, S. 775 (777); *Hufen*, Fehler, Rn. 239; *Ule/Laubinger*, VerwVerfR, § 25 Rn. 2.

[191] Konsequent daher *Hufen*, Fehler, Rn. 244: Regelfall; ähnlich *Kugelmann*, informatorische Rechtsstellung (Fn. 50), S. 250 ff.

[192] *Kopp/Ramsauer*, VwVfG, § 29 Rn. 7: Möglichkeit einer Beschränkung auf Aktenteile; *Wolfgang Clausen*, in: Knack, VwVfG, § 29 Rn. 5: keine Einsicht in für die Entscheidung „offensichtlich bedeu-

47 Die **Grenzen des Akteneinsichtsanspruchs** sind in §§ 29 Abs. 2, 30 VwVfG konturiert. Sie können sowohl in konkurrierenden **öffentlichen Belangen,** namentlich dem Wohl von Bund und Ländern,[193] der Funktionsfähigkeit der Behörde und den Erfordernissen des Verwaltungsverfahrens[194] sowie in kollidierenden Belangen Privater, namentlich den **persönlichen, Geschäfts- und Betriebsgeheimnissen** (§ 30 VwVfG),[195] gründen. Damit soll insbesondere den Anforderungen des Datenschutzes Rechnung getragen werden.[196] § 29 Abs. 2 VwVfG schließt allein die Verpflichtung, nicht hingegen die Berechtigung der Behörde zur Einsichtsgewährung aus. Dieser Umstand verdeutlicht, dass im Einzelfall eine Abwägung zwischen anspruchsbegründenden und anspruchsbegrenzenden Umständen geboten ist.[197] Für die Akteneinsicht spricht namentlich die Garantie des Art. 19 Abs. 4 GG,[198] die Vorwirkungen auf das Verwaltungsverfahren als antizipiertes Rechtsdurchsetzungs- und Rechtsschutzverfahren erlangen kann.[199] Von daher liegt es nahe, die Gewährung von Akteneinsicht als Regelfall, die Versagung hingegen als begründungsbedürftigen Ausnahmefall zu charakterisieren.[200] Die gebotene Abwägung hat auf den notwendigen Ausgleich der kollidierenden Rechtspositionen Rücksicht zu nehmen. Sie kann daher nicht allein auf Gewährung oder Versagung, sondern muss auch auf gegenständliche Beschränkung der Einsichtnahme – unter Entfernung etwa vorrangig schutzbedürftiger Teile – gerichtet sein.[201] Im Übrigen setzt die Rechtsprechung zu der Parallelnorm des § 99 VwGO zu Recht eher auf

---

tungslose Akten"; *Heinz J. Bonk/Dieter Kallerhoff,* in: Stelkens/Bonk/Sachs (Hrsg.), VwVfG, § 29 Rn. 14: Zweifel gehen zu Gunsten des Antragstellers.

[193] Dazu näher § 99 Abs. 1 S. 2 VwGO; dazu *Heinz J. Bonk/Dieter Kallerhoff,* in: Stelkens/Bonk/Sachs (Hrsg.), VwVfG, § 29 Rn. 15 f.: innere und äußere Sicherheit der Bundesrepublik, Beziehungen zu anderen Staaten; *Christoph Gusy,* in: BMI (Hrsg.), Verfassungsschutz: Bestandsaufnahme und Perspektiven, 1998, S. 182 (211 ff.). Zu § 99 VwGO noch näher u. → Rn. 94.

[194] Siehe hierzu allgemein *BayVGH,* NVwZ 1990, S. 775 (778); zu Einzelfällen *Heinz J. Bonk/Dieter Kallerhoff,* in: Stelkens/Bonk/Sachs (Hrsg.), VwVfG, § 29 Rn. 17: Geheimhaltungsbedürfnis bestimmter polizei- oder ordnungsbehördlicher Verfahren. Zu Massenverfahren (verneinend) *Mathias Preussner,* Akteneinsicht (Fn. 187), S. 5 ff. Nicht hierzu zählt die Amtsverschwiegenheit der Bediensteten, *Scherzberg,* Öffentlichkeit (Fn. 29), S. 388 f. (m. w. N.).

[195] Dazu aus jüngerer Zeit *BVerwGE* 119, 1 ff.; BayVBl. 2002, S. 93 ff.; *VGH BW,* 1 K 1478/99. Zum Sonderfall des Stasi-Unterlagengesetzes *BVerwGE* 121, 115 ff. Zu den Geschäfts- und Betriebsgeheimnissen *BVerfGE* 2, 298 ff.; *BVerwG,* NVwZ 2004, S. 105 ff. Grundsätzlich näher *BVerwGE* 71, 115 (119). S. a. → Bd. II *Holznagel* § 24 Rn. 69 ff.

[196] Hierzu näher → Bd. II *Albers* § 22. Zum Kontext der Akteneinsicht *Kugelmann,* informatorische Rechtsstellung (Fn. 50), S. 254 ff. (256 ff.) (m. w. N.).

[197] Anhaltspunkte für ein Abwägungserfordernis finden sich auch in § 29 Abs. 3 VwVfG, wo ein entgegenstehendes öffentliches Interesse eben nur dann „zwingend" ist, wenn es sich gegenüber dem Einsichtsbegehren als vorrangig erweist. S. dazu *Peter Bachmann/Martin Pavlitschko,* Akteneinsicht in elektronische Behördenakten, MMR 2004, S. 370 ff.; *Jörn Steike,* Akteneinsicht bei der Prüfungsanfechtung, NVwZ 2001, S. 868 ff. Ähnliches gilt auch für § 30 VwVfG, der eben nicht jede Einsicht in Geheimnisse, sondern nur die „unbefugte" Einsicht untersagt. Auch dies setzt eine Abwägung mit § 29 Abs. 1 VwVfG als Einsichtsanspruch (oder in der Terminologie des § 30 „-befugnis") voraus; dazu *Kugelmann,* informatorische Rechtsstellung (Fn. 50), S. 259 f.

[198] Dazu o. → Rn. 18 f.

[199] Siehe auch → Bd. II *Schmidt-Aßmann* § 27 Rn. 67 f.

[200] Grundlegend *BVerfGE* 7, 168 ff. S. a. *Kugelmann,* informatorische Rechtsstellung (Fn. 50), S. 251 f.; *Georgios Trantas,* Akteneinsicht und Geheimhaltung im Verwaltungsrecht, 1998, S. 470 ff.; *BayVGH,* NVwZ 1990, S. 775 (778). Zur selbständigen Anfechtbarkeit der Einsichtsverweigerung → Bd. II *Schneider* § 28 Rn. 55.

[201] *Scherzberg,* Öffentlichkeit (Fn. 29), S. 388; *Kugelmann,* informatorische Rechtsstellung (Fn. 50), S. 260 ff.; *Hufen,* Fehler, Rn. 252.

den Gedanken einer Kollisionslösung durch Verfahren.²⁰² Kein rechtlich schutzwürdiges Geheimhaltungsinteresse besteht im Verwaltungsverfahren an solchen Unterlagen, deren Offenlegung die Verwaltung in einem nachträglichen Gerichtsverfahren zulassen müsste.²⁰³

Die **Anhörung** Beteiligter (§ 28 VwVfG)²⁰⁴ ist gesetzlich primär als Mittel zur Information der Behörden durch die Bürger ausgestattet. Ihr zentrales Ziel liegt darin, den Bürgern im Verfahren eine formalisierte Gelegenheit zur Geltendmachung ihrer Interessen und Rechte zu eröffnen.²⁰⁵ **Voraussetzungen** dafür sind das Stattfinden eines Verwaltungsverfahrens, die Beteiligung einer Person und die Absicht der Behörde, einen eingreifenden Verwaltungsakt gegen den Anzuhörenden zu erlassen.²⁰⁶ Das Äußerungsrecht bezieht sich auf alle Umstände, die das Verfahren selbst und die intendierte Maßnahme betreffen. Damit hat die vielfach als „Verfahrensgrundrecht" bezeichnete Regelung einen Doppelcharakter: Sie bezieht sich sowohl verfahrensextern auf die Verwirklichung des Verfahrenszwecks, also die Herbeiführung einer sachlich angemessenen und rechtlich zulässigen Entscheidung, als auch verfahrensintern auf die Herbeiführung von Verfahrensrichtigkeit und -gerechtigkeit. 48

Anhörung ist mehr und anderes als ein einseitiges Äußerungsrecht des Bürgers. Sie ist vielmehr das zentrale formalisierte Kommunikationsinstrument im Verfahren. Ausgangspunkt dafür ist die **Anhörungspflicht der Behörde:** Sie ist nicht als bloß passive Verpflichtung zur Kenntnisnahme von Äußerungen der Bürger ausgestaltet, sondern – entsprechend dem Grundrecht aus Art. 103 Abs. 1 GG²⁰⁷ – auch als Pflicht zur aktiven Gewährung und Ermöglichung von Äußerungen potentiell Betroffener. Dazu zählt zunächst die eigenständige Informationspflicht der Verwaltung: Sie muss die Bürger zunächst davon in Kenntnis setzen, dass über- 49

---

²⁰² Siehe BVerfGE 101, 106 (125 ff.). Zu Einzelheiten des Verfahrens BVerwG, NVwZ 2004, S. 486 ff.; BVerwGE 119, 229 ff.; 118, 352 ff. Zum Ganzen *Jochen Margedant*, Das „in camera"-Verfahren, NVwZ 2001, S. 759 (764); *Michael Sachs*, Akteneinsicht im Verwaltungsprozess, JuS 2000, S. 702 ff.; *Martin Redeker/Peter Kohte*, Die Neuregelung zur Überprüfung verweigerter Aktenvorlage im Verwaltungsprozess, NVwZ 2002, S. 313 (315); *Max-Jürgen Seibert*, Änderungen der VwGO durch das Gesetz zur Bereinigung des Rechtsmittelrechts im Verwaltungsprozess, NVwZ 2002, S. 265 (271).

²⁰³ Hier kann allerdings die zeitliche Grenze des § 29 Abs. 1 S. 2 VwVfG eigenständige Bedeutung erlangen; dazu o. → Rn. 45.

²⁰⁴ Dazu → Bd. II *Rossen-Stadtfeld* § 29 Rn. 22 ff.; *Dirk Ehlers*, Anhörung im Verwaltungsverfahren, Jura 1996, S. 617 ff. Sondervorschriften etwa in § 91 AO; § 24 SGB X; dazu *Horst Bartels*, Die Anhörung Beteiligter im Verwaltungsverfahren, 1985.

²⁰⁵ Zu dieser Intention des rechtlichen Gehörs näher *Georg Nolte*, in: v. Mangoldt/Klein/Starck (Hrsg.), GG III, Art. 103 Rn. 4 f., 37 ff. Zu den Funktionen der Anhörung → Bd. II *Schneider* § 28 Rn. 43.

²⁰⁶ Hierzu näher *Heinz J. Bonk/Dieter Kallerhoff*, in: Stelkens/Bonk/Sachs (Hrsg.), VwVfG, § 28 Rn. 10 ff.; *Kopp/Ramsauer*, VwVfG, § 28 Rn. 12 ff.; *Wolfgang Clausen*, in: Knack, VwVfG, § 28 Rn. 10 ff.; *Dieter Grünewald*, in: Obermayer, VwVfG, § 28 Rn. 13 ff. Dabei wird die namentlich in der Rechtsprechung anzutreffende enge Auslegung des Eingriffskriteriums – seit BVerwGE 68, 267; s.a. BVerwG, Buchholz 316 § 28 Nr. 3, 6 – weder der Systematik des § 28 VwVfG (namentlich im Hinblick auf § 28 Abs. 2 Nr. 3 VwVfG) noch dem Zweck des Verfahrens gerecht; so auch *Hans-Werner Laubinger*, Zur Erforderlichkeit der Anhörung des Antragstellers vor Ablehnung seines Antrags durch die Verwaltungsbehörde, VerwArch, Bd. 75 (1984), S. 55 ff.; *Meyer/Borgs-Maciejewski*, VwVfG (Fn. 188), § 28 Rn. 10. Vgl. a. → Bd. II *Schneider* § 28 Rn. 44.

²⁰⁷ Dazu in diesem Kontext näher *Georg Nolte*, in: v. Mangoldt/Klein/Starck (Hrsg.), GG III, Art. 103 Rn. 48 ff. Vgl. a. → Bd. II *Rossen-Stadtfeld* § 29 Rn. 22.

haupt ein Verwaltungsverfahren eingeleitet worden ist;[208] dass sie als potentiell Betroffene und daher als Beteiligte in Betracht kommen; dass eine sie möglicherweise betreffende Entscheidung beabsichtigt ist und welche tatsächlichen und rechtlichen Umstände hierfür maßgeblich sind. Diese Pflicht kann noch über diejenige aus der Akteneinsicht hinausgehen: Sofern auch andere als aktenkundige Umstände entscheidungserheblich werden, sind auch diese zur Ermöglichung der Anhörung des Bürgers mitzuteilen.[209] Zunächst stellt sich das **Anhörungsrecht also als Auskunftspflicht der Behörde** dar: Sie hat mit potentiell Betroffenen in Kommunikation zu treten. Der beschriebenen Auskunftspflicht der Behörde kommt im Rahmen der Anhörung Initiativfunktion zu.[210] Sie ist gleichfalls geeignet, das Verfahren als informationelle Sonderbeziehung zwischen Trägern und Beteiligten des Verfahrens zu begreifen: Letztere sind im Regelfall, außenstehende Dritte nur bei Einschlägigkeit rechtlicher Sonderregelungen[211] zu informieren und anzuhören. In diesem Sinne sind die in § 28 Abs. 2, 3 VwVfG beschriebenen **Grenzen des Anhörungsrechts** wesentlich als Grenzen der Informationspflicht der Verwaltung zu begreifen. Doch gelten sie nicht absolut; vielmehr ist stets im Einzelfall zu prüfen, ob die von ihnen zu sichernden Belange den Zweck der Anhörung im Einzelfall überwiegen.[212] Zu diesem Zweck räumt § 28 Abs. 2 VwVfG Ermessen ein, während § 28 Abs. 3 VwVfG mit dem Merkmal des „zwingenden" öffentlichen Interesses Raum für die Prüfung lässt, ob das Interesse im Einzelfall – in Abwägung mit den Rechten der Betroffenen – tatsächlich zwingend vorgeht.[213]

50 Im Zentrum der Anhörung steht das **Äußerungsrecht des Betroffenen** als einzige rechtlich zwingend vorgeschriebene Möglichkeit seiner kommunikativen Teilhabe am Verfahren. Darin liegt allein ein Recht, er hat „Gelegenheit" zur Äußerung: Weder ist er zu Angaben verpflichtet, noch ist seine Stellungnahme zwingende Voraussetzung für die Fortsetzung des Verfahrens. Sofern ihm in angemessener Weise Äußerungsmöglichkeiten eingeräumt worden sind, ist dies für einen rechtmäßigen Verfahrensablauf ausreichend. In diesem Rahmen ist der Beteiligte berechtigt, sich zu allen entscheidungserheblichen Tatsachen zu äußern. Er hat Anspruch auf ein „Tatsachengespräch" – genauer: zu einer Äußerung über

---

[208] § 28 VwVfG ist im Normalfall die einzige gesetzliche Verpflichtung, die Bürger überhaupt über sie betreffende Verwaltungsverfahren zu informieren. Zum förmlichen Verfahren → Bd. II *Rossen-Stadtfeld* § 29 Rn. 23, zu Sozial- und Steuerverfahren → Bd. II *Schneider* § 28 Rn. 48. Zur Bedeutung für den Datenschutz → Bd. II *Albers* § 22 Rn. 150.

[209] *Kopp/Ramsauer*, VwVfG, § 28 Rn. 17; *Kugelmann*, informatorische Rechtsstellung (Fn. 50), S. 242 ff. Zur Vorformung der Sachentscheidung und Gefahren bei der Übertragung an Private → Bd. II *Appel* § 32 Rn. 40 ff.

[210] Doch ist sie keine notwendige Bedingung des Äußerungsrechts der Betroffenen: Wenn sie vom Verfahren auf andere Weise Kenntnis erlangt haben, können sie sich auch ohne behördliche Initiative äußern. Zu diesem Zweck sind sie etwa berechtigt, sich durch Akteneinsicht die erforderlichen Informationen selbst zu verschaffen.

[211] Dazu → Rn. 53.

[212] Dazu näher *Kopp/Ramsauer*, VwVfG, § 28 Rn. 49 ff.; *Heinz J. Bonk/Dieter Kallerhoff*, in: Stelkens/Bonk/Sachs (Hrsg.), VwVfG, § 28 Rn. 47 ff.; *Wolfgang Clausen*, in: Knack, VwVfG, § 28 Rn. 14 ff.; *Dieter Grünewald*, in: Obermayer, VwVfG, § 28 Rn. 35. S. a. → Bd. II *Schneider* § 28 Rn. 46 ff.

[213] Dabei erscheint es denkbar, bei der Auslegung der Grenzen des § 28 VwVfG auch diejenigen des § 29 VwVfG systematisch heranzuziehen; zu diesen s. o. → Rn. 47. In diesem Sinne ist wohl auch *Kugelmann*, informatorische Rechtsstellung (Fn. 50), S. 242 ff. („Die Informationspflicht der Behörde endet bei ihrer Pflicht zur Geheimhaltung") zu verstehen.

Tatsachen in sachdienlicher und angemessener Form, möglicher, nicht zwingend mündlicher Form[214] –, das jedenfalls in dem Moment auch zum „Rechtsgespräch" mutieren kann, wenn die Erheblichkeit bestimmter Fakten zum Thema wird.[215] Dieses Äußerungsrecht ist inhaltlich offen: Keineswegs ist der Bürger darauf festgelegt, die vorher gestellten Fragen der Behörde zu beantworten oder sich auf die von ihr angegebenen Themen zu beschränken. Auch ist er berechtigt, in diesem Kontext sonstige Verfahrensrechte geltend zu machen, etwa Anregungen zu geben, Beweisanträge zu stellen oder sonstige Verfahrenshandlungen einzuleiten oder vorzunehmen.

Dem Äußerungsrecht des Bürgers entspricht die **Kenntnisnahmepflicht der Behörde.**[216] Sie hat die so erhaltenen Informationen zu würdigen und im Falle ihrer Erheblichkeit in das weitere Verfahren einzubeziehen. Daraus können verfahrensinterne Verpflichtungen – etwa die Notwendigkeit weiterer Aufklärung oder Beteiligung weiterer Personen – wie auch verfahrensexterne Folgerungen im Hinblick auf die zu treffende abschließende Entscheidung entstehen: Dies wäre der Fall, wenn die Entscheidung aufgrund von Informationen aus der Anhörung nicht, nicht mit dem vorgesehenen Inhalt oder nicht in der vorgesehenen Form getroffen werden kann. Hingegen begründet die Anhörung keine korrespondierenden verfahrensinternen Kommunikationspflichten der Behörde. Insbesondere ist sie nicht zu einer Antwort verpflichtet, muss allerdings auf erhebliches Vorbringen ggf. im Rahmen einer vorgeschriebenen Entscheidungsbegründung[217] eingehen. 51

Zusammenfassend bleibt festzuhalten: Die genannten kommunikativen Verfahrensgrundrechte der Beteiligten stellen rechtliche Minimal- bzw. Rückfallregelungen dar.[218] Ihre Bedeutung ist im Einzelfall umso größer, je eher die informellen verfahrensbegleitenden Informationsbeziehungen versagen. Sie bezeichnen also die formalisierten rechtlichen Mindeststandards einer informationellen Einbeziehung Beteiligter in Verwaltungsverfahren. Dabei kommt der durch sie vermittelten Kommunikation Bedeutung sowohl für die Verwirklichung der verfahrensinternen Zwecke[219] als auch der Zwecke des Verfahrens insgesamt im Hinblick auf die Generierung einer sachlich angemessenen und rechtlich zulässigen Entscheidung[220] zu. Beide Zwecke können sie gerade deshalb fördern, weil die Informationsgewinnung selbst Teil des Verwaltungsverfahrens ist. Ihre rechtlich vorgesehene Nachholbarkeit (§ 45 Abs. 1 Nr. 1–3 VwVfG) oder gar Entbehrlichkeit (§ 46 VwVfG) kann jedenfalls nicht damit gerechtfertigt werden, dass die nachträgliche der vorherigen Informationsgewinnung im Hinblick auf deren rechtliche Zweck- 52

---

[214] Eine mündliche Anhörung ist nur durch Spezialvorschriften (etwa: §§ 67 f. VwVfG, 25 AsylVfG) vorgeschrieben. Zur Form i. Ü. *Heinz J. Bonk/Dieter Kallerhoff,* in: Stelkens/Bonk/Sachs (Hrsg.), VwVfG, § 28 Rn. 46; *Kopp/Ramsauer,* VwVfG, § 28 Rn. 39 ff.; *Wolfgang Clausen,* in: Knack, VwVfG, § 28 Rn. 13; *Dieter Grünewald,* in: Obermayer, VwVfG, § 28 Rn. 20 ff.
[215] Zu den Gegenständen der Äußerung insoweit etwa *Heinz J. Bonk/Dieter Kallerhoff,* in: Stelkens/Bonk/Sachs (Hrsg.), VwVfG, § 28 Rn. 38 ff.; *Kopp/Ramsauer,* VwVfG, § 28 Rn. 42; *Wolfgang Clausen,* in: Knack, VwVfG, § 28 Rn. 9. S. a. → Bd. II *Schneider* § 28 Rn. 45.
[216] Dazu *Kopp/Ramsauer,* VwVfG, § 28 Rn. 13; *Heinz J. Bonk/Dieter Kallerhoff,* in: Stelkens/Bonk/Sachs (Hrsg.), (Fn. 154), § 28 Rn. 16, 34.
[217] Dazu → Rn. 60 f.
[218] Siehe o. → Rn. 43.
[219] Dazu → Rn. 33 ff.
[220] Dazu → Rn. 32.

bestimmung gleichwertig sei. Sie kann demnach nur durch andere, nicht kommunikationsbezogene Belange gerechtfertigt werden.[221]

c) Einbeziehung Nichtbeteiligter, insbesondere Verfahrensöffentlichkeit

53 Grundsätzlich kann die Behörde im Verfahren sämtliche Informationen einbeziehen, die sie selbst ermittelt hat oder die ihr von anderen zur Verfügung gestellt worden sind. Dazu können auch freiwillige Mitteilungen Dritter innerhalb oder außerhalb des Verwaltungsverfahrens zählen. Verfahren und Verfahrensrecht grenzen jedoch Beteiligte und Nichtbeteiligte[222] rechtlich wie informationell ab. Die Einbeziehung letzterer überschreitet jene Grenze und öffnet das Verfahren nach außen: Die Behörde ist entweder berechtigt oder gar verpflichtet, Dritten Äußerungsmöglichkeiten einzuräumen und ihnen so informationelle Interventionsmöglichkeiten zu eröffnen. Das gilt namentlich im Planungsverfahren (etwa: § 3 BauGB), Planfeststellungsverfahren (§§ 72 ff. VwVfG) und in vergleichbar ausgestalteten Genehmigungsverfahren mit Öffentlichkeitsbeteiligung (etwa: § 10 BImSchG).[223] In ihnen entstehen besondere Informationsrechte und -pflichten im Verhältnis zu unterschiedlich beschränkten Öffentlichkeiten. Sie illustrieren, dass die Öffentlichkeitsbeteiligung zentral ein Informationsverfahren ist. Sonstige Ein- oder Mitwirkungsrechte stehen Dritten nur in Sonderfällen zu.

54 Der Einbeziehung Dritter liegt eine aufeinander aufbauende, gestufte Abfolge **behördlicher Informationspflichten** zugrunde. Sie ist in einzelnen Fachgesetzen unterschiedlich ausgestaltet und kann hier nur in ihren Grundelementen genannt werden. Am Anfang steht die **Information über das Stattfinden des Verfahrens** und die rechtlichen Möglichkeiten und Bedingungen von Äußerungsmöglichkeiten Dritter in dessen Rahmen.[224] Sie findet regelmäßig öffentlich statt, sofern nicht sämtliche zu benachrichtigenden Personen ohnehin bekannt sind und eine direkte Information zweckmäßiger ist. Sodann folgt die im Einzelfall durchaus fehleranfällige **Auslegung der Verfahrensunterlagen,**[225] regelmäßig des Antrags und verfügbarer Gutachten und Stellungnahmen, welche zu diesem Zeitpunkt die tatsächliche und rechtliche Bewertung, namentlich die Beurtei-

---

[221] Zu solchen Rechtfertigungsansätzen *Wolfgang Schäfer*, in: Obermayer, VwVfG, § 45 Rn. 31 ff.; dazu krit. *Kopp/Ramsauer*, VwVfG, § 45 Rn. 23; *Heinz J. Bonk/Dieter Kallerhoff*, in: Stelkens/Bonk/Sachs (Hrsg.), VwVfG, § 28 Rn. 66; *Michael Sachs*, in: Stelkens/Bonk/Sachs (Hrsg.), VwVfG, § 45 Rn. 24 ff.; *Hubert Meyer*, in: Knack, VwVfG, § 45 Rn. 45. S. a. → Bd. II *Schneider* § 28 Rn. 49 f., *Sachs* § 31 Rn. 116 f. mit Fn. 317, *Bumke* § 35 Rn. 179. Zu gemeinschaftsrechtlichen Grenzen → Bd. II *Bumke* § 35 Rn. 185, 203 f.

[222] Darunter werden hier sämtliche Personen verstanden, welche am Verfahren weder obligat noch fakultativ beteiligt sind und auch nicht als Sachverständige oder Zeugen gem. § 26 Abs. 1, 3 VwVfG herangezogen werden.

[223] Ähnlich etwa § 7 Abs. 3 AtG; § 18 GenTG; zur Öffentlichkeitsbeteiligung → Bd. II *Rossen-Stadtfeld* § 29 Rn. 72 ff. *Alfons Bora*, Schwierigkeiten mit der Öffentlichkeit, KJ 1994, S. 306 ff. Zum straßenrechtlichen Genehmigungsverfahren *Bernhard Stüer/Willi E. Probstfeld*, Anhörungsverfahren bei straßenrechtlichen Großvorhaben, DÖV 2000, S. 701 ff.

[224] Dazu näher *Heinz J. Bonk/Werner Neumann*, in: Stelkens/Bonk/Sachs (Hrsg.), VwVfG, § 73 Rn. 8 f.; *Kopp/Ramsauer*, VwVfG, § 73 Rn. 2; *Hansjochen Dürr*, in: Knack, VwVfG, § 73 Rn. 6 ff.; *Erwin Allesch/Richard Häußler*, in: Obermayer, VwVfG, § 73 Rn. 5 ff.

[225] Dazu näher BVerwGE 98, 239; Nds. OVG, UPR 1985, S. 243 (245); *Heinz J. Bonk/Werner Neumann*, in: Stelkens/Bonk/Sachs (Hrsg.), VwVfG, § 73 Rn. 25; *Kopp/Ramsauer*, VwVfG, § 73 Rn. 19; *Hansjochen Dürr*, in: Knack, VwVfG, § 73 Rn. 21; *Erwin Allesch/Richard Häußler*, in: Obermayer, VwVfG, § 73 Rn. 23 f.

lung möglicher Auswirkungen des Vorhabens auf Dritte, ermöglichen können.[226] Das Einsichtsrecht steht regelmäßig allen Interessenten zu, in Planfeststellungsverfahren hingegen nur solchen Personen, deren wirtschaftliche, soziale oder ideelle Belange durch das Vorhaben berührt sein können.[227] Über die Auslegung hinaus kann im Ermessenswege **Akteneinsicht** gewährt werden. Schließlich folgt die **Erörterung**,[228] die bisweilen öffentlich, bisweilen allein mit Personen, die Einwendungen erhoben haben, durchzuführen ist.

Ziel der Einbeziehung Dritter ist die Informationsgewinnung für die Verwaltung. Diese kann im Idealfall durch Verfahrensöffnung das (Eigen-)Interesse potentiell betroffener Dritter für Zwecke der Entscheidungsfindung, -rechtfertigung und -durchsetzung mobilisieren.[229] Da ist zunächst die **Gewinnung von Sachinformationen über das Vorhaben** selbst, seine Auswirkungen und sonstige tatsächliche Grundlagen für seine Zulassung. Hier geht die Einbeziehung Außenstehender von dem Gedanken aus, dass eine Erhöhung der Zahl der Anzuhörenden potentiell eine Vergrößerung der Informationsmenge und damit eine erhöhte Richtigkeitschance für spätere Entscheidungen bieten kann. Da ist weiter die **Kenntnis über mögliche Einwendungen** und Einwender, die durch Interventionen in das Verfahren oder Rechtsmittel gegen sein Ergebnis die Entscheidung beeinflussen oder zumindest verzögern könnten. Da ist schließlich aber auch die Ermittlung von **politischem Protestpotential** im Umfeld des Vorhabens, welches das Umfeld der Entscheidung oder deren nachfolgende Akzeptanz beeinträchtigen könnte. Medien solcher Informationsgenerierung können Anhörungsrechte, die Gelegenheit zur Erhebung von Einwendungen und die Ermöglichung der Teilnahme an einer öffentlichen Erörterung sein. Doch bleibt die kommunikative Inklusion der Öffentlichkeit in das Verfahren partiell, ihre Einbeziehung asymmetrisch: Es gibt Träger und Beteiligte im Verfahren mit vollen Rechten und Kommunikationschancen, daneben die Öffentlichkeit mit geminderten Informationsrechten. Damit wird die übliche rechtliche Außengrenze des Verfahrens partiell in diese hinein verlagert. Daraus resultiert eine wesentliche Funktionsbedingung der partiellen Verfahrensöffentlichkeit: Sie kann nur sachgerecht wirken, wenn die Behörde selbst ausreichend Distanz zum Verfahren und seinen Beteiligten aufweist und daher in der Lage ist, die Äußerungen Dritter sachgerecht aufzunehmen und zu verarbeiten.[230] Andernfalls wird die partielle Inklusion der Nichtbeteiligten allein als neue Form ihrer Exklusion wahrgenommen.

---

[226] Zu Ausnahmen und Grenzen *Scherzberg*, Öffentlichkeit (Fn. 29), S. 390f. (m.w.N.).
[227] Hingegen reicht hier die Berufung auf die Belange Dritter oder der Allgemeinheit nicht aus. OVG NRW, OVGE 29, 249 (251); *Heinz J. Bonk/Werner Neumann*, in: Stelkens/Bonk/Sachs (Hrsg.), VwVfG, § 73 Rn. 17, 19 a ff. Davon können wiederum Ausnahmen zu Gunsten bestimmter Verbände nach § 29 BNatSchG gelten.
[228] Zu deren Ansetzung und Durchführung näher *Heinz J. Bonk/Werner Neumann*, in: Stelkens/Bonk/Sachs (Hrsg.), VwVfG, § 73 Rn. 88ff.; *Kopp/Ramsauer*, VwVfG, § 73 Rn. 86; *Hansjochen Dürr*, in: Knack, VwVfG, § 73 Rn. 92; *Erwin Allesch/Richard Häußler*, in: Obermayer, VwVfG, § 73 Rn. 119ff.
[229] Siehe näher *Alfons Bora*, Differenzierung und Inklusion, 1999. Zu den Verfahrensfunktionen und ihrer Realisierung ebd., S. 315ff.
[230] Beispiel: Je enger hingegen die Beziehungen zwischen Trägern und Beteiligten des Verfahrens sind und je stärker diese die Öffentlichkeit nicht als Element, sondern bestenfalls als Störung des Verfahrens ansehen, umso geringer ist die Realisierungschance hinsichtlich der Zwecke der Öffentlichkeitsbeteiligung. Zur Verfahrensdurchführung, ihren Bedingungen, Chancen und Risiken näher *Bora*, Differenzierung (Fn. 229), S. 184 (222ff.).

56 Auf das Vorbringen kann die Behörde ähnlich wie auf die Information Beteiligter in nicht-öffentlichen Verwaltungsverfahren reagieren.[231] Ein Antwortanspruch steht Dritten ebenso wenig zu wie ein Bescheidungsanspruch: Dieser entsteht allenfalls zugunsten von Personen, die im Genehmigungsverfahren Einwendungen erhoben haben. In jener kommunikativen Verfahrensintervention erschöpft sich die Teilnahmemöglichkeit Dritter. Weitergehende formelle Interventionsrechte, etwa Antrags- oder eigenständige Rechtsbehelfe, stehen ihnen nicht zu.

d) Kontingentierte Informationsbeziehungen: Präklusion

57 Zweck des Verwaltungsverfahrens ist die Entscheidung. Sie setzt Informationen voraus, markiert aber zugleich das Ende des Verfahrens und der Verfahrenskommunikation. Dieses Ende ist aus der Sicht des Kommunikationsprozesses durch äußere Faktoren vorgegeben: Es ist nicht kommunikationsimmanent, etwa weil alles gesagt oder geschrieben wäre, sondern durch kommunikationsexterne Aspekte begründet, nämlich durch die limitierte Verfahrenskapazität der Verwaltung und den Anspruch Beteiligter und Betroffener auf Entscheidung binnen angemessener Frist. Das zentrale Instrument hierzu ist die Präklusion.[232] Sie begründet die Last Beteiligter und Betroffener, ihre Äußerungsrechte binnen einer bestimmten Frist auszuüben, unter der Sanktionsdrohung des Verlusts der Berücksichtigung ihres Vorbringens nach Fristablauf. Die Rechtswirkungen können im Einzelfall unterschiedlich sein: **Formelle Präklusion** schließt ausschließlich Verfahrensrechte aus, welche die Berücksichtigung des Vorbringens im Verwaltungsverfahren betreffen. **Materielle Präklusion** führt zum Verlust nicht nur der Möglichkeit zur Geltendmachung von Ansprüchen, sondern zum Verlust des Anspruchs selbst.[233] Er geht entweder ganz unter oder mutiert in Sekundäransprüche. Beide Arten von Präklusion sind inzwischen als prinzipiell grundgesetzkonform anerkannt.[234] Ihre Rechtsfolgen bestehen im Verlust der Berücksichtigungspflicht des Vorbringens durch die Behörde. Sie schließt den geltend zu machenden Belang hingegen nicht vollständig aus. Sofern er den zuständigen Stellen auf andere Weise bekannt war, ist er in das Verfahren einzubeziehen.[235]

58 Hinsichtlich ihrer Auswirkungen auf die Informationsbeziehungen im Verfahren ist die Wirkung beider Formen durchaus vergleichbar. Sie können ihren Zweck – Hervorbringung einer Entscheidung mit Anspruch auf Rechtmäßigkeit

---

[231] Dazu o. → Rn. 51.

[232] Siehe etwa §§ 74 Abs. 4 S. 3; 75 Abs. 2 VwVfG; ferner §§ 70 AuslG; 25 Abs. 3 AsylVfG; 10 Abs. 3; 11, 14 BImSchG; 41 Abs. 2 S. 2 FlurbG; 17 Abs. 4 S. 1 FStrG; 11 Abs. 3 S. 1 BauGB; 17 Nr. 5 WStrG; 7b AtG; 11 WHG; dazu *BVerwGE* 60, 297 ff.; *Bernhard Stüer/Markus Rieder*, Präklusion im Fernstraßenrecht, DÖV 2003, S. 473 ff.; *Hans C. Röhl/Clemens Ladenburger*, Die materielle Präklusion im raumbezogenen Verwaltungsrecht, 1997; s. a. *Rudolf Streinz*, Materielle Präklusion und Verfahrensbeteiligung im Verwaltungsrecht, VerwArch, Bd. 79 (1988), S. 272 ff. Zur Präklusion im Planfeststellungsverfahren vgl. → Bd. II *Schneider* § 28 Rn. 80 f., *Rossen-Stadtfeld* § 29 Rn. 21. Zur Präklusion als Maßstabssanktion → Bd. II *Pitschas* § 42 Rn. 156.

[233] Siehe auch → Bd. II *Bumke* § 35 Rn. 191 mit Fn. 625.

[234] Siehe hierzu näher *BVerfGE* 61, 82 ff. In Bezug auf § 73 Abs. 4 S. 3 VwVfG → Bd. II *Schneider* § 28 Rn. 81; zweifelnd → Bd. II *Rossen-Stadtfeld* § 29 Rn. 21.

[235] Siehe dazu *Paul Stelkens/Dieter Kallerhoff*, in: Stelkens/Bonk/Sachs (Hrsg.), VwVfG, § 26 Rn. 54; *Heinz J. Bonk/Werner Neumann*, in: Stelkens/Bonk/Sachs (Hrsg.), VwVfG, § 73 Rn. 48 ff.; *Kopp/Ramsauer*, VwVfG, § 73 Rn. 78 ff.; *Hansjochen Dürr*, in: Knack, VwVfG, § 73 Rn. 50 ff.; *Erwin Allesch/Richard Häußler*, in: Obermayer, VwVfG, § 73 Rn. 39 ff.

binnen angemessener Frist – lediglich unter bestimmten Vorbedingungen erfüllen.[236] Sie bedingen zunächst **Transparenz des rechtlichen Rahmens,** also des Umstands, dass im Verfahren Äußerungsrechte bestehen, wem sie eingeräumt sind, unter welchen Bedingungen sie abgegeben werden können und welche Fristvorgaben bestehen. Sie bedingen daneben aber auch **Transparenz des einzelnen Verfahrens,** also die notwendige Klarheit darüber, ob, wann und wo ein einzelnes Verfahren durchgeführt wird, in welchem Stadium es sich befindet, wann im Einzelfall Fristen beginnen und enden und welche Stellen mit der Durchführung beauftragt sind. Kernelement ist die ausdrückliche **Mitteilung an die Betroffenen, dass in einem Verfahren ein Äußerungsrecht besteht** und sie aufgefordert sind, dieses binnen einer anzugebenden Frist auszuüben.[237] Die notwendige Transparenz ist von den Behörden, die selbst das Verfahren betreiben und daher sowohl über dessen Rechtsgrundlagen als auch über dessen konkreten Stand am besten informiert sind, herzustellen. Je offener der Kreis potentiell Äußerungsberechtigter und je geringer die erwartbare Sachkunde dieser Personen hinsichtlich der Mitwirkung an solchen Verfahren ist, desto weiter können die Informationspflichten der Verwaltung im Einzelfall reichen. Soweit der Zweck des Instituts als „Verfahrensdisziplinierung" beschrieben wird, illustriert dies zugleich die Notwendigkeit nicht nur ergebnisbezogener, sondern auch verfahrensbezogener Kommunikation zwischen dessen Trägern, Beteiligten und Betroffenen. Je kontingentierter die Informationsbeziehungen sind, desto intensiver tritt diese letztere Dimension hervor.

4. Verfahrensbeendende Kommunikation: Die Begründung

Zentrales Element der verfahrensbeendenden Kommunikation ist die **Bekanntgabe der Entscheidung.**[238] Sie informiert sowohl über deren Inhalt als auch über das durch die Entscheidung eingetretene Ende des Verfahrens. Danach kann es keine Verfahrenshandlungen mehr geben, sondern allenfalls dessen erneutes Aufgreifen, sofern die Rechtsordnung dies ausnahmsweise zulässt.[239] Damit enden notwendig auch die verfahrensverwirklichenden Informationsbeziehungen. Weitere Informationspflichten, etwa über bestehende Rechtsbehelfe und deren nähere Modalitäten,[240] überschreiten das konkrete Verwaltungsverfahren und

---

[236] Zum Folgenden am Beispiel des § 73 Abs. 5 VwVfG näher *Heinz J. Bonk/Werner Neumann,* in: Stelkens/Bonk/Sachs (Hrsg.), VwVfG, § 73 Rn. 46 ff.; *Kopp/Ramsauer,* VwVfG, § 73 Rn. 43 ff.; *Hansjochen Dürr,* in: Knack, VwVfG, § 73 Rn. 34 ff.; *Erwin Allesch/Richard Häußler,* in: Obermayer, VwVfG, § 73 Rn. 55 ff. Zu § 10 BImSchG s. a. *Alexander Roßnagel* in: Hans Joachim Koch u. a. (Hrsg.), BImSchG, Losebl., § 10 Rn 7.

[237] Eines ausdrücklichen Hinweises auf die Präklusion bedarf es nach *BVerwG,* NuR 1998, S. 305 ff. (LS 2) nicht.

[238] → Bd. II *Schneider* § 28 Rn. 114 ff.

[239] Zum Anspruch auf Wiederaufgreifen nach § 51 VwVfG s. näher *BVerwGE,* 78, 332 (338); *Michael Sachs,* in: Stelkens/Bonk/Sachs (Hrsg.), VwVfG, § 51 Rn. 22; *Wolfgang Schäfer,* in: Obermayer, VwVfG, § 51 Rn. 13; zum Wiederaufgreifen im Ermessenswege *Michael Sachs,* in: Stelkens/Bonk/Sachs (Hrsg.), VwVfG, § 51 Rn. 15; *Kopp/Ramsauer,* VwVfG, § 51 Rn. 8; *Hubert Meyer,* in: Knack, VwVfG, § 51 Rn. 15; *Wolfgang Schäfer,* in: Obermayer, VwVfG, § 51 Rn. 112. S. a. → Bd. II *Schneider* § 28 Rn. 148 ff.

[240] Zur Rechtsbehelfsbelehrung näher *Josef Hingerl,* Die Rechtsbehelfsbelehrungen in den Verfahrensordnungen des öffentlichen Rechts, Diss. 1982; *Ulrich Kutsch,* Prozessuale Konsequenzen einer fehlenden Rechtsbehelfsbelehrung in Bezug auf § 80 Abs. 6 VwGO, VR 2004, S. 361 ff.

sind daher als Vorbereitungshandlungen weiterer Verfahren – entweder bei Widerspruchsbehörden oder Gerichten –[241] konzipiert.

60 Ein Kernelement verfahrensbeendender Informationspflichten durch einseitige Entscheidung ist die **Begründungpflicht** (§ 39 VwVfG). Der Begründungsanspruch der Beteiligten stellt deren drittes Verfahrensgrundrecht auf Information dar.[242] Deren Zwecke werden als Dokumentationszweck,[243] Selbstkontrollzweck der Verwaltung,[244] Befriedungszweck (namentlich im Hinblick auf die Durchführung des Verfahrens und die Berücksichtigung des Vorbringens der Beteiligten und Betroffenen)[245] sowie als Rechtsschutzzweck (im Hinblick auf die Nachprüfbarkeit der Entscheidung in einem möglichen Rechtsbehelfsverfahren)[246] beschrieben. Sie erfüllt also partiell verfahrensinterne Funktionen, partiell geht sie darüber hinaus im Hinblick auf verfahrensnachfolgende Funktionen. Ihr geht es um **Entscheidungslegitimation durch Information.** Daher entstehen hier ausschließlich einseitige Informationspflichten der Verwaltung als der entscheidenden Stelle. Informationsrechte oder -pflichten der Bürger kann es jetzt nicht mehr geben.[247] Die Begründungspflicht der Behörde bezieht sich auf alle erheblichen Tatsachen- und Rechtsfragen einschließlich der Anwendung des Rechts auf diese Fakten.[248] In diesem Rahmen kann sie sich auch auf Verfahrensfragen erstrecken; etwa Ausführungen dazu enthalten, warum verfahrensbezogenen Anträgen (nicht) stattgegeben, Beweisanregungen (nicht) aufgegriffen oder Gutachten (nicht) eingeholt worden sind.

61 Die Einseitigkeit der Begründungspflicht bewirkt aber keine gleichsam monologartige Einseitigkeit der Kommunikation. Im Gegenteil ist gerade die Begründung wesentliches Element der Verfahrenskommunikation: Im Verfahren haben

---

[241] Zum Widerspruchsverfahren → Bd. II *Schneider* § 28 Rn. 120 ff.; zur gerichtlichen Kontrolle → Bd. III *Schoch* § 50.

[242] Siehe dazu o. → Rn. 43. Zur ausnahmsweisen Entbehrlichkeit der Begründungspflicht → Bd. II *Schneider* § 28 Rn. 116.

[243] Siehe hierzu *Paul Stelkens/Ulrich Stelkens*, in: Stelkens/Bonk/Sachs (Hrsg.), VwVfG, § 39 Rn. 6; *Kopp/Ramsauer*, VwVfG, § 39 Rn. 2 a; *Hans-Günther Henneke*, in: Knack, VwVfG, § 39 Rn. 5; *Stefan Liebetanz*, in: Obermayer, VwVfG, § 39 Rn. 9.

[244] *VGH BW*, NuR 1987, S. 269 (270); *Rudolf Dolzer*, Zum Begründungsgebot im geltenden Verwaltungsrecht, DÖV 1985, S. 9 (10); *Hans-Hermann Scheffler*, Die allgemeine Pflicht zur Begründung von Verwaltungsakten, DÖV 1977, S. 767 (768 f.).

[245] *Friedrich Schoch*, Der Verfahrensgedanke im allgemeinen Verwaltungsrecht, DV, Bd. 25 (1992), S. 21 (30 ff.); *Eberhard Schmidt-Aßmann*, Verwaltungslegitimation als Rechtsbegriff, AöR, Bd. 116 (1991), S. 329 (332, 369 ff.); *Thomas Würtenberger*, Akzeptanz durch Verwaltungsverfahren, NJW 1991, S. 257 ff.; *Winfried Brohm*, Beschleunigung der Verwaltungsverfahren – Straffung oder konsensuales Verwaltungshandeln? – Zugleich Beitrag zu den Voraussetzungen der „Mediation" in den USA und den strukturellen Unterschieden zwischen amerikanischem und deutschem Recht, NVwZ 1991, S. 1025 ff.

[246] *BVerfGE* 69, 1 ff.; *BVerwGE* 84, 375; *BVerwG*, DVBl 1982, S. 198 (199); *BVerwGE* 74, 196 ff.

[247] Die Beteiligten können allenfalls noch Anträge auf schriftliche Entscheidung i. S. d. § 37 Abs. 2 S. 2 VwVfG und auf (Nachholung der) Begründung stellen; s. § 45 Abs. 1 Nr. 2 VwVfG; zum Antragsrecht insoweit *Jürgen Vahle*, Verfahrensrechte des Bürgers im Verwaltungsverfahren, DVP 2004, S. 187 ff.

[248] Zum Inhalt näher *Till Müller-Ibold*, Die Begründungspflicht im europäischen Gemeinschaftsrecht und im Recht, 1990; *Jörg Lücke*, Begründungszwang und Verfassung, 1987, S. 28 ff.; *Michael Malorny*, Die Pflicht zur Begründung von Verwaltungsakten, Diss. 1981; *Stephen Lampert*, Die Pflicht zur Begründung von Verwaltungsakten, DVP 2000, S. 390 (392); *Rudolf Dolzer*, Zum Begründungsgebot im geltenden Verwaltungsrecht, DÖV 1985, S. 9 ff.; *Rainer Dechsling*, Rechtsschutz und Begründungspflicht, DÖV 1985, S. 714 ff.

Beteiligte, Betroffene und Einwender zwar Äußerungsrechte, aber keine Antwortansprüche.[249] Diese Antworten müssen – jedenfalls bei erheblichem Vorbringen – in der Begründung enthalten sein. Sie muss dokumentieren, dass die Behörde die Äußerungen der Bürger zur Kenntnis genommen und im Verfahren gewürdigt hat.[250] Hier ist demnach der Ort, wo nicht nur der verfahrenseinleitende Antrag des Bürgers beschieden wird, sondern zugleich (sofern vorhanden) zu dessen Gründen oder sonstigen Umständen der Kommunikation im Verfahren Stellung zu nehmen ist. Erst auf diese Weise werden die – im Gesetz vielfach eher einseitig konzipierten – Verfahrenshandlungen der Bürger zu einem Anspruch auf gegenseitige Informationsbeziehungen im und über das Verfahren. Die Begründung ist demnach der Ort, wo Verfahrensbeziehungen letztlich zugleich Kommunikationsbeziehungen auf Gegenseitigkeit werden. Doch kommt hier zugleich letztmalig die Asymmetrie der Verfahrenskommunikation zum Ausdruck: Die Begründung der Behörde enthält nicht nur die Antwort auf das Vorbringen der Beteiligten, sondern zugleich die Aussage, dass sie selbst das letzte Wort darstellt. Dieser Doppelcharakter lässt sich als Kommunikationspflicht und Kommunikationsbeendigung zugleich beschreiben.

5. Zusammenfassung

Der fragmentarische Charakter des Verwaltungsverfahrensrechts[251] prägt maßgeblich die Regelungen über die informationellen Grundlagen des Verfahrens. Verfahrenseinleitende, -begleitende und -fördernde Kommunikationsvorgänge verlaufen vielfach informell. Nur einzelne, allerdings wesentliche Informationsrechte und -pflichten haben Eingang in das Gesetz gefunden. Dadurch vermittelt das Gesetzesrecht einen eher verfälschenden Eindruck von der Verfahrenskommunikation. Sie besteht in den meisten Verfahren nicht überwiegend in einer strikt rollengebundenen, einseitigen Information, sondern stattdessen im dialogischen Austausch von Informationen, Erklärungen und Bewertungen. Während so aus juristischer Sicht die zentralen Verfahrensgrundrechte zur Durchsetzung der wechselseitigen Rechtspositionen im Vordergrund stehen, tritt deren Bedeutung aus empirischer Sicht für die Gewinnung der verfahrens- und entscheidungsrelevanten Informationen erheblich zurück. Das Recht als Reserve- und Rückfallordnung für den Konfliktfall erlangt so Bedeutung eher für den Fall der misslingenden als der gelingenden Kommunikationsbeziehungen. Im Übrigen ist ihre Funktion weniger informationeller als vielmehr rechtsverwirklichender bzw. -durchsetzender Natur.

Ist das Verwaltungsverfahrensrecht so nur sehr partiell darauf angelegt und geeignet, die komplexen Informationsbeziehungen im und um das Verfahren abzubilden oder gar zu kodifizieren, so liegt es nahe, dass die überwiegende Menge verfahrensbezogener Kommunikation außerhalb jener Regeln verläuft. Schon deshalb ist das Potential der Verfahrensgesetze zur Erfassung jener Kommunikationsprozesse bei weitem noch nicht ausgeschöpft. Das gilt namentlich hinsichtlich der Beratungs-, Betreuungs- und Auskunftspflichten der Behör-

---

[249] Siehe o. → Rn. 51.
[250] Dazu näher *Kopp/Ramsauer*, VwVfG, § 39 Rn. 2a; *Paul Stelkens/Ulrich Stelkens*, in: Stelkens/Bonk/Sachs (Hrsg.), VwVfG, § 39 Rn. 6. S. a. → Bd. I *Hoffmann-Riem* § 10 Rn. 31 f., 34 f.
[251] Dazu o. → Rn. 35.

den (§§ 24 ff. VwVfG). Rechtsprechung und Dogmatik befinden sich nicht selten eher in den Bahnen der Rechtsgrundsätze vor 1977 und damit vor dem Inkrafttreten des VwVfG und schöpfen so die Potenziale des positiven Rechts nicht überall aus.[252] Dogmatische Streitfragen beziehen sich dann eher auf Randprobleme.[253]

64   Alles dies macht aber die gesetzesvollziehenden Behörden noch nicht zur aushandelnden Verwaltung, das Verwaltungsverfahren noch nicht zum Aushandlungsprozess. Auch wenn sich bei realistischer Betrachtung des Verfahrens immer mehr Aushandlungselemente zeigen, bleibt doch festzuhalten: Das Recht der Behörde zum Erlass einer – auch einseitigen[254] – verfahrensbeendenden Entscheidung schließt zugleich das Recht auf Entscheidung über den Verfahrensabschluss ein. In beiden Rechten kommt die Asymmetrie verfahrensbezogener Kommunikation deutlich zum Ausdruck. Es ist die Behörde, die wesentlich darüber entscheidet, ob und wie ein Verfahren durchgeführt und zu welchem Zeitpunkt es abgeschlossen wird. Damit eröffnet und begrenzt sie zugleich den maßgeblichen Referenzrahmen für Informationsrechte Beteiligter und Betroffener, namentlich durch Entscheidungen über den Umfang sowie die Art und Weise der Amtsermittlung, die Heranziehung Beteiligter zur Aufklärung der maßgeblichen Tatsachen und die dabei entstehenden Darlegungs- und Argumentationslasten. Auch wenn sich nicht bestreiten lässt, dass jedenfalls bestimmte Gruppen von Verwaltungsverfahren sich einem Aushandlungs- und Tauschprozess annähern,[255] bleibt doch festzuhalten: Unter dem Aspekt der Informationsbeziehungen und -chancen ist die Mehrzahl der Verfahren von einer auffälligen Asymmetrie der verfahrens- wie der ergebnisbezogenen Kommunikation geprägt.

II. Informationsbeziehungen außerhalb des Verwaltungsverfahrensrechts

65   Faktisch erfolgt der überwiegende Teil der Verwaltungstätigkeit außerhalb gesetzlich ausgestalteter Verwaltungsverfahren. Das gilt namentlich für die Informationstätigkeit: Weder die Erhebung noch die Weitergabe von Informationen durch die Verwaltung begründet ein Verfahren. Dann erfolgt sie auch nicht nach den Bestimmungen der Verwaltungsverfahrensgesetze. Vielmehr kommen hier

---

[252] So soll es in zahlreichen Verwaltungen noch Verwaltungsvorschriften des Inhalts geben, wonach die Bürger nur dann über bestehende Ansprüche aufgeklärt werden dürfen, wenn sie sich ausdrücklich darauf berufen. Ein solches Verhalten ist jedenfalls bei stattfindenden Bürger-Behörden-Kontakten schon mit dem Wortlaut des § 25 VwVfG partiell schwerlich vereinbar. Das gilt erst recht, wenn die eingangs dargelegten verfassungsrechtlichen Rahmenbedingungen (s. dazu o. → Rn. 18) einbezogen werden und so die informationsrechtlichen Grundlagen des Verwaltungshandelns systematisch und teleologisch weiterentwickelt würden.

[253] Dazu zählt gewiss die allgemein verbreitete Erkenntnis, wonach die Gewährung von Akteneinsicht einen Realakt (*VGH BW*, ESVGH 52, 181), die notwendig vorgelagerte Entscheidung über sie hingegen einen Verwaltungsakt darstellen soll; s. etwa *Ule/Laubinger*, VerwVerfR, § 25 Rn. 10; *Wolfgang Clausen*, in: Knack, VwVfG, § 29 Nr. 8, § 25 Rn. 10. Diese – schon mit § 9 VwVfG schwerlich zu vereinbarende – Ansicht würdigt nicht hinreichend den Charakter jener Maßnahme als (schlichte) Verfahrenshandlung, welche sich vom verfahrensbeendenden Verwaltungsakt wesentlich unterscheidet. Gleichzeitig ist aber auch nicht zu verkennen, dass die Dogmatik der Verfahrenshandlung ihrerseits noch wenig entwickelt ist und zudem noch geringe Kompatibilität mit dem allgemeinen System der Handlungsformen (s. dazu → Bd. II *Hoffmann-Riem* § 33) aufweist.

[254] Nach wie vor endet die große Masse der Verwaltungsverfahren nicht konsensual durch Vertrag, sondern durch einseitige Entscheidung der Behörde im Wege des Verwaltungsakts.

[255] So die Tendenz bei *Rossen*, Vollzug (Fn. 17), S. 339 ff.

die allgemeinen und daher subsidiären Regelungen des verfahrensfreien Handelns zur Anwendung. Doch sind diese z.T. gleichfalls punktuell oder fragmentarisch, z.T. wenig systematisch. Dabei lassen sich zwei Grundkonstellationen unterscheiden. Da ist zunächst das **Verwaltungshandeln innerhalb verwaltungsrechtlicher Sonderverbindungen.**[256] Dabei geht es um Staat-Bürger-Kontakte, in welchen Handlungen vorgenommen oder vorbereitet werden, welche weder Verwaltungsakte noch öffentlich-rechtliche Verträge sind,[257] welche aber im Einzelfall nach ähnlichen Rechtsgrundsätzen wie die Verwaltungsverfahren durchgeführt werden und partiell vergleichbaren Rechtsbindungen unterliegen. In diesen Fällen bietet sich eine analoge Anwendung der Regelungen der Verwaltungsverfahrensgesetze auch auf derartiges Verwaltungshandeln an.[258] In allen anderen Fällen, in denen es an verfahrens- und verfahrensrechtsähnlichen Konstellationen fehlt, kommen hingegen die allgemeinen Bestimmungen des Informations-, des Datenschutz-, des Informationszugangsrechts und der ungeschriebenen allgemeinen Grundsätze des Verwaltungsrechts zur Anwendung. Sie sind zwar grundsätzlich auch auf verfahrensgebundenes Handeln anwendbar, treten dort aber zurück, soweit spezifische Bestimmungen der Verwaltungsverfahrensgesetze vorrangig sind. Doch ist kein allgemeiner Grundsatz eines Vorrangs des Verfahrensrecht vor dem sonstigen Informationsverwaltungsrecht erkennbar – im Gegenteil: Beide können einander überschneiden und nebeneinander anwendbar sein.[259] Insoweit können die Regelungen des allgemeinen Informationsverwaltungsrechts parallel zu denjenigen der Verfahrensgesetze sowie erst recht in deren Umfeld Anwendung finden.

Das vielfach ungeschriebene allgemeine Informationsverwaltungsrecht stand namentlich zur Zeit der frühen Datenschutzdiskussion vielfach unter dem Paradigma einer intensiven **Verrechtlichungstendenz.** Von dem theoretischen Ausgangspunkt der wechselseitigen informationellen Abschottung von Staat und Bürger[260] galten Informationsbeziehungen zwischen Staat und Bürger und die Verarbeitung personenbezogener Daten als rechtfertigungs- und daher gesetzlich regelungsbedürftig. So wichtig jene Grundideen gewesen sein mögen, so problematisch erschienen jedoch einige daraus gezogene Konsequenzen. Insbesondere die Forderung nach einer gesetzlichen Regelung von immer mehr Datenverarbeitungsvorgängen hat zwar immer mehr Datenschutzgesetze, aber nicht zwangsläufig immer mehr Datenschutz hervorgebracht.[261] Das gilt erst recht,

---

[256] Zu diesen Sonderverbindungen näher *Hans-Uwe Erichsen,* in: ders./Ehlers (Hrsg.), VerwR, § 11 Rn. 5, 29; § 29 Rn. 1 ff.

[257] Dies können etwa privatrechtliche Handlungen, welche öffentlich-rechtlichen Bindungen unterliegen (früher sog. Verwaltungsprivatrecht), – dazu *Christoph Gusy,* Freiheit der Formenwahl und Rechtsbindung der Verwaltung, Jura 1985, S. 578 ff., s.a. → Bd. II Appel § 32 – oder auch verfahrensgebundene Realakte sein.

[258] Dafür etwa *Kopp/Ramsauer,* VwVfG, § 9 Rn. 4; *Ulrich Beyerlin,* Schutzpflicht der Verwaltung gegenüber dem Bürger außerhalb des formellen Verwaltungsverfahrens?, NJW 1987, S. 2713 (2716 ff.). Differenzierend *Hubert Meyer,* in: Knack, VwVfG, § 1 Rn. 74.

[259] Siehe z.B. OVG NRW, NJW 2005, S. 2028 ff.: Kein Vorrang des § 25 SGB X gegenüber dem allgemeinen Akteneinsichtsrecht des IFG. S.a. *Marius Raabe/Niels Meyer-Helle,* Informationsfreiheit und Verwaltungsverfahren, NVwZ 2004, S. 641 ff.

[260] Siehe o. → Rn. 2.

[261] Zutr. die Diagnose bei *Hoffmann-Riem,* Informationelle Selbstbestimmung (Fn. 9), S. 513 ff.; kritisch zu den älteren Konzepten schon *Christoph Gusy,* Informationelle Selbstbestimmung und Datenschutz – Fortführung oder Neuanfang?, KritV 2000, S. 52 ff.; ders., Polizeirecht, 4. Aufl. 2000, Rn. 184 ff.

wenn jene Gesetze sich in einer bloßen Bezugnahme auf die Aufgaben von Behörden und daneben die bloße Wiederholung der verfassungsrechtlich ohnehin geltenden Grundsätze der Erforderlichkeit und Verhältnismäßigkeit beschränkten.[262] Solche Bestimmungen verfehlten ihr eigentliches Ziel, nämlich eine die rahmenartigen Vorgaben des GG ausgestaltende und konkretisierende Verwirklichung des Datenschutzanliegens. Dieses Anliegen ist nicht primär eine Frage der Quantität von Gesetzen, sondern der Qualität ihres Inhalts. Es geht um **Qualitätsmanagement bzw. Qualitätssicherung durch Recht.**[263] Vergleichbare Ansätze werden im Informationsverarbeitungsrecht in jüngerer Zeit verstärkt diskutiert[264] und vom Bundesverfassungsgericht eingefordert.[265]

67 **Informationsverwaltungsrecht ist nicht allein Datenschutzrecht,** nicht einmal primär Datenschutzrecht. Informationsbeziehungen zwischen Staat und Bürger sind auch nicht primär Grenzen des Rechts auf informationelle Selbstbestimmung oder Eingriffe in dessen Schutzbereich, sondern im Gegenteil vielfach geradezu dessen Ausübung. Es garantiert eben nicht nur die Freiheit von informationeller Fremdbestimmung, sondern auch die Ausübbarkeit des Selbstbestimmungsrechts durch Kommunikation und Information.[266] In diesem Sinne erscheint es fernliegend, das Recht jener Informationsbeziehungen überwiegend unter dem Paradigma des Datenschutzes zu begründen. Aus der Sicht der hier behandelten Thematik stellt der Datenschutz eine – wichtige – Rahmenbedingung dar.[267] Doch bleibt er Rahmen und füllt damit das Recht der Staat-Bürger-Kommunikation nicht aus. Umso wichtiger ist die Feststellung, dass das Recht der Informationsbeziehungen zwischen Staat und Bürger nicht allein oder überwiegend angewandtes Datenschutzrecht ist. Weder geht es hier primär um personenbezogene Daten,[268] noch geht es primär um Eingriffshandlungen.[269] Wo und soweit solche Daten oder solche Maßnahmen im hier behandelten Kontext einschlägig sind, gelten die Maßstäbe des Grundrechts auf informationelle Selbstbestimmung. Das heißt aber auch: Im Übrigen ist das Recht der Staat-Bürger-Kommunikation und damit das Informationsverwaltungsrecht nicht den Logiken des Datenschutzrechts unterworfen.[270] Insbesondere gelten insoweit weder dessen Verrechtlichungspostulate noch dessen fein ziselierte formelle und materielle Anforderungen an Informationserhebung und -verarbeitung.

---

[262] Dagegen kritisch *BVerfGE* 100, 313 (368 ff., 372 ff.); 109, 279 (325 ff.) – Lauschangriff; s. a. *BVerfGE* 110, 33 ff. (§§ 39 ff. AWG).
[263] *Wolfgang Hoffmann-Riem*, Gesetz und Gesetzesvorbehalt im Umbruch, AöR, Bd. 130 (2005), S. 5 (7): „Qualitätsgewährleistung durch Normen".
[264] Grundlegend *Marion Albers*, Die Determination polizeilicher Tätigkeit in den Bereichen der Straftatenverhütung und der Verfolgungsvorsorge, 2001; *dies.*, Informationelle Selbstbestimmung, 2005.
[265] *BVerfGE* 110, 33 ff.
[266] Siehe schon o. → Rn. 14 f., 17.
[267] So auch → Bd. II *Vesting* § 20 Rn. 6. Zum Schutz personenbezogener Daten und Informationen → Bd. II *Albers* § 22. Zu den zahlreichen Abgrenzungsschwierigkeiten jüngst *Bernd Holznagel/Pascal Schumacher*, Google Street View aus verfassungsrechtlicher Sicht, JZ 2011, S. 57 ff.; *Johannes Caspar*, Geoinformationen und Datenschutz am Beispiel des Internetdienstes Google Street View, DÖV 2009, S. 965 ff.; *Thomas Dreier/Indra Spiecker* (Hrsg.), Die systematische Aufnahme des Straßenbilds, 2010.
[268] Dazu näher *Simitis*, BDSG (Fn. 41), § 1 Rn. 48 ff.; § 3 Rn. 3 ff.
[269] Dazu näher *Simitis*, BDSG (Fn. 41), § 1 Rn. 106 ff.
[270] Dies bedeutet keine Geringschätzung oder Missachtung des Datenschutzes oder des Datenschutzrechts, sondern eine umrisshafte Bestimmung seines Anwendungsbereichs.

C. Informationsbeziehungen zwischen Staat und Einzelnen

1. Informationsrechte des Staates

Das asymmetrische[271] Recht der Informationsbeziehungen zwischen Staat und Bürger lässt sich mangels anderweitiger Regelungssystematiken am besten nach den Beteiligten systematisieren. Daher soll hier zwischen dem **Staat als Informationsempfänger einerseits** und den **Bürgern als Informationsempfängern andererseits** unterschieden werden. Analytisch könnte zudem zwischen der Begründung, der Ausgestaltung und der Beendigung von Informationsbeziehungen differenziert werden. Doch ist das geltende Informationsverwaltungsrecht nicht derart ausdifferenziert, dass eine so ausgefeilte Regelungssystematik bereits erkennbar wäre. Hinsichtlich der staatlichen Informationsgewinnung ist zunächst daran zu erinnern, dass diese sowohl durch Nutzung eigener Informationsbestände als auch durch Informationsübermittlung seitens Dritter[272] geschehen kann.[273] Hier ist die Seite der Bürger nur eine unter mehreren Umweltbeziehungen der Verwaltung. Von ihnen kann der Staat Informationen auf dreierlei Weisen erlangen: durch freiwillige Angaben,[274] im Wege tauschförmiger Beziehungen[275] und durch zwangsweise Eingriffshandlungen.[276]

68

Freiwillige Informationsübermittlung der Bürger an staatliche Stellen ist kein Ausnahmefall, sondern eine Grundform behördlicher Informationsgewinnung. Anzeigen, Beschwerden mit der Aufforderung um Abhilfe, Meldungen von Missständen, Anträge, Hilferufe, Petitionen, Aufforderungen zu einem Tun oder Unterlassen durch Einzelne, Gruppen oder Parteien sind wesentliche Funktionsbedingungen einer bürgerorientierten und -verpflichteten Verwaltung. Ihnen kommt zunächst **Initiativfunktion** zu: Eine Behörde, welche von Problemen in ihrem Zuständigkeitsbereich nichts weiß, kann auch nicht zu deren Lösung tätig werden. Auch ist es weder faktisch möglich noch rechtlich zulässig, dass sich die zuständigen Stellen von allen für sie relevanten Zuständen mit eigenem Personal und eigenen Ressourcen selbst Kenntnis verschaffen. Das gilt namentlich im Vorfeld der Verwaltungsaufgaben, wenn also ein Umstand noch nicht offenkundig ist, sondern weiterer Aufklärung bedarf.[277] Daneben kommt solchen Angaben aber auch eine **Frühwarnfunktion** zu:[278] Über den Einzelfall hinaus kann sie staatliche Stellen auf Problemzonen, allgemeine Missstände oder sonstige Defizite hinweisen, welche ein erhöhtes Aufmerksamkeitspotential beanspruchen können. Dadurch können Konflikte frühzeitig erkannt und ggf. entschärft werden. Auf diese Weise werden soziale oder politische Akzeptanzdefizite eher

69

---

[271] Siehe o. → Rn. 7, 36.
[272] Soweit diese staatliche Stellen sind, gelten die für jene Stellen anwendbaren Datenverarbeitungsregelungen, namentlich bei der Verarbeitung personenbezogener Daten. Dazu → Bd. II *Albers* § 22.
[273] Siehe o. → Rn. 1 ff.
[274] Dazu → Rn. 69 ff.
[275] Dazu → Rn. 72 ff.
[276] Dazu → Rn. 75 ff.
[277] Selbst Stellen wie die Polizei, die mit eigenem Personal im Außendienst tätig ist und daher eine hohe eigene Problemwahrnehmungskapazität entwickeln kann, erfährt von der weit überwiegenden Mehrheit aller Gefahranhaltspunkte oder Straftatenverdachte durch Anzeigen, sonstige Meldungen oder Hilferufe von Betroffenen oder Zeugen.
[278] Zu dieser Funktion am Beispiel von Petitionen näher *Wolfgang Graf Vitzthum*, Petitionsrecht und Volksvertretung – Zu Inhalt und Schranken des parlamentarischen Petitionsbehandlungsrechtes, 1985, S. 27 ff.

sichtbar und vermeidbar. Daneben können freiwillige Mitteilungen aber auch **Kontrollfunktionen** erlangen, indem staatliche Stellen erkennen können, ob sie selbst, andere zuständige Stellen oder Amtswalter ihren Aufgaben in ausreichendem Maß nachkommen. Wenn sich in bestimmten örtlichen oder sachlichen Bereichen Bürgerbeschwerden überdurchschnittlich häufen, kann es nicht nur geboten erscheinen, diesen im Einzelfall nachzugehen, sondern darüber hinaus auch sinnvoll sein, die üblichen Instanzen, Amtswalter oder Handlungsweisen zur Bearbeitung solcher Probleme auf ihre Funktionstauglichkeit zu überprüfen.

70 Notwendige Bedingung dieser Form staatlicher Informationserlangung ist die **Mobilisierung bzw. Mobilisierbarkeit der Bürger,** freiwillig den Aufwand zu übernehmen, Missstände nicht nur wahrzunehmen, sondern darüber hinaus den zuständigen Stellen davon Mitteilung zu machen. Dieser Aufwand ist nicht stets gering: So ist es für die Bürger nicht immer einfach, die zuständigen Stellen bzw. Mitarbeiter sowie deren Anwesenheits- bzw. Sprechzeiten herauszufinden. Auch sind solche Aktivitäten behördlicherseits nicht überall gern gesehen, da sie für die Mitarbeiter mit Arbeitsaufwand – zur Entgegennahme, Dokumentation, Aufklärung und ggf. Beseitigung der gemeldeten Missstände – verbunden sind und zudem nicht selten auch als Kritik an ihrer Arbeit empfunden werden. Schließlich sind die Motive solcher Anzeigeerstatter nicht stets nur altruistisch: So liegen zwischen der Meldung tatsächlicher Missstände, die abzustellen sinnvoll und notwendig erscheint, und egoistischer Denunziation bzw. formalistischem Querulantentum oft nur geringe Unterschiede, die zudem nicht stets auf den ersten Blick erkennbar sind. Um ein ausreichendes Maß an Mobilisierung sicherzustellen, finden sich unterschiedliche behördliche Strategien. Da ist zunächst die **Absenkung von Zugangsbarrieren** durch das Angebot niedrigschwelliger Kommunikationsmöglichkeiten. Die Einrichtung von Bürgerberatungen, Bürgertelefonen oder digitalen Bürgerbriefkästen, Servicehotlines u.ä. können aufwandsminimierend wirken und so jedenfalls die Zugangshürden herabsetzen. Hierher kann auch die Zusicherung von Anonymität für Anzeigeerstatter zählen.[279] Da ist weiter die **Mobilisierung des Eigeninteresses der Bürger.** Wenn etwa Konkurrenten in Vergabeverfahren, Wettbewerber bei Korruptionsverdacht[280] oder Kunden bei Mängeln oder sonstigen Rechtsverstößen[281] ermutigt werden, z.T. anonym Anzeigen zu erstatten, so kann dies für das Eigeninteresse solcher Informanten mobilisierend wirken. Dies gilt umso mehr, wenn dafür Sorge getragen werden kann, dass sie wegen ihrer Meldung selbst keine Nachteile im Wettbewerb oder bei zukünftigen Vergabeverfahren zu erwarten haben. Weitere Mobilisierungsmöglichkeiten können in der gesetzlichen oder administrativen Errichtung komplexer, staatlich verantworteter und regulierter Systeme (semi-)privater Rechtsdurchsetzung bzw. Gemeinwohlverwirklichung liegen. Solche Formen können etwa in der Beauftra-

---

[279] Einzelfall: *VG Oldenburg,* NVwZ-RR 2010, S. 439 ff.
[280] Zu Korruption und deren Bekämpfung grundlegend *Britta Bannenberg,* Korruption in Deutschland, 2. Aufl. 2007, S. 31 ff. (s.a. 207 ff., 215 f.).
[281] Dazu im Kontext des Verbraucherinformationsrechts *Friedrich Schoch,* Neuere Entwicklungen im Verbraucherinformationsrecht, NJW 2010, S. 2241 ff.; *Florian Becker/Ylva Blackstein,* Der transparente Staat – Staatliche Verbraucherinformation über das Internet, NJW 2011, S. 490 ff.; *Monika Böhm/ Michael Lingenfelder/Wolfgang Voit,* Verbraucherinformation auf dem Prüfstand, NVwZ 2011, S. 198 ff.; *Ferdinand Wollenschläger,* Staatliche Verbraucherinformation als neues Instrument des Verbraucherschutzes, VerwArch, Bd. 102 (2011), S. 20 ff.

gung privater Verbände (Verbraucherverbände) zur Marktbeobachtung und ggf. Mitwirkung an der Misstandsbeseitigung,[282] ihrer Einschaltung in die Erfüllung staatlicher Aufgaben durch Anhörungs-, Beteiligungs- oder Klagerechte (Verbandsbeteiligung)[283] sowie nicht zuletzt in der Kooperation von Behörden und privaten (Bürger-)Initiativen[284] liegen. Hier ist dann der Übergangsbereich zwischen Mobilisierung Privater und Schaffung (semi-)privater staatlicher Vorfeldorganisationen erreicht.

Doch sind jene Kooperationsformen zumeist punktuell und unterhalb der Ebene expliziter gesetzlicher Regelung verblieben. Überhaupt erscheint die Materie wegen der Freiwilligkeit des Handelns der Beteiligten kaum geregelt und auch **kaum eigens regelungsbedürftig.** Regelungen beziehen sich am ehesten auf Sekundärfragen, namentlich in Abwägung mit Rechtspositionen betroffener Dritter. Die allgemeinen Bestimmungen gegen falsche Anschuldigungen oder üble Nachrede (§§ 164, 186, 188 StGB) gelten auch hier. Der Schutz von Anzeigeerstattern gegen Maßregelungen durch Dritte muss jedenfalls dann gewährleistet sein, wenn er Anzeige wegen Verstoßes gegen Bestimmungen erstattet hat, die auch seinem Schutz zu dienen bestimmt sind.[285] Umgekehrt darf ein zugesicherter Anonymitätsschutz nicht so weit gehen, dass auch offensichtlich gegenstandslose oder gar missbräuchliche Anzeigen unter dessen Schutz fallen.[286] 71

Eine andere, weit verbreitete Form staatlicher Informationsgewinnung erfolgt gleichsam tauschförmig. In Anträgen und auf Formularen, welche zur Erlangung von oder zur Teilhabe an Leistungen der öffentlichen Hand dienen, werden tatsächliche Angaben verlangt, ohne deren Abgabe die erwünschte Leistung nicht vergeben wird. Dadurch wird die Leistungsbeziehung zugleich zur Informationsbeziehung. Faktisch findet eine Art **Austausch** statt, welche etwa als **„Leistung gegen Information"** umschrieben werden kann. Namentlich Stellen der Leistungs- und der Finanzverwaltung erhalten auf diese Weise eine Vielzahl von Daten und Angaben, welche über den Einzelfall hinaus auch Strukturkenntnisse über allgemeine Problemlagen und -ursachen, Bedingungen administrativen Handelns oder gar das politische Umfeld vermitteln können. Diese Form der Informationsgewinnung knüpft nicht an Eingriffs-, sondern an Leistungsrechtsverhältnisse an. Sie sind also eher Elemente der Leistungs- als der Eingriffsverwaltung. Gegenüber dem Bürger entsteht auch kein rechtlich durchsetzbarer Zwang, bestimmte Informationen zu übermitteln. Seine informationelle Selbstbestimmung wird allenfalls beeinträchtigt durch die faktische Lage, entweder die geforderten Angaben zu machen und die zu beantragende Leis- 72

---

[282] Zur Rolle der Verbraucherverbände *Wolfgang Köck,* Produktinformationen im Umwelt- und Gesundheitsbereich durch Verbraucherorganisationen, VuR 1991, S. 181 ff.; *Tobias Brönneke,* Kollektiver Rechtsschutz im Zivilprozessrecht, 2001.

[283] Zur Verbandsbeteiligung näher *Thomas Wilrich,* Verbandsbeteiligung im Umweltrecht, 2002; *Alexander Schmidt,* Die naturschutzrechtliche Verbandsklage in Deutschland, 2004; *Bernhard Stüer,* Die naturschutzrechtliche Vereinsbeteiligung und Vereinsklage, NuR 2002, S. 708 ff.

[284] *Andreas Voßkuhle,* Das Kooperationsprinzip im Immissionsschutzrecht, ZUR 2001, S. 23 ff.; *Caspar D. Hermanns,* Das Kooperationsprinzip im Umweltrecht, UPR 1999, S. 342 ff.

[285] Zur Frage nach der Möglichkeit der Entlassung eines Arbeitnehmers wegen seiner Meldung an die Gewerbeaufsicht, deren Tätigkeit u.a. auch dem Schutz der Arbeitnehmer dient, *Johannes Denck,* Arbeitsschutz und Anzeigerecht des Arbeitnehmers, DB 1980, S. 2132 ff.; *Günter Schaub,* Arbeitsrechtshandbuch, 13. Aufl. 2009, § 55 Rn. 14 ff., § 127 Rn. 66 f., § 133 Rn. 14.

[286] Richtig *BVerwGE* 118, 10 ff.; s. a. *BVerwGE* 119, 11 ff.

tung zu erhalten oder aber umgekehrt jene Angaben zu verweigern und daher die Leistung nicht zu erhalten. Es entsteht eher eine Art Informationslast als eine Informationsverpflichtung. Noch weiter reicht diese Figur, wenn sich die Bürger in einem Antrag oder in Verbindung damit „freiwillig" i.S.d. § 13 Abs. 1 lit. a) BDSG mit der Erhebung weiterer Informationen durch die Behörde einverstanden erklären. Hier kann diese Lage einer Zwangslage gleichkommen, wenn der Bürger auf die staatliche Vergünstigung in besonderer Weise angewiesen ist.[287] Solche Austauschbeziehungen, namentlich die Frage nach dem Umfang zulässiger Informationsabfragen, haben keine nähere gesetzliche Regelung erfahren.[288]

73 Grundsätzlich kann im Rahmen derartiger Leistungsverhältnisse angenommen werden: **Wenn die öffentliche Hand die Vergabe einzelner Vergünstigungen in rechtlich zulässiger Weise von bestimmten Voraussetzungen abhängig machen darf, so darf sie zugleich von den Antragstellern die zur Prüfung jener Voraussetzungen und zur Durchführung der Verfahren notwendigen tatsächlichen Angaben verlangen.** Materielles und Verfahrensrecht sind so mittelbar geeignet, Informationsbeziehungen zwischen Staat und Bürger zwar nicht zu begründen,[289] wohl aber zu legitimieren. Umgekehrt gilt aber auch: Sofern die öffentliche Hand dem Bürger Daten abverlangt, welche weder zur Prüfung der Leistungsvoraussetzungen noch zur Durchführung des Verfahrens erforderlich sind, kann sie nicht durch die Leistungsbeziehung legitimiert werden. Eine derartige sachwidrige Kopplung von Leistungsvergabe und damit nicht notwendig zusammenhängenden Informationsforderungen erlangt die Qualität eines **Eingriffs** in das Grundrecht auf informationelle Selbstbestimmung.[290] Ähnliches gilt, wenn unverhältnismäßige Überwachungs- oder Sanktionsrechte vorbehalten oder ausgeübt werden.

74 Leistungsbeziehungen zwischen Staat und Bürger können nicht nur die Abfrage von Informationen, sondern auch deren **Verwendung für Zwecke der Leistungsgewährung und -abwicklung** erfordern. Daher begründet der Zweck der Datenerhebung in solchen Fällen auch die Zulässigkeit der Datenverwendung. Für jene Zwecke, zu welchen die Angaben erhoben werden durften, dürfen sie dann auch von den Behörden verarbeitet werden. Dies ist unabhängig davon, ob die Unterlagen in elektronischer oder in sonstiger Form gespeichert werden. Sonstige Informationsverwendung kann neue Rechtsfragen aufwerfen, sofern sie die Rechtssphäre eines Bürgers berühren kann. In solchen Fällen kann die Leistungs- in eine Eingriffsrechtsbeziehung umschlagen und unterliegt dann den dafür geltenden grundgesetzlichen und gesetzlichen Anforderungen.

---

[287] Die Frage, unter welchen Voraussetzungen die Versagung oder der Ausschluss von einer notwendigen Leistung einem Grundrechtseingriff gleichkommen kann, ist bislang wenig erörtert. Einzelne Hinweise hierzu bei *Jose Martinez-Soria*, Das Recht auf Sicherung des Existenzminimums, JZ 2005, S. 644 ff.

[288] Zum Formularinhalt näher *Paul Stelkens/Dieter Kallerhoff*, in: Stelkens/Bonk/Sachs (Hrsg.), VwVfG, § 24 Rn. 88 ff. Nach *BVerwGE* 78, 93; *BayVGH*, NVwZ 1988, S. 944 ff.; *Nds. OVG*, NuR 1983, S. 74 ff., ist der Antrag bei Fehlen der zulässigerweise geforderten Informationen, Anlagen u. ä. unzulässig.

[289] Diese Begründung erfolgt erst durch den Akt der Antragstellung und die in diesem Rahmen gestellten Informationsanforderungen der Behörde.

[290] So zutreffend – am Beispiel der Subventionsvergabe – *Gertrude Lübbe-Wolff*, Grundrechte als Eingriffsabwehr, 1988.

Dritte Grundform der staatlichen **Informationserlangung** ist deren Erhebung **gegen oder ohne den Willen des Betroffenen.** Sie findet in zwei Grundformen statt. Entweder kann die Informationsbeziehung zwangsweise begründet werden, indem bestimmte Auskunftspflichten statuiert und gesetzliche Sanktionen für den Fall der Nichterfüllung angedroht werden.[291] Oder aber die staatliche Informationserhebung erfolgt heimlich bzw. verdeckt in dem Sinne, dass der Betroffene sie entweder überhaupt nicht bemerkt[292] bzw. nicht als Ausübung von Staatsgewalt wahrnimmt.[293] Die Ausgestaltung jener Datenerhebung kann durchaus unterschiedlich sein. So können die Privatpersonen verpflichtet werden, von sich aus Mitteilungen zu machen **(Anzeigepflichten).**[294] Solche Meldungen sind von Privaten oder (regelmäßig) Unternehmen ohne besondere behördliche Aufforderung gegenüber den gesetzlich bestimmten Stellen zu erstatten, wenn Sachverhalte eintreten werden, welche Behörden oder Dritten nicht bekannt sind oder zeitnah bekannt werden und eine Beeinträchtigung von Rechten Dritter oder Belangen der Allgemeinheit droht. Eine andere Form der Informationserhebung ist die Verpflichtung, auf behördliche Anforderung hin Auskunft zu erteilen **(Auskunftsverlangen)**[295] oder aber staatliche Maßnahmen der Informationserhebung zu dulden (Beispiel Nachschau).[296] Solche Formen einer zwangsweisen Informationserhebung sind als **Grundrechtseingriffe** zu qualifizieren. Dabei richtet sich die Frage nach dem konkreten Zulässigkeitsmaßstab im Einzelfall nach dem jeweils tangierten Freiheitsrecht. Es kann sich entweder nach dem beeinträchtigten Medium (Wohnung, Post- und Fernmeldegeheimnis) oder nach der Handlung, auf welche sich die Überwachung bezieht (etwa: Gewerbe-, Berufsfreiheit) oder nach der Intensität der Maßnahme (Menschenwürde, Intimsphäre),[297] subsidiär aber auch nach dem Grundrecht der informationellen Selbstbestimmung richten.

75

Ungeachtet des angedrohten rechtlichen Zwangs erweist sich diese Form der Informationserhebung in der Wirklichkeit als **relativ schwaches Instrument.** Ursächlich dafür ist bereits sein zentraler Anwendungsbereich. Da Zwangsmittel angedroht werden müssen, wenn mit freiwilliger Kooperation der Betroffenen nicht gerechnet werden kann, kommt diese Handlungsform am ehesten im Vorfeld oder aus Anlass weiterer Freiheitseingriffe zur Anwendung. Sie dient der Vorbereitung von Ge- oder Verboten, der Ablehnung von Anträgen oder der Ver-

76

---

[291] Beispiel: *OVG Münster*, NVwZ 2010, S. 270 ff.

[292] Dies gilt z. B. für Telefonüberwachung; dazu BVerfGE 100, 313 (358 ff., 361); BVerfGE 110, 33 ff. (§§ 39 ff. AWG); NJW 2005, S. 436 ff. (§§ 30 ff. NdsPolG); NJW 2006, S. 1939 ff. (Rasterfahndung, § 31 NRWPolG). Hierzu eingehend *Markus Deutsch*, Die heimliche Erhebung von Informationen und deren Aufbewahrung durch die Polizei, 1992.

[293] Dies ist die Grundkonstellation etwa beim Einsatz von V-Leuten oder verdeckten Ermittlern; s. dazu *Klaus Bernsmann*, Heimliche Ermittlungsmethoden und ihre Kontrolle – Ein systematischer Überblick, StV 1998, S. 217 ff.; *Peter Frisch*, V-Leute im Strafverfahren und im Verbotsverfahren, DRiZ 2003, S. 199 ff. Zu einem Sonderfall *Joachim Pohl*, Informationsbeschaffung beim Mitbürger, 2002.

[294] Siehe z. B. §§ 14 GewO; 25 KWG; 6 AtSMV; aus jüngerer Zeit § 42a BDSG, § 15a TMG, § 93 Abs. 3 TKG. Zu ihnen näher *Gerrit Hornung*, Informationen über „Datenpannen" – Neue Pflichten für datenverarbeitende Unternehmen, NJW 2010, S. 1841 ff.; *Klaus Stohrer*, Informationspflichten Privater gegenüber dem Staat, 2007.

[295] Z. B. §§ 22 Abs. 1 GastG; 17 Abs. 1 HwO; 52 Abs. 2, 3 BImSchG; 19 Abs. 2 S. 2 AtG; 31 SprengstoffG; 14 Abs. 3 KWG.

[296] Z. B. § 42 LMBG; 52 BImSchG; 45 Abs. 3 BBiG; 77 BauONRW. Dazu BVerfGE 32, 45 (68 ff.).

[297] Dabei wendet BVerfGE 109, 279 (325 ff.) – Lauschangriff, jene Garantien auch kumulativ nebeneinander an.

hängung sonstiger Sanktionen. Da in solchen Konstellationen für die Betroffenen fast ausschließlich Nachteile drohen, ist schon im Vorbereitungsstadium eher mit Widerstand zu rechnen; sei es, dass geforderte Angaben nicht, unvollständig oder spät erfolgen; sei es, dass bereits gegen die Geltendmachung der staatlichen Informationsansprüche Rechtsmittel eingelegt werden. Derartiger Widerstand ist geeignet, den Aufwand für die öffentliche Hand zu erhöhen und gleichzeitig die Effizienz dieses Aufwandes zu mindern: Angesichts der Angewiesenheit der Behörden auf Informationen, angesichts des faktisch, möglicherweise gerichtlich und eventuell zudem auch politischen Widerstandes Betroffener und der immer einzukalkulierenden Möglichkeit eines Fehlschlags der Ermittlungen bedarf es einer sorgfältigen Abwägung, ob im Einzelfall ein derartiger Aufwand gerechtfertigt werden kann.[298] Je geringer die Aussichten erscheinen, desto mehr liegt es nahe, statt des Zwangs verstärkt freiwillige Mitwirkung (potentiell) Beteiligter und Betroffener zu mobilisieren. Daraus folgt nicht nur die – aus dem Gebot der Erforderlichkeit begründete – rechtliche, sondern auch die faktische **Subsidiarität** dieses Instruments.

77 Als Grundrechtseingriff bedarf die zwangsweise Erhebung von Informationen einer gesetzlichen Ermächtigung. Die Anforderungen an die Ermächtigungsnorm orientieren sich auch an der **Schwere des Eingriffs.** Diese hängt von mehreren Faktoren ab: dem Bezug der Information zum prinzipiell unantastbaren Kernbereich der Persönlichkeit,[299] weiter der mit der Erhebung einhergehenden Beeinträchtigung rechtlich besonders geschützter Privatsphären (Wohnung u.ä.) und schließlich dem Umfang der Verwendungsmöglichkeiten erhobener Informationen. Insoweit wirkt die Schwere des Eingriffs durch die Nutzung erhobener Daten bereits auf die Schwere des Erhebungsvorganges zurück.[300] Hier zeigt sich eine rechtliche Besonderheit von Informationsbeziehungen außerhalb von Verwaltungsverfahren. Im Verfahren legitimiert dieses selbst den Zweck der Datenerhebung und -verwendung: Sie darf grundsätzlich (nur) für die Zwecke des Verfahrens erfolgen. Das Verfahren eröffnet nicht nur staatliche Handlungsräume, sondern begrenzt sie zugleich. Jene rechtliche Grenze entfällt bei verfahrensfreier Informationserhebung, etwa durch Verfassungsschutzbehörden (§ 8 Abs. 1 BVerfSchG)[301] oder sonstige Nachrichtendienste,[302] durch die Polizei im Zuge der Gefahrenvorsorge (§ 1 Abs. 1 S. 2 NRWPolG), statistische Bundes- oder Landesämter[303] und zu Zwecken des Zivil-, Katastrophen- u.ä. -schutzes. In solchen

---

[298] Die viel zitierte Krise und Durchsetzungsschwäche des Ordnungsrechts bzw. imperativer staatlicher Handlungsformen zeigt sich gerade an dieser Stelle; Diskussion bei *Gertrude Lübbe-Wolff*, Modernisierung des Umweltordnungsrechts. Vollziehbarkeit – Deregulierung – Effizienz, 1996; s. a. *dies.*, Vollzugsprobleme der Umweltverwaltung, NuR 1993, S. 217 ff.; *Erik Gawel/dies.* (Hrsg.), Effizientes Umweltordnungsrecht, 2000.

[299] Dazu *BVerfGE* 27, 1 (6 ff.); 109, 279 (325 ff.). Zum Folgenden näher *Christoph Gusy*, Die Schwere des Informationseingriffs, in: FS Wolf-Rüdiger Schenke, 2011, S. 395 ff.

[300] Siehe hierzu näher *Jürgen Wolter*, Beweisverbote und Informationsübermittlung der Polizei bei präventiver Videoüberwachung eines Tatverdächtigen, Jura 1992, S. 520 ff.; *Ulrich Guttenberg*, Die heimliche Überwachung von Wohnungen, NJW 1993, S. 567 ff.

[301] Hierzu und zum Folgenden *Christoph Gusy*, Informationelle Zusammenarbeit zwischen Sicherheitsbehörden, CR 1989, S. 628 ff.

[302] Zum BND *BVerfGE* 100, 313 (366 ff.).

[303] Dazu → Bd. II *Ladeur* § 21 Rn. 70 ff.; ferner *Holger Poppenhäger*, Informationelle Gewaltenteilung, Zulässigkeit und Grenzen der Nutzung personenbezogener Daten für statistische Zwecke und Zwecke des Verwaltungsvollzugs, NVwZ 1992, S. 149 ff.

Fällen sind Verwaltungsverfahren weder beabsichtigt noch betrieben, so dass sie auch keine Datenerhebungs- oder verwendungszwecke prägen können. In derartigen Fällen verfahrensfreier Datenerhebung unterliegt das ermächtigende Gesetz daher besonderen Anforderungen, da es die Zulässigkeitsbedingungen von Datenerhebung und -verarbeitung im Einzelfall eigens regeln muss.

Die verfassungsrechtlichen **Anforderungen an Eingriffsermächtigungen zur zwangsweisen Informationserhebung** lassen sich folgendermaßen zusammenfassen: Das Gesetz muss die Voraussetzungen der Datenerhebung selbst benennen.[304] Der bloße Verweis auf Behördenaufgaben und das Gebot der Erforderlichkeit allein reicht nicht aus.[305] Das erforderliche Maß an Normenklarheit und -bestimmtheit[306] sowie die Benennung der notwendigen Voraussetzungen für die Datenerhebung[307] sind proportional zu der Schwere des mit dem Erhebungsvorgang bewirkten Grundrechtseingriffs auszurichten. Grundrechtlich notwendige Ausnahmetatbestände und Eingriffsgrenzen müssen im Gesetz selbst genannt und hinreichend bestimmt werden.[308] Zudem müssen die Regelungen über die Art der zu erhebenden Informationen, Zulässigkeit und Grenzen der Datenverwendung entweder im Gesetz selbst oder in anderen Rechtsnormen (etwa im Kontext des Verwaltungsverfahrensrechts) hinreichend bestimmt sein.[309] 78

Rechtliche Grenzen zwangsweiser staatlicher Informationserhebung sind die besonders geschützten persönlichen Geheimnisbereiche und Vertrauensbeziehungen.[310] Sie begründen teils absolute, abwägungsfeste Erhebungsverbote, teils relative, einer Abwägung im Einzelfall zugängliche Grenzen staatlicher Ermittlungsbefugnisse.[311] Dabei kann die Ausgestaltung jenes Schutzes durchaus unterschiedlich sein: Einzelne von ihnen begründen an die Exekutive gerichtete Informationserhebungsverbote, andere hingegen bloße Auskunftsverweigerungsrechte bei stattfindenden Erhebungsmaßnahmen. Unterschiedlich ausgestaltet ist auch die Reichweite dieses besonderen Geheimnisschutzes: Z.T. gilt der Schutz absolut, z.T. aber auch nur für einzelne Rechtsgebiete. So sollen etwa Zeugnisverweigerungsrechte im Strafverfahren für Insolvenzverfahren keine Be- 79

---

[304] *BVerfGE* 109, 279 ff.
[305] *BVerfG*, NJW 2004, S. 999 (1018 ff.).
[306] *BVerfGE* 110, 33 (50).
[307] *BVerfGE* 116, 1 f. Danach reicht die Formulierung von den „tatsächlichen Anhaltspunkten für eine Gefahr" jedenfalls bei schwerer wiegenden Grundrechtseingriffen allein nicht aus.
[308] *BVerfG*, NJW 2004, S. 999 (1006).
[309] *BVerfGE* 110, 33 ff. Überblick bei *Christoph Gusy*, Gefahrenaufklärung zum Schutz der öffentlichen Sicherheit und Ordnung, JA 2011, S. 641 ff.
[310] Dazu allgemein *Christoph Gusy*, Der Schutz von Vertrauensverhältnissen im Polizeirecht unter besonderer Berücksichtigung der Zeugnisverweigerungsrechte, in: Jürgen Wolter/Wolf-Rüdiger Schenke (Hrsg.), Zeugnisverweigerungsrechte bei (verdeckten) Ermittlungsmaßnahmen, 2002, S. 135 (149); *Hans-Ulrich Paeffgen*, Zeugnisverweigerungsrechte und Verfassung, ebd., S. 215 ff.; *Josef Ruthig*, Der Schutz von Vertrauensverhältnissen im Polizeirecht, ebd., S. 247 f.; (alle m.w.N). Zu Einzelfragen *Thomas Würtenberger/Ralf Schenke*, Der Schutz von Amts- und Berufsgeheimnis im Recht der polizeilichen Informationserhebung, JZ 1999, S. 548 ff.; *Thomas v. Danwitz*, Der Schutz von Betriebs- und Geschäftsgeheimnissen im Recht der Regulierungsverwaltung, DVBl 2005, S. 597 ff. S.a. → Bd. II *Holznagel* § 24 Rn. 69 ff.
[311] Siehe zum Steuergeheimnis des § 30 AO *BVerwGE* 65, 1 (5 ff.); *BVerwG*, NVwZ 1988, S. 432 ff.; *BFH*, NVwZ 1988, S. 417 ff.; zum Sozialgeheimnis der §§ 67 ff. SGB X vgl. *BVerwGE* 65 ebd.; zum allgemeinen Geheimnisschutz des § 30 VwVfG vgl. o. → Rn. 47.

deutung erlangen.³¹² In solchen Fällen wandeln sich Informationserhebungs- zu Informationsverwendungsgrenzen. Dies ist gewiss denkbar, sofern beide Verfahren von unterschiedlichen Stellen und Bediensteten betrieben werden. Besteht hingegen Identität der beteiligten Amtswalter, so droht die Beweisverwendungsregel leer zu laufen. In solchen Fällen bedarf es mindestens weiterer gesetzlicher Ausformungen, um Umgehungsmöglichkeiten entgegenzuwirken.

80   Ein weiteres Mal zeigt sich: **Die Zulässigkeit zwangsweiser Informationserhebung hängt nicht selten von der Regelung der Verwendung solcher Informationen ab.**³¹³ Hierzu bedarf es ausreichender gesetzlicher Regelungen. Das bedeutet aber nicht, dass jeder Übermittlungs- und Verwendungsvorgang lückenlos durch besondere Gesetze geregelt werden muss. Das gilt auch nicht für die Nutzung personenbezogener Daten.³¹⁴ Statt auf die Quantität der Einzelbestimmungen ist vielmehr auf die Qualität ihrer Inhalte zu achten. Ziel ist nicht ein Datenverarbeitungsermächtigungsrecht, sondern stattdessen ein **qualitativ hochwertiger Datenschutz durch Legislative, Exekutive und Justiz.** Die Anforderungen an solche Regelungen können hier nicht abschließend geklärt,³¹⁵ sondern nur in Grundzügen umrissen werden. Zu ihnen zählen insbesondere die Anwendbarkeit ausreichend klarer und angemessener allgemeiner gesetzlicher Regelungen; das Vorhandensein wirksamer behördeninterner und – subsidiär – externer Kontrollinstanzen und -instrumente;³¹⁶ allgemeine verfahrensrechtliche Regelungen für Übermittlungsvorgänge, Speicherungsdauern und Überprüfungsroutinen; der Schutz besonderer Geheimnisbereiche auch über den Informationserhebungsvorgang hinaus, etwa durch Kennzeichnungspflichten; die Ermöglichung nachträglichen effektiven Rechtsschutzes für Betroffene.³¹⁷

2. Informationsrechte der Bürger

81   Außerhalb von Verwaltungsverfahren stehen hinsichtlich der Informationsansprüche der Bürger im deutschen Recht gegenwärtig zwei Konzepte nebenein-

---

³¹² *BVerfGE*, 107, 299 (334 f.).

³¹³ Ein allgemeines Verwertungsverbot im Inland hinsichtlich im Ausland erhobener Daten gilt auch dann nicht, wenn der Erhebungsvorgang im Ausland rechtswidrig war; *BVerfG*, NStZ 2011, S. 103 ff.

³¹⁴ In diesen Formenkreis zählen auch die in jüngerer Zeit im öffentlichen Recht etwas vernachlässigten Fragen der Informationsverwertungsrechte und -verbote; dazu etwa *Klaus Macht*, Verwertungsverbote bei rechtswidriger Informationserlangung im Verwaltungsverfahren, 1999; *Hans-Peter Hüsch*, Verwertungsverbote im Verwaltungsverfahren, 1991; *Carl-Eugen Eberle*, Zum Verwertungsverbot für rechtswidrig erlangte Informationen im Verwaltungsverfahren, in: GS Wolfgang Martens, 1987, S. 351 ff.; *Christoph Gusy*, Der Schutz gegen rechtswidrige Informationsermittlung durch die Nachrichtendienste, DÖV 1980, S. 431 (432 ff.). Zur insoweit elaborierteren, aber auch unklareren Entwicklung im Strafprozess krit. *Christoph Gusy*, Verfassungsverwirklichung durch Verwendung und Nichtverwendung von Informationen im Strafprozess, HRRS 2009, S. 489 ff. (abrufbar unter: http://www.hrr-strafrecht.de/hrr/archiv/09-11/index.php?sz=7).

³¹⁵ Siehe dazu vielmehr → Bd. II Albers § 22.

³¹⁶ Zur Rechtsstellung der Datenschutzbeauftragten in diesem Kontext *EuGH*, EuZW 2010, S. 296 ff., m. Anm. *Alexander Roßnagel*, EuZW 2010, S. 299 ff., einerseits; *Hans P. Bull*, Die „völlig unabhängige" Aufsichtsbehörde, EuZW 2010, S. 488 ff., andererseits.

³¹⁷ Annäherungen bei *Marion Albers*, Informationelle Selbstbestimmung (Fn. 264); zur Rechtsprechung des BVerfG *Christoph Gusy*, Auswirkungen des Lauschangriffsurteils außerhalb der strafprozessualen Wohnungsüberwachung in: Peter Schaar (Hrsg.), Folgerungen aus dem Lauschangriffsurteil des BVerfG: Staatliche Eingriffsbefugnisse auf dem Prüfstand?, 2004, S. 55 ff. Zum zuletzt genannten Aspekt noch *OVG NRW*, NWVBl 2004, S. 157 ff.

ander.³¹⁸ Da ist zunächst das ältere Konzept eines **rechtsstaatlich radizierten Auskunftsanspruchs**.³¹⁹ Er ist von der Rechtsprechung im Wesentlichen als Annexanspruch zu materiellrechtlichen subjektiven Rechten konzipiert worden und dient überwiegend der verfahrensrechtlichen Geltendmachung und Durchsetzung subjektiver öffentlicher Rechte des Bürgers. Daneben steht ein anderer, primär **demokratisch radizierter Informationsanspruch**.³²⁰ Er ist vom Gesetzgeber im Wesentlichen als Kontrollrecht der Bürger gegenüber der öffentlichen Verwaltung konzipiert und dient zur Herstellung bzw. Optimierung des demokratischen Legitimations- und Kontrollzusammenhangs. Dieser ist unabhängig von der Geltendmachung subjektiver Individualrechte, sondern geht bereits von jenem Kontrollanspruch als ausreichender Legitimation eines Informationsbegehrens aus. Beide Anspruchsgrundlagen stehen der Idee nach unverbunden nebeneinander, weisen allerdings gegenständlich wie inhaltlich erhebliche Überschneidungsbereiche auf.

a) Informationszugangsfreiheit („freedom of information")

Die Informationsrechte der Bürger befinden sich im Übergang von einem eher rechtsstaatlich hin zu einem eher demokratisch geprägten Konzept.³²¹ Aktuellster Ausdruck dieser Entwicklung ist die Idee der **Informationszugangsfreiheit** *(freedom of information)*, welche in Deutschland auf dem Umweg über das EU-Recht allmählich Anerkennung findet.³²² Sie hat sich im deutschen Recht eher zögernd durchgesetzt: Am Anfang standen europarechtlich inspirierte bereichsspezifische Regelungen im Umweltrecht.³²³ Über jene Spezialmaterie hinaus schlossen sich immer mehr Bundesländer³²⁴ jener europäischen Entwicklung an.

82

---

³¹⁸ Zu Entwicklung, Entstehung und Konzeptionen *Elke Gurlit,* Konturen eines Informationsverwaltungsrechts, DVBl 2003, S. 1119 ff.; *Matthias Rossi,* Informationszugangsfreiheit und Verfassungsrecht, 2004; *Jean Angelov,* Grundlagen und Grenzen eines staatsbürgerlichen Informationszugangsanspruchs, 1999. Ein älterer Anlauf bei *Eggert Schwan,* Amtsgeheimnis oder Aktenöffentlichkeit?, 1984. S. a. → Bd. II *Rossen-Stadtfeld* § 29 Rn. 99 ff.
³¹⁹ Siehe zu den rechtsstaatlichen Wurzeln o. → Rn. 18 f.
³²⁰ Siehe zu den demokratischen Grundlagen o. → Rn. 20 f.
³²¹ Siehe o. → Rn. 18 ff., 20 ff.
³²² Dazu o. → Rn. 25 f. Zu den Aktivitäten des Europarates, namentlich des dort angestrebten Übereinkommens über den Zugang zu amtlichen Dokumenten v. 27. 11. 2008 *Friedrich Schoch,* Das Übereinkommen des Europarates über den Zugang zu amtlichen Dokumenten, in: FS Wilfried Fiedler, 2011, S. 657 ff.
³²³ Etwa: UIG i. d. F. vom 23. 8. 2001, BGBl I, S. 2218. Dazu Kommentare von *Thomas Schomerus/Christian Schrader/Bernhard Wegener,* Umweltinformationsgesetz, 2. Aufl. 2002; *Friedrich Schoch,* Umweltpolitik durch Informationsfreiheit, in: Meinhard Schröder (Hrsg.), Aktuelle Rechtsfragen und Probleme des freien Informationszugangs, insbesondere im Umweltschutz, 2011, S. 81 ff.; *Jürgen Fluck/Markus Wintterle,* Zugang zu Umweltinformationen, VerwArch, Bd. 94 (2003), S. 437 ff. Grundlegend *Michael Kloepfer,* Umweltrecht als Informationsrecht, UPR 2005, S. 41 ff.; zur Vorgeschichte *Elke Gurlit,* Die Verwaltungsöffentlichkeit im Umweltrecht, 1989. Zu wichtigen Einzelfragen *BVerwG,* DVBl 2006, S. 182 ff.; *Jan O. Merten,* Umweltinformationsgesetz und privatrechtliches Handeln der Verwaltung, NVwZ 2005, S. 1157 ff. S. a. → Bd. I *Schuppert* § 16 Rn. 160 ff.
³²⁴ Vorreiter war hier namentlich Art. 21 Abs. 4 BbgLVerf. S. näher Bbg Akteneinsichts- und InformationszugangsG vom 10. 3. 1998, GVBl S. 46, m. Änd.; dazu *Christoph Partsch,* Das Brandenburger Akteneinsichts- und Informationszugangsgesetz, NJW 1998, S. 346 ff.; *Rolf Breidenbach/Bernd Palenda,* Das Akteneinsichts- und Informationszugangsgesetz des Landes Brandenburg – Ein Vorbild für die Rechtsentwicklung in Deutschland!, NJW 1999, S. 1307 ff.; BerlInformationsfreiheitsG vom 15. 10. 1999, GVBl S. 561 m. Änd.; SHInformationsfreiheitsG vom 9. 2. 2000, GVBl S. 166; dazu *Helmut Bäum-*

In jüngerer Zeit hat sich auch der Bund jener Tendenz nicht länger verschlossen. Die gesetzliche Anerkennung eines weitgehend voraussetzungslosen Anspruchs der Bürger auf Einsicht in staatliche Informationen ist im Grundsatz Gesetz geworden.[325] Der Anwendungsbereich jener Regelungen bezieht sich in der Bundesrepublik bislang (allein) auf die Verwaltungen des Bundes und derjenigen Länder, welche solche Gesetze bislang erlassen haben. Von daher können sie auch nicht einfach die dargestellten Grundsätze der Verwaltungsverfahrensgesetze ersetzen, da diese in Ländern ohne Informationsfreiheitsgesetze weiterhin die wesentliche Grundlage der Informationsbeziehungen zwischen Staat und Bürger sind.[326]

83 Gesetzlicher Ausgangspunkt ist der **Anspruch auf Zugang zu amtlichen Informationen** (§ 1 IFG). Dieses Recht steht „jedem", also allen natürlichen und juristischen Personen des Privatrechts unabhängig von ihrer Staatsangehörigkeit, ihrem Wohnort oder Sitz zu.[327] Das gilt sowohl innerhalb als auch außerhalb ihrer

---

ler, Neue Informationsverarbeitungsgesetze in Schleswig-Holstein, NJW 2000, S. 1982 ff.; *Christine Nordmann*, Das Informationsfreiheitsgesetz Schleswig-Holstein, RDV 2001, S. 71 ff.; *Thilo Weichert*, Informationsfreiheitsgesetz Schleswig-Holstein, DuD 2000, S. 262 ff.; NRWInformationsfreiheitsG vom 27. 11. 2001, GVBl S. 806; dazu *Innenministerium des Landes NRW* (Hrsg.), Das Recht auf freien Informationszugang, 2002; *Frank Stollmann*, Das Informationsfreiheitsgesetz NRW (IFGNRW), NWVBl 2002, S. 216 ff.; *Christoph Partsch/Wiebke Schurig*, Das Informationsfreiheitsgesetz von Nordrhein-Westfalen – ein weiterer Schritt aus dem Entwicklungsrückstand Deutschlands, DÖV 2003, S. 482 ff.; *Thomas Wolf-Hegerbekermeier/Britta Pelizäus*, Freie Information für alle – gut gemeint, aber auch gut gemacht?, DVBl 2002, S. 955 ff.; *Martin Zilkens*, Zur Bedeutung des neuen Informationsfreiheitsgesetzes NRW für die kommunale Rechtspraxis – Eine kritische Betrachtung, RDV 2002, S. 300 ff.; *Birgit Axler*, Das Informationsfreiheitsgesetz Nordrhein-Westfalen (IFGNRW), CR 2002, S. 847 ff.; s.a. *Hermann Pump*, Das Informationsfreiheitsgesetz und seine Bedeutung für die Finanzbehörden, DStZ 2003, S. 535 ff.; *Norbert Meier*, Problemfragen zum Informationsfreiheitsgesetz des Landes NRW (IFGNRW), VR 2005, S. 13 ff.; HambIFG vom 11. 4. 2006, GVBl S. 167; BremIFG vom 16. 5. 2006, GBl S. 263; IFG M-V vom 10. 7. 2006, GVBl S. 556; SIFG vom 12. 7. 2006, Amtsbl. S. 1624; ThürIFG vom 20. 12. 2007, GVBl S. 256; IZG LSA vom 19. 6. 2008, GVBl S. 242, LIFG R-P vom 26. 11. 2008, GVBl S. 296.; Länderüberblick bei *Frank Stollmann*, Informationsfreiheitsgesetze in den Ländern, VR 2002, S. 309 ff.; *Hans-Hermann Schild*, Informationsfreiheitsgesetze – Eine Bestandsaufnahme derzeitiger Möglichkeiten des Informationszugangs mit einem Ausblick auf mögliche künftige Reformen, RDV 2000, S. 96 ff. Vergleichend *Rossi*, Informationszugangsfreiheit (Fn. 318).

[325] BGBl I (2005), S. 2722; das Gesetz ist am 1. 1. 2006 in Kraft getreten. Dazu Innenausschuss des Deutschen Bundestages, Protokoll der 58. Sitzung vom 14. 3. 2005 (Sachverständigenanhörung). Wichtig als Vorarbeit, die dann allerdings nur z.T. Gesetz wurde, *Friedrich Schoch/Michael Kloepfer*, Informationsfreiheitsgesetz, 2002; dazu *Friedrich Schoch*, Informationsfreiheitsgesetz für die Bundesrepublik Deutschland, DV 2002, S. 149 ff.; *Michael Kloepfer*, Informationsgesetzbuch – Zukunftsvision?, Kommunikation und Recht 1999, S. 241 ff. S.a. *Thomas Hart/Carolin Welzel/Hansjürgen Garstka*, Informationsfreiheit, 2003. Zum Gesetz *Friedrich Schoch*, Informationsfreiheitsgesetz, 2008; *Matthias Rossi*, Informationsfreiheitsgesetz, 2006; *Serge-Daniel Jastrow/Arne Schlatmann*, Informationsfreiheitsgesetz, 2006; *Michael Kloepfer/Kai v. Lewinsky*, Das Informationsfreiheitsgesetz des Bundes, DVBl 2005, S. 1277 ff.; *Friedrich Schoch*, Das Recht auf Zugang zu staatlichen Informationen, DÖV 2006, S. 1 ff.; *Dieter Kugelmann*, Informationsfreiheit als Element moderner Staatlichkeit, DÖV 2005, S. 851 ff.; *ders.*, Das Informationsfreiheitsgesetz des Bundes, NJW 2005, S. 3609 ff.; *Heribert Schmitz/Serge-Daniel Jastrow*, Das Informationsfreiheitsgesetz des Bundes, NVwZ 2005, S. 984 ff.

[326] Deswegen wäre es auch verfehlt, von einer Ablösung der älteren Grundsätze des Verfahrensrechts durch die neueren Grundsätzen der Informationsfreiheit zu sprechen.

[327] Grundlegend *Rossi*, Informationszugangsfreiheit (Fn. 318), S. 173 ff. Für Parteien bejahend BVerwGE 108, 369 ff. (zu § 4 Abs. 1 UIG). Nicht hierzu sollen Bürgerinitiativen zählen, wohl aber deren Mitglieder; BTDrucks 15/4493, S. 7. Krit. dazu zu Recht *Schoch*, IFG (Fn. 325), § 1 Rn. 48 ff. Für juristische Personen des öffentlichen Rechts sollen spezielle öffentlich-rechtlichen Sonderregelungen die Anwendbarkeit des IFG ausschließen. Differenzierend *Schoch*, IFG (Fn. 325), § 1 Rn. 59 ff.

Beteiligung an einem Verwaltungsverfahren: Die Auskunfts- und Einsichtsrechte im Verfahren[328] bleiben unberührt, schließen umgekehrt ungeachtet ihrer Spezialität aber die Ansprüche aus § 1 IFG nicht aus.[329] Im Übrigen gehen sondergesetzliche Informationsansprüche den subsidiären[330] Regelungen des IFG vor (§ 1 Abs. 3 IFG).[331] Schuldner des Anspruchs sind alle **Behörden,** also sämtliche staatlichen und privaten Stellen, welche **öffentlich-rechtliche Verwaltungsaufgaben** wahrnehmen (§ 1 Abs. 1 S. 2 IFG).[332] In jenem Umfang gilt dies also auch für Gesetzgebungsorgane[333] und Gerichte. Zu jenen Stellen zählen weiter Privatpersonen und juristische Personen des Privatrechts, soweit sie mit derartigen Aufgaben betraut sind (§ 1 Abs. 1 S. 2, 3 IFG) unabhängig von der Rechtsform des Betrauungsaktes. Die materiellrechtliche Ausgestaltung des Anspruchs ist im Übrigen „**voraussetzungslos**": Insbesondere ist es nicht erforderlich, dass der Anspruchsteller ein eigenes oder fremdes rechtliches Interesse – gleich welcher Art – aufweisen oder gar darlegen muss.[334] Umgekehrt schließt aber die Möglichkeit, dass er ein solches eigenes Interesse verfolgen oder durchsetzen könnte, die Anwendbarkeit des IFG nicht aus. Wegen jener Voraussetzungslosigkeit finden sich die Einzelheiten zur Ausgestaltung des Informationsanspruchs ganz überwiegend in den Anspruchsgrenzen und im Verfahren.[335]

Der Anspruch richtet sich auf Kenntnisnahme von behördlichen „Aufzeichnungen" unabhängig von der Art ihrer Speicherung. Dazu zählen schriftlich, elektronisch oder in sonstiger Weise verkörperte Informationsträger der Exekutive.[336] Maßgeblich für diese Zuordnung ist die Zweckbestimmung der **Daten zu „amtlichen Zwecken"** (§ 2 Nr. 1 IFG).[337] Hierbei kann zunächst auf formelle Kri- **84**

---

[328] Siehe o. → Rn. 43 ff.
[329] So schon *OVG NRW,* NJW 2005, S. 2028 ff.
[330] Dessen subsidiäre Geltung betrifft vorrangige Anspruchsgrundlagen. Keine materiellrechtliche Grenze ist demgegenüber der Umstand, dass die begehrte Information dem Anspruchsteller schon bekannt ist oder aus allgemein zugänglichen Quellen einfacher erlangt werden könnte (§ 9 Abs. 3 IFG). Dieser Umstand kann allenfalls verfahrensrechtliche Bedeutung erlangen.
[331] Zur parallelen Anwendbarkeit von IFG und Pressegesetzen *Christoph Partsch,* Informationsfreiheitsgesetze – bessere Recherchemittel für die Presse, AfP 2002, S. 198 ff.; *Bernd Geier,* Grundlagen rechtsstaatlicher Demokratie im Bereich der Medien, Jura 2004, S. 182 ff.
[332] Dabei stellt die Formulierung von den „öffentlich-rechtlichen Aufgaben" allein auf die Aufgabenzuweisung, nicht hingegen auf die Form ihrer Wahrnehmung durch die jeweilige Stelle ab. So für § 2 Abs. 1 NRWIFG *OVG NRW,* NVwZ-RR 2003, S. 800 ff.; OVGE MüLü 50, 136 ff.; für Rechnungsprüfungsämter *OVG NRW,* NWVBl 2006, S. 292 ff. Hierzu auch *Rossi,* Informationszugangsfreiheit (Fn. 318), S. 183 ff.; ebenso zum UIG *BVerwG,* DÖV 2006, S. 435 ff. Zur Anwendbarkeit der Gesetze auf Selbstverwaltungskörperschaften einerseits *VG Düsseldorf,* Urt. vom 10. 2. 2004, 3 K 2/03; andererseits *Jochen Grütters,* Informationsfreiheit – auch gegenüber Industrie- und Handelskammern?, GewArch 2002, S. 270 ff.
[333] Dazu sollen nach *OVG Berl.,* DVBl 2001, S. 313 f., Petitionsausschüsse nicht zählen.
[334] Obwohl die entsprechende Passage in § 1 Abs. 1 S. 1 IFG letztlich gestrichen wurde, ist grundsätzlich keine derartige Darlegung erforderlich. Doch können sich im Einzelfall Ausnahmen ergeben; dazu § 7 Abs. 1 S. 3 IFG und u. → Rn. 87.
[335] Dazu → Rn. 85 ff.
[336] Dies umfasst nicht das gesamte Wissen des Staates, der Behörden oder der Amtsträger. Auch Auskunftsansprüche nach § 1 IFG beziehen sich allein auf jene Aufzeichnungen, nicht auf das sonstige amtliche oder dienstliche Wissen jener Stellen oder Personen.
[337] Dazu näher *Schoch/Kloepfer,* Informationsfreiheitsgesetz (Fn. 325), S. 75 Rn. 7: Hinweis auf den Anwendungsbereich des Gesetzes als „Informationsverwaltungsrecht". Dazu sollen auch Informationen zum privatrechtlichen Handeln der Verwaltung zählen; s. *Jan O. Merten,* Umweltinformationsgesetz und privatrechtliches Handeln der Verwaltung, NVwZ 2005, S. 1157 ff.

terien abgestellt werden: Was in behördlichen Dateien, Aufzeichnungen oder Akten integriert ist, kann bereits im formellen Sinne jenem Bereich zugerechnet werden.[338] Hinsichtlich sonstiger Aufzeichnungen, die (noch) nicht Bestandteil solcher Bestände sind, werden hingegen auch materielle Kriterien anzulegen sein: Hier kommt es auch auf die tatsächliche Zweckbestimmung an. Doch sind die Einzelfragen der Zuordnung solcher Informationen zum Wissensbestand der Verwaltung einerseits oder zum Bereich der – noch – persönlichen Aufzeichnungen der Amtswalter andererseits bislang nicht in vollem Umfang geklärt.[339] Nicht zu jenen Unterlagen zählen sollen „Entwürfe und Notizen", die weder Bestandteile jener Akten sind noch werden sollen (§ 2 Nr. 1 IFG).[340] Dies sind in erster Linie Arbeitshilfen der Mitarbeiter für ihre jeweilige Aufgabenerfüllung bzw. die Ermöglichung oder Erleichterung der behördeninternen Kommunikation. Hingegen unterliegen Informationen, welche aus bestimmten „Vorgängen" ausgegliedert und aus arbeitsökonomischen, sachlichen oder kompetenziellen Gründen in anderen Akten oder Dateien gespeichert worden sind, als Elemente jener anderen Bestände gleichfalls dem Zugangsrecht nach § 1 IFG.

85 Die **Grenzen des Zugangsanspruchs** sind im Bundesrecht – partiell weit über die Landesgesetze hinausgehend – weit gezogen. § 3 IFG formuliert ungewöhnlich zahlreiche **absolute Ausschlusstatbestände** zum Schutz zahlreicher öffentlicher Belange, namentlich aus den Bereichen der Außenpolitik, der Verteidigung, der öffentlichen Sicherheit und der Nachrichtendienste, der rechtlich angeordneten oder zugelassenen Vertraulichkeit der Datenerhebung oder -verarbeitung, der vertraulichen Kooperation von Behörden und Bürgern, fiskalischer Interessen des Bundes, einzelner Belange der Wirtschaftsaufsicht oder laufender Ermittlungs- oder Gerichtsverfahren sowie schließlich zum Schutz der Unterlagen von anderen Behörden, welche nicht dem Anwendungsbereich des IFG unterfallen sollen.[341] Demgegenüber beschränken sich die Landesgesetze regelmäßig auf die Ausschlussgründe der Landesverteidigung und der öffentlichen Sicherheit, die Beziehungen zum Bund, anderen Staaten und Ländern, den Schutz der behördlichen Entscheidungsfindung in anhängigen Verwaltungsverfahren und den Schutz von Informationen anderer öffentlicher Stellen, welche nicht dem IFG unterliegen (so z. B. § 6 NRWIFG). Nach Wortlaut und Systematik des Bundesrechts soll in solchen Fällen keine Abwägung zwischen den Belangen

---

[338] Bisweilen erweckt der Gesetzestext den Eindruck, als beziehe sich der Anspruch nicht allgemein auf behördliche Informationen, sondern eher solche in „Vorgängen" (s. insbes. §§ 2 Nr. 1; 3 Nr. 5 IFG). Nach *Schoch/Kloepfer*, Informationsfreiheitsgesetz (Fn. 325), S. 75 Rn. 9, soll es sich dabei allein um einen Hinweis auf diejenigen Informationen handeln, welche später teil der Akten und nicht bei Abschluss des Verfahrens vernichtet werden.
[339] Zum Streit um den Terminkalender des Regierenden Bürgermeisters von Berlin, welcher nicht dem Bereich der „amtlichen Informationen" zugeordnet worden ist; *VG Berlin*, Urt. vom 10. 5. 2005, 2 A 178/04.
[340] Vgl. auch → Bd. II *Ladeur* § 21 Rn. 15.
[341] Siehe zu diesen Ausschlusstatbeständen näher BTDrucks 15/4493, S. 9: „Ausnahmen vom Informationszugang und Darlegungslast der Behörden". Kommentar bei *Schoch*, IFG (Fn. 325), § 3 Rn. 11 ff. Zur Entstehung noch *Schoch/Kloepfer*, Informationsfreiheitsgesetz (Fn. 325), S. 88 ff. Nicht so restriktiv z. B. §§ 6 ff. BerlIFG, 4 ff. BbgIFG, 5 ff. NRWIFG, 9 ff. SHIFG. Hier muss davon ausgegangen werden, dass die weite Fassung jener Anspruchsgrenzen im Bund politischen Widerständen gegen das Einsichtsrecht geschuldet war und somit den Kompromiss der jetzigen Gesetzesfassung überhaupt erst ermöglicht hat. Zu den verfassungsrechtlichen Grundlagen *Rossi*, Informationszugangsfreiheit (Fn. 318), S. 122 ff.

C. Informationsbeziehungen zwischen Staat und Einzelnen

des Einsichtswilligen und den konkurrierenden Schutzgütern stattfinden. Insoweit verbleibt es also hinsichtlich des Informationszugangs bei der bisherigen Rechtslage. Angesichts der relativen Weite und der textlichen Vagheit jener Grenzen[342] (wenn das Bekanntwerden „nachteilige Auswirkungen" [!] auf „internationale Beziehungen" [!] „haben kann" [!]) ist gegenwärtig kaum absehbar, welchen Anwendungsbereich das Informationsrecht nach diesem Gesetz überhaupt erlangen kann. **Relative Ausschlustatbestände** formulieren §§ 5f. IFG zum Schutz personenbezogener Daten Dritter[343] sowie von geistigem Eigentum, **Geschäfts- und Betriebsgeheimnissen** anderer Personen.[344] **Zeitliche Ausschlustatbestände** statuiert § 4 IFG innerhalb laufender Verfahren[345] für Vorarbeiten und Entwürfe, soweit deren vorzeitige Bekanntgabe den Erfolg der Entscheidung oder bevorstehender behördlicher Maßnahmen gefährden würde.[346] Dieser Ausschlustatbestand endet spätestens mit dem Abschluss des Verfahrens[347] bzw. der zu schützenden Entscheidung oder Maßnahme. Der Schutz des ungestörten Verfahrensablaufs als solcher ist im Gesetz – im Unterschied zu einzelnen Landesgesetzen – nicht ausdrücklich als Anspruchsgrenze formuliert, soll aber dem Anwendungsbereich des § 4 IFG unterfallen.[348] Die genannten Einschränkungen können den Informationsanspruch ganz oder teilweise ausschließen; aber auch die freie Wahl der Form seiner Erfüllung begrenzen (§ 7 Abs. 2 IFG).

Rechtsfolge des Anspruchs ist der **„Zugang" zu den Informationen.** Dessen Form ist grundsätzlich offen; sie kann in jeder geeigneten Weise erfolgen, insbesondere durch (mündliche, schriftliche oder elektronische) **Auskunft, Akteneinsicht oder Zugang zu den Informationsträgern** (§ 1 Abs. 2 IFG). Das Gesetz geht grundsätzlich von einem Wahlrecht des Bürgers aus; dieses kann von der Behörde nur eingeschränkt werden, wenn ein „deutlich höherer Verwaltungsaufwand"

86

---

[342] Hinsichtlich mancher Einzelheiten verweist der Gesetzestext ausdrücklich auf noch zu erlassende Ausführungsbestimmungen; s. namentlich § 3 Nr. 4 IFG.

[343] Dazu etwa *VG Düsseldorf*, Urt. vom 9.7.2004, 26 K 4163/03. Das gilt jedenfalls, soweit es sich nicht um Informationen aus einem oder über ein (früheres oder bestehendes) Dienstverhältnis zwischen einer Person und einer öffentlichen Stelle, einem Dienst- oder einem Amtsgeheimnis handelt (§ 5 Abs. 2 IFG). Deren absoluter Schutz findet seine Grenze allein in öffentlich zugänglichen oder allgemeinen Angaben gem. § 5 Abs. 3, 4 IFG. Nicht hierzu zählen die Interessen auch volljähriger Schüler im Verhältnis zum Akteneinsichtsrecht ihrer Eltern in Schulakten; *RPVfGH*, NJW 2005, S. 410 ff.

[344] Zum Schutz solcher Geheimnisse im Verfassungsrecht *BVerfGE* 115, 205 ff. Zu diesen Grenzen näher *Schoch*, IFG (Fn. 325), § 5 Rn. 14 ff.; *Michael Kloepfer*, Informationsfreiheit und Datenschutz: Zwei Säulen des Rechts der Informationsgesellschaft, DÖV 2003, S. 221 ff.; *Rossi*, Informationszugangsfreiheit (Fn. 318), S. 134 ff.; *Thomas Tyczewski/Till Elgeti*, Der Schutz von Betriebs- und Geschäftsgeheimnisses im Informationsfreiheitsrecht, NWVBl 2006, S. 281 ff. S.a. → Bd. II *Holznagel* § 24 Rn. 69 ff. Zu möglichen Betriebs- und Geschäftsgeheimnissen öffentlicher Unternehmen *BVerfGE* 115, 205 (228 ff.); *Sven Polenz*, Betriebs- und Geschäftsgeheimnisse der öffentlichen Hand, DÖV 2010, S. 350 ff.

[345] Dieses Verfahren muss nicht notwendig ein Verwaltungsverfahren i.S.d. § 9 VwVfG sein. Vielmehr kann es sich auch um andere Verfahren handeln, in welchen geheimhaltungsbedürftige Maßnahmen vorbereitet werden können. Kommentar bei *Schoch*, IFG (Fn. 325), § 4 Rn. 8 ff.

[346] Dazu näher *OVG SH*, NuR 1998, S. 667 ff. (zu § 7 Abs. 1 UIG): Ausschluss nur für Beratungs- und Abwägungsvorgänge, nicht hingegen die den Beratungen zugrunde liegenden Sachinformationen.

[347] Das gilt namentlich, wenn das Verfahren ohne derartige Entscheidungen oder Maßnahmen endete. Jedenfalls in solchen Fällen soll der Betroffene vom Verfahrensabschluss informiert werden, (§ 4 Abs. 2 IFG), wenn keine rechtlich geschützten Belange entgegenstehen.

[348] BTDrucks 15/4493, S. 12. Anders der Text beispielsweise in AIG Bbg, § 4 Abs. 2 Nr. 4; Berl. IFG, § 10; SHIFG, § 10; NRWIFG, § 7.

oder ein sonstiger wichtiger Grund entgegensteht. Das Aufwandsargument begrenzt hier also nur das „Wie", nicht hingegen das „Ob" der Auskunft. Zur Wahrnehmung des Einsichtsrechts sind für die Bürger die notwendigen sachlichen, räumlichen und technischen Hilfsmittel zur Verfügung zu stellen. Dazu können – jedenfalls soweit in der Behörde ohnehin vorhanden – auch Computerarbeitsplätze zählen. Das Zugangsrecht umfasst auch das Recht des Bürgers, sich Notizen zu machen bzw. Ablichtungen oder Ausdrucke herzustellen (§ 7 Abs. 4 IFG). Infolge der zahlreichen gesetzlichen Einschränkungen des Anspruchs kommt dem teilweisen Informationszugang ein erheblicher Anwendungsbereich zu. Hier sind Umfang (§ 7 Abs. 2 S. 1 IFG) und Form der Information auch von der Frage nach der **Verhältnismäßigkeit des Verwaltungsaufwandes** abhängig.[349] In solchen Fällen kann der Verwaltungsaufwand als Anspruchsgrenze über die Modalitäten der Auskunft partiell hinaus und sich auch auf die Grundsatzfrage nach deren Erteilung auswirken. Im Übrigen vermag jener Aufwand auch den **Zeitpunkt der Information** zu beeinflussen. Sie soll grundsätzlich unverzüglich binnen Monatsfrist nach Eingang des Antrags zugänglich gemacht werden. Fristüberschreitungen können sich allerdings aus der Komplexität der Unterlagen oder des behördlichen Entscheidungsverfahrens ergeben (§ 7 Abs. 5 IFG).[350]

87   Das Verfahren ist antragsgebunden (§ 7 IFG) und stets auf eine vorherige Entscheidung der Behörde (§ 9 IFG) gerichtet. Der schriftlich, mündlich oder elektronisch zu stellende **Antrag** ist an diejenige Behörde zu richten, welche zur Verfügung über die jeweiligen Akten berechtigt ist.[351] Diese ist nicht notwendig mit derjenigen Stelle identisch, welche die Unterlagen tatsächlich aufbewahrt.[352] Zur Erleichterung des Auffindens sollen die Behörden Verzeichnisse über die bei ihnen geführten Informationssammlungen, Organisations- und Aktenpläne in elektronischer Form allgemein zugänglich machen (§ 11 IFG). Der Antrag bedarf als solcher keiner Begründung; eine solche Pflicht entsteht aber dann, wenn nach §§ 5 f. IFG relative Grenzen des Auskunftsrechts zum **Schutz betroffener Dritter**[353] einschlägig sein können. In derartigen Fällen kann die Begründung die erforderliche Abwägung der beteiligten und betroffenen Belange vorbereiten. Potentiell betroffenen Dritten ist der Antrag – der in solchen Fällen schriftlich oder elektronisch vorliegen muss – zur Stellungnahme zuzuleiten (§ 8 IFG). Nach deren Eingang kann die abschließende Entscheidung erfolgen. Dabei kann der Antrag im Ermessenswege auch **abgelehnt werden, wenn der Bürger über die Informationen bereits verfügt** oder sie sich in zumutbarer Weise aus allgemein zugäng-

---

[349] Hier werden namentlich die Frage nach der Durchsicht, der Sortierung bzw. teilweisen Unkenntlichmachung der zur Verfügung zu stellenden Unterlagen (§ 7 Abs. 2 S. 2 IFG) Bedeutung erlangen. Zur Anonymisierung *LG Berlin*, NJW 2002, S. 839 ff.

[350] Eine weitere, nicht selten Relevanz erlangende Fristverlängerung kann sich aus § 8 Abs. 2 IFG ergeben.

[351] *OVG NRW*, NVwZ-RR 2004, S. 169 f. Zu Sonderfällen bei Erfüllung öffentlich-rechtlicher Aufgaben durch Private s. § 7 Abs. 1 S. 2 IFG; zu Massenverfahren § 7 Abs. 1 S. 4 IFG.

[352] Eine Pflicht zur Antragsweiterleitung ist im Gesetz nicht vorgesehen. Die Begründung geht von einer Hinweispflicht auf die eigene Unzuständigkeit und die zuständige andere Stelle aus; BT-Drucks 15/4493, S. 14.

[353] Das gilt allerdings nur zum Schutz von Privatpersonen, nicht hingegen etwa anderer Behörden oder Verwaltungsträger. Insoweit ist die Begriffsbestimmung des § 2 Nr. 2 IFG etwas unspezifisch und jedenfalls nicht in vollem Umfang auf § 8 IFG übertragbar. Das gilt in gleicher Weise hinsichtlich des § 3 Nr. 7 IFG.

lichen Quellen beschaffen kann.[354] Wichtig ist in solchen Fällen aber die Identität von begehrter und schon vorhandener Information: So kann das Interesse an der Feststellung, ob Medienberichte über bestimmte Verwaltungsvorgänge zutreffen, durchaus ein Einsichtsrecht in behördliche Akten begründen. In solchen Fällen wäre die Ablehnung unter Hinweis auf die öffentlich bekannten Fakten keine gleichwertige Auskunft, sondern deren Verweigerung. Die **Entscheidung über die Informationsgewährung** ist gesetzlich als Verwaltungsakt behandelt (§§ 8 Abs. 2; 9 Abs. 4 IFG).[355] Dies legt eine ergänzende Anwendung der Verfahrensbestimmungen des VwVfG nahe. Im Streitfall sind – soweit allgemein zugelassen – Widerspruchsverfahren und Verwaltungsrechtsweg eröffnet;[356] daneben fungiert als Kontrollinstanz sowohl von Amts wegen als auch auf Antrag der „Bundesbeauftragte für den Datenschutz und die Informationsfreiheit" (§ 12 IFG).[357]

Für den Informationszugang[358] nach dem IFG werden **Gebühren und Auslagen** erhoben, sofern nicht einfache Auskünfte ohne Rechercheaufwand erteilt werden (§ 10 IFG). Deren Bemessung soll einerseits den entstehenden Verwaltungsaufwand berücksichtigen: Dieser wird in der Gesetzesbegründung mit „zusätzlichem Personal- und Sachaufwand" in allerdings noch nicht quantifizierbarer Höhe angegeben.[359] Andererseits sollen die Gebühren aber auch so bemessen sein, dass das Informationszugangsrecht wirksam in Anspruch genommen werden kann. Dabei kann das Interesse des Antragstellers an der Information berücksichtigt werden. Die Gebühren werden durch Rechtsverordnung bestimmt; ihre Höhe darf 500 € im Einzelfall nicht übersteigen. **88**

Die dargestellten bundesrechtlichen Informationszugangsrechte bleiben sowohl hinter den Ansprüchen aus dem UIG als auch hinter denjenigen des vergleichbaren Landesrechts erheblich zurück. **Informationsfreiheit ist zwar als Regel postuliert, zugleich aber durch zahlreiche Einschränkungen weitgehend zurückgenommen.** Einerseits stellt das Gesetz gegenüber dem älteren Rechtszustand einen gewissen Fortschritt dar. Andererseits sind diese Fortschritte im Kompromisswege zahlreichen politischen und administrativen Bedenken nachgeordnet worden. So bleibt angesichts vager Schrankenklauseln und zahlreicher Abwägungsbedürfnisse wenig klar, was vom Prinzip der Informationsfreiheit ohne besonderes rechtliches Interesse in der Praxis übrig bleiben wird. Faktisch könnte die Abwägung zwischen rechtlich geschützten Interessen von Antragstel- **89**

---

[354] Nicht hierzu zählt der Aspekt, ob der Antragsteller sich die Informationen auf andere Weise als aus öffentlichen Quellen beschaffen kann; s. BVerwG, JZ 1999, S. 1166 (1168 f.). Nach BTDrucks 15/4493, S. 16, werden „bereits nach allgemeinen verwaltungsrechtlichen Grundsätzen des Rechtsmissbrauchs … querulatorische Anträge weder entgegengenommen noch bearbeitet".

[355] In der Gesetzesbegründung wird er auch als solcher bezeichnet, BTDrucks ebd., S. 15.

[356] *OVG NRW*, NWVBl 2003, S. 23 ff.

[357] Vergleichbare Beauftragte gibt es inzwischen auch in den Bundesländern, welche ein IFG erlassen haben (bis auf RP). Zu ihrem Wirken *David Lukaßen*, Die Fallpraxis der Informationsbeauftragten und ihr Beitrag zur Entwicklung des Informationsfreiheitsrechts, 2010.

[358] Entgegen dem Wortlaut des § 10 Abs. 1 IFG dürfen nach der Gesetzesbegründung für die Ablehnung von Anträgen keine Gebühren erhoben werden; BTDrucks ebd., S. 16. Auch die Antragsrücknahme ist danach kostenfrei.

[359] BTDrucks 15/4493, S. 7. Dort wird auch auf die Erfahrungen in den Bundesländern hingewiesen, wo die geringe faktische Inanspruchnahme der Auskunftsrechte die Verwaltungen „keinen übermäßigen Belastungen" ausgesetzt habe. Ob jene Erfahrungen auf den Bund übertragbar seien, wird dort allerdings als offen bezeichnet, die Entwicklung sei noch zu beobachten. Zum Verbot prohibitiver Gebühren *Schoch*, IFG (Fn. 325), § 10 Rn. 55 ff.

lern und den entgegenstehenden öffentlichen und privaten Belangen zum Normalfall werden, so dass dann doch Informationszugang entgegen dem Prinzip des § 1 Abs. 1 S. 1 IFG zum Annexanspruch subjektiver öffentlicher Rechte würde. Hier gefährdet der politische Kompromiss auf Bundesebene das Prinzip der Voraussetzungslosigkeit und damit des allgemeinen demokratischen Kontrollanspruchs der Bürger. Jedenfalls finden sich starke Konzessionen an rechtsstaatlich motivierte Konzepte individueller Auskunftsansprüche. Dies alles gilt jedenfalls für das Bundesrecht, in geringerem Umfang hingegen für die parallelen Landesgesetze.

90   Voraussetzung demokratischer Kontrolle ist die **Mobilisierbarkeit der Bürger**. Sie ist jedenfalls in Deutschland bislang nicht sehr ausgeprägt. Die bisherigen Erfahrungen mit dem Umweltinformationsrecht und den Informationsfreiheitsgesetzen der Länder zeigen, dass von den neuen Ansprüchen nur zurückhaltend Gebrauch gemacht wird.[360] Dies ist gewiss auch auf die relative Neuheit der Gesetze und einen eher geringen Bekanntheitsgrad zurückzuführen. Hierzu mögen – tatsächliche oder vermutete – Hindernisse bei der Geltendmachung von Einsichtsrechten und die Scheu vor möglichen Gebührenforderungen der Verwaltung eine Rolle spielen. Als Antragsteller treten denn auch überdurchschnittlich häufig juristische Personen, Unternehmen, Bürgerinitiativen oder sonstige politische Organisationen auf. Für sie ist der Informationszugang auch ein Instrument zur Verfolgung ihrer jeweils eigenen Verbands- oder Mitgliederinteressen. Zum gegenwärtigen Zeitpunkt scheint das neue Recht eher das Auftreten neuer Kontrollinstanzen als die Ausübung demokratischer Kontrollrechte durch die Bürger selbst zu begünstigen. Der Bürger als Zurechnungsendpunkt demokratischer Legitimation von Staatsgewalt würde so ein weiteres Mal mediatisiert. Angesichts der Knappheit des Aufmerksamkeits-, Problemverarbeitungs- oder gar Problemlösungspotentials der Bürger ist auch deren Mobilisierbarkeit für die Ausübung demokratischer Rechte und Verantwortung notwendig begrenzt. Im Regelfall wird es ihnen an Sachkenntnis, Zeit und Arbeitskraft fehlen, um die neuen Instrumente selbst aktiv nutzen zu können. Daher ist in der funktionsdifferenzierten Gesellschaft auch die Ausübung von Mitwirkungs- und Legitimationsaufgaben faktisch auf dafür funktionell ausgerichtete Organisationen des Volkes übergegangen.[361] Sie handeln nur noch partiell für den Bürger, vielfach schon eher statt des Bürgers. So kann das IFG am ehesten geeignet sein, Neujustierungen im Parallelogramm der politischen Akteure und Organisationen einzuleiten. Sie sind geeignet, kleineren, spezialisierteren und neueren Organisationen ein zusätzliches Kontrollinstrument zur Verfügung zu stellen. Diese verfügen am ehesten über Motivation und Arbeitskapazität, um die neuen Ansprüche in den Dienst ihres politischen Wirkens zu stellen.

91   Jüngere Forderungen in Richtung **Transparenz der öffentlichen Verwaltung**[362] gehen vom demokratischen Ausgangspunkt weitgehend wieder ab. Ihnen geht es

---

[360] *Innenministerium des Landes NRW* (Hrsg.), Informationsfreiheitsgesetz NRW, Bericht über die Auswirkungen des Gesetzes vom 1. 1. 2002-31. 12. 2003, 2004; s.a. *Christoph Worms/Christoph Gusy*, Das Recht der Umweltinformationen, in: JbUTR 2010, S. 29 ff.; *Markus Schmillen*, Das Umweltinformationsrecht zwischen Anspruch und Wirklichkeit, 2003. Zurückhaltend auch die Erwartungen bei *Hans P. Bull*, Informationsfreiheitsgesetze – wozu und wie!, ZG 2002, S. 201 (223 ff.).

[361] Siehe dazu *Christoph Gusy*, in: AK-GG II, Art. 21 Rn. 40 ff.

[362] In diesem Kontext z. B. einzelne Beiträge bei *Bertelsmann-Stiftung* (Hrsg.), Transparenz: Grundlage für Verantwortung und Mitwirkung, 2002, und bei *Michael Kloepfer* (Hrsg.), Die transparente Verwaltung, 2003.

kaum noch um primär altruistische Kontrolle der Ausübung von Staatsgewalt, sondern um die Beseitigung konkreter Missstände. Dazu sollen etwa Korruptionsneigung in Behörden, Wettbewerbsverstöße der öffentlichen Hand, die Erfüllung von Ausschreibungspflichten und Fairness in Ausschreibungsverfahren zählen. Die Kontrollrichtung geht eher auf die wirtschaftlich relevanten Verhaltensweisen der öffentlichen Hand, nämlich die wirtschaftliche Verwendung öffentlicher Mittel, Wahrung fairer Wettbewerbsbedingungen im Leistungswettbewerb durch die Verwaltung und Herstellung von Chancengleichheit für Unternehmen. Als zentrale Kontrollinstanzen treten in solchen Kontexten eher Steuerzahlerorganisationen, Wirtschaftsverbände und -unternehmen sowie ihnen nahestehende spezialisierte Vereinigungen auf. Sie kontrollieren aus der Sicht ihrer Mitglieder und Auftraggeber primär **nicht altruistisch, sondern egoistisch:** Es geht um Interessenwahrung im wirtschaftlichen Wettbewerb und die Erlangung unternehmerischer Vorteile durch Abgabenminimierung, verbesserte Wettbewerbschancen der Unternehmen gegenüber wirtschaftlich relevanten Aktivitäten der Verwaltung bzw. im Konkurrenzkampf um öffentliche Aufträge. Hier sind denn auch die erreichbaren Mobilisierungseffekte eher größer als für die allgemeine Informationszugangsfreiheit.[363] Sofern für jene Anliegen überhaupt noch das Demokratieprinzip bemüht wird, geht es eher um dessen einseitige Stoßrichtung: Transparent soll allein die staatliche Seite sein, während die Verbände und ihre Mitglieder selbst intransparent bleiben wollen und dafür nicht zuletzt den Schutz ihrer Geschäfts- und Betriebsgeheimnisse anführen. Dass solche Transparenzforderungen wichtige Anliegen thematisieren und daher ernst zu nehmen sind, ist gewiss zutreffend. Sie sind politische Ziele auf dem Weg zur Neujustierung der Rollenverteilung von Staat und Wirtschaft im Gemeinwesen. Hingegen haben sie keinerlei Gemeinsamkeit mit dem ursprünglich demokratischen Anliegen von *freedom of information:* Diesem ging und geht es nicht um Rückbau, sondern um Kontrollierbarkeit von Staat und Staatsgewalt.

b) Sonstige Auskunftsansprüche

Neben dem Konzept der Informationszugangsfreiheit stehen einzelne Auskunftsansprüche oder Einsichtsrechte, welche eher rechtsstaatlichen Wurzeln entstammen. Sie sollen die Bürger in Stand setzen, Ansprüche gegenüber dem Staat geltend machen und ggf. in Verwaltungs- oder Gerichtsverfahren durchsetzen zu können. Solche Auskunftsansprüche werden durch die Regelungen zur Informationsfreiheit nicht überflüssig: Sie behalten ihren vollen Anwendungsbereich, wo keine voraussetzungslosen Auskunftsansprüche gelten. Und sie können die Rechtsstellung der Bürger auch dort verbessern, wo ein IFG in Kraft gesetzt ist, aber dort eine Auskunft im Einzelfall ausgeschlossen ist.[364] **Rechtsstaatlich motivierte Auskunftsansprüche** sind als prozedurale Annexrechte zu materiellen subjektiv öffentlichen Rechten nach folgenden Grundsätzen konzipiert: Ein Auskunftsanspruch besteht umso eher, (1) je höherrangig das vorausgesetzte materielle Recht in der Rechtordnung angesiedelt ist, wenn (2) dessen Durchsetzbarkeit ohne vorausgehenden Auskunftsanspruch regelmäßig unmöglich oder wesentlich erschwert ist und (3) für diesen Zustand die gesetz-

---

[363] Dazu nach wie vor aktuell *Mancur Olson,* Die Logik kollektiven Handelns, 5. Aufl. 2004.
[364] Zu den Grenzen der Informationsfreiheit o. → Rn. 85.

93 Solche Informationsansprüche entstehen nahezu niemals verfassungsunmittelbar.[366] Eher wirken sie als Aufträge an den Gesetzgeber, entsprechende **Rechtsgrundlagen** zu schaffen und so die materiellen Rechte und Ansprüche der Bürger auch verfahrensrechtlich zu effektivieren. Exemplarisch zeigt sich dies im Nachrichtendienstrecht (§ 12 G 10) nach Abschluss von Abhörmaßnahmen[367] sowie im Datenschutzrecht als Auskunftsanspruch zu gespeicherten Daten (§ 19 BDSG). Inzwischen ist der Anspruch in zahlreichen anderen Rechtsgebieten anerkannt, wo der Verwaltung etwa Befugnisse zur heimlichen oder verdeckten Informationserhebung (etwa: §§ 18 Abs. 5; 19 Abs. 3; 20 Abs. 5; 21 Abs. 4 NRW-PolG)[368] eingeräumt worden sind, deren rechtsstaatliche Kontrolle besondere Informationen der Bürger voraussetzt.[369] In solchen Gesetzen wird das berechtigte Interesse des Bürgers an einer Auskunft zumeist vorausgesetzt und braucht nicht im Einzelfall dargelegt zu werden. Ist keine gesetzliche Anspruchsgrundlage anwendbar, so entsteht lediglich ein **Anspruch auf ermessensfehlerfreie Entscheidung**.[370] Dieser setzt ein besonderes Auskunftsinteresse des Bürgers voraus, welches zur Geltendmachung oder Durchsetzung berechtigter Belange notwendig sei. Dazu soll etwa die Ermöglichung gerichtlicher Überprüfung von Maßnahmen der Exekutive auf Antrag potentiell klageberechtigter Personen zählen.[371] Hier wird der ungeschriebene richterrechtliche Auskunftsanspruch nicht selten herangezogen, um eine Gesetzeslücke zu schließen: Da das Akteneinsichtsrecht des § 29 VwVfG mit Abschluss des Verwaltungsverfahrens endet und dasjenige des § 100 VwGO erst mit Anhängigkeit eines Gerichtsverfahrens beginnt, besteht gerade für den wichtigen Zeitraum der Prüfung der Erfolgsaussichten bzw. der Vorbereitung einer Klage kein explizites gesetzliches Einsichtsrecht. Diese angesichts der Garantie effektiven Rechtsschutzes (Art. 19 Abs. 4 S. 1 GG) nicht hinnehmbare Rechtslücke soll nach verbreiteter Auffassung durch ungeschriebene Auskunfts- und Einsichtsrechte geschlossen werden.[372] Der Vorbereitung eines möglichen Widerspruchs- oder Klageverfahrens wird diejenige der Geltendmachung von Haftungsansprüchen gegen die öffentliche Hand vor

---

[365] Wichtig in diesem Zusammenhang namentlich *BVerfGE* 30, 1 (26ff.) (G-10); 65, 1 (41ff.) – Volkszählung; 100, 313 (361ff.) – BND. Die damit vorausgesetzten und zusammenhängenden Rechtsfragen sind dargestellt bei *Gusy*, Verfassungsschutz (Fn. 193), S. 182 (184ff.).

[366] Einzelne Ausnahmen werden in jüngerer Zeit diskutiert in *BVerwGE* 118, 270ff.; *LG Bochum*, NJW 2005, S. 999ff. Zur älteren Diskussion *Kugelmann*, informatorische Rechtsstellung (Fn. 50), S. 54ff.

[367] Einzelheiten bei *Helmut Bäumler*, Der Auskunftsanspruch des Bürgers gegenüber den Nachrichtendiensten, NVwZ 1988, S. 199ff.

[368] Siehe dazu etwa *VGH BW*, NVwZ-RR 2003, S. 843ff. Zum Ganzen *Eugen Ehmann*, Kriminalpolizeiliche Sammlungen und Auskunftsanspruch des Betroffenen (1), CR 1988, S. 491 (575).

[369] Zu Voraussetzungen und Grenzen eines solchen Anspruchs im Regulierungsrecht jüngst *BVerwG*, DVBl 2004, S. 62ff.; NVwZ 2004, S. 745ff.; grundlegend *BVerwGE* 118, 350ff. und zu den Grenzen *BVerfGE* 115, 205ff.

[370] Grundlegend *BVerwGE* 30, 154 (159, 161 m.w.N); 61, (15, 22f.); 69, (278, 279f.). S.a. *BayVGH*, NVwZ 1999, S. 889f.; *OVG NRW*, NWVBl 1994, S. 458f.; *OVG RP*, DVBl 1991, S. 1367ff.; *Schoch*, IFG (Fn. 325), Einl. Rn. 27.

[371] *BVerwGE* 67, 163ff.; s.a. *BVerwGE* 84, 375: „effektiver Rechtsschutz".

[372] So etwa *Dieter Kallerhoff*, in: Stelkens/Bonk/Sachs (Hrsg.), VwVfG, § 29 Rn. 18, 32ff. M.E. ist hier eine Analogie zu § 29 VwVfG, der verfassungssystematisch im Kontext des Art. 19 Abs. 4 GG auszulegen ist, vorzugswürdig.

ordentlichen Gerichten weitgehend gleichgestellt,[373] dieses gilt hingegen nicht allgemein für die Geltendmachung zivilrechtlicher Ansprüche gegen Dritte.[374] Sofern im Einzelfall ein derart berechtigtes Interesse des Bürgers erkennbar ist, soll es mit den „beachtlichen und sachlich einschlägigen öffentlichen Interessen" abgewogen werden.[375] Dazu kann jedes rechtlich anerkannte Geheimhaltungsinteresse zählen. Sonstige behördliche Belange, etwa die allgemeine Arbeitsbelastung, Vermeidung übermäßiger Inanspruchnahme durch Informationsbegehren des Antragstellers oder Dritter, vermögen ein allgemeines Prinzip der Nichtöffentlichkeit von Behördenunterlagen oder gar ein allgemeines Amtsgeheimnis angesichts der zunehmenden gesetzlichen Anerkennung des Prinzips des freien Informationszugangs auch im deutschen Recht nicht mehr zu begründen.[376]

Wo Auskunftsansprüche durch Gesetz eingeräumt sind, werden regelmäßig zugleich einzelne **Grenzen und Ausschlusstatbestände** genannt. Als allgemeiner Anknüpfungspunkt wird die Regelung des § 99 VwGO angesehen: Was die Behörden im Gerichtsverfahren nicht vorzulegen brauchen, müssen sie auch vor einem Prozess dem Bürger nicht mitteilen. Voraussetzung dafür ist ein konkrete Gefährdung des Wohls des Bundes oder eines Landes. Sie kann sich namentlich daraus ergeben, dass das Bekanntwerden – rechtmäßig – geheimer Belange die zukünftige Wahrnehmung von Behördenaufgaben oder Verwaltungsfunktionen beeinträchtigen könnte.[377] Dazu zählt etwa das Bekanntwerden von geheim zu haltenden behördlichen Mitarbeitern, Vertrauenspersonen oder Informanten;[378] aber auch von Arbeitsweisen, Einsätzen oder technischen Hilfsmitteln, deren Geheimhaltung für die zukünftige Arbeitsfähigkeit der Behörde notwendig ist.[379] Nicht berufen können sich die Behörden auf solche Belange, wenn sie selbst bei ihren Einsätzen die Geheimhaltung gegenüber Betroffenen oder Dritten aufgegeben[380] haben oder aber die Vorgänge schon längere Zeit zurückliegen, so dass eine Gefährdung des öffentlichen Wohls für die Zukunft ausgeschlossen erscheint.[381] Das öffentliche Wohl ist auf die rechtmäßige (Art. 20 Abs. 3 GG) Ausübung staatlicher Aufgaben gerichtet; es steht einem Bekanntwerden rechtswidriger Handlungen oder Zustände nicht entgegen.[382] Gegenüber gesetzlichen Auskunftsansprüchen genügt nicht die bloße Berufung auf solche Belange. Vielmehr muss die Berechtigung einer solchen Berufung in ei- 94

---

[373] *OVG NRW*, NJW 1989, S. 544 f.
[374] So jedenfalls *BVerfGE* 76, 100 ff.
[375] *BVerwGE* 30, 154 (161).
[376] Zum älteren Recht noch *Jürgen Vahle*, Informationsrechte des Bürgers contra Amtsgeheimnis, DVP 1999, S. 102 ff.; *Ulrich Smeddinck*, Informationsfreiheit versus Dienstgeheimnis, NJ 2004, S. 56 (58 f.).
[377] Zu Einzelheiten etwa *BVerwGE* 18, 58; 34, 252; 66, 39; 75, 1 (8 ff.); *BVerwG*, DVBl 1996, S. 814 (815); *OVG RP*, NJW 1977, S. 266 ff.; *BayVGH*, DÖV 1990, S. 530 ff.
[378] Etwa, wenn diese persönlich bedroht würden oder ihr Bekanntwerden in Zukunft ihre weitere Verwendung ausschließen könnte, sofern eine solche noch geplant ist. S. a. *BVerfGE* 757, 250 (284 f.).
[379] Dazu zählen allerdings weder die Aufgabe der Sicherheitsbehörden als solche (*BVerfGE* 57, 250 [284]) noch die bloße Tatsache, dass eine solche Behörde tätig geworden ist (*BVerwGE* 74, 115 [117]). Überblick bei *Christoph Gusy*, Die richterliche Kontrolle des Verfassungsschutzes, in: BMI (Hrsg.), Verfassungsschutz: Bestandsaufnahme und Perspektiven, 1998, S. 182 (211 ff.).
[380] Dazu *BVerwG*, JZ 1986, S. 634 (636); *VGH BW*, NJW 1984, S. 1911 ff.
[381] Dazu *BVerwGE* 75, 1.
[382] Siehe a. *BVerfGE* 57, 250 (284); *BVerwGE* 75, 1 (10).

nem neutralen Verfahren überprüfbar sein.³⁸³ Sofern Behörden Informationen zulässigerweise geheim halten, dürfen sie weder von diesen noch von anderen staatlichen Instanzen zur Grundlage von Eingriffen in die Rechte der Bürger genommen werden.³⁸⁴ Vielmehr muss in solchen Fällen der Beweis für das Vorliegen der tatsächlichen Voraussetzungen der Zulässigkeit von Grundrechtseingriffen auf andere Weise erbracht werden.

D. Potentielle Informationsbeziehungen: Der Öffentlichkeitsauftrag der Staatsorgane

I. Öffentlichkeitsarbeit als Staatsaufgabe

95   Amtliche Öffentlichkeitsarbeit³⁸⁵ durch **„Publikumsinformation"**³⁸⁶ verfolgt eine Vielzahl von Zielen. Hierzu werden namentlich die Erhöhung der Wissens- und Handlungskapazität von Staat und Bürgern, dadurch ermöglichte nichtimperative und mit geringeren Kosten erreichbare („weiche") Steuerungseffekte im Gemeinwesen, die Wahrung der Entscheidungsautonomie der Einzelnen sowie die Aufwands- und Kostenminimierung für Verbreiter und Adressaten von Informationen bei der Planung und Durchführung von Vorhaben gezählt.³⁸⁷ Das Bundesverfassungsgericht³⁸⁸ sieht als Ausgangspunkt das Demokratieprinzip. Grundsätzlich erfolge der Prozess der öffentlichen Meinungs- und Willensbildung vom Volk zu den Staatsorganen hin. Doch gelte dieser Grundsatz nicht ausnahmslos. So sei die Teilnahme des Staates am Prozess der Willensbildung des Volkes und damit Öffentlichkeitsarbeit von Regierung und Parlamenten jedenfalls dann zulässig, wenn sie verfassungsrechtlich legitimiert werden könne. Eine Grundlage dafür sei das Demokratieprinzip selbst. Es gehe von der Notwendigkeit der Schaffung und Erhaltung eines **Grundkonsenses,** d.h. eines weitgehenden Einverständnisses der Bürger mit der vom GG geschaffenen Staatsordnung aus.³⁸⁹ Ein solcher Grundkonsens könne durch staatliche Öffentlichkeitsarbeit hergestellt bzw. stabilisiert werden. Weiter solle staatliche Öffentlichkeitsarbeit eine **verantwortliche Teilhabe der Bürger an der Demokratie**

---

³⁸³ Entsprechend BVerfGE 101, 106 (121 ff., 130) (in-camera-Verfahren). Zu den dabei anzustellenden Abwägungen öffentlicher und privater Belange – auch solcher Dritter – BVerfGE 115, 205 (206 ff.). Zu Einzelheiten des in-camera-Verfahrens o. → Rn. 47.
³⁸⁴ BGHSt 49, 112 (113 ff.); zust. Henning E. Müller, Anmerkung zum BGH-Urteil vom 4. 3. 2004 – El Motassadeq, JZ 2004, S. 926 ff.
³⁸⁵ Überblicke bei Christian Bumke, Publikumsinformation. Erscheinungsformen, Funktion und verfassungsrechtlicher Rahmen einer Handlungsform des Gewährleistungsstaates, DV, Bd. 37 (2004), S. 3 ff.; Christoph Gusy, Verwaltung durch Information, NJW 2000, S. 977 ff.; Rolf Gröschner, Öffentlichkeitsaufklärung als Behördenaufgabe, DVBl 1990, S. 619 ff.; Christof Gramm, Aufklärung durch staatliche Publikumsinformationen, Der Staat, Bd. 30 (1991), S. 51 ff.; ferner Thorsten Engel, Die staatliche Informationstätigkeit in den Erscheinungsformen Warnung, Empfehlung und Aufklärung, Diss. 2000; Eike Papesch, Staatliche Informationstätigkeit im System des öffentlichen Rechts, 2000; alle m. w. N.
³⁸⁶ Terminologie nach Bumke, Publikumsinformation (Fn. 385), S. 3 ff.
³⁸⁷ Dazu näher Bumke, Publikumsinformation (Fn. 385), S. 7 f. (m. w. N.).
³⁸⁸ BVerfGE 44, 125 (147 f.); 105, 252 (268 f.); 279 (302).
³⁸⁹ BVerfGE 40, 287 (293 f.); 44, 125 (147, 152); 63, 230 (242 f.).

D. Der Öffentlichkeitsauftrag der Staatsorgane

ermöglichen.[390] Daraus entstünden demokratische Informationspflichten: Die Menschen seien über ihre Rechte und Pflichten aufzuklären, damit sie von ihren Teilnahmerechten verantwortlichen Gebrauch machen könnten, indem sie sich ein eigenes Urteil bilden und auf dessen Grundlage politisch bewusst handeln könnten. Schließlich komme der Öffentlichkeitsarbeit aber auch eine **Legitimationsfunktion** zu.[391] Wer als Amts- oder Mandatsträger im Prozess der öffentlichen Meinungsbildung angegriffen werden könne, müsse sich auch rechtfertigen und zur Herstellung demokratischer Diskussion „zurückschlagen" dürfen. Dies gelte für Regierung und andere Staatsorgane in Auseinandersetzung mit der parlamentarischen Opposition ebenso wie mit der Berichterstattung in den Medien oder sonstigen Foren der öffentlichen Meinungsbildung namentlich dann, wenn ein Schweigen der Organwalter in der Öffentlichkeit als politisches Versagen gewertet werden könnte.[392]

Die neuere Rechtsprechung sucht den Anschluss auch an andere Verfassungsprinzipien. Danach sei amtliche Öffentlichkeitsarbeit nicht nur Ausprägung der demokratischen Verantwortung der Staatsorgane, sondern zudem Grundlage der Selbstverantwortung der Bürger bei der Lösung gesellschaftlicher Probleme.[393] Öffentlichkeitsarbeit könne so einen Beitrag dazu leisten, die Menschen zu eigenverantwortlicher Mitwirkung an der Problembewältigung zu befähigen. Dies könne insbesondere Sachfragen betreffen, in denen die Informationsversorgung der Bevölkerung auf interessegeleiteten, mit dem Risiko der Einseitigkeit verbundenen Informationen beruhe und die gesellschaftlichen Kräfte nicht ausreichten, um ein hinreichendes Informationsgleichgewicht herzustellen. Die damit offenbar angesprochene **Neutralisierungswirkung amtlicher Öffentlichkeitsarbeit** ist Auftragslegitimation und Auftragsinhalt zugleich. Sie reicht weit über das zuvor genannte Demokratieprinzip hinaus[394] und kann sich auch auf die Realisierungsbedingungen von **Rechts- und Sozialstaatlichkeit** sowie der **grundrechtlichen Freiheits- und Gleichheitsverbürgungen** beziehen. Dies zeigen eher einzelfallbezogene Argumente des Gerichts: Sinn und Zweck amtlicher Öffentlichkeitsarbeit könne es etwa sein, zur Bewältigung aktueller, kurzfristig auftretender politischer Herausforderungen oder Krisenlagen beizutragen;[395] ferner auf Besorgnisse der Bürger schnell und sachgerecht zu reagieren und ihnen Orientierungen zu verschaffen; schließlich die Grundsätze und Wertvorstellungen der Verfassung gegen „besondere Gefahren",[396] etwa durch aggressive politische Bestrebungen zu deren Beseitigung, zu verteidigen.

96

Demnach soll gelten: **Wer eine Staatsaufgabe wahrnimmt, darf auch über deren Wahrnehmung informieren.** Ganz in diesem Sinne betreiben EU, Bund, Län-

97

---

[390] *BVerfGE* 44, 125 (147 f.).
[391] *BVerfGE* 40, 287 (293 f.); 57, 1 (2 ff.). Zu solchen Aspekten auch *BVerfGE* 118, 277 (Transparenz für Nebeneinkünfte von Bundestagsabgeordneten); Gesetz zur Schaffung von mehr Transparenz in öffentlichen Unternehmen im Lande NRW v. 17. 12. 2009, NRWGVBl S. 950; dazu *Claus Pommer*, Das Gesetz zur Schaffung von mehr Transparenz in öffentlichen Unternehmen im Lande Nordrhein-Westfalen, NWVBl 2010, S. 459 ff.; *Johannes Dietlein/Daniel Riedel*, Veröffentlichung von Managergehältern öffentlicher Unternehmen, NWVBl 2010, S. 453 ff.
[392] *BVerfGE* 105, 252 (270); 279 (303).
[393] *BVerfGE* 105, 252 (269).
[394] Siehe a. *NRWVfGH*, NWVBl 1992, S. 14 (15 f.)
[395] *BVerfGE* 105, 252 (269 f.).
[396] *BVerfGE* 113, 63 ff.

der, Gemeinden, sonstige Träger der öffentlichen Gewalt[397] sowie alle nennenswerten Parlamente, Behörden und Gerichte unterschiedliche Formen der Öffentlichkeitsarbeit. Sie finden sich etwa in einmaligen oder periodischen „Büchern" der EU (etwa: „Grünbuch der Kommission zum Verbraucherschutz in der EU"[398]), „Berichten" des Bundes oder der Länder (etwa: „Bundessicherheitsbericht",[399] „Subventionsbericht",[400] „Verfassungsschutzbericht"[401]), Verlautbarungen und Mitteilungen von Presse- und Informationsämtern[402] sowie einzelfallbezogenen Aufrufen, Hinweisen, Warnungen[403] oder auch Fahndungsaufrufen.[404] Neben die älteren Formen der Herausgabe von Pressemitteilungen bzw. das Abhalten von Pressekonferenzen, der Veröffentlichung eigener Zeitungen oder Zeitungsbeilagen, von Flyern, Informationsblättern, Prospekten, Merkblättern und „Kundeninformationen" sind zuletzt eigene **Internetauftritte** getreten.[405] Sie unterfallen der hier beschriebenen amtlichen Öffentlichkeitsarbeit jedenfalls insofern, als sie sich an die Allgemeinheit richten und prinzipiell jedermann zugänglich sind. Der

---

[397] Zur Öffentlichkeitsarbeit von Kommunen *Winfried Porsch*, Warnungen und kritische Äußerungen als Mittel gemeindlicher Öffentlichkeitsarbeit, 1997. Schon sehr früh *Joachim Scherer*, Verwaltung und Öffentlichkeit, 1978.

[398] KOM (2001) 531, S. 11 ff.; s. a. Grünbuch der Kommission zur integrierten Produktpolitik, KOM (2001) 68, S. 15 ff. (20 f.); VO EG Nr. 2826/2000, ABl EG 2000, Nr. L 328/2; *EuGH*, Rs. C-470/93, Slg. 1995, I-1923, Rn. 24 – Mars. S. a. *Isabel Schübel-Pfister*, Kommissionsmitteilungen im Lebensmittelrecht, Zeitschrift für das gesamte Lebensmittelrecht 2004, S. 403 ff. Exemplarisch *Josef Falke*, Transparenz beim Umgang mit Lebens- und Futtermittelrisiken, ZUR 2002, S. 388 ff.

[399] BMI/BMJ (Hrsg.), Zweiter Periodischer Sicherheitsbericht, 2006.

[400] Z. B. *BMF* (Hrsg.), 20. Bericht der Bundesregierung über die Entwicklung von Finanzbeihilfen des Bundes und der Steuervergünstigungen, 2003.

[401] *BMI* (Hrsg.), Verfassungsschutzbericht 2009, 2010; Innenministerium des Landes NRW (Hrsg.), Verfassungsschutzbericht des Landes Nordrhein-Westfalen über das Jahr 2009, 2010. Dazu grundlegend *Dietrich Murswiek*, Der Verfassungsschutzbericht – das scharfe Schwert der streitbaren Demokratie, NVwZ 2004, S. 769 ff.; *ders.*, Neue Maßstäbe für den innerdeutschen Verfassungsschutzbericht, NVwZ 2006, S. 121 ff.; *Hans Jürgen Doll*, Der Verfassungsschutzbericht – ein unverzichtbares Mittel zur geistig-politischen Auseinandersetzung mit dem politisch motivierten Extremismus, NVwZ 2005, S. 658 ff.; *Christoph Gusy*, Der Verfassungsschutzbericht, NVwZ 1986, S. 6 ff.

[402] Dazu näher *Frank Schürmann*, Öffentlichkeitsarbeit der Bundesregierung, 1992.

[403] Dazu aus jüngerer Zeit etwa *OVG NRW*, NVwZ-RR 2003, S. 493 ff.; *OVG SL*, Beschl. vom 23. 1. 2003, 1 F 2/03.

[404] Siehe dazu *OLG Hamm*, StV 1993, S. 4 ff.; *Michael Soiné*, Die Fahndungsvorschriften nach dem Strafverfahrensänderungsgesetz 1999, JR 2002, S. 137 ff.; *ders.*, Fahndung via Internet, NStZ 1997, S. 166 ff. u. 321 ff.; *Claus Pätzel*, Das Internet als Fahndungshilfsmittel der Strafverfolgungsbehörden, NJW 1997, S. 3131 ff.; *Wolfgang Bär*, Öffentlichkeitsfahndung im Internet, CR 1997, S. 422 ff.

[405] Dazu grundsätzlich *Thomas Groß*, Die Informatisierung der Verwaltung, Eine Zwischenbilanz auf dem Weg von der Verwaltungsautonomie zum E-Government, VerwArch, Bd. 95 (2004), S. 400 (403 ff.); *Alexander Roßnagel*, Möglichkeiten für Transparenz und Öffentlichkeit im Verwaltungshandeln – unter besonderer Berücksichtigung des Internet als Instrument der Staatskommunikation, in: Hoffmann-Riem/Schmidt-Aßmann (Hrsg.), Informationsgesellschaft, S. 257 ff.; *Tobias Frevert/Olaf Wagner*, Rechtliche Rahmenbedingungen behördlicher Internetauftritte, NVwZ 2011, S. 76 ff.; zum korrespondierenden Recht der Menschen auf Zugang zum Internet *Kai v. Lewinski*, Recht auf Internet, Rechtswissenschaft 2011, S. 70 ff. → Bd. II *Vesting* § 20 Rn. 39, *Ladeur* § 21 Rn. 97, *Britz* § 26 Rn. 21 ff.; zu Einzelfragen etwa Antwort der Bundesregierung vom 21. 7. 2000, BTDrucks 14/3909; *Michael Frey*, Kommunale öffentliche Einrichtungen im Internet, DÖV 2005, S. 411 ff.; *Herbert Mandelartz/Henning Grotelüschen*, Das Internet und die Rechtsprechung des BVerfG zur Öffentlichkeitsarbeit der Regierung, NVwZ 2004, S. 647 ff.; *Karl-Heinz Ladeur*, Verfassungsrechtliche Fragen regierungsamtlicher Öffentlichkeitsarbeit und öffentlicher Wirtschaftstätigkeit im Internet, DÖV 2002, S. 1 ff. S. a. *Ronny Duckstein/Ludwig Gramlich*, Kommunale Homepages als „öffentliche Einrichtungen"?, SächsVBl 2004, S. 121 ff.

durchaus heterogene und variierende Inhalt solcher Publikationen zeichnet sich dadurch aus, dass er **originär anbieterorientiert** gestaltet wird. Wer welche Informationen mit welchem Inhalt zu welchem Zeitpunkt an die Öffentlichkeit geben soll, liegt in der Entscheidung derjenigen Stellen, welche das Medium betreiben.[406] Dies ist zulässig, soweit sie im Rahmen ihrer rechtlichen Möglichkeiten und Grenzen agieren. Dabei erfolgt die Öffentlichkeitsarbeit regelmäßig mehrstufig. Praktisch immer findet sie unter Einschaltung der **Medien,** namentlich der **Presse,** statt.[407] Parallel dazu werden Verbände, Vereinigungen und deren Publikationsmittler tätig.[408] Informationsbeziehungen können also zunächst zwischen Verwaltung und derartigen Multiplikatoren der Information, erst danach und mittelbar zu den Bürgern als Adressaten der Mitteilungen entstehen. Ihnen gegenüber ist zudem das Stattfinden von Öffentlichkeitsarbeit allein noch nicht unmittelbar geeignet, „Informationsbeziehungen" im hier beschriebenen Sinne[409] zu begründen, da es insoweit noch an rechtlich ausgestalteten Beziehungen zwischen unterschiedlichen Rechtssubjekten fehlt. Doch können im Einzelfall bestimmte Umstände – etwa ihre Inhalte, die Umstände der Informationsgewinnung oder rechtliche zugelassene Folgen von Öffentlichkeitsarbeit – konkrete Informationsbeziehungen zwischen Sender und Empfänger der amtlichen Botschaften begründen.

II. Rechtsfragen der Öffentlichkeitsarbeit

1. Informationsaufgaben

Öffentlichkeitsarbeit ist eine Annexaufgabe im Kontext der Ausübung von Staatsgewalt. Das gilt für sämtliche Körperschaften und sonstige Träger, denen die Wahrnehmung der Staatsgewalt übertragen ist und zugleich auch alle Zweige der Staatsgewalt, also die Organe der Legislative,[410] der Exekutive[411] und der Justiz.[412] In allen Fällen begründet die **Aufgabe eines Trägers oder Organs öf-**

98

---

[406] Dies schließt natürlich nicht aus, dass unter den Gründen für eine Publikation auch Anforderungen aus Kreisen der Nutzer oder sonstiger Dritter sein können.
[407] Dazu schon o. → Rn. 20.
[408] Siehe a. → Bd. I *Eifert* § 19 Rn. 151 ff.
[409] Siehe o. → Rn. 28.
[410] Zur Öffentlichkeitsarbeit der Parlamente *Stefan Marschall,* Public Relations der Parlamente – Parlamentarisches Kommunikationsmanagement in der Öffentlichkeit, ZParl 1999, S. 699 ff.; *Landtag Rheinland-Pfalz* (Hrsg.), Politische Jugendbildung: Angebote der Parlamente und ihrer Verwaltungen, 2005.
[411] Das Bundesverfassungsgericht hat sich wesentlich mit der Öffentlichkeitsarbeit der Regierung befasst und deren Bereich namentlich aus der Aufgabe der Staatsleitung und ihrer gesamtstaatlichen Verantwortung begründet; s. BVerfGE 105, 252 (270 f.). Dadurch wird die Öffentlichkeitsarbeit in der Exekutive aber nicht auf die Regierung beschränkt; vielmehr kann sie auch von Behörden und sonstigen Stellen im Rahmen ihrer Zuständigkeiten ausgeübt werden; für Gemeinden etwa *HessVGH,* DÖV 1995, S. 77 ff. Zum Datenschutzbericht etwa *Hans P. Bull,* Öffentlichkeitsarbeit unter gerichtlicher Kontrolle – wie unabhängig sind die Datenschutzbeauftragten?, in: FS Walter Rudolf, 2001, S. 421 ff.
[412] Zur Justizöffentlichkeit näher *Martin W. Huff,* Notwendige Öffentlichkeitsarbeit der Justiz, NJW 2004, S. 403 ff.; *Christian v. Coelln,* Zur Medienöffentlichkeit der Dritten Gewalt, 2005; *Joachim Scherer,* Gerichtsöffentlichkeit als Medienöffentlichkeit, 1979. Zu Einzelheiten und aktuellen Streitfragen BVerfGE 103, 44 (59 ff.); *OLG Düsseldorf,* NJW 2005, S. 1791 ff.; *Ralf A. Lorz,* Neue Vorgaben für die Öffentlichkeitsarbeit der Justiz?, NJW 2005, S. 2657 ff.

fentlicher Gewalt zugleich den Bereich der eigenen Öffentlichkeitsarbeit** und begrenzt die Öffentlichkeitsfunktion der anderen Träger und Organe.[413] Der Annexcharakter der Öffentlichkeitsarbeit prägt namentlich die Gegenstände der Berichterstattung: Diese bezieht sich auf die eigenen Zuständigkeiten und Kompetenzen, nicht hingegen auf diejenigen der anderen. Dagegen hängt sie nicht von der Frage der Handlungsform ab: Legislativorgane dürfen etwa über Gesetze oder Gesetzesvorhaben nicht nur im Kontext der vorgeschriebenen Gesetzesbegründung – also mit den Mitteln der Legislative –, sondern auch durch sonstige zweckmäßige Medien der amtlichen Öffentlichkeitsarbeit[414] – also zentral solche der Exekutive – berichten.

99   Die zunehmende Zahl **gesetzlicher Regelungen über Aufgaben und Zuständigkeiten** und Formen der Öffentlichkeitsarbeit[415] erlangt daher insoweit eher zuständigkeitsklärende als -begründende Wirkung. Im horizontal und vertikal gewaltenteilenden Staat sind zahlreiche Sachbereiche bzw. Einzelfragen nicht nur einem, sondern mehreren Trägern oder Organen zugewiesen. So kann etwa der Bund gesetzgebend, ein Land hingegen gesetzesausführend tätig werden. Im Sinne der Annexkompetenz könnte Öffentlichkeitsarbeit demnach durch beide Körperschaften erfolgen. Ein solches Neben- bzw. im Einzelfall auch Gegeneinander von Informationen kann die Ziele amtlicher Öffentlichkeitsarbeit, namentlich die Orientierungs- und die Neutralisierungszwecke[416], gefährden. Dem kann durch eine gesetzliche Regelung im Sinne der Konzentration von Informationsaufgaben entgegengewirkt werden. Daneben können die Gesetze aber nicht nur Informationsaufgaben, sondern auch -befugnisse begründen und begrenzen.

---

[413] Die im Einzelfall schwierigen Kompetenzfragen – namentlich zwischen Bund und Ländern – können im vorliegenden Kontext nicht näher thematisiert werden; s. dazu BVerfGE 105, 252 (270 ff.); 279 (301 ff.); schon früher *Gertrude Lübbe-Wolff*, Rechtsprobleme der behördlichen Umweltberatung, NJW 1987, S. 2705 (2708); *Udo Di Fabio*, Information als hoheitliches Gestaltungsmittel, JuS 1997, S. 1 (3 f.); anders z. B. die Perspektive bei *Gusy*, Verwaltung (Fn. 385), S. 980 f.

[414] Siehe o. → Rn. 97.

[415] Siehe etwa § 2 Abs. 1 S. 2 Nr. 2 Gesetz über die Errichtung eines Umweltbundesamtes; § 4 Abs. 4 Gesetz über Nachfolgeeinrichtungen des Bundesgesundheitsamtes; § 16 BVerfSchG; § 5 VerbraucherinformationsG; dazu *Friedrich Schoch*, Neuere Entwicklungen im Verbraucherinformationsrecht, NJW 2010, S. 2241 ff.; schon zuvor *Peter Knitsch*, Die Rolle des Staates im Rahmen der Produktinformation, Zugleich ein Pladoyer für ein Verbraucherinformationsgesetz, ZRP 2003, S. 113 ff.; *Walter Frenz*, Verbraucherinformation durch Gesetz und Selbstverpflichtung, ZG 2002, S. 226 ff.; § 8 S. 2 ProduktinformationsG (bis 30. 4. 2004); zum Problem *Peter M. Huber*, Meldepflichten, Information und Warnung – zwischen Art. 19 BasisVO, § 40a LMBG, § 8 ProdSG und dem Glykol-Beschluß des Bundesverfassungsgerichts, ZLR 2004, S. 241 ff.; *Josef Falke*, Transparenz beim Umgang mit Lebens- und Futtermittelrisiken, Informationsansprüche von Verbrauchern sowie Mitteilungspflichten von Behörden und Unternehmen, ZUR 2002, S. 388 ff.; § 8 Abs. 4 S. 3 und § 10 Geräte- und ProduktsicherheitsG (seit 1. 5. 2004); dazu *Thomas Klindt*, Das neue Geräte- und Produktsicherheitsgesetz, NJW 2004, S. 465 ff.; *Tobias Lenz*, Das neue Geräte- und Produktsicherheitsgesetz, MDR 2004, S. 918 ff.; aus dem Landesrecht etwa Art. 25 Bay. Gesetz über den öffentlichen Gesundheits- und Veterinärdienst, die Ernährung und den Verbraucherschutz sowie die Lebensmittelüberwachung; § 2 Berl. Gesetz zur Information der Verbraucherinnen und Verbraucher im Lebensmittelverkehr; § 12 Bbg AusführungsG zum LMBG; § 9 Thür. AusführungsG zum LMBG. Zum Sonderfall der staatlich verordneten Warnung durch Verpflichtung des Herstellers zur Produktkennzeichnung *Helge Rossen*, Was darf man wissen? „Novel food"-Kennzeichnung und die Meinungsbildung des mündigen Marktbürgers, in: Albers u.a. (Hrsg.), Beobachten – Entscheiden – Gestalten, 2000, S. 37 ff.

[416] Siehe o. → Rn. 96.

2. Informationsbefugnisse, insbesondere Warnungen

Die Frage nach der Grundrechtsrelevanz staatlicher Informationen ist Gegenstand einer kaum noch überschaubaren Diskussion in Rechtsprechung und Rechtswissenschaft. Vorab ist zunächst zu differenzieren: Bewirkt eine staatliche Information ausschließlich eine **Vergrößerung der Zahl der Handlungsmöglichkeiten oder -optionen** der Bürger,[417] so vergrößert sie deren Freiheit und greift jedenfalls nicht in sie ein. Anderes mag gelten, wenn Informationen auf eine **Verringerung der Handlungsoptionen Betroffener** gerichtet sind, indem diese aufgefordert werden, rechtlich und faktisch mögliche Verhaltensweisen zu unterlassen. In solchen Fällen sind Anwendbarkeit und Einschlägigkeit von Grundrechten jedenfalls nicht von vornherein zu verneinen.   100

Information bezweckt und bewirkt **Verhaltensänderung.** Sie folgt jedoch nicht allein aus dem Stattfinden der Kommunikation; zudem ist sie auch nicht linear aus dem Informationsvorgang oder -inhalt herzuleiten. Ob der Adressat sein Verhalten an der Information ausrichtet, hängt nicht zuletzt davon ab, ob er sie zur Kenntnis genommen hat. Und ob bzw. wie er dann reagiert, hängt auch von seiner Bewertung ihres Inhalts ab. Beides steht ihm aber frei: Er ist nicht verpflichtet, staatliche Informationen überhaupt zur Kenntnis zu nehmen. Und die Bewertung des Inhalts einschließlich der von ihm zu ziehenden Konsequenzen unterliegt seiner grundrechtlich geschützten Freiheit. Die Entscheidungs- und Verhaltenskette von der Informationsübermittlung bis zur Verhaltensbeeinflussung ist derart vielgliedrig, dass Information zwar auf Verhaltensänderung setzen kann, doch stellt sich **Verhaltenssteuerung durch Information eher indirekt,** „mittelbar", ein.[418] Zu unterschiedlich und zu wenig prognostizierbar sind die Informationswirkungen. In diesem Sinne setzt Information die Freiheit der Bürger voraus – nämlich die Freiheit, nach den Informationen zu handeln – und lässt sie zugleich unberührt: Ob der informierte Bürger entsprechend den Intentionen des informierenden Staates handelt, bleibt ihm und seiner Freiheit überlassen. Aus diesem Grunde bleibt die Kongruenz von Finalität und Effekt der Öffentlichkeitsarbeit von Bedingungen abhängig, welche die öffentliche Hand jedenfalls nicht allein steuern kann. Einerseits lassen sich generell durchaus verhaltensändernde Wirkungen staatlicher Informationen feststellen; andererseits lässt sich im Einzelfall kaum vorhersagen, ob und in welche Richtung solche Verhaltensbeeinflussung tatsächlich wirksam wird. Hängt Verhaltensbeeinflussung durch Information demnach auch   101

---

[417] Dies gilt etwa für Informationen über Behördenöffnungszeiten, Ansprechpartner, das Stattfinden von Veranstaltungen; Möglichkeit einer Antragstellung, Nutzung öffentlicher Einrichtungen, formelle Anforderung stattfindender oder einzuleitender Verfahren (welche Unterlagen müssen beigebracht werden u. a.) oder Tarife öffentlicher Dienstleistungen.
[418] Charakteristisch für diese Ambivalenz die Terminologie bei *Bumke*, Publikumsinformation (Fn. 385), S. 7 ff. („Steuerung durch Information") einerseits, S. 10 ff. („Steuerungsungenauigkeit von Informationshandlungen") andererseits. S. a. *Gusy*, Verwaltung (Fn. 385), S. 983 ff. S. a. *BVerfGE* 105, 279 (304): „Die Beeinträchtigung entsteht aus einem komplexen Geschehensablauf, bei dem Folgen grundrechtserheblich werden, die indirekt mit dem eingesetzten Mittel oder dem verwirklichten Zweck zusammenhängen". Derartige faktisch-mittelbare Wirkungen ...". Für einen Einzelfall *OLG Stuttgart,* NJW 1990, S. 290 ff.; *LG Stuttgart,* NJW 1989, S. 2257 ff. (Birkel), wo ein quantifizierter Umsatzrückgang auf die staatliche Warnung zurückgeführt wird. Eine über solche Einzelfälle hinaus angelegte empirische Wirkungsforschung staatlichen Informationshandelns gibt es bislang – soweit ersichtlich – nicht.

§ 23 Die Informationsbeziehungen zwischen Staat und Bürger

von der freien Entscheidung der Adressaten ab, so bewirkt sie jedenfalls ihnen gegenüber auch keinen Grundrechtseingriff.

102 Das gilt namentlich für die amtliche Öffentlichkeitsarbeit durch **Empfehlungen**.[419] Solche Stellungnahmen (z.B. „Blauer Engel") begründen Rechtsfragen speziell im Hinblick auf Gleichheitsrechte.[420] Ähnliches gilt bei Wahlempfehlungen von Amtsträgern zugunsten politischer Parteien[421] wie auch bei Hervorhebung bestimmter positiver Eigenschaften von Produkten oder Verfahren gegenüber Verbrauchern.[422] Ungeachtet ihrer negativen Rückwirkungen auf nicht berücksichtigte Konkurrenten bewirken solche Informationen regelmäßig keinen Eingriff in deren Freiheitsrechte.[423] Schon eher als freiheitsrechtlich relevant, bisweilen gar als Grundrechtseingriff wird hingegen die Veröffentlichung vergleichender Ergebnisse einer staatlichen bzw. staatlich vorgeschriebenen Qualitätsprüfung qualifiziert.[424]

103 Die Frage nach einer **Anwendbarkeit der Freiheitsrechte** entsteht eher im Hinblick auf Personen oder Unternehmen, über die informiert wird. Aus dieser Perspektive sind die Grundrechtsgarantien eher geeignet, staatliche Warnkompetenzen zu begrenzen als zu begründen. Denn für die Betroffenen ist die staatliche Öffentlichkeitsarbeit ein Akt der Fremdbestimmung, weil Informationen bekannt gegeben werden können, die sie selbst nicht mit diesem Inhalt oder nicht zu diesem Zeitpunkt bekannt gegeben wissen wollen. Daraus kann ein Eingriff in ihr informationelles Selbstbestimmungsrecht erfolgen, wenn sich die amtliche Öffentlichkeitsarbeit auf Informationen bezieht, welche zum geschützten Geheimbereich des Betroffenen – etwa: Geschäfts- oder **Betriebsgeheimnisse**,[425] soweit diese nicht im Einzelfall durch vorrangige Belange Dritter oder der Öffentlichkeit eingeschränkt werden dürfen, – zählen und nicht bereits öffentlich bekannt sind.[426] In solchen Fällen entsteht die **Frage nach einer staatlichen Veröffentlichungsbefugnis**. Die einschlägigen gesetzlichen Bestimmungen[427] gehen auf

---

[419] Dazu näher *Thomas v. Danwitz*, Verfassungsfragen staatlicher Produktempfehlungen, 2003; *Fritz Ossenbühl*, Umweltpflege durch behördliche Produktkennzeichnung, 1994; *Raimund Wimmer*, Ein blauer Engel mit rechtlichen Macken, BB 1989, S. 565 ff.; *Lübbe-Wolff*, Rechtsprobleme (Fn. 413), S. 2705 ff.

[420] Einzelheiten bei *Gusy*, Verwaltung (Fn. 385), S. 986 ff. (m.w.N.).

[421] BVerwG, NVwZ 1992, S. 795 ff.; BayVGH, VerfGHE BY 47, 59 ff. Zu Äußerungen von Gemeindeorganen zu einem Bürgerbegehren OVG NRW, NVwZ-RR 2004, S. 283 ff.

[422] Vgl. etwa *HessVGH*, ESVGH 45, 160 ff.

[423] Dazu näher u. → Rn. 105 ff.

[424] Zu den Transparenzberichten nach § 115 SGB XI *LSG Sachsen*, Beschl. v. 24. 2. 2010, Az.: L1P1/10 B ER; *LSG NRW*, Beschl. v. 10. 5. 2010, Az.: L 10 P10/10 B ER. Zur Stiftung Warentest *BGH*, NJW 1997, S. 2593 (2594); 1987, S. 2222 (2223).

[425] Zum Schutz von Betriebsgeheimnissen gegenüber der öffentlichen Hand aus jüngerer Zeit *Claudia Tege*, Offene Umweltakten versus Geschäftsgeheimnisse, 2000; *Stefan Rosenberger*, Geheimnisschutz und Öffentlichkeit im Verwaltungsverfahren und -prozess, 1998. Die Diskussion um Grund, Inhalt, Kontext und Grenzen des öffentlich-rechtlichen Schutzes der Unternehmens-, Geschäfts- und Betriebsgeheimnisse ist noch wenig elaboriert und stark von zivilrechtlichen Vorstellungen geprägt. S. etwa die N. bei *Kloepfer*, Informationsrecht (Fn. 23), § 7 Rn. 48 ff. Das gilt auch für die Publizitätspflichten von Unternehmen gegenüber der öffentlichen Hand und der Öffentlichkeit, etwa durch Präsentationspflichten im Internet. Hier steckt die deutsche Diskussion noch in den Anfängen.

[426] In diesen Formenkreis könnte möglicherweise auch *BVerwGE* 71, 183 (189 ff.) (Arzneimitteltransparenzliste) fallen.

[427] Siehe o. → Rn. 99.

diese Konstellation in der Weise ein, dass sie Veröffentlichungsrechte nur zur Wahrung rechtlich anerkannter Schutzgüter vorsehen, die im Einzelfall gegenüber dem Geheimnisschutz Vorrang genießen. Das gilt etwa für die Herstellung von Transparenz auf staatlich beeinflussten Märkten, welche sich durch Knappheit der gehandelten Güter und zugleich ein besonders hohes Aufklärungsbedürfnis bei Verbrauchern, Betroffenen oder Kostenträgern auszeichnen.[428] Ob der Schutz der EU-Finanzen und das Prinzip der Haushaltstransparenz die Veröffentlichung sämtlicher Empfänger von EU-Agrarsubventionen rechtfertigen konnte, war auch in Deutschland nicht unumstritten, wegen der europarechtlichen Vorgaben aber letztlich auf der Unionsebene zu prüfen und zu entscheiden (dazu o. Rn. 26).

Die andere Diskussionsrichtung betrifft den Bereich der **Warnungen**[429] vor Personen, Verhaltensweisen oder Produkten. Sie stellen jedenfalls aus der Sicht desjenigen, vor dem gewarnt wird, eine unfreiwillige und aufgezwungene Information dar. Unter welchen Voraussetzungen diese einen Grundrechtseingriff darstellen kann und unter welchen Bedingungen dieser als rechtmäßig anzusehen ist, ist nur schwer klärbar.[430] Offen ist auch die Folgefrage, unter welchen Voraussetzungen es einer gesetzlichen Warnbefugnis bedarf und wie deren Inhalt auszugestalten wäre.[431] Einigkeit besteht jedenfalls insoweit, dass die **Anwendbarkeit des Grundrechtsschutzes** davon abhängt, ob die Warnung individualisierbare Betroffene nennt.[432] Dies hängt wiederum nicht unwesentlich von

104

---

[428] Krit. dazu anhand eines Einzelfalles *Jörg Brochnow*, Obskure Transparenz – Pflegetransparenzberichte gem. § 115 Ia SGB XI versus Rechtsstaatlichkeit, NJW 2011, S. 892 ff.

[429] Zum Konzept *Markus Heintzen*, Staatliche Warnungen als Grundrechtseingriff, VerwArch, Bd. 81 (1990), S. 532 (545 ff.), der auf die Elemente der Inanspruchnahme staatlicher Autorität, das (unausgesprochene) Mitschwingen einer Drohung – ggf. mit dem Einsatz von Zwangsmitteln – und die Erheblichkeit der Rechtsbeeinträchtigung beim Betroffenen abstellt. Zu den Rechtsfragen von Warnungen näher *Dietrich Murswiek*, Staatliche Warnungen, Wertungen, Kritik als Grundrechtseingriffe, DVBl 1997, S. 1021 ff.; *Joachim Lege*, Nochmals: Staatliche Warnungen, Zugleich zum Paradigmawechsel in der Grundrechtsdogmatik und zur Abgrenzung von Regierung und Verwaltung, DVBl 1999, S. 569 ff.; *Heinrich Scholler*, Die staatliche Warnung vor religiösen Bewegungen und die Garantie der Freiheit der Religion, in: FS Martin Kriele, 1997, S. 321 ff.; *Rainer Wolf*, Grundrechtseingriff durch Information?, Der steinige Weg zu einer ökologischen Kommunikationsverfassung, KJ 1995, S. 340 ff.; *Friedrich Schoch*, Staatliche Informationspolitik und Berufsfreiheit, Das Urteil des BVerwG vom 18. 10. 1990 (3 C 2/88) im Spiegel der Rechtsordnung, DVBl 1991, S. 667 ff.; *Gerhard Robbers*, Behördliche Auskünfte und Warnungen gegenüber der Öffentlichkeit, AfP 1990, S. 84 ff.; *Rolf Schmidt*, Staatliches Informationshandeln und Grundrechtseingriff, 2004; *Jutta Schlecht*, Behördliche Warnungen vor gesundheitsgefährdenden Produkten, 2002; *Tilmann Haussühl*, Die Produktwarnung im System des öffentlichen Rechts, 1999 (alle m. w. N.). S. a. → Bd. I *Masing* § 7 Rn. 47, 48, 178, *Hoffmann-Riem* § 10 Rn. 137 einerseits, *Jestaedt* § 14 Rn. 53 andererseits.

[430] Es scheint sich für diese Materie in Ansätzen eine grundrechtliche Sonderdogmatik für die hier in Rede stehenden Fälle kommunikativer Grundrechtsbeeinträchtigung herauszubilden. So *Peter M. Huber*, Die Informationstätigkeit der öffentlichen Hand – ein grundrechtliches Sonderregime aus Karlsruhe?, JZ 2003, S. 290 ff.; anders mit einem anspruchsvollen Versuch einer Rekonstruktion der Eingriffslehre *Wolfgang Hoffmann-Riem*, Grundrechtsanwendung unter Rationalitätsanspruch, Der Staat, Bd. 43 (2004), S. 203 (217 ff.); dagegen wiederum *Wolfgang Kahl*, Vom weiten Schutzbereich zum engen Gewährleistungsgehalt, Der Staat, Bd. 43 (2004), S. 167 (193 f.).

[431] Die geltenden Warnungsermächtigungen (s. o. → Rn. 99) sind von der Rechtsprechung bislang nicht beanstandet worden.

[432] Das können natürliche oder juristische Personen sein; dazu und zur Begründung vorzüglich *Renate Philipp*, Staatliche Verbraucherinformationen im Umwelt- und Gesundheitsrecht, 1989, S. 135 ff. (157). Allgemeine Hinweise („Rauchen schadet Ihrer Gesundheit") sind dagegen grundrechtlich irrelevant.

der Bestimmung des maßgeblichen Grundrechtsschutzbereiches ab. Sie bestimmt die Folgefragen, ob und wann ein **Grundrechtseingriff**[433] angenommen werden kann. Dessen Annahme hängt jedenfalls nicht (mehr) von dem Vorliegen eines staatlichen Ge- oder Verbots ab.[434] Stattdessen wird partiell auf das Merkmal der Finalität, andernorts dagegen auf das dasjenige der Unmittelbarkeit der beeinträchtigenden Wirkung abgestellt. Beide Konzepte stehen unabhängig nebeneinander.[435] Sie legen die Einbeziehung unterschiedlicher Eingriffsrichtungen nahe: „Unmittelbar" bewirkt eine Warnung Beeinträchtigungen des Rufes der Person, vor welcher gewarnt wird; „final" hingegen bewirkt sie die Beeinträchtigungen ihrer Handlungsmöglichkeit, vor welcher gewarnt wird, etwa der Absetzbarkeit eines Produkts oder einer Zeitung, der Verbreitung einer Weltanschauung u. ä.[436]

105   Der **gute Ruf** einer Person ist in Art. 2 Abs. 1 i.V.m. Art. 1 Abs. 1 GG,[437] der geschäftliche Ruf bzw. die „berufliche Ehre" in Art. 12 oder Art. 14 GG geschützt.[438] Deren Träger können natürliche und juristische Personen sein.[439] In einer Warnung, welche sich auf die Veröffentlichung negativer Tatsachen oder Bewertungen über eine Person, ihr persönliches, berufliches oder geschäftliches Verhalten stützt, kann eine **unmittelbare Beeinträchtigung** ihres Rufes und daher ein **Grundrechtseingriff** nach dem genannten Unmittelbarkeitskriterium liegen. Dieser nahe liegende Gedanke ist aber jedenfalls in der Rechtsprechung des Bundesverfassungsgerichts bislang nicht tragend geworden; im Gegenteil: Das Gericht hat bislang den geschäftlichen Ruf eines Unternehmens nicht ausdrücklich als eigenes Schutzgut anerkannt. Prägend für seine Rechtsprechung erscheinen folgende Aussagen: (1) Der Ruf einer Person oder eines Unternehmens ist kommunikativ begründet. Er stellt sich also nicht allein durch die individuelle Leistung ein, sondern basiert daneben auf deren Bewertung durch deren Erbringer einerseits und die Umwelt – etwa andere Marktteilnehmer, Lieferanten, Kunden oder die Presse – andererseits.[440] Die dadurch vorausgesetzte Kommunikation bedarf der Informationen: Je informierter die Umwelt, desto sachgerechter ist ihr Urteil über den Betroffenen. Jene Informationen werden durch Kommunikation vermittelt. Staatliche Öffentlichkeitsarbeit ist – auch

---

[433] Hierzu grundsätzlich *Herbert Bethge*, Der Grundrechtseingriff, VVDStRL, Bd. 57 (1998), S. 7 ff.; *Beatrice Weber-Dürler*, Der Grundrechtseingriff, VVDStRL, Bd. 57 (1998), S. 57 ff. Dabei ist daran zu erinnern, dass die Frage nach der rechtlichen Einschlägigkeit von Grundrechten nicht identisch ist mit derjenigen nach dem Vorliegen eines Grundrechtseingriffs. Die Leistungsfähigkeit des Eingriffskonzepts liegt ausschließlich darin, die Anwendbarkeit eines bestimmten Kanons von Rechtmäßigkeitsbedingungen zu begründen. Grundrechte können aber auch auf vielfältige andere Weise anwendbar werden. Solche Konstellationen werfen dann andere Rechtsfragen auf und können nicht einfach mit Hilfe des Eingriffsschemas gelöst werden.

[434] Begründung bei *Gusy*, Verwaltung (Fn. 385), S. 983 ff.

[435] Überblick bei *Bodo Pieroth/Bernhard Schlink*, Grundrechte, Staatsrecht II, 26. Aufl. 2010, Rn. 251 ff.; *Michael Sachs*, in: Stern, StaatsR III/2, S. 117–126; *Wolfgang Roth*, Faktische Eingriffe in Freiheit und Eigentum, 1994, S. 35 ff.; *Gusy*, Verwaltung (Fn. 385), S. 983 ff. (alle m.w.N.).

[436] Dazu noch *BVerfG* KirchE 41, 50 ff.; 41, 237 ff.; *BVerwG*, KirchE 46, 237 ff.; *BayVGH*, NVwZ 2003, S. 998 ff.; *OVGE Berlin* 25, 179; *OVG Hamb.*, NordÖR 2005, S. 23 ff.

[437] *BVerfGE* 54, 208 (221); 75, 369 (380); *BVerwGE* 82, 76 (78). Zur herabsetzenden Kritik durch Staatsorgane *BVerfG*, NJW 2011, 511; *Friedrich Schoch*, Die Schwierigkeiten des BVerfG mit der Bewältigung staatlichen Informationshandelns, NVwZ 2011, S. 193 ff.

[438] Einerseits *BVerfGE* 106, 181 (183 ff.); andererseits *BVerwGE* 87, 37 (39).

[439] Zu unterschiedlichen Begründungen *BVerfGE* 30, 227 (241 f.); *BVerwGE* 82, 76 (78).

[440] *BVerfGE* 105, 259 (278).

D. Der Öffentlichkeitsauftrag der Staatsorgane

in der Gestalt von Warnungen – in dieser Perspektive eher als Teilnahme an der kommunikativen Konstitution des Rufes und weniger als ein Eingriff in jenen Prozess zu verstehen.[441] (2) Im dargestellten Sinne ist die Kommunikation über den Ruf einer Person oder eines Unternehmens Ausprägung der Freiheit aller Beteiligten. Unter diesem Aspekt spricht vieles dafür, dass die Umwelt die Selbstdarstellung des Betroffenen nicht einfach übernimmt, sondern frei und damit möglicherweise unterschiedlich, auch kritisch, würdigt. Diese Würdigung beeinträchtigt nicht den – kommunikativ ja noch herzustellenden – Ruf, sondern allenfalls die Selbstdarstellung des Betroffenen. Diese ist aber rechtlich nur insoweit geschützt, als er sich selbst darstellen darf; nicht aber insoweit, dass andere sie in Ausübung ihrer kommunikativen Freiheit teilen, übernehmen oder an ihr mitwirken müssen.[442]

Jene kritisierbaren und auch kritisierten Ausführungen[443] basieren auf der Annahme eines eigenständigen staatlichen Rechts auf Beteiligung an personen- oder geschäftsbezogener Kommunikation. Ein solcher begründbarer Ausgangspunkt[444] eröffnet jedenfalls Differenzierungsmöglichkeiten. Dabei erscheint der **Ruf einer Person** oder eines Unternehmens[445] am ehesten **als ein Rahmenrecht**, dessen Inhalt – analog zum Allgemeinen Persönlichkeitsrecht – nicht per se feststeht, sondern jeweils anhand der Umstände des Falles durch ein komplexes System von Handlungen des Berechtigten und Dritter erst hergestellt und sodann von den entscheidungsbefugten Instanzen festgestellt werden muss. Die Modalitäten jener Herstellung sind demnach als Ausgestaltung des Schutzbereichs, nicht hingegen als Rechtsbeeinträchtigungen oder Eingriffe zu verstehen. Zwar ist Kommunikation Voraussetzung und Funktionsbedingung von Freiheit, Wettbewerb

106

---

[441] *BVerfGE* 105, 259 (266 f.).
[442] *BVerfGE* 105, 259 (266).
[443] Das überaus vielfältige Meinungsspektrum kann hier nicht einmal im Ansatz nachgezeichnet werden. Unter den zahlreichen Stellungnahmen variiert sowohl die Mischung aus zustimmenden und ablehnenden Elementen als auch die Richtung der jeweils geäußerten Kritik. S. z. B. *Dietrich Murswiek*, Das Bundesverfassungsgericht und die Dogmatik mittelbarer Grundrechtseingriffe, Zu der Glykol- und der Osho-Entscheidung vom 26. 6. 2002, NVwZ 2003, S. 1 ff.; *Hoffmann-Riem*, Grundrechtsanwendung (Fn. 431); *Huber*, Informationstätigkeit (Fn. 431), S. 290 ff.; *Josef F. Lindner*, Zur grundrechtsdogmatischen Struktur der Wettbewerbsfreiheit, DÖV 2003, S. 185 ff.; *Herbert Bethge*, Zur verfassungsrechtlichen Legitimation informalen Staatshandelns der Bundesregierung, Jura 2003, S. 327 ff.; *Hans-Joachim Cremer*, Der Osho-Beschluss des BVerfG – BVerfGE 105, 279, JuS 2003, S. 747 ff.; *Horst Dreier*, Grundrechtsdurchgriff contra Gesetzesbindung, Exemplarische Betrachtungen zum Verhältnis von Verfassungs- und Verwaltungsrecht anhand der Rechtsprechung des Bundesverwaltungsgerichts, DV 2003, S. 105 (135 f.); *Reinhard Ruge*, Informationstätigkeit der Bundesregierung: Warnungen vor Jugendsekten und glykolhaltigen Weinen, ThürVBl 2003, S. 49 ff.; *Michael Sachs*, Informationsinterventionismus und Verfassungsrecht, in: FS Peter Selmer, 2004, S. 209 ff.; *Uwe Volkmann*, Veränderungen der Grundrechtsdogmatik, JZ 2005, S. 261 ff.; weit. N. o. → Fn. 433, 434; jüngst *Schoch*, Schwierigkeiten des BVerfG (Fn. 438, N.). Unnötig dramatisierend *Vanessa Hellmann*, Eine Warnung vor dem Bundesverfassungsgericht – Die Glykol-Entscheidung des BVerfG vom 26. 6. 2002, NVwZ 2005, S. 163 ff.
[444] Siehe o. → Rn. 6.
[445] Hier kann zudem zwischen dem Ruf einer Person und demjenigen eines Unternehmens insoweit unterschieden werden, als ein Unternehmen erst durch menschliches Handeln begründet und so dann sein Ruf durch wirtschaftliche und werbende Aktivitäten erst hergestellt wird. Dass dem Aspekt der Wirtschaftswerbung eine prägende Bedeutung zukommt, wird vom Bundesverfassungsgericht vielfach wiederholt (*BVerfGE* 105, 252 [266]). Umgekehrt spielt dieser Aspekt in BVerfGE 113, 63 (74 ff.), keine Rolle, obwohl es dort um die Verfassungsbeschwerde einer GmbH & Co. ging, die ein Presseunternehmen betrieb.

und Märkten. Doch ist umgekehrt nicht jede Information geeignet, Sachgerechtigkeit und Leistungsfähigkeit der „Selbststeuerungskraft des Marktes" zu befördern. Das gilt umso mehr, wenn – wie bei Warnungen typischerweise[446] – Tatsachenbehauptungen und Wertungen unauflösbar miteinander verknüpft sind. Vielmehr sind an die Qualität jener „Informationen" jedenfalls bestimmte Mindestanforderungen zu stellen.[447] Sofern diese nicht erfüllt sind, liegt es eher nahe, von einem Eingriff in als von einer Mitwirkung an dem Ruf des Betroffenen auszugehen. Dann allerdings läge die Annahme eines Grundrechtseingriffs näher.[448]

107 Während also der Unmittelbarkeitsansatz beim Bundesverfassungsgericht jedenfalls für den Bereich der Warnungen eher wenig Anklang fand, neigt es anscheinend eher dem **Finalitätskonzept** zu. Dabei kommt es auf die intendierten, wenn auch nicht stets exakt prognostizierbaren Wirkungen von Öffentlichkeitsarbeit an. Das soll etwa gelten, wenn das Verhalten eines Staatsorgans mittelbar über eine Einflussnahme auf Dritte die publizistischen Wirkungsmöglichkeiten oder die finanziellen Erträge eines **Presseorgans „in einer Weise nachteilig beeinflusst, die einem Eingriff gleichkommt".**[449] Dies kann der Fall sein, wenn eine Veröffentlichung „über die bloße Teilhabe staatlicher Funktionsträger an öffentlichen Auseinandersetzungen oder an der Schaffung einer hinreichenden Informationsgrundlage für eine eigenständige Entscheidungsbildung der Bürger hinaus(geht)."[450] Für die Abgrenzung wird am ehesten darauf abgestellt, ob es sich bei der Äußerung „um Gefahrenabwehr im ordnungsrechtlichen Sinne durch Verwaltungshandeln"[451] bzw. um „Abwehr besonderer Gefahren" durch eine „darauf spezialisierte und mit besonderen Befugnissen ... arbeitende Stelle"[452] handelt. Demgegenüber soll es weder darauf ankommen, ob sich der Staat imperativer Mittel des Rechts bedient oder solche androht noch ob die handelnde Stelle bezüglich des jeweiligen Sachverhalts und der möglichen Betroffenen überhaupt mit solchen Befugnissen ausgestattet ist.[453]

108 Auch diese Auffassung ist rechtswissenschaftlicher Kritik ausgesetzt. Sie speist sich zum Teil weniger aus Einzelentscheidungen des Bundesverfassungsgerichts

---

[446] Dies zeigt z. B. *BVerfGE* 105, 279 (295 ff., 298 ff.). Folgeentscheidung – im Erg. eher entgegengesetzt – bei *EGMR*, NJW 2010, S. 177 ff.

[447] *BVerfGE* 105, 252 (276).

[448] Zur Zuordnung der Grundrechtsschutzbereiche einerseits *BVerfGE* 105, 252 (265 ff.): „Die Beschwerdeführerinnen sind in ihrem Grundrecht aus Art. 12 Abs. 1 GG nicht beeinträchtigt". Andererseits (ebd., S. 279), wird die Einschlägigkeit des Grundrechts aus Art. 2 Abs. 1 GG mit der Begründung verneint, die mit der Verfassungsbeschwerde aufgeworfenen Fragen des Schutzes von Marktteilnehmern im Wettbewerb würden „von der sachlich spezielleren Grundrechtsnorm des Art. 12 Abs. 1 GG erfasst." Diese Aussagen betreffen – im Unterschied zur beim Bundesverfassungsgericht aufscheinenden Terminologie – m. E. eher Eingriffs- als Schutzbereichsfragen.

[449] *BVerfGE* 113, 63 (78). Dies soll etwa gelten, wenn „Inserenten, Journalisten oder Leserbriefschreiber die Erwähnung [einer Zeitung] im Verfassungsschutzbericht zum Anlass nehmen, sich von der Zeitung abzuwenden oder sie zu boykottieren".

[450] *BVerfGE* 113, 63 (77).

[451] *BVerfGE* 105, 279 (308).

[452] *BVerfGE* 113, 63 (77).

[453] Ganz stringent wird diese Auffassung aber nicht durchgehalten. Dies zeigt sich namentlich in *BVerfGE* 105, 252 (273, 275), wo die behördliche Warnung am ehesten einer Maßnahme der Gefahrenabwehr nahe kam. Dennoch wurde hier kein Grundrechtseingriff angenommen, da es der Veröffentlichung nicht um die „Behandlung konkreter Einzelfälle und die Beseitigung daraus resultierender Nachteile für einzelne Personen oder Personengruppen" gegangen sei.

als vielmehr aus der Zusammenschau mehrerer Judikate, welche nach verbreiteter Auffassung kein konsistentes Bild einer Grundrechtsdogmatik bei Kommunikationseingriffen erkennen lässt. Kritik bezieht sich zunächst auf die Vagheit der verwendeten Begriffe und Kriterien: Hat schon das Eingriffskonzept in der Vergangenheit an Konturenschärfe verloren, erscheint eine Abgrenzung allenfalls noch dezisionistisch möglich, wann staatliche Warnungen einem Eingriff „gleichkommen" können.[454] Das gilt umso mehr, wenn dazu auf die „faktisch-mittelbaren" Wirkungen abgestellt werden soll. Da zudem eine gesicherte Wirksamkeitsprognose bislang weder generell noch für den Einzelfall erkennbar ist, bleibt kaum mehr als die Möglichkeit, auf das Ziel der jeweiligen Maßnahme abzustellen. Mit aller Vorsicht lassen sich demnach folgende **Zwischenergebnisse** festhalten: (1) Der Ruf oder die Ehre derjenigen, vor welchen gewarnt wird, ist grundsätzlich nicht geeignet, staatliche Öffentlichkeitsarbeit zu begrenzen, solange die Äußerung sich als Teil des Kommunikationsprozesses erweist, welcher jenen Ruf erst begründet. Dabei wird auch auf die Frage abgestellt, inwieweit Betroffene – namentlich Unternehmen oder juristische Personen – durch Werbung an der Begründung dieses Rufes als Teil ihrer geschäftlichen Aktivitäten teilnehmen (können). (2) Vielmehr ist auf die Auswirkungen der Öffentlichkeitsarbeit abzustellen, die diese auf die Ausübung grundrechtlich geschützter Aktivitäten der Betroffenen nimmt. Dabei sind auch „faktisch-mittelbare Wirkungen" zu berücksichtigen, soweit diese einem Eingriff gleichkommen oder Ersatz für einen solchen Eingriff darstellen. (3) In diesem Zusammenhang ist zwischen den Auswirkungen von Tatsachenmitteilungen und Wertungen zu differenzieren: Letztere unterliegen engeren rechtlichen Grenzen als Tatsachenbehauptungen.[455] (4) Jedenfalls Äußerungen von Polizei und Ordnungsbehörden zum Zwecke der Gefahrenabwehr sind als Grundrechtseingriffe zu qualifizieren, wenn sie sich auf konkrete Gefahren[456] beziehen, einen Hinweis auf (möglichen) Zwangsmitteleinsatz enthalten oder als Ersatz für solche Zwangsmittel zu begreifen sind.

3. Rechtmäßigkeitsbedingungen staatlicher Öffentlichkeitsarbeit

Angesichts der geschilderten Vielschichtigkeit des Diskussionsstandes und des argumentativen Aufwandes bei der Eingriffsdiskussion mag es erstaunen, dass bei der Beurteilung der Rechtmäßigkeit negativer staatlicher Äußerungen jedenfalls in den Grundsätzen weitestgehende Übereinstimmung zwischen der Rechtsprechung und den meisten Kritikern besteht. Dies gilt hinsichtlich letzterer vielfach auch ungeachtet der von ihnen vertretenen Kritikrichtung. Die **allgemeinen Anforderungen an die Rechtmäßigkeit staatlicher Informationstätigkeit** sind demnach weitgehend unumstritten. Für jegliche Öffentlichkeitsarbeit gelten danach folgende Grundsätze: (1) Grundrechtsausgestaltende oder -neutrale Infor-

---

[454] Etwas anders die Terminologie von *BVerfGE* 105, 252 (273), wonach es darauf ankommen solle, ob die Warnung „in der Zielsetzung und ihren Wirkungen Ersatz für eine staatliche Maßnahme ist, die als Grundrechtseingriff zu qualifizieren wäre. Durch Wahl eines solchen funktionalen Äquivalents eines Eingriffs können die besonderen Bindungen der Rechtsordnung (für Grundrechtseingriffe) nicht umgangen werden."
[455] *BVerfGE* 105, 279 (295 ff., 298 ff.)
[456] *BVerfGE* 105, 252 (275): „nicht um die Behandlung konkreter Einzelfälle und daraus resultierender Nachteile".

mationstätigkeit soll ohne gesetzliche Ermächtigung zulässig sein.[457] (2) Für die veröffentlichten Informationen gilt das Gebot **inhaltlicher Richtigkeit.**[458] Übermittelte Tatsachenbehauptungen müssen zutreffen. Ihre Ermittlung muss sach- und verfahrensgerecht und ihre Zurechnung zum Betroffenen nachvollziehbar sein. Schließlich darf die öffentliche Darstellung nicht unvollständig sein,[459] den erhobenen Sachverhalt nicht verzerren, verfälschen oder in einer durch die Fakten nicht gerechtfertigten Weise unsachlich dramatisieren.[460] Gegenüber veralteten Angaben in Veröffentlichungen muss ein angemessenes Berichtigungsverfahren statuiert sein, aber – schon aus Vergleichsgründen – nicht jede (behauptete) nachträgliche Änderung des Sachverhalts sofort berücksichtigt werden.[461] (3) Darüber hinaus gilt das Gebot der **Sachlichkeit.**[462] Informationen müssen „mit angemessener Zurückhaltung formuliert" sein. Dabei sind Wertungen nicht generell unzulässig, doch gilt gerade im Kontext staatlicher Informationstätigkeit ein Gebot „zurückhaltend-neutraler Bewertung". Ausnahmen davon müssen auf konkrete Tatsachen gestützt werden.[463] Daher sind „diffamierende oder verfälschende Darstellungen" ebenso untersagt[464] wie unsachliche oder herabsetzende Formulierungen.[465] (4) Schließlich gilt jedenfalls im Anwendungsbereich allgemeiner grundgesetzlicher Neutralitätsgebote auch das **Gebot der Neutralität staatlicher Öffentlichkeitsarbeit.**[466] Darüber hinaus können auch die Gleichheitsrechte des GG besondere Anforderungen im Hinblick auf Gegenstände, Inhalte und Tendenzen staatlicher Öffentlichkeitsarbeit stellen.[467]

110 Soweit nach den diskutierten Kriterien ein **Grundrechtseingriff durch Öffentlichkeitsarbeit** anzunehmen ist, gelten darüber hinaus die folgenden Grundsätze: (5) Grundrechtseingreifende Information unterliegt dem **Vorbehalt einer gesetzlichen Eingriffsermächtigung.**[468] In diesem Rahmen hat das Bundesverfassungsgericht an den geltenden gesetzlichen Ermächtigungen bislang keine Kritik geübt. Außerdem hat das Bundesverfassungsgericht bereits mehrfach auch auf-

---

[457] Nach *BVerfGE* 105, 279 (304), kann insoweit schon aus tatsächlichen Gründen auch keine sinnvolle gesetzliche Regelung ergehen.
[458] *BVerfGE* 105, 252 (276); s.a. ebd., 273: „unstreitig zutreffende Angaben"; *BVerwG*, KirchE 29, 59 (60); *BayVGH*, NVwZ 1996, S. 793 ff.; *HessVGH*, DVBl 1996, S. 819 ff.; *OLG Stuttgart*, NJW 1990, S. 2690 (2693); *Bumke*, Publikumsinformation (Fn. 385), S. 21 ff.; *Gusy*, Verwaltung (Fn. 385), S. 985 ff.
[459] *BVerfGE* 105, 252 (271).
[460] Eingehend hierzu *BVerfGE* 113, 63 (65 f.); zu Folgerungen *Albert Ingold*, Desinformationsrecht: Verfassungsrechtliche Vorgaben für staatliche Desinformationstätigkeit, 2011.
[461] *LSG Sachsen*, Beschl. v. 24. 2. 2010, Az.: L1P1/10 B ER, Rn. 4, 59 ff.; *LSG NRW*, Beschl. v. 10. 5. 2010, Az.: L 10 P 10/10 B ER, Rn. 47.
[462] *BVerfGE* 105, 252 (272); *OVG Brem*, NJW 2010, S. 3738 ff.; *Bumke*, Publikumsinformation (Fn. 385), S. 21 ff.
[463] *BVerfGE* 105, 252 (272); 279 (299); *BVerfGE* 40, 287 (293); *BayVGH*, NVwZ 1995, S. 793 (796); *Gusy*, Verwaltung (Fn. 385), S. 985 ff.
[464] *BVerfGE* 105, 279 (295); *BVerfG*, NJW 2011, S. 511 ff.
[465] *BVerfGE* 105, 252 (272).
[466] *BVerfGE* 105, 272 (297); dazu näher *Stephan Huster*, Die ethische Neutralität des Staates, 2002, S. 144 ff.
[467] *BayVGH*, NJW 1996, S. 793 (796).
[468] *BVerfGE* 113, 63 (64); *Bumke*, Publikumsinformation (Fn. 385), S. 17 ff.; *Gusy*, Verwaltung (Fn. 385), S. 982 (984 f.) (alle m.w.N.). Dies folgt allerdings nicht aus „zu viel Rücksicht auf den Gesetzgeber"; dazu *Jan H. Klement*, Der Vorbehalt des Gesetzes für das Unvorhersehbare, DÖV 2005, S. 507 ff., sondern aus Grundrechten des GG; dazu *Christian Bumke*, Der Grundrechtsvorbehalt, 1998, S. 200 ff.; *Christoph Gusy*, Gesetzesvorbehalt im Grundgesetz, JA 2002, S. 610 ff.

D. Der Öffentlichkeitsauftrag der Staatsorgane

gabenbezogene Normen – etwa: die allgemeine Verantwortung der Regierung oder eines Ministers nach Art. 65 GG – als Rechtsgrundlage ausreichen lassen, also auf das Erfordernis einer eigenen Befugnisnorm insoweit verzichtet.[469] (6) Generell dürfen derartige **Warnungen nur zu einem gesetzlich zugelassenen Zweck** ergehen, welcher die grundsätzlichen Anforderungen an Grundrechtseinschränkungen erfüllt. Im Einzelfall müssen die gesetzlichen Voraussetzungen vorliegen, die Information darf den gesetzlichen Rahmen nicht überschreiten.[470] (7) Schließlich ist das **Übermaßverbot** zu beachten. Die Warnung muss zur Förderung ihres Zwecks geeignet sein. Hinsichtlich der Erforderlichkeit gilt die Warnung generell gegenüber imperativen Maßnahmen als das mildere Mittel. Auch darf der durch die Warnung angerichtete Schaden zu ihrem Zweck nicht außer Verhältnis stehen.[471]

Ob der Trend staatlicher Öffentlichkeitsarbeit tatsächlich "vom Auskunftsanspruch zur Veröffentlichungspflicht"[472] geht, mag bereichsspezifisch zutreffen, ist mit Aussicht auf Verallgemeinerbarkeit aber noch schwer einzuschätzen. Gegenwärtig gilt jedoch: Dem Öffentlichkeitsauftrag der Verwaltung entspricht der teilhaberechtliche **Anspruch des Bürgers auf freien und gleichen Zugang zu staatlichen Publikationen, Foren und Medien**.[473] Im System der verwaltungsrechtlichen Handlungsformen ist die Öffentlichkeitsarbeit als **informales Verwaltungshandeln**[474] zu qualifizieren.[475] Damit sind die meisten Regelungen der Verwaltungsverfahrensgesetze zumindest nicht unmittelbar anwendbar. Ob vor einer Veröffentlichung Betroffene entsprechend § 28 VwVfG anzuhören sind, ist umstritten.[476] Gegen rechtswidrige Warnungen steht Betroffenen ein **Unterlassungsanspruch**, bei dadurch entstehenden Schäden auch ein **Schadensersatzanspruch** zu.[477]

111

---

[469] Seit *BVerfGE* 105, 252; 268 f., dagegen zuletzt *Schoch*, Schwierigkeiten des BVerfG (Fn 438).

[470] Zu Einzelheiten *BVerfGE* 113, 63 (64); *BVerwGE* 82, 76 (84); *BVerwG*, KirchE 29, 59 ff.; *OVG Hamb*, KirchE 31, 235 (236).

[471] *BVerfGE* 105, 252 (273): Die „Verbreitung von Informationen [ist] unter Berücksichtigung möglicher nachteiliger Wirkungen für betroffene Wettbewerber auf das zur Informationsgewährung Erforderliche zu beschränken"; s. a. *BVerfGE* 113, 63 (66 ff.); *OLG Stuttgart*, NJW 1990, S. 2690 (2693). Nur terminologisch (partiell) anders gegenüber den genannten Anforderungen *LSG Sachsen*, RsDE 2011, S. 77 ff. (2011); *LSG NRW*, KrV 2010, S. 203 ff.

[472] So der Titel der europarechtlich geleiteten Abhandlung von *Jan Deuster*, Vom Auskunftsanspruch zur Veröffentlichungspflicht – Zur europäischen Dimension des Liniengenehmigungsverfahrens im Personenbeförderungsgesetz gemäß der VO (EG) Nr. 1370/2007, DÖV 2010, S. 591 ff.

[473] *OVG RP*, NVwZ-RR 2004, S. 344 ff. Einzelfall bei *BVerwGE* 104, 105 ff. Ein Anspruch, aufbereitete und amtlich veröffentlichte Dokumente auch für gewerbliche Nutzung durch Dritte bereitzustellen, folgt daraus allerdings nicht; s. *OVG NRW*, NJW 2000, S. 1968 ff.; zu rechtlichen Grenzen *Alexander Baur/Anita Burkhardt/Jörg Kinzig*, Am Pranger: Kriminalprävention durch Information?, JZ 2011, S. 131 ff.; *Kai Waechter*, Prävention durch Pranger, VerwArch, Bd. 92 (2001), S. 368 ff.

[474] Dazu → Bd. II *Fehling* § 38 Rn. 12 ff., der sie als schlichtes Verwaltungshandeln einstuft. Dazu → Bd. II *Hermes* § 39. S. a. *Friedrich Schoch*, Entformalisierung staatlichen Handelns, in: HStR III, § 37.

[475] Dazu *BVerwGE* 71, 183 (186); *BayVGH*, KirchE 43, 80 ff.; anders *Robert Käß*, Die Warnung als verwaltungsrechtliche Handlungsform, WiVerw 2002, S. 197 (202 ff.); *Bumke*, Publikumsinformation (Fn. 385), S. 33 ff.: „eigenständige Handlungsform".

[476] Grundsätzlich bejahend *BVerwGE* 82, 76 (81); *VG Köln*, NVwZ 1999, S. 912 ff.; *BayVGH*, NVwZ 2003, S. 998 (999); *Schmidt*, Informationshandeln (Fn. 430), S. 146 ff.; verneinend *HessVGH*, NVwZ 2003, S. 1000 ff. (zum Verfassungsschutzbericht).

[477] *OLG Stuttgart*, NJW 1990, S. 2690 ff.; s.a. *LG Göttingen*, NVwZ 1992, S. 98 ff.; *OLG Düsseldorf*, VersR 1994, S. 96 ff.; Überblick bei *Bernd Tremml/Michael Huber*, Amtshaftungsansprüche wegen

E. Ausblick

112 **Rechtsetzung, Rechtsanwendung und Rechtsdurchsetzung bedingen Kommunikation.** Dass die Verwaltung bei der Wahrnehmung ihrer Aufgaben auf Informationen angewiesen ist, gilt längst als selbstverständlich. Und auch die Einsicht, dass auch die Bürger zur Wahrnehmung ihrer Rechte und zur Erfüllung ihrer Pflichten über ausreichende Informationen verfügen müssen, hat in Rechtsnormen und Rechtsprechung ihre Spuren hinterlassen. Erst in jüngerer Zeit hat sich die Diskussion darauf ausgeweitet, dass dies auch für die Mitwirkung der Bürger an der Ausübung und der Legitimation der Staatsgewalt gilt. Der Informationsbedarf von Staat und Bürger kann auf unterschiedliche Weise befriedigt werden. Er richtet sich jedoch auch gegeneinander – nur diese Dimension ist hier aus Gründen thematischer Eingrenzung abzuhandeln – und begründet dadurch wechselseitige Informationsbeziehungen. Sie stellen einen Normalfall der allgemeinen Staat-Bürger-Beziehungen dar, welcher tatsächlich wie juristisch nur dann angemessen gedeutet werden kann, wenn er weder als begründungsbedürftiger Ausnahmefall noch als im Einzelfall rechtfertigungsbedürftiger Eingriff in prinzipiell abgeschottete Geheimsphären der jeweils anderen Seite begriffen wird. Die so konzipierten Informationsbeziehungen bedürfen eines angemessenen Informationsrechts.

113 Ein solches **Informationsrecht** ist im Staat-Bürger-Verhältnis notwendig asymmetrisch. Zu unterschiedlich sind rechtliche Konstitution und Legitimation von Staat und Privaten. Oder traditionell gesprochen: Die „Staatsgewalt" (Art. 20 Abs. 2 S. 1 GG) ist rechtlich anders begründet und begründungsbedürftig als Freiheit und Gleichheit der Menschen. Jene Asymmetrie des Informationsrechts bewirkt, dass beide Seiten nicht gleiche oder gleich geartete Ansprüche gegeneinander haben. In diesem Sinne ist das Recht der Informationsbeziehungen[478] nach beiden Seiten je funktionsspezifisch und damit unterschiedlich zu konzipieren. Dies betrifft sowohl Erlangung als auch Verwendung von Informationen, die ihrerseits zahlreiche Regelungsbedürfnisse auslösen. Besondere Schwierigkeiten kann die rechtliche Regelung von zwei- oder mehrpoligen Austauschverhältnissen mit sich bringen, welche ganz unterschiedlich begründbare Belange unterschiedlicher Beteiligter berühren können.[479] Bei der Gestaltung eines solchen Informationsrechts geht es am allerwenigsten um Verrechtlichung i. S. einer Erhöhung der Zahl anwendbarer Bestimmungen. Viel eher geht es um die Steigerung der Qualität des Informationserhebungs-, -verarbeitungs- und -schutzrechts durch integrierte Maßnahmen von Gesetzgebung, Vollziehung und Rechtsprechung.

---

rechtswidriger Produktinformation, NJW 2005, S. 1745 ff. Einzelfall: *BGH*, NVwZ 2006, S. 245 ff. (zum Beamtenrecht).

[478] Hier geht es nicht um ein allgemeines Informationsverwaltungsrecht. Dieses würde sich auf Informationen als Voraussetzungen, Medien und Gegenstand der Verwaltungstätigkeit insgesamt – und nicht nur in den hier abgehandelten Staat-Bürger-Beziehungen – erstrecken. Versuch einer Gesamtdarstellung bei *Kloepfer*, Informationsrecht (Fn. 23). Daher läge für die Darstellung der Begriff des Verwaltungsinformationsrechts eigentlich näher, weil er den auf Information gerichteten Rechtsbeziehungen zwischen den Trägern der Verwaltung und Bürgern, welche die Erlangung und Verarbeitung von Informationen für die Verwaltung und von der Verwaltung regeln sollten, angemessener wäre.

[479] Dazu am Beispiel von Anhörung und Öffentlichkeitsbeteiligung o. → Rn. 48 ff., 53 ff.

E. Ausblick

114 Das geltende Recht der Informationsbeziehungen zwischen Staat und Bürger ist unabgestimmt und zersplittert. Schon ganz prinzipiell stehen rechtsstaatliche und demokratische Paradigmata unverbunden nebeneinander. Der Versuch einer Abstimmung von Ansprüchen und Anspruchsgrenzen ist jedenfalls auf Gesetzesebene bislang nicht ansatzweise angegangen worden. Er stellt sich als Desiderat für Rechtswissenschaft und Rechtsprechung dar. Umgekehrt sind etwa die sozialstaatlichen Dimensionen kaum elaboriert. Rechtsanwendung und Rechtsprechung, welche in der Tradition der älteren Verwaltungsrechtsdogmatik standen, haben sich der innovatorischen Potentiale der Regelungen des VwVfG auch nahezu 30 Jahre nach dessen Inkrafttreten erst mit großer Zurückhaltung angenommen.[480] Ein Zentralproblem stellt die nahezu kategorische Trennung von Informationsrecht einerseits und Datenschutzrecht andererseits dar. Mit der zunehmenden Verbreitung der EDV in den Behörden einerseits und der gesetzlichen Anerkennung der Tatsache, dass Datenschutz auch außerhalb der EDV sinnvoll und notwendig ist (s. etwa § 3 Abs. 1 BDSG) andererseits, nähern sich die Anwendungsbereiche beider Materien einander an. Als hinderlich bei der Überwindung jener Zersplitterung erweist sich jedoch die Tatsache, dass das allgemeine wie – in noch größerem Umfang – das bereichsspezifische Datenverarbeitungs- und -schutzrecht noch überwiegend einem älteren Verrechtlichungsdenken folgt. Die hier mehr denn je gebotene Neuorientierung i.S. einer höheren Qualität des Datenschutzes wird auch dem Informationsrecht zugute kommen.

115 Ein zentrales Desiderat des neuen Informationsrechts ist „**Transparenz**".[481] Sie kann sich – demokratisch motiviert – an die öffentlichen Hände richten. Sie kann sich aber auch – demokratisch, rechts- und sozialstaatlich motiviert – an Private, namentlich an Unternehmen und Verbände richten. Auch hier steht die Zusammenführung von Informations- und Datenschutzrecht noch aus. Über das Niveau von Öffentlichkeit und Vertraulichkeit entscheidet im Rahmen der verfassungs- und europarechtlichen Vorgaben der Gesetzgeber. Hier stellt die europarechtlich inspirierte prinzipielle Anerkennung eines voraussetzungslosen Informationszugangsrechts im deutschen Recht einen wichtigen Schritt auf dem Weg zu einem Informationsverwaltungsrecht dar. Gleichzeitig bleibt unverkennbar: Mit einer bloßen Vermehrung von Informationen allein ist es in Zukunft immer weniger getan. Ihre Ordnung, Erschließung, Auffindbar- und Zugänglichmachung wird in Zukunft einen wesentlich größeren Stellenwert einnehmen. Qualität, Aktualität und Verfügbarkeit von Informationen sind zu Recht als die maßgeblichen Produktivkräfte der Wissensgesellschaft bezeichnet worden. Die Entdeckung und Erschließung jener Ressource stellt sich als anhaltende Herausforderung auch für Rechtswissenschaft,[482] Rechtsanwendung und Rechtsetzung dar.

---

[480] Siehe o. → Rn. 43.
[481] Dazu – und zum Streit um deren Reichweite *BVerfGE* 118, 277 ff. (Abgeordnetennebeneinkünfte); mit abw. Votum ebd., S. 338 ff.
[482] Überlegungen zu einem Informationsgesetzbuch finden sich bereits bei *Michael Kloepfer*, Kommunikation und Recht 1999, S. 241 ff. Zum weiter ausgreifenden Kontext von Electronic Government und Kommunikationsordnung → Bd. II *Britz* § 26; *Martin Eifert*, Electronic Government, 2006; *Gabriele Britz*, Reaktionen des Verwaltungsverfahrensrechts auf die informationstechnischen Vernetzungen der Verwaltung, in: Hoffmann-Riem/Schmidt-Aßmann (Hrsg.), Verwaltungsverfahren, S. 215 ff.

Ausgewählte Literatur

Albers, Marion, Die Determination polizeilicher Tätigkeit in den Bereichen der Straftatenverhütung und der Verfolgungsvorsorge, Berlin 2001.
Angelov, Jean, Grundlagen und Grenzen eines staatsbürgerlichen Informationszugangsanspruchs, Frankfurt 2000.
Bredemeier, Barbara, Kommunikative Verfahrenshandlungen im deutschen und europäischen Verwaltungsrecht, Tübingen 2007.
Eifert, Martin, Electronic Government. Informationsbeziehungen zwischen Staat und Bürger, Baden-Baden 2006.
Giesen, Thomas, Das Grundrecht auf Datenverarbeitung, JZ 2007, S. 918–927.
Gusy, Christoph, Verwaltung durch Information, NJW 2000, S. 977–986.
Hoffmann-Riem, Wolfgang, Informationelle Selbstbestimmung in der Informationsgesellschaft – Auf dem Weg zu einem neuen Konzept des Datenschutzes, AöR, Bd. 123 (1998), S. 513–540.
Kloepfer, Michael, Informationsrecht, München 2002.
– (Hrsg.), Die transparente Verwaltung. Zugangsfreiheit zu öffentlichen Informationen, Berlin 2003.
Kugelmann, Dieter, Die informatorische Rechtsstellung des Bürgers, Tübingen 2001.
Rossen, Helge, Vollzug und Verhandlung. Die Modernisierung des Verwaltungsvollzugs, Tübingen 1999.
Rossi, Matthias, Informationszugangsfreiheit und Verfassungsrecht, Berlin, 2004.
– IFG, Baden-Baden 2006.
Scherzberg, Arno, Die Öffentlichkeit der Verwaltung, Baden-Baden 2000.
Schoch, Friedrich, IFG, München 2009;
– Entformalisierung staatlichen Handelns, in: HStR III, § 37;
– /*Kloepfer, Michael,* Informationsfreiheitsgesetz (IFG-ProfE) – Entwurf eines Informationsfreiheitsgesetzes für die Bundesrepublik Deutschland, Berlin 2002.
Simitis, Spiros (Hrsg.), Kommentar zum Bundesdatenschutzgesetz, 6. Aufl., Baden-Baden 2006.
Waechter, Michael, Falsifikation und Fortschritt im Datenschutz, Berlin 2000.

§ 24 Informationsbeziehungen in und zwischen Behörden[*]

Bernd Holznagel

Übersicht

	Rn.
A. Einleitung	1
B. Intrabehördliche Informationsbeziehungen	9
I. Durch Recht geordnete Informationsbeziehungen	9
II. Nicht durch Recht geordnete Informationsbeziehungen	15
III. Ordnungsprinzipien	19
C. Interbehördliche Informationsbeziehungen	20
I. Bipolare Informationsbeziehungen	20
1. Durch Recht geordnete bipolare Informationsbeziehungen	21
a) Informationsverkehr im Rahmen der Amtshilfe	21
aa) Verfassungsgeschichtlicher Hintergrund	21
bb) Reichweite der Amtshilfe	27
b) Bipolare Informationsbeziehungen aufgrund von Sondervorschriften	32
aa) Mitteilungspflichten	33
(1) Auskunftspflichten	34
(2) Unterrichtungspflichten	35
(3) Berichtspflichten	36
(4) Konsultationspflichten	37
bb) Informationsbeschaffungspflichten	38
2. Nicht durch Recht geordnete bipolare Informationsbeziehungen	39
II. Multipolare Informationsbeziehungen	42
1. Durch Recht geordnete multipolare Informationsbeziehungen	43

	Rn.
a) Multipolare Informationsbeziehungen im vertikalen Verhältnis	43
b) Multipolare Informationsbeziehungen im horizontalen Verhältnis	46
c) Multipolare Informationsbeziehungen im Regulierungsverbund	48b
d) Übergreifende Informationssysteme	49
2. Nicht durch Recht geordnete multipolare Informationsbeziehungen	57
III. Ordnungsprinzipien	61
1. Beachtung der Zuständigkeitsordnung	62
2. Vorgabe eines effizienten und geordneten Verwaltungshandelns	65
3. Informationsrestriktionen durch Geheimnisschutz	69
4. Informationsrestriktionen durch Datenschutzrecht	74
a) Vorgaben für die Datenerhebung	75
b) Vorgaben für eine Datenspeicherung	77
c) Vorgaben für eine Datenübermittlung	78
d) Auskunftsberechtigte Stellen hinsichtlich personenbezogener Daten	83
D. Anpassungsbedarf im Informationszeitalter	85
Materialien	
Leitentscheidungen	
Ausgewählte Literatur	

[*] Für hilfreiche Unterstützung danke ich *Christoph Nüßing*, *Jens Stammer* und *Marius Stracke*.

A. Einleitung

1 Verwalten bedeutet Entscheiden. Entscheidungsprozesse bedingen in vielfältiger Weise den Umgang mit **Informationen**.[1] So bestehen wichtige Schritte der Entscheidungsvorbereitung in der Ermittlung einer Tatsachengrundlage durch Erheben und Zusammenführen von an verschiedenen Orten vorhandenen Informationen[2] sowie durch deren anschließende Verarbeitung in Form einer kontextabhängigen Bewertung unter Heranziehung von **Sach- und Erfahrungswissen**.[3] Indessen wird die für eine konkrete Entscheidung zuständige Behörde oft nicht in der Lage sein, diese Schritte alleine durchzuführen. Ursächlich dafür können neben einer Knappheit personeller oder sächlicher Ressourcen vor allem Informationsdefizite oder rechtliche Schranken für die Informationsbeschaffung sein. In diesen Situationen ist die zur Entscheidung berufene Behörde auf die Hilfe weiterer Behörden oder verwaltungsexterner Stellen angewiesen.

2 Häufig werden die benötigten Informationen einer anderen Behörde aufgrund vergangener Zusammenhänge bekannt sein. Schon mit den Grundsätzen einer sparsamen Haushaltsführung und effizienten Arbeitsorganisation wäre es dann nicht zu vereinbaren, wenn die andernorts verfügbaren Informationen erneut erhoben und verarbeitet werden müssten. Im Übrigen ist die Verwaltung in sich traditionell streng arbeitsteilig organisiert und kann insoweit als eine funktionale Einheit begriffen werden.[4] Bei diesem Verständnis kann die Weitergabe von Informationen nicht nur **einseitige Informationsdefizite** einer Behörde beheben, sondern in einem umfassenderen Sinne zum Abbau von **Informationsasymmetrien** innerhalb der Verwaltungsgesamtheit beitragen.

3 Für die einzelne Behörde steht freilich die konkrete **Informationserlangung** im Einzelfall im Vordergrund. Zentral ist in diesem Zusammenhang die Frage, wo, durch wen und auf welche Weise die benötigte Information zugänglich ist. Bezüglich der beiden zuerst genannten Aspekte kommt neben der – rein verwaltungsinternen – Anfrage bei einer anderen Behörde vor allem die eigene Informationserhebung beim Betroffenen in Betracht. Denkbar ist aber gleichermaßen, dass die Aufgabe der Informationserlangung vollständig auf eine andere Stelle übertragen wird. Dabei kann es sich auch um außerhalb der Verwaltung stehende Personen, also z. B. ein Sachverständigengremium,[5] handeln. Ein solcher Rückgriff auf externen Sachverstand erfolgt häufig dann, wenn es um die erst-

---

[1] Zur Bedeutung von Informationen und ihrer Verarbeitung im Rahmen verwaltungsrechtlichen Entscheidungshandelns vgl. *Schuppert*, Verwaltungswissenschaft, S. 740 ff.; *Klaus Lenk*, Außerrechtliche Grundlagen für das Verwaltungsrecht in der Informationsgesellschaft; zur Bedeutung von Information und Kommunikation in der Verwaltung, in: Hoffmann-Riem/Schmidt-Aßmann (Hrsg.), Informationsgesellschaft, S. 66 ff. → Bd. II *Vesting* § 20 Rn. 1 ff., *Schmidt-Aßmann* § 27 Rn. 1.

[2] Zum Begriff der Information vgl. → Bd. II *Vesting* § 20 Rn. 18 ff.; ferner *Marion Albers*, Informationelle Selbstbestimmung, 2005, S. 87 ff.; *Hans P. Bull*, Die Grundprobleme des Informationsrechts, 1985, S. 26.

[3] Zum Wissensbegriff vgl. → Bd. II *Vesting* § 20 Rn. 26 f.

[4] Zu den Vorteilen einer strukturell separierten Verwaltungsorganisation vgl. *Arno Scherzberg*, Die Öffentlichkeit der Verwaltung, 2000, S. 76 ff. und *Gabriele Britz*, Reaktionen des Verwaltungsverfahrensrechts auf die informationstechnischen Vernetzungen der Verwaltung, in: Hoffmann-Riem/Schmidt-Aßmann (Hrsg.), Verwaltungsverfahren, S. 213 (252).

[5] Zur Bedeutung der Einbindung von externem Sachverstand vgl. → Bd. II *Ladeur* § 21 Rn. 45 ff.

A. Einleitung

malige Gewinnung von Informationen geht, die fachspezifische Kenntnisse oder komplexe Bewertungen technischer, wirtschaftlicher oder ähnlicher Art voraussetzt. Mit der Art und Weise der Informationserlangung ist schließlich die Frage angesprochen, welche konkreten Mittel der Informationserlangung der Behörde zur Verfügung stehen.

Neben der Erlangung von Informationen kommt der **Informationsverarbeitung** entscheidendes Gewicht zu. Dabei geht es nicht nur um die Bewertung von Informationen und um ihre Einbringung und Gewichtung in Entscheidungsprozessen. Vielmehr bezieht sich die Informationsverarbeitung auch auf das Ziel, gewonnene Informationen nachhaltig zu speichern, um sie zukünftig in ähnlich gelagerten Fällen nutzen zu können.

Auf sämtlichen Stufen stellt sich die Frage nach den **prägenden Steuerungsmechanismen,** die den Umgang der Verwaltung mit Informationen determinieren. Der Gesetzgeber hat dafür in Gestalt gesetzlicher Regelungen ein ausdifferenziertes **rechtliches Instrumentarium** geschaffen, welches auf bestimmten Grundformen bi- und multipolarer Informationsbeziehungen aufbaut, die durch bereichsspezifische Sonderregelungen ergänzt oder präzisiert werden. Zudem hat die Verwaltung vielfältig ein Binnenrecht geschaffen, um die Informationsbeziehungen vorzustrukturieren. Die Vielzahl solcher formaler Regeln täuscht indessen nicht darüber hinweg, dass der Informationsverkehr in der Verwaltungspraxis auch durch **nicht-normative Kooperations- und Steuerungsmittel** stark geprägt wird.

Dies gilt umso mehr, nachdem die traditionell im Zentrum der behördlichen Informationsverarbeitung und -speicherung stehende Führung und abschließende Archivierung von Akten zunehmend von der **elektronischen Datenverarbeitung** durchdrungen wird. Die Informatik beeinflusst dabei nicht nur die Verhältnisse innerhalb der einzelnen Behörde, sondern prägt überdies die zwischen verschiedenen staatlichen Behörden bestehenden bi- und multipolaren Beziehungen, die zunehmend auf übergreifenden Informationssysteme wie z. B. Register, Archive oder sonstigen Datenbanken aufbauen.[6] Neben derartigen Techniken führt auch die Adaption von Formen des sog. **Wissensmanagements**[7] durch die Verwaltung zu einer informationellen Neuakzentuierung. Gemeinsam ist diesen Entwicklungen, dass sie eine zügige und sachgerechte Aufgabenerledigung durch die beteiligten Organisationseinheiten fördern und die Behördenarbeit unter kommunikativen Gesichtspunkten aufeinander abstimmen sollen.[8]

Neben dem hier bereits festgehaltenen Dreiklang aus Faktizität, normativen und nicht-normativen Steuerungsmechanismen beeinflussen schließlich auch die sich wandelnden **gesellschaftlichen Rahmenbedingungen** den Umgang der Verwaltung mit Informationen. Die Funktionen des Staates und die daraus resultierenden Anforderungen an eine effiziente Verwaltung mitsamt ihrem In-

---

[6] Zur Kommunikationsinfrastruktur der Verwaltung vgl. → Bd. II *Ladeur* § 21. Zur Veränderung der verwaltungsinternen Arbeitsorganisation durch den Einsatz von IKT vgl. den Überblick bei → Bd. II *Ladeur* § 21 Rn. 85 ff., *Britz* § 26 Rn. 26 ff.

[7] Vgl. → Bd. II *Britz* § 26 Rn. 36 ff.; *Ute Fischer,* Verwaltungs-Informationssysteme und Verwaltungsmodernisierung, Verwaltung & Management 2002, S. 41 (46 f.). Zur Bedeutung des Wissensmanagements für die Verwaltung vgl. *Lenk,* Außerrechtliche Grundlagen (Fn. 1), S. 94 ff.

[8] Zu den Funktionen der „Verwaltungskommunikation" *Edwin Czerwick,* Strukturen und Funktionen der Verwaltungskommunikation, DÖV 1997, S. 973 (982 ff.).

formationsverhalten unterliegen seit mehreren Jahren einem radikalen Wandel. Vor allem die sprunghafte Weiterentwicklung der globalen Informationsgesellschaft erfordert von der Verwaltung Anpassungsprozesse, deren Ausmaß zurzeit gar nicht abgeschätzt werden kann.[9] Die Verwaltung kann auf solche Herausforderungen nur gemeinsam reagieren. Mehr denn je ist die Verwaltung in dieser Situation auf dauerhafte **Vernetzungen** sowie auf die Steuerungskraft von behördenübergreifender Koordination und Kooperation für eine arbeitsteilige Aufgabenerledigung angewiesen. Einen wichtigen Bestandteil stellen dabei die Möglichkeiten moderner Informations- und Kommunikationstechniken dar, auf welche die Verwaltung bereits heute unter Verwendung des **E-Government-Leitbildes**[10] in vielfältiger Weise zurückgreift.

8   In diesem Beitrag wird den **Ordnungsprinzipien und Erscheinungsformen der Informationsbeziehungen** in und zwischen Behörden nachgegangen, die eine solche Forderung nach Kooperation umsetzen. Dazu sollen die Vorgaben für den intrabehördlichen (hierzu B.) und sodann für den interbehördlichen Informationsfluss (hierzu C.) vorgestellt werden. Dabei wird jeweils zwischen durch Recht geordneten und nicht durch Recht geordneten Informationsbeziehungen unterschieden. Innerhalb der interbehördlichen Informationsbeziehungen findet ferner eine Differenzierung danach statt, ob es sich um bipolare (hierzu C. I.) oder multipolare (hierzu C. II.) Verhältnisse handelt. Sodann werden zentrale Ordnungsprinzipien des interbehördlichen Informationsverkehrsrechts herausgearbeitet (hierzu C. III.). Schließlich ist zu ermitteln, ob sich ein Reformbedarf für die herkömmlichen, den Informationsfluss steuernden Grundsätze ergibt (hierzu D.).

B. Intrabehördliche Informationsbeziehungen

I. Durch Recht geordnete Informationsbeziehungen

9   Die Organisation und die Arbeitsabläufe einer Behörde werden regelmäßig durch sog. **Binnenrecht** festgelegt, also durch Weisungen oder Hausanordnungen. Hiervon werden, jedenfalls zum Teil, auch die intrabehördlichen Informationsbeziehungen erfasst. Gesetzliche Vorgaben, die gewisse Verfahrensstandards und Allgemeingültigkeit anstreben, bestehen hierzu regelmäßig nicht.[11] Die Behörde ist daher – unter Beachtung der allgemeinen für den Informationsverkehr geltenden Vorschriften (wie Daten- und Geheimnisschutz)[12] – in der

---

[9] *Wolfgang Hoffmann-Riem*, Verwaltungsrecht in der Informationsgesellschaft – Eine einleitende Problemskizze, in: ders./Schmidt-Aßmann (Hrsg.), Informationsgesellschaft, S. 9 ff.; *Lenk*, Außerrechtliche Grundlagen (Fn. 1), S. 59 ff.; *Andreas Voßkuhle*, Der Wandel von Verwaltungsrecht und Verwaltungsprozessrecht in der Informationsgesellschaft, in: Hoffmann-Riem/Schmidt-Aßmann (Hrsg.), Informationsgesellschaft, S. 349 ff.; *Harald Mehlich*, Die Verwaltungsorganisation im Informatisierungsprozess, DV, Bd. 29 (1996), S. 385 ff.; *Heinrich Reinermann*, Vernetzte Verwaltung, DV, Bd. 28 (1995), S. 1 ff.

[10] Hierzu → Bd. II *Britz* § 26 Rn. 4; *Jörn v. Lucke*, Regieren und Verwalten im Informationszeitalter, 2003, S. 63 ff., die Beiträge in *Heinrich Reinermann/Jörn v. Lucke* (Hrsg.), Electronic Government in Deutschland, 2002 sowie die Beiträge in *Hermann Hill/Utz Schliesky* (Hrsg.), Herausforderung e-Government, 2009.

[11] *Schmidt-Aßmann*, Ordnungsidee, 5. Kap. Rn. 3.

[12] Vgl. hierzu → Rn. 61 ff.

Lage, diesen so auszurichten, wie er aus ihrer Sicht für die Aufgabenerfüllung und die bestehenden Leitungsstrukturen am besten geeignet ist.[13] Sie kann auch darüber entscheiden, in welchem Umfang Vorgaben gemacht werden bzw. inwieweit es stattdessen den Mitarbeitern selbst überlassen bleibt, die erforderlichen Informations- und Kommunikationsbeziehungen zu gestalten.

10 Solches Binnenrecht findet sich auf der Ebene der Kommunen, Kreise, Regierungsbezirke und Länder, aber auch des Bundes. Es regelt sowohl die Informationsbeziehungen zwischen den einzelnen Organisationseinheiten (**horizontale Dimension**) als auch zwischen der Behördenleitung und den untergeordneten Organisationseinheiten (**vertikale Dimension**). Da diese Vorgaben rein behördeninterne Bedeutung haben, werden sie regelmäßig nicht der Allgemeinheit zugänglich gemacht. Im Einzelfall können sie eine beachtliche Regelungstiefe und Komplexität aufweisen. Dies soll anhand der einschlägigen Vorschriften, die für die Bundesministerien gelten, beispielhaft verdeutlicht werden.

11 Die Informationsbeziehungen in den Bundesministerien werden durch die Gemeinsame Geschäftsordnung der Bundesministerien vom 1. Juni 2009[14] und durch die jeweiligen Hausanordnungen geregelt. Die Bundesministerien sind in Abteilungen und diese wiederum in Referate gegliedert.[15] Zudem können Unterabteilungen gebildet werden.[16] Innerhalb dieser Organisationseinheiten ist für den **horizontalen Informationsaustausch** die **Dienstbesprechung** vorgesehen.[17] An ihr nehmen der Vorgesetzte und die Mitarbeiter teil. Die Hausanordnungen sehen z. B. Referatsbesprechungen mindestens einmal im Monat vor. In ihrem Verlauf sind zudem wichtige Arbeitsvorhaben und sonstige Angelegenheiten zu erörtern, die für alle Mitarbeiter von Interesse sind. Darüber hinaus ist es Aufgabe des Referatsleiters, seine Mitarbeiter über alle Angelegenheiten, die für die Bearbeitung der Aufgaben von Bedeutung sind, zu informieren. Den Mitarbeitern obliegt es ihrerseits, ihre Vorgesetzten über alle wichtigen Angelegenheiten aus dem ihnen zugewiesenen Aufgabenbereich zu unterrichten. Hierdurch soll es dem Vorgesetzten ermöglicht werden, einen Gesamtüberblick zu behalten und seine Leitungsfunktion auszuüben.[18] Zudem sollen sich die Mitarbeiter untereinander über alle wichtigen Angelegenheiten aus ihren Aufgabengebieten informieren. Wichtige Vorgänge sollen nach Abschluss der Bearbeitung bei den Referenten und Sachbearbeitern, die nicht an der Bearbeitung beteiligt waren, zur Information umlaufen. Betrifft ein Vorgang mehrere Organisationseinheiten, so sind diese von der federführenden Organisationseinheit, also derjenigen, die nach dem Geschäftsverteilungsplan überwiegend zuständig oder aber im Einzelfall bestimmt worden ist, rechtzeitig zu beteiligen.[19] Sie entscheidet auch über

---

[13] *Felix Ermacora*, Die Organisationsgewalt, VVDStRL, Bd. 16 (1958), S. 191 (214); *Maurer*, VerwR, § 21 Rn. 57 ff.; *Ernst Rasch*, Die staatliche Verwaltungsorganisation, 1967, S. 189.
[14] Gemeinsame Geschäftsordnung der Bundesministerien (GGO) vom 26. Juli 2000 (GMBl 2000, S. 526), zuletzt geändert durch den Beschluss vom 27. Mai 2009 (GMBl 2009, S. 690), abrufbar unter www.bmi.bund.de/SharedDocs/Downloads/DE/Veroeffentlichungen/ggo.pdf.
[15] § 7 Abs. 1 GGO.
[16] § 8 Satz 2 GGO.
[17] § 11 Abs. 3 GGO.
[18] Zu Erscheinung und Bedeutung selektiver Informationsübermittlung allerdings *Fritz Morstein Marx*, Hierarchie und Entscheidungsweg, in: ders. (Hrsg.), Verwaltung – Eine einführende Darstellung, 1965, S. 109 (115).
[19] § 15 Abs. 1 GGO.

Art und Umfang der Beteiligung, soweit sich dies nicht aus anderen Regelungen ergibt.[20]

12 Zentrales Prinzip des Informationsaustausches innerhalb und zwischen den Organisationseinheiten ist damit die **enge Kooperation** unter den Mitarbeitern. In den allgemeinen Grundsätzen für die Zusammenarbeit der Angehörigen des Bundesinnenministeriums werden daher alle Angehörigen des Ministeriums dazu verpflichtet, eng zusammenzuarbeiten und sich gegenseitig bei der Erfüllung ihrer Aufgaben zu unterstützen. Vorgesetzte und Mitarbeiter teilen sich untereinander rechtzeitig und umfassend alle notwendigen Informationen mit, die sich auf ihr Aufgabengebiet beziehen. Hierdurch soll eine sachgerechte Aufgabenerfüllung ermöglicht und Doppelarbeit verhindert werden.

13 In das beschriebene Regelwerk hat auch der Einsatz elektronischer Informations- und Kommunikationssysteme Eingang gefunden. Nach der Gemeinsamen Geschäftsordnung sind die Ministerien verpflichtet, die Voraussetzungen zu schaffen, um **Informationen in elektronischer Form** bereitstellen, ressortübergreifend austauschen und nutzen zu können.[21] Elektronische Verfahren sollen zudem so weit wie möglich verwendet werden.[22]

14 Von besonderer Bedeutung in einem Ministerium ist, dass die Behördenleitung zeitig von politisch relevanten Vorgängen erfährt und entsprechend reagieren kann. Für den wechselseitigen, **vertikalen Informationsfluss** zwischen dem Leitungsbereich und den Abteilungen ist der jeweilige Abteilungsleiter verantwortlich. Er ist zugleich der fachliche Ansprechpartner des Ministers und seiner Staatssekretäre. Zur fachlichen und politischen Beratung des Ministers können zudem Abteilungsleiterbesprechungen stattfinden. Getreu dem **hierarchischen Prinzip**[23] obliegt es dem Abteilungsleiter, die jeweiligen Unterabteilungsleiter und Referatsleiter über das Ergebnis dieser Besprechungen sowie insgesamt über die für sie bedeutsamen Angelegenheiten zu unterrichten. Der Abteilungsleiter ist seinerseits über alle wichtigen Angelegenheiten der Abteilung auf dem Laufenden zu halten. Damit rückt er in die Rolle eines **Gatekeepers,** der den Informationsfluss in einem hohen Maße von unten nach oben steuern und überwachen kann.[24]

II. Nicht durch Recht geordnete Informationsbeziehungen

15 All die bestehenden Regeln dürfen nicht darüber hinwegtäuschen, dass ein Großteil der innerbehördlichen Kommunikation seit jeher jenseits der durch sie vorgegebenen Pfade abgewickelt wird. Diese nicht durch Recht geordneten Informationsbeziehungen werden durch die jeweiligen **örtlichen Gepflogenheiten und Verhältnisse** wie die räumlichen Gegebenheiten, die kommunikations-

---

[20] § 15 Abs. 2 GGO.
[21] Siehe dazu § 5 Abs. 1 GGO. Vgl. hierzu auch die ergänzende Richtlinie für das Bearbeiten und Verwalten von Schriftgut in Bundesministerien (Registraturrichtlinie) vom 11. Juli 2001, GMBl 2001, S. 469, abrufbar unter www.bmi.bund.de/SharedDocs/Downloads/DE/Broschueren/2001/Moderner_Staat_-_Moderne_Id_50242_de.pdf. → Bd. II *Britz* § 26 Rn. 26 ff.
[22] Siehe dazu § 12 Abs. 1 GGO.
[23] Vgl. a. → Bd. I *Schuppert* § 16 Rn. 41 ff.
[24] Zur begrenzten Informationsverarbeitungskapazität → Bd. I *Groß* § 13 Rn. 101; Bd. II *Britz* § 26 Rn. 37.

B. Intrabehördliche Informationsbeziehungen

technische Ausstattung, die Arbeitszeiten etc. geprägt. Ein Gutteil der **behördeninternen Unterrichtungen und Nachfragen** wird bekanntlich beim täglichen Mittagstisch oder bei regelmäßigen Kaffeerunden erledigt, was erfahrungsgemäß auch dem „Klima" innerhalb einer Behörde zuträglich ist. Hier können dann zusätzliche Informationen eingeholt und der derzeitige Kenntnisstand zur Diskussion gestellt werden. Solange Informationsfluss und -verarbeitung de facto funktionieren, werden erfahrene Vorgesetzte keinen Einfluss darauf nehmen, wie ihre Mitarbeiter sich insoweit organisieren. Kommt es zu Schwierigkeiten, können in der Behörde immer noch übergreifende Treffen anberaumt, Arbeitsgruppen gebildet oder anderen Konzepten der Problembewältigung nachgegangen werden.

In den letzten Jahren lässt sich beobachten, dass diese informellen Informationsbeziehungen durch die Verbreitung der neuen Informations- und Kommunikationstechniken neue Ausdrucksformen erhalten haben.[25] Heute hat sich die E-Mail als gängiges Kommunikationsmittel durchgesetzt.[26] Gelegentlich wird auch mit Videokonferenzen gearbeitet. Zwar hat man auch schon früher auf der „Arbeitsebene" telefoniert und so die förmlichen Informationsbeziehungen ergänzt.[27] Durch die Kommunikation mittels **E-Mail** wird es nun aber möglich, mit mehreren an einem Text zu arbeiten und die Kommunikationsvorgänge im Einzelnen zu dokumentieren. Zudem können hierdurch ohne weiteres die durch die Hierarchie vorgegebenen Kommunikationswege verlassen und mit dem jeweiligen Ansprechpartner direkt Informationen ausgetauscht werden.[28] Die elektronische Post kann überdies helfen, aus einer Vielzahl vorliegender Informationen die notwendige Auswahl zu treffen. Denn vielfach haben die neuen, computergestützten Suchtechniken zur Folge, dass eine Datenflut entsteht, die nur noch schwierig in den Griff zu bekommen ist. Durch die elektronische Kommunikation kann so insgesamt eine qualitative Verbesserung der Entscheidungsergebnisse erreicht werden,[29] während überkommene Informationsstrukturen eine erhebliche Veränderung erfahren haben. Intensiver E-Mail-Verkehr wirft aber auch Probleme auf. So stellt sich die Frage, inwiefern die Mitarbeiter den E-Mail-Dienst privat nutzen können und der Vorgesetzte in diese Kommunikation Einsicht nehmen darf.[30] Vorgaben werden hierfür in Dienstanweisungen oder Hausanordnungen niedergelegt.

16

---

[25] Hierzu *v. Lucke*, Informationszeitalter (Fn. 10), S. 54 ff., 194 ff.
[26] *Heinrich Reinermann*, Das Internet und die öffentliche Verwaltung, DÖV 1999, S. 20 (23); *Heribert Schmitz*, Die Regelung der elektronischen Kommunikation im Verwaltungsverfahrensgesetz, DÖV 2005, S. 885 (885, 892).
[27] Vgl. → Bd. II *Britz* § 26 Rn. 69.
[28] *Andreas Voßkuhle*, Die Verwaltung in der Informationsgesellschaft – Informationelles Verwaltungsorganisationsrecht, in: Dieter Leipold (Hrsg.), Rechtsfragen des Internet und der Informationsgesellschaft, 2002, S. 97 (113 ff.); *Hoffmann-Riem*, Informationsgesellschaft (Fn. 9), S. 9 (32). Vgl. auch → Bd. II *Ladeur* § 21 Rn. 106 f. Kritisch gegenüber der These einer enthierarchisierenden Wirkung der neuen Kommunikationstechniken → Bd. II *Britz* § 26 Rn. 7, 68; vgl. aber auch ebd., Rn. 69 f.
[29] Vgl. dazu *Schmitz*, Regelung der elektronischen Kommunikation (Fn. 26), S. 885 (892).
[30] Vgl. dazu *Sascha Bier*, Internet und Email am Arbeitsplatz, DuD 2004, 277 ff.; *Michael Schmidl*, E-Mail-Filterung am Arbeitsplatz, MMR 2005, S. 343 ff.; *René Hoppe/Frank Braun*, Arbeitnehmer-E-Mails: Vertrauen ist gut – Kontrolle ist schlecht, MMR 2010, S. 80 ff.; s. zudem den Gesetzentwurf der Bundesregierung zur Regelung des Beschäftigtendatenschutzes vom 25. August 2010, abrufbar unter www.bmi.bund.de/SharedDocs/Downloads/DE/Gesetzestexte/Entwuerfe/Entwurf_Beschaeftigtendatenschutz.pdf.

17   Je nach technischer Ausstattung der Behörde werden zudem **elektronische Aktenführungs- und Dokumentationssysteme** eingerichtet, die den Zugriff auf bereits aggregiertes behördliches Wissen erleichtern.[31] Auf diese Weise werden die Voraussetzungen für ein vernetztes Arbeiten geschaffen, wie sie bisher für den öffentlichen Dienst unbekannt waren. Die Art und Weise des Informationsverkehrs wird hier in erster Linie durch die zum Einsatz kommende Hard- und Software gesteuert. Eine neue Gatekeeperfunktion übernimmt der jeweilige **Systemadministrator,** der nicht nur für das Funktionieren der technischen Infrastruktur sorgt, sondern durch die Vergabe von Passwörtern den Zugang zu den Angeboten kontrolliert und überwacht.

18   Auf der Bundes- und Länderebene sind in den letzten Jahren erhebliche Anstrengungen unternommen worden, um den Einsatz von Informations- und Kommunikationstechniken voranzutreiben. Die Bundesverwaltung hat diese Initiativen beispielsweise in eine umfangreiche Modernisierungsstrategie eingebunden, die 1998 unter dem Motto „Moderner Staat – Moderne Verwaltung" begonnen wurde.[32] Um die technische Umsetzung zu bewerkstelligen, ist beim Bundesinnenministerium die „Koordinations- und Beratungsstelle der Bundesregierung für die Informationstechnik in der Bundesverwaltung" eingerichtet worden. Eine Vorreiterrolle bei der Nutzung der neuen Techniken im Verwaltungsalltag nimmt derzeit das **Bundesverwaltungsamt** ein. Das Informations- und Wissensmanagementsystem dieses Amtes bietet seinen Mitarbeitern die Möglichkeit, sich alle für ihren Aufgabenbereich relevanten Informationen auf einer genau den individuellen Bedürfnissen entsprechenden persönlichen Startseite zusammenstellen zu lassen. Aktuelle Meldungen, welche die einzelnen Organisationseinheiten und ihre Aufgaben betreffen, werden umgehend in einem persönlichen Anzeigenfeld dargestellt. Um Informationen unter den Mitarbeitern zügig auszutauschen, kann ein **virtuelles schwarzes Brett** benutzt werden. Zudem kann jede Seite des Managementsystems mit einem Kommentar versehen und an die Mitnutzer versandt werden.[33] Aber auch auf der Länderebene werden zahlreiche innovative Ansätze zum Einsatz von Informations- und Kommunikationstechniken verfolgt.[34]

18a   Zur Zeit ist einer der aktuellsten Trends in der Informations- und Kommunikationstechnologie das sog. **„Cloud Computing".** Dieser Begriff beschreibt die Verlagerung der IT-Infrastruktur vom Nutzer ins Netz. Der Nutzer braucht keine eigene IT-Infrastruktur mehr vorzuhalten, sondern kann bei Bedarf auf diese online zugreifen. Insbesondere wegen der sich dadurch ergebenden Einsparpotenziale stellt das Cloud Computing auch eine interessante technologi-

---

[31] Vgl. dazu → Bd. II *Ladeur* § 21 Rn. 41 ff., 85 ff., *Britz* § 26 Rn. 26 ff., 74 ff.
[32] Zur Entwicklung dieses Vorhabens vgl. *BMI* (Hrsg.), Strategie zur Modernisierung der Bundesverwaltung. 2. Phase des Regierungsprogramms „Moderner Staat – Moderne Verwaltung", 2004; *dass.* (Hrsg.), Fortschrittsbericht 2005 des Regierungsprogramms „Moderner Staat – Moderne Verwaltung" im Bereich Modernes Verwaltungsmanagement, 2005. Das aktuelle Regierungsprogramm „Vernetzte und transparente Verwaltung" ist abrufbar unter www.bmi.bund.de/SharedDocs/Downloads/DE/Themen/OED_Verwaltung/ModerneVerwaltung/regierungsprogramm_verwaltung.html.
[33] Vgl. zum Informationssystem des Bundesverwaltungsamts (OfficeNet 2) www.bva.bund.de/nn_2143576/DE/Aufgaben/Stab__OEA/OfficeNet/officenet-node.html?__nnn=true.
[34] Mit einem guten Überblick zu Entwicklung und Erscheinungsformen interner Informationsverbünde der Verwaltung auch auf der Länderebene *Eifert*, Electronic Government – Das Recht der elektronischen Verwaltung, 2006, S. 266 ff.

sche Möglichkeit für die öffentliche Verwaltung dar.[35] Öffentliche Verwaltungen in den USA setzen bereits auf diese Technologie.[36] In Deutschland sind bisher keine Anwendungsbeispiele bekannt. Dies liegt wohl auch an den komplexen rechtlichen Fragestellungen, die diese Technologie insbesondere hinsichtlich des Datenschutzes und der Datensicherheit mit sich bringt. Das Fraunhofer Institut für Offene Kommunikationssysteme hat dahingehend in Zusammenarbeit mit der Hertie School of Governance die Anwendungsmöglichkeiten von Cloud Computing für den deutschen öffentlichen Sektor untersucht. Danach beinhaltet die Technologie ein hohes Konsolidierungspotenzial. Allerdings stellt die Untersuchung auch fest, dass eine Kooperation der öffentlichen Verwaltung mit Privatunternehmen, die eine öffentliche Cloud anbieten, derzeit nur sehr bedingt möglich erscheint.[37]

Im Zuge der Föderalismusreform II[38] regelt nunmehr der neue **Art. 91c GG** die Möglichkeit eines Zusammenwirkens von Bund und Ländern auf dem Gebiet der informationstechnischen Systeme. Es handelt sich insofern um eine Durchbrechung des grundsätzlichen Verbots der Mischverwaltung.[39] Nach Art. 91c Abs. 1 GG können Bund und Länder bei der Planung, der Errichtung und dem Betrieb der für ihre Aufgabenerfüllung benötigten informationstechnischen Systeme zusammenwirken. Dieses Zusammenwirken geschieht durch den IT-Staatsvertrag[40], welcher am 1. April 2010 in Kraft trat. Nach dessen § 1 wurde ein Planungsrat für die IT-Zusammenarbeit der öffentlichen Verwaltung zwischen Bund und Ländern (IT-Planungsrat) eingerichtet, der die Zusammenarbeit koordiniert sowie insbesondere übergreifende Interoperabilitäts- und Sicherheitsstandards beschließen soll. Darüber hinaus verpflichten sich Bund und Länder in § 5 IT-Staatsvertrag zu einem Informationsaustausch betreffend beabsichtigter Einrichtungs- und Entwicklungsvorhaben informationstechnischer Systeme. **18b**

III. Ordnungsprinzipien

Die binnenrechtlichen Vorgaben für den Informationsfluss innerhalb von Behörden orientieren sich im vertikalen Verhältnis zunächst am Leitbild der **hierarchisch geordneten und monokratisch organisierten Verwaltung.** Typisch ist hierfür die Informationsübermittlung „unter Einhaltung des Dienstweges".[41] Auf **19**

---

[35] Vgl. zu diesem Themenkomplex *Sönke E. Schulz*, Cloud Computing in der öffentlichen Verwaltung. Chancen – Risiken – Modelle, MMR 2010, S. 75 ff.

[36] *David C. Wyld*, The Cloudy Future of Government IT: Cloud Computing and the Public Sector Around the World, International Journal of Web & Semantic Technology (IJWesT) 1/2010, S. 1 (4 ff.), abrufbar unter http://airccse.org/journal/ijwest/papers/0101w1.pdf.

[37] *Peter H. Deussen/Linda Strick/Johannes Peters*, Cloud-Computing für die öffentliche Verwaltung, 2010.

[38] Gesetz zur Änderung des Grundgesetzes vom 29. Juli 2009, BGBl I (2009), S. 2248.

[39] *Bodo Pieroth*, in: Jarass/Pieroth, GG, Art. 91c, Rn. 1; s.a. *Thorsten Siegel*, E-Government im Grundgesetz: Die Neuregelung des Art. 91c GG, in: Hill/Schliesky (Hrsg.), e-Government (Fn. 10), S. 337 ff.

[40] Vertrag über die Errichtung des IT-Planungsrats und über die Grundlagen der Zusammenarbeit beim Einsatz der Informationstechnologie in den Verwaltungen von Bund und Ländern – Vertrag zur Ausführung von Artikel 91c GG, GVBl LSA 2010, S. 142.

[41] *Roman Loeser*, Das Berichtswesen der öffentlichen Verwaltung, 1991, S. 96; → Bd. I *Trute* § 6 Rn. 40; Bd. II *Ladeur* § 21 Rn. 21 f.

diese Weise soll die Erfüllung der Leitungsfunktion der Behördenspitze sichergestellt werden. Sie soll über alle für sie relevanten Informationen der Mitarbeiter verfügen und ggf. zeitnah Hinweise für den Gang der Informationsverarbeitung geben können. Hierdurch wird sichergestellt, dass alle unterhalb der Spitze angesiedelten Stufen die für ihre Arbeit maßgeblichen Gedankengänge der Leitung kennenlernen und berücksichtigen. Für den horizontalen Informationsfluss, der zwischen gleichberechtigten Organisationseinheiten abläuft, gilt der Grundsatz einer **kooperativen Arbeits- und Informationsbewältigung.** Hierdurch soll eine effiziente und zügige Sacharbeit gefördert werden. Durch die neuen Informations- und Kommunikationstechniken werden sowohl auf der vertikalen als auch auf der horizontalen Ebene zudem Informationsbeziehungen unterstützt, die auf eine stärkere **Vernetzung** der Mitarbeiter untereinander hinauslaufen.[42] Sie werden naturgemäß weniger durch Binnenrecht vorgeprägt als durch die in der jeweiligen Behörde bestehenden technischen Gegebenheiten und informellen Gepflogenheiten. Eine wichtige Rolle nimmt der Systemadministrator ein, der den Zugang zur Hardware und zu den verfügbaren Diensten bestimmt.

C. Interbehördliche Informationsbeziehungen

I. Bipolare Informationsbeziehungen

20   Anders als die intrabehördlichen Beziehungen sind die interbehördlichen Informationsbeziehungen weniger durch das Binnenrecht der Verwaltung, sondern stärker durch gesetzliche Vorschriften geprägt. Die Voraussetzungen für die Zusammenarbeit zwischen zwei unterschiedlichen Behörden sind in den Vorschriften über die Amtshilfe in Art. 35 Abs. 1 GG und in den §§ 4ff. VwVfG geregelt.[43] Diese stellen nach heute unbestrittener Auffassung auch für den hier interessierenden Bereich des interbehördlichen Informationsaustauschs eine hinreichende Rechtsgrundlage dar.[44] Allerdings unterliegt der Informationsaustausch auf dieser Grundlage konsequenterweise auch den Bindungen, die sich aus den Tatbestandsmerkmalen der Amtshilfe ergeben und damit Einschränkungen. Daraus ergeben sich jedoch nicht zwangsläufig Defizite, bildet doch das Rechtsinstitut der Amtshilfe nur einen **rechtlich gesicherten Grundbestand** (hierzu 1.), der zunehmend durch gesetzliche Sonderregelungen (hierzu 2.) und informelle Mittel der Zusammenarbeit (hierzu 3.) ergänzt wird.

---

[42] → Bd. II *Ladeur* § 21 Rn. 105 ff., *Britz* § 26 Rn. 69 f.
[43] Zur Amtshilfe auf europäischer Ebene → Bd. II *v. Bogdandy* § 25 Rn. 11, 70 ff.
[44] Statt aller *Kopp/Ramsauer*, VwVfG, § 5 Rn. 4; zu dem Erfordernis eines Spezialgesetzes für den Informationsaustausch im Bereich der Eingriffsverwaltung *Bernhard Schlink*, Die Amtshilfe, 1982, S. 202.

C. Interbehördliche Informationsbeziehungen

1. Durch Recht geordnete bipolare Informationsbeziehungen

a) Informationsverkehr im Rahmen der Amtshilfe

aa) Verfassungsgeschichtlicher Hintergrund

Die einfachgesetzlichen Regelungen zur Amtshilfe, die als Unterfall die **In-** **formationshilfe** einschließt, setzen das verfassungsrechtliche **Postulat aus Art. 35 Abs. 1 GG** um, wonach sich alle Behörden des Bundes und der Länder gegenseitig Rechts- und Amtshilfe zu gewähren haben.[45] Die Verfassung scheint dabei ihrem Wortlaut nach davon auszugehen, dass die Verpflichtung zur Leistung von Amtshilfe ebenso wie das Recht, sie zu beanspruchen, unbedingt ist. Zu einem zutreffenden Verständnis des Verhältnisses zwischen dem verfassungsrechtlichen Imperativ und der einfachgesetzlichen Regelung gelangt man allerdings erst, wenn man sich den verfassungsgeschichtlichen Hintergrund der Amtshilfe vergegenwärtigt. **21**

Die Amtshilfe stellt **keine Schöpfung des Grundgesetzes** dar. Vielmehr knüpft der Verfassungsgeber mit Art. 35 Abs. 1 GG an Art. 4 Ziff. 11 der Reichsverfassung von 1871, die gleichlautende Vorläuferregelung in der Verfassung des Norddeutschen Bundes sowie den späteren Art. 7 Ziff. 3 der Weimarer Reichsverfassung an. Diese Vorschriften regelten Gesetzgebungskompetenzen betreffend die „wechselseitige Vollstreckung von Civilsachen und Erledigung von Requisitionen überhaupt" bzw. in Bezug auf das „gerichtliche Verfahren einschließlich des Strafvollzugs sowie die Amtshilfe zwischen Behörden". Sie formten also – ebenso wie Art. 35 Abs. 1 GG – die Amtshilfe nicht näher aus, sondern stellten reine Problem- und Verweisungsbegriffe dar. Konsequenz der damaligen Regelung war, dass die Amtshilfe nicht nur nach Voraussetzungen und Reichweite, sondern in ihrem elementaren Bestand von der Existenz eines ausgestaltenden Gesetzes abhängig war. Diese Position bezogen jedenfalls Teile des Schrifttums, die das Bestehen einer allgemeinen Amtshilfepflicht unter Verweis auf das Fehlen einer gesetzlichen Grundlage bestritten.[46] Tatsächlich wurde sowohl auf der Ebene des Gesamtstaates als auch auf der Ebene der Gliedstaaten von der Befugnis zum Erlass einfachgesetzlicher Regelungen zur Amtshilfe nur vereinzelt bzw. als Annex zu anderen Regelungsmaterien Gebrauch gemacht.[47] Eine allgemeine, von einzelnen Rechtsmaterien unabhängige Normierung einer Amtshilfepflicht fehlte vollständig.[48] **22**

Bereits frühzeitig mehrten sich jedoch Stimmen, die eine allgemeine Amtshilfepflicht unmittelbar aus der Verfassung und damit unabhängig von einer einfachgesetzlichen Regelung reklamierten. Sie stützten sich hierbei auf unterschiedliche Argumentationslinien. Danach sollte sich die Amtshilfepflicht entweder aus einer gewohnheitsrechtlich gefestigten, zwischenbehördlichen Beistandspflicht,[49] den **23**

---

[45] Siehe auch → Bd. I *Groß* § 13 Rn. 104 f., *Jestaedt* § 14 Rn. 49.
[46] Vgl. nur *Ludwig v. Rönne*, Das Staats-Recht des Deutschen Reiches, 2. Bd., 2. Abt., 1877, S. 59 f.
[47] Auflistung bei *Bernd Hartwig*, Die Begriffe der Rechts- und Amtshilfe und ihre Unterscheidung, 1955, S. 8 ff.
[48] *Schlink*, Amtshilfe (Fn. 44), S. 42.
[49] *Hans Delius*, Die Erledigung von Ersuchen um Beweiserhebung zwecks Prüfung der Legitimation der gewählten Parlamentsmitglieder bei Wahlprotesten, Preußisches Verwaltungsblatt, Bd. 30 (1908/09), S. 349 (350); *Karl v. Stengel/Max Fleischmann* (Hrsg.), Wörterbuch des Deutschen Staats- und Verwaltungsrechts, 2. Aufl. 1911, S. 119 und 122.

Grundsätzen der Verwaltungsorganisation,[50] dem **Gedanken der Staatseinheit**,[51] einem dem geschriebenen Recht vorgelagerten staatsrechtlichen Grundsatz[52] oder aber als spiegelbildliche Ergänzung zu den beschränkten behördlichen Zuständigkeiten ergeben.[53] Für eine abschließende Klärung dieses Streits durch die Rechtsprechung bot sich kaum Anlass, zumal in der Behördenpraxis durchaus eine Bereitwilligkeit zur wechselseitigen Unterstützung bestand.[54] Insgesamt boten somit weder Schrifttum noch Rechtsprechung ein einheitliches Bild zur staatstheoretischen Begründung der Amtshilfe.

24 Vor diesem Hintergrund wurde im Rahmen der Vorarbeiten des Verfassungskonvents auf Herrenchiemsee die Notwendigkeit hervorgehoben, die Amtshilfe in der Verfassung selbst mit verbindlicher Wirkung für das gesamte Bundesgebiet zu kodifizieren. Anders als die Vorläuferregelungen sollte Art. 35 Abs. 1 GG die Amtshilfe nicht auf den Bereich des gerichtlichen Verfahrens einschließlich des Strafvollzugs beschränken. Stattdessen sollte der Amtshilfe ein allgemeines Gepräge verliehen werden, welches sie auf alle Rechtsmaterien und Behörden erstreckt. Gleichzeitig sollten die vormaligen Zweifel darüber ausgeräumt werden, ob die Amtshilfepflicht auch im bundesstaatlichen Gefüge, also im Verhältnis zwischen Bund und Ländern und der verschiedenen Länder untereinander, besteht. Art. 35 Abs. 1 GG erhielt hierzu seine bis heute bestehende **imperative Fassung**: „Alle Behörden des Bundes und der Länder leisten sich gegenseitig Rechts- und Amtshilfe". Aus dieser Vorgabe erwachsen nach allgemeiner Auffassung unmittelbare Rechte und Pflichten für die Behörden aller Rechtsträger.[55] Der vormalige Streit ist damit im Sinne der Klarstellung entschieden, dass die Amtshilfe nicht nur faktisches Kooperationsinstrument, ihre Gewährung nicht bloßes „nobile officium" ist.[56]

25 Wiewohl das Grundgesetz die Amtshilfe insgesamt in eine neue Dogmatik eingekleidet hat, stellt sich Art. 35 Abs. 1 GG doch insoweit in die Tradition von Art. 4 Ziff. 11 RV und Art. 7 Ziff. 3 WRV, als er die Amtshilfe weiterhin als **Problem- und Verweisbegriff** behandelt, ihre näheren Voraussetzungen also einer einfachgesetzlichen Regelung überantwortet. Das wesentliche Verdienst der Neufassung liegt in dem durch sie vermittelten Brückenschlag für den gesamten Bereich der öffentlichen Verwaltung. Art. 35 Abs. 1 GG nimmt die Stellung eines Bindegliedes zwischen allen Behörden des Bundes und der Länder ein. Das Rechtsinstitut der Amtshilfe kann insoweit gleichermaßen als Ausdruck wie als Reaktion auf die Trennung der Staatsgewalten sowie die horizontale und vertikale Ausdifferenzierung der Verwaltung aufgefasst werden. In einem weiteren

---

[50] Vgl. *v. Stengel/Fleischmann* (Hrsg.), Wörterbuch des Staats- und Verwaltungsrechts (Fn. 49), S. 123.

[51] Vgl. *v. Stengel/Fleischmann* (Hrsg.), Wörterbuch des Staats- und Verwaltungsrechts (Fn. 49), S. 122; ebenso in der späteren Literatur *Heinz Schirmeister*, Begriff und Umfang der innerstaatlichen Amtshilfe, 1935, S. 14 ff.; *Heinz Niemann*, Beistandsleistung zwischen Behörden, 1945, S. 124 ff.

[52] *Felix Vierhaus*, Gerichtsbarkeit und Verwaltungshoheit, VerwArch, Bd. 11 (1903), S. 222 (225); *Karl Kormann*, Beziehungen zwischen Justiz und Verwaltung, JöR, Bd. 7 (1913), S. 12 ff.

[53] Vgl. *v. Stengel/Fleischmann* (Hrsg.), Wörterbuch des Staats- und Verwaltungsrechts (Fn. 49), S. 118 f. und 121 f.

[54] Vgl. *Schlink*, Amtshilfe (Fn. 44), S. 44 ff.

[55] *Walter Schmidt*, Amtshilfe durch Informationshilfe, ZRP 1979, S. 185 (186). Der staatstheoretische Hintergrund der Norm kommt bis heute in ihrer Stellung im Abschnitt „Der Bund und die Länder" zum Ausdruck.

[56] *Klaus Meyer-Teschendorf*, Die Amtshilfe, JuS 1981, S. 187.

Sinne ist die Amtshilfe eine spezifische Ausprägung des Gebots der Bundestreue, der allgemeinen föderalen Treuepflicht und des bundesstaatlichen Rücksichtnahmegebots.[57] Insoweit verdeutlicht sie, dass die einer Behörde zur Verfügung stehenden Ressourcen kein Exklusivgut sind, sondern für die übrige Verwaltung mobilisierbar sein müssen.[58]

Die eigentlichen, für die Praxis erforderlichen Weichenstellungen überantwortet Art. 35 Abs. 1 GG einer **einfachgesetzlichen Regelung.** Diese stellen §§ 4 ff. VwVfG bereit, indem sie die näheren Voraussetzungen bestimmen, unter denen ein interbehördlicher Informationsaustausch im Wege der Amtshilfe stattfinden darf bzw. stattzufinden hat.

bb) Reichweite der Amtshilfe

Den §§ 4 ff. VwVfG liegt dabei die nachfolgende **Systematik** zu Grunde. § 4 Abs. 1 VwVfG wiederholt den in Art. 35 Abs. 1 GG enthaltenen Imperativ und stellt zugleich die Legaldefinition der Amtshilfe als die von einer Behörde einer anderen Behörde auf Ersuchen geleistete ergänzende Hilfe bereit. § 4 Abs. 2 VwVfG enthält eine negative Abgrenzung. Er stellt klar, dass eine Amtshilfe innerhalb bestehender Weisungsverhältnisse (Nr. 1) sowie dann ausscheidet, wenn die begehrte Hilfeleistung in einer Handlung besteht, die der ersuchten Behörde als eigene Aufgabe obliegt (Nr. 2). § 5 Abs. 1 VwVfG führt im Wege einer nicht abschließenden Aufzählung typische Anwendungsfälle der Amtshilfe auf. Diese betreffen allesamt die Situation, dass die ersuchende Behörde zur Vornahme der begehrten Handlung selbst aus rechtlichen oder tatsächlichen Gründen nicht in der Lage ist. § 5 Abs. 2 S. 1 VwVfG ordnet einen obligatorischen Ausschluss der Amtshilfe für den Fall an, dass die ersuchte Behörde an der begehrten Handlung selbst aus rechtlichen Gründen gehindert ist oder ihre Durchführung erhebliche Nachteile für das Wohl des Bundes oder der Länder mit sich brächte. § 5 Abs. 3 VwVfG führt schließlich Weigerungsgründe auf, die auf Effizienzgesichtspunkte zurückzuführen sind. Danach muss die ersuchte Behörde die begehrte Handlung nicht vornehmen, sofern eine andere Behörde hierzu besser in der Lage ist (Nr. 1), dies mit einem unverhältnismäßigen Aufwand verbunden wäre (Nr. 2) oder dies die Erledigung der eigenen Aufgaben der ersuchten Behörde ernstlich gefährden würde (Nr. 3). § 5 Abs. 4 VwVfG stellt klar, dass eine Weigerung jenseits dieser Fälle nicht statthaft ist. Die weiteren in §§ 4 ff. VwVfG enthaltenen Vorgaben sind verfahrensrechtlicher Natur. Als wesentliche Merkmale der Amtshilfe ergeben sich aus dieser Systematik die nachfolgenden Punkte:

Die Amtshilfe ist als **subsidiäre, einzelfallbezogene Hilfe** zwischen Behörden konzipiert. Ihre Inanspruchnahme stellt nach der Intention des Gesetzgebers also nicht den Regel-, sondern den Ausnahmefall dar. Amtshilfe darf nur geleistet werden, sofern die ersuchende Behörde die begehrte Handlung nicht selbst oder nur mit wesentlich höherem Aufwand als die ersuchte Behörde vornehmen kann. Die Beschränkung auf den Einzelfall bedeutet, dass eine institutionelle und auf längere Dauer angelegte Zusammenarbeit in gleichen oder ähnlichen

---

[57] BVerfGE 7, 183 (190); BVerwGE 38, 336 (310); 79, 339 (342); BAGE 9, 324 (327); *Schmidt*, Informationshilfe (Fn. 55), S. 185 (186).
[58] *Spiros Simitis*, Von der Amtshilfe zur Informationshilfe, NJW 1986, S. 2795.

Angelegenheiten, wie sie im Bereich der Informationshilfe typischerweise vorkommt, zumeist aus dem Bereich der Amtshilfe herausfallen wird.[59]

29 Eine weitere bedeutsame Einschränkung ergibt sich daraus, dass Amtshilfe **nur auf Ersuchen** gewährt wird, § 4 Abs. 1 VwVfG. Andernfalls träte eine Einmischung in fremde Behördenangelegenheiten ein, die in eine einvernehmliche Verschiebung der indisponiblen Aufgaben- und Zuständigkeitsordnung einmünden könnte.[60] Aus dem gleichen Grund muss auch die spontane und einseitig beschlossene Erbringung einer Hilfeleistung durch eine Behörde im fremden Aufgabenbereich prinzipiell ausscheiden.[61]

30 Ein weiteres Merkmal der Amtshilfe ist ihre **Fremdnützigkeit**. Die Amtshilfe ist ihrer Rechtsnatur nach die Unterstützung einer anderen Behörde bei der Erledigung derer Aufgaben. Sie ermöglicht aus diesem Grund nicht etwa eine stellvertretende Verfahrenserledigung im Ganzen, sondern ist als reine **Teilunterstützung mit Komplementärwirkung** konzipiert.[62] Daraus ergeben sich drei Konsequenzen: Erstens können Unterstützungshandlungen innerhalb derselben Behörde keine Amtshilfe darstellen. Stattdessen muss sich die ersuchende Behörde von der ersuchten Behörde unterscheiden, wobei allerdings nicht erforderlich ist, dass sie unterschiedlichen Rechtsträgern angehören.[63] Keine Amtshilfe kann außerdem innerhalb bestehender Weisungsverhältnisse gegeben sein, wie § 4 Abs. 2 Nr. 1 VwVfG klarstellt. Zweitens schließt § 4 Abs. 2 Nr. 2 VwVfG Hilfeleistungen ausdrücklich aus dem Anwendungsbereich der Amtshilfe aus, sofern sie der ersuchten Behörde als eigene Aufgabe obliegen. Bei der Erfüllung eigener Aufgaben fehlt nämlich das die Amtshilfe kennzeichnende fremdnützige Element. Vor allem die Erfüllung von Mitteilungs- und Auskunftspflichten, die einer Behörde gesetzlich auferlegt sind und damit eine eigene Aufgabe darstellen, fällt daher nicht unter die Regelungen über die Amtshilfe.[64] Drittens folgt aus dem Gedanken der Hilfeleistung, dass sich die Amtshilfe auf Teilmaßnahmen beschränken muss. Eine vollständige Erledigung der fremden Behördenangelegenheit erlaubt die Amtshilfe nicht.

31 Die vorstehenden Betrachtungen der Amtshilfe verdeutlichen, dass ihr **Anwendungsbereich stark auf punktuelle Beziehungen zugeschnitten** ist. Zudem ist sie auf einen direkten Online-Zugriff nicht vorbereitet, da hier vor allem die ersuchte bzw. übermittelnde Behörde entfällt.[65] Damit kann beispielsweise den tatbestandlichen Erfordernissen eines Amtshilfeersuchens im Einzelfall und dessen Prüfung durch die ersuchte Behörde aus §§ 4 ff. VwVfG nicht genügt wer-

---

[59] Gegen die Zulässigkeit *Martin Dreher*, Die Amtshilfe – Die Problematik der gegenseitigen behördlichen Unterstützungspflicht unter besonderer Berücksichtigung der Situation im Bundesstaat, 1959, S. 25; *Gerhard Prost*, Die Amtshilfe nach Bundesrecht, DÖV 1956, S. 80 (81); *Dieter Lehner*, Der Vorbehalt des Gesetzes für die Übermittlung von Informationen im Wege der Amtshilfe, 1996, S. 119. Differenzierend anhand der Umstände des Einzelfalls dagegen *Heinz J. Bonk/Herbert Schmitz*, in: Stelkens/Bonk/Sachs (Hrsg.), VwVfG, § 4 Rn. 30; *Meyer-Teschendorf*, Amtshilfe (Fn. 56), S. 187 (190); *Kopp/Ramsauer*, VwVfG, § 4 Rn. 11.

[60] *Meyer-Teschendorf*, Amtshilfe (Fn. 56), S. 187 (189).

[61] Zur Rechtslage bei der sog. Spontanhilfe vgl. *Lehner*, Amtshilfe (Fn. 59), S. 115.

[62] *Lehner*, Amtshilfe (Fn. 59), S. 117; *Bonk/Schmitz*, in: Stelkens/Bonk/Sachs (Hrsg.), VwVfG, § 4 Rn. 6 f.

[63] *Bonk/Schmitz*, in: Stelkens/Bonk/Sachs (Hrsg.), VwVfG, § 4 Rn. 25.

[64] *Heinz J. Bonk*, in: Stelkens/Bonk/Sachs (Hrsg.), VwVfG, § 4 Rn. 35 f.

[65] *Hoffmann-Riem*, Informationsgesellschaft (Fn. 9), S. 9 (34).

den.⁶⁶ Aufgrund der zahlreichen, in der Verwaltung anfallenden Vorgänge besteht in der Praxis aber eine Notwendigkeit für eine Informationsübermittlung im Wege des Online-Zugriffs sowie dafür, dass sich verschiedene Behörden gegenseitig auch anlassunabhängig und laufend über bedeutsame Vorgänge unterrichten können. Dies gilt vor allem im Zusammenhang mit planerischen Prozessen und Entscheidungen, die eine Einbindung und enge Abstimmung verschiedener Behörden erfordern. Die Reaktionsfähigkeit der Verwaltung würde zudem empfindlich leiden, wollte man einen Informationsfluss stets nur auf konkrete Anfrage hin zulassen. Dies alles hat dazu geführt, dass für den Informationsverkehr zwischen zwei Behörden im Hinblick auf einzelne Sachbereiche spezielle Vorschriften erlassen wurden.

b) Bipolare Informationsbeziehungen aufgrund von Sondervorschriften

Rechtlich geordnete bipolare Informationsbeziehungen lassen sich in einer **Vielzahl von Tätigkeitsfeldern** der öffentlichen Verwaltung identifizieren. Zu den bedeutsamsten Bereichen zählen dabei das Polizei- und Ordnungsrecht nebst Strafverfolgung sowie das Regulierungsrecht.⁶⁷ Diese Rechtsgebiete sollen daher im Nachfolgenden für die Untersuchung der einzelnen Erscheinungsformen von Informationsbeziehungen im bipolaren Bereich fruchtbar gemacht werden. Phänomenologisch lässt sich dabei eine erste Unterteilung in **Mitteilungs- und Informationsbeschaffungspflichten** vornehmen. Während die einer Mitteilungspflicht unterliegende Behörde lediglich dazu verpflichtet ist, bereits vorhandene Informationen an eine andere Behörde weiterzugeben, hat die zur Informationsbeschaffung verpflichtete Behörde die benötigten Informationen zunächst noch selbst zu ermitteln.⁶⁸ 32

aa) Mitteilungspflichten

Innerhalb der **Mitteilungspflichten** lassen sich als Unterformen Auskunfts-, Unterrichtungs-, Berichts- und Konsultationspflichten unterscheiden: 33

(1) Auskunftspflichten

Auskünfte sind mündliche, elektronische oder schriftliche Bekundungen über Tatsachen durch amtliche Stellen oder Privatpersonen.⁶⁹ Meinungen können grundsätzlich nicht Inhalt der Auskunft sein.⁷⁰ Auskunftspflichten sind stets re- 34

---

⁶⁶ Mit ausführlicher Kritik *Jürgen W. Goebel*, Amtshilfe durch Informationshilfe, 1981, S. 32 ff.; *Lehner*, Amtshilfe (Fn. 59), S. 118 f.

⁶⁷ Zum Regulierungsrecht vgl. insbesondere *Jens-Peter Schneider*, Telekommunikation, in: Fehling/Ruffert (Hrsg.), Regulierungsrecht, § 8 Rn. 84 ff.; *Gabriele Britz*, Energie, in: Fehling/Ruffert (Hrsg.), Regulierungsrecht, § 9 Rn. 142 ff.; *Matthias Ruffert*, Post, in: Fehling/Ruffert (Hrsg.), Regulierungsrecht, § 11 Rn. 54 ff.

⁶⁸ Die begriffliche Unterscheidung ist angelehnt an *Julia Sommer*, Verwaltungskooperation am Beispiel administrativer Informationsverfahren im Europäischen Umweltrecht, 2003, S. 99, und *Anne Hombergs*, Europäisches Verwaltungskooperationsrecht auf dem Sektor der elektronischen Kommunikation, 2006, S. 66 ff.

⁶⁹ *Klaus Ritgen*, in: Knack/Henneke (Hrsg.), VwVfG, § 26 Rn. 18.

⁷⁰ *Heinz-Joachim Peters*, Die Sachverhaltsermittlung im Verwaltungsverfahren, JuS 1991, S. 54 (56 f.); *Klaus Hanebuth*, Das Auskunftsrecht im europäischen Wirtschaftsrecht, 1967, S. 62; *Kopp/Ramsauer*, VwVfG, § 26 Rn. 17.

aktiv. Der Auskunftsverpflichtete muss daher nicht von sich aus initiativ werden, solange keine konkrete Anfrage der auskunftsberechtigten Stelle vorliegt. So sind z.B. gemäß § 161 Abs. 1 StPO grundsätzlich alle Behörden verpflichtet, der Staatsanwaltschaft und den sie unterstützenden Behörden des Polizeidienstes alle für die Ermittlung von Sachverhalten im Rahmen der Strafverfolgung benötigten Auskünfte zu erteilen, sofern ein derartiges Gesuch gestellt wird.[71] Auskunftspflichten kommt eine große Bedeutung bei der Behördenzusammenarbeit zu, da sie einen einzelfallbezogenen und bedarfsangemessenen Informationsaustausch gewährleisten.

(2) Unterrichtungspflichten

35 Über die reaktiven Auskunftspflichten hinaus existieren in bestimmten Bereichen **sog. Unterrichtungspflichten.**[72] Diese Form der Mitteilungspflicht zeichnet sich dadurch aus, dass bestimmte bei einer Behörde vorliegende Informationen unabhängig von einer konkreten Anfrage an zuvor festgelegte Adressaten zu übermitteln sind. Auslöser einer solchen Übermittlungspflicht ist dabei jeweils ein in dem entsprechenden gesetzlichen Tatbestand festgelegtes Ereignis, das im Kenntnisbereich der verpflichteten Stelle liegt. Hiermit soll sichergestellt werden, dass hoheitliche Stellen nicht im Unklaren über Entwicklungen gelassen werden, die für ihre eigenen Aufgaben wesentlich sind. Ein Beispiel hierfür ist die Vorschrift des § 482 Abs. 2 StPO, wonach die Staatsanwaltschaft die Polizeidienstbehörde, die mit den Ermittlungen im Rahmen einer Strafsache befasst war, über den Ausgang des jeweiligen Verfahrens durch Mitteilung der Entscheidungsformel, der entscheidenden Stelle sowie des Datums und der Art der Entscheidung zu unterrichten hat.[73] Die vereinzelt anzutreffenden Warnpflichten von Behörden untereinander sind ebenfalls Unterrichtungspflichten, wobei das auslösende Ereignis ein Notfall ist. So muss bei bestimmten außergewöhnlichen Ereignissen[74] der jeweils für die Rettungskräfte verantwortliche Einsatzleiter der betroffenen Gemeinde die zuständige Bezirksregierung und das Innenministerium unverzüglich und unaufgefordert über Art und Umfang des außergewöhnlichen Ereignisses sowie die getroffenen Maßnahmen unterrichten.[75] Ein weiteres Beispiel für Warnpflichten sind die Hochwassermeldedienste. Hier muss die Behörde, die Kenntnis von einer bestimmten Gefährdungsstufe der Gewässer in ihrem Zuständigkeitsbereich erlangt, Hochwasser- oder Sturmflutwarnungen im Rahmen bestimmter Meldepläne an andere involvierte Behörden weiterleiten.[76]

---

[71] Weitere parallel ausgestaltete Auskunftspflichten finden sich z.B. in § 26 Abs. 1 S. 2 Nr. 1 VwVfG; §§ 120 Nr. 4, 123 Abs. 2 S. 2 TKG und §§ 58 Abs. 4, 60, 60a Abs. 3 EnWG.
[72] Vgl. dazu auf europäischer Ebene → Bd. II v. *Bogdandy* § 25 Rn. 13.
[73] Eine nähere Ausgestaltung dieser Vorschrift ist durch die Verwaltungsanordnung über Mitteilungen in Strafsachen (MiStra) erfolgt. Beispiele für weitere Unterrichtungspflichten aus anderen Rechtsgebieten sind § 123 Abs. 1 S. 5 TKG sowie §§ 55 Abs. 1 S. 2 und Abs. 2, 60a Abs. 2 S. 2 2. Hs., 60a Abs. 4 S. 2, 104 Abs. 1 S. 1 EnWG.
[74] Z.B. sog. Großschadensereignisse.
[75] Vgl. Abschnitt 1 Gefahrenabwehrmeldungsrunderlass Nordrhein-Westfalen (GefMeldRdErl NW).
[76] Vgl. dazu nur §§ 1, 4, 5 und 6 Hochwassermeldedienstverordnung Mecklenburg-Vorpommern.

(3) Berichtspflichten

Die nächste Untergruppe der Mitteilungspflichten bilden die **sog. Berichtspflichten**. Sie ist im Unterschied zu den bereits dargestellten Phänotypen dadurch charakterisiert, dass eine Behörde zu einem bestimmten Thema dauerhaft Informationen zu sammeln und diese zu einem festgelegten Mitteilungszeitpunkt an eine andere Stelle zu übermitteln hat. Eine derartige Pflicht findet sich im Bereich der Strafverfolgung in § 100e StPO, demzufolge die Staatsanwaltschaften ihrer obersten Justizbehörde kalenderjährlich über angeordnete Maßnahmen nach § 100c StPO („Großer Lauschangriff") einen Bericht zu erstatten haben.[77]

36

(4) Konsultationspflichten

Schließlich lassen sich im Rahmen der Mitteilungspflichten noch **Konsultationspflichten** identifizieren. Hierbei holen Behörden von anderen staatlichen Stellen Stellungnahmen ein, um ihre Vorgehensweisen in bestimmten Verwaltungsangelegenheiten zu koordinieren. Hierdurch soll sichergestellt werden, dass etwaige durch die geplanten Maßnahmen betroffene Interessen anderer Behörden weitestmöglich gewahrt werden und auf die bei anderen Stellen vorhandenen Erfahrungswerte effizient zurückgegriffen wird. Konsultationspflichten können dabei sowohl einseitig als auch wechselseitig ausgestaltet sein. So muss beispielsweise die Bundesnetzagentur gemäß § 60a Abs. 2 S. 1 EnWG im Rahmen der energiewirtschaftsrechtlichen Marktregulierung dem Länderausschuss vor dem Erlass von Allgemeinverfügungen einseitig die Gelegenheit zur Stellungnahme geben.[78] Eine wechselseitige Verpflichtung zur Einholung von Stellungnahmen findet sich in § 123 TKG. Danach müssen die Bundesnetzagentur und das Bundeskartellamt jeweils vor dem Erlass von Verwaltungsentscheidungen, die auf die Tätigkeit der anderen Behörde Auswirkungen haben können, die Stellungnahme der anderen Behörde einholen, um eine konsistente Marktaufsicht zu gewährleisten. Sie haben zudem einander Beobachtungen und Feststellungen mitzuteilen, die bei der Erfüllung der beiderseitigen Aufgaben von Bedeutung sein können. Diese Pflicht zur gegenseitigen Beteiligung im Fall von fachlichen Überschneidungen soll sich in Zukunft auch auf Verwaltungsvorschriften erstrecken.[79]

37

bb) Informationsbeschaffungspflichten

Einigen staatlichen Stellen kommen dauerhafte Informationsbeschaffungspflichten[80] zu, im Rahmen derer sie für andere Behörden bestimmte Daten zu

38

---

[77] Weitere Beispiele finden sich in §§ 121 Abs. 1 S. 1, 122 Abs. 1 TKG; §§ 62 Abs. 1 S. 1 und Abs. 2, 63 Abs. 1 bis 3 und 5, 93 S. 1, 112, 112a EnWG. S. a. → Bd. II *Ladeur* § 21 Rn. 21 ff.

[78] Weitere Beispiele aus dem Energiewirtschaftsrecht sind in §§ 64 Abs. 1 und 2, 64a Abs. 1 und Abs. 2 S. 2 und 112a Abs. 2 S. 1 EnWG normiert.

[79] Entwurf eines Gesetzes zur Änderung telekommunikationsrechtlicher Regelungen, S. 52, 133, abrufbar unter: www.bmwi.de/BMWi/Redaktion/PDF/Gesetz/referentenentwurf-tkg,property =pdf.

[80] Informationsbeschaffungspflichten finden sich z.B. in § 5 Abs. 1 und 3 Bundesverfassungsschutzgesetz (BVerfSchG); § 3 Abs. 9 Zollfahndungsdienstgesetz (ZFdG); § 3 Abs. 2 Bundeskriminalamtsgesetz (BKAG). Hierzu vgl. a. → Bd. II *v. Bogdandy* § 25 Rn. 13, 99 ff.

erheben und zu sammeln haben. Sie gehen insofern über bloße Mitteilungspflichten hinaus. Nach § 3 Abs. 9 Zollfahndungsdienstgesetz (ZFdG) obliegt es z.B. dem Zollkriminalamt (ZKA), alle erforderlichen Informationen für bestimmte Aufgabenbereiche im Rahmen der staatlichen Zollverwaltung zu sammeln und auszuwerten und anschließend die Zollfahndungsämter und andere Zolldienststellen über die dabei erzielten Erkenntnisse zu unterrichten, soweit sie diese Stellen betreffen. Die verpflichtete Stelle muss somit im Rahmen ihrer Informationsbeschaffungspflicht eigene Erkenntnisse an andere Stellen weiterleiten, ohne dass sie im Einzelfall darum ersucht wurde.

2. Nicht durch Recht geordnete bipolare Informationsbeziehungen

39   Das Rechtsinstitut der Amtshilfe steht einem weiter gehenden, im gegenseitigen Einverständnis stehenden Informationsaustausch zwischen Behörden prinzipiell nicht entgegen.[81] Anders als im Rahmen der Amtshilfe ist ein solcher Informationsaustausch allerdings gesetzlich nicht vorgeschrieben, weshalb diese Form des Zusammenwirkens und Austauschs neben einer organisierten Form an die **Kooperationswilligkeit und -fähigkeit** der beteiligten exekutiven Träger gebunden ist.[82]

40   Die **Erscheinungsformen** der informellen Informationsbeziehungen sind **vielfältig**. Besonders häufig werden Informationen bei Mitarbeitern anderer Behörden auf dem „kurzen Dienstweg" durch ein Telefongespräch oder eine E-Mail abgefragt. Müssen komplexere Arbeitsvorgänge wie z.B. im Verhältnis von örtlicher Staatsanwaltschaft, Ausländerbehörde und Polizei koordiniert werden, kommt es zu gemeinsamen Treffen oder zur Einrichtung von Arbeitsgruppen.

41   Die einfachgesetzlich geregelten Voraussetzungen und Grenzen der Amtshilfe stehen einem solchen freieren Informationsaustausch nicht entgegen, da sie nur einen Mindeststandard der behördenübergreifenden Zusammenarbeit festlegen und dadurch verhindern sollen, dass es zwischen den Behörden infolge einer fehlenden Regelung zu Streitigkeiten kommt.[83] Gleichwohl ergeben sich für einen Informationsaustausch außerhalb der Vorschriften über die Amtshilfe **aus allgemeinen Rechts- und Ordnungsprinzipien Grenzen**.[84] Dies gilt insbesondere dort, wo durch die Weitergabe von Informationen die Rechtspositionen Dritter betroffen sind. So ist neben der Wahrung der grundgesetzlichen Kompetenzordnung[85] und den Regelungen des Geheimnisschutzes vor allem das Recht auf informationelle Selbstbestimmung unter Einschluss der aus ihm fließenden datenschutzrechtlichen Vorgaben zu beachten. Für einen Informationsaustausch außerhalb der Amtshilfevorschriften kommen sonach vor allem anonymisierte

---

[81] *Eifert*, Electronic Government (Fn. 34), S. 247.
[82] *Indra Spiecker gen. Döhmann*, Informationsgewinnung im dezentralen Mehrebenensystem, in: Janbernd Oebbecke (Hrsg.), Nicht-Normative Steuerung in dezentralen Systemen, 2005, S. 253–284.
[83] *Stefan Magen* in: Umbach/Clemens (Hrsg.), GG, Art. 35 Rn. 8; im Anschluss daran *Spiecker gen. Döhmann*, Informationsgewinnung (Fn. 82), S. 24.
[84] Hierzu sogleich → Rn. 61 ff.
[85] Zur Bedeutung der Kompetenzordnung vgl. BVerfGE 63, 1 (31 ff.). Zur Kompetenzordnung als Grenze des Informationsaustauschs vgl. *Eike Richter*, Anforderungen an eine nachhaltigkeitsgerechte Informations- und Kommunikationsordnung im Umweltrecht, in: Klaus Lange (Hrsg.), Nachhaltigkeit im Recht. Eine Annäherung, 2003, S. 199, 213.

Daten, allgemeine Einschätzungen sachlicher Natur und technische Informationen in Betracht.[86]

II. Multipolare Informationsbeziehungen

Die rechtlich geordneten multipolaren informationellen Verhältnisse gliedern sich in vertikale (hierzu 1. a)) und horizontale Beziehungen (hierzu 1. b)). Außerdem bestehen auch übergreifende, dauerhafte Informationssysteme mit speziell angegliederten Datenbanken, für deren Nutzung es nicht primär auf die soeben genannte Unterscheidung von vertikalen und horizontalen Verhältnissen ankommt (hierzu 1. c)). Neben diesen rechtlich geordneten Informationsbeziehungen existieren auch im multipolaren Verhältnis solche, die nicht durch das Recht geordnet sind und sich damit weitgehend einer öffentlichen Betrachtung verschließen (hierzu 2). Diese unterschiedlichen Formen multipolarer Informationssysteme sollen nachfolgend dargestellt werden.

1. Durch Recht geordnete multipolare Informationsbeziehungen

a) Multipolare Informationsbeziehungen im vertikalen Verhältnis

Das auf vertikaler Ebene bestehende, die dortigen multipolaren Informationsbeziehungen prägende und zuweilen komplizierte Zusammenspiel von Vorlage- und Zeichnungsbefugnissen, Berichtspflichten[87] und Möglichkeiten der unmittelbaren Kommunikation soll hier beispielhaft anhand der Landesverwaltung und dabei der einschlägigen Verwaltungsvorschriften der **Landesjustizverwaltung** des Landes Nordrhein-Westfalen dargestellt werden. Anders als viele andere Verwaltungsbehörden hat das Justizministerium NRW die Verwaltungsvorschriften der Allgemeinheit online zugänglich gemacht,[88] was im Interesse des transparenten Umgangs mit dem politisch sehr sensiblen Problem des ministeriellen Einflusses auf justizielle Entscheidungen sehr zu begrüßen ist. Mit Rücksicht auf die richterliche Unabhängigkeit (Art. 97 GG) finden sich detaillierte Regelungen naturgemäß nur für die Staatsanwaltschaften des Landes. Deren Organisation ist dreistufig. Auf der Ebene der Landgerichtsbezirke agieren die Leitenden Oberstaatsanwälte. Die mittlere Ebene des Bundeslandes wird in Hamm, Düsseldorf und Köln durch die Generalstaatsanwälte vertreten, denen wiederum das Justizministerium vorgesetzt ist.

Von der Verfahrensgestaltung her unproblematisch ist die Konstellation, in der die Kommunikation vom **Justizministerium** ausgeht. Anfragen erfolgen im Regelfall im Erlasswege auf dem Dienstweg. Das Ministerium richtet einen Erlass an die Generalstaatsanwälte, die ihrerseits einen entsprechenden Berichtsauftrag unter Fristsetzung an die Staatsanwaltschaften weiterleiten. Die Beantwortung erfolgt auf demselben Wege durch den Leitenden Oberstaatsanwalt in Form eines Berichts an die mittlere Ebene, die auf diese Weise erstens informiert wird und zweitens Gelegenheit zur eigenen Stellungnahme erhält, bevor der Be-

---

[86] *Spiecker gen. Döhmann*, Informationsgewinnung (Fn. 82), S. 24.
[87] Zum Instrument der Berichtspflichten allgemein *Loeser*, Berichtswesen (Fn. 41).
[88] Siehe dazu www.datenbanken.justiz.nrw.de.

richt an das Justizministerium weitergeleitet wird. Unmittelbare Anfragen des Ministeriums an eine landgerichtliche Staatsanwaltschaft sind – von Bagatellfällen abgesehen – unüblich. Sind sie im Einzelfall ausnahmsweise erforderlich, wird die mittlere Ebene zeitgleich mittels Übersendung einer Durchschrift (in der Praxis erfolgt dies meist per E-Mail) benachrichtigt.

45 Diese Konstellation ist für die Verwaltungspraxis deshalb unproblematisch, weil das Interesse des Ministeriums an der Information evident ist. Ungleich schwieriger ist der Informationsfluss zu organisieren, wenn der vor Ort tätige Beamte das Interesse des Ministeriums an einer Information antizipieren muss, um ungefragt von sich aus dem Ministerium zu berichten. Den rechtlichen Rahmen steckt hier die Anordnung über **Berichtspflichten** in Strafsachen (BeStra) ab.[89] Durch Berichte in Strafsachen sollen die Generalstaatsanwälte sowie das Justizministerium in die Lage versetzt werden, zeitnah die Sach- und Rechtslage zu beurteilen, die ihnen von Gesetzes wegen obliegende Aufsicht auszuüben und auf Nachfragen von dritter Seite (nicht zuletzt seitens des Parlaments) Auskunft zu geben (Ziff. 1 BeStra). Eine Berichtspflicht besteht gegenüber dem Justizministerium vor allem in Strafsachen von grundsätzlicher Bedeutung oder wenn Maßnahmen des Ministeriums erforderlich sein könnten. Berichtspflichtig sind aber auch Strafsachen, die „wegen der Persönlichkeit oder der Stellung der Beteiligten im politischen Leben, wegen der Art oder des Umfangs der Beschuldigung oder aus sonstigen Gründen weitere Kreise, vor allem parlamentarische Gremien oder die überörtlichen Medien, beschäftigen oder voraussichtlich beschäftigen werden", wenn es sich um amts- oder berufsbezogene oder um schwerwiegende Vorwürfe handelt, die nach erster Prüfung nicht offensichtlich unbegründet sind (Ziff. 2b BeStra). Mit der Berichterstattung ist frühzeitig zu beginnen. Zu berichten sind die wesentlichen Fortschritte des Verfahrens (Ziff. 3 BeStra). Das Verfahren ist im Detail geregelt, um den Informationsfluss über die mittlere Ebene sicherzustellen. Die von den Behördenleitungen der Staatsanwaltschaften zu erstattenden Berichte sind dem Justizministerium grundsätzlich auf dem Dienstweg, in Eilfällen jedoch unmittelbar zuzuleiten. In besonders eiligen oder bedeutsamen Fällen ist vorab per E-Mail, per Telefax, fernmündlich oder persönlich zu berichten. In den Fällen unmittelbarer Berichterstattung unterrichten die Behördenleitungen der Staatsanwaltschaften jedoch zugleich den Generalstaatsanwalt (Ziff. 4a BeStra). Er prüft im Regelfall zunächst, ob es der Berichterstattung an das Justizministerium überhaupt bedarf. In Fällen unmittelbarer Berichterstattung nimmt er zu dem Bericht ggf. in Form eines sog. Randberichts Stellung (Ziff. 4c BeStra). Dieser Randbericht dient der Ausübung der Fachaufsicht durch die Mittelbehörde. In Strafsachen von überragender Bedeutung führt die Staatsanwaltschaft vor einer abschließenden Entscheidung oder sonstigen wichtigen Verfügung die Entschließung des Generalstaatsanwalts herbei (sog. Absichtsbericht). Dem Justizministerium wird hingegen über die abschließende Entscheidung oder sonstige wichtige Verfügung der Staatsanwaltschaft erst berichtet, nachdem sie getroffen worden ist (Ziff. 4d BeStra).

---

[89] Ausführungsvorschriften des Justizministeriums Nordrhein-Westfalen vom 27. November 2005, JMBl. NRW 2006, S. 3.

b) Multipolare Informationsbeziehungen im horizontalen Verhältnis

Insbesondere bei der für die Ansiedlung von umweltgefährdenden Anlagen typischen **Vorbereitung komplexer Verwaltungsentscheidungen** sind eine Vielzahl gleichgeordneter Behörden und sonstiger Stellen einzubeziehen. Um hier den Informationsfluss unter Beteiligung aller sachgerecht und effizient zu organisieren, sind die herkömmlichen Instrumente für einen informationellen Austausch oder gar das nur für das bipolare Verhältnis anzuwendende Rechtsinstitut der Amtshilfe nicht ausreichend. Bei Genehmigungsverfahren zur Durchführung von Vorhaben im Rahmen einer wirtschaftlichen Unternehmung hat der Gesetzgeber deshalb 1996 mit den §§ 71a ff. VwVfG a.F. besondere Verfahrensregeln eingeführt, die nicht zuletzt auf die **Bündelung von Informationen** in Form von Äußerungen und Stellungnahmen abzielten. Insbesondere das Sternverfahren gem. § 71d VwVfG a.F. als primär schriftliches Verfahren und die Antragstellerkonferenz nach § 71e VwVfG a.F. als primär mündliches Verfahren sind hier hervorzuheben. Diese Regelungen zur Verfahrensbeschleunigung sind nun durch die Implementierung der Dienstleistungsrichtlinie RL 2006/123/EG mit Wirkung zum 18. Dezember 2008 weggefallen. Damit sollte laut der Gesetzesbegründung jedoch nicht deren Abschaffung einhergehen. Der Gesetzgeber habe von vornherein kein zwingendes Recht schaffen, sondern lediglich die Verfahrensmöglichkeiten erweitern wollen. Dieses Ziel sei angesichts der umfänglichen Übernahme durch die Verwaltung erreicht und eine Erwähnung im Gesetz daher nicht mehr notwendig. In der Verwaltungspraxis finden somit das Sternverfahren wie auch die Antragstellerkonferenz nach wie vor statt.[90] Beide Rechtsinstitute schließen sich nicht gegenseitig aus, sondern können nach- oder nebeneinander zur Anwendung gelangen.[91] Sie sind Ausdruck des Bestrebens, ein Mindestmaß an zeitlicher und inhaltlicher Koordinierung im Genehmigungsverfahren zu erreichen.[92]

46

Im **Sternverfahren,** welches beispielsweise im immissionsschutzrechtlichen Verwaltungsverfahren nach wie vor gesetzlich angeordnet ist, wird ein Genehmigungsantrag nicht – wie normalerweise üblich – zeitlich versetzt und je nach Stand des Verfahrens an die zu beteiligenden Behörden versandt. Stattdessen werden diese sternförmig, d.h. gleichzeitig und unter Fristsetzung, zur Abgabe von Stellungnahmen aufgefordert.[93] Stellungnahmen, die nach Ablauf der gesetzten Frist eingehen, sind präkludiert, brauchen also bei der Entscheidungsfindung nicht mehr berücksichtigt zu werden. Eine Ausnahme besteht freilich dann, wenn sie für die Rechtmäßigkeit der Entscheidung von Bedeutung sind, da das Sternverfahren eine Verfahrensbeschleunigung nicht auf Kosten der Rechtsstaatlichkeit ermöglichen soll.[94]

47

Auch die sog. **Antragstellerkonferenz** führt im Effektivitätsinteresse zu einer Verfahrenskonzentration. Dabei kommen auf die Ladung einer Behörde der An-

48

---

[90] BRDrucks 580/08, S. 26; *Heribert Schmitz/Lorenz Prell*, Verfahren über eine einheitliche Stelle – Das Vierte Gesetz zur Änderung verwaltungsverfahrensrechtlicher Vorschriften, NVwZ 2009, S. 1 (9).
[91] *Bonk*, in: Stelkens/Bonk/Sachs (Hrsg.), VwVfG, § 71d Rn. 3 und 20.
[92] *Bonk*, in: Stelkens/Bonk/Sachs (Hrsg.), VwVfG, § 71d Rn. 7.
[93] Vgl. § 11 Abs. 2 der 9. BImSchV. S.a. → Bd. II *Schneider* § 28 Rn. 94; zur gesetzgeberischen Intention bzgl. des Sternverfahrens im Allgemeinen vgl. auch die Begründung des RegE, BTDrucks 13/3995, S. 8.
[94] *Maurer*, VerwR , § 19 Rn. 7e.

tragsteller und alle beteiligten Stellen zu einer Besprechung zusammen, um offene Fragen gemeinsam zu erörtern. Die Antragstellerkonferenz verfolgt damit den Gedanken einer Lösung „am runden Tisch". Sie ist mithin Ausdruck eines dialogischen und kooperativen Verwaltungsverfahrens.[95] Ob ihr eine Bindungswirkung zukommt, hängt jeweils von den Umständen des Einzelfalls ab.[96] In vielen Fällen eignet sich die Antragstellerkonferenz damit **auch für nichtförmliche Schritte,** bspw. also für unverbindliche Absprachen oder die vorläufige Bewertung von Sachverhalten.

48a Im Rahmen der Umsetzung der Dienstleistungsrichtlinie[97] führte der Gesetzgeber mit den §§ 71a ff. VwVfG n.F. mit Wirkung zum 18. Dezember 2008 ein neues Verfahren – das sog. **Verfahren über eine einheitliche Stelle** – ein. Dieses soll in gesetzlich bestimmten Bereichen optional die Abwicklung aller Verfahren und Formalitäten über eine als zentraler Ansprechpartner fungierende Behörde (einheitliche Stelle) ermöglichen. Über die lediglich einzelfallbezogene Amtshilfepflicht im Sinne der §§ 4, 5 VwVfG hinausgehend ist insoweit ein fortwährender Austausch erforderlich.[98] Deshalb begründet § 71d VwVfG eine dauerhafte, wechselseitige Unterstützungspflicht aller beteiligten Behörden sowie Informationspflichten seitens der tatsächlich zuständigen Behörden gegenüber der einheitlichen Stelle.[99] Bezüglich der genauen Durchführung macht das Gesetz keine Angaben. Eine elektronische Datenvernetzung, beispielsweise im Wege eines besonderen Verfahrensregisters, dürfte allerdings für die effektive Umsetzung zwingend erforderlich sein.[100]

c) Multipolare Informationsbeziehungen im Regulierungsverbund

48b Im Bereich der Netzwirtschaften (Telekommunikation, Energie u.a.) hat sich in den letzten Jahren ein **Regulierungsverbund** zwischen den nationalen Regulierern untereinander und der Europäischen Kommission herausgebildet.[101] Der Informationsverkehr findet hier zur Erledigung einer Regulierungsaufgabe sowohl im vertikalen als auch im horizontalen Verhältnis statt. Die Informationspflichten der Regulierer werden dabei sektorspezifisch geregelt.[102]

---

[95] *Bonk,* in: Stelkens/Bonk/Sachs (Hrsg.), VwVfG, § 71e Rn. 3.
[96] *Bonk,* in: Stelkens/Bonk/Sachs (Hrsg.), VwVfG, § 71e Rn. 14.
[97] Richtlinie 2006/123/EG über Dienstleistungen im Binnenmarkt vom 12. Dezember 2006, ABl. EU 2006, Nr. L 376, S. 36 ff.
[98] *Utz Schliesky,* in Knack/Hennecke (Hrsg.), VwVfG, § 71d Rn. 2.
[99] Amtl. Begr. BTDrucks 16/10493, S. 20, *Schmitz/Prell,* Verfahren über eine einheitliche Stelle (Fn. 90), S. 1 (5).
[100] *Schliesky,* in: Knack/Hennecke (Hrsg.), VwVfG, § 71d Rn. 3.
[101] *Hombergs,* Europäisches Verwaltungskooperationsrecht (Fn. 68), S. 260 ff., *Hans-Heinrich Trute,* Der europäische Regulierungsverbund in der Telekommunikation – ein neues Modell europäisierter Verwaltung, in: FS Peter Selmer, 2004, S. 565 ff.; *Karl-Heinz Ladeur/Christoph Möllers,* Der europäische Regulierungsverbund der Telekommunikation im deutschen Verwaltungsrecht, DVBl 2005, S. 525 ff.
[102] Vgl. etwa Art. 23 Richtlinie 2002/21/EG über einen gemeinsamen Rechtsrahmen für elektronische Kommunikationsnetze und -dienste vom 7. März 2002, ABl. EU 2002, Nr. L 108, S. 33 ff., Art. 15 Abs. 2 Richtlinie 2002/19/EG über den Zugang zu elektronischen Kommunikationsnetzen und zugehörigen Einrichtungen sowie deren Zusammenschaltung vom 7. März 2002, ABl. EU 2002, Nr. L 108, S. 7 ff., Art. 36 Abs. 1 und 2 Richtlinie 2002/22/EG über den Universaldienst und Nutzerrechte bei elektronischen Kommunikationsnetzen und -diensten vom 7. März 2002, ABl. EU 2002, Nr. L 108, S. 51 ff. für den Telekommunikationssektor.

C. Interbehördliche Informationsbeziehungen

Zum Beispiel sind im **Bereich der Telekommunikation** in den Informationsaustausch die Bundesnetzagentur, die Europäische Kommission, die Regulierungsbehörden anderer Mitgliedstaaten sowie das Gremium Europäischer Regulierungsstellen für elektronische Kommunikation (GEREK) einbezogen.[103] Grundlage für den Austausch ist die Verpflichtung der Bundesnetzagentur, mit den Regulierungsbehörden anderer Mitgliedstaaten, der Kommission und dem GEREK auf *transparente Weise* zusammenzuarbeiten, um eine europaweit einheitliche Regulierung sicherzustellen.[104] Die Bundesnetzagentur unterstützt dabei die Ziele des GEREK in Hinblick auf eine bessere regulatorische Koordinierung und mehr Kohärenz. Sie stellt zudem der Kommission auf Antrag die Informationen zur Verfügung, die sie zur Erfüllung ihrer Aufgaben benötigt. Hierbei kann es sich auch um Informationen handeln, die ihr von einer nationalen Regulierungsbehörde eines anderen Mitgliedstaates übermittelt wurden. Die Bundesnetzagentur kann jedoch bei der Kommission beantragen, dass die von ihr übermittelten Informationen Behörden anderer Mitgliedstaaten nicht zugeliefert werden. Um den Geheimnisschutz zu wahren, kann die Bundesnetzagentur im Rahmen des Informationsaustausches Informationen als vertraulich einstufen.

d) Übergreifende Informationssysteme

Über die bisher dargestellten Informationsbeziehungen zwischen Behörden hinausgehend entstehen zunehmend **gemeinsame Informationssysteme,** in denen die gesammelten Erkenntnisse bestimmter Verwaltungsglieder dauerhaft zusammengeführt werden. Der aktuelle Bestand behördlicher Vernetzungen innerhalb solcher Verbundsysteme dürfte dabei allerdings lediglich den Beginn einer Entwicklung markieren. In Zukunft werden derartige Informationssysteme durch einen immer stärkeren Rückgriff auf IuK-Techniken in der Verwaltungstätigkeit wohl noch erheblich an Bedeutung zunehmen.[105] 49

Die übergreifenden Informationssysteme unterscheiden sich in ihrer näheren Ausgestaltung erheblich. Zum einen nehmen sie keine einheitliche äußere Form an, sondern lassen sich vielmehr unterscheiden in Dateien, Datenbanken, Aktensammlungen, Register, Listen, Verzeichnisse, Bücher, Rollen, Kataster, Inventuren und Archive.[106] Zum anderen divergiert der Grad der für sie bestehenden rechtlichen Vorgaben. Streng geregelte Systeme zeichnen sich dadurch aus, dass ihre Datenbestände weitgehend sensible personenbezogene Angaben über natürliche Personen[107] enthalten. Die dadurch ausgelöste Schutzwirkung des **in-** 50

---

[103] Vgl. § 123 b TKG-E (Fn. 79). Zur weiteren Zusammenarbeit der beteiligten Stellen im Regulierungsverbund vgl. *Torsten Körber*, TKG-Novelle 2011 – Breitbandausbau im Spannungsfeld von Europäisierung, Regionalisierung und Netzneutralität, MMR 2011, S. 215 (218).
[104] Vgl. § 123 a TKG-E (Fn. 79).
[105] Vgl. auch → Bd. II *Ladeur* § 21 Rn. 105 ff., *Britz* § 26 Rn. 36 ff.
[106] Vgl. zu dieser Begriffsbestimmung auch *Michael Kloepfer,* Informationsrecht, 2002, § 10 Rn. 89. S. a. → Bd. II *Ladeur* § 21 Rn. 1 ff.
[107] Personenbezogene Daten sind nach der Grundregel des § 3 Abs. 1 BDSG Einzelangaben über persönliche oder sachliche Verhältnisse einer bestimmten oder bestimmbaren natürlichen Person. Zum Begriff der personenbezogenen Daten vgl. ausführlich *Marie-Theres Tinnefeld,* in: Alexander Roßnagel (Hrsg.), Handbuch Datenschutzrecht, 2003, S. 486 ff. Vgl. aber a. → Bd. II *Albers* § 22 Rn. 29 ff.

formationellen **Selbstbestimmungsrechts**[108] macht zwangsläufig eine hinreichend bestimmte gesetzliche Grundlage erforderlich. Daneben existieren aber auch Informationssysteme mit einem erheblich weniger streng vorgezeichneten Regelungsgerüst. Dies erklärt sich vor allem aus der Tatsache, dass die gespeicherten Daten nicht in gleichem Maße personenbezogen sind und daher der Verwaltung ein weiter Gestaltungsspielraum zusteht. Diese Tendenz zur Implementierung von übergreifenden Informationssystemen mittels bereichsspezifischer Regelungen führt allerdings in ihrer Gesamtheit dazu, dass sich der rechtliche Rahmen nicht als homogenes Gerüst darstellt, sondern einschlägige Vorschriften über eine Vielzahl von Rechtsgebieten verstreut sind. Zum Teil müssen sogar **verfassungsrechtliche Rechtsgedanken** aufgegriffen und verallgemeinert werden, um die einschlägigen Rahmenbedingungen aufzuzeigen.

51   Durch eine spezielle und restriktive Rechtsgrundlage geschaffen sind vor allem **sicherheitsrelevante Informationssysteme** aus dem Bereich des Polizei- und Ordnungsrechts sowie der Strafverfolgung. Hierzu zählen z. B. Register wie das Gewerbezentralregister,[109] das Bundeszentralregister,[110] das Erziehungsregister,[111] das Zentrale Staatsanwaltschaftliche Verfahrensregister (ZStV),[112] das Verkehrszentralregister,[113] die Fahrzeugregister,[114] das Zentrale Fahrerlaubnisregister,[115] das Ausländerzentralregister,[116] das Melderegister,[117] das Passregister[118] und das Personalausweisregister.[119] Aus der Vielzahl der sonstigen Informationssysteme sind ferner noch Systeme wie NADIS (Nachrichtendienstliches Informationssystem),[120] INZOLL (Zollfahndungsinformationssystem)[121] und INPOL (Polizeiliches Informationssystem)[122] mit DNA-Analyse-Datei[123] zu nennen.[124]

52   Im Rahmen dieser Informationssysteme wird eine Vielzahl unterschiedlicher personenbezogener Daten verarbeitet. So bestehen die Eintragungen im Bundeszentralregister aus bestimmten strafgerichtlichen Verurteilungen und anderen

---

[108] Das informationelle Selbstbestimmungsrecht wird seit *BVerfGE* 65, 1 ff. aus Art. 2 Abs. 1 i. V. m. Art. 1 Abs. 1 GG abgeleitet und ist somit als Grundrecht ausgestaltet. S. a. → Bd. II *Albers* § 22 Rn. 56 ff., *Gusy* § 23 Rn. 24.
[109] §§ 149 ff. GewO.
[110] §§ 1 bis 58 BZRG.
[111] §§ 58 bis 64 BZRG.
[112] §§ 492 ff. StPO.
[113] §§ 28 bis 30c StVG.
[114] §§ 31 bis 47 StVG.
[115] §§ 48 bis 63 StVG.
[116] §§ 1 ff. Ausländerzentralregistergesetz – AZRG.
[117] § 1 Abs. 1 S. 3 MRRG.
[118] §§ 21 f. PassG.
[119] §§ 23 bis 26 PAuswG.
[120] § 6 BVerfSchG.
[121] §§ 3 Abs. 3, 11 Abs. 1 ZFdG.
[122] §§ 2 Abs. 3, 11 Abs. 1 BKAG.
[123] § 81g StPO; §§ 2 ff. DNA-Identitätsfeststellungsgesetz – DNA-IFG.
[124] Auf supra- und internationaler Ebene findet sich eine weitere Anzahl von bedeutsamen Informationssystemen, die jedoch im Rahmen dieses Beitrags nicht weiter vertieft werden können. Zu nennen sind hier beispielsweise das Schengener Informationssystem (SIS) gemäß Art. 92 ff. des Zweiten Schengener Abkommens vom 19. Juni 1990 (BGBl II, S. 1013 ff.) oder die Informationssysteme des Europäischen Polizeiamtes (Europol) gemäß Art. 7 ff. des Übereinkommens über die Errichtung eines Europäischen Polizeiamtes vom 26. Juli 1995. Vgl. dazu *Voßkuhle*, Informationelles Verwaltungsorganisationsrecht (Fn. 28), S. 97 (106) und → Bd. II *v. Bogdandy* § 25 Rn. 29 ff. und 74 ff.

C. Interbehördliche Informationsbeziehungen

Entscheidungen von Verwaltungsbehörden und Gerichten, die zusammen mit den Personendaten des Betroffenen gespeichert werden.[125] Im ZStV wiederum werden u. a. alle staatsanwaltschaftlichen Ermittlungsverfahren, die sich gegen einen bestimmten Täter richten, vermerkt. Die konkreten Datensätze bestehen dabei z. B. aus den jeweiligen Personendaten, Tatzeiten und Tatvorwürfen.[126] Derartige **sensible Informationen** finden sich auch in allen anderen der oben bezeichneten Informationssysteme.

Diesen hier exemplarisch aufgeführten Informationssystemen kommt für die reibungslose und effiziente Verwaltungsarbeit in den wichtigen **Feldern des Polizei- und Ordnungsrechts sowie der Strafverfolgung** eine überragende Bedeutung zu. Ohne die kurzfristige und ubiquitäre Verfügbarkeit der darin archivierten Informationen wäre es den zuständigen Behörden kaum möglich, angemessen in ihren Tätigkeitsfeldern zu agieren oder zu reagieren. Sie können daher ohne Einschränkung als das Rückgrat des staatlichen Handelns in ihren jeweiligen Anwendungsgebieten bezeichnet werden. 53

Ein Beispiel für ein **weniger streng geregeltes Informationssystem** ohne explizite rechtliche Grundlage ist die beim Bundesamt für Kartographie und Geodäsie geführte „Nationale Geodatenbasis", in der alle bei öffentlichen Stellen vorliegenden Datenbestände mit räumlichem Bezug (Geodaten)[127] zentral gespeichert und anderen Behörden sowie allen sonstigen Interessierten unentgeltlich zugänglich gemacht werden.[128] Die nationale Geodatenbasis ist als Kernbestandteil noch in ein umfassenderes Informationssystem eingebettet. Hierbei handelt es sich um die „Geodateninfrastruktur Deutschland" (GDI-DE). Die Geodatenbasis ist wiederum untergliedert in Geobasisdaten (GBD), Geofachdaten (GFD) und deren Metadaten (MD). Zweck dieses Informationssystems ist es, ein Geoinformationsnetzwerk zu schaffen, um Geoinformationen für einen weiten Anwendungsbereich zu gewinnen, auszuwerten und anzuwenden.[129] Dabei sind sowohl öffentliche Verwaltungen, Wissenschaft als auch Bürger im kommerziellen und nicht kommerziellen Sektor nutzungsberechtigt. 54

Als weiteres Informationssystem aus dieser Fallgruppe lässt sich das **datenbankgestützte Informationssystem über Medizinprodukte** gemäß § 33 Medizinproduktegesetz (MPG) beim Deutschen Institut für medizinische Dokumentation und Information (DIMDI) bezeichnen.[130] In dieser Datenbank werden u. a. 55

---

[125] Vgl. §§ 3, 5 BZRG.
[126] Siehe dazu § 492 Abs. 2 StPO.
[127] Es handelt sich z. B. um Umweltdaten oder Informationen über Topographie, Landnutzung, Fernerkundung oder Verkehr, die aus den Bereichen Raumplanung, Bauwirtschaft, Umwelt- und Naturschutzmanagement, Innere Sicherheit, Landesverteidigung, Zivil- und Katastrophenschutz, Versorgung und Entsorgung, Wasserwirtschaft, geowissenschaftlicher Ressourcenschutz, Land- und Forstwirtschaft, Wetterdienst, Klimaforschung, Statistik, Versicherungswesen und Telematik/Verkehrslenkung stammen.
[128] Zu ausführlichen Informationen zum Inhalt, Zweck und Aufbau der Nationalen Geodatenbasis s. a. die Website des Interministeriellen Ausschusses für Geoinformationswesen (IMAGI), www.imagi.de. Zum GDI-DE als Modell des Wissensmanagements → Bd. II *Ladeur* § 21 Rn. 98.
[129] Nach Eigenauskunft des IMAGI können diese Geodaten erheblich zur Förderung moderner Verwaltung, wirtschaftlicher Entwicklung und Forschung in Deutschland beitragen, vgl. www.gdi-de.org/ngdb.
[130] Die Einzelheiten dieses Informationssystems sind in der auf § 37 Abs. 8 Medizinproduktegesetz (MPG) gestützten Verordnung über das datenbankgestützte Informationssystem über Medizinprodukte vom 4. Dezember 2002 (DIMDIV, BGBl I, S. 4456) geregelt.

sog. Basisinformationen der in Verkehr befindlichen Medizinprodukte,[131] Daten aus der Beobachtung, Daten aus der Auswertung und Bewertung von Risiken in Verbindung mit Medizinprodukten sowie sonstige Informationen gesammelt, die in Verbindung mit Medizinprodukten stehen. Zwar besteht hier in § 33 MPG eine rechtliche Grundlage, doch ist diese sehr weitreichend und enthält kaum Restriktionen für den Informationsverkehr.[132] Die Informationen werden gemäß § 33 Abs. 1 S. 1 MPG den für Medizinprodukte zuständigen Behörden[133] des Bundes und der Länder zur Unterstützung des Vollzugs des MPG zur Verfügung gestellt. Nach § 33 Abs. 1 Satz 3 MPG dürfen aber auch nicht öffentliche Stellen für auskunftsberechtigt erklärt werden.[134] Ein gleichartig aufgebautes Informationssystem besteht gemäß § 67a Arzneimittelgesetz (AMG) auch für Arzneimittel und wird ebenfalls beim DIMDI geführt. Es enthält in Analogie zum Medizinprodukteinformationssystem sämtliche Informationen über Zusammensetzung, Wirkungen und Risiken der in Deutschland in Verkehr gebrachten Arzneimittel. Die Informationen werden wiederum den für den Vollzug des Arzneimittelgesetzes zuständigen Behörden sowie in gewissem Umfang auch sonstigen interessierten Personen zur Verfügung gestellt.

56 Schließlich findet sich im **Umweltbereich** eine Vielzahl von Informationssystemen, die sich auf bestimmte Umweltobjekte beziehen und die ebenfalls mangels personenbezogenen Datenbestands einer weitreichenden verwaltungsinternen Gestaltung zugänglich sind. Bedeutsam ist hier vor allem das Umweltportal Deutschland (PortalU) mit seinen dezentral geführten Umweltdatenkatalogen des Umweltbundesamtes und des Bundesamtes für Naturschutz sowie sonstiger für den Umweltbereich zuständigen Stellen.[135] Das Portal stellt dabei jedem Interessierten Daten darüber zur Verfügung, wo und bei welcher Stelle detaillierte umweltrelevante Informationen vorhanden sind (sog. Metadaten).

2. Nicht durch Recht geordnete multipolare Informationsbeziehungen

57 Neben den bereits im Rahmen der intrabehördlichen Informationsbeziehungen angesprochenen, rechtlich nicht besonders geordneten Mitteln eines Informationsaustauschs per Telefon, E-Mail, Arbeitsbesprechung oder formloser Gesprächsrunde bestehen vor allem im Bereich multipolarer interbehördlicher Beziehungen institutionalisierte Foren für einen **behördenübergreifenden Informations- und Erfahrungsaustausch.** Zu nennen sind hier sowohl punktuelle Veranstaltungen wie Workshops als auch dauerhafte Institutionen wie behördenübergreifende Arbeitsgemeinschaften. Häufig verfügen die auf Dauer angeleg-

---

[131] Zur Begrifflichkeit vgl. § 3 Abs. 1 MPG.

[132] Im Wesentlichen handelt es sich hierbei um Informationen über juristische Personen und deren Produkte, sodass i.d.R. kein Bezug zu den persönlichen oder sachlichen Verhältnissen einer natürlichen Person i.S.d. § 3 BDSG vorliegt, die eine strenge Regelung des Informationssystems notwendig gemacht hätten.

[133] Vgl. hierzu § 5 DIMDIV.

[134] Gemäß § 33 Abs. 1 S. 3 MPG i.V.m. § 5 Abs. 3 DIMDIV sind die Teildatenbanken mit Anzeigen nach § 25 MPG, mit Mitteilungen zu Klassifizierungen eines Medizinproduktes bzw. seiner Abgrenzung zu anderen Produkten nach § 33 Abs. 2 Nr. 2 MPG i.V.m. § 13 MPG sowie gemäß § 5 Abs. 2 DIMDIV (Datenbanken mit allgemeinen Informationen über Medizinprodukte) öffentlich zugänglich.

[135] Vgl. ausführlich zum Umweltinformationsnetz in Deutschland www.portalu.de.

C. Interbehördliche Informationsbeziehungen

ten, stärker institutionalisierten Plattformen über eine eigene Rechtsgrundlage, die indessen nur selten den Aspekt des Informationsaustauschs als solchen betrifft, sondern eher die Organisation und Verfahrensabläufe regelt. Anhand der bereits zuvor gewählten Referenzgebiete des Medizin- und Arzneimittelbereichs sowie des Umweltbereichs sollen solche Modelle eines institutionalisierten Informationsaustauschs im Folgenden exemplarisch nachgezeichnet werden.

Im Bereich von **Medizin und Arzneimitteln** findet eine horizontale informelle informationelle Zusammenarbeit unterschiedlicher Behörden in der Zentralstelle der Länder für Gesundheitsschutz bei Arzneimitteln und Medizinprodukten (ZLG) mit Sitz in Bonn statt. Dabei handelt es sich um eine auf staatsvertraglicher Basis gemeinsam gebildete und besetzte Stelle der Länder im Human- und Tierarzneimittelbereich,[136] die dem für das Gesundheitswesen zuständigen Ministerium des Landes Nordrhein-Westfalen untersteht. Gemäß Art. 2 Abs. 1 dieses Staatsvertrags nimmt die ZLG Aufgaben der Länder im Bereich der Medizinprodukte und die in Art. 2 Abs. 5 näher bezeichneten Koordinierungsfunktionen im Arzneimittelbereich wahr. Sie wird tätig im Auftrag der Länder oder eigeninitiativ in Abstimmung mit den Ländern und arbeitet mit anderen in den genannten Aufgabengebieten Tätigen zusammen. Im Arzneimittelbereich koordiniert die ZLG die Arzneimittelüberwachung in Deutschland. Dazu zählt unter anderem die Qualitätssicherung in der Arzneimittelüberwachung und Arzneimitteluntersuchung. Zudem koordiniert sie die internationale Zusammenarbeit auf dem Gebiet der Arzneimittelüberwachung. Im Medizinproduktebereich bildet die ZLG unter anderem Sektorkomitees und stellt den Erfahrungsaustausch der benannten Stellen her. Die Sektorkomitees haben nach Art. 4 des Staatsvertrags die Aufgabe, bei der Erarbeitung von Anforderungen mitzuwirken, die an Prüflaboratorien, Zertifizierungs- und Konformitätsbewertungsstellen zu stellen sind. Dazu gehört auch die vergleichende Aufbereitung der Rechtsvorschriften der Drittstaaten mit den europäischen Bestimmungen. Den Sektorkomitees können Sachverständige aus den Behörden der Länder und des Bundes sowie aus den Bereichen Wissenschaft, Wirtschaft und aus der Ärzte-, Zahnärzte- und Apothekerschaft sowie aus dem Krankenhausbereich und den Verbraucherverbänden angehören. 58

Auch im **Umweltrecht** besteht eine stark institutionalisierte Zusammenarbeit zwischen den verschiedenen Bundes- und Länderbehörden. Diese vollzieht sich auf verschiedenen Ebenen: Oberstes Entscheidungsgremium für alle Umweltbereiche ist die Umweltministerkonferenz (UMK). Diese verfügt als Institution der Zusammenarbeit der Fachverwaltung von Bund und Ländern über verschiedene Arbeitsgremien (Bund/Länder-Arbeitsgemeinschaften und verschiedene Länderausschüsse). In ihnen treffen sich regelmäßig Vertreter der Fachverwaltungen von Bund und Ländern. Die Aufgaben solcher Gremien bestehen in der Bearbeitung von Arbeitsaufträgen der Umweltministerkonferenz und der Amtschefkonferenz sowie in der Vorbereitung eines einheitlichen Verwaltungsvollzuges. Bund/Länder-Arbeitsgemeinschaften bestehen aus höchstens zwei Ebenen: dem Leitungsgremium und ihm nachgeordneten ständigen Ausschüssen. Zu diesen ständigen Ausschüssen treten bei Bedarf zeitlich befristete Ausschüsse, die sog. Ad-hoc- 59

---

[136] Abkommen über die Zentralstelle der Länder für Gesundheitsschutz bei Arzneimitteln und Medizinprodukten vom 30. Juni 1994, GVBl Nordrhein-Westfalen 1994, S. 972, zuletzt geändert durch das Abkommen vom 9. Juli 1998, GVBl Nordrhein-Westfalen 1999, S. 54.

Arbeitsgruppen. Der Vorsitz und die Geschäftsstelle der Bund/Länder-Arbeitsgremien wechseln turnusmäßig zwischen den Ländern. Derzeit bestehen acht Bund/Länder-Arbeitsgemeinschaften der beschriebenen Art für verschiedene Sachbereiche.[137]

60 Neben den genannten Beispielen bestehen selbstverständlich **weitere institutionalisierte Foren für die behördenübergreifende Zusammenarbeit,** in denen nicht durch Recht geregelte Informationsbeziehungen anzutreffen sind. Diese beziehen sich nicht unbedingt nur auf spezifische Fachbereiche. So stellt beispielsweise der Deutsche Städtetag ein Forum für die allgemeine Zusammenarbeit dar, welche die Beratung der Mitgliedsstädte, deren Information über alle kommunal bedeutsamen Vorgänge und Entwicklungen sowie die Herstellung eines allgemeinen Erfahrungsaustauschs umfasst.

III. Ordnungsprinzipien

61 Eine informationelle Vernetzung der arbeitsteilig agierenden Verwaltungseinheiten sieht sich notwendigerweise überall dort Begrenzungen ausgesetzt, wo andere schutzwürdige Belange einem freien Informationsverkehr entgegenstehen. Der Kooperation von Behörden als positivem Handlungsziel kommt somit kein immanenter Vorrang vor anderen Rechtsgütern zu. Die maßgeblichen **Restriktionen des Informationsverkehrs** lassen sich aus allgemeinen Rechtsgrundsätzen sowie besonderen Rechtsbereichen wie dem Datenschutzrecht bzw. den zugrundeliegenden verfassungsrechtlichen Vorgaben herleiten. Diese generellen Verkehrsregeln sind nicht auf den Bereich multipolarer Informationsbeziehungen beschränkt, sondern auch im Rahmen bipolarer informationeller Verhältnisse heranzuziehen, wobei aber auch die speziellen Voraussetzungen der jeweils einschlägigen allgemeinen Regel wie z.B. Art. 35 GG i.V.m. §§ 4ff. VwVfG im Bereich der Amtshilfe zu beachten sind. Im Folgenden werden die **vier Grundregeln** herausgearbeitet, die je nach Lage des Falles Restriktionen für den hoheitlichen interbehördlichen Umgang mit Informationen bedeuten und in ihrer Gesamtheit als **Informationsverkehrsrecht** verstanden werden können.

1. Beachtung der Zuständigkeitsordnung

62 Zunächst darf jede Verwaltungseinheit grundsätzlich nur in den Bereichen tätig werden, für die sie eine **Zuständigkeit** aufweist.[138] Ihr kommt kein Selbsteintrittsrecht oder die Befugnis zur eigenständigen Ausweitung ihrer Aufgaben zu, da dies in einem Rechtsstaat nur der Souverän bzw. der von ihm mandatierte Gesetzgeber oder die Spitze der Verwaltung im Wege ihrer Organisationsbefug-

---

[137] Dabei handelt es sich um die Bund/Länder-Arbeitsgemeinschaft für Immissionsschutz (LAI), die Bund/Länder-Arbeitsgemeinschaft Wasser (LAWA), Bund/Länder-Arbeitsgemeinschaft Abfall (LAGA), Bund/Länder-Arbeitsgemeinschaft für Naturschutz, Landschaftspflege und Erholung (LANA), Bund/Länder-Arbeitsgemeinschaft Chemikaliensicherheit (BLAC), die Bund/Länder-Arbeitsgemeinschaft Bodenschutz (LABO), Bund/Länder-Arbeitsgemeinschaft Gentechnik (LAG) und die Bund/Länder-Arbeitsgemeinschaft Nachhaltige Entwicklung (BLAG NE).

[138] Ausnahmen gelten nur in den engen Bereichen der Mandatierung und der Organleihe, die hier aber nicht weiter vertieft werden sollen. S.a. → Bd. I *Jestaedt* § 14 Rn. 35, 42ff.

nis vermag.¹³⁹ Das Zuständigkeitsgefüge legt die Abgrenzungen zwischen den arbeitsteilig agierenden Verwaltungsgliedern und die jeweiligen Aufgabenbereiche unverrückbar fest.¹⁴⁰ Dies gilt auch für das Rechtsinstitut der Amtshilfe, welches stark durch Elemente der Fremdnützigkeit geprägt ist, indem es eine Behörde im Interesse einer anderen Behörde zum Tätigwerden für ein „fremdes" Verfahren verpflichtet. So stellt insbesondere § 7 Abs. 1 VwVfG klar, dass sich die Zulässigkeit der Maßnahme, die durch die Amtshilfe verwirklicht werden soll, ausschließlich nach dem für die ersuchende Behörde geltenden Recht und nur ihre Durchführung nach dem für die ersuchte Behörde geltenden Recht richtet. Gleiches geht aus § 5 Abs. 1 Nr. 1 VwVfG hervor, wonach ein Amtshilfeersuchen insbesondere dann zulässig ist, wenn die ersuchende Behörde eine Amtshandlung aus rechtlichen Gründen nicht selbst vornehmen kann. Von der Amtshilfe unangetastet bleiben mithin die gesetzlich vorgegebenen Zuständigkeiten und Eingriffsbefugnisse der beteiligten Behörden. Die Amtshilfe führt also nicht etwa zu Verschiebungen oder Erweiterungen im Kompetenzgefüge,¹⁴¹ sondern sichert diese gerade ab, indem sie eine Hilfeleistung anbietet, aufgrund derer jede praktische Notwendigkeit für ein Tätigwerden unter Verletzung der Kompetenzordnung entfällt.

63 Die beschriebenen Zuständigkeitsregeln verfolgen ein ganzes Bündel von Funktionen im Rahmen eines dezentralen Verwaltungsaufbaus. Insbesondere sollen sie ein sachgerechtes, gleichlaufendes und effektives Verwaltungshandeln ermöglichen.¹⁴² Durch klare Zuständigkeitsabgrenzungen werden aber auch Verantwortlichkeiten festgelegt.¹⁴³ Dieses System steht nicht zur Disposition einer Behörde, die insoweit **keine Organisationsbefugnis** aufweisen kann.¹⁴⁴ Es ist Behörden – eigentlich eine Selbstverständlichkeit – daher nicht gestattet, Daten, die mit ihrer ureigensten oder gesetzlich übertragenen Tätigkeit keinen Bezug aufweisen, zu erheben, zu speichern oder in irgendeiner Weise zu nutzen.

64 Als erste Einschränkung kann somit festgehalten werden, dass jede Behörde grundsätzlich nur diejenigen **Daten** erheben, speichern, nutzen oder übermittelt bekommen darf, für die sie **bei der Aufgabenerfüllung im Rahmen ihrer Zuständigkeiten einen zwingenden Bedarf aufweist.** Dies gilt ohne explizite Regelung für alle Verwaltungseinheiten uneingeschränkt und kann nur mit einer gesetzlichen Ausnahme ausgesetzt werden.

2. Vorgabe eines effizienten und geordneten Verwaltungshandelns

65 Eine weitere Vorgabe für den Informationsverkehr ergibt sich daraus, dass die öffentliche Verwaltung bei ihrem Tätigwerden stets ressourcensparsam, geordnet und zielorientiert vorzugehen hat, um den größtmöglichen Ertrag bei mög-

---

¹³⁹ Vgl. ausführlich zur verfassungsrechtlichen Grundverteilung der Organisationsgewalt *Eifert*, Electronic Government (Fn. 34) S. 186 ff. m. w. N.
¹⁴⁰ Vgl. auch *Wolff/Bachof/Stober*, VerwR III, § 84 I 1.
¹⁴¹ *Bonk*, in: Stelkens/Bonk/Sachs (Hrsg.), VwVfG, § 4 Rn. 6 f. und § 7 Rn. 2.
¹⁴² Vgl. *Eifert*, Electronic Government (Fn. 34), S. 178.
¹⁴³ Vgl. *Eifert*, Electronic Government (Fn. 34), S. 179. Zur notwendigen Bestimmung von Verantwortlichkeiten im Rechtsstaat s. auch *Rainer Pitschas*, Verwaltungsverantwortung, 1990, S. 9 ff.
¹⁴⁴ Zur Diskussion um die Reform der bestehenden Zuständigkeitsordnung im Zuge von E-Government *Eifert*, Electronic Government (Fn. 34), S. 184 ff.

lichst geringem Aufwand zu erreichen.¹⁴⁵ Dieser **Grundsatz der Verwaltungseffizienz** ist allgemein anerkannt.¹⁴⁶ Im Verwaltungsverfahrensrecht sieht z. B. § 10 Satz 2 VwVfG vor, dass ein Verwaltungsverfahren einfach, zweckmäßig und zügig durchzuführen ist. Die Verfahrensökonomie bzw. -effizienz als Richtschnur der Verwaltungstätigkeit ist dort zwar nicht explizit genannt, wird jedoch in die Grundsätze der Einfachheit und Zweckmäßigkeit des Verfahrens mit hineingelesen und ergibt sich außerdem aus verfassungsrechtlichen Vorgaben wie dem Rechtsstaatprinzip bzw. den betroffenen Grundrechten der am jeweiligen Verfahren Beteiligten.¹⁴⁷ Denn Effizienz dient der Funktionsfähigkeit der Verwaltung und ist zwingende Voraussetzung eines rationalen, vorhersehbaren Staatshandelns unter bestmöglicher Ausnutzung beschränkter Kapazitäten und Ressourcen.¹⁴⁸

66   Die in § 10 VwVfG verankerten Prinzipien werden – obgleich sie unmittelbar nur auf Verwaltungsverfahren, die auf den Erlass eines Verwaltungsaktes bzw. den Abschluss eines öffentlich-rechtlichen Vertrages gerichtet sind, anwendbar sind – auch im Rahmen aller anderen Verwaltungstätigkeiten herangezogen, da es sich bei ihnen um einen verfassungsrechtlich abgesicherten **allgemeinen Rechtsgrundsatz** handelt.¹⁴⁹ Somit hat jede Behörde dafür Sorge zu tragen, dass sie im Rahmen jedweder Aufgabenbewältigung entweder einen bestimmten Erfolg mit möglichst geringem Mitteleinsatz **(Sparsamkeitsprinzip)** oder aber einen größtmöglichen Erfolg mit einer bestimmten vorgegebenen Kapazität an Ressourcen erreicht **(Ergiebigkeitsprinzip)**.¹⁵⁰ Alle öffentlichen Stellen sind demnach gehalten, die eingesetzten Mittel auf den zur optimalen Erfüllung der jeweiligen Aufgabe unerlässlichen Umfang zu beschränken,¹⁵¹ wobei der Behörde allerdings ein gewisses Gestaltungsermessen zukommt.

---

¹⁴⁵ Zum Gesichtspunkt einer arbeitsökonomisch optimierten Verwaltung vgl. auch *Dieter Grimm*, Der Wandel der Staatsaufgaben und die Krise des Rechtsstaats, in: ders. (Hrsg.), Die Zukunft der Verfassung, 3. Aufl. 2002, S. 159 ff.; *Voßkuhle*, Wandel von Verwaltungsrecht (Fn. 9), S. 349 (352 ff.) m. w. N.; *Rainer Pitschas*, Allgemeines Verwaltungsrecht als Teil der öffentlichen Informationsordnung, in: Hoffmann-Riem/Schmidt-Aßmann/Schuppert (Hrsg.), Reform, S. 219 (238 ff.).

¹⁴⁶ Vgl. dazu *Albert v. Mutius*, Grundrechtsschutz contra Verwaltungseffizienz im Verwaltungsverfahren?, NJW 1982, 2150; *Paul Stelkens/Herbert Schmitz*, in: Stelkens/Bonk/Sachs (Hrsg.), VwVfG, § 9 Rn. 76; *Wolfgang Hoffmann-Riem*, Effizienz als Herausforderung an das Verwaltungsrecht – Einleitende Problemskizze, in: Hoffmann-Riem/Schmidt-Aßmann (Hrsg.), Effizienz, S. 11 (17 ff.); vgl. a. → Bd. II *Pitschas* § 42 Rn. 111 ff. Dieses Prinzip wird unter dem Blickwinkel des Haushaltsrechts z. T. auch als Grundsatz der Wirtschaftlichkeit und Sparsamkeit bezeichnet, vgl. *BVerwG*, Urteil vom 13. September 2005 – BVerwG 2 WD 31.04.

¹⁴⁷ *VGH BW*, NVwZ 1987, 1087; *Kopp/Ramsauer*, VwVfG, § 10 Rn. 4; *BVerfG*, NJW 1985, 2019. Daneben werden auch noch weitere Verfassungsnormen als Grundlage herangezogen, so z. B. die Art. 83 ff. GG durch *BVerwG*, NJW 1984, 189. Vgl. zu der Diskussion über die Herleitung dieses Grundsatzes ausführlich *Hoffmann-Riem*, Effizienz (Fn. 146), S. 11 (21).

¹⁴⁸ Darüber hinaus dient das Effizienzgebot der bestmöglichen Verwirklichung rechtsstaatlicher, sozialer und demokratischer Prinzipien, vgl. dazu *BVerwGE* 67, 206; *Günter Gaentzsch*, Gesetzmäßigkeit und Wirtschaftlichkeit der Verwaltung, DÖV 1998, 952 (957); *Stelkens/Schmitz*, in: Stelkens/Bonk/Sachs (Hrsg.), VwVfG, § 9 Rn. 76.

¹⁴⁹ Vgl. *Kopp/Ramsauer*, VwVfG, § 10 Rn. 5a.

¹⁵⁰ Es muss stets die günstigste Zweck-Mittel-Relation hergestellt werden, vgl. dazu *Eberhard Schmidt-Aßmann*, Perspektiven der verwaltungsrechtlichen Systembildung, in: Hoffmann-Riem/Schmidt-Aßmann (Hrsg.), Effizienz, S. 245 ff.; *Hoffmann-Riem*, Effizienz (Fn. 146), S. 11 (17 f.) m. w. N.; *BVerwG*, Urteil vom 13. September 2005 – BVerwG 2 WD 31.04. S. weiter → Bd. II *Pitschas* § 42 Rn. 116.

¹⁵¹ So explizit *BVerwG*, Urteil vom 13. September 2005 – BVerwG 2 WD 31.04.

Diese Gesichtspunkte lassen sich auf den Umgang der Behörden mit Daten bzw. **67**
Informationen übertragen, da auch der Informationsverkehr mit Aufwand verbunden ist. Diese Schranke des Informationsverkehrs wird vor allem dort bedeutsam, wo die Zuständigkeit einer Behörde derart weitreichend ist, dass hieraus kaum noch Restriktionen für die Informationserhebung und -verarbeitung resultieren. Hierüber wird somit eine **Barriere gegen eine ausufernde Datenverarbeitung** im Rahmen des jeweiligen Aufgabenbereichs der Behörde geschaffen.

Erforderlich ist dabei, dass alle Behörden die notwendigen Voraussetzungen **68**
für einen möglichst effizienten Informationsverkehr schaffen. An erster Stelle steht in diesem Zusammenhang, dass Informationen überhaupt nur in dem Maße gesammelt und genutzt werden, wie dies für die Aufgaben im jeweiligen Zuständigkeitsbereich erforderlich ist. Hierfür müssen die einzelnen Bediensteten hinreichend konkret angewiesen werden, da diese über die jeweilige Informationsnutzung in ihrem Tätigkeitsfeld entscheiden. Unerlässlich sind darüber hinaus auch regelmäßige **Bedarfs- und Bestandsanalysen** hinsichtlich der archivierten Informationen, da sich nur auf diese Weise eine dauerhafte Datenpflege betreiben lässt und nicht mehr benötigte Erkenntnisse gelöscht werden können. Des Weiteren muss aber auch das Informationsverfahren selbst nach Effizienzgesichtspunkten ausgerichtet werden, um hier Zeitverluste, Mehrfachinformationen oder technische Schwierigkeiten auszuräumen. Hierzu gehören z.B. ein **fester Organisationsplan** für elektronische Informationssysteme, die **Harmonisierung der Datenbestände** in technischer Hinsicht, die Entwicklung von brauchbaren **Schnittstellen und Konvertierungsmodulen** sowie von weiteren **Standards für die einheitliche Datenintegration und -nutzung**.[152] Ähnliche Prinzipien sind entsprechend auch auf einen telefonischen, schriftlichen oder sonstigen Informationsverkehr anzuwenden, um nicht nach wie vor verbreitete Kommunikationsmittel außerhalb des elektronischen Datenverkehrs trotz zunehmender Implementierung von IuK-Techniken vom Grundsatz der Verwaltungseffizienz abzukoppeln.

3. Informationsrestriktionen durch Geheimnisschutz

Als dritte Grundregel des Informationsverkehrsrechts ist zu berücksichtigen, **69**
dass hinsichtlich bestimmter Daten ein besonderes Geheimhaltungsinteresse bestehen kann. So wird für Privat-, Geschäfts- und Betriebsgeheimnisse ein **subjektiv-öffentlicher Anspruch** des Betroffenen auf weitestmögliche Wahrung seiner Geheimnisse verfassungsrechtlich aus Art. 1, 2, 12 und 14 GG abgeleitet,[153] der im einfachen Recht durch das sog. **Geheimnisschutzrecht**[154] ausgeformt wurde.[155]

---

[152] Diese Grundsätze lassen sich an der Nationalen Geodatenbasis verdeutlichen, bei der die vorstehend genannten Vorgaben für einen effizienten und wirtschaftlichen Informationsverkehr berücksichtigt wurden, vgl. die Information des IMAGI zur Konzeption des nationalen Geodatenmanagements, abrufbar unter: www.imagi.de/download/Konzeption_Geodatenmanagement_des_Bundes.pdf. Ein weiteres Beispiel sind die Vorgaben für die Entwicklung und Pflege des Umweltinformationsnetzes Deutschland in den §§ 3, 5 Verwaltungsvereinbarung UDK/GEIN, abrufbar unter: www.kst.portalu.de/verwaltungskooperation/VVGEIN_endg.pdf.
[153] Sog. Geheimhaltungsanspruch mit Offenbarungsvorbehalt, vgl. *Heinz J. Bonk/Dieter Kallerhoff*, in: Stelkens/Bonk/Sachs (Hrsg.), VwVfG, § 30 Rn. 2, BVerwGE 74, 115 (119).
[154] Auf das Verhältnis des Geheimnisschutzrechts zum Datenschutzrecht wird im Rahmen des Datenschutzrechts eingegangen, vgl. dazu → Rn. 75.

Begrifflich sind in diesem Zusammenhang **Geheimnisse** Informationen, die unbefugten Dritten nicht bekannt werden sollen, nicht offenkundig sind und an deren Geheimhaltung der Berechtigte ein schutzwürdiges Interesse vorweisen kann.[156] Unterschieden wird im Informationsrecht grundsätzlich zwischen privaten Geheimnissen[157] und staatlichen Geheimnissen.[158] In der Praxis hat vor allem der Schutz von **Betriebs- und Geschäftsgeheimnissen**[159] juristischer Personen, die der Verwaltung im Zuge ihrer hoheitlichen Tätigkeiten offenbar werden, eine große Bedeutung.[160]

70 Der **Geheimnisschutz** zielt dabei in zwei Richtungen. Zum einen ist die Konstellation denkbar, dass die datenerhebende Stelle in einem behördlichen Verfahren Kenntnis von bestimmten Geheimnissen einer natürlichen oder juristischen Person erlangt, indem sie diese vom Geheimnisherrn mitgeteilt bekommt. Der andere Fall ist der, dass die Behörde sich selbst auf eine Weise Kenntnis von einem Geheimnis verschafft, in die der Geheimnisherr nicht eingewilligt hat.[161] Dann stellt sich die Frage, wie mit diesen Informationen weiter verfahren werden darf, insbesondere welche anderen Stellen zugriffsbefugt sein können und wie eine unberechtigte Einsichtnahme zu unterbinden ist.

71 Bedeutsam in diesem Zusammenhang ist in **strafrechtlicher Hinsicht** die Regelung des § 203 StGB.[162] Danach macht sich strafbar, wer unbefugt ein fremdes Geheimnis, namentlich ein zum persönlichen Lebensbereich gehörendes Geheimnis

---

[155] Vgl. zu den Restriktionen durch Geheimnisschutzbelange auch → Bd. II *Gusy* § 23 Rn. 47, 79, 85, 103.

[156] Vgl. hierzu *Jean N. Druey*, Information als Gegenstand des Rechts, 1995, S. 255 f.; *Bonk/Kallerhoff*, in: Stelkens/Bonk/Sachs (Hrsg.), VwVfG, § 30 Rn. 7 ff.; *Franz-Ludwig Knemeyer*, Geheimhaltungsanspruch und Offenbarungsbefugnis im Verwaltungsverfahren, NJW 1984, S. 2241 (2243). Handelt es sich um ein Staatsgeheimnis, so ist mangels einer berechtigten natürlichen oder juristischen Person als Geheimnisherr auf ein objektives Schutzbedürfnis abzustellen.

[157] Private Geheimnisse sind z.B. Geheimnisse aus dem persönlichen Lebensbereich einer natürlichen Person, Betriebs- und Geschäftsgeheimnisse sowie Berufsgeheimnisse.

[158] Die Gruppe der staatlichen Geheimnisse wird unterteilt in Staatsgeheimnisse und Amtsgeheimnisse. Zu Letzteren zählen Dienstgeheimnisse, amtsbezogene Geheimnisse und Verwaltungsgeheimnisse, die sich wiederum z.B. in das allgemeine Verwaltungsgeheimnis, das Steuergeheimnis oder das Statistikgeheimnis gliedern lassen; vgl. zu dem Versuch einer Klassifizierung *Kloepfer*, Informationsrecht (Fn. 106), § 9 Rn. 21 ff.

[159] Hierunter fallen alle Angaben über die wirtschaftliche Lage einer juristischen Person, wie z.B. Ertragslage, Informationen über Geschäftsstrategien, Kreditwürdigkeit, Patentanmeldungen, Geschäftsbücher etc., vgl. dazu *Bonk/Kallerhoff*, in: Stelkens/Bonk/Sachs (Hrsg.), VwVfG, § 30 Rn. 13; *Knemeyer*, Geheimhaltungsanspruch (Fn. 156), S. 2241 (2243 f.).

[160] Für den vorliegenden Beitrag relevant ist in erster Linie der Geheimnisschutz im Verhältnis von Behörden untereinander. Besondere Schwierigkeiten, die hier nicht vertieft werden können, wirft darüber hinaus die Konstellation auf, in der eine staatliche Stelle gemäß § 99 VwGO (i.V.m. sektorspezifischen Sonderregelungen wie z.B. § 138 TKG) im Rahmen eines verwaltungsgerichtlichen Verfahrens verpflichtet ist, gegenüber anderen Verfahrensbeteiligten und dem Gericht geheimhaltungsbedürftige Informationen zu offenbaren. Vgl. hierzu die richtungsweisende Entscheidung *BVerfGE* 115, 205 ff.

[161] So können bestimmte Behörden die vertrauliche Kommunikation abhören und somit in das Post- und Fernmeldegeheimnis eingreifen. Die dabei beispielsweise erlangten Erkenntnisse über Betriebs- und Geschäftsgeheimnisse beruhen sodann nicht auf einer Einwilligung des Berechtigten und müssen unter Geheimnisschutzgesichtspunkten bewertet werden.

[162] Dazu ausführlich *Martin Heckel*, Behördeninterne Geheimhaltung, NVwZ 1994, S. 224 (227 f.). Weitere strafrechtliche Sanktionsnormen finden sich z.B. in den §§ 93 ff. StGB, die Staatsgeheimnisse vor unbefugter Offenbarung schützen sollen, und in § 353b StGB, der sich auf die Verletzung von Dienstgeheimnissen durch Amtspersonen bezieht.

oder ein Betriebs- oder Geschäftsgeheimnis, offenbart, das ihm als Amtsträger oder für den öffentlichen Dienst besonders Verpflichteter anvertraut worden oder sonst bekannt geworden ist, auch wenn es für Aufgaben der öffentlichen Verwaltung erfasst worden ist.[163] Neben dieser strafrechtlichen Sanktion des Geheimnisbruchs enthält § 30 VwVfG die zentralen Vorgaben für die **Geheimhaltung im Verwaltungsverfahren.** Danach hat jeder Beteiligte i.S.d. § 13 VwVfG einen öffentlich-rechtlichen Anspruch gegenüber der jeweiligen Behörde, dass seine Geheimnisse, die er in einem Verwaltungsverfahren i.S.d. § 9 VwVfG mitgeteilt hat, nicht unbefugt offenbart werden.[164] Eine unbefugte Offenbarung liegt dann vor, wenn sie nicht durch eine gesetzliche Ermächtigungsnorm oder eine wirksame Einwilligung[165] aller Geheimnisherren gerechtfertigt ist.[166] Dabei ist allerdings noch zu berücksichtigen, dass sich gegenüber § 30 VwVfG vorrangige Spezialregelungen zum Geheimnisschutz in zahlreichen Regelungen des besonderen Verwaltungsrechts finden, die diese Vorschrift überlagern und verdrängen, soweit sie inhaltsgleiche, weiter reichende oder entgegenstehende Normbefehle beinhalten. Derartige **partiell vorrangige Rechtsvorschriften** lassen sich vor allem im Umweltrecht identifizieren, da dort die Informationsbeziehungen sehr umfassend ausgeformt sind.[167] Aber auch in anderen Gebieten wie dem Steuerrecht oder Sozialrecht finden sich spezielle Geheimnisschutzvorschriften.[168] § 30 VwVfG wird über seinen direkten Anwendungsbereich hinaus als **Ausdruck eines allgemeinen Rechtsgedankens** verstanden und analog auch auf sonstiges Verwaltungshandeln ausgedehnt, wodurch er auch außerhalb eines formalen Verwaltungsverfahrens i.S.d. § 9 VwVfG Anwendung finden kann und für einen umfassenden Geheimnisschutz bei jeder Verwaltungstätigkeit sorgt.[169]

---

[163] Eine wesentliche strafrechtliche Sanktion für Amtsträger, die Geheimnisse unbefugt offenbaren, findet sich des Weiteren noch in § 353b StGB. Hierbei handelt es sich im Gegensatz zu § 203 Abs. 2 StGB, der sich auf private Geheimnisse bezieht, um die unbefugte Preisgabe staatlicher Geheimnisse. In verfahrensrechtlicher Hinsicht wird die daraus resultierende Verschwiegenheitspflicht öffentlicher Bediensteter durch die Zeugnisverweigerungsrechte gemäß § 54 StPO und § 376 ZPO flankiert.

[164] Individuelle Geheimhaltungspflichten der einzelnen öffentlichen Bediensteten für Geheimnisse, die ihnen im Rahmen ihrer amtlichen Tätigkeit bekannt werden, enthalten z.B. die §§ 61 BBG und 37 BeamtStG. Ein Verstoß hiergegen zieht jedoch allein ein disziplinarrechtliches Verfahren nach sich, während § 30 VwVfG als Anspruch des Privatrechtssubjekts auf Geheimhaltung gegenüber der Behörde insgesamt ausgestaltet ist, vgl. dazu *Knemeyer*, Geheimhaltungsanspruch (Fn. 156), S. 2241 (2242).

[165] Eine nachträgliche Zustimmung soll allerdings ebenfalls ausreichen, wenn sie sich ausdrücklich auf die zurückliegende Offenbarung des Geheimnisses bezieht, vgl. *Bonk/Kallerhoff*, in: Stelkens/Bonk/Sachs (Hrsg.), VwVfG, § 30 Rn. 17.

[166] Vgl. *Kloepfer*, Informationsrecht (Fn. 106), § 9 Rn. 39; *Kopp/Ramsauer*, VwVfG, § 30 Rn. 12ff.; *Bonk/Kallerhoff*, in: Stelkens/Bonk/Sachs (Hrsg.), VwVfG, § 30 Rn. 14ff. Eine Offenbarung soll aber weitergehend auch dann zulässig sein, wenn höherrangige Rechtsgüter im Wege einer Abwägung mit den schutzwürdigen Interessen des Geheimnisherrn die Mitteilung des Geheimnisses erfordern oder zulassen (immanente Schranke des § 30 VwVfG), vgl. dazu BVerwGE 84, 375 (380f.); 119, 11 (13ff.); *Knemeyer*, Geheimhaltungsanspruch (Fn. 156), S. 2241 (2245).

[167] Vgl. z.B. § 10 Abs. 2 BImSchG, der Regelungen zum Umgang mit Unterlagen, die Betriebs- oder Geschäftsgeheimnisse beinhalten, aufstellt, vgl. dazu auch *Hans-Dieter Jarass*, Bundes-Immissionsschutzgesetz, 8. Aufl. 2010, § 10 Rn. 34ff. Weitere Vorschriften aus dem Bereich des Umweltrechts, die spezielle Vorgaben zum Geheimnisschutz enthalten, sind z.B. § 17a GenTG; § 7 Abs. 4 AtG; § 10 UVPG und § 9 KWG.

[168] Solche spezielleren Vorschriften sind z.B. § 35 SGB I i.V.m. §§ 67ff. SGB X (Sozialgeheimnis), § 16 BStatG (Statistikgeheimnis) oder § 30 AO (Steuergeheimnis).

[169] § 30 VwVfG ist daher auch bei bereits abgeschlossenen Verwaltungsverfahren und solchen, die nicht auf den Erlass eines Verwaltungsaktes oder Abschluss eines öffentlich-rechtlichen Vertrages ge-

72 Somit lässt sich festhalten, dass ein einer staatlichen Stelle bekannt gewordenes Geheimnis aufgrund der Restriktionen des Geheimnisschutzrechts nur dann im Informationsverkehr zwischen den Behörden übermittelt oder anderweitig verwendet werden darf, wenn eine gesetzliche Erlaubnisnorm dies vorsieht oder alle Geheimnisherren ihre Einwilligung wirksam erteilt haben. Die **Folgen eines Geheimnisbruchs** durch die Verwaltung können vielseitig sein.[170] Zunächst greifen z. B. die strafrechtlichen Sanktionen der §§ 203 Abs. 2 oder 353b StGB.[171] Ferner sind Verwaltungsakte, die auf Basis eines unbefugt offenbarten Geheimnisses erlassen wurden, nach §§ 44 ff. VwVfG zu beurteilen und möglicherweise nichtig oder rechtswidrig. Außerdem stehen dem Betroffenen öffentlich-rechtliche Unterlassungs- und Folgenbeseitigungsansprüche sowie u. U. auch ein Amtshaftungsanspruch nach § 839 BGB i. V. m. Art. 34 GG zu.

73 Die Verpflichtung der Behörden zum Geheimnisschutz greift hinsichtlich aller **multipolaren übergreifenden Informationssysteme,** sofern sie in ihren Datenbanken geheimhaltungsbedürftige Informationen beinhalten.[172] So erklärt § 2 Abs. 4 MPG ausdrücklich, dass die Vorschriften über die Geheimhaltung im Anwendungsbereich des MPG unberührt bleiben und daher auch im Rahmen des Medizinprodukteinformationssystems Beachtung finden müssen. Eine entsprechende Vorgabe zum Schutz von Betriebsgeheimnissen und zur Bewahrung sonstiger Geheimnisse findet sich auch in § 3 Abs. 2 Nr. 7 der Verwaltungsvereinbarung UDK/GEIN hinsichtlich des Umweltinformationsnetzes Deutschland. Aber auch ohne derartige explizite Anordnungen sind die Rechtsgedanken des Geheimnisschutzrechts, wie sie vor allem in § 30 VwVfG und § 203 StGB niedergelegt wurden, beim Umgang mit Geheimnissen im Rahmen der multipolaren Informationsbeziehungen zu beachten, sodass es sich hierbei nur um deklaratorische Vorschriften handelt. Das Geheimnisschutzrecht ist außerdem auch als allgemeines Prinzip bei den **bipolaren hoheitlichen Informationsbeziehungen** zu achten, da hierbei ebenfalls die Gefahr der Offenbarung von privaten oder staatlichen Geheimnissen bestehen kann. Dies stellt z. B. § 5 Abs. 2 S. 2 VwVfG für den Bereich der Amtshilfe ausdrücklich klar, wobei es sich jedoch wiederum nicht um eine konstitutive Vorschrift handelt.

4. Informationsrestriktionen durch Datenschutzrecht

74 Als vierte Restriktion des Informationsverkehrsrechts steht das **Datenschutzrecht** einer freien Nutzung von Daten durch staatliche Stellen entgegen.[173] Die-

---

richtet sind, entsprechend heranzuziehen. Außerdem ist der Rechtsgedanke der Vorschrift im Rahmen jedweder sonstigen hoheitlichen Verwaltungstätigkeit zu berücksichtigen, da hier das gleiche Schutzinteresse besteht, vgl. dazu insgesamt *Kopp/Ramsauer*, VwVfG, § 30 Rn. 5; *Bonk/Kallerhoff*, in: Stelkens/Bonk/Sachs (Hrsg.), VwVfG, § 30 Rn. 5 f. Vgl. a. → Bd. II *Schmidt-Aßmann* § 27 Rn. 51 a. E.

[170] Vgl. dazu den Überblick bei *Knemeyer*, Geheimhaltungsanspruch (Fn. 156), S. 2241 (2246 ff.).

[171] Handelt es sich um Staatsgeheimnisse, sind die §§ 93 ff. StGB einschlägig. Hauptanwendungsfälle des Geheimnisschutzes als Restriktion des Informationsverkehrs in und zwischen Behörden sind aber Betriebs- und Geschäftsgeheimnisse von Privatrechtssubjekten, sodass sich die Ausführungen hierauf konzentrieren.

[172] Diese Beurteilung erfordert von der jeweiligen Behörde in jedem Einzelfall eine erhebliche Umsicht und Genauigkeit, die durchaus hemmend auf den Informationsverkehr wirken kann.

[173] Dieses Regelungsgebiet wird auch als wichtigste Schranke bei der Weitergabe von Informationen bezeichnet, vgl. im Kontext des europäischen Verwaltungsverbunds → Bd. II *v. Bogdandy* § 25 Rn. 26. Allg. → Bd. II *Albers* § 22.

C. Interbehördliche Informationsbeziehungen

ses Regelungsgebiet beansprucht immer dann Geltung, wenn es um den Umgang mit **personenbezogenen Daten** i.S.d. § 3 Abs. 1 BDSG[174] geht, was vor allem in den sicherheitsrelevanten übergreifenden Informationssystemen[175] häufig der Fall ist. In den nachfolgenden Ausführungen wird daher der Schwerpunkt auf diese Systeme gelegt. Der informationelle Umgang mit datenschutzrechtlich relevanten Daten ist jedoch selbstverständlich auch in den sonstigen multipolaren und den bipolaren Informationsbeziehungen anzutreffen, sodass das Datenschutzrecht je nach Lage des Einzelfalls auch hier seine begrenzende Wirkung entfalten kann. Aus diesem Rechtsgebiet resultieren im Ergebnis die **strengsten Regeln für den Informationsverkehr,** da es um hochgradig sensible Erkenntnisse über natürliche Personen geht, deren Schutz über das Grundrecht auf informationelle Selbstbestimmung in hohem Maße gewährleistet wird. Das Datenschutzrecht weist dabei auch eine gewisse Schnittmenge mit dem soeben dargestellten Geheimnisschutz auf.[176] So geht es beim Umgang mit personenbezogenen Daten dem Geheimhaltungsanspruch nach § 30 VwVfG als speziellere Regelungsmaterie vor.[177] Auf der anderen Seite erlangt das Geheimnisschutzrecht aufgrund seines weiter gehenden personalen Schutzbereichs ohne Kollisionen mit dem Datenschutzrecht dort Bedeutung, wo geheimhaltungsbedürftige Daten juristischer Personen wie Betriebs- und Geschäftsgeheimnisse betroffen sind.[178] Das Datenschutzrecht stellt Regeln für alle Phasen des Informationsverkehrs auf. Dies reicht von der Datenerhebung, Speicherung und Übermittlung bis hin zu der Frage, welche Stellen oder Personen unter bestimmten Voraussetzungen auskunftsberechtigt sein dürfen. Diese Schranken werden im Folgenden überblicksartig dargestellt.

a) Vorgaben für die Datenerhebung

Erster Schritt eines Informationsverkehrs ist immer die **Datenerhebung,** also das aktive Beschaffen von Daten durch Befragen, Anfordern von Unterlagen, Anhören und Beobachten.[179] Bezüglich der Datenerhebung gilt die Vorgabe, dass sie nur zulässig ist, damit die speichernde Stelle ihre Aufgaben erfüllen kann.[180] Eine Datenerhebung auf Vorrat oder die Erhebung von reinen Hintergrundinformationen, die nicht zur Beurteilung eines Sachverhalts direkt erforderlich sind, ist damit nicht vereinbar und demnach nicht möglich.

75

Personenbezogene Daten sind grundsätzlich beim Betroffenen selbst und zwar mit seiner Mitwirkung und daher **offen zu erheben.**[181] Ausnahmen von diesem

76

---

[174] Siehe dazu oben → Rn. 50, Fn. 107.
[175] Vgl. dazu → Rn. 49 ff.
[176] Vgl. ausführlich zum Verhältnis von Datenschutz- zu Geheimnisschutzrecht *Kloepfer*, Informationsrecht (Fn. 106), § 9 Rn. 4 f., der die beiden Rechtsbereiche treffend als „zwei sich schneidende Kreise" qualifiziert.
[177] Vgl. dazu *Bonk/Kallerhoff*, in: Stelkens/Bonk/Sachs (Hrsg.), VwVfG, § 30 Rn. 3.
[178] Siehe dazu oben → Rn. 70 ff.
[179] Vgl. § 3 Abs. 4 BDSG.
[180] Vgl. § 13 Abs. 1 BDSG; hinsichtlich der Vorgaben für die einzelnen übergreifenden Informationssysteme mit personenbezogenen Daten gilt nichts Abweichendes.
[181] Vgl. § 4 Abs. 2 BDSG als datenschutzrechtliche Grundregel. Daneben sind bei übergreifenden Informationssystemen z.B. die §§ 31 ff. StVG (Fahrzeugregister); §§ 2, 11 Abs. 3 MRRG (Melderegister) und § 81g StPO i.V.m. §§ 2 ff. DNA-IFG (DNA-Analysedatei) von Bedeutung.

Grundsatz bedürfen einer besonderen gesetzlichen Grundlage,[182] die aber bezüglich einiger sicherheitsrelevanter multipolarer Informationssysteme regelmäßig anzutreffen ist, da eine offene Erhebung dort selten zweckmäßig ist.[183] Eine offene Erhebung ist aber auch ohne eine solche spezielle Rechtsgrundlage dann nicht zwingend, wenn die Erhebung ohne Mitwirkung des Betroffenen wegen der Art der Verwaltungsaufgabe erforderlich ist oder eine solche Erhebung nicht ohne unverhältnismäßigen Aufwand möglich ist.[184] Die meisten Datenerhebungen beim Betroffenen können auch **zwangsweise durchgesetzt** werden.[185] Die rein freiwillige Datenerhebung beim Betroffenen ist hingegen – da sie dem öffentlichen Interesse an der Gewährleistung inhaltlich richtiger und vollständiger Datensammlungen nicht ohne weiteres gerecht werden kann – selten und stellt den Ausnahmefall dar.[186]

b) Vorgaben für eine Datenspeicherung

77 Eine **Datenspeicherung** ist für den öffentlichen Bereich ebenfalls nur zulässig, wenn dies zur Aufgabenerfüllung der speichernden Stelle erforderlich ist und die Zweckbindung dabei gewahrt bleibt.[187] Wesentliche Bedeutung kommt der datenschutzrechtlich vorgegebenen **Löschungspflicht** hinsichtlich personenbezogener Daten zu.[188] Demnach sind personenbezogene Daten grundsätzlich zu löschen, wenn ihre Speicherung unzulässig war oder ihre Kenntnis für die Aufgabenerfüllung nicht mehr erforderlich ist.[189] In Konkretisierung dieser Vorgabe existieren bezüglich einiger übergreifender Informationssysteme auch spezielle Vorschriften dahingehend, wie lange Daten gespeichert werden dürfen (**Speicherungsdauer**),[190] wofür z. T. sog. Fristensysteme[191] etabliert wurden. In bestimmten Fällen wird die Löschungspflicht durch eine **Sperrpflicht** ersetzt, wenn eine Löschung aus wichtigen Gründen untunlich ist.[192] Gesperrte Daten dürfen grundsätzlich nicht mehr genutzt und auch nicht übermittelt werden. Des Weiteren sind unrichtige Datensätze zu berichtigen (**Berichtigungspflicht**).[193] Hinsichtlich der Aufbewahrung der Daten ergeben sich jedoch vor allem seit dem Urteil des BVerfG über die Verfassungswidrigkeit der Vorratsdatenspeicherung[194] besondere Vorgaben hinsichtlich der **Datensicherheit**.[195] Hier muss ein Standard gelten,

---

[182] Vgl. § 4 Abs. 2 S. 2 Nr. 1, 1. und 2. Alt. BDSG.
[183] Vgl. §§ 9 Abs. 1, 8 Abs. 2 BVerfSchG (NADIS).
[184] Vgl. § 4 Abs. 2 S. 2 Nr. 2a und b BDSG.
[185] Vgl. nur § 6 Abs. 3 PassG (Passregister). Im Übrigen kann eine Mitteilungspflicht des Betroffenen im Wege der allgemeinen Verwaltungsvollstreckung durchgesetzt werden. Ein Verstoß gegen diese Pflicht stellt häufig auch eine Ordnungswidrigkeit dar, vgl. nur § 37 Abs. 1 Nr. 1 und 2 Meldegesetz NW.
[186] Vgl. z. B. § 8 Abs. 4 BVerfSchG (NADIS), wobei den beteiligten Behörden daneben jedoch auch verdeckte Datenerhebungsmöglichkeiten zustehen.
[187] Vgl. § 14 Abs. 1 BDSG; § 10 Abs. 1 BVerfSchG (NADIS) und § 492 Abs. 2 S. 2 StPO (ZStV).
[188] § 20 Abs. 2 BDSG; § 12 Abs. 2 S. 1 BVerfSchG (NADIS).
[189] Vgl. § 20 Abs. 2 BDSG.
[190] Vgl. nur § 10 Abs. 3 BVerfSchG (NADIS).
[191] Z. B. § 153 GewO (Gewerbezentralregister) und §§ 45 ff. BZRG (Bundeszentralregister).
[192] § 20 Abs. 3 BDSG; § 12 Abs. 2 S. 2 bis 4 BVerfSchG (NADIS).
[193] Vgl. dazu § 20 Abs. 1 BDSG; § 12 Abs. 1 und 3 BVerfSchG (NADIS) und § 494 Abs. 1 StPO (ZStV).
[194] *BVerfGE* 125, 260 ff.
[195] Vgl. dazu auch § 9 BDSG und die entsprechende Anlage.

der unter spezifischer Berücksichtigung der Besonderheiten der jeweils geschaffenen Datenbestände ein angemessenes Maß an Sicherheit gewährleistet. Dabei ist sicherzustellen, dass sich dieser Standard an dem Entwicklungsstand der Fachdiskussion orientiert und neue Erkenntnisse und Einsichten fortlaufend aufnimmt.[196]

c) Vorgaben für eine Datenübermittlung

Das **allgemeine und besondere Datenschutzrecht** stellt ferner Restriktionen für die im Informationsverkehr bedeutsame Datenübermittlung auf, die einen ungehemmten und unkontrollierbaren Datenfluss verhindern sollen. Grundsätzlich dürfen demnach nur zulässigerweise gespeicherte Daten übermittelt werden, um eine Perpetuierung bzw. Verstärkung eines etwaigen Rechtsverstoßes zu verhindern.[197] Bei einer Übermittlung zulässigerweise gespeicherter Daten muss sodann nach dem jeweiligen Empfänger differenziert werden, um die entsprechenden Grundregeln zu identifizieren. 78

Eine **Datenübermittlung an inländische öffentliche Stellen** setzt voraus, dass die Daten zur Erfüllung einer Aufgabe, die in der Zuständigkeit der übermittelnden Stelle oder des Empfängers liegt, erforderlich sind und dass die datenschutzrechtliche Zweckbindung gewahrt bleibt.[198] Die empfangende Stelle darf die Daten in der Regel auch nur zu dem Zweck nutzen, zu dem sie sie übermittelt bekommen hat.[199] Eine Zweckänderung ist nur zulässig, wenn die Übermittlung auch zu dem geänderten Zweck zulässigerweise hätte erfolgen dürfen.[200] Damit soll eine Umgehung des Zweckbindungsgebots vermieden werden. 79

Bei der **Übermittlung von Daten an ausländische öffentliche Stellen** gelten im Wesentlichen die gleichen Vorgaben wie bei Übermittlungen an inländische öffentliche Stellen, wenn es sich um Mitgliedstaaten der EU, andere Vertragsstaaten des EWR oder um Einrichtungen der Europäischen Gemeinschaften handelt.[201] Die geltende Regelung knüpft in Übereinstimmung mit der EU-Datenschutz- 80

---

[196] *BVerfGE* 125, 260 (327).

[197] Dies ergibt sich bereits daraus, dass derartige Daten entweder zu löschen oder zu sperren sind. Eine Verwertung trotz Sperrung ist allerdings z. B. im Rahmen des Ausländerzentralregisters zulässig, soweit es um die Prüfung der Richtigkeit der gesperrten Daten geht oder eine Einwilligung des Betroffenen vorliegt, § 37 Abs. 2 AZRG.

[198] Vgl. als datenschutzrechtliche Grundregel § 15 BDSG. Zweckfestsetzungen bei Übermittlungen aus übergreifenden Informationssystemen finden sich in den jeweiligen speziellen Rechtsgrundlagen. So dürfen Auskünfte aus dem ZStV beispielsweise nur für Strafverfahren erteilt werden, § 492 Abs. 3 S. 2 StPO. Eine Übermittlung aus dem Verkehrszentralregister an die auskunftsberechtigten Stellen darf ebenfalls nur dann erfolgen, wenn dies für die Erfüllung der diesen Stellen obliegenden Aufgaben erforderlich ist und die Zwecksetzung des § 28 Abs. 2 StVG beachtet wird, vgl. § 30 Abs. 1 bis 3 StVG.

[199] § 15 Abs. 3 S. 1 BDSG; § 30 Abs. 6 StVG (Verkehrszentralregister), § 33 Abs. 3 ZFdG (INZOLL) und § 41 Abs. 4 BZRG (Bundeszentralregister).

[200] Eine Zweckänderung ist nach der Grundnorm des § 14 Abs. 2 BDSG beispielsweise dann zulässig, wenn eine Rechtsvorschrift dies vorsieht, der Betroffene eingewilligt hat, die Abwehr erheblicher Nachteile für das Gemeinwohl dies erfordert oder aber eine Strafverfolgung im Raum steht, vgl. dazu insgesamt *Klaus Globig*, in: Roßnagel (Hrsg.), Datenschutzrecht (Fn. 107), S. 656 f.; *Ulrich Dammann*, in: Spiros Simitis (Hrsg.), Bundesdatenschutzgesetz, 7. Aufl. 2011, § 14 Rn. 53 ff.; Peter Gola/Rudolf Schomerus (Hrsg.), Bundesdatenschutzgesetz, 10. Aufl. 2010, § 14 Rn. 12 ff. Sonderregelungen finden sich z. B. in § 30 Abs. 6 StVG (Verkehrszentralregister), § 33 Abs. 3 ZFdG (INZOLL) und § 43 Abs. 2 StVG (Fahrzeugregister).

[201] §§ 4b Abs. 1, 15 Abs. 1, 16 Abs. 1 BDSG; §§ 37 f. StVG (Fahrzeugregister).

richtlinie noch an das durch den Lissabonner Vertrag aufgehobene Drei-Säulen-Konzept der EU an.[202] Danach sollen für Übermittlungen, die nur der 2. und 3. Säule des EU-Vertrags[203] zuzurechnen sind, die gleichen zusätzlichen Beschränkungen wie bei einer Übermittlung in sonstige ausländische Staaten gelten.[204]

80a Für eine Übermittlung in ausländische Staaten muss dort insbesondere ein angemessenes **Datenschutzniveau** angetroffen werden. Um ein entsprechendes Niveau in den USA sicherzustellen, hat die EU das „Safe-Harbour-Abkommen" abgeschlossen. Dieses gilt jedoch nur für Übermittlungen durch Unternehmen. Besondere öffentliche Aufmerksamkeit erhielt auch die Übermittlung von Daten über internationale Finanztransaktionen durch die Genossenschaft SWIFT. Diese übermittelte – zunächst ohne besondere rechtliche Grundlage – solche Daten zur Terrorismusbekämpfung an die USA. Ein erster Versuch diese Vorgehensweise durch ein Abkommen mit den USA zu regeln scheiterte im Februar 2010 am Widerstand des EU-Parlaments. Im Juni 2010 wurde das an die Bedenken des Parlaments angepasste Abkommen schließlich unterzeichnet.

81 Besondere Vorgaben gelten noch für Auskünfte im Rahmen von **automatisierten Abrufverfahren,** mittels derer die Zulässigkeit des automatisierten Abrufs begrenzt wird, um die durch diese Form der Datenübermittlung besonders gefährdeten Interessen der Betroffenen angemessen zu schützen.[205] Vor der Inbetriebnahme eines solchen Verfahrens haben die beteiligten Stellen danach im Rahmen einer Abwägung zu prüfen, ob es überhaupt angemessen ist.[206] Außerdem sind besondere formale Vorgaben bei der Einrichtung zu beachten.[207] Insbesondere ist eine stichprobenartige Überprüfung zu etablieren, bei der bestimmte Daten protokolliert werden, um die Berechtigung des Zugriffs auf die gespeicherten Inhalte nachvollziehen zu können.[208] Aufgrund der Unpersönlichkeit dieser Übermittlungsmethode sind diese zusätzlichen Sicherungsvorkehrungen unerlässlich, zumal die Vorteile der Automatisierung, die vor allem in der Schnelligkeit des Abrufs liegen, hierdurch nicht über Gebühr beschränkt werden.

82 Bedeutsam für die Zulässigkeit einer Übermittlung von personenbezogenen Daten ist schließlich noch die Frage, wer die datenschutzrechtliche Verantwortung für diesen Vorgang trägt. Denn die verantwortliche Stelle muss dafür sorgen, dass der Abruf allen Vorgaben entspricht und somit Missbräuche ausgeschlossen werden. Dabei gelten unterschiedliche Vorgaben für Übermittlungen an öffentliche Stellen im Inland und an ausländische öffentliche Stellen. Bei einer **Übermittlung an öffentliche Stellen im Inland** trägt die übermittelnde Stelle die Verantwor-

---

[202] Die Auflösung des Drei-Säulen-Konzepts wird eine begriffliche Anpassung der entsprechenden Regelungen nach sich ziehen; vgl. Gola/Schomerus (Hrsg.), Bundesdatenschutzgesetz (Fn. 200), § 4b Rn. 1.

[203] Z.B. Außen- und Sicherheitspolitik, Polizei und Justiz; vgl. *Detlev Gabel,* in: Jürgen Taeger/Detlev Gabel (Hrsg.), Kommentar zum BDSG, 2010, § 4b, Rn. 11.

[204] Vgl. § 4b Abs. 2 und 3 BDSG; § 37 Abs. 1 StVG (Fahrzeugregister).

[205] Vgl. § 10 BDSG; § 493 StPO (ZStV).

[206] Bedürfnis für besonders schnelle Übermittlung oder Bedarf für Massenübermittlung, § 10 Abs. 1 BDSG.

[207] § 10 Abs. 2 BDSG; § 493 Abs. 2 StPO (ZStV).

[208] Name des Abrufenden, Zeitpunkt des Abrufs, übermittelte Daten etc., vgl. § 10 Abs. 4 BDSG. Nach § 493 Abs. 3 S. 3 StPO hat die Registerbehörde im Rahmen des ZStV bei jedem zehnten Abruf zumindest den Zeitpunkt, die abgerufenen Daten, die Kennung der abrufenden Stelle und das Aktenzeichen des Empfängers zu protokollieren.

C. Interbehördliche Informationsbeziehungen

tung, wenn sie von Amts wegen erfolgt.[209] Sie muss daher sicherstellen, dass die notwendigen Voraussetzungen einer rechtmäßigen Übermittlung im konkreten Fall vorliegen. Erfolgt die Übermittlung hingegen auf Ersuchen des Empfängers, so obliegt diesem die datenschutzrechtliche Verantwortlichkeit.[210] Die übermittelnde Stelle hat daher nur noch reduzierte Prüfpflichten.[211] Im Rahmen eines automatisierten Abrufverfahrens gilt jedoch für sie immer noch die Pflicht, Stichprobenverfahren zu implementieren, um die Zulässigkeit der Abrufe kontrollieren zu können.[212] Bei einer **Übermittlung an ausländische Stellen** obliegt hingegen stets der übermittelnden Stelle die Verantwortung.[213]

d) Auskunftsberechtigte Stellen hinsichtlich personenbezogener Daten

Aus Datenschutzgesichtspunkten ist der **Kreis von auskunftsberechtigten Stellen** bezüglich personenbezogener Daten auf das unerlässliche Maß zu begrenzen. Im allgemeinen Datenschutzrecht ergibt sich dies bereits aus der Vorgabe, dass die auskunftsersuchende Stelle die Daten grundsätzlich selbst für die **Erfüllung eigener Aufgaben** zwingend benötigen muss und dass durch die Datennutzung **keine Zweckänderung** hinsichtlich der personenbezogenen Daten eintreten darf.[214] Hierdurch werden einem Auskunftsrecht hinsichtlich der bei einer öffentlichen Stelle vorhandenen personenbezogenen Daten bereits enge Grenzen gesetzt, die verhindern sollen, dass die sehr restriktiven Vorgaben für die Datenerhebung und -speicherung über den Umweg einer schrankenlos möglichen Auskunftserteilung an andere öffentliche Stellen ausgehebelt werden können.

83

Über diese allgemeine datenschutzrechtliche Festlegung der auskunftsberechtigten Stellen hinaus können jedoch für jede multipolare Informationsbeziehung spezielle Konkretisierungen erfolgen, die sodann zwingend zu beachten sind. Dies gilt z.B. für die übergreifenden Informationssysteme, wobei die dabei eingeräumten Zugriffsberechtigungen aufgrund der unterschiedlichen Zwecksetzungen der Datenbanken erheblich divergieren. Alle öffentlichen übergreifenden Informationssysteme sehen zumindest ein Auskunftsrecht für bestimmte inländische öffentliche Stellen vor.[215] Daneben können in engen Grenzen auch nicht-

84

---

[209] § 15 Abs. 2 S. 1 BDSG; § 43 Abs. 1 S. 2 StVG (Fahrzeugregister); § 30 Abs. 9 S. 2 StVG (Verkehrszentralregister).

[210] § 15 Abs. 2 S. 2 BDSG; §§ 492 Abs. 5, 493 Abs. 3 S. 1 StPO (ZStV); § 43 Abs. 1 S. 3 StVG (Fahrzeugregister); § 30 Abs. 9 S. 3 StVG (Verkehrszentralregister); § 22 Abs. 3 S. 1 AZRG (Ausländerzentralregister).

[211] Z.B. eine Prüfungspflicht dahingehend, ob das Übermittlungsersuchen im Aufgabenbereich des Empfängers liegt oder ob sich evtl. aus den Umständen des Einzelfalls ein besonderer Anlass ergibt, die Zulässigkeit der Übermittlung doch dezidiert zu überprüfen, vgl. auch *Globig*, in: Roßnagel (Hrsg.), Datenschutzrecht (Fn. 107), S. 663; Gola/Schomerus (Hrsg.), Bundesdatenschutzgesetz (Fn. 200), § 15 Rn, 14.

[212] § 15 Abs. 2 S. 3 i.V.m. § 10 Abs. 4 BDSG; § 493 Abs. 3 S. 3 StPO (ZStV).

[213] Vgl. nur § 4b Abs. 5 BDSG, vgl. dazu auch *Gabel*, in: Taeger/Gabel (Hrsg.), Kommentar zum BDSG (Fn. 203), § 4b, Rn. 27; *Globig*, in: Roßnagel (Hrsg.), Datenschutzrecht (Fn. 107), S. 669; Gola/Schomerus (Hrsg.), Bundesdatenschutzgesetz (Fn. 200), § 4b Rn. 18.

[214] §§ 14, 15 BDSG. Ausnahmsweise ist eine Zweckänderung unter den in § 14 Abs. 2 BDSG genannten Voraussetzungen zulässig.

[215] Vgl. § 150a GewO (Gewerbezentralregister); § 41 BZRG (Bundeszentralregister); § 61 BZRG (Erziehungsregister); § 492 Abs. 3 und 4 StPO (ZStV); § 30 StVG (Verkehrszentralregister) und § 35 Abs. 1 StVG (Fahrzeugregister).

öffentliche²¹⁶ sowie ausländische Stellen²¹⁷ befugt sein, personenbezogene Daten abzurufen. Dies ist jedoch optional und gilt nicht für alle übergreifenden Informationssysteme.²¹⁸ Der **Umfang des Auskunftsrechts** variiert wiederum erheblich zwischen den einzelnen übergreifenden Informationssystemen. Der Umfang der Auskünfte ist dabei stets graduell abgestuft, sodass nicht jedem Auskunftsberechtigten die gleichen Daten zur Verfügung gestellt werden, sondern nur so viele, wie er für die zulässigerweise verfolgten Zwecke benötigt.²¹⁹

D. Anpassungsbedarf im Informationszeitalter

85 Die Verwaltung befindet sich mitsamt ihrer Informationsbeziehungen in einem gravierenden Wandel. Ein Veränderungsdruck geht dabei vor allem von folgenden Ursachen aus: Zum einen macht die fortschreitende **technische Entwicklung** im EDV-Bereich immer leistungsfähigere Datenverarbeitungsanlagen und damit neuartige und effizientere Kommunikationsformen möglich. Die für das Informationszeitalter bezeichnende Computerisierung der Verwaltung lässt sich dabei in zwei Phasen gliedern.²²⁰ In einem ersten Schritt erfolgte eine quantitative Effizienzsteigerung im Umgang mit Informationen. So konnten Standardisierungen bei der Nutzung von Daten implementiert werden, welche die Arbeitsabläufe und Informationsübermittlungen erheblich beschleunigten. Außerdem ließ sich die benötigte Zeit für eine Datenerhebung, -speicherung und -übermittlung durch die Nutzung von EDV-Anlagen am Arbeitsplatz mit ihren fast ubiquitären Verwendungsmöglichkeiten auf einen Bruchteil der ursprünglich erforderlichen Zeit reduzieren.²²¹ Die Computerisierung der Verwaltung machte es so zunehmend möglich, die Zahl der von der jeweiligen Verwaltungseinheit pro Zeiteinheit durchgeführten Verwaltungsvorgänge gegenüber der Zeit vor der Nutzung von EDV-Anlagen um ein Vielfaches zu steigern. Zum anderen ist in einer zeitlich nachfolgenden Phase auch eine schnellere, effizientere und intelligentere Informationsverknüpfung mittels Datenbanken und Rechnernetzen möglich gewor-

---

[216] Insbesondere Hochschulen und andere Forschungseinrichtungen, vgl. § 150b GewO (Gewerbezentralregister); §§ 61 Abs. 1, 42a BZRG (Erziehungsregister); § 38 StVG (Fahrzeugregister) und §§ 57, 38a StVG (Fahrerlaubnisregister). Daneben sind aber auch andere nichtöffentliche Stellen hinsichtlich einiger übergreifender Informationssysteme auskunftsberechtigt, vgl. §§ 35 Abs. 2, 39 StVG (Fahrzeugregister); § 27 AZRG (Ausländerzentralregister); §§ 19, 21, 22 MRRG (Melderegister) und § 33 Abs. 5 ZFdG (INZOLL). Vgl. zur allgemeinen Zulässigkeit der Übermittlung personenbezogener Daten an nichtöffentliche Stellen § 16 BDSG.

[217] Vgl. § 30 Abs. 7 StVG (Verkehrszentralregister); § 37 StVG (Fahrzeugregister); § 55 StVG (Fahrerlaubnisregister); § 26 AZRG (Ausländerzentralregister); § 18 Abs. 1 S. 2 MRRG (Melderegister) und § 34 ZFdG (INZOLL).

[218] So sind nichtöffentliche Stellen z. B. nicht auskunftsberechtigt hinsichtlich des Zentralen Staatsanwaltschaftlichen Verfahrensregisters (ZStV). Auch hinsichtlich der Visadatei des Ausländerzentralregisters sind nichtöffentliche Stellen ausdrücklich von Übermittlungen ausgeschlossen, § 32 Abs. 3 AZRG.

[219] Vgl. zur graduellen Abstufung beispielsweise § 18 Abs. 1 und Abs. 3 MRRG (Melderegister).

[220] Vgl. → Bd. II *Ladeur* § 21 Rn. 88 ff. Zu den Entwicklungsetappen des Einsatzes von IKT in der Verwaltung vgl. auch → Bd. II *Britz* § 26 Rn. 15 ff.

[221] Vgl. zu den durch die Computerisierung ermöglichten Informationsnutzungen in Echtzeit an jedem gewünschten Ort *Hoffmann-Riem*, Informationsgesellschaft (Fn. 9), S. 9 (11) und *Voßkuhle*, Der Wandel von Verwaltungsrecht (Fn. 9), S. 349 (351 f.) m. w. N.

D. Anpassungsbedarf im Informationszeitalter

den. Dies bezeichnet eine qualitative Verbesserung des Datenaustausches.[222] Dieser Fortschritt war insbesondere durch die Implementierung von variablen und innovationsoffenen Rückkoppelungsprozessen zwischen EDV-Technik und den vorhandenen Inhalten eröffnet worden. Der qualitativen Effizienzsteigerung wird eine noch weiter gehende Bedeutung für die Entwicklung des Verwaltungshandelns beigemessen als der rein quantitativen.[223]

Eine weitere Antriebsfeder für die Veränderung der staatlichen Informationsbeziehungen bilden die Veränderungen in den Organisationsstrukturen der Verwaltung, die sich in einer fortschreitenden institutionellen und organisatorischen Entflechtung und dabei insbesondere einer stärkeren fachbehördlichen Ausdifferenzierung äußern.[224] Damit folgt die Verwaltung dem allgemeinen Trend zum „Spezialistentum".[225] Zum anderen bedingt die wachsende Komplexität von Entscheidungen, dass die Verwaltung oft schon weit im Vorfeld der eigentlichen Aufgabenerledigung tätig werden muss und dass sich Aufgaben nicht mehr nur über punktuelle Ermittlungen einer einzelnen Behörde lösen lassen. Stattdessen ist eine enge Einbindung zahlreicher Stellen auf unterschiedlichen Ebenen erforderlich, um die komplizierten Entscheidungsprozesse zu bewältigen.[226] Dazu bedarf es einer Abstimmung, die einen Austausch von Informationen einschließt, und Instrumente zur effizienten Verwaltung und effektiven Nutzung des gesammelten Informationsschatzes nach Art eines Wissensmanagements.[227] Allgemein gilt, dass der Erfolg des Verwaltungshandelns im Einzelfall umso stärker von einer effektiven Steuerung der Informationsbeziehungen abhängt, je stärker die Verwaltung für die Erledigung ihrer Aufgaben auf das kooperative Zusammenwirken einer Vielzahl hoch spezialisierter Stellen setzt.[228] In einem grundlegenderen Sinne beschreibt dieser Zusammenhang aber auch das Erfordernis einer **Gesamtvernetzung der Verwaltung,** welche weiterhin die zentrale Zukunftsaufgabe darstellt.[229]

Der Gesetzgeber, aber auch die Verwaltung selbst, haben darauf in der Vergangenheit reagiert, indem sie das auf den intra- und interbehördlichen Informationsverkehr anwendbare **Instrumentarium stark ausdifferenziert** haben. Viele

---

[222] *Czerwick,* Verwaltungskommunikation (Fn. 8), S. 973 (976).
[223] Vgl. → Bd. II *Ladeur* § 21 Rn. 88 f.
[224] Zu Erscheinungsformen und Ursachen *Reinermann,* Vernetzte Verwaltung (Fn. 9), S. 1 (4 ff.).
[225] Siehe dazu etwa *Voßkuhle,* Wandel von Verwaltungsrecht (Fn. 9), S. 347 (354); *Gunnar Folke Schuppert,* Die Erfüllung öffentlicher Aufgaben durch verselbständigte Verwaltungseinheiten, 1981, S. 1 ff.; *Brun-Otto Bryde,* Die Einheit der Verwaltung als Rechtsproblem, VVDStRL, Bd. 46 (1988), S. 182 ff.; *Pitschas,* Öffentliche Informationsordnung (Fn. 145), S. 219 (244 f.).
[226] Vgl. zu den geänderten Anforderungen *Hoffmann-Riem,* Informationsgesellschaft (Fn. 9), S. 9 (14 ff.) m.w.N. Zu den vergleichbaren Anforderungen an eine behördliche Kooperation im europäischen Verwaltungsverbund s. auch → Bd. II *v. Bogdandy* § 25 Rn. 1 ff.
[227] Vgl. zu dieser Entwicklung *Eifert,* Electronic Government (Fn. 34), S. 267 ff.
[228] Vgl. dazu auch *Werner Killian/Martin Wind,* Vernetzte Verwaltung und zwischenbehördliche Beziehungen, VerwArch, Bd. 88 (1997), S. 499 (500). Zur notwendigen Eigenversorgung des Staates mit Informationen für seine Aufgabenwahrnehmung auch *Pitschas,* Öffentliche Informationsordnung (Fn. 145), S. 219 (240, 283 ff.). Speziell für den Bereich der Umweltinformationen vgl. ferner *Czerwick,* Verwaltungskommunikation (Fn. 8), S. 973 (977).
[229] Vgl. dazu auch *Britz,* Vernetzungen der Verwaltung (Fn. 4), S. 213 (244) m.w.N., die auf das Erfordernis der Bildung virtuell vernetzter Arbeitsgruppen über traditionelle behördliche Zuständigkeitsgrenzen hinweg hinweist, zumindest soweit es sich um gestalterische Aufgaben der Verwaltung handelt.

der Steuerungsmechanismen sind dabei informeller Natur und haben ohne rechtliche Vorgaben Einzug in die Verwaltungspraxis gehalten. Sie beschreiben mithin in ihrer Gesamtheit einen Bereich rechtlich nicht durchdrungener Informationsbeziehungen, der in seiner Bedeutung die rechtlich vorgezeichneten Informationsbeziehungen überwiegen dürfte. Informelle Steuerungsmechanismen haben sich vor allem deshalb bewährt, weil sie offen sind für schnelle Anpassungen an veränderte Verhältnisse. Insbesondere lassen sie sich von den betroffenen Behörden selbst nach an den Erfordernissen des einzelnen Falls ausgerichteten Zweckmäßigkeitserwägungen gestalten. Eine derartig zwanglose Ausformung ist allerdings nicht zulässig, wo Informationsbeziehungen abschließend durch rechtliche Vorgaben strukturiert sind und sich mithin einer autonomen Gestaltung durch die Behörden entziehen. Solche Regelungen sind im vorliegenden Beitrag im intrabehördlichen Verhältnis vorwiegend in Gestalt binnenrechtlicher Vorgaben und im interbehördlichen Verhältnis in Gestalt unterschiedlich detaillierter gesetzlicher Regelungen identifiziert worden. Dies schließt freilich nicht aus, dass auch hier informelle Informationsbeziehungen möglich sein können, soweit die normativen Vorgaben dem nicht entgegenstehen.

88 Verklammert werden beide Bereiche durch **übergreifende Ordnungsprinzipien**,[230] die den behördlichen Informationsverkehr in seiner Gesamtheit formen und zugleich seine äußeren Grenzen markieren. Dies sind die Beachtung der Zuständigkeitsordnung, die Vorgabe eines effizienten und geordneten Verwaltungshandelns, der Geheimnisschutz hinsichtlich geheimhaltungsbedürftiger Daten sowie das allgemeine und besondere Datenschutzrecht. Im intrabehördlichen Bereich tritt auf vertikaler Ebene mit der Wahrung der hierarchischen Organisationsstruktur ein spezielles Ordnungsprinzip hinzu, welches herkömmlicherweise durch das verfassungsrechtliche Erfordernis einer ununterbrochenen Legitimationskette vom Souverän zum einzelnen Entscheidungsträger gerechtfertigt wird.[231] Demgegenüber ist die horizontale Ebene mangels Weisungsbefugnis lediglich durch die Vorgabe einer wechselseitigen Kooperation gekennzeichnet. Hiermit können die Tätigkeiten im Gleichordnungsverhältnis auf das gemeinsame Ziel einer effizienten Aufgabenerledigung hin ausgerichtet werden. Insbesondere durch die Informations- und Kommunikationstechniken wird auf beiden Ebenen die Vernetzung der Mitarbeiter untereinander gefördert.

89 Es bleibt zu hinterfragen, ob die **gegenwärtig für den Informationsverkehr geltenden Vorschriften nicht zu eng zugeschnitten** sind und deshalb ein umfangreiches Wissensmanagement der Verwaltung übermäßig behindert wird. An den Amtshilferegeln wird z.B. kritisiert, dass sie auf den punktuellen und bipolaren Informationsverkehr zugeschnitten seien.[232] Die Vorgaben für den Datenschutz seien zudem unübersichtlich und wiesen gegenwärtig eine einseitig ab-

---

[230] Siehe dazu oben → Rn. 19 und 61 ff.
[231] Vgl. dazu → Bd. I *Groß* § 13 Rn. 50 f., *Trute* § 6 Rn. 13; *Horst Dreier*, Hierarchische Verwaltung im demokratischen Staat. Genese, aktuelle Bedeutung und funktionelle Grenzen eines Bauprinzips der Exekutive, 1991, S. 139; *Matthias Jestaedt*, Demokratieprinzip und Kondominalverwaltung, 1993, S. 329 ff. Zur Kritik an einer Verabsolutierung des Hierarchieprinzips und zu den faktischen Grenzen streng hierarchischer Verwaltungsorganisation vgl. → Bd. I *Trute* § 6 Rn. 15 ff., 39 ff. m.w.N. Zu möglichen Ausnahmen von einer strengen Handhabung des Ministerialprinzips → Bd. I *Hoffmann-Riem* § 10 Rn. 54 f.
[232] Hierzu → Rn. 27 ff.

wehrrechtliche Schutzrichtung auf.[233] Aufgabe von Wissenschaft und Politik wird es in den nächsten Jahren sein, den bestehenden rechtlichen Rahmen neu zu justieren und an die aktuellen Herausforderungen anzupassen.

Materialien

Bundesministerium des Innern (Hrsg.), Fortschrittsbericht 2005 des Regierungsprogramms „Moderner Staat – Moderne Verwaltung" im Bereich Modernes Verwaltungsmanagement, Berlin 2005.
– Strategie zur Modernisierung der Bundesverwaltung. 2. Phase des Regierungsprogramms „Moderner Staat – Moderne Verwaltung", Berlin 2004.
– Regierungsprogramm „Vernetzte und transparente Verwaltung", Berlin 2010.
Der Bundesbeauftragte für Datenschutz und die Informationsfreiheit (Hrsg.), 23. Tätigkeitsbericht zum Datenschutz für die Jahre 2009 und 2010, Bonn 2011.

Leitentscheidungen

BVerfGE 7, 183 ff. (Verwaltungsbehördliches Rechtshilfeersuchen um eidliche Zeugenvernehmung).
BVerfGE 65, 1 ff. – Volkszählungsurteil.
BVerfGE 115, 205 ff. – Geheimnisschutz.
BVerfGE 125, 260 ff. – Vorratsdatenspeicherung.

Ausgewählte Literatur

Albers, Marion, Informationelle Selbstbestimmung, Baden-Baden 2005.
Britz, Gabriele, Reaktionen des Verwaltungsverfahrensrechts auf die informationstechnischen Vernetzungen der Verwaltung, in: Hoffmann-Riem/Schmidt-Aßmann (Hrsg.), Verwaltungsverfahren, S. 213–276.
– Energie, in: Fehling/Ruffert (Hrsg.), Regulierungsrecht, S. 429–499.
Bryde, Brun-Otto, Die Einheit der Verwaltung als Rechtsproblem, VVDStRL, Bd. 46 (1988), S. 182–216.
Eifert, Martin, Electronic Government – Das Recht der elektronischen Verwaltung, Baden-Baden 2006.
Gola, Peter/Schomerus, Rudolf, Bundesdatenschutzgesetz – Kommentar, 10. Aufl., München 2010.
Hill, Hermann/Schliesky, Utz (Hrsg.), Herausforderung e-Government – E-Volution des Rechts- und Verwaltungssystems, Baden-Baden 2009.
Hoffmann-Riem, Wolfgang, Informationelle Selbstbestimmung in der Informationsgesellschaft, AöR, Bd. 123 (1998), S. 513–540.
– Effizienz als Herausforderung an das Verwaltungsrecht – Einleitende Problemskizze, in: Hoffmann-Riem/Schmidt-Aßmann (Hrsg.), Effizienz, S. 11–57.
– Verwaltungsrecht in der Informationsgesellschaft – Eine einleitende Problemskizze, in: Hoffmann-Riem/Schmidt-Aßmann (Hrsg.), Informationsgesellschaft, S. 9–58.
Hombergs, Anne, Europäisches Verwaltungskooperationsrecht auf dem Sektor der elektronischen Kommunikation, Berlin 2006.
Killian, Werner/Wind, Martin, Vernetzte Verwaltung und zwischenbehördliche Beziehungen, VerwArch, Bd. 88 (1997), S. 499–519.
Kloepfer, Michael, Informationsrecht, München 2002.

---

[233] Eingehend dazu *Karl H. Ladeur,* Datenschutz – vom Abwehrrecht zur planerischen Optimierung von Wissensnetzwerken, DuD 2000, S. 12 ff.; *Wolfgang Hoffmann-Riem,* Informationelle Selbstbestimmung in der Informationsgesellschaft – Auf dem Wege zu einem neuen Konzept des Datenschutzes, AöR, Bd. 123 (1998), S. 513 (527 ff.); *Arno Scherzberg,* Die öffentliche Verwaltung als informationelle Organisation, in: Hoffmann-Riem/Schmidt-Aßmann (Hrsg.), Informationsgesellschaft, S. 195 (218 ff.).

Knemeyer, Franz-Ludwig, Geheimhaltungsanspruch und Offenbarungsbefugnis im Verwaltungsverfahren, NJW 1984, S. 2241-2248.
Ladeur, Karl Heinz, Datenschutz – vom Abwehrrecht zur planerischen Optimierung von Wissensnetzwerken, DuD 2000, S. 12–19.
Lehner, Dieter, Der Vorbehalt des Gesetzes für die Übermittlung von Informationen im Wege der Amtshilfe, München 1996.
Lenk, Klaus, Außerrechtliche Grundlagen für das Verwaltungsrecht in der Informationsgesellschaft: Zur Bedeutung von Information und Kommunikation in der Verwaltung, in: Hoffmann-Riem/Schmidt-Aßmann (Hrsg.), Informationsgesellschaft, S. 59–99.
Lucke, Jörn v., Regieren und Verwalten im Informationszeitalter, Berlin 2003.
Mehlich, Harald, Die Verwaltungsorganisation im Informatisierungsprozess, DV, Bd. 29 (1996), S. 385–404.
Meyer-Teschendorf, Klaus, Die Amtshilfe, JuS 1981, S. 187–192.
Pitschas, Rainer, Verwaltungsverantwortung und Verwaltungsverfahren, München 1990.
– Allgemeines Verwaltungsrecht als Teil der öffentlichen Informationsordnung, in: Hoffmann-Riem/Schmidt-Aßmann/Schuppert (Hrsg.), Reform, S. 219–305.
Reinermann, Heinrich, Das Internet und die öffentliche Verwaltung, DÖV 1999, S. 20–25.
– Vernetzte Verwaltung, DV, Bd. 28 (1995), S. 1–16.
Ruffert, Matthias, Post, in: Fehling/Ruffert (Hrsg.), Regulierungsrecht, S. 565-596.
Scherzberg, Arno, Die öffentliche Verwaltung als informationelle Organisation, in: Hoffmann-Riem/Schmidt-Aßmann (Hrsg.), Informationsgesellschaft, S. 195–223.
– Die Öffentlichkeit der Verwaltung, Baden-Baden 2000.
Schlink, Bernhard, Die Amtshilfe, Berlin 1982.
Schmidt, Walter, Amtshilfe durch Informationshilfe, ZRP 1979, S. 185–189.
Schmidt-Aßmann, Eberhard, Effizienz als Herausforderung an das Verwaltungsrecht – Perspektiven der verwaltungsrechtlichen Systembildung, in: Hoffmann-Riem/Schmidt-Aßmann (Hrsg.), Effizienz, S. 245–269.
Schmitz, Heribert/Prell, Lorenz, Verfahren über eine einheitliche Stelle – Das Vierte Gesetz zur Änderung verwaltungsverfahrensrechtlicher Vorschriften, NVwZ 2009, S. 1–12.
Schneider, Jens-Peter, Telekommunikation, in: Fehling/Ruffert (Hrsg.), Regulierungsrecht, S. 365–428.
Schuppert, Gunnar Folke, Die Erfüllung öffentlicher Aufgaben durch verselbständigte Verwaltungseinheiten, Göttingen 1981.
Simitis, Spiros, Von der Amtshilfe zur Informationshilfe, NJW 1986, S. 2795–2805.
– (Hrsg.), Bundesdatenschutzgesetz, 7. Aufl., Baden-Baden 2011.
Spiecker gen. Döhmann, Indra, Informationsgewinnung im dezentralen Mehrebenensystem, in: Janbernd Oebbecke (Hrsg.), Nicht-Normative Steuerung in dezentralen Systemen, Stuttgart 2005, S. 253–284.
Taeger, Jürgen/Gabel, Detlev (Hrsg.), Kommentar zum BDSG und zu den Datenschutzvorschriften des TKG und TMG, Frankfurt a. M. 2010.
Vesting, Thomas, Zwischen Gewährleistungsstaat und Minimalstaat: Zu den veränderten Bedingungen der Bewältigung öffentlicher Aufgaben in der „Informations- und Wissensgesellschaft", in: Hoffmann-Riem/Schmidt-Aßmann (Hrsg.), Informationsgesellschaft, S. 101–131.
Voßkuhle, Andreas, Der Wandel von Verwaltungsrecht und Verwaltungsprozessrecht in der Informationsgesellschaft, in: Hoffmann-Riem/Schmidt-Aßmann (Hrsg.), Informationsgesellschaft, S. 349–404.
– Die Verwaltung in der Informationsgesellschaft – Informationelles Verwaltungsorganisationsrecht, in: Leipold (Hrsg.), Rechtsfragen des Internet und der Informationsgesellschaft, Heidelberg 2002, S. 97–115.

§ 25 Die Informationsbeziehungen im europäischen Verwaltungsverbund*

Armin von Bogdandy

Übersicht

	Rn.		Rn.
A. Grundlagen	1	II. Der vertikale Informationsverbund administrativer Rechtsanwendung	59
I. Zwecke: Kooperation und Kontrolle	1	1. Entwicklung und Typen	59
II. Der Grundsatz der loyalen Zusammenarbeit	7	2. Grundstrukturen	60
III. Typen interadministrativer Informationspflichten	12	C. Der horizontale Informationsverbund	62
IV. Übergreifende Aspekte	15	I. Entwicklung und Bedeutung	62
1. Kompetenzgrundlagen des Informationsverbunds	15	II. Informationsbeziehungen im Binnenmarkt: Zoll und Landwirtschaft	68
2. Informationsspezifische Handlungsformen	17	1. Grundlagen	68
3. Anforderungen und Schranken	26	2. Das Zollinformationssystem	74
4. Informationelle Infrastruktur, insbesondere Europäische Datennetze	28	III. Informationsbeziehungen im Raum der Freiheit, der Sicherheit und des Rechts: das Schengener Informationssystem	78
5. Auswirkungen auf staats- und verfassungsrechtliche Grundlagen	31	1. Grundlagen	78
B. Der vertikale Informationsverbund	34	2. Das Schengener Informationssystem (SIS)	80
I. Der Informationsverbund administrativer Politikentwicklung	34	D. Der diagonale Informationsverbund: Informationsagenturen	85
1. Der Informationsverbund unionaler Politikentwicklung	35	I. Strukturen und Aufgaben	86
a) Die Informationsbeziehungen der Kommission	37	1. Typische Organisationsformen	86
b) Der rechtliche Rahmen	43	2. Aufgaben	90
2. Der Informationsverbund zur Kontrolle nationaler Rechtsetzung	45	3. Aufbau und Unterhalt von Datennetzen	95
a) Die Informationsrichtlinie 98/34 als Paradigma	45	II. Informationsbeschaffung und -pflichten	98
b) Das Informationsverfahren	47	III. Von der Information zur politischen Initiative	102
c) Durchsetzung der Informationspflichten	54	E. Ausblick	106
d) Bedeutung für die administrative Rechtsetzungskultur	58	Leitentscheidungen	
		Ausgewählte Literatur	

---

* Ich danke *Luca De Lucia*, *Bernardo Giorgio Mattarella*, *Ute Sacksofsky* und *Wolfgang Wessels* für wichtige Hinweise, *Dr. Jürgen Bast*, *Caspar Behme*, *Nicole Betz*, *Maja Smrkolj*, *Dr. Stephan Schill*, *Flaminia Tacconi* und *Christian Wohlfahrt* für die Unterstützung bei der Fertigstellung des Textes.

A. Grundlagen

I. Zwecke: Kooperation und Kontrolle

1   Informationspflichten, insbesondere der Mitgliedstaaten gegenüber der Europäischen Kommission, bilden seit den fünfziger Jahren eine bedeutende Materie des Unionsrechts. Zunächst wurden derartige Informationspflichten vor allem im Lichte effektiver Kontrolle mitgliedstaatlicher Durchführung, also implementierender Rechtsetzung und konkreten Vollzugs,[1] verstanden und entfaltet. Daneben ist aber zunehmend die Perspektive der interadministrativen Kooperation getreten.[2] Erst Kooperation *und* Kontrolle zusammen erklären die kaum überschaubare Anzahl von Rechtsnormen, die unionale wie nationale Stellen zur Verwirklichung der Ziele des Art. 3 EUV in vertikale und horizontale Informationsbeziehungen bringen. Verwaltungsrechtswissenschaftlich sind sie vor allem für steuerungstheoretische Ansätze interessant.[3]

2   **Kooperation** kann als ein Paradigma verstanden werden, das zunehmend die verwaltungsrechtliche Grundstruktur im Unionsraum bestimmt.[4] Der wissenschaftliche Innovationsgehalt dieses Paradigmas besteht darin, dass es das Paradigma der Trennung verdrängt, wonach unionale und nationale Verwaltungen im Grundsatz unabhängig voneinander ihren Aufgaben nachgehen. Die Entwicklung im europäischen Wettbewerbsrecht belegt anschaulich den Siegeszug des Paradigmas der Kooperation: Die Verordnung (EG) Nr. 1/2003 stellt die Anwendung der Art. 101 und 102 AEUV, bis 2003 das wichtigste Beispiel administrativer Trennung unter der Verordnung Nr. 17,[5] auf Kooperation als Normalfall der Verwaltung des Unionsraums um.[6] Die Verbundidee kommt zudem an

---

[1] Der Terminus „Durchführung" bezeichnet jegliche rechtliche Aktivität der Mitgliedstaaten auf der Grundlage des Unionsrechts zum Zwecke seiner Anwendung. Teilweise wird dieser Begriff weiter differenziert, und zwar in „Ausführung" als eine rechtsetzende Form der Durchführung, von der die „Umsetzung" als die spezifisch durch Richtlinien gebotene Form der Rechtsetzung ein Unterfall ist, und „Anwendung" oder „Vollzug" als die Durchführung in Einzelakten; *Manfred Zuleeg*, Das Recht der Europäischen Gemeinschaften im innerstaatlichen Bereich, 1969, S. 47 f. und 228 f.; *Hans P. Ipsen*, Europäisches Gemeinschaftsrecht, 1972, S. 218 f.

[2] Vgl. für den Bereich des Umweltrechts *Klaus Simonis*, Von formaler Hierarchie zu effektiver Kooperation?, 2005.

[3] Näher → Bd. I *Voßkuhle* § 1 Rn. 17 ff.

[4] *Eberhard Schmidt-Aßmann*, Verwaltungskooperation und Verwaltungskooperationsrecht in der Europäischen Gemeinschaft, EuR 1996, S. 270 (290); *Sabino Cassese*, Il procedimento amministrativo europeo, Rivista trimestrale di diritto pubblico 2004, S. 31 ff.; *Robert Schütze*, From dual to cooperative federalism, 2009. Vgl. a. → Bd. II *Schmidt-Aßmann* § 27 Rn. 25.

[5] VO (EWG) Nr. 17/1962 des Rates vom 6. Februar 1962, Erste Durchführungsverordnung zu den Artikeln 85 und 86 des Vertrages, ABl. 1962, Nr. 13, S. 204.

[6] VO (EG) Nr. 1/2003 des Rates vom 16. Dezember 2002 zur Durchführung der in den Artikeln 81 und 82 des Vertrags niedergelegten Wettbewerbsregeln, ABl. EG 2003, Nr. L 1, S. 1. In der Begründungserwägung Nr. 15 heißt es ausdrücklich, dass die Verwaltungen der Mitgliedstaaten und der Europäischen Gemeinschaft beim Vollzug des Unionsrechts ein „Netz" bilden, was den Aufbau von „Informations- und Konsultationsverfahren" verlangt; dazu *René Smits*, The European Competition Network: Selected Aspects, Legal Issues of Economic Integration, Vol. 32 (2005), S. 175 ff.; *Heike Jochum*, Das Bundeskartellamt auf dem Weg nach Europa, VerwArch, Bd. 94 (2003), S. 512 (527 ff.).

A. Grundlagen

zentraler Stelle in Art. 4 Abs. 3 EUV zum Ausdruck; dieser kann insofern als Konstitutionalisierung der Verbundidee gedeutet werden.[7]

Entsprechend kann der Begriff der **Information** im vorliegenden Kontext nur in Abhängigkeit von seiner Funktion bestimmt werden, effektive Kontrolle und erfolgreiche interadministrative Kooperation im europäischen Verwaltungsverbund[8] zu ermöglichen. Unter Information ist daher ein durch Signale bestimmter wissensverändernder Prozess zu verstehen, der die Vorbereitung einer bestimmten Handlung oder Entscheidung bezweckt.[9] Kooperation wie Kontrolle verlangen eine gute, d.h. belastbare und möglichst gemeinsame **Informationsgrundlage**.[10] Dieser Gemeinplatz gewinnt an Gehalt, bezieht man ihn auf die spezifische Form politischer Herrschaft in der Europäischen Union als supranationaler Föderation. Die meisten Verfahren kennzeichnet eine polyzentrische Grundstruktur: Eine Mehrzahl von Organen nicht selten unterschiedlicher Hoheitsträger erarbeitet in aufwendigen Verfahren und noch aufwendigeren tatsächlichen Prozessen Entscheidungen, in denen unterschiedlichen Kontexten entstammende Akteure vor dem Hintergrund recht unterschiedlicher Informationslagen mitwirken. Die Schwierigkeit im Umgang mit dieser Komplexität besteht darin, dass das traditionelle Instrument zur Bewältigung von Komplexität, nämlich Hierarchie, aufgrund der polyzentrischen Verfasstheit als Lösungsstrategie oft ausscheidet. Die Mechanismen zur zieladäquaten Differenzierung und zur Komplexitätsbewältigung sind nur selten einseitig hierarchisch, sondern eher sehr viel mehr kontraktualistisch oder kooperativ im Sinne der Abstimmung zwischen unterschiedlichen politisch-administrativen Systemen.[11] Dies konturiert die Gestalt der Union als einen Hoheitsträger, der von seiner Anlage her dia-

---

[7] *Armin v. Bogdandy/Stephan Schill*, in: Grabitz/Hilf/Nettesheim (Hrsg.), EU-Recht, Art. 4 EUV Rn. 47 ff.

[8] Der „europäische Verwaltungsverbund" ist hier verstanden als die Summe der interadministrativen Beziehungen zur Verwirklichung der Ziele des Art. 3 EUV; zur Begrifflichkeit → Bd. II *Schmidt-Aßmann* § 27 Rn. 16; *ders.*, Einleitung: Der europäische Verwaltungsverbund und die Rolle des europäischen Verwaltungsrechts, in: ders./Bettina Schöndorf-Haubold (Hrsg.), Der Europäische Verwaltungsverbund, 2005, S. 1 ff.; *ders.*, Ordnungsidee, Kap. I Rn. 63 und Kap. VII Rn. 12 ff.; *Armin v. Bogdandy*, Beobachtungen zur Wissenschaft vom Europarecht, Der Staat, Bd. 40 (2001), S. 3 (18 f.); *Wolfgang Kahl*, Der Europäische Verwaltungsverbund: Strukturen – Typen – Phänomene, Der Staat, Bd. 50 (2011) (im Erscheinen); *Ute Mager*, Entwicklungslinien des Europäischen Verwaltungsrechts, in: Peter Axer u. a., Das Europäische Verwaltungsrecht in der Konsolidierungsphase, DV, Beiheft 10, 2010, S. 11 (16); *Matthias Ruffert*, Die Europäisierung der Verwaltungsrechtslehre, DV, Bd. 36 (2003), S. 293 (309 f.); *v. Danwitz*, Europäisches VerwR, S. 609 ff.; *Gernot Sydow*, Verwaltungskooperation in der Europäischen Union. Zur horizontalen und vertikalen Zusammenarbeit der europäischen Verwaltungen am Beispiel des Produktzulassungsrechts, 2004, S. 16 f.

[9] *Uwe Grohmann*, Das Informationsmodell im Europäischen Gesellschaftsrecht, 2006, S. 26; *Ewald Wessling*, Individuum und Information, 1991, S. 26; ähnlich bereits *Waldemar Wittmann*, Unternehmung und unvollkommene Information, 1959, S. 14, der Information ebenfalls pragmatisch als zweckgerichtetes Wissen definiert. Zu kurz greift es für Zwecke der Ökonomie und der Rechtswissenschaft, den Begriff der Information in einem semiotischen oder nachrichtentechnischen Sinne zu definieren und darunter alle durch Nachrichten übermittelbaren Zeichen zu erfassen, vgl. dazu grundlegend *Claude E. Shannon/Warren Weaver*, The Mathematical Theory of Communication, 1949; weitere Nachweise bei *Grohmann*, Das Informationsmodell (Fn. 9), S. 24.

[10] *Yves Mény/Pierre Muller/Jean-Louis Quermonne*, Introduction, in: dies. (Hrsg.), Adjusting to Europe. The impact of the European Union on national institutions and policies, 1996, S. 5 f.; *Kahl*, Der Europäische Verwaltungsverbund (Fn. 8) (im Erscheinen).

[11] Grundlegend zum Paradigmenwechsel von Hierarchie zu Kooperation *Anne-Marie Slaughter*, A New World Order, 2004.

§ 25 Die Informationsbeziehungen im europäischen Verwaltungsverbund

logischer ist als der überkommene staatliche Typus, was die Bedeutung entsprechender Informationsbeziehungen unterstreicht.

4   Entsprechend qualitätsvolle Informationsbeziehungen sind allerdings keineswegs selbstverständlich, geht es doch um Beziehungen zwischen Verwaltungseinheiten, welche in unterschiedliche verfassungsrechtliche Ordnungen und Loyalitäten eingebettet sind, die sich nach Organisation, Verfahren, behördlicher Praxis, Ressourcen und Selbstverständnis substanziell unterscheiden und die nicht zuletzt in verschiedenen Sprachen operieren.[12] Nicht selten beherrschen ein gerütteltes Maß an Unkenntnis und Misstrauen die gegenseitigen Beziehungen.[13] Aus diesem Grund bilden Informationspflichten und Informationsrechte zwischen den diversen Verwaltungsstellen im europäischen Verwaltungsverbund eine weitaus wichtigere und zugleich problematischere Rechtsmaterie als innerhalb eines Mitgliedstaates,[14] dessen interadministrative Kommunikation derartige Hürden nicht zu bewältigen hat.[15]

5   Es wäre naiv, das Informationsrecht allein aus der Perspektive einer „guten Verwaltung"[16] des Unionsraums zu betrachten. Dass Wissen Macht ist,[17] zeigt sich gerade im unionalen Informationsverbund: Informationsrechte sind ein wichtiges Herrschaftsinstrument der Kommission; ihre Ausprägung kann auch verstanden werden als Kompensation fehlender Rechts- und Fachaufsichtsbefugnisse.[18] Hier zeigt sich die fortdauernde Bedeutung der Kontrollperspektive zum Verständnis des interadministrativen Informationsrechts: Es ist Teil einer Verwaltungsstruktur, deren Zentralorgane über keinen eigenen Behördenunter-

---

[12] *Sydow*, Verwaltungskooperation in der EU (Fn. 8), S. 70 ff.

[13] *Jean-Victor Louis*, Le traité d'Amsterdam: une occasion perdue?, Revue du marché unique européen 2 (1997), S. 5 (7); *Philippe Moreau Defarges*, Welche institutionelle Zukunft für die Europäische Union? Der französische und deutsche Standpunkt im Vergleich, in: Werner Weidenfeld (Hrsg.), Deutsche Europapolitik, 1999, S. 152 (160). Vgl. auch das Urteil des *BVerfG* vom 18. Juli 2005, NJW 2005, S. 2289 sowie den Beschluss des *BVerfG* vom 8. Dezember 2009, EuGRZ 2009, S. 707, in dem die vorläufige Untersagung der Abschiebung eines Asylbewerbers nach Griechenland mit möglichen Defiziten des griechischen Asylsystems begründet wird. Das Problem bestehender Unkenntnis und des Misstrauens zwischen mitgliedstaatlichen Verwaltungen verkennt, wer entsprechende Bestimmungen als „Institutionalisierung sozialpädagogischer Gesprächstherapie" ridikulisiert, so *Michael Reinhardt*, Wasserrechtliche Richtlinientransformation zwischen Gewässerschutzrichtlinie und Wasserrahmenrichtlinie, DVBl 2001, S. 145 (154), zu Art. 14 RL 2000/60/ EG des Europäischen Parlaments und des Rates vom 23. 10. 2000 zur Schaffung eines Ordnungsrahmens für Maßnahmen der Gemeinschaft im Bereich der Wasserpolitik, ABl. EG 2000, Nr. L 327, S. 1.

[14] Zu den Informationsbeziehungen deutscher Behörden → Bd. II *Holznagel* § 24. Grundlegend *Rainer Pitschas*, Allgemeines Verwaltungsrecht als Teil der öffentlichen Informationsordnung, in: Hoffmann-Riem/Schmidt-Aßmann/Schuppert (Hrsg.), Reform, S. 219 ff.

[15] Zum Stellenwert dieser Rechtsmaterie *Eberhard Schmidt-Aßmann*, Einleitung: Der Europäische Verwaltungsverbund (Fn. 8), S. 6; weitere Nachweise *Sydow*, Verwaltungskooperation in der EU (Fn. 8), S. 100 ff.; zum völkerrechtlichen Interesse an der Materie *Anne-Marie Slaughter*, Global Government Networks, Global Information Agencies, and Disaggregated Democracy, Michigan Journal of International Law 24 (2003), S. 1041 ff.

[16] In Art. 41 der EU-Grundrechte-Charta wird das Recht auf eine gute Verwaltung ausdrücklich niedergelegt. S. dazu → Bd. II *Schmidt-Aßmann* § 27 Rn. 29 ff.

[17] *Francis Bacon*, Novum Organum, in: The Works of Francis Bacon, Bd. IV, 1765, S. 266; näher *John Henry*, Knowledge is Power. How Magic, the Government and an Apocalyptic Vision Inspired Francis Bacon to Create Modern Science, 2003.

[18] *Julia Sommer*, Verwaltungskooperation am Beispiel administrativer Informationsverfahren im Europäischen Umweltrecht, 2003, S. 508 ff. m. w. N.

A. Grundlagen

bau in allen Mitgliedstaaten verfügen und denen wichtige Instrumente bundesstaatlicher Organe fehlen.

Angesichts dieser Bedeutung beschränkt sich der vorliegende Beitrag auf das Recht *inter*administrativer Informationsbeziehungen im europäischen Verwaltungsverbund. Beziehungen zu außereuropäischen Behörden werden nicht analysiert; insofern sei nur darauf hingewiesen, dass sich die Information US-amerikanischer Behörden im Rahmen der Terrorismusbekämpfung als rechtlich besonders problematisch erwiesen hat.[19] Auf Informationspflichten gegenüber Bürgern und Unternehmen sowie auf deren Informationsfreiheitsrechte wird ebenfalls nicht eingegangen.[20] Ausgeklammert bleiben weiter spezifische Rechtsfragen der neuen Kommunikationstechnologien,[21] Fragen des Datenschutzes (einschließlich des Rechtsschutzes)[22] und allgemeine Fragen der so genannten Informationsgesellschaft.[23] Gleichwohl bilden diese Themen in mehrfacher Weise den Hintergrund dieses Beitrags. Viele Informationsprozesse werden erst durch jene Techniken überhaupt möglich, deren Entwicklung und Nutzung es erlauben, die zeitgenössischen Gesellschaften als Informationsgesellschaften zu bezeichnen. So ist die E-Mail das Standardkommunikationsmittel im europäischen Verwaltungsverbund, und der elektronische Zugriff auf Datenbanken anderer Hoheitsträger ist inzwischen Routine.

6

II. Der Grundsatz der loyalen Zusammenarbeit

Das europäische Primärrecht kennt eine Reihe von Informationspflichten, das Sekundärrecht eine kaum überschaubare Masse entsprechender Bestimmungen. In vielen EU-Rechtsakten gibt es spezifische Regelungen, welche nationale Stellen zu Informationshandlungen verpflichten, und sei es nur zur Information über die innerstaatliche Durchführung des Rechtsakts.[24] Angesichts dieser Vielfalt ist rechtssystematisch zu fragen, ob ein übergreifendes Prinzip diese Regelungen bündelt und ausrichtet. In Bundesstaaten übt das **Prinzip der Bundestreue** eine entsprechende Funktion aus.[25] Die Bedeutung der Bundestreue liegt gerade in

7

---

[19] Siehe zu den Spannungen im Zusammenhang mit der Ratifizierung des Abkommens zwischen der Europäischen Union und den Vereinigten Staaten von Amerika über die Verarbeitung von Zahlungsverkehrsdaten und deren Übermittlung aus der Europäischen Union an die Vereinigten Staaten von Amerika für die Zwecke des Programms zum Aufspüren der Finanzierung des Terrorismus (sog. SWIFT-Abkommen, ABl. EU 2010, Nr. L 195, S. 5) ausführlich *Valentin Pfisterer*, The Second SWIFT Agreement Between the European Union and the United States of America – An Overview, GLJ 11 (2010), S. 1173. Problematisch ist darüber hinaus die Übermittlung von Fluggastdaten (PNR) an Drittstaaten im Rahmen der internationalen Bekämpfung von Terrorismus und organisierter Kriminalität; vgl. *EuGH*, Rs. C-317/04 und C-318/04, Slg. 2006, I-4721. Entsprechende Abkommen existieren inzwischen mit den USA (ABl. EU 2007, Nr. L 204, S. 18), Kanada (ABl. EU 2006, Nr. L 82, S. 15) und Australien (ABl. EU 2008, Nr. L 213, S. 49). Zur künftigen Vorgehensweise s. die Mitteilung der Kommission vom 21. September 2010 (KOM[2010] 492 endg.).

[20] Hierzu ausführlich → Bd. II *Gusy* § 23.

[21] → *Ladeur* § 21 Rn. 85 ff., *Britz* § 26.

[22] Hierzu → Bd. II *Albers* § 22.

[23] Ausführlich → Bd. II *Vesting* § 20.

[24] Ausführlich zu diesem Informationstypus *Sommer*, Verwaltungskooperation (Fn. 18), S. 298 ff.

[25] *Hartmut Bauer*, Die Bundestreue, 1991, S. 8 ff.; *Armin v. Bogdandy/Stephan Schill*, in: Grabitz/Hilf/Nettesheim (Hrsg.), EU-Recht, Art. 4 EUV Rn. 1; näher *R. Alexander Lorz*, Interorganrespekt im

der Begründung von Pflichten zu Information, Konsultation, Abstimmung und Zusammenarbeit.²⁶

8   Die Europäische Union ist kein Bundesstaat, wohl aber ein föderales Gemeinwesen. Da sich der Aspekt der Staatlichkeit vor allem in den Gewaltmitteln und der Umverteilungsfunktion abbildet und dies den Grundsatz der Bundestreue allenfalls marginal berührt, verwundert es nicht, dass in der Union ein analoger Grundsatz gilt,²⁷ den der Europäische Gerichtshof als **Grundsatz der loyalen Zusammenarbeit** entwickelt hat. Die einschlägigen Judikate stützten sich bis 2009 im Wesentlichen auf Art. 10 EGV und betrafen damit nur das Recht aus und unter dem EG-Vertrag; jedoch hat der EuGH diese Pflicht im Grundsatz auf sämtliche Aktivitäten der Union ausgedehnt.²⁸ Art. 4 Abs. 3 EUV kodifiziert nunmehr diese Rechtsentwicklung, indem der Grundsatz der loyalen Zusammenarbeit als Verfassungsprinzip der Europäischen Union niedergelegt wird.

9   Der Grundsatz der loyalen Zusammenarbeit ist im Informationsverbund in mehrfacher Hinsicht von Bedeutung. Zunächst konkretisiert der Europäische Gerichtshof anhand dieses Grundsatzes ausdrückliche Informationspflichten des Primär- oder Sekundärrechts mit Blick auf die gebotene Vollständigkeit, Nachprüfbarkeit und Klarheit der Information oder die zulässige Bearbeitungsdauer von Informationsersuchen.²⁹ Die regelmäßig vage formulierten Informationspflichten sind so zu verstehen und zu befolgen, dass die gebotene Information in dem zugrunde liegenden Verwaltungsverfahren der ersuchenden Stelle konkret von Nutzen ist.

10 Darüber hinaus leitet der Gerichtshof aus dem Grundsatz der loyalen Zusammenarbeit **ungeschriebene Informationspflichten** ab, wenn diese für die Funktionstüchtigkeit der Union erforderlich sind;³⁰ hierzu hat sich eine reiche Kasuistik

---

Verfassungsrecht, 2001, S. 1 ff. sowie rechtsvergleichend *Patricia Egli*, Die Bundestreue, 2010. → Bd. I *Wißmann* § 15 Rn. 44.

²⁶ Vgl. *BVerfGE* 73, 118 (197); *BVerfG*, NJW-RR 2005, S. 1431 (1432); *Bauer*, Bundestreue (Fn. 25), S. 346 ff.

²⁷ Siehe dazu bereits *Michael Lück*, Die Gemeinschaftstreue als allgemeines Rechtsprinzip im Recht der Europäischen Gemeinschaft. Ein Vergleich zur Bundestreue im Verfassungsrecht der Bundesrepublik Deutschland, 1992, S. 130 f. und passim.

²⁸ So ausdrücklich *EuGH*, Rs. C-105/03, *Pupino*, Slg. 2005, I-5285, Rn. 41 ff.; s. ferner *EuGH*, Rs. C 354/04, Slg. 2007, I-1579, Rn. 52; Rs. C-355/04, Slg. 2007, I-1657, Rn. 52; *Ulrich Everling*, Folgerungen aus dem Amsterdamer Vertrag für die Einheit der Europäischen Union und Gemeinschaften, in: Armin v. Bogdandy/Claus-Dieter Ehlermann (Hrsg.), Konsolidierung und Kohärenz des Primärrechts nach Amsterdam, EuR, Beiheft 2, 1998, S. 185 (192, 194).

²⁹ *EuGH*, Rs. 248/83, Slg. 1985, 1459; Rs. 6/71, *Rheinmühlen Düsseldorf*/Slg. 1971, 823; Rs. C-435/92, *Association pour la Protection des animaux sauvages*, Slg. 1994, I-67; Rs. 96/81, Slg. 1982, 1791; Rs. 97/81, Slg. 1982, 1819; Rs. 187/87, *Saarland*, Slg. 1988, 5013; Rs. C-10/88, Slg. 1990, I-1229; näher *Sommer*, Verwaltungskooperation (Fn. 18), S. 424 ff.

³⁰ *EuGH*, Rs. 230/81, Slg. 1983, 255 (287); Rs. 2/88-Imm, *J. J. Zwartveld*, Slg. 1990, I-3365 (3372); zur dogmatischen Konstruktion *v. Bogdandy/Schill*, in: Grabitz/Hilf/Nettesheim (Hrsg.), EU-Recht, Art. 4 EUV Rn. 50 ff.; *Ole Due*, Article 5 du Traité CEE. Une disposition de caractère fédéral?, in: Collected Courses of the Academy of European Law, Vol. 2, Book 1, 1991, S. 15 (35), mit ausdrücklichem Bezug auf das deutsche Rechtsinstitut der „Bundestreue". Aus jüngerer Zeit vor allem *EuGH*, Rs. C-94/00, *Roquette Frères*, Slg. 2002, S. I-9011, Rn. 30 ff.; Rs. C-200/07, *Marra*, Slg. 2008, S. I-7929, Rn. 41 f. Dazu *Eberhard Schmidt-Aßmann*, Strukturen Europäischer Verwaltung und die Rolle des Europäischen Verwaltungsrechts, in: Alexander Blankennagel/Ingolf Pernice/Helmuth Schulze-Fielitz (Hrsg.), Verfassung im Diskurs der Welt, FS Peter Häberle, 2004, S. 395 (402). S. des Weiteren *Peter Unruh*, Die Unionstreue, EuR 2002, S. 41 (45 ff.); *Manfred Zuleeg*, Die föderativen Grundsätze der Europäischen Union, NJW 2000,

entwickelt. Für die Mitgliedstaaten sind die ungeschriebenen Auskunftspflichten im Vorfeld eines Vertragsverletzungsverfahrens sowie Informationspflichten bei möglichen Gefährdungen der Gemeinschaftsziele von besonderer Bedeutung.[31] Im Gegenzug obliegt der Kommission eine Informationspflicht gegenüber den Mitgliedstaaten, soweit sie über Informationen verfügt, welche diese für die Durchführung des Unionsrechts benötigen.[32] In diesen Pflichten tritt der Rechtsgrundsatz der gemeinsamen Gesamtverantwortung aller beteiligten Stellen für die Verwirklichung des Rechts im Unionsraum,[33] ein Paradigma des europäischen Verwaltungsverbunds, klar zu Tage.

Mit dem Prinzip der Bundestreue allein ist jedoch kein Bundesstaat,[34] mit dem Prinzip der loyalen Zusammenarbeit kein supranationales Gemeinwesen zu machen.[35] Nur in wenigen Situationen kann ein primärrechtlicher Grundsatz wie derjenige der loyalen Zusammenarbeit unmittelbar regelnde Funktionen im Informationsverbund ausüben; das Tagesgeschäft bedarf aus praktischen wie rechtlichen Gründen einer detailgenauen Regelung der Informationsrechte und -pflichten. Die ungeschriebenen Informationspflichten etwa erschöpfen sich regelmäßig in einfachen Auskunftspflichten anlässlich konkreter Probleme aufgrund spezifischer Anfragen, ein komplexer Informationsverbund ist hiermit nicht zu begründen. Dies zeigt eindrücklich das Rechtsinstitut der Amtshilfe, das – obschon im Wesentlichen vom Prinzip der loyalen Zusammenarbeit erfasst und damit primärrechtlich verankert – einer detaillierten und sektorspezifischen Ausgestaltung durch das Sekundärrecht bedarf.[36] Die Bedeutung des übergreifenden verfassungsrechtlichen Prinzips liegt vor allem darin, dass es die Einzelregelungen in einen verfassungsrechtlichen Rahmen stellt, der die Entwicklung allgemeiner Lehren und die Konkretisierung der diversen Pflichtentatbestände erleichtert.

III. Typen interadministrativer Informationspflichten

Eine rechtsdogmatische Systematisierung des einschlägigen Unionsrechts kann zunächst Informationsbeziehungen zwischen nationalen Stellen und Unionsorganen von Informationsbeziehungen zwischen nationalen Stellen verschie-

---

S. 2846 f. Zur Anwendung auf Informationspflichten ausführlich *Sommer*, Verwaltungskooperation (Fn. 18), S. 398 ff. m. z. N. zum „effet utile" → Bd. II *Schmidt-Aßmann* § 27 Rn. 91 ff.

[31] *EuGH*, Rs. C-82/03, Slg. 2004, I-6635, Rn. 15.

[32] *EuGH*, Rs. 2/88-Imm, *J. J. Zwartveld*, Slg. 1990, I-3365, 3373; *Angelo Wille*, Die Pflicht der Organe der Europäischen Gemeinschaft zur loyalen Zusammenarbeit mit den Mitgliedstaaten, 2003, bes. S. 24 ff.

[33] *Schmidt-Aßmann*, Strukturen des Europäischen Verwaltungsrechts: Einleitende Problemskizze, in: Schmidt-Aßmann/Hoffmann-Riem (Hrsg.), Strukturen, S. 9 (30).

[34] *Bernhard Schlink*, Die Amtshilfe. Ein Beitrag zu einer Lehre von der Gewaltenteilung in der Verwaltung, 1982, S. 145 ff.

[35] *Gert Meier*, Europäische Amtshilfe – ein Stützpfeiler des Europäischen Binnenmarktes, EuR 1989, S. 237 (245 f.): Es bedarf der Regelung u. a. von Gegenstand, Voraussetzungen, Zuständigkeiten, Grenzen, Kosten und Rechtsschutz.

[36] Zu den entsprechenden Regelungen *Florian Wettner*, Die Amtshilfe im Europäischen Verwaltungsrecht, 2005, S. 45 ff., zur primärrechtlichen Fundierung der Amtshilfepflicht S. 234 ff.; zusammenfassend *ders.*, Das allgemeine Verfahrensrecht der gemeinschaftsrechtlichen Amtshilfe, in: Schmidt-Aßmann/Schöndorf-Haubold (Hrsg.), Der Europäische Verwaltungsverbund (Fn. 8), S. 180. Zur Amtshilfe nach den §§ 4 ff. VwVfG vgl. → *Holznagel* § 24 Rn. 21 ff.

dener Mitgliedstaaten unterscheiden. Verräumlichend wird in der Begriffswelt der Mehrebenenmetaphorik von **„vertikalen" und „horizontalen" Informationsbeziehungen** gesprochen.[37] Die typisierende Trennung von vertikaler und horizontaler Kooperation findet ihre rechtliche Grundlage darin, dass die unionale Verwaltung von den Mitgliedstaaten aufgrund der jeweiligen Ratifikation der Verträge demokratisch mitgetragen wird, während dies bei anderen mitgliedstaatlichen Verwaltungen nicht der Fall ist. Dementsprechend ist es legitimationstheoretisch plausibel, dass die unionale Verwaltung gegenüber den nationalen Stellen über Hoheitsbefugnisse zur Einforderung von Informationen verfügen kann, welche den Stellen anderer Mitgliedstaaten nicht zustehen. Entsprechend ist dieser Beitrag aufgebaut.

13   Unter dem Gesichtspunkt des Regelungsgegenstands sind zunächst Informationsbeschaffungspflichten (beispielsweise Art. 11 der Kartellverfahrens-Verordnung (EG) Nr. 1/2003: Die nationale Behörde muss auf Anfrage der Kommission bei einem Unternehmen Informationen einholen)[38] von den hier allein interessierenden Informationspflichten zu unterscheiden, bei denen die Informationen bereits im Zugriff der Verwaltung sind; sie werden auch als Mitteilungspflichten bezeichnet.[39] Die von *Julia Sommer* entwickelte Typologie unterscheidet diesbezüglich zwischen Auskunftspflichten und Unterrichtungspflichten.[40] Auskunftspflichten entstehen reaktiv auf das Ersuchen anderer Verwaltungseinheiten.[41] Unterrichtungspflichten hingegen entstehen, sobald ein bestimmter Tatbestand erfüllt ist. Liegt eine Unterrichtungspflicht vor, so muss die über die Information verfügende Behörde bei Vorliegen eines Tatbestands (Auftreten einer Gefahr, Projektierung eines Rechtsaktes) von sich aus aktiv werden und einschlägige Informationen weitergeben, ohne dass es dazu eines Ersuchens bedürfte.[42] Nach

---

[37] *Sydow*, Verwaltungskooperation in der EU (Fn. 8), S. 1 ff.; *Kahl*, Der Europäische Verwaltungsverbund (Fn. 8) (im Erscheinen).

[38] *Sommer*, Verwaltungskooperation (Fn. 18), S. 156 ff.

[39] *Julia Sommer*, Informationskooperation am Beispiel des europäischen Umweltrechts, in: Schmidt-Aßmann/Schöndorf-Haubold (Hrsg.), Der Europäische Verwaltungsverbund (Fn. 8), S. 57 (61).

[40] Grundlegend *Sommer*, Verwaltungskooperation (Fn. 18), S. 102 ff.

[41] Den Auskunftspflichten kann grundsätzlich durch die Erteilung von mündlichen Auskünften entsprochen werden; teilweise ist aber auch die Übermittlung von Schriftstücken vorgesehen. Zum Beispiel regelt Art. 15 Abs. 4 der *Abwasserrichtlinie* (RL 91/271/EWG, ABl. EG 1991, Nr. L 135, S. 40), dass Informationen, die von den zuständigen Behörden oder Stellen mit Bezug auf Mengen und Zusammensetzung von Einleitungen in das Oberflächenwasser und von Klärschlämmen gesammelt werden, in den Mitgliedstaaten bereitgehalten und der Kommission auf Anfrage innerhalb von sechs Monaten zugänglich gemacht werden müssen. Da sich diese Vorschrift auf komplizierte und umfangreiche technische Daten bezieht, setzt sie zwingend voraus, dass die Auskünfte schriftlich zu erteilen sind. Ein anderes Beispiel für die Übermittlung von schriftlichen Auskünften ist Art. 4 Abs. 3 der *Vogelschutzrichtlinie* (RL 79/409/EWG, ABl. 1979, Nr. L 103, S. 1), der die Mitgliedstaaten verpflichtet, der Kommission alle sachdienlichen Informationen zu übermitteln, so dass diese die Koordinierung zur Herstellung eines zusammenhängenden Netzes von Vogelschutzgebieten übernehmen kann. Der Umfang von Auskunftspflichten ist jeweils in dem einschlägigen Rechtsakt festgelegt. Auskunftspflichten beziehen sich auf Tatsachen; sie haben im Regelfall nicht die Erteilung einer Meinung im engeren Sinne zum Gegenstand. So sieht etwa Art. 5 der VO EWG Nr. 2158/92 (ABl. EG 1992, Nr. L 217, S. 3), geändert und verlängert durch VO (EG) Nr. 805/2002 (ABl. EG 2002, Nr. L 132, S. 3), zum Schutz des Waldes in der Gemeinschaft gegen Brände die Errichtung eines Waldbrandinformationssystems vor. Die Mitgliedstaaten sind verpflichtet, Auskünfte bezüglich Zeit, Ausmaß und Ursachen der Gefährdung zu beschaffen, um die Entwicklung von Brandschutzstrategien zu ermöglichen.

[42] So verlangt die *Informationsrichtlinie* (RL 98/34/EG, ABl. EG 1998, Nr. L 204, S. 37) in Art. 8, dass die Mitgliedstaaten der Kommission den Entwurf einer technischen Vorschrift übermitteln. Der die

A. Grundlagen

der Art der Aufbereitung der zu übermittelnden Informationen stellen Berichtspflichten eine qualifizierte Kategorie dar: Hier reicht nicht die Übermittlung einer bloßen Information aus, sondern es ist eine systematische und umfassende Zusammenstellung relevanter Informationen erforderlich.[43] Einen qualifizierten Typus bilden auch Notifizierungspflichten: Diese zeichnet eine höhere Rechtsförmigkeit und die regelmäßige Auslösung von Rechtsfolgen aus.[44] Die einzelnen Normen der Informationsbeziehungen im Verwaltungsverbund sind allerdings vielgestaltig und fügen sich nicht immer diesen Typen.

Interessant ist ein Vergleich der Typen von Informationsregeln im europäischen Verwaltungsverbund mit den Typen im Europäischen Gesellschaftsrecht. Hier wird auf einer ersten Ebene zwischen Informationsnutzungsregeln und Informationsbereitstellungsregeln unterschieden.[45] Als Informationsnutzungsregeln werden Regelungen bezeichnet, die den Betroffenen Wahlfreiheit bei der Nutzung bestimmter Informationen einräumen.[46] Informationsbereitstellungsregeln lassen

13a

Pflicht auslösende Tatbestand besteht in diesem Fall in der Erarbeitung des Entwurfs einer technischen Vorschrift, die der Mitgliedstaat erlassen möchte; der Entwurf muss sich in einem Stadium befinden, in dem wesentliche Änderungen noch möglich sind. Unterrichtungspflichten können nicht nur im Verhältnis zur Kommission vorliegen, sondern können auch gegenüber anderen Mitgliedstaaten existieren. Der Informationsfluss verläuft in diesem Fall nur zwischen den Mitgliedstaaten. Zum Beispiel verlangt die *Richtlinie über die Anwendung genetisch veränderter Mikroorganismen in geschlossenen Systemen* (RL 2009/41/EG, ABl. EU 2009, Nr. L 125, S. 75) in Art. 13 bei einem Unfall sowohl die Information der Öffentlichkeit als auch die Benachrichtigung der anderen betroffenen Mitgliedstaaten. Eine andere Typisierung der Unterrichtungspflichten kann nach Maßgabe des Zeitpunkts erfolgen, in dem der Auslösungstatbestand eintritt. Das betrifft zum Beispiel Warnungen im Zusammenhang mit Unfällen, Naturkatastrophen und sonstigen Notständen. Sie sind erforderlich, sobald der Staat Kenntnis erlangt, während umfangreichere Hintergrundinformationen in der Regel in einer späteren Unterrichtung nachgereicht werden können. Eine frühe Unterrichtungspflicht gegenüber den anderen Mitgliedstaaten wie auch gegenüber der Kommission ist in Art. 15 der *Richtlinie über die Anwendung genetisch veränderter Mikroorganismen in geschlossenen Systemen* für den Fall eines Unfalles bei der Anwendung von genetisch veränderten Mikroorganismen vorgesehen.

[43] Berichtspflichten sind meistens mit Umweltmonitoringpflichten verknüpft. Viele umweltrechtliche Richtlinien setzen solche Berichtspflichten fest, etwa die *Abwasserrichtlinie* (RL 91/272/EWG, ABl. EG 1991, Nr. L 135, S. 40, geändert durch RL 98/15/EG, ABl. EG 1998, Nr. L 67, S. 69). Deren Art. 16 verlangt von den Mitgliedstaaten, alle zwei Jahre einen Bericht über die Lage der Beseitigung von kommunalen Abwässern und Klärschlamm zu geben. Die Berichte müssen im Inland publiziert und unmittelbar nach der Veröffentlichung an die Kommission weiter geleitet werden. Die *Wasserrahmenrichtlinie* (RL 2000/60/EG, ABl. EG 2000, Nr. L 327, S. 1) sieht in Art. 15 vor, dass die Mitgliedstaaten über den Stand der Umsetzung von Bewirtschaftungsplänen Bericht erstatten müssen. Diese Berichte sollen alle drei Jahre abgeliefert werden; doch müssen die Staaten auch innerhalb dieser drei Jahre Zwischenberichte erstellen.

[44] So regelt die *Abfallverbringungsverordnung* (VO [EG] Nr. 1013/2006 über die Verbringung von Abfällen, ABl. EU 2006, Nr. L 190, S. 1) die Notifizierung der grenzüberschreitenden Verbringung von Abfällen. Die Notifizierung muss auf festgelegten Formularen erfolgen und bestimmte Informationen enthalten. Art. 9 der RL 2006/117/EURATOM (ABl. EU 2006, Nr. L 337, S. 21) sieht vor, dass der Eingang der Notifizierung zum Lauf einer zweimonatigen Frist für die Zustimmung zur Verbringung radioaktiver Abfälle führt. Ein weiteres Beispiel, im vertikalen Verhältnis, stellt Art. 9 Abs. 1 i.V.m. Art. 8 Abs. 1 der *Informationsrichtlinie* (RL 98/34/EG, ABl. EG 1998, Nr. L 204, S. 37) dar, wonach die Information automatisch eine dreimonatige Stillhaltepflicht begründet. Die Frist soll der Kommission die Zeit geben, den Bedarf an Harmonisierung zu prüfen.

[45] *Grohmann*, Das Informationsmodell (Fn. 9), S. 56 f.; *ders.*, Das Informationsmodell im Europäischen Gesellschaftsrecht, EWS 2007, S. 540 (541); *Stefan Grundmann*, Ausbau des Informationsmodells im Europäischen Gesellschaftsrecht, DStR 2004, S. 232.

[46] Ein Beispiel ist Art. 5 der Übernahmerichtlinie (RL 2004/25/EG, ABl. EU 2004, Nr. L 142, S. 12), wonach ein Investor, der über eine Kontrollmehrheit verfügt, zum Schutz der Minderheitsaktionäre ver-

sich ihrerseits unterteilen in Informationsprimärpflichten, welche die Informationsbereitstellung im eigentlichen Sinne betreffen,[47] und flankierende Informationssekundärregeln in Gestalt von Präventions-[48] und Sanktionsmechanismen,[49] welche die Verlässlichkeit der bereitgestellten Informationen absichern.[50] Die Gemeinsamkeit zwischen den Informationsregeln im Europäischen Gesellschaftsrecht und im Europäischen Verwaltungsverbund erschöpft sich in ihrer Rolle als Alternative zur hergebrachten Regulierung; sie haben aber durchweg eine andere Funktion, was sich auf die Übertragbarkeit der Typisierung auswirkt. Unionsprivatrechtliche Informationsregeln haben zum einen eine individualschützende Funktion zugunsten strukturell unterlegener Personengruppen (im Gesellschaftsrecht: Gläubiger, Minderheitsgesellschafter und Arbeitnehmer,[51] im Vertragsrecht: Verbraucher). Sie haben zum anderen eine binnenmarktfördernde Funktion, soweit sie den Abbau von marktschädlichen Informationsasymmetrien bezwecken und zugleich als milderes Mittel im Sinne der Verhältnismäßigkeitsprüfung die Ausübung der Grundfreiheiten weniger beeinträchtigen als harte Regulierung mittels Geboten und Verboten.[52] Dagegen bezwecken Informationsregeln im Verwaltungsverbund in erster Linie eine erfolgreiche interadministrative Kooperation. Die im Privatrecht gegebene strukturelle Unterlegenheit des Informationsempfängers gegenüber dem Informationsgeber und seine daraus resultierende Schutzbedürftigkeit lässt sich hingegen weder auf den vertikalen noch auf den horizontalen Informationsverbund übertragen. Da es sich im Ver-

---

pflichtet ist, ein Pflichtangebot zur Übernahme der übrigen Anteile zu einem angemessenen Preis abzugeben. Für die Minderheitsaktionäre hingegen besteht Wahlfreiheit bei der Annahme des Angebots.

[47] Wichtige Beispiele sind die Registerpublizität nach der für alle Kapitalgesellschaftsformen geltenden Publizitätsrichtlinie (RL 68/151/EWG, ABl. EG 1968, Nr. L 65, S. 8), die Publizitätspflichten bei Kapitalmaßnahmen nach der für Aktiengesellschaften geltenden Kapitalrichtlinie (RL 77/91/EWG, ABl. EG 1977, Nr. L 26, S. 1) und die Publizitätspflichten bei Strukturmaßnahmen nach der Verschmelzungsrichtlinie (RL 78/855/EWG, ABl. EG 1978, Nr. L 295, S. 36), nach der Spaltungsrichtlinie (RL 82/891/EWG, ABl. EG 1982, Nr. L 378, S. 47) und nach der Internationalen Verschmelzungsrichtlinie (RL 2005/56/EG, ABl. EU 2005, Nr. L 310, S. 1); s. dazu im Einzelnen *Karl Riesenhuber*, Die Verschmelzungsrichtlinie: „Basisrechtsakt für ein Europäisches Recht der Strukturmaßnahmen"- Zum Schutz durch Information im Europäischen Gesellschaftsrecht, NZG 2004, S. 15.

[48] Präventive Funktion hat insbesondere die Werthaltigkeitsprüfung von Sacheinlagen durch unabhängige Sachverständige und die Offenlegung des Sachverständigenberichts (Art. 10 Kapitalrichtlinie) sowie die Prüfung des Maßnahmeplans bei Verschmelzungen und Spaltungen durch Sachverständige (Art. 10 Verschmelzungsrichtlinie, Art. 8 Spaltungsrichtlinie, Art. 8 Internationale Verschmelzungsrichtlinie). Die Anforderungen an die Sachkenntnis und Unabhängigkeit der Prüfer sind geregelt in Art. 3 ff. der Abschlussprüfungsrichtlinie (RL 2006/43/EG, ABl. EU 2006, Nr. L 157, S. 87).

[49] Art. 3 Abs. 5 Publizitätsrichtlinie statuiert einen Grundsatz der negativen Publizität, wonach die Gesellschaft publizitätspflichtige Urkunden und Angaben Dritten erst nach der Bekanntmachung entgegensetzen kann, sofern sie nicht nachweist, dass diese die Urkunden oder Angaben kannten. Sekundärrechtliche Normen, die eine Haftung für fehlerhafte Informationen anordnen, sind äußerst selten und wenn überhaupt, dann als Regelungsauftrag an die Mitgliedstaaten ausgestaltet, *Grohmann* (Fn. 45), EWS 2007, S. 540 (546); ein Beispiel sind Art. 20 und 21 Verschmelzungsrichtlinie.

[50] *Grohmann*, Das Informationsmodell (Fn. 9), S. 57 f.; *ders.* Informationsmodell im Europäischen Gesellschaftsrecht (Fn. 45), EWS 2007, S. 541; *Grundmann*, Informationsmodell (Fn. 45), DStR 2004, S. 232.

[51] Vgl. *EuGH*, Rs. C-208/00, *Überseering*, Slg. 2002, I-9919, Rn. 92; Rs. C-411/03, *SEVIC*, Slg. 2005, I-10805, Rn. 28.

[52] Grundlegend *EuGH*, Rs. 120/78, *Cassis de Dijon*, Slg. 1979, 649, Rn. 13 in Bezug auf den freien Warenverkehr; s. zudem *EuGH*, Rs. C-167/01, *Inspire Art*, Slg. 2003, I-10155, Rn. 135 in Bezug auf die Vereinbarkeit gesellschaftsrechtlicher Sonderanknüpfungen mit der Niederlassungsfreiheit von Gesellschaften.

A. Grundlagen

waltungsverbund bei dem Informationsgeber stets um ein mitgliedstaatliches oder unionales Organ handelt, besteht zudem eine Vermutung für die Verlässlichkeit der übermittelten Informationen. In einem auf die Kooperation von Hoheitsträgern angelegten Verbund besteht daher an Informationsnutzungsregeln und an Informationssekundärregeln kein Bedarf; eine wichtige Rolle spielen allein solche Regeln, die nach der Dogmatik im Europäischen Gesellschaftsrecht als Informationsprimärregeln einzuordnen wären.

Während die oben genannten Pflichten nur einen Informationsfluss in eine Richtung verlangen, gebieten Konsultationspflichten einen gegenseitigen Informationsaustausch.[53] Sie gehören systematisch zu dem Bereich der Verfahrensbeteiligung und werden in diesem Beitrag nicht näher behandelt. Dies entspricht einer rechtsdogmatischen Typisierung, welche Information als „schlichten Handlungszusammenhang" in der europäischen Verwaltungskooperation begreift und von den vertikal und horizontal organisierten Entscheidungszusammenhängen sowie Formen institutionalisierter Kooperation unterscheidet.[54] Dieser Beitrag untersucht auch nicht solche Informationspflichten, die in unmittelbarem Zusammenhang mit Entscheidungsverfahren stehen, also z.B. Notifikationspflichten wie in Art. 108 Abs. 3 AEUV.[55] 14

IV. Übergreifende Aspekte

1. Kompetenzgrundlagen des Informationsverbunds

Der Erlass von mitgliedstaatlichen Informationspflichten bedarf nach Art. 5 Abs. 1 EUV einer **Befugnisnorm.** Einige Unionskompetenzen erlauben explizit die entsprechende Ausgestaltung des Verwaltungsverbunds und damit die Begründung vertikaler und horizontaler Informationspflichten in dem erfassten Sachbereich. Wichtige Beispiele bilden Art. 33 AEUV, Art. 74 AEUV und Art. 87 Abs. 2 lit. a AEUV.[56] Darüber hinaus kennt der AEUV in Art. 337 eine spezifische Kompetenznorm, die den Erlass von Rahmenvorschriften erlaubt, unter denen die Kommission erforderliche Auskünfte im gesamten Anwendungsbereich des AEUV einholen kann.[57] Diese Bestimmung wurde bislang nur zurückhaltend genutzt; 15

---

[53] Die Konsultationspflichten können sich sowohl auf Tatsachen als auch auf Meinungen beziehen, weil nur auf diesem Wege eine umfassende Information gewährleistet ist. Obwohl in der Regel keine Maßnahmen vor der Beendigung der Konsultationen durchgeführt werden sollen, dürfen die Konsultationspflichten die Durchsetzung der geplanten Maßnahmen nicht allzu sehr verzögern. So bestimmt die RL 2001/42/EG über Umweltauswirkungen von Plänen (ABl. EG 2001, Nr. L 197, S. 30) in Art. 7, dass die Konsultation in einem bestimmten zeitlichen Rahmen stattfinden muss. Die Konsultation kann einseitig oder mehrseitig obligatorisch sein. Demgemäß eröffnet etwa Art. 12 der *Wasserrahmenrichtlinie* (RL 2000/60/EG, ABl. EG 2000, Nr. L 327, S. 1) einem Mitgliedstaat, der sich in Schwierigkeiten befindet, die Möglichkeit, bei der Bewirtschaftung seiner Wasserressourcen andere Staaten oder die Kommission zu konsultieren, ist aber dazu nicht verpflichtet. Dagegen ist die Kommission, wenn sie angerufen wird, zur Stellungnahme verpflichtet. Die Verpflichtung ist hier einseitig. Zu Konsultationspflichten im nationalen Recht → Bd. II *Holznagel* § 24 Rn. 37.
[54] *Schmidt-Aßmann*, Strukturen Europäischer Verwaltung (Fn. 25), S. 398.
[55] Hierzu → Bd. II *Röhl* § 30 Rn. 50 ff.
[56] Neben diesen ausdrücklichen Regelungsmöglichkeiten bestehen Kompetenzen zu Anreizmaßnahmen für die mitgliedstaatliche Zusammenarbeit, so Art. 149, 156, 165, 167, 168, 173, 181, 210 AEUV.
[57] Zur Bedeutung für das Informationsverwaltungsrecht *Clemens Ladenburger*, in: v.d. Groeben/Schwarze (Hrsg.), EU-/EG-Vertrag, Art. 284 EGV Rn. 2 ff.

eine allgemeine Ermächtigung zur Informationsbeschaffung bei Behörden und Privaten ist der Kommission nicht erteilt worden. Bis zur Einfügung des Art. 285 EGV (jetzt Art. 338 AEUV) durch den Amsterdamer Vertrag diente Art. 213 EGV a. F. (jetzt Art. 337 AEUV) als Rechtsgrundlage für Regelungen über Gemeinschaftsstatistiken, die nunmehr auf die speziellere Vorschrift zu stützen sind.[58] Trotz der potentiellen Weite seines Anwendungsbereichs (vgl. den englischen Wortlaut: „collect any information") kann nicht das gesamte Recht des Informationsverbunds auf Art. 337 AEUV gestützt werden, da er den horizontalen Informationsverbund überhaupt nicht und den vertikalen nur in dem Teilsegment der Auskunftsrechte der Kommission erfasst.

16 Die in diesem Beitrag behandelten Informationspflichten sind zumeist auf die Kompetenzbestimmungen gestützt, die eine Regelung des Sachbereichs erlauben, zu dessen Administrierung dann die Informationspflichten eingeführt werden. Dies entspricht gefestigtem Verständnis. Sowohl bei zielbezogenen Kompetenzen mit Querschnittscharakter (insbesondere Art. 114 und Art. 352 AEUV) als auch bei zielbezogenen Kompetenzen in einem umschriebenen Sachgebiet (so die meisten Kompetenzen, etwa Art. 43 und Art. 192 AEUV) ist anerkannt, dass nicht nur materielle Regelungen, sondern auch – im Rahmen des Art. 5 EUV – organisations- und verfahrensrechtliche Regelungen zulässig sind.[59] Gerade der Ausbau des **Kooperationsverwaltungsrechts** kommt dem Anliegen der Wahrung nationaler Kompetenzen und damit den Vorgaben des Art. 5 EUV weit mehr entgegen als eine zentralisierte Durchführung durch Unionsorgane. Dieses Kooperationsverwaltungsrecht erfordert jedoch zwecks effektiver und gleicher Rechtsanwendung angemessene Informationspflichten. Allerdings ist insbesondere mit Blick auf Berichtspflichten stets genau zu prüfen, ob die geforderte Informationsdichte und Berichtshäufigkeit im Sinne von Art. 5 Abs. 4 AEUV verhältnismäßig sind. Berichtspflichten können leicht zu erheblichen Arbeitsbelastungen und zu einer Erhöhung administrativer Kosten führen sowie – insbesondere bei starrer Vorgabe der zu beantwortenden Fragen – auf Organisation, Arbeitsweise und Ausrichtung der berichtspflichtigen Institution erhebliche Auswirkungen haben.[60] Dieser Zusammenhang wird in den Wirtschaftswissenschaften insbesondere unter dem Aspekt der Einsparung von Transaktionskosten untersucht[61] und spielt im Verwaltungsverbund eine Rolle im Zusammenhang mit dem Abbau von bürokratischem Aufwand.[62]

---

[58] Zur Entwicklung *Johann Hahlen*, in: Grabitz/Hilf (Hrsg.), EU-Recht, Art. 285 Rn. 1 ff.

[59] Im Einzelnen *Sommer*, Verwaltungskooperation (Fn. 18), S. 359 ff. und 393; zur Kompetenzdogmatik *Jürgen Bast/Armin von Bogdandy*, in: Grabitz/Hilf/Nettesheim (Hrsg.), EU-Recht, Art. 5 EUV Rn. 19 ff.; Art. 337 AEUV (vormals Art. 284 EGV) entwickelt insoweit keine Sperrwirkung, *EuGH*, Rs. 188/80, 189/80 und 190/80, Slg. 1982, 2545, Rn. 9 f.

[60] Zur Berücksichtigung von Aufwand und Verwaltungskosten im Rahmen der Verhältnismäßigkeitsprüfung s. *Kristina Heußner*, Informationssysteme im Europäischen Verwaltungsverbund, 2007, S. 289.

[61] Grundlegend *Rudolf Richter/Eirik Furubotn*, Neue Institutionenökonomik, 3. Aufl. 2003, S. 55 ff.; die Diskussion in den Wirtschaftswissenschaften zusammenfassend *Grohmann*, Das Informationsmodell (Fn. 9), S. 29 ff.

[62] Insoweit sei auf das SLIM-Projekt („Simpler Legislation for the European Market") der Kommission im Zeitraum 1996–2002 und die Arbeit der High Level Group of Independent Stakeholders on Administrative Burdens („Stoiber-Kommission") verwiesen.

A. Grundlagen

2. Informationsspezifische Handlungsformen

Alle hoheitlichen Handlungsformen (Gesetz, Verordnung, Verwaltungsakt) **17** können nicht nur als Instrumente rechtlicher Regelung, sondern auch als **Instrumente der Information** verstanden werden, und zwar nicht nur über die Rechtslage, sondern auch über hoheitliche Aktivität. So mag das Interesse der europäischen Institutionen, den Bürger von ihrer rechtsetzenden Aktivität zu informieren und damit ein „europäisches Bewusstsein" zu erzeugen, die frühe Rechtsprechung des Europäischen Gerichtshofs erklären, die eine implementierende nationale Rechtsetzung zu EU-Verordnungen verbot, welche den europäischen Hintergrund einer Regelung gegenüber dem Bürger verdunkelt hätte.[63]

Das Unionsrecht kennt zudem eine bemerkenswerte Anzahl *spezifischer* Handlungsformen, die *vor allem* Instrumente der Information und nicht rechtlicher Regelung sind. Sie dienen insbesondere der Interaktion selbständiger Hoheitsträger und ihrer Verwaltungen: Die Union als stark dialogisch ausgerichteter Hoheitsträger informiert auf formalisierte Weise nationale Stellen. Die rechtliche Typisierung von Akten wesentlich informationellen Gehalts ist ein wichtiges Moment der Erleichterung administrativer Kooperation im Verwaltungsverbund. **18**

Laut Verzeichnis des geltenden Unionsrechts betrachten die Unionsorgane eine **19** Reihe ihrer Akte und Äußerungen als Teil der unionalen Rechtsordnung, die aus der Perspektive der nationalen Rechtsdogmatik keine Rechtsaktqualität aufweisen.[64] Ausgangspunkt ist Art. 288 AEUV, der mit der Empfehlung und der Stellungnahme zwei entsprechende Handlungsformen in seinen Katalog aufnimmt. Der Fundstellennachweis des geltenden Unionsrechts[65] folgt dieser Vorgabe und führt diese und weitere Handlungen, die keine Verbindlichkeit beanspruchen, als Bestandteil des geltenden *Rechts*. Für einen traditionellen Rechtsbegriff ist dies eine Provokation, gilt ihm doch gerade die Fähigkeit, Verhaltenssteuerung durch verbindliche Regelungen zu erzielen, als Inbegriff der Rechtsqualität einer Norm.[66] Für die Analyse des Unionsrechts ist ein erweiterter Rechtsbegriff durch Art. 288 AEUV positivrechtlich geboten; es liegt auch in der Konsequenz der Union als Rechtsgemeinschaft, alle hoheitlichen Maßnahmen, die zum Zusammenhalt des aus Union und Mitgliedstaaten bestehenden Verbunds beitragen, als Recht zu qualifizieren.

Die drei häufigsten Erscheinungsformen eines im Amtsblatt dokumentierten **20** unverbindlichen Rechtsakts sind die Empfehlung, die Entschließung und die Stellungnahme, die sich nur aus der Perspektive der Informationsvermittlung

---

[63] *EuGH*, Rs. 30/72, Slg. 1978, 101, Rn. 17; Rs. 34/73, *Variola*, Slg. 1974, 981, Rn. 10 f.

[64] Zum Folgenden *Armin v. Bogdandy/Jürgen Bast/Felix Arndt*, Handlungsformen im Unionsrecht. Empirische Analysen und dogmatische Strukturen in einem vermeintlichen Dschungel, ZaöRV, Bd. 62 (2002), S. 77 (114 ff.), mit statistischen Angaben und dogmatischer Aufbereitung. Vgl. a. → Bd. I *Ruffert* § 17 Rn. 33 ff.

[65] Das EUR-Lex-Redaktionsteam erstellt den Fundstellennachweis etwa zu jeder Monatsmitte (12 mal jährlich); er umfasst alle zu Beginn des jeweiligen Monats geltenden Rechtsakte. Eine gedruckte Ausgabe erschien letztmals zum Stichtag 1. 1. 2004; die Daten sind seit dem 1. 1. 2005 nur noch elektronisch verfügbar: http://eur-lex.europa.eu/de/legis/index.htm.

[66] Zur Einordnung *Schmidt-Aßmann*, Ordnungsidee, Kap. VI Rn. 34.

entschlüsseln.[67] Zusammen genommen bilden bereits diese drei Handlungsformen mit etwa 9,3% der Gesamtzahl geltender Akte einen erstaunlich hohen Anteil am geltenden Unionsrecht.[68] Im Folgenden seien drei Handlungsformen aus der Perspektive interadministrativer Informationsbeziehungen näher beleuchtet.

21   Im Lichte des Informationsverbunds ist die **Stellungnahme** von besonderem Interesse. Ausweislich des Fundstellennachweises erlässt nahezu ausschließlich die Kommission Rechtsakte mit der Bezeichnung „Stellungnahme", obwohl Art. 249 Abs. 1 EGV diese Handlungsform allen Organen der EU zur Verfügung stellt.[69] Ein zweites Charakteristikum ist die Publikationspraxis: Alle dokumentierten Stellungnahmen sind in der Amtsblatt-Serie L veröffentlicht. Die Kommission arbeitet offenbar, was die Kennzeichnung und Dokumentation ihrer Handlungen angeht, puristisch: Unverbindliche Akte, die der Nomenklatur des Art. 288 Abs. 5 AEUV folgen, werden in der Abteilung L veröffentlicht, andere unverbindliche Akte werden ggf. in der Serie C abgedruckt. Letztere heißen dann häufig „Mitteilung" (engl. *communication* oder *information*, franz. *communication*), gelegentlich auch „Leitlinie" (engl. *guideline*, franz. *orientation*) oder „Erklärung" (engl. *statement* oder *declaration*, franz. *déclaration*), niemals jedoch „Stellungnahme". Die Kommission ist offenbar bestrebt, ihren Stellungnahmen eine erkennbar herausgehobene Bedeutung zuzuschreiben und macht nur behutsam von diesem Instrument Gebrauch. Im Gegenzug hat sie sich mit der Mitteilung eine vielseitig verwendbare Form zur Willensäußerung geschaffen, die jedoch nur selten in den Fundstellennachweis aufgenommen wird (dazu sogleich).

22   Unter den Stellungnahmen lassen sich zwei typische Erscheinungsformen unterscheiden. Die erste Erscheinungsform hat den Charakter von Rechtsgutachten. Charakteristisch ist diese Art von Stellungnahme für bestimmte Bereiche des vergemeinschafteten Verkehrsrechts. Einer sekundärrechtlich begründeten Informationspflicht folgend,[70] reicht ein Mitgliedstaat den Entwurf eines nationalen Rechtsetzungsvorhabens zur Konformitätsbegutachtung bei der Kommission ein. Die rechtliche Bedeutung eines solchen aufsichtsrechtlichen Gutachtens besteht darin, dass eine befürwortende Stellungnahme zu einem Vorhaben, das der Kommission zur Begutachtung vorgelegen hat, unter dem Gesichtspunkt des Vertrauensschutzes vor einer späteren Aufsichtsklage nach Art. 258 AEUV schützt.[71] Bei der zweiten Erscheinungsform von Stellungnahmen handelt es sich um Maßnahmen der Gefahreneinschätzung. Ein Beispiel bildet der präventive Gesundheitsschutz im Nuklearsektor, der seine Rechtsgrundlagen in Art. 34

---

[67] Hierzu bereits früh *Charles-Albert Morand*, Les recommandations, les résolutions et les avis du droit communautaire, CDE 1970, S. 623. Ein umfassender Überblick bei *Linda Senden*, Soft Law in European Community Law, 2004, S. 123 ff.

[68] Statistische Erhebung auf der Grundlage des Fundstellennachweises des geltenden Unionsrechts (Stand 1. 1. 2010); die Daten wurden im Rahmen des Dissertationsprojekts von *Nicole Betz* erhoben, betreut von *Armin v. Bogdandy*.

[69] Staatengerichtete Stellungnahmen des Rates spielen nur bei der Koordinierung der Haushalts- und Wirtschaftspolitik unter Art. 121 und 126 AEUV eine Rolle.

[70] Entscheidung des Rates über die Einführung eines Verfahrens zur vorherigen Prüfung und Beratung künftiger Rechts- und Verwaltungsvorschriften der Mitgliedstaaten auf dem Gebiet des Verkehrs, ABl. EG 1962, S. 720, geändert durch Entscheidung des Rates vom 22. November 1973 (73/402/EWG), ABl. EG 1973, Nr. L 347, S. 48.

[71] *Martin Nettesheim*, in: Grabitz/Hilf (Hrsg.), EU-Recht, Art. 249 EGV Rn. 214.

und 37 EURATOM-Vertrag findet, der das grenzüberschreitende Gefahrenpotential der Ableitung radioaktiver Stoffe regelt.[72]

Was die Anzahl der Stellungnahmen im Bestand des geltenden Rechts angeht, ist jedoch zu berücksichtigen, dass der Fundstellennachweis nicht alle rechtlich bedeutsamen Handlungen der Organe dokumentiert, sondern nur solche, die einen Entscheidungsprozess *abschließen*. Die meisten Handlungen, die die Verträge „Stellungnahme" nennen, haben den Charakter einer *vorbereitenden Handlung*, die zwar ein – zumeist notwendiger – Zwischenschritt eines rechtlichen Verfahrens ist, nicht jedoch seinen Endpunkt bezeichnet. Stellungnahmen der Kommission sind z. B. vorgesehen bei Rechtsgrundlagen, bei denen der Rat auch ohne einen Vorschlag der Kommission im Sinne des Art. 293 AEUV), aber nicht ohne ihre Mitwirkung tätig werden soll.[73] Einen Sonderfall einer vorbereitenden Handlung von hoher Bedeutung in den interadministrativen Beziehungen stellt die „mit Gründen versehene Stellungnahme" (engl.: *reasoned opinion*, franz.: *avis motivé*) des Vertragsverletzungsverfahrens nach Art. 258 AEUV dar: die für die Rechtspraxis vielleicht bedeutsamste Variante der Stellungnahme.[74] Als Teil des Vorverfahrens ist die Abgabe der Stellungnahme zwingende Zulässigkeitsvoraussetzung einer Aufsichtsklage, die zugleich den Streitgegenstand bestimmt;[75] die Stellungnahme, die rechtlich allein über die Meinungsbildung in der Kommission informiert, bildet ein erhebliches Druckmittel auf die Mitgliedstaaten.[76]

23

Auch bei Maßnahmetypen, die nicht in Art. 288 AEUV aufgeführt sind, gibt es Zeichen rechtlicher Verdichtung spezifischer Informationsakte, etwa bei den **„Mitteilungen"** der Kommission. Hier sind zunächst die sog. Programm-Mitteilungen zu nennen, die sich an die allgemeine Öffentlichkeit und/oder die übrigen Rechtsetzungsorgane richten, oftmals in Wahrnehmung einer sekundärrechtlich begründeten Berichtspflicht oder eines Handlungsauftrags des Europäischen Rates.[77] Solche Mitteilungen dienen in erster Linie der Politikentwicklung.[78] Davon zu unterscheiden sind Mitteilungen, mit denen die Kommission in Kommunikation zu mitgliedstaatlichen Stellen tritt, ohne verbindlichere Regelungen erlassen zu können oder zu wollen.[79] So finden sich in der Praxis zahlreiche Mitteilungen an die Mitgliedstaaten, in denen die Kommission ihr Verständnis von Pflichten erläu-

24

---

[72] Hierzu zuletzt *EuGH*, Rs. C-61/03, Slg. 2005, I-2477, Rn. 39.
[73] Z. B. in Art. 144 III und 242 AEUV.
[74] Ähnlich in Art. 259 AEUV.
[75] *EuGH*, Rs. 39/72, Slg. 1973, 101, Rn. 9; Rs. C-276/91, Slg. 1993, I-4413, Rn. 12; *Matthias Pechstein*, EU-/EG-Prozessrecht, 3. Aufl. 2007, Rn. 257.
[76] Näher *John Gaffney*, The enforcement procedure under Article 169 EC and the duty of Member States to supply information requested by the Commission, Legal Issues of European Integration, Vol. 25 (1998), S. 117 ff.
[77] Zur Typologisierung *Isabel Schübel-Pfister*, Informelles Verwaltungshandeln der Kommission. Die Mitteilung im „Dickicht" der Handlungsformen des Gemeinschaftsrechts, europa-blätter 14 (2005), S. 125; ferner *Anne-Marie Tournepiche*, Les Communications: instruments privilégiés de l'action administrative de la Commission européenne, Revue du marché commun et de l'Union européenne, Nr. 454 (2002), S. 55 ff.; *Heike Adam*, Die Mitteilungen der Kommission: Verwaltungsvorschriften des Europäischen Gemeinschaftsrechts?, 1999.
[78] Dazu unten → Rn. 35.
[79] Ihr außengerichteter Charakter unterscheidet sie von innerdienstlichen Rundschreiben und Verwaltungsmitteilungen, die das Kommissions-Kollegium oder ein einzelner Kommissar zur Steuerung nachgeordneter Dienststellen erlässt, dazu *EuGH*, Rs. 148/73, *Louwage*, Slg. 1974, 81, Rn. 11, 18.

tert, die sich aus geltendem Recht ergeben.[80] Das Rechtsregime dieser sog. Auslegungs-Mitteilungen gleicht den *circulaires interprétatives* des französischen Verwaltungsrechts.[81] Von noch größerer Bedeutung sind Mitteilungen dort, wo die Kommission die Befugnis zur verbindlichen Entscheidung im Einzelfall besitzt: etwa im Wettbewerbsrecht. So existieren im Kartell-, Fusionskontroll- und Beihilfenrecht zahlreiche formell unverbindliche Rechtsakte, mit denen die Kommission – ähnlich wie bei Verwaltungsvorschriften im deutschen Recht[82] – ihr weites Ermessen selbst bindet und so indirekt auch die Mitgliedstaaten auf die formulierten Genehmigungskriterien verpflichtet (sog. Mitteilungen mit Entscheidungscharakter). Der weitgehend zwingende Charakter dieser Regeln ist in der Rechtsprechung mittlerweile durchweg anerkannt.[83] Eine Durchsicht des wettbewerbsrechtlichen *acquis* mit seinem bunten Strauß an Mitteilungen, Rundschreiben, Leitlinien, Gemeinschaftsrahmen und Kodizes[84] vermittelt jedoch zugleich den Eindruck, dass die Entwicklung der „Verwaltungsvorschrift der Kommission" zu einer konturenscharfen Handlungsform noch nicht abgeschlossen ist. Immerhin aber zeigt die Analyse der Akte und der einschlägigen Rechtsprechung bei der Mitteilung wie bei den anderen Handlungsformen, dass die Verdichtung rechtlicher Typen spezifischer informationeller Akte weit voran geschritten ist.

25 Von hoher Bedeutung in den Informationsbeziehungen ist weiter die **Entschließung,** eine spezifische Handlungsform des Rates. Die Entschließung ist aufgrund der Entbehrlichkeit einer ausdrücklichen Befugnisnorm im Vorfeld echter Regulierungsbefugnisse angesiedelt, sie steht dem Rat gewissermaßen bereits im Embryonalstadium einer Unionskompetenz zur Verfügung. Diese Niedrigschwelligkeit bedingt gerade die Leistungsfähigkeit dieser Handlungsform, die in ihrem vergleichsweise hohen Anteil am Bestand des geltenden Rechts zum Ausdruck kommt.[85] Die Entschließung in ihrer heutigen Verwendung hat sich von der Fixierung auf den kompetenziellen Randbereich des Unionsrechts gelöst und ist in die klassischen Sektoren eingewandert. Mit ihr steht dem Rat – ähnlich wie der Kommission mit der Mitteilung – eine flexibel einsetzbare Handlungsform zur Verfügung, mit der er unter Wahrung eines weichen Verpflichtungsmodus Kompro-

---

[80] Exemplarisch *Isabel Schübel-Pfister,* Kommissions-Mitteilungen im Lebensmittelrecht, ZLR 2004, S. 403 (413 ff.). Der EuGH hat auf diese Praxis der Formenwahl durch die Kommission reagiert und die Anfechtung von Auslegungs-Mitteilungen grundsätzlich zugelassen: EuGH, Rs. C-366/88, Slg. 1990, I-3571; Rs. C-325/91, Slg. 1993, I-3283; Rs. C-57/95, Slg. 1997, I-1627.

[81] *Jörg Gundel,* Rechtsschutz gegen Kommissions-Mitteilungen zur Auslegung des Gemeinschaftsrechts, EuR 1998, S. 90 (93); *Senden,* Soft Law (Fn. 67), S. 143 ff.

[82] Dazu → Bd. I *Ruffert* § 17 Rn. 67 ff.; Bd. II *Hill/Martini* § 34 Rn. 37 ff.

[83] *EuGH,* Rs. C-311/94, *Ijssel-Vliet Combinatie,* Slg. 1996, I-5023, Rn. 34; *EuG,* Rs. T-380/94, *AIUFFASS u.a.,* Slg. 1996, II-2169, Rn. 57; Rs. T-149/95, *Duros,* Slg. 1997, II-2031, Rn. 61: „Die Kommission kann sich bei der Ausübung ihres Ermessens durch Maßnahmen wie die fraglichen Leitlinien selbst binden, sofern diese Regeln enthalten, die auf den Inhalt der Ermessensbindung hinweisen und die nicht gegen den EG-Vertrag verstoßen"; zu den Grenzen *EuG,* Rs. T-2/93, *Air France/ Kommission,* Slg. 1994, II-323, Rn. 102 f.

[84] Exemplarisch für das Beihilfenrecht *Europäische Kommission, Generaldirektion Wettbewerb,* Wettbewerbsrecht in den Europäischen Gemeinschaften, Bd. II A (Wettbewerbsregeln für staatliche Beihilfen), 1999.

[85] Die Entschließung ist mit 4,1% die am häufigsten verwendete Form unverbindlicher Handlungen, die im Amtsblatt veröffentlicht werden: Fundstellennachweis des geltenden Unionsrechts (Stand: 1. 1. 2010).

misse fixieren und seine weiteren Absichten dokumentieren kann. Entschließungen informieren über die künftige Politik des Rates in einem Regelungsfeld, strukturieren damit den weiteren Kommunikationsprozess und sind daher ein unverzichtbares Hilfsmittel auf dem Weg zu „hartem" Recht.

3. Anforderungen und Schranken

Informationen können nur dann ihren Zweck erfüllen, wenn sie eine Reihe inhaltlicher Anforderungen erfüllen. Regelmäßig werden in diesem Zusammenhang Entscheidungserheblichkeit (Relevanz bzw. Wesentlichkeit), Verständlichkeit, Vergleichbarkeit, Wahrhaftigkeit, Vollständigkeit und Aktualität genannt.[86] Sekundärrechtlich gibt es eine Reihe von Normen, die zumindest Teilaspekte ausdrücklich einfordern.[87] Man kann zudem Art. 4 Abs. 3 EUV so verstehen, dass er derartige Anforderungen primärrechtlich begründet. Wenn Art. 4 Abs. 3 EUV im Rahmen der loyalen Zusammenarbeit zur Information anderer Stellen verpflichtet, so können nach Sinn und Zweck gemeinsamer Gemeinwohlverwirklichung nur richtige, vollständige und aktuelle Informationen dieser Pflicht genügen, da anderenfalls die akute Gefahr besteht, dass das Gemeinwohlziel verfehlt wird. Kombiniert man diese Pflicht mit dem in Art. 2 EUV niedergelegten Grundsatz der Rechtsstaatlichkeit, so lässt sich ein primärrechtlicher **Grundsatz der Datenrichtigkeit** im europäischen Verwaltungsverbund formulieren. Dieser ist allerdings noch in ein Regime einzubetten, das im Sinne eines Prinzips der Datenverantwortlichkeit die Rechtsfolgen für fehlerhafte Daten regelt. 26

Die wichtigste **Schranke** bei der Weitergabe von Informationen resultiert aus datenschutzrechtlichen Vorschriften, die in Art. 8 GRCh, Art. 16 AEUV ihren verfassungsrechtlichen Ausgangspunkt finden. Dieser wichtige und schwierige Punkt kann in diesem Rahmen nicht vertieft werden. Erwähnt sei nur, dass neben dem allgemeinen Datenschutzregime unter Art. 16 AEUV sowie der Richtlinie 95/46/EG[88] zahlreiche Spezialregelungen über die Verarbeitung von Daten in sektorspezifischen Informationssystemen bestehen (unten 4.).[89] Sektorübergreifend wird die Befugnis der Union, Pflichten zur Gewinnung wie zur interadmi- 26a

---

[86] Vgl. *Grohmann*, Das Informationsmodell (Fn. 9), S. 107 ff.; s. auch *Holger Fleischer*, Vertragsschlußbezogene Informationspflichten im Gemeinschaftsprivatrecht, ZEuP 2000, S. 772 (785 ff.).

[87] Art. 1 der Marktmissbrauchsrichtlinie (RL 2003/6/EG, ABl. EU 2003, Nr. L 96, S. 16) definiert die Insiderinformation als „nicht öffentlich bekannte *präzise* Information, die direkt oder indirekt einen oder mehrere Emittenten von Finanzinstrumenten oder ein oder mehrere Finanzinstrumente betrifft und die, wenn sie öffentlich bekannt würde, geeignet wäre, den Kurs dieser Finanzinstrumente oder den Kurs sich darauf beziehender derivativer Finanzinstrumente *erheblich* zu beeinflussen" (Hervorhebungen durch Verf.). Verständlichkeit wird insbesondere in unionsprivatrechtlichen Rechtsakten eingefordert, die dem Schutz von Verbrauchern und Anlegern dienen. So sind etwa nach Art. 5 Abs. 1 der Prospektrichtlinie (RL 2003/71/EG, ABl. EU 2003, Nr. L 345, S. 64) Informationen in Wertpapierprospekten „in leicht zu analysierender und verständlicher Form darzulegen"; Art. 5 Abs. 2 dieser Richtlinie schreibt eine Zusammenfassung „in allgemein verständlicher Sprache" vor. Wenn auch eine Übertragung der Typisierung von Informationspflichten im Privatrecht auf Informationspflichten im Europäischen Verwaltungsverbund problematisch erscheint (oben → Rn. 13), so dürften sich die inhaltlichen Anforderungen an Informationen in verschiedenen Regelungskontexten nicht unterscheiden.

[88] RL 95/46/EG des Europäischen Parlaments und des Rates vom 24. 10. 1995 zum Schutz natürlicher Personen bei der Verarbeitung personenbezogener Daten und zum freien Datenverkehr, ABl. EG 1995, Nr. L 281, S. 31.

[89] Allg. zum Datenschutz → Bd. II *Albers* § 22.

§ 25 Die Informationsbeziehungen im europäischen Verwaltungsverbund

nistrativen Weitergabe von Informationen zu begründen, durch den Grundsatz der Verhältnismäßigkeit limitiert.[90] Für den Bereich statistischer Informationen sind Art. 338 Abs. 2 AEUV spezifische Schranken zu entnehmen, einschließlich die der „statistischen Geheimhaltung".[91] Art. 346 Abs. 1 lit. a AEUV erlaubt den Staaten, Auskünfte zu verweigern, die wesentliche Sicherheitsinteressen berühren.[92]

27 Als weitere Schranke der Weitergabe von Informationen kommt die **Rechtswidrigkeit** ihrer Gewinnung in Betracht. Diskutiert wird dies vorrangig im Wettbewerbsrecht. Seit der Verordnung (EG) Nr. 1/2003 wird dieses Wettbewerbsrecht von einem Kooperationssystem aus nationalen Wettbewerbsbehörden und der Kommission im so genannten Europäischen Wettbewerbsnetz („European Competition Network") administriert.[93] Die Informationsströme fließen sowohl horizontal zwischen nationalen Wettbewerbsbehörden als auch vertikal zwischen einzelnen nationalen Wettbewerbsbehörden und der Kommission. Die Rechtmäßigkeit einer Informationserlangung in diesem Netz bestimmt sich mangels anders lautendem Unionsrecht nach dem nationalen Recht des mitteilenden Mitgliedstaates.[94] Ist die Erhebung nach nationalem Recht unzulässig, so schließt das europäische Recht eine Weitergabe allerdings nicht aus. Art. 12 der Verordnung (EG) Nr. 1/2003 legt nur Schranken der Verwendung von Informationen mit Blick auf bestimmte Sanktionsformen fest, und Art. 28 verbietet nur die Weitergabe nach außen. Ähnlich dürfte sich die Rechtslage in anderen Rechtsbereichen darstellen, etwa bei der Weitergabe von Informationen im Rahmen der polizeilichen Amtshilfe gemäß Art. 39 bzw. 46 des Schengener Durchführungsübereinkommens von 1990 (SDÜ).[95] Zwar hat der EuGH aus dem Recht auf ein faires Verfahren abgeleitet, dass unter Verstoß gegen Sekundärrecht erlangte Informationen einem Beweisverwertungsverbot unterliegen;[96] einen allgemeinen Grundsatz, dass rechtswidrig erlangte Informationen einem Verwertungsverbot unterliegen, kennt das europäische Verwaltungsrecht gleichwohl nicht.[97] Problematisch wirkt sich in diesem Zusammenhang die enge Konzeption des Rechtsschutzes unter Art. 263 Abs. 4 AEUV aus,[98] nach der die interadministrative Übermittlung von Informationen kaum je eine individuell anfechtbare Handlung darstellen kann.[99]

---

[90] *EuGH*, Rs. C-426/93, Slg. 1995, I-3723, Rn. 42ff.; Rs. C-114/96, *Kieffer u.a.*, Slg. 1997, I-3629, Rn. 31ff.; *Heußner*, Informationssysteme (Fn. 60), S. 284ff.
[91] Näher *Huhlen*, in: Grabitz/Hilf (Hrsg.), EU-Recht, Art. 285 EGV Rn. 25ff.
[92] *Juliane Kokott*, in: Streinz (Hrsg.), EUV/EGV, Art. 296 EGV Rn. 7.
[93] Siehe dazu zuletzt *Peter Gussone/Roman Michalczyk*, Der Austausch von Informationen im ECN – wer bekommt was wann zu sehen?, EuZW 2011, S. 130.
[94] Zum Folgenden *Daniel Reichelt*, To what extent does the co-operation within the European Competition Network protect the rights of undertakings?, CMLRev, Vol. 42 (2005), S. 745 (752).
[95] Übereinkommen zur Durchführung des Übereinkommens von Schengen vom 14. Juni 1985 zwischen den Regierungen der Staaten der Benelux-Wirtschaftsunion, der Bundesrepublik Deutschland und der Französischen Republik betreffend den schrittweisen Abbau der Kontrollen an den gemeinsamen Grenzen; nach Einbeziehung in den Rahmen der EU veröffentlicht in ABl. EG 2000, Nr. L 239, S. 19, zuletzt geändert durch VO (EG) Nr. 1160/2005 des Europäischen Parlaments und des Rates vom 6. Juli 2005, ABl. EU 2005, Nr. L 191, S. 18; zu den Voraussetzungen der polizeilichen Informationshilfe nach Art. 39 und 46 SDÜ *Karl Würz*, Das Schengener Durchführungsübereinkommen, 1997, Rn. 65ff.
[96] *EuGH*, Rs. C-276/01, *Steffensen*, Slg. 2003, I-3735, Rn. 69ff.
[97] *Ladenburger*, in: v.d. Groeben/Schwarze (Hrsg.), EU-/EG-Vertrag, Art. 284 EGV Rn. 46.
[98] Hierzu *Jürgen Bast*, Grundbegriffe der Handlungsformen der EU, 2006, S. 81ff.
[99] Vgl. *EuGH*, Rs. C-521/04 P(R), *Tillack/Kommission*, Slg. 2005, I-3103, Rn. 31ff., zur Weitergabe von Informationen durch das Europäische Amt für Betrugsbekämpfung (OLAF) an nationale Strafverfol-

A. Grundlagen

4. Informationelle Infrastruktur, insbesondere Europäische Datennetze

Die rechtlichen Grundlagen der **technischen Infrastruktur** des europäischen Informationsverbunds bilden einen weiteren übergreifenden Aspekt.[100] Seit den frühen neunziger Jahren betreibt die Union im Rahmen des IDA-Programms *(Interchange of Data between Administrations)* die umfassende **Vernetzung** der unionalen und nationalen Verwaltungen, um damit die Grundlage eines schnellen und sicheren Datenaustausches bereitzustellen.[101] Im Mittelpunkt steht die Zusammenführung der mitgliedstaatlichen Datennetze. Dieses Programm betreibt nicht nur die Bereitstellung der technischen Voraussetzungen, sondern auch den Aufbau der diese Infrastruktur administrierenden Verwaltungsstellen. Auf der Unionsebene werden der Aufbau und die Administration vom IDA-Team der Kommission und des Komitologieausschusses für Telematik in der Verwaltung gesteuert.[102]

28

Weiter sind die datenbankgestützten Informationssysteme im europäischen Verwaltungsverbund zu nennen, etwa das Mehrwertsteuer-Informationsaustauschsystem (MIAS),[103] das Schengener Informationssystem (SIS),[104] die Datenbanken von Europol (TECS: The Europol Computersystem),[105] das Zollinformationssystem (bei dem es sich rechtlich um zwei Systeme handelt, ZIS I und II),[106] das EURODAC-System zur Erfassung der Fingerabdrücke von Asylbewerbern

29

---

gungsbehörden; hierzu *Stephan Bitter*, Zwangsmittel im Recht der Europäischen Union: Geteilte Rechtsmacht in Europa, in: Manfred Zuleeg (Hrsg.), Europa als Raum der Freiheit, der Sicherheit und des Rechts, 2007, S. 9.

[100] Die folgenden Ausführungen beruhen auf *Sydow*, Verwaltungskooperation in der EU (Fn. 8), S. 106 ff.; s. ferner *Heußner*, Informationssysteme (Fn. 60), S. 24 f.; *François Lafarge*, Administrative Cooperation between Member States and Implementation of EU Law, European Public Law 16 (2004), S. 597 (612 f.).

[101] Entscheidung Nr. 1719/1999/EG des Europäischen Parlaments und des Rates vom 12. Juli 1999 über Leitlinien für transeuropäische Netze zum elektronischen Datenaustausch zwischen Verwaltungen (IDA), ABl. EG 1999, Nr. L 203, S. 1; Beschluss Nr. 1720/1999/EG des Europäischen Parlaments und des Rates vom 12. Juli 1999 über Aktionen und Maßnahmen zur Gewährleistung der Interoperabilität transeuropäischer Netze für elektronischen Datenaustausch zwischen Verwaltungen und des Zugangs zu diesen Netzen (IDA), ABl. EG 1999, Nr. L 203, S. 9; Beschluss 2004/387/EG des Europäischen Parlaments und des Rates vom 21. April 2004 über die interoperable Erbringung europaweiter elektronischer Behördendienste (eGovernment-Dienste) für öffentliche Verwaltungen, Unternehmen und Bürger (IDABC), ABl. EU 2004, Nr. L 181, S. 25; zur Evaluierung: Mitteilung der Kommission, Bewertung von IDA II, KOM (2001) 507 endg., und Bericht der Kommission, Bewertung von IDA II, KOM (2003) 100 endg.; zum Streit um die Rechtsgrundlage *EuGH*, Rs. C-22/96, Slg. 1998, I-3231.

[102] Art. 8 Entscheidung Nr. 1719/1999/EG (Fn. 101).

[103] Eingeführt durch VO (EWG) Nr. 218/92 des Rates vom 27. Januar 1992 über die Zusammenarbeit der Verwaltungsbehörden auf dem Gebiet der indirekten Besteuerung (MwSt), ABl. EG 1992, Nr. L 24, S. 1, ersetzt durch VO (EG) Nr. 1798/2003 des Rates vom 7. Oktober 2003 über die Zusammenarbeit der Verwaltungsbehörden auf dem Gebiet der Mehrwertsteuer und zur Aufhebung der VO (EWG) Nr. 218/92, ABl. EU 2003, Nr. L 264, S. 1.

[104] Art. 92–119 Schengener Durchführungsübereinkommen von 1990 (Fn. 95).

[105] Art. 7 ff. des Übereinkommens aufgrund von Artikel K.3 des Vertrags über die Europäische Union über die Errichtung eines Europäischen Polizeiamts vom 26. Juli 1995, ABl. EG 1995, Nr. C 316, S. 25.

[106] ZIS I (Zollinformationssystem) beruht auf dem Übereinkommen aufgrund von Artikel K.3 des Vertrags über die Europäische Union über den Einsatz der Informationstechnologie im Zollbereich, ABl. EG 1995, Nr. C 316, S. 34, ZIS II beruht auf Titel V der VO (EG) Nr. 515/97 des Rates vom 13. März 1997 über die gegenseitige Amtshilfe zwischen Verwaltungsbehörden der Mitgliedstaaten und die Zusammenarbeit dieser Behörden mit der Kommission im Hinblick auf die ordnungsgemäße Anwendung der Zoll- und der Agrarregelung, ABl. EG 1997, Nr. L 82, S. 1.

und illegalen Einwanderern[107] und das Visa-Informationssystems (VIS)[108]. Die Einrichtung eines Schengener Informationssystems zweiter Generation (SIS II)[109] ist beschlossen; geplant ist ferner die Vernetzung der nationalen Umweltinformationssysteme zu einem Gemeinsamen Europäischen Umweltinformationssystem (Shared Environmental Information System, SEIS).[110] In Teil C. dieses Beitrags werden das Zollinformationssystem und das Schengener Informationssystem als Beispiele horizontaler Informationskooperation näher dargestellt.

30   Zur informationellen Infrastruktur im europäischen Verwaltungsverbund gehört auch das **Europäische Statistische System** (ESS), da es hier darum geht, die für die Verwaltung des Unionsraums erforderlichen Daten der mitgliedstaatlichen Statistikämter zu kompatibilisieren, wo nötig, ihre Erhebung und Aufbereitung zu veranlassen und schließlich zu einem für alle beteiligten Stellen nutzbaren Informationsbestand zusammenzuführen. Die primärrechtliche Grundlage des ESS ist Art. 338 AEUV. Diese Vorschrift bezieht sich auf die Erstellung von Statistiken, die für die Politiken unter dem EG-Vertrag erforderlich sind. Art. 338 Abs. 2 AEUV legt die Prinzipien zur Durchführung dieser Tätigkeit fest. Die sekundärrechtliche Grundlage bildet die Verordnung (EG) Nr. 322/97 des Rates vom 17. Februar 1997 über die Gemeinschaftsstatistiken,[111] die noch auf Art. 213 EGV a. F. (jetzt Art. 337 AEUV) gestützt wurde. Sie dient dem Ziel, dass die nationalen und europäischen Daten verfügbar, kohärent und vergleichbar sind, was zugleich die europäische Statistikbehörde Eurostat in ihrer Rolle als Koordinierungsorgan stärkt. Der Gedanke der Gesamtverantwortung europäischer und nationaler Behörden im europäischen Verwaltungsraum findet in Art. 1 Abs. 2 dieser Verordnung deutlichen Ausdruck, da sowohl die nationalen Statistikbehörden als auch Eurostat für die Erzeugung von europäischen statistischen Daten verantwortlich erklärt werden. Die Gegenstände der einzelnen Statistiken ergeben sich nach Art. 3 aus dem alle fünf Jahre neu zu erlassenden Statistikprogramm, das Rat und Parlament gemäß Art. 338 AEUV festlegen,[112] sowie aus statistischen Einzelmaßnahmen, die die Kommission dem Gesetzgeber vorschlägt, die sie in bestimmten Umfang im Komitologieverfahren selbst beschließt oder die der Verbund der Statistikbehörden im Absprachewege festlegen kann.[113]

---

[107] VO (EG) Nr. 2725/2000 des Rates vom 11. Dezember 2000 über die Einrichtung von „Eurodac" für den Vergleich von Fingerabdrücken zum Zwecke der effektiven Anwendung des Dubliner Übereinkommens, ABl. EG 2000, Nr. L 316, S. 1.

[108] Entscheidung des Rates vom 8. Juni 2004 zur Errichtung des Visa-Informationssystems (VIS) (2004/512/EG), ABl. EU 2004, Nr. L 213, S. 5; VO (EG) Nr. 767/2008 des Europäischen Parlaments und des Rates vom 9. Juli 2008 über das Visa-Informationssystem (VIS) und den Datenaustausch zwischen den Mitgliedstaaten über Visa für einen kurzfristigen Aufenthalt (VIS-Verordnung), ABl. EU 2008, Nr. L 218, S. 60.

[109] VO (EG) Nr. 2424/2001 des Rates vom 6. Dezember 2001 über die Entwicklung des Schengener Informationssystems der zweiten Generation (SIS II), ABl. EG 2001, Nr. L 328, S. 4; Beschluss des Rates vom 6. Dezember 2001 über die Entwicklung des Schengener Informationssystems der zweiten Generation (SIS II) (2001/886/JI), ABl. EG 2001, Nr. L 328, S. 1.

[110] *Kommission*, Hin zu einem gemeinsamen Umweltinformationssystem, KOM (2008) 46 endg.

[111] ABl. EG 1997, Nr. L 52, S. 1.

[112] Das aktuelle Statistische Programm der Union gilt für die Zeit von 2008 bis 2012 und ist in dem Beschluss Nr. 1578/2007/EG des Europäischen Parlaments und des Rates vom 11. Dezember 2007 festgelegt, ABl. EU 2007, Nr. L 344, S. 15.

[113] Näher *Hahlen*, in: Grabitz/Hilf (Hrsg.), EU-Recht, Art. 285 Rn. 45 ff. Allgemein zu Statistik als Teil der Kommunikationsinfrastruktur der Verwaltung → *Ladeur* § 21 Rn. 70 ff.

5. Auswirkungen auf staats- und verfassungsrechtliche Grundlagen

Die übergreifenden Aspekte abschließend seien einige konzeptionelle Dimensionen des Informationsverbunds skizziert. In den transnationalen Informationsbeziehungen geht die **Einheitlichkeit des Staates** in den Außenbeziehungen verloren.[114] Dies zeigt sich etwa in der partiellen Außerkraftsetzung hierarchischer Strukturen.[115] Bei der Kooperation zwischen deutschen Ministerialbeamten und europäischen oder ausländischen Stellen muss nach traditionellem Verwaltungsverständnis ein Informationsersuchen über die Hausleitung gehen. Heute erfolgt dies jedoch zumeist per E-Mail an den zuständigen Fachbeamten. Ähnliches gilt für den Kontakt zwischen Beamten, die mit der Durchführung des Rechts beauftragt sind, zu informationssuchenden Kollegen aus dem EU-Ausland.[116] Entsprechend vielstimmig äußert sich der Mitgliedstaat.

31

Doch nicht nur das einheitliche Auftreten nach außen, sondern die Staatlichkeit des Verwaltens steht in Frage, eine angesichts der ursprünglichen gegenseitigen Verwiesenheit von Verwaltung und Staat kaum zu überschätzende Veränderung.[117] Im Zuge der administrativen Kommunikationsakte entsteht zwischen den diversen Behörden im europäischen Verwaltungsverbund ein administratives Netz, das gewiss nicht auf der Folie *eines* Staates, vielleicht sogar nicht mehr auf der Folie von Staatlichkeit überhaupt operiert. Begreift man etwa mit der Systemtheorie ein soziales System als die Gesamtheit der spezifischen kommunikativen Akte,[118] dann zeichnet sich im europäischen Verwaltungsverbund ein administratives System ab, das aus kommunikativen Akten unionaler und nationaler Stellen unterschiedlicher Staaten gespeist wird. Dieses **administrative Gesamtsystem,** von *Wolfgang Wessels* in Zusammenhang mit umfangreichen Studien als „fusionierte Verwaltung" konzeptualisiert,[119] lässt sich kaum als staatliches[120] und gewiss nicht als nationalstaatliches beschreiben. Der Begriff des „staatenlosen Marktes" als Frucht der Integration ist erfolgreich

32

---

[114] Zur Grundentscheidung für das unitarische Auftreten Deutschlands nach außen BVerfGE 2, 347 (378 f.); *Wilhelm G. Grewe*, Auswärtige Gewalt, in: HStR III, § 77 Rn. 83; fraglich ist, ob die Beziehungen innerhalb der Union einschließlich der Beziehungen Deutschlands zu anderen Mitgliedstaaten noch als Beziehungen zum Ausland anzusehen sind, dazu *Peter Häberle*, Die europäische Verfassungsstaatlichkeit, KritV, Bd. 78 (1995), S. 289 (309).

[115] Siehe auch → Bd. II *Ladeur* § 21 Rn. 106, *Britz* § 26 Rn. 28.

[116] Zu den völkerrechtlichen Verfahren der internationalen Amtshilfe *Helmut Damian*, Mutual Legal Assistance in Administrative Matters, in: Rüdiger Wolfrum (Hrsg.), The Max Planck Encyclopedia of Public International Law, Online Ausgabe [www.mpepil.com]; näher hierzu in → Rn. 69.

[117] Klassisch *Alexis de Tocqueville*, Der alte Staat und die Revolution (1856), 1978, S. 35 (190 ff.); *Ernst Friesenhahn*, Parlament und Regierung im modernen Staat, VVDStRL, Bd. 16 (1958), S. 9 (12).

[118] *Niklas Luhmann*, Das Recht der Gesellschaft, 1995, S. 50 f. S. a. → Bd. II *Vesting* § 20 Rn. 2.

[119] Vgl. nur *Wolfgang Wessels*, Comitology: fusion in action. Politico-administrative trends in the EU system, Journal of European Public Policy, Vol. 5 (1998), S. 209; *ders.*, Verwaltung im EG-Mehrebenensystem: Auf dem Weg zur Megabürokratie?, in: Markus Jachtenfuchs/Beate Kohler-Koch (Hrsg.), Europäische Integration, 1996, S. 165 (169 ff); *Jürgen Mittag/Wolfgang Wessels*, The „One" and the „Fifteen"? The Member States between procedural adaptation and structural revolution, in: Wolfgang Wessels/Andreas Maurer/Jürgen Mittag (Hrsg.), Fifteen into one? The European Union and its Member States, 2003, S. 413 (445 ff.).

[120] Es sei denn, man wollte die Union – in kaum überzeugender Weise – ähnlich wie die Bundesrepublik einschließlich der Länder als Staat bezeichnen, näher *Armin v. Bogdandy*, Supranationaler Föderalismus als Wirklichkeit und Idee einer neuen Herrschaftsform, 1999, S. 12 f. und 32 ff.

eingeführt.[121] Der Gedanke liegt nicht fern, diesen Markt von einer staatenlosen Verwaltung verwaltet zu sehen, insbesondere unter einem funktionalen, also nicht organisatorischen Verwaltungsverständnis.

33   Diese Entwicklung berührt zentrale staats- und verfassungsrechtliche Postulate.[122] Namentlich das in Art. 2 EUV als Fundamentalprinzip der Union erwähnte demokratische Prinzip erscheint in diesem administrativen Informationsnetzwerk gefährdet. Informationsprozesse sind keine neutralen gesellschaftlichen Operationen. Die Art der transportierten Informationen und die Form der Konstruktion von Wirklichkeit in der Aufbereitung von Informationen sind von wesentlichem Einfluss auf Entscheidungsprozesse.[123] Ein sich autonomisierendes administratives Informationsgeflecht im europäischen Verwaltungsverbund lässt nicht unbedingt einen bürokratischen Autoritarismus befürchten, wohl aber kritische Einseitigkeiten der Wirklichkeitswahrnehmung.[124] Aber auch das rechtsstaatliche Prinzip kann in einem möglichen Spiegelkabinett „gemischter" Zuständigkeiten gefährdet sein.[125] Dies gilt mit Blick auf die Informationsbeziehungen etwa dann, wenn aufgrund verbandsübergreifender Kooperation die Herkunft belastender Informationen nicht rekonstruiert werden kann.[126] Auf der anderen Seite kann vermutet werden, dass die Involvierung einer Mehrzahl voneinander unabhängiger Behörden auch einen kontrollierenden Effekt hat: Es ist schwer vorstellbar, dass systematische Formen der Datenerhebung und Datenweitergabe, die mit Art. 8 EMRK nicht vereinbar sind,[127] dauerhaft in den europäischen Netzen praktiziert werden können, ohne an die Öffentlichkeit zu dringen. Doch selbst wenn eine systematisch gesetzeswidrige Praxis unwahrscheinlich erscheint, so ist doch die Gefahr, die kaum überschaubare inneradministrative Netze für die Freiheit des Einzelnen bilden, allzu real.[128]

---

[121] *Christian Joerges,* Staat ohne Markt?, in: Rudolph Wildenmann (Hrsg.), Staatswerdung Europas?, 1991, S. 225 ff.; *Paul J. G. Kapteyn,* The Stateless Market, 1996; *Helen Wallace,* Government without Statehood, in: dies./William Wallace (Hrsg.), Policy-Making in the European Union, 3. Aufl. 1996, S. 439 ff. Im Zuge der Bewältigung der Finanz- und Wirtschaftskrise wird inzwischen allerdings die „Rückkehr des Staates" als zentraler Akteur diskutiert, s. etwa *Rolf G. Heinze,* Rückkehr des Staates? Politische Handlungsmöglichkeiten in unsicheren Zeiten, 2009.

[122] Zu diesen vgl. → Bd. I *Schmidt-Aßmann* § 5 Rn. 7 ff., 49 ff.

[123] Grundsätzlich *Peter Berger/Thomas Luckmann,* Die gesellschaftliche Konstruktion der Wirklichkeit, 5. Aufl. 1977, S. 49 ff.

[124] Zu den Problemen auf staatlicher Ebene *Rudolf Steinberg,* Der ökologische Verfassungsstaat, 1998, S. 434 ff. und 445.

[125] So plastisch *Ipsen,* Europäisches Gemeinschaftsrecht (Fn. 1), S. 540, zur Haftung bei gemeinschaftlichem Handeln nationaler und supranationaler Stellen.

[126] Derzeit besonders relevant bei der unionalen Terrorbekämpfung: EuG, Rs. T-306/01, *Abdirisak Aden,* Slg. 2005, II-3533; Rs. T-315/01, *Yassin Abdullah Kadi,* Slg. 2005, II-3649; zu Fällen, in denen die Union „Schwarze Listen" autonom aufgestellt hat, um den generellen Vorschriften der Resolution 1373 des UN-Sicherheitsrates zu genügen: EuG, Rs. T-228/02, *Organisation des Modjahedines du Peuple d'Iran;* Rs. T-229/02, *Kurdistan Workers' Party, Kurdistan National Congress,* Slg. 2005, II-539; Rs. T-333/02, *Gestoras pro Amnistia;* Slg. 2004, II-1647; Rs. T-338/02, *Segi,* Slg. 2004, II-1647; Rs. T-47/03 R., *Jose Maria Sison,* Slg. 2003, II-2047; Rs. T-110/03, T-150/03 und T-405/03, *Jose Maria Sison,* Slg. 2005, II-1429.

[127] Zum gemeinschafts- und konventionsrechtlich geforderten Grundrechtsstandard EuGH, Rs. C-465/00, C-138/01 und C-139/01, *ORF,* Slg. 2003, I-4989, Rn. 73 ff.

[128] Bis heute ist bei den EU-Terrorlisten (und zwar sowohl bei den durch die UN determinierten, als auch bei den autonom erlassenen) häufig unklar, auf welcher Information welcher Behörde die Listung beruht. In der Rechtssache *Sison* war der Kläger durch Beschluss des Rates auf eine Terrorliste gesetzt worden und begehrte auf der Grundlage der Transparenzverordnung (VO 1049/2001/EG, ABl. EG 2001, Nr. L 145, S. 43) Zugang zu den Dokumenten, die den Rat zum Erlass des Be-

B. Der vertikale Informationsverbund

I. Der Informationsverbund administrativer Politikentwicklung

In den folgenden Abschnitten werden wichtige Informationsbeziehungen und Informationspflichten zwischen der Kommission und nationalen Stellen dargestellt. Als erster Informationsverbund sei derjenige der administrativen Politikentwicklung erläutert. Er besteht zum einen aus Informationsbeziehungen zwischen unionalen Stellen und nationalen Verwaltungen mit dem Ziel, die unionale Rechtsetzung mit einer angemessenen Informationsgrundlage zu versorgen (1.). Zum anderen geht es darum, durch frühzeitige Information über nationale Rechtsetzungsprojekte möglichen Handelshemmnissen im Binnenmarkt zu begegnen und die Kommission über binnenmarktrelevante nationale Rechtsentwicklungen zwecks frühzeitiger Planung der Politiken in Kenntnis zu setzen (2.).

1. Der Informationsverbund unionaler Politikentwicklung

In der **Politikentwicklung** liegt ein, wenn nicht *der*[129] Schwerpunkt der politischen Unionstätigkeit und der vertikalen europäischen Verwaltungskooperation. Sie führt oft zum Erlass allgemeiner Regeln; dies ist in der Begrifflichkeit der materiellen Funktionenlehre: **Rechtsetzung;** sie in den Blick zu nehmen ist dem Programm der Neuen Verwaltungsrechtswissenschaft wesentlich.[130] In der Tat ent-

---

schlusses veranlasst hätten, und die Bekanntgabe der Identität der Staaten, die insoweit bestimmte Dokumente zur Verfügung gestellt hätten. Der EuGH bestätigte die Entscheidung des EuG, dass der Urheber dieser Dokumente geheim gehalten werden darf, gleich ob es sich um einen Mitgliedstaat oder einen Drittstaat handelt, *EuGH*, Rs. C-266/05 P, *Sison*, Slg. 2007, I-1233, Rn. 73 ff. Was für den Aktenzugang gilt, ändert sich aber, wenn es um die Beurteilung der Rechtmäßigkeit von Sanktionsmaßnahmen geht. Hier berufen sich Rat und Kommission regelmäßig darauf, dass ihnen die Informationen, anhand derer man die Berechtigung einer Listung prüfen könnte, gar nicht vorliegen, sondern nur einem Mitgliedstaat oder dem UN-Sanktionsausschuss, s. etwa *EuG*, Rs. T-284/08, *People's Mojahedin Organization of Iran*, Slg. 2008, II-3487, Rn. 11; Rs. T-85/09, *Yassin Abdullah Kadi*, Slg. 2010, II-0000, Rn. 95. Dem EuG und dem EuGH fehlt also die Tatsachengrundlage, um die Rechtmäßigkeit solcher Listungen zu beurteilen, sodass sie regelmäßig einen Verstoß gegen das Rechtsschutzgebot annehmen: „Der Gerichtshof kann daher nur feststellen, dass er nicht in der Lage ist, die Rechtmäßigkeit der streitigen Verordnung zu prüfen, soweit sie die Rechtsmittelführer betrifft, woraus der Schluss zu ziehen ist, dass deren Grundrecht auf effektiven gerichtlichen Rechtsschutz [...] nicht gewahrt worden ist." Siehe *EuGH*, verb. Rs. C-402/05 P und C-415/05 P, *Yassin Abdullah Kadi*, Slg. 2008, I-6351, Rn. 351; verb. Rs. C-399/06 P und C-403/06 P, *Hassan* und *Ayadi*, Slg. 2009, I-11393, Rn. 88.

[129] *Giandomenico Majone*, The European Community as a Regulatory State, Collected Courses of the Academy of European Law, Vol. 5, Book 1, 1996, S. 321 (352 ff.).

[130] *Richard Thoma*, Grundbegriffe und Grundsätze, in: Anschütz/Thoma (Hrsg.), HStR II, S. 108 (129 ff.). Drei Erwägungen können gegen die Einbeziehung der Rechtsetzung in eine verwaltungsrechtlich ausgerichtete Studie vorgebracht und sogleich entkräftet werden. (1.) Der traditionelle Blick des deutschen Verwaltungsrechts folgt dem Interesse des Einzelnen an einer gesetz- und verfassungsmäßigen Normanwendung und entsprechenden, möglichst gerichtlichen Rechtsschutzformen. Die Erweiterung dieses Fokus beruht auf der Erkenntnis, dass über das Verwaltungsrecht nicht nur Schutz-, sondern auch Bewirkungs- und Partizipationsaufträge zu realisieren sind; letztere verlangen die Betrachtung der Rechtsetzungsverfahren. (2.) Die Rechtsetzungsverfahren liegen außerhalb des üblichen Schwerpunkts verwaltungsrechtlicher Analyse, weil es die Einbeziehung gubernativer Organe verlangt. Zwar gehört die Regierung nach traditionellem Verständnis zur Verwaltung. Gleichwohl ist der Normalgegenstand der Verwaltungsrechtswissenschaft die rechtsanwendende

spannt sich hier der wohl wichtigste und entfalteste Teil des europäischen Informationsverbunds: Schlechte unionale Rechtsetzung aufgrund einer unzulänglichen Informationslage wird auch durch gelingende Kooperation in der Durchführungsphase kaum zu korrigieren sein.[131] Zudem stellt das europäische Verfassungsrecht weit höhere Anforderungen als das deutsche, was die Qualität der Informationsgrundlage angeht. In Deutschland wird die Idee, den Gesetzgeber auf die rationale Ermittlung und Verwertung aller verfügbaren Daten zu verpflichten (vergleichbar der Kontrolle exekutiver Planung), mehrheitlich abgelehnt.[132]

35a Der EuGH ist weit strenger, und zwar sowohl gegenüber der Kommission als auch gegenüber dem „Unionsgesetzgeber".[133] Vor diesem Hintergrund hat die transnationale Verwaltungskommunikation in diesem Aufgabenfeld eine bemerkenswerte Dichte erreicht. Es wurde geschätzt, dass der Anteil der auf EU-Ebene beteiligten Referate ca. 20% ausmache, was einen Anteil der direkt involvierten Ministerialbeamten von 30% darstellt. Dies bedeutet, dass weit über die etwa 140 ausdrücklich mit EU-Aufgaben betrauten Referate unmittelbar an Entscheidungsprozessen der Union beteiligt sind.[134] Angesichts der späteren Ausweitung um Fragen der makroökonomischen Wirtschaftspolitik, der Innen- und der Justizpolitik dürfte dieser Prozentsatz weiter gestiegen sein. Aus verwaltungswissenschaftlicher Sicht gilt diese Mitwirkung im europäischen Rechtsetzungsprozess

---

untergeordnete Behörde, nicht das politisch agierende Organ. Deren Verhalten, insbesondere in den Verfahren der Rechtsetzung, ist in Deutschland wie in anderen Mitgliedstaaten im Wesentlichen Gegenstand des Verfassungsrechts. Wie aber etwa die RL 98/34 (unten → Rn. 48) zeigt, ist in der Union rechtsetzendes Handeln sekundärrechtlich geregelt. (3.) Das überkommene Verwaltungsrecht ist ein Gebiet, das seinen regelmäßigen Ausgangspunkt in Akten nimmt, die von der Verfassung abgeleitet sind; hierin liegt ein maßgebliches Differenzierungskriterium gegenüber dem Verfassungsrecht. Das europäisch induzierte Verständnis des Verwaltungsrechts überwindet diese Unterscheidung. Viel zu prominent sind die Bestimmungen der Verträge und die allgemeinen (primärrechtlichen) Rechtsgrundsätze, als dass das Verwaltungsrecht im Schwerpunkt als abgeleitetes Recht (Sekundärrecht) begriffen werden könnte. Es bestimmt sich als Rechtsgebiet allein von seinem Gegenstand her als das Rechtsgebiet, welches die Konstituierung, das Verfahren und die Akte entsprechender Organe regelt. Auf die Stellung der Norm in der Normenhierarchie kommt es nicht an. Verfassungs-(Vertrags)bestimmungen können danach zum Verwaltungsrecht zählen. Für die Einbeziehung der Rechtsetzung → Bd. II *Hill/Martini* § 34 Rn. 1 ff. S. a. → Bd. I *Voßkuhle* § 1 Rn. 15, *Poscher* § 8 Rn. 59 ff., *Ruffert* § 17 Rn. 4; Bd. II *Schmidt-Aßmann* § 27 Rn. 49.

[131] Auf dieser Erkenntnis basiert die im Rahmen der Lissabon-Strategie von der Europäischen Kommission vorangetriebene Initiative zur Verbesserung des Rechtsetzungsprozesses. Als die drei wesentlichen Schritte sind zu nennen: *Europäisches Parlament/Rat/Kommission*, Interinstitutionelle Vereinbarung „Bessere Rechtsetzung" vom 16. Dezember 2003, ABl. EU 2003, Nr. C 321, S. 1, insbesondere Ziff. 25 und 26; die Selbstverpflichtung der Kommission zur Folgenabschätzung von Legislativvorschlägen, *Kommission*, Mitteilung über Folgenabschätzung, KOM (2002) 267 endg.; die durch die jüngste Initiative „Intelligente Regulierung" noch intensiviert wird, *Kommission*, Mitteilung Intelligente Regulierung in der Europäischen Union, KOM (2010) 543 endg.

[132] *Philipp Dann*, Verfassungsgerichtliche Kontrolle gesetzgeberischer Rationalität, Der Staat, Bd. 49 (2010), S. 630; die BVerfG-Urteile etwa zur Pendlerpauschale (*BVerfGE* 122, 210) oder den Hartz-IV-Sätzen (*BVerfG*, Az.: 1 BvL 1/09 vom 9. 2. 2010) sind da eher eine Ausnahme.

[133] Vgl. *EuGH* C-284/95, *Safety Hi-Tech*, Slg. 1998, I-4301, Rn. 51; C-310/04, Slg. 2006, I-7285, insbesondere Rn. 122–123; C-127/07, *Arcelor* (Emissionshandel), Slg. 2008, I-9895, Rn. 58; C-343/09, *Afton Chemical Limited* Slg., Slg. 2010, I-0000, Rn. 34. Zu der Justiziabilität der von der Kommission selbst eingeführten Standards s. *Alberto Alemanno*, The Better Regulation Initiative at the Judicial Gate: A Trojan Horse within the Commission's Walls or the Way Forward?, ELJ, Bd. 15 (2009), S. 382.

[134] Vgl. *Wolfgang Wessels*, Die Öffnung des Staates. Modelle und Wirklichkeit grenzüberschreitender Verwaltungspraxis 1960–1995, 2000, S. 251; *Anja Thomas/Wolfgang Wessels*, Die deutsche Verwaltung und die Europäische Union, 2005, S. 25 ff., 140 ff.

B. Der vertikale Informationsverbund

als wichtigstes Moment der gegenwärtigen Umbildung der staatlichen Ministerialverwaltungen.[135]

Wenngleich, wie die Begründungserwägungen der Rechtsakte ergeben, eine Reihe von bedeutenden Rechtsetzungsinitiativen im Europäischen Rat ihren Ausgang nehmen, bleibt doch der Schwerpunkt der unionalen Entwicklung konkreter Rechtsetzungsprojekte bei der Kommission.[136] Die rechtliche Grundlage dieser Position liegt im umfassenden Initiativrecht für den Erlass der Gesetzgebungsakte (Art. 17 Abs. 2 EUV).[137] In den meisten Materien ist diese Kompetenz ausschließlich, nur in wenigen Materien besteht eine konkurrierende Initiativzuständigkeit der Mitgliedstaaten (Art. 76 AEUV, vgl. auch Art. 48 EUV), als auch des Europäischen Parlaments bzw. kann ein Gesetzgebungsakt auch auf Empfehlung der EZB oder Antrag des EuGH bzw. der Europäischen Investitionsbank (Art. 289 Abs. 4 AEUV) oder auf Initiative der EU-Bürger ausgearbeitet werden (Art. 11 Abs. 4 EUV). Hier ist ein wichtiger Punkt festzuhalten: Die Erfahrungen der Rechtsetzung in der „dritten Säule" der Union haben gezeigt, dass die Mitgliedstaaten und das Generalsekretariat des Rates allein kaum in der Lage sind, brauchbare Rechtsetzungsvorschläge zu erarbeiten.[138] Offensichtlich bedarf die effektive Synthetisierung der einschlägigen Informationen und Positionen einer spezialisierten und autonomen, mit beträchtlichen Kompetenzen ausgestatteten Stelle, eben der Kommission.[139] Durch die Protokolle 1 und 2

36

---

[135] *Adrienne Héritier/Susanne Mingers/Christoph Knill/Michael Becka*, Die Veränderung von Staatlichkeit in Europa – ein regulativer Wettbewerb. Deutschland, Großbritannien und Frankreich in der Europäischen Union, 1994, S. 19 f., 60 ff. und 386 ff.; dies war auch der Anlass der umfangreichsten Ressortverschiebungen der vergangenen Jahre – Organisationserlass der Bundeskanzlerin vom 22. 11. 2005, BGBl I, S. 3197. S. *Roland Sturm/Heinrich Pehle*, Das neue deutsche Regierungssystem, 2006, S. 47 ff.

[136] Zur Kooperation der Organe Europäischer Rat, Kommission und Rat bei der Gestaltung der politischen Agenda *Peter Ludlow*, Die Führung der Europäischen Union durch den Europäischen Rat: Übergang oder Krise?, Integration 2005, S. 3 (8 ff.). Auf Grundlage der neuen interinstitutionellen Vereinbarung zwischen der Kommission und dem Europäischen Parlament wird künftig auch das Europäische Parlament stärker in die Formulierung der Gesetzgebungsvorschläge eingebunden; *Europäisches Parlament/Kommission*, Rahmenvereinbarung über die Beziehungen zwischen dem Europäischen Parlament und der Europäischen Kommission vom 20. Oktober 2010, ABl. EU 2010, Nr. L 304, S. 47, Ziff. 37 ff.

[137] Darüber hinaus ist die Kommission auch mit der Befugnis zum Erlass delegierter Rechtakte (Art. 290 AEUV) und von Durchführungsrechtsakten ausgestattet (Art. 291 AEUV). Zu den Folgen der neuen Typologie der Rechtsakte für die interinstitutionellen Beziehungen s. *Herwig Hofmann*, Legislation, Delegation and Implementation under the Treaty of Lisbon: Typology Meets Reality, ELJ, Bd. 15 (2009), S. 482.

[138] *Christiaan W. A. Timmermans*, General institutional questions: the effectiveness and simplification of decision-making, in: Jan A. Winter/Deidre Curtin/Alfred Kellermann/Bruno de Witte (Hrsg.), Reforming the Treaty on European Union, 1996, S. 133 (145); *Anne Rasmussen*, Challenging the Commission's right of initiative? Conditions for institutional change and stability, West European Politics, Bd. 30 (2007), S. 244 (257 ff.).

[139] Das regelmäßige Initiativmonopol der Kommission ist für einen weiteren Aspekt des europäischen Kommunikationssystems zentral. Bei den zwischenstaatlichen Verhandlungen über eine Initiative fällt es den Regierungen oft schwer, die tatsächlichen jeweiligen Interessen der anderen Verhandlungspartner einzuschätzen und in multilateralen Verhandlungen ein gutes Ergebnis zu erzielen. Die Transaktionskosten sind niedriger, wenn die Suche nach konsensträchtigen Optionen von einem Vermittler in bilateralen Gesprächen betrieben wird und der Kompromiss zu einem neuen Vorschlag zusammengefasst wird, *Fritz W. Scharpf*, Regieren in Europa. Effektiv und demokratisch?, 1999, S. 73 f.

wird die Bedeutung von gut ausgearbeiteten Legislativvorschlägen und dadurch die Tätigkeit der Kommission in diesem Bereich noch steigen, da die Initiative der Kommission der Kontrolle der Einhaltung des Subsidiaritäts- und Verhältnismäßigkeitsprinzips durch die nationalen Parlamente unterliegt.[140] Ob die Vorschläge sich vor den nationalen Parlamenten durchsetzen werden, wird auch am Begründungsaufwand der Kommission liegen.[141] Die Informationsbeziehungen in der unionalen Politikentwicklung sind in erster Linie die Informationsbeziehungen der Kommission.[142]

a) Die Informationsbeziehungen der Kommission

37 Wenn ein autonomes informationssammelndes und -synthetisierendes Organ für eine gelungene transnationale Rechtsetzung als kaum entbehrlich erscheint, so ist damit noch nichts über den Prozess der eigentlichen Informationsbeschaffung und -verarbeitung gesagt. Da dieser Prozess verfahrensrechtlich kaum eingebunden ist, sind an dieser Stelle die einschlägigen Informationsbeziehungen ausgehend von den tatsächlichen Prozessen und nicht von den rechtlichen Regeln zu beschreiben. Vor der großen Erweiterungsrunde entsprach der politikentwickelnde Personalbestand der Kommission ungefähr demjenigen des Bundes. Die Anzahl der A-Beamten[143] in der Kommission lag 1995 bei 5051, während die der höheren Beamten in den Bundesministerien zum gleichen Zeitpunkt bei 5615 lag. Im Jahr 2000 lag die Anzahl der A-Beamten in der Kommission sogar leicht über der an höheren Beamten in den Bundesministerien.[144] Für das Jahr 2010 gibt die Website der Kommission an, dass sie insgesamt 32 140 Mitarbeiter zählt, wovon 10 582 AD-Beamte sind.[145] Dessen ungeachtet wird davon ausgegangen, dass die Kommission kaum aus sich heraus über hinreichende Informationen und Kenntnisse verfügt, derer eine überzeugende Rechtsetzung für einen so differenzierten Raum wie die Union bedarf.[146] Es ist für die Kom-

---

[140] Protokoll (Nr. 1) über die Rolle der nationalen Parlamente in der Europäischen Union und Protokoll (Nr. 2) über die Anwendung der Grundsätze der Subsidiarität und Verhältnismäßigkeit.

[141] *Ian Cooper*, The Watchdogs of Subsidiarity: National Parliaments and the Logic of Arguing in the EU, JCMS, Bd. 44 (2006), S. 281 (283).

[142] Zum nationalen Rahmen der Mitwirkung deutscher Stellen am europäischen Prozess der Politikentwicklung näher *Armin v. Bogdandy*, Information und Kommunikation in der Europäischen Union, in: Hoffmann-Riem/Schmidt-Aßmann (Hrsg.), Informationsgesellschaft, S. 133 (167 ff.).

[143] Bis zum 30. April 2004 gab es fünf Laufbahnen in den EU Verwaltungen. Die A-Beamten entsprachen einer dieser Laufbahnen. Laut Angaben der offiziellen Webseite der Kommission mussten die A-Beamten: „mindestens einen Hochschulabschluss oder eine entsprechende Berufserfahrung vorweisen können. Ihre Tätigkeit umfasste in aller Regel die Übernahme von verantwortungsvollen Aufgaben, etwa bei der Ausarbeitung von Gesetzestexten oder bei Verhandlungen mit den Mitgliedstaaten.", http://ec.europa.eu/reform/2002/summary_chapter5_de.htm. Jetzt werden die Beamten der Kommission in zwei große Funktionsgruppen eingeordnet: nämlich „Administration" (AD) und „Assistenz" (AST). Die damalige Bezeichnung „A-Beamter" ist in der aktuellen Bezeichnung „AD-Beamter" wieder zu finden, http://europa.eu/epso/discover/careers/staff_categories/index_en.htm.

[144] *Wessels*, Die Öffnung des Staates (Fn. 134), S. 203; *ders.*, Beamtengremien im EU-Mehrebenensystem. Fusion von Administrationen, in: Beate Kohler-Koch/Markus Jachtenfuchs (Hrsg.), Europäische Integration – Europäisches Regieren, 2003, S. 363.

[145] Zahlen der Generaldirektion Humanressourcen und Sicherheit, Stand Mai 2010: http://ec.europa.eu/civil_service/docs/key_figures_2010_externe_en.pdf.

[146] *Sonia Mazey/Jeremy Richardson*, EU policy-making. A garbage can or an anticipatory and consensual policy style?, in: Mény/Muller/Quermonne (Hrsg.), Adjusting to Europe (Fn. 10), S. 41, be-

B. Der vertikale Informationsverbund

mission wie für die französische Ministerialverwaltung bezeichnend, wenn *Yves Mény* festhält, dass die Kommission im Gegensatz zu den französischen Ministerien nicht mit dem Anspruch auftrete, das „Monopol legitimer Expertise" zu besitzen. Es sei nicht vorstellbar, dass die Kommission bei einem Vorschlag zu einem Rechtsakt allein auf die interne Expertise setze, vielmehr hänge die Legitimität und Akzeptanz ihres Vorschlags von der Einbeziehung maßgeblicher öffentlicher und privater Akteure ab.[147]

Vielfältig sind die Wege der **Informationsbeschaffung der Kommission.** Es erleichtert den Fluss von Informationen zur Kommission, wenn ihre Projekte bekannt sind. Zu diesem Zweck hat die Kommission eine Maßstab setzende Informationspolitik über ihre Rechtsetzungsaktivitäten entwickelt. Die Prinzipien dieser Politik sind in der Mitteilung der Kommission über die „Transparenz in der Gemeinschaft" ausgebreitet.[148] In weiterentwickelter Fassung finden sie sich in ihrem Weißbuch zum „Europäischen Regieren" aus dem Jahr 2001.[149] Zunächst gibt sie in Übereinstimmung mit Art. 2 ihrer Geschäftsordnung[150] ein jährliches Arbeitsprogramm über die geplanten Rechtsetzungsaktivitäten heraus,[151] das die Projekte und die Etappen der Politikformulierung ankündigt. Allerdings wird dieses Programm nicht selten von Programmen der jeweiligen Präsidentschaft des Rates untergraben, welche die Kommission ungeachtet der rechtlichen Selbständigkeit in der Vorschlagserarbeitung kaum ignorieren kann, hat doch die Präsidentschaft die Herrschaft über die Agenda des Rates.[152] Darüber hinaus werden auch dem Europäischen Parlament immer mehr Zugeständnisse in Form von Beeinflussung des Arbeitsprogramms gemacht.[153]

38

Die weitere Entwicklung größerer neuer oder besonders wichtiger Politikbereiche erfolgt regelmäßig über **Grün- und Weißbücher,** die ein wichtiges Instrument hoheitlicher Informationspolitik nicht nur gegenüber den Unionsbürgern, sondern auch gegenüber den nationalen Verwaltungen darstellen.[154] In einem Grünbuch sondiert die Kommission das Umfeld, legt die Probleme und die mög-

39

---

zeichnen etwa die Kommission als „Börse" und „Markt" für Ideen und Innovationen, die von außen an sie herangetragen werden.

[147] *Yves Mény/Pierre Muller/Jean-Louis Quermonne,* Introduction in: dies. (Hrsg.), Adjusting to Europe (Fn. 10), S. 14. Zur Bedeutung der Datenverschaffung durch die Mitgliedstaaten auch *Kommission,* Intelligente Regulierung in der Europäischen Union, KOM (2010) 543 endg., S. 11.

[148] *Kommission,* Transparenz in der Gemeinschaft, KOM (1993) 258 endg. Auf diese Mitteilung der Kommission bezog sich etwa die „Entschließung zur Transparenz in der Gemeinschaft" des Europäischen Parlaments, ABl. EG 1994, Nr. C 128, S. 475.

[149] *Kommission,* Europäisches Regieren – Ein Weißbuch, KOM (2001) 428 endg.

[150] Geschäftsordnung der Kommission, ABl. EG 2000, Nr. L 308, S. 26, geänderte Fassung ABl. EU 2010, Nr. L 55, S. 61.

[151] Allgemeine Informationen zum Arbeitsprogramm der Kommission sind abrufbar unter http://ec.europa.eu/atwork/programmes/index_de.htm. Das Arbeitsprogramm 2011 findet sich unter http://ec.europa.eu/atwork/programmes/docs/cwp2011_de.pdf.

[152] *Doreen Allerkamp,* Who Sets the Agenda? How the European Council and the Team Presidencies are Undermining the Commission's Prerogative, Beitrag auf der Konferenz des European Consortium for Political Research, Porto 23.–26. 6. 2010, unter www.jhubc.it/ecpr-porto/virtualpaperroom.cfm. Eine Fallstudie bei *Jonas Tallberg,* The Power of the Presidency, JCMS, Bd. 42 (2004), S. 999.

[153] *Europäisches Parlament/Kommission,* Rahmenvereinbarung vom 20. Oktober 2010 (Fn. 136), Ziff. 33 ff., Anhang IV.

[154] Eine Auflistung der Grünbücher seit 1984 (vollständig seit 1993) ist einsehbar unter http://europa.eu/documentation/official-docs/green-papers/index_de.htm.

lichen Prinzipien zukünftiger Regelung dar. Zugleich fordert sie zu Stellungnahmen auf, die zum Teil als Internet-Diskussionsforen organisiert sind.

40 Der Rat gibt zu Grünbüchern regelmäßig eine Stellungnahme ab, sodass bereits in diesem Stadium die nationalen Verwaltungen mit den Projekten der Kommission befasst werden. Rechtlich handelt es sich dabei zumeist um Schlussfolgerungen.[155] Diese Schlussfolgerungen sind die formelle Festlegung einer politischen Position, sie ergehen in der Praxis einstimmig. Möglich sind auch Entschließungen, die auf Vorschlag der Kommission ergehen. Weißbücher enthalten einen höheren Grad an Politikentwicklung, indem sie konkret geplante Rechtsakte zur Diskussion stellen.[156] Das bekannteste ist das Weißbuch zur „Vollendung des Binnenmarktes" vom 14. Juni 1985.[157]

41 Die Grün- und Weißbücher geben dem Informationsfluss zur Kommission keine spezifischen Wege vor. Es gibt Hinweise, dass bei der Rechtsangleichung die Kommission den Informationsbedarf bisweilen autonom deckt, indem sie ihren Vorschlag aus den verschiedenen nationalen Regelungen, die es zu harmonisieren gilt, herausarbeitet.[158] Die inhaltlichen Informationen über die Sachprobleme werden gewissermaßen als in den nationalen Regelungen enthalten angesehen. Über die Frage, ob die Kenntnis der Regel eine Kenntnis der Sachlage substituieren kann, wird man je nach rechtstheoretischem Verständnis trefflich streiten können. Nach vielen Beobachtungen kommt eine derart autonome interne Entwicklung jedoch nur selten vor. Der Normalfall besteht in der Einbeziehung **externen Sachverstands.** Nationale Beamte, Verbandsvertreter oder auch die Repräsentanten von Unternehmen werden in der Vorbereitungsphase über die Teilnahme an spezifischen beratenden Gremien in die Willensbildung einbezogen, die der Informationssammlung, Optionensichtung und einer ersten Konsensbildung dienen.[159]

42 Die Kommission kennt die sachkundigen nationalen Beamten vor allem über die zahlreichen EU-Ausschüsse, die im Rahmen der Komitologie zur Begleitung der kommissionseigenen Durchführungsrechtsetzung von Rechtsakten des Rates eingesetzt sind (Art. 291 Abs. 3 AEUV.[160] Der neue Typus der delegierten Recht-

---

[155] Zu dieser Praxis *Senden,* Soft Law (Fn. 67), S. 195 f.

[156] Beispielsweise: *Kommission,* Weißbuch Anpassung an den Klimawandel: Ein europäischer Aktionsrahmen, KOM (2009) 147 endg.; Weißbuch zu Dienstleistungen von allgemeinem Interesse, KOM (2004) 374 endg.; s. im Übrigen die Auflistung der Weißbücher unter http://europa.eu/documentation/official-docs/white-papers/index_de.htm.

[157] Abrufbar unter http://europa.eu/documentation/official-docs/white-papers/index_de.htm.

[158] Interview mit Professor *Reimer v. Borries.*

[159] Zur Bedeutung nationaler Beamter in der Vorbereitungsphase des europäischen Entscheidungsprozesses vergleiche *Wessels,* Beamtengremien im EU-Mehrebenensystem (Fn. 144), S. 363 f. Zur Einbeziehung von Sachverständigen vgl. a. → Bd. II *Ladeur* § 21 Rn. 45 ff.; Bd. III *Voßkuhle* § 43 Rn. 45 ff.

[160] Als Folge des Vertrags von Lissabon wurde das Komitologie-Regime 2011 neu geregelt, s. Verordnung Nr. 182/2011 des Europäischen Parlaments und des Rates vom 16. Februar 2011 zur Festlegung der allgemeinen Regeln und Grundsätze, nach denen die Mitgliedstaaten die Wahrnehmung der Durchführungsbefugnisse durch die Kommission kontrollieren, ABl. EU 2011, Nr. L 55, S. 13, in Kraft seit 1. März 2011. Hierzu *Vihar Georgiev,* Commission on the Loose? Delegated Lawmaking and Comitology after Lisbon, Beitrag auf der Konferenz der European Union Studies Association, Boston, 3.–5. 6. 2011, unter http://euce.org/eusa/2011/papers/5g_georgiev.pdf. Zum Komitologie-Regime als solchem aus der umfangreichen Literatur exemplarisch *Carl F. Bergström,* Comitology. Delegation of Powers in the European Union and the Committee System, 2005; *Mario Savino,* I comitati

B. Der vertikale Informationsverbund

setzung entzieht sich zwar der Kontrolle durch die Komitologie-Ausschüsse (vgl. Art. 291 Abs. 2 AEUV), was aber nicht bedeutet, dass die Kommission hinsichtlich dieser Rechtsetzung auf die Expertise der nationalen Sachverständigen und gegenseitigen Austausch verzichten kann.[161] Im Jahr 2009 zählte die Kommission 266 Komitologie-Ausschüsse;[162] hinzukommen die zahlreichen Arbeitsgruppen und Expertengremien, die *ad hoc* durch diese Ausschüsse[163] bzw. von der Kommission eingesetzt werden.[164] Die Informationsgewinnung und -verarbeitung weist somit eine zyklische Struktur auf, weil die Erfahrungen, die bei der Implementierung eines Rechtsaktes gewonnen werden, für die Entwicklung neuer Rechtsetzungsvorhaben fruchtbar gemacht werden können. 2001 ging die Kommission von rund 700 beratenden Ad-hoc-Gremien in einem breiten Spektrum von Politikfeldern aus,[165] 2011 weist das Register 665 eingetragene Expertengremien der Kommission mit Beteiligung der Vertreter nationaler Verwaltungen aus.[166] Diese sind teilweise personalidentisch mit den entsprechenden Komitologie-Gremien, beziehen aber auch private Interessenvertreter und Sachverständige ein. Bedenkt man den Stellenwert von Informationen in frühen Phasen der Willensbildung, wird die Bedeutung eines solchen Informationsflusses evident.[167] Für die Informationsverarbeitung innerhalb der Kommission ist eine ausgeprägte sektorale Verfasstheit kennzeichnend. Der Informationsfluss zwischen den einzelnen Generaldirektionen und selbst innerhalb derselben wurde als unzureichend beschrieben,[168] es gibt jedoch auch empirische Studien, die diesen besser bewerten.[169]

---

dell'Unione Europea, 2005; sowie die Beiträge in *Christian Joerges/Ellen Vos* (Hrsg.), EU Committees. Social Regulation, Law and Politics, 1999; *Mads Andenas/Alexander Türk* (Hrsg.), Delegated Legislation and the Role of Committees in the EC, 2000. S. a. → Bd. I *Schmidt-Aßmann* § 5 Rn. 24.

[161] *Manuel Szapiro*, Comitology: The Ongoing Reform, in: Herwig C. H. Hofmann, Legal Challenges in EU Administrative Law, Towards an Integrated Administration, 2009, S. 89 (110). Vgl. auch *Hofmann*, Legislation (Fn. 137), S. 482. So hat die Kommission bereits angefangen, Expertengremien für die Unterstützung der Vorbereitung delegierter Rechtsakte einzusetzen, etwa das Expertengremium des Europäischen Wertpapierausschusses (E02553) oder das Expertengremium für Tierkrankheiten (E02591); die Liste der aktuellen Expertengremien kann über das Register der Expertengremien der Kommission abgerufen werden, http://ec.europa.eu/transparency/regexpert/index.cfm.

[162] *Kommission*, Bericht über die Tätigkeit der Ausschüsse im Jahre 2009, KOM (2010) 354 endg., S. 4 f.

[163] *Bergström*, Comitology (Fn. 160), S. 26 ff.

[164] Der neue Rahmen für die Einsetzung von Expertengremien wurde festgelegt durch die *Kommission*, Framework for Commission Expert Groups: Horizontal Rules and Public Register, KOM (2010) 7649 final.

[165] *Kommission*, Europäisches Regieren. Ein Weißbuch, KOM (2001) 428 endg., S. 22.

[166] Abrufbar unter http://ec.europa.eu/transparency/regexpert/index.cfm.

[167] Hintergrundinformationen über die Arbeit der Ausschüsse und entsprechende Arbeitsdokumente können unter http://ec.europa.eu/transparency/regcomitology/index.cfm eingesehen werden. Dennoch wird die Transparenz der Komitologie-Verfahren bemängelt; *Gijs Jan Brandsma/Deidre Curtin/Albert Meijer*, How transparent are EU ‚Comitology' Committees in Practice?, ELJ, Bd. 14 (2008), S. 819.

[168] *Mazey/Richardson*, EU policy-making (Fn. 146), S. 53, die jedoch anhand der Umweltpolitik darauf hinweisen, dass der Sektoralisierung wirksam begegnet werden kann.

[169] *Evangelia Kounuouraki*, The Information Cycle in the Policy-Making Process of the European Commission, Information Research, Heft 12 (2007), unter http://InformationR.net/ir/12-4/colis/colisp07.html.

b) Der rechtliche Rahmen

43 Kennzeichen der Informationsbeziehungen in der unionalen Politikentwicklung ist ihre weitgehende **Informalität**. Es gibt nur wenige Elemente konkreter rechtlicher Einbindung. Es fehlt ein sekundärrechtlicher Rechtsakt, welcher das Verfahren der Informationsgewinnung durch die Kommission Politikfeld übergreifend regelt. Nur in wenigen Fällen sehen Basisrechtsakte ein Anhörungsverfahren vor Erlass eines Durchführungsrechtsakts verbindlich vor, etwa im Bereich des Beihilfenrechts.[170] Im Bereich der Zulassung von chemischen Wirkstoffen, wie etwa Pflanzenschutzmitteln, welche durch Erlass einer Durchführungsverordnung erfolgt, wird das Anhörungsrecht der Antragsteller weitgehend durch die berichterstattenden mitgliedstaatlichen Verwaltungen gewährleistet.[171] Es gibt insbesondere keine allgemeine sekundärrechtliche Pflicht der Kommission, Informationen von mitgliedstaatlichen Stellen oder privaten Interessierten entgegenzunehmen.[172] Somit erfolgt die rechtliche Einbindung durch das Primärrecht,[173] das bei der Gestaltung der Informationsbeziehungen mit mitgliedstaatlichen Stellen in der Vorbereitung einer Initiative kaum ausdrückliche Vorgaben macht.[174] Auch die Geschäftsordnung der Kommission regelt diese Fragen nicht. Allerdings kann man die Pflicht der Kommission, im Rahmen der Konsultationen Informationen sowohl von privaten Parteien als auch von nationalen Stellen entgegenzunehmen und zu berücksichtigen, als einen Aspekt des Grundsatzes der ordnungsgemäßen Verwaltung herleiten,[175] welcher durch die von der Kommission entwickelten Standards konkretisiert wird.[176] In ihrem Governance-Weißbuch hat die Kommission die Annahme eines „Verhaltenskodex" mit „Mindeststandards für Konsultationen" in Aussicht gestellt; eine verbindliche Regelung ist offenbar nicht beabsichtigt. Dieser Kodex liegt seit Dezember 2002 in der Hand-

---

[170] Art. 6 Verordnung (EG) Nr. 994/98 des Rates vom 7. Mai 1998 über die Anwendung der Artikel 92 und 93 des Vertrages zur Gründung der Europäischen Gemeinschaft auf bestimmte Gruppen horizontaler Beihilfen, ABl. 1998, Nr. L 142, S. 1.

[171] Siehe Art. 6 Verordnung (EG) 451/2000 der Kommission vom 28. Februar 2000 mit Durchführungsbestimmungen für die zweite und dritte Stufe des Arbeitsprogramms gemäß Art. 8 Abs. 8 der RL 91/414/EWG des Rates, ABl. EG 2000, Nr. L 55, S. 25, zuletzt geändert durch Verordnung (EG) Nr. 1044/2003 der Kommission vom 18. Juni 2003 zur Änderung der Verordnungen (EG) Nr. 451/2000 und (EG) Nr. 1490/2002, ABl. EU 2003, Nr. L 151, S. 32.

[172] Mit Blick auf Private: *EuG*, Rs. T-521/93, *Atlanta*, Slg. 1996, II-1707, Rn. 70 ff.; *EuGH*, Rs. C-104/97 P, *Atlanta*, Slg. 1999, I-6983, *EuG*, Rs. T-326/07, *Cheminova A/S u.a.*, Slg. 2009, I-02685, Rn. 236.

[173] Protokoll Nr. 7 zum Vertrag von Amsterdam über die Anwendung der Grundsätze der Subsidiarität und der Verhältnismäßigkeit verlangt allgemein, dass „die Kommission [...] umfassende Anhörungen durchführen und in jedem geeigneten Fall Konsultationsunterlagen veröffentlichen sollte."

[174] Vgl. die Sachaufklärungspflicht nach Art. 114 Abs. 4 AEUV (Art. 95 Abs. 4 EGV), *EuGH*, Rs. C-41/93, Slg. 1994, I-1829, Rn. 35 f.; sowie Rs. C-212/91, *Angelopharm*, Slg. 1994, I-171, Rn. 31 ff.; Rs. C-269/90, *Technische Universität München*, Slg. 1991, I-5469, Rn. 14 ff., verb. Rs. C-439/05 P und C-454/05 P, Slg. 2007, I-07141, Rn. 37 ff.

[175] Zuerst: *EuGH*, Rs. 32/62, *Alvis*, Slg. 1963, 107 (123). Konkretisiert wird dieser Grundsatz auch durch das Recht auf eine gute Verwaltung (Art. 41 GRCh).

[176] Zur Bindungswirkung solcher Standards s. *Alberto Alemanno*, The Better Regulation Initiative at the Judicial Gate: A Trojan Horse within the Commission's Walls or the Way Forward?, ELJ, Bd. 15 (2009), S. 382 (392). Vgl. *EuG*, Rs. T-13/99, *Pfizer Animal Health*, Slg. 2002, II-3305, Rn. 119; T-374/04, Slg. 2007, II-04431, Rn. 111.

lungsform einer Mitteilung vor.[177] Ansätze finden sich weiter auch in anderen Instrumenten zur Konkretisierung der Initiative zur besseren Regulierung.[178] Die jüngste Initiative zur Intelligenten Regulierung sieht darüber hinaus eine Verbesserung der Konsultationsprozesse mit dem Ziel vor, dass sie besser zur Erfassung von Daten genutzt werden können.[179]

Der gleiche Informationszugang zur Kommission ist mithin rechtlich nicht gesichert. Das **Ermessen der Kommission** weist ihr eine erhebliche Machtposition zu. Dieses Machtpotential erklärt sich funktional insoweit, als es eine der Grundlagen ist, die es der Kommission erlauben, in der Initiativphase die Verfahrens- und Sachherrschaft zu behalten, gerade auch gegenüber sich aufdrängenden Mitgliedstaaten. Festzuhalten ist, dass der politikgestaltende europäische Informationsverbund und damit die wohl wichtigsten europäischen Informationsbeziehungen im Wesentlichen informell operieren. 44

2. Der Informationsverbund zur Kontrolle nationaler Rechtsetzung

a) Die Informationsrichtlinie 98/34 als Paradigma

Die administrative Tätigkeit staatlicher Stellen ist zwecks Verwirklichung der Ziele der Verträge durch zahlreiche Unionsakte ausgerichtet und eingebunden. Aus einer rein rechtlichen Sicht genügen deren Vorrang und unmittelbare Anwendbarkeit zur Verwirklichung unionaler Ziele. In der Rechtspraxis zeigt sich jedoch, dass die nationalen Verwaltungen von sich aus nicht immer den Anforderungen des Unionsrechts genügen und der rein reaktive gerichtliche Rechtsschutz zur Verwirklichung der Unionsziele nicht ausreicht. Aus diesem Grund hat der Unionsgesetzgeber präventive Informationspflichten nationaler Stellen gegenüber der Kommission entwickelt, die bereits im Vorfeld potentiell unionsrechtswidrigen Akten begegnen und zugleich der Kommission detaillierte Kenntnis über die Entwicklungen in wichtigen Materien verschaffen. Von besonderer Bedeutung ist in diesem Zusammenhang die Richtlinie 98/34/EG des Europäischen Parlaments und des Rates über ein Informationsverfahren auf dem Gebiet der Normen und technischen Vorschriften und der Vorschriften für die Dienste der Informationsgesellschaft (sog. **Informationsrichtlinie**).[180] Bereits die Vorgän- 45

---

[177] *Kommission*, Hin zu einer verstärkten Kultur der Konsultation und des Dialogs – Allgemeine Grundsätze und Mindeststandards für die Konsultation betroffener Parteien durch die Kommission, KOM (2002) 704 endg.

[178] Insbes. *Europäisches Parlament/Rat/Kommission*, Bessere Rechtsetzung (Fn. 131), *Kommission*, Mitteilung über Folgenabschätzung (Fn. 131) und Mitteilung Intelligente Regulierung (Fn. 131).

[179] *Kommission*, Mitteilung Intelligente Regulierung (Fn. 131), S. 11 f.

[180] RL 98/34/EG des Europäischen Parlaments und des Rates vom 22. Juni 1998 über ein Informationsverfahren auf dem Gebiet der Normen und technischen Vorschriften (ABl. EG 1998, Nr. L 204, S. 37), erweitert auf die Dienste der Informationsgesellschaft durch RL 98/48/EG des Europäischen Parlaments und des Rates vom 20. Juli 1998 (ABl. EG 1998, Nr. L 217, S. 18). Sie ist eine Neukodifikation der Richtlinie 83/189/EWG (RL des Rates vom 28. März 1983, ABl. EG 1983, Nr. L 109, S. 8; in Kraft getreten zum 1. April 1984). Diese ursprüngliche Richtlinie wurde zweimal wesentlich geändert (durch RL 88/182/EWG, ABl. EG 1988, Nr. L 81, S. 75, und RL 94/10/EWG, ABl. EG 1994, Nr. L 100, S. 30). Die zunehmende Unübersichtlichkeit machte die Neukodifikation notwendig. Zur inhaltlichen Bedeutung der einzelnen Entwicklungsschritte, unten → Rn. 52 und 53). Die Umsetzung der Richtlinie 83/189/EWG und ihre Neukodifizierung in Richtlinie 98/34/EG in deutsches Recht erfolgten nach Auskunft des zuständigen Beamten des Bundeswirtschaftsministeriums „durch interne Ressortabsprache". Die Kommission hat dies als Umsetzung akzeptiert.

ger-Richtlinie 83/189/EWG entwickelte das Muster eines Informationsverbunds mit ausgefeilten Konsultations- und Kooperationspflichten. Angesichts seiner paradigmatischen und praktischen Bedeutung sei es ausführlicher dargestellt. Was diese Richtlinie von typischen Informationspflichten in anderen Sekundärrechtsakten unterscheidet, sind die akzentuierten Stillhaltepflichten (d.h. Rechtsetzungsverbote), die sie den Mitgliedstaaten in einem materiellrechtlich nicht harmonisierten Regelungsbereich auferlegt.[181]

46   Leitende Idee der Richtlinie ist die informationsgestützte **präventive Kontrolle und Koordination** der mitgliedstaatlichen Rechtsetzung durch die Kommission. Durch Transparenz und gegenseitige Information sollen neu entstehende Behinderungen des Binnenmarktes vermieden werden.[182] Normen, welche durch Harmonisierungsregelungen der Union wieder beseitigt werden müssten, sollen gar nicht erst ergehen.[183] Im Kern werden die Mitgliedstaaten verpflichtet, die Kommission und die anderen Mitgliedstaaten bereits in der Entwurfsphase über neue Normierungen zu informieren (**Notifizierungspflicht**). Während einer gewissen Frist ist der vorlegende Mitgliedstaat an der Inkraftsetzung seiner Norm gehindert (**Stillhaltepflicht**), und den Informierten wird die Möglichkeit gegeben, auf die Normierung einzuwirken.[184] Auf dieser Grundlage hat sich eine eigene Kultur der integrierten Rechtsetzung im Verwaltungsverbund gebildet.

b) Das Informationsverfahren

47   Das Verfahren gliedert sich in zwei Komponenten: die **Notifizierungspflichten** und die **Reaktionsmöglichkeiten.** Eine erste Notifizierungspflicht besteht bei der Erstellung eines *Normungsprogramms*, also eines Plans über zukünftige Normierungen, Art. 2 Abs. 1 Richtlinie 98/34.[185] Verlangt ist hier eine schlichte Information über die beabsichtigten Normierungen, die der Kommission, den europäischen Normierungsstellen[186] und den nationalen Normierungsgremien[187] zu-

---

[181] Zur Frage nachträglicher Informationen über binnenmarktrelevante Rechtsetzung vgl. etwa Entscheidung des Europäischen Parlaments und des Rates Nr. 3052/95/EG vom 13. Dezember 1995 zur Einführung eines Verfahrens der gegenseitigen Unterrichtung über einzelstaatliche Maßnahmen, die vom Grundsatz des freien Warenverkehrs in der Gemeinschaft abweichen, ABl. EG 1995, Nr. L 321, S. 1.

[182] *Norbert Anselmann*, Die Rolle der europäischen Normung bei der Schaffung des europäischen Binnenmarktes, RIW/AWD 1986, S. 937 (941). S.a. *ders.*, Technische Vorschriften und Normen in Europa. Harmonisierung und gegenseitige Anerkennung, 1991, S. 1 ff.; *Thomas Klindt*, Der „new approach" im Produktrecht des europäischen Binnenmarkts, EuZW 2002, S. 133 (136); *Thomas Zubke-von Thünen*, Technische Normung in Europa, 1999, S. 695 ff.

[183] *Kommission*, Erläuterungen zur Richtlinie 98/34/EG – Leitfaden zum Informationsverfahren auf dem Gebiet der Normen und technischen Vorschriften und der Vorschriften für die Dienste der Informationsgesellschaft, 2005, S. 43 ff.

[184] Die Idee zu einem solchen Verfahren stammt aus dem Jahr 1969, als die im Rat vereinigten Vertreter eine Vereinbarung über Stillhalteregelungen und die Unterrichtung der Kommission (ABl. 1969, Nr. C 76, S. 9) trafen. Seine umfassende Kodifizierung erfuhr das Verfahren aber erst durch die RL 83/189/EWG (oben → Fn. 180).

[185] Normungsprogramme werden definiert als Arbeitspläne einer anerkannt normschaffenden Körperschaft, welche die laufenden Arbeitsthemen der Normungstätigkeiten enthalten, Art. 1 Nr. 5 RL 98/34. Wird keine andere Norm benannt, so sind im fortlaufenden Text Artikel der RL 98/34 gemeint.

[186] Etwa dem Europäischen Komitee für Normung (CEN), s. Liste im Anhang I zur Richtlinie.

[187] Für Deutschland das Deutsche Institut für Normung (DIN) und die Deutsche Elektrotechnische Kommission im DIN und VDE (DKE); eine Gesamtübersicht der beteiligten Gremien bietet Anhang II der RL 98/34. S.a. → Bd. I *Ruffert* § 17 Rn. 88, *Eifert* § 19 Rn. 69.

B. Der vertikale Informationsverbund

geleitet wird. Die Kommission kann darüber hinaus von dem Mitgliedstaat auch teil- oder vollständige Übermittlung der Normungsprogramme als solcher verlangen – diese stehen dann den anderen Mitgliedstaaten auf Anforderung zur Verfügung, Art. 2 Abs. 3 S. 2. Eine zweite Notifizierungspflicht betrifft den *konkreten Normentwurf* für eine technische Vorschrift. Angeordnet ist die unverzügliche Mitteilung des konkreten Vorschlages an die Kommission; diese leitet die Informationen an die anderen Mitgliedstaaten weiter, Art. 8 Abs. 1 UAbs. 1, 6. Die Mitteilung umfasst u. a. den Hauptinhalt der Vorschrift sowie Gründe für den Normentwurf und Informationen über sein rechtliches wie regelungstechnisches Umfeld, Art. 8 Abs. 1 UAbs. 1, 4.[188] Die Notifizierung muss in einem „Stadium der Ausarbeitung, in dem noch wesentliche Änderungen möglich sind" erfolgen, Art. 1 Nr. 10.[189] Zuletzt ist eine Notifizierung des *endgültigen Wortlauts* der Vorschrift gem. Art. 8 Abs. 3 der Kommission geboten. Zusammenfassend ist festzuhalten, dass die Mitgliedstaaten umfassenden Informationspflichten unterliegen, da sie Rechtsetzungsprogramme, die konkreten Entwürfe und schließlich die entstandene Norm mitzuteilen haben.

Weiter legt die Richtlinie Stillhaltepflichten und Reaktionsmöglichkeiten nieder. Die erste Notifizierung des Normentwurfs löst eine dreimonatige Stillhaltepflicht aus, Art. 9 Abs. 1. In dieser Zeit können Kommission und andere Mitgliedstaaten den Entwurf auf seine Verträglichkeit mit eigenen Normen und dem Binnenmarktkonzept prüfen.[190] Das weitere Verfahren hängt von der Form der Reaktion ab: (1) Die Kommission wie die anderen Mitgliedstaaten können den Entwurf *unkommentiert* lassen. Dann ist der Entwurf nach der Drei-Monats-Frist zur Inkraftsetzung frei. Ein späteres Einschreiten der Kommission außerhalb des Verfahrens der Richtlinie 98/34 ist dadurch allerdings nicht ausgeschlossen.[191] (2) Kommission und Mitgliedstaaten können auf den Entwurf mit einer einfachen *Bemerkung* antworten, wenn etwa der notifizierte Entwurf trotz Übereinstimmung mit dem Unionsrecht Interpretationsfragen aufwirft oder genauere Ausführungen zu seinen Durchführungsmodalitäten erforderlich macht.[192] Eine Pflicht zur Berücksichtigung einer Bemerkung besteht nicht, wenn auch in der Praxis zumeist auf eine Bemerkung reagiert wird. (3) Mit einer *ausführlichen Stellungnahme* antworten Kommission und Mitgliedstaaten, wenn sie in dem Entwurf Beeinträchtigungen des Binnenmarktes erkennen, Art. 9 Abs. 2. Eine Stellungnahme zielt darauf ab, die geplante Maßnahme zu ändern. In diesem Fall verlängert sich die Stillhaltepflicht um drei weitere Monate.[193] Der mitteilende Staat ist verpflichtet, auf die Stellungnahme zu antworten, jedoch nicht, der Stellungnahme entsprechend seinen Entwurf zu ändern. Neben einer möglichen politischen Verstimmung hat dies die rechtliche Folge, dass nach Abgabe einer Stellung-

48

---

[188] *Joachim Fronia*, Transparenz und Vermeidung von Handelshemmnissen bei Produktspezifikationen im Binnenmarkt, EuZW 1996, S. 101 (105).
[189] *Fronia*, Transparenz und Vermeidung (Fn. 188), S. 105.
[190] Art. 9 Abs. 7 enthält einen Ausnahmetatbestand von der Stillhaltepflicht für Normierungen, die aus dringenden Gründen des Gesundheitsschutzes, des Pflanzenschutzes oder der Sicherheit möglichst kurzfristig ergehen müssen. Nach den jüngsten statistischen Angaben stellten die Mitgliedstaaten nur in knapp 5% der Fälle einen Antrag auf Dringlichkeit; näher KOM (2000) 429 endg., S. 25 f.
[191] *Fronia*, Transparenz und Vermeidung (Fn. 188), S. 105.
[192] Kommission, Leitfaden (Fn. 183), S. 50.
[193] Im Dienstleistungsbereich verlängert sich die Stillhaltefrist nur um einen Monat, Art. 9 Abs. 2, 2. Spiegelstrich.

nahme die erste Phase des Verfahrens nach Art. 258 AUEV entfällt.[194] Schließlich ist der Kommission (nicht dagegen den anderen Mitgliedstaaten) die Möglichkeit gegeben, die nationale Rechtsetzung mit einer *Sperre* zu versehen, d.h. sie gänzlich zu blockieren und an sich zu ziehen, wenn sie eine unionale anstelle einer nationalen Norm für sinnvoller hält, Art. 9 Abs. 3, 4.[195] Ihr sind dann spezifische Fristen gesetzt, in denen die unionale Rechtsetzung vollzogen sein muss. Für den Regelfall des Mitentscheidungsverfahrens beträgt die Sperrfrist achtzehn Monte, in anderen Fällen zwölf Monate ab Notifizierung.[196]

49 Zum Gelingen des Informationsverfahrens sind den Mitgliedstaaten noch zwei weitere Pflichten auferlegt. Zum einen trifft sie eine *Organisationspflicht* gegenüber den nationalen Normierungsgremien. Verfahren und rechtlicher Rahmen der nationalen Normierungsgremien sind so zu gestalten, dass die Verpflichtungen aus der Richtlinie befolgt werden. Zum anderen besteht für die Mitgliedstaaten eine **Hinweispflicht.** Diese verpflichtet die Mitgliedstaaten, bei der nationalen Veröffentlichung einer technischen Vorschrift auf ihre Notifizierung nach der Richtlinie 98/34 hinzuweisen, Art. 12.

50 Die Rechte und Pflichten im Informationsverfahren führen zu einer **Zusammenarbeit** von nationalen wie supranationalen, von öffentlichen und privaten Akteuren. Die zentrale Stellung der Kommission ist bereits in der Beschreibung des Verfahrens deutlich geworden. Die *Generaldirektion Unternehmen und Industrie* organisiert und betreut das Verfahren. Ihr obliegt die Vermittlung der Informationen an die Mitgliedstaaten und an die breitere Öffentlichkeit.[197] Im Rahmen ihrer Zuständigkeiten sind die *europäischen Normungsgremien CEN, CENELEC* und *ETSI* für das technische Funktionieren des Verfahrens verantwortlich.[198] Sie

---

[194] Nach dem Bericht der Kommission über die Praxis des Verfahrens (für die Jahre 1992–1994) nutzten die Mitgliedstaaten intensiv die Möglichkeit, Bemerkungen oder Stellungnahmen abzugeben. Etwa 50% der Notifizierungen lösten eine Bemerkung anderer Mitgliedstaaten aus, knapp 20% führten zu einer ausführlichen Stellungnahme, KOM (1996) 286 endg., S. 26. Ähnlich intensiv nutzte auch die Kommission ihre Möglichkeiten, wobei sie etwa 30% der Vorschläge mit Stellungnahmen beantwortete (ebd.). Nach dem Bericht der Kommission über die Funktionsweise der Richtlinie 98/34/EG in den Jahren 1995 bis 1998, KOM (2000) 429 endg., S. 23 ff., ergibt sich eine Senkung der Zahl der Bemerkungen oder Stellungnahmen der Mitgliedstaaten. Die Werte lagen zwischen 29% (1997) und 42% (1998). Im Berichtszeitraum sank auch insgesamt der Prozentsatz der ausführlichen Stellungnahmen unter 20%. Im gleichen Trend nutzte die Kommission nur in 14,6% der Fälle die Möglichkeit, ausführliche Stellungnahmen abzugeben. Im Bericht über die Bewertung der Anwendung der Richtlinie 98/34/EG im Bereich der Dienste der Informationsgesellschaft, KOM (2003) 69 endg., wird festgestellt, dass die Kommission bei 50% der Notifizierungen eine ausführliche Stellungnahme oder Bemerkung abgab. Die Mitgliedstaaten benutzten diese Möglichkeit zur Abgabe von ausführlichen Stellungnahmen nicht. Im Jahr 2009 hat die Kommission zu den 708 Notifizierungen 57 ausführliche Stellungnahmen abgegeben, die Mitgliedstaaten 74 (ABl. EU 2010, Nr. C 164, S. 4).
[195] Die Begründungserwägung Nr. 16 zur Richtlinie 98/34 stützt diese verlängerte Stillhaltepflicht auf Art. 10 EGV (jetzt Art. 4 Abs. 3 EUV).
[196] Die Bedeutung dieser Reaktionsmöglichkeit in der Praxis ist gering. Nach den Statistiken über die im Jahr 2004 im Rahmen der Richtlinie 98/34 notifizierten technischen Vorschriften (ABl. EU 2005, Nr. C 158, S. 5) führte nur eine von 557 Notifizierungen zu einem Rechtsetzungsvorschlag der Kommission. Im Jahr 2009 waren es von 708 Notifizierungen nur drei (ABl. EU 2010, Nr. C 164, S. 4).
[197] Art. 11 sieht regelmäßige Berichtspflichten gegenüber den unionalen Institutionen und der Öffentlichkeit vor.
[198] *Kommission,* Leitfaden (Fn. 188), S. 24 ff.; *Anselmann,* Rolle der europäischen Normung (Fn. 182), S. 940. S. a. → Bd. I *Ruffert* § 17 Rn. 87.

B. Der vertikale Informationsverbund

prüfen, verarbeiten und speichern die Daten, die ihnen von den Mitgliedstaaten übermittelt werden. Ihre direkten Kooperationspartner sind die *nationalen Normierungsgremien*, soweit sie auf mitgliedstaatlicher Ebene entsprechende Zuständigkeiten besitzen.[199] Der Notifizierungspflicht unterliegen alle *nationalen Körperschaften und Behörden*, welche Vorschriften im Sinne der Richtlinie erlassen. In bundesstaatlichen Mitgliedstaaten sind auch regionale Stellen eingebunden, wie sich aus der Liste nach Art. 1 Abs. 9 UAbs. 3 ergibt.[200] Scharnier zwischen den diversen Akteuren ist – neben der Kommission – ein *Ständiger Ausschuss*, der sich aus Vertretern der Mitgliedstaaten zusammensetzt und von einem Vertreter der Kommission geleitet wird, Art. 5. Er wirkt klärend oder initiierend auf das Verfahren ein und ist Ansprechpartner der Kommission, Art. 6.

Der Informationsverbund reicht aber weiter, indem er auch **private Wirtschaftsteilnehmer** einbindet.[201] Die notifizierten Informationen gelten nicht als vertraulich, Art. 8 Abs. 4. Seit 2000 stellt die Kommission im Internet eine umfassende Datenbank (*Technical Regulations Information System* – TRIS) mit allen notifizierten Entwürfen zur Verfügung.[202] Seit 2003 besitzt jedermann die Möglichkeit, an einem automatisierten Warnsystem teilzunehmen, indem er sich für bestimmte Produktkategorien registrieren lässt und von TRIS per E-Mail eine Meldung über einschlägige neue Notifizierungen bekommt.[203] Seit 2010 wird auch die Verknüpfung von TRIS mit nationalen Datenbanken ermöglicht. Schließlich ist die Kommission nach Art. 11 zu regelmäßigen und qualifizierten Berichten gegenüber der allgemeinen Öffentlichkeit verpflichtet. 51

Dieses Informationsverfahren ist seit 1983 schrittweise erweitert worden, indem der **Anwendungsbereich** der Richtlinie ausgedehnt wurde, und erfasst nunmehr weite Bereiche der binnenmarktrelevanten Rechtsetzung.[204] Es gilt für alle produktbezogenen Regelungen, genauer alle Normen, welche die Eigenschaften eines gewerblichen oder landwirtschaftlichen Produkts, seine Herstellung, seine Verwendung und seine Wiederverwertung oder Beseitigung regeln, sowie all diejenigen Vorschriften, welche Herstellung, Einfuhr, Inverkehrbringen oder Verwendung verbieten. Normen sind nicht nur staatliche, sondern auch solche, „die von einem anerkannten Normungsgremium zur wiederholten oder ständigen Anwendung angenommen wurden", Art. 1 Nr. 4. Nach Einschätzung der Kommission fiel bereits 1996 etwa die Hälfte der mitgliedstaatlichen einschlägigen Rechtsetzung in den Anwendungsbereich des Informationsverfahrens. Bei der anderen Hälfte handelt es sich ohnehin weniger um eigenständige nationale Rechtsetzung denn um Umsetzung gemeinschaftlicher Normen.[205] Die gesamte produktbezogen-technische Rechtsetzung unterliegt der Union also in der einen oder anderen Weise. 52

---

[199] Für Deutschland das Deutsche Institut für Normung (DIN) und die Deutsche Elektrotechnische Kommission im DIN und VDE (DKE); eine Gesamtübersicht der beteiligten Gremien bietet Anhang II der RL 98/34. → Bd. I *Ruffert* § 17 Rn. 88.

[200] *Fronia*, Transparenz und Vermeidung (Fn. 188), S. 105; vgl. EuGH, Rs. C-145/97, Slg. 1998, S. 827.

[201] Vgl. Begründungserwägung Nr. 7 und 24 zur RL 98/34.

[202] Internetseite: http://europa.eu.int/comm/enterprise/tris.

[203] *Kommission*, Leitfaden (Fn. 183), S. 72 ff.

[204] Zur Entwicklung *Fronia*, Transparenz und Vermeidung (Fn. 188), S. 101 f.

[205] Bericht der Kommission, KOM (1996) 286 endg., S. 26.

53   Die bedeutendste Ausdehnung hat der Anwendungsbereich des Informationsverfahrens mit der Änderungs-Richtlinie 98/48 vom 20. Juli 1998[206] durch seine Erstreckung auf den Bereich von *Dienstleistungen* erfahren, namentlich auf „Dienste der Informationsgesellschaft". In der Bestrebung, die Überschneidungen zwischen dem Verfahren nach der Richtlinie 98/34 und anderen Notifizierungsverfahren und die daraus entstehenden Verwaltungskosten zu vermeiden und die Informationen zu mitgliedstaatlicher Normung an einer Stelle zu bündeln, etabliert sich darüber hinaus die TRIS-Datenbank zunehmend als die zentrale Anlaufstelle (sog. *One-Stop-Shop*) für Notifizierungsmitteilungen, die in anderen Rechtsakten vorgesehen sind. In solchen Fällen ist eine nach der Richtlinie 98/34 erfolgte Notifizierung auch gemäß einem anderen Rechtsakt gültig, wenn der notifizierende Mitgliedstaat in seiner Notifizierungsmitteilung diesen anderen Rechtsakt eindeutig benennt und erklärt, dass er von der *„One-Stop-Shop"* Möglichkeit Gebrauch macht.[207]

c) Durchsetzung der Informationspflichten

54   Die Durchsetzung dieser Informationspflichten erwies sich für die Kommission zunächst als überaus schwierig. Die Mitgliedstaaten ignorierten nicht selten ihre Pflichten, und der Kommission fehlten die notwendigen Instrumente, um die Rechtstreue der Mitgliedstaaten effektiv einzufordern. Die Kontrolle der Einhaltung der Notifizierungspflichten fordert ihr einen immensen organisatorischen Aufwand ab. Gerade der wesentliche Zweck des Verfahrens, nämlich sein präventiver Charakter, kann durch die Kommission selbst, insbesondere das Vertragsverletzungsverfahren nach Art. 258 AEUV, nicht gesichert werden. Es bedurfte eines mittlerweile jahrzehntelangen Ringens mit den Mitgliedstaaten, um deren Folgebereitschaft sicherzustellen.[208]

55   Die Kommission hat das Problem der Nichtbefolgung früh gesehen und versucht, ihm mit einem bewährten gemeinschaftsrechtlichen Instrument zu begegnen: der **Mobilisierung des Bürgers**.[209] In einer bereits 1986 ergangenen Mitteilung behauptet sie die unmittelbare Wirkung der Richtlinie und damit Klage-

---

[206] ABl. EG 1998, Nr. L 217, S. 18.

[207] Punkt 7 im Notifizierungsmitteilungsformular. Dies wird etwa im Bereich des Lebensmittelrechts praktiziert (Richtlinie 2000/13/EG des Europäischen Parlaments und des Rates vom 20. März 2000 zur Angleichung der Rechtsvorschriften der Mitgliedstaaten über die Etikettierung und Aufmachung von Lebensmitteln sowie die Werbung hierfür, ABl. EG 2000, Nr. L 109, S. 28; Verordnung [EWG] Nr. 315/93 des Rates vom 8. Februar 1993 zur Festlegung von gemeinschaftlichen Verfahren zur Kontrolle von Kontaminanten in Lebensmitteln, ABl. EG 1993, Nr. L 37, S. 1; Verordnung [EG] Nr. 852/2004 des Europäischen Parlaments und des Rates vom 29. April 2004 über Lebensmittelhygiene, ABl. EU 2004, Nr. L 139, S. 1, Verordnung [EG] Nr. 1925/2006 des Europäischen Parlaments und des Rates vom 20. Dezember 2006 über den Zusatz von Vitaminen und Mineralstoffen sowie bestimmten anderen Stoffen zu Lebensmitteln, ABl. EU 2006, Nr. L 404, S. 26), ausdrücklich in Art. 16 der RL 94/62/EG des Europäischen Parlaments und des Rates vom 20. Dezember 1994 über Verpackungen und Verpackungsabfälle, ABl. EG 1994, Nr. L 365, S. 10, zuletzt geändert durch VO 219/2009 des Europäischen Parlaments und des Rates vom 11. März 2009, ABl. EU 2009, Nr. L 87, S. 109.

[208] *Fronia*, Transparenz und Vermeidung (Fn. 188), S. 107; auch *Ulrich Everling*, Urteilsanmerkung, ZLR 1996, S. 449 (452).

[209] Dazu *Johannes Masing*, Die Mobilisierung der Bürger für die Durchsetzung des Rechts. Europäische Impulse für eine Revision der Lehre vom subjektiv-öffentlichen Recht, 1997. S.a. → Bd. I *ders.* § 7 Rn. 91 ff.

B. Der vertikale Informationsverbund

möglichkeiten der Bürger vor mitgliedstaatlichen Gerichten.[210] Diese Strategie wird auch bei anderen Informationspflichten angewandt, die der Verhinderung unionsinkompatiblen nationalen Rechts dienen.[211] Um ihrer Position Rückhalt zu geben, versuchte die Kommission, den Europäischen Gerichtshof einzuschalten und ihm Gelegenheit zu einem klärenden Diktum zu geben.[212] Der Durchbruch erfolgte mit dem Urteil in der Rechtssache *CIA-Security* vom 30. April 1996[213] im Rahmen eines Rechtsstreits über unlauteren Wettbewerb zwischen zwei privaten Unternehmen. Der Gerichtshof bejahte die Unanwendbarkeit der nicht-notifizierten Vorschrift und öffnete damit den Weg für private Klagen auf Einhaltung der Notifizierungspflichten.[214]

Die Bedeutung des Urteils für die Praxis des Notifizierungsverfahrens wurde als gewaltig eingeschätzt.[215] Tatsächlich hat sich die Bereitschaft der Mitgliedstaaten zur Mitarbeit am Informationsverfahren deutlich erhöht: Für 1996, in dessen Mitte die CIA-Entscheidung erging, stieg die Anzahl der Notifizierungen von knapp 400 auf 523. 1997 hat sie sich mit 900 Notifizierungen fast verdoppelt. Im Jahr 2004 jedoch lagen die Zahlen wieder auf einem „normalisierten" Niveau von 557 Notifizierungen. Auch als Folge der großen Erweiterungsrunde sind jedoch die Zahlen in den vergangenen Jahren wieder gestiegen. So wurden 2009 bereits 708 Notifizierungen übermittelt.[216] Im Verhältnis zur Zahl der Notifizierungen ist die Zahl der Vertragsverletzungsverfahren hingegen sehr gering und nimmt sogar ab.[217]

Auch von der Möglichkeit, als Privater von der Nicht-Notifizierung zu profitieren, wird inzwischen rege Gebrauch gemacht.[218] Bislang nutzt der Europäische

---

[210] Mitteilung der Kommission betreffend die Nichteinhaltung gewisser Bestimmungen der RL 83/189/EWG des Rates vom 28. März 1983 über ein Informationsverfahren auf dem Gebiet der Normen und technischen Vorschriften, ABl. EG 1986, Nr. C 245, S. 4.

[211] Näher *Sommer*, Verwaltungskooperation (Fn. 18), S. 475 ff.

[212] *Fronia*, Transparenz und Vermeidung (Fn. 188), S. 107.

[213] *EuGH*, Rs. C-194/94, *CIA-Security*, Slg. 1996, I-2201; vgl. die Besprechungen von *Everling*, Urteilsanmerkung (Fn. 208); *Piet J. Slot*, Comment to the Case C-194/94, CMLRev, Bd. 33 (1996), S. 1035 (1043 ff.); *Joachim Fronia*, Anmerkung zum Urteil des EuGH, Rs. C-194/94, EuZW 1996, S. 383 ff.; sowie *Fausto Capelli*, La notifica preventiva di una legge nazionale alla Commissione come condizione de applicabilità delle regole tecniche in essa contenute, Diritto comunitario e degli scambi internazionali 1997, S. 713 (717); zur unmittelbaren Anwendbarkeit von Informationspflichten auch *EuGH*, Rs. 380/87, *Enichem Base*, Slg. 1989, 2491.

[214] Einige weitere Dimensionen, die in den Besprechungen zu dem Urteil angedeutet werden, die jedoch zu der hier behandelten Thematik des Informationsverbunds nicht direkt beitragen, sollen hier nur vermerkt werden: *Everling* erkennt eine bedeutende Weiterentwicklung der Rspr. zur unmittelbaren Anwendbarkeit, da nun auch Verfahrensfehler Wirkung entfalten können (Urteilsanmerkung [Fn. 208], S. 450). Als offen angesehen werden die zeitliche Begrenzung der Unanwendbarkeit (*Slot*, Comment to the Case [Fn. 213], S. 1046 ff.) und die Frage, ob eine rückwirkende Heilung möglich ist (*Everling*, Urteilsanmerkung [Fn. 208], S. 452).

[215] Darin sind sich die Rezensenten des Urteils einig, vgl. *Everling*, Urteilsanmerkung (Fn. 208), S. 452; *Slot*, Comment (Fn. 213), S. 1043; *Fronia*, Anmerkung zum Urteil des EuGH, Rs. C-194/94 (Fn. 213), S. 383.

[216] Die Website der Kommission stellt jährliche Statistiken zur Verfügung: http://europa.eu.int/comm/enterprise/tris/statistics/index_de.htm; Details zum Jahr 2009 in ABl. EU 2010, Nr. C 164, S. 3.

[217] Laut des Berichts der Kommission für den Zeitraum 2006–2008 wurden 2006 vierzehn, 2007 neun und 2008 nur noch fünf Vertragsverletzungsverfahren eingeleitet: *Kommission*, Bericht Anwendung der Richtlinie 98/34/EG – 2006–2008, KOM (2009) 690 endg. Im Jahr 2009 waren es nur noch drei; Statistik zum Jahr 2009, ABl. EU 2010, Nr. C 164, S. 7.

[218] *EuGH*, Rs. C-13/96, *Bic Benelux*, Slg. 1997, I-1753; Rs. C-226/97, *Lemmens*, Slg. 1998, I-3713; Rs. C-33/97, *Colim NVV*, Slg. 1999, I-3175; Rs. C-443/98, *Unilever Italia SpA*, Slg. 2000, I-7535; Rs.

Gerichtshof die auftretenden Streitfälle vor allem zur Konturierung des Anwendungsbereiches des Informationsverfahrens durch Klärung seiner Begriffe.[219] Zudem entschied er, dass eine Verletzung der Notifizierungspflicht nicht zu einem strafprozessualen Beweisverwertungsverbot führt, wenn der Beweis durch Nutzung eines Gerätes zustande gekommen ist, das auf Grundlage einer nichtnotifizierten Vorschrift zugelassen wurde, da dies nicht der Schutzzweck der Richtlinie sei.[220] Die CIA-Rechtsprechung ist im Grundsatz auch nicht ausdehnbar auf Informationspflichten über nationale Durchführungsmaßnahmen zu unionalen Rechtsakten.[221]

d) Bedeutung für die administrative Rechtsetzungskultur

58   Bedeutung und Wirkung des Informationsverfahrens lassen sich in drei Punkten zusammenfassen. Offensichtlich ist erstens die Bedeutung des Verfahrens für den **Schutz des Binnenmarktes,** dem wirtschaftlichen Kern des europäischen Projekts. *Joachim Fronia* spricht von einem „unumgänglichen Vorsorgeinstrument für eine effiziente Arbeitsweise des Binnenmarktes".[222] Dies bestätigt die Bedeutung des Informationsverbunds als wesentlichen Aspekt des Verwaltungsverbunds. Im Hinblick auf die Verwaltungskommunikation der Union erklärt es zweitens wesentliche Aspekte der zentralen Stellung der Kommission innerhalb der Kommunikationsordnung des vertikalen Verbunds. Sie ist die maßgebliche **Koordinationsinstanz des Verfahrens,** bei der Informationen und Handlungsstränge zusammenlaufen. Dadurch bietet sich ihr ein hervorragender Überblick über sämtliche Rechtsetzungstätigkeiten der Mitgliedstaaten, den sie zur Steuerung derselben nutzen kann. Nicht nur die aktuellen, laufenden Rechtsetzungsprojekte sind ihr bekannt, auch über die zukünftigen ist sie im Bilde. Kann sie schon durch ihre Position im unionalen Rechtsetzungsprozess dessen Tempo und Richtung bestimmen, so ermöglicht ihr das Informationsverfahren nun auch die Einwirkung auf die mitgliedstaatliche Rechtsetzung. Als Zentralsynapse der rechtsetzungsrelevanten Verwaltungskommunikation ist sie zur eigentlichen Kontroll- und Koordinationsinstanz aller binnenmarktrelevanten Rechtsetzung geworden. Drittens hat das Verfahren Kooperation und **Einbindung der nationalen Instanzen** in der Rechtsetzung etabliert. Dies zeigt sich in der intensiven Nutzung der mitgliedstaatlichen Reaktionsmöglichkeiten auf Normvorschläge, womit sich dank des Informationsverfahrens eine Kultur der gemeinschaftlichen Normproduktion abzeichnet, der nach dem ganzen Kontext zwangsläufig stark bürokratisch geprägt ist und dessen Rechtsregime auch deshalb zum Verwaltungsrecht zählt.

C-159/00, *Sapod Audic*, Slg. 2002, I-5031; Rs. C-303/04, *Lidl Italia Srl*, Slg. 2005, I-7865, Rs. C-20/05, *Strafverfahren gegen Karl J.W. Schwibbert*, Slg. 2007, I-9447; Rs. C-433/05, *Strafverfahren gegen Lars Sandström*, Slg. 2010, I-2885; verb. Rs. C-42/10, C-45/10 und C-57/10, *Vlaamse Dierenartsenvereniging VZW u.a.*, Slg. 2011, I-0000.

[219] In *Lidl Italia Srl* (Fn. 218) und *Vlaamse Dierenartsenvereniging VZW u.a.* (Fn. 218), stand der Begriff der technischen Vorschrift im Vordergrund, in den Urteilen zu Rs. C-33/97 (Fn. 218) und *EuGH*, Rs. C-390/99, *Canal Satélite Digital SL*, Slg. 2002, I-607, ging es dagegen um die Klärung des Begriffes der technischen Spezifikation, und in *Lars Sandström* (Fn. 218) um den Begriff der mitzuteilenden wesentlichen Änderung.

[220] *EuGH*, Rs. C-226/97, *Lemmens*, Slg. 1998, I-3711.

[221] *EuGH*, Rs. C-53/02 und C-217/02, *Braine-le-Château u.a.*, Slg. 2004, I-3251.

[222] *Fronia*, Transparenz und Vermeidung (Fn. 188), S. 101.

II. Der vertikale Informationsverbund administrativer Rechtsanwendung

1. Entwicklung und Typen

Die Kommission steht keineswegs allein mit den politikentwickelnden Verwaltungen der Mitgliedstaaten in Informationsbeziehungen, und der vertikale Informationsverbund erschöpft sich nicht in der Funktion der Rechtsetzung. Vielmehr steht die Kommission auch bei der Durchführung des Unionsrechts in vielfachen Beziehungen mit staatlichen Verwaltungsbehörden, die für die Durchführung im Einzelfall verantwortlich sind.[223]

Es können an dieser Stelle zwei Konstellationen unterschieden werden. Zum einen kann die Kommission eine Mittlerstellung in der Informationsbeziehung administrativer Stellen verschiedener Mitgliedstaaten haben. Diese Konstellation wird unter C im Rahmen des horizontalen Verbunds näher ausgeleuchtet. Die andere Konstellation betrifft die Informationsbeziehungen zwischen durchführenden nationalen Stellen und der Kommission. Aus der Sicht der Kommission zeichnet sich die Durchführung des Unionsrechts durch mitgliedstaatliche Verwaltung, da sie daran nicht unmittelbar beteiligt ist, zunächst durch ein erhebliches Informationsdefizit aus. Gleichzeitig ist sie jedoch nicht nur mit der Kontrolle des Vollzuges beauftragt, sondern wird bei unzureichendem Vollzug auch selbst zur politischen Verantwortung gezogen. Das letztere gilt insbesondere für die Umsetzung der Finanzierungsinstrumente (Strukturfonds) der Unionsprogramme. Daher hat die Kommission ein erhebliches Interesse, dieses Defizit abzubauen und effektiv über die Durchführung in den Mitgliedstaaten zu wachen und dadurch mittelbar auch zu steuern.[224] Ein Beispiel dafür ist auch das Informationssystem betreffend die Praxis hinsichtlich der Unregelmäßigkeiten und zu Unrecht bezahlten Beiträge im Bereich der Finanzierung der gemeinsamen Agrarpolitik.[225] Eine weitere Funktion des Informationsflusses zwischen der Kommission und den Mitgliedstaaten in der Durchführungsphase ist ein Feedback für die Verbesserung der Qualität und Effektivität der unionalen Rechtsetzung, die „legislative Eigenkontrolle".[226]

Im Mittelpunkt steht jedoch die **Durchführungskontrolle,** deren Rahmen oft Berichtspflichten über die tatsächliche Anwendung unionsrechtlicher Bestimmungen bilden. Hier haben sich der Typus der „Vollzugsberichterstattung" und der „Erfahrungsberichterstattung" entwickelt.[227] Die meisten der entsprechenden Pflichten werden spezifisch in den sektoralen Rechtsakten niedergelegt[228] und in

---

[223] *Christoph Möllers,* Durchführung des Gemeinschaftsrechts, EuR 2002, S. 483 ff.
[224] *Michael W. Bauer,* Co-managing programme implementation: conceptualizing the European Commission's role in policy execution, Journal of European Public Policy, Bd. 13 (2006), S. 717 (721).
[225] Verordnung (EG) Nr. 1848/2006 der Kommission vom 14. Dezember 2006 betreffend Unregelmäßigkeiten und die Wiedereinziehung zu Unrecht gezahlter Beträge im Rahmen der Finanzierung der gemeinsamen Agrarpolitik sowie die Einrichtung eines einschlägigen Informationssystems und zur Aufhebung der Verordnung (EWG) Nr. 595/91 des Rates, ABl. EU 2006, Nr. L 355, S. 56.
[226] *Julia Sommer,* Verwaltungskooperation (Fn. 18), S. 309. Vgl. *Michael Kaeding,* In Search of Better Quality of EU Regulations for Prompt Transposition: The Brussels Perspective, ELJ, Bd. 14 (2008), S. 583.
[227] Ausführliche Darstellung des einschlägigen Rechts bei *Sommer,* Verwaltungskooperation (Fn. 18), S. 302 ff.
[228] Etwa RL 2007/3/EG des Europäischen Parlaments und des Rates vom 14. März 2007 zur Schaffung einer Geodateninfrastruktur in der Europäischen Gemeinschaft, ABl. EU 2007, Nr.

jüngster Zeit nicht selten durch die von der Kommission entwickelten Fragebögen konkretisiert.[229] Dies ist vor allem Praxis im Bereich der Umwelt,[230] für welchen es sogar einen übergreifenden Rechtsakt, die sogleich vorgestellte Umweltberichte-Richtlinie 91/692/EWG,[231] gibt. Hinzu tritt die bereits primärrechtlich begründete Pflicht, über Schwierigkeiten der Durchführung die Kommission zu informieren.[232] Im Bereich der Durchführung unionaler Programme dient der Informationsübertragung und der Kontrolle auch der Typus der „Programmbewertung" (Evaluierung).[233] Außer auf die Berichte und Evaluierungen, kann die Kommission zu Kontrollzwecken auch auf die Datenbanken zugreifen, die entweder nur zu Zwecken der Kontrolle errichtet wurden oder mittelbar auch der Erleichterung der Kontrollaufgaben dienen.[234] Darüber hinaus gibt es eine Fülle von Informationspflichten in den Verfahren kooperativer Rechtsanwendung, auf die hier nicht eingegangen wird.[235]

2. Grundstrukturen

60   Die Berichtspflichten im Umweltrecht haben einen paradigmatischen Charakter, da ihre Durchsetzung besonders problematisch ist. Viele Umweltrichtlinien

---

L 108, S. 1, hierzu auch die Entscheidung der Kommission vom 5. Juni 2009 zur Durchführung der RL 2007/2/EG hinsichtlich der Überwachung und Berichterstattung, ABl. EU 2009, Nr. L 148, S. 18; VO 448/2001/EG der Kommission vom 2. März 2001 mit Durchführungsvorschriften zur Verordnung (EG) Nr. 1260/1999 des Rates hinsichtlich des Verfahrens für die Vornahme von Finanzkorrekturen bei Strukturfondsinterventionen, ABl. EG 2001, Nr. L 64, S. 13.

[229] Zum Beispiel VO 794/2004/EG der Kommission vom 21. April 2004 zur Durchführung der Verordnung (EG) Nr. 659/1999 des Rates über besondere Vorschriften für die Anwendung von Artikel 93 des EG-Vertrags, ABl. EU 2004, Nr. L 140, S. 1; VO 499/2004/EG der Kommission vom 17. März 2004 zur Änderung der Verordnung (EG) Nr. 1082/2003 hinsichtlich der Frist und des Musters für die Berichterstattung im Rindersektor, ABl. EU 2004, Nr. L 80, S. 24.

[230] Entscheidung der Kommission 2005/381/EG vom 4. Mai 2005 zur Einführung eines Fragebogens für die Berichterstattung über die Umsetzung der Richtlinie 2003/87/EG des Europäischen Parlaments und des Rates über ein System für den Handel mit Treibhausgasemissionszertifikaten in der Gemeinschaft und zur Änderung der Richtlinie 96/61/EG des Rates, ABl. EU 2005, Nr. L 126, S. 43; Entscheidung 2009/770/EG der Kommission vom 13. Oktober 2009 zur Festlegung der Standardformulare für die Berichterstattung über die Überwachung der absichtlichen Freisetzung genetisch veränderter Organismen in die Umwelt als Produkte oder in Produkten zum Zweck des Inverkehrbringens gemäß der Richtlinie 2001/18/EG des Europäischen Parlaments und des Rates, ABl. EU 2009, Nr. L 275, S. 9.

[231] RL 91/692/EWG des Rates vom 23. Dezember 1991 zur Vereinheitlichung und zweckmäßigen Gestaltung der Berichte über die Durchführung bestimmter Umweltrichtlinien, ABl. EG 1991, Nr. L 377, S. 48.

[232] Näher oben → Rn. 7.

[233] Beispielsweise die Entscheidung 2002/677/EG der Kommission vom 22. August 2002 zur Vereinheitlichung der Berichterstattung über gemeinschaftlich kofinanzierte Programme zur Tilgung und Überwachung von Tierseuchen und zur Aufhebung der Entscheidung 2000/322/EG, ABl. EG 2002, Nr. L 229, S. 24.

[234] Etwa die Datenbank für Analysewerte von Weinbauerzeugnissen, Art. 10 ff. der VO 2729/2000/EG der Kommission vom 14. Dezember 2000 mit Durchführungsbestimmungen für die Kontrollen im Weinsektor, ABl. EG 2000, Nr. L 316, S. 16, dazu *Heußner*, Informationssysteme, Fn. 60, S. 225.

[235] Hierzu → Bd. II *Röhl* § 30 Rn. 48 ff. Ausführlich zum besonders ausdifferenzierten Umweltrecht *Eberhard Schmidt-Aßmann*/*Clemens Ladenburger*, Umweltverfahrensrecht, in: Werner Rengeling (Hrsg.), EUDUR I (1998), S. 500.

B. Der vertikale Informationsverbund

legten bereits vor dem Erlass der Richtlinie 91/692/EWG **periodische Berichtspflichten** fest, doch gab es große Uneinheitlichkeit bezüglich der Form und Inhalte der zu erstellenden Berichte wie auch bezüglich der Berichtsabstände. Durch die Richtlinie 91/692/EWG zur Vereinheitlichung und zweckmäßigen Gestaltung der Berichte über die Durchführung bestimmter Umweltschutzrichtlinien wurden die bestehenden Vorschriften vereinheitlicht und ergänzt; sie sei, weil eben paradigmatisch, kurz beschrieben.[236] Die Vereinheitlichung der Berichte wird erreicht, indem die Berichtsrichtlinie die einschlägigen Bestimmungen der zu vereinheitlichenden Umweltrichtlinien identifiziert und ihnen standardisierte Berichtsmodelle zuweist. Die Richtlinie 91/692 legt eine Standardperiode von drei Jahren für nationale Berichte fest. Weiter führt die Berichtsrichtlinie einen Fragebogen ein, um vereinheitlichte und vergleichbare Informationen zu bekommen. Dieser wird von der Kommission im Verwaltungsausschussverfahren festgelegt (Art. 2, 3, 4, 5 i. V. m. Art. 6[237]).[238] Das Problem unterschiedlicher Messmethoden bleibt jedoch weiterhin ungelöst.

Die Richtlinie schreibt vor, für jedes Umweltmedium einen konsolidierten Bericht zu erstellen. Auf der Grundlage der nationalen Berichte hat die Kommission die Aufgabe, einen europaweiten Bericht über jedes Umweltmedium zu erstellen (Art. 4 und 5). Die rechtzeitige Erstellung der europäischen Berichte wird nicht selten durch schleppende nationale Berichterstattung verzögert.[239] Entweder fehlt ein solcher Bericht völlig oder er stellt nur eine Auflistung der Erkenntnisse der Einzelberichte zusammen und führt somit nicht, wie von der Richtlinie intendiert, zu einer konsolidierten Bewertung des Zustandes eines Umweltmediums. Die pünktliche und vollständige Berichterstattung leidet nicht zuletzt darunter, dass die zuständigen Behörden der Mitgliedstaaten die Berichtspflichten als eine lästige, zusätzliche Arbeit empfinden und zudem fürchten, dass eine Übermittlung von Daten an die Kommission Verstöße gegen sekundärrechtliche Pflichten bloßlegen könnte. 61

Dies gilt auch für die **Bewertungen,** die im Rahmen der Umsetzung aller mit erheblichen Ausgaben verbundenen Programme und Tätigkeiten der Union durchgeführt werden müssen, um somit die Relevanz, Wirksamkeit und Wirtschaftlichkeit der Maßnahmen zu überprüfen.[240] Ein Beispiel bilden die EU-Stukturfonds, 61a

---

[236] Näher *Ludwig Krämer*, Casebook on Environmental Law, 2002, S. 154 ff.; *ders.*, Focus on European Environmental Law, 1997, S. 16, 32, 42, 136 und 254.

[237] In der Fassung der VO (EG) Nr. 1882/2003 des Europäischen Parlaments und des Rates vom 29. September 2003 zur Anpassung der Bestimmungen über die Ausschüsse zur Unterstützung der Kommission bei der Ausübung von deren Durchführungsbefugnissen, die in Rechtsakten vorgesehen sind, für die das Verfahren des Artikels 251 des EG-Vertrags gilt, an den Beschluss 1999/468/EG des Rates, ABl. EU 2003, Nr. L 284, S. 1.

[238] Beispielsweise Entscheidung 94/741/EG der Kommission vom 24. Oktober 1994 über die Fragebögen für die Berichte der Mitgliedstaaten über die Durchführung bestimmter Abfallrichtlinien, ABl. EG 1994, Nr. L 296, S. 42; Entscheidung 2003/241/EG der Kommission vom 26. März 2003 zur Änderung der Entscheidung 1999/391/EG der Kommission vom 31. Mai 1999 über den Fragebogen zur Richtlinie 96/61/EG des Rates über die integrierte Vermeidung und Verminderung der Umweltverschmutzung (IPPC), ABl. EU 2003, Nr. L 89, S. 17.

[239] So hätte der erste Bericht über Wasser 1997 veröffentlicht werden sollen, erschien jedoch erst 2000, vgl. *EuGH*, Rs. C-435/99, Slg. 1999, I-11179.

[240] Siehe Art. 27 der Haushaltsordnung, VO 1605/2002/EG des Rates vom 25. Juni 2002 über die Haushaltsordnung für den Gesamthaushaltsplan der Europäischen Gemeinschaften, ABl. EG 2002, Nr. L 248, S. 1.

etwa im Rahmen der EU-Kohäsionspolitik.[241] Die Bewertungen dienen als Instrumente der Planung und gleichzeitigen Kontrolle der einschlägigen Programme. Anhand der Bewertungen, die in der Regel Aufgabe der Mitgliedstaaten sind, werden Optimierungen der Programme schon während ihrer Durchführungsphase möglich, während aus den ex-post Bewertungen der Kommission Schlussfolgerungen für die weitere Planung gewonnen werden können.[242] Die Aufgabe der Erhebung, Sammlung und Bereitstellung entsprechende Daten liegt zum größten Teil bei den Mitgliedstaaten. Dies ist für die mitgliedstaatlichen Verwaltungen mit erheblichem administrativen Aufwand verbunden und wird oft als lästig empfunden, was sich nicht selten in der abnehmenden Kooperationsbereitschaft der nationalen Stellen widerspiegelt.[243] Als Gegenstrategie setzt die Kommission zunehmend auf die Bereitschaft Privater, etwa NGOs, Informationen über die Leistung nationaler Stellen zu liefern.[244]

C. Der horizontale Informationsverbund

I. Entwicklung und Bedeutung

62   Der **horizontale Verbund** betrifft die interadministrative Zusammenarbeit zwischen den Mitgliedstaaten. Hier wird der Nationalstaat nicht gegenüber den Institutionen der Union „nach oben" hin, sondern „zur Seite", zu anderen Mitgliedstaaten hin, informationell durchlässig. Die Zahl der in diesen horizontalen Prozess einbezogenen Amtswalter ist weit höher als bei der vertikalen, in den Brüsseler Institutionen erfolgenden Verbundbildung. Entsprechend ist ihre Bedeutung für die Vertiefung der europäischen Integration. Sie ist örtlich kaum mehr festzumachen: Sie findet nicht allein in Brüssel, sondern im gesamten Territorium der Union statt. Dies gilt ungeachtet der Tatsache, dass Kontrollgesichtspunkte wie Praktikabilitätserwägungen – erst recht in einer Union aus 27 und mehr Mitgliedstaaten – auf eine Kanalisierung der horizontalen Informationsflüsse über nationale Kontakt- oder Zentralstellen drängen.

63   Gewiss gab es immer schon Formen der **internationalen administrativen Zusammenarbeit**, die ihre Grundlage in völkerrechtlichen Abkommen, häufig bilateraler Art, finden. Wichtige Anwendungsfelder sind das Steuerrecht (insbesondere Doppelbesteuerungsabkommen),[245] das Sozialrecht (zur Bewältigung grenzüberschreitender Mobilität)[246] und das Ausländerrecht (insbesondere Rückübernah-

---

[241] VO 1083/2006/EG des Rates vom 6. Juli 2006 mit allgemeinen Bestimmungen über den Europäischen Fonds für regionale Entwicklung, den Europäischen Sozialfonds und den Kohäsionsfonds und zur Aufhebung der VO 1260/1999/EG, ABl. EU 2006, Nr. L 210, S. 25, Art. 47 ff.

[242] Vgl. *Bettina Schöndorf-Haubold*, Gemeinsame Europäische Verwaltung: die Strukturfonds der EG, in: Schmidt-Aßmann/Schöndorf-Haubold (Hrsg.), Der Europäische Verwaltungsverbund (Fn. 8), S. 25 (42 f).

[243] Teilnehmer der Studie bei Bauer sprachen daher etwa von „reporting absurdity", *Bauer*, Co-managing programme implementation (Fn. 224), S. 729.

[244] Ebd.

[245] Vgl. *Klaus Vogel*, Commentary on double taxation conventions, 3. Aufl. 1997, S. 21 ff.

[246] Vgl. *Eberhard Eichenhofer*, Internationales Sozialrecht, 1994, S. 39 ff.

meabkommen).²⁴⁷ Weiter können hier Fragen der internen Sicherheit, insbesondere der Grenzkontrolle angeführt werden (etwa die sog. vorgeschobene Grenzabfertigung).²⁴⁸ Solche Verträge beinhalten regelmäßig besondere Vorschriften über den Informationsaustausch und die gegenseitige Unterstützung der beteiligten Verwaltungen. Jenseits sektorspezifischer Regelungen besteht aber kein allgemeingültiger völkergewohnheitsrechtlicher Rechtssatz des Inhalts, dass Staaten einander in verwaltungsrechtlichen Angelegenheiten Amtshilfe zu leisten hätten oder zur Weitergabe von Informationen verpflichtet wären.²⁴⁹ Allgemeine Regeln über internationale Amts- und Rechtshilfe in Verwaltungssachen sind eher schwach entwickelt, verglichen mit den Regimen über die internationale Rechtshilfe in Zivil- und Strafsachen.²⁵⁰ Ansätze im Rahmen des Europarates haben nur einen geringen Ratifikationsstand erreichen können.²⁵¹ Die Breite der Einwirkungen auf die jeweils andere Rechtsordnung, die im deutsch-österreichischen Amts- und Rechtshilfevertrag von 1988 vorgesehen sind, ist in der Praxis vereinzelt geblieben.²⁵² Diese relative Abgeschlossenheit staatlicher Verwaltungen bildet den tatsächlichen Hintergrund, vor dem der Begriff „Internationales Verwaltungsrecht" lange Zeit ein Rechtsgebiet bezeichnete, das sich mit kollisionsrechtlichen Fragen, insbesondere der Anerkennung ausländischer Hoheitsakte, beschäftigte.²⁵³ Im letzten Jahrzehnt hat dieses Gebiet jedoch eine rasche Entwicklung genommen, welche gerade die Internationalisierung der Verwaltungspraxis in den Mittelpunkt rückt.²⁵⁴ Informationspolitiken wie die PISA-Studie der OECD

---

²⁴⁷ Für die deutsche Praxis s. *Gerold Lehnguth/Hans-Georg Maaßen/Martin Schieffer*, Systematische Einführung, in: dies. (Hrsg.), Rückführung und Rückübernahme, 1998, S. 27 ff.

²⁴⁸ Hierzu *Karl T. Rauser*, Die Übertragung von Hoheitsrechten auf ausländische Staaten, 1991, S. 164 ff.

²⁴⁹ *Wettner*, Die Amtshilfe im Europäischen Verwaltungsrecht (Fn. 36), S. 29 m.w.N.; *Damian*, Mutual Legal Assistance in Administrative Matters (Fn. 116), Rn. 7. In einzelnen Bereichen kann es eine gewohnheitsrechtliche Informationspflicht geben, z.B. bei Naturkatastrophen. Hierzu *Andreas v. Arnauld*, Völkerrechtliche Informationspflichten bei Naturkatastrophen, AVR, Bd. 43 (2005), S. 279 (290 ff.).

²⁵⁰ *Dieter Martiny*, Mutual Legal Assistance in Civil and Commercial Matters, in: Wolfrum (Hrsg.), Max Planck Encyclopedia of Public International Law [www.mpepil.com] (Fn. 116); *Rudolf Geiger*, Legal Assistance Between States in Criminal Matters, in: Rudolf Bernhardt (Hrsg.), Encyclopedia of Public International Law, Vol. 3, 1997, S. 201.

²⁵¹ Europäisches Übereinkommen vom 24. November 1977 über die Zustellung von Schriftstücken in Verwaltungssachen im Ausland; Europäisches Übereinkommen vom 15. März 1978 über die Erlangung von Auskünften und Beweisen in Verwaltungssachen im Ausland; BGBl II (1981), S. 533; Text und Ratifikationsstand unter http://conventions.coe.int/Treaty/Commun/ListeTraites.asp?CM=8&CL=GER; zur Einordnung in den völkerrechtlichen Kontext *Damian*, Mutual Legal Assistance in Administrative Matters (Fn. 116), Rn. 7; aus deutscher Sicht *Hansjörg Jellinek*, Die europäischen Übereinkommen über Amts- und Rechtshilfe, NVwZ 1982, S. 535.

²⁵² Vertrag über Amts- und Rechtshilfe in Verwaltungssachen vom 31. März 1988 zwischen der Bundesrepublik Deutschland und der Republik Österreich, BGBl II (1990), S. 1334.

²⁵³ Prägend *Karl Neumeyer*, Internationales Verwaltungsrecht, 4 Bde., 1910–1936; *Gerhard Hoffmann*, Internationales Verwaltungsrecht, in: Ingo v. Münch (Hrsg.), Besonderes Verwaltungsrecht, 7. Aufl. 1985, S. 851 ff.; kritisch *Klaus Vogel*, Administrative Law, International Aspects, in: Rudolf Bernhardt (Hrsg.), Encyclopedia of Public International Law, Vol. 1, 1992, S. 22; zum Stand der kollisionsrechtlichen Diskussion *Christoph Ohler*, Die Kollisionsordnung des Allgemeinen Verwaltungsrechts, 2005, S. 2 ff.

²⁵⁴ *Christian Tietje*, Internationalisiertes Verwaltungshandeln, 2001; *ders.*, Internationalisiertes Verwaltungshandeln, Rechtstheorie, Bd. 39 (2008), S. 255; → Bd. I Ruffert § 17 Rn. 149 ff.; programmatisch *Sabino Cassese*, Il diritto amministrativo globale, Rivista trimestrale di diritto pubblico, 2005,

wurden inzwischen als ein Schlüsselinstrument von „global governance" erkannt.²⁵⁵

64 Im Verhältnis zwischen EU-Mitgliedstaaten erfahren die aus dem Völkerrecht bekannten Formen zwischenstaatlicher Verwaltungskooperation eine erhebliche Verdichtung und werden zum Gegenstand systematischer Regelung. Die Gemeinschaft ist auf diesem Feld stets legislativ tätig gewesen,²⁵⁶ und der Europäische Gerichtshof hat im Anwendungsbereich des Gemeinschaftsrechts unmittelbar aus Art. 10 EGV, nun Art. 4 Abs. 3 EUV, eine **Pflicht zur Zusammenarbeit zwischen den Mitgliedstaaten** gefolgert.²⁵⁷ Doch erst der Maastrichter Vertrag überführte eine Vielzahl bestehender Strukturen intergouvernementaler und interadministrativer Zusammenarbeit in den Bereichen Justiz und Inneres – wie die seit 1976 bestehende mitgliedstaatliche Polizeikooperation TREVI – in den institutionellen Rahmen der neuen Union und begründete entsprechende Rechtsetzungskompetenzen des Rates (die so genannte „dritte Säule", Art. K bis K.9 EUV a. F.).²⁵⁸ Der Amsterdamer Vertrag signalisierte mit Kompetenzerweiterungen, partieller Vergemeinschaftung und einer Effektivierung des Handlungsinstrumentariums im Titel VI des (damaligen) EU-Vertrags den Bedeutungsgewinn unionaler Regelungen.²⁵⁹ Im Zuge des massiven Ausbaus dieses Aspekts wurde zudem die Rolle der

---

S. 331 ff.; *Benedict Kingsbury/Nico Krisch/Richard B. Stewart*, The Emergence of Global Administrative Law, Law and Contemporary Problems 68 (2005), Nr. 3–4, S. 63 ff.

²⁵⁵ *Armin v. Bogdandy/Matthias Goldmann*, Die Ausübung internationaler öffentlicher Gewalt durch Politikbewertung. Die PISA-Studie der OECD als Muster einer neuen völkerrechtlichen Handlungsform, ZaöRV, Bd. 69 (2009), S. 51.

²⁵⁶ Übersicht bei *Wettner*, Die Amtshilfe im Europäischen Verwaltungsrecht (Fn. 36), S. 45 ff.; exemplarisch RL 76/308/EWG des Rates vom 15. März 1976 über die gegenseitige Unterstützung bei der Beitreibung von Forderungen im Zusammenhang mit Maßnahmen, die Bestandteil des Finanzierungssystems des EAGFL (Europäischer Ausrichtungs- und Garantiefonds für die Landwirtschaft) sind, sowie von Abschöpfungen und Zöllen (seit 2001: über die gegenseitige Unterstützung bei der Beitreibung von Forderungen in Bezug auf bestimmte Abgaben, Zölle, Steuern und sonstige Maßnahmen), ABl. EG 1976, Nr. L 73, S. 18. Seit 2008 gilt RL 2008/55/EG, ABl. EU 2008, Nr. L 150, S. 28.

²⁵⁷ Vgl. nur *EuGH*, Rs. C-251/89, Athanasopoulos, Slg. 1991, I-2797, Rn. 57 f.; näher *Schmidt-Aßmann*, Verwaltungskooperation und Verwaltungskooperationsrecht (Fn. 4), S. 290 ff.; *Armin v. Bogdandy/Stephan Schill*, in: Grabitz/Hilf/Nettesheim (Hrsg.), EU-Recht, Art. 4 EUV Rn. 87; → Bd. I *Schmidt-Aßmann* § 5 Rn. 38. Zur Pflicht zur loyalen Zusammenarbeit bereits oben → Rn. 8.

²⁵⁸ Zur Entwicklung *Steve Peers*, EU Justice and Home Affairs Law, 3. Aufl. 2011, S. 9 ff.; *Lothar Harings*, Grenzüberschreitende Zusammenarbeit der Polizei- und Zollverwaltungen und Rechtsschutz in Deutschland, 1998, S. 46 ff.; *Torsten Wielsch*, Die europäische Gefahrenabwehr, 1998, S. 151 ff.; *Udo Di Fabio*, Die „Dritte Säule" der Union, DÖV 1997, S. 89 ff.; *Schöndorf-Haubold*, Europäisches SicherheitsR, 2010; *Cyrille Fijnaut/Jannemieke Ouwerkerk* (Hrsg.), The Future of Police and Judicial Cooperation in the European Union, 2010; *Julia Iliopoulos-Strangas/Oliver Diggelmann/Hartmut Bauer* (Hrsg.), SIPE-Tagungsband Rechtsstaat, Freiheit und Sicherheit in Europa, 2010.

²⁵⁹ Übersichten bei *Lothar Harings*, Die Zusammenarbeit in den Bereichen Justiz und Inneres, in: v. Bogdandy/Ehlermann (Hrsg.), Konsolidierung und Kohärenz (Fn. 28), S. 81 ff.; *Jörg Monar*, Der Raum der Freiheit, der Sicherheit und des Rechts, in: v. Bogdandy/Bast (Hrsg.), Europäisches VerfR, S. 749. Allgemein zum grenzüberschreitenden Polizeirecht s. *Jan Hecker*, Europäisches Verwaltungskooperationsrecht am Beispiel der grenzüberschreitenden polizeilichen Zusammenarbeit, EuR 2001, S. 826 ff., sowie die Beiträge in *Manfred Baldus* (Hrsg.), Rechtsprobleme der internationalen polizeilichen Zusammenarbeit, 1999; speziell zum Informationsaustausch *Peers*, EU Justice and Home Affairs Law (Fn. 258), S. 906 ff.; zur Rechtsschutzproblematik *Andreas Knopp*, Die Garantie des effektiven Rechtsschutzes durch den EuGH im „Raum der Freiheit, der Sicherheit und des Rechts", DÖV 2001, S. 12 ff.; *José Martínez Soria*, Die polizeiliche Zusammenarbeit in Europa und der Rechtsschutz des Bürgers, VerwArch, Bd. 89 (1998), S. 400 (407 ff.); *Harings*, Grenzüberschreitende Zusammenarbeit (Fn. 258), S. 250 ff.; *ders.*, Grenzüberschreitende Zusammenarbeit der Polizei- und

C. Der horizontale Informationsverbund

Kommission gestärkt und somit der horizontale Verbund durch eine vertikale Dimension ergänzt.[260]

Die Bedeutung dieses Schritts wird umso deutlicher, bedenkt man, dass die Union durch die Einbeziehung des Schengen-Besitzstands mit einem Schlag eine Fülle entsprechender Normen zu ihrer Rechtsordnung zählte.[261] Hiermit wurde die von der Schengener Pioniergruppe angestoßene Europäisierung zahlreicher Politiken – von der Asylpolitik bis zum Auslieferungsrecht – endgültig in den Verfassungsrahmen der Union überführt.[262] Mit dem Vertrag von Lissabon erreicht diese Entwicklung eine neue Stufe. Im Zuge der Aufgabe der Säulenstruktur wurden das in seinen Auswirkungen zum Teil verwirrende Nebeneinander verschiedener Handlungsformenregime aufgegeben und die Bereiche der justiziellen Zusammenarbeit in Strafsachen und die polizeiliche Zusammenarbeit grundsätzlich der Gemeinschaftsmethode unterstellt.[263] Neben der Aussicht auf einheitlichere Regelungen nimmt die Union auf dieser Grundlage eine zunehmend wichtigere Rolle sowohl bei der Begründung und Gestaltung dieser horizontalen Informationsbeziehungen mittels allgemeiner Rechtssätze als auch bei ihrer konkreten Abwicklung ein.[264] Anders formuliert: Die **horizontale Öffnung des Staates** wird durch die vertikale in einer Weise vorangetrieben, wie sie ohne die Einbindung der beteiligten Staaten in eine gemeinsame europäische Verfassungsordnung nur schwer vorstellbar wäre.[265] Ausdruck dieser Entwicklung ist der neu eingefügte Art. 197 Abs. 2 S. 1 und 2 AEUV, wonach die Union die Mitgliedstaaten in ihren Bemühungen um eine Verbesserung der Fähigkeit ihrer Verwaltungen zur Durchführung des Unionsrechts unterstützen kann, insbesondere durch eine Erleichterung des Austauschs von Informationen. Art. 197 Abs. 2 S. 4 AEUV schafft hierfür eine allgemeine Kompetenzgrundlage. 65

Ungeachtet dieser Unionisierung der horizontalen administrativen Zusammenarbeit ist darauf hinzuweisen, dass die völkerrechtliche Zusammenarbeit und damit auch der Informationsaustausch auf der Grundlage von internationa- 66

Zollverwaltungen, in: Schmidt-Aßmann/Schöndorf-Haubold (Hrsg.), Der Europäische Verwaltungsverbund (Fn. 8), S. 127.

[260] Zum Übergangscharakter des Schengen-Rechts, das den Anforderungen des vormaligen Art. 202 EGV nicht entspricht, *EuGH*, Rs. C-257/01, Slg. 2005, I-345, Rn. 54 ff.

[261] Art. 2 Protokoll zur Einbeziehung des Schengen-Besitzstands in den Rahmen der Europäischen Union; dabei geht es um das Schengener Übereinkommen von 1985, das Schengener Durchführungsübereinkommen von 1990 (Fn. 95), nachfolgende Beitrittsabkommen sowie die zahlreichen Beschlüsse und Erklärungen des Schengen-Exekutivausschusses; dieser Schengen-Besitzstand gilt nunmehr insgesamt als Unionsrecht und wird in den Handlungsformen des Art. 288 AEUV weiterentwickelt; eine vollständige Übersicht über den Schengen-Besitzstand zum Zeitpunkt der Einbeziehung findet sich in ABl. EG 2000, Nr. L 239, S. 1.

[262] Damit wird ein seit langem von der Mehrheit der Mitgliedstaaten betriebenes Projekt realisiert, *Jean-Claude Piris*, After Maastricht: Are the Community Institutions More Efficacious, More Democratic and More Transparent?, EL Rev, Bd. 19 (1994), S. 449 (449 f.).

[263] So gilt grundsätzlich statt einstimmiger Annahme (Art. 34 Abs. 2 S. 2 EUV a. F.) das ordentliche Gesetzgebungsverfahren (Art. 82 Abs. 1 UAbs. 2, Art. 87 Abs. 2 AEUV).

[264] Zu den Wirkungen der Aufhebung der Säulenteilung im Einzelnen *Monar*, Der Raum der Freiheit, der Sicherheit und des Rechts (Fn. 259), S. 749 (771 f., 785 f.).

[265] Zu verfassungsrechtlichen Grenzen der Gewährung von Vollstreckungshilfe aus Sicht des Grundgesetzes *BVerfGE* 63, 343 (366 und 378); zum „gegenseitigen Vertrauen der Mitgliedstaaten" als normative Prämisse unionsrechtlicher Regelungen, die zur gegenseitigen Anerkennung von Gerichts- und Behördenentscheidungen verpflichten, *EuGH*, verb. Rs. C-187/01 und C-385/01, *Gözütok*, Slg. 2003, I-1345, Rn. 33.

len Abkommen weiterhin von Bedeutung zwischen EU-Mitgliedstaaten bleibt. Zum einen steht es Pioniergruppen nach dem Vorbild der ursprünglichen Schengen-Staaten weiterhin frei, auf *inter-se*-Abkommen zurückzugreifen, solange diese dem Unionsrecht nicht widersprechen.[266] Zum anderen benötigt die effektive Verwaltung des Unionsraums auch in Sachbereichen, die in einen unionalen Rechtsrahmen überführt wurden, oftmals die Ergänzung durch bilaterale Abkommen und zwischenstaatliche Verwaltungsabsprachen.[267] Hierin wird auch zukünftig eine wesentliche Funktion interner Abkommen liegen.[268] Die zahlreichen im Völkerrecht wurzelnden Abkommen der Mitgliedstaaten untereinander sind auf unterschiedliche Weise eng mit dem Unionsrecht verzahnt. Das Unionsrecht verdrängt interne Abkommen – auf der Grundlage eines umfassenden Vorrangs des Unionsrechts auch gegenüber dieser Form mitgliedstaatlicher Rechtserzeugung – nicht aus den Rechtsbeziehungen zwischen den Mitgliedstaaten, sondern bindet sie als Instrument für ergänzende, vertiefende oder besonders detaillierte Regelungen ein.[269] Teilweise greift das Unionsrecht auf den einschlägigen Bestand an Abkommen gezielt zurück oder ermuntert sogar zu ihrem Abschluss, um transnationale Verwaltungsverfahren erfolgreich durchführen zu können. So finden bilaterale Rückübernahmeabkommen zwischen Mitgliedstaaten, für die im Zeichen einer in den EU-Rahmen überführten Migrationspolitik nur scheinbar kein Raum mehr bleibt, insofern eine neue Zweckbestimmung, als sie bei der Überführung von Drittstaatsangehörigen in den für sie zuständigen Asylstaat nach der Dublin II-Verordnung genutzt werden.[270] Durch Art. 73 AEUV gestattet der Vertrag von Lissabon den Mitgliedstaaten nunmehr ausdrücklich für den Bereich der Freiheit, der Sicherheit und des Rechts neben der an das Unionsrecht gekoppelten Verwaltungszusammenarbeit nach Art. 74 AEUV untereinander und eigenverantwortlich Formen der Zusammenarbeit und Koordination zwischen den nationalen Dienststellen einzurichten.

67 Im Folgenden werden zwei Bereiche der horizontalen informationellen Zusammenarbeit beschrieben. Der erste betrifft mit Zollwesen und Landwirtschaft Kernbereiche der Verwaltung des Gemeinsamen Marktes, der zweite betrifft den „Raum der Freiheit, der Sicherheit und des Rechts", und hier insbesondere das Schengener Informationssystem (SIS). Als weitere wichtige Bereiche sind insbe-

---

[266] *Bruno de Witte*, Old-fashioned Flexibility. International Agreements between Member States of the European Union, in: Gráinne de Búrca/Joanne Scott (Hrsg.), Constitutional Change in the EU. From Uniformity to Flexibility?, 2000, S. 31 ff. Zu komplementärrechtlichen Übereinkommen *Jürgen Bast/Julia Heesen*, European Community, Supplementary Agreements between Member States, in: Wolfrum (Hrsg.), Max Planck Encyclopedia of Public International Law [www.mpepil.com] (Fn. 116); *v. Bogdandy/Bast/Arndt*, Handlungsformen im Unionsrecht (Fn. 64), S. 124 ff.

[267] *Eberhard Schmidt-Aßmann* spricht in diesem Zusammenhang von einem „bilateral geschaffenen Konventionsverwaltungsrecht [...]", *ders*., Verwaltungskooperation und Verwaltungskooperationsrecht (Fn. 4), S. 273; für das Polizeikooperationsrecht *Hecker*, Europäisches Verwaltungskooperationsrecht (Fn. 259), S. 830 f. und 843.

[268] *Julia Heesen*, Interne Abkommen: Völkerrechtliche Verträge zwischen den Mitgliedstaaten der Europäischen Union, Dissertation Heidelberg, im Erscheinen, Zusammenfassung und Ausblick, II. 3.

[269] Ebd.

[270] VO (EG) Nr. 343/2003 des Rates vom 18. Februar 2003 zur Festlegung der Kriterien und Verfahren zur Bestimmung des Mitgliedstaats, der für die Prüfung eines von einem Drittstaatsangehörigen in einem Mitgliedstaat gestellten Asylantrags zuständig ist, ABl. EU 2003, Nr. L 50, S. 1; in Art. 23 ist der Abschluss bilateraler Verwaltungsvereinbarungen ausdrücklich vorgesehen.

C. Der horizontale Informationsverbund

sondere zu nennen der Bereich der Arbeitnehmerfreizügigkeit, Niederlassungs- und Dienstleistungsfreiheit,[271] des Gesundheits- und Verbraucherschutzes,[272] der Sozialversicherung,[273] der Steuerverwaltung,[274] des Verkehrs[275] und der Finanzmarktüberwachung.[276] Dabei lässt die vergangene Entwicklung erwarten, dass die horizontale informationelle Zusammenarbeit sich auf weitere Bereiche ausdehnen wird.

---

[271] Art. 8, 56 der RL 2005/36/EG des Europäischen Parlaments und des Rates vom 7. September 2005 über die Anerkennung von Berufsqualifikationen, ABl. EU 2005, Nr. L 255, S. 22 und Art. 33 ff. der RL 2006/123/EG des Europäischen Parlaments und des Rates vom 12. Dezember 2006 über Dienstleistungen im Binnenmarkt, ABl. EU 2006, Nr. L 376, S. 36 (IMI).

[272] Verwaltungszusammenarbeit der Mitgliedstaaten bei der Kontrolle der Dienstleistungserbringer und ihrer Dienstleistungen, Art. 28–36 der RL 2006/123/EG des Europäischen Parlaments und des Rates vom 12. Dezember 2006 über Dienstleistungen im Binnenmarkt, ABl. EU 2006, Nr. L 376, S. 36; VO (EG) Nr. 2006/2004 des Europäischen Parlaments und des Rates vom 27. Oktober 2004 über die Zusammenarbeit zwischen den für die Durchsetzung des Verbraucherschutzgesetzes zuständigen nationalen Behörden („Verordnung über die Zusammenarbeit im Verbraucherschutz"), ABl. EU 2004, Nr. L 364, S. 1 (CPCS); Entscheidung 2003/24/EG der Kommission vom 30. Dezember 2002 über die Entwicklung eines integrierten EDV-Systems für das Veterinärwesen, ABl. EG 2003, Nr. L 8, S. 44 und Entscheidung 2003/623/EG der Kommission vom 19. August 2003 über die Entwicklung eines integrierten EDV-Systems für das Veterinärwesen (TRACES), ABl. EU 2003, Nr. L 216, S. 58; Art. 50–52 VO (EG) Nr. 178/2002 des Europäischen Parlaments und des Rates vom 28. Januar 2002 zur Festlegung der allgemeinen Grundsätze und Anforderungen des Lebensmittelrechts, zur Errichtung der Europäischen Behörde für Lebensmittelsicherheit und zur Festlegung von Verfahren zur Lebensmittelsicherheit, ABl. EG 2002, Nr. L 31, S. 1 (RASFF); Art. 11–13, Anhang II der RL 2001/95/EG des Europäischen Parlaments und des Rates vom 3. Dezember 2001 über die allgemeine Produktsicherheit, ABl. EG 2002, Nr. L 11, S. 4 (RAPEX); Entscheidung Nr. 2119/98/EG des Europäischen Parlaments und des Rates vom 24. September 1998 über die Schaffung eines Netzes für die epidemiologische Überwachung und die Kontrolle übertragbarer Krankheiten in der Gemeinschaft, ABl. EG 1998, Nr. L 268, S. 1; Entscheidung 2000/57/EG der Kommission vom 22. Dezember 1999 über ein Frühwarn- und Reaktionssystem für die Überwachung und die Kontrolle übertragbarer Krankheiten gemäß der Entscheidung Nr. 2119/98/EG des Europäischen Parlaments und des Rates, ABl. EG 2000, Nr. L 21, S. 32 (EWRS); Beschluss 2010/227/EU der Kommission vom 19. April 2010 über die Europäische Datenbank für Medizinprodukte (Eudamed), ABl. EU 2010, Nr. L 102, S. 45.

[273] Art. 76–78 VO (EG) Nr. 883/2004 des Europäischen Parlaments und des Rates vom 29. April 2004 zur Koordinierung der Systeme der sozialen Sicherheit, ABl. EU 2004, Nr. L 166, S. 1 (EESSI).

[274] VO (EG) Nr. 1798/2003 des Rates vom 7. Oktober 2003 über die Zusammenarbeit der Verwaltungsbehörden auf dem Gebiet der Mehrwertsteuer und zur Aufhebung der VO (EWG) Nr. 218/92, ABl. EU 2003, Nr. L 264, S. 1 (MIAS); VO (EU) Nr. 904/2010 des Rates vom 7. Oktober 2010 über die Zusammenarbeit der Verwaltungsbehörden und die Betrugsbekämpfung auf dem Gebiet der Mehrwertsteuer, ABl. EU 2010, Nr. L 268, S. 1 (Eurofisc); VO (EG) Nr. 2073/2004 des Rates vom 16. November 2004 über die Zusammenarbeit der Verwaltungsbehörden auf dem Gebiet der Verbrauchssteuern, ABl. EU 2004, Nr. L 359, S. 1.

[275] Anhang I B, Titel VII, Kartenausgabe, Rn. 268a VO (EWG) Nr. 3821/85 des Rates vom 20. Dezember 1985 über das Kontrollgerät im Straßenverkehr, ABl. EG 1985, Nr. L 370, S. 8 in der Fassung der VO (EU) Nr. 1266/2009 der Kommission vom 16. Dezember 2009 zur zehnten Anpassung der Verordnung (EWG) Nr. 3821/85 des Rates über das Kontrollgerät im Straßenverkehr an den technischen Fortschritt, ABl. EU 2009, Nr. L 339, S. 3 (TACHOnet); Art. 15 der Richtlinie 2006/126/EG des Europäischen Parlaments und des Rates vom 20. Dezember 2006 über den Führerschein (Neufassung), ABl. EU 2006, Nr. L 403, S. 18 (ab 2013 RESPER).

[276] Bspw. Art. 56 Abs. 1 UAbs. 1 S. 2, 58 der RL 2004/39/EG des Europäischen Parlaments und des Rates vom 21. April 2004 über Märkte für Finanzinstrumente, zur Änderung der Richtlinien 85/611/EWG und 93/6/EWG des Rates und der Richtlinie 2000/12/EG des Europäischen Parlaments und des Rates und zur Aufhebung der Richtlinie 93/22/EWG des Rates, ABl. EU 2004, Nr. L 145, S. 1.

II. Informationsbeziehungen im Binnenmarkt: Zoll und Landwirtschaft

1. Grundlagen

68 Die Zusammenarbeit der Verwaltungsbehörden bei der Anwendung der **Zoll- und Agrarregelungen** bildet den wohl konsolidiertesten Teil unional gesteuerter horizontaler Kooperation. Dies überrascht nicht angesichts der historischen Entwicklung der europäischen Integration, für die Zollunion und Agrarmarktordnung Schlüsselprojekte waren. Detailliertheit und Umfang der einschlägigen Regelungen zeigen die Intensität der Verwaltungszusammenarbeit auch und gerade in einem vollharmonisierten Bereich des Unionsrechts. Wichtigste Rechtsgrundlage ist die Verordnung (EG) Nr. 515/97 des Rates.[277] Schon die Vorläufer-Verordnung (EG) Nr. 1468/81 hatte eine enge Zusammenarbeit etabliert[278] und die völkerrechtliche Grundlage der Zusammenarbeit auf diesem Gebiet, das Neapel I-Übereinkommen aus dem Jahr 1967, weitgehend überlagert.[279] Die Neufassung der Verordnung bringt weniger Änderungen in der horizontalen Struktur. Das Schwergewicht liegt auf der Stärkung der Kommission in dem horizontalen Verbund und dem informationstechnischen Ausbau mittels der Einführung eines Zollinformationssystems (ZIS I und II, näher unten 2.).

69 Gleichwohl deckte die einst unter dem EG-Vertrag organisierte Zusammenarbeit der nationalen Zollverwaltungen untereinander und mit der Kommission – ein Anliegen, für das seit dem Amsterdamer Vertrag mit dem heutigen Art. 33 AEUV eine spezielle Rechtsgrundlage besteht[280] – nicht alle Aspekte des horizontalen Verbunds im Zollwesen ab. Zollbehörden der Mitgliedstaaten sind typischerweise (auch) Sicherheitsbehörden, die über polizeiliche Eingriffsbefugnisse verfügen und (auch) für die Zwecke der Strafverfolgung tätig werden. Der Maastrichter Vertrag führte deshalb in Art. K.1 Nr. 8 EUV a. F. „die Zusammenarbeit im Zollwesen" als Regelungsgegenstand der dritten Säule der Union ein. Bis zum Inkrafttreten des Vertrags von Lissabon waren die Befugnisse der Union auf diesem Feld säulenübergreifender Art, wobei die Grenzlinie schwer zu bestimmen war.[281] Entsprechend umstritten war dieser

---

[277] VO (EG) 515/97 des Rates vom 13. März 1997 über die gegenseitige Amtshilfe zwischen Verwaltungsbehörden der Mitgliedstaaten und die Zusammenarbeit dieser Behörden mit der Kommission im Hinblick auf die ordnungsgemäße Anwendung der Zoll- und der Agrarregelung, ABl. EG 1997, Nr. L 82, S. 1. Eine Übersicht der Datennetze im Bereich Zoll bei *Lafarge*, Cooperation (Fn. 100), S. 612 f.
[278] VO (EWG) 1468/81 des Rates vom 19. Mai 1981 betreffend die gegenseitige Unterstützung der Verwaltungsbehörden der Mitgliedstaaten und die Zusammenarbeit dieser Behörden mit der Kommission, um die ordnungsgemäße Anwendung der Zoll- und der Agrarregelung zu gewährleisten, ABl. EG 1981, Nr. L 144, S. 1.
[279] Übereinkommen zwischen Belgien, der Bundesrepublik Deutschland, Frankreich, Italien, Luxemburg und den Niederlanden über die gegenseitige Unterstützung der Zollverwaltungen, BGBl II (1969), S. 65.
[280] Zur vorherigen Kompetenzlage *EuGH*, Rs. C-209/97, Slg. 1999, I-8067, Rn. 22 ff.
[281] Vgl. die unterschiedlichen Ansätze bei *Reimer Voß*, in: Grabitz/Hilf (Hrsg.), EU-Recht (Stand: Okt. 2009), Art. 135 EGV Rn. 1 ff.; zur säulenübergreifenden Zuständigkeitsabgrenzung *EuGH*, Rs. C-

C. Der horizontale Informationsverbund

Komplex im Rechtsetzungsprozess.[282] Im Rahmen der dritten Säule wurde das Neapel II-Übereinkommen ausgearbeitet,[283] das nach wie vor neben der EG-Amtshilfe-Verordnung Nr. 515/97 besteht und für die zollpolizeiliche Zusammenarbeit im Übrigen, insbesondere die Amtshilfe in Zollstrafsachen, gilt. Das Übereinkommen orientiert sich an den Vorschriften über polizeiliche Zusammenarbeit im Schengener Durchführungsübereinkommen von 1990, einschließlich der grenzüberschreitenden Nacheile und Observation.[284] Eine ähnliche durch die vormalige Säulenstruktur bedingte Zweiteilung besteht für das ZIS (dazu unten).

Die **Amtshilfe** nach dem Neapel II-Übereinkommen wie nach der Verordnung (EG) Nr. 515/97, auf die sich die folgende Darstellung konzentriert, umfasst sowohl die Amtshilfe auf Antrag als auch die Amtshilfe ohne Antrag.[285] Die Amtshilfe **auf Antrag** kann in zwei Gruppen unterteilt werden. Der Informationsaustausch nach Art. 4 ff. soll die Einhaltung der Zoll- und Agrarregelungen ermöglichen. Weitergehend sind die Regelungen in Art. 7 bis 9, die auf die Aufdeckung und Ermittlung von Zuwiderhandlungen abzielen. Bei der Bearbeitung der Ersuchen hat die ersuchte Behörde gemäß Art. 4 Abs. 2 und Art. 9 Abs. 1 so zu verfahren, wie sie bei der Erfüllung eigener Aufgaben oder bei einem Ersuchen einer anderen Behörde ihres Mitgliedstaates verfahren würde. Diese Regelung entspricht nicht nur einer föderalen, sondern sogar einer hochgradig integrierten Struktur wie derjenigen der Bundesrepublik, in der eine Landesbehörde nicht zwischen Behörden des eigenen Landes und Behörden des Bundes oder anderer Länder differenzieren darf.[286] Die einzige generelle Ausnahme von der Verpflichtung zur Amtshilfe findet sich in Art. 48, der die Beeinträchtigung der öffentlichen Ordnung betrifft. Diese Ausnahme ist allerdings eng auszulegen. Neben zwingenden Belangen des Datenschutzes kommen vor allem kollidierende völkerrechtliche Verpflichtungen in Frage. Aber auch in diesem Fall besteht eine Informationspflicht gegenüber der Kommission hinsichtlich des Umstands und der Gründe der Verweigerung, Art. 48 Abs. 2. Gemäß allgemeinen Grundsätzen ist eine Weigerung justiziabel.[287]

70

Die Zusammenarbeit erfolgt direkt zwischen den Fachbehörden. Bei Verdacht der Zuwiderhandlung gegen Zoll- und Agrarregelungen ermöglichen die Art. 7 bis 9 umfassende Überwachungs- und Ermittlungsmaßnahmen. Vorgesehen ist

71

176/03, Slg. 2005, I-7879, Rn. 38 ff. Nach dem Vertrag von Lissabon ist dieser Bereich in Art. 87 AEUV geregelt. Mit der Aufhebung der Säulenstruktur und der Vergemeinschaftung der polizeilichen Zusammenarbeit hat die Abgrenzung an Bedeutung verloren.

[282] Aus deutscher Sicht *Uwe Wewel*, Schutz der Union durch Zusammenarbeit im Zollwesen, in: Peter-Christian Müller-Graff (Hrsg.), Europäische Zusammenarbeit in den Bereichen Justiz und Inneres, 1996, S. 117 (118 ff.).

[283] Übereinkommen aufgrund von Artikel K.3 des Vertrags über die Europäische Union über gegenseitige Amtshilfe und Zusammenarbeit der Zollverwaltungen, ABl. 1998, Nr. C 24, S. 2.

[284] Näher *Harings*, Grenzüberschreitende Zusammenarbeit (Fn. 258), S. 105 ff.; *Peers*, EU Justice and Home Affairs Law (Fn. 258), S. 934 ff.

[285] Hierzu *Wettner*, Die Amtshilfe im Europäischen Verwaltungsrecht (Fn. 36), S. 47 ff.; *Meier*, Europäische Amtshilfe (Fn. 35), S. 239. Zur Amtshilfe nach den §§ 4 ff. VwVfG vgl. → Holznagel § 24 Rn. 21 ff.

[286] Siehe dazu *Schlink*, Die Amtshilfe (Fn. 34), S. 146.

[287] EuGH, Rs. 41/74, *van Duyn*, Slg. 1974, 1337, Rn. 18/19; *Wettner*, Die Amtshilfe im Europäischen Verwaltungsrecht (Fn. 36), S. 264 f.

eine ausgeprägte personelle Kooperation, bei der Bedienstete aus verschiedenen Mitgliedstaaten vor Ort zusammenarbeiten. Anders als in der Vorgänger-Verordnung kann gemäß Art. 18 Abs. 3 und 4 auch die Kommission die Zusammenarbeit zwischen den Behörden der Mitgliedstaaten initiieren. Kommissionsbedienstete können wie mitgliedstaatliche Verwaltungsbedienstete nach Art. 18 Abs. 4 und 5 bei Ermittlungen anwesend sein und Auskünfte vor Ort einholen. Dadurch erhält die Zusammenarbeit im horizontalen Verbund ein prominentes Element vertikaler Steuerung.

72 Ergänzt wird diese Form der informationellen Zusammenarbeit durch die Regelungen über die **Amtshilfe ohne Antrag** in den Art. 13 bis 15. So haben die Behörden eines Mitgliedstaates von sich aus diejenigen anderer Mitgliedstaaten über mögliche Regelverstöße und über neue Mittel und Methoden der Zuwiderhandlung gegen Zoll- und Agrarregelungen zu informieren – sog. *Assistance Mutuelle* (AM)-Meldungen. Dies ist ein gewichtiges Instrument, um der gemeinsamen Verantwortung der Behörden für die Beachtung der Zoll- und Agrarvorschriften Rechnung zu tragen. Auch hier hat die Kommission an Einfluss gewonnen. Wenn eine Behörde der Kommission Informationen zukommen lässt, ersetzt dies nach Art. 18 Abs. 2 in der Regel die Mitteilung an die einzelnen Mitgliedstaaten. Dementsprechend wird in der Praxis auch nur noch in Fällen der Eilbedürftigkeit die direkte Mitteilung an die Mitgliedstaaten gewählt.[288] Auch hierin zeigt sich die bedeutende Rolle der Kommission in den horizontalen Netzwerken und deren zunehmende vertikale Dimension auch bei der Durchführung des Unionsrechts.

73 Nationale Verbindungsstelle für den Auskunftsverkehr ist in Deutschland das Zollkriminalamt gem. § 3 Abs. 4 des ZollfahndungsdienstG. AM-Meldungen im Bereich des Agrarmarkts erhält das Bundesfinanzministerium zur Kenntnis, bei Tarifierungs- und Präferenzfragen wird vor der Weiterleitung die Zustimmung des Bundesfinanzministeriums eingeholt. Eine Ablichtung aller AM-Meldungen erhält auch die Zentralstelle Risikoanalyse bei der Oberfinanzdirektion Münster.[289]

2. Das Zollinformationssystem

74 Dass die Zusammenarbeit im Zollwesen säulenübergreifenden Charakter hatte, wird besonders deutlich bei den rechtlichen Grundlagen des **Zollinformationssystems** (ZIS), das dem interadministrativen Informationsfluss zwecks Verhinderung, Ermittlung und Bekämpfung von Zollrechtsverstößen dient. Rechtlich handelt es sich um zwei getrennte Systeme, die auf Art. 23 ff. der Verordnung (EG) Nr. 515/97 einerseits, einem Übereinkommen der Mitgliedstaaten im Rahmen der ehemaligen dritten Säule andererseits beruhen.[290] Die Datenbestände werden im Rahmen einer einheitlichen technischen Infrastruktur administriert, einschließlich der Software für Eingaben und Abfragen.[291] Für den technischen

---

[288] Siehe Dienstanweisung zur Durchführung des Titels III der VO Nr. 515/97, Rn. 3, VSF 20 Z 4607–02.
[289] Ebd.
[290] Übereinkommen aufgrund von Artikel K.3 des Vertrags über die Europäische Union über den Einsatz der Informationstechnologie im Zollbereich, ABl. EG 1995, Nr. C 316, S. 34.
[291] *Wewel*, Schutz der Union durch Zusammenarbeit im Zollwesen (Fn. 282), S. 119.

C. Der horizontale Informationsverbund

Betrieb beider Komponenten ist die Kommission zuständig, Art. 3 Abs. 2 ZIS-Übereinkommen, Art. 23 Abs. 3 Verordnung (EG) Nr. 515/97. Die zugrunde liegenden Rechtsregime unterscheiden sich nur in Nuancen, sodass im Folgenden allein die Bestimmungen der EG-Verordnung angeführt werden.

Das Zollinformationssystem besteht aus einer **zentralen Datenbank,** auf die von den Mitgliedstaaten und der Kommission aus online zugegriffen werden kann, Art. 24 Verordnung (EG) Nr. 515/97. Anders als im Schengener Informationssystem (SIS) gibt es nicht nur zusammengeschlossene dezentrale Datenbestände, die von den Mitgliedstaaten verwaltet werden. Aus diesem Grunde können im Zollinformationssystem auch keine Daten von der Verwendung in einem nationalen Bereich ausgeschlossen werden, was den transnationalen Charakter einer Eintragung, etwa die Ausschreibung zur „verdeckten Registrierung" oder zur „gezielten Kontrolle", verstärkt.[292] Diese technische Architektur und die Administrativfunktionen der Kommission zeigen die Dynamik zur Vertikalisierung des horizontalen Verbunds. Jedoch verbleibt ein prominentes horizontales Element. Die jeweiligen Daten dürfen nämlich nach Art. 32 nur durch den ZIS-Partner verändert oder gelöscht werden, der sie auch eingegeben hat. Dies entspricht dem Prinzip der Datenverantwortlichkeit (oben, Rn. 26).

75

Im ZIS werden Daten zu Waren, Transportmitteln, Unternehmen, Personen, Tendenzen bei Betrugspraktiken, die Verfügbarkeit von Sachkenntnis und die Zurückhaltung, Beschlagnahme oder Einziehung von Waren und Barmitteln gespeichert, Art. 24 lit. a bis h. Zur genauen Regelung über die zu speichernden Daten ist die Kommissions-Verordnung (EG) Nr. 696/98[293] erlassen worden, die auch die Nutzung des ZIS für die Einfuhr und Ausfuhr von Erzeugnissen regelt, die unter Agrarregelungen fallen. Es existiert keine generelle Höchstfrist für die Dauer der Speicherung von Daten. Jedoch wird nach Art. 33 einmal jährlich überprüft, ob die weitere Speicherung im ZIS notwendig ist. Die Überwachung der Datenschutzvorschriften obliegt nach Art. 37 jeweils den nationalen Aufsichtsbehörden. Jeder hat das Recht, nationale Kontrollstellen oder den Datenschutzbeauftragten zu ersuchen, Zugang zu den sie betreffenden personenbezogenen Daten zu erhalten, um zu prüfen, ob diese richtig sind und wie sie genutzt werden, Art. 37 Abs. 2 S. 1.

76

Seit 2008 umfasst das ZIS das Aktennachweissystem für Zollzwecke (FIDE – *Fichier d'Identification des Dossiers d'Enquêtes douanières*).[294] Hierdurch können Kommission und mitgliedstaatliche Behörden in Erfahrung bringen, welche andere Behörde bereits Ermittlungen wegen Verstoßes gegen die Zoll- und Agrarregelung durchgeführt hat. Ist die Behörde in Erfahrung gebracht und werden zu der Ermittlungsakte weitergehende Angaben benötigt, so muss der eingebende Mitgliedstaat gesondert um Unterstützung ersucht werden, Art. 41a bis

77

---

[292] *Harings,* Grenzüberschreitende Zusammenarbeit (Fn. 258), S. 101; *Wettner,* Die Amtshilfe im Europäischen Verwaltungsrecht (Fn. 36), S. 49 f.
[293] VO (EG) Nr. 696/98 der Kommission vom 27. März 1998 zur Durchführung der VO (EG) Nr. 515/97, ABl. EG 1998, Nr. L 96, S. 22.
[294] VO (EG) Nr. 766/2008 des Europäischen Parlaments und des Rates vom 9. Juli 2008 zur Änderung der Verordnung (EG) Nr. 515/97 des Rates über die gegenseitige Amtshilfe zwischen Verwaltungsbehörden der Mitgliedstaaten und die Zusammenarbeit dieser Behörden mit der Kommission im Hinblick auf die ordnungsgemäße Anwendung der Zoll- und Agrarregelung, ABl. EU 2008, Nr. L 218, S. 48, Art. 1, Nr. 18.

41c. Nach Art. 41a Abs. 1 S. 2 gelten grundsätzlich alle Vorschriften der Verordnung (EG) Nr. 515/97 über das ZIS auch für das Aktennachweissystem.

III. Informationsbeziehungen im Raum der Freiheit, der Sicherheit und des Rechts: das Schengener Informationssystem

1. Grundlagen

78 Die Expansion des horizontalen Verbunds in den Bereichen der Justiz- und Innenpolitik wurde bereits angesprochen. Der Amsterdamer Vertrag fasste die einschlägigen Politiken der ersten und der dritten Säule unter der Formel des Aufbaus eines „Raums der Freiheit, der Sicherheit und des Rechts" zusammen.[295] Der Vertrag von Lissabon macht dieses Projekt zu einem Kernanliegen der EU und postuliert den „Raum der Freiheit [...] ohne Binnengrenzen" als fundamentale Gewährleistung der Union gegenüber den Bürgern, Art. 3 Abs. 2 EUV.[296] Hierin spiegelt sich ein grundlegender Wandel im Selbstverständnis der Union hin zu einer umfassenden Garantenstellung für die Freiheit der Bürger.

79 Indes erinnert der gedankliche Einschub des Art. 3 Abs. 2 EUV („– in Verbindung mit geeigneten Maßnahmen in Bezug auf die Kontrollen an den Außengrenzen, das Asyl, die Einwanderung sowie die Verhütung und Bekämpfung der Kriminalität –") wie auch der 12. Erwägungsgrund der Präambel des EU-Vertrages mit seiner Bezugnahme auf das Ziel der „Freizügigkeit unter gleichzeitiger Gewährleistung der Sicherheit" an den spezifischeren Entstehungskontext des Konzepts: Das hier vorrangig bearbeitete Problem sind die Sicherheitsdefizite, die mit dem Wegfall der Personenkontrollen an den Binnengrenzen verbunden sein könnten. Entsprechend einig waren sich die Mitgliedstaaten, die dieses Projekt schon in den 1980er Jahren gleichwohl vorantreiben wollten, über die Notwendigkeit von sog. Ausgleichsmaßnahmen. Das Resultat dieses politischen Junktims ist das Schengener Durchführungsübereinkommen von 1990 (SDÜ).[297] Dieses gewährt in Art. 2 Abs. 1 jedermann das Recht, die Binnengrenzen zwischen den Schengen-Staaten „an jeder Stelle ohne Personenkontrollen" zu überschreiten. Im Gegenzug regelt das SDÜ nicht nur die Voraussetzungen für das Überschreiten der Außengrenzen des Schengen-Raums, sondern enthält in seinem Titel III „Polizei und Sicherheit" (Art. 39 bis 91 SDÜ) auch zahlreiche innovative Bestimmungen über die Kooperation der Polizeibehörden, ihre Befugnisse in grenzüberschreitenden Angelegenheiten sowie über Rechtshilfe in Strafsachen. Die zentrale „Ausgleichsmaßnahme" stellt jedoch das Schengener Informationssystem (SIS) dar, das mit Art. 92ff. SDÜ errichtet wurde.

79a Mittlerweile bestehen im Bereich Freiheit, Sicherheit und Recht neben dem SIS eine ganze Reihe weiterer Informationssysteme mit unterschiedlicher Zweckrichtung, wie der Informationsaustausch zwischen zentralen Meldestellen zur Entge-

---

[295] Präambel EUV, Art. 2 und 29 EUV, Art. 61 EGV, jeweils in der Fassung des Amsterdamer Vertrags.
[296] Siehe a. → Bd. I *Schmidt-Aßmann* § 5 Rn. 12.
[297] Oben → Fn. 95.

C. Der horizontale Informationsverbund

gennahme von Finanzinformationen,[298] das Fingerabdruckidentifizierungssystem EURODAC,[299] das Visa-Informationssystem VIS,[300] der Informationsaustausch gemäß dem sog. schwedischen Rahmenbeschluss,[301] der Informationsaustausch zwischen Vermögensabschöpfungsstellen,[302] der Informationsaustausch gemäß dem sog. Prümer Beschluss[303] oder das Europäische Strafregisterinformationssystem ECRIS.[304] Darüber hinaus verfolgt die Kommission im Rahmen des Aktionsplans zur Umsetzung des Stockholmer Programms des Europäischen Rates das Ziel, weitere Informationssysteme zwischen mitgliedstaatlichen Behörden zu errichten, wie den Informationsaustausch von Passagierdatensätzen.[305] Aufgrund seiner Zentralität soll exemplarisch im Folgenden aber nur auf das SIS eingegangen werden. Dieses stellt eine informationelle Infrastruktur zur Verfügung, die für die Breite der Regelungsfelder des SDÜ bedeutsam ist, sowohl für den Rechts- und Amtshilfeverkehr zwischen den Schengen-Staaten als auch für die Entwicklung einer gemeinsamen Visa-Politik. Nur am Rande sei vermerkt, dass die mit der An-

---

[298] Beschluss 2000/642/JI des Rates vom 17. Oktober 2000 über Vereinbarungen für eine Zusammenarbeit zwischen den zentralen Meldestellen der Mitgliedstaaten beim Austausch von Informationen, ABl. EG 2000, Nr. L 271, S. 4.

[299] VO (EG) Nr. 2725/2000 des Rates vom 11. Dezember 2000 über die Einrichtung von „Eurodac" für den Vergleich von Fingerabdrücken zum Zwecke der effektiven Anwendung des Dubliner Übereinkommens, ABl. EG 2000, Nr. L 316, S. 1.

[300] Entscheidung 2004/512/EG des Rates vom 8. Juni 2004 zur Errichtung des Visa-Informationssystems (VIS), ABl. EU 2004, Nr. L 213, S. 5; VO (EG) Nr. 767/2008 des Europäischen Parlaments und des Rates vom 9. Juli 2008 über das Visa-Informationssystem (VIS) und den Datenaustausch zwischen den Mitgliedstaaten über Visa für einen kurzfristigen Aufenthalt (VIS-Verordnung), ABl. EU 2008, Nr. L 218, S. 60; Beschluss 2008/633/JI des Rates vom 23. Juni 2008 über den Zugang der benannten Behörden der Mitgliedstaaten und von Europol zum Visa-Informationssystem (VIS) für Datenabfragen zum Zwecke der Verhütung, Aufdeckung und Ermittlung terroristischer und sonstiger schwerwiegender Straftaten, ABl. EU 2008, Nr. L 218, S. 129.

[301] Rahmenbeschluss 2006/960/JI des Rates vom 18. Dezember 2006 über die Vereinfachung des Austauschs von Informationen und Erkenntnissen zwischen den Strafverfolgungsbehörden der Mitgliedstaaten der Europäischen Union, ABl. EU 2006, Nr. L 386, S. 89.

[302] Beschluss 2007/845/JI des Rates vom 6. Dezember 2007 über die Zusammenarbeit der Vermögensabschöpfungsstellen der Mitgliedstaaten auf dem Gebiet des Aufspürens und der Ermittlung von Erträgen aus Straftaten oder anderen Vermögensgegenständen im Zusammenhang mit Straftaten, ABl. EU 2007, Nr. L 332, S. 103.

[303] Beschluss 2008/615/JI des Rates vom 23. Juni 2008 zur Vertiefung der grenzüberschreitenden Zusammenarbeit, insbesondere zur Bekämpfung des Terrorismus und der grenzüberschreitenden Kriminalität, ABl. EU 2008, Nr. L 210, S. 1. Im Einzelnen *Stefanie Mutschler*, Der Prümer Vertrag, 2010; *Schöndorf-Haubold*, Europäisches SicherheitsR, S. 78 ff.

[304] Beschluss 2009/316/JI des Rates vom 6. April 2009 zur Einrichtung des Europäischen Strafregisterinformationssystems (ECRIS) gemäß Artikel 11 des Rahmenbeschlusses 2009/315/JI, ABl. EU 2009, Nr. L 93, S. 33.

[305] Art. 7 des Vorschlags für eine Richtlinie des Europäischen Parlaments und des Rates über die Verwendung von Fluggastdatensätzen zu Zwecken der Verhütung, Aufdeckung, Aufklärung und strafrechtlichen Verfolgung von terroristischen Straftaten und schwerer Kriminalität, KOM (2011) 32, S. 27 f. Vgl. im Übrigen Europäischer Rat, Das Stockholmer Programm – Ein offenes und sicheres Europa im Dienste und zum Schutz der Bürger, Rats-Dok. 17024/09, Abschnitt 4.2.2; Aktionsplan zur Umsetzung des Stockholmer Programms, KOM (2010) 171, S. 30 f. Für einen Überblick zu bestehenden und geplanten Informationssystemen im Bereich der Freiheit, der Sicherheit und des Rechts s. die Mitteilung der Kommission an das Europäische Parlament und den Rat vom 20. 7. 2010, KOM (2010) 385; *Francisco Velasco Caballero*, Organisation und Verfahren des Verwaltungsverbundes im Bereich „Grenzen, Asyl und Immigration", in: Jens-Peter Schneider/Francisco Velasco Caballero (Hrsg.), Strukturen des Europäischen Verwaltungsverbunds, 2009, S. 108 ff.

wendung des Schengen-Besitzstands verbundene enge horizontale Kooperation einige Nicht-Mitgliedstaaten (Norwegen, Island, Schweiz und zukünftig Liechtenstein) einschließt, wohingegen für bestimmte EU-Mitgliedstaaten Ausnahmeregelungen (Großbritannien, Irland und Dänemark) bzw. Übergangsbestimmungen gelten.[306]

2. Das Schengener Informationssystem (SIS)

80   Das SIS ist ein von den **Schengen-Staaten gemeinsam betriebenes Informationssystem,** das aus einem in jedem Schengen-Staat eingerichteten nationalen Teil (N. SIS) und einer technischen Unterstützungseinheit in Straßburg (C. SIS) besteht, Art. 92 SDÜ. Sämtliche N. SIS sind über das C. SIS sternförmig miteinander vernetzt, sodass zwar jede nationale Zentralstelle nur auf den eigenen Datenbestand zugreifen kann, dieser aber inhaltlich identisch ist mit dem der anderen N. SIS. Eingabe und Löschung von Daten erfolgt gemäß dem Prinzip der Datenverantwortlichkeit durch die jeweilige Zentralstelle, in Deutschland das Bundeskriminalamt in Wiesbaden.[307] Die nationale Zentralstelle ist für den Datenverkehr mit den (teil)abfrageberechtigten Polizei-, Zoll-, Ausländer-, Konsular- und Kfz-Zulassungsbehörden sowie mit den Justizbehörden verantwortlich. Auch Europol und die nationalen Mitglieder von Eurojust haben Zugang zu bestimmten SIS-Daten (Art. 101a, 101b SDÜ).[308] Die Kommission ist an der Verwaltung und Nutzung des SIS bislang nicht beteiligt.

81   Das SIS speichert Daten über die in Art. 94 bis 100 SDÜ bezeichneten Personen und Sachen, wobei jedem Datensatz eine individuelle Ausschreibung zugrunde liegt. Folgende Ausschreibungskategorien sind vorgesehen: Personenfahndung mit dem Ziel der Festnahme zur Auslieferung (Art. 95), mit dem Ziel der Einreiseverweigerung (Art. 96), mit dem Ziel der Gewahrsamnahme oder Aufenthaltsermittlung zur Gefahrenabwehr, z.B. von vermissten Personen (Art. 97), Ausschreibung zur Aufenthaltsermittlung, z.B. von Zeugen in einem Strafverfahren (Art. 98), Ausschreibung von Personen und Fahrzeugen zur verdeckten Registrierung oder gezielten Kontrolle (Art. 99) und Ausschreibung von Sachen, die zur Sicherstellung oder Beweissicherung im Strafverfahren gesucht werden (Art. 100).[309] Wie die Ausschreibungskategorien verdeutlichen, handelt es sich bei dem SIS im Wesentlichen um ein **polizeiliches Fahndungssystem,**[310] eine

---

[306] Zu den strukturellen Problemen *Nicole Wichmann*, The Participation of the Schengen Associates: Inside or Outside?, European Foreign Affairs Review, Bd. 11 (2006), S. 87 (98 ff.).

[307] Art. 108 SDÜ i. V. m. § 3 Abs. 1a des Gesetzes über das Bundeskriminalamt und die Zusammenarbeit des Bundes und der Länder in kriminalpolizeilichen Angelegenheiten, BGBl I (1997), S. 1650, zuletzt geändert durch Art. 2 des Gesetzes vom 6. Juni 2009 (BGBl I [2009], S. 1266); zur gesetzlichen Grundlage der Übermittlungsbefugnis des BKA: *Manfred Baldus*, Transnationales Polizeirecht, 2001, S. 301.

[308] Beschluss 2005/211/JI des Rates vom 24. Februar 2005 über die Einführung neuer Funktionen für das Schengener Informationssystem, auch im Hinblick auf die Terrorismusbekämpfung, ABl. EU 2005, Nr. L 68, S. 44 i. V. m. Beschluss 2006/631/JI des Rates vom 24. Juli 2006 zur Festlegung des Beginns der Anwendung einiger Bestimmungen des Beschlusses 2005/211/JI über die Einführung neuer Funktionen für das Schengener Informationssystem, auch im Hinblick auf die Terrorismusbekämpfung, ABl. EU 2006, Nr. L 256, S. 18. Zu Europol → Bd. I *Groß* § 13 Rn. 109.

[309] Zu den einzelnen Voraussetzungen *Würz,* Das Schengener Durchführungsübereinkommen (Fn. 95), Rn. 170 ff.

[310] Allg. Ansicht, ebd., Rn. 158.

C. Der horizontale Informationsverbund

„Fahndungsliste auf Computerbasis".[311] Eine Ausschreibung entspricht einem an alle übrigen Schengen-Staaten gerichteten Ersuchen auf Rechtshilfe in Strafsachen oder, wie im Fall des Art. 97 SDÜ, auf Amtshilfe für Zwecke der polizeilichen Gefahrenabwehr.[312] Eine Sonderrolle nimmt die Ausschreibung zur Einreiseverweigerung nach Art. 96 SDÜ ein, die vor allem ein aufenthaltsrechtliches Steuerungsinstrument darstellt, indem die Ausschreibung sowohl der Einreise in den Schengen-Raum als auch der Erteilung eines für alle Schengen-Staaten gültigen Visums entgegensteht, Art. 5 Abs. 1 lit. d Verordnung (EG) Nr. 562/2006 und 21 Abs. 1, 3 lit. e, 35 Abs. 1 lit. a Verordnung (EG) Nr. 810/2009.[313]

Die Bestimmungen des SDÜ lassen grundsätzlich keinen Raum dafür, einem Ersuchen nicht nachzukommen.[314] Ausnahmen sind in Art. 94 Abs. 4 SDÜ vorgesehen. Danach kann ein Schengen-Staat, der eine Ausschreibung nach Art. 95, 97 oder 99 SDÜ für unvereinbar hält mit seiner Rechtsordnung, internationalen Verpflichtungen oder wesentlichen nationalen Interessen, den betreffenden Datensatz für das eigene Hoheitsgebiet „sperren". Ein solches Vorgehen löst allerdings die Verpflichtung aus, mit den anderen Schengen-Staaten in Konsultationen zu treten, Art. 94 Abs. 4 S. 2 SDÜ. Für die übrigen Staaten bleibt die Ausschreibung weiterhin gültig und verpflichtend, bis sie vom ausschreibenden Staat zurückgezogen wird. 82

Art. 94 Abs. 3 SDÜ lässt bei der Ausschreibung von Personen nur bestimmte personenbezogene Angaben zu. In vielen Fällen aber wird bei einem Trefferfall eine sachgerechte Behandlung des Ersuchens, etwa jenes zur vorläufigen Festnahme zwecks anschließender Auslieferung, nur auf der Grundlage ergänzender Informationen möglich sein. Für die Bereithaltung und Übermittlung solcher Zusatzinformationen haben die Schengen-Staaten von Beginn an ein **Netz von nationalen Kontaktstellen** eingerichtet, die sog. SIRENE-Büros („Supplementary Information Request at the National Entry"). Das SIRENE-Büro für Deutschland ist ebenfalls beim Bundeskriminalamt angesiedelt.[315] Die Haupt- 83

---

[311] *Susanne Scheller*, Ermächtigungsgrundlagen für die internationale Rechts- und Amtshilfe zur Verbrechensbekämpfung, 1997, S. 33; als *Fahndungsdatei* ist das SIS abzugrenzen von *Informationsdateien*, in denen Informationen über Personen, Orte und Ereignisse, die durch polizeiliche Ermittlungen gewonnen wurden, gespeichert, mit anderen Informationen verknüpft und abrufbar bereitgehalten werden („Informationspool"); vgl. bereits *dies.*, Das Schengener Informationssystem – Rechtshilfe „per Computer", JZ 1992, S. 904 (905). In die letztgenannte Kategorie fällt das Europol-Informationssystem; hierzu *Rainer Oberleitner*, Schengen und Europol. Kriminalitätsbekämpfung in einem Europa der inneren Sicherheit, 1998, S. 131 ff. Zur Einordnung des SIS II (hierzu → Rn. 90), *Evelien Brouwer*, Digital Borders and Real Rights, 2008, S. 104 ff.

[312] Zur Anwendbarkeit des Gesetzes über die internationale Rechtshilfe in Strafsachen (IRG) näher *Würz*, Das Schengener Durchführungsübereinkommen (Fn. 95), Rn. 223 ff.

[313] VO (EG) Nr. 562/2006 des Europäischen Parlaments und des Rates vom 15. März 2006 über einen Gemeinschaftskodex für das Überschreiten der Grenzen durch Personen (Schengener Grenzkodex), ABl. EU 2006, Nr. L 105, S. 1; VO (EG) Nr. 810/2009 des Europäischen Parlaments und des Rates vom 13. Juli 2009 über einen Visakodex der Gemeinschaft (Visakodex), ABl. EU 2009, Nr. L 243, S. 1. *Mark A. Zöller*, Informationssysteme und Vorfeldmaßnahmen von Polizei, Staatsanwaltschaften und Nachrichtendiensten, 2002, S. 399; zur rechtlichen Bedeutung *Volker Westphal*, Die Ausschreibung zur Einreiseverweigerung im Schengener Informationssystem, InfAuslR 1999, S. 361 ff.

[314] *Harings*, Grenzüberschreitende Zusammenarbeit (Fn. 258), S. 81; *Zöller*, Informationssysteme und Vorfeldmaßnahmen (Fn. 313), S. 399.

[315] § 3 Abs. 1a Bundeskriminalamtgesetz (Fn. 307).

§ 25 Die Informationsbeziehungen im europäischen Verwaltungsverbund

aufgabe der SIRENE-Büros ist der direkte bilaterale Austausch von Informationen in Bezug auf SIS-Ausschreibungen, insbesondere in einem Trefferfall, Art. 92 Abs. 4 SDÜ.[316] Darüber hinaus können über die SIRENE-Büros auch andere Informationen ausgetauscht werden, etwa im Rahmen der Amtshilfe.[317] Die Einzelheiten über die Verfahrensabläufe und die zu übermittelnden Informationen sind im „SIRENE-Handbuch" niedergelegt, das auf einen Beschluss des Exekutivausschusses zurückgeht, dem intergouvernementalen Vorläufer des Rates.[318] Nach einer Definition des Rates enthält es „Weisungen für die Bediensteten der SIRENE-Büros der einzelnen Mitgliedstaaten", was ein bemerkenswertes Element vertikaler Steuerung des horizontalen Informationsverbunds offen legt – zumal der Rat seine Befugnis, die Bestimmungen des Handbuchs zu ändern, inzwischen auf die Kommission übertragen hat, die mit einem Regelungsausschuss zusammenarbeitet.[319]

84 Hier deutet sich eine Entwicklung hin zu einer stärkeren vertikalen Öffnung mitgliedstaatlicher Hoheitsgewalt an. Mit der beschlossenen, allerdings ins Stocken geratenen Einrichtung eines SIS der zweiten Generation (SIS II) soll ein einheitliches, leistungsfähigeres Informationssystem unter dem Betriebsmanagement der Kommission – und nach Ablauf einer Übergangszeit – einer Verwaltungsbehörde entstehen, die aus dem Gesamthaushaltsplan der Union finanziert wird.[320] Gleichwohl dürfte die polizeiliche Fahndungskooperation mit Hilfe des SIS weiterhin einen der Bereiche des Unionsrechts markieren, in denen – trotz erheblicher Verschränkung der mitgliedstaatlichen Hoheitsgewalten – die horizontale Dimension des europäischen Informationsverbunds dominiert.[321]

---

[316] Zur primärrechtlichen Fundierung der Pflicht der Mitgliedstaaten, sich ergänzende Informationen zur Verfügung zu stellen, um die Korrektheit einer Ausschreibung zur Einreiseverweigerung beurteilen zu können, *EuGH*, Rs. C-503/03, Slg. 2006, I-1097, Rn. 56.

[317] Hierzu Rahmenbeschluss 2006/960/JI des Rates vom 18. Dezember 2006 über die Vereinfachung des Austauschs von Informationen und Erkenntnissen zwischen den Strafverfolgungsbehörden der Mitgliedstaaten der Europäischen Union, ABl. EU 2006, Nr. L 386, S. 89. Die Kommunikationssprache ist Englisch, obwohl in keinem der Schengen-Staaten Englisch Amtssprache ist; zur Praxis der SIRENE-Kooperation *Ruud Tromp*, The Inner Workings of SIRENE, in: Monica den Boer (Hrsg.), Schengen's Final Days? The Incorporation of Schengen into the New TEU, External Borders and Information Systems, 1998, S. 163 ff.

[318] Es wurde erst im Jahr 2003 und auch nur in Auszügen veröffentlicht: SIRENE-Handbuch (2003/C 38/01), ABl. EU 2003, Nr. C 38, S. 1.

[319] VO (EG) Nr. 378/2004 des Rates vom 19. Februar 2004 über Verfahren zur Änderung des SIRENE-Handbuchs, ABl. EU 2004, Nr. L 64, S. 5; Beschluss 2004/201/JI des Rates vom 19. Februar 2004 über Verfahren zur Änderung des SIRENE-Handbuchs, ABl. EU 2004, Nr. L 64, S. 45.

[320] Beschluss 2007/533/JI des Rates vom 12. Juni 2007 über die Einrichtung, den Betrieb und die Nutzung des Schengener Informationssystems der zweiten Generation (SIS II), ABl. EU 2007, Nr. L 205, S. 63; VO (EG) Nr. 1987/2006 des Europäischen Parlaments und des Rates vom 20. Dezember 2006 über die Einrichtung, den Betrieb und die Nutzung des Schengener Informationssystems der zweiten Generation (SIS II), ABl. EU 2006, Nr. L 381, S. 4, jeweils Art. 15. Die Geltung dieser Rechtsakte ist von einem Beschluss des Rates abhängig (vgl. Art. 71 Abs. 2 respektive Art. 55 Abs. 2), der noch aussteht. Zu den Neuerungen *Brouwer*, Digital Borders (Fn. 311), S. 85 ff.

[321] Zur Eigenart des Polizeikooperationsrechts vgl. *Hecker*, Europäisches Verwaltungskooperationsrecht (Fn. 259), S. 841 ff.

D. Der diagonale Informationsverbund: Informationsagenturen

Der sich verdichtende europäische Informationsverbund[322] wird nicht nur durch die Kommission administriert, sondern auch durch **spezialisierte Agenturen**.[323] Die Entwicklung dieser Agenturen erfolgt in einem Externalisierungsprozess, in dem unionale Verwaltungsaufgaben durch andere Träger als der Kommission wahrgenommen werden; hierin liegt eine der großen Entwicklungslinien des unionalen Verwaltungsrechts der letzten 20 Jahre.[324] Je nach Zählweise bestehen mehr als dreißig Agenturen der Union,[325] von denen die meisten auch Aufgaben im Informationsverbund wahrnehmen. Von diesen sei hier allein der spezifische Typ der Informationsagentur erörtert.[326] Er unterscheidet sich von den anderen

85

---

[322] Der Bereich der neuen Finanzaufsichtsbehörden als sich rapide entwickelndes Gebiet sprengt auch auf Grund seiner Voraussetzungsvielfalt den Umfang dieses Beitrags, s. http://ec.europa.eu/internal_market/finances/committees/index_de.htm (10. 5. 2011).

[323] Für *Schmidt-Aßmann*, Strukturen Europäischer Verwaltung (Fn. 30), S. 401 f., stellen die europäischen Agenturen – zusammen mit den Komitologieausschüssen – einen spezifischen Typus europäischer Verwaltungskooperation dar: die institutionalisierte Kooperation. Davon zu unterscheiden sind die sog. *Exekutivagenturen*, wie sie nach Art. 55 Haushaltsordnung (ABl. EG 2002, Nr. L 248, S. 1, zuletzt geändert durch die VO [EU, Euratom] Nr. 1081/2010 des Europäischen Parlaments und des Rates vom 24. November 2010) in Verbindung mit der VO (EG) Nr. 58/2003 des Rates vom 19. Dezember 2002 zur Festlegung des Statuts der Exekutivagenturen, die mit bestimmten Aufgaben bei der Verwaltung von Gemeinschaftsprogrammen beauftragt werden, ABl. EG 2003, Nr. L 11, S. 1, eingesetzt werden können (→ Bd. I *Schmidt-Aßmann* § 5 Rn. 23). Denn hierbei handelt es sich um lediglich „nachgeordnete Instanzen der EG-Kommission" (*Schmidt-Aßmann*, ebd., S. 401); näher zu den damit einhergehenden organisatorischen und kompetenziellen Autonomieeinbußen *Armin v. Bogdandy/Dietrich Westphal*, Der rechtliche Rahmen eines autonomen europäischen Wissenschaftsrates, WissR, Bd. 37 (2004), S. 224 (232 f., 242 ff.).

[324] *Paul Craig*, EU Administrative Law, 2006, S. 149 f. *Johannes Saurer*, Transition to a New Regime of Judicial Review of EU Agencies, European Journal of Risk Regulation (EJRR) 2010, S. 325 (326). Aus der umfangreichen Literatur *Dorothee Fischer-Appelt*, Agenturen der Europäischen Gemeinschaften, 1999, S. 46 ff., die eine Typologie der Funktionen europäischer Agenturen anbietet; faktenreich *Damien Geradin/Nicolas Petit*, The Development of Agencies at EU and National Levels: Conceptual Analysis and Proposals for Reform, Jean Monnet Working Paper 01/04, S. 1 (36 ff.); *Giacinto della Cananea* (Hrsg.), European Regulatory Agencies, 2004. Zum Bedeutungszuwachs der Agenturen in den letzten Jahren *Johannes Saurer*, Individualrechtsschutz gegen das Handeln der Europäischen Agenturen, EuR 2010, S. 51 (66).

[325] Vgl. die Auflistung unter http://europa.eu/agencies/index_de.htm, die noch nach ehemaligen Säulen der Union differenziert. Die Bezeichnung der Agenturen variiert, sie werden auch Stiftungen, Zentren, Behörden, Stellen, Ämter, Institute, Akademien oder Einheiten genannt. Zuletzt eingerichtet wurde die Agentur für die Zusammenarbeit der Energieregulierungsbehörden (Agency for the Cooperation of Energy Regulators, ACER, ABl. EU 2009, Nr. L 211, S. 1. Davor wurden im Jahr 2007 folgende Agenturen eingerichtet: die Exekutivagentur für die Forschung (Research Executive Agency, REA, ABl. EU 2008, Nr. L 19, S. 9, die Europäische Chemikalienagentur (European Chemicals Agency, ECHA, ABl. EU 2006, Nr. L 396, S. 1, Fusion for Energy, eine Euratom zuzurechnende Agentur (ABl. EU 2007, Nr. L 90, S. 58) sowie die Exekutivagentur des Europäischen Forschungsrats (European Research Council Executive Agency, EFR-Exekutivagentur, ABl. EU 2008, Nr. L 9, S. 15). EUROPOL wurde ursprünglich durch das Europol-Übereinkommen nicht als Agentur eingerichtet, wurde jedoch durch Beschluss des Rates vom 6. April 2009 (2009/371/JI) zur Agentur. Zu einem Alternativentwurf zur Zukunft EUROPOLs s. *Jürgen Wolter u. a.* (Hrsg.), Alternativentwurf Europol und europäischer Datenschutz, 2008.

[326] Zum politikwissenschaftlichen *intelligence cube* s. *Jörn Müller-Wille*, The Effect of International Terrorism on EU Intelligence Cooperation, JCMS 2008, S. 49 (51 ff.).

§ 25 Die Informationsbeziehungen im europäischen Verwaltungsverbund

Agenturen dadurch, dass die Hauptaufgabe in der Informationsversorgung[327] sowie im Kommunikations- und Netzwerkmanagement liegt. Diesem Typus lassen sich derzeit mindestens elf Agenturen zurechnen.[328] Wenngleich die Kommis-

---

[327] *Craig*, EU Administrative Law (Fn. 324), S. 156. Informationsaustausch ist, wenn auch nicht notwendigerweise Hauptaufgabe, so doch ein Element, das bei allen Agenturen in unterschiedlicher Ausprägung vorhanden ist, s. auch *Thomas Groß*, Die Kooperation zwischen europäischen Agenturen und nationalen Behörden, EuR 2005, S. 54 (61).
[328] Folgende Agenturen sind gemeint:
Europäische Stiftung für die Verbesserung der Lebens- und Arbeitsbedingungen, Dublin; gegründet durch die VO (EWG) Nr. 1365/75 vom 26. Mai 1975, ABl. EG 1975, Nr. L 139, S. 1 (geändert durch die VO [EWG] Nr. 1947/93 des Rates vom 30. Juni 1993, ABl. EG 1993, Nr. L 181, S. 13, durch die VO [EG] Nr. 1649/2003 des Rates vom 18. Juni 2003, ABl. EU 2003, Nr. L 245, S. 25, sowie durch die VO [EG] Nr. 1111/2005 des Rates vom 24. Juni 2005, ABl. EU 2005, Nr. L 184, S. 1), European Foundation for the Improvement of Living and Working Conditions – **EUROFOUND.**
Europäische Umweltagentur, Kopenhagen; VO (EG) Nr. 401/2009 des Europäischen Parlaments und des Rates vom 23. April 2009, ABl. EU 2009, Nr. L 126, S. 13 (ursprünglich gegründet durch die inzwischen aufgehobene VO [EWG] Nr. 1210/90 des Rates vom 7. Mai 1990, ABl. EG 1990, Nr. L 120, S. 1 [geändert durch die VO [EG] Nr. 933/1999 des Rates vom 29. April 1999, ABl. EG 1999, Nr. L 117, S. 1, sowie durch die VO [EG] Nr. 1641/2003 des Europäischen Parlaments und des Rates vom 22. Juli 2003, ABl. EU 2003, Nr. L 245, S. 1]), European Environment Agency – **EEA.**
Beobachtungsstelle für Drogen und Drogensucht, Lissabon; VO (EG) Nr. 1920/2006 des Europäischen Parlaments und des Rates vom 12. Dezember 2006, ABl. EU 2006, Nr. L 376, S. 1 (ursprünglich gegründet durch die VO [EWG] Nr. 302/93 des Rates vom 8. Februar 1993, ABl. EG 1993, Nr. L 36, S. 1 [geändert durch die VO [EG] Nr. 3294 des Rates vom 22. Dezember 1994, ABl. EG 1994, Nr. L 341, S. 7, durch die VO [EG] Nr. 2220/2000 des Rates vom 28. September 2000, ABl. EG 2000, Nr. L 253, S. 1, sowie durch die VO [EG] Nr. 1651/2003 des Rates vom 18. Juni 2003, ABl. EU 2003, Nr. L 245, S. 30], European Monitoring Centre for Drugs and Drug Addiction – **EMCDDA.**
Europäische Agentur für Sicherheit und Gesundheitsschutz am Arbeitsplatz, Bilbao; gegründet durch die VO (EG) Nr. 2062/94, des Rates vom 18. Juli 1994, ABl. EG 1994, Nr. L 216, S. 1 (geändert durch die VO [EG] Nr. 1643/95 des Rates vom 29. Juni 1995, ABl. EG 1995, Nr. L 156, S. 1, sowie durch die VO [EG] Nr. 1654/2003 des Rates vom 18. Juni 2003, ABl. EU 2003, Nr. L 245, S. 38, sowie durch die VO [EG] Nr. 1112/2005 des Rates vom 24. Juni 2005, ABl. EU 2005, Nr. L 184, S. 5), European Agency for Safety and Health at Work – **EU-OSHA.**
Ursprünglich war auch die **Beobachtungsstelle Rassismus und Fremdenfeindlichkeit,** Wien; gegründet durch die VO (EG) Nr. 1035/97 des Rates vom 2. Juni 1997, ABl. EG 1997, Nr. L 151, S. 1 (geändert durch die VO [EG] Nr. 1652/2003 des Rates vom 18. Juni 2003, ABl. EU 2003, Nr. L 245, S. 33), European Monitoring Centre on Racism and Xenophobia – **EUMC** zu den Informationsagenturen zu zählen; inzwischen ist sie zur **Europäischen Agentur für Grundrechte** (European Union Agency for Fundamental Rights – **FRA**) weiterentwickelt worden, welche durch die VO (EG) Nr. 168/2007 des Rates vom 15. Februar 2007, ABl. EU 2007, Nr. L 53, S. 1 gegründet wurde. S. hierzu *Armin v. Bogdandy/Jochen v. Bernstorff*, Die Europäische Agentur für Grundrechte in der europäischen Menschenrechtsarchitektur und ihre Fortentwicklung durch den Vertrag von Lissabon, EuR 2010, S. 141 (148 f.).
Europäisches Zentrum für die Prävention und die Kontrolle von Krankheiten, Stockholm; gegründet durch die VO (EG) Nr. 851/2004 des Europäischen Parlaments und des Rates vom 21. April 2004, ABl. EU 2004, Nr. L 142, S. 1, European Centre for Disease Prevention and Control – **ECDC.**
Europäische Agentur für chemische Stoffe, Helsinki; gegründet durch die VO (EG) Nr. 1907/2006 des Europäischen Parlaments und des Rates vom 18.Dezember 2006, ABl. EU 2006, Nr. L 396, S. 1 (geändert durch die VO [EG] Nr. 1354/2007 des Rates vom 15. November 2007, ABl. EU 2007, Nr. L 304, S. 1, durch die VO [EG] Nr. 987/2008 der Kommission vom 8. Oktober 2008, ABl. EU 2008, Nr. L 268, S. 14, durch die VO (EG) Nr. 1272/2008 des Europäischen Parlaments und des Rates vom 16. Dezember 2008, ABl. EU 2008, Nr. L 353, S. 1, sowie durch die VO [EG] Nr. 134/2009 der Kommission vom 16. Februar 2009, ABl. EU 2009, Nr. L 46, S. 3, zuletzt geändert durch die VO [EG] Nr. 552/2009 der Kommission vom 22. Juni 2009, ABl. EU 2009, Nr. L 164, S. 7) European Chemicals Agency – **ECHA.**
Europäisches Institut für Gleichstellungsfragen, Vilnius; gegründet durch die VO (EG) Nr. 1922/2006 des Europäischen Parlaments und des Rates vom 20. Dezember 2006, ABl. EU 2006, Nr. L 403,

D. Der diagonale Informationsverbund: Informationsagenturen

sion das Hauptorgan der europäischen Informationsverwaltung bleibt, so übernehmen Agenturen im Allgemeinen und die Informationsagenturen im Besonderen wichtige Aufgaben im Vorfeld spezifisch hoheitlicher Tätigkeit.[329] Nicht die *imperative Koordination,* sondern die **kooperative Verstrickung** unionaler und mitgliedstaatlicher Akteure in einer Organisation ist hier kennzeichnend, sodass von einem *diagonalen* Verbund gesprochen werden kann.[330] Im Folgenden werden exemplarische Züge von Informationsagenturen beschrieben, die jedoch nicht bei allen Agenturen vorzufinden sind. Die starke Fragmentierung der unionalen Politikentwicklung und die geringe wissenschaftliche Systembildung erklären Differenzen, die nicht allein in der jeweiligen Sachmaterie begründet sind.

I. Strukturen und Aufgaben

1. Typische Organisationsformen

Die Informationsagenturen wurden überwiegend auf der Rechtsgrundlage 86 des Art. 352 AEUV (bzw. dessen Vorgängernormen) gegründet.[331] Sie besitzen

---

S. 9 (geändert durch Addendum zur VO [EG] Nr. 1922/2006 des Europäischen Parlaments und des Rates vom 20. Dezember 2006, ABl. EU 2007, Nr. L 52, S. 3) European Institute for Gender Equality – **EIGE**.

Europäisches Polizeiamt, Den Haag; nachdem Europol ursprünglich durch das Europol-Übereinkommen nicht als Agentur eingerichtet worden war, als Agentur gegründet durch Beschluss des Rates vom 6. April 2009 (2009/371/JI), European Law Enforcement Agency – **EUROPOL**.

Europäische Agentur für Netz- und Informationssicherheit, Heraklion; gegründet durch die VO (EG) Nr. 460/2004 des Europäischen Parlaments und des Rates vom 10. März 2004, ABl. EU 2004, Nr. L 77, S. 1 (geändert durch die VO [EG] Nr. 1007/2008 des Europäischen Parlaments und des Rates vom 24. September 2008, ABl. EU 2008, Nr. L 293, S. 1), s. auch Vorschlag für eine Verordnung des Europäischen Parlaments und des Rates über die Europäische Agentur für Netz- und Informationssicherheit (ENISA), KOM (2010) 521 endg., COD 2010/0275, European Network and Information Security Agency – **ENISA**.

Europäisches Zentrum für die Förderung der Berufsbildung, ursprünglich Berlin, nun Thessaloniki; gegründet durch die VO (EWG) Nr. 337/75 des Rates vom 10. Februar 1975, ABl. EG 1975, Nr. L 39, S. 1 (geändert durch die VO [EWG] Nr. 1946/93 des Rates vom 10. Juni 1993, ABl. EG 1992, Nr. L 181, S. 11, durch die VO [EG] Nr. 1131/94 des Rates vom 16. Mai 1994, ABl. EG 1994, Nr. L 127, S. 1, durch die VO [EG] Nr. 251/95 des Rates vom 5. Februar 1995, ABl. EG 1995, Nr. L 127, S. 1, durch die VO [EG] Nr. 354/95 des Rates vom 20. Februar 1995, ABl. EG 1995, Nr. L 41, S. 1, sowie durch die VO [EG] Nr. 16555/2003 des Rates vom 18. Juni 2003, ABl. EU 2003, Nr. L 245, S. 42, zuletzt geändert durch die VO [EG] Nr. 2051/2004 des Rates vom 25. Oktober 2004, ABl. EU 2004, Nr. L 355, S. 1 [auch geändert durch die Beitrittsakte Griechenlands, Spaniens und Portugals sowie die Akte über die Bedingungen des Beitritts der Tschechischen Republik, der Republik Estland, der Republik Zypern, der Republik Lettland, der Republik Litauen, der Republik Ungarn, der Republik Malta, der Republik Polen, der Republik Slowenien und der Slowakischen Republik und die Anpassungen der die Europäische Union begründenden Verträge]) European Centre for the Development of Vocational Training – **Cedefop**.

[329] Zur Einordnung von Schulung und Ausbildung als Informationszusammenarbeit s. *Groß,* Die Kooperation (Fn. 327), S. 62.

[330] Ebd. S. 55.

[331] Zur Kompetenzlage *Arno Kahl,* Europäische Agenturen im Lichte der dynamischen Verwaltungslehre, in: FS Norbert Wimmer, 2008, S. 245 (248f.). Fünf Informationsagenturen sind auf Art. 352 AEUV bzw. dessen Vorgängernormen gestützt worden. Der *EuGH* hat in Rs. C-217/04, Slg. 2006, I-3771 entschieden, dass die Verordnung (EG) Nr. 460/2004 zur Errichtung der Europäischen Agentur für Netz- und Informationssicherheit zu Recht auf Art. 95 EG gestützt wurde. Damit kann auch Art. 114 AEUV als Rechtsgrundlage für eine Agentur dienen. Von den Informationsagenturen

§ 25 Die Informationsbeziehungen im europäischen Verwaltungsverbund

eigene Rechtspersönlichkeit. Die interne organisatorische Struktur ist durch eine intensive Einbindung mitgliedstaatlicher Akteure in die Agenturorgane geprägt und bildet so die europäische Verbundstruktur in diagonaler Weise ab.[332] Dies dient bereits dem Organisationszweck: Die organisatorische Struktur fördert ein hohes Maß an Interaktion gerade zwischen nationalen Stellen und damit deren Ein- und Selbstbindung. Zudem entsteht als Ergebnis dieser Interaktionen eine gemeinsame Basis an Daten und Methoden. Die Form kooperativer Problemanalyse und einheitlichen Wissens erschwert den mitgliedstaatlichen Behörden sukzessive die Möglichkeit nationaler Alleingänge und wirkt insofern steuernd und koordinierend. Schließlich folgen bisweilen unionale Aktionsprogramme oder Rechtsetzung, mit denen das gemeinsame Wissen praktisch umgesetzt wird. Indirekte Steuerung geht dann in direkte über.

87 Die **organisatorische Struktur** der Informationsagenturen besteht regelmäßig aus zwei Organen, Verwaltungsrat und Direktor, meistens tritt diesen Organen noch ein ergänzender Ausschuss (Beirat) zur Seite. Das beherrschende Gremium ist der Verwaltungsrat. Ihm kommt zunächst die Aufgabe zu, den Direktor zu ernennen. Dieser führt die Beschlüsse des Rates aus, organisiert die laufende Verwaltung der Agentur und entscheidet in Personalfragen.[333] Der Direktor ist dem Verwaltungsrat gegenüber Rechenschaft schuldig.[334] Der Verwaltungsrat kontrolliert so diejenige Person, die die alltägliche Arbeit der Agentur leitet. Darüber hinaus obliegt es dem Verwaltungsrat, die zentralen inhaltlichen Entscheidungen der Agenturarbeit zu treffen. Diese werden niedergelegt in Programmbeschlüssen, zunächst als auf mehrere Jahre angelegte Programmentwürfe,[335] welche jährliche Arbeitsprogramme konkretisieren.[336] Diesen Beschlüssen korrespondieren Berichtspflichten über die Umsetzung der Programme.[337] Schließlich ist der Verwaltungsrat an der Aufstellung und dem Beschluss über den Haushalt der Agentur beteiligt.[338]

88 Dieses Gremium, welches die wesentlichen Entscheidungen der Agentur trifft, setzt sich vor allem aus Vertretern der mitgliedstaatlichen Regierungen zusam-

---

sind zwei Agenturen dieser Rechtsgrundlage zuzuordnen, die übrigen vier Agenturen sind auf spezielle Bereichskompetenzen (z. B. Umwelt oder Gesundheitswesen) gestützt.

[332] So auch *Johannes Saurer*, Supranational governance and networked accountability structures: Member State oversight of EU agencies, in: Susan Rose-Ackerman/Peter L. Lindseth (Hrsg.), Comparative Administrative Law, 2010, S. 618 (621).

[333] Art. 9 Abs. 1 lit. e EEA; Art. 9 EUROFOUND (nach Änderung durch die VO [EG] Nr. 1111/2005 des Rates vom 24. Juni 2005, ABl. EU 2005, Nr. L 184, S. 1 nun „für das Management […] zuständig" statt ursprünglich „leitet die Stiftung"; Art. 9 EMCDDA; Art. 11 EU-OSHA; Art. 16 ECDC (zu den Abkürzungen s. o. → Fn. 328).

[334] Art. 9 Abs. 2 EMCDDA; Art. 9 Abs. 2 EEA; Art. 11 Abs. 3 EU-OSHA; Art. 9 Abs. 4 EUROFOUND (nach Änderung durch die VO [EG] Nr. 1111/2005 des Rates vom 24. Juni 2005, ABl. EU 2005, Nr. L 184, S. 1 ist der Direktor nun „dem Verwaltungsrat gegenüber für die Leitung der Stiftung verantwortlich" statt ursprünglich „legt dem Verwaltungsrat über seine Geschäftsführung Rechenschaft ab"; Art. 15 Abs. 5 FRA (früher Art. 10 Abs. 3 EUMC); Art. 12 Abs. 4 EIGE (→ Fn. 328).

[335] Art. 8 Abs. 3 EMCDDA; Art. 12 Abs. 2 EUROFOUND; Art. 8 Abs. 4 EEA; Art. 10 Abs. 6 lit. a EIGE; Art. 12 Abs. 6 lit. a FRA (→ Fn. 328).

[336] Art. 12 Abs. 6 lit. a FRA (früher Art. 8 Abs. 3 lit. a EUMC); Art. 10 Abs. 1 EU-OSHA; Art. 10 Abs. 6 lit. a EIGE; Art. 8 Abs. 5 EEA (→ Fn. 328).

[337] Art. 12 Abs. 6 lit. b FRA (früher Art. 8 Abs. 3 lit. b EUMC), Art. 13 EUROFOUND; Art. 10 Abs. 6 lit. b EIGE (→ Fn. 328).

[338] Art. 12 Abs. 6 lit. d FRA (früher Art. 8 Abs. 3 lit. d EUMC); Art. 13 EU-OSHA, Art. 12, 13 EEA; Art. 10 Abs. 6 lit. d EIGE (→ Fn. 328).

D. Der diagonale Informationsverbund: Informationsagenturen

men.[339] Sie entsenden meist je einen Vertreter in den Verwaltungsrat, die Kommission dagegen zwei oder drei; bisweilen kann auch das Europäische Parlament einige Mitglieder bestimmen.[340] Zumeist dominieren die Mitgliedstaaten den Verwaltungsrat.[341] Aus Deutschland ist etwa für die Umweltagentur der Staatssekretär des Bundesumweltministeriums zuständig. Die nationalen Verwaltungen sind also in die Programmgestaltung und Kontrolle der Agenturen unmittelbar involviert. Die Agenturen wirken daher nicht im Fernen, sondern sind vielfältig vernetzt mit den betreffenden Fachministerien in den Mitgliedstaaten. Sie sind darüber hinaus eingebunden in die nationalen Fachöffentlichkeiten, einige integrieren sogar Vertreter der Interessenverbände in den Verwaltungsrat.[342]

Demgegenüber ist die Kommission zwar in die Strukturen integriert, jedoch kein gewichtiger Akteur oder gar *primus inter pares*, wie es etwa im Informationsverfahren nach der Richtlinie 98/34/EG[343] oder bei einer Exekutivagentur nach Verordnung (EG) 58/2003[344] der Fall ist, die ganz unter der Führung und Kontrolle der Kommission steht.[345] Sie hat immerhin teilweise das Recht, Vorschläge für Ernennungen zu machen.[346] Nur ausnahmsweise ist sie in die Rechtmäßigkeitskontrolle der Agenturen eingebunden.[347] Allerdings kommt der Union die Aufgabe zu, einen allgemeinen organisatorischen Rahmen der Agenturen zu bilden. So nutzen die Agenturen den Übersetzungsdienst der Union, greifen auf ihr Personalrecht zurück und binden ihre Organe in die Finanzkontrolle ein.[348] Dem Europäischen Gerichtshof obliegt zudem die Rechtmäßigkeitskontrolle der Agenturen.[349] 89

Der allgemeine primärrechtliche Rechtsschutz durch den EuGH gegen Akte von Agenturen außerhalb der in den Gründungsdokumenten festgelegten Grenzen war lange umstritten.[350] In der Rechtssache T-411/06 *Sogelma* hat das Gericht 89a

---

[339] Art. 8 Abs. 1 EU-OSHA; FRA (früher Art. 8 Abs. 1 EUMC); Art. 8 Abs. 1 EEA (→ Fn. 328).

[340] So nach Art. 14 Abs. 1 ECDC oder Art. 79 Abs. 1 ECHA (→ Fn. 328).

[341] *Alexander Kreher*, Agencies in the European Community: A Step towards Administrative Integration in Europe, Journal of European Public Policy 1997, S. 225 (238 ff.). Bei der Grundrechteagentur besteht die Besonderheit, dass der Verwaltungsrat sich nicht aus Vertretern der mitgliedstaatlichen Regierungen sondern aus „unabhängigen Persönlichkeiten" zusammensetzt, die durch die Mitgliedstaaten benannt werden, *v. Bogdandy/v. Bernstorff*, Die Europäische Agentur für Grundrechte (Fn. 328), S. 150 f.

[342] Art. 8 Abs. 1 lit. b und c EU-OSHA; Art. 6 Abs. 1 lit. b und c EUROFOUND; Art. 6 Abs. 1 lit. a, b und c ENISA (→ Fn. 328).

[343] Oben → Fn. 42.

[344] Oben → Fn. 323.

[345] Zur Entwicklung einer führenden Stellung der Kommission bei der Zusammenarbeit mit der EEA s. *Maria Martens*, Voice or Loyalty? The Evolution of the European Environment Agency (EEA), JCMS 2010, S. 881 (883).

[346] Z. B. Vorschlag des Direktors, Art. 15 Abs. 2 lit. a FRA (früher Art. 10 Abs. 1 EUMC), Art. 9 Abs. 1 EEA, Art. 9 Abs. 1 EMCDDA oder den Mitgliedern des Sachverständigenbeirats, Art. 11 Abs. 1 EIGE (→ Fn. 328).

[347] Art. 22 EU-OSHA (→ Fn. 328).

[348] Z. B. Übersetzungsdienst (Art. 25 Abs. 3 FRA [früher Art. 13 EUMC]), Personalrecht (Art. 24 Abs. 1 FRA [früher Art. 11 Abs. 1 EUMC]; Art. 20 Abs. 1 EU-OSHA; Art. 15 EMCDDA; Art. 17 EEA; Art. 17 Abs. 1 EUROFOUND) oder Finanzkontrolle (Art. 20 Abs. 5 ff. FRA [früher Art. 12 Abs. 9 EUMC]; Art. 14 Abs. 2 EU-OSHA; Art. 11 Abs. 9 EMCDDA; Art. 13 Abs. 2 EEA) (→ Fn. 328).

[349] Art. 27 FRA (früher Art. 15 EUMC); Art. 21 Abs. 1, 2 EU-OSHA; Art. 17 EMCDDA; Art. 18 Abs. 1, 2 EEA (→ Fn. 328).

[350] *Groß*, Die Kooperation (Fn. 327), S. 66; *Saurer*, Individualrechtsschutz (Fn. 324), S. 56, 60 f.

erster Instanz entschieden, dass eine Nichtigkeitsklage gegen einen Akt der Europäischen Agentur für Wiederaufbau (EAR) möglich ist, obwohl die Agentur nicht im Katalog der Organe in Art. 230 EG-Vertrag aufgezählt war.[351] Damit wurde eine Entwicklung vorausgenommen, die mit dem Vertrag von Lissabon durch die Formulierung, dass der EuGH ebenfalls „die Rechtmäßigkeit der Handlungen der Einrichtung oder sonstigen Stellen der Union mit Rechtswirkungen gegenüber Dritten" überwache (Art. 263 Abs. 1 S. 2 AEUV) nun in das Primärrecht Eingang gefunden hat.[352] Auch die Akte von Europol, ursprünglich den Beschränkungen des Rechtsschutzes in der dritten Säule unterworfen, unterfällt nun den regulären Rechtsschutzmechanismen.[353] Das Inkrafttreten des Vertrags von Lissabon hat durch den Wegfall der Säulenstruktur auch erhebliche Auswirkungen auf die Agenturen, deren Tätigkeitsbereich sich nun weiter erstreckt.[354]

2. Aufgaben

90   Die vielfältigen **Aufgaben** der Agenturen lassen sich in vier wesentliche Bereiche gliedern: (1) die Sammlung und Analyse von Daten, (2) die Verbreitung der Daten, (3) die Politikberatung sowie, ganz wichtig als Grundlage, (4) den Aufbau einschlägiger Datennetze.[355, 356]

91   Der *Sammelauftrag* der Agenturen erfasst die diversen Aspekte des einschlägigen Themas, d.h. technische, wirtschaftliche und wissenschaftliche Informationen.[357] Ein wichtiges Ziel bei der Datenanalyse ist die Feststellung von Prioritäten für unionale Aktivitäten. So soll durch einen Vergleich einzelstaatlicher Programme auf gemeinschaftliche Notwendigkeiten geschlossen werden.[358] Der Sammlungsauftrag gilt auch für Daten nichtregierungsamtlicher Quellen und internationaler Organisationen.[359] Ein weiterer Aspekt dieses ersten Aufgabenbereiches ist die methodische **Verbesserung des Datenvergleichs.** Es ist expliziter Auftrag, gemeinsame Kriterien oder Indikatoren zu erarbeiten, die eine stärkere Kohärenz der Informationen und damit eine verbesserte Vergleichbarkeit der In-

---

[351] *EuG*, Rs. T-411/06, Slg. 2008, II-2771. S. auch *EuG*, Rs. T-70/05, Slg. 2010, II-313.

[352] Siehe auch *Saurer*, Supranational governance (Fn. 332), S. 622 f.

[353] Siehe auch ebd., S. 623.

[354] *v. Bogdandy/v. Bernstorff*, Die Europäische Agentur für Grundrechte (Fn. 328), S. 152.

[355] Vgl. nur Art. 2 EMCDDA; Art. 4 FRA (früher Art. 2 EUMC); Art. 3f. EU-OSHA; Art. 4f. EEA; Art. 5 ECDC; Art. 77 Abs. 2 lit. e ECHA; das Datennetz der EUROFOUND (→ Fn. 328); das European Industrial Relation Observatory – EIRO, ist ohne Grundlage in der Gründungsverordnung entstanden. Zu erwähnen sind weiterhin das Netzwerk zur Geschlechtergleichstellung nach Art. 3 Abs. 1 lit. e EIGE und das Europol-Informationssystem nach Art. 10 Abs. 1 EUROPOL. S. weiter unten → Rn. 101 ff.

[356] Zur Frage der Grenze der Übertragbarkeit von Befugnissen auf die Agenturen, s. z. B. *Merijn Chamon*, EU Agencies: Does the Meroni Doctrine Make Sense?, Maastricht Journal of European and Comparative Law, Bd. 17 (2010), S. 281 (abrufbar unter http://biblio.ugent.be/input/download?func=downloadFile&fileOId=1096126&recordOId=1096117); *Sommer*, Informationskooperation (Fn. 39), S. 76.

[357] Vgl. insbes. Art. 3 Abs. 1 lit. a, b und h EU-OSHA; Art. 4 Abs. 1 lit a FRA (früher Art. 2 Abs. 2 lit. a EUMC); Art. 2 lit. A EMCDDA; Art. 2 lit. iii). Weit weniger spezifisch ist die Aufgabenbeschreibung in Art. 1, 2 EUROFOUND (→ Fn. 328).

[358] Art. 3 Abs. 1 lit. a EU-OSHA (→ Fn. 328).

[359] Art. 2 lit. A Nr. 1 EMCDDA; Art. 3 Abs. 1 lit. a EU-OSHA; Art. 3 Abs. 1 lit. a EIGE (→ Fn. 328).

D. Der diagonale Informationsverbund: Informationsagenturen

formationen ermöglichen.³⁶⁰ Zugleich soll (wenn es dem Gegenstand nach möglich ist) eine Harmonisierung der Messverfahren eingeführt werden.³⁶¹

Hinsichtlich des *Verbreitungsauftrags* der Agenturen fragt sich zunächst, wer Daten erhalten soll. Die wichtigsten Adressaten und Nutzer der erhobenen und ausgewerteten Informationen sind Mitgliedstaaten und Unionsorgane, insbesondere die Kommission.³⁶² Empfänger sind oft aber auch Dritte, d.h. betroffene Kreise, oder eine allgemeine Öffentlichkeit. So sieht beispielsweise die Europäische Umweltagentur (EEA) eine „umfassende Verbreitung von an die Öffentlichkeit gerichteten zuverlässigen und vergleichbaren Umweltinformationen" vor.³⁶³ Schließlich sind Adressaten der Daten auch internationale Organisationen, also die nicht in die Organisation eingebundenen Kooperationspartner der Agenturen bei der Datenbeschaffung.³⁶⁴ Verschiedene **Methoden der Verbreitung** sind vorgesehen: Es sollen allgemeine Informations- und Dokumentationsfonds eingerichtet werden³⁶⁵ sowie allgemein zugängliche Infonetze. Regelmäßige Berichtspflichten schaffen eine Sammlung, die allen interessierten Kreisen zugänglich ist.³⁶⁶ Die Organisation von Konferenzen kann schließlich ebenfalls als Mittel der Informationsverbreitung angesehen werden, ebenso wie die Förderung der Vergleichbarkeit von Daten.³⁶⁷

92

Die Aufgaben der Informationsagenturen gipfeln schließlich in der Bereitstellung von Informationen mit dem Zweck, die Formulierung und Durchführung von Politiken zu unterstützen *(Politikberatung)*.³⁶⁸ Die Unterstützung der politischen Instanzen kann durch Aufträge zur Ausarbeitung von Gutachten und Schlussfolgerungen erfolgen. Teilweise ist sogar eine eigenständige Programmentwicklung durch die Agenturen vorgesehen.³⁶⁹

93

Allen Aspekten der Aufgabenwahrnehmung ist die Pflicht zur intensiven Kooperation mit dritten Stellen gemein. Explizit und immer wieder werden die Kooperationspflichten in den Gründungsdokumenten hervorgehoben.³⁷⁰ Die gesamte Aufgabenwahrnehmung und Arbeitsweise lässt sich insofern als in hohem Maße kooperativ beschreiben.

94

3. Aufbau und Unterhalt von Datennetzen

Sind die Mitgliedstaaten in der Organisation der Informationsagenturen dominant, so werden sie zugleich in einen dicht geknüpften externen Informationsver-

95

---

³⁶⁰ Art 2 lit. B Nr. 6 EMCDDA; Art. 2 lit. f EEA; Art. 3 Abs. 1 lit. b EIGE; Art. 4 Abs. 1 lit. b FRA (→ Fn. 328).
³⁶¹ Art. 2 lit. f EEA (→ Fn. 328).
³⁶² Art. 3 Abs. 1 lit. e EU-OSHA, Art. 2 lit. b EEA; Art. 3 lit. a ENISA (→ Fn. 328).
³⁶³ Art. 2 lit. m EEA.
³⁶⁴ Vgl. Art. 3 Abs. 1 lit. g EU-OSHA; Art. 4 Abs. 1 lit. a FRA (→ Fn. 328).
³⁶⁵ Z. B. Art. 2 lit. A Nr. 2 EMCDDA (→ Fn. 328).
³⁶⁶ Art. 2 lit. C Nr. 10 EMCDDA; Art. 4 Abs. 1 lit. g FRA (früher Art. 2 lit. g EUMC); Art. 2 lit. m EEA (→ Fn. 328).
³⁶⁷ Art. 3 Abs. 1 lit d EUROFOUND; Art. 2 lit. B Nr. 6 EMCDDA; Art. 3 Abs. 1 lit. d EU-OSHA; Art. 2 lit. f EEA; Art. 3 Abs. 1 lit. b EIGE; Art. 4 Abs. 1 lit. b FRA (→ Fn. 328).
³⁶⁸ Etwa Art. 3 Abs. 1 lit. e EU-OSHA; Art. 3 Abs. 2 EEA spricht sogar von der „unmittelbaren" Verwendbarkeit der Daten (→ Fn. 328).
³⁶⁹ Vgl. Art. 3 Abs. 1 lit. i EU-OSHA (→ Fn. 328): „Mitwirkung an der Entwicklung gemeinschaftlicher Strategien und Aktionsprogramme".
³⁷⁰ Z. B. Art. 12 EMCDDA; Art. 15 EEA (→ Fn. 328).

§ 25 Die Informationsbeziehungen im europäischen Verwaltungsverbund

bund, ein **Datennetz,** eingebunden, dessen Aufbau, Ausbau und Unterhalt, wie gezeigt, regelmäßig eine wichtige Aufgabe der Agentur ist.[371] Hinzuweisen ist etwa auf das Europäische Informationsnetz für Drogen und Drogensucht (REITOX),[372] das *European Industrial Relation Observatory* (EIRO),[373] das Europäische Umweltinformations- und Umweltbeobachtungsnetz (EIONET),[374] das Netzwerk der Europäischen Agentur für Sicherheit und Gesundheitsschutz am Arbeitsplatz (OSHA-Netzwerk),[375] die Grundrechte-Plattform (Fundamental Rights Platform – FRP) der Agentur für Grundrechte[376] und die diversen Netzwerke des Europäischen Zentrums für die Prävention und die Kontrolle von Krankheiten:[377] das europäische System zur Überwachung von Infektionskrankheiten (European Surveillance System – TESSy)[378] und die verschiedenen spezialisierten Überwachungssysteme, nämlich das European Influenza Surveillance Network (EISN), das European Food- and Waterborne Disease and Zoonoses Surveillance Network (FWD-Net), das European Network für STI Surveillance, das European Invasive Bacterial Disease Surveillance Networt (EU-IBD), das European HIV/AIDS Surveillance Network, das European Tuberculosis Surveillance Network, das European Antimicrobial Resistance Surveillance Network (EARS-Net), das Healthcare-associated Infections Network (HAI-Net), das European Legionnaires' Disease Surveillance Network (ELDSNet) und das European Diphteria Surveillance Network (EDSN).[379]

96   Zu erwähnen sind weiterhin das Netzwerk zur Geschlechtergleichstellung,[380] die Datenbank der Europäischen Chemikalienagentur[381] und das Europol-Informationssystem.[382] Diese Netzwerke verbinden in der Regel die wichtigsten Bestandteile der einschlägigen mitgliedstaatlichen Informationsnetze und verfügen über mitgliedstaatliche Anlaufstellen sowie themenspezifische Ansprechstellen. Darüber hinaus haben sich weitere Datennetze herausgebildet: Insbesondere im Umweltbereich ist die Struktur dieser Netze für Außenstehende nur noch schwer zu übersehen.[383]

---

[371] Zu Datennetzen bereits oben → Rn. 96.
[372] www.emcdda.europa.eu/about/partners/reitox-network.
[373] www.eurofound.europa.eu/eiro/about_index.htm.
[374] http://eionet.europa.eu.
[375] Siehe http://osha.europa.eu. Das OSHA-Netzwerk besteht aus einem „Focalpoint" in jedem EU-Mitgliedstaat, in den vier EFTA-Ländern und den (potentiellen) Kandidatenländern, als Beobachter fungieren die Kommission und der Europäische Gewerkschaftsbund (European Trade Union Confederation – ETUC) s. die Informationen unter http://osha.europa.eu/focal_points/index_de.htm.
[376] Art. 10 FRA, s. auch www.fra.europa.eu/fraWebsite/networks/frp/frp_en.htm, s. auch *Julia Cassebohm*, Die Agentur der Europäischen Union für Grundrechte – überflüssige Bürokratie oder echter Mehrwert im europäischen Grundrechtsschutzsystem?, ZEuS, Bd. 2 (2010), S. 189 (195).
[377] Art. 5 ECDC (→ Fn. 328).
[378] www.ecdc.europa.eu/en/activities/surveillance/TESSy/Pages/TESSy.aspx.
[379] Wir nutzen die englischen Bezeichnungen, unter denen diese Netzwerke allgemein bekannt sind; www.ecdc.europa.eu/en/activities/surveillance/european_surveillance_networks/Pages/european_surveillance_networks.aspx.
[380] Art. 3 Abs. 1 lit. e EIGE, (→ Fn. 328) welches noch ein Zukunftsprojekt ist, s. www.eige.europa.eu/initiatives.
[381] Art. 77 Abs. 2 lit. e ECHA (→ Fn. 328).
[382] Art. 10 Abs. 1 EUROPOL (→ Fn. 328).
[383] Vgl. die diversen Netze auf der Homepage der EEA, www.eea.europa.eu/networking.

D. Der diagonale Informationsverbund: Informationsagenturen

Die Datennetze dienen dem kontinuierlichen und möglichst umfassenden Austausch von Ergebnissen und Daten. Ein Netzwerk besteht zumeist aus einem eigenen, von der Agentur aufgebauten und administrierten EDV-Netz, welches schon bestehende Informationsquellen und mitgliedstaatliche Netze verbindet. Diese Struktur erlaubt zudem, Dritte einzubinden und damit den Informationsverbund auszuweiten, ohne zugleich die Agentur zu öffnen. Als Partner des Datennetzes kommen Stellen in Betracht, deren Einbindung in die Agentur schwierig wäre, z. B. internationale Organisationen oder private Forschungsstellen. Die Datennetze schaffen eine gewisse eigene Öffentlichkeit der Informationen, wenngleich diese Öffentlichkeit nur hochspezialisierte Personengruppen einschließt. Die zusammengeschlossenen mitgliedstaatlichen Datenbanken verlieren dadurch ihren exklusiven Charakter.

II. Informationsbeschaffung und -pflichten

Die **Verfahren der Informationsbeschaffung** durch die Agenturen sind durch Rechtsnormen zumeist nur rudimentär vorgezeichnet, also wer wie, wann und in welchem Umfang Informationen übermitteln muss. Allerdings gewinnen die vagen Aussagen regelmäßig an normativer Dichte, interpretiert man sie im Rahmen der primärrechtlichen Pflicht zur loyalen Zusammenarbeit, ehemals Art. 10 EGV, nun Art. 4 Abs. 3 EUV,[384] und mit Blick auf den Agenturzweck. Zum Teil sammeln die Agenturen selbständig. So gibt Art. 2 lit. iii) der Verordnung der Umweltagentur die „Erfassung, Zusammenstellung und Bewertung von Daten über den Zustand der Umwelt" sowie die „Erstellung von Sachverständigengutachten" auf. Die eigentlichen Quellen zur Informationsbeschaffung sind aber die Datennetze. In ihnen finden sich die Informationen, deren Aufbereitung die Agentur dann besorgt. Die Agentur greift zumeist also nur auf die bereits gesammelten Informationen zurück. Beispielsweise bestimmt Art. 2 lit. a EEA lediglich, dass die Umweltagentur „im Rahmen" des von ihr errichteten Netzes die „Sammlung, Aufbereitung und Analyse von Daten" sicherstellt. Als Quellen kommen für die Datenbeschaffung die Informationen aller denkbaren Stellen in Betracht, die Bestandteil der Netze sein können: mitgliedstaatliche Behörden, unionale Stellen, nichtamtliche Quellen auf privater Ebene im nationalen wie internationalen Rahmen; explizit benannt wird dieser Kreis nur selten.[385]

Für die rechtliche Dimension des Informationsverbunds ist der Aspekt einer darüber hinausgehenden Informationspflichtigkeit gegenüber den Informationsagenturen von Gewicht. Das Gründungs-Dokument der Umweltagentur spricht, wenn auch recht vage, von „Informationen […], die auf innerstaatlicher Ebene der Agentur […] zu übermitteln sind".[386] Zu diesem Zweck sollen die Mitgliedstaaten für das Europäische Umweltinformations- und Umweltbeobachtungsnetz EIONET eine innerstaatliche Anlaufstelle benennen, welche mit der Koordinierung und/oder der Weitergabe der Informationen beauftragt ist.[387] Daneben können die Mitgliedstaaten themenspezifische Ansprechstellen festlegen,

---

[384] Näher oben → Rn. 7 ff., 26.
[385] So in Art. 2 Nr. 1 EMCDDA; vgl. dagegen Art. 4 EU-OSHA und Art. 4 EEA (→ Fn. 328).
[386] Art. 4 Abs. 3 EEA (→ Fn. 328).
[387] Art. 4 Abs. 1 und 3 EEA (→ Fn. 328).

die mit der Umweltagentur zusammenarbeiten;[388] dieser Festlegung entspricht sodann der Verwaltungsrat der Agentur, indem er die themenspezifischen Ansprechstellen der beteiligten Mitgliedstaaten für einen bestimmten Zeitraum benennt.[389] Die Bundesrepublik Deutschland hat das Umweltbundesamt sowohl als innerstaatliche Anlaufstelle wie auch als themenspezifische Ansprechstelle festgelegt.[390] Die Gründungs-Verordnung verpflichtet die Mitgliedstaaten im Übrigen dazu, die Europäische Umweltagentur „regelmäßig über die wichtigsten Bestandteile ihrer innerstaatlichen Umweltinformationsnetze" zu unterrichten;[391] eine explizite Pflicht bestimmter Stellen zur Übermittlung der in diesem Kontext von den Mitgliedstaaten gesammelten Daten sucht man allerdings vergeblich.[392]

100   Ähnlich vage bleibt die von der Verordnung zur Errichtung der Europäischen Agentur für Sicherheit und Gesundheitsschutz am Arbeitsplatz getroffene Regelung. Gemäß Art. 4 Abs. 2 UAbs. 2 OSHA-Verordnung sorgen die „zuständigen einzelstaatlichen Behörden oder eine von ihnen benannte innerstaatliche Anlaufstelle [...] für die Koordinierung und/oder Weitergabe der auf innerstaatlicher Ebene der Agentur zu übermittelnden Informationen". Welche die zuständigen nationalen Behörden bzw. Stellen sind, bleibt also den Mitgliedstaaten überlassen. Die Bundesrepublik Deutschland benannte 1998 das Referat B III 2 des Bundesministeriums für Arbeit und Soziales aus der Abteilung für Arbeitsrecht und Arbeitsschutz. Die Benennung dieses Referats als Stelle im Sinne der Gründungs-Verordnung erfolgte durch formloses Schreiben der zuständigen Fachabteilung.

101   Für die Europäische Beobachtungsstelle für Drogen und Drogensucht besteht eine ähnliche Regelung. Nach Art. 2 lit. A Nr. 1 der EMCDDA-Verordnung sammelt, speichert und analysiert die Beobachtungsstelle Daten, die ihr von den Mitgliedstaaten übermittelt werden, sowie Daten aus gemeinschaftlichen und einzelstaatlichen nicht regierungsamtlichen Quellen sowie von zuständigen internationalen Organisationen. Diese Daten dienen dem Aufbau und Unterhalt eines europäischen Informationsnetzes für Drogen und Drogensucht REITOX durch die Beobachtungsstelle. Den Mitgliedstaaten oblag in der Aufbauphase die Aufgabe, staatliche oder nichtstaatliche „Fachzentren" anzugeben, die einen zweckdienlichen Beitrag zu den Arbeiten der Beobachtungsstelle leisten könnten.[393] In der Bundesrepublik Deutschland sind insgesamt drei Stellen benannt, die sich untereinander durch Binnenverträge rechtlich koordinieren und den nationalen Knotenpunkt bilden. Als deutscher REITOX-Knotenpunkt handeln das federführende Institut für Therapieforschung (IFT), die deutsche Hauptstelle gegen Suchtfragen (DHS) sowie die Bundeszentrale für gesundheitliche Aufklärung (BZgA). Diese drei Stellen firmieren als „Deutsche Beobachtungsstelle für Drogen und Drogensucht (DBDD)".[394] Das Bundesministerium für Gesundheit bleibt von Be-

---

[388] Art. 4 Abs. 1 und 4 EEA (→ Fn. 328).
[389] Art. 4 Abs. 5 EEA (→ Fn. 328).
[390] *Sommer*, Verwaltungskooperation (Fn. 18), S. 524. Zum Vorgehen des Verwaltungsrats näher *Siegfried Breier*, Die Organisationsgewalt der Gemeinschaft am Beispiel der Errichtung der Europäischen Umweltagentur, NuR 1995, S. 516 (516).
[391] Art. 4 Abs. 2 UAbs. 1 S. 1 EEA (→ Fn. 328).
[392] Vgl. Art. 4 Abs. 2 UAbs. 2 S. 2 EEA (→ Fn. 328).
[393] Art. 5 Abs. 2 und 3 EMCDDA (→ Fn. 328).
[394] Einzelheiten unter www.dbdd.de/content/view/85/84/.

deutung, da es durch seine Drogenbeauftragte im Verwaltungsrat der Europäischen Beobachtungsstelle mitwirkt und für eine hälftige Finanzierung der Deutschen Referenzstelle durch den Bundeshaushalt Sorge trägt.

III. Von der Information zur politischen Initiative

Die Wirkungsweise der Informationsagenturen ist bisher maßgeblich als eine indirekte beschrieben worden. Die Einbindung der mitgliedstaatlichen Bürokratien in eine kooperative Problembeschreibung und -analyse sowie die Bildung einheitlicher Wissensgrundlagen zur Formulierung politischer Programme ist der maßgebliche Steuerungsmodus der Agenturen. Demgegenüber bildet der Übergang von der Informationssammlung zur konkret daraus folgenden **gemeinsamen politischen Maßnahme** den Ausnahmefall, der sich jedoch durchaus ereignet, wie etwa das Beispiel der Risikobewertung und der Kontrolle bei neuen synthetischen Drogen zeigt: Zunächst wurde durch die Gemeinsame Maßnahme 97/396/JI des Rates[395] nur ein Informationsaustausch mit einer entsprechenden Informationsagentur (Europäische Beobachtungsstelle für Drogen und Drogensucht EBDD/European Monitoring Centre for Drugs and Drug Addiction EMCDDA) eingeführt, die dann aber durch Beschluss 2005/387/JI aufgehoben wurde, nach dem Risikobewertung und Kontrollen geboten sind.[396]

So können sich aus der gemeinsamen Analyse eines einmal erkannten Problems durch die fachlich spezialisierte Agentur und ihre nationalen und europäischen Partner im Zusammenspiel mit dem politischen System Rechtsakte ergeben. Damit kommt der Tätigkeit einer Informationsagentur eine Schlüsselrolle in einem gestuften Rechtsetzungsprozess zu, an dessen Ende strafrechtliche Normen der Mitgliedstaaten stehen.

E. Ausblick

Die Bedeutung des Informationsverbunds für die europäische Integration zeigt sich in Art. 197 Abs. 2 AEUV, der erstmals unter dem Titel „Verwaltungszusammenarbeit" der Union zur Unterstützung der Mitgliedstaaten „in ihren Bemühungen um eine Verbesserung der Fähigkeiten ihrer Verwaltung zur Durchführung des Unionsrechts" die Kompetenz verleiht, Rechtsakte zu erlassen, welche „die Erleichterung des Austauschs von Informationen […] beinhalten".[397] Diese Kompetenz sollte als Auftrag verstanden werden, **das interadministrative Informationsrecht** im europäischen Verwaltungsverbund stärker zu strukturieren. Der derzeitige fragmentierte Zustand erklärt sich daraus, dass sich das interadministrative Informationsrecht ohne Bauplan weitgehend akzes-

---

[395] Gemeinsame Maßnahme vom 16. Juni 1997 – vom Rat aufgrund von Artikel K.3 des Vertrags über die Europäische Union angenommen – betreffend den Informationsaustausch, die Risikobewertung und die Kontrolle bei neuen synthetischen Drogen (97/396/JI), ABl. EG 1997, Nr. L 167, S. 1.
[396] Beschluss 2005/387/JI des Rates vom 10. Mai 2005 betreffend den Informationsaustausch, die Risikobewertung und die Kontrolle bei neuen psychoaktiven Substanzen, ABl. EU 2005, Nr. L 127, S. 37.
[397] So bereits Art. III-285 Abs. 2 VVE.

sorisch zu den diversen Politiken entwickelt hat. Dem ist auch der stark deskriptive Zuschnitt dieses Beitrags zu verdanken; eine übergreifende dogmatische Erfassungsebene ist erst im Entstehen befindlich.[398] Dabei wäre etwa die weitere Herausbildung einer Typenlehre von Hilfe, da sich hiermit im europäischen Verwaltungsverbund im Allgemeinen und dem Informationsverbund im Besonderen erhebliche Transparenzgewinne erzielen ließen, was wiederum seiner Legitimität und Effektivität diente.

107 Für eine substanzielle Verbesserung wird dies jedoch nicht ausreichen: Vielen Problemen der Verwaltungskooperation wird man nur auf personeller Ebene begegnen können mittels besserer Schulung, regelmäßigen Begegnungen und Austausch derjenigen Beamten, welche den Informationsverbund tragen.[399] Nicht zufällig lautet Art. 197 Abs. 2 AEUV vollständig: „Dies kann insbesondere die Erleichterung des Austauschs von Informationen und von Beamten sowie die Unterstützung von Aus- und Weiterbildungsprogrammen beinhalten." So schließt dieser Beitrag zum einen mit der wenig überraschenden Aussage, dass der europäische Verwaltungsverbund nur gut funktionieren kann, wenn sich die Verwalter gut verstehen, zum anderen mit der weit erstaunlicheren Feststellung, dass ungeachtet aller Schwierigkeiten der europäische Informationsverbund nicht nur viel bedrucktes Papier, sondern gelebte Verwaltungspraxis ist. Entsprechend wichtig ist es, die parlamentarische, die justizielle und nicht zuletzt die bürgerschaftliche Dimension des europäischen Verbunds weiter zu entfalten, um so die administrative, also letztlich eben doch bürokratische und technokratische Dimension des Verbundes auszurichten und einzuhegen, denn: Wissen, worauf all' die Informationen abzielen, ist eben Macht.

Leitentscheidungen

EuGH, verb. Rs. 188/80, 189/80 und 190/80, Slg. 1982, 2545 (Auskunftsbefugnisse der Kommission).
EuGH, Rs. 96/81, Slg. 1982, 1791 (Informationspflichten aus Art. 10 EGV).
EuGH, Rs. 230/81, Slg. 1983, 255 (Kooperationspflicht aus Art. 10 EGV).
EuGH, Rs. 248/83, Slg. 1985, 1459 (Informationspflichten aus Art. 10 EGV).
EuGH, Rs. 254/83, Slg. 1984, 3395 (Konsultationspflicht bei Umsetzungsschwierigkeiten eines Mitgliedstaats).
EuGH, Rs. C-10/88; Slg. 1990, I-1229 (Informationspflichten aus Art. 10 EGV).
EuGH, Rs. C-366/88, Slg. 1990, I-3571 (Auslegungsmitteilungen).
EuGH, Rs. C-251/89, Slg. 1991, I-2797 – Athanasopoulos (Kooperationspflicht aus Art. 10 EGV).
EuGH, Rs. C-435/92, Slg. 1994, I-67 – Association pour la protection des animaux sauvages (Informationspflichten aus Art. 10 EGV).
EuGH, Rs. C-194/94, Slg. 1996, I-2201 – CIA-Security (Informationsverfahren nach der RL 98/34/EG).
EuGH, Rs. C-311/94, Slg. 1996, I-5023 – Ijssel-Vliet Combinatie (Mitteilungen mit Entscheidungscharakter).
EuGH, Rs. C-13/96, Slg. 1997, I-1753 – Bic Benelux (Private und die Notifizierungspflicht nach der RL 98/34/EG).
EuGH, Rs. 33/97, Slg. 1999, I-3175 – Colim NVV (Private und die Notifizierungspflicht nach der RL 98/34/EG).

---

[398] Eine umfassende dogmatische Analyse findet sich bei *Heußner*, Informationssysteme (Fn. 60); im Hinblick auf Informationsverfahren im Europäischen Umweltrecht, *Sommer* (Fn. 18).
[399] Näher *Sydow*, Verwaltungskooperation in der EU (Fn. 8), S. 90 ff. Zu Personal als Steuerungsfaktor vgl. a. → Bd. III *Voßkuhle* § 43.

Ausgewählte Literatur

EuGH, Rs. C-104/97, Slg. 1999, I–6983 – Atlanta AG (Pflicht der Kommission, Informationen von Privaten entgegenzunehmen).
EuGH, Rs. C-145/97, Slg. 1998, I-2643 (Notifizierungspflicht von regionalen Stellen nach der RL 98/34/EG).
EuGH, Rs. C-226/97, Slg. 1998, I-3713 – Lemmens (Private und die Notifizierungspflicht nach der RL 98/34/EG).
EuGH, Rs. C-443/98, Slg. 2000, I-7535 – Unilever Italia SpA (Private und die Notifizierungspflicht nach der RL 98/34/EG).
EuGH, Rs. C-94/00, Slg. 2002, I-9011 – Roquette Frères (Ungeschriebene Informationspflichten aus Art. 10 EGV).
EuGH, Rs. C-159/00, Slg. 2002, I-5031 – Sapod Audic (Private und die Notifizierungspflicht nach der RL 98/34/EG).
EuGH, Rs. C-257/01, Slg. 2005, I-345 (Durchführungsbefugnisse im Bereich Visapolitik).
EuGH, Rs. C-53/02 und C-217/02, Slg. 2004, I-3251 – Braine-le-Château (Notifizierungspflicht nach der RL 98/34/EG).
EuGH, Rs. C-82/03, Slg. 2004, I-6635 (Ungeschriebene Auskunftspflichten).
EuGH, Rs. C-303/04, Slg. 2005, I-7865 – Lidl Italia Srl (Private und die Notifizierungspflicht nach der RL 98/34/EG).
EuGH, Rs. C-521/04 P(R), Slg. 2005, I-3103 – Tillack (Übermittlung von Informationen durch OLAF).
EuG, Rs. T-2/93, Slg. 1994, II-323 – Air France (Mitteilungen mit Entscheidungscharakter).
EuG, Rs. T-521/93, Slg. 1996, II-1707 – Atlanta AG (Pflicht der Kommission, Informationen von Privaten entgegenzunehmen).
EuG, Rs. T-380/94, Slg. 1996, II-2169 – AIUFFASS u. a. (Mitteilungen mit Entscheidungscharakter).
EuG, Rs. T-149/95, Slg. 1997, S. II-2031 – Duros (Mitteilungen mit Entscheidungscharakter).
EuG, Rs. T-411/06, Slg. 2008, II-2771 – Sogelma (Rechtsschutz gegen Europäische Agenturen).
BVerfGE 2, 347 – Kehler Hafen.
BVerfGE 63, 343 – Rechtshilfevertrag.
BVerfGE 73, 118 – Rundfunkentscheidung.
BVerfGE 113, 273 – Europäischer Haftbefehl.

Ausgewählte Literatur

Anselmann, Norbert, Technische Vorschriften und Normen in Europa. Harmonisierung und gegenseitige Anerkennung, Bonn 1991.
Bergström, Carl F., Comitology. Delegation of Powers in the European Union and the Committee System, Oxford 2005.
von Bogdandy, Armin/Bast, Jürgen/Arndt, Felix, Handlungsformen im Unionsrecht. Empirische Analysen und dogmatische Strukturen in einem vermeintlichen Dschungel, ZaöRV, Bd. 62 (2002), S. 77–161.
von Bogdandy, Armin/von Bernstorff, Jochen, Die Europäische Agentur für Grundrechte in der europäischen Menschenrechtsarchitektur und ihre Fortentwicklung durch den Vertrag von Lissabon, EuR 2010, S. 141–164.
Cassese, Sabino, Il procedimento amministrativo europeo, Rivista trimestrale di diritto pubblico 2004, S. 31–53.
Fischer-Appelt, Dorothee, Agenturen der Europäischen Gemeinschaften, Berlin 1999.
Fronia, Joachim, Transparenz und Vermeidung von Handelshemmnissen bei Produktspezifikationen im Binnenmarkt, EuZW 1996, S. 101–108.
Grohmann, Uwe, Das Informationsmodell im Europäischen Gesellschaftsrecht, Berlin 2006.
Harings, Lothar, Grenzüberschreitende Zusammenarbeit der Polizei- und Zollverwaltungen und Rechtsschutz in Deutschland, Berlin 1998.
Heußner, Kristina, Informationssysteme im Europäischen Verwaltungsverbund, Tübingen 2007.
Kahl, Wolfgang, Der Europäische Verwaltungsverbund: Strukturen – Typen – Phänomene, Der Staat, Bd. 50 (2011) (im Erscheinen).
Majone, Giandomenico, The European Community as a Regulatory State, Collected Courses of the Academy of European Law, Bd. 5, Buch 1, Oxford 1996.
Mény, Yves/Muller, Pierre/Quermonne, Jean-Louis, (Hrsg.), Adjusting to Europe. The impact of the European Union on national institutions and policies, London 1996.

Reichelt, Daniel, To what extent does the co-operation within the European Competition Network protect the rights of undertakings?, CMLRev, Bd. 42 (2005), S. 745–782.
Schmidt-Aßmann, Eberhard, Verwaltungskooperation und Verwaltungskooperationsrecht in der Europäischen Gemeinschaft, EuR 1996, S. 270–301.
– Strukturen Europäischer Verwaltung und die Rolle des Europäischen Verwaltungsrechts, Tübingen 2004, S. 395–415.
–/*Schöndorf-Haubold, Bettina* (Hrsg.), Der Europäische Verwaltungsverbund, Tübingen 2005.
Senden, Linda, Soft Law in European Community Law, Oxford 2004.
Sommer, Julia, Verwaltungskooperation am Beispiel administrativer Informationsverfahren im Europäischen Umweltrecht, Berlin 2003.
– Informationskooperation am Beispiel des europäischen Umweltrechts, in: *Schmidt-Aßmann, Eberhard / Schöndorf-Haubold, Bettina* (Hrsg.), Der Europäische Verwaltungsverbund, Tübingen 2005, S. 57–85.
Sydow, Gernot, Verwaltungskooperation in der Europäischen Union. Zur horizontalen und vertikalen Zusammenarbeit der europäischen Verwaltungen am Beispiel des Produktzulassungsrechts, Tübingen 2004.
Weiß, Wolfgang, Der europäische Verwaltungsverbund, Berlin 2010.
Wessels, Wolfgang, Comitology: fusion in action. Politico-administrative trends in the EU system, Journal of European Public Policy, Vol. 5 (1998), S. 209–234.
– /*Maurer, Andreas/Mittag, Jürgen* (Hrsg.), Fifteen into one? The European Union and its Member States, Manchester 2003.

§ 26 Elektronische Verwaltung*

Gabriele Britz

Übersicht

	Rn.
A. Visionen und Realisierungschancen des E-Government	1
I. E-Government als Verwaltungsleitbild	2
1. Definitionen und Visionen	2
2. Das Verhältnis von E-Government zur allgemeinen Verwaltungsmodernisierung	5
II. Allgemeine Hindernisse bei der Realisierung von E-Government-Visionen	8
1. Technologie	9
2. Fehlende Erfahrung der Nutzer im Umgang mit IKT	10
3. Führungs-, Koordinations- und Organisationserfordernisse	11
4. Finanzierung	12
5. Rechtliche Rahmenbedingungen	13
6. Politische und mentale Hürden	14
B. Entwicklungsetappen des Einsatzes von IKT in der Verwaltung	15
C. Konkrete Anwendungsfelder des Einsatzes von IKT in der öffentlichen Verwaltung	20
I. Interaktion zwischen Verwaltung und Außenwelt	21
1. Information	22
2. Kommunikation	24
3. Transaktion	25
II. Verwaltungsinterne Arbeitsorganisation	26
1. IKT-gestützte Vorgangsbearbeitung	27
a) Erwartungen an eine IKT-gestützte Vorgangsbearbeitung	27
b) Die erforderlichen Software-Funktionalitäten	29
aa) Vorgangssteuerung durch Workflow-Management-Systeme	30
bb) Ermöglichung und Steuerung der Zusammenarbeit durch Groupware	31
cc) Elektronische Aktenführung	32
c) Stand der Realisierung und Realisierungsprobleme	33
2. IKT-gestützte Organisation des Verwaltungswissens	36
III. One-Stop-Government	39
1. Erwartungen an ein IKT-gestütztes One-Stop-Government	40
2. Möglichkeiten und Probleme der Realisierung	41
D. Rechtliche Grundfragen der Implementation neuer IKT	43
I. Ermöglichung und Förderung des IKT-Einsatzes in der Verwaltung durch Recht	44
1. Institutionelle Vorkehrungen für die Wahrnehmung der Koordinations- und Kooperationsaufgaben	45
2. Beseitigung rechtlicher Hindernisse	46
a) Verwaltungsverfahrensrecht	47
aa) VwVfG-Änderung	48
(1) Drittes Verwaltungsverfahrensänderungsgesetz	48
(2) Viertes Verwaltungsverfahrensänderungsgesetz	51a
(3) Vorgaben zur europäischen Verwaltungszusammenarbeit	51b
bb) Verbleibende Hindernisse	52
(1) Spezialgesetzlicher Ausschluss der elektronischen Kommunikation	53

---

* Für hilfreiche Unterstützung danke ich *Dr. Karsten Herzmann* (2. Auflage) und *Dr. Tobias Richter* (1. Auflage).

§ 26 Elektronische Verwaltung

	Rn.		Rn.
(2) Praktische Hürden durch Signaturerfordernis bei Schriftformanordnung	54	b) Rechtliche Reaktionen	71
		aa) Verantwortungstransparenz durch Dokumentationspflichten	71
b) Zuständigkeitsvorschriften	55	bb) Sicherung der materiellen Entscheidungsverantwortung	72
II. Vermeidung negativer Effekte des IKT-Einsatzes in der Verwaltung durch Recht	56	cc) Neuordnung der Verantwortungstragung?	73
1. Zugang zur Verwaltung	57	4. Verwaltungstransparenz durch Aktenführung	74
2. Rechtliche Steuerung der Verwaltung	59	a) Konkretisierung der Anforderungen an elektronische Aktenführung	75
a) Verlust der Steuerungswirkung des materiellen Rechts	59	aa) Aktenwahrheit und -vollständigkeit	76
b) Verlust der Steuerungswirkung des Verfahrensrechts	61	bb) Aktenverständlichkeit	77
c) „E-spezifische" Steuerungszusammenhänge	64	cc) Aktenbeständigkeit	78
3. Entscheidungsverantwortung	67	b) Kodifikationsbedürftigkeit	79
a) Beeinträchtigung von Verantwortungszusammenhängen durch Vernetzung und Enthierarchisierung	68	Ausgewählte Literatur	

A. Visionen und Realisierungschancen des E-Government

Weltweit entstehen seit mehreren Jahrzehnten Visionen einer modernen, durch 1
Informations- und Kommunikationstechnologie (IKT) unterstützten Verwaltung.
Diese Visionen firmieren heute regelmäßig unter der Bezeichnung **Electronic
Government**[1] (E-Government). Inhalt und Realisierungsgrad der E-Government-
Visionen variieren von Land zu Land.[2] In Deutschland haben sich unter der
Beschreibungsformel des E-Government eigenständige Leitbilder moderner Verwaltung[3] herausgebildet (I.1.). Diese stehen in einem engen Verhältnis zu allgemeinen Entwicklungen der Verwaltungsmodernisierung (I.2.). Deren Realisierung stößt allerdings auf einige grundlegende Hindernisse (II.).

I. E-Government als Verwaltungsleitbild

1. Definitionen und Visionen

Eine eher technische Beschreibungsformel des E-Government bietet die „*Spey-* 2
erer Definition von Electronic Government", die unter Electronic Government
„die Abwicklung geschäftlicher Prozesse im Zusammenhang mit Regieren und

---

[1] Zur Herkunft des Begriffs *Thomas Groß*, Die Informatisierung der Verwaltung – Eine Zwischenbilanz auf dem Weg von der Verwaltungsautomation zum E-Government, VerwArch, Bd. 95 (2004), S. 400 (410 m. w. N.).
[2] Vergleichend etwa *Helmut Drüke* (Hrsg.), Local Electronic Government – An International Comparison, 2004. Länderstudien zu Großbritannien, Finnland, Frankreich, Deutschland, Japan, Australien und USA, in: *Martin Eifert/Jan O. Püschel* (Hrsg.), National Electronic Government, 2004. S. a. *Jörn v. Lucke*, Regieren und Verwalten im Informationszeitalter, 2003, S. 125 ff. m. w. N.; *Thomas Groß*, E-Government: Influences on Procedure and Organisation of Public Administration, in: Spyridon Flogaitis/Ulrich Karpen/Alfonso Masucci (Hrsg.), E-Government and E-Democracy, 2006, S. 65 ff.
[3] Visionen zu einem E-Government reichen über die Fragen des Einflusses der IKT auf die Verwaltung im engeren Sinne hinaus: Zur Elektronischen Demokratie (E-Democracy): *Hans J. Kleinsteuber/Martin Hagen*, Was bedeutet „elektronische Demokratie"?, ZParl 1998, S. 128 ff.; *Claus Leggewie/Christoph Bieber*, Interaktive Demokratie. Politische Online-Kommunikation und digitale Politikprozesse, Aus Politik und Zeitgeschichte, B 41–42, 2001, S. 37 ff.; *Bernd Holznagel/Andreas Grünwald/Anika Hanßmann* (Hrsg.), Elektronische Demokratie. Bürgerbeteiligung per Internet zwischen Wissenschaft und Praxis, 2001; *Matthias Ruffert*, eDemocracy, in: Wolfgang Bär u. a. (Hrsg.), Rechtskonformes eGovernment – eGovernment-konformes Recht, 2005, S. 53 ff.; *Andreas Meier*, eDemocracy & eGovernment, 2009, S. 3 f., 163 ff.; zur elektronischen Petition *Annette Guckelberger*, Neue Erscheinungen des Petitionsrechts: E-Petitionen und öffentliche Petitionen, DÖV 2008, S. 85 ff. Zu verfassungsrechtlichen Problemen des Einsatzes von Wahlcomputern *BVerfGE* 123, 39 ff.
Zur Elektronisierung der Justiz (E-Justice): Die Möglichkeit einer elektronischen Übermittlung von Dokumenten an das Gericht ist in allen Verfahrensordnungen berücksichtigt (§ 130 a ZPO; § 55 a VwGO; § 52 a FGO; § 65 a SGG; § 46 c ArbGG, § 110 a OWiG; § 41 a StPO). Zum gerichtlichen elektronischen Dokument § 130 b ZPO, zur (elektronischen) Führung von Prozessakten §§ 298, 298 a ZPO; § 55 b VwGO. S. etwa *Wolfram Viefhues*, Elektronische Justiz, in: Wolfgang Bär u. a. (Hrsg.), Rechtskonformes eGovernment – eGovernment-konformes Recht, 2005, S. 131 ff.; *Christian Berger*, Elektronische Dokumente in Gerichtsverfahren, in: Wolfgang Bär u. a. (Hrsg.), Rechtskonformes eGovernment – eGovernment-konformes Recht, 2005, S. 141 ff.; *Gabriele Britz*, Von der elektronischen Verwaltung zur elektronischen Verwaltungsjustiz, DVBl 2007, S. 993 ff.; *Arne Schlatmann*, Der bundesrechtliche Rahmen für e-Government, in: Frank Bieler/Gunnar Schwarting (Hrsg.), e-Government, 2007, S. 379 ff (414 ff.); *Haya Hadidi/Robert Mödl*, Die elektronische Einreichung zu den Gerichten, NJW 2010, S. 2097 ff.

Verwalten (Government) mit Hilfe von Informations- und Kommunikationstechniken über elektronische Medien" fasst.[4] Daneben finden sich anspruchsvollere Visionen von E-Government, die über eine bloße Technologie-Applikation weit hinausgehen.[5] Im Zentrum steht eine, die Verwaltungszersplitterung überwindende, IKT-gestützte **„Integration" der Verwaltungstätigkeit.** Charakteristisch für die neue Qualität von E-Government ist danach die organisationsübergreifende Vernetzung, die das Überspringen von Organisationsgrenzen zwischen Abteilungen, Ressorts und Verwaltungsebenen bei der Erledigung von Verwaltungsaufgaben gestattet und einfordert.[6] Die integrierte Verwaltung ist ein altes Leitbild der Verwaltungsautomatisierung,[7] das nunmehr aber auch technisch machbar erscheint: „Electronic Government hebt sich in charakteristischer Weise von herkömmlichen EDV-Anwendungen dadurch ab, dass die medienbedingte ‚Neue Erreichbarkeit' von Personen, Abläufen, Daten und Objekten als den wesentlichsten Bestimmungsgrößen des Verwaltungshandelns für grenzüberschreitende Lösungen genutzt wird. Solche Grenzüberschreitungen manifestieren sich in neuen Entwürfen, die durch Raum, Zeit und Organisation als herkömmliche Determinanten für Verwaltungsstrukturen und -verfahren kaum noch behindert werden. Nie zuvor war ein Kontakt mit Personen, etwa mittels E-Mail oder Videokonferenz, unabhängig von Aufenthaltsort, Uhrzeit oder Hierarchiestufe so wirksam herzustellen. Nie zuvor ließen sich Daten irgendwo auf der Welt so effizient abrufen oder fortschreiben. Nie zuvor konnten programmierte Abläufe irgendwelcher Institutionen so lückenlos zusammengefügt werden. Und nie zuvor ließen sich mit Computerchips ausgestattete Objekte grenzüberschreitend in Netze für *Facility Management* und Anlagensteuerung einbinden."[8]

3 Die Visionen elektronisch vernetzter Verwaltung betreffen zwei verschiedene Typen von Verwaltungsbeziehungen: Zum einen kommt die IKT bei der **Interaktion zwischen Verwaltung und Außenwelt** zum Einsatz (dazu C.I.): Informationen werden auf Webseiten bereitgestellt; Kommunikation und rechtliche Transaktion erfolgen insbesondere über das Internet. Zum anderen unterstützt der Einsatz

---

[4] *Jörn v. Lucke/Heinrich Reinermann,* E-Government – Gründe und Ziele, in: Heinrich Reinermann/Jörn v. Lucke (Hrsg.), Electronic Government in Deutschland, 2002, S. 1 ff. Nachweise zu weiteren Definitionen bei *Hermann Hill,* E-Government – Mode oder Chance zur nachhaltigen Modernisierung der Verwaltung?, BayVBl. 2003, S. 737 (738 m. w. N.); *Horst Müller,* eGovernment – Begriff, Stand und Perspektiven, in: Bär u. a. (Hrsg.), eGovernment (Fn. 3), S. 9 ff.; *Jan Skrobotz,* Das elektronische Verwaltungsverfahren, 2005, S. 20 ff. m. w. N.; *Annegret Schubert,* Privatisierung des eGovernment, 2009, S. 31 ff. m. w. N.

[5] *Utz Schliesky,* Legitimation und Verantwortung im komplexen, arbeitsteiligen Staat – eine Einführung, in: Hermann Hill/Utz Schliesky (Hrsg.), Herausforderung e-Government, 2009, S. 11 (15 f.) mit Hinweis auf die Mitteilung der Kommission „Die Rolle elektronischer Behördendienste (E-Government) für die Zukunft Europas", KOM (2003) 567 endg. vom 29. 9. 2003, S. 8. Näher dazu *Sönke E. Schulz,* Der E-Government-Begriff der Europäischen Union, Verwaltung & Management 2009, S. 3 (4 ff.).

[6] Statt vieler *Heinrich Reinermann,* Vernetzte Verwaltung, DV, Bd. 28 (1995), S. 1, (11); *Werner Killian/ Martin Wind,* Vernetzte Verwaltung und zwischenbehördliche Beziehungen, VerwArch, Bd. 88 (1997), S. 499 (500); *Martin Eifert,* Electronic Government, 2006, S. 321 ff. Dazu noch näher unter C.

[7] Dazu *Hans Brinckmann/Stefan Kuhlmann,* Computerbürokratie, 1990, S. 26 f. Allgemein zum Gedanken der Einheit der Verwaltung *Brun-Otto Bryde/Görg Haverkate,* Die Einheit der Verwaltung als Rechtsproblem, VVDStRL, Bd. 46 (1988), S. 181 ff./S. 217 ff.

[8] *v. Lucke/Reinermann,* Gründe und Ziele (Fn. 4), S. 5.

der IKT eine Neuordnung der **verwaltungsinternen – sei es inner- sei es transbehördlichen – Arbeitsweise** (dazu C.II.): Herkömmliche vorgangsbearbeitende Geschäftsprozesse der Verwaltung werden verwaltungsintern und verwaltungsübergreifend elektronisch abgebildet.[9] Einen besonderen Aspekt bildet dabei die IKT-gestützte Neuordnung des Umgangs mit Information im Binnenbereich der Verwaltung: Angesichts der Steigerung des Informationsbedarfs der Verwaltung werden die spezifischen Möglichkeiten der informationstechnischen Verknüpfung verschiedener Stellen und ihrer Informationsbestände genutzt.[10]

Im E-Government-Leitbild sind eine **technische**, eine **inhaltlich-finale** und eine **organisatorische Komponente** zu unterscheiden. 4

- *Technischerseits* ist dieses Leitbild von der IKT-gestützten Ausgestaltung der mehrdimensionalen Interaktionsbeziehungen der Verwaltung geprägt. Basierend vor allem auf Internet-Technologie[11] werden die Geschäftsprozesse der Verwaltung digitalisiert.
- *Inhaltlich* erhofft man sich vom Einsatz der IKT sowohl einen Gewinn an Bürgernähe und Transparenz der Verwaltung als auch eine Stärkung der Effizienz der Verwaltung: Die Elektronisierung der Verwaltung soll einerseits die Kommunikation zwischen Bürger und Verwaltung verbessern; andererseits soll die Informationstechnik nutzbar gemacht werden, um Potentiale zur Kostensenkung, Beschleunigung und Produktivitätssteigerung ausschöpfen zu können.[12] Damit sind allerdings keineswegs völlig neue verwaltungspolitische Ziele formuliert;[13] auch unter weniger fortgeschrittenen Bedingungen der „Maschinisierung der Verwaltung" waren mit der Verwendung der Vorläufer heutiger IKT bereits ganz ähnliche Erwartungen verbunden.[14]
- *Organisatorischerseits* ist die Realisierung des Leitbilds mit Veränderungen verbunden,[15] die zwei Ursachen haben.

Einerseits führt die Umsetzung der E-Government-Strategien zu einem Organisationsumbau: In seinen anspruchsvollsten[16] Varianten wird E-Government als

---

[9] *v. Lucke/Reinermann*, Gründe und Ziele (Fn. 4), S. 4.
[10] *Eifert*, Electronic Government (Fn. 6), S. 266.
[11] Zur technischen Seite ausführlicher *v. Lucke*, Regieren und Verwalten (Fn. 2), S. 41 ff.
[12] Siehe etwa Begründung zum Entwurf des Dritten Verwaltungsverfahrensänderungsgesetzes, BTDrucks 14/2000, S. 33; Deutscher Bundestag (Hrsg.), Enquete-Kommission, Zukunft der Medien in Wirtschaft und Gesellschaft: Deutschlands Weg in die Informationsgesellschaft, 1998, S. 188; insbesondere zu den Möglichkeiten des Bürokratieabbaus *Klaus Lenk*, Abschied vom Zuständigkeitsdenken. Bürokratieabbau durch vernetzte Erstellung von Verwaltungsleistungen, Verwaltung & Management 2007, S. 235 ff. Sehr viel detailreicher die Zielbeschreibung in KGSt-Bericht 1/2000, Kommune im Internet: Strategische Überlegungen und Hilfen zur Überlegungen zur Umsetzung, 1999, S. 27 f.; skeptisch zum Kostensenkungspotential *Skrobotz*, Das elektronische Verwaltungsverfahren (Fn. 4), S. 93 ff.
[13] Treffend beobachtet von *Eifert*, Electronic Government (Fn. 6), S. 21 f.
[14] Eine Zusammenfassung früherer qualitativer Erwartungen an die Maschinisierung der Verwaltung findet sich bei *Klaus Grimmer*, Auswirkungen der Verwaltungsautomation auf Verwaltungsleistungen, in: Hansjürgen Garstka/Jochen Schneider/Karl-Heinz Weigand (Hrsg.), Verwaltungsinformatik, 1980, S. 335 (336).
[15] Dazu näher unter II.3.
[16] *Groß*, Die Informatisierung der Verwaltung (Fn. 1), S. 413 ff. grenzt idealtypisch von diesem anspruchsvollen „Gesamtkonzept für Organisation und Arbeitsweise der Verwaltung" einerseits E-Government-Konzepte ab, die auf Teillösungen für IT-Dienstleistungen beschränkt sind, und unterscheidet andererseits Konzepte, die selbständige, aber bloß technikorientierte Reformstrategien darstellen.

umfassendes Verwaltungskonzept begriffen: Es sei nicht bloß als Abwicklung geschäftlicher Prozesse im Zusammenhang von Regieren und Verwalten mit Hilfe von Informations- und Kommunikationstechniken über elektronische Medien zu verstehen;[17] nicht bloß „die gelungene Hardware- und Software-Ausstattung und entsprechende Schulungen".[18] Es geht mit anderen Worten um mehr als den bloß technischen Medienwechsel vom Papier zum Internet. Es „betrifft das Ganze der Verwaltung: die Organisation, die Arbeitsweise, die Schnittstellen zwischen den Geschäftsprozessen, das Verhältnis von innen und außen".[19] E-Government umfasst also einen gewissen Umbau der Verwaltung.

Andererseits ist ein gewisser Umbau erforderlich, um E-Government in der Verwaltungspraxis überhaupt auf den Weg bringen zu können. Die (Teil-)Realisierung von E-Government ist eine Aufgabe strategischer Steuerung. Schon im Vorfeld der eigentlichen Umsetzung von E-Government-Elementen bedarf es darum einer internen Neuausrichtung der Verwaltungsorganisation, die die effektive Wahrnehmung dieser verwaltungsweiten Steuerungsaufgabe dauerhaft[20] ermöglicht.[21]

2. Das Verhältnis von E-Government zur allgemeinen Verwaltungsmodernisierung

5   Das E-Government-Leitbild steht damit in engem Zusammenhang[22] mit den in den 1990er Jahren[23] verstärkt aufgekommenen Konzepten zur allgemeinen Verwaltungsreform;[24] bisweilen wird E-Government gar als Oberbegriff für Verwaltungsmodernisierung gebraucht.[25] **Verwandt sind zum einen die Ziele von E-Government und allgemeiner Verwaltungsmodernisierung.** So hat E-Government auf der Zielebene etwa mit dem Neuen Steuerungsmodell[26] die Effizienzorientierung ebenso gemein, wie es mit anderen Reformmodellen das Streben

---

[17] So die Tendenz bei *v. Lucke/Reinermann*, Gründe und Ziele (Fn. 4), S. 1 f.
[18] M. w. N. *Helmut Drüke*, E-Government in Deutschland – Profile des virtuellen Rathauses, 2003, S. 13.
[19] *Drüke*, E-Government in Deutschland (Fn. 18), S. 13.
[20] Zum Nachhaltigkeitsaspekt des Organisationserfordernisses *Herbert Kubicek/Martin Wind*, Integriertes E-Government auch im föderalen Staat? Herausforderungen auf dem Weg zu effizienten Verwaltungsverfahren, DfK 2004, S. 48 (61); *Ildiko Knaack*, Handbuch IT-gestützte Vorgangsbearbeitung in der öffentlichen Verwaltung, 2003, S. 82 f.
[21] *Willy Landsberg*, Electronic Government aus Sicht der Verwaltung – Gründe, Ziele und Rahmenbedingungen, in: Reinermann/v. Lucke (Hrsg.), Electronic Government (Fn. 4), S. 20 (33 f.); s. a. *Brinckmann/Kuhlmann*, Computerbürokratie (Fn. 7), S. 47 ff.; *Eifert*, Electronic Government (Fn. 6), S. 312. Früh bereits grundlegend *Carl-Eugen Eberle*, Organisation der automatisierten Datenverarbeitung in der öffentlichen Verwaltung, 1976, S. 62 ff.
[22] Zu den Zusammenhängen ausführlicher *Groß*, Die Informatisierung der Verwaltung (Fn. 1), S. 400 (412 ff. m. w. N.); *Eifert*, Electronic Government (Fn. 6), S. 23 ff. m. w. N.; *Hermann Hill*, Transformation der Verwaltung durch E-Government, DfK 2004, S. 17 (20 ff.); *Busso Grabow*, Kommunales E-Government, DfK 2004, S. 5 (10 ff.).
[23] Selbstverständlich war allgemeine Verwaltungsmodernisierung auch früher ein Thema, deren Entwicklung durch den Einsatz von IKT durchaus analysiert wurde; s. die historische Betrachtung bei *Brinckmann/Kuhlmann*, Computerbürokratie (Fn. 7), S. 24 f.
[24] Einen Überblick zu den übergreifenden politischen Reformansätzen gibt etwa → Bd. I *Voßkuhle* § 1 Rn. 49 ff.
[25] *Eifert*, Electronic Government (Fn. 6), S. 23 (bei Fn. 22).
[26] Dazu statt vieler *Jens-Peter Schneider*, Das neue Steuerungsmodell als Innovationsimpuls für Verwaltungsorganisation und Verwaltungsrecht, in: Schmidt-Aßmann/Hoffmann-Riem (Hrsg.), Verwaltungsorganisationsrecht, S. 103 ff.

nach Bürgernähe und Transparenz teilt.²⁷ Zum anderen sind die *Realisierung* von **E-Government und Verwaltungsmodernisierung eng miteinander verknüpft.** Auf der Realisierungsebene bestehen vielfältige Wechselwirkungen. In der Praxis findet sich zwar noch keine durchgehend systematische Verknüpfung zwischen den beiden Entwicklungen.²⁸ Auf eine Formel gebracht, ist konzeptionell jedoch weder E-Government ohne allgemeine Modernisierung der Verwaltung noch allgemeine Verwaltungsmodernisierung ohne stärkeren Einsatz von IKT denkbar. Richtigerweise wird man daher Elemente des E-Government und der allgemeinen Verwaltungsreform als „ineinandergreifende Bausteine" verstehen müssen:

Einerseits sind Schritte der **Verwaltungsmodernisierung Grundlage für eine Realisierung des E-Government,** weil sich das anspruchsvolle E-Government-Leitbild nicht ohne weiteres im Rahmen bestehender Organisationsstrukturen realisieren lässt. Gewisse – wenn auch nicht immer grundlegende – Veränderungen von Organisation und Arbeitsabläufen sind erforderlich, wenn eine traditionelle Verwaltung zu einem E-Government umgestaltet werden soll. Die allgemeine Verwaltungsmodernisierung gilt hierfür als Wegbereiter: „Mit der Modernisierungswelle der 90er Jahre hielt eine Verwaltungskultur Einzug, in der Projektmanagement und Umorganisation zunehmend eine alltägliche Erfahrung wurden. Dieser Flexibilitätsgewinn gegenüber den eigenen Strukturen erlaubte es, Technikkonzepte mit Reformthemen zu verbinden, so dass [...] organisatorische Veränderungen und der Einsatz der Informationstechnologie jetzt zumindest ansatzweise in produktive Wechselwirkungen treten können."²⁹ Die allgemeine Verwaltungsmodernisierung ist insofern Voraussetzung und Instrument der Realisierung von E-Government. **6**

Andererseits wird zu Recht die **Unverzichtbarkeit des Einsatzes der IKT für die Verwaltungsmodernisierung,** insbesondere für die Umsetzung des Neuen Steuerungsmodells, hervorgehoben, weil nur mit ihrer Hilfe insbesondere die Anforderungen der Kosten- und Leistungsrechnung und eines *Controlling* erfüllt werden können.³⁰ E-Government ist damit auch Element und Instrument der allgemeinen Verwaltungsmodernisierung. Darüber hinaus entfaltet der Einsatz der IKT auch dort, wo diese nicht unmittelbar in den Dienst einer spezifischen Modernisierungsstrategie gestellt ist, eigene reformatorische Wirkungen und fungiert damit als Katalysator von Verwaltungsveränderungen. Beispielhaft seien Veränderungen von Kommunikationswegen und Kommunikationsstil innerhalb der Verwaltung wie auch zwischen Verwaltung und Außenwelt genannt. Elektronische Kommunikation verliert gegenüber der traditionellen schriftlichen Kommunikation an Förmlichkeit. Hierarchien werden unter den Bedingungen elektronisch vernetzter Verwaltung für durchlässiger gehalten.³¹ Dies darf jedoch nicht **7**

---

[27] Vgl. *Eifert*, Electronic Government (Fn. 6), S. 25.
[28] Empirische Ergebnisse zur Verknüpfung von E-Government-Strategien und allgemeiner Verwaltungsreform finden sich bei *Drüke*, E-Government in Deutschland (Fn. 18), S. 46 ff.
[29] *Eifert*, Electronic Government (Fn. 6), S. 24.
[30] *Eifert*, Electronic Government (Fn. 6), S. 24. Zum Neuen Steuerungsmodell → Bd. I *Voßkuhle* § 1 Rn. 53 ff., *Schuppert* § 16 Rn. 117 ff.
[31] Dazu ausführlicher und eher skeptisch *Gabriele Britz*, Reaktionen des Verwaltungsverfahrensrechts auf die informationstechnischen Vernetzungen der Verwaltung, in: Hoffmann-Riem/Schmidt-Aßmann (Hrsg.), Verwaltungsverfahren, S. 213 (254 ff.).

im Sinne eines einfachen Kausalzusammenhangs interpretiert werden, demzufolge sich mit dem Einsatz von IKT in der Verwaltung automatisch ein Modernisierungsschub einstelle.[32] Die Veränderung von Kommunikationsstilen wird durch den IKT-Einsatz nicht automatisch erzwungen,[33] sondern setzt den Willen der Beteiligten zu einer solchen Veränderung voraus. Wenn mit dem E-Government-Leitbild die Öffnung des internen Verwaltungsprozesses hin zur aktiven Beteiligung von Bürgern verbunden ist, so ist dies nichts, was allein mithilfe ingenieurmäßiger Präzision von IT-Spezialisten erreicht werden kann. Vielmehr muss die Rolle des Bürgers geklärt und gegebenenfalls neu definiert werden.[34] Informationstechnische Vernetzung führt auch keineswegs automatisch zum Abbau von Hierarchie: „Computertechnik [kann] zentralisierte wie dezentralisierte Strukturen unterstützen. […] Technik per se neigt weder zu einer Machterhöhung noch zu einer Machtumverteilung."[35] Zur Enthierarchisierung kommt es vielmehr nur dort, wo sie planvoll herbeigeführt wird.[36] Sie bleibt damit Folge eines nicht allein durch den Technikeinsatz erzwingbaren „Kulturwandels".[37]

II. Allgemeine Hindernisse bei der Realisierung von E-Government-Visionen

8 In der Verwaltungswirklichkeit ist die Nutzung der Netzinfrastruktur durch die Verwaltung, gemessen an den weit reichenden theoretischen Konzepten von elektronischer Verwaltung und E-Government, nur unvollständig ausgebildet. Manches wird für immer Vision bleiben. Dass Vision und Realität auseinanderfallen, hat unterschiedliche Ursachen:[38]

1. Technologie

9 Zum Teil sind die technischen Voraussetzungen für die Realisierung der E-Government-Vision nicht gegeben bzw. nur unter hohem Kostenaufwand rea-

---

[32] Inwiefern IKT Katalysator einer (auch organisatorischen) Verwaltungsreform sein kann, war in Verwaltungswissenschaft und Verwaltungsinformatik streitig; dazu *Dirk Heckmann*, E-Government im Verwaltungsalltag, K&R 2003, S. 425, 426 f. m. w. N.; *Eifert*, Electronic Government (Fn. 6), S. 23, Fn. 25; *Frank Nolte*, E-Government in der Verwaltungsreform: Der große Sprung nach vorn?, DÖV 2007, S. 941 ff.; früher bereits *Brinckmann/Kuhlmann*, Computerbürokratie (Fn. 7), S. 25, 141 ff. m. w. N.

[33] *Landsberg*, Electronic Government aus Sicht der Verwaltung (Fn. 21), S. 23.

[34] Treffend *Landsberg*, Electronic Government aus Sicht der Verwaltung (Fn. 21), S. 26.

[35] *Kenneth L. Kraemer*, Verwaltungsreform und Informationstechnologie: Von neuem betrachtet, in: Heinrich Reinermann (Hrsg.), Neubau der Verwaltung, 1995, S. 181 (193).

[36] Ein Beispiel ist § 13 Abs. 2 GGO vom 26. Juli 2000, GMBl 2000, S. 525 ff., der bestimmt, dass Eingänge unmittelbar der Referatsleitung zuzuleiten sind. Zuvor war in der Praxis zumeist der Abteilungsleiter oder der Unterabteilungsleiter Eingangsempfänger.

[37] Bezeichnenderweise hatte man bereits bei der Einführung des Telefons ähnliche enthierarchisierende Effekte erwartet und das Telefon „zum furchtbarsten Gegner […] des hierarchischen Prinzips überhaupt" erklärt, *Hans P. Bahrdt*, Industriebürokratie, 1958, S. 47.

[38] Ausführlich *v. Lucke*, Regieren und Verwalten (Fn. 2), S. 173 ff.; S. auch *Wolfgang Naujokat/Bernd Eufinger*, Barrieren und Hindernisse des E-Government aus Sicht der Wirtschaft, in: Reinermann/v. Lucke (Hrsg.), Electronic Government (Fn. 4), S. 94 ff.; *Knaack*, Handbuch IT-gestützte Vorgangsbearbeitung (Fn. 20), S. 119 ff.; als „Geschichte enttäuschter Erwartungen" bei *Martin Wind*, IT in der Verwaltung – lange Historie, neue Perspektiven, in: ders./Detlef Kröger (Hrsg.), Handbuch IT in der Verwaltung, 2006, S. 3 (4).

lisierbar. So verfügen etwa zu wenige Bürger über die zur Verwendung elektronischer Signaturen erforderliche *Public-Key*-**Infrastruktur,** als dass der Verwaltungsrechtsverkehr zwischen Verwaltung und Bürgern vollständig elektronisch abgewickelt werden könnte.[39] Als zentrales Problem vorhandener Anwendungssysteme im öffentlichen Sektor gelten die **Inkompatibilitäten** bereits eingesetzter IT-Systeme und die fehlenden Schnittstellen zum Datenaustausch zwischen Prozessen und Behörden.[40] Es fehlt an einer einheitlichen **Standardtechnologie.** Oftmals sind Hardware, Betriebssysteme und Anwendungssoftware verschiedener Hersteller im Einsatz.[41]

Daneben stellt die technische **Gewährleistung von IT-Sicherheit** die Verwaltung vor Herausforderungen.[42] Der Definition des § 2 Abs. 2 BSIG folgend kann diese als „die Einhaltung bestimmter Sicherheitsstandards, die die Verfügbarkeit, Unversehrtheit oder Vertraulichkeit von Informationen betreffen" definiert werden. Die Gefährdung durch Dritte nimmt dabei tendenziell zu, je mehr es zu der angestrebten Standardisierung und Vernetzung staatlicher IKT-Technik kommt.[43] Mit dem Bundesamt für Sicherheit in der Informationstechnik besteht eine zentrale Einrichtung zur Gewährleistung von IT-Sicherheit. Darüber hinaus erscheint aber eine Zusammenarbeit mit privatwirtschaftlichen Unternehmen unumgänglich.[44]

Sehr hohe Anforderungen stellt auch die technische Umsetzung des Ziels einer IKT-gestützten Neuordnung der verwaltungsinternen Arbeitsweise. Dies setzt nicht nur eine systematische Analyse bestehender Verwaltungsabläufe voraus, sondern verlangt, die Abläufe durch entsprechende **Software** abzubilden und zu unterstützen. Diese Software muss zunächst entwickelt werden.[45] Auch hierbei ist die Verwaltung in erheblichem Maße auf die Unterstützung durch Dritte angewiesen und von deren Vorgaben abhängig.

2. Fehlende Erfahrung der Nutzer im Umgang mit IKT

Es verfügen bei weitem nicht alle **Bürger** über das erforderliche technische *Know-how* zur elektronischen Kommunikation.[46] Das Problem der Technikbeherr-

---

[39] Siehe u. → Rn. 54.
[40] Siehe aber nunmehr u. → Rn. 45 f.
[41] *Jörn v. Lucke*, Barrieren des Electronic Government in Deutschland – Ursachen und Ansätze zur Überwindung aus Sicht der Wissenschaft, in: Reinermann/v. Lucke (Hrsg.), Electronic Government (Fn. 4), S. 72 f.
[42] Dazu *Angelika Lukat*, IT-Sicherheitsmanagement für E-Government, in: Wind/Kröger (Hrsg.), Handbuch IT (Fn. 38), S. 293 ff.
[43] *Ivo Appel*, Technische Standards und Software: Ermöglichung oder Präjudizierung von Entscheidung und Zusammenarbeit, in: Hill/Schliesky (Hrsg.), e-Government (Fn. 5), S. 113 (128 f.); *Dirk Heckmann*, Die elektronische Verwaltung zwischen IT-Sicherheit und Rechtssicherheit, in: Hill/Schliesky (Hrsg.), ebd., S. 137 f.
[44] Allgemein zur Beteiligung Privater beim E-Government *Schubert*, Privatisierung des eGovernment, (Fn. 4) S. 201 ff.; speziell zum cloud computing *Sönke E. Schulz*, Cloud Computing in der öffentlichen Verwaltung. Chancen, Risiken, Modelle, MMR 2010, S. 75 ff.; *Dirk Heckmann*, Cloud Computing in der öffentlichen Verwaltung? Rechtliche Grenzen für eine Lockerung staatlicher Datenherrschaft, in: Hermann Hill/Utz Schliesky (Hrsg.), Innovationen im und durch Recht. E-Volution des Rechts- und Verwaltungssystems II, 2010, S. 97 ff.
[45] Vgl. *v. Lucke*, Barrieren des Electronic Government (Fn. 41), S. 86 f.
[46] Zur Verwendung elektronischer Signaturen *Lutz Schreiber*, Elektronisches Verwalten, 2003, S. 35 ff.; allgemeiner zum „digitalen Phasenverzug" im Verhältnis von Verwaltung und Bürger *Jens Kersten,*

schung stellt sich ähnlich in **(kleineren) Unternehmen**. Auch hinsichtlich der IT-Sicherheit genügt es nicht, innerhalb der Verwaltung entsprechende Vorkehrungen zu schaffen, vielmehr muss der Bürger als Kommunikationspartner über die technischen Voraussetzungen und anwendungsbezogenen Kenntnisse verfügen. Trotz entsprechender staatlicher Aufklärung kann jedenfalls vom Normaluser nicht ohne weiteres gesetzlich verlangt werden, selbst zu gewährleisten, dass das von ihm verwendete System nach dem Stand der Technik als sicher anzusehen ist[47] (s. aber § 27 Abs. 3 PAuswG).

Auch innerhalb der **Verwaltung** ist die Aneignung des erforderlichen technischen Sachverstands ein langsamer Lernprozess; die Personalentwicklung gilt dabei als wichtigster Schlüsselfaktor für die erfolgreiche Umsetzung von E-Government.[48] Neben den technischen Fähigkeiten fehlt es u. U. an der Aufgeschlossenheit der Verwaltungsmitarbeiter gegenüber dem Einsatz von IKT, der organisatorischen Veränderungsbereitschaft sowie der Fehlertoleranz und Akzeptanz gegenüber einem noch nicht „perfekten" System in der Einführungs- und ersten Nutzungsphase.[49] Zu den technischen Schwierigkeiten tritt zudem das Problem der Bewältigung der Informationsflut hinzu.[50] Verwaltung und Bürger müssen aus der großen über das Internet verfügbaren Informationsmenge die relevanten Informationen herausfiltern.

3. Führungs-, Koordinations- und Organisationserfordernisse

11   Die Etablierung von E-Government ist eine anspruchsvolle Steuerungsaufgabe. Die Visionäre des E-Government betrachten dessen (Teil-)Realisierung zu Recht nicht als „Selbstläufer". Insbesondere dürfte heute im Wesentlichen die Hoffnung, Erwartung oder Verheißung überwunden sein, die Realisierung der mit dem IKT-Einsatz verbundenen Möglichkeiten einer Verwaltungsumgestaltung sei allein eine Frage der Einführung der erforderlichen Technik.[51]

Vielmehr müssen auf einer „Makroebene" zunächst jene Verwaltungsaufgaben ermittelt werden, bei denen der IKT-Einsatz angesichts des damit verbundenen Aufwands hinreichenden Nutzen verspricht. Erst dann kann auf einer „Mikroebene" die Aufgabe der konkreten Dienstleistungsproduktion angegangen werden. Diese setzt ein ausgeprägtes **Verständnis der generellen Prozess-**

Organisation und Personal – Herausforderungen durch e-Government, in: Bieler/Schwarting (Hrsg.), e-Government (Fn. 3), S. 460; zur „Plug and Play"-Erwartung der Bürger *Heckmann*, Verwaltung zwischen IT-Sicherheit und Rechtssicherheit (Fn. 43), S. 140 f.

[47] *Dirk Heckmann*, Authentifizierung zwischen Datenschutz und Technikmisstrauen, DuD 2009, S. 656 (659).

[48] *Naujokat/Eufinger*, Barrieren und Hindernisse aus Sicht der Wirtschaft (Fn. 38), S. 97.

[49] *Knaack*, Handbuch IT-gestützte Vorgangsbearbeitung (Fn. 20), S. 119; zu den erforderlichen fachlichen, methodischen und sozialen Kompetenzen *Tino Schuppan*, Neue Kompetenz-Anforderungen für (vernetztes) E-Government, Verwaltung & Management 2009, S. 126 ff.; insbesondere zur Rolle von Personalvertretungen *Kersten*, Herausforderungen durch e-Government (Fn. 46), S. 493 ff.; zu rechtlichen Möglichkeiten von Verwaltungsbediensteten, ihnen „aufgedrängtes E-Government" zu verweigern *Dirk Heckmann*, Grundrecht auf IT-Abwehr? Freiheitsrechte als Abwehrrechte gegen aufgedrängtes E-Government, MMR 2006, S. 3 ff.

[50] Dazu *v. Lucke*, Barrieren des Electronic Government (Fn. 41), S. 75 f. m. w. N.

[51] Pointiert gegen solche Vorstellungen am Beispiel der sog. Expertensysteme bereits *Wolfgang Coy*, Entwicklung der Expertensystemtechnik, in: Hinrich Bonin (Hrsg.), Entmythologisierung von Expertensystemen, 1990, S. 29 (30).

haftigkeit⁵² des Verwaltungsgeschehens und Detailkenntnis der konkreten Verwaltungsabläufe und ihrer Strukturiertheit⁵³ voraus. Sie erfordert zunächst einen Prozess der „Bewusstmachung" der rechtlichen und tatsächlichen Merkmale eines jeden Verwaltungsvorgangs. Konkrete Verwaltungsabläufe, die sich im Verwaltungsalltag seit Jahrzehnten wie selbstverständlich mehr oder weniger effizient vollziehen, müssen beschrieben werden. Dies gilt sowohl für Geschäftsvorfälle, die aufgrund externer Eingänge bearbeitet werden (Eingänge durch Bürger, Institutionen, „fremde" Behörden), als auch für Vorgänge, die sich aufgrund interner Eingaben vollziehen (Eingänge, die innerhalb einer Behörde oder durch eine andere Behörde im Rahmen der Beteiligung oder Kenntnisnahme veranlasst werden). So müssen etwa die an der Vorgangsbearbeitung beteiligten Akteure, die Reihenfolge ihrer Mitwirkung und die von ihnen benötigten Informationen benannt werden. Wiederholungen, Überschneidungen und Parallelen bei der Bearbeitung von Vorgängen und der Verarbeitung von Informationen müssen erkannt werden. Der **Ist-Zustand muss einer Bewertung unterzogen und das Effektuierungspotential ermittelt werden,** um dann Strategien für eine effektivere Gestaltung der erforderlichen Prozesse zu entwickeln. Dabei gilt es, das spezifische Effektuierungspotential des Einsatzes von IKT zu erforschen und anhand einer Kosten-Nutzen-Analyse zu entscheiden, wo dessen Realisierung lohnt. Schließlich ist das IKT-Potential in enger Zusammenarbeit zwischen Verwaltungs- und Technikseite zu realisieren und das Personal entsprechend für den Umgang mit den neuen Technologien zu qualifizieren.

Die Bewältigung dieser Anforderungen setzt einerseits voraus, dass sich die **Führungsebenen** der Verwaltungen ihrer annehmen und die Realisierung nicht technischen Unterabteilungen überlassen.⁵⁴ Anderseits ist ein hoher **Koordinationsaufwand** notwendig, um die erforderliche Standardisierung der technischen Systeme oder wenigstens deren Kompatibilität zu erzielen, ohne die die Realisierung einer umfassenden E-Government-Strategie nicht möglich ist.⁵⁵ Eine „Nationale E-Government Strategie" hat der IT-Planungsrat vorgelegt,⁵⁶ eine seit 2010 zentrale Steuerungseinrichtung, die den zur Realisierung von E-Government erforderlichen Koordinationsaufwand, vor allem die besonderen Herausforderungen der föderalen und dezentralen Verwaltungsorganisation,⁵⁷ bewältigen soll.⁵⁸

---

⁵² *Knaack*, Handbuch IT-gestützte Vorgangsbearbeitung (Fn. 20), S. 25 ff. S. auch *Wolfgang Naujokat/ Bernd Eufinger*, Electronic Government aus Sicht der Wirtschaft – Ein Erfahrungsbericht, in: Reinermann/v. Lucke (Hrsg.), Electronic Government (Fn. 4), S. 46 (48); *Landsberg*, Electronic Government aus Sicht der Verwaltung (Fn. 21), S. 28; KGSt-Bericht 1/2000 (Fn. 12), S. 41 ff.
⁵³ Zur Bedeutung des Strukturierungsgrads eines Verwaltungsvorgangs für das IKT-Unterstützungspotential *Knaack*, Handbuch IT-gestützte Vorgangsbearbeitung (Fn. 20), S. 29 ff.
⁵⁴ *v. Lucke*, Barrieren des Electronic Government (Fn. 41), S. 76 f.
⁵⁵ *v. Lucke*, Barrieren des Electronic Government (Fn. 41), S. 84 ff.; rechtsvergleichend Martin *Eifert/ Jan O. Püschel*, Electronic government as a challenge for cooperation between different levels of public administration, in: *Eifert/Püschel* (Hrsg.), National Electronic Government (Fn. 2), S. 243 ff.; zu Standards *Appel*, Technische Standards und Software (Fn. 43), S. 113 ff.
⁵⁶ Beschluss des IT-Planungsrates vom 23. 9. 2010, Nationale E-Government-Strategie, abrufbar unter: www.it-planungsrat.de/SharedDocs/Downloads/DE/Pressemitteilung/NEGS.pdf?_blob =publicationFile; hierzu *Joachim Wentzel*, Die Nationale E-Government-Strategie, Verwaltung & Management 2010, S. 283 ff.
⁵⁷ Zu diesen *Naujokat/Eufinger*, Electronic Government aus Sicht der Wirtschaft (Fn. 52), S. 66; *Heinrich Reinermann*, Transformation zu Electronic Government, in: Reinermann/v. Lucke (Hrsg.), Electronic Government (Fn. 4), S. 110; *Brinckmann/Kuhlmann*, Computerbürokratie (Fn. 7), S. 155; *Heck-*

4. Finanzierung

12 Die Finanzierung von E-Government-Vorhaben stellt die Verwaltung vor Schwierigkeiten.[59] Kurzfristig sind hier kostenintensive Investitionen erforderlich, aus denen erst auf längere Sicht Rationalisierungsgewinne resultieren. Auch für die Bürger kann die finanzielle Seite des E-Government problematisch sein, wenn etwa die Anschaffung eines modernen Rechners aus Geldmangel nicht möglich ist.[60]

5. Rechtliche Rahmenbedingungen

13 Zudem stehen mancher Ausprägung des E-Government Rechtsvorschriften entgegen. So setzt etwa das Datenschutzrecht Vorstellungen IKT-gestützter Informationsverbünde Grenzen. Das Verwaltungsverfahrens- und das Verwaltungsorganisationsrecht begrenzen die Möglichkeiten der IKT-gestützten Abwicklung rechtlicher Interaktionsbeziehungen zwischen Verwaltung und Bürgern.[61]

6. Politische und mentale Hürden

14 Bisweilen erweisen sich Aspekte der E-Government-Vision auch schlicht als politisch nicht durchsetzbar. In Frage gestellt wird etwa, ob die im E-Government-Leitbild angelegte „nahtlose Verwaltung" überhaupt wünschenswert ist oder ob der Grundsatz der Gewaltenteilung oder das Grundrecht auf informationelle Selbstbestimmung nicht Beispiele für Brüche und Risse innerhalb des öffentlichen Sektors bilden, die bewusst angelegt sind.[62] Daneben stößt die Verdrängung von Menschen durch Technik auf beiden Seiten der elektronischen Verwaltung auf „mentale" Vorbehalte. Sowohl bei den Verwaltungsmitarbeitern als auch bei den Bürgern dürfte die Vorstellung einer weitestgehenden Zurückdrängung des menschlichen Kontakts zwischen Bürger und Verwaltung erhebliche Skepsis hervorrufen.[63] Daneben misstrauen die Bürger der Sicherheit des Datenverkehrs und der Datenspeicher. Dies gilt sowohl in Bezug auf die Reichweite der Nutzung durch den Staat und als auch auf einen missbräuchlichen Zugriff durch Dritte.[64]

---

mann, E-Government im Verwaltungsalltag (Fn. 32), S. 430 f.; *Martin Eifert*, Electronic government in Germany, in: ders./Püschel (Hrsg.), National Electronic Government (Fn. 2), S. 116 ff.; *Kubicek/Wind*, Integriertes E-Government auch im föderalen Staat? (Fn. 20), S. 48 ff. Zur Verwaltungsorganisation → Bd. I *Jestaedt* § 14, *Wißmann* § 15, *Schuppert* § 16.

[58] Siehe u. → Rn. 45 a.

[59] Dazu näher *v. Lucke*, Barrieren des Electronic Government (Fn. 41), S. 77 ff. m.w.N.; *Naujokat/Eufinger*, Barrieren und Hindernisse aus Sicht der Wirtschaft (Fn. 38), S. 96; *Reinermann*, Transformation zu Electronic Government (Fn. 57), S. 111; *Heckmann*, E-Government im Verwaltungsalltag (Fn. 32), S. 429 f.

[60] *v. Lucke*, Barrieren des Electronic Government (Fn. 41), S. 83.

[61] Siehe u. → Rn. 46 ff.

[62] *Reinermann*, Transformation zu Electronic Government (Fn. 57), S. 113.

[63] Zu „mentalen" und „kulturellen" Bedenken und Faktoren näher *v. Lucke*, Barrieren des Electronic Government (Fn. 41), S. 81 ff.; s. auch *Heckmann*, E-Government im Verwaltungsalltag (Fn. 32), S. 431 f.

[64] Nach der Studie eGovernment Monitor 2011, die durch die Initiative D21 und ipima durchgeführt wurde, stuften 87% der Befragten in Deutschland Sicherheit und Datenschutz als sehr wichtig

B. Entwicklungsetappen des Einsatzes von IKT in der Verwaltung

Der IKT-Einsatz in der Verwaltung begann bereits in den 50er Jahren des 20. Jahrhunderts. Seitdem hat er verschiedene Etappen genommen,[65] bei denen selten eine Entwicklung die vorangehende abgelöst hat, sondern in der Regel ergänzend hinzugetreten ist. Der Verwaltungseinsatz von IKT hat im Laufe der Jahrzehnte **verschiedene Namen** erhalten. Gesprochen wird von Automatisierung bzw. Automation,[66] Maschinisierung,[67] Informatisierung,[68] Vernetzung,[69] Digitalisierung,[70] Virtualisierung[71] oder Elektronisierung[72] der Verwaltung.

Die **1950er Jahre** gelten als Pionierzeit des IKT-Einsatzes in der Verwaltung. Gegenstand der Automatisierung war insbesondere die **Durchführung von Rechenaufgaben;** charakteristisch war zudem, dass die entwickelten Datenverarbeitungsverfahren untereinander unverbunden blieben.[73] Mitte der 1950er Jahre begann in Deutschland allerdings auch schon die Phase der Verbreitung von Datenverarbeitungsanwendungen in Massenverfahren der Verwaltung,[74] die in den 1960er und 1970er Jahren zur vollen Blüte gelangte.[75] Während anfangs noch Lochkartenanlagen zum Einsatz kamen, wurden – zur Bearbeitung des Lohnsteuerjahresausgleichs – in Deutschland erstmals 1957 auch elektronische Rechen-

---

für ihre elektronischen Behördengänge ein. 52% sahen die Defizite in diesen Bereichen als eine Barriere für eine (intensive) Nutzung an (S. 16 ff.).

[65] Die Etappen lassen sich unterschiedlich einteilen und bezeichnen, je nachdem, welches Entwicklungskriterium als maßgebliches herangezogen wird. *Brinckmann/Kuhlmann,* Computerbürokratie (Fn. 7), haben etwa Unterscheidungen nach den Kriterien Technikgeneration (S. 15), Verfahrenstypen (S. 15 f.), Bürofunktionen (S. 16 ff.) und Informatisierungsphasen (S. 18 ff.) vorgeführt. Die vier Informatisierungsphasen („Pionierzeit", 1950–1970; „Gründerzeit", 1965–1975; „Konsolidierungszeit", 1975–1985; „Zeit der Neuorientierung", seit 1982) sind in der Literatur aufgegriffen und um eine fünfte Phase („Zeit der beginnenden Virtualität", seit Mitte der 1990er Jahre) ergänzt worden, *Martin Wind,* Technik für das Volk!, in: Werner Killian/Thomas Kneissler (Hrsg.), Demokratische und partizipative Verwaltung 1999, S. 79 (80); dem folgend auch *Andreas Voßkuhle,* Die Verwaltung in der Informationsgesellschaft – Informationelles Verwaltungsorganisationsrecht, in: Dieter Leipold (Hrsg.), Rechtsfragen des Internet und der Informationsgesellschaft, 2002, S. 100. → Bd. II *Ladeur* § 21 Rn. 88 ff. unterscheidet zwei Phasen.
[66] *Niklas Luhmann,* Recht und Automation in der öffentlichen Verwaltung, 1966; *Brinckmann/ Kuhlmann,* Computerbürokratie (Fn. 7), S. 18 und öfter.
[67] *Brinckmann/Kuhlmann,* Computerbürokratie (Fn. 7), passim.
[68] *Groß,* Die Informatisierung der Verwaltung (Fn. 1), S. 400 ff.; *Matthias Kammer,* Informatisierung der Verwaltung, VerwArch, Bd. 95 (2004), S. 418 ff.; *Brinckmann/Kuhlmann,* Computerbürokratie (Fn. 7), S. 89 und öfter.
[69] *Killian/Wind,* Vernetzte Verwaltung und zwischenbehördliche Beziehungen (Fn. 6), S. 499 ff.; *Britz,* Reaktionen des Verwaltungsverfahrensrechts (Fn. 31), S. 213 ff.
[70] *Jürgen Frischmuth/Wolfgang Karrlein,* Aktuelle Trends im Electronic und Mobile Business, in: Peter Blaschke/Wolfgang Karrlein/Brigitte Zypries (Hrsg.), E-Public. Strategien und Potenziale des E- und Mobile-Business im öffentlichen Bereich, 2002, S. 9.
[71] *Schreiber,* Elektronisches Verwalten (Fn. 46), S. 21: „Virtualität".
[72] *Schreiber,* Elektronisches Verwalten (Fn. 46), S. 21 und öfter; *Skrobotz,* Das elektronische Verwaltungsverfahren (Fn. 4).
[73] *Brinckmann/Kuhlmann,* Computerbürokratie (Fn. 7), S. 18.
[74] Siehe die zahlreichen Beispiele bei *Hans P. Bull,* Verwaltung durch Maschinen, 1964, S. 37 ff.
[75] Nähere Charakterisierung dieser „Gründerzeit" bei *Brinckmann/Kuhlmann,* Computerbürokratie (Fn. 7), S. 18 f. Dazu ausführlicher auch *Eifert,* Electronic Government (Fn. 6), S. 313 ff. m. w. N.

geräte in der öffentlichen Verwaltung eingesetzt. Insbesondere die **1960er Jahre** können als **Phase der Automatisierung von „Massenarbeiten"** bezeichnet werden. Es erfolgte die Umstellung der großen Verwaltungsverfahren auf Elektronische Datenverarbeitung (EDV) in der Finanz-, Sozial- und Personalverwaltung.[76] Es wurden große Datenbestände aus dem Einwohnerwesen, dem Kfz- und dem Grundstücksbereich in Großrechnerdatenbanken übernommen. Um diese Datenbanken herum wurden computerbasierte Verwaltungssysteme zur Herstellung bindender Entscheidungen erstellt. Über das bloße Rechnen hinausgehend wurde nun auch die Informationsverarbeitung Gegenstand der Automatisierung, soweit man sie für formalisierbar hielt.[77] Die Automatisierung der Entscheidung beschränkte sich damit auf routinemäßig zu treffende Entscheidungen; es fand also bloß eine Teilautomation des rechtlich-logischen Schließens sowie des Rechnens und des Schreibens statt.[78] Organisatorisch erfolgte die Datenverarbeitung in **zentralen Rechenzentren.** Bereits in den **1970er Jahren** kam jedoch das **Ziel einer „integrierten Datenverarbeitung"** auf, welches dadurch gekennzeichnet ist, dass die Daten so gespeichert werden, dass sie allen Verwaltungszweigen zur Nutzung zur Verfügung stehen und die Datensätze verschiedener Verwaltungsträger miteinander verbunden sind.[79]

17   Seit **Mitte der 1970er Jahre** wurde die automatisierte Massendatenverarbeitung in Rechenzentren begleitet von einer gleichzeitigen **Zunahme dezentraler Datenverarbeitung durch** *„Terminal"*-**Arbeitsplätze** oder auch durch unabhängige Bürocomputer in den Amtsstuben.[80] Die Automation der Massenvorgänge war nahezu abgeschlossen, die Entwicklung war nun gekennzeichnet durch ein langsames Vordringen der EDV zur Einzelfallbearbeitung.[81] Das Augenmerk richtete sich auch auf **nichtroutinierte Vorgänge mit niedrigen Fallzahlen.**[82] Seit den frühen 1980er Jahren gestattete die nun technisch mögliche Miniaturisierung der Rechnersysteme, immer mehr einzelne Arbeitsplätze mit einem eigenständigen Computer auszustatten. Gleichzeitig nahmen aber die Bedenken gegen eine ungebremste Automatisierung der Verwaltung zu. Der Datenschutzgedanke entwickelt sich seit den 1980er Jahren.[83]

18   **Mitte der 1990er Jahre** begann die bislang letzte Phase, die vom **Erfolg der Internettechnologien** und – bisher nur in sehr geringem Umfang – der Mobilfunktechnologie[84] geprägt ist. Mit den Internettechnologien wurden die Einsatzmöglichkeiten für Datenverarbeitung in der öffentlichen Verwaltung noch einmal

---

[76] Zur „Rentenautomation" ab den 1950er Jahren *Brinckmann/Kuhlmann*, Computerbürokratie (Fn. 7), S. 53 ff. m. w. N.

[77] *Brinckmann/Kuhlmann*, Computerbürokratie (Fn. 7), S. 18.

[78] *Jörn v. Lucke*, Regieren und Verwalten (Fn. 2), S. 30.

[79] *Ralf-Michael Polomski*, Der automatisierte Verwaltungsakt, 1993, S. 25.

[80] *Brinckmann/Kuhlmann*, Computerbürokratie (Fn. 7), S. 19; *v. Lucke*, Regieren und Verwalten (Fn. 2), S. 30. Dazu ausführlicher auch *Eifert*, Electronic Government (Fn. 6), S. 316 ff. m. w. N.

[81] *Polomski*, Der automatisierte Verwaltungsakt (Fn. 79), S. 27.

[82] *v. Lucke*, Regieren und Verwalten (Fn. 2), S. 30.

[83] *Brinckmann/Kuhlmann*, Computerbürokratie (Fn. 7), S. 19.

[84] Mit Hilfe von Mobilfunktechnologie stellt die Verwaltung in äußerst weit gehenden Visionen „den Bürgerinnen und Bürgern individuelle Echtzeit-Informationen aus den Bereichen Gesundheit, Kultur, Umwelt, Mobilität und Verwaltung jederzeit und an jedem Ort zur Verfügung. [...] Das Rathaus wird dadurch quasi elektronisch auf dem Handy oder einem anderen mobilen Endgerät mit geführt", vgl. *Frischmuth/Karrlein*, Aktuelle Trends im Electronic und Mobile Business (Fn. 70), S. 15.

B. Entwicklungsetappen des Einsatzes von IKT in der Verwaltung

erweitert.[85] Nach verbreiteter Einschätzung ist die Einführung der Internettechnologien der wichtigste Entwicklungsschritt der Informatisierung der Verwaltung.[86] Nachdem in den späten 1980er Jahren angesichts der bis dahin dreißigjährigen Geschichte der Computerbürokratie ein nüchternes Bild vom positiven wie auch vom negativen Modernisierungs- und Reformpotential gezeichnet worden war,[87] scheinen die Internettechnologien dem Traum vom Integrations-, Transparenz- und Effizienzpotential des IKT-Einsatzes stärkere Flügel verliehen zu haben als jede vorangegangene technische Entwicklung. Mit den Internettechnologien rückten insbesondere die Potentiale der IKT in den Außenbeziehungen der Verwaltung stärker in den Blick.

Mit den Internettechnologien wurde die technische Grundlage für einen stärkeren IKT-gestützten Informationsaustausch und die IKT-gestützte **Intensivierung der Kommunikation zwischen Verwaltung und Bürgern** geschaffen. In den vorausgegangenen Phasen hatten die Beziehungen der Verwaltung zu den Bürgern nach Auffassung von Beobachtern eher im Hintergrund gestanden: Planungen und der praktische Betrieb der Informationstechnik in der öffentlichen Verwaltung setzten nicht bei der Lösung der Probleme im Verhältnis Bürger-Verwaltung an. Der Ansatzpunkt der Maschinisierung lag vielmehr in der Mehrzahl der Fälle bei der Rationalisierung interner Arbeitsprozesse. Die Binnenorientierung des Technikeinsatzes hatte nach Einschätzung der Beobachter zur Folge, dass die Interaktions- und Kommunikationsprobleme an der Schnittstelle von Bürger und Verwaltung vielfach noch zusätzlich verschärft wurden.[88] Mit dem in den späten 1990er Jahren aufkommenden E-Government-Leitbild verschob sich die Perspektive deutlich. Die Außenverhältnisse der Verwaltung rückten in der Diskussion und bei der Formulierung von Erwartungshaltungen an die Elektronisierung der Verwaltung ganz in den Vordergrund. Insbesondere die Rechtswissenschaft, in der die Verwaltungsinformatisierung nun erstmals auf ein breiteres, nicht nur von einzelnen wissenschaftlichen Fachzirkeln getragenes Interesse stieß, konzentrierte sich nun ganz auf die Probleme rechtsverbindlicher elektronischer Kommunikation in den Außenbeziehungen der Verwaltung. Auch der Gesetzgeber hat sich durch das Dritte Verwaltungsverfahrensänderungsgesetz vom 21. August 2002[89] vor allem des Problems der Ermöglichung auf Außenwirkung gerichteter, rechtsverbindlicher elektronischer Verwaltungsentscheidungen angenommen. Die Konzentration auf (rechtsverbindliche) Außenbeziehungen dürfte der generellen Fixierung des Verwaltungsrechts und der Verwaltungsrechtswissenschaft auf die Außenbeziehungen der Verwaltung geschuldet sein. Fragen der Interaktion im Außenverhältnis zwischen Bürger und Verwaltung sind – nicht zuletzt wegen des auf die nach außen wirkende Behördentätigkeit begrenzten Verfahrensbegriffs des § 9 VwVfG –[90] traditionell Schwerpunkt verwaltungsrechtlicher Betrachtun-

19

---

[85] Systematisierend zu den Einsatzmöglichkeiten *Killian/Wind*, Vernetzte Verwaltung und zwischenbehördliche Beziehungen (Fn. 6), S. 501 ff.
[86] *Voßkuhle*, Die Verwaltung in der Informationsgesellschaft (Fn. 65), S. 101; *Groß*, Die Informatisierung der Verwaltung (Fn. 1), S. 401 f.; ähnlich *Grabow*, Kommunales E-Government (Fn. 22), S. 7.
[87] Realistisch etwa *Brinckmann/Kuhlmann*, Computerbürokratie (Fn. 7), S. 142.
[88] *Brinckmann/Kuhlmann*, Computerbürokratie (Fn. 7), S. 43.
[89] BGBl I (2002), S. 3322.
[90] → Bd. II *Schneider* § 28 Rn. 14 ff.

gen. Freilich wurde in Expertenkreisen und in der Verwaltungspraxis auch das über die rechtlichen Außenbeziehungen der Verwaltung hinausgehende Entwicklungspotential der neuen Internettechnologien für die öffentliche Verwaltung wahrgenommen und analysiert.[91] Einen besonderen Anstoß hierfür stellten, insbesondere auch für die Rechtswissenschaft, die Umsetzungsverpflichtungen der **europäischen Dienstleistungsrichtlinie** (DienstleistungsRL)[92] dar.[93] Zwar nahm deren zentrale Vorgabe, die Schaffung eines einheitlichen Ansprechpartners für Dienstleister,[94] abermals vor allem die Außenbeziehungen in den Blick und auch der deutsche Gesetzgeber ging bei der Umsetzung (insbes. durch das Vierte Verwaltungsverfahrensänderungsgesetz) kaum über entsprechende Mindestanforderungen hinaus.[95] Die erforderlichen Änderungen der gesetzlichen Bedingungen der Außenbeziehungen warfen aber zugleich Fragen der internen Abläufe und der Organisation der Verwaltung auf. Zudem führt die europarechtlich vorangetriebene Vernetzung nationaler Behörden zu einer weiteren prozessorientierten Integration der Verwaltungsabläufe.[96] Weitere Entwicklungen, etwa die Aufnahme spezieller Vorgaben für die Zusammenarbeit von Bund und Ländern in IT-Fragen in das Grundgesetz (Art. 91 c GG) sowie die anschließende Schaffung einer zentralen Einrichtung zur Förderung und Koordinierung des Einsatzes von IKT,[97] lassen erkennen, dass die Umsetzung der DienstleistungsRL noch nicht den Schlusspunkt eines IKT-gestützten Wandels der Verwaltungsabläufe und -strukturen darstellt.

C. Konkrete Anwendungsfelder des Einsatzes von IKT in der öffentlichen Verwaltung

20   Konkrete Erscheinungsformen des Einsatzes von IKT lassen sich in den beiden genannten Beziehungsdimensionen des E-Government ausmachen:[98] bei der Kommunikation zwischen Behörde und Außenwelt einerseits (I.) und bei der verwaltungsinternen (inner- und transbehördlichen) Arbeitsorganisation, insbesondere der Organisation des Verwaltungswissens, andererseits (II.). Selbstverständlich sind diese Anwendungsfelder der IKT in der öffentlichen Verwaltung eng miteinander verzahnt. Gleichermaßen betroffen sind Innen- und Außenverhältnis der Verwaltung insbesondere bei der Realisierung der Idee eines sog. „One-Stop-Government" (III.).

---

[91] Siehe nur *Eifert*, Electronic Government (Fn. 6), S. 321 ff.
[92] Richtlinie 2006/123/EG des Europäischen Parlaments und des Rates vom 12. Dezember 2006 über Dienstleistungen im Binnenmarkt, ABl. EU 2006, Nr. L 376, S. 36.
[93] Siehe dazu u. → Rn. 41.
[94] Hierzu *Jan Ziekow/Alexander Windoffer* (Hrsg.), Ein Einheitlicher Ansprechpartner für Dienstleister. Anforderungen des Vorschlags einer EU-Dienstleistungsrichtlinie und Gestaltungsoptionen im föderalen System der Bundesrepublik Deutschland, 2007; s. auch die Beiträge in *Stefan Leible* (Hrsg.), Die Umsetzung der Dienstleistungsrichtlinie – Chancen und Risiken für Deutschland, 2008.
[95] Siehe u. → Rn. 51 a f.
[96] Vgl. *Jan Ziekow*, Vom Verwaltungsverfahren über den Geschäftsprozess zum IT-Workflow, in: Hill/Schliesky (Hrsg.), e-Government (Fn. 5), S. 69 ff. (insbes. 77 ff.); *Schulz*, Der E-Government-Begriff der Europäischen Union, (Fn. 5), S. 3 ff.
[97] Siehe dazu u. → Rn. 45 a.
[98] Eine nicht an Beziehungsdimensionen, sondern an Sachbereichen orientierte Darstellung findet sich bei *v. Lucke*, Regieren und Verwalten (Fn. 2), S. 87 ff.

C. Konkrete Anwendungsfelder des Einsatzes von IKT

I. Interaktion zwischen Verwaltung und Außenwelt

Gerade bezüglich der Außenverhältnisse der Verwaltung wurden bisweilen sehr hohe Erwartungen an das Potential des IKT-Einsatzes geschürt. Auch wenn die vollständig „elektronisierte" Verwaltung, die ihre gesamten Interaktionen mit der Außenwelt *„online"*, d.h. „ohne Papier und Telefon", abwickelt, heute eher als Utopie gilt,[99] so kommt IKT bei der Interaktion zwischen Verwaltung und Bürger („G2C"[100]) bzw. zwischen Verwaltung und Wirtschaft („G2B"[101]) punktuell durchaus zur Anwendung. Zu den Interaktionsbeziehungen zählen dabei die drei Interaktionsformen Information (1.), Kommunikation (2.) und Transaktion (3.).[102]

1. Information

Das elektronische Informationsangebot der Verwaltung ist bereits vielfältig. In der einfachsten Form hält die Verwaltung **Informationen für die Bürger** im Internet abrufbereit. Dies können etwa schlichte Hinweise auf Standorte und Öffnungszeiten von Verwaltungseinrichtungen sein, reicht aber bis zu Daten über verfügbares Bauland und Gewerbeflächen. Daneben werden Informationen an Bürger und Wirtschaft mit Hilfe von Mailinglisten per E-Mail versandt oder sind als Podcast abrufbar. Zunehmend stehen auch **Formulare** im Internet zum *Download* bereit,[103] deren Verwendung u.U. der Ausgangspunkt der weiter gehenden elektronischen Abwicklung eines ganzen Geschäftsprozesses sein kann.[104] Eine Zunahme wird auch bei den **„interaktiven Informationsangeboten"** konstatiert, mittels derer sich die Bürger vor allem hinsichtlich situationsabhängiger Geldleistungen ein genaueres Bild über ihre jeweilige individuelle Rechtssituation machen können.[105] Einige Verwaltungen eröffnen Bürgern und Wirtschaft den *Online*-Zugriff auf öffentliche **Register** und systematisch geordnete **Datenbanken**.[106] Viel genutzt ist etwa die Datenbank der Jobbörse der Bundesagentur für Arbeit. Auch Melderegister-,[107] Grundbuch-,[108] Handels-[109] und Vereinsregisterauskünfte[110] können unter teilweise näher bestimmten Voraussetzungen elektronisch bezogen werden.

---

[99] Ähnlich *Heckmann*, E-Government im Verwaltungsalltag (Fn. 32), S. 432; *Hill*, Transformation der Verwaltung (Fn. 22), S. 29 m.w.N.
[100] „Government to Citizen"; „Government to Community"; „Government to Consumer".
[101] „Government to Business".
[102] *Bernd Holznagel/Christoph Krahn/Christoph Werthmann*, Electronic Government auf kommunaler Ebene – Die Zulässigkeit von Transaktionen im Internet, DVBl 1999, S. 1477 (1478); *Martin Eifert*, Electronic Government als gesamtstaatliche Organisationsaufgabe, ZG 2001, S. 115 (117); *v. Lucke/Reinermann*, Gründe und Ziele (Fn. 4), S. 3f.
[103] *Kammer*, Informatisierung der Verwaltung (Fn. 68), S. 418 (419).
[104] Dazu mit Praxisbeispiel *Karsten Ernst/Thilo Schuster*, Die Bedeutung des elektronischen Formulars für Geschäftsprozesse in der öffentlichen Verwaltung, VR 2005, S. 41 ff.
[105] Als Beispiele werden Grundsicherungsrechner verschiedener Kommunen und Steuerrechner des Bundesfinanzministeriums genannt, s. *Eifert*, Electronic Government (Fn. 6), S. 119 m.w.N.
[106] *Voßkuhle*, Die Verwaltung in der Informationsgesellschaft (Fn. 65), S. 97 (103 m.w.N.).
[107] § 8 Abs. 2 MRRG vom 19. April 2002, BGBl I (2002), S. 1342.
[108] § 133 Abs. 4 GBO.
[109] § 9a HGB.
[110] Siehe §§ 79 Abs. 2 BGB, 31 ff. Verordnung über das Vereinsregister vom 10. Februar 1999, BGBl I (1999), S. 146.

§ 26 Elektronische Verwaltung

23 Weite Verbreitung haben mittlerweile auch die **Internet-Portale** erlangt,[111] die den Zugang zur Information erleichtern, indem verstreute Informationen redaktionell erschlossen werden.[112] Dabei wird der Bereich des bloß informierenden Verwaltungshandelns bisweilen bereits verlassen, indem über die Portale der Zugang zu einzelnen Transaktionen ermöglicht wird. Mit Hilfe der Internet-Portale werden Informationen über Verwaltungsleistungen regelmäßig thematisch entsprechend sog. Lebenslagen[113] (z. B. Umzug, Heirat, Kinder) oder Geschäftssituationen (z. B. Firmengründung, -ansiedlung) zusammengestellt. Portale ermöglichen es der Verwaltung, Informationen von verschiedenen Behörden und den ersten Zugang zu diesen zu bündeln. Elektronische Portale erlauben es damit, auf der Darstellungsebene – nicht auf der Bearbeitungs- und Transaktionsebene – behördliche Zuständigkeitsgrenzen zu überspielen. Es können auch Informationen über private Leistungen aufgenommen werden, die im thematischen Zusammenhang zu den Verwaltungsaufgaben stehen.[114] Als praktische Schwierigkeit der Informationsbündelung in Portalen erweist sich die Integration der Information über die Angebote verschiedener Verwaltungsebenen. So scheinen bislang selbst jene Kommunen, die über gut entwickelte Portalangebote verfügen, kaum die Informationen über Verwaltungsleistungen von Bund und Ländern zu integrieren.[115]

2. Kommunikation

24 Ergänzt wird dieses Informationsangebot durch die internetgestützte Eröffnung formloser und rechtlich nicht verbindlicher Kommunikation mittels **elektronischer Dialog- und Partizipationsmöglichkeiten.** Einfache Formen der Kommunikation sind bereits bei vielen (kommunalen) Verwaltungen eröffnet, indem wenigstens ermöglicht wird, sich per E-Mail an eine Kommune zu wenden.[116] Zu den einfacheren Lösungen zählen auch webbasierte **Diskussionsforen** und *Chatrooms.* Im Gespräch sind darüber hinaus **komplexere Anwendungen**

---

[111] Dazu *Jörn v. Lucke*, Hochleistungsportale für die öffentliche Verwaltung, 2008; *Martin Eifert/ Claudia Stapel-Schulz*, Organisation der „virtuellen Stadt" in Public Private Partnerships, ZögU, Bd. 25 (2002), S. 277 ff.; *Volker Boehme-Neßler*, Auf dem Weg zum „unscharfen" Verwaltungsrecht? – Portal-Denken und Netzwerklogik im Verwaltungsrecht, NVwZ 2007, S. 650 (651 ff.), insbesondere zu den Folgen des „Portal-Denkens" für das Verwaltungsrecht; zu interkommunalen Portalen *Harald Mehlich/Jürgen Postler*, Die virtuelle Kommunalverwaltung. Neue Kooperationsformen durch eGovernment, 2007, S. 183 ff.; international vergleichend *Bernd W. Wirtz/Philipp Nitsche*, E-Government-Portale auf kommunaler Ebene im internationalen Kontext, Verwaltung & Management, 2010, S. 209 (211 ff.).

[112] Ausführlich *Martin Eifert*, Verwaltungsportale – Rechtsfragen einer neuen bürgerorientierten Verwaltungseinrichtung, in: Bär u.a. (Hrsg.), eGovernment (Fn. 3), S. 113 ff.; s.a. *Voßkuhle*, Die Verwaltung in der Informationsgesellschaft (Fn. 65), S. 102 m. w. N.

[113] Zum Lebenslagenkonzept auch *Harald Plamper*, Bürgerkommune: Anspruch und Wirklichkeit, in: Herbert Kubicek u. a. (Hrsg.), Multimedia@Verwaltung, Jahrbuch Telekommunikation und Gesellschaft 1999, S. 42 (48); *Wolfgang Hoffmann-Riem*, Verwaltungsrecht in der Informationsgesellschaft – Einleitende Problemskizze, in: Hoffmann-Riem/Schmidt-Aßmann (Hrsg.), Informationsgesellschaft, S. 9 (26).

[114] Zum Portal als „öffentliche Einrichtung", zu damit verbundenen Gleichbehandlungsfragen, sowie speziell zur Problematik der Verlinkung eines privaten Online-Dienstes (etwa Routenplaner, Wetterdienst) *Tobias Frevert/Olav Wagner*, Rechtliche Rahmenbedingungen behördlicher Internetauftritte, NVwZ 2011, S. 76 (79 ff.).

[115] Ausführlicher zur Portalstruktur *Eifert*, Electronic Government (Fn. 6), S. 169 ff.

[116] KGSt-Bericht 1/2000 (Fn. 12), S. 49.

auf Audio- und Videobasis, etwa *Interactive-Voice-Response*-Systeme oder **Videokonferenzsysteme** für Telepräsenz und Telekooperation.[117] Auch die Nutzung von sog. Web 2.0-Anwendungen, etwa ein behördlicher Auftritt in einem sozialen Netzwerk, ist grundsätzlich möglich.[118]

Über das Internet lassen sich auch Formen der **Bürgerbeteiligung** stärken.[119] Bislang wird dies nicht in großem Stil realisiert. Es gibt jedoch konkrete Vorstellungen und erste Erprobungen, wie eine elektronische Bürgerbeteiligung vonstattengehen könnte, indem z. B. Kommunikationsforen im Vorfeld von Anlagenzulassungsverfahren eingerichtet werden. Gedacht ist etwa an die Bürgerbeteiligung in der Anlagenzulassung nach dem BImSchG[120] oder an eine elektronische Unterstützung von Mediationsverfahren.[121] In der Bauleitplanung ist die bereits in der Praxis erprobte Option, neben der klassischen Öffentlichkeitsbeteiligung Formen der E-Partizipation zu schaffen, nunmehr mit § 4a Abs. 4 BauGB sogar gesetzlich eröffnet.[122] Denkbar ist ferner, dass im Rahmen von Planfeststellungsverfahren Anregungen und Bedenken auch auf elektronischem Wege abgegeben werden.[123] Allerdings setzt das Verwaltungsverfahrensrecht der elektronischen Kommunikation Grenzen. Elektronische Kommunikation kommt zunächst nur für die informalen Beziehungen zwischen Bürgern und Verwaltung, nicht hingegen ohne weiteres auch für rechtlich relevante Verfahrensschritte in Betracht.

3. Transaktion

Eine weitere Stufe elektronischer Interaktion zwischen Verwaltung und Bürger 25 wird durch die Ermöglichung internet- und/oder mobilfunkbasierter rechtsverbindlicher Transaktionsbeziehungen erreicht. Transaktionen gehen über die bloße Kommunikation hinaus: Bei Transaktionen werden Verwaltungsdienstleistungen,

---

[117] *v. Lucke/Reinermann,* Gründe und Ziele (Fn. 4), S. 3.
[118] *Tobias Frevert/Olav Wagner,* Rechtliche Rahmenbedingungen behördlicher Internetauftritte (Fn. 114), S. 76 (80 ff.); *Jan D. Roggenkamp,* Web 2.0 Plattformen im kommunalen E-Government, 2010; insbesondere zur Binnenanwendung *Arno Scherzberg/Stephan Meyer,* Wissensorganisation als Baustein einer IKT-gestützten Verwaltungsreform, in: Hill/Schliesky (Hrsg.), e-Government (Fn. 5), S. 253 (275 ff.); vgl. zudem *Roland Traunmüller,* Bringt das Web 2.0 ein anderes Government?, Verwaltung & Management 2010, S. 102 ff.; speziell aus kommunaler Perspektive *Mehlich/Postler,* Die virtuelle Kommunalverwaltung (Fn. 111), S. 222 ff.; zum Transparenzpotential *Jörg v. Lucke,* Transparenz 2.0, Verwaltung & Management 2009, S. 326 (327 ff.); vgl. allgemein zum Web 2.0 *Meier,* eDemocracy & eGovernment (Fn. 3), S. 17 ff.; die Beiträge in *Miriam Meckel/Katarina Stanoevska-Slabeva* (Hrsg.), Web 2.0, 2008; *Jan Schmidt,* Das neue Netz, 2009.
[119] → Bd. II *Ladeur* § 21 Rn. 103; zu neueren Formen *Margrit Seckelmann,* e-Government: Chancen und Risiken für Bürgerinnen und Bürger, in: Hill/Schliesky (Hrsg.), e-Government (Fn. 5), S. 285 (301 ff.) m. w. N.; speziell zu möglichen positiven Effekten einer netzgestützten Öffentlichkeit für die Verwaltungslegitimation *Helge Rossen-Stadtfeld,* Internetgestützte Öffentlichkeit der Verwaltung als Legitimationsquelle im modernen Staat, in: Hill/Schliesky (Hrsg.), ebd., S. 231 (241 ff.).
[120] *Sabrina Idecke-Lux,* Der Einsatz von multimedialen Dokumenten bei der Genehmigung von neuen Anlagen nach dem Bundesimmissionsschutz-Gesetz, 2000, S. 163 ff.
[121] Dazu *Klaus Lenk,* Bürger, Demokratie und Verwaltung: Neue Möglichkeiten und Entwicklungen, in: Klaus Lenk/Roland Traunmüller (Hrsg.), Öffentliche Verwaltung und Informationstechnik, 1999, S. 253 (269). S. auch *Nele Behr,* Konfliktlösung im Internet, 2005, zu privaten Konflikten.
[122] Hierzu *Klaus Berghäuser/Monika Berghäuser,* E-Partizipation und frühzeitige Öffentlichkeitsbeteiligung in der Bauleitplanung, NVwZ 2009, S. 766 ff.; früher schon *Groß,* Die Informatisierung der Verwaltung (Fn. 1), S. 400 m. w. N.; *Dennis Kraft/Johannes Meister,* Netzgestützte Partizipationsmöglichkeiten am Beispiel der Bauleitplanung, VR 2003, S. 126 (127 ff. m. w. N. und Ausführungen zu Praxisbeispielen).
[123] Deutscher Bundestag (Hrsg.), Enquete-Kommission, Zukunft der Medien (Fn. 12), S. 187.

die eine Entscheidung mit Rechtsfolgen nach sich ziehen, zwischen Bürger oder Unternehmen einerseits und der Verwaltung andererseits über das Netz abgewickelt.[124] Transaktionslösungen ermöglichen es dem Bürger beispielsweise, am eigenen PC *online* Formulare auszufüllen und diese signiert und verschlüsselt in elektronischer Form an die Verwaltungen zu schicken. Diese Informationen können dann sofort medienbruchfrei in die entsprechenden Verfahren weitergeleitet werden.[125] Es gibt bereits zahlreiche Einzelanwendungen für IKT-Produkte bei der Abwicklung von Transaktionsbeziehungen.[126] So können **Konzertkarten** bestellt und **Volkshochschulkurse** gebucht werden.[127] Im Rahmen der **Steuererklärung** ist die elektronische Dokumentenübermittlung vorgesehen.[128] Das **Vergaberecht** kennt bereits den Einsatz von IKT bei der Abwicklung des Vergabeverfahrens.[129] Durch das **Dritte Verwaltungsverfahrensänderungsgesetz** wurden zudem die allgemeinen rechtlichen Grundlagen für eine weit gehend IKT-gestützte Abwicklung von Verwaltungsverfahren einschließlich der Verwaltungsentscheidung geschaffen.[130] Damit können Anträge in Verwaltungsverfahren i.S.d. § 9 VwVfG grundsätzlich auf elektronischem Wege gestellt werden. Umgekehrt kann die Verwaltung rechtlich relevante Verfahrenshandlungen gem. § 3a VwVfG auf elektronischem Wege vornehmen. Möglich ist auch, den Verwaltungsakt per E-Mail zu erlassen. Insgesamt ist die Elektronisierung von Verwaltungsverfahren faktisch allerdings nicht sehr weit gediehen.[131] Dass die elektronische Verfahrensabwicklung trotz der Neuerungen des Dritten Verwaltungsverfahrensänderungsgesetzes Schwierigkeiten bereitet, hat verschiedene Ursachen.[132]

Neue Impulse verspricht das De-Mail-Gesetz (De-MailG).[133] Dieses soll den gesetzlichen Rahmen dafür bieten, dass auf elektronischen Kommunikationsplattformen Dienste angeboten werden können, die einen sicheren, vertraulichen

---

[124] Dazu *Skrobotz*, Das elektronische Verwaltungsverfahren (Fn. 4), S. 122 ff. m.w.N.

[125] Dazu *Naujokat/Eufinger*, Electronic Government aus Sicht der Wirtschaft (Fn. 52), S. 55; *v. Lucke/Reinermann*, Gründe und Ziele (Fn. 4), S. 3 f.; *Heckmann*, E-Government im Verwaltungsalltag (Fn. 32), S. 429.

[126] Beispiele bei *Heckmann*, E-Government im Verwaltungsalltag (Fn. 32), S. 427 ff. m.w.N.

[127] KGSt-Bericht 1/2000 (Fn. 12), S. 50.

[128] Siehe Verordnung zur elektronischen Übermittlung von Steuererklärungen und sonstigen für das Besteuerungsverfahren erforderlichen Daten vom 28. Januar 2003, BGBl I (2003), S. 139.

[129] Art. 54 Richtlinie 2004/18/EG. Dazu näher *Peter F. Bultmann*, Beihilfenrecht und Vergaberecht, 2004, S. 86 ff. Im nationalen Recht finden sich spezielle Vorschriften im untergesetzlichen Vergaberecht; s. dazu *Claas Hanken*, E-Procurement in der öffentlichen Verwaltung, in: Detlev Kröger/Dirk Hoffmann (Hrsg.), Rechts-Handbuch zum E-Government, 2005, S. 181 (195 ff.). S. zu den nationalen Bemühungen auch *Raik Schmeichel/Heiko Schinzer*, Elektronische Beschaffung für öffentliche Auftraggeber – ein Fortschritt?, in: Blaschke/Karrlein/Zypries (Hrsg.), E-Public (Fn. 70), S. 175 ff.; *v. Lucke*, Regieren und Verwalten (Fn. 2), S. 93 ff.; verwaltungswissenschaftlich *Bernd W. Wirtz/Sebastian Lütje/Paul G. Schierz*, Electronic Procurement in der Öffentlichen Verwaltung, 2008; aus ökonomischer Perspektive *Meier*, eDemocracy & eGovernment (Fn. 3), S. 40 ff.

[130] Siehe u. → Rn. 47 ff.

[131] So bleibt etwa die IKT-Nutzung bei den bauaufsichtsrechtlichen Verfahren hinter den ursprünglich weiter gesteckten Erwartungen zurück. Zur Praxis des IKT-Einsatzes in der Bauverwaltung *Stefanie Hohn*, Das Online-Bauamt in der Startphase, VOP – Verwaltung, Organisation, Personal 2000, S. 37 ff.; *v. Lucke*, Regieren und Verwalten (Fn. 2), S. 105 f.; zu den Grenzen des IKT-Einsatzes in der Bauverwaltung bereits *Brinckmann/Kuhlmann*, Computerbürokratie (Fn. 7), S. 80 ff.

[132] Siehe u. → Rn. 52 ff.

[133] Gesetz zur Regelung von De-Mail-Diensten und zur Änderung weiterer Vorschriften vom 18. April 2011, BGBl I (2011), S. 666 ff.; zum insoweit ergänzenden elektronischen Personalausweis s.o. → Rn. 54.

und nachweisbaren Geschäftsverkehr im Internet bei E-Commerce und E-Government ermöglichen (vgl. § 1 Abs. 1 De-MailG). Auch eine Zustellung durch einen nach § 17 De-MailG akkreditierten Dienstanbieter ist nach § 2 Abs. 2 S. 1 VwZG möglich.[134] Eine Ausweitung der elektronischen Abwicklung von Verwaltungsverfahren kann zudem dadurch erfolgen, dass für Verfahren über eine einheitliche Stelle nach § 71e S. 1 VwVfG eine vollkommen elektronische Abwicklung möglich sein muss.

II. Verwaltungsinterne Arbeitsorganisation

Auch bei der behördeninternen und bei der transbehördlichen Arbeitsorganisation wird dem Einsatz von IKT großes Innovationspotential zugeschrieben.[135] Im Zentrum des verwaltungsinternen IKT-Einsatzes steht einerseits die IKT-gestützte Vorgangsbearbeitung (1.) und andererseits die IKT-gestützte Organisation des Verwaltungswissens (2.). **26**

1. IKT-gestützte Vorgangsbearbeitung

a) Erwartungen an eine IKT-gestützte Vorgangsbearbeitung

Bereits seit Jahrzehnten kommen bei der verwaltungsinternen Arbeit IKT-Anwendungen zum Einsatz und sind hier über die (bloße) Unterstützung von Schreibfunktionen (Textverarbeitung) hinaus in die interne Entscheidungsfindung eingebunden. In den Rechenzentren werden Computer bereits seit den 1960er Jahren in großem Stil zur Unterstützung von Massenvorgängen eingesetzt (s.o. B.). Auch das Verwaltungsverfahrensgesetz kannte von Anfang an den Verwaltungsakt, „der mit Hilfe automatischer Einrichtungen erlassen wird" (§ 37 Abs. 5 VwVfG); dabei dient der **Computer als Hilfsmittel bei der Entscheidungsfindung**, indem z.B. auf Grundlage der getätigten Eingaben eine Rechenoperation durchgeführt wird. Mit den E-Government-Visionen sind nun allerdings noch weiter gehende Erwartungen an die IKT-gestützte Vorgangsbearbeitung verbunden. Zwar hat man sich weit gehend von dem Gedanken gelöst, Computer könnten in großem Stil „selbst" Entscheidungen treffen.[136] Auch die sog. Expertensysteme,[137] von denen manche sich in den Hochzeiten der Diskus- **27**

---

[134] Da es nach § 5a Abs. 1–3 VwZG genügt, wenn ein akkreditierter Dienstanbieter, der im Rahmen der förmlichen Zustellung nach § 5 Abs. 6 S. 2 De-MailG als Beliehener mit Hoheitsrechten ausgestattet ist, eine Abholbestätigung im Sinne des § 5 Abs. 9 De-MailG erzeugt, wird erstmals auch eine konfrontative, also auch ohne Kooperation des Empfängers mögliche, Form einer elektronischen Zustellung eröffnet (*Alexander Roßnagel*, Das De-Mail-Gesetz, NJW 2011, S. 1473 [1477]; *Thomas Warnecke*, Das Bürgerportalgesetz, MMR 2010, S. 227 [229]).

[135] Skizzen der Visionen der Arbeitsweise vernetzter Verwaltung finden sich z.B. bei *Jochen Dieckmann*, Herausforderungen der Kommunen durch das Internet, in: Kubicek u.a. (Hrsg.), Multimedia@Verwaltung (Fn. 113), S. 67 (71); *Heinrich Reinermann*, Der öffentliche Sektor im Internet, 2000, S. 89; *Volker Boehme-Neßler*, Electronic Government: Internet und Verwaltung – Visionen, Rechtsprobleme, Perspektiven, NVwZ 2001, S. 374 (379).

[136] Vgl. *Brinckmann/Kuhlmann*, Computerbürokratie (Fn. 7), S. 145f.; *Polomski*, Der automatisierte Verwaltungsakt (Fn. 79), S. 38ff.; *Eifert*, Electronic Government (Fn. 6), S. 121f., der allerdings neue „Automationsbegehrlichkeiten" ausmacht (ebd. bei und in Fn. 422).

[137] Siehe aus der umfangreichen Literatur die Beiträge in: Hinrich Bonin (Hrsg.), Entmythologisierung von Expertensystemen, 1990; *Sabine Tönsmeyer-Uzuner*, Expertensysteme in der öffentlichen Verwaltung, 2000.

sion um künstliche Intelligenz eine „Maschinisierung der Kopfarbeit […], die in herkömmlicher Weise bisher nicht erfolgreich programmierbar war"[138], erwarteten, konnten sich kaum als Leitbild IKT-gestützter Verwaltung etablieren und machen bis heute praktisch lediglich einen sehr geringen Anteil an der Softwareentwicklung aus. Die **Automatisierung der eigentlichen administrativen Entscheidungsprozesse steht nicht mehr im Vordergrund.**[139] Insofern bleiben die E-Government-Visionen hinter den älteren Vorstellungen über die Automatisierbarkeit und Übertragbarkeit der Entscheidungsfindung auf Maschinen zurück.

28   Zugleich sind sie jedoch viel anspruchsvoller als der ältere Automatisierungsgedanke, weil sie Verwaltungsprozesse und Verwaltungsorganisation im Ganzen in den Blick nehmen. Kennzeichnend für die Visionen vernetzter Arbeitsweise ist die **Zurückdrängung dauerhaft segmentierter Organisations- und Arbeitsstrukturen.** Erwartet wird die Einschränkung des Prinzips der Arbeitsteilung zugunsten stärker integrierter Organisations- und Arbeitsformen. Überzeichnend lässt sich die informationstechnisch integrierte Arbeitsweise der Verwaltung als Zustand beschreiben, in dem verwaltungsintern jeder an jedem Ort zu jedem Vorgang und zu jeder Information Zugang hat und seinen Beitrag dazu leisten kann. Die Abgrenzungen zwischen Verwaltungseinheiten sollen durchlässiger und Funktionen oder Arbeitsgänge innerhalb und zwischen Organisationen verknüpft werden.[140] Als wesentlich wird auch der **Abbau von Hierarchien** angesehen; an die Stelle vertikaler Interaktionsbeziehungen treten vernetzte Beziehungen.[141] Die informationstechnische Vernetzung soll die Verwaltungsarbeit auch insofern grundlegend verändern, als sich **virtuell vernetzte Arbeitsgruppen** über die traditionellen Behörden- und Ämterzuständigkeiten hinweg bilden lassen[142] und Spezialisten aus dem gesellschaftlichen Bereich in diese virtuellen Arbeitsgruppen einbezogen werden können.[143] Insgesamt wird dem IKT-Einsatz eine Chance zur effektivitätsfördernden Flexibilisierung der Verwaltungsorganisation beigemessen: Die technische Vernetzung der Verwaltung erleichtere die Begründung von **„Lastenverbünden"**, bei denen die Bearbeitung horizontal zwischen verschiedenen Behörden je nach Kapazitätslage verschoben wird, um über eine gleichmäßige Auslastung kurze Bearbeitungszeiten und effizienten Ressourceneinsatz zu ermöglichen.[144]

All dies setzt innerbehördlich und transbehördlich den Übergang zur weitestgehend elektronischen Bearbeitung der Verwaltungsvorgänge voraus.[145] In der

---

[138] *Coy*, Entwicklung der Expertensystemtechnik (Fn. 51), S. 29.

[139] *Groß*, Die Informatisierung der Verwaltung (Fn. 1), S. 408 f.

[140] *Killian/Wind*, Vernetzte Verwaltung und zwischenbehördliche Beziehungen (Fn. 6), S. 500.

[141] So z.B. *Dieckmann*, Herausforderungen der Kommunen durch das Internet (Fn. 135), S. 71; *Hoffmann-Riem*, Verwaltungsrecht in der Informationsgesellschaft (Fn. 113), S. 32; *Boehme-Neßler*, Portal-Denken und Netzwerklogik im Verwaltungsrecht, (Fn. 111), S. 653 f.; s.a. *Voßkuhle*, Die Verwaltung in der Informationsgesellschaft (Fn. 65), S. 101, 113 f. → Bd. II *Ladeur* § 21 Rn. 105 f.; *v. Bogdandy* § 25 Rn. 31.

[142] *Dieckmann*, Herausforderungen der Kommunen durch das Internet (Fn. 135), S. 71; *Hoffmann-Riem*, Verwaltungsrecht in der Informationsgesellschaft (Fn. 113), S. 37; *Reinermann*, Der öffentliche Sektor im Internet (Fn. 135) S. 89; *Boehme-Neßler*, Electronic Government (Fn. 135), S. 379.

[143] *Reinermann*, Der öffentliche Sektor im Internet (Fn. 135), S. 89: Zuschaltung von Leistungen Dritter.

[144] *Eifert*, Electronic Government (Fn. 6), S. 230.

[145] Dazu anschaulich z.B. *Andreas Engel*, IT-gestützte Vorgangsbearbeitung in der öffentlichen Verwaltung, in: Klaus Lenk/Roland Traunmüller (Hrsg.), Öffentliche Verwaltung und Informations-

b) Die erforderlichen Software-Funktionalitäten

Die Herausbildung solcher elektronisch gestützten Arbeitsstrukturen muss durch verschiedene Software-Funktionalitäten ermöglicht werden: IKT muss den Vorgang steuern (aa), die kooperative Bearbeitung von Dokumenten unterstützen (bb) und Dokumentenmanagement und elektronische Archivierung ermöglichen (cc). Dabei wird zunehmend erwartet, dass ein einziges Softwareprodukt mehrere Funktionalitäten erfüllt.[147]

aa) Vorgangssteuerung durch Workflow-Management-Systeme

Ein Aspekt der elektronischen Vorgangsbearbeitung ist die Steuerung der Verwaltungsabläufe durch die Verwendung prozessorientierter Software. Dazu dienen sog. *Workflow-Management*-Systeme.[148] Dabei wird der konkrete Verwaltungsablauf in seine standardisierten Elemente „zerlegt" und in Software modelliert. Diese Software steuert das Durchlaufen der einzelnen Bestandteile des Vorgangs wie etwa Verfügungen, Kenntnisnahmen, Weiterleitungen, Zeichnungen, Sicht- und Geschäftsgangsvermerke.[149]

bb) Ermöglichung und Steuerung der Zusammenarbeit durch Groupware

IKT soll insbesondere auch die Verwaltungszusammenarbeit[150] durch den Einsatz sog. *Groupware*-Funktionalitäten unterstützen: Durch den Einsatz von *Groupware* soll der Prozess gegenseitiger Zurverfügungstellung von Daten kontrolliert verlaufen. Organisatorische Anforderungen, wie die Regelung der Fragen, wer wann welche Daten erhalten darf oder muss, und in welcher Reihenfolge diese zu bearbeiten sind, müssen in die Software eingearbeitet werden. Typisches Anwendungsfeld sind Verwaltungsvorgänge, die unter Beteiligung mehrerer Mitzeichnender bearbeitet werden.[151]

---

technik, 1999, S. 143 ff.; *ders.*, Einführung der IT-gestützten Vorgangsbearbeitung – Strategien für die öffentliche Verwaltung, in: Heinrich Reinermann (Hrsg.), Regieren und Verwalten im Informationszeitalter, 2000, S. 391 ff.; *Schreiber*, Elektronisches Verwalten (Fn. 46), S. 134 ff.

[146] *Rainer Pitschas*, Allgemeines Verwaltungsrecht als Teil der öffentlichen Informationsordnung, in: Hoffmann-Riem/Schmidt-Aßmann/Schuppert (Hrsg.), Reform, S. 219 (263); *Reinermann*, Vernetzte Verwaltung (Fn. 6), S. 1, 6; *Andreas Voßkuhle*, „Schlüsselbegriffe" der Verwaltungsrechtsreform, VerwArch, Bd. 92 (2001), S. 184 (199).

[147] *Knaack*, Handbuch IT-gestützte Vorgangsbearbeitung (Fn. 20), S. 74.

[148] Zur elektronischen Workflow-Unterstützung *Tom Gross/Roland Traunmüller*, Office Automation, Workflow Management und Groupware: Bürounterstützung im Wandel, in: Roland Traunmüller (Hrsg.), Geschäftsprozesse in öffentlichen Verwaltungen, 1995, S. 1 (2 ff.); *Reinermann*, Vernetzte Verwaltung (Fn. 6), S. 1 (11); *Engel*, Einführung der IT-gestützten Vorgangsbearbeitung (Fn. 145), S. 398 ff.

[149] Vgl. *Knaack*, Handbuch IT-gestützte Vorgangsbearbeitung (Fn. 20), S. 78.

[150] Zum Einsatz von Gruppenarbeit unterstützender Groupware *Gross/Traunmüller*, Office Automation, Workflow Management und Groupware (Fn. 148), S. 6 ff.; *Engel*, Einführung der IT-gestützten Vorgangsbearbeitung (Fn. 145), S. 407 ff.; *Torsten Engelskirchen/Volkmar Pipek/Volker Wolf*, Lebenszyklen einer Groupware, Verwaltung & Management 2002, S. 157 ff., 239 ff., 310 ff. Zu Akten als Medien der Verwaltung → Bd. II *Ladeur* § 21 Rn. 1 ff.

[151] *Reinermann*, Vernetzte Verwaltung (Fn. 6), S. 10 f.

cc) Elektronische Aktenführung

32 Eng mit der elektronischen Vorgangssteuerung verbunden ist die elektronische Aktenführung.[152] Auch der Aufbau elektronischer Ablage- und Archivierungsstrukturen soll durch den Einsatz entsprechender Software unterstützt werden. Verschiedene Softwarefunktionalitäten können der Etablierung einer elektronischen Aktenführung dienen:[153] Dokumenten-Management-Funktionalitäten gestatten etwa das Verwalten und Speichern von Dokumenten und den Aufbau von Ablagestrukturen. Funktionalitäten der elektronischen Archivierung ermöglichen die revisionssichere Langzeitspeicherung und die Auslagerung von Dokumenten.

Durch die elektronische Aktenführung wird also über die „Elektronisierung" der einzelnen Verwaltungshandlung hinaus auch das aus diesen Handlungen resultierende Objekt der Vorgangsbearbeitung, das Schriftgut, „elektronisiert". Die elektronische Schriftgutverwaltung gestattet z.B. **gleichzeitiges Arbeiten** verschiedener Sachbearbeiter, verschiedener Ämter, verschiedener Behörden, möglicherweise sogar verschiedener Rechtsträger, an einem Dokument;[154] technisch möglich ist damit auch der **ständige Zugriff** auf konkrete Verwaltungsverfahren durch verschiedene Stellen. Es müssen eben nicht Aktenordner von einer Stelle zur anderen transportiert oder Akten zwecks gleichzeitiger Bearbeitung an verschiedenen Stellen fotokopiert werden, sondern sie können an jeder beliebigen Stelle über das Netz verfügbar gemacht werden. Das ermöglicht parallele statt sequenzielle Vorgangsbearbeitung.[155]

Auch sonstige Vorteile elektronischer Aktenführung liegen auf der Hand: „Die elektronische Akte **spart Speicherraum,** kann die **Datensicherung über Sicherungskopien** erhöhen, ermöglicht Zeit- und Effizienzgewinne durch einen schnellen, zeitgleichen und ortsunabhängigen Zugriff auf die Informationen während und nach dem Verfahren und erlaubt grundsätzlich auch eine gezieltere Auswertung der vorhandenen Informationsbestände. Ferner ermöglicht sie eine weit gehende **Automatisierung der Aussonderung des Schriftguts** der Behörden".[156]

c) Stand der Realisierung und Realisierungsprobleme

33 Die Realisierung **IKT-gestützter Vorgangsbearbeitung** lässt sich jedenfalls im Ansatz heute schon in Verwaltungen beobachten. Insbesondere die Verwendung

---

[152] Dazu *Engel*, Einführung der IT-gestützten Vorgangsbearbeitung (Fn. 145), S. 393 ff.; *Schreiber*, Elektronisches Verwalten (Fn. 46), S. 172 ff.; *Knaack*, Handbuch IT-gestützte Vorgangsbearbeitung (Fn. 20), S. 45 ff. Zur Bedeutung der Digitalisierung von Datenbeständen auch *Heinrich Reinermann*, Verwaltungsreform und technische Innovation – ein schwieriges Dauerverhältnis, in: Kubicek u.a. (Hrsg.), Multimedia@Verwaltung (Fn. 113), S. 11 (18).

[153] Zum folgenden *Knaack*, Handbuch IT-gestützte Vorgangsbearbeitung (Fn. 20), S. 75; speziell zum Dokumentenmanagement *Ulrich Kampffmeyer*, Dokumentenmanagement in der Verwaltung, in: Wind/Kröger (Hrsg.), Handbuch IT (Fn. 38), S. 446 ff.

[154] *Reinermann*, Vernetzte Verwaltung (Fn. 6), S. 11; *Hoffmann-Riem*, Verwaltungsrecht in der Informationsgesellschaft (Fn. 113), S. 38.

[155] *Klaus Lenk*, Außerrechtliche Grundlagen für das Verwaltungsrecht in der Informationsgesellschaft: Zur Bedeutung von Information und Kommunikation in der Verwaltung, in: Hoffmann-Riem/Schmidt-Aßmann (Hrsg.), Informationsgesellschaft, S. 59 (93).

[156] *Eifert*, Electronic Government (Fn. 6), S. 147 f.

C. Konkrete Anwendungsfelder des Einsatzes von IKT

prozessorientierter Software, die die gewohnten Arbeitsabläufe elektronisch unterstützt, und der Einsatz von Dokumenten-Management-Systemen scheinen rasch zuzunehmen. Anwendungsbeispiele finden sich etwa in der Sozialverwaltung, in der Asylverwaltung oder in der Eisenbahnverwaltung.[157]

Zwar wird die Inflexibilität elektronischer Vorgangsbearbeitungssysteme beklagt.[158] Deren Schwächen sind auch darauf zurückgeführt worden, dass es sich hierbei kaum um verwaltungsspezifische Produkte handelte: Die Anwendungsspezialisten der Hersteller und später die Softwarehäuser bedienten die öffentliche Verwaltung in der Regel mit Abfallprodukten; die Bürokommunikation sei bislang kaum von den Anforderungen der öffentlichen Verwaltung geprägt worden und an der Realität von Unternehmensverwaltungen orientiert.[159] Nachdem mittlerweile große Softwarehersteller auch die öffentliche Verwaltung als strategisches Marktsegment zu betrachten scheinen, wird hier allerdings von einer Trendwende gesprochen: Auch wenn im Vergleich zum Gesamtmarkt der Dokumenten-Management-Systeme, *Workflow-Management*-Systeme und *Groupware* die verwaltungsspezifischen Produkte nur einen Bruchteil ausmachten, existierten doch Softwarelösungen, die mehr oder minder die spezifischen Anforderungen der öffentlichen Verwaltung erfüllen.[160]

Auch die **Elektronisierung der Schriftgutverwaltung und Archivierung**[161] nimmt in der Praxis zu und wird zunehmend von den Geschäftsordnungen gefordert.[162] Eine vollständige elektronische Aktenführung ist in der öffentlichen Verwaltung bislang allerdings der Ausnahmefall. Sofern die Schriftgutverwaltung durch IKT unterstützt wird, überwiegt die Mischform der sog. Hybridakte, bei der die zur Akte gehörenden Schriftstücke teilweise in Papierform und teilweise in elektronischer Form vorliegen.[163]

Insgesamt sind es ganz überwiegend praktische und **nicht rechtliche Hindernisse,** die einem noch stärkeren IKT-Einsatz in der Verwaltung entgegenstehen. Das Verwaltungsverfahrensgesetz stellt an die interne Arbeitsweise der Verwaltung schon wegen seines auf die Außenbeziehungen konzentrierten Verfahrensbegriffs (§ 9 VwVfG) kaum rechtliche Anforderungen. Grundsätzliche Bedenken 34

---

[157] Siehe etwa *Sabine Engelhardt/Georg Menzel*, Innovativer Beratungsansatz mit electronic Social Security Services (e3s), in: Blaschke/Karrlein/Zypries (Hrsg.), E-Public. (Fn. 70), S. 213 ff., die aus Anbietersicht ein Produkt zur IKT-gestützten Dienstleistungssteuerung im Bereich der sozialen Sicherheit beschreiben. Zum Einsatz von prozessorientierter Software in der Asylverwaltung *Tiedtke,* MARiS (Fn. 46), S. 225 ff. Zur Einführung eines Workflow- und Dokumenten-Management-Systems beim Eisenbahnbundesamt *Sabine Muth,* Arbeiten mit der elektronischen Akte, Das Projekt DOWEBA im Eisenbahn-Bundesamt, Verwaltung & Management 2004, S. 210 f. Für das Bundesverwaltungsamt *Johannes Keusekotten*, Elektronische Akte und Vorgangsbearbeitung, VOP – Verwaltung, Organisation, Personal 2001, S. 34 ff.
[158] *Roland Traunmüller,* Annäherung an die Verwaltung aus der Sicht der Informatik: Technikpotenziale und Systemlösungen, in: Klaus Lenk/Roland Traunmüller (Hrsg.), Öffentliche Verwaltung und Informationstechnik, 1999, S. 21 (33).
[159] Wiedergegeben bei *Knaack,* Handbuch IT-gestützte Vorgangsbearbeitung (Fn. 20), S. 76.
[160] *Knaack,* Handbuch IT-gestützte Vorgangsbearbeitung (Fn. 20), S. 76.
[161] Es wird zu Recht darauf hingewiesen, dass der traditionelle Schnitt zwischen behördlicher Schriftgutverwaltung und anschließender Archivierung durch die Umstellung auf elektronische Dokumente seine Berechtigung verliert. S. *Eifert,* Electronic Government (Fn. 6), S. 151 m.w.N. S.a.
→ Bd. II *Luderer* § 21 Rn. 41 ff.
[162] *Eifert,* Electronic Government (Fn. 6), S. 148 m.w.N.
[163] Vgl. *Knaack,* Handbuch IT-gestützte Vorgangsbearbeitung (Fn. 20), S. 52 f.

bestehen weder gegen eine elektronische Aktenführung[164] noch gegen den Einsatz sonstiger elektronischer Vorgangsbearbeitungssysteme. Allerdings sind einer Intensivierung integrierter Vorgangsbearbeitung durch das **Datenschutzrecht** gewisse Grenzen gesetzt.[165] Auch durch **Zuständigkeitsvorschriften** wird der „Integrationsspielraum" eingeschränkt, weil Behörden nicht außerhalb ihrer Zuständigkeiten agieren dürfen.[166] Allerdings stehen die einfachgesetzlichen Zuständigkeitsvorschriften zu einem beachtlichen Teil zur politischen Disposition des Gesetzgebers.[167]

35 Demgegenüber sind die **praktischen Hürden hoch.** Zum einen sind bei weitem nicht alle Verwaltungsvorgänge in einer Weise standardisierbar, dass der Einsatz prozessorientierter Software lohnend erschiene. Zum anderen ist die Einführung IKT-gestützter Vorgangsbearbeitungssysteme eine **anspruchsvolle Steuerungsaufgabe,** die mit hohen Koordinations- und Organisationsanforderungen[168] verbunden ist.[169] Es wäre ein Trugschluss anzunehmen, dass informationstechnische Vernetzung die erforderlichen Entwicklungen automatisch auslöste.[170] Die technischen Voraussetzungen vernetzten Arbeitens sind heute in den meisten Verwaltungen vorhanden,[171] ohne dass es bislang in großem Stil zur Ausnutzung des Potenzials dieser Technik für stärker integrierte Vorgangsbearbeitung gekommen wäre.[172] Eine stärker integrierte Arbeitsweise setzt eben nicht bloß die technische Vernetzung, sondern auch die **faktisch-organisatorische Vernetzung innerhalb der und zwischen den Verwaltungseinheiten** voraus. Die Organisation und Koordination vernetzter Verwaltungsarbeit ist besonders anspruchsvoll, weil sie zugleich genaue Kenntnis der technischen Aspekte von vernetzter Arbeit wie auch der Verwaltungsabläufe und ihrer Innovationsbedürftigkeit voraussetzt. Es muss bekannt sein, bei welcher Verwaltungsaufgabe wer mit wem kommunizieren will oder muss, an welchen Dokumenten in welchem Verfahrensstadium gemeinsam gearbeitet werden darf oder muss, wer Zugriff – sei es in lesender oder sogar schreibender Weise – auf welche Dokumente nehmen kann etc. Die Netztechnik an sich ist hier nicht mehr als eine instrumentelle Grundlage; die Organisation als solche muss durch Menschenhand und -verstand erfolgen.[173] Die intellektuellen

---

[164] Siehe aber u. → Rn. 74ff.
[165] Dazu näher *Eifert*, Electronic Government (Fn. 6), S. 259ff. S. a. allgemein → Bd. II *Albers* § 22
[166] Siehe u. → Rn. 55.
[167] *Eifert*, Electronic Government (Fn. 6), S. 178.
[168] Dazu näher *Heinrich Reinermann*, Das Internet und die öffentliche Verwaltung, DÖV 1999, S. 20 (23).
[169] Siehe o. → Rn. 11.
[170] So zu Recht *Ignace T. M. Snellen*, Flache Hierarchien im Staatsaufbau: Von der hochdifferenzierten Verwaltung zur zweistufigen Verwaltung? in: Reinermann (Hrsg.), Informationszeitalter (Fn. 145), S. 156 (165); s. a. *Reinermann*, Das Internet und die öffentliche Verwaltung (Fn. 168), S. 25.
[171] Die Gemeinsame Geschäftsordnung der Bundesministerien ordnet dies für die Bundesverwaltung in § 5 GGO ausdrücklich an: „Die Bundesministerien schaffen die Voraussetzungen, um Informationen in elektronischer Form bereitzustellen, ressortübergreifend auszutauschen und zu nutzen. Um die Zusammenarbeit und den Informationsaustausch zwischen den Bundesministerien zu verbessern, wird ein ressortübergreifendes elektronisches Kommunikations- und Informationsnetz betrieben."
[172] Siehe *Reinermann*, Verwaltungsreform und technische Innovation (Fn. 152), S. 11.
[173] *Klaus Lenk*, Electronic Government als Schlüssel zur Innovation der öffentlichen Verwaltung, in: Klaus Lenk/Roland Traunmüller (Hrsg.), Öffentliche Verwaltung und Informationstechnik, 1999, S. 123 (126).

C. Konkrete Anwendungsfelder des Einsatzes von IKT

Leistungen, die dem Aufbau von vernetzten Verwaltungsstrukturen vorausgehen müssen, scheinen bisweilen unterschätzt zu werden.[174]

Es wurden erhebliche **Kooperations- und Koordinationsdefizite,** insbesondere auch im technisch-organisatorischen Bereich, konstatiert. Bemängelt wurde vor allem das Fehlen von Standards für Datenaustauschformate und Nachrichteninhalte elektronischer Verwaltungsverfahren. Aufgrund eines eher dezentralen *„muddling through"* habe kein hinreichend systematischer Wissensaufbau stattgefunden.[175] Diesen Missständen soll durch eine zentrale Koordination der elektronischen Verwaltungsangelegenheiten im IT-Planungsrat abgeholfen werden.[176]

2. IKT-gestützte Organisation des Verwaltungswissens

Vom IKT-Einsatz wird auch ein Beitrag zur effizienteren Organisation des Verwaltungswissens erwartet.[177] Die informationstechnische Vernetzung der Verwaltung eröffnet für die in jedem Verwaltungsablauf zentralen Vorgänge von Informationsbeschaffung, -aufbereitung und Informationsverwertung ganz neue Dimensionen.[178] Angesprochen sind damit gleichermaßen **innerbehördliche Formen der „Informationsverwaltung"** wie auch in **transbehördlicher Zusammenarbeit generierte „Informationsverbünde".** IKT-unterstützte Verwaltung wird als umfassendes „Wissensnetz"[179] begriffen, dessen Generierung und Nutzung ortsunabhängig ist. Einerseits können ihm zu jeder Zeit an jedem Ort Informationen hinzugefügt werden. Andererseits ist jede Information zu jeder Zeit an jedem Ort und in jeder Form verfügbar.[180] Diese Ubiquität elektronischer Information ermöglicht insbesondere eine bessere Verwertung verwaltungsintern bestehender Informationen. Die gemeinsame Nutzung existierender Daten durch verschiedene Verwaltungseinheiten lässt die Mehrfacherfassung und Mehrfachaktualisierung von Daten überflüssig werden.[181] Dies entlastet in erster Linie die Verwaltung, kann aber durchaus auch dem Bürger zugute kommen, wenn bestimmte Angaben nur einmal und nicht vor verschiedenen Stellen immer wieder gemacht werden müssen.[182]

Freilich bildet die technische Errichtung eines Wissensnetzes einschließlich der technischen Ermöglichung ortsunabhängiger Hinzufügung und Nutzung der In-

36

37

---

[174] Siehe dazu *Lenk,* „Electronic Democracy" (Fn. 108), S. 251.
[175] *Eifert,* Electronic Government als gesamtstaatliche Organisationsaufgabe (Fn. 102), S. 124 f.
[176] Siehe u. → Rn. 41.
[177] Siehe nur *Ute Fischer,* Verwaltungs-Informationssysteme und Verwaltungsmodernisierung, Verwaltung & Management 2002, S. 41 (46 f.) m. w. N.; *Scherzberg/Meyer,* Wissensorganisation als Baustein einer IKT-gestützten Verwaltungsreform (Fn. 118), S. 253 (insbes. 267 ff.).
[178] Zur zentralen Bedeutung der Informationsbeschaffung und -verarbeitung z. B. *Hufen,* Fehler im Verwaltungsverfahren, Rn. 207; *Bryde/Haverkate,* Die Einheit der Verwaltung als Rechtsproblem (Fn. 7), S. 181 (202); *Eberhard Schmidt-Aßmann,* Verwaltungsverfahren, in: HStR III, 1. Aufl. 1988, § 70 Rn. 1; *Engel,* IT-gestützte Vorgangsbearbeitung in der öffentlichen Verwaltung (Fn. 145), S. 148. Noch allgemeiner wird Information als Ressource der „Steuerung" angesehen, s. nur *Christian Bumke,* Publikumsinformation – Erscheinungsformen, Funktion und verfassungsrechtlicher Rahmen einer Handlungsform des Gewährleistungsstaats, DV, Bd. 37 (2004), S. 3 m. w. N.
[179] *Traunmüller,* Annäherung an die Verwaltung aus der Sicht der Informatik (Fn. 158), S. 24.
[180] Vgl. *Killian/Wind,* Vernetzte Verwaltung und zwischenbehördliche Beziehungen (Fn. 6), S. 500.
[181] *Reinermann,* Vernetzte Verwaltung (Fn. 6), S. 6.
[182] Plakativ *Plamper,* Bürgerkommune (Fn. 113), S. 49.

formationen zunächst bloß die Infrastruktur einer effizienten Wissensorganisation.[183] Letztlich geht es aber um mehr als um die bloße Verfügbarkeit von Informationen: Rationalisierungseffekte sind von der besseren Verfügbarkeit der Informationen nur dann zu erwarten, wenn die Informationen der jeweiligen Stelle aufgabenbezogen und aufgabengerecht zur Verfügung stehen. Hingegen können freie, unstrukturierte Zugriffssysteme einen **„information overload"** zur Folge haben; die Informationsfülle ist dann wertlos, weil sie nicht beherrscht werden kann.[184] Vielmehr soll durch die Zurverfügungstellung von Informationen und deren Verknüpfung mit anderen vorgangsrelevanten Informationen ein **kontextbezogenes Wissen** entstehen.[185] Die konkrete Fortentwicklung und die Verwertbarkeit des ins Netz eingespeisten Wissens hängen von der Ausgestaltung der Handlungsabläufe und Kommunikationsbeziehungen der Verwaltung ab. Diese im Sinne eines **effizienten Wissensmanagements** zu steuern, ist ein Vorgang der Optimierung von Geschäftsprozessen der Verwaltung, der zwar durch Systeme elektronischer Vorgangsbearbeitung informationstechnisch unterstützt werden kann, der aber gleichwohl in erster Linie eine Frage des organisatorischen Gelingens bleibt. Es ist keineswegs damit getan, dass Internetanschlüsse und Intranet vorhanden sind, über die Informationen ausgetauscht werden können. Vielmehr sind die Speicherung von und der Zugang zu Information im Hinblick auf die spezifischen Aufgaben jeder Verwaltungseinheit und jedes Verwaltungsmitarbeiters zu organisieren. Das setzt insbesondere zunächst einmal die Erkenntnis voraus, dass bei bestimmten Verwaltungsvorgängen Informationen gesammelt werden, die auch für andere Vorgänge von Bedeutung sind. Information und Informationsbedarf finden nicht automatisch zueinander, sondern müssen systematisch zusammengebracht werden. Der Verfügbarmachung von vorhandener Information hat also ein aufwendiger Prozess der Wissensorganisation vorauszugehen.[186] Um Datenbanken oder Datenübermittlungssysteme nutzen zu können, müssen zudem **Übertragungsformate standardisiert** werden, so dass die Verwertbarkeit durch andere Stellen technisch gewährleistet ist. Die Entstehung von Verwaltungswissen durch Wissensmanagement zu fördern, ist als eine vordringliche Aufgabe der Verwaltungsorganisation erkannt worden.[187]

Im Übrigen darf es auch wegen grundrechtlich verankerter **Datenschutzerfordernisse** zur Ubiquität von Informationen, jedenfalls im personenbezogenen Bereich, niemals kommen.[188] Vielmehr muss der Informationsfluss unter Daten-

---

[183] Treffend *Eifert*, Electronic Government (Fn. 6), S. 274.

[184] Zu diesem Aspekt *Bernd Becker*, Öffentliche Verwaltung, 1989, S. 621; *Reinermann*, Das Internet und die öffentliche Verwaltung (Fn. 168), S. 25; *Regina Görner*, Öffentlicher Dienst im Informationszeitalter, in: Reinermann (Hrsg.), Informationszeitalter (Fn. 145), S. 432 (441).

[185] Vgl. *Arno Scherzberg*, Die öffentliche Verwaltung als informationelle Organisation, in: Hoffmann-Riem/Schmidt-Aßmann (Hrsg.), Informationsgesellschaft, S. 195.

[186] *Reinermann*, Das Internet und die öffentliche Verwaltung (Fn. 168), S. 25; *Scherzberg*, Die öffentliche Verwaltung als informationelle Organisation (Fn. 185), S. 211 m.w.N.; *Eberhard Schmidt-Aßmann*, Verwaltungsrecht in der Informationsgesellschaft – Perspektiven der Systembildung, in: Hoffmann-Riem/Schmidt-Aßmann (Hrsg.), Informationsgesellschaft, S. 405 (417f. m.w.N.).

[187] Zum Wissensmanagement etwa *Hermann Hill*, Wissensmanagement in Organisationen, in: ders. (Hrsg.), Wissensmanagement, 1997, S. 9ff.; *Scherzberg*, Die öffentliche Verwaltung als informationelle Organisation (Fn. 185), S. 202f. m.w.N.; *Heckmann*, E-Government im Verwaltungsalltag (Fn. 32), S. 432.

[188] Siehe nur *Lutz Schreiber*, Verwaltung going digit@l, K&R, Beilage 2 zu Heft 10/2000, S. 11, (40); *Thomas Groß*, Öffentliche Verwaltung im Internet, DÖV 2001, S. 164; *Boehme-Neßler*, Electronic Go-

schutzgesichtspunkten durch **einzelfallbezogene**[189] **technische Vorkehrungen,** insbesondere durch die Verteilung von **Entschlüsselungs- und Einsichtsrechten,**[190] genau gesteuert werden.[191] Derartig ausgestalteter rechtlicher, ggf. sogar gesetzlicher Strukturen bedürfen insbesondere ambitionierte behördenübergreifende Informationsmanagementsysteme, deren Funktionsumfang (auch) eine personenbezogene Suche innerhalb der vernetzten Verwaltungswissensbestände umfasst.

Tatsächlich entwickelt sich ein elektronisch gestütztes Wissensnetz nur allmählich und punktuell.[192] Anfangs lag der Schwerpunkt IKT-gestützter Wissensorganisation bei der **zentralen Errichtung gemeinsam nutzbarer Datenbestände,** auf die dezentral mit Blick auf einzelne Verfahren zugegriffen werden konnte. Exemplarisch sei auf das zentrale Informationssystem ZEVIS beim Kraftfahrtbundesamt verwiesen, das Fahrzeug- und Halterdaten aus dem Zentralen Fahrzeugregister sowie Negativdaten zur Fahrerlaubnis aus dem Verkehrszentralregister für die Arbeit der Polizei, der Zolldienststellen, der Bundespolizei, der Fahrerlaubnis-, Zulassungs- und Bußgeldbehörden bereithält. Zunehmend bilden sich zudem **Informationsverbünde heraus, die aufgabenspezifische und damit reichere, kontextintensivere Informationen bereitstellen.** Typischerweise erfolgt hier nicht nur die Nutzung, sondern auch die Generierung dezentral, indem jede Stelle selbst Daten einstellt und pflegt. Zu nennen sind neben Umweltinformationssystemen die gemeinsamen Informationssysteme im Sicherheitsbereich, wie das nachrichtendienstliche Informationssystem, das polizeiliche Informationssystem, das Zollinformationssystem und das Schengener Informationssystem.[193] Daneben erfolgt zunehmend ein **Informationsaustausch zwischen einzelnen Verwaltungsstellen** entsprechend jeweils spezifischer Bedarfe. Beispielhaft kann der automatische Datenabgleich zwischen den Trägern der Sozialhilfe und anderen Stellen zur Überprüfung der Richtigkeit der Angaben von Leistungsbeziehern genannt werden.

38

III. One-Stop-Government

Sowohl in den Innen- als auch in den Außenbeziehungen der Verwaltung muss IKT zum Einsatz kommen, wenn das sog. „One-Stop-Government" realisiert werden soll.[194]

39

---

vernment (Fn. 135), S. 377; grundlegend das Volkszählungsurteil, *BVerfGE* 65, 1 (41 ff.). → Bd. II *Albers* § 22.

[189] Vgl. *Boehme-Neßler,* Electronic Government (Fn. 135), S. 377.

[190] Dazu *Schreiber,* Verwaltung going digit@l (Fn. 188), S. 40.

[191] Ausführlich zu Fragen des Datenschutzes im Informationsverbund *Eifert,* Electronic Government (Fn. 6), S. 278 ff.

[192] Ausführlicher zum Folgenden *Eifert,* Electronic Government (Fn. 6), S. 271 ff. m. w. N.

[193] Vgl. auch → *Holznagel* § 24 Rn. 49 ff., *v. Bogdandy* § 25 Rn. 62 ff.; zum Binnenmarktinformationssystem s. u. → Rn. 51.

[194] Dazu *Deutscher Bundestag* (Hrsg.), Enquete-Kommission, Zukunft der Medien (Fn. 12), S. 187; *Plamper,* Bürgerkommune (Fn. 113), S. 48; *Hoffmann-Riem,* Verwaltungsrecht in der Informationsgesellschaft (Fn. 113), S. 26; *Alexander Roßnagel,* Möglichkeiten für Transparenz und Öffentlichkeit im Verwaltungshandeln – unter besonderer Berücksichtigung des Internet als Instrument der Staatskommunikation, in: Hoffmann-Riem/Schmidt-Aßmann (Hrsg.), Informationsgesellschaft, S. 257 (326); *Lenk,* Außerrechtliche Grundlagen für das Verwaltungsrecht in der Informationsgesellschaft

1. Erwartungen an ein IKT-gestütztes One-Stop-Government

40   Idee des One-Stop-Government ist, dass ein Bürger all seine Verwaltungsangelegenheiten über eine einzige Anlaufstelle erledigen kann.[195] Im sog. „Front Office" („Bürgerbüro") werden alle Dienstleistungen angeboten. Die Front Offices erhalten Online-Unterstützung von den im Hintergrund agierenden Fachbehörden („Back Offices"). Teilweise kommt dem Front Office dabei bloß die Aufgabe eines Zugangspunkts zu, über den der Kontakt mit dem weiterhin zuständigen Fachamtswalter hergestellt und ggf. das Verfahren im Weiteren lediglich vermittelt wird. Teilweise werden dem Front Office darüber hinausgehend eigene Entscheidungszuständigkeiten zugedacht, bei denen der Rückgriff auf die Fachamtswalter nur noch fallweise erfolgt, wohingegen das Front Office in den einfacheren Fällen die Beratung und/oder die Entscheidung selbst übernimmt.[196] Aus Sicht des Bürgers genügt also ein Behördengang, um alle Aufgaben gleichzeitig erledigen zu können. Der Einsatz des Internet ist dabei nicht zwingend, erleichtert aber die Transaktionen zwischen Front und Back Office. Im Idealfall ist nicht einmal ein Behördengang erforderlich, sondern der Kontakt des Bürgers zum Bürgerbüro wird selbst per E-Mail hergestellt. Denkbar ist sogar, dass der Bürger mit einem einzigen elektronischen Kontakt eine ganze Reihe automatischer Reaktionen auslöst. So könnte beispielsweise beim Umzug die Meldung der neuen Adresse automatisch – also ohne weiteres Eingreifen des Front Office – an alle Stellen innerhalb der Verwaltung gelangen, die die Information der neuen Adresse benötigen, und die entsprechenden Maßnahmen (wie etwa Erteilung eines neuen Kfz-Kennzeichens) veranlassen.[197]

2. Möglichkeiten und Probleme der Realisierung

41   Zur weitreichenden Realisierung der One-Stop-Government-Idee war es zunächst nicht gekommen, bis die **DienstleistungsRL** sie aufgriff und einen **„einheitlichen Ansprechpartner"** (Art. 6) sowie einen Anspruch auf **elektronische Verfahrensabwicklung** einforderte (Art. 8).[198] Der deutsche Gesetzgeber reagierte auf die damit verbundenen verfahrensrechtlichen Herausforderungen mit der Schaffung eines eigenen Abschnitts über eine einheitliche Stelle im VwVfG.[199]

(Fn. 155), S. 88 ff.; *Eifert,* Electronic Government als gesamtstaatliche Organisationsaufgabe (Fn. 102), S. 119; *Eifert,* Electronic Government (Fn. 6), S. 172 ff.

[195] Siehe *Edwin Schulz,* One-Stop Government, 2007, S. 9.
[196] Näher *Eifert,* Electronic Government (Fn. 6), S. 174 m. w. N.
[197] Dazu *Roßnagel,* Transparenz und Öffentlichkeit im Verwaltungshandeln (Fn. 194), S. 326 f.
[198] Zur Dienstleistungsrichtlinie statt vieler *Thorsten Siegel,* Entscheidungsfindung im Verwaltungsverbund, 2009, S. 118 ff., 225 ff.; allgemein zu europäischen Impulsen *Uwe Volkmann,* in: v. Mangoldt/Klein/Starck (Hrsg.), Art. 91c Rn. 6 f.; zur Bedeutung für E-Government und Verwaltungsmodernisierung *Sönke E. Schulz,* Gemeinschaftsrechtliche Verpflichtung zur elektronischen Verfahrensabwicklung (Art. 8 DLR) als Perspektive zur Etablierung eines Rechtsrahmens des eGovernment?, DVBl 2009, S. 12 ff.; kritisch hinsichtlich der Eingriffstiefe in das nationale Verfahrensrecht etwa *Heribert Schmitz/Lorenz Prell,* Verfahren über eine einheitliche Stelle – Das Vierte Gesetz zur Änderung verwaltungsverfahrensrechtlicher Vorschriften, NVwZ 2009, S. 1 (2); insbes. zur Verpflichtung nach Art. 8 DienstleistungsRL *Andrea Nesseldreher,* Elektronische Abwicklung, in: *Jan Ziekow/Alexander Windoffer* (Hrsg.), Ein Einheitlicher Ansprechpartner für Dienstleister. Anforderungen des Vorschlags einer EU-Dienstleistungsrichtlinie und Gestaltungsoptionen im föderalen System der Bundesrepublik Deutschland, 2007, S. 189 ff.
[199] Siehe u. → Rn. 51 a.

C. Konkrete Anwendungsfelder des Einsatzes von IKT

Zur Überwindung praktischer wie (verfassungs-)organisationsrechtlicher Hindernisse bei der für die Umsetzung erforderlichen intensiven Zusammenarbeit zwischen Bund und Ländern in der IKT wurde Art. 91c in das Grundgesetz eingefügt.[200] Der für die Koordinierung der nunmehr möglichen vertieften Zusammenarbeit geschaffene IT-Planungsrat hat den Ausbau von „One-Stop-Shop"-Lösungen auch über die Vorgaben der DienstleistungsRL hinaus zum Ziel erklärt.[201] Die Einrichtung des Rates bietet die Chance, dass die bislang als defizitär angesehene Zusammenarbeit über verschiedene Verwaltungsebenen hinweg[202] besser erfüllt werden kann, etwa indem die erforderliche Kompatibilität der technischen Lösungen gewährleistet wird.

Andere Herausforderungen bei der Errichtung bzw. Fortentwicklung von One-Stop-Government-Lösungen bleiben absehbar weiterhin bestehen. Die hohen organisatorischen Anforderungen bei der Vernetzung der Arbeitsprozesse zwischen Back Offices und Front Offices sind für viele Verwaltungen kaum zu bewältigen, so dass sie auf die Einbeziehung externen Sachverstands angewiesen sind und Bürgerbüros weiterhin häufig in Kooperation mit Privaten betrieben werden müssen.[203] Für eine weitreichende Aufgabenverschiebung von den Fachbehörden auf das Front Office liegen die rechtlichen Voraussetzungen, trotz der Anpassungen im Verfahrens- und Organisationsrecht, ohnehin nicht vor. Insbesondere die geltenden Zuständigkeitsbestimmungen stünden dem weiterhin entgegen. Allerdings sind hier de lege ferenda Lösungen denkbar, die eine Front- und Back-Office-Struktur ermöglichen.[204] Die Verfassung lässt dafür reichlich Spielraum. Problematischer erscheinen noch die datenschutzrechtlichen Hürden virtueller Bürgerbüros, weil mit diesen die **datenschutzrechtlich erforderliche organisatorisch-technische Abschottung** der jeweils funktionsgebundenen Datenbestände aufgegeben würde: „Die Bürgerbüros bilden [...] eine ganz neue Qualität der Entgrenzung bislang getrennter Datenbestände, da sie in tendenziell umfassender Weise die verschiedenen Verwaltungsaufgaben bei einer Verwaltungseinheit bündeln und den Zugriff auf die für ihre Erledigung erforderlichen Datenbestände ermöglichen. Hierdurch werden im Bürgerbüro Zugriffsmöglichkeiten auf bislang getrennte Datenbestände eröffnet und über die dort beschäftigten Mitarbeiter auch personale Verknüpfungen geschaffen. Die überkommene datenschutzrechtliche Sicherung durch funktionalorganisatorische Trennung wird aufgehoben."[205] Dies macht es erforderlich, aufwendige Gegenmaßnahmen personeller und technischer Art zu ergreifen.[206]

42

---

[200] Siehe u. → Rn. 45a.
[201] Beschluss des IT-Planungsrats vom 24. 9. 2010, Nationale E-Government-Strategie, S. 9; zum IT-Planungsrat s. u. → Rn. 41.
[202] *Eifert*, Electronic Government als gesamtstaatliche Organisationsaufgabe (Fn. 102), S. 120 f.
[203] Dazu *Eifert*, Electronic Government als gesamtstaatliche Organisationsaufgabe (Fn. 102), S. 115, 121 f.; *Groß*, Öffentliche Verwaltung im Internet (Fn. 188), S. 163; *Mehlich/Postler*, Die virtuelle Kommunalverwaltung (Fn. 111), S. 49 ff.
[204] Dazu näher *Eifert*, Electronic Government (Fn. 6), S. 228 ff.; siehe u. → Rn. 55.
[205] *Eifert*, Electronic Government (Fn. 6), S. 238 f.
[206] *Flemming Moos*, Datenschutz im E-Government, in: Kröger/Hoffmann (Hrsg.), Hdb. E-Government (Fn. 129), S. 328 (332); *Eifert*, Electronic Government (Fn. 6), S. 238 ff. Zum Zusammenhang von Verwaltungszusammenarbeit und Datenschutz bereits früh *Rupert Scholz/Rainer Pitschas*, Informationstechnik zwischen Bürokratie und Datenschutz, AöR, Bd. 110 (1985), S. 489 (509 ff.); *Bryde/Haverkate*, Die Einheit der Verwaltung als Rechtsproblem (Fn. 7), S. 181 (202 ff.); 217 (246 ff.).

D. Rechtliche Grundfragen der Implementation neuer IKT

43 Lange Zeit stieß die Implementation neuer Informationstechnologien in der Verwaltung lediglich auf geringes Interesse der rechtswissenschaftlichen Fachwelt. Während die Entwicklung der Verwaltungsautomatisierung durch Verwaltungsinformatiker und Verwaltungswissenschaftler intensiv wissenschaftlich begleitet wurde, sind hierzu nur vereinzelt rechtswissenschaftliche Untersuchungen durchgeführt worden.[207] Auch der Gesetzgeber hat lange Zeit kaum Aktivitäten entfaltet, um Fragen der Implementation von IKT in der Verwaltung normativ zu steuern. Über die Verwaltungsverfahrensgesetz-Vorschriften zum schriftlichen Verwaltungsakt, der mit Hilfe automatischer Einrichtungen erlassen wird (§§ 37 Abs. 5, 28 II Nr. 4 VwVfG), hinaus gab es praktisch keine gesetzlichen Regelungen zur Nutzung der IKT in der Verwaltung. Dies dürfte vor allem daran liegen, dass die Automatisierung der Verwaltung lange als verwaltungsinternes Thema galt und sich damit dem auf die Verwaltungsaußenbeziehungen verengten Blickfeld von Verwaltungsrecht und Verwaltungsrechtswissenschaft entzog. Mit dem E-Government-Leitbild sind nun die elektronischen Außenbeziehungen der Verwaltung ins Zentrum des Interesses gerückt. Mit dem Dritten Verwaltungsverfahrensänderungsgesetz[208] hat sich der Gesetzgeber der Fragen des Einflusses von IKT auf die Außenbeziehungen der Verwaltung angenommen. Im Umfeld dieses Änderungsgesetzes hat sich auch die rechtswissenschaftliche Befassung mit verfahrensrechtlichen Einzelfragen des E-Government intensiviert. Daneben sind erste Arbeiten entstanden, die die Einführung IKT-gestützter Verwaltungsstrukturen grundlegender aus rechtswissenschaftlicher Sicht angehen.[209] Weiter belebt wurde die rechtswissenschaftliche Debatte schließlich durch die Umsetzungsverpflichtungen der DienstleistungsRL und die in der Folge vorgenommenen erneuten Änderungen des VwVfG, durch die sich weitere Elemente eines allgemeinen Rechtsrahmens des E-Governments herausbilden.[210]

Fragt man nach der Funktion des Rechts im Zusammenhang mit der Implementation von IKT in der Verwaltung, muss die Antwort mehrdimensional ausfallen. Recht kann einerseits den Einsatz von IKT in der Verwaltung ermöglichen und fördern (I.). Andererseits können rechtliche Instrumente dazu eingesetzt werden, negative Effekte des IKT-Einsatzes in der Verwaltung zu vermeiden oder zu kompensieren (II.).

---

[207] Etwa *Eberle*, Organisation der automatisierten Datenverarbeitung (Fn. 21); *Panagiotis Lazaratos*, Rechtliche Auswirkungen der Verwaltungsautomation auf das Verwaltungsverfahren, 1990; *Polomski*, Der automatisierte Verwaltungsakt (Fn. 79).

[208] BGBl I (2002), S. 3322.

[209] *Hoffmann-Riem*, Verwaltungsrecht in der Informationsgesellschaft (Fn. 113), S. 9 ff.; *Roßnagel*, Transparenz und Öffentlichkeit im Verwaltungshandeln (Fn. 194), S. 257 ff.; *Schmidt-Aßmann*, Verwaltungsrecht in der Informationsgesellschaft (Fn. 186), S. 405 ff.; *Groß*, Öffentliche Verwaltung im Internet (Fn. 188), S. 159 ff.; *Groß*, Die Informatisierung der Verwaltung (Fn. 1), S. 400; *Britz*, Reaktionen des Verwaltungsverfahrensrechts (Fn. 31), S. 213 ff.; umfassend *Eifert*, Electronic Government (Fn. 6).

[210] *Schulz*, Gemeinschaftsrechtliche Verpflichtung zur elektronischen Verfahrensabwicklung (Fn. 198), S. 12 (17 f.); ein weiterreichendes E-Governmentgesetz besteht derzeit nur auf Landesebene in Schleswig-Holstein (Gesetz- und Verordnungsblatt Schl.-Hol. 2009, S. 398 ff.); hierzu *Sönke E. Schulz*, Macht Art. 91 c GG E- Government-Gesetze der Länder erforderlich?, DÖV 2010, S. 225.

D. Rechtliche Grundfragen der Implementation neuer IKT

I. Ermöglichung und Förderung des IKT-Einsatzes in der Verwaltung durch Recht

Mit rechtlichen Instrumenten kann die Verbreitung des IKT-Einsatzes in der Verwaltung ermöglicht und gefördert werden. Nachdem sich in den späten 1990er Jahren und den ersten Jahren des 21. Jahrhunderts das Interesse bezüglich eines gesetzgeberischen Ermöglichungs- und Förderungspotentials stark auf die Realisierung der Funktionsäquivalenz elektronischer und papierschriftlicher Außenbeziehungen der Verwaltung konzentrierte, wurde das rechtswissenschaftliche Interesse anschließend wieder verstärkt auf institutionelle und organisatorische Aspekte der Realisierbarkeit von E-Government gelenkt,[211] deren Bedeutung bereits in den 1970er Jahren erkannt, vorübergehend aber kaum aus rechtswissenschaftlicher Perspektive bearbeitet worden war.[212] Dabei geht es um zweierlei: Einerseits kann das Recht dazu beitragen, institutionelle Strukturen zu schaffen, die es erlauben, die Aufgaben der Etablierung und Aufrechterhaltung von E-Government-Strukturen dauerhaft und effektiv wahrzunehmen (1.). Andererseits muss das Recht reagieren, um juristische Hindernisse für konkrete Ausprägungen des E-Government zu beseitigen (2.).

44

1. Institutionelle Vorkehrungen für die Wahrnehmung der Koordinations- und Kooperationsaufgaben

Als besonders schwerwiegendes Hindernis bei der Realisierung von E-Government-Strukturen hat sich immer wieder das Fehlen **organisatorischer Verwaltungsstrukturen** erwiesen, die eine effektive Wahrnehmung praktischer Steuerungsaufgaben – insbesondere Standardisierungs-, Koordinations- und Kooperationsaufgaben – erst ermöglichen. Ohne diese lassen sich E-Government-Strukturen nicht dauerhaft etablieren. Kooperation ist in den verschiedensten Dimensionen erforderlich: Innerhalb der Bundes-, einer Landes- oder einer Kommunalverwaltung; unter den Ländern bzw. unter den Kommunen; zwischen Bund und Ländern; zwischen Ländern und Kommunen. Spätestens seit den Vorgaben der DienstleistungsRL zum vertikalen und horizontalen Informationsaustausch rückt auch der Koordinierungsbedarf zwischen der europäischen und der nationalen Ebene stärker in den Blick.[213] Eine Grundherausforderung des Rechts besteht darin, institutionelle Rahmenbedingungen dafür zu schaffen, dass die erforderlichen Abstimmungen effektiv wahrgenommen werden können.

45

Von zentraler Bedeutung war insoweit die Schaffung eines eigenen Grundgesetzartikels für die Zusammenarbeit von Bund und Ländern bei der Nutzung von IKT. Der **im Rahmen der Föderalismusreform II eingefügte Art. 91 c GG**[214] stellt zunächst in seinem Abs. 1 klar, dass eine entsprechende Kooperation „bei der

45a

---

[211] Ausführlich *Eifert*, Electronic Government (Fn. 6), S. 166 ff., 312 ff.
[212] Früher bereits ausführlich zu den organisatorischen Aspekten etwa *Eberle*, Organisation der automatisierten Datenverarbeitung (Fn. 21).
[213] *Appel*, Technische Standards und Software (Fn. 43), S. 124 f.; früher schon dazu *Armin v. Bogdandy*, Informationen und Kommunikation in der Europäischen Union: föderale Strukturen im supranationalen Umfeld, in: Hoffmann-Riem/Schmidt-Aßmann (Hrsg.), Informationsgesellschaft, S. 133 ff.
[214] Siehe Art. 1 Nr. 2 Gesetz zur Änderung des Grundgesetzes vom 29. Juli 2009, BGBl I (2009), S. 2248; hierzu übersichtlich *Thorsten Siegel*, IT im Grundgesetz, NVwZ 2009, S. 1128 ff.

Planung, der Errichtung und dem Betrieb der für ihre Aufgabenerfüllung benötigten informationstechnischen Systeme" überhaupt zulässig ist.[215] Anlass hierfür hatte neben den Herausforderungen bei der Umsetzung der DienstleistungsRL[216] auch die Entscheidung des Bundesverfassungsgerichts zu den Hartz IV Arbeitsgemeinschaften gegeben. Das Gericht sah hier in der gemeinsamen Aufgabenwahrnehmung von Bund und Kommunen einen Verstoß gegen das Verbot der Mischverwaltung. Gerade auch in den Software-Vorgaben der Bundesagentur für Arbeit erblickte es eine Beschränkung der Spielräume einer eigenständigen Aufgabenwahrnehmung durch kommunale Träger der Grundsicherung, weil hierdurch Möglichkeiten der Organisation der elektronischen Datenverarbeitung ausgeschlossen würden, die Einfluss auf die inhaltliche Entscheidung und das Verfahren hätten.[217] Nunmehr ist die für ein Zusammenwirken nötige Vereinbarung einheitlicher Standards (sowie von Sicherheitsanforderungen) ausdrücklich erlaubt und mögliche Inhalte sowie Verfahrenselemente sind vorgegeben (Art. 91c Abs. 2 GG).[218] Auch die Bildung organisations- und ebenenübergreifender gemeinsamer Einrichtungen, in denen die erforderliche Koordinierungsarbeit geleistet werden kann, ist aufgrund von Art. 91c GG nunmehr ohne weiteres zulässig.[219] Die zentrale Stellung nimmt dabei der **IT-Planungsrat** ein, dessen Errichtung gemeinsam mit Regelungen für die Kooperation staatsvertraglich vereinbart wurde (GGArt. 91cVtr).[220] Der Rat vereint sämtliche bisherigen (informalen) Gremien der IT-Steuerung (§ 1 Abs. 1 S. 3 GGArt. 91cVtr). Ihm gehören neben Vertretern des Bundes und der Länder auch Vertreter von Gemeinden und Gemeindeverbänden in beratender Funktion an (§ 1 Abs. 2 S. 3 GGArt. 91cVtr).

Speziell um den Datenaustausch mit und zwischen den Ländern zu verbessern, erhält der Bund durch Art. 91c Abs. 4 GG zudem den Auftrag sowie die ausschließliche Verwaltungs- (S. 1) und Gesetzgebungskompetenz (S. 2) zum Aufbau eines übergreifenden Verbindungsnetzes der jeweiligen informationstechnischen Netze. Damit soll der bisherigen Zersplitterung in zahlreiche, aufwendig miteinander verkoppelte Netze der verschiedenen Verwaltungsträger

---

[215] Im Übrigen erstreckt sich die verfassungsrechtliche Billigung eines Zusammenwirkens ausdrücklich auch auf eine bloße Kooperation zwischen Ländern (Abs. 3). Dieser Einfügung hätte es an sich nicht bedurft, sie lässt sich aber auf das Ziel zurückführen, Kooperationshandlungen aus dem Anwendungsbereich des europäischen Vergaberechts herauszunehmen (*Uwe Volkmann*, in: v. Mangoldt/Klein/Starck (Hrsg.), Art. 91c Rn. 14, speziell zum vergaberechtlichen Problem Rn. 8).

[216] Siehe o. → Rn. 19.

[217] *BVerfGE* 119, 331 (374); zur Bedeutung des Verbots der Mischverwaltung im IT-Bereich *Siegel*, IT im Grundgesetz (Fn. 214), S. 1129.

[218] Zur Vereinbarkeit mit der vertikalen (und auch der horizontalen) Gewaltenteilung *Thorsten Siegel*, Neue Querschnittsaufgaben und Gewaltenteilung, Der Staat, Bd. 49 (2010), S. 299 (301 ff.); zu rechtlichen Anforderungen an die technische Standardisierung und besonderen Herausforderungen des E-Government *Appel*, Technische Standards und Software (Fn. 43), S. 117 ff., 123 ff.

[219] Zu den bisherigen verfassungsrechtlich problematischen Fragen s. Vorauflage Rn. 45.

[220] Vertrag über die Errichtung des IT-Planungsrats und über die Grundlagen der Zusammenarbeit beim Einsatz der Informationstechnologie in den Verwaltungen von Bund und Ländern – Vertrag zur Ausführung von Artikel 91c GG (Anlage des Gesetzes zum Vertrag über die Errichtung des IT-Planungsrats und über die Grundlagen der Zusammenarbeit beim Einsatz der Informationstechnologie in den Verwaltungen von Bund und Ländern – Vertrag zur Ausführung von Artikel 91c GG, BGBl I [2010], S. 662); zum IT-Planungsrat s. *Sönke E. Schulz/Maximilian Tallich*, Rechtsnatur des IT-Staatsvertrages und seiner Beschlüsse, NVwZ 2010, S. 1338 (1339 f.); *Siegel*, Neue Querschnittsaufgaben und Gewaltenteilung (Fn. 218), S. 299 (308 ff.).

Einhalt geboten und eine einheitliche Infrastruktur geschaffen werden. Konkretisierungen dazu finden sich im IT-Netz-Gesetz,[221] das wiederum dem IT-Planungsrat wesentliche Aufgaben zuweist (dort § 1 i.V.m. GGArt. 91cVtr).[222] Der Rat bietet auch ein Gremium, in dem die weitere Entwicklung der elektronischen Verwaltung zwischen Bund, Ländern und Gemeinden abgestimmt werden kann. So wurde durch ihn unter Nutzung der Möglichkeit einer Online-Beteiligung weiterer Akteure die „Nationale E-Government Strategie" beschlossen.[223]

2. Beseitigung rechtlicher Hindernisse

Moderne Vorstellungen vom E-Government lassen sich im Rahmen des geltenden Rechts nicht ohne weiteres realisieren. Insoweit ermöglicht das Recht den IKT-Einsatz schlicht durch die Beseitigung rechtlicher Hindernisse. Juristische Hürden ergeben sich insbesondere aus dem Verwaltungsverfahrensrecht (a) und den Zuständigkeitsvorschriften (b). Daneben setzt auch das Datenschutzrecht der Realisierung weit reichender E-Government-Visionen Grenzen, die allerdings nicht ohne weiteres aufgegeben werden können.[224] 46

a) Verwaltungsverfahrensrecht

Bedeutende rechtliche Schritte zur Ermöglichung des verstärkten IKT-Einsatzes in der Verwaltung hat der Gesetzgeber im Rahmen mehrerer Anpassungen des Verwaltungsverfahrensgesetzes unternommen (aa). Freilich bleibt der IKT-Einsatz beim Verwaltungshandeln problematisch und es ist zu fragen, ob der elektronische Rechtsverkehr nicht noch stärker erleichtert werden könnte (bb). 47

aa) Verwaltungsverfahrensgesetz-Änderung

Zentrale Entwicklungsschübe für die elektronische Verwaltung in Deutschland gingen von dem Dritten (1) und dem Vierten Verwaltungsverfahrensänderungsgesetz (2) aus. Schließlich betreffen auch die jüngeren Vorgaben zur europäischen Verwaltungszusammenarbeit (3) Aspekte des E-Governments.

---

[221] Gesetz über die Verbindung der informationstechnischen Netze des Bundes und der Länder – Gesetz zur Ausführung von Art. 91c Absatz 4 des Grundgesetzes vom 10. August 2009, BGBl I (2009), S. 2706. Etwa enthält § 2 IT-Netz-Gesetz Bestimmungen zu den Begriffen „Informationstechnische Netze" und „Verbindungsnetz".

[222] Hierin zeigt sich das bereits vor Einfügung des Art. 91c GG herrschende, im Anhang des GGArt. 91cVtr zum Ausdruck kommende, Verständnis einer gemeinsamen Verantwortung der Vertragsparteien für das Verbindungsnetz (dort A 1.); zur „Bindungswirkung" der Beschlüsse des IT-Planungsrates *Schulz/Tallich*, Rechtsnatur des IT-Staatsvertrages und seiner Beschlüsse (Fn. 220), S. 1339 ff.; *Siegel*, Neue Querschnittsaufgaben und Gewaltenteilung (Fn. 218), S. 315.

[223] Siehe o. → Rn. 11.

[224] Zum Datenschutzrecht → Bd. II. *Albers* § 22. Speziell zu den datenschutzrechtlichen Grenzen des E-Government *Burckard Nedden*, eGovernment-gerechter Datenschutz – eine Herausforderung für die Gesetzgebung, in: Bär u.a. (Hrsg.), eGovernment (Fn. 3), S. 77 ff.; *Moos*, Datenschutz im E-Government (Fn. 206), S. 328 ff.; *Martin Eifert/Jan O. Püschel*, Elektronisches Verwaltungsverfahren, in: Kröger/Hoffmann (Hrsg.), Hdb. E-Government (Fn. 129), S. 105 (119 f. m. w. N.); *Alexander Roßnagel/Philip Laue*, Zweckbindung im Electronic Government, DÖV 2007, S. 543 ff.; ausführlich *Eifert*, Electronic Government (Fn. 6), S. 237 ff., 259 ff., 278 ff.; s. auch oben → Rn. 39 ff.; s. zudem *Frevert/ Wagner*, Rahmenbedingungen behördlicher Internetauftritte (Fn 114), S. 77f., die auf allgemeine medienrechtliche Vorgaben verweisen, die Behörden teils in gleicher Weise wie private Anbieter binden.

(1) Drittes Verwaltungsverfahrensänderungsgesetz

48 Durch das Dritte Verwaltungsverfahrensänderungsgesetz[225] wurden die rechtlichen Grundlagen für eine weit gehend IKT-gestützte Abwicklung von Verwaltungsverfahren einschließlich der Verwaltungsentscheidung geschaffen. Ursprünglich war die elektronische Abwicklung verbindlicher Transaktionsbeziehungen zwischen Verwaltung und Außenwelt verfahrensrechtlich problematisch. Fraglich war bereits, ob die Verwaltung in Verwaltungsverfahren i.S.d. § 9 VwVfG überhaupt elektronisch handeln durfte.[226] Durch § 3a Abs. 1 VwVfG ist nun geklärt, dass die **Übermittlung elektronischer Dokumente** – sei es von der Verwaltung an den Bürger, sei es vom Bürger an die Verwaltung – zulässig ist, soweit der Empfänger hierfür einen Zugang eröffnet hat.[227] Die Zustimmung des Empfängers zur elektronischen Kommunikation wird dann für den konkreten Kommunikationsvorgang nicht mehr einzeln vorausgesetzt, so dass es aus Sicht der Adressaten auch unfreiwillig zu elektronischer Kommunikation kommen kann. Allerdings verpflichtet § 3a VwVfG weder den Bürger noch die Verwaltung, einen Zugang für elektronische Kommunikation zu eröffnen.[228] Auf Verwaltungsseite wird jedoch regelmäßig bereits im öffentlichen Internetauftritt der Behörde eine Zugangseröffnung zu sehen sein[229] (s. auch § 71e S. 1 VwVfG).

49 Probleme hatten früher auch die **Schriftformerfordernisse** bereitet. § 3a Abs. 2 VwVfG erklärt nun eine elektronische Handlung unter bestimmten Voraussetzungen im Grundsatz selbst für jene Fälle für zulässig, in denen durch Rechtsvorschriften ausnahmsweise die Schriftform angeordnet ist. Die „schlichte" elektronische Form wurde zwar im Vergleich zur Papierschriftform nicht als gleichwertig angesehen, weil sie nicht die Funktionen der papierschriftlichen Kommunikation erfüllt – als Funktionen der „klassischen" Schriftform gelten die Abschlussfunktion, Perpetuierungsfunktion, Identitätsfunktion, Echtheitsfunktion, Verifikationsfunktion, Beweisfunktion und Warnfunktion.[230] Jedoch hat der Gesetzgeber mit § 3a Abs. 2 S. 2 VwVfG eine Regelung getroffen, die die Funktionsäquivalenz garantieren soll: Wenn durch Rechtsvorschrift Schriftform angeordnet ist, ist das Dokument mit einer qualifizierten elektronischen Signatur nach dem Signaturgesetz zu versehen.[231] Der Gesetzgeber geht also grundsätz-

---

[225] BGBl I (2002), S. 3322.
[226] Dazu näher *Britz*, Reaktionen des Verwaltungsverfahrensrechts (Fn. 31), S. 222 f. m. w. N.
[227] Siehe auch die Parallelvorschriften in §§ 87a AO, 36a Abs. 1 SGB I. Zu den Voraussetzungen der Zugangseröffnung *Eifert/Püschel*, Elektronisches Verwaltungsverfahren (Fn. 224), S. 109 ff. m. w. N.; *Tobias Ernst*, Modernisierung der Wirtschaftsverwaltung durch elektronische Kommunikation, 2005, 27 ff.
[228] *Kopp/Ramsauer*, VwVfG, § 3a Rn. 7 f.
[229] *Kopp/Ramsauer*, VwVfG, § 3a Rn. 12.
[230] Begründung zum Entwurf eines Gesetzes zur Anpassung der Formvorschriften des Privatrechts und anderer Vorschriften an den modernen Rechtsgeschäftsverkehr, BTDrucks 14/4987, S. 15 f. Dazu näher *Schreiber*, Elektronisches Verwalten (Fn. 46), S. 85 ff.; *Utz Schliesky*, in: Knack/Henneke, VwVfG, § 3a Rn. 43. Differenzierend zu den Schriftformfunktionen im Verwaltungsrecht *Eifert*, Electronic Government (Fn. 6), S. 102 f.
[231] Zu § 3a Abs. 2 VwVfG ausführlich *Kopp/Ramsauer*, VwVfG, § 3a Rn. 17 ff.; *Utz Schliesky*, in: Knack/Henneke, VwVfG, § 3a Rn. 43 ff.; *Herbert Schmitz*, Fortentwicklungen des Verwaltungsverfahrensgesetzes, in: Hoffmann-Riem/Schmidt-Aßmann (Hrsg.), Verwaltungsverfahren, S. 135 (145 f.); *Hans-Josef Rosenbach*, Erläuterungen und Anmerkungen zum Entwurf eines Gesetzes zur Änderung des Verwaltungsverfahrensgesetzes, DVBl 2001, S. 32 ff.

D. Rechtliche Grundfragen der Implementation neuer IKT

lich von der funktionalen Gleichwertigkeit der papierschriftlichen Kommunikation und der elektronischen Kommunikation aus, sofern letztere unter der Verwendung **„qualifizierter elektronischer Signaturen"** erfolgt.[232] Gem. § 2 Nr. 3 lit. a SignaturG[233] muss eine qualifizierte Signatur auf einem zum Zeitpunkt der Erzeugung gültigen „qualifizierten Zertifikat" beruhen. Mit einem qualifizierten Zertifikat ist gem. § 5 Abs. 1 SignaturG die Zuordnung eines Signaturprüfschlüssels zu einer identifizierten Person zu bestätigen; das Zertifikat ist jederzeit für jeden über öffentlich erreichbare Kommunikationsverbindungen nachprüfbar abrufbar zu halten (Konzept der *„Public-Key*-Infrastruktur"[234]).

Eine Sonderregelung wurde in § 3a Abs. 4 Hamb.VwVfG getroffen. Der Senat wird dort ermächtigt, durch Rechtsverordnung zu bestimmen, dass ein auf Landesrecht beruhendes Schriftformerfordernis auch durch andere als mit einer qualifizierten elektronischen Signatur versehene elektronische Dokumente gewahrt werden kann.[235] Die Identität des Urhebers des elektronischen Dokuments sowie die Unversehrtheit und Authentizität der Daten ist allerdings auch dann auf eine der Schriftform gleichwertige Weise sicherzustellen.

Einige Spezialregelungen gelten für den **elektronischen Erlass eines Verwaltungsakts.**[236] In § 37 Abs. 2 S. 1 VwVfG wurde durch das Dritte Verwaltungsverfahrensänderungsgesetz ausdrücklich klargestellt, dass grundsätzlich auch ein Verwaltungsakt elektronisch erlassen werden kann.[237] Sofern eine Rechtsvorschrift für den Verwaltungsakt ausnahmsweise die Schriftform anordnet, gilt wiederum § 3a Abs. 2 VwVfG. Der Verwaltungsakt darf demnach zwar dennoch elektronisch ergehen, muss jedoch wiederum das Signaturerfordernis erfüllen. Dabei werden an die Signatur von Verwaltungsakten höhere Anforderungen gestellt als bei sonstigen Verfahrenshandlungen. Gem. § 37 Abs. 3 S. 2 VwVfG muss auch das der Signatur zugrunde liegende qualifizierte Zertifikat oder ein zugehöriges qualifiziertes Attributszertifikat die erlassende Behörde erkennen lassen.[238] Zudem kann gem. § 37 Abs. 4 VwVfG für die erforderliche Signatur durch Rechtsvorschrift deren dauerhafte Überprüfbarkeit vorgeschrieben werden,[239] wovon etwa der Verwaltungsverfahrens-Gesetzgeber selbst bereits in § 69 Abs. 2 S. 2 VwVfG Gebrauch gemacht hat.

50

---

[232] Kritisch *Skrobotz,* Das elektronische Verwaltungsverfahren (Fn. 4), S. 192 ff. m. w. N. Umfassend zur Bedeutung der elektronischen Signatur in der Verwaltung *Schreiber,* Elektronisches Verwalten (Fn. 46), S. 85 ff.; *Eifert,* Electronic Government (Fn. 6), S. 81 ff.; *Detlef Kröger,* Elektronische Signaturen im Verwaltungsverfahren, in: Wind/ders. (Hrsg.), Handbuch IT (Fn. 38), S. 315 ff.

[233] Gesetz über Rahmenbedingungen für elektronische Signaturen vom 16. Mai 2001, BGBl I (2001), S. 876, geändert durch das Erste Gesetz zur Änderung des Signaturgesetzes vom 11. Januar 2005, BGBl I (2005), S. 2.

[234] Siehe dazu etwa *Holznagel/Krahn/Werthmann,* Electronic Government auf kommunaler Ebene (Fn. 102), S. 1477, 1482 f. sowie die Beiträge zum Themenschwerpunkt PKI-Interoperabilität, in: DuD 2001, H. 9; *Skrobotz,* Das elektronische Verwaltungsverfahren (Fn. 4), S. 53 ff. m. w. N.

[235] Ansonsten wortgleich ermächtigt § 52a Abs. 5 VwVfG Schl.-Hol. die dortige Landesregierung.

[236] Zu den Einzelheiten des elektronischen Verwaltungsakts *Eifert/Püschel,* Elektronisches Verwaltungsverfahren (Fn. 224), S. 120 ff. m. w. N.

[237] Siehe auch die Parallelvorschriften in §§ 119 AO, 33 SGB X.

[238] Dazu näher *Matthias Ruffert,* in: Knack/Henneke, VwVfG, § 37 Rn. 59 f.; *Kopp/Ramsauer,* VwVfG, § 37 Rn. 35a.

[239] Dazu näher *Matthias Ruffert,* in: Knack, VwVfG, § 37 Rn. 62 ff. Kritisch zu dieser Regelung *Eifert,* Electronic Government (Fn. 6), S. 105 ff.

51 Damit ist das Problem der Funktionsäquivalenz der elektronischen Form aus rechtlicher Sicht grundsätzlich gelöst. Allerdings birgt das gesetzliche Erfordernis einer qualifizierten Signatur ein gewisses Maß an **Rechtsunsicherheit.** Der Verwender einer qualifizierten Signatur kann selbst kaum überprüfen, ob die für die Wirksamkeit der Signatur erforderlichen Sicherheitsvorgaben eingehalten sind, weil sich dies seinem Einfluss und seiner Kenntnis entzieht. Theoretisch muss daher damit gerechnet werden, dass sich eine Signatur im Nachhinein als unwirksam erweist.[240]

51a **(2) Viertes Verwaltungsverfahrensänderungsgesetz**

Kernstück des Vierten Verwaltungsverfahrensänderungsgesetzes[241] war die Einfügung eines eigenen Abschnitts zum Verfahren über eine einheitliche Stelle (§ 71a–e VwVfG).[242] Diese Änderungen setzen die einem „integrale(n) Verständnis des eGovernement"[243] folgenden Vorgaben der DienstleistungsRL um, schaffen aber zugleich auch die **verfahrensrechtlichen Strukturen für eine Ausweitung von One-Stop-Government-Lösungen**[244] auf andere Verwaltungsbereiche.[245]

51b **(3) Vorgaben zur europäischen Verwaltungszusammenarbeit**

Die ebenfalls auf die DienstleistungsRL zurückzuführende[246] Einfügung eines Abschnitts zur Europäischen Verwaltungszusammenarbeit (§§ 8a ff. VwVfG)[247] dient der Effektivierung der grenzüberschreitenden Verwaltungskooperation, insbesondere durch **Elektronisierung der Kommunikation.**[248] Nach § 8b Abs. 4 S. 2 VwVfG sollen die Informationen elektronisch übermittelt werden.[249] Bei den

---

[240] Näher *Eifert*, Electronic Government (Fn. 6), S. 107 ff.; zu Neuerungen durch das De-MailG s.o. → Rn. 25.
[241] BGBl I (2008), S. 2418.
[242] Hierzu *Schmitz/Prell*, Verfahren über eine einheitliche Stelle (Fn. 198), S. 1 ff.; *Christian Ernst*, Die Einführung eines einheitlichen Ansprechpartners i.S. der EU-Dienstleistungsrichtlinie durch das 4. Gesetz zur Änderung verwaltungsverfahrensrechtlicher Vorschriften, DVBl 2009, S. 953 ff.; eine weitere relevante Änderung war die Ausweitung der bereits bislang für die inländische elektronische Übermittlung eines Verwaltungsakts geltenden Fiktion einer Bekanntgabe am dritten Tag nach der Absendung auch für Empfänger im Ausland (§ 41 Abs. 2 S. 2 VwVfG); insgesamt zur Umsetzung der DienstleistungsRL-Vorgaben *Anne Neidert*, Verwaltungsverfahren über einen einheitlichen Ansprechpartner, 2011.
[243] *Schulz*, Gemeinschaftsrechtliche Verpflichtung zur elektronischen Verfahrensabwicklung (Fn. 198), S. 13 und näher auf S. 16 f.
[244] Siehe o. → Rn. 39 ff.
[245] *Schmitz/Prell*, Verfahren über eine einheitliche Stelle (Fn. 198), S. 3, die dies auch an der unterschiedlichen Bezeichnung („einheitliche Stelle" statt „einheitlicher Ansprechpartner") festmachen; kritisch *Alexander Windoffer*, Die Gesetzgebungsvorhaben des Bundes und der Länder zur verwaltungsverfahrensrechtlichen Umsetzung der EG-Dienstleistungsrichtlinie, DÖV 2008, S. 797 (798); zur Europäisierung des VwVfG *Wolfgang Kahl*, 35 Jahre Verwaltungsverfahrensgesetz – 35 Jahre Europäisierung des Verwaltungsrechts, NVwZ 2011, S. 449 ff.
[246] Vgl. Art. 28 ff. DienstleistungsRL; hierzu *Christoph Ohler*, in: Schlachter/ders. (Hrsg.), Europäische Dienstleistungsrichtlinie – Handkommentar, 2008, Art. 28.
[247] BGBl I (2009), S. 2091.
[248] Hierzu *Utz Schliesky/Sönke E. Schulz*, §§ 8a ff. VwVfG n.F. – die Europäische Verwaltungszusammenarbeit im deutschen Verfahrensrecht, DVBl 2010, S. 601 (602 ff.).
[249] *Schliesky/Schulz*, §§ 8a ff. VwVfG n.F. (Fn. 248), S. 606, weisen auf den Widerspruch zu Art. 28 Abs. 6 DienstleistungsRL hin, nach dem eine Übermittlung zwingend elektronisch zu erfolgen hat und plädieren insoweit für eine gemeinschaftskonforme Auslegung.

§§ 8a VwVfG ff. geht es aber nicht nur um die einzelne europarechtlich verpflichtende Hilfeleistung gegenüber einer Behörde eines anderen EU-Mitgliedstaats oder EWR-Staates, sondern auch um die Nutzung von gemeinsamen oder einzelstaatlichen Datenbanken. Hierzu sieht Art. 34 Abs. 1 DienstleistungsRL die Einrichtung eines elektronischen Systems für den Austausch von Informationen zwischen den Mitgliedstaaten durch die Kommission vor (Binnenmarktinformationssystem), das auch über den Anwendungsbereich der DienstleistungsRL hinaus genutzt wird.[250] § 8b Abs. 4 S. 1 VwVfG gibt deutschen Behörden insoweit vor, solche Einrichtungen und Hilfsmittel der Kommission im Regelfall zu nutzen.

bb) Verbleibende Hindernisse

Auch nach den Änderungen des Verwaltungsverfahrensgesetzes verbleiben verfahrensrechtliche Hindernisse für den IKT-Einsatz in der Verwaltung. Zum einen ist die elektronische Kommunikationsform für bestimmte Konstellationen spezialgesetzlich ausgeschlossen (1.). Zum anderen bleibt die elektronische Kommunikation im Falle des Schriftformerfordernisses praktisch schwierig, weil das dann geltende Erfordernis der qualifizierten Signatur den elektronischen Dokumentenaustausch erheblich erschwert (2.). 52

(1) Spezialgesetzlicher Ausschluss der elektronischen Kommunikation

In verschiedensten Verfahrensbestimmungen finden sich **Mündlichkeits- und Schriftformerfordernisse,** die nicht einmal die signierte elektronische Form zulassen. Insbesondere ist eine vollständige Elektronisierung förmlicher Verfahren[251] bislang nicht möglich:[252] Zahlreiche Bestimmungen sehen hier nach wie vor Papierformerfordernisse,[253] sonstige Formerfordernisse (wie bei der Bekanntmachung[254] nach § 10 Abs. 3 S. 1 BImSchG, § 8 Abs. 1 S. 1 der 9. BImSchV) oder sogar die Notwendigkeit physischer Anwesenheit (wie in Erörterungstermin [§ 73 Abs. 6 VwVfG] und mündlicher Verhandlung [§ 67 VwVfG]) vor. Insofern bestehen nach wie vor Hindernisse für eine elektronische Verfahrensgestaltung, die aber durchaus ihre Berechtigung haben. So können insbesondere die spezifischen Funktionen eines mündlichen Gesprächs durch elektronische Kommunikation nicht übernommen werden. Eine Elektronisierung kann nicht erfolgen, wo ein persönliches (Beratungs-)Gespräch in Form mündlicher Kommuni- 53

---

[250] Zu diesem Internal-Market-Information-System *Schliesky/Schulz*, §§ 8a ff. VwVfG n. F. (Fn. 248), S. 601, 607.
[251] Zum BImSchG-Verfahren *Idecke-Lux*, Der Einsatz von multimedialen Dokumenten (Fn. 120), S. 163 ff.; zum Planfeststellungsverfahren *Bernhard Stüer/Willi E. Probstfeld*, Digitaler Planungsordner, UPR 2001, S. 91 ff.
[252] Vergleichsweise weit gehend *Stüer/Probstfeld*, Digitaler Planungsordner (Fn. 251), S. 91 ff.
[253] So wird bislang für erforderlich gehalten, dass die *Antragsunterlagen* in Papierform eingereicht werden, *Idecke-Lux*, Der Einsatz von multimedialen Dokumenten (Fn. 120), S. 107. Papierform setzen grundsätzlich auch die *Auslegung* und *Einsichtnahme* nach § 73 Abs. 3 VwVfG, § 10 Abs. 3 S. 2 BImSchG, § 10 der 9. BImSchV voraus. Hingegen kann die *Behördenbeteiligung* z. B. nach § 73 Abs. 3a VwVfG, nach dem BImSchG oder auch nach § 36 BauGB bereits jetzt auf einfache elektronische Weise erfolgen, *Alexander Roßnagel/Ulrik Schroeder*, Multimedia im immissionsschutzrechtlichen Genehmigungsverfahren, 1999, S. 66 f.
[254] Zu den Vorteilen elektronischer Bekanntmachung *Idecke-Lux*, Der Einsatz von multimedialen Dokumenten (Fn. 120), S. 164.

kation geboten ist.²⁵⁵ Das gilt beispielsweise in vielen Bereichen der Sozialverwaltung.²⁵⁶ Z.T. ist persönliche Anwesenheit auch zwecks Identifizierung erforderlich.²⁵⁷ Freilich schließt das nicht aus, dass auch im Rahmen dieser Verwaltungsaufgaben bestimmte Dinge, wie z.B. eine Terminabsprache, auf elektronischem Wege erledigt werden. Das Erfordernis mündlicher Beratung oder persönlicher Anwesenheit steht hier jedoch einer umfassenden Elektronisierung entgegen.

Während bisherige Hindernisse für die vollständige elektronische Abwicklung, die sich aus **verwaltungsrechtlichen Zustellungsgeboten ergaben,** durch die Regelungen nach § 5 Abs. 4–5a VwZG abgebaut wurden, bestehen sie hinsichtlich der **beschränkten Beweiskraft**²⁵⁸ elektronischer Dokumente im Verwaltungsverfahren bzw. in einem etwaigen Gerichtsverfahren fort.

(2) Praktische Hürden durch das Signaturerfordernis bei Schriftformanordnung

54 Auch dort, wo § 3a Abs. 2 VwVfG die elektronische Verwaltungskommunikation trotz eines Schriftformerfordernisses gestattet, ist der Weg zum elektronischen Verwaltungshandeln praktisch nicht wirklich freigegeben, weil dann die hohen Sicherheitsanforderungen der §§ 3a Abs. 2, 37 Abs. 3 und 4 VwVfG greifen. Das Erfordernis der qualifizierten Signatur stellt eine hohe (ökonomische) Hürde für die Wahl elektronischer Kommunikationsformen dar.²⁵⁹ Für den einzelnen Bürger **lohnt es kaum,** wegen weniger signaturbedürftiger Transaktionen die dafür **erforderlichen technischen Einrichtungen anzuschaffen.**²⁶⁰ Darum beschränkt sich die Nutzung qualifizierter elektronischer Signaturen bisher auf kleine, professionelle Kreise. Dass es künftig in großem Umfang zu elektronischen rechtsverbindlichen Transaktionen kommen wird, ist angesichts der aufwendigen technischen Anforderungen der §§ 3a Abs. 2, 37 Abs. 3 und 4 VwVfG nicht sehr wahrscheinlich.²⁶¹ Zwar stehen viele Bürger in ständigem Kontakt zur Verwaltung. Es werden jedoch gerade jene Verwaltungsleistungen – etwa solche der Sozialverwaltung – besonders häufig nachgefragt, bei denen die Bürger keinesfalls mit dem informationstechnischen System alleingelassen werden sollten, da die Verwaltung hier individuelle Beratungsleistungen erbringen und individuelle Lösungen für Problemlagen erarbeiten muss. Auch von (kommunaler)

---

²⁵⁵ Zu Fragen der „Sozialverträglichkeit" des Einsatzes von IKT in der Verwaltung auch *Pitschas,* Allgemeines Verwaltungsrecht als Teil der öffentlichen Informationsordnung (Fn. 146), S. 263.
²⁵⁶ Beispiele für beratungsintensive Bereiche finden sich bei *Holznagel/Krahn/Werthmann,* Electronic Government auf kommunaler Ebene (Fn. 102), S. 1479: Einbürgerungs- und Staatsangehörigkeitsangelegenheiten, BAföG, Schwerbehindertenrecht.
²⁵⁷ *Holznagel/Krahn/Werthmann,* Electronic Government auf kommunaler Ebene (Fn. 102), S. 1484 zum Melde- und Passrecht.
²⁵⁸ Dazu *Eifert/Püschel,* Elektronisches Verwaltungsverfahren (Fn. 224), S. 132 f. m. w. N.
²⁵⁹ Zu diesem Problem statt vieler *Eifert,* Electronic Government (Fn. 6), S. 117 f. m. w. N.; *Gisela Schwellach/Martin Hagen,* Modernisierung der Verwaltung durch E-Government: Das Praxisbeispiel Bremen, DfK 2004, S. 118 f.
²⁶⁰ S. dazu z. B. *Groß,* Öffentliche Verwaltung im Internet (Fn. 188), S. 162.
²⁶¹ Skeptisch etwa *Johann Bizer,* Datenspeicherung in zentralen und peripheren Netzen versus smart-card, in: Klaus P. Möller/Friedrich v. Zezschwitz (Hrsg.), Verwaltung im Zeitalter des Internet – Vernetzte Verwaltung und Datenschutz, 2002, S. 19 ff., insbes. die Diskussionsbeiträge auf S. 60 f., 62 f., 69.

D. Rechtliche Grundfragen der Implementation neuer IKT

Verwaltungsseite wird hinsichtlich der elektronischen Durchführung von Verwaltungsverfahren angesichts des finanziellen, organisatorischen und personellen Aufwands eher Zurückhaltung geübt.[262] Zwar werden von Politik und Wirtschaft weitere Maßnahmen ergriffen, um Verbreitung und Nutzung der Signaturtechnik zu stärken. Es war auch ein Ziel der gesetzlichen Neufassung des Signaturgesetzes vom 11. Januar 2005[263], eine zügige Beantragung und Ausgabe von Signaturkarten zu ermöglichen und das Engagement der Kreditwirtschaft im Signaturmarkt zu fördern. Die Erhöhung des Verbreitungserfolgs der Signaturverfahren blieb allerdings aus.[264] Positive Veränderungen verspricht man sich durch die Einführung des elektronischen Personalausweises.[265] Bei diesem kann auf Wunsch eine Signaturfunktion freigeschaltet werden, mittels derer qualifizierte digitale Signaturen erstellt werden können.[266]

Die jetzige Rechtslage erscheint daher hinsichtlich des Elektronisierungspotentials der Verwaltung in zweifacher Hinsicht diskussionsbedürftig: Zu überdenken ist zum einen, ob die Dichte fachgesetzlicher Schriftformerfordernisse wirklich berechtigt ist,[267] denn mit der Schriftformanordnung entfiele auch das Signaturerfordernis. Zum anderen bestehen Zweifel, ob das mit den gesetzlichen Signaturanforderungen vorgegebene hohe Sicherheitsniveau tatsächlich erforderlich ist.[268]

b) Zuständigkeitsvorschriften

Sofern eine integrierte Arbeitsweise im Sinne organisationseinheitsübergreifender Vorgangsbearbeitung gestärkt werden soll, besteht ein **Flexibilisierungsbedarf** bei den gesetzlichen Zuständigkeitsvorschriften.[269] Die Dimensionen notwendiger Flexibilisierung, deren verfassungsrechtliche Grenzen sowie das verwaltungsorganisationsrechtliche Instrumentarium zur Handhabung flexibler Zuständigkeitsstrukturen wurden eingehend monografisch untersucht:[270] Anpassungsbedarf wird insbesondere unter drei Gesichtspunkten gesehen: Erstens soll die rechtliche Zuständigkeitsordnung eine **verstärkte Bündelung der Verwaltungstätigkeit auf der Gemeindeebene** ermöglichen. Zweitens soll eine **flexible Handhabung der Zuständigkeiten** ermöglicht werden, die es erlaubt,

---

[262] KGSt-Bericht 1/2000 (Fn. 12), S. 50.
[263] Erstes Gesetz zur Änderung des Signaturgesetzes vom 11. Januar 2005, BGBl I (2005), S. 2.
[264] Utz Schliesky, in: Knack/Henneke, VwVfG, § 3a Rn. 13; bereits frühzeitig zweifelnd Alexander Roßnagel, Elektronische Signaturen mit der Bankkarte? – Erstes Signaturänderungsgesetz, NJW 2005, S. 283 (388).
[265] Skeptisch auf Grundlage von Erfahrungen in anderen EU-Mitgliedsstaaten Heribert Kubicek, Akzeptanzprobleme sicherer elektronischer Identitäten, DuD 2011, S. 33 ff.
[266] Näher zum novellierten PAuswG (BGBl I [2009], S. 1346), insbesondere zum elektronischen Identitätsausweis Georg Borges, Der neue Personalausweis und der elektronische Identitätsnachweis, NJW 2010, S. 3334 ff.; Sönke E. Schulz, Der neue „E-Personalausweis", CR 2009, S. 267 (268 ff.).
[267] Skeptisch Eifert, Electronic Government (Fn. 6), S. 103 m. w. N.
[268] Skeptisch Bizer, Datenspeicherung (Fn. 261), S. 19 ff., insbes. der Diskussionsbeitrag auf S. 64 f.
[269] Lenk, Außerrechtliche Grundlagen für das Verwaltungsrecht in der Informationsgesellschaft (Fn. 155), S. 96 ff.; Schmidt-Aßmann, Verwaltungsrecht in der Informationsgesellschaft (Fn. 186), S. 416; Ziekow, Vom Verwaltungsverfahren über den Geschäftsprozess zum IT-Workflow (Fn. 96), S. 83 ff.
[270] Eifert, Electronic Government (Fn. 6), S. 224 ff.

Aufgaben je nach Schwierigkeitsgrad oder auch nach Kapazitätsauslastung im Einzelfall angemessen zu verteilen. Drittens sollen angesichts der entfallenden Ortsbindung der Verwaltung die **Vorschriften über die örtliche Zuständigkeit gelockert und örtliche Mehrfachzuständigkeiten** begründet werden.[271] De lege lata ist diese Flexibilität angesichts ausdrücklicher gesetzlicher Zuständigkeitszuweisungen kaum zu realisieren, so dass der Gesetzgeber insoweit ermöglichend tätig werden müsste. Die Regelungen zum Verfahren über eine einheitliche Stelle stellen insoweit einen ersten Schritt zu einer Versubjektivierung der Zuständigkeit dar, jedenfalls wenn man den gesamten Geschäftsprozess in den Blick nimmt.[272] Darüber hinaus stößt der Flexibilisierungsspielraum bald an Schranken. Es sind die verfassungsrechtlichen Grenzen zu beachten.[273] Solche ergeben sich insbesondere aus der kommunalen Selbstverwaltungsgarantie, die die Kommunen etwa davor schützt, durch mehrbelastende Zuständigkeitsbündelung in ihren eigenen Handlungsspielräumen übermäßig beschnitten zu werden. Schwierigkeiten bereitet zudem der **institutionelle Gesetzesvorbehalt**. Soweit dieser reicht,[274] darf es der Gesetzgeber nicht zulassen, dass Zuständigkeiten im Einzelfall ad hoc durch die Verwaltung verlagert werden können. Flexibilisierungsgrenzen ergeben sich zudem aus der Notwendigkeit, die **Verantwortung** für die Durchführung des Verwaltungsverfahrens und für die Entscheidungsfindung im engeren Sinne **in einer Hand** zu halten.[275] Eine praktische Schwierigkeit stellt sich auch bei der Suche nach geeigneten Rechtsinstituten des Verwaltungsorganisationsrechts, durch die eine dauerhafte, gleichwohl aber flexible Ad-hoc-Zusammenarbeit zwischen verschiedenen Verwaltungseinheiten gestaltet werden könnte. Etablierte Instrumente wie die **Amtshilfe** oder eine gesetzlich vorgesehene **Organleihe** können hier zum Einsatz kommen, dürften dem Flexibilitätsbedarf jedoch kaum genügen.[276] Eine Möglichkeit, die Zusammenarbeit rechtlich auszugestalten, bietet etwa der **Verwaltungsvertrag,** von dem vermehrt Gebrauch gemacht werden müsste.[277]

II. Vermeidung negativer Effekte des IKT-Einsatzes in der Verwaltung durch Recht

56   Der Einsatz von IKT in der Verwaltung kann neben den erhofften Effizienz-, Transparenz- und sonstigen Gewinnen auch unerwünschte Effekte haben, zu de-

---

[271] Hierzu etwa *Lenk*, Abschied vom Zuständigkeitsdenken (Fn. 12), S. 239 ff.
[272] *Ziekow*, Vom Verwaltungsverfahren über den Geschäftsprozess zum IT-Workflow (Fn. 96), S. 76 f.; zum Verfahren über eine einheitliche Stelle s.o. → Rn. 51 a.
[273] Dazu etwa *Eberle*, Organisation der automatisierten Datenverarbeitung (Fn. 21), S. 111 ff.
[274] Zur Bedeutung des Grundsatzes des Gesetzesvorbehalts für die Kompetenzabgrenzung zwischen Gesetzgeber und Verwaltung in Fragen der Verwaltungsorganisation *Eberhard Schmidt-Aßmann*, Verwaltungsorganisation zwischen parlamentarischer Steuerung und exekutivischer Organisationsgewalt, in: FS Hans Peter Ipsen, 1977, S. 333 ff.; *Günther C. Burmeister*, Herkunft, Inhalt und Stellung des institutionellen Gesetzesvorbehalts, 1991, S. 161 f.; *NWVerfGH*, NJW 1999, S. 1243.
[275] Zum Zusammenhang von Verfahrensverantwortung und Entscheidungsverantwortung ausführlich *Eifert*, Electronic Government (Fn. 6), S. 245 ff.
[276] *Schmidt-Aßmann*, Verwaltungsrecht in der Informationsgesellschaft (Fn. 186), S. 416, mahnt darum die Entwicklung zusätzlicher Rechtsinstitute zur Strukturierung dieser Dauerkontakte an.
[277] Vgl. zu den Rechtsformen kommunaler Kooperationsverbünde die Übersicht bei *Mehlich/Postler*, Die virtuelle Kommunalverwaltung (Fn. 111), S. 75.

D. Rechtliche Grundfragen der Implementation neuer IKT

ren Vermeidung das Recht reagieren muss. Grundfragen, die im Folgenden näher betrachtet werden sollen, betreffen die Leichtigkeit und Gleichheit des Zugangs zur Verwaltung (1.), die Behauptung der Steuerungswirkung des Rechts gegenüber privat gestalteter Software (2.), die Sicherung der Grundlagen materieller Entscheidungsverantwortung und Einstandspflichten der zuständigen Verwaltungsstelle (3.) und die Transparenzfunktionen der Aktenführung (4.).

1. Zugang zur Verwaltung

Ein grundlegendes Problem elektronischer Verwaltung ist die Gewährleistung von (gleichem) Zugang aller Bürger zur Verwaltung. Zwar werden nicht einmal die Papierschriftform und die mündliche Form gleichmäßig beherrscht. Immerhin gewährleisten diese Interaktionsformen jedoch ein gewisses Maß an Zugangsgleichheit, das den weitaus größten Teil der Bevölkerung einbezieht. Dahinter bleiben die elektronisierten Interaktionsbeziehungen zurück. Nach wie vor hat ein bedeutender Teil der Bevölkerung keinen Zugang zum Internet oder kann diesen jedenfalls nicht in einer Weise nutzen, die sinnvolle elektronische Interaktion mit der Verwaltung zuließe (**Gefahren des *„Digital Divide"*[278]**).

Der Gesetzgeber hat dieses Problem gesehen und gemildert: Zum einen ist es dem Bürger weiterhin gestattet, seinerseits papierschriftlich oder mündlich mit der Verwaltung zu kommunizieren. Dazu ist nunmehr auch eine einheitliche Behördennummer 115 eingerichtet worden. Zum anderen ist die elektronische Kommunikationsbefugnis der Verwaltung auf die Fälle beschränkt, in denen der Adressat zur elektronischen Kommunikation in der Lage ist. § 3a Abs. 1 VwVfG gestattet die Übermittlung elektronischer Dokumente nur, soweit ein Zugang hierfür eröffnet ist. Verfügt der Adressat über keinen Internetzugang, darf die Behörde nicht elektronisch kommunizieren. § 3a Abs. 1 VwVfG schützt also diejenigen, die keinen Zugang haben, davor, mit elektronischen Verfahren konfrontiert zu werden. Im Grundsatz ist hiermit eine interessengerechte Lösung erzielt.

Allerdings kann § 3a Abs. 1 VwVfG die Probleme ungleichen Zugangs nicht in jeder Hinsicht vermeiden: Diejenigen ohne Zugang bleiben insofern deprivilegiert, als sie von **informalen Formen elektronischer Interaktion**, insbesondere von **Informationsangeboten** der Verwaltung, abgeschnitten sind.[279] Wertvolle Informationen, die sich im Netz finden lassen, erreichen diese Bürger trotz der Regelung des § 3a Abs. 1 VwVfG nicht. Auch von der Teilnahme an informellen Kommunikationsforen sind diejenigen ausgeschlossen, die über keinen Netzzugang verfügen. Aufgrund seines systematischen Standorts im Verwaltungsverfahrensgesetz gilt § 3a Abs. 1 VwVfG zwar nicht nur für die Verwaltungsverfahren i.e.S. des § 9 VwVfG, sondern allgemein für die Verwaltungstätigkeit i.S.d. § 1 Abs. 1 VwVfG. Theoretisch gilt die Schutzklausel des § 3a Abs. 1 VwVfG demnach auch für informale Verwaltungstätigkeit wie etwa kommunale Informationsangebote. § 3a Abs. 1 VwVfG entfaltet jedoch gerade im Bereich der Information kaum Wirkung: Er restringiert lediglich die „Übermittlung" elektroni-

---

[278] Dazu etwa *Skrobotz*, Das elektronische Verwaltungsverfahren (Fn. 4), S. 133 ff. m.w.N.
[279] Zur verpflichtenden Gewährleistung einer „digitalen Grundversorgung" *Anika D. Luch/Sönke E. Schulz*, E-Daseinsvorsorge – staatliche Schutzpflichten und Sozialstaatsprinzip im Lichte der „Virtualisierung" des Lebens, in: Hill/Schliesky (Hrsg.), e-Government (Fn. 5), S. 305 ff.

scher Dokumente. Damit dürfte die vom Absender initiierte Übersendung elektronischer Dokumente an einen oder mehrere ausgewählte Adressaten gemeint sein. Internet-Informationsangebote der Verwaltung werden jedoch typischerweise nicht in diesem Sinne übersandt, sondern sind auf den Web-Seiten der Verwaltung zu lesen, so dass der Empfänger sie „abholen" kann. Das ist keine Dokumentübermittlung i.S.d. § 3a Abs. 1 VwVfG, der hierauf folglich nicht anwendbar ist. Darum darf die Verwaltung Informationsangebote machen, ohne sich vorher vergewissern zu müssen, dass jeder, der sich für die Information interessieren könnte, Zugang zur Information hat. Es wäre auch nicht sinnvoll, solche Informationssysteme beschränken zu wollen oder gar die Verwaltung zu verpflichten, all denjenigen, die keinen Netzzugang zu dieser Information haben, entsprechende schriftliche Informationen mit der Post zuzusenden. Im informalen Bereich machen sich die ungleichen Ausgangsbedingungen im Umgang mit Informationstechnik also trotz der Schutzklausel des § 3a Abs. 1 VwVfG bemerkbar. Rechtlich zu beanstanden ist dies allerdings nicht.[280] Das verbleibende Maß an Zugangsungleichheit ist hinzunehmen.

Für Menschen mit Behinderung können besondere Zugangsprobleme dadurch entstehen, dass staatliche Internetauftritte und -angebote nicht **barrierefrei** gestaltet sind.[281] Um dem abzuhelfen und vorzubeugen, hat der Gesetzgeber mit § 11 Behindertengleichstellungsgesetz (und der zugehörigen Barrierefreie-Informationstechnik-Verordnung) festgelegt, dass Träger öffentlicher Gewalt die grundsätzlich uneingeschränkte Nutzung durch behinderte Menschen ermöglichen müssen. Neben der Sicherung eines gleichberechtigten Zugangs können auf dieser Grundlage auch die besonderen Potentiale von E-Government für Menschen mit Behinderung besser entfaltet werden.

2. Rechtliche Steuerung der Verwaltung

a) Verlust der Steuerungswirkung des materiellen Rechts

59   Die rechtsstaatliche und demokratische Qualität von Verwaltungsentscheidungen beruht nicht zuletzt auf der Bindung der Verwaltung an das materielle Gesetzesrecht und ihrer Steuerung durch das Gesetz.[282] Mit der Automatisierung der Entscheidungsfindung scheint das materielle Gesetz seine Steuerungswirkung zu verlieren; an dessen Stelle treten den Entscheidungsvorgang steuernde Computerprogramme.[283] Der Steuerungszusammenhang traditioneller Gesetzesanwendung lässt sich nicht vollständig in eine maschinelle Gesetzesanwendung transformieren. Zwar ist im Einzelfall bei einem gesetzlich umfassend und konditional programmierten Steuerungsbefehl eine standardisierende Abbildung der gesetzlichen Verknüpfung von Tatbestand und Rechtsfolge durch Software noch möglich und wird im Rahmen der automatisierten Massendatenverarbeitung

---

[280] Dazu auch *Eifert*, Electronic Government (Fn. 6), S. 120.
[281] Dazu *Jan D. Roggenkamp*, Barrierefreies E-Government, NVwZ 2006, S. 1239 ff.; zu den Hintergründen *Henrike Gappa*, Barrierefreies e-Government für Alle, in: Bieler/Schwarting (Hrsg.), e-Government (Fn. 3), S. 222 ff.
[282] → Bd. I *Reimer* § 9.
[283] *Schliesky*, Legitimation und Verantwortung im komplexen, arbeitsteiligen Staat (Fn. 5), S. 11, weist darauf hin, dass diese Wirkung in *BVerfGE* 119, 331 (374) (dazu → Rn. 45 a) anerkannt wird.

auch vielfach praktiziert.²⁸⁴ Die automatisierte Entscheidungsfindung ist jedoch dort **problematisch, wo keine konditionale, sondern lediglich eine finale Programmierung von Entscheidungsvorgang**²⁸⁵ und -ergebnis besteht, etwa weil das materielle Recht der Verwaltung ein Ermessen belässt. Hier muss der unvollständige gesetzliche Steuerungsbefehl durch Ermessensentscheidung im Einzelfall ergänzt werden. Inwiefern dies den Einsatz von IKT ausschließt, ist streitig.

Einerseits wird für den Vorgang der Ermessensentscheidung die **unmittelbare Entscheidungsmitwirkung eines Menschen** für erforderlich gehalten, so dass die Ermessensentscheidung dem Menschen nicht durch ein Computerprogramm abgenommen werden kann.²⁸⁶ Andererseits wird es für zulässig erachtet, ursprünglich (lediglich) final konzipierte Entscheidungen durch die technische Programmierung auf ein konditionales Schema zu verkürzen. Diese Verkürzung des Entscheidungsspielraums sei nicht datenverarbeitungsspezifisch, sondern entspreche vielmehr der Entscheidungssteuerung durch Ermessensrichtlinien. Maßgeblich sei allein, wer die Verkürzung des Entscheidungsspielraums vornehme. Dies dürfe nicht Programmierern überlassen werden. Die **Verantwortung für das Programm** müsse durch die zuständige Stelle übernommen werden.²⁸⁷ Die entscheidungslegitimierende Verantwortungsübernahme der Verwaltung für lediglich final programmierte Entscheidungen wäre demnach auf den Zeitpunkt der Softwareauswahl vorverlagert.

Praktisch stellt sich das Problem allerdings kaum in der bei dieser Diskussion unterstellten Schärfe. Letztlich steht bei der heutigen Diskussion um den IKT-Einsatz in der Verwaltung nicht mehr die Automation der Entscheidungsfindung im Vordergrund. Vielmehr geht es um die verfahrensmäßige Unterstützung der Vorgangsbearbeitung. Gleichwohl sind gewisse **Einflüsse auch der Verwendung „bloßer" Vorgangsbearbeitungssoftware** auf die Anwendung des materiellen Rechts nicht zu leugnen. So dürfte etwa die Bereitwilligkeit, Sachverhalte als juristische Ausnahmesituationen anzuerkennen und entsprechend eine untypische Rechtsfolge zu wählen, beim Einsatz elektronischer Workflow-Management-Systeme häufig reduziert sein. Der Einsatz elektronischer Vorgangsbearbeitungssysteme lebt von der Standardisierbarkeit der Verwaltungsvorgänge. Die Standardisierbarkeit des Verwaltungsablaufs steht in engem Zusammenhang mit der

60

---

²⁸⁴ *Lazaratos*, Rechtliche Auswirkungen der Verwaltungsautomation (Fn. 207), S. 219 m.w.N. Zur Voraussetzung der konditionalen Programmierung der juristischen und automatischen Entscheidungsprozesse bereits *Luhmann*, Recht und Automation in der Verwaltung (Fn. 66), S. 35 ff. Auch hier können allerdings Probleme auftreten, wenn falsche Daten eingegeben werden oder die richtigen Daten nach fehlerhaft konzipierten Programmen verarbeitet werden, *Eberle*, Organisation der automatisierten Datenverarbeitung (Fn. 21), S. 50. Dies ist aber keine prinzipielle Gefährdung der Steuerungswirkung des materiellen Rechts, sondern schlicht eine rechtsfehlerhafte IT-Anwendung im Einzelfall, die zu korrigieren ist.
²⁸⁵ Vgl. a. → Bd. I *Franzius* § 4 Rn. 32 ff.
²⁸⁶ Zur spezifisch „menschlichen" Komponente des Entscheidungsvorgangs grundlegend *Luhmann*, Recht und Automation in der Verwaltung (Fn. 66), S. 56 f. S. außerdem *Polomski*, Der automatisierte Verwaltungsakt (Fn. 79), S. 56 ff. m.w.N.; *Eberle*, Organisation der automatisierten Datenverarbeitung (Fn. 21), S. 50 f.; *Lazaratos*, Rechtliche Auswirkungen der Verwaltungsautomation (Fn. 207), S. 220 ff.; *Schmidt-Aßmann*, Verwaltungsrecht in der Informationsgesellschaft (Fn. 186), S. 423 f.; *Groß*, Die Informatisierung der Verwaltung (Fn. 1), S. 409 m.w.N. Gegen das Erfordernis menschlicher Mitwirkung an der Endentscheidung *Eifert*, Electronic Government (Fn. 6), S. 127 ff.
²⁸⁷ *Carl-Eugen Eberle*, Die öffentliche Verwaltung vor den Herausforderungen der Informationsgesellschaft, DV, Bd. 20 (1987), S. 459 (463).

Standardisierbarkeit der tatsächlich zu bearbeitenden Sachverhalte. Ausnahmesituationen verkomplizieren die elektronische Abbildung. Je nachdem, wie gut die im konkreten Fall eingesetzte Software auf Ausnahmesituationen eingestellt ist, sind die Sachbearbeiter u. U. gezwungen, Ausnahmen „von Hand" zu bearbeiten und die handbearbeiteten Daten an späterer Stelle des Geschäftsvorgangs wieder von Hand einzupflegen. Weil damit die Effizienzgewinne des IKT-Einsatzes verloren gehen, dürfte eine Neigung der Bearbeiter bestehen, Ausnahmefälle nur in sehr begrenzten Fällen anzuerkennen. In die Entscheidung gehen damit IKT-bedingte Einflüsse ein, die nicht durch das materielle Recht gesteuert sind. Dies zeigt, dass die Kontrolle und Anpassung der eingesetzten Softwareprodukte auch beim Einsatz bloßer Workflow-Management-Systeme, die keine automatisierte Entscheidung produzieren, eine besonders wichtige Aufgabe ist. Sie muss verantwortungsvoll wahrgenommen werden, wenn die Verwaltungslegitimation keinen Schaden nehmen soll.[288]

b) Verlust der Steuerungswirkung des Verfahrensrechts

61 Problematisch erscheinen auch die Einwirkungen prozessorientierter Software auf die Gestaltung der Verfahrensabläufe und die damit einhergehende Gefahr eines Funktionsverlusts des Verwaltungsverfahrensrechts. Durch den Einsatz prozessorientierter Software verändert sich unter Umständen die inhaltliche Gestaltung des Verfahrens. Während idealtypisch das Verfahrensrecht den Verfahrensverlauf steuert, ist es dann das **jeweils verwendete Programm,** welches die **entscheidenden Impulse für das Verfahren** gibt. Auch dem Verwaltungsverfahrensrecht drohen somit legitimationsrelevante Funktionsverluste durch den Einsatz prozessorientierter Software.

62 Zum einen scheint sich die Verwaltung auf diese Weise ihres Verfahrensermessens zu begeben, zu dessen Ausübung sie gesetzlich verpflichtet ist (insbes. §§ 10, 24 Abs. 1 S. 2 VwVfG). Die konkrete Ausgestaltung des Verfahrens liegt nicht in der Verantwortung der Behörde, sondern wird durch das Programm vorgegeben. Ist ein Verfahrensschritt im Programm nicht vorgesehen, kann er nicht erfolgen. So wird von Programmen berichtet, die eine gründlichere Dokumentation der Sachverhaltsermittlung nicht gestatten, weil eine Maske fehlt, in die umfassende Ermittlungsergebnisse eingetragen werden können. Wenn von dem Programm nur ganz bestimmte Sachverhaltsaspekte abgefragt werden, bleiben weitere Informationen unbeachtet. Es bestimmt also nicht – wie § 24 Abs. 1 S. 2 VwVfG es vorsieht – die Behörde Art und Umfang der Ermittlungen, sondern das eingesetzte Programm. Damit ist die Legitimationsgrundlage des Verwaltungshandelns in Frage gestellt, weil die **Verwaltung die Verfahrensverantwortung aus der eigenen Hand zu geben und in die der Softwarehersteller** – regelmäßig private Unternehmen – zu legen scheint. Auch dies führt jedoch nicht zur Unzulässigkeit des Einsatzes von verfahrenssteuernder Software: Die Verfahrensverantwortung der Behörde und ihre Verpflichtung zur Ausübung des Verfahrensermessens muss wiederum bereits bei der Auswahl der Software zum Tragen kommen. Insoweit ist die Ermessensausübung auf den Zeitpunkt

---

[288] Ähnlich *Groß,* Die Informatisierung der Verwaltung (Fn. 1), S. 409; *Voßkuhle,* Die Verwaltung in der Informationsgesellschaft (Fn. 65), S. 107; ausführlicher bereits *Eberle,* Organisation der automatisierten Datenverarbeitung (Fn. 21), S. 49 ff., 56 ff.; *Tönsmeyer-Uzuner,* Expertensysteme (Fn. 137), S. 111 ff.

der Softwareauswahl vorverlagert und die Software fungiert wie eine ermessenslenkende Verwaltungsvorschrift[289] selbstprogrammierend. Solche Formen der Selbstbindung der Verwaltung sind üblich und zulässig, im Einzelfall bleibt allerdings zu prüfen, ob eine besondere Konstellation ausnahmsweise ein Abweichen von der Eigenprogrammierung verlangt.[290]

Zum anderen scheint das **Verfahrensrecht selbst** an **Steuerungswirkung zu verlieren;** an seine Stelle tritt das Programm. Bildet ein Programm die Verfahrensrechtslage nicht richtig ab, kommt es zum Verfahrensfehler. Schränkt ein Programm etwa die Dokumentation der Sachverhaltsermittlung zu sehr ein, wäre möglicherweise das Gebot der Sachverhaltsermittlung und ihrer aktenförmigen Dokumentation[291] verletzt (§ 24 Abs. 1 VwVfG).[292] Das Verfahrensrecht büßt seine Steuerungswirkung jedoch nicht zwingend ein. Diese muss vielmehr mittelbar entfaltet werden, nämlich vermittelt über eine den gesetzlichen Anforderungen entsprechend ausgestaltete Software: Das Gesetz steuert die Ausgestaltung des Programms, das Programm steuert das Verfahren. Wenn das Programm im konkreten Fall die rechtlichen Anforderungen nicht richtig umsetzt, leidet ein strikt nach dem Programm durchgeführtes Verfahren zwar an einem Rechtsfehler. Dass falsche Selbstprogrammierungen der Verwaltung zu Verfahrensfehlern führen können, ist jedoch für sich genommen keine Besonderheit des Einsatzes prozessorientierter Software: Läge der Verfahrensgestaltung etwa eine fehlerhafte Verwaltungsvorschrift zugrunde, wäre das Verfahren auch rechtsfehlerhaft. Welche Konsequenzen das hat, hängt von der Fehlerfolgenregelung ab. 63

c) „E-spezifische" Steuerungszusammenhänge

Die Gefahr, dass der Einsatz prozessorientierter Software im Verwaltungsablauf die Steuerungswirkung des materiellen Rechts oder des Verfahrensrechts beeinträchtigen und damit zu Legitimationsverlusten führen kann, steht diesem nicht prinzipiell entgegen. Immer wieder zeigt sich allerdings, dass der **Auswahl der Software durch die Behörde** zentrale Bedeutung zukommt. Mit der Auswahl übernimmt die Behörde die Verantwortung für das Programm. Tatsächlich wirksam wird diese Verantwortung jedoch nur, wenn eine inhaltliche Auseinandersetzung mit der Leistungsfähigkeit des Programms erfolgt. In der Praxis scheinen solche Prozesse durchaus stattzufinden: Verwaltungssoftware wird in enger Zusammenarbeit zwischen Verwaltungsmitarbeitern und Softwareentwicklern erarbeitet; es wird vorab gemeinsam formuliert, welche Anforderungen ein Programm erfüllen muss. Allerdings wird kaum für jede Behörde eine ganz individuelle Lösung entwickelt, sondern es besteht eine Tendenz zum 64

---

[289] Die Rechtsnatur der bei Verfertigung von Verwaltungsentscheidungen eingesetzten Software wird unterschiedlich beurteilt. Dazu *Polomski*, Der automatisierte Verwaltungsakt (Fn. 79), S. 219 ff. mit zahlreichen Nachweisen.

[290] *Lazaratos*, Rechtliche Auswirkungen der Verwaltungsautomation (Fn. 207), S. 102; *Hufen*, Fehler (Fn. 178), Rn. 105. Gegen einen solchen generellen Vorbehalt *Eifert*, Electronic Government (Fn. 6), S. 130.

[291] Zur Notwendigkeit, das Ermittlungsergebnis zu dokumentieren, *Dieter Kallerhoff*, in: Stelkens/Bonk/Sachs (Hrsg.), VwVfG, § 24 Rn. 2.

[292] Zum Problem der Standardisierung der Amtsermittlung *Lazaratos*, Rechtliche Auswirkungen der Verwaltungsautomation (Fn. 207), S. 157 ff.; *Polomski*, Der automatisierte Verwaltungsakt (Fn. 79), S. 120 ff.

Einsatz **standardisierter Software,** denn ohne Standardisierung sind die erhofften Rationalisierungseffekte verfahrensunterstützender Software nicht zu erzielen. Die realen Einwirkungsmöglichkeiten einzelner Verwaltungen sind darum begrenzt. Ihre tatsächliche Möglichkeit der Verantwortungsübernahme beschränkt sich regelmäßig auf die Entscheidung, eine vorhandene, weit gehend standardisierte Software einzusetzen oder sie nicht einzusetzen. Auch damit übernimmt die Behörde jedoch in juristisch hinreichender Weise die Verantwortung für das Programm.

65 Problematisch könnte allerdings erscheinen, dass programmbedingte fehlerhafte Einflüsse auf Verfahren und Entscheidung nicht sofort abgestellt werden können, weil dafür zunächst neue Software beschafft werden müsste, was auf verwaltungspraktische, insbesondere finanzielle Hindernisse stößt. Insofern sind **softwarebedingte Verfahrensfehler korrekturresistenter** als solche, die auf einer – ohne größeren Kostenaufwand überarbeitbaren – falschen Verwaltungsvorschrift beruhen. Auch insofern kommt der Auswahl der Software durch die Behörde zentrale Bedeutung zu: Fehler des Programms, die zu diesem Zeitpunkt übersehen werden, sind später nicht mehr ohne Aufwand zu beseitigen. Tritt ein Fehler auf und kann auf den Korrekturbedarf nicht sofort durch Programmänderung reagiert werden, müssen sich die betroffenen Stellen auf andere Weise behelfen. Jedenfalls darf das erkanntermaßen fehlerhafte Programm nicht mehr schematisch angewendet werden. Die einzelne Behörde könnte insoweit durch die Einrichtung von Zertifizierungsverfahren entlastet werden, durch die die allgemeine Verfahrensrechtskonformität bestimmter Programme bescheinigt wird.

66 Wenn sich die staatliche Normierungsverantwortung regelmäßig in der Auswahl der Software niederschlägt, hat diese den Ansatzpunkt rechtlicher Überlegungen zu bilden. Angesichts der zentralen Bedeutung der Entscheidung über den IKT-Einsatz in bestimmten Verfahren und der Auswahl der zu verwendenden Technologie ist nach Möglichkeiten zu suchen, diese den eigentlichen Verwaltungsentscheidungen vorgelagerten **Technologie-Entscheidungen** zum **Gegenstand gesetzlicher Steuerung** zu machen.[293]

3. Entscheidungsverantwortung

67 Geht es bei der Bewahrung des steuernden Einflusses des Rechts unter den Bedingungen softwaregeleiteter Entscheidungsfindung im Wesentlichen um die Behauptung der staatlichen Verantwortung für Verwaltungsentscheidungen gegenüber der technologievermittelten Einwirkung *privater* Softwareanbieter (s. o., 2.), so ist das Recht durch Entwicklungen hin zum E-Government durchaus auch hinsichtlich der Lokalisierung von Entscheidungsverantwortung *innerhalb* der Verwaltung herausgefordert. Rechtsstaats- und Demokratieprinzip verlangen, dass Verantwortung für Verwaltungshandeln bestimmten Stellen zuordenbar ist. Verantwortung meint hier zum einen die **materielle Verantwortung im Sinne inhaltlicher Beeinflussung der Verwaltungsentscheidung.** Sie muss in den Händen derer liegen, denen sie mittels gesetzlicher Zuständigkeitsschriften zugewiesen wurde. Zum anderen ist damit die Verantwortungstragung im Sinne rechtlicher und politischer **Rechenschafts- und Einstandspflichten** insbesondere

---

[293] Zutreffend *Eifert*, Electronic Government (Fn. 6), S. 141 ff. mit ersten Vorschlägen.

gegenüber dem Bürger gemeint. Mit der nach dem E-Government-Leitbild anzustrebenden stärkeren Integration der Verwaltungsarbeit geht die Veränderung und teilweise die Gefahr der Schwächung normativer und tatsächlicher Verantwortungszusammenhänge einher. Vernetzte und enthierarchisierte Verwaltungsabläufe erschweren die Übernahme materieller Verantwortung durch eine Stelle. U.U. können diejenigen, denen das Gesetz die materielle Verantwortung zugewiesen hat, dieser Verantwortungserwartung nur eingeschränkt gerecht werden. Tatsächliche materielle Verantwortung einerseits und Verantwortungstragung im Sinne des Dafür-einstehen-Müssens andererseits können auseinanderfallen. Darauf muss das Recht reagieren.

a) Beeinträchtigung von Verantwortungszusammenhängen durch Vernetzung und Enthierarchisierung

Die IKT-gestützte Integration der Verwaltungsarbeit kann die Transparenz der Verantwortungsverteilung sowohl auf innerbehördlicher als auch auf transbehördlicher Ebene schwächen. Wenn „jeder an jedem Ort auf jeden Vorgang Zugriff nehmen kann", verdunkelt dies den Entscheidungsvorgang. Verwaltungshandeln wird intransparent und es besteht die Gefahr, dass Entscheidungen maßgeblich von anderen Stellen als derjenigen beeinflusst werden, die sie von Rechts wegen materiell zu verantworten und dafür auch nach außen einzustehen hat. Die Erwartung, dass „Figuren wie Anhörung, Benehmen, Einvernehmen und Zustimmung wenig mehr als an das Rechtssystem gerichtete Signale für die erfolgreiche Teilnahme an einem weit gehend synchron verlaufenden Abstimmungsprozess darstellen, den Koordinationsausschüsse, Fachkonferenzen oder situativ operierende soziale Systeme am Netz weit gehend informell und kollegial betreiben",[294] mag Sorgen um die **Transparenz inner- und transbehördlicher Verantwortungszusammenhänge** auslösen. Wenn auch in der innerbehördlichen Arbeitsrealität hierarchische Strukturen durch Netzwerkstrukturen verdrängt werden, scheint insbesondere das angesichts vielfältiger Verwaltungsorganisationsformen ohnehin schon in erheblichem Maße um seinen Geltungsanspruch gebrachte Konzept hierarchischer Verwaltung[295] mit der integrierten Arbeitsweise im E-Government weiter an Boden zu verlieren.[296] Der Vorstellung, die **Behördenspitze** könne angesichts hierarchischer Entscheidungsstrukturen innerhalb der Behörde für das Verwaltungshandeln **umfassend verantwortlich** gemacht werden, scheint die tatsächliche Grundlage entzogen zu sein. Allerdings hat das Denken und Sprechen über „Netzwerke" hier einen gewissen Vernetzungs- und Enthierarchisierungsmythos geschaffen.[297] Die durch informationstechnische Vernetzung erzeugte

68

---

[294] *Scherzberg*, Die öffentliche Verwaltung als informationelle Organisation (Fn. 185), S. 212f., der aber im Anschluss sogleich „rechtsstaatliche Forderungen nach klarer Zuordnung der Verantwortungssphären" formuliert.

[295] Grundlegend *Horst Dreier*, Hierarchische Verwaltung im demokratischen Staat, 1991. Zu den Grenzen eines auf hierarchischen Verwaltungsstrukturen beruhenden Modells parlamentarischer Verantwortung statt vieler → Bd. I Trute § 6 Rn. 35 ff.

[296] Vgl. zu Enthierarchisierungseffekten *Voßkuhle*, Die Verwaltung in der Informationsgesellschaft (Fn. 65), S. 113f.; *Hoffmann-Riem*, Verwaltungsrecht in der Informationsgesellschaft (Fn. 113), S. 32.

[297] Siehe bereits oben → Rn. 7. So kann etwa der bei *Reinermann*, Das Internet und die öffentliche Verwaltung (Fn. 168), S. 23, in den Vordergrund gestellte Aspekt der Ubiquität von Information die Veränderung der (Informations-)Beziehungen zwischen Vorgesetzten und Mitarbeitern allein kaum

"Netzwerkstruktur" ist nicht das Gleiche wie eine netzwerkartige, hierarchiefreie Organisation der Arbeitsabläufe und erzeugt auch nicht ohne weiteres eine solche. Informationstechnische Vernetzung führt keineswegs automatisch zum Abbau von Hierarchie.[298] Zur arbeitstechnischen Vernetzung und zur Enthierarchisierung kommt es vielmehr nur dort, wo sie planvoll herbeigeführt wird.

69 Freilich können Vernetzungsprozesse und auch gewisse Enthierarchisierungsprozesse nicht in Abrede gestellt werden.[299] Die Enthierarchisierungsprozesse sind allerdings eher psychisch oder sozial denn technisch bedingt: Denkbar ist, dass die im Vergleich zur papierschriftlichen Kommunikation nach gegenwärtigen sozialen Konventionen sehr viel geringere Förmlichkeit der E-Mail-Kommunikation Enthierarchisierungseffekte zeitigt. Während die Papierform Kommunikation hemmt, weil mit ihr die Vorstellung von Endgültigkeit und damit auf allen Seiten die Erwartung inhaltlicher und förmlicher Perfektion verbunden ist, werden bei elektronischer Kommunikation allseitig spontanere und unkompliziertere Formen – informale Kommunikation am Dienstweg vorbei eingeschlossen – akzeptiert.[300] Zur **Durchbrechung von Hierarchie** kommt es dabei in zweifacher Hinsicht.

Zum einen wird Mitarbeitern der **unteren Ebene der direkte Zugang zur Verwaltungsspitze** per E-Mail eröffnet. Dabei ist es der eher politisch-kreative Bereich der Verwaltungstätigkeit, in dem diesbezüglich Veränderungen erwartet werden können. Bei der Erarbeitung (kommunal-)politischer Stellungnahmen, Konzepte o. ä. wird per E-Mail an den eigentlichen, hierarchischen Dienstwegen vorbei kommuniziert.[301] Sachbearbeiter mailen ihre Anregungen direkt an die Verwaltungsspitze. Zwar würde dieser direkte Kontakt auch ohne E-Mail funktionieren. Offensichtlich hat aber die allgemein anerkannte Informalität der E-Mail-Kommunikation hier den Effekt, dass auch die Umgehung des formalen Dienstwegs leichter akzeptiert wird. Wenn hiermit dem Dienstweg etwas an Bedeutung genommen wird, bleiben die relevanten Verantwortungszusammenhänge allerdings unangetastet. Den Kommunikationsweg „von unten nach oben" zu erleichtern, ist vielmehr ein im Hinblick auf die Verwaltungsrationalität durchaus sinnvoller Effekt der Entformalisierung der Kommunikation, um das kreative Potenzial aller Ebenen an der Spitze besser ausnutzen zu können.

Zum anderen verliert der Dienstweg auch dadurch an Bedeutung, dass gleichgestellte Mitarbeiter ohne Einbeziehung des Vorgesetzten direkt miteinander kommunizieren. Solche **Querinformationen** zur Beschleunigung der Arbeit und zur Entlastung der Vorgesetztenstellen sind zwar auch in einer konventionellen Verwaltung nicht unüblich,[302] nehmen aber in einer informationstechnisch vernetzten Verwaltung sicherlich zu. Dies mag ein gewisses Risiko bergen,

---

erklären, weil Information auch im Internetzeitalter keineswegs automatisch ubiquitär ist, sondern gezielter Zurverfügungstellung bedarf.

[298] *Kraemer*, Verwaltungsreform und Informationstechnologie (Fn. 35), S. 193; skeptisch zum Ende der „Max-Weber-Welt" *Kersten*, Herausforderungen durch e-Government (Fn. 46), S. 457 (insbes. 462 ff.).

[299] Hierzu etwa *Claudio Franzius*, Flexible Organisationsmodelle: Netzwerke, Organisationshoheit, Shared Services, Verwaltungsverbünde, Mischverwaltung, in: Hill/Schliesky (Hrsg.), e-Government (Fn. 5), S. 39 ff.

[300] Vgl. *Scherzberg*, Die öffentliche Verwaltung als informationelle Organisation (Fn. 185), S. 212.

[301] Vgl. *Reinermann*, Das Internet und die öffentliche Verwaltung (Fn. 168), S. 23.

[302] Dazu *Heinrich Siepmann/Ursula Siepmann*, Verwaltungsorganisation, 1996, S. 47 f.

D. Rechtliche Grundfragen der Implementation neuer IKT

dass Vorgänge an der Verwaltungsspitze „vorbei" abgewickelt werden; insofern handelt es sich um einen „verantwortungserheblichen" Effekt. Andererseits ist es allerdings gerade mit Hilfe von E-Mail praktisch besonders gut möglich, Vorgesetzte durch elektronische Kopien von der Direkt- und Querkommunikation zu unterrichten und ihnen so die erforderlichen Informationen zur Verfügung zu stellen.

Die Schwierigkeit derjenigen, die eine Entscheidung von Gesetzes wegen materiell zu verantworten haben, dieser Verantwortung tatsächlich durch einen eigenen Entscheidungsbeitrag gerecht zu werden, dürften in einer vernetzten und enthierarchisierten Verwaltung **nicht auf Informationsmangel, sondern** auf **Informationsüberfluss** beruhen. Eine Schwächung der Verantwortungsfähigkeit kann aus der Zunahme und Beschleunigung verwaltungsinterner Kommunikation und Informationsweitergabe resultieren, wenn etwa die Flut der E-Mail-Kopien auf Vorgesetztenebene nicht mehr zu bewältigen ist, weil keine geeigneten Auswahlmechanismen bereitstehen. 70

b) Rechtliche Reaktionen

aa) Verantwortungstransparenz durch Dokumentationspflichten

Das Recht muss auf die beschriebenen Phänomene reagieren. Zum einen ist einer Verantwortungsverschleierung entgegenzuwirken. Die aus Demokratie- und Rechtsstaatsgründen gebotene Verantwortungsklarheit der Verwaltung nähme Schaden, wenn nicht erkennbar wäre, wer auf einen konkreten Verwaltungsvorgang Einfluss genommen hat.[303] Bestehen (rechtmäßige) Zugriffsmöglichkeiten verschiedener Personen auf ein Dokument oder einen ganzen Arbeitsvorgang, setzt die Zuordenbarkeit von Verantwortung im Sinne einer Einstandspflicht voraus, dass sich wie in einer Papierakte nachvollziehen lässt, wer in welcher Weise an einem Vorgang mitgewirkt hat. Nur dann lässt sich auch kontrollieren, ob die materielle Entscheidungsverantwortung im Wesentlichen tatsächlich von jenen Stellen getragen wird, denen sie durch Gesetz zugewiesen ist. Im elektronischen Verfahren müssen Transparenz und Verantwortung über **spezifische elektronische Dokumentationspflichten**[304] realisiert werden. Vorbild einer rechtlichen Regelung könnte § 6 Abs. 4 RegRL[305] sein: „Bei elektronischer Vorgangsbearbeitung ist sicherzustellen, dass die Dokumente, der Laufweg und die Aufzeichnungen aus der Bearbeitung (z.B. Geschäftsgangvermerke, Verfügungen, Aktenvermerke, Zeichnungen, Mitzeichnungen, Kenntnisnahmen) in Protokoll- und Bearbeitungsinformationen nachgewiesen und der elektronischen Akte zugeordnet werden." Auch das Datenschutzrecht kennt bereits entsprechende Dokumentationspflichten über den lesenden und schreibenden Zugriff bei automatisierter Verarbeitung personenbezogener Daten (z.B. die sog. „Eingabekontrolle" nach Nr. 5 der Anlage zu § 9 S. 1 BDSG). 71

---

[303] Vgl. *Schliesky*, Legitimation und Verantwortung im komplexen, arbeitsteiligen Staat (Fn. 5), S. 21 ff.
[304] Siehe auch *Hoffmann-Riem*, Verwaltungsrecht in der Informationsgesellschaft (Fn. 113), S. 38; *Groß*, Öffentliche Verwaltung im Internet (Fn. 188), S. 163 f. m.w.N.
[305] Registraturrichtlinie für das Bearbeiten und Verwalten von Schriftgut in Bundesministerien der Bundesregierung, Beschluss des Bundeskabinetts vom 11. Juli 2001, GMBl 2001, S. 469 ff.

bb) Sicherung der materiellen Entscheidungsverantwortung

72 Die Verwaltung muss zum anderen organisatorische Maßnahmen zur Sicherstellung der zuständigkeitsgerechten Wahrnehmung materieller Verantwortung ergreifen. Zwar gibt es gute Gründe dafür, dass sich die zuständige Behörde auch fremden (Verwaltungs-)Sachverstands bedient. Gleichwohl muss sie die Entscheidung in der Sache am Ende selbst treffen. Dies setzt insbesondere voraus, dass für eine hinreichende Versorgung mit erforderlichen Informationen gesorgt ist.[306] Dies schließt Maßnahmen ein, die sicherstellen, dass relevante Informationen nicht in der Informationsfülle unerkannt untergehen. Die behördliche Sicherung der materiellen Entscheidungsverantwortung sollte rechtlich eingefordert werden. Es müssten dafür **organisations- und verfahrensrechtliche Grundsätze** über entsprechende Pflichten der Verwaltung entwickelt werden.

cc) Neuordnung der Verantwortungstragung?

73 Wo die arbeitsteilige Wahrnehmung von Verwaltungsaufgaben durch unterschiedliche Stellen dauerhaft etabliert werden soll, ist zudem **de lege ferenda** über die Frage der **richtigen normativen Zuschreibung von Rechenschafts- und Einstandspflichten** im Einzelfall neu zu entscheiden.[307] Dabei kann ein Spannungsverhältnis zwischen Verantwortungsklarheit einerseits und Verantwortungspraktikabilität andererseits bestehen. Während es der Verantwortungsklarheit dient, auch im Verhältnis zum Bürger jene Stellen zur Verantwortung zu ziehen, die konkrete Details eines arbeitsteiligen Vorgangs tatsächlich zu verantworten haben, ist es für den Bürger u. U. einfacher, nur mit der Verwaltungsstelle zu tun haben zu müssen, die ihm tatsächlich als handelnde Behörde gegenübertritt.[308]

4. Verwaltungstransparenz durch Aktenführung

74 Eine anforderungsgemäße Aktenführung ist unter Rechtsstaats- und Legitimationsgesichtspunkten ein ausgesprochen wichtiges Instrument, um Transparenz und Kontrollierbarkeit des Verwaltungshandelns zu sichern: „[…] die Pflicht zur Aktenführung […] dient […] der Sicherung gesetzmäßigen Verwaltungshandelns. Die Dokumentation soll den Geschehensablauf so, wie er sich ereignet hat, in jeder Hinsicht nachprüfbar festhalten. Sie soll hierbei nicht lediglich den Interessen der Beteiligten oder der entscheidenden Behörde dienen, sondern auch die Grundlage für die kontinuierliche Wahrnehmung der Rechts- und Fachaufsicht und für die parlamentarische Kontrolle des Verwaltungshandelns bilden."[309] Die Behörden sind zur ordnungsgemäßen Aktenführung verpflichtet: „Die den Behörden nach dem GG obliegende Vollziehung der Gesetze ist nicht ohne eine Dokumentation der einzelnen Verwaltungsvorgänge denkbar, die das bisherige sachbezogene Geschehen sowie mögliche Erkenntnisquellen

---

[306] Vgl. *Eifert*, Electronic Government (Fn. 6), S. 255.
[307] Zu Möglichkeiten de lege lata *Jens-Peter Schneider*, Verantwortungszurechnung bei vernetzten Verwaltungsverfahren nach deutschem und europäischem Recht, in: Hill/Schliesky (Hrsg.), e-Government (Fn. 5), S. 89 ff.
[308] Näher *Eifert*, Electronic Government (Fn. 6), S. 255 ff.
[309] Vgl. BVerwG, NVwZ 1988, S. 622; s. a. BVerfG, NJW 1983, S. 2135. → Bd. II *Ladeur* § 21 Rn. 7 ff.

für das künftig in Frage kommende behördliche Handeln enthält; dies macht die Führung von Akten erforderlich, ohne dass dies eines ausdrücklichen Ausspruchs im Gesetz bedürfte. [...] die Pflicht zur Aktenführung soll den Geschehensablauf wahrheitsgetreu und vollständig dokumentieren [...]".[310] Hier gibt es im elektronischen Verfahren Schwierigkeiten,[311] die damit zu tun haben, dass die elektronische Akte im Vergleich zur Papierakte leichter manipulierbar ist und dass die gesamte elektronische Vorgangsbearbeitung weniger greifbar, viel „flüchtiger" zu sein scheint.

a) Konkretisierung der Anforderungen an elektronische Aktenführung

Merkmale einer ordnungsgemäßen Aktenführung sind Aktenwahrheit und -vollständigkeit (aa), Aktenverständlichkeit (bb) und Aktenbeständigkeit (cc). 75

aa) Aktenwahrheit und -vollständigkeit

Forderungen, die hinsichtlich der Aktenwahrheit und -vollständigkeit traditioneller Aktenführung geltend gemacht werden,[312] gelten uneingeschränkt auch für die elektronische Aktenführung. Sie müssen durch Entwicklung und Einsatz entsprechender Software technisch umgesetzt werden. 76

Erstens müssen die **Ergebnisse der Sachverhaltsermittlungen dokumentiert** werden.[313] Es wird die plausible Befürchtung geäußert, dass im Zeitalter der E-Mail-Kommunikation ein großer Teil des Verwaltungsverfahrens undokumentiert bleibt, weil E-Mails nicht in die Akte aufgenommen werden. Dies kann gezielte Strategie sein, um heikle Vorgänge und Informationen der Kontrolle zu entziehen.[314] Die Aufnahme in die Akte kann aber auch aus ganz anderen Gründen unterbleiben, etwa weil sie nicht für notwendig gehalten wird, um Zeit zu sparen oder weil mangels strukturierter E-Mail-Verwaltung eine sinnvolle Aufnahme der elektronischen Kommunikation in die Akte nicht möglich erscheint.

Genau genommen handelt es sich hierbei jedoch nicht um ein spezifisches Problem der E-Mail. Auch im Umgang mit papierschriftlichen Dokumenten und Telefongesprächen besteht keine einheitliche Handhabung der Frage, welche Notizen in eine Akte aufzunehmen sind und welche nicht, über welche Telefonate Vermerke zur Akte zu nehmen sind und über welche nicht. Diesbezüglich fehlt es – von Spezialregelungen wie § 68 Abs. 4 VwVfG über die Protokollierung der mündlichen Verhandlung im förmlichen Verfahren abgesehen – bereits am eindeutigen rechtlichen Maßstab: Ob über Telefonate, Besprechungen oder sonstiges informelles Handeln von Rechts wegen schriftliche Vermerke oder

---

[310] BVerwG, NVwZ 1988, S. 622. Dazu etwa auch *Engel*, IT-gestützte Vorgangsbearbeitung in der öffentlichen Verwaltung (Fn. 145), S. 149 ff. → Bd. II *Ladeur* § 21 Rn. 12 ff.

[311] Ausführlich *Eifert*, Electronic Government (Fn. 6), S. 151 ff.; *Skrobotz*, Das elektronische Verwaltungsverfahren (Fn. 4), S. 20 ff., 39 ff. m. w. N.

[312] *Hufen*, Fehler (Fn. 178), Rn. 241; BVerwG, NJW 1983, S. 2135 f.; BVerfG, NVwZ 1988, S. 621 f.; § 6 Abs. 2 S. 1 RegRL: „Das aus der Bearbeitung entstehende Schriftgut muss vollständig, authentisch und übersichtlich sein." → Bd. II *Ladeur* § 21 Rn. 14 f.

[313] So allgemein *Dieter Kallerhoff*, in: Stelkens/Bonk/Sachs (Hrsg.), VwVfG, § 24 Rn. 2; *Roßnagel*, Transparenz und Öffentlichkeit im Verwaltungshandeln (Fn. 194), S. 311, fordert insbesondere die Angabe von verwendeten Internet-Informationsquellen.

[314] Hierzu unter dem Stichwort „Aktenhygiene" *Roßnagel*, Transparenz und Öffentlichkeit im Verwaltungshandeln (Fn. 194), S. 312 m. w. N.

Niederschriften aufzunehmen und zur Akte zu nehmen sind, lässt sich nur schwer abstrakt bestimmen.[315] Elektronisierung schafft also kein qualitativ neues, verschärft allerdings ein altes Problem. Wünschenswert wäre, dass einheitliche, möglichst präzise Konventionen für die Handhabung elektronischer Kommunikation und deren Aufnahme in die Akten vorgegeben werden.

Zweitens muss sich aus einer elektronischen Akte wie bei der schriftlichen Akte ablesen lassen, wer in **welcher Weise auf die Entscheidung Einfluss genommen hat.**[316]

Drittens müssen **nachträgliche Korrekturen** an elektronischen Dokumenten erkennbar sein; insbesondere dürfen keine Dokumente aus der Akte entfernt werden. Für die elektronische Aktenführung bedeutet dies, dass keine unbefugte Löschung vorgenommen werden darf.[317]

bb) Aktenverständlichkeit

77 Besondere Aufmerksamkeit muss auch dem Erfordernis der Aktenverständlichkeit gelten. Zwar sind an die Verständlichkeit einer Akte keine überzogenen Anforderungen zu stellen, weil sich deren Gestaltung in erster Linie an Behördenzwecken orientiert und die Akte an sich kein an den Bürger adressiertes Schriftstück ist. Die Akte muss jedoch auch für Außenstehende und Verwaltungslaien so verständlich sein, dass das **Recht auf Akteneinsicht** nicht mangels Aktenverständlichkeit ins Leere läuft.[318] Eine elektronische Akte muss darum so gestaltet sein, dass sich auch Personen ohne besondere Kenntnisse von Aktenführung, insbesondere von elektronischer Aktenführung, darin zurechtfinden können.[319] Hieran ist z. B. die Gestaltung der Benutzeroberfläche des verwendeten Softwareprogramms zu messen.[320] Aktenverständlichkeit setzt zudem Übersichtlichkeit[321] voraus. Es muss darum ein System der Aktenführung verwendet werden, das Suchen und Finden von Akten ermöglicht.[322] So schreibt z. B. § 17 Abs. 3 RegRL für die Schriftgutverwaltung in Bundesministerien vor, dass bei elektronischen Akten eine eindeutige Kennzeichnung durch aktenbezogene Angaben in der Aktendatei zu gewährleisten ist.[323]

---

[315] *Heinz J. Bonk/Dieter Kallerhoff*, in: Stelkens/Bonk/Sachs (Hrsg.), VwVfG, § 29 Rn. 32. Zurückhaltend auch *Kopp/Ramsauer*, VwVfG, § 10 Rn. 13.

[316] Siehe diesbezüglich für die elektronische Aktenführung § 6 Abs. 4 RegRL.

[317] So § 4 Abs. 3 RegRL: „Dokumente dürfen aus der Akte nicht entfernt, bei Nutzung elektronischer Vorgangsbearbeitung nicht gelöscht werden. Elektronisch gespeicherte Informationen dürfen nur nach Beteiligung der Verfasserin oder des Verfassers gelöscht oder verändert werden."

[318] *Hufen*, Fehler (Fn. 178), Rn. 242; s. auch *Andreas Voßkuhle*, Der Wandel von Verwaltungsrecht und Verwaltungsprozessrecht in der Informationsgesellschaft, in: Hoffmann-Riem/Schmidt-Aßmann (Hrsg.), Informationsgesellschaft, S. 349 (387). Zum Recht auf Akteneinsicht → Bd. II *Gusy* § 23 Rn. 43 ff.

[319] Näher zum Akteneinsichtsrecht bei elektronischer Aktenführung *Britz*, Reaktionen des Verwaltungsverfahrensrechts (Fn. 31), S. 228 f. m. w. N.; *Johannes Bohl*, Der „ewige Kampf" des Rechtsanwalts um die Akteneinsicht, NVwZ 2005, S. 133 (135 f.).

[320] *Voßkuhle*, Wandel von Verwaltungsrecht und Verwaltungsprozessrecht (Fn. 318), S. 387; s. auch *Idecke-Lux*, Der Einsatz von multimedialen Dokumenten (Fn. 120), S. 137 ff.

[321] Das Merkmal der Übersichtlichkeit wird in § 6 Abs. 2 RegRL ausdrücklich vorgegeben.

[322] Dazu *Roßnagel*, Transparenz und Öffentlichkeit im Verwaltungshandeln (Fn. 194), S. 310.

[323] Siehe außerdem § 14 RegRL: „Die Sachakten sind in einem Aktenverzeichnis gemäß Anlage 4 zu registrieren."

cc) Aktenbeständigkeit

Ganz neuartige Probleme der Aktenführung ergeben sich hinsichtlich der Notwendigkeit der Beständigkeit der elektronischen Akte.[324] Um ihre Dokumentationsfunktion dauerhaft erfüllen zu können, muss die elektronische Akte bis einschließlich zu ihrer endgültigen Archivierung nach Bundes- und Landesarchivgesetzen einerseits überhaupt erhalten werden und andererseits lesbar bleiben. Ersteres betrifft den **Erhalt und die Unversehrtheit der Datenträger** und die Unverändertheit der Daten. Zweites verlangt Maßnahmen, die sicherstellen, dass trotz schnellen **Hard- und Softwarewandels** Dokumente auch nach Jahren noch gelesen werden können. Beides muss sichergestellt sein, bevor zu einer vollelektronischen Aktenführung übergegangen werden kann.[325] Sinnvoll ist auch eine Regelung der Dauer der Speicherung.[326]

Besonderheiten ergeben sich bei der Aufbewahrung digital signierter Dokumente: Hier sind zusätzlich technische Vorkehrungen zur **Überprüfung einer digitalen Signatur** und ihrer Gültigkeit zu treffen.[327] Dazu findet sich in § 37 Abs. 4 VwVfG für den elektronischen Verwaltungsakt eine Regelung. Danach können durch Rechtsvorschriften zusätzliche Anforderungen an die qualifizierte elektronische Signatur eines Verwaltungsakts und das ihr zugrunde liegende Zertifikat hinsichtlich deren dauerhafter Überprüfbarkeit gestellt werden. Im Übrigen trifft das Verwaltungsverfahrensgesetz keine Regelung zur Sicherung der Beständigkeit. Demgegenüber finden sich in einigen Spezialgesetzen wenigstens Rahmenregelungen zur dauerhaften Aufbewahrung und Lesbarkeit von elektronischen Akten und Dokumenten.[328] Allerdings bleiben die erforderlichen konkreten technischen Detailregelungen auch in den Spezialgesetzen weit gehend der Verwaltung überlassen;[329] auf gesetzliche Regelung wurde verzichtet.[330]

b) Kodifikationsbedürftigkeit

Die Überlegungen zur Konkretisierung der Anforderungen an eine elektronische Aktenführung legen die Regelung verschiedener Aspekte der Aktenführung nahe.[331] Dabei stellt sich die Frage, ob solche Regelungen gesetzlicher Ko-

---

[324] Dazu *Groß*, Öffentliche Verwaltung im Internet (Fn. 188), S. 164; *Roßnagel*, Transparenz und Öffentlichkeit im Verwaltungshandeln (Fn. 194), S. 312; *Schreiber*, Verwaltung going digit@l (Fn. 188), S. 40; *Alexander Dix*, Digitale Signaturen im Verwaltungsverfahren: Besondere Sicherheitsanforderungen erforderlich?, K&R, Beilage 2 zu Heft 10/2000, S. 11 (22).
[325] Vgl. *Groß*, Öffentliche Verwaltung im Internet (Fn. 188), S. 159, 164; ähnlich *Dix*, Digitale Signaturen im Verwaltungsverfahren (Fn. 324), S. 22.
[326] Vgl. *Alexander Roßnagel* u. a., Langfristige Aufbewahrung elektronischer Dokumente, 2007.
[327] *Schreiber*, Verwaltung going digit@l (Fn. 188), S. 40.
[328] Siehe § 126 Abs. 1 S. 2 GBO und § 110a Abs. 2 SGB IV.
[329] Siehe insbesondere die gestufte Normierungszuständigkeit nach § 110c SGB IV.
[330] So stellt zwar z. B. die Verordnung zur Durchführung der GBO (BGBl I [1995], S. 115) weitere Rahmenbedingungen auf, die im Betrieb eines elektronischen Grundbuchs zu beachten sind. Es obliegt jedoch den Grundbuchämtern selbst, geeignete Sicherungsmaßnahmen zu bestimmen und zu ergreifen, um die dauerhafte Lesbarkeit und Sicherheit zu gewährleisten, dazu *Schreiber*, Verwaltung going digit@l (Fn. 188), S. 40. S. auch § 55 BGB für das elektronische Vereinsregister. Eine allgemeine Regelung zur Gewährleistung der Aktenbeständigkeit findet sich für die Schriftgutverwaltung der Bundesministerien in § 18 RegRL.
[331] Dazu näher *Britz*, Reaktionen des Verwaltungsverfahrensrechts (Fn. 31), S. 262. S. etwa Verordnung über die elektronische Aktenführung bei dem Patentamt, dem Patentgericht und dem Bundesgerichtshof, BGBl I (2010), S. 83; Verordnung über die elektronische Aktenführung in Ordnungsgeldverfahren beim Bundesamt der Justiz, BGBl I (2008), S. 26; Landesverordnung über die elektronische

difikation bedürfen. Die Aktenführung ist trotz ihrer über den Binnenbereich der Verwaltung hinausweisenden materiellen Tragweite ein verwaltungsinterner Vorgang, ihre Ausgestaltung damit eine Frage der Verwaltungsorganisation. Die Aufgabe der Verwaltungsorganisation fällt grundsätzlich in den Eigenbereich der Verwaltung.[332] Dies bedeutet freilich nicht, dass der Gesetzgeber sich hier eigener Regelungen strikt zu enthalten hätte.[333] Sofern nicht umgekehrt der Grundsatz des Gesetzesvorbehalts eingreift, muss der Gesetzgeber jedoch nicht tätig werden, sondern kann die Organisation der Eigeninitiative der Verwaltung überlassen. Einer Regelung von Detailfragen – etwa hinsichtlich der technischen Anforderungen an den Nachweis des Laufwegs eines elektronischen Vorgangs, hinsichtlich der Aktenkennzeichnung oder der Führung eines Aktenverzeichnisses wie auch zur technischen Realisierung dauerhafter Dokumentlesbarkeit – sollte sich der Gesetzgeber demnach enthalten. Die Verwaltung dürfte hier zur sachlich angemessenen Regelung besser in der Lage sein. Gesetzliche Regelungen sollten sich zum einen darauf beschränken, die **materiellen Kriterien für die elektronische Aktenführung abstrakt vorzugeben.** Zum anderen sollte der Verwaltung jedoch auch aufgegeben werden, deren **Einhaltung durch Dienstanweisung, Verwaltungsvorschrift, Rechtsverordnung oder sonstige Maßnahmen zu organisieren und sicherzustellen.** Denkbar wäre, § 29 VwVfG in Anlehnung an § 126 Abs. 1 GBO um einen Absatz zu ergänzen, der einerseits z. B. die (Landes-)Regierung ermächtigt, durch Rechtsverordnung in bestimmten Verwaltungsbereichen elektronische Aktenführung vorzusehen. Andererseits müsste aber verlangt werden, dass die Einhaltung der o. g. materiellen Kriterien gewährleistet ist. Die technische Umsetzung dieser Vorgaben bliebe dann der Verwaltung überlassen.

Hilfreich wäre dabei die Einrichtung eines **Zertifizierungsverfahrens,** in dem etwa die Vereinbarkeit konkreter Aktenführungsarrangements mit den gesetzlichen Vorgaben geprüft werden könnte. Es gibt bereits Verfahren, um IT-Systeme zu zertifizieren, doch dabei geht es nur um die datenschutzrechtliche Sicherheit. Zu nennen sind hier insbesondere das Sicherheitszertifikat durch das Bundesamt für Sicherheit in der Informationstechnik nach § 4 BSI-Errichtungsgesetz[334] sowie das IT-Gütesiegel nach § 4 Abs. 2 SHDSG.[335] Verwandt ist auch das Datenschutzaudit[336] nach § 9a BDSG, § 10a NWDSG oder § 43 Abs. 2 SHDSG.[337] Um Akten-

---

Aktenführung bei den Gerichten und Staatsanwaltschaften, GVOBl Schl.-Hol. II (2010), S. 519; spezielle Ermächtigungen finden sich insbesondere in den Gerichtsordnungen, vgl. § 298a ZPO, § 55b VwGO, § 46e ArbGG, s. auch § 110b OWiG.

[332] Siehe nur *Ernst-Wolfgang Böckenförde*, Die Organisationsgewalt im Bereich der Regierung, 1964, S. 86.

[333] *Böckenförde*, Organisationsgewalt im Bereich der Regierung (Fn. 332), S. 88.

[334] Gesetz über die Errichtung des Bundesamtes für Sicherheit in der Informationstechnik (BSI-Errichtungsgesetz – BSIG) vom 17. Dezember 1990, BGBl I (1990), S. 2834.

[335] Dazu *Helmut Bäumler*, Datenschutz und IT-Gütesiegel im Praxistest, RDV 2001, S. 167 (169 ff.).

[336] Dazu *Alexander Roßnagel*, Datenschutz-Audit – ein neues Instrument des Datenschutzes, in: Helmut Bäumler (Hrsg.), Der neue Datenschutz, 1998, S. 65 ff.; *Bäumler*, Datenschutz und IT-Gütesiegel im Praxistest (Fn. 335), S. 168 f.; *Uwe Dieckmann u. a.*, Datenschutzaudit – Quo Vadis? DuD 2001, S. 549 ff.; *Jürgen Kühling*, Datenschutz in einer künftigen Welt allgegenwärtiger Datenverarbeitung, DV, Bd. 40 (2007), S. 153 (166 f.). → Bd. II *Albers* § 22 Rn. 164 f.

[337] Durch untergesetzliche Vorschriften umgesetzt ist derzeit das Datenschutzauditverfahren in Schleswig-Holstein. S. dazu „Anwendungsbestimmungen des Unabhängigen Landeszentrums für Datenschutz zur Durchführung eines Datenschutzaudits nach § 43 Abs. 2 LDSG", Amtsblatt Schl.-Hol. Nr. 13/2001, S. 196.

führungsprogramme zu zertifizieren, müsste der Prüfauftrag auf verfahrensrechtliche Aspekte, namentlich auf die Qualität der Aktenführung, erstreckt werden.

Ausgewählte Literatur

Brinckmann, Hans/Kuhlmann, Stefan, Computerbürokratie. Ergebnisse von 30 Jahren öffentlicher Verwaltung mit Informationstechnik, Opladen 1990.
Britz, Gabriele, Reaktionen des Verwaltungsverfahrensrechts auf die informationstechnischen Vernetzungen der Verwaltung, in: Hoffmann-Riem/Schmidt-Aßmann (Hrsg.), Verwaltungsverfahren, S. 213–276.
Bull, Hans P., Verwaltung durch Maschinen. Rechtsprobleme der Technisierung der Verwaltung, 2. Aufl., Köln 1964.
Eberle, Carl-Eugen, Organisation der automatisierten Datenverarbeitung in der öffentlichen Verwaltung, Berlin 1976.
Eifert, Martin, Electronic Government als gesamtstaatliche Organisationsaufgabe, ZG 2001, S. 115–129.
– Electronic Government. Das Recht der elektronischen Verwaltung, Baden-Baden 2006.
–/*Püschel, Jan O.* (Hrsg.), National Electronic Government. Comparing Governance Structures in Multi-Layer-Administrations, London/New York 2004.
Grabow, Busso, Kommunales E-Government: Einführung und Übersicht, DfK 2004, S. 5–16.
Groß, Thomas, Öffentliche Verwaltung im Internet, DÖV 2001, S. 159–164.
– Die Informatisierung der Verwaltung – Eine Zwischenbilanz auf dem Weg von der Verwaltungsautomation zum E-Government, VerwArch, Bd. 95 (2004), S. 400–417.
Heckmann, Dirk, E-Government im Verwaltungsalltag. Realisierungsfaktoren und Modernisierungstendenzen einer elektronischen Verwaltung, K&R 2003, S. 425–433.
Hill, Hermann/Schliesky, Utz (Hrsg.), Herausforderung e-Government. E-Volution des Rechts- und Verwaltungssystems, Baden-Baden 2009.
Hoffmann-Riem, Wolfgang, Verwaltungsrecht in der Informationsgesellschaft – Einleitende Problemskizze, in: Hoffmann-Riem/Schmidt-Aßmann (Hrsg.), Informationsgesellschaft, S. 9–66.
Idecke-Lux, Sabrina, Der Einsatz von multimedialen Dokumenten bei der Genehmigung von neuen Anlagen nach dem Bundesimmissionsschutz-Gesetz, Baden-Baden 2000.
Killian, Werner/Wind, Martin, Vernetzte Verwaltung und zwischenbehördliche Beziehungen, VerwArch, Bd. 88 (1997), S. 499–519.
Knaack, Ildiko, Handbuch IT-gestützte Vorgangsbearbeitung in der öffentlichen Verwaltung: Grundlagen und IT-organisatorische Gestaltung des Einführungsprozesses, Baden-Baden 2003.
Kubicek, Herbert u.a. (Hrsg.), Multimedia@Verwaltung, Jahrbuch Telekommunikation und Gesellschaft, Heidelberg 1999.
Lazaratos, Panagiotis, Rechtliche Auswirkungen der Verwaltungsautomation auf das Verwaltungsverfahren, Berlin 1990.
Lucke, Jörn von, Regieren und Verwalten im Informationszeitalter, Berlin 2003.
Luhmann, Niklas, Recht und Automation in der öffentlichen Verwaltung, Berlin 1966.
Polomski, Ralf-Michael, Der automatisierte Verwaltungsakt: die Verwaltung an der Schwelle von der Automation zur Informations- und Kommunikationstechnik, Berlin 1993.
Reinermann, Heinrich (Hrsg.), Regieren und Verwalten im Informationszeitalter: unterwegs zur virtuellen Verwaltung, Heidelberg 2000.
– /*Lucke, Jörn von* (Hrsg.), Electronic Government in Deutschland: Ziele, Stand, Barrieren, Beispiele, Umsetzung, Speyer 2002.
Roßnagel, Alexander, Möglichkeiten für Transparenz und Öffentlichkeit im Verwaltungshandeln – unter besonderer Berücksichtigung des Internet als Instrument der Staatskommunikation, in: Hoffmann-Riem/Schmidt-Aßmann (Hrsg.), Informationsgesellschaft, S. 257–332.
Scherzberg, Arno, Die öffentliche Verwaltung als informationelle Organisation, in: Hoffmann-Riem/Schmidt-Aßmann (Hrsg.), Informationsgesellschaft, S. 195–223.
Schmidt-Aßmann, Eberhard, Verwaltungsrecht in der Informationsgesellschaft – Perspektiven und Systembildung, in: Hoffmann-Riem/Schmidt-Aßmann (Hrsg.), Informationsgesellschaft, S. 405–532.
Schreiber, Lutz, Elektronisches Verwalten. Zum Einsatz der elektronischen Signatur in der öffentlichen Verwaltung, Baden-Baden 2003.

§ 26 Elektronische Verwaltung

Skrobotz, Jan, Das elektronische Verwaltungsverfahren: die elektronische Signatur im E-Government, Berlin 2005.

Tönsmeyer-Uzuner, Sabine, Expertensysteme in der öffentlichen Verwaltung. Rechtliche Anforderungen an den Einsatz eines neuen behördlichen Handlungsinstrumentes, Berlin 2000.

Voßkuhle, Andreas, Die Verwaltung in der Informationsgesellschaft – Informationelles Verwaltungsorganisationsrecht, in: Dieter Leipold (Hrsg.), Rechtsfragen des Internet und der Informationsgesellschaft, Heidelberg 2002, S. 97–115.

Siebter Teil

Verwaltungsverfahren

§ 27 Der Verfahrensgedanke im deutschen und europäischen Verwaltungsrecht

Eberhard Schmidt-Aßmann

Übersicht

	Rn.
A. Die Entwicklung des verfahrensrechtlichen Denkens im Verwaltungsrecht	1
I. Historische Befunde	4
1. Die ältere deutsche Entwicklung	5
2. Das Verwaltungsverfahrensrecht als grundgesetzliches Kodifikationsproblem	9
II. Das Verwaltungsverfahrensgesetz von 1976: „Kodifikation" mit konzeptionellen Schwächen	12
III. Europäische Dimensionen des Verwaltungsverfahrensrechts	15
1. Die Bedeutung von Verwaltungsverfahren im Europäischen Verwaltungsverbund	16
2. Inter-administratives Vertrauen als Grundlage	18
B. Verwaltungsverfahrensrecht und Verfassungsrecht	23
I. Vorgaben Europäischer Verfassungstexte	24
1. Verfahrensgarantien der Europäischen Menschenrechtskonvention	25
2. Europäische Grundrechte-Charta: Recht auf gute Verwaltung	29
II. Vorgaben des Grundgesetzes	31
1. Speziell zu grundrechtlichen Einwirkungen	32
2. Methodische Eigenheiten der Verfahrenssteuerung	37
III. Gemeineuropäische Verfahrensprinzipien	40
C. Verfahrensbegriffe und Verfahrenskonzepte	44
I. Das verfahrensrechtliche Denken in der verwaltungsrechtlichen Reformdiskussion	45
II. Die Notwendigkeit eines weiten Verfahrensrechtsbegriffs	47
1. Anlassbezogene Verfahren	48

	Rn.
2. Anlassunabhängige Verfahren	51
3. Abgrenzungsfragen zu sog. Privatverfahren	54
III. Funktionenvielfalt von Verwaltungsverfahren	56
1. Die Breite des Funktionsspektrums	57
a) Verfahren der Rechtsverteidigung und Rechtsdurchsetzung	58
b) Rechts- und interessensichernde Verfahren	59
c) Interessenaggregierende Verfahren	60
d) Verfahren zur Gewährleistung administrativer Rationalität	61
2. Spezielle Funktionszuschreibungen	63
a) Die „dienende Funktion" des Verwaltungsverfahrensrechts	64
b) Der „funktionale Zusammenhang" zwischen Verwaltungsverfahren und Gerichtsverfahren	66
c) Verfahren als Mittel der „Reformalisierung"	69
IV. Gegenwärtige Herausforderungen	70
1. Neue Regelungsansätze des EU-Rechts	72
a) Konzept der informierten Öffentlichkeit	73
b) Regulierte Selbstregulierung	76
2. Neue Verfahrenstypen	77
a) Verteilungsverfahren	78
b) Qualitätssicherungsverfahren	79
c) Risikobewältigungsverfahren	80
d) Verbundverfahren	81
3. Tendenzen künftiger Entwicklungen und Verfahrensinnovationen	82
D. Bauformen der verwaltungsrechtlichen Verfahrensrechtslehre	84
I. Der Grundsatz der Verfahrenseffektivität	85

§ 27 Der Verfahrensgedanke im deutschen und europäischen Verwaltungsrecht

	Rn.		Rn.
1. Die deutsche „Beschleunigungs"-Diskussion	86	1. Verfahrensphasen	97
2. Die europäische „effet utile"-Doktrin	91	2. Verfahrenssubjekte	99
		3. Verfahrensrechtsverhältnis	102
3. Übergreifendes Effektivitätsziel	93	4. Verfahrensermessen	104
II. Verfahrenssprache	94	IV. Verfahrensfehler und Fehlerfolgen	105
III. Prozedurale Ordnungselemente	96	Ausgewählte Literatur	

A. Die Entwicklung des verfahrensrechtlichen Denkens im Verwaltungsrecht

Verwaltungsverfahren sind geordnete Vorgänge der Informationsgewinnung und Informationsverarbeitung, die in der Verantwortung eines Trägers öffentlicher Verwaltung ablaufen. Sie sollen die Verwaltung dazu befähigen, auf rationale Weise zu handeln. Verfahren müssen nicht notwendig mit einer konkreten rechtsförmigen Entscheidung abschließen. Auch informelles und schlichtes Verwaltungshandeln,[1] verwaltungsinterne Abstimmungen und anlassunabhängige Berichtspflichten[2] können den Verfahrensgegenstand und das Verfahrensziel bilden. Gerade wenn man die Bedeutung von Information und Kommunikation für die verwaltungsrechtliche Systembildung betont,[3] löst sich die strenge Zäsur zwischen Prozess und Entscheidung auf: Die Entscheidung wird „prozeduralisiert"[4] und gewissermaßen in das Verfahren mit hineingenommen.[5] Der Verfahrensbegriff reagiert auf die Verdichtung der administrativen Informationsbeziehungen. 1

Verfahren bilden Handlungsgefüge und Interaktionsmuster zwischen Verwaltung und Bürgern sowie zwischen und innerhalb von Verwaltungseinheiten. Sie können als rechtlich gesteuertes Realgeschehen und als Ordnungsmodelle betrachtet werden. Für das **Realgeschehen** ist die richtige Handhabung der Verfahrensregeln wichtig, wie sie die Gesetze in Zuständigkeits-, Beteiligungs- und Bekanntmachungsvorschriften u.ä. vielfältig enthalten. Diese Vorschriften lenken die tägliche praktische Verwaltungsarbeit und bilden nicht selten den Gegenstand gerichtlicher Auseinandersetzungen. Systematisch ebenso wichtig ist die Betrachtung des Verwaltungsverfahrens als **Ordnungsmodell.** Als phasenspezifisch gegliederte Vorgänge zeigen Verfahren Knotenpunkte der Informationsverarbeitung auf, markieren Ansatzstellen für Einflussnahmen auf diesen Prozess und machen auf Regelungsbedürfnisse aufmerksam, um die gebotene Rationalität, Rechtmäßigkeit, Neutralität und Effizienz administrativen Handelns zu gewährleisten. 2

Dass Verfahrensgestaltungen die **Anwendung des materiellen Rechts** beeinflussen, sie z.B. im Sinne eines gesteigerten Individualrechtsschutzes lenken können, und daher eigenständige Bedeutung haben, entspricht einer alten Erkenntnis, die sich bereits im Enteignungsrecht des 19. Jahrhunderts nachweisen lässt.[6] Doch 3

---

[1] → Bd. II *Fehling* § 38, dort etwa Rn. 83 ff.; *Hermes* § 39, dort etwa Rn. 68 f. und 90 ff.

[2] → Bd. II *Ladeur* § 21 Rn. 21 ff.: „Querschnitts-Steuerungselement" nach *Roman Loeser,* Das Berichtswesen der öffentlichen Verwaltung, 1991, S. 92 f.; ferner → Bd. II *Holznagel* § 24 Rn. 35 ff.; Bd. III *Schiedermair* § 48 Rn. 60 ff.

[3] *Anna-Bettina Kaiser,* Die Kommunikation der Verwaltung, bes. S. 243 ff.; *Burkard Wollenschläger,* Wissensgenerierung im Verfahren, 2009, S. 29 ff.

[4] Dazu *Arno Scherzberg,* Die Öffentlichkeit der Verwaltung, 2000, S. 126 ff.

[5] Unterschiedliche Nuancierungen des Entscheidungsbezugs des Verwaltungsverfahrens bei → Bd. II *Schneider* § 28 Rn. 2 ff. sowie unter Rn. 21. *Hermann Hill,* Das fehlerhafte Verwaltungsverfahren und seine Folgen im Verwaltungsrecht, 1986, S. 193 ff.; *Wolff/Bachof/Stober/Kluth,* VerwR I, § 58 Rn. 1; *Friedrich Schoch,* Der Verfahrensgedanke im allgemeinen Verwaltungsrecht, DV, Bd. 25 (1992), S. 21 (23 ff.).

[6] *Michael Frenzel,* Herkunft und Entwicklung des rechtsstaatlichen Verfahrensgedankens am Beispiel des Enteignungsrechts, Der Staat, Bd. 18 (1979), S. 592 ff.

hat das deutsche Verwaltungsrecht in der Folgezeit – anders als andere **europäische Rechtsordnungen** – daraus nur zögerlich Konsequenzen gezogen. *Ernst Forsthoff* hat darauf 1958 aufmerksam gemacht:[7] Wenn man das englische und das deutsche Recht vergleiche, so biete das englische *case-law* die Gewähr des Rechts im Verfahren. Infolgedessen spiele das *due-process-of-law* im englischen Recht eine entscheidende Rolle. Das deutsche Recht dagegen, das – jedenfalls im Wesentlichen noch – mit abstrakten generellen Normen operiere, gehe von anderen, in erster Linie an das materielle Recht anknüpfenden Vorstellungen der Rechtsverwirklichung aus; diese werde im weiten Umfang vorgesichert durch die Struktur der Rechtsordnung selbst; das Verfahren habe in einer solchen Rechtsordnung nicht die gleiche Bedeutung. Das war eine gerade für die erste Phase des Verwaltungsrechts unter dem Grundgesetz[8] mit ihrer starken Konzentration auf den gerichtlichen Rechtsschutz des Art. 19 Abs. 4 GG zutreffende Beobachtung.[9]

I. Historische Befunde

4   In der Zwischenzeit haben sich die Unterschiede zwar vor allem durch die harmonisierenden Wirkungen des EU-Rechts abgeschliffen. Nach wie vor dominiert jedoch in Deutschland – in der Gesetzgebung ebenso wie in der Judikatur – die Formel von der nur **dienenden Funktion des Verfahrensrechts** und bewirkt einen Nachrang des Verfahrensrechts.[10] Ausdruck dieser Einstellung ist § 46 VwVfG.[11] Die Möglichkeiten prozeduraler Steuerung bleiben so ungenutzt, die Fragen der Kompatibilität mit dem Europarecht prekär.[12] Manchem erscheint die geringe Bedeutung des Verwaltungsverfahrensrechts als eine notwendige Folge der besonders intensiven gerichtlichen Inhaltskontrolle, die ein Proprium der deutschen Rechtsentwicklung darstelle.[13] Das trifft für die jüngere Entwicklung seit 1949 sicher zu. Weiter zurückführende Untersuchungen zeigen jedoch, dass auch die deutsche Rechtstradition Zeiten einer ausgeprägteren Verfahrensorientierung kannte – Zeiten, in denen die Aufgabenvielfalt des Verwaltungsverfahrens, seine Bedeutung für die Kommunikation zwischen Verwaltung und Bür-

---

[7] VVDStRL, Bd. 17 (1959), S. 222 (Diskussionsbemerkung).

[8] Zum Phasenmodell der deutschen Verwaltungsrechtsentwicklung grundlegend *Rainer Wahl*, Die zweite Phase des öffentlichen Rechts in Deutschland: Die Europäisierung des öffentlichen Rechts, Der Staat, Bd. 38 (1999), S. 495 ff.; *ders.*, Herausforderungen, S. 31 ff.

[9] *Wolfgang Kahl*, Grundrechtsschutz durch Verfahren in Deutschland und in der EU, VerwArch, Bd. 95 (2004), S. 1 (4). Beobachtungen zur älteren Rechtslage (auch rechtsvergleichend) bei *Franz Becker*, Das allgemeine Verwaltungsverfahren in Theorie und Praxis, 1960, S. 4 ff., 63 ff.

[10] → Rn. 64 f.; *Heinrich A. Wolff*, Die dienende Funktion der Verfahrensrechte – eine dogmatische Figur mit Aussagekraft und Entwicklungspotential, in: FS Rupert Scholz, 2007, S. 977 ff.; *Christian Quabeck*, Dienende Funktion des Verwaltungsverfahrens und Prozeduralisierung, 2009, bes. S. 52 ff.; *Elke Gurlit* und *Michael Fehling*, Eigenwert des Verfahrens im Verwaltungsrecht, VVdStRL, Bd. 70 (2011), S. 227 ff. und 278 ff.

[11] *Hill*, Verfahren (Fn. 5), S. 407 ff.; *Hufen*, Fehler, Rn. 625 ff.; → Bd. II *Sachs* § 31 Rn. 67, 118 ff.; *Bumke* § 35 Rn. 196 ff.

[12] Vgl. nur *Rainer Wahl*, Das Verhältnis von Verwaltungsverfahren und Verwaltungsprozessrecht in europäischer Sicht, DVBl 2003, S. 1285 ff.; *Wilfried Erbguth*, Rechtsschutzfragen und Fragen der §§ 214 und 215 BauGB im neuen Städtebaurecht, DVBl 2004, S. 802 ff. → Rn. 72 f.

[13] *Michael Gerhardt*, Funktionaler Zusammenhang oder Zusammenstoß zweier Rationalitäten? – Das Verhältnis von Verwaltungsverfahren und Verwaltungsprozess am Beispiel der jüngeren Verfahrensfehlerlehre, in: Hoffmann-Riem/Schmidt-Aßmann (Hrsg.), Verwaltungsverfahren, S. 413 ff.

A. Die Entwicklung des verfahrensrechtlichen Denkens im Verwaltungsrecht

gern und überhaupt für die Rationalität staatlichen Handelns durchaus gesehen und genutzt wurden.[14] Viel spricht dafür, dass es eher zufällige **Engführungen** waren, die die derzeit (noch) unbefriedigende Situation verursacht haben.

1. Die ältere deutsche Entwicklung

Die heute nachwirkenden Traditionen des Verwaltungsverfahrensrechts haben sich zu einer Zeit entwickelt, die gegenständlich durch die Ausbildung der Verwaltungsgerichtsbarkeit und theoretisch durch die Vorherrschaft der Juristischen Methode im Verwaltungsrecht[15] gekennzeichnet war. Das Interesse, das Gesetzgebung und Wissenschaft dem Verwaltungsverfahren entgegenbrachten,[16] war durchaus rege. Aber es war auf einzelne Sektoren begrenzt und, was die allgemeinen Gehalte betraf, auf das Verwaltungsstreitverfahren konzentriert. So war das **preußische Gesetz über die allgemeine Landesverwaltung** vom 30. Juli 1883[17] in seinen ersten beiden Titeln ein Organisationsgesetz; im Weiteren regelte es einige herausgehobene Verfahrensarten, nämlich das Verwaltungsstreitverfahren, das Beschlussverfahren und Fälle der Verwaltungsvollstreckung.[18] Die meisten der für die Verwaltung einschlägigen Gesetze beschäftigten sich mit einzelnen Bereichen des besonderen Verwaltungsrechts und den entsprechenden Verfahren, z.B. in Abgabesachen,[19] in Polizeisachen,[20] in Disziplinarsachen, in Bau- und Gewerbesachen.[21] Am ehesten dem allgemeinen Verwaltungsrecht zuzuordnen waren die Vorschriften zum Verwaltungsstreitverfahren, die neben dem Beschwerde- und Rekurs- auch das gerichtliche Klageverfahren erfassten.[22]

5

Ausgreifenderen kodifikatorischen Charakter entfaltete die **thüringische Landesverwaltungsordnung** vom 10. Juni 1926.[23] Das mehr als 200 Vorschriften umfassende Gesetz war ein Organisations-, Verfahrens- und Prozessgesetz. Interessant ist der – freilich recht schmale – Abschnitt über das allgemeine Verfahren

6

---

[14] Ausführlich und differenzierend *Pascale Cancik*, Verwaltung und Öffentlichkeit in Preußen. Kommunikation durch Publikation und Beteiligungsverfahren im Recht der Reformzeit, 2007, S. 210 ff.; früher schon *dies.*, Selbst ist das Volk? – Der Ruf nach „Volkstümlichkeit der Verwaltung" in der ersten Hälfte des 19. Jahrhunderts, Der Staat, Bd. 43 (2004), S. 298 ff.
[15] → Bd. I *Voßkuhle* § 1 Rn. 2 ff., *Stolleis* § 2 Rn. 47 f.
[16] M.w.N. *Paul Stelkens/Michael Sachs*, in: Stelkens/Bonk/Sachs (Hrsg.), VwVfG, Einl. Rn. 5 ff.; *Georg-Christoph v. Unruh*, Kodifiziertes Verwaltungsrecht, NVwZ 1988, S. 690 ff.
[17] Gesetzessammlung S. 195.
[18] Dazu ferner die preußische Verordnung betr. das Verwaltungszwangsverfahren wegen Beitreibung von Geldbeträgen v. 15. November 1899, Gesetzessammlung S. 545.
[19] Insbes. § 51 der Reichsabgabenordnung v. 13. Dezember 1919, RGBl. S. 1993.
[20] Z.B. Pr. Polizeiverwaltungsgesetz v. 1. Juni 1931, Gesetzessammlung S. 77, 136 mit Verfahrensregelungen zu Polizeiverordnungen (§§ 24 ff.), Polizeiverfügungen (§§ 40 ff.) und Strafverfügungen (§§ 59 ff.) sowie zu Zwangsmaßnahmen (§§ 55 ff.).
[21] Mit durchaus anspruchsvollen Verfahrensgestaltungen, z.B. Öffentlichkeitsbeteiligung und Präklusion in den §§ 16 ff. der Gewerbeordnung v. 21. Juni 1869, Bundesgesetzblatt S. 245; zu Planfeststellungsverfahren *Willi Blümel*, Bauplanfeststellung I, 1961.
[22] Dazu *Ottmar Bühler*, Art. „Verwaltungsgerichtsbarkeit", in: Karl Freiherr von Stengel/Max Fleischmann (Hrsg.), Wörterbuch des Deutschen Staats- und Verwaltungsrechts, 2. Aufl. 1914, S. 741 ff.
[23] Gesetzessammlung S. 177. Eine im Ausland weithin beachtete Vorbildfunktion hatte das österreichische Allgemeine Verwaltungsverfahrensgesetz v. 21. Juli 1925; dazu *v. Unruh*, Kodifiziertes Verwaltungsrecht (Fn. 16), S. 692.

(§§ 54–69). Hier findet sich bereits manches formuliert, was heute zu den Grundelementen der Verwaltungsverfahrensgesetze zählt: Regelungen zur örtlichen Zuständigkeit, zur Bekanntgabe von Verwaltungsentscheidungen, zu Möglichkeiten ihrer Berichtigung, zu Fristen, Wiedereinsetzung und Rechtsbehelfsbelehrung. Auch die Aufhebung von Verwaltungsakten war in differenzierender Weise (unter Einschluss einer Billigkeitsentschädigung) geregelt (§§ 141–146). Dass ein legitimes Interesse daran besteht, Verfahren nicht nur durchzuführen, sondern in angemessener Zeit auch zum Abschluss zu bringen, war 1926 klarer erkannt als vom Verwaltungsverfahrensgesetz des Jahres 1976, das dieses Kriterium zunächst nicht erwähnte und erst 1996 textlich entsprechend nachgerüstet werden musste. Demgegenüber bestimmte die thüringische Landesverwaltungsordnung von Anfang an (§ 59): Das Verfahren ist einfach, zweckmäßig und mit Beschleunigung durchzuführen.

7   Noch umfassender nahm sich wenig später **Württemberg** des allgemeinen Verfahrensrechts an. Der 1931 vorgelegte **Entwurf eines Verwaltungsverfahrensgesetzes** (VVG) zielte auf eine Neuregelung der Verwaltungsrechtspflege. In 123 Artikeln beschäftigte er sich mit den staatlichen Verwaltungsbehörden, dem Verfahren vor den Behörden der ersten Stufe und in der Beschwerde, der Verwaltungsvollstreckung und dem Rechtsbeschwerde- bzw. Klageverfahren vor dem Verwaltungsgerichtshof. Ähnlich wie in der thüringischen Landesverwaltungsordnung wurden hier Organisations-, Verfahrens- und Prozessfragen zusammen geregelt. Neben vertrauten Themen wie Amtsermittlung, Beweismittel, Fristen, mündliche Verhandlung u. ä. finden sich – in der zutreffenden Erkenntnis, dass auch die rechte Ordnung verwaltungsinterner Abläufe zu einem rechtsstaatlichen Verfahrensrecht gehört – auch Vorschriften über die Amtshilfe (Art. 5) sowie über Dienstaufsicht, Dienstverordnungen und Dienstaufträge (Art. 6–12). Systematisch stellte der Entwurf des VVG einen verselbständigten und vorgezogenen Teil des noch ausgreifenderen Projekts einer **Verwaltungsrechtsordnung für Württemberg** dar, das seit 1925 im Auftrag des Staatsministeriums von einer Sachverständigenkommission erarbeitet und ebenfalls im Jahre 1931 publiziert worden war.[24] Dieses anspruchsvolle Projekt einer Gesamtkodifikation zur Ordnung des allgemeinen öffentlichen Rechts der württembergischen Verwaltung, das sich immer wieder in Parallele zu der Kodifikation des bürgerlichen Rechts definierte, enthielt – über das VVG hinaus – eine Fülle weiterer Verfahrensregelungen. In vier Bücher gegliedert, wollte es nach einem ausführlichen Allgemeinen Teil (Art. 1–116) das Recht der Körperschaften, Anstalten und Stiftungen, das Personenrecht (Art. 117–173), das öffentliche Sachenrecht (Art. 174–187) und das Recht der Schuldverhältnisse des öffentlichen Rechts regeln (Art. 188–220). Vorschriften über Verwaltungsakte (Art. 61–94) gehörten ebenso zu seinem Regelungsgehalt wie solche über öffentlich-rechtliche Verträge (Art. 202) und Fristen.

8   Die zeitgenössischen **Lehrbücher** behandelten das Verwaltungsverfahren zunächst regelmäßig in Zusammenhang mit speziellen Fragestellungen, z. B. Verwaltungszwangs-, Verwaltungsstreit- oder Beschwerdeverfahren. Abschnitte über **ein allgemeines Verwaltungsverfahren** fanden sich dagegen nicht. Doch war ein Bewusstsein für die Bedeutung dieses Themas durchaus vorhanden. „Wich-

---

[24] Verwaltungsrechtsordnung für Württemberg – Entwurf eines Gesetzes mit Begründung, hrsg. von der Kommission für die Landesordnung des Allgemeinen öffentlichen Rechts, 1931.

tiger als solche Sonderregelungen ist die Selbstverständlichkeit, mit der sich gewisse Form- und Verfahrensvorschriften in der Rechtsprechung auch für das gewöhnliche Verwaltungsverfahren entwickelt haben", schreibt *Walter Jellinek* schon in der 1. Auflage seines Lehrbuchs (1927).[25] Im Anschluss daran nennt er vor allem Begründungspflichten für belastende Verfügungen, das rechtliche Gehör, Befangenheitsvorschriften und Regeln zur Stellvertretung in der Amtsführung. Insgesamt ist in der Weimarer Zeit von einem reichen Bestand an verfahrensrechtlichen Regelungselementen in der Gesetzespraxis und von einer klaren Erkenntnis ihrer Relevanz in der Rechtswissenschaft auszugehen.

2. Das Verwaltungsverfahrensrecht als grundgesetzliches Kodifikationsproblem

Die Behandlung des Verwaltungsverfahrensrechts **unter dem Grundgesetz** konnte an diese älteren Erkenntnisse durchaus anknüpfen. Das galt nicht nur für das Verwaltungsstreitverfahren, das im Lichte des Art. 19 Abs. 4 GG nunmehr zu einem gerichtlichen Verfahren wurde,[26] sondern auch für das allgemeine Verfahrensrecht der Verwaltungsbehörden.

Alsbald verbanden sich damit allerdings spezielle Fragen, nämlich nach einer **Kodifikation,** und zwar einer solchen durch den **Bundesgesetzgeber.**[27] Das führte zu zwei zusätzlichen Problemen: Zu Fragen der Kodifikationsreife und zu Fragen nach den Gesetzgebungskompetenzen. Anders als für das gerichtliche Verfahren (Art. 74 Nr. 1 GG) fehlte es dem Bund für das Verwaltungsverfahren an einer einheitlichen und umfassenden Kompetenz, mit der er das Verfahrensrecht der Landesverwaltungen in eine Kodifikation einbeziehen konnte. Der allgemeine **Verfahrensbegriff** geriet in diesem Diskussionsrahmen unter die Vorherrschaft *kodifikationstypischer* und *kompetenzrechtlicher* Aussagen. Nicht das, was das Verwaltungsverfahren systematisch ist und welche Verwaltungshandlungen es umfassen sollte, sondern das, was die für eine bundesgesetzliche Regelung landesbehördlicher Verwaltungsverfahren wichtigen Art. 84, 85 GG dem Bundesgesetzgeber kompetenziell gestatteten, bestimmte fortan die wissenschaftlichen Auseinandersetzungen. Damit aber gingen zwei einander fernstehende Problemkreise, die Begriffsfrage und die Kompetenzfrage, eine Verbindung ein, die in der Folgezeit zu einer **doppelten Verengung** führte, die bis heute nicht überwunden ist.

Der Entwicklungsgang lässt sich an den Beratungen der **Vereinigung deutscher Staatsrechtslehrer** recht gut nachzeichnen, die auf ihrer Jahrestagung in Wien 1958 „Das Verwaltungsverfahren" behandelten. In seinem grundlegenden und ausgreifenden Referat definierte *Karl August Bettermann* den systematisch zu entfaltenden Begriff des Verwaltungsverfahrens organisations- und entscheidungsbezogen weit: „,Entscheidung einer Verwaltungsbehörde' ist in dieser Umschreibung nicht gleichbedeutend mit Verwaltungsakt. Mein Entscheidungsbegriff ist viel weiter; er ist in seinem echten und ursprünglichen Sinne gemeint.

---

[25] *Jellinek*, VerwR, S. 290.
[26] Dazu schon früh *Friedrich Klein* und *Heinrich Herrfahrdt*, Tragweite der Generalklausel im Art. 19 Abs. 4 des Bonner Grundgesetzes, VVDStRL, Bd. 8 (1950), S. 67 ff. und 126 ff.
[27] Grundlegend *Arnold Köttgen*, Das Verwaltungsverfahren als Gegenstand der Bundesgesetzgebung, DÖV 1952, S. 422 ff.

Verwaltungsverfahrensrecht regelt nicht nur das Verfahren des Erlasses und Vollzugs, der Kontrolle und Korrektur von Verwaltungsakten, sondern auch von Verordnungen und sonstigen Rechtsetzungsakten der Exekutive, ferner die Willensbildung und den Willensvollzug bei den nicht-rechtsgeschäftlichen Amtshandlungen und im schlicht-hoheitlichen Bereich, ja selbst beim fiskalischen Handeln der Verwaltung."[28]

Zutreffend stellt *Bettermann* die Bedeutung des Verfahrensrechts auch für die sog. fiskalische Verwaltung heraus: Man dürfe beim Verwaltungsverfahren nicht nur an den hoheitlichen Umgang der Behörde mit dem Bürger oder gar nur an die obrigkeitliche Verwaltung denken. Auch Entscheidungen über die Errichtung und Gestaltung von Schulen, Theatern und Krankenhäusern seien einzubeziehen, denn sie seien weder rechtlich noch politisch gleichgültig und einer Normierung und Reglementierung nicht weniger bedürftig als die Hoheitsverwaltung. „Die Stichworte Selbstverwaltung, Staatsaufsicht, Haushaltsordnung und Finanzausgleich mögen genügen, um zu zeigen, welches Gewicht die Regeln und Probleme des Verfahrens der schlicht-hoheitlichen bis hin zur fiskalischen Verwaltung haben oder noch gewinnen können."[29] Das wird kurz darauf noch einmal unterstrichen: Zum Verwaltungsverfahren sollen auch die Verwaltungskontrollen, also die Staatsaufsicht in ihren verschiedenen Formen der Rechts-, Dienst-, Fach- und Finanzaufsicht gerechnet werden.[30]

In einen weiten Verfahrensbegriff wird schließlich auch das sog. interne Verwaltungsverfahren einbezogen, denn zwischen Organisationsformen und Verfahrensgestaltung bestehe eine enge Wechselbeziehung; auch das kollegiale Beschlussverfahren sowie Regelungen in Geschäftsordnung und Dienstordnung dürften nicht schon deshalb als unwichtig betrachtet werden, weil sie vielfach nur in Verwaltungsvorschriften enthalten oder sonst bisher wenig beachtet worden seien.[31] Überzeugend bezeichnet *Bettermann*, seine systematischen Überlegungen abschließend, das Verwaltungsverfahrensrecht als Schwerpunkt und Kernstück des allgemeinen Verwaltungsrechts.[32]

11 Ganz andere Überlegungen kommen dagegen ins Spiel, wenn es um die Frage geht, welche Teile des so bestimmten Verfahrensrechts gesetzlich geregelt werden sollen und inwieweit dafür speziell eine **Gesetzgebungskompetenz des Bundes** besteht. Zu diesen Themen vertrat *Bettermann* einen deutlich engeren Verfahrensbegriff: Die Kompetenznorm des Art. 84 GG erfasse nur das externe Verwaltungsverfahren und beschränke sich auf die Hoheitsverwaltung: Insoweit gehe es also nur um das Verfahrensrecht, das die Art und Weise des Gesetzesvollzuges im Sinne von administrativen Einzelentscheidungen regele.[33]

Verbunden mit den Fragen der Regelungskompetenz geriet der Verfahrensbegriff in eine **Verengungstendenz:** Verwaltungsverfahren der Landesverwaltung können überhaupt nur erfasst werden, sofern in ihnen *Bundesgesetze* vollzogen werden. Aber auch soweit das der Fall ist, ist die Kompetenz des Bundes begrenzt – einerlei ob sie aus Art. 84, 85 GG oder aus dem Gedanken der Annex-

---

[28] VVDStRL, Bd. 17 (1959), S. 118 (122).
[29] A.a.O., S. 122.
[30] A.a.O., S. 129.
[31] A.a.O., S. 132.
[32] A.a.O., S. 141.
[33] A.a.O., S. 136 ff.; 154 ff.

regelung abgeleitet wird.³⁴ Erfasst werden soll nämlich nach ganz herrschender Anschauung nur die gesetzesakzessorische, nicht die sog. gesetzesfreie Tätigkeit der Exekutive.³⁵ Inwieweit andere wichtige Verfahrensarten, z.B. für das privatrechtliche Verwaltungshandeln, für die nicht-außenwirksamen Tätigkeiten der Verwaltung und für die administrative Normsetzung, einbezogen sind, wird in der Literatur nicht einheitlich beantwortet.³⁶ Insgesamt verfolgt die Interpretation aus föderalen Rücksichten eine restriktive Linie. Das ist, soweit es um Kompetenzfragen geht, nicht zu beanstanden. Nur lässt sich in einem solchen Argumentationszusammenhang kein **konzeptioneller Begriff** des Verwaltungsverfahrensrechts entwickeln.³⁷

II. Das Verwaltungsverfahrensgesetz von 1976: „Kodifikation" mit konzeptionellen Schwächen

Vor dem Hintergrund der grundgesetzlichen Kompetenzverteilung war von vornherein klar, dass in Deutschland bundesgesetzlich keine Kodifikation „des" Verwaltungsverfahrensrechts geschaffen werden konnte.³⁸ Dennoch kann festgehalten werden, dass das Verwaltungsverfahrensgesetz des Bundes vom 25. Mai 1976³⁹ und die ihm folgende Landesgesetzgebung eine spürbare Vereinheitlichung des administrativen Verfahrensrechts gebracht haben. Zusammen mit den etwa zeitgleich ergangenen Neuregelungen des abgabenrechtlichen⁴⁰ und des sozialrechtlichen Verfahrens⁴¹ hat sich eine **Drei-Säulen-Architektur** gebildet, die in ihrem (begrenzten) Anwendungsbereich die verwaltungsverfahrensrechtlichen Entwicklungen auf sich konzentriert.⁴² Das Fachrecht ist von zahlreichen Details entlastet und, soweit es abweichende Regelungen beibehalten oder neu einführen will, einer Rechtfertigungspflicht unterstellt worden. Rechtsprechung und Kommentarliteratur nutzen die Verfahrensgesetze des Bundes und der Länder als zentrale Bezugspunkte für verfahrensrechtliche Erkenntnisse.⁴³ Auch wichtige Fragen der Fortentwicklung sind in diesem Rahmen entschieden worden:

12

---

³⁴ Ausführlich zu Kompetenzfragen nach bisherigem Verfassungsrecht *Klaus Finkelnburg/Curt L. Lässig*, Kommentar zum Verwaltungsverfahrensgesetz, 1979, Einl. Rn. 24 ff.; *Georg Hermes*, in: Dreier (Hrsg.), GG III, Art. 83 Rn. 20 ff.
³⁵ *Hans-Heinrich Trute*, in: v. Mangoldt/Klein/Starck (Hrsg.), GG III, Art. 83 Rn. 50 ff.
³⁶ Vgl. *Hans-Heinrich Trute*, in: v. Mangoldt/Klein/Starck (Hrsg.), GG III, Art. 83 Rn. 50 ff.; *Ferdinand Kirchhof*, in: Maunz/Dürig, GG, Art. 84 Rn. 89 ff.
³⁷ Die mit Kompetenzrücksichten weniger belasteten Verfahrensgesetze der Länder konnten daher auch von einem erheblich weiteren Verfahrensbegriff ausgehen. So bezog das Allgemeine Verwaltungsgesetz für das Land Schleswig-Holstein v. 18. April 1967 (GVOBl S. 131) von Anfang an auch das Verfahren der normativen Handlungsformen ein. Aber schulbildend wirkte das nicht.
³⁸ Zu den Entwicklungsstufen die Nachweise → Bd. II *Schneider* § 28 Rn. 9 ff.
³⁹ BGBl I (1976), S. 1253.
⁴⁰ SGB X v. 18. August 1980 (BGBl I, S. 1469), heute in der Fassung der Bekanntmachung v. 18. Januar 2001 (BGBl I, S. 130).
⁴¹ Abgabenordnung v. 16. März 1976 (BGBl I, S. 157), heute in der Fassung der Bekanntmachung v. 1. Oktober 2002 (BGBl I, S. 3866).
⁴² Vgl. zur Entwicklung *Paul Stelkens/Michael Sachs*, in: Stelkens/Bonk/Sachs (Hrsg.), VwVfG, Einl. Rn. 66 ff.; *Günter Henneke*, in: Knack, VwVfG, Vor § 1 Rn. 1 ff.; *Walter Klappstein*, Rechtseinheit und Rechtsvielfalt im Verwaltungsrecht, 1994.
⁴³ Vgl. *Wilfried Berg*, Die Rechtsprechung zum Verwaltungsverfahrensrecht seit 1998, JZ 2005, S. 1039 ff.

- Durch Gesetz vom 12. September 1996[44] wurden die Ergebnisse der sog. **Beschleunigungsdiskussion** in das VwVfG aufgenommen.[45]
- Durch Gesetz vom 21. August 2002[46] wurde das VwVfG auf die Bedürfnisse der **elektronischen Verwaltungskommunikation** eingestellt.[47]
- Durch Gesetz vom 17. Dezember 2008 wurden Regelungen über eine Genehmigungsfiktion (§ 42a) und über eine Verfahrensabwicklung mittels einer einheitlichen Stelle (§§ 71a–e) aufgenommen.[48]
- Durch Gesetz von 17. Juli 2009 wurden nach den Bestimmungen über die innerstaatliche Amtshilfe (§§ 4ff.) Vorschriften über die Zusammenarbeit mit den Behörden anderer Mitgliedstaaten der EU eingefügt (§§ 8a–e).[49]

Trotz immer wieder durchschlagender „Dekodifikationsbemühungen" von Fachressorts und Fachverbänden hat sich ein Bewusstsein dafür gebildet, dass das Verwaltungsverfahrensrecht einen Spiegel der **Verwaltungskultur** und mehr als eine Ansammlung prozeduraler Einzelvorschriften darstellt.[50]

13   Umso wichtiger ist es freilich auch, sich der konzeptionellen Grenzen und Schwächen des Verwaltungsverfahrensgesetzes bewusst zu bleiben, die mit den aufgezeigten Besonderheiten seiner Entstehungsgeschichte zusammenhängen. Danach ergeben sich **neun das Gesetzeskonzept bestimmende Merkmale:**
- Der zu Grunde gelegte Regeltypus des Verwaltens ist die *Hoheitsverwaltung*. Allein das für diese Verwaltungstätigkeit typische öffentlich-rechtliche Handeln ist Gegenstand des Verwaltungsverfahrensgesetzes (§ 1 Abs. 1).
- Das Gesetz ist in einem engeren Sinne *entscheidungsorientiert*. Es geht um rechtsförmige Entscheidungen, die in ihrer herausgehobenen Gestalt vom eigentlichen Verfahren abgesetzt und verselbständigt worden sind.
- Unter den Entscheidungen sind es wiederum die *Einzelentscheidungen*, die das Gesetz in den Mittelpunkt rückt (§ 9). Das erfasste Verwaltungshandeln ist Vollzugshandeln. Die administrative Normsetzung als Form einer zwischen das parlamentarische Gesetz und den Einzelvollzug tretenden Konkretisierung und Selbstprogrammierung hat in der Systematik des Gesetzes keinen Platz.
- Unter den Vollzugsentscheidungen dominieren die *einseitigen Regelungen*. Das Zentralinstitut ist der Verwaltungsakt. Öffentlich-rechtliche Verträge der Ver-

---

[44] BGBl I (1996), S. 1354.

[45] → Rn. 86ff.

[46] BGBl I (2002), S. 3322.

[47] *Heribert Schmitz*, Die Regelung der elektronischen Kommunikation im Verwaltungsverfahrensgesetz, DÖV 2005, S. 885ff. → Bd. II *Britz* § 26 Rn. 48ff.

[48] BGBl I, S. 2418. Dazu *Heribert Schmitz/Lorenz Prell*, Verfahren über eine einheitliche Stelle – Das Vierte Gesetz zur Änderung verwaltungsverfahrensrechtlicher Vorschriften, NVwZ 2009, S. 1ff.; → Bd. II *Schneider* § 28 Rn. 23a.

[49] BGBl I, S. 2091. Dazu *Heribert Schmitz/Lorenz Prell*, Europäische Verwaltungszusammenarbeit, NVwZ 2009, S. 1121ff.; → Bd. II *Schneider* § 28 Rn. 97a.

[50] Zu Leistungen und Schwächen der Kodifikation *Wolfgang Kahl*, Das Verwaltungsverfahrensgesetz zwischen Kodifikationsidee und Sonderrechtsentwicklungen, in: Hoffmann-Riem/Schmidt-Aßmann (Hrsg.), Verwaltungsverfahren, S. 67ff.; *ders.*, 35 Jahre Verwaltungsverfahrensgesetz – 35 Jahre Europäisierung des Verwaltungsverfahrensrechts, NVwZ 2011, S. 449ff. Zu einer gleichwohl sich immer wieder einschleichenden „Tendenz zur Diversifizierung" krit. auch *Kopp/Ramsauer*, VwVfG, Einführung I Rn. 16. Bemühen um eine Vereinheitlichung des durch die Beschleunigungsgesetzgebung zersplitterten Rechts der Planfeststellung durch Reintegration in die §§ 72ff. VwVfG im Entwurf eines Gesetzes zur Verbesserung der Öffentlichkeitsbeteiligung und Vereinheitlichung des Planfeststellungsverfahrens, BT-Drucks 17/9666.

A. Die Entwicklung des verfahrensrechtlichen Denkens im Verwaltungsrecht

waltung finden zwar ebenfalls Anerkennung. Das Gesetz interessiert sich allerdings vor allem für (subordinationsrechtliche) Verträge in Situationen, in denen der Vertrag den Verwaltungsakt ersetzt (§ 54 S. 2). Der koordinationsrechtliche Vertrag und mit ihm Situationen, in denen Verwaltung und Vertragspartner auf dem Boden der Gleichordnung gemeinsam an der Gemeinwohlkonkretisierung beteiligt sind, bleiben eher blass. Die Anforderungen kooperativer Verwaltung sind allenfalls in Ansätzen erfasst.

– Das Gesetz geht von einer *dienenden Funktion* der verfahrensrechtlichen Regelungen gegenüber dem materiellen Recht aus (§ 46). Dahinter steht ein spezifisches Richtigkeitsverständnis von Entscheidungen, das stärker kontroll- als handlungsorientiert ist und der gerichtlichen Kontrolle die zentrale Position zuweist.
– Die kommunikativen Beziehungen zwischen Bürger und Verwaltung werden als Rechtsverhältnis mit *festen Rollen* definiert. Der Bürger verfolgt seine individuellen Rechte; die Verwaltung ist zwar rechtsgebunden, aber für die Definition des Gemeinwohls letztlich allein verantwortlich. Besonders deutlich zeigt sich das bei den Ausprägungen des Untersuchungsgrundsatzes (§ 24).
– Die Interessen der Bürger sind nach den Vorstellungen des Gesetzes vor allem auf den *Bestandserhalt* einmal erlangter Vergünstigungen gerichtet. Rechtssicherheit, Bestandskraft und Vertrauensschutz spielen eine zentrale Rolle (§§ 43, 48, 59). Der Vertrauensschutz war ein Schlüsselthema bei der Ausarbeitung des Gesetzes. Die Vertrauensbasis ist von der Vorstellung bestimmt, die Verwaltung trage für die Rechtmäßigkeit ihrer Akte grundsätzlich die alleinige Verantwortung.
– Die handelnde Verwaltung ist als in sich *geschlossene Einheit* vorgestellt. Es herrscht das Prinzip der Aktengeheimhaltung, das nur durch das Akteneinsichtsrecht der Verfahrensbeteiligten relativiert wird (§ 29). Die inneradministrativen Datenflüsse sind nicht als eigenständiges Rechtsproblem erfasst.
– Das Gesetz ist *inlandszentriert*. Vorgänge des internationalen Verwaltungsverkehrs sind, wie die spärlichen Amtshilferegelungen der §§ 4–8 dokumentieren, nicht sein Interesse. Daran hat sich erst 2009 unter dem Druck des Unionsrechts, konkret: durch die Umsetzungsverpflichtung der EU-Dienstleistungsrichtlinie, etwas geändert, die zur Einführung von Vorschriften über die „Europäische Zusammenarbeit" geführt hat.[51]

Insgesamt ist das zu Grunde gelegte Verfahrenskonzept das der klassischen gesetzesvollziehenden Verwaltung. Dieses Konzept besitzt auch heute seine unbestreitbare Bedeutung. Täglich wird eine Vielzahl von Verwaltungsentscheidungen des Polizei-, Bau- und Gewerberechts, des Abgaben- und des Sozialrechts nach diesem Modell getroffen.[52] Aber ebenso bleiben wichtige Verwaltungsbereiche wie das Vergabewesen, die administrative Planung sowie die Informations- und die Risikoverwaltung ausgeklammert. Das Anschauungsmaterial ist zu einseitig bestimmt.[53] Die Steuerungsmöglichkeiten, die die Funktionenvielfalt der Verwal-

14

---

[51] Richtlinie 2006/123/EG des Europäischen Parlaments und des Rates über Dienstleistungen im Binnenmarkt (ABl. EU, Nr. L 376, S. 36). → Bd. II *Schneider* § 28 Rn. 97 a.
[52] *Schmidt-Aßmann*, Ordnungsidee, Kap. 4 Rn. 11.
[53] *Andreas Voßkuhle*, Strukturen und Bauformen neuer Verwaltungsverfahren, in: Hoffmann-Riem/Schmidt-Aßmann (Hrsg.), Verwaltungsverfahren, S. 277 ff.

tungsverfahren bietet, werden nicht genutzt. Zu einem eigenständigen prozeduralen Rechtsdenken[54] lässt sich so nicht vordringen. Ein konzeptionelles verfahrensrechtliches Denken aber ist erforderlich, um den Herausforderungen zu begegnen, mit denen sich Verwaltung und Verwaltungsrecht heute auseinanderzusetzen haben.

III. Europäische Dimensionen des Verwaltungsverfahrensrechts

15 Eine Stärkung erfährt das verfahrensrechtliche Denken im **europäischen Entwicklungszusammenhang,** in den das deutsche Recht direkt durch die Vorgaben des EU-Rechts und indirekt durch den Einfluss rechtsvergleichender Erkenntnisse eingebettet ist:[55]
– Der Europäische Verwaltungsverbund selbst ist in hohem Maße ein *Verfahrensverbund*.[56]
– Zudem enthalten die *europäischen Verfassungstexte*, das Primärrecht der EU-Verträge und die EMRK, ausgeprägte prozedurale Komponenten.[57]
– Schließlich gibt es einen *gemeinsamen Bestand* elementarer Verfahrensgarantien in allen europäischen Rechtsordnungen.[58]

Selbst wenn sich bisher keine ganzheitliche „Verfahrensphilosophie" ausgebildet hat, die Mitgliedstaaten und auch das EU-Recht selbst vielmehr die Bedeutung des Verfahrensrechts unterschiedlich einschätzen und z. B. in der Behandlung von Verfahrensfehlern schwanken, stellt das verfahrensrechtliche Denken eine Grundform eines gemein-europäischen Verwaltungsrechts dar,[59] dessen Konvergenzen zunehmen: „In der Integrationsgemeinschaft der EG stehen die verschiedenen nationalen Rechtsordnungen über die Vermittlungsinstanzen der europäischen Rechtsetzung und der Rechtsprechung in einem dauerhaften und engen Dialog miteinander."[60]

1. Die Bedeutung von Verwaltungsverfahren im Europäischen Verwaltungsverbund

16 „Seit der Gründung der Europäischen Gemeinschaft hat die Bedeutung, die in Literatur, Rechtsprechung und nicht zuletzt der Gesetzgebung dem Verwal-

---

[54] Dazu *Gralf-Peter Calliess*, Prozedurales Recht, 1999, S. 175 ff.; *Thomas Vesting*, Prozedurales Rundfunkrecht, 1997, S. 74 ff., auch S. 214 ff. Aus der älteren Literatur *Peter Lerche/Walter Schmitt Glaeser/Eberhard Schmidt-Aßmann*, Verfahren als staats- und verwaltungsrechtliche Kategorie, 1984; *Rainer Pitschas*, Verwaltungsverantwortung und Verwaltungsverfahren, 1990.
[55] Zum Gedanken des Entwicklungszusammenhangs vgl. *Schmidt-Aßmann*, Ordnungsidee, Kap. 1 Rn. 64 ff. Anschaulich die Beiträge in: *Hermann Hill/Rainer Pitschas* (Hrsg.), Europäisches Verwaltungsverfahrensrecht, 2003.
[56] *Jörg Gundel*, Verwaltung, in: Schulze/Zuleeg/Kadelbach (Hrsg.), EuropaR, § 3 bes. Rn. 119 ff. und 145 ff. → Bd. II *Röhl* § 30 Rn. 50. Zu ihm als Informationsverbund → Bd. II *Röhl* § 30 Rn. 48 ff. Zum Verwaltungsverbund allgemein → Bd. I *Schmidt-Aßmann* § 5 Rn. 25 ff.
[57] → Rn. 25 ff.
[58] → Rn. 40 ff.
[59] *Schwarze*, Europäisches VerwR, S. 1135 ff., sowie das Sonderheft „The procedure of administrative acts" (1993) der von der European Group of Public Law herausgegebenen Revue Européenne de Droit Public/European Review of Public Law (REDP/ERPL).
[60] *Rainer Wahl*, Das Verhältnis von Verwaltungsverfahren und Verwaltungsprozeßrecht in europäischer Sicht, in: Hill/Pitschas, Verwaltungsverfahren (Fn. 55), S. 357 (381). *Kahl*, Grundrechtsschutz (Fn. 9), S. 3, 28 ff.; auch *Matthias Schmidt-Preuß*, Gegenwart und Zukunft des Verfahrensrechts, NVwZ 2005, S. 489 (493).

A. Die Entwicklung des verfahrensrechtlichen Denkens im Verwaltungsrecht

tungsverfahrensrecht beigemessen wird, erheblich zugenommen."[61] Diese bereits 1988 getroffene Feststellung ist durch die Entwicklung der letzten zwei Jahrzehnte bestätigt worden. Die Verfahrensbezogenheit des Verwaltungsrechts und der Bedeutungsgewinn des Verfahrensrechts haben mit den administrativen Besonderheiten des Europäischen Verwaltungsverbundes zu tun. Hier agieren keine in sich geschlossenen Verwaltungseinheiten mit einem einheitlich verfügbaren Informationsbestand, sondern das Verwalten vollzieht sich in der **Kooperation** nationaler und europäischer Instanzen.[62] Gegenseitige Unterrichtung, Abstimmung und die Suche nach gemeinsamen Entscheidungen bilden nicht Ausnahmeerscheinungen, sondern sind die Normallage:[63] Verfahren der Komitologie, der gegenseitigen Amtshilfe, der Beaufsichtigung sind **Kernbestandteile des Europäischen Verwaltungsverbundes.** Das Recht der Beihilfeaufsicht, der Wettbewerbsaufsicht und Strukturfondsverwaltung besteht aus umfangreichen Verfahrensregelungen, denen es besonders darum geht, die notwendige Behördenzusammenarbeit zu organisieren. Der Verbund ist zuallererst ein *Informationsverbund* vertikaler, horizontaler und diagonaler Verwaltungsbeziehungen.[64] Ohne eine breite Palette eigener Verfahren ließe sich die Verwaltung des Unionsraumes nicht aufrechterhalten.

Zugleich muss sich das EU-Recht für das Verwaltungsverfahrensrecht in den Mitgliedstaaten interessieren:

— Es muss mindestens Grundanforderungen für seinen **wirksamen Vollzug** durch die nationalen Verwaltungen festlegen. Soweit dafür nicht eigenes EU-Verfahrensrecht geschaffen wird, vollziehen diese das (materielle) Unionsrecht nach Maßgabe ihres eigenen Verfahrensrechts. Sie genießen – wie es heißt – „Autonomie" in organisatorischer und verfahrensmäßiger Hinsicht. Diese wird allerdings durch das EU-Recht nach dem Äquivalenz- und Effektivitätsprinzip i.S. einer „Koordinierungsformel" des EuGH eingeschränkt und gleichgerichtet.[65]

— In einzelnen Politikbereichen, z.B. im Umweltrecht, formuliert das EU-Recht darüber hinaus auch eigene **inhaltliche Gestaltungsanforderungen** an das nationale Verwaltungsverfahrensrecht, von denen es annimmt, dass sie zur Verwirklichung der materiellen Politikziele beitragen.[66] Dahinter steht die Vorstellung einer besonderen Steuerungseignung des Verfahrens für spezielle Sachziele, z.B. zur Herstellung von Markttransparenz, zur Förderung von Ressourcenökonomie, zur Generierung von Wissen, zur Schaffung politischen Vertrauens.

17

---

[61] *Schwarze*, Europäisches VerwR, S. 1136.

[62] → Bd. I *Schmidt-Aßmann* § 5 Rn. 16 ff., *Trute* § 6 Rn. 102 ff., *Groß* § 13 Rn. 36 ff., *Ruffert* § 17 Rn. 141 f.; Bd. II *Vesting* § 20 Rn. 52, *v. Bogdandy* § 25 Rn. 2; *Gernot Sydow*, Verwaltungskooperation in der Europäischen Union, 2004; *Gabriele Britz*, Vom Europäischen Verwaltungsverbund zum Regulierungsverbund?, EuR 2006, S. 46 ff.; *Wolfgang Weiß*, Der Europäische Verwaltungsverbund, 2010; *Steffen Augsberg*, Europäisches Verwaltungsorganisationsrecht und Vollzugsformen, in: Terhechte (Hrsg.), VerwREU, § 6 Rn. 50 ff.

[63] Dazu die Beiträge in: *Eberhard Schmidt-Aßmann/Bettina Schöndorf-Haubold* (Hrsg.), Der Europäische Verwaltungsverbund, 2005. Vgl. auch → Bd. II *v. Bogdandy* § 25.

[64] → Bd. II *v. Bogdandy* § 25 Rn. 34 ff., 62 ff. und 85 ff.

[65] → Bd. I *Schmidt-Aßmann* § 5 Rn. 31 f. *Hermann Pünder*, Verwaltungsverfahren, in: Erichsen/Ehlers (Hrsg.), VerwR, § 12 Rn. 18 f.; *Gundel*, Verwaltung (Fn. 56), § 3 Rn. 194 ff.; *Kyrill-Alexander Schwarz*, in: Hk-VerwR, Einleitung VwVfG Rn. 100 ff.

[66] → Rn. 72 ff.

2. Inter-administratives Vertrauen als Grundlage

18 Die wichtigste Voraussetzung dafür, dass Verfahren im europäischen Verwaltungsverbund effizient durchgeführt werden können, ist das Vertrauen zwischen den beteiligten Verwaltungen.[67] *Europaweites inter-administratives Vertrauen* ist notwendig, wenn sensible Informationen ausgetauscht oder Verwaltungsentscheidungen gegenseitig anerkannt werden sollen. Vertrauen bildet nicht *einen* von zahlreichen Gesichtspunkten ordnungsgemäßen Verwaltens, sondern *die* zentrale Voraussetzung. Das gilt im besonderen Maße für das Europäische Verwaltungsrecht, dessen Institute weit weniger auf gesicherten Realvoraussetzungen aufbauen können, als das für das deutsche Verwaltungsrecht gilt. „Was im Bundesstaat über lange Zeit gewachsen ist, muß im polyzentrischen Gefüge des europäischen Verwaltungsverbundes erst herausgebildet werden".[68]

19 Vertrauen als Voraussetzung meint ein Sichverlassenkönnen auf eine hinreichend ausgebildete und ausgestattete, kompetente, unparteiische und loyale Verwaltung. Es gelten die Maßstäbe „guter Verwaltung", auf die die Unionsbürger nach Art. 41 GRCh einen Anspruch haben. Wo dagegen amtliche Urkunden leichtfertig ausgestellt, Missstände fortlaufend verschleiert und strukturelle Mängel nicht behoben werden, erhält die Verwaltungsakzeptanz Risse. Die Rechtsinstitute des Verbundes setzen nicht nur ein Minimum vergleichbarer Rechtsregeln, sondern auch vergleichbarer *Qualitätsstandards der Verwaltungspraxis* voraus.[69] Vertrauen ist – wie im Anschluss an *Claudio Franzius* formuliert werden kann – „Prinzipienvertrauen" und „Systemvertrauen".[70] Es geht um eine „Vertrauensinfrastruktur", die für den Vollzug des europäischen Verwaltungsrechts notwendig ist und für die dieses Recht selbst immer wieder Vorkehrungen treffen muss.

20 Diese elementare Einsicht europäischen Verwaltens ist von den Organen der Union – von der Kommission, aber leider auch vom Gerichtshof – in der Vergangenheit nicht immer beachtet worden ist. Besonders deutlich wird das im Blick auf die Erweiterungen der Union. Die Verbesserung der Verwaltungssituation in Beitrittsländern ist bei den Vorbereitungen des Beitritts in den entsprechenden Dokumenten zwar regelmäßig angesprochen. Ist aber wirklich genau hingesehen worden, oder hat man sich mit vagen Aussichten zufrieden gegeben? Ähnliche Fragen ergeben sich aber auch im Blick auf alle anderen Mitgliedstaaten und die Gewährleistung notwendiger Minimalstandards gemeinsamen Verwaltungsvollzuges, z. B. bei der Aufnahme und Unterbringung von Asylbewerbern.[71] Kritik verdient auch eine Rechtsprechung, die Ausweichstrategien

---

[67] Zum Folgenden (am Beispiel der gegenseitigen Anerkennung von Verwaltungsentscheidungen) *Eberhard Schmidt-Aßmann*, Perspektiven der Europäisierung des Verwaltungsrechts, in: DV, Beiheft 10, 2010, S. 263 (269 ff.).

[68] *Claudio Franzius*, Europäisches Vertrauen? Eine Skizze, in: Humboldt Forum Recht 12/2010, S. 159 (169).

[69] So zum Institut des transnationalen Verwaltungsakts *Matthias Ruffert*, Kohärente Europäisierung: Anforderungen an Verfassungs- und Verwaltungsverbund, in: Hoffmann-Riem, Offene Rechtswissenschaft, S. 1397 (1413): "Kohärenz setzt hier gegenseitiges Vertrauen auf solider Grundlage voraus".

[70] *Claudio Franzius*, Gewährleistung im Recht, 2009, S. 203 ff.

[71] Vgl. die Reaktionen der Gerichte auf Zustände in griechischen Aufnahmeeinrichtungen *BVerfG* (K), NVwZ 2009, S. 1281; *EGMR*, Urt. v. 21. 1. 2011, EuGRZ 2011, S. 243 Tz. 204 ff.; *EuGH*, Urt. v. 21. 12. 2011, EuGRZ 2012, S. 24 Tz. 78 ff.: Widerlegung der Vermutung für Gewährleistung einheitlicher Standards bei „systemischen Mängeln".

und Gesetzesumgehungen dadurch begünstigt, dass sie schematisch auf Anerkennungspflichten zwischen den beteiligten Verwaltungen beharrt, ohne zu prüfen, ob die notwendigen Vertrauensvoraussetzungen vorliegen.[72]

Der neue Art. 197 Abs. 1 AEUV gibt Anlass zu einer Neubesinnung: Die für das ordnungsgemäße Funktionieren entscheidende effektive Durchführung des Unionsrechts durch die Mitgliedstaaten ist danach als *Frage von gemeinsamem Interesse* anzusehen. Diese Bestimmung bildet einen „Eckpfeiler des Verwaltungsverfassungsrechts der EU".[73] Die Mitgliedstaaten müssen sich darum kümmern und mit innerstaatlichen Mitteln sicherstellen, dass sich ihr Verwaltungshandeln als „vertrauenswürdig" erweist, und die Kommission muss dem gegebenenfalls im Wege der Unionsaufsicht nachhelfen. Das Institut des Vertragsverletzungsverfahrens nach Art. 258 AEUV ist für solche praktischen Aufsichtsmaßnahmen im Regelfall wahrscheinlich zu umständlich. Der Union stehen jedoch zahlreiche andere Aufsichtsmittel zur Verfügung, in einer ganzen Reihe von Bereichen sogar Befugnisse zu Vor-Ort-Kontrollen (Inspektionen) in Unternehmen und in mitgliedstaatlichen Verwaltungen.[74] Das Unionsrecht besitzt insofern sogar mehr Zugriffsmöglichkeiten, als sie dem deutschen Bundesstaatsrecht vertraut sind.

21

Gesetzgebung, Rechtsprechung und europäische Verwaltungsrechtswissenschaft müssen eine *vertrauensgenerierende Rechtsdogmatik* entwickeln. Dazu gehört es sicher, die Pflichten zu loyaler Zusammenarbeit als Rechtspflichten exakt zu fassen. Ebenso ist es aber auch notwendig, rechtliche Mittel vorzusehen, die nachlässige Mitgliedstaaten indirekt dazu anhalten, die Vertrauenswürdigkeit ihrer Verwaltungen zu verbessern. Hierzu können „solange"- und „ordre-public"-Vorbehalte durchaus sinnvoll sein.[75] Eine Dogmatik der Kooperation muss stets auch für den Fall des Konflikts, eine solche des Vertrauens stets auch für den Fall des Vertrauensbruchs Sorge tragen und Ausnahmeregelungen vorsehen. So ist die Pflicht zu gegenseitiger Anerkennung von Verwaltungsentscheidungen keine Selbstverständlichkeit; sie ist mit dem Gedanken eines Europäischen Verwaltungsverbundes nicht automatisch mitgegeben. Vielmehr existieren Anerkennungspflichten nur, soweit sie durch besondere Rechtssätze des primären oder des sekundären Unionsrechts festgelegt sind. Der allgemeine Gedanke der Solidarität verpflichtet die Mitgliedstaaten dagegen nicht dazu, ihre Verwaltungsentscheidungen durchgängig gegenseitig anzuerkennen. Soweit Anerkennungspflichten durch Sekundärrecht festgelegt werden sollen, muss darauf geachtet werden, dass entsprechende Kontrollmechanismen geschaffen werden oder die Anerkennung unter einschränkende Voraussetzungen gestellt wird.

22

---

[72] Zu Verwaltungspraxen, die den sog. Führerscheintourismus begünstigen, und ihrer wenig sensiblen Behandlung durch die Rechtsprechung des EuGH vgl. nur *Johannes Saurer*, Anerkennungsgrundsatz und Rechtsmissbrauch im europäischen Fahrerlaubnisrecht, Jura 2009, S. 260 ff. Teilweise korrigiert in *EuGH*, EuZW 2008, S. 472 ff., EuZW 2009, S. 735 ff. und NJW 2012, S. 1341 ff.

[73] So *Matthias Ruffert*, in: Calliess/Ruffert (Hrsg.), EUV/AEUV, Art. 197 AEUV Rn. 1.

[74] Dazu *Meike Eekhoff*, Die Verbundaufsicht, 2006. Speziell zu Inspektionen *Antje David* Inspektionen im Europäischen Verwaltungsrecht, 2003; *dies.*, Inspektionen als Instrument der Vollzugskontrolle in: Schmidt-Aßmann/Schöndorf-Haubold, Verwaltungsverbund (Fn. 63), S. 237 (239 ff.). Zum Zusammenhang zwischen Kontrollverschränkungen und Vertrauen vgl. *Eberhard Schmidt-Aßmann*, Verwaltungskontrolle Einleitende Problemskizze, in: ders./Hoffmann-Riem (Hrsg.), Verwaltungskontrolle, 2001, S. 9 (32). Insgesamt → Bd. III *Kahl* § 47 Rn. 218 ff.

[75] Vgl. *Franzius*, Europäisches Vertrauen (Fn. 68), S. 174.

B. Verwaltungsverfahrensrecht und Verfassungsrecht

23   Das Verwaltungsverfahrensrecht ist vielfältig mit dem Verfassungsrecht verwoben und von ihm geprägt: In den Europäischen Verfassungstexten findet sich eine beachtliche Zahl ganz konkreter Garantien verwaltungsverfahrensrechtlicher Standards (I.). Das deutsche Grundgesetz ist mit Detailaussagen dagegen zurückhaltend, umfasst aber in seinen Prinzipien und vor allem in seinen materiellen Grundrechtsgewährleistungen wichtige Vorgaben für das Verwaltungsverfahrensrecht (II.). Auf beiden Ebenen, der europäischen wie der nationalen, darf die Bestimmungskraft des Verfassungsrechts allerdings nicht überschätzt werden. Die Ausrichtung des einfachen Rechts an der Verfassung meint nicht subsumtionsartige Deduktion:[76] Das einfachgesetzliche Verfahrensrecht ist verfassungsgeprägt, aber als Rechtsbestand eigenständig und folglich nicht verfassungsfest, sondern gesetzgeberischen Änderungen gegenüber durchaus offen (III.).

I. Vorgaben Europäischer Verfassungstexte

24   Wichtige Vorgaben für das Verwaltungsverfahren ergeben sich heute aus den Texten, die den Europäischen **Verfassungsverbund** ausmachen.[77] Im Folgenden wird die Prägung des Verwaltungsverfahrensrechts durch die Europäische Menschenrechtskonvention (1.) und die Europäische Grundrechtecharta untersucht, deren *Recht auf gute Verwaltung* (Art. 41) einige allgemeine prozedurale Institute gleichsam „vor die Klammer" gezogen hat (2.).

1. Verfahrensgarantien der Europäischen Menschenrechtskonvention

25   Die Europäische Menschenrechtskonvention (EMRK) war von vornherein auf einen Menschenrechtsschutz mit deutlich *prozeduralen* Garantieelementen angelegt.[78] Sie gilt in Deutschland zwar nur im Rang eines einfachen Bundesgesetzes, entfaltet aber als Auslegungsmaxime bei der Interpretation des Grundgesetzes und des einfachen Rechts weit darüber hinausreichende Wirkungen.[79] Art. 6 Abs. 2 EUV verpflichtet die Union, der Konvention förmlich beizutreten; schon bisher hatten ihre Organe die EMRK zu achten.

26   Die klassische **Verwaltungsverfahrensgarantie** der Konvention ist Art. 13 EMRK: Jede Person, deren Konventionsrechte durch hoheitliches Handeln eines Konventionsstaates verletzt werden, muss danach die Möglichkeit einer wirksamen Beschwerde bei einer nationalen Instanz haben. Die Staaten haben, wenn

---

[76] Vgl. *Rüdiger Breuer*, Konkretisierungen des Rechtsstaats- und Demokratiegebotes, in: FG 50 Jahre BVerwG, 2003, S. 223 (227). → Bd. I *Ruffert* § 17 Rn. 48 ff.
[77] Zum Verbund → Bd. I *Schmidt-Aßmann* § 5 Rn. 14 f.; *Ruffert* § 17 Rn. 54. Vgl. ferner *Ulrich Stelkens*, Europäische Rechtsakte als „Fundgruben" für allgemeine Grundsätze des deutschen Verwaltungsrechts, ZEuS 2004, S. 129 ff.; *Kristin Pfeffer*, Das Recht auf eine gute Verwaltung, 2006, S. 46 ff.
[78] *Dirk Ehlers*, EMRK: Allgemeine Lehren, in: ders. (Hrsg.), Europäische Grundrechte, § 2 Rn. 12 und 18; *Grabenwarter*, EMRK, § 24 Rn. 1; auch *Rainer J. Schweitzer*, Allgemeine Grundsätze, in: HGR VI/1, § 138 Rn. 71 ff.
[79] *BVerfGE* 120, 180 (200); *BVerwGE* 110, 203 (210) zur „normativen Leitfunktion" der Rechtsprechung des Europäischen Gerichtshofs für Menschenrechte. Im Einzelnen → Bd. I *Ruffert* § 17 Rn. 143 ff.

eine solche Möglichkeit bisher fehlt, in ihren Rechtsordnungen entsprechende Vorkehrungen zu treffen. Die Instanz hat nicht notwendig ein Gericht zu sein; aber sie muss unparteiisch und von derjenigen Stelle unabhängig sein, gegen deren Verhalten sich die Beschwerde richtet.[80] Bei irreparablen Schäden sind Möglichkeiten vorläufigen Rechtsschutzes notwendig.[81] Ebenso muss Rechtsschutz auch gegen erledigtes Handeln verfügbar sein.[82] Verlangt wird ein wirksames Maß an Kontrolle, d.h. grundsätzlich eine Überprüfung des möglicherweise verletzten Rechts *in der Sache*.[83] Bei möglichen Verstößen gegen Art. 2 und 3 EMRK, z.B. im Rahmen eines Polizeieinsatzes, entnimmt der Europäische Gerichtshof für Menschenrechte Art. 13 zudem ein Recht auf gründliche und wirksame Ermittlungen, die geeignet sind, die Verantwortlichkeit staatlicher Stellen zu klären.[84]

Weitere Verfahrensgarantien enthalten Art. 5 EMRK für Freiheitsentziehungen und Art. 1 des 7. Zusatzprotokolls für Fälle der Ausweisung von Ausländern. Bedeutung für das Verwaltungsverfahren kann auch der Gerichtsschutzgarantie des Art. 6 Abs. 1 EMRK zukommen. Hier ist allerdings zunächst der Schutzbereich näher zu bestimmen: Es geht um Streitigkeiten über „zivilrechtliche Ansprüche und Verpflichtungen" und gegen „strafrechtlich erhobene Anklagen". Beide Begriffe sind weit zu interpretieren und erfassen zunehmend auch Verwaltungsstreitsachen, insbesondere solche des Bau- und Gewerberechts, aber auch sozialversicherungsrechtliche Ansprüche und beamtenrechtliche Streitigkeiten.[85] Soweit diese Materien im Spiel sind, können sich Vorwirkungen des Art. 6 Abs. 1 EMRK auf die entsprechenden Verwaltungsverfahren ergeben. So kann die Garantie angemessener Verfahrensdauer vor Gericht dazu führen, dass bei der Berechnung der maßgeblichen Zeitspanne auch die Dauer des vorangehenden Verwaltungsverfahrens zu berücksichtigen ist.[86] Soweit ein Verwaltungsverfahren dem Strafrecht zuzuordnen ist, wie es für das Verfahren in Ordnungswidrigkeitensachen gilt,[87] greifen zudem die besonderen Garantien des Art. 6 Abs. 2–4 EMRK. 27

Der Europäische Gerichtshof für Menschenrechte hat die prozedurale Schutzrichtung der Konvention noch verstärkt, indem er in seiner jüngeren Judikatur eine Verfahrensdimension auch der materiellen Garantien entwickelt hat.[88] So leitet er aus dem Recht auf Achtung des Privat- und Familienlebens (Art. 8 EMRK) ab, dass staatliche Entscheidungsprozesse z.B. im Umweltrecht, die dieses Grundrecht betreffen, angemessene Untersuchungen und Studien beinhalten müssen, um einen fairen Ausgleich der widerstreitenden Interessen zu erzielen. 28

---

[80] *Grabenwarter*, EMRK, § 24 Rn. 173; *Frowein/Peukert*, EMRK, Art. 13 Rn. 5; *EGMR*, Urt. v. 25. März 1983, verb. Beschwerden Nr. 5974/72 u. a. – Silver u.a., Tz. 116, EuGRZ 1984, S. 147.
[81] *Jörg Gundel*, Verfahrensrechte, in: Merten/Papier (Hrsg.), HGR VI/1, § 146 Rn. 185.
[82] *Gundel*, Verfahrensrechte (Fn. 81), § 146 Rn. 182.
[83] *Grabenwarter*, EMRK, § 24 Rn. 174.
[84] *Gundel*, Verfahrensrechte (Fn. 81), § 146 Rn. 181; *Kolja Altermann*, Ermittlungspflichten der Staaten aus der EMRK, 2006.
[85] Im Einzelnen *Grabenwarter*, EMRK, § 24 Rn. 6 ff.; *Gundel*, Verfahrensrechte (Fn. 81), § 146 Rn. 6 ff. und 46 ff.
[86] EGMR, Urt. v. 28. Juni 1978 – König, EuGRZ 1978, S. 406.
[87] EGMR, Urt. v. 21. Februar 1984 – Öztürk, EuGRZ 1985, S. 62.
[88] *Gundel*, Verfahrensrechte (Fn. 81), § 146 Rn. 158 ff.; *Ralf Möller*, Verfahrensdimensionen materieller Garantien der Europäischen Menschenrechtskonvention, 2005.

Nicht gefordert ist allerdings, dass bezüglich jedes einzelnen Aspekts messbare Daten zur Verfügung stehen.[89]

2. Europäische Grundrechte-Charta: Recht auf gute Verwaltung

29 Schon das ältere Unionsverfassungsrecht kannte zahlreiche verwaltungsverfahrensrechtliche Regeln, die teilweise ausdrücklich in den Verträgen niedergelegt, teilweise von der Rechtsprechung des EuGH als **Allgemeine Rechtsgrundsätze** entwickelt worden waren, vor allem Anhörungs- und Akteneinsichtsrechte sowie Begründungspflichten.[90] Ausstrahlungswirkungen auf das nationale und europäische Verwaltungsverfahren zeigten bald auch das Diskriminierungsverbot und die Grundfreiheiten, insbesondere in ihrer die gegenseitige Anerkennung von Verwaltungsentscheidungen fördernden Bedeutung. Die Lissaboner Fassung der Unionsverträge hat diesen Bestand aufgenommen und ergänzt. Genannt seien nur Art. 15 Abs. 3 (Informationsfreiheit), Art. 16 (Datenschutz), Art. 296, 297 (Begründung und Publikation von Rechtsakten), Art. 339 (Geheimhaltung) AEUV.

In der Grundrechte-Charta ist Art. 41 die für das Verwaltungsverfahren wichtigste Vorschrift. Er schafft ein Grundrecht auf gute Verwaltung.[91] Jede Person hat danach Anspruch darauf, dass ihre Angelegenheiten unparteiisch, gerecht und innerhalb einer angemessenen Frist behandelt werden (Abs. 1). Normiert ist damit ein subjektives Recht, kein bloß objektiver Verwaltungsgrundsatz. Wo entsprechende Vorschriften im Sekundärrecht fehlen, sind die Lücken durch die entsprechenden Gewährleistungselemente des Art. 41 automatisch ausgefüllt. Ausdrücklich genannt werden als verfahrensrechtliche Bestandteile (Abs. 2): ein Anhörungsrecht in Fällen belastender Maßnahmen, ein Akteneinsichtsrecht in die betreffenden Verfahrensakten und die Pflicht der Verwaltung zur Begründung ihrer Maßnahmen. Außerdem umfasst Art. 41 GRCh Ansprüche auf außervertragliche Haftung (Abs. 3) und ein Korrespondenzrecht in eigener Sprache (Abs. 4). Der systematische Zusammenhang mit dem in Art. 47 GRCh garantierten Recht auf gerichtlichen Rechtsschutz ist unübersehbar. Beide Vorschriften heben das Recht auf eine Entscheidung innerhalb angemessener Frist besonders hervor.[92]

---

[89] *EGMR* (GK), Urt. v. 8. Juli 2003 – Hatton u. a., Tz. 128, EuGRZ 2005, S. 584; *Gundel*, Verfahrensrechte (Fn. 81), § 146 Rn. 166 ff.: „Untersuchungs- und Nachforschungspflichten", auch bei Verletzungen der Art. 3 und 5 EMRK. Vgl. auch oben → Rn. 26.

[90] *Schwarze*, Europäisches VerwR, S. 1135 ff.; *Hanns P. Nehl*, Europäisches Verwaltungsverfahren und Gemeinschaftsverfassung, 2002, S. 226 ff.; *Siegbert Alber*, Die Rolle des EuGH bei der „Europäisierung" des Verwaltungsverfahrensrechts, in: Hill/Pitschas, Verwaltungsverfahren (Fn. 55), S. 445 ff. Vgl. a. → Bd. II Gusy § 23 Rn. 25 f.; *Kai-Dieter Classen*, Gute Verwaltung im Recht der Union, 2008, S. 265 ff., 302 ff. und 318 ff.; *Michael Fehling*, Europäisches Verwaltungsverfahren und Verwaltungsprozessrecht, in: Terhechte (Hrsg.), VerwREU, § 12 Rn. 4 ff.

[91] Dazu systematisch *Pfeffer*, Gute Verwaltung (Fn. 77), S. 113 ff.; *Classen*, Gute Verwaltung (Fn. 90); *Helmut Goerlich*, Good Governance und Gute Verwaltung, DÖV 2006, S. 313 ff.; *Bernd Grzeszick*, Das Recht auf eine gute Verwaltung – Strukturen und Perspektiven des Charta-Grundrechts auf eine gute Verwaltung, EuR 2006, S. 161 ff.; *Diana-Urania Galetta*, Inhalt und Bedeutung des europäischen Rechts auf eine gute Verwaltung, EuR 2007, S. 57 ff.; *Pavlos-Michael Efstratiou*, Der Grundsatz der guten Verwaltung als Herausforderung an die Dogmatik des nationalen und europäischen Verwaltungsrechts, in: Trute/Groß/Röhl/Möllers (Hrsg.), Allgemeines Verwaltungsrecht, S. 281 ff.

[92] Dazu der Schlussantrag der Generalanwältin *Juliane Kokott*, EuGH, Rs C-110/10 P, Rn. 72 ff.

B. Verwaltungsverfahrensrecht und Verfassungsrecht

Das Recht auf gute Verwaltung verpflichtet nach dem Text des Art. 41 GRCh nur die Organe und Einrichtungen der Union, also die *Eigenverwaltung*. In der Literatur wird eine Erstreckung auf mitgliedstaatliche Verwaltungsverfahren bei der Anwendung von EU-Recht diskutiert.[93] Das erscheint bei sog. gemischten Verfahren, an denen auch Unionsinstanzen beteiligt sind, einleuchtend.[94] Für den gesamten Umfang des indirekten Vollzugs ist dagegen davon auszugehen, dass die mitgliedstaatlichen Verwaltungen nur an die einzelnen allgemeinen Rechtsgrundsätze gebunden sind, welche die Rechtsprechung bisher schon erarbeitet hatte.[95]

Die Auflistung des Art. 41 GRCh ist nicht abschließend.[96] Als zusätzliche 30 Rechtserkenntnisquellen wirken vor allem die Kodices, die die EU-Organe für ihren Tätigkeitsbereich erlassen haben.[97] Insbesondere der Kodex des Europäischen Bürgerbeauftragten, „Der Europäische Kodex für gute Verwaltungspraxis" vom März 2002, bietet zahlreiche Einzelregelungen.[98] Viele von ihnen waren zwar auch bisher schon als geschriebene oder ungeschriebene Rechtsgrundsätze anerkannt. Die *eigenständige Bedeutung* des Art. 41 GRCh liegt darin, dass er die bisher unterschätzte administrative Dimension der Europäischen Union herausstellt. Zutreffend betont wird die *Handlungsperspektive* der Verwaltung, die gegenüber der (jedenfalls im deutschen Verwaltungsrecht) lange Zeit vorherrschenden (gerichtlichen) Kontrollperspektive unterbelichtet war. Zugleich wird deutlich, dass das Verwaltungshandeln über die Gewährleistung seiner Rechtmäßigkeit hinaus an weiteren „normativen Orientierungen" *(Wolfgang Hoffmann-Riem)* auszurichten ist.[99] Ein wichtiger Platz für die Bewährung des Rechts auf gute Verwaltung ist daher zunächst einmal die Ermessenslehre.[100] Mit Behutsamkeit angewandt, kann Art. 41 GRCh dann aber auch ein Ansatz für die

---

[93] *Hans-Werner Rengeling/Peter Szczekalla*, Grundrechte in der Europäischen Union, 2004, § 37 Rn. 1094; *U. Stelkens*, Fundgruben (Fn. 77), S. 129 (138 f.); *Pfeffer*, Gute Verwaltung (Fn. 77), S. 92 ff.; *Sebastian M. Heselhaus/Carsten Nowak*, Handbuch der Europäischen Grundrechte, 2006, § 57 Rn. 49; *Classen*, Gute Verwaltung (Fn. 90), S. 69 ff.; *Foroud Shirvani*, Verfahrensgrundrechte in mehrstufigen, das EU-Recht vollziehenden Verwaltungsverfahren, DVBl 2011, S. 674 ff.

[94] Besonderheiten gelten für das Korrespondenzrecht: hier beschränkt sich Art. 41 GRCh selbst schon auf die Organe und bezieht die Agenturen und sonstigen Stellen der EU-Eigenverwaltung bewusst nicht ein. Vgl. auch → Rn. 94 f.

[95] *Diana-Urania Galetta/Bernd Grzeszick*, in: Stern/Tettinger (Hrsg.), Europäische GR-Charta, Art. 41 Rn. 11 ff.; *Ruffert*, in: Calliess/Ruffert (Hrsg.), EUV/AEUV, Art. 41 GRCh Rn. 9.

[96] Nachweise bei *Ralf Bauer*, Das Recht auf gute Verwaltung im Europäischen Gemeinschaftsrecht, 2002, S. 21 ff.; *Martina Lais*, Das Recht auf gute Verwaltung unter besonderer Berücksichtigung der Rechtsprechung des Europäischen Gerichtshofs, ZEuS 2002, S. 447 (453 ff.); *Hans-Werner Rengeling/Peter Szczekalla*, Grundrechte in der Europäischen Union, 2004, § 37 vor Rn. 1083; *Fehling*, Europäisches Verwaltungsverfahren und -prozessrecht (Fn. 90), § 12 Rn. 9: „generalklauselartig entwicklungsoffen".

[97] *Kommission*, Kodex für gute Verwaltungspraxis in den Beziehungen der Bediensteten der Europäischen Kommission zur Öffentlichkeit, Beschluss v. 17. Oktober 2000, Anhang zur GO, ABl. EG 2000, Nr. L 267, S. 63; ferner *Europäisches Parlament*, Leitfaden für die Pflichten der Beamten und Bediensteten des EP, veröffentlicht am 5. April 2000, ABl. EG 2000, Nr. C 97, S. 1. S. a. *Knut Bourquain*, Die Förderung guten Verwaltungshandelns durch Kodizes, DVBl 2008, S. 1224 ff.; *Efstratiou*, Grundsatz (Fn. 91), S. 289 ff.

[98] Vgl. *Rengeling/Szczekalla*, Grundrechte (Fn. 96), § 37 Rn. 1089; ferner *Pfeffer*, Gute Verwaltung (Fn. 77), S. 54 ff.

[99] → Bd. I *Hoffmann-Riem* § 10 Rn. 58, Bd. II *ders.* § 33 Rn. 56 ff.; *Schmidt-Aßmann*, Ordnungsidee, Kap. 6 Rn. 57 ff.

[100] *Efstratiou*, Grundsatz (Fn. 91), S. 299 ff.

Rechtsprechung sein, um weiteren Regeln einer guten Verwaltungspraxis nach und nach *Rechtsqualität* zuzuerkennen. Schließlich erscheint es nicht ausgeschlossen, auf dieser Grundlage künftig ein die Ebenen übergreifendes **Verfahrensrecht des Europäischen Verwaltungsverbundes** zu kodifizieren.[101]

II. Vorgaben des Grundgesetzes

31 Das Grundgesetz enthält eine ganze Reihe von Vorgaben für die Ausgestaltung von Verwaltungsverfahren:[102] Zum einen legt es in *Kompetenzvorschriften* die Befugnisse zur gesetzlichen Regelung von Verwaltungsverfahren im Bundesstaat fest. Zum anderen bietet es *materielle Determinanten* für das Verwaltungsverfahrensrecht. Traditionell vielfach herangezogen wird das **Rechtsstaatsprinzip:**[103] Anhörungsrechte, Begründungspflichten und das Publikationsgebot für administrative Rechtsnormen folgen aus diesem Prinzip. Gleiches gilt für die Transparenz gestufter Verwaltungsverfahren und das Gebot, durch die Handhabung eines Verwaltungsverfahrens ein späteres Rechtsschutzverfahren nicht unmöglich zu machen oder unzumutbar zu erschweren. Einflussreich ist auch der Gedanke der Vorwirkungen des Art. 19 Abs. 4 GG auf das Verwaltungsverfahren.[104] Zudem geben die Prinzipien der Sozialstaatlichkeit, der Bundesstaatlichkeit und der Demokratie dem Verwaltungsverfahrensrecht ein jeweils spezifisches Gepräge.[105] Das Modell demokratischer Legitimation ist zu allererst ein prozedurales Modell.[106]

1. Speziell zu grundrechtlichen Einwirkungen

32 In den folgenden Ausführungen stehen die Einwirkungen der Grundrechte und die sog. *Grundrechtsrelevanz* des Verwaltungsverfahrens im Mittelpunkt. Dabei ist zwischen dem Schutz *im* und einem solchen *durch* Verfahren zu unterscheiden.[107] Der Schutz **im Verfahren** betrifft Fragen „verfahrensverursachter

---

[101] Vgl. *Klara Kanska*, Towards Administrative Human Rights in the EU. Impact of the Charta of Fundamental Rights, ELJ, Bd. 10 (2004), S. 296 (323 ff.); *Schwarze*, Europäisches VerwR, S. CXLIV ff.; vgl. a. *Ruffert*, in Calliess/Ruffert (Hrsg.), EUV/AEUV, Art 41 GRCh Rn. 21.
[102] Zum Folgenden vgl. nur *Kopp/Ramsauer*, VwVfG, Einführung I Rn. 17 ff.; *Pünder*, Verwaltungsverfahren (Fn. 65), § 13 Rn. 9 ff.; *Wolff/Bachof/Stober/Kluth*, VerwR I, § 58 Rn. 9 ff.; *Schwarz*, in: Hk-VerwR, Einleitung VwVfG Rn. 115 ff.
[103] *Eberhard Schmidt-Aßmann*, Der Rechtsstaat, in: HStR II, § 26 Rn. 76 ff.; *Ferdinand Kopp*, Verfassungsrecht und Verwaltungsverfahrensrecht, 1971, S. 54 ff. Speziell zum Recht auf ein faires Verfahren *BVerfG*, Beschl. v. 7. 12. 2011, EuGRZ 2012, S. 68 (75 f.): Rechtsstaatsprinzip in Verbindung mit den Freiheitsrechten und Art. 1 Abs. 1 GG.
[104] → Bd. I *Schmidt-Aßmann* § 5 Rn. 74 f.
[105] Zu prozeduralen Aspekten des Sozialstaatsprinzips vgl. nur *Dagmar Felix*, Verwaltungsrechtliche Instrumente des Sozialstaates, DVBl 2004, S. 1070 ff.; *Peter J. Tettinger* und *Jens-Peter Schneider*, Verwaltungsrechtliche Instrumente des Sozialstaates, VVDStRL, Bd. 64 (2005), S. 199 ff. und 238 ff. Zum demokratischen Prinzip *Thomas Groß*, Das Kollegialprinzip in der Verwaltungsorganisation, 1999, S. 280 ff.; auch *Schmidt-Aßmann*, Ordnungsidee, Kap. 2 Rn. 102 ff. S. a. → Bd. I *Schmidt-Aßmann* § 5 Rn. 7 ff., 49 ff., 99 ff. → Bd. II *Gusy* § 23 Rn. 18 ff. zu den verfassungsrechtlichen Rahmenbedingungen des Staat-Bürger-Verhältnisses.
[106] → Bd. I *Trute* § 6 Rn. 47 ff. *Eberhard Schmidt-Aßmann*, Grundrechtsschutz und Legitimationsfragen im öffentlichen Gesundheitswesen, 2001, S. 61 ff.
[107] *Jürgen Held*, Der Grundrechtsbezug des Verwaltungsverfahrens, 1984, S. 64 f.; *Erhard Denninger*, Staatliche Hilfe zur Grundrechtsausübung durch Verfahren, Organisation und Finanzierung, in: HStR V (1./2. Aufl. 1992), § 113 Rn. 5 ff.; *Wolff/Bachof/Stober/Kluth*, VerwR I, § 58 Rn. 10.

B. Verwaltungsverfahrensrecht und Verfassungsrecht

Grundrechtseingriffe", z. B. die Festlegung von Aussagepflichten oder von Präklusionsfolgen. Gefragt wird, inwieweit solche Eingriffe eine besondere gesetzliche Grundlage erfordern und wie das Verfahrensermessen ausgeübt werden muss. Dabei spielen auch Probleme prozeduraler Gleichbehandlung und verhältnismäßiger Anwendung administrativer Zwangsbefugnisse, z. B. im Vollstreckungsverfahren[108], eine Rolle.

Wesentlich schwieriger sind die Probleme eines Grundrechtsschutzes **durch Verfahren**. Hier geht es um eine spezifisch verfahrensrechtliche Schicht der Grundrechte *neben* ihrem materiellen Gewährleistungsgehalt. Schon das 19. Jahrhundert kannte die rechtssichernde Funktion besonderer Verfahrensgestaltungen: So wollte § 140 der Paulskirchenverfassung die Unverletzlichkeit der Wohnung durch Vorkehrungen des administrativen Verfahrens schützen. Die Weimarer Reichsverfassung verknüpfte die Freiheit der Person in Art. 114 Abs. 2 mit einem Minimalstandard verwaltungsverfahrensrechtlicher Sicherungen. Im Grundgesetz ist es die Privatschulfreiheit, die ausdrücklich mit dem verfahrensrechtlichen Institut eines Genehmigungsvorbehalts verbunden wird (Art. 7 Abs. 4 GG). 33

Gleichwohl standen für die grundrechtliche Entwicklung nach 1949 zunächst materielle Themen, vor allem eine breite Entfaltung des Verhältnismäßigkeitsprinzips, im Vordergrund. Es bedeutete daher einen wichtigen Schritt, als das Bundesverfassungsgericht 1969 im Hamburger Deichurteil, über diese materielle Seite hinausgreifend, feststellte: „Nach der grundgesetzlichen Konzeption ist hiernach ein effektiver – den Bestand des Eigentums sichernder – Rechtsschutz ein wesentliches Element des Grundrechts selbst".[109] Es folgten einige weitere Entscheidungen zu Verfahrensfragen im Zusammenhang mit Art. 14 GG.[110] Seither sind aber auch die meisten anderen materiellen Grundrechte verfassungsgerichtlich auf „prozedural-organisatorische Komponenten" hin untersucht worden:[111] In der Mülheim-Kärlich-Entscheidung wird festgestellt, dass die atomrechtlichen Verfahrensvorschriften über die Beteiligung Dritter Normen sind, die der Staat in Erfüllung der aus Art. 2 Abs. 2 GG folgenden Schutzpflicht erlassen hat.[112] Im Rahmen des Art. 12 GG sind es die berufsqualifizierenden Prüfungsverfahren, für die besondere Sorgfaltsstandards gefordert werden.[113] Auch der Versammlungsfreiheit des Art. 8 GG wird eine prozedurale Komponente zugesprochen, die sich insbesondere in einer kooperativen Verfahrensgestaltung zwischen den Veranstaltern von Demonstrationen und der Polizeibehörde zeigen soll.[114] 34

---

[108] Dazu → Bd. III *Waldhoff* § 46 Rn. 77 ff.

[109] *BVerfGE* 24, 367 (401).

[110] Zum Beispiel *BVerfGE* 35, 348 (361): Armenrecht; 46, 325 (334 f.); 49, 220 (225); 51, 150 (156): Zwangsversteigerungen.

[111] Grundlegend *Peter Häberle*, Grundrechte im Leistungsstaat, VVdStRL, Bd. 30 (1972), S. 42 (86 ff.); *Konrad Hesse*, Bestand und Bedeutung der Grundrechte in der Bundesrepublik Deutschland, EuGRZ 1978, S. 427 (434 ff.); ausf. Bestandsaufnahme bei *Helmut Goerlich*, Grundrechte als Verfahrensgarantien, 1981; *Hans-Werner Laubinger*, Grundrechtsschutz durch Gestaltung des Verwaltungsverfahrens, VerwArch, Bd. 73 (1982), S. 60 (62 ff.); Nachweise zum heutigen Stand bei *Horst Dreier*, in: Dreier (Hrsg.), GG I, Vorb. Rn. 105 ff.; *Michael Sachs*, in: Sachs (Hrsg.), GG, Vor Art. 1 Rn. 34. → Bd. I *Masing* § 7 Rn. 53 ff.

[112] *BVerfGE* 53, 30 (65 f.); vgl. aber auch 77, 170 (229).

[113] *BVerfGE* 52, 380 (388); 84, 34 (45 f.) und 59 (72 ff.).

[114] *BVerfGE* 69, 315 (355 ff.).

Art. 5 Abs. 1 S. 2 GG fordert das Verfahrens- und Organisationsrecht im Zusammenhang mit der Gebührenfinanzierung der öffentlich-rechtlichen Rundfunkanstalten heraus.[115] Für die Kunstfreiheit des Art. 5 Abs. 3 GG gilt Vergleichbares mit Blick auf Indizierungsverfahren.[116] Die Wissenschaftsfreiheit soll dem einzelnen Wissenschaftler einen Anspruch auf staatliche Maßnahmen auch organisatorischer Art, z.B. auf Schaffung der erforderlichen Mitwirkungsrechte und Einflussmöglichkeiten in den Selbstverwaltungsorganen geben.[117] Gefährdungen des Persönlichkeitsrechts durch Datenspeicherung sind durch „organisatorische und verfahrensrechtliche Vorkehrungen" entgegenzuwirken.[118] Beim Recht der Kriegsdienstverweigerung nach Art. 4 Abs. 3 GG wird sogar von einem Grundrecht unter „Verfahrensvorbehalt" gesprochen.[119] Ähnliches nimmt das Bundesverfassungsgericht für das Grundrecht auf Asyl an.[120]

35   Die anderen Gerichte haben den Gedanken, materielle Grundrechtsgehalte um verfahrensrechtliche Gewährleistungen zu ergänzen, aufgenommen. Neben dem Asylrecht bieten die gerichtsschutznahen Bereiche des Prüfungsrechts reichhaltiges Rechtsprechungsmaterial.[121] Aber auch andere Grundrechtsfragen, z.B. solche des Bau- oder des Gewerberechts, haben immer wieder zu prozeduralen Folgeüberlegungen geführt. Die bestandskräftige Ablehnung eines Baugesuchs – so entschied das Bundesverwaltungsgericht 1975 – dürfe in einem nachfolgenden Abbruchgebotsverfahren nicht als verbindliche Feststellung der materiellen Baurechtswidrigkeit genommen werden, weil andernfalls der aus Art. 14 GG abzuleitende Anspruch auf effektiven Rechtsschutz verletzt werde.[122] Der Verfahrensgedanke verfügt unbestreitbar über eine beachtliche Produktivkraft, die die juristische Phantasie beflügelt. Ein Beispiel bildet das Urteil des Bundesverwaltungsgerichts vom 2. Juli 2003, das im Zusammenhang mit der Kontingentierung von Genehmigungen nach dem Personenbeförderungsrecht aus Art. 12 GG einen verfassungsunmittelbaren Informationsanspruch eines „potentiell Verfahrensbeteiligten" unabhängig von einer verfahrensrechtlichen Beteiligtenstellung ableiten will.[123] Eine besondere Ausprägung des verfahrensrechtlichen Steuerungsansatzes zum präventiven Schutz besonders sensibler Grundrechte sind die in Art. 13 Abs. 3 und 4 sowie in Art. 104 Abs. 2 GG ausdrücklich festgeschriebenen, für andere Informationszugriffe gesetzlich oder richterrechtlich entwickelten *Richtervorbehalte*.[124]

36   Auch in der Kommentarliteratur zu den Verwaltungsverfahrensgesetzen des Bundes und der Länder ist es üblich, für wichtige Verfahrensregelungen wie das Anhörungs- und Akteneinsichtsrecht, den Geheimnisschutz, die Bekanntgabe-

---

[115] *BVerfGE* 83, 238 (332 f.); 90, 60 (96 ff.).
[116] *BVerfGE* 83, 130 (149 f.).
[117] *BVerfGE* 35, 79 (114 ff.); std. Rspr. 95, 193 (209 f.).
[118] *BVerfGE* 65, 1 (44).
[119] *BVerfGE* 69, 1 (25).
[120] *BVerfGE* 56, 216 (236); 60, 253 (295).
[121] Dazu nur *BVerwGE* 92, 132 (135 ff.); 107, 363 (372 ff.).
[122] *BVerwGE* 48, 271 (277).
[123] *BVerwGE* 118, 270 ff. Vgl. auch → Bd. II *Gusy* § 23 Rn. 44 f., 49.
[124] *BVerfGE* 120, 274 (332 f.): Online-Durchsuchungen; 125, 260 (337 f.): Vorratsdatenspeicherung. *Andreas Voßkuhle*, Der präventive Richtervorbehalt – „Königsweg" für den präventiven Grundrechtsschutz oder „rechtsstaatliches Trostpflaster"?, in: FS Rainer Wahl, 2011, S. 443 ff.; *Eberhard Schmidt-Aßmann*, Richtervorbehalte, in: FS Edzard Schmidt-Jorzig, 2011, S. 433 ff.

und Begründungspflichten oder die Wiedereinsetzungsvorschriften (auch) eine grundrechtliche Verankerung nachzuweisen.[125] Ein weiterer Kristallisationspunkt grundrechtsinitiierter Diskussionen ist die Verfahrensfehlerlehre, insbesondere die der §§ 45, 46 VwVfG.[126]

2. Methodische Eigenheiten der Verfahrenssteuerung

Der Gedanke, nach den Auswirkungen der materiellen Grundrechte, insbesondere der Freiheitsrechte, auf das Verwaltungsrecht zu fragen, hat freilich auch manche Irritationen im Gefolge gehabt. Als wenig hilfreich erwies sich die Formel von der Gewährleistung eines „bestmöglichen Grundrechtsschutzes" durch Verfahrensgestaltung.[127] Der Begriff „bestmöglich" ist mehrdeutig. Er teilt dieses Schicksal mit dem verwandten „Optimierungsgebot".[128] Beide Begriffe werden nur zu leicht als Maximalforderungen interpretiert. Auch den frühen Aussagen des Bundesverfassungsgerichts zum Grundrechtsschutz durch Verfahren ist dieses zugestoßen.[129] Heute besteht weitgehend Einigkeit darüber, dass ein „bestmöglicher Grundrechtsschutz" nicht dazu nötigt, nur einen ganz bestimmten prozeduralen Gewährleistungsgehalt oder gar eine möglichst zeitaufwendige Verfahrensgestaltung als verfassungsgeboten anzusehen. Das gilt insbesondere dort, wo Verfahren mehrpolige Rechtsverhältnisse betreffen, in denen sich Grundrechtsträger mit divergierenden Interessen gegenüberstehen.[130] Aber wo die Grenze zu ziehen ist, bleibt vielfach unsicher.

37

Die Unsicherheiten haben mit der **Offenheit** der einschlägigen Grundrechtstatbestände zu tun, die sich eben auf materielle Aussagen beschränken und – anders als Rechtsschutzgarantien und Richtervorbehalte – keine Hinweise darauf geben, *welche* prozeduralen Sicherheitsvorkehrungen sie zu ihrer wirksamen Durchsetzung für notwendig erachten. Die aus dieser Offenheit resultierenden Schwierigkeiten werden durch die **Struktureigenheiten** des in Bezug genommenen **Mediums „Verfahren"** noch erheblich gesteigert. Verfahren bestehen aus einer Vielzahl von Handlungen und Interaktionen und haben ihre eigene, nicht in allen Punkten vorhersehbare Entwicklungsdynamik. Sie erweisen sich als variable Arrangements, nicht als feste Rechtsinstitute. Ihre Elemente und Bauformen liegen nicht von vornherein fest, sondern hängen von den verfolgten Zwecken und von ihrer Eingliederung in größere Zusammenhänge ab. Ein rechtsschützendes Widerspruchsverfahren muss anders aufgebaut sein als ein interessenausglei-

38

---

[125] Zu den verfassungsrechtlichen Rahmenbedingen der Informationsbeziehungen → Bd. II *Gusy* § 23 Rn. 18 ff.

[126] *Hill*, Verfahren (Fn. 5), S. 227 ff.; *Daniel Bergner*, Grundrechtsschutz durch Verfahren, 1998, bes. S. 105 ff. Zu Verfahrensfehlern vgl. a. → Bd. II *Sachs* § 31.

[127] So die überzogene Formulierung im Minderheitsvotum von *Helmut Simon/Hermann Heußner*, in: BVerfGE 53, 30 (75).

[128] Dazu krit. *Peter Lerche*, Die Verfassung als Quelle von Optimierungsgeboten?, in: FS Klaus Stern, 1997, S. 197 ff. Zu Optimierungsgeboten im Planungsrecht vgl. → Bd. II *Köck* § 37 Rn. 101 ff.

[129] Kritisch zu seinerzeit erhobenen Verfahrenspostulaten *Laubinger*, Grundrechtsschutz (Fn. 111), S. 72 ff.

[130] Dazu schon BVerfGE 61, 82 (114): Präklusionsregeln im Verwaltungsverfahren; 116, 1 (19 f.): Insolvenzverfahren; und 116, (154 ff.): Rechtsschutz im Vergabeverfahren. Grundlegend *Matthias Schmidt-Preuß*, Kollidierende Privatinteressen im Verwaltungsrecht, 1992 (2. Aufl. mit Nachwort 2005), S. 495 ff. und 803 ff.

chendes Planungsverfahren. Verfahren entwickeln ihre eigenen „Bewegungsgesetze". Der Einfluss einer bestimmten Verfahrensvorschrift auf die zu treffende Sachentscheidung lässt sich daher nicht so vorhersagen, wie wir es nach den tradierten Methoden für materielle Entscheidungsprogramme tun oder jedenfalls glauben, es tun zu können. Verfahrenssteuerung ist **Kontextsteuerung,** die sich nicht linear-kausal in subsumtionsfähige Einzelschritte aufgliedern lässt.[131] Das Urteil, eine bestimmte Vorschrift dieser Art sei in einem weiteren Sinne grundrechtsrelevant oder sogar in einem engeren Sinne für den Grundrechtsschutz unverzichtbar, setzt folglich methodisch anspruchsvolle Funktionsanalysen und Wirksamkeitsbeurteilungen voraus.

39 Die höchste Dichte und Überzeugungskraft haben Verfassungsargumente, die den Zusammenhang des Verwaltungsverfahrens mit dem **gerichtlichen Rechtsschutz** herausstellen.[132] Art. 19 Abs. 4 GG besitzt greifbare „Vorwirkungen" auf das Verwaltungsverfahren. Über diesen engeren Problemkreis hinausgreifend, lässt sich als ein allgemeiner grundrechtsgebotener Verfahrensstandard ein *Anhörungsrecht* derjenigen nachweisen, die von staatlichen Entscheidungen konkret betroffen sind: Für eine Norm wie § 28 VwVfG wird daher zutreffend auch eine grundrechtliche Absicherung genannt.[133] Gleiches gilt für das akzessorische Recht auf Akteneinsicht nach § 29 VwVfG. Dabei ist allerdings weniger an ein einzelnes Grundrecht als vielmehr an die Grundrechte als solche gedacht. Dann aber wird die Abgrenzung zum **Rechtsstaatsprinzip** schwierig; denn während seine Anknüpfung an einzelne Grundrechte nach juristischen Methodenregeln den Rückgriff auf das Rechtsstaatsprinzip ausschließen müsste, warnt das Verfassungsgericht an anderer Stelle zutreffend davor, das allgemeine Verfahrensrecht „nach Maßgabe der jeweils in Rede stehenden subjektiven Rechte (einschließlich der Grundrechte) in ein aktionenrechtliches Verfahrensgeflecht aufzulösen"[134]. Das wiederum legt es nahe, den Rechtsboden der verfassungsgebotenen Verfahrensinstitute vorrangig doch im Rechtsstaatsprinzip zu sehen[135] und auf einzelne Grundrechte zu zusätzlicher Wertverdeutlichung nur dann zurückzugreifen, wenn jenseits des allgemeinen Standards ein grundrechtlich besonders intensiv geschütztes Rechtsgut zwingend und eindeutig weitere Verfahrenssicherungen verlangt.[136]

---

[131] Vgl. *Wolfgang Hoffmann-Riem,* Verwaltungsverfahren und Verwaltungsverfahrensgesetz – Einleitende Problemskizze, in: Hoffmann-Riem/Schmidt-Aßmann (Hrsg.), Verwaltungsverfahren, S. 9 (38 ff.). Vgl. a. *Christoph Möllers,* Materielles Recht – Verfahrensrecht – Organisationsrecht, in: Trute/Groß/Röhl/Möllers, Allgemeines Verwaltungsrecht, S. 489 (493 ff.); *Quabeck,* Dienende Funktion (Fn. 10), S. 91 ff.

[132] Zu Einzelheiten → Bd. I *Schmidt-Aßmann* § 5 Rn. 74, *Masing,* § 7 Rn. 53 f. Zu gerichtlichen Verwaltungskontrollen in ihrem Verhältnis zu Verwaltungsverfahren → Bd. III *Schoch* § 50 Rn. 345 ff. Zur Komplementarität unterschiedlicher Kontrollkonzepte → Bd. III *Kahl* § 47 Rn. 193 ff.

[133] *Kopp/Ramsauer,* VwVfG, § 28 Rn. 3a. Zu den verfassungsrechtlichen Rahmenbedingungen der Informationsbeziehungen vgl. umfassend → Bd. II *Gusy* § 23 Rn. 18 ff.

[134] BVerfGE 60, 253 (297).

[135] Im gleichen Sinne *Laubinger,* Grundrechtsschutz (Fn. 111), S. 83 f.; *Joachim Bonk/Dieter Kallerhoff,* in: Stelkens/Bonk/Sachs (Hrsg.), VwVfG, § 28 Rn. 3.

[136] Beispiele → Bd. I *Ruffert* § 17 Rn. 51 f.

B. Verwaltungsverfahrensrecht und Verfassungsrecht

III. Gemeineuropäische Verfahrensprinzipien

Nimmt man die grundrechtlichen Standards des deutschen Verfassungsrechts, der EMRK und des Unionsrechts zusammen, so darf durchaus davon gesprochen werden, „dass sich in der Europäischen Union ein allgemein anerkanntes Verständnis von den wesentlichen Elementen eines rechtsstaatlichen Verwaltungsrechts entwickelt".[137] **40**

Als repräsentativ können zahlreiche Resolutionen und Empfehlungen des Ministerkomitees des Europarates gelten, die sich mit zentralen verfahrensrechtlichen Themen beschäftigen und die gerade ihre verfassungsrechtliche Seite herausstellen. Eine erste Grundlegung brachte die am 28. September 1977 angenommene „Resolution (77) 31 on the Protection of the Individual in Relation to the Acts of Administrative Authorities".[138] Empfehlungen u. a. zur Ausübung behördlichen Ermessens (1980), zu Massenverfahren (1987), zum vorläufigen Verwaltungsrechtsschutz (1989) und zum Verwaltungszwangsverfahren (1991) folgten.[139] Weiter zu nennen sind die Empfehlungen zur alternativen Streitbeilegung (2001), zum Vollzug administrativer und gerichtlicher Entscheidungen (2003), zum Rechtsschutz gegen Verwaltungsmaßnahmen (2004) und die breit angelegte Empfehlung zu den Prinzipien guter Verwaltung (2007).[140] **41**

Die Rechtsvergleichung kann einen Grundbestand an Gemeinsamkeiten in wichtigen Punkten bestätigen, rät aber zur Vorsicht gegenüber Einheitsvorstellungen.[141] So nennt eine Bestandsaufnahme im Auftrag der schwedischen Regierung insgesamt zehn Grundsätze guter Verwaltung, die von den meisten Mitgliedstaaten der EU auf Grund verfassungsrechtlicher und/oder einfachrechtlicher Vorschriften anerkannt werden:[142] **42**

– Prinzipien der Gesetzmäßigkeit, des Willkürverbots und der Verhältnismäßigkeit,
– das Recht auf unparteiliche und faire Behandlung,
– das Recht auf Entscheidung in angemessener Zeit,
– das Recht auf Anhörung vor eingreifenden Maßnahmen,

---

[137] So *Rengeling/Szczekalla*, Grundrechte (Fn. 96), § 37 Rn. 1094 f.

[138] Text abgedruckt bei *Stelkens/Bonk/Sachs* (Hrsg.), VwVfG, 6. Aufl. 2001, Anhang Nr. 7: fünf als Prinzipien verstandene Verfahrensrechte: Anhörung, Akteneinsicht, Rechtsbeistand, Begründungspflicht, Rechtsmittel.

[139] Rec(80)2E v. 11. März 1980, concerning the exercise of discretionary powers by administrative authorities; Rec(87)16E v. 17. September 1987, on administrative procedures affecting a large number of persons; Rec(89)8E v. 13. September 1989, on provisional court protection in administrative matters; Rec(91)1E v. 13. Februar 1991, on administrative sanctions.

[140] Rec(2001)9E v. 5. September 2001, on alternatives to litigation between administrative authorities and private parties; Rec(2003)16E v. 9. September 2003, on the execution of administrative and judicial decisions in the field of administrative law; Rec(2004)20E v. 15. Dezember 2004, on judicial review of administrative acts; CM/Rec (2007)7E v. 20. Juni 2007 on good administration.

[141] Zur Verfahrensrechtsvergleichung vgl. die Angaben bei *Pünder*, Verwaltungsverfahren (Fn. 65), § 13 Rn. 23 ff.; *Hermann Hill/Rainer Pitschas* (Hrsg.), Europäisches Verwaltungsverfahrensrecht, 2004; allgemein *Jens-Peter Schneider* (Hrsg.), Verwaltungsrecht in Europa, Bd. 1, 2007: England und Wales, Spanien, Niederlande; Bd. 2, 2009: Frankreich, Polen, Tschechien, sowie die Beiträge in IPE III–V.

[142] Statskontoret, Principles of Good Administration, 2005, S. 71 f.; abrufbar unter www.statskontoret.se/upload/Publikationer/2005/200504.pdf. Vgl. ferner *Classen*, Gute Verwaltung (Fn. 90), S. 90 ff.

- das Akteneinsichtsrecht in Fällen eingreifender Maßnahmen,
- das Recht auf Zugang zu Verwaltungsdokumenten (Informationsfreiheit),
- die Verpflichtung der Behörde zu schriftlicher Begründung ihrer Entscheidung,
- die Pflicht zur Rechtsbehelfsbelehrung,
- die Pflicht der Entscheidungsbekanntgabe an Betroffene,
- die allgemeine Pflicht der Bediensteten, korrekt und verantwortungsbewusst zu handeln.

43   Vieles hängt freilich von den Vorstellungen, die eine bestimmte Rechtsordnung über den **Rang des Verfahrensrechts** hat, und von der „**Verfahrensphilosophie**" ab, die einem bestimmten Gesetz zu Grunde liegt.[143] In der Einzelausgestaltung und in der praktischen Handhabung ist das Verwaltungsverfahrensrecht – im europäischen wie im nationalen Rahmen – nach wie vor durch einen großen Variantenreichtum gekennzeichnet. Dieser Befund widersetzt sich auch leichtfertigen verfassungsrechtlichen Überhöhungen ganz bestimmter Ausformungen. Der Rechtsvergleich, der die Beobachtung funktionaler Äquivalente erschließt, rät hier zur Vorsicht. Das verfahrensrechtliche Denken in Europa zeigt – über die aufgeführten gemeineuropäischen Prinzipien hinaus – Annäherungstendenzen auch im Verfahrensverständnis. Aber gerade in diesem Punkt ist der Variantenreichtum der nationalen Traditionen bis heute ein wichtiges Datum, das besonders bei der Behandlung von Verfahrensfehlern wirksam wird.[144]

C. Verfahrensbegriffe und Verfahrenskonzepte

44   In diesem Abschnitt geht es um Verfahrenskonzepte, d.h. um Leitideen, Aufträge und Entwicklungsperspektiven von Verwaltungsverfahren und um das Zusammenspiel des Verwaltungsverfahrens mit den anderen verwaltungsrechtlichen **Ordnungsmustern,** nämlich den Lehren von den Rechtsformen, den Rechtsverhältnissen und den Maßstäben.[145] Dabei ist auch die eigenständige Rolle des Organisationsrechts einzubeziehen.[146] Konzeptaussagen sind keine dogmatischen Aussagen im engeren Sinne. Sie wollen den Sinn und die Funktionsbedingungen von Verfahren verdeutlichen. Sie ermöglichen es, die Leistungsfähigkeit verfahrensrechtlicher Regelungen zu bewerten[147] und können so zur systematisch-teleologischen Auslegung von Verfahrensvorschriften beitragen. Das Konzept prägt die **Steuerungsmöglichkeiten** des Verwaltungsverfahrensrechts. Dieses Thema war von Anfang an eine Grundfrage der verwaltungsrechtlichen Reformdiskussion (I.). Sie wird hier vom Verfahrensbegriff (II.) und

---

[143] Vgl. die rechtsvergleichenden Hinweise in → Fn. 141.
[144] → Rn. 105 ff.
[145] Dazu *Schmidt-Aßmann*, Ordnungsidee, Kap. 6 Rn. 32 ff.
[146] Dazu grundlegend aus jüngerer Zeit *Möllers*, Materielles Recht – Verfahrensrecht – Organisationsrecht (Fn. 131), S. 489: „Verwaltungsrecht konkretisiert sich in einem dreidimensionalen Entscheidungsraum, in dem eine durch Recht konstituierte Organisation der öffentlichen Verwaltung innerhalb eines definierten Verfahrenszusammenhangs materielle Maßstäbe zur Anwendung bringt".
[147] Zu Methodenfragen solcher Wirksamkeitsurteile *Eberhard Schmidt-Aßmann*, Methoden der Verwaltungsrechtswissenschaft – Perspektiven der Systembildung, in: ders./Hoffmann-Riem (Hrsg.), Methoden, S. 387 (408 ff.).

sodann von den Funktionen des Verfahrens (III.) her erörtert. Beobachtungen zu den Herausforderungen der derzeitigen Verwaltungssituation bilden den Abschluss (IV.).

I. Das verfahrensrechtliche Denken in der verwaltungsrechtlichen Reformdiskussion

In der verwaltungsrechtlichen Reformdiskussion spielte das verfahrensrechtliche Denken von Anfang an eine wichtige Rolle. Dabei konnte an Entwicklungsanstöße unterschiedlicher disziplinärer Herkunft angeknüpft werden: an den Gedanken der „Legitimation durch Verfahren",[148] an den „Grundrechtsschutz durch Verfahren",[149] an die kommunikative „Verantwortung" der Verwaltung,[150] an Governance-Konzepte[151] und ganz allgemein an den Gedanken der „prozeduralen Rationalität".[152] In der steuerungswissenschaftlichen Perspektive der Neuen Verwaltungsrechtswissenschaft[153] geht es um die Beiträge des Verfahrensgedankens und des Verfahrensrechts zu den Ordnungsaufgaben der verwaltungsrechtlichen Systematik: Das Verfahren wird dementsprechend als Ausgleich für die Steuerungsgrenzen der traditionellen Ordnungsfaktoren *(Kompensationsgedanke)* und als Medium zur Strukturierung neuer Handlungszugänge *(Entwicklungsgedanke)* gesehen.

45

Der **Bedeutungszuwachs,** der dem verfahrensrechtlichen Denken in der neueren Verwaltungsrechtsentwicklung zukommt, verlangt es, die überkommene Dogmatik des Verfahrensrechts im VwVfG und in den Fachgesetzen Punkt für Punkt zu überdenken und gegebenenfalls zu korrigieren.[154] Das betrifft – um nur einige Fragen zu nennen – die Beteiligungsstellung der Verfahrenssubjekte, das Verfahrensermessen, die Verkoppelung der Verfahrensphasen und die Verfahrensfehlerlehre. Noch wichtiger ist es, den verfahrensrechtlichen Denkansatz auch in Gebiete hineinzutragen, die bisher eher als Themen des materiellen Rechts behandelt wurden. Das ist bereits in vorangegangenen Beiträgen aus Band I und II gezeigt worden und jetzt fortzuschreiben:
– die prozedurale Seite der *demokratischen Legitimation,*[155] der Wesentlichkeitslehre und der Gesetzesanwendungslehre,[156]
– die verfahrensrechtlichen Elemente im *Rechtsstatus des Einzelnen,*[157]

46

---

[148] *Niklas Luhmann,* Legitimation durch Verfahren, 3. Aufl. 1978. Vgl. a. → Bd. I *Trute* § 6 Rn. 47.

[149] *Häberle,* Grundrechte im Leistungsstaat (Fn. 111), S. 86 ff.: „status activus processualis". Vgl. → Bd. I *Masing* § 7 Rn. 53 ff.

[150] *Pitschas,* Verwaltungsverantwortung (Fn. 54), passim.

[151] → Bd. I *Voßkuhle* § 1 Rn. 68 f., *Schuppert* § 16 Rn. 20 ff.

[152] *G.-P. Calliess,* Prozedurales Recht (Fn. 54), S. 91 ff.

[153] Dazu → Bd. I *Voßkuhle* § 1 Rn. 17 ff. *Claudio Franzius,* Funktionen des Verwaltungsrechts im Steuerungsparadigma der Neuen Verwaltungsrechtswissenschaft, DV, Bd. 39 (2006), S. 335 ff.

[154] Anschaulich *Ferdinand Wollenschläger,* Verteilungsverfahren, 2010, S. 533 ff.; *Michael Fehling,* Instrumente und Verfahren, in: ders./Ruffert (Hrsg.), Regulierungsrecht, § 20 Rn. 138 ff.; zu Planungsverfahren → Bd. II *Köck* § 37 Rn. 22 ff. Überlegungen der Rechtsvergleichung einbeziehend *Javier Barnes,* Towards a third generation of administrative procedure, in: Susan Rose-Ackerman/Peter L. Lindseth (Hrsg.), Comparative Administrative Law, 2011, S. 336 ff.

[155] → Bd. I *Trute* § 6 Rn. 47 f.

[156] Zur Richtigkeitsgewähr durch prozedurale Vorkehrungen → Bd. I *Hoffmann-Riem* § 10 Rn. 101. Vgl. a. → *Franzius* § 4 Rn. 104 ff., *Reimer* § 9 Rn. 47 ff.

- die verfahrensrechtliche Ausformung des Informations- und *Kommunikationsparadigmas*[158] unter Einschluss der administrativen Wissensinfrastruktur und der neuen IuK-Techniken,[159]
- die Prozeduralisierung des *informellen* und des *schlichten Verwaltungshandelns*[160] sowie der *Instrumentenverbindungen*,[161]
- die fortlaufende Angewiesenheit des *Europäischen Verwaltungsverbundes* auf geeignete Kooperationsverfahren.[162]

II. Die Notwendigkeit eines weiten Verfahrensrechtsbegriffs

47 Vor diesem Hintergrund besteht Veranlassung, die verwaltungsrechtliche Verfahrenslehre aus ihren historischen und kompetenzrechtlichen Engführungen[163] zu befreien und von einem weiten Verfahrensbegriff auszugehen.[164] Er umfasst anlassbezogene und in einem konkreten Sinne entscheidungsorientierte Verfahren (1.), darüber hinausreichend aber auch anlassunabhängige Informations- und Kommunikationsvorgänge (2.).[165]

1. Anlassbezogene Verfahren

48 Als Ausgangspunkt – aber eben nur als Ausgangspunkt – kann die Definition des § 9 VwVfG genommen werden. Sie besitzt angesichts der Anwendungsbreite der Verwaltungsverfahrensgesetze in Bund und Ländern zweifellos besondere Bedeutung. Ein Verwaltungsverfahren ist danach „die nach außen wirkende Tätigkeit der Behörden, die auf die Prüfung der Voraussetzungen, die Vorbereitung und den Erlass eines Verwaltungsaktes oder auf den Abschluss eines öffentlich-rechtlichen Vertrages gerichtet ist".[166] Anlass dieser Verfahren sind Prüfungs- und Vorbereitungsaufgaben, die zu einer positiven oder negativen *Entscheidung* führen sollen. Ihr Kern ist ein konkretes Verfahrensziel. Man kann insoweit vom **Standardverfahren der gesetzesvollziehenden Verwaltung** sprechen.[167] § 9 VwVfG fügt zutreffend hinzu, dass es hierbei um den Begriff des Verfahrens „im Sinne dieses Gesetzes" geht. Damit wird klargestellt, dass die Definition keine allgemeine Geltung beansprucht.[168]

---

[157] → Bd. I *Masing* § 7 Rn. 53 f., auch 70 ff.; Bd. II *Gusy* § 23 Rn. 43 ff.
[158] → Bd. II *Vesting* § 20 Rn. 5 ff.; zur Entwicklung *Kaiser*, Kommunikation (Fn. 3), S. 59 ff.
[159] → Bd. II *Ladeur* § 21, *Britz* § 26. S. a. *B. Wollenschläger*, Wissensgenerierung (Fn. 3).
[160] → Bd. II *Fehling* § 38 Rn. 83 ff., *Hermes* § 39 Rn. 90 ff.
[161] → Bd. II *Michael* § 42 Rn. 108 ff.
[162] → Bd. II *v. Bogdandy* § 25 Rn. 2 f.: polyzentrische Grundstruktur der meisten Verfahren, Einzeldarstellung bei *Röhl* § 30 Rn. 48 ff.
[163] → oben Rn. 9 ff.
[164] Ebenso *Georg Hermes*, Europäisierung und Internationalisierung des Verwaltungsverfahrens, in: FS Rainer Wahl, 2011, S. 689 ff.; *Barnes*, Third generation (Fn. 154), S. 339 ff.
[165] So auch → Bd. II *Schneider* § 28 Rn. 21. Zu den unterschiedlichen Aggregatszuständen der Entscheidung auch oben → Rn. 1.
[166] Vgl. *Paul Stelkens/Herbert Schmitz*, in: Stelkens/Bonk/Sachs (Hrsg.), VwVfG, § 9 Rn. 104 ff.
[167] Dazu *Eberhard Schmidt-Aßmann*, Verwaltungsverfahren und Verwaltungsverfahrensgesetz: Perspektiven der Systembildung, in: Hoffmann-Riem/Schmidt-Aßmann (Hrsg.), Verwaltungsverfahren, S. 429 (464 ff.). Ausführlich → Bd. II *Schneider* § 28 Rn. 14 ff. Ähnlich *Wolff/Bachof/Stober/Kluth*, VerwR I, § 60: „Allgemeines Verwaltungsverfahren".
[168] *Wolfgang Clausen*, in: Knack, VwVfG, § 9 Rn. 3.

C. Verfahrensbegriffe und Verfahrenskonzepte

Zu den anlassbezogenen Verfahren gehören weiter die **administrativen Rechtsetzungsverfahren:** Verfahren zum Erlass von Rechtsverordnungen, Satzungen, von Verwaltungsvorschriften, Richtlinien und vorbereitenden Plänen.[169] Es hängt mit dem geringen wissenschaftlichen Interesse zusammen, das die Normsetzung der Verwaltung in der traditionellen Lehre gefunden hatte,[170] dass diese Verfahren lange dogmatisch unterbelichtet waren. Die heutige Bedeutung dieses Bereichs wird durch das Besondere Verwaltungsrecht hinreichend belegt:[171] Technische Anleitungen im Umweltrecht (§ 48 BImSchG), Regional- und Flächennutzungspläne im Raumplanungsrecht, Frequenznutzungspläne im Telekommunikationsrecht, Normenvielfalt im Sozialrecht.[172] Die Fachgesetze enthalten hierzu eine Fülle von Verfahrensregelungen, die systematisch erfasst, verglichen und unter Umständen zu einem Regime der Normsetzungsverfahren zusammengeführt werden sollten.[173] In der Literatur sind dazu beachtenswerte Vorschläge für wichtige allgemeine Regelungsthemen gemacht worden; sie reichen von der Festlegung der die Normsetzungsverfahren prägenden Verfahrensgrundsätze, Beteiligungsregelungen und Begründungspflichten bis zur Schaffung einer abgestimmten Verfahrensfehlerlehre.[174] Hier ist weiter zu arbeiten. Die Entscheidung des Bundesverfassungsgerichts vom 12. Oktober 2010 veranlasst dazu, die verfahrensbezogene Seite der administrativen Normsetzung künftig ernster zu nehmen und die grundlegenden Fragen des Art. 80 Abs. 1 Satz 2 GG nicht nur materiell zu definieren: „Zur gesetzlichen Ermächtigungsgrundlage im Sinne dieser Regel gehören nicht nur die materiellrechtlichen, sondern auch die verfahrensrechtlichen Vorgaben, an die das ermächtigende Gesetz den ermächtigten Verordnungsgeber bindet, soweit ihre Beachtung für die Gültigkeit der angegriffenen Verordnungsbestimmungen von Bedeutung sein kann".[175]

49

Verwaltungsverfahren sind ferner die Verfahren der **privatrechtsförmigen Verwaltung.** Die Bedeutung administrativer Ausschreibungs- und Vergabeverfahren für ein rechtsstaatliches Verwaltungsrecht kann ernstlich nicht bestritten werden.[176] Die Macht der Verwaltung als Nachfrager von Leistungen wird im **Beschaffungswesen** deutlich. Diese Vorgänge werden nach herrschender Ansicht

50

---

[169] Grundlegend *Fritz Ossenbühl*, Verwaltungsvorschriften und Grundgesetz, 1968, S. 451 ff.; *Hill*, Verfahren (Fn. 5), S. 65 ff. Zu den einzelnen Rechtssatzformen → Bd. I *Ruffert* § 17 Rn. 58 ff.

[170] Zu den Gründen vgl. *Eberhard Schmidt-Aßmann*, Die Rechtsverordnung in ihrem Verhältnis zu Gesetz und Verwaltungsvorschrift, in: FS Klaus Vogel, 2000, S. 477 ff.

[171] Zur exekutiven Normsetzung → Bd. I *Ruffert* § 17 Rn. 58 ff.; Bd. II *Hill/Martini* § 34; zu Plänen → Bd. II *Köck* § 37.

[172] Dazu *Peter Axer*, Normsetzung der Exekutive im Sozialrecht, 2000.

[173] Dazu mit Nachweisen *Markus Möstl*, Normative Handlungsformen, in: Erichsen/Ehlers (Hrsg.), VerwR, § 18 Rn. 15 ff.

[174] Vgl. *Armin v. Bogdandy*, Gubernative Rechtsetzung, 2000, S. 380 ff.; *Christoph Gößwein*, Allgemeines Verwaltungs(verfahrens)recht der administrativen Normsetzung? 2001, bes. S. 217 ff. (Kodifikation auf einer mittleren Ebene); *Marco Trips*, Das Verfahren der exekutiven Rechtsetzung, 2006; die Vorschläge knapp referierend *Wolff*, Dienende Funktion (Fn. 10), S. 989 f. Ausführlich jetzt *Ulrich Stelkens* und *Veith Mehde*, Rechtsetzungen der europäischen und nationalen Verwaltungen, VVdStRL, Bd. 71 (2012), S. 369 ff. und 418 ff.

[175] BVerfGE 127, 293 (320).

[176] Vgl. nur *Wolfgang Kahl*, Privatrechtliches Verwaltungshandeln und Verwaltungsverfahrensgesetz am Beispiel des Vergaberechts, in: FS Friedrich v. Zezschwitz, 2005, S. 151 ff. → Bd. I *Schulze-Fielitz* § 12 Rn. 139 ff. Allgemein zur Verwaltung in Privatrechtsform → Bd. I *Burgi* § 18 Rn. 56 ff.

in den Formen des Privatrechts abgewickelt.[177] Gleichwohl existierten auch hier schon früher Verfahrensregelungen, von denen das Verwaltungsrecht lange Zeit kaum Kenntnis genommen hatte. Es bedurfte der Entwicklungsanstöße des EU-Rechts, um diesem Mangel abzuhelfen. Heute sind die Vergabeverfahren zwar nach wie vor unübersichtlich geregelt, insbesondere wegen der vom Gesetzgeber verwendeten „Kaskadentechnik".[178] Aber ihre Bedeutung als ein wichtiger Typ anlassbezogener Verwaltungsverfahren ist anerkannt.[179]

2. Anlassunabhängige Verfahren

51 Es gibt aber auch anlassunabhängige Verwaltungsverfahren. Dieses dem deutschen Recht bisher eher fremde Verständnis hat sich in Europa mehr und mehr durchgesetzt. Es geht darum, **selbständige Informations- und Kommunikationszusammenhänge** in den Ordnungsauftrag des Verfahrensrechts einzubeziehen.[180] Zum Verwaltungsverfahrensrecht gehören daher auch jene prozeduralen Regeln, die die Verwaltung ohne Rücksicht darauf zu beachten hat, ob sie sich in einem konkreten Entscheidungsprozess befindet. Hierher zählen z.B. die Vorschriften zum Datenschutz, zum freien Aktenzugang oder zur Befangenheit von Amtswaltern. Teilweise sind diese Regeln heute schon zu eigenen prozeduralen Arrangements, z.B. in Informationsfreiheitsgesetzen[181], zusammengefasst. Teilweise fanden sie sich bisher verstreut, z.B. im Beamtenrecht, Haushaltsrecht etc. Gelegentlich wurden sie – systematisch unzutreffend – in den Vorschriften über entscheidungsbezogene Verwaltungsverfahren untergebracht. Ein Beispiel bildet § 30 VwVfG über den Geheimnisschutz. Der Schutz ist, der verfehlten Stellung der Vorschrift entsprechend, auf die Beteiligten des Verwaltungsverfahrens beschränkt, obwohl der Gesetzgeber eigentlich eine umfassende Regelung hatte treffen wollen.[182] Hier wirken alte Engführungen nach. Wenn aber auch die inneradministrativen Vorgänge integrale Bestandteile der verwaltungsrechtlichen Systematik bilden, dann muss anlassunabhängigen prozeduralen Regeln ein eigener Standort im Verwaltungsverfahrensrecht zugewiesen werden.[183] Gerade die Ausformung einer Informationsordnung führt zu einem erweiterten Regelungsauftrag und mithin auch zu einem erweiterten Begriff des

---

[177] *BVerwGE* 129, 6 ff. vgl. auch *BVerfGE* 116, 135 ff.; a.M. *Ulrich Stelkens,* Verwaltungsprivatrecht, 2005, S. 414 mit Nachweisen.
[178] Dazu krit. *Marcel Kau,* Vergaberechtliches Kaskadenprinzip und europäisches Gemeinschaftsrecht, EuZW 2005, S. 492 ff.; darstellend *Christian Koenig/Andreas Haratsch,* Grundzüge des deutschen und europäischen Vergaberechts, NJW 2002, S. 2637 ff.
[179] *Voßkuhle,* Strukturen (Fn. 53), S. 295 ff.; *Jan Ziekow/Thorsten Siegel,* Das Vergabeverfahren als Verwaltungsverfahren, ZfBR 2004, S. 30 (33). Dazu *F. Wollenschläger,* Verteilungsverfahren (Fn. 154), S. 197 ff.; → Bd. II *Röhl* § 30 Rn. 13.
[180] *Hermann Hill,* Verwaltungskommunikation und Verwaltungsverfahren unter europäischem Einfluß, in: ders./*Pitschas,* Verwaltungsverfahren (Fn. 55), S. 273 (295 f.): „selbständige, entscheidungsunabhängige Informations- und Kommunikationsvorgänge". → Bd. II *Schneider* § 28 Rn. 21; auch *Ladeur* § 21 Rn. 34. Überlegung zu dieser Erstreckung des Verfahrensbegriffs auch bei *Eberhard Schmidt-Aßmann,* Zur Gesetzesbindung der verhandelnden Verwaltung, in: FS Winfried Brohm, 2002, S. 547 (564 f.).
[181] → Bd. II *Gusy* § 23 Rn. 82 ff., *Schneider* § 28 Rn. 58.
[182] Vgl. *Heinz J. Bonk/Dieter Kallerhoff,* in: Stelkens/Bonk/Sachs (Hrsg.), VwVfG, § 30 Rn. 5. S.a. → Bd. II *Holznagel* § 24 Rn. 71.
[183] Im Ergebnis ähnlich *Wolff/Bachof/Stober/Kluth,* VerwR I § 59 Rn. 1 ff., die diese Themen als „übergreifende Verfahrensgrundsätze" behandeln.

Verwaltungsverfahrensrechts.[184] Systematisch durchaus zutreffend hat z.B. Baden-Württemberg den Geheimnisschutz daher aus der Verklammerung mit einem konkreten Verfahren gelöst und zusammen mit den Regeln über die elektronische Kommunikation in §§ 3a, 3b VwVfG BW vor die Klammer gezogen.

Zu den Verwaltungsverfahren gehören auch **intra- und inter-administrative Verfahren** des Informationsaustausches, der Amtshilfe und der zwischenbehördlichen Abstimmung. Die §§ 4–8e VwVfG zeigen das. Die Europäisierung und Internationalisierung der Verwaltungsbeziehungen[185] hat hier schon gewisse Erweiterungen gebracht,[186] verlangt aber einen weiteren Ausbau der Amtshilfe unter Einschluss des grenzüberschreitenden Datenschutzes.[187] Zum intra-administrativen Verfahrensrecht gehört das **Kollegialverfahrensrecht**.[188] Auch insoweit werden die Probleme vom Verwaltungsverfahrensgesetz in den §§ 88–93 nur gestreift. Dass dieser Bereich für das Verwaltungsrecht wesentlich wichtiger ist, zeigt sich im Recht der kommunalen und der sozialen Selbstverwaltung. 52

Auch die **Vorgänge realer administrativer Leistungsbewirkung** sind in die Systematik des Verfahrensrechts einzubeziehen, z.B. die Erbringung sozialer Dienste.[189] Die hier wirksamen Interaktionen haben in Grundfragen durchaus ähnliche Regelungsbedürfnisse, wie sie in Verfahren mit rechtsförmigem Entscheidungsziel bestehen. Wichtig sind auch hier vor allem die Gewährleistung von Neutralität, der Geheimnisschutz sowie Anhörungs- und Auskunftsrechte. Systematisch stellen sie oft eine Zwischenform zwischen anlassbezogenen und anlassunabhängigen Verfahren dar. 53

3. Abgrenzungsfragen zu sog. Privatverfahren

Begrifflich **ausgeklammert** bleiben allerdings diejenigen Verfahren, die nicht in administrativer Verantwortung ablaufen, sondern allein von Privaten durchgeführt werden. Solche **„Privatverfahren"**, wie sie z.B. das Verbraucherschutz- oder das Aktienrecht vielfältig kennen, sind Ausdruck gesellschaftlicher Selbstregulierung.[190] Sie folgen anderen Maßstäben und Regelungsbedürfnissen, denn sie sollen den eigenen Rationalitäten und der Eigenverantwortung privater Akteure zur Darstellung verhelfen. Staatliches Recht ist zwar auch hier oft notwendig, um die Funktionsfähigkeit der Ordnungskräfte des Marktes zu sichern. Aber die Bezüge zu den spezifischen Regelungsaufträgen des Verwaltungsrechts bleiben gering. 54

Etwas anderes gilt, wenn Verfahren Privater gezielt unmittelbare Auswirkungen auf Verwaltungsverfahren haben, indem sie für diese Vorfestlegungen treffen, z.B. technische Sicherheitsstandards fixieren, die in späteren Verwaltungs- 55

---

[184] → Bd. II *Vesting* § 20 Rn. 5; vgl. auch *Britz* § 26 Rn. 61 ff.
[185] → Bd. I *Schmidt-Aßmann* § 5 Rn. 16 ff. und 41 ff.
[186] → Bd. II *Schneider* § 28 Rn. 97 a.
[187] Dazu *Florian Wettner*, Die Amtshilfe im Europäischen Verwaltungsrecht, 2005. S.a. → Bd. II *Albers* § 22 Rn. 39 ff.
[188] Dazu *Groß*, Kollegialprinzip (Fn. 105), S. 280 ff.; *Wolff/Bachof/Stober/Kluth*, VerwR I, § 61 Rn. 31 ff. → Bd. II *Schneider* § 28 Rn. 110 ff.
[189] Siehe auch → Bd. II *Hermes* § 39 Rn. 39 ff.
[190] → Bd. I *Eifert* § 19 Rn. 144 ff. Zur anderen Verwendung des Begriffs „Privatverfahren" in → Bd. II *Appel* § 32 Rn. 5 s. sogleich Rn. 55.

§ 27 Der Verfahrensgedanke im deutschen und europäischen Verwaltungsrecht

verfahren eine Vermutungswirkung auslösen.[191] Die funktionelle Privatisierung bestimmter Phasen von Verwaltungsverfahren hat die Zahl solcher **Kombinationsmodelle** erhöht.[192] Hierher gehören z. B. Mediationsverfahren,[193] Verfahren der Zertifizierung im Produktsicherheitsrecht[194] und Verfahren privater Normsetzung.[195] „Privatverfahren" *dieser* Art sind wegen ihrer intendierten Fernwirkung im Verwaltungsrecht notwendig auch Gegenstand seiner Systematik.[196] Für Gesetzgebung und Verwaltung kann sich in diesen Fällen eine vorwirkende Ordnungsverantwortung ergeben,[197] eine **Regelungsstruktur** *(Trute)*[198] zu schaffen und dadurch z. B. einen Neutralitätsschutz sowie Begründungs- und Publizitätspflichten und andere **prozedurale Mindeststandards** sicherzustellen.[199]

III. Funktionenvielfalt von Verwaltungsverfahren

56   Verwaltungsverfahren haben bekanntermaßen vielfältige Funktionen: solche der Information, der Interessendarstellung, des Rechtsschutzes, der Konsens- und Ausgleichssuche, der Akzeptanzsicherung, der Kontrolle und der Legitimation.[200] Diese „Multifunktionalität" bezieht sich zum Teil auf den einzelnen Verfahrenstyp, dem mehrere Aufgaben beigelegt werden, so hat z. B. das Widerspruchsverfahren Rechtsschutz-, Selbstkontroll- und Entlastungsaufgaben für die Gerichte.[201] Wichtiger noch ist jedoch die Funktionsdifferenzierung für die Ausbildung unterschiedlicher Verfahrenstypen und für die Beurteilung ihrer Leistungsfähigkeit zur Bewältigung bestimmter administrativer Aufgaben. Verwaltungsrechtliche Funktionsaussagen sind gespeicherte Erfahrungen zur Funktionseignung bestimmter verfahrensrechtlicher Arrangements. Eine steuerungswissenschaftlich ausgerichtete Verwaltungsrechtswissenschaft muss Regierung und Gesetzgebung darüber

---

[191] Dazu → Bd. I *Eifert* § 19 Rn. 62 ff.

[192] Grundlegend *Martin Burgi*, Funktionale Privatisierung und Verwaltungshilfe, 1999, bes. S. 100 ff.

[193] Vgl. nur *Bernd Holznagel/Ulrich Ramsauer*, Mediation im Verwaltungsrecht, in: Fritjof Haft/Katharina Gräfin v. Schlieffen, Handbuch Mediation, 2002, § 44; *Pünder*, Verwaltungsverfahren (Fn. 65), § 15; *Kopp/Ramsauer*, VwVfG, Einführung I Rn. 77 ff.; → Bd. II *Appel* § 32 Rn. 102 ff.

[194] Dazu grundlegend *Hans C. Röhl*, Akkreditierung und Zertifizierung im Produktsicherheitsrecht, 2000; *Pünder*, Verwaltungsverfahren (Fn. 65), § 14 Rn. 54, *ders.*, Zertifizierung und Akkreditierung – private Qualitätskontrolle unter staatlicher Gewährleistungsverantwortung, ZHR 2006, S. 567 ff. → Bd. II *Appel* § 32 Rn. 27 f.

[195] → Bd. I *Eifert* § 19 Rn. 61 ff.; auch *Florian Becker*, Kooperative und konsensuale Strukturen in der Normsetzung, 2005, S. 575 ff. und 651 ff.; zurückhaltender *Lothar Michael*, Rechtsetzende Gewalt im kooperativen Verfassungsstaat, 2002, S. 478 ff., die prozedurale Formalisierung informeller Absprachen betreffend.

[196] → Bd. II *Appel* § 32, insbes. Rn. 5.

[197] *Michael Fehling*, Verwaltung zwischen Unparteilichkeit und Gestaltungsaufgabe, 2001, S. 351 ff.: „Unparteilichkeitsverantwortung"; *Schmidt-Aßmann*, Ordnungsidee, Kap. 6 Rn. 166. → Bd. I *Schulze-Fielitz* § 12 Rn. 118 ff.

[198] → Bd. I *Schuppert* § 16 Rn. 26 ff.

[199] *Holznagel/Ramsauer*, Mediation (Fn. 193), Rn. 7: „Kompensation durch Vorverlagerung von Verfahrenselementen".

[200] *Hoffmann-Riem*, Verwaltungsverfahrensgesetz (Fn. 131), S. 9 (28 f.); vgl. auch *Hill*, Verfahren (Fn. 5), S. 199 ff.; *Wolff/Bachof/Stober/Kluth*, VerwR I, § 58 Rn. 44 ff.; *Gurlit*, Eigenwert (Fn. 10), S. 238 ff.; *Sabino Cassese*, Legislative Regulation of Adjudicative Procedures, REDP/ERPL 1993, Sonderheft (Fn. 59), S. 15 ff.; *Nehl*, Europäisches Verwaltungsverfahren (Fn. 90), S. 173 ff. mit der Unterscheidung einer rechtsstaatlichen und einer demokratischen Verfahrensfunktion.

[201] → Bd. III *Schiedermair* § 48 Rn. 31 f.

C. Verfahrensbegriffe und Verfahrenskonzepte

informieren können, welche materiellen und prozeduralen Elemente bei der Gestaltung eines Gesetzesprogramms kombiniert werden müssen, um effektiv und effizient implementiert werden zu können.[202] Das Verwaltungsverfahrensrecht ist mehr als eine Zusammenstellung einzelner Verfahrensrechte, mehr auch als nur eine Lehre über Verfahrensfehler. Es ist primär ein Recht der Steuerungsleistungen des Verwaltungsverfahrens.

1. Die Breite des Funktionsspektrums

In diesem Sinne lässt sich ein Funktionsspektrum entfalten, dessen Eckpositionen Verfahren der individuellen Rechtsverteidigung einerseits (a) und Verfahren einer allgemeinen Rationalitätsgewährleistung andererseits (d) bilden.[203]   57

a) Verfahren der Rechtsverteidigung und Rechtsdurchsetzung

Einen ersten Typus bilden Verwaltungsverfahren im Vorfeld gerichtlicher Auseinandersetzungen, vor allem also die Widerspruchs- und Beschwerdeverfahren. Historisch ist der Gerichtsschutz in Verwaltungssachen oft aus solchen Rekursverfahren hervorgegangen,[204] wie umgekehrt Verfahrensstandards des Verwaltungsrechts oft von gerichtlichen – regelmäßig zivilgerichtlichen – Verfahrensregelungen abgeleitet worden sind. Heute findet sich dieser Verfahrenstypus als fakultativ oder obligatorisch zu durchlaufendes Vorverfahren.[205] Auch Art. 13 EMRK spricht, wenn er eine Beschwerdemöglichkeit zu einer nationalen Instanz garantiert, den Verfahrensgedanken in dieser Variante an. Es geht um den Typus eines auf nachträgliche Kontrolle angelegten **kontradiktorischen Verfahrens**.[206] Die Kommunikationsbeziehungen sind hier kontrontativ angelegt: Die Beteiligten agieren in festen Rollen und kämpfen um feste Positionen – eine wenig kommunikationsfördernde Situation, die zu Änderungen veranlassen sollte.[207]   58

b) Rechts- und interessensichernde Verfahren

Dem Verwaltungsverfahrensrecht geht es heute nicht allein und nicht einmal vorrangig darum, für schon getroffene Verwaltungsentscheidungen die Möglichkeit nachträglicher Kontrolle zu bieten. Es will vielmehr vor allem das Zustandekommen von Verwaltungsentscheidungen ex ante steuern.[208] Die Verwaltung soll zu sorgfältiger Vorbereitung ihrer Entscheidungen veranlasst werden. Antragsteller oder Adressaten künftiger Entscheidungen erhalten Gelegenheit,   59

---

[202] *Andreas Voßkuhle*, Das Verwaltungsverfahren im Spiegel der Neuen Verwaltungsrechtswissenschaft, in: Martin Burgi/Klaus Schönenbroicher (Hrsg.), Die Zukunft des Verwaltungsverfahrensrechts, 2010, S. 13 (28). Zur Gesetzgebungswissenschaft als Teil der Verwaltungsrechtswissenschaft → Bd. I *Franzius* § 4 Rn. 104ff.

[203] Vgl. → Bd. II *Rossen-Stadtfeld* § 29 Rn. 35ff. Weitere Typisierungen bei *Hoffmann-Riem*, Verwaltungsverfahrensgesetz (Fn. 131), S. 9 (34f.); *Voßkuhle*, Strukturen (Fn. 53), S. 286ff.

[204] *Eberhard Schmidt-Aßmann/Wolfgang Schenk*, in: Schoch/Schneider/Bier (Hrsg.), VwGO, Einl. Rn. 71.

[205] Dazu *Dagmar Oppermann*, Funktion des verwaltungsgerichtlichen Vorverfahrens, 1999. S.a. → Bd. II *Schneider* § 28 Rn. 120ff.; Bd. III *Schiedermair* § 48 Rn. 31ff.

[206] → Rn. 66ff.

[207] Dazu *Stefan Vetter*, Mediation und Vorverfahren, 2004; *Kopp/Ramsauer*, VwVfG, Einführung I Rn. 77ff.; → Bd II *Rossen-Stadtfeldt* §29 Rn. 35ff., weitere Nachweise → Bd. III *Schoch* § 50 Rn. 352.

[208] *Schuppert*, Verwaltungswissenschaft, S. 772ff.

die Verwaltung mit den notwendigen Informationen zu versehen und dabei ihre Interessen zu artikulieren. Typische Gestaltungselemente dieses zweiten Verfahrenstyps sind Anhörungs- und Akteneinsichtsrechte der Beteiligten, Beratungs- und Auskunftspflichten der Exekutive. Die Verwaltung ermittelt den Sachverhalt nach der Untersuchungsmaxime von Amts wegen; doch können auch Mitwirkungslasten der Beteiligten bei der Aufklärung des Sachverhalts vorgesehen sein. Es geht um **präventiv-rechtsschützende Verfahren**. Das Verfahrensrechtsverhältnis ist nicht schon von Anfang an konfrontativ angelegt; aber es bleibt in der Regel ein bilaterales Verhältnis, zu dem Dritte durch besonderen Akt erst hinzugezogen werden müssen (§ 13 VwVfG).

c) Interessenaggregierende Verfahren

60   In Verfahren dieses dritten Typs geht es um die Abklärung mehrpoliger Interessengeflechte. Beispiele sind Planungsverfahren[209] und Normsetzungsverfahren.[210] Auch Vergabeverfahren des Beschaffungswesens, Verteilungsverfahren im Gesundheitswesen und die Verfahren der Regulierungsverwaltung gehören hierher.[211] Verfahren werden hier eingesetzt, um die Interessendarstellung und -abklärung durchschaubar zu machen und eine *adäquate Interessenrepräsentanz* zu ermöglichen. Bei der Interessenbalancierung wirken oft Sachverständige, Verbände und Interessentengruppen oder die Öffentlichkeit mit. Die zu entwickelnden Lösungen sind durch das einschlägige materielle Recht nur punktuell, i. d. R. final gesteuert. Das gesetzliche Programm ermächtigt die Verwaltung zu *situativer Gestaltung*. Verfahrensregelungen sollen dazu beitragen, dass möglichst richtige Entscheidungen getroffen werden.

d) Verfahren zur Gewährleistung administrativer Rationalität

61   Der Verfahrensgedanke lässt sich aber auch ohne spezifischen Anlassbezug nutzen, um überhaupt die rechtsstaatlich und demokratisch gebotene Rationalität staatlichen Handelns zu sichern. Natürlich verfolgen auch die unter a) bis c) vorgestellten Typen letztlich Ziele der Rationalitätsgewährleistung. Es gibt daneben aber auch Verfahren und Verfahrensregelungen, die *nur* von diesem Ziel her erklärt werden können. Bei ihnen geht es um intelligente Arrangements der administrativen Willensbildung, die die Transparenz der Entscheidungsbildung, die Qualität des Entscheidungsergebnisses und die Lernbereitschaft des Entscheidungsträgers fördern sollen. So kennt z. B. das Verfahren der Umweltverträglichkeitsprüfung nach §§ 11, 12 UVPG neben dem äußeren Ablauf ein *„inneres Verfahren"* (Hill);[212] Der Durchführung des äußeren Verfahrens der Behörden- und Öffentlichkeitsbeteiligung folgt das innere Verfahren der sorgfältigen Erwägung und Abwägung, das systematisch eine zusammenfassende Darstellung der gewonnenen Informationen sowie die Bewertung der Umweltauswirkungen und auf dieser Basis als dritten Schritt ihre Berücksichtigung im jeweiligen fachge-

---

[209] → Bd. II *Köck* § 37 Rn. 22 ff.
[210] → Bd. II *Hill/Martini* § 34 Rn. 10 ff. Speziell zur europäischen Normsetzung dort Rn. 74 ff. sowie *Röhl* § 30 Rn. 70 ff.
[211] → Bd. II *Röhl* § 30 Rn. 10 ff. Zu den beiden erstgenannten Beispielen ausführlich *F. Wollenschläger*, Verteilungsverfahren (Fn. 154), S. 197 ff. und 504 ff.
[212] Begriffsprägend *Hill*, Verfahren (Fn. 5), S. 285 ff.

setzlichen Tatbestand verlangt. Hier geht es um eine Verfahrensgestaltung, die zu einer strukturierten und damit qualitativ besseren Entscheidungsfindung anhalten soll: „strukturierte Wissenserzeugung durch Verfahrensrecht".[213] Nicht nur der richtigen **Darstellung** der Entscheidung, sondern auch der **Herstellung** der richtigen Entscheidung hat das Verfahrensrecht zu dienen.[214]

Auch das **Neue Steuerungsmodell** lässt sich als Ausdruck einer solchen rationalitätsfördernden Verfahrensgestaltung verstehen.[215] Neue Formen des inneren Verfahrens sind Verfahren haushaltsrechtlicher Kosten-Nutzen-Rechnungen (§ 6 Abs. 3 HGrG). Überhaupt gehören **Haushaltsverfahren** in diesen Zusammenhang.[216] Sie sind „Innenrecht" – jedoch nicht im Sinne verminderter verwaltungsrechtlicher Beachtlichkeit, wie die traditionelle deutsche Ansicht betonte,[217] sondern weil sie dem Gedanken eines „inneren Verfahrens" folgen. Gerade sie sollen die rechtsstaatlich und demokratisch gebotene Rationalität des Verwaltungshandelns sichern. Das EU-Recht stellt diese Steuerungsleistungen des Haushaltsverfahrensrechts klarer heraus.[218] Ein anderes dem Unionsrecht entstammendes Beispiel rationalitätsfördernder Verfahren ist die *„offene Methode der Koordinierung".*[219]

2. Spezielle Funktionszuschreibungen

Das beschriebene weitgespannte Verfahrensverständnis lässt zwei traditionelle Funktionszuschreibungen der Verfahrensrechtslehre, die „dienende Funktion" des Verfahrensrechts (a) und den „funktionalen Zusammenhang" von Verwaltungsverfahren und Verwaltungsgerichtsschutz (b), in veränderter Perspektive erscheinen. Heute ist der Einbau von Verfahrenselementen zudem ein Ansatz, um informelle Verwaltungspraxen behutsam zu „reformalisieren" (c).

a) Die „dienende Funktion" des Verwaltungsverfahrensrechts

Dieser Begriff nimmt die übliche Unterscheidung zwischen Verfahrensrecht und materiellem Recht auf,[220] ist aber wie diese nicht frei von Unsicherheiten

---

[213] So *Karl-Heinz Ladeur*, Privatisierung öffentlicher Aufgaben und die Notwendigkeit der Entwicklung eines neuen Informationsverwaltungsrechts, in: Hoffmann-Riem/Schmidt-Aßmann (Hrsg.), Informationsgesellschaft, S. 225 (235).

[214] Zur Trennung und zum Zusammenwirken darstellungs- und herstellungsbezogener Entscheidungsfaktoren grundlegend *Wolfgang Hoffmann-Riem*, Methoden einer anwendungsorientierten Verwaltungsrechtswissenschaft, in: Schmidt-Aßmann/Hoffmann-Riem, Methoden (Fn. 147), S. 9 (20 ff.) und *Hans-Heinrich Trute*, Methodik der Herstellung und Darstellung verwaltungsrechtlicher Entscheidungen, S. 293 ff. S. a. → Bd. I *Hoffmann-Riem* § 10 Rn. 30 ff.

[215] → Bd. I *Voßkuhle* § 1 Rn. 53 ff.; Bd. III *Kahl* § 47 Rn. 173 ff. Anschaulich *Hermann Dommacher*, Die Neuregelung des Verwaltungsverfahrens für Zuwendungen des Bundes, NVwZ 2007, S. 53 ff.

[216] → Bd. I *Franzius* § 4 Rn. 64 ff.

[217] Dagegen *Schmidt-Aßmann*, Ordnungsidee, Kap. 6 Rn. 172 ff. → Bd. III *Korioth* § 44 Rn. 104 ff.

[218] Dazu weiterführend *Schneider*, Verwaltungsrechtliche Instrumente (Fn. 105), S. 249 ff.; *Wolfgang Schenk*, Strukturen und Rechtsfragen der gemeinschaftlichen Leistungsverwaltung, 2006, S. 135 ff.; *ders.*, Die Leistungsverwaltung der EG als Herausforderung für das Europäische Verwaltungsrecht, in: Schmidt-Aßmann/Schöndorf-Haubold, Verwaltungsverbund (Fn. 63), S. 265 ff.

[219] Dazu *Calliess*, in: ders./Ruffert (Hrsg.) EUV/AEUV, Art. 6 AEUV Rn. 11 ff.; → Bd. II *Hill/Martini* § 34 Rn. 82 h.

[220] Dazu allgemein *Klaus F. Röhl/Hans C. Röhl*, Allgemeine Rechtslehre, 3. Aufl. 2008, § 64 I; die Unterscheidung für das Verwaltungsrecht relativierend *Hill*, Verfahren (Fn. 5), S. 220 f.; *Eberhard Schmidt-Aßmann*, Verwaltungsverfahren, in: HStR V, § 109 Rn. 5.

und Gefahren:[221] Wo er dazu veranlasst, differenzierend das Zusammenspiel der beiden Rechtskreise zu analysieren,[222] ist er hilfreich. Wo er genutzt wird, um einen Nachrang des Verfahrensrechts gegenüber dem materiellen Recht zu begründen, ist Vorsicht angesagt. Wo die „dienende Funktion" jedoch als wohlfeile Formel eingesetzt werden soll, um Verstöße gegen Verfahrensrecht zu bagatellisieren, ist Widerspruch geboten.[223]

65 Die Vorstellung, gewissen Verfahrensregelungen einen Nachrang gegenüber dem materiellen Recht zuzuweisen, ist kein Spezifikum des deutschen Rechts. Sie findet sich als „serving function" oder „instrumental function" auch in anderen Rechtsordnungen.[224] Im deutschen Recht ist sie allerdings besonders ausgeprägt. Als ihr wichtigster Ausdruck gilt § 46 VwVfG. Die Aufhebung eines Verwaltungsakts, bei dessen Erlass (bestimmte) Verfahrensfehler unterlaufen sind, kann danach nicht beansprucht werden, „wenn offensichtlich ist, dass die Verletzung die Entscheidung in der Sache nicht beeinflusst hat".[225] Abgestellt wird auf den hypothetischen Kausalverlauf, der sich hinreichend präzise beurteilen lassen muss.[226] Die Vorstellung ist an Verfahren derjenigen Verwaltungen entwickelt, die möglichst exakt formulierte Gesetzesprogramme vollziehen. Wo die Gesetze, wie z.B. im Technik-, Regulierungs- oder Planungsrecht in erheblichem Umfang Ermessensermächtigungen für die Verwaltung enthalten,[227] lässt sich das Bekenntnis zu einer nur dienenden Funktion des Verwaltungsverfahrens nicht aufrecht erhalten. Hier zeigt sich die Notwendigkeit, auf die Vorstellung einer „Richtigkeitsgewähr durch Verfahren" zurückzugreifen, die die Eigenständigkeit des Verfahrensrechts gegenüber dem materiellen Recht betont. Noch deutlicher wird das dort, wo Verfahren allein dazu eingesetzt werden, die Rationalität staatlicher Entscheidungen zu erhöhen. Hier ist eine die Unterscheidung von Verfahrensrecht und materiellem Recht auflösende, übergreifende Zielsetzung entstanden. Das Verfahrensrecht ist der **„Verwirklichungsmodus des Verwaltungsrechts"**.[228] Die Formel von der dienenden Funktion des Verwaltungsverfahrensrechts ist folglich kein überall einsetzbarer Topos einer allgemeinen Verfahrensrechtslehre, sondern hat nur dort ihren Platz, wo einigermaßen präzise materielle

---

[221] *Quabeck,* Dienende Funktion (Fn. 10), S. 8 ff.
[222] Vgl. *Wolff,* Dienende Funktion (Fn. 10), S. 977 f.
[223] Zutreffend kritisch *Pünder,* Verwaltungsverfahren (Fn. 65), § 12 Rn. 1. Eine gewisse Distanz zu diesem Topos lässt auch BVerfGE 105, 48 (60) erkennen. So in der Grundlinie auch → Bd. III *Schoch* § 50 Rn. 298 ff.
[224] Vgl. *Eberhard Schmidt-Aßmann/Hannes Krämer,* Das Verwaltungsverfahren und seine Folgen, REDP/ERPL, 1993, Sonderheft (Fn. 59), S. 99 ff., abgedruckt auch in: *Eberhard Schmidt-Aßmann,* Aufgaben und Perspektiven verwaltungsrechtlicher Forschung, 2006, S. 177 ff.; *Ladenburger,* Verfahrensfehlerfolgen im französischen und im deutschen Verwaltungsrecht, 1999, bes. S. 153 ff., 290 ff., 320–325; *Nehl,* Europäisches Verwaltungsverfahren (Fn. 90), S. 193 ff.; *Fehling,* Eigenwert (Fn. 10), S. 281 ff. mit Nachweisen bes. in Fn. 4 und 25: "instrumental function"; *Kahl,* 35 Jahre Verwaltungsverfahrensgesetz (Fn. 50), S. 451. Zum EU-Recht außerdem → Rn. 18 ff. und 72 ff.
[225] Zur Auslegung der Vorschrift vgl. *Pünder,* Verwaltungsverfahren (Fn. 65), § 14 Rn. 63 ff.; *Quabeck,* Dienende Funktion (Fn. 10), S. 67 ff.; *Gurlit,* Eigenwert (Fn. 10), S. 268 ff. und *Fehling,* Eigenwert (Fn. 10), S. 293 ff. (beide auch rechtsvergleichend). S. a. → Rn. 105 ff.
[226] Im Einzelnen vgl. *Kopp/Ramsauer,* VwVfG, § 46 Rn. 25 ff.; *Hufen,* Fehler, Rn. 625 ff.; *Schwarz,* in: Hk-VerwR, § 46 VwVfG Rn. 23 ff.; → Bd. II *Sachs* § 31 Rn. 118 ff., *Bumke* § 35 Rn. 196 ff.
[227] Dazu → Bd. I *Reimer* § 9 Rn. 78 ff., *Hoffmann-Riem* § 10 Rn. 56 ff.
[228] *Rainer Wahl,* Verwaltungsverfahren zwischen Verwaltungseffizienz und Rechtsschutzauftrag, VVDStRL, Bd. 41 (1983), S. 151 (153).

Entscheidungsprogramme umzusetzen sind.[229] Sie gehört zur Vollzugsverwaltung klassischen Typs, der aber nicht der einzige Repräsentant gesetzesdirigierter Verwaltung ist.[230]

b) Der „funktionale Zusammenhang" zwischen Verwaltungsverfahren und Gerichtsverfahren

Verwaltungsverfahren und Gerichtsverfahren sind dem Gewaltenteilungsdogma entsprechend zunächst einmal streng getrennte Verfahren. Der **Trennungsgrundsatz** verbietet es, sie phasenweise miteinander zu verbinden. Das Widerspruchsverfahren der §§ 68 ff. VwGO, dem eine Doppelstellung oder eine Verknüpfungsaufgabe zwischen Verwaltungsverfahren und gerichtlichem Rechtsschutz zugeschrieben wird,[231] ist unter verfassungssystematischen Gründen allein ein Verwaltungsverfahren. Der Trennungsgrundsatz steht folglich Formen „verwaltungsbegleitender" Gerichtskontrollen entgegen. Es soll eine *Distanz* durch Wahrung unterschiedlicher *Verfahrensrationalitäten* erhalten bleiben.[232] Entscheidungen auf Grund von Richtervorbehalten, z.B. bei der vorbeugenden Verbrechensbekämpfung, bei denen diese Distanz beeinträchtigt werden könnte, unterfallen daher ihrerseits gem. Art. 19 Abs. 4 GG gerichtlicher Kontrolle.[233] 66

Unbestreitbar existieren zwischen Verwaltungs- und Gerichtsverfahren aber vielfältige **Wechselbeziehungen.**[234] Zu den eingespielten Dogmen, die dieses Themenfeld beherrschen, gehört die Erkenntnis, dass qualifizierte Verwaltungsverfahren den Gerichtsschutz entlasten, nach der Verfassungsentscheidung des Art. 19 Abs. 4 GG jedoch im Bereich des Individualrechtsschutzes nicht ersetzen können.[235] Ein Kollegialverfahren kann z.B. ein Indiz für das Bestehen administrativer Beurteilungsermächtigungen sein, muss es aber nicht.[236] 67

Der funktionale Zusammenhang zwischen administrativem und gerichtlichem Verfahren verlangt, dass bei der Ausgestaltung und praktischen Anwendung des Verfahrensrechts in *einem* Verfahren der spezifische Auftrag des *anderen* Verfahrens nicht unmöglich gemacht oder wesentlich erschwert wird. So müssen im Verwaltungsverfahren vor einer irreversiblen Umsetzung des Verfahrensergebnisses gegebenenfalls Vorkehrungen geschaffen werden, damit ein zulässiger Rechtsweg auch tatsächlich beschritten werden kann. Auf diesem Gedanken beruht z.B. die Pflicht einer Behörde, die Teilnehmer eines beamten- 68

---

[229] Im Ergebnis ähnlich restriktiv *Wolff*, Dienende Funktion (Fn. 10), S. 981 ff.; zur Unterscheidung von Konditional- und Zweckprogrammen → Bd. I *Franzius* § 4 Rn. 13 f.
[230] *Hoffmann-Riem*, Verwaltungsverfahrensgesetz (Fn. 131), S. 22 ff.
[231] Vgl. *Heike Jochum*, Verwaltungsverfahrensrecht und Verwaltungsprozeßrecht, 2004, S. 27 ff. → Bd. II *Schneider* § 28 Rn. 120 f.; Bd. III *Schiedermair* § 48 Rn. 31.
[232] → Bd. III *Schoch* § 50 Rn. 355 ff.
[233] Dazu *BVerfGE* 107, 395 (406); *Schmidt-Aßmann*, Richtervorbehalte (Fn. 124), S. 441 ff.
[234] Dazu *Ule/Laubinger*, VerwVerfR, § 3 Rn. 9 ff.; *Jürgen Schwarze*, Der funktionale Zusammenhang zwischen Verwaltungsverfahrensrecht und verwaltungsgerichtlichem Rechtsschutz, 1974; *Franz Erath*, Förmliche Verwaltungsverfahren und gerichtliche Kontrolle, 1995 (rechtsvergleichend zu Deutschland und den USA); *Jochum*, Verwaltungsverfahrensrecht (Fn. 231), S. 493 ff.: „Prinzip der normativen Konnexität"; *Benedikt Grünewald*, Die Betonung des Verfahrensgedankens im deutschen Verwaltungsrecht durch das Gemeinschaftsrecht, 2010, S. 95 ff. Zum EU-Verfahrens- und Prozessrecht vgl. *Fehling*, Europäisches Verwaltungsverfahren und -prozessrecht (Fn. 90), § 12 Rn. 88 ff.
[235] → Bd. III *Kuhl* § 47 Rn. 139 ff.
[236] Vgl. *Groß*, Kollegialprinzip (Fn. 105), S. 324 ff. S.a. → Bd. I *Hoffmann-Riem* § 10 Rn. 24; Bd. II *Schneider* § 28 Rn. 111 f.

oder vergaberechtlichen Auswahlverfahrens über die getroffene Auswahl zu informieren,[237] bevor der ausgewählte Teilnehmer zum Beamten ernannt oder als Auftragnehmer verbindlich unter Vertrag genommen werden darf. Der Gedanke eines wirksamen Gerichtsschutzes entfaltet **Vorwirkungen** schon im Verwaltungsverfahren. Er verlangt allerdings nicht, letzteres so auszugestalten, dass ein möglichst exzessives Prozessieren ermöglicht wird.[238]

Umgekehrt gilt, dass ein Gerichtsverfahren nicht so gehandhabt werden darf, dass es einem voraufgehenden Verwaltungsverfahren seine Bedeutung als selbständiges Verfahren nimmt. Der Gedanke des Funktionserhalts des Verwaltungsverfahrens entfaltet **Nachwirkungen** im Gerichtsverfahren. Eine zu hohe gerichtliche Kontrollintensität bei der Anwendung des materiellen Rechts kann die Bedeutung des Verwaltungsverfahrens minimalisieren und es um seine Wirksamkeit bringen. Beide Verfahrensarten verbindet ein **institutionelles Rücksichtnahmegebot**.[239] Das Verwaltungsverfahren ist kein gerichtliches Vorprüfungsverfahren! Die Behörden müssen ihre Verfahrensverantwortung auch wahrnehmen. Sie dürfen sich nicht hinter der Floskel verschanzen, die Konflikte sollten lieber im Gerichtsverfahren ausgetragen werden.

c) Verfahren als Mittel der „Reformalisierung"

69 Verfahrensrechtliche Vorkehrungen werden heute auch genutzt, um Vorgängen informellen Verwaltungshandelns elementare rechtliche Strukturen zu geben. So sind beispielsweise Vorgespräche und Vorabfestlegungen, die einem komplexen Genehmigungsverfahren vorausgehen können, mit Blick auf gefährdete Drittinteressen eher tolerabel, wenn sie mindestens zu dokumentieren sind.[240] Die Dokumentationspflicht „prozeduralisiert" informelle Verhandlungslösungen und unterwirft sie damit der Ordnungskraft des verfahrensrechtlichen Denkens. Eine vollständige Reformalisierung, d. h. die Erfassung in einer festen Rechtsform, wäre dagegen oft dysfunktional, weil sich unterhalb der Schwelle des Formalen erneut eine informelle Praxis bilden würde. Aber einzelne Verfahrensregeln können auch in diesen sensiblen Fällen rechtsstaatliche Grundstandards schaffen.[241] Ähnlich verläuft die Entwicklung in Fällen von Verfahrensprivatisierungen.[242]

IV. Gegenwärtige Herausforderungen

70 Die Herausforderungen, denen sich das Verwaltungsverfahrensrecht heute gegenübersieht, werden durch folgende Themen verdeutlicht:[243]

---

[237] *BVerfG* (K), NJW 1990, S. 501 f. zum Beamtenrecht. Für Vergabeverfahren nach §§ 97 ff. GWB ausdrücklich § 101a GWB; für Verfahren unterhalb der sog. Schwellenwerte *BVerwG*, NVwZ 2007, S. 820 (823).
[238] Einzelheiten bei *Helmuth Schulze-Fielitz*, in: v. Mangoldt/Klein/Starck, GG I, Art. 19 IV Rn. 87 ff.
[239] *Schmidt-Aßman/Schenk*, in: Schoch/Schneider/Bier (Hrsg.), VwGO, Einl. Rn. 196 ff.; *Eberhard Schmidt-Aßmann*, in: Maunz/Dürig, GG, Art. 19 IV Rn. 26.
[240] Dazu (auch rechtsvergleichend) *Eberhard Schmidt-Aßmann*, Generalbericht, in: Eibe Riedel (Hrsg.), Die Bedeutung von Verhandlungslösungen im Verwaltungsverfahren, 2002, S. 21 (29 ff.); abgedruckt auch in: *Schmidt-Aßmann*, Aufgaben und Perspektiven (Fn. 224), S. 222 (231 ff.).
[241] → Bd. II *Fehling* § 38 Rn. 89 ff.
[242] → Bd. II *Appel* § 32 Rn. 57 ff.
[243] Zum folgenden auch: *Hoffmann-Riem*, Verwaltungsverfahrensgesetz (Fn. 131), S. 22 ff.; *Voßkuhle*, Verwaltungsverfahren (Fn. 202), S. 22 ff.; *Hans-Heinrich Trute* Wissen – Einleitende Bemerkungen, in:

C. Verfahrensbegriffe und Verfahrenskonzepte

– Neue Verantwortungsteilungen zwischen Staat und Gesellschaft: *Verfahrensrecht der Gewährleistungsverwaltung.*
– Neue Anforderungen der Wissensgesellschaft und ihrer technischen Realisation: Verfahren zur Ermöglichung von *Flexibilität und Innovationsfähigkeit.*
– Neue Informations- und Kommunikationsformen: *Verfahrensrecht der Informationsgesellschaft.*
– Neue Formen internationaler, supranationaler und transnationaler Behördenkooperation: *Verfahrensrecht staatenübergreifender Vernetzungen.*

Diese Entwicklungen haben ihre Ursachen im nationalen, im europäischen und im internationalen Bereich. Deutsches, Europäisches und Internationales Verwaltungsrecht wachsen zusammen.[244] Das Verwaltungsverfahrensrecht ist das bevorzugte Feld dieser Bewegung. Das soll hier am Unionsrecht aufgezeigt werden, das zwischen nationalem und internationalem Recht in gewisser Weise eine Vermittlungsposition innehat.

Dieter H. Scheuing hat die Einwirkungen des EU-Rechts auf die Begriffe der „Instrumentalisierung" und der „Umorientierung" gebracht.[245] Diese Einteilung aufnehmend und erweiternd, sehe ich die **Europäisierung des Verwaltungsverfahrensrechts** durch die folgenden drei Erscheinungsformen charakterisiert:[246]   71

– *Instrumentalisierung:* Das nationale Verfahrensrecht wird zum Vollzug des materiellen EU-Rechts durch die nationalen Verwaltungsbehörden genutzt und mit einer neuen Funktionsdynamik versehen.[247]
– *Umorientierung:* Das nationale Verfahrensrecht erhält durch Vorgaben des EU-Rechts neue Regelungsansätze, unter Umständen eine geänderte „Verfahrensphilosophie".[248]
– *Umstrukturierung:* Das Verfahrensrecht beider Ebenen muss sich auf die Bedingungen des Europäischen Verwaltungsverbundes einstellen und ein umgreifendes Recht der Verwaltungszusammenarbeit werden.[249]

1. Neue Regelungsansätze des EU-Rechts

Die Entwicklungen zeigen sich besonders deutlich im *Umweltrecht.* Seine schwierigen Verwirklichungsbedingungen haben schon früh darauf gedrängt, neben regulatorischen Vollzugsinstrumenten die ganze Palette der Steuerungsmöglichkeiten in den Blick zu nehmen.[250] Das Ordnungsrecht bleibt zwar nach   72

DV, Beiheft 9, 2010, S. 11 (22 ff.); *Jens Kersten*, Herstellung von Wettbewerb als Verwaltungsaufgabe, in: VVdStRL, Bd. 69 (2010), S. 288 ff.; *Quabeck*, Dienende Funktion (Fn. 10), S. 190 ff.; *Kahl*, 35 Jahre Verwaltungsverfahrensgesetz (Fn. 50), S. 449 ff.

[244] → Bd. I *Schmidt-Aßmann* § 5 Rn. 41 ff., *Ruffert* § 17 Rn. 149 ff.

[245] *Dieter H. Scheuing*, Europarechtliche Impulse für innovative Ansätze im deutschen Verwaltungsrecht, in: Hoffmann-Riem/Schmidt-Aßmann (Hrsg.), Innovation, S. 189 ff. → Bd. I *Schmidt-Aßmann* § 5 Rn. 30 ff.

[246] *Eberhard Schmidt-Aßmann*, Die Europäisierung des Verwaltungsverfahrensrechts, in: FG 50 Jahre BVerwG, 2003, S. 487 (487 ff.); vgl. a. *Kopp/Ramsauer*, VwVfG, Einführung II; *v. Danwitz*, Europäisches VerwR, S. 530 ff. und 609 ff.

[247] Vgl. nur *EuGH*, Rs. C 432/05, NJW 2007, S. 3555 ff.; ferner → Rn. 91 ff.

[248] Sogleich Rn. 72 ff.

[249] *Eckhard Pache* und *Thomas Groß*, Verantwortung und Effizienz in der Mehrebenenverwaltung, VVDStRL, Bd. 66 (2007), S. 106 ff. und 152 ff. → Rn. 81.

[250] Vgl. Art. 3 und 9 des 6. Umweltaktionsprogramms der EG, Beschluss Nr. 1600/2002 v. 22. Juli 2002, ABl. EG 2002, Nr. L 242 S. 1. M.w.N. *Hans-Werner Rengeling*, Umweltschutz durch Gemein-

wie vor ein unverzichtbares Regelungsmodell; aber es ist ergänzungsbedürftig.[251] Die Formen kooperativer Bewirkung unter Beteiligung aller Akteure und die Möglichkeiten einer rekursiven Steuerung, die die Lösung von Umweltproblemen stärker in den Handlungs- und Verantwortungsbereich der Privaten zurückverlagert, sind gerade hier besonders nachdrücklich herausgearbeitet worden.[252] Beide Steuerungsansätze sind in spezifischer Weise verfahrensabhängig. Die beiden Hauptpunkte des „prozeduralen Umweltschutzes" sind eine informierte Öffentlichkeit (a) und eine Stärkung der Eigenverantwortung (b).[253]

a) Konzept der informierten Öffentlichkeit

73   Dieses Konzept besteht aus den Komponenten verfahrensakzessorischer und verfahrensunabhängiger Öffentlichkeit. Die schon im älteren EG-Recht angelegte Entwicklung ist durch die Aarhus-Konvention von 1998 im Sinne eines **Drei-Komponenten-Konzepts** fortgeschrieben worden:[254] allgemeiner Zugang zu Umweltinformationen, Öffentlichkeitsbeteiligung, Ausbau des Rechtsschutzes in Umweltangelegenheiten. Da die Union ihrerseits Vertragspartner der Konvention geworden ist und deren Verpflichtungen in der Form von Richtlinien an ihre Mitgliedstaaten weitergegeben hat,[255] liegt hier ein Fall der Europäisierung und mittelbaren Internationalisierung des Verwaltungsverfahrensrechts vor.

74   Als repräsentativ für die *anlassbezogen* konzipierte Öffentlichkeitsbeteiligung kann schon die EG-Richtlinie über die Umweltverträglichkeitsprüfung von 1985 angesehen werden.[256] Sie knüpft an vorhandene Zulassungsverfahren des nationalen Rechts und die dort bekannten Formen der Publizität an. Die Unterscheidung zwischen allgemeiner Öffentlichkeit und betroffener Öffentlichkeit[257] zeigt eine Doppelung der Systemgedanken, der es einerseits um eine möglichst breite Informationsgewinnung und Interessendarstellung und andererseits um die Aktivierung der Öffentlichkeit als Kontrollmedium geht.[258] Vor diesem Hintergrund

---

schaftsrecht und durch nationales Recht; Überlegungen zur Qualität des Gemeinschaftsrechts, in: EUDUR II/2, §§ 92, 93.

[251] Vgl. nur *Thomas Baehr*, Verhaltenssteuerung durch Ordnungsrecht, 2005. → Bd. I *Schulze-Fielitz* § 12 Rn. 13 ff., *Eifert* § 19 Rn. 153 ff.

[252] Dazu *Wolfgang Köck*, Das Pflichten- und Kontrollsystem des Öko-Audit-Konzepts nach der Öko-Audit-Verordnung und dem Umweltauditgesetz, VerwArch, Bd. 87 (1996), S. 644 (646 ff.); *Sparwasser/Engel/Voßkuhle*, UmweltR, § 2 Rn. 57 ff.; speziell zum Umweltverfahrensrecht ausführlich dort § 4.

[253] Zum Folgenden *Eberhard Schmidt-Aßmann/Clemens Ladenburger*, Umweltverfahrensrecht, in: EUDUR I, § 18 Rn. 4 ff.; *Helge Rossen-Stadtfeld*, Kontrollfunktionen der Öffentlichkeit, in: Schmidt-Aßmann/Hoffmann-Riem (Hrsg.), Verwaltungskontrolle, S. 117 (131 ff.). → Bd. II *Appel* § 32 Rn. 57.

[254] Übereinkommen über den Zugang zu Informationen, die Öffentlichkeitsbeteiligung an Entscheidungsverfahren und den Zugang zu Gerichten in Umweltangelegenheiten v. 25. Juni 1998, Entwurf des Ratifikationsgesetzes: BR-Drucks. 565/06; Text der Konvention dort, S. 9 ff. und in: NVwZ 2001, Beilage Nr. III. *Angela Schwerdtfeger*, Der deutsche Verwaltungsrechtsschutz unter dem Einfluss der Aarhus-Konvention, 2010; *Annette Guckelberger*, Die Öffentlichkeitsbeteiligung beim Erlass von Rechtsverordnungen unter besonderer Berücksichtigung des Umweltschutzes, JbUTR 2011, S. 49 ff. → Bd. II *Schneider* § 28 Rn. 86 ff.

[255] RL Nr. 2003/35/EG v. 26. Mai 2003, ABl. EU 2003, Nr. L 156, S. 17.

[256] RL Nr. 85/337/EWG v. 27. Juni 1985, ABl. EG 1985, Nr. L 175, S. 40, jetzt konsolidiert in RL 2011/92/EU vom 13. Dezember 2011, ABl. EU 2012, Nr. L 26, S. 1. *Franz-Josef Feldmann*, Umweltverträglichkeitsprüfung: EG-Richtlinien und ihre Umsetzung in Deutschland, in: EUDUR I, § 34.

[257] Siehe a. → Bd. II *Rossen-Stadtfeld* § 29 Rn. 13 ff.

[258] Zur Öffentlichkeit als Kontrollmedium ausführlich → Bd. III *Scherzberg* § 49 bes. Rn. 67 ff.

verfolgt die Richtlinie das Konzept eines „inneren Verfahrens",[259] das den Umweltbelangen eine eigene Darstellungschance eröffnet, bevor sie sich der Abwägung mit anderen öffentlichen und privaten Interessen stellen müssen. Neuere Rechtsetzungsakte erstrecken die Öffentlichkeitsbeteiligung über den Bereich von Zulassungsentscheidungen hinaus auf räumliche Planungen und Konzepte.[260]

Anlassunabhängig wird das Konzept der informierten Öffentlichkeit durch die Umweltinformationsrichtlinie[261] verfolgt. Jedermann hat danach ohne Nachweis eines besonderen Interesses ein Recht auf Zugang zu Umweltinformationen aus Akten von Behörden und von Stellen, die öffentliche Aufgaben im Bereich der Umweltpflege wahrnehmen und der Aufsicht der Behörden unterstellt sind. Gegen die Ablehnung des Informationsbegehrens muss Rechtsschutz vor Gericht oder vor einer Verwaltungsstelle gewährt werden. Weiter gehören in den Zusammenhang anlassunabhängiger Öffentlichkeit die Bestimmungen, die die Behörden zur periodischen Veröffentlichung von Lage- oder Vollzugsberichten verpflichten.[262]

b) Regulierte Selbstregulierung

Ein weiteres prozedurales Regelungselement ist die Stärkung von Eigenkontrollen. Im Umweltrecht wird diese Entwicklung durch die Umwelt-Audit-Verordnungen[263] repräsentiert. Der damit gewählte rekursive Regelungsansatz liegt zwar auch schon dem Institut der Betriebsbeauftragten für den Umweltschutz zu Grunde. Er wird aber wesentlich weitergeführt:[264] In den Unternehmen sollen Lern- und Selbstkontrollprozesse angeregt werden, die private Umweltgutachter validieren. Das unternehmerische Handeln soll sich nicht nur auf Rentabilität und Realisierbarkeit richten, sondern die Umweltauswirkungen des eigenen Handelns in seine Denkmuster integrieren. Auf diese Weise soll das Umweltrecht von innen heraus ohne materielle staatliche Steuerungsvorgaben flexibilisiert werden. Ähnliche Regelungsansätze finden sich z.B. im Produktsicherheitsrecht. Insgesamt sollen in allen diesen Bereichen selbstregulative Mechanismen gestärkt und mit Elementen von Verwaltungsverfahren verzahnt werden. Es geht um **regulierte Selbstregulierung**.[265] Überkommene paternalistische Verfahrensvorstellungen sollen durch die Stärkung von Eigenverantwortung überlagert werden. Auch das Verwaltungsverfahrensrecht ist auf die Eigenheiten der Gewährleistungsverwaltung einzustellen.[266]

---

[259] → Rn. 61.
[260] RL Nr. 2001/42/EG v. 27. Juni 2001, ABl. EG 2001, Nr. L 197, S. 30. Vgl. a. → Bd. II *Gusy* § 23 Rn. 25 f.
[261] RL Nr. 2003/4/EG v. 28. Januar 2003, ABl. EU 2003, Nr. L 41, S. 26. *Frank A. Schendel*, Umweltinformationsrichtlinie und Umweltinformationsgesetz sowie allgemeine Umweltinformation, in: EUDUR I, § 39. → Bd. II *Appel* § 32 Rn. 28.
[262] Dazu → Bd. II *Ladeur* § 21 Rn. 21 ff.
[263] VO Nr. 1221/2009/EG v. 25. November 2009, ABl. EU 2009, Nr. L 342, S. 1. Dazu → Bd. I *Eifert* § 19 Rn. 91 ff. *Wolfgang Ewer*, Öko-Audit, in: EUDUR I, § 36.
[264] Vgl. dazu nur *Jens-Peter Schneider*, Öko-Audit als Scharnier in einer ganzheitlichen Regulierungsstrategie, DV, Bd. 28 (1995), S. 361 ff.; *Eberhard Schmidt-Aßmann/Clemens Ladenburger*, Umweltverfahrensrecht, in: EUDUR I, § 18 Rn. 41 ff.
[265] → Bd. I *Eifert* § 19 Rn. 52 ff.
[266] Grundlegend *Andreas Voßkuhle*, Beteiligung Privater an der Wahrnehmung öffentlicher Aufgaben und staatlicher Verantwortung, VVDStRL, Bd. 62 (2003), S. 266 (308 ff.).

2. Neue Verfahrenstypen

77 Gesetzgebung und Verwaltungsrechtswissenschaft haben eine Reihe neuer, komplexer Verfahrenstypen ausgebildet. Die Typen sind verwaltungspraktisch ausgerichtete Konstrukte, in denen bestimmte Verfahrenselemente im Blick auf eine bestimmte Verwaltungsaufgabe zu prozeduralen Arrangements zusammengesetzt sind.[267] Beispielhaft seien Verteilungsverfahren, Qualitätssicherungsverfahren, Risikobewältigungsverfahren und Verbundverfahren genannt:[268]

a) Verteilungsverfahren

78 Diese Verfahren dienen der Distribution knapper Ressourcen und haben insbesondere im Schutzbereich des Art. 12 GG eine wichtige grundrechtssichernde Bedeutung; regelmäßig geht es um „multipolare" Grundrechtssituationen.[269] Hierher gehören unter anderen die Konzessionierung und andere Formen der Vergabe von Nutzungsrechten an öffentlichen Einrichtungen, ferner die Bewerberauswahl z.B. im öffentlichen Dienst und bei Privatisierungsvorgängen.[270] Besonders genau geregelt ist die Vergabe öffentlicher Bau-, Liefer- und Dienstleistungsaufträge.[271] Gemeinsame Strukturelemente, mit denen das Verfahrensrecht auf die besonderen rechtsstaatlichen Anforderungen an Rationalität und Sachgerechtigkeit der Verteilung antwortet, sind unter anderem die Information potenziell interessierter Personen am Beginn und die Unterrichtung der Beteiligten über die beabsichtigte Verteilungsentscheidung vor dem Ende des Verfahrens, ferner die Vorhaltung eines transparenten Auswahlkonzepts, das eine abschichtende Bewertung der Verteilungskriterien ermöglicht, sowie Regeln zur Sicherung der behördlichen Neutralität.[272]

b) Qualitätssicherungsverfahren

79 Sie stehen heute neben den klassischen administrativen Prüfungsverfahren und sind dadurch gekennzeichnet, dass private Sachverständige in ihnen eine eigenständige Rolle spielen.[273] Beispiele bilden das Zusammenspiel von Zertifizierung und Akkreditierung im Produktsicherheitsrecht,[274] das Umwelt-Audit

---

[267] Zum Verhältnis von Verwaltungsaufgabe und Verwaltungsrechtsgestaltung allg. → Bd. I *Baer* § 11 Rn. 30 ff. Am Beispiel der Aufgabe der Migrationssteuerung die (freilich über die verwaltungsverfahrensrechtlichen Komponenten noch erheblich hinausgreifenden) Arbeiten von *Daniel Thym*, Migrationsverwaltungsrecht, 2010 (zu Verfahren dort S. 346 ff.) und *Jürgen Bast*, Aufenthaltsrecht und Migrationssteuerung, 2011. Zur Situation im Regulierungsrecht, das keinen sektorenübegreifenden Verfahrenstyp kennt, *Fehling*, Instrumente und Verfahren (Fn. 154), § 20 Rn. 138 ff.

[268] Ausführlich *Voßkuhle*, Strukturen (Fn. 53), S. 290 ff.; *Gurlit*, Eigenwert (Fn. 10), S. 248 ff.; → Bd. II *Röhl*, § 30 Rn. 10 ff., zu weiteren Typen *Schneider* § 28 Rn. 158 ff.

[269] → oben Rn. 37.

[270] Vgl. zu Letzteren *Martin Burgi*, Die Funktion des Verfahrensrechts in privatisierten Bereichen – Verfahren als Gegenstand der Regulierung nach Verantwortungsteilung, in: Hoffmann-Riem/Schmidt-Aßmann (Hrsg.), Verwaltungsverfahren, S. 155 ff. → Bd. I *Eifert* § 19 Rn. 110 ff.

[271] Dazu *Ziekow/Siegel*, Vergabeverfahren (Fn. 179); *Pünder*, Verwaltungsverfahren (Fn. 65), § 14 Rn. 38.

[272] Umfassend dazu jetzt *F. Wollenschläger*, Verteilungsverfahren (Fn. 154), bes. S. 531 ff.

[273] Zu unterschiedlichen Gestaltungen vgl. *Achim Seidel*, Privater Sachverstand und staatliche Garantiestellung im Verwaltungsrecht, 2000. Zur Rolle des Sachverstandes für Verwaltungsentscheidungen allg. s. *Andreas Voßkuhle*, Expertise und Verwaltung, in: Trute/Groß/Röhl/Möllers (Hrsg.), Allgemeines Verwaltungsrecht, S. 637 (656 ff.). S. a. → Bd. II *Ladeur* § 21 Rn. 63 ff.

[274] → Bd. III *Huber* § 45 Rn. 167 ff.

und das Datenschutz-Audit (§ 9 BDSG).[275] Typisch für Qualitätssicherungsverfahren ist die Verschränkung von privatrechtlichen und öffentlich-rechtlichen Verfahrensabschnitten. Verfahren dieser Art verlangen eine exakte und transparente Aufteilung der privaten und der behördlichen Prüfungsaufgaben. Registrierungs- und Dokumentationspflichten haben in ihnen besondere Bedeutung.[276] Die Verwaltung ist oft auf eine Kontrolle der Kontrolle beschränkt.

c) Risikobewältigungsverfahren

Diese Verfahren haben die Aufgabe, gegenüber risikobehafteten Entwicklungen zu verantwortbaren und akzeptablen Entscheidungen zu gelangen, obwohl hinreichendes Erfahrungswissen nicht verfügbar ist.[277] Regelmäßig muss es zunächst einmal darum gehen, Beteiligte zur Generierung notwendigen Wissens anzuhalten.[278] Die Behörden haben hier einen erheblichen Gestaltungsspielraum. Sie müssen nicht nur prüfen und prognostizieren, sondern auch eine Risikoabwägung treffen. Die entsprechend aufwendigen Verfahrensvorkehrungen lassen sich an Beispielen des Arzneimittel-, Gentechnik- oder Chemikalienrechts analysieren:[279] Aufbereitungspflichten des Antragstellers, Risikokommunikation unter Einschluss der Öffentlichkeit, Entscheidungsvorbereitung durch kollegiale Sachverständigengremien, ausgeprägte Möglichkeiten der Reversibilität von Entscheidungen.[280] 80

d) Verbundverfahren

Auch im Europäischen Verwaltungsverbund haben sich neue Verfahren gebildet, in denen in unterschiedlichen Abstimmungsmodalitäten außenwirksame Entscheidungen getroffen werden. Die juristisch schwer fassbare **Netzwerkstruktur des Verbundes** bedarf der prozeduralen Aufhellung.[281] Diese **Verbundverfahren** müssen zunächst einmal typenmäßig erfasst und genau analysiert werden.[282] Außerdem sind für sie gemeinsame Verfahrensstandards zu 81

---

[275] → Bd. III *Huber* § 45 Rn. 201 ff. Zu entsprechenden Verfahren als Instrumenten der administrativen Selbstkontrollen *Schiedermair* § 48 Rn. 78 ff.; speziell zum Datenschutz → Bd. II *Albers* § 22 Rn. 164 ff.

[276] → Bd. II *Appel* § 32 Rn. 73 ff.

[277] Vgl. *Hans-Heinrich Trute*, Wissenschaft und Technik, in: HStR IV, § 88, bes. Rn. 55 ff. → Bd. II *Röhl* § 30 Rn. 26 f., 30.

[278] Ausführlich dazu *B. Wollenschläger*, Wissensgenerierung (Fn. 3), bes. S. 175 ff.; *Hans C. Röhl*, Der rechtliche Kontext der Wissenserzeugung, in: DV, Beiheft 9, 2010, S. 65 ff.; *Wolfgang Hoffmann-Riem*, Wissen, Recht und Innovation, dort S. 159 ff.; *Gurlit*, Eigenwert (Fn. 10), S. 250 ff.; → Bd. II *Röhl* § 30 Rn. 24 ff.

[279] Vgl. *Udo Di Fabio*, Risikoentscheidungen im Rechtsstaat, 1994, S. 115 ff.; *G.-P. Calliess*, Prozedurales Recht (Fn. 54), S. 224 ff.

[280] Weiterführend dazu *Arno Scherzberg*, Risikosteuerung durch Verwaltungsrecht: Ermöglichung oder Begrenzung von Innovationen?, VVDStRL, Bd. 63 (2004), S. 214 (245 ff.) mit der Unterscheidung der Regelungsmodelle „Risikoreduktion" und „Risikoprävention". Systematisch *Liv Jaeckel*, Gefahrenabwehrrecht und Risikodogmatik: Moderne Technologien im Spiegel des Verwaltungsrechts, 2010, §§ 6–8.

[281] → Bd. I *Schmidt-Aßmann* § 5 Rn. 25 ff.

[282] Dazu *Sydow*, Verwaltungskooperation (Fn. 62); *ders.*, Europäisierte Verwaltungsverfahren, JuS 2005, S. 97 ff. und 202 ff.; *ders.*, Vollzug des europäischen Unionsrechts im Wege der Kooperation nationaler und europäischer Behörden, DÖV 2006, S. 66 ff.; *Britz*, Regulierungsverbund (Fn. 62), S. 53 ff.; *Pünder*, Verwaltungsverfahren (Fn. 65), § 14 Rn. 19 ff.; *Hermes*, Europäisierung (Fn. 164), S. 695 ff.; *Michael Holoubek/Michael Lang* (Hrsg.), Verfahren der Zusammenarbeit von Verwaltungsbehörden in Europa, 2012. → Bd. II *Röhl* § 30 Rn. 50 ff.

entwickeln.²⁸³ Das betrifft Pflichten zu gegenseitiger Zusammenarbeit und ihr Verhältnis zu sekundärrechtlichen Pflichten;²⁸⁴ ferner Regeln über die Amtshilfe und den grenzüberschreitenden Datenschutz;²⁸⁵ schließlich die Aufsichtsbefugnisse der EU-Kommission:²⁸⁶ ihre informationellen Grundlagen (Art. 337 AEUV) und ihre Instrumente, z. B. Rechnungsabschluss- und Inspektionsverfahren.²⁸⁷

3. Tendenzen künftiger Entwicklungen und Verfahrensrechtsinnovationen

82 Insgesamt lässt sich die Entwicklung des Verwaltungsverfahrensrechts im Europäischen Verwaltungsverbund mit *Hermann Hill* durch folgende Impulse und Tendenzen charakterisieren:²⁸⁸
– eine Stärkung der demokratischen Effekte des Verwaltungsverfahrens,
– eine Ergänzung der entscheidungsbezogenen Verfahren um selbständige, entscheidungsunabhängige Informations- und Kommunikationsvorgänge,
– ein Bedeutungsgewinn der informationellen gegenüber der imperativen Steuerung,
– gleitende Übergänge zwischen rechtlich strikt verbindlichen Verfahrensstandards und solchen, die aus Konventionen und bewährten Praktiken über Leitbilder folgen,
– Übergänge zwischen externen Rechtspflichten und internen Dienstpflichten,
– eine stärkere Betonung des „inneren" Verfahrens im Sinne einer spezifischen Methodik der Entscheidungsfindung,
– eine Subjektivierung objektiver Verfahrensregeln im Rahmen von Zielvereinbarungen zwischen Verwaltung und Dritten.

83 Das deutsche Verfahrensrecht hat diese Entwicklungsanstöße des internationalen und europäischen Rechts oft zunächst nur so weit umgesetzt, wie es völker- und europarechtlich unbedingt geboten war. Eine Neigung zu *Minimallösungen* und eine gewisse innere „Widersetzlichkeit" sind nicht zu übersehen.²⁸⁹ Ein Beispiel aus jüngerer Zeit bildet der am EuGH gescheiterte Versuch des deutschen Gesetzgebers, die Klagebefugnis anerkannter Umweltschutzvereinigungen im Umweltrechtsbehelfsgesetz auf ein „schutznormakzessorisches" Model festzulegen.²⁹⁰ Solche Reaktionen sind auch anderen Rechtsordnungen

---

²⁸³ *Nehl*, Europäisches Verwaltungsverfahren (Fn. 90), S. 223 ff.; → Bd. II *Röhl* § 30 Rn. 48 ff. Speziell zum Energierecht *Weiß*, Verwaltungsverbund (Fn. 62), S. 115 ff.; *Markus Ludwigs*, Das veränderte Machtgefüge der Institutionen nach dem Dritten EU-Binnenmarktpaket, DVBl 2011, S. 61 ff.

²⁸⁴ Vgl. nur *Julia Sommer*, Verwaltungskooperation am Beispiel administrativer Informationsverfahren im europäischen Umweltrecht, 2003; *Wolfgang Kahl*, in: Calliess/Ruffert (Hrsg.), EUV/AEUV, Art. 4 Rn. 59 ff. → Bd. II *v. Bogdandy* § 25 Rn. 3 f., *Schneider* § 28 Rn. 97 a.

²⁸⁵ Dazu *Wettner*, Amtshilfe (Fn. 187), S. 202 ff. S. a. → Bd. II *v. Bogdandy* § 25 Rn. 10, 63 ff. S. a. → Bd. II *Albers* § 22 Rn. 39 ff.

²⁸⁶ Dazu *Meike Eekhoff*, Die Verbundaufsicht, 2006. → Bd. III *Kahl* § 47 Rn. 218 ff.: „Kontrollverbund"; zum Rechtsschutz im Verwaltungsverbund → Bd. III *Schoch* § 50 Rn. 367 ff.

²⁸⁷ Dazu *Antje David*, Inspektionen im Europäischen Verwaltungsrecht, 2003, S. 225 ff. und 277 ff.

²⁸⁸ *Hill*, Verwaltungskommunikation (Fn. 180), S. 295 ff.

²⁸⁹ *Martin Burgi*, Gesetzgebung im Verwaltungsverfahrensrecht zwischen europäischem Umsetzungsdruck und (fehlendem) nationalen Gestaltungswillen, in: ders./Schönenbroicher (Hrsg.), Zukunft (Fn. 202), S. 31 ff.; in der Beurteilung ähnlich *Kahl*, 35 Jahre Verwaltungsverfahrensgesetz (Fn. 50), S. 456: „muddling through".

²⁹⁰ § 2 Abs. 1 Nr. 1 UmwRG vom 7. Dezember 2006 (BGBl I, S. 2816). *EuGH*, Rs C-115/09, NVwZ 2011, S. 801 ff. mit Anmerkung von *Sabine Schlacke*, dort S. 804 ff.; *Angela Schwerdtfeger*, Erweiterte Klagerechte für Umweltverbände – Anmerkung zum Urteil des EuGH vom 12. 5. 2011 in der Rechtssache Trianel,

nicht fremd.²⁹¹ Beobachtet man jedoch die längerfristige Entwicklung, so zeigt sich durchaus die Bereitschaft zur **Verfahrensrechtsinnovation**. Ein Beispiel bildete die Novelle zum Baugesetzbuch von 2004. Noch deutlicher wirkten die Entwicklungsanstöße im Informationsfreiheitsgesetz des Bundes vom 5. September 2005, das den traditionellen deutschen Grundsatz nur begrenzter Aktenzugänglichkeit,²⁹² nachdem einige Bundesländer vorangegangen waren, nun auch für den Verwaltungsbereich des Bundes verabschiedet.²⁹³ Heute muss es darum gehen, den Veränderungen in der Kommunikation zwischen Verwaltung und Bürgern einen verläßlichen Rechtsrahmen zu geben.²⁹⁴ Unterschiede im Verfahrensverständnis werden bleiben; aber die Konvergenzen zwischen den europäischen Verwaltungsrechtsordnungen haben zugenommen.²⁹⁵

D. Bauformen der verwaltungsrechtlichen Verfahrensrechtslehre

84 Aufgabe der Verwaltungsrechtswissenschaft ist es, die in der Gesetzes- und Verwaltungspraxis vorkommenden Verfahren zu analysieren und ihre Bestandteile zu einer systematischen Verwaltungsverfahrenslehre zusammenzufügen: Es geht um Grundsätze, Grundformen und Sanktionen, die für das Standardverfahren und seine Varianten zu ermitteln sind.²⁹⁶

I. Der Grundsatz der Verfahrenseffektivität

85 Verwaltungshandeln ist durchgängig verfahrensgeprägtes Handeln. Verfahren müssen folglich so konzipiert und durchgeführt werden, dass sie die Wirksamkeit des Verwaltens sicherstellen.²⁹⁷ Für ein steuerungswissenschaftlich ausgerichtetes Verwaltungsrecht ist das selbstverständlich. Rechtsstaatlichkeit ist untrennbar mit der wirksamen Umsetzung des Rechts verbunden. Wirksamkeit verlangt, jedes Verfahren in angemessener Zeit und mit angemessenem Aufwand durchzuführen.²⁹⁸ Diese Einsicht muss gegen schleppende Verfahrensführung, ängstliches Zögern und bewusstes Verzögern immer wieder verteidigt werden. Das ist eine

---

EuR 2012, S. 80. Zur vorausgehenden Diskussion zusammenfassend *Klaus F. Gärditz*, Klagerechte der Umweltöffentlichkeit, EurUP 2010, S. 210 („schutznormakzessorisches Rechtsschutzkonzept").

²⁹¹ Anschaulich dazu die Beiträge in: *Jürgen Schwarze* (Hrsg.), Das Verwaltungsrecht unter europäischem Einfluß, 1996.

²⁹² Dazu *Georgios Trantas*, Akteneinsicht und Aktengeheimhaltung im Verwaltungsrecht, 1998, S. 257 ff.; → Bd. II *Rossen-Stadtfeld* § 29 Rn. 99.

²⁹³ BGBl I (2005), S. 2722. Zur Entwicklung vgl. *Friedrich Schoch*, Informationsfreiheitsgesetz. Kommentar, 2009, Einleitung; → Bd. II *Gusy* § 23 Rn. 81 ff. („Übergang von einem eher rechtsstaatlich hin zu einem eher demokratisch geprägten Konzept."), *Schneider* § 28 Rn. 51 ff.

²⁹⁴ Dazu *Martin Burgi/Wolfgang Durner*, Modernisierung des Verwaltungsverfahrensrechts durch Stärkung des VwVfG, 2012. Vgl. oben Fn. 50.

²⁹⁵ Vgl. die Analyse dieser Entwicklungen bei *Kahl*, Grundrechtsschutz (Fn. 9), bes. S. 28 ff.

²⁹⁶ Systematisch *Wolff/Bachof/Stober/Kluth*, VerwR I, §§ 59–60; *Pünder*, Verwaltungsverfahren (Fn. 65), § 13. → Bd. II *Gusy* § 23 Rn. 32 ff.; *Schneider* § 28 Rn. 14 ff.

²⁹⁷ Zur Wirksamkeit des Rechts als Gebot der Rechtsstaatlichkeit vgl. *Schmidt-Aßmann*, Ordnungsidee, Kap. 2 Rn. 27 ff.

²⁹⁸ Siehe a. → Bd. II *Pitschas* § 42 Rn. 111 ff., 157 ff.

dauerhafte Herausforderung an das Verwaltungsverfahrensrecht. Der Zeitfaktor ist eine wesentliche Komponente sozial-rechtsstaatlichen Verwaltens. Der Verfahrensgedanke eines auf Rationalität angelegten, gegliederten Entscheidungsprozesses ist keineswegs sein Gegenspieler. Beide gehören vielmehr zusammen. § 10 S. 2 VwVfG, demzufolge Verwaltungsverfahren einfach, zweckmäßig und zügig durchzuführen sind, drückt einen allgemeinen Rechtsgrundsatz aus, der im Rechtsstaatsprinzip verankert ist und daher auch über den begrenzten Anwendungsbereich des VwVfG hinaus Beachtung verlangt. Ähnlich bestimmt Art. 41 Abs. 1 GRCh, dass die Behandlung einer Sache in angemessener Zeit erfolgen muss.[299] Seine Verletzung kann u.a. Amtshaftungsansprüche auslösen.[300] Deutsches Recht und Unionsrecht folgen hier derselben Grundlinie (dazu unten 3.).

1. Die deutsche „Beschleunigungs"-Diskussion

86   Diese Einsichten, so eindeutig sie sind,[301] werden in Deutschland meistens mit der umstrittenen Beschleunigungsdiskussion in Verbindung gebracht.[302] Verfahrensbeschleunigung war ein Zauberwort der neunziger Jahre. Es bezog sich vor allem auf bau- und umweltrechtliche Verfahren und stand im Zusammenhang mit Überlegungen der Deregulierung und der Privatisierung.[303] Politisch ging es um Investitionsförderung („Standortsicherung") – teilweise speziell mit Blick auf die neuen Bundesländer. Eine von der Bundesregierung eingesetzte „Unabhängige Expertenkommission zur Vereinfachung und Beschleunigung von Planungs- und Genehmigungsverfahren" legte im Oktober 1994 ihren Bericht mit einer Vielzahl konkreter Gesetzgebungsvorschläge vor.[304] Sie betrafen neben der Aufhebung zahlreicher als hinderlich angesehener Detailvorschriften des umweltrelevanten Fachrechts vor allem die Einschränkung von Genehmigungspflichten, den Ausbau der Konzentrationswirkung und des Verfahrensmanagements sowie Änderungen des VwVfG und der VwGO.[305]

87   Die gesetzgeberischen Schritte zur Verfahrensbeschleunigung fanden sich vor allem im Planungsvereinfachungsgesetz vom 12. Dezember 1993[306], im Genehmigungsverfahrensbeschleunigungsgesetz vom 12. September 1996[307] und im Gesetz zur Beschleunigung und Vereinfachung immissionsschutzrechtlicher Genehmigungsverfahren vom 9. Oktober 1996.[308] Speziell im Verwaltungsverfahrensge-

---

[299] Dazu *Pfeffer*, Gute Verwaltung (Fn. 77), S. 129 ff.
[300] *Kopp/Ramsauer*, VwVfG, § 10 Rn. 22; *Winfried Porz*, in: Hk-VerwR, § 10 VwVfG Rn. 20.
[301] Dazu (auch rechtsvergleichend) *Paul Rombach*, Der Faktor Zeit in umweltrechtlichen Genehmigungsverfahren, 1994.
[302] Dazu mit Nachweisen *Paul Stelkens/Michael Sachs*, in: Stelkens/Bonk/Sachs (Hrsg.), VwVfG, Einl. Rn. 24 ff. Zum wissenschaftlichen Beschleunigungsdiskurs vgl. die Darstellung und genaue Analyse von *Kaiser*, Kommunikation (Fn. 3), S. 198 ff.
[303] *Sparwasser/Engel/Voßkuhle*, UmweltR § 4 Rn. 6 ff.
[304] Bundesministerium für Wirtschaft (Hrsg.), Investitionsförderung durch flexible Genehmigungsverfahren, 1994; krit. Analyse von *Gertrude Lübbe-Wolff*, Beschleunigung von Genehmigungsverfahren auf Kosten des Umweltschutzes, ZUR 1995, S. 57 ff.
[305] Das Landesbauordnungsrecht hatte seine eigene Deregulierungs- und Beschleunigungsdiskussion, vgl. *Ulrich Battis*, Anforderungen an ein modernes Bauordnungsrecht, DVBl 2000, S. 1557 ff.
[306] BGBl I (1993), S. 2123.
[307] BGBl I (1996), S. 1354.
[308] BGBl I (1996), S. 1498. Vorher schon das Wohnungsbau-Erleichterungsgesetz v. 17. Mai 1990 (BGBl I, S. 926), das Verkehrswegeplanbeschleunigungsgesetz v. 16. Dezember 1991 (BGBl I, S. 2174) und das Investitionserleichterungs- und Wohnbaulandgesetz v. 22. April 1993 (BGBl I, S. 466).

D. Bauformen der verwaltungsrechtlichen Verfahrensrechtslehre

setz des Bundes führte die Beschleunigungsgesetzgebung vor allem zur zeitlichen Erstreckung von Heilungsmöglichkeiten verfahrensfehlerhafter Verwaltungsakte (§ 45 Abs. 2) und zur Erweiterung der Irrelevanzregel bei Verfahrensfehlern (§ 46). Eingeführt wurden außerdem Beschleunigungsregelungen für Genehmigungsverfahren (§§ 71a–71e), die inzwischen allerdings wieder aufgehoben und durch das „Verfahren über eine einheitliche Stelle" ersetzt worden sind. Das Planfeststellungsrecht wurde insbesondere durch Einführung einer Plangenehmigung (§ 74 Abs. 6) und einer erhöhten Bestandskraft für Planfeststellungsbeschlüsse (§ 75 Abs. 1a) geändert.[309] Im Zusammenhang damit ist die sechste VwGO-Novelle vom 1. November 1996[310] zu sehen, die in § 114 S. 2 VwGO das Nachschieben von Gründen für Verwaltungsentscheidungen im Prozess ermöglichte.

Ein Jahrzehnt später waren es erneut die Infrastrukturprojekte, die den Gesetzgeber zu weiteren Beschleunigungsmaßnahmen drängten.[311] Das „Gesetz zur Beschleunigung von Planungsverfahren für Infrastrukturvorhaben" vom 9. Dezember 2006[312] änderte das VwVfG zwar nicht förmlich. Es schafft durch Änderungen des Allgemeinen Eisenbahngesetzes, des Bundesfernstraßengesetzes und des Bundeswasserstraßengesetzes aber ein *„Maßgaberecht"*, das die allgemeinen Vorschriften des Planfeststellungsrechts (§§ 73–75 VwVfG) überlagert, die Anwendung der §§ 45, 46 VwVfG aber wiederum ausdrücklich unberührt lässt.

88

In der Fachliteratur hat die Beschleunigungsgesetzgebung ein geteiltes, überwiegend **kritisches Echo** gefunden.[313] Zentrale Einwände betreffen die Einschränkung bestehender Verfahrensrechte, die Minimierung von Verfahrensfehlerfolgen sowie die Erschwerung des Nachbar- und Drittschutzes.[314] Bezweifelt wird dabei immer wieder auch die Vereinbarkeit der Verfahrensrelativierungen gerade mit dem EU-Recht.[315] Eine einheitliche Bewertung erscheint allerdings nicht möglich. Die getroffenen Regelungen müssen, sofern die Kritik zu rechts-

89

Jan Ziekow/Martin-Peter Oertel/Alexander Windoffer, Dauer von Zulassungsverfahren, 2005, S. 6, 29 f., 131 f., 220 f.

[309] Dazu *Bernhard Stüer*, Die Beschleunigungsnovelle 1996, DVBl 1997, S. 326 ff. *Pünder*, Verwaltungsverfahren (Fn. 65), § 14 Rn. 45. Nachweise zu weiteren Änderungen bei *Wolfgang Clausen*, in: Knack, VwVfG, Vor § 9 Rn. 20 ff.

[310] BGBl I (1996), S. 1626.

[311] Gesetzesentwurf der Bundesregierung v. 4. November 2005, BTDrucks 16/54; Beschlussempfehlung und Bericht des federführenden Verkehrsausschusses v. 25. Oktober 2006, BTDrucks 16/3158. Früher schon Gesetzesentwurf der (damaligen) Bundesregierung v. 19. Mai 2005, BRDrucks 363/05. Ferner der Entwurf des Bundesrates eines „Gesetzes zum Bürokratieabbau" v. 13. Januar 2005, BTDrucks 15/4646 sowie der Bundesrats-Entwurf eines „Gesetzes zur Beschleunigung von Zulassungsverfahren für Verkehrsprojekte" v. 26. April 2006, BTDrucks 16/1338.

[312] BGBl I (2006), S. 2833. Dazu *Annette Guckelberger*, Bürokratieabbau durch Abschaffung des Erörterungstermins?, DÖV 2006, S. 97 ff.; *Pascale Cancik*, Beschleunigung oder Re-Arkanisierung? Die Einschränkungen der Erörterung im Planfeststellungsverfahren, DÖV 2007, S. 107 ff. Zur beabsichtigten Reintegration in das VwVfG vgl. oben in Fn. 50.

[313] Nachweise bei *Sparwasser/Engel/Voßkuhle*, UmweltR, § 4 Rn. 7; *Wilfried Erbguth*, Abbau des Verwaltungsrechtsschutzes – eine Bestandsaufnahme anhand des Fachplanungs- und Immissionsschutzrechts, DÖV 2009, S. 921 ff. Speziell zur kritisierten Ökonomisierung vgl. *Andreas Voßkuhle*, „Ökonomisierung" des Verwaltungsverfahrens, DV, Bd. 34 (2001), S. 347 ff. Zur Ökonomisierung des Verwaltungsorganisationsrechts → Bd. I Schuppert § 16 Rn. 110 ff.

[314] Nachweise bei *Kopp/Ramsauer*, VwVfG, § 45 Rn. 4, § 46 Rn. 5. *Michael Sachs*, in: Stelkens/Bonk/Sachs (Hrsg.), VwVfG, § 45 Rn. 61 ff.; § 46 Rn. 5 f. → Bd. III Schoch § 50 Rn. 298 ff. und 307 ff. Positive Beurteilung dagegen bei *Gerhardt*, Funktionaler Zusammenhang (Fn. 13), S. 413 (421 f.).

[315] → Rn. 110.

dogmatischen Konsequenzen führen soll, Punkt für Punkt analysiert werden. Eine empirische Untersuchung zur Dauer von Zulassungsverfahren im Immissionsschutz-, Wasser- und Baurecht gelangt zu einem positiveren Ergebnis der Beschleunigungsgesetzgebung: Die Verfahren haben sich zwischen 1990 und 1999 deutlich verkürzt. Zutreffend wird insgesamt ein Einstellungswandel in den zuständigen Behörden, d.h. „ein geschärftes Bewusstsein für die Bedeutung des Zeitfaktors bei den Mitarbeitern" verlangt.[316]

90   Es geht nicht darum, Verfahren in eine immer schnellere Bewegung zu versetzen. Ein **neues Beschleunigungskonzept,** erkennbar im Gesetz über Maßnahmen zur Beschleunigung des Netzausbaus Elektrizitätsnetze vom 28. Juli 2011, ist nicht mehr darauf angelegt, bestehende Verfahrensvorkehrungen einfach zu minimalisieren, sondern durch eine Verbindung unterschiedlicher Elemente (u.a. Zuständigkeitskonzentration, Antragskonferenzen, frühzeitige Öffentlichkeitsbeteiligung) Zügigkeit und Akzeptanz gleichermaßen zu fördern.[317] Ein geordnetes Verfahren ist gerade nicht dazu da, dass „kurzer Prozess" gemacht wird. Aber ebensowenig ist das Verfahrensrecht ein Mittel, um Dinge „auf die lange Bank zu schieben". Verfahrensverzögerungen sind kein Selbstwert. Sie bewirken auch noch keinen besseren Umwelt- oder Verbraucherschutz. Eine *„katechontische Bedeutung"* des Verfahrensrechts, die ihm einen bewussten Verzögerungsauftrag zuschreiben wollte, gibt es nicht.[318] Die gegenteilige Ansicht lässt außer Acht, dass das Gebot zügiger Verfahrensdurchführung nicht nur für Zulassungsverfahren des Umwelt- und Technikrechts, sondern ebenso für berufs-, sozial-, ausländer- oder sicherheitsrechtliche Verfahren seine Gültigkeit besitzt. Die „Verfahrensphilosophie" des Verwaltungsrechts ist insoweit unteilbar.

2. Die europäische „effet utile"-Doktrin

91   Erheblich stärker ist der Wirksamkeitsgedanke von Anfang an im europäischen Recht präsent. Das hat mit den besonderen Verwaltungsbedingungen im Unionsraum zu tun. Da das EU-Recht zum allergrößten Teil durch die Mitgliedstaaten vollzogen wird, muss, soweit kein unionseigenes Verfahrensrecht geschaffen worden ist, die erforderliche Wirksamkeit (effet utile) durch das nationale Verfahrensrecht gewährleistet werden. Bei seiner Ausgestaltung und seinem Einsatz besitzen die Mitgliedstaaten zwar eine gewisse verfahrensrechtliche „Autonomie". Sie müssen jedoch das **Äquivalenz- und das Effektivitätsgebot** beachten, um einen wirksamen Vollzug des Unionsrechts im gesamten Unionsraum sicherzustellen.[319] Gestützt auf den Gedanken des effet utile (Art. 4 Abs. 3 EUV) hat der Europäische Gerichtshof eine umfangreiche, nicht immer gradlinige Judikatur dazu entwickelt, inwieweit nationales Verfahrensrecht im Anwendungsbereich des Unionsrechts modifiziert werden muss.[320]

---

[316] *Ziekow/Oertel/Windoffer,* Dauer (Fn. 308), S. 1 f. und 342 ff.

[317] BGBl I (2011), S. 1690; Gesetzentwurf der Fraktionen der CDU/CSU und FDP, BT-Drucks 17/6073, S. 18 f. *Christoph Moench/Marc Ruttloff,* Netzausbau in Beschleunigung, NVwZ 2011, S. 1040 ff.; *Holger Schmitz/Philipp Jornitz,* Regulierung des deutschen und europäischen Energienetzes, NVwZ 2012, S. 332 ff.

[318] Kritik an diesem von *Bernhard Schlink* aktivierten Begriff bei *Schmidt-Aßmann,* Ordnungsidee, Kap. 1 Rn. 32.

[319] → Bd. I *Schmidt-Aßmann* § 5 Rn. 31, *Ruffert* § 17 Rn. 124.

[320] *v. Danwitz,* Europäisches VerwR, S. 530 ff.; *Gundel,* Verwaltung (Fn. 56), § 3 Rn. 194 ff.; *Michael Potacs,* Effet utile als Auslegungsgrundsatz, EuR 2009, S. 465 ff.

D. Bauformen der verwaltungsrechtlichen Verfahrensrechtslehre

Das ist für den Vertrauensschutz bei der Rückforderung unionsrechtswidrig gewährter Subventionen (§ 48 VwVfG) oft dargestellt worden.[321] Die Mitgliedstaaten können sich hier nicht hinter einem (zu) großzügig ausgestalteten nationalen Vertrauensschutz verschanzen.[322] Unionsrechtlich eingeschränkt werden können auch die Bestandskraft von Verwaltungsakten und die Bedeutung von Präklusionsregeln.[323] Zu einem existenziellen Konflikt zwischen nationalem Verfassungsrecht und EU-Recht sind die Fälle jedoch nicht gediehen. Die Anstöße des EU-Rechts lassen vielmehr umgekehrt fragen, wieweit die traditionellen deutschen Maßstäbe für den Vertrauensschutz zu hoch angesetzt sind. Auf der anderen Seite kann die im Lichte der effet utile-Doktrin erfolgende Instrumentalisierung des nationalen Rechts dazu führen, dass individuelle Rechtspositionen stärker geschützt werden: Ein Beispiel bildet die Aufhebung *nicht begünstigender* Verwaltungsakte. So hat der EuGH die Bestandskraft unionsrechtswidriger belastender Verwaltungsakte zwar grundsätzlich bestätigt, zugleich aber ausgesprochen, dass die Behörde unter bestimmten Umständen verpflichtet ist, zu überprüfen, ob sie den Verwaltungsakt zurücknehmen soll.[324]

92

3. Übergreifendes Effektivitätsziel

Verwaltungseffektivität ist ein dem deutschen und dem unionalen Verwaltungsrecht gemeinsames Ziel. Die Bezugspunkte mögen unterschiedlich sein; an verzögerndem Verwaltungshandeln besteht in keiner der beiden Rechtsordnungen ein Interesse – im Gegenteil: Verfahrensrecht und Verfahrensführung sind darauf auszurichten, dass sie Entscheidungen in angemessener Zeit ermöglichen. Unionsrechtlich hat das in jüngerer Zeit vor allem die EU-Dienstleistungsrichtlinie unterstrichen:[325] Sie verpflichtet die Mitgliedstaaten dazu, Genehmigungsverfahren zu vereinfachen (Art. 5): Antragstellern muss ein einheitlicher Ansprechpartner zur Verfügung stehen (Art. 6), über die Erteilung von Genehmigungen ist unverzüglich, mindestens in einer vorab festgelegten Frist zu entscheiden; geschieht dies nicht, so ist eine Genehmigungsfiktion vorgesehen (Art. 13).[326] Damit errichtet die Richtlinie „ein bemerkenswertes Regime zur Verfahrensbeschleunigung".[327] Sie erfasst zwar nur Verfahren, die mit der Nie-

93

---

[321] Dazu nur *Josef Blanke*, Vertrauensschutz im deutschen und europäischen Verwaltungsrecht, 2000, S. 460 ff.; *Kyrill-Alexander Schwarz*, Vertrauensschutz als Verfassungsprinzip, 2002, S. 529 ff.; *Matthias Ruffert*, Verwaltungsakt, in: Erichsen/Ehlers (Hrsg.), VerwR, § 23 Rn. 21, 29. Allg. zur Rücknahme → Bd. II *Bumke* § 35 Rn. 164 ff.

[322] *BVerwG*, NVwZ 1995, S. 703 ff.; *EuGH*, Rs. C-24/95 – Alcan, Slg. 1997, I-1591; *BVerfG* (K), EuZW 2000, S. 445 ff.

[323] *Hans C. Röhl/Clemens Ladenburger*, Die materielle Präklusion im raumbezogenen Verwaltungsrecht, 1997, S. 64 ff.; → Bd. II *Schneider* § 28 Rn. 81; *Bumke* § 35 Rn. 202. Speziell zur Behördenpräklusion *Sabine Quaas*, Die Behördenpräklusion, 2006, S. 232 ff.

[324] *EuGH*, Rs. C-453/00 – Kühne & Heitz, Slg. 2004, I-837, Tz. 27, dazu *Gabriele Britz/Tobias Richter*, Die Aufhebung eines gemeinschaftsrechtswidrigen nicht begünstigenden Verwaltungsakts, JuS 2005, S. 198 ff.; *Kahl*, 35 Jahre Verwaltungsverfahrensgesetz (Fn. 50), S. 452 f.; s.a. → Bd. II *Bumke* § 35 Rn. 185.

[325] Dazu → oben Rn. 13; ausf. → Bd. II *Schneider* § 28 Rn. 23 und 23 b.

[326] Speziell zur Genehmigungsfiktion → Bd. II *Bumke* § 35 Rn. 63 a, *Pascale Cancik*, Fingierte Rechtsdurchsetzung?, DÖV 2011, S. 1 ff.

[327] So *Matthias Cornils*, in: Monika Schlachter/Christoph Ohler (Hrsg.), Europäische Dienstleistungsrichtlinie. Handkommentar, 2008, Art. 13 Rn. 6.

derlassungsfreiheit der Dienstleistungserbringer und dem freien Dienstleistungsverkehr zu tun haben (Art. 1 Abs. 1). Sie hat aber über ihren gesetzlichen Anwendungsbereich hinaus Ausstrahlungswirkungen. So sind denn auch die umsetzenden Regelungen des § 42a und der §§ 71a–e VwVfG nicht auf Verwaltungsverfahren im Zusammenhang mit dem Dienstleistungsverkehr beschränkt. Sie setzen zwar voraus, dass ihre Anwendung durch Rechtsvorschriften besonders angeordnet wird, doch wirken sie davon unabhängig als „Modellregelungen", die die Bedeutung von Verfahrenseffektivität – auch im Licht des Unionsrechts – ganz allgemein herausstellen.

II. Verfahrenssprache

94   Europäisierung und Internationalisierung des Verwaltungshandelns beeinflussen auch die Frage der Verfahrenssprache.[328] Bei ihrer Beantwortung sind mehrere Problemkreise zu trennen:

In Verwaltungsverfahren vor **deutschen Behörden** ist die **Amtssprache** grundsätzlich **deutsch** (§ 23 Abs. 1 VwVfG). Das gilt auch für die nicht vom VwVfG erfassten Verfahren, z.B. die Öffentlichkeitsbeteiligung nach § 3 BauGB. Die Regelung verstößt als solche weder gegen Verfassungsrecht noch gegen Unionsrecht und ihre besonderen Diskriminierungsverbote.[329] Es ist grundsätzlich Aufgabe der Verfahrensbeteiligten, sich um ausreichende Sprachkenntnisse zu bemühen, ggf. einen Dolmetscher hinzuzuziehen.[330] Unter Umständen muss die Behörde ihnen dazu Unterstützung gewähren.[331] In Verwaltungsverfahren, die strafähnlichen Sanktionscharakter i.S. des Art. 6 Abs. 2 EMRK haben, vor allem in Ordnungswidrigkeitsverfahren, sind Dolmetscherkosten Verfahrenskosten, die dem Belasteten i.d.R. nicht auferlegt werden können.[332] EU-Bürger dürfen aus Sprachgründen zudem keine diskriminierenden Nachteile erleiden, wenn sie ihre Grundfreiheiten wahrnehmen wollen.[333] Lösungen sind von den Beteiligten aus dem Gedanken der Verfahrensfairness heraus gemeinsam zu entwickeln.[334] Vorschriften, die ausdrücklich ein Recht auf Gebrauch der Sprache eines Mitgliedstaates auch im Verfahren vor den Behörden eines anderen Mitgliedstaates gewähren,[335] sind selten. An diesem Rechtszustand hat weder der Vertrag von Lissabon noch die EU-Dienstleistungsrichtlinie etwas geändert.

95   In Verfahren **auf der Unionsebene gilt** das **Korrespondenzrecht** des Art. 20 Abs. 2 lit. d AEUV. Danach hat jeder Unionsbürger das Recht, sich in einer der

---

[328] Vgl. *Reinhart E. Ingerl*, Sprachrisiko im Verfahren, 1988; *Paul Kirchhof*, Deutsche Sprache, in: HStR II, § 20 Rn. 103; *Peter M. Huber*, Deutsch als Gemeinschaftssprache, BayVBl. 1992, S. 1 ff.; *Markus A. Kürten*, Die Bedeutung der deutschen Sprache im Recht der Europäischen Union, 2004; *Franz C. Mayer*, Europäisches Sprachenverfassungsrecht, Der Staat, Bd. 44 (2005), S. 367 ff.; *Rainer J. Schweizer* und *Wolfgang Kahl*, Sprache als Kultur- und Rechtsgut, VVdStRL, Bd. 65 (2006), S. 346 ff. und 386 ff.

[329] *Schwarz*, in: Hk-VerwR, § 23 VwVfG Rn. 4 und 12.

[330] *Kopp/Ramsauer*, VwVfG, § 23 Rn. 4a. S. a. → Bd. II *Schneider* § 28 Rn. 99.

[331] Dazu im Einzelnen *Kahl*, Sprache (Fn. 328), S. 412 ff.

[332] EGMR, Urt. v. 21. Februar 1984, Beschwerde Nr. 8544/79 – Öztürk, EuGRZ 1985, S. 62; *Jochen A. Frowein/Wolfgang Peukert*, Europäische Menschenrechtskonvention: EMRK-Kommentar, Art. 6 Rn. 204 f.

[333] *Paul Stelkens/Heribert Schmitz*, in: Stelkens/Bonk/Sachs (Hrsg.), VwVfG, § 23 Rn. 54.

[334] → Bd. II *Schneider* § 28 Rn. 99.

[335] Z.B. Art. 76 der VO Nr. 883/2004/EG v. 29. April 2004, ABl. EU 2004, Nr. L 166, S. 1.

Sprachen der Verträge an die in Art. 13 Abs. 1 EUV genannten Organe zu wenden und eine Antwort in derselben Sprache zu erhalten. Nach Art. 41 Abs. 4 GRCh ist dieses Recht zugleich Bestandteil des Rechts auf gute Verwaltung und gilt als solches auch für Drittstaatsangehörige.[336] Sprachen der Verträge sind die in Art. 55 EUV genannten Sprachen. Es ist vom *„Prinzip gleichrangiger Vielsprachigkeit"* auszugehen.[337] Das Korrespondenzrecht ist allerdings bewusst auf den Verkehr mit den Organen der Union begrenzt. Agenturen und sonstige Einrichtungen werden nicht erfasst.[338] Erst recht nicht erfasst sind nationale Verwaltungen, auch wenn sie in sog. gemischten Verfahren Stellungnahmen abgeben. Ein Grundsatz, nach dem jeder Unionsbürger beanspruchen könnte, dass „alles, was seine Interessen berühren könnte, unter allen Umständen in seiner Sprache verfasst sein müsste", existiert nach Ansicht des EuGH nicht.[339] Verbindliche Rechtsentscheidungen können einem Unionsbürger aber nur entgegengehalten werden, „wenn er davon in seiner Sprache Kenntnis nehmen konnte".[340] Einzelheiten, auch zur Unterscheidung zwischen Amtssprachen und Arbeitssprachen der Union, regelt die Verordnung Nr. 1 des Rates vom 15. April 1958.[341]

III. Prozedurale Ordnungselemente

Grundlegende Ordnungselemente einer allgemeinen *Verfahrenslehre* sind die Verfahrensphasen, die Verfahrenssubjekte, das Verfahrensrechtsverhältnis und das Verfahrensermessen.[342] Das entspricht schon dem traditionellen Verständnis. Heute müssen alle diese Ordnungselemente auch daraufhin überprüft werden, inwieweit sie die informationstechnischen Vernetzungen der Verwaltung mit einbeziehen.[343] Querschnittsthemen sind ferner die Neutralität und Unbefangenheit der Amtsträger,[344] der Zugang zu Behördenakten,[345] der Schutz staatlicher und

96

---

[336] Vgl. *EuG*, Rs. T-120/99 – Kik, Slg. 2001, II-2235, Rn. 55 ff.; *EuGH*, Rs. C-361/01 P – Kik, Slg. 2003, I-8283, Rn. 81 ff.; dazu *Rengeling/Szczekalla*, Grundrechte (Fn. 96), § 27 Rn. 972 ff.

[337] Dazu *F.C. Mayer*, Sprachenverfassung (Fn. 328) S. 368 ff. u. 394 ff.

[338] *Ruffert*, in Calliess/Ruffert (Hrsg.), EUV/AEUV, Art. 41 GRCh Rn. 20. Für Petitionen und den Verkehr mit dem Bürgerbeauftragen der Union wiederum erweitert in Art. 24 AEUV.

[339] *EuGH*, Rs. C-361/01 – Kik, Slg. 2003, I-8283, Rn. 82. Vgl. auch *Jörg Gundel*, Zur Sprachenfrage bei EG-Agenturen, EuR 2001, S. 776 ff.

[340] So *Johannes C. Wichard*, in: Calliess/Ruffert (Hrsg.), EUV/AEUV, Art. 342 AEUV Rn. 3 („allgemeiner Rechtsgrundsatz des primären Unionsrechts").

[341] ABl. EG, Nr. L 17, S. 395; zuletzt geändert durch VO Nr. 920/2005/EG vom 13. Juni 2005, ABl. EU 2005, Nr. L 156, S. 3. Heute ist Grundlage dieser Sprachenregelung Art. 342 AEUV.

[342] Zum folgenden Abschnitt ausführlich → Bd. II *Schneider* § 28 Rn. 15 ff. Grundlegend schon *Hill*, Verfahren (Fn. 5), S. 258 ff. Zum europäischen Recht vgl. *Schwarze*, Europäisches VerwR, S. 1135 ff. Am Beispiel des Verteilungsverfahrens systematisch entfaltet bei *F. Wollenschläger*, Verteilungsverfahren (Fn. 154), S. 533 ff.; → Bd. II *Röhl* § 30 Rn. 17 ff.

[343] Dazu *Gabriele Britz*, Reaktionen des Verwaltungsverfahrensrechts auf die informationstechnischen Vernetzungen in der Verwaltung, in: Hoffmann-Riem/Schmidt-Aßmann (Hrsg.), Verwaltungsverfahren, S. 213 ff.; *Martin Eifert*, Electronic Government, 2006. → Bd. II *Ladeur* § 21 Rn. 85 ff., *Holznagel* § 24 Rn. 61 ff., *Britz* § 26 Rn. 43 ff.

[344] Dazu *Fehling*, Unparteilichkeit (Fn. 197); *Paul Kirchhof*, Die Bedeutung der Unbefangenheit für die Verwaltungsentscheidung, VerwArch, Bd. 66 (1975), S. 370 ff. S. a. → Bd. II *Schneider* § 28 Rn. 32 ff. Rechtsvergleichend *Tanja Maier*, Befangenheit im Verwaltungsverfahren, 1998.

[345] *Matthias Rossi*, Informationszugangsfreiheit und Verfassungsrecht, 2004; *Schoch*, IFG (Fn. 293), § 1 Rn. 1 ff.; → Bd. II *Gusy* § 23 Rn. 43 ff., 82 ff., *Rossen-Stadtfeld* § 29 Rn. 99 ff.; zu Anforderungen an die elektronische Aktenführung → Bd. II *Britz* § 26 Rn. 74 ff.

persönlicher Geheimnisse³⁴⁶ und die Einbeziehung privaten Sachverstandes in die Entscheidungsverfahren der Verwaltung.³⁴⁷ Mehr und mehr sind zudem die verfahrensrechtlichen Besonderheiten grenzüberschreitender Sachverhalte mit zu bedenken.³⁴⁸ Die Weite des Verfahrensbegriffs und die Vielfalt der Verfahrenstypen sind bei der systematischen Arbeit stets im Blick zu behalten.

1. Verfahrensphasen

97 Als Ordnungsmodelle sind Verwaltungsverfahren phasengegliederte Abläufe. In der Realität können diese Phasen zu einem Vorgang von Sekundenschnelle zusammengezogen sein; für die wissenschaftliche Durchdringung ist ihre Unterscheidung unverzichtbar.³⁴⁹ Verfahren nach **einfachen Modellen** bestehen üblicherweise aus einer Einleitungsphase, einer Phase der Entscheidungsvorbereitung, einer solchen der Entscheidungsfindung und aus der Phase der Entscheidungsformung und Bekanntgabe. Umsetzung (Implementation) und Kontrolle (Evaluation) schließen sich regelmäßig als selbständige Verfahren an. Jedem dieser Abschnitte sind typische Rechtsinstitute zugeordnet: Geht es in der *Einleitungsphase* um die Fragen eines Tätigwerdens von Amts wegen, um Bedeutung, Form und Fristen für Anträge³⁵⁰ und um die Zulässigkeit von Vorgesprächen und informellen Kontakten,³⁵¹ so sind bei der *Entscheidungsvorbereitung* besonders sorgsam die Fragen der Anhörung der Betroffenen, die Beteiligung Dritter und der Öffentlichkeit³⁵² sowie die Erfüllung behördlicher Ermittlungspflichten³⁵³ zu prüfen. Die Konstituierung des Verfahrens als Gesprächsmöglichkeit und Forum des Informationsaustauschs vollzieht sich vor allem in diesem Abschnitt.³⁵⁴ Die Phase der *Entscheidungsfindung* lenkt die Aufmerksamkeit dann auf die ordnungsgemäße Arbeit des Entscheidungsträgers am materiellen Entscheidungsprogramm, auf die richtige Auslegung des Tatbestands, auf die Ausfüllung normativ zuerkannter Ermessensermächtigungen und auf die unvermeidbaren subjektiven Komponenten des Entscheidens.³⁵⁵ Hierher gehören auch die Fragen der Beweiswürdigung, der Beweislast und eventuell beachtlicher Beweis- und Beweisverwertungsverbote.³⁵⁶

---

³⁴⁶ *Matthias Jestaedt*, Das Geheimnis im Staat der Öffentlichkeit, AöR, Bd. 126 (2001), S. 204 ff.; → Bd. II *Holznagel* § 24 Rn. 69 ff. Vgl. a. *Albers* § 22 Rn. 121 ff.
³⁴⁷ Dazu *Andreas Voßkuhle*, Sachverständige Beratung des Staates, in: HStR III, § 43. → Bd. II *Ladeur* § 21 Rn. 45 ff.; Bd. III *Voßkuhle* § 43 Rn. 49.
³⁴⁸ Systematisch dazu, nach Handlungsformen gliedernd, *Martin Kment*, Grenzüberschreitendes Verwaltungshandeln, 2010, bes. S. 267 ff.
³⁴⁹ Zu Einzelheiten → Bd. II *Schneider* § 28 Rn. 14 ff.; für den Umgang mit persönlichen Informationen → *Albers* § 22 Rn. 134 ff.
³⁵⁰ Dazu *Martin Schnell*, Der Antrag im Verwaltungsverfahren, 1986; zur Doppelnatur des Antrags vgl. *Kopp/Ramsauer*, VwVfG, § 33 Rn. 23 ff.
³⁵¹ *Schmidt-Aßmann*, Generalbericht (Fn. 240), S. 30 f.; abgedruckt auch in: *Schmidt-Aßmann*, Aufgaben und Perspektiven (Fn. 224), S. 222. Vgl. a. → Bd. II *Fehling* § 38 Rn. 28 f., 67 ff.
³⁵² Dazu → Bd. II *Gusy* § 23 Rn. 48 ff., *Schneider* § 28 Rn. 42 ff., *Rossen-Stadtfeldt* § 29 passim.
³⁵³ *Michael Holoubek*, Die Bedeutung des Untersuchungsgrundsatzes im Verwaltungsverfahren, in: Hoffman-Riem/Schmidt-Aßmann (Hrsg.), Verwaltungsverfahren, S. 193 ff. → Bd. II *Schneider* § 28 Rn. 36 ff.
³⁵⁴ Zu Möglichkeiten und Grenzen des Kommunikationsparadigmas im Verwaltungsverfahren → Bd. II *Gusy* § 23 Rn. 32 ff. Speziell zur Sprachenfrage → Rn. 94 f.
³⁵⁵ Dazu → Bd. I *Hoffmann-Riem* § 10 Rn. 70 ff.
³⁵⁶ Mit zahlreichen Nachweisen *Schwarz*, in: Hk-VerwR, § 24 VwVfG Rn. 32 ff. Speziell zu *Verwertungsverboten* dort Rn. 48 f.; zur datenschutzrechtlichen Problematik solcher Verbote ausf. → Bd. II

D. Bauformen der verwaltungsrechtlichen Verfahrensrechtslehre

Die Phase der *Entscheidungsformung* schließlich hat sich vor allem mit der rechtsförmigen Klassifizierung der Entscheidung und den formenabhängigen Bekanntmachungs- und Begründungsvorschriften zu befassen.[357]

Komplexe Verfahrensmodelle bauen diese Grundphasen weiter aus, zerlegen sie in Unterabschnitte oder sehen spezifische Rückkoppelungen zwischen ihnen vor.[358] Genehmigungsverfahren für Industrieanlagen, Planfeststellungsverfahren für Infrastruktureinrichtungen und Normsetzungsverfahren sind regelmäßig vielgliedrige Handlungsketten. Ein besonderes Problem ist es, dabei die „Abschichtungsleistungen" der einzelnen Phasen und den Verbindlichkeitsanspruch der in ihnen getroffenen (Teil-)Entscheidungen exakt zu bestimmen. Typische Gestaltungselemente gestufter Verfahren sind Vorbescheide und Teilgenehmigungen.[359] Bestandskraftpräklusion und Verfahrenspräklusion unterstützen die Abschichtung, indem sie den Beteiligten phasenspezifische Mitwirkungslasten zuweisen.[360] 98

2. Verfahrenssubjekte

Unter den Verfahrenssubjekten[361] (Beteiligten im weiteren Sinne) hat die **verfahrensleitende Verwaltungsbehörde** eine herausgehobene Position. Sie trägt die Verantwortung dafür, dass das Verfahren vorangetrieben und ordnungsgemäß abgewickelt wird. Inwieweit ihr die *Verfahrensherrschaft* voll umfänglich zusteht, hängt davon ab, ob die Einleitung des Verfahrens antragsbestimmt ist und wie lange ein gestellter Antrag zurückgenommen werden kann. 99

Die Beteiligung **weiterer Verwaltungsstellen** kann in Anhörungs-, Vorlage-, Einvernehmens- oder Genehmigungstatbeständen gesetzlich vorgeschrieben sein.[362] Die zur Umsetzung der EU-Dienstleistungsrichtlinie 2008 neu gefassten §§ 71a–e VwVfG, die ein „Verfahren vor einer einheitlichen Stelle" vorsehen, können in solchen Fällen für den Antragsteller praktische Verfahrenserleichterungen bringen; an der Verantwortung der zuständigen Behörde ändert sich jedoch nichts.[363] Die Beteiligung anderer Verwaltungsträger dient regelmäßig (auch) deren Kompetenzschutz und kann daher verfassungsgeboten sein.[364] Aus dem EU-Recht sind Pflichten zu grenzüberschreitenden Behördenbeteiligung 100

Albers § 22 Rn. 141 ff. In einem Kammerbeschluss vom 9. 11. 2010 (*BVerfG*, NJW 2011, S. 2417 Rn. 43) heißt es dazu unter Bezugnahme auf vorangegangene Rechtsprechung: „Unabhängig davon besteht von Verfassungs wegen kein Rechtssatz des Inhalts, dass im Fall einer fehlerhaften Beweiserhebung die Verwertung der gewonnenen Beweise stets unzulässig wäre". Zum europäischen Recht → Bd. II *v. Bogdandy* § 25 Rn. 27.

[357] Dazu *Uwe Kischel*, Die Begründung, 2003; *v. Danwitz*, Europäisches VerwR, S. 438 f. und 538 f.; auch rechtsvergleichend *Schwarze*, Europäisches VerwR, S. 1333 ff.

[358] *Wolfgang Hoffmann-Riem*, Ermöglichung von Flexibilität und Innovationsoffenheit im Verwaltungsrecht, in: Hoffmann-Riem/Schmidt-Aßmann (Hrsg.), Innovation (Fn. 213), S. 9 (19 ff.).

[359] *BVerwGE* 70, 365 (372); 72, 300 (306 ff.); *Stefan Salis*, Gestufte Genehmigungsverfahren im Umweltrecht, 1991; *Christoph Brüning*, Einstweilige Verwaltungsführung, 2003, S. 66 ff. S. a. → Bd. II *Bumke* § 35 Rn. 116 f.

[360] Dazu *Röhl/Ladenburger*, Materielle Präklusion (Fn. 323), S. 16 ff. Vgl. a. krit. → Bd. II *Gusy* § 23 Rn. 57 f.

[361] Vgl. *Hill*, Verfahren (Fn. 5), S. 265 ff.

[362] *Thorsten Siegel*, Die Verfahrensbeteiligung von Behörden und anderen Trägern öffentlicher Belange, 2001.

[363] Dazu → Bd. II *Holznagel* § 24 Rn. 46 ff., *Schneider* § 28 Rn. 23a.

[364] Z. B. § 36 BauGB; dazu *BVerwGE* 121, 339.

hinzugekommen.³⁶⁵ Im Übrigen steht die Beteiligung weiterer Stellen im Ermessen der verfahrensleitenden Behörde, die sich dadurch weitere Informationsquellen erschließen oder die Implementation ihrer Entscheidung erleichtern kann.

101 Die **Beteiligung Privater** kann u.U. aus grundrechtlicher Sicht verfassungsgeboten sein.³⁶⁶ Regelmäßig wird sie jedoch erst durch das einfache Recht angeordnet und ausgeformt. Die Gesetze nehmen die notwendigen Typisierungen und Formalisierungen der Beteiligung vor, ohne die Verwaltungsverfahren schwer handhabbar wären. Insofern verdient die Regelungstechnik des § 13 VwVfG, die zwischen „geborenen" Beteiligten und durch förmliche Hinzuziehung „gekorenen" Beteiligten trennt, über den Anwendungsbereich der Verwaltungsverfahrensgesetze hinaus Beachtung.³⁶⁷

3. Verfahrensrechtsverhältnis

102 Ein weiteres Strukturelement der Verfahrenslehre ist das Verfahrensrechtsverhältnis.³⁶⁸ Es lenkt die Aufmerksamkeit auf das Beziehungsgefüge zwischen den Verfahrenssubjekten. Das Verfahrensrechtsverhältnis kann zeitlich über die Dauer des Verfahrens hinausgreifen. Ein Verfahren kann auch aus mehreren Verfahrensrechtsverhältnissen bestehen. Ein wichtiger Anwendungsbereich des prozeduralen Rechtsverhältnisdenkens ist das Verwaltungsvertragsrecht.³⁶⁹ Rechtsverhältnisse verklammern Rechte, Befugnisse, Pflichten und Obliegenheiten, die primär gesetzlich begründet sein müssen.³⁷⁰ Im Rahmen der entsprechenden gesetzlichen Tatbestände ist der Gedanke des Verfahrensrechtsverhältnisses ein Element der systematischen und teleologischen Interpretation. Darüber hinausgehend kann er Grundlage ungeschriebener verfahrensrechtlicher Nebenpflichten sein,³⁷¹ die als Obliegenheiten auch private Beteiligte treffen, ohne dass es zu ihrer Begründung einer speziellen gesetzlichen Regelung bedarf.³⁷² Erzwingbare Pflichten und strikte Sanktionen, z.B. Präklusionsregelungen, müssen dagegen gesetzlich begründet sein.

103 Besondere Bedeutung erlangt das Verfahrensrechtsverhältnis bei **mehrpoligen Interessenlagen** und ihrer Klärung durch komplexe Verwaltungsentscheidungen.³⁷³ Das Verfahrensrecht muss hier den gerechten Ausgleich kollidierender Privatinteressen nach Maßgabe des materiellrechtlichen „Konfliktschlichtungs-

---

³⁶⁵ § 8 UVPG; § 4a Abs. 5 BauGB. Dazu *Kment*, Grenzüberschreitendes Verwaltungshandeln (Fn. 348), S. 533 ff.

³⁶⁶ → Rn. 32 ff.

³⁶⁷ → Bd. II *Rossen-Stadtfeldt* § 29 Rn. 13 f.; ferner → Bd. I *Trute* § 6 Rn. 47 ff.

³⁶⁸ Dazu *Hill*, Verfahren (Fn. 5), S. 271 ff.; Paul Stelkens/Heribert Schmitz, in: Stelkens/Bonk/Sachs (Hrsg.), VwVfG, § 9 Rn. 5 ff.

³⁶⁹ Dazu ausf. → Bd. II *Bauer* § 36 Rn. 110 ff.

³⁷⁰ Vgl. *Barbara Remmert*, Verwaltungshandeln und Verwaltungsrechtsverhältnis, in: Erichsen/Ehlers (Hrsg.), VerwR, § 17 Rn. 20.

³⁷¹ *Hartmut Bauer*, Rechtsformen und Rechtsverhältnisse als Elemente einer zeitgemäßen Verwaltungsrechtsdogmatik, DV, Bd. 25 (1992), S. 301 (321 f.); zurückhaltender *Thomas v. Danwitz*, Zu Funktion und Bedeutung der Rechtsverhältnislehre, DV, Bd. 27 (1997), S. 339 (350 ff.).

³⁷² BVerwGE 69, 46 (47 f.): Obliegenheit zu unverzüglicher Rüge einer Prüfungsstörung aufgrund des Prüfungsverhältnisses i.V.m. dem Grundsatz von Treu und Glauben.

³⁷³ Dazu *Eberhard Schmidt-Aßmann*, Verwaltungsverantwortung und Verwaltungsgerichtsbarkeit, VVdStRL, Bd. 34 (1976), S. 221 (223 ff.), abgedr. auch in: *ders.*, Aufgaben und Perspektiven (Fn. 224), S. 288 (289 ff.).

D. Bauformen der verwaltungsrechtlichen Verfahrensrechtslehre

programms" sicherstellen.[374] Es dient dazu, dem Gedanken der Waffengleichheit zwischen den privaten Interessenträgern in konkreten Mitwirkungsrechten und -lasten Ausdruck zu geben. Für die Verwaltung können besonders formalisierte Neutralitäts-, Dokumentations- und Konzeptpflichten hinzukommen, die Transparenz und eine „diskriminierungsfreie" Zuweisung gewährleisten sollen.[375]

4. Verfahrensermessen

In den vielfältigen Einzelfragen der Verfahrensführung steht der verfahrensleitenden Stelle, unbeschadet spezieller gesetzlicher Pflichtentatbestände, ein Verfahrensermessen zu.[376] Soweit Sonderregelungen nicht existieren, sind Verfahren „einfach, zweckmäßig und zügig" durchzuführen. § 10 S. 2 VwVfG drückt einen Grundsatz guter Verwaltung aus, der über den engeren Anwendungsbereich der Vorschrift weit hinausreicht. Der eingesetzte Verfahrensaufwand muss in einem vernünftigen Verhältnis zu Bedeutung und Gewicht der zu erwartenden Entscheidung stehen. In der jüngeren Rechtsentwicklung finden sich allerdings vermehrt Regelungen, die bestimmte Vorprüfungen zwingend vorschreiben. Beispiele bieten die verschiedenen Formen der Umweltprüfungen und das Haushaltsrecht der Verwaltung. Verfahrensgestaltungen dieser Art sollen die rationalitätsfördernde Funktion des Verfahrens stärken. Sie schränken das Ermessen der verfahrensleitenden Behörde ein und verlangen ein besonders sorgfältiges Abarbeiten des Vorprüfungsprogramms.[377] Ein einklagbarer Rechtsanspruch auf eine bestimmte Verfahrensgestaltung besteht regelmäßig nicht.[378] Er kann sich aber aus einer herausgehobenen Verfahrensposition einzelner Beteiligter ergeben.[379] Die Determinanten der Ermessensbetätigung folgen aus der jeweiligen Funktion des Verfahrens; Schutzfunktionen der Grundrechte und Grundfreiheiten können ausnahmsweise zu einer Ermessensreduzierung und dann auch zu einem Anspruch des betroffenen Rechtsträgers führen.[380] Lässt sich den gesetzlichen Grundlagen eine bestimmte Richtung der Verfahrensführung entnehmen („intendiertes Ermessen"), so kann das den Verfahrensaufwand, z. B. in Fragen der Begründung, verringern.[381]

IV. Verfahrensfehler und Fehlerfolgen

Der Bedeutung des Verfahrens als eines grundlegenden Ordnungsmodells der verwaltungsrechtlichen Systembildung entsprechend, ist die Entwicklung einer Verfahrensfehler- und Fehlerfolgenlehre eine wichtige Aufgabe öffentlich-rechtlicher Dogmatik.[382] Verfahrensfehler werden dabei definiert als die unrichtige An-

---

[374] So *Schmidt-Preuß*, Privatinteressen (Fn. 130), S. 495 ff.
[375] Vgl. Art. 12 Abs. 1 DienstleistungsRL; *F. Wollenschläger*, Verteilungsverfahren (Fn. 154), S. 592 ff.
[376] *Hermann Hill*, Verfahrensermessen der Verwaltung, NVwZ 1985, S. 449 ff. → Bd. II *Schneider* § 28 Rn. 24 ff.
[377] Vgl. etwa *EuGH*, Rs C-50/09, NVwZ 2011, S. 929 Rn. 34 ff. mit Anm. von *Wilfried Erbguth*, dort S. 935.
[378] *Wolfgang Clausen*, in: Knack, VwVfG, § 10 Rn. 9. § 44a VwGO gibt einen „allgemeinen Rechtsgedanken der Verfahrensökonomie" wider; so *Jörg Terhechte*, in: Hk-VerwR, § 44a VwGO Rn. 22.
[379] Z. B. für Naturschutzverbände auf Grund ihres Beteiligungsrechts nach § 63 BNatSchG; *BVerwGE* 87, 62 (70 f.).
[380] *Terhechte*, in: Hk-VerwR, § 44a VwGO Rn. 21.
[381] Vgl. *BVerwGE* 105, 55 (57): Erleichterte Begründungserfordernisse für die Rücknahme eines Subventionsbescheids. Kritisch hierzu → Bd. II *Schneider* § 28 Rn. 47.
[382] Dazu *Martin Morlok*, Die Folgen von Verfahrensfehlern am Beispiel kommunaler Satzungen, 1988; → Bd. II *Sachs* § 31.

wendung von *Verfahrensrecht*,[383] mag es sich dabei um Verstöße gegen Unionsrecht, Verfassungs- und Gesetzesrecht oder gegen verfahrensrechtliche Rechtsgrundsätze handeln. Auch die Verfehlung der gebotenen Verfahrensart und die Durchführung eines Verfahrens trotz fehlender Verfahrensvoraussetzungen gehören in den Bereich der Verfahrensfehler.[384] Die Behandlung der so definierten Verfahrensfehler durch das Verwaltungsrecht führt zu zwei großen Problemkreisen:[385]

– Zum einen geht es darum, in welchem Maße die Einhaltung des einschlägigen Verfahrensrechts verlangt und gegebenenfalls aufsichtsbehördlich oder gerichtlich durchgesetzt werden kann. Auch die Durchsetzung der spezifischen Verfahrensstandards des Datenschutzrechts (Verwertungsverbote, Löschungsansprüche) gehört hierher.

– Zum anderen wird gefragt, welche Konsequenzen ein Verfahrensfehler für die aus dem Verfahren hervorgegangene *Sachentscheidung* hat. Dabei steht die Frage der Rechtswidrigkeit einer solchermaßen „infizierten" Sachentscheidung im Mittelpunkt des Interesses.

106 In beiden Problembereichen geht es um die Sanktionen für fehlerhaftes Verwaltungshandeln, die ihrerseits ein Grundthema des Rechtsstaates sind,[386] weil sie den Ernst exekutivischer Gesetzesbindung (Art. 20 Abs. 3 GG) widerspiegeln. Kein Rechtsstaat kann ohne eine systematische und abgewogene Sanktionenlehre auskommen.[387] Der systematische Aspekt zwingt dazu, die Gesamtheit möglicher Schutzmechanismen – neben dem primären und dem sekundären Rechtsschutz also auch die aufsichts-, disziplinar- und strafrechtlichen Konsequenzen – in die Betrachtung einzubeziehen, weil erst so die praktische Durchsetzungschance des Rechts beurteilt werden kann. Das **Gebot abwägender Fehlerfolgenbestimmung** verlangt, *alle* auf Folgenmaximierung und Folgenminimierung drängenden Rechtswerte und Interessen konkret ins Verhältnis zueinander zu setzen, statt eine Lösung nach abstrakten Maximen zu suchen. Die Fehlerfolgenlehre der Staatsakte hat auch *gegenläufige Interessen* des Bestandserhalts, der Verwaltungseffizienz und der Rechte Dritter, d.h. der durch die Verwaltungsentscheidung Begünstigten, zu berücksichtigen.

107 Im Lichte dieses Gebots ist es verfehlt, die Fehlerfolgenlehre ganz von der **„dienenden Funktion des Verfahrensrechts"** her aufbauen zu wollen. Zweifellos steht das Verfahrensrecht vielfach im Dienste materieller Rechtmäßigkeit. Doch ist das nicht seine einzige Aufgabe.[388] Selbst dort, wo sich z. B. bei gebundenen Entschei-

---

[383] *Hill*, Verfahren (Fn. 5), S. 301.
[384] *Hill*, Verfahren (Fn. 5), S. 301 ff. → Bd. II *Sachs* § 31 Rn. 12.
[385] Dazu auch rechtsvergleichend *Schmidt-Aßmann/Krämer*, Verwaltungsverfahren (Fn. 224); *Benjamin Schindler*, Die „formelle Natur" von Verfahrensgrundrechten, Schweizerisches Zentralblatt für Staats- und Verwaltungsrecht 2005, S. 169 ff.
[386] Grundlegend aus der älteren Literatur *Walter Jellinek*, Der fehlerhafte Staatsakt und seine Wirkungen, 1908; *Karl Kormann*, System der rechtsgeschäftlichen Staatsakte, 1910, S. 203 ff.; *Hans-Uwe Erichsen*, Verfassungs- und verwaltungsrechtliche Grundlagen der Lehre vom fehlerhaften belastenden Verwaltungsakt und seiner Aufhebung im Prozeß, 1971; *Hans-Jürgen Papier*, Der verfahrensfehlerhafte Staatsakt, 1973; *Jörn Ipsen*, Rechtsfolgen der Verfassungswidrigkeit von Norm und Einzelakt, 1980. S. außerdem → Bd. III *Waldhoff* § 46 Rn. 162.
[387] *Hill*, Verfahren (Fn. 5), S. 332 ff.: „Gebot der sach- bzw. systemgerechten Differenzierung der Sanktionen"; ähnlich *F. Wollenschläger*, Verteilungsverfahren (Fn. 154), S. 601 ff.; *Gurlit*, Eigenwert (Fn. 10), S. 259 ff.
[388] Darstellung des älteren Meinungsstandes bei *Held*, Grundrechtsbezug (Fn. 107), S. 35 ff.; auch *Uwe Kischel*, Folgen von Begründungsfehlern, 2004, S. 80 ff.; → Rn. 64 f.

dungen am ehesten eine dienende Funktion nachweisen lässt, ist sie in den einzelnen Verfahrensvorschriften zu differenziert geregelt, als dass aus ihr eine durchgängige Leitlinie der Verfahrensfehlerlehre gewonnen werden könnte. Zwischen den Polen der Vorschriften mit ausschließlich dienender Funktion und solchen mit „Selbststand" lässt sich ein breites Spektrum von Verfahrensnormen entfalten, das technische Ordnungsvorschriften, erkenntnisprägende Vorschriften des objektiven Rechts, subjektiv-rechtsschützende und verfahrenskonstitutive Bestimmungen trennt. Die Vorstellung von der dienenden Funktion ist nur ein Teilaspekt einer **verfahrensrechtlichen Normzwecklehre,** d.h. einer funktionalen Analyse des Verfahrensrechts, die der Ergänzung durch den Gegengesichtspunkt der *Selbständigkeit des Verfahrensrechts* bedarf. Eine allgemeine Minimalisierung des Verfahrensrechts und seiner Verletzungsfolgen ist daraus nicht zu gewinnen.

Ebenso wenig lässt sich umgekehrt die **Grundrechtsrelevanz** des Verfahrens nutzen, um die Folgen von Verfahrensfehlern möglichst expansiv zu bestimmen.[389] Dieser Topos ist ebenfalls zu weitläufig, als dass er angesichts der ganz unterschiedlichen Nähebeziehungen zwischen Grundrechten und Verfahrensrecht[390] eine allgemeine Leitlinie sein könnte. Sogar in jenen engeren Bereichen, in denen ein Grundrecht bestimmte verfahrensmäßige Sicherungen voraussetzt, sind diese doch nicht in allen ihren einfachgesetzlichen Ausprägungen in die Substanz des Grundrechts hineingenommen, so dass schon jede Verletzung einer Verfahrensvorschrift notwendig als Grundrechtsverstoß anzusehen wäre. Selbst dort, wo eine solche Verletzung nachweisbar sein sollte, lassen sich die Fehlerfolgen nicht einem vorgegebenen Regelwerk entnehmen, sondern sind gesondert zu bestimmen. Mag dabei das verletzte Grundrecht auch auf eine möglichst weitgehende Restitution drängen, so muss das doch nicht zwingend zur isolierten Geltendmachung des betroffenen Verfahrensrechts oder zur Anerkennung eines absoluten Aufhebungsgrundes führen. Gerade der grundrechtlich fundierte *Drittschutz* kann eine Begrenzung von Verfahrensfehlerfolgen nahelegen. **108**

Die Lehre von den Verfahrensfehlerfolgen wird nach alledem beherrscht von einem breiten **„Sanktionierungsspielraum"** *(Felix Weyreuther),* der zuallererst dem Gesetzgeber zukommt.[391] Die Verwaltungsrechtswissenschaft hat die maßgeblichen Kriterien aufgezeigt, an denen sich eine Folgensystematik orientieren kann.[392] Dieses sind die Handlungsform, der Regelungsgehalt der Entscheidung, die Verfahrensstruktur, die Art und Bedeutung der betroffenen Vorschriften, die Interessenkonstellation der Verfahrensbeteiligten einschließlich der im Spiel befindlichen Grundrechtspositionen und die verfügbaren (flankierenden) Sicherungsinstrumente. Das alles kann nur in einer differenzierten Fehlerfolgensystematik zusammengeführt werden.[393] **109**

---

[389] So im Ergebnis auch *Hill,* Verfahren (Fn. 5), S. 335 f.; zu expansiv aber *Hufen,* Fehler, Rn. 384 ff.
[390] → Rn. 32 ff.
[391] Ebenso *Hill,* Verfahren (Fn. 5), S. 332 ff.; *Schmidt-Aßmann/Krämer,* Verwaltungsverfahren (Fn. 224), S. 99 ff.
[392] *Hill,* Verfahren (Fn. 5), S. 339 ff.
[393] Vgl. konkret zu den wichtigsten „Repräsentanten" des positiv-rechtlichen Fehlerfolgenregimes, den §§ 45, 46 VwVfG, *Jürgen Held,* Individualrechtsschutz bei fehlerhaftem Verwaltungsverfahren, NVwZ 2012, S. 461 ff.; → Bd. II *Sachs* § 31 Rn. 113 ff., *Bumke* § 35 Rn. 177 ff. und 189 ff.; Bd. III *Schoch* § 50 Rn. 297 ff.

110 Wo das Verfahrensrecht dem Vollzug des **EU-Rechts** dient, wird die Verfahrensfehlerlehre des nationalen Rechts zusätzlich durch den effet-utile-Gedanken beeinflusst:[394] Fehlerfolgenregelungen dürfen nicht dazu führen, dass eine Vorschrift des europäischen Rechts praktisch um ihre Wirkung gebracht wird.[395] Umgekehrt darf ein Fehlerfolgenrecht aber auch nicht so radikal auf eine Annullierung der betroffenen Verwaltungsentscheidung ausgerichtet sein, dass ein rechtzeitiger Vollzug des EU-Rechts unmöglich gemacht wird. So betrachtet, müssen die Einflüsse des Unionsrechts als *ambivalent* qualifiziert werden. Ob das von der Rechtsprechung verlangte Wirksamkeitsniveau erreicht wird, ist in einer Abwägung zu bestimmen, die letztlich am Einzelfall ausgerichtet ist. Immerhin lassen sich aber gewisse typische Reaktionen beobachten, mit denen die Unionsgerichte den Unbeachtlichkeits-, Fristen- oder Heilungsregelungen des nationalen Verfahrensrechts begegnen. Eine jüngere Analyse dieser Rechtsprechung von *Martin Kment* gelangt zu folgender gut belegter Feststellung:[396] „Verstöße gegen europäische Vorgaben müssen nicht zwangsläufig zur Aufhebung einer nationalen Maßnahme führen. Europarechtlich anerkannt sind nationale Ausschlussfristen, die eine Rechtsverfolgung nach Ablauf angemessener Fristen verwehren. Nur in Ausnahmefällen stoßen sie auf europäischen Widerstand. Dies gilt sowohl für Unbeachtlichkeits- wie auch für Präklusionsvorschriften." Der Anwendungsbereich nationaler Heilungsvorschriften mit europäischem Bezug wird dagegen als „eher klein" angesehen.[397]

111 Dass die Fehlerfolgenregelungen des deutschen Rechts, insbesondere die §§ 45, 46 VwVfG, beim Vollzug von Unionsrecht *generell* unanwendbar wären, lässt sich danach nicht sagen. Wohl aber ist an einigen Stellen eine *unionsrechtskonforme Auslegung* geboten. Sie führt u.a. dazu, dass eine heilende Nachholung wichtiger Verfahrenshandlungen (Anhörung, Begründung) während eines laufenden Gerichtsverfahrens (§ 45 Abs. 2 VwVfG) in der Regel auszuscheiden hat.[398] Bedenken begegnet auch die besondere Verfahrensfehlerregelung für Umweltverträglichkeitsprüfungen in § 4 UmwRG:[399] Sie ist zum einen halbherzig, insofern sie nur das vollständige Unterbleiben einer UVP als absoluten Verfahrensfehler einstuft, es im Übrigen aber bei der Kausalitätsregelung des § 46 VwVfG belassen will. Zum anderen ist sie zu weit gefasst, insofern sie eine Nachholung der UVP auch noch während eines Gerichtsverfahrens für möglich

---

[394] EuGH, Rs. C 201/02 (Wells), NVwZ 2004, S. 593 Tz. 64 ff. und Rs. C 41/11 (Inter-Environnement Wallonie), NVwZ 2012, S. 553 Tz. 43 ff. *Wahl*, Verwaltungsverfahren und Verwaltungsprozessrecht (Fn. 60), S. 371; *Peter Baumeister*, Der Beseitigungsanspruch als Rechtsfolge des fehlerhaften Verwaltungsakts, 2006, S. 275 ff., 358 f.; *v. Danwitz*, Europäisches VerwR, S. 541 ff.; *Grünewald*, Betonung des Verfahrensgedankens (Fn. 234).

[395] Vgl. *Werner Schroeder*, Nationale Maßnahmen zur Durchführung von EG-Recht und das Gebot der einheitlichen Wirkung, AöR, Bd. 129 (2004), S. 3 (22 ff.); → Bd. III *Schoch* § 50 Rn. 307 f. m.w.N. Allg. zu diesem Prinzip → Bd. I *Schmidt-Aßmann* § 5 Rn. 31, *Ruffert* § 17 Rn. 126.

[396] Die Stellung nationaler Unbeachtlichkeits-, Heilungs- und Präklusionsvorschriften im europäischen Recht, EuR 2006, S. 201 (235).

[397] *Kment*, Stellung (Fn. 396), S. 235; ähnlich *v. Danwitz*, Europäisches VerwR, S. 542: „dürfte nur in Ausnahmefällen zulässig sein"; positiver *Held* (Fn. 393), S. 466 ff.

[398] → Bd. III *Schoch* § 50 Rn. 310; ähnlich *v. Danwitz*, Europäisches VerwR, S. 542; *Kahl*, 35 Jahre Verwaltungsverfahrensgesetz (Fn. 50), S. 451 f.; *Held* (Fn. 393), S. 468.

[399] Mit weiteren Nachweisen → Bd. III *Schoch* § 50 Rn. 314 ff. Die Vorschrift bestätigend aber BVerwG NVwZ 2012, S. 557 Rn. 17 ff. Zur nach wie vor unbefriedigenden Behandlung der UVP durch die Rechtsprechung s.a. *Erich Gassner*, Marginalisierung der UVP?, NVwZ 2010, S. 685 ff.

ansieht – eine Möglichkeit, die das Bundesverwaltungsgericht schon aus planungssystematischen Gründen verworfen hatte,[400] und die aus denselben Funktionsgründen auch vom EU-Recht nicht akzeptiert werden kann.

Für die unionsrechtliche Bewertung ist wichtig, ob eine nationale Fehlerfolgenregelung in nachvollziehbarer Weise auf Rechtswerten und Regelungstechniken gründet, die ähnlich auch im Eigenverwaltungsrecht der Union anerkannt sind.[401] Das lässt sich, anknüpfend an die oben formulierte „Parallelisierungthese",[402] als **„Parallelisierungtest"** bezeichnen und mit *Wolfgang Kahl* etwa so umschreiben:[403] „Gravierende Abweichungen des deutschen Rechts vom Eigenverwaltungsrecht der EU können vielmehr im Einzelfall ein negatives Indiz dafür sein, dass das nationale Recht auch den effektiven Vollzug des Unionsrechts beeinträchtigen könnte". Dabei geht es nicht um Einzelheiten und nicht darum, die Unterschiede der Rechtsgebiete zu verwischen, aus denen die zu vergleichenden Regelungen stammen.[404] Aber als eine *Orientierungslinie* kann dieser Test genommen werden – auch dort, wo der nationale Gesetzgeber über die unionsrechtskompatible Gestaltung seines Verfahrensrechts wissenschaftlich beraten werden will.

112

Ausgewählte Literatur

Barnes, Javier, Collaboration among Public Administrations through Domestic Procedure, in: Trute/Groß/Röhl/Möllers (Hrsg.), Allgemeines Verwaltungsrecht, S. 255–280.
– Towards a third generation of administrative procedure, in: Susan Rose-Ackerman/Peter L. Lindseth (Hrsg.), Comparative Administrative Law, 2011, S. 336–356.
Bülow, Elena, Die Relativierung von Verfahrensfehlern im Europäischen Verwaltungsverfahren und nach §§ 45, 46 VwVfG, Baden-Baden 2007.
Burgi, Martin/Schönenbroicher, Klaus (Hrsg.), Die Zukunft des Verwaltungsverfahrens, Baden-Baden 2010.
–/*Durner, Wolfgang*, Modernisierung des Verwaltungsverfahrensrechts durch Stärkung des VwVfG, Baden-Baden 2012.
Calliess, Gralf-Peter, Prozedurales Recht, Baden-Baden 1999.
Classen, Claus Dieter, Das nationale Verwaltungsverfahren im Kraftfeld des Europarechts, DV, Bd. 31 (1998), S. 307–334.
Dolde, Klaus-Peter, Verwaltungsverfahren und Deregulierung, NVwZ 2006, S. 857–865.
Eifert, Martin, Electronic Government, Baden-Baden 2006.
Efstratiou, Pavlos-Michael, Der Grundsatz der guten Verwaltung als Herausforderung an die Dogmatik des nationalen und europäischen Verwaltungsrechts, in: Trute/Groß/Röhl/Möllers (Hrsg.), Allgemeines Verwaltungsrecht, S. 281–306.
Fehling, Michael, Verwaltung zwischen Unparteilichkeit und Gestaltungsaufgabe, Tübingen 2001.
– Eigenwert des Verfahrens im Verwaltungsrecht, in: VVdStRL, Bd. 70 (2011), S. 278–337.
Fuchs, Claudia, Europäische Verfahrensgrundsätze und mitgliedstaatliches Verwaltungshandeln, ZÖR 2012, S. 47–59.

---

[400] *BVerwG*, NVwZ 2008, S. 1349 Rn. 26.
[401] *Schroeder*, Nationale Maßnahmen (Fn. 395), S. 35, ausführlich mit rechtsvergleichender Untersuchung des EU-Eigenverwaltungsrechts *Elena Bülow*, Die Relativierung von Verfahrensfehlern im Europäischen Verwaltungsverfahren und nach §§ 45, 46 VwVfG, 2007, S. 394 ff.
[402] *Schmidt-Aßmann*, Ordnungsidee, Kap. 7 Rn. 24. Zu den Thesen der Autonomie und der Homogenisierung *Kahl*, Grundrechtsschutz (Fn. 90), S. 1 (16 ff.).
[403] *Kahl*, 35 Jahre Verwaltungsverfahrensgesetz (Fn. 50), S. 451 unter Bezugnahme auf *Gundel*, Verwaltung (Fn. 56), § 3 Rn. 178, der zutreffend darauf hinweist, dass damit nicht gesagt sei, „dass die Lösungen des Eigenverwaltungsrechts im Detail übernommen werden müssten".
[404] Dazu Hinweise bei *v. Danwitz*, Europäisches VerwR, S. 542 mit Fn. 414.

Gärditz, Klaus F., Europäisches Planungsrecht, Tübingen 2009.
Groß, Thomas, Verantwortung und Effizienz in der Mehrebenenverwaltung, in:VVdStRL, Bd. 66 (2007), S. 152–180.
Grünewald, Benedikt, Die Betonung des Verfahrensgedankens im deutschen Verwaltungsrecht durch das Gemeinschaftsrecht, Frankfurt a. M. u. a. 2010.
Guckelberger, Annette, Die Öffentlichkeitsbeteiligung beim Erlass von Rechtsverordnungen unter besonderer Berücksichtigung des Umweltrechts, JbUTR 2011, S. 49–91.
Gurlit, Elke, Eigenwert des Verfahrens im Verwaltungsrecht, in: VVdStRL, Bd. 70 (2011), S. 227–277.
Hagenah, Evelyn, Prozeduraler Umweltschutz, Baden-Baden 1996.
Held, Jürgen, Individualrechtsschutz bei fehlerhaftem Verwaltungsverfahren, NVwZ 2012, S. 461–468.
Hermes, Georg, Europäisierung und Internationalisierung des Verwaltungsverfahrens, in: FS Rainer Wahl, 2011, S. 689–706.
Hill, Hermann, Das fehlerhafte Verfahren und seine Folgen im Verwaltungsrecht, Heidelberg 1986.
–/*Pitschas, Rainer* (Hrsg.), Europäisches Verwaltungsverfahrensrecht, Berlin 2004.
– u. a. (Hrsg.), 35 Jahre Verwaltungsverfahrensgesetz – Bilanz und Perspektiven, Berlin 2011.
Hofmann, Jens, Rechtsschutz und Haftung im Europäischen Verwaltungsverbund, Berlin 2004.
Hoffmann-Riem, Wolfgang/Schmidt-Aßmann, Eberhard (Hrsg.), Verwaltungsverfahren, 2002.
Holoubek, Michael/Lang, Michael (Hrsg.), Verfahren der Zusammenarbeit von Verwaltungsbehörden in Europa, Wien 2012.
Hufeld, Ulrich, Die Vertretung der Behörde, Tübingen 2003.
Hufen, Friedhelm, Fehler im Verwaltungsverfahren, 4. Aufl., Baden-Baden 2002.
Jochum, Heike, Verwaltungsverfahrensrecht und Verwaltungsprozessrecht, Tübingen 2004.
Kahl, Wolfgang, Grundrechtsschutz durch Verfahren in Deutschland und in der EU, VerwArch, Bd. 95 (2004), S. 1–37.
– 35 Jahre Verwaltungsverfahrensgesetz – 35 Jahre Europäisierung des Verwaltungsverfahrensrechts, NVwZ 2011, S. 449–457.
– Lücken und Ineffektivitäten im Europäischen Verfahrensverbund am Beispiel des Rechts der Anhörung, DVBl 2012, S. 602–608.
Kaiser, Anna-Bettina, Die Kommunikation der Verwaltung, Baden-Baden 2009.
Kischel, Uwe, Die Begründung, Tübingen 2003.
– Folgen von Begründungsfehlern, Tübingen 2004.
Kment, Martin, Die Stellung nationaler Unbeachtlichkeits-, Heilungs- und Präklusionsvorschriften im europäischen Recht, EuR 2006, S. 201–235.
– Grenzüberschreitendes Verwaltungshandeln, Tübingen 2010.
Ladenburger, Clemens, Verfahrensfehlerfolgen im französischen und im deutschen Verwaltungsrecht, Berlin u. a. 1999.
– Evolution oder Kodifikation eines allgemeinen Verwaltungsrechts in der EU, in: Trute/Groß/Röhl/Möllers (Hrsg.), Allgemeines Verwaltungsrecht, S. 107–134.
Lerche, Peter/Schmitt Glaeser, Walter/Schmidt-Aßmann, Eberhard, Verfahren als staats- und verwaltungsrechtliche Kategorie, Heidelberg 1984.
Lüdemann, Jörn, Edukatorisches Staatshandeln, Baden-Baden 2004.
Mager, Ute, Die europäische Verwaltung zwischen Hierarchie und Netzwerk, in: Trute/Groß/Röhl/Möllers (Hrsg.), Allgemeines Verwaltungsrecht, S. 369–398.
Maier, Tanja, Befangenheit im Verwaltungsverfahren, Berlin 1998.
Michael, Lothar, Rechtsetzende Gewalt im kooperierenden Verfassungsstaat, Berlin 2002.
Möllers, Christoph, Materielles Recht – Verfahrensrecht – Organisationsrecht, in: Trute/Groß/Röhl/Möllers (Hrsg.), Allgemeines Verwaltungsrecht, S. 489–512.
Nehl, Hanns P., Europäisches Verwaltungsverfahren und Gemeinschaftsverfassung, Berlin 2002.
Neidhardt, Stephan, Nationale Rechtsinstitute als Bausteine europäischen Verwaltungsrechts, Tübingen 2008.
Pache, Eckhard, Verantwortung und Effizienz in der Mehrebenenverwaltung, in: VVdStRL, Bd. 66 (2007), S. 106–151.
Pietzcker, Jost, Verwaltungsverfahren zwischen Verwaltungseffizienz und Rechtsschutzauftrag, VVdStRL, Bd. 41 (1983), S. 193–231.
Pitschas, Rainer, Verwaltungsverantwortung und Verwaltungsverfahren, München 1990.
Pünder, Hermann, Exekutive Normsetzung in den Vereinigten Staaten von Amerika und der Bundesrepublik Deutschland, Berlin 1995.

Ausgewählte Literatur

Quabeck, Christian, Dienende Funktion des Verwaltungsverfahrens und Prozeduralisierung, Tübingen 2010.
Röhl, Hans C./Ladenburger, Clemens, Die materielle Präklusion im raumbezogenen Verwaltungsrecht, Berlin 1997.
Rossi, Matthias, Informationszugangsfreiheit und Verfassungsrecht, Berlin 2004.
Schenk, Wolfgang, Strukturen und Rechtsfragen der gemeinschaftlichen Leistungsverwaltung, Tübingen 2006.
Schmidt-Aßmann, Eberhard, Aufgaben und Perspektiven verwaltungsrechtlicher Forschung. Aufsätze 1975–2005, Tübingen 2006.
– Die Europäisierung des Verwaltungsverfahrensrechts, in: FG 50 Jahre BVerwG, 2003, S. 487–506.
–/*Schöndorf-Haubold, Bettina* (Hrsg.), Der Europäische Verwaltungsverbund, Tübingen 2005.
Schmidt-Preuß, Matthias, Gegenwart und Zukunft des Verfahrensrechts, NVwZ 2005, S. 489–496.
Schöndorf-Haubold, Bettina, Die Strukturfonds der Europäischen Gemeinschaft, München 2005.
Schroeder, Werner, Nationale Maßnahmen zur Durchführung von EG-Recht und das Gebot der einheitlichen Wirkung, AöR, Bd. 129 (2004), S. 3–38.
Schwarze, Jürgen, Verfahren und Rechtsschutz im europäischen Wirtschaftsrecht, DVBl 2010, S. 1325–1333.
Shirvani, Foroud, Verfahrensgrundrechte in mehrstufigen, das EU-Recht vollziehenden Verwaltungsverfahren, DVBl 2011, S. 674–681.
Sydow, Gernot, Verwaltungskooperation in der Europäischen Union, Tübingen 2004.
– Europäisierte Verwaltungsverfahren, JuS 2005, S. 97–102 (Teil 1) und 202–208 (Teil 2).
Tridimas, Takis, The General Principles of EU Law, 2. Aufl., Oxford 2006.
Trips, Marco, Das Verfahren der exekutiven Rechtsetzung, Baden-Baden 2006.
Vesting, Thomas, Prozedurales Rundfunkrecht, Baden-Baden 1997.
Wahl, Rainer, Verwaltungsverfahren zwischen Verwaltungseffizienz und Rechtsschutzauftrag, VVdStRL, Bd. 41 (1983), S. 151–192.
– Das Verhältnis von Verwaltungsverfahren und Verwaltungsprozeßrecht in europäischer Sicht, DVBl 2003, S. 1285–1293.
Wegener, Bernhard W., Der geheime Staat, Göttingen 2006.
Wollenschläger, Burkard, Wissensgenerierung im Verfahren, Tübingen 2009.
Wollenschläger, Ferdinand, Verteilungsverfahren, Tübingen 2010.
Wolff, Heinrich A., Selbstbelastung und Verfahrenstrennung, 1997.
– Die dienende Funktion der Verfahrensrechte – eine dogmatische Figur mit Aussagekraft und Entwicklungspotential, in: FS Rupert Scholz, 2007, S. 977–991.
Ziekow, Jan, Neue Formen der Bürgerbeteiligung? Planung und Zulassung von Projekten in der Demokratie, Gutachten D zum 69. Deutschen Juristentag, München 2012.

§ 28 Strukturen und Typen von Verwaltungsverfahren

Jens-Peter Schneider

Übersicht

	Rn.		Rn.
A. Verwaltungsverfahren als strukturierte Entscheidungs-, Informations- und Kommunikationsprozesse zur Rechtskonkretisierung	1	a) Information und Anhörung Beteiligter	42
		b) Aktenführung, Akteneinsicht, Aktentransparenz	51
I. Funktionen von Verwaltungsverfahren	1	c) Beratungs-, Hinweis- und Auskunftspflichten	60
		d) Datenschutz und Geheimhaltung	64
II. Rechtliche Strukturen von Verwaltungsverfahren	7	e) Recht auf Beistand	68
B. Historische Entwicklung und Systematik des Verwaltungsverfahrensrechts	9	4. Dritt- und Öffentlichkeitsbeteiligung	69
I. Entstehung des Verwaltungsverfahrensgesetzes	9	a) Drittbetroffenenbeteiligung	72
		b) Subjektive Interessenten- und naturschutzrechtliche Verbandsbeteiligung	77
II. Gesetzliche Systematik und Grenzen der Kodifizierung	11	c) Jedermannbeteiligung	84
C. Das Standardverfahren gemäß VwVfG und seine Modifikationen	14	d) Partizipationsorientierte Reformimpulse durch die Aarhus-Konvention	86
I. Einführung	14	e) Aktuelle Reformdiskussionen	90a
II. Verfahrenseinleitung, Verfahrensrechtsverhältnis und vorgelagerte Verfahrensstufen	15	5. Behördenbeteiligung und interne Verfahrensstufung	91
III. Verfahrenssubjekte	22	6. Innerstaatliche Amtshilfe und Europäische Verwaltungszusammenarbeit	97
1. Verfahrensführende Behörde und private Beteiligte im Standardverfahren	22	7. Allgemeine Kommunikationsregeln	98
2. Die einheitliche Stelle als Verfahrensmittler	23a	V. Verfahrensabschließende Entscheidungen	101
IV. Verfahrensdurchführung	24	1. Varianten verfahrensabschließender Entscheidungen und externe Verfahrensstufung	101
1. Verfahrensermessen und Verfahrensgrundsätze	24	2. Behördeninterne Herstellung verfahrensabschließender Entscheidungen	104
a) Verfahrensermessen und Nichtförmlichkeit des Standardverfahrens	24	a) Bausteine innerer Entscheidungsverfahren und Regelungsansätze im Verwaltungsverfahrensrecht	104
b) Innere Verfahren zur Gestaltung des äußeren Verfahrens	26		
c) Allgemeine Verfahrensgrundsätze	27	b) Bedeutung des Verwaltungsorganisations- und prozeduralen Innenrechts	107
d) Unparteilichkeit der Verwaltung	32		
2. Sachverhaltsermittlung und Beweiswürdigung	36	c) Besonderheiten des Kollegialverfahrensrechts	110
3. Verfahrensrechte der Beteiligten	42		

	Rn.		Rn.
d) Fortentwicklungsimpulse durch das Neue Steuerungsmodell	113	4. Verfahrensentgrenzung und Entscheidungsflexibilisierung in nachfolgenden Verwaltungsverfahren	147
3. Außengerichtete Bekanntgabe und Darstellung verfahrensabschließender Entscheidungen	114	a) Wiederaufgreifen von Verfahren gemäß § 51 VwVfG	148
VI. Ende, Fortsetzung und funktionale Entgrenzung von Verfahren	118	b) Aufhebungsverfahren gemäß §§ 48, 49 VwVfG	151
1. Allgemeines	118	c) Änderung von Planfeststellungsbeschlüssen, § 76 VwVfG	153
2. Fortsetzung durch Widerspruchsverfahren und prozessnahe Heilungsverfahren	120	d) Nachträgliche Anordnungen	154
a) Doppelcharakter und Funktionen des Widerspruchsverfahrens	120	e) Systematisches Entscheidungsmonitoring	155
b) Ausgestaltung des Widerspruchsverfahrens	122	f) Genehmigungsketten als Verfahrenskontinuum	157
c) Entbehrlichkeit des Widerspruchsverfahrens zwischen Ausnahmetatbestand und landesrechtlicher Regelanordnung	126	D. Typenbildung im Verwaltungsverfahrensrecht	158
		I. Verwaltungsaufgaben als Ausgangspunkt einer verfahrensrechtlichen Typenbildung	158
d) Alternativen zum obligatorischen Widerspruchsverfahren	129	II. Vorüberlegungen zu einer aufgabenbezogenen Verfahrenstypologie	161
e) Prozessbegleitende Heilungsverfahren	131	1. Ordnungsverfahren	162
		a) Anlassbedingte Eingriffsverfahren	163
f) Prozessbegleitende und nachprozessuale Fehlerbehebungsverfahren im Planfeststellungsrecht	134	b) Systematische Aufsichtsverfahren	164
		c) Komplexe Kontrollgenehmigungsverfahren	167
g) Gerichtsnahe Mediation im Verwaltungsrecht	139	d) Quasi-judizielle Streitbeilegungsverfahren	168
3. Implementation der Verfahrensergebnisse	140	2. Gestaltungsverfahren	169
		3. Verfahren der mehrstufigen Leistungsgestaltung	170
a) Reale Entscheidungsumsetzungs- und verfahrensäquivalente Institutionen	141	4. Vertragsverfahren	173
b) Formale Entscheidungsdurchsetzung	144		

Ausgewählte Literatur

A. Verwaltungsverfahren als strukturierte Entscheidungs-, Informations- und Kommunikationsprozesse zur Rechtskonkretisierung

I. Funktionen von Verwaltungsverfahren

„Verwaltungen sind informationsverarbeitende, kommunikativ handelnde, entscheidungsherstellende und wesentlich normativ-strukturierte Sozialsysteme".[1] Im Verwaltungsverfahren werden diese Operationen der Verwaltung verwirklicht. Aus juristischer Sicht ist das Verwaltungsverfahren ein **„Verwirklichungsmodus des Verwaltungsrechts"**, weil dessen abstrakte Vorgaben regelmäßig nicht selbstvollziehend sind, sondern der Konkretisierung im Einzelfall durch die Verwaltung bedürfen.[2] Abhängig vom materiellen Entscheidungsspielraum der Verwaltung wandelt sich das Verfahren vom materiell strikt determinierten Rechtserkenntnisprozess zum **ergebnisprägenden Medium der Rechtskonkretisierung**[3] mit dem Anspruch und der Aufgabe einer eigenständigen Richtigkeitsgewähr. Da in wichtigen, wenn auch natürlich nicht in allen Bereichen der arbeitsteiligen und dynamischen modernen Gesellschaft eine sinkende materielle Steuerungskraft des Gesetzes zu beobachten ist,[4] gewinnt das Verwaltungsverfahrensrecht eine jedenfalls funktionelle **Kompensations- und Legitimationsfunktion.**[5] Sie wird noch dadurch gesteigert, dass mit der offeneren gesetzlichen Programmierung zugleich die Kontrollkompetenz der Verwaltungsgerichtsbarkeit leidet.[6] Demokratische Verwaltungslegitimation muss mit anderen Worten im Verfahren erarbeitet werden. Das Verwaltungsverfahren besitzt auch in dieser Perspektive eine dienende Funktion, denn seine Durchführung ist kein Selbstzweck, sondern dient der Verwirklichung der materiellen Verwaltungsaufgaben. Richtig verstanden bietet die Redeweise von der dienenden Funktion des Verfahrensrechts somit keinerlei Anlass, seine Bedeutung zu minimieren, sondern legt gerade dessen materielles Gewicht offen.[7] Problema-

1

---

[1] *Rainer Pitschas*, Verwaltungsverantwortung und Verwaltungsverfahren: Strukturprobleme, Funktionsbedingungen und Entwicklungsperspektiven eines konsensualen Verwaltungsrechts, 1990, S. 28. S. a. → Bd. II *Vesting* § 20 Rn. 1 ff.
[2] *Rainer Wahl*, Verwaltungsverfahren zwischen Verwaltungseffizienz und Rechtsschutzauftrag, VVDStRL, Bd. 41 (1983), S. 151 (153 ff.); → Bd. II *Schmidt-Aßmann* § 27 Rn. 65; *Schuppert*, Verwaltungswissenschaft, S. 794; *Hermann Hill*, Das fehlerhafte Verfahren und seine Folgen im Verwaltungsrecht, 1986, S. 282.
[3] *Wahl*, Verwaltungsverfahren (Fn. 2), S. 153 f.; zumindest terminologisch abweichend *Pitschas*, Verwaltungsverantwortung (Fn. 1), S. 23.
[4] Vgl. → Bd. I *Reimer* § 9 Rn. 84 ff.
[5] → Bd. I *Trute* § 6 Rn. 47 f.
[6] Statt vieler *Wahl*, Verwaltungsverfahren (Fn. 2), S. 158 f.; *Schuppert*, Verwaltungswissenschaft, S. 805 ff.; zu Rückwirkungen auf prozessbegleitende Heilungsverfahren → Rn. 131 ff.; zum Phänomen sinkender materieller Programmierung ferner → Bd. I *Reimer* § 9 Rn. 84 ff., *Hoffmann-Riem* § 10 Rn. 56 ff.; für eine weitergehende normative Verknüpfung von Verwaltungsverfahren und Gerichtskontrolle *Heike Jochum*, Verwaltungsverfahrensrecht und Verwaltungsprozessrecht: Die normative Konnexität von Verwaltungsverfahrens- und Verwaltungsprozeßrecht und die Steuerungsleistung des materiellen Verwaltungsrechts, 2004, passim.
[7] Vgl. hierzu *BVerfG*, NVwZ 2006, S. 1041 ff., wonach Begründungspflichten bei gesetzlich schwach konkretisierten Abwägungsentscheidungen die Richtigkeit des Entscheidungsergebnisses sichern

tisch wird sie daher, wenn mit ihr ohne Differenzierung ein Nachrang gegenüber dem die Aufgabenerfüllung konkretisierenden materiellen Verwaltungsrecht begründet werden soll.[8]

2   Rechtskonkretisierung im Verwaltungsverfahren erfolgt durch **Entscheidungen**. Diese können unterschiedlicher Natur sein. Für die allgemeine verwaltungsrechtliche Systembildung sollten nicht nur Verwaltungsentscheidungen einbezogen werden, die sich auf den Erlass eines Verwaltungsakts oder den Abschluss eines öffentlich-rechtlichen Vertrags richten. Ebenso bedeutsam sind vom Verfahrensbegriff des § 9 VwVfG nicht erfasste Entscheidungen über administrative Normsetzung und Planung, über privatrechtsförmiges Verwaltungshandeln oder schlichte Leistungsbewirkung durch die Verwaltung sowie über Wege eines kooperativen Interessenausgleichs.[9] Die Erkenntnis, dass eine wachsende Zahl von Verwaltungsentscheidungen in einer Situation der **„Unsicherheit"** über die Entscheidungsgrundlagen und -folgen erfolgt, führt verfahrensrechtlich zu der Reaktion, neue, nur latent Entscheidungen vorbereitende Lernprozesse der administrativen Wissensgenerierung zu etablieren. Aber auch diese „lernenden", wissensgenerierenden Verwaltungsverfahren[10] dienen nicht wie die (idealisierte) Grundlagenforschung der zweckfreien Wissensmehrung, sondern bleiben angesichts des legitimierenden Gestaltungsauftrags der Verwaltung – wenn eben auch nur latent – entscheidungsorientiert.

3   „Alles Recht hat es mit Interessen zu tun. Das Interesse ist folglich eine Grundkategorie juristischen Denkens"[11] und angesichts des Rechtskonkretisie-

---

(Tz. 102), aber zugleich betont wird, dass dies mit Blick auf die materielle Rechtfertigung geschehen muss (Tz. 103, 121), wie auch das telekommunikationsrechtliche Entgeltgenehmigungsverfahren der Durchsetzung der materiellen Entgeltmaßstäbe dient (Tz. 123); zur Bedeutung der materiellen Verwaltungsaufgaben bei der Verfahrensgestaltung (keine zwingende Vorabinformation erfolgloser Bieter in einem öffentlichen Auftragsvergabeverfahren mit Blick auf deren Gesamtwirtschaftlichkeit) *BVerfG*, NVwZ 2006, S. 1396 (Tz. 74 ff.); zum – gerichtlichen, aber nicht rechtsprechenden – Auswahlverfahren für Insolvenzverwalter: *BVerfG*, NJW 2006, S. 2613 (insbes. Tz. 43 ff.); ebenso: *Michael Fehling*, Der Eigenwert des Verfahrens im Verwaltungsrecht, VVDStRL, Bd. 70 (2011), S. 278 (286 f.); *Christian Quabeck*, Dienende Funktion des Verwaltungsverfahrens und Prozeduralisierung, 2010.

[8] Für eine Differenzierung nach der materiellrechtlichen Programmierungsdichte auch → Bd. II *Schmidt-Aßmann* § 27 Rn. 64.

[9] *Schmidt-Aßmann*, Ordnungsidee, Kap. 6 Rn. 48; s. auch *Wolfgang Hoffmann-Riem*, Verwaltungsverfahren und Verwaltungsverfahrensgesetz – Einleitende Problemskizze, in: ders./Schmidt-Aßmann (Hrsg.), Verwaltungsverfahren, S. 9 (51 ff.). Eine Beschränkung wird nachfolgend insoweit vorgenommen, als nur Verfahren unter der Verfahrensherrschaft von Verwaltungsbehörden betrachtet werden. Das heißt, dass nicht alle Verfahren mit Bezug auf öffentliche Aufgaben (in diese Richtung *Wolfgang Hoffmann-Riem*, a.a.O., S. 21 f.) analysiert werden; ausgeschlossen bleiben damit insbesondere für öffentliche Belange bedeutsame Privatverfahren, zu diesen → Bd. II *Appel* § 32; zur analogen Anwendung der Verfahrensregeln des VwVfG auf nicht von § 9 VwVfG erfasste Verwaltungsverfahren, insbes. Realakte *Koch/Rubel/Heselhaus*, VerwR, § 4 Rn. 4; s. ferner unter Einbeziehung ungeschriebener Verfahrensmaximen → Bd. II *Pitschas* § 42 Rn. 82 f.; *ders.*, Verwaltungsverantwortung (Fn. 1), S. 44 und → Rn. 13.

[10] Hierzu ausführlich → Bd. II *Röhl* § 30 Rn. 24 ff. S. a. → Bd. II *Pitschas* § 42 Rn. 185 f.; grundlegend zu den Entscheidungsproblemen in diesen Verfahren und ihrer Bewältigung mittels normativer Unsicherheitsregeln: *Indra Spiecker gen. Döhmann*, Staatliche Entscheidungen unter Unsicherheit, 2011; s. ferner: *Jens-Peter Schneider*, Innovationsverantwortung in Verwaltungsverfahren, in: Martin Eifert/ Wolfgang Hoffmann-Riem (Hrsg.), Innovationsverantwortung, 2009, S. 287 ff.

[11] *Eberhard Schmidt-Aßmann*, Zur Reform des Allgemeinen Verwaltungsrechts: Reformbedarf und Reformansätze, in: Hoffmann-Riem/Schmidt-Aßmann/Schuppert (Hrsg.), Reform, S. 37.

rungsauftrags des Verfahrens auch der Verwaltungsverfahrensrechtslehre. Im Verfahren müssen öffentliche und private Interessen zum Ausgleich gebracht werden. Dies gilt in besonderem Maße in multipolaren und multidimensionalen Verfahrenskonstellationen, in denen der Verwaltung nicht einseitige Interessendurchsetzung, sondern rechtlich vorstrukturierte **Interessenoptimierung** gerade auch unter Privaten aufgegeben ist.[12]

Der anzustrebende Interessenausgleich ist informationsabhängig. Grundlage des Interessenausgleichs muss die Identifizierung der rechtlich relevanten Interessen sowie der interessengerechten und zulässigen Handlungsalternativen sein. Das heißt, dass nicht alle Informationen entscheidungserheblich sind. Aus der Entscheidungsperspektive sind Verwaltungsverfahren deshalb geordnete Prozesse der Selektion unter vorhandenen Alternativen im Wege der **Informationsgewinnung und -verarbeitung**.[13] Dabei geht es stets um Informationsverarbeitung **innerhalb einer behördlichen (Groß-)Organisation.** Selbst wenn im Einzelfall individuelle Sachbearbeiter isoliert eine Verwaltungsentscheidung treffen, wird diese „Individualentscheidung" dauerhaft ihrer Organisation zugerechnet und ist eine Einflussnahme seitens anderer, insbesondere übergeordneter Organisationsmitglieder stets möglich.[14] Unter den heutigen Bedingungen ist ferner ein wachsender Einfluss von Informations- und Kommunikationstechnologien mit eigener, oft impliziter Prägekraft auf das Verfahrensergebnis zu verzeichnen.[15] Das Verfahrensrecht darf weder diese organisationsbedingten Besonderheiten der Informationsverarbeitung ausblenden[16] noch die Bedeutung und Einflussmöglichkeiten individueller Entscheidungsträger missachten.[17]

4

Zur Verwirklichung der Informationsfunktion strukturiert das Verfahrensrecht entscheidungsvorbereitende **Kommunikationsprozesse** zwischen mehreren Akteuren innerhalb und außerhalb der Verwaltung.[18] Verfahrensinterne Kommunikation strebt allerdings nicht unbegrenzte Kommunikationschancen an, sondern ist höchst selektiv nach Maßgabe der rechtlich relevanten Kommunikationspart-

5

---

[12] *Wolfgang Hoffmann-Riem*, Ökologisch orientiertes Verwaltungsverfahrensrecht: Vorklärungen, AöR, Bd. 119 (1994), S. 590 (593 ff.); *Jens-Peter Schneider*, Kooperative Verwaltungsverfahren: Problemebenen der Kooperation in multilateralen Interessenstrukturen, aufgezeigt am Beispiel von Nachvollziehender Amtsermittlung, Vorhaben- und Erschließungsplan sowie Konfliktmittlung, VerwArch, Bd. 87 (1996), S. 38 (50 f.); *Friedrich Schoch*, Der Verfahrensgedanke im allgemeinen Verwaltungsrecht: Anspruch und Wirklichkeit nach 15 Jahren VwVfG, DV, Bd. 25 (1992), S. 21 (25 f.): Interessenwahrung durch Verfahrensrecht; allg. zur Problematik *Matthias Schmidt-Preuß*, Kollidierende Privatinteressen im Verwaltungsrecht: Das subjektive öffentliche Recht im multipolaren Verwaltungsrechtsverhältnis, 2. Aufl. 2005.
[13] Vgl. *Schmidt-Aßmann*, Ordnungsidee, Kap. 6 Rn. 47; zum Verhältnis zwischen der Entscheidungs- und Informationsfunktion von Verwaltungsverfahren → Bd. II *Gusy* § 23 Rn. 33 f.
[14] Zur Strukturierung des damit angesprochenen inneren Verwaltungsverfahrens → Rn. 107 ff.
[15] → Bd. II *Britz* § 26 Rn. 59 ff.
[16] Hierzu ausführlich → Bd. II *Vesting* § 20 Rn. 2 ff.
[17] Vgl. *Pitschas*, Verwaltungsverantwortung (Fn. 1), S. 30, 35, 47; ferner *Winfried Brohm*, Die Dogmatik des Verwaltungsrechts vor den Gegenwartsaufgaben der Verwaltung, VVDStRL, Bd. 30 (1972), S. 245 (286).
[18] *Jan Ziekow*, Der Einfluss des neuen Steuerungsmodells auf das Verwaltungsverfahren und seine gesetzliche Regelung, in: Hoffmann-Riem/Schmidt-Aßmann (Hrsg.), Verwaltungsverfahren, S. 349 (353); *Hill*, Das fehlerhafte Verfahren (Fn. 2), S. 210 ff., 281; *Hufen*, Fehler, Rn. 46; *Schmidt-Aßmann*, Ordnungsidee, Kap. 6 Rn. 47; s. auch *Matthias Schmidt-Preuß*, Gegenwart und Zukunft des Verfahrensrechts, NVwZ 2005, S. 489 (489).

ner, Kommunikationsgegenstände und Zeitpunkte strukturiert.[19] Allerdings muss die mindestens bipolare Struktur von Verwaltungsverfahren und der **Doppelauftrag zwischen Verwaltungseffizienz und Rechtsschutzgewährung** beachtet werden.[20] Kommunikationsbeiträge sind deshalb nicht einseitig aus der Perspektive einer effektiven und möglichst effizienten Informationsgewinnung der Verwaltung zuzulassen und zu gewichten. Vielmehr muss eine Balance zwischen demokratisch legitimierter, effektiver Gemeinwohlbewirkung und grundrechtlich verbürgtem Rechtsschutz gewahrt werden.[21] Information und Artikulation gelten daher gleichermaßen als zentrale Funktionen des Verwaltungsverfahrens.[22] Dabei löst sich das prozedurale Rechtsschutzkonzept, veranlasst durch europäische Impulse, von seiner für das deutsche Verwaltungsrecht prägenden Fixierung auf den Schutz subjektiver Individualrechte. Zumindest bereichsspezifisch wird eine objektive Rechtskontrolle durch die Mobilisierung der Öffentlichkeit im Verfahren etabliert.[23]

6   Hiermit verknüpft sind **weitere Funktionen** des Verwaltungsverfahrens. Dies gilt zunächst für die Koordinierung einer hochgradig arbeitsteilig organisierten Verwaltung durch abgestufte Formen der Behördenbeteiligung (Koordinationsfunktion).[24] Komplexe Verwaltungsaufgaben sollen ferner durch die Verzahnung staatlicher und privater Verfahrensbeiträge in kooperativen Verwaltungsverfahren[25] bewältigt werden (Scharnierfunktion). Schließlich gewinnt die Akzeptanzgewinnungsfunktion in gesetzlich schwach determinierten und wegen ihrer Breitenwirkung konfliktträchtigen Verwaltungsbereichen wie insbesondere dem Umwelt- und Risikoverwaltungsrecht Bedeutung.[26]

II. Rechtliche Strukturen von Verwaltungsverfahren

7   Unter der **Struktur** eines Verwaltungsverfahrens werden dessen innere Organisation, sein Aufbau sowie das Zusammenwirken seiner einzelnen Elemente in einem ganzheitlichen Beziehungsgefüge verstanden.[27] Zur Struktureigenheit von Verfahren gehört deren Entwicklungsdynamik. Verfahren sind **variable Arrangements**.[28] Die konkrete Gestaltung von Verwaltungsverfahren hängt von

---

[19] → Bd. II *Gusy* § 23 Rn. 33; zur Selektion von Kommunikationspartnern durch Beteiligungsregeln → Rn. 23, 42; zur zeitlichen Begrenzung von Kommunikationschancen durch Präklusionsregeln → Rn. 80 f.
[20] *Wahl*, Verwaltungsverfahren (Fn. 2), S. 153 ff.; *Schuppert*, Verwaltungswissenschaft, S. 801 f.; → Bd. II *Schmidt-Aßmann* § 27 Rn. 85 ff.; für eine gesetzliche Festschreibung dieses Doppelauftrags: *Martin Burgi*, Verwaltungsverfahrensrecht zwischen europäischem Umsetzungsdruck und nationalem Gestaltungswillen, JZ 2010, S. 105 (108 f.).
[21] Zu den verfassungsrechtlichen Vorgaben für das Verwaltungsverfahrensrecht: → Bd. II *Schmidt-Aßmann* § 27 Rn. 23 ff.
[22] *Schmidt-Preuß*, Verfahrensrecht (Fn. 18), S. 489.
[23] → Rn. 86 ff. S. a. → Bd. I *Masing* § 7 Rn. 91 f.
[24] → Rn. 91 ff.
[25] → Rn. 38; s. ferner hierzu *Schuppert*, Verwaltungswissenschaft, S. 810 f.
[26] *Hoffmann-Riem*, Verwaltungsverfahren und VwVfG (Fn. 9), S. 29; *Schuppert*, Verwaltungswissenschaft, S. 815 ff.; *Thomas Würtenberger*, Akzeptanz durch Verwaltungsverfahren, NJW 1991, S. 257 ff. S. a. → Rn. 90 a; Bd. II *Pitschas* § 42 Rn. 201 ff.
[27] *Hill*, Das fehlerhafte Verfahren (Fn. 2), S. 258 m. w. N.; zur Betrachtung von Verfahren als Realgeschehen und als Ordnungsmodell → Bd. II *Schmidt-Aßmann* § 27 Rn. 2.
[28] → Bd. II *Schmidt-Aßmann* § 27 Rn. 38.

den aufgabenspezifischen Verfahrenszwecken und kommunikativen Verfahrenskontexten ab. Beides ist für die verfahrensrechtliche **Typenbildung** maßgeblich (unten D.). Die vielfältigen **Möglichkeiten der Strukturmodifikation** werden nachfolgend ausgehend vom Standardverfahren systematisch entfaltet (unten C.). Dieses Vorgehen bietet handhabbare Anschlusspunkte zur dogmatischen Rekonstruktion und damit zur dogmatischen Kontextualisierung funktionaler Analysen.

Dabei wäre allerdings die für das VwVfG charakteristische Verengung auf außenrechtliche Verfahrensbeziehungen unter Vernachlässigung **verwaltungsinterner Entscheidungsprozeduren** in der hier eingenommenen (auch) steuerungswissenschaftlichen Betrachtung unzureichend.[29] Dies gilt insbesondere angesichts der zunehmenden Tendenzen zur Binnendifferenzierung der nationalen Verwaltungen und Verkopplung nationaler Verfahren mit ausländischen oder unionsrechtlichen Verfahrensbeiträgen oder Verfahrensstufen im Europäischen Verwaltungsverbund[30], die mit den §§ 8a ff. nun auch Eingang in das VwVfG gefunden haben.[31] Ebenso ist die Perspektive nicht auf die vom VwVfG erfassten Verfahrensphasen zu verengen. Verfahrensrechtliches Denken muss die **Fortsetzung und funktionale Entgrenzung von Verwaltungsverfahren** berücksichtigen.[32] Einzubeziehen sind vorgelagerte Phasen,[33] etwa einer Konzeptgestaltung, oder nachgelagerte Phasen[34] der Entscheidungskontrolle, Entscheidungsdurchsetzung, des Entscheidungsmonitoring und darauf aufbauend der Entscheidungsmodifikation oder -revision. Insoweit lässt sich an ältere Systematisierungen des Verwaltungsverfahrensrechts anknüpfen, die durch die verbreitete Verengung auf die vom VwVfG geregelten Materien teilweise verschüttet wurden.[35]

8

---

[29] Siehe deshalb → Rn. 104 ff. und auch Rn. 23 a f.; s. hierzu ferner *Ziekow*, Einfluss des neuen Steuerungsmodells (Fn. 18), S. 354; *Hoffmann-Riem*, Verwaltungsverfahren und VwVfG (Fn. 9), S. 12, 39 ff., 44 f.

[30] Zu Verwaltungsverfahren im Europäischen Verwaltungsverbund → Rn. 96 ff.; Bd. II *Schmidt-Aßmann* § 27 Rn. 15 f., *Röhl* § 30 Rn. 48 ff.; ferner *Jens-Peter Schneider*, Vollzug des Europäischen Wirtschaftsrechts zwischen Zentralisierung und Dezentralisierung – Bilanz und Ausblick, EuR, Beiheft 2, 2005, S. 141 ff.; *ders.*, Strukturen des Europäischen Verwaltungsverbunds. Einleitende Bemerkungen, in: ders./Francisco Velasco Caballero (Hrsg.), Strukturen des Europäischen Verwaltungsverbunds, DV, Beiheft 8, 2009, S. 9 ff.; *Eberhard Schmidt-Aßmann*, Verwaltungsverfahren und Verwaltungsverfahrensgesetz: Perspektiven der Systembildung, in: Hoffmann-Riem/Schmidt-Aßmann (Hrsg.), Verwaltungsverfahren, S. 429 (439 ff.); *Andreas Voßkuhle*, Strukturen und Bauformen ausgewählter neuer Verfahren, in: Hoffmann-Riem/Schmidt-Aßmann (Hrsg.), Verwaltungsverfahren, S. 277 (280 ff.).

[31] Hierzu → Rn. 97a; zur Europäisierung des Verwaltungsverfahrensrechts ferner → Rn. 86 ff.; *Wolfgang Kahl*, 35 Jahre Verwaltungsverfahrensgesetz – 35 Jahre Europäisierung des Verwaltungsverfahrensrechts, NVwZ 2011, S. 449 ff.

[32] Zur hiermit verbundenen Prozeduralisierung von Entscheidungen auch → Bd. II *Schmidt-Aßmann* § 27 Rn. 1; *Ladeur* § 21 Rn. 52 f.

[33] → Rn. 18 ff.; s. auch → Bd. II *Gusy* § 23 Rn. 37 ff.

[34] → Rn. 118 ff., insbes. 140 ff., 147 ff.

[35] *Karl A. Bettermann*, Das Verwaltungsverfahren, VVDStRL, Bd. 17 (1959), S. 118 (121 f.): „Das Verwaltungsverfahrensrecht regelt das Zustandekommen, die Form und Bekanntmachung, den Vollzug, die Anfechtung und Änderung von Entscheidungen der Verwaltungsbehörden sowie deren Kontrolle", für eine entsprechend ausgeweitete systematische Perspektive auch *Schmidt-Aßmann*, Ordnungsidee, Kap. 6 Rn. 158 ff.; rechtsdogmatisch ist dieses weite Verständnis auch bei der Auslegung von Art. 84 GG akzeptiert, BVerfGE 37, 363 (390); 55, 274 (320 f.).

B. Historische Entwicklung und Systematik des Verwaltungsverfahrensrechts

I. Entstehung des Verwaltungsverfahrensgesetzes

9   Das Verwaltungsverfahrensgesetz des Bundes von 1976 und die nachfolgend erlassenen Verwaltungsverfahrensgesetze der Länder sind ein Meilenstein der deutschen Verwaltungsrechtsentwicklung. Mit ihnen hat ein **rechtspolitischer Diskussionsprozess,** der sich über ca. 20 Jahre erstreckte und auf Kodifikationsanstrengungen in den Ländern seit dem Ende des 19. Jahrhunderts[36] aufbauen konnte, seinen Abschluss gefunden. Die Stationen und Pfade der Gesetzesgenese sind schon zahlreich nachgezeichnet worden,[37] so dass sie hier nur knapp in Erinnerung gerufen werden müssen:
– der Beschluss der **Innenministerkonferenz vom 5./6. Mai 1956,** die einen Unterausschuss einsetzte, dessen Bericht vom Januar 1957 aus einem Gliederungskatalog mit inhaltlichen Stichworten bestand und das Berliner Verwaltungsverfahrensgesetz von 1958 beeinflusste;
– die Vorarbeiten durch die 1957 vom Bundesinnenminister nach einem Beschluss von Bundestag und Bundesregierung berufene **Sachverständigenkommission** unter dem Vorsitz von *Hermann Ule,* die 1960 einen ausführlichen Bericht zu den in ein Gesetz aufzunehmenden Einzelmaterien, aber noch keinen Gesetzentwurf vorlegte;
– die mehrheitlich skeptische Erörterung einer Kodifikation auf der **Staatsrechtslehrertagung 1958;**[38]
– das Votum des **43. Deutschen Juristentags 1960** für eine Kodifikation unter Einschluss konnexer bzw. annexer Materien, also mit dem Verfahrensrecht eng verbundener materieller Fragen wie insbesondere der Bestandskraft und ihrer Durchbrechungen;[39]
– der in den Jahren 1960 bis 1964 von einem **Bund-Länder-Ausschuss erarbeitete Musterentwurf,** der bereits in erheblichem Maße dem heutigen Gesetz entsprach, einen Mittelweg zwischen übermäßiger Perfektion und Flucht in verfahrensrechtliche Generalklauseln suchte, sich auf die Regelung nur einzelner Handlungsformen der Verwaltung beschränkte, im Gegensatz zum heutigen VwVfG einen automatischen Wegfall der Subsidiarität gegenüber spezialgesetzlichen Verfahrensbestimmungen nach acht Jahren vorsah und kompe-

---

[36] Siehe überblicksartig *Paul Stelkens/Michael Sachs,* in: Stelkens/Bonk/Sachs (Hrsg.), VwVfG, Einl. Rn. 1 ff.; *Carl H. Ule,* Die Kodifizierung des Verwaltungsverfahrensrechts, in: Jeserich/Pohl/v. Unruh (Hrsg.), Verwaltungsgeschichte V, S. 1162 (1164 f.). → Bd. II *Schmidt-Aßmann* § 27 Rn. 5 ff.

[37] Insbesondere von *Walter Klappstein/Georg-Christoph v. Unruh,* Rechtsstaatliche Verwaltung durch Gesetzgebung: Entstehung und Bedeutung des schleswig-holsteinischen Landesverwaltungsverfahrensgesetzes für das rechtsstaatliche Verwaltungsrecht, 1987, S. 58 ff.; s. ferner *Paul Stelkens/Michael Sachs,* in: Stelkens/Bonk/Sachs (Hrsg.), VwVfG, Einl. Rn. 14 ff.; *Carl H. Ule,* Kodifizierung (Fn. 36), S. 1168 ff.

[38] VVDStRL, Bd. 17 (1959), S. 118 ff. Vgl. a. → Bd. II *Schmidt-Aßmann* § 27 Rn. 10.

[39] Siehe insbesondere die Gutachten von *Hans Spanner* und *Fritz Werner* zur Frage: „Empfiehlt es sich, den allgemeinen Teil des Verwaltungsrechts zu kodifizieren?", Deutscher Juristentag (Hrsg.), 1960.

tenzrechtliche Probleme durch eine länderfreundliche Bestimmung des Anwendungsbereichs anhand des Rechtsträgers der handelnden Behörde zu vermeiden trachtete;
- der **Referentenentwurf von 1965,** der den Musterentwurf 1964 auf der Basis von Ressortbesprechungen auf Bundesebene sowie wissenschaftlichen Stellungnahmen fortentwickelte und 1968 nach einer Stellungnahme des Bund-Länder-Ausschusses in eine **Münchner Fassung des Musterentwurfs** mündete, die insbesondere eine neue Konzeption zum Anwendungsbereich enthielt;
- das **Landesverwaltungsgesetz Schleswig-Holsteins** vom 18. April 1967, das weitgehend die Regelungen des Musterentwurfs 1968 übernahm und 1978 nach Verabschiedung des VwVfG an dieses soweit nötig angepasst wurde;
- der **Regierungsentwurf 1970,** der einerseits in optimistischer Erwartung einer Beseitigung bereichsspezifischer Sonderregeln eine unbefristete Subsidiarität vorsah und andererseits den Anwendungsbereich des Bundesgesetzes auf die Länderausführung von Bundesgesetzen erstreckte und damit erheblich erweiterte;
- der **Regierungsentwurf 1973,** der Einwände gegen den der Diskontinuität zum Opfer gefallenen Regierungsentwurf berücksichtigte und sich um eine weitergehende Harmonisierung mit den beiden Parallelvorhaben des SGB X und der AO bemühte;
- das **Vermittlungsverfahren** zwischen Bundestag und Bundesrat anlässlich des Streits um den Anwendungsbereich des VwVfG mit dem Ergebnis des heutigen § 1 Abs. 3 VwVfG;
- der **Beschluss der Länderinnenministerkonferenz vom 20. Februar 1976** mit dem Petitum inhaltsgleicher Landesgesetze;
- die anschließende **Ländergesetzgebung,** die entweder zu Verweisungsgesetzen oder Parallelgesetzen führte und
- schließlich die **Erstreckung auf die neuen Bundesländer.**[40]

Erinnerungswürdig sind – nicht zuletzt mit Blick auf die Diskussion über eine Kodifizierung des Europäischen Verwaltungsverfahrensrechts[41] – die inzwischen überwundenen **grundsätzlichen Bedenken gegen eine Kodifizierung** des Verwaltungsverfahrensrechts.[42] Im Zentrum standen Sorgen vor einer Versteinerung des auf dynamische Fortentwicklung besonders angewiesenen Verwaltungsrechts. Sie wurden durch die angestrebte Bund-Länder-Simultangesetzgebung noch verstärkt[43]. Zweifel bestanden ferner, ob das Verwaltungsrecht

---

[40] Hierzu *Paul Stelkens/Michael Sachs,* in: Stelkens/Bonk/Sachs (Hrsg.), VwVfG, Einl. Rn. 47 und § 1 Rn. 62; zu den Änderungen durch die Beschleunigungsnovelle 1996: → Bd. II *Schmidt-Aßmann* § 27 Rn. 86 ff.; zu den Änderungen zur Umsetzung der EU-Dienstleistungsrichtlinie → Rn. 23 a f., 31, 60, 97 a; Bd. II *Schmidt-Aßmann* § 27 Rn. 12.

[41] Hierzu zusammenfassend *Oriol Mir Puigpelat,* Die Kodifikation des Verwaltungsverfahrensrechts im Europäischen Verwaltungsverbund, in: DV, Beiheft 8, 2009, S. 177 ff.; *Wolfgang Kahl,* Das Verwaltungsverfahrensgesetz zwischen Kodifikationsidee und Sonderrechtsentwicklung, in: Hoffmann-Riem/Schmidt-Aßmann (Hrsg.), Verwaltungsverfahren, S. 67 (123 ff.).

[42] Vgl. die Darstellung bei *Paul Stelkens/Michael Sachs,* in: Stelkens/Bonk/Sachs (Hrsg.), VwVfG, Einl. Rn. 13 f.; s. ferner *Kahl,* Verwaltungsverfahrensgesetz (Fn. 41), S. 99 f. zu weiteren allgemeinen Einwänden gegen eine Kodifikationsgesetzgebung: Zerschneidung gewachsener Regelungszusammenhänge; Nivellierung entgegen heterogener Sacherfordernisse und Komplexitätsnotwendigkeiten; Entföderalisierung.

[43] Hierzu neuerdings krit.: *Burgi,* Verwaltungsverfahrensrecht (Fn. 20), S. 111 f.

schon eine hinreichende Kodifikationsreife aufweise, weil seine rechtsdogmatischen Grundlagen in Verwaltungsrechtswissenschaft und Rechtsprechung noch nicht hinreichend geklärt seien. Schließlich war man sich unicher, ob eine Simultangesetzgebung überhaupt realistisch sei und nicht am Föderalismus scheitere. Diese Einwände haben sich bekanntermaßen im Prinzip nicht bestätigt. Der Preis war allerdings, dass der Gesetzgeber eine Reihe verwaltungsverfahrensrechtlich bedeutsamer, aber dogmatisch noch unsicherer Materien wie das Verfahren der Verordnungsgebung oder das schlichte Verwaltungshandeln ungeregelt ließ. Außerdem dürften die angesprochenen Aspekte auch die nachfolgend zu beobachtenden Dekodifikationstendenzen befördert haben. So blieb das sich besonders dynamisch entwickelnde Umweltverfahrensrecht eine – allenfalls bereichsspezifisch kodifizierbare – Sondermaterie. Ferner entwickelten sich das Datenschutzrecht und das Informationsfreiheitsrecht trotz ihrer engen Bezüge zum allgemeinen Verfahrensrecht außerhalb des VwVfG. Ausschlaggebende **Argumente der Befürworter** waren die Vorteile, die auch eine solchermaßen begrenzte Teilkodifikation hinsichtlich Rechtssicherheit, Normtransparenz, Rechtseinheit und Rechtsvereinfachung nicht nur den Bürgern, sondern auch den Behörden und Verwaltungsgerichten bietet. Hinzu kam das Interesse des Bundes, einen einheitlichen Vollzug des materiellen Bundesrechts durch die Länder sicherzustellen.[44] Aus der hier relevanten verwaltungsrechtswissenschaftlichen Perspektive sind ergänzend besonders die **Impulse für die wissenschaftliche Beschäftigung** mit dem kodifizierten Rechtsgebiet zu erwähnen.[45] Selbst wenn aufgrund der Subsidiaritätsklausel beachtliche Dekodifikationstendenzen fortbestehen, bietet das VwVfG einen zentralen Referenzpunkt für die systematische Verwaltungsrechtslehre und erleichtert die Eindämmung von Sonderdogmatiken im Verfahrensrecht.

II. Gesetzliche Systematik und Grenzen der Kodifizierung

11   Bekanntermaßen beruht das deutsche Verwaltungsverfahrensrecht auf den **drei Säulen** der im Wege der „Simultangesetzgebung"[46] entstandenen und fortentwickelten Verwaltungsverfahrensgesetze von Bund und Ländern, der Abgabenordnung und des Sozialgesetzbuches. Das „Drei-Säulen-Modell" idealisiert allerdings den Kodifikationserfolg[47]. Die Vielzahl vormals existierender Verfahrensbestimmungen im Besonderen Verwaltungsrecht konnte zwar eingeschränkt, aber keineswegs beseitigt werden. Die **Subsidiaritätsklausel** des § 1 Abs. 1 VwVfG gegenüber abweichenden Spezialgesetzen[48] eröffnet dem Fachgesetzgeber immer wieder genutzte Spielräume, den Kodifikationsanspruch in Frage zu stellen.[49]

---

[44] Zum Vorstehenden *Paul Stelkens/Michael Sachs*, in: Stelkens/Bonk/Sachs (Hrsg.), VwVfG, Einl. Rn. 9 ff.
[45] Vgl. *Kahl*, Verwaltungsverfahrensgesetz (Fn. 41), S. 97 f., der auch noch folgende Funktionen einer Kodifikation benennt: Deregulierungspotential, Innovation, Akzeptanzgewinnung und Effektivierung, Orientierung und Stabilisierung, Entlastung, Maßstabsetzung, Modellvorgabe, Rezeptionsleitung.
[46] Hierzu näher *Walter Klappstein*, Möglichkeiten und Grenzen einer Simultangesetzgebung: Darstellung am Beispiel der Verwaltungsverfahrensgesetze, ZG 1997, S. 126 ff.
[47] Zu typbildenden Strukturvarianten in der AO → Rn. 164 und im SGB → Rn. 172.
[48] Vergleichbar ist die schwedische Regelung in I 3 Förvaltningslag.
[49] *Kahl*, Verwaltungsverfahrensgesetz (Fn. 41), S. 71 ff.

Daneben wird der Kodifikationserfolg durch **inhaltliche Beschränkungen des VwVfG** reduziert.[50] Zwar regelt das VwVfG über seinen Titel hinaus eine beachtliche Zahl materiellrechtlicher Annexmaterien.[51] Umgekehrt blendet es aber viele verfahrensrechtliche Fragen der Informationsbeschaffung und Entscheidungsvorbereitung aus, setzt primär im Sinne einer Kontrollnorm äußere Grenzen des Zulässigen, während eine Verhaltensnormierung zur Sicherstellung guter Verwaltungspraxis und inhaltlich richtiger Entscheidungen weitgehend unterbleibt.[52] Die Kontrollperspektive dominiert auch im Schrifttum.[53] Als Kontrollnormen besitzen Verfahrensregeln aber wegen § 46 VwVfG und § 44a VwGO nur eine reduzierte Durchschlagskraft, was die vergleichsweise geringe Beschäftigung mit dem Verwaltungsverfahrensrecht erklärt.[54]

12

Im Übrigen gelten wegen § 9 VwVfG die Verfahrensgrundsätze des VwVfG zumindest unmittelbar nur für Verfahren, die auf den Erlass eines Verwaltungsakts oder den Abschluss eines öffentlich-rechtlichen Vertrags gerichtet sind, und damit **unmittelbar nur für einen Teil administrativer Handlungsformen.** Dies stellt Rechtsprechung und Lehre immer wieder vor die Frage, inwieweit die Grundsätze auch auf Verfahren zur Vorbereitung von Realakten[55] oder administrativer Normsetzung,[56] informellen[57] oder privatrechtlichen[58] Verwaltungshandelns sowie schlichter Überwachung[59] oder Wissensgenerierung[60] anzuwenden sind. In nicht zu vernachlässigendem Umfang werden die aufgezeigten Lücken zwar durch die Rechtsprechung – gerade auch der Zivilgerichte in Amtshaftungsprozessen – gefüllt.[61] Es verbleiben aber gleichwohl wichtige Bereiche bis-

13

---

[50] Allg. zur gesetzgeberischen Rationalität solcher Selbstbeschränkungen *Kahl*, Verwaltungsverfahrensgesetz (Fn. 41), S. 101 ff.

[51] Überblick bei *Kopp/Ramsauer*, VwVfG, Einf. I Rn. 14.

[52] *Bull/Mehde*, VerwR, Rn. 613 ff. mit Hinweis auf die andere Ausrichtung des EU-Verwaltungsrechts durch Art. 41 Grundrechte-Charta; zur Bedeutung der „Richtigkeit" als Verwaltungsmaßstab s. *Hoffmann-Riem*, Verwaltungsverfahren und VwVfG (Fn. 9), S. 22 f.

[53] Dies ist übrigens im englischen Verwaltungsrecht noch deutlicher, weil sich die Wissenschaft dort weitgehend auf die Analyse der wenigen richterrechtlichen Grundsätze des Verfahrensrechts beschränkt, vgl. *Peter Cane*, Administrative Law, 4. Aufl. 2004, S. 133 ff. allgemein zum verfahrensrechtlichen Klagegrund im Verfahren des *Judicial Review*; zu den richterrechtlich entwickelten Grundsätzen der *natural justice William Wade/Christopher F. Forsyth*, Administrative Law, 10. Aufl. 2009, S. 371 ff.; *Paul Craig*, Administrative Law, 5. Aufl. 2003, S. 407 ff., 457 ff.

[54] *Jan Ziekow*, Von der Reanimation des Verfahrensrechts, NVwZ 2005, S. 263 (264) spricht von einer „Agonie der Wissenschaft vom Verwaltungsverfahrensrecht"; *Hermann Pünder*, „Open Government leads to Better Government" – Überlegungen zur angemessenen Gestaltung von Verwaltungsverfahren, NuR 2005, S. 71 (71), vom „traditionell gering geschätzten Verwaltungsverfahrensrecht" unter Hinweis auf die randständige Behandlung in den Lehrbüchern; s. ferner *Burgi*, Verwaltungsverfahrensrecht (Fn. 20), S. 105 f.

[55] *Kopp/Ramsauer*, VwVfG, Einf. I Rn. 50, 71, 73; → Bd. II *Hermes* § 39 Rn. 79 ff.

[56] → Rn. 169; Bd. II *Hill/Martini* § 34 Rn. 10 ff.

[57] *Kopp/Ramsauer*, VwVfG, Einf. I Rn. 76 m. w. N.; → Bd. II *Fehling* § 38 Rn. 84 ff., 99 ff.

[58] *Kopp/Ramsauer*, VwVfG, Einf. I Rn. 51 ff.; *Wilfried Berg*, Die Rechtsprechung zum Verwaltungsverfahrensrecht seit 1998, JZ 2005, S. 1039 (1041) mit Blick auf *BGHZ* 155, 166 (175 ff.). Kritik am sog. Verwaltungsprivatrecht bei → Bd. I *Burgi* § 18 Rn. 65 f.

[59] Vgl. → Bd. III *Huber* § 45 Rn. 1 ff.; *Berg*, Rechtsprechung seit 1998 (Fn. 58), S. 1041.

[60] → Bd. II *Röhl* § 30 Rn. 24 ff.

[61] *Bull/Mehde*, VerwR, Rn. 619; demgegenüber befassen sich die Verwaltungsgerichte – wohl nicht zuletzt wegen der restriktiven Verfahrensfehlerfolgen – relativ selten mit Verfahrensfragen, *Dirk Ehlers*, Rechtsprechungsanalyse – Das Verwaltungsverfahrensgesetz im Spiegel der Rechtsprechung der Jahre 1998–2003, DV, Bd. 37 (2004), S. 255 (261).

lang normativ unterbelichtet. Sie liegen dadurch auch eher am Rande juristischer Aufmerksamkeit mit negativen Rückwirkungen auf die verwaltungsverfahrensrechtliche Systembildung.

C. Das Standardverfahren gemäß VwVfG und seine Modifikationen

I. Einführung

14 Dem VwVfG liegt das **Verfahrenskonzept der klassischen gesetzesvollziehenden Hoheitsverwaltung** zugrunde. *Eberhard Schmidt-Aßmann* identifiziert die folgenden – hier verkürzt wiedergegebenen – Merkmale:[62]
– Hoheitsverwaltung als Regeltypus;
– Orientierung an einseitigen Einzelentscheidungen;
– dienende Funktion gegenüber dem materiellen Recht;
– feste Rollen des Rechte verteidigenden, Vertrauensschutz beanspruchenden Bürgers und der allein gemeinwohlverantwortlichen Behörde;
– Vernachlässigung der innerstaatlichen und europäischen Binnendifferenzierung der Verwaltung[63].

Ungeachtet dieser Beschränkungen und der nachfolgend darzustellenden Vielfalt von Verfahrenstypen (unten D.) bildet das Standardverfahren der §§ 9 ff. VwVfG den **Ausgangspunkt der heutigen verwaltungsrechtlichen Systembildung.** Daher werden zunächst seine Strukturelemente herausgearbeitet, erläutert und mit den Parallelvorschriften des SGB und der AO verglichen. Sie werden darüber hinaus mit besonders wichtigen Modifikationen in besonderen Verfahrensregelungen innerhalb und außerhalb des VwVfG kontrastiert.[64]

II. Verfahrenseinleitung, Verfahrensrechtsverhältnis und vorgelagerte Verfahrensstufen

15 Die **Eröffnung eines Verwaltungsverfahrens** erfolgt gemäß § 22 VwVfG grundsätzlich von Amts wegen aufgrund einer behördlichen Ermessensentscheidung.[65] **Offizial- und Opportunitätsprinzip** betonen die Verfahrensherrschaft der Behörde und unterscheiden das Verwaltungsverfahren vom Verwaltungsprozess (§ 88 VwGO). Sie gelten aber nicht uneingeschränkt. Die Vorschrift

---

[62] → Bd. II *Schmidt-Aßmann* § 27 Rn. 13; *ders.*, Systembildung (Fn. 30), S. 430 ff.

[63] Vgl. nun aber die §§ 8 a ff. VwVfG, dazu → Rn. 97 a.

[64] Nur skizziert werden können die Besonderheiten des Vertragsverfahrens → Rn. 42, 173, *Bauer* § 36 Rn. 110 ff.; zusätzlichen Erkenntnisgewinn verschaffte ein – hier schon aus Raumgründen nicht in der nötigen Tiefe möglicher – Rechtsvergleich mit dem EU-Verfahrensrecht sowie anderen europäischen Verwaltungsrechtsordnungen; im Übrigen fehlen dafür derzeit noch hinreichend verlässliche Grundlagen; zu England, Spanien und den Niederlanden sowie Frankreich, Polen und Tschechien s. immerhin die diesem Beitrag vergleichbar gegliederten Darstellungen in: *Jens-Peter Schneider* (Hrsg.), Verwaltungsrecht in Europa, Bd. 1 u. 2; der in der Vorbereitung befindliche Band 3 soll eine entsprechende Darstellung zu Schweden bieten. S. auch → Bd. II *Schmidt-Aßmann* § 27 Rn. 18 ff.

[65] Zum rechtsstaatlichen Sinn dieses Opportunitätsprinzips und seinen Grenzen *Bull/Mehde*, VerwR, Rn. 620 f.

C. Das Standardverfahren gemäß VwVfG und seine Modifikationen

macht nämlich sogleich deutlich, dass sich aus anderen Rechtsvorschriften eine Pflicht zur Verfahrenseinleitung – von Amts wegen oder auf Antrag[66] – oder ein Verbot der Verfahrenseröffnung ohne Antrag ergeben kann. Solche **Einschränkungen des Einleitungsermessens** stehen zumeist im Zusammenhang mit materiellrechtlichen Rechtspositionen, insbesondere leistungsrechtlichen Ansprüchen, die den Übergang zur Dispositionsmaxime legitimieren.[67] Auch Mischformen der beiden Maximen sind oft materiellrechtlich begründet. Ein Beispiel ist die Pflicht zur Eröffnung des Eintragungsverfahrens in die Handwerksrolle gem. § 10 Abs. 1 HandwO von Amts wegen oder auf Antrag. Ein anderes bietet das Bauordnungsrecht im Fall bloß formeller Baurechtswidrigkeit, bei der die Aufforderung zur Bauantragstellung gegenüber einer Abrissverfügung das mildere Mittel darstellt. Ebenso ergeben sich **Einleitungsverbote** für Eingriffsverfahren von Amts wegen primär aus dem materiellen Recht und verfahrensrechtlich nur, wenn das Verfahren offensichtlich zu einer (materiell) unzulässigen Verwaltungsmaßnahme führte.[68]

In der Realität werden **Verfahren von Amts wegen** vielfach durch **Anregungen seitens Privater** oder anderer Behörden veranlasst. Es handelt sich dabei um eine Form der Mobilisierung Privater als Informationsquelle und Kontrollinstrument zur Durchsetzung öffentlicher Interessen mit erheblicher Entlastungswirkung für öffentliche Kontrollressourcen.[69] Das Gesetz blendet diesen Faktor des Verfahrenshandelns trotz seiner beachtlichen Steuerungswirkungen aus. Wie man von der Aufmerksamkeitsökonomik lernen kann,[70] sind die Möglichkeiten Aufmerksamkeit zu erzeugen ungleich verteilt, können strategisch genutzt werden und zu einer verzerrten Wirklichkeits- und Problemwahrnehmung führen. Deshalb ist die Forderung, diesbezüglich Transparenz sicherzustellen,[71] nachdrücklich zu unterstützen. Gefahren einer Degeneration zur abwartenden und untätigen Verwaltung, des Anwachsens von Bürgerneid und Denunziantentum oder gar der Erosion der repräsentativ-demokratischen Staatsform Deutschlands an die Wand zu malen,[72] entbehrt demgegenüber belastbarer empirischer Fundierung und denunziert Bestrebungen um Bürgernähe und zur Aktivierung von Bürgersinn. Die Antwort muss vielmehr in der Wahrung von Transparenz und chancengleicher Zugänglichkeit für unterschiedliche Interessengruppen und Individuen bestehen. Darauf ist insbesondere zu achten, wenn sich Behörden gezielt für Anregungen von Bürgerseite etwa durch Bürgerforen öffnen. Daneben ge-

16

---

[66] Eröffnungspflichten bei Antragstellung bestehen insbesondere im sozialen Leistungsrecht; zu beachten sind in diesem Zusammenhang auch die behördlichen Unterstützungspflichten gemäß § 16 SGB I; für eine generelle, wenn auch in ihrer Tiefe differenzierte Antragsprüfungspflicht *Bull/Mehde*, VerwR, Rn. 623; zum Streit über die Bindung des Bürgers an seine Anträge *Winfried Kluth*, in: Wolff/Bachof/Stober/ders., VerwR I, § 60 Rn. 8 ff.; *Ehlers*, Rechtsprechungsanalyse (Fn. 61), S. 261 f., zugleich zur Unterscheidung zwischen Anträgen und Willenserklärungen als Voraussetzung mitwirkungsbedürftiger Verwaltungsakte. Zu den Funktionen des Antrags → Bd. II *Gusy* § 23 Rn. 38.
[67] In Antragsverfahren ist die Verfahrenseinleitung eng mit der Frage der Bearbeitungsreihenfolge der Anträge verknüpft → Rn. 29.
[68] *Kopp/Ramsauer*, VwVfG, § 22 Rn. 11.
[69] Siehe auch → Bd. II *Gusy* § 23 Rn. 69 f.
[70] Hierzu *Georg Franck*, Ökonomie der Aufmerksamkeit: Ein Entwurf, 2004.
[71] *Anna Leisner-Egensperger*, Reaktives Verwalten: Verwaltungsspontaneität in Attentismusgefahr, VerwArch, Bd. 96 (2005), S. 1 (11 f.); *Johannes Masing*, Transparente Verwaltung: Konturen eines Informationsverwaltungsrechts, VVDStRL, Bd. 63 (2004), S. 377 (420 f., s. aber auch S. 414).
[72] *Leisner-Egensperger*, Reaktives Verwalten (Fn. 71), S. 12 ff.

winnen vor diesem Hintergrund aktuell beobachtbare Tendenzen einer anlassunabhängigen, systematischen Verfahrensvorbereitung oder -einleitung zusätzliche Bedeutung,[73] um Vollzugsdefizite in Bereichen zu mindern, in denen nicht allein auf spontane Impulse zur Verfahrenseröffnung vertraut werden kann.[74]

17 Der **Verfahrensbeginn** ist mit zahlreichen **Unklarheiten** über seine Voraussetzungen und Rechtsfolgen verknüpft. Hinsichtlich der **Voraussetzungen** ist bei Antragsverfahren umstritten, ob die Antragstellung genügt oder auf die behördliche Entscheidung zur Verfahrenseinleitung abzustellen ist. § 22 VwVfG enthält dazu keine Regelung. Maßgeblich ist vielmehr § 9 VwVfG, der auf die nach außen wirkende Tätigkeit der Behörden abhebt und deshalb die bloße Antragstellung des Bürgers nicht genügen lassen soll.[75] Ferner sollen Verfahrensbeginn und **Verfahrensrechtsverhältnis** zwar häufig parallel bestehen, aber dogmatisch nicht identisch sein.[76] So soll das Verfahrensrechtsverhältnis gegebenenfalls schon vor Verfahrensbeginn existieren, während die Verfahrensrechte der §§ 10 ff. VwVfG nicht das Bestehen eines Verfahrensrechtsverhältnis voraussetzen sollen. Überzeugend sind diese Differenzierungen nicht. Vorzugswürdig ist eine durch das Sozial- und Rechtsstaatsprinzip gebotene extensive Auslegung des keineswegs eindeutigen Wortlauts von § 9 VwVfG.[77] Das Verfahren beginnt danach ab dem ersten zielgerichteten Behördenkontakt, wie dies die wohl herrschende Meinung bezüglich der Beratungspflicht[78] ohnehin annimmt. Jedenfalls muss man im Verfahrensbeginn gemäß § 9 VwVfG eine hinreichende, wenn auch nicht notwendige Voraussetzung für ein Verfahrensrechtsverhältnis mit wechselseitigen Verfahrenspflichten sehen.[79] Dabei ist das Verfahrensrechtsverhältnis

---

[73] → Rn. 21.

[74] Vgl. zu diesem Grund von Vollzugsdefiziten im Zusammenhang mit dem Übergang von Genehmigungs- zu Anzeigeverfahren: *Jens-Peter Schneider*, Interessenverarbeitung in flexibilisierten Genehmigungsverfahren, in: Dieter Schmidtchen/Hans-Jörg Schmidt-Trenz (Hrsg.), Vom Hoheitsstaat zum Konsensualstaat: Ökonomische Analyse der Flexibilisierung von Genehmigungsverfahren, 1999, S. 80 (90 f.); *Gertrude Lübbe-Wolff*, Das Kooperationsprinzip im Umweltrecht: Rechtsgrundsatz oder Deckmantel des Vollzugsdefizits?, NuR 1989, S. 295 (296).

[75] Dabei sind die genauen Anforderungen an die Außenwirkung unklar und umstritten: *Paul Stelkens/Heribert Schmitz*, in: Stelkens/Bonk/Sachs (Hrsg.), VwVfG, § 9 Rn. 95, 115; § 22 Rn. 55 ff.; *Klaus Ritgen*, in: Knack/Henneke, VwVfG, § 9 Rn. 16; *Frank Alpert*, Zur Beteiligung am Verwaltungsverfahren nach dem Verwaltungsverfahrensgesetz des Bundes: Die Beteiligtenstellung des § 13 Abs. 1 VwVfG, 1999, S. 83 ff.

[76] *Paul Stelkens/Heribert Schmitz*, in: Stelkens/Bonk/Sachs (Hrsg.), VwVfG, § 9 Rn. 10; § 22 Rn. 55 unter Hinweis auf *Thomas v. Danwitz*, Zu Funktion und Bedeutung der Rechtsverhältnislehre, DV, Bd. 30 (1997), S. 339 (359).

[77] Siehe auch → Bd. II *Gusy* § 23 Rn. 37; *Hermann Borgs-Maciejewski*, in: Meyer/ders. (Hrsg.), Verwaltungsverfahrensgesetz, 2. Aufl. 1982, § 9 Rn. 9; *Gerd Engelhardt*, in: Obermayer, VwVfG, § 22 Rn. 13; *OVG NW*, NuR 2006, S. 60 (62).

[78] → Rn. 60; ferner *Paul Stelkens/Dieter Kallerhoff*, in: Stelkens/Bonk/Sachs (Hrsg.), VwVfG, § 25 Rn. 24; dies ist noch klarer für die unabhängig vom Verfahrensbegriff des § 8 SGB X geregelten sozialrechtlichen Aufklärungs-, Beratungs- und Auskunftspflichten der §§ 13 ff. SGB I: *Ralf Kreikebohm/Friedrich v. Koch*, Das Sozialleistungsverhältnis – generelle Rechte und Pflichten zwischen Sozialleistungsempfängern und -trägern, in: Bernd Baron v. Maydell/Franz Ruland/Ulrich Becker (Hrsg.), Sozialrechtshandbuch, 4. Aufl. 2008, § 6 Rn. 21 ff.

[79] Im Vertragsvorbereitungsverfahren werden Pflichtverstöße nach den nunmehr in § 311 Abs. 2 BGB geregelten Grundsätzen der culpa in contrahendo – zivilrechtlich (str.) – sanktioniert: *BGH*, JZ 1986, S. 155 (155); *BVerwG*, JZ 2003, S. 208 (208 f.) mit kritischen Anmerkungen von *Dirk Ehlers*, JZ 2003, S. 209 ff.; *Berg*, Rechtsprechung seit 1998 (Fn. 58), S. 1047.

C. Das Standardverfahren gemäß VwVfG und seine Modifikationen

zwar gesetzlich konturiert, aber primär eine heuristische Kategorie.[80] Aus ihm können daher nicht selbständige Verfahrenspflichten der Bürger abgeleitet werden, weil andernfalls der verfahrensrechtliche Gesetzesvorbehalt missachtet würde.[81]

Die hier vertretene Vorverlagerung des Verfahrensbeginns hilft allerdings nur begrenzt weiter, weil die Verfahrensrechte der §§ 10 ff. VwVfG vielfach nicht zur **Vorbereitungsphase** passen. Diese normative Abstinenz mag in schlichten Handlungszusammenhängen akzeptabel sein. Komplexere Verfahrensgegenstände verlangen aber eine Vorstrukturierung des konkreten Verwaltungsverfahrens und intensivere Vorabinformation oder Beratung des Bürgers. Seit 1996 fanden sich **vorbereitende Beratungs- und Erörterungspflichten der Behörde** zum Zwecke der Beschleunigung von wirtschaftsbezogenen Genehmigungsverfahren[82] in § 71c VwVfG a. F. Sie wurden 2009 in § 25 Abs. 2 VwVfG abstrakter gefasst und auf alle Antragsverfahren erstreckt.[83] Daneben hat die Rechtsprechung einen unmittelbar **grundrechtlich fundierten Auskunfts- und Informationsanspruch** zur chancengerechten Vorbereitung berufsrelevanter Antragsverfahren entwickelt.[84] Inwieweit die wachsende Zahl von Informationsfreiheitsgesetzen in diesem Zusammenhang Relevanz erlangt, bleibt abzuwarten.[85] 18

Daneben finden sich in Spezialgesetzen zunehmend Regelungen über **spezifische Vorverfahren** wie beispielsweise das Scoping zur Strukturierung und Fokussierung der Sachverhaltsermittlung durch Festlegung des Untersuchungsrahmens einer Umweltverträglichkeitsprüfung[86] bzw. Strategischen Umweltprüfung,[87] den wettbewerblichen Dialog zur Konkretisierung komplexer Auftragsgegenstände vor öffentlichen Ausschreibungen[88] oder die Anhörung der beteiligten Kreise bei der Wahl zwischen Versteigerungs- und Ausschreibungsverfahren zur Frequenzvergabe.[89] Häufig geht es um die Entwicklung von Konzepten, die das Verfahrensgestaltungsermessen oder Spielräume bei der abschließenden Entscheidung binden bzw. vorstrukturieren sollen.[90] 19

---

[80] Hierzu allg. für das Verwaltungsrechtsverhältnis *Rolf Gröschner*, Vom Nutzen des Verwaltungsrechtsverhältnisses, DV, Bd. 30 (1997), S. 301 ff.

[81] *Hermann Pünder*, Verwaltungsverfahren, in: Erichsen/Ehlers (Hrsg.), VerwR, § 14 Rn. 10.

[82] Zum diesbzgl. differenziert zu bewertenden Beschleunigungspotential *Jan Ziekow/Alexander Windoffer/Martin-Peter Oertel*, Evaluation von Regelungen zur Beschleunigung von Genehmigungsverfahren, DVBl 2006, S. 1469 ff. Vgl. a. → Bd. II *Schmidt-Aßmann* § 27 Rn. 86 ff.

[83] → Rn. 60 zugleich zu den Informationspflichten nach dem neuen § 71c VwVfG.

[84] *BVerwG*, DÖV 2004, S. 73 (74 f.); dazu *Berg*, Rechtsprechung seit 1998 (Fn. 58), S. 1043; *Schmidt-Preuß*, Verfahrensrecht (Fn. 18), S. 490 f.; abgelehnt wurde hingegen ein Akteneinsichtsrecht für die NPD vor Eröffnung eines Parteiverbotsverfahrens: *BVerfGE* 103, 41 (42). S. a. → Bd. II *Gusy* § 23 Rn. 24.

[85] → Rn. 58 f.

[86] § 5 UVPG, dazu *Jens-Peter Schneider*, Nachvollziehende Amtsermittlung bei der Umweltverträglichkeitsprüfung – Zum Verhältnis zwischen dem privaten Träger des Vorhabens und der zuständigen Behörde bei der Sachverhaltsermittlung nach dem UVPG, 1991, S. 142 ff.

[87] § 14f UVPG; dazu *Reinhard Hendler*, Das Gesetz zur Einführung einer Strategischen Umweltprüfung, NVwZ 2005, S. 977 ff.

[88] § 101 Abs. 4 GWB; dazu *Ferdinand Wollenschläger*, Verteilungsverfahren, 2010, S. 241 f.; *Matthias Knauff*, Neues europäisches Vergabeverfahrensrecht: Der wettbewerbliche Dialog, VergabeR 2004, S. 287 ff. S. a. → Bd. I *Hoffmann-Riem* § 10 Rn. 129; Bd. II *Fehling* § 38 Rn. 88.

[89] Vgl. § 61 Abs. 1 S. 1 TKG.

[90] → Rn. 106, 173. S. a. → Bd. I *Hoffmann-Riem* § 10 Rn. 115 ff., 117; Bd. II *Röhl* § 30 Rn. 37, *Hill/Martini* § 34 Rn. 58.

20 Außerhalb dieser gesetzlichen Regelungen erfolgt vielmals eine Verfahrensvorbereitung in **informellen Vorverfahren und Vorverhandlungen**. Diese sind wegen ihrer jedenfalls faktischen Vorabbindungen rechtsstaatlich keineswegs unproblematisch, werden aber von der Rechtsprechung hingenommen, wenn sie sachlich gerechtfertigt sind, an ihrer Aushandlung die formal zuständigen Behörden bzw. Organe beteiligt sind und ein vertretbares (Abwägungs-)Ergebnis vorliegt, das das „förmliche" Verfahren nicht zur leeren Hülle werden lässt.[91] Weitergehend ist in diesem Zusammenhang an flexible Kompensationslösungen zu denken. Dann hinge die Intensität der Gerichtskontrolle vom konkreten Niveau der Transparenzsicherung (z.B. durch Dokumentation der Vorverhandlungen) und der im Rahmen des „förmlichen" Verfahrens verwirklichten Beteiligungskompensation ab.[92]

21 All dies lässt das gesetzliche **Leitbild der anlassabhängigen und entscheidungsorientierten Verfahrenseinleitung** unberührt. Zunehmend finden sich aber auch **anlassunabhängige oder systematische Erkundungs- oder Kontrollverfahren**. Die Verfahren sind nicht immer unmittelbar auf eine Verwaltungsentscheidung ausgerichtet, sondern begnügen sich teilweise mit der reinen Informationssammlung. Sie sind aber gleichwohl latent mit den hier interessierenden Entscheidungsverfahren verknüpft und haben auf diese beachtliche Rückwirkungen. Nur sie können und müssen an dieser Stelle diskutiert werden.[93] Ein Beispiel sind **anlassunabhängige Umweltkartierungen**[94] im Zusammenhang mit Luftreinhalte-, Lärmminderungs- oder Landschaftsplänen, die aufgrund unionsrechtlicher Vorgaben zukünftig erheblich häufiger und gehaltvoller vorgenommen werden müssen. Diese Kartierungen entfalten in anschließenden Zulassungs- und Planfeststellungsverfahren Wirkung. Während nämlich bislang der Umweltzustand erst anlassbezogen, auf das Gebiet des vorgeschlagenen Vorhabens begrenzt und unter der Verantwortung des Vorhabenträgers oder jedenfalls der nicht primär Umweltbelange verfolgenden Planfeststellungsbehörde ermittelt wurde, geschieht dies nun von Seiten der Umweltbehörden, mit unmittelbar allein ökologischer Zielrichtung und weiträumig. Auf diese Weise wird das nachfolgende Verfahren einerseits zeitlich entlastet, andererseits dürfte die Stellung der für die Kartierung eigenständig verantwortlichen Umweltbehörden im Verhältnis zur Planfeststellungsbehörde gestärkt werden und ggf. der Druck wachsen, aufgrund der besseren und räumlich ausgreifenden Umweltdaten um-

---

[91] → Bd. II *Fehling* § 38 Rn. 69 ff.; ders., Verwaltung zwischen Unparteilichkeit und Gestaltungsaufgabe, 2001, S. 316 ff.; ferner *Kopp/Ramsauer*, VwVfG, Einf. I Rn. 76; *Rainer Wahl*, Die Einschaltung privatrechtlich organisierter Verwaltungseinrichtungen in den Straßenbau, DVBl 1993, S. 517 (521 ff.); *Wolfgang Hoffmann-Riem*, Selbstbindungen der Verwaltung, VVDStRL, Bd. 40 (1982), S. 187 (212 ff.); *Eberhard Bohne*, Der informale Rechtsstaat: Eine empirische und rechtliche Untersuchung zum Gesetzesvollzug unter besonderer Berücksichtigung des Immissionsschutzes, 1981, S. 144 ff.; aus der Rechtsprechung *BVerwGE* 45, 309 (316 ff.) – Flachglas bezüglich Vorabbindungen im Bauplanungsverfahren; s. ferner: *Jens-Peter Schneider*, Planungs-, genehmigungs- und naturschutzrechtliche Fragen des Netzausbaus und der untertägigen Speichererrichtung zur Integration erneuerbarer Energien in die deutsche Stromversorgung, Rechtsgutachten für den Sachverständigenrat für Umweltfragen, 2010, S. 10 f., 14 f., 20 [abrufbar unter: www.umweltrat.de].
[92] Näher *Fehling*, Unparteilichkeit (Fn. 91), S. 325 f.
[93] Ausführlich zu entsprechenden Verfahrenstypen → Bd. II *Röhl* § 30 Rn. 40 ff.; s. ferner → Rn. 155 f.
[94] Zum Folgenden *Ulrich Stelkens*, Von der umweltgerechten zur umweltbestimmten Planung, NuR 2005, S. 362 ff.

weltverträglichere Alternativen ernsthaft zu erwägen. Anlassunabhängig sind auch unionsrechtlich verankerte **systematische Finanzkontrollverfahren** im Subventionsverwaltungsrecht, die zur Einleitung konkreter Finanzkorrekturverfahren führen können,[95] oder **systematische Lebensmittelkontrollen**.[96] Schließlich verdient noch das systematische Kontrollen vorsehende Steuerverfahrensrecht Erwähnung.[97]

III. Verfahrenssubjekte

1. Verfahrensführende Behörde und private Beteiligte im Standardverfahren

Verfahrenssubjekte sind die **verfahrensführende Behörde** als Trägerin des Verfahrens[98] sowie die Beteiligten gemäß § 13 VwVfG.[99] Verfahrensführende Behörde ist die im Verfahren außenwirksam tätige, Aufgaben der öffentlichen Verwaltung wahrnehmende Stelle (§§ 9; 1 Abs. 4 VwVfG).[100] Maßgeblich ist die gesetzliche Zuständigkeitsverteilung, die Sach- und Verfahrensverantwortung zuweist[101] und bei Verstößen vergleichsweise streng sanktioniert wird.[102] Lediglich intern **mitwirkende Behörden** werden in Übereinstimmung mit dem geschlossenen Verfahrenskonzept des VwVfG im Zusammenhang mit dem Standardverfahren nur beiläufig erwähnt[103] und gehören nicht zu den mit Verfahrensrechten ausgestatteten Beteiligten (§ 13 Abs. 3 VwVfG).[104] Eine Ausnahme besteht nur, wenn sie wie die Gemeinden beim Einvernehmen gemäß § 36 BauGB über eine eigene (Außen-)Rechtsposition in Gestalt der klagefähigen Planungshoheit verfügen.[105] Auf die unterschiedlichen Formen der Behördenmitwirkung ist noch einzugehen.[106]

22

Geborene **Beteiligte kraft Gesetzes** sind in Antragsverfahren die Antragsteller und ggf. Antragsgegner,[107] in Eingriffsverfahren die potentiellen Verwal-

23

---

[95] Näher *Jens-Peter Schneider*, Verwaltungsrechtliche Instrumente des Sozialstaates, VVDStRL, Bd. 64 (2005), S. 238 (262 f.); *Bettina Schöndorf-Haubold*, Gemeinsame Europäische Verwaltung: Die Strukturfonds der Europäischen Gemeinschaft, in: Eberhard Schmidt-Aßmann/dies. (Hrsg.), Der Europäische Verwaltungsverbund, 2005, S. 25 (43 ff.); *Rudolf Mögele*, Die Behandlung fehlerhafter Ausgaben im Finanzierungssystem der gemeinsamen Agrarpolitik, 1997, S. 108 ff.
[96] *Schneider*, Vollzug des Europäischen Wirtschaftsrechts (Fn. 30), S. 149.
[97] → Rn. 164 ff.
[98] *Heinz J. Bonk/Heribert Schmitz*, in: Stelkens/Bonk/Sachs (Hrsg.), VwVfG, § 13 Rn. 6.
[99] Ausführlich zum Folgenden *Alpert*, Beteiligung (Fn. 75); § 12 SGB X ist wortgleich; demgegenüber regelt die AO die Hinzuziehung nicht in der allgemeinen Vorschrift des § 78 AO, sondern in § 174 AO zur Vermeidung streitbefangener Steuerfestsetzungen.
[100] Zurechnungsendsubjekt (s. auch → Bd. I *Jestaedt* § 14 Rn. 20 ff.) ist die von der handelnden Behörde vertretene juristische Person des öffentlichen Rechts: *Winfried Kluth*, in: Wolff/Bachof/Stober/ders., VerwR I, § 59 Rn. 30.
[101] *Pitschas*, Verwaltungsverantwortung (Fn. 1), S. 42 f.
[102] *Pünder*, Verwaltungsverfahren (Fn. 81), § 14 Rn. 2.
[103] §§ 44 Abs. 3 Nr. 3 u. 4; 45 Abs. 1 Nr. 4 u. 5 VwVfG.
[104] *Heinz J. Bonk/Heribert Schmitz*, in: Stelkens/Bonk/Sachs (Hrsg.), VwVfG, § 13 Rn. 6; s. auch *Winfried Kluth*, in: Wolff/Bachof/Stober/ders., VerwR I, § 59 Rn. 54.
[105] *Ritgen*, in: Knack/Henneke, VwVfG, § 13 Rn. 24.
[106] → Rn. 91 ff.
[107] Der Begriff des Antragsgegners ist unklar, weil das deutsche Verwaltungsverfahren anders als teilweise im Ausland (s. etwa *Guido Kleve/Benjamin Schirmer*, England und Wales, in: Schneider

tungsaktadressaten und in Vertragsverfahren die Vertragspartner der Behörde (§ 13 Abs. 1 Nr. 1 bis 3 VwVfG). Hinzu treten **Dritte** als „gekorene" **Beteiligte aufgrund einer konstitutiven Hinzuziehung** durch die Behörde (§ 13 Abs. 1 Nr. 4, Abs. 2 VwVfG).[108] Sie erfolgt in der Regel mittels eines verfahrensleitenden Verwaltungsakts.[109] Hinzugezogene erlangen einen verfahrensrechtlichen Anspruch auf Anhörung etc. Umgekehrt wird die Bindungskraft des verfahrensabschließenden Rechtsakts durch die Hinzuziehung auf diese Personen erstreckt.[110] Bis zu ihrer Bestandskraft können Dritte eine Hinzuziehung wegen der mit ihr verbundenen Belastungen selbständig anfechten, da die Rechtsprechung sie solange als Nichtbeteiligte im Sinne des § 44a S. 2 VwGO qualifiziert.[111]

2. Die einheitliche Stelle als Verfahrensmittler

23a   Mit dem 4. VwVfÄndG vom 11. Dezember 2008 wurde zur Umsetzung von Art. 6 der Dienstleistungsrichtlinie[112] in den neugefassten §§ 71 a ff. VwVfG das

---

[Hrsg.], Verwaltungsrecht in Europa, Bd. 1 [Fn. 64]) und im Gegensatz zum gerichtlichen Verfahren grundsätzlich nicht kontradiktorisch ausgestaltet ist. Eindeutig ist nicht die verfahrensleitende Behörde gemeint, da diese als Trägerin des Verfahrens nicht Beteiligte ist. Aus systematischen Erwägungen ist der Begriff auf diejenigen zu beschränken, die (Mit-)Adressat des vom Antragsteller begehrten Verwaltungsakts sind, weil § 13 Abs. 1 Nr. 2 VwVfG auf Verfahren von Amts wegen ausgerichtet ist. Beispiele sind Anträge auf polizeiliches oder baubehördliches Einschreiten oder behördliche Streitentscheidung z. B. nach BJagdG (*Ritgen*, in: Knack/Henneke, VwVfG, § 13 Rn. 8. Ein neues Anwendungsfeld erwächst durch streitentscheidende Regulierungsverfahren (→ Rn. 168). Demgegenüber genügt es nicht, dass der Antrag ggf. Drittwirkung entfaltet (so aber *Ritgen*, ebd.), da dieser Fall durch § 13 Abs. 2 S. 1 VwVfG erfasst wird (→ Rn. 73). Anders als bei § 13 Abs. 1 Nr. 4 VwVfG entsteht die Beteiligtenstellung des Antragsgegners kraft Gesetzes und zwar unabhängig von einer behördlichen Maßnahme mit der Antragstellung (*Ritgen*, ebd.; zur hiermit verknüpften Frage des generellen Verfahrensbeginns → Rn. 17). Die Gegenansicht, die eine behördliche Benachrichtigung verlangt (z.B. *Heinz J. Bonk/Heribert Schmitz*, in: Stelkens/Bonk/Sachs [Hrsg.], VwVfG, § 13 Rn. 20), findet im Wortlaut der Vorschrift keinen Rückhalt und führt zu Unsicherheiten hinsichtlich der mit der Beteiligtenstellung verbundenen Verfahrensrechte des Antragsgegners. Zur Beteiligung s.a. → Bd. II *Rossen-Stadtfeld* § 29.
[108] Näher hierzu und insbes. zur Unterscheidung zwischen der fakultativen Hinzuziehung bei möglicher Betroffenheit in rechtlichen Interessen und notwendiger Hinzuziehung bei rechtsgestaltender Drittwirkung des Verfahrensausgangs sowie zur Möglichkeit einer Partizipationserzwingungsklage → Rn. 72 ff.
[109] *Heinz J. Bonk/Heribert Schmitz*, in: Stelkens/Bonk/Sachs (Hrsg.), VwVfG, § 13 Rn. 30 zugleich mit Erläuterung der Voraussetzungen einer faktischen Hinzuziehung.
[110] Zum gegenläufigen Anspruch auf Aufhebung einer Hinzuziehung *BVerwG*, NVwZ 2000, S. 1179 (1180).
[111] *BVerwG*, NVwZ 2000, S. 1179 (1180); auch wenn dies im Ergebnis überzeugt, erscheint die Begründung nicht unangreifbar.
[112] Richtlinie 2006/123/EG über Dienstleistungen im Binnenmarkt; dazu: *Hartmut Bauer/Christiane Büchner/Frauke Brosius-Gersdorf* (Hrsg.), Die Europäische Dienstleistungsrichtlinie, 2010; *Anne Neidert*, Verwaltungsverfahren über einen einheitlichen Ansprechpartner, 2011, S. 23 ff.; *Daniel Parlow*, Die EG-Dienstleistungsrichtlinie, 2010, S. 7 ff.; *Monika Schlachter/Christoph Ohler* (Hrsg.), Europ. Dienstleistungsrichtlinie – Handkommentar, 2008; zu ihrem Aufsichtskonzept: → Bd. III *Huber* § 45 Rn. 80 ff. (2. Aufl., im Erscheinen); *Ansgar Günnewicht/Andreas Tiedge*, Aufsicht über die Erbringung von Dienstleistungen; WiVerw 2008, S. 212 ff.; zu ihrer Umsetzung statt vieler: *Sven Eisenmenger*, Das Öffentliche Wirtschaftsrecht im Umbruch – Drei Jahre Dienstleistungsrichtlinie in Deutschland, NVwZ 2010, S. 337 ff.; *Florian Lemor/Kai Haake*, Ausgesuchte Rechtsfragen der Umsetzung der Dienstleistungsrichtlinie, EuZW 2009, S. 65 ff.; *Thomas Mann*, Randnotizen zur Umsetzung der Dienstleistungsrichtlinie im Gewerberecht, GewArch 2010, S. 93 ff.; *Utz Schliesky* (Hrsg.), Die Umsetzung der EU-

C. Das Standardverfahren gemäß VwVfG und seine Modifikationen

Verfahren über eine einheitliche Stelle als zusätzliche vom Standardverfahren abweichende Verfahrensart eingeführt[113]. Ganz bewusst wurde dieses Verfahren jedoch zur Vermeidung von Inländerdiskriminierungen und zur rechtlichen Strukturierung des One-Stop-Government-Konzepts[114] nicht in seinem Anwendungsbereich auf den Dienstleistungssektor beschränkt, sondern seine Geltung ganz abstrakt von einem Rechtsanwendungsbefehl außerhalb des VwVfG abhängig gemacht[115]. Aber selbst, wenn seine Anwendbarkeit gesetzlich angeordnet wird, bleibt es dem privaten (künftigen) Verfahrensbeteiligten (Antragsteller, Anzeigepflichtigen oder Informationsberechtigten) überlassen, ob er ein Verfahren über die einheitliche Stelle oder im direkten Kontakt mit der sachlich zuständigen Behörde, der dann gemäß § 71a Abs. 2 VwVfG bestimmte Pflichten der einheitlichen Stelle zufallen, führen möchte. Sinnvoll kann ersteres für einen privaten Verfahrensbeteiligten insbesondere dann sein, wenn für das von ihm verfolgte Vorhaben, wie die Aufnahme eines Gewerbes oder die Errichtung einer Anlage, eine Mehrzahl von Verwaltungsverfahren erforderlich ist oder er Schwierigkeiten hat, die zuständigen Behörden zu identifizieren.

Das VwVfG gestaltet die einheitliche Stelle als neues Verfahrenssubjekt mit der Funktion eines **unterstützenden Verfahrensmittlers zwischen Bürger und Unternehmen** aus[116]. Als solchem obliegen der einheitlichen Stelle Orientierung schaffende Informationspflichten gemäß § 71c Abs. 1 VwVfG sowie eine Bündelungs- und Scharnierfunktion in der Kommunikation zwischen zuständiger Be- **23b**

Dienstleistungsrichtlinie in der deutschen Verwaltung, Teil I–III, 2008, 2009, 2010; *Rolf Stober*, Die Bedeutung der Dienstleistungsrichtlinie (DLR) für das Wirtschaftsverwaltungsrecht, WiVerw 2008, S. 137 ff.; *Jan Ziekow*, Die Umsetzung der Dienstleistungsrichtlinie im Verwaltungsverfahrensrecht, WiVerw 2008, S. 176 ff.; zu anderen Umsetzungsmaßnahmen im VwVfG → Rn. 60, 97a, 100.

[113] Vgl. zum Folgenden: RegBegr. zum Gesetzentwurf für das 4. VwVfÄndG, BTDrucks 16/10493, S. 12 f., 17 ff.; *Christian Ernst*, Die Einführung eines einheitlichen Ansprechpartners i. S. der EU-Dienstleistungsrichtlinie durch das 4. Gesetz zur Änderung verwaltungsverfahrensrechtlicher Vorschriften, DVBl 2009, S. 953 ff.; *Anne Neidert*, Verwaltungsverfahren (Fn. 112), S. 134 ff.; *Heribert Schmitz/Lorenz Prell*, Verfahren über eine einheitliche Stelle, NVwZ 2009, S. 1 ff.; *Sönke E. Schulz*, Das 4. VwVfÄndG – zum weitergehenden Änderungsbedarf im Verfahrensrecht im Kontext der EU-Dienstleistungsrichtlinie, NdsVBl. 2009, S. 97 ff.; s. ferner: *Volkmar Kuhne*, Die Implementation der allgemeinen Anforderungen der EU-Dienstleistungsrichtlinie im Bayerischen Verwaltungsverfahrensgesetz und weitere Neuregelungen, BayVBl. 2010, S. 551 ff.; *Ulrich Ramsauer*, Änderungsbedarf im Verwaltungsverfahrensrecht aufgrund der Dienstleistungs-Richtlinie, NordÖR 2008, S. 417 ff.; *Alexander Windoffer*, Die Gesetzgebungsvorhaben des Bundes und der Länder zur verwaltungsverfahrensrechtlichen Umsetzung der EG-Dienstleistungsrichtlinie, DÖV 2008, S. 797 ff.

[114] Zu diesem s. a. → Bd. II *Britz* § 26 Rn. 39 ff.

[115] RegBegr. zum Gesetzentwurf für das 4. VwVfÄndG, BTDrucks 16/10493, S. 1, 17, 18.

[116] Zum Folgenden: RegBegr. zum Gesetzentwurf für das 4. VwVfÄndG, BTDrucks 16/10493, S. 17; zur möglichen Beteiligtenstellung der einheitlichen Stelle: *Neidert*, Verwaltungsverfahren (Fn. 112), S. 198 f.; die Bestimmung, welche Stellen als einheitliche Stellen für welche Verfahren agieren, überlässt das VwVfG dem zuständigen Fachgesetzgeber; zu den unterschiedlichen Organisationsmodellen und den Modellentscheidungen in den verschiedenen Bundesländern s. *Wolfram Cremer*, Umsetzung der Dienstleistungsrichtlinie in Deutschland – Verfassungsrechtliche Grenzen für die Installierung der Kammern als Einheitliche Ansprechpartner, EuZW 2008, S. 655 ff.; *Ramsauer*, Änderungsbedarf (Fn. 113), S. 420 ff.; *Kay Ruge*, Die Wahrnehmung der Aufgaben des einheitlichen Ansprechpartners nach der EG-Dienstleistungsrichtlinie in den Bundesländern, ZG 2009, S. 45 ff.; *Sönke E. Schulz*, Kooperationsmodelle zur Umsetzung des Einheitlichen Ansprechpartners als unzulässige Mischverwaltung?, DÖV 2008, S. 1028 ff.; *ders.*, Der Einheitliche Ansprechpartner in Bayern, BayVBl. 2010, S. 556 ff.; *Jan Ziekow/Alexander Windoffer* (Hrsg.), Ein Einheitlicher Ansprechpartner für Dienstleister, 2007.

hörde und dem Privaten gemäß § 71b VwVfG[117]. Die Sach- und Entscheidungskompetenzen sowie die „Verfahrenshoheit" der verfahrensführenden Behörde(n) sollen durch die Einschaltung der einheitlichen Stelle – zumindest nach dem Regelmodell des VwVfG – unberührt bleiben, auch erhält die einheitliche Stelle keine Aufsichtsbefugnisse.[118] Dementsprechend obliegt auch die Vollständigkeitsprüfung hinsichtlich einzureichender Unterlagen gemäß § 71b Abs. 4 VwVfG[119] und die Auskunft über die Auslegung der maßgeblichen Entscheidungsnormen gemäß § 71c Abs. 2 VwVfG[120] allein der jeweils zuständigen Behörde. Ferner begründen die **gegenseitigen Unterstützungspflichten** gemäß § 71d VwVfG keine Ermächtigung für die einheitliche Stelle etwa auf eine besonders zügige Verfahrensabwicklung durch die zuständige Behörde steuernd einzuwirken.[121] Immerhin gestaltet diese Norm einen (begrenzten) innerstaatlichen Verwaltungsverbund insbesondere mit Pflichten zur kurzfristigen Information durch die zuständigen Behörden über den jeweiligen Verfahrensstand, damit die einheitlichen Stellen ihre Informationspflichten aus § 25 Abs. 2 und § 71c Abs. 1 VwVfG gegenüber den Privaten erfüllen können.[122]

IV. Verfahrensdurchführung

1. Verfahrensermessen und Verfahrensgrundsätze

a) Verfahrensermessen und Nichtförmlichkeit des Standardverfahrens

24 § 10 VwVfG verankert den **Grundsatz der nichtförmlichen Verfahrensdurchführung.**[123] Aus ihm folgt aber nicht eine rechtlich ungebundene Verfahrens-

---

[117] Zu den damit verbundenen komplexen Fristregelungen: *Ernst,* Einführung (Fn. 113), S. 958 f.; *Kuhne,* Implementierung (Fn. 113), S. 554; teilweise krit. *Schulz,* 4. VwVfÄndG (Fn. 113), S. 100; ihnen kommt gerade hinsichtlich der durch das 4. VwVfÄndG parallel eingeführten und für den Bereich der Dienstleistungsrichtlinie zwingend anzuwendenden Genehmigungsfiktion gemäß § 42a VwVfG (zu dieser → Bd. II *Bumke* § 35 Rn. 63 a) erhebliche Bedeutung zu; allerdings ist entgegen der Richtlinie die (ggf. elektronische) Abwicklung der Akteneinsicht über die einheitliche Stelle nicht hinreichend normativ abgesichert: *Neidert,* Verwaltungsverfahren (Fn. 112), S. 163 f.; s. a. *Schulz,* 4. VwVfÄndG (Fn. 113), S. 101.
[118] RegBegr. zum Gesetzentwurf für das 4. VwVfÄndG, BTDrucks 16/10493, S. 17 mit dem Hinweis auf eine optionale Kompetenzerweiterung für die einheitlichen Stelle durch die zuständigen Fachgesetzgeber; s. a. *Burgi,* Verwaltungsverfahrensrecht (Fn. 20), S. 111.
[119] *Neidert,* Verwaltungsverfahren (Fn. 112), S. 152 ff. zugleich mit dem Hinweis, dass dadurch eine vorgeschaltete Evidenzprüfung durch die einheitliche Stelle nicht ausgeschlossen werde, und zum Verhältnis zu § 25 Abs. 2 S. 2 VwVfG.
[120] Näher *Neidert,* Verwaltungsverfahren (Fn. 112), S. 193 ff.
[121] *Neidert,* Verwaltungsverfahren (Fn. 112), S. 192 f. mit dem Hinweis auf die Möglichkeit einer Einschaltung der zuständigen Aufsichtsbehörde durch die einheitliche Stelle; s. a. *Schulz,* 4. VwVfÄndG (Fn. 113), S. 100.
[122] *Kopp/Ramsauer,* VwVfG, § 71d Rn. 3; zu den hierfür erforderlichen verwaltungspraktischen Entwicklungen: *Schmitz/Prell,* Einheitliche Stelle (Fn. 113), S. 4; diese Form regelmäßiger und dauerhafter Zusammenarbeit geht über die Amtshilfe nach §§ 4 ff. VwVfG (dazu → Rn. 97) hinaus und wird durch die §§ 8a ff. VwVfG zur europäischen Verwaltungszusammenarbeit ergänzt: → Rn. 97a; *Kopp/Ramsauer,* VwVfG, § 71d Rn. 1 f.
[123] § 8 SGB X ist wortgleich, die AO enthält keine entsprechende Vorschrift, ohne dass dies in der steuerrechtlichen Literatur näher thematisiert wird. Demgegenüber ist das US-amerikanische Verwaltungsrecht jedenfalls rechtssystematisch, wenn auch nicht faktisch vom Grundsatz des prozessartig formalisierten Verfahrens geprägt: *Bernard Schwartz,* Administrative Law, 3. Aufl. 1991, S. 137 ff.;

C. Das Standardverfahren gemäß VwVfG und seine Modifikationen

herrschaft der Behörde. Eine solche schließen schon die unmittelbar anschließend in den §§ 11 ff. VwVfG niedergelegten formellen Anforderungen an das Standardverfahren aus. Außerdem hat die Behörde Verfahrensgrundsätze zu beachten, deren dogmatischer Anknüpfungspunkt das **Verfahrensermessen** ist.[124] § 40 VwVfG verpflichtet die Behörde, ihr Verfahrensermessen zweckgemäß auszuüben und dessen gesetzliche Grenzen einzuhalten. Der Ermessensrahmen wird durch den spannungsreichen Doppelauftrag des Verwaltungsverfahrens zur effektiven und effizienten Gemeinwohlbewirkung einerseits und zur Sicherung rechtsstaatlichen Rechtsschutzes andererseits[125] abgesteckt. Im Übrigen gilt die bekannte Ermessensfehlerlehre.[126]

Weit geringer sind die Verfahrensgestaltungsmöglichkeiten der Behörde in **förmlichen Verwaltungsverfahren**. Dabei hat die subsidiäre Regelung in den §§ 63 ff. VwVfG gegenüber den vielfältigen sondergesetzlichen Ausgestaltungen jedenfalls im Bundesrecht kaum Bedeutung erlangt.[127] Die Schwäche der Regelung wird in der mangelnden Ausprägung eines Verfahrenstyps gesehen. Stattdessen modifiziert sie nur einzelne Strukturelemente des Standardverfahrens insbesondere durch die obligatorische mündliche Verhandlung, die Aussagepflicht für Zeugen und Sachverständige sowie den Verzicht auf das Widerspruchsverfahren.[128] Bedeutsamer sind die noch zu behandelnden Formalisierungen insbesondere hinsichtlich der Drittbetroffenen- oder Öffentlichkeitsbeteiligung (Erörterungstermin etc.) in diversen Fachgesetzen sowie im Rahmen des **Planfeststellungsverfahrens**. 25

b) Innere Verfahren zur Gestaltung des äußeren Verfahrens

Die nachstehend untersuchten und herausgearbeiteten Verfahrensstrukturen beziehen sich auf die äußerlich sichtbaren Stationen des äußeren Verfahrens. Hiervon zu unterscheiden ist der **behördeninterne Willensbildungs- und Entscheidungsprozess** unter anderem bei Gestaltungsentscheidungen im Rahmen des Verfahrensermessens.[129] Dieses innere Verfahren wird vom VwVfG weitgehend ausgeblendet, soweit es nicht in äußerlich erkennbaren Verfahrensentscheidungen offenkundig wird. Nur im Besonderen Verwaltungsrecht finden sich bemerkenswerte Ausnahmen insbesondere in Form von Konzeptpflichten zur Vorstrukturierung der äußeren Verfahrensgestaltung.[130] Aus der üblichen 26

---

rechtsvergleichend *Franz Erath*, Förmliche Verwaltungsverfahren und gerichtliche Kontrolle, 1996; zum durchaus abweichenden englischen Verwaltungsrecht vgl. *Craig*, Administrative Law (Fn. 53), S. 409, 451 ff.

[124] Hierzu *Hermann Hill*, Verfahrensermessen der Verwaltung, NVwZ 1985, S. 449 ff.
[125] → Rn. 27 ff.
[126] → Bd. I *Hoffmann-Riem* § 10 Rn. 83 ff., insbes. 88; Bd. III *Schoch* § 50 Rn. 268 ff.
[127] Prononciert hierzu *Rainer Wahl*, Fehlende Kodifizierung der förmlichen Verwaltungsverfahren im Verwaltungsverfahrensgesetz, NVwZ 2002, S. 1192 (1192): „legislatorischer Fehlschlag"; zu wichtigen Beispielen sondergesetzlich geregelter förmlicher Verfahren *Kopp/Ramsauer*, VwVfG, § 63 Rn. 10; vgl. auch den recht umfangreichen Katalog von Entscheidungen, die nach Berliner Recht im förmlichen Verfahren getroffen werden müssen, Anlage zu § 1 Verordnung über das förmliche Verwaltungsverfahren i. V. m. § 4 Bln.VwVfG.
[128] *Kopp/Ramsauer*, VwVfG, § 63 Rn. 1; ferner → Rn. 40, 48, 72, 127.
[129] Vgl. zur Unterscheidung von innerem und äußerem Verwaltungsverfahren *Hill*, Das fehlerhafte Verfahren (Fn. 2), S. 286 f.
[130] → Rn. 18 ff.

normativen Kontrollperspektive bleibt das innere Verfahren damit in der Regel irrelevant. Eine verfahrensspezifische Sicht der behördlichen Verhaltenssteuerung muss das innere Verfahren demgegenüber beachten, wenngleich dabei vielmals die Grenzen zum Verwaltungsorganisationsrecht überschritten werden. Exemplarisch soll hierauf wegen der besonderen Bedeutung im Zusammenhang mit der internen Entscheidungsherstellung zum Verfahrensabschluss näher eingegangen werden.[131]

c) Allgemeine Verfahrensgrundsätze

27 Das Gebot der **Verfahrenseffizienz** findet in § 10 S. 2 VwVfG Niederschlag.[132] Danach ist das Verfahren einfach und zügig durchzuführen. Dies berechtigt die Behörde aber ebenso wenig dazu, ihren Gemeinwohlauftrag zu vernachlässigen,[133] wie über Rechtspositionen der Beteiligten hinwegzugehen. Allerdings ist § 10 S. 2 VwVfG[134] eine Mahnung, die Erkenntnis vom Grundrechtsschutz durch und im Verfahren nicht als Gebot zur Maximierung von prozeduralen Verzögerungs- oder gar Vetopositionen misszuverstehen.[135] Beim situationsgerechten Ausgleich dieser Aspekte im Sinne einer praktischen Konkordanz[136] gewinnt das Verfahrensermessen besondere Bedeutung. Ein wichtiger Gegenstand des effizienzorientierten Verfahrensermessens ist die Verbindung, Trennung und Aussetzung von Verfahren.[137] Besonders betont und konkretisiert wird die Beschleunigungspflicht in den §§ 25 Abs. 2, 71 c, 71 d VwVfG.[138]

28 Verwaltungsverfahren können mit Belastungen für Bürger oder juristische Personen verbunden sein. Beispiele bieten Durchsuchungen, Datenerhebungen, Vorladungen und sonstige Mitwirkungslasten. Das rechtsstaatliche Verwaltungsverfahrensrecht verlangt daher auch ohne ausdrückliche gesetzliche Verankerung die Beachtung des Grundsatzes der **Verhältnismäßigkeit**.[139] Beson-

---

[131] → Rn. 104 ff.

[132] Siehe ebenso § 9 S. 2 SGB X; die AO enthält keine entsprechende allgemeine Bestimmung, kennt aber gleichwohl ein Gebot der Verfahrensbeschleunigung: *Frank Hardtke,* in: Rolf Kühn/Alexander v. Wedelstädt/Frank Balmes (Hrsg.), Abgabenordnung und Finanzgerichtsordnung: Kommentar, 19. Aufl. 2008, § 363 Rn. 1. S. a. → Bd. II *Pitschas* § 42 Rn. 111 ff.

[133] Für eine Ergänzung des § 10 VwVfG um ein Effektivitätsgebot: *Burgi,* Verwaltungsverfahrensrecht (Fn. 20), S. 109.

[134] Zur Einfügung des Zügigkeitsgebots in § 10 VwVfG *Heinz J. Bonk,* Strukturelle Änderungen des Verwaltungsverfahrens durch das Genehmigungsverfahrensbeschleunigungsgesetz, NVwZ 1997, S. 320 (323); *Bernhard Stüer,* Die Beschleunigungsnovellen 1996, DVBl 1997, S. 326 (327).

[135] → Bd. II *Schmidt-Aßmann* § 27 Rn. 37 ff.

[136] Zum Konzept der praktischen Konkordanz bei konfligierenden Verfassungspositionen grundlegend *Hesse,* Grundzüge, Rn. 317 ff.

[137] *Pünder,* Verwaltungsverfahren (Fn. 81), § 14 Rn. 48; jüngst betont durch *BVerwG,* DVBl 2006, S. 842 (844 f.): Möglichkeit der parallelen und verbundenen Durchführung von Flurbereinigungs- und Bodenordnungsverfahren trotz differenzierter Sonderverfahrensregeln, sofern die Beteiligtenrechte nicht beeinträchtigt werden.

[138] Zu diesen → Rn. 18, 60, 94; s. auch die diesbzgl. empirischen Analysen von *Ziekow/Windoffer/Oertel,* Beschleunigung (Fn. 82), S. 1469 ff.; s. ferner: *Henning Biermann,* Verfahrens- und Entscheidungsfristen, NordÖR 2009, S. 377 ff.

[139] *Helmut Goerlich,* Grundrechte als Verfahrensgarantien, 1981, S. 222 ff.; *Rainer Wahl,* Die bürokratischen Kosten des Rechts- und Sozialstaats, DV, Bd. 13 (1980), S. 273 (279 ff.). → Bd. II *Pitschas* § 42 Rn. 107 ff.

C. Das Standardverfahren gemäß VwVfG und seine Modifikationen

ders wichtige Anwendungsbereiche bestehen bei der Sachverhaltsermittlung[140] sowie im Zusammenhang mit Daten- und Geheimnisschutz.[141]

Der **Gleichheitsgrundsatz** des Art. 3 GG verlangt zunächst innerhalb eines Verfahrens die Beteiligten gleich zu behandeln, sofern es keine Rechtfertigung für eine Differenzierung gibt.[142] Nach den Grundsätzen der Selbstbindung der Verwaltung kommt sogar ein verfahrensübergreifendes Gleichbehandlungsgebot in Betracht.[143] Dies gilt insbesondere im Hinblick auf die Reihenfolge der Antragsbearbeitung, die sich beispielsweise bei konkurrierenden Anträgen in Auswahlverfahren vorbehaltlich spezialgesetzlicher Regeln nach dem zeitlichen Eingang richtet,[144] aber auch von verwaltungsökonomischen Optimierungsmöglichkeiten und der Bedeutung des Verfahrensgegenstands abhängen kann. Umgekehrt kann eine schematische Gleichbehandlung ungleicher Sachverhalte etwa durch eine zu starke Formalisierung des Verfahrens einen Verstoß gegen Art. 3 GG begründen.[145] Wegen der Verfassungspflicht zur gleichmäßigen Besteuerung gewinnt der Gleichheitsgrundsatz im Steuerverfahren zusätzliche Bedeutung und erfordert entsprechende Verfahrensinstrumente.[146] 29

Unklar ist, inwieweit den oft zitierten **Grundsätzen der Verfahrensfairness und Waffengleichheit**[147] zwischen Bürger und Verwaltung eigenständige rechtsbegründende Bedeutung neben seinen einfachgesetzlichen Ausprägungen in Gestalt der Akteneinsicht, Anhörung oder Zulassung von Bevollmächtigten zukommt. Jedenfalls sollten diese Grundsätze nicht den Blick auf die strukturell unvergleichbaren Rollen der verfahrensführenden Behörde und der Beteiligten verstellen. Hauptanwendungsfeld ist vielmehr die Gleichbehandlung der Verfahrensbeteiligten durch die Behörde. Aber auch hier gibt es – zumindest in verschiedenen Verfahrensphasen – unvermeidliche strukturelle Ungleichgewichte, insbesondere in Antragsverfahren zugunsten des Antragstellers.[148] Realistischer ist die Forderung nach **Transparenz**[149] und **Vorhersehbarkeit** des Verwaltungshandelns im Verfahren. Diesbezüglich verwirklicht sich im Standardverfahren allerdings bislang nur ein rechtsstaatliches Transparenzgebot zugunsten der Verfahrensbeteiligten durch Akteneinsicht und Anhörung.[150] Eine Öffnung in Richtung einer demokratischen Transparenz des 30

---

[140] → Rn. 36.
[141] → Rn. 65.
[142] *Hufen*, Fehler, Rn. 59 f. S. a. → Bd. I *Masing* § 7 Rn. 192 ff.
[143] *Paul Stelkens/Heribert Schmitz*, in: Stelkens/Bonk/Sachs (Hrsg.), VwVfG, § 10 Rn. 18.
[144] Vgl. *Michael Rolshoven*, Wer zuerst kommt, mahlt zuerst? – Zum Prioritätsprinzip bei konkurrierenden Genehmigungsanträgen: Dargestellt anhand aktueller Windkraftfälle, NVwZ 2006, S. 516 ff.; zu Abweichungen bei Auswahlverfahren: *Andreas Voßkuhle*, „Wer zuerst kommt, mahlt zuerst!": Das Prioritätsprinzip als antiquierter Verteilungsmodus einer modernen Rechtsordnung, DV, Bd. 32 (1999), S. 21 ff.
[145] *Hufen*, Fehler, Rn. 64; *Winfried Kluth*, in: Wolff/Bachof/Stober/ders., VerwR I, § 59 Rn. 11.
[146] → Rn. 164 ff.
[147] *Fehling*, Unparteilichkeit (Fn. 91), S. 294 ff.; *Peter J. Tettinger*, Fairneß und Waffengleichheit, 1984; *Hufen*, Fehler, Rn. 59; *Winfried Kluth*, in: Wolff/Bachof/Stober/ders., VerwR I, § 59 Rn. 12.
[148] *Schneider*, Nachvollziehende Amtsermittlung (Fn. 86), S. 187 f.; *Fehling*, Unparteilichkeit (Fn. 91), S. 298.
[149] → Bd. II *Pitschas* § 42 Rn. 218 ff.
[150] *Hufen*, Fehler, Rn. 52; *Paul Stelkens/Heribert Schmitz*, in: Stelkens/Bonk/Sachs (Hrsg.), VwVfG, § 9 Rn. 26.

Verwaltungshandelns für die Öffentlichkeit greift erst langsam aufgrund europäischer Impulse Raum.[151] Wegmarken sind das Umweltinformationsgesetz von 1994,[152] das 2005 novelliert und in seinem Anwendungsbereich auf die Bundesumweltverwaltung begrenzt wurde,[153] verschiedene Landesinformationsfreiheitsgesetze[154] sowie das – nur für die Bundesverwaltung geltende – Informationsfreiheitsgesetz vom 5. September 2005.[155]

31 Anders als beispielsweise in Schweden[156] oder Spanien[157] kennt das deutsche Verwaltungsverfahrensrecht keine ausdrückliche Verpflichtung zur **kundenorientierten Dienstleistung.** Verwaltungspolitisch gewinnt eine solche Kundenorientierung jedoch im Rahmen der verbreiteten Übernahme von Prinzipien des New Public Management Gewicht.[158] Rechtliche Ansätze finden sich seit den Beschleunigungsdebatten in begrenzten Verfahrensoptionen nach Wahl des Antragstellers gemäß dem Leitbild der „Genehmigung aus dem Menükatalog"[159] und im neuen Verfahren über die einheitliche Stelle (→ Rn. 23a f.).

d) Unparteilichkeit der Verwaltung

32 Grundlegend für ein rechtsstaatliches Verwaltungsverfahrensrecht sind Regeln zur Wahrung der **Unparteilichkeit der Verwaltung.**[160] Sie erfüllen drei Funktionen:[161] Der Bürger soll (1.) darauf vertrauen können, dass über seine Angelegenheiten unbefangen entschieden wird. Der individuelle Amtswalter soll (2.) vor Interessenkonflikten bewahrt werden, die zu einer Verletzung seiner beamten- oder personalrechtlichen Pflichten führen könnten. Damit wird (3.) die öffentliche Verwaltung als Organisation vor derartigen Konflikten bewahrt, die ihren Amtsauftrag oder die Akzeptanz ihrer Entscheidungen gefährden.

---

[151] → Rn. 58 und → Bd. II *Gusy* § 23 Rn. 13 f., 20 f., 82 ff. Zum Recht auf gute Verwaltung gem. Art. 41 Grundrechtecharta → Bd. II *Schmidt-Aßmann* § 27 Rn. 29 f.

[152] Dazu *Thomas Schomerus/Christian Schrader/Bernhard W. Wegener* (Hrsg.), Umweltinformationsgesetz, 2. Aufl. 2002. S. a. → Bd. I *Schuppert* § 16 Rn. 160 ff.

[153] Art. 1 des Gesetzes vom 22. 12. 2004 (BGBl I S. 3704).

[154] Vgl. die Nachweise bei *Ritgen*, in: Knack/Henneke, VwVfG, § 29 Rn. 16.

[155] Dazu → Rn. 58 f.; sowie *Matthias Rossi*, Informationsfreiheitsgesetz: Handkommentar, 2. Aufl. 2010; *Friedrich Schoch*, Informationsfreiheitsgesetz, 2009; *Heribert Schmitz/Serge-Daniel Jastrow*, Das Informationsfreiheitsgesetz des Bundes, NVwZ 2005, S. 984 ff.; *Michael Kloepfer/Kai v. Lewinski*, Das Informationsfreiheitsgesetz des Bundes, DVBl 2005, S. 1277 ff.

[156] Vgl. § 4 Förvaltningslag (1986:223), www.notisum.se/rnp/SLS/LAG/19860223.HTM; dazu *Kevin Weyand*, Schweden, in: Schneider (Hrsg.), Verwaltungsrecht in Europa, Bd. 3 (Fn. 64).

[157] Vgl. Art. 3.2 Ley 30/1992, de 26 noviembre, de Régimen Jurídico de las Administraciones Públicas del Procedimiento Administrativo Común (LRJPAC); hierzu *Silvia Díez Sastre/Kevin Weyand*, Spanien, in: Schneider (Hrsg.), Verwaltungsrecht in Europa, Bd. 1 (Fn. 64).

[158] *Michael Sachs*, in: Stelkens/Bonk/Sachs (Hrsg.), VwVfG, Einl. Rn. 46; wegweisend war insoweit die britische Verwaltungspolitik, die insbesondere in der Citizen's Charter Niederschlag gefunden hat; dazu *Kleve/Schirmer*, England und Wales (Fn. 107).

[159] Hierzu *Schneider*, Interessenverarbeitung (Fn. 74), S. 81 ff.; ferner *Fehling*, Eigenwert (Fn. 7), S. 315 f.

[160] *Schmidt-Aßmann*, Ordnungsidee, Kap. 6 Rn. 165 f.; *Winfried Kluth*, in: Wolff/Bachof/Stober/ders., VerwR I, § 59 Rn. 13 ff.; zur analogen Anwendung auf behördliche Ausschreibungsverfahren OLG Bbg., NVwZ 1999, S. 1142 (1146 f.).

[161] *Winfried Kluth*, in: Wolff/Bachof/Stober/ders., VerwR I, § 59 Rn. 14; *Ule/Laubinger*, VerwVerfR § 12 Rn. 1.

C. Das Standardverfahren gemäß VwVfG und seine Modifikationen

Das VwVfG differenziert zwischen den strikten, kraft Gesetzes eintretenden **Ausschlussgründen** des § 20 VwVfG[162] und dem eine konstitutive Entscheidung vorgesetzter Stellen voraussetzenden, generalklauselartigen Ausschlusstatbestand des § 21 VwVfG.[163] Eine **institutionelle Befangenheit** bei In-sich-Verfahren wie der baurechtlichen Genehmigung öffentlicher Gebäude durch eine Behörde desselben Rechtsträgers erkennt das VwVfG ausweislich des § 20 Abs. 1 Nr. 5 2. Hs. ausdrücklich nicht an.[164] Probleme haben sich im Zuge der **Organisationsprivatisierung** ergeben. Haushalts- und Kommunalrecht verlangen hierbei eine hinreichende Einflusssicherung insbesondere über Mitgliedschaften staatlicher Organwalter in gesellschaftsrechtlichen Aufsichts- oder Vorstandsgremien.[165] Der Sachverstand dieser Organwalter darf jedoch gemäß § 20 Abs. 1 Nr. 5 VwVfG in Verwaltungsverfahren mit Beteiligung dieser Eigengesellschaften nicht genutzt werden, obwohl sie nicht als Privatleute, sondern als Amtsträger entsprechende Funktionen übernommen haben.[166] Kritisch wird hiergegen vorgebracht, dass eine umfassende – gesellschaftsrechtliche und administrative – Steuerung solcher öffentlicher Unternehmen im öffentlichen Interesse durch politisch oder administrativ Verantwortliche in bestimmten Fällen sinnvoll wäre.[167] Institutionentheoretische Untersuchungen lassen aber Zweifel an der durch gesellschaftsrechtliche Einfluss- und Informationspfade gesteigerten Steuerungskapazität aufkommen und betonen eher umgekehrt die Gefahr eines *regulatory capture* im Sinne der auch bei öffentlichen Eigengesellschaften durchaus partikularen Unternehmensziele zu Lasten von im Verwaltungsverfahren maßgeblichen zusätzlichen Gemeinwohlbelangen.[168] Es spricht daher mehr für die Beibehaltung der geltenden strengen Maßstäbe.[169]

Strittig ist, ob den Verfahrensbeteiligten ein trotz § 44a VwGO selbstandig durchsetzbares **Ablehnungsrecht**[170] oder lediglich die **Möglichkeit einer Anregung** an die Vorgesetzen[171] zusteht. Für Letzteres spricht der Vergleich mit § 71 Abs. 3 VwVfG und den entsprechenden prozessrechtlichen Normen. Umgekehrt ist es aber nicht gerechtfertigt, diese schwache Handlungsmöglichkeit mit einer Präklusionsfolge zu verknüpfen.[172] Wird eine solche Anregung zu Unrecht nicht befolgt, führt dies in den Fällen des § 20 Abs. 1 Nr. 2 bis 6 VwVfG regelmäßig nur zur **Rechtswidrigkeit** (§ 44 Abs. 3 Nr. 2 VwVfG), während das von § 20 Abs. 1 Nr. 1 VwVfG untersagte „Insichgeschäft" durch Verfahrensmitwirkung

---

[162] Hierzu die Erläuterungen bei *Ritgen*, in: Knack/Henneke, VwVfG, § 20 Rn. 16 ff.; weitgehend identisch § 16 SGB X und § 82 AO.

[163] Näheres bei *Heinz J. Bonk/Heribert Schmitz*, in: Stelkens/Bonk/Sachs (Hrsg.), VwVfG, § 21 Rn. 2 ff., 9 ff.; weitgehend identisch § 17 SGB X und § 83 AO.

[164] Hierzu sogleich näher → Rn. 35.

[165] Vgl. a. → Bd. I *Schuppert* § 16 Rn. 189 f., *Eifert* § 19 Rn. 48 ff.

[166] BVerwGE 69, 256 (265 f.); BGH, NVwZ 2002, S. 509 (510 f.); dazu *Ehlers*, Rechtsprechungsanalyse (Fn. 61), S. 262.

[167] Dies betonen *Bull/Mehde*, VerwR, Rn. 626.

[168] *Jens-Peter Schneider*, Der Staat als Wirtschaftssubjekt und Steuerungsakteur, DVBl 2000, S. 1250 (1259 f.).

[169] BVerwGE 69, 256 (263 ff.); ausführlich *Fehling*, Unparteilichkeit (Fn. 91), S. 205 ff.

[170] So *Hufen*, Fehler, Rn. 97 f.; *Winfried Kluth*, in: Wolff/Bachof/Stober/ders., VerwR I, § 59 Rn. 19.

[171] So OVG SH, NVwZ-RR 1993, S. 395 (396); ferner VGH BW, NVwZ-RR 2003, S. 412 (415); *Ritgen*, in: Knack/Henneke, VwVfG, § 20 Rn. 3 und § 21 Rn. 1.

[172] So auch *Pünder*, Verwaltungsverfahren (Fn. 81), § 14 Rn. 8; a. A. OVG RP, DVBl 1999, S. 1597 (1598) mit kritischen Anmerkungen von *Abramenko*, a. a. O., S. 1599.

sowohl als betroffener Beteiligter als auch als Amtsträger auf Behördenseite eine Vermutung der **Nichtigkeit** auslöst.[173] Soweit bloße Rechtswidrigkeit vorliegt, kann der Mitwirkungsmangel gegebenenfalls in analoger Anwendung des § 45 VwVfG **geheilt** werden oder gemäß § 46 VwVfG **unbeachtlich** sein.[174]

35 Das VwVfG verwirklicht ein Modell des regelgebundenen, unpolitischen Gesetzesvollzugs. Es konzentriert sich dabei in seinen §§ 20, 21 auf die **personell-individuelle Unparteilichkeit**,[175] um persönliche Eigeninteressen des Amtswalters auszuschließen. Diese Regeln sind einerseits recht strikt, Verstöße werden aber durch § 46 VwVfG gemäß der deutschen Tradition einer Betonung der intensiven gerichtlichen Inhaltskontrolle in weitem Maße für unbeachtlich erklärt. Noch weniger sensibel zeigt sich die deutsche Rechtsordnung hinsichtlich Sicherungen einer **organisatorisch-institutionellen Unparteilichkeit**.[176] Dies ist insbesondere in Verfahren „in eigener Sache" problematisch wie der Genehmigung eigener Bauvorhaben oder der Planfeststellung öffentlicher Infrastrukturprojekte. Bei Letzteren wird oft entgegen vielfach vorgetragener Bedenken im Interesse der Verfahrensökonomie auf eine strukturelle Trennung von Planaufstellungs-, Anhörungs- und Planfeststellungsbehörde verzichtet, obwohl hinsichtlich der final programmierten Abwägungsentscheidungen nur eingeschränkte gerichtliche und demokratische Kontrollbefugnisse und -möglichkeiten bestehen.[177] Lediglich auf der individuellen Ebene sieht § 20 Abs. 1 Nr. 5 VwVfG für die Beteiligung öffentlicher Unternehmen einen Ausschlussgrund für bei ihnen tätige Amtswalter vor.[178] Vergleichbare Probleme gibt es im Bereich der Risikoverwaltung, in der keineswegs von einer technokratischen Neutralität der behördeninternen Sachverständigengremien ausgegangen werden kann. Neue Herausforderungen erwachsen schließlich mit der phasenspezifischen Verfahrensprivatisierung z.B. beim Vorhaben- und Entschließungsplan oder bei der vorbereitenden Sachverhaltsermittlung durch den privaten Träger umweltrelevanter Vorhaben.[179] Ein Verzicht auf eine Neutralisierung durch verwaltungsinterne Gewaltenteilung[180] zugunsten einer ganzheitlichen Gestaltungskompetenz bzw. die Instrumentalisierung eigennützigen Sachverstands ist in Verwaltungsfeldern, bei denen eine kompensatorische Gerichtskontrolle nicht möglich oder sachgerecht wäre, nur akzeptabel, wenn dies durch Sicherungen einer **verfahrensbezogenen Unparteilichkeit** kompensiert wird. Dem Transparenz, Pluralität und Chancengerechtigkeit ermöglichenden Verfahrensrecht kommt mit anderen Worten erhebliche Bedeutung für die Si-

---

[173] *Winfried Kluth*, in: Wolff/Bachof/Stober/ders., VerwR I, § 59 Rn. 18; *Ritgen*, in: Knack/Henneke, VwVfG, § 20 Rn. 17; weniger strikt *Bernhard Stüer/Dietmar Hönig*, Befangenheit in der Planfeststellung, DÖV 2004, S. 642 (648); *Hufen*, Fehler, Rn. 95.
[174] *Kopp/Ramsauer*, VwVfG, § 20 Rn. 66, 67 ff.; § 21 Rn. 28 f.; § 45 Rn. 9; § 46 Rn. 17.
[175] Hierzu ausführlich *Fehling*, Unparteilichkeit (Fn. 91), S. 198 ff.
[176] Hierzu grundlegend *Fehling*, Unparteilichkeit (Fn. 91), S. 241 ff.
[177] *Fehling*, Unparteilichkeit (Fn. 91), S. 258 ff. Vgl. a. → Bd. I *Schmidt-Aßmann* § 5 Rn. 85.
[178] → Rn. 33.
[179] Hierzu auch → Rn. 38; sowie *Schneider*, Kooperative Verwaltungsverfahren (Fn. 12), S. 40 ff.
[180] Zur entsprechenden Diskussion über eine Neutralisierung durch Konfliktmittler *Wolfgang Hoffmann-Riem/Eberhard Schmidt-Aßmann* (Hrsg.), Konfliktbewältigung durch Verhandlungen, 1990; *Bernd Holznagel*, Konfliktlösung durch Verhandlungen: Aushandlungsprozesse als Mittel der Konfliktverarbeitung bei der Ansiedlung von Entsorgungsanlagen für besonders überwachungsbedürftige Abfälle in den Vereinigten Staaten und der Bundesrepublik Deutschland, 1990; *Schneider*, Kooperative Verwaltungsverfahren (Fn. 12), S. 43 ff., 60 ff.; *Pünder*, Open Government (Fn. 54), S. 72 f.

cherstellung eines in der Bilanz **aufgabenspezifisch hinreichenden Unparteilichkeitsniveaus** zu.[181] Dies wird im Weiteren zu beachten sein.

2. Sachverhaltsermittlung und Beweiswürdigung

Begreift man Verfahren als geordnete Prozesse der entscheidungsvorbereitenden Informationsgewinnung und -verarbeitung[182] dann wird die **Sachverhaltsermittlung** zu einem zentralen Gegenstand verfahrensrechtlichen Denkens. Die §§ 24, 26 VwVfG gehen für das Standardverfahren diesbezüglich vom **Grundsatz der Amtsermittlung** aus. Die Behörde ermittelt den Sachverhalt von Amts wegen, bestimmt Art und Umfang der Ermittlungen und ist an das Vorbringen der Beteiligten nicht gebunden. Dabei unterliegt sie den Geboten der vollständigen, gründlichen und – von § 24 Abs. 2 VwVfG aus der Perspektive des bipolaren Eingriffsverfahrens betonten – unparteiischen Sachverhaltsaufklärung.[183] Man darf aber daraus auch unter Beachtung des Gesetzmäßigkeitsprinzips nicht eine unbedingte Pflicht zur Ermittlung der materiellen Wahrheit konstruieren.[184] Unabhängig von der erkenntnistheoretischen Fragwürdigkeit einer solchen Forderung missachtete dies gegenläufige Aspekte der Wirtschaftlichkeit und Verhältnismäßigkeit, die in der Rechtsordnung ebenfalls verankert sind und mit der Ermittlungspflicht zum Ausgleich zu bringen sind. Das dafür passende dogmatische Konzept ist das **Ermittlungsermessen,** wie es § 26 Abs. 1 S. 1 VwVfG für die Art der Ermittlungen unbestreitbar verankert, aber wie es auch für deren Intensität anzunehmen ist.[185] Allein auf den Verhältnismäßigkeitsgrundsatz abzustellen,[186] beraubt diesen entweder seiner klaren abwehrrechtlichen Struktur oder blendet die öffentlichen Belange einer wirtschaftlichen Amtsermittlung aus. Anknüpfungspunkt ist die in § 24 Abs. 1 S. 2 VwVfG normierte Bestimmungsbefugnis der Behörde über Art und Umfang der Ermittlungen. § 24 Abs. 2 VwVfG widerspricht dem nicht,[187] weil er ausdrücklich nur eine Berücksichtigung aller bedeutsamen Umstände fordert. Er gibt somit eine wichtige Ermessensleitlinie vor, schließt aber einen Ermessensspielraum keineswegs aus. Schließlich unterläuft ein Ermittlungsermessen auch nicht materiellrechtliche Normstrukturen. Ein gebundenes Normprogramm determiniert den Ermittlungsrahmen, nicht aber die Ermittlungsintensität. Stellt

36

---

[181] Grundlegend zu einem entsprechenden flexiblen Kompensationsmodell *Fehling*, Unparteilichkeit (Fn. 91), S. 443 ff.; zum vergleichbaren Konzept des aufgabenspezifischen demokratischen Legitimationsniveaus *Jens-Peter Schneider*, Berufliche Schulen als Stiftungen mit teilprivatisierten Leitungsgremien: Anforderungen des Demokratieprinzips und des Gebots staatlicher Schulaufsicht, 2004, S. 36 ff. m.w.N. insbes. zur Rechtsprechung des BVerfG.

[182] → Rn. 4.

[183] *Schneider*, Nachvollziehende Amtsermittlung (Fn. 86), S. 93. S. a. → Bd. I *Trute* § 6 Rn. 100.

[184] So aber *Klaus-Dieter Schromek*, Die Mitwirkungspflichten der am Verwaltungsverfahren Beteiligten: Eine Grenze des Untersuchungsgrundsatzes?, 1989, S. 91 ff., 262.

[185] Ausführlich hierzu *Schneider*, Nachvollziehende Amtsermittlung (Fn. 86), S. 94 ff.; *Wahl*, Verwaltungsverfahren (Fn. 2), S. 172 f.; *Hill*, Verfahrensermessen (Fn. 124), S. 453 f.; s. auch BVerwGE 9, 9 (13 f.); juristisch unbefriedigend ist es, die Konfliktauflösung auf die psychologische Ebene zu verschieben (so aber *Schromek*, Mitwirkungspflichten [Fn. 184], S. 218 ff.; *Christian v. Pestalozza*, Der Untersuchungsgrundsatz, in: FS Boorberg-Verlag, 1977, S. 185 [194]) oder dogmatisch gänzlich im Ungewissen zu lassen (so *Wilfried Berg*, Zur Untersuchungsmaxime im Verwaltungsverfahren, DV, Bd. 9 [1976], S. 161 [167 f.]).

[186] *Pünder*, Verwaltungsverfahren (Fn. 81), § 14 Rn. 25.

[187] So aber *Pünder*, Verwaltungsverfahren (Fn. 81), § 14 Rn. 25.

sich im anschließenden Gerichtsverfahren ein anderer Sachverhalt heraus, kann dies ggf. einen materiellrechtlichen Fehler, muss aber nicht notwendig einen Verfahrensfehler begründen.[188]

37 Die Amtsermittlungspflicht entzieht die Ermittlung der entscheidungserheblichen Umstände prinzipiell der Steuerungs- und Verfügungsmacht der **privaten Verfahrensbeteiligten.**[189] Ihnen kommt gemäß § 26 VwVfG lediglich die Rolle zu, an der behördlichen Sachverhaltsermittlung unterstützend mitzuwirken. Diese Mitwirkung kann aber gegenüber privaten Beteiligten vorbehaltlich spezialgesetzlicher Regeln nicht verpflichtend durchgesetzt werden. Erst recht gilt dies für Dritte wie etwa Zeugen und Sachverständige.[190] § 26 VwVfG begründet keine Mitwirkungspflicht, sondern eine **Mitwirkungslast.** Dies bedeutet, dass nicht mitwirkende Beteiligte unter Umständen die belastenden Konsequenzen einer unzureichenden Ermittlung tragen müssen. Sofern sich für die Beteiligten günstige Umstände nicht aufdrängen, ist die Behörde beispielsweise nicht verpflichtet, in alle Richtungen Ermittlungen anzustellen.[191] Eine Präklusion verspäteten Vorbringens kann aus schlichten Mitwirkungslasten jedoch nicht abgeleitet werden.[192] Dogmatischer Anknüpfungspunkt für die Berücksichtigung der Mitwirkungslasten der Beteiligten ist das sich auf Art und Intensität der Sachverhaltsermittlung erstreckende Verfahrensermessen der Behörde sowie ergänzend der Grundsatz von Treu und Glauben.[193]

38 Das Besondere Verwaltungsrecht begnügt sich häufig nicht mit derartigen Mitwirkungslasten, sondern steigert sie zu **Mitwirkungspflichten** als Strukturelement kooperativer Verwaltungsverfahren. Typischerweise ist dies im **Leistungsverwaltungsrecht** für Antragsteller von Begünstigungen vorgesehen. Ein Grundmodell liefern die §§ 60 ff. SGB I mit der Konkretisierung situationsgemäßer Mitwirkungspflichten, den aus dem Verhältnismäßigkeitsgrundsatz ableitbaren Grenzen der Pflichten und der klaren Anordnung von negativen Rechtsfolgen bei fehlender Mitwirkung einschließlich der nachträglichen Leistungsgewährung lediglich nach Ermessen im Fall der Nachholung der Mitwirkung.[194] Besondere Erwähnung verdient das der Eingriffsverwaltung zuzuordnende **Steuerrecht,** in dem der Steuerpflichtige zu umfassenden Angaben auch über steuerbegründende, also ihn belastende Umstände verpflichtet wird.[195] Eine zusätzliche Dimension gewinnen Mitwirkungspflichten im **Anlagen- und Produktzulassungsrecht** z. B bei der Umweltverträglichkeitsprüfung. Dort existieren Formen einer Privatisierung der Sachverhaltsermittlung, die sich keineswegs allein auf für den Antragsteller günstige Belange aus seiner Sphäre, sondern

---

[188] Hierzu näher *Schneider,* Nachvollziehende Amtsermittlung (Fn. 86), S. 103 ff.

[189] *Schneider,* Nachvollziehende Amtsermittlung (Fn. 86), S. 92. S. aber a. → Bd. II *Gusy* § 23 Rn. 40 ff.

[190] Vgl. demgegenüber § 65 VwVfG für das förmliche Verwaltungsverfahren.

[191] *Schneider,* Nachvollziehende Amtsermittlung (Fn. 86), S. 111 f., 119 ff.; *Winfried Kluth,* in: Wolff/Bachof/Stober/ders., VerwR I, § 60 Rn. 40; aus der Rspr. grundlegend: BVerwGE 59, 87 (103 f.); BVerwG, NVwZ 1986, S. 740 (741); UPR 1992, S. 438 (438). S. a. → Bd. II *Appel* § 32 Rn. 91.

[192] *Pünder,* Verwaltungsverfahren (Fn. 81), § 14 Rn. 26.

[193] *Schneider,* Nachvollziehende Amtsermittlung (Fn. 86), S. 111 ff.

[194] Zum Ganzen ausführlich *Kreikebohm/v. Koch,* Das Sozialleistungsverhältnis (Fn. 78), § 6 Rn. 148 ff.

[195] § 90 AO; vgl. a. → Bd. II *Gusy* § 23 Rn. 40. Dazu ausführlich die Kommentierung von *Hans B. Brockmeyer,* in: Franz Klein (Hrsg.), Abgabenordnung, 10. Aufl. 2009.

auch auf die seinem Vorhaben ggf. entgegenstehenden Umweltauswirkungen beziehen. Die notwendige Kooperationsbereitschaft ist allerdings im Steuerrecht wie bei der Anlagenzulassung aufgrund der unvermeidbaren Anreize der Mitwirkungsverpflichteten zu einer für sie günstigen, eventuell sogar unvollständigen Sachverhaltsdarstellung gleichermaßen prekär. Dies gilt zunächst für den objektiven Auftrag der Behörde zu einer umfassend informierten Sachentscheidung. Daneben werden rechtliche Interessen privater Dritter in Gestalt der grundrechtlich garantierten gleichmäßigen Besteuerung bzw. des Schutzes vor drittbelastenden Umweltauswirkungen berührt. Diesen Gefahren ist unter anderem durch Verfahrensstrukturierung und hinreichende Kontrollermittlungen im Rahmen einer **nachvollziehenden Amtsermittlung**[196] oder **systematischer (Steuer-)Aufsichtsverfahren**[197] zu begegnen. Eine neutralitätswahrende Option in multipolaren Verfahrensstrukturen kann auch eine **mediationsgestützte kooperative Sachverhaltsermittlung** darstellen.[198] Große Bedeutung kommt jedenfalls einer Nachjustierung von Beteiligungschancen für Drittbetroffene in späteren Verfahrensphasen zu, damit der Grundsatz der Waffengleichheit mit Blick auf das Gesamtverfahren gewahrt bleibt.

Gemäß § 26 Abs. 1 VwVfG bedient sich die Behörde der **Beweismittel,** die sie **39** nach pflichtgemäßem Ermessen und unter Wahrung des Verhältnismäßigkeitsgrundsatzes zur Ermittlung des Sachverhalts für erforderlich hält. Dabei begründet § 24 VwVfG als Aufgabennorm allein keine dem grundrechtlichen Gesetzesvorbehalt genügenden Ermittlungsbefugnisse.[199] Die Beteiligten haben weder einen Anspruch auf Benachrichtigung über Beweiserhebungen noch ein Fragerecht an Zeugen und Sachverständige,[200] was erneut die Verfahrensherrschaft der Behörde im Standardverfahren unterstreicht. Es gilt der **Grundsatz der freien Beweiswürdigung** mit dem Regelbeweismaß, dass bei vernünftiger Betrachtung alle Zweifel überwunden sein müssen.[201] Bei einem non liquet entscheidet die aus dem materiellen Recht abzuleitende **Beweislast.**[202]

Teilweise abweichende Strukturelemente weist das **Förmliche Verfahren** nach **40** den §§ 63 ff. VwVfG auf. Auch in diesem bleibt es aber bei der Amtsermittlungsmaxime. Das förmliche Verfahren nach deutschem Recht wird trotz seiner Annäherung an gerichtliche Verfahren insbesondere durch die grundsätzlich obligatorische mündliche Verhandlung nicht zu einem kontradiktorischen Verfahren mit Sachverhaltsermittlung nach der Beibringungsmaxime. Die hier interessierenden **Unterschiede** betreffen die Pflicht von Zeugen und Sachverständigen zur Mitwir-

---

[196] Näher *Schneider*, Nachvollziehende Amtsermittlung (Fn. 86), S. 117 f., 122 f., 126 ff.; hierzu als Element einer differenzierten Unparteilichkeitssicherung durch flexible Kompensation *Fehling*, Unparteilichkeit (Fn. 91), S. 395 f. und öfter.

[197] → Rn. 164 ff.

[198] *Schneider*, Kooperative Verwaltungsverfahren (Fn. 12), S. 61; *Pünder*, Open Government (Fn. 54), S. 72 f. S. a. → Bd. II *Appel* § 32 Rn. 102 ff.

[199] *Winfried Kluth*, in: Wolff/Bachof/Stober/ders., VerwR I, § 60 Rn. 30, 39; *Hufen*, Fehler, Rn. 143 f.; gleiches gilt, wie die nachfolgenden Absätze zeigen, für § 26 Abs. 1 VwVfG: *Kopp/Ramsauer*, VwVfG, § 26 Rn. 45.

[200] *Paul Stelkens/Dieter Kallerhoff*, in: Stelkens/Bonk/Sachs (Hrsg.), VwVfG, § 26 Rn. 13.

[201] *Paul Stelkens/Dieter Kallerhoff*, in: Stelkens/Bonk/Sachs (Hrsg.), VwVfG, § 24 Rn. 14, 20 f.

[202] *Winfried Kluth*, in: Wolff/Bachof/Stober/ders., VerwR I, § 60 Rn. 50 ff.; *Thomas Berg*, Beweismaß und Beweislast im öffentlichen Umweltrecht: Instrumente eines verantwortungsvollen Umgangs mit technologiebedingten Risiken, 1995, S. 74 f.

kung (§ 65 VwVfG mit Verweis auf die ZPO) sowie das Recht der Beteiligten, insbesondere im Rahmen der mündlichen Verhandlung an Zeugen und Sachverständige sachdienliche Fragen zu stellen, an Beweisterminen teilzunehmen und in schriftliche Gutachten Einsicht zu nehmen (§ 66 Abs. 2 VwVfG). Zentrales, aber nicht exklusives Element der behördlichen Sachverhaltsermittlung ist das Ergebnis der mündlichen Verhandlung gemäß § 67 VwVfG, auf die nur in wenigen Situationen verzichtet werden kann. Durch sie erlangen andere, ggf. spontanere und persönlichere Kommunikationsweisen Bedeutung, die im Standardverfahren zwar nicht ausgeschlossen, aber auch nicht systematisch eingebaut sind. Sie können zusätzliche Anknüpfungspunkte für eine kooperative Sachverhaltsermittlung bieten.

41 Die Regeln des VwVfG zur Sachverhaltsermittlung orientieren sich an Bedürfnissen zur Ermittlung tatsächlicher Umstände im Einzelfall, deren Bewertung aufgrund vorhandener öffentlicher Wissensbestände über allgemeine Wirkungen etwa bestimmter Umweltbelastungen oder wirtschaftlicher Handlungen möglich ist. Unzureichend abgebildet im allgemeinen Verfahrensrecht sind jedoch die Probleme insbesondere der Risikoverwaltung, die auf dem Fehlen entsprechender Wissensbestände beruhen. Demgegenüber enthält das Besondere Verwaltungsrecht vielfältige Ansätze zur **kooperativen Generierung auch allgemeinen Risiko- oder Risikominimierungswissens.** Sie können hier nicht dargestellt werden.[203] Es soll nur darauf aufmerksam gemacht werden, dass allgemeinem Risikowissen die Eigenschaften eines öffentlichen Gutes zukommen kann. Daraus entstehen problematische Anreizstrukturen, die die hinreichende Produktion von Risikowissen zu verhindern drohen. Eine steuerungsorientierte Rechtsgestaltung kann diesen Anreizschwächen durch eine aufeinander abgestimmte Kombination materiell- und verfahrensrechtlicher Instrumente entgegenwirken.[204] Hierzu gehören insbesondere Stoppregeln bezüglich der Informationsbeschaffung sowie diese kompensierende Monitoringpflichten nach (vorläufigen) Zulassungsentscheidungen.[205] Problematisch wäre hingegen eine Verdrängung des Entscheidungsdilemmas durch Auslagerung auf unhinterfragte Sachverständigenstellungnahmen.[206]

---

[203] → Bd. II *Röhl* § 30 Rn. 24 ff., 30; *Schneider*, Innovationsverantwortung (Fn. 10), S. 287 ff.; ähnliche Fragen treten im Regulierungsverwaltungsrecht auf: *OLG Düsseldorf*, RdE 2006, S. 162 ff. zur dynamischen Kooperationspflicht regulierter Netzbetreiber zur Vorbereitung der energierechtlichen Anreizregulierung.
[204] Hierzu die vergleichende Analyse von Chemikalien-, Gentechnik- und Immissionsschutzrecht durch *Indra Spiecker gen. Döhmann*, Informationsgewinnung im Umweltrecht durch materielles Recht, DVBl 2006, S. 278 ff.; s. auch *Karl-Heinz Ladeur*, Das Umweltrecht der Wissensgesellschaft: Von der Gefahrenabwehr zum Risikomanagement, 1995, S. 260 ff.
[205] Hierzu *Ladeur*, Umweltrecht (Fn. 204), S. 89 ff., 215 f.; *ders.*, Risikooffenheit und Zurechnung – insbesondere im Umweltrecht, in: Hoffmann-Riem/Schmidt-Aßmann (Hrsg.), Innovation, S. 111 (137).
[206] *Udo Di Fabio*, Verwaltungsentscheidung durch externen Sachverstand: Am Beispiel der arzneimittelrechtlichen Zulassungs- und Überwachungsverfahren, VerwArch, Bd. 81 (1990), S. 193 (insbes. 213 ff.); *Achim Seidel*, Privater Sachverstand und staatliche Garantenstellung im Verwaltungsrecht, 2000, S. 4 f.; *Rüdiger Breuer*, Die Angst vor Gefahren und Risiken und die sachverständige Beratung nach dem Maßstab praktischer Vernunft, in: Richard Bartlsperger (Hrsg.), Der Experte bei der Beurteilung von Gefahren und Risiken 2001, S. 31 (43 ff.); *Juliane Scholl*, Der private Sachverständige im Verwaltungsverfahren: Bedeutung, Anforderungen, Konflikte, 2004, S. 14 ff.; s. ferner *Patrick*

3. Verfahrensrechte der Beteiligten

a) Information und Anhörung Beteiligter

Zu den **fundamentalen Grundsätzen** eines rechtsstaatlichen Verwaltungsverfahrensrechts gehört die in § 28 VwVfG für Verwaltungsaktserlassverfahren geregelte Anhörung der Beteiligten.[207] Gleichwohl ist die Rechtsprechung bisher zurückhaltend bei der analogen Anwendung des § 28 VwVfG auf Verwaltungsverfahren außerhalb des § 9 VwVfG.[208] In Vertragsverfahren geht das Gesetz davon aus, dass die Vertragspartner ihre Belange auch ohne förmliche Anhörung hinreichend zur Geltung bringen können. Ferner knüpft § 28 VwVfG an die Beteiligtenstellung nach § 13 VwVfG an, weshalb bei **Drittbetroffenen** eine Anhörungspflicht erst nach einer Hinzuziehung gemäß § 13 Abs. 2 VwVfG ausgelöst wird.[209] Dies kann bei mehrpoligen Verfahren zu bedenklichen Lücken führen,[210] worauf noch näher einzugehen ist.[211]

42

Die Anhörung erfüllt insbesondere folgende **Funktionen:**[212]
- Gewährung rechtlichen Gehörs;
- Ermöglichung sachgerechter Entscheidungen durch Erweiterung der Informationsbasis der Behörde;
- Erhöhung der Akzeptanzchancen bei den Betroffenen zur komplementären Stärkung der demokratischen Legitimation von Behördenentscheidungen.[213]

43

Das VwVfG legt zur Erreichung dieser Zwecke nur **Mindeststandards gelungener Kommunikationsbeziehungen** fest. Deshalb ist es bedeutsam, dass das Verfahrensermessen Raum für zusätzliche informelle Kommunikation lässt.[214]

Ausgangspunkt einer seit längerem geführten Debatte ist die Formulierung in § 28 Abs. 1 VwVfG, wonach die Anhörungspflicht beim Erlass eines Verwal-

44

Scholl, Der private Sachverständige im Verwaltungsrecht: Elemente einer allgemeinen Sachverständigenlehre, 2005. → Bd. II *Ladeur* § 21 Rn. 45 ff.; Bd. III *Voßkuhle* § 43 Rn. 49.

[207] Statt vieler *Ehlers*, Rechtsprechungsanalyse (Fn. 61), S. 262: „das wohl wichtigste Verfahrensrecht"; zusätzlich betont wird die Anhörungspflicht im förmlichen Verfahren in §§ 66 ff. VwVfG; zu § 24 SGB X und § 91 AO → Rn. 48.

[208] Siehe die Rechtsprechungsbeispiele bei *Berg*, Rechtsprechung seit 1998 (Fn. 58), S. 1042: kein Anhörungsrecht von in Verfassungsschutzberichten genannten Gruppen bzw. vor Veröffentlichung eines Berichts über Scientology. S. ferner *Nds. OVG*, NVwZ-RR 2002, S. 822 (822): keine Anhörungspflicht vor Erlass einer Vollziehungsanordnung gemäß § 80 Abs. 2 Nr. 4 VwGO; zust. *Ehlers*, Rechtsprechungsanalyse (Fn. 61), S. 262 m.w.N.; abw. u.a. andere Senate *Nds. OVG*, vgl. NVwZ-RR 1993, S. 585, 586; *Klaus J. Grigoleit*, Die Anordnung der sofortigen Vollziehbarkeit gemäß § 80 Abs. 2 Nr. 4 VwGO als Verwaltungshandlung, 1997, S. 122 ff.; für eine großzügigere analoge Anwendung aus Verfassungsgründen *Pünder*, Verwaltungsverfahren (Fn. 81), § 14 Rn. 27 und 28.

[209] *Ritgen*, in: Knack/Henneke, VwVfG, § 28 Rn. 14; *Heinz J. Bonk/Dieter Kallerhoff*, in: Stelkens/Bonk/Sachs (Hrsg.), VwVfG, § 28 Rn. 31 f.

[210] Krit. etwa *Bull/Mehde*, VerwR, Rn. 633.

[211] → Rn. 72 ff.

[212] *Hufen*, Fehler, Rn. 177 f.; *Pünder*, Open Government (Fn. 54), S. 72 ff.; *Annette Guckelberger*, Bürokratieabbau durch Abschaffung des Erörterungstermins, DÖV 2006, S. 97 (99 ff.), die bezüglich des Erörterungstermins zusätzlich noch die Transparenz der behördlichen Entscheidungsfindung als Instrument der Verwaltungskontrolle sowie die Förderung des Vorhabens nennt.

[213] Inwieweit Akzeptanz demokratische Legitimation vermittelt, ist umstritten: *Wolfgang Hoffmann-Riem*, Verwaltungsrechtsreform – Ansätze am Beispiel des Umweltschutzes, in: Hoffmann-Riem/Schmidt-Aßmann/Schuppert (Hrsg.), Reform, S. 115 (133 ff.); *Eberhard Schmidt-Aßmann*, Verwaltungslegitimation als Rechtsbegriff, AöR, Bd. 116 (1991), S. 329 ff.; zusammenfassend: *Pünder*, Open Government (Fn. 54), S. 73 f.

[214] → Bd. II *Gusy* § 23 Rn. 43.

tungsakts, der „**in Rechte eines Beteiligten eingreift**", besteht.[215] Die Rechtsprechung leitet daraus ab, dass der Verwaltungsakt eine mit der Anfechtungsklage abzuwehrende Rechtsbeeinträchtigung verursachen müsse.[216] Die Literatur will demgegenüber überwiegend in konsequenter Umsetzung moderner Grundrechtsdogmatik jedenfalls die Versagung grundrechtlich fundierter Begünstigungen wie beim Verbot mit Erlaubnisvorbehalt einbeziehen.[217] Der schlichte Antrag genügt dabei nicht als Anhörung, da dieser noch nicht die Vorüberlegungen der Behörde einbeziehen kann.[218] Noch weiter gehen Autoren, die auch vor der Ablehnung nur einfachgesetzlich gewährter Leistungsansprüche eine Anhörung verlangen.[219] Für diese Ansicht spricht, dass sich die Unterscheidung zwischen grundrechtlich fundierten und lediglich einfachgesetzlich gewährten Ansprüchen nicht eindeutig vornehmen lässt[220] und § 28 VwVfG seinem Wortlaut nach nicht auf Eingriffe in Grundrechte beschränkt ist.[221] Zumindest im Bereich des Unionsverwaltungsrechts kann eine solche Neuinterpretation von § 28 Abs. 1 VwVfG aufgrund der Rechtsprechung des Europäischen Gerichtshofs sogar zwingend geboten sein.[222]

45   Eine Anhörung setzt die **vorangegangene Information der Beteiligten** über die Absichten der Behörde voraus, so dass ein **wechselseitiger Kommunikationsprozess** konstituiert wird.[223] Aus dem **Grundsatz der substantiellen Anhörung** folgt, dass die Anhörung zu einem Zeitpunkt vorgenommen werden muss, in dem die Behörde den Sachverhalt hinreichend aufgeklärt sowie die abschließende Entscheidung hinreichend konkret vorbereitet hat.[224] Die Behörde muss dem Beteilig-

---

[215] Damit weicht der Wortlaut von § 28 VwVfG in bemerkenswerter Weise von der im VwVfG sonst üblichen Differenzierung zwischen begünstigenden und belastenden Verwaltungsakten ab. Vgl. auch § 71 VwGO zur Anhörung im Widerspruchsverfahren; zu dessen Voraussetzungen *BVerwG*, NVwZ 1999, S. 1218 (1219).
[216] *BVerwGE* 66, 184 (186); 68, 267 (270); zur entsprechenden h. M. selbst im Sozialrecht *Michael Schaaf*, Das sozialrechtliche Verwaltungsverfahren, 1998, S. 48 ff.
[217] *Friedrich Schoch*, Das rechtliche Gehör Beteiligter im Verwaltungsverfahren (§ 28 VwVfG), Jura 2006, S. 833 (836 m. w. N.).
[218] *Winfried Kluth*, in: Wolff/Bachof/Stober/ders., VerwR I, § 60 Rn. 62 ff.
[219] *Dirk Ehlers*, Anhörung im Verwaltungsverfahren, Jura 1996, S. 617 (619); *Kopp/Ramsauer*, VwVfG, § 28 Rn. 26 a ff.; *Heinz J. Bonk/Dieter Kallerhoff*, in: Stelkens/Bonk/Sachs (Hrsg.), VwVfG, § 28 Rn. 27; *Ritgen*, in: Knack/Henneke, VwVfG, § 28 Rn. 8; s. ferner *Hans-Werner Laubinger*, Zur Erforderlichkeit der Anhörung des Antragstellers vor Ablehnung seines Antrages durch die Verwaltungsbehörde, VerwArch, Bd. 75 (1984), S. 55 (72 ff.), der danach differenziert, ob der Antrag auf der Grundlage der vom Antragsteller im Antrag vorgetragenen Tatsachen zurückgewiesen wird, oder ob sich die Verwaltung auf Tatsachen stützt, die der Antragsteller nicht selbst im Antrag vorgetragen hat. Ebenfalls kritisch zur Rspr. → Bd. II *Gusy* § 23 Rn. 4 m. Fn. 195.
[220] Vgl. nur die Rechtsprechung zum Vorrang der einfachgesetzlichen Ausgestaltung der Baufreiheit: *Koch/Hendler*, BauR, § 25 Rn. 110 ff. mit zahlreichen Nachweisen.
[221] Siehe auch Art. II-101 Abs. 2 Vertrag über eine Verfassung für Europa, ABl. EU 2004, Nr. C 310, S. 1 und Art. 41 Abs. 2 der Charta der Grundrechte der EU vom 7. 12. 2000, ABl. EU 2000, Nr. C 364, S. 1, die eine Anhörung vor jeder für eine Person „nachteilige[n] individuelle[n] Maßnahme" und damit auch vor der Verweigerung einer beantragten Vergünstigung verlangen: *Berg*, Rechtsprechung seit 1998 (Fn. 58), S. 1040 Fn. 16; *Hans-Werner Rengeling/Peter Szczekalla*, Grundrechte in der Europäischen Union, 2004, S. 894 (insbes. Fn. 29). → Bd. II *Schmidt-Aßmann* § 27 Rn. 29 f.
[222] *EuGH*, Rs. C-269/90, Slg. 1991, I-5469, Rn. 23 ff.; *Kahl*, Verwaltungsverfahrensgesetz (Fn. 41), S. 113.
[223] → Bd. II *Gusy* § 23 Rn. 49.
[224] *BVerwGE* 75, 214 (227); *Wolfgang Clausen*, in: Knack/Henneke, VwVfG, § 28 Rn. 15; *Heinz J. Bonk/Dieter Kallerhoff*, in: Stelkens/Bonk/Sachs (Hrsg.), VwVfG, § 28 Rn. 41 f.; *Winfried Kluth*, in: Wolff/Bachof/Stober/ders., VerwR II, § 60 Rn. 73.

C. Das Standardverfahren gemäß VwVfG und seine Modifikationen

ten die nach ihrer Auffassung entscheidungserheblichen Tatsachen ebenso wie Art und Inhalt der beabsichtigten Entscheidung hinreichend deutlich mitteilen.[225] Nicht gefordert ist jedoch eine ausführliche rechtliche Begründung,[226] da den Beteiligten laut § 28 VwVfG lediglich Gelegenheit gegeben wird, „sich zu den für die Entscheidung erheblichen Tatsachen zu äußern". Das VwVfG will erkennbar keinen **Zwang zum Rechtsgespräch** begründen. Das Rechtsstaatsgebot verlangt jedoch eine verfassungskonforme Auslegung, sodass den Beteiligten das Recht zusteht, von der Behörde zu berücksichtigende Rechtsausführungen machen zu dürfen.[227] Eine Pflicht zum Rechtsgespräch kann ferner im Bereich des Unionsverwaltungsrechts existieren.[228] Werden nach der Anhörung neue, für den Beteiligten nachteilige Tatsachen bekannt, muss die Anhörung **wiederholt** werden.[229] Die Behörde muss die Stellungnahme des Beteiligten bei ihrer Entscheidung zur Kenntnis nehmen und **ernsthaft berücksichtigen**.[230]

Nach § 28 Abs. 2, 3 VwVfG kann oder muss von der **Anhörung abgesehen** werden. § 28 Abs. 2 VwVfG stellt das Absehen in das Ermessen der Behörde, wenn nach den Umständen des Einzelfalls eine Anhörung nicht geboten ist. Diese Generalklausel wird durch **Regelbeispiele** konkretisiert. Die ersten beiden sollen eine wirksame Durchsetzung des materiellen Rechts erleichtern. Danach kann die Anhörung entfallen bei Gefahr im Verzug[231] oder anderen öffentlichen Interessen[232] (Nr. 1) sowie bei Gefahr eines Fristablaufs, der den Erlass des Verwaltungsakts hindern würde (Nr. 2).[233] Der Verhältnismäßigkeitsgrundsatz gebietet, auch die Möglichkeit einer Anhörung mit kürzesten Fristen zu erwägen und Maßnahmen ohne vorherige Anhörung auf das Nötigste zu beschränken.[234] Die beiden nächsten Regelbeispiele berücksichtigen verwaltungsökonomische Interessen und gestatten ein Absehen von einer Anhörung, wenn die Behörde

46

---

[225] Hier wird eine gewisse Nähe zum Akteneinsichtsrecht deutlich, die etwa für das französische Verwaltungsrecht prägend ist: *Clemens Ladenburger*, Verfahrensfehlerfolgen im französischen und im deutschen Verwaltungsrecht: Die Auswirkung von Fehlern des Verwaltungsverfahrens auf die Sachentscheidung, 1999, S. 36 ff. Ausführlich zu Akteneinsicht und Anhörung im französischen Recht *René Chapus*, Droit administratif général: Tome 1, 15. Aufl. 2001, Rn. 1311 ff. Zur Vorformung der Sachentscheidung und Gefahren bei der Übertragung an Private → Bd. II *Appel* § 32 Rn. 42.

[226] *Winfried Kluth*, in: Wolff/Bachof/Stober/ders., VerwR I, § 60 Rn. 70; *Heinz J. Bonk/Dieter Kallerhoff*, in: Stelkens/Bonk/Sachs (Hrsg.), VwVfG, § 28 Rn. 34, 38.

[227] *Hufen*, Fehler, Rn. 190 f.; *Koch/Rubel/Heselhaus*, VerwR, § 4 Rn. 28.

[228] *EuGH*, Rs. C-269/90, Slg. 1991, I-5469, Rn. 23 ff.; *Kahl*, Verwaltungsverfahrensgesetz (Fn. 41), S. 119.

[229] *Kopp/Ramsauer*, VwVfG, § 28 Rn. 36; zum Prozessrecht *BVerwG*, NJW 1983, S. 1689 (1689 f.); NJW 1988, S. 1280 (1280).

[230] *BVerwGE* 66, 111 (114); *BVerwG*, NVwZ-RR 1991, S. 337 (337); → Bd. II *Gusy* § 23 Rn. 51; näher zur behördlichen Entscheidungsfindung → Rn. 104 ff.

[231] Näher hierzu *Kopp/Ramsauer*, VwVfG, § 28 Rn. 51 ff.; *Heinz J. Bonk/Dieter Kallerhoff*, in: Stelkens/Bonk/Sachs (Hrsg.), VwVfG, § 28 Rn. 51 f.; im Zusammenhang mit dem Verbot eines islamistischen Vereins: *BVerwG*, NVwZ 2003, S. 986 (986).

[232] Hierzu zählen insbesondere Geheimhaltungsinteressen und die Gefahr der Beweisvereitelung: *Ritgen*, in: Knack/Henneke, VwVfG, § 28 Rn. 18; *Heinz J. Bonk/Dieter Kallerhoff*, in: Stelkens/Bonk/Sachs (Hrsg.), VwVfG, § 28 Rn. 53; fiskalische Interessen sollen nicht ausreichen: *Winfried Kluth*, in: Wolff/Bachof/Stober/ders., VerwR I, § 60 Rn. 79.

[233] Anders als bei Nr. 1 ist hier im Rahmen des Ermessens ein den Zeitdruck verursachendes Verschulden der Behörde zu berücksichtigen: *Winfried Kluth*, in: Wolff/Bachof/Stober/ders., VerwR I, § 60 Rn. 78, 80; das ist umstr.: vgl. *Kopp/Ramsauer*, VwVfG, § 28 Rn. 54 und 62; krit. zur Privilegierung der Verwaltung *Bull/Mehde*, VerwR, Rn. 634.

[234] *BVerwG*, NVwZ 1984, S. 577 (577 f.) zu § 28 Abs. 2 Nr. 1 VwVfG; *VG Berlin*, NJW 2002, S. 1063 (1064).

nicht zuungunsten des Beteiligten von dessen Angaben insbesondere in einem Antrag gemäß § 22 VwVfG abweichen will (Nr. 3) oder wenn potentiell eine Vielzahl von Personen anzuhören ist (Nr. 4).[235] Der mögliche Verzicht auf eine Anhörung bei Maßnahmen der Vollstreckung (Nr. 5) soll deren Effektivität gewährleisten und beruht auf der – nicht immer zutreffenden – Vorstellung, dass alle wesentlichen Fragen bereits vor Erlass des Grundverwaltungsakts erörtert wurden.[236] § 28 Abs. 3 VwVfG verbietet sogar eine Anhörung, wenn zwingende öffentliche Interessen entgegenstehen, zu denen insbesondere qualifizierte Gefahrenabwehrinteressen gehören.[237]

47 Während die Regelbeispiele vorrangig öffentliche Interessen berücksichtigen, kommt ein **Rückgriff auf die Generalklausel** des § 28 Abs. 2 VwVfG grundsätzlich nur zur Wahrung privater Interessen und nur bei Anwendung eines strengen Maßstabs in Frage.[238] Wie bei den Regelbeispielen wird eine strenge Verhältnismäßigkeitsprüfung im Einzelfall verlangt.[239] Insbesondere darf die Anhörungspflicht nicht über die – generell problematische – Figur des intendierten Ermessens ausgehöhlt werden.[240]

48 Im **förmlichen Verfahren** ist gemäß § 66 VwVfG das Absehen von der Anhörung unzulässig und für Beweiserhebungen Parteiöffentlichkeit vorgeschrieben.[241] Besonders intensiv ausgestaltet ist die Anhörung in § 73 VwVfG für das Planfeststellungsverfahren. Wegen seiner starken Bedeutung für die Drittbeteiligung wird die Regelung dort näher erörtert.[242] Für das **Sozial- bzw. Steuerverfahren** finden sich in § 24 SGB X und § 91 AO weitgehend mit § 28 VwVfG identische Vorschriften mit vorrangig marginalen bereichsspezifischen Konkretisierungen.[243] Allerdings ist § 91 Abs. 1 S. 1 AO als bloße Soll-Vorschrift formuliert, was aber nur selten relevant werden dürfte.

49 Umstritten sind die Voraussetzungen einer **Heilung von Anhörungsmängeln** gemäß § 45 Abs. 1 Nr. 3, Abs. 2 VwVfG. Ein Aspekt ist insoweit die Rechtsprechung des Bundesverwaltungsgerichts, nach der ggf. bereits die **Durchführung eines Widerspruchsverfahrens** zur Heilung führen kann.[244] Maßgeblich sind ei-

---

[235] Einzelheiten bei *Winfried Kluth*, in: Wolff/Bachof/Stober/ders., VerwR I, § 60 Rn. 82; *Heinz J. Bonk/Dieter Kallerhoff*, in: Stelkens/Bonk/Sachs (Hrsg.), VwVfG, § 28 Rn. 55f., 57ff.; *Ritgen*, in: Knack/Henneke, VwVfG, § 28 Rn. 28, 29.
[236] Näher hierzu *Kopp/Ramsauer*, VwVfG, § 28 Rn. 70ff.
[237] Näher *Kopp/Ramsauer*, VwVfG, § 28 Rn. 75ff. mit rechtspolitischer Kritik und einem Hinweis auf die geringe praktische Relevanz der Vorschrift.
[238] *Kopp/Ramsauer*, VwVfG, § 28 Rn. 46 unter Hinweis auf *BGH*, NVwZ 2002, S. 509 (510).
[239] *BGH*, NVwZ 2002, S. 509 (510); zustimmend unter Hinweis auf die damit vollzogene Annäherung an europarechtliche Maßstäbe *Berg*, Rechtsprechung seit 1998 (Fn. 58), S. 1043.
[240] *Ehlers*, Rechtsprechungsanalyse (Fn. 61), S. 262f.
[241] Näher *Tade M. Spranger*, Beschränkungen des Anhörungsrechts im förmlichen Verwaltungsverfahren, NWVBl 2000, S. 166 (166f.). → Bd. II *Rossen-Stadtfeld* § 29 Rn. 23.
[242] → Rn. 82f.
[243] Diese Konkretisierungen erlauben es in § 24 Abs. 2 SGB X die Ausnahmetatbestände abschließend und nicht nur als Regelbeispiele aufzuführen: *Franz Bielefeld*, Das soziale Verfahrensrecht des SGB X: Zum Verhältnis von SGB X und VwVfG, 1997, S. 80ff.
[244] Hierzu statt vieler *Kopp/Ramsauer*, VwVfG, § 45 Rn. 26f., 40ff.; aus der Rspr. BVerwGE 54, 276 (280); 66, 111 (114); 66, 184 (187f.); BVerwG, NVwZ-RR 1991, S. 337 (337); krit. z.B. *Hufen*, Fehler, Rn. 606ff.; *Schoch*, Verfahrensgedanke (Fn. 12), S. 44; s.a. → Bd. II *Bumke* § 35 Rn. 179; Bd. III *Schoch* § 50 Rn. 300; zu Anhörungsfehlern bei erledigten Verwaltungsakten *Annette Guckelberger*, Anhörungsfehler bei Verwaltungsakten, JuS 2011, S. 577ff.

nerseits der Grundsatz der substantiellen Anhörung und andererseits die Funktion des Widerspruchsverfahrens als inneradministrative Selbstkontrolle und Entlastung für die Gerichte. Letzteres spricht für eine Möglichkeit der Heilung im Widerspruchsverfahren, aber nur unter bestimmten Voraussetzungen. So muss der angegriffene Verwaltungsakt mit einer hinreichenden, die entscheidungserheblichen Tatsachen darstellenden Begründung versehen sein, der Widerspruch zu diesen Stellung genommen und eine Behörde mit voller Entscheidungskompetenz dieses Vorbringen in der (Nicht-)Abhilfeentscheidung oder im Widerspruchsbescheid gewürdigt haben. Verfügt also die Widerspruchsbehörde nur über eine beschränkte Kontrollkompetenz, muss sie ggf. das Verfahren aussetzen, um der Ausgangsbehörde Gelegenheit zur Fehlerkorrektur zu geben.

Eine zweite Frage betrifft die durch das Genehmigungsbeschleunigungsgesetz erfolgte Änderung des § 45 Abs. 2 VwVfG, die es gestattet, die **Anhörung noch im verwaltungsgerichtlichen Verfahren** nachzuholen.[245] Hierauf ist unten im Zusammenhang mit der Entgrenzung von Verwaltungsverfahren einzugehen.[246] Ein nicht geheilter Anhörungsmangel kann im Übrigen unter den allgemeinen Voraussetzungen des § 46 VwVfG **unbeachtlich** sein,[247] aber ggf. einen **Amtshaftungsanspruch** auslösen[248] und über § 45 Abs. 3 VwVfG bei der Versäumung von Rechtsbehelfsfristen relevant werden.[249] 50

b) Aktenführung, Akteneinsicht, Aktentransparenz

Ergänzt und unterstützt wird der Anhörungsanspruch durch das **Recht zur Akteneinsicht,**[250] das der **Waffengleichheit** im Verwaltungsverfahren und **Transparenz** des Verwaltungshandelns dient. Diesbezüglich hat sich in Deutschland ein **beachtlicher Wandel** vom Aktengeheimnis über die rechtschutzorientierte Akteneinsicht der Verfahrensbeteiligten gemäß § 29 VwVfG bis hin zur Aktentransparenz nach den Informationsfreiheitsgesetzen als sich zunehmend durchsetzender Mechanismus einer öffentlichen Verwaltungskontrolle vollzogen.[251] 51

Normativ vorausgesetzte, aber nur rudimentär geregelte Basis aller Akteneinsichtsrechte ist die **Pflicht zur** vollständigen und wahrheitsgetreuen **Aktenführung.** Aus § 29 VwVfG wird immerhin trotz der Nichtförmlichkeit des Stan- 52

---

[245] Diese Möglichkeit besteht inzwischen gemäß § 41 Abs. 2 SGB X selbst im Sozialverfahren. Zum Planfeststellungsverfahren → Bd. II *Bumke* § 35 Rn. 184 m. Fn. 572.
[246] → Rn. 131 ff.
[247] *Kopp/Ramsauer*, VwVfG, § 28 Rn. 78, § 46 Rn. 17. Insoweit ist das Sozialverfahrensrecht ausweislich § 42 S. 2 SGB X strenger: *Bielefeld*, Verfahrensrecht des SGB X (Fn. 243), S. 94 ff., allerdings noch auf der Grundlage von §§ 41 Abs. 3, 42 S. 1 SGB X a. F. → Bd. II *Sachs* § 31 Rn. 118.
[248] *Kopp/Ramsauer*, VwVfG, § 28 Rn. 78. → Bd. II *Sachs* § 31 Rn. 38.
[249] Dazu *BGH*, NVwZ 2002, S. 509 (510).
[250] Hierzu und zum Folgenden auch → Bd. II *Ladeur* § 21 Rn. 10 f., *Gusy* § 23 Rn. 43 ff., 82 ff.
[251] Eine die Ambivalenzen betonende Darstellung dieses Wandlungsprozesses bei *Masing*, Transparente Verwaltung (Fn. 71), S. 377 ff.; sehr kritisch *Martin Ibler*, Zerstören die neuen Informationszugangsgesetze die Dogmatik des deutschen Verwaltungsrechts?, in: FS Winfried *Brohm*, S. 405 ff.; positiv *Friedrich Schoch*, Informationsfreiheitsgesetz für die Bundesrepublik Deutschland, DV, Bd. 35 (2002), S. 149 ff.; *Hans P. Bull*, Informationsfreiheitsgesetze – wozu und wie?, ZG 2002, S. 201 ff.; ausführlich *Dieter Kugelmann*, Die informatorische Rechtsstellung des Bürgers: Grundlagen und verwaltungsrechtliche Grundstrukturen individueller Rechte auf Zugang zu Informationen der Verwaltung, 2001; *Arno Scherzberg*, Die Öffentlichkeit der Verwaltung, 2000; *Bernhard W. Wegener*, Der geheime Staat, 2006. Zu § 29 VwVfG ausführlich *Thomas Palm*, Akteneinsicht im öffentlichen Recht, 2002, S. 77 ff.; zum Steuer- und Sozialverfahrensrecht → Rn. 56.

dardverfahrens das Gebot seiner Aktenmäßigkeit abgeleitet. Für das Verfahren wesentliche Vorgänge sind zu dokumentieren und ordnungsgemäß aufzubewahren.[252] Mit Blick auf die Informationsfreiheitsgesetze und deren Ausnahmetatbestände insbesondere für personenbezogene Daten wird eine bereits mitlaufend abschichtende Aktenführung in Erwägung gezogen.[253] Jenseits eindeutiger Fälle steigen dadurch allerdings die Anforderungen an das Aktenmanagement derart, dass jedenfalls von entsprechenden rechtlichen Verpflichtungen abzuraten ist. Zudem ergibt sich die Schutzbedürftigkeit oft erst aus später erkennbaren Kontexten. Im Übrigen dürfen nur Entscheidungsentwürfe, auf die sich bis zum Verfahrensabschluss das Akteneinsichtsrecht gemäß § 29 Abs. 1 S. 2 VwVfG nicht erstreckt,[254] zeitweise in sogenannte „private" Handakten der Amtswalter ausgelagert werden.[255] Erfasst vom Aktenbegriff des § 29 VwVfG sind auch elektronisch oder auf anderen modernen Medien gespeicherte Dokumente.[256]

53 Voraussetzung für Bestand und Umfang des Akteneinsichtsanspruchs der Verfahrensbeteiligten gemäß § 29 VwVfG ist die **Erforderlichkeit der Aktenkenntnis** zur Rechtswahrung. Dies muss ggf. von den Beteiligten substantiiert glaubhaft gemacht werden.[257] Der Anspruch aus § 29 VwVfG erstreckt sich nur ausnahmsweise auf Verwaltungsvorschriften[258] oder die Akten zu vergleichbaren Parallelverfahren.[259] Ebenso wie bei Einsichtsbegehren von nicht gemäß § 13 VwVfG an einem Verfahren Beteiligten kann aber eine Behörde **nach eigenem Ermessen Einsicht** in diese Unterlagen **gewähren**. Soweit ein berechtigtes Interesse besteht, hat der Bürger aus dem Rechtsstaatsprinzip einen **Anspruch auf ermessensfehlerfreie Entscheidung** und der Ermessensspielraum der Behörde kann sogar zur Wahrung einer wirksamen Rechtsverfolgung auf Null reduziert sein.[260] Ähnlich hat die Rechtsprechung einen **selbständigen grundrechtsbasierten Informationsanspruch** zur Vorbereitung berufsrelevanter Verwaltungsverfahren entwickelt,[261] aber zur Wahrung der Funktionsfähigkeit öffentlicher Stellen in anderen Zusammenhängen auch abgelehnt.[262]

---

[252] Siehe auch § 8b Abs. 2 S. 1 VwVfG.

[253] *Masing*, Transparente Verwaltung (Fn. 71), S. 425 f.

[254] Insoweit sollten auch künftige Informationsfreiheitsgesetze im Interesse einer kreativen internen Willensbildung von Behörden Ausnahmen zulassen: *Masing*, Transparente Verwaltung (Fn. 71), S. 419 f.; zum geltenden IFG und seinen §§ 3 Nr. 3 lit. b), 4 Abs. 1 *Kloepfer/v. Lewinski*, Informationsfreiheitsgesetz (Fn. 155), S. 1281.

[255] Zum Ganzen m.w.N. *Kopp/Ramsauer*, VwVfG, § 29 Rn. 1 a f.; → Bd. II *Ladeur* § 21 Rn. 15. Zur Aktenführung allg. ebd., Rn. 12 ff.; zu abweichenden Traditionen in Europa, die zu sehr disparaten Aktenbeständen in der „multikulturellen" Kommissionsverwaltung führen *Reinhard Priebe*, Die Aufgaben des Rechts in einer sich ausdifferenzierenden EG-Administration, in: Schmidt-Aßmann/Hoffmann-Riem (Hrsg.), Strukturen, S. 71 (90).

[256] *Heinz J. Bonk/Dieter Kallerhoff*, in: Stelkens/Bonk/Sachs (Hrsg.), VwVfG, § 29 Rn. 8 ff. Zur elektronischen Aktenführung → Bd. II *Britz* § 26 Rn. 32, 75 ff.

[257] *BVerwGE* 67, 300 (304); 61, 15 (22); *OVG RP*, DVBl 1991, S. 1367 (1367 f.); *VGH BW*, NJW 1996, S. 613 (613 f.).

[258] *BVerwG*, NJW 1981, S. 535 (537); *BVerwGE* 69, 278 (279 ff.); dies ist nicht unproblematisch solange eine Publizitätspflicht für Verwaltungsvorschriften immer noch abgelehnt wird: → Bd. II *Gusy* § 23 Rn. 18.

[259] *Kopp/Ramsauer*, VwVfG, § 29 Rn. 19 a. Zum Anspruchsende vgl. → Bd. II *Gusy* § 23 Rn. 45.

[260] *BVerwG*, NVwZ 1994, S. 72 (74).

[261] *BVerwG*, DÖV 2004, S. 73 (74 f.); *BFHE* 215, 32 ff.; → Rn. 18.

[262] *BVerfGE* 103, 41 (42 f.) bezüglich NPD vor Eröffnung des Verbotsverfahrens; s. auch *OVG NW*, DÖV 1998, S. 1022 (1023) bezüglich Akten einer Enquete-Kommission.

C. Das Standardverfahren gemäß VwVfG und seine Modifikationen

§ 29 Abs. 2 VwVfG benennt abschließend drei – eng auszulegende – Gründe (Beeinträchtigung der Aufgabenerfüllung, Nachteile für Bund oder Länder, öffentliche oder private Geheimhaltungsinteressen), bei deren Vorliegen die Behörde nach ihrem Ermessen die **Akteneinsicht verweigern kann**.[263] Hierbei muss sie strikt den Verhältnismäßigkeitsgrundsatz beachten, indem Alternativen zur kompletten Einsichtsverweigerung (Aktenauszug, Schwärzung von personenbezogenen Angaben etc.) erwogen werden.[264] Hinsichtlich privater Geheimhaltungsinteressen kann sich aus § 30 VwVfG oder anderen Spezialgesetzen weitergehend eine behördliche **Pflicht zur Einsichtsverweigerung** ergeben.[265]   54

Die **Einsichtsverweigerung** ist nach ganz überwiegender Auffassung ein eigenständiger, begründungsbedürftiger Verwaltungsakt.[266] Erfolgt die Verweigerung zu Unrecht ist der verfahrensabschließende „Hauptverwaltungsakt" seinerseits wegen eines **Verfahrensfehlers** rechtswidrig, aber in der Regel nicht nichtig. Daher kommen Heilung nach § 45 VwVfG oder Unbeachtlichkeit gemäß § 46 VwVfG in Betracht.[267] Umso schärfer stellt sich die Frage, ob die Verweigerung trotz § 44a VwGO **selbständig angefochten** werden kann. Die traditionelle Auffassung verneint dies,[268] das Bundesverfassungsgericht hat zumindest für den Fall der unzumutbaren Erschwerung effektiven Rechtsschutzes ein Klagerecht angenommen[269] und es mehren sich Stimmen, ein solches grundsätzlich zu gewähren.[270] Dafür spricht neben dem regelmäßig einschlägigen Aspekt effektiven Rechtsschutzes auch die Gleichstellung mit Inhabern von Einsichtsansprüchen außerhalb des § 29 VwVfG.[271]   55

Die **Abgabenordnung** gewährt kein dem § 29 VwVfG vergleichbares Akteneinsichtsrecht. Es besteht nur der allgemeine rechtsstaatliche Anspruch auf eine ermessensfehlerfreie Entscheidung über Einsichtsbegehren. Da Steuerakten ganz überwiegend aus den Erklärungen des Steuerpflichtigen bzw. diesem bekanntgegebenen Bescheiden bestehen, ist dies unter rechtsstaatlichen Aspekten grundsätzlich akzeptabel.[272] Im **Sozialverfahren** bestehen Besonderheiten durch die auf Geheimhaltungsinteressen Privater begrenzten Einsichtsverweigerungsgründe und hinsichtlich der Gestaltung der Akteneinsicht. § 25 Abs. 2 SGB X eröffnet   56

---

[263] Hierzu *Palm*, Akteneinsicht (Fn. 251), S. 92 ff.
[264] *Kopp/Ramsauer*, VwVfG, § 29 Rn. 27.
[265] Siehe auch → Rn. 64 ff.
[266] *Palm*, Akteneinsicht (Fn. 251), S. 109; *Ritgen*, in: Knack/Henneke, VwVfG, § 29 Rn. 37 m.w.N.; a.A. *BayVGH*, NVwZ 1990, S. 775 (776).
[267] *Palm*, Akteneinsicht (Fn. 251), S. 109.
[268] *BVerwG*, NJW 1979, S. 177 (177); NJW 1982, S. 120 (120); *BayVGH*, BayVBl. 1995, S. 631 (632); *OVG RP*, DöD 2000, S. 140 (140); s.a. → Bd. III *Schoch* § 50 Rn. 299.
[269] *BVerfG*, NJW 1991, S. 415 (416); so auch *BVerwG*, NVwZ-RR 2000, S. 760 (760); zustimmend *Heinz J. Bonk/Dieter Kallerhoff*, in: Stelkens/Bonk/Sachs (Hrsg.), VwVfG, § 29 Rn. 86.
[270] *Kopp/Ramsauer*, VwVfG, § 29 Rn. 44; *Hermann Borgs-Maciejewski*, in: Meyer/ders. (Hrsg.), Verwaltungsverfahrensgesetz, 2. Aufl. 1982, § 29 Rn. 25; *Helmuth v. Nicolai*, in: Redeker/v. Oertzen, VwGO, § 44a Rn. 3b; *Hermann Plagemann*, Anmerkung zu VG Köln – NJW 1978, 1379, NJW 1978, S. 2261 (2261 f.); *Martin Pagenkopf*, Verringerung des Rechtsschutzes gegen behördliche Verfahrenshandlungen?, NJW 1979, S. 2382 (2382 f.).
[271] *Annette Guckelberger*, Rechtsbehelfe zur Durchsetzung des Umweltinformationsanspruchs, UPR 2006, S. 89 (95 f.).
[272] *Brockmeyer*, in: Klein, AO (Fn. 195), § 89 Rn. 25, § 91 Rn. 5; *Dieter Carl/Joachim Klos*, Akteneinsicht im Steuerstreit, Die Information über Steuer und Wirtschaft (Inf) 1994, S. 488 (488); ausführlich *Palm*, Akteneinsicht (Fn. 251), S. 235 ff.; aus der Rechtsprechung: HessFG, EFG 1990, S. 503 (503 f.).

der Behörde die Option, die Einsicht in Gesundheitsakten durch eine Vermittlung des Akteninhalts seitens eines Arztes zu ersetzen. Ähnliches gilt, wenn Sozialakten Angaben enthalten, die die Entwicklung des Beteiligten beeinträchtigen können.

57 Eigenständig neben § 29 VwVfG stehen **datenschutzrechtliche Auskunftsansprüche** bezüglich Speicherung und Weitergabe personenbezogener Daten, etwa gemäß § 19 BDSG.[273] Diese Ansprüche unterscheiden sich sowohl hinsichtlich ihrer Anspruchsvoraussetzungen als auch ihrer Anspruchsinhalte, so dass sie nur in wenigen Situationen miteinander konkurrieren. Noch spezielleren Interessen dient die Akteneinsicht nach dem **Stasi-Unterlagen-Gesetz**.[274]

58 Eine **neue Dimension** gewinnt die Akteneinsicht durch die wachsende Zahl zunächst auf das Umweltrecht begrenzter, inzwischen aber in einzelnen Ländern sowie auf Bundesebene grundsätzlich allgemein geltender **Informationsfreiheitsgesetze**.[275] Hier dient die Akteneinsicht nicht mehr der individuellen Interessenwahrung von Beteiligten im Verwaltungsverfahren, sondern idealiter der **objektiven Verwaltungskontrolle** durch Aktentransparenz für die Öffentlichkeit.[276] Die Anstöße hierzu gingen vom Unionsrecht aus, das seinerseits insbesondere durch skandinavische Vorbilder inspiriert wurde. Zumindest das Informationsfreiheitsgesetz des Bundes enthält jedoch derart umfangreiche Ausnahmetatbestände, dass die Gesetzesbezeichnung eher in die Irre führt. Gleichwohl ergeben sich selbst bei diesem nur bedingt auflösbare Spannungen zwischen dem datenschutzrechtlichen Zweckbindungsgebot bezüglich personenbezogener Daten und dem voraussetzungslosen Informationszugang.[277] Das geltende Recht verweist hierzu in einem Akt scheinbarer Harmonisierung auf eine Abwägung im Einzelfall, der aber durch die unbegrenzbare Anschlussnutzung seitens der Informationsempfänger der Boden entzogen wird. Auch der Gesetzgeber kann durch Abwägungsvorgaben dieses Dilemma nur ansatzweise auflösen.[278]

59 Intensiv diskutiert wird das **Verhältnis zwischen den Ansprüchen** aus § 29 VwVfG und den verschiedenen Informationsfreiheitsgesetzen. Letztlich kommt

---

[273] *Heinz J. Bonk/Dieter Kallerhoff*, in: Stelkens/Bonk/Sachs (Hrsg.), VwVfG, § 29 Rn. 8 f.; *Bull/Mehde*, VerwR, Rn. 640. Vgl. auch → Rn. 151 f.; Bd. II *Albers* § 22.

[274] Dazu *Heinz J. Bonk/Dieter Kallerhoff*, in: Stelkens/Bonk/Sachs (Hrsg.), VwVfG, § 29 Rn. 92 ff.; *Hansjörg Geiger/Heinz Klinghardt*, Stasi-Unterlagen-Gesetz: Kommentar, 2. Aufl. 2006.

[275] *Marius Raabe/Niels Helle-Meyer*, Informationsfreiheit und Verwaltungsverfahren: Zum Verhältnis neuer und klassischer Informationsrechte gegenüber der Verwaltung, NVwZ 2004, S. 641 ff.; *Tobias Bräutigam*, Informationen werden freier: Auch in Deutschland? – Zu einem Informationsfreiheitsgesetz in Deutschland und den Erfahrungen in den USA mit dem Freedom of Information Act, DÖV 2005, S. 376 ff.; *Masing*, Transparente Verwaltung (Fn. 71), S. 377 ff.; *Schmitz/Jastrow*, Informationsfreiheitsgesetz (Fn. 155), S. 984 ff.; *Kloepfer/v. Lewinski*, Informationsfreiheitsgesetz (Fn. 155), S. 1277 ff. S. a. → Bd. II *Gusy* § 23 Rn. 82 ff.

[276] Hierzu instruktiv *Masing*, Transparente Verwaltung (Fn. 71), S. 383 ff., 394 f., 430 ff. S. a. → Bd. I *ders.* § 7 Rn. 81. In der US-amerikanischen Praxis hat sich die Aktentransparenz allerdings mindestens ebenso sehr als Instrument zur Verfolgung privater Wirtschaftsinteressen im Wege des Informationshandels bzw. der „Industriespionage" etabliert: *Andreas Theuer*, Der Zugang zu Umweltinformationen aufgrund des Umweltinformationsgesetzes (UIG), NVwZ 1996, S. 326 (333, insbes. Fn. 81).

[277] *Masing*, Transparente Verwaltung (Fn. 71), S. 399 ff.; *Michael Kloepfer*, Grundprobleme der Gesetzgebung zur Informationszugangsfreiheit, K&R 2006, S. 19 (22); s. auch → Rn. 65.

[278] Hierbei ist der Gleichheitsgrundsatz zu beachten, weshalb die Privilegierung von Betriebs- und Geschäftsgeheimnissen gem. § 6 IFG im Verhältnis zu personenbezogenen Daten zumindest zweifelhaft erscheint: *Kloepfer/v. Lewinski*, Informationsfreiheitsgesetz (Fn. 155), S. 1283 f.

C. Das Standardverfahren gemäß VwVfG und seine Modifikationen

es auf die konkrete Formulierung der insoweit sehr unterschiedlichen gesetzlichen Bestimmungen an. Grundsätzlich setzt sich jedoch die Linie durch, beide Ansprüche parallel zur Anwendung kommen zu lassen, also keinen Vorrang der Verwaltungsverfahrensgesetze für den Zeitraum eines laufenden Verwaltungsverfahrens anzunehmen. Das Informationsfreiheitsgesetz des Bundes beispielsweise findet nicht nur Anwendung nach dem Abschluss eines Verfahrens oder auf Nichtverfahrensbeteiligte, sondern auch zugunsten Verfahrensbeteiligter, die die Anspruchsvoraussetzungen nach § 29 VwVfG nicht erfüllen. In der Praxis folgt hieraus allerdings wegen der bislang weitreichenden Ausnahmetatbestände in den Informationsfreiheitsgesetzen im Zusammenhang mit der behördlichen Entscheidungsbildung nur in Randbereichen eine Stärkung der Rechtsposition von Zugangspetenten.[279] Gleichwohl könnten durch die Kopplung etwa von Planfeststellungsverfahren und Informationsansprüchen zeitliche Friktionen und Verzögerungen verursacht werden.[280]

c) Beratungs-, Hinweis- und Auskunftspflichten

§ 25 VwVfG normiert einen sozialstaatlichen Auskunfts- und Beratungsauftrag an die Behörden, wie er im Grundsatz bereits zuvor durch die Amtshaftungsrechtsprechung entwickelt worden war.[281] Umstritten war bislang, ob der gesetzliche Auftrag bereits **vor Beginn des Verwaltungsverfahrens** im Sinne von § 9 VwVfG bestand.[282] Seit 2009 legt § 25 Abs. 2 S. 1 VwVfG für Antragsverfahren Vorberatungspflichten fest.[283] Für Verfahren über eine einheitliche Stelle[284] konkretisiert und erweitert § 71c i.V.m. § 71e VwVfG die entsprechenden Informationspflichten erheblich.[285] Sozial- und rechtsstaatliche Erwägungen legen sowohl eine **extensive Interpretation der allgemeinen Beratungs- und Auskunftspflichten** nahe[286] als auch die abgestufte Begründung von Beratungspflichten gegenüber Nichtbeteiligten bzw. im Zusammenhang mit anderen behördlichen Handlungsformen. Bei alledem sollten bereichsspezifische Besonderheiten etwa mit Blick auf die Regelungen für das Sozialverfahren nicht eingeebnet werden und allgemein weder die Anforderungen an die Behörden überspannt noch umgekehrt die Anforderungen an die Eigenverantwortung der Bürger mi-

60

---

[279] *Rossi*, Informationsfreiheitsgesetz (Fn. 155), § 1 Rn. 116 f.; zu den Hintergründen der unklaren Regelung in § 1 Abs. 3 IFG *Schmitz/Jastrow*, Informationsfreiheitsgesetz (Fn. 155), S. 989; widersprüchlich *Dieter Kugelmann*, Das Informationsfreiheitsgesetz des Bundes, NJW 2005, S. 3609 (3611); aus der Rechtsprechung OVG NW, NJW 2005, S. 2028 (2029); ausführlich *Raabe/Helle-Meyer*, Informationsfreiheit (Fn. 275), S. 641 ff.
[280] Anschaulich *Ulrich Battis/Albert Ingold*, Der Umweltinformationsanspruch im Planfeststellungsverfahren, DVBl 2006, S. 735 (739 f.).
[281] Vgl. nur die Leitentscheidung BGH, NJW 1957, S. 1873 (1874); zum Folgenden ausführlich *Ulrich Hattstein*, Verwaltungsrechtliche Betreuungspflichten, 1999; zu § 89 AO und §§ 13 ff. SGB I → Rn. 63.
[282] Ablehnend etwa *Gerd Engelhardt*, in: Obermayer, VwVfG, § 25 Rn. 13; befürwortend *Kopp/Ramsauer*, VwVfG, § 25 Rn. 3; zum allgemeineren Kontext → Rn. 17.
[283] Zum restriktiv zu verstehenden Erforderlichkeitsvorbehalt der Vorschrift: *Ritgen*, in: Knack/Henneke, VwVfG, § 25 Rn. 38.
[284] → Rn. 23a f.
[285] Näher *Utz Schliesky* in: Knack/Henneke, VwVfG, § 71c Rn. 1 ff., insbes. Rn. 2 zur Anwendbarkeit im Vorfeld eines Verwaltungsverfahrens.
[286] Näher *Pünder*, Verwaltungsverfahren (Fn. 81), § 14 Rn. 41; sehr am reaktiven Wortlaut haftend demgegenüber *Winfried Kluth*, in: Wolff/Bachof/Stober/ders., VerwR I, § 60 Rn. 102, 103.

nimiert werden. Eine – nicht immer leicht zu ziehende – Grenze ist überschritten, wenn insbesondere in multipolaren Verfahrenskonstellationen durch eine umfassende Rechtsberatung der Eindruck der Parteilichkeit der Behörde entsteht.[287] Andererseits sind etwa bei anwaltlich nicht beratenen Beteiligten Hinweise auf materielle Rechtsansichten der Behörde keineswegs zwingend unzulässig. Im Übrigen ist zwischen einer optimierten **Verwaltungskultur** und amtshaftungsrelevanten Rechtspflichten zu differenzieren.

61 Ein Beispiel für die bislang allzu restriktive Interpretation der Auskunftspflichten bietet die Rechtsprechung, nach der selbst Anwälten, die laufend mit bestimmten Rechtsproblemen etwa im Ausländerrecht befasst sind, eine **Auskunft über verwaltungsinterne Erlasse und Vorschriften** verweigert wird.[288] Zwar muss eine Behörde sicherlich nicht jede interne Verfahrensstrategie offenlegen. Binnenrechtlich kondensierte Verwaltungspolitiken dürfen aber im Rechtsstaat nicht als Geheimsache behandelt werden.[289]

62 Eine haftungsbegründende **Amtspflichtverletzung** liegt vor, wenn eine Auskunft nicht richtig, klar, unmissverständlich und vollständig erteilt wird.[290] Insoweit sind der Kontext der Auskunftserteilung und insbesondere der erkennbare Empfängerhorizont zu berücksichtigen. Daneben stellt eine Falschauskunft oder Fehlberatung einen **Verfahrensfehler** dar, der aber nur im Rahmen des § 46 VwVfG beachtlich ist. Durch Falschauskünfte verursachte Rücknahmen von verfahrensrelevanten Anträgen oder Rechtsmitteln sowie Fristversäumnisse werden über den allgemeinen **Folgenbeseitigungsanspruch** oder eine **Wiedereinsetzung** gemäß § 32 VwVfG rückgängig gemacht bzw. „geheilt".[291]

63 Identische Beratungs- und Auskunftspflichten bestehen nach § 89 AO im **Steuerverfahren**.[292] Demgegenüber sind diese für das **Sozialverfahren** in den §§ 13 ff. SGB I sehr viel detaillierter und anspruchsvoller ausgestaltet.[293] So entstehen die dortigen Pflichten eindeutig nicht erst nach Beginn eines formalen Verwaltungsverfahrens und beziehen sich auch nicht nur auf Verfahrensbeteiligte. Besonders deutlich wird dieser sozialstaatlich-proaktive Auftrag in § 17 Abs. 1 Nr. 1 SGB I,

---

[287] *Kopp/Ramsauer*, VwVfG, § 25 Rn. 13 a *Hattstein*, Betreuungspflichten (Fn. 281), S. 134 ff.; *Henning Jäde*, Befangenheitsschranken behördlicher Beratungspflicht, BayVBl. 1988, S. 264 ff.

[288] BVerwG, NJW 1981, S. 535 ff.; NJW 1984, S. 2590 (2590); NJW 1985, S. 1234 (1234 f.); weitere Nachweise bei *Kopp/Ramsauer*, VwVfG, § 29 Rn. 12; s. aber auch BVerwGE 122, 264 ff.: Bekanntmachungspflicht als Wirksamkeitsvoraussetzung für Verwaltungsvorschriften mit unmittelbarer Außenwirkung gegenüber Dritten am Beispiel von Pauschalierungsregelungen im Sozialhilferecht.

[289] *Bull/Mehde*, VerwR, Rn. 646; *Masing*, Transparente Verwaltung (Fn. 71), S. 410 f.

[290] BGHZ 30, 19 (25 ff.); 117, 83 (87 f.).

[291] Vgl. die Beispiele und Nachweise bei *Ritgen*, in: Knack/Henneke, VwVfG, § 25 Rn. 23. Noch weitergehend existiert im Sozialrecht, anders als im allgemeinen Verwaltungsrecht, ein Herstellungsanspruch: *Karl-Jürgen Bieback*, Der sozialrechtliche Herstellungsanspruch als Institut staatlicher Haftung für rechtswidriges Verwaltungshandeln, DVBl 1983, S. 159 ff.; *Friedrich Schoch*, Folgenbeseitigung und Wiedergutmachung im Öffentlichen Recht, VerwArch, Bd. 79 (1988), S. 1 (54 ff.); *Ingwer Ebsen*, Der sozialrechtliche Herstellungsanspruch: ein Beispiel geglückter richterlicher Rechtsfortbildung?, DVBl 1987, S. 389 ff.; für eine Ausdehnung auf das allgemeine Verwaltungsrecht *Hattstein*, Betreuungspflichten (Fn. 281), S. 231 ff.

[292] *Brockmeyer*, in: Klein, AO (Fn. 195), § 89 Rn. 1; s. aber auch *Hartmut Hahn*, Zur Erforderlichkeit einer Reform des Auskunftsverfahrens: Rechtsdogmatische und steuerpolitische Überlegungen, DStZ 2003, S. 69 ff.; *Hattstein*, Betreuungspflichten (Fn. 281), S. 192 ff.

[293] Näheres bei *Kreikebohm/v. Koch*, Das Sozialleistungsverhältnis (Fn. 78), § 6 Rn. 21 ff.

C. Das Standardverfahren gemäß VwVfG und seine Modifikationen

der die Leistungsträger verpflichtet, darauf hinzuwirken, dass jeder Berechtigte die ihm zustehenden Sozialleistungen erhält.

d) Datenschutz und Geheimhaltung

Der in § 30 VwVfG geregelte Schutz persönlicher, aber auch betrieblicher oder geschäftlicher Geheimnisse[294] ist das notwendige, grenzensetzende **Gegenstück zur Öffnung des Verwaltungswissens** mittels Akteneinsicht und Auskunftsansprüchen. Es soll Vertrauen bei Informanten der Verwaltung schaffen und dadurch deren Informationsbereitschaft fördern und letztlich die behördliche Informationsbasis verbessern.[295] Anders als bei den übrigen Verfahrensrechten ist hier nicht die Erstreckung in die Vorverfahrensphase, sondern die jedenfalls analoge Anwendung nach Abschluss des Verfahrens zu diskutieren.[296] Bedeutsamer als die Auffangregelung in § 30 VwVfG sind detailliertere Bestimmungen in einer Vielzahl von **Spezialgesetzen.** Zu diesen gehören insbesondere die Datenschutzgesetze des Bundes und der Länder,[297] die Polizeigesetze[298] sowie die Umwelt- und Wirtschaftsverwaltungsgesetze.[299]

64

Grundprinzipien des behördlichen **Datenschutzrechts** sind vor dem Hintergrund des Grundrechts auf informationelle Selbstbestimmung strikte Zweckbindung, Transparenz für die Betroffenen und effektive Verarbeitungskontrolle. Der betonte datenschutzrechtliche Gesetzesvorbehalt verbietet es, §§ 24, 26 VwVfG als Ermächtigungsgrundlage für die einwilligungslose Erhebung personenbezogener Daten heranzuziehen.[300] Eine solche muss sich vielmehr aus dem einschlägigen materiellen Recht ergeben. Ähnlich verweist § 30 VwVfG für die **Geheimnisoffenbarung** primär auf spezialgesetzliche Ermächtigungsnormen bzw. die Einwilligung des Betroffenen und kann nur nach einer strikten Interes-

65

---

[294] Zur Definition dieser objektiv zu bestimmenden, gerichtlich überprüfbaren Rechtsbegriffe *Heinz J. Bonk/Dieter Kallerhoff*, in: Stelkens/Bonk/Sachs (Hrsg.), VwVfG, § 30 Rn. 7 ff. Vgl. a. → Bd. II *Holznagel* § 24 Rn. 69 ff.

[295] Anschaulich *BVerwG*, NJW 2004, S. 1543 (1543 f.): Schutz von Sozialdaten eines Behördeninformanten; zum Steuer- und Sozialverfahrensrecht → Rn. 67.

[296] Bejahend *Hans-Jürgen Papier*, Verfassungs- und verwaltungsrechtliche Probleme der Zweitanmeldung, NJW 1985, S. 12 (12); *Wolfgang Clausen*, in: Knack/Henneke, VwVfG, § 30 Rn. 7.

[297] → Bd. II *Albers* § 22 Rn. 88 ff.; *Klaus Globig*, Zulässigkeit der Erhebung, Verarbeitung und Nutzung im öffentlichen Bereich, in: Alexander Roßnagel (Hrsg.), Handbuch Datenschutzrecht, 2003, Kap. 4.7.

[298] *Friedrich Schoch*, Polizei- und Ordnungsrecht, in: Schmidt-Aßmann (Hrsg.), Bes. VerwR, Kap. 2 Rn. 253 ff.; *Birgit Tischer*, Das System der informationellen Befugnisse der Polizei, 2004; *Michael Peters*, Die Rechtsnormenbildung im Bereich der polizeilichen Informationsverwaltung, 2003; *Anneliese Kowalczyk*, Datenschutz im Polizeirecht, 1989; *Reinhard Riegel*, Das informationelle Befugnisrecht zur polizeilichen Aufgabenerfüllung im Lichte des Volkszählungsurteils, RiA 1996, S. 12 ff.; s. ferner §§ 7 ff. BKAG; §§ 8 ff. BVerfSchG; § 2 BNDG; §§ 1 ff. Gesetz über den militärischen Abschirmdienst (MADG).

[299] Vgl. nur § 10 Abs. 2 BImSchG; § 139b Abs. 1 S. 3 GewO; § 17a GenTG; § 22 Abs. 2 und 3 ChemG; § 6 S. 2 IFG, § 9 Abs. 1 Nr. 3 UIG; § 17 UWG; §§ 39 ff. PostG; §§ 91 ff. TKG; § 71 EnWG; zu aktuellen Problemen in diesem Bereich *Wilfried Berg*, Der Schutz von Betriebs- und Geschäftsgeheimnissen im öffentlichen Recht unter besonderer Berücksichtigung des Umweltinformationsgesetzes, GewArch 1996, S. 177 ff.; *ders.*, Risikokommunikation als Bestandteil der Risikoanalyse, ZLR 2003, 527 ff.; *Julia Beer/Anke Wesseling*, Die neue Umweltinformationsrichtlinie im Spannungsfeld von europäischer Eigentumsgewährleistung und privatem Informationsinteresse, DVBl 2006, S. 133 ff.

[300] *Hufen*, Fehler, Rn. 143.

§ 28 *Strukturen und Typen von Verwaltungsverfahren*

sen- und Güterabwägung zur Wahrung hochrangiger öffentlicher oder privater Rechtsgüter selbst als Befugnisnorm dienen. Unterlaufen würde der durch § 30 VwVfG garantierte Geheimnisschutz, wenn man – im Übrigen entgegen § 5 Abs. 2 S. 2 VwVfG – die Amtshilfebestimmungen als Befugnisnormen genügen ließe.[301] Diskussionsbedürftig ist allerdings mit Blick auf die gewachsenen Ansprüche an die administrative Informationsvorsorge und Wissensgenerierung die gesetzliche Ausgestaltung eines als Querschnittsmaterie zu verstehenden **Informationsverwaltungsrechts**.[302] Dieses darf weder einseitig individuelle Datenschutzrechte maximieren noch den berechtigten Persönlichkeits- und Geheimnisschutz der Bürger und Unternehmen übermäßig öffentlichen Informationsinteressen opfern.[303] Damit stehen Gesetzgebung und Anwendungspraxis vor schwierigen Abwägungsproblemen.[304] Ein wegen der strukturellen Kollision mit dem Zweckbindungsprinzip besonders schwieriges Feld stellt diesbezüglich die Informationsfreiheitsgesetzgebung dar.[305]

66 Kritisch ist die gesetzlich oft nicht klar geregelte Frage von **Verwertungsverboten** bei Erkenntnissen aufgrund unzulässiger Informationserhebung oder -weitergabe. Im Grundsatz ist von einem Verwertungsverbot auszugehen. Nur zum Schutz von dem Recht auf informationelle Selbstbestimmung gleichrangigen Verfassungsgütern sind unter Beachtung des Prinzips praktischer Konkordanz in eingeschränktem Umfang Ausnahmen zuzulassen, die aber in der Regel ohnedies schon eine Offenbarungsbefugnis i.S.d. § 30 VwVfG begründen.[306] **Rechtsfolgen für die nachfolgende Entscheidung** hat das Verbot im Übrigen nur, wenn diese auf der Informationsverwertung tatsächlich beruht.[307] Gesteigerte Bedeutung kommt daher Unterlassungs-, Folgenbeseitigungs- und Amtshaftungsansprüchen zu.

67 Weit differenzierter als im VwVfG und grundsätzlich abschließend sind die **Regelungen des Sozialdatenschutzes** in §§ 35 ff. SGB I, 67 ff. SGB X[308] sowie

---

[301] → Bd. II *Holznagel* § 24 Rn. 27 f.; *Heinz J. Bonk/Dieter Kallerhoff*, in: Stelkens/Bonk/Sachs (Hrsg.), VwVfG, § 30 Rn. 23; *Dieter Lehner*, Der Vorbehalt des Gesetzes für die Übermittlung von Informationen im Wege der Amtshilfe, 1996; S. 107 ff.; a. A. beispielsweise *Martin Bullinger*, Wettbewerbsgefährdung durch präventive Wirtschaftsaufsicht – Gefährdung des Entwicklungsvorsprungs zulassungspflichtiger neuer Industrieprodukte, NJW 1978, S. 2121 (2125 f.); *HessVGH*, NVwZ 2003, S. 755 (755).

[302] Vgl. auch → Bd. II *Vesting* § 20 Rn. 47 ff.

[303] → Bd. II *Gusy* § 23 Rn. 67; *Wolfgang Hoffmann-Riem*, Weiter so im Datenschutzrecht?, DuD 1998, S. 684 (688); *ders.*, Informationelle Selbstbestimmung in der Informationsgesellschaft: Auf dem Weg zu einem neuen Konzept des Datenschutzes, AöR, Bd. 123 (1998), S. 513 (527 ff.); *Hans P. Bull*, Zweifelsfragen um die informationelle Selbstbestimmung: Datenschutz als Datenaskese?, NJW 2006, S. 1617 ff.

[304] Siehe die gegenläufigen Entscheidungen *BVerwG*, K&R 2004, S. 95 ff.; aufgehoben durch *BVerfG*, EuGRZ 2006, S. 159 ff. bezüglich Geheimhaltungsinteressen der Deutschen Telekom AG im Entgeltregulierungsverfahren zu Lasten der Netzzugangspetenten.

[305] → Rn. 58.

[306] Zum Ganzen *Hufen*, Fehler, Rn. 146 ff.; *Peter-Christian Kunkel*, Die Rechtsfolgen unzulässigen Offenbarens eines Geheimnisses, insbesondere des Sozialgeheimnisses durch die Behörde, VBlBW 1992, S. 47 ff.; für ein ausnahmsloses Verwertungsverbot *Hans-Peter Hüsch*, Verwertungsverbote im Verwaltungsverfahren, 1991, S. 192 ff.; im Polizeirecht wird hingegen i.d. R. der Gefahrenabwehr Vorrang eingeräumt: *Schenke*, PolizeiR, Rn. 215 ff.

[307] *Kopp/Ramsauer*, VwVfG, § 30 Rn. 18; *Heinz J. Bonk/Dieter Kallerhoff*, in: Stelkens/Bonk/Sachs (Hrsg.), VwVfG, § 30 Rn. 28.

[308] *Wolfgang Binne*, Sozialdatenschutz, in: Bernd Baron v. Maydell/Franz Ruland/Ulrich Becker (Hrsg.), Sozialrechtshandbuch, 4. Aufl. 2008, § 10 Rn. 1 ff.; *Ulrich v. Petersdorff*, Datenschutz in der So-

weiteren Spezialvorschriften in anderen Büchern des SGB.³⁰⁹ Die dortigen Regelungen folgen im Wesentlichen allgemeinen datenschutzrechtlichen Prinzipien. Allerdings wird das Zweckbindungsprinzip durch § 69 SGB X erheblich aufgeweicht, weil dieser einen Informationsverbund zwischen allen im SGB geregelten Zweigen der Sozialverwaltung zumindest im Ansatz eröffnet.³¹⁰ Ein besonderes Instrument der Missbrauchsbekämpfung im Leistungsverwaltungsrecht stellt der **automatische Datenabgleich** dar, wie er in verschiedenen Zweigen des Sozialrechts inzwischen vorgesehen ist.³¹¹ Ähnliche Instrumente systematischer Kontrollverfahren kennt auch das Steuerrecht, in dem das traditionelle **Steuergeheimnis** des § 30 AO zur Förderung der Steuerehrlichkeit auf diese Weise erheblich eingeschränkt wird.³¹²

e) Recht auf Beistand

Ein weiterer Baustein eines **fairen rechtsstaatlichen Verfahrens** sind die durch § 14 VwVfG gewährten Rechte der Beteiligten, sich durch Bevollmächtigte vertreten oder durch einen Beistand bei Verhandlungen und Besprechungen unterstützen zu lassen.³¹³ In § 13 SGB X³¹⁴ und § 80 AO finden sich weitgehend identische Regelungen.³¹⁵ Umstritten ist, ob das Recht auf Beistand auch bei Einstellungsgesprächen besteht oder die Ausnahmeregelung des § 2 Abs. 3 Nr. 3 VwVfG Anwendung findet.³¹⁶ Dass aus Vertretungsmöglichkeiten auch Lasten für die Beteiligten werden können, zeigt die entsprechende Anwendung der bürgerlichrechtlichen Grundsätze über **Duldungs- und Anscheinsvollmacht** durch die Verwaltungsgerichtsbarkeit etwa bezüglich Eheleuten.³¹⁷ Ferner ist auf

68

---

zialverwaltung, in: Alexander Roßnagel (Hrsg.), Handbuch Datenschutzrecht, 2003, Kap. 8.13; *Heike Rasmussen*, Datenschutz in der Sozialversicherung, in: Alexander Roßnagel (Hrsg.), Handbuch Datenschutzrecht, 2003, Kap. 8.14; *Gernot Dörr/Konrad Francke*, Sozialverwaltungsrecht, 2006, Kap. 11 Rn. 162 ff.; *Achim André*, Schutz der Sozialdaten und rationales Verwaltungshandeln, DVP 1993, S. 3 ff.

³⁰⁹ Zu aktuellen Entwicklungen *Stefan Müller-Thele*, Hartz IV: Eine datenschutzrechtliche Risikoanalyse, NJW 2005, S. 1541 ff.

³¹⁰ Vgl. hierzu *Rasmussen*, Datenschutz in der Sozialversicherung (Fn. 308), Rn. 29 ff.; s. ferner *Thies C. Hartmann*, Outsourcing in der Sozialverwaltung und Sozialdatenschutz, 2002, S. 116 ff.

³¹¹ *v. Petersdorff*, Datenschutz in der Sozialverwaltung (Fn. 308), Rn. 50 ff.; *Katharina Krapp*, BAFöG-Rasterfahndung, ZRP 2004, S. 261 ff.; *Andreas Marschner*, Änderung der Sozialhilfedatenabgleichsverordnung zur Verhinderung von Leistungsmissbrauch, NJW 2002, S. 737 ff. S. a. → Bd. II *Britz* § 26 Rn. 38.

³¹² Hierzu näher → Rn. 165.

³¹³ *Bull/Mehde*, VerwR, Rn. 647; s. auch BVerfGE 38, 105 (111, 114 f.); ausführlich *In-Chin Chen*, Das Institut der Vertretung im Verwaltungsverfahren zwischen Verwaltungseffizienz und Rechtsschutzauftrag: Ein Rechtsvergleich zwischen Deutschland und Taiwan, 2000, S. 61 ff.; *Monika Kropshofer*, Verwaltungsverfahren und Vertretung, 1982; *Michael Sonnek*, Die gewillkürte Vertretung des Beteiligten im Verwaltungsverfahren nach § 14 VwVfG, 1984, S. 12 ff., 36 ff.

³¹⁴ *Harald Pickel*, Bevollmächtigte und Vertreter im sozialrechtlichen Verwaltungsverfahren, SGb 1986, S. 353 ff.

³¹⁵ Abweichungen bestehen hinsichtlich der bereichsspezifischen Anforderungen an geschäftsmäßig agierende Beistände.

³¹⁶ So BVerwGE 62, 169 (172); besonders relevant war diese Frage in den 1970er Jahren wegen der Anwendung des Radikalenerlasses. Der allgemeine Grundsatz der Waffengleichheit stritt für ein Recht auf Beistand, aber nur zur Abwehr unzulässiger Fragen: *Pünder*, Verwaltungsverfahren (Fn. 81), § 14 Rn. 15 mit Fn. 84; s. auch Kopp/Ramsauer, VwVfG, § 14 Rn. 5a.

³¹⁷ *Berg*, Rechtsprechung seit 1998 (Fn. 58), S. 1042 m.w.N.

die aus Sicht der Bürger nicht unproblematischen Vertretungsregeln in Massenverfahren hinzuweisen.³¹⁸

4. Dritt- und Öffentlichkeitsbeteiligung

69 Das Standardverfahren ist **prinzipiell bipolar strukturiert.** Dies wird den Gegebenheiten in vielen Teilen des Verwaltungshandelns jedoch nicht gerecht. Anträge auf verwaltungsbehördliches Einschreiten sind geradezu auf den Erlass eines an einen Anderen adressierten Verwaltungsakts gerichtet. Als Adressaten sind diese allerdings ohne weiteres Verfahrensbeteiligte. Schwieriger zu verarbeiten sind nach dem traditionellen Konzept Verwaltungsentscheidungen, die **für Dritte „Nebenfolgen"** zeitigen. Dabei sind unterschiedliche Konstellationen denkbar: Weniger kritisch sind Verfahren mit parallelen Folgewirkungen wie reflexartige Mitbegünstigungen bei begünstigenden Maßnahmen³¹⁹ oder Mitbelastungen bei Eingriffsakten.³²⁰ Schwieriger sind konfliktbeladene Situationen mit gegenläufigen Wirkungen bei beantragten Begünstigungen mit negativen Effekten auf Dritte.³²¹ Dabei ist weiter zu unterscheiden zwischen kleinräumig überschaubaren Konfliktfeldern, wie im baurechtlichen Nachbarschaftsverhältnis, und großräumig komplexen Auswirkungen, wie sie für das Umweltrecht typisch sind.

70 Das Verfahrensrecht kann auf diese differenzierten Verhältnisse im Realbereich **durch unterschiedliche Verfahrensgestaltungen reagieren.** Diese reichen von der Drittbeteiligung der in ihren subjektiven Rechten potentiell Verletzten über Interessenten- und Verbandsbeteiligung bis hin zur umfassenden Öffentlichkeits- oder Jedermannbeteiligung. Das deutsche Recht ist insoweit eher zurückhaltend. Dies gilt insbesondere für die sich anschließende Frage der gerichtlichen Kontrolle³²², die in Deutschland vom Grundsatz des subjektiven Individualrechtsschutzes und der Minimierung von Verfahrensfehlerfolgen geprägt ist. Beides gerät aufgrund europäischer und völkerrechtlicher Vorgaben unter **Anpassungsdruck,** wenn für die Umsetzung der Aarhus-Konvention im Umweltrecht eine breit verstandene Verfahrensbeteiligung der betroffenen Öffentlichkeit und grundsätzlich umfassende Rechtsschutzmöglichkeiten verlangt werden.³²³ Die rechtspolitische Debatte in Deutschland ist demgegenüber ambivalent.³²⁴

71 Den Hintergrund zu diesen keineswegs bruchlosen, kontinuierliche Rechtsentwicklungen fortsetzenden Diskussionen bildet der tiefgründigere **Konflikt über die Funktionen einer Dritt- oder gar Öffentlichkeitsbeteiligung.**³²⁵ Vielfach werden diese auf den vorgelagerten Rechtsschutz individueller Rechtsträger

---

³¹⁸ → Rn. 76.
³¹⁹ Etwa auf Arbeitnehmer und Geschäftspartner eines subventionierten Unternehmens.
³²⁰ Etwa Familienangehörige bei der Ausweisung von Ausländern.
³²¹ Empirische Beobachtungen über die sehr unterschiedlichen Kommunikationsbeziehungen finden sich bei *Sybille Stöbe*, Verhandeln und Argumentieren als Kommunikationsstrategien (in) der Verwaltung: Die staatliche Mittelinstanz in der Umweltpolitik, in: Volker v. Prittwitz (Hrsg.), Verhandeln und Argumentieren: Dialog, Interessen und Macht in der Umweltpolitik, 1996, S. 183 ff.
³²² → Bd. III *Schoch* § 50 Rn. 134 ff., 298 ff.
³²³ → Rn. 86 ff.
³²⁴ → Rn. 83, 90a.
³²⁵ Vgl. dazu die instruktive Rekonstruktion durch *Andreas Fisahn*, Demokratie und Öffentlichkeitsbeteiligung, 2002.

und die Erweiterung der behördlichen Informationsbasis reduziert. Dann werden aber nicht nur Möglichkeiten der Akzeptanzschaffung durch Partizipation leicht verschüttet, sondern auch Potentiale für eine demokratische Verwaltungslegitimation bei gesetzlich nur bedingt determinierbaren Verwaltungsentscheidungen nicht ausgeschöpft. Dies setzt allerdings ein für partizipative Elemente offenes Legitimationskonzept voraus, wie es an dieser Stelle nicht näher entfaltet werden kann.[326] Nötig ist nur die Klarstellung, dass die demokratische Funktion die beiden vorgenannten Funktionen nicht ablöst, sondern ergänzt.

a) Drittbetroffenenbeteiligung

Die Beteiligung von **Dritten, die durch ein Verwaltungsverfahren negativ in ihren Rechten betroffen** sind, richtet sich im Standardverfahren nach den §§ 13 Abs. 2, 28 VwVfG. D.h. eine materielle Rechtsbetroffenheit allein genügt nicht, erforderlich ist vielmehr eine Hinzuziehung als Beteiligter.[327] Dabei ist zu unterscheiden zwischen der fakultativen Hinzuziehung nach behördlichem Ermessen bei möglicher Betroffenheit in rechtlichen Interessen und notwendiger Hinzuziehung bei möglicher rechtsgestaltender Drittwirkung des Verfahrensausgangs. Darüber hinausgehende **Beteiligungsrechte für Interessierte oder die Öffentlichkeit** sind **im Standardverfahren** gemäß seinem Charakter als grundsätzlich geschlossenem Verfahren **nicht vorgesehen.** Vergleichbares gilt für das **förmliche Verwaltungsverfahren,** in dem sich die obligatorische Anhörung und mündliche Verhandlung gemäß §§ 66, 67 Abs. 1 S. 2, 68 VwVfG[328] ebenfalls auf die Beteiligten und damit die rechtlich Betroffenen beschränkt.[329] Zumindest für das förmliche Verfahren ist eine Hinzuziehung weiterer Personen jedoch nicht ausgeschlossen. Dies folgt aus dem Verfahrensermessen, wenn die Behörde dies zur Akzeptanzsicherung für zweckmäßig erachtet.[330]

72

Die **Abgrenzung** gegenüber grundsätzlich nicht zu Beteiligenden und zwischen den beiden Arten der Drittbeteiligung ist ebenso bedeutsam wie **unklar.** Für die notwendige Beiladung im Verwaltungsprozess gemäß § 65 VwGO wird teilweise restriktiv auf die formale Adressateneigenschaft[331] oder flexibler auf eine sich aufdrängende Drittbetroffenheit[332] abgestellt. Die verwaltungsverfahrensrechtliche Literatur greift diese prozessrechtliche Diskussion bislang nicht auf.[333] Sie setzt – wenngleich nicht immer unmissverständlich – das Merkmal

73

---

[326] → Bd. I *Trute* § 6 Rn. 15 ff., 47 f., 54 f.; s. auch *Schneider*, Berufliche Schulen (Fn. 181), S. 38 ff.
[327] *Heinz J. Bonk/Dieter Kallerhoff*, in: Stelkens/Bonk/Sachs (Hrsg.), VwVfG, § 28 Rn. 32; zur Hinzuziehung → Rn. 23.
[328] Hierzu → Rn. 48.
[329] *Kopp/Ramsauer*, VwVfG, § 68 Rn. 3.
[330] *Pünder*, Verwaltungsverfahren (Fn. 81), § 14 Rn. 13.
[331] *Wolfgang Bier*, in: Schoch/Schmidt-Aßmann/Pietzner (Hrsg.), VwGO, § 65 Rn. 20, 22, 24. Nach einer noch formaleren Auffassung soll bei Verpflichtungsklagen mangels Gestaltungswirkung eine notwendige Beiladung generell ausscheiden: *Wolfgang Grunsky*, Grundlagen des Verfahrensrechts: Eine vergleichende Darstellung von ZPO, FGG, VwGO, FGO, SGG, 2. Aufl., 1974, S. 292; dagegen überzeugend *Bier*, a.a.O., Rn. 22.
[332] So für die prozessuale Beiladung *Kopp/Schenke*, VwGO, § 65 Rn. 18. Für § 13 Abs. 2 S. 2 VwVfG – allerdings mit Blick auf § 44 VwVfG – zumindest abstrakt zustimmend OVG NW, NVwZ 1988, S. 74 (74 f.).
[333] Eine notwendige Hinzuziehung käme nach der erstgenannten Auffassung nur beim Antrag auf eine an einen Dritten gerichtete Ordnungsverfügung (z.B. Nachbarantrag auf eine Abrissverfügung:

der rechtsgestaltenden Drittwirkung unter recht pauschalen Hinweisen auf mögliche Grundrechtspositionen schlicht mit der öffentlich-rechtlichen Drittbetroffenheit gleich.[334] Dies wirft die Frage nach der verbleibenden Bedeutung der fakultativen Hinzuziehung auf. Sie setzt ein Berührtsein in eigenen rechtlichen Interessen voraus, während anders als bei der Interessentenbeteiligung im Planfeststellungsverfahren[335] bloß ideelle, wirtschaftliche oder soziale Interessen nicht ausreichen. Identisch ist bei beiden Hinzuziehungsarten die Beschränkung auf subjektive Individualinteressen,[336] so dass die fakultative Hinzuziehung grundsätzlich allein bei ausschließlich privatrechtlich geschützten Interessen[337] Anwendung findet.[338]

74 Wird eine **Hinzuziehung trotz Antrag abgelehnt**, ist zwischen den **verfahrensrechtlichen Rechtsfolgen** und der umstrittenen prozessrechtlichen Frage einer isolierten „Partizipationserzwingungsklage" zu unterscheiden. Wegen des bei der fakultativen Hinzuziehung bestehenden Ermessens ist deren Unterbleiben außer im Fall einer seltenen Ermessensreduzierung auf Null[339] in der Regel folgenlos. Der Schutz des Dritten erfolgt dadurch, dass die Verwaltungsmaßnahme ihn ohne Hinzuziehung nicht bindet,[340] sowie durch materiellrechtliche Klagemöglichkeiten. Bei notwendiger Hinzuziehung liegt ein Verfahrensmangel vor, der unter Umständen eine Nichtigkeit gemäß § 44 VwVfG begründen kann. In weniger schwerwiegenden Fällen kommen Heilung oder Unbeachtlichkeit nach §§ 45, 46 VwVfG in Betracht.[341]

75 Umso drängender stellt sich die – für beide Hinzuziehungsarten einheitlich zu beantwortende – Frage einer **isolierten Partizipationserzwingungsklage**. Ent-

---

Hinzuziehung des Gebäudeeigentümers) oder beim Drittwiderspruch gegen eine Zulassung (Hinzuziehung z.B. des Baugenehmigungsinhabers) in Betracht. Nach der zweiten Auffassung könnte eine Hinzuziehung auch von Nachbarn obligatorisch sein, sofern deren Betroffenheit wie bei der Befreiung von nachbarschützenden Festsetzungen eines Bebauungsplans oder von Grenzabstandsbestimmungen offenkundig ist.

[334] *Hilmar Raeschke-Kessler/Stephan Eilers*, Die grundrechtliche Dimension des Beteiligungsgebots in § 13 II VwVfG: Zur Verfahrensbeteiligung als Grundrechtssicherung, NVwZ 1988, S. 37 (39); *Heinz J. Bonk/Heribert Schmitz*, in: Stelkens/Bonk/Sachs (Hrsg.), VwVfG, § 13 Rn. 41f. unter Verweis auf *Michael Sachs*, in: Stelkens/Bonk/ders. (Hrsg.), VwVfG, § 50 Rn. 1 ff.; *Kopp/Ramsauer*, VwVfG, § 13 Rn. 40, 42f.; wohl auch *Ritgen*, in: Knack/Henneke, VwVfG, § 13 Rn. 18. Vgl. demgegenüber *Kopp/Schenke*, VwGO, § 65 Rn. 11 mit Fn. 19.

[335] → Rn. 78.

[336] *BVerwG*, NVwZ 1985, S. 745 (745); *Heinz J. Bonk/Heribert Schmitz*, in: Stelkens/Bonk/Sachs (Hrsg.), VwVfG, § 13 Rn. 34.

[337] *Heinz J. Bonk/Heribert Schmitz*, in: Stelkens/Bonk/Sachs (Hrsg.), VwVfG, § 13 Rn. 32; *VG Berlin*, DVBl 1984, S. 1186 (1188) prüft gleichwohl zunächst, ob öffentlich-rechtliche Interessen berührt sind.

[338] Ein größeres Anwendungsfeld bliebe, wenn man die notwendige Hinzuziehung strikt auf rechtsgestaltende Verwaltungsentscheidungen begrenzte; dies wird aber mit Blick auf grundrechtliche Positionen generell oder zumindest partiell abgelehnt: *Kopp/Ramsauer*, VwVfG, § 13 Rn. 40; *Heinz J. Bonk/Heribert Schmitz*, in: Stelkens/Bonk/Sachs (Hrsg.), VwVfG, § 13 Rn. 44.

[339] Hierzu m.w.N. *Ritgen*, in: Knack/Henneke, VwVfG, § 13 Rn. 12: Drohende irreparable Schäden durch Verzögerung der Beteiligung.

[340] *Kopp/Ramsauer*, VwVfG, § 13 Rn. 51; im Verhältnis zu den Adressaten der Verwaltungsentscheidung findet im Übrigen § 46 VwVfG Anwendung: *Heinz J. Bonk/Heribert Schmitz*, in: Stelkens/Bonk/Sachs (Hrsg.), VwVfG, § 13 Rn. 39.

[341] *Heinz J. Bonk/Heribert Schmitz*, in: Stelkens/Bonk/Sachs (Hrsg.), VwVfG, § 13 Rn. 50; *Ritgen*, in: Knack/Henneke, VwVfG, § 13 Rn. 19; zurückhaltend zur Annahme einer Nichtigkeit *OVG NW*, NVwZ 1988, S. 74 (74f.); krit. hierzu *Raeschke-Kessler/Eilers*, Beteiligungsgebot (Fn. 334), S. 37, 39f.

C. Das Standardverfahren gemäß VwVfG und seine Modifikationen

scheidend ist, ob die Nichthinzugezogenen zu den Nichtbeteiligten i.S.v. § 44a S. 2 VwGO gehören, die ausnahmsweise nicht durch diese Vorschrift an einer isolierten Anfechtung von Verfahrenshandlungen gehindert sind. Literatur und Rechtsprechung sind diesbezüglich gespalten. Einige argumentieren formal mit der fehlenden Beteiligteneigenschaft des Nichthinzugezogenen und bejahen eine Klagemöglichkeit, die allerdings bei der fakultativen Hinzuziehung nur selten Erfolg verspreche.[342] Andere verneinen unter Hinweis auf Genese und Zweck der Vorschrift eine Klagemöglichkeit, sofern der Beteiligungswillige eine spätere materielle Drittklagemöglichkeit gegen die Sachentscheidung besitze.[343] Der Vergleich mit dem anerkannten Klagerecht gegen eine ungewünschte Hinzuziehung[344] sowie die durch den Wortlaut der Vorschrift nicht eindeutig ausgeschlossene Stärkung der Verfahrensrechte sprechen für die formale Auffassung.

In **Massenverfahren** mit mehr als 50 Personen[345] werden durch die §§ 17–19, 29 Abs. 1 S. 3 VwVfG Partizipationsrechte im Interesse der Verfahrenseffizienz mittels eines **Vertreters** gebündelt und dadurch erheblich eingeschränkt.[346] Nach § 17 VwVfG müssen gleichförmige Eingaben in Form von Unterschriftenlisten o. ä. einen Vertreter benennen, wobei es irrelevant ist, ob die Unterzeichner zu den Beteiligten i.S.d. § 13 VwVfG gehören.[347] Fehlt die Angabe eines Vertreters, können die Eingaben nach Ankündigung unberücksichtigt bleiben. Weitergehend erlaubt § 18 VwVfG eine behördliche Aufforderung zur Bestellung eines Vertreters in Verwaltungsverfahren mit mehr als 50 geborenen oder hinzugezogenen Beteiligten, die das gleiche Interesse verfolgen. Voraussetzung ist angesichts der im Falle des § 18 VwVfG bestehenden Beteiligungsrechte jedoch, dass andernfalls die ordnungsgemäße Durchführung des Verfahrens beeinträchtigt wäre. Unter bestimmten Umständen ist sogar die Bestellung eines Vertreters von Amts wegen möglich, §§ 17 Abs. 4 S. 3, 18 Abs. 1 S. 2 VwVfG. Der Vertreter kann gemäß § 19 Abs. 1 VwVfG wie ein Bevollmächtigter alle Verfahrenshandlungen vornehmen und ist allein akteneinsichtsberechtigt (§ 29 Abs. 1 S. 3 VwVfG), ist aber **nicht** wie dieser **an Weisungen** durch die Vertretenen **gebunden**.[348] Die damit verbundene Entmündigung der Vertretenen ist verfassungsrechtlich akzeptabel, weil jeder Betroffene das Vertretungsverhältnis durch einfache schriftliche Erklärung und Bestellung eines Bevollmächtigten gemäß § 14 VwVfG beenden (§§ 17 Abs. 3, 18 Abs. 2 VwVfG) bzw. durch individuelle Verfahrensbeiträge die

76

---

[342] *Ritgen*, in: Knack/Henneke, VwVfG, § 13 Rn. 12; *Kopp/Ramsauer*, VwVfG, § 13 Rn. 32, 38, 51a unter Hinweis auf *VG Berlin*, DVBl 1984, S. 1186 (1187); vgl. aber auch die verfahrensökonomische Begründung bei *Kopp/Schenke*, VwGO, § 44a Rn. 4a.
[343] *Heinz J. Bonk/Heribert Schmitz*, in: Stelkens/Bonk/Sachs (Hrsg.), VwVfG, § 13 Rn. 38; *Paul Stelkens*, in: Schoch/Schmidt-Aßmann/Pietzner (Hrsg.), VwGO, § 44a Rn. 17, 31; *OVG RP*, NVwZ 1988, S. 76 (76); entsprechend zur isolierten Klage von Einwendungsberechtigten im Planfeststellungsverfahren *BVerwG*, NVwZ-RR 1997, S. 663 (664).
[344] → Rn. 23.
[345] Vgl. näher zum Begriff des Massenverfahrens und zur Berechnung der Personenzahl *Heinz J. Bonk/Heribert Schmitz*, in: Stelkens/Bonk/Sachs (Hrsg.), VwVfG, § 17 Rn. 6, 13 ff.
[346] Hierzu ausführlich *Walter C. Schmel*, Massenverfahren vor den Verwaltungsbehörden und den Verwaltungsgerichten, 1982; *Victor Henle*, Probleme der gemeinsamen Vertretung in Massenverfahren (§§ 17–19 VwVfG), DVBl 1983, S. 780 ff.; s. ferner *Ferdinand Kopp*, Gesetzliche Regelungen zur Bewältigung von Massenverfahren, DVBl 1980, S. 320 ff.
[347] *Ritgen*, in: Knack/Henneke, VwVfG, § 17 Rn. 11; *Heinz J. Bonk/Heribert Schmitz*, in: Stelkens/Bonk/Sachs (Hrsg.), VwVfG, § 17 Rn. 9f.
[348] *Kopp/Ramsauer*, VwVfG, § 19 Rn. 2.

Anwendbarkeit der Vertretungsregeln ausschließen kann.[349] Die Betroffenen können auf diese Weise ihr nachhaltiges Interesse an einer individuellen Verfahrensbeteiligung dokumentieren und unter den Voraussetzungen des § 13 Abs. 2 VwVfG[350] auch durchsetzen. Beschränkt sich das Verfahrensengagement demgegenüber auf die schlichte Beteiligung an einer gleichförmigen Eingabe, sind die vorgesehenen Partizipationseinschränkungen im Interesse der Verfahrenseffizienz gerechtfertigt.[351] Ob der gewünschte Entlastungseffekt tatsächlich mit den Vertretungsregeln eintritt, wird gelegentlich bezweifelt, wurde jedoch auch noch nicht empirisch untersucht.[352] Im **SGB** und in der **AO** finden sich im Übrigen keine den §§ 17–19 VwVfG entsprechenden Regeln, da dort keine Massenverfahren zu erwarten sind.[353]

b) Subjektive Interessenten- und naturschutzrechtliche Verbandsbeteiligung

77   Ihren eigentlichen Anwendungsbereich mit teilweise zusätzlichen Regelungen – insbesondere bzgl. Mitteilungen, Ladungen, Einwendungserörterung und Bekanntgabe von Entscheidungen – finden die Vorschriften für Massenverfahren im Zusammenhang mit den allgemein im VwVfG oder speziell geregelten Planfeststellungsverfahren und einigen fachrechtlichen Genehmigungsverfahren.[354] Hintergrund sind deren faktische Breitenwirkung oder Multipolarität und ihre normative Öffnung für eine **Interessenten-, Verbands-** oder gar **Öffentlichkeitsbeteiligung**.[355]

78   Im **Planfeststellungsverfahren** nach VwVfG beginnt die regelmäßig[356] durchzuführende Interessentenbeteiligung mit einer einmonatigen **öffentlich bekannt zu machenden Planauslegung** in den Gemeinden, in denen sich der Plan auswirkt (§ 73 Abs. 2, 3, 4 VwVfG). Bis spätestens zwei Wochen nach Ablauf der Auslegungsfrist kann jeder, dessen **Belange** durch das Vorhaben berührt werden, **Einwendungen** erheben.[357] Zu den Belangen zählen alle rechtlichen, wirtschaftlichen, ökologischen, sozialen, kulturellen, ideellen oder sonstigen nicht unredlich erworbenen und deshalb anerkennenswerten eigenen Interessen.[358] Damit geht die Einwendungsbefugnis deutlich über den Kreis der nach § 13 Abs. 2 VwVfG als rechtlich Betroffene zu Beteiligenden bzw. der nach § 28

---

[349] *Kopp/Ramsauer*, VwVfG, § 17 Rn. 2, 13, 15, § 19 Rn. 2. Letzteres ist im Rahmen von § 18 VwVfG etwa durch eine individuelle rechtliche Argumentation möglich: *Heinz J. Bonk/Heribert Schmitz*, in: Stelkens/Bonk/Sachs (Hrsg.), VwVfG, § 18 Rn. 4.

[350] → Rn. 72 f.

[351] Dabei ist daran zu erinnern, dass sich Sammeleinwendungen i.S.d. § 17 VwVfG nicht nur Beteiligte i.S.d. § 13 Abs. 2 VwVfG anschließen können, sondern jedermann.

[352] *Heinz J. Bonk/Heribert Schmitz*, in: Stelkens/Bonk/Sachs (Hrsg.), VwVfG, § 17 Rn. 12 m.w.N.; s. auch *Bull/Mehde*, VerwR, Rn. 654.

[353] *Ritgen*, in: Knack/Henneke, VwVfG, § 17 Rn. 1.

[354] Vgl. die Auflistungen bei *Ritgen*, in: Knack/Henneke, VwVfG, § 17 Rn. 4; *Heinz J. Bonk/Heribert Schmitz*, in: Stelkens/Bonk/Sachs (Hrsg.), VwVfG, § 17 Rn. 4 sowie Rn. 11 zur Lückenschließungsfunktion bei spezialgesetzlichen Verfahrensregelungen.

[355] Zu Letzterer → Rn. 84 f.

[356] Sofern der Kreis der Betroffenen im Vorhinein bekannt ist, kann von ihr zugunsten einer bloßen Betroffenenbeteiligung abgesehen werden, § 73 Abs. 3 S. 2 VwVfG.

[357] Diese spezielle Beteiligungsregelung schließt nach der Rechtsprechung eine isolierte Partizipationserzwingungsklage in aller Regel aus: *BVerwG*, NVwZ-RR 1997, S. 663 (664).

[358] *HessVGH*, NVwZ 1986, S. 680 (682); *Heinz J. Bonk/Werner Neumann*, in: Stelkens/Bonk/Sachs (Hrsg.), VwVfG, § 73 Rn. 71 ff.; s. auch *BVerwGE* 59, 87 (102 f.).

C. Das Standardverfahren gemäß VwVfG und seine Modifikationen

VwVfG Anzuhörenden hinaus.[359] Jedenfalls im Atomrecht gewährt die Rechtsprechung dabei auch eine grenzüberschreitende Einwendungsbefugnis für ausländische Interessenten.[360] Gleichwohl eröffnet das Fachplanungsrecht – vorbehaltlich spezialgesetzlicher Bestimmungen – **keine Jedermannbeteiligung**, sondern verlangt ein Berührtsein in eigenen Belangen.[361] Kann der Einwender solche eigenen Belange geltend machen, kann er zusätzlich auch **öffentliche Belange „treuhänderisch" vorbringen**.[362] Dies gilt aber nicht im gleichen Umfang für die gerichtliche Geltendmachung. Hier ist das gerichtliche Kontrollprogramm grundsätzlich auf die eigenen Belange beschränkt. Nur Private, für die die Planfeststellung enteignungsrechtliche Vorwirkung entfaltet, können „treuhänderisch" eine umfassende objektive Rechtskontrolle einleiten. Die Rechtsprechung begründet diese Besserstellung mit dem speziellen eigentumsverfassungsrechtlichen Anspruch, nur zum Wohle der Allgemeinheit enteignet zu werden.[363]

Nach bisheriger Rechtsprechung begründete die satzungsgemäße Vertretung der Belange von Mitgliedern durch einen **Verband** mangels eigener Belange prinzipiell keine Einwendungsbefugnis. Eine „treuhänderische" Wahrung kam nur ausnahmsweise in Betracht, wenn einem Verband in einem Spezialgesetz Allgemeininteressen zugeordnet wurden, wie etwa im BNatSchG den anerkannten Naturschutzverbänden.[364] Ein Verband wird auch dadurch nicht zu einem Träger öffentlicher Belange, weil die Haupt- oder Letztverantwortung bei der zuständigen (Naturschutz-)Behörde verbleibt.[365] **Bis 2002** verfolgte der Bundesgesetzgeber dabei die Linie Verfahrensteilhabe statt materieller Klagebefugnis für Verbände. Bemerkenswerterweise wurden die Verbandsmitwirkungsrechte im Wege richterlicher Rechtsfortbildung über eine isolierte naturschutzrechtliche Partizipationserzwingungsklage bzw. eine nachträgliche auf das formelle Beteiligungsrecht gestützte Verbandsverletztenklage abgesichert.[366] Durch die Einordnung als **absolutes Verfahrensrecht** wurde zudem die Anwendung des § 46 VwVfG ausgeschlossen – allerdings nicht die Möglichkeit einer Planerhal-

79

---

[359] BVerwGE 31, 263 (267); *Kopp/Ramsauer*, VwVfG, § 73 Rn. 70; s. a. *Martin Dippel*, Praxisfragen der Öffentlichkeitsbeteiligung im Genehmigungsverfahren nach dem BImSchG, NVwZ 2010, S. 145 (146); → Rn. 42, 44, 73.
[360] BVerwGE 75, 285 ff.; *Winfried Kluth*, in: Wolff/Bachof/Stober/ders., VerwR I, § 62 Rn. 77.
[361] BVerwG, UPR 1995, S. 269 (269); vgl. demgegenüber zur Jedermannbeteiligung im Atomrecht BVerwGE 60, 297 (300 f.).
[362] BVerwGE 67, 74 (78 f.); 74, 109 (110 f.).
[363] Zum Vorstehenden m.w.N. *Noreen v. Schwanenflug/Sebastian Strohmayr*, Rechtsschutz von Kommunen gegen UVP-pflichtige Vorhaben: Änderung durch die Öffentlichkeitsbeteiligungsrichtlinie der EG?, NVwZ 2006, S. 395 (396 f.); *Stüer*, Hdb. BauR, Rn. 4760, 4779 f.
[364] BVerwGE 92, 263 (264 f.); 101, 73 (76); BVerwG, NVwZ 1997, S. 491 (492); NVwZ-RR 1997, S. 606 (606 f.); grundlegend: *Sabine Schlacke*, Überindividueller Rechtsschutz, 2009. Zum Streit über die Einwendungs- und Klagebefugnis von Eigentümern gezielt erworbener Sperrgrundstücke: BVerwG, NVwZ 2009, S. 302 (304 Rn. 42); *Kopp/Schenke*, VwGO, § 42 Rn. 89; *Lothar Michael*, Fordert § 61 Bundesnaturschutzgesetz eine neue Dogmatik der Verbandsklagen?, DV, Bd. 37 (2004), S. 35 (41 f.).
[365] BVerwG, NVwZ 1998, S. 279 (280); *Jan Ziekow/Thorsten Siegel*, Anerkannte Naturschutzverbände als „Anwälte der Natur": Rechtliche Stellung, Verfahrensbeteiligung und Fehlerfolgen, 2000, S. 68; *Thomas Siegel*, Die Behördenpräklusion und ihre Vereinbarkeit mit dem Verfassungsrecht und dem Gemeinschaftsrecht, DÖV 2004, S. 589 (591).
[366] *Michael*, Verbandsklagen (Fn. 364), S. 43 f. m.w.N.; vgl. demgegenüber → Rn. 74 f. und → Fn. 341 zur restriktiven Rechtsprechung bei individuellen Partizipationserzwingungsklagen.

tung durch das ergänzende Verfahren z. B. gemäß § 75 Abs. 1a S. 2 VwVfG.[367] Die 2002 bundesweit eingeführte naturschutzrechtliche Verbandsklage gem. § 64 BNatSchG könnte dieser Rechtsprechung zumindest teilweise den Boden entziehen. Das **nun bestehende materielle Klagerecht** legt hinsichtlich der Verbandsbeteiligungsrechte die Anwendbarkeit der Unbeachtlichkeitsregelung von § 46 VwVfG sowie des § 44a VwGO zumindest nahe.[368] Hierauf ist im Zusammenhang mit der Aarhus-Konvention zurückzukommen.[369]

80   Als Kehrseite der Partizipationsmöglichkeiten führt der Ablauf der Einwendungsfrist für Interessenten zu einer **materiellen,** d. h. auch in nachfolgenden Gerichtsverfahren in der Regel bei der Klagebefugnis zu beachtenden **Präklusion** aller, nicht auf besonderen privatrechtlichen Titeln beruhenden Einwendungen.[370] Die Interessentenbeteiligung gewährt somit nicht nur Partizipationsrechte, sondern ist zugleich mit Mitwirkungslasten im Rahmen einer kooperativen Sachverhaltsermittlung verknüpft.[371] Die Bedeutung der Präklusionsregeln wird durch die dem Planfeststellungsbeschluss eigentümliche formelle **Konzentrationswirkung**[372] unterstrichen, wonach der Beschluss die Zulässigkeit des Vorhabens im Hinblick auf alle von ihm berührten öffentlichen Belange feststellt (§ 75 Abs. 1 VwVfG). Frühere **Privilegierungen** partizipationsberechtigter **Naturschutzverbände**[373] hinsichtlich der Zuverfügungstellung von Antragsunterlagen und der Präklusionsfrist **wurden 2007** in wichtigen Infrastrukturbereichen **eingeschränkt**. Seitdem besitzen Verbände wie Individualbetroffenen nach diversen Fachgesetzen nur noch Einsichtsrechte und bereits zwei Wochen nach Abschluss

---

[367] Hierzu *BVerwG*, DVBl 1997, 714 (716 f.); ferner → Rn. 136.

[368] *Michael*, Verbandsklagen (Fn. 364), S. 35 ff. zugleich mit einem Vorschlag für eine an die Aarhus-Konvention und das entsprechende EU-Recht anknüpfende Neubegründung der isolierten Partizipationserzwingungsklage; s. ferner → Bd. III *Schoch* § 50 Rn. 305; *Rainer Wahl/Dietmar Hönig*, Entwicklung des Fachplanungsrechts, NVwZ 2006, S. 161 (166); *Kopp/Schenke*, VwGO, § 44a Rn. 9; s. auch *BVerwG*, DVBl 2002, S. 990 (992); *HessVGH*, NVwZ-RR 2003, S. 420 (420 ff.).

[369] → Rn. 89 f.

[370] § 73 Abs. 4 S. 3 VwVfG; *BVerwG*, UPR 1997, S. 31 (32); zur Ersetzung der formellen durch eine materielle Präklusionswirkung im Jahre 1996 *Kopp/Ramsauer*, VwVfG, § 73 Rn. 92; ausführlich *Markus Rieder*, Fachplanung und materielle Präklusion, 2004, S. 51 ff., 133 ff.; *Matthias Niedzwicki*, Präklusionsvorschriften des öffentlichen Rechts zwischen Verfahrensbeschleunigung, Einzelfallgerechtigkeit und Rechtsstaatlichkeit, Diss. Bielefeld 2006. S. a. → Bd. II *Gusy* § 23 Rn. 57 f., *Bumke* § 35 Rn. 191 mit Fn. 603. Zu noch weitergehenden fachplanungsrechtlichen Regelungen aufgrund des Infrastrukturplanungsbeschleunigungsgesetzes s. *Meinhard Schröder*, Das neue Infrastrukturplanungsbeschleunigungsgesetz – auf dem Weg zu zügigerer Realisierung von Vorhaben, NuR 2007, S. 380 (381).

[371] Hierzu *Hans C. Röhl/Clemens Ladenburger*, Die materielle Präklusion im raumbezogenen Verwaltungsrecht, 1997, S. 20 ff.; *Winfried Kluth*, in: Wolff/Bachof/Stober/ders., VerwR I, § 62 Rn. 89. S. a. → Bd. II *Rossen-Stadtfeld* § 29 Rn. 27.

[372] Die formelle Konzentration bezieht sich auf die Zuständigkeit, das Verfahren und die Entscheidung, nicht jedoch auf die materiellen Entscheidungsmaßstäbe, so dass das sonstige Fachrecht auf seine Abwägungsresistenz zu überprüfen ist: *Wahl/Hönig*, Fachplanungsrecht (Fn. 368), S. 164, 167 ff.; aus der Rechtsprechung zur Beschränkung auf eine formelle Konzentrationswirkung *BVerwGE* 85, 155 (159 ff.); 85, 348 (352); 71, 163 (164); 55, 220 (230); für eine materielle Konzentrationswirkung noch *Michael Ronellenfitsch*, Die Planfeststellung, VerwArch, Bd. 80 (1989), S. 92 (95). → Bd. II *Gusy* § 23 Rn. 57 a. E.

[373] *BVerwG*, DVBl 2002, S. 1486 (1487); *BVerwGE* 118, 15 (16 ff.); *Markus Rieder/Bernhard Stüer*, Präklusion im Fernstraßenrecht, DÖV 2003, S. 473 (481); *Wahl/Hönig*, Fachplanungsrecht (Fn. 368), S. 166 f.; *Siegel*, Behördenpräklusion (Fn. 365), S. 591 f.; *André Bönsel/Dietmar Hönig*, Kritische Analyse der Klagemöglichkeiten der Naturschutzvereine: Eine Anmerkung zu *BVerwG*, Urt. vom 27. 2. 2003 – 4 A 59.01 –, NuR 2003, S. 677 (678).

C. Das Standardverfahren gemäß VwVfG und seine Modifikationen

der Auslegung tritt die Präklusionswirkung ein.[374] Da zugleich die höheren Anforderungen an die Konkretisierung und Substantiierung von Verbandseinwendungen beibehalten wurden,[375] sind die Verbandsbeteiligungsmöglichkeiten merklich gemindert worden.[376]

Die materielle Präklusion im Planfeststellungsverfahren nach dem VwVfG ist **grundsätzlich verfassungsmäßig**.[377] Die **unionsrechtliche Zulässigkeit** wurde in der bisherigen Rechtsprechung des Europäischen Gerichtshofs einzelfallbezogen bei der Anwendung von Präklusionsvorschriften oder wegen einer besonders weitreichenden Ausgestaltung, die nicht nur Tatsachenvortrag, sondern auch die gerichtliche Anwendung von nicht gerügten Rechtsmaßstäben ausschloss, problematisiert.[378] Grundsätzliche Bedenken gegen die in Deutschland üblichen Präklusionsregeln folgen hieraus nicht. Auch das Europarecht erkennt den gegenläufigen Grundsatz der Rechtssicherheit an, solange nicht im Unionsrecht gewährte Rechte ihrer praktischen Wirksamkeit beraubt werden.[379]

81

Ein weiteres Charakteristikum der Interessenten- und Verbandsbeteiligung im Planfeststellungsverfahren ist der **Erörterungstermin** gemäß § 73 Abs. 6 VwVfG. Er ersetzt die Anhörung nach § 28 VwVfG.[380] Auch er dient nicht der vorausset-

82

---

[374] Vgl. etwa § 17a Nr. 2, 3 BFStrG; § 43a Nr. 2, 3 EnWG; zusammenfassend: *Beate Brauhardt*, Zur Einschränkung des Zugangs zu den Gerichten durch Präklusionsregelungen, UPR 2010, S. 296 (297f.).

[375] *Alexander Schmidt*, Die Wahrnehmung von Beteiligungs- und Klagemöglichkeiten durch die Umweltverbände – Erfahrungen und Entwicklungsmöglichkeiten, ZUR 2011, S. 296 (300f.); jüngst *BayVGH*, NuR 2011, S. 587 ff.

[376] Vgl. hierzu die empirische Untersuchung von *Alexander Schmidt*, Umweltverbände (Fn. 375), ZUR 2011, S. 296 ff.

[377] *BVerfGE* 61, 82 (109 ff.); *BVerwGE* 104, 337 (345); ausführlich *Markus Thiel*, Zur verfassungsrechtlichen Zulässigkeit der (materiellen) Präklusion im Fachplanungsrecht, DÖV 2001, S. 814 (817ff.); a.A. *Wilfried Erbguth*, Zum Gehalt und zur verfassungs- wie europarechtlichen Vereinbarkeit der verwaltungsprozessual ausgerichteten Beschleunigungsgesetzgebung – am Beispiel des Planfeststellungsrechts, UPR 2000, S. 81 (90ff.). Zweifelnd auch → Bd. II *Rossen-Stadtfeld* § 29 Rn. 21.

[378] Insoweit eindeutig *EuGH*, Rs. C-327/00, Slg. 2003, I-1877 Rn. 54ff.; noch unklar *EuGH*, Rs. C-312/93, Slg. 1995, I-4599, Rn. 12ff.; für eine restriktive Interpretation der EuGH-Rechtsprechung *Rieder*, Fachplanung (Fn. 370), S. 309; *Röhl/Ladenburger*, Präklusion (Fn. 371), S. 73f.; *Martin Gellermann*, Europäisierte Klagerechte anerkannter Umweltverbände, NVwZ 2006, S. 7 (11f.); skeptischer *Erbguth*, Beschleunigungsgesetzgebung (Fn. 377), S. 89ff.; *Thomas v. Danwitz*, Umweltrechtliche Präklusionsnormen zwischen Verwaltungseffizienz und Rechtsschutzgarantie: Europäische Variationen über ein klassisches Thema, UPR 1996, S. 323 (326f.); *Anno Oexle*, Das Rechtsinstitut der materiellen Präklusion in den Zulassungsverfahren des Umwelt- und Baurechts, 2001, S. 55ff.

[379] *Röhl/Ladenburger*, Präklusion (Fn. 371), S. 64ff.; *v. Danwitz*, Präklusionsnormen (Fn. 378), S. 326; *Gellermann*, Klagerechte (Fn. 378), S. 11f.; aus der aktuellen Rspr.: *BVerwG*, NuR 2010, S. 339ff.; NuR 2011, S. 53ff.; vgl. a. → Bd. II *Schmidt-Aßmann* § 27 Rn. 91ff.

[380] *Heinz J. Bonk/Werner Neumann*, in: Stelkens/Bonk/Sachs (Hrsg.), VwVfG, § 73 Rn. 112; allgemein zum Erörterungstermin *Guckelberger*, Bürokratieabbau (Fn. 212), S. 97ff.; s. ferner *Michael Deppen*, Beteiligungsrechte des Bürgers in Planfeststellungsverfahren auf der Grundlage des Verwaltungsverfahrensgesetzes, 1982, S. 80ff.; *Dippel*, Praxisfragen (Fn. 359), S. 147ff.; *Fisahn*, Demokratie und Öffentlichkeitsbeteiligung (Fn. 325), S. 185 ff; *Udo Graffe*, Die Beteiligung des Bürgers an umweltschutzrechtlich relevanten Verfahren unter besonderer Berücksichtigung des VwVfG, 1980, S. 165 ff.; *Christoph Riese/Nina Dieckmann*, Der Erörterungstermin – Bestandsaufnahme und Reformvorschlag, DVBl 2010, S. 1343ff.; *Jan Ziekow*, Perspektiven von Öffentlichkeitsbeteiligung und Verbandsbeteiligung in der Raumordnung, NuR 2002, S. 701 ff.; *Josef-Walter Kirchberg*, Das Planfeststellungsverfahren, in: *Jan Ziekow* (Hrsg.), Praxis des Fachplanungsrechts, 2004, S. 63ff.; zum Atomrecht: *Wolfgang Hoffmann-Riem/Susanne Rubbert*, Atomrechtlicher Erörterungstermin und Öffentlichkeit: Zum Verhältnis von Bürgerbeteiligung und Öffentlichkeit, 1984.

zungslosen Öffentlichkeitsbeteiligung.³⁸¹ Einzuladen sind aber nicht nur die rechtlich Betroffenen, sondern alle Personen, die zulässigerweise Einwendungen erhoben haben.³⁸² Der Erörterungstermin selbst ist weitgehend nach den Regeln für die mündliche Verhandlung im förmlichen Verfahren durchzuführen (§ 73 Abs. 6 S. 6 VwVfG). Insbesondere kann der Erörterungstermin nach entsprechendem Hinweis in der Ladung auch beim Ausbleiben eines Einwenders abschließend durchgeführt werden (§ 67 Abs. 1 S. 3 VwVfG). Maßgeblich für die tatsächliche Durchführung ist bei alledem nicht allein die formale Anhörungsfunktion, sondern auch die materielle **Befriedungsfunktion** mittels Aufklärung, Planergänzung oder einvernehmlicher Planänderung.³⁸³ Problematisch wird die Befriedungswirkung, wenn im konkreten Verfahren gesellschaftspolitische Grundkonflikte über die generelle Wünschbarkeit der einschlägigen Projektart aufbrechen. Besondere Bedeutung kommt dem Erörterungstermin ferner zur Kompensation einer unzureichenden institutionellen Unparteilichkeit zu, wenn die planende Infrastrukturverwaltung und die genehmigende Planfeststellungsbehörde einem identischen Rechtsträger angehören.³⁸⁴ Diese Vorteile könnten einen Grund für die in der Praxis vielfach zu beobachtende großzügige verfahrensmäßige Berücksichtigung von Partizipationsinteressen mit einer tendenziellen **Annäherung an eine allgemeine Öffentlichkeitsbeteiligung**³⁸⁵ darstellen.

83 Die rechtspolitische Diskussion in Deutschland verfolgt jedoch immer wieder auch gegenläufige Ziele. Unter dem Siegel des Bürokratieabbaus wurde 2007, vorerst noch auf diverse Infrastrukturgesetze beschränkt, der Verwaltung die Möglichkeit eröffnet, **nach pflichtgemäßem Ermessen auf einen Erörterungstermin zu verzichten.**³⁸⁶ Während ein Referentenentwurf vom Dezember 2010 für das von der Bundesregierung geplante **Planungsvereinfachungsgesetz** eine Verallgemeinerung dieser Regelung im VwVfG vorsieht³⁸⁷, wurde im Juli 2011

---

[381] § 73 Abs. 6 S. 6 i. V. m. § 68 Abs. 1 S. 1 VwVfG; nach BVerwGE 98, 339 (359 ff.) wird der Beteiligtenkreis auch durch § 9 UVPG nicht auf die Öffentlichkeit erweitert; zumindest krit. *Stüer*, Hdb. BauR, Rn. 4264; *Rudolf Steinberg/Thomas Berg/Martin Wickel*, Fachplanung, 3. Aufl. 2000, S. 158 ff.; anders seit 2001 im immissionsschutzrechtlichen Verfahren § 18 Abs. 1 S. 1 der 9. BImSchV, hierzu *Edna Rasch*, Medienöffentlichkeit im Erörterungstermin: Zur Auslegung des neuen § 18 Abs. 1 der 9. BImSchV, NuR 2002, S. 400 (400).

[382] Zu Einzelheiten und zur Abgrenzung der konkreten Rechte der verschiedenen Beteiligtengruppen *Heinz J. Bonk/Werner Neumann*, in: Stelkens/Bonk/Sachs (Hrsg.), VwVfG, § 73 Rn. 119 ff.; *Kopp/Ramsauer*, VwVfG, § 73 Rn. 124, 128 f.

[383] *Winfried Kluth*, in: Wolff/Bachof/Stober/ders., VerwR I, § 62 Rn. 110; *Hoffmann-Riem/Rubbert*, Atomrechtlicher Erörterungstermin (Fn. 380), S. 17 ff.; skeptisch *Ronellenfitsch*, Planfeststellung (Fn. 279), S. 105.

[384] Hierzu grundlegend *Fehling*, Unparteilichkeit (Fn. 91), S. 310 ff.

[385] So die Bewertung durch *Wahl/Hönig*, Fachplanungsrecht (Fn. 368), S. 166.

[386] § 18a Nr. 5 AEG; § 17a Nr. 5 BFStrG; § 14a Nr. 5 BWassStrG; § 10 Abs. 2 S. 1 Nr. 6 S. 3 LuftVG; § 2 Nr. 5 MagnetschwebebahnG; § 43a Nr. 5 EnWG jeweils in der Fassung des Gesetzes zur Beschleunigung von Planungsverfahren für Infrastrukturvorhaben vom 9. 12. 2006, BGBl. I 2006, S. 2833 ff.; dazu *Schröder*, Infrastrukturplanungsbeschleunigungsgesetz (Fn. 370), S. 380 ff.; mit Blick auf den Kontext: *Wilfried Erbguth*, Abbau des Verwaltungsrechtsschutzes, DÖV 2009, S. 921 ff.; s. ferner *Dippel*, Praxisfragen (Fn. 359), S. 151 ff.; zur praktischen Bedeutung des Erörterungsverzichts: Antwort der Bundesregierung auf die Kleine Anfrage „Durchführung von Erörterungsterminen bei Planfeststellungsverfahren von Bundesverkehrswegen", BTDrucks 17/3331, Fragen 1 und 11.

[387] Vgl. Antwort der Bundesregierung auf die Kleine Anfrage „Novellierung des Planungsrechts bei Verkehrsinfrastrukturprojekten", BTDrucks 17/5580, Fragen 1, 6, 9.

für **Planfeststellungsverfahren für Energieinfrastrukturen** – vermutlich zur Akzeptanzerhöhung – gerade umgekehrt **wieder der obligatorische Erörterungstermin** mit restriktiven Ausnahmetatbeständen eingeführt.[388] Auch wenn nicht jede Maximierung von Beteiligungsrechten zur Optimierung im Sinne einer wirksamen Öffentlichkeitsbeteiligung führt,[389] könnten die zuerst geschilderten Initiativen zu einer schleichenden Erosion von Drittbeteiligungsrechten führen, die das verfahrensrechtliche Ziel einer ausgewogenen Interessenrepräsentanz in zumindest verwaltungspolitisch relevantem Maße missachten. Dies ist umso problematischer, als empirische Studien ergeben haben, dass die Öffentlichkeitsbeteiligung nicht zu den bedeutenden Verzögerungsfaktoren in Genehmigungsverfahren gehört.[390] Art. 6 Abs. 7 der nachfolgend[391] näher diskutierten Aarhus-Konvention (AK) und die unionsrechtlichen Umsetzungsakte[392] enthalten insoweit allerdings keine zwingenden Vorgaben.

c) Jedermannbeteiligung

Rechtlich zwingend vorgesehen ist eine **allgemeine Öffentlichkeitsbeteiligung** – außer in atom- und immissionsschutzrechtlichen Zulassungsverfahren[393] – bereits seit 1976 im **Bauplanungsverfahren**.[394] Ein besonderes Strukturelement ist hier neben der Popularbeteiligung die **Zweistufigkeit** der Bürgerbeteiligung mit einer vorgezogenen, nichtförmlichen Phase zur Erörterung von Planungsoptionen, -eckpunkten und -auswirkungen bereits vor Planerstellung sowie einer späteren förmlichen Planauslegung.[395] Das Frühzeitigkeitsgebot des § 3 Abs. 1 S. 1 BauGB legt ggf. auch schon vor dem Aufstellungsbeschluss eine vorgezogene Unterrichtung und Stellungnahmemöglichkeit für die Öffentlichkeit etwa im Rahmen informeller Vorprüfungen von Planungen eines Investors nahe.[396] Nach Fertigstellung des Planentwurfs folgt dessen förmliche einmonatige Auslegung mit entsprechender Stellungnahmefrist für die Öffentlichkeit, § 3 Abs. 2 BauGB. Auf beiden Beteiligungsstufen können neuerdings ergänzend elektronische In-

84

---

[388] § 43a Nr. 5 EnWG; § 22 NABEG; dazu sehr knapp Gesetzesbegründung, BTDrucks 17/6073 zu § 22 NABEG und zu § 43a EnWG; s. ferner → Rn. 90a.

[389] Siehe insoweit auch den – allerdings klar unionswidrigen – Vorschlag einer stellvertretenden Öffentlichkeitsbeteiligung, Stellungnahme des Bundesrates zum SUPG-Entwurf, BTDrucks 15/4119, S. 6 mit ablehnender Gegenäußerung der damaligen Bundesregierung, BTDrucks 15/4236, S. 2.

[390] *Ziekow/Windoffer/Oertel*, Beschleunigung (Fn. 82), S. 1473 f.

[391] → Rn. 86 ff.

[392] Vgl. Art. 2 Abs. 3 2. UAbs. RL 2003/35/EG vom 26. 5. 2003, ABl. EU 2003, Nr. L 156, S. 17 ff.; Art. 6 Abs. 5 UVP-RL 85/337/EWG vom 27. 6. 1985, ABl. EG 1985, Nr. L 175, S. 40 ff. i.d.F. von Art. 3 RL 2003/35/EG, a.a.O.; Nr. 5 des Anhangs V zur IVU-RL 96/61/EG vom 24. 9. 1996, ABl. EU 1996, Nr. L 257, S. 26 ff. i.d.F. von Anhang II zur RL 2003/35/EG, a.a.O.

[393] § 10 Abs. 3 S. 2 BImSchG; § 7 AtG i.V.m. § 7 Abs. 1 S. 1 Verordnung über das Verfahren bei der Genehmigung von Anlagen nach § 7 des Atomgesetzes (AtVfV); zu diesen *Frank-Thomas Hett*, Öffentlichkeitsbeteiligung bei atom- und immissionsschutzrechtlichen Genehmigungsverfahren, 1994; *Hoffmann-Riem/Rubbert*, Atomrechtlicher Erörterungstermin (Fn. 380); § 9 UVPG, hierzu *Norbert Kollmer*, Der öffentliche Anhörungstermin im Umweltverträglichkeits-Prüfungsverfahren (§ 9 UVPG), BayVBl. 1995, S. 449 ff.

[394] *Koch/Hendler*, BauR, § 15 Rn. 30 ff.; *Stüer*, Hdb. BauR, Rn. 1002 ff.

[395] Der Nichtförmlichkeit der vorgezogenen Bürgerbeteiligung entspricht die Unbeachtlichkeit entsprechender Verfahrensfehler in § 214 Abs. 1 BauGB; s. aber auch die Ausschlussfrist bezüglich Fehlern im Auslegungsverfahren gemäß § 215 Abs. 1 BauGB.

[396] *Koch/Hendler*, BauR, § 15 Rn. 34.

formationstechnologien³⁹⁷ verwendet werden, § 4a Abs. 4 BauGB. § 4a Abs. 6 BauGB kodifiziert die bisherige Rechtsprechung zur **Unbeachtlichkeit verspäteter Einwendungen,** sieht aber keine dem Immissionsschutz- oder Fachplanungsrecht entsprechende materielle Präklusion vor. Da lediglich Aspekte unberücksichtigt bleiben dürfen, die die Gemeinde nicht kennt und nicht kennen muss und deren Inhalt für die Rechtmäßigkeit des Plans nicht von Bedeutung sind, dürfte der praktische Anwendungsbereich tendenziell eher eng sein.³⁹⁸

85   Seit längerem ist darüber hinaus im Umweltverfahrensrecht aufgrund **europäischer Impulse**, insbesondere durch die UVP-Richtlinie 85/337/EWG und die IVU-Richtlinie 96/61/EG eine **Stärkung von Partizipationsrechten** der Öffentlichkeit zu beobachten.³⁹⁹ Während es bei den genannten Richtlinien um projektbezogene Zulassungsverfahren ging, wurde dieser beteiligungsfreundliche Ansatz durch die Richtlinie 2001/42/EG über die Prüfung der Umweltauswirkungen bestimmter Pläne und Programme auf vorgelagerte Planungsstufen ausgedehnt, auf denen das deutsche Recht zuvor entsprechende Partizipationsverfahren nur teilweise kannte. Hintergrund ist die vielfach erörterte Instrumentalisierung bzw. Mobilisierung Privater zur Durchsetzung der materiellen Ziele des (Umwelt-)Unionsrechts.⁴⁰⁰ Ein bemerkenswertes Element des Unionsumweltrechts sind Pflichten zur **grenzüberschreitenden Öffentlichkeitsbeteiligung,** die z.B. in §§ 9a und 9b UVPG Niederschlag gefunden haben. Zur Gewährleistung einer substantiellen Öffentlichkeitsbeteiligung im Ausland kann die Behörde nach § 9a Abs. 2 UVPG vom Vorhabenträger Übersetzungen der zusammenfassenden Darstellung der Umweltauswirkungen und ggf. weiterer Unterlagen verlangen.

d) Partizipationsorientierte Reformimpulse durch die Aarhus-Konvention

86   Aktuell gehen Reformimpulse vor allem von der – allerdings auf das Umweltrecht beschränkten – **Aarhus-Konvention** (AK)⁴⁰¹ und den von ihr veranlassten EU-Richtlinien⁴⁰² aus. Die Konvention stellt die Öffentlichkeitsbeteiligung auf

---

³⁹⁷ → Bd. II *Ladeur* § 21 Rn. 85 ff., *Britz* § 26 Rn. 20 ff.
³⁹⁸ *Koch/Hendler*, BauR, § 15 Rn. 38; s. aber auch *Stüer*, Hdb. BauR, Rn. 1036 ff.
³⁹⁹ *Kugelmann*, Informatorische Rechtsstellung (Fn. 251), S. 93 ff.; *Ulrich Hellmann*, Die Öffentlichkeitsbeteiligung in vertikal gestuften Zulassungsverfahren für umweltrelevante Großvorhaben nach deutschem und europäischem Recht, 1992, S. 139 ff.; *Guckelberger*, Bürokratieabbau (Fn. 212), S. 102; s. auch mit Nachweisen zu weiteren europäischen Rechtsakten *Meinhard Schröder*, Postulate und Konzepte zur Durchsetzung und Durchsetzbarkeit der EG-Umweltpolitik, NVwZ 2006, S. 389 (393).
⁴⁰⁰ → Bd. I *Masing* § 7 Rn. 91 ff. *Ders.,* Die Mobilisierung des Bürgers für die Durchsetzung des Rechts: Europäische Impulse für eine Revision der Lehre vom subjektiv-öffentlichen Recht, 1997; für das Beihilfeverfahrensrecht *Jens-Peter Schneider*, Konkurrentenklagen als Instrument der europäischen Beihilfeaufsicht, DVBl 1996, S. 1301 ff.; jüngst *Schröder*, EG-Umweltpolitik (Fn. 399), S. 390 f.
⁴⁰¹ Text der AK unter www.aarhus-konvention.de unter Dokumente, dort unter allgemein und in NVwZ 2001, Beilage I zu Heft 3. S. a. → Bd. I *Schmidt-Aßmann* § 5 Rn. 48.
⁴⁰² RL 2003/4/EG vom 28. 1. 2003 über den Zugang der Öffentlichkeit zu Umweltinformationen, ABl. EU 2003, Nr. L 41, S. 26 ff., und RL 2003/35/EG vom 26. 5. 2003 über die Beteiligung der Öffentlichkeit bei der Ausarbeitung bestimmter umweltbezogener Pläne und Programme und zur Änderung der Richtlinien 85/337/EWG und 96/61/EG des Rates in Bezug auf die Öffentlichkeitsbeteiligung und den Zugang zu Gerichten, ABl. EU 2003, Nr. 156, S. 17 ff. Zur Umsetzung der dritten Säule der AK, KOM (2003) 624 endg. (Vorschlag der Kommission für eine Richtlinie über den Zugang zu Gerichten in Umweltangelegenheiten); skeptisch zur EU-Gesetzgebungskompetenz *Schröder*, EG-

drei Säulen: Informationszugangsansprüche, Beteiligung in Verwaltungsverfahren und Klagerechte. Für die **Verfahrensbeteiligung** ist Art. 6 AK einschlägig. Seinem Wortlaut nach unterscheidet er für einzelne Partizipationsphasen zwischen der betroffenen und der allgemeinen Öffentlichkeit und damit zwischen zwei jedenfalls in Art. 2 Abs. 4 und 5 AK strikt getrennten Begriffen.[403]

Das **sekundäre Unionsrecht** übernimmt den weiten Konventionsbegriff der betroffenen Öffentlichkeit, differenziert aber im Rahmen der Anpassung der UVP- und IVU-Richtlinien an die Aarhus-Konvention nicht wie diese zwischen den Partizipationsphasen.[404] Teilweise wird hierin eine konventionswidrige Verkürzung von Partizipationsrechten der allgemeinen Öffentlichkeit gesehen.[405] Ob Art. 6 AK jedoch tatsächlich ein Konzept gestufter Beteiligungsrechte verlangt, ist bei genauerer Betrachtung weniger klar als es der reine Wortlaut vermuten lässt[406]. 87

Größere Probleme bereiten die **deutschen Umsetzungsakte**. Sie stellen für die Definition der betroffenen Öffentlichkeit nicht auf alle Interessen von Beteiligungswilligen, sondern mit der Formulierung „deren Belange"[407] in der oben beschriebenen herkömmlichen subjektivrechtlichen Lesart nur auf „eigene Belange" ab. Allein für Verbände wird eine altruistische Wahrnehmung von Allgemeinbelangen nunmehr ausdrücklich auch außerhalb des Naturschutzes eingeräumt. Jedenfalls in der Gesetzesauslegung ist daher ein beachtlicher partizipationsorientierter Wandel durch die Europäisierung allgemein und die Aarhus-Konvention im speziellen erforderlich.[408] 88

Noch stärkere Reformimpulse als auf der Ebene des Verwaltungsverfahrens ergeben sich aus dem Aarhus-Umsetzungsprozess im Bereich des **Verwaltungsprozesses**. Die für das (Umwelt-)Verwaltungsverfahren beschriebene Mobilisierung der interessierten Öffentlichkeit[409] wird nämlich durch Klagerechte abgesichert und fortgeführt. Wegen der unmittelbaren Wechselwirkungen zwischen beiden Bereichen sind diese hier kurz anzusprechen.[410] **Traditionell ist die deutsche Gerichtskontrolle als Instrument subjektiven Rechtsschutzes** mit materiellrechtlichem Fokus konzipiert. Dieses Konzept bestimmt sowohl die Regeln zur Klagebefugnis als auch zu Maßstäben und Dichte der verwaltungsgericht- 89

Umweltpolitik (Fn. 399), S. 393 f.; a. A. *Ingolf Pernice/Vera Rodenhoff*, Die Gemeinschaftskompetenz für eine Richtlinie über den Zugang zu Gerichten in Umweltangelegenheiten, ZUR 2004, S. 149 ff.

[403] Näher hierzu → Bd. II (1. Aufl.) Schneider § 28 Rn. 86. Angesichts der Weite der betroffenen Öffentlichkeit i. S. d. Art. 2 Abs. 5 AK relativiert sich diese Differenzierung allerdings weitgehend; s. auch → Rn. 87.

[404] Art. 3 und Art. 4 der RL 2003/35/EG.

[405] *Christian Walter*, Internationalisierung des deutschen und Europäischen Verwaltungsverfahrens- und Verwaltungsprozessrechts – am Beispiel der Arhus-Konvention, EuR 2005, 302 (329 f.) unter Verweis auf die Konventionsauslegung durch *Stephen Stec/Susan Casey-Lefkowitz/Jerzy Jendroska*, The Arhus-Convention: An Implementation Guide, S. 108, http://live.unece.org/fileadmin/DAM/env/pp/acig.pdf.

[406] Näher hierzu → Bd. II (1. Aufl.) Schneider, § 28 Rn. 87.

[407] Vgl. § 9 i. V. m. § 2 Abs. 6 S. 2 UVPG; offener § 4a Abs. 1 BauGB; zum ergänzenden Öffentlichkeitsbeteiligungsgesetz vom 9. 12. 2006 (BGBl. I, S. 2819 ff.) teilweise krit. *v. Schwanenflug/Strohmayr*, Rechtsschutz (Fn. 363), S. 395 ff.; s. auch *Gabriele Oestreich*, Individualrechtsschutz im Umweltrecht nach dem Inkrafttreten der Aarhus-Konvention und dem Erlass der Aarhus-Richtlinie, DV, Bd. 39 (2006), S. 29 ff.

[408] Siehe allg. *Wahl/Hönig*, Fachplanungsrecht (Fn. 368), S. 164 ff.

[409] Siehe auch → Bd. I *Masing* § 7 Rn. 91 ff.

[410] Ausführlich → Bd. III *Schoch* § 50 Rn. 178 ff.

lichen Kontrolle. Besonders bedeutsam ist in unserem Zusammenhang die im Vergleich zum Rechtsschutz für Verwaltungsaktsadressaten **vergleichsweise restriktive Gewährung von Drittklagerechten.** Eine Drittklagebefugnis besteht nur, wenn der Kreis der durch eine Norm geschützten Dritten hinreichend individualisiert ist und der Kläger zu diesem Kreis gehört. Die gerichtliche Überprüfung der Verwaltungsmaßnahme beschränkt sich anders als beim Verwaltungsadressaten, der infolge der Elfes-Rechtsprechung zur allgemeinen Handlungsfreiheit[411] prinzipiell jede objektive Rechtsverletzung abwehren kann, grundsätzlich auf die Vereinbarkeit mit der einschlägigen drittschützenden Norm.[412] Ferner finden Präklusionsregeln primär auf Drittkläger Anwendung. Gleiches gilt für die Heilungs- und Unbeachtlichkeitsvorschriften bei Verfahrensfehlern.[413] Schließlich weist die Rechtsprechung trotz § 86 VwGO Drittklägern erhebliche tatsächliche Darlegungspflichten innerhalb der engen Einwendungsfristen zu.[414]

90 Im Vergleich zu dieser Ausgangslage verlangen die Aarhus-Konvention und das entsprechende Unionsrecht eine **Umorientierung,** wobei deren Ausmaß in der deutschen Literatur und Rechtsprechung jedoch bis zur Vorabentscheidung des EuGH vom 12. Mai 2011 umstritten war.[415] Zwar **akzeptiert der EuGH** die für Deutschland charakteristische **subjektivrechtliche Ausgestaltung von Individualklagen.**[416] **Unzulässig ist jedoch die** mit § 2 Umwelt-Rechtsbehelfsgesetz eingeführte **„schutznormakzessorische Verbandsklage"**[417], mit der Verbände allein die Verletzung drittschützender Vorschriften rügen durften. Vielmehr steht den Verbänden nach Ansicht des EuGH ein unmittelbar aus Art. 10a der UVP-RL folgendes Klagerecht hinsichtlich einer Verletzung aller „nationalen Vorschriften, die die Rechtsvorschriften der Union im Bereich der Umwelt umsetzen, sowie [der] unmittelbar anwendbaren Vorschriften des Umweltrechts der Union"[418] zu.[419] Noch nicht abschließend geklärt ist demgegenüber die europarechtliche

---

[411] *BVerfGE* 6, 32 – Elfes.
[412] Eine Ausnahme besteht wegen der eigentumsverfassungsrechtlichen Bindung von Enteignungen an das Allgemeinwohl nur für Drittkläger, die eine enteignungsrechtliche Vorwirkung geltend machen können: *v. Schwanenflug/Strohmayr,* Rechtsschutz (Fn. 363), S. 396 m.w.N.; *Stüer,* Hdb. BauR, Rn. 4760, 4779 f., sowie → Rn. 78.
[413] *Felix Ekardt,* Die nationale Klagebefugnis nach der Aarhus-Konvention, NVwZ 2006, S. 55 (55 f.); *ders.,* Verwaltungsgerichtliche Kontrolldichte unter europäischem und internationalem Einfluss, NuR 2006, S. 221 (223); besonders nachteilig wirkt insoweit die Rechtsprechung des *BVerwG,* die im Rahmen von § 46 VwVfG die Kausalitätsnachweislast auf die Kläger verschiebt: BVerwGE 64, 33 (33 ff.); *Alfred Scheidler,* Rechtsschutz Dritter bei fehlerhafter oder unterbliebener Umweltverträglichkeitsprüfung, NVwZ 2005, S. 863 (865 f.) m.w.N. auch zur teilweise abw. OVG-Rechtsprechung.
[414] *Ekardt,* Klagebefugnis (Fn. 413), S. 55 f.; *ders.,* Kontrolldichte (Fn. 413), S. 223; s. auch *Michael Gerhardt,* in: Schoch/Schmidt-Aßmann/Pietzner (Hrsg.), VwGO, § 114 Rn. 48 mit Nachweisen aus der Rspr.
[415] Zum Folgenden *EuGH,* NVwZ 2011, S. 801 ff.; zum vorangegangenen Streit in Deutschland vgl. die Nachweise in den Urteilsanm. von *Markus Appel,* NuR 2011, S. 414 ff.; *Wolfgang Durner/Martin Paus,* DVBl 2011, S. 759 ff.; *Sabine Schlacke,* NVwZ 2011, S. 804 f.; s. ferner → Bd. III Schoch § 50 Rn. 181.
[416] Hierzu mit abweichenden Beurteilungen zuvor *Felix Ekardt/Katharina Pöhlmann,* Europäische Klagebefugnis: Öffentlichkeitsrichtlinie, Klagerechtsrichtlinie und ihre Folgen, NVwZ 2005, S. 532 (533 f.); *Thomas v. Danwitz,* Aarhus-Konvention: Umweltinformation, Öffentlichkeitsbeteiligung, Zugang zu den Gerichten, NVwZ 2004, S. 272 (278); *Schmidt-Preuß,* Verfahrensrecht (Fn. 18), S. 494 f.
[417] Zum Begriff: *Hans-Joachim Koch,* Die Verbandsklage im Umweltrecht, NVwZ 2007, S. 369 ff.
[418] *EuGH,* NVwZ 2011, 801 (803 Rn. 48).
[419] Zu den hiermit verbundenen Abgrenzungsschwierigkeiten, die für einen freiwilligen „spill over" zugunsten einer auch auf rein nationale Rechtsverletzungen erweiterten gesetzlichen Ausge-

Zulässigkeit **verfahrensfehlerbezogener Heilungs- und Unbeachtlichkeitsvorschriften**[420]. Da rechtsvergleichend, wenn auch in unterschiedlicher konstruktiver Einkleidung, Verfahrensfehler ganz überwiegend nicht zwingend zur gerichtlichen Aufhebung von Entscheidungen führen,[421] widerspräche es der institutionellen Autonomie der Signatar- bzw. Mitgliedstaaten ohne klare Regelung und Gesetzgebungskompetenz interpretativ jeglichen Spielraum zu beseitigen. Vielmehr ist der Hinweis im Konventions- und Unionsrecht auf den Rahmen der innerstaatlichen Rechtsvorschriften ein Ansatzpunkt für die Gewährung entsprechender Spielräume, die nur nicht zu einem allgemeinen Ausgestaltungsvorbehalt überdehnt werden dürfen.[422] Diese Grenze wird überschritten, wenn selbst das vollständige Auslassen einer Öffentlichkeitsbeteiligung unbeachtlich bleibt. Die bisherige Rechtsprechung des Bundesverwaltungsgerichts zur grundsätzlich folgenlosen Missachtung der UVP-Pflicht bedurfte daher der Revision.[423] Ob die Verbesserungen durch § 4 Umwelt-Rechtsbehelfsgesetz[424] hierfür ausreichen, ist im Lichte neuerer EuGH-Entscheidungen alles andere als gewiss.[425]

e) Aktuelle Reformdiskussionen

Neuerdings werden Möglichkeiten einer verbesserten Bürgerbeteiligung in Verwaltungsverfahren auch wieder unabhängig von europäischen Reformimpulsen diskutiert, wobei der **Zusammenhang von Akzeptanzerhöhung und Verfahrensbeschleunigung** betont wird. Auslöser hierfür sind einerseits **verstärkt artikulierte Kommunikationserwartungen** der Bürger vor bedeutsamen Infrastrukturentscheidungen, wobei die Konflikte um das Bahnhofsprojekt **„Stuttgart 21"** besondere öffentliche Aufmerksamkeit erlangt haben, und andererseits der mit der **Energiewende zu Erneuerbaren Energieträgern** verbundene **Infrastrukturausbaubedarf**, der nur bei hinreichender Akzeptanz durch die Bevölkerung in der erforderlichen Zeit realisiert werden kann. Diskutiert werden in diesem

90a

---

staltung der Verbandsklage sprechen, s. die Urteilsanm. von *Markus Appel,* NuR 2011, S. 415; *Wolfgang Durner/Martin Paus,* DVBl 2011, S. 762; *Sabine Schlacke,* NVwZ 2011, S. 805.

[420] Zu diesen ausführlich → Bd. II *Sachs* § 31 Rn. 113 ff.; Bd. III *Schoch* § 50 Rn. 170 ff., 297 ff.

[421] So werden dem deutschen § 46 VwVfG ähnelnde Kausalitätserwägungen teilweise in Zulässigkeitskriterien integriert oder bestimmen die Gestaltung der einzelfallabhängigen Verfahrensstandards oder ihre Bewertung als wesentlich oder unwesentlich. Bedeutsame Unterschiede gibt es natürlich im Detail und generell hinsichtlich der Kausalitätsnachweislast; zu England, Spanien und den Niederlanden s. die Beiträge in: *Schneider* (Hrsg.), Verwaltungsrecht in Europa, Bd. 1 (Fn. 64), zu Frankreich, Polen und Tschechien, ebd., Bd. 2 (Fn. 64), zu Schweden, ebd., Bd. 3 (Fn. 64).

[422] Vgl. auch *v. Schwanenflug/Strohmayr,* Rechtsschutz (Fn. 363), S. 399 f.; strenger *Ekardt,* Kontrolldichte (Fn. 413), S. 227 f.

[423] Zutreffend insoweit *OVG RP,* NVwZ 2005, S. 1208 (1210 f.) mit allerdings krit. Anm. von *Helmut Lecheler,* Isolierte Anfechtung von Verfahrensfehlern ohne materielle Beschwer kraft Europarechts?, NVwZ 2005, S. 1156 (1156 f.); zurückhaltender auch *Thomas Siems,* Das UVP-Verfahren: Drittschützende Wirkung oder doch „nur" reines Verfahrensrecht, NuR 2006, S. 359 ff.; für einen kritischen Überblick zur bisherigen BVerwG-Rspr. *Scheidler,* Rechtsschutz (Fn. 413), S. 865 ff.; s. ferner → Bd. III *Schoch* § 50 Rn. 179 f.; 313 ff.

[424] Zu dessen umstrittener Auslegung: *Markus Appel,* Subjektivierung von UVP-Fehlern durch das Umwelt-Rechtsbehelfsgesetz?, NVwZ 2010, S. 473 ff. m. w. N.

[425] So gehört die UVP-Pflicht sicher zu den zwingend durch eine Umweltverbandsklage durchsetzbaren EU-Umweltrechtsbestimmungen i. S. d. erwähnten Entscheidung *EuGH,* NVwZ 2011, S. 801 ff., durch *EuGH,* NVwZ 2011, S. 929 ff. steht i. Ü. fest, dass der UVP-Pflicht entgegen der BVerwG-Rspr. auch materieller Gehalt zukommt, vgl. die Urteilsanm. von *Wilfried Erbguth,* NVwZ 2011, S. 935.

Zusammenhang dem Planfeststellungsverfahren **vorgelagerte Öffentlichkeitsbeteiligungen** durch sogenannte Vorerörterungen, ggf. unter Einschaltung von Mediatoren, oder eine partizipationsorientierte Stärkung der Raumordnungsverfahren.[426] Des Weiteren soll die **Verfahrenstransparenz** für die Bürger durch eine verstärkte Nutzung des Internet erhöht werden, was inzwischen auch schon Niederschlag in der Energienovelle vom Juli 2011 gefunden hat.[427] Noch über diese „verfahrensimmanenten" Maßnahmen hinausgehend ist der Ansatz der Energienovelle, die **Öffentlichkeitsbeteiligungen als wesentlichen Baustein in neue vorgelagerte Planungsstufen** (Szenariorahmen und Netzentwicklungsplan der Übertragungsnetzbetreiber, Bundesbedarfsplan, Bundesfachplanung) integriert und damit bislang informale Vorfestlegungen für neue Interessenträger öffnet.[428] Solche frühzeitigen Öffentlichkeitsbeteiligungen können Projekte noch beeinflussen und eventuell dazu beitragen, spätere Blockadepositionen zu vermeiden. Sind die Konflikte erst einmal eskaliert, lassen sie sich nachträglich nur noch schwerlich auflösen, auch nicht durch informelle Schlichtungsverfahren nach dem Modell „Stuttgart 21" oder durch komplexitätsinadäquate Volksentscheide.[429]

5. Behördenbeteiligung und interne Verfahrensstufung

91 **Beteiligungsberechtigungen** weiterer Behörden am Verwaltungsverfahren bestimmen sich im Wesentlichen nach dem einschlägigen Fachrecht. Dieses **unterscheidet** zwischen unverbindlichen **beratenden Stellungnahmen** oder Anhörungen und für die federführende Behörde **verbindlichen Zustimmungs- oder Einvernehmenserfordernissen.** Nur bei ausdrücklicher gesetzlicher Anordnung wie in § 36 Abs. 2 S. 3 BauGB darf eine solche grundsätzlich verbindliche, aber rechtswidrigerweise verweigerte Zustimmung durch die nach außen handelnde Behörde ersetzt werden.[430] Zustimmungserfordernisse führen zu einer **internen**

---

[426] Umfassend: *Reinhard Wulfhorst*, Konsequenzen aus „Stuttgart 21": Vorschläge zur Verbesserung der Bürgerbeteiligung, DÖV 2011, S. 581 ff.; zur Vorerörterung: Antrag des Landes Baden-Württemberg für eine Bundesratsentschließung zur Stärkung der Öffentlichkeitsbeteiligung bei Großvorhaben, BRDrucks 135/11; *Beirat Verwaltungsverfahrensrecht beim BMI*, Für mehr Transparenz und Akzeptanz – frühe Öffentlichkeitsbeteiligung bei Genehmigungsverfahren, NVwZ 2011, S. 859 f.; zur Stärkung von Raumordnungsverfahren: *Bund für Umwelt und Naturschutz Deutschland e. V.*, Fünf-Punkte-Programm zum Ausbau und zur Effektuierung der Bürgerbeteiligung, S. 3 f. (abrufbar unter www.bund.net); dazu eher skept.: *Schmidt*, Umweltverbände (Fn. 375), S. 304; s. a. *Schneider*, Netzausbau (Fn. 91), S. 11 f.; s. auch den Regierungsentwurf für das Planungsvereinheitlichungsgesetz, BT-Drucks 17/9666.

[427] Vgl. § 22 Abs. 4 NABEG; s. ferner die allg. Pläne der Bundesregierung für ein auch diese Frage betreffendes E-Governmentgesetz: Antwort der Bundesregierung auf die Kleine Anfrage „Planungsbeschleunigung und Bürgerbeteiligung", BTDrucks 17/4788, Fragen 19–21; für eine differenzierte Handhabung: *Schmidt*, Umweltverbände (Fn. 375), S. 300, 304.

[428] Vgl. §§ 12a Abs. 2, 12b Abs. 3, 12c Abs. 3, 12d, 12e EnWG; §§ 9 f. NABEG; s. ferner Entwurf der Fraktionen der CDU/CSU und FDP für ein Gesetz über Maßnahmen zur Beschleunigung des Netzausbaus Elektrizitätsnetze, BTDrucks 17/6073, unter Begründung A.I.3. Beschleunigung der Planungs- und Genehmigungsverfahren; wegweisend insoweit *SRU*, Wege zur 100% erneuerbaren Stromversorgung, Sondergutachten 2011, S. 295 ff.; *Schneider*, Netzausbau (Fn. 91), S. 50 ff.; für eine differenzierte Bewertung der Neuregelung: *Jens-Peter Schneider*, Akzeptanz für Energieleitungen durch Planungsverfahren, in: FS Thomas Würtenberger, [im Erscheinen].

[429] Zur Problematik: *Wolfgang Ewer*, Kein Volksentscheid über die Zulassung von Infrastrukturprojekten, NJW 2011, S. 1928 ff.; *Klaus Schönenbroicher*, Irritationen um „Stuttgart 21", VBlBW 2010, S. 466 ff.; *Rudolf Steinberg*, Lehren aus Stuttgart 21, FAZ vom 14. 12. 2010, S. 8; *Wulfhorst*, Konsequenzen (Fn. 426), S. 585 f.

[430] Das Einvernehmenserfordernis gemäß § 36 BauGB gilt nach neuerer Rechtsprechung nur, wenn die Gemeinde nicht zugleich mit der Baugenehmigungsbehörde identisch ist; die Wahrung von Or-

Verfahrensstufung, während es im Außenverhältnis zum Bürger bei der einheitlichen und alleinigen Handlungskompetenz der federführenden Behörde bleibt.[431] Der Verwaltungsaktsadressat kann bzw. muss deshalb die Zustimmungsentscheidung auch nicht gesondert gerichtlich angreifen. Sie wird vielmehr inzident bei der Kontrolle der Endentscheidung geprüft. Diese prozessökonomisch vermutlich sinnvolle Konstruktion der Zustimmungsentscheidung bzw. ihrer Verweigerung als Verwaltungsinternum führt verfahrensrechtlich dazu, dass für die stellungnehmende Behörde mangels Vorbereitung eines Verwaltungsakts keine eigenständige Anhörungspflicht entsteht.[432] Die Stellungnahme erfolgt deshalb mitunter auf einer defizitären Informationsbasis. Sachgerechte und flexible Verbesserungsmöglichkeiten werden durch das Verfahrensermessen eröffnet und sollten entsprechend genutzt werden.[433]

Ebenso folgt aus einem Zustimmungserfordernis grundsätzlich **kein einklagbares subjektives Mitwirkungsrecht** für die Behörde, sondern nur eine objektive Wahrnehmungskompetenz.[434] Eine **Ausnahme** ergibt sich, wenn das Beteiligungsrecht zur Absicherung eigenständiger Organrechte oder Selbstverwaltungskompetenzen insbesondere von Gemeinden eingeräumt wurde.[435] Jedenfalls im Planfeststellungsrecht gewinnt die Beteiligung dann jedoch (auch) den Charakter einer Betroffenenbeteiligung und unterliegt etwa den zuvor diskutierten spezifischen Präklusionsregeln der Interessentenbeteiligung.[436] Diese Beteiligungsform ist folglich strikt von der hier zu erörternden und ggf. parallel, aber eigenständig durchzuführenden Behördenbeteiligung zur ergänzenden Geltendmachung öffentlicher Belange innerhalb einer funktional ausdifferenzierten Staatlichkeit und Behördenorganisation zu unterscheiden.[437] 92

Für das **Standardverfahren** wurden bis zur Einführung des Verfahrens über eine einheitliche Stelle[438] Beteiligungsberechtigungen anderer Behörden neben der verfahrensleitenden Behörde im VwVfG nur beiläufig geregelt. § 13 Abs. 3 93

---

ganrechten innerhalb einer Gemeinde – etwa des planungsbefugten Gemeinderats gegenüber dem für die Genehmigung zuständigen Bürgermeister – wird nicht durch das BauGB sichergestellt, sondern ist eine landesrechtliche Materie: BVerwGE 121, S. 339 ff.; abweichend noch VGH BW, VBlBW 2004, S. 56 ff.

[431] Daneben kennt das deutsche Verwaltungsrecht auch externe Verfahrensstufen mit je eigenständigen verfahrensabschließenden Entscheidungen etwa bei Teilgenehmigungen oder Vorbescheiden → Rn. 102. Zu Mischformen: *Jens-Peter Schneider*, Telekommunikation, in: Fehling/Ruffert (Hrsg.), Regulierungsrecht, § 8 Rn. 106.

[432] Hierzu krit. *Klaus Lange*, Innenrecht und Außenrecht, in: Hoffmann-Riem/Schmidt-Aßmann/Schuppert (Hrsg.), Reform, S. 307 (313 f.).

[433] Eine generelle Analogie zu § 28 VwVfG, wie von *Lange*, Innenrecht und Außenrecht (Fn. 432), S. 314 vorgeschlagen, erscheint demgegenüber zu weitgehend und inflexibel.

[434] *Thorsten Siegel*, Die Verfahrensbeteiligung von Behörden und anderen Trägern öffentlicher Belange: Eine Analyse der rechtlichen Grundlagen unter besonderer Berücksichtigung der Beschleunigungsgesetzgebung, 2001, S. 69 f.; zu daraus entstehenden Durchsetzungsdefiziten und alternativen Durchsetzungsoptionen *Lange*, Innenrecht und Außenrecht (Fn. 432), S. 320 f.

[435] Dies ist bei § 36 BauGB der Fall, wobei aber auch hier eine gleichzeitige Verletzung der materiellen Planungshoheit erforderlich ist: BVerwGE 121, S. 339 (344); BVerwG, BauR 2006, S. 815 f.

[436] → Rn. 80 f.

[437] *Siegel*, Behördenpräklusion (Fn. 365), S. 589 f.; *Kopp/Ramsauer*, VwVfG, § 73 Rn. 75 ff.; s. ferner *Rainer Wahl/Johannes Dreier*, Entwicklung des Fachplanungsrechts, NVwZ 1999, S. 606 (612, 613); *Jan Ziekow/Thorsten Siegel*, Gesetzliche Regelungen der Verfahrenskooperation von Behörden und anderen Trägern öffentlicher Belange: Empirische Untersuchungen mit rechtlichen Einführungen, 2001.

[438] → Rn. 23 a ff.

VwVfG billigt nicht als Betroffenen anzuhörenden Behörden keinen formalen Beteiligtenstatus zu. § 44 Abs. 3 Nr. 3 und 4 und § 45 Abs. 1 Nr. 4 und 5 VwVfG klären, dass eine unterlassene Behördenbeteiligung nicht zur Nichtigkeit eines Verwaltungsakts führt und sogar geheilt werden kann. Bei einem öffentlich-rechtlichen Vertrag begründet die unterlassene Behördenbeteiligung demgegenüber gemäß § 58 Abs. 2 VwVfG die schwebende Unwirksamkeit.

94 Eine positive Gestaltung der Behördenbeteiligung fand sich seit 1996 bis Ende 2008 für **Genehmigungsverfahren in den §§ 71d und 71e VwVfG a. F.** Die beiden einander ergänzenden Vorschriften zielten auf eine Beschleunigung komplexer Verwaltungsverfahren durch die parallele Durchführung der Beteiligung von Trägern öffentlicher Belange[439] im sogenannten Sternverfahren bzw. durch eine kooperative, aber nicht per se rechtlich bindende Verfahrensstrukturierung im Rahmen einer alle beteiligten Stellen umfassenden Antragskonferenz. Wegen ihrer nunmehr weiten Verbreitung in der Verwaltungspraxis wurde die mit den VwVfG-Vorschriften verbundene Signal- und Anstoßwirkung erreicht, so dass der Gesetzgeber auf eine fortwährende Normierung meinte verzichten zu können.[440]

95 Besonders ausdifferenzierte Regeln zur Behördenbeteiligung finden sich im **Fachplanungsrecht,** für das seit dem Genehmigungsbeschleunigungsgesetz 1996[441] § 73 Abs. 2, 3a VwVfG wieder stellvertretend herangezogen werden kann. Die Behördenbeteiligung kompensiert den Verlust von Entscheidungskompetenzen aufgrund der Konzentrationswirkung des Planfeststellungsbeschlusses.[442] Allerdings besteht grundsätzlich keine Bindung der Planfeststellungsbehörde an die Stellungnahmen anderer Behörden.[443] Eine solche kann nur aus dem materiellen Recht folgen, wenn der geltend gemachte Belang durch zwingende, nicht in der planerischen Abwägung überwindbare Rechtssätze geschützt ist.[444] Das geltende Recht begrenzt weit stärker als früher das Verfahrensermessen der Anhörungsbehörde. So muss die Aufforderung zur Stellungnahme innerhalb eines Monats nach Planeingang erfolgen und die Stellungnahme ist binnen einer Frist von nicht mehr als drei Monaten abzugeben.[445] Nach dem Erörterungstermin eingehende Stellungnahmen können nicht nur unberücksichtigt bleiben. Sie dürfen nicht einmal mehr berücksichtigt werden, es sei denn, ein Ausnahmetatbestand nach § 73 Abs. 3a S. 2 VwVfG greift ein. Danach scheidet die vorgesehene, obligatorische materielle **Behördenpräklusion** aus, wenn die vorgebrachten Belange der Planfeststellungsbehörde bereits bekannt sind, ihr hätten bekannt sein

---

[439] Zur Bestimmung und Abgrenzung dieses Schlüsselbegriffs *Ziekow/Siegel*, Verfahrenskooperation (Fn. 437), S. 1 ff.

[440] RegBegr. zum Gesetzentwurf für das 4. VwVfÄndG, BTDrucks 16/10493, S. 17.

[441] Gesetz zur Beschleunigung von Genehmigungsverfahren vom 12. 9. 1996, BGBl I S. 1354 ff.

[442] *Heinz J. Bonk/Werner Neumann*, in: Stelkens/Bonk/Sachs (Hrsg.), VwVfG, § 73 Rn. 34; *Hans D. Jarass*, Konkurrenz, Konzentration und Bindungswirkung von Genehmigungen: Probleme und Lösungen am Beispiel der baulichen Anlagen, 1984, S. 63.

[443] *Kopp/Ramsauer*, VwVfG, § 73 Rn. 32; *Heinz J. Bonk/Werner Neumann*, in: Stelkens/Bonk/Sachs (Hrsg.), VwVfG, § 73 Rn. 38 i. V. m. § 75 Rn. 17 f.

[444] Vgl. hierzu und zur früheren Kategorie der Planungsleitsätze *Wahl/Dreier*, Fachplanungsrecht (Fn. 437), S. 615 f.; *Wahl/Hönig*, Fachplanungsrecht (Fn. 368), S. 162. S. a. → Bd. II *Köck* § 37 Rn. 99.

[445] Zum Streit, ob die Frist verlängert werden darf *Heinz J. Bonk/Werner Neumann*, in: Stelkens/Bonk/Sachs (Hrsg.), VwVfG, § 73 Rn. 39: zulässig; *Ziekow/Siegel*, Verfahrenskooperation (Fn. 437), S. 81 f.: unzulässig; s. aber auch *Siegel*, Behördenpräklusion (Fn. 365), S. 593.

müssen oder für die Rechtmäßigkeit der Entscheidung von Bedeutung sind.[446] Wie empirische Untersuchungen belegen, kommt der materiellen Behördenpräklusion aufgrund der weiten Ausnahmetatstände nur geringe praktische Bedeutung zu, während die Fristregeln im Zusammenwirken mit einem verstärkten Problembewusstsein zur Beschleunigung beigetragen haben.[447] Die Ausnahmetatbestände und das bei anderen Präklusionsregeln fortbestehende Ermessen bieten auch hinreichende Spielräume, um durch eine verfassungskonforme Anwendung **verfassungsrechtliche,** aber auch **unionsrechtliche Bedenken** zu zerstreuen.[448]

Eine Pflicht zur **grenzüberschreitenden Behördenbeteiligung** kann insbesondere aus dem Unionsrecht folgen. Ein wichtiges Beispiel bietet wie bei der grenzüberschreitenden Öffentlichkeitsbeteiligung das Recht der **Umweltverträglichkeitsprüfung.**[449] Maßgeblich ist § 8 UVPG, der ein mehrstufiges Beteiligungsverfahren vorsieht. Danach unterrichtet die zuständige Behörde bei grenzüberschreitenden Umweltauswirkungen frühzeitig eine benannte ausländische Stelle. Binnen einer angemessenen Frist kann die ausländische Behörde ihren Wunsch nach weitergehender Beteiligung mitteilen. Die weitergehende Beteiligung erfolgt zum gleichen Zeitpunkt und im gleichen Umfang wie die nationale Behördenbeteiligung. Insbesondere wird die Präklusionsvorschrift des § 73 Abs. 3a VwVfG für entsprechend anwendbar erklärt. An die Stelle einer Beteiligung am Erörterungstermin rückt eine bilaterale und zeitlich begrenzte Konsultation der ausländischen Behörden. Schließlich ist die abschließende Entscheidung – grundsätzlich auch in einer Übersetzung – zu übermitteln. Vergleichbare Informations- und Konsultationsregeln finden sich inzwischen in einer Vielzahl unionaler Rechtstexte. Sie sind ein wichtiges Element des sich ausprägenden **europäischen Verwaltungsverbunds.**[450]

6. Innerstaatliche Amtshilfe und Europäische Verwaltungszusammenarbeit

Schon seit 1976 finden sich in den §§ 4ff. VwVfG[451] Regeln zu **Mitwirkungspflichten** in Gestalt der **innerstaatlichen Amtshilfe** innerhalb und außerhalb von Verwaltungsverfahren. Anders als die für bestimmte Verfahrenstypen allgemein bestehenden Beteiligungsberechtigungen handelt es sich bei der Amts-

---

[446] Vgl. die Systematisierung unterschiedlicher Vorschriften zur Behördenpräklusion bei *Siegel*, Behördenpräklusion (Fn. 365), S. 590 f.; für eine verfassungskonforme weite Auslegung der Ausnahmetatbestände *Kopp/Ramsauer*, VwVfG, § 73 Rn. 34.

[447] *Ziekow/Windoffer/Oertel*, Beschleunigung (Fn. 82), S. 1472 f., 1477; *Ziekow/Siegel*, Verfahrenskooperation (Fn. 437).

[448] Dazu ausführlich *Siegel*, Behördenpräklusion (Fn. 365), S. 592 ff.; zur weitgehend analogen Diskussion bei der Betroffenenpräklusion → Rn. 81.

[449] Zum Folgenden *Steinberg/Berg/Wickel*, Fachplanung (Fn. 381), S. 135 ff.; *Heinz-Joachim Peters/Stefan Balla*, Gesetz über die Umweltverträglichkeitsprüfung: Handkommentar, 3. Aufl. 2006, § 8 Rn. 1 ff.

[450] → Bd. II *Röhl* § 30 Rn. 48 ff., *v. Bogdandy* § 25 Rn. 3 ff.; *Schmidt-Aßmann* § 27 Rn. 16; s. ferner *Jens-Peter Schneider*, Kooperative Netzzugangsregulierung und europäische Verbundverwaltung im Elektrizitätsbinnenmarkt, ZWeR 2003, S. 381 (404 ff.); *ders.*, Europäisches Wirtschaftsrecht (Fn. 96), S. 147 ff.; *ders.*, Strukturen (Fn. 30), S. 9 ff.

[451] Siehe *Schlicsky*, in: Knack/Henneke, VwVfG, § 4 Rn. 1 zu den Abweichungen in den weitgehend parallelen §§ 3 ff., 68 SGB X und §§ 111 ff. AO; zu Letzteren ausführlich *Peter Nisipeanu*, Die Amtshilfe: Dargestellt an §§ 111–115 AO, 1989.

hilfe um eine subsidiäre Auffangregelung zur ergänzenden Hilfe auf Ersuchen im Einzelfall. Das Ersuchen liegt im Verfahrensermessen der entscheidungsbefugten Behörde, während die ersuchte Behörde die Hilfeleistung nur in vom Gesetz umschriebenen Fällen verweigern muss bzw. kann.[452] Die Amtshilfe bietet daher keine Basis für eine systematische oder kontinuierliche Behördenzusammenarbeit etwa zum Informationsaustausch.[453]

97a Demgegenüber hat die **Europäische Verwaltungszusammenarbeit** erst im Zuge der Umsetzung der Art. 28 ff. der Dienstleistungsrichtlinie Eingang in das VwVfG gefunden,[454] aber gemäß §§ 8a Abs. 1, 8e VwVfG mit darüber hinausgehender allgemeiner Geltung, soweit eine Zusammenarbeit nach Maßgabe von EU-Rechtsakten geboten ist.[455] Die Regelung bedient sich mit den Begriffen „Verwaltungszusammenarbeit" und „Hilfeleistung" bewusst einer von der Amtshilfe abweichenden Terminologie. Während für Amtshilfe die ergänzende Unterstützung fremder Amtstätigkeit auf Ersuchen kennzeichnend ist (→ Rn. 97), erfasst die Europäische Zusammenarbeit gerade auch prozedurale und organisatorische Arrangements permanenten und direkten Zusammenwirkens von Behörden mit je eigenen Kontroll- und Überwachungsaufgaben ohne Einschaltung übergeordneter Ministerien[456] sowie strukturierte Verdichtungen interadministrativer Informationsbeziehungen mit periodischen oder in generell definierten Anlassfällen automatisch (unabhängig von einem Ersuchen) erfolgenden Datenübermittlungen in europäischen Informationssystemen.[457] Die §§ 8a ff. VwVfG begründen keine eigenständigen Kooperationspflichten, sondern knüpfen ausweislich § 8a Abs. 1 und 2, § 8e VwVfG in einem wechselseitigen Konkretisierungsverhältnis an entsprechende Pflichten in EU-Rechtsakten an.[458] Eine eigenständige Konkretisierungen folgt – unter dem dringend zu beachtenden Vorbehalt abweichender EU-Bestimmungen – aus der entsprechenden Anwendung bestimmter amtshilferechtlicher Regeln gemäß § 8a Abs. 3 VwVfG. Be-

---

[452] Ausführlich zur Amtshilfe *Clemens-Michael Kähler,* Amtshilfe nach dem VwVfG, 1977; *Bernhard Schlink,* Die Amtshilfe, 1982; s. ferner *Florian Wettner,* Die Amtshilfe im Europäischen Verwaltungsrecht, 2005.

[453] → Bd. II *Holznagel* § 24 Rn. 28, 31.

[454] Vgl. zum Folgenden: Beschlussempfehlung und Bericht des BT-Wirtschaftsausschusses zum Entwurf für ein Gesetz zur Umsetzung der Dienstleistungsrichtlinie, BTDrucks 16/13399, S. 11 ff.; *Utz Schliesky/Sönke E. Schulz,* §§ 8a ff. VwVfG n. F. – die Europäische Verwaltungszusammenarbeit im deutschen Verwaltungsverfahrensrecht, DVBl 2010, S. 601 ff.; *Heribert Schmitz/Lorenz Prell,* Europäische Verwaltungszusammenarbeit – Neue Regelungen im Verwaltungsverfahrensgesetz, NVwZ 2009, S. 1121 ff.; der Regierungsentwurf BTDrucks 16/12784 enthielt noch keine entsprechenden Regelungen; zu anderen Umsetzungsmaßnahmen im VwVfG wie insbes. dem Verfahren über eine einheitliche Stelle: → Rn. 23 a f.; 60; 100.

[455] *Schliesky/Schulz,* §§ 8a ff. VwVfG n. F. (Fn. 454), S. 604, 606, 608, 609, krit. mit guten Gründen, dass trotz dieses zukunftsoffenen Ansatzes viele Einzelregelungen zu stark von den Vorgaben der Dienstleistungsrichtlinie geprägt sind.

[456] Hierzu: *Schliesky/Schulz,* §§ 8a ff. VwVfG n. F. (Fn. 454), S. 603, 604; *Schmitz/Prell,* Verwaltungszusammenarbeit (Fn. 454), S. 1123.

[457] Hierzu: → Bd. II *v. Bogdandy* § 25 Rn. 1 ff.; *Kristina Heußner,* Informationssysteme im Europäischen Verwaltungsverbund, 2007; *Jens-Peter Schneider,* Informationssysteme als Bausteine des Europäischen Verwaltungsverbunds, NVwZ 2012, S. 65 ff.; an diese Regelungen knüpft § 8d Abs. 1 VwVfG an.

[458] Besonders deutlich wird diese Wechselbezüglichkeit bei dem Erfordernis gemäß § 8b Abs. 3 VwVfG, in Ersuchen die maßgebliche EU-Rechtsgrundlage anzugeben: *Schmitz/Prell,* Verwaltungszusammenarbeit (Fn. 454), S. 1124.

merkenswert sind insoweit insbes. die Regeln zur zulässigen **Verweigerung einer Hilfeleistung** (§ 5 Abs. 2 bis 4 VwVfG)[459] sowie über die einem unionsrechtlichen Divergenzbereinigungsverfahren vorgeschaltete Einbindung übergeordneter nationaler Stellen gemäß § 5 Abs. 5 VwVfG[460]. Eine weitere relevante Konkretisierung betrifft die für die rechtsstaatliche Kontrolle durch übergeordnete Behörden und Gerichte wichtige **Nutzung der deutschen Sprache** jedenfalls bei der aktenkundigen Dokumentation der Zusammenarbeit gemäß § 8b Abs. 1 und 2 VwVfG.[461] Über unionsrechtliche Vorgaben teilweise hinausgehend verpflichtet § 8b Abs. 4 VwVfG u.a. zur **Nutzung europäischer Informationsinfrastrukturen** wie des Binnenmarktinformationssystems (IMI).[462]

7. Allgemeine Kommunikationsregeln

Verfahrensrechtliche Relevanz kommt für die Verfahrensdurchführung wie auch für den Verfahrensabschluss allgemeinen Kommunikationsregeln zu. Diese betreffen die von den Verfahrensbeteiligten nutzbaren Sprachen, Kommunikationsformen und Verhaltensweisen. **98**

Amts- und damit Verfahrenssprache ist gemäß § 23 Abs. 1 VwVfG **Deutsch**.[463] **99** Die nachfolgenden Absätze regeln differenziert den Umgang mit fremdsprachigen Verfahrensbeiträgen insbesondere mit Blick auf Fristfragen. Grundlage der Vorschrift ist die Annahme der innerdeutschen Einsprachigkeit. Durch ein auf das deutsche Volk bezogenes Demokratiekonzept wird der staatliche Gebrauch der deutschen Sprache sogar zu einem Gebot demokratischer Legitimation.[464] Die historischen Vorgängerregelungen des § 23 VwVfG insbesondere für die Gerichtssprache entstanden im 19. Jahrhundert jedoch zumindest auch im Interesse der sprachlichen Germanisierung in vormals polnischen oder französischen Regionen.[465] Die deutsche Spracheinheit wurde also erst hergestellt. Die aktuelle Situation ist demgegenüber vom umgekehrten Interesse an der Bewahrung der Spracheinheit trotz eines **wachsenden Anteils von Menschen mit fremdsprachlichem Hintergrund** geprägt. Deren Belange werden durch § 23 VwVfG bislang

---

[459] Näher: *Schliesky* in: Knack/Henneke, VwVfG, § 8a Rn. 47 ff.

[460] Zur Vereinbarkeit mit der Dienstleistungsrichtlinie: *Schmitz/Prell*, Verwaltungszusammenarbeit (Fn. 454), S. 1124 f.

[461] Hierzu: *Schmitz/Prell*, Verwaltungszusammenarbeit (Fn. 454), S. 1125.

[462] Hierzu: *Schliesky/Schulz*, §§ 8 a ff. VwVfG n. F. (Fn. 454), S. 606 f.; zum IMI: *Schneider*, Informationssysteme (Fn. 457), S. 65 ff.

[463] Siehe auch die Parallelvorschriften in § 19 SGB X und § 87 AO sowie den oft ergänzend herangezogenen § 185 GVG bezüglich Dolmetschern; zum neu eigefügten § 8b Abs. 1 und 2 VwVfG → Rn. 97a; zum Folgenden ausführlich *Reinhard E. Ingerl*, Sprachrisiko im Verfahren: Zur Verwirklichung der Grundrechte deutschunkundiger Beteiligter im Gerichts- und Verwaltungsverfahren, 1988, S. 27 ff., 155 ff.; *Curt L. Lässig*, Deutsch als Gerichts- und Amtssprache: Völker-, gemeinschafts- und verfassungsrechtliche Anforderungen an die Behandlung Deutschunkundiger im Gerichts- und Verwaltungsverfahren, 1980, S. 23 ff., 90 ff.; *Werner Mäder*, Sprachordnung und Minderheitsschutzrechte in Deutschland, ZAR 1997, S. 29 ff.

[464] BVerfGE 89, S. 155 (185); s. auch *Paul Kirchhof*, Deutsche Sprache, HStR II, § 20 Rn. 103 ff.; krit. zum volksdemokratischen Verständnis des Art. 20 GG *Brun-Otto Bryde*, Die bundesrepublikanische Volksdemokratie als Irrweg in der Demokratietheorie, in: Staatswissenschaften und Staatspraxis, H. 3/1994, S. 305 ff.

[465] *Christoph Paulus*, Ein Plädoyer für unscheinbare Normen, JuS 1994, S. 367 (369); s. zu den historischen Hintergründen auch *Norman Davies*, Im Herzen Europas: Geschichte Polens, 3. Aufl. 2002, S. 155, 156, 297.

nur unzureichend verarbeitet. Es bedarf deshalb des differenzierten Rückgriffs auf rechtsstaatliche Gebote des fairen Verfahrens[466] oder des unionsrechtlichen Diskriminierungsverbots.[467] Unberührt bleibt aber die Eigenverantwortung von Ausländern, sich mit deutschen Behörden verständigen zu können. Die Praxis geht aufgrund verwaltungspolitischer Klugheit in bemerkenswerter Weise immer wieder über das rechtlich bisher Gebotene hinaus.

100 Lediglich ein Gebot der Verwaltungsklugheit sind in Deutschland bislang kommunikativ-bürgerfreundliche **Anforderungen an Höflichkeit und Verständlichkeit** im Verwaltungsverfahren. Allerdings dürfen (straf-)rechtlich relevante Mindeststandards nicht unterschritten werden.[468] Ferner verfügt die Behörde vorbehaltlich abweichender Spezialregeln gemäß § 10 VwVfG über ein **Ermessen, ob sie schriftlich, elektronisch, mündlich oder in anderer Weise kommuniziert.**[469] Die elektronische Kommunikation setzt nach § 3a Abs. 1 VwVfG jedoch eine entsprechende Zugangseröffnung durch den Empfänger voraus.[470] In Verfahren über eine einheitliche Stelle[471] gewährt § 71e VwVfG zur Umsetzung entsprechender Vorgaben in der EU-Dienstleistungsrichtlinie den privaten Beteiligten einen **Anspruch auf eine elektronische Verfahrensabwicklung.**[472]

V. Verfahrensabschließende Entscheidungen

1. Varianten verfahrensabschließender Entscheidungen und externe Verfahrensstufung

101 Das **Standardverfahren** zielt auf den Erlass eines Verwaltungsakts bzw. den Abschluss eines öffentlich-rechtlichen Verwaltungsvertrags. Beide **Handlungsformen** sind im VwVfG ausdrücklich geregelt. Da sie in anderen Kapiteln eine ausführliche Darstellung finden,[473] kann und muss diese hier unterbleiben. Gleiches gilt für andere, zwar nicht vom VwVfG, aber vom systematisch vorzugs-

---

[466] Vgl. *BVerwG*, NJW 1990, S. 3102 (3102 f.); *Paul Stelkens/Heribert Schmitz*, in: Stelkens/Bonk/Sachs (Hrsg.), VwVfG, § 23 Rn. 10 ff.

[467] *Kopp/Ramsauer*, VwVfG, § 23 Rn. 3 a; → Bd. II *Schmidt-Aßmann* § 27 Rn. 94 f.; s. ferner *Paul Stelkens/Heribert Schmitz*, in: Stelkens/Bonk/Sachs (Hrsg.), VwVfG, § 23 Rn. 83, 84, 86 zu völker- und landesrechtlichen Vorgaben für lokale oder regionale Minderheiten wie insbes. die Sorben. Hierzu auch *Mäder*, Sprachordnung (Fn. 463), S. 32 ff.

[468] *Bull/Mehde*, VerwR, Rn. 649; s. auch *OVG RP*, NJW 1990, S. 465 (465 f.); beachtlich ist ferner Art. 12 des vom Europäischen Bürgerbeauftragten entwickelten EG-Verwaltungs-Kodex, www.ombudsman.europa.eu/code/pdf/de/code2005_de.pdf.

[469] Gleiches gilt beim Erlass eines Verwaltungsakts, § 37 Abs. 2 VwVfG.

[470] Hierzu ausführlich → Bd. II *Britz* § 26 Rn. 48 ff.; *Martin Eifert*, Electronic Government: Das Recht der elektronischen Verwaltung, 2006, S. 33 ff.; s. ferner *Anika D. Luch/Jakob Tischer*, Die öffentlich-rechtliche Schriftform und die hybride Kommunikation mittels E-Postbrief, DÖV 2011, S. 598 ff.

[471] → Rn. 23 a f.

[472] Hierzu ausgreifend: *Sönke E. Schulz*, Gemeinschaftsrechtliche Verpflichtung zur elektronischen Verfahrensabwicklung (Art. 8 DLR) als Perspektive zur Etablierung eines Rechtsrahmens des eGovernment?, DVBl 2009, S. 12 ff.; Umsetzungsdefizite moniert: *Schulz*, 4. VwVfÄndG (Fn. 113), S. 101; zu den Problemen bei grenzüberschreitender Verfahrensabwicklung aufgrund fehlender Harmonisierung der Systeme für digitale Signaturen: *Schmitz/Prell*, Einheitliche Stelle (Fn. 113), S. 2, 6; zu den hiermit zusammenhängenden Änderungen in § 5 VwZG und insbes. zu der dort verankerten Zustellungsfiktion: Beschlussempfehlung und Bericht des BT-Innenausschusses zum Entwurf des 4. VwVfÄndG, BTDrucks 16/10844, S. 6 f.

[473] → Bd. II *Bumke* § 35, *Bauer* § 36.

würdigen weiten Verfahrensbegriff⁴⁷⁴ erfasste Handlungsformen.⁴⁷⁵ Die nachfolgenden Bemerkungen beschränken sich daher auf wenige verfahrensrechtlich besonders bedeutsame Aspekte. Bei alledem ist die enge, wenn nicht unauflösliche Verknüpfung von verfahrens- und materiellrechtlicher Regelung im Stadium der verfahrensabschließenden Entscheidung zu bedenken.⁴⁷⁶

Zunächst ist daran zu erinnern, dass vielfach Verfahren statt mit einer Sachentscheidung durch eine **Verfahrenseinstellung** enden.⁴⁷⁷ Strukturell interessanter ist die vielfach spezialgesetzlich ausdrücklich vorgesehene, im Übrigen aber auch aufgrund des behördlichen Verfahrensermessens zulässige **äußere Verfahrensstufung**⁴⁷⁸ mittels Teilgenehmigungen oder Vorbescheiden.⁴⁷⁹ **Teilgenehmigungen** entscheiden abschließend über Sachverhaltsteile, während **Vorbescheide** einzelne Rechtsfragen abschließend regeln. Auf späteren Verfahrensstufen sind Einwendungen gegen die entschiedenen Aspekte präkludiert. Umgekehrt entfalten nachfolgende Stufen für die Entscheidungen der ersten Stufe Vorwirkungen, weil diese ein vorläufiges positives Gesamturteil voraussetzen. Funktion der externen Verfahrensstufung ist die Steigerung der Verfahrensrationalität durch Problemabschichtung und -konkretisierung und die dadurch ermöglichte Verfeinerung der Entscheidungsfindung.⁴⁸⁰ Daneben gibt es noch ausgreifendere Verfahrensstufungen bzw. Verfahrensketten durch die Kombination planerischer Gestaltungsverfahren und konkreter Zulassungsverfahren insbesondere bezüglich komplexer Infrastrukturen.⁴⁸¹

Strikt von solchen abschließenden Teilentscheidungen zu trennen sind die Fragen vorläufiger Entscheidungen, insbesondere **vorläufiger Verwaltungsakte**.⁴⁸² Während manche in ihnen eine sachgerechte verfahrensrechtliche Flexi-

---

⁴⁷⁴ → Rn. 8.
⁴⁷⁵ → Bd. II *Hill/Martini* § 34, *Köck* § 37, *Fehling* § 38, *Hermes* § 39. Allg. zu Handlungsformen → Bd. II *Hoffmann-Riem* § 33 Rn. 14 f.
⁴⁷⁶ Zu den hieraus resultierenden kompetenzrechtlichen Problemen *Georg Hermes,* in: Dreier (Hrsg.), GG III, Art. 84 Rn. 36 ff.; s. auch *Markus Pöcker,* Irritationen einer Grundlage des Rechtssystems: Die Problematik der Verhältnisse von materiellem Recht und Verfahrensrecht bei Planungsentscheidungen, DÖV 2003, S. 980 ff.
⁴⁷⁷ *Pünder,* Verwaltungsverfahren (Fn. 81), § 14 Rn. 46. Das VwVfG enthält insoweit nur rudimentäre Bestimmungen in § 69 Abs. 3 und § 74 Abs. 1 S. 2; vgl. demgegenüber die Art. 87 ff. des spanischen LRJPAC (Fn. 157).
⁴⁷⁸ Zur hiervon zu differenzierenden internen Verfahrensstufung → Rn. 104 ff.
⁴⁷⁹ *Hill,* Das fehlerhafte Verfahren (Fn. 2), S. 288 ff.; *Maurer,* VerwR, § 9 Rn. 63; *Stefan Salis,* Gestufte Verwaltungsverfahren im Umweltrecht: Eine neue Dogmatik gestufter Verwaltungsverfahren über raumbedeutsame Großvorhaben, 1991. → Bd. II *Bumke* § 35 Rn. 116 f.
⁴⁸⁰ *Hill,* Das fehlerhafte Verfahren (Fn. 2), S. 289 f.; *Eberhard Schmidt-Aßmann,* Institute gestufter Verwaltungsverfahren: Vorbescheid und Teilgenehmigung – Zum Problem der Verfahrensrationalität im administrativen Bereich, FG 25 Jahre *BVerwG,* 1978, S. 569 ff.; *Rainer Wahl,* Der Regelungsgehalt von Teilentscheidungen in mehrstufigen Planungsverfahren, DÖV 1975, S. 373 (375); zur UVP bei mehrstufigen Genehmigungsverfahren *EuGH,* Rs. C-508/03, NVwZ 2006, S. 803 ff. und Rs. C-290/03, NVwZ 2006, S. 806 ff.
⁴⁸¹ *Schneider,* Telekommunikation (Fn. 431), § 8 Rn. 103, 129 ff.; *ders.,* Netzausbau (Fn. 91), S. 6 ff.
⁴⁸² *Jörg Lücke,* Vorläufige Staatsakte: Auslegung, Rechtsfortbildung und Verfassung am Beispiel vorläufiger Gesetze, Urteile, Beschlüsse und Verwaltungsakte, 1991, bes. S. 139 ff.; *Hans-Christoph Schimmelpfennig,* Vorläufige Verwaltungsakte, 1989; *Klaus Kemper,* Der vorläufige Verwaltungsakt, 1990; *Udo Di Fabio,* Vorläufiger Verwaltungsakt bei ungewissem Sachverhalt: Gefahrenforschung als Anwendungsfall vorläufiger Regelungen, DÖV 1991, S. 629 ff.; *Peter Axer,* Verwaltungsakt unter Berichtigungsvorbehalt: Zugleich ein Beitrag zum vorläufigen Verwaltungsakt und zum Rücknahmevorbehalt bei Verwaltungsakten, DÖV 2003, S. 271 ff. S. a. → Bd. II *Bumke* § 35 Rn. 110 ff.

bilisierungsoption etwa auch bei Gefahrenverdachtssituationen erkennen,[483] betonen andere jedenfalls für die Eingriffsverwaltung den Gesetzesvorbehalt. Dieser werde auch durch bloße Gefahrerforschungseingriffe ausgelöst. Zumeist wird aber zugleich eine materiellrechtliche Lösung durch eine Absenkung der Gefahrenwahrscheinlichkeit eröffnet.[484] Unproblematisch ist die Figur des vorläufigen Verwaltungsakts aber auch in der Leistungsverwaltung und speziell der Subventionsverwaltung nicht, weil mit ihr leicht die Vertrauensschutzregeln der §§ 48 ff. VwVfG ausgehebelt werden können.[485] Jenseits ausdrücklicher gesetzlicher Ermächtigung darf von diesem Instrument im Rahmen des Verfahrensermessens deshalb nur unter engen Voraussetzungen Gebrauch gemacht werden. Insbesondere müssen für die Adressaten die Bedingungen, unter denen die vorläufige Begünstigung nicht in eine entsprechende dauerhafte überführt wird, hinreichend klar und konkret erkennbar sein. Noch weitergehende Probleme wirft eine Entscheidungsflexibilisierung durch die **Zulassung vorzeitiger Anlagenerrichtung** auf. Hier stellt die faktische Präjudizierung der endgültigen Entscheidung die dem Genehmigungsverfahren aufgegebene chancengerechte Interessenverarbeitung in Frage.[486]

2. Behördeninterne Herstellung verfahrensabschließender Entscheidungen

a) Bausteine innerer Entscheidungsverfahren und Regelungsansätze im Verwaltungsverfahrensrecht

104 Voraussetzung des formalen Verfahrensabschlusses durch eine der aufgezeigten Varianten ist eine Entscheidung der Verwaltung. Dazu bedarf es eines internen Willensbildungs- und Entscheidungsprozesses in der zuständigen Behörde. Zu differenzieren ist dieses **innere Entscheidungsverfahren** in der zuständigen Behörde von den bereits erörterten Verfahren der Beteiligung anderer Behörden,[487] wenngleich zwischen beidem enge funktionelle Zusammenhänge bestehen. Insbesondere kann die Verselbständigung von Behördenteilen bei geeigneter Verfahrensgestaltung zur Stärkung der von ihnen wahrgenommenen öffentlichen Belange im behördlichen Entscheidungskalkül führen.[488] Das innere Entscheidungsverfahren wird im VwVfG nur geregelt, soweit es in äußeren Verfahrenshandlungen offenbar wird,[489] oder die Regelung erschöpft sich in wenig konturierten Pflichten (§ 69 Abs. 1 VwVfG). Wichtige Aspekte sind insoweit der

---

[483] *Ladeur*, Risikooffenheit (Fn. 205), S. 134 f.; wohl auch *Schmidt-Aßmann*, Ordnungsidee, Kap. 6 Rn. 106.
[484] *Schenke*, PolizeiR, Rn. 86 ff. m.w.N.
[485] Vgl. *Jürgen Eschenbach*, Der vorläufige Verwaltungsakt, DVBl 2002, S. 1247 ff.; s. auch die Diskussion über vorläufige Tarifgenehmigungen im Regulierungsverwaltungsrecht, hierzu *Fabian Schuster/Ernst-Olaf Ruhle*, in: *Martin Geppert* u.a. (Hrsg.), Beck'scher TKG-Kommentar, 3. Aufl. 2006, § 35 Rn. 58 ff.; abweichend *Pünder*, Verwaltungsverfahren (Fn. 81), § 14 Rn. 47.
[486] Näher hierzu *Schneider*, Interessenverarbeitung (Fn. 74), S. 92 ff.
[487] → Rn. 91 ff.
[488] Siehe *Lange*, Innenrecht und Außenrecht (Fn. 432), S. 321, der aber zugleich auf die Notwendigkeit hinreichender Durchsetzungsmechanismen für eine gehaltvolle Behördenbeteiligung hinweist.
[489] Hierzu sowie zur Unterscheidung von äußerem und innerem Verwaltungsverfahren *Hill*, Das fehlerhafte Verfahren (Fn. 2), S. 286 f. und → Rn. 104.

Ausschluss von (befangenen) Amtswaltern, Entscheidungsfristen wie § 48 Abs. 4 VwVfG, die Berücksichtigung von Anhörungsergebnissen und vor allem die Begründung. Die übliche juristische Kontrollperspektive fokussiert sich dementsprechend auf die **Darstellung der Entscheidung**, während die innere **Herstellung der Entscheidung** grundsätzlich nur bei offenbaren und erkennbar kausalen Mängeln Beachtung findet.[490] Auch wenn die Entscheidungsherstellung keineswegs vollständig ungeregelt bleibt und die rechtliche Kontrolle der Darstellung rationalisierende Rückwirkungen auf die Entscheidungsherstellung hat,[491] bleibt eine starke Selektivität des rechtlichen Zugriffs auf das innere Verfahren festzuhalten. Vorteile dieser selektiven Verrechtlichung liegen in der Stabilisierung des Rechts und der Öffnung für eine flexible Steuerung der administrativen Problemlösung durch demokratisch legitimierte Behördenspitzen. Dies schließt im Übrigen nicht aus, dass das Recht und die Rechtswissenschaft punktuell und bereichsspezifisch problemadäquate zusätzliche Anforderungen an innere Verfahren stellen, um deren Rationalität und Transparenz sicherzustellen.[492]

Wesentliche Gegenstände und **Bausteine der inneren Entscheidungsbildung** bilden:
- Problemidentifikation und Feststellung des Entscheidungsbedarfs,
- Verfahrenswahl und Sachverhaltsermittlung,
- Maßstabs- bzw. Zielkonkretisierung,
- Ermittlung und Bewertung von Handlungsoptionen,
- Auswahl und Darstellung der Entscheidung,
- Umsetzung der getroffenen Entscheidung,
- Kontrolle und ggf. Revision der Entscheidung sowie institutionelles Lernen.[493]

105

Diese Strukturierung erfasst nicht allein die hier erörterte Phase der verfahrensabschließenden Entscheidung. Allerdings handelt es sich um einen **rekursiven Entscheidungsprozess**, der in dieser Phase einen Höhepunkt erreicht und vorangegangene Bausteine wie Problemidentifikation, Sachverhaltsermittlung und Maßstabskonkretisierung zumindest reflektieren und ggf. modifizieren muss, ohne dass faktische und ggf. sogar normative Vorabbindungen verkannt werden dürfen. Auf die nachfolgenden Phasen ist noch gesondert einzugehen.[494]

---

[490] Zur Differenzierung zwischen Herstellung und Darstellung von Entscheidungen *Niklas Luhmann*, Recht und Automation in der öffentlichen Verwaltung: Eine verwaltungswissenschaftliche Untersuchung, 1966, S. 51 f.; *Wolfgang Hoffmann-Riem*, in: ders. (Hrsg.), Sozialwissenschaften im Öffentlichen Recht, 1981, S. 8 f.; referierend *Schuppert*, Verwaltungswissenschaft, S. 758; ausführlich *Hans-Heinrich Trute*, Methodik der Herstellung und Darstellung verwaltungsrechtlicher Entscheidungen, in: Schmidt-Aßmann/Hoffmann-Riem (Hrsg.), Methoden, S. 293 ff., der zu Recht vor einer umfassenden „Verrechtlichung" der Herstellung behördlicher Entscheidungen warnt.

[491] Vgl. hierzu *Trute*, Herstellung und Darstellung (Fn. 490), S. 308 ff.

[492] Zum Vorstehenden → Bd. I *Hoffmann-Riem* § 10 Rn. 30 ff.; *Trute*, Herstellung und Darstellung (Fn. 490), S 293 ff.; zu hierbei beachtlichen interdisziplinären Erkenntnissen über kluges Entscheiden s. die Beiträge in: *Arno Scherzberg* u.a. (Hrsg.), Kluges Entscheiden: Disziplinäre Grundlagen und interdisziplinäre Verknüpfungen, 2006; zur Bedeutung des behördeninternen Entscheidungsprozesses für die Verfahrensdauer *Ziekow/Windoffer/Oertel*, Beschleunigung (Fn. 82), S. 1475 f.

[493] Diese Liste verknüpft die Strukturierungen des inneren Verfahrens durch *Hill*, Das fehlerhafte Verfahren (Fn. 2), S. 286 f. und *Wolfgang Hoffmann-Riem*, Ermöglichung von Flexibilität und Innovationsoffenheit im Verwaltungsrecht: Einleitende Problemskizze, in: ders./Schmidt-Aßmann (Hrsg.), Innovation, S. 9 (29 ff.); → Bd. I *Hoffmann-Riem* § 10 Rn. 29; s. in diesem Sinne auch *Schmidt-Aßmann*, Ordnungsidee, Kap. 6 Rn. 155.

[494] → Rn. 140 ff., 147 ff.

106 Bemerkenswerte Strukturierungsansätze für das innere Entscheidungsverfahren finden sich teilweise im **Besonderen Verwaltungsverfahrensrecht**.[495] Hierzu gehören insbesondere unselbständige Vor- und Zwischenverfahren innerhalb eines Verwaltungsverfahrens zur **formalisierten Zwischenbewertung** von besonders relevanten Belangen. Lediglich eine Möglichkeit für eine entsprechende Zwischenbewertung besteht gemäß § 73 Abs. 9 VwVfG im Planfeststellungsverfahren. Danach nimmt die Anhörungsbehörde zum Ergebnis des Anhörungsverfahrens gegenüber der abschließend entscheidenden Planfeststellungsbehörde Stellung. Dieser Zwischenschritt entfällt jedoch, wenn wie verbreitet auf eine Trennung zwischen Anhörungs- und Planfeststellungsbehörde verzichtet wird.[496] Ein anschauliches Beispiel einer zwingenden Zwischenbewertung liefert die Umweltverträglichkeitsprüfung: §§ 11, 12 UVPG verlangen zunächst eine zusammenfassende Darstellung und anschließend eine darauf beruhende Bewertung der Umweltauswirkungen. Die Umweltbewertung ist ihrerseits bei der auch andere Aspekte einbeziehenden Zulassungsentscheidung zu berücksichtigen und kann schon durch die transparente Dokumentation ein besonderes Gewicht erlangen.[497] Vergleichbare Instrumente stellen gesonderte Markt- und Folgenanalysen bei der Entscheidung über eine kommunale Wirtschaftsbetätigung dar.[498] Ferner wird rechtspolitisch anlässlich der geplanten Verankerung eines Verwaltungskooperationsvertrags im VwVfG vor dessen Abschluss eine sogenannte Verantwortungsbilanz zur Wahrung der staatlichen Gewährleistungsverantwortung diskutiert.[499] Die genannten Beispiele betreffen kooperationsorientierte Verwaltungsverfahren, in denen die genannten Instrumente einen wichtigen prozeduralen Gegenimpuls zur andernfalls leicht eintretenden selektiven Wahrnehmung der Belange des Kooperationspartners darstellen. Zu erinnern ist an dieser Stelle auch an die Entwicklung von Konzepten in Vorverfahren, die nicht nur für die Gestaltung des äußeren Verfahrens Bedeutung haben,[500] sondern auch der **gestuften Vorkonkretisierung von Entscheidungskriterien** dienen können. Dies wird besonders deutlich im Vergaberecht, wo die Behörde nicht zwingend rein monetäre Nutzenkalküle verfolgen muss, sondern auch sekundäre Vergabezwecke in das Wirtschaftlichkeitskalkül einbeziehen kann, sofern sie solche Kriterien vor der Ausschreibung in objektiver und für die verfahrensbeteiligten Bewerber transparenter Weise festgelegt hat.[501] Eine phasenspezifisch differenzierte Entscheidungsgestaltung mit dialogischer Konkretisierung komplexer Auftragsgegenstände und an-

---

[495] Siehe auch *Trute*, Herstellung und Darstellung (Fn. 490), S 313 ff.
[496] *Kopp/Ramsauer*, VwVfG, § 73 Rn. 127; *Hansjochen Dürr*, in: Knack/Henneke, VwVfG, § 73 Rn. 111.
[497] Hierzu *Peters/Balla*, UVPG-Kommentar (Fn. 449), § 12 Rn. 35.
[498] Z. B. gemäß § 107 Abs. 5 GO NW oder § 92 Abs. 1 GO RP; hierzu *Clemens Antweiler*, Öffentlichrechtliche Unterlassungsansprüche gegen kommunale Wirtschaftstätigkeit, NVwZ 2003, S. 1466 (1467).
[499] *Ziekow*, Einfluss des neuen Steuerungsmodells (Fn. 18), S. 379; *ders.*, Verankerung verwaltungsverfahrensrechtlicher Kooperationsverhältnisse, in: *ders.* (Hrsg.), Public Private Partnership: Projekte, Probleme, Perspektiven, 2003, S. 25 (55 f.); zur schleppenden gesetzgeberischen Umsetzung: *Burgi*, Verwaltungsverfahrensrecht (Fn. 20), S. 107.
[500] Zu diesem Aspekt → Rn. 18 ff.
[501] EuGH, C-513/99, Slg. 2002, I-7213, Rn. 53 ff.; hierzu *Jens-Peter Schneider*, EG-Vergaberecht zwischen Ökonomisierung und umweltpolitischer Instrumentalisierung, DVBl 2003, S. 1186 (1189 ff.); *ders.*, Umweltschutz im Vergaberecht, NVwZ 2009, S. 1057 ff.

schließender formalisierter Angebotsabgabe bietet im Übrigen der neuartige wettbewerbliche Dialog.⁵⁰² Von dieser auf konkrete Verfahren bezogenen Vorstrukturierung zu unterscheiden ist die generell-abstrakte Standardkonkretisierung in eigenständigen administrativen Normsetzungsverfahren⁵⁰³ zum Erlass von Verwaltungsvorschriften oder Rechtsverordnungen.

b) Bedeutung des Verwaltungsorganisations- und prozeduralen Innenrechts

Wie bereits betont, wird das innere Entscheidungsverfahren durch das VwVfG nur ansatzweise geregelt. Fundamental ist der Umstand, dass Verwaltungsentscheidungen von Organisationsangehörigen individuell oder im Zusammenwirken getroffen werden. Maßgeblich wird deshalb das **Verwaltungsorganisationsrecht**⁵⁰⁴ und das mit ihm verwobene **prozedurale Innenrecht**.⁵⁰⁵ Wesentliche organisatorische Mechanismen sind Grad und Form der Arbeitsteilung, standardisierte Verfahren ggf. auch in Form von Experten- und Informationssystemen,⁵⁰⁶ behördeninterne Hierarchien sowie Formen selektiver Kommunikation zur Informationsfilterung und -verdichtung mit dem Ziel der Unsicherheitsabsorption durch Komplexitätsreduktion.⁵⁰⁷ **107**

Das prozedurale Innenrecht wird zumeist durch **Verwaltungsvorschriften** gesetzt. Diese entfalten nach überkommener Dogmatik allenfalls mittelbar über den Gleichheitsgrundsatz eine im Übrigen in ihrer inhaltlichen Bindungskraft labile Außenrechtsrelevanz.⁵⁰⁸ Diese Diskussion bezieht sich im Wesentlichen auf materiellrechtliche Vorgaben durch Verwaltungsvorschriften, nicht jedoch auf deren prozedurale Strukturierungsleistung für innere Entscheidungsverfahren. Da schon Verfahrensregeln des klassischen Außenrechts einer starken Relativierung von Fehlerfolgen unterliegen, ist dies konsequent. Gleichwohl sollte die interne Rationalitätssicherungsfunktion dieser Regeln nicht unterschätzt werden. Ihre Wahrung obliegt allerdings im geltenden Recht **innerbehördlichen Kontrollmechanismen**.⁵⁰⁹ Im Übrigen stehen Vielgestaltigkeit und mangelnde Publizität entsprechender Verwaltungsvorschriften und Geschäftsordnungen derzeit einer fundierten Analyse dieser Verfahrensregeln im Wege. **108**

Erfolgversprechender ist die primär in anderen Kapiteln dieses Werkes⁵¹⁰ vorgenommene Analyse der maßgeblichen **organisationsrechtlichen Strukturen**. **109**

---

⁵⁰² Zu dessen Verfahrensphasen *Ralf P. Schenke/Stefan Klimpel*, Verhandlungsverfahren versus wettbewerblicher Dialog, DVBl 2006, S. 1492 (1494 f.); *Wollenschläger*, Verteilungsverfahren (Fn. 88), S. 241 f. S. a. → Bd. I *Hoffmann-Riem* § 10 Rn. 129; Bd. II *Fehling* § 38 Rn. 88.
⁵⁰³ → Bd. II *Hill/Martini* § 34.
⁵⁰⁴ Zu diesem näher → Bd. I *Jestaedt* § 14, *Wißmann* § 15, *Schuppert* § 16.
⁵⁰⁵ Zu diesem Zusammenhang von Organisation als Gebilde und Prozess *Schuppert*, Verwaltungswissenschaft, S. 744; ferner am Beispiel der regulierungsbehördlichen Entscheidungsfindung: *Schneider*, Telekommunikation (Fn. 431), § 8 Rn. 99.
⁵⁰⁶ → Bd. II *Ladeur* § 21 Rn. 74, 81, 89 ff.
⁵⁰⁷ Zum Ganzen näher *Schuppert*, Verwaltungswissenschaft, S. 766 ff.
⁵⁰⁸ → Bd. I *Ruffert* § 17 Rn. 67 ff.; Bd. II *Hill/Martini* § 34 Rn. 37 ff.; *Lange*, Innenrecht und Außenrecht (Fn. 432), S. 321 ff.; zur aktuell erneut aufgeflammten Debatte über die Außenrechtsgeltung von Verwaltungsvorschriften *Rainer Wahl*, Verwaltungsvorschriften: Die ungesicherte dritte Kategorie des Rechts, FG 50 Jahre *BVerwG*, 2003, S. 571 ff.; → Bd. I *Ruffert* § 17 Rn. 69 f.; zurückhaltend demgegenüber *Johannes Saurer*, Die neueren Theorien zur Normkategorie der Verwaltungsvorschriften, VerwArch, Bd. 97 (2006), S. 249 ff. Vgl. a. → Bd. II *Hill/Martini* § 34 Rn. 38, 46 ff.
⁵⁰⁹ → Bd. III *Kahl* § 47 Rn. 38 f., 45, *Schiedermair* § 48 Rn. 1 ff.
⁵¹⁰ → Bd. I *Groß* § 13, *Jestaedt* § 14, *Wißmann* § 15, *Schuppert* § 16.

Sie sollen hier nur insoweit erörtert werden als sie unmittelbaren verfahrensrechtlichen Bezug haben. **Strukturelles Leitbild** für die behördeninterne Entscheidungsfindung während des gesamten Verfahrens, vor allem aber beim hier im Zentrum stehenden Abschluss des äußeren Verwaltungsverfahrens ist im deutschen Verwaltungsrecht die Entscheidung durch oft **individuelle Amtswalter innerhalb einer hierarchisch gegliederten und monokratisch geführten Behörde**.[511] Dies wird besonders bei den individualbezogenen Befangenheitsregeln der §§ 20f. VwVfG deutlich, die Aspekte einer institutionellen Unparteilichkeit weitgehend ausblenden.[512] Diese Regelungsabstinenz wahrt allerdings auch Spielräume für die flexible Gestaltung behördeninterner Entscheidungsstrukturen durch die demokratisch legitimierte Behördenspitze.[513]

c) Besonderheiten des Kollegialverfahrensrechts

110 Ein solcher Rekurs auf eine hierarchische Steuerung ist bei kollegial organisierten Behörden nur bedingt möglich. Es bedarf vielmehr eines spezifischen **Kollegialverfahrensrechts** zur Strukturierung der internen Meinungsbildung und Entschlussfassung.[514] Eine ansatzweise allgemeine Regelung hat die **Entscheidungsfindung von Kollegialbehörden** in den §§ 88ff. VwVfG gefunden, die sich stark an Vorbilder aus dem Kommunalrecht und dem Gerichtsverfahren anlehnen. Daneben enthalten die §§ 20 Abs. 4, 21 Abs. 2, 44 Abs. 3 Nr. 3, 45 Abs. 1 Nr. 4, 71 VwVfG ergänzende Regeln. Die Vorschriften des VwVfG gelten aber nur subsidiär, sind teilweise bewusst lückenhaft und können nur in eingeschränktem Maße die verschiedenen Typen von Kollegialgremien – pluralistische, professionelle, kooperative[515] – mit ihren unterschiedlichen funktionellen Erfordernissen abbilden.[516]

111 Erst aus einer Zusammenschau von VwVfG und Regeln des Besonderen Verwaltungsrechts namentlich des Kommunalrechts konnten daher von *Thomas Groß* die folgenden allgemeinen Regeln herausgearbeitet werden.[517] Der **Vorsitz** wird vorbehaltlich abweichender gesetzlicher Regelung von den Gremienmitgliedern aus ihrer Mitte gewählt. Gemäß § 89 VwVfG besitzt der Vorsitzende das Ordnungsrecht. Ein Sitzungsausschluss setzt indes wegen seiner weitreichenden Wirkungen eine spezielle gesetzliche Ermächtigung voraus. Ferner gewährt das Sitzungsleitungsrecht jedenfalls bei pluralistischen und kooperativen Gremien grundsätzlich keinen Vorrang vor einer kollegialen Entscheidung über wesentliche Geschäftsordnungsfragen. Bezüglich der **Entscheidungsfindung**

---

[511] Siehe auch *Pünder,* Verwaltungsverfahren (Fn. 81), § 14 Rn. 3. Vgl. a. → Bd. I *Schuppert* § 16 Rn. 40ff.

[512] Hierzu → Rn. 33, 35.

[513] Siehe in diesem Zusammenhang auch *Trute,* Herstellung und Darstellung (Fn. 490), S. 302ff., mit entsprechenden Schlussfolgerungen aus *Luhmanns* Qualifizierung der Verwaltung als Organisation des Politischen Systems.

[514] Hierzu grundlegend *Thomas Groß,* Das Kollegialprinzip in der Verwaltungsorganisation, 1999, S. 281ff. S.a. → Bd. I *Hoffmann-Riem* § 10 Rn. 24, *Groß* § 13 Rn. 52ff.

[515] Zu dieser Typenbildung mit teilweise weitergehender Untergliederung (pluralistische Gremien: partizipative, korporative; professionelle Gremien: sachverständige, justizähnliche, leitende): *Groß,* Kollegialprinzip (Fn. 514), S. 61ff. → Bd. I *Trute* § 6 Rn. 69ff.

[516] *Groß,* Kollegialprinzip (Fn. 514), S. 282.

[517] *Groß,* Kollegialprinzip (Fn. 514), S. 284ff.

- besitzen die Mitglieder Ansprüche auf hinreichende Information insbesondere über die in der Ladung mitzuteilende Tagesordnung (§ 90 Abs. 1 S. 1 VwVfG);
- besitzen die Mitglieder ferner Ansprüche auf Beachtung der Regeln über die Beschlussfähigkeit (z. B. § 90 Abs. 1 S. 1 VwVfG), wenngleich gerade im Kommunalrecht häufig mit geltungserhaltenden Fiktionen gearbeitet wird;
- gilt das Prinzip der Beschlussfassung durch einfache Stimmenmehrheit (§ 91 S. 1 VwVfG), während Regeln über den Umgang mit Pattsituationen, die Zulässigkeit einer Enthaltung und qualifizierte Mehrheiten sehr bereichsspezifisch ausgestaltet sind;
- steht in der Regel allen Mitgliedern ein gleichberechtigtes Antragsrecht zu;
- gilt grundsätzlich das Prinzip der offenen Abstimmung (§ 92 Abs. 1 VwVfG), wobei regelmäßig über den weitestgehenden Antrag zuerst abzustimmen ist; abweichende Regelungen betreffen insbesondere Wahlen;
- kann die Abstimmung auch schriftlich erfolgen, wenngleich hierfür in der Regel der Konsens der Gremienmitglieder erforderlich ist (z. B. § 90 Abs. 1 S. 2 VwVfG);
- gilt auch für Kollegialentscheidungen das allgemeine Begründungserfordernis, wobei die Formulierung der Begründung im Streitfalle mit Gremienmehrheit gefunden werden muss.

Der letztgenannte Aspekt verdeutlicht die Beweisfunktionen der grundsätzlich zwingend vorgesehenen **Niederschrift** (z. B. § 93 VwVfG). Weitere Besonderheiten von Kollegialverfahren sind vielfach vorgesehene, aber sehr differenziert ausgestaltete **suspensive Vetorechte** für den Vorsitzenden oder Minderheiten zur internen Verwaltungskontrolle oder als Vorstufe zu einer Kontrolle durch übergeordnete Instanzen. Ebenso bemerkenswert sind die allerdings spezialgesetzlich vorzusehenden Möglichkeiten eines **Minderheitenvotums.** Wegen der meist besonders ausgeprägten Entscheidungsspielräume in kollegialen Entscheidungsverfahren streitet das Gebot demokratischer Verwaltungslegitimation schließlich für die – allerdings differenziert zu definierende – **Öffentlichkeit von Gremiensitzungen,** soweit es keine gerechtfertigte abweichende Regelung gibt.[518]

Weitere wichtige Fragen werden durch die verwaltungsspezifische **Einbindung von Ausschüssen in eine umfassendere Organisation** ausgelöst. Dies betrifft etwa die Umsetzung der ausschussinternen Beratungsergebnisse. Anders als bei Gerichten werden die außenwirksamen Rechtsakte vielfach nicht unmittelbar durch das Kollegialorgan erlassen, sondern durch ein monokratisches Parallelorgan gefertigt. Beispiele sind Verwaltungsakte durch den Bürgermeister aufgrund von Ratsbeschlüssen oder die Zulassung von Rundfunkveranstaltern durch den Direktor einer Landesmedienanstalt nach Beschluss des Kollegialgremiums. Für Letztere wird davon ausgegangen, dass es dem Direktor wegen des ausschließlich dem Kollegialgremium zustehenden Beurteilungsspielraums bei der Zulassungsentscheidung verwehrt ist, ohne Rückkopplung eine im Sitzungsprotokoll dokumentierte rechtlich problematische Auswahlbegründung durch eine gerichtsfeste Begründung zu ersetzen bzw. nachzubessern. Umgekehrt kann es auch einen Abwägungsfehler darstellen, wenn das Kollegialgremium vom Direktor in seiner Vorlage benannte Aspekte unberücksichtigt lässt.[519] Dieser Gedanke der

---

[518] Zu dieser umstrittenen Frage überzeugend *Groß*, Kollegialprinzip (Fn. 514), S. 303 ff.
[519] *VG Düsseldorf*, ZUM 1998, S. 508 ff. mit zust. Anm. von *Christoph Hiltl*, Beurteilungsspielraum und Vertrauensschutz, a. a. O., S. 519 (520 f.).

Wahrung verwaltungsinterner Entscheidungskompetenzen lässt sich verallgemeinern, wie auch die Rechtsprechung zur notwendigen Beteiligung des Gemeinderats bei informellen Vorabbindungen im Zusammenhang mit Bauleitplänen[520] bestätigt. Hier zeigt sich besonders deutlich die Relevanz der Unterscheidung, aber auch des Zusammenhangs zwischen Herstellung und Darstellung von Entscheidungen.

d) Fortentwicklungsimpulse durch das Neue Steuerungsmodell

113 Besondere Entwicklungsimpulse für den inneradministrativen Entscheidungsprozess folgen seit den 1990er Jahren aus der Verwaltungsmodernisierung im Zeichen des Neuen Steuerungsmodells.[521] Selbst wenn der Schwerpunkt seiner Anwendung in der Leistungsverwaltung liegt, erfasst die Entwicklung auch die Ordnungsverwaltung.[522] Bedeutsam sind im hiesigen Zusammenhang die im Neuen Steuerungsmodell angestrebte Zusammenführung von Aufgaben, Kompetenzen und (Ressourcen-)Verantwortung **(AKV-Prinzip)** sowie die Beschränkung der übergeordneten Instanzen auf eine Globalsteuerung mittels eines konsensualen Kontraktmanagements. Das AKV-Prinzip zielt auf eine ganzheitliche Entscheidungsbefugnis der sachlich zuständigen Mitarbeiter bzw. dezentralen Verwaltungseinheiten und soll deren Kostenbewusstsein bei ihrer Aufgabenerledigung stärken. Die ökonomischen Rückwirkungen auf das innere Entscheidungsverfahren und die Entscheidungsmaßstäbe sind deshalb beachtlich. Das **Kontraktmanagement**[523] stellt zumindest im Modell eine im Vergleich zur klassischen hierarchischen Verwaltungsführung „weiche" behördeninterne Steuerungsform dar. Gemeinsam mit Globalbudgets erfolgt ein Wandel von der Input- zur produktbezogenen Output- oder gar Outcomesteuerung[524]. Ausgeglichen werden sollen die erhöhten Spielräume der dezentralen Verwaltungseinheiten durch ein behördeninternes **Controlling und Qualitätssicherungssysteme** unter Beteiligung der Adressaten des Verwaltungshandelns, die vielfach als Kunden bezeichnet werden.[525] Beides hat nicht nur nachträglich-kontrollierende Bedeutung. Insbesondere die Kundenorientierung soll schon das ursprüngliche Verwaltungshandeln prägen und hat damit Rückwirkungen auf Verfahrensge-

---

[520] *BVerwG* 45, 309 (316 ff.) – Flachglas; zu weiteren organisatorischen Determinanten behördlicher Entscheidungsherstellung: *Trute*, Herstellung und Darstellung (Fn. 490), S. 321 ff. S. a. → Bd. II *Fehling* § 38 Rn. 76.

[521] Zu diesem und seiner Bedeutung für das Verfahrensrecht, allerdings mit einem Schwerpunkt auf dem äußeren Verfahren der Kooperation mit Privaten etc. *Ziekow*, Einfluss des neuen Steuerungsmodells (Fn. 18), S. 349 ff.; s. ferner mit unterschiedlichen Schwerpunkten → Bd. I *Voßkuhle* § 1 Rn. 53 ff., *Schuppert* § 16 Rn. 117 ff.; Bd. III *Kahl* § 47 Rn. 173 ff., *Schiedermair* § 48 Rn. 64 ff.; *Jens-Peter Schneider*, Das neue Steuerungsmodell als Innovationsimpuls für Verwaltungsorganisation und Verwaltungsrecht, in: Hoffmann-Riem/Schmidt-Aßmann (Hrsg.), Innovation, S. 103 (114 ff.); *Veith Mehde*, Neues Steuerungsmodell und Demokratieprinzip, 2000.

[522] Siehe zu den primär, aber nicht ausschließlich wohlfahrtsstaatlichen Einsatzfeldern: *Hartmut Elsenhans/Roland Kulke/Christian Roschmann*, Verwaltungsreform in Deutschland: Das neue System des Managements als Anwendung der New-Public-Management-Theorie und der Krise des Wohlfahrtsstaats, DV, Bd. 38 (2005), S. 315 ff.; *Dietrich Budäus/Stefanie Finger*, Stand und Perspektiven der Verwaltungsreform in Deutschland, DV, Bd. 32 (1999), S. 313 ff.

[523] → Bd. II *Bauer* § 36 Rn. 54 ff.

[524] S. a. → Bd. I *Voßkuhle* § 1 Rn. 32, *Franzius* § 4 Rn. 67 ff.

[525] Hierzu *Ziekow*, Einfluss des neuen Steuerungsmodells (Fn. 18), S. 374 ff., der Letzteres mit der aktuellen Governance-Perspektive verknüpft (S. 364 f.).

staltung und Entscheidungsverhalten. Durch Kundenbefragungen und ähnliche Instrumente der Qualitätssicherung erfolgt überdies eine Verkopplung innerer und äußerer Verfahrenselemente.

3. Außengerichtete Bekanntgabe und Darstellung verfahrensabschließender Entscheidungen

An die behördeninterne Entscheidungsfindung schließt sich deren außengerichtete Bekanntgabe und Darstellung an. Diese ist auch im Standardverfahren wegen ihrer Außenwirkung wieder gesetzlich geregelt. Erst durch seine von § 41 Abs. 1 VwVfG geforderte **Bekanntgabe** gegenüber dem Adressaten bzw. Betroffenen wird ein Verwaltungsakt wirksam (§ 43 Abs. 1 VwVfG).[526] Vorbehaltlich spezieller Regeln geht das Gesetz von einer **relativen Wirksamkeit** nur gegenüber denjenigen aus, denen der Verwaltungsakt bekannt gegeben wurde.[527] Dies hat insbesondere für den Beginn von Widerspruchs- oder Klagefristen Bedeutung. Ohne Bekanntgabe kann nur auf Grundsätze der Verwirkung zurückgegriffen werden, weshalb in multipolaren Konfliktkonstellationen Begünstigte die Bekanntgabe an Drittbetroffene erzwingen können.[528] Maßgeblich ist der Zugang, wobei die Möglichkeit der Kenntnisnahme genügt und die Bestimmung des Zeitpunkts von der Form des Verwaltungsakts und der Bekanntgabe abhängt.[529] Nur eingeschränkt zulässig ist die öffentliche Bekanntgabe.[530] Im Besonderen Verwaltungsrecht finden sich zur Wahrung von Drittinteressen gelegentlich **Vorabinformationspflichten,** wenn nachträglicher Rechtsschutz wie bei der beamtenrechtlichen Ernennung zu spät käme.[531]

114

Ein Verwaltungsakt muss inhaltlich hinreichend bestimmt sein[532] und die **Formvorschriften** des § 37 VwVfG beachten. Die Wahl der Form liegt vorbehaltlich sondergesetzlicher Festlegungen im Ermessen der Behörde. Da aber nur schriftliche oder elektronische Verwaltungsakte gemäß § 37 Abs. 1 VwVfG zu begründen sind, kann ein Betroffener bei berechtigtem Interesse, also insbesondere zur Vorbereitung eines Widerspruchs oder einer Klage, die schriftliche oder elektronische Bestätigung eines mündlichen Verwaltungsakts verlangen (§ 37 Abs. 2 S. 2 VwVfG).[533]

115

---

[526] Parallel: §§ 37 Abs. 1, 39 Abs. 1 SGB X und §§ 122 Abs. 1, 124 Abs. 1 AO. S.a. → Bd. II *Bumke* § 35 Rn. 44.
[527] *BVerwGE* 44, 294 (297); 55, 212 (214f.); *BVerwG*, NJW 1970, S. 263 (264).
[528] *Paul Stelkens/Ulrich Stelkens*, in: Stelkens/Bonk/Sachs (Hrsg.), VwVfG, § 41 Rn. 35; a.A. *Thomas J. Horn*, Das Anhörungsrecht des mit Drittwirkung Betroffenen nach § 28 VwVfG, DÖV 1987, S. 20 (23).
[529] Siehe § 41 Abs. 2–5 VwVfG sowie die Verwaltungszustellungsgesetze; für einen Überblick *Pünder*, Verwaltungsverfahren (Fn. 81), § 14 Rn. 56.
[530] § 41 Abs. 3 VwVfG; identisch: § 37 Abs. 3 SGB X und § 122 Abs. 3 AO.
[531] Hintergrund ist der umstrittene beamtenrechtliche Grundsatz der Ämterstabilität, hierzu *Rainer Wernsmann*, Die beamtenrechtliche Konkurrentenklage: Zum Ausgleich von Ämterstabilität und effektivem Rechtsschutz, DVBl 2005, S. 276ff.; zu möglichen Durchbrechungen neuerdings *BVerwG*, NVwZ 2011, S. 358ff.; *Nds. OVG*, NVwZ 2011, S. 891ff. Ähnliches gilt im – allerdings auf einen Abschluss eines privatrechtlichen Vertrages gerichteten – Kartellvergaberecht gemäß § 101a GWB.
[532] Zur aktuellen Rechtsprechung *Ehlers*, Rechtsprechungsanalyse (Fn. 61), S. 263.
[533] Näheres bei *Michael P. Robrecht*, Die schriftliche Begründung und Bestätigung eines Verwaltungsaktes – unter besonderer Berücksichtigung der vollzugspolizeilichen Praxis, SächsVBl 2005, S. 241ff.

116 Das Bestehen der **Begründungspflicht** hängt somit von der schriftlichen oder elektronischen Form des Verwaltungsakts ab.[534] Demgegenüber bestimmt sich die **ausnahmsweise Entbehrlichkeit** einer Begründung gemäß § 39 Abs. 2 VwVfG überwiegend nach inhaltlichen Aspekten wie mangelnder Beschwer, Bekanntheit oder Offenkundigkeit der Gründe[535] sowie ggf. fehlendes Gebotensein bei Massenverwaltungsakten.[536] Problematisch ist die tatbestandlich nicht weiter eingeschränkte Entbehrlichkeit bei der öffentlichen Bekanntgabe einer Allgemeinverfügung (§ 39 Abs. 2 Nr. 5 VwVfG). Rechtsstaatlich akzeptabel ist der Verzicht bei Allgemeinverfügungen indes nur, wenn entweder zusätzlich einer der anderen Ausnahmetatbestände erfüllt sein sollte oder die Beifügung einer Begründung wie bei Verkehrszeichen und Ähnlichem auf unumgehbare faktische Schwierigkeiten stößt. Liegen solche Hemmnisse nicht vor, verletzt die Behörde mit einem Verzicht ihr fortbestehendes Ermessen, trotz des Vorliegens eines Ausnahmetatbestands die Entscheidung zu begründen.[537]

117 **Inhaltlich** muss die Begründung alle erheblichen Tatsachen- und Rechtsfragen gegebenenfalls einschließlich der Verfahrensgestaltung umfassen. Die Begründung muss einzelfallbezogen sein und die Ergebnisse der Anhörung würdigen. Nur unter diesen Voraussetzungen kann sie ihre **Funktionen** der Dokumentation unter anderem als Basis der gerichtlichen Überprüfung, der Selbstkontrolle der Behörde sowie der Entscheidungslegitimation und Akzeptanzverschaffung erfüllen.[538] Nicht immer einfach ist die Abgrenzung zwischen einer **verfahrensfehlerhaften Begründung** einerseits und einer materiellrechtlich unzureichenden Begründung andererseits. Die Abgrenzung ist wegen der unterschiedlichen Fehlerfolgen und Möglichkeiten des Nachholens einer verfahrensfehlerfreien Begründung bzw. des Nachschiebens materiell zureichender Gründe[539] bedeutsam. Gegebenenfalls müssen die beiden Formen von Begründungsmängeln getrennt voneinander geprüft werden. So können unzureichende Ermessenserwägungen schlicht gegen das in § 39 Abs. 1 S. 3 VwVfG spezifizierte Begründungsgebot für Ermessensentscheidungen verstoßen oder aber zugleich einen materiell relevanten Ermessensfehlgebrauch darstellen. Auch kann der typische Begründungsfehler bloß floskelhafter Formulierungen ohne konkreten Einzelfallbezug[540] ein Indiz für einen Ermessensausfall sein.[541] Liegt eine ausführliche Begründung vor, die jedoch rechtlich nicht haltbar ist, folgt daraus allein eine materielle Rechtswidrigkeit.[542]

---

[534] Krit. hierzu *Uwe Kischel*, Die Begründung: Zur Erläuterung staatlicher Entscheidungen gegenüber dem Bürger, 2003, S. 239 ff.

[535] Krit. zu diesen Ausnahmetatbeständen *Kischel*, Begründung (Fn. 534), S. 232 ff.

[536] Zur restriktiven Handhabung insbesondere der letztgenannten Ausnahme *Kischel*, Begründung (Fn. 534), S. 243 ff.

[537] *Kopp/Ramsauer*, VwVfG, § 39 Rn. 54 f.; zur verfassungsrechtlichen Problematik der in § 2 Abs. 3 Nr. 2 VwVfG vorgesehenen Nichtgeltung der Begründungspflicht bei Leistungsprüfungen u. ä., was allerdings überwiegend über sondergesetzliche Begründungspflichten ohnehin kompensiert wird: *Pünder*, Verwaltungsverfahren (Fn. 81), § 14 Rn. 51; *Kischel*, Begründung (Fn. 534), S. 249 ff.

[538] Hierzu näher m.w.N. → Bd. II *Gusy* § 23 Rn. 60. S.a. → Bd. I *Hoffmann-Riem* § 10 Rn. 31 f., 34 f.

[539] Zu den divergierenden Fehlerfolgen und Heilungsmöglichkeiten *Maurer*, VerwR § 10 Rn. 39 f.

[540] BVerwG, NVwZ 1997, S. 1123 (1125); Nds. OVG, NJW 1984, S. 1138 (1139).

[541] Vgl. *Kopp/Ramsauer*, VwVfG, § 40 Rn. 38; § 39 Rn. 56.

[542] BVerwG, NVwZ 1999, S. 303 (303).

VI. Ende, Fortsetzung und funktionale Entgrenzung von Verfahren

1. Allgemeines

Das Verwaltungsverfahren ist gemäß § 9 VwVfG auf den Erlass eines Verwaltungsakts oder den Abschluss eines öffentlich-rechtlichen Vertrags gerichtet. Gleichwohl finden Verwaltungsverfahren – und mit ihnen die gesetzlichen Verfahrensrechte – entgegen manchen Stimmen in der Literatur **dogmatisch** nicht schon mit der Bekanntgabe eines Verwaltungsakts ihr **Ende**. Entscheidend ist vielmehr der Eintritt der Unanfechtbarkeit bzw. der Wirksamkeit des Vertrags oder die anderweitige Beendigung.[543] Dementsprechend bilden Ausgangs- und Widerspruchsbescheid gemäß § 79 VwGO grundsätzlich eine Einheit und das Akteneinsichtsrecht besteht auch noch nach Bekanntgabe eines Verwaltungsakts. **118**

Noch weiter zu fassen ist das Verfahren aus der Perspektive einer **steuerungs- und wirkungsorientierten Verfahrensrechtslehre**.[544] Für sie setzt sich das Verfahren in der Implementation der Verfahrensergebnisse, ihrer Kontrolle und gegebenenfalls Revision und in den hierdurch beeinflussten Lernprozessen fort. In den Blick geraten auch rekursive „Verfahrensketten" etwa in Gestalt aufeinander aufbauender oder einander modifizierender Entscheidungen bezüglich komplexer Anlagen oder Betätigungen. Diese Anschlussphasen in die Betrachtung einzubeziehen ermöglicht es, belastende oder entlastende Wechselwirkungen zwischen ihnen und dem Ursprungsverfahren zu erkennen und zu bewerten. Aus dieser Perspektive lassen sich vielfältige Formen einer **funktionalen Entgrenzung** von Verwaltungsverfahren erkennen,[545] ohne dass deshalb dogmatische Notwendigkeiten der Abschichtung von Verwaltungsentscheidungen – beispielsweise zur prozessrechtlichen Wahrung ihrer Bestandskraft – in Zweifel zu ziehen wären. **119**

2. Fortsetzung durch Widerspruchsverfahren und prozessnahe Heilungsverfahren

a) Doppelcharakter und Funktionen des Widerspruchsverfahrens

Am deutlichsten wird die Fortsetzung von Verwaltungsverfahren im Rahmen des Widerspruchsverfahrens nach einer ersten – nur vorläufig verfahrensabschließenden – Entscheidung erkennbar. Dogmatisch spiegelt dies die verwaltungsprozessuale Verschmelzung von Widerspruchs- und Ausgangsbescheid gemäß § 79 Abs. 1 Nr. 1 VwGO wider.[546] Das Widerspruchsverfahren hat bekanntermaßen einen **Doppelcharakter** als verwaltungsprozessuale Sachent- **120**

---

[543] BVerwGE 82, 336 (338); ebenso *Ritgen*, in: Knack/Henneke, VwVfG, § 13 Rn. 11, § 9 Rn. 31 ff.; *Kopp/Ramsauer*, VwVfG, § 9 Rn. 23 a, 30; a. A. *Paul Stelkens/Heribert Schmitz*, in: Stelkens/Bonk/Sachs (Hrsg.), VwVfG, § 9 Rn. 193 ff.

[544] *Schmidt-Aßmann*, Ordnungsidee, Kap. 6 Rn. 155; *Hoffmann-Riem*, Flexibilität und Innovationsoffenheit (Fn. 493), S. 60 ff.

[545] Zu den hier nur als Hintergrund interessierenden materiellrechtlichen Fragen: *Wolfgang Durner*, Die behördliche Befugnis zur Nachbesserung fehlerhafter Verwaltungsakte, VerwArch, Bd. 97 (2006), S. 345 ff.

[546] Vgl. ferner *Berg*, Rechtsprechung seit 1998 (Fn. 58), S. 1041 und HambOVG, NVwZ-RR 1999, S. 633 (634): Ausgangs- und Widerspruchsverfahren als einheitliches Verwaltungsverfahren.

scheidungsvoraussetzung und als Verwaltungsverfahren, was zu gespaltenen Gesetzgebungskompetenzen und einer immer wieder Unsicherheiten auslösenden gespaltenen Regelung in der VwGO und im VwVfG führt.[547] Beachtlich sind insbesondere die Sonderregeln in § 71 VwGO über die Anhörung und in § 73 Abs. 3 S. 1 VwGO zur Begründungspflicht.

121   Die allgemeinen **Funktionen** des Verwaltungsverfahrens[548] gelten in allerdings verwandelter Gestalt auch für das Widerspruchsverfahren, wenngleich insoweit keine Einigkeit mehr in der rechtspolitischen Diskussion herrscht.[549] Zunächst ist es eine Form des außergerichtlichen Rechtsschutzes mit Vorteilen für den Bürger durch eine auch die Zweckmäßigkeit erfassende, ggf. schnellere und jedenfalls kostengünstigere Überprüfung. Damit kann eine Entlastung der Verwaltungsgerichte korrespondieren. Verfahrensrechtlich nicht minder bedeutsam ist die – im Vergleich zum Prozess überdies kostengünstige – Selbstkontrollfunktion für die Verwaltung im Interesse der Verwirklichung der objektivrechtlichen Verwaltungsziele. Schließlich können Widerspruchsverfahren zur Akzeptanz der Verwaltungsentscheidungen beitragen.

b) Ausgestaltung des Widerspruchsverfahrens

122   Die mit dem Widerspruchsverfahren verknüpften Rechtsfragen können hier nicht umfassend erörtert werden. Die Darstellung beschränkt sich deshalb auf einige, für die Verfahrensrechtslehre besonders wichtige Aspekte. Bedeutsam ist zunächst seine in §§ 72, 73 Abs. 1 S. 1 VwGO angedeutete **Untergliederung** in das **Abhilfeverfahren** vor der Ausgangsbehörde und das **Widerspruchsverfahren i.e.S.** vor der übergeordneten Widerspruchsbehörde. Die herrschende Meinung lockert diese Untergliederung, indem sie der Ausgangsbehörde auch noch nach dem Eintritt des Devolutiveffekts die Möglichkeit eröffnet, dem Widerspruch abzuhelfen.[550]

123   Zu dieser Untergliederung kommt es allerdings nur, wenn nicht ein Fall des § 73 Abs. 1 S. 2 Nr. 2 oder 3 bzw. des § 73 Abs. 1 S. 3 VwGO vorliegt.[551] Durch die inzwischen insbesondere in Niedersachsen vorgenommene Abschaffung staatlicher Mittelinstanzen in Gestalt der Bezirksregierungen[552] liegen die Voraussetzungen des § 73 Abs. 1 S. 2 Nr. 2 VwGO vor, so dass der für das Widerspruchsverfahren lange Zeit **charakteristische Devolutiveffekt** – vorbehaltlich einer landesrechtlichen Sonderregelung gemäß § 185 Abs. 2 VwGO, zu der aber nur

---

[547] Statt vieler *Schenke*, VerwaltungsprozessR, Rn. 642 ff.

[548] Zu diesen → Rn. 1 ff.

[549] → Rn. 126 ff.; Bd. III *Schiedermair* § 48 Rn. 31 f.; *Schoch* § 50 Rn. 345 ff. Zum Folgenden *Ulrike Rüssel*, Zukunft des Widerspruchsverfahrens, NVwZ 2006, S. 523 (524); s. ferner: *Werner Fröhlich*, Sinn und Unsinn von Widerspruchsverfahren im Umweltrecht, LKRZ 2010, S. 445 ff.

[550] *BVerwGE* 82, 336 (338); *Klaus-Peter Dolde/Winfried Porsch*, in: Schoch/Schmidt-Aßmann/Pietzner (Hrsg.), VwGO, § 72 Rn. 7; *Schenke*, VerwaltungsprozessR, Rn. 668; a.A. *Eckhard Pache/Matthias Knauff*, Zum Verhältnis von Ausgangs- und Widerspruchsbehörde nach den Regelungen der VwGO, DÖV 2004, S. 656 (657 f.).

[551] So die inzwischen ganz h.M.: *BVerwGE* 70, 4 (12); *Vassilios Skouris*, Bescheidungsform bei Identität von Ausgangs- und Widerspruchsbehörde, DÖV 1982, S. 133 ff.; *Max-Emanuel Geis*, in: Sodan/Ziekow (Hrsg.), VwGO, § 72 Rn. 3.

[552] Art. 1 des Gesetzes zur Verwaltungsmodernisierung in Niedersachsen vom 5.11.2004, Nds. GVBl, S. 394, hierzu *Bernd Häusler*, Zur Abschaffung der Bezirksregierungen – oder: ein Jahr Verwaltungsmodernisierung in Niedersachsen, NdsVBl. 2004, S. 145 ff.

die dort enumerativ aufgelisteten Bundesländer ermächtigt sind[553] – **entfällt.** Ebenso wie grundsätzlich bei Selbstverwaltungsangelegenheiten oder bei spezialgesetzlicher Anordnung entscheidet dann die Ausgangsbehörde abschließend über den Widerspruch, sofern ein Widerspruchsverfahren überhaupt noch durchzuführen ist.[554] Eine besondere Gestaltung des Widerspruchsverfahrens i. e. S. erlaubt § 73 Abs. 2 VwGO durch die Einrichtung **„gerichtsähnlicher" Widerspruchsausschüsse** bei der Ausgangsbehörde selbst oder auf übergeordneter Ebene.[555] Umstritten ist, ob durch diese Strukturmodifikation eine erhöhte Akzeptanz des Verfahrensergebnisses und damit eine effektive Entlastungswirkung für die Verwaltungsgerichtsbarkeit erreicht werden kann.[556]

Mit dem erwähnten Devolutiveffekt sind auch zwei der bedeutsamsten Streitfragen im Zusammenhang mit dem Widerspruchsverfahren verbunden:[557] die Kompetenz der Widerspruchsbehörde zur sachlichen Bescheidung verfristeter Widersprüche sowie zur *reformatio in peius*. Zur ersten Frage der **Bescheidung verfristeter Widersprüche** bejaht die Rechtsprechung eine entsprechende Kompetenz der Behörde unter Hinweis auf deren Verfahrensherrschaft. Eine Ausnahme wird nur für den Fall eines Drittwiderspruchs angenommen, weil andernfalls dem Adressaten eines bestandskräftigen Verwaltungsakts eine Begünstigung ohne Vorliegen der Voraussetzungen der §§ 48, 49 VwVfG einschließlich der Zuständigkeit der Ausgangsbehörde entzogen würde.[558] Schon für den Grundfall der einseitig belastenden Entscheidung wird jedoch durch diese Rechtsprechung missachtet, dass die Verfahrensherrschaft von der widerspruchsbehördlichen Sachentscheidungskompetenz und damit von der Zulässigkeit des Widerspruchs abhängt. Im Übrigen dient die Widerspruchsfrist des § 70 VwGO mindestens ebenso sehr den Entlastungsinteressen der Gerichte.[559]

Nicht weniger umstritten ist die Zulässigkeit einer **reformatio in peius,** also einer Änderung des angegriffenen Verwaltungsakts zu Lasten des Widerspruchsführers.[560] Zunächst widerspricht eine *reformatio in peius* nicht per se der Rechtsschutzfunktion des Widerspruchsverfahrens[561] und wird im Übrigen durch die

124

125

---

[553] Näheres bei *Dirk Heckmann*, in: NK-VwGO, § 185 Rn. 4 ff.
[554] Zu dessen zunehmender Abschaffung → Rn. 126 ff.
[555] Zu Einzelheiten und Beispielen *Max-Emanuel Geis*, in: NK-VwGO, § 73 Rn. 16 ff.
[556] Positiv *Erich Röper*, Rechtsausschüsse zur Entlastung der Verwaltungsgerichte, DÖV 1978, S. 312 (314 f.); skeptisch *Klaus W. Lotz*, Zur Abgrenzung der Rechtsschutzaufgaben von Widerspruchsbehörde, Verwaltungsgericht und Verwaltungsgerichtshof, BayVBl. 1987, S. 738 (742).
[557] Zum weiteren Streit über die Heilung von Anhörungsmängeln durch Widerspruch → Rn. 49.
[558] Zum Grundsatz *BVerwGE* 15, 306 (310); 64, 325 (330); zur Ausnahme beim Drittwiderspruch *BVerwG*, DVBl 1982, S. 1097 (1097); BayVBl. 1999, S. 58 (58).
[559] Ablehnend zur Rspr. statt vieler *Schenke*, VerwaltungsprozessR, Rn. 679 ff.; *Klaus-Peter Dolde/Winfried Porsch*, in: Schoch/Schmidt-Aßmann/Pietzner (Hrsg.), VwGO, § 70 Rn. 40; anders aus diesem Grunde auch zu einem vergleichbaren Problem die Rechtsprechung des französischen Conseil d'État, hierzu *René Chapus*, Droit du contentieux administratif, 13. Aufl. 2008, Rn. 747 ff.
[560] Statt vieler *Walter Hess*, Reformatio in peius: Die Verschlechterung im Widerspruchsverfahren, 1990; *Thorsten Kingreen*, Zur Zulässigkeit der reformatio in peius im Prüfungsrecht, DÖV 2003, S. 1 ff.; *Klaus-Peter Dolde/Winfried Porsch*, in: Schoch/Schmidt-Aßmann/Pietzner (Hrsg.), VwGO, § 68 Rn. 47 ff.; *Max-Emanuel Geis*, in: NK-VwGO, § 68 Rn. 221 ff.
[561] *BVerwGE* 14, 175 (178); vgl. auch *Schenke*, VerwaltungsprozessR, Rn. 691 mit dem Hinweis auf entsprechende ausdrückliche Regelungen in § 337 Abs. 2 Lastenausgleichsgesetz bzw. § 367 Abs. 2 S. 2 AO sowie die Anschlussberufung im Prozessrecht; a A *Hufen*, VerwaltungsprozessR, § 9 Rn. 17; *Thomas Klindt*, Die reformatio in peius im Widerspruchsverfahren: Fallbeispiele, NWVBl 1996, S. 452 (455).

gleichberechtigte Selbstkontrollfunktion gerechtfertigt. Nicht unproblematisch ist hingegen die **Zuständigkeit der Widerspruchsbehörde.** Auf die §§ 48, 49 VwVfG kann nicht abgestellt werden, weil sie zur Zuständigkeit der Ausgangsbehörde führen. Maßgeblich ist vielmehr ein aus dem Weisungsrecht der übergeordneten Widerspruchsbehörde ableitbares Selbsteintrittsrecht, dem anders als beim soeben diskutierten Fall der Sachentscheidung trotz Verfristung auch keine unüberwindbaren Hindernisse entgegenstehen.[562] Umstritten ist des Weiteren der **materielle Entscheidungsmaßstab.** Allein auf die ursprüngliche Ermächtigungsgrundlage abzustellen, vernachlässigt den durch den angegriffenen Verwaltungsakt entstandenen und nicht i.S.v. § 50 VwVfG durch einen Drittwiderspruch in Zweifel gezogenen Vertrauenstatbestand.[563] Soweit die *reformatio in peius* eine Aufhebung des Ausgangsbescheids umfasst, müssen daher die Voraussetzungen der §§ 48, 49 VwVfG erfüllt sein, wobei den besonderen Umständen der Aufhebung im Widerspruchsverfahren angemessen Rechnung zu tragen ist.[564] Die materielle Rechtsgrundlage kommt daneben als Maßstab der Neuregelung insbesondere bei Verschärfungen der vom Widerspruchsführer angegriffenen Belastungen zum Tragen.[565]

c) Entbehrlichkeit des Widerspruchsverfahrens zwischen Ausnahmetatbestand und landesrechtlicher Regelanordnung

126 Seit langem gibt es **gesetzliche Ausnahmetatbestände,** die zur Unstatthaftigkeit des Widerspruchsverfahrens führen.[566] Dabei beruht der – allerdings unter dem Vorbehalt abweichender spezialgesetzlicher Regelung stehende – Ausschluss des Widerspruchsverfahrens bei Verwaltungsakten oberster Bundes- und Landesbehörden auf der unwiderleglichen Annahme höchstmöglicher fachlicher Qualifikation und Objektivität.[567] Die Ausnahme bei erstmaliger Beschwer durch einen Abhilfe- oder Widerspruchsbescheid vermeidet eine mit Blick auf die Selbstkontrollfunktion unnötige Verdopplung des Verfahrensaufwands.[568] Darüber hinausgehende, von der Rechtsprechung anerkannte Möglichkeiten einer **außergesetzlichen Entbehrlichkeit des Widerspruchsverfahren** bei rügeloser oder gar nur hilfsweiser Einlassung der Behörde zur Sache oder der voraussichtlichen

---

[562] *Schenke*, VerwaltungsprozessR, Rn. 693; dementsprechend entfällt die Zuständigkeit bei außerhalb der allgemeinen Behördenhierarchie stehenden Widerspruchsausschüssen: *BVerwG*, MDR 1959, S. 421 (421 f.); *Klaus-Peter Dolde/Winfried Porsch*, in: Schoch/Schmidt-Aßmann/Pietzner (Hrsg.), VwGO, § 68 Rn. 51 mit Fn. 200.
[563] Selbst im Falle eines Drittwiderspruchs bzw. einer Drittklage schränkt § 50 VwVfG den durch §§ 48, 49 VwVfG gewährten Vertrauensschutz nur insoweit ein, wie durch die Aufhebung dem Rechtsschutzbegehren des Dritten entsprochen wird: *Kopp/Ramsauer*, VwVfG, § 50 Rn. 21 ff.
[564] Hierzu mit Nachweisen aus der Rechtsprechung zu den im Detail umstrittenen Vertrauensschutzanforderungen *Max-Emanuel Geis*, in: NK-VwGO, § 68 Rn. 228, 231; *Schenke*, VerwaltungsprozessR, Rn. 694 f.
[565] *Max-Emanuel Geis*, in: NK-VwGO, § 68 Rn. 232.
[566] Zur Rechtsfolge der Unstatthaftigkeit und nicht bloßen Entbehrlichkeit *Schenke*, VerwaltungsprozessR, Rn. 656 ff.; differenzierend *Max-Emanuel Geis*, in: NK-VwGO, § 68 Rn. 124 zu § 68 Abs. 1 S. 2 1. Hs. VwGO einerseits sowie Rn. 137 zu § 68 Abs. 1 S. 2 Nr. 1 VwGO andererseits.
[567] *Ulf Meier*, Die Entbehrlichkeit des Widerspruchsverfahrens: eine rechtswissenschaftliche Untersuchung unter besonderer Berücksichtigung der Rechtsprechung des Bundesverwaltungsgerichts, 1992, S. 35 f.
[568] *Meier*, Entbehrlichkeit des Widerspruchsverfahrens (Fn. 567), S. 38 ff.; *Hufen*, VerwaltungsprozessR, § 6 Rn. 19.

C. Das Standardverfahren gemäß VwVfG und seine Modifikationen

Aussichtslosigkeit des Widerspruchs übernehmen unreflektiert Rechtsprechungsgrundsätze aus der Zeit vor der Geltung des § 68 VwGO und verkennen den zwingenden Charakter des Widerspruchsverfahrens als Sachurteilsvoraussetzung sowie dessen verfahrensrechtlich bedeutsame Selbstkontrollfunktion.[569]

Der 1996 geänderte 1. Halbsatz von § 68 Abs. 1 S. 2 VwGO betont für den Bundesgesetzgeber und eröffnet für die Landesgesetzgeber die **Möglichkeit weiterer gesetzlicher Einschränkungen der Widerspruchspflicht**. Im Bundesrecht ist das Widerspruchsverfahren außer in diversen Spezialmaterien vor allem bei **förmlichen Verwaltungsverfahren** (§ 70 VwVfG) und bei **Planfeststellungsverfahren** (§ 74 Abs. 1 S. 2 VwVfG) ausgeschlossen.[570] Beide Verfahrensarten sind stark formalisiert und bieten bislang aufgrund verschiedener Verfahrenssicherungen eine besondere Richtigkeitsgewähr, die eine nochmalige behördliche Überprüfung als unnötig und zeitlich belastend erscheinen lässt.[571] Solche Verfahrenssicherungen existieren allerdings bei der **Plangenehmigung** nicht, befreit doch beispielsweise § 74 Abs. 6 S. 2 2. Hs. VwVfG die Verwaltung von der Durchführung eines aufwendigen Planfeststellungsverfahrens. Gleichwohl schließt § 74 Abs. 6 S. 3 VwVfG die Nachprüfung in einem Vorverfahren aus. Dies ist deshalb problematisch, weil zwar grundsätzlich eine Plangenehmigung nur genutzt werden soll, wenn Rechte anderer nicht beeinträchtigt sind. Beruht die Verfahrenswahl der Behörde diesbezüglich aber auf einer Fehleinschätzung, müssen die Betroffenen unmittelbar Klage erheben, ggf. sogar direkt beim Bundesverwaltungsgericht, obwohl der Fehler in einem Widerspruchsverfahren erheblich einfacher hätte behoben werden können.[572]

127

Durch die angesprochene Änderung des § 68 Abs. 1 S. 2 VwGO entfiel insbesondere für die Bundesländer die Einschränkung auf „besondere Fälle", wovon diese zunehmend über den klassischen Bereich der Planfeststellungsverfahren hinaus,[573] wenngleich in sehr unterschiedlichem Maße Gebrauch machen.[574] Am

128

---

[569] Dementsprechend wird diese Rechtsprechung in der Literatur nahezu einhellig abgelehnt; statt vieler *Meier*, Entbehrlichkeit des Widerspruchsverfahrens (Fn. 567), S. 72 ff., 79 f.; *Max-Emanuel Geis*, in: NK-VwGO, § 68 Rn. 158 ff. mit Nachweisen zur Position der Rechtsprechung; *Schenke*, VerwaltungsprozessR, Rn. 664, s. aber auch Rn. 661 f. zu akzeptablen richterrechtlichen Entbehrlichkeitstatbeständen; teilweise skeptischer *Geis*, a.a.O.

[570] *Max-Emanuel Geis*, in: NK-VwGO, § 68 Rn. 127 ff.

[571] Begründung zu § 60 Abs. 1 des Musterentwurfs VwVfG 1963, in: Musterentwurf eines Verwaltungsverfahrensgesetzes (EVwVerfG 1963), 2. Aufl. 1968, S. 221; BVerfGE 35, 65 (76); VGH BW, DÖV 1984, S. 948 (948); *Michael Sachs*, in: Stelkens/Bonk/ders. (Hrsg.), VwVfG, § 70 Rn. 2; zum teilweise umstrittenen genauen Anwendungsbereich der Ausnahmeregelung zum Planfeststellungsverfahren: *Hansjochen Dürr*, in: Knack/Henneke, VwVfG, § 74 Rn. 60.

[572] Siehe hierzu krit. *Horst Sendler*, Funktionsverschiebungen im Verhältnis von Verwaltungsverfahren und Verwaltungsprozeß, in: Willi Blümel/Rainer Pitschas (Hrsg.), Verwaltungsverfahren und Verwaltungsprozeß im Wandel der Staatsfunktionen, 1997, S. 73 (85 f.).

[573] Hierzu und zu weiteren Einzelbestimmungen *Max-Emanuel Geis*, in: NK-VwGO, § 68 Rn. 131 f.

[574] Siehe die entsprechenden Nachweise bei → Bd. III *Schiedermair* § 48 Rn. 34 ff.; *Schoch* § 50 Rn. 348 ff.; *Rüssel*, Widerspruchsverfahren (Fn. 549), S. 523; *Henning Biermann*, Das Widerspruchsverfahren in der Krise – Überflüssige Hürde auf dem Weg zum Verwaltungsgericht oder bürgerfreundliches Verfahren mit Zukunftsperspektive?, NordÖR 2007, S 139 ff.; *Ines Härtel*, Rettungsanker für das Widerspruchsverfahren?, VerwArch, Bd. 98 (2007), S. 54 ff.; zur aktuellen Neuregelung in Bayern s. LTDrucks 15/8406; zu den vorangegangenen Modellversuch *Sven Müller-Grune/Jeanette Grune*, Abschaffung des Widerspruchsverfahrens – Ein Bericht zum Modellversuch in Mittelfranken, BayVBl. 2007, S. 65 ff.; *Jochen Hofmann-Hoeppel*, Statistik als Wille und Vorstellung – Zu den rechtstatsächlichen Grundlagen der Verlängerung des Modellversuchs zur Abschaffung des Widerspruchsverfah-

radikalsten sind die Regelungen in **Niedersachsen,** das 2004 das Widerspruchsverfahren – zunächst für einen begrenzten Zeitraum und seit 2009 unbefristet – grundsätzlich ausgeschlossen hat. Nur bei zwingenden bundes- oder europarechtlichen Vorgaben[575] und in enumerativ aufgeführten Rechtsbereichen[576] ist es weiter durchzuführen. Motiv der Landesregierung war ausweislich der Gesetzesbegründung die **Verfahrensbeschleunigung.**[577] Angesichts in der Regel nur geringer Abhilfequoten innerhalb des Widerspruchsverfahrens sei es mit Ausnahme der im Gesetz berücksichtigten Gebiete des Bau- und Umweltrechts, in denen es höhere Abhilfequoten gebe, entbehrlich. Die geringen Abhilfequoten allein rechtfertigen die Abschaffung des Widerspruchsverfahrens jedoch nicht. Ihm kam nämlich eine hohe und überdies für Bürger und Behörden kostengünstige und verglichen mit verwaltungsgerichtlichen Verfahren zügige Befriedungswirkung zu, wie die ebenfalls geringe Klagequote von 20% nach Abschluss des Widerspruchsverfahrens bestätigt.[578] Zudem könnte der Wegfall der kostengünstigen Selbstkorrekturmöglichkeit im Widerspruchsverfahren die Ausgangsentscheidungen verzögern, weil die Behörden zur Vermeidung einer späteren Verurteilung ihre Entscheidungen noch unangreifbarer vorbereiten.[579] Maßgeblich ist daher vielmehr die Vermutung der Landesregierung, dass diese **Befriedungsfunktion** nach der Abschaffung der Bezirksregierungen als staatlicher Mittelinstanz und des damit verbundenen Wegfalls des behördenexternen Devolutiveffekts erheblich zurückgehen werde. Es bleibt allerdings abzuwarten, ob sich diese Prognose in den Bereichen bestätigt, in denen ein Widerspruchsverfahren weiterhin durchzuführen ist. Überdies kommen als Alternative zur Wahrung von Kosten- und Zeitvorteilen auch **akzeptanzfördernde Neutralitätssicherungen innerhalb des sog. einstufigen Widerspruchsverfahrens** in Betracht. Ein bedenkenswertes Instrument hierzu stellt die Verlagerung der Widerspruchsentscheidung innerhalb der zuständigen Kommunalverwaltungen auf „unabhängige" Widerspruchsausschüsse dar.[580]

---

rens im Regierungsbezirk Mittelfranken, BayVBl. 2007, S. 73 ff.; zu dessen verfassungsrechtlicher Unbedenklichkeit *BayVerfGH,* BayVBl. 2007, S. 79 ff.; insoweit skeptisch und mit Hinweisen zu gescheiterten früheren Experimenten *Sendler,* Funktionsverschiebungen (Fn. 572), S. 84 f.; bemerkenswerterweise gibt es z. B. in Frankreich umgekehrte Tendenzen zur verstärkten Einführung verwaltungsinterner Vorverfahren: *Chapus,* Droit administratif (Fn. 225), Rn. 1018; *Philippe Foillard,* Droit administratif, 10. Aufl. 2005, S. 330.

[575] Zu den letztgenannten *Oliver Dörr/Christofer Lenz,* Europäischer Verwaltungsrechtsschutz, 2006, Rn. 439.

[576] Hierzu gehören insbesondere das Prüfungsrecht wegen seiner besonderen Grundrechtsrelevanz sowie aus den sogleich im Text genannten Gründen das Bau- und Umweltrecht.

[577] LTDrs. 15/1121, S. 16 f. Zur Verfahrensbeschleunigung vgl. allg. → Bd. II *Schmidt-Aßmann* § 27 Rn. 86 ff.

[578] Vgl. hierzu *Karl-Peter Sommermann,* Verfahren der Verwaltungsentscheidung, in: Klaus König/ Heinrich Siedentopf (Hrsg.), Öffentliche Verwaltung in Deutschland, 2. Aufl. 1997, S. 459 (469); die Auswahl der Rechtsbereiche, in denen weiterhin ein Widerspruchsverfahren durchzuführen ist, soll die bereichsspezifischen Befriedungserfolge berücksichtigen: *Niedersächsisches Ministerium für Inneres und Sport,* Verwaltungsmodernisierung in Niedersachsen, Mai 2005, S. 21 f.; zur mittlerweile eingetretenen Klageflut *Herwig van Nieuwland,* Bilanz der niedersächsischen Verwaltungsgerichtsbarkeit für 2005, NordÖR 2006, S. 191 ff.; s. ferner *ders.,* Abschaffung des Widerspruchsverfahrens in Niedersachsen – Bilanz nach knapp zwei Jahren, NdsVBl. 2007, S. 38 ff.

[579] Siehe auch *Rüssel,* Widerspruchsverfahren (Fn. 549), S. 525.

[580] Zu diesen → Rn. 123; zur Möglichkeit neuer Delegationsregelungen BVerfGE 20, 238 (251 ff.); *Klaus-Peter Dolde/Winfried Porsch,* in: Schoch/Schmidt-Aßmann/Pietzner (Hrsg.), VwGO, § 73 Rn. 19.

d) Alternativen zum obligatorischen Widerspruchsverfahren

Die beschriebenen Tendenzen zur Abschaffung des obligatorischen Widerspruchsverfahrens bieten Anlass über Alternativen nachzudenken, wobei viel für eine bereichsspezifische Auswahl und Umsetzung spricht. In Betracht zu ziehen sind zunächst **fakultative Vorverfahren,** die jedenfalls bei rein bipolaren Verfahren eine flexible und die Autonomie der Bürger stärkende Option darstellen, die sich auch als gesetzgeberische Experimentalregelung anbieten könnte.[581] Fakultative Drittwidersprüche könnten hingegen mit dem Beschleunigungsziel bei Zulassungsverfahren kollidieren. Eine weitere Möglichkeit besteht in der Kompensation durch eine **Verfahrensgestaltung mit erhöhter Richtigkeitsgewähr.** Dies könnten etwa akzeptanzfördernde kooperative Verfahrensgestaltungen sein.[582] Eine tatsächliche Entscheidungsverbesserung durch kooperative Verwaltungsverfahren ist jedoch voraussetzungsvoll und kann ebenfalls zu Verfahrensverzögerungen führen.[583]

129

Problematisch wäre jedoch wegen § 77 Abs. 2 VwGO die landesrechtliche Substitution des Widerspruchsverfahrens durch ein abweichend gestaltetes obligatorisches **Einspruchs- oder Beschwerdeverfahren.**[584] Zwar verfügen die Landesgesetzgeber über eine Kompetenz, entsprechende verwaltungsverfahrensrechtliche Regeln zu erlassen, jedoch nicht als Voraussetzung für die verwaltungsgerichtliche Klageerhebung. Vor allem aber hindert die Einlegung einer solchen Beschwerde nicht den bundesrechtlich angeordneten Lauf der Klagefrist und damit den Eintritt der Unanfechtbarkeit eines Verwaltungsakts.[585] In Betracht kommt daher nur ein fakultatives Beschwerdeverfahren als alternatives Angebot zum Verwaltungsprozess, wobei das Wahlrecht dem Rechtsschutzsuchenden zusteht. Die Attraktivität einer solchen Option könnte für den Bürger in Zeit- und Kostenvorteilen bestehen sowie durch Formfreiheit und größere Entscheidungsflexibilität gesteigert werden.[586] **Problematisch** ist jedenfalls die Substition des Widerspruchsverfahrens durch ein **informales Beschwerdemanagement**, wie es sich derzeit in Niedersachsen durchzusetzen scheint.[587]

130

e) Prozessbegleitende Heilungsverfahren

Seit 1996 setzt sich das Ausgangsverfahren nicht mehr nur im Widerspruchsverfahren fort, sondern gegebenenfalls auch in einem **Heilungsverfahren,** das parallel zu einem Verwaltungsprozess in der ersten oder zweiten Tatsacheninstanz durchgeführt wird. Grundlage ist § 45 Abs. 2 VwVfG, der seit dem Genehmigungsbeschleunigungsgesetz im Interesse der Verfahrensökonomie eine behördliche Verfahrensfehlerheilung auch noch nach Erhebung einer Klage zu-

131

---

[581] *Rüssel,* Widerspruchsverfahren (Fn. 549), S. 527; s. ferner → Bd. III *Schoch* § 50 Rn. 352.
[582] Dafür *Rüssel,* Widerspruchsverfahren (Fn. 549), S. 527 f.; s. auch *Pünder,* Open Government (Fn. 54), S. 75.
[583] *Schneider,* Kooperative Verwaltungsverfahren (Fn. 12), S. 38 ff.
[584] Vgl. *Max-Emanuel Geis,* in: NK-VwGO, § 68 Rn. 126; freier ist der Bundesgesetzgeber: *Michael Brenner,* in: NK-VwGO, § 77 Rn. 4.
[585] *Michael Brenner,* in: NK-VwGO, § 77 Rn. 7 f.
[586] Siehe auch *Rüssel,* Widerspruchsverfahren (Fn. 549), S. 528.
[587] Hierzu überzeugend: *Pascale Cancik,* Vom Widerspruch zum informalen Beschwerdemanagement, DV, Bd. 43 (2010), S. 467 ff.

§ 28 Strukturen und Typen von Verwaltungsverfahren

lässt.[588] Strukturell bedeutsam ist hierbei, dass das Heilungsverfahren ein reines **Verwaltungsverfahren in der Herrschaft der zuständigen Behörde** bleibt und die Heilung nicht vor dem oder durch das Verwaltungsgericht erfolgt,[589] sondern prozessbegleitend. Gleichwohl begründet diese prozessbegleitende Fortsetzung des zu heilenden Verwaltungsverfahrens unvermeidlich eine **neue dialogische Konstellation zwischen Gericht und Verwaltung.** Das prozessbegleitende Heilungsverfahren ist damit neben jüngeren Modifikationen des vorläufigen Rechtsschutzes[590] sowie der durch § 114 S. 2 VwGO ermöglichten Ergänzung von Ermessenserwägungen[591] ein bemerkenswerter Baustein im diskursorientierten Funktionswandel der Verwaltungsgerichtsbarkeit[592] mit beachtlichen Rückwirkungen auf die Verwaltungsverfahrensrechtslehre. Dieser Funktionswandel ist Teil von Tendenzen zur polyzentrischen Steuerung und Rechtserzeugung außerhalb des Parlaments, die aus Notwendigkeiten zur situativen Anpassung und Konkretisierung offener Gesetzesprogramme erwachsen. Hintergrund ist das vielfach diskutierte Phänomen der gesunkenen Steuerungskraft des Gesetzes in der ausdifferenzierten und dynamisierten modernen Gesellschaft.[593] Solche diskursiven Restrukturierungen des Verwaltungsprozesses dürfen aber nicht die notwendige dogmatische Unterscheidung der parallel verlaufenden Verfahren und vor allem die demokratisch-rechtsstaatlich fundierte **Rollendifferenz** zwischen aktiv gestaltender Verwaltung und reaktiv-neutral streitentscheidender Verwaltungsgerichtsbarkeit überspielen.[594] Es ist daher zu weitgehend, wenn *Rainer Pitschas*

---

[588] → Bd. II *Schmidt-Aßmann* § 27 Rn. 87 ff. S. a. → Bd. II *Sachs* § 31 Rn. 115 ff.; Bd. III *Schoch* § 50 Rn. 131, 357. Durch das 3. VwGOÄndG 2002 (BGBl I S. 3322 ff.) wurde eine Heilung im Revisionsverfahren eindeutig ausgeschlossen, wie dies die zutreffende Ansicht auch schon zuvor betont hatte; vgl. zu dieser zeitweiligen Streitfrage *Johann Bader*, Die Heilung von Verfahrens- und Formfehlern im verwaltungsgerichtlichen Verfahren, NVwZ 1998, S. 674 (676).

[589] Zutreffend betont durch *Stefan Reinel*, Die Rolle der Verwaltungsgerichtsbarkeit bei der Heilung von Verfahrensmängeln, BayVBl. 2004, S. 454 (457, 459); *Bader*, Heilung (Fn. 588), S. 674, 678.

[590] Hierzu *Matthias Ruffert*, Suspensiveffekt und Wirtschaftsstandort Deutschland: Vorläufiger Rechtsschutz nach dem 6. VwGOÄndG, NVwZ 1997, S. 654 ff.

[591] Hierzu → Bd. III *Schoch* § 50 Rn. 132; *Wolf-Rüdiger Schenke*, „Reform" ohne Ende: Das Sechste Gesetz zur Änderung der Verwaltungsgerichtsordnung und anderer Gesetze (6. VwGOÄndG), NJW 1997, S. 81 (88 ff.).

[592] Hierzu m. w. N. *Eberhard Schmidt-Aßmann*, in: Schoch/ders./Pietzner, VwGO, Einl. Rn. 176, 191; *Rainer Pitschas*, Verwaltung und Verwaltungsgerichtsbarkeit im staatlichen Modernisierungsprozeß, in: Willi Blümel/ders. (Hrsg.), Verwaltungsverfahren und Verwaltungsprozeß im Wandel der Staatsfunktionen, 1997, S. 27 (27 passim); s. ferner *Michael Gerhardt*, in: Schoch/Schmidt-Aßmann/Pietzner (Hrsg.), VwGO, vor § 113 Rn. 17, 20; der gegenläufige § 113 Abs. 3 VwGO ist praktisch irrelevant: *Gerhardt*, ebd., § 113 Rn. 56.

[593] Im Zentrum steht dabei die Diskussion um die größere Eigenständigkeit der Verwaltung → Bd. I *Hoffmann-Riem* § 10 passim. Zur Steuerungskraft des Gesetzes → Bd. I *Reimer* § 9 Rn. 84 ff.

[594] *Eberhard Schmidt-Aßmann*, in: Schoch/ders./Pietzner, VwGO, Einl. Rn. 177. Ganz entsprechend gehört es zu den bildhaften Grundsätzen des niederländischen Verwaltungsrechts, dass sich der Richter nicht auf den Stuhl der Verwaltung setzen dürfe: *Tom Zwart*, De mythe van de stoelendans tussen bestuur en rechter, Liberal Reveil, Bd. 40 (1999), S. 117 ff.; zum entsprechenden Grundsatz im englischen Recht siehe *Wade/Forsyth*, Administrative Law (Fn. 53), S. 34 f.; Associated Provincial Picture Houses Ltd. v. Wednesbury Corporation (1948) 1 King's Bench Reporter 223 (228 nach Lord Greene): „must not substitute itself for that authority"; die bekannte französische Erkenntnis „juger l´administration, c'est encore administrer" (*Chapus*, Contentieux administratif [Fn. 559], Rn. 31 ff.) steht im Zusammenhang mit der französischen Tradition der Verwaltungsjustiz, von der sich das französische Verwaltungsrecht – wie auch zuvor schon das spanische und allmählich auch das schwedische Verwaltungsrecht – erst spät gelöst hat, hierzu *Johannes Koch*, Verwaltungsrechtsschutz

C. Das Standardverfahren gemäß VwVfG und seine Modifikationen

aus den vorstehend dargelegten Tendenzen eine „gesamthänderische Verfahrens- und Entscheidungsverantwortung von Verwaltung und Verwaltungsgerichtsbarkeit" ableitet.[595]

Parallel zu § 45 Abs. 2 VwVfG fügte der Gesetzgeber als Teil des Beschleunigungspakets von 1996[596] **Ergänzungen in die §§ 87 Abs. 1 S. 2, 94 VwGO** ein, die das prozessbegleitende Heilungsverfahren zusätzlich abstützen sollten. Einerseits wurde ein zusätzliches Regelbeispiel für gerichtliche Anordnungen zur prozessökonomischen Vorbereitung der mündlichen Verhandlung aufgenommen, nach dem der Verwaltungsbehörde die befristete Gelegenheit zur Heilung von Verfahrens- oder Formfehlern eingeräumt werden konnte, soweit dies die Erledigung des Rechtsstreits nicht verzögerte. Andererseits wurde dem Gericht die ausdrückliche Befugnis eingeräumt, auf Antrag die Verhandlung zur Heilung von Verfahrens- oder Formfehlern auszusetzen, soweit dies im Sinne der Verfahrenskonzentration sachdienlich war. Auch wenn diese Regelungen trotz vielfach geäußerter Bedenken letztlich nicht verfassungswidrig waren, verstärkten sie doch die – allerdings primär von der Änderung des § 45 Abs. 2 VwVfG ausgelöste – **Abwertung des Verwaltungsverfahrens.** Sie leisteten zudem dem Eindruck Vorschub, dass die Gerichte entgegen ihrer Neutralitätspflicht zum „Reparaturbetrieb" im Dienste der Verwaltung mutierten.[597] Die beiden Vorschriften wurden 2002 – übrigens gegen die Mehrheit im Bundesrat[598] – wieder gestrichen, weil sie sich „in der Praxis nicht bewährt [hätten]".[599] Die erwähnten negativen Auswirkungen werden jedoch wegen des Fortbestands von § 45 Abs. 2 VwVfG keineswegs beseitigt, sondern allenfalls graduell gemildert.[600] Zwar kommt eine Verfahrensaussetzung nach dem Wegfall von § 94 S. 2 VwGO nicht mehr in Betracht.[601] Prozessfördernde Hinweise auf Rechtsauffassungen des Gerichts und damit auch auf Verfahrensfehler sind nach der Generalklausel des § 87 Abs. 1 S. 1 VwGO aber weiterhin möglich und gemäß § 104 Abs. 1 VwGO in der mündlichen Verhandlung sogar eine gerichtliche Pflicht.[602]

Gegen den somit maßgeblichen und fortbestehenden § 45 Abs. 2 VwVfG erhobene verfassungsrechtliche Bedenken konnten sich ebenfalls nicht durchset-

132

133

---

in Frankreich: Eine rechtsvergleichende Untersuchung zu den verwaltungsinternen und verwaltungsgerichtlichen Rechtsbehelfen des Bürgers gegenüber der Verwaltung, 1998, S. 20 ff.

[595] *Pitschas,* Modernisierungsprozeß (Fn. 592), S. 56.

[596] Sie waren Teil des 6. VwGOÄndG (BGBl 1996 I 1626 ff.).

[597] Zum Vorstehenden ausführlich *Reinel,* Heilung (Fn. 589), S. 458 ff.; s. auch die teilweise sehr krit. Würdigungen bei *Jörg Berkemann,* Verwaltungsprozeßrecht auf „neuen Wegen"?, DVBl 1998, S. 446 (446, 448 f.); *Bader,* Heilung (Fn. 588), S. 674 ff.; *Schenke,* 6. VwGOÄndG (Fn. 591), S. 86 ff.; *Helge Sodan,* Unbeachtlichkeit und Heilung von Verfahrens- und Formfehlern, DVBl 1999, S. 729 (735 f., 737).

[598] BTDrucks 14/7744, S. 1 f.

[599] So die Position der Mehrheit im Bundestagsrechtsausschuss, BTDrucks 14/7474, S. 15, die diese Streichung überhaupt erst nachträglich in das Gesetz zur Bereinigung des Rechtsmittelrechts im Verwaltungsprozess (BGBl 2001 I S. 3987 ff.) aufnahm. Näheres bei *Reinel,* Heilung (Fn. 589), S. 461; s. auch *Beate Kienemund,* Das Gesetz zur Bereinigung des Rechtsmittelrechts im Verwaltungsprozess, NJW 2002, S. 1231 (1237).

[600] Zum Folgenden *Reinel,* Heilung (Fn. 589), S. 461 f.; *Kienemund,* Rechtsmittelrecht (Fn. 69), S. 1237.

[601] Siehe aber *Sendler,* Funktionsverschiebungen (Fn. 572), S. 82, der auf die Möglichkeit faktischen Nichtbetreibens des Gerichtsverfahrens hinweist.

[602] Hierzu auch *Bader,* Heilung (Fn. 414), S. 678.

zen.⁶⁰³ Es bleibt aber das **rechtspolitische Bedenken,** dass trotz der in ihren Details umstrittenen Gebote der funktionalen Äquivalenz⁶⁰⁴ bzw. der realen Fehlerheilung⁶⁰⁵ insbesondere die Wirkung einer erst in diesem Stadium nachgeholten Anhörung unvermeidbar unter prozesstaktischen Restriktionen leidet.⁶⁰⁶ Umso bedeutsamer ist die Beachtung von **Mindestanforderungen für eine prozessbegleitende Heilung.** Bei Anhörungsmängeln ist beispielsweise die ausdrückliche Aufforderung des Betroffenen zu einer Stellungnahme durch die Behörde, die möglichst unvoreingenommene Würdigung des Vorbringens des Betroffenen durch eine vollständig entscheidungskompetente Behörde und eine entsprechende Dokumentation z. B. durch eine Ergänzung der Begründung zu fordern.⁶⁰⁷

f) Prozessbegleitende und nachprozessuale Fehlerbehebungsverfahren im Planfeststellungsrecht

134 Besonderheiten bietet das Planfeststellungsrecht im Interesse der **Planerhaltung.** Zu unterscheiden sind dabei Planergänzungen und ergänzende Verfahren. Beide Verfahren dienen der Beseitigung von Mängeln und schließen sich in der Regel an ein Gerichtsverfahren, in dem diese Mängel festgestellt wurden, an. Sie können aber auch ähnlich wie die soeben beschriebenen Heilungsverfahren auf eigene Initiative der Planfeststellungsbehörde prozessbegleitend durchgeführt werden.⁶⁰⁸

135 Das Institut der **Planergänzung** wurde richterrechtlich entwickelt⁶⁰⁹ und ist inzwischen in § 75 Abs. 1a S. 2 VwVfG sowie in verschiedenen Fachplanungsgesetzen⁶¹⁰ vom Gesetzgeber aufgegriffen und bestätigt, nicht jedoch näher geregelt worden. Ihr Anwendungsbereich sind materielle Fehler des Planfeststellungsbeschlusses, wenn etwa das Abwägungsgebot durch fehlende Schutzauflagen verletzt wird. Voraussetzung einer Planergänzung ist, dass diese den Planfeststellungsbeschluss nicht in seiner Grundkonzeption ändert und mit ihr keine neuen nachteiligen Betroffenheiten verbunden sind. Nur unter diesen Voraussetzungen

---

⁶⁰³ *Michael Sachs,* in: Stelkens/Bonk/ders. (Hrsg.), VwVfG, § 45 Rn. 100 ff.; *Bonk,* Genehmigungsverfahrensbeschleunigungsgesetz (Fn. 134), S. 324 f.; krit. *Christian-Dietrich Bracher,* Nachholung der Anhörung bis zum Abschluß des verwaltungsgerichtlichen Verfahrens?: Zur Verfassungsmäßigkeit von § 45 Abs. 2 VwVfG, DVBl 1997, S. 534 ff.; *Armin Hatje,* Die Heilung formell rechtswidriger Verwaltungsakte im Prozeß als Mittel der Verfahrensbeschleunigung, DÖV 1997, S. 477 (484).
⁶⁰⁴ *Kopp/Ramsauer,* VwVfG, § 45 Rn. 26, 42.
⁶⁰⁵ *Hufen,* Fehler, Rn. 598 f.; s. dazu im vorliegenden Kontext auch *Reinel,* Heilung (Fn. 589), S. 457.
⁶⁰⁶ *Kopp/Ramsauer,* VwVfG, § 28 Rn. 80, § 45 Rn. 33 f.; *Friedhelm Hufen,* Heilung und Unbeachtlichkeit grundrechtsrelevanter Verfahrensfehler? Zur verfassungskonformen Auslegung der §§ 45 und 46 VwVfG, NJW 1982, S. 2160 (2165); *ders.,* Heilung und Unbeachtlichkeit von Verfahrensfehlern, JuS 1999, S. 313 (317), spricht insoweit treffend von „psychologischer Bestandskraft"; noch schärfer RiBVerwG a. D. *Berkemann,* Verwaltungsprozeßrecht (Fn. 597), S. 448: „Farce"; anschaulich *VG Berlin,* NJW 2003, S. 1063 (1064); zur restriktiveren Unionsrechtsprechung: *Wolfgang Kahl,* Grundrechtsschutz durch Verfahren in Deutschland und in der EU, VerwArch, Bd. 95 (2004), S. 1 (20 f.).
⁶⁰⁷ *Kopp/Ramsauer,* VwVfG, § 28 Rn. 81 ff.
⁶⁰⁸ *Heinz J. Bonk/Werner Neumann,* in: Stelkens/Bonk/Sachs (Hrsg.), VwVfG, § 75 Rn. 45; *Hartmut Fischer,* Rechtswirkungen und Folgen von Fehlern des Planfeststellungsbeschlusses, in: Jan Ziekow (Hrsg.), Praxis des Fachplanungsrechts, 2004, Rn. 476; *Hans D. Jarass,* Aktuelle Probleme des Planfeststellungsrechts: Plangenehmigung, Planergänzung, ergänzendes Verfahren, DVBl 1997, S. 795 (802). S. a. → Bd. II *Köck* § 37 Rn. 112.
⁶⁰⁹ *BVerwGE* 56, 110 (133).
⁶¹⁰ § 17 Abs. 6c S. 2 FStrG; § 20 Abs. 7 S. 2 AEG; § 10 Abs. 8 S. 2 LuftVG; § 29 Abs. 8 S. 2 PBefG.

entfällt der Anfechtungsanspruch auf Planaufhebung zugunsten eines Verpflichtungsanspruchs auf entsprechende Planergänzung.[611]

Demgegenüber betrifft das vom Gesetzgeber eingeführte **Institut des ergänzenden Verfahrens** Fehler im Abwägungsvorgang, etwa die mangelnde Berücksichtigung einzelner Belange.[612] Auch hier darf der Fehler nicht so gravierend sein, dass die Grundzüge der Planung berührt werden.[613] In den Fachplanungsgesetzen wird der Anwendungsbereich ausdrücklich auf Form- und Verfahrensfehler erstreckt, woraus die Streitfrage entstanden ist, ob auch § 75 Abs. 1a S. 2 VwVfG entsprechend auf solche Mängel ausgedehnt werden kann.[614] Anders als bei der Planergänzung ist bei Verfahrensfehlern oder Mängeln im Abwägungsvorgang noch offen, ob deren Behebung zu einem veränderten Abwägungsergebnis führt. Deshalb scheidet hier ein Verpflichtungsurteil aus. Ebenso wenig erfolgt jedoch eine Aufhebung des Planfeststellungsbeschlusses. Stattdessen stellt das Gericht seine Rechtswidrigkeit nach Maßgabe der Entscheidungsgründe und seine Nichtvollziehbarkeit fest.[615] **136**

Umstritten sind die **bei der Planergänzung oder im ergänzenden Verfahren einzuhaltenden Verfahrensregeln.** In der Literatur – wie auch in früheren Urteilen des Bundesverwaltungsgerichts – wird teilweise die mit der Planergänzung zwingend und beim ergänzenden Verfahren ggf. verbundene Änderung des ursprünglichen Planfeststellungsbeschlusses betont und daraus die jedenfalls analoge **Anwendbarkeit von § 76 VwVfG** mit seinen differenzierten Verfahrensanforderungen abgeleitet.[616] Dem entspricht, dass ein Hauptanwendungsfall der Vorschrift darin gesehen wird, Rechtsmängel zu beseitigen, die in einem Prozess offenbar geworden sind.[617] Dies bedeutete, dass bei der bloßen Planergänzung in der Regel ein formloses Änderungsverfahren nach Absatz 2[618] bzw. fakultativ nach Ermessen der Behörde ein vereinfachtes Planfeststellungsverfahren gemäß Absatz 3 zur Anwendung käme, weil ergänzende Schutzauflagen typische Fälle un- **137**

---

[611] *Heinz J. Bonk/Werner Neumann*, in: Stelkens/Bonk/Sachs (Hrsg.), VwVfG, § 75 Rn. 43f., 46; *Fischer*, Fehler des Planfeststellungsbeschlusses (Fn. 608), Rn. 477; *Jarass*, Planfeststellungsrecht (Fn. 608), S. 801. S. a. → Bd. II *Köck* § 37 Rn. 114.

[612] *Heinz J. Bonk/Werner Neumann*, in: Stelkens/Bonk/Sachs (Hrsg.), VwVfG, § 75 Rn. 43f., 48ff.; *Fischer*, Fehler des Planfeststellungsbeschlusses (Fn. 608), Rn. 479; *Jarass*, Planfeststellungsrecht (Fn. 608), S. 801; zur Abgrenzung der beiden Institute insbes. auch mit Blick auf den unterschiedlichen vorläufigen Rechtsschutz *Peter Henke*, Das ergänzende Verfahren im Planfeststellungsrecht, UPR 1999, S. 51 (52ff.).

[613] *Heinz J. Bonk/Werner Neumann*, in: Stelkens/Bonk/Sachs (Hrsg.), VwVfG, § 75 Rn. 49; *Fischer*, Fehler des Planfeststellungsbeschlusses (Fn. 608), Rn. 481; *Jarass*, Planfeststellungsrecht (Fn. 608), S. 802.

[614] *Fischer*, Fehler des Planfeststellungsbeschlusses (Fn. 608), Rn. 484.

[615] *Heinz J. Bonk/Werner Neumann*, in: Stelkens/Bonk/Sachs (Hrsg.), VwVfG, § 75 Rn. 53; *Fischer*, Fehler des Planfeststellungsbeschlusses (Fn. 608), Rn. 482.

[616] *Fischer*, Fehler des Planfeststellungsbeschlusses (Fn. 608), Rn. 478; in sich teilweise widersprüchlich *Hansjochen Dürr*, in: Knack/Henneke, VwVfG, § 75 Rn. 30f.; zur älteren Rechtsprechung *Jarass*, Planfeststellungsrecht (Fn. 608), S. 802.

[617] *Heinz J. Bonk/Werner Neumann*, in: Stelkens/Bonk/Sachs (Hrsg.), VwVfG, § 76 Rn. 9; *Kopp/Ramsauer*, VwVfG, § 76 Rn. 1b.

[618] Die Literatur rückt bei Absatz 2 zumeist den möglichen Verzicht auf ein Planfeststellungsverfahren einseitig in den Vordergrund. Gleichwohl ist ein Verfahren durchzuführen, da die Behörde über die unwesentlichen Änderungen sowie das Nichtberührtsein von Belangen Dritter entscheiden und dies daher auch prüfen muss oder von etwaig Betroffenen eine Zustimmung einholen muss.

§ 28 Strukturen und Typen von Verwaltungsverfahren

wesentlicher Änderungen darstellen.[619] Vergleichbares müsste nach dieser Ansicht bei ergänzenden Verfahren gelten, sofern diese zu einer Planänderung führen.

138 Demgegenüber betont das Bundesverwaltungsgericht in seiner neueren Rechtsprechung die Besonderheit der Fehlerbehebungsverfahren gegenüber den in § 76 VwVfG geregelten Planänderungsverfahren, ausdrücklich allerdings bislang nur für das ergänzende Verfahren.[620] Die Fehlerbehebung sei ein **unselbständiger Abschnitt des einheitlichen Planfeststellungsverfahrens,** der das ursprüngliche Verfahren von dem jeweiligen Mangel aus fort- und zu Ende führe.[621] Dies bedeutet, dass bereits erfolgte Verfahrenshandlungen wie Anhörungen und Drittbeteiligungen nicht notwendigerweise wiederholt werden müssen. Allerdings muss etwa bei Naturschutzverbänden beachtet werden, ob die vorherige Beteiligung ausreichend war oder ob durch zusätzliche und entscheidungserhebliche naturschutzrechtliche Fragen eine neue Beteiligungspflicht ausgelöst wird.[622] Insoweit gelten die gleichen Grundsätze, als wenn sich in einem laufenden Ursprungsverfahren neue Fragen etwa durch eine zusätzlich diskutierte Alternativtrasse ergeben. Der entscheidende Vorteil dieser Rechtsprechung besteht darin, dass sie eine etwas größere Flexibilität in der Verfahrensgestaltung gewährt. Unabhängig von den Voraussetzungen des § 76 Abs. 2 VwVfG kann die Behörde das Verfahren auf die konkrete Fehlerbehebung fokussieren, also etwa nach Klage eines Naturschutzverbandes nur dessen Beteiligung nachholen, ohne weitere nicht klagende Verbände oder die Öffentlichkeit einzubeziehen, soweit diese nicht erstmalig oder stärker in ihren Rechten betroffen werden.[623] Demgegenüber dürften sich zwischen den beiden Auffassungen hinsichtlich der anschließenden Klagemöglichkeiten keine wesentlichen Unterschiede ergeben.[624]

g) Gerichtsnahe Mediation im Verwaltungsrecht

139 Nur kurz erwähnt sei das noch längst nicht flächendeckend eingesetzte Instrument der gerichtsnahen Mediation im Verwaltungsrecht. Diese teilt mit behördlichen Mediationsverfahren verschiedene Strukturprinzipien.[625] Anders als die vorstehend erörterten prozessnahen Heilungsverfahren stellt sie aber **kein Verwaltungsverfahren** dar, sondern erfolgt in der **Verfahrensverantwortung des Verwaltungsgerichts.**

---

[619] *Heinz J. Bonk/Werner Neumann,* in: Stelkens/Bonk/Sachs (Hrsg.), VwVfG, § 76 Rn. 20; *Kopp/Ramsauer,* VwVfG, § 76 Rn. 15 und Rn. 5 zum Verfahren bei nachträglichen, d.h. nach Unanfechtbarkeit notwendig gewordenen Auflagen i.S.v. § 75 Abs. 2 VwVfG.

[620] Zum Folgenden *Jarass,* Planfeststellungsrecht (Fn. 608), S. 801 f.; *Henke,* Ergänzendes Verfahren (Fn. 612), S. 57.

[621] *BVerwG,* DVBl 1997, S. 714 (714).

[622] *BVerwG,* DVBl 1997, S. 714 (715).

[623] *BVerwG,* DVBl 2003, S. 534 (536); *Bernhard Stüer/Caspar D. Hermanns,* Fachplanungsrecht: Grundlagen – Naturschutz: Rechtsprechungsübersicht 2001/2002, DVBl 2003, S. 711 (714).

[624] Vgl. insoweit die jeweiligen Darstellungen bei *Heinz J. Bonk/Werner Neumann,* in: Stelkens/Bonk/Sachs (Hrsg.), VwVfG, § 75 Rn. 43b und § 76 Rn. 16; s. auch *Stüer/Hermanns,* Fachplanungsrecht (Fn. 623), S. 713 f.

[625] Zur gerichtsnahen Mediation im Verwaltungsrecht und zu ihren vom Prozess abweichenden Strukturprinzipien: → Bd. III *Schoch* § 50 Rn. 408; *Joachim v. Bargen,* Mediation im Verwaltungsprozess: Eine neue Form konsensualer Konfliktlösung vor Gericht, DVBl 2004, S. 468 (471 u. passim); *Jan Ziekow,* Mediation in der Verwaltungsgerichtsbarkeit: Möglichkeiten der Implementation und rechtliche Folgerungen, NVwZ 2004, S. 390 ff.; zur behördlichen Mediation → Rn. 38 m.w.N. sowie ausführlich → Bd. II *Appel* § 32 Rn. 102 ff.

3. Implementation der Verfahrensergebnisse

140 An die Verwaltungsentscheidung schließt sich deren Umsetzung und gegebenenfalls bei Vollzugswiderständen deren Durchsetzung an. **Dogmatisch** werden diese Phasen in der Regel vom zugrunde liegenden Verwaltungsverfahren **unterschieden**.[626] Die Umsetzung erfolgt, sofern die Maßnahme nicht selbstvollziehend ist, einerseits durch behördliche Realakte, etwa zur Verwirklichung einer planfestgestellten Infrastrukturmaßnahme, in Form von Auszahlungen bei Geldleistungsverwaltungsakten oder in Gestalt sonstiger tatsächlicher Leistungserbringung. Andererseits werden Verwaltungsentscheidungen häufig aber auch durch Private umgesetzt. Unproblematisch ist dies meist, wenn diese als Adressaten begünstigender Verwaltungsentscheidungen wie beispielsweise einer Zulassung ein eigenes Interesse an der Umsetzung haben. Schwierigkeiten können hingegen bei belastenden Anordnungen entstehen. Sie werden durch dogmatisch vom Grundverwaltungsverfahren gesonderte Verwaltungsvollstreckungsverfahren überwunden. Diese Trennung spiegeln auch die Lehrbücher des Verwaltungsrechts, in denen die Darstellung des Verwaltungsverfahrens mit der Entscheidungsbekanntgabe sowie ihrer Wirksamkeit und Rechtmäßigkeit abbricht und häufig unverknüpft neben der der Verwaltungsvollstreckung sowie der (Umsetzungs-)-Realakte steht.[627] Verwaltungswissenschaftlich gehört die Durchführung einer Entscheidung jedoch anerkanntermaßen zu einem weit gefassten einheitlichen und oft rekursiven Entscheidungsprozess.[628] Eine **steuerungsinteressierte Verwaltungsverfahrensrechtslehre** sollte daher diese Phase integrieren.[629]

a) Reale Entscheidungsumsetzung und verfahrensäquivalente Institutionen

141 Vielfach wirft die reale Entscheidungsumsetzung keine wesentlichen Probleme auf. Wie erwähnt erfolgt beispielsweise die Umsetzung von Zulassungsentscheidungen in der Regel durch die Antragsteller in deren eigener Verantwortung und in ihrem eigenen Interesse. Schwierigkeiten erwachsen dann grundsätzlich nur aus unvorhergesehenen Umständen. Diese Problematik wird unter dem Aspekt der Entscheidungsflexibilisierung gesondert anzusprechen sein.[630] Unproblematisch ist die Umsetzung in der Regel auch bei **klar definierten Leistungen,** die die Verwaltung einem Entscheidungsadressaten zu erbringen hat, wie dies etwa bei **Geldzahlungspflichten** meist der Fall ist.[631] Allerdings können sich auf der nächsten Ebene Probleme bei der Aufteilung staatlicher Sozialleistungen auf die Angehörigen des materiellrechtlich Sozialleistungsberechtigten und damit des

---

[626] *Franz-Joseph Peine*, Allgemeines Verwaltungsrecht, 9. Aufl. 2008, Rn. 18.

[627] Eine Ausnahme stellt insbesondere die Darstellung von *Peine*, Verwaltungsrecht (Fn. 626), Rn. 18 ff. und dessen Gesamtgliederung dar; s. auch *Jörn Ipsen*, Allgemeines Verwaltungsrecht, 5. Aufl. 2007, Rn. 838 zu nichtförmlichen Ausführungshandlungen des Verwaltungsakts.

[628] *Bernd Becker*, Entscheidungen in der öffentlichen Verwaltung, in: Klaus König/Heinrich Siedentopf (Hrsg.), Öffentliche Verwaltung in Deutschland, 2. Aufl. 1997, S. 435 (436, 456); *Werner Thieme*, Einführung in die Verwaltungslehre, 1995, S. 142, 148 f.; unbeachtet hingegen bei *ders.*, VerwaltungsL, S. 287.

[629] Siehe auch *Schmidt-Aßmann*, Ordnungsidee, Kap. 6 Rn. 161; *Hoffmann-Riem*, Flexibilität und Innovationsoffenheit (Fn. 493), S. 29 f. mit dem Stichwort „Implementation".

[630] → Rn. 154, 157.

[631] Hierzu im Bereich des Sozialrechts *Raimund Waltermann*, Sozialleistungen, in: Bernd Baron v. Maydell/Franz Ruland/Ulrich Becker (Hrsg.), Sozialrechtshandbuch, 4. Aufl. 2008, § 7 Rn. 1 ff.

primären Zahlungsempfängers ergeben, wenn dieser seinen innerfamiliären Unterhaltspflichten entgegen den Erwartungen des Sozialgesetzgebers nicht nachkommt. Hierauf reagiert die Rechtsordnung beispielsweise in § 48 SGB I mit einem Drittleistungsrecht des Leistungsträgers an den Ehegatten oder die Kinder als Leistungsdestinatären.[632]

142 **Schwieriger ist die Umsetzung,** wenn sie in einem komplexen und ggf. sogar noch situativ konkretisierungsbedürftigen Maßnahmenbündel besteht. Beispiele liefert insbesondere der **Bereich personaler öffentlicher Dienst- und Sozialleistungen** mit seinen oft vagen, etwa pädagogischen, sozialfürsorgerischen, pflegerischen oder therapeutischen Zielsetzungen und der typischen Dreiecksstruktur zwischen finanzierendem Leistungsträger, Leistungsempfänger und Leistungserbringer. Zu unterscheiden ist in dieser **Dreiecksstruktur** das formal geprägte Grundverhältnis zwischen Empfänger und Leistungsträger einerseits und das personale Nutzungsverhältnis zur Erbringung von sozialen Sach- und Dienstleistungen der Krankenversorgung, Sozial- und Jugendhilfe, Bildung und Erziehung, Arbeitsförderung oder Pflege andererseits. Die formale Entscheidung des Sozialleistungsträgers betrifft die Zulassung oder Zuweisung zu einer bestimmten Maßnahme, stellt seine Kostenübernahmepflicht fest, definiert das grobe Ziel, muss aber die konkrete Umsetzung dem eigentlichen Leistungserbringer (Lehrer, Ausbilder, Arzt, Pflegepersonal, Therapeut etc.) überlassen.[633]

143 Das formale Verwaltungs- bzw. Sozialverfahren wird deshalb durch **personale Kooperations- und Leistungsverhältnisse** und sie **umhegende „verfahrensäquivalente Rechtsformen"**[634] komplementiert oder gar substituiert. Die klassischen Verfahrensrechte passen auf dieses personale Leistungsverhältnis zwischen hilfsbedürftigen Leistungsempfängern und Leistungserbringern mit oft großen Informationsvorteilen nur sehr eingeschränkt. Stattdessen kennt das deutsche Sozialrecht Wahlrechte der Leistungsempfänger zwischen konkurrierenden Leistungserbringern,[635] die durch Aufklärungs- und Informationsrechte der Empfänger ergänzt werden. Weitere, bereichsspezifisch stark ausdifferenzierte Steuerungsinstrumente sind Zulassungspflichten und verfahrensübergreifende Qualitätsanforderungen für die Leistungserbringer, Aufsichtsstrukturen und zunehmend Qualitätssicherungssysteme[636] sowie Leistungskonkretisierungen mittlerer Reichweite durch Formen selbstregulativer Programmierung auf Verbandsebene. Die reale, nichtförmliche Leistungserbringung erfolgt somit in einem Geflecht von Verwaltungsverfahren, die durch diese Steuerungsinstrumente ausgelöst werden, ist aber selbst von diesen zu unterscheiden.

---

[632] *Waltermann,* Sozialleistungen (Fn. 631), Rn. 194 ff.; *Thomas Simons,* Verfahren und verfahrensäquivalente Rechtsformen im Sozialrecht: Rechtsvergleichende Untersuchung der Ordnungsformen der Leistungsabwicklung im Sozialrecht am Beispiel des deutschen und des italienischen Rechts, 1985, S. 197 f., 601.

[633] *Simons,* Verfahren im Sozialrecht (Fn. 632), S. 34 f., 527 ff., 589 f., 598 f., 601 f.; s. a. → Rn. 170 ff.

[634] *Simons,* Verfahren im Sozialrecht (Fn. 632), passim; zu den Schwierigkeiten der dogmatischen Einordnung des Leistungsverhältnisses: *Heinz-Uwe Dettling,* Grundstrukturen des Rechtsverhältnisses zwischen Leistungserbringern und gesetzlich Versicherten, VSSR 2006, S. 1 ff.

[635] Z. B. § 76 SGB V: Kassenarztwahl; § 5 SGB VIII: Wunsch- und Wahlrechte im Kinder- und Jugendhilfebereich; dazu *Peter J. Tettinger,* Verwaltungsrechtliche Instrumente des Sozialstaats, VVDStRL, Bd. 64 (2005), S. 199 (222 f.).

[636] Zu diesen *Franz Reimer,* Qualitätssicherung. Grundlagen eines Dienstleistungsverwaltungsrechts, 2010.

C. Das Standardverfahren gemäß VwVfG und seine Modifikationen

b) Formale Entscheidungsdurchsetzung

Demgegenüber stellt die **Verwaltungsvollstreckung** eine formale Variante der Entscheidungsdurchsetzung dar. Schon wegen ihres eingreifenden Charakters bedarf sie einer gesonderten gesetzlichen Grundlage, die sie außerhalb der Verwaltungsverfahrensgesetze in einer Vielzahl von einander ähnlichen, aber selbst strukturell nicht identischen Vollstreckungsgesetzen des Bundes und der Länder findet.[637] Ohne an dieser Stelle auf Einzelheiten eingehen zu können,[638] lassen sich doch folgende Strukturmerkmale herausstellen: Grundlegend ist die Unterscheidung zwischen der Vollstreckung von Geldforderungen einerseits und von Handlungen, Duldungen oder Unterlassungen andererseits, die sich meist auch in unterschiedlichen gesetzlichen Grundlagen widerspiegelt.[639] Noch bedeutsamer ist das **vollstreckungsrechtliche Abstraktionsprinzip,** nach dem die Rechtmäßigkeit der Vollstreckung in der Regel nicht die Rechtmäßigkeit, sondern nur die Wirksamkeit und Vollziehbarkeit der Grundverfügung voraussetzt. Gegenteilige Stimmen in der Literatur haben sich wegen des klaren Wortlauts der einschlägigen Bestimmungen zu Recht nicht durchgesetzt.[640] Mit dieser Abstraktion korrespondiert die dogmatische Rekonstruktion des **gestreckten Vollstreckungsverfahrens als mehrstufiges Verfahren** mit mehreren eigenständigen Verwaltungsakten (Androhung, ggf. Festsetzung[641]) und vollstreckungsrechtlichen Realakten (Anwendung des Zwangsmittels).[642] Umgekehrt ergibt sich eine Ausnahme vom Abstraktionsprinzip bei **verkürzten Verfahren,** deren terminologische Umschreibung in den Landesgesetzen uneinheitlich ist.[643] Dies gilt jedenfalls in den häufigen Fällen, in denen die Vollstreckungsmaßnahme ohne eine Grundverfügung ergeht. Da in dieser Konstellation eine Grundverfügung fehlt, gegen die gesonderter Rechtsschutz gesucht werden kann, ist es eine rechtsstaatliche Notwendigkeit die Rechtmäßigkeit einer hypothetischen Grundverfügung inzident zu überprüfen.[644]

144

---

[637] Ausführlich zum Folgenden *Koch/Rubel/Heselhaus,* VerwR, § 7; *Maurer,* VerwR, § 20 Rn. 1 ff.; *Bull/Mehde,* VerwR, Rn. 962 ff.

[638] Siehe dazu → Bd. III *Waldhoff* § 46 Rn. 77 f.

[639] Für Geldforderungen: §§ 1–5 VwVG i. V. m. diversen Bestimmungen der AO, die ihrerseits der ZPO nachgebildet sind; im Landesrecht exemplarisch: §§ 1–69 Nds.VwVG; für Handlungen, Duldungen und Unterlassungen: §§ 6 ff. VwVG und aus dem Landesrecht §§ 64 ff. Nds.SOG.

[640] *Koch/Rubel/Heselhaus,* VerwR, § 7 Rn. 36 f.; s. ferner BVerwG, NJW 1984, S. 2591 (2592); BVerfG, NVwZ 1999, S. 290 (292); *Maurer,* VerwR, § 20 Rn. 12, 24; *Bull/Mehde,* VerwR, Rn. 972, 979; ausführlich *Wolfgang Weiß,* Gibt es einen Rechtswidrigkeitszusammenhang in der Verwaltungsvollstreckung?, DÖV 2001, S. 275 ff.

[641] Während § 14 VwVG die Festsetzung bei allen Zwangsmitteln zur Durchsetzung von Handlungen, Duldungen oder Unterlassungen vorsieht, verzichtet das Landesrecht teilweise hierauf, wie z. B. in Niedersachsen bei der Ersatzvornahme und dem unmittelbaren Zwang.

[642] *Winfried Kluth,* in: Wolff/Bachof/Stober/ders., VerwR I, § 64 Rn. 79 ff.; *Maurer,* VerwR, § 20 Rn. 20 ff.

[643] Verwendet werden: Unmittelbare Ausführung, sofortiger Vollzug, Sofortvollzug, wobei teilweise (z. B. in Hessen) zwei dieser Begriffe mit unterschiedlichen Rechtsfolgen verwendet werden, was zur Abgrenzung nötigt: *Koch/Rubel/Heselhaus,* VerwR, § 7 Rn. 59 ff.; *Maurer,* VerwR, § 20 Rn. 25.

[644] Der Weg dazu ist eine allg. Leistungsklage gegen die als Realakt zu qualifizierende Vollstreckungsmaßnahme; hierzu *Koch/Rubel/Heselhaus,* VerwR, § 7 Rn. 62 ff.; *Maurer,* VerwR, § 20 Rn. 26 mit Nachweisen zur Gegenannahme eines ggf. fiktiven Verwaltungsakts; soweit eine begleitende Grundverfügung zumindest konkludent erkennbar erlassen wird (hierzu *Bull/Mehde,* VerwR, Rn. 980), kommt es ggf. zu einer objektiven Klagehäufung.

145 Eine formale Entscheidungsdurchsetzung erfolgt jedoch nicht nur im Wege der Verwaltungsvollstreckung. Insbesondere im Anlagenzulassungsrecht gibt es auf vorgelagerten Stufen vielfältige Ansätze zu einer **Überwachung des genehmigungskonformen Betriebs.**[645] Beispielhaft kann auf §§ 20, 26 ff., 52 BImSchG verwiesen werden. Sie gewähren der Behörde auf einer ersten Stufe näher definierte Betretungs-, Ermittlungs- und Informationsrechte und insbesondere Anordnungsbefugnisse zur Verpflichtung des Betreibers, Messungen vorzunehmen und Emissionserklärungen abzugeben. Sofern hierbei Abweichungen von der Genehmigungsentscheidung auftreten, ermöglicht § 20 BImSchG auf der zweiten Stufe eine differenzierte Reaktion durch Befugnisse zur Betriebsuntersagung, -stilllegung oder -beseitigung, die ihrerseits mit Mitteln der Verwaltungsvollstreckung durchzusetzen wären.

146 Eine immer wieder kritisierte Schwäche des deutschen Anlagenüberwachungsrechts ist dessen faktisches Leerlaufen aufgrund von **kapazitätsbedingten Überwachungsdefiziten.** Im Ergebnis kommt es häufig nur bei Nachbar- oder Interessentenbeschwerden zu – **anlassbedingten** – staatlichen **Anlagenüberwachungsverfahren.**[646] Demgegenüber finden sich im europäischen Subventionsverwaltungsrecht verschiedene Erfordernisse einer systematischen Subventionsverwendungskontrolle mit risikoorientierten Qualitäts- und Quantitätsstandards.[647]

4. Verfahrensentgrenzung und Entscheidungsflexibilisierung in nachfolgenden Verwaltungsverfahren

147 Die unter 2. diskutierten Verfahren[648] betrafen die Fortsetzung des ursprünglichen Verwaltungsverfahrens. Für die Verfahrensrechtslehre sind aber gleichermaßen eigenständige Anschlussverfahren von Interesse, die eine in einem früheren Verfahren getroffene Entscheidung überprüfen, aufheben, ändern oder an sie in spezifischer Weise anknüpfen. Trotz der dogmatisch bedeutsamen Abschichtung der Anschlussverfahren vom Ursprungsverfahren kommt es zwischen ihnen zu vielfältigen Verknüpfungen und einer **funktionalen Entgrenzung.** Dies wird besonders deutlich, wenn in den Anschlussverfahren die Bindungswirkung und Bestandskraft der Ausgangsentscheidung konkretisiert wird, aber auch wenn diese in ihnen ganz oder teilweise überwunden wird. Sie ermöglichen damit verschiedene Formen der Entscheidungsflexibilisierung. **Systematisch zu unterscheiden** ist bei diesen Anschlussverfahren einerseits, ob sie der retrospektiven Überprüfung dienen wie die Rücknahme, oder ob sie wie Widerruf, Monitoring und nachträgliche Anordnungen eine Anpassung an nachträglich eingetretene Entwicklungen eröffnen. Andererseits ist zu differenzieren zwischen Überprüfungen von Amts wegen und auf Antrag eines Betroffenen sowie zu Lasten oder zugunsten der Entscheidungsadressaten. Da die materiellen Voraussetzungen einer Entscheidungsflexibilisierung in anderen Kapiteln dieses

---

[645] Zum Folgenden *Hans-Joachim Koch,* in: ders. (Hrsg.), UmweltR, § 4 Rn. 198 ff.; *Michéle John/Klaus Jankowski,* ebd., § 10 Rn. 109 ff.
[646] *Hans-Joachim Koch u.a.,* Anlagenüberwachung im Umweltrecht: Zum Verhältnis von staatlicher Überwachung und Eigenkontrolle, 1998.
[647] Zum Strukturfondsrecht *Schneider,* Verwaltungsrechtliche Instrumente (Fn. 95), S. 263; zum Agrarbeihilferecht *Catharina Meyer-Bolte,* Agrarrechtliche Cross Compliance als Steuerungsinstrument im Europäischen Verwaltungsverbund, 2007.
[648] → Rn. 120 ff.

C. Das Standardverfahren gemäß VwVfG und seine Modifikationen

Werkes ausführlich dargelegt werden,[649] konzentrieren sich die folgenden Ausführungen auf die verfahrensrechtlichen Strukturen.

a) Wiederaufgreifen von Verfahren gemäß § 51 VwVfG

§ 51 VwVfG gewährt unter näher definierten Voraussetzungen den von einem bestandskräftigen Verwaltungsakt Betroffenen einen **Anspruch auf Wiederaufgreifen** des Verfahrens. Die **Wiederaufnahmegründe** des § 51 Abs. 1 VwVfG erfassen sowohl nachträgliche Änderungen der Sach- und Rechtslage (Nr. 1) als auch Umstände, die eine erneute Überprüfung der ursprünglichen Entscheidungsrichtigkeit (Nr. 2, 3) betreffen. 148

Das Wiederaufnahmeverfahren wird vom Gesetzgeber als ein **dogmatisch eigenständiges, neues Verwaltungsverfahren** und trotz der inhaltlichen Zusammenhänge nicht als unmittelbare Fortsetzung des ursprünglichen Verfahrens verstanden.[650] Es gliedert sich in mindestens **zwei Stufen:** (1.) die Prüfung und Entscheidung, ob die Voraussetzungen für einen Anspruch auf Wiederaufgreifen i.S.d. § 51 VwVfG erfüllt sind und (2.) die Entscheidung, ob der ursprüngliche Verwaltungsakt bestehen bleiben, geändert oder gänzlich aufgehoben werden soll.[651] Auch diese zweite Verfahrensstufe stellt ein eigenständiges, vom Ursprungsverfahren getrenntes Verwaltungsverfahren dar, weshalb weder die für dieses geltenden Regeln zur Öffentlichkeitsbeteiligung automatisch zur Anwendung kommen noch der ursprüngliche Verwaltungsakt automatisch beim Vorliegen von Wiederaufnahmegründen beseitigt wird.[652] Die zweite Stufe schließt mit einem eigenständigen und daher erneute Klagemöglichkeiten eröffnenden Zweitbescheid ab und zwar auch dann, wenn die Behörde den Erstbescheid inhaltlich bestätigt.[653] Diese Zweistufigkeit ist allerdings lediglich eine **interne Strukturierung.** Dies bedeutet, dass die Behörde zulässigerweise auf eine gesonderte außenwirksame Entscheidung über das Wiederaufgreifen verzichten und direkt in die Überprüfung der Erstentscheidung eintreten kann. Andererseits schließt dies auch nicht aus, die Ablehnung des Wiederaufgreifens als anfechtbaren verfahrensrechtlichen Verwaltungsakt zu qualifizieren.[654] 149

---

[649] → Bd. II *Bumke* § 35 Rn. 146 f., 164 ff., *Bauer* § 36 Rn. 118 ff., 129, *Köck* § 37 Rn. 55, 112 ff.

[650] Andernfalls wäre angesichts von § 3 Abs. 3 VwVfG die Regelung des § 51 Abs. 4 VwVfG nicht erforderlich: *Michael Sachs*, in: Stelkens/Bonk/ders. (Hrsg.), VwVfG, § 51 Rn. 28 i. V. m. § 48 Rn. 253, 256.

[651] *Kopp/Ramsauer*, VwVfG, § 51 Rn. 12a, der zu Recht darauf hinweist, dass die weitere Unterscheidung zwischen Zulässigkeit und Begründetheit des Antrags auf Wiederaufgreifen zwar bedeutsam sei, aber auf einer anderen Ebene als die Unterscheidung zwischen Wiederaufgreifen (Verfahrensfrage) und Neubescheidung (Sachentscheidung) liegt; ebenso *Hans Korber*, Die Beseitigung belastender Verwaltungsakte durch die Verwaltung im Aufhebungs- und im Wiederaufgreifensverfahren, DVBl 1984, S. 405 (406 f.); für eine dreistufige Gliederung demgegenüber *Michael Sachs*, in: Stelkens/Bonk/ders. (Hrsg.), VwVfG, § 51 Rn. 22 ff.; für eine einstufige Struktur selbst beim Wiederaufgreifen gemäß § 51 VwVfG *Jürgen Schwabe*, Das Wiederaufgreifen unanfechtbarer Verwaltungsakte, JZ 1985, S. 545 (553 f.).

[652] BayVGH, NVwZ 1991, S. 903 (904); *Michael Sachs*, in: Stelkens/Bonk/ders. (Hrsg.), VwVfG, § 51 Rn. 28; *Kopp/Ramsauer*, VwVfG, § 51 Rn. 23; abweichend *Hans Korber*, Der Aufbau des Verwaltungsverfahrens zur Aufhebung belastender Verwaltungsakte, DÖV 1985, S. 309 (313): Erstverfahren wird fortgesetzt, als ob noch kein Erstbescheid erlassen worden wäre.

[653] *Michael Sachs*, in: Stelkens/Bonk/ders. (Hrsg.), VwVfG, § 51 Rn. 40 f., 74; *Kopp/Ramsauer*, VwVfG, § 51 Rn. 22.

[654] Siehe BVerwG, NVwZ 2002, S. 482 (483); *Maurer*, VerwR, § 11 Rn. 56; *Schwabe*, Wiederaufgreifen (Fn. 651), S. 549.

150   Umstritten ist der **Entscheidungsmaßstab auf der zweiten Stufe**: Die herrschende Meinung[655] betont die Eigenständigkeit des Verfahrens gemäß § 51 VwVfG von den Aufhebungsverfahren gemäß §§ 48, 49 VwVfG, muss aber sowohl für den Vertrauensschutz des Antragstellers gegenüber einer *reformatio in peius* als auch zum Schutz des Vertrauens Dritter Anleihen bei den §§ 48, 49 VwVfG nehmen.[656] Die Gegenposition entnimmt den Entscheidungsmaßstab unter Hinweis auf Wortlaut und Genese von § 51 VwVfG unmittelbar aus §§ 48, 49 VwVfG, muss aber aus der Rechtsschutzfunktion des Verfahrens eine spezifische Reduzierung des Rücknahmeermessens herleiten.[657] Die Endergebnisse dürften sich kaum unterscheiden.

b) Aufhebungsverfahren gemäß §§ 48, 49 VwVfG

151   Bedeutsam ist ferner die – allerdings unter Vertrauensschutzaspekten begrenzte – Entscheidungsflexibilisierung gemäß §§ 48, 49 VwVfG, durch die die Bindung der Verwaltung an die von ihr bekanntgemachten Verwaltungsakte aufgehoben werden kann. Zugleich eröffnen sich zusätzliche Möglichkeiten für Betroffene, die Aufhebung belastender unanfechtbarer Verwaltungsanordnungen zu erwirken. Bekanntermaßen knüpft § 48 VwVfG an die ursprüngliche Rechtswidrigkeit eines Verwaltungsakts an, während § 49 VwVfG die Anpassung eines ursprünglich rechtmäßigen Verwaltungsakts an veränderte Umstände erlauben soll und deshalb in besonderem Maße der Sicherung von Zukunftsoffenheit durch Entscheidungsflexibilisierung dient.[658] Wegen der regelmäßigen Entschädigungspflichten kann sich die Verwaltung jedoch aus fiskalpolitischen Gründen an einer sachlich gebotenen oder zumindest gerechtfertigten Entscheidungsrevision gehindert sehen.[659] In den Fällen des § 49 Abs. 2 Nr. 1 und 2 sowie Abs. 3 S. 1 VwVfG wird dazu auf die Ergebnisse bzw. Anpassungsvorsorgemaßnahmen[660] des Ursprungsverfahrens zurückgegriffen.

152   Gleichwohl sind auch die Aufhebungsverfahren gemäß §§ 48, 49 VwVfG dogmatisch **eigenständige Verwaltungsverfahren** und keine Fortsetzung der Erstverfahren, wie insbesondere die Sonderregeln zur örtlichen Zuständigkeit (jeweils Abs. 5) verdeutlichen.[661] Obwohl dies im Wortlaut der Vorschriften anders als bei § 51 VwVfG nicht unmittelbar erkennbar ist, ist das Aufhebungsverfahren ferner ebenfalls **zweistufig strukturiert**. Der systematische Kontext der Bestandskraftsicherung verlangt insbesondere bei Aufhebungsanträgen eine ge-

---

[655] *Michael Sachs*, in: Stelkens/Bonk/ders. (Hrsg.), VwVfG, § 51 Rn. 29 ff.; *Kopp/Ramsauer*, VwVfG, § 51 Rn. 20 ff.

[656] Die radikalere Auffassung einer unbeschränkten Befugnis zur reformatio in peius (*Karl A. Bettermann*, Über die Wiederaufnahme abgeschlossener Verwaltungsverfahren: Bemerkungen aus der Sicht des Prozessrechts, in: FS Hans J. Wolff, 1973, S. 465 [489]) missachtet die ganz überwiegende Rechtsschutzfunktion des § 51 VwVfG: *Michael Sachs*, in: Stelkens/Bonk/ders. (Hrsg.), VwVfG, § 51 Rn. 44.

[657] *Maurer*, VerwR, § 11 Rn. 61.

[658] Noch ergiebiger ist diesbezüglich das Fachrecht: *Friedrich Schoch*, Der Verwaltungsakt zwischen Stabilität und Flexibilität, in: Hoffmann-Riem/Schmidt-Aßmann (Hrsg.), Innovation, S. 199 (242).

[659] Hierzu: *Hoffmann-Riem*, Flexibilität und Innovationsoffenheit (Fn. 493), S. 62.

[660] Zur Zukunftsvorsorgefunktion von Nebenbestimmungen *Koch/Rubel/Heselhaus*, VerwR, § 6 Rn. 45 ff.

[661] *Michael Sachs*, in: Stelkens/Bonk/ders. (Hrsg.), VwVfG, § 48 Rn. 253; *Kopp/Ramsauer*, VwVfG, § 48 Rn. 162, § 49 Rn. 77.

sonderte (Zwischen-)Entscheidung darüber, ob hinreichender Anlass zur Infragestellung der grundsätzlich anzunehmenden Bestandskraft durch die Prüfung der Aufhebungsvoraussetzungen besteht.⁶⁶² Die Wahrung der Bestandskraft rechtfertigt es zudem, einem Antragsteller, der die Aufhebung eines Verwaltungsakts begehrt, die **Darlegungs- und ggf. Beweislast** für Umstände aufzuerlegen, die eine Aufhebungsmöglichkeit begründen.⁶⁶³ Sind solche Umstände jedoch dargetan, besteht die normale Amtsermittlungspflicht. Auch die **Anforderungen an die Begründung** einer ablehnenden Entscheidung wachsen mit der Darlegung relevanter Umstände durch den Antragsteller, während bei einer positiven Aufhebungsentscheidung eine hinreichende Auseinandersetzung mit Vertrauensschutzaspekten selbstverständlich ist.⁶⁶⁴

c) Änderung von Planfeststellungsbeschlüssen, § 76 VwVfG

Eine differenzierte Regelung hat das Verfahren zur Änderung von Planfeststellungsbeschlüssen nach erfolgter Planfeststellung und vor Fertigstellung des Vorhabens in § 76 VwVfG gefunden.⁶⁶⁵ Danach ist wie folgt zu unterscheiden: § 76 VwVfG erfasst nur den Fall der Planänderung, was voraussetzt, dass die Identität des Plans gewahrt bleibt, d.h. das Plankonzept in den Grundzügen erhalten bleibt. Andernfalls wäre ein gänzlich neues, alle Bereiche umfassendes Planfeststellungsverfahren erforderlich.⁶⁶⁶ Bei Planänderungen ist weiter zwischen wesentlichen und unwesentlichen zu unterscheiden, was davon abhängt, ob Abwägungsvorgang und Abwägungsergebnis nach Struktur und Inhalt unberührt bleiben, also die Frage nach sachgerechter Zielsetzung und Abwägung der Gesamtplanung nicht erneut aufgeworfen wird.⁶⁶⁷ Wesentliche Änderungen verlangen zwingend ein **neues Planfeststellungsverfahren** mit den Anforderungen der §§ 74, 75 VwVfG, allerdings sachlich begrenzt auf die Änderungen des Vorhabens. Trotz dieser Eigenständigkeit des neuen Verfahrens wird der ursprüngliche Planfeststellungsbeschluss zu dessen Gegenstand und **verschmilzt mit dem Änderungsbeschluss zu einem einheitlichen Plan**.⁶⁶⁸ Demgegenüber kann die Behörde bei unwesentlichen Änderungen nach ihrem Ermessen zwi-

---

⁶⁶² *Schwabe*, Wiederaufgreifen (Fn. 651), S. 546 ff.; s. auch *Kopp/Ramsauer*, VwVfG, § 48 Rn. 166 a.; a. A. *Korber*, Beseitigung belastender Verwaltungsakte (Fn. 651), S. 407 ff.; *ders.*, Aufbau des Verwaltungsverfahrens (Fn. 652), S. 309 ff.

⁶⁶³ *BVerwGE* 39, 231 (234); *Michael Sachs*, in: Stelkens/Bonk/ders. (Hrsg.), VwVfG, § 51 Rn. 20; *Kopp/Ramsauer*, VwVfG, § 48 Rn. 166a, 170; krit. hierzu *Korber*, Aufbau des Verwaltungsverfahrens (Fn. 652), S. 312 f.

⁶⁶⁴ *Kopp/Ramsauer*, VwVfG, § 48 Rn. 171 m.w.N.

⁶⁶⁵ Die Unanfechtbarkeit ist keine Anwendungsvoraussetzung (*Heinz J. Bonk/Werner Neumann*, in: Stelkens/Bonk/Sachs [Hrsg.], VwVfG, § 76 Rn. 1. Eine analoge Anwendung auf Änderungen nach Fertigstellung wird mehrheitlich abgelehnt: *Kopp/Ramsauer*, VwVfG, § 76 Rn. 4; zum Streit über die Erstreckung von § 76 VwVfG auf die Planergänzung und das ergänzende Verfahren i.S.d. § 75 Abs. 1a S. 2 VwVfG, → Rn. 137 f. Umstritten ist ferner der materielle Maßstab der Änderungsentscheidung: *Kopp/Ramsauer*, VwVfG, § 76 Rn. 1b, 3: §§ 48 f. VwVfG; a. A. *Heinz J. Bonk/Werner Neumann*, in: Stelkens/Bonk/Sachs (Hrsg.), VwVfG, § 76 Rn. 2.

⁶⁶⁶ *BVerwGE* 75, 214 (219).

⁶⁶⁷ *BVerwG*, NJW 1990, S. 925 (926).

⁶⁶⁸ *BVerwGE* 75, 214 (223); *Heinz J. Bonk/Werner Neumann*, in: Stelkens/Bonk/Sachs (Hrsg.), VwVfG, § 76 Rn. 5, 15 und Rn. 16 zur eingeschränkten Anfechtbarkeit des Änderungsbeschlusses aufgrund der Bestandskraft des ursprünglichen Plans.

schen einem **nichtförmlichen Verfahren** gemäß § 76 Abs. 2 VwVfG[669] und einem **verkürzten Planfeststellungsverfahren**[670] wählen. Auch diese Verfahren sind eigenständig, nutzen aber in differenzierter Form Beteiligungs- und Abwägungsleistungen, die im vorangegangenen Planfeststellungsverfahren erbracht wurden. Erst diese Zusammenschau der Verfahren legitimiert die durch § 76 Abs. 2, 3 VwVfG reduzierten Verfahrenserfordernisse.[671] Sie sind damit ein besonders **bemerkenswertes Beispiel der funktionalen Entgrenzung** von Verwaltungsverfahren.

d) Nachträgliche Anordnungen

154   Ein weiteres bedeutsames Instrument der Entscheidungsflexibilisierung sind nachträgliche Anordnungen.[672] Soweit sie den Betroffenen belasten, bedürfen sie einer spezialgesetzlichen Grundlage, wie sie sich vielfach im Besonderen Verwaltungsrecht findet,[673] oder müssen auf einem zulässigerweise aufgenommenen Vorbehalt im Ausgangsbescheid beruhen. Die materiellen Maßstäbe und insbesondere die Anforderungen an die Verhältnismäßigkeit ihrer Anordnung müssen hier unerörtert bleiben.[674] Von Interesse ist jedoch die **verfahrensrechtliche Strukturierung**: So erfolgt der Erlass einer nachträglichen Anordnung zwar in einem selbständigen Verwaltungsverfahren und die Anordnung ist deshalb – unabhängig von der rechtlichen Qualifizierung des jeweils vorliegenden Nebenbestimmungstyps – ein isoliert anfechtbarer Verwaltungsakt. Gleichwohl bildet sie mit dem Ursprungsverwaltungsakt einen einheitlichen materiellen Verwaltungsakt im Sinne einer zusammengesetzten inhaltlichen Regelung.[675] Dies bestätigt wiederum die These der **funktionalen Entgrenzung** der Verwaltungsverfahren.

e) Systematisches Entscheidungsmonitoring

155   Bislang wenig gesetzlich strukturiert sind Formen eines systematischen Entscheidungsmonitorings, obwohl dieses ein bedeutsamer **Baustein eines revisionsoffenen und lernorientierten Verwaltungsverfahrensrechts** ist.[676] Im Gegensatz zu den oben erwähnten Überwachungsverfahren zur Durchsetzung von Zulassungsentscheidungen[677] geht es beim Entscheidungsmonitoring **nicht** um die

---

[669] Zu den fortbestehenden Verfahrensregeln *Kopp/Ramsauer*, VwVfG, § 76 Rn. 13, 16.
[670] Zu den hier geltenden Verfahrensregeln *Heinz J. Bonk/Werner Neumann*, in: Stelkens/Bonk/Sachs (Hrsg.), VwVfG, § 76 Rn. 28; *Kopp/Ramsauer*, VwVfG, § 76 Rn. 21.
[671] So zum FStrG: *BVerwG*, NJW 1990, S. 925 (926); *Kopp/Ramsauer*, VwVfG, § 76 Rn. 12.
[672] Zu Bedeutung und Harmonisierungsbedarf *Schoch*, Verwaltungsakt (Fn. 658), S. 241; s. auch *Koch/Rubel/Heselhaus*, VerwR, § 6 Rn. 48f.
[673] Z.B. § 17 Abs. 1 BImSchG; § 17 Abs. 1 S. 3 AtG; § 5 WHG; § 19 Abs. 1 S. 3 GenTG; § 5 GastG.
[674] Ausführlich zur Problematik *Hans-Joachim Koch*, in: ders./Dieter H. Scheuing (Hrsg.), Gemeinschaftskommentar zum Bundes-Immissionsschutzgesetz, § 17 Rn. 59f., insbes. 102ff., § 21 Rn. 82ff.; *Karsten Sach*, Genehmigung als Schutzschild: Die Rechtsstellung des Inhabers einer immissionsschutzrechtlichen Genehmigung, 1994, S. 116ff.
[675] *Paul Stelkens/Ulrich Stelkens*, in: Stelkens/Bonk/Sachs (Hrsg.), VwVfG, § 36 Rn. 36f. i.V.m. § 35 Rn. 46. Eine Anfechtung kann sich zur Wahrung der Bestandskraft des Ausgangsbescheids jedoch – wie bei der Planänderung nach § 76 VwVfG (→ Fn. 668) – nur auf Belastungen durch die Neuregelung beziehen. S.a. → Bd. II *Bumke* § 35 Rn. 135ff., 150ff.
[676] Vgl. *Hoffmann-Riem*, Flexibilität und Innovationsoffenheit (Fn. 493), S. 63, 64; *Ladeur*, Risikooffenheit (Fn. 205), S. 137.
[677] → Rn. 145f.

Durchsetzung, sondern die **Evaluation einer getroffenen Entscheidung** insbesondere hinsichtlich ihrer Steuerungswirkungen.[678] Zwar können die erwähnten Überwachungsverfahren durch Hinweise auf Funktionsdefizite einen Anlass für ein Entscheidungsmonitoring bieten, sie sind aber nicht systematisch auf diesen Zweck ausgerichtet.

Impulse für ein systematisches Entscheidungsmonitoring folgen **aus dem Europäischen Unionsrecht**. Im Bereich der Anlagenzulassung begnügt sich das EU-Recht allerdings bislang im Wesentlichen mit **anlassbedingten Monitoringverfahren**. Zwar begründet es z. B. in Art. 13 Richtlinie 96/61/EG über die integrierte Vermeidung und Verminderung der Umweltverschmutzung eigentlich eine Pflicht zur regelmäßigen Überprüfung der Genehmigung, strukturiert diese aber jenseits anlassbezogener Mindeststandards nicht weiter. Konsequenterweise hat die Pflicht zum regelmäßigen Monitoring im deutschen Anlagenzulassungsrecht ausweislich des § 17 BImSchG auch keinen Niederschlag gefunden. Eine klare **systematische Monitoringpflicht** folgt hingegen aus Art. 10 Richtlinie 2001/42/EG über die Prüfung der Umweltauswirkungen bestimmter Pläne und Programme, die mit § 4c BauGB Eingang in das deutsche Bauplanungsrecht gefunden hat.[679] Es bleibt abzuwarten, ob sich die gesetzliche Regelung bewährt und ein auch auf Verwaltungsakte und andere Individualentscheidungen übertragbares Muster bietet. Systematische Evaluationspflichten auf genereller Ebene kennt ferner das europäische Strukturfondsrecht zur Überprüfung von Effektivität und Effizienz der von den Mitgliedstaaten vorgeschlagenen Förderprogramme.[680]

156

f) Genehmigungsketten als Verfahrenskontinuum

Ein funktionales Äquivalent zum Entscheidungsmonitoring bietet die **Befristung** von Zulassungsentscheidungen,[681] durch die automatisch die Notwendigkeit einer erneuten Überprüfung des Verfahrensgegenstands in einem neuen eigenständigen Verwaltungsverfahren und ggf. eine Verkettung von Zulassungsentscheidungen entsteht. Während von diesem Instrument im Rundfunkrecht umfassend, wenn auch je nach Bundesland mit unterschiedlichen Fristen Gebrauch gemacht wird,[682] ist dies im Anlagenzulassungsrecht noch die Ausnahme.[683] Genehmigungsketten prägen gleichwohl das Anlagenzulassungsrecht,[684] weil komplexere Anlagen zumeist in **extern gestuften Verfahren** mit Teilgenehmigungen oder Vorbescheiden zugelassen werden[685] sowie aus betriebstechnischen oder ökonomischen Gründen häufig modifiziert werden müssen, was zu **Änderungsgenehmigungs- oder Änderungsanzeigeverfahren** führt.[686] Solche

157

---

[678] Zu unterschiedlichen Typen des Monitoring vgl. *Anke Sailer*, Bauplanungsrecht und Monitoring: Die Umsetzung der Plan-UP-Richtlinie in das deutsche Recht, 2006, S. 133 f.

[679] Näheres bei *Sailer*, Monitoring (Fn. 678), S. 129 ff.

[680] *Schneider*, Verwaltungsrechtliche Instrumente (Fn. 95), S. 265.

[681] Vgl. *Hoffmann-Riem*, Flexibilität und Innovationsoffenheit (Fn. 493), S. 61.

[682] *Albrecht Hesse*, Rundfunkrecht: Die Organisation des Rundfunks in der Bundesrepublik Deutschland, 3. Aufl. 2003, S. 229.

[683] Vgl. § 12 Abs. 2 BImSchG, nach dem eine Befristung nur auf Antrag des Betreibers möglich ist: *Hans D. Jarass*, Bundes-Immissionsschutzgesetz, 8. Aufl. 2010, § 12 Rn. 26 f.

[684] Vgl. *Schoch*, Verwaltungsakt (Fn. 658), S. 240 f.

[685] Zu extern gestuften Verfahren › Rn. 102.

[686] Zur Änderung genehmigungsbedürftiger Anlagen nach der Beschleunigungsgesetzgebung von 1996 s. exemplarisch §§ 15, 16 BImSchG; dazu ferner *Martin Führ*, Wesentliche Änderung von Indust-

Genehmigungsketten begründen ein funktionales Dauerrechtsverhältnis bzw. **Verfahrenskontinuum** und bieten ein weiteres Beispiel einer **funktionalen Verfahrensentgrenzung**.

D. Typenbildung im Verwaltungsverfahrensrecht

I. Verwaltungsaufgaben als Ausgangspunkt einer verfahrensrechtlichen Typenbildung

158 Unter C. wurde das hoch abstrahierte und doch einem bestimmten Verfahrenskonzept verhaftete Standardverfahren[687] als Ausgangspunkt für eine struktur- und ablaufbezogene Systematisierung verfahrensrechtlicher Bauformen genutzt. Dadurch wurde es möglich, den Variantenreichtum denkbarer Strukturmodifikationen aufzuzeigen. Zugleich wurden dogmatische Querverbindungen erkennbar. Bei der nachfolgend erörterten Frage nach Möglichkeiten einer Typenbildung im Verwaltungsverfahrensrecht wechseln wir die Perspektive.

159 **Ziel einer verfahrensrechtlichen Typenbildung** ist es, ein tieferes Verständnis für die gelegentlich zufällig erscheinenden Modifikationen zu gewinnen, es etwa dem Gesetzgeber zu ermöglichen, Abweichungen vom Standardverfahren gedanklich disziplinierter vorzunehmen, sowie dessen Entscheidungen bei der Verfahrenswahl und -gestaltung besser bewerten zu können. Es handelt sich also um eine Variante der steuerungswissenschaftlichen Beschäftigung mit Problemen der Institutionenauswahl, wie sie vor allem aus dem Organisationsrecht vertraut ist.[688] Wie dort kommt es bei der Verfahrensgestaltung entscheidend auf Art und Charakter der jeweiligen Verwaltungsaufgabe an.[689] Allerdings wird eine **aufgabenbezogene Typenbildung** selten die Trennschärfe und Bestimmungskraft gewinnen, um rechtsdogmatisch unmittelbar nutzbar und folgenreich werden zu können.[690] Sehr hilfreich kann eine derartige Typenbildung hingegen als Basis für eine funktionale Rechtsvergleichung werden.

160 Im Folgenden kann an bereits in der Verwaltungsrechtswissenschaft diskutierte Typenbildungen angeknüpft werden.[691] Hier wird eine Typologie der Verwaltungsverfahren entworfen, die auf einer **mittleren, aufgabenbezogenen Abstrak-**

---

rieanlagen: Praktische Auswirkungen des neuen § 16 BImSchG, ZUR 1997, S. 293 ff.; *Schneider*, Interessenverarbeitung (Fn. 74), S. 80 ff.; *Sparwasser/Engel/Voßkuhle*, UmweltR, § 10 Rn. 250 ff. (zum Immissionsschutzrecht), § 7 Rn. 208 ff. (zum Atomrecht).

[687] Zu dessen Verfahrenskonzept → Rn. 14.

[688] Vgl. dazu *Gunnar Folke Schuppert*, Verfassungsrecht und Verwaltungsorganisation, Der Staat, Bd. 32 (1993), S. 590 ff.; *Schneider*, Das neue Steuerungsmodell (Fn. 521), S. 111 ff. S. a. → Bd. I *Schuppert* § 16 Rn. 174 ff.

[689] Hierzu *Rainer Wahl*, Die Aufgabenabhängigkeit von Verwaltung und Verwaltungsrecht, in: Hoffmann-Riem/Schmidt-Aßmann/Schuppert (Hrsg.), Reform, S. 177 ff.; *Schuppert*, Verwaltungswissenschaft, S. 810 f.; *Voßkuhle*, Strukturen (Fn. 30), S. 285 f.

[690] *Wahl*, Aufgabenabhängigkeit (Fn. 689), S. 182 f., der deshalb zutreffend vor falschen Erwartungen an die verwaltungsrechtswissenschaftliche Aufgabendiskussion warnt.

[691] Neben verschiedenen Einzeluntersuchungen, auf die an geeigneter Stelle einzugehen sein wird, sind vor allem folgende Ansätze einer umfassenderen Typenbildung hervorzuheben: *Hoffmann-Riem*, Verwaltungsverfahren und VwVfG (Fn. 9), S. 35 f.; *Voßkuhle*, Strukturen (Fn. 30), S. 284 ff.; → Bd. II *Schmidt-Aßmann* § 27 Rn. 77 ff.

D. Typenbildung im Verwaltungsverfahrensrecht

tionsebene ansetzen soll.[692] Maßgeblich sind primär aufgaben- und handlungsformspezifische Entscheidungsprobleme[693] und ergänzend divergierende Kommunikationssituationen.[694] Ein Anspruch auf Vollständigkeit wird nicht erhoben. Bei alledem ist zu berücksichtigen, dass Verfahrenstypen im geltenden Recht selten in reiner Form verwirklicht werden.

II. Vorüberlegungen zu einer aufgabenbezogenen Verfahrenstypologie

161 Verwaltungsaufgaben können in unterschiedlichster Weise systematisiert werden. Hier wird eine Systematisierung gewählt, die zweistufig angelegt ist. **Auf der ersten Stufe** wird zunächst die übliche Trennung von Eingriffs- und **Leistungsverwaltung** aufgegriffen. Dabei wird die erstere jedoch zur **Ordnungsverwaltung,** um das klassische bipolare Verfahrenskonzept zu überwinden und die verbreiteten multipolaren Ordnungsaufgaben integrieren zu können.[695] Ergänzend treten **Gestaltungsverfahren** hinzu, um den zunehmend anzutreffenden Auftrag an die Verwaltung aufzugreifen, schwach determinierte, insbesondere finale Gesetzesprogrammierungen im Verfahren zu konkretisieren.[696] Gerade insoweit ist jedoch zu beachten, dass solche Gestaltungsaufgaben nicht selten auch Bestandteil der Ordnungs- und Leistungsverfahren sein können. Dies spricht aber nicht gegen deren gesonderte Behandlung, weil so deren Spezifika besonders hervortreten und für Kombinationen fruchtbar gemacht werden können. Gesondert behandelt werden ferner **Vertragsverfahren,** weil bei ihnen die Kommunikationsstrukturen ganz eigene Merkmale aufweisen. Auch insoweit ist ein Erkenntnisgewinn für Mischformen kooperativ gestalteter Ordnungs-, Gestaltungs- oder Leistungsverfahren zu erwarten. Die Ordnungs- und Gestaltungsverfahren werden auf einer **zweiten Stufe weiter ausdifferenziert,** weil hier spezifische Aufgaben- und Verfahrenstypen besonders klar hervortreten. Eine weitere Auffächerung ist vermutlich auch bei Leistungs- und Vertragsverfahren möglich. Dieser Abschnitt stellt jedoch schon aus Raumgründen keine voll ausgearbeitete Verfahrenstypologie dar, sondern entwickelt skizzenhaft strukturierende Vorüberlegungen für die weitere Arbeit an der zuvor umrissenen Aufgabenstellung.

---

[692] Zu Verfahrenstypen als mittlerer Ebene der Systembildung vgl. *Rainer Wahl*, Neues Verfahrensrecht für Planfeststellung und Anlagengenehmigung: Vereinheitlichung des Verwaltungsverfahrens oder bereichsspezifische Sonderordnung, in: Willi Blümel/Rainer Pitschas (Hrsg.), Reform des Verwaltungsverfahrensrechts, 1994, S. 83 (87 ff.); krit. zur bisherigen Typenarmut *Hoffmann-Riem*, Verwaltungsverfahren und VwVfG (Fn. 9), S. 30; für eine aufgabenbezogene Verfahrenstypologie auch *Pitschas*, Verwaltungsverantwortung (Fn. 1), S. 44 f.

[693] Ähnlich *Hoffmann-Riem*, Verwaltungsverfahren und VwVfG (Fn. 9), S. 35 f.: Zusammenschau von Aufgabe, Handlungsform und Intensität staatlicher Verantwortungsübernahme.

[694] Siehe auch *Schmidt-Aßmann*, Ordnungsidee, Kap. 6 Rn. 158 f.: Kommunikationsbeziehungen und Verfahrensrollen als strukturbestimmende Faktoren; *Matthias Ruffert*, Die Methodik der Verwaltungsrechtswissenschaft in anderen Ländern der Europäischen Union, in: Schmidt-Aßmann/Hoffmann-Riem (Hrsg.), Methoden, S. 165 (194): Wandel der Verwaltungsverständnisse in Richtung Kooperation und Kommunikation mit besonderer Bedeutung für das Verwaltungsverfahrensrecht.

[695] Siehe a. → Bd. I *Schulze-Fielitz* § 12.

[696] → Rn. 1, 131.

1. Ordnungsverfahren

162 Wie schon erwähnt, werden unter Ordnungsverfahren verschiedene Verfahrenstypen zusammengefasst. Gemeinsam ist ihnen, dass sie nicht der Leistungsverwaltung zuzurechnen sind, sondern im Bereich grundrechtlicher Freiheit **öffentliche Interessen durchsetzen oder kollidierende Privatinteressen ordnend in Ausgleich bringen.** Differenzierung erfordern insbesondere unterschiedliche Interessenstrukturen (bipolar oder multipolar) sowie die für die Kommunikations- und Kooperationsbedingungen relevanten Umstände der Verfahrenseröffnung (anlassbedingte Amtseröffnung, systematische Amtseröffnung, Antragstellung).

a) Anlassbedingte Eingriffsverfahren

163 Das Standardverfahren des VwVfG folgt weitgehend dem Typ des anlassbedingten Eingriffsverfahrens. Ziel des Verfahrens ist der Erlass einer einseitigen Maßnahme insbesondere in Gestalt einer Gefahrenabwehrverfügung, die aus einem konkreten Anlass (der Gefahr) ergeht und in die Rechte des Adressaten eingreift. Die Strukturmerkmale wurden im Zusammenhang mit dem Standardverfahren bereits im Detail dargelegt. Hier ist nur kurz festzuhalten, welche der **Merkmale des Standardverfahrens typprägend für anlassbedingte Eingriffsverfahren** sind:
- Verfahrenseröffnung in der Regel von Amts wegen;[697]
- betonte Amtsermittlung unter besonderer Wahrung des Verhältnismäßigkeitsgrundsatzes und der Unparteilichkeit der Verwaltung;[698]
- Anhörungspflicht, Akteneinsichtsrechte und Recht auf Beistand;
- Verwaltungsakt als Verfahrensabschluss;
- Bedeutung der Verwaltungsvollstreckung.

Eine spezielle Ausprägung erfahren anlassbedingte Eingriffsverfahren in förmlichen Verfahren, die wie z. B. Enteignungsverfahren auf besonders intensive Grundrechtseingriffe abzielen und deshalb erhöhte Anforderungen insbesondere an die Sachverhaltsaufklärung und Anhörung der Beteiligten stellen.

b) Systematische Aufsichtsverfahren

164 Ähnlich wie anlassbedingte Eingriffsverfahren führen systematische Aufsichtsverfahren häufig zu Eingriffsmaßnahmen der Verwaltung zur Wahrung öffentlicher Interessen. Anders als bei jenen Verfahren wird bei diesem Verfahrenstyp jedoch nicht auf einen konkreten außergewöhnlichen Anlass zur Verfahrenseröffnung abgestellt, sondern ein – allerdings oft unterschiedlich ausgestaltetes – systematisches Vorgehen vorgeschrieben, angeregt oder zumindest zugelassen. Im deutschen Recht lassen sich typbildende Strukturen und Probleme systematischer Aufsichtsverfahren anhand des praktisch besonders wichtigen **Steuerverfahrensrechts** aufzeigen.[699] Die **Notwendigkeit** eines systematischen Steuer-

---

[697] → Rn. 15 und → Rn. 16 zu entsprechenden Anregungen seitens privater Dritter oder anderer Behörden.
[698] Vgl. demgegenüber die verstärkten Mitwirkungspflichten, die zu einer lediglich nachvollziehenden Amtsermittlung führen, insbesondere im Rahmen von Antragsverfahren → Rn. 37 f.
[699] Verpflichtungen zu systematischen Aufsichtsverfahren existieren insbesondere im Unionsverwaltungsrecht. Hier werden die Mitgliedstaaten sekundärrechtlich verpflichtet, bestimmten syste-

D. Typenbildung im Verwaltungsverfahrensrecht

feststellungs- und Steuererhebungsverfahrens[700] **folgt aus dem Verfassungsrecht.** Das Bundesverfassungsgericht hat dies in seinen Urteilen zur Verfassungswidrigkeit der Zinsbesteuerung[701] und der Spekulationsgewinnbesteuerung[702] klar herausgearbeitet. Der festgestellte Verfassungsverstoß beruhte nicht auf einem Gleichheitsverstoß der materiellen Steuernormen, sondern auf strukturellen Vollzugsdefiziten, die zu einer tatsächlichen Belastungsungleichheit führten. Entscheidend war das auf Ineffektivität angelegte Steuererhebungsrecht. Das Gericht verpflichtet den Steuergesetzgeber also, materielle Steuergesetze in ein steuerverfahrensrechtliches Umfeld einzubetten, welches die Gleichheit der Belastung auch hinsichtlich des tatsächlichen Erfolgs zumindest prinzipiell gewährleistet. Es verweist insofern auf Verfahrensgestaltungen für andere Steuertypen, durch die ein strukturelles Vollzugsdefizit trotz der auch dort bestehenden Anreize für Steuerpflichtige zu unvollständigen Steuererklärungen vermieden wird.[703] Auch zeigt es Möglichkeiten einer veränderten Verfahrensgestaltung für die angegriffenen Steuertypen auf, die deren Verfassungsmäßigkeit durch systematische Verfahrensinstrumente sicherstellen könnten.[704]

Besonders effektiv im Sinne einer systematischen Erfassung der zu besteuernden Erträge sind das **Lohnsteuerabzugsverfahren** und das **Quellenbesteuerungsverfahren** bzgl. Kapitalerträgen. Beide sichern eine Mindestbesteuerung, reduzieren den Verwaltungsaufwand durch Indienstnahme Dritter (Arbeitgeber und Kreditinstitute) und stärken als Antragsverfahren[705] die Kooperationswilligkeit der Steuerpflichtigen, weil diese ggf. Steuererstattungen anstreben. Auf eine systematische Erfassung der Besteuerungsgrundlagen gerichtet ist aber auch das **reguläre Steuerveranlagungsverfahren,** wenngleich bei einzelnen Steuertypen die vorstehend angesprochenen Vollzugsprobleme auftreten. Diesbezüglich interessante Strukturelemente sind:

165

– Erklärungspflicht (Deklarationsprinzip), allerdings mit Anreizen zu unzutreffenden Angaben, weshalb Verifikationsinstrumente besonders wichtig sind;
– verstärkte Mitwirkungspflicht des Steuerpflichtigen in Gestalt von Bilanzpflichten und sonstigen Aufzeichnungspflichten sowie Aufbewahrungs-, Beschaffungs- oder Vorlagepflichten von Unterlagen (§§ 90, 93, 95, 97 AO);
– systematische Behördenkooperation durch Kontrollmitteilungen gemäß § 194 AO;
– Mitwirkungspflichten für Banken und andere Dritte;[706]

---

matischen Qualitätsstandards genügende Kontrollsysteme zu errichten, beispielsweise zur Überwachung der Selbstkontrolle durch Lebensmittelunternehmen oder der zweckentsprechenden Verwendung von Unionsbeihilfen im Agrarbereich oder aus den Kohäsionsfonds; hierzu → Rn. 21, 146; → Bd. II *Röhl*, § 30 Rn. 52.

[700] Unter Rechtsschutzaspekten müssen die beiden Verfahrensstufen der Steuerfestsetzung und der Steuererhebung klar voneinander getrennt werden (*Wolfgang Jakob*, Abgabenordnung: Steuerverwaltungsverfahren und finanzgerichtliches Verfahren, 5. Aufl. 2010, Rn. 115). In der hier eingenommenen systematischen Perspektive ist jedoch gerade ihr funktionales Zusammenwirken bedeutsam.

[701] *BVerfGE* 84, 239 ff.
[702] *BVerfGE* 110, 94 ff.
[703] *BVerfGE* 110, 94 (132 ff.).
[704] *BVerfGE* 84, 239 (278 ff.); 110, 94 (113 ff.).
[705] → Rn. 15, 17.
[706] Z. B. Sammelauskunftsersuchen, § 208 Abs. 1 S. 1 Nr. 3 AO; Mitteilungs- und Anzeigepflichten (§ 45 d Abs. 1 EStG: Banken bezüglich Kapitalerträgen und Freibeträgen; § 18 GrEStG: Anzeigepflicht

§ 28 Strukturen und Typen von Verwaltungsverfahren

– anlasslose Außenprüfung bei Gewinneinkünften;[707]
– Steuerfahndung, als allerdings eher ausnahmsweise eingesetztes Auffangverfahren.

166 Besonders diskussionswürdig sind die folgenden **Hemmnisse einer systematischen Steuerüberwachung,** die auch bei anderen systematischen Aufsichtsverfahren (Sozialleistungs- und Subventionskontrolle) in analoger Weise auftreten:
– Abgrenzung unzulässiger Ermittlungen „ins Blaue hinein" (oft als Rasterfahndungen bezeichnet) von zulässigen Ermittlungen aufgrund allgemeiner Erfahrungen, also der Möglichkeit einer Vollzugsdefizite reduzierenden allgemeinen Steuerüberwachung;[708]
– Reichweite des bestehenden **„Bankgeheimnisses"** gemäß § 30a AO[709] und verfassungsrechtliche Möglichkeiten und Grenzen zu dessen Einschränkung.[710]

c) Komplexe Kontrollgenehmigungsverfahren

167 Insbesondere von *Rainer Wahl*[711] wurden komplexe Genehmigungsverfahren als eigenständiger Verfahrenstyp identifiziert, der sich durch folgende, insbesondere im immissionsschutzrechtlichen Verfahren exemplarisch nachweisbare und überwiegend bereits vorstehend im Teil C. erläuterte Merkmale auszeichnet:
– Förmlichkeit;[712]
– Multipolarität mit besonderen Beteiligungsrechten für Betroffene, Interessenten[713] und weitere Behörden;[714]

---

für Notare; § 54 Einkommensteuer-Durchführungsverordnung [EStDV]: Anzeigepflicht für Notare bei Gesellschaftsumwandlungen u. ä.).

[707] § 193 Abs. 1 AO bezüglich gewerblichen, land- oder forstwirtschaftlichen Betrieben, s. auch § 199 Abs. 1 AO.

[708] Vgl. *Johanna Hey*, Vollzugsdefizit bei Kapitaleinkommen: Rechtsschutzkonsequenzen und Reformoptionen, DB 2004, S. 724 (725). Konkret geht es um die innerhalb des BFH umstrittene Auslegung des Merkmals „hinreichender Anlass", das bei unterschiedlichen steuerverfahrensrechtlichen Befugnissen (Auskunftspflicht des Beteiligten, Sammelauskunftsersuchen, Vorlage von Urkunden, Außenprüfung, Kontrollmitteilungen, Steuerfahndung) erfüllt sein muss; ausführlich hierzu *Christian Winterhoff*, Steuerverfahrensrecht und tatsächliche Belastungsgleichheit: Zur Verfassungswidrigkeit der Spekulationsgewinnbesteuerung, 2004, S. 41 ff., 67 ff., 75 ff., 80 ff., 95 ff., 107 ff.; s. ferner *Alexander v. Wedelstädt*, Sammelauskunftsersuchen: Zulässigkeit, Auswertung der Auskunft, Rechtsschutz, DB 2004, S. 948 ff.

[709] *Winterhoff*, Steuerverfahrensrecht (Fn. 708), S. 53 ff., 64, 84 ff., 96 f., 113 f.

[710] *Hey*, Vollzugsdefizit (Fn. 708), S. 725; *Erich Samson/Marc Langrock*, Der „gläserne" Bankkunde?: Automatisierter Abruf von Kontoinformationen und Grundrecht auf informationelle Selbstbestimmung, 2005; zur aktuellen Diskussion über den ab dem 1. 4. 2005 möglichen sog. Kontenabruf: *BVerfG*, NJW 2005, S. 1179 ff.; BMF-Anwendungserlass vom 10. 3. 2005, DStR 2005, S. 522 ff.; *Michael Sell*, Der Zugriff der Finanzverwaltung auf Kontostammdaten ab 1. 4. 2005 unter Berücksichtigung der Entscheidung des BVerfG vom 22. 3. 2005, DStR 2005, S. 717 ff.; *Alexander v. Wedelstädt*, Die Ergänzungen im Anwendungserlass zur Abgabenordnung durch das BMF-Schreiben vom 10. 3. 2005, DB 2005, S. 639 ff.

[711] Fehlende Kodifizierung der förmlichen Genehmigungsverfahren im Verwaltungsverfahrensgesetz, NVwZ 2002, S. 1192 (1194 f.); daran anschließend: *Burgi*, Verwaltungsverfahrensrecht (Fn. 20), S. 110; s. ferner: *Hans D. Jarass*, Das Gebot der Koordinierung konkurrierender Zulassungsverfahren, NVwZ 2009, S. 65 ff.

[712] § 10 Abs. 3 BImSchG: zwingende öffentliche Bekanntmachung; § 10 Abs. 4 BImSchG: Jedermannbeteiligung mit Erörterungstermin.

[713] § 10 Abs. 4 BImSchG; §§ 8 ff., 14 ff. der 9. BImSchV: Jedermannbeteiligung mit Erörterungstermin; s. allg. → Rn. 84 f.

[714] § 10 Abs. 5 BImSchG, § 11 der 9. BImSchV; s. allg. → Rn. 91 ff.

D. Typenbildung im Verwaltungsverfahrensrecht

– **Mitwirkungspflichten der Antragsteller und nachvollziehende Amtsermittlung;**[715]
– **Verfahrensstufung;**[716]
– teilweise formelle Konzentrationswirkung mittels „Leitverfahren und Leitgenehmigungen"[717] sowie
– **formelle und materielle Präklusion.**[718]

d) Quasi-judizielle Streitbeilegungsverfahren

Prägend für das US-amerikanische Verwaltungsverfahrensrecht ist die dem Gerichtsprozess angenäherte **„formal adjudication"**. Sie ist gekennzeichnet durch eine kontradiktorische Verfahrensstrukturierung zwischen Bürger und behördlichem Sachbearbeiter oder zwischen Privaten mit kollidierenden Interessen sowie die Prägung der Behördenentscheidung durch einen aus der üblichen Behördenhierarchie herausgelösten „administrative law judge".[719] Insbesondere das sich entwickelnde **Regulierungsverwaltungsrecht** hat zu Diskussionen über vergleichbare quasi-judizielle Verwaltungsaufgaben in Deutschland geführt.[720] Dementsprechend stellt sich die Frage nach dafür passenden Verfahrensstrukturen im Rahmen des deutschen Verwaltungsrechts und der deutschen Verwaltungskultur. Anhaltspunkte bieten das **Beschlusskammerverfahren** innerhalb der Bundesnetzagentur, der vielfältige Streitentscheidungs- und Streitbeilegungsaufgaben zugewiesen wurden.[721] Bemerkenswert ist insoweit die Diskussion über die Unabhängigkeit der Bundesnetzagentur insgesamt und der Beschlusskammermitglieder im Besonderen.[722] Wenig diskutiert wurde hingegen das spezifische Beschlusskammerverfahrensrecht. Die maßgeblichen Regulierungsgesetze bieten insoweit wenig Anhaltspunkte jenseits besonderer Ermittlungsbefugnisse und Anhörungspflichten.[723] Insbesondere bleibt die für das US-amerikanische Recht

168

---

[715] § 10 Abs. 1, 2 BImSchG; §§ 3 ff. der 9. BImSchV; allg. → Rn. 37 ff.

[716] §§ 8 ff. BImSchG; s. allg. → Rn. 102.

[717] § 13 BImSchG; s. allg. → Rn. 80; ferner: *Christian Calliess*, Integrierte Vorhabengenehmigung und Rechtsschutz im aktuellen Entwurf des UGB I, ZUR 2008, S. 343 ff.; *Klaus Schönenbroicher/Sascha Gregor*, Der Streit um das UGB I – Verfahrenskonzentrationen im Allgemeinen und Besonderen Verwaltungsrecht, NWVBl 2009, S. 329 ff.

[718] § 10 Abs. 3 BImSchG; s. allg. → Rn. 80 f.

[719] Zum Vorstehenden *Erath*, Förmliche Verwaltungsverfahren (Fn. 123), S. 55 ff., 142 ff.; *Fehling*, Unparteilichkeit (Fn. 91), S. 101 ff.

[720] *Martin Bullinger*, Regulierung als modernes Instrument zur Ordnung liberalisierter Wirtschaftszweige, DVBl 2003, S. 1355 (1359 f.).

[721] Exemplarisch aus dem Bereich der Telekommunikationsregulierung s. insbes. §§ 25; 38 Abs. 2, 4; 42 Abs. 4; 51; 124; 133 f. TKG. S. a. → Bd. I *Trute* § 6 Rn. 68.

[722] Die Einzelheiten sind streitig: *Christian Schmidt*, Von der RegTP zur Bundesnetzagentur: Der organisationsrechtliche Rahmen der neuen Regulierungsbehörde, DÖV 2005, S. 1025 ff.; *Johann-Christian Pielow*, Wie unabhängig ist die Netzregulierung im Strom- und Gassektor?, DÖV 2005, S. 1017 ff.; zur alten Rechtslage: *Bullinger*, Regulierung (Fn. 720), S. 1360; *Klaus Oertel*, Die Unabhängigkeit der Regulierungsbehörde nach §§ 66 ff. TKG: Zur organisationsrechtlichen Verselbständigung staatlicher Verwaltungen am Beispiel der Privatisierung in der Telekommunikation, 2000; *Jens-Peter Schneider*, Flexible Wirtschaftsregulierung durch unabhängige Behörden im deutschen und britischen Telekommunikationsrecht, ZHR, Bd. 164 (2000), S. 513 ff. S. a. → Bd. I *Eifert* § 19 Rn. 139 ff.; *Trute* § 6 Rn. 68, *Wißmann* § 15 Rn. 70.

[723] §§ 29; 33 f.; 127 ff.; 135 TKG; sie wurden i. Ü. mit dem TKG 2004 auch auf Entscheidungen außerhalb des Beschlusskammerverfahrens erstreckt, hierzu den Überblick bei *Elke Gurlitt*, Neurege-

bedeutsame Frage der Unabhängigkeit des „administrative law judge" von den behördlichen Fachabteilungen gesetzlich ungeregelt. In die Lücke springt die Geschäftsordnung der Bundesnetzagentur, die diesbezüglich aber vergleichbare Entflechtungen gerade nicht vorsieht, sondern vielmehr die Zusammenarbeit von Beschlusskammern und Fachabteilungen sicherstellt.[724] Dies wirft die grundsätzliche – hier nicht zu erörternde – Frage auf, ob es sich bei den Regulierungsverfahren tatsächlich um derartige quasi-judizielle Streitentscheidungsverfahren handelt. Nicht ohne Grund wird in der Literatur immer wieder der gestalterische Charakter der Regulierung dynamischer und komplexer Marktbeziehungen betont, was nicht nur besondere Beurteilungsspielräume der Bundesnetzagentur rechtfertigt, sondern auch entsprechende Verwaltungsverfahrensstrukturen erfordern könnte,[725] wie sie im nächsten Abschnitt angesprochen werden.

2. Gestaltungsverfahren

169 Wie mehrfach in diesem Beitrag betont,[726] übernimmt die moderne Verwaltung immer mehr gesetzlich schwach determinierte Gestaltungsaufgaben. Bei deren Bewältigung kommt den einschlägigen Verfahren unter dem Aspekt der demokratischen Verwaltungslegitimation eine zentrale kompensatorische Funktion zu. Dabei ist allerdings weiter zu differenzieren zwischen originären und nachvollziehenden Gestaltungsverfahren. Zusätzlich prägt sich seit einigen Jahren der Typus des gestaltenden **Auswahl- bzw. Verteilungsverfahrens** heraus.[727] Die Unterscheidung zwischen **originären und nachvollziehenden Gestaltungsverfahren** resultiert aus unterschiedlichen Verfahrensstrukturen, je nachdem ob die entscheidende Behörde eine allein ihr zugewiesene originäre Gestaltungsaufgabe erfüllt, wie bei der **administrativen Normsetzung** durch Bebauungspläne oder Rechtsverordnungen,[728] oder ob sie die Planungen eines Vorhabenträgers nachvollziehend mitgestaltet wie im Planfeststellungsverfahren.[729]

---

lungen des Verfahrens- und Prozessrechts im Regierungsentwurf zur Neufassung des TKG, K&R, Beilage 1/2004, S. 32 ff.; *Schneider*, Telekommunikation (Fn. 431), § 8 Rn. 92 ff.

[724] Siehe hierzu auch *Stefanie Neveling*, Die Bundesnetzagentur: Aufbau, Zuständigkeiten und Verfahrensweisen, ZNER 2005, S. 263 (265).

[725] Zuerst betont von *Karl-Heinz Ladeur*, Regulierung nach dem TKG, K&R 1998, S. 479 ff.; s. hierzu ausführlich auch *Pascale Liebschwager*, Gerichtliche Kontrolle administrativer Regulierungsentscheidungen im Telekommunikationsrecht, 2005, insbes. S. 218 ff., 260 ff.

[726] → Rn. 1, 131.

[727] Sie können hier nicht näher entfaltet werden; s. stattdessen grundlegend *Wollenschläger*, Verteilungsverfahren (Fn. 88); ferner → Bd. II *Röhl* § 30 Rn. 10 ff.; *Dominik Kupfer*, Die Verteilung knapper Ressourcen im Wirtschaftsverwaltungsrecht, 2005; *Christian Koenig*, Die öffentlich-rechtliche Verteilungslenkung: Grund und Grenzen einer Deregulierung am Beispiel der Vergabe von Konzessionen, Kontingenten und Genehmigungen zur unternehmerischen Nutzung öffentlich verwalteter Güter, 1994, S. 109 ff.; *Schmidt-Preuß*, Kollidierende Privatinteressen (Fn. 12), S. 392 ff.; *Voßkuhle*, Strukturen (Fn. 30), S. 290 ff.; *Jens-Peter Schneider*, Zur Ökonomisierung von Verwaltungsrecht und Verwaltungsrechtswissenschaft: Begriffsbildung und einführende Analyse ausgewählter Beispielsfälle, DV, Bd. 34 (2001), S. 317 (327 ff.); *ders.*, Telekommunikation (Fn. 431), § 8 Rn. 30 ff.

[728] → Bd. II *Hill/Martini* § 34 Rn. 1 ff., 18 ff., 26 ff., *Köck* § 37 Rn. 71 ff.; ausführlich *Marco Trips*, Das Verfahren der exekutiven Rechtsetzung, 2006; *Christoph Gößwein*, Allgemeines Verwaltungs(verfahrens)recht der administrativen Normsetzung, 2001; rechtsvergleichend *Hermann Pünder*, Exekutive Normsetzung in den Vereinigten Staaten von Amerika und der Bundesrepublik Deutschland, 1995.

[729] → Bd. II *Köck* § 37 Rn. 19; s. auch *Wahl/Hönig*, Fachplanungsrecht (Fn. 368), S. 162; *Werner Hoppe/Jan-Dirk Just*, Zur Ausübung der planerischen Gestaltungsfreiheit bei der Planfeststellung und Plangenehmigung, DVBl 1997, S. 789 ff.; *Markus Thiel*, Plangenehmigung und Planfeststellung: Das fach-

3. Verfahren der mehrstufigen Leistungsgestaltung

Verfahren der Leistungsverwaltung spielen vor allem, aber keineswegs ausschließlich in der sozialstaatlichen Leistungsverwaltung eine zentrale Rolle und unterscheiden sich von den Eingriffs- und Aufsichtsverfahren dadurch, dass hier das Verfahren nicht einem staatlichen Eingriff in die Rechtssphäre des (abwehrbestrebten) Betroffenen, sondern der Ermittlung des Vorliegens von Anspruchsvoraussetzungen oder der einzelfallbezogenen Konkretisierung von Leistungsansprüchen dient. Der Bürger ist dadurch grundsätzlich kooperationswilliger. Kooperationshindernisse folgen jedoch aus Anreizen für den Bürger, anspruchsgefährdende oder -vernichtende Umstände zu verheimlichen. **170**

In seiner grundlegenden Studie zum Sozialverfahrensrecht aus dem Jahre 1985 kommt *Thomas Simons* zu dem Ergebnis, dass sich dieses gegenüber dem traditionellen Eingriffsverfahrensrecht weniger durch seine soziale, bürgerfreundliche Umgestaltung als durch seine Einbindung in ein vielgestaltiges, **mehrstufiges** und auf Kooperation angelegtes **Gefüge der realen Leistungserbringung** auszeichnet.[730] Im Eingriffsverwaltungsrecht könnten Gegenstand und Rechtsform des Verwaltungshandelns in Gestalt des eingreifenden Verwaltungsakts und dem vorangegangenen rechtsförmlichen Verwaltungsverfahren als Einheit gelten. Im Leistungsverwaltungsrecht sei diese Einheit verloren gegangen. Dem formal geordneten Verfahren zwischen Leistungsträger und Gesichertem käme nur eine eingeschränkte Bedeutung zu. Mindestens ebenso bedeutsam seien die kooperativen und kaum formal geordneten Verfahren zwischen dem Gesicherten als Leistungsempfänger und den (unterschiedlichen, ggf. zusammenwirkenden) Leistungserbringern.[731] **171**

Zunächst ist festzuhalten, dass das **formelle Verwaltungsverfahrensrecht** im Sozialrecht durchaus **typbildende Modifikationen** erfährt. Allerdings bestehen diese nicht nur in einer sozialstaatlichen Umgestaltung,[732] sondern mindestens ebenso sehr in spezifisch leistungsrechtlichen Strukturelementen:[733] **172**
– grundsätzliche Antragsabhängigkeit von Sozialverfahren (§ 16 SGB I; § 19 SGB IV, § 115 SGB VI; § 33 SGB XI)[734] mit weitgehenden Mitwirkungspflichten gemäß §§ 60 ff. SGB I;[735]
– (sozialstaatlich) betonte Informations- und Beratungspflichten (§§ 14 f. SGB I)[736] inklusive Hilfen bei der Auswahl des zuständigen Leistungsträgers;[737]

---

planungsrechtliche Instrumentarium im Wandel?, VR 2001, S. 295 ff.; *Rainer Wahl*, Genehmigung und Planungsentscheidung: Überlegungen zu zwei Grundmodellen des Verwaltungsrechts und zu ihrer Kombination, DVBl 1982, S. 51 ff.
[730] *Simons*, Verfahren im Sozialrecht (Fn. 632), S. 583 ff.; s. auch → Rn. 141 ff.
[731] *Simons*, Verfahren im Sozialrecht (Fn. 632), S. 588 f.
[732] *Simons*, Verfahren im Sozialrecht (Fn. 632), S. 586 f. betont überzeugend, dass sich das Sozialrecht im modernen Wohlfahrtsstaat längst von seinen Wurzeln als Armeleuterecht gelöst habe, sondern es zentral um die effiziente Ausführung von (sozialen) Leistungsaufträgen ginge.
[733] Zum Vergleich VwVfG/SGB X s. auch *Bielefeld*, Verfahrensrecht des SGB X (Fn. 243).
[734] *Dörr/Francke*, Sozialverwaltungsrecht (Fn. 308), Kap. 11 Rn. 36 f., 46; *Schaaf*, Das sozialrechtliche Verwaltungsverfahren (Fn. 216), Rn. 42 ff.; *Simons*, Verfahren im Sozialrecht (Fn. 632), S. 585: Unklarheiten bezüglich der Zulässigkeit der Verfahrenseröffnung von Amts wegen.
[735] Hierzu *Dörr/Francke*, Sozialverwaltungsrecht (Fn. 308), Kap. 11 Rn. 88, 93, 96 ff.; s. auch *Schaaf*, Das sozialrechtliche Verwaltungsverfahren (Fn. 216), Rn. 53.
[736] *Dörr/Francke*, Sozialverwaltungsrecht (Fn. 308), Kap. 10 Rn. 16 ff.; *Schaaf*, Das sozialrechtliche Verwaltungsverfahren (Fn. 216), Rn. 88 f.

– betonte Nichtförmlichkeit des Sozialverfahrens (Auflösung formaler Strenge)[738] mit einem großzügigen Zuständigkeitsbegriff,[739] Weiterleitungspflichten im Fall einer Antragstellung bei einem unzuständigen Leistungsträger (§ 16 SGB I)[740] oder gar vorläufiger Leistungserbringung bei Zuständigkeitsunklarheiten durch einen Leistungsträger mit interner Erstattung durch den letztlich zuständigen Träger;[741]
– vorläufige Leistungserbringung zur Vermeidung von Notlagen durch Verfahrensdauer;[742]
– Kostenfreiheit der Sozialverfahren;[743]
– (informelle) Einbeziehung von Leistungserbringern als Verfahrenshelfer in die Verfahren mit den Leistungsträgern;
– Tendenz zur Objektivierung der Entscheidungsgrundlagen durch sachverständige Begutachtung[744] und besondere Regeln zur Unbefangenheit von Gutachtern.[745]

4. Vertragsverfahren

173 *Hans C. Röhl* hat in seiner Habilitationsschrift überzeugend die Besonderheit von Verwaltungsverträgen in ihrer asymmetrischen Struktur aufgrund der Gemeinwohlbindung der Verwaltung identifiziert.[746] Während allerdings das Standardverfahren des VwVfG von der Verfahrensherrschaft der Behörde ausgeht und deren Willensbildung in ihren außenrechtlichen Aspekten strukturiert, ist ein Vertrag das Ergebnis gemeinsamer Willensbildung. Dies führt zu einem **Kommunikationsprozess ganz eigener Art,** der prinzipiell aus sich heraus die Rechte des Vertragspartners der Behörde wahrt und die gemeinwohlverpflichtete Willensbildung der Behörde überlagert. In das Zentrum des rechtsstaatlichen und demokratischen Schutzauftrags des Verfahrensrechts rücken Belange Dritter und der Allgemeinheit, damit die Verhandlungsdynamik nicht zu deren Lasten wirkt.[747] Einen wesentlichen Baustein hierzu stellen innerhalb der Verwaltung erstellte Vertragskonzepte zur Steuerung der Vertragsverwaltung durch übergeordnete Einheiten dar. Sie ermöglichen eine transparente Vorbereitung der Auswahl der Vertragspartner, dienen der Bedarfsklärung und damit der Effizienz

---

[737] *Schaaf*, Das sozialrechtliche Verwaltungsverfahren (Fn. 216), Rn. 25. Hierzu allg. → Bd. II *Gusy* § 23 Rn. 38.

[738] *Schaaf*, Das sozialrechtliche Verwaltungsverfahren (Fn. 216), Rn. 27 u.a. zu allgemeinverständlichen Antragsvordrucken; *Simons*, Verfahren im Sozialrecht (Fn. 632), S. 300 ff., 352: in Deutschland allerdings nur eingeschränkte Folgenlosigkeit von fehlerhaftem Verfahrenshandeln der Beteiligten; allg. *Dörr/Francke*, Sozialverwaltungsrecht (Fn. 308), Kap. 11 Rn. 15 ff.

[739] *Schaaf*, Das sozialrechtliche Verwaltungsverfahren (Fn. 216), Rn. 43.

[740] *Schaaf*, Das sozialrechtliche Verwaltungsverfahren (Fn. 216), Rn. 44.

[741] *Schaaf*, Das sozialrechtliche Verwaltungsverfahren (Fn. 216), Rn. 20.

[742] Hierzu und zu damit verknüpften Problemen: *Simons*, Verfahren im Sozialrecht (Fn. 632), S. 263 ff., 353 f.; *Dörr/Francke*, Sozialverwaltungsrecht (Fn. 308), Kap. 11 Rn. 44, 52; Kap. 8 Rn. 9, 10, 53, 58, 81 ff.; *Schaaf*, Das sozialrechtliche Verwaltungsverfahren (Fn. 216), Rn. 20.

[743] *Simons*, Verfahren im Sozialrecht (Fn. 632), S. 283 ff., 352; *Dörr/Francke*, Sozialverwaltungsrecht (Fn. 308), Kap. 11 Rn. 80 ff.

[744] *Simons*, Verfahren im Sozialrecht (Fn. 632), S. 249 ff., 586.

[745] *Schaaf*, Das sozialrechtliche Verwaltungsverfahren (Fn. 216), Rn. 49.

[746] *Hans C. Röhl*, Verwaltung durch Vertrag (MS), § 6. A. II. Zum Verwaltungsvertrag → Bd. II *Bauer* § 36.

[747] *Röhl*, Vertrag (Fn. 746), § 6. A. II.; *Schneider*, Kooperative Verwaltungsverfahren (Fn. 12), S. 38 ff.

und Effektivität des konsensualen Verwaltungshandelns und sollen des Weiteren die Gleichbehandlung unterschiedlicher Vertragspartner oder Vertragsbewerber sichern.[748] Besondere Bedeutung kommt dem Drittschutz im Vertragsverfahren zu. Die einschlägige Regelung in § 58 Abs. 1 VwVfG mit ihren erheblichen rechtsdogmatischen Unsicherheiten hat allerdings zu intensiven rechtspolitischen Diskussionen über Alternativen geführt.[749] Gleiches gilt aber auch hinsichtlich der primär materiellrechtlichen Aspekte des Bestimmtheits- und Kopplungsverbots gemäß § 56 VwVfG zum Schutz des privaten Vertragspartners[750] und der weitreichenden und rigiden Anordnung der Nichtigkeitsfolge, die als wesentliches Hemmnis für die Nutzung des öffentlich-rechtlichen Vertrags gilt.[751]

Ausgewählte Literatur

Berg, Wilfried, Die Rechtssprechung zum Verwaltungsverfahrensrecht seit 1998, JZ 2005, S. 1039–1047.
Bettermann, Karl A., Das Verwaltungsverfahren, VVDStRL, Bd. 17 (1959), S. 118–182.
Bonk, Heinz J., Strukturelle Änderungen des Verwaltungsverfahrens durch das Genehmigungsverfahrensbeschleunigungsgesetz, NVwZ 1997, S. 320–330.
Martin Burgi, Verwaltungsverfahrensrecht zwischen europäischem Umsetzungsdruck und nationalem Gestaltungswillen, JZ 2010, S. 105–112.
Ehlers, Dirk, Rechtsprechungsanalyse – Das Verwaltungsverfahrensgesetz im Spiegel der Rechtsprechung der Jahre 1998–2003, DV, Bd. 37 (2004), S. 255–292.
Fehling, Michael, Verwaltung zwischen Unparteilichkeit und Gestaltungsaufgabe, Tübingen 2001.
Fisahn, Andreas, Demokratie und Öffentlichkeitsbeteiligung, Tübingen 2002.
Groß, Thomas, Das Kollegialitätsprinzip in der Verwaltungsorganisation, Tübingen 1999.
Hattstein, Ulrich, Verwaltungsrechtliche Betreuungspflichten, Stuttgart 1999.
Hill, Hermann, Das fehlerhafte Verfahren und seine Folgen im Verwaltungsrecht, Heidelberg 1986.
Jochum, Heike, Verwaltungsverfahrensrecht und Verwaltungsprozeßrecht: Die normative Konnexität von Verwaltungsverfahrens- und Verwaltungsprozeßrecht und die Steuerungsleistung des materiellen Verwaltungsrechts, Tübingen 2004.
Kahl, Wolfgang, Grundrechtsschutz durch Verfahren in Deutschland und in der EU, VerwArch, Bd. 95 (2004), S. 1–37.
Kischel, Uwe, Die Begründung: Zur Erläuterung staatlicher Entscheidungen gegenüber dem Bürger, Tübingen 2003.
Masing, Johannes, Die Mobilisierung des Bürgers für die Durchsetzung des Rechts: Europäische Impulse für eine Revision der Lehre vom subjektiv-öffentlichen Recht, Berlin 1997.
Pitschas, Rainer, Verwaltungsverantwortung und Verwaltungsverfahren: Strukturprobleme, Funktionsbedingungen und Entwicklungsperspektiven eines konsensualen Verwaltungsrechts, München 1990.
Pünder, Hermann, „Open Government leads to Better Government" – Überlegungen zur angemessenen Gestaltung von Verwaltungsverfahren, NuR 2005, S. 71–79.
Röhl, Hans C./Ladenburger, Clemens, Die materielle Präklusion im raumbezogenen Verwaltungsrecht, Berlin 1997.
Schaaf, Michael, Das sozialrechtliche Verwaltungsverfahren, Baden-Baden 1998.
Schmidt-Aßmann, Eberhard, Der Verfahrensgedanke in der Dogmatik des öffentlichen Rechts, in: Peter Lerche/Walter Schmitt Glaeser/Eberhard Schmidt-Aßmann (Hrsg.), Verfahren als staats- und verwaltungsrechtliche Kategorie, Heidelberg 1984, S. 1–34.

---

[748] In der Systematik von Teil C. sind sie dem inneren Verfahren zuzuordnen; → Rn. 104 ff.
[749] *Röhl,* Vertrag (Fn. 746), § 6 C. III.; ferner *Ziekow,* Kooperationsverhältnisse (Fn. 499), S. 46 ff.; siehe auch *Heribert Schmitz,* Die Verträge sollen sicherer werden: Zur Novellierung der Vorschriften über den öffentlich-rechtlichen Vertrag, DVBl 2005, S. 17 (23).
[750] *Ziekow,* Kooperationsverhältnisse (Fn. 499), S. 41 f; *Schmitz,* Verträge (Fn. 749), S. 22.
[751] *Röhl,* Vertrag (Fn. 746), § 7 E. III.; ferner *Ziekow,* Kooperationsverhältnisse (Fn. 499), S. 49 ff; *Schmitz,* Verträge (Fn. 749), S. 23 f.

Schmidt-Preuß, Matthias, Gegenwart und Zukunft des Verfahrensrechts, NVwZ 2005, S. 489–496.
Schneider, Jens-Peter, Nachvollziehende Amtsermittlung bei der Umweltverträglichkeitsprüfung: Zum Verhältnis zwischen dem privaten Träger des Vorhabens und der zuständigen Behörde bei der Sachverhaltsermittlung nach dem UVPG, Berlin 1991.
– Kooperative Verwaltungsverfahren: Problemebenen der Kooperation in multilateralen Interessenstrukturen, aufgezeigt am Beispiel von Nachvollziehender Amtsermittlung, Vorhaben- und Erschließungsplan sowie Konfliktmittlung, VerwArch, Bd. 87 (1996), S. 38–67.
– Verwaltungsrechtliche Instrumente des Sozialstaates, VVDStRL, Bd. 64 (2005), S. 238–268.
– Innovationsverantwortung in Verwaltungsverfahren, in: Martin Eifert/Wolfgang Hoffmann-Riem (Hrsg.), Innovationsverantwortung, Berlin 2009, S. 287–301.
Schoch, Friedrich, Der Verfahrensgedanke im allgemeinen Verwaltungsrecht: Anspruch und Wirklichkeit nach 15 Jahren VwVfG, DV, Bd. 25 (1992), S. 21–53.
Wahl, Rainer, Verwaltungsverfahren zwischen Verwaltungseffizienz und Rechtsschutzauftrag, VVDStRL, Bd. 41 (1983), S. 151–192.
Walter, Christian, Internationalisierung des deutschen und Europäischen Verwaltungsverfahrens- und Verwaltungsprozessrechts – am Beispiel der Aarhus-Konvention, EuR 2005, S. 302–338.
Ziekow, Jan, Von der Reanimation des Verfahrensrechts, NVwZ 2005, S. 263–267.
–/*Siegel, Thorsten,* Gesetzliche Regelungen der Verfahrenskooperation von Behörden und anderen Trägern öffentlicher Belange: Empirische Untersuchungen mit rechtlichen Einführungen, Speyer 2001.
–/*Windoffer, Alexander/Oertel, Martin-Peter,* Evaluation von Regelungen zur Beschleunigung von Genehmigungsverfahren, DVBl 2006, S. 1469–1477.

§ 29 Beteiligung, Partizipation und Öffentlichkeit

Helge Rossen-Stadtfeld

Übersicht

	Rn.		Rn.
A. Beteiligung und Partizipation	1	2. Beteiligung als Interessenverfolgung	47
I. Information über Fakten, Perspektiven und Interessen	5	a) Das Interesse: Begriff, Funktion, Entfaltung	48
1. Informationelle Beteiligung als Verfassungserwartung, kooperativer Prozess und Verfahrensbestandteil	6	b) Geltendmachung und Klärung	51
		c) Öffentlich wirksame und organisierte Interessen	53
a) Programmierung und Legitimation der Verwaltung	7	d) Verfahrensrecht als Beteiligungsverfassung	55
b) Programmproduktion und Verwaltungspolitik	8	e) Private und öffentliche Interessen	56
c) Demokratiebezüge informationeller Beteiligung	9	f) Das Gemeinwohl	60
d) Beteiligung als Kooperationsprozess	11	g) Interessenbestimmung und Interessenentscheidung	63
2. Beteiligtenstellung und Beteiligungsformen	13	III. Demokratische Partizipation	65
a) Betroffenheit	17	1. Beteiligung und Partizipation	65
b) Die Ausgestaltung der Beteiligtenstellung	20	2. Partizipationsformen	69
		3. Das demokratische Potential der Partizipation	70
3. Kooperations- und Kommunikationslasten, Einflussnahme und Vermachtung, chancengleiche Beteiligung	25	B. Öffentlichkeit im Verwaltungsrecht	72
		I. Öffentlichkeit als Rechtsbegriff	73
a) Kommunikationslasten: Grund und Grenzen	27	1. Formen, Funktionen, Typik	73
		2. Das normative Leitbild	76
b) Kommunikationschancen und Vermachtungsgefahren	29	3. Verfassungsrechtliche Entwicklungsvorgaben und Grenzen	78
c) Chancengleiche Kommunikationsteilhabe?	32	a) Demokratische Bezüge	79
		b) Rechtsstaatliche Bezüge	81
d) Ausweitung und Beteiligung	34	c) Grenzen der Öffentlichkeit	83
II. Beteiligung als Mittel der Rechts- und Interessenverfolgung	35	4. Akteure, Foren, Funktionen	88
1. Die Rechtsschutzdimension	35	a) Verwaltungsöffentlichkeit ohne Subjekt	89
a) Verwaltungsinterner Rechtsschutz (1): Rekursverfahren	36	b) Öffentlichkeit als Kommunikationszusammenhang	92
b) Verwaltungsinterner Rechtsschutz (2): das Verwaltungsverfahren	39	II. Öffentlichkeit des Verwaltungshandelns	95
c) Rechtsschutz und Gestaltung	40	III. Öffentlichkeit als Zugangsoffenheit der Verwaltung	99
d) Die Verwirklichung des Verfahrensrechtsschutzes: Substantiierung des subjektiven Rechts	41	IV. Das Grundrecht auf Informationszugang	102
		V. Politisierung, Anregung und Kritik	104
		Leitentscheidungen	
		Ausgewählte Literatur	

A. Beteiligung und Partizipation

1 Die verwaltungsrechtlichen **Begriffe der Beteiligung und der Partizipation** haben einen weiten Gegenstandsbereich. Sie erfassen vielfältige Rechtsformen der Begegnung zwischen staatlicher Verwaltung und nichtstaatlichen gesellschaftlichen Akteuren idealtypisch[1] und unterscheiden sie von anderen Formen des Kontakts zwischen Staat und Gesellschaft. In der Form der Beteiligung von natürlichen Personen, Organisationen oder Vereinigungen am Verwaltungsverfahren erreicht dieser Kontakt seine größte Dichte. Beziehungen mit partizipatorischer Prägung sind eine jüngere, noch in der Entwicklung befindliche Erscheinung und dementsprechend weniger verbreitet. Die klassische, inzwischen freilich als ergänzungsbedürftig erkannte, **Grundfunktion der Beteiligung** ist darauf gerichtet, dem Entscheidungsprozess der Verwaltung die Informationsgrundlage[2] zu vermitteln, ohne die keine rechtmäßige, effektive und effiziente Entscheidung ergehen kann. **Moderne Partizipationsregelungen** verfolgen ein weiterreichendes Ziel. Nichtstaatlichen Akteuren soll die Teilhabe an der Verfahrensgestaltung und Entscheidung ermöglicht werden. Neben die Sicherung des Rechtsstaats tritt das Anliegen demokratischer Optimierung. Die Praxisformen der Beteiligung und Partizipation bedürfen der rechtlichen Strukturierung. Erst in solchen Strukturen kann der Versuch unternommen werden, diese häufigsten und intensivsten Beziehungen zwischen Staat und Gesellschaft zum Gegenstand rechtlicher Feinsteuerung zu machen.

2 Hinzu kommt, dass die Verwaltung des modernen Rechtsstaats ihre gesellschaftlichen Umwelten nicht nur als bloße Zielbereiche einer lenkenden, leistenden oder sonst gestaltenden Einwirkung begreifen kann. Dem stehen übergeordnete rechtliche, insbesondere grundrechtliche und demokratiesichernde Maßgaben, daneben aber auch tatsächliche **Rahmenbedingungen der Verwaltungstätigkeit** entgegen. Der Staat hat hier zum einen ein gesellschaftliches Autonomiepotential und Selbstbestimmungsvermögen zu achten, das rechtlich zugleich vorausgesetzt wie geschützt ist.[3] Zum anderen muss er um des Erfolgs seiner Verwaltungsvorhaben willen dem Umstand Rechnung tragen, zunehmend auf die entgegenkommende Kontaktbereitschaft und -fähigkeit nichtstaatlicher gesellschaftlicher Akteure angewiesen zu sein. Die in den Begriffen der Beteiligung und der Partizipation bezeichneten Rechtsformen sollen diesen Akteuren Möglichkeiten und Motive vermitteln, sich aus einem bloßen Objektstatus zu lösen; im Bereich der Partizipation geht dies bis zu der Eröffnung von Mitentscheidungsmöglichkeiten.[4]

---

[1] Zum Typusbegriff *Max Weber*, Wirtschaft und Gesellschaft, 5. Aufl. 1980, S. 2f., 4, 10; *ders.*, Die „Objektivität" sozialwissenschaftlicher und sozialpolitischer Erkenntnis (1904), in: *ders.*, Schriften zur Wissenschaftslehre, 1991, insbes. S. 73 ff.
[2] Vgl. a. → Bd. II *Schmidt-Aßmann* § 27 Rn. 1.
[3] *Rainer Pitschas*, Verantwortungskooperation zwischen Staat und Bürgergesellschaft. Vom hierarchischen zum partnerschaftlichen Rechtsstaat am Beispiel des Risikoverwaltungsrechts, in: Karl-Peter Sommermann/Jan Ziekow (Hrsg.), Perspektiven der Verwaltungsforschung, 2002, S. 222 (235 ff. u. öfter m. w. N.).
[4] → Rn. 65, 67, 70.

A. Beteiligung und Partizipation

Beteiligung und Partizipation sind rechtsdogmatische Konstruktionen mit Anschubfunktion. Die Verfahrensbeteiligten werden implizit angehalten, ihre eigene Problemwahrnehmung und Weltsicht schon in das frühe „Framing"[5] des Verwaltungsverfahrens einzubringen. Sie sollen sich dort als selbstbewusste Träger eigener Rechte und Interessen entdecken und organisieren. Sie sollen der Verwaltung gegenüber auf die Anerkennung als mitgestaltende Partner in einem Verhältnis hinwirken, für das sich inzwischen der – freilich unscharfe und zu schwärmerischer, unpolitischer, macht- wie rechtsvergessener Darstellung verführende – Begriff der „Kooperation" durchgesetzt hat.[6] Regelungen zur Beteiligung und Partizipation kommt nicht nur eine **bereitstellende,** sondern auch eine **appellative, motivierende** und **aktivierende**[7] **Funktion** zu. So könnten sie zu wichtigen Bestandteilen eines noch auszuarbeitenden „Verwaltungskooperationsrechts" werden.[8] Hinzu tritt die Funktion der **Kontrolle** der Verwaltung, für die eine betroffene oder die allgemeine Öffentlichkeit aktiviert werden soll.[9] Insgesamt erschließen die Funktionen der Information, Teilhabe und Kontrolle eine besondere Dimension gesellschaftlicher Entwicklung: Auch im Verwaltungsverfahren kann die „Zivilgesellschaft" als notwendiges Gegenüber der modernen staatlichen Verwaltung zu sich selbst finden; die Möglichkeit hierzu ist vor allem in den Formen der partizipativen Beteiligung eröffnet, aber nicht nur dort. Ein Verfahrensrecht, dessen Auslegung und Anwendung sich der zunehmenden *wechselseitigen* Angewiesenheit von Staat und Gesellschaft öffnen will, wird auch darauf hinzuwirken haben, dass die Möglichkeit zivilgesellschaftlicher Selbstfindung und -ermächtigung produktiv verwirklicht wird.[10]

3

---

[5] Dazu, einen Vorschlag von *Erving Goffman* fortführend, *Anthony Giddens,* Die Konstitution der Gesellschaft, 1992, S. 141 f.

[6] Der Begriff wird deshalb auch hier verwendet. Frühe und weitsichtige Versuche der konzeptionellen Erschließung des Kooperationsverhältnisses finden sich bei *Herbert Krüger,* Allgemeine Staatslehre, 2. Aufl. 1966, S. 612 ff., und *Ernst Forsthoff,* Lehrbuch des Verwaltungsrechts, Bd. 1, Allgemeiner Teil, 10. Aufl. 1973, S. 74; aus der mittlerweile unüberschaubaren Literatur vgl. dann etwa *Ernst-Hasso Ritter,* Der kooperative Staat. Bemerkungen zum Verhältnis von Staat und Wirtschaft, AöR, Bd. 104 (1979), S. 389 ff.; *Wolfgang Hoffmann-Riem,* Selbstbindungen der Verwaltung, VVDStRL, Bd. 40 (1982), S. 187 ff.; *Carl Böhret,* Verwaltungspolitik als Reaktion auf gesellschaftliche Bindungen und politische Freiräume der Verwaltung, in: ders./Heinrich Siedentopf, (Hrsg.), Verwaltung und Verwaltungspolitik, 1983, S. 31 ff., 42 ff.; *Arthur Benz,* Kooperative Verwaltung, 1994, S. 13 ff., 23 ff.; *Rainer Pitschas,* Verwaltungsverantwortung, 1990, S. 285; *Helge Rossen,* Vollzug und Verhandlung, 1999, S. 5 Fn. 19, S. 130 ff., 290 ff. Auch in der jüngeren Lit. wird der Kooperationsbegriff gelegentlich nicht genau genug gefasst und daraufhin mit überschießend positiven Konnotationen verwendet, so bei *Florian Becker,* Kooperative und konsensuale Strukturen der Normsetzung, 2005, dort insbes. S. 55 ff., 64 ff. In diskursgeschichtlicher Perspektive *Anna-Bettina Kaiser,* Die Kommunikation der Verwaltung, 2009, § 9 (S. 218 ff.). → Bd. I *Schulze-Fielitz* § 12 Rn. 66 ff.

[7] Zum Konzept des „aktivierenden Staats" *Gunnar Folke Schuppert,* Verwaltungswissenschaft, 2000, S. 920 ff., 924 ff., 987 ff. → Bd. I *Voßkuhle* § 1 Rn. 63 f.

[8] Dessen Funktionen bei *Pitschas,* Verantwortungskooperation (Fn. 3), S. 240 f., 248 ff. m. w. N., skizziert werden.

[9] Zur Öffentlichkeitskontrolle vgl. → Bd. III *Scherzberg* § 49.

[10] Allzu großer Optimismus ist hier nicht veranlasst, zu Perspektiven und Problemen *Helge Rossen-Stadtfeld,* Kontrollfunktion der Öffentlichkeit – ihre Möglichkeiten und ihre (rechtlichen) Grenzen, in: Schmidt Aßmann/Hoffmann-Riem (Hrsg.), Verwaltungskontrolle, S. 117 (140 ff., 165 ff.); *Günther Frankenberg,* Die Verfassung der Republik, 1996, S. 201 ff.; *Christian Quabeck,* Dienende Funktion des Verwaltungsverfahrens und Prozeduralisierung, 2010, S. 185 ff.

4   Ein zeitgemäßer **Begriff des „Beteiligten"** (§ 13 VwVfG des Bundes und der Länder) muss jedenfalls die zunehmende Überformung des Verwaltungsverfahrensrechts durch eine kooperationsgeneigte Funktionsbestimmung[11] widerspiegeln. Der Beteiligte steht nicht mehr als „Untertan" in einer hierarchischen Beziehung zur hoheitlich auftretenden Staatsverwaltung, der er verfahrenserhebliche Informationen zu liefern hat, um im Übrigen in den Rollen eines Adressaten der einseitigen Verwaltungsentscheidung oder des Empfängers einer staatlichen Gewährung bzw. Zuwendung zu verharren. Das positive Verfahrensrecht fasst ihn schon begrifflich als einen Partner ins Auge, der mit der Verwaltung konstruktiv auf die Förderung des Verfahrensgegenstands hinwirken, dieser Verwaltung insoweit also funktional gleichgestellt und gleichverpflichtet sein soll.[12] In seiner Ausprägung durch das geltende Verwaltungsverfahrensrecht meint der Begriff der Beteiligung Einbindung in das Verfahrensvorhaben und Befassung mit dem Verfahrensgegenstand, nicht Unterwerfung unter einen hoheitlichen Verfahrensbetrieb.

I. Information über Fakten, Perspektiven und Interessen

5   Allerdings weist das Verfahrensrecht der Beteiligtenstellung zunächst eine dienende Funktion zu. Als Beteiligte übernehmen die nichtstaatlichen Akteure im Verwaltungsverfahren Mitverantwortung dafür, dass die für das Verfahren wichtigen Informationen zur Verfügung stehen. Durchaus ist hier schon eine „Bürgerverantwortung" angerufen, die neben die längst als vielfach bedingt und begrenzt erkannte[13] staatliche Informationsverantwortung tritt und im Zuge des Rückbaus staatlicher Verantwortlichkeit immer wichtiger wird.[14] Sie erstreckt sich zum einen auf die **Tatsachengrundlagen** des Verwaltungsvorhabens, zum anderen auf die Abklärung der **Perspektiven,** in denen die Beteiligten das Vorhaben beobachten, sowie der **Interessen,** die sie in das Vorhaben einbringen. Auch eine konzeptionell nur dienende Beteiligung tendiert freilich stets dazu, diese Beschränkung zu überwinden, letztlich ihren instrumentellen Charakter überhaupt aufzuheben. Je wichtiger die Daten, die von den Beteiligten in das Verwaltungsverfahren einzubringen sind, für die Informationsgrundlage des Verfahrens werden[15] und je häufiger über Umfang und Art der in das Verfahren

---

[11] Vgl. *Jens-Peter Schneider*, Kooperative Verwaltungsverfahren, VerwArch, Bd. 87 (1996), S. 38 ff.

[12] *Hufen*, Fehler, Rn. 158; *Hans Meyer*, in: ders./Hermann Borgs-Maciejewski, Verwaltungsverfahrensgesetze, 2. Aufl. 1982, § 11 Rn. 1.

[13] *Peter Collin/Indra Spieker gen. Döhmann*, Einleitung, in: dies. (Hrsg.), Generierung und Transfer staatlichen Wissens im System des Verwaltungsrechts, 2008, S. 3 (19 m.w.N.); zu einer wichtigen Konsequenz – Ausbau der Beteiligungsmöglichkeiten Dritter – → Bd. I *Eifert* § 19 Rn. 35 f.

[14] *Walter Berka*, Bürgerverantwortung im demokratischen Verfassungsstaat, VVDStRL, Bd. 55 (1996), S. 48 ff.; über Verantwortung grundlegend und mit wichtigen Präzisierungen – etwa: Verantwortungs*gemeinschaft* bzw. *Mit*verantwortung statt Verantwortungs*teilung* – *Pitschas*, Verwaltungsverantwortung (Rn. 6), S. 275 ff., 280 f. sowie ders., Verantwortungskooperation (Fn. 3), 235 ff., 238 f.

[15] Die Information ist der bestimmte Sinn, der dem Datum erst noch gegeben werden muss, vgl. *Marion Albers*, Die Komplexität verfassungsrechtlicher Vorgaben für das Wissen der Verwaltung. Zugleich ein Beitrag zur Systembildung im Informationsrecht, in: Spieker gen. Döhmann/Collin (Hrsg.), Staatliches Wissen (Fn. 13), S. 50 (54 ff.); *Otfried Baller*, Informationsgesellschaft – eine Mogelpackung? – Zur Notwendigkeit eines Grundrechts auf Information, ebd., S. 33 ff.; ausführlich *Wolfgang Steinmüller*, Informationstechnologie und Gesellschaft – Einführung in die angewandte In-

A. Beteiligung und Partizipation

einzubringenden „gesellschaftlichen" Daten zwischen Verwaltung und sonstigen Beteiligten verhandelt werden muss, desto deutlicher tritt in der Verfügung über diese Daten auch das Moment der **Herrschaft über den Verfahrensgegenstand** zutage.[16] Die Dogmatik eines Verwaltungsverfahrensrechts, das eine nichthierarchische, in wechselseitiger Angewiesenheit, Mitverantwortung und produktiver Zusammenarbeit gründende Beziehung zwischen Staat und Gesellschaft zu verfassen sucht, wird dem Rechnung tragen müssen. Eine solche Dogmatik wird die Vorstellung der einseitigen (staatlichen) Herrschaft über den Verfahrensgegenstand aufgeben. Sie wird die dienende Funktion informationeller Beteiligung ersetzen durch eine **gemeinsam wahrzunehmende Verantwortung** für die Informationsgrundlagen des Verwaltungsprojekts, die sich in Beibringungs-, Abklärungs- und Einstandspflichten entfaltet.

1. Informationelle Beteiligung als Verfassungserwartung, kooperativer Prozess und Verfahrensbestandteil

Dem **Demokratieprinzip** des Grundgesetzes (Art. 20 Abs. 2 und 3 GG) sind Vorgaben für die Programmierung und Legitimation der Verwaltungstätigkeit zu entnehmen. Diese Vorgaben vermitteln auch der informationellen Beteiligung am Verwaltungsverfahren eine verfassungsrechtliche Grundlage.[17]

a) Programmierung und Legitimation der Verwaltung

Art. 20 Abs. 2 und 3 GG erfasst die Verwaltung als einen Handlungs- und Entscheidungszusammenhang, in dem staatliche Herrschaft ausgeübt wird. Die Ordnung dieses Zusammenhangs muss deshalb sicherstellen, dass die von ihr geprägte Herrschaft durchgängig auf einem **„Legitimationsniveau"**[18] ausgeübt wird, das den Anforderungen des Demokratieprinzips genügt. Dabei verschränken sich institutionell-organisatorische, verfahrensbezogene und materiell-inhaltliche Sicherungen, personelle und sachliche Zurechnungswege sowie institutionelle und funktionelle Legitimationsformen,[19] damit die von der Verfassung vorausgesetzte Rechtfertigungsdichte hergestellt werden kann. Verfassungsnormativ maßgeblich bleibt dabei stets, dass ein in Art. 20 Abs. 2 GG als Einheit vorgestelltes „Volk"[20] einen ihm zurechenbaren Willen bildet, der von seinem re-

---

formatik, Darmstadt 1993, S. 189 ff., 211 ff. → Bd. II *Albers* § 22 Rn. 7 ff. Ein engerer Datenbegriff dagegen bei → Bd. II *Vesting* § 20 Rn. 11 ff.

[16] Vgl. *Felix Weyreuther*, Einflussnahme durch Anhörung, in: FS Horst Sendler, 1991, S. 183 (192), zur Anhörung als wichtiger Ausprägung der Beteiligung am Verwaltungsverfahren: „mindestens mittelbare(n) Teilhabe an der so produzierten Entscheidung".

[17] Enger → Bd. I *Masing* § 7 Rn. 66, 69. Im Einzelnen ist hier vieles umstritten, s. *Edwin Czerwick*, Bürokratie und Demokratie, 2001, S. 62 ff. m. w. N.

[18] BVerfGE 83, 60 (72); 93, 37 (67). → Bd. I *Trute* § 6 Rn. 14, 56 f.

[19] *Ernst-Wolfgang Böckenförde*, in: HStR II, § 24 Rn. 14 ff.; *Schmidt-Aßmann*, Ordnungsidee, Kap. 2; zur Diskussion *Veith Mehde*, Neues Steuerungsmodell und Demokratieprinzip, 2002, S. 500 ff. → Bd. I *Trute* § 6 Rn. 3 ff.

[20] Weder das „Volk" noch seine „Einheit" können freilich heute noch als askriptive Substanzbegriffe gefasst werden. Dieses Volk ist, ob auf nationaler oder supranationaler Ebene, immer erst noch auf dem Weg, worin es eine identitätsstiftende Einheit überhaupt noch finden könnte, und sei es auch nur im Sinne „relativer Homogenität" (*Böckenförde*), kann sich nur noch in der Auseinandersetzung seiner unzählbaren Teile und Glieder zeigen, und auch dann nur bis auf Widerruf. Die Begriffe des

präsentativ-parlamentarischen Ursprung aus über verschiedene Ebenen der normativen Verdichtung, Zuspitzung und Ausrichtung bis hinein in die konkrete Verwaltungsentscheidung nachvollzogen werden kann. Über diesen **Zurechnungszusammenhang** sind Programmierung und Legitimation normativ verbunden: in ihm vollzieht sich die demokratische Programmierung der Verwaltung; wird er unterbrochen, führt dies grundsätzlich zur Delegitimierung des Verwaltungshandelns.

b) Programmproduktion und Verwaltungspolitik

8   Das Grundgesetz weist dem Volkswillen legitimatorischen Vorrang zu. Seinen maßgeblichen und verbindlichen Ausdruck soll der Volkswille im parlamentarischen **Gesetz** finden. Das Gesetz wird zum wichtigsten Medium demokratischer Legitimation.[21] Diese verfassungsrechtlichen Vorgaben sind immer schwerer zu erfüllen. Es ist nicht nur mit gesetzeshermeneutischen Schwierigkeiten zu rechnen.[22] Problemverschärfend tritt hinzu, dass die Zielbereiche und Anwendungslagen moderner Gesetze immer häufiger undurchsichtig bleiben und durch ihre bis in globale Dimensionen reichende Vielschichtigkeit und Vernetzung sowie eine zunehmende Veränderlichkeit und Entwicklungsoffenheit geprägt sind.[23] Diese Sachbereichskomplexität ist im verallgemeinernden und typisierenden Zugriff des Gesetzes nicht mehr zu bewältigen. Sie vor allem, aber auch verschiedene in den Strukturen des politischen Systems selbst gründende Faktoren („kooperativer Föderalismus", „parteienstaatliche" Tendenzen, „Verhandlungsdemokratie", administrativ bzw. „gubernativ" geprägte „Governance"-Strukturen) haben dazu geführt, dass dem parlamentarischen Gesetzgebungsverfahren immer stärker die Funktion der Kontrolle außerparlamentarischer Aushandlungsprozesse zukommt.[24] Sie haben außerdem zur Folge, dass in wichtigen Referenzgebieten des Verwaltungsrechts ein besonderer Gesetzestyp immer weitere Verbreitung findet. Dessen Kennzeichen[25] sind dilatorische Formelkompromisse, Generalklauseln, konkretisierungsbedürftige Tatbestandsmerkmale, Rahmensetzungen und die Verweisung auf außerrechtliche Maßstäbe sowie schließlich eine Beschränkung auf bloße Zielvorgaben („Finalprogramme"), „Aufgaben-"[26] und

---

Volks und seiner Einheit können allenfalls auf Prozesse der Selbstverständigung verweisen, in denen auch Richtung und Ziele selbst noch immer wieder neu, und oft hochkonfliktiv, zu bestimmen sind. Wie solche Einheit im Übrigen näher zu verstehen sei, ob sie sich überhaupt noch, und gegebenenfalls wie, bilden könnte, ist ungewiss und umstritten, zur Diskussion s. *Alexander Hanebeck*, Bundesverfassungsgericht und Demokratieprinzip, DÖV 2004, S. 901 (901 ff.); in demokratietheoretischer Perspektive hellsichtig und genau *Chantal Mouffe,* Das Demokratische Paradox, Wien 2008 (London/New York 2000), S. 65 ff. u. öfter; *Catherine Colliot-Thélène*, Demokratie ohne Volk, 2011, insbes. S. 190 ff., 224 ff.; im vorl. Zusammenhang *Quabeck*, Dienende Funktion (Fn. 10), S. 48 ff. m.w.N. → Bd. I *Trute* § 6 Rn. 17 ff.

[21] → Bd. I *Schmidt-Aßmann* § 5 Rn. 63 ff., *Reimer* § 9 Rn. 10, 74 ff.
[22] *Horst Dreier*, Hierarchische Verwaltung, 1991, S. 124 ff. m.w.N.
[23] Vgl. *Rossen*, Vollzug (Fn. 6), S. 130 f.; *Quabeck*, Dienende Funktion (Fn. 10), S. 174 ff.
[24] *Becker*, Normsetzung (Fn. 6); vgl. auch *Hans-Heinrich Trute*, Die konstitutive Rolle der Rechtsanwendung, in: ders./Gross/Röhl/Möllers (Hrsg.), Allgemeines Verwaltungsrecht, S. 211 (230): „gesetzliche Strukturierung von Governance-Regimen der Rechtserzeugung im Verfahren".
[25] *Rossen*, Vollzug (Fn. 6), S. 67 ff. m.w.N.
[26] *Wolfgang Hoffmann-Riem*, Organisationsrecht als Steuerungsressource – Perspektiven der verwaltungsrechtlichen Systembildung, in: Schmidt-Aßmann/Hoffmann-Riem (Hrsg.), Verwaltungsorganisationsrecht, S. 355 (367 f.).

A. Beteiligung und Partizipation

„Intentionalprogramme".[27] Schon die Zweckbestimmung und der Zielgehalt des gesetzlichen Programms, nicht erst Realisationspfade, Instrumentenwahl und Verfahrensdesign, werden der **arbeitsteiligen Vollzugsproduktivität** der staatlichen und nichtstaatlichen Beteiligten überantwortet. Die Handhabung des Vollzugsprogramms erweist sich als Programmproduktion,[28] und sie reicht damit typologisch weit in den Bereich politischer Entscheidung und Gestaltung hinein.[29] Die Legitimation, die das Gesetz als „Protoprogramm" nicht mehr vermittelt, muss im Verfahren der Verwaltungsentscheidung erarbeitet werden.

c) Demokratiebezüge informationeller Beteiligung

Ein in diesem Sinn produktives Verwaltungsverfahren ist wesentlich auf die Gewinnung von Daten[30] gerichtet. Aus ihnen müssen Informationen über diejenigen Tatsachen gebildet werden, die das Anwendungsfeld des Gesetzes konstituieren oder sonst in ihm erheblich sind. In gleicher Weise sind die Interessen und Sichtweisen zu ermitteln, die in diesem Feld berücksichtigt werden müssen. Die Erarbeitung ausreichender Informationen über Fakten, Perspektiven und Interessen[31] in den Regelungsbereichen moderner Verwaltungsgesetze ist also notwendige Voraussetzung jeder Auslegung und Anwendung dieser Gesetze. Soll diese Voraussetzung erfüllt werden, bedarf es der Beteiligung nichtstaatlicher Akteure. In ihr wird gerade auch die Verschränkung von Fakten, Perspektiven und Interessen möglichst unverkürzt zum Ausdruck gelangen müssen, erforderlichenfalls von Verwaltung, Verfahrensbeteiligten und Öffentlichkeit allererst zu entdecken, zu erschließen und zu entfalten sein; das Verwaltungsverfahren öffnet sich dabei „mikropolitischer" Diskursivität. Beteiligung wird so schließlich als Bestandteil des legitimatorischen Vermittlungszusammenhanges erkennbar, der zu einem Demokratieprinzip zurückführt, das sich in gesetzlichen „Protoprogrammen" allein nicht mehr erfüllen kann. Als **Verwirklichungsvoraussetzung des Demokratieprinzips** ist Verfahrensbeteiligung Gegenstand einer Verfassungserwartung. Ihre einfachrechtliche Ausgestaltung muss

9

---

[27] *Pitschas*, Verantwortungskooperation (Fn. 3), S. 254, 259; → Bd. I *Franzius* § 4 Rn. 13 ff., *Reimer* § 9 Rn. 65 ff., 81 ff.

[28] Dazu schon *Peter Häberle*, Auf dem Weg zum Allgemeinen Verwaltungsrecht, in: ders, Verfassung als öffentlicher Prozess, 3. Aufl. 1998, S. 656 (662, 666 ff.), sowie dann, weit ausgreifend, *Pitschas*, Verwaltungsverantwortung (Fn. 6), S. 127, 684 f. u. öfter; für das Sozialrecht *ders.*, Das sozialrechtliche Verwaltungsverfahren im „aktivierenden" Sozialstaat. Verfahrensrechtliche Konsequenzen der staatlichen Verantwortungspartnerschaft mit der Bürgergesellschaft, in: FS 50 Jahre BSG, 2004, S. 765 (771, 773); s. auch *Rossen*, Vollzug (Fn. 6), S. 184 f. m. w. N., sowie *Hans-Heinrich Trute*, Rechtsanwendung (Fn. 24), passim.

[29] *Arthur Benz*, Status und Perspektiven der politikwissenschaftlichen Verwaltungsforschung, Die Verwaltung 2003, S. 361 (364: „Unterscheidung zwischen Politik und Verwaltung ist schlicht realitätsfern. [...] Das Politische ist also in der Verwaltung allgegenwärtig"). → Bd. I *Franzius* § 4 Rn. 17, 52, 107. Vgl. a. → Bd. I *Hoffmann-Riem* § 10 Rn. 44.

[30] → Fn. 15.

[31] Auch diese Unterscheidung ist konventionell. Selbstverständlich eignet den im Verfahren zu berücksichtigenden Interessen eine massive Faktizität, die für das Verfahren relevanten Tatsachen können vielfach erst nach Maßgabe der in das Verfahren hineinreichenden Interessen rekonstruiert werden, und diese Rekonstruktion wird perspektivenabhängig bleiben. Für verwaltungsrechtsdogmatisch-heuristische Zwecke ist die Unterscheidung zwischen Tatsachen, Perspektiven und Interessen aber brauchbar, auch wenn sie in erkenntnistheoretisch anspruchsvolleren Diskursen als jedenfalls präzisierungsbedürftig gelten mag.

auch daraufhin überprüft werden, ob und wie weit sie geeignet ist, die Verwirklichung des Demokratieprinzips unter dessen modernen Entfaltungsbedingungen zu fördern. Dabei wird sich immer wieder zeigen, dass die verfahrensrechtliche Ausgestaltung der Beteiligung hinter einer im Demokratieprinzip gründenden Verfassungserwartung noch deutlich zurückbleibt. Das gilt insbesondere für die rechtliche Einhegung langdauernder, vielschichtiger und unübersichtlicher Planungs- und Genehmigungsverfahren, in deren Rahmen Demokratiedefizite von den Beteiligten sowie der allgemeinen Öffentlichkeit freilich zunehmend nachdrücklicher beanstandet werden. Eine **Kompensationsfunktion der Verfahrensbeteiligung** wird aber auch jenseits solcher Verfahren überhaupt dann anzunehmen sein, wenn auf diese Weise Defizite in der parlamentarisch-repräsentativen Willensbildung auszugleichen wären oder einer sonstigen Schwächung des gesetzesvermittelten Legitimationszusammenhanges entgegengewirkt werden könnte.

10 Auch wenn informationelle Beteiligung zunächst bloß instrumentell-dienend erscheinen mag, ist sie schließlich doch als wichtiges Medium eines kooperativ-produktiven Verwaltungsvollzugs, letztlich des Demokratieprinzips selbst zu erkennen. Auch die Verfahrensbeteiligung, die herkömmlich eng und instrumentell auf effektive und effiziente Gesetzesverwirklichung angelegt wird, findet darin einen eigenständigen demokratischen Gehalt. Das auf diese Weise erschlossene Potential mittelbarer demokratischer Rechtfertigung bleibt freilich derjenigen unmittelbaren sachlich-inhaltlichen Legitimation zu- und nachgeordnet, die von der parlamentsgesetzlichen Willensäußerung noch ausgeht.[32] Als ein Moment verwirklichter Demokratie ist auch die dem Zweck der Informationserhebung dienende Beteiligung im Verwaltungsverfahren anzusehen, weil sie unmittelbare demokratische Legitimation ermöglicht und verstärkt. Das **bedingt und begrenzt die demokratischen Bezüge** informationeller Verfahrensbeteiligung freilich auch.[33]

d) Beteiligung als Kooperationsprozess

11 Einem eng verstandenen Untersuchungsgrundsatz (§ 24 VwVfG)[34] könnte entnommen werden, dass vollzugsrelevante Informationen von der Verwaltung im aktiven Zugriff auf passive gesellschaftliche Umwelten zu ermitteln seien. Die Probleme, die der Aufgabe einer Erstellung des Vollzugsprogramms im Vollzug selbst erst ihr besonderes Gewicht verleihen, stünden einem solchen Verständnis entgegen. Schon die Erstellung der für den Gesetzesvollzug notwendigen Datengrundlage und die Verarbeitung der Daten zu Informationen über Gesetzesintention sowie Verwirklichungskontext erfordert ein **arbeitsteiliges Zusammenwirken von Verwaltung und Verwaltungsumwelt.** Soll informationelle Beteiligung ihre Funktion nach Maßgabe der sie tragenden Verfassungserwartung erfüllen, kann sie nur als Kooperationsbeziehung gedacht werden,[35] in der Kommunika-

---

[32] *Schmidt-Aßmann*, Ordnungsidee, Kap. 2 Rn. 83 ff.
[33] S. aber Rn. 67 a. E.
[34] → Bd. II *Gusy* § 23 Rn. 39 f., *Schneider* § 28 Rn. 36 ff.
[35] Als ein „Kommunikationsverbund" bei der „Gestaltung des Verfahrensprodukts", so *Pitschas*, Das sozialrechtliche Verwaltungsverfahren (Fn. 28), S. 772 f.; zu Struktur und Grenzen solcher Kooperation *Spieker gen. Döhmann*, Die informationelle Inanspruchnahme des Bürgers im Verwaltungsverfahren, in: dies./Collin (Hrsg.), Staatliches Wissen (Fn. 13), S. 196 (203 f., 209).

A. Beteiligung und Partizipation

tions- und Beibringungsrechte sowie die entsprechenden Lasten eingeschlossen sind; zu letzteren sind auch Informationspflichten nach dem Modell des § 71c VwVfG zu zählen.

Informationelle Beteiligung ist dann ein Zeit beanspruchender **Prozess**. Beteiligung bedarf deshalb, soll sie sich zu einer informationell produktiven Kooperationsbeziehung entwickeln, kooperationsbegünstigender und -sichernder, sie also funktionsgemäß verstetigender **Strukturen**. Diese müssen Kommunikations- und Interaktionsbedingungen gewährleisten, die auf eine produktive Informationsgewinnung und -verarbeitung hinwirken, Verengungen, systematische Verzerrungen und sonstige Verfälschungen[36] möglichst ausschließen, schließlich aber auch die Überführung des informationellen Prozesses in eine **Entscheidung** nicht nur nicht behindern, sondern unter klar bezeichneten Voraussetzungen auch erzwingen. Die Vorgabe solcher Strukturen ist eine klassische Aufgabe des Verwaltungsverfahrensrechts. Die Regelung der informationellen Beteiligung ist deshalb ein notwendiger Bestandteil jedes modernen Verfahrensrechts. Zugleich bleibt sie eine der verschiedenen Brücken, über die das Verfahrensrecht mit dem Demokratieprinzip verbunden ist, um von diesem her normative Impulse empfangen zu können. Diese interne Verknüpfung zwischen informationeller Verfahrensbeteiligung und Demokratieprinzip ist in den wechselnden Vorstellungen zu einer auch dem Gebot zügiger Verfahrensdurchführung (§ 10 S. 2 VwVfG) genügenden Ausgestaltung der Beteiligung nicht immer hinreichend berücksichtigt worden.[37]   12

2. Beteiligtenstellung und Beteiligungsformen

Trotz aller Unterschiede in der verfahrensrechtlichen Ausgestaltung der Beteiligung knüpfen diesbezügliche Rechte und Pflichten stets bei der Beteiligtenstellung selbst an. Die **Zuweisung der Beteiligtenstellung** durch das Verwaltungsverfahrensrecht ist deshalb für den dogmatischen Ordnungsbegriff der Beteiligung grundlegend. Diese Zuweisung kann schon durch eine **konstitutive verfahrensgesetzliche Zuweisungsregelung** erfolgen (§ 13 Abs. 1 Ziff. 1–3 VwVfG).[38]   13

Anders verhält es sich bei einer weiteren Gruppe von Verfahrensbeteiligten. Diejenigen, deren rechtliche Interessen durch den Ausgang des Verfahrens berührt werden können, kann die Verwaltungsbehörde von Amts wegen oder auf Antrag nach ihrem Ermessen hinzuziehen. Auf Antrag sind schließlich diejenigen zu beteiligen, für die der Verfahrensausgang rechtsgestaltende Wirkung hat (§ 13 Abs. 1 Ziff. 4 VwVfG). Die **Hinzuziehung** ist eine verfahrensgestaltende Entscheidung. Sie erst verleiht den Hinzugezogenen die Stellung des Beteiligten (§ 13 Abs. 2 VwVfG).   14

Der Unterschied zwischen § 13 Abs. 1 Ziff. 1–3 und § 13 Abs. 1 Ziff. 4, Abs. 2 VwVfG darf nicht überschätzt werden. Antragsteller und Antragsgegner werfen im Hinblick auf ihre Beteiligtenstellung ohnehin keine besonderen Probleme   15

---

[36] → Rn. 30, 56 f.
[37] → Bd. I *Eifert* § 19 Rn. 36.
[38] Exemplarisch das öffentliche Baurecht, s. *Rudolf Steinberg*, Das Recht der Fachplanung unter Berücksichtigung des Nachbarschutzes und der Umweltverträglichkeitsprüfung, 2. Aufl. 1993, S. 67 ff.; *Oliver v. Rosenberg*, Probleme drittbelastender Verfahrensfehler im Rahmen des Baugenehmigungs- und des abfallrechtlichen Planfeststellungsverfahrens, 1994, S. 19 ff.; anders das Immissionsschutzrecht: Beteiligung der betroffenen Nachbarn nur nach Maßgabe des § 13 VwVfG.

auf.³⁹ Im Übrigen (§ 13 Abs. 1 Ziff. 2, 3 VwVfG) findet auch die Zuweisung der Beteiligtenstellung kraft Gesetzes erst dann statt, wenn die Verwaltungsbehörde entweder eine rechtsförmliche Entscheidung über die Beteiligung bereits getroffen hat oder wenn auf sonstige Weise jedenfalls ihre Absicht erkennbar wird, eine solche Beziehung aufzunehmen. Die Zuweisung der Beteiligtenstellung hängt also stets von der Willensbildung der Verwaltungsbehörde ab, die in einer **eigenständigen Verfahrensentscheidung** ausmünden muss.

16 Diese Verfahrensentscheidung vermag ihre Gestaltungsfunktion nicht zu entfalten, solange sie im Binnenbereich der behördlichen Willensbildung verbleibt. Letztlich entscheidend für die Zuweisung der Beteiligtenstellung ist damit die **Mitteilung** der Behörde über die Beteiligung bzw. über die Absicht, einen Verwaltungsakt zu erlassen oder Vertragsverhandlungen aufzunehmen.⁴⁰ Zum Beteiligten am Verwaltungsverfahren wird, wem dies von der Verwaltungsbehörde mitgeteilt worden ist.

a) Betroffenheit

17 Für die Zuweisungsentscheidung der Verwaltung ist das in § 13 VwVfG nicht genannte Kriterium der Betroffenheit maßgeblich. In ihm findet eine verfahrensrechtliche Dogmatik, die sich noch kaum aus ihrer „dienenden" Fokussierung auf das materiell-subjektive Recht gelöst hat,⁴¹ ein stabilisierendes Konstruktionselement, einen zentralen Bezugspunkt und eine verfahrenslenkende Richtgröße vor. Betroffenheit ist dann der Inbegriff einer **besonderen individuellen Beziehung,** die zwischen der Verwaltung und denjenigen entsteht, die von einem Verwaltungsvorhaben **in Rechten, Interessen oder sonstigen Belangen berührt** werden, wobei dieses Vorhaben nicht notwendig schon in ein bestimmtes außenwirksames Verwaltungshandeln fortgeführt worden sein muss.⁴² Die Betroffenen sollen diese Beziehung aus ihrem je besonderen eigenen Blickwinkel, angeleitet durch eigene Relevanzspektren und in unterschiedlichen Wertbezügen darstellen können. Das dient nicht nur der Rechts- und Interessenwahrung der Betroffenen. Es ist auch zu erwarten, dass eine am Kriterium der Betroffenheit ausgerichtete Beteiligung zu einer Ausweitung der informationellen Grundlage des Verwaltungsverfahrens führt. Das Verfahren wird dadurch nicht notwendig leichter zu handhaben sein. Verbesserte Information wird aber die Qualität von Verfahrensergebnissen bzw. Verwaltungsentscheidungen unter den Gesichtspunkten der Rechtsverwirklichung, der Effektivität, der Effizienz, der Verhältnismäßigkeit und der Akzeptanz in der Regel fördern können. Bessere Verwaltung bedingt bessere Information, auch wenn diese jene nicht zur notwendigen Folge hat.

18 Die konkretisierende Anwendung des Betroffenheitskriteriums kann Probleme aufwerfen. Dieselbe Betroffenheit, von der das Verfahrensrecht die Möglichkeit oder Verpflichtung zur Einräumung der Beteiligtenstellung abhängig macht,

---

[39] Vgl. *Ule/Laubinger,* VerwVerfR, § 15 Rn. 6 f. m. w. N.; *Hufen,* Fehler, Rn. 164.
[40] *BVerwG,* NVwZ 1987, 224; *Kopp/Ramsauer,* VwVfG, 8. Aufl. 2003, § 13 Rn. 21.
[41] Genau und klarsichtig *Quabeck,* Dienende Funktion (Fn. 10), 2. Kap. m. w. N., der freilich im Weiteren auch diesbezügliche Aufbruchs- und Emanzipationstendenzen der Dogmatik sorgfältig nachzeichnet.
[42] Vgl. *Jost Pietzcker,* Das Verwaltungsverfahren zwischen Verwaltungseffizienz und Rechtsschutzauftrag, VVDStRL, Bd. 41 (1983), S. 151 (230); *Hufen,* Fehler, Rn. 162 ff., 167 f.

A. Beteiligung und Partizipation

kann vielfach erst in Wahrnehmung dieser Beteiligtenstellung erkannt, geltend gemacht und spezifiziert werden. Betroffenheit erweist sich dann als ein Ergebnis des Verwaltungsverfahrens, über dessen Beteiligtenkreis noch zu entscheiden ist.[43] Das sich entwickelnde Verwaltungsverfahren gerät hier in eine **rekursive Schleife,** die sich konstruktiv-dogmatisch weder vermeiden noch öffnen lässt.[44] Sie liegt insbesondere der geläufigen Unterscheidung zwischen einer Beteiligung aufgrund Rechtsbetroffenheit, der Interessentenbeteiligung und der Popularbeteiligung voraus, an deren Trennschärfe schon deshalb keine allzu hohen Erwartungen geknüpft werden dürfen.[45]

Unter diesen Bedingungen besteht die Gefahr einer vorschnellen Verweigerung der Beteiligtenstellung und damit einer Verfehlung des von der Verfassung erwarteten Maßes informationeller Beteiligung. Behelfsformeln, mit denen die Zirkularität des **Verweisungszusammenhanges von Betroffenheit und Beteiligung** handhabbar gemacht werden sollen, müssen deshalb grundsätzlich beteiligungsfreundlich ausgelegt und angewendet werden. Im Zweifel ist entweder Rechtsbetroffenheit, vor allem in Form der Grundrechtsbetroffenheit,[46] zu unterstellen oder jedenfalls ein „Optimierungsgebot individuell- bzw. gruppenförmig-gesellschaftlicher Teilhabe"[47] als Grundlage für die Zuweisung der Beteiligtenstellung anzuerkennen. Die Gestaltungsentscheidungen nach § 13 Abs. 1 Ziff. 2, 3 VwVfG und die nach § 13 Abs. 2 S. 1 VwVfG ergehenden Ermessensentscheidungen der Verwaltungsbehörde finden in dieser **verfahrenspositionalen Verteilungsregel** eine Orientierung. 19

b) Die Ausgestaltung der Beteiligtenstellung

Für jede der drei gesetzlich unterschiedenen Verfahrensarten – nichtförmliches Verfahren (§ 10 S. 1, 1. Halbs. VwVfG), förmliches Verfahren (§§ 63 ff. VwVfG), Planfeststellungsverfahren (§ 72 VwVfG) – ist die Beteiligung gesondert ausgestaltet. Die einfachrechtlichen Regelungen lassen aber eine **systematische Leitidee** erkennen. Je eindrücklicher und nachhaltiger Betroffene in ihren Rechten beeinträchtigt werden können, desto dichter ist die Beteiligtenstellung einfachrechtlich ausgestaltet.[48] Dies kann auch zu einer stärkeren Inpflichtnahme der Beteiligten führen. 20

Das zeigt insbesondere die Regelung des § 73 Abs. 4 S. 3 VwVfG zur materiellen **Präklusion** im Planfeststellungsverfahren. Bei der Würdigung dieser Präklusionsregelung dürfen rechtstatsächliche Gegebenheiten nicht unberücksichtigt bleiben. Dazu gehört vor allem das in informellen Vorverhandlungen befestigte Bündnis zwischen Behörde und Betreiber „gegen" die einwendungsberechtigten Bürger, das mit Blick auf vielfältige empirische Befunde mittlerweile als erwartbar gelten kann. Zu berücksichtigen ist aber auch das in der Regel beträchtliche 21

---

[43] *Hufen,* Fehler, Rn. 167.
[44] *Rossen,* Vollzug (Fn. 6), 144 ff., 158 ff.
[45] *Walter Schmitt Glaeser,* Die Position der Bürger als Beteiligte in Entscheidungsverfahren gestaltender Verwaltung, in: Peter Lerche/*Walter Schmitt Glaeser*/Eberhard Schmidt-Aßmann, Verfahren als staats- und verwaltungsrechtliche Kategorie, 1984, S. 35 (53 ff.); *Walter Schmidt,* Einführung in die Probleme des Verwaltungsrechts, 1982, Rn. 147 mit Fn. 86.
[46] *Hufen,* Fehler, Rn. 173 ff. m. w. N.
[47] *Pitschas,* Verwaltungsverantwortung (Fn. 6), S. 494.
[48] Vgl. *Meyer,* Verwaltungsverfahrensgesetze (Fn. 12), § 63 Rn. 1.

Informations- bzw. Wissensgefälle von der Seite des Behörde-Betreiber-Bündnisses hin zur Seite der Bürger.[49] Im Hinblick hierauf erscheint die weitreichende Präklusionsregelung des § 73 Abs. 4 S. 3 VwVfG verfassungsrechtlich höchst problematisch.[50]

22 Im Regelfall des nichtförmlichen Verwaltungsverfahrens (§ 10 S. 1, 1. Halbs. VwVfG) ist die Beteiligtenstellung vor allem durch das **Anhörungsrecht** aus § 28 VwVfG geprägt. Dieses Anhörungsrecht ist die verwaltungsverfahrensrechtliche Entsprechung des Grundsatzes rechtlichen Gehörs (Art. 103 Abs. 1 GG)[51] und eine wichtige Ausprägung des grundrechtsgestützten[52] Prinzips der Verfahrensfairness.[53] Sein Herkommen, seine rechtssystematische Zuordnung und die Formulierung des § 28 Abs. 1 VwVfG zeigen, dass das dort normierte Anhörungsrecht in erster Linie dem Rechtsschutz im Verwaltungsverfahren zu dienen bestimmt ist.[54] Verfahrenspraktisch aber wohl kaum nachrangig dient die Anhörung auch der informationellen Grundlegung des Verwaltungsvollzugs. Die Beteiligten müssen auf die Ausgestaltung desjenigen Wirklichkeitsbildes Einfluss nehmen können, das im weiteren Fortgang des Verwaltungsverfahrens als für den Programmvollzug maßgeblich angesehen wird. Ihre **informationellen Beiträge zur Gestaltung einer verfahrensrelativen Wirklichkeit** sind zur Kenntnis zu nehmen[55]; in Wahrnehmung einer ebenso rechtsstaatlichen wie grundrechtsschützenden Verfahrensbetreuungs- und Fürsorgepflicht muss die Verwaltung erforderlichenfalls zur Abgabe derartiger Beiträge anregen und ermutigen. Die Regelungen des § 28 Abs. 2, 3 VwVfG, die mit der Beschleunigungsnovelle 1996 eingeführt worden sind, eröffnen freilich zahlreiche Ausnahmen von dieser Grundregel; sie wird dadurch nahezu entwertet.

23 Im **förmlichen Verwaltungsverfahren** nach §§ 63 ff. VwVfG fehlen solche Ausnahmen. Hier ist den Beteiligten stets Gelegenheit zu geben, vor der Verwaltungsentscheidung ihre Sicht des Verfahrensgegenstandes und ihre Auffassung

---

[49] *Eberhard Bohne*, Der informale Rechtsstaat, 1981, S. 49 ff., 144 ff.; *Nicolai Dose*, Normanpassung durch Verhandlungen mit der Ordnungsverwaltung, in: Arthur Benz/Wolfgang Seibel (Hrsg.), Zwischen Kooperation und Korruption, 1992, S. 87 (97 f.); vgl. auch *Rudolf Steinberg*, Kritik von Verhandlungslösungen, insbesondere von mittlerunterstützten Entscheidungen, in: Wolfgang Hoffmann-Riem/Eberhard Schmidt-Aßmann (Hrsg.), Konfliktbewältigung durch Verhandlungen, 1990, S. 295 (304 f.), sowie *Andreas Fisahn*, Demokratie und Öffentlichkeitsbeteiligung, 2002, S. 288.

[50] Aus der Rspr. grdl. *BVerwGE* 60, 297 (301 ff., 305 ff.); *BVerfGE* 61, 82 (109 ff.). Sorgfältige, zu entschiedener Ablehnung führende Diskussion bei *Fisahn*, a.a.O. (Fn. 49), S. 289, 340 ff.; Kritik auch bei *Koch/Rubel/Heselhaus*, VerwR, § 4 Rn. 39 ff. m.w.N.; a.A. wiederum *Markus Thiel*, Zur verfassungsrechtlichen Zulässigkeit der (materiellen) Präklusion im Fachplanungsrecht, DÖV 2001, S. 814 (817 ff.); wegen des klaren Wortlauts dürfte eine verfassungskonformitätssichernde Auslegung nicht in Betracht kommen. A. A. → Bd. II *Schneider* § 28 Rn. 81. S. allgemein zur Präklusion auch → Bd. II *Gusy* § 23 Rn. 57 f.

[51] *BVerfGE* 101, 397 (404 f.).

[52] Zum Grundrechtsbezug des Verfahrensrechts, soweit dieses für einen effektiven Grundrechtsschutz von Bedeutung ist, s. grdl. *BVerfGE* 53, 30 (65 f.) sowie *BVerwGE* 121, 283 ff.; ferner *Quabeck*, Dienende Funktion (Fn. 10), S. 24 f., 146 ff. m.w.N. Das Anhörungsrecht im Rechtsstaatsprinzip verankernd → Bd. II *Schmidt-Aßmann* § 27 Rn. 31, 39.

[53] *BVerwGE* 27, 295 ff.; 37, 307 (311 ff.); s. aber auch schon *BVerwGE* 6, 69 ff. Aus der Lit. vgl. *Forsthoff*, VerwR, S. 235 f.; *Weyreuther*, Einflussnahme durch Anhörung (Fn. 16), S. 183 ff.; *Peter Badura*, Das Verwaltungsverfahren, in: Erichsen/Ehlers (Hrsg.), VerwR, § 37 Rn. 13 ff. sowie *Kopp/Ramsauer*, VwVfG, § 28 Rn. 1 m.w.N. → Bd. II *Gusy* § 23 Rn. 48 ff.; *Schneider* § 28 Rn. 42 ff.

[54] Einzelheiten → Rn. 35 ff.

[55] → Bd. II *Gusy* § 23 Rn. 51.

A. Beteiligung und Partizipation

zu seiner weiteren Verarbeitung in das Verfahren einzubringen (§ 66 VwVfG); § 28 Abs. 2, 3 VwVfG wird durch die abschließende Spezialregelung des § 66 Abs. 1 VwVfG verdrängt.[56] Unterbleibt diese Anhörung oder bleiben ihre Ergebnisse unberücksichtigt, leidet die Verwaltungsentscheidung immer an einem Verfahrensfehler i.S. des § 45 Abs. 1 Ziff. 3 VwVfG.[57] Hinzu kommt im förmlichen Verfahren das in § 67 VwVfG normierte Erfordernis einer mündlichen Verhandlung, zu der die Beteiligten zu laden sind. Zwar kann von der Verhandlung unter bestimmten Voraussetzungen abgesehen werden (§ 67 Abs. 2 VwVfG), doch sind diese Voraussetzungen deutlich enger als im Fall des § 28 Abs. 2, 3 VwVfG gefasst. Das grundsätzliche Erfordernis der Verhandlung verstärkt einen **diskursiven Gehalt des Verwaltungsverfahrens.** Der Verwaltungsvollzug entfernt sich im Maß dieser Diskursivität von seinen hierarchischen Ursprüngen. Er wird als ein Vorhaben erkennbar, das von Verwaltung und Beteiligten in **kooperativem Zusammenwirken** und einer **gemeinsam getragenen Verfahrensverantwortung** – auch und gerade für die informationellen Grundlagen des Programmvollzugs – zu bearbeiten ist. Die Form der Beteiligung, die mit der mündlichen Verhandlung im förmlichen Verfahren eröffnet wird, ist im Übrigen funktional vielschichtiger als die Anhörung nach § 28 VwVfG. Sie reicht von der Funktion der Informationserhebung, -sicherung und -abklärung über die Funktion der Rechts- und Interessenverfolgung bis hinein in den Funktionsbereich gestaltender Partizipation im und am Verwaltungsverfahren.

Noch weiter über die informationelle Dimension der Beteiligung hinaus reichen der obligatorische **Erörterungstermin** im Planfeststellungsverfahren für die Einwender und die vorgeschaltete Planauslegung nebst Einwendungsmöglichkeit für diejenigen, deren Belange durch das Verwaltungsvorhaben berührt werden (§ 73 VwVfG).[58] Erneut ist aber festzuhalten, dass auch dieses Verfahren zunächst einer informationellen Funktion dient. Ausführliche Regelungen über die Bekanntmachung und strikte Ausschlussfristen sollen alle möglicherweise Betroffenen zu einer rechtzeitigen Beteiligung veranlassen. Verwaltungsbehörde, Beteiligte und Betroffene sollen auf diese Weise in die Lage versetzt werden, das Planvorhaben in einem möglichst umfassenden Gesamtbild zu würdigen. Andererseits rückt hier nun die Rechts- und Interessenverfolgung immer deutlicher in den Vordergrund, und auch eine demokratisch-partizipatorische Funktion, gerichtet auf Teilhabe an dem und Mitgestaltung des Verwaltungsvorhabens, erlangt größeres Gewicht.

3. Kooperations- und Kommunikationslasten, Einflussnahme und Vermachtung, chancengleiche Beteiligung

Ein **obrigkeitsstaatlich-paternalistisches Verständnis informationeller Beteiligung** ist immer noch gelegentlich anzutreffen. Die Verwaltungsbehörde „erhebt" dann Daten bei hiervon passiv betroffenen Verfahrensbeteiligten, deren Einsicht in den Sinn der Informationserhebung mangels zureichender Aufklärung, Beratung und Verständigung unvollständig bleibt. Nicht nur in der sozial-

---

[56] *Kopp/Ramsauer*, VwVfG, § 66 Rn. 1.
[57] *Sachs*, in: Stelkens/Bonk/Sachs (Hrsg.), VwVfG, § 66 Ziff. 9.
[58] → Bd. II *Schneider* § 28 Rn. 82 f.; s. auch → Rn. 97.

rechtlichen Massenverwaltung[59] ist dann mit Problemen zu rechnen. Eine solche Datenerhebung wird bei vielen Betroffenen Angst, Unterlegenheits- und Ohnmachtsgefühle, womöglich auch Aggressivität, verursachen oder verstärken. Sie kann Abwehrreaktionen oder Verweigerungsreflexe auslösen, die über kurz oder lang auch die der Datenerhebung zugrunde liegenden Politikziele erfassen und dann das Staatsverhältnis der Bürgerinnen und Bürger insgesamt beeinflussen können. Schließlich könnte sie einen verlangsamten Datenrückfluss und schlechtere Daten zur Folge haben. Zwischen Staat und Gesellschaft läge eine **Kommunikationsstörung** vor, die auf beiden Seiten einen schwer abschätzbaren, gewiss aber nicht unbeträchtlichen Schaden bewirkte.

26   Auch in der modernen Massenverwaltung kann deshalb das Leitmodell informationeller Beteiligung nicht mehr als einseitig-hierarchisch gerichtete Beziehung entworfen werden. Weder in rechtlicher noch in tatsächlicher Hinsicht wäre eine beobachtungsleitende Vorstellung weiterführend, derzufolge Verwaltung gesellschaftliches Wissen abschöpft, um es arkaner Verwendung zuzuführen, die den Beteiligten und sonstigen Betroffenen erst wieder in der Entscheidung sichtbar wird. In einem derart engen Sinn verstanden müssten auch Vorschriften nach Art des § 4a BauGB die moderne Verwaltungswirklichkeit systematisch verfehlen. Stattdessen ist die Verwaltung auf eine selbständige Mitwirkung der Beteiligten, gegebenenfalls auch sonstiger gesellschaftlicher Akteure, zunehmend angewiesen.[60] Die informationellen Grundlagen und Bezüge eines Verwaltungsvorhabens, mit diesen letztlich der gesamte Weltausschnitt, in dem dieses Vorhaben durchzuführen ist und dem er zugleich auch angehört, müssen im Zusammenwirken von Verwaltung, Beteiligten und sonstigen Dritten immer häufiger erst noch hergestellt werden. Eine zukunftsfähige Konzeption informationeller Beteiligung wird die **allseitige Befähigung und Bereitschaft zur Kooperation** als unverzichtbar ausweisen müssen. Sie wird damit eine Schubkraft für den weiterhin notwendigen Wandel des Verwaltungsverfahrens[61] zu entfalten haben.

a) Kommunikationslasten: Grund und Grenzen

27   Sind die Befähigung und Bereitschaft zur Kooperation prägende Bestandteile eines zeitgemäßen Verständnisses der Beteiligung, bedingt das Kommunikationslasten auf Seiten der staatlichen wie der nichtstaatlichen Akteure. Ein Verwaltungsverfahrensrecht, dass der kooperativen Verschränkung von Staat und

---

[59] Vgl. *Pitschas*, Das sozialrechtliche Verwaltungsverfahren (Fn. 28), S. 768 m.w.N. Die detaillierte, im Hinblick auf Verwendungszwecke und -zusammenhänge unzureichend erklärte, im Ton der Formulare bemüht-korrekte, damit aber auch „technokratisch"-distanzierte (also gerade nicht kommunikative) Datenerfassung, die Mitte 2004 im Rahmen der Reform der Arbeitslosen- und Sozialhilfe („Hartz IV") eingeleitet worden ist, stellt ein lehrreiches Beispiel dar, vgl. *Werner Rügemer*, Hartz IV oder: der gläserne Mensch, Blätter für deutsche und internationale Politik 2004, S. 1284 ff.

[60] → bei Rn. 5, 11; auch hier zeigt sich im Übrigen, dass die das deutsche Staatsrecht prägende Konstruktion einer „Besonderung des Staates" – dazu im vorliegenden Zusammenhang *Fisahn*, Demokratie und Öffentlichkeitsbeteiligung (Fn. 49), S. 313 ff., 317 ff. m.w.N. – die Situierung moderner Staatlichkeit in deren gesellschaftlichen Umwelten kaum noch sinnvoll zu erfassen vermag.

[61] Dazu *Schneider*, Kooperative Verwaltungsverfahren (Fn. 11); *Quabeck*, Dienende Funktion (Fn. 10), 4. Kap., Teil A; vgl. auch *Andreas Voßkuhle*, Der Wandel von Verwaltungsrecht und Verwaltungsprozessrecht in der Informationsgesellschaft, in: Hoffmann-Riem/Schmidt-Aßmann (Hrsg), Informationsgesellschaft, S. 350 (367 f.).

A. Beteiligung und Partizipation

Gesellschaft Rechnung tragen will, muss auch den nichtstaatlichen Verfahrensbeteiligten **Informationsbeibringungspflichten** und entsprechende Verantwortlichkeiten zuweisen.[62] Die „Soll-"Regelung des § 26 Abs. 2 VwVfG sucht solche Lasten zwar zu begrenzen, erkennt sie zugleich aber auch an.[63] Dem **Untersuchungsgrundsatz** aus § 24 VwVfG ist nicht nur eine **Kommunikationspflicht der Verwaltung** zu entnehmen, die der Produktivität des Verwaltungsverfahrens Rechnung trägt und auf Anstoß, Beratung und Förderung gerichtet ist.[64] Der Untersuchungsgrundsatz muss auch durch einen teils bereits ausdrücklich normierten,[65] teils in den Beteiligungsregelungen des Verwaltungsverfahrensrechts implizit zum Ausdruck gebrachten **Beibringungsgrundsatz** ergänzt werden.[66] Im Hinblick auf diesen Grundsatz, dessen Beachtung regelmäßig im eigenen Interesse des möglichen oder tatsächlichen Antragstellers liegen wird, erscheint es gerechtfertigt, die Kommunikationsverweigerung nichtstaatlicher Verfahrensbeteiligter zu sanktionieren, bis hin zur materiellen Präklusion verweigerter Kommunikationsbeiträge.[67]

Sanktionen[68] wegen mangelnder Kooperations- und Kommunikationsbereitschaft der Verfahrensbeteiligten müssen etwa berührte Grundrechte und das Verhältnismäßigkeitsprinzip beachten. Ihre Rechtfertigungsfähigkeit ist unter Verhältnismäßigkeitsgesichtspunkten aber auch davon abhängig, dass sich die Verwaltung nicht ihrerseits den ihr obliegenden Kommunikationslasten entzieht. Die Erstellung der informationellen Grundlage des Verwaltungsvollzugs ist ein von Verwaltung und sonstigen Beteiligten gemeinsam zu tragendes Projekt. Außerdem obliegt jedenfalls in der normativen Sicht des Verwaltungsverfahrensrechts die Verfahrensleitung der Verwaltung.[69] Diese kann sich dann nicht mit einem instrumentellen Verständnis informationeller Beteiligung begnügen. Sie hat sich darum zu bemühen, dass alle Beteiligten, erforderlichenfalls auch dritte Betroffene, Sachverständige und die allgemeine Öffentlichkeit, gleichermaßen in der Lage sind, ihnen eröffnete Kommunikationschancen wahrzunehmen und ihnen obliegende Kommunikationslasten zu tragen. Gerade bei der stärkeren Einbeziehung moderner Informations- und Kommunikationstechniken unter dem Leitbild des „Electronic Government"[70] kommt der Sicherung **allseitiger Kommunikationsfairness** besonderes Gewicht zu.

28

---

[62] Als wichtigster Teil der den Beteiligten obliegenden „Mitwirkungslast", s. *BVerfGE* 61, 82 (109 ff.).
[63] *Maurer*, VerwR, § 19 Rn. 25.
[64] *Voßkuhle*, Der Wandel von Verwaltungsrecht (Fn. 61), S. 367 f.; → Fn. 28.
[65] Zu dem insoweit paradigmatischen Ansatz der Umweltverträglichkeitsprüfung (Eigenermittlungs-/Vorlagepflichten des Vorhabenträgers) *Jens-Peter Schneider*, Nachvollziehende Amtsermittlung bei der Umweltverträglichkeitsprüfung, 1991. → Bd. II *Gusy* § 23 Rn. 40 f.
[66] *Schneider*, Kooperative Verwaltungsverfahren (Fn. 11), insbes. S. 40 f., 55 ff.; *Voßkuhle*, Der Wandel von Verwaltungsrecht (Fn. 61), S. 369 ff. m. w. N.
[67] *BVerfGE* 61, 82 (114 ff.); → bei Rn. 21.
[68] → Bd. III *Waldhoff* § 46 Rn. 147 ff.
[69] Zur verwaltungsverfahrensgesetzlichen Qualifizierung der Behörde als „Herrin des Verfahrens" s. insbes. §§ 9, 10 S. 2, 22 S. 1, 24 ff. VwVfG sowie *Meyer*, Verwaltungsverfahrensgesetze (Fn. 12), § 22 Rn. 1, § 13 Rn. 5; *Ule/Laubinger*, VerwVerfR, § 22 Rn. 2 ff.; *Schmidt*, Probleme (Fn. 45), Rn. 43 f.; *Maurer*, VerwR, § 19 Rn. 11. Die durchgängige Führungsposition der Verwaltung ist eine normative Zuweisung bzw. Unterstellung. Sie findet in den Befunden zur Empirie des Verwaltungsverfahrens keine Bestätigung, *Rossen*, Vollzug (Fn. 6), S. 170 ff., 180 ff.
[70] Dazu *Thomas Groß*, Die Informatisierung der Verwaltung, VerwArch, Bd. 95 (2004), S. 400 (insbes. 410 ff.); *Matthias Kammer*, Informatisierung der Verwaltung, VerwArch, Bd. 95 (2004), S. 418 ff.;

b) Kommunikationschancen und Vermachtungsgefahren

29   Nicht nur in komplexen Verwaltungsverfahren, in denen immer häufiger übergreifende Gemeinbelange berührt werden und unübersichtliche, oft politisch nicht ausreichend geklärte oder in Formelkompromissen nur verdeckte, dann aber im Kern kaum kompromissfähig erscheinende Konflikte zeitaufwendig zu bearbeiten sind, kann das Bemühen um Kommunikationsfairness zu Widersprüchen und Spannungen führen. Dementsprechend ambivalent erscheinen die Regelungen, in denen das Verwaltungsverfahrensgesetz des Bundes sowohl die Kommunikation zwischen Verwaltung und Verfahrensbeteiligten einzurichten wie auch dem Ziel der Verfahrensbeschleunigung[71] zu genügen sucht (insbes. § 10 S. 2, § 25, § 71b, § 71c VwVfG). Sie machen deutlich, in welche Richtung kooperative und kommunikative Bemühungen der Verwaltung zu gehen haben. Das Verfahrensrecht sieht insoweit eine verstärkte, erforderlichenfalls schon vor Antragstellung einsetzende Beratung[72] vor. Es normiert weitreichende Auskunftpflichten, es sucht in den Vorgaben für das „Verfahren über eine einheitliche Stelle" (§§ 71a ff. VwVfG) weiterhin die Ausbildung kommunikativer Netzwerke – innerhalb der Verwaltung, aber auch zwischen ihr und ihren gesellschaftlichen Umwelten – zu befördern[73] und es wirkt auf eine Steigerung der allgemeinen Verfahrenstransparenz hin. Die Produktivität und Zielsicherheit des Verwaltungsverfahrens als Kommunikationszusammenhang kann mit alledem verbessert werden. Doch sind Anliegen und erwünschte Funktion solcher Regelungen über den **primären Beschleunigungszweck** hinaus zu verallgemeinern. Die Verwaltung soll stets möglichst responsiv[74] auf das Anliegen des Antragstel-

---

Heribert Schmitz, Die Regelung elektronischer Kommunikation im Verwaltungsverfahrensgesetz, DÖV 2005, S. 885 ff.; *Hans J. Kleinsteuber*, E-Government – und alles wird gut?, in: Tanja Hitzel-Cassagnes/Thomas Schmidt (Hrsg.), Demokratie in Europa, 2005, S. 185 ff.; *Frank Bieler/Gunnar Schwarting* (Hrsg.), e-Government. Perspektiven – Probleme – Lösungsansätze, 2007. → Bd. I *Voßkuhle* § 1 Rn. 65; Bd. II *Britz* § 26.

[71] Die durch das Gesetz zur Beschleunigung von Genehmigungsverfahren vom 12. 9. 1996 (BGBl I 1996, S. 1353) in das Verwaltungsverfahrensgesetz aufgenommenen §§ 71a ff. sind durch das Vierte Gesetz zur Änderung des Verwaltungsverfahrensgesetzes (4. VwVfÄndG) v. 11. 12. 2008 (BGBl I 2008, S. 2418) aufgehoben worden. Der Gesetzgeber hat damit zum Einen die Richtlinie 2006/123/EG des Europäischen Parlaments und des Rates vom 12. 12. 2006 über Dienstleistungen im Binnenmarkt (ABl. EU 2006, Nr. L 376, S. 36) umgesetzt. Den Gesetzgebungsmaterialien ist zum Anderen die letzthin bestimmende Auffassung zu entnehmen, es hätten die aufgehobenen Beschleunigungsregelungen ihre Signal- und Anstoßwirkung erfüllt, ihre Funktion werde insbesondere durch § 10 S. 2, § 25 Abs. 2 VwVfG weiterhin zum Ausdruck gebracht und bleibe auch in fortbestehender Verwaltungspraxis gesichert, s. BRDrucks 580/08, S. 21, 26; kritisch hierzu die Stellungnahme des dt. Anwaltsvereins v. 30. 7. 2008, Nr. 40/08. Zu den aufgehobenen Beschleunigungsregelungen s.a. → Bd. II *Schmidt-Aßmann* § 27 Rn. 86 ff.; zur Abschaffung des Widerspruchsverfahrens in Niedersachsen im Zusammenhang mit der Verfahrensbeschleunigung → Bd. II *Schneider* § 28 Rn. 128.

[72] Als Grundlage einer insgesamt erweiterten „Vorfeldkommunikation", näher *Voßkuhle*, Der Wandel von Verwaltungsrecht (Fn. 61), S. 367 f. S. a. → Bd. II *Schneider* § 28 Rn. 17 ff.

[73] Als eigenständige Verfahrensgestaltungen sind das „Sternverfahren" (§ 71d VwVfG a. F.) und die „Antragskonferenz" (§ 71e VwVfG a. F.) freilich nicht mehr geregelt, s. dazu → Bd. II *Schneider* § 28 Rn. 94.

[74] Zur Diskussion in verwaltungswissenschaftlicher, von einem Principal-Agent-Modell geleiteten Beobachtung *Natalie Behnke*, Responsivität und Verantwortlichkeit der öffentlichen Verwaltung, in: *Edwin Czerwick/Wolfgang H. Lorig/Erhard Treutner* (Hrsg.), Die öffentliche Verwaltung in der Bundesrepublik Deutschland, 2009, S. 45 ff.; allgemein zur Responsivität des Rechtssystems *Martin Morlok*, Selbstverständnis als Rechtskriterium, 1993, S. 267 ff.

A. Beteiligung und Partizipation

lers eingehen, sich überhaupt so auf dieses Anliegen einlassen, dass dessen zügige, aber auch nachvollziehbare und kalkulierbare (vgl. § 25 Abs. 2, § 71c VwVfG) Bearbeitung sichergestellt erscheint. Die **kommunikativen, diskursiven, interaktiven und – in der Verwaltungspraxis besonders vernachlässigt – responsiven Züge des Verwaltungsverfahrens** werden verfahrensrechtlich betont; eine allgemeine Pflicht der Verwaltung zur Unterstützung der Beteiligten und zur optimierenden Pflege des Verfahrens insgesamt als sich entfaltender Zusammenhang der Entdeckung, Erfindung und Vermittlung wird verdeutlicht und verstärkt.

Die verfahrensrechtliche Aufwertung informationeller Beteiligung kann aber auch dazu führen, dass Entwicklungspotentiale eines kooperativen Verwaltungsverfahrens und damit dessen Leistungsfähigkeit gehemmt werden, letztlich sogar schwinden. Die subjektive Befähigung und die objektive Möglichkeit zu einer wirkungsvollen Kommunikation eigener Interessen und Perspektiven sind in der Regel sehr unterschiedlich verteilt. Das ist auch für die Beteiligung in einem diskursiv angelegten[75] Verwaltungsverfahren von Bedeutung. Diskurse sind voraussetzungsvolle und stützungsbedürftige Sozialsysteme. Gleiche **Teilhabechancen** stellen sich in ihnen nicht von selbst ein. Auch ist, wie bei allen diskursiven Prozessen, mit **Vermachtungstendenzen** zu rechnen, wenn sich das Verwaltungsverfahren zu einem diskursiven Kommunikationszusammenhang entwickelt.[76] Informationelle Beteiligung wird zum Medium – Werkzeug und Entfaltungsraum – solcher Vermachtung, wenn sie auf Desinformation, auf selektive oder verspätete Information oder auf solche Überinformation hinwirkt, die in der Zeit nicht mehr verarbeitet werden kann, die dem Verfahren zur Verfügung steht. Hat solche strategische Verfahrenskommunikation Erfolg, dann ist der Entwurf der besonderen Verfahrenswirklichkeit, mit dem in den betroffenen Verfahren gearbeitet werden muss, zugunsten bestimmter Interessen, Belange oder Perspektiven verzerrt. Diese Verzerrung würde in der Verfahrenskommunikation regelmäßig nicht zu bemerken sein, also auch nicht thematisiert, kontrolliert und korrigiert werden können. Vermachtung hätte hier als Zurichtung der Blickwinkel und Gegenstände des Verfahrens, auf eine informationell vermittelte, indirekte, gerade deshalb aber besonders wirksame Weise stattgefunden. Gewiss könnte eine stärkere Öffnung des Verwaltungsverfahrens für geeignete **Formen einer neutralen gesellschaftlichen „Drittbeobachtung"**, mit der insbesondere im Verfahren der Mediation[77] schon verfahrenspraktisch experimentiert wird, auch solchen Vermachtungstendenzen entgegenwirken.

30

---

[75] → Rn. 23.
[76] Vgl. *Angelika Kreß*, Repräsentation – Partizipation – Diskurs, in: *Heinz-Ulrich Nennen* (Hrsg.), Diskurs. Begriff und Realisierung, Würzburg 2000, S. 197 (219 ff., 226 ff.); ähnlich auch *Ortwin Renn/ Thomas Webler*, Der kooperative Diskurs, in: Ortwin Renn, Hans Kastenholz, Patrick Schild, u. a. (Hrsg.), Abfallpolitik im kooperativen Diskurs. Bürgerbeteiligung bei der Standortsuche für eine Deponie im Kanton Aargau, Zürich 1998, S. 3 (insbes. S. 44, 55); zum diskurstheoretischen Hintergrund *Jürgen Habermas*, Diskursethik, in: *ders.*, Moralbewusstsein und kommunikatives Handeln, 1983, S. 53 (97 ff.); zur rechtstheoretischen Rezeption der Diskurstheorie *Robert Alexy*, Theorie der juristischen Argumentation, 1983, insbes. S. 219 ff., 232 ff.; zu einer machtvergessenen und -verschleiernden, gerade dadurch aber machtbefestigenden Funktion aktueller, auf Deliberation zielender Demokratie- und Öffentlichkeitsmodelle s. *Alexander Somek*, Demokratie als Verwaltung, in: Hauke Brunkhorst (Hrsg.), Demokratie in der Weltgesellschaft, 2009, S. 323 ff.
[77] → Rn. 34, 52, 69, 98.

31 Besondere **Vermachtungsgefahren** begründen beteiligungsrelevante Regelungen nach dem Modell des § 25 Abs. 2 VwVfG. Sie sollen Genehmigungsbehörden auf die „Anforderungen einer modernen, bürgernahen Dienstleistungsverwaltung" einstellen.[78] Was hier „bürgernah", was „Dienstleistung" meinen könnte, ist unklar. Festgelegt wird die normative Struktur einer Kommunikationsbeziehung zwischen Verwaltung und Antragsteller, die im Hinblick auf die Verteilung von Kommunikationschancen und die Möglichkeit einer machtgestützten Beeinflussung von Diskursen ungleichgewichtig erscheint. Verwaltung und (potentieller bzw. tatsächlicher) Antragsteller werden verfahrensrechtlich schon vor der Antragstellung selbst in einen verdichteten Kommunikationszusammenhang eingebunden, dem das Verfahrensrecht außerdem ein übergreifendes Beschleunigungsziel vorgibt. Weder in prozeduraler noch in sachlich-materieller Hinsicht wird eine grundsätzlich offene und umfassende Alternativenprüfung nahegelegt. Nicht mit allen Bürgern, die durch das Projekt betroffen sein können, und auch nicht in einer allgemeinen Öffentlichkeit, sondern nur in einem kleinen Kreis von Projektinteressenten soll eine Vorabkommunikation eingeleitet werden. Diese kann zu einer rechtlich schwer greifbaren, faktisch aber nachgewiesenermaßen hochwirksamen „Selbstbindung" der Verwaltung an die Ergebnisse der vorgezogenen Kommunikation mit Projektbetreibern, Investoren oder Antragstellern führen. Derartige Vorabkommunikation kann damit eine erhebliche strategische Bedeutung für das Projekt erlangen, Entwicklungspfade vorzeichnen oder ausschließen, die Ausbildung informell undurchsichtiger, exklusiver und netzwerkartig befestigter „Parallelverfahren" begünstigen und mit alledem in der Tat auch eine Dienstleistungsfunktion der Verwaltung zum Ausdruck bringen, die dann freilich exklusiv-gerichtet erschiene.

c) Chancengleiche Kommunikationsteilhabe[79]

32 In einer solchen Konstellation, mit der gerade in komplexen, multipolaren Verwaltungsrechtsverhältnissen zu rechnen ist, erscheint der Grundsatz chancengleicher Kommunikationsteilhabe[80] ungesichert. Das Verwaltungsverfahren ist im Wesentlichen Kommunikation. Es entwickelt sich in Prozessen des informationellen Austauschs und stellt dabei auch seine Problemwahrnehmung, sein normatives Programm und seine Umweltbezüge in weitem Umfang selbst erst her. Schon im Hinblick auf diese Bedingungen, aber auch wegen der hinzutretenden Interessenwahrungs- und Rechtsschutzfunktion des Verwaltungsverfahrens, erhält das **Gebot allseitig gesicherter Zugangs- und (kommunikativer) Beteiligungsmöglichkeiten** ein besonderes Gewicht. Gleiches gilt für das Erfordernis einer diesen Möglichkeiten entsprechenden, also möglichst umfassenden **Informationsgewichtung und -verarbeitung**. Diesem Erfordernis und jenem Ge-

---

[78] So die Begründung des Gesetzesentwurfs zu § 71c VwVfG a.F., BTDrucks 13/3995, S. 8, der wesentlich von dort des § 25 Abs. 2, 2008 in § 25 Abs. 2 VwVfG übernommen wurden, zur Novellierungsgeschichte o. Fn. 71 f.; s. Bd. I, *Schmitz* § 1 Rn. 51, *Baer* § 11 Rn. 55; Bd. II *Fehling* § 38 Rn. 49 f.

[79] *Hoffmann-Riem*, Selbstbindungen der Verwaltung (Fn. 6), passim, s.a. Bd. II *Fehling* § 38 Rn. 8.

[80] *Hoffmann-Riem*, Beteiligung und Innovationsoffenheit im Verwaltungsrecht, in: ders./ *Schmidt-Aßmann* (Hrsg.), Innovation, S. 9 (72).

waltungspraxis hinreichend gesichert.[83] Die deshalb weiterhin grundsätzlich mögliche kommunikative bzw. diskursive Öffnung des Verwaltungsprojekts wird im Übrigen in Abhängigkeit von der konkreten Fallgestaltung (die freilich ihrerseits noch ausgehandelt werden muss) mehr oder weniger weit gehen können.[84] Auf die Zustimmung des Antragstellers kann und muss die Verwaltungsbehörde erforderlichenfalls hinwirken. Ob sie sich dabei durchsetzt, ist zwar im Hinblick auf die erheblich gestiegene Konfliktfähigkeit der betreffenden gesellschaftlichen Akteure – für die etwa Standorte, Investitionsvolumina, Subventionen oder Steuerforderungen zu Verhandlungsgegenständen geworden sind – und anders als es die überkommene normative Fiktion einer Führungsfunktion der Verwaltung in „ihrem" Verfahren nahe legen könnte, durchaus unsicher. Über ein gewisses Druckpotential wird die verfahrensleitende Verwaltung aber in der Regel verfügen. Es muss dort, wo dafür nach Lage des konkreten Falles Veranlassung besteht, beteiligungsförderlich genutzt werden, also mit dem Ziel einer Ausweitung diskursiver Beziehungen.

II. Beteiligung als Mittel der Rechts- und Interessenverfolgung

1. Die Rechtsschutzdimension

35 Verfahrensbeteiligung dient auch dem Rechtsschutz der Beteiligten. Diese Erkenntnis verdankt sich vor allem dem Bedeutungszuwachs des subjektiven öffentlichen Rechts. Zu einer **eigenständigen Rechtsschutzdimension der Verfahrensbeteiligung** konnten Rechtsprechung und Dogmatik erst finden, als das Verhältnis wechselseitiger Abstützung und Optimierung erschlossen wurde, das zwischen dem Staatsstrukturprinzip des Rechtsstaats und subjektivrechtlichen Grundrechtsgehalten besteht. Diese Wechselbeziehung ist erst unter der Geltung des Grundgesetzes entdeckt und entfaltet worden.

a) Verwaltungsinterner Rechtsschutz (1): Rekursverfahren

36 Der Schutz des subjektiven öffentlichen Rechts konnte nicht als eigenständiges Ziel des Verwaltungsverfahrens bestimmt werden, solange sich das Verfahren in der fließenden Erscheinungsfülle neuzeitlicher Staatlichkeit noch nicht als eigenständiges Ordnungsmodell verfestigt hatte, solange auch spezifisch verfahrensrechtliche Struktur- und Verlaufsvorgaben noch nicht als ein klar abgrenzbarer Teil des allgemeinen Verwaltungsrechts erkannt waren.[85] Ein eigenständiges Rechtsschutzziel des Verwaltungsverfahrens hat sich dementsprechend von dem funktional eher unselbständig-nachgeordneten Verfahrenstyp des **„Rekurses"** (gegen eine bereits getroffene Verwaltungsentscheidung) aus entwickelt.[86]

---

[83] S. o. → Fn. 71, 78.
[84] → Rn. 32.
[85] Zur Ausdifferenzierung und späten Eigenständigkeit des Verwaltungsverfahrensrechts vgl. *Peter Lerche/Walter Schmitt Glaeser/Eberhard Schmidt-Aßmann*, Verfahren als staats- und verwaltungsrechtliche Kategorie, 1987, insbes. S. 3 ff., 37 ff.
[86] Ausführlich *Wolfgang Rüfner*, Verwaltungsrechtsschutz in Preußen von 1749 bis 1842, Bonn 1962, S. 131 ff., 146 ff.; *Gernot Sydow*, Die Verwaltungsgerichtsbarkeit des ausgehenden 19. Jahrhunderts, 2000 S. 45 ff., 55 ff., 209 ff.; ferner *Regina Ogorek*, Individueller Rechtsschutz gegenüber der Staatsge-

A. Beteiligung und Partizipation

In solchen verwaltungsinternen, vorrangig auf Individualrechtsschutz zielenden[87] Verfahren der Rechtskontrolle wird die Verwaltungsentscheidung als Ergebnis einer abgeschlossenen Willensbildung von Entscheidungsbetroffenen zur Überprüfung durch eine höherstufige Verwaltungsinstanz gestellt. Wie für das verwaltungsgerichtliche gilt auch für das verwaltungsinterne Rechtsschutzverfahren, dass ein Vorgang, der in seinen sachlichen, zeitlichen und sozialen Dimensionen oft kaum mehr überschaubar ist, im Fokus seines als zunächst feststehend behandelten Ergebnisses „eingefroren" und gewürdigt wird. Dieser Grundprägung, die auch in den noch bestehenden verwaltungsinternen Vorschaltverfahren[88] zum Ausdruck kommt (s. insbes. §§ 68 ff. VwGO), liegt ein **verengtes Verständnis des Verfahrensrechtsschutzes** zugrunde. Dessen Funktion erfüllt sich hier in einer Vorverlagerung des verwaltungsgerichtlichen Rechtsschutzes; sie setzt im Übrigen die Möglichkeit einer klaren Trennung zwischen Verwaltungsverfahren und Verwaltungsentscheidung voraus, und sie erfasst innerhalb dieser Unterscheidung nur die Entscheidung und ihre Folgen. Damit verweist dieses Verständnis auf die **„bürgerliche" Gesellschafts- und Rechtstheorie** des Liberalismus und Konstitutionalismus des 19. Jahrhunderts.[89] Ge- oder verbietende Eingriffe des Staates in den als grundsätzlich selbststeuernd gedachten Vergesellschaftungsprozess durften nur in den Grenzen scharf geschnittener Befugnisnormen erfolgen und sollten anhand klar konturierter subjektiver Rechte abgewehrt werden können. In diesem Verständnishorizont konnte auch die Rechtsschutzfunktion des Verwaltungsverfahrens – ohnehin ja erst im verwaltungsgerichtlichen Verfahren ihre vollständige Verwirklichung findend – auf eine nachträgliche Ergebniskontrolle beschränkt werden.

37

Spätestens seit dem Ausgang des 19. Jahrhunderts ist offensichtlich, dass sich der **Vergesellschaftungsprozess nicht selbstregulativ,** sondern in einem komplexen, sich ständig verschiebenden Gefüge selbstregulativer Mechanismen und fremdregulativer Einwirkungen vollzieht. Auch die verwaltungsverfahrensrechtliche Theorie und Dogmatik hat gelernt, dass gesellschaftliche Kommunikation, Interaktion und Strukturierung durch Steuerungs- und Gestaltungsbemühungen des Staates nachhaltig beeinflusst werden kann. Der moderne Wohlfahrts-, Leistungs-, Planungs- oder Vorsorgestaat hat auch konzeptionell den „Minimalstaat"[90] weitgehend abgelöst, dessen Modell auf den bürgerlichen Li-

38

---

walt. Zur Entwicklung der Verwaltungsgerichtsbarkeit im 19. Jahrhundert, in: Jürgen Kocka (Hrsg.), Bürgertum im 19. Jahrhundert, Bd. 1, 1988, S. 372 (388 ff.); *Eberhard Schmidt-Aßmann*, in: Schoch/Schmidt-Aßmann/Pietzner, VwGO, Einl. Rn. 71.

[87] Die bis in das 20. Jahrhundert noch offene Systemkonkurrenz zwischen einer Kontrolle der objektiven Rechtmäßigkeit des Verwaltungshandelns (Preußen, *Rudolf v. Gneist*) und einer Überprüfung des Verwaltungshandelns auf die Verletzung subjektiver Rechte der Bürger (süddt. Länder, *Otto v. Sarwey*) ist durch die Systementscheidung für den Individualrechtsschutz beendet worden, die ihren verbindlichen Ausdruck heute in Art. 19 Abs. 4 GG findet, s. *Walter Krebs*, Subjektiver Rechtsschutz und objektive Rechtskontrolle, in: FS Christian-Friedrich Menger, 1985, S. 191 (195 ff.); *Johannes Masing*, Die Mobilisierung des Bürgers für die Durchsetzung des Rechts, 1997, S. 70 ff., 77 ff.; *Sydow*, Verwaltungsgerichtsbarkeit (Fn. 86), S. 225 ff.

[88] Dazu → Bd. II *Schneider* § 28 Rn. 120 ff.

[89] Dazu *Dieter Grimm*, Recht und Staat der bürgerlichen Gesellschaft, 1987, insbes. S. 19 ff.; *Klaus Roth*, Genealogie des Staates, 2003, S. 734 ff.

[90] *Robert Nozick*, Anarchy, State, and Utopia, 1974; dazu *Helmut Willke*, Ironie des Staates, 1974, S. 92 ff.

beralismus des 19. Jahrhunderts zurückweist.⁹¹ Das Verständnis des Verfahrensrechtsschutzes ist dabei nicht unbeeinflusst geblieben.

b) Verwaltungsinterner Rechtsschutz (2): das Verwaltungsverfahren

39 Die Konzeption des modernen deutschen Rechtsstaats hat sich weiter entwickelt. Als ein besonders weitreichendes Ergebnis dieser Entwicklung – die durch die nationalsozialistische Instrumentalisierung des Rechts unterbrochen worden ist, nach 1945 darin aber auch neue Schubkraft fand –⁹² hat sich die Bindung aller staatlichen Gewalt an die Grundrechte erwiesen (Art. 1 Abs. 3 GG). Das **subjektive öffentliche Recht**⁹³ ist zu einem wichtigen Medium dieser objektiv-rechtlichen Bindung geworden. In Gehalt und Funktion heute durch die Schutznormlehre,⁹⁴ einen weitreichenden Grundrechtsschutz⁹⁵ und die Garantie eines lückenlosen gerichtlichen Rechtsschutzes (Art. 19 Abs. 4 GG)⁹⁶ maßgeblich geprägt, wurde es im Wesentlichen erst nach Inkrafttreten des Grundgesetzes entfaltet. Dem Rechtsstaatsprinzip haben sich auf diese Weise materiell-, individual- und subjektivrechtliche Gehalte angelagert, denen in einer herkömmlich objektiv-rechtlichen Gesetzmäßigkeitskontrolle nicht mehr Rechnung getragen werden kann.⁹⁷ Für die verwaltungsrechtliche Theorie und Dogmatik hat der **„Grundrechtsschutz im und durch Verfahrensrecht"**⁹⁸ maßgebliche Bedeutung erlangt.⁹⁹ Ein Grundrechtsschutz, der durch Art. 2 Abs. 1 GG als subsidiär an-

---

⁹¹ Eine Zusammenfassung wichtiger Entwicklungsschritte findet sich bei *Franz-Xaver Kaufmann*, Diskurse über Staatsaufgaben, in: Dieter Grimm (Hrsg.), Staatsaufgaben, 1994, S. 15 (20 ff., 28 ff.). Vgl. a. → Bd. I *Stolleis* § 2. Zu Funktionen von Staatsbildern → Bd. I *Schuppert* § 16 Rn. 67.

⁹² → Bd. I *Stolleis* § 2 Rn. 79 ff. bzw. 90 ff.

⁹³ → Bd. I *Masing* § 7 Rn. 98 ff.

⁹⁴ *BVerwG*, NVwZ 1987, S. 409 f.; *BVerwGE* 78, 40 (42 f.); *BVerfGE* 31, 33 (39 ff.); 83, 182 (194 f.); 96, 100 (114); *Eberhard Schmidt-Aßmann*, in: Maunz/Dürig, GG, Art. 19 Abs. IV Rn. 118 ff.; *Rainer Wahl/Peter Schütz*, in: Schoch/Schmidt-Aßmann/Pietzner, VwGO, Vorbem. § 42 Abs. 2, Rn. 42 ff., 94 ff.; *Matthias Schmidt-Preuß*, Kollidierende Privatinteressen, 1992, S. 186 ff.; *Hartmut Bauer*, Geschichtliche Grundlagen der Lehre vom subjektiven öffentlichen Recht, 1986, S. 135 ff., 140 ff.; *Masing*, Mobilisierung (Fn. 87), S. 62 ff., 107 ff.

⁹⁵ Vgl. *BVerfG*, NJW 1990, 2249; *Eberhard Schmidt-Aßmann*, in: Maunz/Dürig, GG, Art. 19 Abs. IV, Rn. 123 („norminterne" Einwirkung der Grundrechte in einfachgesetzliche Normen), Rn. 125 („normexterne" Einwirkung); *Wahl/Schütz*, in: Schoch/Schmidt-Aßmann/Pietzner, VwGO, Vorbem. § 42 Abs. 2 Rn. 75 ff.; *Wahl/Schütz*, in: Schoch/Schmidt-Aßmann/Pietzner, VwGO, § 42 Abs. 2 Rn. 46 ff.; *Schmidt-Preuss*, Kollidierende Privatinteressen (Fn. 94), S. 49 ff.

⁹⁶ *BVerfGE* 35, 263 (274 ff.); 35, 382 (401); 65, 1 (70); 101, 106 (122); 101, 397 (407); NJW 2002, 2700 (2701); std. Rspr.; aus der Lit. s. nur *Hartmut Maurer*, Rechtsstaatliches Prozessrecht, in: FS BVerfG, Bd. 2, 2001, S. 467 (487 ff.); *Peter Wilfinger*, Das Gebot effektiven Rechtsschutzes in Grundgesetz und Europäischer Menschenrechtskonvention, 1995, S. 8 ff., 36 ff., 46 ff.; zur Diskussion *Eberhard Schmidt-Aßmann*, in: Maunz/Dürig, GG, Art. 19 IV Rn. 4.

⁹⁷ *Schmidt-Aßmann*, Ordnungsidee, 2. Kap. Rn. 6, 32 ff.

⁹⁸ *Fritz Ossenbühl*, Grundrechtsschutz im und durch Verfahrensrecht, in: FS Kurt Eichenberger, 1982, S. 183 ff.

⁹⁹ *BVerfGE* 53, 30 (59 f., 62 ff.; ein Überblick im Sondervotum *Simon/Heußner*, ebd. 69 ff.); 57, 295 (320); 61, 82 (109 ff.); 69, 315 (355); 90, 60 (96); aus der Lit. impulsgebend *Peter Häberle*, Grundrechte im Leistungsstaat, VVDStRL, Bd. 30 (1972), S. 43 (86 ff. – „status activus processualis"); s. ferner *Konrad Hesse*, Bestand und Bedeutung der Grundrechte in der Bundesrepublik Deutschland, EuGRZ 1978, S. 427 (434 ff.); *Herbert Bethge*, Grundrechtsverwirklichung und Grundrechtssicherung durch Organisation und Verfahren, NJW 1982, S. 1 ff.; monografisch *Helmut Goerlich*, Grundrechte als Verfahrensgarantien, 1981; zur Rechtsprechungsentwicklung *Jürgen Held*, Der Grundrechtsbezug des Verwaltungsverfahrens, 1984, S. 68 ff.; zum derzeitigen Diskussionsstand *Martin Gellermann*, Grund-

A. Beteiligung und Partizipation

wendbares „Auffanggrundrecht"[100] lückenlos geschlossen und durch die Konstruktion der grundrechtlichen Schutzpflicht[101] weiter ausdifferenziert und verstärkt worden ist,[102] wird auf diese Weise in das Verwaltungsverfahren hinein verlängert.

c) Rechtsschutz und Gestaltung

Das Verwaltungsverfahren dient nicht allein der Rechtsschutzfunktion. Es ist zunächst einer übergreifenden **Gestaltungsfunktion** verpflichtet, die sich auf die Verwirklichung des objektiven Rechts richtet. Sie kann bis zu der – im Regelfall normativ-impliziten – Erwartung an die Verwaltung reichen, eine eigenständige Verwaltungs-„politik" zu entwerfen, abzustimmen und durchzusetzen.[103] Insbesondere im Bereich von Ermessensregelungen oder unbestimmten Rechtsbegriffen kann sich diese Erwartung entwickeln; verfahrenstypologisch sind ihr vor allem Planungs- und große multipolare Genehmigungsverfahren zuzuordnen. Für die Gestaltungsfunktion ist in erster Linie das öffentliche Interesse maßgeblich, das in den fachgesetzlichen Vorgaben zum Ausdruck gelangt. Damit ist die Mitberücksichtigung und Mitbetreuung der Rechtsschutzfunktion durch die Verwaltung vereinbar. Ausgeschlossen ist aber eine objektiv-neutrale Wahrnehmung allein dieser Funktion. Das bedingt eine **abgestufte Zuweisung der Funktionen:** ein den Anforderungen des Art. 19 Abs. 4 GG genügender Individualrechtsschutz wird erst im verwaltungsgerichtlichen Verfahren, nicht schon im Verwaltungsverfahren verwirklicht.[104]

40

d) Die Verwirklichung des Verfahrensrechtsschutzes: Substantiierung des subjektiven Rechts

Die Verlängerung des Grundrechtsschutzes in das Verwaltungsverfahren hinein hat zur weiteren Folge, dass die entscheidungsgebundene *ex post*-Perspektive von Rekurs- und gerichtlichem Verfahren zu einer **verfahrensbezogenen *ex ante*-Perspektive** ausgeweitet werden muss. Sachliche Betroffenheit kann (grund-)rechtliche Bedeutung nicht erst beanspruchen, soweit sie durch eine Verwaltungsentscheidung hergestellt worden ist. Sie bedarf nicht mehr einer ihre Rechtsrelevanz erst erzeugenden Zweitcodierung durch die Entscheidung, um die Rechtsschutzfunktion des Verwaltungsverfahrens zu aktivieren. Diese Funktion ist bereits in dem Verfahren wirksam, das auf die Entscheidung hinführt. Ihr ist schon wegen eines lückenlosen Grundrechtsschutzes und des Verbots der Unterschreitung eines Mindestniveaus grundrechtlicher Schutzpflichten beson-

41

---

rechte in einfachgesetzlichem Gewande, 2000, S. 255 ff. m.w.N. → Bd. I *Masing* § 7 Rn. 53 ff.; Bd. II *Schmidt-Aßmann* § 27 Rn. 33 ff.

[100] Std. Rspr. seit *BVerfGE* 6, 32 (36), s. etwa *BVerfGE* 80, 137 (152); 91, 335 (338); 95, 297 (303). Die Lit. folgt dem im Wesentlichen, s. nur *Horst Dreier*, in: ders. (Hrsg.), GG I, Art. 2 I Rn. 27 ff. m.w.N. zu Rspr. u. Lit.

[101] Dazu im Überblick *Helmut Schulze-Fielitz*, in: Dreier (Hrsg.), GG I, Art. 2 II Rn. 76 ff. m.w.N.

[102] Zur Bewertung s. die Kritik bei *Wolfgang Kahl*, Vom weiten Schutzbereich zum engen Gewährleistungsgehalt, Der Staat, Bd. 43 (2004), S. 167 ff., sowie die Gegenkritik bei *Wolfgang Hoffmann-Riem*, Grundrechtsanwendung unter Rationalitätsanspruch, ebd., S. 203 ff.

[103] → Rn. 8. Zur Funktionenvielfalt des Verwaltungsverfahrens s. → Bd. II *Schmidt-Aßmann* § 27 Rn. 56 ff.

[104] Näher *Schmidt-Aßmann*, Ordnungsidee, Kap. 6 Rn. 128 f. m.w.N. S.a. → Bd. II *ders.* § 27 Rn. 67 f.

dere Bedeutung zuzumessen.[105] Hinzu kommt die Gefahr einer Entwertung materieller Grundrechtspositionen[106] schon im prozeduralen Vorfeld verfahrensabschließender, z.T. bereits irreversibler Entscheidungen – etwa bei der Genehmigung riskanter Technologien,[107] der Zulassung zum Betrieb netzgestützter Dienste, der Erlaubnis zur Veranstaltung von Rundfunkprogrammen, der Einleitung irreversibler (Teil-)Baumaßnahmen, aber auch in manchen familien- bzw. kindschaftsrechtlichen Verfahren.[108] Verfahrensrechtsschutz kann Rechtsverlusten im Entscheidungsvorfeld entgegenwirken.

42 Als Rechtfertigungsgrund für die Beteiligung im Verwaltungsverfahren kann Betroffenheit vielfach erst durch Beteiligung erkannt und in ihren weiteren Dimensionen aufgeklärt werden.[109] Für die Rechtsschutzfunktion der Regelungen über die Beteiligung am Verwaltungsverfahren bestätigt sich damit eine Vermutungsregel, deren Bedeutung schon für die informationelle Beteiligung erkennbar geworden ist. Die Grundrechtsbezüge, in denen die Rechtsschutzfunktion des Verwaltungsverfahrens heute eingebunden ist, verstärken das Gewicht des Grundsatzes, **dass im Zweifel beteiligt werden muss,** und sei es zunächst nur zur Aufklärung einer ungewissen Betroffenheit.[110]

43 Insoweit eröffnet das Verwaltungsverfahren einen **Kommunikations-, Gestaltungs- und Realisationsraum,** in dem die erst noch leere Form des subjektiven öffentlichen Rechts mit Substanz gefüllt werden kann.[111] Dabei wird dieses Recht normativ, sachlich, personal und zeitlich spezifiziert, so dass es sich auf seine Vereinbarkeit mit anderen substantiierten subjektiv-öffentlichen Rechten und objektiv-rechtlichen Belangen überprüfen lässt. Die informationelle Funktion des Verwaltungsverfahrens und dessen Rechtsschutzfunktion erweisen sich erneut als eng verknüpft. Eine Beschränkung der informationellen Funktion kann auch die Rechtsschutzfunktion beeinträchtigen. Das beschränkt die gesetzgeberischen und exekutiven Spielräume, in denen die Informations- und Rechtsschutzfunktion des Verfahrens gegen weitere Optimierungsziele wie etwa Verfahrenseffektivität und -effizienz abzuwiegen sind.

44 Soll ein thematisch-gegenständlich lückenloser und modal intensivierter Grundrechtsschutz auch prozedural umgesetzt werden, kann dies zu einer **Überlastung der Rechtsschutzfunktion** und schließlich zu einer **Verfehlung der Zielbestimmung des Verwaltungsverfahrens** insgesamt führen. Dem Gesetzgeber steht deshalb jenseits der klaren Grundrechtsberührung[112] ein Gestaltungsspiel-

---

[105] Zum hier maßgeblichen Stichwort „Untermaßverbot" aus der neueren Diskussion *Günther Krings,* Grund und Grenzen grundrechtlicher Schutzansprüche, 2003, insbes. S. 297 ff.; *Peter Szczekalla,* Die sogenannten grundrechtlichen Schutzpflichten, 2002, insbes. S. 111 f., 323 ff., jew. m.w.N.; Beispiele für konkrete Anwendungslagen etwa bei *Lothar Michael,* Die drei Argumentationsstrukturen des Grundsatzes der Verhältnismäßigkeit, JuS 2001, S. 148 ff.

[106] Hierzu *BVerfGE* 63, 161 (143).

[107] *BVerfGE* 49, 89 (140 ff.); 53, 39 (65 f.); 65, 1 (52, 58 ff.).

[108] *BVerfGE* 99, 145 (157); ferner *Helmut Schulze-Fielitz,* in: Dreier (Hrsg.), GG I, Art. 2 II Rn. 91 ff. m.w.N.

[109] → bei Rn. 17.

[110] Zu eng und deshalb verfassungsrechtlich problematisch *OVG NRW,* NVwZ 1988, 74 (Beteiligung erst bei offenkundiger Betroffenheit), Kritik bei *Hilmar Raeschke-Kessler/Stephan Eilers,* Die grundrechtliche Dimension des Beteiligungsgebots in § 13 II VwVfG – Zur Verfahrensbeteiligung als Grundrechtssicherung, NVwZ 1988, 37 ff.

[111] → Bd. I *Masing* § 7 Rn. 102 ff.

[112] N.o. → Fn. 102.

raum offen, in dem die Rechtsschutzfunktion einerseits und das Effizienz- und Effektivitätsziel des Verwaltungsverfahrens andererseits aufeinander abgestimmt werden können. Unter dem besonderen Gesichtspunkt des Grundrechtsschutzes durch Verfahren sind nicht etwa jedem denkbaren Schutzanliegen auch beteiligungsrechtliche Entfaltungsmöglichkeiten einzuräumen; weder muss unter diesem Gesichtspunkt der Vorsorgegrundsatz drittschützend ausgestaltet noch die Verbandsklage eingeführt werden.[113]

Im Übrigen ist in jedem Einzelfall immer wieder neu zu ermitteln, wen die Verwaltung als Betroffenen oder zum Zweck der Klärung einer möglichen Betroffenheit in welcher Weise und Intensität zu beteiligen hat, so dass die Rechtsschutzfunktion des Verwaltungsverfahrens optimiert werden kann. Rechtsbegrifflich allgemeine Vorgaben werden diese einzelfallbezogene Ermittlung zwar steuern können, nicht aber entbehrlich werden lassen. Überhaupt unterliegen die **Konkretisierung und Handhabung der Verfahrensrechte,** die in der Beteiligtenstellung gebündelt sind, einerseits vorrangigen grundrechtlichen Steuerungsimpulsen. Andererseits muss der funktional notwendigen **eigenständigen Produktivität des Verwaltungsverfahrens** auch verfahrensrechtlich genügend Raum bleiben, verfügt sie doch nicht nur in funktionellrechtlicher Perspektive,[114] sondern auch unter dem Gesichtspunkt des Grundrechtsschutzes durch Verfahren über eine besondere verfassungsrechtliche (scil. grundrechtliche) Legitimitätsgrundlage.[115] 45

In jedem einigermaßen anspruchsvollen Verwaltungsvorhaben können die Beteiligungsregelungen des geltenden Verfahrensrechts letztlich nur im Zusammenwirken staatlicher und nichtstaatlicher Akteure präzisiert, konkretisiert, weiterentwickelt und mit Leben erfüllt werden. Das Verfahrensrecht ist hier dem gestaltenden Zugriff der Verfahrensbeteiligten anheimgegeben, die deshalb eine besondere **Gestaltungsverantwortung** tragen.[116] Deren Wahrnehmung muss in rechtsaufsichtlicher Perspektive, vor allem aber durch eine interessierte – erforderlichenfalls professionell zu interessierende und betreuende – Öffentlichkeit beobachtet werden. Sie benötigt aber auch **Spielräume gemeinsamer Wahrnehmung,** die deshalb in der Rechtsetzung wie -anwendung offenzuhalten sind. Dabei bleibt das Muster stets gleich, nach dem Verfahrensrecht zu schaffen und auszulegen ist, das solche Spielräume offenhalten kann: Beteiligungsregelungen werden zur Klärung der Beteiligung diese zulassen müssen. 46

2. Beteiligung als Interessenverfolgung

Das subjektive öffentliche Recht bleibt ein wichtiger Bezugspunkt der Rechtsschutzfunktion des Verwaltungsverfahrens. Doch können sich in ihm Sinn und Gehalt dieser Funktion nicht erschöpfen. Das wird deutlich etwa im Hinblick 47

---

[113] *Schulze-Fielitz,* in: Dreier (Hrsg.), GG I, Art. 2 II Rn. 94.

[114] *Hesse,* Grundzüge, S. 209: Verwaltung als „eigenständige Funktion in die verfassungsrechtliche Ordnung der staatlichen Funktionen eingefügt"; zum diese Eigenständigkeit tragenden „Kernbereich der Exekutive" s. BVerfGE 9, 280 (282); 67, 139; 95,1 (16 f.); ausführl. Diskussion bei *Thomas Kuhl,* Der Kernbereich der Exekutive, 1993.

[115] Vgl. *Schmidt-Aßmann,* Ordnungsidee, Kap. 2 Rn. 56 f., Kap. 6 Rn. 104; allgemein zum „ ,Eigenen' von Verwaltung und Verwaltungsrecht", das „als solches in Verfassung und Verfassungsrecht [...] ,aufgehoben' ist", perspektivisch *Häberle,* Verwaltungsrecht (Fn. 28), S. 661 f.

[116] *Pitschas,* Verwaltungsverantwortung (Fn. 6), S. 225 f., 230, 238 f. Vgl. a. → Bd. I *Masing* § 7 Rn. 36, *Schulze-Fielitz* § 12 Rn. 155 ff.

auf die immer stärkere Einwirkung grundrechtlicher Normgehalte in das materielle Verwaltungs- und das Verwaltungsverfahrensrecht, die stetig zunehmende Komplexität großer Genehmigungs- und Planverfahren, die zurückgehende Dichte klassisch-konditionaler gesetzlicher Programmierung einerseits und die Zunahme gesetzlicher Finalprogramme andererseits sowie schließlich auch das unscharf, beweglich und zirkulär werdende Verhältnis von Betroffenheit und Beteiligung im Verwaltungsverfahren. Weitere, auch europarechtlich induzierte, Veränderungsimpulse sind zu beobachten, unter deren Einfluss sich das subjektive öffentliche Recht entgrenzt, strukturell undeutlicher wird und endlich aufzulösen droht.[117] Das subjektive öffentliche Recht kann deshalb nicht mehr, wie noch für eine bürgerlich-liberalistische Rechtstheorie, als ursprünglich, schon vollständig ausgebildet und so in der staatsbürgerlichen Rechtsgenossenschaft immer schon mitgegeben gelten. Es erweist sich vielmehr als Form und Medium für Interessen, die es auszufüllen und zu nutzen suchen, es aber auch als ein zu enges Gehäuse erfahren können, um daraufhin seine Umformung anzustreben. Um die Ordnung der Beteiligung im Verwaltungsverfahren zu erfassen, müssen sich Theorie und Dogmatik des allgemeinen Verwaltungsrechts mit der **Bildung, Geltendmachung und Durchsetzung von Interessen** auseinandersetzen.[118]

a) Das Interesse: Begriff, Funktion, Entfaltung

48 Der Begriff des Interesses kann keinen ursprünglich rechtserzeugten Gegenstand bezeichnen und er weist auch nicht die infrastrukturelle[119] Eigenständigkeit auf, die einem wohlgeformten Rechtsbegriff herkömmlich abverlangt wird. Gerade deshalb könnte er aber zu einem Leitbegriff einer Dogmatik werden, die sich auf komplexe und instabile Verfahrenslagen hin entwickeln muss, sich also keinesfalls mehr in begrifflich-systematischer Strukturierung bescheiden können wird. Das Interesse, wie es das Verwaltungsrecht künftig genauer ins Auge fassen muss, entfaltet sich als eine **konkrete Subjekt-Objekt-Beziehung.** In ihr wenden sich Personen oder Organisationen als Verfahrensakteure auf unterschiedliche Weise ihren vielfältigen gesellschaftlichen Umwelten zu.[120] Doch bleibt es nicht bei diesem einbahnig gerichteten Schema. In der Regel kommt es bald zu Rückwirkungen, weil sich die Interessenträger in ihren Umweltbeziehungen auch selbst aus- und fortbilden werden. Das Interesse stellt deshalb immer ein mindestens zweiseitiges Weltverhältnis her. Außerdem ist der Interessenbegriff ein interdisziplinärer Brückenbegriff.[121] In ihm öffnet sich ein in erster Linie psychologisch bzw. organisationssoziologisch zu erschließender Innenbereich, von dem aus dann die umgebenden Räume des Sozialen, der Politik, der Wissenschaft, der Wirtschaft, der Technik oder eines sonstigen Kulturbereichs interessiert erkundet, erfasst und genutzt werden können.[122] Erst in dieser Zu-

---

[117] *Sven Hölscheid*, Abschied vom subjektiv-öffentlichen Recht?, EuR 2001, S. 376 ff.; *Michael Relling*, Interesse als Rechtsbegriff?, DÖV 2004, S. 181 ff.

[118] *Eberhard Schmidt-Aßmann*, Zur Reform des Allgemeinen Verwaltungsrechts – Reformbedarf und Reformansätze, in: Hoffmann-Riem/Schmidt-Aßmann/Schuppert (Hrsg.), Reform, S. 11 (37 ff.).

[119] Zur normativen „Infrastruktur" von Rechtsbegriffen *Josef Esser*, Vorverständnis und Methodenwahl, 1972, S. 38 ff.

[120] *Wolff/Bachof/Stober*, VerwR I, § 29 Rn. 3.

[121] Zur Interdisziplinarität → Bd. I *Voßkuhle* § 1 Rn. 39.

[122] *Wolfgang Orth u. a.*, in: Otto Brunner/Werner Conze/Reinhart Koselleck, Geschichtliche Grundbegriffe, Bd. 1, 1979, S. 305 ff.

A. Beteiligung und Partizipation

wendung zur konkreten Welt drückt sich Interesse aus und kann sich verwirklichen. Ein Verfahrensrecht, das für den Umgang mit Interessen empfindlich wird, öffnet sich damit zugleich – und unvermeidlich – auch **politischer Gestaltung.**

Zunächst soll im Interesse freilich ein überschießender Begehrensgehalt eingebunden und ausgerichtet werden.[123] Erst im Aufbau eines konkreten Weltverhältnisses wird, was später Interesse heißt, gegenständlich-thematisch angereichert, strukturell ausgeformt und zeitlich festgelegt. Es bedarf der **verfahrensförmigen Ausarbeitung und Entwicklung.** Erst danach – wenn überhaupt – kann es in eine bestimmte Form wie die des subjektiven öffentlichen Rechts eingebunden werden. Wo also das subjektive öffentliche Recht als Bezugspunkt der durch Verfahrensbeteiligung zu sichernden Rechtsschutzfunktion ungewiss wird,[124] empfiehlt sich die Beobachtung der hinter dem Recht aufzusuchenden Interessen. In ihnen entwickeln sich die Weltverhältnisse noch, die dem Verwaltungsverfahren zugrunde liegen, dessen Gegenstände, Grenzen, Geschwindigkeiten und Perspektiven maßgeblich beeinflussen, aber auch selbst ihre jedenfalls vorläufige Form und Ausrichtung in diesem Verfahren erst noch finden müssen. 49

Dem Interesse wird eine rechtsstaatliche und grundrechtsoptimierende Regelung der Verfahrensbeteiligung nur gerecht werden, wenn sie auch seiner **Unfertigkeit, Entwicklungsoffenheit und Vorläufigkeit** angemessen Rechnung tragen kann. Interessen werden geweckt und bilden sich weiter aus, sie verbinden und verschieben, verlieren und erfüllen sich, um auf anderem Niveau oder in anderer Ausrichtung neu geweckt zu werden. Im Verwaltungsverfahren ist das Interesse kein neutrales Antriebsmoment, es kann eine schöpferische und zerstörende Kraft entfalten. Dieses Interesse muss unter den sich wandelnden Rahmenbedingungen moderner öffentlicher Verwaltung[125] die Entwicklung des Verwaltungsverfahrens hin zu einem diskursiven und produktiven, dabei effektiven und effizienten Gestaltungsprozess fördern können. Es muss sich deshalb grundsätzlich selbstbestimmt äußern und entfalten können, aber auch in dieser Entfaltung erforderlichenfalls unterstützt werden, wie etwa im Anwaltsverfahren und der Anwaltsplanung.[126] Andererseits darf das sich gerade erst artikulierende Interesse keiner manipulativen und instrumentalisierenden Fremdbestimmung ausgesetzt werden.[127] Es könnte sonst gerade in derjenigen produktiven und dynamisierenden Kraft gehemmt werden, von der eine erfolgreiche Bearbeitung der Verwaltungsaufgabe abhängen mag. Schließlich müssen bei alledem die konstruktiven und destruktiven Momente der Interessenverfolgung in ein sach- und problembezogenes Gleichgewicht gebracht werden. Das sind anspruchsvolle, keineswegs ohne weiteres miteinander zu vereinbarende Anforderungen. Eine moderne verfahrensrechtliche Ordnung der Beteiligung darf sie nicht verschärfen, sie soll vielmehr ihre Erfüllung erleichtern und voranbringen. 50

---

[123] Begriffsgeschichtlich maßgeblich ist die Unterscheidung zwischen Leidenschaften und Interessen, grdl. hierzu *Albert O. Hirschmann,* Leidenschaften und Interessen, 1980, insbes. S. 39 ff., 51 ff.
[124] Dazu *Relling,* Interesse (Fn. 117).
[125] → bei Rn. 47.
[126] *Bodo Pieroth,* Verfassungsfragen der Anwaltsplanung, DÖV 1977, S. 659 (659).
[127] Zu Partizipation als „Treibsatz" des Verwaltungsvorhabens s. *Claus Offe,* Strukturprobleme des kapitalistischen Staates, 1972, S. 128 ff.

b) Geltendmachung und Klärung

51 Das bedingt zunächst ausreichende Möglichkeiten der **Interessenartikulation** im Verwaltungsverfahren. Hier darf im Zweifel das Wort nicht abgeschnitten werden. Das Verfahren könnte sonst kaum für neue, überraschende, vielleicht zunächst störende Interessenbestimmungen offen bleiben. Gerade von diesen mag die erfolgreiche Bearbeitung der Verwaltungsaufgabe aber maßgeblich abhängen, die sich gleichfalls erst noch im Verfahren konkretisieren muss. Der Vorgang der Interessenbestimmung kann sich nicht in einer Artikulationsphase erschöpfen. Zwar beginnt er bei der Äußerung, Darstellung, vielleicht auch dramatischen Inszenierung des Interesses[128] und kann sich auch immer wieder in diese Anfangsphase zurückwenden. In der Regel wird er dann aber in die nachgelagerte Phase der **Abklärung und Präzisierung,** unter Umständen auch fachlichen **Profilierung und Zuspitzung,** schließlich vielleicht auch schon ersten **Abstimmung** mit gegen- und gleichläufigen Interessen und Belangen übergehen. Die Verfahren der Umweltverträglichkeitsprüfung und der Umweltplanung sind Beispiele für eine insoweit gelungene Ausgestaltung offener Beteiligungsstrukturen. In ihnen kann das im Verfahren engagierte Interesse allmählich auf eine zunehmend reflektierte Selbstbestimmung, eine produktive Interpretation der Verwaltungsaufgabe und eine beidem angemessene Verfahrensgestaltung gerichtet werden.

52 Interessenklärung, -abstimmung und -entscheidung findet auch in **multipolaren Verfahrenslagen** statt, in denen mehr oder weniger konfliktive „Bürgerbeziehungen mit und ‚unter' der Verwaltung"[129] entstehen. Eine funktionsgerechte Ordnung der Beteiligung zu verwirklichen, kann dann erhebliche Probleme bereiten. Die Verwaltung wird hier in eine Mehrfachrolle gedrängt. Sie ist im Streit der im Verfahren aufeinander treffenden Interessen Repräsentantin eines staatlichen Rechtsvollziehungs- und Gestaltungsinteresses, aber auch Diskurspflegerin, Vermittlungseinrichtung und Moderatorin, unter Umständen auch fürsorgender Beistand, Streithelferin oder Schiedsrichterin.[130] Der Druck, der insoweit auf ihr lastet, kann abgeleitet werden, wenn und soweit grundsätzlich staatsunabhängige und möglichst außerhalb des engeren Funktionszusammenhangs der Verwaltung eingerichtete Konfliktbearbeitungsmechanismen hierfür zur Verfügung stehen; Verfahren der Konfliktschlichtung und Mediation sind in diesem Zusammenhang bereits erprobt worden.[131] Mit alledem wird eine gewisse, aber wohl keine vollständige Entlastung erreicht werden können. Der irreversible Po-

---

[128] Auf der Bühne des Anhörungstermins im großen Planfeststellungsverfahren ebenso wie vor dem Schreibtisch des Sachbearbeiters in der unteren Arbeits-, Sozial- oder Finanzverwaltung.
[129] Formulierung bei *Schmitt Glaeser,* Position (Fn. 45), S. 77 ff.; s. auch *Rossen,* Vollzug (Fn. 6), S. 148 f. m.w.N.
[130] Zur Entwicklung dieser „Schiedsrichter"-Funktion aus dem US-amerikanischen Modell einer „pluralistischen" Verwaltung s. *Czerwick,* Bürokratie (Fn. 17), S. 108 f. m.w.N.
[131] *Heike Schillinger,* Mediation in Verwaltungsverfahren?, 2003; *Rainer Pitschas,* Kommunale Selbstverwaltung und Mediation. Zur Notwendigkeit neutraler Streitschlichtung in Konflikten mit der lokalen Zivilgesellschaft, in: FS Winfried Brohm, 2002, S. 709 (709 ff. m.w.N.); *ders.,* Mediation als Methode und Instrument der Konfliktmittlung im öffentlichen Sektor, NVwZ 2004, S. 396 (insbes. 398 ff.); *Markus Kaltenborn,* Streitvermeidung und Streitbeilegung im Verwaltungsrecht, 2007; mit Blick auf einen aktuellen Konfliktfall *Thomas Groß,* Stuttgart 21: Folgerungen für Demokratie und Verwaltungsverfahren, DÖV 2011, S. 510 (512 f.). → Bd. II Appel § 32 Rn. 102 ff.

A. Beteiligung und Partizipation

litisierungsdruck, dem das Verwaltungsverfahren ausgesetzt ist,[132] zwingt die Verwaltung dazu, neben den ihr ohnehin obliegenden Funktionen der Gestaltung und der Entscheidung, des Entscheidungsvollzugs und der Normverwirklichung, auch in die Funktion der Normsetzung[133] einzutreten. Was ein ohnehin „gubernativ", insbesondere durch die vielfach vernetzte ministeriale und supranationale Bürokratie, immer stärker überformter parlamentarischer Prozess an normativen und legitimierenden Vorgaben nicht mehr leistet, muss Verwaltung abarbeiten, dabei vielfach in Konflikten verfangen, in denen kein Interessenausgleich und keine Konfliktschlichtung mehr, sondern zuletzt nur noch machtgestützte Durchsetzung möglich ist.

c) Öffentlich wirksame und organisierte Interessen

Die in das Verfahren eingebauten Reflexions-, Abstimmungs- und Klärungsmöglichkeiten[134] können sich erweitern, wenn sie auch im Medium der **Öffentlichkeit** wahrzunehmen sind. Dann können im Hinblick auf die Interessen, die in das Verfahren eingehen und auf es einwirken, Transparenzeffekte sowie (Selbst-)Kontroll-, Verfeinerungs-, Orientierungs- und Organisationsimpulse ausgelöst werden. Das gilt grundsätzlich für die Formen der aktiven Beteiligungsöffentlichkeit ebenso wie für die Ausprägungen rezeptiver Informationsöffentlichkeit.[135] Bei näherem Zusehen sind freilich für „forumsartige" Öffentlichkeitsformen des erstgenannten Typs **Einschränkungen** vorzunehmen. Hier ist nach der sozialwissenschaftlichen Empirie, die heute zur Verfügung steht, nicht selten mit zufallsbestimmten, nicht ausreichend rational begründbaren und nicht mehr hinlänglich repräsentativen Interessenkonstellationen, -koalitionen und -gewichtungen zu rechnen.[136] Aktive Beteiligungsöffentlichkeit kann auch den perversen[137] Effekt auslösen, dass ein Akteur, der sich im Spiel[138] der Interessen benachteiligt fühlt, dieses Spiel wieder in die engere Struktur des Streits um spezifisch beteiligungsrechtliche Positionen zu zwingen versucht. Das Moment der Systemgrenzen missachtenden Unruhe, Variation und Innovation, das über den Prozess der Interessenbestimmung in das Verfahren eingebracht wird, droht dann in der Verengung des Verfahrens auf einen Konflikt um positionale Rechte verloren zu gehen.[139] Das nötigt nicht zu der Konsequenz, aktiv-„forumsartige" Beteiligungsöffentlichkeit als Medium der Interessenbestimmung und -abstimmung ganz außer Betracht zu lassen. Die Verwaltung bleibt aber dem Rechts-

53

---

[132] → Rn. 8, 40.
[133] → Bd. II *Hill/Martini* § 34.
[134] → Rn. 51 a. E.
[135] Zu diesen beiden Grundformen der Verwaltungsöffentlichkeit s. *Rossen-Stadtfeld*, Kontrollfunktion der Öffentlichkeit (Fn. 10), S. 119 ff.; 145 ff.; vgl. auch *Stefan Marschall*, Alte und neue Öffentlichkeiten, in: Klaus Kamps, (Hrsg.), Elektronische Demokratie?, 1999, S. 109 (111), im Übrigen u. bei → Rn. 73 ff.
[136] *Schmidt-Aßmann*, Ordnungsidee, Kap. 2 Rn. 116.
[137] Im Sinne von *Raymond Boudon*, Logik des gesellschaftlichen Handelns, 1980, S. 81 ff.: nichtintendierte, emergierende, paradoxe, manchmal destruktive Effekte des sozialen Handelns.
[138] Zum Sprachbild des „Spiels" im vorl. Zusammenhang *Pitschas*, Verantwortungskooperation (Fn. 3), S. 236.
[139] Zu diesem „Partizipationsdilemma" s. *Alfons Bora*, Differenzierung und Inklusion, 1999, S. 101, 309 ff., 333 f.; vgl. im Übrigen *Rossen-Stadtfeld*, Kontrollfunktion der Öffentlichkeit (Fn. 10), S. 190 f. m. w. N.

§ 29 Beteiligung, Partizipation und Öffentlichkeit

staatsprinzip und grundrechtlichen Gewährleistungsmaßgaben im Verwaltungsverfahren – unter denen im hiesigen Zusammenhang die Gewährleistung chancengleicher Verfahrensteilhabe[140] hervorzuheben ist – verpflichtet. Sie ist deshalb in besonderem Maß dazu aufgerufen, den **Risiken einer aktiven organisierten Beteiligungsöffentlichkeit** durch eine diesbezüglich ausreichend empfindliche Verfahrenssteuerung entgegenzuwirken.[141]

54   Organisierte Interessen sind der wichtigste Antrieb von Vermachtungstendenzen. Sie können über die Steuerung informationeller Beteiligung zu einer systematisch verzerrten Weltwahrnehmung im Verwaltungsverfahren führen,[142] aber auch in weniger verdeckter Weise auf eine strategische Indienststellung des Verfahrensvorhabens hinwirken.[143] Mit Ungleichgewichten, Verengungen oder Hemmungen im Spiel der Interessen, die den Funktionen der Verfahrensbeteiligung und des Verwaltungsverfahrens abträglich sind, ist um so mehr zu rechnen, je stärker sich diese Interessen in der Klarheit und Deutlichkeit ihrer Formulierung, in der Nachdrücklichkeit ihrer Geltendmachung sowie schließlich in der Konfliktfähigkeit ihrer Träger unterscheiden – und zwar schon vor ihrem Eingang in das Verwaltungsverfahren. Erneut tritt insoweit die verfassungsrechtliche **Maßgabe chancengleicher Verfahrensteilhabe** ins Blickfeld. Sie bezieht sich in dieser Problemdimension auf solche Unterschiede im Organisationsgrad, in der Zielorientierung und in der organisational gespeicherten „Verfahrenserfahrung", die eine Kolonisierung des Verfahrens durch bestimmte Interessen jedenfalls begünstigen könnten. Das grundrechtlich auf den Staat ausgerichtete Prinzip chancengleicher Verfahrensteilhabe kann dann von der Verwaltungsbehörde eine **planmäßig und selektiv gesteigerte Verfahrensbetreuung** verlangen, mittels derer sachlich nicht gerechtfertigten Ungleichheitslagen möglichst schon in der Eingangsphase des Verfahrens entgegengewirkt werden soll. Das kann gezielte Hilfe bei fehlendem Selbstbewusstsein in der Interessenäußerung und -vertretung, bei Kommunikationsschwächen, unzureichender oder ganz fehlender Rechtskenntnis oder Verständigungsschwierigkeiten sonstiger Art erfordern. Aber auch die planmäßige Unterstützung bzw. Begünstigung gesellschaftlich benachteiligter Personen, Gruppen und Organisationen ist so zu rechtfertigen, wenn auf diese Weise eine Erweiterung des im Verfahren berücksichtigten Interessenspektrums bewirkt und so die Produktivität des Verfahrens gesteigert werden kann.[144]

---

[140] Dazu *BVerfGE* 74, 78 (92); 78, 123 (126); s. ferner *Schmidt-Aßmann*, in: Maunz/Dürig, GG, Art. 19 Abs. IV Rn. 20, sowie umfassend *Peter Tettinger*, Fairness und Waffengleichheit: Rechtsstaatliche Direktiven für Prozess und Verwaltungsverfahren, 1984.
[141] *Schmidt-Aßmann*, Ordnungsidee, Kap. 2 Rn. 116.
[142] → Rn. 30.
[143] Das ist unter dem Leitbegriff des „Neokorporatismus" diskutiert worden, zusammenfassend *Czerwick*, Bürokratie (Fn. 17), S. 108 ff., 118 ff.; ferner *Alfred Rinken*, Geschichte und Valenz des Öffentlichen, in: Gert Winter (Hrsg.), Das Öffentliche heute, 2002, S. 7 (64 f.); Rolf Hackenbroch, Verbändekommunikation, in: Otfried *Jarren*, Patrick Donges (Hrsg.), Politische Kommunikation, 1998, S. 482 (485 ff.).
[144] Zu dieser im Gleichheitsgrundsatz wurzelnden „Kompensationsaufgabe" *Hoffmann-Riem*, Selbstbindungen der Verwaltung (Fn. 6), S. 230 f.; vorsichtiger die Stellungnahmen in *ders.*, (Hrsg.), Bürgernahe Verwaltung?, 1979, S. 74, 298 f.; → Rn. 50.

A. Beteiligung und Partizipation

d) Verfahrensrecht als Beteiligungsverfassung

Der Verwaltung ist mit einer ausgleichenden Verfahrensbetreuung eine heikle **55** Aufgabe gestellt. Sie muss den Sach- und Problembezug sowie die Dringlichkeit der geltend gemachten Interessen würdigen können, ohne sich dabei durch die Organisation und professionelle Vertretung etwa über ein objektiv geringeres Gewicht der betreffenden Interessen oder die zweifelhafte Repräsentativität ihrer Vertretung[145] täuschen zu lassen. Umgekehrt sollte sie in der Lage sein, der **Bedeutung der Organisation und professionellen Vertretung** für manche – schwache, „altruistische", kollektiv-öffentliche oder ganz subjektlose – Interessen bei deren Beobachtung und Würdigung angemessen Rechung zu tragen. Das ist umso wichtiger, als die beteiligungsrechtlichen Regelungen des Verwaltungsverfahrensrechts gegenüber jeder Form organisierter Interessenvertretung eine beträchtliche Distanz wahren. Unter den Gesichtspunkten der Popularbeteiligung und -klage erscheint dies de lege lata zwar nachvollziehbar. Doch entspricht die positivrechtliche Zurückhaltung nicht einer immer deutlicher werdenden Entwicklungsperspektive, in der sich das Verwaltungsverfahren multipolaren Beziehungen und einer allgemeinen politischen Öffentlichkeit stärker wird öffnen müssen. Auf Seiten der Verwaltung darf diese Zurückhaltung jedenfalls nicht als Aufforderung zu prinzipiellem Misstrauen gegenüber jeglicher Form der Interessenorganisation missverstanden werden. Immerhin eröffnet § 13 Abs. 2 VwVfG Spielräume für eine Ausweitung auch der Beteiligung organisierter Interessen.[146] De lege ferenda dürfte, spätestens seit der „Aarhus"-Konvention auch unter zunehmendem Druck des Europarechts, eine **Ausweitung des Beteiligungsrechts** im Hinblick auf organisierte Interessen unumgänglich geworden sein;[147] freilich wird dann auch dafür Sorge zu tragen sein, dass die Willensbildungs- und Entscheidungsstrukturen solcher Interessenorganisationen auf hinreichende Vereinbarkeit mit grundlegenden Vorgaben des Demokratieprinzips hin überprüft werden können.[148] In jedem Fall hat die Verwaltung schließlich gegenüber den in das Verfahren eingebrachten Interessen neutral und unvoreingenommen zu erscheinen; sie muss sich der Gefahr bewusst sein, dass die staatlich erzwungene, veranlasste oder begünstigte Ausweitung des Kreises beteiligter In-

---

[145] Probleme der Organisation und der Legitimierung von Interessen verschränken sich hier, vgl. dazu am Beispiel der Verbandsbeteiligung im Naturschutzrecht, die nur bei Erfüllung bestimmter Mindestvoraussetzungen verbandlicher Interessenorganisation zulässig ist, *Schmidt-Aßmann*, Ordnungsidee, Kap. 3 Rn. 53 a. E.

[146] *Peter Häberle*, Verfassungsprinzipien „im" Verwaltungsverfahrensgesetz, in: FS Richard-Boorberg-Verlag, 1977, S. 47 (68 f.).

[147] Vgl. *Knack*, VwVfG, 7. Aufl. 2000, § 13 Rn. 25 m. w. N.; zum Hintergrund *Masing*, Mobilisierung (Fn. 87). Einen durchaus defizitären deutschen Entwicklungsstand und europarechtliche Entwicklungsimpulse ermittelt *Bilun Müller*, Die Öffentlichkeitsbeteiligung im Recht der Europäischen Union und ihre Einwirkungen auf das deutsche Verwaltungsrecht am Beispiel des Immissionsschutzrechts, 2010, insbes. Teil D (S. 205 ff.); in dieselbe Richtung zielende Kritik auch bei *Quabeck*, Dienende Funktion (Fn. 10), S. 257 ff.; zur Wahrnehmung organisierter Öffentlichkeitsbeteiligung durch den Europäischen Gerichtshof s. *EuGH*, Urt. v. 12. 5. 2011, Az.: C-115/09 (Trianel), Slg. 2011, S. 00000, insbes. Nr. 46, 50, 59; die Entscheidung weist über ihren engeren Gegenstand, das Klagerecht von Umweltschutz-Verbänden, u. a. insoweit hinaus, als sie eine möglichst frühzeitige Berücksichtigung organisierter Interessen schon im Verwaltungsverfahren nahelegen dürfte.

[148] Zu diesem alten und weitläufigen Problemfeld *Alfred Rinken*, in: AK-GG, Art. 9 Abs. 1, Rn. 34 ff.; *Dieter Grimm*, Verbände, in: HdbVerfR, § 15 Rn. 13 ff., 19 ff.

teressen Selbststeuerungspotentiale beeinträchtigen oder zu Entscheidungsblockaden führen kann.[149] Diese in praxi schwer zu handhabenden Spannungslagen kann das Verfahrensrecht nur rahmenartig verfassen: der Gleichheitsgrundsatz und die aus ihm hervorgehenden Unterscheidungspflichten, das Verhältnismäßigkeitsprinzip, aber auch Ausnahmeregelungen des einfachen Verfahrensrechts, wie sie etwa in den §§ 28, 29, 39 VwVfG normiert sind, stellen tragende Eckpfeiler dieser **Beteiligungsverfassung** dar.

e) Private und öffentliche Interessen

56   Eine solche Beteiligungsverfassung wird sich auch an der ihr vorausliegenden **Unterscheidung zwischen privaten und öffentlichen Interessen**[150] zu orientieren haben, der sich weitere Differenzierungen (v.a.: Staatsräson, Gemeinwohl, Allgemeininteresse) anschließen. Diese Unterscheidung hat eine lange Tradition, die durch die konstitutionelle und absolutistische Vergangenheit des modernen Verwaltungsrechts bis in die politische Theorie der oberitalienischen Renaissance zurückreicht. Dort wird erstmals der normative Vorrang des Prinzips staatlicher Selbsterhaltung begründet,[151] das später[152] unter dem Leitbegriff der *ragion di stato* weitere Entfaltung finden und schließlich die Konzeption des öffentlichen Interesses bis in die jüngere Gegenwart prägen wird. Ohne schon private von öffentlichen Interessen scharf zu unterscheiden, wird die frühmoderne Politiktheorie bereits von der Vorstellung eines **Wertgefälles** geleitet, in dem die „Staatsräson" anderen Interessen und Belangen vorgeordnet ist. Dieses Wertgefälle bleibt auch nach der Verdrängung der Staatsräson durch das öffentliche Interesse bestehen. Bis in die jüngere Gegenwart liegt dem öffentlichen Interesse das Ziel zugrunde, Bestand und Sicherheit von Staat und Gemeinwesen zu erhalten; das auf dieses Ziel verweisende öffentliche Interesse vermag grundsätzlich gegenläufige private Interessen als schon wesenhaft bloß begrenzt-partikulare zu verdrängen.[153] Fluchtpunkt des öffentlichen Interesses ist stets das Gemeinwohl; private Interessen können, müssen aber nicht auf das Gemeinwohlziel ausgerichtet sein.[154]

57   Der **Geltungsanspruch der klassischen, hierarchisch strukturierten Konzeption des öffentlichen Interesses** beruht auf bestimmten Voraussetzungen.[155] Der

---

[149] So für die Beteiligung relevanter gesellschaftlicher Interessen am Prozess der privaten Normsetzung *Hans-Heinrich Trute*, Vom Obrigkeitsstaat zur Kooperation, in: Rückzug des Ordnungsrechts im Umweltschutz, UTR 48 (1999), S. 13 (42).

[150] Grundlegend *Peter Häberle*, Öffentliches Interesse als juristisches Problem, 1970, hier insbes. S. 22 ff., 204 ff.; zur deutschen Ideengeschichte nach 1945 auch *Robert Uerpmann*, Das öffentliche Interesse, 1999, § 2 m. w. N.

[151] Von *Niccolò Macchiavelli* im 8. Kapitel seines *Principe* (1513).

[152] Insbesondere bei *Francesco Guiccardini*, Considerazioni intorno al „Discorsi" del Macchiavelli (1529), und *Giovanni Botero*, Della Ragion di Stato libri dieci (1589); zur Rezeption und Entwicklung der Idee von der Staatsräson instruktiv *Michael Stolleis*, Friedrich Meineckes „Die Idee der Staatsraison" und die neuere Forschung (1981), in: *ders.*, Staat und Staatsräson in der frühen Neuzeit, 1990, S. 134 ff.

[153] Vgl. *Häberle*, Öffentliches Interesse (Fn. 150), S. 206 ff. u. passim, jew. auch zu Kritik und Fortentwicklung.

[154] *Schmidt-Aßmann*, Ordnungsidee, Kap. 3 Rn. 56. → Bd. I *Masing* § 7 Rn. 137 ff., *Schulze-Fielitz* § 12 Rn. 20 ff.

[155] Zum Stand der Diskussion s. die Beiträge in *Herfried Münkler/Karsten Fischer/Harald Bluhm* (Hrsg.), Gemeinwohl und Gemeinsinn, 3 Bde., 2001/2002.

substantiell-konkrete Inhalt des öffentlichen Interesses muss als je schon vorgegeben gelten, und es muss in der gesellschaftlichen Beobachtung hinreichend überzeugend erscheinen, dass seine Erkenntnis oder Bestimmung der Staatsspitze vorbehalten bleibt, kraft deren besonderer Legitimation, besserer Ein- und größerer Übersicht.[156] Der Gehalt des öffentlichen Interesses darf nicht als ein historisch bedingtes, kontingentes Ergebnis des Zusammenwirkens staatlicher und nichtstaatlicher Akteure erkennbar werden. Eben dies ist aber heute der Fall. Die politische, rechtspraktische und wissenschaftliche Reflexion in dem durch das Grundgesetz vorgegebenen Blickwinkel erkennt das öffentliche Interesse nicht mehr als vorfindlich, einzigartig, homogen und zeitlos; seine interne Verbindung mit einer umfassenden und einheitlichen Vernunft erscheint aufgelöst.[157] Das öffentliche Interesse ist in den demokratischen Streit und die Geschichte eingetreten. Die ideologischen Voraussetzungen seiner älteren Konzeption sind hinfällig geworden.

Das **öffentliche Interesse ist nun aufgegeben,** nicht mehr vorgegeben.[158] An seiner Bestimmung wirkt die öffentliche Verwaltung zwar in hervorgehobener Stellung mit. Sie muss sich aber die **Deutungsbefugnis teilen** mit nichtstaatlichen Akteuren, mit Unternehmen, Verbänden, zivilgesellschaftlichen Vereinigungen und Interessengruppen, Massenmedien, einzelnen Bürgerinnen und Bürgern. Die Zuständigkeit der Verwaltung ist nicht schon mit dem Hinweis auf das öffentliche Interesse allein begründet.[159] Auch kann nicht mehr nur ein einziges öffentliches Interesse, sondern werden in der Regel deren mehrere auszumachen sein, die miteinander und mit privaten Interessen um Durchsetzungschancen konkurrieren; das **öffentliche Interesse wird plural**.[160] Es ist in demselben politischen Prozess, dessen Grundlagen und Leitmarkierungen in den Prinzipien der Demokratie und des Rechtsstaats sowie den Grundrechten vorgegeben sind und dessen veränderliche Feinstrukturen durch die Ordnung der Beteiligung im Verwaltungsverfahren mit geprägt werden, immer wieder neu zu bestimmen. Wird das öffentliche Interesse aber auch im Verwaltungsverfahren als geschichtsgewordene Anschauung der *res publica* bestimmt, dann muss **auch das Verwaltungsverfahren dem politischen Prozess zugeordnet** werden, der zwar verfassungsrechtlich eingefasst, einfachrechtlich strukturiert und auf Entscheidungen ausgerichtet ist, dennoch aber verlaufs- und ergebnisoffen, also seinerseits geschichtlich bleibt.[161]

58

---

[156] Die Staatsräson, das öffentliche Interesse und das „gemeine Wohl" waren die längste Zeit ihres Bestehens Schutzformeln bzw. Kampfbegriffe, deren sich eine spezialisierte und professionelle politische Elite bediente, um politisch weniger erfolgreiche Gruppen und Klassen (Teile des Adels, das Bürgertum, die „plebs") von den Entscheidungszentren fernzuhalten, s. *Herfried Münkler*, Im Namen des Staates, 1987, S. 12 u. passim.

[157] *Rinken*, Geschichte und Valenz (Fn. 143), S. 20.

[158] *Häberle*, Öffentliches Interesse (Fn. 150), S. 209.

[159] *Uerpmann*, Öffentliches Interesse (Fn. 150), S. 109 f., 114 ff. m. w. N.

[160] *Stober*, VerwR I, § 29 Rn. 8, 10 ff.; zum deshalb sich verschärfenden Problem des Interessenausgleichs s. in der Perspektive des Verwaltungsorganisationsrechts *Matthias Ruffert*, Interessenausgleich im Verwaltungsorganisationsrecht, DÖV 1999, S. 897 ff.; zur Kritik an hier oft in Bezug genommenen Einheitsvorstellungen überzeugend *Alexander Hanebeck*, Die Einheit der Rechtsordnung, Der Staat, Bd. 41 (2002), S. 429 (439 ff.).

[161] Zur Vergesellschaftung und Politisierung der Verwaltungsfunktion vgl. *Rossen*, Vollzug, (Fn. 6), S. 152 ff.

59 Die Veränderungen in der konzeptionellen Grundlage des öffentlichen Interesses, dessen Historisierung, Demokratisierung und Politisierung und schließlich die grundrechtliche Aufwertung des privaten Interesses[162] wirken sich auch auf das **Verhältnis zwischen öffentlichen und privaten Interessen** aus. Der lang selbstverständliche Vorrang des öffentlichen Interesses und seine ebenso lang unzweifelhafte Leitfunktion werden fraglich.[163] Es ist nun derselbe kommunikative, kooperative und produktive Prozess, in dem private und öffentliche Interessen im Verwaltungsverfahren einander wahrnehmen, sich wechselseitig befördern und begrenzen. Zwar können bestimmte Interessen dabei durchaus ein größeres Gewicht beanspruchen. Sowohl die materiellen Vorrangkriterien selbst wie auch deren Anwendung, also das Verfahren der Rangfeststellung im Einzelfall, müssen dann aber auf eine ausreichend tragfähige gesetzliche Grundlage zurückgeführt werden können, aus der sich Gewichtungs- und Abwägungsregelungen, Bestimmungszuständigkeiten, Anhörungsrechte und Begründungspflichten ergeben müssen. Die Einordnung als privat oder öffentlich selbst ist für die relative Gewichtung des Interesses unerheblich.

f) Das Gemeinwohl

60 Auch in seiner Ausrichtung auf das Gemeinwohl kommt dem öffentlichen Interesse kein schon vorab feststehendes besonderes Gewicht zu. Der weitreichende Grundrechtsschutz, aber auch die Organisation und Sicherung demokratischer Mitwirkung zeigen, dass die deutsche Verfassung das **Gemeinwohl als Resultante der Wahrnehmung privater und öffentlicher Interessen** erwartet.[164] In dieser Sicht kann das private Interesse in hohem Maß gemeinwohlbestimmend werden; es kann sich aus der privaten in eine öffentliche Dimension hinein entwickeln, phasenweise auch privaten und öffentlichen Charakter zugleich haben.[165] Die Produktivität des Verwaltungsverfahrens,[166] die durch eine angemessene Ordnung der Beteiligung gefördert, also auch diszipliniert werden muss, wirkt freilich auf das Interesse selbst zurück. Welche Dimensionen die in das Verfahren eingehenden, in ihm bestimmten und gerichteten Interessen mit welchem Gewicht in Relation zueinander letztlich erschließen, kann sich häufig erst im Verfahren erweisen.[167] Die Ordnung der Beteiligung hat sicherzustellen, dass die Phase der Interessenklärung und -bestimmung auch unter diesem Gesichtspunkt möglichst produktiv genutzt werden kann, ohne dass die Notwendigkeit der Entscheidung außer Sicht gerät. Die Regelungen des Baugesetzbuchs zur Abwägung öffentlicher und privater Belange unter Beteiligung der Öffentlichkeit und in der demokratischen Verantwortung der planenden Gemeinde können insoweit als ein Paradigma gelten (§ 1 Abs. 5 u. 6, § 1a, §§ 3–4b BauGB). Sie zeigen freilich auch, wie unübersichtlich, konfliktträchtig und inkonsistent die Gesamtheit der in eine solche Abwägung eingehenden Interessen und Belange sein und wie prekär die Balance zwischen Diskursivität und Entscheidungsfähigkeit werden kann.

---

[162] → bei Rn. 39.
[163] Vgl. *Relling*, Rechtsbegriff (Fn. 117).
[164] Hierzu und zum Folgenden s. *Dieter Grimm*, Gemeinwohl in der Rechtsprechung des Bundesverfassungsgerichts, in: Herfried Münkler u. a. (Hrsg.), Gemeinwohl, (Fn. 155), S. 125 (125 ff., 134 ff.)
[165] *Schmidt-Aßmann*, Ordnungsidee, Kap. 3 Rn. 56.
[166] → bei Rn. 8 f., 26, 45, 46.
[167] Vgl. *Häberle*, Öffentliches Interesse (Fn. 150), S. 87 ff., 95.

A. Beteiligung und Partizipation

Das Gemeinwohl vermittelt keine Legitimität, auf die gestützt eine Staatsräson **61** erneut mit Vorrang im Verwaltungsverfahren geltend gemacht werden könnte. Das Grundgesetz lässt **keine vorverfassungsrechtliche Gemeinwohlrepräsentation** zu, in der ein legitimatorischer Selbststand des Staates[168] gründen könnte.[169] Dieser Staat ist vielmehr einem pluralistischen politischen Prozess eingegliedert, in dem seine Ziele, Mittel und Verwirklichungsformen zum Gegenstand demokratisch offener, rechtsstaatlich geordneter und grundrechtlich unterfangener (begrenzter wie geschützter) Meinungs- und Willensbildung werden sollen. Beides schließt ein Gemeinwohlkonzept aus, das der demokratischen Auseinandersetzung und grundrechtlichen Einbindung nicht nur enthoben, sondern in beiden Hinsichten – also auch für das Spiel der Interessen im Verwaltungsverfahren[170] – substantiell maßstäblich sein könnte.

Das Gemeinwohl muss sich im Abgleich privater und öffentlicher Interessen **62** erst herausbilden. Es wird im Verwaltungsverfahren als vorläufiger, bestreitbarer und revisibler Momentbefund erkennbar, und zwar in Beobachtungsperspektiven, die keine Maßgeblichkeit für sich in Anspruch nehmen können. Dennoch lassen sich „wahre öffentliche Gemeininteressen"[171] behaupten. Diese Interessen werden dann freilich auf dem Abstraktionsniveau allgemeiner Prinzipien formuliert,[172] die sich ihres argumentationslogischen Status wegen ohnehin nicht widersprechen können.[173] In seinen verwaltungsverfahrensrechtlichen Bezügen kann das **Gemeinwohl nur als regulative Idee** Beständigkeit erlangen. Es wird dabei freilich nicht zu einer bloßen Funktion des Verfahrensrechts, genauer: der verfahrensrechtlichen Ordnung der Beteiligung. Den Grundrechten, Staatsaufgabennormen und Staatszielbestimmungen sind materiellrechtliche Maßgaben zu entnehmen, die über eine bloß prozedurale Gemeinwohlsicherung hinausgehen.[174] Doch ist diese materiellrechtliche Substanz ihrerseits wieder im Verfahren zu bestimmen, zu entfalten, zu konkretisieren und fortzuentwickeln. Auch sie ist der Dynamik und Produktivität ausgesetzt, die im Spiel der Interessen frei werden. An der Funktion der Gemeinwohlbestimmung bestätigt sich erneut, dass die politischen Bezüge des Verwaltungsverfahrens tiefgreifend und unaufhebbar sind.[175] Die **Politisierung, Historisierung und Entauratisierung des Gemeinwohls** hat im Übrigen zur Folge, dass ein ohnehin schon plura-

---

[168] Ein Ansatz hierzu bei *Herbert Krüger*, Verfassungsvoraussetzungen und Verfassungserwartungen, in: FS Ulrich Scheuner, 1973, S. 285 (293 ff.); besonders profiliert dann bei *Josef Isensee*, Staat, in: Staatslexikon der Görres-Gesellschaft, Bd. 5, 7. Aufl. 1985, Sp. 150 („Der Staat ist vor der Verfassung"); *ders.*, Beamtenstreik, 1971, S. 112.
[169] *Christoph Möllers*, Staat als Argument, 2000, S. 261 ff. m.w.N.
[170] → Rn. 57 a. E.
[171] Sc. „irrtumsfrei erkannte Interessen der Gemeinschaft", so *Stober*, VerwR I, § 29 Rn. 7
[172] Beispiele bei *Stober*, ebd.: „Bestand einer friedlichen sozialen Ordnung", „Wahrung der Würde und Ehre des Menschen", „Möglichkeit von Besitz, Eigentum und Rechtsverkehr", „Möglichkeit und Förderung von Bildung und Kultur, Wirtschaft und Umwelt". Als Verpflichtung auf „Grundprinzipien" → Bd. I *Masing* § 7 Rn. 77.
[173] Dazu näher *Helge Rossen*, Grundrechte als Regeln und Prinzipien, in: Christoph Grabenwarter/Stefan Hammer/Alexander Pelzl u.a. (Hrsg.), Allgemeinheit der Grundrechte und Vielfalt der Gesellschaft, 1994, S. 41 ff.
[174] *Schmidt-Aßmann*, Ordnungsidee, Kap. 3 Rn. 58 a.E. Zur organisationsrechtlichen Sicherung → Bd. I *Schuppert* § 16 Rn. 16 ff. Vgl. a. → Bd. I *Trute* § 6 Rn. 21 f., 118 ff., *Masing* § 7 Rn. 24, *Fifert* § 19 Rn. 6; *Pitschas* § 42 Rn. 120.
[175] → Rn. 8, 40, 58.

lisiertes[176] öffentliches Interesse noch schwerer von dem privaten Interesse abzugrenzen ist.[177] Genau genommen kann vom öffentlichen Interesse nur noch als einer Tendenz die Rede sein: hin zu einem seinerseits unsicher und flüchtig gewordenen Gemeinwohl.

g) Interessenbestimmung und Interessenentscheidung

63 Jede Beteiligungsverfassung hat sicherzustellen, dass zwei gegenläufige Momente immer wieder neu in ein funktionsfähiges Gleichgewicht gelangen: das Moment der Veränderlichkeit und Öffnung im Verfahren einerseits und das Moment der abschließenden Festlegung in der Entscheidung andererseits.[178] Zwar sind im Verwaltungsverfahren – und deshalb auch in der Perspektive des Verfahrensrechts – **Interessen vor allem als Antriebskräfte, Destabilisierungsfaktoren und Alternativenerzeuger** von Bedeutung. Eine normative Ordnung der Beteiligung im und für das Verwaltungsverfahren muss deshalb in erster Linie den auf Bewegung, also Beschleunigung oder Verzögerung, und Veränderung gerichteten Charakter des Interesses angemessen erfassen. Nur dann wird sie den rechtsstaatlichen und grundrechtlichen Funktionssinn des Verwaltungsverfahrens auch noch unter Rahmenbedingungen sicherstellen können, unter denen sich das Verfahren als ein Kommunikations-, Kooperations- und Produktionszusammenhang erweist.

64 Andererseits muss sich ein Verwaltungsverfahren, gerade wenn seine Funktion durch ein grundrechtlich angereichertes Rechtsstaatsprinzip normativ ausgerichtet wird,[179] notwendig auf die **Entscheidung**[180] hin entwickeln, in der es eine endgültige oder vorläufige Zäsur, eine Richtungsbestimmung oder seinen Abschluss findet. Auch dies hat eine funktionsgemäße normative Ordnung der Beteiligung zu berücksichtigen, und zwar gerade dann, wenn diese Beteiligung auch in ihrer verzögernden Funktion gewollt wird, deren Abweisung eine nachholende Politisierung der gesellschaftlichen Auseinandersetzung beträchtlich erschweren würde. Der laufende Prozess der Interessenbestimmung muss sowohl in seiner Selbstbezogenheit – Ausbildung, Konkretisierung, Präzisierung verfahrenserheblicher Interessen – wie in seinen Umweltbezügen – Geltendmachung, Abgleich, Durchsetzung dieser Interessen – ausgesetzt und schließlich auch beendet werden können. Dann kann das Spiel der Interessen innehalten, um in die Entscheidung überzugehen. Die Ordnung der Beteiligung wird deshalb Regeln enthalten müssen, nach denen der Prozess der Interessenbestimmung stillgestellt

---

[176] → Rn. 58.
[177] Anders → Bd. I *Masing* § 7 Rn. 21 ff.; s. a. → Bd. II *Fehling* § 38 Rn. 58.
[178] In diesem differenzempfindlichen Blickwinkel erscheint auch das Ende noch als Teil seines Gegenteils, des Prozesses nämlich: als Kommunikationszusammenhang kann das Verwaltungsverfahren eigentlich ebenso wenig ein Ende finden wie die gesellschaftliche Kommunikation überhaupt, in der und durch die sich Verfahren vollzieht, vgl. *Niklas Luhmann*, Soziale Systeme, 1984, S. 238 f., 530. Deshalb muss das Verfahrensrecht Unterscheidungen ermöglichen, dem Vergleich zwischen früher, jetzt und später bzw. zwischen noch offen und schon erledigt, klare Maßstäbe geben und Möglichkeiten der Verfahrensbeendigung vorsehen. Diese Beendigungsmöglichkeiten sind also, das sollte gerade im Hinblick auf den Wandel von Bedeutung und Gehalt des Verwaltungsverfahrens im Auge behalten werden, hochgradig künstliche Konstrukte, als notwendig und rechtfertigungsfähig darstellbar nur innerhalb eines besonderen, normativen und dogmatischen Bezugssystems, *Rossen*, Vollzug (Fn. 6), S. 97 ff. m. w. N.
[179] → bei Rn. 39 ff.
[180] *Stober*, VerwR I, § 29 Rn. 9; *Rossen*, Vollzug (Fn. 6), S. 89 ff.; s. a. → Bd. II *Schmidt-Aßmann* § 27 Rn. 1.

und in seinem bis dahin erreichten Entwicklungsstand fixiert werden kann – um der Funktion einer Verwaltung willen, die durch Rechtsstaatsprinzip und Grundrechte zur Ergebnis- bzw. Entscheidungsrichtigkeit[181] verpflichtet wird.

III. Demokratische Partizipation

1. Beteiligung und Partizipation

Die Unterscheidung zwischen Beteiligung und Partizipation ist in erster Linie dogmatisch-konventionell. Sie bringt keine aus rechtlichen Gründen trennscharfe Entgegensetzung zum Ausdruck. Gleichwohl wird sie in nun schon lange andauernder Übung benutzt, sie hat so die dogmatische und die wissenschaftliche Beobachtung des Verwaltungsverfahrens maßgeblich beeinflusst.[182] Als Beteiligung können danach alle rechtlich geordneten Formen bezeichnet werden, in denen nichtstaatliche Akteure eine jedenfalls nicht vollständig informale Beziehung zur staatlichen Verwaltung in deren Zuständigkeitsbereichen und Verfahren herstellen. Partizipation ist der demgegenüber teils engere, teils weitere Begriff. Er grenzt in dem größeren Feld der Beteiligungsformen einen Teilbereich ein. In diesem Teilbereich verfügen die beteiligten nichtstaatlichen Akteure über gesteigerte Mitwirkungs- und Gestaltungsmöglichkeiten. **Partizipation gilt als verstärkte Beteiligung.** Sie eröffnet die Möglichkeit, auf die Entwicklung, Auswahl, nähere Bestimmung und erforderlichenfalls notwendige Änderung der Verwaltungsziele Einfluss zu nehmen, aber auch Realisationspfade, -mittel und -geschwindigkeiten mitzubestimmen. Auch wenn die Abgrenzung unscharf bleiben muss:[183] Beteiligung zielt auf Wahrnehmung, Anerkennung und Kommunikation, Partizipation darüber hinaus auf **Mitgestaltung und (Herrschafts-)Teilhabe.**[184] Dies hat ein größerer Teil der bundesrepublikanischen Rechtswissenschaft Anfang der 1970er Jahre zum Anlass genommen, die Forderung nach Partizipation im Verwaltungsverfahren, die in dieser Zeit einer nachholenden gesellschaftlichen Modernisierung erhoben worden war,[185] als unvereinbar mit dem verfassungsrechtlich geordneten Zusammenspiel von Demokratie-, Rechtsstaats- und Gewaltenteilungsprinzip sowie Grundrechten zurückzuweisen.[186] Die rechtswissenschaftliche Diskussion zu Gehalt und Grenzen des Partizipationsbegriffs ist ab Mitte der 1980er Jahre weitgehend zum Erliegen gekommen.[187] Mit Blick auf sowohl

65

---

[181] Ein vielschichtiger Begriff, der (mindestens) die Dimensionen Rechtmäßigkeit, Optimalität, Akzeptabilität, Implementierbarkeit umfasst, s. *Hoffmann-Riem*, Organisationsrecht als Steuerungsressource (Fn. 26), S. 360 f. m. w. N.
[182] Für die auch heute noch h. M. s. *Badura*, Verwaltungsverfahren (Fn. 53), § 35 Rn. 11.
[183] → Rn. 5, 10.
[184] *Schmitt Glaeser*, Entscheidungsverfahren (Fn. 45), S. 47: „gestaltende Mitwirkung von *Zivil*personen am *staatlichen* Verfahren"; *Hans-Joachim Menzel*, Legitimation staatlicher Herrschaft, 1980, S. 80: Partizipation als der Mechanismus, „durch den die staatliche Herrschaft Macht abgibt und auf Private überträgt".
[185] Vgl. *Peter Dienel*, Partizipation an Planungsprozessen als Aufgabe der Verwaltung, DV, Bd. 4 (1971), S. 151 (156 ff.).
[186] Zur Diskussion *Walter Schmitt Glaeser*, Partizipation an Verwaltungsentscheidungen, VVDStRL, Bd. 31 (1973), S. 179 (179 ff. m. w. N.); *ders.*, Entscheidungsverfahren (Fn. 45), S. 35 ff.
[187] Die Untersuchung von *Michael Kleine-Cosack*, Berufsständische Autonomie und Grundgesetz, 1986, hat fast schon resümierenden Charakter. Anders in den Sozialwissenschaften, s. *Alfons Bora*, Inklusion und Differenzierung, S. 371 ff.

besonders bürgernah operierende wie von Ressourcenverknappung und Restrukturierungsproblemen besonders betroffene Verwaltungszweige – v. a. Sozial- und Gesundheitsverwaltung – sowie angesichts neuer Formen einer netzgestützten „electronic governance" beginnt sie in jüngerer Zeit wieder aufzuleben.[188]

66 In einer strikt *normativen* Wahrnehmung lassen sich die beiden Eckpunkte des begrifflichen Kontinuums einigermaßen auseinanderhalten. In der Verwaltungs*praxis* ist aber der Umschlag von Beteiligung in Partizipation regelmäßig nicht mehr auszumachen. In *jeder* Form der Beteiligung wird die Gestaltungs- und Entscheidungsfunktion der Verwaltung vergesellschaftet, politisiert und pluralisiert, wenn auch in unterschiedlicher Intensität.[189] Es handelt sich hierbei um eine Reaktion des Rechtssystems, innerhalb dessen sich zunächst die Praxis des Verwaltungsverfahrens und, in den Spielräumen des positiven Verfahrensrechts, dann auch dessen rechtliche Ordnung den Rahmenbedingungen moderner Verwaltung anzupassen suchen. Diese sind längst geprägt durch komplexe und veränderliche Regelungslagen, eine – auch aus diesem Grund – immer stärker final ausgedünnte Gesetzgebung sowie zunehmende Finanzierungsprobleme und Ressourcenverknappung auf Seiten der staatlichen Verwaltung. Stets ist mit Akzeptanzverweigerung und Kooperationsunwilligkeit in den gesellschaftlichen Umwelten der Verwaltung zu rechnen. Mächtige nichtstaatliche Akteure können sich dem Zugriff des (umverteilenden, regulierenden, Verantwortlichkeit einfordernden, mit alledem „eingreifenden") Staates immer erfolgreicher entziehen.[190] Unter solchen Rahmenbedingungen kann an der klassischen Vollzugsfunktion der Verwaltung ebenso wenig festgehalten werden wie an der herkömmlichen Funktion gesetzlicher Steuerung, der Verfahrenssteuerung durch die Verwaltung und dem Ausschluss der Beteiligten von der Mitwirkung an der Verwaltungsentscheidung. Das Verwaltungsverfahren wird, ohne dass sich darin eine bewusste (verwaltungsrechts-)politische Gestaltungsentscheidung widerspiegelte, durch den Wandel seiner Rahmenbedingungen in die Kooperation und Selbstprogrammierung gezwungen. Dabei hat die **faktisch zum Demokratieprinzip hindrängende Vollzugswirklichkeit** die normativ vom Demokratieprinzip ausgehende Partizipationsdiskussion überholt.[191] Was für diese Diskussion noch normative Forderung war, nämlich die gesellschaftliche Öffnung, Politisierung und Demokratisierung des Verwaltungsverfahrens, das ist in nicht unbeträchtlichem Umfang, wenn auch in gelegentlich ungewollter Ausprägung, unter dem Druck der Verhältnisse tatsächlich eingetreten, ohne dass jener Forderung je offen nachgegeben worden wäre.

---

[188] *Peter Hans* Vom Qualitäts- zum Partizipationsdiskurs, ZfJ 2000, S. 50 ff.; *Helmut Hildebrandt/Hildegard Hesselmann,* Patientenrecht und Partizipation, Sozialer Fortschritt 2000, 130; *Olaf Deinert,* Partizipation europäischer Sozialpartner, RdA 2004, S. 211 ff.; *Dennis Kraft/Johannes Meister,* Netzgestützte Partizipationsprozesse am Beispiel der Bauleitplanung, VR 2003, S. 126 (126 ff.); Anerkennung von Entwicklungspotential, aber auch Warnung vor übertriebenem Optimismus bei *Ulrich Sarcinelli,* Demokratiewandel im Zeichen medialen Wandels? Politische Beteiligung und politische Kommunikation, in: Ansgar Klein/Rainer Schmalz-Bruns (Hrsg.), Politische Beteiligung und Bürgerengagement in Deutschland, Bonn 1997, S. 315 (336 ff.).
[189] → Rn. 8, 10, 40, 58; vgl. auch *Pitschas,* Verantwortungskooperation (Fn. 3), S. 238 f.
[190] → Rn. 8, 47. Weiter *Helge Rossen-Stadtfeld,* Europäische Staatlichkeit – ein verblassendes Bild, JöR 53, 2005, S. 45 ff.
[191] *Rossen,* Vollzug (Fn. 6), S. 152 ff. m. w. N.; neuere Ansätze hierzu bei *Czerwick,* Bürokratie (Fn. 17), S. 52 ff. u. passim.

A. Beteiligung und Partizipation

Deshalb kann Beteiligung nicht auf die Gewährleistung rechtlichen Gehörs zurückgeführt und Partizipation demgegenüber als Erscheinungsform der Selbstverwaltung vorgestellt werden.[192] Auch Partizipation ist eine Form der Beteiligung. Sie unterscheidet sich jenseits eines breiten Bereichs typologischer Übergangserscheinungen nach der relativen Nähe zur Entscheidung, kann aber gegen andere Beteiligungsformen nicht klar abgegrenzt werden. Das Demokratieprinzip, das Rechtsstaatsprinzip und die Grundrechte legen zwar auch **Grenzen gesellschaftlicher Mitentscheidung** fest, jenseits derer diese keine verfassungsnormative Rechtfertigung mehr findet. Diese Grenzen sind freilich im Einzelfall schwer zu erkennen. Auch kommt ihnen in der Praxis des Verwaltungsverfahrens, soweit diese zunehmend durch informale, exklusive und intransparente Verhandlungsbeziehungen gekennzeichnet ist, **immer weniger Bedeutung** zu.[193] Deshalb eignet sich das Sprachbild von der „Letztverantwortung" der staatlichen Verwaltung – als Grenze partizipativer (Mit-)Enscheidungs- und (Mit-)Gestaltungsansprüche – allenfalls noch für eine normative Darstellung des Verhältnisses zwischen Verwaltung und Verwaltungsumwelten.[194] Auch die unmittelbar sachlich-inhaltliche Legitimation parlamentsgesetzlicher Willensäußerung verliert in einer Verwaltungspraxis an Bedeutung, die durch informelle Verhandlungen geprägt ist. Mit dieser Legitimation kann ein Nachrang insbesondere der Partizipation nicht mehr überzeugend begründet werden.[195]

67

Die neuen Verhandlungsbeziehungen zwischen Verwaltung und Verwaltungsumwelt spiegeln grundlegende **Veränderungen im Verhältnis von Staat und Gesellschaft** wider. Der Staat tritt in die Gesellschaft zurück. Er ist nicht mehr ihre maßstabserzeugende Perfektionsgestalt. Sowohl im nationalstaatlichen Rahmen wie in der entstehenden Weltgesellschaft ist er nur noch einer unter zahlreichen Akteuren. Deren Verhältnis zueinander bleibt tatsächlich unbestimmt, bis es von Fall zu Fall neu ausgehandelt worden ist. Das klassische Beteiligungskonzept unterstellt demgegenüber schon begrifflich-implizit ein staatliches Aktionszentrum, dem sich nachgeordnete gesellschaftliche Mitwirkung anlagert. Ein solches Konzept wird durch die Beobachtungen zur faktischen „Vergesellschaftung des Staates" überdehnt. Manches spricht dafür, dass diese Beobachtungen im Begriff der **Governance** besser aufgenommen werden können.[196] In ihm verlagert sich das Untersuchungsinteresse. Die Statik normativer Positionszuschreibungen und -unterscheidungen – nach dem Muster Staat vs.

68

---

[192] So aber u. a. *Badura*, Verwaltungsverfahren (Fn. 53), § 35 Rn. 11.

[193] Näher zur Verhandlungskooperation als prägender Praxisform der Verwaltung *Rossen*, Vollzug (Fn. 6), S. 273 ff., 290 ff. m. w. N. Zu Sicherungen gegen das „Gefahrenpotential" informellen Verwaltungshandelns → Bd. II *Fehling* § 38 Rn. 99 ff.

[194] Wie etwa bei *Udo Di Fabio*, Kooperationsprinzip, S. 1157; *Christoph Gusy*, Kooperation als staatlicher Steuerungsmodus, ZUR 2001, S. 6. Genauer *Trute*, Obrigkeitsstaat (Fn. 149), S. 42 f., und, auch empirisch gehaltvoller, *Pitschas*, Verantwortungskooperation (Fn. 3), insbes. S. 225: „Verantwortungssubsidiarität" des Staates im Verhältnis zur Bürgerschaft; hier stellen sich freilich derzeit noch weitgehend unbeantwortete Anschlussfragen im Hinblick auf das Demokratieprinzip und seine Konkretisierungen. → Bd. I *Trute* § 6 Rn. 91.

[195] → Rn. 10.

[196] Vgl. *Benz*, Verwaltungsforschung (Fn. 29); *Hans-Heinrich Trute/Wolfgang Denkhaus/Doris Köhlers*, Governance in der Verwaltungsrechtswissenschaft, DV, Bd. 37 (2004), S. 451 ff.; w. N. bei *Rossen-Stadtfeld*, Europäische Staatlichkeit (Fn. 190), S. 49 f. → Bd. I *Voßkuhle* § 1 Rn. 68 ff., *Schuppert* § 16 Rn. 20 ff.

Gesellschaft – verliert an Bedeutung. Stattdessen treten empirienähere Prozessanalysen in den Vordergrund. Sie befassen sich mit Vorgängen der Selbstbeobachtung, -beschreibung und -steuerung in veränderlichen Netzwerkstrukturen, in denen die normativ befestigte Grenze zwischen Staat und Gesellschaft zwar erinnert, manchmal auch noch sichtbar wird, aber ihre präformierende Kraft verloren hat. Auch wenn sich in diesen Strukturen immer wieder lokale Verdichtungen der Konflikt- und Einflusspotentiale entwickeln, ist weder ein beständiges Steuerungszentrum noch eine durchgängig strukturierende Hierarchie mehr auszumachen. Governance ist ein Horizontbegriff. Er öffnet sich der normativ ungerichteten Empirie eines tatsächlich stattfindenden Wandels und erinnert an die Notwendigkeit, diesen Wandel normativ einzurichten („Good Governance").[197] Nicht aber enthält er selbst schon die Vorgaben, die eine derartige Bewertung tragen müssten. Jedenfalls insoweit könnte er sich älteren Beteiligungs- und Partizipationskonzepten gegenüber als überzeugender erweisen.

2. Partizipationsformen

69   Dem erweiterten Begriff der Partizipation lässt sich im deutschen Verwaltungsrecht eine **Vielzahl konkreter Ausformungen** zuordnen. Im Verwaltungsverfahrensrecht, Abfallrecht, öffentlichen Baurecht, im Recht der Raumordnung und Landesplanung, im Umweltrecht, im Sozialrecht oder im Atomrecht wird nichtstaatlichen Akteuren (Einzelpersonen, Verbänden, zivilgesellschaftlichen Assoziationen, Unternehmen, sonstigen Organisationen) die Möglichkeit einer gestaltenden Mitwirkung an dem Verwaltungsvorhaben eingeräumt, unter Einschluss der Verwaltungsentscheidung und ihrer Umsetzung.[198] Unabhängig von dem ihr jeweils eröffneten Spielraum bleibt die partizipative Grundfunktion unberührt: auf unterschiedlichen Feldern greift die gesellschaftliche Umwelt der Verwaltung in deren Verfahren und Entscheidungen ein. Ausgeprägt partizipativen Charakter weisen aber auch **neue und bereichsunspezifische Formen einer verstärkten Kooperation** zwischen Verwaltung und nichtstaatlichen Akteuren auf. Mediations- und Konfliktmittlungsverfahren[199], „Runde Tische"[200], Bürgerforen, Planungszellen[201] oder partizipative Technikfolgenabschätzung[202] öffnen das *forum internum* der staatlichen Verwaltungsentscheidung für gesellschaftliche Gestaltungsinteressen.[203] Gleichfalls dem Formenkreis einer partizipativen

---

[197] → Rn. 76.
[198] Vgl. *Dienel*, Partizipation (Fn. 185), S. 156 ff.; *Schmitt Glaeser*, Entscheidungsverfahren (Fn. 45), S. 45 ff.; ferner *Brigitte Scholz/Klaus Selle*, Beteiligungs-Minima. Eine Übersicht über gesetzliche Informations- und Partizipationsregeln, in: Klaus Selle (Hrsg.), Planung und Kommunikation, 1996, S. 393 ff., und *Ariane Bischoff/Klaus Selle/Heidi Sinning*, Informieren, Beteiligen, Kooperieren, in: ebd., S. 347 ff. → Bd. I *Trute* § 6 Rn. 70 ff.
[199] Nachw. o. → Fn. 131; → Bd. II *Appel* § 32 Rn. 102 ff.; *Fehling* § 38 Rn. 30 ff.
[200] In der Form der „Antragskonferenz" des § 71e VwVfG jetzt auch positivrechtlich ausgeformt.
[201] Dazu grundlegend *Peter Dienel*, Die Planungszelle – Eine Alternative zur Establishment-Demokratie, 5. Aufl. 2002; s. ferner *Bernhard Losch/Jörg Gottmann*, Bürgerbeteiligung nach Schöffenmodell – Die Wuppertaler Planungszelle, DÖV 2000, S. 372 ff.
[202] *Gabriele Abels/Alfons Bora*, Demokratische Technikbewertung, 2004; *Alfons Bora/Michael Decker/Armin Grunwald/Ortwin Renn* (Hrsg.), Technik in einer fragilen Welt, 2005.
[203] *Edwin Czerwick*, Verhandlungsdemokratie – ein Politikstil zur Überwindung von Politikblockaden, ZPol 1999, S. 415 (426 ff. m. w. N.).

A. Beteiligung und Partizipation

Öffnung der Verwaltung zuzurechnen, institutionell aber stärker verfestigt und deutlicher auf bestimmte Sachbereiche hin eingerichtet ist die sog. **"Kondominialverwaltung"**.[204] Staatliche Funktionsträger und nichtstaatliche, typischerweise gruppenpluralistisch bestellte Repräsentanten gesellschaftlicher Bereiche, Interessen und Belange sind hier zur weisungsfreien Ausübung exekutiver Staatsgewalt verbunden. In dieser besonderen Organisationsform soll gesellschaftliche Partizipation so stattfinden, dass Sonderinteressen nicht schlicht gebündelt oder in Bargaining-Prozessen abgestimmt werden, sondern sich unter Erzielung von Emergenzeffekten zusammenführen und auf einen übergreifenden gemeinwohlrelevanten Funktionssinn verpflichten lassen, der dann im Jugendschutz, der Sicherung beruflicher Bildung, der Verkehrssicherheit oder der Gewährleistung eines Public-Service-Rundfunks liegen mag.[205] Weniger auf einen solchen interessenverschmelzenden Gemeinwohleffekt hinzielend erscheint die – institutionell freilich vergleichbar verfestigte – Einbeziehung je gesondert organisierter gesellschaftlicher Partikularinteressen in die Verwaltungsentscheidung. In einer Vielzahl von Ausschüssen, Kommissionen oder Beiräten unterhalten hier organisierte nichtstaatliche Akteure Kommunikations- und Kooperationsbeziehungen zu der staatlichen Verwaltung und nehmen über solche **"neokorporatistischen" Beziehungen**[206] zum Teil beträchtlichen Einfluss auf die Programmierung, Durchführung, Entscheidung und Implementierung des Verwaltungsvorhabens[207]. Von einem erweiterten Begriff der Partizipation werden schließlich auch die Formen der kommunalen[208] und der funktionalen[209] **Selbstverwaltung** erfasst. Partizipation findet dort freilich in vermittelter Weise statt, sie verwirklicht sich über mindestens zwei Ebenen. Auf der ersten Ebene wird ein Verwaltungsbereich – örtlich radizierte, berufsständische, sonst wirtschaftliche oder soziale Interessen und Belange betreffend – aus der staatlichen Wahrnehmungszuständigkeit herausgelöst und der außerstaatlichen Organisation eines Verbandsvolks zugeordnet, das durch diese Funktionszuweisung zugleich konstituiert wird. Auf der zweiten Ebene wird ein partizipatives Moment darin sichtbar, dass es im Funk-

---

[204] Zum Begriff *Matthias Jestaedt*, Demokratieprinzip und Kondominialverwaltung, 1993, S. 26, 79. S.a. → Bd. I *Schulze-Fielitz* § 12 Rn. 84 f.

[205] So etwa in Form der Bundesprüfstelle für jugendgefährdende Schriften, des Verwaltungsrats der Bundesanstalt für den Güterfernverkehr, der Einrichtungen gesellschaftlicher Kontrolle in den öffentlich-rechtlichen Rundfunkanstalten, in den Landesmedienanstalten oder im Bereich des Medienjugendschutzes nach dem Jugendmedienschutz-Staatsvertrag, zu letzterem *Helge Rossen-Stadtfeld*, Die Konzeption regulierter Selbstregulation und ihre Ausprägung im Jugendmedienschutz, AfP 2004, S. 1 (insbes. 7 ff.).

[206] Zum Begriff s. die Beiträge in *Ulrich v. Alemann/Rolf G. Heinze* (Hrsg.), Verbände und Staat, 1979; in verwaltungsverfahrensrechtlicher Perspektive *Pitschas*, Verantwortungskooperation (Fn. 3), S. 228: „neokorporatistische Netzwerkbildung von Staat und Gesellschaft".

[207] *Gunnar Folke Schuppert*, Selbstverwaltung als Beteiligung Privater an der Staatsverwaltung?, in: Albert v. Mutius (Hrsg.), Selbstverwaltung im Staat der Industriegesellschaft, 1983, S. 183 (201 ff., 205: „Kooperationsverwaltung").

[208] *Pitschas*, Kommunale Selbstverwaltung und Mediation (Fn. 131), insbes. S. 710 ff. → Bd. I *Trute* § 6 Rn. 79 ff.

[209] Deutlich als Verstärkung des Demokratieprinzips gefasst in *BVerfGE* 107, 59 ff. (Wasserverbände in NRW). Vgl. im Übrigen *Michael Kleine-Cosack*, Berufsständische Autonomie und Grundgesetz, 1986; *Thomas Emde*, Die demokratische Legitimation der funktionalen Selbstverwaltung, 1991; *Winfried Kluth*, Funktionale Selbstverwaltung, 1997; *Menzel*, Legitimation (Fn. 184), S. 88 ff. → Bd. I *Trute* § 6 Rn. 82 ff.

tionsbereich des Selbstverwaltungsträgers die Betroffenen selbst sind, welche die Verwaltung derjenigen Angelegenheiten übernehmen sollen, die auf der ersten Ebene der Partizipation bereits zu ihren eigenen geworden waren.[210]

3. Das demokratische Potential der Partizipation

70 Die Realisationsformen der Partizipation zeigen, dass der Öffentlichkeitsgrad von Verwaltungsvorgängen ansteigen kann. Sie kann bürgerschaftlicher bzw. zivilgesellschaftlicher Einmischung Raum und Motive bieten und damit zugleich auf die politische Bedeutung staatsbürgerlicher Verantwortlichkeit verweisen. Partizipation erinnert auch an die Grundüberzeugung moderner Demokratietheorie, dass Herrschaft nur als gerechtfertigt angesehen werden könne, soweit sich in ihr der Wille der Beherrschten ausdrücke. Partizipation kann danach dem Vergesellschaftungsprozess demokratische Impulse vermitteln, sie kann dazu führen, dass die in diesem Prozess wirksame demokratische Substanz zunimmt. Insoweit kann Partizipation auch eine ergänzende Funktion erfüllen. Sie kann ihr demokratisches Potential dort verwirklichen, wo die Quellen der repräsentativ-vermittelten parlamentarischen Willensbildung und Entscheidung zu versiegen drohen. In dem Maß, in dem sich die Gesetzgebung auf materiellrechtlich immer substanzärmere Regelungen umstellt, nimmt die Bedeutung partizipativer, unmittelbar-plebiszitärer Beteiligung in den betroffenen Regelungsbereichen zu. In ihnen wird der **Verlust repräsentativ-parlamentarischer Substanz** nicht ausgeglichen, er kann aber in seinen Auswirkungen abgemildert werden. Darin zeigt sich eine **besondere demokratische Bedeutung gerade solcher Formen der Partizipation**, und zwar im Erfolg (Kooperation, Verfahrensproduktivität, Gemeinwohlorientierung) wie im Scheitern (Bargaining, strategische Verfahrensverzögerung und -blockade, Partikularismus, Verantwortungsdiffusion) der Partizipation.[211] Hinzu tritt die Möglichkeit, über Partizipation gesellschaftliches Wissen zu nutzen, die Sachbezüge der Entscheidungsvorgänge zu verdichten, bürgerliche Verantwortungsbereitschaft anzuregen[212] und Betroffenenakzeptanz zu erhöhen.[213] Nicht zuletzt kann auf diesem Weg auch das wohl unvermeidlich zunehmende Gewicht der sachverständigen Expertise im Prozess der Verwaltungsentscheidung[214] deutlicher ausbalanciert werden. Das kann die Effektivität und Effizienz der Verwaltung fördern; Partizipation erweist sich hier auch insoweit als eine Unterform der – nicht als ein aliud zur – Beteiligung, als sie an deren instrumentellen Funktionen teilnimmt. Im Medium der Partizipation stehen Effizienz und Demokratie einander nicht notwendig entgegen. Im Übrigen be-

---

[210] *Schuppert*, Selbstverwaltung (Fn. 207), S. 191: „interessenvertretende Selbstverwaltung".

[211] *Menzel*, Legitimation (Fn. 184), S. 80 ff.; *Gunnar Folke Schuppert*, Einflussnahme auf die Verwaltung durch Bürgerbeteiligung und kollektive Interessenwahrnehmung, in: *Hoffmann-Riem*, Bürgernahe Verwaltung (Fn. 144), S. 290 f.; *Wolfgang Hoffmann-Riem/Susanne Rubbert*, Atomrechtlicher Erörterungstermin und Öffentlichkeit. Zum Verhältnis von Bürgerbeteiligung und Öffentlichkeit, 1984, S. 44 f.

[212] *Pitschas*, Kommunale Selbstverwaltung und Mediation (Fn. 131), S. 714 m. w. N.

[213] *Thomas Würtenberger*, Die Akzeptanz von Verwaltungsentscheidungen, 1996; vgl. auch *Eberhard Schmidt-Aßmann*, Verwaltungslegitimation als Rechtsbegriff, AöR, Bd. 116 (1991), S. 329 (353 ff.); → Bd. II *Gusy* § 23 Rn. 13, 21. S. a. → Bd. II *Vesting* § 20 Rn. 50.

[214] *Angelika Nussberger*, Sachverständigenwissen als Determinante verwaltungsrechtlicher Einzelentscheidungen, AöR, Bd. 129 (2004), S. 282 ff. → Bd. I *Trute* § 6 Rn. 72; Bd. II *Ladeur* § 21 Rn. 45 ff.; Bd. III *Voßkuhle* § 43 Rn. 49.

A. Beteiligung und Partizipation

wirkt Partizipation gewiss oft die Verlangsamung, Unterbrechung, Umleitung oder sonstige Hemmung des Verwaltungsvollzugs in „Governance"-Netzwerken. Unter demokratischen Gesichtspunkten kann jedoch gerade dies produktiv sein. So mögen sich genuin politischer Reflexion wieder Denk-Räume öffnen, die unter dem Eindruck immer schneller, zwingender und fugenloser ineinander greifender „Sachzwang"-Ketten im parlamentarischen Prozess noch verschlossen schienen: *„wollen* wir das wirklich?", *„dürfen* wir *das* wollen?" oder *„wer* sind *wir,* wenn wir das wollen?". In dem Maß, in dem in der repräsentativ-parlamentarischen Willensbildung, aber auch etwa im großen Planfeststellungs- oder Genehmigungsverfahren, solche Fragen zunehmend ausgeblendet werden, weist der schließlich gebildete Wille Legitimationsmängel auf. Diese bleiben im weiteren Verfahren der Willensverwirklichung aber regelmäßig nicht unsichtbar, sie können heute nicht mehr verlässlich in „motivloser Akzeptanz" (*Luhmann*) entsorgt werden, was sich in Form massiver Konflikte zwischen Staat, Vorhabenträgern und zivilgesellschaftlich Betroffenen zunehmend zeigt. Ein bloßes Bestehen auf der Bestandskraft einmal getroffener Entscheidungen schafft dann eher neue Gefahren, nämlich die einer weiteren Konfliktverschärfung oder, in demokratietheoretischer Perspektive schwerwiegender, eines Auszugs auch noch derjenigen Bürgerinnen und Bürger aus ihrem Staat, ohne deren grundsätzliches Einverständnis und deren Mitwirkungsbereitschaft dieser Staat nicht fortbestehen kann. Mit einem entsprechenden Verfall bürgerlicher Identifikationsbereitschaft ist freilich auch dann zu rechnen, wenn Partizipation zu oft und zu offensichtlich folgenlos bleibt, keine Resonanz hervorruft, nur noch als Instrument und Taktik der Konfliktverdrängung erscheint.

Die Empirie partizipativer Beteiligungsformen zeigt, dass deren **demokratisches Potential oft nicht ausgeschöpft** wird.[215] Die Praxis informeller Vorverhandlungen zwischen Genehmigungsbehörden und Antragstellern führt dazu, dass sich Partizipationsmöglichkeiten oft erst eröffnen, wenn die Entscheidung in der Sache bereits weitgehend getroffen ist.[216] Hinzu kommt, dass eine „Entscheidungskoalition" von Verwaltung und Antragstellern nicht selten mit Partizipationsbestrebungen und Öffentlichkeitsansprüchen instrumentell-strategisch umzugehen versucht. Im Übrigen kann Partizipation durchaus zu einer Erschwerung, Verzögerung, Blockade oder sonstigen **Belastung des Verwaltungsverfahrens** führen. Dies um so mehr, als die Entfaltung des Demokratiepotentials, das gelingender Partizipation innewohnt, eine politische Grundkompetenz und Gemeinwohlbefähigung („Mündigkeit") der Beteiligten schon voraussetzt, die sich andererseits im Rahmen der Partizipation erst ausbilden soll[217] – freilich auch nur hier ausbilden kann.[218] Vorderhand ist hier stets mit Qualifikationsmängeln, Informationslücken, Motivationsdefiziten oder Gruppenegoismen zu rechnen.[219] Das **„Partizipationsdilemma"** ist bereits erwähnt

71

---

[215] Zum Folgenden s. den Überblick bei *Czerwick,* Bürokratie (Fn. 17), S. 370 ff. m. w. N.
[216] Das geltende Verfahrensrecht wirkt dieser Aushöhlung des Funktionssinns der Partizipation nicht immer ausreichend entgegen, → Rn. 31 a. E.
[217] *Pitschas,* Kommunale Selbstverwaltung und Mediation (Fn. 131), S. 710: „reifen Bürgergesellschaften heran".
[218] *Rossen-Stadtfeld,* Kontrollfunktion der Öffentlichkeit (Fn. 10), S. 141 m. w. N.
[219] Zum Problem *Rainer Schmalz-Bruns,* Reflexive Demokratie, 1995, S. 36 u. öfter; *Ulrich K. Preuß,* Verfassungstheoretische Überlegungen zur normativen Begründung des Wohlfahrtsstaates, in:

worden,²²⁰ ihm sind weitere Formen der kommunikativen, kognitiven und motivationalen Schließung oder der systematischen Bevorzugung verfahrensimmanenter Perspektiven zuzuordnen.²²¹ Schließlich kann partizipative Beteiligung jedenfalls in ihrer hergebrachten Form auch im Hinblick auf die sich wandelnden Produktions- und Geltungsbedingungen des gesellschaftlichen Wissens als **sachunangemessen erscheinen.**²²² Diese Probleme sprechen nicht gegen den Versuch einer Ausweitung und Stärkung partizipativer Elemente im Verwaltungsverfahren. Sie zeigen aber, dass Partizipation besonderer materiell-rechtlicher, organisatorisch-institutioneller und prozeduraler Sicherungen²²³ bedarf und dass schließlich ihre Praxis beobachtet werden muss, nicht nur rechtsaufsichtlich, sondern auch durch professionelle massenmediale Öffentlichkeit. Partizipation setzt dort an, wo das Verwaltungsverfahren besonders dichte Bezüge zum politischen System aufweist, wo es als ein auch politisches Verfahren erkennbar wird. Partizipation setzt daher das Verwaltungsverfahren den **Risiken eines spezifisch politischen Scheiterns** aus. Zu vermeiden sind solche Risiken nur unter der Bedingung einer Entpolitisierung des Verwaltungsverfahrens. Diese ist unter den gegebenen und, soweit absehbar, längerfristig zu erwartenden Bedingungen ausgeschlossen; sie dürfte wohl auch nicht wünschbar sein.

B. Öffentlichkeit im Verwaltungsrecht

72 Verwaltungsöffentlichkeit ist ein Teilbereich des Sozialsystems „Öffentlichkeit",²²⁴ in dem jede Form verfasster Staatlichkeit gründet.²²⁵ Sie ist in **verschiedenen Dimensionen** zu beobachten, deren Zusammenhang den Rechtsbegriff der Verwaltungsöffentlichkeit prägt. Ein wichtiges Bezugsfeld dieses Rechtsbe-

---

Christoph Sachße/H. Tristram Engelhardt, (Hrsg.), Sicherheit und Freiheit, 1990, S. 106 (123: „Staatsbürgerqualifikationspolitik"); vgl. auch *ders.,* Die Bedeutung kognitiver und moralischer Lernfähigkeit für die Demokratie, in: Claus Offe (Hrsg.), Demokratisierung der Demokratie, 2003, S. 259 (insbes. 265 ff.).
²²⁰ → Rn. 53 u. Fn. 139.
²²¹ *Helmut Wiesenthal,* Markt, Organisation und Gemeinschaft als „zweitbeste Verfahren sozialer Koordination", in: Raymund Werle/Uwe Schimank (Hrsg.), Gesellschaftliche Komplexität und kollektive Handlungsfähigkeit, 2000, S. 44 (57 f.).
²²² *Karl-Heinz Ladeur,* Öffentlichkeitsbeteiligung an Entscheidungsverfahren und die prozedurale Rationalität des Umweltrechts, in: Alexander Roßnagel/Uwe Neuser (Hrsg.), Reformperspektiven im Umweltrecht, 1996, S. 171 (177 ff.).
²²³ *Schuppert,* Verwaltungswissenschaft (Fn. 7), S. 404 ff. (als Ausprägungen staatlicher Gewährleistungsverantwortung); *Pitschas,* Verantwortungskooperation (Fn. 3), S. 234 f. („genuine Prozesssteuerung" durch den Staat, „regulierte Kooperation").
²²⁴ „Öffentlichkeit als Sozialsystem" hier verstanden im Sinne des Konzepts von *Jürgen Gerhards/ Friedrich Neidhardt,* Strukturen und Funktionen moderner Öffentlichkeit: Fragestellungen und Ansätze, in: *Stefan Müller-Doohm/Klaus Neumann-Braun* (Hrsg.), Öffentlichkeit Kultur Massenkommunikation. Beiträge zur Medien- und Kommunikationssoziologie, 1991, S. 31 (44 ff.). → Bd. II *Gusy* § 23 Rn. 10 ff., 14 ff.
²²⁵ *Rudolf Smend,* Zum Problem des Öffentlichen und der Öffentlichkeit, in: *ders.,* Staatsrechtliche Abhandlungen und andere Aufsätze, 2. Aufl. 1968, S. 462 ff.; *Wolfgang Martens,* Öffentlich als Rechtsbegriff, 1969; *Alfred Rinken,* Das Öffentliche als verfassungstheoretisches Problem, dargestellt am Rechtsstatus der Wohlfahrtsverbände, 1971, S. 214 ff.; vgl. auch *Peter Häberle,* Gibt es eine europäische Öffentlichkeit?, 2000, S. 11.

griffs, die Öffentlichkeit des Verwaltungshandelns, entwickelt sich auf normative Zielvorgaben hin, lässt dabei Entwicklungsstufen erkennen und steht in einem Wechselverhältnis zu dem umgreifenden Wandel der modernen öffentlichen Verwaltung. Als **Zugangsoffenheit**[226] lässt Verwaltungsöffentlichkeit, auch unter dem Einfluss des EU-Rechts,[227] derzeit eine hohe Entwicklungsgeschwindigkeit erkennen; weniger auffällig, aber durchaus von Bedeutung sind Funktionen und Perspektiven der Verwaltungsöffentlichkeit als **Steuerungsressource** („kritische Öffentlichkeit").

I. Öffentlichkeit als Rechtsbegriff

1. Formen, Funktionen, Typik

Verwaltungsöffentlichkeit kann in drei Erscheinungsformen beobachtet werden.[228] **Informationsöffentlichkeit** (rezeptive Verwaltungspublizität) öffnet den Innenbereich der staatlichen Verwaltung für die Informationsinteressen einer betroffenen oder allgemeinen Öffentlichkeit. „**Aktive Beteiligungsöffentlichkeit**" („Verfahrensöffentlichkeit"[229]) ist ein Medium für Teilhabe- und Gestaltungsinteressen, die aus den Verwaltungsumwelten in das Verfahren hineindrängen und sich dabei oft, aber nicht notwendig, auf subjektive öffentliche Rechte berufen. „**Publikumsöffentlichkeit**"[230] („Versammlungs-", „Saalöffentlichkeit") stellt institutionell-organisatorisch eine Ausprägung der Verfahrensöffentlichkeit dar, ist funktional aber eher der rezeptiven Verwaltungspublizität zuzuordnen, wie dort steht auch hier die Kontrolle durch ein beobachtendes Publikum im Vordergrund. Der Versuch einer differenzierenden Erfassung der Verwaltungsöffentlichkeit ist analytisch hilfreich. Schon im Hinblick auf Beteiligung und Partizipation hat sich aber gezeigt, dass die Funktionen der Information, Teilhabe, Gestaltung und Kontrolle zwar theoretisch unterschieden werden können, sich in der Praxis des Verwaltungsverfahrens aber weithin überlagern.[231] Der empirische Befund zeigt also erneut, dass die Grundtypen – „rezeptive" und „aktive" Öffentlichkeit – in der Verwaltungspraxis ineinander übergehen, aneinander anschließen und sich überdecken können; so etwa im Fall der Akteneinsicht zur Vorbereitung auf den Erörterungstermin im Planfeststellungsverfahren nach den §§ 72 ff. VwVfG. 73

Informationsöffentlichkeit oder **rezeptive Verwaltungspublizität** erfasst Daten, die daraufhin als grundsätzlich allgemein zugänglich gelten. Das Datum hat dann den Sachgehalt, der durch die Rezeption in Information verwandelt wird.[232] Es ist 74

---

[226] S. → Bd. II *Gusy* § 23 Rn. 82 ff.
[227] Zur dortigen Rechtsentwicklung s. *Müller*, Öffentlichkeitsbeteiligung (Fn. 147), S. 9 ff., 24 ff.
[228] So schon *Carl T. Welcker*, Öffentlichkeit, in: Karl v. Rotteck/Carl T. Welcker (Hrsg.), Staats-Lexikon, Bd. 10, 3. Aufl. 1864, S. 743 (757 ff.); ähnlich *Rinken*, Geschichte (Fn. 143), S. 44 ff.
[229] *Arno Scherzberg*, Öffentlichkeit der Verwaltung, 2000, S. 20.
[230] Als Grundlagenentscheidungen jetzt BVerfGE 91, 125; 103, 44 (Fernsehaufnahmen in Gerichtsverhandlungen); dazu *Stefani P. Hübner-Raddatz*, Fernsehöffentlichkeit im Gerichtssaal, 2002, mit dem richtigen Petitum stärkerer Differenzierung; ferner *Silke Rubbert*, Saal- und Medienöffentlichkeit mündlicher Verhandlungen zwischen Verwaltung und Bürgern, 1985, sowie die Beiträge in *Otfried Jarren/Kurt Imhof/Roger Blum* (Hrsg.), Zerfall der Öffentlichkeit?, 2000, 1. Teil („Versammlungsöffentlichkeit").
[231] → Rn. 66.
[232] → Fn. 15; Bd. II *Albers* § 22 Rn. 12; anders → Bd. II *Vesting* § 20 Rn. 18 ff.

§ 29 Beteiligung, Partizipation und Öffentlichkeit

außerdem für eine unbestimmte Vielzahl von Rezipienten in unbestimmt vielen Rezeptionsvorgängen zugänglich. Diese Eigenschaft spiegelt ein Grundmerkmal der Öffentlichkeit wieder, nämlich die prinzipielle Unabgeschlossenheit des Publikums.[233] Allerdings ist die Zugänglichkeit von Daten der Abstufung fähig. Die Verwaltung kann auch über beschränkt oder bedingt öffentliche Daten noch verfügen. Erst wenn diese Verfügungsmöglichkeit aus Rechtsgründen nicht mehr besteht, sind Daten nicht öffentlich.[234] Verwaltungsöffentlichkeit in der Form rezeptiver Öffentlichkeit kann in diesem Fall nicht hergestellt werden. Im umgekehrten Fall der völlig freien Ermessensentscheidung ist maßgeblich, dass Zugänglichkeit und Öffentlichkeit im Begriff der Informationsöffentlichkeit ursprüngliche Qualitäten schon des Datums selbst sind. Deshalb kann dann, wenn – wie im Fall des klassischen „Amtsgeheimnisses"[235] – die Öffnung eines Datenbestandes im freien Ermessen der Verwaltung steht, vor dieser Öffnung von rezeptiver Verwaltungsöffentlichkeit nicht gesprochen werden.

75 Für die Rezipienten bilden die Verwaltungsdaten einen **virtuellen öffentlichen Raum**. Dieser eröffnet die Möglichkeit der Information und der individuellspontanen, aber auch – vor allem in Plan- und langdauernden Genehmigungsverfahren – der kollektiv-organisierten Meinungsbildung. Rezeptive Verwaltungsöffentlichkeit meint die Verfügbarkeit von Daten als Rohstoff eines primären, jedem Austausch vorgeschalteten Informationsprozesses.[236] Die rechtliche Regulierung dieser Öffentlichkeitsform bestimmt, mit welcher Reichweite, Tiefe und Intensität ein ursprünglich arkaner[237] staatlicher Datenbestand zugänglich gemacht wird, um die Erschließung der **informationellen Grundlagen gesellschaftlicher Gestaltungs- und Kontrollinteressen** zu ermöglichen. Demgegenüber werden in den verschiedenen Rechtsformen der aktiven Beteiligungsöffentlichkeit die Verwaltungsfunktionen der **Gestaltung und Entscheidung selbst** vergesellschaftet. Öffentlichkeit findet hier als unmittelbare partizipativ-mitgestaltende Teilhabe[238] nichtstaatlicher gesellschaftlicher Akteure an dem Verwaltungsvorhaben statt. Der den Rechtsbegriff bestimmende Sinn der Öffentlichkeit erweitert sich von der Rezeption hin zur Partizipation; im Hinblick auf die unauflösliche Verschränkung von Rezeption und Partizipation kann es sich freilich nur um die Verlagerung des Schwerpunkts in einem **Öffentlichkeitskon-**

---

[233] Formulierung bei *Jürgen Habermas*, Strukturwandel der Öffentlichkeit, Nachdr. d. 3. Aufl. 1993, S. 52 f.; s. auch *Gerhards/Neidhardt*, Strukturen (Fn. 224), S. 44 ff.

[234] Das deutsche Informationsrecht schließt diese Verfügungsfreiheit aus für personenbezogene Daten, deren Veröffentlichung auch nicht durch ein besonderes Offenbarungsinteresse ausnahmsweise gerechtfertigt erscheint, vgl. § 5 Abs. 1 u. 2 Brandenburgisches Akteneinsichts- und Informationszugangsgesetz (AIG) v. 20. 3. 1998 (GVBl Bbg 1998 I S. 46).

[235] Dazu *Georgios Trantas*, Akteneinsicht und Geheimhaltung im Verwaltungsrecht, 1998, S. 257; *Michael Stolleis*, Staat und Staatsräson in der frühen Neuzeit, 1990, S. 37 ff.; im Überblick *Rossen-Stadtfeld*, Kontrollfunktion der Öffentlichkeit (Fn. 10), S. 121 ff. m. w. N. S. a. → Bd. II *Gusy* § 23 Rn. 2; Bd. III *Scherzberg* § 49 Rn. 23 f.

[236] In dem Information dann ihrerseits als „Sauerstoff der Gesellschaft" wirksam werden muss und kann, so *Rainer Pitschas*, Das Informationsverwaltungsrecht im Spiegel der Rechtsprechung, DV, Bd. 33 (2000), S. 111 ff., die Heinemann'sche Formel von der Öffentlichkeit als „Sauerstoff der Demokratie" variierend. Zum Informationsverwaltungsrecht *Rolf Gröschner* und *Johannes Masing*, Transparente Verwaltung: Konturen eines Informationsverwaltungsrechts, VVDStRL, Bd. 63 (2004), S. 344 ff., 377 ff.; → Bd. I *Voßkuhle* § 1 Rn. 11, 67; Bd. II *Vesting* § 20 Rn. 5 ff.

[237] → Fn. 235.

[238] → Rn. 1, 52 ff.

tinuum handeln, nicht um einen prinzipiell-kategorialen Wechsel.[239] Im gleichen Sinn ist der Vorgang der Vergesellschaftung zu verstehen, der die beiden Grunddimensionen der Verwaltungsöffentlichkeit – Information und Partizipation – konstitutiv zu einer Einheit verbindet. Auch hier vermittelt Öffentlichkeit die Qualität des Gesellschaftlichen in Prozessen mit unterschiedlichen Geschwindigkeiten, in abgestuften Graden und ohne je an ein definitives Ende gelangen zu können. Auch in den Rechtsformen der Verwaltungsöffentlichkeit entwickelt sich Gesellschaftlichkeit in einem offenen Möglichkeitsraum, als substantieller, fortlaufend neu entstehender, in seiner Dichte veränderlicher und unerschöpflicher Ursprung dieser Öffentlichkeit.

2. Das normative Leitbild

Ein modernes Verwaltungsrecht sollte Beteiligung so verfassen, dass sich ihr Entwicklungssinn erfüllt, wie er durch Demokratie- und Rechtsstaatsprinzip sowie die Grundrechtsbindung ausgerichtet wird: **in der Beteiligung soll Beobachtung zu Gestaltung werden und in Verantwortung münden können.**[240] Das gilt auch für die Beteiligungs-Öffentlichkeit. Die Konsequenzen beginnen schon bei dem normativen Status dieser Öffentlichkeit. Wo unter der Adresse der Öffentlichkeit eine genuin („zivil-")gesellschaftliche Gestaltungsverantwortung aufgerufen wird, kann sich diese nicht in der Erfüllung von Informations-, Akzeptanz-, Programm- und Legitimationsdefiziten erschöpfen. Als Verwaltungsöffentlichkeit soll ein selbständiges Interesse der Gesellschaft an einer **guten Verwaltung der öffentlichen Angelegenheiten** – derzeit als Leitbild der „good governance" entworfen[241] – zum Vorschein kommen, sich selbst als maßstabsetzend erkennen, zugleich aber auch in solcher Öffentlichkeit ein Forum der Artikulation und Impulsgebung finden können.[242] Vorgegebene und (auch rechtlich) befestigte Formen der Öffentlichkeit verlieren dann an Bedeutung, Öffentlichkeit erscheint als ein stets auch sich selbst entwickelnder, antreibender und steuernder Vorgang.[243] Diese „Verflüssigung" der Öffentlichkeit wird durch die technische Entwicklung und die Bedeutungszunahme des Internets gefördert.[244] Als Teil ihres normativen Leitbildes wird dann auch für die Verwaltungsöffentlichkeit schließlich doch wieder – gegen eine verbreitete Öffentlichkeitsskepsis[245] – die alte **Vermutung ge-**

76

---

[239] → Rn. 66.
[240] Die normative Formulierung ist, wie auch sonst in dieser Darstellung, beabsichtigt. Vgl. *Pitschas*, Verantwortungskooperation (Fn. 3), S. 225 f. u. öfter; im Übrigen → Rn. 22 ff., 40, 46.
[241] Dazu *Rainer Pitschas*, Dezentralisierung und Good Governance – Zivilgesellschaftliche Entwicklung im Konflikt mit dem effizienten Staat, in: Walter Thomi/Markus Steinich/Winfried Polte (Hrsg.), Dezentralisierung in Entwicklungsländern, 2001, S. 125 (129 f.) m. w. N.; als Grundlagentext vielzitiert, auch zur begriffsprägenden Unterscheidung zwischen Government und Governance: *Paul Hirst/Grahame Thompson*, Globalization and the Future of the Nation State, Economy and Society, 1995, S. 408 ff. → Rn. 68.
[242] *Martin Eifert*, Umweltinformation als Regelungsinstrument, DÖV 1994, S. 544 (546 ff.: „Autonomiesicherungsfunktion", „Impulsfunktion").
[243] → Rn. 32; Bd. II *Vesting* § 20 Rn. 50.
[244] Vgl. *Marschall*, Öffentlichkeiten (Fn. 135), passim.
[245] *Karl-Heinz Ladeur*, „Deliberative Demokratie" und „Dritter Weg" – Eine neue Sackgasse?, Der Staat, Bd. 41 (2002), S. 3 (8 ff., 17, 26 f.), der dort skizzierte marktliberale Gegenvorschlag (8: „spontane Selbstorganisation der Privatgesellschaft") lässt Vermachtungs-, Entdifferenzierungs-, Desintegrations- und Entpolitisierungsfolgen unberücksichtigt.

steigerter **Allgemeinheit** in Anspruch genommen werden können.²⁴⁶ Sie wird dann als Chiffre für eine produktive Verarbeitung (Veredelung, Synthese) gesellschaftlicher Konfliktstoffe zu begreifen sein. Die darin gründende Erwartung überlagert die Öffentlichkeitsfunktionen der Information, des Rechtsschutzes, der Interessenverfolgung, der Akzeptanzförderung sowie der Legitimation und verbindet sie in der verwirklichten Idee des **„Public Service"**, des Dienstes am dabei zugleich entstehenden Gemeinwesen.

77   Was bei alledem sichtbar wird, sind die Umrisse eines älteren, **„bürgerlichen" Öffentlichkeitsmodells.**²⁴⁷ Wieder richten sich Erwartungen auf das informierte, gemeinwohl-sachverständige und öffentliche Raisonnement, hier nun des Verwaltungspublikums. Solches Raisonnement soll in der Verwaltungspraxis auf die Lösung der Regelungsprobleme ausgerichtet werden, die von den gesetzlichen Programmen bis in den Verwaltungsvollzug durchgereicht werden.²⁴⁸ Selbstverständlich war das Bild des informierten, gemeinwohlbefähigten wie -interessierten Bürgerpublikums teils immer schon bloße Fiktion, teils von politischen, sozialen und wirtschaftlichen Bedingungen abhängig, die schon ab der Mitte des 19. Jahrhunderts nicht mehr gegeben waren.²⁴⁹ Auch sind die Grenzen und Anfälligkeiten einer so erwartungsbefrachteten Verwaltungsöffentlichkeit keineswegs verborgen geblieben.²⁵⁰ Doch geht von dem älteren Leitbild immer noch (und wieder) eine starke appellative Wirkung aus. Tatsächlich ist offen, ob überhaupt und in welchem Umfang ein Rückbezug auf das klassische Öffentlichkeitsmodell noch möglich ist, vielleicht aber auch wieder geraten erscheinen kann. Die Antwort wird wesentlich davon abhängen, ob die bestehenden Öffentlichkeitstraditionen und -leitbilder in der Praxis der Verwaltungsöffentlichkeit selbst so produktiv fortgezeichnet werden können, dass sie im Wandel der Rahmenbedingungen modernen Verwaltens ihre funktionale Bedeutung behalten. Die zuständigen Fachwissenschaften und die verwaltungsrechtliche Dogmatik können hierzu anregende oder begrenzende Vorschläge machen, aber keine endgültige Auskunft geben.

3. Verfassungsrechtliche Entwicklungsvorgaben und Grenzen

78   Dass auch das Handeln der öffentlichen Verwaltung grundsätzlich öffentlich sein soll, bedarf im Hinblick auf eine lastende Arkantradition des deutschen Staates²⁵¹ immer noch der Begründung. Sie muss die sich verändernden Funktionen und Rahmenbedingungen der öffentlichen Verwaltung berücksichtigen, vor allem aber den verfassungsrechtlichen Vorgaben für das Handeln dieser Ver-

---

²⁴⁶ *Rainer Schmalz-Bruns,* Selbstorganisation, Selbstregierung, Selbstverwirklichung: Die Idee der Öffentlichkeit im Spiegel moderner Demokratietheorie, in: Gerhard Göhler (Hrsg.), Macht der Öffentlichkeit – Öffentlichkeit der Macht, 1995, S. 39; zur Begriffsgeschichte *Rinken,* Geschichte (Fn. 143), S. 10 ff. m. w. N.
²⁴⁷ *Habermas,* Strukturwandel (Fn. 233), S. 33 ff., 42 ff., 72 ff., 101 ff., 107 ff.; *Uwe Hohendahl,* in: ders. (Hrsg.), Öffentlichkeit. Geschichte eines kritischen Begriffs, 2000, S. 1 (8 f., 38 ff.); *Häberle,* europäische Öffentlichkeit (Fn. 225), S. 11.
²⁴⁸ → Rn. 8, 22 ff.
²⁴⁹ *Klaus Eder,* Geschichte als Lernprozess. Zur Pathogenese politischer Modernität in Deutschland, 1991, S. 164 ff.
²⁵⁰ → Rn. 53, 71.
²⁵¹ → Fn. 235.

waltung Rechnung tragen. Diese Rahmenbedingungen und Vorgaben sind für die Beteiligung und Partizipation im Verwaltungsverfahren schon erörtert worden. Es hat sich gezeigt, dass die informationelle, interessenbezogene und partizipative Beteiligung im **Demokratie- und Rechtsstaatsprinzip,** aber auch in der **Grundrechtsverpflichtung aller staatlichen Gewalt** sinnstiftende Grundlagen finden kann.[252] Schon wegen der funktionalen Nähe und teilweisen Überschneidung von Verfahrensbeteiligung und Verwaltungsöffentlichkeit ist zu erwarten, dass letztere in dieselben verfassungsrechtlichen Bezüge eingebunden ist.

a) Demokratische Bezüge

Nach Art. 20 Abs. 2 S. 2 GG müssen die Einrichtung und Ausübung aller Staatsgewalt im Willen des Volkes gründen. Das erfordert einen effektiven Einfluss dieses Volkes auf die Staatsgewalt.[253] In der parlamentarisch-repräsentativen Demokratie des Grundgesetzes soll das Volk seinen Einfluss auf die Staatsgewalt zunächst durch die in Art. 20 Abs. 2 S. 2 GG genannten „Wahlen und Abstimmungen" ausüben. Der durch Wahlen – Abstimmungen sind in der antiplebiszitären deutschen Verfassungsordnung nahezu bedeutungslos – vermittelte Einfluss ist unter den Bedingungen eines massenmedial korrumpierten,[254] in Netzwerken informaler Verhandlungssysteme unterlaufenen,[255] durch die exekutivische und ökonomische Vorformung politischer, insbesondere parlamentarischer, Entscheidungsprozesse gekennzeichneten[256] und mit jedem Globalisierungsschub stärker relativierten nationalstaatlichen Parlamentarismus[257] sehr begrenzt.[258] Wo genau diese Grenzen verlaufen, wird weiterer Diskussion bedürfen. Gewiss ist aber, dass die repräsentativ-parlamentarische Vermittlung des Volkswillens einen beträchtlichen Bedeutungsverlust erfahren hat.[259] Dies legt die Suche nach weiteren Formen einer demokratischen Einflussnahme zur Effektivierung des Volkswillens nahe. Hinzu kommt die Tendenz einer Entmaterialisierung der gesetzlichen Programme.[260] Der parlamentarische Gesetzgeber kann, gerade in besonders wichtigen, zukunftsträchtigen und umstrittenen Politikbereichen, die sachbezogen-abschließende Regelung immer häufiger nicht mehr selbst treffen. Er ist aus Gründen der Komplexität, der Veränderlichkeit bzw. Langfristigkeit und der Gefahrenträchtigkeit der Regelungsprobleme, zum Teil aber auch we-

---

[252] Zum Demokratieprinzip → Rn. 7 ff., 24, 58 ff., 66, 70, zum Rechtsstaatsprinzip Rn. 7 ff., 22, 39 ff., 53 f., 64, zur Grundrechtsbindung: Rn. 2, 19, 22, 39 f., 41, 44 f., 54, 60, 67.

[253] *BVerfGE* 83, 60 (72); *Ernst-Wolfgang Böckenförde,* in: HStR I, § 22 Rn. 1. Zur demokratischen Legitimation der Verwaltung → Bd. I *Trute* § 6.

[254] *Thomas Meyer,* Mediokratie, 2001.

[255] *Dieter Grimm,* Lässt sich die Verhandlungsdemokratie konstitutionalisieren?, in: Offe (Hrsg.), Demokratisierung (Fn. 219), S. 193 (199 ff.).

[256] Kennzeichen der „Postdemokratie" i. S. von *Stefan Lessenich/Frank Nullmeier,* Einleitung, in: dies. (Hrsg.), Deutschland – eine gespaltene Gesellschaft, 2006, S. 7 (24).

[257] *Gertrude Lübbe-Wolff,* Die Internationalisierung der Politik und der Machtverlust der Parlamente, in: Brunkhorst (Hrsg.), Demokratie in der Weltgesellschaft (Fn. 76), S. 128 ff.

[258] Im Überblick *Czerwick,* Bürokratie (Fn. 17), S. 226 ff. m. w. N.

[259] Zum noch unentwickelten Stand der verfassungsrechtswissenschaftlichen Befunde und Reflexionen hierzu s. die Referate von *Matthias Herdegen* und *Martin Morlok,* Informalisierung und Entparlamentarisierung politischer Entscheidungen als Gefährdungen der Verfassung?, VVDStRL, Bd. 62 (2002), S. 7 ff. bzw. S. 37 ff., und die Aussprache hierzu, ebd., S. 85 ff. Zur Steuerungskraft des Gesetzes → Bd. I *Reimer* § 9 Rn. 84 ff.

[260] → Rn. 8.

gen Blockaden im Gesetzgebungsmechanismus genötigt, in konkretisierungs-, ausfüllungs- und ergänzungsbedürftigen gesetzlichen Protoprogrammen die sachliche Regelung in die Zukunft zu verschieben und der Verwaltung zu übertragen.[261] Auch hier läuft der Bestimmungs- oder wenigstens Einflussversuch ins Leere, der über die Wahl parlamentarischer Repräsentanten vermittelt werden sollte. Im Verwaltungsverfahren erst wird die gesetzliche Rumpfregelung vervollständigt und das Programm des Verwaltungsprojekts hergestellt. Das aber ist eine im Kern politische, demokratischer Vermittlung bedürftige und deshalb ihrem Wesen nach öffentliche Entscheidung. Unter dem Gesichtspunkt der **Effektivierung demokratischer Willensbildung** findet deshalb die Forderung nach einer Veröffentlichung des Verwaltungshandelns im **Demokratieprinzip** eine verfassungsrechtliche Grundlage und Zielbestimmung.[262]

80 Dem Begriff des Volkes in Art. 20 Abs. 2 S. 1 GG wird gelegentlich ein überzogenes Integrationserfordernis entnommen,[263] das weltweit zu beobachtenden tiefgreifenden Individualisierungstrends, der irreversiblen Pluralisierung moderner Gesellschaften und ihrer Rechtsordnungen sowie der Binnendifferenzierung des modernen Staates nicht angemessen ist.[264] Die Erfüllung dieses Erfordernisses kann keine Voraussetzung für die Teilnahme an dem demokratischen Prozess sein, in dem sich in der Gesellschaft eine politische Gemeinschaft überhaupt erst ausbilden können muss, um zu dem stärker integrierten „einen Volk" zu werden. Der **Volksbegriff** des Art. 20 Abs. 2 S. 1 GG schließt deshalb Entstehungs-, Organisations-, Differenzierungs- und Konsolidierungsformen dieses Volkes, die unterhalb einer ohnehin stets nur fiktiv-homogenen Einheit bleiben, keineswegs von vornherein aus dem demokratischen Prozess aus. Erneut erweisen sich die Produktivität und Politisierung des Verwaltungsverfahrens als folgenreich,[265] sie lassen die Verwaltungsöffentlichkeit als eine besondere Ausprägung des demokratischen *status activus*[266] erscheinen.

b) Rechtsstaatliche Bezüge

81 Für die Erkenntnis und Durchsetzung **grundrechtlich geschützter Interessen und Belange** können sich nicht nur in komplexen „Verwaltungsverfahren mit und unter der Verwaltung" die Veröffentlichung der informationellen, normativen und politischen Verfahrensbezüge und die Möglichkeit der öffentlichen Einbringung eigener Perspektiven, Bezüge und Interessen sowie die Chance zu einer diskursiven öffentlichen Abklärung der jeweils unterschiedlichen Problemwahrnehmungen und Gestaltungsabsichten als förderlich oder sogar notwendig erweisen. Das wird in der staatsgerichteten Verpflichtung zur **Grundrechtssicherung durch Organisation und Verfahren** erfasst, die ihrerseits in einem grund-

---

[261] *Rossen*, Vollzug (Fn. 6), S. 234 ff.
[262] *BVerfGE* 70, 324 (358), zum „allgemeinen Öffentlichkeitsprinzip der Demokratie".
[263] *Josef Isensee*, Das Volk als Grund der Verfassung, 1995, S. 92 u. öfter; *Böckenförde*, HStR II, § 24 Rn. 47.
[264] Zur Diskussion *Alexander Hanebeck*, Der demokratische Bundesstaat des Grundgesetzes, 2004, S. 76 ff.; *Christoph Möllers*, Staat als Argument, 2000, S. 231 ff.; *Thomas Groß*, Das Kollegialprinzip in der Verwaltungsorganisation, 1999, S. 163 ff.; → bei Fn. 20.
[265] → Rn. 8, 26, 45, 60, 62.
[266] *Masing* unterscheidet zwischen *status activus* (→ Bd. I *ders.* § 7 Rn. 34, 79) und *status procuratoris*: → Bd. I *ders.* § 7 Rn. 36.

rechtlich profilierten Rechtsstaatsprinzip wurzelt.[267] Im **Rechtsstaatsprinzip** findet sich also eine verfassungsrechtliche Vorgabe, die auf die Publifizierung der Verwaltung zielt. Ebenfalls zum Rechtsstaatsprinzip leitet der Befund, dass der technische Fortschritt bei sehr unterschiedlich verteilten Nutzungsmöglichkeiten und -fähigkeiten die **Gefahr einer „digitalen Spaltung" der Gesellschaft**[268] in eine große Mehrheit dauerhaft informationell Pauperisierter und eine kleine Informationselite mit sich bringt.[269] Ein auf den Grundrechtsschutz zurückbezogenes Rechtsstaatsprinzip – in enger Verbindung mit dem Demokratieprinzip, das einen auch informationell qualifizierten Souverän erwartet – verpflichtet den Gesetzgeber, dieser Spaltung entgegenzuwirken; auch die informationelle Öffnung der Verwaltung im Rahmen einer umfassenden Informationsfreiheitsordnung muss hierbei in Betracht gezogen werden. In dieselbe Richtung zielt die ungeschriebene objektiv-rechtliche Leitnorm des gesamten Kommunikationsverfassungsrechts, die aus dem Zusammenhang der benannten Grundrechtsnormen des Art. 5 Abs. 1 zu entwickelnde[270] **Gewährleistung freier, umfassender und chancengleicher Meinungsbildung.** Auch sie verpflichtet den grundgesetzlich verfassten Staat, im Rahmen des bereichsspezifisch Möglichen und Nötigen durch „positive Ordnung" sicherzustellen, dass die Meinungsbildungsfreiheit nicht nur rechtlich gewährleistet bleibt, sondern auch in ihrem gesamten normativen Gehalt tatsächlich realisiert werden kann.

Das Rechtsstaatsprinzip legt aber noch unter einem weiteren Gesichtspunkt **82** die möglichst weitgehende Verwirklichung eines Grundsatzes der Verwaltungsöffentlichkeit nahe. Wenn die Verwaltung und ihre gesellschaftlichen Kooperationspartner gemeinsam das Programm des Verwaltungsprojekts erstellen, dieses Programm gemeinsam realisieren und schließlich unter Umständen auch noch Abwicklungsprobleme gemeinsam abarbeiten, dann stellt sich das Problem der Steuerung und Kontrolle dieses Kooperationsverbundes. Für die insoweit zurückgehende oder ganz ausfallende Bedeutung des materiellen Gesetzes kann die **Öffentlichkeit der Verwaltung ein funktionales Äquivalent** darstellen. Sie ist dann freilich nicht als Quelle besonderer Partikularinteressen und -belange angerufen, die so Eingang in den das Verwaltungsverfahren integrierenden Kooperationsverbund finden sollen. Die Öffentlichkeit soll vielmehr das übergreifend-allgemeine Interesse an einer soweit wie möglich gesetzesgeleiteten und im Übrigen gemeinwohlsuchenden Verwirklichung des Verwaltungsvorhabens repräsentieren.[271] Wie je besondere, in der Regel – aber nicht notwendig – organi-

---

[267] Grdl. *Peter Häberle*, Grundrechte im Leistungsstaat, VVDStRL, Bd. 30 (1972), S. 42 (86 ff.); zusammenfassend *Martin Gellermann*, Grundrechte in einfachrechtlichem Gewande, 2000, S. 255 ff.; → Rn. 39.

[268] Auch der „Weltinformationsgesellschaft", s. *Dieter Kugelmann*, Informationsfreiheit als Element moderner Staatlichkeit, DÖV 2005, S. 851 (851 f.). S. a. → Bd. II *Britz* § 26 Rn. 57 f.

[269] Näher *Ludwig Gramlich*, Schutz personenbezogener Daten und Freiheit des Zugangs zu staatlichen Informationen (im sächsischen Landesrecht), in: FS Sächsisches Oberverwaltungsgericht, 2002, S. 399 ff.

[270] Grundlegend *BVerfGE* 57, 295 (325), std. Rspr.; dazu *Helge Rossen*, Freie Meinungsbildung durch den Rundfunk, 1988; mit Blick auf Kennzeichnungspflichten nach der Novel-Food-Verordnung *ders.*, Was darf man wissen? Novel-Food-Kennzeichnung und die Meinungsbildungsfreiheit des mündigen Marktburgers, in: *Marion Albers/Manfred Heine/Günther Seyfarth* (Hrsg.), Beobachten – Entscheiden – Gestalten, 2000, S. 37 (59 ff.).

[271] Vgl. *Pitschas*, Allgemeines Verwaltungsrecht (Fn. 81), S. 243 f.

sierte gesellschaftliche Interessen und Sichtweisen zur Herstellung einer übergreifend-allgemeinen (Öffentlichkeits-)Perspektive eingespannt werden könnten, mit welchen Entwicklungschancen, aber auch welchen Problemen dabei zu rechnen ist, kann an dem insoweit ältesten und am weitesten entwickelten Paradigma der Organisation gesellschaftlicher Kontrolle im Public-Service-Rundfunk gezeigt werden.[272] In dieser Funktion kann Öffentlichkeit durch professionelle (mediale) oder spontane (zivilgesellschaftliche) Repräsentanten unmittelbar fordernd wirksam werden. Sie kann aber auch mittelbar Einfluss entfalten, nämlich als im Kooperationsverbund ausdrücklich oder stillschweigend mitberücksichtigte Intervention.[273] Auf beiden Wegen rückt Öffentlichkeit in die Leerstellen der rechtsstaatlichen Verwaltungskontrolle ein, die der Wandel des Stils gesetzlicher Programmierung hinterlassen hat.

c) Grenzen der Öffentlichkeit

83   Verwaltungsöffentlichkeit kann nicht grenzenlos gewährleistet sein, wenn *privacy* und **Wirtschaftsfreiheit** einerseits, Bestand und funktionelle Eigenständigkeit der staatlichen Verwaltung andererseits hochrangigen rechtlichen Schutz genießen. Nicht der Bestand solcher Grenzen, wohl aber ihr Verlauf und etwaige Durchlässigkeit bedürfen dann unter dem Druck der sich wandelnden gesellschaftlichen Rahmenbedingungen (in technischer, sozialer, wirtschaftlicher, massenmedial-„öffentlichkeitskultureller" Hinsicht) immer wieder neuer konzeptioneller Vergewisserung. Die diesbezügliche deutsche Diskussion richtet sich schon seit längerem an den auch in § 29 Abs. 2 VwVfG erfassten Leitgesichtspunkten der staatlichen Sicherheit und Funktionsfähigkeit, der informationellen Selbstbestimmung und des Datenschutzes für Wirtschaftsunternehmen aus.[274]

84   Die in **Art. 20 Abs. 2 u. 3 GG gründende Verwaltungsfunktion** ist im Wandel ihrer Rahmenbedingungen auszugestalten. Um Ausgestaltung handelt es sich auch, wenn die einfachrechtlichen Spielräume der Verwaltungsöffentlichkeit in Erfüllung demokratischer und rechtsstaatlicher Entwicklungsvorgaben erweitert werden.[275] Die gesetzliche Regelung aktiver und rezeptiver Öffentlichkeit zieht der Verwaltungsfunktion also nicht von außen eine Grenze. So eingerichtete **Öffentlichkeit ist ein immanenter Bestandteil der Verwaltungsfunktion,** deren Erfüllbarkeit in allen ihren Aspekten kraft verfassungsrechtlicher Maßgaben (hier insbesondere: Demokratie- und Rechtsstaatsbezüge der Öffentlichkeit, „Grundrechtssicherung durch Verfahren")[276] sichergestellt sein muss. Das begrenzt den Gesichtspunkt der Funktionsfähigkeit seinerseits in seiner begrenzenden Wirkung; dem trägt der völlige Ausschluss der Öffentlichkeit in Angele-

---

[272] *BVerfGE* 83, 238 (335 f.); *Martin Stock,* Landesmedienrecht im Wandel, 1986, S. 52 ff.
[273] *Rossen-Stadtfeld,* Kontrollfunktion der Öffentlichkeit (Fn. 10), S. 191, 195 f.
[274] Zum Folgenden näher *Rossen-Stadtfeld,* Kontrollfunktion der Öffentlichkeit (Fn. 10), S. 192 ff.; vgl. auch *Voßkuhle,* Der Wandel von Verwaltungsrecht (Fn. 61), S. 384 ff.; *Arno Scherzberg,* Von den arcana imperii zur freedom of information – Der lange Weg zur Öffentlichkeit der Verwaltung, ThürVBl 2003, S. 193 (198 f.).
[275] Die dogmatische Figur der einfachrechtlichen Ausgestaltung verfassungsrechtlicher Positionen entstammt der Grundrechtsdogmatik, ist aber auch darüber hinaus erklärungskräftig, *Wolfgang Hoffmann-Riem,* Gewaltenteilung – mehr Eigenverantwortung für die Justiz, DRiZ 2000, S. 18 (19 f.).
[276] → Rn. 78 ff. (Demokratie-, Rechtsstaatsbezüge), 39 (Grundrechtssicherung durch Verfahren).

B. Öffentlichkeit im Verwaltungsrecht

genheiten eines laufenden Verwaltungsverfahrens nicht Rechnung.[277] Nur solche Öffentlichkeitserschwerungen, die sich in Abwägung mit den ihnen zugrunde liegenden Schutzzielen einerseits, unabdingbaren Funktionserfordernissen der Verwaltung andererseits nicht als dysfunktional-unträgbar erweisen, bleiben unter dem Gesichtspunkt der Funktionsfähigkeit berücksichtigungsfähig. Die Möglichkeit hierzu können **Ermessens- und Zumutbarkeitsklauseln** eröffnen, die in die rechtliche Ausgestaltung der Verwaltungsöffentlichkeit eingebaut werden. Etwaigen Belastungen der Verwaltung kann dann durch Einzelfallregelungen nach Maßgabe des Verhältnismäßigkeitsprinzips Rechnung getragen werden. Dessen ungeachtet sollte der Gesetzgeber die Grenzen der Verwaltungsöffentlichkeit so weit wie möglich selber bestimmen.[278] In die Abwägung, die im Rahmen einer Ermessens- oder Zumutbarkeitsentscheidung über die konkrete Reichweite der Verwaltungsöffentlichkeit zu treffen ist, kann das Publizitätsinteresse nur als unspezifisch-„diffuses" Interesse eingestellt werden, das jedenfalls nach noch überwiegender Auffassung nicht an ein subjektives Recht oder bestimmtes (grund-)rechtlich geschütztes Rechtsgut gebunden ist.[279] Ohne eine möglichst deutliche gesetzliche Bestimmung als je bereichsbezogen wichtig oder sogar vorrangig liefe das Publizitätsinteresse unter diesen Umständen Gefahr, als generell nachrangig eingestuft zu werden.[280]

Die Funktionsfähigkeit der Verwaltung umfasst auch die Sachbezogenheit, Unabhängigkeit und Neutralität ihrer internen Willensbildung und Entscheidungsvorbereitung. Um der Gefahr diesbezüglicher Funktionsstörungen entgegenzuwirken, wird eine **Überlegungs-, Entwurfs- und Vorbereitungsphase** jeder Form der Verwaltungsöffentlichkeit verschlossen bleiben müssen.[281] Fraglich ist, ob der Schutz der Entscheidungsbildung sich auch auf **informelle Abstimmungen und Verhandlungen** zwischen der staatlichen Verwaltung und privaten Akteuren erstrecken soll. Der moderne „Verhandlungsvollzug" sucht die Prozessprotokollierung oder Ergebnisfixierung zu vermeiden. Wenn sich die Verhandlung schon auf diesem Weg der öffentlichen Beobachtung entziehen kann, erscheint es nicht zwingend, der auf Intransparenz, Exklusivität, Partikularität und Informalität zielenden „Eigenlogik"[282] des Verhandlungsvollzugs noch weiter nachzugeben. Außerdem könnte sich wieder die Form des Ausgleichs, des Gegengewichts und der Balance als produktiv erweisen. Ein systemisches Wissen darum, dass auch informelle Vollzugsverhandlungen dem Zugriff rezeptiver Verwaltungspublizität nicht schlechthin entzogen sind, würde die Randbedin-

85

---

[277] S. aber § 7 Abs. 1 Nr. 2 UIG. Dazu einerseits (restriktive Auslegung des Ausschlusstatbestands) EuGH NVwZ 1998, S. 945; DVBl 1999, S. 1494; andererseits (extensive Auslegung) *BVerwG*, DVBl 2000, S. 198 ff.

[278] Etwa durch sog. Positiv- oder Negativlisten, vgl. § 17a Abs. 2 GenTG, § 22 Abs. 3 ChemG; zur Notwendigkeit eines weit über solche Ansätze hinausgehenden Informationsverwaltungsrechts *Pitschas*, Informationsverwaltungsrecht (Fn. 236), S. 114 ff. S.a. → Bd. II *Vesting* § 20 Rn. 47 ff.

[279] Vgl. *Michael Reinhardt*, Umweltinformation als subjektives Recht, DV, Bd. 30 (1997), S. 161 (165); s. aber → Rn. 102 ff.

[280] *Voßkuhle*, Der Wandel von Verwaltungsrecht (Fn. 61), 384 f.

[281] So die ganz h.M., s. nur *Scherzberg*, Arcana imperii (Fn. 274), S. 199. S.a. → Bd. II *Ladeur* § 21 Rn. 15.

[282] *Scherzberg*, Öffentlichkeit der Verwaltung (Fn. 229), S. 362; ähnl. *ders.*, Arcana imperii (Fn. 274), S. 199; die Ergebnisse (Verwaltungsverträge, „agreements" ohne Rechtsbindungswirkung u. ä.) sollen wiederum ausgenommen sein.

gungen der Verhandlung mit prägen.[283] Es könnte die „Flucht in die Informalität"[284] befördern – aber auch disziplinierende und rationalisierende Wirkung entfalten, der Gefahr staatlicher „Vorabfestlegungen" entgegenwirken, womöglich überhaupt die weitere Ausbreitung der informalen Verhandlung als prägenden Verwaltungsstil hemmen.

86 Das **Recht auf informationelle Selbstbestimmung** als konkretisierende Abspaltung des allgemeinen Persönlichkeitsrechts (Art. 2 Abs. 1 i. V.m. Art. 1 Abs. 1 GG)[285] soll gewährleisten, dass über die Daten, aus denen sich die virtuelle *imago* der Persönlichkeit zusammensetzt, jedenfalls nicht ohne Einflussmöglichkeiten der Betroffenen verfügt werden kann.[286] Auf der Skala, auf der private Interessen und Belange nach ihrer allgemeinen Schutzbedürftigkeit eingetragen werden, ist dem Recht auf informationelle Selbstbestimmung ein hoher Wert zugewiesen. Der Gesetzgeber selbst hat deshalb festzulegen, unter welchen Umständen zu welchen Zwecken welche personenbezogenen Daten wohin weitergegeben werden dürfen. Die gesetzliche Eingriffsgrundlage muss das Ergebnis einer Abwägung des allgemeinen Publizitätsziels gegen das generalisierte Interesse an informationeller Selbstbestimmung widerspiegeln. Ausgangspunkt hat dabei das **Selbstbestimmungsinteresse** zu sein; je deutlicher aber der „**Sozialbezug**" personenbezogener Daten in den Vordergrund tritt,[287] diese also schon von selbst zur Veröffentlichung hin drängen, desto eher muss der Grundrechtsträger mit einem berechtigten Interesse an Offenlegung rechnen und desto stärker kann der Schutz des Interesses an informationeller Selbstbestimmung gelockert werden.[288] Die Feinsteuerung, die in komplexen gesellschaftlichen Beziehungen notwendig wird, ist auf der Anwendungsebene der Publizitätsregelung zu ermöglichen. Die gesetzliche Eingriffsregelung muss der Verwaltung eine **Abwägung der konkreten gegenläufigen Interessen und Belange im jeweiligen Einzelfall** aufgeben. Der dabei unberührt bleibende Gesetzesvorbehalt verlangt, dass diese Abwägung durch bereichsspezifische Regelungen, Regelbeispiele oder sonstige Abwägungsdirektiven gesetzlich vorstrukturiert wird.

87 **Betriebs- und Geschäftsgeheimnisse** (§ 17 UWG)[289] und die Rechte des sog. **geistigen Eigentums,** insbesondere das Urheberrecht, genießen als Teil des eingerichteten und ausgeübten Gewerbebetriebs Grundrechtsschutz aus Art. 14 Abs. 1 GG. Ob und in welchem Umfang der betriebliche Datenschutz gegenüber rezeptiver Öffentlichkeit zurücktreten muss, hängt von dem Ausgang einer Abwägung ab, die vor dem Hintergrund des je konkreten Kontextes, in dem das Informationsbegehren angemeldet wird, und unter Beachtung der allgemeinen Maßgaben aus dem Verhältnismäßigkeitsprinzip durchgeführt wird. Für die

---

[283] Vgl. a. → Bd. II *Fehling* § 38 Rn. 101, 106, 111.
[284] Dazu → Bd. II *Fehling* § 38 Rn. 87, 89.
[285] → Bd. II *Albers* § 22 Rn. 56 ff.
[286] Grdl. *BVerfGE* 65, 1 (41 ff.); dazu *Marion Albers,* Informationelle Selbstbestimmung, 2005, S. 151 ff.; *Pitschas,* Informationsverwaltungsrecht (Fn. 236), S. 116 ff.
[287] Bspe.: Familienstand, ein bestimmtes Arbeitseinkommen, persönliche Förderungswürdigkeit; vgl. *BVerfGE* 78, 38 (51); 67, 100 (144); zur Bedeutung dieses variablen Sozialbezugs *Pitschas,* Informationsverwaltungsrecht (Fn. 236), S. 118 ff.
[288] Einzelheiten bei *Scherzberg,* Öffentlichkeit der Verwaltung (Fn. 229), S. 366 ff. m. w. N.
[289] Siehe dazu a. → Bd. II *Holznagel* § 24 Rn. 69 ff.

B. Öffentlichkeit im Verwaltungsrecht

Gewichtsverteilung in dieser Abwägung ist maßgeblich, dass das Unternehmen auch in datenschutzrechtlicher Hinsicht ein Inbegriff funktional ausgerichteter und spezialisierter sozialer Beziehungen ist, die zudem dadurch gekennzeichnet sind, dass in ihnen und über sie vermittelt gesellschaftliche – wirtschaftliche und soziale – Macht ausgeübt wird.[290] Betriebliche Daten und Schutzrechte sind **gesellschaftlich imprägniert und wesentlich öffentlichkeitsbezogen**, und zwar in einem Ausmaß, das von den personenbezogenen Daten typischerweise gerade nicht erreicht wird, die durch das Recht auf informationelle Selbstbestimmung erfasst werden.[291] Für die gesetzliche Ausgestaltung[292] und für die Abwägung im Einzelfall ist dementsprechend maßgeblich, dass den betriebsbezogenen Daten auf der Skala der allgemeinen Schutzbedürftigkeit privater Interessen und Belange ein niedriger Grenzwert zugewiesen werden muss. Der Antrag auf Einsicht in betriebsbezogene Datenbestände der öffentlichen Verwaltung verwirklicht in der Regel den besonderen Sozialcharakter der betreffenden Daten, im Zweifel wird ihm stattzugeben sein. Anderenfalls geriete das Eigentumsrecht in die Gefahr, die in der Informations- und Wissensgesellschaft notwendige Ausweitung von Informationspools, Kommunikationszusammenhängen und mit alledem Optionenräumen zu blockieren, statt sie seiner Zweckbestimmung entsprechend[293] zu ermöglichen und zu befördern.

4. Akteure, Foren, Funktionen

Der Rechtsbegriff moderner Verwaltungsöffentlichkeit legt die Annahme nahe, es könnte einen bestimmten **Träger dieser Öffentlichkeit** geben. Anders als im Modell der frühbürgerlichen Honoratiorenöffentlichkeit ist dieser aber nicht mehr ohne weiteres zu bestimmen. Möglicherweise kann ein solcher zentraler Öffentlichkeitsakteur nicht mehr ermittelt werden. Zu rechnen wäre dann allenfalls mit **wechselnden Teilöffentlichkeiten,** die sich immer wieder neu formieren. **88**

a) Verwaltungsöffentlichkeit ohne Subjekt

In Betracht kommen zunächst die **Bürgerinnen und Bürger** selbst, die sich dann die Rolle der Träger solcher Öffentlichkeit in unmittelbarer Praxis selbst aneignen müssten. Eine Legitimation, diese Rolle zu beanspruchen, folgt aus bürgerschaftlicher Betroffenheit oder – neueren Ausgestaltungstendenzen der Verwaltungsöffentlichkeit entsprechend – aus einem zivilgesellschaftlichen Interesse an Einsicht in die und Kontrolle der Verwaltung. Getragen von diesem Interesse soll sich ein vernunftgeleiteter Diskurs entwickeln,[294] der sich aus dem Verwaltungsprojekt **89**

---

[290] Vgl. *Joachim Scherer*, Verwaltung und Öffentlichkeit, 1978, S. 70 ff.
[291] Diesen Unterschied übersieht *Reinhardt*, Umweltinformationen (Fn. 279), S. 176.
[292] Die derzeit hinter der technischen und sozialen Entwicklung zurückbleibt, vgl. *Johann Bizer*, Strukturplan modernes Datenschutzrecht, Datenschutz und Datensicherung 2004, S. 6 ff., mit dem zutreffenden Hinweis auf die Überfälligkeit eines bereichsübergreifend-konvergenten Datenschutzes; *Michael Kloepfer*, Informationsfreiheit und Datenschutz: zwei Säulen des Rechts der Informationsgesellschaft, DÖV 2003, S. 221 ff.
[293] Dazu *Ladeur*, Öffentlichkeitsbeteiligung (Fn. 324), S. 180 f., 189; ferner *ders.*, Das Umweltrecht der Wissensgesellschaft, 1995, S. 45 ff., 249 ff., 260 ff., ders., Postmoderne Rechtstheorie, 1992, S. 197 ff.
[294] Dazu die Beiträge bei *Nennen*, Begriff und Realisierung (Fn. 76), im vorl. Zusammenhang insbes. *Kreß*, ebd., S. 197 ff.; *Bernhard Peters*, Der Sinn von Öffentlichkeit, in: Jürgen Friedrichs/Rainer

heraus mit anderen Diskursen oder auch gesellschaftlichen Wissensspeichern verbinden kann. Zivilgesellschaftliche Entwicklungsimpulse sollen auf diese Weise freigesetzt und in diesem Milieu deutlich und stark werden können, damit Verwaltungsöffentlichkeit zu einer neuen Darstellungs-, wenn nicht sogar Repräsentationsebene des Gemeinwesens werde. So entstünde dann ein öffentlicher Raum als **„Forum"**, von dem aus die öffentliche Beobachtung der staatlichen Verwaltung organisiert werden und sich ihrer Maßstäbe versichern könnte.

90 Dieser normative Entwurf begegnet **Einwänden.** Die gesellschaftlichen Wissensbestände, Deutungsschemata und Wertgrundlagen sind im Fortgang gesellschaftlicher Modernisierung mächtigen Pluralisierungs-, Trivialisierungs- und Zerfallsschüben ausgesetzt. Von diesen sind die Lebenswelten der Bürgerinnen und Bürger, die ihr Gemeinwesen in vernünftiger Deliberation repräsentieren müssten, zutiefst geprägt. Bislang ist der Nachweis nicht gelungen, dass zivilbürgerliche Akteure eine so anspruchsvolle Syntheseleistung erbringen könnten, wie sie die diskursive Vergegenwärtigung gesellschaftlicher Allgemeinheit erfordert.[295] Neuere Entwicklungen – fortschreitende Überalterung, schichten- und milieuspezifisch immer ungleicher verteilte Teilhabechancen, Migrationsfolgeprobleme u.a.m. – können insoweit auch nicht zuversichtlich stimmen. Doch spricht dies alles nicht gegen eine weitere Öffnung der Verwaltung und ihrer Verfahren für die Beteiligung einer informierten, interessierten, mitwirkungsfähigen und -bereiten Bürgerschaft, die in allen diesen Eigenschaften zu fördern ist *und sich in ihren Öffentlichkeiten darin auch selbst fördert.*[296] Die Ausgestaltung der Verwaltungsöffentlichkeit als ein – auch – selbstbezüglich-demokratisches Experiment ist also fortzuführen, freilich mit Vorsicht und Wirklichkeitssinn. Keinesfalls kann ein empirisch feststellbares bürgerschaftliches Interesse an der Verwaltung zu einer einheitlichen bürgerlichen Öffentlichkeit hypostasiert werden, zu einer Art Kollektivsubjekt, womöglich gar zu einer „besseren Allgemeinheit" der funktional differenzierten modernen Gesellschaft, zur Erscheinungsform derjenigen gesellschaftlichen „Vernunft" der Gegenwart also, die noch von *Hegel* dem Staat zugewiesen worden ist.[297]

91 Zwar wird die Öffentlichkeit, in der die politiktheoretische Klassik das „allgemeine Wesen" der Gesellschaft zum Vorschein kommen sah,[298] auch heute noch als ein Leitbild neuerer Entwicklungstendenzen der Verwaltungsöffentlichkeit erkennbar. Auch können die Bürgerinnen und Bürger selbst in ihrer unvermittelt-diskursiven Verbindung, aber auch gesellschaftliche Organisationen

---

Lep-sius/Friedlhelm Neidhardt (Hrsg.), Öffentlichkeit, öffentliche Meinung, soziale Bewegungen, KZfSS, Sonderheft 34, 1994, S. 42 (65 ff., 70 ff.); *Dorothea Jansen*, Gesellschaftliche Selbstorganisation durch Technikdiskurse?, in: Raimund Werle/Uwe Schimank (Hrsg.), Komplexität (Fn. 221), S. 183 (S. 199 ff.).

[295] Vgl. *Peters*, Öffentlichkeit (Fn. 294), S. 51 ff., 55 ff., 61 ff.; *Gerhards/Neidhardt*, Strukturen (Fn. 224), S. 66 m.w.N.; vgl. aber auch die Kritik von *Somek*, Demokratie als Verwaltung (Fn. 76) an Modellen einer „deliberativ halbierten Demokratie".

[296] → Rn. 71, 90.

[297] Insoweit zutreffend *Ladeur*, Öffentlichkeitsbeteiligung (Fn. 222), S. 185: „Zur Identität des Öffentlichen mit der Vernunft führt kein Weg zurück"; → Rn. 68.

[298] *Habermas*, Strukturwandel (Fn. 233), S. 180; vgl. auch Ingeborg Maus, Zur Aufklärung der Demokratietheorie. Rechts- und demokratietheoretische Überlegungen im Anschluss an Kant, 1992, S. 170.

B. Öffentlichkeit im Verwaltungsrecht

und die Massenmedien (unter Einschluss des neuen Kommunikationsraums Internets[299]) an der Ausbildung von Öffentlichkeitsbeziehungen, an ihrer Ausweitung, Differenzierung und Verstetigung von Fall zu Fall mitwirken. Keiner dieser Akteure, Organisationen und Institutionen kann aber die Öffentlichkeit heute noch als Einheit im Funktionsbereich der öffentlichen Verwaltung repräsentieren[300] – auch nicht etwa kompensatorisch dort, wo sich der Bezug auf die andere, spezifisch-eigene und im parlamentarischen Gesetz vermittelte materielle Öffentlichkeit dieser Verwaltung bis zur Auflösung abzuschwächen droht.[301] In der modernen Gesellschaft ist die **Öffentlichkeit subjektlos** geworden.[302]

b) Öffentlichkeit als Kommunikationszusammenhang

Auch die Verwaltungsöffentlichkeit muss also als offener Prozess ohne festen Träger oder Teilnehmerkreis modelliert werden. Sie entwickelt sich als lokale Verdichtung derjenigen Aufmerksamkeit, die aus unterschiedlichen Kommunikationen in die Beobachtung der Verwaltung eingebracht wird. Der so entstehende Diskurs kann sich ausweiten; er kann zu anderen Beteiligten, Mechanismen und Arenen finden, bis schließlich öffentliche Foren entstehen, in denen sich „Strukturen legitimer Gegenmacht"[303] oder überzeugungsgetragene „advocacy coalitions"[304] bilden und sich Policy-Kontroversen bis hin zur großen Wertedebatte auswachsen können.[305] So können sich lose geknüpfte, aber durchaus stabile Öffentlichkeitsnetzwerke bilden.[306] In ihnen kann sich Öffentlichkeit selbstverstärkend entwickeln, wenn einzelne – in der Regel, aber nicht notwendig, organisierte – Öffentlichkeitsakteure, aber auch ganze (thematisch spezialisierte) Teilöffentlichkeiten sich und ihre Kontakte zu Verwaltung und Politik wechselseitig beobachten, sich dabei in einer neuen Funktionsabwandlung publizistischer Gewaltenteilung an dem Aufbau neokorporatistischer Strukturen hindern und um politisch-administrativen Erfolg rivalisieren. In einem Horizont modernisierter und realistischer gefasster Funktionserwartungen mag sich so

92

---

[299] Dessen Eignung als Entfaltungsraum einer neuen (kritischen) Netzöffentlichkeit eher verhalten zu beurteilen sein wird, s. *Rainer Schmalz-Bruns,* Internet-Politik, in: Georg Simonis/Renate Martinsen (Hrsg.), Politik und Technik, PVS-Sonderheft 31, 2000, S. 108 (insbes. 115 ff.); differenzierend auch *Marschall,* Öffentlichkeiten (Fn. 135), S. 115 ff. Auch hier verharrt die fachwissenschaftliche Beobachtung in dem Verlegenheits- bzw. Fluchtbefund der „Chancen und Gefahren". Aktualpublizistik wagt hier mehr, s. etwa die scharfsinnige Kritik von *Adam Soboczynski,* Höfische Gesellschaft 2.0. Wer schweigt, zählt nicht: Soziale Netzwerke wie Facebook erzeugen einen neuen Menschentyp, Die Zeit, Nr. 44 v. 22. 2. 2009, S. 47: Die Kommunikations- und Interaktionsformen, die sich innerhalb des Netzes ausbilden, sind tendenziell vor- und nachdemokratisch.

[300] Ausführlich *Rossen-Stadtfeld,* Kontrollfunktion der Öffentlichkeit (Fn. 10), S. 165 ff.

[301] Vgl. *Michael Stolleis,* Das Auge des Gesetzes, 2004: „das Gesetz ist inhaltlich leer" (S. 68), „das moderne Parlamentsgesetz wird von keiner Metaphysik mehr getragen" (S. 70)

[302] *Gerhards/Neidhardt,* Strukturen (Fn. 224), S. 64: unwahrscheinlich, „dass sich in der Öffentlichkeit Allgemeinheit auch nur annähernd repräsentativ unmittelbar zur Sprache bringen kann."

[303] *Arthur Benz,* Kooperative Verwaltung, 1994, S. 322.

[304] *Paul Sabatier,* Policy Change over a Decade or More, in: ders./Jenkins-Smith, Hank C. (Hrsg.), Policy Change and Learning. An Advocacy Coalition Approach, 1993, S. 13 ff.

[305] Vgl. *Dietmar Braun,* Gemeinwohlorientierung im modernen Staat, in: Werle/Schimank, Komplexität (Fn. 221), S. 125 (126, 144 ff.); das hier skizzierte Modell orientiert sich an dem Entwurf einer „deliberativen" Öffentlichkeit, der bei *Jürgen Habermas,* Faktizität und Geltung. Beiträge zur Diskurstheorie des Rechts und des demokratischen Rechtsstaats, 2. Aufl. 1992, S. 443 ff., vorgestellt wird.

[306] Zur Phänomenologie *Gerhards/Neidhardt,* Strukturen (Fn. 224), S. 49 ff.

ein komplexes **Netzwerk spezialisierter Teilöffentlichkeiten** verfestigen, aus dem heraus immer wieder neue Verbindungen in den Funktionsbereich der öffentlichen Verwaltung hergestellt werden könnten.[307]

93   Die Entstehens- und Funktionsbedingungen der Verwaltungsöffentlichkeit lassen sich auch unter solchen Bedingungen optimieren. Dies erfordert vor allem, dass die Verwaltung ihren Datenbestand möglichst weitgehend öffnet. Im Übrigen kann zwar behauptete oder vermutete Öffentlichkeitsrepräsentanz ebenso wenig als Beteiligungskriterium verwendet werden wie die Kriterien der „Betroffenheit" oder „Allgemeinheit" (etwa des verfolgten Organisationszwecks). Doch schließt das unterschiedliche Öffentlichkeitsqualifizierungen nicht aus. So ist zu vermuten, dass projekt-, anlass- oder themenbezogene **kleine Organisationen** in der Regel ein besonderes Öffentlichkeitsinteresse und daraufhin auch eine besondere Befähigung entwickeln werden, sich „ihre" Öffentlichkeit auch im Funktionsbereich der Verwaltung zu schaffen. Auch scheinen solche eher lockeren und kürzerfristigen Verbindungen demjenigen zivilgesellschaftlichen Bewusstsein einen besonders geeigneten Entfaltungsraum zu bieten,[308] auf dessen Kultivierung,[309] Förderung, aber auch Nutzung neuere normative Entwicklungstendenzen der Verwaltungsöffentlichkeit zielen.[310] Unberührt bleibt außerdem, gerade nach dem Zerfall einer autochthonen bürgerlichen Öffentlichkeit, das Gewicht der öffentlichkeitsrelevanten Tätigkeit der **Massenmedien**.[311] „Kleine" gesellschaftliche Organisationen und auch die Massenmedien können also zwar nicht als Repräsentanten, sollten aber als besonders wichtige Öffentlichkeitsakteure beachtet werden. In der Handhabung des presserechtlichen Auskunftsanspruchs und der Wahrnehmung des einfachrechtlichen Schutzes der medialen Informationsfunktion, aber auch in der Ausgestaltung und Umsetzung der Informationsrechte von Bürgerinitiativen, lokalen Bewegungen und anderen „kleinen" gesellschaftlichen Organisationen wird dem Rechnung zu tragen sein.

94   Schließlich ist die Mitwirkung an der Entstehung und Qualifizierung einer sie beobachtenden Öffentlichkeit als Aufgabe gerade auch der beobachteten Verwaltung selbst schärfer zu konturieren.[312] Die Anregung, Befähigung, Kultivierung, Organisation und Verstetigung – freilich nicht Instrumentalisierung[313] – der Öffentlichkeit, also **aktive Öffentlichkeitspflege durch die Verwaltung** selbst,[314] muss als Aufgabe begriffen werden, die gezieltes Handeln auch dort erfordert,

---

[307] Dazu näher *Schmalz-Bruns*, Internet-Politik (Fn. 299), S. 113 f.
[308] *Anthony Giddens*, Der dritte Weg. Die Erneuerung der sozialen Demokratie, 1999, S. 95 ff.
[309] Zivilgesellschaftliches Bewusstsein ist nicht notwendig gemeinwohlorientiert oder auch nur auf konstruktive Mitarbeit gerichtet.
[310] Das dürfte immer noch insbesondere in dem Rahmen der Kommunalpolitik gelten, vgl. *Herwig Münkler*, Der kompetente Bürger, in: Klein/Schmalz-Bruns, Beteiligung (Fn. 188), S. 153 (168 ff.), sowie – deutlich zurückhaltender – *Roland Roth*, Die Kommune als Ort der Bürgerbeteiligung, in: Klein/Schmalz-*Bruns*, ebd., S. 404 (410 ff., 436 ff.).
[311] *Otfried Jarren*, Gesellschaftliche Integration durch die Medien?, Medien & Kommunikationswissenschaft 2000, S. 22 (35); zur – sehr ambivalenten – Bedeutung der Massenmedien für die Strukturen politischer Öffentlichkeit *Marschall*, Öffentlichkeiten (Fn. 135), S. 113 ff.
[312] Vgl. *Schmalz-Bruns*, Demokratie (Fn. 219), S. 36.
[313] Die Grenze ist in praxi schwer zu ziehen, s. *Schuppert*, Einflussnahme (Fn. 211), S. 297; *Czerwick*, Bürokratie (Fn. 17), S. 371 f., 377 f. sowie schon → Fn. 127.
[314] Vgl. a. → Bd. II *Gusy* § 23 Rn. 95 ff.

wo bestimmte Erfolge nicht sicher abzusehen sind. Die bloße Öffnung und Offenhaltung von Daten-, Options- oder Handlungsräumen allein ist also unabdingbar, wird aber nicht ausreichen. Die Verwaltung muss mit dazu beitragen, soll auf der Grenze zwischen Verwaltungsbinnenraum und Verwaltungsumwelt eine stabile Öffentlichkeitssphäre entstehen.[315]

II. Öffentlichkeit des Verwaltungshandelns

Verwaltungshandeln kann von einer unmittelbar präsenten **„Verfahrensöffentlichkeit"** bzw. „aktiven Beteiligungsöffentlichkeit"[316] beobachtet werden. Das prägende Merkmal dieser typischerweise verfahrensakzessorischen Öffentlichkeit sind Kommunikations- und Interaktionsvorgänge, in denen Informationen erzeugt, ausgetauscht und verarbeitet werden, die für das Verwaltungsvorhaben Bedeutung erlangen können. Öffentlichkeit ist in diesem Verständnis wesentlich Verfahrensöffentlichkeit; sie findet als ein Zusammenhang von Kommunikations- und Interaktionsprozessen in den Grenzen statt, die in zeitlicher, räumlicher, gegenständlicher und sozialer Hinsicht durch das Verwaltungsverfahrensrecht festgelegt werden.[317] Funktional ermöglichen diese öffentlichkeitskonstitutiven Beziehungen eine noch nicht auf bestimmte Ziele hin spezifizierte Kontrolle des Verwaltungsverfahrens. Sie können aber auch Funktionen des Rechts- und Interessenschutzes aufnehmen, schließlich ihren Funktionskreis über die partizipative Betroffenenbeteiligung und die Popularbeteiligung (etwa: § 3 BauGB, § 10 Abs. 4–6 BImSchG) bis auf die Verwirklichung des Demokratieprinzips ausweiten.

95

So vielfältig die funktionalen Bezüge dieser besonderen Form der Verwaltungsöffentlichkeit sein mögen, werden sie sich doch stets auf dieselbe Weise verwirklichen. Das Verwaltungsvorhaben kann in der Beobachtung durch die Öffentlichkeit zum Gegenstand einer Kommunikation werden, die den Innenbereich der Verwaltung für verwaltungsexterne Perspektiven öffnet. Die Verwaltung und ihre Umwelt sind dann in der Öffentlichkeitsform **strukturell gekoppelt**.[318] Umweltbeobachtungen können im Verfahren als externe Remodellierungen des Verwaltungsprojekts facettenreicher und genauer kommuniziert, besser verstanden und produktiver verhandelt werden. Das Verwaltungsprojekt kann in der Verwaltungsumwelt vielschichtiger wahrgenommen werden, im Erfolgsfall mag sich ein Zusammenhang wechselseitiger Wahrnehmungsschärfung entwickeln.

96

Das Grundmodell einer so als **Treffraum von Verwaltungsbeobachtungen** funktionierenden Öffentlichkeit ist der Erörterungstermin im Planfeststellungsverfahren (§ 73 VwVfG). Für bestimmte Sachbereiche sind Sonderregelungen ge-

97

---

[315] *Eifert*, Umweltinformation (Fn. 242), S. 548f.; *Pitschas*, Allgemeines Verwaltungsrecht (Fn. 81), S. 249, sieht hier sogar eine „Aktionsprärogative der Exekutive".
[316] → Rn. 73.
[317] *Arno Scherzberg*, Der freie Zugang zu Informationen über die Umwelt. Rechtsfragen der Richtlinie 90/313/EWG, UPR 1992, S. 48 (51); *ders.*, Öffentlichkeit der Verwaltung (Fn. 229), S. 19 f. Vgl. a. → Bd. II *Gusy* § 23 Rn. 32 ff.
[318] Zum Begriff der strukturellen Kopplung *Niklas Luhmann*, Die Gesellschaft der Gesellschaft, 1997, S. 100 ff.; zur weitläufigen Diskussion hier nur *Ruth Simsa*, Strukturelle Kopplung: Die Antwort der Theorie auf die Geschlossenheit sozialer Systeme und ihre Bedeutung für die Politik, in: Kai-Uwe Hellmann/Rainer Schmalz-Bruns (Hrsg.), Theorie der Politik. Niklas Luhmanns politische Soziologie, 2002, S. 149 ff. m. w. N.

§ 29 Beteiligung, Partizipation und Öffentlichkeit

troffen worden, die das allgemeine Verwaltungsverfahrensrecht überlagern.[319] Von der Differenzierung zwischen (engerer) Betroffenheitsbeteiligung (§ 73 VwVfG) und (weiterer) Bürger- bzw. Jedermannsbeteiligung (§ 10 Abs. 3 BImSchG, § 3 BauGB) abgesehen erscheinen die Abweichungen freilich marginal. Die Beteiligung der Öffentlichkeit folgt im Wesentlichen den Vorgaben des allgemeinen Planungsrechts.[320] Im Übrigen lässt sich, ausgehend von dem Grundmodell, über die Jedermannsbeteiligung im Genehmigungsverfahren bis zur frühzeitigen Bürgerbeteiligung im Baurecht und der Öffentlichkeitsbeteiligung im Verfahren der Umweltverträglichkeitsprüfung[321] eine Entwicklungsrichtung feststellen. Auch in der normativen Ausgestaltung der Beteiligungsöffentlichkeit treten gegenüber der älteren Funktion der vorgelagerten Rechtswahrung die neueren Funktionen der informierten Beobachtung, der Mitgestaltung und der Verantwortungsübernahme zunehmend deutlicher hervor.[322] Engagement und Kontrolle in der Form der teilnehmenden Beobachtung, zivilgesellschaftliche Selbstkonstitution im Anhörungsverfahren und verantwortliche Mitgestaltung sind in dieser normativen Perspektive eng verschränkt. Neuere Ausgestaltungen der Beteiligungsöffentlichkeit lassen eine normative Intention erkennen, die auf die **Dezentralisierung demokratischer Entscheidung und demokratischer Kontrolle** im Verwaltungsverfahren zielt.[323]

98 Auch im Verwaltungsverfahren kann die Verinnerlichung der Umweltwahrnehmung eine allseitig responsivere Bearbeitung der Verwaltungsaufgabe ermöglichen und damit in besonderem Maß Vergleich, Kritik und Wandel fördern.[324] Sie kann aber auch zu Überlastungen und daraus folgenden Verzerrungen und Hemmungen, zu unproduktivem Streit und Blockaden führen oder sich in bloß symbolisch-zeremoniellem Leerlauf erschöpfen, dies alles ist empirisch belegt.[325] Sanktionierte Fristvorgaben, Mediation – zur Eröffnung sonst unerkannt bleibender Reflexions- und Verständigungsmöglichkeiten[326] –, aber auch etwa Expertensys-

---

[319] Insbesondere § 9b AtomG, §§ 8 u. 9 LuftVG, § 17 FStrG, § 7 AbfG, § 31 WHG.

[320] *Rudolf Steinberg*, Fachplanung: das Recht der Fachplanung unter Berücksichtigung des Nachbarschutzes und der Umweltverträglichkeitsprüfung, 2. Aufl. 1993, S. 47 ff.

[321] Die Entfaltungsspielräume aktiver Beteiligungsöffentlichkeit im UVP-Verfahren sind durch die Novellen zur Beschleunigung der Verwaltungsverfahren erheblich eingeengt worden; das ist mit den Maßgaben der UVP-Richtlinie 85/337 EWG kaum vereinbar, vgl. *Hartmut Gaßner/Karsten Ewald-Sommer*, Beschleunigung von Genehmigungsverfahren durch den Abbau von Rechtsschutzmöglichkeiten?, in: Nicolai Dose/Bernd Holznagel/Volker Weber (Hrsg.), Beschleunigung von Genehmigungsverfahren, Bonn 1994, S. 171 ff.; s. auch o. → Fn. 147.

[322] In der Begründung des Entwurfs zur UVP-Richtlinie, BRDrucks 413/80, S. 131 f., kommt das deutlich zum Ausdruck: „erhält die Öffentlichkeit […] Gelegenheit, ihre Meinung zu äußern und *konstruktiv* an der Aktion der Behörde *teilzunehmen*" (Hervorheb. nicht im Orig.).

[323] Vgl. *Andreas Fisahn*, Kampf gegen Windmühlen? Überlegungen zur Bedeutung der Bürgerbeteiligung für den Umweltschutz anlässlich der Beschleunigungsnovellen, NJ 1996, S. 63 (68).

[324] Demgegenüber orientiert sich die herkömmliche verfahrensrechtliche Dogmatik in erster Linie an dem rechtsstaatlichen Effizienzgebot und sucht die Öffentlichkeitsbeteiligung als „Hilfstätigkeit" für die Verwaltung zu instrumentalisieren: es wird dann unterschieden zwischen allgemeinem Entscheidungswissen, über das die Verwaltung grundsätzlich verfüge, und fallbezogenen Detailinformationen, die immer wieder einzuholen seien, vgl. *Karl-Heinz Ladeur*, Öffentlichkeitsbeteiligung an Entscheidungsverfahren und die prozedurale Rationalität des Umweltrechts, in: Alexander Roßnagel/Uwe Neuser, Reformperspektiven (Fn. 222), S. 171 m.w.N.

[325] *Steinberg*, Fachplanung (Fn. 320), S. 136 m.w.N.; vgl. auch *Schmidt-Aßmann*, Ordnungsidee, Kap. 2 Rn. 116, Kap. 6 Rn. 122 f.; → Rn. 53 f., 71, 93 f.

[326] → Rn. 47, 69. Ferner *Rossen-Stadtfeld*, Kontrollfunktion der Öffentlichkeit (Fn. 10), S. 184 m.w.N.

teme[327] oder ein zielorientierter Einsatz neuer Informations- und Kommunikationstechniken[328] werden die **Gefahr einer Verfehlung von Funktion und Funktionssinn der Verwaltungsöffentlichkeit** nicht ausschließen, können ihr aber entgegenwirken.[329] Dasselbe gilt für eine intelligente organisatorische Verzahnung von allgemeiner Jedermannspartizipation, der Beteiligung organisierter Interessen und erweiterten Transparenz- bzw. Publizitätspflichten sowie korrespondierenden Informationsrechten. Die vielschichtigen Selbstkontrollmechanismen, die sich so aktivieren lassen, können der Effektivierung, besser: der Zivilisierung und Kultivierung von Verwaltungsöffentlichkeit zuträglich sein.[330]

III. Öffentlichkeit als Zugangsoffenheit der Verwaltung

Verwaltung findet in Deutschland[331] herkömmlich unter Ausschluss rezeptiver Öffentlichkeit[332] statt.[333] Das Verhältnis zwischen Verwaltung und Verwaltungsumwelt war hier lange durch das Institut des Amtsgeheimnisses[334] geprägt.[335] Auch nach Inkrafttreten des Grundgesetzes werden die Funktionsbereiche, in denen kraft verfassungsrechtlicher Zuordnung die *res publica* verwaltet wird, noch als ihrem Wesen gemäß grundsätzlich verschlossen angesehen.[336] Diese Verkehrung der politischen *res publica* in eine informationelle *res arcana*[337] ist von

---

[327] Differenzierend *Klaus Kornwachs*, Expertensysteme, CR 1992, S. 44 ff.

[328] Etwa in Planungsverfahren, s. *Kraft/Meister*, Bauleitplanung (Fn. 188), passim; vgl. auch *Groß*, Verwaltung (Fn. 70); *ders.*, Öffentliche Verwaltung im Internet, DÖV 2001, S. 159 (insbes. 162 f.). S. a. → Bd. II *Ladeur* § 21 Rn. 85 ff., *Britz* § 26.

[329] *Voßkuhle*, Der Wandel von Verwaltungsrecht (Fn. 61), S. 375.

[330] Näher *Rossen-Stadtfeld*, Kontrollfunktion der Öffentlichkeit (Fn. 10), S. 192; auch hierfür können die unter dem Label „regulierte Selbstregulation" laufenden neueren Bemühungen um die Verbesserung des Jugendmedienschutzes als Beispiel dienen, dazu *Rossen-Stadtfeld*, Konzeption regulierter Selbstregulation (Fn. 205), S. 3 ff., 7 ff.

[331] Anders etwa das amerikanische agency-Modell, vgl. *Johannes Masing*, Die US-amerikanische Tradition der Regulated Industries und die Herausbildung eines europäischen Regulierungsverwaltungsrechts, AöR, Bd. 128 (2003), S. 558 (insbes. 584 ff.).

[332] Zum Begriff → Rn. 73.

[333] *Max Weber* sieht hierin ein Wesensmerkmal der bürokratischen Herrschaft: „Bürokratische Verwaltung ist ihrer Tendenz nach stets Verwaltung mit Ausschluss der Öffentlichkeit. Die Bürokratie verbirgt ihr Wissen und Tun, soweit sie irgend kann", um die „Überlegenheit des berufsmäßig Wissenden" zu erhalten, *ders.*, Wirtschaft und Gesellschaft, 5. Aufl. 1980, S. 572. Das Motiv der Herrschaftssicherung durch Geheimhaltung geht wiederum zurück auf das monarchische Interesse, die Verwaltung dem Publizitätsprinzip zu entziehen, um sie als Machtmittel „gegen die Interessen der bürgerlichen Gesellschaft" einsetzen zu können, *Habermas*, Strukturwandel (Fn. 233), S. 106. „Öffentliche" Gewalt war also eine der Einsicht durch das bürgerliche Publikum gerade entzogene Gewalt, vgl. *Lucian Hölscher*, in: Otto Brunner/Wilhelm Conze/Reinhart Koselleck (Hrsg.), Geschichtliche Grundbegriffe. Historisches Lexikon zur politisch-sozialen Sprache, Bd. IV, 1978, S. 413 (424 ff.); *Martens*, Öffentlich als Rechtsbegriff (Fn. 225), S. 33 ff.

[334] Für *Weber* die „spezifische Erfindung", mit der das „reine Machtinteresse der Bürokratie als solches" weit mehr als Gründe „sachlich motivierter Geheimhaltung" verfolgt werden sollen, so *ders.*, Wirtschaft (Fn. 333), S. 573; zum Amtsgeheimnis als Mittel der Konzentration von Herrschaftswissen bei den Verwaltungszentralen s. auch *Lutz Raphael*, Recht und Ordnung, 2000, S. 93.

[335] Näher, auch zum Folgenden, *Rossen-Stadtfeld*, Kontrollfunktion der Öffentlichkeit (Fn. 10), S. 121 ff.

[336] *Trantas*, Akteneinsicht (Fn. 235), S. 1, meint sogar, dass die durch den Ost-West-Konflikt geprägte Nachkriegszeit den „Höhepunkt administrativer Geheimhaltung" dargestellt habe.

[337] Dazu näher *Hölscher*, Grundbegriffe (Fn. 333), S. 424 ff., 438; *Martens*, Öffentlich als Rechtsbegriff (Fn. 225), S. 33 ff. S. a. → Bd. II *Gusy* § 23 Rn. 10; Bd. III *Scherzberg* § 49 Rn. 23 f.

dem deutschen Verwaltungsrecht bis heute zwar nicht vollständig aufgegeben worden. Sie hat aber, auch unter dem Druck des Gemeinschaftsrechts, an Selbstverständlichkeit eingebüßt, und die Entwicklungstendenz[338] verläuft zunehmend deutlicher hin zu einem **allgemeinen staatsbürgerlichen Informationsanspruch**.

100 Auf der Ebene des Bundes sind Ansätze zur Normierung eines allgemeinen Informationszugangsrechts zunächst ins Stocken geraten,[339] schließlich aber doch in ein **Informationsfreiheitsgesetz** (IFG)[340] überführt worden. Ihm liegt das Motiv einer Aktivierung der Zivilgesellschaft zugrunde. Diese soll in die Aufgabenfelder eintreten, die ein moderner Staat freigibt, der sich auf eng gefasste Kernkompetenzen zu beschränken sucht. Dazu muss den zivilgesellschaftlichen Akteuren – Bürgern, Unternehmen, Verbänden – ausreichender Informationszugang eröffnet werden, in dem sich zugleich demokratische Teilhabe verwirklichen soll.[341] Zwar wird nun ein im Wesentlichen voraussetzungsloser Jedermannsanspruch auf Zugang zu staatlichen Informationsbeständen normiert (§ 1 IFG). Zugleich werden aber zahlreiche weitreichende Ausschlusstatbestände zum Schutz öffentlicher und privater[342] Belange festgelegt (insbes. §§ 2, 6 IFG). Der Informationsanspruch erweist sich als zutiefst abwägungsabhängig, er wird zur bloßen Entfaltungsdimension subjektiver Rechte abgeschwächt.[343] Das Informationsfreiheitsgesetz des Bundes nähert sich einer öffentlichen Informationsordnung, die private und staatliche Informationsbestände umgriffe[344] und tatsächlich eine differenziert und komplex angelegte „Informationsvorsorge" sicherstellen könnte, nur an.[345]

101 Einige Bundesländer haben den auf die Erweiterung rezeptiver Verwaltungspublizität gerichteten Entwicklungsimpuls des Gemeinschaftsrechts bis zu einem

---

[338] → Bd. II *Gusy* § 23 Rn. 82.

[339] Entwurf eines Gesetzes über die Freiheit des Zugangs zu amtlichen Informationen des Bundes (Informationsfreiheitsgesetz – IFG), Stand 26. 9. 2001/12. 4. 2002, der beim Bundesminister des Inneren erarbeitete Entwurf ist abgedruckt bei *Friedrich Schoch/Michael Kloepfer*, Informationsfreiheitsgesetz (IFG-ProfE), 2002, S. 201 ff. Zur Diskussion s. *Hans-Peter Bull*, Informationsfreiheitsgesetze – wozu und wie?, ZG 2002, S. 201 (225); vgl. auch den Entwurf eines Informationsfreiheitsgesetzes der Fraktion Bündnis 90/Die Grünen, BTDrucks 13/8432; vorgestellt von *Gerald Häfner/Frauke Gerlach*, Wissen ist Macht – Nichtwissen macht auch nichts?, ZRP 1998, S. 123 ff.

[340] Gesetz zur Regelung des Zugangs zu Informationen des Bundes v. 5. 9. 2005, BGBl. I (2005), S. 2722, tritt zum 1. Januar 2006 in Kraft. → Bd. II *Gusy* § 23 Rn. 82 ff.

[341] Die Bundesregierung, Moderner Staat – Moderne Verwaltung, Bilanz 2002, S. 84 f.

[342] Im Vordergrund steht dabei der betriebliche Geheimnisschutz, vgl. *Sascha Brückner/Klaus Breitrück*, Informationsfreiheitsrecht, DVP 2004, S. 397 (399, 403).

[343] → Bd. II *Gusy* § 23 Rn. 89

[344] In deren Rahmen dann auch die Streitfrage entschieden werden kann, ob der Herkunft von Informationen aus fiskalischem Behördenhandeln Bedeutung zukomme; zu Recht verneinend der IFG-E (Fn. 339), Begründung S. 20; a. A. *Brückner/Breitrück*, Informationsfreiheitsrecht (Fn. 342), S. 407 ff. Eine ähnliche Problematik besteht hinsichtlich der – im Hinblick auf die Funktion des Informationsfreiheitsrechts zu bejahenden – Frage, ob gesetzliche Informationsfreiheitsrechte auch Anwendung im Innenbereich öffentlich-rechtlich verfasster Körperschaften mit Zwangsmitgliedschaft finden können, dazu *Jochen Grütters*, Informationsfreiheit – auch gegenüber Industrie- und Handelskammern?, GewArch 2002, S. 270 ff.; *ders.*, Nochmals zur Informationsfreiheit gegenüber Industrie- und Handelskammern, GewArch 2003, S. 271 ff.

[345] Näher *Pitschas*, Allgemeines Verwaltungsrecht (Fn. 82), 241 f., 247 ff. m. w. N.; vgl. auch *Ulrich Smeddinck*, Informationsfreiheit versus Dienstgeheimnis, NJ 2004, S. 56 ff.; *Friedrich Schoch*, Informationsfreiheitsgesetz für die Bundesrepublik Deutschland, DV, Bd. 35 (2002), S. 149 ff.

Informationszugangsrecht für Jedermann – z. T. unter ausdrücklichem Einschluss von „Bürgerinitiativen und Verbänden" – fortgeführt.[346] Soweit **landesrechtliche Zugangs- und Einsichtsrechte** normiert worden sind, lassen sie nach Wortlaut und Begründung das „Amtsgeheimnis" hinter sich. Sie halten aber auch Abstand zu einem einengend instrumentalisierenden Verständnis rezeptiver Verwaltungsöffentlichkeit. Diese wird hier, mit deutlich erkennbarem appellativen Unterton,[347] als Instrument und Medium zivilgesellschaftlicher Teilhabe und Mitwirkung normiert, das Informationszugangsrecht als Aspekt eines weiter reichenden Rechts auf politische Mitgestaltung gewährleistet.[348] Die landesrechtlichen Regelungen gehen insoweit über den bundesrechtlichen Ansatz beträchtlich hinaus.

IV. Das Grundrecht auf Informationszugang

Soweit keine anspruchsbegründenden Spezialregelungen eingreifen, kann nach bislang vorherrschender Auffassung bei Vorliegen eines berechtigten Interesses nur ein Anspruch auf ermessensfehlerfreie Entscheidung über das Informationsbegehren, nicht aber ein allgemeiner grundrechtlicher Zugangsanspruch bestehen.[349] Dies wird der Bedeutung der Verwaltungsöffentlichkeit, insbesondere aber ihres Teilbereichs rezeptiver Publizität, nicht gerecht. Verwaltungsöffentlichkeit ist, gerade in ihrer Ausprägung als Zugangsoffenheit, Voraussetzung, Form und Medium der Verwirklichung sowohl des Demokratieprinzips wie auch eines um Grundrechtsbezüge erweiterten Rechtsstaatsprinzips geworden; sie wird überdies von dem objektiv-rechtlichen Verpflichtungsgehalt der Meinungsbildungsfreiheit aus Art. 5 Abs. 1 GG erfasst.[350] Eine teilhabe- bzw. leistungsrechtliche Dimension des Rechts auf informationelle Selbstbestimmung (Art. 2 Abs. 1 i. V.m. Art. 1 Abs. 1 GG) verstärkt den objektiv-rechtlichen Auftrag zur Herstellung von Zugangsoffenheit.[351] Für diese objektiv-rechtlichen Maßga-

102

---

[346] Akteneinsichts- und Informationszugangsgesetz des Landes Brandenburg v. 10. 3. 1998, GVBl I S. 46; Gesetz zur Förderung der Informationsfreiheit im Land Berlin v. 15. 10. 1999, GVBl Nr. 54 S. 561; Gesetz über die Freiheit des Zugangs zu Informationen für das Land Schleswig-Holstein v. 9. 2. 2000, GVBl 4/2000, S. 166; Gesetz über die Freiheit des Zugangs zu Informationen für das Land Nordrhein-Westfalen v. 27. 11. 2001, GVBl Nr. 40, S. 806. Dazu m. w. N. *Rossen-Stadtfeld*, Kontrollfunktion der Öffentlichkeit (Fn. 10), S. 140 ff.; *Scherzberg*, Arcana imperii (Fn. 274), S. 202 f.; *Brückner/Breitrück*, Informationsfreiheitsrecht (Fn. 342), S. 403 ff.

[347] → Rn. 3. Kritisch *Martin Ibler*, Zerstören die neuen Informationszugangsgesetze die Dogmatik des deutschen Verwaltungsrechts?, in: FS Winfried Brohm, 2002, S. 405 ff.

[348] Die tatsächliche Praxis rezeptiver Verwaltungsöffentlichkeit in den Ländern ist von diesen überschießenden Gehalten noch weit entfernt. Nach den bislang zur Verfügung stehenden empirischen Erkenntnissen wird der landesrechtliche Zugangsanspruch eher verhalten und auf bestimmte Anlässe bezogen genutzt, vgl. *Schoch/Kloepfer*, Infromationsfreiheitsgesetz (Fn. 339), § 2 Rn. 7 ff., § 3 Rn. 4, § 6 Rn. 4; *Bull*, Informationsfreiheitsgesetze (Fn. 339), S. 211 Fn. 53.

[349] BVerwGE 61, 15 (22 f.); 69, 278 (279 ff.); *Doris König*, Das Umweltinformationsgesetz – ein Modell für mehr Aktenöffentlichkeit?, DÖV 2000, S. 45 (51); *Reinhardt*, Umweltinformation (Fn. 279), S. 167, 173 f.; *Bodo Pieroth*, Die planende Verwaltung zwischen Geheimhaltung und Öffentlichkeit, JuS 1981, S. 625 (628 f.), *Bonk*, VwVfG (Fn. 57), § 29 Rn. 11 ff., 23, 41; wohl auch *Schultze-Fielitz*, in: Dreier (Hrsg.), GG I, Art. 5 I, II Rn. 244.

[350] → Rn. 79 f., 81 f.

[351] *Pitschas*, Informationsverwaltungsrecht (Fn. 236), S. 123 f. S. a. → Bd. II *Albers* § 22 Rn. 56 ff., *Gusy* § 23 Rn. 18 ff., *Schmidt-Aßmann* § 27 Rn. 31 ff., 39.

ben der Verfassung hat die Öffnung, Sicherung und Ausweitung rezeptiver Publizität heute grundlegende Bedeutung erlangt. **Verwaltungsöffentlichkeit ist Gegenstand eines objektiv-rechtlichen Verfassungsauftrags** geworden. Er hat schließlich das Verhältnis zwischen Amtsgeheimnis und Öffentlichkeit umgekehrt: die durch das Grundgesetz verfasste, in ihm Ursprung und Bestandsgrundlage findende staatliche Verwaltung ist in ihrem Handeln und in ihren Datenbeständen heute genuin öffentlich, erst in Abwägung gegen gleichrangige Schutzgüter und -belange[352] kann diese Öffentlichkeit wieder eingeschränkt werden.

103 Daraus ergeben sich Konsequenzen für die Auslegung des Grundrechts der Informationsfreiheit aus Art. 5 Abs. 1 S. 1 GG. Wenn die Daten der staatlichen Verwaltung aufgrund verfassungsrechtlicher Zuordnung öffentlich sind, dann sind sie auch **„allgemein zugänglich"** im Sinne dieser Grundrechtsregelung. Anderenfalls stünden Gehalt und Reichweite des verfassungsrechtlichen Öffentlichkeitsgebots zur Disposition des Gesetzgebers und damit im Widerspruch auch zu Art. 5 Abs. 1 S. 1 GG. Das staatsgerichtete Informationsbegehren kann sich heute also auf einen **grundrechtlichen Anspruch aus Art. 5 Abs. 1 S. 1 GG** stützen.[353] Er findet seine Grenzen in den allgemeinen Gesetzen des Art. 5 Abs. 2 GG, die ihrerseits unter Berücksichtigung der Bedeutung des Informationsanspruchs auszulegen und anzuwenden sind.

V. Politisierung, Anregung und Kritik

104 Der **Funktionswandel der Verwaltungsöffentlichkeit,** also die ergänzende und differenzierende Überlagerung der Funktionen bloßer Beobachtung und nachträglicher Kontrolle im engeren Sinn durch die Funktionen der Programmierung, Mitgestaltung, Implementation und Legitimation, ist **ambivalent.** Auf der einen Seite kann er Verwaltungsverfahren unter Desintegrationsdruck setzen. Eng damit zusammenhängend besteht die Gefahr, dass im Verschwimmen der Grenzen zwischen Verwaltung, Wirtschaft, Politik und anderen in das Verwaltungsvorhaben hineinreichenden gesellschaftlichen Umwelten Verantwortungsbeziehungen immer weniger klar auszumachen sind. Verwaltung und Öffentlichkeitsakteure können sich auch wechselseitig instrumentalisieren, das wird jedenfalls mittel- bis längerfristig zu Funktionseinbußen auf beiden Seiten führen. Auf die Gefahr strukturell bedingter Asymmetrien im Hinblick auf Geltendmachungs- und Durchsetzungsfähigkeiten ist schon hingewiesen worden;[354] die Gefahr einer Behinderung der Entscheidungseffizienz und -effektivität liegt auf der Hand. Schließlich wird das Erlebnis der Macht- und Folgenlosigkeit „bloß deliberierender" Öffentlichkeit,[355] mit dem zu rechnen ist, den Zerfall der Motiv-

---

[352] Vgl. *Matthias Jestaedt*, Das Geheimnis im Staat der Öffentlichkeit, AöR, Bd. 126 (2001), S. 204 ff.
[353] *Scherzberg*, Arcana imperii (Fn. 274), S. 200 f.; *Jean Angelov*, Grundlagen und Grenzen eines staatsbürgerlichen Informationszugangsanspruchs, 2000, S. 93, 99; in dieselbe Richtung auch *Georg Nolte*, Die Herausforderung für das deutsche Recht der Akteneinsicht durch europäisches Verwaltungsrecht, DÖV 1999, S. 363 (368 f.); *Eggert Schwan*, Amtsgeheimnis oder Aktenöffentlichkeit?, 1984, S. 98 ff., 100 f.; *Scherer*, Verwaltung (Fn. 290), S. 27 ff.; a. A. *Kugelmann*, Staatlichkeit (Fn. 268), S. 856.
[354] → Rn. 30, 54.
[355] Dazu s. *Somek*, Demokratie als Verwaltung (Fn. 76).

B. Öffentlichkeit im Verwaltungsrecht

grundlagen verfasster Demokratie weiter befördern können. Das alles veranlasst die Suche nach Möglichkeiten der wirksamen Gegensteuerung und erinnert im Übrigen erneut[356] daran, dass die wissenschaftliche Diskussion informationeller und partizipativer Beteiligung, aktiver und rezeptiver Öffentlichkeit oder auch kooperativer Verwaltungsverhältnisse zwar schwerlich einem diffusen „Ausgewogenheits"-Gebot unterworfen werden kann, wohl aber stets der Verführung zu schwärmerischer Realitätsverzeichnung widerstehen muss.

Ein Bild der Verwaltungspraxis, das Forschungs- oder Steuerungszwecken **105** dienen könnte, sollte zu den empirischen Daten passen, die über diese Praxis erhoben werden.[357] Dann kann der Funktionswandel der Verwaltungsöffentlichkeit nicht unberücksichtigt bleiben. Er wird auch nicht rückgängig zu machen sein, sich vielmehr im Zuge der weiteren Auszehrung verfasster Staatlichkeit unter zunehmend „globalisierten" Rahmenbedingungen[358] eher verstärken. Bleibt es trotz dieses Funktionswandels im Wesentlichen bei einem Grundsatz der Nichtöffentlichkeit, wird dies die Entstehung bzw. weitere Ausweitung einer Grauzone zwischen Verwaltung und Verwaltungsumwelten begünstigen. In ihr werden partikulare gesellschaftliche Informationsinteressen auf informalem Weg befriedigt, wenn sie von hinreichend konfliktfähigen und durchsetzungsstarken Akteuren angemeldet worden sind. Der Grundsatz der Nichtöffentlichkeit schließt also eine selektive Datenweitergabe durch die Verwaltung und damit zusammenhängende Verstöße gegen das Prinzip der Verwaltungsneutralität nicht nur nicht aus. Er kann sie sogar zum Gegenstand einer im Medium der Intransparenz wie selbstverständlich zu erfüllenden Erwartung werden lassen.[359] Unter diesen Umständen sollte die rechtswissenschaftliche Analyse den **Entwicklungschancen der Verwaltungsöffentlichkeit** besondere Aufmerksamkeit zuwenden. Das wiederum bedeutet vor allem, dass nach Möglichkeiten gesucht werden muss, die ohnehin längst eingeleitete Politisierung der Verwaltung und ihrer Verfahren demokratisch dichter zu legitimieren, rechtsstaatlich deutlicher zu strukturieren und grundrechtlich sicherer zu begrenzen.[360] Das Öffentlichkeitsinteresse des Verwaltungspublikums wäre als zivilgesellschaftlicher Selbstzweck zu würdigen. Es wäre als Ausdruck wie Medium einer Wiederaneignung demokratischer Verantwortung durch die Bürgerinnen und Bürger rechtlich anzuerkennen, zu fördern, damit zugleich vor Fehlerwartungen und selbstzerstörerischer Übersteigerung zu schützen.[361] Verwaltungspublizität wäre als Voraussetzung, Entfaltungsmöglichkeit, vor allem aber als Stimulus bürgerschaftlicher Teilhabe an der *res publica* zu entwerfen. Im öffentlichen Engagement in der und für die öffentliche Verwaltung soll sich zivilgesellschaftliche Verantwortung für das Gemeinwesen bilden, kräftigen und folgenreich verwirklichen können.

---

[356] → Rn. 3.
[357] Vgl. a. → Bd. I *Voßkuhle* § 1 Rn. 29 ff.
[358] Näher *Rossen-Stadtfeld*, Europäische Staatlichkeit (Fn. 190), S. 45 ff., 55 ff. S. a. → Bd. I *Voßkuhle* § 1 Rn. 13 f.
[359] Zum Problem s. *Irene Lamb*, Kooperative Gesetzeskonkretisierung, 1994, S. 194, 199 ff.
[360] Eher in die gegenläufige Richtung argumentierend → Bd. I *Reimer* § 9 Rn. 57 ff., *Hoffmann-Riem* § 10.
[361] Vgl. *Gert Winter*, Diskussionsbeitrag, in: Jürgen Fluck/Ralph Lemp/Eckart Meyer-Rutz (Hrsg.), Freier Zugang zu Umweltinformationen. Rechtsfragen im Schnittpunkt umweltpolitischer, administrativer und wirtschaftlicher Interessen, UTR 22, 1993, S. 84.

106 Eine allzu fürsorglich-paternalistische **Betreuung dieser Öffentlichkeit** muss dabei vermieden werden. Die Ausweitung der Verwaltungsöffentlichkeit würde sonst dem selbstbezüglichen Entwicklungssinn nicht ausreichend Rechnung tragen, der in jeder Form der Verwaltungsöffentlichkeit immer schon auch angelegt ist und der auf den Erwerb der Befähigung zu bürgerlicher Selbstbestimmung in Ausübung dieser Selbstbestimmung zielt.[362] Andererseits können neutrale Kommunikationsmittler oder dritte Sachexperten unter bestimmten Bedingungen durchaus neue Möglichkeiten der Reflexion, Auseinandersetzung und Verständigung eröffnen.[363] Vielfach wird es der gezielten Aktivierung einer „alternativen" oder „Gegenöffentlichkeit",[364] der „Gegenexpertise" und des „Kontrastwissens"[365] bedürfen, wenn Verwaltungsöffentlichkeit ihre kritische und anregende Funktion wirksam wahrnehmen können soll. Im Übrigen kann dabei unter den Bedingungen der Deinstitutionalisierung von Wissenschaft, der Delegitimierung sachverständiger Expertise und der Deprofessionalisierung der Expertenrolle[366] die Annäherung an die eine wissenschaftliche Wahrheit kein Ziel mehr sein. Das Bemühen um Verwaltungskontrolle durch Verwaltungspublizität wird sich auch insoweit darin bescheiden müssen, den Raum verfügbarer Beobachtungs-, Beurteilungs- und letztlich auch Entscheidungsoptionen auszuweiten.[367]

Leitentscheidungen

BVerfGE 61, 82 – Sasbach (Präklusion, „Mitwirkungslast").
BVerfGE 83, 60 (Kommunalwahlrecht für Ausländer – demokratische Legitimation).
BVerfGE 101, 397 (Anspruch auf rechtliches Gehör).
BVerfGE 103, 44 (Gerichtsöffentlichkeit – Zugänglichkeit und Demokratiebezug meinungsbildungsrelevanter Informationen).
BVerfGE 107, 59 (Wasserverbände NRW – Demokratieprinzip).
BVerwGE 37, 307 (Anhörungsrecht).
BVerwGE 60, 297 (Präklusion).
BVerwGE 69, 278 (Zugang zu staatlichen Datenbeständen).
BVerwGE 75, 214 (Verfahrensfairness, informales Verwaltungshandeln).
BVerwGE 104, 220 (Veröffentlichung von Verwaltungsvorschriften).
BVerwGE 108, 369 (Umweltinformationsanspruch).

---

[362] Vgl. *Günther Frankenberg*, Die Verfassung der Republik, 1996, S. 201 ff.; → Rn. 71.
[363] *Sabatier*, Policy Change (Fn. 304), S. 24; *Braun*, Gemeinwohlorientierung (Fn. 305), S. 147 f. m.w.N.
[364] *Karl-Heinz Stamm*, Alternative Öffentlichkeit. Die Erfahrungsproduktion neuer sozialer Bewegungen, 1988; *Habermas*, Faktizität und Geltung (Fn. 305), S. 374, 460.
[365] Zu dieser neuen Sozialform, in der ein tiefreichender Prozess der Delegitimierung und Politisierung auch der wissenschaftlichen Expertise zum Ausdruck kommt, s. *Dieter Rucht*, Gegenöffentlichkeit und Gegenexperten. Zur Institutionalisierung des Widerspruchs in Politik und Recht, ZfRSoz 1988, S. 290 ff.; *Thomas Saretzki*, Demokratisierung von Expertise? Zur politischen Dynamik der Wissensgesellschaft, in: Ansgar Klein/ Rainer Schmalz-Bruns (Hrsg.), Politische Beteiligung und Bürgerengagement in Deutschland. Bundeszentrale für politische Bildung, 1997, S. 277 (292 ff., 304 ff.).
[366] *Peter Weingart*, Die Stunde der Wahrheit? Vom Verhältnis der Wissenschaft zu Politik, Wirtschaft und Medien in der Wissensgesellschaft, 2001, S. 16, 140 ff.
[367] Vgl. *Jansen*, Selbstorganisation (Fn. 294), S. 200; *Jürgen Feick*, Wissen, Expertise und regulative Politik: das Beispiel der Arzneimittelkontrolle, in: Raimund Werle/Uwe Schimank (Hrsg.), Komplexität (Fn. 221), S. 208 (235 f.).

Ausgewählte Literatur

Bora, Alfons, Inklusion und Differenzierung. Bedingungen und Folgen der „Öffentlichkeitsbeteiligung", in: Wolfgang v. d. Daele/Wolfgang Neidhardt (Hrsg.), Kommunikation und Entscheidung. Politische Funktionen öffentlicher Meinungsbildung und diskursiver Verfahren, Berlin 1996, S. 371–406.
Czerwick, Edwin, Bürokratie und Demokratie, Berlin 2001.
Danwitz, Thomas v., Aarhus-Konvention: Umweltinformation, Öffentlichkeitsbeteiligung, Zugang zu den Gerichten, NVwZ 2004, S. 272–282.
Dienel, Peter, Partizipation an Planungsprozessen als Aufgabe der Verwaltung, DV Bd. 4 (1971), S. 151–172.
Fisahn, Andreas, Demokratie und Öffentlichkeitsbeteiligung, Tübingen 2002
Gerhards, Jürgen/Neidhardt, Friedrich, Strukturen und Funktionen moderner Öffentlichkeit: Fragestellungen und Ansätze, in: Stefan Müller-Doohm/Klaus Neumann-Braun (Hrsg.), Öffentlichkeit Kultur Massenkommunikation. Beiträge zur Medien- und Kommunikationssoziologie, Oldenburg 1991, S. 31–89.
Häberle, Peter, Auf dem Weg zum Allgemeinen Verwaltungsrecht, in: ders, Verfassung als öffentlicher Prozess, 3. Aufl., Berlin 1998, S. 656–682.
Hill, Hermann (Hrsg.), Bürgerbeteiligung. Analysen und Praxisbeispiele, Baden-Baden 2010.
– Verfassungsprinzipien „im" Verwaltungsverfahrensgesetz, in: FS Boorberg Verlag, 1977, S. 47–93.
Hoffmann-Riem, Wolfgang, Selbstbindungen der Verwaltung, VVDStRL, Bd. 40 (1982), S. 187–235.
– */Rubbert, Susanne,* Atomrechtlicher Erörterungstermin und Öffentlichkeit. Zum Verhältnis von Bürgerbeteiligung und Öffentlichkeit, Heidelberg 1984.
Kaiser, Anna-Bettina, Die Kommunikation der Verwaltung, Baden-Baden 2009.
Kreß, Angelika, Repräsentation – Partizipation – Diskurs. Zur demokratietheoretischen Begründung verfarensgesteuerter Diskurse, in: Heinz-Ulrich Nennen (Hrsg.), Diskurs. Begriff und Realisierung, Würzburg 2000, S. 197–236.
Lechelcr, Helmut, Europarechtliche Vorgaben für die Öffentlichkeitsbeteiligung und den Rechtsschutz im deutschen Wirtschaftsverwaltungs- und Umweltrecht, GewArch 2005, S. 305–312.
Lerche, Peter/Schmitt Glaeser, Walter/Schmidt-Aßmann, Eberhard, Verfahren als staats- und verwaltungsrechtliche Kategorie, Heidelberg 1984.
Menzel, Eberhard, Legitimation staatlicher Herrschaft durch Partizipation Privater?, Berlin 1980.
Pitschas, Rainer, Verwaltungsverantwortung und Verwaltungsverfahren, München 1990.
– Allgemeines Verwaltungsrecht als Teil der öffentlichen Informationsordnung, in: Hoffmann-Riem/Schmidt-Aßmann/ Schuppert (Hrsg.), Reform, S. 219–303.
– Verantwortungskooperation zwischen Staat und Bürgergesellschaft. Vom hierarchischen zum partnerschaftlichen Rechtsstaat am Beispiel des Risikoverwaltungsrechts, in: Karl-Peter Sommermann/Jan Ziekow (Hrsg.), Perspektiven der Verwaltungsforschung, Berlin 2002, S. 222–267.
Rinken, Alfred, Geschichte und heutige Valenz des Öffentlichen, in: Gerd Winter (Hrsg.), Das Öffentliche heute, Baden-Baden 2002, S. 7–74.
Rossen, Helge, Vollzug und Verhandlung, Tübingen 1999.
– Kontrollfunktion der Öffentlichkeit – ihre Möglichkeiten und ihre (rechtlichen) Grenzen, in: Hoffmann-Riem/Schmidt-Aßmann (Hrsg.), Verwaltungskontrolle, S. 117–203.
Scherzberg, Arno, Die Öffentlichkeit der Verwaltung, Baden-Baden 2000.
– Verwaltungslegitimation als Rechtsbegriff, AöR, Bd. 116 (1991), S. 329–390.
Schmitt Glaeser, Walter, Die Position der Bürger als Beteiligte in Entscheidungsverfahren gestaltender Verwaltung, in: Peter Lerche/Walter Schmitt Glaeser/Eberhard Schmidt-Aßmann, Verfahren als staats- und verwaltungsrechtliche Kategorie, Heidelberg 1984, S. 35–96.
– Partizipation an Verwaltungsentscheidungen, VVDStRL, Bd. 31 (1973), S. 179–265.
Schneider, Jens-Peter, Kooperative Verwaltungsverfahren, VerwArch, Bd. 87 (1996), S. 38–67.
Sobotta, Christoph, Transparenz in den Rechtsetzungsverfahren der Europäischen Union. Stand und Perspektiven des Gemeinschaftsrechts unter besonderer Berücksichtigung des Grundrechts auf Zugang zu Informationen, Baden-Baden 2001.

§ 30 Ausgewählte Verwaltungsverfahren

Hans Christian Röhl

Übersicht

	Rn.
A. Einleitung	1
I. Auswahlkriterium	2
1. Erweiterungen des klassischen Konzepts	3
2. Verfahren im Europäischen Verwaltungsverbund	4
3. Verfahren der europäischen Exekutivrechtsetzung	5
II. Verfahrenselemente	6
III. Der Beitrag des europäischen Rechts	7
IV. Veränderungen des Verfahrenskonzepts	8
V. Die Frage der Kodifikation	9
B. Erweiterungen des klassischen Verfahrenskonzepts	10
I. Verteilungsverfahren	10
1. Eingrenzung des Themas	11
2. Einzelne Rechtsgebiete	12
a) Beschaffungsverfahren	13
b) Marktsteuerung	14
c) Zuweisung von Infrastruktur	15
d) Sonderfälle personenbezogener Zuteilungen: Gesundheit, Soziales	16
3. Verfahrenselemente	17
a) Wesentliche Verfahrenselemente	18
b) Abweichungen vom Standardverfahren	22
c) Hinweis: Verteilung durch Private	23
II. Verfahren der Wissensgenerierung	24
1. Das Thema	24
a) Das fehlende Wissen	25
b) Verfahren der Wissensgenerierung und das VwVfG	26
c) Anordnung durch den Gesetzgeber	28
2. Einzelne Rechtsgebiete	29
a) Risikorecht (stoffbezogenes Umweltrecht)	30

	Rn.
b) Regulierungsrecht, insbesondere Telekommunikationsrecht	31
c) Öffentliches Wirtschaftsrecht	33
3. Verfahrenselemente	34
a) Installation von Kommunikationsprozessen	35
b) Flexibilisierung/Temporalisierung der Entscheidung	36
c) Konzepte	37
4. Konsequenzen für das Allgemeine Verwaltungsrecht	38
a) Verfassungsrechtliche Konsequenz: Von der dienenden Funktion zur Eigenständigkeit des Verfahrensrechts	38
b) Verfahrensfehler und gerichtliche Kontrolle	39
III. Überwachungsverfahren	40
1. Das Thema: Überwachung	40
2. Gebiete	40 a
a) Überwachung wegen immanenter Grenzen der Zulassung	40 b
b) Nicht-akzessorische Überwachung	41
c) Vom Verfahren zum kooperativen Netzwerk: REACh	42 a
d) Entindividualisierte Überwachung	42 b
3. Verfahrenselemente	43
a) Eigenüberwachung	43
b) Behördliche Überwachungsstrukturen	44
c) Kommunikation mit der Öffentlichkeit	46 a
4. Abweichung vom Standardverfahren	47
C. Verfahren im Europäischen Verwaltungsverbund	48
I. Das Thema	48
II. Grundstrukturen des Europäischen Verwaltungsverbunds	50
1. Vertikale Verwaltungsverbindungen	51

	Rn.		Rn.
a) Fallbezogene Aufsicht	51	2. Verfahren	71a
b) Kontinuierliche Aufsicht: „Gemeinsame Verwaltung"	52	a) Allgemeine Vorgaben	71a
		b) Besonderheiten im „Lamfalussy-Prozess"	71b
c) Planung im Verbund	53	II. Durchführungsrechtsetzung	72
2. Verbundverwaltung im Kartell- und Regulierungsrecht	54	1. Der Typus des Rechtsakts	72
a) Kartellrecht	55	2. Verfahren	73
b) Der Europäische Regulierungsverbund im Telekommunikationsrecht	59	3. Insbesondere: Die Komitologie	74
		III. Sonstige normative Handlungsformen im Verwaltungsverbund	76
c) Regulierungsverbund im Energiesektor	63a	1. Bindungswirkung durch Selbstbindung der Kommission	78
3. Unionsweite Verwaltung	64	2. Bindung der Mitgliedstaaten	79
a) Zentrale Verwaltung	65	3. Konjunktur der Leitlinien im Verwaltungs- und Regulierungsverbund	81
b) Unionsweit tätige mitgliedstaatliche Verwaltung	66		
III. Rechtsschutzkonzepte und Legitimationsmechanismen im Verwaltungsverbund	67	4. Verfahrensvorgaben	82
		5. Weitere Normautoren	83
1. Rechtsschutzkonzepte	67	E. Perspektiven	84
2. Demokratische Legitimation und Verwaltungsverbund	68	Ausgewählte Literatur	
D. Verfahren der europäischen Exekutivrechtsetzung	70		
I. Delegierte Rechtsetzung	71		
1. Der Typus des Rechtsakts	71		

A. Einleitung

Wenn an Verfahrensarten Perspektiven des Verwaltungsverfahrensrechts aufgezeigt werden sollen, dann geht es in erster Linie um **Lehren aus konkreten Ausgestaltungen des einfachen Verwaltungsrechts** und erst in zweiter Linie um die systembildende Kraft des Verfassungsrechts für das Allgemeine Verwaltungsrecht.[1] Orientiert man sich also an konkreten Verfahrensarten, muss zunächst die getroffene Auswahl begründet (unter I) und dann das Analyseinstrument der „Verfahrensarten" spezifiziert werden (unter II). Der Beitrag des Unionsrechts ist besonders herauszustellen (unter III).

I. Auswahlkriterium

Versteht man Verwaltungsverfahren als „planvoll gegliederte Vorgänge der Informationsgewinnung und Informationsverarbeitung, die in der Verantwortung eines Trägers öffentlicher Verwaltung ablaufen"[2], erfasst diese Definition weitaus mehr, als es den Verwaltungsverfahrensgesetzen des Bundes und der Länder mit der klassischen gesetzesvollziehenden Verwaltung als Perspektive zu Grunde liegt.[3] Eine Auswahl an Verfahrensarten, die diese Perspektive überwinden will, muss also nach Elementen fragen, die die Verwaltungsverfahrensgesetze nicht erfassen und deren Untersuchung daher ein vollständigeres Bild der verfahrensförmig handelnden Verwaltung ergibt.

1. Erweiterungen des klassischen Konzepts

In einem ersten Schritt sollen sich die Überlegungen auf Verfahrensarten konzentrieren, die das Verfahrenskonzept der klassischen gesetzesvollziehenden Verwaltung gewissermaßen von innen heraus in Frage stellen, weil sie in je spezifischer Weise von dessen Strukturen abweichen, obwohl sie auch unter den Begriff der gesetzesvollziehenden Verwaltung zu subsumieren wären: Es geht um **einseitig und hoheitlich entscheidende bzw. handelnde Verwaltung,** die im Einzelfall tätig wird und sich hierzu der Formen des Öffentlichen Rechts bedient.
– **Verteilungsverfahren**[4]: Wie an der restriktiven Interpretation des § 28 VwVfG durch die Gerichte[5] deutlich wird, ist die rechtsstaatliche Durchdringung der Leistungsverwaltung nicht die Perspektive des allgemeinen Verwaltungsverfahrensrechts.[6] Hier sind es insbesondere die Fragen der Verteilung, die eine intensive verfahrensrechtliche Ausprägung erhalten oder zumindest erhalten sollen und so einen Ansatz zur Weiterentwicklung des verfahrensrechtlichen Denkens bieten können.

---

[1] Zu beidem *Schmidt-Aßmann*, Ordnungsidee, Kap. 1 Rn. 12 f. und 17 ff. S. a. → Bd. I *Ruffert* § 17 Rn. 48 ff., *Burgi* § 18 Rn. 96 ff.
[2] → Bd. II *Schmidt-Aßmann* § 27 Rn. 1.
[3] → Bd. II *Schmidt-Aßmann* § 27 Rn. 47.
[4] → Rn. 10 ff.
[5] *BVerwGE* 66, 184 (186).
[6] Dazu jedoch schon *Eberhard Schmidt-Aßmann*, Verfahrensstrukturen der Leistungsverwaltung, VR 1989, S. 37 ff.

- **Verfahren der Wissensgenerierung im Risiko- und Regulierungsrecht**[7]: Auf das Informationsproblem der Verwaltung reagiert § 24 VwVfG, in dessen Fokus jedoch nur die Ermittlung des einzelfallbezogenen Entscheidungswissens steht. Erfahrungs- und Regelwissen ist danach nicht von einem verfahrensrechtlich geformten Prozess umfasst, sondern wird als bekannt und stabil vorausgesetzt. Seine Eigenschaft als Ergebnis gesellschaftlicher Konventionsbildung wird dabei verschwiegen.[8] Die hier untersuchten Verfahrenselemente weisen demgegenüber die Besonderheit auf, dass allgemeine Wissensbestände, die konkrete Sachverhalte als Entscheidungsprogramm überformen, nicht ohne weiteres vorhanden sind, sondern erst inkrementell und in Kooperation mit privatem Sachverstand entwickelt werden müssen. Das Modell des § 24 VwVfG genügt in seiner Einzelfallzentrierung diesen Anforderungen nicht mehr. Vielmehr lassen sich komplexe Verfahrensmechanismen beschreiben, die dem Bedeutungszuwachs, der Instabilität und der Ubiquität des für die Verwaltungsentscheidung erforderlichen Wissens begegnen sollen.
- **Überwachungsverfahren**[9]: Das Verwaltungsverfahren der Verwaltungsverfahrensgesetze ist entscheidungsorientiert, § 9 VwVfG.[10] In Überwachungsverhältnissen geht es jedoch nicht um die Produktion einer Entscheidung – eine typischerweise eingreifende Entscheidung soll durch die Überwachung gerade überflüssig gemacht werden –, sondern um eine kontinuierliche Überprüfung, ob der Gegenstand der Überwachung mit den gesetzlichen Vorgaben übereinstimmt. Ebenso wenig geht es generell um die Implementation von Entscheidungen.[11] Als vor allem wirtschaftsrechtliche Spezialmaterie haben solche Verfahren keinen Eingang in die Verwaltungsverfahrensgesetze gefunden. Es lassen sich jedoch typische Verfahrensarrangements mit eigenständigen Gehalten beschreiben, in jüngerer Zeit insbesondere angereichert um Elemente einer kooperativen Überwachung auf der einen und der Herstellung eines nationalen, europäischen und internationalen Informationsverbunds auf der anderen Seite.

2. Verfahren im Europäischen Verwaltungsverbund

4   Die Verwaltungsverfahrensgesetze gehen von der handelnden Verwaltung als geschlossener Einheit aus, die Zusammenarbeit mehrerer Behörden ist zwar erwähnt, eine eigene Aufmerksamkeit hat sie lediglich in den §§ 4–8, § 44 Abs. 3 Nr. 3 u. 4, § 45 Abs. 1 Nr. 4 u. 5 und §§ 71c ff. der Verwaltungsverfahrensgesetze gefunden. Im Rahmen des Europäischen Verwaltungsverbundes hat das Recht der Behördenzusammenarbeit hingegen eine völlig neue Bedeutung erfahren[12]. Hier wird die normalerweise in der Behördenorganisation verbleibende Mitwirkung mehrerer Behörden zu einer Frage des Außenrechts in vertikaler und horizontaler Hinsicht. Aus der den Verwaltungsverfahrensgesetzen zu Grunde liegenden Perspektive der Entscheidung gegenüber dem Bürger handelt es sich bei diesem Thema hingegen in der Regel nicht um ein eigenständiges Verfahren,

---

[7] → Rn. 24 ff.
[8] → Bd. II *Vesting* § 20 Rn. 9.
[9] → Rn. 40 ff.
[10] Vgl. → Bd. II *Schmidt-Aßmann* § 27 Rn. 13.
[11] Zur Überwachung in diesem Kontext → Bd. III *Huber* § 45.
[12] Jetzt in der Zusammenschau *Thorsten Siegel*, Entscheidungsfindung im Verwaltungsverbund, 2009.

A. Einleitung

sondern um einen Verfahrensbestandteil einzelner mitgliedstaatlicher Verfahren, der auf der Folie des außenbezogenen Verfahrens nicht auftaucht.[13]

3. Verfahren der europäischen Exekutivrechtsetzung

Das Verfahrensrecht der exekutiven Normsetzung bildet herkömmlich keinen Kernbestandteil verfahrensrechtlichen Denkens.[14] Das wird zum einen darin begründet sein, dass die Normsetzung wegen § 9 VwVfG von den meisten Regelungen dieses Gesetzes nicht erfasst ist; auch mögen die Legitimationsgewinne einer Verrechtlichung für Rechtsetzungsakte der unmittelbar parlamentarisch kontrollierten Exekutivspitze zweifelhaft sein.[15] Diese Vernachlässigung trägt jedoch der Vielfalt und großen Bedeutung der von der Verwaltung gesetzten Normen nicht hinreichend Rechnung.[16] Umso mehr gilt dieser Befund für die Verfahren der europäischen Exekutivrechtsetzung, deren zunehmende Bedeutung für das Verwaltungshandeln gar nicht überschätzt werden kann.[17]

5

II. Verfahrenselemente

Dem Analyseinstrument „Verfahrensarten" liegt der Gedanke einer verallgemeinerbaren Gemeinsamkeit verschiedener prozeduraler Arrangements zu Grunde. Untersuchungsgegenstand kann also nicht das jeweilige Verfahren in seiner Gesamtheit, sondern müssen **Verfahrenselemente** sein, die einzelnen komplexeren Arrangements gemeinsam sind. Regulierungsverfügungen nach dem TKG etwa ergehen als einheitliche Entscheidung durch Verwaltungsakt, § 13 Abs. 3 TKG.[18] Sie stehen am Ende eines prozeduralen Arrangements, das die Abstimmung im Europäischen Regulierungsverbund auf der Grundlage eines wissensgenerierenden Verfahrens vorsieht. Ebenfalls Teil des Europäischen Verwaltungsverbundes[19] sind etwa die mitgliedstaatlichen Behörden im Rahmen der Überwachungsverfahren im Europäischen Produktsicherheits- und Lebensmittelrecht.

6

III. Der Beitrag des europäischen Rechts

In das enge deutsche Verfahrenskonzept kommt Bewegung insbesondere durch Einflüsse des europäischen Rechts.[20] Diese Einflüsse resultieren weniger aus der wissenschaftlichen rechtsvergleichenden Beschäftigung mit den Verwal-

7

---

[13] Paradigmatisch wirkt hier das Netzwerk der europäischen Kartellbehörden auf der Grundlage der VO (EG) Nr. 1/2003 (Durchführung der in den Artikeln 81 und 82 des Vertrags niedergelegten Wettbewerbsregeln; Kartell-VO), ABl. EG 2003, Nr. L 1, S. 1, zul. geänd. durch VO (EG) 487/2009. → Rn. 55 ff.
[14] Nachdrücklich zur Bedeutung des Verfahrens → Bd. II *Hill/Martini* § 34 Rn. 10 ff., abwägend ebd., Rn. 17.
[15] So *Christoph Möllers*, Gewaltengliederung, 2005, S. 189 ff.
[16] *Schmidt-Aßmann*, Ordnungsidee, Kap. 6 Rn. 87; dazu → Bd. II *Hill/Martini* § 34.
[17] Dazu unten → Rn. 70 ff.
[18] Siehe a. → Bd. II *Bumke* § 35 Rn. 102 m. Fn. 336 sowie → Bd. I *Eifert* § 19 Rn. 136 ff.
[19] → Bd. I *Schmidt-Aßmann* § 5 Rn. 16 ff.
[20] → Bd. II *Schmidt-Aßmann* § 27 Rn. 15 f.; *Christian Quabeck*, Dienende Funktion des Verwaltungsverfahrens und Prozeduralisierung, 2010, S. 157 ff.

tungsrechtssystemen anderer EU-Mitgliedstaaten oder aus der Umformung nationalen Verfahrensrechts zur Verwirklichung materiellen EU-Rechts („effet utile"[21]), sondern vor allem aus Rechtsetzungstätigkeiten der Europäischen Union, die das nationale Verfahrensrecht modernisieren, oder die – als Eigenverwaltungsrecht oder „EU-Kooperationsrecht" – Maßstäbe und Vorbilder für ein aktuelles Verständnis des Verwaltungsverfahrensrechts liefern. Zwei typische Merkmale des solchermaßen entstehenden EU-Verfahrensrechts sind zu nennen, die zu einer veränderten Perspektive führen können:

- Die nur verfahrensrechtlich zu gewährleistende Durchsetzung einheitlicher Standards ist ein aus Akzeptanz- und Legitimationsgründen unverzichtbarer Auftrag des Unionsrechts. Das EU-Verfahrensrecht hat daher immer schon die Aufgabe mit zu erledigen, die zentrifugalen Tendenzen der mitgliedstaatlichen Verwaltungen einzufangen. Gut sichtbar wird dies am Verfahrensrecht des Verwaltungsverbundes,[22] der zusätzlich auch legitimatorische Funktionen übernehmen muss. Aber auch über diesen Verbund hinaus wird zentrifugalen Tendenzen entgegengewirkt, wenn EU-rechtliche Diskriminierungsverbote gegenüber den mitgliedstaatlichen Verwaltungen durchgesetzt werden – besonders deutlich am Vergaberecht – oder die mitgliedstaatlichen Behörden zu einer wirksamen Durchsetzung unionsrechtlich identifizierter Anliegen angehalten werden, wie am Beispiel der SUP zu erkennen.
- Das EU-Verfahrensrecht ist in seinem Schwerpunkt Wirtschaftsrecht. Auf privater Seite stehen der Verwaltung mit Wirtschaftsteilnehmern in der Regel aktiv partizipierende, ebenbürtige Beteiligte gegenüber, denen gegenüber die Schutz- und Fürsorgepflichten nicht wie im nationalen Verfahrensrecht des VwVfG ausgedehnt werden müssen[23] (Verfahrensrecht zwischen Organisationen). Auf der anderen Seite sind wichtige Anteile des Entscheidungswissens in diesen Zusammenhängen typischerweise bei den Verwaltungs„unterworfenen" vorhanden, sie verfügen zudem über Ressourcen, auf die das Verfahrensrecht zurückgreifen kann und die es daher in sein Kalkül miteinbeziehen muss, z.B. durch Ermittlungspflichten des Antragstellers oder Pflichten zur Eigenüberwachung.[24]

IV. Veränderungen des Verfahrenskonzepts

8 In diesen Zusammenhängen gewinnt das Verfahren eine eigenständige Funktion, die über den bloß rechtsschützenden Aspekt hinausgeht: Ihm wird eine selbständige Interessenverarbeitung und Maßstabsetzung aufgetragen. Das Verfahren wächst in eine politische Funktion hinein, die auch Rückwirkungen auf die Dogmatik demokratischer Legitimation haben muss.[25]

---

[21] Siehe auch → Bd. II *Schmidt-Aßmann* § 27 Rn. 91 ff.
[22] → Rn. 48 ff.
[23] Sichtbar etwa an den deutlich höheren Anforderungen für die Vergewisserungspflicht eines Beihilfeempfängers im europäischen Recht verglichen mit dem Subventionsempfänger im nationalen Recht.
[24] Vgl. a. → Bd. II *Gusy* § 23 Rn. 49 ff.
[25] Dazu → Bd. I *Trute* § 6 Rn. 47 f., 97 ff.; *Quabeck*, Dienende Funktion (Fn. 20), S. 185 ff.

A. Einleitung

– Im eigentlichen Verfahrensrecht führt das zu einer Bedeutungssteigerung[26], die konkrete Konsequenzen für die Verfahrensfehlerlehre haben müsste, also für Unbeachtlichkeits- und Heilungsvorschriften, aber auch die eigenständige Durchsetzung von Verfahrensverstößen (vgl. § 44a VwGO). Sinnfälliger Ausdruck ist das Rechtsschutzverfahren der §§ 107 ff. GWB, das gerade zur Durchsetzung von Verfahrensrechten (§ 97 Abs. 7 GWB) vorgesehen und mit einer rigiden Nichtigkeitsfolge bewehrt ist.
– Die eigenständige Bedeutung des Verfahrens bleibt gleichfalls nicht ohne Konsequenzen für die gerichtliche Kontrolle[27], die sich wegen der geringeren Bedeutung materieller Vorgaben zu einer Verfahrenskontrolle wandelt.
– Insgesamt wird auch eine Rückwirkung auf die Behandlung hergebrachter Materien denkbar: Das weiter vervollständigte Bild der Verfahrenszusammenhänge kann die gängige Vorstellung einer „nur" dienenden Funktion des Verfahrens[28] weiter relativieren.

V. Die Frage der Kodifikation

Angesichts der im Folgenden vorgestellten Verfahrenselemente ließe sich überlegen, ob die daran deutlich werdenden konzeptionellen Defizite des VwVfG nicht die Frage einer ergänzenden Kodifikation aufwerfen könnte. Gegen eine herkömmliche Kodifikation der Grundsätze solcher Verfahren spricht jedoch, dass auch damit nur der jeweils aktuelle Stand der Dogmatik gewissermaßen petrifiziert würde, und zwar in der Prägung, wie sie das Allgemeine Verwaltungsrecht in der aktuellen Diskussion durch seine Referenzgebiete und seine leitenden Anschauungen vom Verhältnis zwischen Staat und Bürger erhalten hat. Die zu einer bestimmten Zeit gefundenen wissenschaftlichen Festlegungen werden durch das Gesetz bestätigt, auf die Voraussetzungen ihrer Entstehung braucht nicht mehr rekurriert zu werden. Das Gesetz schneidet den Rückgriff auf frühere Überlegungen ab und lässt die Dogmatik gewissermaßen wieder bei Null beginnen. Die ehemals flexiblen allgemeinen Grundsätze werden starr und haben es schwer, auf Veränderungen des tatsächlichen und gedanklichen Umfeldes zu reagieren.[29] Wenn es die Aufgabe des Allgemeinen Verwaltungsrechts ist, dem „sich fortlaufend verändernden Verantwortungsgefüge zwischen Staat und Gesellschaft einen Beobachtungs- und Analyserahmen zu bieten"[30], dann muss dieser Rahmen hinreichend beweglich gehalten werden,[31] um solche Veränderungen auch einfangen zu können.[32] Das VwVfG wird an dieser Beweglichkeit zusätzlich

9

---

[26] Siehe a. → Bd. II *Schmidt-Aßmann* § 27 Rn. 46.
[27] → Bd. III *Schoch* § 50.
[28] Zu dieser Präzisierung *Quabeck*, Dienende Funktion (Fn. 20), S. 8 ff., 14; *Michael Fehling*, Eigenwert des Verfahrens im Verwaltungsrecht, VVDStRL, Bd. 70 (2011), S. 278 (286 f.).
[29] *Reinhard Mußgnug*, Das allgemeine Verwaltungsrecht zwischen Richterrecht und Gesetzesrecht, in: FS Ruprecht-Karls-Universität Heidelberg, 1996, S. 201 (215), am Beispiel des Widerrufs von Subventionsbescheiden.
[30] *Schmidt-Aßmann*, Ordnungsidee, Kap. 1 Rn. 7. S. a. → Bd. I *Burgi* § 18 Rn. 106 ff.
[31] *Wolfgang Kahl*, Das Verwaltungsverfahrensgesetz zwischen Kodifikationsidee und Sonderrechtsentwicklungen, in: Hoffmann-Riem/Schmidt-Aßmann (Hrsg.), Verwaltungsverfahren, S. 67 (104 f.).
[32] *Martin Bullinger*, Zur Notwendigkeit funktionalen Umdenkens des öffentlichen und privaten Vertragsrechts im leistungsintensiven Gemeinwesen. Bemerkungen zum Musterentwurf eines Ver-

durch die schwierige Kompetenzlage gehindert.[33] Das Bestreben, Bundes- und Landesgesetze möglichst einheitlich zu halten, führt dazu, dass Änderungen nur im Verbund beschlossen werden und zu diesem Zweck schwierige Abstimmungsprozesse zwischen Bund und Ländern durchlaufen müssen. Die Geschichte der Änderung der §§ 48, 49 VwVfG, zu der es etwa sechzehn Jahre bedurfte, legt davon beredtes Zeugnis ab.[34]

B. Erweiterungen des klassischen Verfahrenskonzepts

I. Verteilungsverfahren

10   Das VwVfG ist durch das Bild der gesetzesvollziehenden Hoheitsverwaltung geprägt,[35] die sich typischerweise im zweipoligen Verhältnis abspielt. Die verteilende Verwaltung tritt aus dieser Perspektive hinaus, weil der spätere Adressat der Maßnahme, anders als es dem Verfahrensverständnis des § 13 VwVfG zu Grunde liegt, noch gar nicht bekannt ist. Weil das Substrat der Verteilung begrenzt ist, bedarf es einer Auswahl unter mehreren Bewerbern. Solche Verteilungsentscheidungen sind ubiquitär[36]: Der Zuteilung von Subventionen, öffentlichen Aufträgen, Studienplätzen, Beamtenstellen oder Landerechten auf Flughäfen, Frequenzen für Rund- und Mobilfunk, Taxikonzessionen sowie der Zulassung zur Beförderung im Rettungsdienst, um nur einige zu nennen, geht jeweils eine Verteilungsentscheidung voraus. Sie gestaltet das anvisierte Rechtsverhältnis nicht aus, die Verteilungssituation kann hierfür gleichwohl Folgewirkungen nach sich ziehen. Diese Verteilungsentscheidungen sind materiellrechtlich zumeist nur partiell programmiert,[37] vielmehr fällt es in der Regel in die Kompetenz der Verwaltung, die einschlägigen Verteilungskriterien im Einzelnen zu bestimmen. Dieser größere Spielraum gegenüber gesetzlicher Bindung und damit auch gerichtlicher Kontrolle muss durch verfahrensrechtliche Mechanismen aufgefangen werden, die auf die besondere, durch das Erfordernis der Gleichbehandlung geprägte Situation reagieren. So muss insbesondere ein ausgefeiltes Informationsregime vorgehalten werden.

In der Verteilungssituation wird die „Komplementärfunktion des Verfahrens für die Durchsetzung der materiellen Rechte" besonders deutlich.[38] Erst die

---

waltungsverfahrensgesetzes, in: GS Hans Peters, 1967, S. 667 (680); *Thomas Groß*, Die Beziehungen zwischen dem Allgemeinen und dem Besonderen Verwaltungsrecht, DV, Beiheft 2, 1999, S. 57 (73).

[33] Zu dieser *Bonk*, in: Stelkens/Bonk/Sachs (Hrsg.), VwVfG, § 1 Rn. 22 ff. Vgl. a. → Bd. II *Schmidt-Aßmann* § 27 Rn. 9, 11.

[34] Darstellung bei *Sachs*, in: Stelkens/Bonk/Sachs (Hrsg.), VwVfG, § 49 Rn. 87–89, 135.

[35] → Bd. II *Schmidt-Aßmann* § 27 Rn. 13.

[36] Ausführlich zum Ganzen jetzt *Ferdinand Wollenschläger*, Verteilungsverfahren, 2010; detaillierte Beschreibungen ferner bei *Dominik Kupfer*, Die Verteilung knapper Ressourcen im Wirtschaftsverwaltungsrecht, 2005, S. 128 ff., und *Nina Malaviya*, Verteilungsentscheidungen und Verteilungsverfahren, 2009.

[37] BVerfGE 82, 209 (228) – Aufnahme in den Krankenhausbedarfsplan; BVerwGE 115, 58 (60) u. 138, 102 (Rn. 45) – Beamtenrecht; BVerwG, GewArch 2006, S. 81 – Standplatz auf Jahrmärkten; *F. Wollenschläger*, Verteilungsverfahren (Fn. 36), S. 564 ff.

[38] Zitat aus BVerfGE 73, 280 (296) – Notare; BVerfG (K), NJW 2004, S. 2725 – Insolvenzverwalter; ferner BVerwGE 118, 270 (274); *F. Wollenschläger*, Verteilungsverfahren (Fn. 36), S. 690.

B. Erweiterungen des klassischen Verfahrenskonzepts

Chancengleichheit im Verfahren gewährleistet die Beachtung der subjektiven Rechte der Bewerber.[39] Dieser Bedeutungszunahme des Verfahrens liegen grundrechtliche[40] wie unionsrechtliche[41] Pflichten zu Grunde, die sich vor allem aus allgemeinen oder speziellen Gleichheitsgeboten (Art. 3 Abs. 1 GG, z. B. Art. 33 Abs. 2 GG; Art. 20 f. GRCh) sowie den Diskriminierungsverboten der europäischen Marktfreiheiten ergeben.[42] Soweit die zugeteilten Güter Voraussetzung grundrechtlicher Freiheitsausübung sind, verstärkt das einschlägige Grundrecht das Erfordernis der Chancengleichheit nur,[43] verändert es aber nicht qualitativ, so etwa Art. 12 Abs. 1 GG (z. B. Infrastruktur),[44] Art. 2 Abs. 2 GG (TPG) oder auch Art. 5 Abs. 1 GG (Rundfunklizenzen)[45].

1. Eingrenzung des Themas

In diesem Abschnitt geht es um Verwaltungsverfahren, die über die bloße Gewährung einer Leistung im Vollzug eines an anderer Stelle festgelegten Programms hinaus eine Auswahl unter mehreren Bewerbern zum Ziel haben, denen also eine **Verteilungssituation** zu Grunde liegt. Auf einer anderen Ebene – und daher hier nicht zu behandeln – liegt die Frage, ob einer Verwaltungsentscheidung Verteilungs*wirkungen* zukommen, die ggf. verfahrensrechtlich aufgefangen werden müssten: So bedeutet etwa die Auskehr von Subventionen nach dem Eingang der Anträge bis zur Erschöpfung des Haushaltstitels gerade den Verzicht auf eine Verteilung. Gleiches gilt für die vorrangige Bewilligung eines von mehreren Genehmigungsanträgen, die in der Beanspruchung von Raum- oder Umweltressourcen konkurrieren.[46] Gleichzeitig macht der Abschnitt mit der Sensibilisierung für das Verteilungsthema auf Verteilungsentscheidungen aufmerksam, die verfahrensrechtlich defizitär verfasst sind, indem sie in die normativ nicht vorstrukturierte professionelle Kompetenz verwiesen werden.[47] Nicht alle Verteilungssituationen können verfahrensrechtlich aufgefangen werden. Duldet die einschlägige Materie aus Zeitgründen ein längeres Verfahren nicht, müssen Vorauswahlmechanismen installiert werden, die eine

11

---

[39] *BVerfG* (K), NJW 2004, S. 2725; skeptischer *Markus Pöcker,* Das Verfahrensrecht wirtschaftsverwaltungsrechtlicher Verteilungsentscheidungen, DÖV 2003, S. 193 (195).

[40] *BVerfG* (K), NJW 2004, S. 2725 u. NJW 2006, S. 2613 – Insolvenzverwalter. Zu § 70 GewO *Josef Ruthig/Stefan Storr,* Öffentliches Wirtschaftsrecht, 3. Aufl. 2011, Rn. 256; *Kupfer,* Verteilung knapper Ressourcen (Fn. 36), S. 228 f.

[41] Z. B. die Vergaberichtlinien RL 2004/17/EG und RL 2004/18/EG, beide zul. geänd. durch VO (EU) Nr. 1251/2011; für die Frequenzverteilung Art. 7 Abs. 3, 4 RL 2002/20/EG (Genehmigungs-RL), geänd. durch RL 2009/140/EG.

[42] *Georg Hermes,* Gleichheit durch Verfahren bei der staatlichen Auftragsvergabe, JZ 1997, S. 909 (913 ff.); *F. Wollenschläger,* Verteilungsverfahren (Fn. 36), S. 40 ff.

[43] Ebenso *Pöcker,* Verfahrensrecht (Fn. 39), 193 f.; detaillierte Diskussion bei *F. Wollenschläger,* Verteilungsverfahren (Fn. 36), S. 46 ff.

[44] Zu den materiellen Rechten im Einzelnen ausführlich *Kupfer,* Verteilung knapper Ressourcen (Fn. 36), S. 298 ff.

[45] Dazu BVerfGE 97, 298.

[46] „Verdeckte Umverteilungskonstellation", so *Andreas Voßkuhle,* „Wer zuerst kommt, mahlt zuerst" – Das Prioritätsprinzip als antiquierter Verteilungsmodus einer modernen Rechtsordnung, DV, Bd. 32 (1999), S. 21 (26); dazu ferner *Michael Rolshoven,* Wer zuerst kommt, mahlt zuerst? – Zum Prioritätsprinzip bei konkurrierenden Genehmigungsanträgen, NVwZ 2006, S. 516.

[47] → Rn. 16.

möglichst hohe Chancengleichheit in der konkreten Auswahlsituation gewährleisten.[48]

Verteilung setzt – anders als Zuteilung – Vergleichbares voraus. Dementsprechend kann von einer Verteilungssituation nur dann die Rede sein, wenn es um eine Verteilung unter parallel Interessierten (Konkurrenten) geht, nicht jedoch um einen Ausgleich unter divergenten Interessen, wie es etwa im Umweltrecht hinsichtlich unterschiedlicher Nutzungsinteressen an Umweltgütern der Fall sein kann. Für diese unterschiedlichen, nicht parallel liegenden Interessen kann kein Verteilungsprogramm entwickelt werden, diese müssen vielmehr über das Instrument der Planung ausgeglichen werden.[49]

2. Einzelne Rechtsgebiete

12 Im Folgenden soll an einigen Rechtsgebieten die Verbreitung des Phänomens der Verteilung beispielhaft aufgezeigt und die gebietsübergreifenden Strukturähnlichkeiten aufgewiesen werden.

a) Beschaffungsverfahren

13 Bei diesen Verfahren geht es um die Beschaffung von Verwaltungsbedarf, der die Verwaltung erst in Stand setzen soll, ihre eigentlichen Aufgaben zu erfüllen. Beschaffungsverfahren umfassen die eigenen sächlichen Mittel der Verwaltung, die Deckung des Personalbedarfs wie schließlich auch die Heranziehung Privater[50] zur Leistung an Dritte. Die letzte Kategorie ist zum einen im Rahmen des allgemeinen Vergaberechts, insbesondere als Dienstleistungsauftrag relevant, dann aber auch im Sozialrecht.

– Insbesondere das unionsrechtlich geprägte **Vergaberecht** hat paradigmatische Bedeutung für ein Recht des Verteilungsverfahrens. Das Vergaberecht regelt die Beschaffung von Bauleistungen, Lieferungen und Dienstleistungen durch die öffentliche Hand. Als Nachfrager[51] befindet sich der Staat hierbei in einer Sonderrolle: In vielen Bereichen stellt er den wichtigsten Kunden dar, vor allem muss er sich anders als Private nicht an den Marktgesetzen orientieren. Die Entscheidungen über die Beschaffung können von anderen als wirtschaftlichen Motiven bestimmt sein. Zugleich ist er an die Grundrechte gebunden und hat diese, vor allem den Gleichheitsgrundsatz gegenüber den Auftragsbewerbern, zu beachten.[52] Das überkommene Recht der öffentlichen Aufträge, das herkömmlich als Innenrecht verstanden wurde und aus dem dementsprechend eigene Rechtspositionen der Bewerber um einen Auftrag nicht abgelei-

---

[48] *BVerfG* (K), NJW 2006, S. 2613 – Auswahl von Insolvenzverwaltern; zum TPG *Eberhard Schmidt-Aßmann*, Grundrechtspositionen und Legitimationsfragen im öffentlichen Gesundheitswesen, 2001, S. 108 ff.

[49] Vgl. *Michael Kloepfer/Sigrid Reinert*, Zuteilungsgerechtigkeit im Umweltstaat aus juristischer Sicht, in: Carl F. Gethmann/*dies.*, Verteilungsgerechtigkeit im Umweltstaat, 1995, S. 47 (74f.) mit der Unterscheidung zwischen vertikaler und horizontaler Verteilung in Fn. 2.

[50] Vgl. allg. → Bd. I *Schulze-Fielitz* § 12 Rn. 91 ff.

[51] → Bd. I *Schulze-Fielitz* § 12 Rn. 139 ff.

[52] So die im Vordringen befindliche zutr. Auffassung, z.B. *Dirk Ehlers*, Verwaltung und Verwaltungsrecht im demokratischen und sozialen Rechtsstaat, in: Erichsen/Ehlers (Hrsg.), VerwR, § 3 Rn. 81; *Hermes*, Gleichheit durch Verfahren (Fn. 42), S. 909; *Thomas Puhl*, Der Staat als Wirtschaftssubjekt und Auftraggeber, VVDStRL, Bd. 60 (2001), S. 456 (478f.). S.a. → Bd. I *Masing* § 7 Rn. 150, 175.

B. Erweiterungen des klassischen Verfahrenskonzepts

tet wurden, hinderte die öffentliche Hand jedoch nicht wirksam an der Bevorzugung der ortsansässigen oder jedenfalls nationalen Wirtschaft bei der Auftragsvergabe. Um dem entgegenzuwirken, verpflichten EU-Richtlinien die Mitgliedstaaten zum Erlass eines Vergaberechts, das auf zwei wesentlichen Elementen beruht.[53] Jedem aus EU-Perspektive relevanten, d.h. einen bestimmten Umfang („Schwellenwerte", vgl. § 100 Abs. 1 GWB) überschreitenden öffentlichen Auftrag hat ein transparentes, diskriminierungsfreies Vergabeverfahren im Wettbewerb voranzugehen (vgl. § 97 Abs. 1 GWB), dessen Einzelheiten durch die Richtlinien vorgegeben werden. Den Kern bildet in der Regel eine öffentliche Ausschreibung des Vertrages (vgl. § 101 Abs. 1 GWB) und die anschließende Auswahl des Vertragspartners nach dem wirtschaftlichsten Angebot (vgl. § 97 Abs. 5 GWB). Um die Mitgliedstaaten zur Beachtung dieses Verfahrens anzuhalten, müssen sie zweitens ein wirksames Rechtsschutzverfahren vorhalten, in dem übergangene Bieter die Einhaltung der Vergabebestimmungen überprüfen lassen können.[54] Außerdem sind mit dem Vergabeverfahren strikte Verfahrensfehlerfolgen verbunden. Neben einer rigiden Nichtigkeitsfolge (§ 101b Abs. 1 GWB) besteht ein Schadensersatzanspruch des unterlegenen Bieters aus culpa in contrahendo sowohl bei unterlassenem Vergabeverfahren als auch bei Fehlern in diesem.[55]

– **Personalentscheidungen:** Der Ernennung oder Beförderung eines Beamten geht regelmäßig eine Auswahl unter mehreren Bewerbern voraus. Diese Auswahl hat sich gem. Art. 33 Abs. 2 GG an den Kriterien der Eignung, Leistung und fachlichen Befähigung auszurichten.[56] Diese Kriterien müssen zunächst von der Verwaltung selbst für die Besetzung des jeweiligen Dienstpostens durch ein „Anforderungsprofil" konkretisiert werden,[57] an dieser auszuschreibenden Beschreibung muss sich die Verwaltung bei ihrer späteren Ernennungs- bzw. Beförderungsentscheidung festhalten lassen, darüber hinaus ist die Kontrolle aber nur eingeschränkt möglich.[58] In jüngerer Zeit hat die Rechtsprechung auch hier die Anforderungen an die Beachtung der Verfahrensvorgaben und einen effektiven Rechtsschutz zum Schutz der Rechtspositionen der Bewerber nachhaltig gestärkt. Wichtige Aussagen lassen sich ferner der verfassungsgerichtlichen Judikatur zur Bestellung von Notaren[59] und Insolvenzverwaltern[60] entnehmen. Bei diesen Auswahlentscheidungen tritt die grundrechtssichernde Funktion eines ordnungsgemäßen Auswahlverfahrens deutlich hervor.

– Auch im **Sozialrecht** werden gegenüber den Leistungserbringern zunehmend Verteilungsverfahren eingeführt, die den Zugang zum Markt regeln und sich

---

[53] RL 2004/17/EG und RL 2004/18/EG, beide zul. geänd. durch VO (EU) Nr. 1251/2011.
[54] RL 89/665/EWG (Überwachungsrichtlinie); RL 92/13/EWG (Sektorenüberwachungsrichtlinie); beide zul. geänd. durch RL 2007/66/EG. Umgesetzt durch §§ 102 ff. GWB. S. a. → Bd. III *Scherzberg* § 49 Rn. 121.
[55] *BGH*, NJW 1993, S. 520; NJW 1998, S. 3636.
[56] Vgl. a. → Bd. III *Voßkuhle* § 43 Rn. 58 ff.
[57] *Philip Kunig*, Das Recht des öffentlichen Dienstes, in: Schmidt-Aßmann (Hrsg.), Bes. VerwR, Kap. 6 Rn. 86.
[58] *BVerwGE* 115, 58 (60 f.).
[59] *BVerfGE* 73, 280 (296).
[60] *BVerfG* (K), NJW 2004, S. 2725 u. NJW 2006, S. 2613. Dazu *Annemarie Brinkmann*, Private in gerichtlichem Auftrag, 2006.

daher an Art. 3 Abs. 1 und Art. 12 GG messen lassen müssen mit den entsprechenden Konsequenzen für effektiven Rechtsschutz. Als Beispiele lassen sich nennen die Aufnahme in den Krankenhausplan gem. § 6 KHG[61] oder die Beauftragung Privater nach den Rettungsdienstgesetzen der Länder.[62]

b) Marktsteuerung

14   In den Fällen der Marktsteuerung führt die öffentliche Hand aus marktfernen Gründen künstliche Verknappungen eines Angebots ein. Die auf diese Weise entstehenden Kontingente werden durch ein Verteilungsverfahren vergeben. Solche, insbesondere auf EU-Recht beruhenden Verfahren[63] finden sich etwa im Rahmen des europäischen Agrarmarktes oder im Außenhandelsrecht. Hier werden die entsprechenden Interventionen, Zollkontingente und Ausfuhrerstattungen per Ausschreibung vergeben.

– Ein Ausschreibungsverfahren liegt etwa dem **Ankauf landwirtschaftlicher Erzeugnisse** durch die zuständigen mitgliedstaatlichen Interventionsstellen zu Grunde, der zur Stützung bestimmter Erzeugerpreise dient, z.B. der Ankauf von Rindfleisch.[64]

– In gleicher Weise durch Ausschreibung wird etwa die angemessene Höhe für **Ausfuhrerstattungen** ermittelt, die Exporteuren landwirtschaftlicher Erzeugnisse wegen der gestützten Preise in der EU gezahlt werden muss:[65] Die Ausschreibung erfolgt mittels einer Bekanntmachung durch die zuständigen Stellen der Mitgliedstaaten aufgrund Rechtsaktes der Kommission.[66] Bei dieser Stelle werden auch die Angebote eingereicht und vertraulich ausgewertet. Aufgrund dieser Ergebnisse setzt dann die Kommission wöchentlich den Erstattungshöchstbetrag fest.[67] Die zuständige mitgliedstaatliche Stelle unterrichtet alle Bieter und erteilt den Zuschlag, woraufhin der Ausführer eine Ausfuhrlizenz beantragen kann.

– Die Verwaltung von **Zollkontingenten** bedient sich ebenfalls eines Verteilungsverfahrens.[68] Aufgrund von Zollkontingenten werden Zollsätze auf die Einfuhr bestimmter Waren in festgesetztem Umfang ermäßigt, vor allem für landwirtschaftliche Produkte. Berühmt-berüchtigtes Beispiel sind Bananen.[69] Im Allge-

---

[61] *BVerfG* (K), NJW 2004, S. 1648 u. NVwZ 2004, S. 718 (718f.). – Aufnahme in den Krankenhausplan; dazu *Stephan Rixen,* Sozialrecht als öffentliches Wirtschaftsrecht, 2005, S. 534 ff.

[62] Dazu *Kupfer,* Verteilung knapper Ressourcen (Fn. 36), S. 178 ff.

[63] Zur Situation der Vergabe in Deutschland *Hans Rummer,* Die Verteilung bei knappen Kontingenten, NJW 1988, S. 225 ff.

[64] Z.B. auf der Grundlage von Art. 10 ff. VO (EG) Nr. 1234/2007 (einheitliche GMO), zul. geänd. durch VO (EU) Nr. 1234/2010. Für Rindfleisch z.B. Art. 21 Abs. 1 VO. Durchführungsbestimmungen in der Kommissions-VO (EU) Nr. 1272/2009, zul. geänd. durch Kommissions-VO (EU) Nr. 957/2011. Dazu *Roland Norer/Felix Bloch,* in: Dauses (Hrsg.), Hdb. EU-WirtschaftsR, Bd. I, Abschn. G Rn. 92 ff.

[65] Z.B. gem. Art. 162 ff. VO (EG) Nr. 1234/2007 (einheitliche GMO), zul. geänd. durch VO (EU) Nr. 1234/2010.

[66] Z.B. VO (EG) Nr. 1574/98, entfernt KOM 2010/C 336/01: Eröffnung einer Dauerausschreibung für Zucker. Ebenso z.B. VO (EG) Nr. 2269/98: Eröffnung einer Dauerausschreibung für die Festsetzung der Erstattungen bei der Ausfuhr von Olivenöl.

[67] Art. 164 VO (EG) Nr. 1234/2007, z.B. VO (EG) Nr. 1737/98.

[68] Dazu *Stephan Alexander,* in: Peter Witte (Hrsg.), Zollkodex, 5. Aufl. 2009, Art. 20 Rn. 94 ff.

[69] Vgl. Art. 18 VO (EWG) Nr. 404/93 („Bananenmarktordnung"). Dazu Kommissions-VO (EG) Nr. 869/2001.

meinen werden diese Kontingente nach dem Windhundprinzip („Wer zuerst kommt, mahlt zuerst") verteilt, Art. 308a–308c ZK-DVO. Spezielle Verteilungskriterien existieren für einzelne Marktordnungen.[70] Vorgesehen ist hier die Wahl zwischen bzw. eine Kombination von Windhundverfahren, einem Verfahren der gleichzeitigen Prüfung mit proportionaler Zuteilung sowie einer unterschiedlichen Verteilung auf traditionelle und neue Antragsteller.[71]

c) Zuweisung von Infrastruktur

Knappe **Infrastruktur,** die häufig essentielle Grundlage wirtschaftlicher Betätigung ist, wird in der Regel ebenfalls nach einem Verteilungsverfahren vergeben. Ein Beispiel bildet die Zuteilung von Frequenzen nach §§ 55, 61 TKG. Diese Regelungen basieren auf europäischem Recht, das die Durchführung eines transparenten, nicht-diskriminierenden Vergabeverfahrens vorschreibt.[72] Ebenfalls ein Verteilungsverfahren hat der Zuweisung von Übertragungskapazitäten an private Rundfunkbetreiber nach vorrangiger Zuweisung an öffentlich-rechtliche Rundfunkanstalten vorauszugehen.[73] Auf der Grundlage europäischen Rechts[74] werden Landerechte („Zeitnischen") auf von einem Mitgliedstaat dazu bestimmten („koordinierten") stark frequentierten Verkehrsflughafen durch einen Beliehenen, den Flugplankoordinator, vergeben.[75]

15

Das Verteilungsverfahren für die Vergabe **öffentlicher Einrichtungen der Gemeinde** beruht weitgehend auf Richterrecht.[76] Grundlage der Verteilungsaufgabe der Gemeinde bildet der kommunalrechtliche Zulassungsanspruch,[77] dann aber auch Art. 3 GG, ggf. i. V.m. der Widmung. Je nach Zahl der Zugangsinteressenten sind formale Verteilungsregeln erforderlich. Vor allem aber hat die Gemeinde mit der Widmung ein Verteilungskonzept zu schaffen, das sie zwar ändern, von dem sie aber im Einzelfall nicht zu Lasten missliebiger Bewerber abweichen kann.[78] Auch die Verfahrensregeln für die Vergabe von Standplätzen bei einem Volksfest, die bei Kapazitätsmangel gem. § 70 Abs. 3 GewO ebenfalls aufgrund eines nichtdiskriminierenden Verteilungsverfahrens vergeben werden müssen, beruhen bislang lediglich auf Richterrecht.

---

[70] Art. 12 Abs. 2 VO (EG) Nr. 1784/2003 – Getreide; Art. 29 ff. VO (EG) Nr. 1255/99, – Milch und Milcherzeugnisse; Art. 32 Abs. 2 VO Nr. 1254/99 – Rindfleisch; weitere Nachweise bei *Alexander,* in: Witte (Hrsg.), Zollkodex (Fn. 68), Art. 20 Rn. 99.

[71] Das besondere Problem im Falle *T. Port* war die Zuteilung nach der Menge der bisher eingeführten Bananen, Art. 19 VO (EWG) Nr. 404/93 (Fn. 69).

[72] Art. 7 Abs. 3, 4 RL 2002/20/EG (Genehmigungs-RL) (Fn.41); Weiteres bei *F. Wollenschläger,* Verteilungsverfahren (Fn. 36), S. 162 ff.

[73] In BW etwa auf der Grundlage des § 20 Abs. 5 LMedienG BW, dazu *Kupfer,* Verteilung knapper Ressourcen (Fn. 36), S. 166 f.; *F. Wollenschläger,* Verteilungsverfahren (Fn. 36), S. 446 ff.

[74] VO (EWG) Nr. 95/93, zul. geänd. durch VO (EG) Nr. 545/2009; dazu § 27a Abs. 3 LuftVG.

[75] Dazu *Thomas Tschentscher/Christian Koenig,* Rechtsqualität, Vergabe und Übertragbarkeit sog. „Slots" nach dem deutschen Luftverkehrsrecht, NVwZ 1991, S. 219; *Peter Badura,* Verteilungsordnung und Zuteilungsverfahren bei der Bewirtschaftung knapper Güter durch die Verwaltung, in: FS Karl H. Friauf, 1996, S. 529 (537 f.); *Hans-Gerhard Roßmann/Reinhardt Schimm,* Das Verfahren der Slotallokation in Deutschland und seine Alternativen, TranspR 2001, S. 381.

[76] Dazu *Eberhard Schmidt-Aßmann/Hans C. Röhl,* Kommunalrecht, in: Schmidt-Aßmann/Schoch (Hrsg.), Bes. VerwR, Kap. 1 Rn. 108. Zwar gelten bei einem zweistufigen Vorgehen auch die §§ 9 ff. VwVfG; verteilungsspezifische Regeln enthalten diese Vorschriften hingegen nicht.

[77] Nachweise bei *Schmidt-Aßmann/Röhl,* Kommunalrecht (Fn. 76), Rn. 108 Fn. 438.

[78] *BVerwGE* 31, 368 (370); VGH BW, NVwZ-RR 1996, S. 681 (682).

d) Sonderfälle personenbezogener Zuteilungen: Gesundheit, Soziales

16 Ein kompliziertes und in mancher Hinsicht anfechtbares Verteilungsregime hat das **Transplantationsgesetz** für die Verteilung von Transplantationsorganen errichtet.[79] Weil in der aktuellen Verteilungssituation die Durchführung eines vollumfänglichen Verfahrens ausscheidet, verlagern sich die Anforderungen zur Gewährleistung der Chancengleichheit auf Vorauswahlmechanismen.[80] Ein wesentlicher Kritikpunkt ist die durch den Gesetzgeber delegierte Erstellung des Verteilungskonzepts.[81]

Insbesondere im Sozial- und Gesundheitsbereich bleiben einzelne, aber wesentliche Verteilungsentscheidungen den Professionellen in informellen Verfahren und auf der Grundlage von nach wie vor nicht geklärten, fachlich umstrittenen Standards überlassen,[82] z.B. die Vergabe von Plätzen in der Intensivmedizin, der Herzchirurgie, der Rehabilitation und Prävention. Auch im Katastrophenschutzfall ist die Zuteilung von Behandlungschancen („Triage", Priorisierung von Risikogruppen) ohne gesetzlich vorgezeichnetes Verfahren in die professionelle Kompetenz verwiesen.[83] Soweit hier in der Tat Verfahrenslösungen ausgeschlossen sind, muss dieses Defizit dann durch Vorkehrungen ausgeglichen werden, die die personale Kompetenz der Entscheidenden sicherstellen und für Legitimation durch Kommunikation sorgen.[84]

3. Verfahrenselemente

17 Von den Besonderheiten der Verteilungsverfahren hat das VwVfG zu wenig Kenntnis genommen. Nur soweit die Zuteilung durch Verwaltungsakt oder öffentlich-rechtlichen Vertrag erfolgt, sind diese Verfahren von dem Verfahrensbegriff des § 9 VwVfG überhaupt erfasst; wichtige Zuteilungsrechtsverhältnisse, etwa im Vergabe- oder Subventionsrecht sind jedoch privatrechtsförmig verfasst und unterfallen daher nicht dem VwVfG. So ist es nachvollziehbar, dass eine Entwicklung übergreifender Maßstäbe vor der Folie des VwVfG nicht das vorrangige Interesse gebildet hat. Der Gleichheitssatz verlangt die gleiche Chance auf den Zuschlag für alle Bewerber, die durch Verfahrensmechanismen sichergestellt werden muss. Im Folgenden sollen zunächst die diese Verfahren zentral prägenden Verfahrenselemente beschrieben werden, zweitens soll gezeigt werden, in welcher Weise sich das Verteilungsverfahren von dem Verfahrensbild des VwVfG entfernt.

---

[79] *Schmidt-Aßmann*, Grundrechtspositionen (Fn. 48), S. 99 ff.; *Andreas Engels*, Organallokation im Internationalen Verbundsystem, DV, Bd. 44 (2011), S. 347 ff.

[80] *BVerfG* (K), NJW 2006, S. 2613 – Auswahl von Insolvenzverwaltern; zum TPG *Schmidt-Aßmann*, Grundrechtspositionen (Fn. 48), S. 108 ff.; *Engels*, Organallokation (Fn. 79), S. 367 ff.

[81] *Schmidt-Aßmann*, Grundrechtspositionen (Fn. 48), S. 101 ff. – Richtlinien der Bundesärztekammer im Rahmen der Organtransplantation; *Thomas Gutmann/Bijan Fateh-Moghadam*, Rechtsfragen der Organverteilung, NJW 2002, S. 3365 (3365 ff.); *Heinrich Lang*, Deregulierte Verantwortungslosigkeit?, MedR 2005, S. 269 ff.; *Engels*, Organallokation (Fn. 79), S. 356 ff.

[82] *Karl-Jürgen Bieback*, Effizienzanforderungen an das sozialstaatliche Leistungsrecht, in: Hoffmann-Riem/Schmidt-Aßmann (Hrsg.), Effizienz, S. 127 (149 ff.); *Thorsten Kingreen*, Knappheit und Verteilungsgerechtigkeit im Gesundheitswesen, VVDStRL, Bd. 70 (2011), S. 152 (175 ff.). S.a. → Bd. I *Eifert* § 19 Rn. 121 sowie allg. zur Standardsetzung → Bd. I *Ruffert* § 17 Rn. 86 ff., *Eifert* § 19 Rn. 62 ff.

[83] *Hans-Heinrich Trute*, Katastrophenschutzrecht – Besichtigung eines verdrängten Rechtsgebiets, KritV, Bd. 88 (2005), S. 342 (357).

[84] *Bieback*, Effizienzanforderungen (Fn. 82), S. 151.

B. Erweiterungen des klassischen Verfahrenskonzepts

a) Wesentliche Verfahrenselemente

Die materielle Programmierung der Vergabeentscheidung geschieht durch die **Festlegung der Vergabekriterien.** Deren Ausgestaltung im Einzelnen ist in der Regel nicht dem Gesetzgeber vorbehalten.[85] Auch die numerus-clausus-Entscheidung des Bundesverfassungsgerichts,[86] die mitunter für die gegenteilige Ansicht herhalten muss,[87] fordert das nicht: Hier wird zutreffend festgehalten, dass die Anordnung der Zugangsbeschränkung für das Studium als solche einem strengen Gesetzesvorbehalt unterliegt,[88] während die Ausgestaltung der Kriterien im Einzelnen[89] – mit je nach Sachbereich intensiver Vorzeichnung durch den Gesetzgeber – delegiert werden kann.[90] So kann auch das Förderprogramm für Subventionen als Verwaltungsvorschrift gefasst sein, vorausgesetzt, es entspricht materiell den Vorgaben des Gleichheitssatzes.[91] Geht es hingegen um die Verteilung existentiell notwendiger Güter, intensivieren sich die Anforderungen an den Gesetzesvorbehalt, insbesondere wird eine Delegation auf parastaatliche Organe prekär.[92]

Bei den meisten Vergabeentscheidungen müssen dementsprechend die abstrakt vorgegebenen Kriterien („das wirtschaftlichste Angebot", § 97 Abs. 5 GWB; „Eignung, Befähigung und fachliche Leistung", Art. 33 Abs. 2 GG) noch durch die Verwaltung auf den in Aussicht genommenen Leistungsgegenstand hin konkretisiert werden.[93] Wegen dieses Konkretisierungsbedarfs wäre eine weitergehende gesetzliche Programmierung nicht sinnvoll; im Gegenteil, typischerweise sind der Verwaltung hier Gestaltungsspielräume eröffnet.[94] Einer solchen Selbstprogrammierung der Verwaltung in Verteilungsentscheidungen können rechtsstaatliche Sicherungen dann nur über das Verfahren eingezogen werden, indem die Verwaltung auf die vorgängige Aufstellung und Publikation möglichst konkreter Vergabekriterien verpflichtet wird,[95] an deren Einhaltung sie im folgenden Verfahren gebunden ist. Insofern ergibt sich auch für das Verteilungs-

---

[85] Anderes gilt dort, wo von einer bereits bestehenden gesetzlichen Regelung abgewichen werden soll: so das Problem der „vergabefremden Kriterien" im Hinblick auf § 97 Abs. 4 2. Hs. GWB; dazu *Hermann Pünder*, Zu den Vorgaben des grundgesetzlichen Gleichheitssatzes für die Vergabe öffentlicher Aufträge, VerwArch, Bd. 95 (2004), S. 38 (49); ausf. *F. Wollenschläger*, Verteilungsverfahren (Fn. 36), S. 96 ff.

[86] *BVerfGE* 33, 303 ff.

[87] *Andreas Voßkuhle*, Strukturen und Bauformen neuer Verwaltungsverfahren, in: Hoffmann-Riem/Schmidt-Aßmann (Hrsg.), Verwaltungsverfahren, S. 277 (292); ders., „Wer zuerst kommt ..." (Fn. 46), S. 36; ebenso *Badura*, Verteilungsordnung (Fn. 75), S. 543.

[88] *BVerfGE* 33, 303 (338 ff.). Zum Gesetzesvorbehalt allg. → Bd. I *Reimer* § 9 Rn. 23 ff.

[89] So auch für das Vergaberecht *Pünder*, Gleichheitssatz (Fn. 85), S. 51 f.

[90] *BVerfGE* 33, 303 (345 ff.) – mit der heutzutage angesichts eines propagierten Wettbewerbs unter den Universitäten etwas überholt anmutenden Vorstellung, eine Gleichbehandlung der Bewerber müsste durch bundesweit übereinstimmende Auswahlkriterien sichergestellt sein.

[91] *BVerwGE* 104, 220 (223); *BVerwG*, NVwZ 2003, S. 92.

[92] Dazu oben → Fn. 81.

[93] So zu Art. 33 Abs. 2 GG *Kunig*, Recht des öffentlichen Dienstes (Fn. 57), Rn. 86.

[94] So obliegt etwa eine ggf. notwendige Auswahl der geförderten Einrichtung durch den Träger der Jugendhilfe nur dem pflichtgemäßem Ermessen, § 74 Abs. 3 S. 2 SGB VIII; jetzt *BVerwGE* 134, 206 (Rn. 30).

[95] Z.B. § 9 Nr. 1 VOB/A: „Die Leistung ist eindeutig und so erschöpfend zu beschreiben, dass alle Bewerber die Beschreibung im gleichen Sinne verstehen müssen und ihre Preise sicher und ohne umfangreiche Vorarbeiten berechnen können".

§ 30 Ausgewählte Verwaltungsverfahren

verfahren eine **Konzeptpflicht**[96]. Dabei geht es weniger um das Problem der gerechten Verteilung in der Zeit,[97] sondern vielmehr um die rechtsstaatliche Verfassung des konkreten Verfahrens durch die vorgängige Aufstellung des Vergabeprogramms,[98] der Einzelfall muss in einen planmäßig angelegten Zusammenhang eingebettet werden.[99] Ohne eine solche vorgängige Konzeptualisierung läuft die gerichtliche Kontrolle leer, weil ihr der Maßstab fehlt.[100]

Allgemein kaum beantworten lässt sich die Frage nach der **Zulässigkeit einzelner Kriterien**;[101] eindeutige Verdikte sind selten: Die Gerechtigkeitsdefizite formeller Kriterien sind bekannt;[102] allerdings führt die Verwendung materieller Kriterien zu größeren, gerichtlich schwer zu kontrollierenden Entscheidungsspielräumen für die Verwaltung. Der Einsatz eines Versteigerungsverfahrens, wie etwa in § 61 Abs. 2 S. 1 TKG vorrangig vorgesehen, reduziert zwar den Entscheidungsspielraum, birgt aber die Gefahr von Fehlallokationen.

19 Die gleiche Chance auf den Zuschlag für alle Bewerber erfordert vor allem die **gleichmäßige Information aller Interessierten** über den zu verteilenden Gegenstand.[103] Das geschieht bei Verteilungsentscheidungen, bei denen der in Betracht kommende Adressatenkreis typischerweise unbestimmt ist, in der Regel über allgemeine Bekanntmachung. Sieht das einschlägige Gesetz solche Informationen nicht vor, ergibt sich ein Anspruch unmittelbar aus dem betroffenen Grundrecht, z.B. Art. 12 GG.[104]

20 **Bekanntgabe der Entscheidung:** Häufig, aber nicht typischerweise, wird der sich an das Verteilungsverfahren anschließenden Zuteilungsentscheidung von der Rechtsordnung eine besondere Stabilität zugemessen,[105] oder aber die Ressourcennutzung ist zeitlich begrenzt. In diesen Fällen kann der Grundsatz effektiven Rechtsschutzes erfordern, dass die unterlegenen Bewerber vor der irreversiblen Zuteilung durch eine Information die Möglichkeit erhalten, durch vorläufigen Rechtsschutz endgültige Zustände zu verhindern,[106] falls nicht die

---

[96] So jetzt *BVerwGE* 134, 206 (Rn. 31); ausf. *F. Wollenschläger*, Verteilungsverfahren (Fn. 36), S. 536 ff.
[97] Dazu *Voßkuhle*, Neue Verwaltungsverfahren (Fn. 87), S. 294 f. Allg. zur Zeitrichtigkeit des Verwaltungshandelns → Bd. II *Pitschas* § 42 Rn. 139 ff.
[98] → Bd. II *Schneider* § 28 Rn. 106. S.a. → Bd. I *Hoffmann-Riem* § 10 Rn. 117; Bd. II *Hill/Martini* § 34 Rn. 57 f.
[99] *Badura*, Verteilungsordnung (Fn. 75), S. 534.
[100] *F. Wollenschläger*, Verteilungsverfahren (Fn. 36), S. 537.
[101] Allgemein *F. Wollenschläger*, Verteilungsverfahren (Fn. 36), S. 554 ff.; *Malaviya*, Verteilungsentscheidungen (Fn. 36), S. 131 ff.; zu § 70 GewO *Ruthig/Storr*, Öffentliches Wirtschaftsrecht (Fn. 40), Rn. 255 ff.; *Kupfer*, Verteilung knapper Ressourcen (Fn. 36), S. 228 ff.
[102] *Ruthig/Storr*, Öffentliches Wirtschaftsrecht (Fn. 40), Rn. 257 f.; *F. Wollenschläger*, Verteilungsverfahren (Fn. 36), S. 558 f.
[103] *BVerfGE* 73, 280 (296); *Pünder*, Gleichheitssatz (Fn. 85), S. 50; *F. Wollenschläger*, Verteilungsverfahren (Fn. 36), S. 550 f.
[104] *BVerwGE* 118, 270 (271 ff.) – Information vor der Neuvergabe einer Konzession im Kraftfahrtlinienverkehr nach dem PBefG.
[105] Vgl. z.B. § 114 Abs. 2 GWB: „Ein einmal erteilter Zuschlag kann nicht aufgehoben werden"; zum Grundsatz der Ämterstabilität *BVerwGE* 138, 102 (110 f., Rn. 30 f.); allgemein *F. Wollenschläger*, Verteilungsverfahren (Fn. 36), S. 622 ff.
[106] § 101a Abs. 1 GWB. Für das Beamtenrecht *BVerwGE* 138, 102 (110 ff., Rn. 31 ff.); ausf. *Matthias H. Klingner*, Die Vorabinformation des öffentlichen Auftraggebers, 2005; *Şirin Özfirat-Skubinn*, Rechtswidrige Beamtenernennungen, bei denen der Rechtsschutz eines Mitbewerbers vereitelt wird, 2011; zu § 70 GewO *BVerfG* (K), NJW 2002, S. 3691 (3692); zur Aufnahme in den Krankenhausplan nach KHG *BVerfG* (K), NVwZ 2004, S. 718 (Zulassung einer Konkurrentenklage wegen Art. 19 Abs. 4 GG).

B. Erweiterungen des klassischen Verfahrenskonzepts

einschlägige Materie einem Aufschub des Verfahrens ausnahmsweise entgegensteht.[107] Im letzteren Fall ist Rechtsschutz über die nachträgliche Feststellungsklage oder eine präventive Klage, ggf. auch gegen die Verteilungsmaßstäbe zu suchen.[108]

Folgerechte: Das streng formalisierte Verteilungsverfahren hat Folgen auch für das einmal zustande gekommene Rechtsverhältnis, weil es unter den Bedingungen des an Chancengleichheit orientierten Verfahrens entstanden ist. So sind etwa Nachverhandlungen mit Auftragnehmern im Recht der öffentlichen Aufträge dann nicht zulässig, wenn sie dem Auftragnehmer Konditionen zugestehen, zu denen er den Auftrag nicht hätte erhalten können. **21**

b) Abweichungen vom Standardverfahren

Das Verteilungsverfahren weicht in mehrerer Hinsicht von dem Standardverfahren des VwVfG ab. Der Beteiligtenbegriff des § 13 VwVfG zeigt, dass die Besonderheiten der typischerweise eine Mehrzahl von Bewerbern umfassenden Verteilungsverfahren für die Erarbeitung des VwVfG nicht berücksichtigt wurden[109]: Zu Beginn des Verfahrens lässt sich noch nicht identifizieren, gegenüber wem die Behörde die betreffende Verwaltungsmaßnahme erlassen will. Der Untersuchungsgrundsatz (§ 24 VwVfG) gilt für Verteilungsverfahren allenfalls modifiziert, so darf die Behörde typischerweise nicht in individuelle Kommunikation mit einem Bewerber eintreten, um diesem keinen Informationsvorsprung zu verschaffen.[110] Eine individuelle Beratung (§ 25 VwVfG) einzelner Beteiligter kann die gebotene Neutralität der Behörde beeinträchtigen. Jedenfalls in streng formalisierten Verteilungsverfahren wie dem Vergabeverfahren findet eine Anhörung (§ 28 VwVfG) gerade nicht statt, vielmehr ist die Kommunikation zwischen Bewerber und Behörde durch Ausschreibung und Angebot aus Gleichheitsgründen formalisiert. Verfassungsgeboten kann die Anhörung nur dort sein, wo ein förmliches Vergabeverfahren nicht stattfindet.[111] Schließlich kann dem einzelnen Mitbewerber in der Regel keine Akteneinsicht (§ 29 VwVfG) gestattet werden, damit seine Chancen im Verfahren nicht ungleich erhöht werden. **22**

c) Hinweis: Verteilung durch Private

Unter besonderen Umständen können derartige Verteilungsverfahren auch von Privaten durchzuführen sein, insbesondere wenn diese über entsprechende Infrastruktur verfügen. Beispiele bilden die privaten Netzbetreiber im Rundfunk- und Telekommunikationsbereich.[112] Hier muss der Staat in Verfolgung seiner Gewährleistungspflicht die Privaten ggf. zur Durchführung derartiger Verteilungsverfahren verpflichten. **23**

---

[107] *BVerfG* (K), NJW 2006, S. 2613 – Auswahl von Insolvenzverwaltern.
[108] *Schmidt-Aßmann*, Grundrechtspositionen (Fn. 48), S. 109 ff.
[109] *F. Wollenschläger*, Verteilungsverfahren (Fn. 36), S. 642 ff.; *Malaviya*, Verteilungsentscheidungen (Fn. 36), S. 253 ff.
[110] Vgl. das Verhandlungsverbot in § 24 VOB/A.
[111] Etwas weit daher *Ruthig/Storr*, Öffentliches Wirtschaftsrecht (Fn. 40), Rn. 78.
[112] Zu § 22 Abs. 1 LMedienG BW *Kupfer*, Verteilung knapper Ressourcen (Fn. 36), S. 167 u. dort Fn. 139; zu § 19 TKG *Hermann-Josef Piepenbrock/Thorsten Attendorn*, in: Martin Geppert u.a. (Hrsg.), Beck'scher TKG-Kommentar, 3. Aufl. 2006, § 19 Rn. 92.

II. Verfahren der Wissensgenerierung*

1. Das Thema

24 Wissensgenerierung wird in dem Moment zu einem Thema des Verfahrensrechts, in dem die Verwaltung das erforderliche Wissen zur Anwendung der für sie maßgeblichen Normen erst erzeugen muss,[113] insbesondere durch Zusammenarbeit mit Privaten, während es im hergebrachten Rechtsstaatsmodell als in der staatlichen Organisation vorhanden oder jedenfalls für ihren Zugriff bereitstehend vorausgesetzt wurde. Dieses Phänomen, das in den letzten Jahren eindringlich u.a. von *Karl-Heinz Ladeur* analysiert worden ist,[114] betrifft vor allem das **Risikorecht**[115]: Innovative Produkte oder Stoffe erzeugen Wirkungen und ziehen Folgen nach sich, für deren Beurteilung kein abstraktes, inhaltlich determiniertes Entscheidungsprogramm normiert werden kann, die Risikosteuerung muss daher an administrative Verfahren delegiert werden, in welchen das maßgebliche Risikowissen erst generiert wird.[116] Parallele Entwicklungen spielen sich im Recht der Regulierungsverwaltung ab: Das von den Behörden benötigte Regulierungswissen, etwa über Marktwirkungen eines bestimmten Vertriebsmodells oder einer neuen Technologie, wird erst im Kommunikationsprozess mit den Marktteilnehmern erzeugt.

a) Das fehlende Wissen

25 Dieser Abschnitt beschreibt also verfahrensrechtliche Konsequenzen, die sich aus einer sich verändernden Struktur relevanten Wissens ergeben:
Zum einen vollzieht sich eine **Dynamisierung von Entscheidungswissen.** So verweist der Gesetzgeber in einschlägigen Gesetzen auf Tatbestände, die Bezug nehmen auf die Folgen gentechnisch veränderter Organismen für die „Umwelt in ihrem Wirkungsgefüge" (§ 1 Nr. 1 GenTG), auf die Auswirkungen von Pflanzenschutzmitteln „auf den Naturhaushalt sowie auf den Hormonhaushalt von

---

* Dieser Abschnitt verdankt wesentliche Vorarbeiten *Burkard Wollenschläger*. Zum Ganzen *ders.,* Wissensgenerierung im Verfahren, 2009.

[113] → Bd. I *Franzius* § 4 Rn. 97 ff.; Bd. II *Vesting* § 20 Rn. 49 f.

[114] Etwa *Karl-Heinz Ladeur*, Alternativen zum Konzept der „Grenzwerte" im Umweltrecht – Zur Evolution des Verhältnisses von Norm und Wissen im Polizeirecht und im Umweltplanungsrecht, in: Gerd Winter (Hrsg.), Grenzwerte, 1986, S. 263 ff.; *ders.,* Das Umweltrecht der Wissensgesellschaft, 1995; *ders.,* Privatisierung öffentlicher Aufgaben und die Notwendigkeit der Entwicklung eines neuen Informationsverwaltungsrechts, in: Hoffmann-Riem/Schmidt-Aßmann (Hrsg.), Informationsgesellschaft, S. 225 ff.; *ders.,* Die Regulierung von Selbstregulierung und die Herausbildung einer „Logik der Netzwerke", DV, Beiheft 4, 2001, S. 59 ff.; im Anschluss daran z.B. *Wolfgang Hoffmann-Riem*, Ermöglichung von Flexibilität und Innovationsoffenheit im Verwaltungsrecht, in: ders./Schmidt-Aßmann (Hrsg.), Innovation, S. 9 (63 ff.); *ders.,* Gesetz und Gesetzesvorbehalt im Umbruch. Zur Qualitäts-Gewährleistung durch Normen, AöR, Bd. 130 (2005), S. 5 (34 ff.).

[115] Vgl. a. → Bd. II *Pitschas* § 42 Rn. 175 ff.

[116] *Arno Scherzberg,* Risikosteuerung durch Verwaltungsrecht: Ermöglichung oder Begrenzung von Innovationen?, VVDStRL, Bd. 63 (2004), S. 214 (246); *ders.,* Wissen, Nichtwissen und Ungewissheit im Recht, in: Christoph Engel/Jost Halfmann/Martin Schulte (Hrsg.), Wissen – Nichtwissen – Unsicheres Wissen, 2002, S. 113 (135 ff.); *Hans-Heinrich Trute/Doris Kühlers/Ralf Denkhaus*, Governance in der Verwaltungsrechtswissenschaft, DV, Bd. 37 (2004), S. 451 (463); *Quabeck,* Dienende Funktion (Fn. 20), S. 191 ff.

Mensch und Tier" (§ 15 Abs. 1 Nr. 3e) PflSchG) oder auf die Eigenschaft eines Marktes, durch „beträchtliche und anhaltende strukturell oder rechtlich bedingte Marktzutrittsschranken gekennzeichnet" zu sein (§ 10 Abs. 2 TKG). Das zur Beurteilung dieser Fragen erforderliche Wissen ist in hohem Maße veränderungsanfällig und vorläufig, dynamisch und instabil.[117] Als Wissen lässt es sich im Grunde nur zusammen mit Mechanismen denken, die Revisibilität und Lernfähigkeit garantieren.[118] Es ist zudem weiträumig in der Gesellschaft verteilt (ubiquitär) und lässt sich nicht an einem Ort konzentriert vorstellen.[119]

Dies erfordert die **Installation von Kooperationsprozessen,** die das erforderliche Entscheidungswissen erst mobilisieren. Weil es sich bei den im Folgenden beschriebenen Rechtsbereichen durchgängig um Realbereiche mit derartigen veränderungsoffenen und ubiquitären Wissensstrukturen handelt, muss die mit der Administration dieser Bereiche betraute Verwaltung über die nötigen Mechanismen zur Generierung des notwendigen Wissens verfügen. Das der Verwaltung zur Bewältigung dieser Bereiche an die Hand gegebene oder von ihr konstituierte Rechtsinstrumentarium muss an die strukturellen Vorgaben des Realbereichs angepasst werden.[120]

Ziel des Themas „Wissensgenerierung" ist es, gemeinsame Verfahrenskonzepte dieser unterschiedlichen Gegenstandsbereiche zu identifizieren und (auf einer mittleren Abstraktionsebene) zu beschreiben. Dadurch können die Diskussionen der unterschiedlichen Rechtsgebiete miteinander verzahnt werden, die sich neben der Beschreibung der Realbereiche und der dort vorfindlichen Verfahrensphänomene mit den Konsequenzen für eine gesetzgeberische Steuerung und gerichtliche Kontrolle befassen müssen.

b) Verfahren der Wissensgenerierung und das VwVfG

Jedes Verfahren enthält als notwendige Vorstufe vor der eigentlichen Entscheidung Phasen der Informationsgewinnung und -verarbeitung und damit wissensgenerierende Elemente. Gesetzlichen Ausdruck hat diese Informationsphase in § 24 VwVfG gefunden. Gegenstand dieser **Informationsgewinnungsphase** ist jedoch herkömmlicherweise nur „der Sachverhalt" und damit das auf den Einzelfall bezogene Entscheidungswissen (vgl. auch § 24 Abs. 2 VwVfG). Das zur Subsumtion des Einzelfalls unter die Norm nötige Erfahrungs- und Regelwissen wird hingegen als stabil und bekannt vorausgesetzt.[121]

26

Die hier als wissensgenerierende Verfahren ausgewiesenen Entscheidungskonstellationen zeichnen sich nun dadurch aus, dass ein solches Regel- oder Erfahrungswissen nicht mehr ohne weiteres als bekannt vorausgesetzt werden kann bzw. in komplexen Regelungsgefügen die Unterscheidung zwischen All-

---

[117] *Arno Scherzberg,* Risiko als Rechtsproblem, VerwArch, Bd. 84 (1993), S. 484 (500).
[118] Zu einem so verstandenen Wissensbegriff aus wissenssoziologischer Sicht: *Helmut Willke,* Organisierte Wissensarbeit, Zeitschrift für Soziologie Bd. 27 (1998), S. 161 (161); *ders.,* Systemisches Wissensmanagement, 2001, S. 353 ff; *ders.,* Supervision des Staates, 1997, S. 152. S. a. → Bd. II *Ladeur* § 21 Rn. 56, 69.
[119] *Claudio Franzius,* Governance und Regelungsstrukturen, VerwArch, Bd. 97 (2006), S. 186 (190).
[120] *Hoffmann-Riem,* Flexibilität und Innovationsoffenheit (Fn. 114), S. 63 ff.
[121] Zu dem Vorbild des § 24 VwVfG, § 86 VwGO, in diesem Sinne *Michael Dawin,* in: Schoch/Schmidt-Aßmann/Pietzner (Hrsg.), VwGO, § 108 Rn. 13: „Die Erfahrungssätze gewinnt der Richter aus seiner Lebens- und Welterfahrung".

§ 30 Ausgewählte Verwaltungsverfahren

gemeinem und Besonderem an Bedeutung verliert und somit nicht nur das Besondere Gegenstand des Generierungsprozesses sein kann.[122] Das Grundmodell des § 24 VwVfG eignet sich für diese Verfahrenskonstellationen nicht mehr[123] – erforderlich sind vielmehr **komplexere Verfahrensstrukturen,** die auf Bedeutungszuwachs, Instabilität und Ubiquität des zu generierenden Wissens zugeschnitten sind. Dem Erfordernis, systematisch auf weiträumig verteiltes Wissen zurückgreifen zu müssen, wird die Konzeption einer grundsätzlich bei der Behörde liegenden Wahrnehmungszuständigkeit für die Erzeugung relevanten Entscheidungswissens, wie sie dem Amtsermittlungsgrundsatz des § 24 VwVfG zu Grunde liegt, nicht mehr gerecht.

27   Diese Entscheidungskonstellationen werden häufig als *Entscheidungen unter Ungewissheitsbedingungen* bezeichnet, weil die Ungewissheit in den Entscheidungsgrundlagen in der Regel nicht vollständig auszuräumen sein wird und der Gesetzgeber dies – anders als im Grundmodell des § 24 VwVfG – nicht verlangt. Mit dem Prädikat der Ungewissheit ist jedoch lediglich das Problem aufgezeigt; der positive Auftrag der Wissensgenerierung mit dem Ziel der Ungewissheitsreduktion, dem das Verfahren begegnen muss, wird hingegen zu sehr ausgeblendet.[124]

In diesen Fällen geht es auch nicht lediglich um eine „komplexe Entscheidung" mit mehrpoligen Interessenstrukturen, die als einzelne wissensmäßig erfasst werden könnten, sondern darüber hinaus gleichzeitig um Verwaltungshandeln, dem lediglich instabile und unvollkommene Wissensbestände zu Grunde gelegt werden können.

Wird der Ausgangspunkt bei der Instabilität der Wissensbestände gewählt, zeigt sich ferner, dass das Verfahren auch die Begrenzung auf die Zeit „vor" der Entscheidung überschreiten muss, wie sie in § 9 VwVfG mit der Formel: „auf Erlass des Verwaltungsaktes gerichtet" angelegt ist. Das Verfahren wird über die getroffene Entscheidung hinaus zum kontinuierlichen, allerdings von Zäsuren untergliederten (gestuften) Prozess, der Revisibilität und Modifikationsmöglichkeiten gewährleisten muss.

c) Anordnung durch den Gesetzgeber

28   Die Aufgabe der Wissensgenerierung resultiert aus der Verwendung **unbestimmter Rechtsbegriffe** in den gesetzlichen Tatbeständen,[125] für deren Anwendung die Verwaltung nicht auf in der staatlichen Organisation vorhandenes Erfahrungswissen zurückgreifen kann. Sie unterscheiden sich in dieser Hinsicht von den klassischen unbestimmten Rechtsbegriffen, die, wie etwa der polizei-

---

[122] → Bd. II *Vesting* § 20 Rn. 7; *Ivo Appel,* Methodik des Umgangs mit Ungewissheit, in: Schmidt-Aßmann/Hoffmann-Riem (Hrsg.), Methoden, S. 327 (338); *Ladeur,* Selbstregulierung (Fn. 114), S. 62 ff.; *ders.,* Privatisierung öffentlicher Aufgaben, in: Hoffmann-Riem/Schmidt-Aßmann (Hrsg.), Informationsgesellschaft, S. 225 (237).

[123] → Bd. II *Schneider* § 28 Rn. 41; positiver *Hufen,* Fehler, Rn. 133: Untersuchungsgrundsatz als „Sicherung eines möglichst offenen, die unterschiedlichen Auffassungen zur Geltung bringenden Prozesses".

[124] *Hoffmann-Riem,* Methoden einer anwendungsorientierten Verwaltungsrechtswissenschaft, in: Schmidt-Aßmann/ders. (Hrsg.), Methoden, S. 5 (63). S. a. → Bd. II *Vesting* § 20 Rn. 46, 49, *Pitschas* § 42 Rn. 185 ff.

[125] Dazu *Indra Spiecker gen. Döhmann,* Informationsgewinnung im Umweltrecht durch materielles Recht, DVBl 2006, S. 278 ff.

B. Erweiterungen des klassischen Verfahrenskonzepts

rechtliche Gefahrenbegriff, implizit auf in der Gesellschaft vorhandenes Wissen verweisen.[126] Das wird insbesondere auch dann deutlich, wenn der Gesetzgeber nicht mehr auf den „Stand der Technik" verweist, was als Einbeziehung vorhandener technischer Normen oder technischer Konventionen verstanden werden kann[127] und insofern auf zwar nicht aktuell präsentes, jedoch der Verwaltung wie Gesetzgeber und Gerichten zugängliches Wissen rekurriert. Der Verweis auf den „Stand der Wissenschaft", wie er stattdessen in einigen der hier behandelten Rechtsbereiche anzutreffen ist, suggeriert zwar einen vergleichbaren Schatz von Erfahrungen, an den umstandslos angeknüpft werden kann. Wissenschaftliches Wissen kann jedoch nicht einfach festgestellt und angewendet werden, vielmehr muss es erst im jeweiligen Verwendungskontext mit und neu produziert werden.[128] Indem der Gesetzgeber also nicht mehr auf stabile Erfahrungen verweist, delegiert er den Prozess der Wissensgenerierung an das Verfahren.

2. Einzelne Rechtsgebiete

Das Thema der Wissensgenerierung wird besonders deutlich in komplexen Regelungsmaterien, die sich durch destabilisierte und diffundierte Wissensbestände auszeichnen. Für diese sind im Folgenden das **Risikorecht**, das **Regulierungsrecht** und Fälle aus dem **Wirtschaftsrecht** beispielhaft aufgeführt. Vergleichbare Phänomene können durchaus in weiteren Rechtsbereichen identifiziert werden, etwa im Medien- und Wissenschaftsrecht,[129] im Recht der Gewährleistungsverwaltung,[130] im Produktsicherheitsrecht oder im Sozialrecht. Umgekehrt lassen sich Regelungsstrukturen als defizitär beschreiben, die keine adäquaten Mechanismen zur Bearbeitung des Wissensproblems aufweisen, wie etwa das Anlagensicherheitsrecht, das mit einer staatlichen Verantwortung für die Risikovermeidung noch zu einseitig auf klassische Strategien setzt.[131]

a) Risikorecht (stoffbezogenes Umweltrecht)

Im Risikorecht stellen sich vor (und nach) der Zulassung Fragen, für die das vorhandene Erfahrungswissen nicht ausreicht, etwa danach, welche Konsequenzen einer Freisetzung oder einem In-Verkehrbringen gentechnisch veränderter Organismen für das Ökosystem zukommen, welche Folgen bestimmte Chemikalien für den Naturhaushalt haben oder mit welchen Wirkungen und Nebenwirkungen eines zugelassenen Medikaments zu rechnen ist. Hinsichtlich solcher Materien kann der Gesetzgeber die Verwaltung nicht mehr an gesetz-

---

[126] *Scherzberg*, Risiko (Fn. 117), S. 493 m. w. N.
[127] Dazu → Bd. I *Ruffert* § 17 Rn. 89; *Eifert* § 19 Rn. 63.
[128] *Hans-Heinrich Trute*, Staatliches Risikomanagement im Anlagenrecht, in: Eibe Riedel (Hrsg.), Risikomanagement im öffentlichen Recht, 1997, S. 55 (102 f., 56); *Appel*, Methodik (Fn. 122), S. 335.
[129] *Karl-Heinz Ladeur*, Normkonkretisierende Verwaltungsvorschriften als Recht privat-öffentlicher Kooperationsverhältnisse, DÖV 2000, S. 217 (218 ff.); *ders.*, Selbstregulierung (Fn. 114), S. 59 ff.; *Hans-Heinrich Trute*, Ungleichzeitigkeiten in der Dogmatik: Das Wissenschaftsrecht, DV, Bd. 27 (1994), S. 301 (314 ff.).
[130] *Andreas Voßkuhle*, Beteiligung Privater an der Wahrnehmung öffentlicher Aufgaben und staatliche Verantwortung, VVDStRL, Bd. 62 (2003), S. 267 (309).
[131] *Trute*, Risikomanagement (Fn. 128), S. 56; ähnlich *Appel*, Methodik (Fn. 122), S. 336; vgl. ferner zum Recht des Katastrophenschutzes *Trute*, Katastrophenschutzrecht (Fn. 83), S. 352 f.

liche Tatbestände binden, die auf dem Richter zugängliche Vergleichsmaßstäbe und ihm vertraute Erfahrungsaussagen sowie auf einen hinreichend feststehenden, durch Sachverständige reproduzierbaren Wissenschaftsstand verweisen.[132]

– So ist in § 15 Abs. 1 PflSchG für die Zulassung von Pflanzenschutzmitteln das Erfordernis aufgestellt, die Prüfung des Pflanzenschutzmittels müsse ergeben, dass das Pflanzenschutzmittel nach dem Stande der wissenschaftlichen Erkenntnisse und der Technik bei bestimmungsgemäßer und sachgerechter Anwendung oder als Folge einer solchen Anwendung u.a. „keine nicht vertretbaren Auswirkungen auf die zu schützenden Pflanzen und Pflanzenerzeugnisse" und „keine sonstigen nicht vertretbaren Auswirkungen, insbesondere auf den Naturhaushalt sowie auf den Hormonhaushalt von Mensch und Tier" hat. Damit verweist der Gesetzgeber auf Erkenntnisquellen, die sich dem klassischen Kreislauf von Gesetzgeber, Verwaltung und Rechtsprechung entziehen.

– In § 16 Abs. 1 i.V.m. § 1 Nr. 1 GenTG ist es vor allem der Begriff der unvertretbaren schädlichen Einwirkungen auf die Umwelt in ihrem Wirkungsgefüge, der das Problem eines vollzugsfähigen Maßstabs aufwirft.[133]

Hier lässt sich die Konkretisierung des Inhalts der Rechtsnorm nicht mehr vorab, auch nicht über durch die Verwaltung erstellte Regeln vornehmen, sondern muss inkrementell jeweils im Rahmen einzelner Entscheidungen erarbeitet werden. Der Gesetzgeber installiert deshalb einen **Kooperationsprozess,** ein Verfahren zur Wissensermittlung zwischen privatem Antragsteller, externem Sachverstand und staatlicher Behörde[134] mit typischerweise in Kommissionen organisiertem Sachverstand. Die in diesen Verfahren ergehenden Entscheidungen werden als „Dreiecksentscheidung zwischen Antragsteller, Behörde und Kommission" beschrieben.[135] Die rechtsstaatlichen und demokratischen Probleme liegen auf der Hand. Ihnen kann nur verfahrensrechtlich begegnet werden.[136]

b) Regulierungsrecht, insbesondere Telekommunikationsrecht

31 Die Regulierungsaufgabe der Bundesnetzagentur im Bereich der Telekommunikation meint einen **Auftrag zur Marktstrukturierung.**[137] Auf einem bisher monopolistisch geprägten Markt soll Wettbewerb hergestellt und gesichert sowie gleichzeitig Versorgungssicherheit gewährleistet werden (§ 1 TKG). Dieser multifinale Auftrag (vgl. insbes. § 2 TKG) und die Tatsache, dass die Netz- und Technologieabhängigkeit der Telekommunikation auch längerfristig nicht in allen Bereichen wirksamen Wettbewerb erwarten lässt, unterscheiden die Telekommunikationsregulierung maßgeblich von der allgemeinen Wettbewerbsauf-

---

[132] *Udo Di Fabio*, Risikoentscheidungen im Rechtsstaat, 1994, S. 277.
[133] Zur Diskussion ausführlich *Armin Karthaus*, Risikomanagement durch ordnungsrechtliche Steuerung, 2001, S. 169 ff.; *Andreas Fisahn*, Beschleunigung und Schadensbegriff im Gentechnikrecht, NuR 2004, S. 145 ff.; *V. Brand/G. Winter*, Rechtliche Maßstäbe der Risikobewertung und des Risikomanagements, in: Broder Breckling u. a. (Hrsg.), Fortschreibung des Konzeptes zur Bewertung von Risiken bei Freisetzungen und In-Verkehr-Bringen gentechnisch veränderter Organismen, 2004, S. 212 (247); *SRU*, Handlungsfähigkeit sichern, Umweltgutachten 2004, Rn. 873.
[134] *Appel*, Methodik (Fn. 122), S. 340 f.; *Di Fabio*, Risikoentscheidungen (Fn. 132), S. 277.
[135] *Di Fabio*, Risikoentscheidungen (Fn. 132), S. 128 ff. für das Gentechnikrecht.
[136] → Rn. 34 ff.
[137] Vgl. a. → Bd. I *Schulze-Fielitz* § 12 Rn. 57 ff., *Eifert* § 19 Rn. 112 ff.

B. Erweiterungen des klassischen Verfahrenskonzepts

sicht[138]: Die Bundesnetzagentur[139] verfolgt ein Bündel von Zielen der Regulierung (§ 2 TKG) auf einem Markt, dessen technische und ökonomische Grundlagen einem raschen Wandel unterliegen und der daher selber extrem dynamisch ist. Erfahrungswissen über die Bedeutung von technischen Innovationen aber auch über die Marktauswirkungen bestimmter Produkte liegt nicht vor. Über die möglichen Folgen behördlicher Eingriffe in das Marktgeschehen besteht bei der Wirtschaftsregulierung gleichfalls Unsicherheit, weil die Behörde aufgrund möglicher Interventionen einer Vielzahl von Marktbeteiligten nicht von einfachen Kausalitätsannahmen ausgehen kann. Insgesamt besteht also eine **hohe Ungewissheit** sowohl über Voraussetzungen wie über Folgen des behördlichen Handelns.[140] Dieser Komplexität der marktgestaltenden Regulierungsentscheidungen kann die Bundesnetzagentur nur mit einer **weit gespannten Informationsgewinnung** gerecht werden.[141] Ein bei der Behörde konzentrierter Sachverstand genügt nicht für eine rationale Ermittlung und Entscheidung; vielmehr ist die Behörde auf die Kenntnisse und detaillierten Informationen von Anwendern, Konkurrenten und Nutzern angewiesen und muss in Zusammenarbeit mit diesen Marktteilnehmern das notwendige Wissen erst erzeugen.

Gesetzliche Tatbestände, in denen der Gesetzgeber auf solches erst in Generierungsprozessen entstehende Wissen verweist, haben etwa die Frage zum Gegenstand, ob ein Markt „durch beträchtliche und anhaltende strukturell oder rechtlich bedingte Marktzutrittsschranken gekennzeichnet [ist]" und daher einer Regulierung unterworfen werden soll (§ 10 Abs. 1 TKG). Gleichermaßen unbestimmt ist im Rahmen der Entgeltregulierung der Begriff der Kosten einer effizienten Leistungsbereitstellung, an dem sich die Entgelte sowohl im Rahmen der Einzelgenehmigung als auch für das Price-Cap-Verfahren zu orientieren haben (§§ 30 ff. TKG). Hier ergeben sich erhebliche Spielräume für die Bundesnetzagentur, weil eine Prognose der Kosten verlangt wird, die bei effizientem Arbeiten eines marktbeherrschenden Unternehmens auftreten.[142] Diese Gestaltungsspielräume sind daher in einen **komplexen prozeduralen Regulierungsansatz** eingebunden, der auf die **Generierung entscheidungserheblicher Wissensbestände** abzielt[143]:

- **Temporalisierung und Verfahrensstufung** arbeiten den komplexen Regulierungsrahmen schrittweise ab: Auf einer globalen Ebene prägt eine Entscheidungssegmentierung den gesamten Regulierungsansatz des Telekommunikationsgesetzes: In einem ersten Schritt werden im Rahmen einer Marktdefinition diejenigen Märkte ermittelt, die aufgrund ihrer Besonderheiten für eine sektorspezifische Regulierung in Betracht kommen (§ 10 Abs. 1 TKG); im zweiten Schritt, der Marktanalyse, wird ermittelt, ob auf diesem Markt wirksamer

32

---

[138] Zur Wissensgenerierung im Energierecht *Gabriele Britz*, Energie, in: Fehling/Ruffert (Hrsg.), Regulierungsrecht, § 9 Rn. 71 ff., 140 ff.; *Karsten Herzmann*, Konsultationen, 2010.

[139] Zu ihr vgl. → Bd. I *Trute* § 6 Rn. 68, *Wißmann* § 15 Rn. 70, *Eifert* § 19 Rn. 139 ff.

[140] *Hans-Heinrich Trute*, Regulierung – am Beispiel des Telekommunikationsrechts, in: FS Wilfried Brohm, 2002, S. 169 (176).

[141] *Matthias Röhl*, Die Regulierung der Zusammenschaltung, 2002, S. 198; *Ladeur*, Normkonkretisierende Verwaltungsvorschriften (Fn. 114), S. 224.

[142] *Monopolkommission*, Wettbewerbsentwicklung bei Telekommunikation und Post 2001, Rn. 108 ff.; *Barbara Stamm*, Die Entgeltregulierung im Telekommunikationsgesetz, 1998, S. 228 ff.

[143] *Dieter Wolfram*, Prozeduralisierung des Verwaltungsrechts: am Beispiel des amerikanischen Medien- und Telekommunikationsrechts, 2005, S. 203 ff.

Wettbewerb besteht (§ 11 Abs. 1 S. 1 TKG). Erst auf Grundlage dieser im Rahmen der Marktdefinition und Marktanalyse gesammelten Erkenntnisse erfolgt u.U. in einem dritten Schritt die Auferlegung einer oder mehrerer regulatorischer Maßnahmen.

Gleichzeitig werden Elemente einzelner Genehmigungstatbestände in auf Iteration angelegten Verfahrensarrangements erst produziert. Hierbei konkretisiert die Behörde in zeitlich aufwendig ausgestalteten Verfahren offen formulierte Tatbestandsmerkmale.[144]

– Umfassende Beteiligungsvorschriften zielen auf eine **Verknüpfung privater und** öffentlicher **Wissensbestände:** Für die Prozesse der Marktdefinition und Marktanalyse sieht das TKG Verfahren der Wissensgewinnung mit dem Anhörungsverfahren des § 12 Abs. 1 TKG explizit vor. Nicht ausdrücklich vorgesehen, wird ein Anhörungsverfahren auch im Falle der *Entgeltregulierung* durchgeführt, dem Kernstück der Telekommunikationsregulierung.[145] In einem solchen Verfahren veröffentlicht die Behörde zunächst eine Mitteilung über den geplanten Gegenstand der Regulierung und gibt damit allen Interessierten die Möglichkeit zur Stellungnahme (Kommentierungsverfahren, § 36 Abs. 1 TKG). Erst auf der Grundlage der durch dieses Kommentierungsverfahren gewonnenen Kenntnisse wird das eigentliche adressatenorientierte Verwaltungsverfahren gegenüber dem Regulierungsunterworfenen eröffnet und dieser u.a. angehört. Die beabsichtigte Entscheidung wird wiederum vor ihrer endgültigen Verabschiedung zur öffentlichen Kommentierung bekannt gemacht (§ 36 Abs. 2 TKG).

– Die Ausarbeitung von Regulierungskonzepten ist auf eine vorübergehende Festschreibung der offenen Genehmigungstatbestände gerichtet. Für den Bereich der **Entgeltregulierung** hat die Regulierungsbehörde in einem kooperativ ausgestalteten Verfahren mehrere Kostenmodelle entwickelt, die einen vollzugsfähigen Maßstab für eine Vielzahl von Genehmigungsentscheidungen liefern und damit die Grundlage für eine gleichmäßige Gesetzesanwendung darstellen.[146]

c) Öffentliches Wirtschaftsrecht

33 Vergleichbare Verfahrensmechanismen lassen sich in weiteren Gebieten des öffentlichen Wirtschaftsrechts identifizieren. So lässt sich für das **allgemeine Kartellrecht** sagen, dass die Beteiligten am Diskurs über den Sachverhalt sowie über die angemessene Rechtsfolge mitwirken.[147] Jedenfalls dann, wenn es darum geht, Wettbewerbsbeschränkungen auf Märkten für innovative Produkte zu

---

[144] Dies gilt etwa für den Entwurf analytischer Kostenmodelle; vgl. zu ihrer Bedeutung für die Regulierungspraxis die ausführlichen Dokumente auf der Internetseite der Bundesnetzagentur unter: www.bundesnetzagentur.de.

[145] Ausführlich hierzu *M. Röhl*, Regulierung (Fn. 141), S. 195 ff.

[146] Dies gilt sowohl für das Price-Cap-Verfahren, das bereits normativ durch seine Zweistufigkeit auf konzeptionelle Vorabfestlegungen angelegt ist (*Karl-Heinz Ladeur*, Regulierung nach dem TKG, K&R 1998, S. 479 [485]), als auch für das Einzelentgeltverfahren: Hier entwickelt die Bundesnetzagentur in Kooperation mit dem Wissenschaftlichen Institut für Kommunikationsdienste unter Beteiligung einer breiten Öffentlichkeit analytische Kostenmodelle, auf deren Grundlage erst die Einzelgenehmigungen ergehen.

[147] *Friedrich Kübler*, Gesellschaftsrecht als Rahmen der Interessenbalancierung, in: Schmidt-Aßmann/Hoffmann-Riem (Hrsg.), Auffangordnungen, S. 225 (234).

untersuchen, kommt das Kartellamt ohne die Beteiligung sachkundiger Kreise nicht aus. Aber auch unabhängig vom konkreten Produktdesign ergibt sich aus der Vielgestaltigkeit von Wettbewerbsprozessen die Schwierigkeit, eine allgemeingültige Definition dessen, was Wettbewerb darstellt, zu formulieren.[148] Im Bereich der Fusionskontrolle und ihr vorgelagert im Rahmen der Abgrenzung relevanter Märkte wird der Beitrag, den das Gesetz als Steuerungsmedium leisten kann, eher für gering erachtet.

In seinem Jahresbericht 2003/04 stellt das Bundeskartellamt hierzu fest,[149] dass eine normative Steuerung administrativer Marktabgrenzung nicht weiterführend sei. Inhaltliche Kriterien für die im Blick auf die Fusionskontrolle vielfach entscheidungserhebliche Frage nach der Bestimmung räumlich und sachlich relevanter Märkte könnten aufgrund des vorläufigen Charakters vorhandener Abgrenzungsparameter nicht vom Gesetzgeber geliefert werden. Vielmehr unterläge die Frage nach der Zukunftstauglichkeit der zur Marktabgrenzung verwendeten Methoden und Konzepte einem regelmäßigen Revisionsvorbehalt, der nur durch administrative Konzeptbildung rationalisiert werden könne.

Der Wettbewerbsbegriff als zentraler Anknüpfungspunkt kartellrechtlichen Denkens verweist also in einen äußerst voraussetzungsvollen Entscheidungsraum, dessen Prämissen sich im Angesicht beschleunigter Marktprozesse immer rascher verändern. Allerdings kann das Verfahren durchaus noch weiterentwickelt werden.[150] Avancierter ist das europäische Wettbewerbsrecht formuliert, das die Möglichkeit der Beteiligung interessierter Dritter durch die Europäische Kommission ausdrücklich vorsieht und sie für wichtige Entscheidungen sogar im Wege einer allgemeinen Veröffentlichung vorschreibt.[151]

3. Verfahrenselemente

In den herkömmlichen Rechtsbereichen ermöglicht das vorhandene Erfahrungswissen dem Rechtsanwender, unter den Tatbestand der einschlägigen Norm zu subsumieren, weil dieses Wissen die Grundlage für einen Abgleich des Einzelfalls mit der allgemeinen Aussage des Gesetzes bildet. Fehlen solche Erfahrungsregeln oder können sie mangels einer Stabilität des Wissens in diesen Feldern nicht mehr erzeugt werden, bilden Generierungsverfahren ein funktionales Äquivalent als Voraussetzung für die Normanwendung im Verfahren. Ihnen kommt hierbei eine doppelte Aufgabe zu.

Zum einen zielen sie auf eine Anpassung rechtlicher Verarbeitungsmechanismen an die strukturellen Vorgaben relevanten Wissens: die **Installation von Kommunikationsprozessen** (a) reagiert auf ubiquitäre Wissensdistribution; **Ent-**

---

[148] Zur Ziel- und Definitionsproblematik der Wettbewerbspolitik: *Klaus Herdzina*, Wettbewerbspolitik, 5. Aufl. 1999, S. 7f.; *Volker Emmerich*, Kartellrecht, 11. Aufl. 2008, S. 10.
[149] BTDrucks 15/5790, S. X.
[150] Dazu *Karsten Schmidt*, in: Ulrich Immenga/Ernst-Joachim Mestmäcker (Hrsg.), Gesetz gegen Wettbewerbsbeschränkungen (GWB), 4. Aufl. 2007, § 54 Rn. 36ff. Seit der 7. Kartellrechtsnovelle sind gem. § 54 Abs. 2 Nr. 3 Verbraucherzentralen und andere Verbraucherverbände beiladungsfähig. Immerhin ist auch zu berücksichtigen, dass eine Beiladung im Verfahren zugleich mit der an dieses formelle Kriterium geknüpften Beschwerdeberechtigung verknüpft ist und darin die Tendenz ihre Grundlage findet, die Zahl der Beteiligten klein zu halten; dazu *Karsten Schmidt*, Wirtschaftsverwaltungsrecht vor den Kartellsenaten, in: FS Peter Selmer, 2004, S. 499 (513ff.).
[151] Art. 27 Abs. 3 und 4 Kartell-VO (Fn. 13).

scheidungstemporalisierung und Flexibilisierung (b) reagieren auf voranschreitende Dynamisierungsprozesse.

Zum anderen geht es wissensgenerierenden Administrationsverfahren auch um **Entscheidungsstabilisierung**. Die **Ausarbeitung von Konzepten** (c) zielt auf eine vorübergehende Festschreibung relevanten Wissens: Wenn sich das Verwaltungsrecht durch Flexibilisierung und kommunikative Öffnung an die strukturelle Veränderung relevanten Wissens in dynamischen und diffundierten Handlungsfeldern anpasst, dann müssen diese Adaptionsmechanismen von Stabilisierungsimpulsen begleitet werden, sofern das Recht auch hier Erwartungssicherheit vermitteln soll.

a) Installation von Kommunikationsprozessen

35 Die Wissensgenerierung erfolgt nicht einseitig durch den Staat, sondern in privat-öffentlichen Kommunikationsprozessen.[152] Die Teilnehmer dieser Kommunikationsprozesse (Behörde und Antragsteller/Behörde und Sachverständiger/Behörde und Allgemeinheit) variieren, je nachdem, wo die Information lokalisiert ist. Insgesamt kommt jedes Individuum als potentieller Träger von relevanten Informationen in Betracht.

– Dem *Antragsteller* in den Verfahren werden in großem Umfang Pflichten zur Wissenserzeugung aufgebürdet (für Arzneimittel Untersuchungen etc. gem. § 22 Abs. 2 Nr. 1–3, § 24 AMG; für gentechnische Untersuchungen die Risikobewertung nach § 6 Abs. 2 Nr. 5 GenTG; Angaben und Unterlagen nach § 12 Abs. 3 PflSchG; ferner § 33 TKG). Das hier erzeugte Wissen bezieht sich nicht lediglich auf den Einzelfall, sondern ist auch allgemeiner Natur.[153]
– In die Zulassungsverfahren ist an zentraler Stelle *wissenschaftlicher Sachverstand* integriert (§ 33a Abs. 4 PflSchG; § 25 Abs. 6 AMG; die Zentrale Kommission für die Biologische Sicherheit (ZKBS) nach § 4 GenTG; § 125 TKG).[154]
– Der Diskurs mit der (interessierten) Allgemeinheit wird in Anhörungsverfahren durchgeführt (§ 18 GenT; §§ 12 Abs. 1, 36 TKG); zumindest findet eine Öffentlichkeitsinformation statt (§ 34 Abs. 1a AMG).[155]

Die verschiedenen Diskursebenen können zudem miteinander verknüpft sein, indem etwa die Unterlagen des Antragstellers oder die Stellungnahmen der Sachverständigenkommissionen Gegenstand der Anhörung bzw. Öffentlichkeitsinformation sind.

b) Flexibilisierung/Temporalisierung der Entscheidung

36 Die wissensgenerierenden Verfahren müssen mit der Destabilisierung der Wissensbestände umgehen, also eine dynamische Wissensgenerierung ermöglichen. Zu diesem Zweck werden die Verfahren und Entscheidungen flexibilisiert durch:[156]

---

[152] *Appel*, Methodik (Fn. 122), S. 340 f.; *Herzmann*, Konsultationen (Fn. 138), S. 42 ff., 67 ff.
[153] Symptomatisch sind die ausführlichen Regelungen über die Verwertung von Erkenntnissen, die andere Antragsteller produziert haben, z. B. durch die §§ 13 ff. PflSchG, §§ 24 ff. AMG.
[154] Vgl. a. → Bd. II *Ladeur* § 21 Rn. 45 ff.
[155] Nicht im PflSchG. Zur grundrechtlichen Fundierung *Scherzberg*, Risiko (Fn. 117), S. 506.
[156] Bereits bei *Hoffmann-Riem*, Flexibilität und Innovationsoffenheit (Fn. 114), S. 60 ff.

B. Erweiterungen des klassischen Verfahrenskonzepts

– **Vorläufige Entscheidungen,** die die Regeln der Bindungswirkung und Bestandskraft der durch Verwaltungsakt ergehenden Kontrollerlaubnis relativieren;[157] oder die Möglichkeit einer Befristung[158];
– **Entscheidungsstufungen,** die eine Ausweitung des Genehmigungsumfangs an voranschreitendes Wissen knüpfen;[159]
– Ein **differenziertes Überwachungsregime,** das durch Kontrollen sowie Vorlage-, Aufzeichnungs- und Mitteilungspflichten sicherstellt, dass die Erfahrungen mit dem Kontrollgegenstand in der Praxis in den Lernprozess einfließen, in dem die Behörde über alle sicherheitsrelevanten Veränderungen in Kenntnis gesetzt wird. Auf diese Weise sollen die Kontrollgegenstände dem neuesten wissenschaftlichen und technischen Sicherheitsstand entsprechen (Dynamisierung);[160]
– **Aufhebungsregeln,** die eine Revision der Entscheidung ermöglichen.[161]

c) Konzepte

Indem sich das Recht an die strukturellen Veränderungen relevanten Wissens anpasst, der Gesetzgeber die Verwaltung also zu kooperativer Wissenserzeugung und flexibler Entscheidungskonstituierung ermächtigt, kann es seine Aufgabe, Erwartungssicherheit und Gleichbehandlung zu gewährleisten, nicht mehr erfüllen. Erforderlich wird daher eine mittlere Konkretisierungsebene zwischen Gesetz und Anwendung, die eine **Kompensation für die wegfallende Stabilisierungswirkung des Gesetzes** bietet, der Rationalisierung des Verwaltungshandelns dient und gerichtliche Kontrolle ermöglicht. Das läuft auf eine **Konzeptpflicht** hinaus, mit deren Hilfe die Verwaltung dazu angehalten wird, ihre zukünftigen Entscheidungen transparent und vorhersehbar zu machen:[162] Der

---

[157] *Rainer Wahl/Georg Hermes/Karsten Sach,* in: Rainer Wahl (Hrsg.), Prävention und Vorsorge, 1995, S. 217 (217 ff.). So ordnet etwa § 6 Abs. 1 GenTG eine regelmäßige Überarbeitung der Risikobewertung an. Bei begründeter Annahme, dass die Bewertung nicht mehr dem neuesten wissenschaftlichen und technischen Kenntnisstand entspricht, ist eine unverzügliche Überarbeitung geboten, § 6 Abs. 1 lit. b GenTG. Gemäß § 6 Abs. 2 GenTG ist der Betreiber verpflichtet, seine Anlage an veränderte Risikobewertungen anzupassen.
[158] § 35 Abs. 4 TKG.
[159] Hierzu etwa das in Erwägungsgrund 24 der RL 2001/18/EG (Absichtliche Freisetzung gentechnisch veränderter Organismen in die Umwelt), zul. geänd. durch RL 2008/27/EG. niedergelegte „Step-by-Step" Verfahren; Gleiches gilt für den Regulierungsansatz des TKG, vgl. §§ 9 ff. TKG.
[160] Vgl. die Aufzeichnungs- und Vorlagepflichten über die in der Anlage durchgeführten Arbeiten in § 6 Abs. 3 GenTG; Mitteilungspflichten in § 21 Abs. 1–5 GenTG. Insbesondere: gemäß Abs. 3 Pflicht zur unverzüglichen Mitteilung unerwarteter Vorkommnisse; Abs. 4 statuiert die Pflicht, nach erfolgter Freisetzung die Ergebnisse der Freisetzung im Zusammenhang mit Gefährdungen für Umwelt und menschliche Gesundheit mitzuteilen; neue Erkenntnisse über Risiken für die menschliche Gesundheit oder Umwelt sind gemäß § 21 Abs. 5 unverzüglich mitzuteilen. Im PflSchG § 15 Abs. 7 (fakultativ), § 15a PflSchG; §§ 62 ff. AMG.
[161] Den Widerruf der Zulassung erlauben § 16a PflSchG (vgl. aber Abs. 6), § 30 AMG.
[162] Allgemein → Bd. II *Ladeur* § 21 Rn. 51 f.; zum Risikorecht *Trute,* Risikomanagement (Fn. 128), S. 327; zum TK-Recht *Hans-Heinrich Trute,* Methodik der Herstellung und Darstellung verwaltungsrechtlicher Entscheidungen, in: Schmidt-Aßmann/Hoffmann-Riem (Hrsg.), Methoden, S. 293 (317 f.); *Wolfgang Spoerr,* in: Hans-Heinrich Trute/Wolfgang Spoerr/Wolfgang Bosch, Telekommunikationsgesetz mit FTEG, 2001, § 27 Rn. 15 ff.; jetzt *BVerwG,* CR 2012, S. 88 (Rn. 29); neuerdings § 15a TKG, dazu *Jürgen Kühling,* Regulierungskonzepte nach § 15a TKG, JZ 2012, S. 341; zum Energierecht zurückhaltender *Herzmann,* Konsultationen (Fn. 138), S. 353 ff.; vgl. auch → Bd. II *Hill/Martini* § 34 Rn. 6 f. u. 58.

Behörde wird aufgegeben, die Anwendung der unbestimmten Gesetzesbegriffe nicht lediglich als punktuelles Geschehen zu begreifen, sondern Maßstäbe zu entwickeln und zu formulieren, die die einzelnen Entscheidungen determinieren und sie erst als rationale Ausfüllung der gesetzgeberischen Spielräume erscheinen lassen. Ohne ein solches Konzept, das jedenfalls als Bestandteil der einzelnen Genehmigungsentscheidungen ausgewiesen werden müsste, muss demokratische wie gerichtliche Kontrolle leerlaufen.[163]

4. Konsequenzen für das Allgemeine Verwaltungsrecht

a) Verfassungsrechtliche Konsequenz: Von der dienenden Funktion zur Eigenständigkeit des Verfahrensrechts

38 Insgesamt zeigt sich auf diesen Feldern eine nachhaltige Veränderung im Verhältnis von Normsetzung, Normanwendung und gerichtlicher Kontrolle: Das klassische Modell konnte darauf bauen, dass Gesetzgeber, Verwaltung und Normadressat über gemeinsame Wissensbestände verfügen, das Problem der Ungewissheit wird nicht thematisiert. Im Falle der Regulierung komplexer risikobehafteter oder wirtschaftlicher Sachverhalte wird das allgemein formulierte Gesetz als inhaltliches Steuerungsinstrument jedoch prekär.[164] Hier muss der Gesetzgeber die Verwaltung darauf verweisen, solches Wissen erst zu erzeugen. Auf diese Weise gerät die **Verwaltung in einen informativen Vorsprung** gegenüber den anderen Gewalten, den diese nicht mehr dadurch einholen können, dass sie vergleichbare Wissensbestände akkumulieren, oder die Maßstabsbildung auf die Gesetzesebene verlagert wird,[165] sondern nur, indem die Steuerung und Kontrolle des Verwaltungshandelns mittels alternativer Instrumente verfahrensrechtlicher Art vorgenommen wird.

Dieses Verfahren muss dann aber Funktionen übernehmen, die im klassischen Modell dem Gesetz zugewiesen werden, also rechtsstaatliche Aufgaben wie die Gewährleistung von Transparenz und Vorhersehbarkeit sowie legitimatorische Aufgaben.[166] Aus diesem Grund wird das **Verfahren von der bloß „dienenden Funktion" befreit**[167] und erhält verfassungsrechtlich abgesichert seinen Selbststand.

b) Verfahrensfehler und gerichtliche Kontrolle

39 Die Konzentration der Prozesse der Wissensgenerierung bei der Verwaltung erzeugt für diese einen Wissensvorsprung, weil sie unmittelbar an den Kommunikationsprozessen teilnimmt. Diese Prozesse sind vor Gericht nicht reproduzierbar. Das muss Konsequenzen für die gerichtliche Kontrolle haben, die sich

---

[163] Zu den Defiziten der Genehmigungspraxis im Rahmen des GenTG in dieser Hinsicht etwa *Andreas Fisahn*, Die Genehmigung der Freisetzung gentechnisch veränderter Organismen, in: Gerd Winter (Hrsg.), Die Prüfung der Freisetzung gentechnisch veränderter Organismen, 1998, S. 25 (35).
[164] *Scherzberg*, Risiko (Fn. 117), S. 505; *Ladeur*, Selbstregulierung (Fn. 114), S. 76 f.; *Trute/Kühlers/Denkhaus*, Governance (Fn. 116), S. 464; *Hoffmann-Riem*, Gesetz und Gesetzesvorbehalt (Fn. 114), S. 34 ff.
[165] So aber die Forderung in: *SRU*, Erreichtes sichern – Neue Wege gehen, Umweltgutachten 1998, Rn. 915 ff. (937).
[166] Dazu → Bd. I *Trute* § 6 Rn. 47 f.
[167] → Bd. II *Schmidt-Aßmann* § 27 Rn. 65.

von inhaltlicher Kontrolle auf eine Kontrolle der Einhaltung des Verfahrens verlagert. Die rechtsstaatliche und legitimatorische Bedeutung des Verfahrens fordert dann dazu auf, sich von der überkommenden Vorstellung der bloß dienenden Funktion des Verfahrens zu lösen und das Verfahrensrecht in seiner eigenständigen Bedeutung für die Richtigkeitsgewähr ernst zu nehmen.[168]

Eine solche Verstärkung ließe sich bereits im Rahmen der herkömmlichen Dogmatik der gerichtlichen Kontrolle von Beurteilungsspielräumen bewerkstelligen: In diesem Rahmen überprüfen die Gerichte vollumfänglich, ob die vorgeschriebenen Verfahrensanforderungen eingehalten sind und die Behörde allgemeingültige Beurteilungsmaßstäbe und das Willkürverbot beachtet hat.[169] Hier muss sich das Gericht dann allerdings über die Heilungsmöglichkeiten insbes. des § 45 Abs. 1 Nr. 3 und 4 VwVfG hinwegsetzen: Ohne vorgängige Wissensgenerierung und Maßstabserzeugung kann die Behörde nach der Vorstellung des Gesetzgebers die ihr eingeräumte Beurteilungsermächtigung nicht ausfüllen. Die Konzeptpflicht schließlich kann über das Prüfungsmerkmal des Willkürverbots durchgesetzt werden: Ohne vorgängige konzeptionelle Vergewisserung ist die Verwaltungsentscheidung willkürlich, weil maßstabslos.

III. Überwachungsverfahren

1. Das Thema: Überwachung

Im Rahmen der Überwachung soll überprüft werden, ob gesetzliche oder von der Behörde vorgegebene Verhaltensanforderungen erfüllt werden. Gleichzeitig dienen diese Verfahren der Informationsvorsorge. In diesem Abschnitt sollen Verfahren außerhalb konkreter Entscheidungszusammenhänge behandelt werden. Zwar lassen sich auch Zulassungen/Genehmigungen als Formen verwaltungsmäßiger Kontrolle privatautonomen Handelns beschreiben.[170] Für die hier interessierende Erweiterung der Verfahrensperspektive sind diese hingegen weniger interessant, weil Zulassungsentscheidungen durch das VwVfG repräsentiert sind. Diesem Abschnitt geht es demgegenüber um die verfahrensmäßige Einhegung der fortlaufenden Überwachung[171], eine Aufgabe, die mit der Einstufung als „Dauerrechtsverhältnis" benannt,[172] aber noch nicht erledigt ist. „Überwachung" umfasst mehr als Kontrolle[173], weil Letztere sich auf einen Vergleich mit schon Vorgegebenem bezieht. Damit gerät jedoch nicht in den Blick, dass in vielen der hier beschriebenen Bereiche die Überwachung dazu beiträgt, dass Kontrollgegenstände überhaupt aufgefunden oder sogar die Beurteilungsmaßstäbe durch die Beobachtung erst gebildet werden.

40

---

[168] *Schmidt-Aßmann*, Ordnungsidee, Kap. 4 Rn. 75. → Bd. II *ders.* § 27 Rn. 65.
[169] *Matthias Jestaedt*, Maßstäbe des Verwaltungshandelns, in: Erichsen/Ehlers (Hrsg.), VerwR, § 11 Rn. 54.
[170] So mit einem weiten Überwachungsbegriff → Bd. III *Huber* § 45 Rn. 5f. m.N.
[171] „Regelüberwachung" → Bd. III *Huber* § 45 Rn. 105ff.
[172] → Bd. III *Huber* § 45 Rn. 110; zum Rechtsverhältnis *Klaus F. Röhl/Hans C. Röhl*, Allgemeine Rechtslehre, 3. Aufl. 2008, S. 404ff.
[173] Dazu → Bd. III *Kahl* § 47 Rn. 118, *Huber* § 45 Rn. 23; zum Verhältnis zur Aufsicht z.B. → Bd. III *Huber* § 45 Rn. 38.

2. Gebiete

40a Das Grundmodell der Überwachung begegnet im Gewerberecht, entweder als Anlagenüberwachung nach Zulassung oder als repressive Überwachung dort, wo eine präventive Zulassung nicht vorgesehen ist.[174] Diese laufende Überprüfung auf Einhaltung der gesetzlichen Voraussetzungen des Tätigwerdens ist der Standardfall: Adressat und Gegenstand der Überwachung sind bekannt. Die Behörde verfügt über das notwendige Wissen und die notwendige Erfahrung, um den Sachverhalt beurteilen zu können.

a) Überwachung wegen immanenter Grenzen der Zulassung

40b Eine darüber hinausgehende Bedeutung erlangt Überwachung als *Entscheidungsfolgenrecht*: Hier wird das zwischen Behörde und Bürger bestehende Rechtsverhältnis mit einer Entscheidung nicht abgeschlossen, sondern durch ein anschließendes Überwachungsverhältnis in die Zukunft ausgeweitet (**akzessorische Überwachung**). Damit überwindet das Überwachungsverfahren die begrenzte Leistungsfähigkeit der Genehmigung, mit der systemische Risiken nicht bewältigt werden können und die auf rasch sich ändernde Wissensbestände nicht reagieren kann, insbesondere auf im Zeitpunkt der Genehmigung nicht bekannte Risiken oder Marktentwicklungen.

– *Systemische Risiken* entstehen während und durch die Geschäftstätigkeit, zu ihrer Bewältigung muss der laufende Betrieb beobachtet werden. Genannt werden können hierfür die Einhaltung von Hygienevorschriften im Lebensmittelrecht, die Beachtung der Produktionsstandards im Arzneimittelrecht oder das Risikomanagement für die Anbieter von Finanzdienstleistungen. Um solche Risiken berücksichtigen zu können, werden die Genehmigungsvoraussetzungen dynamisiert, die Bestandskraft der Genehmigung wird reduziert: So ist die Herstellungserlaubnis nach § 14 Abs. 1 Nr. 6a AMG zu versagen, wenn der Hersteller nicht in der Lage ist zu gewährleisten, dass die Herstellung oder Prüfung der Arzneimittel nach dem „Stand von Wissenschaft und Technik" vorgenommen wird. Ferner haben die Überwachungsbehörden durch nachträgliche Anordnungen einzugreifen, wenn das Arzneimittel oder der Wirkstoff „nicht nach den anerkannten pharmazeutischen Regeln hergestellt ist oder nicht die nach den anerkannten pharmazeutischen Regeln angemessene Qualität aufweist" (§ 69 Abs. 1 S. 2 AMG). Im Recht der Finanzdienstleistungsaufsicht ist es Zweck des Zulassungserfordernisses für Banken (§ 32 KWG) lediglich, von vornherein unsolide und nicht lebensfähige Institute von der Ausübung bankwirtschaftlicher Geschäfte auszuschließen. Primäre Aufgabe der BaFin ist es darüber hinaus sicherzustellen, dass die Institute Risiken nur in einem vertretbaren Maße eingehen (sog. prudentielle oder präventive Aufsicht). Das wird durch die der Erlaubniserteilung nachgelagerte Überwachung, die „laufende Aufsicht" errreicht[175].

– Daneben dient die Überwachung der *Wissensgenerierung*: Erst die Beobachtung der Produkte oder der Tätigkeiten erlaubt es, die Risiken eines Produktes und damit auch seine Zulässigkeit verlässlich zu beurteilen.[176] Dem dient etwa im

---

[174] Aufzählung der Gebiete → Bd. III *Huber* § 45 Rn. 45 ff.
[175] *Hans C. Röhl*, Finanzmarktaufsicht, in: Fehling/Ruffert (Hrsg.), Regulierungsrecht, § 17 Rn. 53 ff.
[176] *Holger T. Weiß*, Die rechtliche Gewährleistung der Produktsicherheit, 2008, S. 374, 380.

B. Erweiterungen des klassischen Verfahrenskonzepts

Rahmen der Arzneimittelzulassung das Institut der Pharmakovigilanz[177]: Die gesundheitliche Unbedenklichkeit von Arzneimitteln kann im Zulassungsverfahren nicht abschließend festgestellt werden. Auch nach Erteilung der Zulassung müssen daher laufend neue Erkenntnisse über die Nebenwirkungen der Medikamente gesammelt und ausgewertet werden, um ggf. die Patienten rechtzeitig zu informieren, die Qualität des Arzneimittels entsprechend anzupassen oder das Produkt ganz aus dem Verkehr zu ziehen (vgl. § 30 Abs. 1 i.V.m. § 25 Abs. 2 Nr. 5 AMG).

b) Nicht-akzessorische Überwachung

Überwachungsverfahren erhalten ferner dort eine eigenständige Rolle, wo eine Genehmigung nicht vorgesehen ist. Produkte, Dienstleistungen oder Personen erreichen den Markt ohne gesonderte Zulassung oder jedenfalls Anzeige; der Behörde sind die Überwachungsgegenstände nicht bekannt. In diesen **nicht akzessorischen Überwachung**sverhältnissen geht es um das Erfordernis, aufgrund der Vielzahl von genehmigungsfrei zirkulierenden Produkten, Tätigkeiten oder Personen diejenigen Überwachungsgegenstände ausfindig zu machen, die im Einzelfall nicht hinnehmbare Risiken mit sich bringen. Damit bildet die Überwachung ein funktionales Äquivalent für die nicht vorgesehene Zulassungsentscheidung.[178] Solche Überwachung ohne konkrete Anlässe dient der Herstellung eines hinreichenden Sicherheitsniveaus. Anders als in den Fällen der wissensgenerierenden Verfahren fehlt der Verwaltung nicht das nötige Regel- bzw. Erfahrungswissen, sondern konkrete Sachkenntnis. 41

Ein wichtiger Grund für die Ausweitung und Systematisierung der Überwachungsverfahren liegt insofern in der Schaffung des Binnenmarkts für Produkte und Dienstleistungen, der nationale Zulassungsverfahren weitgehend beseitigt.[179] Aus diesem Grund können möglicherweise risikoreiche Gegenstände durch die gesamte EU zirkulieren. Ein weiterer Grund wird sicherlich auch in der Zunahme an Risiken durch fortgeschrittene Produkte und Produktionstechniken liegen. Musterbeispiele hierfür bilden das Produktsicherheitsrecht auf der Grundlage des ProdSG und das Lebensmittel- und Futtermittelrecht nach dem LFGB. Dementsprechend verpflichtet das einschlägige EU-Sekundärrecht die Mitgliedstaaten zur Errichtung eines umfangreichen Kontrollsystems.[180] So müssen die Behörden im Rahmen des Lebensmittelmonitoring (§ 51 LFBG) Produkte und Produktionsstätten beobachten (§ 51 Abs. 3 u. 4 LFBG).[181] 42

---

[177] Art. 21 ff. VO (EG) Nr. 726/2004, zul. geänd. durch VO (EU) Nr. 1235/2010.
[178] *Weiß*, Produktsicherheit (Fn. 176), S. 374.
[179] Dazu *Hans C. Röhl*, Akkreditierung und Zertifizierung im Produktsicherheitsrecht, 2000, S. 3 ff. S. a. → Bd. I *Eifert* § 19 Rn. 83 ff.; zu Dienstleistungen *Markus Möstl*, Wirtschaftsüberwachung von Dienstleistungen im Binnenmarkt, DÖV 2006, S. 281 (283 f.); *Stefan Korte*, Mitgliedstaatliche Verwaltungskooperation und private Eigenverantwortung beim Vollzug des europäischen Dienstleistungsrechts, NVwZ 2007, S. 501 (506 ff.).
[180] Art. 15 ff. VO (EG) Nr. 765/2008 (Akkreditierung und Marktüberwachung); VO (EG) Nr. 882/2004 (amtliche Kontrollen zur Überprüfung der Einhaltung des Lebensmittel- und Futtermittelrechts), zul. geänd. durch Kommissions-VO (EU) Nr. 208/2011.
[181] Dazu die Allgemeine Verwaltungsvorschrift zur Durchführung des Monitorings von Lebensmitteln, kosmetischen Mitteln und Bedarfsgegenständen für die Jahre 2011 bis 2015, BAnz 2010, S. 4364.

c) Vom Verfahren zum kooperativen Netzwerk: REACh

42a Ein innovatives Verfahren, das beide Aspekte zugleich aufnehmend die Überwachung und Wissensgenerierung in ein öffentlich-privates Netzwerk verlagert, findet sich im durch die **REACh-Verordnung**[182] grundlegend reformierten Stoff- bzw. Chemikalienrecht der Europäischen Union. Mit Hilfe dieses Netzwerks soll eine breite Wissensbasis über grundsätzlich alle Stoffe, die in der Union hergestellt oder in die Union importiert werden, geschaffen werden. Zu diesem Zweck muss jeder Stoff bei der zu diesem Zweck eingerichteten Europäischen Agentur für chemische Stoffe[183] nach Art. 6 REACh-VO angezeigt ("registriert") werden. Ohne Anzeige besteht ein Herstellungs- bzw. Vertriebsverbot ("ohne Daten kein Markt", Art. 5 REACh-VO). Zusammen mit der Registrierung ist ein technisches Dossier einzureichen. Dessen wichtigster Teil sind Informationen über die Expositionen eines Stoffes und dessen Wirkung auf Mensch und Umwelt. Das hierfür notwendige Wissen muss der Antragsteller unter Umständen durch Sachverständige oder einschlägige Studien erst erarbeiten. Für besonders gefährlich beurteilte Stoffe gilt ein Zulassungsverfahren. Diese Stoffe werden auf Initiative der Agentur oder eines Mitgliedstaates in einem Komitologie-Verfahren in den Anhang zur REACh-VO aufgenommen; danach ist ihre Verwendung nur noch mit einer Zulassung möglich, die erteilt wird, wenn das Risiko für die Gesundheit und Umwelt angemessen beherrscht ist, Art. 60 Abs. 2 REACh-VO. Für alle Stoffe kann zudem eine Verwendungsbeschränkung angeordnet werden, Art. 68 ff. REACh-VO, wenn ihre Verwendung oder Herstellung ein „unannehmbares Risiko für die menschliche Gesundheit oder Umwelt" mit sich bringt.

REACh dient einer systematischen Gewinnung von Informationen über die zirkulierenden Stoffe und darüber hinaus der Erzeugung von Wissen über die betroffenen Produkte. Während nach dem bisherigen Recht nur neue Stoffe anzumelden und die Behörden darüber zu informieren waren, werden nunmehr alle Stoffe, und eben auch die sogenannten Altstoffe erfasst, deren Zahl um das vierzigfache höher liegt als die der bisher als neu angemeldeten Stoffe.[184] Zudem enthält REACh Pflichten zur Wissensteilung und -weitergabe: Mehrere Anmelder des gleichen Produkts werden dazu angehalten, ihr Wissen über das Produkt zu teilen. Das so erzeugte Wissen muss durch sog. Sicherheitsdatenblätter über die ganze Verwendungskette zugänglich gemacht werden. Umgekehrt müssen die Anwender des Stoffes den Herstellern Informationen über die Verwendung des Stoffes liefern, damit dieser sie bei seiner Risikobewertung berücksichtigen kann. Entsprechend der Ubiquität des Wissens löst sich dieses Verfahren aus der zweipoligen Perspektive Hersteller – Behörde und errichtet ein den öffentlichen und privaten Bereich und die gesamte Erzeugungs- und Verwendungskette umfassendes Wissensnetzwerk.

---

[182] VO (EG) Nr. 1907/2006 (REACh-VO), zul. geänd. durch Kommissions-VO (EU) Nr. 109/2012; dazu u.a. *Kristian Fischer*, REACh – das neue europäische Chemikalienrecht, DVBl 2007, S. 853 ff.; *Jan B. Ingerowski*, Die REACh-Verordnung, 2009; *Siegel*, Verwaltungsverbund (Fn. 12), S. 227 ff., 349 ff.; *Michael Tiedemann*, Unionsrechtlicher Rechtsschutz gegen Eingriffe im Rahmen der Chemikalienregulierung nach der REACH-VO (EG), DVBl 2011, S. 993 ff.

[183] ECHA mit Sitz in Helsinki, Art. 75 ff. REACh-VO.

[184] *Sparwasser/Engel/Voßkuhle*, UmweltR, § Rn. 627.

d) Entindividualisierte Überwachung

Von diesen Überwachungsverfahren zu unterscheiden sind schließlich **Beobachtungs- bzw. Informationsverfahren** außerhalb konkreter Verwaltungsrechtsverhältnisse wie etwa die Umweltbeobachtung nach § 44 Abs. 1 BImSchG. Hier überwacht die Behörde nicht, ob bestimmte Verhaltenspflichten verletzt werden, sondern prüft den Allgemeinzustand eines bestimmten Umweltmediums (hier: Luftqualität). Insoweit kann man von einer **„entindividualisierten" Überwachung** sprechen, für die eine verfahrensrechtliche Einkleidung nicht gleichermaßen relevant ist.

42b

3. Verfahrenselemente

Alle diese Formen der Überwachung bedürfen übergreifender Konzepte und einer geordneten Informationsverarbeitung, um der Vielzahl an Überwachungsgegenständen und deren weiträumiger Zirkulation gerecht werden zu können.

a) Eigenüberwachung

Neben den unmittelbaren behördlichen Eingriffsbefugnissen weist die gesetzliche Ausgestaltung der Überwachungsrechtsverhältnisse eine Vielzahl an betrieblichen Mitwirkungspflichten auf.[185] Dies beruht auf dem Umstand, dass eine wirksame Überwachung ohne Mitwirkung des Produzenten nicht möglich ist. Aufgrund des Umgangs und der Entwicklung des Produkts sammelt er Erfahrungen und verfügt über Wissensbestände, die der Behörde nicht ohne weiteres zugänglich sind:

43

– **Aufzeichnungs- und Dokumentationspflichten** ermöglichen erst ein wirksames Eindringen der Behörde in die überwachungsrelevanten Bereiche. Das Inverkehrbringen von Produkten mit der CE-Kennzeichnung erfordert zumindest die Bereitstellung einer Herstellerdokumentation über mögliche Sicherheitsrisiken. Im Lebens- und Futtermittelrecht müssen die Hersteller ein System zur Rückverfolgbarkeit einrichten[186] und ihren Betrieb nach dem HACCP-System organisieren.[187] Auf die so erzeugten Daten können die Überwachungsbehörden zugreifen.[188] Der Arzneimittelhersteller muss seinen Herstellungsprozess als Bestandteil des betrieblichen Qualitätsmanagementsystems dokumentieren (§§ 3 Abs. 1 S. 4, 10 AMWHV[189]). Für Finanzdienstleister sind Dokumentationen der gesamten Geschäftstätigkeit als Bestandteil des Risikomanagements vorgeschrieben.[190]

---

[185] Dazu *Weiß*, Produktsicherheit (Fn. 176), S. 412 ff.; → Bd. III *Huber* § 45 Rn. 186 ff.
[186] Art. 18 VO (EG) Nr. 178/2002 (Lebensmittel-Rahmen-VO), zul. geänd. durch VO (EG) Nr. 596/2009.
[187] Hazard Analysis and Critical Control Points, Art. 5 VO Nr. 852/2004/EG (Lebensmittelhygiene), zul. geänd. durch VO (EG) Nr. 219/2009.
[188] § 44 LFGB, Art. 10 Abs. 2 VO (EG) Nr. 882/2004 (Fn. 180).
[189] Verordnung über die Anwendung der Guten Herstellungspraxis bei der Herstellung von Arzneimitteln und Wirkstoffen und über die Anwendung der Guten fachlichen Praxis bei der Herstellung von Produkten menschlicher Herkunft (Arzneimittel- und Wirkstoffherstellungsverordnung) vom 3. 11. 2006 (BGBl I, S. 2523).
[190] Für Banken § 25a Abs. 1 S. 6 Nr. 2 KWG i. V. m. AT 6 MaRisk, für Versicherungen § 64a Abs. 3 VAG i. V. m. MaRiskVA Punkt 10, für Wertpapierunternehmen § 34 WpHG; vgl. auch *Röhl*, Finanzmarktaufsicht (Fn. 175), Rn. 63 ff.

- **Vorlage- bzw. Mitteilungspflichten:** Neben der Dokumentation und Eigenüberwachung erfordert eine wirksame Überwachung auch die Verpflichtung des Betreibers, Mitteilungen an die Behörde zu machen. Eine (unverzügliche) Mitteilungspflicht besteht insbesondere dann, wenn neue sicherheitsrelevante Erkenntnisse zutage treten.[191] Arzneimittelhersteller müssen Verdachtsfälle an die Behörde melden, § 63b Abs. 2 AMG, sowie regelmäßig aktualisierte Berichte über die Unbedenklichkeit von Arzneimitteln, § 63b Abs. 5 AMG.[192] Um eine wirksame Kapitalmarktaufsicht zu ermöglichen, müssen Wertpapierdienstleistungsunternehmen sogar jedes Handelsgeschäft an die BaFin melden, § 9 WpHG. Diese Meldepflicht geht weit über die einfache Gewerbeanzeige nach dem Muster von § 14 GewO hinaus.
- Über die bloße Dokumentation hinaus geht die Verpflichtung des Herstellers, durch **Produktbeobachtung** aktiv neues Wissen über die Produkte zu erzeugen, etwa im Rahmen der sog. Pharmakovigilanz[193]. Im Stoffrecht nach REACh obliegt die Abschätzung von stoffbedingten Risiken und die Entwicklung und Umsetzung von Risikominderungskonzepten in erster Linie den Stoffverantwortlichen der Industrie.[194] Konkret ist nach Art. 14 ab einer Menge von 10 Tonnen u. a. ein Sicherheitsbericht zu erstellen, der vom Stoffverantwortlichen kontinuierlich zu aktualisieren ist (Art. 14 Abs. 7 REACh-VO). Auf dieser Grundlage sind die geeigneten Risikomanagementmaßnahmen zu ermitteln, anzuwenden und mittels der Sicherheitsdatenblätter weiterzuempfehlen (Art. 31 und Anhang II REACh-VO).

b) Behördliche Überwachungsstrukturen

44 **Konzepte:** Die Vielzahl an möglichen Überwachungsgegenständen und -situationen macht eine Auswahl durch die Behörde erforderlich. Die in der Überwachung liegende Belastung wie das Erfordernis rechtsstaatlicher Rationalität des Verwaltungshandelns erfordern daher eine Vorausplanung der Überwachung durch ein **Konzept,** das seinerseits einer beständigen Revision unterliegt.[195] Für das Produktsicherheitsrecht ist dieses Erfordernis ausdrücklich in § 25 Abs. 1 ProdSG enthalten.[196] Im Lebensmittel- und Futtermittelrecht findet sich eine Kaskade von Konzepten: Das EU-Recht fordert die Aufstellung mehrjähriger nationaler Kontrollpläne,[197] hierzu werden die Kontrollpläne der Länder durch einen bundesweiten Überwachungsplan koordiniert.[198]

---

[191] Vgl. § 5 Abs. 2 ProdSG.

[192] Für zentral zugelassene Medikamente Art. 24 VO (EG) Nr. 726/2004 (Fn. 177). Zum Ganzen etwa *Axel Thiele/Barbara Sickmüller,* in: Stefan Fuhrmann/Bodo Klein/Andreas Fleischfresser (Hrsg.), Arzneimittelrecht, 2010, § 26 Rn. 26 ff. und Rn. 46 ff.

[193] → Rn. 40b a. E.

[194] Art. 1 Abs. 3 REACh-VO (Fn. 182). Zur Grundpflicht zur Risikoermittlung und -begrenzung im europäischen Chemikalienrecht m. w. N. *Eckhard Pache,* Innovationsverantwortung im Chemikalienrecht, in: Martin Eifert/Wolfgang Hoffmann-Riem (Hrsg.), Innovationsverantwortung. Innovation und Recht III, 2009, S. 251 (257 f.).

[195] → Bd. I *Hoffmann-Riem* § 10 Rn. 117; Bd. III *Huber* § 45 Rn. 107.

[196] *Weiß,* Produktsicherheit (Fn. 176), S. 377 f., 381. Ebenso Art. 18 Abs. 1 VO (EG) Nr. 765/2008 (Fn. 180) „Marktüberwachungsprogramme".

[197] Art. 41 ff. VO (EG) Nr. 882/2004 (Fn. 180); vgl. auch § 10 f. der Allgemeinen Verwaltungsvorschrift über Grundsätze zur Durchführung der amtlichen Überwachung lebensmittelrechtlicher und

B. Erweiterungen des klassischen Verfahrenskonzepts

Das Konzept soll auf der einen Seite **rationalisierend und stabilisierend** wirken, indem es die jeweiligen Überwachungstätigkeiten koordiniert und dadurch die einzelnen Überprüfungen nicht lediglich zufällig sein lässt. Auf der anderen Seite erlaubt es, den Erkenntnisgewinn durch die Überprüfungen mittels einer regelmäßigen Anpassung des Konzepts in die Überprüfungstätigkeit zu reintegrieren (vgl. § 25 Abs. 1 S. 2 ProdSG). Diese **beständige Revisionsoffenheit** unterscheidet es von normkonkretisierenden Verwaltungsvorschriften. Ein weiterer maßgeblicher Unterschied liegt darin, dass es sich hierbei um eine *Selbstprogrammierung* der Verwaltung handelt im Gegensatz zu den klassischen Verwaltungsvorschriften, die ein Instrument der hierarchischen Verwaltung darstellen. Das Konzept selbst wird zum Ansatzpunkt gerichtlicher Kontrolle, weil nur an ihm die Legitimation des einzelnen Eingriffsakts überprüft werden kann.[199]

Neutralitätsgewähr im Verfahren: In den einschlägigen Normen angelegt ist eine Trennung zwischen ermittelnder und analysierender Tätigkeit.[200] Aus rechtsstaatlichen Gründen, aber auch zur Vertrauenserzeugung im Europäischen Verwaltungsverbund analysiert die untersuchende Behörde ggf. gezogene Proben nicht selber, sondern hat diese an anerkannte Untersuchungsstellen weiterzuleiten.[201] 45

Informations- und Verwaltungsverbund: Die erhobenen Daten werden durch zentrale Informationssammlungssysteme gebündelt, um ihre sinnvolle Verwendung sicherzustellen.[202] Eine der wichtigsten Aufgaben der Überwachungsverfahren ist die Koordinierung der großen Zahl an für die Überwachung zuständigen Behörden. Eingerichtet werden daher **Behördennetzwerke**, die auf Datentransfer abzielen.[203] Im Verwaltungsverbund unterliegt die Überwachungstätigkeit der mitgliedstaatlichen Behörden ihrerseits häufig der Kontrolle durch die europäischen Behörden, in erster Linie der Kommission. Diese beschränkt sich auf eine **Kontrolle der Überwachung,** immerhin auch durch Inspektionen während der Überwachungstätigkeit der mitgliedstaatlichen Behörden.[204] 46

c) Kommunikation mit der Öffentlichkeit

In diesen dynamischen Systemen kann Sicherheit nicht durch Entscheidung und ihre Durchsetzung gewährleistet werden. Vielmehr muss das im Überwachungsverfahren erlangte Wissen fortlaufend verteilt werden. Hierfür stehen Mechanismen wie die Öffentlichkeitsinformation nach § 10 Abs. 2 ProdSG[205], 46a

---

weinrechtlicher und tabakrechtlicher Vorschriften (AVV Rahmen-Überwachung – AVV-RÜb) v. 3. 3. 2008, GMBl 2008, S. 426.
[198] § 11 AVV-RÜb (Fn. 197).
[199] *VGH BW*, NVwZ 2004, S. 498.
[200] *Axel Preuß*, Vertrauen ist gut – risikobasierte Kontrolle ist besser, ZLR 2005, S. 225 (233 f.).
[201] Z. B. Art. 12 VO (EG) Nr. 882/2004 (Fn. 180).
[202] Z. B. § 29 GenTG (Einrichtung einer zentralen Datenbank beim Robert Koch-Institut); § 67a AMG, Art. 21 ff. VO (EG) Nr. 726/2004 (Fn. 177): Pharmakovigilanz.
[203] Z. B. § 8 Abs. 3, § 9 Abs. 3 ProdSG; § 38 LFGB; Art. 35 VO (EG) Nr. 882/2004 (Fn. 180). Zum Ganzen *Weiß*, Produktsicherheit (Fn. 176), S. 397 ff. S. a. → Bd. II *Holznagel* § 24 Rn. 49 ff., *v. Bogdandy* § 25 Rn. 95 ff.
[204] Art. 45 VO (EG) Nr. 882/2004 (Fn. 180); zum Ganzen *Antje David*, Inspektionen im Europäischen Verwaltungsrecht, 2003. Nicht nach der VO (EG) Nr. 765/2008 (Fn. 180).
[205] *Weiß*, Produktsicherheit (Fn. 176), S. 391 ff.

Produktwarnungen im Arzneimittelrecht oder die Sicherheitsdatenblätter nach Art. 31 REACh-VO[206].

4. Abweichung vom Standardverfahren

47 Überwachungsverhältnisse entziehen sich deshalb dem Grundmodell der im VwVfG geregelten Verfahren, weil sie lediglich auf die kontinuierliche Überprüfung abzielen, ob das Überwachungssubstrat in Einklang mit gesetzlichen Vorschriften steht. In der Konsequenz wandelt sich die Verwaltungstätigkeit von einem punktuellen Zugriff zu einer kontinuierlichen Beobachtung. Aufgabe des Überwachungsverfahrens ist die Erzeugung eines risikoangemessenen Informations- und Wissensniveaus und die Verbreitung dieses Wissens in alle Überwachungskontexte. Im Regelfall steht am Ende dieser Verfahren also keine Regelung (vgl. § 9 VwVfG). Weil der sich vorschriftenkonform verhaltende Adressat der Maßnahmen weder eine Leistung der Behörde verlangt, noch Anlass zum belastenden Eingriff gibt, ist seine Auswahl ohne die Grundlage eines Konzepts willkürlich. Eine Anhörung vor der Maßnahme findet in der Regel nicht statt. Die verfahrensrechtliche Konturierung eines Dauerrechtsverhältnisses erfolgt weitgehend außerhalb des VwVfG.

C. Verfahren im Europäischen Verwaltungsverbund

I. Das Thema

48 Europäische Verwaltung erschöpft sich wie jede Verwaltung nicht im bloßen Vollzug vorgefertigter Programme – Verwaltungsvollzug ist ein „folgenreicher Verwirklichungsvorgang und vor allem kräftige Quelle unterschiedlichster Ergebnisse der Rechtsanwendung"[207]. In einem einheitlichen Verwaltungsraum müssen diese Ergebnisse mit dem Unionsinteresse abgeglichen werden. Weil die EU in großem Umfang auf die Durchsetzung des Unionsrechts durch mitgliedstaatliche Behörden vertraut,[208] reagiert sie auf dieses Kohärenzbedürfnis mit der Installation eines Verwaltungsverbundes, der vor allem durch Verfahren hergestellt und abgesichert wird. Dessen Notwendigkeit wird durch die „Entgrenzung" der mitgliedstaatlichen Verwaltungstätigkeit noch gesteigert. Insoweit wachsen die Verwaltungen in Europa zu Behördennetzwerken zusammen und übernehmen so Aufgaben und Funktionen, die anderswo eine einheitliche Organisation zu erledigen hätte.[209] Die im Folgenden beschriebenen Prozesse spielen

---

[206] → o. Fn. 182.
[207] *Rainer Wahl/Detlef Groß*, Die Europäisierung des Genehmigungsrechts am Beispiel der Novel Food-Verordnung, DVBl 1998, S. 2 (3); vgl. allgemein *Udo Di Fabio*, Verwaltung und Verwaltungsrecht zwischen gesellschaftlicher Selbstregulierung und staatlicher Steuerung, VVDStRL, Bd. 56 (1997), S. 235 (266); *Armin Hatje*, Die gemeinschaftsrechtliche Steuerung der Wirtschaftsverwaltung, 1998, S. 111–114; zu einzelnen Vollzugsmodellen eingehend *Gernot Sydow*, Verwaltungskooperation in der Europäischen Union, 2004, S. 117 ff.
[208] *Reinhard Priebe*, Die Aufgaben des Rechts in einer sich ausdifferenzierenden EG-Administration, in: Schmidt-Aßmann/Hoffmann-Riem (Hrsg.), Strukturen, S. 71 f.
[209] Grundlagen bei → Bd. I *Schmidt-Aßmann* § 5 Rn. 25 ff.; konzise Darstellung bei *Helmuth Schulze-Fielitz*, Die Verwaltung im europäischen Verfassungsgefüge, in: Wilfried Erbguth/Johannes Masing (Hrsg.), Verwaltung unter dem Einfluss des Europarechts, 2006, S. 91 ff.

C. Verfahren im Europäischen Verwaltungsverbund

sich im Gewande des Verfahrensrechts ab,[210] weil es sich um das Zusammenwirken organisatorisch getrennter Verwaltungen handelt. Der Sache nach nähern sie sich aber einer Organisation an, indem die Beteiligten dieser Verfahren jeweils im Vorhinein feststehen, nämlich die Kommission und einige oder alle Mitgliedstaaten, und nicht je nach Verfahrensgegenstand wechseln. Es bildet sich eine verfahrensrechtlich hergestellte **einheitliche Vollzugsstruktur** heraus.

Auf den ersten Blick scheint es vielversprechend, derartige strukturelle Verkoppelungen in Parallele zur Verwaltung im deutschen Bundesstaat zu verfolgen.[211] Das deutsche Bundesstaatsrecht hat jedoch eine vergleichbare Verflechtung auf der Verwaltungsebene nicht entstehen lassen.[212] Es geht grundsätzlich von **getrennten Verwaltungsräumen des Bundes und der Länder** aus und verbietet dem Gesetzgeber die Anordnung einer gemeinschaftlichen Kompetenzwahrnehmung, weil diese die jeweils eigene Aufgabenverantwortung verwischen müsste.[213] Stattdessen gilt der Grundsatz der eigenverantwortlichen Aufgabenwahrnehmung[214]: Die Hoheitsträger sind in je getrennte Verantwortungsbereiche einzuweisen, die sie grundsätzlich mit eigenem Personal, Sachmitteln und Organisation wahrzunehmen haben und die für sie nicht disponibel sind.[215] Die hieraus resultierenden Verwaltungshandlungen müssen den Hoheitsträgern nicht nur formell, sondern auch in der Sache zugerechnet werden können, indem sie sie maßgeblich gestaltet haben. Zwar sind danach föderale Informations-, Beratungs- und Abstimmungsprozesse zulässig und werden auch vielfach praktiziert. Gleiches gilt für gemeinsame Kommissionen und Beratungsgremien. Diese werden allerdings dann rechtlich bedenklich, wenn die Verflechtung ein Maß annimmt, dass man von einer faktischen Bindung sprechen kann. So erscheint bereits die normative Anordnung einer Rezeption von Entschlüssen gemeinsamer Kommissionen problematisch, gemeinsame Planungen zwischen Bund und Ländern können in die Nähe der Verfassungswidrigkeit geraten. Weisungs- und Einvernehmensrechte der einen Ebene auf die andere schließlich – das tägliche Brot des Europäischen Verwaltungsverbundes – stellen eine eindeutige Abweichung von den Kompetenzregeln der Art. 83 ff. GG dar. Ihre Anordnung ist zwar nicht schlechterdings unzulässig,[216] sie bedarf jedoch einer besonderen verfassungsrechtlichen Legitimation, die nur in besonderen Ausnahmefällen gegeben ist.[217] Dieses weitgehende Verbot einer Verwaltungs-

49

---

[210] Das Verfahrensrecht erst ansatzweise erreicht hat die Zusammenarbeit im Europäischen Sicherheitsrecht, dazu die gründliche Analyse bei *Schöndorf-Haubold*, Europäisches SicherheitsR; die → Rn. 67 ff. identifizierten Probleme des Rechtsschutzes und der Verantwortungsklarheit treten hier gleichermaßen auf, *Schöndorf-Haubold*, a. a. O., Rn. 82, 199 ff.; 209 ff.; zustimmend → Bd. I *Trute* § 6 Rn. 113 a.

[211] Dazu → Bd. I *Wissmann* § 15 Rn. 25 ff.

[212] Zu diesem Unterschied deutlich *Thomas Groß*, Verantwortung und Effizienz in der Mehrebenenverwaltung, VVDStRL, Bd. 66 (2007), S. 152 (162 f.).

[213] *Josef Isensee*, Idee und Gestalt des Föderalismus im Grundgesetz, in: HStR VI, § 126 Rn. 188; *Klaus Stern*, StaatsR II, S. 832.

[214] *Rolf Grawert*, Verwaltungsabkommen zwischen Bund und Ländern in der Bundesrepublik Deutschland, 1967, S. 188.

[215] BVerfGE 63, 1 (39); 119, 331 (364 ff.).

[216] So BVerfGE 63, 1 (38 f.); 119, 331 (365 f.); genaue Analyse bei *Michael Fehling / Sascha Arnold*, Administrative Verflechtungsbeziehungen in der deutschen Rechtsordnung, DV, Beiheft 8, 2009, S. 53 ff

[217] *Ferdinand Kirchhof*, in: Maunz/Dürig, GG, Art. 83 Rn. 89 f.; *Hans-Heinrich Trute*, in: v. Mangoldt/Klein/Starck (Hrsg.), GG III, Art. 83 Rn. 45; *Isensee*, Föderalismus (Fn. 213), Rn. 193 f.

verflechtung wirft ein deutliches Licht auf die rechtsstaatlichen und demokratischen Probleme, die bei einer Verknüpfung der Verwaltungsebenen innerhalb der EU zu erwarten sind.[218]

II. Grundstrukturen des Europäischen Verwaltungsverbunds

50 „Die Verwaltung des Unionsraumes vollzieht sich in einem Informations-, Entscheidungs- und Kontrollverbund zwischen mitgliedstaatlichen und unionseigenen Exekutiven"[219]. Im Folgenden geht es um die verfahrensrechtliche Verklammerung der Entscheidungstätigkeit.[220] Im Europäischen Verwaltungsverbund treffen wir derartige Verflechtungen in unterschiedlicher Intensität an. Am überschaubarsten sind die Fälle, in denen die Kommission vertikal als Aufsichtsinstanz gegenüber den Mitgliedstaaten tätig wird (unter 1). Diese Aufsichtsfunktion kann auf Einzelfälle bezogen sein oder sich in bestimmten Zusammenhängen zu einer kontinuierlichen Kontrolle ausweiten. Auch der Großteil der Planungsverfahren spielt sich noch in diesem vertikalen Verhältnis ab. Zu einer genuinen Verbundverwaltung werden die mitgliedstaatlichen Anwendungsinstanzen dort verknüpft, wo ihre Entscheidungen insbesondere über die Verknüpfung im gemeinsamen Wettbewerbsraum die jeweils anderen Mitgliedstaaten nachhaltig betreffen (unter 2). Besondere Anforderungen stellen sich für das Verfahren schließlich dort, wo unionsweit geltende Entscheidungen strukturiert und legitimiert werden sollen (unter 3).

1. Vertikale Verwaltungsverbindungen

a) Fallbezogene Aufsicht

51 Bei der fallbezogenen Aufsicht geht es um Konstellationen, in denen die Zulässigkeit einer einzelnen mitgliedstaatlichen Maßnahme an die Mitwirkung bzw. Zustimmung der Europäischen Kommission geknüpft ist.[221]

Zollverfahren: Die Durchführung der unionsrechtlichen Zollbestimmungen obliegt grundsätzlich den mitgliedstaatlichen Zollbehörden.[222] Bei bestimmten Entscheidungen, die abgabenrechtlich bedeutsam sind oder nachhaltige Auswirkungen auf den Unionshaushalt haben können (Nacherhebung, Erstattung, Erlass), ist die vorherige Entscheidung der Kommission erforderlich. So muss die nationale Zollbehörde vor einer Erstattung oder einem Erlass von Zollabgaben gemäß Art. 79 ff. ZK den Fall gemäß Art. 905 ZKDVO in der Regel der Kommission vorlegen, die gegenüber dem Mitgliedstaat im Komitologieverfahren entscheidet, ob die besonderen Umstände die Erstattung bzw. den Erlass der Abgabe rechtfertigen. Dem Antragsteller ist über das schon im Antrag enthaltene und bezüglich der Vorlage gemäß Art. 905 Abs. 3 S. 3 ZKDVO zu gewährende recht-

---

[218] Ebenso *Wolfgang Weiß,* Der Europäische Verwaltungsverbund, 2010, S. 167.
[219] → Bd. I *Schmidt-Aßmann* § 5 Rn. 16 a. E.; *Matthias Ruffert,* Von der Europäisierung des Verwaltungsrechts zum Europäischen Verwaltungsverbund, DÖV 2007, S. 761 ff.
[220] Zur informatorischen Verklammerung *Kristina Heußner,* Informationssysteme im Europäischen Verwaltungsverbund, 2007; → Bd. II *v. Bogdandy* § 25.
[221] Ausf. zu den Aufsichtsmechanismen *Meike Eekhoff,* Die Verbundaufsicht, 2006, S. 15 ff.
[222] VO (EG) Nr. 450/2008 (modernisierter Zollkodex = **ZK**); VO (EWG) Nr. 2454/93 (Durchführungsverordnung = **ZK-DVO**), zul. Kommissions-DVO (EU) Nr. 439/2011.

liche Gehör hinaus Gelegenheit zur Stellungnahme zu geben, wenn die Kommission eine ihn belastende Entscheidung treffen will, Art. 906a ZKDVO;[223] die Entscheidung der Kommission ist auch von dem Abgabenschuldner anfechtbar.[224]

Beihilfenaufsicht: Die Gewährung nationaler Subventionen vollzieht sich nach nationalem Verfahrensrecht. Soweit eine Beihilfe in den Anwendungsbereich des Art. 107 AEUV fällt, besteht jedoch eine Verpflichtung des Mitgliedstaats, das Zuwendungsverfahren auszusetzen und die fragliche Beihilfe der Kommission zwecks Überprüfung zu notifizieren.[225] Vor der abschließenden Entscheidung der Kommission darf der Mitgliedstaat die Maßnahme nicht durchführen. Die Entscheidung der Kommission ergeht gemäß Art. 25 VO (EG) Nr. 659/1999 gegenüber dem jeweiligen Mitgliedstaat und präjudiziert die anschließend vorzunehmende Entscheidung gegenüber dem Unternehmen.

Einzelentscheidungskontrolle im Wirtschaftsrecht: Auch in weiteren Fällen binnenmarktrelevanter Entscheidungen der Mitgliedstaaten besteht ein Entscheidungsrecht der Kommission. Beispiele bieten vor allem **Verkehrs- oder Energieinfrastrukturen:**

– **Luftverkehr:** So kann die Kommission die Entscheidung eines Mitgliedstaates überprüfen, die Zahl der Bodenabfertigungsdienste auf einem Flughafen zu begrenzen,[226] oder sie kann die Berechtigung der Auferlegung von gemeinwirtschaftlichen Verpflichtungen im Flugverkehr oder die Aufteilung von Verkehr auf Flughäfen eines Flughafensystems überprüfen.[227]

– **EU-Beteiligungsverfahren im Erdgasbinnenmarkt:** Gem. § 28a EnWG können neue Energieinfrastrukturanlagen unter besonderen Bedingungen von den Anforderungen des Netzzugangs ausgenommen werden. Solche Entscheidungen sind der Kommission mitzuteilen, die verlangen kann, die Entscheidung zu ändern oder zu widerrufen.[228] Gem. § 25 EnWG kann die Bundesnetzagentur bei Zahlungsschwierigkeiten eines Erdgasunternehmens eine befristete Ausnahme von der Verpflichtung zulassen, Dritten Netzzugang zu gewähren. Hierüber muss die Kommission unterrichtet werden, die verlangen kann, dass der Mitgliedstaat die Entscheidung ändert oder widerruft.[229] In

---

[223] Zu Beteiligungsrechten *EuG*, Rs. T-42/96, Slg. 1998, II-401 ff., Rn. 74 ff.; *EuG*, Rs. T-50/96, Slg. 1998, II-3773, Rn. 57 ff.; *EuG*, Rs. T-134/03 u. a., Slg. 2005, II-3923, Rn. 105 ff.

[224] *EuGH*, Rs. C-378/87, Slg. 1989, 1359, 1380 – Top Hit; ausf. *Jens Hofmann*, Rechtsschutz und Haftung im europäischen Verwaltungsverbund, 2004, S. 66 ff.

[225] Art. 108 Abs. 3 EGV; Art. 2 und 3 VO (EG) Nr. 659/1999 (besondere Vorschriften für die Anwendung von Artikel 93 des EG-Vertrags), zul. geänd. durch VO (EG) Nr. 1791/2006.

[226] Art. 9 RL 96/67/EG, zul. geänd. durch VO (EG) Nr. 1882/2003, § 19c LuftVG und die BodenabfertigungsdienstVO vom 10. 12. 1997, BGBl I (1997), S. 2885. Beispiele für Entscheidungen der Kommission: vom 30. 10. 1998, ABl. EG 1998, Nr. L 300, S. 25 – Flughafen Stuttgart; vom 30. 10. 1998, ABl. EG 1998, Nr. L 300, S. 33 – Flughafen Köln/Bonn; vom 30. 10. 1998, ABl. EG 1998, Nr. C 300, S. 41 – Flughafen Hamburg; ferner *Christian Heitsch*, Verkehrsaufteilung in Flughafensystemen, EurUP 2005, S. 75.

[227] Art. 18 f. VO (EG) Nr. 1008/2008; ausf. *Hanns P. Nehl*, Europäisches Verwaltungsverfahren und Gemeinschaftsverfassung, 2002, S. 53 ff.

[228] Art. 36 Abs. 9 RL 2009/73/EG (Erdgasbinnenmarkt), umgesetzt durch § 28a Abs. 2 EnWG. Für grenzüberschreitende Infrastrukturen unter Einschaltung der Energieagentur „ACER" Details bei *Felix Arndt*, in: Gabriele Britz/Johannes Hellermann/Georg Hermes (Hrsg.), EnWG, 2. Aufl. 2010, § 28a Rn. 17 ff.

[229] Art. 48 RL 2009/73/EG (Erdgasbinnenmarkt), umgesetzt durch § 25 EnWG, § 49 GasnetzzugangsVO; Details bei *Arndt*, in: Britz/Hellermann/Hermes (Hrsg.), EnWG (Fn. 228), § 25 Rn. 17 ff.

beiden Fällen ergeht eine endgültige Entscheidung im Komitologieverfahren, falls die Behörde der Aufforderung nicht innerhalb von vier Wochen Folge leistet.

b) Kontinuierliche Aufsicht: „Gemeinsame Verwaltung"

52   Die intensivere Form einer kontinuierlichen Aufsicht lässt sich in dem Institut der **„geteilten Mittelverwaltung"** gem. Art. 53, 53b Haushaltsordnung EU beobachten,[230] mit dem die Kommission den ordnungsgemäßen Mitteleinsatz im Rahmen der Agrarmarktfinanzierung und der Strukturfondsfinanzierung überwacht.

Rechnungsabschlussverfahren: Ansatzpunkt für diese Aufsicht ist im Rahmen der Agrarfinanzierung über den EGFL[231] das Institut des Rechnungsabschlusses.[232] Im Rahmen der gemeinsamen Agrarfinanzierung werden die Maßnahmen (Ausfuhrerstattungen und Interventionen) zentral aus dem Unionshaushalt finanziert, Art. 2 Abs. 2 VO 1290/2005[233]; der Maßnahmevollzug obliegt den Mitgliedstaaten durch sog. Zahlstellen, Art. 6 Abs. 1 VO.[234] Den Mitgliedstaaten werden zunächst Abschläge auf die zu finanzierenden Aufgaben gezahlt, Art. 14 Abs. 1 VO. Mit dem Rechnungsabschluss nach der Zahlungsperiode entscheidet die Kommission darüber, welche Ausgaben der Mitgliedstaaten von der unionalen Finanzierung auszuschließen sind, weil sie nicht in Übereinstimmung mit den Unionsvorschriften getätigt worden sind, Art. 30ff. VO. Vor der Ausschlussentscheidung findet ein Verhandlungsverfahren mit dem Mitgliedstaat statt.[235] Formelle Weisungsrechte während der laufenden Finanzierung kommen der Kommission nicht zu. Diese Ex-post-Kontrolle wird jedoch dadurch zu einer kontinuierlichen Aufsicht, dass die Kommission im Rahmen der Fondsfinanzierung in unverbindlichen Mitteilungen ihre Auffassung dazu äußert, welche Ausgaben finanzierungsfähig sind. Diese Mitteilungen kommen in ihren tatsächlichen Wirkungen einem Weisungsrecht nahe: hält sich der Mitgliedstaat an die Weisung, so kann ihm nach der Rechtsprechung des Europäischen Gerichtshofs[236] die Ausgabe im Rechnungsabschluss nicht als unionswidrig angelastet werden.[237] Es entsteht also eine laufende hierarchische Überordnung zwischen Kommission und

---

[230] VO (EG) Nr. 1605/2002, zul. geänd. durch VO (EU) Nr. 1081/2010 i. V. m. Art. 42 Durchführungsbest. HaushaltsO VO (EG) Nr. 2342/2002, zul. geänd. durch Kommissions-VO (EG) Nr. 478/2007. Dazu *Bettina Schöndorf-Haubold*, Die Strukturfonds der Europäischen Gemeinschaft, 2005, S. 143 f.; *Wolfgang Schenk*, Die Leistungsverwaltung der EG als Herausforderung für den Europäischen Verwaltungsverbund, in: Schmidt-Aßmann/Schöndorf-Haubold (Hrsg.), Europäischer Verwaltungsverbund, S. 265 (286 ff.).

[231] Europäischer Garantiefonds für die Landwirtschaft, früher: Europäischer Ausrichtungs- und Garantiefonds für die Landwirtschaft, Abteilung Garantie.

[232] Dazu *Rudolf Mögele*, Die Behandlung fehlerhafter Ausgaben im Finanzierungssystem der gemeinsamen Agrarpolitik, 1997; *Wolfgang Schenk*, Strukturen und Rechtsfragen der gemeinschaftlichen Leistungsverwaltung, 2006, S. 242 ff.

[233] VO (EG) Nr. 1290/2005, zul. geänd. durch VO (EG) Nr. 473/2009, über die Finanzierung der gemeinsamen Agrarpolitik.

[234] Dazu *Hanns-Christoph Eiden*, Die Vorschriften der EU zur Finanzierung der gemeinsamen Agrarpolitik, in: GS Albert Bleckmann, 2007, S. 109 (114 ff.).

[235] „Kontradiktorisches Verfahren", Art. 42 lit. c) Durchführungsbest. HaushaltsO VO (EG) Nr. 2342/2002 (Fn. 230).

[236] *EuGH*, Rs. 11/76, Slg. 1979, 245 ff.; *EuGH*, Rs. 18/76, Slg. 1979, 343 ff.

[237] *Ines Härtel*, Handbuch Europäische Rechtsetzung, 2006, § 13 Rn. 34.

den nationalen Verwaltungen im Bereich des indirekten Vollzugs.[238] Durchgriffswirkung auf den Empfänger der Ausgleichsleistungen hat diese jedoch nicht, da die Rechnungsabschlussentscheidung nur die internen Beziehungen zwischen Kommission und Mitgliedstaat betrifft und keine zur Wiedereinziehung verpflichtende Weisung enthalten soll. Die Pflicht zur Wiedereinziehung zu Unrecht gezahlter Beträge soll sich allein aus der allgemeinen Verpflichtung ergeben, ohne Rechtsgrund gezahlte Beihilfen zurückzufordern.

Strukturfonds (Durchführungsphase): Diesem Kontrollinstrument entsprechen die Finanzkontrollmechanismen im Rahmen der Strukturfondsförderung. Im Rahmen dieses EU-Instrumentes kofinanziert die Union nationale Beihilfen aus dem Unionshaushalt.[239] Die Unionsmittel werden über die Mitgliedstaaten, die die konkreten Vergabeentscheidungen treffen, an den Endbegünstigten weitergeleitet. Die Kommission überprüft im Rahmen einer sog. Kontrolle der Kontrolle die Verwaltungssysteme der Mitgliedstaaten und kann durch Kürzung oder Streichung der Fondsbeteiligung Fehlverhalten der Mitgliedstaaten sanktionieren.[240] Der Vornahme einer Finanzkorrektur geht ein bilaterales Schlichtungsverfahren zwischen der Kommission und dem betreffenden Mitgliedstaat voraus.[241] Flankierend zu diesem harten Sanktionsinstrument ist eine Vielzahl weiterer, „weicher" Steuerungsformen vorgesehen, die das Verhalten der mitgliedstaatlichen Verwaltungen lenken sollen. Die hier vorfindlichen Verwaltungsinstrumente haben eine derartige Verdichtung angenommen, dass nicht mehr von einer Verwaltungskooperation, sondern bereits von einer „Gemeinsamen Verwaltung" gesprochen werden muss.[242] Wie im Falle des Rechnungsabschlusses haben diese internen Zuständigkeiten keine Auswirkung auf die Rechtsstellung des Beihilfeempfängers. Beschließt etwa die Kommission durch Entscheidung Finanzkorrekturen, und verlangt der betroffene Mitgliedstaat daraufhin Beihilfen von einem Begünstigten zurück, kann ein evtl. verursachter Vertrauensschaden der Kommission nicht zugerechnet werden: der Beschluss über Finanzkorrekturen regelt nur die Finanzierung durch die Union. Die Mitgliedstaaten sollen nach dem System der Strukturfondsverwaltung eigenverantwortlich für die Rechtmäßigkeit ihrer Handlungen einstehen.[243]

c) Planung im Verbund

Auch die Planungsverfahren im Europäischen Verwaltungsverbund sind zumeist noch vertikal strukturiert, vermutlich, weil die Kraft zur Übertragung verteilender Entscheidungen auf die Verwaltungsebene noch nicht ausreicht. Das wichtigste Beispiel dieser Verbundplanung sind die Maßnahmen der europäi-

---

[238] *Norer/Bloch*, in: Dauses (Hrsg.), Hdb. EU-WirtschaftsR, Abschn. G Rn. 237; vgl. auch *Hatje*, Wirtschaftsverwaltung (Fn. 207), S. 167.
[239] Zur Planungsphase s.u. → Rn. 53. Dazu ausführlich *Schöndorf-Haubold*, Strukturfonds (Fn. 230).
[240] Grundlage ist die VO (EG) Nr. 1083/2006, ers. durch VO (EU) Nr. 1311/2011, mit allgemeinen Bestimmungen über den Europäischen Fonds für regionale Entwicklung, den Europäischen Sozialfonds und den Kohäsionsfonds.
[241] Art. 99f. StrukturfondsVO (Fn. 240); dazu *Schenk*, Gemeinschaftliche Leistungsverwaltung (Fn. 232), S. 288 ff.
[242] *Schöndorf-Haubold*, Strukturfonds (Fn. 230), S. 37 ff.
[243] *Hofmann*, Rechtsschutz und Haftung (Fn. 224), S. 323 f.

schen Strukturfonds,[244] mit denen etwa ein Drittel des Unionshaushalts verteilt wird. Hiermit hat die EU ein Modell „gemeinsamer Verwaltung" (*Bettina Schöndorf-Haubold*) installiert, dessen Planungsebene durch eine dichte förmliche Normativierung sowie durch intensiv wirkende informelle Instrumentarien gesteuert wird. Die Verteilung der Mittel geschieht auf der Grundlage von Planungen der Mitgliedstaaten, die in enger Abstimmung mit der Kommission erstellt werden. Dem geht allerdings die Verteilung der Mittel auf die Mitgliedstaaten durch die Kommission voraus,[245] so dass die eigentlichen Planungen nur noch eine bilaterale Angelegenheit zwischen Kommission und Mitgliedstaat sind.[246] Dies geschieht auf der Grundlage von **„strategischen Kohäsionsleitlinien"**, die der Rat auf Vorschlag der Kommission festlegt.[247] An diesen haben sich die Planungen der Mitgliedstaaten auszurichten. Diese Planungen sind in der Regel zweistufig: Zu erstellen ist zunächst durch den Mitgliedstaat ein **„Nationaler strategischer Rahmenplan"**,[248] dessen entscheidende Punkte durch die Kommission genehmigt werden.[249] Auf dieser Grundlage werden durch den Mitgliedstaat **„operationelle Programme"** ausgearbeitet, die ebenfalls der Genehmigung („Annahme") durch die Kommission bedürfen.[250] Diese operationellen Programme schließlich sind die Grundlage für die Fördermaßnahmen, die in den einzelnen Mitgliedstaaten ausschließlich durch diese und nicht mehr, wie im Falle der Forschungsförderung, durch die Kommission durchgeführt werden.[251]

2. Verbundverwaltung im Kartell- und Regulierungsrecht

54   Die Reichweite dieser vertikalen Perspektive und der mit ihr verbundenen Rechtsfiguren endet dort, wo die Durchführung von EU-Recht in ihren rechtlichen oder faktischen Wirkungen nicht mehr auf einen Mitgliedstaat begrenzt bleibt. In einer zunehmenden Anzahl von Politikbereichen genügt es zwar zur Durchführung des Unionsrechts, dass die mitgliedstaatlichen Verwaltungsentscheidungen Geltung lediglich in einem oder allenfalls einigen Mitgliedstaaten beanspruchen. Ihre faktischen Auswirkungen reichen jedoch darüber hinaus. Vermittelt werden sie vorrangig über den unionalen Wettbewerbsraum. Hierzu zählen die Fälle der kartellrechtlichen Entscheidungen oder der Verfügungen der Telekommunikationsregulierung. Daher werden zusätzlich zu den eben be-

---

[244] Dazu ausf. *Schöndorf-Haubold*, Strukturfonds (Fn. 230); *Christian Konow*, Europäische Strukturpolitik, ZG 2005, S. 328 ff. Weitere Beispiele gemeinsamer Planungen finden sich etwa im Umweltrecht wie das Schutzgebietsnetz „Natura 2000" auf der Grundlage der FFH-Richtlinie (92/93/EWG); umfassend *Klaus F. Gärditz*, Europäisches Planungsrecht, 2009.

[245] Art. 18 Abs. 2 VO (EG) Nr. 1083/2006 (Fn. 240); dazu *Schöndorf-Haubold*, Strukturfonds (Fn. 230), S. 144 ff.

[246] *Schöndorf-Haubold*, Strukturfonds (Fn. 230), S. 246 f.

[247] Art. 25 VO (EG) Nr. 1083/2006 (Fn. 240).

[248] Art. 27 VO (EG) Nr. 1083/2006 (Fn. 240); früher „Gemeinschaftliches Förderkonzept", dazu *Schöndorf-Haubold*, Strukturfonds (Fn. 230), S. 174 ff.

[249] Art. 28 Abs. 3 VO (EG) Nr. 1083/2006 (Fn. 240); dazu *Schöndorf-Haubold*, Strukturfonds (Fn. 230), S. 224 ff.

[250] Art. 32 Abs. 5 VO (EG) Nr. 1083/2006 (Fn. 240).

[251] Zur Durchführung der Forschungsförderung *Annette Pfeiffer*, Die Forschungs- und Technologiepolitik der Europäischen Gemeinschaft, 2003, S. 145 ff.; *Gärditz*, Europäisches Planungsrecht (Fn. 244), S. 37 ff.; *Arne Pilniok*, Governance im europäischen Forschungsförderverbund, 2011.

schriebenen rechtlichen Instrumenten der Durchsetzungssicherung **administrative Vereinheitlichungsmechanismen** erforderlich. Dazu zählen z.B. Informations-, Aufsichts- oder sogar Selbsteintrittsrechte der Kommission, der Erlass allgemeiner Leitlinien, aber etwa auch komplizierte Konsolidierungsverfahren wie im Rechtsrahmen der Telekommunikation.[252]

a) Kartellrecht

Mit der Installation eines hochintegrierten Europäischen Verwaltungsverbundes[253] durch die Kartell-VO Nr. 1/2003[254] hat der europäische Gesetzgeber im Kartellrecht ein Anwendungsmodell gewählt, das gegenüber den bisherigen Verbundmechanismen eine qualitativ neue Stufe europäischen Verwaltens darstellt:[255] Die Kommission und die nationalen Behörden werden zu einer einheitlichen Anwendungsinstanz neuen Typs verklammert,[256] in der der Kommission als Leit- und Aufsichtsinstanz die nationalen Behörden gewissermaßen als Verwaltungsunterbau zugewiesen sind. Zu diesem Zweck werden sie aus nationalen Einflusszusammenhängen herausgelöst und in einen Informations-, Handlungs- und Entscheidungsverbund integriert. Weil das Kartellverfahrensrecht schon bisher als eine der wichtigsten Erkenntnisquellen für das europäische Verwaltungsrecht gedient hat, betreffen die Veränderungen hier auch das allgemeine europäische Verwaltungsrecht nachhaltig.

Für die **Anwendung des Art. 101 AEUV** in seiner Gesamtheit sind grundsätzlich die **mitgliedstaatlichen Behörden** zuständig, vorbehaltlich einer Tätigkeit der Kommission. Diese Zuständigkeitsverteilung wird als Behördennetz bezeichnet.[257] Ein System variabler Zuständigkeiten soll den Einsatz der am besten geeigneten Behörde ermöglichen, „das Netz" soll dafür sorgen, dass die Ressourcen am besten eingesetzt werden, um eine effektive Fallverteilung zu erreichen.[258] Auch vor Entscheidungen eines Mitgliedstaates kann nunmehr der Beratende Ausschuss mit der Angelegenheit befasst werden, Art. 14 Abs. 7 Kartell-VO.[259] Auch insofern ist die mitgliedstaatliche Entscheidungstätigkeit in den europäischen Entscheidungsverbund einbezogen. Entsprechend dem Grundsatz der Legalausnahme stehen im Zentrum der Entscheidungstätigkeit mitgliedstaatlicher Behörden Verfügungen, mit denen ein Verbotsverstoß festgestellt und die Unternehmen zur Abstellung verpflichtet werden, außerdem die Festsetzung von Geldbußen. Die Wirkungen der Entscheidungen sind territorial begrenzt. Das ist

55

56

---

[252] Dazu siehe noch unten bei → Fn. 277.

[253] Dazu *Alec Burnside/Helen Crossley*, Co-operation in Competition: a New Era?, European Law Review, Bd. 30 (2005), S. 234; *James S. Venit*, Brave New World: the Modernization and Decentralization of Enforcement under Articles 81 and 82 of the EC Treaty, CMLRev, Bd. 40 (2003), S. 545; *Heike Jochum*, Das Bundeskartellamt auf dem Weg nach Europa, VerwArch, Bd. 94 (2003), S. 512.

[254] Vgl. → Fn. 13.

[255] Die Inhalte sind zu großen Teilen vorgezeichnet im „Weißbuch über die Modernisierung der Vorschriften zur Anwendung der Artikel 85 und 86 EG-Vertrag", KOM (1999) 101 endg., ABl. EG 1999, Nr. C 132, S. 1. Der Entwurf der Kommission stammt vom 27. 9. 2000, KOM (2000) 582 endg., ABl. EG 2000, Nr. C 365 E, S. 284. Zum Ganzen *Claus-Dieter Ehlermann*, The modernization of EC antitrust policy: A legal and cultural revolution, CMLRev, Bd. 37 (2000), S. 537.

[256] Zur Netzwerkbildung auch → Bd. I *Schmidt-Aßmann* § 5 Rn. 26 f.

[257] Weißbuch (Fn. 255), Nr. 91; Kom-Entwurf (Fn. 255), S. 6 f., 9, 10, 13, 17, Erwgrd. 14, 15, 16.

[258] Erwgrd. 16, Kom-Entwurf (Fn. 255), S. 7, 9, insbes. 13 f.

[259] Vgl. auch Erwgrd. 17 und Kom-Entwurf (Fn. 255), S. 24.

ihrer repressiven Natur wegen weniger gravierend. Ein Problem hinsichtlich der Anerkennung in anderen Mitgliedstaaten entsteht nicht. Zwar ist die Unwirksamkeit der betroffenen Vereinbarung nicht mit Wirkung für Gerichte und Behörden anderer Mitgliedstaaten festgestellt, in der Praxis dürfte dort ihre weitere Anwendung aber auch ohne diese transnationale Wirkung ihr Ende finden. Bindende Positiventscheidungen, die im System der Legalausnahme feststellenden Charakter hätten, dürfen die mitgliedstaatlichen Behörden nicht treffen.[260] Dementsprechend kann auch der Entscheidung, gegen eine Vereinbarung nicht einzuschreiten, keine Bestandskraft und vor allem keine Bindung anderer Wettbewerbsbehörden zukommen.[261] Allerdings kann eine Beschwerde abgewiesen werden, wenn eine andere Behörde bereits damit befasst war, Art. 13 Abs. 2 Kartell-VO.

Die **Kommission** ist **als Aufsichtsorgan und Leitinstanz** für die Anwendung des Art. 101 AEUV vorgesehen. Ihr stehen weiterhin Regelungsbefugnisse für den Einzelfall, eine generelle Regelungsbefugnis für Gruppenfreistellungen sowie Aufsichtsbefugnisse über die mitgliedstaatlichen Verwaltungen zu. Parallel zu den mitgliedstaatlichen Verwaltungen ist die Kommission befugt, **im Einzelfall** Zuwiderhandlungen gegen Art. 101 AEUV festzustellen und die Unternehmen zur Abstellung der Zuwiderhandlung zu verpflichten, Art. 7 Kartell-VO. Sie kann diese Zuständigkeit auf Beschwerde hin oder von Amts wegen aktualisieren, vgl. Art. 7 Abs. 1 Kartell-VO, aber auch im Wege des Selbsteintrittsrechts ein vor einer mitgliedstaatlichen Behörde schwebendes Verfahren an sich ziehen, Art. 11 Abs. 6 Kartell-VO. Zur Abwendung einer derartigen Entscheidung kann die Kommission, vorausgesetzt, sie ist mit dem Fall befasst, Verpflichtungszusagen der Unternehmen entgegennehmen und durch Entscheidung für verbindlich erklären, Art. 9 Kartell-VO. Als ausschließliche Kompetenz kommt der Kommission die Befugnis zu, in Einzelfällen eine Entscheidung über die Nichtanwendbarkeit des Art. 101 AEUV zu treffen, Art. 10 Kartell-VO. Damit sollen insbesondere Musterfälle bei neu auftretenden Problemen behandelt werden. Die Entscheidung nach Art. 10 soll aber lediglich „deklaratorischen" Charakter haben[262] und damit in der Wirkung den bisherigen Negativattesten nach Art. 4 VO Nr. 17/62[263] gleichkommen.[264] Die Kommission wird nur „im öffentlichen Interesse" tätig, ein Anspruch auf eine solche Positivfeststellung besteht also nicht.[265]

---

[260] Krit. z.B. *Christina Oelke*, Das Europäische Wettbewerbsnetz, 2006, S. 261 ff.

[261] Dazu VO-Entwurf, Erläuterung zu Art. 5: „Derartige Entscheidungen binden ausschließlich die betreffende Behörde".

[262] So der 14. Erwgrd. S. bereits *Alexander Schaub/Rüdiger Dohms*, Das Weißbuch der Europäischen Kommission über die Modernisierung der Vorschriften zur Anwendung der Artikel 81 und 82 EG-Vertrag. Die Reform der Verordnung Nr. 17, WuW, Bd. 49 (1999), S. 1055 (1070).

[263] Verordnung Nr. 17 des Rates vom 6. 2. 1962, Erste Durchführungsverordnung zu den Artikeln 81 und 82 des Vertrags, ABl. EG, Nr. 204, S. 62 (der Titel wurde angepasst, um der Umnummerierung der Artikel des EG-Vertrags gemäß Art. 12 des Vertrags von Amsterdam Rechnung zu tragen; ursprünglich wurde auf die Art. 85 und 86 Bezug genommen). VO (EWG) Nr. 17/62, zul. geänd. durch VO (EG) Nr. 1/2003.

[264] Weißbuch (Fn. 255), Nr. 89; *Arved Deringer*, Stellungnahme zum Weißbuch der Europäischen Kommission über die Modernisierung der Vorschriften zur Anwendung der Art. 85 und 86 EG-Vertrag (Art. 81 und 82 EG), EuZW 2000, S. 5 (7).

[265] Bereits *Schaub/Dohms*, Das Weißbuch (Fn. 262), S. 1070.

C. Verfahren im Europäischen Verwaltungsverbund

57 **Kommission als Aufsichtsorgan:** Die zentrale steuernde Funktion, die die Kommission bisher durch ihr Freistellungsmonopol ausgefüllt hat, wird durch ein Bündel von Aufsichtsbefugnissen gewährleistet: Hierzu zählt zum einen das im Rahmen des grundsätzlich dezentralen Vollzugs durch die mitgliedstaatlichen Kartellbehörden für die Kommission vorgesehene **Selbsteintrittsrecht**, Art. 11 Abs. 6 Kartell-VO. Vor regelnden Entscheidungen der mitgliedstaatlichen Behörden, also einer Anordnung der Abstellung einer Zuwiderhandlung, einer Annahme einer Verpflichtungszusage oder einem Entzug des Rechtsvorteils einer Gruppenfreistellungsverordnung müssen diese Behörden sich mit der Kommission ins Benehmen setzen,[266] Art. 11 Abs. 4 Kartell-VO. Das soll es der Kommission ermöglichen, für eine einheitliche Auslegung der Kartellrechtsvorschriften durch Selbsteintritt zu sorgen.[267] Über flankierende Maßnahmen informeller Art, insbesondere Bekanntmachungen und Leitlinien will die Kommission wie bisher für eine vereinheitlichende Anwendung des Wettbewerbsrechts sorgen.[268] Mit der Einführung der Legalausnahme erhalten die mitgliedstaatlichen Gerichte eine wesentliche Rolle bei der Anwendung und Fortentwicklung des Unionskartellrechts. Daher ist eine Zusammenarbeit zwischen Kommission und mitgliedstaatlichen Gerichten vorgesehen, indem wesentliche Elemente aus der Bekanntmachung der Kommission kodifiziert werden, Art. 15 Kartell-VO.[269] Neben Informationspflichten der Gerichte tritt die Befugnis der Kommission, als Vertreter der Unionsinteressen vor den nationalen Gerichten aufzutreten.

Diese innovative Zuständigkeitsverteilung im „Behördennetz" ist für klassische Vorstellungen von Verwaltungszuständigkeit eher ungewohnt. Sie stellt eine undeutliche Mischung zwischen organisatorisch verklammerter und gemeinsamer Verwaltung dar: Einzelne Handlungen werden dem Ensemble der Behörden zugerechnet, wenn sie für dieses positive Effekte haben. Z.B. hemmen Handlungen der Mitgliedstaaten die Verjährung, Art. 25 Abs. 3 Kartell-VO, und zwar anders als bisher auch dann, wenn diese nicht auf Antrag der Kommission tätig werden. Demgegenüber scheinen Handlungen zum Nachteil des „Netzes" nicht dem Ganzen zugerechnet werden zu können: Positive Entscheidungen mit Bindungswirkung sind ausgeschlossen. Eine Entscheidung, keine Maßnahmen zu ergreifen, bindet die anderen Behörden nicht. Und selbst in dem Moment, in dem eine solche Entscheidung nach einem langen Verfahren bevorsteht, scheinen die Unternehmen angesichts des Selbsteintrittsrechts der Kommission noch mit einem völlig neuen Verfahren rechnen zu müssen. Eine Bindung der Kommission an bereits erzielte Verfahrensergebnisse ist jedenfalls nicht vorgesehen. Damit geht der bisher durch Art. 9 Abs. 3 VO Nr. 17/62 gewährleistete Schutz der Unternehmen vor Parallelverfahren[270] verloren. Ein subjektives Recht auf Einschreiten der Kartellbehörden müsste sich im Grunde gegen das Netz als Ganzes rich-

---

[266] Englisch: „they shall consult", französisch: „elles consultent préalablement".
[267] Kom-Entwurf (Fn. 255), S. 11.
[268] Z.B. VO (EU) Nr. 330/2010 (Vertikale Vereinbarungen); VO (EU) Nr. 1217/2010 (F + E-Vereinbarungen); Leitlinien zur horizontalen Zusammenarbeit, ABl. EU 2011, Nr. C 11, S. 1; Leitlinien zu vertikalen Beschränkungen, ABl. EU 2010, Nr. C 130, S. 1. Dazu ferner → Rn. 77.
[269] Bekanntmachung über die Zusammenarbeit zwischen der Kommission und den Gerichten der Mitgliedstaaten bei der Anwendung der Artikel 85 und 86 des EWG-Vertrages, ABl. EG 1993, Nr. C 39, S. 6.
[270] *Ingolf Pernice*, in: Grabitz/Hilf (Hrsg.), EU-Recht, nach Art. 87 EGV Art. 9 VO Nr. 17 Rn. 5.

ten, in jedem Fall wird es europaweit einheitlich behandelt werden müssen, weil sonst die variable Zuständigkeitsordnung keinen Bestand haben kann.

58 Die Grundlage der Verwaltung im Behördennetz ist ein **Informationsverbund**, der die klassischen Vorstellungen einer Kommunikation zwischen Behörden überschreitet:[271] Für die Informationserhebung im Informationsnetz bleiben zwar die Staatsgrenzen maßgeblich. Aus anderen Mitgliedstaaten muss daher Information im Wege der Amtshilfe gewonnen werden.[272] Die jeweilige territorial zuständige mitgliedstaatliche Behörde führt also die erforderlichen Untersuchungen durch, allerdings „im Namen und für Rechnung der Wettbewerbsbehörde eines anderen Mitgliedstaats".[273] In diesem Informationsverbund sind die Kommission und die Wettbewerbsbehörden der Mitgliedstaaten befugt, einander alle erforderlichen Informationen mitzuteilen – alle Informationen verkehren frei zwischen den Behörden, Art. 12 Abs. 1 Kartell-VO. Voraussetzung eines solchen freien Informationsverkehrs ist ein einheitliches Informationsrechtsregime. Der Mindeststandard wird durch die Standards der Datenschutzrichtlinie[274] gewährleistet. Weil aber der Informationsverkehr auch durch Regelungen der Mitgliedstaaten behindert werden kann, die die Vorgaben der Datenschutzrichtlinie überschreiten, werden diese in Art. 12 Abs. 1 Kartell-VO kurzerhand für nicht anwendbar erklärt, indem die Behörde zu einer solchen Übermittlung befugt wird. Eine Grenze bilden mitgliedstaatliche Datenschutzregime nur gem. Art. 12 Abs. 3 SpStr. 2 Kartell-VO für die Verhängung von Sanktionen. Mitgliedstaatliche Behörden und Kommission verfolgen im Netz einen gemeinsamen Zweck. Dieser stellt nunmehr die Grenze der Weitergabe und Verwendung der Informationen dar, nicht mehr die Behördengrenzen. Das steht im Gegensatz zur bisherigen Rechtslage, nach der die Behördengrenze immer auch die Grenze eines Informationsregimes markierte. So durften von der Kommission im Rahmen der VO Nr. 17/62 gewonnene Erkenntnisse wegen dieser Zweckbindung von den Mitgliedstaaten in deren Verfahren nicht berücksichtigt werden, auch nicht zur Durchsetzung des europäischen Kartellrechts.[275] Nunmehr sollen die Wettbewerbsbehörden eine informatorische Einheit mit einem gemeinsamen Verfahrenszweck bilden. Dieser informatorischen Einheit entspricht, dass Informationsvorgänge innerhalb des Behördennetzes nicht mehr als außengerichtete Vorgänge verstanden werden dürfen, die das Recht der Akteneinsicht hervorrufen. Die gesamte Korrespondenz innerhalb des Netzes unterliegt nicht der Akteneinsicht, Art. 27 Abs. 2 Kartell-VO.[276]

b) Der Europäische Regulierungsverbund im Telekommunikationsrecht

59 Parallele Entwicklungen zeichnen sich im Telekommunikationsrecht ab. Der Rechtsrahmen für die Telekommunikation setzt wegen der Dynamik der Märkte auf eine Flexibilisierung der Regulierung, d.h. eine größere Gestaltungsfreiheit für die nationalen Regulierungsbehörden.[277] Soll gleichzeitig das durch Art. 114

---

[271] Dazu ferner → Bd. II *v. Bogdandy* § 25 Rn. 31 f.
[272] Siehe a. → Bd. II *v. Bogdandy* § 25 Rn. 70 ff.
[273] Englisch: „on behalf and for the account of", französisch: „au nom et pour le compte".
[274] → Bd. II *Albers* § 22 Rn. 47 ff.
[275] *EuGH*, Rs. C-67/91, Slg. 1992, I-4785, Rn. 31 ff. – AEB; *Benedikt Gillessen,* Lockerung des Freistellungsmonopols zugunsten der EU-Staaten, 1998, S. 33 f.
[276] Dazu Erwgrd. 32.
[277] RL 2002/21/EG (Rahmenrichtlinie), zul. geänd. durch VO (EG) Nr. 544/2009; RL 2002/19/EG (Zugangsrichtlinie); RL 2002/20/EG (Genehmigungsrichtlinie, Fn. 41); RL 2002/22/EG über den

C. Verfahren im Europäischen Verwaltungsverbund

AEUV allgemein und mit dem europäischen Telekommunikationsrecht im Speziellen verfolgte Ziel der Herstellung gleicher Wettbewerbsbedingungen nicht gefährdet werden, müssen die in hohem Maße binnenmarktrelevanten Regulierungsentscheidungen in der Telekommunikation stärker an einem gemeinsamen europäischen Interesse ausgerichtet werden. Ohnehin stehen die nationalen Verwaltungsbehörden mit ihrer Anbindung an die politische Spitze des jeweiligen Staates aus europäischer Sicht im Verdacht einer mitgliedstaatlichen Parteilichkeit. Um dieser Gefahr zu begegnen, installiert die Rahmenrichtlinie einen Europäischen Regulierungsverbund im Konzert der europäischen Regulierungsbehörden unter dem Dirigat der Kommission, ein Netzwerk europäischer Verwaltungen.[278] Die Alternative einer Zentralisierung der Entscheidungen kam zum Erhalt einer auf die jeweilige Marktsituation abgestimmten und deswegen notwendig dezentralen Regulierung nicht in Betracht. In diesem Regulierungsverbund findet sich ein eigenständiges Konzept europäischen Rechts verwirklicht, dessen Aufgabe es ist, eine einheitliche Normanwendung sicherzustellen und damit Wettbewerbsverzerrungen zu verhindern.

Den Kern des Regulierungsverbundes bildet das Konsolidierungsverfahren des § 12 TKG,[279] das das eigentliche Instrument zur Konstitution des Netzwerks europäischer Regulierungsinstanzen bildet und sich auf die zentralen Entscheidungen im Rahmen der Telekommunikationsregulierung bezieht. **60**

– **Unionsweite Abstimmung:** Das Verfahren ist gestuft. Für den überwiegenden Teil der Maßnahmen besteht eine Abstimmungspflicht mit der Europäischen Kommission und anderen nationalen Regulierungsbehörden gemäß § 12 Abs. 2 Nr. 1, 2 TKG. Dazu hat die Bundesnetzagentur den übrigen Behörden und der Europäischen Kommission den Entwurf von Maßnahmen zuzuleiten und ihnen damit Gelegenheit zur Stellungnahme innerhalb einer bestimmten Frist zu geben. Materiellrechtlich hat sie die Stellungnahmen weitestgehend zu berücksichtigen.

– **Vetoverfahren:** Bei einer bestimmten Klasse von Entscheidungen wird die Einbindung in den Verbund noch verstärkt.[280] In diesen Fällen hat die Europäische Kommission ein Beanstandungs- und in letzter Konsequenz ein Vetorecht gemäß § 12 Abs. 2 Nr. 3 TKG. Damit wird für diese Entscheidungen eine europäische Interpretationsinstanz mit Entscheidungskompetenz in den Regulierungszusammenhang eingebunden. Die nationalen Verwaltungen werden in den Verbund einer europäisierten Verwaltung einbezogen und zumindest partiell aus den nationalen Steuerungszusammenhängen gelöst.

Universaldienst und Nutzerrechte bei elektronischen Kommunikationsnetzen und -diensten (Universaldienstrichtlinie); RL 2002/58/EG, zul. geänd. durch RL 2006/24/EG, über die Verarbeitung personenbezogener Daten und den Schutz der Privatsphäre in der elektronischen Kommunikation (Datenschutzrichtlinie); RL 2002/77/EG über den Wettbewerb auf den Märkten für elektronische Kommunikationsnetze und -dienste (Wettbewerbsrichtlinie).

[278] *Karl-Heinz Ladeur/Christoph Möllers*, Der europäische Regulierungsverbund der Telekommunikation im deutschen Verwaltungsrecht, DVBl 2005, S. 525 ff.; *Hans-Heinrich Trute*, Der europäische Regulierungsverbund in der Telekommunikation, in: FS Peter Selmer, 2004, S. 565 ff.; ferner *Hans C. Röhl*, Soll das Recht der Regulierungsverwaltung übergreifend geregelt werden?, JZ 2006, S. 831 (837).

[279] Setzt Art. 7 Abs. 3–6 RL 2002/21/EG (Fn. 277) um.

[280] Sie betreffen die Marktdefinition und die Einstufung eines Unternehmens als marktbeherrschend, wenn dies Auswirkungen auf den Handel zwischen den Mitgliedstaaten hat.

61 Das Unionsrecht verpflichtet die nationalen Regulierungsbehörden, zur Entwicklung des Binnenmarktes dadurch beizutragen, dass sie untereinander und mit der Kommission in transparenter Weise zusammenarbeiten. Dadurch soll die Entwicklung einer einheitlichen Regulierungspraxis und die einheitliche Anwendung des europäischen Telekommunikationsrechts sichergestellt werden.[281] Zu diesem Zweck sollen die Regulierungsbehörden insbesondere Einvernehmen über die geeignetsten Mittel und Wege zur Bewältigung besonderer Marktsituationen zu erreichen versuchen. Das Ergebnis dieser Abstimmungs- und Kooperationsverfahren soll ein erhebliches Gewicht für die Entscheidungen der nationalen Behörden haben: Die jeweilige nationale Regulierungsbehörde hat die Stellungnahmen der übrigen Regulierungsbehörden und der Europäischen Kommission bei einer bestimmten Klasse von Entscheidungen „weitestgehend" zu berücksichtigen.[282]

62 Über die allgemeine Kooperationsverpflichtung hinaus sind spezifische Verfahren vorgesehen, die die gegenseitige Abstimmung noch intensivieren:
- Auf allgemeiner Ebene hat die Europäische Kommission nach Art. 19 der Rahmenrichtlinie die Möglichkeit, Empfehlungen an die Mitgliedstaaten über die harmonisierte Durchführung des Richtlinienpakets zu erlassen. Dies ist mit der Verpflichtung der Mitgliedstaaten verbunden, dafür zu sorgen, dass die nationalen Regulierungsbehörden bei der Wahrnehmung ihrer Aufgaben diesen Empfehlungen weitestgehend Rechnung tragen.[283] Verbunden ist die Berücksichtigungspflicht mit einer Begründungspflicht gegenüber der Kommission bei Abweichungen.
- Darüber hinaus hat die Kommission die Europäische Gruppe der Regulierungsbehörden institutionalisiert, die ein europäisches Forum der Kooperation und Abstimmung darstellen soll, mit dem einzelne Kooperationsverfahren vorbereitet und abgestützt werden.[284] Wenn betont wird, dass dieses Forum wie auch die einzurichtenden Verfahren auch dazu dienen können, dass sich die nationalen Regulierer für bestimmte Entscheidungen gegenüber einseitigen politischen und wirtschaftlichen Einflüssen eine europäische Rückendeckung verschaffen, wird die Architektur der Verfahren ebenso sichtbar wie die zumindest partielle Herauslösung der Regulierungsbehörden aus dem nationalen Steuerungszusammenhang.

63 Gleichermaßen gewinnt das Netzwerk der Behörden zunehmende Eigenständigkeit gegenüber den die Behörden kontrollierenden Gerichten. Wesentliche Vorentscheidungen sind durch die Beiträge im europäischen Netzwerk bereits gefallen, bevor eine außenwirksame Maßnahme erlassen wird, gleichzeitig hat diese Maßnahme ihren Inhalt weitgehend aus den Stellungnahmen und Beiträ-

---

[281] Art. 8 Abs. 3 lit. d RL 2002/21/EG (Fn. 277).
[282] Art. 7 Abs. 5 RL 2002/21/EG (Fn. 277), umgesetzt durch § 12 Abs. 2 Nr. 2 TKG. Zur Reichweite der Bindungswirkung *Jens-Peter Schneider*, Telekommunikation, in: Fehling/Ruffert (Hrsg.), Regulierungsrecht, § 8 Rn. 108.
[283] Umgesetzt z. B. durch § 12 Abs. 2 S. 3 TKG.
[284] Erwgrd. 36 f. RL 2002/21/EG (Fn. 277); zur Europäischen Gruppe der Regulierungsbehörden vgl. Beschluss der Kommission 2002/627/EG vom 29. 7. 2002 zur Einrichtung der Gruppe Europäischer Regulierungsstellen für elektronische Kommunikationsnetze und -dienste, ABl. EG 2002, Nr. L 200, S. 38. Zu den nicht verwirklichten Plänen einer Weiterentwicklung im Legislativpaket 2007, *Schneider*, Telekommunikation (Fn. 282), § 8 Rn. 86.

gen anderer Administrationen abzuleiten. Das mag dort von geringerer Bedeutung sein, wo – wie im Kartellrecht – die endgültige Entscheidung als gebundene Entscheidung ausgewiesen ist. Im europäisierten Telekommunikationsrecht hingegen sorgt ein streng verstandenes Trennungsprinzip, das den nationalen Gerichten den Zugriff auf die unionalen und nationalen ausländischen Handlungsbeiträge nicht gestattet, für Rechtsschutzdefizite:[285] Die Bundesnetzagentur ist nach außen hin für Entscheidungen verantwortlich, deren Inhalt durch andere Stellen maßgeblich mitgeprägt wurde.

Das europäische Recht zielt vor allem darauf ab, zu einer kohärenten Anwendung des Unionsrechts durch die Institutionalisierung von Verfahren beizutragen, insbesondere nachdem die nationalen Regulierungsbehörden erweiterte, vor allem flexiblere, auf komplexere und dynamische Märkte abgestimmte Instrumente erhalten haben. Diese erweiterten Kompetenzen werden durch den multilateralen Europäischen Regulierungsverbund aufgefangen. Das hat nicht unerhebliche Veränderungen im Steuerungszusammenhang von nationalem Gesetz und Verwaltung zur Folge, vor allem dadurch, dass die nationalen Regulierungsbehörden in den Abstimmungsprozess mit anderen nationalen Regulierungsbehörden und der Europäischen Kommission einbezogen werden und die Ergebnisse bei der Anwendung des nationalen Rechts zu berücksichtigen haben. Ein solchermaßen konzipiertes Netzwerk von Verwaltungen im europäischen Verwaltungsraum entzieht sich einer ausschließlich nationalen gesetzlichen Steuerung und einer daran anknüpfenden – unmodifizierten – gerichtlichen Kontrolle durch nationale Verwaltungsgerichte.

c) Regulierungsverbund im Energiesektor

Mittlerweile nähert sich auch der Energiesektor einem Regulierungsverbund an.[286] Allerdings liegt hier der Schwerpunkt nicht auf einer Steuerung von Einzelentscheidungen: Eingerichtet wird eine eigene Regulierungsagentur („ACER")[287], die im Wesentlichen unverbindliche Empfehlungen und Stellungnahmen abgeben kann. Der Kommission werden vor allem[288] Befugnisse zum Erlass von Leitlinien[289] eingeräumt, deren Beachtung durch ein neuartiges Verfahren zur Einhaltung der Leitlinien durchgesetzt wird,[290] in dem die Kommission eine mitgliedstaatliche Regulierungsbehörde zum Widerruf einer den Leitlinien nicht entsprechenden Entscheidung verpflichten kann. Ermöglicht wird eine Verknüpfung der

63a

---

[285] *Ladeur/Möllers*, Regulierungsverbund (Fn. 278), S. 530 f.
[286] Dazu z.B. *Markus Ludwigs*, Das veränderte Machtgefüge der Institutionen nach dem Dritten EU-Binnenmarktpaket, DVBl 2011, S. 61 ff.; krit. *Klaus F. Gärditz*, Europäisches Regulierungsverwaltungsrecht auf Abwegen, AöR, Bd. 135 (2010), S. 251 ff. Zum bisherigen Zustand *Gabriele Britz*, Vom Europäischen Verwaltungsverbund zum Regulierungsverbund?, EuR, Bd. 41 (2006), S. 46 ff.; *dies.*, Verbundstrukturen in der Mehrebenenverwaltung, DV, Beiheft 8, 2009, S. 71 (82 ff.); *Felix Arndt*, Vollzugssteuerung im Regulierungsverbund, DV, Bd. 39 (2006), S. 100 ff.
[287] VO (EG) Nr. 713/2009 (Gründung einer Agentur für die Zusammenarbeit der Energieregulierungsbehörden).
[288] Vereinzelte Befugnisse zur Einzelentscheidung z.B. in Art. 13 Abs. 4 VO (EG) Nr. 714/2009 (Netzzugangsbedingungen für den grenzüberschreitenden Stromhandel); Art. 49 Abs. 5 RL 2009/73/EG (Erdgasbinnenmarkt) oder Art. 44 Abs. 1 RL 2009/72/EG (Elektrizitätsbinnenmarkt).
[289] → unten Rn. 81.
[290] Art. 43 RL 2009/73/EG (Erdgasbinnenmarkt), Art. 39 RL 2009/72/EG (Elektrizitätsbinnenmarkt).

mitgliedstaatlichen Regulierungsbehörden untereinander und mit der Kommission vor allem auch dadurch, dass die Richtlinien ausdrücklich deren unabhängige Organisation verlangen.[291]

3. Unionsweite Verwaltung

64 Besondere verfahrensrechtliche oder strukturelle Verkoppelungen werden dort erforderlich, wo Entscheidungen einheitlich für den gesamten Verwaltungsraum getroffen werden sollen. Neben den zentralisierten Entscheidungsverfahren finden sich zunehmend Entscheidungszusammenhänge, in denen solche Maßnahmen einzelnen mitgliedstaatlichen Behörden überantwortet werden.

a) Zentrale Verwaltung

65 Zentrale Verwaltungskompetenzen der europäischen Ebene existieren nur in ausgewählten Verwaltungsfeldern und in begrenztem Umfang. Für den Argumentationsgang dieses Abschnitts sind diese Verfahren von geringerem Interesse, weil die kohärenz- und legitimationsschaffende Funktion des Verfahrens nicht gleichermaßen aktiviert werden muss, wenn die zentral legitimierte und einheitlich entscheidende Kommission am Ende des Verfahrens steht. Einige typische Beispiele sind im Folgenden dargestellt.[292]

– **Zentrale Arzneimittelzulassung:** Spezielle im Anhang der VO (EG) Nr. 726/2004[293] genannte Arzneimittel sind in einem zentralisierten Zulassungsverfahren durch die Kommission zu genehmigen.[294] Das Verfahren hat eine zweischrittige Grundstruktur: Das Medikament wird zunächst einem wissenschaftlichen Beurteilungsverfahren vor der Europäischen Arzneimittelagentur[295] unterworfen und erst nach einem anschließenden Zulassungsverfahren vor der Kommission zugelassen. Die beiden Verfahrensschritte sind eng miteinander verkoppelt: Der Antrag auf Zulassung ist bei der Agentur zu stellen, die bzw. deren jeweils zuständiger Ausschuss ein Gutachten über die Zulassungsfähigkeit des Arzneimittels erstellt. Gegen ein negatives Gutachten kann der Antragsteller einen als Widerspruch bezeichneten Rechtsbehelf einlegen, der zu einer erneuten Überprüfung durch den Ausschuss führt. Anschließend entscheidet die Kommission im Komitologieverfahren über den Antrag. Der Entscheidungsvorschlag wird auf der Grundlage des Gutachtens erstellt; eine Abweichung muss eingehend begründet werden, Art. 10 Abs. 1 VO.

– **Zulassung genetisch veränderter Lebens- und Futtermittel:** Zentral zugelassen werden weiterhin genetisch veränderte Lebens- und Futtermittel nach der VO (EG) Nr. 1829/2003. Auch hier ist ein zweischrittiges Zulassungsverfahren

---

[291] Art. 39 RL 2009/73/EG (Erdgasbinnenmarkt), Art. 35 RL 2009/72/EG (Elektrizitätsbinnenmarkt), krit. *Gärditz*, Regulierungsverwaltungsrecht auf Abwegen (Fn. 286), S. 275 ff.

[292] Weiteres bei *Sydow*, Verwaltungskooperation (Fn. 207), S. 232 ff.; *Siegel*, Verwaltungsverbund (Fn. 12), S. 224 ff., 320 ff.; *Foroud Shirvani*, Verfahrensgrundrechte in mehrstufigen, das EU-Recht vollziehenden Verwaltungsverfahren, DVBl 2011, S. 674.

[293] → Fn. 192.

[294] Dazu *Brigitte Collatz*, Die neuen Europäischen Zulassungsverfahren für Arzneimittel, 1996; *Oliver Blattner*, Europäisches Produktzulassungsverfahren, 2003; *Sydow*, Verwaltungskooperation (Fn. 207), S. 223 ff.; *Barbara Winter*, Die Verwirklichung des Binnenmarktes für Arzneimittel, 2004, S. 88 ff.

[295] Beruht auf den Art. 55 ff. VO (EG) Nr. 726/2004 (Fn. 177).

vorgesehen, indem sich an ein wissenschaftliches Zulassungsverfahren vor der Europäische Behörde für Lebensmittelsicherheit (EBLS) ein Zulassungsverfahren vor der Kommission anschließt. In diesen Fällen ist der Zulassungsantrag immerhin noch bei der nationalen Lebensmittelbehörde zu stellen, die diesen an die EBLS zur Vorbereitung der Entscheidung weiterleitet.

– **Zulassung von Zusatzstoffen in Futtermitteln:** Anträge auf Zulassung von Zusatzstoffen in Futtermitteln sind direkt bei der Kommission zu stellen, die nach der Beteiligung der Europäischen Behörde für Lebensmittelsicherheit (EBLS) im Komitologieverfahren die Zulassung durch Verordnung erteilt, Art. 9 Abs. 2 VO (EG) Nr. 1831/2003.

In diesen Konstellationen sorgen ein Informationsverbund für den Regelfall und Suspensivmechanismen für den Sonderfall dafür, dass die zentrale Entscheidungskompetenz der Kommission an den Verwaltungsverbund zurückgekoppelt bleibt: Den zentralen Zulassungsverfahren liegt eine enge informationelle Vernetzung des zentralen Informationsverarbeitungsorgans zu Grunde, typischerweise einer europäischen Behörde oder Agentur.[296] Diese dienen in engem Kontakt mit den mitgliedstaatlichen Administrationen und dem dort versammelten Sachverstand der Herstellung eines europäischen Informationsverbundes als Grundlage der europaweit geltenden Entscheidungen, deren Kern die jeweils zuständigen Ausschüsse bilden.[297] Aus nationaler Sicht erträglich werden die zentralen Entscheidungsbefugnisse durch Suspensivmechanismen, die den Mitgliedstaaten in dringenden Fällen erlauben, die Wirksamkeit der zentralen Entscheidung auszusetzen, bis der Konflikt auf zentraler Ebene ausgetragen ist. So kann z. B. ein Mitgliedstaat aus Gründen des Gesundheitsschutzes die Verwendung eines Arzneimittels in seinem Hoheitsgebiet einstweilen aussetzen. Anschließend wird ein Verfahren über den Fortbestand oder Widerruf der Arzneimittelzulassung entsprechend dem Verfahren zur Genehmigungserteilung eingeleitet.[298]

b) Unionsweit tätige mitgliedstaatliche Verwaltung

Verfahrensrechtlich interessanter stellen sich unionsweite Verwaltungsbefugnisse mitgliedstaatlicher Behörden dar.[299] Hier geht es nicht mehr nur darum, Entscheidungen im Unionsinteresse zu treffen, sondern solche, die auch rechtliche Geltung in den anderen Mitgliedstaaten haben. Für derartige unionsweit geltende Entscheidungen muss das Verfahrensrecht eine kohärente Normanwendung sicherstellen, um zu ermöglichen, dass die jeweils anderen Mitglied-

---

[296] → Bd. II v. Bogdandy § 25. Exemplarisch Daniel Riedel, Die Europäische Agentur für Flugsicherheit im System des Gemeinschaftsrechts, in: Schmidt-Aßmann/Schöndorf-Haubold (Hrsg.), Europäischer Verwaltungsverbund, S. 103 ff.
[297] Vgl. z. B. Art. 61 VO (EG) Nr. 726/2004 (Fn. 177).
[298] Art. 20 Abs. 4 VO (EG) Nr. 726/2004 (Fn. 177).
[299] Dazu Dieter H. Scheuing, Europarechtliche Impulse für innovative Ansätze im deutschen Verwaltungsrecht, in: Hoffmann-Riem/Schmidt-Aßmann (Hrsg.), Innovation, S. 289 (331 ff.); Eberhard Schmidt-Aßmann, Verwaltungskooperation und Verwaltungskooperationsrecht in der Europäischen Gemeinschaft, EuR, Bd. 31 (1996), S. 270 ff.; ders., Ordnungsidee, Kap. 7 Rn. 18 ff.; Gernot Sydow, „Jeder für sich" oder „einer für alle", in: Gabriele Bauschke u.a. (Hrsg.), Pluralität des Rechts, 2003, S. 9 ff.; ders., Vollzug des europäischen Unionsrechts im Wege der Kooperation nationaler und europäischer Behörden, DÖV 2006, S. 66 ff.; Daniel Riedel, Die Gemeinschaftszulassung für Luftfahrtgerät, 2006, S. 152 ff.

staaten die in einem Mitgliedstaat getroffenen Entscheidungen als für sich verbindlich akzeptieren können.
- **Referenzentscheidung:** Ein einfaches Modell der Verwaltungskooperation zunächst ohne transnationale Wirkung findet sich für den Regelfall der Arzneimittelzulassung[300]: Nach einer in einem Mitgliedstaat erteilten Zulassung wird das Arzneimittel in den anderen Mitgliedstaaten nur noch nach einem vereinfachten Verfahren zugelassen. Die Referenzentscheidung präjudiziert das Anerkennungsverfahren und die Entscheidungen in den anderen Mitgliedstaaten. Bei Divergenz entscheidet die Kommission über die Anerkennungspflicht der Mitgliedstaaten, die nationale Entscheidung wird materiell durch eine Beteiligung an der Kommissionsentscheidung im Rahmen eines Komitologieverfahrens[301] ersetzt, nachdem die Europäische Arzneimittelagentur ein Gutachten erstellt hat. Die Entscheidung der Kommission ergeht gegenüber dem Mitgliedstaat; die verfahrensabschließende Entscheidung wird von der mitgliedstaatlichen Behörde getroffen.
- **Transnationale Entscheidung mit Kooperationspflicht:** Transnationale Wirkung haben die Entscheidungen eines Mitgliedstaates z.B. aufgrund der Novel-Food-Verordnung.[302] Die Beteiligung der anderen Mitgliedstaaten wird durch ein Einspruchsrecht sichergestellt. Im Falle eines Einspruchs kommt es zu einer Entscheidung durch die Kommission, an der die Mitgliedstaaten über das Komitologieverfahren beteiligt sind.
- **Europäische Verwaltung:** Eine dritte Stufe unionalen Verwaltens schließlich ist erreicht, wenn aufgrund EU-Rechts Entscheidungen einer mitgliedstaatlichen Behörde ergehen können, denen ohne äußere Beteiligung der anderen Mitgliedstaaten oder der Kommission unionsweite Geltung zukommt. Ein solches Regelungsmodell findet sich bislang vor allem für die Zulassung zur Erbringung von Dienstleistungen, seltener im Rahmen von Produktzulassungen. Neben den Genehmigungen zur Erbringung von Bank-, Versicherungs- oder Wertpapierdienstleistungen[303] zählen hierzu etwa die Erteilung von Betriebs-

---

[300] Nach Art. 28 ff. RL 2001/83/EG, zul. geänd. durch RL 2011/62/EU. Dazu *Hofmann*, Rechtsschutz und Haftung (Fn. 224), S. 110 ff.; *Winter*, Binnenmarkt für Arzneimittel (Fn. 294), S. 88 ff. Ähnlich die Anerkennung der in einem anderen Mitgliedstaat erteilten Zulassungen nach Art. 4 der RL 98/8/EG, zul. geänd. durch RL 2012/3/EU (Biozid-Produkte).

[301] Bislang nach dem Beschluss 1999/468/EG (Festlegung der Modalitäten für die Ausübung der der Kommission übertragenen Durchführungsbefugnisse), geändert durch Beschluss 2006/512/EG (ABl. EU 2006, Nr. L 200, S. 11). Nunmehr auf der Grundlage der VO (EU) Nr. 182/2011, dazu → Rn. 74 f.

[302] VO (EG) Nr. 258/97, zul. geänd. durch VO (EG) Nr. 596/2009; dazu *Wahl/D. Groß*, Europäisierung des Genehmigungsrechts (Fn. 207), S. 2; *Detlef Groß*, Die Produktzulassung von Novel Food, 2001, S. 133 ff.; *Sydow*, Verwaltungskooperation (Fn. 207), S. 174 ff.; *Hermann Pünder*, Verwaltungsverfahren, in: Erichsen/Ehlers (Hrsg.), VerwR, § 15 Rn. 51 f. Die Verordnung über genetisch veränderte Lebens- und Futtermittel (VO [EG] Nr. 1829/2003, zul. geänd. durch Kommissionsbeschluss 2006/197/EG) hat wesentliche Sachbereiche aus dem Anwendungsbereich der Novel-Food-VO herausgenommen und einem zentralisierten Zulassungsregime unterstellt, ohne dass die Novel-Food-VO aufgehoben worden wäre. Ähnlich wie die Novel-Food-VO die gemeinschaftsweite Zulassung des Inverkehrbringens gentechnisch veränderter Organismen nach Art. 12 ff. RL 2001/18/EG, zul. geänd. durch RL 2008/27/EG, gestaltet. Dazu *Hofmann*, Rechtsschutz und Haftung (Fn. 224), S. 116 ff. Zum transnationalen Verwaltungsakt → Bd. II *Bumke* § 35 Rn. 119 ff.

[303] Nachweise bei *Dirk Ehlers*, Die Europäisierung des Verwaltungsprozeßrechts, 1999, S. 10.

genehmigungen an Eisenbahn-[304] oder Luftfahrtunternehmen,[305] sowie die Zulassung als Umweltgutachter.[306] Auch die Migrationsverwaltung kennt mittlerweile derartige transnationale Verwaltungsphänomene.[307] Hierfür ist die Sicherung einer kohärenten Entscheidungspraxis erforderlich. Zusätzlich wird aber die Geltung von Verwaltungsentscheidungen auf das Territorium anderer Mitgliedstaaten erstreckt, eigene Anfechtungs- und Bestandskraftregime müssen entwickelt werden. Das Problem demokratischer Legitimation liegt auf der Hand, wenn auf diese Weise Rechtsakte ausländischer Mitgliedstaaten im eigenen Territorium Geltung beanspruchen.

– **Private Unionsverwaltung/Benannte Stellen:** Eine Alternative zu mitgliedstaatlicher Verwaltung bilden die sogenannten Benannten Stellen, die für die EU im Rahmen der Produktzulassung tätig werden. **Benannte Stellen** sind in erster Linie **Private, die von den Mitgliedstaaten zugelassen** („akkreditiert") werden und als solche Produktzulassungen **(„Zertifizierungen")** aussprechen. Mit dem System der Benannten Stellen im Produktsicherheitsrecht hat die EU also eine Lösung gewählt, die auf der Handlungsebene ohne mitgliedstaatliche Verwaltungen auskommt und so eine genuin europäische Verwaltungsstruktur errichtet.[308] Dies liegt nahe, weil sich weder eine verwaltungskooperative Lösung noch ein dezentrales, auf mitgliedstaatlichen Verwaltungen aufbauendes Verwaltungsmodell anbietet: Für die Produktzulassung als Massengeschäft wäre der Aufwand einer verwaltungskooperativen Lösung zu hoch, ohnehin ist nicht sicher, dass die einzelnen Mitgliedstaaten über hinreichend ausgebaute Verwaltungskapazitäten verfügen. Die Einschaltung privater, an Gewinn orientierter Einheiten wirkt aus der Perspektive der EU als Entkoppelung von nationalen Interessen und daher als Entpolitisierung. Organisationsanforderungen lassen sich gegenüber diesen Privaten leichter durchsetzen, weil sie die vorhandene mitgliedstaatliche Verwaltungsorganisation nicht antasten müssen.[309] Durch den Aufbau von Akkreditierungssystemen stellen die Mitgliedstaaten sekundäre Strukturen bereit, die das Vertrauen der anderen Mitgliedstaaten in die Zertifizierungstätigkeit der Benannten Stellen fördern. Daneben dient die Marktaufsicht der Mitgliedstaaten mit einem sogenannten Schutzklauselverfahren als „Auffangnetz" *(Wolfgang Hoffmann-Riem),* das zur Nachsteuerung der Entscheidung in besonderen Gefahrenfällen genutzt werden kann.

---

[304] Gem. Art. 4 Abs. 5 RL 95/18/EG, zul. geänd. durch RL 2004/49/EG.
[305] Art. 3 Abs. 1 UAbs. 1 VO (EG) Nr. 1008/2008 (Fn. 227).
[306] Art. 25 Abs. 10 VO (EG) Nr. 1221/2009.
[307] *Jürgen Bast,* Transnationale Verwaltung des europäischen Migrationsraums, Der Staat, Bd. 46 (2007), S. 1 ff.; *Daniel Thym,* Migrationsverwaltungsrecht, 2010, S. 346 ff.
[308] Dazu *Röhl,* Akkreditierung (Fn. 179), S. 22 ff.; *ders./Yvonne Schreiber,* Konformitätsbewertung in Deutschland, 2006; *Jan O. Merten,* Private Entscheidungsträger und Europäisierung der Verwaltungsrechtsdogmatik, 2005, insbes. S. 121 ff.; *Hermann Pünder,* Zertifizierung und Akkreditierung, ZHR, Bd. 170 (2006), S. 567 ff. Zu den Benannten Stellen s. a. → Bd. I *Hoffmann-Riem* § 10 Rn. 53; *Eifert* § 19 Rn. 83 f.
[309] Zu der zunächst geringen Intensität gemeinschaftsrechtlicher Einwirkungen in die mitgliedstaatliche Verwaltungsorganisation *Hatje,* Gemeinschaftsrechtliche Steuerung (Fn. 207), S. 113, und *Wolfgang Kahl,* Europäisches und nationales Verwaltungsorganisationsrecht. Von der Konfrontation zur Kooperation, DV, Bd. 29 (1996), S. 041 ff., der die indirekten Einflusswege betont; *Dieter Kugelmann,* Wirkungen des EU-Rechts auf die Verwaltungsorganisationen der Mitgliedstaaten, VerwArch, Bd. 98 (2007), S. 87 ff.

III. Rechtsschutzkonzepte und Legitimationsmechanismen im Verwaltungsverbund

1. Rechtsschutzkonzepte

67 Die Verantwortungsdiffusion im Verwaltungsverbund führt zu rechtsstaatlichen Problemen, insbesondere wegen des unübersichtlichen und vom Trennungsprinzip geprägten Rechtsschutzsystems im Unionsrecht: Kontrollzuständigkeit und Verwerfungsbefugnis sind im Rechtsschutzsystem der Unionsverträge streng nach den unterschiedlichen Ebenen, denen die Gerichte angehören, geschieden. Auch für unionsweite Verwaltungsbefugnisse wirft das Trennungsprinzip Probleme auf, wenn sich der Einzelne Entscheidungen fremdstaatlicher Behörden gegenübersieht: Im Rechtsschutzsystem des Verwaltungsverbunds wird Rechtsschutz je nach Klagegegenstand entweder durch die europäischen Gerichte oder durch die nationalen Gerichte als Unionsgerichte gewährleistet. Kontrollzuständigkeit und Verwerfungsbefugnis sind streng nach den unterschiedlichen Ebenen, denen die Gerichte angehören, getrennt.[310] Klagen, die Maßnahmen der Europäischen Organe zum Gegenstand haben, fallen gem. Art. 263 ff. AEUV in die ausschließliche Zuständigkeit der europäischen Gerichte. Bei dieser exklusiven Zuständigkeit bleibt es auch, wenn die Maßnahme eines Organs der Union eine Vorfrage in einem Prozess vor einem nationalen Gericht darstellt. Hält ein mitgliedstaatliches Gericht eine dem nationalen Vollzug zu Grunde liegende Rechtshandlung der Organe der Union für nichtig, muss es den Europäischen Gerichtshof im Wege des Vorlageverfahrens anrufen. Zu einer selbständigen Feststellung der Nichtigkeit von Handlungen der Unionsorgane sind mitgliedstaatliche Gerichte nicht befugt.[311] Spiegelbildlich kann aber auch der Europäische Gerichtshof nicht über die Rechtmäßigkeit einer Handlung eines Mitgliedstaates entscheiden, wenn sich dieses Problem als Vorfrage im Rahmen eines Prozesses vor den europäischen Gerichten stellt.[312] Dementsprechend existiert kein Instanzenzug von den mitgliedstaatlichen Gerichten zum Europäischen Gerichtshof. Verkoppelt werden mitgliedstaatliche und europäische Gerichte nur über das Vorlageverfahren nach Art. 267 AEUV.

Rechtsschutzdefizite können hier zunächst im Hinblick auf das Erfordernis der Rechtswegklarheit entstehen, wenn die einzelnen Verwaltungsbeiträge nicht hinreichend transparent gemacht werden.[313] Hinzu tritt jedoch das Erfordernis eines kohärenten Rechtsschutzsystems[314]: Die in einem eindimensionalen Prozessrecht zulässigen Institute wie Anfechtungslasten, Bestandskraft und Präklu-

---

[310] Dazu *Nehl*, Europäisches Verwaltungsverfahren (Fn. 227), S. 413 ff.; *Weiß*, Verwaltungsverbund (Fn. 218), S. 152 ff. Zu Rechtsschutzproblemen im Europäischen Sicherheitsrecht vgl. die N. → Fn. 210.

[311] *EuGH*, Rs. 314/85, Slg. 1987, 4199, Rn. 15 ff. – Foto-Frost.

[312] *EuGH*, Rs. C-97/91, Slg. 1992, I-6313 (Rn. 9 ff.) – Borelli; detailliert *Hofmann*, Rechtsschutz und Haftung (Fn. 224), S. 253 ff.

[313] Ausführlich *Hofmann*, Rechtsschutz und Haftung (Fn. 224), S. 241–299; *v. Danwitz*, Europäisches VerwR, S. 642 ff. Zum Transparenzerfordernis ferner → Bd. I *Schmidt-Aßmann* § 5 Rn. 54; Bd. II *v. Bogdandy* § 25 Rn. 33; *Gerd Winter*, Kompetenzverteilung und Legitimation in der Europäischen Mehrebenenverwaltung, EuR, Bd. 40 (2005), S. 255 (271 f.).

[314] → Bd. I *Schmidt-Aßmann* § 5 Rn. 54.

sionsregeln können bei einem Rechtsschutz gegenüber verknüpftem Verwaltungshandeln effektiven Rechtsschutz beeinträchtigen.[315] Gerade an Bruchstellen zwischen den verbundenen Rechtsschutzinstrumenten müssen Rechtsschutzlücken verhindert werden. Dazu fordert Art. 19 Abs. 1 EUV die Mitgliedstaaten nunmehr explizit auf.[316]

2. Demokratische Legitimation und Verwaltungsverbund

Die Verwaltungslegitimation im Europäischen Verwaltungsverbund baut ebenfalls auf dem Trennungsprinzip auf: Mitgliedstaatliche und europäische Handlungsbeiträge verfügen jeweils über ihre eigene Legitimation. Anders als im Falle des Rechtsschutzes ist es aber mit einer Zergliederung der Verwaltungshandlungen nicht getan, vielmehr ist es gerade das Gesamtprodukt des Verwaltungshandelns, das als demokratisch legitimiert verstanden werden soll. Die Verwaltungslegitimation im Europäischen Verwaltungsverbund ist daher notwendig mehrdimensional, europäische und mitgliedstaatliche Legitimationsstränge werden miteinander verknüpft.[317] Im Hinblick auf die Verknüpfung der Legitimationsbeiträge ähnelt die Situation in der Europäischen Union auf den ersten Blick den Strukturen im Bundesstaat. Hier ergibt sich für den Großteil des Verwaltungshandelns ebenfalls eine **mehrdimensionale Legitimationsstruktur** und zwar als Kombination von bundesstaatlicher Legitimation über das Gesetz und – wegen des grundsätzlichen Ländervollzugs – vom Land ausgehender Legitimation über die Verwaltungsorganisation und das Verwaltungspersonal. Die Legitimationsvermittlung ist auch im Bundesstaat föderal gebrochen.[318] Allerdings verhindert hier der Grundsatz der eigenverantwortlichen Aufgabenwahrnehmung weitgehend Verschränkungen zwischen den föderalen *Verwaltungsebenen* und sorgt jedenfalls insoweit für klare Verantwortlichkeiten. An diese knüpft die Rekonstruktion der Legitimationsmechanismen zumeist an, ohne die Verknüpfung der Legitimationsebenen zu berücksichtigen.

Durch das Zusammenwirken der mitgliedstaatlichen und europäischen Verwaltungen in einem *Verwaltungsverbund* steht dieser Ausweg jedoch nicht mehr zur Verfügung: Zwar lassen sich die jeweiligen Verwaltungsmaßnahmen in einem Mitgliedstaat immer einer Behörde des jeweiligen Staates zurechnen, deren Handeln formell demokratisch legitimiert ist. Wichtig ist daher zunächst, auf eine **hinreichende Verantwortungsklarheit** im Rahmen der Verwaltungslegitimation hinzuweisen:[319] Die jeweiligen Handlungsbeiträge müssen den einzelnen

---

[315] *Hofmann*, Rechtsschutz und Haftung (Fn. 224), S. 266 ff.; für Inspektionen *David*, Inspektionen (Fn. 204), S. 338, 350 ff.; ferner *Wolfgang Weiß*, Schnittstellenprobleme des europäischen Mehrebenenverwaltungsrechts, DV, Bd. 38 (2005), S. 517 (536 ff.); *ders.*, Verwaltungsverbund (Fn. 218), S. 164.
[316] Dazu *Eberhard Schmidt-Aßmann*, Kohärenz und Konsistenz des verwaltungsgerichtlichen Rechtsschutzes, DV, Bd. 44 (2011), S. 105 (117 ff.); → Bd. I *Schmidt-Aßmann* § 5 Rn. 82 f.
[317] → Bd. I *Trute* § 6 Rn. 102 f.
[318] Dazu *Christoph Möllers*, Der parlamentarische Bundesstaat – Das vergessene Spannungsverhältnis von Parlament, Demokratie und Bundesstaat, in: Josef Aulehner u. a. (Hrsg.), Föderalismus – Auflösung oder Zukunft der Staatlichkeit?, 1997, S. 81 (109 f.); *Thomas Groß*, Das Kollegialprinzip in der Verwaltungsorganisation, 1999, S. 186 f. Vgl. a. → Bd. I *Trute* § 6 Rn. 23.
[319] *Schmidt-Aßmann*, Ordnungsidee, Kap. 7 Rn. 38, 43; *v. Danwitz*, Europäisches VerwR, S. 639; → Bd. I *Trute* § 6 Rn. 112a; zu Verantwortungsproblemen im Europäischen Sicherheitsrecht vgl. die N. → Fn. 210.

§ 30 Ausgewählte Verwaltungsverfahren

beteiligten Administrationen soweit wie möglich zugerechnet werden können, damit Parlamente und Bürger als zentrale Ausgangspunkte der Legitimation die Wirkung ihrer Legitimationsbeiträge im Hinblick auf das Verwaltungsprodukt zuverlässig beurteilen können.

Der teilweise intensive Einfluss der Verwaltungen anderer Staaten und vor allem auch der Kommission lässt jedoch die Verantwortung der einzelnen Verwaltung verschwimmen. Die Verschränkungen und Vernetzungen der Administrationen in Europa führen zu einer zumindest deutlich erschwerten Zurechnung des jeweiligen Verwaltungsprodukts zu einzelnen Handlungsbeiträgen. Während eine solche Zurechnung in Fällen eines einzelfallbezogenen Zusammenwirkens noch verhältnismäßig einfach gelingen kann, fällt sie im Falle der kontinuierlichen gemeinsamen Verwaltung deutlich schwerer. In besonderem Maße wird die Zurechnung von Handlungsbeiträgen in den Fällen der europäischen Verbundverwaltung problematisch. An seine Grenzen stößt das Verantwortungskonzept schließlich in Fällen der Ausübung grenzüberschreitender Verwaltungsbefugnisse durch mitgliedstaatliche Verwaltungen. In einem solchen an föderale Strukturen erinnernden dezentralen Modell bleiben die Entscheidungen Regelungen durch jeweils andere Mitgliedstaaten. Deren Hinnahme ist nach dem hergebrachten Legitimationskonzept prekär.[320]

Auf Dauer wird daher kein Weg daran vorbeiführen, über zusätzliche Legitimationsmechanismen nachzudenken, bei denen insbesondere **Transparenz und Partizipation** eine maßgebliche Rolle spielen.[321] In diese Richtung zeigten die Transparenzverfahren des Art. 7 des Komitologie-Beschlusses,[322] oder die Beteiligung interessierter Kreise im Rahmen des Lamfalussy-Verfahrens.[323] Was schließlich die unionsweite dezentrale Hoheitsausübung betrifft, ist zu überlegen, ob nicht die hergebrachten Mittel der Verwaltungslegitimation – Weisung, Kontrolle und lückenlose Kette von Ernennungen – durch andere, strukturelle Mechanismen ersetzt werden können, die gleichermaßen eine sowohl funktionierende als auch gemeinwohlkonforme Aufgabenerfüllung sicherstellen (strukturelle Europäisierung).[324] Darüber sollte auch deswegen gründlich nachgedacht werden, weil als Alternative zum Verwaltungsverbund eine Zentralisierung vor Augen steht, die zwar über einfachere Legitimationsstrukturen verfügt,[325] deren Nachteile für die Sach-, Bürger- und Entscheidungsnähe aber erst einmal mit in das Kalkül einbezogen werden sollten. Insgesamt sollte es darum gehen, gerade die mitgliedstaatliche Verwaltung als eigenständige Gewalt auch im Europa des 21. Jahrhunderts zu erhalten.

---

[320] *Eberhard Schmidt-Aßmann*, Deutsches und Europäisches Verwaltungsrecht. Wechselseitige Einwirkungen, DVBl 1993, S. 924 (936).

[321] Ebenso *Groß*, Verantwortung und Effizienz (Fn. 212), S. 172 f. Weiterführend ferner *Utz Schliesky*, Souveränität und Legitimität von Herrschaftsgewalt, 2004, S. 688 ff.; → Bd. I *Trute* § 6 Rn. 112 ff.

[322] → Fn. 367.

[323] Dazu → Rn. 71 b.

[324] Dazu Überlegungen bei *Röhl*, Akkreditierung (Fn. 179), S. 38 ff.; weiterentwickelt in *ders.*, Konformitätsbewertung im Europäischen Produktsicherheitsrecht, in: Schmidt-Aßmann/Schöndorf-Haubold (Hrsg.), Europäischer Verwaltungsverbund, S. 170 ff. Daran anschließend *Sydow*, Verwaltungskooperation (Fn. 207), S. 239 ff.; *Schulze-Fielitz*, Verwaltung im europäischen Verfassungsgefüge (Fn. 209), S. 130. Zum Vertrauensgedanken weiterführend z.B. *Claudio Franzius*, Europäisches Verfassungsdenken, 2010, S. 79–85. Ferner → Bd. I *Trute* § 6 Rn. 115 f., *Schmidt-Aßmann* § 5 Rn. 62 a.E.

[325] Erwogen z.B. bei *Schmidt-Aßmann*, Ordnungsidee, Kap. 7 Rn. 43 a.E.

D. Verfahren der europäischen Exekutivrechtsetzung

Dieser Abschnitt hat mit der Rechtsetzung der europäischen Exekutive Maßnahmen generellen Inhalts zum Gegenstand, die nicht zum Sekundärrecht zählen,[326] weil sie nicht auf vertragsunmittelbarer Grundlage beruhen. Sie sind also weder in den Verfahren des Art. 289 AEUV erlassen, noch gründen sie auf einer eigenständigen, im Vertrag verankerten Rechtsetzungsbefugnis der Kommission.[327] Der AEUV differenziert nunmehr[328] ausdrücklich zwischen der Möglichkeit, die Kommission durch Sekundärrecht zum Erlass von „delegierten"[329] Rechtsakten zu ermächtigen (Art. 290 AEUV, unter I.) oder sie mit einer Durchführungsrechtsetzung zu beauftragen (Art. 291 Abs. 2 AEUV, unter II.). Mit dieser Unterscheidung[330] nimmt der AEUV Abschied von der bisherigen Rechtslage, in der solches Exekutivrecht insgesamt auf der Grundlage der Art. 202 3. SpStr. i.V.m. Art. 211 4. SpStr. EGV von der Kommission „zur Durchführung" von Rechtsvorschriften erlassen werden konnte. Jenseits dieser ausdrücklich vorgesehenen Kategorien beginnt ein verhältnismäßig undurchdringliches Gestrüpp von normativen Handlungsbefugnissen der europäischen Exekutive (unter III.).

70

I. Delegierte Rechtsetzung

1. Der Typus des Rechtsakts

Mit der Einführung der delegierten Rechtsetzung in Art. 290 AEUV nähert sich die Union dem klassischen Bild der exekutivischen Normsetzung in den Mitgliedstaaten an. Aufgabe dieser Rechtsetzung durch die Kommission ist es, die im regelmäßigen Gesetzgebungsverfahren erlassenen **„Basisrechtsakte"** zu konkretisieren oder unwesentliche Bestandteile dieser sekundärrechtlichen Vorschriften zu ergänzen bzw. zu ändern.[331] Es geht um Detailregelungen, die die

71

---

[326] Allerdings vermitteln diese Kategorien einen Anschein von Klarheit, die in Wirklichkeit nicht besteht. So kann durch Maßnahmen der delegierten Rechtsetzung, die zur Exekutivrechtsetzung zählen, auch Sekundärrecht geändert werden, Art. 290 Abs. 1 AEUV.

[327] Vgl. Art. 106 Abs. 3 AEUV.

[328] Dazu *Christoph Möllers/Jelena von Achenbach*, Die Mitwirkung des Europäischen Parlaments an der abgeleiteten Rechtsetzung der Europäischen Kommission nach dem Lissabonner Vertrag, EuR, Bd. 46 (2011), S. 39 ff.

[329] Zur Diskussion um den Begriff der „Delegation" nach der alten Rechtslage vgl. *Armin v. Bogdandy/Jürgen Bast/Felix Arndt*, Handlungsformen im Unionsrecht, ZaöRV 2002, S. 77 (93); *Jürgen Bast*, Handlungsformen, in: v. Bogdandy (Hrsg.), Europäisches VerfR, 1. Aufl. 2003, S. 479 (509 ff.); *Matthias Vogt*, Die Entscheidung als Handlungsform des Europäischen Gemeinschaftsrechts, 2005, S. 151 m. Fn. 2, die von „habilitierten" Rechtsakten sprechen.

[330] Die in der Anwendung manche Probleme aufwirft, dazu z.B. *Markus Möstl*, Rechtsetzungen der europäischen und nationalen Verwaltungen, DVBl 2011, S. 1076 (1081 f.).

[331] → Bd. I *Ruffert* § 17 Rn. 82 ff. In der Literatur wird insofern und zur Abgrenzung zum Sekundärrecht von „Tertiärrecht" gesprochen, z.B. *Christoph Möllers*, Tertiäre exekutivische Rechtsetzung im Gemeinschaftsrecht, in: Schmidt-Aßmann/Schöndorf-Haubold (Hrsg.), Europäischer Verwaltungsverbund, S. 293 ff.; *Daniel Riedel*, Die Durchführungsrechtsetzung nach Art. 211, 4. Sp. EG, EuR, Bd. 41 (2006), S. 512 (515). Weil das Rangverhältnis der Rechtsakte nicht völlig klar zutage liegt (dazu gleich), lässt sich der Begriff des Tertiärrechts, wenn man ihn denn verwenden will, vielleicht besser für solche Normen reservieren, die nicht den Rechtsakten des Art. 288 AEUV zugeordnet werden

„Basisrechtsakte" anwendbar machen, etwa über Verfahrens- und Formvorschriften[332], und aktuell halten. Ebenfalls akzeptiert werden Regelungen, die (unwesentliche) Teile des Basisrechtsakts ändern, etwa indem Anhänge an den technischen Fortschritt angepasst werden.[333] Voraussetzung ist, dass der Sekundärrechtssatz eine solche Änderungsbefugnis ausdrücklich einräumt.[334]

Grenzen findet die Übertragung auf die delegierte Rechtsetzung darin, dass die Ergänzung oder Änderung nur „nicht wesentliche Vorschriften" betreffen darf, Art. 290 Abs. 1 AEUV. Das entspricht der bisherigen Rechtslage, nach der der Unionsgesetzgeber „die wesentlichen Grundzüge der zu regelnden Materie" selbst festgelegt haben musste.[335] Allerdings wurde dieses Kriterium in ständiger Rechtsprechung verhältnismäßig großzügig gehandhabt.[336] Die auf dieser Grundlage erlassene Norm muss sich in dem auf diese Weise entfalteten Rahmen halten, wobei der Europäische Gerichtshof wiederum verhältnismäßig großzügig judiziert hatte.[337] Ob der delegierte Rechtsakt nicht nur die Vorgaben des durch ihn auszufüllenden Basisrechtsakts beachten muss, sondern auch allgemein bei einer Kollision hinter Sekundärrecht zurücktreten muss, ist umstritten; in jüngerer Zeit wurde eine solche Normenhierarchisierung teilweise abgelehnt.[338] In der Tat scheint eine Hierarchisierung jedenfalls dann schwierig, wenn das delegierte Recht das Sekundärrecht selbst ändern kann und insofern an seinem Rang teilhat.

2. Verfahren

a) Allgemeine Vorgaben

71a Zuständig zum Erlass der delegierten Vorschriften ist die Kommission. Für das Verfahren sieht Art. 290 Abs. 2 AEUV vor, dass Parlament oder Rat sich die Möglichkeit eines Widerrufs der Ermächtigung oder eines Vetos vorbehalten können.[339] Das bisher auch für diese Fälle vorgesehene Komitologieverfahren[340] soll nunmehr keine Anwendung mehr finden können.[341] Daneben bestehen für

---

können; so eher *Thomas Groß*, Exekutive Vollzugsprogrammierung durch tertiäres Gemeinschaftsrecht?, DÖV 2004, S. 20 ff.

[332] Deutlich umfangreicher die Übertragungen im sog. „Lamfalussy-Prozess" → Rn. 71 b.

[333] Eine solche die Rechtsnormebenen übergreifende Änderungsbefugnis sollte bei einem formalisierten Rechtsformenkanon wie im deutschen Recht nur schwer möglich sein, sie hat auch deutliche Nachteile im Hinblick auf Transparenz und Gewaltenteilung; krit. daher *Christoph Möllers*, Durchführung des Gemeinschaftsrechts, EuR, Bd. 37 (2002), S. 483 (513).

[334] Z. B. Art. 61 RL 2006/88/EG, geänd. RL 2008/53/EG (Gesundheits- und Hygienevorschriften für Tiere in Aquakultur); weitere Beispiele bei *Riedel*, Durchführungsrechtsetzung (Fn. 331), S. 521 Fn. 63.

[335] *EuGH*, Rs. 25/70, Slg. 1970, 1161, Rn. 6 – Köster.

[336] *EuGH*, Rs. 23/75, Slg. 1975, 1279, Rn. 10/14 – Rey Soda; Rs. 22/88, Slg. 1989, 2049, Rn. 16 – Vreugdenhil. Dazu *Möllers*, Durchführung (Fn. 333), S. 490; *ders./v. Achenbach*, Mitwirkung (Fn. 328), S. 48 f.; *Riedel*, Durchführungsrechtsetzung (Fn. 329), S. 518; *Klaus U. Schmolke*, Die Einbeziehung des Komitologieverfahrens in den Lamfalussy-Prozess, EuR, Bd. 41 (2006), S. 432 (441 Fn. 83).

[337] *EuGH*, Rs. 25/70, Slg. 1970, 1161, Rn. 14 ff. – Köster; Rs. 23/75, Slg. 1975, 1279, Rn. 10/14 – Rey Soda; Rs. 22/88, Slg. 1989, 2049, Rn. 16 – Vreugdenhil, worin von dieser allgemeinen Aussage für den konkreten Fall abgewichen wird. Zum Ganzen *Möllers*, Durchführung (Fn. 333), S. 487 m. w. N.

[338] *Bast*, Handlungsformen (Fn. 329), S. 509 ff.; *Riedel*, Durchführungsrechtsetzung (Fn. 331), S. 521 f.

[339] Dazu *Ruffert*, in: Calliess/Ruffert (Hrsg.), EUV/AEUV, Art. 290 AEUV Rn. 16 ff.

[340] Dazu unten → Rn. 74 f.

[341] *Gellermann*, in: Streinz (Hrsg.), EUV/AEUV, Art. 290 AEUV Rn. 12.

D. Verfahren der europäischen Exekutivrechtsetzung

die Beteiligung Dritter in diesen Rechtsetzungsverfahren keine allgemeinen Regelungen, die bisher einschlägigen Normen weisen eine größere Zahl an Varianten auf. Für die Zukunft betont die Kommission ihre Autonomie und besteht darauf, Dritten wie Experten „keine institutionelle Rolle im Entscheidungsprozess" zukommen zu lassen.[342] Nur teilweise vorgeschrieben ist die Beteiligung wissenschaftlicher Ausschüsse; tatsächlich findet deren Heranziehung deutlich häufiger statt. Ebenfalls anzutreffen ist eine Pflicht, Regulierungsausschüsse anzuhören, d.h. Ausschüsse, die mit Vertretern mitgliedstaatlicher Behörden besetzt sind.[343] Im Rahmen des Europäischen Sozialfonds ist der Ausschuss gem. Art. 163 Abs. 2 AEUV anzuhören.[344] Die Agenturen der Union sind in den Materien, mit denen sie betraut sind, häufig zu beteiligen.[345] Auch die Konsultation der Öffentlichkeit kann vorgesehen sein.[346] In der Diskussion beklagt wird hingegen eine geringe Einbeziehung Privater in den Fällen, in denen individuelle Interessen durch die Normsetzung berührt sein können.[347]

b) Besonderheiten im „Lamfalussy-Prozess"

Besonderes Augenmerk hat das Verfahren der delegierten Rechtsetzung durch den sog. „Lamfalussy-Prozess" erhalten, dessen Ziel es ist, eine Beschleunigung und Verbesserung der Rechtsetzung im Finanzdienstleistungsbereich zu erreichen.[348] Der Kern dieses Reformprozesses besteht darin, die Gesetzgebungsebene („Stufe 1") auf die politischen Grundentscheidungen zu konzentrieren und von Detailrechtsetzung zu entlasten, die in großem Umfang der Ebene der (nunmehr) „delegierten" Rechtsetzung überlassen werden soll („Stufe 2").[349] Hinzu treten – der Sache nach dem Thema „Verwaltungsverbund" zugehörig – Mechanismen, die für eine Kohärenz der Rechtsanwendung sorgen sollen („Stu-

81b

---

[342] Mitteilung der Kommission, Umsetzung von Artikel 290 des Vertrags über die Arbeitsweise der Europäischen Union, KOM (2009) 673 endg.
[343] Z.B. in Art. 33 Abs. 2 Kartell-VO (Fn. 13): Beratender Ausschuss für Kartell- und Monopolfragen; Art. 19 Abs. 3 VO (EG) Nr. 139/2004 (Kontrolle von Unternehmenszusammenschlüssen): Beratender Ausschuss für die Kontrolle von Unternehmenszusammenschlüssen.
[344] Art. 49 VO (EG) Nr. 1260/1999 (Strukturfonds-VO), zul. geänd. durch VO (EG) Nr. 1198/2006.
[345] Zum Beispiel der Luftsicherheitsagentur *Riedel*, Agentur für Flugsicherheit (Fn. 296), S. 108f.
[346] Vorgesehen in Art. 33 Abs. 2 Kartell-VO (Fn. 13).
[347] *Hans-Werner Rengeling*, Beteiligungsrechte bei Entscheidungen zu stoffbezogenen Rechten auf EU-Ebene, 2002; *Vogt*, Die Entscheidung (Fn. 329), S. 264ff., allerdings vor allem für Einzelfallregelungen.
[348] Vorreiter war der Wertpapierbereich; dazu die Beschlüsse 2001/527/EG und 2001/528/EG zur Einsetzung des Ausschusses der europäischen Wertpapierregulierungsbehörden (CESR) bzw. zur Einsetzung des Europäischen Wertpapierausschusses (ESC). Durch die RL 2005/1/EG (geänd. u. teilw. aufgeh. durch RL 2009/65/EG (zur Änderung der Richtlinien [...] zur Schaffung einer neuen Ausschussstruktur im Finanzdienstleistungsbereich) findet der „Lamfalussy-Prozess" auch im Bereich Banken und Versicherungen Anwendung, die Ausschüsse wurden eingesetzt durch die Beschlüsse 2004/5/EG (Ausschuss Europäischer Bankaufsichtsbehörden) und 2004/10/EG (Europäischer Bankenausschuss) sowie 2004/6/EG (Ausschuss Europäischer Aufsichtsbehörden für das Versicherungswesen) und 2004/9/EG (Europäischer Ausschuss für das Versicherungswesen). Nach der Reform der Rechtsetzungsverfahren will die Kommission an diesen Verfahren festhalten, Erklärung Nr. 39 zur Schlussakte der Regierungskonferenz zum Vertrag von Lissabon, ABl. EG 2008, Nr. C 115, S. 350.
[349] Z.B. Art. 1 a.E., Art. 6 Abs. 10, Art. 16 Abs. 5 RL 2003/6/EG (Marktmissbrauch); Art. 2 Abs. 3, Art. 4 Abs. 2, Art. 13 Abs. 10, Art. 18 Abs. 3, Art. 19 Abs. 10, Art. 22 Abs. 3, Art. 27 Abs. 7 RL 2004/39/EG, zul. geänd. durch RL 2010/78/EU (Märkte für Finanzinstrumente).

fe 3"). Maßgeblich waren hier bislang Koordinierungsausschüsse der Aufsichtsbehörden,[350] die diese Ebene zugleich mit der Ebene der delegierten Rechtsetzung verklammert haben, nunmehr sind diese Befugnisse auf Agenturen übergegangen.[351] Die letzte Ebene („Stufe 4") bildet die Überwachung und Förderung der Durchsetzung der Vorschriften in den Mitgliedstaaten, vor allem durch die Aufsicht der Kommission auch in Zusammenarbeit mit den Marktteilnehmern.

Die maßgebliche institutionelle Verbesserung für die delegierte Rechtsetzung liegt in einer größeren **Einbeziehung institutionalisierten Sachverstands** durch die Koordinierungsausschüsse der Aufsichtsbehörden. Diese sind mit Vertretern, in der Regel den Spitzen der für die einzelnen Gebiete zuständigen nationalen Behörden besetzt.[352] Sie unterstützen die Kommission auf deren Ersuchen hin bei der Erarbeitung von Vorschlägen für die delegierte Rechtsetzung.[353] Im Rahmen dieser Ausarbeitung hat der jeweilige Ausschuss Marktteilnehmer, Verbraucher und Endnutzer zu konsultieren.[354] Die Kommission stützt sich auf die Entwürfe der Behördenausschüsse zur Erstellung ihres eigenen Vorschlags. Die Vorschläge mussten dann entsprechend dem – für die Verfahren des Art. 290 AEUV nicht mehr vorgesehenen – Komitologieverfahren von einem Regelungsausschuss[355] angenommen werden. Die auf diese Weise erfolgende Nutzbarmachung der Ressourcen der Aufsichtsbehörden und die Möglichkeit der Rückkopplung an den regulierten Bereich erhöht die Arbeitskapazität der Kommission auf der Ebene der delegierten Rechtsetzung um ein Beträchtliches. Die gegen die Einführung und Erweiterung dieser Verfahren vorgebrachten Bedenken richteten sich denn auch vor allem auf die geringeren Mitwirkungsrechte des Parlaments auf Stufe 2 und auf den großen Einfluss, der den Regulierungsausschüssen zukomme.[356] Insgesamt zeigt der „Lamfalussy-Prozess", dass der geeignete Zuschnitt für die untergesetzlichen Rechtsetzungsinstrumente auf europäischer Ebene noch gefunden werden muss. Zwar ist die abhängige Rechtsetzungstätigkeit der Kommission mit Art. 290 AEUV jetzt aus dem Schatten der bloßen „Durchführung" hervorgeholt, indem sie primärrechtlich anerkannt und ihr ein hinreichender Rahmen verliehen wird. Erforderlich wäre darüber hinaus ein hinreichend ausdifferenzierter Formenkanon.[357] Zudem und vor allem muss die Rechtsetzungsinstanz funktionsadäquat verfasst werden, indem sie u.a. mit hinreichender Arbeitskapazität und einer genügenden Responsivität gegenüber dem zu regulierenden Bereich ausgestattet wird.[358]

---

[350] Ausschuss der europäischen Wertpapierregulierungsbehörden, Ausschuss Europäischer Bankaufsichtsbehörden, Ausschuss Europäischer Aufsichtsbehörden für das Versicherungswesen.

[351] → unten Rn. 83.

[352] Jew. Art. 3 der in → Fn. 350 genannten Beschlüsse 2001/527/EG, 2004/5/EG und 2004/6/EG (Einsetzungsbeschlüsse).

[353] Jew. Art. 2 der Einsetzungsbeschlüsse.

[354] Jew. Art. 5 der Einsetzungsbeschlüsse.

[355] Die mit den in → Fn. 350 genannten Beschlüssen eingesetzten Europäischer Wertpapierausschuss (2001/528/EG), Europäischer Bankenausschuss (2004/10/EG) und Europäischer Ausschuss für das Versicherungswesen (2004/9/EG).

[356] *Schmolke*, Einbeziehung des Komitologieverfahrens (Fn. 336), S. 439 f.

[357] Zu diesem Erfordernis *Möllers*, Durchführung (Fn. 333), S. 512 f.

[358] Insofern schneidet die Reform eine mögliche Legitimationsgrundlage ab, *Möllers/v. Achenbach* Mitwirkung (Fn. 328), S. 53 f.

D. Verfahren der europäischen Exekutivrechtsetzung

II. Durchführungsrechtsetzung

1. Der Typus des Rechtsakts

Als zweiter Form des vom Sekundärrecht abgeleiteten außenwirksamen Sekundärrechts nennt Art. 291 AEUV „Durchführungsrechtsakte". Es geht um Fälle, in denen der Gesetzgeber es für notwendig erachtet, der Kommission anstelle der an sich zuständigen Mitgliedstaaten Durchführungskompetenzen zu übertragen.[359] Dazu gehört auch die Befugnis zur Normsetzung. Grundlage solcher Normsetzungskompetenz sind einzelne Sekundärrechtsakte („Basisrechtsakte"), die (in der Regel) der Kommission die Befugnis zum Erlass von Durchführungsvorschriften einräumen.[360] Unter dem Begriff der „Durchführung" werden allerdings nicht nur Normativakte verstanden,[361] auch eine – an dieser Stelle nicht weiter zu vertiefende – Durchführung des Rechtsakts im Einzelfall ist auf dieser Grundlage möglich.[362]

72

2. Verfahren

Der Unionsgesetzgeber hat im Regelfall die Kommission zu ermächtigen. Eine „Selbsthabilitierung" des Rates ist gem. Art. 291 Abs. 2 AEUV in begründeten Sonderfällen möglich.[363] Für die Beteiligung der wissenschaftlichen Ausschüsse gilt das oben unter Rn. 70 a Ausgeführte.

73

3. Insbesondere: Die Komitologie

Der prominenteste Verfahrensschritt im Zusammenhang mit der abgeleiteten Rechtsetzung der Kommission ist das Komitologieverfahren[364], dessen Anwendungsbereich nunmehr auf die „neue" Durchführungsrechtsetzung beschränkt ist.[365] Für die Beteiligung der mitgliedstaatlichen Administration sieht die auf der Grundlage des Art. 291 Abs. 3 AEUV erlassene VO Nr. 182/2011[366], die den

74

---

[359] → Bd. I *Ruffert* § 17 Rn. 83 ff.

[360] Z. B. Art. 27 VO (EG) Nr. 659/1999 (Fn. 225); Art. 33 Kartell-VO (Fn. 13); Art. 7 Abs. 4 VO (EG) Nr. 1831/2003 (Zusatzstoffe zur Verwendung in der Tierernährung), zul. geänd. durch VO (EG) Nr. 767/2009.

[361] Allgemein zum Begriff der „Durchführung" → Bd. II *v. Bogdandy* § 25 Rn. 1 Fn. 1.

[362] *EuGH*, Rs. 16/88, Slg. 1989, 3457, Rn. 11; Rs. C-122/04, Slg. 2006, I-2001 (Rn. 37); im Einzelnen *Vogt*, Die Entscheidung (Fn. 329), S. 160 ff.; *Riedel*, Durchführungsrechtsetzung (Fn. 331), S. 513, 517 ff., 530 ff.; krit. *Möllers*, Durchführung (Fn. 333), S. 510 f. Zwischen „Verwaltung" und „Regelung" trennt Art. 2 Abs. 1 Komitologie-Beschluss (Fn. 367), vgl. auch die Erwgrde. 6 u. 7, allerdings sind diese Kriterien unverbindlich, vgl. Erwgrd. 5. Dementsprechend halten sich die einschlägigen Sekundärrechtsakte nicht an diese Systematik.

[363] Das entspricht der bisherigen Rechtslage, in der der Europäische Gerichtshof für diesen Ausnahmefall eine Begründung verlangte, *EuGH*, Rs. 16/88, Slg. 1989, 3457, Rn. 10. Gleichwohl zählten ca. 19% der Rechtsakte des Rates zu dieser Kategorie, *v. Bogdandy/Bast/Arndt*, Handlungsformen (Fn. 329), S. 141 f. Das mag sich mit der Reform, bei der diese Möglichkeit nur noch für die enger beschriebenen Durchführungsrechtsakte, nicht aber mehr für die delegierten Rechtsakte vorgesehen ist, ändern.

[364] → Bd. I *Schmidt-Aßmann* § 5 Rn. 24 a, *Groß* § 13 Rn. 110 f.; Bd. II *v. Bogdandy* § 25 Rn. 42.

[365] Oben → Fn. 341.

[366] VO (EU) Nr. 182/2011 (Fn. 301) zur Festlegung der allgemeinen Regeln und Grundsätze, nach denen die Mitgliedstaaten die Wahrnehmung der Durchführungsbefugnisse durch die Kommission kontrollieren.

legendären „Komitologie-Beschluss"³⁶⁷ ablöst, zwei Verfahrenstypen vor, das „Prüfverfahren" und das „Beratungsverfahren".³⁶⁸ Danach hat die Kommission vor dem Erlass eines Durchführungsrechtsakts einen Ausschuss mit dem Entwurf der Maßnahme zu befassen, der gewissermaßen als verkleinertes Abbild des Rates aus Vertretern der Mitgliedstaaten zusammengesetzt ist und unter dem Vorsitz eines Vertreters der Kommission steht.³⁶⁹ Je nach Vorgabe in dem Basisrechtsakt hat das Votum des Ausschusses nur beratende Funktion oder kann zu einem Veto durch den Rat führen; in qualifizierten Fällen ist die Zustimmung durch den Ausschuss notwendig. Bei diesen verbindlich beschließenden Ausschussverfahren werden die Stimmen entsprechend der Stimmverteilung im Rat³⁷⁰ gewichtet. Ein hier ausgesprochenes Veto ist endgültig, wohingegen den Komitologie-Ausschüssen bislang jeweils nur eine Filterfunktion zukam: Rat oder Parlament mussten in den unterschiedlichen Verfahren dem Erlass der Norm selbst widersprechen, damit sie nicht zustande kam.³⁷¹

75 – Ist ein **Beratungsverfahren** vorgesehen, (vgl. Art. 4 VO Nr. 182/2011), gibt der Ausschuss lediglich eine Stellungnahme ab, die die Kommission „soweit wie möglich" berücksichtigen soll, sie aber nicht bindet.

– Sieht der Basisrechtsakt ein **Prüfverfahren** vor (vgl. Art. 5 VO Nr. 182/2011)³⁷², kann die von der Kommission vorgesehene Maßnahme bei einer ablehnenden Stellungnahme des Ausschusses nicht erlassen werden. In qualifizierten Fällen (Art. 5 Abs. 2 UAbs. 2 VO Nr. 182/2011) darf die Maßnahme ohne Stellungnahme nicht erlassen werden, m. a. W. ist eine Zustimmung des Ausschusses notwendig.

– Gegen die Ablehnung eines Vorschlages kann die Kommission einen **Berufungsausschuss** anrufen, der sich um die Vermittlung der Standpunkte bemüht, aber im Ergebnis mit den gleichen Mehrheiten entscheidet, Art. 6 VO Nr. 182/2011.

– Einstweilen weiter angewendet wird das seit 2006 eingeführte **Regelungsverfahren mit Kontrolle** (Art. 5a Komitologie-Beschluss)³⁷³ für die Fälle, in denen der Basisrechtsakt eine Änderung, Streichung oder Hinzufügung nicht wesentlicher Bestimmungen gestattet. Hier schließt sich an das Regelungsverfahren zusätzlich zu der Stellungnahme des Ausschusses ein Kontrollverfahren an: Parlament und Rat werden die Entwürfe vorgelegt. Beide können den Entwurf mit der Begründung ablehnen, er gehe über die im Basisrechtsakt vorgesehenen Durchführungsbefugnisse hinaus, sei mit dem Ziel oder dem Inhalt des Basisrechtsakts unvereinbar oder verstoße gegen die Grundsätze der Subsidiarität

---

³⁶⁷ Ratsbeschluß (1999/468/EG) zur Festlegung der Modalitäten für die Ausübung der der Kommission übertragenen Durchführungsbefugnisse, ABl. EG 1999, Nr. L 184, S. 23.

³⁶⁸ An die Beachtung dieser VO wird der Unionsgesetzgeber hinsichtlich der möglichen Ausgestaltungsformen wie nach der bisherigen Rechtslage gebunden, *EuGH*, Rs. C-378/00, Slg. 2003, I-937, Rn. 43 ff., 50 ff. – LIFE.

³⁶⁹ Art. 3 Abs. 2 VO (EU) Nr. 182/2011 (Fn. 301).

³⁷⁰ Art. 16 Abs. 4 u. 5 EUV bzw. Art. 238 Abs 3 AEUV.

³⁷¹ Eines der wesentlichen Argumente für den *EuGH*, die bisherigen Ausschussverfahren für zulässig zu erachten, *EuGH*, Rs. 25/70, Slg. 1980, 1161, Rn. 9 – *Köster*.

³⁷² Entspricht dem bisherigen Regelungsverfahren.

³⁷³ Durch den Beschluss 2006/512/EG, ABl. EU 2006, Nr. L 200, S. 11; dazu *Monica Fuhrmann*, Neues zum Komitologieverfahren, DÖV 2007, S. 464 ff.

D. Verfahren der europäischen Exekutivrechtsetzung

oder Verhältnismäßigkeit. Im Falle der Ablehnung kommt der Entwurf in der vorgeschlagenen Form nicht zustande.

III. Sonstige normative Handlungsformen im Verwaltungsverbund

Jenseits des Formenkanons des Art. 288 AEUV existiert eine unübersichtliche Vielfalt weiterer normativer Handlungsformen. Hierfür finden sich im AEUV oder in sonstigen allgemeinen Rechtsakten allenfalls undifferenzierte Maßgaben. Weil sie in der Regel keine Außenwirkung gegenüber dem Unionsbürger entfalten, sondern an die Organe selbst oder (vor allem) an die Mitgliedstaaten adressiert sind, erscheint die rechtsförmliche Verfassung weniger dringlich. Hinzu tritt, dass es bislang politisch als inopportun erschienen sein mag, die gar nicht zu überschätzende Funktion der Kommission als Zentrum des Europäischen Verwaltungsverbundes dadurch zu dokumentieren, dass diese aufgrund einer gründlichen Reflektion mit adäquaten Instrumenten ausgestattet wird. Daraus ergibt sich das Erfordernis einer rechtsakts- oder jedenfalls typenspezifischen Analyse, was die Gewinnung allgemeiner Aussagen schwierig macht.[374]

Die Steuerung des Verwaltungsverbunds verlangt eine Vielzahl von (quasi-)normativen Regelungen der Kommission, die vor allem als „Mitteilungen" oder „Leitlinien" publiziert werden.[375] Sie dienen zunächst der Erläuterung, dann aber auch der Vereinheitlichung der Verwaltungspraxis. Ihre Wirkungen reichen von einer bloßen indikativen Bedeutung bis zu einer quasi-normativen Vorzeichnung des Verwaltungshandelns. Sie ähneln darin den Verwaltungsvorschriften des deutschen Rechts;[376] wegen der Heterogenität ihres rechtlichen Umfeldes fallen allgemeine Aussagen aber schwer.[377] Eine kategorische Unterscheidung zwischen „Mitteilungen" und „Leitlinien" lässt sich trotz der eher faktischen Konnotation der „Mitteilungen" und der eher normativen der „Leitlinien" nicht treffen. Immerhin lässt sich beobachten, dass dort, wo der Unionsgesetzgeber der Exekutive eine solche Handlungsform außerhalb des Katalogs des Art. 288 AEUV explizit zur Verfügung stellt, in der Regel der Begriff der Leitlinie gewählt wird.[378] Einen primärrechtlich vorgesehenen Sonderfall stellen die Leitlinien dar, die im Rahmen der Transeuropäischen Netze aufgestellt werden (Art. 171 Abs. 1 AEUV).[379]

Eine erste wichtige Unterscheidung richtet sich nach den Adressaten der jeweiligen Verlautbarung: Beziehen sich diese Verlautbarungen auf die Handlungspraxis der Kommission, so ist eine verbindliche Wirkung wegen des Grundsatzes der Selbstbindung denkbar. Sollen diese Mitteilungen oder Leitlinien hingegen mitgliedstaatliches Handeln oder das Handeln Privater steuern, so ist deren Bin-

---

[374] Ein vergleichbares Ergebnis zur Rechtsform der Entscheidung bei *Vogt*, Die Entscheidung (Fn. 329), insbes. S. 325, 335 ff.

[375] Dazu auch → Bd. II *v. Bogdandy* § 25 Rn. 24. S. a. → Bd. I *Ruffert* § 17 Rn. 38.

[376] → Bd. II *Hill/Martini* § 34 Rn. 37 ff., s. a. → Bd. I *Ruffert* § 17 Rn. 67 ff.

[377] Daneben werden als Mitteilungen auch Dokumente im politischen Prozess bezeichnet, vor allem um einen Politikentwurf der Kommission vorzustellen, typischerweise mit anschließender Billigung durch den Rat. Z. B. die Mitteilung der Kommission vom 11. 5. 1999 „Umsetzung des Finanzmarktrahmens: Aktionsplan" mit der Billigung durch den Europäischen Rat im April 2000, vgl. 3. Erwgrd. RL 2003/36/EG (Marktmissbrauch).

[378] → Rn. 79 f.

[379] Dazu *Peter Schäfer/Meinhard Schröder*, in: Streinz (Hrsg.), EUV/AEUV, Art. 171 Rn. 4 ff.

dung nur dort zulässig, wo sich die Kommission auf eine ausdrückliche Rechtsgrundlage stützen kann.[380] Symptomatisch für diesen Wandel der (rechtlichen) Bindungswirkung ist die geänderte Beurteilung der Kommissionsmitteilungen im reformierten europäischen Wettbewerbsrecht,[381] das nunmehr in die Verbundverwaltung übernommen worden ist.

1. Bindungswirkung durch Selbstbindung der Kommission

78 In Bereichen, in denen die Kommission über einen Beurteilungsspielraum/ein Ermessen verfügt, konkretisiert sie die spätere Anwendung ihrer Befugnisse vorab durch Mitteilungen oder Leitlinien. Besondere Bedeutung hatten diese Mitteilungen insbesondere im Wettbewerbsrecht vor der Reform; nach wie vor von großer Relevanz sind sie im Recht der Beihilfen oder der Fusionskontrolle. In diesen Rechtsgebieten verpflichtet der Europäische Gerichtshof die Kommission über den Grundsatz der Selbstbindung auf Einhaltung der in den Mitteilungen oder Leitlinien vorgezeichneten Verwaltungspraxis, vorausgesetzt, die Kommission hält sich damit im Rahmen eines bestehenden Ermessens und überschreitet nicht die Grenzen, die ihr durch Primär- und Sekundärrecht gesetzt sind.[382] Parallel argumentiert der Europäische Gerichtshof für das Dienstrecht.[383]

2. Bindung der Mitgliedstaaten

79 Eine rechtliche Bindung der Mitgliedstaaten oder Privater lässt sich auf diese Weise hingegen nicht begründen,[384] auch Art. 4 Abs. 3 EUV gibt dafür nichts her.[385] Bindungswirkung nach außen kann diesen Texten nur dort zukommen, wo sich die Kommission auf eine Ermächtigungsgrundlage stützen kann.
– Deutlich wird das an der Diskussion um die Bedeutung der Leitlinien im **Wettbewerbsrecht nach der Reform:** Konnte die Kommission unter der Geltung der VO Nr. 17/62 mit den Leitlinien ihre Ermessensausübung präzisieren und prognostizieren, ist mit dem durch die VO Nr. 1/2003 eingeführten Prinzip der Legalausnahme kein Raum für solches Ermessen mehr, vielmehr sind es die Unionsgerichte, die letztverbindlich den Gehalt des Art. 101 AEUV zu konkretisieren haben. Deren Unabhängigkeit wie ihr Selbstverständnis dürften dem Einsatz der Leitlinien als informelles Instrument im Wege stehen.[386] Tatsächlich wird sich allerdings eine durch die Gerichte bestätigte Ent-

---

[380] *Härtel*, Handbuch Europäische Rechtsetzung (Fn. 237), § 13 Rn. 27 m. ausf. N. zur Diskussion.
[381] → Rn. 55 ff.
[382] **Beihilfeaufsicht:** *EuG*, Rs. T-214/95, 1998, II-717, Rn. 89 – Vlaams Gewest; **Fusionskontrolle:** *EuG*, Rs. T-7/89, Slg. 1991, II-1711, Rn. 53 – Hercules; Rs. T 119/02, Slg. 2003, II-1433, Rn. 242 – Philips; **Wettbewerbsrecht:** *EuGH*, Rs. C-189/02 u. a., Slg. 2005, I-5425, Rn. 209 ff. – Dansk Rørindustri A/S: Leitlinien für die Bußgeldpraxis. Ausf. N. bei *Schöndorf-Haubold*, Strukturfonds (Fn. 230), S. 399 f.
[383] *EuGH*, Rs. 148/73, Slg. 1974, 81, Rn. 11, 18; Rs. C-181/86 u. a. Slg. 1987, 4991, Rn. 10 – del Plato – std. Rspr. Prozessual behandelt der EuGH derartige Vorschriften konsequenterweise als Gegenstand einer Inzidentkontrolle, *EuGH*, Rs. C-171/00, Slg. 2002, I-451, Rn. 35 f. – Libéros. Zum Europäischen öffentlichen Dienst → Bd. III *Voßkuhle* § 43 Rn. 51 ff.
[384] *Schöndorf-Haubold*, Strukturfonds (Fn. 230), S. 399 ff.
[385] Ausf. *Gunnar Pampel*, Rechtsnatur und Rechtswirkungen horizontaler und vertikaler Leitlinien im Wettbewerbsrecht, 2005, S. 96 ff.; zust. *Frenz*, HdbEuR II, Rn. 742.
[386] Dazu *Pampel*, Rechtsnatur (Fn. 385), passim. Ferner *Walter Odersky*, Art 85/86 EG-Vertrag und die nationalen Gerichte. Einige Bemerkungen aus der Sicht des Bundesgerichtshofes, in: FS Ernst-

scheidungspraxis der Kommission, die sich an den in den Leitlinien festgehaltenen Kriterien orientiert, wegen Art. 16 Kartell-VO zu einer wichtigen Vorgabe für die nationalen Behörden und Gerichte entwickeln.[387]
- Eine Besonderheit gilt hingegen für die **Leitlinien (Gemeinschaftsrahmen) im Beihilferecht,** die sich auf bestehende Beihilfen i.S.d. Art. 108 Abs. 1 AEUV, Art. 17ff. BeihilfeVfVO[388] beziehen. Diese Leitlinien oder auch „Gemeinschaftsrahmen" werden gemeinsam mit den Mitgliedstaaten erarbeitet und binden Kommission und Mitgliedstaat durch ihre jeweilige Zustimmung;[389] die Abweichung im Einzelfall ist unzulässig.[390]

Die grundsätzlich fehlende Rechtsverbindlichkeit der Mitteilungen und Leitlinien darf nicht über ihre hohe praktische Bedeutung hinwegtäuschen: Auch wenn die mitgliedstaatlichen Behörden und Gerichte sich von Rechts wegen über ihren Inhalt hinwegsetzen könnten, ist doch nicht zu verkennen, dass diese Regeln das Verhalten der Behörden im Verwaltungsverbund maßgeblich prägen,[391] zum einen, weil die Mitgliedstaaten das in den Leitlinien vorgezeichnete Verhalten der Kommission antizipieren, aber auch deshalb, weil ein großer Teil der Verfahren die Gerichte gar nicht erreicht. Gerade diese hohe praktische Bedeutung ist es denn auch, die den Europäischen Gerichtshof dazu veranlasst, die – an sich unverbindlichen – Verlautbarungen dann für anfechtbare Rechtsakte zu halten und gleichzeitig für nichtig zu erklären, wenn sich die Kommission darin über die geltende Rechtslage hinwegsetzt.[392]

3. Konjunktur der Leitlinien im Verwaltungs- und Regulierungsverbund

In Abweichung von dem Grundbefund fehlender Verbindlichkeit setzt der Unionsgesetzgeber in jüngerer Zeit zunehmend die mit dem Begriff „Leitlinien" bezeichnete Handlungsform als Steuerungsinstrument mit – allerdings nur teilweise abgemilderter – Verbindlichkeit ein:[393] So sind im Telekommunikationsrecht die Leitlinien der Kommission zur Marktanalyse gem. Art. 15 Abs. 2 der Rahmenrichtlinie von den nationalen Regulierungsbehörden zu berücksichtigen (Art. 14 Abs. 2, Art. 15 Abs. 3, Art. 16 Abs. 1 Rahmenrichtlinie)[394].

Im reformierten Energierecht hat das Instrument der Leitlinien in großem Umfang Einzug gehalten. Die nationalen Regulierungsbehörden sind an die von der Kommission erlassenen Leitlinien gebunden; die Einhaltung der Leitlinien wird

---

Joachim Mestmäcker, 1996, S. 699 (708f.); *Joachim Gröning,* Zur Gefahr divergierender Entscheidungen bei dezentraler Anwendung des EG-Kartellrechts, WRP 2000, S. 882 (883f.).

[387] *Frenz,* HdbEuR II, Rn. 743; *Rainer Bechtold,* Leitlinien der Kommission und Rechtssicherheit, GRUR 2012, S. 107ff.

[388] → Fn. 225.

[389] *EuGH,* Rs. C-311/94, Slg. 1996, I-5023, Rn. 36ff. – Ijssel-Vliet; ausf. dazu *Marc Schweda,* Administrative Normsetzung und Verwaltungsverfahren in der europäischen Beihilfeaufsicht, 2000, S. 240ff., 313ff.

[390] *EuGH,* Rs. C-313/90, Slg. 1993, I-1125, Rn. 44f. – C.I.F.R.S.

[391] *Schöndorf-Haubold,* Strukturfonds (Fn. 230), S. 425f.

[392] Dazu ausf. *Schöndorf-Haubold,* Strukturfonds (Fn. 230), S. 407ff.; instruktiv auch *Jörg Gundel,* Rechtsschutz gegen Kommissions-Mitteilungen zur Auslegung des Gemeinschaftsrechts, EuR, Bd. 33 (1998), S. 90ff.

[393] Einen „normativen Abstand" zu Art. 291 AEUV fordert *Möstl,* Rechtsetzungen der Verwaltungen (Fn. 330), S. 1082.

[394] Rahmenrichtlinie 2002/21/EG (Fn. 277).

von der Kommission in einem besonderen Aufsichtsverfahren durchgesetzt.[395] Diese „Leitlinien" sind von vornherein als verbindlich gemeint[396] und werden daher im „Regelungsverfahren mit Kontrolle" erlassen.[397] Auch in das Produktsicherheitsrecht und in das Kapitalmarktrecht hält die Handlungsform „Leitlinie" Einzug.[398]

4. Verfahrensvorgaben

82 Verfahrensregeln für den Erlass dieser Leitlinien existieren nur gebietsspezifisch. Beruhen sie auf Ermächtigungen in einschlägigen Sekundärrechtsakten, werden sie in der Regel in ein Komitologieverfahren eingebunden. Eine Anhörung Privater ist wegen der allgemeinen Geltung nicht generell geboten. Ihrer Bedeutung angemessen wäre es jedoch, auch die Begründungspflicht des Art. 296 Abs. 2 AEUV auf sie zu erstrecken.

5. Weitere Normautoren

83 Die Erarbeitung normativer Regelungen zur Vereinheitlichung der Vollzugspraxis erfolgt im Europäischen Verwaltungsverbund mittlerweile nicht mehr allein durch die Kommission. Mit dem Ziel der Kohärenzsicherung werden auch im **horizontalen Verhältnis** zwischen den zuständigen nationalen Verwaltungsbehörden gemeinsame materielle „Vollzugsstandards" vereinbart. Eine Vorreiterrolle kommt insoweit dem Bereich der europäischen Regulierungs- und Finanzmarktaufsicht zu, wo durch die unionsrechtliche Einsetzung „behördlicher Koordinierungsausschüsse" ein organisatorischer Rahmen für die administrative Selbstkoordinierung geschaffen wurde.[399] Mittlerweile geht dieser Rahmen zu Teilen auf **Agenturen** über und wird dadurch hierarchisiert: Nach der Reform der europäischen Finanzaufsicht werden die Befugnisse der Ausschüsse auf die neu eingerichteten Aufsichtsbehörden (European Supervisory Authorities) übergehen.[400] Auch deren wesentliche Aufgabe wird in der Vereinheitlichung des na-

---

[395] Art. 39 RL 2009/72/EG (Elektrizitätsbinnenmarkt), Art. 43 Richtlinie 2009/73/EG (Erdgasbinnenmarkt) (Fn. 288).

[396] Vgl. Erwgrd. 61 Richtlinie 2009/73 (Erdgasbinnenmarkt): „bindende Durchführungsmaßnahmen". Krit. etwa *Weiß*, Verwaltungsverbund (Fn. 218), S. 149 ff.; → Bd. I *Ruffert* § 17 Rn. 84; positiver *Ludwigs*, Machtgefüge der Institutionen (Fn. 286), S. 67.

[397] Dazu oben → Rn. 75.

[398] Nach Art. 7 Abs. 5 VO (EG) Nr. 1831/2003 (Fn. 360) legt die Kommission nach Anhörung der europäischen Behörde für Lebensmittelsicherheit und eines Komitologieausschusses besondere Leitlinien für die Zulassung von Zusatzstoffen fest; nach Art. 51 RL 2001/82/EG (Tierarznei), zul. geänd. durch VO (EG) Nr. 596/2009, verabschiedet die Kommission Leitlinien, die auch gegenüber dem Hersteller verbindlich werden, vgl. z.B. Art. 80 Abs. 3 RL 2001/82/EG; im Rahmen der Überwachung von Humanarzneimitteln haben sich die Mitgliedstaaten an den Leitlinien der Kommission gem. Art. 111 Abs. 3 RL 2001/83/EG, zul. geänd. durch RL 2011/62/EU, zu orientieren; Ähnliches gilt für die Lebensmittelüberwachung, vgl. Art. 9 Abs. 4 VO (EG) Nr. 882/2004 (Fn. 180). Die Anerkennung der „zulässigen Marktpraxis" i.S.d. Art. 1 Nr. 5 Richtlinie 2003/36 (Marktmissbrauch) durch die mitgliedstaatlichen Behörden erfolgt gemäß einschlägigen Leitlinien, die durch die Kommission im Prüfverfahren nach der VO (EU) Nr. 182/2011 (Fn. 301) erlassen werden.

[399] Dazu *Christoph Möllers*, Transnationale Behördenkooperation. Verfassungs- und völkerrechtliche Probleme transnationaler administrativer Standardsetzung, ZaöRV 2005, S. 351 (364 f.); *Röhl*, Finanzmarktaufsicht (Fn. 175), Rn. 120.

[400] VO (EU) Nr. 1093/2010 zur Errichtung einer Europäischen Aufsichtsbehörde (Europäische Bankenaufsichtsbehörde).

tionalen Vollzugs bestehen. Zu diesem Zweck sollen sie sog. „technische Regulierungsstandards" entwickeln, mit denen die nationale Umsetzung des Gemeinschaftsrechts harmonisiert wird (Art. 10 VO Nr. 1093/2010). Die Gesetzentwürfe behaupten, es handele sich um „Themen hochtechnischer Natur", die „keine politischen Entscheidungen" beinhalteten und deren Inhalt durch Unionsbestimmungen genau vorgegeben sei.[401] Die Kommission setzt diese Standards anschließend in verbindliche Rechtsakte (Verordnungen oder Beschlüsse) um, wobei die Verordnung ihr aufgibt, den Standards in der Regel zu folgen. Daneben bleibt die Befugnis bestehen, unverbindliche Leitlinien und Empfehlungen an die Behörden der Mitgliedstaaten, aber auch an die Finanzinstitute zu richten (Art. 16 VO Nr. 1093/2010).

E. Perspektiven

Die hier vorgestellte Auswahl an Verwaltungsverfahren vermittelt ein Bild prozeduraler Arrangements, das sich von der klassischen Vorstellung gesetzesvollziehender Verwaltung, wie sie dem VwVfG zu Grunde liegt,[402] deutlich abhebt. Über seine vor allem rechtsschützende Funktion hinaus wächst dem Verfahren in den hier vorgestellten Materien der Auftrag zu, eigenständige gestalterische Aufgaben der Verwaltung einzuhegen. Besonders auffällig ist der deutliche Zuwachs an innerer Ordnung des Verfahrens, für die insbesondere die Idee des Konzepts steht,[403] aber auch das Verfahrensrecht des Verwaltungsverbunds bietet vor allem eine interne Verfahrensstrukturierung.[404] In diesen Fällen tritt die demokratische Funktion des Verwaltungsverfahrens deutlich zutage,[405] die verfahrensrechtlichen Arrangements müssen der gewachsenen politischen Funktion der Verwaltung zusätzliche Legitimation zuführen. Von dieser Bedeutungszunahme und dem Bedeutungswandel des Verfahrens bleibt die Verfahrensfehlerlehre nicht unberührt. Während es noch eine gewisse landläufige Plausibilität besitzen mag, den Gerichten eine Kompensation von Defiziten des Verfahrens im Hinblick auf dessen rechtsschützende Funktion zuzutrauen, muss dies im Hinblick auf deren demokratische Funktion ausscheiden. Insgesamt erweist sich verfahrensrechtliches Denken auch in Zukunft als ein unverzichtbares Aufgabenfeld der Verwaltungsrechtswissenschaft.

84

Ausgewählte Literatur

Appel, Ivo, Methodik des Umgangs mit Ungewissheit, in: Schmidt-Aßmann/Hoffmann-Riem (Hrsg.), Methoden, S. 327–358.
Hofmann, Jens, Rechtsschutz und Haftung im europäischen Verwaltungsverbund, Berlin 2004.
Gärditz, Klaus F., Europäisches Planungsrecht, Tübingen 2009.
Kahl, Wolfgang, Der Europäische Verwaltungsverbund: Strukturen – Typen – Phänomene, Der Staat, Bd. 50 (2011), S. 353–387.

---

[401] Verordnungsvorschlag zur Einrichtung einer Europäischen Bankaufsichtsbehörde, KOM (2009) 501 endg. usw., S. 5.
[402] → Bd. II *Schmidt-Aßmann* § 27 Rn. 13.
[403] Oben → Rn. 18, 37, 44.
[404] *Fehling*, Eigenwert des Verfahrens (Fn. 28), S. 317 f.
[405] Dazu → Bd. I *Trute* § 6 Rn. 47 f.

§ 30 Ausgewählte Verwaltungsverfahren

Kupfer, Dominik, Die Verteilung knapper Ressourcen im Wirtschaftsverwaltungsrecht, Baden-Baden 2005.
Ladeur, Karl-Heinz, Das Umweltrecht der Wissensgesellschaft, Berlin 1995.
– Privatisierung öffentlicher Aufgaben und die Notwendigkeit der Entwicklung eines neuen Informationsverwaltungsrechts, in: Hoffmann-Riem/Schmidt-Aßmann (Hrsg.), Informationsgesellschaft, S. 225–256.
Möllers, Christoph, Durchführung des Gemeinschaftsrechts, EuR, Bd. 37 (2002), S. 483–516.
Nehl, Hanns Peter, Europäisches Verwaltungsverfahren und Gemeinschaftsverfassung, Berlin 2002.
Quabeck, Christian, Dienende Funktion des Verwaltungsverfahrens und Prozeduralisierung, Tübingen 2010.
Schenk, Wolfgang, Strukturen und Rechtsfragen der gemeinschaftlichen Leistungsverwaltung, Tübingen 2006.
Scherzberg, Arno, Risikosteuerung durch Verwaltungsrecht: Ermöglichung oder Begrenzung von Innovationen?, VVDStRL, Bd. 63 (2004), S. 214–263.
Schmidt-Aßmann, Eberhard, Verwaltungskooperation und Verwaltungskooperationsrecht in der Europäischen Gemeinschaft, EuR, Bd. 31 (1996), S. 270–301.
–/*Schöndorf-Haubold, Bettina* (Hrsg.), Der Europäische Verwaltungsverbund, Tübingen 2005.
Schöndorf-Haubold, Bettina, Die Strukturfonds der Europäischen Gemeinschaft, München 2005.
Siegel, Thorsten, Entscheidungsfindung im Verwaltungsverbund, Tübingen 2009.
Stelkens, Ulrich/Mehde, Veit, Rechtsetzungen der europäischen und nationalen Verwaltungen, VVDStRL, Bd. 71 (2012), S. 369–412 u. 418–449.
Sydow, Gernot, Verwaltungskooperation in der Europäischen Union, Tübingen 2004.
Trute, Hans-Heinrich, Staatliches Risikomanagement im Anlagenrecht, in: Eibe Riedel (Hrsg.), Risikomanagement im öffentlichen Recht, Baden-Baden 1997, S. 55–109.
– Methodik der Herstellung und Darstellung verwaltungsrechtlicher Entscheidungen, in: Schmidt-Aßmann/Hoffmann-Riem (Hrsg.), Methoden, S. 293–325.
– Regulierung – am Beispiel des Telekommunikationsrechts, in: FS Wilfried Brohm, 2002, S. 169–189.
Voßkuhle, Andreas, Strukturen und Bauformen neuer Verwaltungsverfahren, in: Hoffmann-Riem/Schmidt-Aßmann (Hrsg.), Verwaltungsverfahren, S. 277–347.
Weiß, Wolfgang, Der Europäische Verwaltungsverbund, Berlin 2010.
Wollenschläger, Burkard, Wissensgenerierung im Verfahren, Tübingen 2009.
Wollenschläger, Ferdinand, Verteilungsverfahren, Tübingen 2010.

§ 31 Verfahrensfehler im Verwaltungsverfahren

Michael Sachs

Übersicht

	Rn.		Rn.
A. Verfahrensfehler und Fehleranfälligkeit des Verfahrens	1	bb) Besondere negative Rechtsanerkennungsnormen	51
I. Zum Begriff des Verfahrensfehlers im Verwaltungsverfahren	4	cc) Gründe für die Wesentlichkeit von Verfahrensfehlern	53
1. Verfahrensfehler	4	2. Rechtswidrigkeit verfahrensfehlerhaft erlassener Verwaltungsakte	58
a) Fehler als Verletzung von Rechtsnormen	4	a) Absolute Verfahrensfehler	60
b) Verfahrensfehler als Rechtsverstöße innerhalb eines Verfahrens	8	b) Sonstige Form- und Verfahrensfehler	63
2. Verwaltungsverfahren	13	aa) Rechtswidrigkeit des Verfahrensergebnisses bei jedem Verfahrensfehler?	64
a) Allgemeinbegriff des Verwaltungsverfahrens	14	
b) Insbesondere: Verwaltungsverfahren nach § 9 VwVfG	18	bb) Rechtswidrigkeit des Verfahrensergebnisses bei möglichem Einfluss des Verfahrensfehlers	66
3. Die hier zu behandelnden Verfahrensfehler im Verwaltungsverfahren	20	3. Rechtswidrigkeit verfahrensfehlerhaft erlassener Staatsakte in anderen Handlungsformen	71
II. Zur Fehleranfälligkeit von Verfahren	22	a) Öffentlich-rechtlicher Vertrag ...	71
B. Verfahrensfehlerfolgen	24	aa) Absolute Form- und Verfahrensfehler	73
I. Vom Verfahrensergebnis unabhängige Verfahrensfehlerfolgen	28	bb) Sonstige Form- und Verfahrensfehler	74
1. Folgen für die fehlerhafte Verfahrenshandlung	29	b) Administrativnormen	76
2. Folgen für das weitere Verfahren ...	32	c) Rechtsakte im Binnenbereich der Verwaltung	79
3. Verfahrensexterne Sanktionen für den Verfahrensfehler als solchen	38	d) Realakte	81
		e) Privatrechtsgeschäfte	82
II. Verfahrensfehler und Rechtswidrigkeit des Verfahrensergebnisses	40	III. Folgen der verfahrensfehlerbedingten Rechtswidrigkeit des Verfahrensergebnisses	83
1. Grundlagen	40	1. Allgemeine Grundlagen	83
a) Mehrdeutigkeit des Rechtswidrigkeitsbegriffs	41	a) Geltungsschwächung rechtswidriger staatlicher Rechtsakte ...	83
b) Begründung der Relevanz von Verfahrensfehlern für die Rechtswidrigkeit des Verfahrensergebnisses	46	b) Beseitigung und Sanktionierung staatlicher Rechtsverletzungen	84
		2. Folgen für das Verfahrensergebnis	86
aa) Allgemeine Rechtswidrigkeit verfahrensfehlerhaft entstandener Verfahrensergebnisse?	47	a) Verwaltungsakte	87
		aa) Nichtigkeit	88

§ 31 Verfahrensfehler im Verwaltungsverfahren

	Rn.		Rn.
bb) Aufhebung in Rechtsmittelverfahren	89	a) Insbesondere für Verwaltungsakte	114
cc) Aufhebung unabhängig von Rechtsmittelverfahren	95	aa) Heilung	115
		bb) Ausschluss des Aufhebungsanspruchs nach § 46 VwVfG	118
b) Öffentlich-rechtliche Verträge	97		
c) Administrativnormen	99	cc) Umdeutung	123
aa) Vermeidung der Nichtigkeitfolge nach allgemeinen Grundsätzen	100	b) Insbesondere: Administrativnormen	124
		4. Sanktionsmöglichkeiten bei verfahrensfehlerhaften Staatsakten	125
bb) Abweichende gesetzliche Bestimmung der Verfahrensfehlerfolgen	107		
d) Privatrechtsgeschäfte	112	C. Fehler in deutschen Verwaltungsverfahren und Europarecht	128
3. Relativierungen der das Verfahrensergebnis betreffenden Fehlerfolgen	113	Ausgewählte Literatur	

A. Verfahrensfehler und Fehleranfälligkeit des Verfahrens

Die **Problematik fehlerhafter Verfahren** ist nicht auf das Verwaltungsverfahren beschränkt, sondern übergreifender Natur, sie erfasst im Rahmen des Gewaltenteilungssystems des Grundgesetzes auch Rechtsprechung und Gesetzgebung. Die damit verbundenen Fragestellungen sind trotz aller Besonderheiten der drei Staatsfunktionen im Grundsatz durchaus vergleichbarer Natur, schon weil die rechtsstaatliche Bindungsklausel des Art. 20 Abs. 3 GG den gemeinsamen Hintergrund der rechtlichen Bewältigung bietet. 1

Trotzdem fehlt es an einer übergreifenden Gesamtdarstellung,[1] was jedenfalls auch auf die **unterschiedlich** spezifizierten gesetzlichen Regelungen **für die drei Staatsfunktionen** und ihre Teilbereiche zurückzuführen ist. Für die Gerichtsbarkeit(en) sind namentlich die Regelungen der (beschränkten) Revisionsgründe Kristallisationspunkte der Verfahrensfehler(folgen)lehre,[2] für die parlamentarische Gesetzgebung werden bei Fokussierung auf die Verfassungsmäßigkeit der Gesetze die Erfordernisse des für das Gesetzgebungsverfahren weitgehend maßgeblichen Geschäftsordnungsrechts ausgeblendet.[3] Gleichwohl bleibt es ein freilich hier nicht einzulösendes Desiderat, den hinter allen Spezifizierungen verborgenen übergreifenden Grundlagen einer Verfahrensfehlerlehre nachzugehen. 2

Im nachstehenden Text sollen auch Normsetzungsverfahren der Exekutive einbezogen werden, obgleich sie im Rahmen der aufgegliederten Staatsfunktionen nicht der Verwaltung oder vollziehenden Gewalt, sondern der Gesetzgebung zuzuordnen sind. Immerhin ist die **administrative Normsetzung,** auch wenn sie als Gesetzgebung im Rahmen des Art. 20 Abs. 3 GG nur an die verfassungsmäßige Ordnung gebunden wird,[4] – anders als die nur an der Verfassung zu messende förmliche Gesetzgebung – im Rahmen der grundgesetzlich fun- 3

---

[1] Siehe immerhin *Hermann Hill,* Das fehlerhafte Verfahren und seine Folgen im Verwaltungsrecht, 1986, S. 11 ff., der nur im Ausgangspunkt gerichtliche und Gesetzgebungsverfahren in seine Überlegungen einbezieht; sehr grundsätzliche Überlegungen finden sich bei *Martin Morlok,* Folgen von Verfahrensfehlern am Beispiel kommunaler Satzungen, 1988, S. 89 ff., der allerdings Verfahrensfehler in den Gerichtsbarkeiten nur am Rande einbezieht.

[2] Dazu allgemein etwa *Hill,* Verfahren (Fn. 1), S. 301 ff.; *Andreas Popp,* Verfahrenstheoretische Grundlagen der Fehlerkorrektur im Strafverfahren, 2005, S. 316 ff. Von besonderer Bedeutung sind ferner die Möglichkeiten gerichtsbarkeitsinterner Kontrolle von Verfahrensgrundrechtsverletzungen, insbesondere im Hinblick auf die vom Plenum des Bundesverfassungsgerichts durchgesetzte Anhörungsrüge, vgl. *BVerfGE* 107, 395 (401 ff., 417 f.); Gesetz über die Rechtsbehelfe bei Verletzung des Anspruchs auf rechtliches Gehör (Anhörungsrügengesetz) v. 9. 12. 2004 (BGBl I [2004], S. 3220). Allgemein zu gerichtlichen Verwaltungskontrollen → Bd. III *Schoch* § 50.

[3] (*Norbert Achterberg/) Martin Schulte,* in: v. Mangoldt/Klein/Starck (Hrsg.), GG II, Art. 40 Rn. 61; *Martin Morlok,* in: Dreier (Hrsg.), GG II, Art. 40 Rn. 22 m. w. N. Zur Gesetzgebungswissenschaft → Bd. I *Franzius* § 4 Rn. 103 a ff., *Reimer* § 9 Rn. 109 ff.

[4] Für diese Lesart *Michael Sachs,* in: Sachs (Hrsg.), GG, Art. 20 Rn. 101 f., 109. Die verbreitete gegenteilige Sichtweise, vgl. etwa *Roman Herzog,* in: Maunz/Dürig (Hrsg.), GG, Art. 20 VI (1980) Rn. 15; jetzt *Bernd Grzeszick,* in: Maunz/Dürig (Hrsg.), GG, Art. 20 VI (2007) Rn. 37; ferner *Karl-Peter Sommermann,* in: v. Mangoldt/Klein/Starck (Hrsg.), GG II, Art. 20 Rn. 265 m. w. N., kann die untergesetzlichen Rechtsnormen nicht in den dann auf förmliche Gesetze beschränkten Gesetzesbegriff bei der Bindung von vollziehender Gewalt und Rechtsprechung an Gesetz und Recht einbeziehen. Vgl. aber a. → Bd. I *Reimer* § 9 Rn. 75. Allgemein zur exekutivischen Normsetzung → Bd. II *Hill/Martini* § 34.

dierten Normenhierarchie allen höherrangigen Rechtsnormen unterworfen, unterliegt daher wie Verwaltungshandeln im funktionalen Sinne den Regelungen einschlägiger Verfahrensgesetzgebung.

I. Zum Begriff des Verfahrensfehlers im Verwaltungsverfahren

1. Verfahrensfehler

a) Fehler als Verletzung von Rechtsnormen

4   Das Wort „Fehler", wohl zuerst auf den „Fehlschuss" bezogen,[5] also auf das Verfehlen eines Ziels, bezeichnet im heutigen Sprachgebrauch in einem weiteren Sinne die **Abweichung von einem einzuhaltenden Maßstab,** es kann sich dabei auf Sachen beziehen (wie nach § 459 BGB a. F.) wie auf menschliches Verhalten („Fehler machen") oder seine Resultate (Schreib- oder Rechenfehler). Im Zusammenhang des öffentlichen Rechts, das stark auf das Verhalten der öffentlichen Gewalt und ihre Rechtsakte fokussiert ist, werden durchweg nicht Verhaltensweisen beteiligter Privatpersonen,[6] sondern vor allem solche der öffentlichen Gewalt und deren Rechtsakte als Bezugspunkt von Fehlern ins Auge gefasst.[7]

5   Der verfehlte Maßstab ist insoweit vor allem der der einzuhaltenden Rechtsnormen.[8] Neben der **Rechtmäßigkeit** können aber auch **anderweitige Richtigkeitskriterien** „verfehlt" sein. Dabei ist einerseits an die inhaltliche Richtigkeit der Erklärung, wie sie (für Verwaltungsakte) § 42 VwVfG als „Schreibfehler, Rechenfehler und ähnliche offenbare Unrichtigkeiten" anspricht,[9] andererseits aber auch an die Zweckmäßigkeit zu denken, auf deren Einhaltung sich die Fachauf-

---

[5] Vgl. *Jacob und Wilhelm Grimm*, Deutsches Wörterbuch, Bd. 3, 1862, Sp. 1428.

[6] Zur mittelbaren Bedeutung privaten Verhaltens für Fehler der Verwaltung und die diesbezüglichen Schlussfolgerungen zur Wahrung der Gesetzmäßigkeit der Verwaltung s. *BVerfGE* 116, 24 (49 f.); zu öffentlich-rechtlichen Verfahrensgeboten für Private allgemein vgl. die Hinweise bei *Hufen*, Fehler, Rn. 445.

Denkbar wäre natürlich, auch Fehlverhalten beteiligter Privatpersonen als solches als deren „Fehler" einzubeziehen, wobei neben verbotenem, also rechtswidrigem Verhalten auch solches berücksichtigt werden könnte, das wegen nachteiliger tatsächlicher oder rechtlicher Konsequenzen die berührten eigenen oder sonst verfolgten Interessen nicht optimal zur Geltung kommen lässt, wie etwa das Unterlassen relevanten Vorbringens, die Übermittlung unzutreffender Informationen, die Versäumung vorgeschriebener Fristen u. ä. Diese etwa aus anwaltlicher Sicht durchaus interessanten Fragen stellen aber einen eigenständigen Problemkreis dar, der hier nicht einbezogen werden kann, zumal insoweit „noch beträchtlicher rechtsdogmatischer Nachholbedarf" konstatiert worden ist, so *Hans-Werner Laubinger*, Der Verfahrensgedanke im Verwaltungsrecht, in: Klaus König/Detlef Merten (Hrsg.), Verfahrensrecht in Verwaltung und Verwaltungsgerichtsbarkeit, Symposium zum Gedächtnis an Carl H. Ule, 2000, S. 47 (52); *Michael Sachs*, Zur formellen Rechtswidrigkeit von Verwaltungsakten, VerwArch, Bd. 97 (2006), S. 573 (577 f.).

[7] Vgl. etwa schon *Walter Jellinek*, Der fehlerhafte Staatsakt und seine Wirkungen, 1908; *Max Imboden*, Der nichtige Staatsakt, 1944; *Ernst v. Hippel*, Untersuchungen zum Problem des fehlerhaften Staatsakts, 2. Aufl. 1960; w. N. bei *Hill*, Verfahren (Fn. 1), S. 11 ff.

[8] Allgemein etwa *Maurer*, VerwR, § 10 Rn. 2 ff.; *Marco Martin*, Heilung von Verfahrensfehlern im Verwaltungsverfahren, 2004, S. 20 f.; *Popp*, Fehlerkorrektur (Fn. 2), S. 316 ff.

[9] Für Rechtswidrigkeit in diesen Fällen etwa *Christian Bumke*, Relative Rechtswidrigkeit, 2004, S. 233, der verkennt, dass die Offensichtlichkeit der Unrichtigkeit, also der Abweichung des Erklärten vom eigentlich Gewollten, dazu führt, dass das Erklärte gar nicht zum maßgeblichen Regelungsinhalt und somit nicht zum Bezugspunkt des Rechtswidrigkeitsurteils wird. Vgl. a. → Bd. II *Bumke* § 35 Rn. 159 m. Fn. 500.

A. Verfahrensfehler und Fehleranfälligkeit des Verfahrens

sicht erstreckt[10] und die (wiederum für Verwaltungsakte) zudem Gegenstand des Vorverfahrens nach § 68 VwGO ist. Beide genannten Aspekte werden denn auch bis heute in die Fehlerhaftigkeit (von Verwaltungsakten) „im weiten Sinne" einbezogen.[11] Jedenfalls für den Bereich des (allgemeinen) Verwaltungsrechts wird der Fehlerbegriff aber in aller Regel mit dem engeren Sprachgebrauch des Gesetzgebers[12] nur auf Fälle der Verletzung von Rechtsvorschriften bezogen und soll auch hier grundsätzlich in diesem Sinne verwendet werden.

Besteht Fehlerhaftigkeit in dem Verstoß gegen Rechtmäßigkeitsanforderungen, ist es naheliegend, sie als gleichbedeutend mit Rechtswidrigkeit aufzufassen. Diese Einschätzung wird allerdings nicht allgemein geteilt, vielmehr bestehen **Unklarheiten über das Verhältnis von Fehlerhaftigkeit und Rechtswidrigkeit,** die wohl in erster Linie auf Unsicherheit über den Gegenstand des Rechtmäßigkeitsurteils zurückgehen. Versteht man Normen (primär) als Verhaltensregeln, kommt als Bezugspunkt des Rechtmäßigkeitsurteils in erster Linie das (jeweils geregelte) **Verhalten der Normadressaten** in Betracht.[13] Verstößt das Verhalten gegen den Normbefehl, ist es rechtswidrig.[14] Insoweit sollte kein Zweifel bestehen, dass die Rechtswidrigkeit nicht „Folge der Fehlerhaftigkeit" ist,[15] sondern mit dieser als ihrem Synonym identisch. Ob ein Verhalten, das gegen Rechtsnormen verstößt, als rechtswidrig oder als fehlerhaft bezeichnet wird, ist der Sache nach kein Unterschied.[16]

6

---

[10] Siehe etwa § 13 Abs. 1 des Gesetzes über die Organisation der Landesverwaltung – Landesorganisationsgesetz (LOG NRW) vom 10. 7. 1962, GV.NW S. 421, zuletzt geändert mit Gesetz vom 18. 11. 2008, GV.NW S. 706. S. a. → Bd. I *Hoffmann-Riem* § 10 Rn. 23; Bd. II *Pitschas* § 42 Rn. 42 m. Fn. 140.

[11] Vgl. nur *Wolff/Bachof/Stober/Kluth*, VerwR I, § 49 Rn. 1, wo allerdings die positive Kennzeichnung der Unrichtigkeiten als „leichte Fehler" (Rn. 16) ebenso wenig überzeugt wie die negative, die auf die fehlende Rechtswidrigkeit abstellt und dabei etwa nicht entscheidungserhebliche Verfahrensfehler einbezieht (Rn. 73); diese auch schon in der noch von *Hans J. Wolff* selbst bearbeiteten 8. Aufl. von 1971 anzutreffende Sichtweise kritisiert *Hufen*, Fehler, Rn. 503 mit Fn. 12 (gegenüber *Rainer Pietzner*, Wirksamkeit und Fehlerhaftigkeit von Verwaltungsakten, JA 1975, S. 249 [251]). Zu den Maßstäben des Verwaltungshandelns → Bd. II *Pitschas* § 42.

[12] Vgl. § 44 Abs. 1, § 47 Abs. 1 und 2, § 59 Abs. 2 Nr. 2 und die (amtlichen) Überschriften der §§ 45, 46, 47 VwVfG.

[13] So zum Verfahrensrecht auch *Eberhard Schmidt-Aßmann/Hannes Krämer*, Das Verwaltungsverfahren und seine Folgen, Revue Européenne de droit public, Heft 5, Sonderheft 1993, S. 99 (104).

[14] Dies bedeutet keine Entscheidung für die Lehre vom Handlungsunrecht, solange sich die Rechtswidrigkeit eines Verhaltens daraus ableiten lässt, dass es einen normativ missbilligten Erfolg verursacht; vgl. dazu näher *Michael Sachs*, in: Stern, StaatsR, Bd. III/2, S. 150f. m.w.N.; ähnlich wieder *Bumke*, Rechtswidrigkeit (Fn. 9), S. 220ff. Der Streit um Handlungs- oder Erfolgsunrecht, den etwa *Hill*, Verfahren (Fn. 1), S. 394, im Öffentlichen Recht irrtümlich für nicht vorhanden hält, spielt insoweit keine Rolle. Die Frage, inwieweit auch faktische Zustände (als „Erfolge" von Verhalten) als rechtswidrig bezeichnet werden sollten, wie dies namentlich beim Folgenbeseitigungsanspruch verbreitet geschieht (vgl. etwa *Ossenbühl*, StaatshaftungsR, S. 287f.; *Hans-Dieter Sproll*, in: Detterbeck/Windthorst/Sproll, StaatshaftungsR, § 12 Rn. 38ff. m.w.N.), liegt auf einer anderen Ebene und kann in diesem Zusammenhang außer Betracht bleiben.

[15] So aber *Hill*, Verfahren (Fn. 1), S. 393 (Kapitelüberschrift) und ff., allerdings bezogen auf die getroffene „Entscheidung" im Sinne eines Rechtsakts, dazu sogleich im Text.

[16] Anders ohne erkennbare Begründung *Bumke*, Rechtswidrigkeit (Fn. 9), S. 232, 234, der zwar (neben einem Rechtsakt) auch ein Verhalten für „rechtswidrig" erklärt, wenn es den Anforderungen der Rechtsordnung nicht genügt, und zunächst auch von Synonymen auszugehen scheint („,Fehler' und ,Rechtswidrigkeit' sind deshalb zwei Seiten derselben Medaille", s. a. → Bd. II *Bumke* § 35 Rn. 153), dann aber feststellt: „*Nichtrechtsakte* sind weder fehlerhaft noch wirksam oder unwirksam."

§ 31 Verfahrensfehler im Verwaltungsverfahren

7   In einer Rechtsordnung, die im Rahmen der Gesetzmäßigkeit der Verwaltung[17], der Verfassungsmäßigkeit der Gesetzgebung und der Normenhierarchie[18] **staatliche Rechtsakte nur zulässt, wenn sie zu keinem höherrangigen Staatsakt in Widerspruch** stehen, können außerdem Rechtsakte als rechtswidrig bezeichnet werden, die diesem Stufenbau der Rechtsordnung widersprechen.[19] Dem entspricht die Aussage: „Genügt ein Rechtsakt oder ein Verhalten nicht den Anforderungen der Rechtsordnung, sind sie rechtswidrig."[20] Stattdessen können sie auch mit dem gleichbedeutenden Begriff „fehlerhaft" bezeichnet werden. Fehlerhaftigkeit und Rechtswidrigkeit bezeichnen dieselbe Eigenschaft des Rechtsakts,[21] mit höherrangigen Rechtsakten in Widerspruch zu stehen. Wann dies allerdings der Fall ist, ist bei Rechtsakten – anders als bei Verhalten – nicht ohne Weiteres klar.[22]

b) Verfahrensfehler als Rechtsverstöße innerhalb eines Verfahrens

8   Mit dem so bestimmten engeren Fehlerbegriff bleiben zwangsläufig auch bei den Verfahrensfehlern **„andere Verfahrensmaßstäbe"** als das einschlägige Recht außer Betracht, die als Perspektive einer Verfahrensfehlerlehre zu bedenken sein könnten.[23] Für eine erweiterte Sichtweise spricht sicher vieles, zumal aus verwaltungswissenschaftlicher Sicht. Ein denkbarer zusätzlicher Maßstab könnte etwa jenseits des rechtlich nur bedingt bindungskräftigen Gebots zügiger Durchführung[24] die Dauer der Verfahren sein. Ähnliches gilt für die mit Verwaltungsverfahren verbundenen Kosten; die Zahl von (erfolgreichen) Anfechtungen betroffener Entscheidungen könnte ähnlich wie umgekehrt die Zahl ohne die Notwendigkeit der Vollstreckung befolgter Regelungen deren Befriedungswirkung bzw. deren Effektivität beleuchten, die (positive) Resonanz des Verwaltungshandelns in den Medien auf die Akzeptanz in der Öffentlichkeit schließen lassen u. a. m. Solche für eine Verbesserung der Verwaltung möglicherweise überaus wertvollen Untersuchungen können indes im vorgegebenen Rahmen nicht durchgeführt werden.

9   Bei der hier gebotenen **Konzentration** des Fehlerbegriffs **auf Rechtsverstöße** bleibt zu klären, in welchen Fällen es sich um **Verfahrensfehler** handelt. Dazu

---

Da er zu den Nichtrechtsakten „faktische Verhaltensweisen" zählt, soll offenbar Verhalten zwar rechtswidrig, aber nicht fehlerhaft sein können.

[17] → Bd. I *Reimer* § 9 Rn. 74 ff.

[18] Zum Zusammenspiel dieser Grundsätze im Rahmen des Art. 20 Abs. 3 GG s. näher *Sachs*, in: Sachs (Hrsg.), GG, Art. 20 Rn. 101 f., 108, 112. S. a. → Bd. I *Ruffert* § 17 Rn. 23 ff.

[19] Für die (hier nicht näher zu behandelnde) nur der Verfassung unterworfene förmliche Gesetzgebung gilt die Verfassungswidrigkeit als Variante der Rechtswidrigkeit.

[20] So *Bumke*, Rechtswidrigkeit (Fn. 9), S. 232.

[21] Wenn *Bumke*, Rechtswidrigkeit (Fn. 9), S. 232, gegen *Hill*, Verfahren (Fn. 1), ausführt, die Rechtswidrigkeit sei „nicht Rechtsfolge eines Fehlers, sondern eine Eigenschaft des Rechtsakts", kann dies so freilich nur überzeugen, wenn auch der angesprochene Fehler einer des Rechtsakts ist, weil andernfalls, also bei Bezug des Fehlers auf das Verfahren, dessen (Fehler-)Folge durchaus die Rechtswidrigkeit des Rechtsakts sein kann.

[22] → Rn. 41 ff.

[23] Dafür etwa *Eberhard Schmidt-Aßmann*, Verwaltungsverfahren und Verwaltungsverfahrensgesetz: Perspektiven der Systembildung, in: Hoffmann-Riem/Schmidt-Aßmann (Hrsg.), Verwaltungsverfahren, S. 429 (470); dort, S. 459, auch zu Fällen „vielfältiger normativer Orientierungen", die offenbar nicht auf solche rechtsnormativer Art begrenzt sein sollen. Dazu a. → Bd. II *Pitschas* § 42.

[24] Gegen einen Rechtsfehler bei Verstößen gegen Art. 10 S. 2 VwVfG etwa *Heribert Schmitz*, in: Stelkens/Bonk/Sachs (Hrsg.), VwVfG, § 10 Rn. 20, 22; *Klaus Ritgen*, in: Knack, VwVfG, § 10 Rn. 13 m.w.N. Zur Zeitrichtigkeit des Verwaltungshandelns → Bd. II *Pitschas* § 42 Rn. 139 ff. S. a. → Bd. II *Schmidt-Aßmann* § 27 Rn. 86 ff.

A. Verfahrensfehler und Fehleranfälligkeit des Verfahrens

wird vielfach darauf abgestellt, dass es sich bei den verletzten Vorschriften um solche des Verfahrensrechts handeln müsse.[25] Damit ist die Definitionsproblematik auf die Qualifikation der verletzten Rechtsnormen verschoben, was dann sinnvoll ist,[26] wenn sich das insoweit zu berücksichtigende Verfahrensrecht als Inbegriff von Verfahrensvorschriften klar von sonstigem Recht abgrenzen lässt. Dies ist allerdings durchaus zweifelhaft, wenn der Verfahrensrechtsbegriff nicht nur in irgendeiner Weise, etwa durch Bezug auf entsprechend bezeichnete Kodifikationen, formell gebildet werden soll.[27]

Ein **materieller Begriff des Verfahrensrechts** als Inbegriff derjenigen Rechtsnormen, die Regelungen von Verfahren (also jedenfalls vor allem des Verhaltens in Verfahren)[28] beinhalten, setzt voraus, dass der Begriff des Verfahrens geklärt ist. Auch dies bereitet indes Probleme.[29] Eine brauchbare Annäherung – mit Anwendbarkeit auch für das Verwaltungsverfahren[30] – ist wohl am ehesten in der Unterscheidung zwischen dem Verfahren als dem Weg und der zu treffenden Entscheidung als dem Ziel des Staatshandelns zu sehen.[31] Allerdings ist damit der Verfahrensbegriff untrennbar mit Entscheidungen als deren Vorbereitungsphase verknüpft,[32] was für den Bereich der stets „entscheidenden" Rechtsprechung wie der Rechtsetzung, auch der durch Stellen der Verwaltung (im organisatorischen Sinne) angemessen sein mag, nicht notwendigerweise aber auch für den vielgestaltigeren Bereich der Verwaltung (im funktionellen Sinne) als der Gesamtheit der sonstigen Staatstätigkeiten.[33]

10

---

[25] So etwa *Hill*, Verfahren (Fn. 1), S. 318 (allgemein, aber mit Bezug auf Verwaltungsverfahren), S. 22 m.w.N. (für Gerichtshandlungen), S. 59 (für die Gesetzgebung unterscheidend zwischen formellen und materiellen Verfassungsnormen); allgemein auch *Popp*, Fehlerkorrektur (Fn. 2), S. 339 ff.; vorausgesetzt etwa bei *Morlok*, Folgen (Fn. 1), S. 89 ff.; ferner *Franz Geist-Schell*, Verfahrensfehler und Schutznormtheorie, 1987, S. 8; *Hans-Werner Laubinger*, Heilung und Folgen von Verfahrens- und Formvorschriften, VerwArch, Bd. 72 (1981), S. 333 (334 f.); *Maurer*, VerwR, § 10 Rn. 38; *Martin*, Heilung (Fn. 8), S. 20 f.
[26] Zu auch dann verbleibenden Abgrenzungsproblemen s. etwa *Hill*, Verfahren (Fn. 1), S. 318 ff.
[27] Auch das stößt allerdings etwa im Fall des ausdrücklich so bezeichneten Verwaltungsverfahrensgesetzes auf Probleme, weil darin weder nur noch alle Bestimmungen enthalten sind, die für ein diesem Gesetz unterliegendes Verwaltungsverfahren von Bedeutung sein können, vgl. für materielle Regelungen im VwVfG etwa BVerfGE 105, 48 (50); *Hubert Meyer*, in: Knack, VwVfG, § 46 Rn. 8 f.; *Siegfried Wiesner*, in: Matthias v. Wulffen (Hrsg.), SGB X, 7. Aufl. 2010, § 42 Rn. 2 m.w.N.
[28] Darauf beschränkt sich das allerdings terminologisch weniger praktikable Rechtsverständnis der Imperativentheorie; dazu in anderem Zusammenhang *Michael Sachs*, in: Stern, StaatsR, Bd. III/1, S. 479 f.
[29] → Bd. II Schmidt-Aßmann § 27.
[30] Zu Abgrenzungsversuchen für das gerichtliche Prozessrecht etwa *Hill*, Verfahren (Fn. 1), S. 222 ff. m.w.N.; zum Begriff des Verfahrens *Popp*, Fehlerkorrektur (Fn. 2), S. 80 ff.
[31] Siehe etwa *Hill*, Verfahren (Fn. 1), S. 223 f. m.w.N.; *Eberhard Schmidt-Aßmann*, Verwaltungsverfahren, in: HStR, Bd. V, § 109 Rn. 5 (bezogen auf materielles und Verfahrensrecht); skeptischer noch *Karl A. Bettermann*, Das Verwaltungsverfahren, VVDStRL, Bd. 17 (1959), S. 118 (121) („weder genau noch vollständig").
[32] *Schmidt-Aßmann*, Verwaltungsverfahren (Fn. 31), § 109 Rn. 1, bezieht abweichend von der Vorauflage seine Begriffsbestimmung von Verwaltungsverfahren als „planvoll geordnete Vorgänge der Informationsgewinnung und -verarbeitung, […]" nicht mehr (allein) auf die Hervorbringung administrativer Entscheidungen.
[33] Z. B. der Bundestagspräsident bei der Mittelverwaltung der politischen Parteien, vgl. BVerfGE 27, 152 (157); 28, 97 (102 f.); zu den Begriffen im Einzelnen *Detterbeck*, Allg. VerwR, Rn. 8 ff.; *Maurer*, VerwR, § 1 Rn. 1 ff.

11 Wenn Verfahrensfehler als Verstöße gegen Verfahrensrechtsnormen definiert werden, kann dies im Übrigen zu dem **Missverständnis** führen, **Verfahrensrecht und materielles Recht** ließen sich **abstrakt klar trennen**. Dies ist indes nicht der Fall; vielmehr kann ein und dieselbe Rechtsnorm auf Verfahrenshandlungen und materielle Staatsakte anwendbar sein, was insbesondere die Annahme der Verfahrenswirkungen der auf den Schutz materieller Güter ausgerichteten Grundrechtsbestimmungen[34] verdeutlicht. Die Durchführung etwa eines Vollstreckungsverfahrens kann an Art. 14 GG zu messen sein, weil der Verlust des Eigentums bewirkt wird,[35] oder sogar an Art. 2 Abs. 2 S. 1 GG, wenn es das Leben eines suizidgeneigten Beteiligten in Gefahr bringt,[36] die Ladung eines Zeugen ebenfalls an Art. 2 Abs. 2 S. 1 GG, wenn er in die Gefahr gebracht wird, wegen der befürchteten Aussage von Dritten getötet zu werden;[37] die Art einer Befragung kann Persönlichkeitsrechte verletzen,[38] Ermittlungen können die informationelle Selbstbestimmung beeinträchtigen,[39] die unterschiedliche Behandlung Beteiligter kann ihre Gleichheitsgrundrechte verletzen[40] usw.

12 Es erscheint demgegenüber sinnvoll, solche und überhaupt alle Rechtsverstöße, die innerhalb eines Verfahrens stattfinden, als Verfahrensfehler zu erfassen; das rechtswidrige Ergebnis des Verfahrens als solches bleibt dabei als materielle Rechtsverletzung außer Betracht.[41] Um gleichwohl an dem Ansatz festhalten zu

---

[34] Vgl. dazu nur *Stern*, StaatsR, Bd. III/1, S. 965 ff.; *Sachs*, in: Sachs (Hrsg.), GG, Vor Art. 1 Rn. 34.

[35] Z. B. *BVerfGE* 42, 64 (76 f.); 46, 325 (333 ff.); 49, 220 (225); 51, 150 (156); *Hans D. Jarass*, in: Jarass/Pieroth (Hrsg.), GG, Art. 14 Rn. 19 m. w. N.

[36] Vgl. *BVerfG* (K), NJW 1998, S. 295 (296); *BVerfG* (K), NJW-RR 2001, S. 1523 (1523 f.); *Dietrich Murswiek*, in: Sachs (Hrsg.), GG, Art. 2 Rn. 214a.

[37] Vgl. *Michael Sachs*, in: Stern, StaatsR, Bd. IV/1, S. 167 m. w. N.

[38] Etwa zur Videovernehmung im Strafverfahren *Herbert Diemer*, Der Einsatz der Videotechnik in der Hauptverhandlung, NJW 1999, S. 1667 (1671 f.); *Bernhard Kramer*, Videoaufnahmen und andere Eingriffe in das Allgemeine Persönlichkeitsrecht auf der Grundlage des § 163 StPO?, NJW 1992, S. 2732; ferner *Christoph Gusy*, Polizeiliche Befragung am Beispiel des § 9 NRW PolG, NVwZ 1991, S. 614 (618); *Markus Lang*, Videoüberwachung und das Recht auf informationelle Selbstbestimmung, BayVBl. 2006, S. 522.

[39] Vgl. *BVerfG* (K), NVwZ 2001, S. 1261; SächsVerfGH, JZ 1996, S. 957; *Erhard Denninger*, Lauschangriff – Anmerkung eines Verfassungsrechtlers, StV 1998, S. 401; *Thilo Weichert*, Informationelle Selbstbestimmung und strafrechtliche Ermittlung: zum verfassungskonformen Technikeinsatz im Strafverfahren, 1990. Zur informationellen Selbstbestimmung → Bd. II Albers § 22 Rn. 56 ff.

[40] Vgl. für Verwaltungsverfahren *Schmitz*, in: Stelkens/Bonk/Sachs (Hrsg.), VwVfG, § 10 Rn 18; *Wolff/Bachof/Stober/Kluth*, VerwR I, § 59 Rn. 10 ff. Zum materiellen Gehalt des Gleichheitssatzes s. *Michael Sachs*, Der Gleichheitssatz als eigenständiges subjektives Grundrecht, in: FS Karl H. Friauf, 1996, S. 309 (312 ff.); *ders.*, in: Stern, StaatsR IV/2, S. 1489 ff.

[41] Eigentümlich ist in diesem Zusammenhang eine vom Bundesverfassungsgericht in std. Rspr. verwendete Formulierung zu Art. 103 Abs. 1 GG; zuerst wohl in *BVerfGE* 53, 219 (222) heißt es: „Dabei soll das Gebot des rechtlichen Gehörs als Prozeßgrundrecht sicherstellen, daß die erlassene Entscheidung frei von Verfahrensfehlern ergeht, welche ihren Grund in unterlassener Kenntnisnahme und Nichtberücksichtigung des Sachvortrags der Parteien haben (*BVerfGE* 50, 32 [35])." Während an der zitierten Stelle und den dort angegebenen Präjudizien eine abweichende Formulierung gebraucht wurde, ist diese so oder ganz ähnlich seitdem vielfach verwendet worden, vgl. etwa *BVerfGE* 60, 247 (249); 250 (252); 65, 305 (307); 69, 141 (143) und öfter bis in die neueste Zeit, z. B. *BVerfG*, NJW-RR 2004, S. 1150 (1151); NVwZ 2005, S. 1175 (1175); NJW 2005, S. 3410 (3412).
Richtigerweise wird man die verfahrensrechtliche Garantie des rechtlichen Gehörs, soll sie ihren Grund nicht allein in sich tragen, nicht (nur) als Sicherung gegen (andere) Verfahrensfehler, sondern vor allem (auch) dem Ziel verpflichtet sehen müssen, dass durch Mängel einschlägiger Informationen keine materiellen Rechte der (anhörungsberechtigten) Beteiligten verletzt werden; vgl. *BVerfGE* 107, 395 (408 f.), wonach rechtliches Gehör nicht nur ein „prozessuales Urrecht" ist, „sondern auch ein objektivrechtliches Verfahrensprinzip, das für ein rechtsstaatliches Verfahren im Sinne des

können, dass es insgesamt um Verstöße gegen Verfahrensrechtsnormen geht, müsste den für das Staatshandeln in Verfahren relevanten Rechtsnormen, die auch Verhalten außerhalb von Verfahren betreffen können, ein Doppelcharakter als materielle Norm einerseits und als Verfahrensnorm andererseits zugesprochen werden. Weniger umständlich lässt sich dasselbe Ergebnis dadurch erreichen, dass schlicht **alle Verstöße gegen Rechtsnormen durch Verhalten der öffentlichen Gewalt in Verfahren** als Verfahrensfehler erfasst werden. Von der Notwendigkeit, das Verwaltungsverfahren begrifflich näher zu bestimmen, dispensiert dies freilich nicht.

2. Verwaltungsverfahren

Der **Begriff des Verwaltungsverfahrens** wird teils als umfassender Allgemeinbegriff,[42] teils kraft gesetzlicher Definition gem. § 9 VwVfG in spezifisch verengter Bedeutung verwendet.[43] Hier soll ein **Mittelweg** begangen werden, der an dem Element der Ziel-, insbesondere Entscheidungsgerichtetheit eines Verwaltungsverfahrens festhält, aber über die in § 9 VwVfG angesprochenen beiden Handlungsformen der Verwaltung hinausgreift, ohne diese deshalb zu vernachlässigen.[44] 13

a) Allgemeinbegriff des Verwaltungsverfahrens

Im Rahmen der vielfältigen Tätigkeiten der Verwaltung können auch Handlungen, die nicht „Entscheidungen" darstellen, ein auf dem Wege des Verfahrens zu erreichendes Ziel darstellen. Dementsprechend heißt es in einem Klassiker des bundesrepublikanischen Verwaltungsrechts: „Jede Verwaltungshandlung [...] ist das Ergebnis eines Verwaltungsverfahrens, d.h. eines Prozesses der Informationsverarbeitung."[45] **Verwaltungshandlungen** werden dabei umfassend definiert als „alle Handlungen von Amtswaltern [...] oder von Kollegialorganen, die einem Träger öffentlicher Verwaltung zugerechnet werden". Dies geht über den Bereich von „Entscheidungen" jedenfalls insoweit hinaus, als auch „Tathandlungen" eingeschlossen sind; aber auch unter den daneben stehenden „Verwaltungs-Rechtshandlungen" finden sich manche, die keinem noch so weit erstreckten Entscheidungsbegriff unterfallen.[46] 14

Ein Verwaltungsverfahren als „Prozess der Informationsverarbeitung" könnte schließlich auch dann angenommen werden, wenn dieser überhaupt **keine wei-** 15

Grundgesetzes schlechthin konstitutiv ist [...]. [...] Der Einzelne soll nicht nur Objekt der richterlichen Entscheidung sein, sondern vor einer Entscheidung, die seine Rechte betrifft, zu Wort kommen, um als Subjekt Einfluss auf das Verfahren und sein Ergebnis nehmen zu können".

[42] → Rn. 14 ff.
[43] → Rn. 18.
[44] Im Rahmen dieser Abhandlung wird grundsätzlich nur auf die Bestimmungen von VwVfG und VwGO als Bestandteilen der ersten „Säule" der drei öffentlich-rechtlichen Gerichtsbarkeiten und Verwaltungszweige, dazu *Michael Sachs*, in: Stelkens/Bonk/Sachs (Hrsg.), VwVfG, Einl. Rn. 50 ff., Bezug genommen; AO und FGO, SGB X und SGG müssen trotz mancher Besonderheit durchweg außer Betracht bleiben.
[45] *Wolff/Bachof/Stober*, VerwR III, 4. Aufl. 1978, § 156 Rn. 1; auch *Schmidt-Aßmann*, Verwaltungsverfahren (Fn. 32), S. 446, hat seine oben (zu Fn. 32) wiedergegebene Definition inzwischen um den Entscheidungsbezug verkürzt. → Bd. II *ders.* § 27 Rn. 1, 47 ff.
[46] Vgl. *Wolff/Bachof/Stober/Kluth*, VerwR I, § 44 Rn. 16 f.

tere **Verwaltungshandlung** als sein Ergebnis **anstrebt.** So definiert *Schmidt-Aßmann* inzwischen Verwaltungsverfahren als „planvoll geordnete Vorgänge der Informationsgewinnung und Informationsverarbeitung" – unter der Verantwortung der Verwaltung –, ohne überhaupt noch irgendein (weitergehendes) Ergebnis dieser Vorgänge anzusprechen.[47]

16 Spätestens bei Verwendung eines ergebnisunabhängigen Verfahrensbegriffs wird allerdings augenfällig, dass auch **Informationsgewinnung und -verarbeitung** (zumindest teilweise) durch Verwaltungshandlungen erfolgen, die doch ihrerseits das Ergebnis von Verwaltungsverfahren sein sollen. Der damit angelegten Endlosschleife könnte man nur entkommen, wenn man Verwaltungshandlungen *im* Verwaltungsverfahren als Verfahrenshandlungen der Verwaltung aus der umfassenden Ausgangsdefinition der aus Verwaltungsverfahren resultierenden Verwaltungshandlungen ausnimmt und diese damit auf materielle Verwaltungshandlungen, also solche, die nicht Verfahrenshandlungen sind (und positiv noch zu definieren wären), reduziert. Auch die Kategorie der „Informationsverfahren"[48] gibt Rätsel auf, wenn zugleich „Verfahren" überhaupt – wie zitiert – als „Vorgänge der Informationsgewinnung und Informationsverarbeitung" verstanden werden.[49]

17 Wenn der Begriff des Verwaltungsverfahrens eine eigenständige, Abgrenzung ermöglichende Bedeutung behalten soll, empfiehlt es sich danach, an seiner **Gerichtetheit auf ein Verfahrensergebnis** festzuhalten. Dieser Bezug erst macht es möglich, die auf dieses Ergebnis gerichteten Verwaltungshandlungen überhaupt als Verfahrenshandlungen zu erfassen,[50] ohne das Kriterium der Informationsgewinnung oder -verarbeitung[51] oder ein sonstiges inhaltliches Merkmal verwenden zu müssen. Nur der Bezug auf eine vorbereitete, über das Verfahren hinausweisende Verwaltungshandlung erlaubt es auch, die Gesamtheit der auf ein bestimmtes Ergebnis ausgerichteten einzelnen Verfahrenshandlungen als *ein* Verwaltungsverfahren[52] aufzufassen, das mit dem angestrebten Ergebnis seinen Abschluss findet.

---

[47] *Schmidt-Aßmann*, Verwaltungsverfahren (Fn. 23), S. 446. → Bd. II *ders.* § 27 Rn. 1.
[48] *Schmidt-Aßmann*, Verwaltungsverfahren (Fn. 23), S. 449 f.
[49] Möglicherweise könnte insoweit an Verwaltungsverfahren gedacht werden, deren materielles Ergebnis allein die Eröffnung oder auch die Erhebung einer Information bzw. die dahin gehende oder dies ablehnende Entscheidung ist; gleichwohl bleibt die Begriffsbildung in dem aufgezeigten Kontext problematisch. Dazu auch *Sachs*, Rechtswidrigkeit (Fn. 6), S. 575 f.; Beispiele für tatsächliche Verwaltungshandlungen zur Informationsgewinnung bei *Wolff/Bachof*, VerwR I, 9. Aufl. 1974, § 45 II a 1 α (Kassenprüfung), β (Ortsbesichtigung), 4 (Untersuchungen von Kraftfahrzeugunfällen durch die Polizeibehörde).
[50] Terminologisch zweifelhaft demgegenüber die Kategorie der „Verfahrenshandlung außerhalb eines Verwaltungsverfahrens", s. etwa *Paul Stelkens*, in: Schoch/Schmidt-Aßmann/Pietzner (Hrsg.), VwGO, § 44a Rn. 18. Außerhalb eines Verwaltungsverfahrens verlieren typischerweise in Verwaltungsverfahren stattfindende Verwaltungshandlungen, wie etwa die Gewährung von Akteneinsicht, ihre (nur sonst) bestehende (verwaltungs)verfahrensrechtliche Natur, einschlägige Entscheidungen sind Sachentscheidungen (entsprechend formulierend *Jan Ziekow*, in: Sodan/Ziekow (Hrsg.), VwGO, § 44a insbes. Rn. 37: „verfahrensexterne Behördenhandlungen"), die allerdings ihrerseits aufgrund eines eigenen Verwaltungsverfahrens getroffen werden.
[51] Zu dessen problematischer Bestimmbarkeit vgl. *Paul Stelkens/Dieter Kallerhoff*, in: Stelkens/Bonk/Sachs (Hrsg.), VwVfG, § 24 Rn. 3 m.w.N. Zur Selbständigkeit etwa der Entscheidung über Anträge nach dem UIG s. *Sachs*, in: Stelkens/Bonk/Sachs (Hrsg.), VwVfG, § 45 Rn. 172 f.
[52] Zum Verwaltungsverfahren als Einheit s. *Schmitz*, in: Stelkens/Bonk/Sachs (Hrsg.), VwVfG, § 9 Rn. 108 ff.

A. Verfahrensfehler und Fehleranfälligkeit des Verfahrens

b) Insbesondere: Verwaltungsverfahren nach § 9 VwVfG

§ 9 VwVfG unternimmt es, das „Verwaltungsverfahren im Sinne dieses Gesetzes", also des Verwaltungsverfahrensgesetzes, zu definieren; er verzichtet damit ausdrücklich auf Allgemeingültigkeit dieser Begriffsbildung, scheitert aber sogar mit der bescheideneren gesetzesimmanenten Zielsetzung, weil selbst im Kontext des Verwaltungsverfahrensgesetzes der **Begriff des Verwaltungsverfahrens** in abweichender Bedeutung vorkommt.[53] Immerhin verdeutlicht § 9 VwVfG positiv **exemplarisch** den Bezug des Verwaltungsverfahrens auf sein Ergebnis und erfasst die zu dem Verwaltungsverfahren zu zählenden behördlichen Tätigkeiten anhand ihrer Ausrichtung auf „die Prüfung der Voraussetzungen, die Vorbereitung und den Erlass eines Verwaltungsakts oder auf den Abschluss eines öffentlich-rechtlichen Vertrages."

18

Negativ macht § 9 VwVfG anschaulich, welche weiteren Fälle und Aspekte von Verwaltungsverfahren in einem allgemeineren Sinne durch die Merkmale seiner einengenden Begriffsbestimmung ausgegrenzt werden. **Nicht erfasst sind in § 9 VwVfG** insbesondere Verwaltungsverfahren, die auf Verwaltungshandlungen anderer Handlungsform abzielen, wie privatrechtliches Behördenhandeln jeder Art, schlicht hoheitliches Handeln und Normsetzung durch die Verwaltung. Nicht als Teil des Verwaltungsverfahrens behandelt werden außerdem verwaltungsinterne Verfahrenshandlungen, wobei allerdings das Kriterium der Außenwirksamkeit umstritten ist und eher weit zu interpretieren sein dürfte.[54]

19

3. Die hier zu behandelnden Verfahrensfehler im Verwaltungsverfahren

Im Folgenden soll als Verfahrensfehler in Verwaltungsverfahren grundsätzlich **jedes gegen Rechtsvorschriften verstoßende behördliche Verhalten in Verwaltungsverfahren in einem weiteren,** über § 9 VwVfG hinausreichenden **Sinne** behandelt werden, der grundsätzlich alle auf (materielle) Verwaltungshandlungen jeglicher Art gerichteten Verfahren von Verwaltungsbehörden einschließt.[55] Allerdings sollen auf behördliche *Rechts*akte gerichtete Verfahren im Vordergrund stehen, dabei vor allem solche auf dem Gebiet des öffentlichen Rechts, hier wiederum auch mit Rücksicht auf die gesetzlichen Regelungen des Verwaltungsverfahrensgesetzes in erster Linie die des § 9 VwVfG, zumal soweit sie auf Verwaltungsakte gerichtet sind.

20

Als Verfahrensfehler werden dabei nicht nur Verstöße gegen Rechtsvorschriften über das Verfahren im engeren Sinne, also die Art und Weise der Vornahme der Verwaltungshandlung, berücksichtigt, sondern auch solche gegen Formvorschriften und Zuständigkeitsbestimmungen. Beide Kategorien enthalten zusammen mit den eigentlichen Verfahrensregelungen die **formellen Anforderungen an die Rechtmäßigkeit** des Verwaltungshandelns,[56] die den inhaltlichen, materiellen Rechtmäßigkeitsvoraussetzungen gegenübergestellt werden können

21

---

[53] Vgl. nur *Schmitz*, in: Stelkens/Bonk/Sachs (Hrsg.), VwVfG, § 9 Rn. 85 m.w.N.
[54] Vgl. nur *Schmitz*, in: Stelkens/Bonk/Sachs (Hrsg.), VwVfG, § 9 Rn. 116 ff. m.w.N.
[55] Ähnlich – bei Ausschluss privatrechtlichen Verhaltens – *Ziekow*, in: Sodan/Ziekow (Hrsg.), VwGO, § 44a Rn. 27 und ff., der – für § 44a VwGO – auf die Ausrichtung auf allerdings sehr weit verstandene Sachentscheidungen (einschließlich der Normsetzung und der Realakte) abstellt.
[56] Zum Begriff etwa *Hufen*, Fehler, Rn. 499; *Laubinger*, Heilung (Fn. 25), S. 333 ff.

II. Zur Fehleranfälligkeit von Verfahren

22 Unter der Fehleranfälligkeit von Verfahren[57] lässt sich die Häufigkeit verstehen, mit der es in Verfahren zu Fehlern kommt. So verstanden ist **Fehleranfälligkeit eine empirische Kategorie,** die durch die Relation der Zahl (sowie eventuell des Gewichts) anfallender Fehler in Verfahren im Verhältnis zur Zahl der (sowie ggf. des [personellen, sachlichen, zeitlichen] Umfangs von) durchgeführten Verfahren auszufüllen wäre. So könnte für jedes einzelne Verfahren ein Fehlerquotient ermittelt werden; außerdem könnte für beliebige, insbesondere für nach formalen oder inhaltlichen Eigenschaften bestimmte Arten von Verfahren ein durchschnittlicher Fehlerquotient festgestellt werden. Ähnliches könnte im Hinblick darauf gezählt und errechnet werden, wie häufig es unter den unterschiedlichsten Bedingungen, etwa im Hinblick auf die zeitliche Dauer, in Verfahren überhaupt zu Fehlern und zu Fehlern *bestimmter* Art kommt. All dies könnte schließlich – und auch dahin lässt sich der Terminus „Fehleranfälligkeit" deuten – in die Zukunft gewendet werden und würde dann die mehr oder weniger sichere Erwartung einer gewissen (durchschnittlichen) Häufigkeit von (bestimmten) Fehlern bei bestimmten Verfahren(sarten) oder unter bestimmten Bedingungen bezeichnen. Natürlich lässt sich das alles auch speziell auf Verwaltungsverfahren beziehen und auf Verfahrensfehler begrenzen.

23 Entsprechende Untersuchungen ließen sich für manche, äußerlich leicht feststellbare Verfahrensfehler sicherlich durchführen.[58] Sie könnten ggf. Grundlage für präventive Maßnahmen sein, die darauf abzielen, in der Verwaltungspraxis bestimmte festgestellte Verfahrensfehler zu vermeiden, ermittelte Fehlerquellen auszuschließen usw. Diesbezügliche Recherchen des Verfassers haben allerdings **keine einschlägigen Untersuchungen** zu Tage gefördert, insbesondere nicht für den Bereich der Verwaltungsverfahren nach § 9 VwVfG.[59] Allenfalls finden sich nicht unplausible Vermutungen, wie etwa die, dass anspruchsvolle Regelungen des Verwaltungsverfahrens zu erhöhter Häufigkeit von Verfahrensfehlern führen.[60]

---

[57] Wohl nicht dasselbe meint *Hufen,* Fehler, Rn. 20, wenn er „besonders ‚fehlersensible' Verfahrensarten" anspricht. Diese werden zunächst in nicht ganz klarer Weise mit der verfahrensrechtlich unterschiedlichen Steuerung von Entscheidungen verknüpft, später wird die besondere Fehlersensibilität von mit Ermessensentscheidungen abgeschlossenen Verwaltungsverfahren mit der Ergebnisrelevanz von Verfahrensfehlern in Verbindung gebracht, wenn nicht gleichgesetzt, ebd., Rn. 37.

[58] So könnte etwa für Bestände begründungspflichtiger schriftlicher Verwaltungsakte festgestellt werden, wie häufig eine den verfahrensrechtlichen Anforderungen entsprechende Begründung tatsächlich beigefügt worden ist.

[59] Auch die zahlreichen Hinweise des Kollegen *Hubert Treiber,* dem für seine Hilfsbereitschaft auch an dieser Stelle gedankt sei, haben insoweit leider keine Ergebnisse gezeitigt. Zu Defiziten der Rechtstatsachenforschung allgemein vgl. → Bd. I *Voßkuhle* § 1 Rn. 30.

[60] Vgl. etwa (in Abgrenzung zu seltener angenommenen materiellrechtlich falschen Entscheidungen) *Morlok,* Folgen (Fn. 1), S. 97ff. (auch zu weiteren Gründen); *Rainer Holtschneider,* Gesetzesflut und Rechtsversagen – Rhetorik oder belegbare Tendenz bei der rechtsförmigen Steuerung gesellschaftlicher Problemlagen, in: Rechtspolitologie und Rechtspolitik, 1989, S. 31 (41); auch *Schmidt-Aßmann/Krämer,* Verwaltungsverfahren (Fn. 13), S. 104; *Popp,* Fehlerkorrektur (Fn. 2), S. 28; *Hufen,* Fehler, Rn. 509 („hohe Fehlersensibilität" komplexerer Genehmigungs- und Planfeststellungsverfahren).

Dies wiederum sollte eher zur Überprüfung einschlägiger Anforderungen und ggf. zum Abbau verfahrensrechtlicher Überforderungen Anlass geben als zu einer rechtsstaatlich bedenklichen verstärkten Relativierung von Verfahrensfehlerfolgen.[61]

B. Verfahrensfehlerfolgen

Verfahrensfehler können als Rechtsverletzungen im Rechtsstaat grundsätzlich nicht einfach hingenommen werden. Vielmehr müssen – wie bei drohenden Verstößen gegen materielles Recht – auch solche **Störungen der Rechtsordnung in erster Linie verhindert** werden,[62] wozu etwa eine klare Fassung der maßgeblichen Bestimmungen sowie gute Aus- und Fortbildung der Bediensteten einschließlich der Schärfung ihres Verantwortungsgefühls für die Vermeidung von Verfahrensfehlern beitragen mögen. Soweit dies nicht gelingt und es zu **Verletzungen des Rechts** in Verfahren kommt, müssen diese **(sekundär) prinzipiell** samt ihrer Folgen **behoben werden, tertiär** ist – zumal bei Verletzung subjektiver Rechte – auch an **Kompensationen** zu denken.[63] Dabei können die bei Rechtsverletzungen eintretenden sekundären und ggf. tertiären Konsequenzen steuernd auf die Intensität der **Bemühungen um die Vermeidung von Verfahrensfehlern** und damit auf die primäre Ebene des Rechtsschutzes zurückwirken.

Die **Reaktionen der Rechtsordnung auf Verfahrensfehler** sind mit diesen von Verfassungs wegen bestehenden Grundsätzen allerdings nur in ausfüllungsbedürftigen Umrissen vorgezeichnet; im Einzelnen bleibt der Gesetzgebung – wie im Übrigen auch im Hinblick auf Verletzungen materiellen Rechts[64] – **weiter Gestaltungsspielraum**[65], um den Schutz des Verfahrensrechts einschließlich damit verbundener subjektiver Rechte[66] zu verwirklichen, wobei auch gegenläufige Anliegen wie Rechtssicherheit, Effektivität der Verwaltung oder die Beschleunigung der Zweckerreichung insgesamt zu berücksichtigen sind.

Die **Grenzen dieses Gestaltungsspielraums** sind nur schwer zu fassen. Unmittelbar auf das Verhalten Privater bezogen, allerdings auch mit Blick auf die dadurch vereitelte Gesetzmäßigkeit des Verwaltungshandelns, hat das Bundesverfassungsgericht erst kürzlich das zur Wahrung der Gesetzestreue zur Verfügung stehende „große Spektrum von Möglichkeiten, das weichere und härtere, direkt und indirekt wirkende, bürgerlichrechtliche, öffentlichrechtliche und strafrecht-

---

[61] → Rn. 26.
[62] Vgl. *Schmidt-Aßmann/Krämer*, Verwaltungsverfahren (Fn. 13), S. 100.
[63] Zu den Ebenen des Rechtsschutzes s. allgemein *Michael Sachs*, Grundsatzfragen der Effektivität des Rechtsschutzes, in: Wilfried Erbguth (Hrsg.), Effektiver Rechtsschutz im Umweltrecht, 2005, S. 20ff.; zu Kompensationen speziell für Verfahrensfehler im Europarecht etwa *EuGH*, Rs. 24/79, Slg. 1980, S. 1743, Rn. 14 (Oberthür/Kommission). Zur Kompensation rechtswidrigen Hoheitshandelns allgemein → Bd. III *Morlok* § 54.
[64] Vgl. allgemein zur Reichweite des Vorrangs des Gesetzes einerseits *Sachs*, in: Sachs (Hrsg.), GG, Art. 20 Rn. 112; *Jarass*, in: Jarass/Pieroth, GG, Art. 20 Rn. 32ff.; *Stern*, StaatsR, Bd. I, S. 802; → Bd. I *Reimer* § 9 Rn. 73ff., zur Bindung auch der materiellen Gesetzgebung an die verfassungsmäßige Ordnung und deren Vorrang andererseits *Sachs*, in: Sachs (Hrsg.), GG, Art. 20 Rn. 95, 101; → Bd. I *Ruffert* § 17 Rn. 48ff.
[65] Vgl. a. → Bd. II *Schmidt-Aßmann* § 27 Rn. 109.
[66] → Bd. I *Masing* § 7 Rn. 98ff.

liche Instrumente einschließt," betont, allerdings auch die Grenze gezogen, „wonach eine Rechtsordnung, die sich ernst nimmt, […] nicht Prämien auf die Missachtung ihrer selbst setzen", nicht „zu rechtswidrigem Verhalten oder zur Herstellung rechtswidriger Zustände geradezu einladen" darf, um nicht „die Voraussetzungen ihrer eigenen Wirksamkeit" zu untergraben.[67] Diese zur **Wahrung der Rechtstreue der Bürger** aufgestellten Mindestvoraussetzungen sollten erst recht gegenüber der nach Art. 20 Abs. 3 GG verpflichteten öffentlichen Gewalt im Rechtsstaat Geltung und wohl eher eine gewisse Steigerung beanspruchen können.

27 Folgen von Verfahrensfehlern können sich auf das **fehlerhafte Verwaltungsverhalten selbst** beziehen, also unabhängig von dem das Verfahren (ggf.) abschließenden (Rechts-) Akt und seinem (etwaigen) rechtlichen Schicksal eintreten.[68] Von besonderer Bedeutung sind allerdings im überkommenen deutschen Verwaltungsrecht die Verfahrensfehlerfolgen, die **Auswirkungen** auf die rechtliche Bewertung des in dem Verfahren **erzeugten Staatsakts** haben, an die auch weitere Sanktionen geknüpft sein können.[69]

I. Vom Verfahrensergebnis unabhängige Verfahrensfehlerfolgen

28 Unabhängig vom Verfahrensergebnis, d.h. schon bevor es überhaupt erreicht ist oder später ohne Rücksicht auf seine Behandlung, können **Rechtsfolgen allein wegen der Verfahrensfehler als solcher** eintreten. Sie können sich namentlich auf die fehlerhafte Verfahrenshandlung selbst beziehen,[70] aber auch den Fortgang eines Verfahrens betreffen;[71] daneben kommen (verfahrensexterne) Sanktionen für den Verfahrensfehler in Betracht.[72]

1. Folgen für die fehlerhafte Verfahrenshandlung

29 Kommt es in einem Verfahren zu einem (nicht unmittelbar das Verfahrensergebnis betreffenden) **rechtswidrigen Verhalten der Behörden,** ist die rechtswidrige Verfahrenshandlung, soweit dies möglich und nötig ist, aufgrund der Rechtsbindung der Verwaltung im noch laufenden Verfahren **grundsätzlich rückgängig zu machen.** Unnötig kann eine solche Korrektur sein, wenn eine fehlerhafte Verfahrens-Rechtshandlung infolge ihrer Rechtswidrigkeit ohne Weiteres unbeachtlich ist; insoweit kann allenfalls die Verpflichtung bestehen, diesen Umstand klarzustellen.[73] Soweit eine Verfahrenshandlung als Rechtsakt trotz ihrer Fehlerhaftigkeit Geltung (auch nur im weiteren Verfahren) beansprucht, also ggf. beachtet werden muss,[74] ist sie – mangels abweichender gesetzlicher Regelung[75] –

---

[67] Vgl. *BVerfGE* 116, 24 (49 f.).
[68] → Rn. 28 ff.
[69] → Rn. 40 ff. u. 83 ff.
[70] → Rn. 29 ff.
[71] → Rn. 32 ff.
[72] → Rn. 38 ff.
[73] Dies kann etwa für die Festlegung einer unangemessen kurzen Frist bei der Aufforderung nach § 17 Abs. 4 S. 1 VwVfG gelten; *Heinz J. Bonk/Herbert Schmitz,* in: Stelkens/Bonk/Sachs, VwVfG, § 17 Rn. 29.
[74] Dies kann etwa für eine rechtswidrige Vertreterbestellung nach § 17 Abs. 4 S. 3 VwVfG gelten.
[75] Dies betrifft insbes. im Rahmen eines Verwaltungsverfahrens ergehende selbständige Verwaltungsakte, deren Aufhebung nach § 48 Abs. 1 VwVfG – auch schon vor ihrer Unanfechtbarkeit,

B. Verfahrensfehlerfolgen

aufzuheben. Bei Nichtrechtsakten sind entsprechend etwaige tatsächliche Folgen des Verwaltungshandelns rückgängig zu machen.[76] Bei rechtswidrigen Unterlassungen sind die gebotenen Verfahrenshandlungen nachzuholen.[77]

Kommt die zuständige Behörde den aufgezeigten Pflichten nicht nach, kann sie im Rahmen der **Rechtsaufsicht** dazu angewiesen werden; im Rahmen entsprechender Befugnisse kann die Aufsichtsbehörde auch selbst die nötigen Handlungen vornehmen.[78] 30

Den **objektivrechtlichen Verfahrenspflichten** der Verwaltung entsprechen – im Rahmen der Schutznormlehre[79] – **subjektive Berechtigungen,** die grundsätzlich auch mit der Klage geltend gemacht werden können.[80] Allerdings schließt § 44a S. 1 VwGO in seinem Anwendungsbereich isolierte Klagemöglichkeiten gegen behördliche Verfahrenshandlungen aus, beschränkt den Rechtsschutz vielmehr auf die gegen die mit dem Verfahren vorbereitete Sachentscheidung zulässigen Rechtsbehelfe, in deren Rahmen Verletzungen von Verfahrensrechten freilich unbeachtlich sein können.[81] 31

2. Folgen für das weitere Verfahren

Die Notwendigkeit, erkannte Verfahrensfehler im weiteren Verfahren zu beheben,[82] kann dazu führen, dass ganze **Verfahrensabschnitte vor Verfahrensabschluss fehlerfrei wiederholt** werden müssen;[83] dies gilt etwa dann, wenn ausgeschlossene oder objektiv befangene Amtswalter tätig geworden sind.[84] In gestuften Verfahren kann ein Verfahrensfehler unbeachtlich sein, wenn der betroffene Ver- 32

Sachs, in: Stelkens/Bonk/Sachs (Hrsg.), VwVfG, § 48 Rn. 61 – in das Ermessen der Behörde gestellt ist; anders etwa *Ule/Laubinger,* VerwVerfR, § 62 Rn. 2; *Peter Baumeister,* Der Beseitigungsanspruch als Fehlerfolge des rechtswidrigen Verwaltungsakts, 2006, S. 221, 225 ff., 434.
[76] *VGH BW,* VBlBW 2006, S. 395; durch Herausgabe rechtswidrig erlangter Beweismittel, *Kopp/Schenke,* VwGO, § 98 Rn. 4; *Kallerhoff,* in: Stelkens/Bonk/Sachs (Hrsg.), VwVfG, § 24 Rn. 61 ff.; bei vorangegangener Inanspruchnahme durch Rechtsakt ist dieser zunächst aufzuheben. *Schmidt-Aßmann/Krämer,* Verwaltungsverfahren (Fn. 13), S. 128 ff., unterscheiden primäre Verfahrenssanktionen, bei denen es um die Durchsetzung des Anspruchs auf Vornahme oder Unterlassung einer Verfahrenshandlung geht, und sekundäre Verfahrenssanktionen, etwa in der Gestalt eines Amtshaftungsanspruchs, wenn bereits ein Vermögensschaden eingetreten ist; vgl. auch den Anspruch auf Datenlöschung gem. § 84 Abs. 2 S. 1 SGB X, dazu *Dirk Bieresborn,* in: Matthias v. Wulffen (Hrsg.), SGB X, 5. Aufl. 2005, § 84 Rn. 6; ferner *Schmidt-Aßmann/Krämer,* Verwaltungsverfahren (Fn. 13), S. 130.
[77] *Sachs,* in: Stelkens/Bonk/Sachs (Hrsg.), VwVfG, § 45 Rn. 74 ff. m. w. N.; vgl. für eine unterbliebene Beteiligung im Verfahren der Verordnungsgebung *BVerwGE* 59, 48 (56).
[78] Vgl. → Bd. I *Groß* § 13 Rn. 102 f., *Jestaedt* § 14 Rn. 45, 60, *Wißmann* § 15 Rn. 48 sowie allgemein zu Selbstkontrollen der Verwaltung → Bd. III *Schiedermair* § 48.
[79] Dazu grundsätzlich nur *Sachs,* in: Stelkens/Bonk/Sachs (Hrsg.), VwVfG, § 40 Rn. 131 ff. m. w. N. Teilweise anders → Bd. I *Masing* § 7 Rn. 106 f.
[80] Anders wohl *Kopp/Schenke,* VwGO, § 44a Rn. 1, die § 44a VwGO nur als (deklaratorische) Ausformung eines allgemeinen Grundsatzes der VwGO im Sinne einer Beschränkung auf nachträglichen Rechtsschutz verstehen; dagegen *Ziekow,* in: Sodan/Ziekow (Hrsg.), VwGO, § 44a Rn. 5; für die klageweise Durchsetzung eines Beteiligungsrechts am Verfahren der Verordnungsgebung *BVerwGE* 59, 48 (56).
[81] → Rn. 66 ff. S. a. → Bd. II *Bumke* § 35 Rn. 28 sowie → Bd. II *Schneider* § 28 Rn. 55 (Verweigerung des Akteneinsichtsrechts), 75 (isolierte Partizipationserzwingungsklage).
[82] → Rn. 29.
[83] *Sachs,* in: Stelkens/Bonk/Sachs (Hrsg.), VwVfG, § 46 Rn. 24.
[84] *Bonk/Schmitz,* in: Stelkens/Bonk/Sachs, VwVfG, § 20 Rn. 69.

fahrensabschnitt mit einer bestandskräftigen Teilregelung abgeschlossen worden ist.[85]

33 Denkbar ist aber auch, dass Verfahrensfehler nicht kompensiert werden können, sondern als **unbehebbares Verfahrenshindernis** zur Beendigung des Verfahrens zwingen und eine Wiederholung bis zu einer Änderung der maßgeblichen Umstände ausschließen; solches könnte etwa – nach dem Muster des NPD-Parteiverbotsverfahren vor dem Bundesverfassungsgericht[86] – im Rahmen eines Vereinsverbotsverfahrens nach dem Vereinsgesetz nach Infiltration der Vereinsführung durch Behördenbeauftragte in Betracht kommen. Verfahrensfehler können auch das Scheitern eines durch Verwaltungsverfahren vorbereiteten gerichtlichen Verfahrens zur Folge haben.[87]

34 Soweit – wie regelmäßig – Verwaltungsverfahren trotz eines Verfahrensfehlers fortgeführt werden können, ist nicht nur dessen Beseitigung geboten.[88] Vielmehr ist auch die **Vertiefung von Verfahrensfehlern,** etwa durch Verwertung verfahrensfehlerhaft erlangter Beweismittel, – abweichend von der im Prozessrecht vorherrschenden Sichtweise[89] – gegenüber der rechtsstaatlichen Gesetzesbindung **grundsätzlich unzulässig.**[90] Abweichende gesetzliche Regelungen sind möglich, andernfalls genügt es nicht, wenn im Rahmen einer Abwägung gewichtigere Interessen für eine Beweisverwertung sprechen.[91] Die Auskunftspflicht des § 214 Abs. 1 Nr. 3 BauGB zielt darauf, einen Verfahrensfehler nachträglich der Sache nach auszuräumen.

35 Sind **Verwaltungshandlungen genehmigungsbedürftig,** kann die Genehmigung im Rahmen der Rechtmäßigkeitskontrolle insbesondere versagt werden, weil Verfahrensbestimmungen verletzt worden sind,[92] so dass der Rechtsakt nicht zustande kommt. Wird entgegen gesetzlicher Vorgaben[93] versäumt, auf die Folgen der Versäumnis, **Fehler von Normsetzungsverfahren fristgerecht geltend zu machen,** hinzuweisen, kann die andernfalls eintretende Unbeachtlichkeit von Verfahrensfehlern[94] ausgeschlossen sein.[95]

36 Verfahrensfehler können auch zu einer **Verbesserung der verfahrensrechtlichen oder prozessualen Stellung des Bürgers** führen. Namentlich gilt dies für

---

[85] Vgl. zur Bestandskraft von Entscheidungen in gestuften Verfahren *Sachs,* in: Stelkens/Bonk/Sachs (Hrsg.), VwVfG, § 43 Rn. 75 ff.; zur Begrenzung der Bedeutung von Verfahrensfehlern auf betroffene Verfahrensabschnitte schon *Jellinek,* Staatsakt (Fn. 7), S. 104. S. a. → Bd. II *Bumke* § 35 Rn. 116 f.

[86] *BVerfGE* 107, 339 (356 ff.).

[87] Vgl. etwa zur Unzulässigkeit einer verfahrensfehlerhaft erhobenen Disziplinarklage OVG NRW, NVwZ-RR 2006, S. 268.

[88] → Rn. 29.

[89] Vgl. *Kopp/Schenke,* VwGO, § 98 Rn. 4; *Heinrich Lang,* in: Sodan/Ziekow (Hrsg.), VwGO, § 96 Rn. 4 u. § 98 Rn. 105 f. m. w. N.; s. auch *BVerfG,* 2 BvR 2081/01 vom 8. 3. 2002 unter Hinweis auf *BGH,* NStZ 1989, S. 375 (376); gegen einen Rechtssatz, wonach die Verwertung rechtsfehlerhaft erhobener Beweise stets unzulässig ist, *BVerfG,* NVwZ 2005, S. 1175 m. w. N.

[90] *Kallerhoff,* in: Stelkens/Bonk/Sachs (Hrsg.), VwVfG, § 24 Rn. 32; ein ausdrückliches Verwertungsverbot scheint *Nds. OVG,* DVBl 2010, 916 (917), verlangen zu wollen.

[91] Dafür aber *Kallerhoff,* in: Stelkens/Bonk/Sachs (Hrsg.), VwVfG, § 24 Rn. 33; *Ziekow,* VwVfG, § 24 Rn. 7.

[92] Vgl. etwa § 6 Abs. 2, § 10 Abs. 2 S. 2 und § 216 BauGB.

[93] Vgl. § 215 Abs. 2 BauGB, § 7 Abs. 6 S. 2 GO NRW, § 5 Abs. 6 S. 2 KrO NRW.

[94] → Rn. 63 ff.

[95] Vgl. für § 215 Abs. 2 BauGB *Ulrich Battis,* in: Battis/Krautzberger/Löhr (Hrsg.), BauGB, § 215 Rn. 2 m. w. N.

B. Verfahrensfehlerfolgen

die Verlängerung der Rechtsbehelfsfrist bei fehlerhafter Rechtsmittelbelehrung, §§ 58, 70 Abs. 2 VwGO, oder auch für die Fiktion mangelnden Verschuldens für einen Wiedereinsetzungsantrag im Widerspruchs- oder Klageverfahren, wenn aufgrund von Verstößen gegen §§ 28, 39 VwVfG die Rechtsbehelfsfrist versäumt wurde.[96]

Daneben können Verfahrensfehler dazu führen, dass sich die **Kostenfolgen im Widerspruchs- wie im Klageverfahren** für den wegen deren Unbeachtlichkeit nach § 45 VwVfG erfolglosen Betroffenen günstiger gestalten, vgl. ausdrücklich § 79 Abs. 1 S. 2 VwVfG, im Übrigen (bei Heilung während des Gerichtsverfahrens) §§ 154 Abs. 1, § 161 Abs. 2 VwGO. 37

3. Verfahrensexterne Sanktionen für den Verfahrensfehler als solchen

Verfahrensfehler können – unabhängig vom Ausgang des fehlerhaften Verwaltungsverfahrens – **unterschiedliche Sanktionen** auslösen.[97] Insofern kommt neben dienstaufsichtlichen und disziplinarischen Sanktionen sowie etwa bestehender Strafbarkeit[98] eines verantwortlichen Bediensteten insbesondere die Staatshaftung (zumal) nach Art. 34 GG, § 839 BGB in Betracht.[99] Diese setzt – neben den tatbestandlichen Einzelvoraussetzungen wie insbesondere der drittgerichteten Amtspflicht zur Einhaltung der verletzten Bestimmung[100] im Verfahren – insbesondere den Eintritt eines (grundsätzlich materiellen) Schadens voraus; ein solcher kann sich für den Betroffenen etwa ergeben, wenn es durch den Verfahrensfehler zu Verzögerungen[101] oder zu unnötigen Aufwendungen gekommen ist.[102] Die einschlägigen Ansprüche sind unabhängig vom Ergebnis der Sachentscheidung und greifen insbesondere auch dann ein, wenn der Verfahrensmangel 38

---

[96] Vgl. hierzu aus neuerer Zeit etwa *BVerfG* (K), NVwZ 2001, S. 1392.

[97] Die insoweit denkbaren Möglichkeiten mag etwa die kompensatorische Strafzumessung nach überlangen Strafverfahren, *BGH*, NStZ-RR 2004, S. 230, illustrieren. Allgemein → Bd. III *Waldhoff* § 46 Rn. 147ff.

[98] Beispielsweise *BGHSt* 38, 325ff. zum unterlassenen Einschreiten eines Bürgermeisters bei Gewässerverunreinigung; dazu *Regina Michalke*, Die Strafbarkeit von Amtsträgern wegen Gewässerverunreinigung (§ 324 StGB) und umweltgefährdender Abfallbeseitigung (§ 326 StGB) in neuem Licht, NJW 1994, S. 1693; *Schmitz*, in: Stelkens/Bonk/Sachs (Hrsg.), VwVfG, § 22 Rn. 7. S.a. → Bd. III *Waldhoff* § 46 Rn. 153ff.

[99] Vgl. speziell für „Verfahrensfehler als schädigendes Ereignis" *Hufen*, Fehler, Rn. 575ff.; *Heinz J. Bonk*, Strukturelle Änderungen des Verwaltungsverfahrens durch das Genehmigungsverfahrensbeschleunigungsgesetz, NVwZ 1997, S. 320 (327); *Schmidt-Aßmann/Krämer* Verwaltungsverfahren (Fn. 13), S. 129f.; *Dirk Bernhardt*, Ex ante-Transparenz im Verwaltungsverfahren, 2011, S. 153 ff.; grds. zweifelnd, im Ergebnis offen *OLG Köln*, NVwZ-RR 1996, S. 626 (627). Zur Staatshaftung vgl. → Bd. III *Höfling* § 51, *Morlok* § 52. Zur Anreizfunktion für rechtmäßiges Verhalten *Bernd J. Hartmann*, Perspektiven der ökonomischen Analyse des öffentlichen Haftungsrechts, Der Staat, Bd. 50 (2011), S. 61ff.

[100] Vgl. zu diesem – in Parallele zur Schutznormlehre bei der Feststellung subjektiver öffentlicher Recht zu verstehenden – Kriterium für einzelne Verfahrenspflichten z.B. das Recht auf Anhörung (§ 28 VwVfG); das Recht auf Akteneinsicht (§ 29 VwVfG); das Recht auf Beratung- und Auskunft (§ 25 VwVfG), das ggf. einen Amtshaftungsanspruch auslösen kann (vgl. *BGH*, DVBl 1960, S. 520; *BVerwGE* 30, 46); das Recht auf Vertretung (§ 14 VwVfG); für Drittgerichtetheit der Pflicht zur Erteilung des gemeindlichen Einvernehmens nach § 36 Abs. 2 S. 2 BauGB vgl. *BGH*, NVwZ 2006, S. 117.

[101] Vgl. *BGH*, NVwZ 2002, S. 124 für den Fall einer verzögert erteilten Baugenehmigung; *Hanns Engelhardt*, Neue Rechtsprechung des BGH zum Staatshaftungsrecht, NVwZ 1992, S. 1052 (1055).

[102] Vgl. zur Amtshaftung bei verweigerter Akteneinsicht *Ziekow*, VwVfG, § 29 Rn. 17 m.w.N.; *LG Aachen*, NJW 1989, S. 531.

(namentlich nach den §§ 45, 46 VwVfG) bei der Bewertung der Sachentscheidung im Ergebnis vernachlässigt wird.[103]

39 In der **Judikatur des EuGH** wird zum Teil bei trotz Verfahrensfehlern in der Sache erfolglosen Klagen den Klägern ein **Ersatz des immateriellen Schadens** zugesprochen, der sich daraus ergibt, dass sie in der verfahrensfehlerhaften Weise behandelt worden sind.[104] Auch bei Verstößen gegen Verfahrensbestimmungen der EMRK, namentlich Art. 5 und 6, kann der **EGMR Entschädigungsleistungen** anordnen.[105] Die Drohung einer solchen Strafzahlung könnte gerade dort, wo die Auswirkungen des Verfahrensfehlers auf den Bestand der Entscheidung ausgeschlossen sind und materielle Schäden nicht entstehen, einen Impuls für die Beachtung des Verfahrensrechts geben, zumal bei bewusster Missachtung des Verfahrensrechts auch Regressmöglichkeiten gegen einzelne Bedienstete bestehen.

II. Verfahrensfehler und Rechtswidrigkeit des Verfahrensergebnisses[106]

1. Grundlagen

40 Die **Zusammenhänge zwischen Verfahrensfehlern und der Rechtswidrigkeit des Verfahrensergebnisses** sind zwar seit langem Gegenstand ausführlicher Diskussionen,[107] gleichwohl bestehen schon hinsichtlich der Grundsatzfragen **bis heute erhebliche,** wenn auch **nicht stets bemerkte Unklarheiten**. Diese beginnen schon mit dem Begriff der Rechtswidrigkeit, der auf Verfahrensergebnisse Anwendung finden kann,[108] setzen sich aber auch bei der Frage fort, wie sich die Bedeutung von Verfahrensfehlern für die Rechtswidrigkeit des Verfahrensergebnisses begründen lässt.[109] Mangels allgemein gültiger Antworten muss die Frage für die Rechtswidrigkeit bei den einzelnen Handlungsformen mit ihrem je spezifischen Fehlerfolgenregime gesondert untersucht werden.[110]

---

[103] Vgl. für § 45 nur *Sachs*, in: Stelkens/Bonk/Sachs (Hrsg.), VwVfG, § 45 Rn. 22; *Ziekow*, VwVfG, § 45 Rn. 4; für § 46 *Gerhard Seibert*, Die Beachtlichkeit von Fehlern im Verwaltungsverfahren gemäß § 46 VwVfG und die Konsequenzen für das verwaltungsgerichtliche Verfahren, in: FS Hans Zeidler, Bd. I, 1987, S. 471.

[104] *EuGH*, Rs. 24/79, Slg. 1980, S. 1743, Rn. 14 (Oberthür/Kommission).

[105] Vgl. etwa jüngst *EGMR*, NVwZ-RR 2006, S. 513 (Dzelili/Deutschland); *EGMR*, NJW 2006, S. 2389 (Sürmeli/Deutschland); *Frank Lansnicker/Thomas Schwirtzek*, Rechtsverhinderung durch überlange Verfahrensdauer, NJW 2001, S. 1969 m.w.N.; zur Frage des Nachweises der Kausalität in diesem Kontext etwa *Wolfgang Roth*, Beweislastumkehr bezüglich der Kausalität der Verletzung von Verfahrensrechten bei der Entscheidung über die Entschädigung nach Art. 41 EMRK, NVwZ 2006, S. 753 ff. Zu sonstigen Konsequenzen bei rechtsstaatswidriger Verzögerung des Strafverfahrens *Jens Peglau*, Behandlung rechtsstaatswidriger Verfahrensverzögerung (Art. 6 Abs. 1 S. 1 EMRK) in der Rechtsprechung, JuS 2004, S. 704 ff. m.w.N.

[106] Hierzu insgesamt insbes. für Verwaltungsakte bereits näher *Sachs*, Rechtswidrigkeit (Fn. 6), S. 576 ff.

[107] Allgemein *Hill*, Verfahren (Fn. 1), S. 393 ff.; *Hufen,* Fehler, Rn. 499 ff.

[108] → Rn. 41 ff.

[109] → Rn. 46 ff.

[110] → Rn. 58 ff. Unberücksichtigt bleiben hier mangels hinreichend konsistenter dogmatischer Anerkennung die „einfache verwaltungsrechtliche Willenserklärung", die *Christian Ernst*, Die Verwaltungserklärung, 2008, unter dem Titelbegriff umfassend untersucht hat; er geht für seinen Untersuchungsgegenstand von der im folgenden Text diskutierten (Fehl-) Vorstellung aus, dass die Verfahrensfehler selbstverständlich zur Rechtswidrigkeit des Rechtsakts führen (S. 451 ff.), die wie-

B. Verfahrensfehlerfolgen

a) Mehrdeutigkeit des Rechtswidrigkeitsbegriffs

Ein **Verhalten ist rechtswidrig/fehlerhaft, wenn es** einer (dieses Verhalten regelnden) **Rechtsnorm widerspricht;** dementsprechend stellen behördliche Verfahrensfehler als solche definitionsgemäß rechtswidriges Verfahrensverhalten der Behörden dar. Beinahe ebenso selbstverständlich wird seit langem[111] verbreitet angenommen, dass der aus einem fehlerhaften Verfahren resultierende Staatsakt deshalb seinerseits rechtswidrig ist; die **formelle Rechtswidrigkeit eines verfahrensfehlerhaft zustande gekommenen Staatsakts** wird als selbstverständliches Seitenstück zu seiner materiellen, bei Verstößen gegen inhaltliche Anforderungen gegebenen Rechtswidrigkeit gesehen, das keiner weiteren Begründung bedarf.[112] 41

Dabei wird verkannt, dass sich die Frage nach der Rechtswidrigkeit eines Rechtsakts **nicht nach denselben Kriterien** beantworten lässt wie die nach der Rechtswidrigkeit von Verhalten.[113] Während diese das gegen Rechtsnormen verstoßende Verhalten bezeichnet, kann jene jedenfalls nicht unmittelbar auf Verhaltensregeln bezogen werden, weil der Rechtsakt als solcher zwar durch Verhalten hervorgebracht, aber kein Verhalten *ist* – und sich deshalb der (unmittelbaren) Beurteilung danach entzieht, ob Verfahrensnormen verletzt sind. Dass Verfahrensregeln keine Verhaltensnormen sein sollen, ist unabhängig von etwaigen Eigenarten zivil- oder strafrechtlicher Verhaltensnormen nicht einzusehen; auch die passivische Formulierung, das Verfahrensrecht enthalte „Regeln darüber, unter welchen Bedingungen ein Verwaltungsakt erlassen werden darf",[113a] ändert daran nichts: mit dem Erlassen des Verwaltungsaktes ist ein behördliches Verhalten geregelt. 42

Rechtsakte, welche die gesetzlich festgelegten Voraussetzungen ihrer rechtlichen Existenz oder äußeren Wirksamkeit erfüllen,[114] können vielmehr nur **daraufhin überprüft** werden, **ob sie** den für sie maßgeblichen **Rechtsanerkennungsnormen entsprechen,** also den Regeln darüber, unter welchen Voraussetzungen die mit einem Rechtsakt ausgesprochenen Rechtsfolgen innerhalb der Rechts- 43

---

derum grundsätzlich dessen –allerdings in Analogie zu §§ 45, 46 bei Verfahrensfehlern wohl vermeidbare (S. 462 ff., 471, 473, 486) – Unwirksamkeit zur Folge haben soll (S. 367 ff.).

[111] Vgl. für die erste Hälfte des 19. Jahrhunderts *Hans-Uwe Erichsen*, Verfassungs- und verwaltungsgeschichtliche Grundlagen der Lehre vom fehlerhaften belastenden Verwaltungsakt und seiner Aufhebung im Prozeß, 1971, S. 180 ff. m. w. N.; die nähere dogmatische Begründung für die damalige Sichtweise bleibt freilich aufzuklären.

[112] Vgl. *Bumke*, Rechtswidrigkeit (Fn. 9), S. 21; *Fritz Ossenbühl*, Eine Fehlerlehre für untergesetzliche Normen, NJW 1986, S. 2805 (2811); dazu näher *Sachs*, Rechtswidrigkeit (Fn. 6), S. 578.

[113] Zu den mehrfachen Bezugsmöglichkeiten von Rechtswidrigkeit etwa *Christian Schimpf*, Der verwaltungsrechtliche Vertrag unter besonderer Berücksichtigung seiner Rechtswidrigkeit, 1982, S. 124 f., im Anschluss an *Ernst R. Bierling*, Juristische Prinzipienlehre, Bd. 3, 1905, S. 170 ff.; mit der Unterscheidung von Handlungs- und Erfolgsunrecht, die beide die Rechtswidrigkeit von Verhalten betreffen (s. oben Fn. 14), hat dies nichts zu tun. Unklar insoweit *Schimpf*, ebd., S. 124, unter Berufung auf *Paul Kirchhof*.

[113a] Für diese Sichtweise aber mit den im Text angesprochenen Begründungsansätzen → Bd. II *Bumke* § 35 Rn. 153 m. Fn. 486. Der dort in Bezug genommene *Reimer* → Bd. I, § 9 Rn. 79, geht ganz fraglos davon aus, dass der unter Verstoß gegen Verfahrensgesetze erlassene Verwaltungsakt deswegen rechtswidrig ist und behandelt nur die Lockerung der sich daraus ergebenden Folgen. Im Ansatz wie hier *Stephan Meyer*, Fordert der Zweck im Recht eine „Neue Verwaltungsrechtswissenschaft"?, VerwArch, Bd. 101 (2010), S. 351 (365 ff.).

[114] Andernfalls fehlt es schon an einem auf seine Rechtmäßigkeit zu untersuchenden Bezugsobjekt; vgl. näher *Sachs*, in: Stelkens/Bonk/Sachs (Hrsg.), VwVfG, § 43 Rn. 163 ff. m. w. N.

ordnung uneingeschränkte Anerkennung finden. Ist dies nicht der Fall, können auch Rechtsakte als rechtswidrig bezeichnet werden; terminologisch ist das wegen der mehrfachen, unterschiedlichen Bedeutung von „Rechtswidrigkeit" zwar wenig glücklich, aber doch so verbreitet, und zwar auch im Sprachgebrauch des Gesetzgebers,[115] dass die Einführung einer neuen oder das Wiederaufgreifen einer aufgegebenen Begrifflichkeit[116] kaum tunlich erscheint.

44 Nimmt die Verwaltung ein verfahrensmäßig vorbereitetes **privates Rechtsgeschäft** vor, gilt für diesen „Rechtsakt" nichts grundsätzlich anderes. Handelt es sich um ein auch materiell privates, außerhalb der Sonderbindungen unterworfenen Ausübung öffentlicher Gewalt angesiedeltes Rechtsgeschäft, gelten allerdings allein die allgemeinen Regeln des Privatrechts, die in diesem Zusammenhang außer Betracht bleiben sollen. Privatrechtsförmliches Handeln auf dem Gebiet des **sog. Verwaltungsprivatrechts**[117] unterliegt demgegenüber spezifischen Rechtsbindungen der öffentlichen Gewalt, die auch das einzuhaltende Verfahren betreffen können; werden diese verletzt, ist das entsprechende Verfahrenshandeln der Behörde rechtswidrig, bezüglich des vorgenommenen Rechtsgeschäfts kommt es auch hier darauf an, ob die Bedingungen der maßgeblichen Rechtsanerkennungsnormen erfüllt sind.

45 Führt ein Verwaltungsverfahren zu einem **Realakt,** ist dessen Rechtswidrigkeit als die tatsächlichen Handelns der Behörde zwar durchaus an Verhaltensnormen zu messen, allerdings nur an denen, die für die Vornahme des Realakts selbst gelten; ob und inwieweit dabei auch rechtliche Anforderungen an das vorangegangene Verwaltungsverfahren (mittelbar) Bedeutung erlangen, bedarf auch hier zusätzlicher normativer Vermittlung. Vollends gilt dies, wenn die Rechtswidrigkeit durch Verwaltungshandeln verursachter Zustände, die selbst nicht unmittelbar anhand von Verhaltensnormen qualifiziert werden können, in Rede steht, wie im Kontext des Folgenbeseitigungsanspruchs.[118]

b) Begründung der Relevanz von Verfahrensfehlern für die Rechtswidrigkeit des Verfahrensergebnisses

46 Staatliche Rechtsakte sind darauf ausgerichtet, Rechtsfolgen festzulegen. Wenn die festgelegten Rechtsfolgen dem widersprechen, was ein höherrangiger Rechtsakt für denselben Regelungsgegenstand anordnet, kann nur eine der ge-

---

[115] Vgl. für den Verwaltungsakt etwa § 48 VwVfG, §§ 113, 114 VwGO; §§ 32, 34 StGB; §§ 15, 16 OWiG.

[116] Wenig glücklich ist insbes. der früher verbreitete, schon bei *Mayer*, VerwR I, 1. Aufl. 1895, S. 99 f. (3. Aufl. 1924, S. 95) verwendete Begriff der „Ungültigkeit", der „nicht unbedingte Wirksamkeit" unter Einschluss von „Unwirksamkeit einerseits, Anfechtbarkeit, Widerruflichkeit andererseits" bedeuten sollte; vgl. *Jellinek*, VerwR, S. 262, der dies bereits als einen „vielleicht bedauerlichen, aber in der Verwaltungsrechtswissenschaft nun einmal eingebürgerten Sprachgebrauch" bezeichnete; *Forsthoff*, VerwR, S. 225, hat den Ausdruck als „nicht nur ungenau, sondern offenbar irreführend" bezeichnet und gemieden. Näher dazu *Sachs*, Rechtswidrigkeit (Fn. 6), S. 577 u. 580 m. w. N. Sachlich eher treffend, aber zu wenig griffig, ist der von *Felix Weyreuther*, Probleme der Rechtsprechung zum Enteignungsverfahren, DVBl 1972, S. 93 (94), herangezogene Begriff der „Aufhebungswürdigkeit".

[117] → Bd. I *Burgi* § 18 Rn. 67 ff.

[118] Siehe allgemein zur Voraussetzung der Rechtswidrigkeit der zu beseitigenden Folge BVerwG, NJW 1989, S. 2272 (2277); VG Neustadt, NJW 1965, S. 833 (834) m. w. N.; *Michael Gerhardt*, in: Schoch/Schmidt-Aßmann/Pietzner (Hrsg.), VwGO, § 113 Rn. 8; *Maurer*, VerwR, § 30 Rn. 9; *Ossenbühl*, StaatshaftungsR, S. 312 f.; auch schon oben Fn. 14.

B. Verfahrensfehlerfolgen

sollten Rechtsfolgen gelten; bei einem solchen inhaltlichen Widerspruch des Rechtsakts zu dem mit höherem Rang ist unbeschadet der Möglichkeit, die weiteren Folgen differenziert zu gestalten,[119] jedenfalls (materielle) Rechtswidrigkeit gegeben. Dies folgt namentlich aus dem Vorrang des Gesetzes[120] und dem der Verfassung, die Kollisionsregelungen für einander widersprechende Staatsakte beinhalten.[121] Eine so **selbstverständliche Ableitung der formellen,** durch Verfahrensfehler begründeten **Rechtswidrigkeit von Staatsakten** im Allgemeinen[122] ist **nicht möglich**[123] vielmehr kann sie nur auf besondere (negative) Rechtsanerkennungsnormen gegründet sein.[124]

aa) Allgemeine Rechtswidrigkeit verfahrensfehlerhaft entstandener Verfahrensergebnisse?

Insbesondere bietet die **„immanente Logik der Rechtsordnung",** auf die sich *Ernst Forsthoff* (für den Verwaltungsakt) berufen hat,[125] **keine taugliche Grundlage.** Wenn *Forsthoff* dabei von „Fehler[n], welche dem Handeln der Verwaltung anhaften," spricht, liegt bereits in der Annahme, dass der Verfahrensfehler dem Staatsakt „anhaftet", eine petitio principii, die seine Überlegungen als untauglich erweist.[126] 47

Auch aus der **Rechtsbindung** als dem meist nicht selbständig behandelten Kernelement der Gesetzmäßigkeit der Verwaltung nach Art. 20 Abs. 3 GG[127] lässt sich – ebenso wie entsprechend aus der **Verfassungsbindung der Gesetzgebung(sfunktion)** – die **Rechtswidrigkeit des Verfahrensergebnisses** wegen eines Verfahrensfehlers **nicht ableiten.**[128] Denn die Bindung bezieht sich auf das rechtlich determinierte Verhalten (hier: im Verfahren), führt daher nicht über die 48

---

[119] → Rn. 83.
[120] Vgl. allerdings schon bezogen auf die Konsequenz der Derogationswirkung in allen Auflagen *Mayer,* VerwR I, 1. Aufl. 1895, S. 72 (2. Aufl. 1914, S. 69; 3. Aufl. 1924, S. 68): Das Gesetz „kann rechtlich auf keinem anderen Weg aufgehoben, abgeändert oder unwirksam gemacht werden und hebt andererseits alle bereits vorhandenen staatlichen Willensäußerungen auf, welche *mit anderem Inhalte* ihm entgegenstehen" (Hervorhebung nicht im Original). Allgemein zum Vorrang des Gesetzes → Bd. I *Reimer* § 9 Rn. 73 ff.
[121] Vgl. zu diesem Verständnis der beiden Vorrangfälle nur *Sachs,* in: Sachs (Hrsg.), GG, Art. 20 Rn. 112 bzw. 119; auch *ders.,* in: Stelkens/Bonk/Sachs (Hrsg.), VwVfG, § 44 Rn. 45 m.w.N.
[122] Ganz selbstverständlich in neuerer Zeit aber etwa *Bumke,* Rechtswidrigkeit (Fn. 9), S. 208: „[…] unterläuft dem staatlichen Organ ein […] Verfahrensfehler, ist der von ihm erlassene Rechtsakt rechtswidrig." S.a. → Bd. II *ders.* § 35 Rn. 153 m. Fn. 486. Umgekehrt fasst *Dirk Heckmann,* Geltungskraft und Geltungsverlust von Rechtsnormen, 1997, S. 49, den Verstoß gegen die formellen Anforderungen an die Rechtsentstehung ebenso selbstverständlich unter die von ihm zugrunde gelegte Kategorie der Normenkollision.
[123] → Rn. 47 ff.; auch Rn. 7.
[124] → Rn. 51 ff.
[125] *Forsthoff,* VerwaltungsR, S. 223, 225 ff.
[126] Näher *Sachs,* Rechtswidrigkeit (Fn. 6), S. 581 f.; gegen eine rechtslogisch begründete Verfassungswidrigkeit verfahrensfehlerhaft erlassener Gesetze etwa *Dietrich Rauschning,* Die Sicherung der Beachtung von Verfassungsrecht, 1969, S. 197.
[127] Zu dieser neben Vorrang und Vorbehalt des Gesetzes meist nicht (selbständig) berücksichtigten Kernbedeutung im Anschluss an *Otto Mayer* nur *Sachs,* in: Sachs (Hrsg.), GG, Art. 20 Rn. 118; auch *Bumke,* Rechtswidrigkeit (Fn. 9), S. 208, spricht von dem „Gebot vom Vorrang des Gesetzes", das bei Fehlern von Rechtsakten verletzt werde.
[128] Dafür namentlich *Helmut Goerlich,* Die Gesetzmäßigkeit der Planung, NVwZ 1982, S. 607 f.; *Hufen,* Fehler, Rn. 499; *Uwe Kischel,* Folgen von Begründungsfehlern, 2004, S. 29 f. m.w.N.

lapidare Einsicht hinaus, dass das verfahrensfehlerhafte Verhalten als solches rechtswidrig ist. Bezieht man den rechtsstaatlichen Vorbehalt des Gesetzes als weiteres Element der Gesetzmäßigkeit der Verwaltung auch darauf, dass Eingriffe nur unter Beachtung des Verfahrensrechts stattfinden dürfen,[129] ändert dies nichts, weil auch damit lediglich eine Rechtsbindung des behördlichen Verhaltens angesprochen ist.[130] Auch die dem Vorbehalt des Gesetzes[131] in ihrer abwehrrechtlichen Funktion[132] weitgehend parallel gelagerten Grundrechte sind jedenfalls primär Verhaltensnormen.

49 Der als Kollisionsregel verstandene Vorrang des Gesetzes als dritter Bestandteil der Gesetzmäßigkeit der Verwaltung ist zwar eine Rechtsanerkennungsnorm, greift aber nur bei sich inhaltlich widersprechenden Staatsakten durch;[133] **Verfahrensfehler als solche** werden daher **vom Vorrang des Gesetzes nicht erfasst.** Nichts anderes gilt für die **Grundrechte,** wenn man ihnen in ihrer abwehrrechtlichen Dimension auch die Bedeutung einer negativen Rechtsanerkennungsnorm beimisst;[134] diese hätte die (Grund-)Rechtswidrigkeit inhaltlich mit den Grundrechten nicht zu vereinbarender Staatsakte zur Folge. Ob auch verfahrensfehlerhaft zustande gekommene Staatsakte im Gegensatz zur grundrechtlichen „Freiheit von gesetzwidrigem Zwang" stehen, hängt von der zu klärenden Ausgangsfrage ab, inwieweit Verfahrensfehler zur Rechtswidrigkeit so entstandener Staatsakte führen.

50 Die Begründung der (formellen) Rechtswidrigkeit verfahrensfehlerhafter Staatsakte kann schließlich allgemein, sei es ausnahmslos oder auch nur im durchbrechungsfähigen Grundsatz, auch **nicht damit begründet werden,** dass andernfalls das **Verfahrensrecht jeglicher praktischer Bedeutung entkleidet** wäre.[135] Voraussetzung einer solchen Argumentation, die sich auf die Notwendigkeit eines „effet utile"[136] oder den Ausschluss einer Selbstaufgabe der Rechtsordnung[137] stützt, wäre, dass allein die Rechtswidrigkeit des erzeugten Rechtsakts als einzig wirksame Reaktion auf verfahrensfehlerhaftes Verhalten in Betracht käme. Davon kann indes, wie gezeigt[138], nicht die Rede sein.

---

[129] Auch dafür namentlich *Hufen,* Fehler, Rn. 499.
[130] Näher hierzu *Sachs,* Rechtswidrigkeit (Fn. 6), S. 582 f.
[131] Allgemein dazu → Bd. I *Reimer* § 9 Rn. 23 ff.
[132] Darauf ergänzend zurückgreifend *Hufen,* Fehler, Rn. 499 f.
[133] → Rn. 7.
[134] Dafür möglicherweise *Hufen,* Fehler, Rn. 499 f.
[135] In diese Richtung etwa *Schuppert,* Verwaltungswissenschaft, S. 780 f.; dem Kläger sind aber immerhin die Kosten des Verfahrens zu ersetzen, § 80 Abs. 1 S. 2 VwVfG; hierzu *Martin,* Heilung (Fn. 8), S. 38 f.; *Ziekow,* VwVfG, § 80 Rn. 12.
[136] Vgl. zu dieser insbes. im Europarecht heimischen Argumentationsfigur etwa *v. Danwitz,* Europäisches VerwR, S. 167 f., 486 ff.; *Wolfgang Kahl,* Hat die EG die Kompetenz zur Regelung des Allgemeinen Verwaltungsrechts?, NVwZ 1996, S. 865; *Anno Oexle,* Einwirkungen des EG-Vorabentscheidungsverfahrens auf das nationale Verfahrensrecht, NVwZ 2002, S. 1328; ablehnend für das deutsche Verfahrensrecht (mit Ausnahme des Grundrechtsbereichs) zu apodiktisch *Jan Ziekow,* Klagerechte von Naturschutzverbänden gegen Maßnahmen der Fachplanung, VerwArch, Bd. 91 (2000), S. 483 (499 f.). S. a. → Bd. II *Schmidt-Aßmann* § 27 Rn. 91 ff.
[137] So ausdrücklich schon *Forsthoff,* VerwR, S. 223; dagegen näher *Sachs,* Rechtswidrigkeit (Fn. 6), S. 581 f.
[138] → Rn. 29 ff.

bb) Besondere negative Rechtsanerkennungsnormen

Der existent gewordene Rechtsakt, der von den Verhaltensanordnungen über seinen Erlass nicht unmittelbar berührt wird, kann unter diesem Aspekt nur in Widerspruch zum Gesetz geraten, also rechtswidrig sein, soweit eine besondere Rechtsnorm festlegt, dass ein Rechtsakt, der auf die fehlerhafte Weise zustande gekommen ist, zumindest prinzipiell nicht als Teil der Gesamtrechtsordnung akzeptiert wird.[139] Dies muss im Hinblick auf die nicht umfassend erfolgte Kodifizierung des zunächst aus allgemeinen Rechtsgrundsätzen bestehenden allgemeinen Verwaltungsrechts **nicht notwendigerweise in ausdrücklichen Regelungen** geschehen; vielmehr ist mangels solcher Bestimmungen auf die gesetzlichen Regelungen der einzelnen verfahrensrechtlichen Anforderungen und ihrer Konsequenzen zurückzugreifen.[140]

Terminologisch kann man die Verfahrensfehler, welche die Rechtswidrigkeit auch des Verfahrensergebnisses zur Folge haben, als **wesentliche Verfahrensfehler** bezeichnen;[141] damit ist entgegen *Peter Baumeister*[142] noch kein Kriterium für die Abgrenzung von Verfahrensfehlern mit und ohne Bedeutung für die Rechtswidrigkeit des Verwaltungsakts vorgeschlagen, vielmehr werden die Fehler, die diese Bedeutung haben, lediglich so bezeichnet. Wesentlichkeit kann danach auch nicht mit dem Erfordernis der (möglichen) Kausalität des Fehlers identifiziert werden,[143] vielmehr ist diese *ein* Grund, der die Wesentlichkeit eines Fehlers bedingen kann.

51

52

cc) Gründe für die Wesentlichkeit von Verfahrensfehlern

Besonders naheliegend ist die **Nichtanerkennung** eines verfahrensfehlerhaft entstandenen Rechtsakts, **wenn** der Verfahrensfehler den **Inhalt des Rechtsakts beeinflusst** hat, wenn dieser ohne den Verfahrensfehler definitiv anders ausgefallen wäre. Im Falle zwingender Regelungen über den Inhalt des Aktes ist dann ohnehin regelmäßig[144] (auch) materielle Rechtswidrigkeit gegeben; im Falle nicht abschließender inhaltlicher Programmierung ist die Annahme sinnvoll, dass der im Rahmen eines Handlungsspielraums erlassene Rechtsakt nur aner-

53

---

[139] Für zwei getrennte normative Aussagen auch *Schmidt-Aßmann/Krämer*, Verwaltungsverfahren (Fn. 13), S. 104 f.

[140] So explizit BVerwG, Buchholz 11 Art. 14 GG Nr. 106: Ob verfahrensfehlerhafte Verwaltungsakte rechtswidrig sind, „richtet sich als Frage [...] an die im Einzelfall verletzte Vorschrift [...]"; auch schon *Weyreuther*, Enteignungsverfahren (Fn. 116), S. 95; *Bumke*, Rechtswidrigkeit (Fn. 9), S. 201 f.

[141] *Sachs*, in: Stelkens/Bonk/Sachs (Hrsg.), VwVfG, § 45 Rn. 117 m. N. zum allerdings recht uneinheitlichen Sprachgebrauch.

[142] *Baumeister*, Beseitigungsanspruch (Fn. 75), S. 142 f.

[143] So etwa die Terminologie bei *Sachs*, in: Stelkens/Bonk/Sachs (Hrsg.), VwVfG, § 45 Rn. 116 ff.; *Rainer Wahl*, Das Verhältnis von Verwaltungsverfahren und Verwaltungsprozessrecht in europäischer Sicht, DVBl 2003, S. 1285 (1292 f.); bei Verstößen gegen Gemeinschaftsrecht sollen aber immer wesentliche Fehler vorliegen, so etwa *Nico Fengler*, Die Anhörung im europäischen Gemeinschaftsrecht und deutschen Verwaltungsverfahrensrecht, 2003, S. 102; ferner *Martin Kment*, Nationale Unbeachtlichkeits-, Heilungs- und Präklusionsvorschriften, 2005, S. 59 ff.; rechtsvergleichend *Johannes Koch*, Verwaltungsrechtsschutz in Frankreich, 1997, S. 169 f.

[144] Von dem Fall, dass ein Verfahrensfehler dazu führt, dass die inhaltlich rechtmäßige Entscheidung getroffen wird, die bei verfahrensfehlerfreier Entscheidung verfehlt worden wäre, soll hier abgesehen werden.

kannt werden soll, wenn die Verfahrensanforderungen gewahrt sind, die das Defizit an rechtlicher Festlegung kompensieren sollen.[145]

54   In abgeschwächter Weise gilt dies auch für den Fall, dass der **Verfahrensfehler nur potentiell Einfluss** auf den Inhalt der getroffenen Entscheidung **gehabt hat,** ihn also mitbestimmt haben *kann.* Die Nichtanerkennung des Rechtsakts lässt sich dann – wiederum bei inhaltlich nicht abschließend normativ festgelegten Entscheidungen – darauf stützen, dass die durch die Einhaltung von die inhaltliche Offenheit kompensierenden Verfahrensrechtsnormen vermittelte Legitimität[146] fehlt.

55   Steht demgegenüber fest, dass die Entscheidung inhaltlich ohne den Verfahrensfehler genauso ausgefallen wäre (oder hätte ausfallen müssen),[147] lässt sich die Nichtanerkennung des Rechtsakts nicht aus einer auch nur möglichen Abweichung des Ergebnisses von dem von der Rechtsordnung Gewollten begründen. Da bei **inhaltlicher Alternativlosigkeit** der Entscheidung die Nichtanerkennung wegen eines Verfahrensfehlers zur Folge hat, dass dieselbe Entscheidung erneut – jetzt verfahrensfehlerfrei – getroffen werden muss, ist eine solche Lösung mit zusätzlichem Verfahrensaufwand verbunden, der nicht mit Blick auf das ja unverändert bleibende Ergebnis legitimiert werden kann.[148]

56   Gründe, ein Verfahrensergebnis wegen eines Verfahrensfehlers nicht anzuerkennen, der dieses Ergebnis gar nicht beeinflusst haben kann, scheiden aus, soweit sich Verfahrensbestimmungen in der „dienenden Funktion"[149] erschöpfen, das inhaltlich richtige Verfahrensergebnis sicherzustellen.[150] Diese **dienende Funktion** steht jedenfalls bei rechtlich umfassend gebundenen Entscheidungen trotz mancher Kritik durchaus im Vordergrund verfahrensrechtlicher Zielsetzungen.[151] **Verfahrensvorschriften** können aber daneben oder ausschließlich

---

[145] Zur Kompensation defizitärer materieller Bindungen durch Verfahrensanforderungen vgl. allgemein etwa → Bd. I *Reimer* § 9 Rn. 81 mit Verweis auf *Wolfgang Hoffmann-Riem,* Gesetz und Gesetzesvorbehalt im Umbruch. Zur Qualitäts-Gewährleistung durch Normen, AöR, Bd. 130 (2005), S. 5 (35).

[146] Zur Legitimation durch Verfahren allgemein schon *Niklas Luhmann,* Legitimation durch Verfahren, 1969.

[147] Die klassische Sichtweise, dass es bei der Rechtsanwendung (trotz unbestimmter Rechtsbegriffe) nur *ein* richtiges Ergebnis geben kann, wird hier – allen methodischen Gegenentwürfen seit *Ules* Vertretbarkeitslehre zum Trotz – als eine zumindest funktional systemgerechte Lösung zugrunde gelegt, weil es Sache der Gerichte in ihrer Instanzenstufung ist, das als allein „richtig" maßgebliche Ergebnis festzulegen; vgl. näher *Sachs,* in: Stelkens/Bonk/Sachs (Hrsg.), VwVfG, § 40 Rn. 147 ff. m.w.N., § 46 Rn. 69 ff. Im Sinne der Vertretbarkeitslehre offenbar wieder → Bd. I *Hoffmann-Riem* § 10 Rn. 81.

[148] Vgl. auch die Begrenzung der Wahlanfechtung auf für das Ergebnis erhebliche Mängel (sog. Mandatsrelevanz); dazu etwa *BVerfGE* 4, 370 (372 f.); 89, 291 (304) m.w.N.; kritisch *Christian Koenig,* Mandatsrelevanz und Sanktionen im verfassungsgerichtlichen Wahlbeschwerdeverfahren, ZParl 1994, S. 241 ff.

[149] Zur dienenden Funktion von Verfahrensvorschriften ohne Bedenken *BVerfGE* 105, 48 (60) m.w.N.

[150] Dementsprechend relativieren auch die Gerichte der Europäischen Union trotz aller Wertschätzung des Verfahrensrechts die Bedeutung von Verfahrensfehlern, wenn sie nicht kausal oder wesentlich für die Sachentscheidung gewesen sind; vgl. zu der im Einzelnen wenig konsistenten Judikatur namentlich *Elena Bülow,* Die Relativierung von Verfahrensfehlern im Europäischen Verwaltungsverfahren und nach §§ 45, 46 VwVfG, 2007; *Kment,* Präklusionsvorschriften (Fn. 143), S. 55 ff. m.w.N.

[151] Vgl. insgesamt etwa *Morlok,* Folgen (Fn. 1), S. 118 ff.; *Sachs,* in: Stelkens/Bonk/Sachs (Hrsg.), VwVfG, § 45 Rn. 10 ff.; *Jan Ziekow,* Von der Reanimation des Verfahrensrechts, NVwZ 2005, S. 263 (264); ausführlich ferner *Heinrich A. Wolff,* Die dienende Funktion der Verfahrensrechte – eine dogmatische Figur mit Aussagekraft und Entwicklungspotential, in: FS Rupert Scholz. 2007, S. 977 ff.; *Christian Quabeck,* Dienende Funktion des Verwaltungsverfahrens und Prozeduralisierung, 2010;

anderen Zielen verpflichtet sein, wie der Steigerung der Akzeptanz von Entscheidungen, der Sicherstellung von Rechtsschutzmöglichkeiten Betroffener, der Information Dritter, der Wahrung behördlicher Gestaltungsmöglichkeiten o. ä. Bestimmungen mit solchen Zielen haben die Rechtswidrigkeit des Verfahrensergebnisses jedenfalls nicht um seines Inhalts willen zur Folge; wenn überhaupt, kann die Nichtanerkennung aus **edukatorisch-generalpräventiven Gründen** anzunehmen sein, wenn durch eine solche Sanktionierung die bessere Einhaltung bestimmter Verfahrensvorschriften erreicht werden soll.[152]

Stellt sich ein Verfahrensfehler – unabhängig vom Inhalt des Staatsakts – als **Grundrechtsverletzung** dar, so folgt daraus gleichwohl **nicht zwangsläufig** oder auch nur **regelmäßig die Rechtswidrigkeit** der in dieser Weise getroffenen Entscheidung.[153] Das Bundesverfassungsgericht hebt jedenfalls Entscheidungen nach grundrechtsverletzenden Verfahrensfehlern vielfach nur dann auf, wenn sie auf dem Verfassungsverstoß beruhen, durch ihn verursacht worden sein können, was von den Gegebenheiten des Einzelfalls abhängen (wie etwa bei Versagung rechtlichen Gehörs)[154] oder von vornherein ausgeschlossen sein kann (wie bei Verstößen gegen die Benachrichtigungspflicht nach Art. 104 Abs. 4 GG).[155] Andererseits hat das Bundesverfassungsgericht es beanstandet, dass das Gebot des gesetzlichen Richters (Art. 101 Abs. 1 S. 2 GG) systematisch verletzende Verwerfungen offensichtlich unbegründeter Ablehnungsanträge im Revisionsverfahren unbeanstandet blieben.[156] Auch bei Verstößen gegen grundrechtliche Verfahrenserfordernisse kommt es daher auf die jeweilige Bestimmung und die Anwendungskonstellation an. 57

2. Rechtswidrigkeit verfahrensfehlerhaft erlassener Verwaltungsakte

Die wohl **deutlichsten gesetzlichen Aussagen zur Rechtswidrigkeit** verfahrensfehlerhaft entstandener Staatsakte finden sich **für Verwaltungsakte**. Dies ist vor allem deshalb bedeutsam, weil beim Verwaltungsakt maßgebliche (weitere) Rechtsfolgen ausdrücklich an seine Rechtswidrigkeit geknüpft sind, wie namentlich in den §§ 113, 114 VwGO, § 48 VwVfG die Aufhebung nach Anfechtungsklage bzw. die Rücknehmbarkeit.[157] 58

Die Bestimmungen des VwVfG und anderer Gesetze lassen zum einen erkennen, dass bestimmte, **„absolute" Verfahrensfehler** ausnahmslos, d. h. namentlich auch bei fehlendem Einfluss auf den Inhalt der Entscheidung, die Rechtswidrigkeit 59

Ulrich Stelkens, Der Eigenwert des Verfahrens im Verwaltungsrecht, DVBl 2010, S. 1078 ff.; *Michael Fehling* und *Elke Gurlit,* (Der) Eigenwert des Verfahrens im Verwaltungsrecht, VVDStRL, Bd. 70 (2011), S. 227 ff. bzw. 278 ff.; → Bd. II *Schmidt-Aßmann* § 27 Rn. 64 f.

[152] Vgl. entsprechend, allerdings verbunden mit dem Postulat zumindest regelmäßiger Rechtswidrigkeit des Verfahrensergebnisses, *Morlok,* Folgen (Fn. 1), S. 133 ff.

[153] Dahingehende Postulate aber etwa bei *Morlok,* Folgen (Fn. 1), S. 123 ff.; distanzierend *Eberhard Schmidt-Aßmann,* Grundrechtsschutz durch Verfahrensgestaltung – Perspektive oder nur Erinnerungsposten?, in: FS Hans-Uwe Erichsen, 2004, S. 214 ff.

[154] Vgl. zu Art. 103 Abs. 1 GG *BVerfGE* 107, 395 (409); 112, 185 (207 ff.) zu den Anforderungen an revisionsrechtliche Verfahrensrügen; *BVerfG* (K), NJW 2006, S. 2248.

[155] Hier beschränkt sich *BVerfGE* 16, 119 (124); 38, 32 (34) darauf, die Grundrechtsverletzung durch die Unterlassung der Benachrichtigung festzustellen, und verzichtet auf eine entsprechende Qualifikation und auf eine Aufhebung der richterlichen Entscheidung über die Anordnung oder Fortdauer einer Freiheitsentziehung.

[156] *BVerfG* (K), NJW 2005, S. 3410 (3414).

[157] → Rn. 88 ff.

des Verwaltungsakts zur Folge haben.[158] Für sonstige Verfahrensfehler[159] ergibt sich aus dem VwVfG jedenfalls, dass sie die Rechtswidrigkeit des Verwaltungsakts nach sich ziehen *können*. Mit Rücksicht auf die beherrschende „dienende Funktion" des Verfahrensrechts kann diese Konsequenz aber **nicht allgemein zwingend** angenommen werden, sondern ist durchweg davon abhängig, dass der Fehler Einfluss auf den Inhalt des Verwaltungsakts haben kann.

a) Absolute Verfahrensfehler

60 Zu den absoluten Verfahrensfehlern gehören im Recht der Verwaltungsakte namentlich die Fehler, bei deren Vorliegen § 44 Abs. 2 Nr. 1 bis 3 VwVfG die **Nichtigkeit des Verwaltungsakts** anordnet, die jedenfalls die Fehlerhaftigkeit/Rechtswidrigkeit impliziert. Ferner geht das Gesetz offenbar bei den Verfahrensfehlern des § 45 VwVfG[160] davon aus, dass der Verwaltungsakt **stets rechtswidrig ist, wenn es nicht zur Heilung kommt.**[161]

61 Im Übrigen kann aus der Zielsetzung von Verfahrensanforderungen nach speziellen Gesetzen folgen, dass ihre Verletzung den Verwaltungsakt stets (zumindest) rechtswidrig machen soll.[162] Namentlich kommt dies bei Verfahrensvorschriften in Betracht, die nicht (nur) instrumentell auf die richtige Entscheidung abzielen, sondern davon unabhängige Zwecke verfolgen.[163] Dabei kann insbesondere der **Zusammenhang mit verfassungsrechtlichen Vorgaben,** zumal der Grundrechte, von Bedeutung sein;[164] deren Aussagekraft darf aber nicht dahin überbewertet werden,[165] dass der Verfassungsrang einer Verfahrensanforderung stets dazu führen müsste, dass auch die Sachentscheidung notwendigerweise als rechtswidrig zu qualifizieren ist.[166] Der gesetzlich angestrebten Wahrung der Planungsmöglichkeiten der Gemeinden war es geschuldet, dass bei Verstoß gegen § 36 Abs. 1 BauG/BauGB a. F. die Anfechtungsklage der Gemeinde immer zur

---

[158] → Rn. 60 ff.

[159] → Rn. 63 ff.

[160] *BVerwGE* 87, 62 (71) setzt dies für § 45 Abs. 1 Nr. 3 bis 5, aber auch für die Verfahrensfehler des § 44 Abs. 3 Nr. 3 und 4 VwVfG, voraus.

[161] Vgl. näher *Sachs,* in: Stelkens/Bonk/Sachs (Hrsg.), VwVfG, § 45 Rn. 24, 119; *ders.,* Rechtswidrigkeit (Fn. 6), S. 589 f.

[162] Zum Folgenden näher *Sachs,* in: Stelkens/Bonk/Sachs (Hrsg.), VwVfG, § 45 Rn. 120 ff. m. w. N.

[163] Vgl. dabei zwischen selbstzweckhaften (expressiven) und heteroteleologischen Vorschriften differenzierend *Morlok,* Folgen (Fn. 1), S. 118 ff., 123 ff., 133 ff. Dazu → Bd. II *Bumke* § 35 Rn. 178 mit Fn. 573.

[164] Allgemein für Grundrechte mit Verfahrensbedeutung *Morlok,* Folgen (Fn. 1), S. 123 ff. Vgl. etwa *BVerwGE* 85, 54 (55 f.) zur Nichtdurchführung eines atomrechtlichen Verfahrens im Hinblick auf Art. 2 Abs. 2 S. 1 GG und relativierend *Gerhardt,* in: Schoch/Schmidt-Aßmann/Pietzner (Hrsg.), VwGO, § 113 Rn. 14 sowie *BVerwGE* 91, 217 (221 f.), wo aus dem Verfahrensmangel nicht kollegialer Entscheidungsfindung im Hinblick auf Art. 5 Abs. 3 S. 3 GG ohne weiteres die Rechtswidrigkeit der Entscheidung abgeleitet wurde; wegen des angenommenen behördlichen Entscheidungsvorrangs war aber wohl auch mögliche Kausalität des Fehlers anzunehmen. Zuletzt zu Art. 20a GG *BVerfG,* NVwZ 2011, S. 289 (292 ff.).

[165] Vgl. etwa für Art. 2 Abs. 2 S. 1 GG und atomrechtliche Verfahrensvorschriften *BVerfG,* NVwZ-RR 2000, S. 487. Allgemein gegen einseitige Überbewertungen der Grundrechtsrelevanz von Verfahrensfehlern etwa *Schmidt-Aßmann,* Verwaltungsverfahren (Fn. 31), § 109 Rn. 66. Kritisch zur Relativierung des Art. 103 Abs. 1 GG *Morlok,* Folgen (Fn. 1), S. 126 f.

[166] Oben → Rn. 57. Vgl. zur Billigung der Prüfung möglicher Kausalität prüfungsrechtlicher Verfahrensfehler durch die Verwaltungsgerichte (mit Blick auf Art. 12 Abs. 1 GG) nur *BVerfGE* 84, 34 (55); krit. demgegenüber *Hill,* Verfahren (Fn. 1), S. 178 f.; relativierend allgemein auch *Morlok,* Folgen (Fn. 1), S. 212 ff., im Hinblick auf gegenläufige verfassungsrechtliche Zielvorgaben.

B. Verfahrensfehlerfolgen

Aufhebung der Baugenehmigung als rechtswidrig führte.[167] Bei Verletzung des § 29 Abs. 1 Nr. 4 BNatSchG a.F. (1976) über die Beteiligung von Naturschutzvereinen wurden Planfeststellungsbeschlüsse ohne Weiteres als rechtswidrig qualifiziert, um die gesetzliche gewollte verstärkte Berücksichtigung naturschutzrechtlicher Belange trotz Fehlens eines Anspruchs auf materiell-rechtliche Kontrolle effektiv durchzusetzen.[168]

Neue absolute Verfahrensfehler sieht das vom Bundestag beschlossene **Umwelt-Rechtsbehelfsgesetz**[169] vor, das in Ausführung der EG-Richtlinie 2003/35/EG und letztlich der **Aarhus-Konvention**[170] die Anwendung des § 46 VwVfG auf einzeln als wesentlich qualifizierte Verfahrensverstöße im Zusammenhang mit Umweltverträglichkeitsprüfungen ausschließt[171] und damit, wie mit dem Hinweis auf den unberührt bleibenden § 45 Abs. 2 VwVfG, voraussetzt, dass diese Fehler jedenfalls die Rechtswidrigkeit der getroffenen Entscheidung zur Folge haben.[172] Der *EuGH* hat zuletzt über § 2 UmwRG hinausgehend aus § 10a UVP-RL eine von der Verletzung subjektiver Rechte unabhängige Klagemöglichkeit von Nichtregierungsorganisationen hergeleitet.[173]

62

---

[167] *BVerwG*, NVwZ 1986, S. 556f.; NVwZ-RR 1989, S. 6f.; näher zur Problematik und zur Situation nach § 36 Abs. 2 S. 3 BauGB *Hans-Detlef Horn*, Das gemeindliche Einvernehmen unter städtebaulicher Aufsicht – Zur Debatte um die Rechtsfolgen des § 36 II 3 BauGB, NVwZ 2002, S. 406ff. m.w.N. S.a. → Bd. II *Schneider* § 28 Rn. 91f. m. Fn. 430, *Bumke* § 35 Rn. 28, 68.

[168] Vgl. nur *BVerwGE* 105, 348 (353f.).

[169] Gesetz v. 7.12.2006 (BGBl. I [2006], S. 2816; FNA 2129-46); Plenar-Prot. 16/63, S. 6247; s. zuvor RegE, BTDrucks 16/2495; ablehnende Stellungnahme des *BR*, BTDrucks 16/2931, mit Gegenäußerung der *BReg*, Ausschussbericht, BTDrucks 16/3312. Dazu etwa *Fehling*, Eigenwert des Verfahrens (Fn. 151), S. 310; *Markus Appel*, Subjektivierung von UVP-Fehlern durch das Umwelt-Rechtsbehelfsgesetz?, NVwZ 2010, S. 473ff.; *Anja Kleesiek*, Zur Problematik der unterlassenen Umweltverträglichkeitsprüfung, 2010, S. 240ff., 260ff.; *Claudio Franzius*, Objektive Rechtskontrolle statt subjektiver Rechtsschutz? Umweltrechtsschutz im „System" des Verwaltungsrechts, NuR 2009, S. 384ff.; *Jan Ziekow*, Das Umwelt-Rechtsbehelfsgesetz im System des deutschen Rechtsschutzes, NVwZ 2007, S. 259 (264ff.); *Martin Kment*, Das neue Umwelt-Rechtsbehelfsgesetz und seine Bedeutung für das UVPG – Rechtsschutz des Vorhabenträgers, anerkannter Vereinigungen und Dritter, NVwZ 2007, S. 274 (277); *Benedikt Grünewald*, Die Betonung des Verfahrensgedankens im deutschen Verwaltungsrecht durch das Gemeinschaftsrecht, 2010, S. 189ff.; *Anna-Maria Schlecht*, Die Unbeachtlichkeit von Verfahrensfehlern im deutschen Umweltrecht, 2010; *Angela Schwerdtfeger*, Der deutsche Verwaltungsrechtsschutz unter dem Einfluss der Aarhus-Konvention, 2010, S. 245ff.; auch schon *Willi Blümel*, Neue Anforderungen an das Verwaltungshandeln und deren rechtliche Konsequenzen, in: FS Günter Püttner, 2006, S. 17 (34f.).

[170] Abl. EU 2005, Nr. L 124, S. 4; zur Bedeutung der Konvention, insbes. für das deutsche Verwaltungsverfahrensrecht, etwa *Kleesiek*, Umweltverträglichkeitsprüfung (Fn. 169), S. 216ff.; *Quabeck*, Dienende Funktion (Fn. 151), S. 269ff.; *Sabine Schlacke/Christian Schrader/Thomas Bunge*, Informationsrechte, Öffentlichkeitsbeteiligung und Rechtsschutz im Umweltrecht, 2010; *Schwerdtfeger*, Verwaltungsrechtsschutz unter der Aarhus-Konvention (Fn. 169); *Stefanie Almeling*, Die Aarhus-Konvention, 2008; *Silvia Pernice-Warnke*, Effektiver Zugang zu Gericht, 2009, S. 134ff.; *Ralf Alleweldt*, Verbandsklage und gerichtliche Kontrolle von Verfahrensfehlern: Neue Entwicklungen im Umweltrecht, DÖV 2006, S. 621 (625ff.); *Thomas v. Danwitz*, Aarhus-Konvention: Umweltinformation, Öffentlichkeitsbeteiligung, Zugang zu den Gerichten, NVwZ 2004, S. 272. S.a. → Bd. II *Schneider* § 28 Rn. 89ff.

[171] → Rn. 119.

[172] Zu dieser Konsequenz BTDrucks 16/2495, S. 14, wonach § 4 UmweltrechtsbehelfsG-Entwurf § 46 VwVfG verdrängen kann.

[173] *EuGH*, Rs. C-115/09, DVBl 2011, S. 757ff. m. Anm. *Wolfgang Durner/Martin Paus*, auf Vorlage des *OVG NRW*, NVwZ 2009, S. 987ff.; gegen die Zulässigkeit des Ausschlusses kleiner NGO (unter 2000 Mitglieder) *EuGH*, Rs. C-263/08, Slg. I-9995 Rn. 40ff.; zur Bedeutung von Art. 9 Abs. 3 der Aarhus-Konvention im Unionsrecht *EuGH (GK)*, Rs. C-240/09, NVwZ 2011, S. 673ff. Gegen die Subjektivierung von UVP-Fehlern im UmwRG *M. Appel*, Umwelt-Rechtsbehelfsgesetz (Fn. 169), S. 473ff. Zu

b) Sonstige Form- und Verfahrensfehler

63 Die Kategorie der **formellen Rechtswidrigkeit von Verwaltungsakten** wird im deutschen Verwaltungsrecht seit langem verwendet[174] und ist auch jenseits der für die absoluten Verfahrensfehler angeführten Bestimmungen[175] **im Verwaltungsverfahrensgesetz** erkennbar **berücksichtigt**. Dies gilt für die als Nichtigkeitsgründe ausgeschlossenen Fälle von Verfahrensfehlern nach § 44 Abs. 3 Nr. 1 bis 4 VwVfG und – ganz allgemein – für die Verletzung von Vorschriften über das Verfahren, die Form und die (zumindest) örtliche Zuständigkeit nach § 46 VwVfG. Besonders deutlich verknüpft schließlich § 59 Abs. 2 Nr. 2 und 3 VwVfG in seiner Formulierung die Verfahrens- oder Formfehler ausdrücklich mit dem Prädikat „rechtswidrig".

aa) Rechtswidrigkeit des Verfahrensergebnisses bei jedem Verfahrensfehler?

64 Aus der letztgenannten Vorschrift wird gelegentlich „aufgrund des eindeutigen Wortlauts" die Schlussfolgerung gezogen, Verfahrens- oder Formfehler hätten stets oder doch in aller Regel unabhängig von weiteren Voraussetzungen die Rechtswidrigkeit des Verfahrensergebnisses zur Folge. Dies wird sogar als „nahezu unbestritten" präsentiert.[176] **§ 59 Abs. 2 Nr. 2, 3 VwVfG** ordnet aber die Nichtigkeit für Verträge nur an, „*wenn* […] ein Verwaltungsakt mit entsprechendem Inhalt nicht nur wegen eines Verfahrens- oder Formfehlers im Sinne des § 46 rechtswidrig wäre." Er enthält **ebenso wenig** wie **§ 46 VwVfG** die Aussage, dass das formell rechtswidrige Zustandekommen eines Verwaltungsakts **notwendig**, namentlich unabhängig von dem Einfluss auf die Entscheidung in der Sache, dessen **Rechtswidrigkeit** bedeutet.[177] Insbesondere kann dies nicht damit begründet werden, dass § 46 VwVfG andernfalls überflüssig wäre;[178] denn jedenfalls die Fälle des § 45 VwVfG sowie spezialgesetzlich begründete absolute Verfahrensfehler,[179] die nicht zugleich absolute Aufhebungsgründe darstellen,[180] bleiben als Anwendungsbereich des § 46 VwVfG erhalten.[181]

---

den Klagemöglichkeiten im Umweltrecht allgemein etwa *Friedrich Schoch*, Individualrechtsschutz im deutschen Umweltrecht unter dem Einfluß des Gemeinschaftsrechts, NVwZ 1999, S. 457 ff.; *Gerd Winter*, Individualrechtsschutz im deutschen Umweltrecht unter dem Einfluß des Gemeinschaftsrechts, NVwZ 1999, S. 467 ff.; *Sabine Schlacke*, Rechtsbehelfe im Umweltrecht, in: dies./Schrader/Bunge, Informationsrechte (Fn. 170), § 3 S. 375 ff.; zu § 64 Abs. 1 Nr. 1 BNatSchG zuletzt *OVG RP*, DVBl 2011, S. 764 (766 f.). S. auch → Rn. 94.

[174] → Rn. 41.

[175] → Rn. 60.

[176] So *Hufen*, Fehler, Rn. 499 m.w.N.; *ders.*, Verwaltungsprozessrecht, 6. Aufl. 2005, § 25 Rn. 9 ff.; ausdrücklich in diesem Sinne auch *Laubinger*, Heilung (Fn. 25), S. 334 f.; *Geist*-Schell, Verfahrensfehler (Fn. 25), S. 160 ff. m.w.N.; ferner etwa BTDrucks 7/910, S. 65 f.; *BSG* (GS), NJW 1992, S. 2444; *Faber*, VerwR, S. 124 f.; *Meyer*, in: Knack, VwVfG, Vor § 43 Rn. 38 ff. S.a. → Bd. II *Bumke* § 35 Rn. 153 m. Fn. 486.

[177] Dazu näher *Baumeister*, Beseitigungsanspruch (Fn. 75), S. 133 ff.; auch *Clemens Ladenburger*, Verfahrensfehlerfolgen im französischen und deutschen Verwaltungsrecht, 1999, S. 244 f.

[178] So etwa (allerdings nur für die neue Fassung des § 46 VwVfG) *Laubinger*, Verfahrensgedanke (Fn. 6), S. 67; *Baumeister*, Beseitigungsanspruch (Fn. 75), S. 141 f.

[179] → Rn. 60.

[180] → Rn. 73.

[181] Näher *Sachs*, Rechtswidrigkeit (Fn. 6), S. 588.

B. Verfahrensfehlerfolgen

Tatsächlich wird der stringente Ansatz, dass **Verfahrensfehler stets zur Rechtswidrigkeit** des Verwaltungsakts führen, **wohl von keiner Seite konsequent durchgehalten**.[182] Vielmehr machen auch die Protagonisten zwangsläufiger formeller Rechtswidrigkeit Ausnahmen, klammern namentlich Verstöße gegen – im Einzelnen natürlich abgrenzungsbedürftige – Ordnungsvorschriften,[183] die Pflicht, eine Rechtsmittelbelehrung beizufügen,[184] oder die §§ 10, 24 oder 30 VwVfG[185] aus.

bb) Rechtswidrigkeit des Verfahrensergebnisses bei möglichem Einfluss des Verfahrensfehlers

Immerhin lassen die oben angeführten Bestimmungen des Verwaltungsverfahrensgesetzes – zumindest für Verwaltungsakte – erkennen, dass **Verfahrensfehler zur Rechtswidrigkeit auch des Verwaltungsakts** als solchen **führen können**. Sie ordnen dies indes nicht ausnahmslos an und legen auch die Kriterien, unter denen dies anzunehmen sein soll, nicht im Einzelnen fest.

Die **traditionelle**,[186] mit den Umgestaltungen der §§ 45, 46 VwVfG noch einmal vom Gesetzgeber im Grundgedanken sanktionierte[187] und von den Gerichten weiterhin praktizierte[188] Lösung dieser Frage hat ihren **Ausgangspunkt bei der „dienenden Funktion" des Verwaltungsverfahrens**.[189] Sie geht im Einklang mit den Bestimmungen über die Revisionsgründe bei gerichtlichen Verfahrensfehlern[190] davon aus, dass ein Verfahrensfehler der Verwaltungsbehörde grundsätzlich nur dann zur Rechtswidrigkeit auch des Verwaltungsakts als des Verfahrensergebnisses führt, wenn der Fehler den Inhalt der getroffenen Entscheidung beeinflusst haben kann.

Diesem Ansatz ist insoweit uneingeschränkt zuzustimmen, als die verletzten Verfahrensvorschriften tatsächlich allein die **Aufgabe** haben, die **Richtigkeit der**

---

[182] So der Befund von *Baumeister*, Beseitigungsanspruch (Fn. 75), S. 136 f.

[183] Vgl. etwa *Hill*, Verfahren (Fn. 1), S. 427 f.; *Bumke*, Rechtswidrigkeit (Fn. 9), S. 208; auch *Wolff/Bachof/Stober/Kluth*, VerwR I, § 51 Rn. 62 a. E. (als Fall der Unrichtigkeit, für die insgesamt der Widerspruch zu Rechtssätzen verneint ist). S. a. → Bd. II *Bumke* § 35 Rn. 159, 190.

[184] *Ule/Laubinger*, VerwVerfR, § 51 Rn. 7; mehr Nachw.: *Baumeister*, Beseitigungsanspruch (Fn. 75), S. 199.

[185] *Hufen*, Fehler, Rn. 58 (zu § 10 VwVfG) und Rn. 153 (im Kontext der Sachaufklärung, § 24 VwVfG); mehr Nachw. aus *Baumeister*, Beseitigungsanspruch (Fn. 75), S. 127 ff., 145 ff.

[186] Vgl. etwa schon *BVerwGE* 24, 23 (32); 29, 282 (283 ff.); *Ferdinand O. Kopp*, Die Heilung von Mängeln des Verwaltungsverfahrens und das Nachschieben von Gründen im Verwaltungsprozess, VerwArch, Bd. 61 (1970), S. 219.

[187] Näher *Sachs*, in: Stelkens/Bonk/Sachs (Hrsg.), VwVfG, § 45 Rn. 9 m. N.

[188] Vgl. aus neuerer Zeit namentlich *BVerwGE* 105, 328 (332 f.); 120, 193 (200); *Meyer*, in: Knack, VwVfG, § 46 Rn. 29 ff.; im Übrigen die Nachw. bei *Sachs*, in: Stelkens/Bonk/Sachs (Hrsg.), VwVfG, § 45 Rn. 123 ff.

[189] Ohne Bedenken in Bezug genommen in *BVerfGE* 105, 48 (60 f.).

[190] Diese verlangen bekanntlich, dass das angefochtene Urteil auf den jeweils in Frage kommenden Rechtsverletzungen „beruht", § 137 Abs. 1 VwGO, § 545 Abs. 1 ZPO, § 337 Abs. 1 StPO, § 115 Abs. 2 FGO, § 162 SGG, und formulieren sogar die absoluten Revisionsgründe im Sinne einer Fiktion (oder unwiderleglichen Vermutung) des Beruhens des Urteils auf der Rechtsverletzung; vgl. *Jens Meyer-Ladewig*, Sozialgerichtsgesetz, 9. Aufl. 2008, § 162 Rn. 10; *Helmuth v. Nicolai*, in: Redeker/v. Oertzen (Hrsg.), VwGO, § 138 Rn. 1. Das *BVerfG* (K), NJW 2001, S. 2161 (2163), hat das Fehlen einer auf Verfahrensfehler gestützten Revision nach dem ArbGG als rechtsstaatlich nur schwer erträglich gekennzeichnet, dabei aber implizit die Regelungen der anderen Verfahrensordnungen als unbedenklich qualifiziert.

zu treffenden **Entscheidung** durch Einhaltung verfahrensrechtlicher Vorgaben **sicherzustellen.** Auch soweit die verletzten Verfahrensbestimmungen weiteren Zielen verpflichtet sind, bleibt es bei der genannten Anforderung, soweit sich nicht mit Rücksicht auf die anderen Verfahrensziele unabhängig davon begründen lässt, dass das Verfahrensergebnis ohne Rücksicht auf den Einfluss des (dann absoluten) Verfahrensfehlers als rechtswidrig eingestuft werden muss.[191]

69 Nicht in diesen Zusammenhang gehört die Frage, ob die im Verfahren verletzte Bestimmung dem Schutz bestimmter Betroffener zu dienen bestimmt war; die Frage der Rechtswidrigkeit richtet sich allein nach der objektiven Rechtslage, der **individualgerichtete Schutzzweck** hat **nur** für die Fragen der **Verletzung subjektiver Rechte**[192] und darauf bezogener Klagemöglichkeiten Bedeutung. Von einem Schutzzweck der Norm zugunsten bestimmter Betroffener, der für die (Möglichkeit der) Verletzung eigener subjektiver Rechte bedeutsam ist, ist die objektiv zu bestimmende Rechtswidrigkeit des Verwaltungsakts nicht abhängig.

70 Ist ein Verfahrensfehler für den Inhalt des Verwaltungsakts auch nur **möglicherweise kausal,** ist dieser – mangels entgegenstehender gesetzlicher Regelungen – deswegen **stets rechtswidrig;** die Fälle, in denen Rechtswidrigkeit verfahrensfehlerhafter Verwaltungsakte abgelehnt wird,[193] lassen sich durchweg durch ausgeschlossene Kausalität erklären oder beruhen auf einem nach dem Gesagten unzutreffenden subjektivierten Begriff von Rechtswidrigkeit. Die prinzipielle Rechtswidrigkeit von Verwaltungsakten mit für das Ergebnis potentiell relevanten Verfahrensfehlern folgt daraus, dass bei nicht abschließender gesetzlicher Determination des Ergebnisses das ordnungsgemäße Verfahren die Legitimität des Entscheidungsinhalts mitbegründet.

3. Rechtswidrigkeit verfahrensfehlerhaft erlassener Staatsakte in anderen Handlungsformen

a) Öffentlich-rechtlicher Vertrag

71 Die Rechtswidrigkeit öffentlich-rechtlicher Verträge wird im Verwaltungsverfahrensgesetz, dessen **Fehlerregime hier ganz auf die Nichtigkeit nach § 59 VwVfG ausgerichtet** ist, als solche nicht angesprochen. Auch bei der dogmatischen Behandlung dieser Handlungsform wird – unbeschadet ausgiebiger Diskussionen um die Bedeutung des Grundsatzes der Gesetzmäßigkeit der Verwaltung[194] – der Rechtswidrigkeit des Vertrages als solcher nur wenig Aufmerksamkeit geschenkt.[195] Der Grund dürfte darin liegen, dass für den öffentlich-rechtlichen Vertrag diesseits der Nichtigkeit nach § 59 VwVfG die schlichte Rechts-

---

[191] → Rn. 60.
[192] *Sachs,* in: Stelkens/Bonk/Sachs (Hrsg.), VwVfG, § 45 Rn. 125 ff.; auch *Baumeister,* Beseitigungsanspruch (Fn. 75), S. 205 ff.; *Gerhardt,* in: Schoch/Schmidt-Aßmann/Pietzner (Hrsg.), VwGO, § 113 Rn. 14 f. jeweils m.w.N. Vgl. aber a. → Bd. I *Masing* § 7 Rn. 106 f.
[193] Vgl. *Hill,* Verfahren (Fn. 1), S. 121 ff.; s. auch die Beispiele bei *Sachs,* in: Stelkens/Bonk/Sachs (Hrsg.), VwVfG, § 45 Rn. 133, dort aber offen: Rechtmäßigkeit nicht berührend oder sonst unbeachtlich.
[194] *Heinz J. Bonk,* in: Stelkens/Bonk/Sachs (Hrsg.), VwVfG, § 54 Rn. 12.
[195] Vgl. etwa *Helmut Schuster,* Wirksame rechtswidrige öffentlich-rechtliche Verträge, 1990.

B. Verfahrensfehlerfolgen

widrigkeit, soweit sie nicht geradezu allgemein ausgeschlossen wird,[196] keine unmittelbar greifbaren Folgen – wie namentlich beim Verwaltungsakt die Anfechtbarkeit und Rücknehmbarkeit – hat.[197]

Gilt dies schon für die bei Gesetzeswidrigkeit der getroffenen Regelungen allerdings definitorisch gegebene inhaltliche Rechtswidrigkeit, besteht wenig Anlass, allgemein nach der **(bloßen) Rechtswidrigkeit öffentlich-rechtlicher Verträge** als Konsequenz von Verfahrensfehlern zu fragen,[198] zumal sich die Bedeutung von Verfahrensanforderungen im Rahmen des konsensualen Handelns ohnehin weniger aufdrängt.[199] Einschlägige Überlegungen beziehen sich denn auch am Ehesten darauf, inwieweit Verfahrensfehler beim Abschluss öffentlich-rechtlicher Verträge deren Nichtigkeit zur Folge haben.[200] § 58 VwVfG mit seiner besonderen Rechtsfolge der schwebenden Unwirksamkeit betrifft gar keine Verfahrensfehler,[201] soweit nicht die *vorherige* Zustimmung des Dritten (Abs. 1) besonders geregelt ist oder nach der Rechtsvorschrift die Mitwirkung der anderen Behörde (Abs. 2) *vor* Vertragsschluss zu erfolgen hat.

72

aa) Absolute Form- und Verfahrensfehler

Immerhin knüpft § 59 Abs. 2 Nr. 1 VwVfG die Nichtigkeitsfolge an die entsprechenden, die Rechtswidrigkeit implizierende Voraussetzungen wie beim Verwaltungsakt, so dass die dort **nichtigkeitsbegründenden Verfahrensfehler** auch beim öffentlich-rechtlichen Vertrag stets zu dessen Rechtswidrigkeit führen. Soweit § 59 Abs. 2 (in Nrn. 2 und 3) bei Verfahrens- oder Formfehlern[202] außerhalb des § 46 VwVfG die Nichtigkeit des Vertrages u.a. an die Rechtswidrigkeit eines inhaltlich entsprechenden Verwaltungsakts knüpft, übernimmt er jedenfalls (unter den zusätzlichen Nichtigkeitsvoraussetzungen) die dort als absolute Aufhebungsgründe anerkannten Verfahrensfehler. Über § 59 Abs. 1 VwVfG

73

---

[196] Nur missverständlich *Bonk*, in: Stelkens/Bonk/Sachs (Hrsg.), VwVfG, § 59 Rn. 4, wonach § 59 „als Alternativen nur den rechtmäßigen und den nichtigen ör [öffentlich-rechtlichen, *M. S.*] Vertrag", nicht aber die „Rechtsfigur des ‚nur' rechtswidrigen ör Vertrages" kennt, die dann aber für die von § 59 VwVfG nicht erfassten Fälle von Rechtswidrigkeit durchaus anerkannt wird, ebd., § 59 Rn. 10 f.

[197] *Bonk*, in: Stelkens/Bonk/Sachs (Hrsg.), VwVfG, § 59 Rn. 11; *Ziekow*, VwVfG, § 59 Rn. 2; zur Bedeutungslosigkeit der sachlichen Rechtswidrigkeit ausdrücklich *Volker Schlette*, Die Verwaltung als Vertragspartner, 2000, S. 540; zu eventuellen Sanktionen s. unten → Rn. 83 ff. Zur Sonderregelung des § 126 Abs. 3 SchlH VwVfG → Rn. 96.

[198] Nicht berücksichtigt etwa bei *Wolfram Höfling/Günter Krings*, Der öffentlich-rechtliche Vertrag: Begriff, Typologie, Fehlerlehre, JuS 2000, S. 625 (630 ff.); *Matthias Werner*, Allgemeine Fehlerfolgenlehre für den Verwaltungsvertrag, 2008, verwendet (insbes. in Teil 2: Der rechtswidrige Verwaltungsvertrag, S. 60 ff.) die Kategorie der formellen Rechtswidrigkeit nicht; zum „Verstoß gegen Verfahrensvorschriften" wird aber später (S. 170 ff., zur Nichtigkeitsfolge) gefragt, ob diese Verbotsgesetze nach § 59 Abs. 1 VwVfG, § 134 BGB sind.

[199] Zurückhaltend gegenüber zu starker Abwertung des Verfahrens aber mit Recht etwa *Hufen*, Fehler, Rn. 359.

[200] Vgl. näher etwa *Hill*, Verfahren (Fn. 1), S. 135 ff.; *Maurer*, VerwR, § 14 Rn. 38 ff.; *Schlette*, Verwaltung als Vertragspartner (Fn. 197), S. 536 ff.; *Willy Spannowsky*, Grenzen des Verwaltungshandelns durch Verträge und Absprachen, 1994, S. 297 ff.

[201] Vgl. Ausdrücklich *Schimpf*, Vertrag (Fn. 113), S. 255 f.; ferner etwa *Ziekow*, VwVfG, § 58 Rn. 7, 11; anders *Hill*, Verfahren (Fn. 1), S. 134 f.; für § 58 Abs. 2 VwVfG auch *Hufen*, Fehler, Rn. 362; für Rechtswidrigkeit bei § 58 Abs. 1 VwVfG *Spannowsky*, Grenzen (Fn. 200), S. 308.

[202] Anscheinend für einen Bezug von § 59 Abs. 2 Nr. 2 VwVfG nur auf materielle Fehler *Bonk*, in: Stelkens/Bonk/Sachs (Hrsg.), VwVfG, § 59 Rn. 30.

können sich – abgesehen von der Nichtigkeit wegen Formmangels, § 125 BGB, § 57 VwVfG[203] – i.V.m. § 134 BGB **weitere absolute Verfahrensfehler** nur ergeben, soweit gesetzliche Verfahrensanforderungen als Verbotsnormen verstanden werden können.[204] Die Reichweite dieser Möglichkeit hängt maßgeblich davon ab, wie weit § 134 BGB in diesem Kontext verstanden wird.[205]

bb) Sonstige Form- und Verfahrensfehler

74   Die Frage der **schlichten Rechtswidrigkeit öffentlich-rechtlicher Verträge** wegen fehlerhaften Verfahrens wird kaum näher behandelt. Immerhin finden sich Stimmen, die wie beim Verwaltungsakt ganz selbstverständlich den Rechtsverstoß bei der Durchführung des Verfahrens zur Rechtswidrigkeit des öffentlich-rechtlichen Vertrags führen lassen.[206] Die denkbare Gegenposition, hierfür generell wie beim Verwaltungsakt mögliche Kausalität des Verfahrensfehlers für das Zustandekommen des Vertrages zu verlangen,[207] dürfte jedenfalls wegen der für den Bürger stets gegebenen Möglichkeit, den Abschluss zu verweigern,[208] nur begrenzt zu anderen Ergebnissen führen.

75   In den Fällen des § 59 Abs. 2 Nr. 2 und 3 VwVfG wird die **hypothetische Rechtswidrigkeit** eines Verwaltungsakts angesprochen, die unter zusätzlichen Bedingungen die Nichtigkeit des Vertrages zur Folge haben soll.[209] Für den Fall des Fehlens dieser zusätzlichen Bedingungen spricht das Gesetz nicht ausdrücklich aus, dass auch die (dann nicht aus diesem Grunde nichtigen) Verträge – ebenso wie die Verwaltungsakte – rechtswidrig sind, mag aber eine solche Annahme nahe legen. Praktische Relevanz hat die Frage der Rechtswidrigkeit wegen eines

---

[203] Für eine an (Rechtswidrigkeit anknüpfende) „Fehlerfolge" insoweit *Hill*, Verfahren (Fn. 1), S. 134 f.; für eine unabhängig von der Rechtmäßigkeit eingreifende „Entstehungsvoraussetzung" *Schimpf*, Vertrag (Fn. 113), S. 129 f.; *Hans-Uwe Erichsen*, Das Verwaltungshandeln, in: Erichsen/Ehlers, VerwR, 12. Aufl. 2002, § 26 Rn. 22 m. w. N.; *Wolff/Bachof/Stober/Kluth*, VerwR I, § 54 Rn. 60 ff.

[204] Für schwerwiegende Verfahrensverstöße *Spannowsky*, Grenzen (Fn. 200), S. 314; *Pavlos-Michael Efstratiou*, Die Bestandskraft des öffentlichrechtlichen Vertrags, 1988, S. 231 ff.; ebenso ohne Bezug auf § 134 BGB *Hufen*, Fehler, Rn. 363; ablehnende Stimmen zur Anwendung des § 134 BGB auf Verfahrensbestimmungen bei *Hill*, Verfahren (Fn. 1), S. 138; *Wolff/Bachof/Stober/Kluth*, VerwR I, § 54 Rn. 64; für *Ule/Laubinger*, VerwVerfR, § 70 Rn. 23, stellen Verfahrensbestimmungen jedenfalls „in aller Regel keine Verbotsgesetze" dar.

[205] → Bd. II *Bauer* § 36 Rn. 93.

[206] So namentlich *Hufen*, Fehler, Rn. 363; ganz pauschal auch *Efstratiou*, Bestandskraft (Fn. 204), S. 57; *Martin*, Heilung (Fn. 8), S. 103.

[207] So (wohl nur irrtümlich bezogen auf eine Anfechtung verfahrensfehlerhafter öffentlich-rechtlicher Verträge) unter Hinweis auf § 46 VwVfG *Bonk/Schmitz*, in: Stelkens/Bonk/Sachs, VwVfG, § 21 Rn. 26; ausdrücklich zweifelnd an der Möglichkeit rechtswidriger und doch gültiger Verträge *Jürgen Fluck*, Die Erfüllung des öffentlich-rechtlichen Verpflichtungsvertrages durch Verwaltungsakt, 1984, S. 46, Fn. 3; zurückhaltend gegenüber der Annahme bloßer Rechtswidrigkeit auch *Schmidt-Aßmann/Krämer*, Verwaltungsverfahren (Fn. 13), S. 121.

[208] Vgl. *Hill*, Verfahren (Fn. 1), S. 141 f.; abl. *Ule/Laubinger*, VerwVerfR, § 70 Rn. 38, allerdings bezogen auf die Nichtigkeit nach § 59 Abs. 2 Nr. 2 VwVfG, für die *Hill* selbst die genannte Sichtweise (wohl) nicht durchgreifen lässt.

[209] Neben der beiderseitigen Kenntnis (Nr. 2) und dem Fehlen der Voraussetzungen des § 55 (Nr. 3) darf man die negative Bezugnahme auf § 46 VwVfG nicht nur auf abstrakt unabhängig von dieser Norm durchgreifende Verfahrensfehler (absolute Aufhebungsgründe) beziehen, sondern muss sie nach der erkennbaren Zielsetzung dahin verstehen, dass der Verwaltungsakt offensichtlich unabhängig von dem Verfahrensfehler mit demselben Inhalt erlassen worden wäre; vgl. *Ziekow*, VwVfG, § 59 Rn. 13 (zu Nr. 3); in diese Richtung auch *Ule/Laubinger*, VerwVerfR, § 70 Rn. 38; *Hans Meyer*, in: Hans Meyer/Hermann Borgs-Maciejewski, Verwaltungsverfahrensgesetz, 1982, § 59 Rn. 37.

B. Verfahrensfehlerfolgen

Verfahrensfehlers allerdings insgesamt nur, soweit sie die Grundlage weiterer Konsequenzen bildet.[210]

b) Administrativnormen

Für alle Rechtsnormen, für förmliche Gesetze[211] ebenso wie für **Rechtsverordnungen** und **Satzungen,**[212] gilt im deutschen Recht traditionell der **Grundsatz der ipso iure-Nichtigkeit ex tunc,**[213] der inhaltliche Mängel ebenso erfasst wie Fälle verfahrensfehlerhafter Entstehung.[214] Die unausgesprochene, weil gerade bei Geltung des „Nichtigkeitsdogmas" nicht selbständig bedeutsame Prämisse dieser Fehlerfolge[215] ist die Rechtswidrigkeit der Norm, die nur bei inhaltlichen Widersprüchen zum höherrangigen Recht ohne Weiteres gegeben ist, bei Fehlern des Verfahrens aber wie bei anderen Staatsakten[216] aus einer negativen Rechtsanerkennungsnorm abgeleitet werden muss.[217]

Eine explizite Bestimmung solchen Inhalts findet sich in Art. 93 Abs. 1 Nr. 2 GG, der ausdrücklich auch die „förmliche [...] Vereinbarkeit" mit Grundgesetz oder Bundesrecht in die abstrakte Normenkontrolle einbezieht. Auch wenn die Bestimmung hinsichtlich der relevanten Maßstabsnormen begrenzt ist, bringt sie doch die überkommene Sichtweise, dass **Verfahrensfehler bei der Normsetzung für die Gültigkeit** (und damit zumindest auch: die Rechtmäßigkeit) **der Normen von Bedeutung sind,** an zentraler Stelle des positiven Rechts für das gesamte Bundes- und Landesrecht zum Ausdruck. Gerade bei der Normsetzung, die in ihrem Inhalt jedenfalls ganz typischerweise nicht abschließend determiniert ist, sondern nur rechtliche Grenzen einhalten muss, liegt die Notwendigkeit der Legitimierung der Verfahrensergebnisse durch Einhaltung der Verfahrensanforderungen auch besonders nahe.

Verfassungsrechtliche zwingende Gründe dafür, dass Verfahrensfehler beim Erlass von Rechtsnormen **ausnahmslos zur Rechtswidrigkeit der Normen** führen, sind damit freilich **nicht aufgezeigt.** Namentlich könnte daran gedacht werden, dass ähnlich wie bei Verwaltungsakten Verfahrensfehler nur bei möglicher Kausa-

---

[210] → Rn. 83 ff.
[211] Insoweit wird der Grundsatz allgemein seit langem wegen Art. 100 Abs. 1 GG in Frage gestellt, vgl. nur *Klaus Stern,* in: BK, Art. 93 Rn. 270 ff. m. w. N.
[212] Dazu generell etwa *Degenhart,* StaatsR I, Rn. 131; *Thomas Mann,* in: Sachs (Hrsg.), GG, Art. 80 Rn. 8 m. w. N.; *Maurer,* VerwR, § 4 Rn. 20 ff.; eingehend *Marco Trips,* Das Verfahren der exekutiven Rechtsetzung, 2006, S. 243 ff. Speziell zu Rechtsverordnungen ausführlich *Simon Schnelle,* Eine Fehlerfolgenlehre für Rechtsverordnungen, 2007, insbes. S. 254 ff.
[213] Dazu nur *Sachs,* in: Sachs (Hrsg.), GG, Art. 20 Rn. 94 f. m. w. N. S. a. → Bd. I *Ruffert* § 17 Rn. 117.
[214] Vgl. zur Diskussion seit Beginn des 19. Jahrhunderts im Kontext des richterlichen Prüfungsrechts *Jörn Ipsen,* Rechtsfolgen der Verfassungswidrigkeit von Norm und Einzelakt, 1980, S. 23 ff. m. w. N.; gerade für Verfahrensmängel ferner etwa *G. Planck,* Die verbindliche Kraft der auf nicht verfassungsmäßigem Wege entstandenen Gesetze und Verordnungen, (Jherings) Jahrbücher für die Dogmatik des heutigen römischen und deutschen Privatrechts (JherJb) 9 (1868), S. 288 (358), allerdings vorbehaltlich abweichender gesetzlicher Regelung(sabsicht); auch *Robert Mohl,* Rezension von *Verhaegen u. a.,* Kritische Zeitschrift für Rechtswissenschaft und Gesetzgebung des Auslands, Bd. 24 (1852), S. 117 (125) m. N. für die entsprechende Sichtweise in Belgien.
[215] → Rn. 88.
[216] → Rn. 71 ff.
[217] Für selbstverständliche Rechtswidrigkeit auch hier *Hufen,* Fehler, Rn. 474; ferner etwa *Maurer,* VerwR, § 13 Rn. 16 (für Rechtsverordnungen), implizit auch ebd., § 4 Rn. 48; für ipso iure-Nichtigkeit bei Verfahrensfehlern ausdrücklich ferner etwa *Morlok,* Folgen (Fn. 1), S. 103.

lität für den Gesetzesinhalt zur Rechtswidrigkeit der Norm führen. Tatsächlich sind dahingehende und andere Ansätze, Verfahrensfehlerfolgen für Rechtsnormen zu relativieren, nicht neu, werden aber durchweg nicht schon auf die Rechtswidrigkeit,[218] sondern auf darauf aufbauende weitere Rechtsfolgen für die Norm selbst, wie namentlich ihre Nichtigkeit, bezogen und sollen daher auch hier in diesem Kontext behandelt werden.[219] Allerdings kann nicht ausgeschlossen werden, dass weitere Sanktionen für Verfahrensfehler[220] – unbeschadet ihrer fehlenden Bedeutung für die Geltung der Norm – auf der dadurch bedingten Rechtswidrigkeit der Norm aufbauen, so dass diese auch praktische Bedeutung erlangen könnte.

c) Rechtsakte im Binnenbereich der Verwaltung

79   Auch wenn die Verwaltung Rechtsakte erlässt, deren (unmittelbare) Rechtswirkungen sich auf ihren Binnenbereich beschränken,[221] sind sie Ergebnis eines Verfahrens, das ausdrücklich festgelegten oder aus allgemeinen Rechtsgrundsätzen abgeleiteten verfahrensrechtlichen Bindungen unterliegen kann. Bei Verstoß gegen solche Rechtsbindungen wird teilweise auch in diesem Bereich allgemein Rechtswidrigkeit der erzeugten Rechtsakte angenommen.[222] Die pauschale Annahme der Rechtswidrigkeit überzeugt indes hier so wenig wie sonst. Vielmehr wird man, soweit die Verfahrensregelungen auch hier „dienende Funktion" im Hinblick auf den Inhalt der Regelung haben, **mögliche Kausalität des Fehlers** verlangen können,[223] während bei anders gelagertem Gesetzeszweck absolute Verfahrensfehler vorliegen können, die Rechtswidrigkeit auch ohne dies nach sich ziehen. Anschauungsmaterial liefern hier namentlich Bestimmungen über die Anhörung näher bestimmter Gruppen vor Erlass allgemeiner Verwaltungsvorschriften.[224]

80   In diesem Zusammenhang seien auch **Beschlüsse von Kollegialorganen juristischer Personen,** etwa des Rates einer Gemeinde, angesprochen, die als Rechtsakte nicht notwendig nach außen gerichtet sind und, auch wo dies letztlich der Fall ist (etwa beim Erlass von Satzungen), von dem erst mit der Bekanntmachung existenten Außenrechtsakt zu unterscheiden sind.[225] Auch insoweit führen Verstöße gegen einschlägige Verfahrensbestimmungen nicht zwangsläufig zur Rechtswidrigkeit der gefassten Beschlüsse;[226] zwar mag es „absolute" Verfahrens-

---

[218] Siehe etwa ganz selbstverständlich für Rechtswidrigkeit von Satzungen auch bei nach dem Gesetz unbeachtlichen Verfahrensfehlern etwa *Battis*, in: Battis/Krautzberger/Löhr (Hrsg.), BauGB, § 214 Rn. 2 m.w.N.; *Hans-Peter Lemmel*, in: Berliner Kommentar zum BauGB, § 214 Rn. 1; *Jürgen Stock*, in: Ernst/Zinkahn/Bielenberg/Krautzberger (Hrsg.), BauGB, § 214 Rn. 2ff.
[219] → Rn. 99ff.
[220] → Rn. 126.
[221] Für Anwendungsfälle s. die Zusammenstellung bei *Hufen*, Fehler, Rn. 488.
[222] *Hufen*, Fehler, Rn. 491.
[223] *Hufen*, Fehler, Rn. 491.
[224] Siehe etwa die §§ 48, 51 BImSchG und dazu schon *Hill*, Verfahren (Fn. 1), S. 89f.; *Claus Leitzke*, Die Anhörung beteiligter Kreise, 1999; ferner § 30 Abs. 1 i.V.m. den §§ 5, 5a GenTG.
[225] Vgl. etwa § 7 Abs. 6 GO NRW, der dem heutigen § 214 BauGB nachgebildet ist; dazu *Stephan Articus/Bernd Schneider*, Gemeindeordnung Nordrhein-Westfalen, 3. Aufl. 2009, § 7 Rn. 5; *Erich Rehn/Ulrich Cronauge*, Gemeindeordnung für das Land Nordrhein-Westfalen, Loseblatt., § 7, VI.1; ferner *Alfons Gern*, Kommunalrecht Baden-Württemberg, 2005, Rn. 154.
[226] Vgl. *Klaus-Peter Dolde*, Verfahrensfehler bei Aufstellung und Auslegung von Bebauungsplanentwürfen, NJW 1975, S. 21 (24f.); *Otmar Schneider*, Der verfahrensfehlerhafte Ratsbeschluss – Zur

fehler geben können,²²⁷ grundsätzlich wird man aber verlangen müssen, dass der Verfahrensfehler das Ergebnis beeinflusst haben kann.²²⁸

d) Realakte

Realakte, die den für sie bestehenden verfahrensrechtlichen Anforderungen nicht genügen, sind deswegen rechtswidrig;²²⁹ dies ergibt sich daraus, dass sie als schlichtes Verwaltungshandeln oder tatsächliche Verwaltungshandlungen unmittelbarer Gegenstand des **verhaltensbezogenen Rechtswidrigkeitsurteils** sind.²³⁰ 81

e) Privatrechtsgeschäfte

Soweit privatrechtsförmliches Verwaltungshandeln sich als Ausübung öffentlicher Gewalt darstellt,²³¹ unterliegt es im Rahmen des **sog. Verwaltungsprivatrechts** öffentlich-rechtlichen Bindungen; verletzt es diese, ist es rechtswidrig. Ob diese Bewertung auch auf dabei vorgenommene Rechtsgeschäfte des Privatrechts zu erstrecken ist, bedarf keiner Klärung, da die **Fehlerfolgen** sich unabhängig davon insoweit **allein nach Privatrecht** richten.²³² 82

III. Folgen der verfahrensfehlerbedingten Rechtswidrigkeit des Verfahrensergebnisses

1. Allgemeine Grundlagen

a) Geltungsschwächung rechtswidriger staatlicher Rechtsakte

Nach dem Grundsatz des Vorrangs des Gesetzes als Teil der Gesetzmäßigkeit der Verwaltung kann ein staatlicher Rechtsakt grundsätzlich nicht gelten, wenn er dem Gesetz widerspricht, also rechtswidrig ist. Der **Geltungsanspruch des Gesetzes** geht dem anderer staatlicher Rechtsakte vor, der höherrangiger Normen dem von Normen niedrigeren Ranges.²³³ Doch ist dieser Grundsatz differenzie- 83

Dogmatik der Verfahrensfehlerfolgen, NWVBl. 1996, S. 89 ff.; *Rehn/Cronauge*, Gemeindeordnung (Fn. 225), § 7, V u. VI.

²²⁷ Etwa bei Verletzungen von Öffentlichkeitsgeboten, vgl. *Rehn/Cronauge*, Gemeindeordnung (Fn. 225), § 48, IV mit der Folge der Nichtigkeit, ohne dass es des Nachweises bedarf, dass bei vorhandener Öffentlichkeit die Entscheidung anders ausgefallen wäre; für Art. 42 Abs. 1 GG dagegen *(Achterberg/)Schulte*, in: v. Mangoldt/Klein/Starck (Hrsg.), GG II, Art. 42 Rn. 6; dafür *Morlok*, in: Dreier (Hrsg.), GG II, Art. 42 Rn. 28 m. w. N. (beide zur Nichtigkeit).

²²⁸ Daran dürfte es etwa fehlen, wenn die Öffentlichkeit nicht in geeigneter Form über die nichtöffentliche Weiterverhandlung unterrichtet wird, § 48 Abs. 2 S. 5 GO NRW; anders aber *Rehn/Cronauge*, Gemeindeordnung (Fn. 225), oder wenn Mitglieder der Bezirksvertretungen entgegen § 48 Abs. 4 S. 1 GO NRW nicht als Zuhörer teilnehmen durften. Vgl. insgesamt *Schneider*, Ratsbeschluss (Fn. 226), S. 89 ff.

²²⁹ Ausdrücklich etwa *Hufen*, Fehler, Rn. 484 („rechtsfehlerhaft"); nur „grundsätzlich" *Hill*, Verfahren (Fn. 1), S. 151 f. S. a. → Bd. II *Hermes* § 39 Rn. 100 ff.

²³⁰ → Rn. 12.

²³¹ Vgl. insbes. im Hinblick auf die Grundrechtsbindung nur *Sachs*, in: Sachs (Hrsg.), GG, vor Art. 1 Rn. 27 ff. S. a. → Bd. II *Appel* § 32 Rn. 73 ff. Krit. zur Lehre vom Verwaltungsprivatrecht → Bd. I *Burgi* § 18 Rn. 65 f.

²³² → Rn. 112.

²³³ Zur Ableitung des Vorrangs höherrangiger Normen aus dem Vorrang der Verfassung s. oben → Rn. 3.

render Ausgestaltung durch das Gesetz selbst zugänglich, kann insbesondere mit Rücksicht auf **konkurrierende Zielsetzungen** von verfassungsrechtlicher Bedeutung zurückgesetzt werden.[234] Dabei ist es nicht grundsätzlich ausgeschlossen, an die Rechtswidrigkeit aufgrund von Verfahrensfehlern andere Folgen zu knüpfen als an materielle Rechtsverstöße.

b) Beseitigung und Sanktionierung staatlicher Rechtsverletzungen

84 Für alle staatlichen Rechtsverletzungen, nicht nur für solche durch staatliche Rechtsakte, begründet das **Rechtsstaatsprinzip objektivrechtlich** die prinzipielle Verpflichtung, noch rückgängig zu machende Verstöße wieder zu beseitigen; auch diese Verpflichtung kann im Interesse anderer verfassungsrechtlicher Ziele gesetzlich abgeschwächt oder ausgeschlossen werden.[235] Bei Beeinträchtigung subjektiver Rechte treten **Beseitigungsansprüche der Verletzten** hinzu. Auch diese können gesetzlich modifiziert, sogar ausgeschlossen werden; doch müssen sich entsprechende Regelungen jedenfalls gegenüber Grundrechtsträgern als Grundrechtseingriffe an den verfassungsrechtlichen Maßstäben messen lassen.[236]

85 Inwieweit staatliche Rechtsverletzungen, die sich nicht mehr rückgängig machen lassen, sanktioniert werden müssen, ist weitgehend dem Gesetzgeber überlassen. Insoweit sind die unterschiedlichsten Regelungen denkbar, wie namentlich **Ersatz- oder Entschädigungsansprüche für Betroffene** oder **Strafen sowie disziplinarische Maßnahmen gegen die verantwortlichen Bediensteten**.[237] Inwieweit bei Grundrechtsverletzungen von Verfassungs wegen Ersatzansprüche geschädigter Grundrechtsträger bestehen (müssen), ist Gegenstand der aktuellen Diskussion.[238] Das Bundesverfassungsgericht hat betont, dass auch die bloße Feststellung eines Grundrechtsverstoßes – hier sogar einer Verletzung der Menschenwürde – eine ausreichende Reaktion darstellen kann.[239]

2. Folgen für das Verfahrensergebnis

86 Die weiteren Folgen der durch Verfahrensfehler bedingten Rechtswidrigkeit des Verfahrensergebnisses sind **für die verschiedenen Handlungsformen der Verwaltung differenziert ausgestaltet.** Dabei geht es bei den unterschiedlichen Rechtsakten darum, inwieweit diesen die Wirksamkeit versagt ist oder entzogen werden kann. Die Gründe für die unterschiedlichen Regelungen sind vielfältig,

---

[234] Vgl. nur *Sachs,* in: Sachs (Hrsg.), GG, Art. 20 Rn. 112, 140, 142; für Verwaltungsakte *ders.,* in: Stelkens/Bonk/Sachs (Hrsg.), VwVfG, § 44 Rn. 43 ff. (jeweils m. w. N.). S. a. → Bd. I *Reimer* § 9 Rn. 79 f.

[235] Vgl. *Wolfram Höfling,* Primär- und Sekundärrechtsschutz im Öffentlichen Recht, VVDStRL, Bd. 61 (2002), S. 260 (268 ff.).

[236] Zu Fehlerfolgen beim schlichten Verwaltungshandeln → Bd. II *Hermes* § 39 Rn. 100 ff.; allgemein zu Abwehr und Beseitigung rechtswidriger hoheitlicher Beeinträchtigungen → Bd. III *Enders* § 53.

[237] → Rn. 125 ff.

[238] Vgl. *Bernd Grzeszick,* Rechte und Ansprüche, 2002, S. 186 ff.

[239] *BVerfG* (K), NJW 2006, S. 1580: „Zwar ist bei Annahme einer Verletzung der Menschenwürde eine Abwägung mit anderen verfassungsrechtlichen Belangen nicht möglich. Das betrifft aber nur die ‚Tatbestandsseite', den Umstand nämlich, dass beim Vorliegen eines Eingriffs dieser nicht durch Abwägung mit anderen – noch so gewichtigen – Verfassungsbelangen gerechtfertigt werden kann. Unberührt davon bleibt, dass auf der Rechtsfolgenseite, hier der Frage nach Art und Umfang eines Schadensausgleichs, Erwägungen zur Schwere des Eingriffs angestellt und Art und Höhe dieses Ausgleichs von der Eingriffsintensität abhängig gemacht werden können."

B. Verfahrensfehlerfolgen

sie haben mit der Reichweite der Wirkungen des jeweiligen Rechtsakts zu tun,[240] aber auch mit dem Maß der rechtlichen Bindung des Verfahrensergebnisses,[241] ferner mit der mehr oder weniger weitreichenden Mitverantwortung der Regelungsbetroffenen, um nur einige wichtige Bezugspunkte zu nennen.[242] Nachfolgend können nur einige Grundzüge der jeweiligen Ausgestaltung skizziert werden; auf die übergreifenden Möglichkeiten der Rechtsaufsicht[243], nach Maßgabe der jeweiligen Bestimmungen auch gegen verfahrensfehlerhafte Staatsakte vorzugehen, sei vorab hingewiesen.

a) Verwaltungsakte

Rechtswidrigen Verwaltungsakten ist die **Wirksamkeit** nur ausnahmsweise von vornherein versagt,[244] sie können aber auf Rechtsmittel[245] oder unabhängig davon[246] aufgehoben werden. Die insoweit maßgeblichen Regeln gelten im Ausgangspunkt für formelle und materielle Rechtmäßigkeit des Verwaltungsakts gleichermaßen, Unterschiede ergeben sich vor allem aufgrund von Regelungen, die Fehlerfolgen relativieren.[247]   87

aa) Nichtigkeit

Nichtigkeit, also ursprüngliche Unwirksamkeit, ist für rechtswidrige Verwaltungsakte **nur ausnahmsweise** vorgesehen. § 44 VwVfG differenziert dabei nicht allgemein zwischen formeller und materieller Rechtswidrigkeit. Der Negativkatalog des § 44 Abs. 3 VwVfG schließt allerdings für vier Verfahrensfehler die Nichtigkeitsfolge aus, andererseits finden sich aber auch unter den absoluten Nichtigkeitsgründen des § 44 Abs. 2 VwVfG in Nrn. 2 und 3 Verfahrensfehler. Dem entspricht es, dass auch im Rahmen der Generalklausel Verfahrensfehler als besonders schwerwiegend und offensichtlich Berücksichtigung finden können.[248]   88

bb) Aufhebung in Rechtsmittelverfahren

Regelmäßig sind rechtswidrige Verwaltungsakte **wirksam**, können aber (nach vorgeschaltetem Widerspruchsverfahren) **mit der verwaltungsgerichtlichen Klage angegriffen** werden.[249] Dies setzt grundsätzlich voraus, dass der Kläger in eigenen subjektiven Rechten verletzt ist, vgl. für den belastenden Verwaltungsakt § 113 Abs. 1 S. 1 VwGO. Selbständige subjektive Verfahrensrechte werden aber   89

---

[240] Vgl. zu den Unterschieden zwischen Norm und Einzelakt nur *Morlok*, Folgen (Fn. 1), S. 102 ff.
[241] *Morlok*, Folgen (Fn. 1), S. 111 ff. für verschiedene Arten von Normen (neben weiteren Unterschieden); für Verwaltungsakte vor allem § 46 VwVfG → Rn. 113 ff.
[242] Vgl. zum Fehlen einer gemeinsamen systematischen Grundlage der maßgeblichen gesetzlichen Regelungen etwa *Hill*, Verfahren (Fn. 1), S. 188, 472 f. (resümierend).
[243] Vgl. → Bd. I *Groß* § 13 Rn. 102 f., *Jestaedt* § 14 Rn. 45, 60, *Wißmann* § 15 Rn. 48 sowie allgemein zu Selbstkontrollen der Verwaltung → Bd. III *Schiedermair* § 48.
[244] → Rn. 88.
[245] → Rn. 89.
[246] → Rn. 95.
[247] → Rn. 114.
[248] Vgl. nur die Beispiele bei *Sachs*, in: Stelkens/Bonk/Sachs (Hrsg.), VwVfG, § 44 Rn. 107, 108, 111, 118. Zum nichtigen Verwaltungsakt vgl. → Bd. II *Bumke* § 35 Rn. 160 ff.
[249] Zu gerichtlichen Verwaltungskontrollen vgl. allgemein → Bd. III *Schoch* § 50.

nur ausnahmsweise anerkannt, soweit nämlich die fraglichen Verfahrensbestimmungen auf die Begründung solcher Positionen ausgerichtet sind. Im Übrigen können Verfahrensfehler, wenn man nicht schon die Folge der Rechtswidrigkeit verneint,[250] nur zum Erfolg der Klage führen, wenn der Verwaltungsakt zugleich materielle Rechtspositionen des Klägers verletzt.[251] Die Verletzung sollte aber, auch außerhalb des Eigentums, immer dann anerkannt werden, wenn der formell rechtswidrige Verwaltungsakt ein individuelles Recht des Klägers beeinträchtigt.[252] Allerdings hängt auch dann der Erfolg der Klage noch von § 46 VwVfG ab,[253] weil die materielle Rechtsverletzung allein aus dem Verfahrensfehler folgt.

90 Die Möglichkeit, Verfahrensfehler mit der Klage geltend zu machen, kann insbesondere davon abhängig sein, dass der Betroffene sie bereits **zuvor rechtzeitig geltend gemacht** hat.[254]

91 Für **Verpflichtungsklagen** zielt § 113 Abs. 5 S. 1 VwGO explizit auf einen abschließenden gerichtlichen Ausspruch zur materiellen Rechtslage; die Klage hat nur Erfolg, wenn der Kläger der Sache nach einen **Anspruch auf den begehrten Verwaltungsakt** hat. Kann das Gericht dies abschließend verneinen, bleibt die Klage ungeachtet der formellen Rechtswidrigkeit des Ablehnungsbescheides grundsätzlich ohne Erfolg.[255] Steht der Anspruch des Klägers fest, erfolgt die Verurteilung der Behörde und die damit verbundene Aufhebung des Ablehnungsbescheides ganz unabhängig von vorangegangenen Verfahrensfehlern. Selbst bei fehlender Spruchreife, also namentlich bei Ermessensspielräumen der Behörde u. ä., kann nach § 113 Abs. 5 S. 2 VwGO die Aufhebung des Ablehnungsbescheides bei festgestelltem Verfahrensfehler wohl nur erfolgen, wenn dem Kläger materiell ein Anspruch auf Neubescheidung zusteht.[256]

92 Für die Aufhebung eines Verwaltungsakts im **Widerspruchsverfahren** wegen eines Verfahrensfehlers gilt weitgehend Entsprechendes; allerdings gibt es für die Widerspruchsbehörde grundsätzlich[257] die Beschränkung der Entscheidungsmöglichkeit mit Rücksicht auf behördliche Entscheidungsspielräume nicht.

93 Bei formeller Rechtswidrigkeit des Widerspruchsbescheides eröffnet § 79 Abs. 2 S. 2 VwGO die Möglichkeit der gerichtlichen Kontrolle allein wegen des Verfahrensfehlers, die allerdings an die **Wesentlichkeit der verletzten Verfah-**

---

[250] → Rn. 40 ff.
[251] Vgl. *BVerwGE* 31, 263 (264 f.) zur Klagebefugnis aus Art. 28 Abs. 2 GG; *BVerwGE* 64, 325 (331); *Geist-Schell*, Verfahrensfehler (Fn. 25), S. 18 ff.; *Gerhardt*, in: Schoch/Schmidt-Aßmann/Pietzner (Hrsg.), VwGO, § 113 Rn. 14; *Heinrich A. Wolff*, in: Sodan/Ziekow (Hrsg.), VwGO, § 113 Rn. 39 f.
[252] Näher *Sachs*, in: Stelkens/Bonk/Sachs (Hrsg.), VwVfG, § 45 Rn. 141 f.
[253] → Rn. 118 ff.
[254] Vgl. zu Fällen verfahrensfehlerbezogener Präklusion etwa *Rudolf Streinz*, Materielle Präklusion und Verfahrensbeteiligung im Verwaltungsrecht, VerwArch, Bd. 79 (1988), S. 272 (286 ff.); zur Obliegenheit sofortiger Rügen bei Fehlern in Prüfungsverfahren vgl. *BVerwG*, Buchholz 421.0 Nr. 309; *Christian Birnbaum*, Die Rügepflicht des Prüflings, NVwZ 2006, S. 286 m. w. N. S. a. → Bd. II *Gusy* § 23 Rn. 57 f.
[255] Vgl. für die Sonderkonstellation der Ablehnung eines Verwaltungsakts aus unzutreffenden materiellrechtlichen Gründen durch eine unzuständige Behörde *BVerwGE* 13, 54 (62); 39, 135 (139), weil sonst (zumindest) der Rechtsschein einer unzutreffenden Rechtslage bestehen bliebe.
[256] So *Gerhardt*, in: Schoch/Schmidt-Aßmann/Pietzner (Hrsg.), § 113 Rn. 73; anders weiterhin *Martin Redeker*, in: Redeker/v. Oertzen (Hrsg.), VwGO, § 113 Rn. 60.
[257] Anders namentlich bei auf Rechtskontrolle beschränkter Entscheidungsbefugnis der Widerspruchsbehörde in Selbstverwaltungsangelegenheiten. Zum Widerspruchsverfahren → Bd. II *Schneider* § 28 Rn. 120 ff.; allgemein zu Selbstkontrollen der Verwaltung → Bd. III *Schiedermair* § 48.

rensvorschrift und²⁵⁸ daran gebunden ist, dass der Widerspruchsbescheid auf der Verletzung beruht.

Bei echten, auf auch materielle Überprüfung eines Verwaltungsakts gerichteten **Verbandsklagen,** wie der nach § 64 BNatSchG, werden Verfahrensfehler ebenso behandelt wie in Klageverfahren nach § 42 Abs. 2 VwGO.²⁵⁹ Demgegenüber konnte vor Einführung dieser Klagemöglichkeit die Verletzung des Verbandsbeteiligungsrechts nach § 29 BNatSchG a.F. (1976) als solche unabhängig von der möglichen Kausalität für das Verfahrensergebnis die Aufhebung der Verwaltungsakte zur Folge haben.²⁶⁰ Daneben finden sich Verbandsklagen, die darauf beschränkt sind, bestimmte Rechtsverstöße, insbesondere des Verfahrensrechts, bei Erlass eines Verwaltungsakts feststellen zu lassen, und die Wirksamkeit des Verwaltungsakts von vornherein nicht in Frage stellen.²⁶¹ 94

cc) Aufhebung unabhängig von Rechtsmittelverfahren

Wegen Verfahrensfehlern rechtswidrige Verwaltungsakte können von der Verwaltung auch unabhängig von Rechtsmittelverfahren aufgehoben werden. Dazu gehört insbesondere die bei belastenden Verwaltungsakten gem. § 48 Abs. 1 S. 1 VwVfG ohne weitere Anforderungen ins behördliche Ermessen gestellte **Rücknahme,** die auch bei Rechtswidrigkeit wegen eines Verfahrensfehlers zulässig ist. Auch bei Verfahrensfehlern wird es allerdings in der Regel ermessensfehlerfrei sein, nach Bestandskraft aus Gründen der Rechtssicherheit von der Rücknahme abzusehen.²⁶² 95

§ 46 VwVfG schließt dieses **Ermessen** aber auch seinem Rechtsgedanken nach nicht aus, kann es jedoch **restriktiv beeinflussen;**²⁶³ unabhängig davon ist eine Rücknahme dann ausgeschlossen, wenn ein Verwaltungsakt gleichen Inhalts erneut erlassen werden müsste, vgl. § 49 Abs. 1 VwVfG,²⁶⁴ was bei Verfahrensfeh- 96

---

[258] Die doppelte Voraussetzung scheint wenig sinnvoll, da eine Entscheidung auf einer abstrakt unwesentlichen Vorschrift auch im konkreten Fall kaum wird beruhen können; vgl. *Kopp/Schenke,* VwGO, § 79 Rn. 11 u. 13 f.; *Wolf-Rüdiger Schenke,* Rechtsprechungsübersicht zum Verwaltungsprozeß, JZ 1996, S. 998 (1010 f.).

[259] Zu § 61 BNatSchG a.F. (2002) *BVerwGE* 121, 72 (81 f.) m.w.N.; *Alleweldt,* Verbandsklage (Fn. 170), S. 621; kritisch *Christian Calliess,* Die umweltrechtliche Verbandsklage nach der Novellierung des Bundesnaturschutzgesetzes, NJW 2003, S. 97 (99 ff.); demgegenüber als nicht weitgehend genug *Robert Seelig/Benjamin Gündling,* Die Verbandsklage im Umweltrecht, NVwZ 2002, S. 1033 (1040 f.). S. auch → Rn. 62 zu unionsrechtlich begründeten Klagemöglichkeiten.

[260] *BVerwGE* 87, 62 (70 f.) und schon oben → Rn. 61 zu § 29 Abs. 1 S. 1 Nr. 4 BNatSchG a.F. (1976) als absolutem Verfahrensfehler. Zum Ausschluss der Aufhebung durch die Möglichkeit der Planergänzung oder ergänzender Verfahren etwa *BVerwGE* 105, 348 (348 f., 353 f.). Zur Relativierung der Aufhebungskonsequenz allgemein → Rn. 113 ff.

[261] Vgl. zu § 13 BGG (= Behindertengleichstellungsgesetz) *BVerwGE* 125, 370 (372 ff.).

[262] Dies wäre wohl anders zu sehen, wenn jeder Verfahrensfehler überhaupt zur Rechtswidrigkeit führte, so dass sich die Behörde durch eigenes Fehlverhalten Rücknahmefreiheit bis an die Grenzen des Vertrauensschutzes verschaffen könnte. Diese Erwägung beruht auf einem Hinweis von *Hans-Werner Laubinger.* Zur Rücknahme von Verwaltungsakten vgl. a. → Bd. II *Bumke* § 35 Rn. 164 ff.

[263] *Sachs,* in: Stelkens/Bonk/Sachs (Hrsg.), VwVfG, § 46 Rn. 12 f.; ausgeschlossen sein kann aber der Anspruch auf ermessensfehlerfreie Entscheidung über die Aufhebung des nur verfahrensfehlerhaften Verwaltungsakts, ebd., § 46 Rn. 11, 17 f. S.a. → Bd. II *Bumke* § 35 Rn. 192 m. Fn. 628, Rn. 196 ff., zu § 46 VwVfG beim indirekten Vollzug von Gemeinschaftsrecht vgl. ebd., Rn. 204.

[264] *BVerwGE* 68, 151 (153); *Sachs,* in: Stelkens/Bonk/Sachs (Hrsg.), VwVfG, § 48 Rn. 80. S.a. → Bd. II *Bumke* § 35 Rn. 206.

lern im Rahmen gebundener Verwaltung mangels zwischenzeitlicher Änderungen der Sach- oder Rechtslage[265] der Fall ist.

b) Öffentlich-rechtliche Verträge

97   Öffentlich-rechtliche Verträge sind – vorbehaltlich spezieller Sonderregelungen – (nur) unter den Voraussetzungen des § 59 VwVfG nichtig;[266] dies gilt namentlich auch für die von § 59 VwVfG erfassten Fälle von Verfahrensfehlern.[266a] Bei anderen Verfahrensfehlern stellt sich bei etwa deswegen anzunehmender Rechtswidrigkeit des Vertrages[267] die **Frage nach anderweitigen Konsequenzen** einer solchen Qualifikation.[268] In Betracht kämen – abgesehen von den nach § 62 S. 2 VwVfG entsprechend anwendbaren Anfechtungsmöglichkeiten des BGB[269] – insbesondere[270] die Pflicht der Behörde, im dazu erforderlichen Zusammenwirken mit dem Vertragspartner den Vertrag aufzuheben, und ggf. hierauf gerichtete Ansprüche des Vertragspartners.[271]

98   Doch wird man in der **Begrenzung der Nichtigkeit** auf die Fälle des § 59 VwVfG unter Verzicht auf anderweitige Regelungen zu den Fehlerfolgen zugleich die Absage des Gesetzes an Pflichten, Ansprüche oder Gestaltungsmöglichkeiten sehen können, die darauf gerichtet sind, die Unwirksamkeit des nicht nichtigen Vertrags herbeizuführen.[272] Diese für materiell rechtswidrige Ver-

---

[265] Vernachlässigt bei *Hufen*, Fehler, Rn. 632. Zum Umgang mit Veränderungen der Sach- und Rechtslage im Sozialrecht vgl. → Bd. II *Bumke* § 35 Rn. 104.

[266] Vgl. etwa *Bonk*, in: Stelkens/Bonk/Sachs (Hrsg.), VwVfG, § 59 Rn. 4, 6 und öfter: abschließender Katalog von Nichtigkeitsgründen; für Nichtigkeit auch nach Maßgabe der ultra-vires-Lehre *Höfling/Krings*, Vertrag (Fn. 198), S. 630 f. Zu Bestrebungen, die Nichtigkeitsfolge aufzulockern, *Heribert Schmitz*, „Die Verträge sollen sicherer werden" – Zur Novellierung der Vorschriften über den öffentlich-rechtlichen Vertrag, DVBl 2005, S. 17 (19, 22 ff.). S. a. → Bd. II *Bauer* § 36 Rn. 93 ff.

[266a] Das betrifft zumal § 59 Abs. 2 Nr. 1 i. V. m. § 44 Abs. 1, Abs. 2 Nr. 2, 3, § 59 Abs. 2 Nr. 2, ferner § 59 Abs. 1 VwVfG i. V. m. § 125 S. 1 BGB, § 57 VwVfG, sowie möglicherweise mit § 134 BGB; s. dazu *Werner*, Fehlerfolgenlehre (Fn. 198), S. 170 ff.

[267] → Rn. 75.

[268] Auf die nur befristet geltend zu machende Unwirksamkeit gem. § 126 Abs. 3 SchlHLVwG, die nach Nr. 2 auch Verfahrensfehler mit nicht offensichtlich ausgeschlossenem Einfluss auf die Sachentscheidung erfasst, sei nur hingewiesen; dazu etwa *Hill*, Verfahren (Fn. 1), S. 144 ff.; *German Foerster*, in: ders. (Hrsg.), Allgemeines Verwaltungsgesetz für das Land Schleswig-Holstein, Losebl., § 126, 3.

[269] Dazu allgemein nur *Bonk*, in: Stelkens/Bonk/Sachs (Hrsg.), VwVfG, § 62 Rn. 28; für ggf. als verfahrensfehlerhaft zu qualifizierende Fälle der Ausnutzung einer übermächtigen Verhandlungsposition der Behörde, allerdings bezogen auf den Fall so erreichter unangemessener Vorteile, *Höfling/Krings*, Vertrag (Fn. 198), S. 632. Zu § 62 S. 2 VwVfG s. a. → Bd. II *Bauer* § 36 Rn. 87 f.

[270] Vgl. für ein Rücktrittsrecht *Alexander Blankenagel*, Folgenlose Rechtswidrigkeit öffentlich-rechtlicher Verträge?, VerwArch, Bd. 76 (1985), S. 276 (292 ff.).

[271] Neben dem für diese Rechtsfolge wohl nicht in Betracht kommenden Amtshaftungsanspruch nach Art. 34 GG/§ 839 BGB ist zumal an den Folgenbeseitigungsanspruch (dafür *Schimpf*, Vertrag [Fn. 113], S. 332 ff.; abl. *Spannowsky*, Grenzen [Fn. 200], S. 298 f. m. w. N. auch zu weiteren Ansätzen) sowie an den Anspruch aus culpa in contrahendo (c. i. c.; vgl. jetzt §§ 280, 311 Abs. 2 Nr. 1 BGB; dafür *Hans Reckers*, Gesetzwidrige und gesetzesabweichende Regelungen in Verwaltungsverträgen zwischen Bürger und Staat, Diss. Tübingen, 1988, S. 141; *Schimpf*, Vertrag [Fn. 113] S. 320 ff.; dagegen *Elke Gurlit*, Verwaltungsvertrag und Gesetz, 2000, S. 471, 474 f.; *Martin Kellner*, Haftungsprobleme bei informellem Verwaltungshandeln, 2004, S. 141 ff. m. w. N.) zu denken.

[272] Vgl. allgemein für Rechtsbeständigkeit unter Ausschluss von Kündigungs-, Anfechtungs- und Rücktrittsrechten wegen der Rechtswidrigkeit *Bonk*, in: Stelkens/Bonk/Sachs (Hrsg.), VwVfG, § 59 Rn. 10; *Ziekow*, VwVfG, § 59 Rn. 2.

B. Verfahrensfehlerfolgen

träge heute überwiegend anerkannten Konsequenzen[273] gelten erst recht für (nicht zur Nichtigkeit führende) Verfahrensfehler und zwar auch, wenn sie den Vertragsinhalt beeinflusst haben können.

c) Administrativnormen

Rechtswidrige Rechtsnormen sind nach traditionellem Verständnis grundsätzlich ipso iure ex tunc nichtig.[274] Dieses **„Nichtigkeitsdogma"** ist allerdings **umstritten**[275] und wird namentlich in der Rechtsprechungspraxis des Bundesverfassungsgerichts zunehmend zugunsten bloßer Unvereinbarerklärungen, ggf. sogar mit (befristeter) Weitergeltungsanordnung,[276] durchbrochen, und zwar sogar bei materieller Rechts- bzw. Verfassungswidrigkeit.[277] Gleichwohl wird die grundsätzliche Nichtigkeit auch verfahrensfehlerhaft erlassener Rechtsnormen von einigen Stimmen ausdrücklich betont.[278] 99

aa) Vermeidung der Nichtigkeitsfolge nach allgemeinen Grundsätzen

Die Praxis hält im Ausgangspunkt zwar an der **Regelfehlerfolge der Nichtigkeit** fest, sie wird aber auch unabhängig von den vorgenannten Entwicklungen nicht uneingeschränkt anerkannt. Die diesbezügliche Judikatur insbesondere des Bundesverfassungsgerichts[278a] lässt allerdings **keine einheitlichen Grundsätze erkennen,** so dass von gesicherten dogmatischen Grundlagen in diesem Bereich nicht die Rede sein kann. 100

Sehr pauschal hat das Gericht 1971 angenommen: „Normen sind nur nichtig, wenn ein grober Mangel im Gesetzgebungsverfahren vorliegt, wenn sie inhaltlich mit übergeordnetem Recht unvereinbar sind oder wenn eine inkompetente 101

---

[273] Vgl. zur Abwicklung durch öffentlich-rechtlichen Erstattungsanspruch *BVerwGE* 55, 337 (339); 89, 7 (9); *BVerwG*, NJW 1974, S. 2247 (2248); NJW 1980, S. 2538. Bei für den Bürger belastenden Rechtsfolgen dürfte dies gegenüber den Anforderungen des Vorrangs des Gesetzes durch den übereinstimmenden Willen des Vertragspartners und Belange der Rechtssicherheit nicht weniger gedeckt sein als die Bestandskraft des unanfechtbar gewordenen Verwaltungsakts; bei für den Bürger begünstigenden Folgen trägt seine Willensübereinstimmung zur Legitimation nichts bei, da sie ja nicht nur die Beeinträchtigung subjektiver Rechte, sondern schon die des objektiven Grundsatzes der Gesetzmäßigkeit der Verwaltung erfordert; insbesondere dann, wenn Vertrauensschutz für den Begünstigten ausscheidet, bleibt die Folgenlosigkeit der inhaltlichen Rechtswidrigkeit verfassungsrechtlich problematisch.

[274] → Rn. 83.

[275] Vgl. zum Streitstand etwa einerseits *Klaus Schlaich/Stefan Korioth*, Das Bundesverfassungsgericht, 2010, Rn. 379 ff., andererseits *Eckart Klein*, in: Ernst Benda/Eckart Klein, Verfassungsprozeßrecht, 2001, Rn. 1244 ff. (jeweils m.w.N.). Für Verordnungen und Satzungen hat das Bundesverfassungsgericht, *BVerfG* (K), NVwZ-RR 2002, S. 81 (92), im Anschluss an *Ossenbühl*, Fehlerlehre (Fn. 112), S. 2807, angenommen, es bestehe „weitgehend Einigkeit darüber, dass das traditionelle Nichtigkeitsdogma" für Verordnungen und Satzungen „nicht [...] verfassungsrechtlich geboten sei." Ausführlich *Schnelle*, Fehlerfolgenlehre (Fn. 212), S. 96 ff.; *Trips*, Rechtsetzung (Fn. 212), S. 243 ff.

[276] Vgl. aus neuerer Zeit bei Unterschieden im Einzelnen etwa *BVerfGE* 91, 186 (207); 92, 53 (73 f.); 93, 121 (148); 93, 165 (178 f.); 102, 68 (98); 102, 127 (145 f.); 103, 1 (9, 19 f.); 103, 242 (270); 107, 133 (134, 148 f.); 109, 64 (95 f.); 109, 190 (235 ff.); 111, 191 (224 f.); 111, 289 (306); auch *BVerwGE* 121, 103 (111); *BFH*, NJW 2005, S. 93 (94 f.).

[277] Vgl. allgemein *Sachs*, in: Sachs (Hrsg.), GG, Art. 20 Rn. 98.

[278] Namentlich *Hufen*, Fehler, Rn. 474 m.N.; auch *Schmidt-Aßmann/Krämer*, Verwaltungsverfahren (Fn. 13), S. 124 ff.

[278a] Dazu ausführlich *Bettina Meermagen/Hendrik Schultzky*, Das Verfahren der Gesetzgebung vor dem Bundesverfassungsgericht, VerwArch, Bd. 101 (2010), S. 539 ff.

Stelle sie erlassen hat."[279] Warum **nur grobe Mängel** diese Folge haben sollen, blieb ebenso offen wie die Frage, wann ein Mangel „grob" ist; die Möglichkeit alternativer Fehlerfolgen wurde nicht angesprochen. Sollte „grob" mit „möglicherweise relevant für den Inhalt" gleichzusetzen sein, dürfte es mangels abschließender Vorgaben für die Normsetzung,[280] die auch bei Rechtsverordnungen trotz Art. 80 Abs. 1 S. 2 GG regelmäßig nicht gegeben sein werden,[281] in den meisten Fällen bei der Nichtigkeit bleiben.

101a In neuester Zeit hat das Bundesverfassungsgericht für die Verfassungswidrigkeit allerdings verlangt, dass „das Normsetzungsverfahren an einem wesentlichen Mangel" leidet. **Wesentlichkeit des Verfahrensfehlers** hat es „jedenfalls dann (angenommen), wenn […] ein Verfahrenserfordernis, das der Gesetzgeber im Interesse sachrichtiger Normierung statuiert hat, in funktionserheblicher Weise verletzt wurde […]"; dies soll regelmäßig bei Verstoß gegen gesetzliche Pflichten zu Anhörung oder Beteiligung beim Erlass von Rechtsverordnungen der Fall sein.[281a] Danach ist nicht die Schwere des Fehlers, sondern die Zielsetzung der Verfahrensvorschrift ausschlaggebend; allerdings wird ergänzend auch das Gewicht des Verfahrensfehlers berücksichtigt, das durch eine zugleich verwirklichte Verfassungsverletzung erhöht sein soll.[281b]

102 Unabhängig vom Vorstehenden hat das Bundesverfassungsgerichts (sogar für ein förmliches Bundesgesetz) ohne Bezugnahme auf das zitierte Präjudiz einen anderen Ansatz gewählt, um die Nichtigkeitsfolge zu vermeiden und festgestellt: „Ein Mangel im Gesetzgebungsverfahren […] führt dagegen nur zur Nichtigkeit des Gesetzes, wenn er **evident** ist. Das gebietet der Grundsatz der Rechtssicherheit."[282] Die Argumentation, dass unabsehbare Folgen einer Nichtigerklärung vermieden werden müssten, trifft sich durchaus mit Tenden-

---

[279] Im Zusammenhang mit einem gerichtlichen Geschäftsverteilungsplan *BVerfGE* 31, 47 (53). Für eine auf vorkonstitutioneller Ermächtigung beruhende Rechtsverordnung, die ohne die gesetzlich vorgesehene Anhörung von Sachverständigen erlassen worden war, hat *BVerfGE* 10, 221 (226f.), einen schwerwiegenden Mangel des Normsetzungsverfahrens und daher Nichtigkeit angenommen.

[280] Extrem etwa in *BVerfGE* 10, 221 (226): „Dieser Mangel des Normsetzungsverfahrens wiegt schwer, wenn man berücksichtigt, daß die […] Pflicht zur Anhörung von Sachverständigen eine zunächst nicht näher umrissene Ermächtigung […] förmlich begrenzt hat."

[281] Für die Möglichkeit einer „neglegierenden Behandlung von Verfahrensfehlern" unter diesem Aspekt gleichwohl *Morlok*, Folgen (Fn. 1), S. 114 f.

[281a] *BVerfG*, NVwZ 2011, S. 289 (293) m.w.N.; das in Bezug genommene Präjudiz *BVerwGE* 136, 54 (68f., 74), nimmt freilich daneben an, dass die Verordnung wegen *Evidenz* des Verfahrensfehlers rechtswidrig sei.

[281b] *BVerfG*, NVwZ 2011, S. 289 (292f., 294), in Anlehnung an Präjudizien aus dem grundrechtlichen Bereich (BVerfGE 53, 30 [66]; 56, 216 [242]) für Art. 20a GG, wobei zugleich der weite Spielraum, den diese Bestimmung materiell der Normsetzung lässt, gegen die Folgenlosigkeit von Verfahrensfehlern angeführt wird.

[282] *BVerfGE* 34, 9 (25); der oben weggelassene Zusatz „wie er hier vorliegt" erklärt sich im Argumentationszusammenhang (nach der zuvor behandelten inhaltlichen Verfassungswidrigkeit mit Nichtigkeitsfolge) als Zuordnung des fraglichen Verfassungsverstoßes (die kompetenzbegründende Grundgesetzänderung war noch nicht in Kraft), nicht als Einengung des Evidenzerfordernisses auf den entscheidungsgegenständlichen Mangel. Die Begründung damit, dass das Evidenzerfordernis auch bei Verwaltungsakten für die Nichtigkeit bedeutsam sei, vernachlässigt schon, dass es dort gerade auch um materiell rechtswidrige Verwaltungsakte geht, und legt – jedenfalls rückblickend aus der Sicht des seit 1977 geltenden § 44 Abs. 1 VwVfG – zudem nahe, dass das Kriterium des „groben" Mangels (im Sine eines besonders schwerwiegenden) nicht ersetzt, sondern (dem zu entscheidenden Fall entsprechend) ergänzt werden sollte.

zen der neueren Judikatur zur **Vermeidung der Nichtigerklärung** im Allgemeinen, wobei die bloße Unvereinbarerklärung inzwischen vielfach sogar mit einer Anordnung der Fortgeltung der verfassungswidrigen Norm einhergeht.[283] Nichts anderes gilt für die Rechtsfolge, die bei bloßer Unvereinbarkeit regelmäßig eine gesetzgeberische Bereinigung fordert, die auch hier mit der Formulierung verlangt wurde, der evident gewordene Mangel sei „unverzüglich durch den Gesetzgeber ‚in Ordnung zu bringen'".[284]

1994 knüpfte das Bundesverfassungsgericht für eine von der Bundesregierung in einem so unzulässigen Umlaufverfahren beschlossene Rechtsverordnung nahtlos an dieses Präjudiz an,[284a] verzichtete aber – ohne die dafür maßgeblichen Unterschiede zu benennen – diesmal auf die rückwirkende Behebung des Verfahrensmangels, so dass die **verfahrensfehlerhafte Norm auf Dauer unangefochten** bestehen bleiben konnte.[285] **103**

1999 schließlich gelangte das Bundesverfassungsgericht ohne Bezugnahme auf seine Präjudizien für die **Missachtung des Zitiergebots** gem. Art. 80 Abs. 1 S. 3 GG zu dem Ergebnis der Nichtigkeit, weil ein „unerläßliches Element des demokratischen Rechtsstaates" verletzt worden sei.[286] Damit scheint sich für diesen Kontext der Kreis zum „groben" Verfahrensmangel zu schließen. Offen gelassen hat das Bundesverfassungsgericht zuletzt, ob neben einem wesentlichen Verfahrensmangel im Sinne des Gesagten[286a] zusätzlich „Evidenz des Fehlers Voraussetzung seiner Rechtsfolgenerheblichkeit ist".[286b] **104**

Das Bundesverwaltungsgericht hat aus der fehlenden Präzision einer Verfahrensregelung geschlossen, dass das Gesetz die Folge der Nichtigkeit für den sehr zweifelhaften Fall einer Verletzung nicht gewollt haben könne, um die sonst entstehenden Unsicherheiten zu vermeiden.[287] Während die Schlussfolgerung für den konkreten Zusammenhang nicht unbedingt überzeugt, ist der Hinweis auf **die Zielsetzung des das Verfahren regelnden Gesetzes** von übergreifender, allerdings inhaltlich weit offener Bedeutung, die sowohl die Elemente des Gewichts des Verfahrensfehlers als auch die seiner potentiellen Relevanz für das Ergebnis in sich aufnehmen kann.[288] **105**

---

[283] Zur umfangreichen Rechtsprechung mit diversen Varianten näher *Sachs*, in: Sachs (Hrsg.), GG, Art. 20 Rn. 98.

[284] *BVerfGE* 34, 9 (26); die nicht ausgesprochene Konsequenz der Vernachlässigung dieser Pflicht müsste, analog zu den auch materiellen Unvereinbarkeitsfällen, sein, dass nach zu langem Zögern doch die Nichtigkeit eintritt; vgl. für diese Rechtsfolge etwa jüngst *BVerfGE* 115, 276 (317 ff.).

[284a] *BVerfGE* 91, 148 (175); erneut für förmliches Gesetz *BVerfGE* 120, 56 (73, 79 f.); für Berührung der Gültigkeit (bei aus anderen Gründen vermiedenem Nichtigkeitsausspruch) bei evidentem Mangel des Gesetzgebungsverfahrens *BVerfGE* 125, 104 (132), wo die Bedeutung eines weiteren Verfahrensverstoßes offenblieb.

[285] *BVerfGE* 91, 148 (176); im Ergebnis ebenso für Verstöße gegen Art. 19 Abs. 1 S. 2 GG ohne Rückgriff auf das Kriterium der Evidenz *BVerfGE* 113, 348 (367).

[286] *BVerfGE* 101, 1 (42 f.) m.w.N., im Anschluss an Stimmen im Schrifttum eine Formulierung *Richard Bartlspergers* aufgreifend.

[286a] → Rn. 101 a.

[286b] *BVerfGE* 127, 293 (331 ff.).

[287] *BVerwGE* 59, 48 (53 ff.).

[288] Bemerkenswert ist auch die Hilfserwägung in *BVerwGE* 59, 48 (56), dass eine Verfahrensvorschrift auch bei fehlendem Einfluss auf die Gültigkeit der Norm Bedeutung behalte, weil gleichwohl (u.a. wegen der tatsächlichen Machtstellung der Gewerkschaften und der parlamentarischen Kontrolle) mit ihrer Erfüllung durch die Staatsorgane zu rechnen sei und die Möglichkeit der gerichtli-

106 Für **Bauleitpläne** schließlich wurde – ohne besondere gesetzliche Grundlage – seit langem angenommen, dass Verletzungen unwesentlicher Verfahrensbestimmungen oder auch von Ordnungsvorschriften auf die Gültigkeit keine Auswirkungen haben sollten.[289] Diese Kategorie soll auch nach der Einführung gesetzlicher **Fehlerfolgenregelungen**[290] ihre Bedeutung behalten haben, weil damit die bisherige Folgenlosigkeit solcher Fehler nicht eingeschränkt werden sollte.[291] „Die Abgrenzung wesentlicher von unwesentlichen Verfahrensvorschriften wie die dazu heranzuziehenden Kriterien sind indes völlig unklar."[292]

bb) Abweichende gesetzliche Bestimmung der Verfahrensfehlerfolgen

107 Ungeachtet solcher Ansätze zur Einschränkung der Nichtigkeitsfolge bei verfahrensfehlerhaftem Normerlass ist die Frage gesetzlichen Regelungen zugeführt worden, zunächst durch die Einführung der Unbeachtlichkeitsregelung des § 155a BauG,[293] die wenig später erweitert wurde.[294] Ins BauGB wurden die Bestimmungen der (jetzt) **§§ 214 ff. BauGB** als eigener Abschnitt „Wirksamkeitsvoraussetzungen" übernommen,[295] der in „Planerhaltung" umbenannt[296] und wiederholt fortentwickelt wurde.[297] Auch in das **Recht der kommunalen Satzungen** wurden ähnliche Regelungen aufgenommen.[298]

108 Zu den Grundelementen, die das „**Fehlerfolgenregime im Bauplanungsrecht**" (§§ 214 ff. BauGB)[299] hinsichtlich der Verfahrensfehler kennzeichnen, gehört, dass die Einhaltung der Verfahrensbestimmungen des Gesetzes bei der Genehmigung gem. § 216 BauGB weiterhin beachtet werden muss, so dass bei

---

chen Sicherung der Verfahrensberechtigung als solcher bestehe, was natürlich nur bei subjektiviert ausgestalteten Verfahrensanforderungen zutrifft.
[289] Vgl. nur *Hill*, Verfahren (Fn. 1), S. 154 f.; *Morlok*, Folgen (Fn. 1), S. 143 m.w.N.
[290] → Rn. 107 ff.
[291] So *Hill*, Verfahren (Fn. 1), S. 155; zur fortdauernden Relevanz dieses Argumentationsmusters auch *Hufen*, Fehler, Rn. 474.
[292] *Morlok*, Folgen (Fn. 1), S. 143; auch *Hill*, Verfahren (Fn. 1), S. 155.
[293] Gesetz zur Änderung des Bundesbaugesetzes vom 18. 8. 1976 (BGBl I [1976], S. 2221, Art. 1 Nr. 74).
[294] Durch Gesetz zur Beschleunigung von Verfahren und zur Erleichterung von Investitionsvorhaben im Städtebaurecht vom 6. 7. 1979 (BGBl I [1979], S. 949, Art. 1 Nr. 29, 30).
[295] Durch Gesetz über das Baugesetzbuch v. 8. 12. 1986 (BGBl I [1986], S. 2191).
[296] Durch Gesetz zur Änderung des Baugesetzbuchs und zur Neuregelung des Rechts der Raumordnung (Bau- und Raumordnungsgesetz 1998 – BauROG) v. 18. 8. 1997 (BGBl I [1997], S. 2081).
[297] Ferner durch Gesetz zur Anpassung des Baugesetzbuchs an EU-Richtlinen (Europarechtsanpassungsgesetz Bau – EAG Bau) vom 24. 6. 2004 (BGBl I [2004], S. 1359); dazu etwa *Wilfried Erbguth*, Rechtsschutzfragen und Fragen der §§ 214 und 215 BauGB im neuen Städtebaurecht, DVBl 2004, S. 802; *ders.*, Abwägung auf Abwegen? – Allgemeines und Aktuelles –, JZ 2006, S. 484 (488 ff.); auch *Benedikt Grünewald*, Subjektive Verfahrensrechte als Folge der Europäisierung des Bauplanungsrechts, NVwZ 2009, S. 1520 ff.; zur aktuellen Rechtsprechung allgemein *Bernhard Stüer*, Bauleitplanung, DVBl 2011, S. 381 (390 f.).
[298] Vgl. § 7 Abs. 6 GO NRW; § 5 Abs. 6 KrO NRW; zu derartigen Bestimmungen vgl. neben den Kommentierungen etwa *Hermann Hill*, Zur Dogmatik sog. Heilungsvorschriften im Kommunalverfassungsrecht, DVBl 1983, S. 1; *Hartmut Maurer*, Rechtsfragen kommunaler Satzungsgebung, DÖV 1993, S. 184 (193 f.); *Dorothee Wilhelm*, Präklusionswirkungen für das kommunale Beanstandungsrecht?, NVwZ 1984, S. 424.
[299] Dazu eingehend neben den Kommentierungen etwa *Dominik Kupfer*, Das Fehlerfolgenregime im Bauplanungsrecht (§§ 214 ff. BauGB), DV, Bd. 38 (2005), S. 493 ff. Für materielle Bedeutung der UVP-Prüfung insoweit zuletzt *Wilfried Erbguth*, Anm. zu EuGH (1. K.), Urt. v. 3. 3. 2011, – Rs. C-50/09, NVwZ 2011, S. 929 ff.

ordnungsgemäß festgestellten Verletzungen die Genehmigung nicht erteilt werden kann. Allerdings ist das präventiv wirksame Genehmigungserfordernis durch die Fiktion nach § 6 Abs. 4 S. 4, § 10 Abs. 2 S. 2 BauGB relativiert.

Nach § 214 Abs. 1 BauGB wird abschließend („nur") festgelegt, in welchen Fällen die Verletzung von Verfahrens- und Formvorschriften des BauGB überhaupt „beachtlich" sind. **Beachtlichkeit** bedeutet, dass alle rechtsanwendenden Stellen die Konsequenz des Verfahrensfehlers, nämlich grundsätzlich die Nichtigkeit[300] oder doch schwebende Unwirksamkeit[301] der Normen, zu beachten haben. Andere als die in den Nrn. 1 bis 4 angesprochenen Verfahrensfehler sind unbeachtlich, bleiben also für die Wirksamkeit der Normen außer Betracht.[302] 109

Die Fehler nach Abs. 1 Nr. 1 bis 3 werden nur grundsätzlich für beachtlich erklärt; durch weitere Anforderungen sind insbesondere nicht wesentliche, nicht offensichtliche, nicht das Ergebnis beeinflussende und sonstige einzeln **enumerierte Fehler ausgenommen.** 110

Die verbleibenden beachtlichen Fehler müssen diese Eigenschaft nicht auf Dauer behalten. § 215 Abs. 1 BauGB lässt vielmehr die Verletzung von Verfahrensvorschriften **unbeachtlich werden,** wenn sie nicht von irgend jemandem[303] fristgerecht in näher vorgeschriebener Weise gegenüber der Gemeinde geltend gemacht worden ist.[304] Die Befristung der abstrakten **Normenkontrolle nach § 47 Abs. 2 S. 1 VwGO** bleibt hinter diesen Wirkungen zurück, weil sie die Möglichkeit der Inzidentkontrolle unberührt lässt.[305] Das Bundesverfassungsgericht hat solche Befristungen der Angreifbarkeit von Rechtsnormen jedenfalls bei Normen mit ausreichender Publizität als gerechtfertigt angesehen.[306] Daneben besteht die Möglichkeit zur Fehlerbehebung im ergänzenden Verfahren nach § 214 Abs. 4 BauGB.[307] 111

d) Privatrechtsgeschäfte

Unter Verstoß gegen öffentlich-rechtliche Verfahrensvorschriften zustande gekommene Rechtsgeschäfte des (Verwaltungs-)Privatrechts richten sich in ihrer Wirksamkeit allein nach den einschlägigen **Regeln des Privatrechts,**[308] sind also bei Gesetzwidrigkeit nur unter den engen Voraussetzungen des § 134 BGB nich- 112

---

[300] Vgl. den differenzierten Fehlerfolgen *Stock,* in: Ernst/Zinkahn/Bielenberg/Krautzberger (Hrsg.), BauGB, § 214 Rn. 30 ff.
[301] Im Hinblick auf § 214 Abs. 4 BauGB → Rn. 124.
[302] Vgl. *Battis,* in: Battis/Krautzberger/Löhr, BauGB, § 214 Rn. 1.
[303] *BVerwG,* NVwZ 1983, S. 347.
[304] Ähnlich § 7 Abs. 6 S. 1 lit. d GO NRW, § 5 Abs. 6 S. 1 lit. d KrO NRW.
[305] *Ziekow,* in: Sodan/Ziekow, VwGO, § 47 Rn. 288 m.w.N. Entsprechendes gilt, wenn sonst subjektive Rechte nicht mehr geltend gemacht werden können, insbes. nach § 47 Abs. 2a VwGO präkludiert sind, vgl. *Kopp/Schenke,* VwGO, § 47 Rn. 75a.
[306] Für eine Regelung zu naturschutzrechtlichen Schutzgebietsausweisungen *BVerfG* (K), NVwZ-RR 2002, S. 81 (92); im Übrigen hat es die im Anschluss an *Maurer,* Satzungsgebung (Fn. 298), S. 193 f., angesprochenen Bedenken offengelassen.
[307] → Rn. 124.
[308] *Hufen,* Fehler, Rn. 444; zu Fehlerfolgen in Vergabeverfahren *Wolfgang Kahl,* Privatrechtliches Verwaltungshandeln und Verwaltungsverfahrensgesetz am Beispiel des Vergaberechts, in: FS Friedrich v. Zezschwitz, 2005, S. 151 ff.; *Jan Ziekow/Thorsten Siegel,* Das Vergabeverfahren als Verwaltungsverfahren, ZfBR 2004, S. 30 ff.; *Stefan Storr,* Fehlerfolgenlehre im Vergaberecht, SächsVBl 2008, S. 60 ff. Vgl. a. → Bd. I *Burgi* § 18 Rn. 61 ff., 64 ff.

§ 31 Verfahrensfehler im Verwaltungsverfahren

tig. Dies schließt rechtsstaatliche **Pflichten zur Fehlerkorrektur** und **Folgenbeseitigungsansprüche** nicht aus.[309]

3. Relativierungen der das Verfahrensergebnis betreffenden Fehlerfolgen

113   Konsequenzen von Verfahrensfehlern für das Verfahrensergebnis bestehen nach dem Gesagten namentlich für Verwaltungsakte und für administrative Rechtsnormen; in beiden Bereichen werden die **regelmäßigen Fehlerfolgen** durch besondere Regelungen mehr oder weniger weitgehend **relativiert**.[310]

a) Insbesondere für Verwaltungsakte

114   Die geschilderten Folgen für verfahrensfehlerhaft erlassene Verwaltungsakte[311] sind nach Maßgabe der §§ 45 ff. VwVfG in nicht unerheblichem Maße relativiert. Insbesondere seit der Erweiterung der §§ 45, 46 VwVfG[312] sind rechtsstaatliche Bedenken gegen eine **Entwertung der verwaltungsverfahrensrechtlichen Errungenschaften** nicht mehr von der Hand zu weisen. Eine **restriktive Auslegung** der Bestimmungen ist geboten, um die Verfahrensgarantien nicht bis zur Bedeutungslosigkeit zu entwerten. Nachfolgend können nur die wesentlichsten Grundzüge der Relativierungen aufgezeigt werden.[313]

aa) Heilung

115   Nach § 45 VwVfG ist eine Verletzung von Verfahrensvorschriften, wenn sie nicht nach § 44 VwVfG zur Nichtigkeit des Verwaltungsakts geführt hat, unbeachtlich, wenn eines der fünf einzeln bezeichneten Verfahrenserfordernisse nachträglich erfüllt wird. Dadurch erfolgt die **Heilung des Fehlers** (so die Überschrift des Paragraphen), der Verwaltungsakt ist nicht mehr rechtswidrig, und zwar (für die Zwecke des Verwaltungsverfahrens) von Anfang an nicht.[314] Damit kann der Verwaltungsakt wegen des geheilten Verfahrensfehlers nicht mehr erfolgreich angefochten werden; auch eine Rücknahme aus diesem Grunde ist nicht mehr möglich.

116   Besonders problematisch ist die **Möglichkeit der Heilung**, seit sie bis zum Abschluss der letzten Tatsacheninstanz[315] **auch noch während des verwaltungsgerichtlichen Verfahrens** erfolgen kann. Auch wenn der betroffene Kläger die Last der Gerichtskosten abwenden kann, wird ihn die Aussicht auf eine Hei-

---

[309] So wohl auch *Hufen*, Fehler, Rn. 444.
[310] Zur Relativierung von Verfahrensfehlern rechtsvergleichend etwa *Ladenburger*, Verfahrensfehlerfolgen (Fn. 177), S. 238 ff.
[311] → Rn. 58 ff.
[312] Vgl. *Hufen*, Fehler, Rn. 5 m. w. N.
[313] Im Einzelnen sei – auch an Stelle von Einzelnachweisen – auf meine ausführliche Kommentierung der §§ 45 ff. in Stelkens/Bonk/Sachs (Hrsg.), VwVfG, verwiesen.
[314] Nochmals dezidiert für eine Beschränkung auf ex nunc-Heilung *Wolf-Rüdiger Schenke*, Die Heilung von Verfahrensfehlern gem. § 45 VwVfG, VerwArch, Bd. 97 (2006), S. 592 (602 ff.), allerdings (nur) mit Rücksicht auf Ersatzansprüche und Beseitigungsansprüche hinsichtlich der bis zur Heilung eingetretenen Folgen des Verwaltungsakts.
[315] Die zunächst verwendete Formulierung „bis zum Abschluss eines verwaltungsgerichtlichen Verfahrens" konnte bereits entsprechend restriktiv interpretiert werden, vgl. nur *Sachs*, in: Stelkens/Bonk/Sachs (Hrsg.), VwVfG, 6. Aufl. 2001, § 45 Rn. 116 ff.

lung doch von Klagen, die sich allein auf den Verfahrensfehler stützen, vielfach abschrecken und so in Kombination mit § 44a VwGO den gerichtlichen Rechtsschutz überhaupt aushebeln. Immerhin wird man bei planmäßiger Missachtung von Verfahrensvorschriften durch die Behörden die Heilungsfolge unter **Missbrauchsaspekten** ausschließen können. Im Übrigen ist die Heilung davon abhängig zu machen, dass der Zweck der Verfahrensanforderung nach der Gestaltung des konkreten Verfahrens, etwa bei einer nachträglichen Anhörung, auch erreicht wird.[316]

Auch außerhalb der in § 45 VwVfG geregelten Fälle kann es zur Heilung von Verfahrensfehlern in einem weiteren, untechnischen Sinne kommen, indem eine **versäumte Verfahrenshandlung nachgeholt oder notfalls ein fehlerbehafteter Verfahrensabschnitt wiederholt** wird.[317] Für einige Planfeststellungsverfahren ist die Möglichkeit, Verfahrensfehler in einem ergänzenden Verfahren zu beheben, spezialgesetzlich ausdrücklich festgelegt worden.[318]

117

bb) Ausschluss des Aufhebungsanspruchs nach § 46

Eher **größeren Bedenken** als die Heilung ist der Ausschluss des Aufhebungsanspruchs bei nicht nichtigen verfahrensfehlerhaften Verwaltungsakten gem. § 46 VwVfG ausgesetzt, weil es hier nicht einmal nachträglich zur Befolgung der Verfahrensvorschriften kommt.[319] Die praktische Bedeutung dieser Regelung ist allerdings dadurch begrenzt, dass Verfahrensfehler überwiegend schon nicht zur Rechtswidrigkeit des Verwaltungsakts führen, wenn sie auf den Inhalt der Entscheidung keinen Einfluss haben konnten,[320] so dass ohnehin kein Aufhebungsanspruch besteht. Im verbleibenden Anwendungsbereich namentlich der Fehler des § 45 VwVfG besteht zudem die Möglichkeit der Heilung.

118

Absolute Aufhebungsgründe auf spezialgesetzlicher Grundlage, die von § 46 VwVfG nicht berührt werden, sind demgegenüber bisher seltene Ausnahmen; die **Grundrechtsrelevanz einer Verfahrensvorschrift** allein genügt hierfür jedenfalls nicht.[321] Doch begründet § 4 Abs. 1 UmwRG einen Aufhebungsanspruch, wenn eine vorgeschriebene UVP nicht durchgeführt oder nachgeholt worden ist.[322]

119

Bei den **Rechtsfolgen** erfasst § 46 VwVfG nur die subjektiven Rechte auf Aufhebung, neben dem mit der Anfechtungsklage verfolgten Anspruch auf Aufhebung durch das Verwaltungsgericht auch den auf ermessensfehlerfreie Entscheidung über eine Rücknahme; objektiv bleibt die **Rechtswidrigkeit** aber

120

---

[316] Gegen die heilende Nachholbarkeit der richterlichen Durchsuchungsanordnung durch eine spätere Entscheidung wegen fehlender Äquivalenz etwa *BVerfG*, NJW 2004, S. 3171 (3171). Vgl. a. → Bd. II *Schneider* § 28 Rn. 49. Zum Planfeststellungsverfahren → Bd. II *Bumke* § 35 Rn. 184 m. Fn. 596.

[317] Vgl. näher *Wolfgang Durner*, Die behördliche Befugnis zur Nachbesserung fehlerhafter Verwaltungsakte, VerwArch, Bd. 97 (2006), S. 345 ff., der umfassende Nachbesserungsmöglichkeiten unter den Voraussetzungen des § 48 VwVfG annimmt.

[318] Vgl. zu §§ 17 Abs. 6c S. 2 FStrG *BVerwGE* 102, 358 (364 ff.); zu § 20 VII AEG *BVerwGE* 105, 348 (349).

[319] § 42 S. 2 SGB X macht für den Fall der unterbliebenen und nicht nachgeholten Anhörung eine bemerkenswerte Ausnahme.

[320] → Rn. 47 ff.

[321] *BVerfG* (K), NVwZ-RR 2000, S. 487 (488) im Hinblick auf Verletzungen der zum Schutz der in Art. 2 Abs. 2 S. 1 GG genannten Rechtsgüter bestehenden atomrechtlichen Verfahrensvorschriften über die Öffentlichkeitsbeteiligung.

[322] → Rn. 62.

bestehen und kann **Grundlage weitergehender Rechtsfolgen** sein. Insbesondere bleibt die Rücknahme nach § 48 VwVfG möglich.

121 Verstärkt haben sich die gleichwohl berechtigten Bedenken gegen § 46 VwVfG aufgrund seiner Änderung,[323] mit der die Vorschrift über den ursprünglich allein erfassten Bereich der gebundenen Verwaltung, in dem es keine rechtliche Alternative zur allein richtigen, von den Gerichten maßgeblich zu beurteilenden Entscheidung gibt,[324] hinaus ausgeweitet wird. Nunmehr beansprucht sie auch **Geltung für Entscheidungen**, für die der Verwaltung Ermessens-, Beurteilungs- oder planerische **Spielräume** zustehen. Die Anforderung, dass offensichtlich sein muss, dass die Verletzung der Verfahrensvorschrift die Entscheidung in der Sache nicht beeinflusst hat, lässt allerdings bei der gebotenen strengen Auslegung nur wenig Raum für eine Anwendung von § 46 VwVfG in dem hinzugetretenen Anwendungsbereich.[325]

122 Hintergrund der Regelung des § 46 VwVfG, der auch den insoweit auffälligen **Unterschied namentlich zum Europarecht**[326] erklärt, ist der Umstand, dass die VwGO den Verwaltungsgerichten abverlangt, im Rahmen ihres Kontrollumfangs die Sache unabhängig von behördlichen Verfahrensfehlern materiell spruchreif zu machen. Damit haben die Verwaltungsgerichte in nicht unerheblichem Umfang Aufgaben zu erledigen, die im Ausgangspunkt solche der Behörden waren. Die namentlich vom EuGH intensiv genutzte und mit grundsätzlichen Erwägungen der Gewaltenteilung begründete Möglichkeit der Zurückverweisung an die Behörden[327] steht den deutschen Verwaltungsgerichten nicht zu Gebote; § 113 Abs. 3 VwGO berechtigt zwar zur Aufhebung ohne abschließende Klärung in der Sache, ist aber an recht enge Voraussetzungen gebunden, die zudem noch restriktiv ausgelegt werden.[328]

cc) Umdeutung

123 Eine Umdeutung des rechtswidrigen Verwaltungsakts, die die angestrebte Regelung der Sache nach in gewissem Umfang aufrechterhält, ist **auch bei Verfahrensfehlerhaftigkeit** möglich und kommt sogar für nichtige Verwaltungsakte in Betracht.[329]

b) Insbesondere für Administrativnormen

124 Für Administrativnormen sind – gemessen am Nichtigkeitsdogma – bereits eine Reihe von gerichtlich entwickelten oder gesetzlich vorgenommenen **Relati-**

---

[323] Mit Gesetz zur Beschleunigung von Genehmigungsverfahren (Genehmigungsverfahrensbeschleunigungsgesetz) v. 12. 9. 1996 (BGBl I [1996], S. 1354).
[324] → Rn. 118.
[325] Näher *Sachs*, in: Stelkens/Bonk/Sachs (Hrsg.), VwVfG, § 46 Rn. 44 ff.; *Alleweldt*, Verbandsklage (Fn. 170), S. 621 (627).
[326] Vgl. *Kopp/Ramsauer*, VwVfG, § 46 Rn. 20; *Ziekow*, VwVfG, § 46 Rn. 3. S. a. → Bd. I *Schmidt-Aßmann* § 5 Rn. 89; Bd. II *Bumke* § 35 Rn. 185, 202 ff.
[327] Vgl. *EuG*, Rs. T-346/94, Slg. 1995, II-2841 Rn. 42 (France-Aviation/Kommission); *EuG*, Rs. T-237/00, Slg. 2002, II-163 Rn. 83 (Reynolds/Parlament).
[328] Vgl. etwa *BVerwGE* 117, 200 (206 ff.). S. a. → Bd. I *Schmidt-Aßmann* § 5 Rn. 89 a. E. Zu erheblichen Unklarheiten bezüglich der Rechtswidrigkeit des Verwaltungsakts in diesem Kontext vgl. *Wolff*, in: Sodan/Ziekow (Hrsg.), VwGO, § 113 Rn. 359, 362, 366 f. Vgl. a. → Bd. II *Röhl* § 30 Rn. 39.
[329] *Sachs*, in: Stelkens/Bonk/Sachs (Hrsg.), VwVfG, § 47 Rn. 29, 31. S. a. → Bd. II *Bumke* § 35 Rn. 186 ff.

B. Verfahrensfehlerfolgen

vierungen gegenüber der idealtypischen Konsequenz **der Nichtigkeit** aufgezeigt worden.[330] Zu ergänzen ist an dieser Stelle namentlich die der Heilung nach § 45 VwVfG ähnelnde Möglichkeit, eine zunächst an einem beachtlichen Mangel leidende Norm nach § 214 Abs. 4 BauGB (früher ausführlicher: § 215a BauGB a.F.) durch ein ergänzendes Verfahren zur Behebung von Fehlern auch rückwirkend in Kraft zu setzen.[331]

4. Sanktionsmöglichkeiten bei verfahrensfehlerhaften Staatsakten

Besondere Sanktionsmöglichkeiten, die gerade bei verfahrensfehlerhaften Staatsakten eingreifen, **sind dem deutschen Verwaltungsrecht fremd.** Damit kann insoweit nur auf die allgemeinen Instrumente zurückgegriffen werden, wobei die unmittelbar an das rechtswidrige Verfahrensverhalten anknüpfenden, vom Entscheidungsinhalt unabhängigen Sanktionen[332] bereits oben berücksichtigt worden sind. 125

Zusätzliche Bedeutung kann die **Amtshaftung gem. Art. 34 GG/§ 839 BGB** bekommen, wenn der Verfahrensfehler zu einem deshalb rechtswidrigen Staatsakt[333] führt, der selbst schädigende Rechtswirkungen entfaltet.[334] Angesichts der umfassenden Amtspflicht zur verfahrensfehlerfreien Entscheidung[335] wird deren Drittgerichtetheit den Kreis möglicher Anspruchsberechtigter maßgeblich auf diejenigen einschränken, die eigene subjektive Verfahrensrechte besitzen oder in ihrer abwehrgrundrechtlich geschützten Rechtsstellung beeinträchtigt sind. Außerdem ist § 839 Abs. 3 BGB mit dem Vorrang des Primärrechtsschutzes zu beachten. 126

Entsprechende Ansprüche können sich **für den vertraglichen Bereich** auch aus culpa in contrahendo (§§ 62 S. 2 VwVfG i.V.m. §§ 280, 311 Abs. 2 BGB) ergeben.[336] 127

---

[330] → Rn. 76 ff.
[331] Vgl. *BVerwGE* 75, 262 (266 ff.); *BVerwG*, NVwZ 1993, S. 361; *Ulrich M. Gassner*, Aktuelle Probleme der rückwirkenden Inkraftsetzung von Satzungen gem. § 215 Abs. 3, BauR, 1984, S. 33 ff.; *Annette Rosenkötter*, Heilung fehlerhafter Bebauungspläne: Das ergänzende Verfahren, NZBau 2008, S. 372 f.
[332] → Rn. 71 ff. Allgemein zu Sanktionen → Bd. III *Waldhoff* § 46 Rn. 147 ff.
[333] Neben Verwaltungsakten kommen hier auch trotz Verfahrensfehlerhaftigkeit wirksame öffentlich-rechtliche Verträge, vgl. *BGH*, NVwZ-RR 2004, S. 804 (806) und allgemein *Hufen*, Fehler, Rn. 344, oder administrative Normen, vgl. *BGHZ* 102, 350 (368); 91, 243 (249); *BGH*, NJW 1971, S. 1699 f.; für Verwaltungsvorschriften *Anna Leisner-Egensperger*, Die Erlasshaftung: Amtshaftung für Verwaltungsvorschriften?, DÖV 2004, S. 65 ff.; allgemein *Hufen*, Fehler, Rn. 474 m.w.N., in Betracht.
[334] Siehe auch insoweit *Hufen*, Fehler, Rn. 575 ff. Allgemein zur Amtshaftung s.a. → Bd. III *Höfling* § 51, *Morlok* § 52.
[335] Etwa bei fehlerhaften Auskünften, vgl. *Krautzberger/Schliepkorte*, in: Ernst/Zinkahn/Bielenberg/Krautzberger (Hrsg.), BauGB, § 10 Rn. 138
[336] Für eine solche Haftung auch in anderen durch Gleichordnung gekennzeichneten Verwaltungsrechtsverhältnissen *Kellner*, Haftungsprobleme (Fn. 271), passim, S. 71 ff., 166 f., 229.

C. Fehler in deutschen Verwaltungsverfahren und Europarecht

128 Für Verstöße gegen Europarecht beim indirekten, prinzipiell nach deutschem Recht erfolgenden Verwaltungsvollzug[337] gelten generell die **Grundsätze der Effektivität und der Nichtdiskriminierung;**[338] daher dürfen die Folgen von Verfahrensfehlern in diesen Fällen nicht hinter denen von Verfahrensrechtsverletzungen in Anwendung deutschen Rechts zurückbleiben und nicht so weit reduziert sein, dass die Wirksamkeit des Unionsrechts praktisch unmöglich gemacht oder übermäßig erschwert wird. Dies gilt vorbehaltlich europarechtlich festgelegter Verfahrensfehlerfolgen auch, soweit die verletzten Vorschriften zum Verwaltungsverfahren[339] ausnahmsweise solche des Europarechts oder zur Umsetzung seiner verfahrensrechtlichen Vorgaben erlassene sind.[340] Dabei ist für die im Einzelfall verletzte Verfahrensanforderung zu prüfen, welche Folgen zur Sicherung ihrer Effektivität unerlässlich sind und ob das deutsche Recht dem genügt. Von Bedeutung wird insoweit auch sein, inwieweit sich die Gemeinschaftskompetenz über die Verfolgung von Sachanliegen hinaus auf die Festlegung unabhängig davon bedeutsamer Anforderungen gerade an das Verwaltungsverfahren erstreckt,[341] so dass etwa eine Sicherung des europarechtlich vorgegebenen Sachanliegens im Gerichtsverfahren als ungenügend ausgeschlossen werden darf.

Ausgewählte Literatur

Alleweldt, Ralf, Verbandsklage und gerichtliche Kontrolle von Verfahrensfehlern: Neue Entwicklungen im Umweltrecht, DÖV 2006, S. 621–631.

Baumeister, Peter, Der Beseitigungsanspruch als Fehlerfolge des rechtswidrigen Verwaltungsakts, 2006.

Bumke, Christian, Relative Rechtswidrigkeit, 2004.

Durner, Wolfgang, Die behördliche Befugnis zur Nachbesserung fehlerhafter Verwaltungsakte, VerwArch, Bd. 97 (2006), S. 345–380.

Erbguth, Wilfried, Rechtsschutzfragen und Fragen der §§ 214 und 215 BauGB im neuen Städtebaurecht, DVBl 2004, S. 802–810.

Hill, Hermann, Das fehlerhafte Verfahren und seine Folgen im Verwaltungsrecht, 1986.

Kupfer, Dominik, Das Fehlerfolgenregime im Bauplanungsrecht (§§ 214ff. BauGB), DV, Bd. 38 (2005), S. 493–516.

---

[337] Dazu allgemein *Sachs,* in: Stelkens/Bonk/Sachs (Hrsg.), VwVfG, Einl. Rn. 73ff. m.w.N. → Bd. I *Schmidt-Aßmann* § 5 Rn. 19ff.

[338] Dazu allgemein *Sachs,* in: Stelkens/Bonk/Sachs (Hrsg.), VwVfG, Einl. Rn. 77f. m.w.N., § 45 Rn. 167; ferner etwa *Matthias Ruffert,* Überlegungen zu den Rechtsformen des Verwaltungshandelns im europäisierten Verwaltungsrecht, in: FS Peter Krause, 2006, S. 215, 228f. mit umfangreichen Nachweisen zur Rechtsprechung; weiter gehend zu einem Uniformitätsprinzip *Werner Schroeder,* Nationale Maßnahmen zur Durchführung von EG-Recht und das Gebot der einheitlichen Wirkung, AöR, Bd. 129 (2004), S. 3 (15ff.). S.a. → Bd. I *Schmidt-Aßmann* § 5 Rn. 31. Zum Gemeinschaftsrecht als Grenze für die Unbeachtlichkeit von Fehlern s.a. → Bd. II *Bumke* § 35 Rn. 202ff. Zur Problematik ferner etwa *Bülow,* Relativierung (Fn. 150); *Grünewald,* Betonung des Verfahrensgedankens (Fn. 169).

[339] Teilweise werden in diesem Kontext nur Konflikte „zwischen EG-Sachnorm und nationaler Verfahrensnorm" thematisiert, vgl. nur *Schroeder,* Nationale Maßnahmen (Fn. 338), S. 25 ff.

[340] Dazu näher *Sachs,* in: Stelkens/Bonk/Sachs (Hrsg.), VwVfG, § 45 Rn. 168ff. m.w.N.

[341] Dafür generell etwa *Schroeder,* Nationale Maßnahmen (Fn. 338), S. 11ff. m.w.N. auch für die überwiegende gegenteilige Sichtweise.

Ausgewählte Literatur

Ladenburger, Clemens, Verfahrensfehlerfolgen im französischen und deutschen Verwaltungsrecht, 1999.
Laubinger, Werner, Heilung und Folgen von Verfahrens- und Formvorschriften, VerwArch, Bd. 72 (1981), S. 333–351.
Morlok, Martin, Folgen von Verfahrensfehlern am Beispiel kommunaler Satzungen, 1988.
Popp, Andreas, Verfahrenstheoretische Grundlagen der Fehlerkorrektur im Strafverfahren, 2005.
Sachs, Michael, Zur formellen Rechtswidrigkeit von Verwaltungsakten, VerwArch, Bd. 97 (2006), S. 573–591.
Schenke, Wolf-Rüdiger, Die Heilung von Verfahrensfehlern gem. § 45 VwVfG, VerwArch, Bd. 97 (2006), S. 592–610.
Schmidt-Aßmann, Eberhard, Verwaltungsverfahren, in: Isensee/Kirchhof (Hrsg.), HStR V, § 109.

§ 32 Privatverfahren

Ivo Appel

Übersicht

	Rn.		Rn.
A. Verfahrensverantwortung – Verfahrensprivatisierung – Privatverfahren	1	3. Folgen für die Legalisierungswirkung und den Rechtsschutz Dritter	43
B. Grundelemente der Verfahrensprivatisierung	6	V. Einordnung der Verfahrensprivatisierung in die Privatisierungslandschaft	45
I. Vorklärungen	6		
1. Verhältnis von Verfahren und Sachentscheidung	7	C. Rechtliche Vorgaben und Grenzen einer Übertragung von Verfahrensverantwortung auf Private	52
2. Verfahrensprivatisierung und Verfahrensverantwortung Privater	9	I. Pflicht zur Verfahrensprivatisierung	53
II. Begriff und Erscheinungsformen der Verfahrensprivatisierung	11	II. Rechtliche Grenzen einer Verfahrensprivatisierung	56
1. Terminologische Eingrenzung	12	1. Europarechtliche Vorgaben	57
a) Staatliche Sachentscheidung als Bezugspunkt der Verfahrensprivatisierung	13	a) Gesteigerte Bedeutung des Verfahrens	57
b) Rücknahme staatlicher Verfahrensverantwortung	16	b) Folgen für die Verfahrensprivatisierung	58
c) Notwendigkeit eines weiten Verfahrensbegriffs	20	2. Verfassungsrechtliche Bindungen	62
2. Erscheinungsformen der Verfahrensprivatisierung	21	a) Probleme der Konstitutionalisierung	63
a) Verfahrensentlastende Eigenbeiträge	24	b) Maßgebende Direktiven der Verfassung	64
b) Verfahrensentlastende Beiträge privater Dritter	25	aa) Grundrechte	65
c) Privates Verfahrensmanagement	26	bb) Rechtsstaatliche Garantien	67
d) Staatliche Anknüpfung an private Entscheidungsverfahren	27	cc) Erfordernis demokratischer Legitimation	70
e) Private Normsetzung als Sonderfall	29	dd) Beamtenrechtlicher Funktionsvorbehalt	71
III. Motive der Verfahrensprivatisierung	36	3. Einfachrechtliche Grenzen	72
IV. Wirkungen der Verfahrensprivatisierung	38	D. Grundzüge eines Privatverfahrensrechts	73
1. Partikularisierung und partieller Verlust des Verfahrensrechts als Steuerungsressource	38	I. Stellung des Privaten im privatisierten Verfahren	74
		II. Gewährleistungsverantwortung und Privatverfahrensrecht	77
2. Gefahr faktischer Entstaatlichung und Auswirkungen auf die materielle Entscheidung	40	1. Vorbeugende Maßnahmen bei der Übertragung auf Private	81
		2. Begleitendes Verfahren zweiter Ordnung	87

§ 32 Privatverfahren

	Rn.
3. Kontrolle bei der Rezeption der privaten Verfahrensergebnisse ...	89
III. Grenzen der Gewährleistungs- und Auffangverantwortung	96
IV. Flankierende Konzepte	97
1. Privatisierung des Gemeinwohls durch gesellschaftliche Kontrolle privater Verfahren	97
2. Haftungs- und versicherungsrechtliche Strategien	98
V. Fehlerfolgen und Rechtsschutz	100
E. Mediation im Umfeld von Verwaltungsverfahren	102
I. Mediation als Privatverfahren	104
II. Mediation als regulierte Selbstregulierung	106
III. Mediation als Konfliktmittlung im Umfeld von Verwaltungsverfahren	107
1. Einsatzfelder der Mediation im Umfeld von Verwaltungsverfahren	108
2. Voraussetzungen des Mediationskonzepts	110
3. Zeitpunkt der Mediation und Verfahrensablauf	117

	Rn.
4. Strukturelle Differenz von Verwaltungsmediation und privater Konfliktmittlung	121
IV. Vereinbarkeit von Verwaltungsrecht und Mediation	122
1. Grundsätzliche Zulässigkeit einvernehmlicher Lösungen	123
2. Rechtliche Grenzen der Mediation	124
V. Stellung des privaten Mediators in und im Umfeld von Verwaltungsverfahren	130
VI. Mediationsverfahrensrecht	131
1. Übertragung der Mediation auf den Mediator und Bestimmung der Mediationsteilnehmer	133
2. Begleitung des Verfahrens	136
3. Rezeption und Umsetzung des Mediationsergebnisses	139
VII. Rechtsschutz und Rechtsfolgen eines Scheiterns	143
F. Ausblick	145

Ausgewählte Literatur

A. Verfahrensverantwortung – Verfahrensprivatisierung – Privatverfahren

Reichweite und Dichte staatlicher Verfahrensverantwortung sind durch die 1
jeweilige Leistungserwartung und das angestrebte Steuerungsniveau bedingt.
Sie sind der Veränderung und Neudefinition zugänglich.[1] Nachdem sich öffentliches Verwalten generell der Aufgabe ausgesetzt sieht, neue Formen der Kooperation mit der Bürgergesellschaft zu entwickeln,[2] ist auch das **Verwaltungsverfahren in den Sog der Privatisierungs- und Deregulierungsdiskussion** geraten.[3] Die ungeteilte Verfahrensherrschaft des Staates und die damit verbundenen Steuerungselemente werden vor allem dort aufgebrochen, wo der Staat versucht, auch angesichts veränderter Rahmenbedingungen seine Steuerungsaufgabe zu sichern und sie durch Wahl neuartiger – vielfach europarechtlich bedingter – Steuerungstypen auf arbeitsteilige und kooperative Aufgabenerledigung auszurichten.[4] Vor allem die angestrebte Nutzung privaten Wissens und Sachverstands,[5] aber auch rechtliche und faktische Entlastungspotentiale auf Seiten des Staates, Beschleunigungs-, Effizienz- und Kostenaspekte sowie die erhofften Flexibilitätsvorteile bei der Einschaltung Privater[6] haben dazu geführt, dass sowohl die Privatisierung von Verfahren oder Verfahrensteilen als auch die staatliche Anknüpfung an privatregulierte Verfahren virulent geworden sind. Die Entwicklung ordnet sich in ein verändertes Rollenverständnis des Staates ein, der Zonen veränderter Zusammenarbeit mit Privaten schafft, seine Verantwortung je nach Sachbereich stufenweise abschichtet, zwischen öffentlichem und privatem Sektor aufteilt[7] und partiell von einer Erfüllungsverantwortung hin zu einer

---

[1] *Wolfgang Hoffmann-Riem*, Verfahrensprivatisierung als Modernisierung, DVBl 1996, S. 225 (229).
[2] *Schuppert*, Verwaltungswissenschaft, S. 115 ff.; *Rainer Pitschas*, Mediation als Methode und Instrument der Konfliktmittlung im öffentlichen Sektor, NVwZ 2004, S. 396. Vgl. a. → Bd. I *Schulze-Fielitz* § 12 Rn. 64 ff. sowie allg. zur Aufgabenerfüllung durch Private ebd., Rn. 91 ff.
[3] Zur Deregulierungsdiskussion vgl. a. → Bd. I *Eifert* § 19 Rn. 3 f., 18.
[4] *Hoffmann-Riem* (Fn. 1), S. 229; *Gunnar Folke Schuppert*, Die Privatisierungsdiskussion in der deutschen Staatsrechtslehre, StWStP 1994, S. 541 (557, 562 f.); *Jong Hyun Seok/Jan Ziekow* (Hrsg.), Die Einbeziehung Privater in die Erfüllung öffentlicher Aufgaben, 2008. Besonders anschaulich zeigt sich diese Entwicklung bei der Umstellung auf eine mittelbare Steuerung durch Rahmen- oder Zielvorgaben, die eine ungeteilte staatliche Verfahrensherrschaft weder erfordert noch nahelegt. S. a. → Bd. I *Franzius* § 4 Rn. 13 ff.
[5] Siehe a. → Bd. II *Vesting* § 20 Rn. 38 f., 50, *Gusy* § 23 Rn. 40, *Hill/Martini* § 34 Rn. 70 ff. Zum Umgang mit Sachverständigen s. a. → Bd. II *Ladeur* § 21 Rn. 45 ff.; Bd. III *Voßkuhle* § 43 Rn. 49.
[6] Zu den Motiven für Privatisierungen vgl. a. → Bd. I *Voßkuhle* § 1 Rn. 59, *Schulze-Fielitz* § 12 Rn. 93 f.
[7] Zur Verantwortungsteilung zwischen öffentlichem und privatem Sektor *Gunnar Folke Schuppert*, Jenseits von Privatisierung und „schlankem" Staat: Vorüberlegungen zu einem Konzept von Staatsentlastung durch Verantwortungsteilung, in: Christoph Gusy (Hrsg.), Privatisierung von Staatsaufgaben: Kriterien – Grenzen – Folgen, 1998, S. 72 ff.; *Hans-Heinrich Trute*, Verantwortungsteilung als Schlüsselbegriff eines sich verändernden Verhältnisses von öffentlichem und privatem Sektor, in: Gunnar Folke Schuppert (Hrsg.), Jenseits von Privatisierung und „schlankem" Staat: Verantwortungsteilung als Schlüsselbegriff eines sich verändernden Verhältnisses von öffentlichem und privatem Sektor, 1999, S. 13 ff.; *Andreas Voßkuhle*, Gesetzgeberische Regelungsstrategien der Verantwortungsteilung zwischen öffentlichem und privatem Sektor, ebd. S. 47 ff.; *Wolfgang Hoffmann-Riem*, Verantwortungsteilung als Schlüsselbegriff moderner Staatlichkeit, in: FS Klaus Vogel, 2000, S. 47 ff.; *Gunnar Folke Schuppert* (Hrsg.), Der Gewährleistungsstaat. Ein Leitbild auf dem Prüfstand, 2005; *Kay Waechter*, Verwaltungsrecht im Gewährleistungsstaat, 2008; *Claudio Franzius*, Gewährleistung im

§ 32 Privatverfahren

Gewährleistungs- und Auffangverantwortung verlagert.[8] Diesen Neuzuschnitt von öffentlichem und privatem Sektor gilt es auch verfahrensrechtlich abzubilden und auszuformen.

2 Verfahrensprivatisierung ist bislang keine eindeutig konturierte juristische Kategorie. Während die aus der allgemeinen Privatisierungsdiskussion hervorgegangenen vier Grundtypen der Privatisierung[9] bei allen fortbestehenden Unterschieden in der Begriffsbildung für weitgehend übereinstimmend anerkannte tatsächliche Phänomene stehen, betrifft der Begriff der Verfahrensprivatisierung nicht zuletzt wegen des Querschnittscharakters und der Funktionenvielfalt von Verfahren unterschiedliche Erscheinungsformen und liegt zur Grundsystematik der Privatisierung quer.[10] Aus diesem Grund und wegen der daraus teilweise abgeleiteten begrifflichen Unschärfe stößt der Begriff im Schrifttum mitunter auf Skepsis und Kritik.[11] Teilweise werden die verschiedenen Formen der Einbindung Privater in die Aufgabenwahrnehmung bei der Durchführung von Verwaltungsverfahren der allgemeinen Privatisierungsdiskussion[12] oder der „funktionalen Privatisierung"[13] zugeordnet, teilweise neben

---

Recht, 2009; *Christoph Häfner*, Verantwortungsteilung im Genehmigungsrecht, 2010, je mit zahlr. weit. N. – Als „neues Paradigma der Komplementarität und Kooperation" findet sich die Verantwortungsteilung zwischen öffentlichem und privatem Sektor bereits bei *Peter Saladin*, Verantwortung als Staatsprinzip, 1984, S. 162 ff.; *ders./Christoph A. Zenger*, Rechte künftiger Generationen, 1988, S. 128. Vgl. a. → Bd. I *Voßkuhle* § 1 Rn. 63, *Baer* § 11 Rn. 58, *Schulze-Fielitz* § 12 Rn. 162. S. aber a. → Bd. I *Masing* § 7 Rn. 17, 140.

[8] Zur Vielzahl an Verantwortungstypologien *Eberhard Schmidt-Aßmann*, Zur Reform des Allgemeinen Verwaltungsrechts – Reformbedarf und Reformansätze, in: Hoffmann-Riem/Schmidt-Aßmann/Schuppert (Hrsg.), Reform, S. 11, 43 f.; *ders.*, Ordnungsidee, Kap. 3 Rn. 88–91; *Gunnar Folke Schuppert*, Die Erfüllung öffentlicher Aufgaben durch die öffentliche Hand, private Anbieter und Organisationen des dritten Sektors, in: Jörn Ipsen (Hrsg.), Privatisierung öffentlicher Aufgaben, 1994, S. 26 ff.; *ders.*, Die öffentliche Verwaltung im Kooperationsspektrum staatlicher und privater Aufgabenerfüllung: zum Denken in Verantwortungsstufen, DV, Bd. 31 (1998), S. 415 ff.; *ders.*, Verwaltungswissenschaft, S. 400 ff. Vgl. a. → Bd. I *Schulze-Fielitz* § 12 Rn. 148 ff.

[9] Zu den in der rechts- und verwaltungswissenschaftlichen Literatur mit der Vermögensprivatisierung, der Aufgaben- oder materiellen Privatisierung, der Organisations- oder formellen Privatisierung sowie der funktionalen Privatisierung verwendeten (mindestens) vier Grundtypen der Privatisierung → Bd. I *Schulze-Fielitz* § 12 Rn. 108 f. Vgl. für die Systematisierung – teilweise noch von drei Grundtypen ausgehend – im Übrigen nur *Wolfgang Graf Vitzthum*, Gemeinderechtliche Grenzen der Privatisierung kommunaler Wirtschaftsunternehmen, AöR, Bd. 104 (1979), S. 580 (588 ff.); *Friedrich Schoch*, Privatisierung von Verwaltungsaufgaben, DVBl 1994, S. 962 (962 f.); *Reiner Schmidt*, Privatisierung und Gemeinschaftsrecht, DV, Bd. 28 (1995), S. 281 (283 f.); *Hartmut Bauer*, Privatisierung von Verwaltungsaufgaben, VVDStRL, Bd. 54 (1995), S. 243 (251 f.); *Wolff/Bachof/Stober*, VerwR III, § 90 Rn. 10 ff.; *Martin Burgi*, Privatisierung öffentlicher Aufgaben. Gestaltungsmöglichkeiten, Grenzen, Regelungsbedarf, Gutachten D zum 67. DJT, 2008.

[10] Zur Einordnung der Verfahrensprivatisierung in die bisherige Privatisierungslandschaft → Rn. 45 ff.

[11] *Wolfgang Weiß*, Privatisierung und Staatsaufgaben, 2002, S. 43 f.; *Barbara Remmert*, Private Dienstleistungen in staatlichen Verwaltungsverfahren, 2003, S. 193 ff.

[12] Vgl. dazu nur *Lerke Osterloh*, Privatisierung von Verwaltungsaufgaben, VVDStRL, Bd. 54 (1995), S. 204 (206 ff.); *Bauer*, Privatisierung (Fn. 9), S. 245 ff. je m. w. N.

[13] *Wilfried Erbguth*, Die Zulässigkeit der funktionalen Privatisierung im Genehmigungsrecht, UPR 1995, S. 369 ff.; *Martin Burgi*, Funktionale Privatisierung und Verwaltungshilfe, 1999; *ders.*, Kommunales Privatisierungsfolgenrecht: Vergabe, Regulierung, Finanzierung, NVwZ 2001, S. 601 (603); *Angela Faber*, Gesellschaftliche Selbstregulierungssysteme im Umweltrecht – unter besonderer Berücksichtigung der Selbstverpflichtungen, 2001, S. 33 f.; vgl. auch *Rainer Wahl*, Privatisierung im Umweltrecht, in: Gusy (Hrsg.), Privatisierung (Fn. 7), S. 260 (283 f.), der für private Dienstleistungen in staatlichen Verwaltungsverfahren aber letztlich den Begriff der Verfahrensprivatisierung vorzieht.

A. Verfahrensverantwortung – Verfahrensprivatisierung – Privatverfahren

dem Begriff der Verfahrensprivatisierung auch unter Leitbegriffen wie „schlanker"[14], „aktivierender"[15] oder „kooperativer Staat"[16], „kooperatives Verwaltungsverfahren"[17], „Public Private Partnership"[18] oder „Verfahrensbeschleuni-

---

[14] → Bd. I *Voßkuhle* § 1 Rn. 62. Näher dazu Sachverständigenrat „Schlanker Staat" (Hrsg.), Abschlußbericht, Bd. 1, 2. Aufl. 1998; *Volker Busse*, Verfahrenswege zu einem „schlanken Staat", DÖV 1996, S. 389 ff.; *Rainer Pitschas*, Verwaltungsmodernisierung und Verwaltungsrecht im „schlanken Staat", Verwaltung und Management 1996, S. 4 (83 ff., 163 ff.). Zur Kritik nur *Gertrude Lübbe-Wolff*, Beschleunigung von Genehmigungsverfahren auf Kosten des Umweltschutzes, ZUR 1995, S. 57 ff.; *Johannes Caspar*, Ausverkauf oder Flexibilisierung des Umweltrechts?, ZRP 1995, S. 410 ff.; *Hans-Joachim Koch*, Vereinfachung des materiellen Umweltrechts, NVwZ 1996, S. 215 ff.; vgl. auch die Anmerkungen des *Rates von Sachverständigen für Umweltfragen*, Umweltgutachten 1996, S. 68 ff. (Tz. 74 ff.).

[15] → Bd. I *Voßkuhle* § 1 Rn. 63 f. Näher zur Diskussion um den aktivierenden Staat, die Diskurse über Deregulierung und Privatisierung, die Reform der Verwaltung und des Verwaltungsrechts sowie die Stärkung bürgerlichen Engagements miteinander verknüpft, nur *Stephan v. Bandemer/Bernhard Blanke/Josef Hilbert/Joseph Schmitz*, Staatsaufgaben – Von der „schleichenden" Privatisierung zum „aktivierenden Staat", in: Fritz Behrens (Hrsg.), Den Staat neu denken, 1995, S. 41 ff.; *Stephan v. Bandemer/Josef Hilbert*, Vom expandierenden zum aktivierenden Staat, in: Bernhard Blanke u. a. (Hrsg.), Handbuch zur Verwaltungsreform, 4. Aufl. 2010, S. 26 ff.; *Gunnar Folke Schuppert*, Aktivierender Staat und Zivilgesellschaft – Versuch einer Verhältnisbestimmung, in: Enquete-Kommission „Zukunft des Bürgerlichen Engagements", Deutscher Bundestag (Hrsg.), Bürgerliches Engagement und Zivilgesellschaft, 2002, S. 185 ff.; *ders.*, Verwaltungswissenschaft, S. 920 ff.

[16] Begriffsprägend *Ernst-Hasso Ritter*, Der kooperative Staat – Bemerkungen zum Verhältnis von Staat und Wirtschaft, AöR, Bd. 104 (1979), S. 389 ff.; *ders.*, Das Recht als Steuerungsmedium im kooperativen Staat, StWStP 1 (1990), S. 50 ff.; *ders.*, Das Recht als Steuerungsmedium im kooperativen Staat, in: Dieter Grimm (Hrsg.), Wachsende Staatsaufgaben – sinkende Steuerungsfähigkeit des Rechts, 1990, S. 69 (73 ff., 76 ff.); vgl. darüber hinaus die Beiträge in *Rüdiger Voigt* (Hrsg.), Der kooperative Staat, 1995, sowie *Jens J. Hesse*, Aufgaben einer Staatslehre heute, Jahrbuch zur Staats- und Verwaltungswissenschaft 1987, S. 55 (86 ff.); *ders.*, Verhandlungslösungen und kooperativer Staat, in: Wolfgang Hoffmann-Riem/Eberhard Schmidt-Aßmann (Hrsg.), Konfliktbewältigung durch Verhandlungen, Bd. I, 1990, S. 97 ff.; *Rainer Pitschas*, Verwaltungsmodernisierung und Verwaltungsverfahren, 1996, S. 275 ff.; *Schuppert*, Verwaltungswissenschaft, S. 115 ff.; *Andreas Voßkuhle*, Das Kompensationsprinzip, 1999, S. 54 ff.; *ders.*, „Schlüsselbegriffe" der Verwaltungsrechtsreform. Eine kritische Bestandsaufnahme, VerwArch, Bd. 92 (2001), S. 184 (203 ff.). Vgl. a. → Bd. I *Schulze-Fielitz* § 12 Rn. 64 ff.

[17] *Helmuth Schulze-Fielitz*, Kooperatives Recht im Spannungsfeld von Rechtsstaatsprinzip und Verfahrensökonomie, DVBl 1994, S. 657 ff.; *Hans C. Röhl*, Staatliche Verantwortung in Kooperationsstrukturen, DV, Bd. 29 (1996), S. 487 ff.; *Jens-Peter Schneider*, Kooperative Verwaltungsverfahren. Problemebenen der Kooperation in multilateralen Interessenstrukturen, aufgezeigt am Beispiel von nachvollziehender Amtsermittlung, Vorhaben- und Erschließungsplan sowie Konfliktmittlung, VerwArch, Bd. 87 (1996), S. 38 ff.; *Hartmut Bauer*, Zur notwendigen Entwicklung eines Verwaltungskooperationsrechts – Statement, in: Schuppert (Hrsg.), Jenseits von Privatisierung (Fn. 7), S. 251 ff.; *Voßkuhle*, Schlüsselbegriffe (Fn. 16), S. 203 ff.; *Helge Rossen-Stadtfeld*, Gesetzesvollzug durch Verhandlung. Kann der Verwaltungsrichter von der Verwaltung lernen, NVwZ 2001, S. 361 ff.

[18] Dazu nur *Hartmut Bauer*, Verwaltungsrechtliche und verwaltungswissenschaftliche Aspekte der Gestaltung von Kooperationsverträgen bei Public Private Partnership, DÖV 1998, S. 89 ff.; *Sibylle Roggencamp*, Public Private Partnership, 1999; *Wolfgang Gerstelberger*, Public Private Partnership und Stadtentwicklung, 1999; *Bettina Böhm*, Öffentlich-private Partnerschaften in der kommunalen Stadtentwicklung, 1999; *Veith Mehde*, Ausübung von Staatsgewalt und Public Private Partnership, VerwArch, Bd. 91 (2000), S. 540 ff.; *Jan Ziekow*, Verankerung verwaltungsrechtlicher Kooperationsverhältnisse, in: ders. (Hrsg.), Public Private Partnership, 2003, S. 25 ff.; *Jan Ziekow/Alexander Windoffer*, Public Private Partnership, 2008; *Christoph Strünck/Rolf G. Heinze*, Public Private Partnership, in: Bernhard Blanke u. a. (Hrsg.), Handbuch Verwaltungsreform (Fn. 15), S. 120 ff.; vgl. darüber hinaus die Beiträge in *Dietrich Budäus/Peter Eichhorn* (Hrsg.), Public Private Partnership, 1997, *Rolf Stober* (Hrsg.), Public-Private-Partnerships, 2000 und *Rudolf Scharping/Frank Baumgärtner/Thomas Esser* (Hrsg.), Public Private Partnership, 2009. Kritisch zum Begriff *Friedrich Schoch*, Public-Private-Partnership, in: Hans-Uwe Erichsen (Hrsg.), Kommunale Verwaltung im Wandel, 1999, S. 101 (103); *Burgi*, Funktionale Privatisierung (Fn. 13), S. 99; *Thomas Mayen*, Privatisierung öffentlicher Aufgaben: Rechtliche

gung"[19] thematisiert.[20] Bei allen Schwierigkeiten der Begriffsbildung und -zuordnung steht **Verfahrensprivatisierung** jedoch als **Sammelbegriff** für ein **tatsächliches Phänomen** und eine damit verbundene **spezifische Problematik**. Verfahrensprivatisierung bezeichnet „das qualitativ durchaus neue Phänomen eines Sich-Öffnens des Verwaltungsverfahrensrechts für die Beteiligung Privater an bisher als genuin staatlich verstandenen Tätigkeiten wie etwa der Sachverhaltsermittlung und der Bauleitplanung".[21] In unterschiedlichen Ausprägungen geht es um das Einfließen von Privatisierungselementen in Genehmigungs-, Planungs- und Überwachungsverfahren, die auf Rücknahme staatlicher Verantwortung zugunsten eines Zuwachses an Privatautonomie und Stärkung des Kooperationsgedankens im Verfahrensrecht gerichtet sind.[22] Mit dieser Stoßrichtung lenkt der Begriff der Verfahrensprivatisierung den Blick dezidiert auf das Verfahren als Steuerungsressource[23] mit unterschiedlich ausgerichteten Steuerungspotentialen. Denn wird das Verfahren als Steuerungsfaktor ernst genommen und mit der Privatisierungsdiskussion verknüpft, ist eine Auseinandersetzung mit der Frage unumgänglich, ob und inwieweit die spezifischen Steuerungsfunktionen durch Übertragung von Verfahrensverantwortung auf Private nicht besser und effizienter erfüllt werden können. Trotz unterschiedlicher Erscheinungsformen und der bislang offenen Frage, ob und inwieweit private Verfahrensverantwortung gegenüber staatlicher Verfahrensherrschaft tatsächlich leistungsstärker oder gar überlegen ist, ordnet sich das Phänomen in das allgemeine Konzept regulierter Selbstregulierung ein.[24] Sollen auf der einen Seite die Vorteile

---

Grenzen und rechtliche Möglichkeiten, DÖV 2001, S. 110 (111). S. a. → Bd. I *Schulze-Fielitz* § 12 Rn. 96, 114, *Groß* § 13 Rn. 91; Bd. II *Bauer* § 36 Rn. 42 ff.

[19] Zur Diskussion über die Beschleunigung von Verwaltungsverfahren, die vornehmlich in den neunziger Jahren geführt wurde, *Siegfried Broß*, Beschleunigung von Planungsverfahren, DVBl 1991, S. 177 ff.; *Martin Bullinger*, Beschleunigte Genehmigungsverfahren für eilbedürftige Vorhaben, 1991; *ders.*, Investitionsförderung durch nachfragegerechte und kooperative Beschleunigung von Genehmigungsverfahren, JZ 1994, S. 1129 ff.; *Otto Schlichter*, Investitionsförderung durch flexible Genehmigungsverfahren, DVBl 1995, S. 173 ff.; *Hans-Joachim Koch*, Beschleunigung, Deregulierung, Privatisierung, in: Sabine Schlacke (Hrsg.), Neue Konzepte im Umweltrecht, 1996, S. 27 (56); *Peter J. Tettinger*, Rechtsänderungen zur „Sicherung des Wirtschaftsstandorts Deutschland" – Umweltschutz im Gegenwind?, NuR 1997, S. 1 ff.; *Gertrude Lübbe-Wolff*, Die Beschleunigungsgesetze, in: Andreas Dally (Hrsg.), Wirtschaftsförderung per Umweltrecht?, Loccumer Protokolle 5/97, S. 88 mit einer Auflistung der Beschleunigungsgesetze S. 109 ff. Vgl. a. → Bd. II *Schmidt-Aßmann* § 27 Rn. 86 ff.

[20] Zusammenfassend zu der Diskussion, die sich mit diesen Leitbegriffen verbindet, *Remmert*, Private Dienstleistungen (Fn. 11), S. 1 ff.; übergreifend zur Modernisierung der Verwaltung, die sich nicht zuletzt auch mit diesen Begriffen verbindet, *Voßkuhle*, Schlüsselbegriffe (Fn. 16), S. 188 ff.

[21] *Gunnar Folke Schuppert*, Privatisierung und Regulierung – Vorüberlegungen zu einer Theorie der Regulierung im kooperativen Verwaltungsstaat, in: Europäisches Zentrum für Staatswissenschaften und Staatspraxis Berlin (Hrsg.), Discussion Paper Nr. 8, 1996, S. 6.

[22] Zu wenig aussagekräftig erscheint demgegenüber die Eingrenzung von *Matthias Schmidt-Preuß*, Verwaltung und Verwaltungsrecht zwischen gesellschaftlicher Selbstregulierung und staatlicher Steuerung, VVDStRL, Bd. 56 (1997), S. 160 (168), Verfahrensprivatisierung sei die Aktivierung selbstregulativer Beiträge im Rahmen staatlicher Steuerungsprozesse. Ebenso wenig zielführend ist auch die dort in Fn. 20 apodiktisch geforderte Unterscheidung „von den sonstigen Privatisierungsformen". Auch wenn damit durchklingt, die Verfahrensprivatisierung sei eine eigenständige Privatisierungsform, bleiben entscheidende Fragen offen. Zur Abgrenzung der Verfahrensprivatisierung von anderen Privatisierungsformen → Rn. 45 ff.

[23] Siehe a. → Bd. II *Schmidt-Aßmann* § 27 Rn. 44 ff.

[24] Zum Konzept hoheitlich regulierter gesellschaftlicher Selbstregulierung → Bd. I *Eifert* § 19 Rn. 52 ff.

der Einschaltung Privater genutzt werden, gilt es auf der anderen Seite die Gefahr eines partikularen, zu stark auf Eigeninteressen bezogenen privatregulierten Verfahrens zu bannen. Aus diesem Spannungsverhältnis zwischen der Einbindung staatsentlastender gesellschaftlicher Selbstregulierungskräfte in das Verfahren und deren gleichzeitiger Ausrichtung auf verbleibende Gemeinwohlinteressen durch hoheitliche (Rahmen-)Regulierung bezieht der Begriff der Verfahrensprivatisierung sein spezifisches Profil.[25]

Der Reiz, die Herausforderung und zugleich das **Dilemma der Verfahrensprivatisierung** liegen darin, dass auf der einen Seite der **Wissensvorsprung,** der **Sachverstand** und die **Flexibilitätsvorteile** der privaten Verfahrensgestaltung und des Privatrechts sowie die damit regelmäßig verbundene (finanzielle) Entlastung des Staates genutzt, auf der anderen Seite aber die Interessenpluralität und die differenzierten Schutzbedarfe der tangierten verfahrensbezogenen **Gemeinwohlbelange** gewahrt werden sollen.[26] Ausmaß, Reichweite und regulierende Einhegung der Verfahrensprivatisierung hängen maßgeblich davon ab, ob das Niveau zur Sicherung von Gemeinwohlvorgaben im verfahrensprivatisierten Bereich auf „unverzichtbare Schutzvorkehrungen" begrenzt wird[27] oder die umfangreichen Zielvorgaben und Ausgleichsfunktionen des Rechts-, Sozial- und Umweltstaates möglichst umfassend befriedigt werden sollen. Je nachdem, wo man zwischen diesen beiden Extremen eine Position auf der fließenden Skala einnimmt, wird Verfahrensprivatisierung unterschiedlich weitgehend für zulässig gehalten und werden gegebenenfalls unterschiedlich umfangreiche Sicherungen für die Wahrung von Gemeinwohlzielen gefordert und vorgesehen. Die generelle Herausforderung besteht darin, Verfahrensverantwortung auf der Grundlage eines Modells hoheitlich regulierter gesellschaftlicher Selbstregulierung so zu konzipieren, dass die Funktionsfähigkeit von privat-regulierten Verfahren oder Verfahrensteilen genutzt und durch hoheitliche Regulierung eines Rahmens zugleich auf normierte Gemeinwohlzwecke ausgerichtet werden kann.[28] **3**

Die **Vielfalt der Erscheinungsformen** der Querschnittsmaterie „Verfahren" und der rechtlichen Probleme, die damit einhergehen, schlagen unmittelbar auf die Problematik der Verfahrensprivatisierung durch und erschweren eine umfassende Durchdringung der Materie. Reicht das Funktionsspektrum des Verwaltungsverfahrens von Verfahren individueller Rechtsverteidigung über rechts- und interessensichernde Verfahren, interessenaggregierende Verfahren sowie Informationsverfahren bis hin zu Verfahren der allgemeinen Rationalitätsgewinnung,[29] sind auch die Erscheinungsformen, die Grenzen und die Folgewir- **4**

---

[25] Zur weiteren Eingrenzung und zu den Voraussetzungen der Verfahrensprivatisierung → Rn. 11 ff.
[26] Zu den unterschiedlichen Rationalitätskonzepten im Öffentlichen Recht und im Privatrecht *Wolfgang Hoffmann-Riem,* Öffentliches Recht und Privatrecht als wechselseitige Auffangordnungen – Systematisierung und Entwicklungsperspektiven, in: Hoffmann-Riem/Schmidt-Aßmann (Hrsg.), Auffangordnungen, S. 261 (268 ff.). S. a. → Bd. I Burgi § 18 Rn. 1 ff.
[27] Bericht der Unabhängigen Expertenkommission zur Vereinfachung und Beschleunigung von Planungs- und Genehmigungsverfahren, 1994, Tz. 236.
[28] *Wolfgang Hoffmann-Riem,* Ökologisch orientiertes Verwaltungsverfahrensrecht – Vorklärungen, AöR, Bd. 119 (1994), S. 590 (609), spricht vom Konzept „einer Staatsentlastung durch (staatlich) regulierte Selbstregulierung mit (staatlichem) Auffangnetz".
[29] Zu diesen unterschiedlichen Funktionen des Verwaltungsverfahrens → Bd. II *Schmidt-Aßmann* § 27 Rn. 56 ff.

kungen einer möglichen Verfahrensprivatisierung entsprechend vielfältig und voraussetzungsvoll. Hinzu kommt, dass die Art und Weise der Verlagerung von Verfahrensaufgaben auf Private unterschiedlich ausgestaltet sein kann. Neben der Öffnung des Verwaltungsverfahrens für die Beteiligung Privater und dem damit verbundenen Problem der „Rettung" eines ausreichenden Maßes an Staatlichkeit zur Sicherung von Gemeinwohlbelangen steht die – etwa bei Zertifizierungsverfahren zu beobachtende – mehr oder weniger ausdrückliche Anknüpfung des Staates an bereits vorhandene, in gesetzlichen Regelungen vorausgesetzte oder durch diese mitunter erst initiierte Verfahren privater Selbstregulierung.[30] Die auch in diesen Fällen angestrebte spezifische Form der Staatsentlastung durch Inanspruchnahme privatregulierter Verfahren führt zu strukturell vergleichbaren Problemen und legt die Zuordnung zum Gesamtkomplex der Verfahrensprivatisierung nahe.

5   Die noch keineswegs abgeschlossene Entwicklung lässt Umrisse eines übergreifenden Konzepts erkennen, das zur Verdeutlichung der damit einhergehenden Neuerungen als (reguliertes) **Privatverfahren** bezeichnet und näher entfaltet werden soll. Während der Begriff der Verfahrensprivatisierung in erster Linie dem Vorgang der Übertragung des Verfahrens oder von Verfahrensteilen auf Private bzw. der staatlichen Anknüpfung an privatregulierte Verfahren gilt, steht der Begriff des Privatverfahrens vornehmlich für jene Verfahren oder Verfahrensteile, die als Ergebnis der Verfahrensprivatisierung von Privaten durchgeführt werden, zugleich aber durch systematisch weiter zu entfaltende rechtliche Regulierung angemessen umhegt werden sollen.

B. Grundelemente der Verfahrensprivatisierung

I. Vorklärungen

6   Die **Besonderheiten der Verfahrensprivatisierung** und ihre Hervorhebung als eigenständige Kategorie[31] treten deutlicher zutage, wenn man sich zunächst das Verhältnis von Verfahren und (staatlicher) Sachentscheidung näher vor Augen hält. Zudem legt die Gesamtproblematik der Verfahrensprivatisierung Überlegungen darüber nahe, wie private Verfahrensverantwortung sich zur Freiheit des einzelnen Privaten verhält und unter welchen Voraussetzungen sie rechtlich relevant wird. Der Blick soll daher zunächst auf diese beiden Fragenkomplexe gelenkt werden.

1. Verhältnis von Verfahren und Sachentscheidung

7   Geprägt und zugleich erschwert wird die Problematik der Verfahrensprivatisierung durch das spezifische **Verhältnis von Sachentscheidung und Verfahren.** Unter dem Gesichtspunkt der Systembildung und der dogmatischen Kategorisierung sind Sachentscheidung und Verfahren klar voneinander getrennt, unterliegen unterschiedlichen rechtlichen Anforderungen und orientieren sich

---

[30] Näher dazu → Rn. 27 f. Zu besonderen Verfahrensarten → Bd. II *Röhl* § 30.
[31] Zur Einordnung der Verfahrensprivatisierung in die Privatisierungslandschaft → Rn. 45 ff.

B. Grundelemente der Verfahrensprivatisierung

nicht zuletzt an verschieden ausdifferenzierten Regimes für die Behandlung von Fehlerfolgen. Gegenstand des Verwaltungsverfahrens ist, so gesehen, (nur) der „Weg hin zum Endprodukt der administrativen Entscheidung".[32] Gleichwohl ist unverkennbar, dass Verfahren und Sachentscheidung in tatsächlicher Hinsicht zur komplexadäquaten Behandlung verschiedenster Sachverhalte in vielfältiger Weise aufeinander bezogen sind und voneinander abhängen.[33] Die Art der Sachentscheidung und die in ihrem Rahmen zu prüfenden materiellen Vorgaben haben – mitunter beträchtliche – Vorwirkungen auf das Verfahren. Umgekehrt lassen die Erkenntnisse der modernen Entscheidungstheorie keinen Zweifel daran, dass dem vorangehenden Entscheidungsprozess erhebliche Bedeutung für die Entscheidung in der Sache zukommt. Die Festlegung und Beachtung von Verfahrensregeln und die daran ausgerichtete Durchführung des Verfahrens haben nicht nur die Funktion, die sachliche Richtigkeit einer Entscheidung zu gewährleisten, sie können sich auch in vielfältiger Hinsicht auf deren materiellen Gehalt auswirken. Je klarer die Durchführung des Verfahrens bzw. einzelner Verfahrensschritte als unverzichtbar für die Gewinnung einer rechtlich einwandfreien und sachlich angemessenen Entscheidung konzipiert wird, umso enger wird die sachliche Richtigkeit der Entscheidung an die ordnungsgemäße Durchführung des Verfahrens geknüpft und durch diese erst geschaffen.[34]

Das damit bezeichnete Spannungsverhältnis von Verfahren und Sachentscheidung ist für das Verständnis der Verfahrensprivatisierung grundlegend. Auf der einen Seite lassen sich Verfahren und Entscheidung auch bei der Verfahrensprivatisierung tatsächlich und entscheidungstheoretisch nicht trennscharf voneinander abgrenzen. Dies gilt namentlich für aufwendige und voraussetzungsvolle Verfahren wie jene des Planungsrechts, bei denen der für die Entscheidung maßgebende Sachverhalt erst im Verfahren konstituiert und konturiert wird, so dass die Verfahrensbeteiligung in gewisser Weise einer Entscheidungsbeteiligung,[35] die Verfahrensprivatisierung einer (partiellen) Entscheidungsprivatisierung gleichkommt. Die spezifischen rechtlichen Probleme der Verfahrensprivatisierung lassen sich auf der anderen Seite aber nur erfassen, wenn die juristisch-normative Perspektive der **Trennung** zwischen dem Formalakt der **Entscheidung** und dem vorbereitenden, auf die Entscheidung hinführenden **Verfahren** zugrunde gelegt wird.[36] Denn die Problematik der Verfahrensprivatisierung und die besonderen Folgewirkungen entstehen dadurch, dass der Staat sich zwar letztlich die Verantwortung für eine Sachentscheidung und die dafür erforderliche Entscheidungsmacht vorbehält, die Vorbereitung und Hinführung auf diese Entscheidung sowie die Schaffung der nötigen Entscheidungsvoraussetzungen aber ganz oder teilweise auf Private verlagert. Nur in dieser **spezifischen Kons-**

8

---
[32] *Matthias Schmidt-Preuß,* Gegenwart und Zukunft des Verfahrensrechts, NVwZ 2005, S. 489. *Schmidt-Aßmann* bezieht dagegen auch nicht auf Entscheidung gerichtete Verfahren ein, vgl. → Bd. II *ders.* § 27 Rn. 1, 47 ff.
[33] Siehe a. → Bd. II *Schmidt-Aßmann* § 27 Rn. 1.
[34] Vgl. a. → Bd. II *Schmidt-Aßmann* § 27 Rn. 45 f., 56 ff., *Schneider* § 28 Rn. 1 ff. Zu den Folgen → Rn. 58 ff., Rn. 77.
[35] *Walter Schmidt,* Organisierte Einwirkungen auf die Verwaltung, VVDStRL, Bd. 33 (1975), S. 183 (200 f.); *Jost Pietzcker,* Das Verwaltungsverfahren zwischen Verwaltungseffizienz und Rechtsschutzauftrag, VVDStRL, Bd. 41 (1983), S. 193 (202).
[36] Verfahrensprivatisierung kann sich sinnvoller Weise nur auf das Verfahren als Weg hin zum Endprodukt der administrativen Entscheidung beziehen.

tellation ergibt sich die für die Verfahrensprivatisierung **eigentümliche Problematik,** ob und inwieweit sich die Verantwortung des Staates für seine eigene Entscheidung verändert und verändern darf, wenn er die verfahrensmäßige Vorbereitung und Vorprägung der Entscheidung ganz oder teilweise auf Private überträgt. Ein wesentlicher Aspekt dieser Problematik besteht nicht zuletzt darin, dass das Verfahren, wenn es ganz oder teilweise von Privaten durchgeführt wird, faktische Vorfestlegungen mit sich bringen und damit erhebliche Bedeutung für die Sachentscheidung gewinnen kann.[37]

2. Verfahrensprivatisierung und Verfahrensverantwortung Privater

9   Im Vergleich und in Abgrenzung zu anderen Formen der Privatisierung gilt es sich speziell mit Blick auf die Verfahrensprivatisierung in Erinnerung zu rufen, dass Rechte dem Privaten in Freiheit zustehen und ihr Gebrauch oder Nichtgebrauch nicht mit einer auf gleicher Ebene bestehenden Pflichtenstellung des Einzelnen korrespondiert. Zwar kann der Einzelne in Pflicht genommen oder mit spezifischen Pflichten belegt werden. Die Wahrnehmung von Rechten und die darin liegende Verwirklichung von Freiheit gehen aber nicht ohne Weiteres mit einem korrespondierenden Pflichtenstatus einher. Eine prinzipielle Rechenschafts- oder Rechtfertigungspflicht in Bezug auf deren Wahrnehmung gibt es ebenso wenig wie eine Pflicht zu deren gemeinwohlorientierter Ausübung.[38] Dem zugrunde liegt die **Differenz zwischen der grundsätzlich freien privaten und der amtsgebundenen administrativen Handlungsebene,** die unabhängig von der Bedeutung privaten Handelns für das Gemeinwesen besteht. Die unterschiedlichen Handlungsebenen und die Nutzung der je verschiedenen Handlungsbedingungen sind unter Steuerungsgesichtspunkten regelmäßig der maßgebende Grund für Privatisierungsvorgänge. Auch wenn Private „öffentliche" Aufgaben wahrnehmen und bewusst bestimmte staatliche Zwecksetzungen verfolgen, machen sie von ihrer Freiheit in prinzipieller Ungebundenheit Gebrauch. Sie können dabei zwar rechtlichen Vorgaben unterworfen werden, ohne aber den spezifischen Anforderungen an die Ausübung eines öffentlichen Amtes zu unterliegen, sofern nicht die Grenze zur Beleihung[39] überschritten wird. Auch die griffige Formel von der „Verantwortungsteilung"[40] darf nicht darüber hinwegtäuschen, dass die Unterscheidung der privaten von der administrativen Handlungsebene grundlegend und die Verantwortung von Amtsträgern und Privaten rechtlich bereits im Ansatz voneinander zu unterscheiden ist.

10   Privates Handeln ist danach grundsätzlich ein Handeln in Freiheit, für das sich der Einzelne dem Staat gegenüber nicht verantworten muss. Ob oder wie weit sich im Einzelnen private Gründe und Eigeninteressen mit tatsächlichen oder vermeintlichen gemeinnützigen Anliegen verbinden, ist insoweit unerheblich. In vielen Fällen „liegt gerade in der Mobilisierung spezifisch privat-spontaner Impulse der erstrebte Gewinn solcher Befugnisse, die auch aus diesem Grund nicht durch eine Überstülpung von Verantwortlichkeitspostulaten publifiziert werden dürfen. Ihre Grenzen finden solche Befugnisse nicht in einer prin-

---

[37] Vgl. → Rn. 40 f.
[38] Grundlegend dazu und zum Folgenden → Bd. I *Masing* § 7 Rn. 137 ff. m. w. N.
[39] → Bd. I *Trute* § 6 Rn. 92, *Groß* § 13 Rn. 89 f., *Jestaedt* § 14 Rn. 31.
[40] Dazu oben → Rn. 1 m. w. N.

zipiellen Gemeinwohlgebundenheit, sondern allein in der Reichweite und im Inhalt der eingeräumten Rechte selbst."[41] Hält man sich diese Zusammenhänge vor Augen, kann eine der staatlichen Verantwortung vergleichbare, rechtlich relevante (Verfahrens-)Verantwortung Privater nicht dadurch entstehen, dass Private von ihren Freiheiten und Rechten Gebrauch machen. Sie kann sich auch nicht allein daraus ergeben, dass der Staat durch den Verzicht auf eine Sachentscheidung die materielle Aufgabe in die Freiheit privaten Handelns entlässt, selbst wenn der Staat für seine Sachentscheidung zuvor ein entsprechendes (Verwaltungs-)Verfahren vorgesehen hatte. Auf welchem Weg und in welcher Weise Private die ihnen übertragenen Sachaufgaben erfüllen, ist ihrer Freiheit überlassen, sofern sie die vorgegebenen (materiellen) rechtlichen Grenzen einhalten. Eine spezifische **Verfahrensverantwortung Privater** besteht nicht, sofern sie nicht **rechtlich auferlegt** wird. Vereinfacht gesagt bedeutet dies, dass nicht mit jeder Deregulierung oder materiellen Privatisierung zugleich eine Verfahrensprivatisierung einhergeht.[42] Nur in den Fällen, in denen der Staat dem Privaten als „Ausgleich" für die zurückgenommene staatliche Kontroll- oder Überwachungspflicht die Pflicht auferlegt, die Kontrolle oder Überwachung selbst oder von privaten Dritten in einer bestimmten Weise durchzuführen bzw. durchführen zu lassen,[43] findet eine Verlagerung von Verfahrensaufgaben statt, die sich als Privatisierung bezeichnen lässt.[44]

II. Begriff und Erscheinungsformen der Verfahrensprivatisierung

Begriff und Erscheinungsformen der Verfahrensprivatisierung stehen in einem dynamischen Verhältnis zueinander und können nicht losgelöst voneinander betrachtet werden. Die unterschiedliche Begriffsverwendung, die Vielfalt der Erscheinungsformen und die Schwierigkeiten der Begriffsbildung fordern eine Eingrenzung, welche konkreten Phänomene und welche spezifischen Problemkonstellationen erfasst sein sollen. Dabei gilt es in Rechnung zu stellen, dass der bislang vor allem mit der engeren Übertragungsperspektive verbundene Begriff der Verfahrensprivatisierung die den verschiedenen Verlagerungsformen gemeinsamen spezifischen Konstellationen abbilden muss und dementsprechend nicht zu eng gefasst sein kann. Orientiert sich die Gemeinwohlleistung von Verwaltung und Verwaltungsrecht in erster Linie an ihrem Beitrag zur Aufgabenerfüllung, d.h. zur Erreichung normativ erwünschter Ziele oder zur Vermei-

11

---

[41] → Bd. I *Masing* § 7 Rn. 141.
[42] Zur umgekehrten Fragestellung, inwieweit mit jeder Verfahrensprivatisierung nicht auch Elemente einer materiellen Privatisierung verbunden sind, → Rn. 48 ff.
[43] Teilweise wird in diesem Fall von „Verwaltungssubstitution" gesprochen; vgl. *Achim Seidel*, Privater Sachverstand und staatliche Garantenstellung im Verwaltungsrecht, 2000, S. 29 m.w.N.
[44] *Christoph Gramm*, Privatisierung und notwendige Staatsaufgaben, 2001, S. 177. An diesem Befund ändert sich auch dann nichts, wenn dem Staat eine Gewährleistungsverantwortung für die privatisierte Sachentscheidung zukommt, die Sachentscheidung jedoch effektiv nur unter Durchführung eines (bestimmten) Verfahrens getroffen werden kann. In diesem Fall erstreckt sich die Gewährleistungsverantwortung zwar neben der Sachentscheidung auch auf das Verfahren. Von einer Verfahrensprivatisierung lässt sich in dieser Konstellation gleichwohl nur sprechen, wenn der Staat von seiner auf das Verfahren bezogenen Gewährleistungsverantwortung auch tatsächlich Gebrauch macht und (neue) Verfahrensanforderungen an den Privaten stellt.

dung unerwünschter Effekte (Wirkungen),[45] stellt sich die Verlagerung von Verfahrensverantwortung auf Private als Ausfluss einer Strategie dar, die auf dem Weg zu einer Sachentscheidung die Steuerungsvorteile, die im Einsatz Privater liegen können, nutzen und zugleich den nötigen Gemeinwohlbezug sichern will. Die damit bezeichneten Konstellationen sind vielfältiger, als der bisherige engere Gebrauch des Begriffs Verfahrensprivatisierung dies nahe legt.

1. Terminologische Eingrenzung

12 In einem ersten Zugriff steht der Begriff der Verfahrensprivatisierung für die gesamte oder teilweise Verlagerung von Vorgängen (Verfahren oder Verfahrensteilen), die der Vorbereitung einer Sachentscheidung dienen, vom Staat auf Private. Ebenso prägend wie voraussetzungsvoll ist das prozedurale Kriterium der Verlagerung. Soll der Begriff der Verfahrensprivatisierung nicht konturenlos bleiben, muss sich die Verlagerung auf Vorgänge beziehen, die **im Vorfeld einer staatlichen Sachentscheidung** liegen und deren Vorbereitung dienen, nicht aber auf die Sachentscheidung selbst.[46] Die Verlagerung setzt zudem eine rechtliche oder faktische **Rücknahme staatlicher Verfahrensverantwortung** voraus.[47] Die damit regelmäßig verbundene staatliche Entlastung durch Verantwortungsverlagerung auf Private kann jedoch unterschiedlich konzipiert werden:

– Der gleichsam klassische Fall besteht darin, dass ein zuvor auf Seiten der Verwaltung **bestehendes Verfahren** oder ein bestehender Verfahrensteil **auf Private übertragen** und von diesen in eigener Verantwortung wahrgenommen wird.

– Allerdings kann nicht entscheidend sein, ob die jeweilige konkrete Verfahrensaufgabe zuvor auf Seiten der Verwaltung tatsächlich bestand. Daher kann eine Verfahrensprivatisierung auch vorliegen, wenn **Privaten** eine **neue Verfahrensaufgabe** unmittelbar **aufgegeben** wird, ohne dass sie zuvor der Verwaltung oblag. Für die mit der Privatisierung verbundenen Fragestellungen ist es ohne Belang, ob die (Verfahrens-)Aufgabe erst beim Staat geschaffen und dann auf den Privaten übertragen oder originär beim Privaten geschaffen wurde. Entscheidend ist, ob es sich um eine Tätigkeit handelt, die in Hinführung auf die zu treffende Sachentscheidung sonst von der Verwaltung erledigt werden müsste.

– Gleiches muss schließlich in jenen Fällen gelten, in denen der Staat – namentlich durch seine Normsetzung – zum Ausdruck bringt, dass er in Hinführung auf eine Sachentscheidung das erforderliche Verfahren nicht oder nicht vollständig selbst wahrnimmt, sondern mit seiner Entscheidung ganz oder teilweise **an ein privatreguliertes Verfahren anknüpft,** das unabhängig von der staatlichen Regelung im privaten Bereich bereits bestand oder vom Staat – beispielsweise als Zertifizierungsverfahren[48] – durch ein entsprechendes Regelwerk initiiert wird.

---

[45] Zum steuerungstheoretischen Ansatz sowie zur Wirkungs- und Folgenorientierung der neueren Verwaltungsrechtswissenschaft → Bd. I *Voßkuhle* § 1 Rn. 17 ff., 32 ff.
[46] Vgl. dazu unten → Rn. 13 ff.
[47] *Hoffmann-Riem,* Verfahrensprivatisierung (Fn. 1), S. 227; vgl. dazu unten → Rn. 16 ff.
[48] Näher dazu → Rn. 27 f.

B. Grundelemente der Verfahrensprivatisierung

Aus einer übergreifenden steuerungswissenschaftlichen Perspektive macht es Sinn, in allen diesen Fällen gleichermaßen von Verfahrensprivatisierung zu sprechen. Entscheidend dafür ist, dass die einschlägigen gesetzlichen Normen[49] ausdrücklich oder durch Auslegung zu erkennen geben, dass der Staat auf dem Weg zu einer von ihm zu treffenden Sachentscheidung das dafür erforderliche Verfahren oder Verfahrensteile nicht (mehr) selbst erbringt bzw. erbringen muss, sondern auf Private überträgt bzw. übertragen kann.

a) Staatliche Sachentscheidung als Bezugspunkt der Verfahrensprivatisierung

13 Von Verfahrensprivatisierung lässt sich – nicht zuletzt in Abgrenzung von anderen Formen der Privatisierung[50] – sinnvoll nur mit Blick auf Situationen sprechen, in denen der **Staat** eine **Sachentscheidung** trifft, jedoch das Verfahren, das diese Entscheidung vorbereitet und zu ihr hinführt, ganz oder teilweise Privaten überantwortet.[51] Verzichtet der Staat hingegen auf eine Sachentscheidung und wird diese durch private Entscheidungen oder Dispositionen ersetzt, findet kein auf eine staatliche Entscheidung bezogenes vorangehendes Verfahren statt. Das für die Verfahrensprivatisierung entscheidende Problem, ob und inwieweit der Staat Einfluss auf das Verfahren behalten muss, weil er an seinem Ende eine Sachentscheidung trifft, stellt sich in diesen Fällen grundsätzlich nicht. Die Frage, auf welchem Weg die privatisierte Sachentscheidung getroffen und ob dafür überhaupt ein (Privat-)Verfahren vorgesehen wird, ist vielmehr der Freiheit des Privaten überlassen.[52] Nur wenn der Staat im Zusammenhang mit der materiellen Privatisierung (neue) Verfahrensanforderungen für den privatisierten Bereich stellt, liegt eine Verfahrensprivatisierung vor.

14 Besonders anschaulich zeigt sich die **Trennlinie zwischen Verfahrensprivatisierung und Entscheidungsverzicht** anhand der Privatisierungstendenzen im Baugenehmigungsrecht.[53] Die Freistellung von der Genehmigungspflicht, der Ersatz der Genehmigungspflicht durch ein Anzeigeverfahren und auch die Durchführung eines vereinfachten Genehmigungsverfahrens mit reduziertem staatlichen Prüfprogramm stehen stellvertretend für unterschiedliche Formen des Verzichts auf präventive staatliche Kontrolle und deren – teilweise – Ersetzung durch eine qualifizierte Selbstkontrolle der Vorhabenträger. Auch hier findet eine Verantwortungsverlagerung statt, die jedoch neben dem Entfallen von

---

[49] Zur Reichweite des Gesetzesvorbehalts bei der Übertragung von Verfahrensverantwortung auf Private → Rn. 67.

[50] Vgl. → Rn. 2.

[51] Zu dieser Eingrenzung der Verfahrensprivatisierung und zur Abgrenzung gegenüber einem staatlichen Entscheidungsverzicht *Jost Pietzcker*, Verfahrensprivatisierung und staatliche Verfahrensverantwortung, in: Wolfgang Hoffmann-Riem/Jens-Peter Schneider (Hrsg.), Verfahrensprivatisierung im Umweltrecht, 1996, S. 284 (285); *Werner Hoppe/Herbert Bleicher*, Rechtsprobleme bei der Verfahrensprivatisierung von Standortauswahlverfahren im Abfallrecht, NVwZ 1996, S. 421 ff.

[52] Vgl. → Rn. 9 f.

[53] Siehe a. → Bd. I *Voßkuhle* § 1 Rn. 57 m. Fn. 299, *Schulze-Fielitz* § 12 Rn. 82, *Burgi* § 18 Rn. 76 m. Fn. 213; Bd. II *Hoffmann-Riem* § 33 Rn. 55. Entscheidungsverzichte des Staates können auch in zahlreichen anderen Sachbereichen, die von Deregulierung und materieller Privatisierung geprägt sind, eine Rolle spielen. Vergleichbare Konstellationen ergeben sich etwa im Zusammenhang mit Netzzugangsvereinbarungen bei netzgebundenen Leistungen, bei denen der Staat auf eine eigene Entscheidung verzichtet und die staatliche Hierarchie lediglich als Druckmittel „im Schatten" bereithält.

Verfahrensvorgaben vor allem durch den Verzicht auf eine staatliche Entscheidung gekennzeichnet ist. Zwar bleiben die materiellen Vorgaben unverändert, sie werden aber nicht mehr in einem Genehmigungsverfahren geprüft. Soweit dabei als Korrelat zum verringerten Prüfungsumfang nicht (neue) Verfahrensanforderungen an den Privaten gestellt werden, lässt sich sinnvoll nicht von Verfahrensprivatisierung sprechen.[54] Zwar ist richtig, dass der Private die Verantwortung für die materielle Rechtmäßigkeit trägt. Diese Verantwortung kam und kommt dem Privaten aber auch schon vor der „Privatisierung" zu. Darüber hinaus trägt der Private eine Verantwortung „nur" für die materielle Rechtmäßigkeit des Vorhabens. Ob er die Rechtmäßigkeit durch ein (Privat-)Verfahren sicherstellen will oder nicht, bleibt seiner Freiheit überlassen. Er hat in den betreffenden Fällen lediglich eine materielle Verantwortung,[55] nicht hingegen eine Verfahrensverantwortung.

15 Die Zulässigkeit eines staatlichen Entscheidungsverzichts mag verfassungsrechtlich unter den Gesichtspunkten der staatlichen Schutzpflicht, partiell auch des Gleichbehandlungsgrundsatzes thematisiert und die Frage aufgeworfen werden, ob und inwieweit sich der Staat von Verfassungs wegen auf eine repressive Aufsicht zurücknehmen darf oder auch präventive Zulassungsverfahren vorsehen muss. Dabei geht es jedoch um andere Probleme als jene der **Verfahrensprivatisierung.** Deren Rechtfertigung als eigene juristische Kategorie liegt gerade in der **Besonderheit,** dass die **staatliche Sachentscheidung** zumindest partiell **fortbesteht,** die **Entscheidungsvorbereitung** aber **in unterschiedlichem Umfang privatisiert** wird.[56] Nur hier stellt sich die Frage, wie weitgehend der Staat eine von ihm (mit-)verantwortete Entscheidung auch durch eine eigene bzw. von ihm gesteuerte Entscheidungsvorbereitung verantworten muss und wie weitgehend er diese Vorbereitung ohne substantielle Beeinträchtigung dieser Verantwortung auf Private übertragen kann. Dies schließt nicht aus, dass Private für den Staat verbindliche Entscheidungen treffen, wie dies beispielsweise beim TÜV der Fall ist. Da im rechtlichen Kontext nur der Staat die nötige Verbindlichkeit erzeugen kann, muss diese Verbindlichkeit jedoch – etwa durch Beleihung – staatlich vermittelt sein.[57] Sofern einer Entscheidung keine (auch keine mittelbare) öffentlich-rechtliche Verbind-

---

[54] Zwar wäre es terminologisch möglich, mit dem Begriff der Verfahrensprivatisierung auch jene Fälle zu erfassen, in denen der Staat auf eine Entscheidung verzichtet, so dass sich in der Folge auch das diese Entscheidung bislang vorbereitende staatliche Verwaltungsverfahren erübrigt. Eine solche Systematisierung führte jedoch zu einer Nivellierung nicht nur zwischen Verfahrensprivatisierung und Entscheidungsverzicht, sondern auch zwischen Verfahrensprivatisierung und materieller Privatisierung und könnte den Besonderheiten der zugrunde liegenden Konstellationen nicht Rechnung tragen. Würde auch der Entscheidungsverzicht unter den Begriff der Verfahrensprivatisierung gefasst, verlöre dieser nicht nur weitgehend seine Konturen, sondern auch seine (wissenschafts-)heuristische Funktion.

[55] Verzichten Landesbauordnungen in bestimmten Fällen auf das Erfordernis einer Baugenehmigung, muss insoweit kein Verwaltungsverfahren mehr stattfinden. Stattdessen ist es Aufgabe, Verantwortung und Risiko der betroffenen Privaten, ggf. mit Hilfe von Architekten, Bauingenieuren oder anderen Sachverständigen sicherzustellen, dass das Bauvorhaben den gesetzlichen Vorgaben entspricht. Die Aufgabe der Behörde ist auf eine nachträgliche Überwachung reduziert.

[56] *Pietzcker,* Verfahrensprivatisierung (Fn. 51), S. 286.

[57] Genau genommen hört der Private auf, Privater zu sein, wenn er auf diese Weise verbindlich für den Staat entscheidet. Er rückt in die demokratische Treuhandstellung des öffentlichen Amtes ein. Nicht von ungefähr wird der Beliehene staatshaftungsrechtlich als Beamter angesehen. Näher zur Beleihung → Bd. I *Trute* § 6 Rn. 92, *Groß* § 13 Rn. 89 f., *Jestaedt* § 14 Rn. 31.

lichkeit zukommen soll, besteht für den Staat im Übrigen auch kein Anlass, mit Blick auf das vorangehende Verfahren eine spezifische Verantwortung Privater einzufordern und besondere Anforderungen an dieses Verfahren zu stellen. Von Verfahrensprivatisierung und Privatverfahren lässt sich als Chiffre für eine bestimmte Problemkonstellation danach nur sprechen, wenn die durch das privatisierte bzw. privatregulierte Verfahren vorbereitete Entscheidung vom Staat getroffen, ihm zurechenbar oder von ihm (mit-)verantwortet ist.

b) Rücknahme staatlicher Verfahrensverantwortung

Verfahrensprivatisierung als Sammelbegriff für ein bestimmtes Phänomen und eine spezifische Problemkonstellation ist mit der Vorstellung verbunden, dass es im Wege einer Umverteilung von vom Staat wahrzunehmenden Tätigkeiten auf Private zu einer **Rücknahme der staatlichen Verfahrensverantwortung** kommt. Für eine solche Rücknahme spricht eine Vermutung, wenn der Staat durch das privatisierte Verfahren im Hinblick auf seine Erfüllungsverantwortung für das Verfahren tatsächlich oder rechtlich substantiell entlastet wird. Die entlastende Wirkung liegt regelmäßig darin, dass Tätigkeiten von Privaten übernommen werden, die sonst vom Staat oder ihm zurechenbaren Personen im Rahmen eines Verwaltungsverfahrens erledigt würden.[58] 16

Unmaßgeblich ist, ob die Entlastung rechtlicher oder faktischer Natur ist. So kann die Einschaltung Privater (Gutachter, Kommissionen) trotz unverändertem Prüfprogramm zu einer **faktischen Entlastung** von Behörden führen, die einer **rechtlichen Entlastung** gleichkommt. Dies gilt insbesondere, wenn der Kontrollumfang der Behörde durch die Einbeziehung Privater in das Verfahren faktisch verringert wird. Eine solche Erstreckung des Privatisierungsbegriffs auf Formen faktischer Entlastung ist in der Sache gerechtfertigt. Denn sobald Behörden ihre Verfahrensaufgaben tatsächlich nicht mehr (in vollem Umfang) wahrnehmen, weil Private eingeschaltet werden, stellt sich das für das Phänomen der Verfahrensprivatisierung Profil bildende Problem, welche Auswirkungen auf die materielle Entscheidung damit verbunden sind und wie den tangierten Gemeinwohlinteressen weiterhin hinreichend Geltung verschafft werden kann. Die sich daraus ergebenden Fragen können, wenn es nicht zu Wertungswidersprüchen kommen soll, nicht anders beantwortet werden als bei der rechtlichen Entlastung des Staates. Für die Sicherung von Gemeinwohlbelangen spielt es generell eine untergeordnete Rolle, ob die Beeinträchtigungen rechtlicher oder tatsächlicher Natur sind und ob sie mittelbar oder unmittelbar erfolgen.[59] 17

Die mit der Rücknahme staatlicher Verfahrensverantwortung regelmäßig verbundene Entlastung kann sich mitunter erst aus mittel- oder langfristigen Entwicklungen ergeben. Daher steht einer privatisierungsrelevanten Entlastung des Staates nicht entgegen, dass sich aus der Privatisierung **neue** und zusätzliche **staatliche Gewährleistungspflichten** ergeben. Es ist keine neue Erkenntnis, dass die Entwicklung hin zur staatlichen Gewährleistungsverantwortung zwar einen 18

---

[58] *Hoffmann-Riem*, Verfahrensprivatisierung (Fn. 1), S. 227. Von einer relevanten Entlastung kann nicht gesprochen werden, wenn lediglich die Prüfungspflichten auf Private erstreckt werden, der Kontrollumfang der Behörde sich aber nicht verringert.
[59] Die Parallelen zum (weiten) grundrechtsdogmatischen Eingriffsbegriff, der sich auf mittelbare und faktische Einwirkungen erstreckt, liegen auf der Hand.

Wandel, nicht aber ohne Weiteres auch einen Rückgang von Staatsaufgaben mit sich bringt.[60] Gerade in Übergangszeiten nach einer Privatisierung können staatliche Aufgaben kurz- bis mittelfristig eher zu- als abnehmen. Das Vorliegen einer Verfahrensprivatisierung davon abhängig zu machen, dass eine bestimmte zeitliche oder finanzielle Entlastung des Staates eintritt, wäre so gesehen ein zu enger Ansatz, der den langfristigen Mehrwert von Privatisierungen aus dem Blick lässt. Entscheidend muss sein, ob sich die Aufgaben der Behörden im Hinblick auf ihre Erfüllungsverantwortung verringert haben.[61]

19 Die im Wege der Verfahrensprivatisierung vorgenommene Übertragung von Elementen der Entscheidungsvorbereitung auf Beteiligte oder Dritte lässt sich nicht rechtlich trennscharf von der bereits zuvor **im üblichen Verwaltungsverfahren vorgesehenen Beteiligung Privater** abgrenzen.[62] Die gesetzliche Ausgestaltung von Verwaltungsverfahren sieht vor, dass Private als Antragsteller oder Drittbetroffene, bei aufwendigeren Genehmigungs- und Planfeststellungsverfahren auch die Öffentlichkeit, in die Ermittlung und Konstituierung des Sachverhalts eingebunden werden. Diese vom Gesetz für notwendig erachteten Mitwirkungstätigkeiten Beteiligter und Dritter an der Sachverhaltskonstituierung könnten aufgrund der weitgehenden strukturellen Vergleichbarkeit ebenfalls der Verfahrensprivatisierung zugeordnet werden, zumal es sich durchweg (auch) um verfahrensentlastende, die Sachentscheidung vorbereitende Beiträge zum Verwaltungsverfahren handelt. Indes war es immer ureigene Aufgabe des Vorhabenträgers, sein eigenes Vorhaben durch entsprechende Vorarbeiten zu konkretisieren und auf der Grundlage eines substantiellen Antrags zur Genehmigung zu stellen. Entscheidend für die nötige Abgrenzung zu den neueren Formen der Verfahrensprivatisierung ist, dass diese „einfachen" sachverhaltskonstituierenden Mitwirkungs- und Beteiligungsformen nicht die für die Verfahrensprivatisierung eigentümliche Problemkonstellation hervorrufen, die sich aus der (drohenden) Relativierung der staatlichen Verfahrensverantwortung ergibt.[63] Daher spricht viel dafür, von Verfahrensprivatisierung nur zu sprechen, wenn die Verlagerung von Verfahrensaufgaben substantielles Gewicht hat und mit der Gefahr erheblicher rechtlicher oder faktischer Vorfestlegungen einhergeht.

c) Notwendigkeit eines weiten Verfahrensbegriffs

20 Als Objekt der Verfahrensprivatisierung kommen nach einhelliger Auffassung ausschließlich Verfahren der Exekutive in Betracht.[64] Im Übrigen ist der **Begriff**

---

[60] *Gramm*, Privatisierung (Fn. 44), S. 179. S.a. → Bd. I *Voßkuhle* § 1 Rn. 61, *Baer* § 11 Rn. 58; Bd. II *Hoffmann-Riem* § 33 Rn. 54.

[61] Bei aller Vielfalt der Erscheinungsformen von Privatisierung sind auch keine Fälle ersichtlich, in denen der Staat Aufgaben praktisch ersatzlos privatisiert hat (vgl. *Gramm*, Privatisierung [Fn. 44], S. 176 f.). Eine vollständige oder auch nur weitgehende Entlastung des Staates zu fordern, hätte vermutlich zur Folge, dass die meisten jener Vorgänge, die bislang unter den (Verfahrens-)Privatisierungsbegriff fallen, aus der Diskussion ausgegrenzt würden. Zur Gemeinwohlsicherung vgl. → Bd. I *Schulze-Fielitz* § 12 Rn. 154 ff.

[62] *Pietzcker*, Verfahrensprivatisierung (Fn. 51), S. 305. Zu dieser vgl. → Bd. II *Gusy* § 23 Rn. 43 ff., *Schneider* § 28 Rn. 42 ff., *Rossen-Stadtfeld* § 29. Zur Öffentlichkeitskontrolle vgl. → Bd. III *Scherzberg* § 49.

[63] Näher dazu → Rn. 39.

[64] Bei der Privatisierung von Rechtsprechungsverfahren (etwa durch Verlagerung auf private Schiedsgerichte) oder von Gesetzgebungsverfahren (etwa durch Verlagerung auf private Nor-

des Verfahrens, der dem Phänomen der Verfahrensprivatisierung zugrunde liegt, jedoch ebenso **weit** gefasst wie der allgemeine Verfahrensbegriff vor Erlass der Verwaltungsverfahrensgesetze.[65] Im Regelfall zielt Verfahrensprivatisierung auf Vorgänge im Vorfeld einer (präventiven) behördlichen Genehmigungs- oder Zulassungsentscheidung. Erfasst werden jedoch auch Verfahren zur Vorbereitung möglicher repressiver, beispielsweise bauordnungsrechtlicher Maßnahmen.[66] Darüber hinaus liegt eine Verfahrensprivatisierung auch dann vor, wenn die privatisierten Teile kein Verwaltungsverfahren im Sinne des § 9 VwVfG darstellen (würden). Es ist daher unerheblich, ob der Verfahrensteil, der dem Privaten anvertraut ist, zum Erlass eines Verwaltungsaktes führt, weil (noch) kein erforderlicher Antrag gestellt wurde oder weil das Verfahren nicht zum Erlass eines Verwaltungsaktes führen soll.[67] Für die maßgeblichen Probleme im Zusammenhang mit der Verfahrensprivatisierung spielt es eine untergeordnete Rolle, ob die entsprechenden Teile auf Antrag oder gleichsam auf Vorrat vorgenommen werden, um später – beispielsweise bei der „präventiven" Standortplanung für Abfallentsorgungsanlagen durch Private – im Rahmen eines konkreten Antrags verwertet zu werden. Es kann auch nicht darauf ankommen, ob am Ende ein Verwaltungsakt, eine Satzung, ein verwaltungsrechtlicher Vertrag, ein Plan oder überhaupt eine hoheitliche Maßnahme steht.[68]

2. Erscheinungsformen der Verfahrensprivatisierung

So vielfältig wie das Verwaltungsverfahren sind auch die Formen der Einbindung Privater in die Aufgabenwahrnehmung bei der Durchführung staatlicher Verwaltungsverfahren. Den weiten Begriffen des Verfahrens und der Verfahrensprivatisierung entspricht eine **große Bandbreite an Erscheinungsformen,** die von der Einbindung Privater in Planungsverfahren über Verfahren der Anlagenzulassung und Anlagenüberwachung bis hin zu Verfahren reicht, in denen bei einer größeren Anzahl parallel gelagerter Fälle rechtlich stark vorstrukturierte Entscheidungen zu treffen sind. Maßgebende Referenzgebiete sind bislang neben dem vor allem für Zertifizierungsverfahren[69] relevanten Produktsicherheitsrecht insbesondere das Städtebaurecht (städtebauliche Sanierungs- und Entwicklungsmaßnahmen, Aufstellung von Bauleitplänen und sonstigen städtebaulichen Planwerken), das Bauordnungsrecht (Sachverständige in Baugenehmigungsverfahren und bauaufsichtliches Überwachungsverfahren), das Natur- und Landschaftspflegerecht, das Immissionsschutzrecht (immissionsschutzrechtliches Genehmigungs- und Überwachungsverfahren), das Kreislaufwirtschafts- und Abfall-

21

---

mungsgremien) können sich zwar strukturell teilweise vergleichbare Probleme stellen. Die funktionellen Unterschiede der jeweiligen Verfahren überwiegen jedoch so sehr, dass sie sinnvollerweise getrennt von der (Verwaltungs-)Verfahrensprivatisierung betrachtet werden sollten. Zum Sonderfall der privaten Normung als Ersatz für exekutive Normsetzung → Rn. 29 ff.

[65] Zur Notwendigkeit eines weiten Verfahrensbegriffs → Bd. II *Schmidt-Aßmann* § 27 Rn. 47 ff., *Schneider* § 28 Rn. 13.

[66] *Hoffmann-Riem,* Verfahrensprivatisierung (Fn. 1), S. 226.

[67] So aber *Hoppe/Bleicher,* Rechtsprobleme (Fn. 51), S. 422.

[68] Dies gilt erst recht für die Frage, ob bereits am Ende der (Teil-)Tätigkeit des Privaten ein Verwaltungsakt erlassen werden soll. Auch diese Frage ist zu verneinen, da kaum je die Einschaltung des Privaten dazu führen wird, dass am Ende seiner Tätigkeit ein Verwaltungsakt gerade im Hinblick auf speziell diese Tätigkeit ergeht.

[69] Näher dazu → Rn. 27 f.

recht (Aufstellung von Abfallwirtschaftsplänen, Verfahren zur Zulassung von Abfallbeseitigungsanlagen, kreislaufwirtschafts- und abfallrechtliche Überwachungsverfahren), das Recht der Umweltverträglichkeitsprüfung, das Recht der Straßenplanung (Planung von Bundesfernstraßen, überörtliche Straßenplanung auf der Ebene der Länder), das Recht der Verkehrsüberwachung, das Recht der kommunalen Abgabenerhebung sowie die Bearbeitung von Beihilfeanträgen.[70]

22 **Empirische Untersuchungen** über das Ausmaß und die praktischen Erfahrungen bei der Umverteilung von Verfahrensverantwortung auf Private sind bislang ebenso Mangelware wie dementsprechend ein Desiderat. Dies gilt, was das Ausmaß anbetrifft, allerdings dort nur eingeschränkt, wo die Einbeziehung Privater in das Verfahren – etwa bei der Sachverhaltsermittlung im Zusammenhang mit UVP-pflichtigen Vorhaben[71] oder bei Zertifizierungsverfahren[72] – gesetzlich zwingend vorgesehen ist. In diesen Fällen liegen, abhängig vom jeweiligen Sachbereich, der beträchtliche Umfang und die dementsprechende Bedeutung der Verfahrensprivatisierung auf der Hand. Aber auch im Übrigen lassen die wenigen vorhandenen Arbeiten den Schluss zu, dass die praktische Relevanz der Verfahrensprivatisierung erheblich ist. So deuten rechtstatsächliche Untersuchungen darauf hin, dass beispielsweise die praktische Abwicklung von Bauleitplanverfahren, vor allem in den neuen Bundesländern, zu einem ganz überwiegenden Teil nicht in der Hand der Beamten und Angestellten der mit der Bauleitplanung befassten Verwaltungseinheiten, sondern in jener privater Dienstleister liegt.[73] Die Fernstraßenplanung in den neuen Bundesländern ist in den Jahren nach der Wende weitgehend von der „Deutsche Einheit Fernstraßenplanungs- und Baugesellschaft mbH (DEGES)" und damit ebenfalls von einem privaten Dienstleister durchgeführt worden.[74] Auch die vielfältige praktische Werbeaktivität legt den Schluss nahe, dass sich Tätigkeiten Privater in staatlichen Verfahren in vielen Bereichen als Dienstleistungen etabliert haben.[75]

23 Auch wenn die Grenzen zwischen den verschiedenen Erscheinungsformen fließend sind,[76] bieten sich Differenzierungsmerkmale an, die eine gewisse **Sys-**

---

[70] *Remmert*, Private Dienstleistungen (Fn. 11), S. 30 ff.

[71] Dazu → Rn. 24.

[72] Dazu → Rn. 27 f.

[73] Vgl. für Brandenburg die Untersuchungsergebnisse von *Remmert*, Private Dienstleistungen (Fn. 11), S. 109 ff., 507 f.

[74] *Hans-Jürgen Klofat*, Einschaltung Privater beim Verkehrswegebau, in: Willi Blümel (Hrsg.), Einschaltung Privater beim Verkehrswegebau – Innenstadtverkehr, Speyrer Forschungsberichte, Bd. 115 (1993), S. 7 ff.; *Rainer Wahl*, Die Einschaltung privatrechtlich organisierter Verwaltungseinrichtungen in den Straßenbau, DVBl 1993, S. 517 ff.; *Volker Stehlin*, Die Einschaltung privatrechtlich organisierter Verwaltungseinrichtungen in die Verkehrswegeplanung, 1997, S. 20 ff.; allgemein zur Privatisierung im Fernstraßenwesen *Annegret Bucher*, Privatisierung von Bundesfernstraßen, 1996; *Richard Bartlsperger*, Das Fernstraßenwesen in seiner verfassungsrechtlichen Konstituierung: Staatsaufgabe und Objekt funktionaler Privatisierung, 2006.

[75] Vgl. auch dazu die Erhebungen von *Remmert*, Private Dienstleistungen (Fn. 11), S. 30 ff., insbes. S. 41 ff. m. w. N.

[76] Verschiedene Erscheinungsformen und Beispiele einer Verfahrensprivatisierung finden sich im Bericht der Unabhängigen Expertenkommission zur Vereinfachung und Beschleunigung von Planungs- und Genehmigungsverfahren – Investitionsförderung durch flexible Genehmigungsverfahren, 1994, Tz. 240, 284 f., 286 ff., 380, 539 ff.; vgl. auch *Hoffmann-Riem*, Verfahrensprivatisierung (Fn. 1), S. 226; *Pietzcker*, Verfahrensprivatisierung (Fn. 51), S. 289 ff.

B. Grundelemente der Verfahrensprivatisierung

tematisierung erlauben. In einem ersten Zugriff lassen sich verfahrensentlastende Eigenbeiträge Privater, verfahrensentlastende Beiträge privater Dritter,[77] Fälle privaten Verfahrensmanagements sowie staatliche Anknüpfungen an privatregulierte Verfahren voneinander unterscheiden. Innerhalb dieser Einteilung kann jeweils nach präventiven und repressiven Verfahren oder Verfahrensteilen differenziert werden. Einen Sonderfall stellt der Bereich der privaten Normung dar.[78]

a) Verfahrensentlastende Eigenbeiträge

Verfahrensentlastende Eigenbeiträge Privater liegen vor, wenn das Verfahren Aufgabe des Hoheitsträgers ist und bleibt, der private Vorhabenträger oder Betroffene jedoch Beiträge liefert, die das Verfahren – sei es bei der präventiven Kontrolle, sei es bei der nachfolgenden laufenden Überwachung – entlasten und regelmäßig beschleunigen. In der typischen Form wird der Private zu einer Sachverhaltsaufbereitung in eigener Sache herangezogen.[79] Neben dem Arzneimittelrecht finden sich entsprechende Einbindungen Privater bei Planungs- und Abwägungsentscheidungen im Zusammenhang mit Vorhaben- und Erschließungsplänen nach § 12 BauGB, vor allem aber bei UVP-pflichtigen Vorhaben (§ 6 UVPG), die geradezu als Paradebeispiel für einen Eigenbeitrag zur Sachverhaltsermittlung gelten können.[80] Verfahrensentlastende Eigenbeiträge, die über allgemeine Mitwirkungspflichten hinausgehen, finden sich darüber hinaus auch im Sozialrecht und im Steuerrecht.[81] Im Bereich repressiver Verfahren kann zu den verfahrensentlastenden Eigenbeiträgen die Installation von Betriebsbeauftragten[82] zählen, sofern diese Informationen bereitstellen, die andernfalls im behördlichen Verfahren ermittelt werden müssten. Eine vergleichbare Entlastungsfunktion kommt auch der Ermittlungspflicht nach § 9 Abs. 2 BBodSchG zu. 24

Im Chemikalienrecht hat die durch die REACh-Verordnung ausgeweitete regulierte Eigenverantwortlichkeit der Hersteller und Importeure für ihre Stoffe eine deutliche Forcierung verfahrensentlastender Eigenbeiträge mit sich gebracht.[83] Für die erforderliche Registrierung müssen die Registranten der Euro- 24a

---

[77] Die Differenzierung zwischen Eigenbeiträgen des Vorhabenträgers und Beiträgen privater Dritter ist schon deshalb angezeigt, weil sich auch im Hinblick auf die Rechtsfolgen Unterschiede ergeben können.

[78] Näher dazu → Rn. 29 ff.

[79] Vgl. dazu nur *Schneider*, Kooperative Verwaltungsverfahren (Fn. 17), S. 40 f.; *Hagen Kobor*, Kooperative Amtsermittlung im Verwaltungsrecht, 2009, S. 91 ff., 98 ff., 233 ff., 328 ff., 378 ff. S. a. → Bd. II *Gusy* § 23 Rn. 40.

[80] Siehe a. → Bd. I *Eifert* § 19 Rn. 38.

[81] Näher zu verfahrensentlastenden Eigenbeiträgen im Sozialrecht *Klaus Grupp*, Mitwirkungspflichten im Verwaltungsverfahren, VerwArch, Bd. 80 (1989), S. 44 ff., 53 ff.; *Wolfgang Gitter*, Die Mitwirkung des Leistungsberechtigten im Sozialrecht, in: FS Gerd Jauch, 1990, S. 17 ff.; zu verfahrensentlastenden Eigenbeiträgen im Steuerrecht *Helmut Schuhmann*, Untersuchungsgrundsatz und Mitwirkungspflichten der Beteiligten, DStZ/A 1986, S. 583 (587); *Rolf Wittmann*, Mitwirkungspflicht und Aufklärungspflicht in der AO, StuW 1987, S. 35 (40); *Kobor*, Kooperative Amtsermittlung (Fn. 79), S. 107 ff.

[82] Vgl. beispielsweise die Bestellung eines Betriebsbeauftragten nach § 53 BImSchG. Vgl. → Bd. I *Eifert* § 19 Rn. 104 ff.

[83] Näher zur REACh-Veordnung → Bd. II *Röhl* § 30 Rn. 42 a. In die regulierte Eigenverantwortlichkeit werden neben den Herstellern und Importeuren teilweise auch die nachgeschalteten Anwender als sekundäre Stoffverantwortliche einbezogen; vgl. Art. 37 ff. REACh (Titel V „Nachgeschaltete Anwender").

päischen Chemikalienagentur ein Stoffdossier mit Informationen zu den jeweiligen Stoffen und insbesondere die relevanten physikalisch-chemischen Daten sowie toxikologische und ökotoxikologische Informationen vorlegen. Dabei ist es Sache der Registranten, die für die Registrierung erforderlichen Informationen zu ermitteln.[84] Die regulierte Eigenverantwortung verfolgt vor allem zwei Ziele: Zum einen sollen die für die Registrierung der Stoffe erforderlichen Informationen generiert werden, um die jeweiligen Risiken abschätzen zu können, zum anderen soll von dieser Risikoabschätzung ausgehend das erforderliche Risikomanagement gewählt werden, insbesondere durch einen Stoffsicherheitsbericht und das Sicherheitsdatenblatt.[85] Die Verantwortung für die Ermittlung und Bewertung der stoffbedingten Risiken sowie die Konkretisierung und Umsetzung von Konzepten der Risikominderung liegt primär bei den Stoffverantwortlichen und erst in zweiter Linie bei den nationalen und/oder europäischen Behörden, so dass die Verantwortungsübertragung über eine reine Verfahrensprivatisierung hinausgehen kann. Unabhängig davon zielen die geforderten Eigenbeiträge der Registranten zur Generierung des erforderlichen Wissens aber ersichtlich darauf ab, gerade auch das Verfahren zu entlasten.

b) Verfahrensentlastende Beiträge privater Dritter

25   **Verfahrensentlastende Beiträge** können nicht nur vom Vorhabenträger selbst, sondern auch **von privaten Dritten** erbracht werden. Der Dritte kann dabei von behördlicher Seite oder auf staatliche Veranlassung vom Vorhabenträger eingeschaltet werden. Die Einbindung privater Dritter durch den Vorhabenträger dürfte allerdings nur dann eine eigene Form der Verfahrensprivatisierung sein, wenn sie nicht (ausschließlich) freiwillig geschieht.[86] Die freiwillige Inanspruchnahme Dritter dient regelmäßig der Kompensation fehlender eigener Ressourcen und nicht der Entlastung der Verwaltung. Insofern stellt sie lediglich eine Form des Eigenbeitrags dar, bei der sich der Vorhabenträger eines Erfüllungsgehilfen bedient.[87] Ob ein Eigenbeitrag des Vorhabenträgers durch einen Dritten wahrgenommen wird oder ein verfahrensentlastender Beitrag Dritter im engeren Sinn vorliegt, muss danach entschieden werden, in wessen Interesse der

---

[84] Vgl. zu den Informationspflichten Art. 10, 12 und 14 REACh, zur Eigenverantwortlichkeit Art. 1 Abs. 3 REACh. Zur Verantwortungsverteilung im Chemikalienrecht *Martin Führ*, Registrierung und Bewertung von Stoffen: Risiko-Management entlang der Wertschöpfungskette, in: Reinhard Hendler u. a. (Hrsg.), Neues Europäisches Chemikalienrecht (REACH), UTR, Bd. 96 (2008), S. 87 (92); *Eckhard Pache*, Innovationsverantwortung im Chemikalienrecht, in: Martin Eifert/Wolfgang Hoffmann-Riem (Hrsg.), Innovationsverantwortung, 2009, S. 251 ff.; *Martin Führ/Kilian Bizer*, Zuordnung der Innovations-Verantwortlichkeiten im Risikoverwaltungsrecht – Das Beispiel der REACh-Verordnung, ebd., S. 303 ff.; *Jan B. Ingerowski*, Die REACh-Verordnung: Eine Bestandsaufnahme und Bewertung der Instrumente und Strategien des neuen europäischen Chemikalienrechts, 2010, S. 93 ff., 136 ff.

[85] *Eckard Rehbinder*, in; Jürgen Fluck/Kristian Fischer/Anja v. Hahn (Hrsg.), REACH und Stoffrecht, Kommentar, 2008, Art. 1 VO (EG) 1907/2006 Rn. 20 ff.; *Führ*, Registrierung (Fn. 84), S. 96 ff.; *Pache*, Innovationsverantwortung (Fn. 84), S. 257.

[86] Vgl. § 9 Abs. 2 S. 2 BBodSchG.

[87] Obwohl zwischen beauftragtem Verwaltungshelfer und betrieblicher Fremdüberwachung zu unterscheiden ist, sind die Übergänge in der Praxis fließend, etwa wenn Behörden die Überwachung privaten Dritten übertragen und die Kosten dafür auf den Vorhabenträger abwälzen; vgl. *Udo Di Fabio*, Verwaltung und Verwaltungsrecht zwischen gesellschaftlicher Selbststeuerung und staatlicher Steuerung, VVDStRL, Bd. 56 (1997), S. 235 (257); zuvor bereits *ders.*, Die Verlagerung der immissionsschutzrechtlichen Überwachungsverantwortung auf Private, DB 1996, S. 1 ff.

B. Grundelemente der Verfahrensprivatisierung

Dritte tätig wird. In der Sache handelt es sich bei verfahrensentlastenden Beiträgen privater Dritter vor allem um Prüf- und Planungsvorgänge, die aus der behördlichen Verantwortung heraus in die Hände privater Sachverständiger gegeben werden.[88] Im präventiven Bereich zählen dazu die baurechtliche Prüfung der Standsicherheit[89], die Untersuchung durch den TÜV und ganz allgemein Konformitätsbewertungen, in deren Rahmen geprüft wird, ob bestimmte Produkte, Dienstleistungen oder Organisationen die gesetzlich oder behördlich vorgesehenen Sicherheits- oder Organisationsanforderungen erfüllen.[90] Bei der Besprechung des Gegenstandes, des Umfangs und der Methoden der Umweltverträglichkeitsprüfung sowie sonstiger für ihre Durchführung erheblicher Fragen können nach § 5 S. 4 UVPG private Dritte ebenso einbezogen werden wie zur Vorbereitung eines Sanierungsplanes und -vertrages nach § 13 Abs. 3 und 4 BBodenSchG. Mit Blick auf gemeinnützige Planungen und insbesondere das Verfahren zur Aufstellung von Bauleitplänen werden von den Kommunen regelmäßig private Planungsbüros und Umweltgutachter eingeschaltet (§ 4b BauGB).[91] Zur privatisierten Abwägungshilfe zählt aber auch die Verfahrenshilfe, die private Planungsbüros als Auftragnehmer bei Standortauswahlverfahren für Abfallentsorgungsanlagen[92] oder im Rahmen des Straßenbaus leisten.[93] Gerade bei der Verkehrswegeplanung zur Verwirklichung von sog. Verkehrsprojekten Deutsche Einheit ist mit der „Deutsche Einheit Fernstraßenplanungs- und Baugesellschaft mbH (DEGES)" ein privater Dienstleister eingeschaltet worden, der von Planungsträgern mit verschiedenen Aufgaben betraut wurde, die bei der Durchführung eines Planfeststellungsverfahrens anfallen.[94] Beispiele für eine repressive Fremdüberwachung sind die Fälle einer Überwachung von Anlagen durch staatlich Beauftragte.[95]

---

[88] Allgemein dazu: *Patrick Scholl*, Der Sachverständige im Verwaltungsrecht, 2005. S. a. → Bd. II *Ladeur* § 21 Rn. 45 ff.

[89] Vgl. beispielsweise nur Art. 62 Abs. 2, 61, 59 BayBO. Im Grunde genommen erfüllt bereits die Regelung über die Bauvorlageberechtigung (z. B. Art. 61 BayBO) faktisch diese Funktion.

[90] Speziell für den privaten Gutachter im Umweltschutz *Arno Scherzberg*, Der private Gutachter im Umweltschutz, NVwZ 2006, 377.

[91] Zu § 4b BauGB (sowie §§ 35 ff. der Verordnung über die Honorare für Leistungen der Architekten und Ingenieure) *Olaf Reidt*, § 4b BauGB – Die Einschaltung Dritter in die Bauleitplanung, NVwZ 1998, S. 592 ff.; *Gerd Schmidt-Eichstaedt*, Der Dritte im Baugesetzbuch, BauR 1998, S. 899 ff.; *Frank Stollmann*, Die Einschaltung Dritter im neuen Städtebaurecht, NuR 1998, S. 578 ff.; *Bernd Köster*, Die Privatisierung des Bauleitplanverfahrens und der Einsatz der Mediation in den Beteiligungsverfahren, 2002, S. 55 ff.; *Remmert*, Private Dienstleistungen (Fn. 11), S. 38 ff. (42 ff.); *Ulrich Battis*, Mediation in der Bauleitplanung, DÖV 2011, S. 340 ff.

[92] Dazu *Bernd Bender/Richard Pfaff*, Zur Standortproblematik im Recht der Abfallentsorgung, DVBl 1992, S. 181 ff.; *Werner Hoppe*, Rechtsprobleme bei Standortauswahlverfahren für Abfallentsorgungsanlagen durch private Auftragnehmer, DVBl 1994, S. 255 ff.; *Hoppe/Bleicher*, Rechtsprobleme (Fn. 51), S. 421; *Herbert Bleicher*, Standortauswahlverfahren bei der Planung von Abfallentsorgungsanlagen durch private Gutachter, 1996.

[93] Zu Planungsvorarbeiten beim Straßenbau § 16a Abs. 1 S. 1 FStrG sowie *Bucher*, Privatisierung (Fn. 74), S. 59 ff.; *Remmert*, Private Dienstleistungen (Fn. 11), S. 38 ff., 73 ff.; *Franz-Joseph Peine*, Verfahrensprivatisierung in der Verkehrswegeplanung, in: Hoffmann-Riem/Schneider (Hrsg.), Verfahrensprivatisierung (Fn. 51), S. 95 ff.

[94] Näher zu Aufgaben, Funktion und rechtlicher Einordnung der DEGES *Klofat*, Einschaltung Privater (Fn. 74), S. 7 ff.; *Wahl*, Einschaltung (Fn. 74), S. 517 ff.; *Stehlin*, Einschaltung (Fn. 74); *Peine*, Verfahrensprivatisierung (Fn. 93), S. 95 ff.

[95] Vgl. §§ 26, 29a BImSchG; § 1 der Verordnung über Anlagen zum Umgang mit wassergefährdenden Stoffen (§ 19i WHG a. F.); § 25 Abs. 3 GenTG; § 21 Abs. 4 ChemG. Zur Beteiligung Privater an

25a Verfahrensentlastende Beiträge privater Dritter sieht in unterschiedlicher Ausprägung auch die REACh-Verordnung vor. Mit der Organisation eines umfassenden Informationsflusses sicherheitsrelevanter Informationen entlang der Lieferkette – sowohl vom Hersteller oder Importeur zu den nachgeschalteten Anwendern als auch in gegenläufiger Richtung – verfolgt die REACh-Verordnung einen durchaus eigenen Regelungsansatz,[96] der mit der Verpflichtung zur Informationsübermittlung an andere Akteure auch verfahrensentlastend wirken kann. Allerdings sind der Informationsaustausch innerhalb der Lieferkette und die damit verbundene Kooperation gerade im Vorfeld eines Registrierungsverfahrens nur unzureichend geregelt.[97] Die REACh-Verordnung sieht hier nur die Möglichkeit einer Informationsübermittlung durch die nachgeschalteten Anwender vor, obwohl deren Kenntnisse und Informationen für eine umfassende Sicherheitsbeurteilung wesentlich sein und auch zu einer erheblichen Verfahrensentlastung führen können.

Einen wesentlichen Beitrag zur Verfahrensentlastung können jedoch die Regelungen der REACh-Verordnung zur gemeinsamen Nutzung von Daten leisten, die bei der Registrierung einzureichen sind. Abweichend von dem Grundsatz, dass jeder Stoffhersteller oder -importeur die Registrierungspflichten einschließlich der Beibringung der erforderlichen Informationen eingeständig zu erfüllen hat, verfolgt die REACh-Verordnung auch das Ziel, unnötige Kosten für Doppelprüfungen sowie mehrfache Tierversuche zu vermeiden.[98] Um diesen Zweck zu erreichen, sieht die REACh-Verordnung einen normativen Rahmen vor, innerhalb dessen – bei grundsätzlicher Teilung der Kosten – Daten selbstorganisiert eingereicht und bereits eingereichte Daten von mehreren Registranten gemeinsam genutzt werden können.[99] Die Zusammenführung der privaten Akteure in Stoffinformationsforen[100] soll dazu beitragen, die Kosteneffizienz der Informations-

---

der Überwachung von Anlagen im Umwelt- und Technikrecht *Michael Reinhardt*, Die Überwachung durch Private im Umwelt- und Technikrecht, AöR, Bd. 118 (1993), S. 617 (626 ff.); *Di Fabio*, Verlagerung (Fn. 87), S. 1 ff.; *Frank Ludwig*, Privatisierung staatlicher Aufgaben im Umweltschutz, 1998, S. 165 ff.; vgl. darüber hinaus: *Seidel*, Privater Sachverstand (Fn. 43), S. 200 ff.; *Scholl*, Sachverständige (Fn. 88).

[96] Vgl. Art. 31 ff. REACh (Titel IV „Informationen in der Lieferkette") sowie den Anhang II zur REACh-Verordnung. Mit Blick auf die erfassten Stoffe muss jeder Lieferant eines Stoffes seinen Abnehmern ein Sicherheitsdatenblatt mit Informationen über die erforderlichen Risikomanagementmaßnahmen zur Verfügung stellen (Art. 31 REACh). Nachgeschaltete Anwender müssen umgekehrt den vorgeschalteten Akteuren in der Lieferkette alle bei ihnen gewonnenen Informationen über gefährliche Eigenschaften eines Stoffes oder etwaige Zweifel an der Eignung von im Sicherheitsdatenblatt vorgesehenen Risikomanagementmaßnahmen für bestimmte Verwendungen übermitteln (Art. 34 REACh). Näher zur Organisation des Informationsflusses *Führ*, Registrierung (Fn. 84), S. 108 f.; *Pache*, Innovationsverantwortung (Fn. 84), S. 258 f. S. a. → Bd. II *Röhl* § 30 Rn. 42 a.

[97] Vgl. dazu nur *Führ*, Registrierung (Fn. 84), S. 108 f.; *Pache*, Innovationsverantwortung (Fn. 84), S. 259.

[98] Vgl. dazu die Erwägungsgründe 33, 49 und 50 der REACh-Verordnung.

[99] S. dazu *Jürgen Fluck*, REACH: Die Foren zum Austausch von Stoffinformationen (SIEF) und die Zusammenarbeit mehrerer Verpflichteter bei Vorregistrierung und Bewertung, StoffR 2007, S. 104 ff.; *Pache*, Innovationsverantwortung (Fn. 84), S. 260 f.

[100] Insbesondere für Phase-In-Stoffe (Art. 3 Nr. 20 REACh) ist die Einführung eines Forums zum Austausch von Stoffinformationen obligatorisch (Art. 28 f. REACh). Darin zusammengeführt werden alle potenziellen Registranten, die Hersteller und Importeure über der Mengenschwelle von einer Tonne pro Jahr, alle nachgeschalteten Anwender und auch Dritte, die relevante Stoffinformationen beitragen können.

beschaffung zu steigern sowie allgemein die Erfassung und Nutzung vorhandener Kenntnisse und Erfahrungswerte über bestimmte Stoffe in (Registrierungs-)Verfahren zu erleichtern.

c) Privates Verfahrensmanagement

Erschöpft sich die Rolle des Privaten nicht in der Sachverhaltsermittlung oder vergleichbar eingrenzbaren Tätigkeiten, sondern erstreckt sich seine Aufgabe auf die Herbeiführung bzw. Förderung eines **Interessenausgleichs in multipolaren Verwaltungsverfahren,** kann von privatem **Verfahrensmanagement** gesprochen werden.[101] Dabei kann ein von der Behörde beauftragter Dritter eingeschaltet werden, der die Beteiligten anhört und vermittelt,[102] Projektmanagement[103] oder Mediation betreibt.[104] Denkbar ist auch die Einschaltung durch den Vorhabenträger oder die Mediation in eigener Sache. Unter privates Verfahrensmanagement fallen nicht zuletzt auch die Verhandlungen im Rahmen der baurechtlichen Nachbarbeteiligung.[105]

d) Staatliche Anknüpfung an private Entscheidungsverfahren

Dem Bereich der Verfahrensprivatisierung zuzuordnen[106] sind in aller Regel auch von Privaten freiwillig durchgeführte, vielfach vom Staat durch sein Regelwerk allerdings überhaupt erst initiierte Verfahren, an die er als Verfahrens- oder Entscheidungsvoraussetzung anknüpft. Prominentestes Beispiel für diese Fallkategorie sind **Zertifizierungsverfahren,**[107] in deren Rahmen die Einhaltung von Qualitätsstandards nicht hoheitlich präventiv kontrolliert, sondern von (akkreditierten) Privaten überprüft und zertifiziert wird. Nicht zuletzt der Einfluss des Europarechts hat dazu geführt, dass die staatliche Überwachungstätigkeit sachbereichsspezifisch durch Systeme der Eigenkontrolle der Wirtschaft ersetzt wird.[108] Das Konzept, das bislang vor allem im Produktsicherheitsrecht

---

[101] Der Sache nach handelt es sich um qualitativ gesteigerte Unterformen der beiden zuvor genannten Erscheinungsformen.

[102] So die Vorstellung, die beispielsweise § 4b BauGB, § 5 S. 4 UVPG, § 124 TKG und § 2 Abs. 2 S. 3 Nr. 5 der 9. BImSchV zugrunde liegt.

[103] *Martin Böckel,* Projektmanagement in Verwaltungsverfahren, DÖV 1995, S. 102 ff. (106 ff.); *Renate Schwarz,* „Entliehene" Rechtsanwälte in der staatlichen Immissionsschutzverwaltung, in: Hoffmann-Riem/Schneider (Hrsg.), Verfahrensprivatisierung (Fn. 51), S. 188 (194 ff.); *Ludwig,* Privatisierung (Fn. 95), S. 198 ff.; vgl. darüber hinaus § 98 UGB-KomE sowie dazu BMU (Hrsg.), Umweltgesetzbuch (UGB-KomE), 1998, S. 640 ff.

[104] Näher zur Mediation im Umfeld von Verwaltungsverfahren → Rn. 102 ff.

[105] Vgl. nur § 55 LBO BW, Art. 66 BayBO, § 70 SächsBO.

[106] Näher → Rn. 12 ff.

[107] Dazu *Dieter Schottelius,* Der zugelassene Umweltgutachter – ein neuer Beruf, BB 1996, S. 1235 ff.; *Pietzcker,* Verfahrensprivatisierung (Fn. 51), S. 284 (302); *Remmert,* Private Dienstleistungen (Fn. 11), S. 4 f.; *Hans C. Röhl,* Akkreditierung und Zertifizierung im Produktsicherheitsrecht, 2000; *Hermann Pünder,* Zertifizierung und Akkreditierung – private Kontrolle unter staatlicher Gewährleistungsverantwortung, ZHR 2006, S. 567 ff.; → Bd. II *Röhl* § 30 Rn. 66 a. E., *Hoffmann-Riem* § 33 Rn. 32, 96. Zum Produktsicherheitsrecht s. a. → Bd. I *Eifert* § 19 Rn. 82 ff.

[108] Vgl. zur Bedeutung der „Neuen Konzeption", die dieser Entwicklung zugrunde liegt, als Rechtsetzungstechnik für die europäische Normung, die Entschließung des Rates vom 7. 5. 1985 über eine neue Konzeption auf dem Gebiet der technischen Harmonisierung und der Normung, ABl. EG 1985 Nr. C 136, S. 1, Anhang II. D., näher dazu *Anne Röthel,* Europäische Normen: Rechtsgrundlagen, rechtliche Bedeutung, Einfluss auf das Umwelt- und Technikrecht, in: Reinhard Hendler/Peter Marburger (Hrsg.), Technische Regeln im Umwelt- und Technikrecht, UTR, Bd. 86 (2005),

ausgeprägt worden ist, sieht vor, dass akkreditierte[109] private Gutachter im Rahmen ihrer Zertifizierungstätigkeit begutachten und überwachen, ob bestimmte, rechtlich vorgegebene inhaltliche Anforderungen – etwa an Bauprodukte[110] oder unternehmensinterne Umweltschutzvorkehrungen[111] – erfüllt werden.

28   Ob es sich bei diesen Zertifizierungssystemen tatsächlich um Verfahrensprivatisierung handelt, hängt von deren jeweiliger **Ausgestaltung** ab. Im Regelfall ist mit der Zertifizierung eine substantielle Verlagerung von Verfahrensverantwortung auf Private bei gleichzeitiger Staatsentlastung verbunden, so dass eine für die Verfahrensprivatisierung charakteristische Konstellation vorliegt. Dies gilt beispielsweise für das derzeitige **Konzept des Umwelt-Audit,** bei dem die privatwirtschaftlich organisierte Qualitätskontrolle klare und verbindliche Folgen etwa in Form einer Rücknahme der laufenden staatlichen Kontrollen vorsieht.[112] In dieser Ausgestaltung entspricht das Umwelt-Audit-Verfahren der Grundkonstellation der Verfahrensprivatisierung. Die Rücknahme staatlicher Kontrolle gerade wegen der Kontrolltätigkeit Privater folgt der für die Verfahrensprivatisierung eigentümlichen Verlagerung von Verfahrensverantwortung auf Private und wirft die damit verbundenen spezifischen Folgeprobleme auf.[113]

e) Private Normsetzung als Sonderfall

29   Einen Sonderfall stellt die **private Normsetzung** durch außerstaatliche Sachverständigengremien oder Fachverbände dar, deren Regeln (DIN-Vorschriften, VDI-Richtlinien etc.) der Staat in regelungstechnisch unterschiedlicher Weise in sein Recht inkorporiert.[114] Zwar hat sich der Staat teilweise vertraglich einen

---

S. 31 ff.; *Röhl,* Zertifizierung (Fn. 107), S. 4 ff.; *Martin Schulte,* Umweltnormung (§ 17), in: EUDUR, Rn. 20 ff.; *Dagmar Gesmann-Nuissl/Kai Strübbe,* Privatrechtliche Kontrollmechanismen im Rahmen staatlicher Gewährleistungsverantwortung, DÖV 2007, S. 1046 ff.

[109] Der Begriff der Akkreditierung steht für ein Verfahren, in dem die zuständige öffentliche oder private Stelle prüft und bestätigt, dass eine Person oder Stelle hinreichend qualifiziert ist, bestimmte (Zertifizierungs-)Aufgaben zu erfüllen.

[110] Zum Grundkonzept der Bauproduktenverordnung (Verordnung [EU] Nr. 305/2011 zur Festlegung harmonisierter Bedingungen für die Vermarktung von Bauprodukten), die ab Juli 2013 die Bauproduktenrichtlinie ersetzt, *Bernhard Schneider,* Neues Bauproduktenrecht, Bundesbaublatt 9/2010, S. 40 f.; zu den Regelungsansätzen der Bauproduktenrichtlinie bzw. des Bauproduktengesetzes, die von der Bauproduktenverordnung in Kernelementen aufgegriffen werden, *Röhl,* Zertifizierung (Fn. 107), S. 20 f.

[111] Zum Modell der Umwelt-Audit-Verordnung nur *Jens-Peter Schneider,* Öko-Audit als Scharnier einer ganzheitlichen Regelungsstrategie, DV, Bd. 28 (1995), S. 361 ff.; *Gertrude Lübbe-Wolff,* Das Umweltauditgesetz – UAG, NuR 1996, S. 230 ff.; *Wolfgang Köck,* Das Pflichten- und Kontrollsystem des Öko-Audit-Konzepts nach der Öko-Audit-Verordnung und dem Umweltauditgesetz, VerwArch, Bd. 87 (1996), S. 644 ff.

[112] Vgl. § 58 e BImSchG i.V.m. der VO über immissionsschutz- und abfallrechtliche Überwachungserleichterungen für nach der VO (EG) Nr. 761/2001 registrierte Standorte und Organisationen (EMASPrivilegV) vom 24. Juni 2002, BGBl I (2002), S. 2247, die eine Reihe von Privilegierungen für den Fall der Teilnahme am Zertifizierungsverfahren regelt. So sieht § 8 EMASPrivilegV z. B. als rechtliche Entlastung vor, dass bestimmte Kontrollen in größeren Intervallen durchgeführt werden sollen. S. a. → Bd. I *Schuppert* § 16 Rn. 91 ff., *Eifert* § 19 Rn. 90 ff.; Bd. II *Michael* § 41 Rn. 44.

[113] Näher dazu → Rn. 38 ff. Im Ergebnis wird nach dem Konzept der Umwelt-Audit-Verordnung ein Teil des Überwachungsverfahrens in die privaten Hände des Zertifizierenden gelegt. Zur Kontrolle der Kontrolleure vgl. a. → Bd. I *Eifert* § 19 Rn. 92 ff.

[114] → Bd. I *Ruffert* § 17 Rn. 85 ff.; vgl. darüber hinaus nur *Peter Marburger,* Die Regeln der Technik im Recht, 1979; *Irene Lamb,* Gesetzeskonkretisierung, 1995, S. 71 f.; *Martin Führ,* Technische Normen in demokratischer Gesellschaft. Zur Steuerung der Technikanwendung durch private Normen, ZUR

gewissen Einfluss auf die Zusammensetzung der Gremien und das praktizierte Verfahren gesichert.[115] Ganz überwiegend handelt es sich bei dieser Form der Normsetzung aber um einen privat verantworteten Vorgang. Unter dem Gesichtspunkt der Verfahrensprivatisierung scheint die Anknüpfung an private Normsetzung insofern von besonderer Bedeutung, als die inhaltlichen Regelungen aufgrund eines völlig oder doch überwiegend privat verantworteten Verfahrens getroffen werden und der Staat die in diesem Verfahren gesetzten Normen durch gesetzliche Verweisung oder mittelbare Inbezugnahme in Form von Technikklauseln übernimmt. Als rechtliches Spezifikum erweist sich dabei, dass die Anforderungen an Normsetzungsverfahren im deutschen Recht traditionell gering sind.[116]

Bei näherer Betrachtung wird jedoch deutlich, dass es sich bei der staatlichen Anknüpfung an private Normsetzung regelmäßig nicht um die Privatisierung des Verfahrens oder von Verfahrensteilen, sondern um die materielle Privatisierung eines Teils der Sachentscheidung handelt. Besonders anschaulich zeigt sich dies bei der **Aufstellung technischer Regeln durch private Verbände,** die zu den bedeutsamsten Formen der gesellschaftlichen Selbstregulierung im Umwelt- und Technikrecht zählt. Technische Regeln bringen regelmäßig eine Entlastung der exekutivischen Rechtsetzung mit sich, die umso wichtiger ist, als der Exekutive technischer Sachverstand vielfach nicht in ausreichendem Maß zur Verfügung steht und sie daher nicht alle wissenschaftlich-technischen Detailregelungen selbst treffen kann.[117] Private technische Regelwerke nehmen vom Staat den Druck, mit seiner Rechtsetzung der dynamischen technischen Entwicklung stets selbst hinreichend – und hinreichend rasch – Rechnung zu tragen. Sie verhindern auf diese Weise auch eine gewisse Erstarrung der rechtlich-relevanten technischen Vorgaben.[118] Private Technikregeln betonen schließlich das Eigeninteresse der Betroffenen und steigern zumindest partiell deren Bereitschaft zur Normbefolgung. In der Sache geht es bei der Erfüllung dieser Funktionen aber um die **Konkretisierung materieller technischer Vorgaben** wie etwa des Standes der Technik oder der anerkannten Regeln der Technik durch Private, die ge-

---

1993, S. 99 ff.; *Michael Kloepfer/Thomas Elsner,* Selbstregulierung im Umwelt- und Technikrecht, DVBl 1996, S. 964 ff.; *Volker M. Brennecke,* Normsetzung durch private Verbände, 1996; *Matthias Schmidt-Preuß,* Private technische Regelwerke – Rechtliche und politische Fragen, in: Michael Kloepfer (Hrsg.), Selbst-Beherrschung im technischen und ökologischen Bereich, 1998, S. 89 ff.; *Anne Röthel,* Normkonkretisierung im Privatrecht, 2004, S. 250 ff.; *Gregor Bachmann,* Private Ordnung – Grundlagen ziviler Regelsetzung, 2004.

[115] Vgl. beispielsweise den Vertrag zwischen der Bundesrepublik Deutschland und dem DIN Deutsches Institut für Normung e.V. vom 5. 6. 1975 (Beil. zum BAnz Nr. 114 vom 27. 6. 1975). Der Vertrag zwischen der Bundesrepublik Deutschland und dem DIN sieht für die nationale Ebene vor, dass der Bundesregierung auf Antrag Sitze in den Lenkungsgremien der Normungsausschüsse eingeräumt werden. Zudem wird das DIN verpflichtet, die jeweils in Betracht kommenden Stellen bei der Durchführung der Normungsarbeit zu beteiligen.

[116] *Pietzcker,* Verfahrensprivatisierung (Fn. 51), S. 299. Zu exekutivischen Normsetzungsverfahren vgl. a. → Bd. II *Hill/Martini* § 34.

[117] *Kloepfer/Elsner,* Selbstregulierung (Fn. 114), S. 970; → Bd. II *Vesting* § 20 Rn. 50, *Röhl* § 30 Rn. 26 f.; grdl. zum Umgang des Rechts mit technischen Regeln: *Rüdiger Breuer,* Rezeption technischer Regeln durch die Rechtsordnung, AöR, Bd. 101 (1976), S. 46 ff. S. a. → Bd. I *Ruffert* § 17 Rn. 77, 86 ff., *Eifert* § 19 Rn. 63, 69 ff.

[118] *Peter Marburger/Thomas Gebhard,* Gesellschaftliche Umweltnormierungen, in: Alfred Endres/Peter Marburger (Hrsg.), Umweltschutz durch gesellschaftliche Selbststeuerung, 1993, S. 1.

rade wegen ihrer Nähe zum geregelten Sachbereich, ihres damit verbundenen Wissensvorsprungs und ihrer fachlichen Kompetenz in die materielle Normierungstätigkeit einbezogen werden.

31 Hält man sich diese Zusammenhänge vor Augen, wird deutlich, dass die staatliche Anknüpfung an private Normsetzung gegenüber den zuvor skizzierten Fällen der Verfahrensprivatisierung erhebliche Unterschiede aufweist. So versteht sich nicht von selbst, sondern bedarf stets zunächst der Klärung, dass die private Normsetzung tatsächlich eine **Entlastung der exekutiven Normsetzung** und damit von Verwaltungsaufgaben, nicht aber von Gesetzgebungsaufgaben mit sich bringt.[119] Selbst wenn die private Normsetzung im Regelfall die exekutive Rechtsetzung entlastet, liegt der Schwerpunkt durchweg auf der mit der Konkretisierung unbestimmter materieller Rechtsbegriffe verbundenen **Teilprivatisierung der Sachentscheidung,** nicht hingegen des Verfahrens. Wie beim staatlichen Entscheidungsverzicht[120] wird die Frage, ob und inwieweit ein Verfahren durchgeführt wird, in die Hände des Privaten gelegt und damit dessen – gegenüber dem Staat prinzipiell unverantwortetem – Handeln in Freiheit überlassen. Auch bei der staatlichen Anknüpfung an private Normsetzung lässt sich daher von Verfahrensprivatisierung nur sprechen, wenn an den Privaten als Ausgleich für die zurückgenommene staatliche Verfahrensverantwortung (neue) rechtliche Verfahrensanforderungen gestellt werden.[121] Dies ist jedoch im Bereich der privaten Normsetzung regelmäßig nicht der Fall, gerade weil eine zu weitgehende staatliche Normung der Normierung die Vorteile und Besonderheiten der privaten Normsetzung aushebeln würde und daher als kontraproduktiv angesehen wird.

32 Trotz dieses Ausgangsbefundes wird die staatliche Anknüpfung an private Normsetzung im Schrifttum verbreitet der Verfahrensprivatisierung zugeordnet.[122] Ein wesentlicher Grund für diese Zuordnung dürften die **Probleme** sein, die das Recht im **Umgang mit privaten Regelwerken** hat. Diese Schwierigkeiten werden üblicherweise an drei Problemkomplexen festgemacht:[123] am Problem der Erstellung privater Regelwerke, an der Frage der Legitimation bei der Normsetzung sowie am Problem der Rezeption und Bindungswirkung der erlassenen Normen.[124] In dieser Problemaufstellung verschränken sich materielle und Verfahrensprobleme zu einer auf den ersten Blick nur schwer aufzulösenden Ge-

---

[119] Zur Reichweite des Gesetzesvorbehalts im Zusammenhang mit einer Verfahrensprivatisierung → Rn. 67.

[120] Näher dazu → Rn. 14.

[121] Dazu bereits oben → Rn. 10, 14.

[122] Vgl. nur → Bd. I *Ruffert* § 17 Rn. 19; *Pietzcker,* Verfahrensprivatisierung (Fn. 51), S. 298 ff.

[123] Zusammenfassend *Christoph Gusy,* Probleme der Verrechtlichung technischer Standards, NVwZ 1995, S. 105; *Ivo Appel,* Konkretisierung rechtlicher Anforderungen durch technische Regeln: Immissionsschutzrecht, Gewässerschutzrecht, Bodenschutzrecht, UTR, Bd. 86 (2006), S. 67 (78).

[124] Der Umgang des Rechts mit technischen Regeln hängt maßgebend davon ab, dass für alle drei Problembereiche ein angemessener Kompromiss gefunden wird. Es liegt jedoch auf der Hand, dass es sich nur um einen Kompromiss handeln kann. Denn die Anliegen der jeweiligen Bereiche lassen sich allenfalls optimieren, nicht aber maximieren, soll das Gesamtprojekt nicht gefährdet werden: Wer noch so sehr zur Regelsetzung legitimiert ist, von den relevanten technischen Fragen aber nichts versteht, kann keine angemessene Regelungsleistung erbringen. Wer umgekehrt zur Regelsetzung gegenüber Dritten nicht legitimiert ist, kann auch nicht erwarten oder gar beanspruchen, dass die Dritten sich an die gesetzten Regeln halten. Vgl. *Gusy,* Verrechtlichung (Fn. 123), S. 105; *Appel,* Konkretisierung (Fn. 123), S. 78.

B. Grundelemente der Verfahrensprivatisierung

mengelage.[125] Der dadurch entstehende Eindruck, dass sich der Staat durch unmittelbare oder mittelbare Inbezugnahme privater Regelwerke regelmäßig auch verfahrensmäßig entlastet, wird durch zwei Besonderheiten verstärkt, die mit der staatlichen Anknüpfung an private Normsetzung verbunden sind:

– Anders als beim staatlichen Entscheidungsverzicht[126] liegt bei der privaten Normsetzung nahe, dass bereits die Einbeziehung der betroffenen Kreise regelmäßig ein **Mindestmaß an Verfahren** voraussetzt und erfordert. Dem Staat, der durch bewusste Anknüpfung an die private Normsetzung einen Teil der Sachentscheidung privatisiert, wird im Regelfall klar sein, dass mit der teilweisen materiellen Privatisierung auch ein Verfahren zur Erstellung der privaten Regelwerke von privater Seite durchgeführt wird. 33

– Hinzu kommt als weitere Besonderheit gegenüber dem staatlichen Entscheidungsverzicht, dass bei der staatlichen Anknüpfung an private Regelwerke ansatzbedingt nicht die gesamte Sachentscheidung, sondern lediglich ein Teil davon – regelmäßig die Konkretisierung einzelner unbestimmter Tatbestandsmerkmale – der privaten Normierung überlassen wird. Der durch die private Normsetzung konkretisierte und damit vorgeprägte Teil der Sachentscheidung wird je nach Regelungs- und Verweisungstechnik unmittelbar oder mittelbar in die nachfolgende behördliche Entscheidung integriert. Die abschließende (Gesamt-)Sachentscheidung wird von der Verwaltung getroffen und verantwortet. Die daran anknüpfende Frage, unter welchen Voraussetzungen die Ergebnisse der privaten Normung von der Verwaltung rezipiert werden (dürfen), verleitet dazu, **bei der Rezeption** bestimmte **Mindestanforderungen** (auch) **an das Verfahren** der privaten Normsetzung zu stellen. 34

Vor diesem Hintergrund hat die faktische Bedeutung des Verfahrens zur Erstellung privater Regelwerke dazu geführt, dass in Teilen des Schrifttums unter unmittelbarem Rückgriff auf das Rechtsstaatsprinzip Mindestanforderungen an das private Verfahren der Normsetzung formuliert werden, das ordnungsgemäß ablaufen und eine angemessene Behandlung aller sachlichen Anliegen gewährleisten soll. Die Anforderungen betreffen namentlich die Einbindung des nötigen Sachverstands, die Interessenausgewogenheit, die Öffentlichkeitsbeteiligung, einen klaren und transparenten Verfahrensablauf sowie Publikation und Revisibilität der Regeln.[127] Dabei dürfen jedoch zwei Aspekte nicht miteinander vermengt werden: Die Frage, unter welchen Voraussetzungen der Staat die Ergebnisse privater Normsetzung rezipieren und in seinen Bereich inkorporieren darf, ist von 35

---

[125] Ein weiterer Grund für die Schwierigkeiten des rechtlichen Umgangs mit privater Regelsetzung besteht darin, dass die Problematik mit der Bipolarität von staatlichem und privatem Bereich in aller Regel nicht angemessen abgebildet werden kann. Die privaten Normungsinstitute sind zwar regelmäßig privatrechtlich organisiert, nehmen jedoch in der Sache auch öffentliche Interessen wahr. Dies wirft Fragen der Legitimation, der Zulässigkeit einer Verantwortungsvermischung, der rechtlichen Bindungen, der verfahrensmäßigen Einhegung sowie des Rechtsschutzes gegenüber der (faktischen) Wirkungsmacht der privaten Regelwerke auf.

[126] Näher dazu → Rn. 14.

[127] *Führ*, Technische Normen (Fn. 114), S. 100; *Marburger/Gebhard*, Gesellschaftliche Umweltnormierungen (Fn. 118), S. 39 f.; *Kloepfer/Elsner*, Selbstregulierung (Fn. 114), S. 966; *Röthel*, Normkonkretisierung (Fn. 114), S. 269 ff. (272 f.). Teilweise werden vergleichbare Anforderungen auch aus den vereinsrechtlichen Bindungen der regelmäßig als Verein organisierten Normungsverbände hergeleitet, vgl. *Klaus Vieweg*, Produktbezogener Umweltschutz und technische Normung, UTR, Bd. 27 (1994), S. 509 (524 ff.). Vgl. a. → Bd. I *Ruffert* § 17 Rn. 93.

der Frage zu trennen, ob durch die materielle Privatisierung, die in der staatlichen Anknüpfung an private Normsetzung liegt, per se auch eine private Verfahrensverantwortung entsteht. Diese zweite Frage ist zu verneinen. In welcher Weise der Private im Wege privater Normgebung zu bestimmten Ergebnissen gelangt, ist seiner Freiheit überlassen, sofern der Staat ihn nicht durch rechtliche (Verfahrens-)Vorgaben bindet. Die Besonderheit und die spezifischen Schwierigkeiten der staatlichen Anknüpfung an **private Normsetzung** ergeben sich gerade daraus, dass die Privaten von ihrer prinzipiell ungebundenen Freiheit Gebrauch machen, dabei dem Staat gegenüber keiner (Verfahrens-)Verantwortung unterliegen[128] und auch **keinem bestimmten Verfahren unterworfen** sind. Dies ändert sich erst, wenn der Staat konkrete rechtliche Anforderungen an das von Privaten durchgeführte Normsetzungsverfahren stellt, was er jedoch aus guten Gründen regelmäßig nicht tut. Nur sofern dies geschieht, lässt sich bei der staatlichen Anknüpfung an private Normsetzung von Verfahrensprivatisierung sprechen.

III. Motive der Verfahrensprivatisierung

36 Verfahrensprivatisierung verfolgt unterschiedliche Ziele, die von Fall zu Fall verschieden stark ausgeprägt sind, sich teilweise ergänzen, teilweise aber auch wechselseitig ausschließen oder zumindest partiell aufheben können. Die **übergreifenden Motive für eine Verfahrensprivatisierung** reichen von pragmatischen Vorteilsüberlegungen auf der einen bis zur Einordnung in das theoretische Konzept der Vergesellschaftung von Problemlösungen auf der anderen Seite. Obwohl einige Impulse vom europäischen Recht ausgehen,[129] spielen innerstaatliche Motive eine erhebliche Rolle. Vor allem die Beschleunigungsdiskussion der 1990er Jahre hat wesentliche Gründe für eine Verfahrensprivatisierung wie in einem Brennglas gebündelt.[130] Nach steuerungswissenschaftlichen Funktionskriterien geht es mit der Verknüpfung administrativer und privater Handlungsebenen im Verfahren letztlich darum, die spezifischen Problemlösungskapazitäten staatlicher und privater Handlungsträger und deren je eigene Problemlösungsrationalitäten möglichst optimal zu nutzen und aufeinander abzustimmen.[131]

37 In den meisten Fällen sind für die Verfahrensprivatisierung **mehrere Motive gleichzeitig** und mit unterschiedlichem Gewicht ausschlaggebend. Da rechtstatsächliche Untersuchungen über die Gründe und die Auswirkungen der Verfahrensprivatisierung weitgehend fehlen,[132] lässt sich bislang nicht gesichert sagen, ob sich die jeweils angestrebten Entlastungs-, Beschleunigungs- oder Einspareffekte tatsächlich realisieren lassen oder ob sie beispielsweise durch einen erhöhten Kon-

---

[128] Vgl. → Rn. 9 f.; Bd. I *Masing* § 7 Rn. 138–140.

[129] Das Internationale Wirtschaftsrecht, das der allgemeinen Privatisierungsdiskussion erhebliche Impulse gibt, spielt im Bereich der Verfahrensprivatisierung bislang keine hervorgehobene Rolle; zu den entsprechenden Einflüssen: *Jörn A. Kämmerer,* Privatisierung. Typologie – Determinanten – Rechtspraxis – Folgen, 2001, S. 90 ff. m. w. N.

[130] Vgl. dazu den Bericht der Unabhängigen Expertenkommission zur Vereinfachung und Beschleunigung von Planungs- und Genehmigungsverfahren – Investitionsförderung durch flexible Genehmigungsverfahren, 1994, Tz. 240, 284 f., 286 ff., 380, 539 ff. Vgl. hierzu a. → Bd. II *Schmidt-Aßmann* § 27 Rn. 86 ff.

[131] *Hoffmann-Riem,* Verfahrensprivatisierung (Fn. 1), S. 232.

[132] Näher dazu → Rn. 22.

B. Grundelemente der Verfahrensprivatisierung

troll- oder Korrekturaufwand aufgezehrt werden.[133] Hinzu kommt, dass Motive nicht zwingend mit Folgen der Verfahrensprivatisierung gleichzusetzen sind.[134] Dies vorausgesetzt lassen sich die wichtigsten Einzelmotive zusammenfassend gruppieren:[135]

– Vieles spricht dafür, dass eines der wichtigsten Motive für die Privatisierung von Verfahren oder Verfahrensteilen regelmäßig der angestrebte **Zuwachs an (Experten-)Wissen und (fachlicher) Kompetenz** ist. Gleichsam als ein Markenzeichen des „überforderten" Staates[136] soll die **Einbeziehung privaten Sachverstands** neben der Einbringung des nötigen Know-hows dazu beitragen, Flexibilität und Innovationsoffenheit im Verfahren zu gewährleisten. Die Verwaltung versucht sich auf diese Weise Informationen und Leistungen zu sichern, die sie selbst nicht oder nicht in ausreichendem Maße hat bzw. erbringen kann.[137]

– Damit einhergehen kann als positives Ziel der Verfahrensprivatisierung eine verstärkte **reflexive Steuerungsleistung,** die durch die Einschaltung Privater und das Mitdenken öffentlicher Belange durch Private komplexe und prozesshafte Entwicklungen, wie sie beispielsweise mit der Umweltverträglichkeitsprüfung verbunden sind, besser erfassen kann.

– Gewichtige Faktoren bei einer Verfahrensprivatisierung können allgemeine **Entlastungseffekte** darstellen, die auf eine Entlastung des Staates und seiner Behörden von (politischem) Handlungsdruck abzielen.[138] Dabei kann auch die Möglichkeit eine Rolle spielen, die Verantwortung für Defizite bei der Verwirklichung von Gemeinwohlzielen (teilweise) den eingeschalteten privaten Akteuren zuzuweisen.

– Der angestrebten allgemeinen Entlastung vorausliegende Gründe können der angestrebte **Ausgleich fehlender Verwaltungskapazität** oder eines **Mangels an eigenem qualifizierten Personal** sein. Die damit einhergehende Verantwortungsverlagerung auf Private hat sich besonders prägnant bei den Zertifizierungssystemen und im Bereich der Mediation niedergeschlagen.

– Als besonders bedeutsamer Unterfall der allgemeinen Entlastungsfunktion zählen Strategien einer finanziellen Entlastung des Staates und die damit verbundenen **Einspareffekte** fast immer zu den zentralen Motiven (auch) der Verfahrensprivatisierung. Die direkte oder indirekte Verlagerung von Kosten und Aufwand auf Private[139] spielt vor allem bei der Erstellung von Vorhaben- und Erschließungsplänen, der Umweltverträglichkeitsprüfung, bei der Generierung von Informationen im Chemikalienrecht, bei städtebaulichen Verträgen und Zertifizierungssystemen eine erhebliche Rolle.

---

[133] *Remmert*, Private Dienstleistungen (Fn. 11), S. 107f.

[134] Auch wenn eine (weitgehende) Verantwortungsübertragung auf Private nicht gewollt ist, kann ein Institut – unter Umständen in rechtlich bedenklicher Weise – gerade diese Wirkung haben.

[135] Motivlisten finden sich beispielsweise bei *Pietzcker,* Verfahrensprivatisierung (Fn. 51), S. 302f.; *Remmert,* Private Dienstleistungen (Fn. 11), S. 107ff.

[136] Vgl. nur *Thomas Ellwein/Jens J. Hesse,* Der überforderte Staat, 1997. S. a. → Bd. I *Baer* § 11 Rn. 18.

[137] In einigen Bereichen wie der Produktzertifizierung ist der erforderliche Sachverstand bereits heute nur auf dem privaten Sachverständigenmarkt verfügbar; vgl. *Scholl,* Sachverständige (Fn. 88), S. 112; *Scherzberg,* Gutachter (Fn. 90), S. 383. S. a. → Bd. II *Vesting* § 20 Rn. 50, *Ladeur* § 21 Rn. 69, *Röhl* § 30 Rn. 26f.

[138] *Hoffmann-Riem,* Verfahrensprivatisierung (Fn. 1), S. 228.

[139] Zu diesem Motiv für die Verfahrensprivatisierung *Schuppert,* Privatisierungsdiskussion (Fn. 4), S. 546f.

- Wesentliche Antriebskräfte können darin liegen, die durch individuelle Freiheit ermöglichte und erwünschte **gesellschaftliche Handlungsrationalität** zur (effektiveren) Erreichung der angestrebten Ziele zu **nutzen.** Gerade in steuerungswissenschaftlicher Perspektive erscheint es sinnvoll, die Verschiedenartigkeit administrativer und privater Handlungsbedingungen zu nutzen und die endogenen Potentiale der Gesellschaft zu mobilisieren, um sie in die effektive Bewältigung von Verfahrensaufgaben einzubinden.
- Die Einschaltung Privater in das Verwaltungsverfahren, insbesondere die Einsetzung privater Organisationen als Planungsträger oder ihre Schaffung zum Zweck der privatrechtlichen Abwicklung von Planungsaufgaben, kann auch das Ziel haben, die **Flexibilitätsvorteile des Privatrechts,** die sich nicht zuletzt aus der fehlenden Bindung an das öffentliche Haushalts- und Dienstrecht ergeben, (stärker) zu nutzen.[140] Dabei kann vor allem der Steuerungsfaktor Personal in unterschiedlicher Richtung[141] entscheidende Bedeutung erlangen.
- Erhebliches Gewicht kann daneben angestrebten **Beschleunigungseffekten** zukommen. Verfahrensbeschleunigung als Motiv für eine Verfahrensprivatisierung findet sich vor allem auf Seiten der Befürworter einer Verkürzung der als zu lang bewerteten Genehmigungs- und Planfeststellungsverfahren im Rahmen der Beschleunigungsdebatte. Dahinter stehen als weitere Motive die **Standortpflege** im internationalen Wettbewerb sowie ein **Verständnis des Verfahrens** und seiner Dauer **als Dienstleistung,** die nach Möglichkeit – und sei es durch den Einsatz Privater – optimiert werden soll.[142]
- Nicht ohne Bedeutung ist auch die Schaffung (zusätzlicher) privater Freiräume. Das Motiv der **Eröffnung eines** privaten **Dienstleistungsmarktes** mit neuen Arbeitsplätzen ist bei verfahrensentlastenden Eigenbeiträgen privater Dritter oft zumindest im Hintergrund relevant.[143] Es zeigt sich besonders prägnant bei der Auslagerung von Statikberechnungen im Baugenehmigungsrecht sowie bei der Einführung von Zertifizierungssystemen.
- Der Einsatz privater Verfahrensmittler kann einem **gerecht(er)en Interessenausgleich in multipolaren und komplexen Rechtsbeziehungen** dienen.[144] Bisweilen spielt das Motiv auch im bipolaren Verhältnis zwischen Behörde und Vorhabenträger eine Rolle.[145] Angemessene Interessenberücksichtigung und Rationalisierung der Alternativenauswahl sollen gerade im Bereich des Verfahrensmanagements nicht zuletzt auch zur **Sicherung von Kooperations-**

---

[140] *Hoffmann-Riem,* Verfahrensprivatisierung (Fn. 1), S. 228. Vgl. a. → Bd. I *Burgi* § 18 Rn. 17. Zu Finanzen als Steuerungsfaktor vgl. → Bd. III *Korioth* § 44.

[141] Stehen auf der einen Seite die besonderen Qualifikationsanforderungen staatlicher Amtswalter, ihre organisatorischen Kenntnisse und Fähigkeiten sowie berufsmäßige Ausrichtung auf Interessenneutralität, finden sich auf der anderen Seite die regelmäßig andersartigen Qualifikationsanforderungen, Erfahrungen und berufsethischen Ausrichtungen Privater. Zum Personal als Steuerungsfaktor vgl. umfassend → Bd. III *Voßkuhle* § 43.

[142] *Lübbe-Wolff,* Beschleunigung (Fn. 14), S. 59; *Hoffmann-Riem,* Verfahrensprivatisierung (Fn. 1), S. 228. S. allg. → Bd. II *Schmidt-Aßmann* § 27 Rn. 86 ff., *Schneider* § 28 Rn. 31.

[143] *Pietzcker,* Verfahrensprivatisierung (Fn. 51), S. 302; *Schottelius,* Umweltgutachter (Fn. 107).

[144] *Hoffmann-Riem,* Verfahrensprivatisierung (Fn. 1), S. 228.

[145] Wo die Privatisierung zunächst der Beschleunigung dient, dürften solche Erwägungen in Bezug auf Drittinteressen zwar regelmäßig in den Hintergrund treten. Im Gegenzug kann der angestrebte verstärkte Ausgleich zahlreicher unterschiedlicher Interessen in den betreffenden Fällen allerdings auch zu längeren Verfahren führen.

bereitschaft und Akzeptanz[146] der zu treffenden Entscheidung beitragen und damit möglichen **Vollzugsdefiziten entgegenwirken.**
- Von erheblicher Bedeutung sind schließlich die **Privatisierungsimpulse des europäischen Rechts,** hinter denen regelmäßig weitere der zuvor genannten Motive stehen. Die Regelungstendenzen auf europäischer Ebene haben vielfach zu einer Koppelung (auch) des Verfahrens- mit dem Privatisierungsgedanken geführt. Prominente Beispiele sind die UVP-Richtlinie, die Öko-Audit- und die REACh-Verordnung.[147]

IV. Wirkungen der Verfahrensprivatisierung

1. Partikularisierung und partieller Verlust des Verfahrensrechts als Steuerungsressource

Die Privatisierung von Verfahren oder Verfahrensteilen zieht einen **partiellen Verlust des Verfahrens als** unmittelbarer **staatlicher Steuerungsressource** nach sich.[148] Hat das Verfahren als Steuerungsfaktor maßgebliche Bedeutung für die Einhaltung und Durchsetzung des materiellen Rechts, liegen Folgen einer Verfahrensprivatisierung für die Verwirklichung der zahlreichen **Gemeinwohlziele** des Rechts-, Sozial- und Umweltstaates nahe, die in besonderer Weise auf effektive staatliche Implementation angewiesen sind.[149] Besonders anschaulich zeigt sich dieser Zusammenhang im Bereich des Umwelt- und Gesundheitsschutzes. Kollektive bzw. öffentliche Güter wie die Qualität von Luft und Wasser, der Naturschutz, die öffentliche Gesundheit oder auch die Ozonschicht und das Klima sind zu ihrem Schutz auf den Staat angewiesen. Das Verwaltungsverfahren dient mit seiner Aufgabe der Sachverhaltsermittlung durch Untersuchung, Anhörung und Öffentlichkeitsbeteiligung nicht zuletzt diesem Schutz. Die sektorspezifischen materiellen Vorgaben entfalten eine Vorwirkung für das Verfahren; ihre Verwirklichung ist nicht erst bei der eigentlichen Entscheidung, sondern bereits im Verfahren zu beachten.[150] Werden diese spezifischen Funktionen des staatlichen Verwaltungsverfahrens durch Privatisierung relativiert, bedarf es einer Kompensation durch andere, die Erreichung der Gemeinwohlziele (mittelbar) gewährleistende Steuerungselemente.[151] **38**

Wird die Durchführung von Verfahren oder Verfahrensteilen Interessenträgern überantwortet, die nicht ohne Weiteres das Gesamtspektrum relevanter Interessen repräsentieren,[152] kann Verfahrensprivatisierung zu einer **Partikularisierung der Verfahrensverantwortung** führen. In dem Umfang, in dem dies geschieht, erschwert die Übertragung von Verfahrensaufgaben auf Private zwangsläufig die Berücksichtigung von Gemeinwohlinteressen. Dies wird man – auch unter Hinweis auf die Gewährleistungsverantwortung des Staates und das Verwaltungsprivatrecht[153] – nur bestreiten können, wenn man die Motive der Privatisierung **39**

---

[146] Siehe a. → Bd. II *Pitschas* § 42 Rn. 201 ff.
[147] Näher zur REACh-Verordnung oben → Rn. 24a und 25a.
[148] Vgl. *Jan Ziekow*, Von der Reanimation des Verfahrensrechts, NVwZ, 2005, 263 (263 f.).
[149] *BVerfGE* 33, 125 (159) = NJW 1972, S. 1504.
[150] Vgl. → Rn. 7 f.
[151] Näher dazu → Rn. 73, 77 ff.
[152] Näher: *Hoffmann-Riem*, Verfahrensprivatisierung (Fn. 1), S. 228 f.
[153] Siehe a. → Bd. I *Schulze-Fielitz* § 12 Rn. 154 ff. und *Burgi* § 18 Rn. 64 ff.

und die Funktionslogik des privaten Sektors außer Acht lässt. Denn wo der Staat in erster Linie dem Allgemeinwohl verpflichtet ist, sind private Akteure legitimerweise zunächst am eigenen (Partikular-)Vorteil interessiert. Besonders deutlich zeigt sich dies bei Vorhabenträgern, die den maßgeblichen Sachverhalt für eine Anlagengenehmigung selbst ermitteln sollen[154] oder an der Auswahl der in das Verfahren einzuschaltenden privaten Akteure beteiligt werden.[155] Aber auch der private Dritte, der von Behördenseite oder vom Vorhabenträger in Anspruch genommen wird, verfolgt (wirtschaftliche) Eigeninteressen. So wird er bemüht sein, auch in Zukunft mit vergleichbaren Aufgaben betraut zu werden, was ihn gegenüber den Erwartungen seiner Auftraggeber nicht unabhängig(er) macht.[156] Je nach Ausmaß und Erscheinungsform der (drohenden) Partikularisierung führt Verfahrensprivatisierung daher zwangsläufig zu der Frage, ob und inwieweit die für die förmliche Entscheidung zuständige Verwaltungseinheit ihre Sachentscheidung noch hinreichend verantworten kann.

2. Gefahr faktischer Entstaatlichung und Auswirkungen auf die materielle Entscheidung

40   Verfahrensprivatisierung zieht darüber hinaus regelmäßig die **Gefahr einer faktischen Entstaatlichung** des Verfahrens und der Entscheidung nach sich, zu der das jeweilige Verfahren hinführt. Diese Gefahr liegt zunächst darin begründet, dass sich die Aufgabenerledigung beim Einsatz privater Akteure in staatlichen Verwaltungsverfahren institutionell und personell in einem von Regeln der Privatautonomie geleiteten Rahmen vollzieht. Dazu zählt auch, dass gerade bei verfahrensentlastenden Beiträgen privater Dritter, etwa im Sachverständigenbereich, die marktwirtschaftliche Organisation der Dienstleistung die privaten Anbieter einem erheblichen Droh- und Sanktionspotential der potentiellen Auftraggeber aussetzt, das mitunter bis zur wirtschaftlichen Abhängigkeit reichen kann. Wird der Qualitätswettbewerb der privaten Dienstleister um einen Preiswettbewerb ergänzt, droht eine Absenkung der Qualitätsstandards, die bei fortlaufender Auslagerung nicht vollständig durch behördeneigene Wissens- und Erfahrungsbestände ausgeglichen werden kann.[157] Die Situation wird in dem Maße verschärft, in dem der Verwaltung die erforderliche Informationsbasis auch für eine nachträgliche Kontrolle verloren geht.

41   Hinzu kommt, dass die Einbeziehung Privater in staatliche Verwaltungsverfahren bewirken kann, dass Teile des Verfahrens durch verselbständigte und damit erschwert zu steuernde und zu kontrollierende Stellen durchgeführt werden.[158] Der Einfluss des Privaten, dem das Verfahren oder Verfahrensteile übertragen wurden, endet aber nicht mit der Erledigung der Verfahrensaufgabe. Zwar werden die materiellen Rechtmäßigkeitsanforderungen an ein Vorhaben

---

[154] Zur Verantwortung des Vorhabenträgers für die Sachverhaltsermittlung bei der UVP *Jens-Peter Schneider*, Nachvollziehende Amtsermittlung bei der Umweltverträglichkeitsprüfung, 1991.

[155] Wählt der Vorhabenträger einen Gutachter für die Zertifizierung aus oder beauftragt er ein Planungsbüro mit der Vorbereitung eines Plans, können Eigeninteressen eine erhebliche Rolle spielen und die Auswahlentscheidung, die Auftragsformulierung, den Austausch während der Auftragserfüllung etc. beeinflussen.

[156] *Hoffmann-Riem*, Verfahrensprivatisierung (Fn. 1), S. 228 f.

[157] *Scholl*, Sachverständige (Fn. 88), S. 120 f., 123, 132; *Scherzberg*, Gutachter (Fn. 90), S. 384.

[158] *Remmert*, Private Dienstleistungen (Fn. 11), S. 505.

durch die private Verfahrensverantwortung regelmäßig nicht verändert. Dies gilt, zumindest mittelbar, auch für die angemessene Erfassung und Abwägung der unterschiedlichen Interessen sowie die etwaige Beteiligung Dritter, da die Ergebnisse der privatisierten Verfahrensschritte von der für die Sachentscheidung verantwortlichen Behörde rezipiert und zu diesem Zweck nachvollzogen und für überzeugend erachtet werden müssen.[159] Obwohl die Ergebnisse des privaten Verfahrens oder Verfahrensteils bei der Reintegration in den staatlichen Bereich auf diese Weise „gefiltert" werden,[160] drängt sich aber die Frage auf, wie stark die **faktischen Vorprägungen** durch die betreffenden Verfahren sind, ob sie die Berücksichtigung des Gesamtspektrums der relevanten Interessen ermöglichen und die rechtlich vorgesehene Prüfungs-, Entscheidungs- und Abwägungsherrschaft auch tatsächlich besteht.[161]

Folgenreich ist in diesem Zusammenhang der Befund, dass sich Verfahren und materielle Entscheidung nicht ohne Weiteres trennen lassen.[162] Die materielle Entscheidung, auf die das Verfahren hinführt, wird maßgeblich von den einzelnen Verfahrensschritten und vom Verfahrensergebnis beeinflusst. Die Auswirkungen zeigen sich vor allem im Bereich von **unbestimmten Rechtsbegriffen, Ermessens- und Planungsentscheidungen,** die aufgrund der bestehenden Spielräume mehrere materiellrechtlich richtige Entscheidungen ermöglichen.[163] Wird beispielsweise die Zusammenstellung abwägungserheblichen Materials auf private Akteure übertragen und sind mit dieser Zusammenstellung – etwa bei der Durchführung einer öffentlichen Anhörung – zwangsläufig Wertungen verbunden, kann darin eine Vorformung der Sachentscheidung liegen, die von der Behörde kaum nachvollziehend abgewogen, kontrolliert und dementsprechend auch nicht korrigiert werden kann.[164] In diesen Konstellationen muss die Gestaltung des Verfahrens auf angemessene Interessenberücksichtigung, Rationalisierung der Alternativenwahl und möglichst weitgehende Akzeptanzsicherung gerichtet sein.[165] Nimmt man die vom Staat postulierte Letztentscheidungsverantwortung[166] ernst, muss bereits das Verfahren so ausgestaltet werden, dass eine Berücksichtigung von Ermessens- und Planungsalternativen durch die Behörde aus eigener Kraft möglich ist. Führt ein Verfahrensergebnis – etwa aufgrund einseitiger Sachver-

42

---

[159] Aus der Sicht der Behörde müssen Verlauf und Ergebnis des privatisierten Verfahrens es rechtfertigen, auf einzelne staatliche Verfahrensschritte zu verzichten, einen Planentwurf als verbindliche Regelung zu übernehmen oder von einer laufenden behördlichen Überwachung abzusehen. Dies setzt aber voraus, dass die privaten Verfahrensschritte nicht völlig freier Gestaltung überlassen, sondern an bestimmte staatliche Vorgaben gebunden werden. Näher dazu unten → Rn. 73, 77ff.

[160] Zu den Möglichkeiten, diese Rezeption regulierend zu steuern → Rn. 89ff.

[161] Die damit einhergehenden Risiken der Verfahrensprivatisierung lassen sich auch durch die von der Neuen Politischen Ökonomie verwendete und im rechtswissenschaftlichen Schrifttum neuerdings beinahe inflationär rezipierte Principal-Agent-Analyse verdeutlichen; vgl. dazu nur *Jens-Peter Schneider,* Kooperative und konsensuale Formen administrativer Entscheidungsprozesse, JbNPÖ 15 (1996), S. 20ff. S. a. → Bd. I *Schuppert* § 16 Rn. 72f.; Bd. II *Sacksofsky* § 40 Rn. 45ff. Zur faktischen Bindungswirkung informellen Verwaltungshandelns vgl. → Bd. II *Fehling* § 38 Rn. 8f.

[162] Näher dazu → Rn. 7. Ein anschauliches Beispiel dafür bildet die Diskussion um die Zuordnung der behördlichen Ermittlungs- und Bewertungspflicht in § 2 Abs. 3 BauGB.

[163] Vgl. → Bd. I *Hoffmann-Riem* § 10 Rn. 30ff., 63ff.

[164] *Pietzcker,* Verfahrensprivatisierung (Fn. 51), S. 306.

[165] Zu Maßstäben des Verwaltungshandelns vgl. → Bd. II *Pitschas* § 42.

[166] BVerfGE 97, 37 – Mitbestimmung; vgl. auch: *Battis/Krautzberger/Löhr,* BauGB, § 4b Rn. 2. S. aber a. → Bd. I *Trute* § 6 Rn. 91, 97f.

haltsermittlung – dazu, dass eine Abwägung sinnvoll nicht mehr möglich ist, liegt nicht mehr nur eine Verfahrensprivatisierung vor. In diesem Fall ist mangels Ergebnisoffenheit auch die materielle Entscheidung de facto privatisiert. Dies gilt insbesondere für die dem planerischen Abwägungsgebot[167] entsprechende Pflicht zur Alternativenprüfung, die durch vorbereitende private Verfahrensschritte nicht faktisch ausgehebelt werden darf.

3. Folgen für die Legalisierungswirkung und den Rechtsschutz Dritter

43   Verfahrensmäßig vorgesehener Prüfgehalt und materieller Regelungsgehalt stehen nicht unabhängig nebeneinander. Soweit der Staat die Durchführung des Verfahrens Dritten überlässt und sich aufgrund einer Rücknahme der Prüf- und Kontrolldichte auch Folgen für die materielle Entscheidung ergeben,[168] hat dies zwangsläufig Folgen für den Inhalt und die Wirkungen der Zulassungsentscheidung. Was der Staat nicht (mehr) selbst prüft, kann auch nicht ohne Weiteres Gegenstand des Vertrauensschutzes sein. Insofern **verringert** sich durch die Privatisierung des Verfahrens oder von Verfahrensteilen regelmäßig auch die **Legalisierungswirkung von Zulassungsentscheidungen.** Insgesamt ist davon auszugehen, dass Änderungen im Verfahren auf die Qualität der Sachentscheidung durchschlagen (können).

44   Damit scheinen auch negative Auswirkungen auf den **Rechtsschutz Dritter gegen Verfahrenshandlungen** vorprogrammiert. Die Problematik stellt sich jedoch verschärft nur für die Fälle eines Entscheidungsverzichts, in dessen Zusammenhang sie auch regelmäßig hervorgehoben wird,[169] der in der Sache aber keine Verfahrensprivatisierung darstellt.[170] Werden hingegen lediglich Verfahren oder Verfahrensteile privatisiert, werden die materiellen Anforderungen dadurch nicht obsolet. Sie sind nach wie vor Gegenstand der Prüfung, sie werden nur nicht mehr (vollständig) vom Staat selbst geprüft. Zwar können auch durch diese Verlagerung materielle Schutzlücken für Dritte entstehen. Sofern am Ende des (Privat-)Verfahrens aber eine anfechtbare Zulassungsentscheidung steht, kommt es regelmäßig nicht zu den für die Fälle eines staatlichen Entscheidungsverzichts typischen prozessualen Rechtsschutzlücken.[171]

V. Einordnung der Verfahrensprivatisierung in die Privatisierungslandschaft

45   Das Verhältnis von Verfahrensprivatisierung zu den bekannten Formen der formellen, materiellen und funktionalen Privatisierung ist bislang nicht eindeutig geklärt.[172] Während Verfahrensprivatisierung einerseits als eigenständiger Privati-

---

[167] → Bd. II *Köck* § 37 Rn. 106 ff.
[168] *Hoffmann-Riem*, Verfahrensprivatisierung (Fn. 1) S. 228, spricht von einer „Qualitätsänderung" des angewandten materiellen Rechts.
[169] Vgl. etwa *Achim Seidel*, Bauordnungsrechtliche Verfahrensprivatisierung und Rechtsschutz des Nachbarn, NVwZ 2004, 139.
[170] Dazu → Rn. 14 f.
[171] Näher zum Rechtsschutz → Rn. 100 f.
[172] Zusammenfassend zum Diskussionsstand *Remmert*, Private Dienstleistungen (Fn. 11), S. 193 ff. m.w.N.

sierungstyp von den anderen Formen der Privatisierung abgegrenzt wird, finden sich andererseits Versuche, sie mit Hilfe der vorhandenen Privatisierungsbegriffe zu erfassen und in die **Grundsystematik der Privatisierung** einzuordnen.[173] Teile der Literatur verorten Verfahrensprivatisierung systematisch im Bereich zwischen Aufgaben- und funktioneller Privatisierung.[174] Mit Verfahrensprivatisierung sollen „sozusagen unterhalb der Schwelle einer Aufgabenprivatisierung solche Erscheinungen der Kooperation von Verwaltung und Privaten gemeint [sein], bei denen die Privaten durch Sachverstand, personelle Ressourcen und Kapitaleinsatz an der Erfüllung der öffentlichen Aufgaben konstruktiv mitwirken".[175] Andere Stimmen im Schrifttum zählen Verfahrensprivatisierungen hingegen nicht zur Aufgaben-, sondern zur formellen Privatisierung, da „Zuständigkeit, Aufgabenverantwortung, Weisungsbefugnis und Garantenstellung bei dem jeweiligen Träger der öffentlichen Hand" verbleiben.[176] Dem entspricht eine Eingrenzung von Verfahrensprivatisierung als „Erbringung von Teilarbeiten oder Teilleistungen durch Private im Rahmen eines öffentlich-rechtlichen Verfahrens", die „eine Organisationsprivatisierung i.S.d. erarbeiteten Typologie" sei.[177]

Bei der Einordnung der Verfahrensprivatisierung in die Privatisierungslandschaft gilt es zunächst Missverständnissen vorzubeugen. Die Durchführung von Verfahren und Verfahrensteilen ist eine Aufgabe.[178] Auch wenn das Verfahren oft als „dienend" bezeichnet[179] und nach gängigem Duktus dem formellen Recht zugeordnet wird, liegt darin eine Aufgabe, die – ungeachtet etwaiger rechtlicher Grenzen – materiell oder formell privatisiert werden kann. Unabhängig davon, dass das Verfahren Auswirkungen auf die materielle Entscheidung haben kann,[180] ist die **Aufgabe der Verfahrensdurchführung** einer **materiellen und formellen Privatisierung** ebenso **zugänglich** wie jede andere Aufgabe auch. Formelle Aspekte staatlicher Tätigkeit dürfen insofern nicht mit formeller Privatisierung verwechselt werden. **46**

Sieht man von wenigen Ausnahmen der formellen Privatisierung ab,[181] sind die der **Verfahrensprivatisierung** zugeordneten Fälle überwiegend **im Schnitt-** **47**

---

[173] Zu dieser Systematisierung → Bd. I *Schulze-Fielitz* § 12 Rn. 108 ff.; *Schoch*, Privatisierung (Fn. 9), S. 962 ff.; *Helmut Lecheler*, Privatisierung von Verwaltungsaufgaben, BayVBl. 1994, S. 555 ff.; *Bauer*, Privatisierung (Fn. 9), S. 251 f.; *Osterloh*, Privatisierung (Fn. 12), S. 206 ff.; *Schuppert*, Privatisierungsdiskussion (Fn. 4), S. 541 ff.; *Burgi*, Funktionale Privatisierung (Fn. 13), S. 71 ff.; *Weiß*, Privatisierung (Fn. 11), S. 28 ff.

[174] *Hoffmann-Riem*, Verfahrensprivatisierung (Fn. 1), S. 226; vgl. auch *Voßkuhle*, Schlüsselbegriffe (Fn. 16), S. 209; skeptisch *Schmidt-Preuß*, Verwaltung und Verwaltungsrecht (Fn. 22), S. 168 (mit Fn. 20).

[175] *Hans-Joachim Koch*, (Verfahrens-)Privatisierung im öffentlichen Baurecht, in: Hoffmann-Riem/Schneider (Hrsg.), Verfahrensprivatisierung (Fn. 51), S. 170 (171).

[176] *Jochen Hofmann-Hoeppel*, Verfahrens-Privatisierung bei Standortsuche und Zulassungsverfahren für Abfallentsorgungsanlagen, in: Hoffmann-Riem/Schneider (Hrsg.), Verfahrensprivatisierung (Fn. 51), S. 216 (217).

[177] *Peine*, Verfahrensprivatisierung (Fn. 93), S. 101 f.; kritisch *Voßkuhle*, Schlüsselbegriffe (Fn. 16), S. 209 (mit Fn. 160).

[178] *Seidel*, Privater Sachverstand (Fn. 43), S. 108 m.w.N.; ob diese Aufgabe eine öffentliche und/oder staatliche ist, kann in diesem Zusammenhang dahinstehen.

[179] Siehe aber a. → Bd. II *Schmidt-Aßmann* § 27 Rn. 64 f.

[180] Vgl. → Rn. 7 f., 40 f.

[181] Als Hauptbeispiel kann die „Deutsche Einheit Fernstraßenplanungs- und Baugesellschaft mbH (DEGES)" gelten; näher zu deren Befugnissen und den Umständen für ihre Einrichtung → Rn. 25 mit Fn. 94.

feld von funktioneller und materieller Privatisierung angesiedelt. Geht man davon aus, dass die Verantwortung für die Durchführung des Verfahrens grundsätzlich beim Staat verbleibt, dieser sich lediglich Privater zur Wahrnehmung einzelner Verfahrensschritte bedient und diese im kooperativen Verbund wahrgenommen werden, liegt die Annahme einer (nur) funktionalen Privatisierung nahe.[182] Die Zuordnung der Verfahrensprivatisierung zur funktionalen Privatisierung ist umso überzeugender, je umfangreicher und gewichtiger die Gewährleistungs- und Auffangverantwortung ausfällt, die sich der Staat vorbehält, auch wenn die Aufgabenbewältigung ganz oder teilweise auf Private übertragen wird. Indizien dafür sind insbesondere die Dichte der Begleitregelungen und der bei der Behörde verbleibende Prüfungsmaßstab. Je mehr der Staat hingegen infolge des durchgeführten Privatverfahrens auf die Prüfung materieller Maßstäbe und damit auf eine staatliche Umsetzung oder Anerkennung der im Privatverfahren gefundenen Erkenntnisse verzichtet, umso eher muss eine materielle Privatisierung angenommen werden.[183] Dem steht auch nicht entgegen, dass sich der Staat unter Umständen repressive Maßnahmen vorbehält, um das Verfahren gleichsam mit anderen Mitteln fortzuführen. Präventives und repressives Verfahren sind von ihren Voraussetzungen und ihrer Struktur her so unterschiedlich,[184] dass insofern kein Äquivalent gegeben ist.

48 Vor diesem Hintergrund drängt sich die Frage auf, ob nicht jede Form der **Verfahrensprivatisierung Elemente einer materiellen Privatisierung** aufweist. Eine Antwort auf diese Frage zieht Überlegungen in zweierlei Hinsicht nach sich:

49 – Zum einen ist das Verfahren – anders als andere staatliche Aufgaben – nicht Selbstzweck. Es besitzt zumindest auch vorbereitende Funktion und stellt eine **Voraussetzung für die Entscheidung in der Sache** dar. Hat das Verfahren unmittelbare Auswirkungen auf die Sachentscheidung,[185] ist stets auch von Bedeutung, wer das Verfahren oder den Verfahrensteil durchführt.[186] Jede Entscheidung, die einen Verfahrensteil aus staatlicher (Wahrnehmungs-)Verantwortung heraus in die Hände Privater gibt, hat insofern Auswirkungen auch auf das materielle Recht. Diese sind umso größer, je stärker der für die Ent-

---

[182] Vgl. nur *Hoffmann-Riem*, Verfahrensprivatisierung (Fn. 1), S. 226. Auch *Bleicher*, Standortauswahlverfahren (Fn. 92), hält sein Referenzthema passim für funktionelle Privatisierung.

[183] *Hoffmann-Riem*, Verfahrensprivatisierung (Fn. 1), S. 226.

[184] Vgl. dazu *Lübbe-Wolff*, Beschleunigung (Fn. 14), S. 59 f.

[185] Näher dazu → Rn. 7 f., 40 f.; vgl. darüber hinaus nur: *Paul Stelkens/Heribert Schmitz*, in: Stelkens/Bonk/Sachs (Hrsg.), VwVfG, § 1 Rn. 134; *Wahl*, Einschaltung (Fn. 74), S. 517 (523); *ders.*, Die Einschaltung privatrechtlich organisierter Verwaltungseinrichtungen in den Straßenbau, in: Willi Blümel, Einschaltung Privater beim Verkehrswegebau – Innenstadtverkehr, Speyerer Forschungsberichte 115, 3. Aufl. 1995, S. 44 f.; *Udo Di Fabio*, Verwaltungsentscheidung durch externen Sachverstand. Am Beispiel des arzneimittelrechtlichen Zulassungs- und Überwachungsverfahrens, VerwArch, Bd. 81 (1990), 193, 216 ff.; *Winfried Brohm*, Verwaltungsverhandlungen mit Hilfe von Konfliktmittlern, DVBl 1990, S. 321 (327); *Erbguth*, Funktionale Privatisierung (Fn. 13), S. 375; *Martin Burgi*, Privat vorbereitete Verwaltungsentscheidungen und staatliche Strukturbeschaffungspflicht. Verwaltungsverfassungsrecht im Kooperationsspektrum zwischen Staat und Gesellschaft, DV, Bd. 33 (2000), S. 183 (194 f.); zur Verfahrensprivatisierung von Standortauswahlverfahren im Abfallrecht durch Einholung von Standortgutachten privater Sachverständiger: *Hoppe/Bleicher*, Rechtsprobleme (Fn. 51), S. 421 ff.

[186] *Seidel*, Privater Sachverstand (Fn. 43), S. 105; *Böckel*, Projektmanagement (Fn. 103), S. 107. Nur leicht überspitzt lässt sich sagen: Dem Einzelnen mag es vielleicht gleichgültig sein, wer ihm die Post bringt, nicht jedoch, wer für die Berücksichtigung seiner Interessen bei der Genehmigung z. B. einer Müllverbrennungsanlage oder einer gentechnischen Anlage verantwortlich ist.

B. Grundelemente der Verfahrensprivatisierung

scheidung relevante Sachverhalt erst im Verfahren überhaupt geschaffen wird und damit prägende Kraft für die letztendliche Entscheidung entfaltet.
- Hinzu kommt eine zweite Überlegung. Die Auswirkungen auf das materielle Recht, die in der Rücknahme staatlicher Verfahrensverantwortung zugunsten Privater liegen, können auch durch eine noch so vehement postulierte Auffangverantwortung oder die formell hoch gehaltene Letztentscheidungskompetenz der Behörde nicht vollends verhindert oder kompensiert werden. Ein Spezifikum der Verfahrensprivatisierung und eines ihrer maßgebenden Motive liegt gerade darin, dass sie zu einer Rücknahme der staatlichen Verantwortung und einer dementsprechenden Entlastung des Staates führen soll.[187] Verfahrensprivatisierung setzt voraus, dass die Ergebnisse, die im Privatverfahren erzielt wurden, nicht mehr in vollem Umfang nachgeprüft werden (können und sollen). Dabei kommt es noch nicht einmal auf eine eventuell defizitäre Aufgabenwahrnehmung durch die Behörde an. Es wäre geradezu widersinnig, Behörden dazu zu zwingen, die Ergebnisse privater Verfahren in vollem Umfang zu überprüfen. Eine solche umfassende Prüfung ist ansatzbedingt weder gewollt noch wird sie in Fällen der Verfahrensprivatisierung praktiziert. In der gewollten oder ungewollten **Rücknahme des Prüfungsmaßstabs** liegt daher regelmäßig die Entscheidung für eine zumindest **partielle materielle Privatisierung**, jedenfalls aber für deren Hinnahme. Unabhängig davon, ob sich der Staat planwidrig mit einer bloßen „Notarfunktion"[188] begnügt, dürfte letztlich jede substantielle Verfahrensprivatisierung (zumindest wertungsmäßig) Elemente einer materiellen Privatisierung mit sich bringen.

50

Ist angesichts der Vielfalt der Erscheinungsformen eine klare und einheitliche Einordnung der Verfahrensprivatisierung in die bisherige Privatisierungssystematik nicht möglich, kann diesem Befund auf verschiedene Art begegnet werden. Entweder wird bezweifelt, dass es Verfahrensprivatisierung als eigenen Typus der Privatisierung gibt,[189] so dass eine Einordnung von Fall zu Fall vorgenommen werden muss, oder **Verfahrensprivatisierung** wird als **neuer, eigener und übergeordneter Typus der Privatisierung** definiert.[190] Der erste Ansatz hat zwar den Vorteil, der Diskussion um Verfahrensprivatisierung die Bodenhaftung einer vergleichsweise gesicherten Privatisierungsdogmatik zu geben. Nur der zweite Ansatz ermöglicht es aber, die Sonderstellung der Verfahrensprivatisierung, die durch die zunehmende Übertragung von Verfahrensverantwortung auf Private entstanden ist, hervorzuheben und gemeinsame übergreifende Strukturen herauszuarbeiten. Damit ist nicht ohne Weiteres etwas über die konkrete Tauglichkeit und die dogmatische Anschlussfähigkeit des neuen und mit einem neuen Begriff belegten Privatisierungstyps ausgesagt. Nur diese Vorgehensweise macht

51

---

[187] Vgl. → Rn. 16 f.

[188] *Di Fabio*, Verwaltung und Verwaltungsrecht (Fn. 87), S. 251; *Seidel*, Privater Sachverstand (Fn. 43), S. 19 f.

[189] Vielleicht möchte *Di Fabio*, Privatisierung und Staatsvorbehalt – Zum dogmatischen Schlüsselbegriff der öffentlichen Aufgabe, JZ 1999, S. 585 (589), genau das zum Ausdruck bringen, wenn er von „sogenannter Verfahrensprivatisierung" spricht; vgl. andererseits aber *Di Fabio*, Das Kooperationsprinzip – ein allgemeiner Rechtsgrundsatz des Umweltrechts, NVwZ 1999, 1153 (1155): „die neue Rubrik der Verfahrensprivatisierung".

[190] *Hoffmann-Riem*, Verfahrensprivatisierung als Modernisierung, in: Hoffmann-Riem/Schneider (Hrsg.), Verfahrensprivatisierung (Fn. 51), S. 9 (13 f.); *Seidel*, Privater Sachverstand (Fn. 43), S. 23.

es jedoch möglich, das bestehende Repertoire an Rechtsinstituten und Regelungsmodellen im Hinblick auf veränderte Realbedingungen und die damit verbundenen spezifischen Problemkonstellationen neu zu durchdenken und fortzuentwickeln.[191]

C. Rechtliche Vorgaben und Grenzen einer Übertragung von Verfahrensverantwortung auf Private

52 Aus europa- und verfassungsrechtlicher Sicht bestehen nur wenige Vorgaben und Grenzen für die Übertragung von Verfahrensverantwortung auf Private. Angesichts der erheblichen Transaktionskosten von Privatisierungsvorgängen[192] und der bei jeder Privatisierung fortbestehenden erheblichen Restverantwortung des Staates[193] gilt es jedoch die **Spielräume** und die **Grenzen** auszuloten, innerhalb derer Verfahrensprivatisierung rechtlich gesteuert stattfinden kann. Nur auf dieser Grundlage können auch die Notwendigkeit und die erforderliche Reichweite eines Rechtsregimes beurteilt werden, das sich den Folgen von Verfahrensprivatisierungen widmet und die Vorteile einer Einbindung Privater in das Verfahren mit einer größtmöglichen Gemeinwohlverwirklichung verbinden soll.[194]

I. Pflicht zur Verfahrensprivatisierung

53 Führt das Verfahren in privater Verantwortung zu gleich guten oder besseren Leistungen als jene in staatlicher Verfahrensverantwortung, ist die Frage aufgeworfen, ob der Ausbau privater Verfahrensherrschaft nicht nur hinreichend legitimiert, sondern auch rechtlich geboten sein kann. Dem **Grundgesetz** lässt sich zwar – anders als für die Bereiche Eisenbahn, Post und Telekommunikation (Art. 87e, 87f GG) – **keine ausdrückliche Aussage zur Verfahrensprivatisierung** entnehmen.[195] Nimmt der Staat aber Verfahrensaufgaben wahr, die auch ein Privater wahrnehmen könnte, werden von Teilen des Schrifttums die wirtschaftsbezogenen Grundrechte, die Wirtschaftsverfassung des Grundgesetzes und das Europarecht in Anschlag gebracht. Mit Blick auf eine etwaige Pflicht zur Verfahrensprivatisierung werden dabei vor allem folgende Argumentationsstränge in den Raum gestellt:
– In einem ersten Argumentationsstrang wird der grundrechtlich geschützte Freiheitsbereich in dem Umfang, in dem die **wirtschaftlichen Grundfreihei-**

---

[191] Zu dieser ordnungsbildenden Funktion neuer (Schlüssel-)Begriffe, die oft zwischen soziologischer Analyse und juristischer Dogmatik angesiedelt sind und entsprechende Sprengkraft aufweisen können, *Andreas Voßkuhle*, Beteiligung Privater an der Wahrnehmung öffentlicher Aufgaben und staatliche Verantwortung, VVDStRL, Bd. 62 (2003), S. 282 ff.; *ders.*, Schlüsselbegriffe (Fn. 16); → Bd. I *ders.* § 1 Rn. 40 f.; *Susanne Baer*, Schlüsselbegriffe, Typen und Leitbilder als Erkenntnismittel und ihr Verhältnis zur Rechtsdogmatik, in: Schmidt-Aßmann/Hoffmann-Riem (Hrsg.), Methoden, S. 223 ff.
[192] *Schuppert*, Jenseits von Privatisierung – Vorüberlegungen (Fn. 7), S. 95 ff.
[193] *Bauer*, Privatisierung (Fn. 9), S. 277 ff.
[194] Dazu unten → Rn. 73, 77 ff. S. a. → Bd. I *Schulze-Fielitz* § 12 Rn. 158 ff.
[195] *Schmidt-Preuß*, Verwaltung und Verwaltungsrecht (Fn. 22), S. 170 f. Vgl. a. → Bd. I *Burgi* § 18 Rn. 57.

ten der wirtschaftlichen Betätigungsfreiheit, der Berufsfreiheit und der allgemeinen Handlungsfreiheit Elemente einer marktorientierten und wettbewerblich organisierten Wirtschaftsordnung vermitteln,[196] auch auf die private Wahrnehmung des öffentlichen Interesses erstreckt.[197] Sofern staatliche Monopole – zu denen der Sache nach auch Verfahrensmonopole gezählt werden – in diese Grundrechte eingreifen,[198] sollen sie der Rechtfertigung bedürfen. Darüber hinaus soll aus den Grundrechten zusammen mit dem Ordnungsprinzip der freiheitlich-sozialen Marktordnung[199] ein „Postulat größtmöglicher Aktivierung selbstregulativer Elemente" hergeleitet werden können.[200]

– In einem weiteren Argumentationsstrang werden verfassungsrechtliche **Subsidiaritätserwägungen** angestellt.[201] Trotz der Problematik allgemein gültiger Ableitungen aus dem Subsidiaritätsprinzip soll im Bereich konkurrierender Staatsaufgaben Privaten der Vorrang der Wahrnehmung zukommen, sofern sie bereit und in der Lage seien, den öffentlichen Interessen zu genügen.

– Als weiterer möglicher Ansatzpunkt für den Vorrang einer privatförmigen Wahrnehmung von Verfahrensaufgaben wird der **Verhältnismäßigkeitsgrundsatz** herangezogen,[202] auch wenn sich aus ihm kein allgemeiner Vorrang des Privatverfahrens ableiten lässt.[203]

– Grenzen der staatlichen Verfahrenstätigkeit werden schließlich auch im europäischen Recht, insbesondere in den europäischen **Grundfreiheiten**[204] und **Grundrechten**[205] ausgemacht.

Unabhängig von der Herleitung der Argumentationslinien im Einzelnen tritt die tendenzielle Grundaussage deutlich zutage: Wo der Staat selbst Verwaltungsaufgaben wahrnimmt und dadurch in – sei es auch nur potentielle – Kon-

---

[196] *Peter J. Tettinger*, in: Sachs (Hrsg.), GG, Art. 12 Rn. 14a.

[197] *Josef Isensee*, Gemeinwohl und Staatsaufgaben im Verfassungsstaat, in: HStR III, § 57 Rn. 167.

[198] BVerfGE 21, 245 (249) – Arbeitsvermittlungsmonopol; anders aber BVerfGE 41, 205 (228) – Gebäudeversicherungsmonopol. Nach der zuletzt genannten Entscheidung soll die Regelung über ein staatliches Gebäudeversicherungsmonopol nicht an Art. 12 GG zu messen sein, weil Art. 74 Nr. 11 GG, der als Regelungsgegenstand nur das privatrechtliche Versicherungswesen nennt, das vorkonstitutionelle Monopol akzeptiert und daher vom Prüfungsmaßstab des Art. 12 GG ausgenommen habe. Mit dieser Argumentation ließe sich allerdings auch eine verfassungsrechtliche Pflicht zur Verfahrensprivatisierung verneinen, da das staatliche Verfahrensmonopol ebenfalls vorkonstitutionell ist.

[199] *Schmidt-Preuß*, Soziale Marktwirtschaft und Grundgesetz vor dem Hintergrund des Staatsvertrages zur Währungs-, Wirtschafts- und Sozialunion, DVBl 1993, 236 ff.; dazu bereits BVerfGE 21, 245 (249): „System einer grundsätzlichen freien Wirtschaft".

[200] *Schmidt-Preuß*, Verwaltung und Verwaltungsrecht (Fn. 22), S. 171.

[201] Dazu *Isensee*, Gemeinwohl (Fn. 197), Rn. 165 ff.; zu einfachrechtlichen Subsidiaritätsgrundsätzen *Eberhard Schmidt-Aßmann*, Öffentliches Recht und Privatrecht als wechselseitige Auffangordnungen, in: Hoffmann-Riem/Schmidt-Aßmann (Hrsg.), Auffangordnungen, S. 36 f.; vgl. auch § 6 UGB-AT Professorenentwurf.

[202] Dabei wird beispielsweise auf § 87 Abs. 2 BauGB verwiesen, wonach eine Enteignung nur zulässig ist, wenn sich der Antragsteller ernsthaft um einen freihändigen Erwerb des Grundstücks bemüht hat.

[203] *Eberhard Schmidt-Aßmann*, Öffentliches Recht und Privatrecht als wechselseitige Auffangordnungen, in: Hoffmann-Riem/Schmidt-Aßmann (Hrsg.), Auffangordnung, S. 7 (37).

[204] Dazu am Beispiel der (praktisch ausschließlich staatlichen) Vermessungsingenieure in Bayern *Angelika Emmerich-Fritsche*, Das Privatheitsprinzip des Binnenmarktes – Rechtfertigungszwang für Grundfreiheiten einschränkende staatliche Regulierungen, EWS 2001, 365 (369 f.).

[205] *Schmidt-Preuß*, Verwaltung und Verwaltungsrecht (Fn. 22), S. 171. Kritisch *Emmerich-Fritsche*, Privatheitsprinzip (Fn. 204), S. 369 f.

kurrenz zu Privaten (Dienstleistern oder Vorhabenträgern) tritt, soll er dafür grundsätzlich einer **Rechtfertigung** bedürfen.

54 Die skizzierten Argumente und das daraus abgeleitete Rechtfertigungserfordernis tragen jedoch im Ergebnis nicht weit. Denn die erforderliche Rechtfertigung für die **staatliche Verfahrensherrschaft** wird sich – zumindest im jetzigen Stadium der Entwicklung – regelmäßig finden und begründen lassen. Die Wahrnehmung von Gemeinwohlbelangen und nicht zuletzt der Grundrechtsschutz durch Verfahren rechtfertigen eine staatliche Verfahrensverantwortung. Diese Rechtfertigung erstreckt sich auch auf die Durchführung einzelner Tätigkeiten, die sich im Bereich einer möglichen funktionalen Privatisierung bewegen. Erst recht gilt sie für die Beibehaltung der Präventivkontrolle in Zulassungsverfahren zu Lasten der Eigenüberwachung durch Private. Bei Wahrnehmung der betreffenden Gemeinwohlbelange kommt dem Staat ein umso weiterer Einschätzungs- und Gestaltungsspielraum zu, als sich private Verfahrensherrschaft und regulierte Selbstregulierung im Spannungsfeld von privater Freiheitsbetätigung und Gemeinwohlverantwortung erst noch bewähren müssen. Daher wird man im jetzigen Stadium der Entwicklung **keine Pflicht zur Verfahrensprivatisierung** annehmen können. Gesetzgeber und Verwaltung sind jedoch gehalten, bislang eingerichtete und künftige Privatverfahren auch unter diesem Gesichtspunkt zu beobachten und die Ergebnisse zu evaluieren. Sollte sich herausstellen, dass Privatverfahren bei entsprechender staatlicher Rahmensetzung Gemeinwohlbelange ebenso gut oder sogar besser verwirklichen können als staatliche Verfahren, steht die Frage einer Privatisierungspflicht im Raum.[206] Angesichts der Komplexität der Materie und der Vielgestaltigkeit der Verfahrensaufgaben ist aber davon auszugehen, dass sich diese Frage nicht für alle Verfahrensbereiche einheitlich, sondern allenfalls bereichsspezifisch wird beantworten lassen. So werden rein technische Maßnahmen eher zu privatisieren sein als Tätigkeiten, die wertenden Charakter haben und damit für Konkretisierung und Implementation von Gemeinwohlbelangen von größerer Bedeutung sind.[207]

55 Eine **mittelbare Pflicht** zur Privatisierung von Verfahrensanforderungen kann sich allerdings als **Folge einer materiellen Privatisierung** ergeben. Trifft den Staat im Hinblick auf eine privatisierte Sachentscheidung eine Gewährleistungsverantwortung und kann diese effektiv nur dadurch wahrgenommen werden, dass den Privaten auch Verfahrensanforderungen auferlegt werden, muss gegebenenfalls mit der Sachentscheidung auch ein Teil des bisherigen staatlichen Verfahrens und der damit verbundenen Anforderungen auf Private übertragen werden. In diesem Fall ist den Privaten, denen die Sachentscheidung übertragen wird, die Durchführung eines auf die Sachentscheidung hinführenden Verfahrens nicht mehr freigestellt.[208]

---

[206] *Isensee*, Gemeinwohl (Fn. 197), Rn 171 m. w. N.
[207] Vgl. beispielsweise den Begriff der „Ausübung öffentlicher Gewalt" in Art. 45 Abs. 2 EGV; dazu *Emmerich-Fritsche*, Privatheitsprinzip (Fn. 204), S. 369 f.
[208] Vgl. oben → Rn. 10 mit Fn. 44.

II. Rechtliche Grenzen einer Verfahrensprivatisierung

Der Blick auf die **rechtlichen Grenzen der Verfahrensprivatisierung,** der nicht selten allein auf die Verfassung gerichtet wird, legt es nahe, sich in einem ersten Schritt eine Selbstverständlichkeit zu vergegenwärtigen. Bindungen und Grenzen können sich sowohl aus europa- und verfassungsrechtlichen als auch aus einfachrechtlichen Vorgaben ergeben, die es zu unterscheiden gilt.[209] Wird die Privatisierung von Verfahren oder Verfahrensteilen gesetzlich vorgesehen, kann es neben verwaltungswissenschaftlichen Überlegungen unter rechtsdogmatischen Gesichtspunkten nur um europa- und verfassungsrechtliche Grenzen der Privatisierung gehen. Werden Private hingegen im Rahmen eines Verwaltungsverfahrens, das auf der Grundlage der Verwaltungsverfahrensgesetze oder nach spezialgesetzlichen Regelungen als „normales" Verwaltungsverfahren durchgeführt wird, in die Vorbereitung der Sachentscheidung einbezogen, ist es in erster Linie eine Frage der Gesetzesinterpretation, ob und in welchem Umfang eine solche Verfahrensprivatisierung zulässig ist. Verfassungsrechtliche Aspekte kommen zwar insoweit ins Spiel, als das einfache Recht diesseits verfassungsrechtlich problematischer Grenzen nach Möglichkeit verfassungskonform auszulegen ist. Die Unterscheidung ist gleichwohl von Bedeutung, da es stets zunächst die vorhandenen Spielräume des einfachen Gesetzesrechts für Verfahrensprivatisierungen auszuloten gilt.[210]

1. Europarechtliche Vorgaben

a) Gesteigerte Bedeutung des Verfahrens

Bei aller nötigen Differenzierung, die folgenreich insbesondere zwischen dem Eigenverwaltungs(verfahrens)recht der Europäischen Union und dem Unionsverwaltungs(verfahrens)recht im Verhältnis zu den Mitgliedstaaten getroffen werden muss,[211] lässt sich die Tendenzaussage formulieren, dass das **Verfahrensverständnis des europäischen Rechts** die Bedeutung des Verfahrens stärker betont als das nationale deutsche Recht.[212] Während das deutsche Verwaltungsrecht nach wie vor stark dem Bild von der dienenden Funktion des Verfahrens, jedenfalls aber einem klaren Vorrang des materiellen Rechts vor dem Verfahrensrecht verhaftet ist, erkennt das europäische Recht dem Verfahren in vielen Zusammenhängen einen Eigenwert zu. Es vertraut in diesen Fällen darauf, dass im Verwaltungsverfahren ein wesentlicher Beitrag zum Finden der rechtlich

---

[209] *Pietzcker,* Verfahrensprivatisierung (Fn. 51), S. 288.
[210] Dazu zusammenfassend *Pietzcker,* Verfahrensprivatisierung (Fn. 51), S. 288 f.
[211] → Bd. I *Schmidt-Aßmann* § 5 Rn. 29 ff.
[212] Dazu nur *Friedrich Schoch,* Die europäische Perspektive des Verwaltungsverfahrens- und Verwaltungsprozessrechts, in: Hoffmann-Riem/Schmidt-Aßmann (Hrsg.), Strukturen, S. 279 ff.; *Rainer Wahl,* Das Verhältnis von Verwaltungsverfahren und Verwaltungsprozessrecht in europäischer Sicht, DVBl 2003, S. 1285 (1287 ff.); *Eberhard Schmidt-Aßmann,* Die Europäisierung des Verwaltungsverfahrensrechts, FG 50 Jahre BVerfG, 2003, S. 487 ff.; *Zickow,* Reanimation des Verfahrensrechts (Fn 148), S. 265 ff.; *Schmidt-Preuß,* Gegenwart und Zukunft (Fn. 32), S. 492 ff.; vgl. auch → Bd. II *Schmidt-Aßmann* § 27 Rn. 16, 110.

richtigen Entscheidung geleistet wird.[213] Im Gegensatz zum deutschen Verwaltungsverfahrensrecht gewinnt das Verfahrensrecht auch in der Rechtsprechung des Europäischen Gerichtshofs einen (partiell) eigenständigen Wert, der nicht erreichbare materielle Richtigkeit durch Verfahrensrichtigkeit auszugleichen sucht.[214] Forciert wird diese gesteigerte Bedeutung des Verfahrens durch die **neueren Entwicklungen im europäischen und internationalen (umweltbezogenen) Recht,** namentlich durch die Aarhus-Konvention[215] und die zu ihrer Transformation vorgenommenen Änderungen des europäischen Rechts.[216] Art. 9 Abs. 2 UAbs. 1 Aarhus-Konvention sieht insbesondere vor, dass sich die Eröffnung des Zugangs zu Rechtsschutzverfahren auf die Überprüfung der Rechtmäßigkeit der angefochtenen Entscheidung in materiellrechtlicher und verfahrensrechtlicher Hinsicht erstrecken muss. Muss danach auch die Möglichkeit der gerichtlichen Kassation wegen eines Verfahrensfehlers gegeben sein, wird der weitgehende Ausschluss der gerichtlichen Sanktion von Verfahrensverstößen durch § 44a VwGO und § 46 VwVfG jedenfalls im Umweltrecht nicht haltbar sein[217] – mit allen Folgewirkungen, die damit auf Dauer auch für das allgemeine Verwaltungsverfahrensrecht verbunden sein können. Im vorliegenden Zusammenhang ist entscheidend, dass Verfahrensvorgaben des europäischen Rechts, insbesondere aber jenen im Umweltbereich, eine deutlich gesteigerte und durch die Aarhus-Konvention nochmals aufgewertete Bedeutung zukommt.

b) Folgen für die Verfahrensprivatisierung

58 Für die Frage der Verfahrensprivatisierung bedeutet die **gesteigerte Bedeutung des Verfahrens,** dass dessen Privatisierung in dem Umfang problematisch ist und durch Regulierung eines Rahmens aufgefangen werden muss, in dem dadurch

---

[213] Anders als im deutschen Recht führen Verfahrensfehler auch häufiger zur Aufhebung von Verwaltungsentscheidungen. Die gerichtliche Kontrolle ist im europäischen Recht vor allem auch eine Verfahrenskontrolle, eine Heilung von Verfahrensmängeln ist nur äußerst eingeschränkt möglich. Entscheidungen der EU-Organe, die die behördliche Pflicht zur Begründung der Verwaltungsentscheidung oder das rechtliche Gehör verletzen, werden vom EuGH regelmäßig aufgehoben. Mögliche Verfahrensfehler bei der Akteneinsicht können nach Erlass der Entscheidung nicht mehr geheilt werden. Im direkten Vollzug von europäischem Recht schließt der EuGH bei unzureichender Sachaufklärung durch die europäischen Behörden nicht selbst das Ermittlungsdefizit, sondern hebt die getroffene Entscheidung auf. Näher dazu: *Schoch,* Europäische Perspektive (Fn. 212), S. 299 m.w.N.

[214] *Eberhard Schmidt-Aßmann,* Aufgaben- und Funktionswandel der Verwaltungsgerichtsbarkeit vor dem Hintergrund der Verwaltungsrechtsentwicklung, VBlBW 2000, 45 (49). Letztlich beruhen diese verschiedenen Ansätze im deutschen und im europäischen Recht auf der unterschiedlichen Logik der beiden Rechtsordnungen: Weil das europäische Recht Entscheidungen oft nur final programmiert und tendenziell weniger materielle Vorgaben trifft, dominieren der Verfahrensgedanke und die Relevanz von Verfahrensfehlern. Weil im deutschen Recht Verwaltungsentscheidungen in der Regel durch präzise materielle Vorgaben konditional programmiert sind, können Verfahrensfehler eher irrelevant sein. Näher dazu *Wahl,* Verhältnis (Fn. 212), S. 1287 ff.

[215] Zur Aarhus-Konvention und ihren Folgen *Thomas v. Danwitz,* Aarhus-Konvention: Umweltinformation, Öffentlichkeitsbeteiligung, Zugang zu den Gerichten, NVwZ 2004, S. 272 ff.; zu den erheblichen Auswirkungen auf das deutsche Verwaltungsverfahren und das Fehlerfolgenregime *Ziekow,* Reanimation des Verfahrensrechts (Fn. 148), S. 263 ff.; *Schmidt-Preuß,* Gegenwart und Zukunft (Fn. 32), S. 492 ff. S.a. → Bd. II *Schneider* § 28 Rn. 86 ff.

[216] Näher dazu *Ziekow,* Reanimation des Verfahrensrechts (Fn. 148), S. 266 ff.

[217] Mit allem Nachdruck *Ziekow,* Reanimation des Verfahrensrechts (Fn. 148), S. 267; näher zur Problematik → Bd. II *Sachs* § 31 Rn. 62.

C. Rechtliche Vorgaben u. Grenzen privater Verfahrensverantwortung

spezifische Verfahrensanforderungen des europäischen Rechts relativiert werden oder relativiert zu werden drohen. Auf den ersten Blick scheint es danach so, als ob europäische Verfahrensregelungen in Verbindung mit dem **effet utile-Gedanken** einer Verfahrensprivatisierung durchweg engere Grenzen ziehen als das nationale Recht. Dies wäre jedoch zu kurz gegriffen, da aufgrund des besonderen Zusammenhangs von materiellem und Verfahrensrecht auch eine unter Umständen intensive(re) materielle Kontrolle in Rechnung gestellt werden muss, die eine Relativierung von Verfahrensanforderungen auf nationaler Ebene ausgleichen und in der Summe von Verfahrens- und materiellem Recht zu einem angemessen hohen Niveau der Anforderungen an das Verwaltungshandeln führen kann. Bezogen auf den effet utile-Gedanken bedeutet dies, dass die Verwirklichung der europarechtlichen Verfahrensvorgaben auch dann praktisch möglich und im Durchschnitt der Fälle gut gesichert sein kann, wenn zwar das nationale Verwaltungsverfahrensrecht aufgrund von Verfahrensprivatisierungen dem europarechtlichen Verfahrensrecht nicht in gleicher Weise zur Durchsetzung verhilft, im Gegenzug aber das – unter Umständen ebenfalls europarechtlich vorgegebene – materielle Recht intensiv kontrolliert und auf diese Weise das Gesamtziel des europäischen Rechts praktisch verwirklicht.[218] Relativierungen der europarechtlichen Verfahrensanforderungen durch Verfahrensprivatisierung auf nationaler Ebene wären danach dort eher möglich und bedürften eines weniger dichten regulierenden Rahmens, wo die europäischen Vorschriften ihrerseits einen gewichtigen materiellen Gehalt aufweisen, dessen Einhaltung umfassend kontrolliert wird. Lässt das europäische Recht umgekehrt aber erkennen, dass es in erster Linie auf das Verfahrensrecht setzt, müssen auch strengere Anforderungen an die Verfahrensprivatisierung und/oder deren Umhegung durch rechtliche Regulierung gestellt werden. Können danach die Folgen der gesteigerten Bedeutung des Verfahrens für die Verfahrensprivatisierung nicht einheitlich für alle Regelungen und Erscheinungsformen bestimmt werden, lässt sich doch die allgemeine Feststellung treffen: **Je stärker** sich dem einschlägigen Europarecht explizit oder durch Auslegung entnehmen lässt, dass das **Verfahren oder Verfahrensteile** als Entstehungsvoraussetzung für eine möglichst richtige Sachentscheidung konzipiert sind und damit einen **Eigenwert** aufweisen, umso weniger lässt sich das Verfahren ohne Weiteres privatisieren, **umso höher** müssen jedenfalls die **Rahmenvorgaben an das privatisierte Verfahren** sein, durch die der Staat seine Gewährleistungs- und Auffangverantwortung sicherstellt.[219]

Aus der generellen Bedeutung des Verfahrens im europäischen Recht allein lässt sich allerdings **kein allgemeines Privatisierungsverbot** herleiten, das auch im Kontrast zu den maßgeblichen Verfahrensprivatisierungsimpulsen stünde, die gerade vom europäischen Unionsrecht ausgehen. Nur wenn spezifische europarechtliche Vorgaben an das Verfahren oder die Folgen eines Verfahrens eine staatliche Verfahrensherrschaft zwingend voraussetzen, kommt ein europarechtliches Privatisierungsverbot überhaupt in Betracht. Angesichts der Vielfalt der

59

---

[218] Letztlich ist damit die Frage aufgeworfen, ob beim effet utile des europäischen Rechts (allein) auf den engeren Bereich des Verfahrensrechts oder auf das Zusammenspiel von Verfahrens- und materiellem Recht abzustellen ist; vgl. dazu und zum Vorangehenden, bezogen auf den Umgang mit Fehlern im Verwaltungsverfahren, die entsprechenden Ausführungen bei *Wahl*, Verhältnis (Fn. 212), S. 1287. Vgl. a. → Bd. II *Schmidt-Aßmann* § 27 Rn. 91 ff.

[219] Näher zur Gewährleistungs- und Auffangverantwortung → Rn. 77 ff., 96.

Möglichkeiten, Privatverfahren administrativ zu umhegen,[220] ist nicht zu erwarten, dass es eine Vielzahl solcher Fälle geben wird. Vielmehr dürften sich Grenzen in aller Regel nur im Hinblick auf das „Wie" und nicht auf das „Ob" der Verfahrensprivatisierung ergeben.

60 Je mehr und je dezidierter Verfahrensanforderungen im europäischen Recht als wesentliche Grundlage für das Finden der richtigen rechtlichen Entscheidung konzipiert sind, umso stärker muss durch entsprechende **Rahmenregulierung** sichergestellt werden, dass diese Verfahrensanforderungen auch im Falle einer Verfahrensprivatisierung auf nationaler Ebene eingehalten werden. So wird bei Verfahrensprivatisierungen beispielsweise darauf geachtet werden müssen, dass die Beteiligung Dritter im Sinne der Aarhus-Konvention, der UVP-Richtlinie und der IVU-Richtlinie sichergestellt ist. Mit Blick auf die Umweltinformationsrichtlinie wird die Frage positiv zu beantworten sein, ob die Beschränkung auf Behörden und Private, die unter der Kontrolle oder Aufsicht von Behörden stehen (§ 2 Abs. 1 Nr. 2, Abs. 2 UIG), es nicht gebietet, private Verfahrensträger unter vergleichsweise enger(er) staatlicher Kontrolle und Aufsicht zu halten. Denn bei einer weitgehend unbeaufsichtigten Verfahrensprivatisierung ginge der Anknüpfungspunkt für den Umweltinformationsanspruch verloren, obwohl dieser nach der Gesamtkonzeption des Umweltinformationsrechts unabhängig vom sonstigen materiellen Recht gewährt werden soll.

61 In der Sache weist das europarechtlich geforderte Gewährleistungsverwaltungsrecht für Verfahrensprivatisierungen keine strukturellen Unterschiede zu dem die Gewährleistungsverantwortung konkretisierenden Privatverfahrensrecht auf nationaler Ebene auf.[221] Der Gedanke des effet utile im europäischen Recht kann allerdings dazu führen, dass die Ausformung entsprechender Anforderungen an das privatisierte Verfahren im nationalen Recht mit entsprechend größerem Nachdruck eingefordert wird. Insofern ist vor dem Hintergrund europarechtlicher Vorgaben die **Ausbildung eines Gewährleistungsverwaltungsrechts für den Bereich der Verfahrensprivatisierung keine rein nationale Sache** mehr. Sofern das Verfahren nach der europarechtlichen Konzeption einen wesentlichen Beitrag zum Finden der rechtlich richtigen Entscheidung leisten und auf diese Weise der Umsetzung europarechtlicher Vorgaben dienen soll, ist die Schaffung eines angemessenen Gewährleistungsverwaltungsrechts (Privatverfahrensrechts) europarechtlich gefordert.

2. Verfassungsrechtliche Bindungen

62 Dem Grundgesetz lassen sich „nur wenige gehaltvolle Aussagen über Art und Ausmaß der verbleibenden staatlichen Verantwortung in arbeitsteiligen Strukturen entnehmen".[222] Mit Blick auf Verfahrensprivatisierungen sind unter verfassungsrechtlichen Gesichtspunkten zwar vor allem die Grundrechte, die rechtsstaatlichen Verfahrensgarantien, das Erfordernis demokratischer Legitimation und der beamtenrechtliche Funktionsvorbehalt des Art. 33 Abs. 4 GG von Bedeutung. Deren **Durchschlagskraft** wird jedoch dadurch **gehemmt,** dass sie unmittelbare Wirkung nur entfalten, sofern die jeweiligen Akteure Staatsgewalt

---

[220] Dazu unten → Rn. 77 ff.
[221] Näher dazu → Rn. 73, 77 ff.
[222] *Voßkuhle*, Beteiligung Privater (Fn. 191), S. 292 sowie zu den Gründen dafür S. 292 ff.

ausüben. Dies setzt voraus, dass deren Handeln dem Staat – wie im Fall der Beleihung – jeweils als eigenes zugerechnet werden kann.[223] Angesichts der Vielfalt der Erscheinungsformen ist eine solche Zurechnung bei der Verfahrensprivatisierung mit ihren unterschiedlichen Varianten der sachverständigen Beratung, der privaten Zertifizierung, der Beteiligung an Planungsverfahren, des Einsatzes privater Projektmanager und der Beteiligung Privater bei der Anlagenüberwachung jedoch nicht immer eindeutig möglich.[224]

a) Probleme der Konstitutionalisierung

Das Kernproblem der Verfahrensprivatisierung besteht darin, dass die Letztentscheidungskompetenz zwar formal bei den staatlichen Verwaltungsbehörden verbleibt, diese aber aufgrund der Funktionslogik der Verfahrensprivatisierung die Ergebnisse privater Verfahrensführung nicht vollumfänglich überprüfen und dementsprechend auch nur eingeschränkt korrigieren können. Zur faktischen Entstaatlichung[225] trägt darüber hinaus bei, dass die jeweiligen Amtsträger regelmäßig weder das nötige Wissen und den Sachverstand noch die erforderliche personelle und zeitliche Kapazität haben, eine solche weitgehende Kontroll- und Korrekturaufgabe zu erfüllen.[226] Damit ergibt sich das **Dilemma**, dass **flankierende Pflichten für private Verfahrensakteure** zwar **in der Sache gefordert** sind, um die Erreichung der verfahrensbezogenen Gemeinwohlziele zu erreichen, **verfassungsrechtlich** aber nur **mit erheblichen Schwierigkeiten begründet** werden können. Werden die privaten Verfahrensakteure vollständig in den staatlichen Bereich hineingezogen und damit alle Bindungen, die für die klassische Vollzugsverwaltung konzipiert sind, auch auf sie übertragen, ginge nicht nur ein erhebliches Maß an individueller Freiheit, es gingen auch wesentliche Vorteile der Verfahrensprivatisierung und der mit ihr verbundenen Handlungsrationalitäten verloren.[227] Dies legt es nahe, die privaten Verfahrensakteure nicht zwanghaft in das staatliche Handlungsgefüge einzugliedern, sondern „auf den verbleibenden hoheitlichen Anteil an der Aufgabenerfüllung abzustellen, um im Sinne einer vor- und nachwirkenden ‚Legitimationsverantwortung' des Staates und einer damit einhergehenden ‚staatlichen Strukturbeschaffungspflicht' das Rechtsfolgenregime zu erweitern".[228] Auf diese Weise lässt sich eine primär den

---

[223] Die Wahrnehmung einer öffentlichen Aufgabe (von Gewicht) oder die Nutzung (erheblicher) gesellschaftlicher Machtpositionen reichen dafür nicht aus; vgl. zusammenfassend *Hubertus Gersdorf*, Öffentliche Unternehmen im Spannungsfeld zwischen Demokratie und Wirtschaftlichkeitsprinzip, 2000, S. 105 ff.; *Voßkuhle*, Beteiligung Privater (Fn. 191), S. 293 f.; s. zur Beleihung → Bd. I *Trute* § 6 Rn. 92, *Schulze-Fielitz* § 12 Rn. 106, *Groß* § 13 Rn. 89 f., *Jestaedt* § 14 Rn. 31, *Eifert* § 19 Rn. 81.

[224] Zu diesen Erscheinungsformen → Rn. 21 ff., 24 ff.

[225] Vgl. → Rn. 40 f.

[226] Allgemein zu dieser Privatisierungsfolge *Winfried Brohm*, Die Dogmatik des Verwaltungsrechts vor den Gegenwartsaufgaben der Verwaltung, VVDStRL, Bd. 30 (1972), S. 245 (292); *Röhl*, Kooperationsstrukturen (Fn. 17), S. 497 ff.; *Burgi*, Funktionale Privatisierung (Fn. 13), S. 194 f.; *Voßkuhle*, Beteiligung Privater (Fn. 191), S. 295.

[227] Generell auf Privatisierungsvorgänge bezogen: *Hans-Ulrich Gallwas*, Die Erfüllung von Verwaltungsaufgaben durch Private, VVDStRL, Bd. 29 (1971), S. 211 (222); *Voßkuhle*, Beteiligung Privater (Fn. 191), S. 295 f.

[228] *Voßkuhle*, Beteiligung Privater (Fn. 191), S. 296 mit Verweis auf *Hans-Heinrich Trute* (Die Verwaltung und das Verwaltungsrecht zwischen gesellschaftlicher Selbstregulierung und staatlicher Steuerung, DVBl 1996, S. 950 [955 f.]; *ders.*, Funktion der Organisation und ihre Abbildung im Recht, in: Schmidt-Aßmann/Hoffmann-Riem [Hrsg.], Verwaltungsorganisationsrecht, S. 288 ff.) und *Röhl* (Ko-

Gesetzgeber treffende verfassungsrechtliche Pflicht begründen, bei einer nicht ganz unerheblichen und auf Dauer angelegten Übertragung von Verfahrensverantwortung auf private Akteure **rechtliche Sicherungen** vorzusehen, die die (faktische) Relativierung der staatlichen Verfahrensherrschaft kompensieren. Angesichts des gesetzgeberischen Einschätzungs-, Wertungs- und Gestaltungsspielraums ist die Direktionskraft der Verfassung zwar deutlich gemindert, aber keineswegs aufgehoben.

b) Maßgebende Direktiven der Verfassung

64   Bei allen Schwierigkeiten, die verfassungsrechtlichen Bindungen im Hinblick auf Verfahrensprivatisierungen zu konkretisieren und das geforderte Gewährleistungsverwaltungsrecht zu konstitutionalisieren, lassen sich maßgebende **Anknüpfungspunkte** und damit verbundene **Gestaltungsdirektiven** benennen:

aa) Grundrechte

65   Die staatliche Schutzpflicht für Grundrechte im multipolaren Verhältnis fordert auch einen Grundrechtsschutz durch **grundrechtssichernde Verfahrensgestaltung,** insbesondere eine behördliche Präventivkontrolle potentiell gefährlicher Vorhaben.[229] Entledigt sich der Staat des Verfahrens durch Privatisierung, muss er auf andere Weise den Grundrechtsschutz durch Verfahren gewährleisten und für ein angemessenes Schutzniveau im Sinne eines Untermaßverbots sorgen.[230] Die Verfahrensgestaltung kann danach in aller Regel nicht allein der Privatautonomie überlassen werden. Bei der Erfüllung seiner Schutzpflichten steht dem Gesetzgeber und der Verwaltung allerdings ein weiter Einschätzungs- und Gestaltungsspielraum zu.[231] Daher können Schutzpflichten nur in Ausnahmefällen zu absoluten Privatisierungsverboten führen. Regelmäßig dürfte das „Wie" der Verfahrensprivatisierung (qualitatives Privatisierungsverbot[232]) im Vordergrund stehen. Zwar sind dem Grundgesetz keine präzisen Vorgaben zu entnehmen, welche Vorkehrungen im Einzelnen zu treffen sind. Damit läuft die Schutzpflicht als verfassungsrechtlicher Maßstab jedoch nicht zwangsläufig leer. Sie kann zu abgestuften, nicht zuletzt prozeduralen Anforderungen an den Gesetzgeber führen, die sich in einem mehr oder weniger weit reichenden Arsenal an Beratungs-, Anhörungs-, Geheimhaltungs- und Begründungspflichten niederschlagen, ohne zugleich die gesetzgeberische Bewertungs- und Einschätzungsprärogative auf-

---

operationsstrukturen [Fn. 17], S. 500 ff.) für die vor- und nachwirkende „Legitimationsverantwortung" des Staates sowie *Burgi* (Funktionale Privatisierung [Fn. 13], S. 378 ff. und *ders.,* Privat vorbereitete Verwaltungsentscheidungen [Fn. 185], S. 200 ff.) für die „staatliche Strukturbeschaffungspflicht".

[229] *BVerfGE* 53, 30 (59). S. a. → Bd. I *Masing* § 7 Rn. 56 ff.

[230] So hat der Staat beispielsweise bei Unternehmen, die einer Zertifizierungspflicht unterworfen werden, eine Schutzpflicht aus Art. 12 Abs. 1 GG, die im Ergebnis zu einer rechtsstaatlichen Vorprägung des Zertifizierungsverfahrens und der Einbindung der Akteure führt; vgl. *Voßkuhle,* Strukturen und Bauformen ausgewählter neuer Verfahren, in: Hoffmann-Riem/Schmidt-Aßmann (Hrsg.), Verwaltungsverfahren, S. 313 f.

[231] *BVerfG,* NJW 1998, S. 3264 (3265) – Waldsterben.

[232] *Jörn A. Kämmerer,* Verfassungsstaat auf Diät?, JZ 1996, S. 1042 (1047).

zuheben.²³³ Im Ergebnis müssen von Verfassungs wegen normative und tatsächliche Maßnahmen getroffen werden, die einen unter Berücksichtigung der betroffenen Rechtsgüter angemessenen und wirksamen Schutz gewährleisten.²³⁴ Dass dies im vorliegenden Zusammenhang dauerhaft ohne einen regulierenden Rahmen möglich ist, der den Verlust an staatlicher Verfahrensherrschaft ausgleicht oder wenigstens in Grenzen hält, ist unwahrscheinlich.²³⁵

Durch Selbstregulierung kann darüber hinaus auch die klassische **abwehrrechtliche Komponente der Grundrechte** betroffen sein.²³⁶ Dabei kommen unterschiedliche Konstellationen in Betracht. Grundrechtsrelevante Eingriffe können zunächst im Zusammenhang mit verfahrensentlastenden Eigenbeiträgen vorliegen, da die Freiheitsrechte auch vor einer hoheitlich auferlegten Eigenverantwortung schützen.²³⁷ Möglich sind jedoch auch Grundrechtseingriffe im Zusammenhang mit verfahrensentlastenden Beiträgen Dritter. Dies gilt zum einen für den Zwang zur Einschaltung eines privaten Dritten (Gutachters, Forschungsinstituts etc.), zumal damit erhebliche Kosten verbunden sein können, die nicht selten die Gebühren eines behördlichen Verfahrens übersteigen. Grundrechtlich relevant kann aber zum anderen auch die Art und Weise sein, wie gegebenenfalls mit privaten Dritten kooperiert werden muss. Dem Anlagenbetreiber wird es regelmäßig nicht gleichgültig sein, ob er Betriebs- und Geschäftsgeheimnisse²³⁸ einem Behördenmitarbeiter mitteilt oder einem begutachtenden Ingenieur einer privaten Einrichtung, der in der Zukunft möglicherweise bei der Konkurrenz arbeitet. In allen diesen Konstellationen leuchtet ein, dass die Belastung Privater durch von Dritten durchgeführte private Verfahren oder Verfahrensteile auch an den Freiheitsrechten der Betroffenen zu messen ist.²³⁹

66

bb) Rechtsstaatliche Garantien

Vergleichsweise konkrete Vorgaben sind den **rechtsstaatlichen Garantien** zu entnehmen. Während die Beleihung grundsätzlich dem **Vorbehalt des Gesetzes** unterliegt, wurde dies für die Verwaltungshilfe bislang abgelehnt. Ob daran al-

67

---

²³³ Zu entsprechenden Versuchen, der vom Gesetzgeber zu leistenden Aktualisierung der grundrechtlichen Schutzpflichten deutlichere Konturen zu verleihen und deren weitgehendes Leerlaufen (nicht zuletzt am Beispiel des Umweltrechts) zu verhindern: *Rudolf Steinberg*, Der ökologische Verfassungsstaat, 1998, S. 145f.; *Dietrich Murswiek*, Umweltrecht und Grundgesetz, DV, Bd. 33 (2000), S. 241 (262f.).
²³⁴ Allgemein zur Herleitung angemessener verfahrensrechtlicher Sicherungen für die Beachtung von Gemeinwohlbelangen auch bei privatrechtlichen und privatwirtschaftlichen Handlungsformen aus Schutzpflichten *Kämmerer*, Privatisierung (Fn. 129), S. 449ff. (mit Fn. 129); *Wolfgang Hoffmann-Riem*, Verwaltungsverfahren und Verwaltungsverfahrensgesetz – Einleitende Problemskizzen, in: Hoffmann-Riem/Schmidt-Aßmann (Hrsg.), Verwaltungsverfahren, S. 9 (55f.); *Voßkuhle*, Strukturen, in: Hoffmann-Riem/Schmidt-Aßmann (Hrsg.), Verwaltungsverfahren, S. 313.
²³⁵ Solange er fehlt, müssen verwaltungsverfahrensgesetzliche Regelungen nach Möglichkeit analog angewendet werden; vgl. *Hermann Pünder*, Modifikationen des Grundmodells, in: Erichsen/Ehlers (Hrsg.), VerwR, § 15 Rn. 54.
²³⁶ *Di Fabio*, Verwaltung und Verwaltungsrecht (Fn. 87), S. 257.
²³⁷ *Di Fabio*, Verwaltung und Verwaltungsrecht (Fn. 87), S. 258.
²³⁸ Siehe hierzu → Bd. II *Holznagel* § 24 Rn. 69ff.
²³⁹ In der Praxis bieten die Grundrechte Privater allerdings oftmals keine durchschlagende Abwehr, selbst wenn die Belastungswirkung die Grenze der Zumutbarkeit erreicht; vgl. zur Problematik *Burgi*, Funktionale Privatisierung (Fn. 13), S. 253ff.; *Voßkuhle*, Beteiligung Privater (Fn. 191), S. 292f. mit Fn. 106.

§ 32 Privatverfahren

lerdings bei einer systematischen und auf Dauer angelegten Verfahrensprivatisierung festgehalten werden kann, wird bestritten.[240] Betrachtet man etwa die umfangreichen Vorarbeiten der „Deutsche Einheit Fernstraßenplanungs- und Baugesellschaft mbH (DEGES)" als privater Dienstleister,[241] kann kaum noch davon die Rede sein, dass hier ein Verwaltungshelfer untergeordnete Dienste leistet.[242] Dies gilt umso mehr, wenn die Behörde von der angestrebten Entlastung überobligatorischen Gebrauch macht. Werden Aufgaben von substantiellem Gewicht auf Private übertragen, muss eine gesetzliche Regelung der entsprechenden (Verfahrens-)Privatisierungen gefordert werden. Dies zeigt neben den Regelungen in § 5 S. 4 UVPG und § 2 S. 3 Nr. 5 der 9. BImSchV nicht zuletzt das Beispiel des § 4b BauGB, der als Ermächtigungsgrundlage für die Verfahrensprivatisierung notwendig war und ist.[243]

68 Aus dem im Rechtsstaatsprinzip wurzelnden **Amtsermittlungsgrundsatz**,[244] der in § 24 VwVfG seinen einfachrechtlichen Niederschlag gefunden hat, lässt sich die Folgerung ziehen, dass sich die Behörde nicht damit begnügen darf, den von Privaten ermittelten Sachverhalt oder das von Projektmanagern erzielte Ergebnis eins zu eins zu übernehmen und nur noch die Sachentscheidung zu formulieren.[245] Damit einher geht die Pflicht zur eigenen Beweiswürdigung. Die Behörde muss sich auch bei einer Vorbefassung durch einen privaten Gutachter ein eigenes Urteil bilden. Etwas anderes gilt, wenn dem Privaten Prüfung und Bewertung übertragen werden, so dass auch deren Ergebnisse übernommen werden können. Ein solches Vorgehen ist aufgrund des Gesetzesvorbehalts allerdings nur bei einer fachgesetzlichen Sonderregelung möglich.[246]

69 Dem ebenfalls rechtsstaatlich zu verortenden Gewaltenteilungsgrundsatz lässt sich schließlich das Gebot einer rationalen, effizienten und transparenten Staatsorganisation entnehmen.[247] Droht sich die staatliche (Verfahrens-)Verantwortung durch die vom Staat betriebene Übertragung von Verfahren oder Verfahrensteilen auf private Akteure zu verflüchtigen, weil verfassungsrechtliche Bindungen nicht mehr unmittelbar greifen, wird man jedenfalls ausreichende **Transparenz der Kooperation mit Privaten** durch entsprechende Offenlegungs- und Dokumentationspflichten fordern müssen.[248]

---

[240] *Di Fabio*, Verlagerung (Fn. 87), S. 1 (unter Berufung auf die Wesentlichkeitstheorie); *Christian Sellmann*, Privatisierung mit oder ohne gesetzliche Grundlage, NVwZ 2008, S. 817 ff.; s.a. → Bd. I *Schulze-Fielitz* § 12 Rn. 42; offen gelassen bei *Gertrude Lübbe-Wolff/Annette Stenken*, Privatisierung umweltbehördlicher Aufgaben, ZUR 1993, S. 263 (267); vgl. auch *BayObLG*, DÖV 1997, S. 601 (602) zur Rechtswidrigkeit der systematischen Übertragung von Geschwindigkeitskontrollen auf Private ohne gesetzliche Ermächtigung.

[241] Näher zur DEGES → Rn. 25.

[242] Näher zur rechtlichen Stellung des Privaten im privatisierten Verfahren unten → Rn. 74 ff.

[243] Vgl. *Battis/Krauzberger/Löhr*, BauGB, § 4b Rn. 1; grundlegend *Helmuth Schulze-Fielitz*, Der Konfliktmittler als verwaltungsverfahrensrechtliches Problem, in: Wolfgang Hoffmann-Riem/Eberhard Schmidt-Aßmann (Hrsg.), Konfliktbewältigung durch Verhandeln, Bd. II, 1990, S. 55 (64).

[244] *Seidel*, Privater Sachverstand (Fn. 43), S. 91. Vgl. a. → Bd. II *Gusy* § 23 Rn. 39 f., *Schneider* § 28 Rn. 36 ff.

[245] *Seidel*, Privater Sachverstand (Fn. 43), S. 91 f.; *Böckel*, Projektmanagement (Fn. 103), S. 107.

[246] Dass eine Art Blankettformel wie beispielsweise in § 5 S. 4 UVPG, § 124 TKG oder § 4b BauGB dafür ausreicht, erscheint zweifelhaft. Allgemein zur Problematik *Seidel*, Privater Sachverstand (Fn. 43), S. 93.

[247] *Voßkuhle*, Beteiligung Privater (Fn. 191), S. 298; grdl.: *Hesse*, Grundzüge, Rn. 484 ff. S. a. → Bd. I *Poscher* § 8 Rn. 1 ff.

[248] *Voßkuhle*, Beteiligung Privater (Fn. 191), S. 298. Vgl. a. → Bd. I *Ruffert* § 17 Rn. 93, Bd. II *Ladeur* § 21 Rn. 27 f., *Fehling* § 38 Rn. 111, 122. Zurückhaltend im Hinblick auf eine Publikationspflicht bei

cc) Erfordernis demokratischer Legitimation

Privatisierungsbestrebungen werden zunehmend – auch von der Rechtsprechung[249] – am **Maßstab des Demokratieprinzips**[250] gemessen. Die in diesem Zusammenhang geltend gemachten grundsätzlichen Bedenken sind auch für privat durchgeführte Verfahren oder Verfahrensteile virulent, sofern diese für eine staatliche Sachentscheidung von Bedeutung sind. Da bereits im Verfahren letztlich Entscheidungen getroffen werden, die – zumindest mittelbare – Auswirkungen auf die anschließende materielle Entscheidung haben können,[251] liegt auch in der Durchführung des Verfahrens ein amtliches Handeln mit Entscheidungscharakter, das demokratischer Legitimation bedarf.[252] Je umfangreicher die Aufgaben des Privaten sind, umso höher fallen die Anforderungen aus, die das Demokratieprinzip an die Verfahrensprivatisierung stellt. Dies gilt insbesondere, wenn dem privaten Akteur eigene Befugnisse eingeräumt werden. Insofern bedarf es einer kontrollierenden Rückbindung, die der Verantwortung des Staates zur Letztentscheidung Rechnung trägt.[253] Dazu ist erforderlich, dass durch flankierende Verfahrensvorgaben und Kontrollmaßnahmen **ausreichende Ansatzpunkte für eine Zurechnung des Verfahrens zur demokratisch legitimierten Behörde** bestehen bleiben.[254] Eine formelle Legitimationskette dürfte regelmäßig nicht ausreichen, vielmehr muss ein bestimmtes materielles Legitimationsniveau erreicht werden. Aufgaben und Befugnisse des Privaten müssen gesetzlich hinreichend genau beschrieben sein.[255] Zudem bedarf es ausreichend wirksamer Mechanismen der Aufsicht, der Kontrolle, erforderlichenfalls auch der Weisung und der (Möglichkeit der) Rückholung. Da anders als in anderen Rechtsmaterien durch Verfahrenshandlungen regelmäßig keine unumkehrbaren Fakten geschaffen und keine Grundrechtseingriffe vorgenommen werden, wird man allerdings nicht verlangen müssen, dass Vorkehrungen getroffen werden, die faktisch zu einer ständigen engen Weisungsabhängigkeit des Privaten führen. Darüber hinaus muss die Rückkopplung nicht durch ausdrückliche gesetz-

---

normativen Absprachen *Winfried Brohm*, Rechtsgrundsätze normvertretender Absprachen, DÖV 1992, 1025 (1031); *Ulrich Dempfle*, Normvertretende Absprachen, 1994, S. 139.

[249] Vgl. *BerlVerfGH*, ZuR 2001, S. 32 ff. zur Teilprivatisierung der Berliner Wasserwerke; *KG*, NJW 1997, S. 2894 zur Parkraumüberwachung. Zur funktionellen Privatisierung des Maßregelvollzugs am Maßstab des Demokratieprinzips: *OLG Schl.-Hol.*, Beschluss vom 19. 10. 2005 (Az. 2 W 120/05/juris, Rn. 28 ff.) und zuvor *LG Flensburg*, Beschluss vom 2. 3. 2005 (Az.: 6 T 1/05/juris) sowie darüber hinaus *Nds.StGH*, NdsVBl. 2009, S. 77 (84 f.). Auch die Entscheidung des Bundesverfassungsgerichts in Sachen „Privatisierung des Maßregelvollzugs" nennt das Demokratieprinzip als relevanten verfassungsrechtlichen Maßstab sowohl im Hinblick auf ein ausreichendes Legitimationsniveau als auch die parlamentarischen Kontrollrechte (vgl. BVerfG, 2 BvR 133/10 vom 18. 1. 2012, Rn. 164 ff., www.bverfg.de/entscheidungen/rs20120118_2bvr013310.html).
[250] → Bd. I *Trute* § 6.
[251] → Rn. 7, 42, 48 ff.
[252] *BVerfGE* 97, 37 – Mitbestimmungsgesetz; vgl. auch *BVerfGE* 107, 59.
[253] In dem Maße, in dem die staatliche Verfahrensherrschaft gemindert ist, muss der Staat seiner „Legitimationsverantwortung" nachkommen und die demokratische Legitimation durch flankierende Regeln sicherstellen. Näher zur Legitimationsverantwortung des Staates *Hans-Heinrich Trute*, Vom Obrigkeitsstaat zur Kooperation – Zur Entwicklung des umweltrechtlichen Instrumentariums zwischen klassischem Ordnungsrecht und moderner Verwaltung, UTR, Bd. 48 (1999), S. 13 (21 f.); *Burgi*, Funktionale Privatisierung (Fn. 13), S. 370 ff.
[254] *Seidel*, Privater Sachverstand (Fn. 43), S. 253.
[255] Vgl. *BVerfGE* 107, 59. Insoweit ergeben sich Parallelen zum Vorbehalt des Gesetzes.

liche Weisungsbefugnis gesichert werden, sondern kann auf andere Weise – insbesondere auch durch vertragliche (Abstimmungs-)Regelungen – vorgenommen werden.

dd) Beamtenrechtlicher Funktionsvorbehalt

71 Ist es Ziel des in Art. 33 Abs. 4 GG enthaltenen Funktionsvorbehalts, die Wahrnehmung hoheitsrechtlicher Befugnisse zum Schutz des Bürgers in die Hand eines fachlich besonders qualifizierten, sachkundigen und grundsätzlich gemeinwohlorientierten Bedienstetentypus zu legen,[256] liegt darin nicht nur ein Vorbehaltsbereich für das Berufsbeamtentum, sondern auch eine **freiheitssichernde Strukturvorgabe gegen einen zu weitgehenden Rückzug des Staates** aus seiner Verantwortung zu eigener Aufgabenwahrnehmung. Verfahrensprivatisierungen werden dadurch jedoch **kaum wirksame Grenzen** gezogen.[257] Handelt es sich bei Art. 33 Abs. 4 GG um eine Vorschrift, deren Rechtsfolgen ausschließlich auf die Personalstruktur bei der Wahrnehmung von Staatsaufgaben gerichtet sind, lässt sich bereits mit guten Gründen bezweifeln, ob davon die für die Verfahrensprivatisierung charakteristische Verantwortungsverschiebung durch das arbeitsteilige Zusammenwirken mit privaten Akteuren erfasst wird, wenn deren Tätigwerden als solches nicht etatisiert ist.[258] Hinzu kommt, dass das Verfahrensrecht, auch wenn das Verfahren der Vorbereitung eines Eingriffs dienen sollte, selbst nur ausnahmsweise – etwa bei der Sachverhaltsermittlung (Auskunfts- und Duldungspflichten) und im Überwachungsbereich – zur eindeutig unter den Funktionsvorbehalt fallenden Eingriffsverwaltung zählen wird. Bereits für den Bereich der Eingriffsverwaltung sind – etwa mit der Beleihung – Ausnahmen unter besonderer rechtsstaatlicher Bindung und Kontrolle der öffentlichen Gewalt anerkannt. Für alle weiteren Konstellationen müsste zunächst geklärt werden, ob sich die in dem Funktionsvorbehalt enthaltene freiheitssichernde Strukturvorgabe überhaupt auf schutz- und gewährleistungsrelevante Tätigkeiten erstreckt.[259] Selbst wenn der Funktionsvorbehalt aber auf die Schutz- und Gewährleistungsdimension ausgedehnt würde, könnten sich dadurch kaum zusätzliche Beschränkungen gegenüber jenen Grenzen ergeben, die das Demokratieprinzip, das Rechtsstaatsprinzip und die grundrechtlichen Schutzpflichten ohnehin ziehen.[260] Dies gilt umso mehr, als sich mit Blick auf Art. 33 Abs. 4 GG eine Funktionsprivatisierung eher rechtfertigen lässt als eine komplette Aufgabenprivatisierung.

---

[256] *Helmut Lecheler*, Der öffentliche Dienst, in: HStR III, § 72 Rn. 25. Vgl. a. → Bd. III *Voßkuhle* § 43 Rn. 20 ff.

[257] Vgl. für die funktionale Privatisierung *Burgi*, Funktionale Privatisierung (Fn. 13), S. 221 ff.; für die Beleihung *Gerhard Nitz*, Private und öffentliche Sicherheit, 2000, S. 399 ff.; *Voßkuhle*, Beteiligung Privater (Fn. 191), S. 294 mit Fn. 111; enger hingegen *Remmert*, Private Dienstleistungen (Fn. 11), S. 353 ff. und für den Fall der Beleihung *Martin Burgi*, Der Beliehene – ein Klassiker im modernen Verwaltungsrecht, in: FS Hartmut Maurer, 2001, S. 581 (590 f.).

[258] Für die funktionale Privatisierung: *Burgi*, Funktionale Privatisierung (Fn. 13), S. 223 f.

[259] Dabei sprechen klare Argumente für eine Beschränkung auf die – den hoheitlichen Befugnissen im Sinne von Art. 33 Abs. 4 GG entsprechende – Eingriffsverwaltung; vgl. nur *Di Fabio*, Privatisierung und Staatsvorbehalt (Fn. 189), S. 592.

[260] Zusammenfassend zu dieser Problematik und auch zur Verankerung von Art. 33 Abs. 4 GG im Demokratie- und Rechtsstaatsprinzip sowie in den Grundrechten *Di Fabio*, Privatisierung und Staatsvorbehalt (Fn. 189), S. 592; vgl. darüber hinaus *Seidel*, Privater Sachverstand (Fn. 43), S. 39 (66 f.).

3. Einfachrechtliche Grenzen

Einfachrechtliche Grenzen der Verfahrensprivatisierung können sich, sofern der gesetzliche Anwendungsbereich eröffnet ist, aus den **Verwaltungsverfahrensgesetzen** oder **spezialgesetzlichen Regelungen** zum Verwaltungsverfahren ergeben. In dem Maße, in dem die Einschaltung Privater in das Verfahren bzw. dessen private Durchführung durch ein Regulierungsverwaltungs- oder **Privatverfahrensrecht** einfachgesetzlich umhegt (werden) wird,[261] sind auch diese – gegebenenfalls durch Auslegung zu konkretisierenden – Grenzen zu berücksichtigen. Besondere Bedeutung kommt dabei nicht zuletzt dem **Vergaberecht** zu. Sofern mit der Privatisierung von Verfahren oder Verfahrensteilen ein Dienstleistungsauftrag verbunden ist, der unter die vergaberechtlichen Voraussetzungen – und insbesondere die dortigen Schwellenwerte – fällt, müssen die entsprechenden Anforderungen Beachtung finden.[262]

D. Grundzüge eines Privatverfahrensrechts

Geht mit der Privatisierung von Verfahren oder Verfahrensteilen und der Anknüpfung des Staates an privatregulierte Verfahren regelmäßig eine faktische, teilweise auch eine rechtliche Rücknahme und jedenfalls eine Modifikation der staatlichen Verantwortung einher,[263] bedarf es einer Regulierung,[264] die den Verlust an staatlicher Verfahrensherrschaft gemeinwohlverträglich abfedert.[265] Kann die auf Dauer angelegte Koordination von öffentlichen Aufgaben und privater Interessenverfolgung allein durch dogmatische Anbauten kaum bewältigt werden,[266] bedarf es der **systematischen Ausformung eines spezifischen Gewährleistungsverwaltungsrechts**,[267] das privatisierte Verfahren und Verfahrensteile

---

[261] Vgl. → Rn. 73, 77 ff.

[262] Näher zur Frage, ob und inwieweit (Verfahrens-)Privatisierungen dem Vergaberecht unterfallen, *Jan Endler*, Privatisierungen und Vergaberecht, NZBau 2002, S. 125 ff.; *Reinhard Wilke*, Vergaberechtliche Aspekte städtebaulicher Verträge, ZfBR 2004, S. 141 ff.; *Wolfgang Würfel/Mark Butt*, Ausschreibungspflicht für städtebauliche Verträge – oder: Schaut man einem geschenkten Gaul doch ins Maul?, NVwZ 2003, S. 153; *Martin Burgi*, Vergaberechtliche Fragen bei Privatisierungsvorgängen: Das Beispiel Zusammenarbeit mit dem Sicherheitsgewerbe, GewArch 2001, S. 217 ff.; *Ferdinand Wollenschläger*, Verteilungsverfahren, 2010, S. 169 ff.; zusammenfassend *Voßkuhle*, Beteiligung Privater (Fn. 191), S. 314 ff.; vgl. auch unten → Rn. 84.

[263] *Hoffmann-Riem*, Verfahrensprivatisierung (Fn. 1), S. 229.

[264] Zum Begriff der Regulierung und den unterschiedlichen Regulierungsstrategien → Bd. I *Eifert* § 19.

[265] Hinter der näheren Bestimmung der Inhalte dieser Regulierung steht letztlich die Grundfrage, was der Staat (noch) verantworten muss und was er verantworten kann, wenn er bestimmte (Teile von) Verwaltungsverfahren in die Hände von Privaten gibt.

[266] Mit allem Nachdruck *Karl-Heinz Ladeur*, Privatisierung öffentlicher Aufgaben und die Notwendigkeit der Entwicklung eines neuen Informationsverwaltungsrechts, in: Hoffmann-Riem/Schmidt-Aßmann (Hrsg.), Informationsgesellschaft, S. 225 (251); *Voßkuhle*, Beteiligung Privater (Fn. 191), S. 304 f.

[267] Allgemeine Plädoyers für die systematische Entfaltung eines eigenständigen Rechts der Gewährleistungsverwaltung als „dritte Säule" neben dem auf Gefahrenabwehr ausgerichteten klassischen Ordnungsrecht und den dem modernen Leistungsstaat verpflichteten Rechtsinstituten einschließlich der Lehre vom Verwaltungsprivatrecht finden sich bei *Voßkuhle*, Beteiligung Privater (Fn. 191), S. 305 und *Johannes Masing*, Stand und Entwicklung eines Regulierungsverwaltungsrechts, in: Hartmut Bauer (Hrsg.), Das öffentliche Recht vor den Herausforderungen des Gewährleistungs-

administrativ umhegt. Aufgabe und Herausforderung eines solchen **Privatverfahrensrechts**[268] (Verfahrensprivatisierungsfolgenrechts) bestehen darin, die Verfahrensübertragung auf Private ohne Qualitätsverlust, vor allem „ohne Verlust der rationalisierenden, insbesondere interessenschützenden und akzeptanzermöglichenden Kraft der bisherigen Verfahren einzurichten oder gar die Leistungskraft von Verfahren zu erhöhen".[269]

I. Stellung des Privaten im privatisierten Verfahren

74   Zunächst gilt es sich jedoch über die Stellung des Privaten im privatregulierten Verfahren klar zu werden. Für diese Stellung ist entscheidend, wessen Aufgaben er wahrnimmt.[270] Soweit der Private Staatsaufgaben, öffentliche oder hoheitliche Aufgaben[271] erfüllt, liegt **Beleihung** oder **Verwaltungshilfe** vor.[272] Wo er eigene Aufgaben wahrnimmt, die das Gesetz ihm auferlegt, liegt die Figur der **Indienstnahme**[273] nahe.[274] Während im Fall der Beleihung Private Verwaltungsaufgaben erfüllen und ihnen zu diesem Zweck spezielle hoheitliche Befugnisse durch einen (anderen) Hoheitsträger übertragen werden, was durch Auslegung der entsprechenden Gesetze zu ermitteln ist, sind Fälle der Verwaltungshilfe dadurch gekennzeichnet, dass Private freiwillig im hoheitlichen Auftrag und ohne Einräumung von Hoheitsbefugnissen die Verwaltung bei der Wahrnehmung der ihr gesetzlich weiterhin zustehenden Aufgabe unterstützen.[275] Obwohl es in bei-

---

staates, 2002, S. 161 (185 ff.) je m. w. N.; s. a. → Bd. I *Voßkuhle* § 1 Rn. 61, *Schulze-Fielitz* § 12 Rn. 154 ff., *Burgi* § 18 Rn. 79 f. sowie *ders.*, Privatisierung öffentlicher Aufgaben (Fn. 9), S. 42 ff.

[268] Begriffsprägend *Hoffmann-Riem*, Verfahrensprivatisierung (Fn. 1), S. 231; *ders.*, Verwaltungsverfahren (Fn. 234), S. 56.

[269] *Hoffmann-Riem*, Verfahrensprivatisierung (Fn. 1), S. 230; zu den „Systemlinien" eines allgemeinen Gewährleistungsverwaltungsrechts (Erhaltung der Eigenrationalität von Staat und Gesellschaft in arbeitsteiligen Arrangements, Aufbau einer dauerhaften Gewährleistungsstruktur, produktive Verkoppelung privaten und öffentlichen Wissens, Kontextsteuerung und Prozeduralisierung sowie Ergänzungsverhältnis von Öffentlichem und Privatem Recht) *Voßkuhle*, Beteiligung Privater (Fn. 191), S. 307 ff.

[270] *Seidel*, Privater Sachverstand (Fn. 43), S. 29.

[271] Zur Kritik an diesen Begriffen *Di Fabio*, Privatisierung und Staatsvorbehalt (Fn. 189), S. 585. Allg. zu Verwaltungsaufgaben → Bd. I *Baer* § 11.

[272] Näher dazu → Bd. I *Trute* § 6 Rn. 92, *Groß* § 13 Rn. 89 f., *Jestaedt* § 14 Rn. 31.

[273] Grundlegend *Hans P. Ipsen*, Indienstnahme Privater für Verwaltungsaufgaben, in: FG Erich Kaufmann, 1950, S. 141 ff. am Beispiel der Abführung von Sozialversicherungsbeiträgen und Steuern der Arbeitnehmer durch den Arbeitgeber. Geht es bei der gesetzlichen Indienstnahme Privater allgemein um die Auferlegung öffentlicher Pflichten zur Sicherung der Erfüllung öffentlicher Aufgaben, bedarf es zur Abgrenzung von Pflichten des Betroffenen in eigenen Angelegenheiten näherer Eingrenzung. Ganz allgemein sollte von Indienstnahme nur gesprochen werden, wenn Privaten gegen ihren Willen anlässlich einer grundrechtlich geschützten Freiheitsbetätigung die Erfüllung einer gemeinwohlbezogenen Pflicht auferlegt wird, deren Beachtung die Freiheitsbetätigung als solche nicht notwendig erfordert; vgl. *Voßkuhle*, Beteiligung Privater (Fn. 191), S. 300 (Fn. 139). S. a. → Bd. I *Voßkuhle* § 1 Rn. 60, *Schulze-Fielitz* § 12 Rn. 107.

[274] Der Immissionsschutzbeauftragte ist daher weder Beliehener noch Verwaltungshelfer. Gleiches gilt für den Vorhabenträger oder den Gutachter, der im Vorfeld einer UVP-Prüfung ein Umweltgutachten erstellt.

[275] Vgl. *Voßkuhle*, Beteiligung Privater (Fn. 191), S. 299 (Fn. 137 f.). Das für die Eingrenzung der Verwaltungshilfe nach wie vor gängige Kriterium der Unselbständigkeit wird mit guten Gründen zunehmend als überflüssig kritisiert (dazu *Voßkuhle*, a. a. O. [Fn. 181], Fn. 138 m. w. N.).

D. Grundzüge eines Privatverfahrensrechts

den Formen um die Einbeziehung privater Sachkompetenz geht, ist eine Einordnung im Einzelfall notwendig, weil sich an die Einbindung unterschiedliche verfassungsrechtliche Bedingungen und verschiedene einfachrechtliche – nicht zuletzt haftungsrechtliche[276] – Folgen knüpfen. Dabei ist die Grenze mitunter fließend. Wo die Erfüllung von Verfahrensaufgaben hoheitliche Befugnisse verlangt, die vom Privaten selbständig wahrgenommen werden sollen, kommt nur eine Beleihung in Betracht. So bedarf es etwa bei Betretungs- und Nachschaurechten, sofern sie auch durchgesetzt werden sollen, stets einer Beleihung. Schwieriger sind Fälle zu beurteilen, in denen Private auf rechtlicher Grundlage umfangreiche Tätigkeiten ausüben, die faktisch einer Wahrnehmung von Hoheitsaufgaben gleichkommen, ohne dass ihnen jedoch hoheitliche Befugnisse zugestanden werden. So wird man etwa bei der „Deutsche Einheit Fernstraßenplanungs- und Baugesellschaft mbH (DEGES)"[277] kaum von unselbständiger Verwaltung sprechen können, auch wenn formell keine Beleihung vorliegt. Ganz allgemein gilt dies für die – teilweise mit dem Begriff der Beauftragung belegten[278] – Fälle, in denen ein ganzes Aufgabenfeld auf Privatrechtssubjekte zur selbständigen Erledigung übertragen wird.[279] Versuche, diesem Befund Rechnung zu tragen, führen entweder zur Anerkennung eines „selbständigen Verwaltungshelfers", dessen Rechtsregime weitgehend den Regelungen der Beleihung gleichgestellt wird, oder zur Ausweitung des Begriffs der Beleihung auf Konstellationen, in denen Private nicht unmittelbar weisungsgebunden selbständig, gleichwohl aber unter der Aufsicht staatlicher Verwaltungsstellen öffentliche Aufgaben wahrnehmen und hoheitliche Entscheidungen wie den Erlass von Verwaltungsakten bis zur Entscheidungsreife vorbereiten.[280]

Trotz der Möglichkeit, an bestehende Rechtsfiguren anzuknüpfen, ist die Stellung des Privaten im privatisierten Verfahren vor diesem Hintergrund nicht immer einfach zu bestimmen. Angesichts der Vielfalt der Erscheinungsformen lässt sie sich insbesondere nicht für alle Fälle im Sinne der hergebrachten Begriffe einheitlich bestimmen. Gleichwohl sollten die **traditionellen Formen** der Beleihung, des Verwaltungshelfers und der Indienstnahme nicht vorschnell einer unkonturierten Stellung sui generis geopfert, sondern im Gegenteil **möglichst weitgehend genutzt** werden. Die ordnungsbildende Kraft der Systembildung vermag trotz mancher Unschärfen mehr zu leisten als eine auf scheinbare Universalität angelegte Neuschöpfung. Letztlich wird von Fall zu Fall untersucht werden müssen, welchem hergebrachten Begriff die jeweilige Stellung des Privaten am nächsten kommt.[281] Dies kann und wird in einem ersten Schritt zur Re-

75

---

[276] Vgl. allg. → Bd. III *Höfling* § 51, *Morlok* § 52.

[277] Näher dazu → Rn. 25.

[278] Vgl. *Di Fabio*, Privatisierung und Staatsvorbehalt (Fn. 175), S. 589; als eigene Rechtsfigur hat sich die Beauftragung neben den genannten bislang jedoch nicht durchsetzen können. S. a. → Bd. I *Eifert* § 19 Rn. 104 ff.; Bd. III *Voßkuhle* § 43 Rn. 42.

[279] Hier zeigt sich, dass Zwischenformen entstehen können, die nach den bislang angenommenen Kriterien weder exakt als Beleihungsverhältnis noch als Verwaltungshilfe klassifiziert werden können.

[280] *Di Fabio*, Verwaltung und Verwaltungsrecht (Fn. 87), S. 273; *ders.*, Privatisierung und Staatsvorbehalt (Fn. 189), S. 590; für den Fall der Einschaltung Dritter in die Bauleitplanung: *Reidt*, Einschaltung (Fn. 91), S. 592.

[281] Vgl. für eine differenzierte Einordnung unter Nutzung der vorhandenen Formen am Beispiel des privaten Gutachters im Umweltbereich: *Scherzberg*, Gutachter (Fn. 90), S. 380 ff.

76 naissance bestehender Institute** führen,²⁸² unter Umständen aber auch Unschärfen hervorrufen. Erst wenn diese nicht hinnehmbar erscheinen, besteht in einem zweiten Schritt Raum, bereichsspezifischen Problemen mit neuen Ordnungsmodellen zu begegnen.

76 Auch wenn danach angenommen werden kann, dass die meisten arbeitsteiligen Konstellationen im Verfahrensbereich durch Rückgriff auf bekannte Beteiligungsformen erfasst werden können, ist damit noch nichts über die **Notwendigkeit einer weiteren rechtlichen Ausgestaltung** gesagt, die sich aus der staatlichen Gewährleistungsverantwortung ergeben kann. Der bloße Hinweis auf die Möglichkeit einer Beleihung, einer Verwaltungshilfe oder den Abschluss eines Verwaltungsvertrags „hilft in der Praxis bei der Entscheidung über die Auswahl des privaten Akteurs oder der Sicherung von Qualitätsstandards wenig weiter, sofern nicht gleichzeitig auf ein entsprechendes Rechtsregime zurückgegriffen werden kann".²⁸³

II. Gewährleistungsverantwortung und Privatverfahrensrecht

77 Die Reichweite der staatlichen Gewährleistungsverantwortung hängt von der jeweiligen **Funktion** ab, **die dem Verfahren oder einzelnen Verfahrensteilen zukommt.** Geht man von den Extremfällen aus, dass das Verfahren je nach rechtlicher Ausgestaltung auf der einen Seite eine rein dienende Funktion, auf der anderen Seite aber auch konstitutive Bedeutung für das richtige Ergebnis haben kann,²⁸⁴ hat dies **Folgen für die Regulierungsdichte,** mit der privatisierte Verfahren oder Verfahrensteile eingehegt werden müssen. Allgemein kann gelten, dass die rechtlichen Anforderungen, durch die der Staat seine Gewährleistungs- und Auffangverantwortung sicherstellt, umso höher sein müssen, je stärker das Verfahren oder einzelne Verfahrensteile eigenständige Bedeutung haben und als Entstehungsvoraussetzung für eine möglichst richtige Sachentscheidung konzipiert sind.²⁸⁵ Für die Frage, wie bedeutsam das Verfahren oder ein Verfahrensteil für die möglichst richtige Sachentscheidung ist, gilt es eine Typologie zu entwickeln, die durch Auslegung ermittelt, ob dem Verfahren und den Verfahrensanforderungen eine primär dienende oder eine eigenständige, konfliktlösende und rechtsschöpfende Funktion zukommt.²⁸⁶

---

²⁸² Vgl. für die Beleihung *Burgi*, Der Beliehene (Fn. 257), S. 581 ff.; *Britta B. Wiegand*, Die Beleihung mit Normsetzungskompetenzen, 2007; s. darüber hinaus → Bd. I *Trute* § 6 Rn. 92, *Schulze-Fielitz* § 12 Rn. 106, *Groß* § 13 Rn. 89 f., *Jestaedt* § 14 Rn. 31, *Eifert* § 19 Rn. 81. Grund für die Renaissance dürfte die „gelungene Verschmelzung von privatem Status und staatlicher Funktion" sein (*Voßkuhle*, Beteiligung Privater [Fn. 191], S. 301).
²⁸³ *Voßkuhle*, Beteiligung Privater (Fn. 191), S. 303 f.; zu den Grundzügen eines Privatverfahrensrechts, das (Rahmen-)Regelungen für den Bereich privatisierter Verfahren oder Verfahrensteile vorhalten könnte, → Rn. 73, 77 ff.
²⁸⁴ Vgl. → Rn. 7, 57 f. Näher zu diesen idealtypischen Extrempositionen, die mit Blick auf das Verfahrensverständnis eingenommen werden können und der Tendenz nach auch eingenommen werden, *Wahl*, Verhältnis (Fn. 212), S. 1287. S. a. → Bd. II *Schmidt-Aßmann* § 27 Rn. 64 f.
²⁸⁵ Zum Verhältnis von Verfahren und Sachentscheidung → Rn. 7 f.; zur Parallele bei der Umsetzung von Verfahrensvorgaben des europäischen Unionsrechts → Rn. 57 f.
²⁸⁶ Insofern macht es – ähnlich wie es bei den Folgen von Verfahrensfehlern der Fall sein müsste – einen rechtlich erheblichen Unterschied, ob Verfahrensregeln nur deshalb bestehen, damit das Verfahren geordnet abläuft, oder ob die Verfahrensanforderungen selbst zur Rechtsschöpfung und Kon-

D. Grundzüge eines Privatverfahrensrechts

Ausgehend von den bestehenden Beteiligungsformen für eine arbeitsteilige Aufgabenerfüllung muss die Funktionsfähigkeit von Privatverfahren hoheitlich so reguliert werden, dass
– die private Verfahrensverantwortung ihre Leistungsstärke und möglicherweise auch Überlegenheit gegenüber ungeteilter staatlicher Verfahrensherrschaft entfalten kann,
– zugleich aber über die Erbringung der Verfahrensleistung im konkreten Fall hinaus die normierten Gemeinwohlzwecke erreicht werden und damit auch ein gesellschaftlicher Mehrwert erzielt wird.

78

Zur Erfüllung dieser Zwecke bedarf es einer **Rückbindung privater Verfahrensschritte an staatlich definierte Vorgaben**, zu denen insbesondere ausreichender Sachverstand[287], Neutralitätsschutz[288], Begründungs- und Publizitätspflichten,[289] Öffentlichkeitsbeteiligung und Zugang der Öffentlichkeit zu Informationen,[290] prozessuale Mindeststandards, Schutz staatlicher und persönlicher Geheimnisse,[291] informationstechnische Vernetzungen sowie bei Ermessens- und Abwägungsentscheidungen ausreichende Sicherungen gegenüber (faktischen) Vorfestlegungen[292] durch (Ergebnisse der) private(n) Verfahrensführung zählen. Dabei liegt auf der Hand, dass nicht alle Faktoren für alle Erscheinungsformen gleichermaßen relevant sind. Vieles spricht dafür, dass sich mittelfristig – abhängig von der Art der Einschaltung privater Akteure (verfahrensentlastende Eigenbeiträge, verfahrensentlastende Beiträge privater Dritter, privates Verfahrensmanagement, staatliche Anknüpfung an privatregulierte Verfahren), der Art der Entscheidung, auf die das Verfahren hinführt (gebundene Entscheidung, Ermessens- oder Abwägungsentscheidung), sowie den spezifischen Anforderungen der unterschiedlichen Sachbereiche – jeweils typische Verfahrensarrangements herauskristallisieren werden, die gleichsam als Muster an entsprechende Konstellationen herangetragen werden können.[293]

79

Muss der **Verlust des Verfahrens als unmittelbare staatliche Steuerungsressource** aufgefangen werden, genügt es allerdings nicht, faktische Verluste präventiver Kontrollmöglichkeiten durch verstärkte repressive Maßnahmen nach

80

---

fliktlösung beitragen sollen. Vgl. a. → Bd. II *Schmidt-Aßmann* § 27 Rn. 106 ff. S. aber a. → Bd. II *Sachs* § 31 Rn. 56.

[287] Zur Einbeziehung externen Sachverstands → Bd. II *Ladeur* § 21 Rn. 45 ff.; Bd. III *Voßkuhle* § 43 Rn. 49.

[288] Siehe allg. → Bd. I *Schmidt-Aßmann* § 5 Rn. 85; Bd. II *Schneider* § 28 Rn. 32 ff.

[289] Vgl. a. → Bd. I *Hoffmann-Riem* § 10 Rn. 31 ff.; Bd. II *Ladeur* § 21 Rn. 7 ff., *Gusy* § 23 Rn. 53 ff., *Schneider* § 28 Rn. 51 ff.

[290] Siehe a. → Bd. II *Gusy* § 23 Rn. 53 ff., 82 ff., *Rossen-Stadtfeld* § 29 Rn. 72 ff.; Bd. III *Scherzberg* § 49 Rn. 1 ff.

[291] Vgl. a. → Bd. II *Holznagel* § 24 Rn. 69 ff.

[292] Siehe a. → Bd. II *Fehling* § 38 Rn. 102, 112 ff.

[293] Ist Verfahrenssteuerung Kontextsteuerung, die sich nicht linear-kausal in subsumtionsfähige Einzelschritte aufgliedern lässt (*Hoffmann-Riem*, Verwaltungsverfahren [Fn. 234], S. 38 ff.; → Bd. II *Schmidt-Aßmann* § 27 Rn. 38), setzt die administrative Einhegung des Privatverfahrens methodisch anspruchsvolle bereichsspezifische Funktionsanalysen und Wirksamkeitsbeurteilungen voraus, die jedoch – ebenso wie rechtstatsächliche Untersuchungen – weitgehend fehlen (vgl. für die Einbeziehung Privater in das Bauleitplanverfahren in Brandenburg allerdings *Remmert*, Private Dienstleistungen [Fn. 11], S. 109 ff.). Solange dies der Fall ist, können lediglich allgemeine handlungsanleitende Grundbausteine eines Privatverfahrensrechts benannt werden. Die Aufgabe einer sachbereichsspezifischen Ausdifferenzierung ist damit jedoch nicht aufgehoben.

einer Kontrolle kompensieren zu wollen.[294] Es bedarf vielmehr in erster Linie einer **Kompensation, die im Vorfeld der materiellen Entscheidung** liegt. Wie das Verfahrensrecht im herkömmlichen Sinne Garant für die Richtigkeit des materiellen Ergebnisses sein sollte, bedarf es angesichts der veränderten Umstände eines Verfahrens zweiter Ordnung als Garant für die Richtigkeit des von privaten Akteuren durchgeführten (Privat-)Verfahrens. Letztendliches Ziel ist es, die Rücknahme der staatlichen Erfüllungsverantwortung durch andere, funktional möglichst gleichwertige Mechanismen auszugleichen.[295] Die administrative Umhegung beginnt bei der Übertragung auf Private (unten 1), führt über die Begleitung des Privatverfahrens in seinen einzelnen Schritten (unten 2) und endet bei der Kontrolle des (privaten) Verfahrensergebnisses (unten 3).

1. Vorbeugende Maßnahmen bei der Übertragung auf Private

81   Im Vorfeld der Übertragung von Verfahren oder Verfahrensteilen auf Private muss sich die Regulierung des Privatverfahrens auf die Qualifikation der ausgewählten privaten Akteure, auf die Sicherung dieser Qualifikation, auf die Kriterien für die Auswahl konkreter Privater, auf vorbeugende Maßnahmen zur Sicherung bestimmter Ergebnisse sowie auf den Schutz der Rechte Dritter richten.[296] Dabei liegt auf der Hand, dass die auswahlbezogenen Regulierungselemente nur dort eine Rolle spielen können, wo bei der Einschaltung privater Dritter eine Auswahl besteht, nicht hingegen bei verfahrensentlastenden Eigenbeiträgen.

82   – Die **Qualifikation der ausgewählten privaten Akteure** ist entscheidend für die Erfüllung bestimmter (vorgegebener) Verfahrensstandards. Personenbezogene Anforderungen an fachliche Kompetenz, Leistungsvermögen und Zuverlässigkeit sind dem bisherigen öffentlichen Wirtschaftsrecht zwar nicht fremd. Sie müssen im Hinblick auf die besonderen Verfahrenserfordernisse jedoch um Unabhängigkeit und aufgabenspezifische Sachkunde ergänzt werden. Unter Umständen kann der Staat – wie bei der „Deutsche Einheit Fernstraßenplanungs- und Baugesellschaft mbH (DEGES)"[297] – qualifizierte private Akteure im Wege der formellen Privatisierung selbst „schaffen". In den übrigen Fällen dürfte es im Hinblick auf die Unabhängigkeit regelmäßig vorzugswürdig sein, wenn die Behörde selbst den privaten Akteur (Gutachter) auswählt oder den privaten Vorhabenträger rechtlich zwingt, einen staatlich akkreditierten Dritten zu beauftragen.

83   – Um dauerhaft eine **ausreichende Qualifikationssicherung** zu gewährleisten, müssen Anforderungen an die zu fordernden Qualifikations- und Leistungsnachweise, das Erfordernis regelmäßiger Fortbildung und die etwaige Einbeziehung weiterer privater Akteure gestellt werden. Modellcharakter für eine

---

[294] Vgl. → Rn. 38 sowie *Lübbe-Wolff*, Beschleunigung (Fn. 14), S. 59 ff.

[295] *Hoffmann-Riem*, Verfahrensprivatisierung (Fn. 1), S. 230. Im Idealfall soll die materielle Richtigkeitsgewähr staatlicher Entscheidungen gewährleistet sein, auch wenn die Vorteile einer Privatisierung des auf die Entscheidung hinführenden Verfahrens genutzt werden.

[296] Zu diesen Elementen als Grundbausteinen eines allgemeinen Rechts der Gewährleistungsverwaltung zusammenfassend *Franz-Josef Peine*, Grenzen der Privatisierung – verwaltungsrechtliche Aspekte, DÖV 1997, S. 353 (361); *Gramm*, Privatisierung (Fn. 44), S. 430 f.; *Voßkuhle*, Beteiligung Privater (Fn. 191), S. 311 ff. je m. w. N.

[297] Näher dazu → Rn. 25.

D. Grundzüge eines Privatverfahrensrechts

qualitätssichernde Ausgestaltung des Marktzugangs haben insoweit die gesetzlich ausgestalteten Akkreditierungsverfahren im Produktsicherheits- und im Sachverständigenrecht,[298] insbesondere bei der Akkreditierung von Umweltgutachtern im Zusammenhang mit dem Umwelt-Audit-Verfahren und bei der Gutachterbestellung für Emissionsberichte nach § 5 Abs. 3 S. 4 TEHG. Zur angemessenen Qualitätssicherung zählt bei verfahrensentlastenden Beiträgen privater Dritter auch eine Absicherung gegenüber jenen Risiken, die mit einer marktwirtschaftlichen Organisation privater Verfahrensdienstleistungen sowie dem damit verbundenen Kostensenkungs- und Erwartungsdruck potentieller Auftraggeber einhergehen können. Um die relative Unabhängigkeit privater Dienstleister zu stärken, kann gerade bei Sachverständigen und Gutachtern eine Beschränkung der Dauer des Begutachtungsverhältnisses, je nach Sachbereich und Tätigkeitsfeld auch eine Verpflichtung zum Zusammenschluss in berufsspezifischen (Sachverständigen-)Organisationen sowie insgesamt eine angemessene Kontrolle der Kontrolleure in Betracht kommen.[299]

– Werden private Verfahrensbeiträge nicht durch Eigenleistungen des Vorhabenträgers, sondern durch private Dritte erbracht und führt die Verfahrensprivatisierung zur Eröffnung eines privaten Dienstleistungsmarktes, kommt der **Auswahl des Privaten** maßgebliche Bedeutung zu. Konkurrieren mehrere private Akteure um die Erbringung der gemeinwohlrelevanten (Verfahrens-)Dienstleistung, müssen neben Gleichheitsaspekten insbesondere die Anforderungen des **Vergaberechts**[300] sowie – unterhalb der entsprechenden Schwellenwerte – gegebenenfalls das **Gemeindehaushaltsrecht** Beachtung finden. 84

– So wie das Verfahren Auswirkungen auf die materielle Entscheidung hat, haben Verfahrens- und Methodenvorgaben für den ausgewählten privaten Akteur Auswirkungen auf das Verfahrensergebnis.[301] Gelingt es, den Privaten zu verpflichten, Leistungen in einer bestimmten Quantität und Qualität zu erbringen, kann ihm ein Teil der **Ergebnisverantwortung**[302] übertragen und können bestimmte **Ergebnisse gesichert** werden. Gegenstand entsprechender Verpflichtungen können der Umfang der Sachverhaltsermittlung, Bewertungskriterien, die Verwendung bestimmter Methoden oder technischer Anleitungen, aber auch konkretere Beschreibungen von Leistungsart und -umfang sein. Je nach Sachbereich kann diese Form der Umhegung des Privatverfahrens 85

---

[298] *Röhl*, Zertifizierung (Fn. 107); *Scherzberg*, Gutachter (Fn. 90). S. a. → Bd. I *Eifert* § 19 Rn. 92; Bd. II *Röhl* § 30 Rn. 66, *Hoffmann-Riem* § 33 Rn. 32. Zur Kritik daran: *Klaus Hansmann*, Straffung und Vereinfachung des Immissionsschutzrechtes, NVwZ 2005, S. 624 (627).

[299] *Scherzberg*, Gutachter (Fn. 90), S. 384f. S. a. → *Franz Reimer*, Qualitätssicherung. Grundlagen eines Dienstleistungsverwaltungsrechts, 2010. Vgl. a. → Bd. I *Eifert* § 19 Rn. 92ff.

[300] Bei der Bewältigung von Privatisierungsfolgen kommt dem Vergaberecht zunehmend eine Schlüsselrolle zu; vgl. *Burgi*, Vergaberechtliche Fragen (Fn. 262); *ders.*, Kommunales Privatisierungsfolgenrecht (Fn. 13), S. 604; *Meinrad Dreher*, Public-Private-Partnerships und Kartellvergaberecht, NZBau 2002, S. 245 (247ff.); *Rainer Regler*, Das Vergaberecht zwischen öffentlichem und privatem Recht, 2007; *Voßkuhle*, Beteiligung Privater (Fn. 191), S. 315. Auch die Beauftragung privater Verwaltungshelfer fällt grds. in den Anwendungsbereich des Vergaberechts.

[301] Vgl. dazu beispielsweise § 5 Abs. 3 S. 4 TEHG.

[302] Zur Unterscheidung von Erfüllungs- und Ergebnisverantwortung als zentralem Element eines Regulierungs- bzw. Gewährleistungsverwaltungsrechts *Masing*, Regulierungsverwaltungsrecht (Fn. 267), S. 181; *Michael Fehling*, Verwaltung zwischen Unparteilichkeit und Gestaltungsaufgabe, 2001, S. 355 (Fn. 17); *Voßkuhle*, Beteiligung Privater (Fn. 191), S. 311f. S. a. → Bd. I *Schulze-Fielitz* § 12 Rn. 148ff.

durch Gesetz, Verordnung oder Verwaltungsvorschrift[303] – etwa durch gesetzliche Überleitung bestehender hoheitlicher Leistungspflichten auf Beliehene oder gesetzliche Auferlegung öffentlich-rechtlicher Pflichten –, aber auch durch Vereinbarung bestimmter Leistungspflichten in gesetzlich vorstrukturierten Verwaltungsverträgen, durch einen generellen Beleihungsverwaltungsakt oder einen öffentlich-rechtlichen Beleihungsvertrag vorgenommen werden. Angesichts des kontextbezogenen Steuerungsansatzes des Gewährleistungsverwaltungsrechts kann es sich dabei als sinnvoll erweisen, den privaten Akteur in gewissem Umfang in die (genaue) Definition der Leistung einzubeziehen, da er das eigene Leistungsvermögen und das der einschlägigen Branche regelmäßig besser beurteilen kann als die Verwaltung.[304]

86 – Ein besonders sensibler Bereich bei der Ausgestaltung des Privatverfahrensrechts ist der **Schutz der Rechte Dritter.**[305] Dies gilt zunächst für jene Konstellationen, in denen die Verwaltung selbst bei der Kooperation mit privaten Akteuren die Rechte Dritter wahren und eine Externalisierung der „Einigungskosten" vermeiden muss. Dabei dürfen die Anforderungen an den Drittschutz allerdings auch nicht überzogen werden, wenn komplexe(re) Beleihungs- und Verwaltungshelferverträge sinnvoll möglich bleiben sollen.[306] Gefährdungslagen für die Rechte Dritter müssen aber auch in jenen Fällen vermieden werden, in denen private Akteure bei der Erbringung ihres Verfahrensbeitrags Dritten in der Form des Privatrechts gegenübertreten. Da die verfassungsrechtlichen Bindungen hier nicht unmittelbar greifen, muss der verfassungsrechtlich gleichwohl gebotene Schutz der Rechte Dritter durch mittelbare Einwirkung auf die privaten Verfahrensakteure sichergestellt werden. Als Instrumente können neben gesetzlichen Verpflichtungen zur Einhaltung rechtsstaatlicher Verfahrensstandards vor allem Vereinbarungen in Verwaltungsverträgen genutzt werden.[307]

2. Begleitendes Verfahren zweiter Ordnung

87   Als ein weiteres Kernproblem des Privatverfahrensrechts erweist sich die Frage, wie die Einhaltung der einschlägigen Vorgaben und Verpflichtungen bei der Durchführung des Verfahrens durch private Akteure abgesichert werden kann, wenn diese – anders als der Beliehene – nicht in die staatliche Verwaltungsorganisation eingebunden sind und dementsprechend nicht der Staatsauf-

---

[303] Vgl. etwa das nw. „Rahmenkonzept zur Planung von Sonderabfallbeseitigungsanlagen"; Beispiel nach *Hoppe*, Rechtsprobleme bei Standortauswahlverfahren (Fn. 92), S. 256 ff., 261.
[304] Vgl. nur *Voßkuhle*, Beteiligung Privater (Fn. 191), S. 312, mit dem Hinweis auf die Einflüsse des sog. Neuen Steuerungsmodells; dazu → Bd. I *Voßkuhle* § 1 Rn. 53 ff., *Schuppert* § 16 Rn. 117 ff.
[305] Allgemein zur Drittschutzproblematik im Gewährleistungsverwaltungsrecht *Arthur Benz*, Kooperative Verwaltung, 1994, S. 96 ff.; *Veith Mehde*, Vertragliche Absprachen im Baurecht – Rechtliche Perspektiven eines privat-öffentlichen Interessenausgleichs, BauR 2002, S. 876 (880); *Voßkuhle*, Beteiligung Privater (Fn. 191), S. 318 ff. Zum Drittschutz bei informellem Verwaltungshandeln → Bd. II *Fehling* § 38 Rn. 100 ff.
[306] Zur Problematik des § 58 Abs. 1 VwVfG in diesem Zusammenhang und zu den Möglichkeiten, diesem Problem zu begegnen *Heinz J. Bonk*, Fortentwicklung des öffentlich-rechtlichen Vertrags unter besonderer Berücksichtigung des Public Private Partnerships, DVBl 2004, S. 141 ff.; *Heribert Schmitz*, „Die Verträge sollen sicherer werden" – Zur Novellierung der Vorschriften über den öffentlich-rechtlichen Vertrag, DVBl 2005, S. 17 ff.; *Ziekow*, Verankerung (Fn. 18), S. 25 ff.
[307] Zur europarechtlichen Dimension → Rn. 57 ff.

D. Grundzüge eines Privatverfahrensrechts

sicht unterliegen. Unabhängig davon, ob die duale Aufsichtsdogmatik von Staats- und Wirtschaftsaufsicht um eine dritte dogmatische Grundkategorie der **Gewährleistungsaufsicht** ergänzt werden sollte,[308] kann die **nötige Lenkung und Kontrolle** der privaten Verfahrensakteure in der Sache nur erreicht werden, wenn effektive Informations-, Berichts- und Konsultationspflichten, Vorgaben an die Dokumentation, begleitende Kontroll-, Nachschau- und Aufsichtsrechte sowie generell Instrumente vorgesehen werden, die dem Staat die Möglichkeit geben, seiner Beobachtungs- und Nachbesserungspflicht[309] nachzukommen und akuten Fehlentwicklungen frühzeitig zu begegnen. Dazu zählen nicht zuletzt auch Methoden und Maßstäbe der Leistungsmessung, die eine Evaluation privater Verfahrensbeiträge und die Aufdeckung etwaiger Defizite ermöglichen.[310]

Die begleitende Lenkung und Kontrolle muss darüber hinaus dem **strukturellen Problem** Rechnung tragen, dass dem Staat in dem Maße **relevantes Handlungswissen** fehlt, in dem er privates Wissen nutzt. Dieses Wissen ist aber nicht nur erforderlich, um eine ausreichende Regulierung vorzusehen und gegebenenfalls fortzuentwickeln, sondern auch, um übertragene Verfahren oder Verfahrensteile im Falle erheblicher Defizite zurückholen und selbst (wieder) wahrnehmen zu können. Staatliche Rückholoptionen sind nur dann realistisch und effektiv, wenn der Staat sich durch geeignete Informations- und Kommunikationsregeln dauerhaft-begleitend den Zugang zum erforderlichen Wissen schafft und erhält.[311]

88

3. Kontrolle bei der Rezeption der privaten Verfahrensergebnisse

Anders als bei der Aufgabenprivatisierung hat das Privatverfahrensrecht den aus der Perspektive eines Gewährleistungsverwaltungsrechts maßgeblichen Vorteil, dass die Sachentscheidung nach wie vor vom Staat getroffen wird, so dass bei der Rezeption bzw. (Re-)Integration der privaten Verfahrensergebnisse in das noch nicht abgeschlossene Verwaltungsverfahren regelmäßig eine Kontrolle stattfinden kann. Gerade an dieser Stelle schlägt jedoch das skizzierte Grundproblem privatisierter Verfahren oder Verfahrensteile durch:[312] Zwar ist die Behörde an die Ergebnisse des privatisierten Verfahrens formell-rechtlich nicht gebunden. Die weitgehende Übernahme dieser Ergebnisse ist jedoch in

89

---

[308] Für eine solche Neuorientierung – mit teilweise unterschiedlichen Nuancen – *Gunnar Folke Schuppert*, Zur notwendigen Neubestimmung der Staatsaufsicht im verantwortungsteilenden Verwaltungsstaat, in: Schuppert (Hrsg.), Jenseits von Privatisierung (Fn. 7), S. 299 (326 ff.); *Voßkuhle*, Beteiligung Privater (Fn. 191), S. 321 f.

[309] Dazu → Rn. 96.

[310] Bindung und Überwachung der Privaten müssen letztlich einen solchen Grad an Effektivität und Zuverlässigkeit gewährleisten, dass die Einhaltung der rechtlichen Vorgaben nicht im Belieben der privaten Akteure steht; vgl. *Scherzberg*, Gutachten (Fn. 90), S. 384.

[311] *Arthur Benz/Klaus König*, Privatisierung und staatliche Regulierung – eine Zwischenbilanz, in: dies. (Hrsg.), Privatisierung und staatliche Regulierung, 1997, S. 606 (632 ff.); *Voßkuhle*, Beteiligung Privater (Fn. 191), S. 308; *Bernward Wollenschläger*, Effektive staatliche Rückholoptionen bei gesellschaftlicher Schlechterfüllung, 2006. Zur Institutionalisierung kollektiven Lernens durch produktive Wissensverkoppelung: *Wolfgang Hoffmann-Riem*, Ermöglichung von Flexibilität und Innovationsoffenheit im Verwaltungsrecht, in: Hoffmann-Riem/Schmidt-Aßmann (Hrsg.), Innovation, S. 9 (63 ff.); *Martin Eifert*, Regulierte Selbstregulierung und das lernende Verwaltung, DV, Beiheft 4, 2001, S. 137 (142 ff.); *Burkard Wollenschläger*, Wissensgenerierung im Verfahren, 2009.

[312] Zu diesem Kernproblem der Verfahrensprivatisierung und des Privatverfahrens → Rn. 40 f.

§ 32 Privatverfahren

vielen Fällen faktisch alternativlos, wenn die Entlastungswirkung der Verfahrensprivatisierung greifen und die Behörde nicht weite Teile des privatisierten Verfahrens wiederholen soll. Gerade bei Ermessens- und Abwägungsentscheidungen ist die Gefahr einer faktischen Vorfestlegung durch die privaten Verfahrensergebnisse erheblich. Dem damit verbundenen Dilemma kann allein dadurch begegnet werden, dass eine erkennbare Kontrolle im Rezeptionszeitpunkt zwar stattfindet, diese aber auf eine **nachvollziehende Prüfung** und Befassung mit wesentlichen Rahmendaten beschränkt wird. Mögliche Grundbausteine dafür lassen sich benennen:

90 – Durch einzelne Fälle herausgreifende **Stichproben,** wie sie etwa in § 5 Abs. 4 TEHG vorgesehen sind, können private Verfahrensergebnisse auf ihre Einhaltung mit verfahrensbezogenen (Gemeinwohl-)Vorgaben hin überprüft werden. Da Stichproben jedoch im Hinblick auf den Gleichheitssatz Bedenken ausgesetzt sind und auch Gefahr laufen, gegenüber den verfassungsrechtlichen Schutzanforderungen zurückzubleiben, scheinen sie eher für den repressiven als für den präventiven Bereich geeignet.

91 – Das Konzept der **nachvollziehenden Amtsermittlung**[313] eignet sich vor allem dort, wo im Rahmen verfahrensentlastender Eigenbeiträge ein relevanter Sachverhalt aufbereitet werden soll. Da die Einflussmöglichkeiten des primär an der Projektverwirklichung interessierten Vorhabenträgers durch seine Definitionsmacht über das Vorhaben und seine – unter Umständen umfassende – Ermittlungstätigkeit beträchtlich sind, wird die Verwaltung den Anforderungen an eine nachvollziehende Amtsermittlung nur gerecht, wenn sie die Angaben des Antragstellers nicht ungeprüft übernimmt, sondern sie kritisch würdigt, im Falle von Verdachtsmomenten vertieft nachprüft und im Übrigen wenigstens stichprobenartige Kontrollermittlungen vornimmt. Eine reine Plausibilitäts- bzw. Unterlagenprüfung reicht dafür nicht aus.[314]

92 – Problematischer ist das Modell der **nachvollziehenden Abwägung,**[315] das bei verfahrensentlastenden Beiträgen privater Dritter im planerischen Bereich zum Tragen kommt. Die Gefahr, dass der Verfahrensgegenstand durch die Einschaltung privater Akteure beschränkt, die tatsächliche Komplexität einer Planungssituation verkannt und dadurch die Gesamtentwicklung negativ präjudiziert oder berührt wird, ist bei privatisierten Abwägungsvorbereitungen aufgrund der wesentlich anderen Aufgabenstruktur nochmals deutlich höher als bei der privaten Sachverhaltsaufbereitung.[316] Das rechtsstaatlich verankerte Abwägungsgebot fordert nach der gängigen Rechtsprechungsformel, „dass – erstens – eine Abwägung überhaupt stattfindet, dass – zweitens – in die

---

[313] Grdl. *Schneider,* Nachvollziehende Amtsermittlung (Fn. 154); vgl. auch *ders.,* Kooperative Verwaltungsverfahren (Fn. 17), S. 55 f.; *Joachim Schwab,* Die Umweltverträglichkeitsprüfung in der behördlichen Praxis, NVwZ 1997, S. 428 (431); *Jürgen Fluck,* Die Information Betroffener bei der Altlastensanierung nach § 12 BBodSchG, NVwZ 2001, S. 9 ff.; aus der Rechtsprechung nur *BVerfGE* 98, 83 (99); *BVerwGE* 89, 110 (115).

[314] *Schneider,* Nachvollziehende Amtsermittlung (Fn. 154), S. 126 ff.; *ders.,* Kooperative Verwaltungsverfahren (Fn. 17), S. 55.

[315] Dazu – bezogen auf den Vorhaben- und Erschließungsplan – *Schneider,* Kooperative Verwaltungsverfahren (Fn. 17), S. 56 ff.

[316] Die angestrebte (finanzielle und personelle) Entlastung kann Kooperationen in einer Weise nahe legen, die einer kritischen und gemeinwohlbezogenen Nachprüfung zumindest nicht förderlich sind, wenn nicht gar entgegenstehen.

D. Grundzüge eines Privatverfahrensrechts

Abwägung an Belangen eingestellt wird, was nach Lage der Dinge in sie eingestellt werden muss, und dass – drittens – weder die Bedeutung der betroffenen öffentlichen und privaten Belange verkannt noch der Ausgleich zwischen ihnen in einer Weise vorgenommen wird, die zur objektiven Gewichtigkeit einzelner Belange außer Verhältnis steht. Innerhalb des so gezogenen Rahmens wird das Abwägungsgebot jedoch nicht verletzt, „wenn sich die zur Planung ermächtigte Stelle in der Kollision zwischen verschiedenen Belangen für die Bevorzugung des einen und damit notwendig für die Zurückstellung eines anderen entscheidet."[317] Die faktische Vorprägung der Abwägung durch die private Tätigkeit darf diese gestalterische Tätigkeit nicht aushebeln und insbesondere nicht dazu führen, dass die Planungsbehörde in die Rolle der allein auf Rechtmäßigkeitskontrolle beschränkten Verwaltungsgerichtsbarkeit gedrängt wird und die Abwägung zur bloßen Ratifikationsentscheidung verkommt.[318] Letztlich wird nur eine differenzierte gerichtliche Kontrolle dazu führen können, dass die nachvollziehende Abwägung nicht zu einer Leerformel verblasst, sondern im Gegenteil gewichtige Vorwirkungen für die private Tätigkeit entfaltet.

– Ganz allgemein ist – vergleichbaren Berücksichtigungspflichten entsprechend – zu fordern und durch entsprechende **Begründungserfordernisse** zu sichern, dass die rezipierende Behörde die privaten Verfahrensergebnisse nicht nur zur Kenntnis nimmt, sondern sich **erkennbar damit auseinandersetzt.** Nur auf diese Weise lässt sich vor allem bei Entscheidungen, bei denen ein Spielraum besteht, verhindern, dass die ungeprüfte faktische Übernahme privater Verfahrensergebnisse zu Vorfestlegungen führt, die nach außen nicht erkennbar und damit auch nicht kontrollierbar sind. **93**

– In Betracht kommt daneben eine **Überprüfung** privater Verfahrensleistungen **durch private Dritte.** Leistet der Anlagenbetreiber bzw. Vorhabenträger eigene Verfahrensbeiträge, können diese von privaten Dritten auf die Einhaltung bestimmter Vorgaben hin überprüft werden. Hinsichtlich der Qualität der Verfahrensdurchführung kann zudem die Verpflichtung zur Einsetzung eines **Controlling-Systems** in Erwägung gezogen werden. In diesen Zusammenhang ist auch die Fruchtbarmachung privater Eigeninteressen für die Kontrolle von Verfahrensteilen einzuordnen. **Versicherungsmodelle,**[319] die Vorhabenträger zum Abschluss einer Versicherung für bestimmte (Umwelt-)Schäden zwingen, können dazu führen, dass Versicherungsunternehmen aus eigenem Interesse heraus eine genaue(re) Überprüfung etwa von Planungsunterlagen und Folgenabschätzungen vornehmen werden. **94**

Findet eine Rezeption des privaten Verfahrensergebnisses nicht statt, da (auch) die Sachentscheidung nicht von der Verwaltung im formellen Sinne, sondern von Privaten getroffen wird, deren Entscheidung dem Staat zugerechnet und von ihm mit Verbindlichkeit versehen wird, ist eine staatliche Kontrolle des privaten Verfahrens oder Verfahrensteils in diesem Stadium nicht (mehr) mög- **95**

---

[317] BVerwGE 34, 301 (308 f.); E 45, 309 (314); E 48, 56 (63).
[318] *Schneider*, Kooperative Verwaltungsverfahren (Fn. 17), S. 59; zur Gefahr der Beschränkung auf eine bloße Rechtmäßigkeitskontrolle *Koch*, (Verfahrens-)Privatisierung (Fn. 175), S. 187; zur Gefahr, dass die Abwägung zu einer reinen Ratifikationsentscheidung wird, *Rudolf Steinberg*, Statement, in: Hoffmann-Riem/Schneider (Hrsg.), Verfahrensprivatisierung (Fn. 51), S. 116 (120).
[319] *Hoffmann-Riem*, Verfahrensprivatisierung (Fn. 1), S. 228 m. w. N.

lich. In diesem Fall spricht vieles dafür, die Anforderungen an vorbeugende Maßnahmen sowie an Lenkung und Kontrolle des Privatverfahrens höher anzusetzen als bei jenen Privatverfahren, deren Ergebnisse den Filter einer staatlichen Rezeption nehmen müssen.

III. Grenzen der Gewährleistungs- und Auffangverantwortung

96 Auch eine noch so dichte administrative Umhegung des Privatverfahrens wird den Verlust an staatlicher Verfahrensherrschaft nicht vollständig kompensieren können.[320] Ablauf und Ergebnis eines Privatverfahrens werden sich – der Logik der Verfahrensprivatisierung entsprechend – stets signifikant von jenen eines behördlichen Verfahrens unterscheiden. Daher wird im Hinblick auf die Implementation von Gemeinwohlbelangen trotz Setzung eines rechtlichen Rahmens die Verantwortung des Staates fortbestehen.[321] Im Falle akuten Versagens der privaten Verfahrensakteure[322] muss sich der Staat ein **Rückhol- bzw. Selbsteintrittsrecht** vorbehalten oder konkrete Weisungen erteilen können. Da eine vollumfängliche Überprüfung durch die Behörde das Anliegen der Verfahrensprivatisierung ad absurdum führen würde, kann die Gewährleistungsverantwortung jedoch nicht als parallel bestehende Erfüllungsverantwortung gedacht werden. Die Erfüllungsverantwortung mutiert insoweit zu einer **Auffangverantwortung,** die auch bei Verfahrensprivatisierungen die an den Gesetzgeber und die Verwaltung gerichteten Untermaß- und Rückschrittsverbote umschreibt.[323] Um diese Verantwortung effektiv wahrnehmen zu können, müssen Beobachtungs-, Kontroll- und Nachbesserungspflichten vorgesehen, rechtliche Zugriffsmöglichkeiten aufrecht erhalten und das erforderliche rechtstatsächliche Basiswissen bereitgehalten werden.[324] Damit ist nicht nur die Behörde im Einzelfall gemeint, die sich diese Möglichkeiten ihrerseits weitgehend – etwa durch entsprechenden Beleihungsakt oder Verwaltungsvertrag – sichern muss. Auch der Gesetzgeber ist aufgerufen, auf strukturelle Defizite in Privatverfahren zu achten und nötigenfalls korrigierend einzugreifen.

III. Flankierende Konzepte

1. Privatisierung des Gemeinwohls durch gesellschaftliche Kontrolle privater Verfahren

97 Jenseits der staatlichen Auffangverantwortung steht die Einbindung Dritter oder der Öffentlichkeit in die Kontrolle und Überwachung von Verfahrensergebnissen. Dies gilt insbesondere für die Einbeziehung von Dritten in die Über-

---

[320] *Hoffmann-Riem*, Verfahrensprivatisierung (Fn. 1), S. 232.
[321] In der Sache handelt es sich bei der fortbestehenden staatlichen Gewährleistungs- und Auffangverantwortung um eine heuristische Umschreibung der an Gesetzgeber und Verwaltung im Falle einer (Verfahrens-)Privatisierung gerichteten Untermaß- und Rückschrittsverbote; vgl. *Scherzberg*, Gutachter (Fn. 90), S. 384.
[322] Anschaulich ist in diesen Fällen auch von „gesellschaftlicher Schlechterfüllung" die Rede; vgl. *Voßkuhle*, Beteiligung Privater (Fn. 191), S. 308 unter Berufung auf *Eberhard Schmidt-Aßmann* sowie *Wollenschläger*, Rückholoptionen, (Fn. 311).
[323] Vgl. *Hoffmann-Riem*, Verfahrensprivatisierung (Fn. 1), S. 232; *Scherzberg*, Gutachter (Fn. 90), S. 384.
[324] *Gramm*, Privatisierung (Fn. 44), S. 345 f.; *Scherzberg*, Gutachter (Fn. 90), S. 384.

wachung, etwa durch Gewährung von Informationszugangsrechten. Darüber hinaus könnten gesellschaftlichen Akteuren des Dritten Sektors stärkere Verfahrensrechte bei Privatverfahren eingeräumt werden. Eine solche **Privatisierung des Gemeinwohls,** die mit der europarechtlich forcierten Mobilisierung des Einzelnen und der Gesellschaft zur Durchsetzung europäischer Gemeinwohlziele[325] konform geht, kann zur Kompensation[326] von staatlichen Steuerungsverlusten herangezogen werden. Wie weit die staatliche Auffangverantwortung insofern materiell privatisiert werden kann, ist allerdings fraglich. Dem Rückzug aus der staatlichen Letztverantwortung dürften enge Grenzen gesetzt sein. Daher wird die Einbindung von Privaten zur Kontrolle der Kontrolleure oder sonstigen privaten Akteure **im Bereich des Verfahrensrechts nur ergänzenden Charakter** haben können.

2. Haftungs- und versicherungsrechtliche Strategien

Geht man davon aus, dass die Privatisierung von Verfahrensrecht auf die Qualität der Sachentscheidung zurückwirkt, da sie in jedem Fall eine (Teil-)Privatisierung des materiellen Rechtsvollzugs mit sich bringt,[327] steigt das Bedürfnis nach Kompensation der erschwerten oder unterbliebenen öffentlich-rechtlichen Steuerung durch privatrechtliche Instrumente insbesondere in Form von haftungs- und versicherungsrechtlichen Lösungen.[328] Ein entsprechender Rückgriff liegt vor allem in jenen Bereichen nahe, in denen die staatliche Gewährleistung strukturell oder im Einzelfall versagt oder zu versagen droht. Mit Blick auf das Haftungsrecht sind sowohl das Recht der öffentlichen Ersatzleistungen[329] als auch das private Haftungsrecht angesprochen. Dass sich dabei Überschneidungen und Abgrenzungsschwierigkeiten ergeben, ist unausweichlich. Als Haftungsschuldner kommen sowohl die Behörde als auch der Vorhabenträger und private Dritte in Betracht. Die sich daraus ergebenden möglichen Haftungs- und Regressbeziehungen sind vielfältig.

Probleme beim Rückgriff auf das Haftungsrecht dürften vor allem darin liegen, dass Verfahrensfehler im Regelfall nicht zu einem unmittelbaren Schaden führen. Der eigentliche Schaden wird regelmäßig erst durch die materielle Entscheidung der Behörde entstehen, gegen die der Rechtsweg offen steht. Zeigt sich im Nachhinein, dass die behördliche Genehmigung rechtswidrig war, weil ein privater Gutachter Fehler gemacht hat, wird Anknüpfungspunkt für die Haftung durchweg die Genehmigung sein. Erst wenn mit der Einschaltung des Privaten zugleich ein staatlicher Entscheidungsverzicht vorgesehen ist, kann haf-

---

[325] Näher dazu → Bd. I *Masing* § 7 Rn. 91 ff.; *Matthias Ruffert,* Subjektive Rechte im Umweltrecht der EG, 1996, S. 292 ff.; *Claus D. Claasen,* Der Einzelne als Instrument zur Durchsetzung des Gemeinschaftsrechts?, VerwArch, Bd. 88 (1997), S. 645 ff.; *Johannes Masing,* Die Mobilisierung des Bürgers für die Durchsetzung des Rechts, 1997, S. 19 ff., 175 ff.

[326] Vgl. dazu *Christian Calliess,* Die umweltrechtliche Verbandsklage nach der Novellierung des Bundesnaturschutzgesetzes – Tendenzen zu einer „Privatisierung des Gemeinwohls" im Verwaltungsrecht?, NJW 2003, S. 97, vgl. auch: *v. Danwitz,* Aarhus-Konvention (Fn. 215), S. 274.

[327] Vgl. → Rn. 7, 40, 48 ff.

[328] Bericht der Expertenkommission zur Vereinfachung und Beschleunigung (Fn. 27), Tz. 239 ff.; *Eberhard Bohne,* Versicherungsmodelle zur Investitionsbeschleunigung und zum Abbau von Vollzugsdefiziten im Anlagenzulassungsrecht, DVBl 1994, S. 195 ff.

[329] Vgl. → Bd. III *Höfling* § 51, *Morlok* § 52.

§ 32 Privatverfahren

tungsrechtlicher Anknüpfungspunkt die Tätigkeit des Privaten sein. In diesem Fall stellt sich die Frage nach dem **Haftungsregime**. Wird der Private – etwa als Beliehener – hoheitlich tätig, ist er Beamter im haftungsrechtlichen Sinn.[330] Im Bereich der schlichten Verwaltungshilfe[331] wird man nach der organisatorischen Einbindung des Privaten fragen müssen. Wird der Private – beispielsweise als Immissionsschutzbeauftragter – lediglich in Dienst genommen, um im Allgemeininteresse eigene Aufgaben wahrzunehmen, bleibt als Haftungsregime nur das Privatrecht.

IV. Fehlerfolgen und Rechtsschutz

100 Der **Rechtsschutz Dritter gegen Fehler im Privatverfahren** dürfte, sofern am Ende des Verfahrens eine behördliche Sachentscheidung steht, **im Wesentlichen** dem **Rechtsschutz gegen behördliche Verfahrenshandlungen** entsprechen. Auch wenn beispielsweise § 44a VwGO keine direkte Anwendung findet, wird man den darin enthaltenen Rechtsgedanken berücksichtigen müssen. Soll der Dritte durch die Privatisierung zwar nicht schlechter, aber auch nicht besser stehen als ohne sie, kann es ihm de lege lata nicht zugestanden werden, Verfahrenshandlungen eines privaten Verfahrensakteurs isoliert anzufechten. Für die Fehlerrelevanz von Verfahrensfehlern des privaten Verfahrensakteurs gelten die §§ 45, 46 VwVfG, wobei sich die Behörde Fehler des Privaten zurechnen lassen muss. Auch Fehler in der Vorbereitung von Abwägungsentscheidungen, insbesondere die fehlerhafte Zusammenstellung des Abwägungsmaterials, muss sich die Behörde zurechnen lassen, so dass ihre Behandlung der üblichen Fehlerfolgenlehre entspricht.[332] Sofern diese allerdings durch die neueren Entwicklungen im europäischen und internationalen (umweltbezogenen) Recht Änderungen unterworfen ist, die im Zuge der Aarhus-Konvention in der Möglichkeit einer gerichtlichen Kassation aufgrund von Verfahrensfehlern liegen können, wird dies auch für die gerichtliche Sanktion von Verfahrensverstößen im Privatverfahren gelten und das Konzept der §§ 44a VwGO und 46 VwVfG entsprechend öffnen.[333]

101 Verzichtet die Behörde aufgrund eines Privatverfahrens (teilweise) auch auf eine Sachentscheidung etwa in vereinfachten Genehmigungsverfahren, ist Rechtsschutz im Wege der Verpflichtungsklage (oder im Wege eines Antrags nach § 123 VwGO) mit dem Ziel zu suchen, die Behörde zu verpflichten, gegen den Vorhabenträger repressiv tätig zu werden. Da es nach herkömmlicher Auffassung grundsätzlich keinen subjektiv-öffentlichen Anspruch auf Einhaltung des richtigen Verfahrens gibt,[334] wird ein Betroffener gerichtlich nur Erfolg haben, wenn das Vorhaben selbst materiell rechtswidrig ist und ihn in seinen Rechten verletzt. Auf das Privatverfahren kommt es insoweit nicht an. Der Rechtsgedanke des § 44a VwGO schlägt de lege lata auch hier durch.

---

[330] Zur Stellung des Privaten im privatisierten Verfahren → Rn. 74 f.
[331] Dazu → Bd. II *Hermes* § 39 Rn. 114.
[332] Zur Problematik *Hoppe*, Rechtsprobleme bei Standortauswahlverfahren (Fn. 92), S. 259 ff.; allgemein zum Umgang mit Verfahrensfehlern → Bd. II *Sachs* § 31 Rn. 24 ff.
[333] Vgl. dazu → Rn. 57.
[334] Vgl. nur *Seidel*, Bauordnungsrechtliche Verfahrensprivatisierung (Fn. 169), S. 141.

E. Mediation im Umfeld von Verwaltungsverfahren

Der Funktionswandel der Verwaltung im kooperativen Staat hat den Einsatz von Mediation in oder im Umfeld von Verwaltungsverfahren zu einem relevanten Thema mit erheblicher Konjunktur werden lassen.[335] Während Mediation zunächst vor allem als Alternative zu staatlicher Konfliktlösung entwickelt und ausgebaut wurde, wird sie in wachsendem Maße auch als ein Element von Staatlichkeit begriffen und konzipiert.[336] Sind Mediationsverfahren informale Verfahren zur konsensualen Konfliktbewältigung unter der prozeduralen Leitung eines Verfahrens- oder Konfliktmittlers (Mediators) als neutraler dritter Person, liegt der Gedanke nahe, die damit verbundenen Vorteile auch in geeignete verwaltungsverfahrensrechtliche Konstellationen einzubringen.[337] Je nach Erscheinungsform kann sich ein **Mediator** darauf beschränken, den Ablauf des Verfahrens beim Aushandeln zwischen den Beteiligten und Betroffenen zu organisieren, zu sichern und gegebenenfalls zu moderieren **(Verfahrensmittler)**, er kann aber auch aktiv in die Problemlösung eingeschaltet werden, Lösungsvorschläge erarbeiten, deren Durchsetzbarkeit abklären und insgesamt auf einen Konsens hinwirken **(Konfliktmittler)**.[338] In beiden Fällen ist Herr des Mediationsverfahrens der Mediator, der den Verfahrensablauf ordnet und den Verfah-

102

---

[335] Grdl. zur Mediation *Roger Fisher/William Ury/Bruce Patton*, Getting to Yes. Negotiating Agreement without giving in, 1981; dt.: *Fisher/Ury/Patton*, Das Harvard-Konzept – Sachgerecht verhandeln, erfolgreich verhandeln, 23. Aufl. 2009; *Stephan Breidenbach*, Mediation – Struktur, Chancen und Risiken von Vermittlung im Konflikt, 1995. Zur Mediation im Öffentlichen Recht *Wolfgang Hoffmann-Riem*, Konfliktmittler in Verwaltungsverhandlungen, 1989; *Wolfgang Hoffmann-Riem/Eberhard Schmidt-Aßmann* (Hrsg.), Konfliktbewältigung durch Verhandlungen, Bd. I und II, 1990; *Bernd Holznagel*, Konfliktlösung durch Verhandlungen, 1990; vgl. aus neuerer Zeit nur *Mathias Hellriegel*, Mediation im Umweltrecht, 2002; *Pitschas*, Mediation (Fn. 2), S. 396 ff.; *Ines Härtel*, Mediation im Verwaltungsrecht, JZ 2005, S. 753 ff.; *Ulrike Rüssel*, Mediation in komplexen Verwaltungsverfahren, 2004; *dies.*, Mediationsverfahren im öffentlichen Bereich, JA 2006, S. 470 ff.; *Helge Rossen-Stadtfeld*, Die verhandelnde Verwaltung – Bedingungen, Funktionen, Perspektiven, VerwArch, Bd. 97 (2006), S. 23 ff.; *Karsten-Michael Ortloff*, Europäische Streitkultur und Mediation im deutschen Verwaltungsrecht, NVwZ 2007, S. 33 ff.; *Albert v. Mutius*, Verwaltungsmediation, SchlHA 2007, S. 122 ff.; *Hermann Pünder*, Mediation in Verwaltungsverfahren, in: Erichsen/Ehlers (Hrsg.), VerwR, § 16; *Jan M. v. Bargen*, Mediation in Verwaltungssachen, in: Michael Quaas/Rüdiger Zuck (Hrsg.), Prozesse in Verwaltungssachen, 2. Aufl. 2011, § 10; *Annette Guckelberger*, Einheitliches Mediationsgesetz auch für verwaltungsrechtliche Konflikte, NVwZ 2011, S. 390 ff., sowie die Beiträge in *Rainer Pitschas/Harald Walther*, Mediation im Verwaltungsverfahren und Verwaltungsprozess, 2008 und *Jong Hyun Seok/Jan Ziekow* (Hrsg.), Mediation als Methode und Instrument der Konfliktmittlung im öffentlichen Sektor, 2010.

[336] Besonders anschaulich zeigt sich dies in der Rede vom „Mediationsstaat" (*Katharina Gräfin v. Schlieffen*, Der Mediationsstaat, in: Dieter Gosewinkel/Gunnar Folke Schuppert [Hrsg.], Politische Kultur im Wandel von Staatlichkeit, 2008, S. 181 ff.) oder vom „Regieren mit Mediation" (*Anna Geis*, Regieren mit Mediation, 2005); allgemein zu dieser Fortentwicklung des Mediationskonzepts *Jan Ziekow*, Mediation im Kontext gewandelter Staatlichkeit, in: Seok/Ziekow (Hrsg.), Mediation als Methode (Fn. 335), S. 19 ff. und *Rainer Pitschas*, Mediation als kollaborative Governance, DÖV 2011, S. 333 ff.

[337] Das Bundesverfassungsgericht geht ganz allgemein davon aus, dass es auch in einem Rechtsstaat grundsätzlich vorzugswürdig ist, eine zunächst streitige Problemlage durch eine einverständliche Lösung zu bewältigen, statt sie von vornherein einer richterlichen Streitentscheidung zuzuführen; vgl. BVerfG, NJW-RR 2007, S. 1073 (1074).

[338] *Hoffmann-Riem*, Konfliktmittler (Fn. 335), S. 20 f.; *ders.*, Verwaltungsverfahren (Fn. 234), S. 57; *Benz*, Kooperative Verwaltung (Fn. 305), S. 328 f.; *Schneider*, Kooperative Verwaltungsverfahren (Fn. 17), S. 45.

rensstil bestimmt, jedoch **keine Entscheidungsbefugnisse** hat, sondern sich der zum Mediationsprinzip verselbständigten Eigenverantwortlichkeit der Parteien unterordnet.[339] Damit unterscheidet sich Mediation nicht nur von gerichtlichen Entscheidungs-, sondern auch von anderen entscheidungsbezogenen außergerichtlichen Streitlösungsmodellen (Schiedsrichter, Schlichter).

103 In der Sache steht Mediation für eine Methode der informalen Streitbeilegung, die im Rahmen streitiger Verhandlungen über einen Entscheidungsgegenstand durch einen neutralen Helfer angewendet wird, der seine Tätigkeit als Dienstleistung begreift und ausübt.[340] Grundlage der Mediation ist ein Interessenclearing der Beteiligten durch Verhandeln. Der Mediator unterstützt als neutraler Dritter die streitenden Parteien darin, ihre tatsächlichen oder vermeintlichen Interessengegensätze eigenständig zu einer einvernehmlichen Lösung zu führen. Ziel des Mediators ist nicht die Entscheidung des Streitfalls anstelle der Kontrahenten, sondern die Hilfe zu einer eigenverantwortlichen Konsensfindung über den streitigen Sachverhalt. Maßgebende Orientierungspunkte sind eine angemessene Interessenberücksichtigung, die Rationalisierung der Alternativenwahl sowie die Vorbereitung von Akzeptanz.

103a Obwohl Mediation als Methode der Konfliktmittlung nahezu flächendeckend eingesetzt werden und über alle Rechtsbereiche hinweg sowohl außergerichtlich und gerichtsnah als auch gerichtsintern Anwendung finden kann,[341] weist Mediation im Öffentlichen Recht und insbesondere auch in und im Umfeld von Verwaltungsverfahren Besonderheiten auf, denen es Rechnung zu tragen gilt. Zu diesen Spezifika zählen mit der im Öffentlichen Recht stets virulenten Gemeinwohl- und Gesetzesbindung sowie der grundsätzlichen Entscheidungsverantwortung der Verwaltung auch die Notwendigkeit, ein einmal gefundenes Mediationsergebnis gegebenenfalls rechtmäßig und rechtsförmig in ein Verwaltungsverfahren und eine nachfolgende Verwaltungsentscheidung zu überführen.[342] Hinzu kommt, dass Mediationen in öffentlich-rechtlichen (Groß-)Verfahren mit gesteigertem Öffentlichkeitsbedürfnis einem gegenüber den traditionellen Mediationsverfahren

---

[339] *Christian Duve,* Mediation und Vergleich im Prozess, 1999, S. 135, 144 ff.; *Helmut Gaßner u.a.,* Mediation – Verhandlungen als Mittel der Konsensfindung bei Umweltstreitigkeiten, 1992, S. 23; *Wolfgang Hoffmann-Riem,* Reform des Allgemeinen Verwaltungsrechts als Aufgabe, AöR, Bd. 115 (1990), S. 400 (434); *Dieter Kostka,* Öffentliches Konfliktmanagement, DV, Bd. 16 (1993), S. 87 (99 f.); *Schneider,* Kooperative Verwaltungsverfahren (Fn. 17), S. 38 (44); *Härtel,* Mediation (Fn. 335), S. 755.

[340] Nach der – im Hinblick auf die Vertraulichkeit (dazu unten → Rn. 116, 128a) – etwas engeren Formulierung in § 1 Abs. 1 S. 1 MediationsG handelt es sich bei Mediation um ein vertrauliches und strukturiertes Verfahren, bei dem Parteien mit Hilfe eines oder mehrerer Mediatoren freiwillig und eigenverantwortlich eine einvernehmliche Beilegung ihres Konflikts anstreben. Vgl. zu ähnlichen Definitionen der Mediation nur *Pitschas,* Mediation (Fn. 2), S. 396; *Fritjof Haft,* in: ders./Katharina Gräfin v. Schlieffen (Hrsg.), Handbuch Mediation, 2. Aufl. 2009, § 2 Rn. 1, 11; allgemein zur alternativen Streitbeilegung im Verwaltungsrecht *Christoph A. Stumpf,* Alternative Streitbeilegung im Verwaltungsrecht, 2006.

[341] Während die außergerichtliche Mediation dadurch gekennzeichnet ist, dass sie unabhängig von einem Gerichtsverfahren stattfindet, wird die Formel von der gerichtsnahen Mediation auf Konfliktmittlungen bezogen, die während eines Gerichtsverfahrens, aber außerhalb des Gerichts erfolgen. Für die gerichtsinterne Mediation ist charakteristisch, dass sie während eines Gerichtsverfahrens, aber von einem nicht entscheidungsbefugten Richter durchgeführt wird. Vor allem die gerichtsinterne Mediation ist umstritten und ein maßgebender Grund für die Probleme des Mediationsgesetzes im Gesetzgebungsverfahren gewesen.

[342] Näher dazu → Rn. 139 ff.

E. Mediation im Umfeld von Verwaltungsverfahren

dimensional erhöhten Beteiligten- bzw. Teilnehmerkreis ausgesetzt sein können, die einzelne klassische Elemente der Mediation wie die Vertraulichkeit der Interessenabklärung erschweren. Das deutsche Mediationsgesetz,[343] das im Unterschied zu zahlreichen anderen Ländern grundsätzlich alle Konflikte gleichermaßen erfasst, bildet diese Besonderheiten der Mediation im Öffentlichen Recht bislang nur bedingt ab.[344]

I. Mediation als Privatverfahren

Werden private Verfahrens- und Konfliktmittler in Verwaltungsverfahren eingeschaltet,[345] erweist sich Mediation als **Sonderfall des Privatverfahrensrechts**.[346] Auf der einen Seite stellt sich Mediation als ein Instrument dar, die bisherige Rolle des Staates im Verfahren zurückzunehmen und stattdessen verstärkt auf Konfliktlösungsansätze der Beteiligten zu vertrauen. Die damit verbundene Einschaltung eines neutralen Dritten führt regelmäßig zu einer **faktischen Verantwortungsentlastung des Staates,** die umso größer ausfällt, je stärker die Position des Mediators als aktiver, nicht nur das Verfahren, sondern auch den inhaltlichen Kompromiss mittragender Konfliktmittler ausgestaltet ist.[347] Auf der anderen Seite muss der im Wege der Mediation gefundene **Kompromiss** anschließend **von der Verwaltung umgesetzt und verantwortet** werden. Wird die Rolle des Mediators auf die eines Konfliktmittlers ohne Entscheidungsmacht beschränkt, der insbesondere die Letztentscheidungsbefugnis der Verwaltung nicht antastet, ist die behördliche Entscheidungsverantwortung zwar formal nicht gefährdet. Je nach Umfang des Mediationsverfahrens, Anzahl der Beteiligten, Stellung des Mediators und Struktur des gefundenen Kompromisses können die damit verbundenen faktischen Vorprägungen aber erheblich sein. Auch der Einsatz von Mediation in oder im Umfeld von Verwaltungsverfahren führt damit zu der für Verfahrensprivatisierungen und Privatverfahren eigentümlichen Problematik, inwieweit sich die Verantwortung des Staates für seine eigene Entscheidung verändert und verändern darf, wenn er die verfahrensmäßige Vorbereitung und Vorprägung der Entscheidung teilweise auf private Akteure überträgt.[348]

104

---

[343] Dazu → Rn. 109 a.
[344] Vgl. zur Kritik nur *Guckelberger*, Einheitliches Mediationsgesetz (Fn. 335), S. 390 ff. sowie unten → Rn. 120 a, 132. Für spezifische Regelungen der Mediation im Verwaltungsrecht plädieren *Schulze-Fielitz*, Konfliktmittler (Fn. 243), S. 65 f.; *Markus Kaltenborn*, Streitvermeidung und Streitbeilegung, 2007, S. 187; *Friederike E. Deutzmann*, Umweltmediation, in: André Niedostadek (Hrsg.), Praxishandbuch Mediation, 2010, S. 73 (98); *Thorsten Siegel*, Mediation in Planungsverfahren, in: Seok/Pitschas (Hrsg.), Mediation als Methode (Fn. 335), S. 300; *Annette Guckelberger*, Mediation im Umweltrecht, in: Seok/Pitschas (Hrsg.), Mediation als Methode (Fn. 335), S. 269.
[345] Mit einer gewissen zeitlichen Verzögerung vor allem im Vergleich zu den USA hat sich auch in Deutschland ein einheitlich(er)es Berufsbild mit speziellem Anforderungsprofil und Qualifizierungsverfahren herausgebildet.
[346] *Hoffmann-Riem*, Verwaltungsverfahren (Fn. 234), S. 57. Zur Mediation als Erscheinungsform informellen Verwaltungshandelns → Bd. II *Fehling* § 38 Rn. 30 ff.
[347] *Wolfgang Hoffmann-Riem*, Verhandlungslösungen und Mittlereinsatz im Bereich der Verwaltung: Eine vergleichende Einführung, in: Hoffmann-Riem/Schmidt-Aßmann (Hrsg.), Konfliktbewältigung, Bd. I (Fn. 335), S. 13 (35); *Schuppert*, Verwaltungswissenschaft, S. 377 f.
[348] Zur profilbildenden Grundproblematik von Verfahrensprivatisierung und Privatverfahren → Rn. 8.

105 Während die meisten Erscheinungsformen der Verfahrensprivatisierung auf die (größere) Flexibilität des Einsatzes Privater und dementsprechend schlankere Prüfungen abzielen,[349] gilt die Mediation im Rahmen von Verwaltungsverfahren allerdings regelmäßig einer möglichst **komplexen Interessenberücksichtigung** in **multipolaren und mehrdimensionalen Interessenkonflikten**. Die Einschaltung privater Mediatoren verfolgt vorrangig das Ziel, die Chancen aller Beteiligten und Betroffenen zu erhöhen, sich in den Prozess der wechselseitigen Interessenklärung einbringen zu können. Auf diese Weise sollen das im Ansatz bilaterale Verhältnis von Behörde und Vorhabenträger frühzeitig für eine umfassendere, Verfahrensfairness und Verfahrensgerechtigkeit dienende Interessenberücksichtigung geöffnet sowie verfahrensimmanente Macht- und Wissensasymmetrien abgebaut werden.[350] Auf dieser Grundlage zielt Mediation in und im Umfeld von Verwaltungsverfahren auf eine tendenziell umfassend angelegte Konfliktbewältigung vor allem in jenen Bereichen, in denen traditionelle Verwaltungsverfahren – nicht zuletzt im Umgang mit umweltrelevanten Bauvorhaben und lokal umstrittenen Projekten wie Bahnhöfen, Flughäfen, Müllverbrennungsanlagen etc. – angesichts hoher Komplexität und großem Konfliktpotential an die Grenze der Überforderung geraten.[351]

II. Mediation als regulierte Selbstregulierung

106 Mit dem Anliegen, staatliche Verfahrensverantwortung teilweise zu privatisieren und den Staat faktisch zu entlasten, ordnet sich das Mediationskonzept in die neueren Formen der Kooperation von öffentlichem und privatem Sektor ein. Von **Mediation als regulierter Selbstregulierung** von Konflikten lässt sich insofern sprechen, als Bürger und Verwaltung gemeinsam die Regeln für das Mediationsverfahren festlegen,[352] um einen „positiven, konstruktiven und dialogischen Umgang mit Konflikten und Interessenlagen"[353] zu ermöglichen. Damit geht eine Stärkung jener rechtlichen Tendenzen einher, die „dem Bürger mehr Verantwortung für die Lösung der eigenen Konflikte zuspricht, die Erarbeitung von Lösungen im Dialog unterstützt und damit gleichzeitig hoheitliches Handeln auf jene Felder konzentriert, wo es unverzichtbar leistungsfähig ist".[354] Zugleich ist aber unverkennbar, dass der Einsatz von Mediation im Umfeld von Verwaltungsverfahren vorrangig der „staatlichen Funktionsanreicherung"[355]

---

[349] Vgl. oben → Rn. 37.

[350] *Schneider*, Kooperative Verwaltungsverfahren (Fn. 17), S. 44.

[351] Vgl. zu den Mediationsverfahren bei der Erweiterung des Flughafens Frankfurt a.M. sowie zum Flughafen Berlin Brandenburg International nur *Lars Schäfer*, Mediation im öffentlichen Bereich braucht gesetzliche Regeln, NVwZ 2006, S. 39ff.; s.a. *Viola Bölscher*, Die Flughafenerweiterung Frankfurt im Spannungsfeld zwischen politischer Mediation und Verwaltungsverfahren, 2005, www.iberconsult.com/public_documents/Frankfurt-Mediation.pdf; *dies.*, Die Flughafenerweiterung Frankfurt/M., ZKM 2006, S. 116ff.; zur nacheilenden Schlichtung beim Großprojekt „Stuttgart 21" nur *Jörg Eisele*, Öffentliche Streitbeilegung – Zwischen Mediation, Schlichtung, Moderation und Schaulaufen der Akteure, ZRP 2011, S. 113ff.

[352] Vgl. nur *Pitschas*, Mediation (Fn. 2), S. 398; *Härtel*, Mediation (Fn. 335), S. 754 je m.w.N.

[353] *Hertha Däubler-Gmelin*, in: Fritjof Haft/Katharina Gräfin v. Schlieffen (Hrsg.), Handbuch Mediation, 2002, S.X.

[354] *Hertha Däubler-Gmelin*, in: Haft/Schlieffen (Hrsg.), Mediation (Fn. 353), S. X; *Pitschas*, Mediation (Fn. 2), S. 398.

[355] *Pitschas*, Mediation (Fn. 2), S. 398, bezogen auf die Einführung der Gerichtsmediation.

dient. Anders als in anderen Bereichen der Mediation geht es in der Sache nicht um die Schaffung eigenständiger gesellschaftlich-privater Angebote der Konfliktlösung unter völliger Herauslösung wirksamer Streitbeilegung aus dem hoheitlichen Bereich staatlicher Verfahren.[356] Stattdessen handelt es sich um eine weitere Form der arbeitsteiligen und kooperativen Aufgabenerledigung[357], mit der die Verwaltung ihre Rolle bei der Erbringung öffentlicher Dienstleistungen zugleich neu definiert. Auch bei Mediationen im Umfeld von Verwaltungsverfahren[358] ist daher das Erklärungsmodell der regulierten Selbstregulierung[359] geeigneter als jenes der (reinen) gesellschaftlichen Selbstregulierung.

III. Mediation als Konfliktmittlung im Umfeld von Verwaltungsverfahren

Die „begrenzte Konjunktur",[360] die Mediation im Umfeld von Verwaltungsverfahren hat, hängt mit den Vorteilen der Verfahrens- und Konfliktmittlung zusammen, die weit über ein bloßes Mittel zur Pazifizierung von Protest hinausgehen können. Wirkt Mediation als ernsthafter Versuch eines Interessenausgleichs, können die damit verbundenen Chancen für das Verwaltungsverfahren beträchtlich sein:[361]

107

- Anders als in einem stark hierarchisch strukturierten Verwaltungsverfahren können Informations- und Kommunikationsdefizite, unterschiedliche Sichtweisen und divergierendes Fachwissen in einem vergleichsweise **offenen Dialog** besser ausgeglichen und die damit verbundenen Unklarheiten, Missverständnisse und Fehlinterpretationen leichter vermieden werden. Die Offenlegung einschlägiger Informationen, Positionen und Interessen unter Verzicht auf strategisches Handeln kann insgesamt dazu beitragen, die Diskussion zu versachlichen.
- Ordnet sich Mediation in die neuen Formen der kooperativen Aufgabenerledigung zwischen öffentlichem und privatem Sektor ein, kann sie der veränderten Rollenverteilung im Verwaltungsverfahren Rechnung tragen, den **Bürger** in die Entscheidungsvorbereitung **einbeziehen** und nicht selten innovative(re) Lösungen aufzeigen.
- Ist Mediation ansatzbedingt darauf angelegt, in einem offenen Verfahren unter organisierter Berücksichtigung aller betroffenen Gruppen den gesamten Konflikt beizulegen, kann sie – als ein Qualitätskriterium für eine „gute" Verwal-

---

[356] Auf dieser Grundlage findet sich der Einsatz neutraler Konfliktmittler vor allem zur Bewältigung familien-, arbeits- und wirtschaftsrechtlicher Auseinandersetzungen sowie im Rahmen von Miet-, Nachbar- und Verbraucherstreitigkeiten; vgl. zusammenfassend *Hermann Pünder*, Kooperation statt Konfrontation – Möglichkeiten und Grenzen der Mediation bei Planfeststellungsverfahren, DV, Bd. 38 (2005), S. 1 (5).
[357] → Bd. I *Schulze-Fielitz* § 12 Rn. 64 ff.
[358] Vgl. allgemein für Verfahrensprivatisierungen bereits oben → Rn. 2.
[359] → Bd. I *Eifert* § 19 Rn. 52 ff.
[360] *Wolfgang Hoffmann-Riem*, Reform des Allgemeinen Verwaltungsrechts: Vorüberlegungen, DVBl 1994, S. 1381 (1388).
[361] Vgl. zusammenfassend nur *Härtel*, Mediation (Fn. 335), S. 756 f.; *Pünder*, Mediation (Fn. 335), § 16 Rn. 1 ff., 8 ff. je m. w. N.

tung³⁶² – die **gesellschaftliche Akzeptanz behördlicher Entscheidungen fördern** und **Vollzugsdefizite mindern.**³⁶³
– Zahlreiche Indizien sprechen dafür, dass Mediationsverfahren – sofern sie nicht scheitern – zu einem **zeit- und kosteneffizienteren Abschluss** von Verwaltungsverfahren beitragen können. Zwar kostet auch Mediation Zeit, Geld und Personal. Zudem kann sie einer effizienten behördlichen Entscheidung mitunter entgegenwirken. Zu den gesicherten Erträgen der ökonomischen Analyse des Rechts zählt jedoch, dass auf der Seite der Transaktionskosten regelmäßig auch der mit der Rechtsdurchsetzung verbundene Aufwand in Rechnung gestellt werden muss.³⁶⁴ Der Einsatz der Mediation dient dem Ziel, diese Transaktionskosten möglichst niedrig zu halten.³⁶⁵
– Eine im Mediationsverfahren gefundene Lösung **entlastet** schließlich, sofern sie umgesetzt wird, regelmäßig nicht nur die Verwaltung und die beteiligten Bürger, sondern in dem Maße auch die **Verwaltungsgerichte,** in dem eine frühzeitige Rechtmäßigkeitskontrolle stattfindet und gerichtlich zu entscheidende Rechtsstreitigkeiten vermieden werden.

1. Einsatzfelder und Regelung der Mediation im Umfeld von Verwaltungsverfahren

108 Trotz erkennbarer Vorteile hat sich Mediation im deutschen Öffentlichen Recht erst allmählich und zunächst vor allem dort etabliert, wo bei der Standortsuche für lokal unerwünschte Nutzungen mit komplexen und umstrittenen Interessenlagen umgegangen werden muss.³⁶⁶ Mittlerweile ist Mediation auch im Öffentlichen Recht jedoch nahezu durchgängig präsent, wenn es um die Auflösung oder Vorbeugung von Konflikten außerhalb richterlicher Streitentscheidung geht. Als Methode zur kooperativen Öffnung der Verwaltung gegenüber der Gesellschaft sowie als Instrument einer Verfahrensbeschleunigung und Akzeptanzsicherung wird Mediation bislang schwerpunktmäßig im Umwelt- und Planungsrecht eingesetzt,³⁶⁷ wenn beispielsweise die Errichtung von Mülldeponien, Konflikte um Abfallwirtschaftskonzepte, die Erweiterung eines Flughafens oder andere Verkehrsprojekte und die damit verbundenen Trassenführungen in Rede stehen. Neben Genehmigungs-, Planfeststellungs- und Bauplanungsverfahren findet sich der Einsatz von Mediatoren aber auch bei Gemeindegebiets- oder Regionalreformen, im Sozialverwaltungsrecht, bei Konkurrentenstreitigkeiten im

---

[362] Zum Recht auf gute Verwaltung s. → Bd. II *Schmidt-Aßmann* § 27 Rn. 29 f.
[363] Zur Akzeptanz vgl. a. → Bd. II *Pitschas* § 42 Rn. 201 ff.
[364] Dazu nur *Pünder*, Mediation (Fn. 335), § 16 Rn. 8. S. a. → Bd. II *Sacksofsky* § 40 Rn. 40.
[365] Selbst für den Fall eines Scheiterns der Mediation können die Transaktionskosten vom Vorhabenträger in aller Regel besser beurteilt werden als zuvor.
[366] Die maßgeblichen Referenzfälle betreffen Trassenführungen, die Standortplanung von Abfallentsorgungsanlagen, Flughafenplanungen sowie die Verwirklichung ähnlicher partiell unerwünschter Projekte.
[367] *Thorsten Siegel*, Mediation in der luftverkehrsrechtlichen Planfeststellung, NuR 2002, S. 79 ff.; *ders.*, in: Jan Ziekow (Hrsg.), Flughafenplanung, Planfeststellungsverfahren, Anforderungen an die Planungsentscheidung, 2002, S. 77 (92 ff.); *ders.*, Mediation in Planungsverfahren (Fn. 344), S. 283 ff.; *Volkmar Wagner/Matthias Engelhardt*, Mediation im Umwelt- und Planungsrecht als Alternative zur behördlichen oder gerichtlichen Streitentscheidung, NVwZ 2001, S. 370 ff.; *Christian Neuert*, Umweltmediation. Möglichkeiten und Grenzen, 2001; *Guckelberger*, Mediation im Umweltrecht (Fn. 344), S. 235 ff.

E. Mediation im Umfeld von Verwaltungsverfahren

öffentlichen Wirtschaftsrecht, im Schulrecht, im Gesundheitsrecht bei der Krankenhausplanung, im Telekommunikationsrecht, unter Berücksichtigung des versammlungsrechtlichen Kooperationsprinzips auch im Vorfeld von Demonstrationen sowie nicht zuletzt bei der exekutiven Normsetzung.[368] Auch bei verwaltungsinternen Konflikten etwa in Stadtverwaltungen oder Universitäten kann Mediation in Form von In-House-Mediationen zur Anwendung kommen.[369] Insgesamt scheint das **Anwendungsfeld für Mediation im Umfeld von Verwaltungsverfahren** dort sinnvoll eröffnet, wo Auseinandersetzungen über Entscheidungen von höherer Komplexität und/oder mit größerem Konfliktpotential vorliegen, Verhandlungsanreize sowie Spielräume für Kompromisse bestehen, die im Sinne einer win-win-Situation von allen Beteiligten zumindest teilweise als Erfolg verbucht werden können.[370] Weniger geeignet sind Mediationsverfahren im Rahmen von Standardverfahren, für die sie in aller Regel zu aufwendig sind. Auch bei grundlegenden Wertkonflikten, bei denen ein Kompromiss von vornherein ausgeschlossen scheint, können die Vorteile der Mediation regelmäßig nicht greifen. Nur ausnahmsweise können die Schwierigkeiten einer Konsenssuche in diesen Fällen die Dringlichkeit einer Lösung betonen und damit den Handlungsdruck erhöhen.

109 Lange Zeit war Mediation nur vereinzelt gesetzlich geregelt.[371] Die weitestgehende allgemeine Regelung war in **§ 89 UGB-KomE** enthalten. Im Verfahren zur Vorbereitung der Vorhabengenehmigung war dort vorgesehen, dass durch Ausgleich zwischen den beteiligten Interessen eine einvernehmliche Lösung angestrebt werden sollte. Dabei sollte die Genehmigungsbehörde die Durchführung einzelner Abschnitte des Verfahrens – insbesondere den Erörterungstermin – „einem Verfahrensmittler, einer anderen Behörde oder einer anderen Stelle übertragen" können. Der vorgesehene Verfahrensmittler musste in seiner Tätigkeit unabhängig und durfte an Weisungen nicht gebunden sein. Weniger detailliert bestimmt § 124 TKG, dass die Bundesnetzagentur „in geeigneten Fällen zur Beilegung telekommunikationsrechtlicher Streitigkeiten den Parteien einen einvernehmlichen Einigungsversuch vor einer Gütestelle (Mediationsverfahren) vorschlagen" kann.

109a Mit dem Mediationsgesetz (MediationsG) wird Mediation in Deutschland erstmals allgemein gesetzlich geregelt.[372] Während die europäische Mediations-

---

[368] Näher zu den verschiedenen Einsatzfeldern *Pünder*, Kooperation (Fn. 356), S. 12 f.; *Joachim v. Bargen*, Außergerichtliche Streitschlichtungsverfahren (Mediation) auf verwaltungsrechtlichem Gebiet in rechtsvergleichender Perspektive, EuR 2008, S. 200 (204).
[369] *v. Bargen*, Außergerichtliche Streitschlichtungsverfahren (Fn. 368), S. 204.
[370] *Pünder*, Mediation (Fn. 335), § 16 Rn. 4; zu den zugrundeliegenden spieltheoretischen Erwägungen nur *Benz*, Kooperative Verwaltung (Fn. 305), S. 83 ff.; *Breidenbach*, Mediation (Fn. 335), S. 69 ff.
[371] Nach § 5 S. 4 UVPG können private Dritte bereits vor Eintritt in das förmliche Verwaltungsverfahren Gegenstand, Umfang und Methoden der UVP erörtern. Auch die gesamte Durchführung der UVP kann Mediatoren übertragen werden. § 4b BauGB sieht vor, dass Gemeinden insbes. zur Beschleunigung des Bauleitplanverfahrens Vorbereitung und Durchführung einzelner Verfahrensschritte (Beteiligung der Bürger und der Träger öffentlicher Belange) einem Dritten übertragen können. Nach § 13 Abs. 3 und 4 BBodSchG besteht die Möglichkeit, bei der Vorbereitung und Abstimmung von Sanierungsplan und Sanierungsvertrag zur Erzielung des nötigen Interessenausgleichs einen Mediator einzusetzen. Als Grundlage für die Einbeziehung eines Mediators kann darüber hinaus § 2 S. 3 Nr. 5 der 9. BImSchV gelesen werden.
[372] Vgl. BTDrucks 17/5335, 17/5496, 17/8058 und 17/8680. Zum Entwurf des deutschen Mediationsgesetzes nur *Reinhard Greger*, Die Reglementierung der Selbstregulierung. Zum Referenten-

richtlinie,³⁷³ deren Umsetzung das Mediationsgesetz unter anderem dient, allein die grenzüberschreitende Mediation in Zivil- und Handelssachen betrifft, erfasst das deutsche Mediationsgesetz grundsätzlich alle Mediationen unabhängig von ihrem grenzüberschreitenden Charakter.³⁷⁴ In der Sache hat sich der Gesetzgeber im Mediationsgesetz jedoch weitgehende Zurückhaltung auferlegt. Die Regelungen betreffen in erster Linie einige grundlegende Verhaltenspflichten und Aufgaben der Mediatorinnen und Mediatoren, einige Tätigkeitsbeschränkungen sowie eine (allgemeine) Aus- und Fortbildungsverpflichtung.³⁷⁵ Entfallen ist die in früheren Entwürfen vorgesehene Möglichkeit der Vollstreckbarerklärung von Mediationsvereinbarungen. Angesichts der Problematik einer solchen Möglichkeit, das Mediationsergebnis in einem Vollstreckungstitel zu verfestigen, gerade im Bereich des Öffentlichen Rechts, stellt dieser Verzicht im Ergebnis keinen Verlust dar. Denn anders als im Zivilrecht, in dem die Mediationsvereinbarung regelmäßig einen Vertrag darstellen wird, muss das in oder im Umfeld eines Verwaltungsverfahrens entstandene Mediationsergebnis unter Wahrung der Verfahrensverantwortung der Verwaltung in das (weitere) Verwaltungsverfahren und die an seinem Ende stehende Verwaltungsentscheidung überführt werden.³⁷⁶ Die Möglichkeit einer Vollstreckbarerklärung wäre damit nur schwerlich vereinbar.

2. Voraussetzungen des Mediationskonzepts

110 Angesichts des erheblichen Aufwands eines Mediationsverfahrens lässt sich dessen Durchführung grundsätzlich nur rechtfertigen, wenn Verhandlungsanreize und Spielräume für Kompromisse bestehen. Im Übrigen beruht das Konzept der Mediation auf einer Reihe von Voraussetzungen, die sich kurz gefasst auch als **Grundsätze des Mediationsverfahrens** formulieren lassen:

---

wurf eines Mediationsgesetzes, ZRP 2010, S. 209 ff.; *Guckelberger*, Einheitliches Mediationsgesetz (Fn. 335), S. 390 ff. jeweils m. w. N.

³⁷³ Richtlinie 2008/52/EG über bestimmte Aspekte der Mediation bei grenzüberschreitenden Streitigkeiten für Zivil- und Handelssachen, ABl. EU 2008, Nr. L 136, S. 3 ff.; näher zur europäischen Mediationsrichtlinie nur *Horst Eidenmüller/Matthias Prause*, Die europäische Mediationsrichtlinie – Perspektiven für eine gesetzliche Regelung der Mediation in Deutschland, NJW 2008, S. 2737 ff. m. w. N.

³⁷⁴ Während die Einbeziehung der außergerichtlichen und der gerichtsnahen Mediation unproblematisch war, ist die Erfassung auch der gerichtsinternen Mediation durch das Mediationsgesetz im Gesetzgebungsverfahren heftig umstritten gewesen und hat zur Anrufung des Vermittlungsausschusses geführt (vgl. BRDrucks 10/12, BTDrucks 17/8680). Vgl. allgemein zur gerichtsinternen Mediation nur *Jan M. v. Bargen*, Gerichtsinterne Mediation: Eine Kernaufgabe der rechtsprechenden Gewalt, 2008; *ders.*, Mediation in Verwaltungssachen (Fn. 335); *Wolf-Rüdiger Schenke*, Mediation und verwaltungsgerichtliches Verfahren, in: Seok/Ziekow (Hrsg.), Mediation als Methode (Fn. 335), S. 155 ff. sowie zahlr. Beiträge in *Pitschas/Walther*, Mediation im Verwaltungsverfahren und Verwaltungsprozess (Fn. 335).

³⁷⁵ BTDrucks 17/5335, S. 11. Neben einer Präzisierung der Begriffe Mediation und Mediator (§ 1 MediationsG) werden das Verfahren und die Aufgaben des Mediators (§ 2 MediationsG) rudimentär gefasst. Hinzu kommen Offenbarungspflichten und Tätigkeitsbeschränkungen (§ 3 MediationsG) sowie insbesondere eine Verschwiegenheitspflicht des Mediators (§ 4 MediationsG). Aus- und Fortbildung werden der eigenen Verantwortung des Mediators überlassen (§ 5 MediationsG). Die Bezeichnung als zertifizierter Mediator wird vom Abschluss einer Ausbildung abhängig gemacht, die den in einer spezifischen Rechtsverordnung zu regelnden Anforderungen entspricht (§ 5 Abs. 2 und 3, § 6 MediationsG).

³⁷⁶ Dazu unten → Rn. 139 ff.; vgl. auch *Guckelberger*, Einheitliches Mediationsgesetz (Fn. 335), S. 393 f.

- Grundvoraussetzung einer erfolgreichen Mediation in und im Umfeld von Verwaltungsverfahren ist die **Einbeziehung aller betroffenen Gruppen.** Nur wenn alle Interessen im Mediationsverfahren personell präsent sind, wird das gefundene Ergebnis auf Akzeptanz stoßen und zugleich verhindert werden können, dass Außenstehende die Entscheidung gerichtlich angreifen. Auch wenn der Teilnehmerkreis im Interesse einer effektiven gemeinsamen Konsenssuche nicht ausufern darf, müssen alle relevanten Gruppen beteiligt werden. 111
- Weitere Grundlage und Anwendungsvoraussetzung der Mediation als Instrument der Konfliktlösung ist die absolute **Freiwilligkeit der Teilnahme.** Sie ist unabdingbar, wenn die Kontrahenten mit dem Ziel einer konsensualen Konfliktbewältigung gemeinsam an der Konfliktlösung arbeiten und zu einem einvernehmlichen Ergebnis gelangen sollen. 112
- Von grundlegender Bedeutung für die Konfliktvermeidung ist eine **möglichst frühzeitige Einbeziehung** des **Mittlers,** um eine Verhärtung der Positionen nach Möglichkeit zu vermeiden. Gerade bei umstrittenen Planungsverfahren für Großprojekte kann es sinnvoll sein, ein Mediationsverfahren bereits vor Beginn, jedenfalls aber frühzeitig während des Verwaltungsverfahrens durchzuführen. Der günstigste Augenblick lässt sich jedoch nicht pauschal, sondern nur mit Blick auf den Einzelfall bestimmen.[377] 113
- Als Grundsatz der Mediation ebenso unverzichtbar ist die **Allparteilichkeit** des Mediators. Ist Ziel der Mediation, die Streitparteien zur Kooperation zu bewegen, muss der Mediator alle Beteiligten gleichermaßen unterstützen und sämtlichen Kontrahenten die gleiche Achtung und Wertschätzung entgegenbringen. Daher sieht § 2 Abs. 3 MediationsG vor, dass der Mediator allen Parteien gegenüber gleichermaßen verpflichtet ist, deren Kommunikation zu fördern sowie ihre angemessene und faire Einbindung in die Mediation zu gewährleisten hat. Gesellschaftliche Machtverhältnisse, wie sie in unterschiedlicher Sozialkompetenz, Verhandlungserfahrung und Artikulationsfähigkeit zum Ausdruck kommen können, sollen sich möglichst wenig im Aushandlungsprozess abbilden.[378] Dies erfordert regelmäßig eine hohe Professionalität des Mediators, der in den einschlägigen Verhandlungstechniken geschult sein sollte. 114
- Mit dem Grundsatz der Allparteilichkeit eng verbunden ist die unbedingte Verpflichtung des Mediators zu **Unabhängigkeit** und **Neutralität,** die ein möglichst objektives und faires Verfahren gewährleisten soll.[379] Aufgabe des 115

---

[377] Zum günstigsten Zeitpunkt für den Beginn der Mediation *Duve,* Mediation (Fn. 339), S. 379 ff.; *Hoffmann-Riem,* Konfliktmittler (Fn. 335), S. 49 ff.; *Holznagel,* Konfliktlösung (Fn. 335), S. 198 ff.; *Eberhard Schmidt-Aßmann,* Konfliktmittlung in der Dogmatik des deutschen Verwaltungsrechts, in: Hoffmann-Riem/Schmidt-Aßmann (Hrsg.), Konfliktbewältigung, Bd. II (Fn. 335), S. 9 (21); *Schulze-Fielitz,* Konfliktmittler (Fn. 243), S. 62 f., 74. Zur Frage, ob die Mediation bei Planfeststellungsverfahren bereits in den Erörterungstermin integriert werden sollte *Pünder,* Mediation (Fn. 335), § 16 Rn. 7; allgemein zur Mediation im Rahmen von Planfeststellungsverfahren *ders.,* Kooperation (Fn. 356), S. 1 ff.
[378] Mit besonderem Nachdruck *Hoffmann-Riem,* Reform (Fn. 339), S. 400 (434 f.); *Pünder,* Mediation (Fn. 335), § 16 Rn. 6. § 2 Abs. 4 MediationsG sieht vor diesem Hintergrund vor, dass Dritte – zu denen auch Rechtsanwälte oder sonstige Parteivertreter zählen – nur mit Zustimmung aller Parteien in die Mediation einbezogen werden, vgl. BRDrucks 60/11, S. 21.
[379] Nach § 3 MediationsG hat der Mediator den Parteien alle Umstände offen zu legen, die seine Unabhängigkeit und Neutralität beeinträchtigen können. Näher zum Problem der Neutralität, die

Mediators ist es nicht, Konflikte auf der Grundlage von Werturteilen oder Ratschlägen zu entscheiden, sondern das Verfahren im Konsens mit den verhandelnden Parteien zu strukturieren und auf dieser Grundlage eine kooperative Konfliktlösung anzustreben. In und im Umfeld von Verwaltungsverfahren ist damit die Frage aufgeworfen, ob nicht Verwaltungsbeamte aufgrund ihrer Ausbildung, Laufbahn und Lebenszeitanstellung über die erforderliche Unabhängigkeit verfügen und zur Mediation geradezu prädestiniert sind. Dabei wird jedoch verkannt, dass Behörden, auch wenn sie zur neutralen Aufgabenwahrnehmung verpflichtet sind, regelmäßig bestimmte wirtschafts-, infrastruktur- und arbeitspolitische oder auch städtebauliche Interessen verfolgen (können) und daher gerade von kritischen Gruppen nicht (immer) als neutral empfunden werden. Hinzu kommt, dass einer der anerkannten Vorteile der Mediation, nämlich dem Konfliktmittler keine Entscheidungsbefugnisse zukommen zu lassen, so dass ihm die Beteiligten regelmäßig offener begegnen können, beim Einsatz von Verwaltungsbeamten aufgegeben würde.[380]

116 – Sollen die Beteiligten im Rahmen der Mediation ihre eigentlichen und konfligierenden Belange und Interessen sowie die hierfür wesentlichen Informationen offen legen, um einen etwaigen gemeinsamen Interessenskern herauszuarbeiten, wird als weitere Grundvoraussetzung schließlich die **Vertraulichkeit** des Mediators hervorgehoben. Zur Absicherung der Vertraulichkeit sieht auch § 4 MediationsG eine allgemeine Verschwiegenheitspflicht des Mediators vor, die durch ein Zeugnisverweigerungsrecht ergänzt wird.[381] Allerdings kann sich in öffentlich-rechtlichen Großverfahren ein Zielkonflikt zwischen der Vertraulichkeit der Mediation und dem Bedürfnis nach Offenheit und Transparenz des Verfahrens ergeben. Um dem gesteigerten Öffentlichkeits- und Informationsbedürfnis in diesen Verfahren Rechnung zu tragen, muss der Vertraulichkeitsgrad der Mediation letztlich an der jeweiligen Materie ausgerichtet werden.[382] Da das Mediationsgesetz diesen unterschiedlichen Anforderungen nicht ausreichend Rechnung trägt, liegen spezifische Regelungen im Verwaltungsverfahrensrecht nahe.

3. Zeitpunkt der Mediation und Verfahrensablauf

117   In der Sache zählen Meditionen in und im Umfeld von Verwaltungsverfahren zum Bereich der außergerichtlichen Mediation.[383] Was die zeitliche Stufung anbetrifft, kann Mediation je nach Sachbereich und konkretem Fall vor der Einlei-

---

von Kritikern des Neutralitätskonzepts (nicht zuletzt mit Verweis auf die Dynamik von Verhandlungsprozessen und das dadurch entstehende persönliche Näheverhältnis der Teilnehmer) bezweifelt wird, *Schneider,* Kooperative Verwaltungsverfahren (Fn. 17), S. 60 f.; *Peter Tochtermann,* Die Unabhängigkeit und Unparteilichkeit des Mediators, 2008, jeweils m. w. N.

[380] Zu diesen Argumenten *Pünder,* Mediation (Fn. 335), § 16 Rn. 6. Zur Unvereinbarkeit eines behördlichen Mediators mit der Mediation in der Bauleitplanung nach § 4b BauGB *Battis,* Mediation in der Bauleitplanung (Fn. 91), S. 344 m. w. N.

[381] Vgl. § 4 MediationsG i. V. m. § 383 Abs. 1 Nr. 6 ZPO, § 98 VwGO; s. zur Begründung auch BTDrucks 17/5335, S. 11.

[382] *Jochen F. Bader,* Gerichtsinterne Mediation am Verwaltungsgericht, 2009, S. 277; *Guckelberger,* Einheitliches Mediationsgesetz (Fn. 335), S. 393.

[383] Vgl. zur Unterscheidung der außergerichtlichen von der gerichtsnahen und der gerichtsinternen Mediation oben → Rn. 103a mit Fn. 341.

E. Mediation im Umfeld von Verwaltungsverfahren

tung des (eigentlichen) Verwaltungsverfahrens **(vorlaufende Mediation)**, parallel zum Verfahren oder einzelnen Verfahrensteilen **(mitlaufende Mediation)** oder unabhängig von einem konkreten, jedoch mit potentiellem Bezug zu einem künftigen Verwaltungsverfahren eingesetzt werden **(selbstlaufende Mediation)**.[384] Die verfahrensrechtlichen Regelungen für Großprojekte sehen regelmäßig eine Bürgerbeteiligung vor, die für Elemente der Schlichtung, Mediation und Moderation offen ist.[385] Im Vorlauf oder parallel zur Planungsphase kann jederzeit eine Mediation zur Klärung des Sachverhalts oder Förderung der Planung durchgeführt werden, wenn dies von den Beteiligten gewollt ist.[386] Wie das Großprojekt „Stuttgart 21" zeigt, können mediative Elemente auch zu einem vergleichsweise späten Zeitpunkt eingesetzt werden **(nachlaufende Mediation)**, um auch in dieser Phase noch nachfolgende Akzeptanz zu schaffen und gerichtliche Auseinandersetzungen zu vermeiden bzw. zu reduzieren.[387] Die Vorteile der Mediation, die gerade bei Großprojekten in einem frühzeitigen strukturierten Konfliktlösungsansatz liegen, können dabei aber – nicht zuletzt angesichts regelmäßig weitgehend verfestigter Positionen – nur begrenzt zum Tragen kommen. Eine Sonderstellung nehmen Tendenzen ein, das Widerspruchsverfahren in ein obligatorisches, die Verwaltungsgerichte entlastendes **mediatives Vorverfahren** umzugestalten.[388]

Im Idealfall läuft das **Mediationsverfahren** in drei **Phasen** ab, die sich jedoch ihrerseits regelmäßig aus mehreren Unterphasen zusammensetzen:[389]

— Die **Vorverhandlungsphase** ist durch die Initiierung des Mediationsverfahrens, die Identifikation der betroffenen Interessen und Rechtspositionen, die Auswahl der Verhandlungsteilnehmer, die Festlegung des Verhandlungsrahmens, des Zeitrahmens, der Finanzierung sowie durch die Entwicklung von Verfahrensregeln geprägt. Dabei empfiehlt sich in der Regel – auch wenn dies anders als beim Planfeststellungsverfahren gesetzlich nicht gefordert sein sollte – ein früher Termin für die gemeinsame Erörterung, in dessen Verlauf nicht zuletzt (Rechts-)Positionen und Interessen unterschieden werden.[390] Denn bevor die wechselseitige Interessenlage nicht umfassend geklärt ist, bewegt sich die anschließende Diskussion von Lösungsalternativen auf unsicherem Boden.

— Die **Verhandlungsphase** setzt sich zunächst aus der gemeinsamen Sachverhaltsermittlung und -aufbereitung sowie der Entwicklung und Abwägung

---

[384] *Härtel*, Mediation (Fn. 326), S. 755.
[385] Vgl. nur § 5 S. 4 UVPG; näher dazu *Bernd Holznagel/Ulrich Ramsauer*, Mediation im Verwaltungsrecht, in: Haft/Schlieffen (Hrsg.), Handbuch Mediation (Fn. 340), § 28 Rn. 51 ff.
[386] *Holznagel/Ramsauer*, Mediation im Verwaltungsrecht (Fn. 385), § 28 Rn. 51 ff.; *Eisele*, Öffentliche Streitbeilegung (Fn. 351), S. 116.
[387] *Eisele* (Öffentliche Streitbeilegung [Fn. 351], S. 113) weist zu Recht darauf hin, dass es sich beim außergerichtlichen Streitbeilegungsverfahren zum Großprojekt „Stuttgart 21" angesichts der fehlenden Mediationsphasen nicht um eine klassische Form der Mediation, sondern um ein Streitschlichtungsverfahren handelt, bei dem auch Elemente der Mediation und Moderation eingesetzt werden.
[388] *Reinald Maaß*, Mediation in immissionsschutzrechtlichen Widerspruchsverfahren?, VerwArch, Bd. 88 (1997), S. 701 ff.; *Stefan Vetter*, Mediation und Vorverfahren, 2004, S. 131 ff.; *Härtel*, Mediation (Fn. 335), S. 755.
[389] Je nach Gewichtung und Ordnung werden teilweise bis zu zwölf Phasen unterschieden. Vgl. für die einzelnen Phasen nur *Holznagel*, Konfliktlösung (Fn. 335), S. 119 ff.; *Schneider*, Kooperative Verwaltungsverfahren (Fn. 17), S. 45; *Pünder*, Kooperation (Fn. 356), S. 9 f.
[390] Zur Unterscheidung von Positionen und Interessen nur *Pünder*, Kooperation (Fn. 356), S. 9 f.; *ders.*, Mediation (Fn. 335), § 16 Rn. 5.

von (Lösungs-)Alternativen zusammen. Um das Potential der Mediation auszuschöpfen und die Vielfalt möglicher Lösungswege nicht von vornherein zu beschneiden, gilt es die verschiedenen Varianten zunächst unverbindlich zu sammeln, bevor sie einer Bewertung zugeführt werden. Auf dieser Grundlage können dann Kompromisspakete einschließlich etwaiger Minderungsmaßnahmen und Kompensationen geschnürt werden. Abgeschlossen wird die Verhandlungsphase regelmäßig durch die Unterzeichnung einer schriftlichen Verhandlungsübereinkunft und der Ratifikation durch die vertretenen Gruppen sowie geeigneten Abwicklungsvereinbarungen mit Blick auf Zeitplan, Sicherheiten und eventuelle Neuverhandlungsklauseln. Unter den dafür vorgesehenen (engen) Voraussetzungen kann das Mediationsergebnis auch in einem öffentlich-rechtlichen Vertrag festgehalten und damit einer rechtlichen Bindung unterworfen werden.[391]

120 – Da der Erfolg der Mediation davon abhängt, dass die gemeinsam gefundene Lösung von den rechtlich und politisch Verantwortlichen gehalten und von den nicht teilnehmenden Angehörigen der Interessengruppen akzeptiert wird, ist eine eingehende Erläuterungs- und Vermittlungstätigkeit unerlässlich. Wesentliche Teile der **Umsetzungsphase** sind daneben die Überführung der Übereinkunft in das Entscheidungsverfahren, die Überwachung der Umsetzung sowie gegebenenfalls Neuverhandlungen.

120a – Zur Umsetzungsphase zählen würde auch die Möglichkeit, die Durchsetzung der Mediationsergebnisse durch eine **Vollstreckbarerklärung der Mediationsvereinbarung** zu erleichtern, wie sie im Gesetzgebungsverfahren zum Erlass des Mediationsgesetzes zunächst vorgesehen und kontrovers diskutiert worden war.[392] Eine solche Möglichkeit wäre mit Blick auf die Förderung der Mediation insofern konsequent, als sie einen Anreiz für Mediationen schaffen würde, an deren Ende ein verbindliches und durchsetzbares Ergebnis steht. Lenkt man den Blick aber auf die Letztverantwortung der gesetzes- und gemeinwohlgebundenen Verwaltung für die Verwaltungsentscheidung, wäre eine Vollstreckbarerklärung der Mediationsvereinbarung im Öffentlichen Recht problematisch.[393] Denn im Unterschied zum Zivilrecht besteht im Öffentlichen Recht regelmäßig ein Spannungsfeld zwischen der Entscheidungsverantwortung der gesetzesgebundenen Behörde[394] und einer Vollstreckbarerklärung der Mediationsvereinbarung, die ansatzbedingt eine starre und vollstreckbare Vorabbindung der Verwaltung nach sich zieht. Dieses Spannungsverhältnis könnte grundsätzlich nur dahingehend aufgelöst werden, dass an eine etwaige Vorabbindung durch Vollstreckbarerklärung strenge Anforderungen gestellt würden. Sollte die Vereinbarung eines verbindlichen und vollstreckbaren Mediationsergebnisses zu einer zulässigen vorgelagerten Ver-

---

[391] Siehe zu den Möglichkeiten einer vertraglichen Festlegung des Mediationsergebnisses und den (engen) Voraussetzungen hierfür → Rn. 140.
[392] Vgl. BTDrucks 17/5335 mit den dort noch vorgesehenen Änderungen in §§ 167, 168 VwGO. Zur Problematik einer solchen Vollstreckbarerklärung gerade im Öffentlichen Recht bereits oben → Rn. 109a.
[393] Teilweise wird daher auch vertreten, dass „die bei einem außergerichtlichen Mediationsverfahren getroffenen Vereinbarungen mit einem verwaltungsrechtlichen Hintergrund in aller Regel als Vollstreckungstitel aus[scheiden]"; vgl. *Guckelberger*, Einheitliches Mediationsgesetz (Fn. 335), S. 393.
[394] *Pitschas*, Mediation als kollaborative Governance, DÖV 2011, S. 333 (334ff.).

waltungsentscheidung führen, müsste gewährleistet sein, dass die zuständige Behörde handelt, keine formellen und materiellen Anforderungen (etwa im Hinblick auf die Beteiligung Dritter oder die Abwägung) umgangen werden und ein rechtfertigender Grund für die Vorabbindung besteht.[395] Nur auf diese Weise könnte eine für vollstreckbar erklärte Mediationsvereinbarung in die gesetzlich vorgesehenen Handlungsabläufe des Verwaltungsrechts eingefügt werden, ohne den vorausgesetzten Handlungs- und Verantwortungszusammenhang auszuhebeln. Angesichts dieser spezifischen Anforderungen dürfte eine durch eine Vollstreckbarerklärung rechtlich verfestigte und vollstreckbare Vorabbindung im Verwaltungsrecht nur in einem vergleichsweise weit vorangeschrittenen Verfahrensstadium überhaupt in Betracht kommen.[396] In jedem Fall müssten die spezifisch öffentlich-rechtlichen Folgeprobleme einer etwaigen Vollstreckbarerklärung der Mediationsvereinbarung ausreichend bedacht werden.[397]

4. Strukturelle Differenz von Verwaltungsmediation und privater Konfliktmittlung

Der entscheidende und vielfach hervorgehobene strukturelle Unterschied zwischen Mediation im Umfeld von Verwaltungsverfahren und Konfliktmittlung im privaten Sektor[398] liegt darin, dass die Verwaltung nach Maßgabe ihrer **Gemeinwohlbindung** zu entscheiden hat. Diese Bindung ist sowohl im Zuge des Aushandlungsprozesses als auch vor allem bei der Umsetzung des Mediationsergebnisses virulent. Der im Mediationsverfahren ausgehandelte Kompromiss kann – anders als im privaten Sektor – nicht unmittelbar wirksam werden, sondern bedarf der Einführung in die gesetzlich vorgesehenen Verwaltungsverfahren. Die Autonomie der Verwaltung reicht aber nicht aus, dem ausgehandelten Kompromiss per se einen Vorrang einzuräumen.[399] Letztentscheidungsver-

121

---

[395] Ein solcher rechtfertigender Grund könnte z.B. in einem besonderen Beschleunigungsinteresse, in der Lösung eines auf andere Weise nicht zu befriedigenden Konfliktes oder in der Vermeidung langwieriger Rechtsstreitigkeiten liegen.

[396] Entscheidend wäre stets, dass sich die Verwaltung durch eine Vollstreckbarerklärung nicht vorschnell, sondern erst dann bindet, wenn zuvor alles ermittelt, bewertet, geprüft und abgewogen wurde, was gesetzlich gefordert ist.

[397] Würde die Vollstreckbarerklärung von Mediationsvereinbarungen im öffentlichen Recht – und sei es unter engen Voraussetzungen – für zulässig erachtet, wären damit zahlreiche Folgefragen aufgeworfen: Welche Rechtsnatur hätte die Erklärung der Verwaltung, die der Vollstreckbarerklärung durch das Verwaltungsgericht vorausgeht? Wäre die Vollstreckbarkeit der Mediationsvereinbarung mit der Vollstreckbarkeit zivilrechtlicher Urkunden (vollends) vergleichbar? Könnte die Verwaltung eine solche Erklärung wieder rückgängig machen? Könnte sie das durch einen nachfolgenden Verwaltungsakt tun und hätte sie hierfür die Befugnis? Wie verhielte sich ein nachfolgender, vom Mediationsergebnis abweichender Verwaltungsakt zu einer für vollstreckbar erklärten Mediationsvereinbarung? Wäre die Erklärung der Verwaltung anfechtbar bzw. unterläge sie analog den Regeln über Willenserklärungen? Wäre die Erklärung – vergleichbar einer Prozesshandlung – lediglich eine Verfahrenshandlung? Gäbe es, um gegen die Erklärung vorzugehen, Rechtsbehelfe bzw. müssten solche erst geschaffen werden?

[398] Zusammenfassend *Pitschas,* Mediation (Fn. 2), S. 399; *Härtel,* Mediation (Fn. 335), S. 757.

[399] Aus der Strukturdifferenz zwischen Verwaltungsmediation und Mediation im Privatsektor wird daher teilweise der Schluss gezogen, dass im Verwaltungsverfahren aus demokratisch-rechtsstaatlichen Gründen allenfalls ‚mediative Elemente' in der Verfahrensgestaltung zum Zuge kommen könnten, nicht aber Mediation im eigentlichen Sinne; vgl. *Pitschas,* Mediation (Fn. 2), S. 399 und 403.

antwortung und Gesetzesbindung der Verwaltung führen vielmehr dazu, dass die **ausgehandelten Konfliktlösungen** unter dem **Vorbehalt ihrer Vereinbarkeit mit dem materiellen und dem Verfahrensrecht** stehen. Mediationsvereinbarungen über eine Vorabbindung der Behörde sind unwirksam, soweit sie gegen Rechtsnormen verstoßen. Auch aus dem Grundsatz des Vertrauensschutzes oder dem Gedanken der Selbstbindung der Verwaltung lässt sich keine entsprechende Bindung der Mediationsergebnisse herleiten. Gleichwohl liegt auf der Hand, dass ein nach beträchtlichem Aufwand gefundenes Mediationsergebnis nicht nur auf rechtliche Verfestigung drängt,[400] sondern unabhängig davon auch eine erhebliche faktische Vorprägung mit sich bringt. Wie generell bei der Privatisierung von Verfahrensteilen drängt sich damit die Frage auf, wie stark die faktischen Vorprägungen sind und ob die rechtlich vorgesehene Prüfungs-, Entscheidungs- und Abwägungsherrschaft nicht über Gebühr eingeschränkt wird.[401] Das Mediationsgesetz, das nicht zwischen privater Konfliktmittlung und Mediation im Umfeld von Verwaltungsverfahren differenziert, trägt dieser Problematik nicht ausreichend Rechnung. Um die Besonderheiten der Mediation im Öffentlichen Recht zu erfassen,[402] legen sich bereichsspezifische Regelungen im Verwaltungsverfahrensrecht nahe.[403]

IV. Vereinbarkeit von Verwaltungsrecht und Mediation

122 Die frühzeitig geführte Diskussion um Konfliktmittler in Verwaltungsverhandlungen hat gezeigt, dass modernes **Verwaltungsrecht** und **Einsatz von Mediation prinzipiell** miteinander **vereinbar** sind, sofern der Dritte zu dem Zweck eingeschaltet wird, ein Verhandlungsergebnis vorbereiten zu helfen, die Letztverantwortung der zuständigen Behörde aber nicht angetastet wird. Überschreitet Mediation diese Grenze, läuft sie Gefahr, Strukturen und Grundprinzipien des Verwaltungsrechts zuwiderzulaufen.

1. Grundsätzliche Zulässigkeit einvernehmlicher Lösungen

123 Die grundsätzliche Zulässigkeit mittlergestützter Aushandlungsprozesse lässt sich heute nicht mehr ernsthaft bezweifeln. Sie konnte und kann auf jene **rechtlichen Regelungen** gestützt werden, die – vom Verwaltungsvertragsrecht über die Einigungsmöglichkeit im Planfeststellungsverfahren[404] bis hin zur Zweckmäßigkeit als Verfahrensgrundsatz – die **Möglichkeit einer einvernehmlichen**

---

[400] Zu den Möglichkeiten und (engen) Voraussetzungen einer vertraglichen Bindung → Rn. 140; zur Möglichkeit und zu den Problemen einer etwaigen Vollstreckbarerklärung von Mediationsergebnissen im Verwaltungsrecht → Rn. 120a.

[401] Näher zu dieser Problematik → Rn. 40 sowie zu den rechtlichen Grenzen der Mediation → Rn. 124 ff.

[402] Zu diesen Besonderheiten der Mediation im Öffentlichen Recht → Rn. 103 a.

[403] Zu den Grundzügen eines Mediationsverfahrensrechts → Rn. 103a, 120a, 139 ff.

[404] Nach § 74 Abs. 2 S. 1 VwVfG ist über Einwendungen, die im Erörterungsverfahren erhoben werden, von der Planfeststellungsbehörde nur dann hoheitlich zu entscheiden, wenn vor der Anhörungsbehörde keine Einigung erzielt wurde. Zum Erörterungstermin im Planfeststellungsverfahren s. → Bd. II *Schneider* § 28 Rn. 82.

Konfliktlösung voraussetzen oder nahelegen.[405] Mit dem Mediationsgesetz liegt zudem eine allgemeine gesetzliche Grundlage für die Mediation vor.[406] Die grundsätzliche Zulässigkeit bedeutet jedoch nicht, dass Mediation für alle Verfahren gleichermaßen geeignet ist. Die Vorteile, die im Aufspüren von Entscheidungsalternativen, in der Einbeziehung von Sachverstand und der erhöhten Chance einvernehmlicher Lösungen aufgrund intensiverer Kommunikation liegen können, müssen stets zum (Zeit-)Aufwand, zum Vorhandensein von Spielräumen für Kompromisse und zu den Besonderheiten des jeweiligen Verfahrens ins Verhältnis gesetzt werden.[407]

2. Rechtliche Grenzen der Mediation

Das rechtliche Risikopotential, das mit dem Einsatz von Mediation in und im Umfeld von Verwaltungsverfahren verbunden ist, ergibt sich vor allem daraus, dass rechtsstaatliche oder demokratische Garantien nicht eingehalten, materiell- oder verfahrensrechtliche Vorgaben ausgehebelt sowie Dritt- oder Allgemeininteressen nicht oder nicht angemessen berücksichtigt werden können. Das viel zitierte „rechtsstaatliche Schaudern",[408] das angesichts dieser Risiken mit Mediation im öffentlichen Bereich einhergehen kann, wird jedoch dadurch gemildert, dass auch mittlergestützte **Aushandlungsprozesse** im Umfeld von Verwaltungsverfahren partiell **hoheitlich reguliert** sind und ihre Grenzen in den materiell- und verfahrensrechtlichen Vorgaben finden: 124

– Auch ein auf kooperative Steuerung ausgerichtetes Verwaltungsrecht geht nach wie vor von der alleinigen **Zuständigkeit der Verwaltung zur (Letzt-)Entscheidung** aus. Die mit der Einschaltung eines neutralen Dritten in bestimmten Verfahrensphasen verbundene Verantwortungsverlagerung ist damit nur vereinbar, wenn und solange sich der Mediator auf (s)eine Rolle als Verfahrens- bzw. Konfliktmittler ohne Entscheidungsverantwortung beschränkt.[409] Die Differenz zwischen privater und administrativer Handlungsebene darf in ihrer Substanz nicht aufgehoben werden. Beteiligung und Zustimmung der Betroffenen können die erforderliche demokratische Legitimation nur ergänzen, nicht aber ersetzen.[410] 125

– Anders als die Beteiligten im privaten Bereich der Mediation, die auf ihre partikularen Interessen bezogen agieren dürfen, ist die **Verwaltung,** auch wenn sie in eine Mediation durch private Dritte eingebunden ist, „stets der rechts- 126

---

[405] *Hoffmann-Riem,* Konfliktmittler (Fn. 335), S. 40 ff.; *ders.,* Verhandlungslösungen und Mittlereinsatz im Bereich der Verwaltung: Eine vergleichende Einführung, in: Hoffmann-Riem/Schmidt-Aßmann (Hrsg.), Konfliktbewältigung, Bd. I (Fn. 335), S. 13 (33); *Holznagel,* Konfliktlösung (Fn. 335), S. 195 f.; *Schmidt-Aßmann,* Konfliktmittlung (Fn. 377), S. 15; *Pünder,* Mediation (Fn. 335), § 16 Rn. 10. Hinzu kommen als spezielle Regelungen z. B. § 5 S. 4 UVPG, § 4b BauGB, § 124 TKG, § 13 Abs. 3 und 4 BBodSchG und § 2 S. 3 Nr. 5 der 9. BImSchV.
[406] Zum Mediationsgesetz → Rn. 109a.
[407] Zu geeigneten Einsatzfeldern → Rn. 108 f.
[408] *Hoffmann-Riem,* Reform (Fn. 339), S. 423; vgl. darüber hinaus nur *Pünder,* Kooperation (Fn. 356), S. 16 f.; *ders.,* Mediation (Fn. 335), § 16 Rn. 11.
[409] So verbleibt bei der Bauleitplanung die Verantwortung dafür, dass die Verfahrensschritte nach den §§ 2a bis 4a BauGB rechtmäßig durchgeführt werden, bei der Gemeinde; vgl. *Battis,* Mediation in der Bauleitplanung (Fn. 91), S. 344; in diesem Sinne auch *BVerwG,* NVwZ 2006, S. 336.
[410] *Pünder,* Mediation (Fn. 335), § 16 Rn. 11.

§ 32 Privatverfahren

staatlich **untrennbaren Verknüpfung von Kompetenz und Gemeinwohlverantwortung**"[411] verpflichtet.

127 – Um zu verhindern, dass Mediation zur Externalisierung von Kosten durch Verlagerung von Belastungen auf unbeteiligte Dritte, die Allgemeinheit oder künftige Generationen führt, muss sich die **zuständige Behörde an den Verhandlungen beteiligen** und Verantwortung für die getroffene Vereinbarung übernehmen.[412] Auf diese Weise kann die Behörde auch durchsetzungsschwache Interessen erforderlichenfalls stärken und zu einem angemessenen Interessenausgleich beitragen.

128 – Die Rezeption der Mediationsergebnisse in das Verwaltungshandeln darf **nicht** zur **Umgehung gesetzlicher Vorgaben** führen.[413] Auch im Rahmen mediativer Vorgehensweisen unterliegt die öffentliche Verwaltung der **Gesetzesbindung.** Gesetzliche Vorgaben bilden dementsprechend den Rahmen für das Ausloten von Entscheidungsalternativen, sind aber nicht selbst Verhandlungsgegenstand und können auch durch noch so vermeintlich zwingende ökonomische Argumente nicht ausgehebelt werden. Die von den Beteiligten regelmäßig angestrebten Vorwirkungen der Mediationsergebnisse müssen den rechtlichen Bindungen von vornherein Rechnung tragen, wenn sie nicht wegen Verstoßes gegen Rechtsnormen hinfällig sein sollen.[414] Sofern bei Ermessens- und Planungsvorschriften oder bei der Auslegung unbestimmter Rechtsbegriffe Entscheidungsspielräume bestehen, dürfen die Mediationsergebnisse den Zwecksetzungen des materiellen Rechts nicht zuwiderlaufen.[415]

128a – Auch die Wahrung von **Vertraulichkeit,** die bisweilen als ein wesentliches Merkmal von Mediation ausgegeben wird und für einzelne Verfahrensschritte angezeigt sein kann, muss sich im Rahmen der gesetzlichen Vorgaben halten. Dazu zählt, dass namentlich in öffentlichen Großverfahren dem **Öffentlichkeitsbedürfnis** und der Vielzahl der möglichen Teilnehmer Rechnung getragen werden muss. Insbesondere muss erkennbar bleiben, ob und wie die vom Gesetzgeber vorgegebenen Verfahrensschritte eingehalten wurden. Zudem dürfen Berichte über die Ergebnisse einzelner Verfahrensschritte nicht verfälscht werden.[416] Hinzu kommt, dass die Vertraulichkeit von Verwaltungsmediationen auch durch den **Untersuchungsgrundsatz** (§ 24 VwVfG) relativiert wird, der mangels spezialgesetzlicher Regelung nicht einfach ausgehebelt werden darf.[417]

129 Überwiegend wurde und wird davon ausgegangen, dass Mediation in und im Umfeld von Verwaltungsverfahren keiner ausdrücklichen **gesetzlichen Grund-**

---

[411] *Pitschas,* Mediation (Fn. 2), S. 398.

[412] *Christoph Möllers,* Kooperationsgewinne im Verwaltungsprozess, DÖV 2000, S. 667 (669); *Pünder,* Mediation (Fn. 335), § 16 Rn. 11.

[413] Nach dem eingängigen Diktum von *Philip Kunig* (Alternativen zum einseitig-hoheitlichen Verwaltungshandeln, in: Hoffmann-Riem/Schmidt-Aßmann, Konfliktbewältigung, Bd. I [Fn. 335], S. 43 [58]) kann „*soft procedure* [...] von *ius cogens* nicht dispensieren".

[414] BVerwGE 75, 214 (231); *Holznagel/Ramsauer,* Mediation im Verwaltungsrecht (Fn. 385), § 28 Rn. 5 f.; *Pitschas,* Mediation (Fn. 2), S. 398; *Pünder,* Mediation (Fn. 335), § 16 Rn. 12.

[415] Vgl. nur *Pitschas,* Mediation (Fn. 2), S. 399; *Härtel,* Mediation (Fn. 335), S. 757.

[416] Für die Bauleitplanung *Battis,* Mediation in der Bauleitplanung (Fn. 91), S. 344 m. w. N.

[417] Siehe zu diesem Spannungsverhältnis *Härtel,* Mediation (Fn. 335), S. 761; *v. Mutius,* Verwaltungsmediation (Fn. 335), S. 129; *Jan M. v. Bargen,* Mediation in Verwaltungssachen (Fn. 335), Rn. 57.

lage bedürfe,[418] da sie nur vorbereitenden und begleitenden Charakter habe. Darüber hinaus soll sich die prinzipielle Zulässigkeit der Mediation aus § 10 VwVfG ergeben, der mit der Forderung, das Verwaltungsverfahren unter Wegfall einer spezifischen Formenbindung zweckmäßig zu führen, den Einsatz von Mediation in das Verfahrensermessen der Behörde stelle.[419] Diese allgemeine Grundaussage bedarf in zweierlei Hinsicht der Präzisierung: Geht der Mediator mit seiner Tätigkeit über das vorgesehene Moderieren einer Konfliktlösung zwischen den Beteiligten hinaus und erstreckt sich sein Aufgabenbereich auf die Gestaltung des Verfahrens, die Sachverhaltsermittlung oder die Verhandlungsleitung, bedarf die Übertragung solcher hoheitlicher Aufgaben, für die der Staat die Letztverantwortung trägt, als Beleihung durchweg einer gesetzlichen Ermächtigung.[420] Hinzu kommt, dass auch bei einem systematischen und auf Dauer angelegten Einsatz von Mediation, der mit einer Aufgabenverlagerung auf Private von substantiellem Gewicht und erheblichen faktischen Vorfestlegungen einhergehen kann, eine ausreichend präzise gesetzliche Regelung gefordert werden muss.[421] Die neueren Vorschriften, die Mediation ausdrücklich oder zumindest der Sache nach erfassen,[422] tragen diesem Befund Rechnung. Im Übrigen hat das Mediationsgesetz im Rahmen seines Anwendungsbereichs eine allgemeine gesetzliche Grundlage für die Mediation geschaffen.[423]

V. Stellung des privaten Mediators in und im Umfeld von Verwaltungsverfahren

Die statusrechtliche Einordnung des privaten Mediators in und im Umfeld von Verwaltungsverfahren reicht von einer rein privaten Stellung[424] über die Zwischenform eines durch Willensübereinkunft der Beteiligten verliehenen Amtes, dessen Ausgestaltung durch eine einvernehmliche (Muster-)Geschäftsordnung und gewisse Mindestregeln ähnlich jenen ehrenamtlich Tätiger geprägt sein soll,[425] bis hin zu den tradierten Rechtsfiguren der Beleihung und der Verwaltungshilfe.[426] Eine Beleihung wird nur höchst ausnahmsweise in Betracht kommen, sofern dem Mediator – entgegen der üblichen Ausgestaltung – mit inhaltlichen Entscheidungskompetenzen, der Gestaltung des Verwaltungsverfahrens oder der Ermittlung des Sachverhalts auch hoheitliche Aufgaben übertragen werden. Ob **Verwaltungshilfe** vorliegt, hängt maßgeblich davon ab, wie

130

---

[418] Vgl. nur *Holznagel/Ramsauer*, Mediation im Verwaltungsrecht (Fn. 385), § 28 Rn. 4; *Brohm*, Verwaltungsverhandlungen (Fn. 185), S. 321 f. je m. w. N.; kritisch zum Einsatz von Mediatoren in Verwaltungsverfahren ohne ausdrückliche gesetzliche Normierung *Schulze-Fielitz*, Konfliktmittler (Fn. 243), S. 64; *Lars Schäfer*, Mediation im öffentlichen Bereich (Fn. 351), S. 39 ff.
[419] So namentlich *Pitschas*, Mediation (Fn. 2), S. 399.
[420] Zur rechtlichen Stellung des Mediators → Rn. 130.
[421] Allgemein zur Reichweite des Gesetzesvorbehalts bei Verfahrensprivatisierungen → Rn. 67.
[422] Vgl. → Rn. 109.
[423] Näher zum Mediationsgesetz → Rn. 109a.
[424] *Holznagel/Ramsauer*, in: Haft/Schlieffen (Hrsg.), Handbuch Mediation (Fn. 385), § 44 Rn. 10; *Kopp/Ramsauer*, VwVfG, Einführung Rn. 101.
[425] *Schmidt-Aßmann*, Konfliktmittlung (Fn. 377), S. 26 f.; vgl. auch *Schneider*, Kooperative Verwaltungsverfahren (Fn. 17), S. 63 f.
[426] Zu diesen Rechtsfiguren → Rn. 74 f.; vgl. darüber hinaus → Bd. I *Trute* § 6 Rn. 92, *Schulze-Fielitz* § 12 Rn. 106, *Groß* § 13 Rn. 89 ff., *Jestaedt* § 14 Rn. 31, *Eifert* § 19 Rn. 81.

weit man diese in der Entwicklung befindliche Rechtsfigur fasst, ob der dafür erforderliche hoheitliche Auftrag auch bei einer Auftragserteilung durch Behörde und Bürger angenommen werden kann und wie stark die Selbständigkeit des Verwaltungshelfers ausgeprägt sein darf. Vieles spricht dafür, mit Blick auf die Verwaltungshilfe auf das – inhaltlich vage und weder für die Abgrenzung zu anderen Instituten noch zur Sicherung der Einflussmöglichkeiten des hoheitlichen Aufgabenträgers auf den Verwaltungshelfer nötige – Kriterium der Unselbständigkeit zu verzichten,[427] um die Neutralität des Konfliktmittlers nicht durch Weisungsbefugnisse der Behörde zu gefährden. Dadurch würden die Reichweite der Verwaltungshilfe und der durch sie vermittelten dogmatischen Struktur sinnvoll auch zugunsten des Mediators im Umfeld von Verwaltungsverfahren erweitert. Eine weitere Ergänzung der bestehenden Beteiligungsformen um das Institut der (unechten) „Verwaltungssubstitution" wäre danach – auch mit Blick auf die Stellung des Mediators – verzichtbar.[428]

VI. Mediationsverfahrensrecht

131   Die verfahrensspezifischen **Risiken der Mediation** in und im Umfeld von Verwaltungsverfahren liegen – neben dem bereits erwähnten Risiko eines gemeinschaftlichen Hinwegsetzens über gesetzliche Grenzen und der Beeinträchtigung von Rechtspositionen Dritter – vor allem in mangelnder Neutralität und Transparenz sowie in der faktischen Wirkung einmal getroffener Vereinbarungen aufgrund der fortwirkenden Bereitschaft aller Beteiligten, ihr künftiges Verhalten daran auszurichten.[429] Die daraus folgende Notwendigkeit und das entsprechende Postulat, die Mediation im Umfeld von Verwaltungsverfahren regulierend zu umhegen,[430] sind im Vergleich zu anderen Formen von Privatverfahren allerdings abgeschwächt. Denn mit Blick auf die **Gewährleistungsverantwortung** des Staates zeigen sich bei der Mediation ansatzbedingte Unterschiede, die zu einer **tendenziell erleichterten Wahrnehmung** dieser Verantwortung führen:
– Zum einen nimmt die Verwaltung an der Mediation regelmäßig selbst teil. Sie kann daher bereits das gesamte Mediationsverfahren begleitend kontrollieren, auf Vorwirkungen der gesetzlichen (Gemeinwohl-)Bindungen hinweisen und nötigenfalls das im Hintergrund stehende ordnungsrechtliche Instrumentarium ins Spiel bringen.
– Zum anderen ermöglicht es das auf komplexe Interessenberücksichtigung und möglichst umfassenden Interessenausgleich ausgerichtete Konzept der

---

[427] Vgl. bereits oben → Rn. 74. Näher *Voßkuhle*, Beteiligung Privater (Fn. 191), S. 299 f. (mit Fn. 138). Zum Problem der Weisungsfreiheit bei der Konfliktmittlung und der dementsprechenden Einordnung des Mediators nur *Schmidt-Aßmann*, Konfliktmittlung (Fn. 377), S. 26 f.; *Schulze-Fielitz*, Konfliktmittler (Fn. 243), S. 63 f.; *Gunnar Folke Schuppert*, Konfliktmittlung bei Verhandlungen und Verwaltungsverfahren, in: Hoffmann-Riem/Schmidt-Aßmann (Hrsg.), Konfliktbewältigung, Bd. II (Fn. 335), S. 29 (52).

[428] Vgl. aber *Pitschas*, Mediation (Fn. 2), S. 400, der den Mediator in Verwaltungssubstitution handeln lässt; dazu auch *Härtel*, Mediation (Fn. 335), S. 759. Zur Entbehrlichkeit der Verwaltungssubstitution bereits oben → Rn. 75.

[429] Zu diesen Risiken nur *Härtel*, Mediation (Fn. 335), S. 757; *Pünder*, Mediation (Fn. 335), § 16 Rn. 11.

[430] Allgemein zur Notwendigkeit der administrativen Umhegung von Privatverfahren oben → Rn. 73, 77 ff.

E. Mediation im Umfeld von Verwaltungsverfahren

Mediation sehr weitgehend, allgemeine Verfahrensgrundsätze in das Mediationsverfahren zu integrieren, ohne die durch den Einsatz des privaten Mittlers angestrebten spezifischen Handlungsrationalitäten des Privatsektors sowie die damit verbundenen Vorteile zu verlieren.[431]

Gleichwohl kommt es darauf an, den Besonderheiten der Mediation im Öffentlichen Recht[432] auch bei der Regulierung der Mediation angemessen Rechnung zu tragen. Dies gilt umso mehr, als es die Möglichkeit einer erheblichen faktischen Vorprägung der Sachentscheidung durch das Mediationsergebnis nahelegt, den verbleibenden Risiken durch eine **regulierende Umhegung der Mediation** im Umfeld von Verwaltungsverfahren (Mediationsverfahrensrecht) zu begegnen.[433] Das Mediationsgesetz, das keine rechtsgebietsspezifischen Differenzierungen kennt und übergreifende Regelungen trifft, greift die besonderen Anforderungen der Mediation in und im Umfeld von Verwaltungsverfahren nicht hinreichend auf. Daher spricht viel dafür, Mediationen in und im Umfeld von Verwaltungsverfahren über die Regelungen im Mediationsgesetz hinaus im Verwaltungsverfahrensrecht bereichsspezifisch zu verankern und zu präzisieren. Maßgebend hierfür muss eine Rückbindung des Mediationsverfahrens an staatlich definierte Vorgaben sein.[434] Der für das Privatverfahren vorgegebenen Struktur entsprechend sollte die administrative Umhegung der Mediation bei der Auswahl des Mediators und der Bestimmung des Teilnehmerkreises beginnen, über die Begleitung des Mediationsverfahrens in seinen einzelnen Schritten führen und bei der Rezeption bzw. Umsetzung des Mediationsergebnisses enden.

132

1. Übertragung der Mediation auf den Mediator und Bestimmung der Mediationsteilnehmer

Im Vorfeld des Mediationsverfahrens muss sich die Regulierung vor allem auf die Qualifikation des Mediators, die Sicherung dieser Qualifikation sowie die Kriterien für seine Auswahl richten. Daneben sind die Bestimmung des Teilnehmerkreises und der Schutz der Rechte nicht beteiligter Dritter von erheblicher Bedeutung:[435]

133

– Die zentrale **Stellung des Mittlers** im Mediationsverfahren legt Regelungen über seine Auswahl, seine Qualifikation, seinen Status und seine Finanzierung nahe, die über die allgemeine Aus- und Fortbildungsverpflichtung sowie die Rahmenvorgaben für zertifizierte Mediatoren in §§ 5 und 6 MediationsG hinausgehen.[436] Regulierende Vorgaben sollten nicht zu detailliert

134

---

[431] Zu dieser Gefahr bei anderen Formen der Verfahrensprivatisierung → Rn. 63, 78.

[432] Zu diesen Besonderheiten oben → Rn. 103a. Zu ihnen zählt beispielsweise auch, dass ein Hinweis auf die Möglichkeit der Mediation bereits im Verwaltungsverfahren sinnvoll sein kann und nicht erst – wie in § 173 S. 1 i. V. m. § 278a ZPO vorgesehen – durch den Richter. Eine entsprechende Hinweispflicht der Behörden erwägt *Guckelberger*, Einheitliches Mediationsgesetz (Fn. 335), S. 392.

[433] Näher zum Privatverfahrensrecht, an das dabei angeknüpft werden kann, oben → Rn. 73, 77 ff.

[434] Vgl. allgemein für die administrative Umhegung des Privatverfahrens bereits oben → Rn. 79. S. a. *Lars Schäfer*, Mediation im öffentlichen Bereich (Fn. 351), S. 39 ff.

[435] Vgl. allgemein zu vorbeugenden Maßnahmen bei der Übertragung von Verfahrensverantwortung auf Private → Rn. 81 ff.

[436] Das Mediationsgesetz agiert auch in diesem Punkt eher zurückhaltend. Zwar wird die Neutralität des Mediators in mehrfacher Hinsicht betont und abgesichert. Die Qualifizierung wird jedoch vergleichsweise defensiv behandelt, der Status und die Frage der Finanzierung werden nicht näher geregelt.

sein,[437] den Mediator jedoch mit ausreichenden eigenen Rechten ausstatten, um insbesondere seine **verwaltungsunabhängige Neutralität** zu gewährleisten.[438]

135 – Da abstrakte Regelungen über den **Teilnehmerkreis** und die Teilnehmerzahl kaum möglich sind, müssen sie grundsätzlich dem Ermessen des Mediators überlassen werden. Gerade in öffentlich-rechtlichen Großverfahren mit einem hohen Öffentlichkeitsbedürfnis und extrem ausgeweiteten Teilnehmerkreisen scheint es auf den ersten Blick sinnvoll, die Mediation im Interesse einer effektiven Verfahrensführung auf einige (wenige) Repräsentanten zu beschränken. In den meisten Fällen wird das Ziel einer Konfliktmittlung aber nur erreicht werden können, wenn der Teilnehmerkreis vergleichsweise hoch gehalten und das klare Signal gegeben wird, dass die Teilnahme an der Mediation offen ist. Um der – im Hinblick auf ein durchsetzbares Ergebnis – generell naheliegenden Tendenz entgegenzuwirken, den Teilnehmerkreis klein zu halten, bietet sich im Falle eines Ausschlusses von Betroffenen ein Ausgleich bei der Öffentlichkeitsbeteiligung im förmlichen Verfahren sowie durch eine verschärfte und damit entsprechende Vorwirkungen entfaltende gerichtliche Kontrolle gerade dieser Belange an.[439]

– Auch bei Mediationen in und im Umfeld von Verwaltungsverfahren müssen die **Rechte Dritter** gewahrt werden, um eine Externalisierung der „Einigungskosten" zu vermeiden.[440] Die Problematik ist in aller Regel jedoch weniger virulent als bei anderen Formen der Verfahrensprivatisierung, da der Kreis der an der Mediation direkt oder indirekt Beteiligten jedenfalls bei Großprojekten tendenziell weit gefasst ist und auch die Verwaltung als präsumierter Wahrer der Interessen nichtbeteiligter Dritter regelmäßig am Mediationsverfahren teilnimmt.

2. Begleitung des Verfahrens

136 Bei der Durchführung des Mediationsverfahrens muss das Augenmerk vor allem auf die Sicherung einer durchgängig neutralen, transparenten und fairen Konfliktmittlung gerichtet werden.[441] Die Realisierung begleitender Anforderungen an das Mediationsverfahren wird dadurch erleichtert, dass die Verwaltung regelmäßig an der Mediation teilnimmt und verfahrensrelevante Aspekte frühzeitig einbringen kann:

137 – Neben dem Grundsatz der Zweckmäßigkeit der Mediation, die einer zügigen Entscheidungsfindung nicht entgegenstehen darf, wird vor allem einer **Gefährdung der Chancengleichheit** bereits **im Aushandlungsprozess begegnet** werden müssen, um eine selektive Interessenberücksichtigung, den asymme-

---

[437] Vgl. als Muster § 89 UGB-E betreffend die Neutralität und Weisungsunabhängigkeit des Mediators.

[438] *Schneider*, Kooperative Verwaltungsverfahren (Fn. 17), S. 64. Das Problem der verwaltungsunabhängigen Neutralität wirft namentlich die Frage auf, ob dem Mediator eigene Kompetenzen zur Sachverhaltsermittlung zugestanden werden sollten; vgl. dazu *Schulze-Fielitz*, Konfliktmittler (Fn. 243), S. 64 und 77 f.; *Hoffmann-Riem*, Konfliktmittler (Fn. 335), S. 51 f.; *Holznagel*, Konfliktlösung (Fn. 335), S. 279.

[439] Näher zu dieser Problematik *Schneider*, Kooperative Verwaltungsverfahren (Fn. 17), S. 62 f.

[440] Vgl. zur Drittschutzproblematik bei der Einbeziehung Privater in das Verwaltungsverfahren bereits oben → Rn. 86.

[441] *Schneider*, Kooperative Verwaltungsverfahren (Fn. 17), S. 62 ff.; allgemein zu den begleitenden Anforderungen an Privatverfahren → Rn. 87 f.

trischen Abbau von Distanz oder die Ausnutzung von Machtgefällen zu verhindern. Dies setzt voraus, dass das Verfahren den Zielen der Mediation und insbesondere einem möglichst weitgehenden Interessenausgleich dienen konnte. Die Beteiligten müssen sich – dem Grundkonzept der Mediation entsprechend – tatsächlich auf einen Verfahrensrahmen geeinigt haben, der Chancengleichheit bei der Interessenvertretung und -durchsetzung gewährleistet.

– Im Übrigen werden – vor allem unter Berufung auf die erhebliche faktische Vorabbindung und die erforderliche Akzeptanz für mitunter unangenehme Entscheidungen – die **Verfahrensgarantien im Mediationsverfahren weitgehend** für **anwendbar** gehalten,[442] auch wenn das Mediationsverfahren selbst nicht Teil des Verwaltungsverfahrens ist. Dies gilt insbesondere für Anhörungs- und Beteiligungsrechte, aber auch für allgemeine Verfahrensgrundsätze wie jene der Waffengleichheit oder der Verfahrensfairness. Da die Verwaltung auch den Untersuchungsgrundsatz beachten muss,[443] kann über den Gegenstand der Mediation – anders als im Privatsektor – zudem nicht völlig frei verfügt werden. 138

– Die Besonderheiten der Mediation im Öffentlichen Recht können dazu führen, dass die Anforderungen an die **Vertraulichkeit** der Mediation **relativiert** werden müssen, um den gesetzlichen Vorgaben und Zielen Rechnung zu tragen. Dazu zählt insbesondere, dass einem gesteigerten Öffentlichkeitsbedürfnis und der Vielzahl der möglichen Teilnehmer in öffentlich-rechtlichen Großverfahren durch ausreichende Transparenz und gegebenenfalls auch effektive Berichtspflichten über die Ergebnisse einzelner Verfahrensschritte begegnet wird.[444] 138a

3. Rezeption und Umsetzung des Mediationsergebnisses

Das **Einbringen des Mediationsergebnisses** in das Verwaltungsverfahren bzw. die Sachentscheidung kann – je nach Zeitpunkt der Mediation und Verfahrensstadium – auf unterschiedliche Weise vorgenommen werden.[445] Sie reicht von der Antragsänderung durch den Antragsteller über die Einbeziehung in das Anhörungsverfahren bei Planfeststellungen bis hin zum Widerruf, wenn sich das Mediationsergebnis auf bereits erteilte Genehmigungen auswirkt. Im Rahmen der Sachentscheidung kann der Kompromiss vor allem durch **Nebenbestimmungen**[446] umgesetzt werden. Solange an der formellen Letztentscheidung und Letztverantwortung der Verwaltung nicht gerüttelt wird, kann und muss der ausgehandelte Konsens von der zuständigen Behörde zunächst nachvollziehend auf seine Rechtmäßigkeit und Gemeinwohlverträglichkeit hin überprüft werden. 139

Das **Mediationsergebnis** ist aus sich heraus **rechtlich nicht bindend** und stellt insbesondere keinen öffentlich-rechtlichen Vertrag dar. Allerdings spricht 140

---

[442] *Holznagel/Ramsauer*, Mediation im Verwaltungsrecht (Fn. 385), § 28 Rn. 8; *Pitschas*, Mediation (Fn. 2), S. 408; *Härtel*, Mediation (Fn. 335), S. 758; *Pünder*, Mediation (Fn. 335), § 16 Rn. 12.
[443] Vgl. → Bd. II *Gusy* § 23 Rn. 39 f., *Schneider* § 28 Rn. 36 ff.
[444] Siehe dazu bereits oben → Rn. 128 a.
[445] Näher dazu *Edmund Brandt*, Umsetzung von Ergebnissen informeller Aushandlungen in formelle Ergebnisse, in: Hoffmann-Riem/Schmidt-Aßmann (Hrsg.), Konfliktbewältigung, Bd. II (Fn. 335), S. 239 (250 ff.); *Gaßner* u. a., Mediation (Fn. 339), S. 57 f.; *Pünder*, Mediation (Fn. 335), § 16 Rn. 14.
[446] → Bd. II *Bumke* § 35 Rn. 125 ff.

grundsätzlich nichts dagegen, in den Grenzen der – vor allem für Planfeststellungen relevanten[447] – gesetzlichen Handlungsformgebote eine rechtliche **Bindung vertraglich** zu schaffen,[448] sofern die vertragliche Vorabbindung sachlich gerechtfertigt ist, die Behördenzuständigkeit gewahrt wird und die gesetzlichen Vorgaben und Regelungsziele nicht gefährdet werden.[449] In der Praxis haben solche Verträge bislang wenig Bedeutung erlangt, da ihre Wirksamkeit von der schriftlichen Zustimmung derjenigen abhängt, in deren Rechte bei der Umsetzung der Verpflichtung eingegriffen wird.[450] Bei der Vielzahl der rechtlich Betroffenen kann damit regelmäßig nicht gerechnet werden. Anders als im Privatrecht, in dem die – auch in § 2 Abs. 6 S. 3 MediationsG vorgesehene – Abschlussvereinbarung der Parteien regelmäßig einen Vertrag darstellen wird, erzeugt das Mediationsergebnis für das weitere Verwaltungsverfahren daher in aller Regel nur faktische Bindungswirkungen. **Rechtlich relevant** werden kann ein einstimmiges bzw. eindeutiges Mediationsergebnis allerdings insofern, als es einen gerechten Interessenausgleich indiziert und beispielsweise im Rahmen des § 1 Abs. 7 BauGB auch für die Abwägung beachtlich sein kann.[451]

141 Die **faktische Bindung des Verhandlungsergebnisses** für die Behörde kann allerdings erheblich sein. Auf den ersten Blick erweist sich der ausgehandelte Interessenausgleich zwischen Verwaltung und Privaten lediglich als ein Indikator dafür, dass das formulierte Ergebnis der „beste" Kompromiss von beteiligten Individual- und Gemeinwohlinteressen darstellt. Auf dieser Grundlage kann er als **Ressource für die Individual- und Gemeinwohlrichtigkeit der am Ende stehenden Entscheidung** nutzbar gemacht werden.[452] Die im Prozess der Mediation getroffenen Vorfestlegungen und die übliche Beteiligung der Behörde an der Mediation bergen jedoch die Gefahr in sich, dass die Bedeutung des Verhandlungsergebnisses für die nachfolgende Sachentscheidung dominant wird. Hinzu kommt, dass auch drohende Schadensersatzforderungen starke faktische Handlungszwänge schaffen können, wenn die Behörde vertraglich das Risiko für ein Ausbleiben der für die Umsetzung des Mediationsergebnisses erforderlichen Entscheidungen übernimmt. Die damit verbundenen Vorabbindungen können vor allem in Planfeststellungsverfahren und in der Bauleitplanung zu Problemen führen, sofern sie zur Folge haben, dass die **nachfolgende Abwägung** nicht mehr umfassend und ungebunden ist.[453] Über die skizzierten (me-

---

[447] Vgl. § 74 Abs. 1 S. 1 VwVfG.

[448] Zu den diversen Möglichkeiten *Pünder*, Mediation (Fn. 335), § 16 Rn. 14.

[449] Zu der mit Erlass des Mediationsgesetzes in § 167 f. VwGO aufgenommenen Möglichkeit der Vollstreckbarkeit von Mediationsvereinbarungen, den Voraussetzungen dafür sowie den damit verbundenen Problemen → Rn. 120 a.

[450] Die – nicht zuletzt unter diesem Gesichtspunkt änderungsbedürftige – Regelung des § 58 Abs. 1 VwVfG stellt gerade für die vertragliche Absicherung der Ergebnisse von Mediationsverfahren eine schwer zu überwindende Hürde dar, da kaum je erwartet werden kann, dass alle rechtlich Betroffenen dem Vertrag zustimmen werden. Vgl. zur Problematik nur *Brandt*, Umsetzung (Fn. 445), S. 246; *Holznagel*, Konfliktlösung (Fn. 335), S. 214; *Pünder*, Mediation (Fn. 335), § 16 Rn. 14.

[451] Kathrin *Deckner*, Mediationsergebnisse in der Bauleitplanung, 2006; *Battis*, Mediation in der Bauleitplanung (Fn. 91), S. 344.

[452] *Hoffmann-Riem*, Verwaltungsverfahren (Fn. 234), S. 57.

[453] Zur Problematik *Pünder*, Mediation (Fn. 335), § 16 Rn. 15. Zur faktischen Bindungswirkung informellen Verwaltungshandelns vgl. → Bd. II *Fehling* § 38 Rn. 8 f.

E. Mediation im Umfeld von Verwaltungsverfahren

diations-)verfahrensrechtlichen Anforderungen[454] hinaus können zur Sicherung eines hinreichenden Abwägungsniveaus in den betreffenden Konstellationen die allgemeinen Vorgaben des Bundesverwaltungsgerichts zu Vorabbindungen der Abwägung in Anschlag gebracht werden. Danach muss die Vorabbindung sachlich gerechtfertigt sein, die gesetzlichen Zuständigkeiten wahren und darf am Maßstab einer gerechten Abwägung „inhaltlich nicht zu beanstanden" sein.[455] Angesichts des Ziels der Mediation, unabhängig von der formellen Beteiligung einen Ausgleich aller betroffenen Belange zu gewährleisten, werden im Regelfall nicht nur die beiden zuerst genannten Voraussetzungen, sondern auch die Anforderungen an das Abwägungsgebot erfüllt sein. In allen übrigen Fällen wird man dem **Problem der faktischen Vorprägung und Vorfestlegung** durch die Anforderung entgegentreten müssen, dass die Behörde sich bei der Rezeption des mediativ ausgehandelten Konsenses erkennbar nachvollziehend mit dem Mediationsergebnis auseinandersetzen, dieses auf seine Rechtmäßigkeit und Gemeinwohlverträglichkeit hin überprüfen und das Ergebnis dieser Prüfung mit einer entsprechenden Begründung festhalten muss.[456] Letztlich wird aber auch hier nur eine differenzierte gerichtliche Kontrolle dazu führen können, dass die Berücksichtigung und Umsetzung des Mediationsergebnisses nicht zu einer bloßen Ratifikationsentscheidung verkommt, sondern im Gegenteil gewichtige Vorwirkungen für das Mediationsverfahren entfaltet.

Unabhängig von einer etwaigen Bindung der Behörde kann sich der **Antragsteller** im Rahmen der Mediation durch „hinkenden Austauschvertrag" **vertraglich binden** und insbesondere Minderungs- oder Ausgleichsmaßnahmen zugestehen,[457] sofern die Gegenleistung „im sachlichen Zusammenhang mit der vertraglichen Leistung der Behörde steht".[458] Das Ausnutzen einer behördlichen Machtstellung wird bei Mediationsprozessen ansatzbedingt in aller Regel ausscheiden.[459] Gegenleistungen und Zugeständnisse auf Seiten der übrigen **Betroffenen** können vor allem im vertraglichen Verzicht auf Einwendungen, auf gerichtliche Durchsetzung von Ansprüchen gegen ein Vorhaben oder auf politischen Widerstand liegen.[460] 142

VII. Rechtsschutz und Rechtsfolgen eines Scheiterns

Der **Rechtsschutz gegen Fehler im Mediationsverfahren** entspricht im Wesentlichen dem Rechtsschutz gegen behördliche Verfahrenshandlungen.[461] Verfahrenshandlungen im Zuge der Mediation können dementsprechend nicht iso- 143

---

[454] Näher dazu → Rn. 131 ff.
[455] Vgl. BVerwGE 45, 309 (321). S. dazu a. → Bd. II Fehling § 38 Rn. 102, 112 f.
[456] Allgemein zu den Anforderungen bei der Rezeption der Ergebnisse von Privatverfahren oben → Rn. 89 ff.
[457] Holznagel, Konfliktlösung (Fn. 335), S. 226 ff.; Pünder, Mediation (Fn. 335), § 16 Rn. 16.
[458] Vgl. § 56 Abs. 1 S. 2 VwVfG. Zum Koppelungsverbot vgl. allg. → Bd. II Pitschas § 42 Rn. 106.
[459] Hoffmann-Riem, Konfliktmittler (Fn. 335), S. 65 f.; Schmidt-Aßmann, Konfliktmittlung (Fn. 377), S. 24 f.; Holznagel, Konfliktlösung (Fn. 335), S. 226 f.; Pünder, Mediation (Fn. 335), Rn. 16.
[460] Zusammenfassend Pünder, Mediation (Fn. 335), § 16 Rn. 16. Die vertraglich zugestandenen Gegenleistungen anderer Beteiligter kann der Vorhabenträger ggf. durch Unterlassungsklage vor den ordentlichen Gerichten einfordern, vgl. BGHZ 79, 131 (135), Hoffmann-Riem, Konfliktmittler (Fn. 335), S. 60 f.; Holznagel, Konfliktlösung (Fn. 335), S. 231 ff.; Pünder, a.a.O. Rn. 16.
[461] Vgl. für den Rechtsschutz gegen Fehler im Privatverfahren allgemein bereits → Rn. 100 f.

liert, sondern allenfalls zusammen mit der Sachentscheidung angegriffen werden. Sofern sich das Ergebnis der Mediation in Form belastender Nebenbestimmungen in der Sachentscheidung wiederfindet, kann der **Antragsteller** – abhängig von der Einordnung der isolierten Anfechtbarkeit von Nebenbestimmungen[462] – Anfechtungs- bzw. Verpflichtungsklage auf uneingeschränkte Genehmigung erheben, die jedoch nur Erfolg haben kann, wenn er den Anordnungen nicht zuvor im Zuge der Mediation vertraglich zugestimmt hat.[463] Gleiches gilt für andere in ihren Rechten negativ betroffene **Mediationsteilnehmer,** denen es am Rechtsschutzbedürfnis fehlt, wenn sie im Zuge der Mediation rechtswirksam auf die gerichtliche Durchsetzung ihrer Ansprüche verzichtet haben. Betroffene **Dritte,** die am Mediationsverfahren nicht beteiligt wurden, sind bei der Geltendmachung ihrer Rechte durch die Mediation weder präkludiert noch kann ihnen der Einwand missbräuchlicher Rechtsausübung entgegengehalten werden. Die gerichtliche Kontrolldichte bei der Überprüfung der Verwaltungsentscheidung wird durch das Mediationsverfahren nicht verringert.[464]

144 Findet sich das Mediationsergebnis in der nachfolgenden Sachentscheidung nicht wieder, steht die Frage der **Haftung** im Raum. Eine Haftung der Verwaltung kommt jedoch letztlich nur in Betracht, wenn eine **wirksame Haftungsvereinbarung**[465] geschlossen und die Sachentscheidung entgegen der Vereinbarung nicht erlassen wurde.[466]

F. Ausblick

145 Hält man sich die knappen personellen und finanziellen Ressourcen des Staates[467] und das in vielen Bereichen notorisch mangelnde (Vollzugs-)Wissen vor Augen, bedarf es keiner prophetischen Gaben um vorauszusehen, dass die Privatisierung von Verfahren und Verfahrensteilen und die staatliche Anknüpfung an privatregulierte Verfahren weiter Konjunktur haben werden. Ist die Rückführung der Verfahrensprivatisierung daher keine realistische Option, muss die Reduzierung der mit ihr verbundenen Risiken im Vordergrund stehen. Dabei müssen vor allem **zwei parallele Ziele** im Auge behalten werden:[468] Auf der einen Seite gilt es, die staatliche Prüfungs-, Beurteilungs- und Entscheidungskompetenz möglichst weitgehend zu sichern, ohne die Entlastungswirkung der privaten Verfahrensbeiträge zu schwächen. Auf der anderen Seite muss die Qualität

---

[462] Vgl. → Bd. II *Bumke* § 35 Rn. 148 ff.

[463] Im Falle eines Verzichts auf Rechtsschutz fehlt es bereits am Rechtsschutzbedürfnis, bei vertraglicher Regelung eines materiellrechtlichen Verzichts ist die Klage wegen fehlender Klagebefugnis unzulässig, jedenfalls aber in der Sache unbegründet. Näher *Pünder,* Mediation (Fn. 335), § 16 Rn. 18.

[464] Zu Einzelheiten des Rechtsschutzes *Pünder,* Mediation (Fn. 335), § 16 Rn. 18. Zur Frage, inwieweit die gerichtliche Kontrolldichte bei Planfeststellungen im Hinblick auf die von der Mediation erfassten Belange zurückzunehmen und ein Abwägungsfehler auszuschließen ist, darüber hinaus nur *Gaßner* u.a., Mediation (Fn. 339), S. 76; *Holznagel,* Konfliktlösung (Fn. 335), S. 238.

[465] Vgl. oben → Rn. 141.

[466] Zu den verschiedenen Konstellationen *Pünder,* Mediation (Fn. 335), § 16 Rn. 19.

[467] Vgl. → Bd. III *Voßkuhle* § 43 und *Korioth* § 44.

[468] Vgl. dazu, bezogen auf die Regulierung der privaten Sachverständigenbeteiligung, *Scherzberg,* Gutachter (Fn. 90), S. 383.

der privaten Aufgabenerfüllung gewährleistet werden, ohne den spezifischen Nutzen und die Vorteile, die in der Einschaltung Privater liegen können, zu mindern. Die Ausformung eines Privatverfahrensrechts, das die private Sachkompetenz zur Förderung des Gemeinwohls mobilisiert und zugleich im öffentlichen Interesse kanalisiert,[469] könnte einen Beitrag zur Erreichung dieser Ziele leisten und zugleich einen Teil der rechtsstaatlichen Sicherungen wahren, die im Zuge von Verfahrensprivatisierungen verloren zu gehen drohen.

Ausgewählte Literatur

von Bargen, Jan M., Mediation in Verwaltungssachen, in: Michael Quaas/Rüdiger Zuck (Hrsg.), Prozesse in Verwaltungssachen, 2. Aufl., Baden-Baden 2011, § 10.
von Bargen, Joachim, Außergerichtliche Streitschlichtungsverfahren (Mediation) auf verwaltungsrechtlichem Gebiet in rechtsvergleichender Perspektive, EuR 2008, S. 200–221.
Battis, Ulrich, Mediation in der Bauleitplanung, DÖV 2011, S. 340–345.
Bleicher, Herbert, Standortauswahlverfahren bei der Planung von Abfallentsorgungsanlagen durch private Gutachter, Münster 1996.
Böckel, Martin, Projektmanagement in Verwaltungsverfahren, DÖV 1995, S. 102–108.
Burgi, Martin, Funktionale Privatisierung und Verwaltungshilfe, Tübingen 1999.
– Privat vorbereitete Verwaltungsentscheidungen und staatliche Strukturbeschaffungspflicht. Verwaltungsverfassungsrecht im Kooperationsspektrum zwischen Staat und Gesellschaft, DV, Bd. 33 (2000), S. 183–206.
– Die Funktion des Verfahrensrechts in privatisierten Bereichen – Verfahren als Gegenstand der Regulierung nach Verantwortungsteilung, in: Hoffmann-Riem/Schmidt-Aßmann (Hrsg.), Verwaltungsverfahren, S. 155–191.
Di Fabio, Udo, Die Verlagerung immissionsschutzrechtlicher Überwachungsverantwortung auf Private, DB 1996, Beilage Nr. 16/96 zu Heft Nr. 46, S. 1–11.
– Verwaltung und Verwaltungsrecht zwischen gesellschaftlicher Selbstregulierung und staatlicher Steuerung, VVDStRL, Bd. 56 (1997), S. 235–282.
– Privatisierung und Staatsvorbehalt, JZ 1999, S. 585–592.
Gramm, Christoph, Privatisierung und notwendige Staatsaufgaben, Berlin 2001.
Gusy, Christoph (Hrsg.), Privatisierung von Staatsaufgaben. Kriterien – Grenzen – Folgen, Baden-Baden 1998.
Härtel, Ines, Mediation im Verwaltungsrecht, JZ 2005, S. 753–763.
Hoffmann-Riem, Wolfgang, Konfliktmittler in Verwaltungsverhandlungen, Heidelberg 1989.
– Verhandlungslösungen und Mittlereinsatz im Bereich der Verwaltung: Eine vergleichende Einführung, in: Wolfgang Hoffmann-Riem/Eberhard Schmidt-Aßmann (Hrsg.), Konfliktbewältigung durch Verhandlungen, Bd. I, Informelle und mittlerunterstützte Verhandlungen in Verwaltungsverfahren, Baden-Baden 1990, S. 13–41.
– Verfahrensprivatisierung als Modernisierung, in: Wolfgang Hoffmann-Riem/Jens-Peter Schneider (Hrsg.), Verfahrensprivatisierung im Umweltrecht, Baden-Baden 1996, S. 9–30.
– Verfahrensprivatisierung als Modernisierung, DVBl 1996, S. 225–232.
–/*Schneider, Jens-Peter* (Hrsg.), Verfahrensprivatisierung im Umweltrecht, Baden-Baden 1996.
Holznagel, Bernd/Ramsauer, Ulrich, Mediation im Verwaltungsrecht, in: Fritjof Haft/Katharina Gräfin von Schlieffen (Hrsg.), Handbuch Mediation, 2. Aufl., München 2009, § 28.
Hoppe, Werner/Bleicher, Herbert, Rechtsprobleme bei der Verfahrensprivatisierung von Standortauswahlverfahren im Abfallrecht, NVwZ 1996, S. 421–424.
Kämmerer, Jörn A., Privatisierung. Typologie – Determinanten – Rechtspraxis – Folgen, Tübingen 2001.
Laskowski, Silke, Die funktionelle Privatisierung staatlicher Überwachungsaufgaben – Überwachungsmodell zwischen unternehmerischer Eigenverantwortung und staatlicher Gewährleistungsverant-

---

[469] Zu diesen Rahmenvorgaben einer funktionalen Privatisierung *Michael Fehling,* Verwaltung zwischen Unparteilichkeit und Gestaltungsaufgabe, 2001, S. 359; *Scherzberg,* Gutachter (Fn. 90), S. 383.

§ 32 Privatverfahren

wortung, in: Christoph Gusy (Hrsg.), Privatisierung von Staatsaufgaben. Kriterien – Grenzen – Folgen, Baden-Baden 1998, S. 312–327.

Lübbe-Wolff, Gertrude/Steenken, Annette, Privatisierung umweltbehördlicher Aufgaben, ZUR 1993, S. 263–268.

Pietzcker, Jost, Verfahrensprivatisierung und staatliche Verfahrensverantwortung, in: Wolfgang Hoffmann-Riem/Jens-Peter Schneider (Hrsg.), Verfahrensprivatisierung im Umweltrecht, Baden-Baden 1996, S. 284–308.

Pitschas, Rainer, Mediation als Methode und Instrument der Konfliktmittlung im öffentlichen Sektor, NVwZ 2004, S. 396–403.

Pitschas, Rainer/Walther, Harald, Mediation im Verwaltungsverfahren und Verwaltungsprozess, Frankfurt a. M. u. a. 2008.

Pünder, Hermann, Kooperation statt Konfrontation – Möglichkeiten und Grenzen der Mediation bei Planfeststellungsverfahren, DV, Bd. 38 (2005), S. 1–34.

– Mediation in Verwaltungsverfahren, in: Erichsen/Ehlers (Hrsg.), VerwR, § 16.

Remmert, Barbara, Private Dienstleistungen in staatlichen Verwaltungsverfahren, Tübingen 2003.

Röhl, Hans C., Akkreditierung und Zertifizierung im Produktsicherheitsrecht, Berlin 2000.

Rossen, Helge, Vollzug und Verhandlung, Tübingen 1999.

Scherzberg, Arno, Der private Gutachter im Umweltschutz, NVwZ 2006, S. 377–385.

Schmidt-Aßmann, Eberhard, Konfliktmittlung in der Dogmatik des deutschen Verwaltungsrechts, in: Wolfgang Hoffmann-Riem/ders. (Hrsg.), Konfliktbewältigung durch Verhandlungen, Bd. II, Baden-Baden 1990, S. 9–28.

Schneider, Jens-Peter, Kooperative Verwaltungsverfahren – Problemebenen der Kooperation in multilateralen Interessenstrukturen, aufgezeigt am Beispiel von Nachvollziehender Amtsermittlung, Vorhaben- und Erschließungsplan sowie Konfliktmittlung, VerwArch, Bd. 87 (1996), S. 38–67.

Scholl, Patrick, Der Sachverständige im Verwaltungsrecht, Baden-Baden 2005.

Schulze-Fielitz, Helmuth, Der Konfliktmittler als verwaltungsverfahrensrechtliches Problem, in: Wolfgang Hoffmann-Riem/Eberhard Schmidt-Aßmann (Hrsg.), Konfliktbewältigung durch Verhandeln, Bd. II, Baden-Baden 1990, S. 55–86.

Schuppert, Gunnar Folke, Konfliktmittlung bei Verhandlungen und Verwaltungsverfahren, in: Wolfgang Hoffmann-Riem/Eberhard Schmidt-Aßmann (Hrsg.), Konfliktbewältigung durch Verhandeln, Bd. II, Baden-Baden 1990, S. 29–54.

Seidel, Achim, Privater Sachverstand und staatliche Garantenstellung im Verwaltungsrecht, München 2000.

– Bauordnungsrechtliche Verfahrensprivatisierung und Rechtsschutz des Nachbarn, NVwZ 2004, S. 139–146.

Seok, Jong Hyun/Ziekow, Jan (Hrsg.), Mediation als Methode und Instrument der Konfliktmittlung im öffentlichen Sektor, Berlin 2010.

Voßkuhle, Andreas, Beteiligung Privater an der Wahrnehmung öffentlicher Aufgaben und staatliche Verantwortung, VVDStRL, Bd. 62 (2003), S. 266–328.

Achter Teil

Handlungs- und Bewirkungsformen der öffentlichen Verwaltung

Achter Teil

Handlungs- und Bewirkungsformen
der öffentlichen Verwaltung

§ 33 Rechtsformen, Handlungsformen, Bewirkungsformen

Wolfgang Hoffmann-Riem

Übersicht

		Rn.
A.	Orientierungen einer Formenlehre	1
	I. Ordnungs-, Speicher-, Orientierungs- und Entlastungsfunktionen	1
	II. Rechtsformen – Handlungsformen – Bewirkungsformen	9
	1. Rechtsformen	11
	2. Handlungsformen	14
	3. Bewirkungsformen	16
	4. Kein Exklusivitätsverhältnis zwischen Rechts-, Handlungs- und Bewirkungsformen	29
	III. Vorbildfunktion des Verwaltungsakts für die überkommene Rechtsformenlehre bei einzelfallbezogenem Verwaltungshandeln	30
	IV. Ausweitung auf Formen von Realhandlungen und des schlichten Verwaltungshandelns	34
	V. Formung von Normen	36
	VI. Berücksichtigung von Multipolarität	40
	VII. Erfahrungs- und Zukunftsorientierung einer Formenlehre	42
	VIII. Zwischenfazit: Fortdauernde Berechtigung einer Formenlehre	44
B.	Veränderte Herausforderungen einer Formenlehre	46
	I. Von der Rechtsaktzentrierung zur Verhaltenszentrierung und zur Interaktionszentrierung	47
	II. Relativierung der Bedeutung der Formenlehre im Rechtsschutzbereich	49
	III. Relativierung der Regelung als Zentralbegriff der Formenlehre	52
	IV. Auswirkungen der Reregulierung	54
	V. Abkehr von der Ausrichtung der Formenlehre allein an der Rechtmäßigkeit und Hinwendung auch zum Maßstab administrativer Richtigkeit	56
	VI. Einbeziehung von Verfahrens- und Organisationsformen sowie Formen des Einsatzes von Personal und des Umgangs mit Ressourcen	61

		Rn.
	VII. Maßgeblichkeit von komplexen Regelungsstrukturen	67
C.	Überlagerung und Verzahnung von Formungsangeboten unterschiedlicher Rechtsgebiete	68
	I. Privatrecht und Öffentliches Recht als wechselseitig nutzbare Auffangordnungen	69
	II. Strafrecht und Öffentliches Recht als wechselseitig nutzbare Auffangordnungen	71
	III. Trans- und Internationalisierung	78
	1. Formungen im Bereich des europäischen Unionsrechts	78
	2. Einwirkungen des europäischen Regelungsverbundes auf die für deutsches Verwaltungshandeln maßgebenden Formungen	81
D.	Ambivalenzen von Formungen	85
	I. Formung des Informalen	86
	II. Formung von Flexibilität	88
	III. Formung koordinierender, kooperativer und konsensorientierter Entscheidungselemente	89
	IV. Formung von Regulierung im Hinblick auf neu strukturierte Aufgabenfelder	94
E.	Optionenwahl, insbesondere Auswahl von Rechts-, Handlungs- und Bewirkungsformen	96
	I. Optionen auf unterschiedlichen Ebenen	96
	II. Optionenwahl speziell hinsichtlich der Rechts-, Handlungs- und Bewirkungsformen	100
	III. Zur Problematik von Missbrauchs- und Fluchtformeln	110
	IV. Orientierung an den Funktionsbedingungen modernen Verwaltens	118

Leitentscheidungen

Ausgewählte Literatur

A. Orientierungen einer Formenlehre

I. Ordnungs-, Speicher-, Orientierungs- und Entlastungsfunktionen

1   Innerhalb der von der Verwaltungsrechtswissenschaft entwickelten Teillehren zum Verwaltungshandeln – insbesondere der Lehren von den Aufgaben und Zwecken der Verwaltung, den Maßstäben, den Trägern sowie den Fehlerfolgen des Verwaltungshandelns –[1] gehört die **Lehre von den Rechtsformen** traditionell zu den Paradestücken rechtswissenschaftlichen und insbesondere rechtsdogmatischen Bemühens. Als Kronzeuge ihrer Bedeutung wird hier – wie auch häufig sonst – *Otto Mayer*[2] zitiert. Er wies den Rechtsformen die Aufgabe zu, in der „flutenden Masse der Verwaltungstätigkeit" feste Punkte auftauchen zu lassen, „welche dem Einzelnen Halt gewähren und ihn darüber sicherstellen, wohin es geht". Als kondensierte Typen von Rechtsformen galten und gelten insbesondere der Verwaltungsakt und die Rechtsverordnung neben dem Gesetz als „stimulierende und sichernde Elemente, die die rechtsstaatliche Verwaltung von den vorausgehenden Stufen der Verwaltung in der polizeistaatlichen Epoche abheben"[3]. *Fritz Ossenbühl* bezeichnete 1979 die rechtlichen Handlungsformen der Verwaltung als „die Tore, durch welche die in ihrer Vielfalt unüberschaubare, amorphe Tätigkeit der Verwaltung in die ordnende Welt des Rechts eingeschleust wird"[4].

2   Diese Leistungen kann, wie dieser Beitrag zeigen soll, die Rechtsformenlehre in vielerlei Hinsicht weiterhin, in anderer aber nur noch begrenzt erbringen. Aus den von einer Neuen Verwaltungsrechtswissenschaft heute verstärkt zu berücksichtigenden Rahmenbedingungen, die entsprechenden **Modernisierungsbedarf für die Leistungsfähigkeit der Formenlehre**[5] zunehmend indizieren, sind besonders[6] bedeutsam:[7]

– die verstärkte Ausdifferenzierung der Rechtsordnung;
– zunehmende Entgrenzungen von Problemlagen und Grenzüberschreitungen bei Lösungen;
– die Verlagerung von zuvor staatlich wahrgenommenen Aufgaben und Instrumenten auf hybride (staatlich-private) oder private Akteure;

---

[1] Siehe a. → Bd. I *Groß* § 13, *Baer* § 11; Bd. II *Pitschas* § 42; *Sachs* § 31.
[2] *Mayer*, VerwR I, S. 92 f.
[3] So *Fritz Ossenbühl*, Die Handlungsformen der Verwaltung, JuS 1979, S. 681 ff.
[4] *Ossenbühl*, Handlungsformen (Fn. 3), S. 681.
[5] Um von vornherein Missverständnisse auszuschließen: Es geht hier nicht um Formalisierung, Formgebundenheit u. ä. (dazu s. etwa §§ 3a, 10 VwVfG), auch wenn bestimmte Handlungsformen (etwa die Verordnung) bestimmte Erfordernisse der Formalisierung (Formerfordernisse) erfüllen müssen, um gültig sein zu können → Rn. 9.
[6] Hier kann auf den in unterschiedlichen Referenzbereichen entstehenden Modernisierungsbedarf nicht eingegangen werden. Vgl. nur – für das Beispiel des Sozialrechts – das breitgefächerte Aktivitätsspektrum des Staates, schwerpunktmäßig aufgelistet bei *Peter J. Tettinger*, Verwaltungsrechtliche Instrumente des Sozialstaates, VVDStRL, Bd. 64 (2005), S. 199 (202 f.).
[7] Siehe ferner → Bd. I *Voßkuhle* § 1 Rn. 9 ff. sowie *Wolfgang Hoffmann-Riem*, Verwaltungsrecht in der Entwicklung, in: Terhechte (Hrsg.), VerwREU, § 3.

A. Orientierungen einer Formenlehre

- die Ausweitung und Heterogenisierung der für die Problembewältigung maßgebenden Ziele, der tätigen Akteure sowie der verfügbaren Maßnahmen/Instrumente und der für sie genutzten Rechts- und Handlungsformen;
- die Segmentierung und Fragmentierung mancher Rechtsgebiete des für Verwaltungshandeln maßgebenden Rechts mit je (relativ) eigenständigen Rechts- und Handlungsformen (verbunden u.a. mit „Separierungstendenzen"[8], seit langem etwa im Sozialrecht, im Abgabenrecht und jetzt in den stark europäisierten Regelungsfeldern), aber auch die vermehrte Verzahnung unterschiedlicher Rechtsgebiete und die Notwendigkeit des Managements von Interdependenzen;
- die Überlagerung und Vermengung von Rechts- und Handlungsformen des deutschen Rechts mit denen des Europarechts oder der Rechtsordnungen der Mitgliedstaaten der EU;
- die Zunahme von Aufgaben aktiver und proaktiver Gestaltung, insbesondere in komplexen Problemlagen, vielfach gekoppelt mit erheblichen Einschätzungs-, Prognose- und Abwägungsspielräumen;
- die Verzahnung von öffentlich-rechtlichen, privatrechtlichen und strafrechtlichen Rechts- und Handlungsermächtigungen sowie -formen;
- das Erodieren der Grenzen zwischen dem Recht und dem Nichtrechtlichen und die Zunahme des Einsatzes rechtlich nicht verbindlicher Instrumente als Steuerungsmittel[9].

Die mit derartigen Schlagworten verbundenen Entwicklungen[10] weisen darauf hin, dass bei aller Anknüpfung an die Tradition (auch) die Formenlehre in einer Neuen Verwaltungsrechtswissenschaft neue Dimensionen aufgreifen muss, dies insbesondere auch, um die für steuerndes administratives Handeln geltenden rechtlichen Bedingungen und ihr Zusammenspiel mit nichtrechtlichen Faktoren besser erfassen zu können.

In einem Rechtsstaat ist es weiterhin sinnvoll, in der Rechtsordnung typische **3** Rechtsformen[11] zu identifizieren. Diese können und sollen angesichts der Vielfalt des Verwaltungshandelns Orientierungen bieten, etwa indem mit ihnen bestimmte Rechtsfolgen verbunden sind, insbesondere solche, die rechtsstaatlichen Anforderungen an Voraussehbarkeit und Kontrollierbarkeit des Verwaltungshandelns Rechnung tragen. *Eberhard Schmidt-Aßmann*[12] betont vor allem die Ordnungs- und die Speicherfunktion der Rechtsformenlehre. Gemäß ihrer **Ordnungsfunktion** sollen Rechtsformen rechtskonstruktiv das Verwaltungshandeln

---

[8] So *Tettinger*, Verwaltungsrechtliche Instrumente (Fn. 6), S. 207 f. (zum Sozialrecht). Er spricht auch von einem „munteren bereichsorientierten verwaltungsrechtlichen Eigenleben des Sozialrechts, das in hohem Maße die früher durchaus gängige Rezeptionübernahme geeigneter Entwicklungslinien aus dem allgemeinen Verwaltungsrecht und vice versa erschwert", a.a.O., S. 209.
[9] *Matthias Knauff*, Der Regelungsverbund: Recht und Soft Law im Mehrebenensystem, 2010, S. 16 f., spricht sogar von einem neuen regulativen Paradigma. Zur Beschreibung der Erscheinung s. a.a.O., S. 211 ff.
[10] Zu verweisen ist auch auf diverse „Dekodifikationen", so im Zusammenhang der Beschleunigungsgesetzgebung, dazu s. *Wolfgang Kahl*, Das Verwaltungsverfahrensgesetz zwischen Kodifikationsidee und Sonderrechtsentwicklungen, in: Hoffmann-Riem/Schmidt-Aßmann (Hrsg.), Verwaltungsverfahren, S. 71 ff.
[11] Zum Begriff → Rn. 11 ff.
[12] *Schmidt-Aßmann*, Ordnungsidee, Kap. 6 Rn. 34; zuvor *ders.*, Die Lehre von den Rechtsformen des Verwaltungshandelns, DVBl 1989, S. 533 ff.

nach den Prinzipien der Distanz schaffenden Konzentration und der adäquaten Rechtsfolgenverknüpfung strukturieren. Die **Speicherfunktion** erfasst den Umstand, dass Rechtsformen zum Teil rechtspraktisch als (weitgehend) fertige Zuordnungsmuster (gewissermaßen Schubladen) genutzt werden können, die das Auffinden konkreter Lösungen und die Zuordnung von bestimmten Rechtsfolgen erleichtern. Damit verbunden sind die **Orientierungsfunktion**[13] und zugleich die „**Entlastungsfunktion**"[14]: Regelmäßig eröffnen sich mit der Zuordnung einer Maßnahme zu einer bestimmten Rechtsform Möglichkeiten des Schließens auf die Maßgeblichkeit bestimmter Rechtsregeln und auf bestimmte Rechtsfolgen. Als besonders wichtig[15] werden herkömmlich insbesondere vier Ebenen betont, auf denen sich die von der gewählten Rechtsform abhängigen Rechtsregeln auswirken:[16]

– **Rechtmäßigkeitsbedingungen** einer Verwaltungshandlung. So gelten die verfahrensmäßigen Anforderungen des VwVfG[17] nur für Verwaltungsakte und Verträge, nicht für Rechtsverordnungen und Satzungen oder Verwaltungsvorschriften, für deren Erlass aber gegebenenfalls besondere Verfahrensvorschriften, auch Formvorschriften, gelten.

– **Rechtswirkungen einschließlich Fehlerfolgen.** Beispielsweise ist die Zuerkennung einer spezifischen Bestandskraft von der Rechtsform als Verwaltungsakt abhängig. Rechtswidrige Verwaltungsakte können anfechtbar oder (ausnahmsweise) nichtig sein. Rechtswidrige Verordnungen und Satzungen sind grundsätzlich ungültig (nichtig) und insofern einer Bestandskraft nicht fähig (vorbehaltlich von Ausnahmen wie etwa § 75 Abs. 1a VwVfG, § 214 BauGB).[18] Der rechtswidrige Realakt kann einen Folgenbeseitigungsanspruch auslösen.

– Art der **Rechtsschutzmöglichkeiten,** insbesondere Klagarten und Tenorierung (vgl. etwa §§ 68, 75, 79, 113 u.a. VwGO).[19] Rechtsschutz gegen belastende Einzelakte der exekutivischen Hoheitsgewalt ist stets möglich (Art. 19 Abs. 4 GG). Eine Normenkontrolle ist demgegenüber nicht stets, sondern nur bei ausdrücklicher Regelung eröffnet (z.B. § 47 VwGO), gegebenenfalls aber bei Rechtsverordnungen auch über die Feststellungsklage möglich.[20]

---

[13] Dazu gehört auch die Funktion, normative Vorgaben zu kommunizieren, s. → Bd. I *Ruffert* § 17 Rn. 67 speziell für Verwaltungsvorschriften: Kommunikation der Vorgaben von der Behördenleitung zu der Entscheidungsebene.

[14] *Ossenbühl*, Handlungsformen (Fn. 3), S. 682.

[15] Demgegenüber hat *Peter Krause,* Rechtsformen des Verwaltungshandelns. Überlegungen zu einem System der Handlungsformen der Verwaltung, mit Ausnahme der Rechtsetzung, 1974, versucht, die Verwaltungshandlungen als funktionale Elemente staatlicher Zweckerfüllung zu sehen und sich verstärkt an den Staatsaufgaben zu orientieren. Sein Anliegen der Entwicklung eines „offenen Systems der Handlungsformen" (a.a.O., S. 235 ff.) hat sich aber nicht in der von ihm befürworteten Weise durchsetzen können.

[16] Angelehnt an *Koch/Rubel/Heselhaus*, VerwR, § 3 Rn. 3 ff.

[17] → Bd. II *Schneider* § 28 Rn. 14 ff.

[18] Für Verwaltungsvorschriften wiederum gibt es Möglichkeiten unterschiedlicher Folgen im Innen- und Außenrechtsverhältnis, s. dazu *Markus Möstl*, Normative Handlungsformen, in: Erichsen/Ehlers (Hrsg.), VerwR, § 19 Rn. 8, 37; § 20, Rn. 16 ff.

[19] Zu gerichtlichen Verwaltungskontrollen s. → Bd. III *Schoch* § 50.

[20] Vgl. *BVerwGE* 111, 276 ff.; s. auch *BVerfGE* 102, 26 (32 f.); 115, 81 (95 f.) = JZ 2006, S. 1021 mit Anm. v. *Wolf-Rüdiger Schenke*, Rechtsschutz gegen normatives Unrecht, JZ 2006, S. 1004 ff.; *VGH Hessen*, NVwZ 2006, S. 1195; s. ferner *Frank Fellenberg/Ulrich Karpenstein*, Feststellungsklagen gegen den Normgeber,

A. Orientierungen einer Formenlehre

– **Vollstreckbarkeit.** Beispielsweise hängt die Möglichkeit der verwaltungseigenen Vollstreckung vom Vorliegen eines Verwaltungsakts ab. Demgegenüber ist die Vollstreckung aus einem öffentlich-rechtlichen Vertrag auf eine ergänzende Unterwerfung unter die sofortige Vollstreckung (§ 61 VwVfG) angewiesen.[21]

Angesichts der Vielzahl und Heterogenität von Rechts- und Handlungsformen stellt sich die **Frage nach ihrer angemessenen Zuordnung.** So ist zu klären, ob die Verwaltung grundsätzlich alle bzw. welche sie in bestimmten Kontexten einsetzen darf. Wenn auch nur begrenzt, kennt die Rechtsordnung Vorrangregeln für die Wahl einer Rechtsform, aber auch Rechtsformsperren sowie Vollzugssperren.[22] Auch können sich an die Formenwahl **Folgepflichten oder -obliegenheiten** anschließen, so etwa beim Erlass des Verwaltungsakts eine Art Obliegenheit der Verwaltung zur Rechtsbehelfsbelehrung (§ 73 Abs. 3 S. 1 i.V.m. § 75 VwGO). 4

Die für bestimmte Rechtsformen „typischen" Rechtsregeln, die aber nur einen Ausschnitt möglicher rechtlicher Voraussetzungen und Folgen des Verwaltungshandelns erfassen, sind **nicht für alle Rechtsformen des Verwaltungshandelns in gleicher Weise** ausgearbeitet worden. Soweit **einzelfallbezogenes Verwaltungshandeln** betroffen ist,[23] finden sich die intensivsten rechtlichen Vorgaben für Verwaltungsakte, die durch Praxis und Rechtswissenschaft immer weiter ausdifferenziert worden sind.[24] Demgegenüber kennt das Verwaltungsverfahrensgesetz beispielsweise für Verträge[25] nur „sporadische Ansammlungen von Vorsichtsmaßregeln".[26] Andere Formen des auf die Lösung konkreter Probleme bezogenen Verwaltungshandelns sind nur sehr begrenzt zu rechtlich geformten Typen (zu „Rechtsformen") kondensiert, auch wenn sie typische Handlungsformen[27] der Verwaltung darstellen. Zu nennen sind etwa 5

– der Realakt bzw. das schlichte Verwaltungshandeln;[28]
– der Plan (in höchst unterschiedlichen Ausprägungen);[29]
– informales Verwaltungshandeln.[30]

NVwZ 2006, S. 1133 ff.; *Clemens Weidemann,* Nochmals: Feststellungsklagen gegen den Normgeber, NVwZ 2006, S. 1259 ff.; zu Klagemöglichkeiten gegen untergesetzliche Normen und auf Erlass eines Rechtsetzungsakts *Wolf-Rüdiger Schenke,* Neuere Rechtsprechung zum Verwaltungsprozessrecht (1996–2009), 2009, S. 170 ff.

[21] Dazu s. → Bd. III *Waldhoff* § 46 Rn. 82 ff., 113 ff.
[22] Näher → Rn. 96 ff., 100 ff.
[23] Zu Rechtsnormen s. → Bd. I *Ruffert* § 17 Rn. 55 ff., 60 ff. und passim; *Möstl,* Handlungsformen (Fn. 18), §§ 19 und 20.
[24] → Bd. II *Bumke* § 35. S. ferner statt vieler aus der Kommentarliteratur *Ulrich Stelkens,* in: Stelkens/Bonk/Sachs (Hrsg.), VwVfG, § 35 Rn. 1 ff.; *Ziekow,* VwVfG, § 35 Rn. 7 ff. oder die Beiträge von *Matthias Ruffert,* in: Erichsen/Ehlers (Hrsg.), VerwR, §§ 21–27.
[25] Auf die Handlungsform des Vertrages wird im Folgenden nur punktuell eingegangen, etwa in Rn. 34, 90, 103. S. stattdessen → Bd. II *Bauer* § 36 mit eingehenden Analysen und auch Darstellungen zur Vielfalt vertraglicher Beziehungen im Verwaltungsrecht (Rn. 31 ff., 34 ff.; zu Typologien dort Rn. 131). Aus der Lehrbuchliteratur s. – statt vieler – *Elke Gurlit,* Verwaltungsrechtlicher Vertrag und andere verwaltungsrechtliche Sonderverbindungen, §§ 28–35 in Erichsen/Ehlers (Hrsg.), VerwR.
[26] So die Formulierung von *Ossenbühl,* Handlungsformen (Fn. 3), S. 684.
[27] Zum Begriff → Rn. 14 ff.
[28] → Rn. 34 ff. sowie Bd. II *Hermes* § 39; als schlichtes Verwaltungshandeln werden beispielsweise Angaben im Verfassungsschutzbericht angesehen, vgl. BVerwGE 131, 171.
[29] → Bd. II *Köck* § 37.
[30] → Bd. II *Fehling* § 38.

Zu erwähnen sind ferner öffentlich-rechtliche Schuldverhältnisse[31] auch außerhalb des Vertrages, für deren Abwicklung beispielsweise zu klären ist, wie weit die Regeln und damit auch Rechtsformen des privaten Schuldrechts gelten.[32]

6 Hinsichtlich **untergesetzlicher Normen,** die sich nicht nur – wie es meist geschieht – als Rechtsquellen,[33] sondern auch als **Steuerungsinstrumente** der Verwaltung verstehen lassen,[34] sind die Formungen unterschiedlich intensiv. Während Rechtsverordnungen und Satzungen seit langem ausgebaute Rechtsformen sind,[35] gilt dies für Pläne[36] nur begrenzt: Sie können in unterschiedlicher Gestalt verwirklicht werden.

7 Die Herausarbeitung der an bestimmte Rechtsformen anknüpfenden Rechtsregeln steht in der Tradition vielfältiger Bemühungen um die **Ausdifferenzierung des Rechtsstaats.** Alte und neue Formen des Verwaltungshandelns sind weiterhin darauf zu besehen und danach zu systematisieren, wieweit sie Ordnungs-, Speicher-, Orientierungs- und Entlastungsfunktionen nicht nur hinsichtlich des Ziels rechtsstaatlicher Voraussehbarkeit und Kontrollierbarkeit, sondern auch in sonstigen Hinsichten ermöglichen – etwa bei der Erfüllung von Flexibilitätsbedarfen. „Formungen" werden auch benötigt als Hilfen zur Erfüllung der Anforderungen der trans- und internationalen Öffnung in den europäischen und den internationalen/globalen Raum hinein.[37] Daher ist die Herausarbeitung der spezifischen Ordnungs-, Speicher-, Orientierungs- und Entlastungsfunktionen auch im Hinblick auf Formen des Verwaltungshandelns wichtig, wenn sie europarechtlich geprägt und an Vorbildern aus anderen Rechtsordnungen – etwa der angelsächsischen oder französischen – orientiert sind, die nicht auf die überkommene deutsche Formenlehre abgestimmt sind.

8 In den Blick geraten aber nicht nur die Formen des Verwaltungshandelns selbst. Rechtlich geformt können auch die von Bürgern ausgehenden, auf die Verwaltung bezogenen Handlungen sein. So können den Bürgern **Wahlrechte** im

---

[31] Dazu vgl. *Bernd Grzeszick*, Ergänzungen des allgemeinen öffentlich-rechtlichen Schadensersatz- und Entschädigungsrechts, in: Erichsen/Ehlers (Hrsg.), VerwR, § 46 Rn. 18 ff.; ein solches Schuldverhältnis kann beispielsweise zwischen einer Gemeinde und dem Anschlussnehmer der gemeindlichen Abwasserkanalisation bestehen, vgl. *BGH*, NVwZ 2008, S. 238 f.

[32] Dazu vgl. *Heinrich de Wall*, Die Anwendbarkeit privatrechtlicher Vorschriften im Verwaltungsrecht, 1999. Zur Auswirkung der Schuldrechtsreform auf das Öffentliche Recht s. *Benjamin Gündling*, Modernisiertes Privatrecht und öffentliches Recht. Die Auswirkungen der Schuldrechtsreform auf den Verwaltungsvertrag und weitere Verbindungen zwischen den Teilrechtsordnungen, 2006.

[33] → Bd. I *Ruffert* § 17.

[34] Siehe etwa *Möstl*, Handlungsformen (Fn. 18), § 19 Rn. 2 mit Fn. 5; → Bd. I *Ruffert* § 17 Rn. 23 und passim. Eine rechtsquellenorientierte Betrachtungsweise ist insbes. am Konzept der Gewaltenteilung (→ Bd. I *Poscher* § 8) orientiert, während die steuerungswissenschaftliche Betrachtungsweise in erster Linie auf die Art der Problemlösung sieht.

[35] Dazu s. statt vieler → Bd. I *Ruffert* § 17 Rn. 60 ff., 64 ff.; Bd. II *Hill/Martini* § 34 Rn. 18 ff., 26 ff.

[36] In der Literatur wird vielfach zu Recht betont, Pläne seien keine eigenständige Rechtsform, sondern könnten in unterschiedlichen Rechtsformen auftauchen; s. statt vieler *Maurer*, VerwR, § 17 Rn. 18 ff.; *Möstl*, Handlungsformen (Fn. 18), § 19 Rn. 11. *Schuppert*, Verwaltungswissenschaft, S. 198, spricht von einer Fast-Rechtsform. Zu den unterschiedlichen Typen planender Verwaltung s. *Dirk Ehlers*, Verwaltung und Verwaltungsrecht im demokratischen und sozialen Rechtsstaat, in: Erichsen/Ehlers (Hrsg.), VerwR, § 1 Rn. 63 ff. Zu Aktionsplänen – hier am Beispiel des Lärmaktionsplans – s. etwa *Ulrich Blaschke*, Lärmminderungsplanung – der Schutz vor Umgebungslärm durch Lärmkartierung und Lärmaktionsplanung, 2010. Zu verschiedenartigen Handlungsformen von Plänen s. *Ehlers.*, a.a.O., Rn. 66; → Bd. II *Köck* § 37.

[37] → Rn. 81 ff.

Hinblick auf bestimmte Leistungen zustehen.³⁸ Ist ein Verwaltungsakt mitwirkungsbedürftig – beispielsweise antragsbedürftig (§ 22 Abs. 1 Nr. 1, 2 VwVfG oder als Beispiel für Sonderverwaltungsrecht: § 19 SGB IV im Sozialversicherungsrecht) oder von der Zustimmung des Betroffenen (etwa der Zustimmung zur Widmung, § 6 Abs. 1 S. 2 Hamb.WegeG) abhängig –, so mag der **Mitwirkungsakt** formgebunden³⁹ oder formlos erfolgen, ist aber meist eine Rechtmäßigkeitsvoraussetzung und dabei zum Teil sehr differenziert⁴⁰ geformt. Auch die Angebotsabgabe im Vergaberecht (s. § 3 Abs. 1 VOL/A, § 3 Abs. 1 VOB/A) oder gesetzlich vorgesehene Berichtspflichten und Evaluationsklauseln⁴¹ sind rechtlich näher geformte Arten der notwendigen Betroffenenmitwirkung. Die Rechtsordnung kennt sogar die Fiktion solcher Mitwirkungsakte.⁴²

II. Rechtsformen – Handlungsformen – Bewirkungsformen

Wenn im Folgenden in Anlehnung an die traditionelle Terminologie von rechtlichen „Formen" des Verwaltungshandelns gesprochen wird, dann soll diese Terminologie nicht auf Formalisierung oder Förmlichkeit hindeuten – gerade in dieser Hinsicht gibt es erhebliche Unterschiede –, sondern auf **Formung** (im Sinne der rechtlichen Ausgestaltung) bestimmter Typen („Formen") des Verwaltungshandelns. Die rechtliche Ausgestaltung kann in der Verfassung (s. z. B. Art. 80 GG) oder in einfachen Gesetzen (z. B. §§ 35 ff. VwVfG; 31 ff. SGB X; 118 ff. AO) erfolgt sein, geschieht aber ergänzend und zum Teil (so bei schlichtem Verwaltungshandeln) fast ausschließlich über Konkretisierungsleistungen von Praxis und Rechtswissenschaft. Vor dem Inkrafttreten der VwGO (im Jahre 1960) und des VwVfG (im Jahre 1977) waren Praxis und Rechtsprechung die zentralen Akteure dieser Formung. Dies zeigte sich besonders nachdrücklich an der Rechtsform des Verwaltungsakts, der – nach der wissenschaftlichen Konturierung durch *Otto Mayer*⁴³ – in einzelnen Gebieten des Verwaltungsrechts – etwa im Polizeirecht oder im Abgabenrecht – recht schnell prägende Kraft erhielt. Auch in der Zeit nach dem Zweiten Weltkrieg wurde er ein wesentliches Vehikel zur rechtsstaatlichen Durchdringung der Verwaltungsrechtsordnung – etwa für die Ausgestaltung des Rechtsschutzes und von Vertrauensschutz –, wurde dann aber in den erwähnten Kodifikationen (zum Teil in Sonderkodifikationen, so etwa in der AO oder im SGB X) gesetzlich allgemein ausgestaltet. Die Rechts-

---

³⁸ Etwa im Sozialrecht nach § 5 Abs. 1 SGB VIII das Recht zur Wahl zwischen Einrichtungen und Diensten der verschiedenen Träger der Jugendhilfe und zur Äußerung von Wünschen hinsichtlich der Gestaltung der Hilfe. S. a. § 9 SGB IX (zum Behindertenrecht).

³⁹ Z. B. an die Schriftform, so § 10 Abs. 1 BImSchG; § 58 Abs. 4 HBauO für Anträge, Anzeigen u. ä.; § 14 GewO: Anzeige der Aufnahme eines Gewerbebetriebs; § 10 GenTG: schriftlicher Antrag für die Einleitung eines Genehmigungsverfahrens.

⁴⁰ Beispielsweise verlangt § 22 AMG für die Zulassung und die Registrierung von Arzneimitteln einen formularmäßig gestellten Antrag, der eine Fülle von Angaben (so über die Ergebnisse diverser Versuche und klinischer Prüfungen und Unterlagen zur Bewertung möglicher Umweltrisiken) enthalten muss.

⁴¹ Siehe u. → Rn. 77.

⁴² § 14a Abs. 1 AsylVfG: Asylantragsfiktion bei einem Kind des Ausländers.

⁴³ *Mayer*, VerwR I, S. 92 ff. S. a. → Bd. II *Bumke* § 35 Rn. 6 ff. Zur historischen Entwicklung der Rechtsformenlehre s. *Karl Kormann*, System der rechtsgeschäftlichen Staatsakte, 1910, S. 13 ff. (§§ 3–5); *Meyer-Hesemann*, Methodenwandel, insbes. S. 27 f., 56 ff.; *Krause*, Rechtsformen (Fn. 15), S. 115 ff.

entwicklung zeigt, dass ein ursprünglich von der Verwaltung aus Zweckmäßigkeitserwägungen entwickelter Handlungstyp im Laufe der Zeit zur „Rechtsschöpfung" werden kann, wobei das „rechtliche" Element nicht ausdrücklich in Rechtsnormen festgelegt sein muss, sondern im Wege der Auslegung erfasst und durch Rechtsdogmatik entwickelt werden kann. Zu den formprägenden Elementen können, müssen aber nicht, Formalisierungsanforderungen (Formerfordernisse) gehören.[44] Sie sind allerdings nicht Voraussetzung für die Anerkennung einer „Rechtsform" oder „Handlungsform".

10 Die Begriffe Rechts- und Handlungsformen werden in der überkommenen Lehre vielfach (aber nicht immer) als Synonyme behandelt.[45] Dennoch kann es zumindest aus heuristischer Sicht sinnvoll sein, sie zu unterscheiden,[46] auch wenn trennscharfe und jeweils auf der gleichen Bezugsebene angesiedelte Abgrenzungen untereinander ebenso wenig gelingen können wie eindeutige Unterscheidungen zu anderen gebräuchlichen Begriffen, wie dem der Rechtsinstitute oder dem der rechtlichen Instrumente. Dennoch soll im Folgenden versucht werden, die Formenlehre nicht grenzenlos zur Erfassung sämtlicher Erscheinungsformen des Verwaltungshandelns einzusetzen, sondern (möglichst) nur auf solche zu beschränken, die in verschiedenen rechtlichen Kontexten als „Gussformen" des Rechts[47] oder als **„Gussformen" rechtlich geprägten Verwaltungshandelns** auffindbar, wenn auch gegebenenfalls bereichsspezifisch variiert, sind.

1. Rechtsformen

11 Im Folgenden soll von **„Rechtsformen"** gesprochen werden, soweit ein bestimmter Typ des Verwaltungshandelns rechtlich näher ausgestaltet worden ist und insbesondere mit feststehenden („konfektionierten") Rechtmäßigkeitsvoraussetzungen und Rechtsfolgen verbunden ist, die durch die Kategorisierung einer Maßnahme gewissermaßen aus der geeigneten Schublade „abgerufen" werden können. Zu ihnen sind im deutschen Recht – neben dem Gesetz[48] – vor allem der Verwaltungsakt, die öffentlich-rechtliche Willenserklärung[49], der öffentlich-

---

[44] So gilt gem. § 38 Abs. 1 S. 1 VwVfG ein Schriftformerfordernis für die Zusicherung und gem. § 57 VwVfG für den öffentlich-rechtlichen Vertrag. Demgegenüber bestimmt § 37 Abs. 2 VwVfG generell für den Verwaltungsakt eine Offenheit möglicher Formen. Es gibt aber beispielsweise Anforderungen an die Erkennbarkeit des Urhebers (vgl. § 37 Abs. 3 VwVfG), an die Bekanntgabe (§ 41 VwVfG) – vgl. zum Zeitpunkt der Bekanntgabe bei Verkehrszeichen BVerwGE 138, 21 (24) – oder – bei schriftlicher oder elektronischer Form – an die Begründung (§ 39 VwVfG).

[45] Vgl. *Walter Pauly,* Grundlagen einer Handlungsformenlehre im Verwaltungsrecht, in: Kathrin Becker-Schwarze u. a. (Hrsg.), Wandel der Handlungsformen im Öffentlichen Recht, 1991, S. 25, 32 m. w. N. in Fn. 13. *Stefan Kadelbach,* Allgemeines Verwaltungsrecht unter europäischem Einfluss, 1999, S. 297 versteht den Begriff der Rechtsform als Oberbegriff für Rechtsquelle und Handlungsform. Handlungsformen sind für ihn Arten von Verwaltungshandlungen (rechtlich qualifizierbare Tätigkeitstypen), mit denen die Verwaltung ihre Ziele durchsetzt.

[46] Nicht durchgesetzt hat sich allerdings die von *Krause,* Rechtsformen (Fn. 15), S. 25 vorgeschlagene Unterscheidung danach, ob erstens eine Rechtsfolge sekundär an eine Verwaltungshandlung anknüpft, ohne deren ursprüngliche Funktion zu verändern, ob zweitens die Rechtsfolge die Implikation eines Handelns als Verwaltungsinstrument ist oder ob sich drittens die Rechtsfolge gerade aus der Verfehlung der ursprünglichen Funktion des Verwaltungshandelns ergibt.

[47] *Pauly,* Handlungsformenlehre (Fn. 45), S. 32.

[48] Siehe dazu → Bd. I *Reimer* § 9.

[49] Beispiel: die Aufrechnung, dazu s. BVerwGE 77, 19 (24 ff.) und OVG LSA, NVwZ-RR 2009, S. 226 ff.

A. Orientierungen einer Formenlehre

rechtliche Vertrag, die innerdienstliche Weisung, die Rechtsverordnung, die Satzung und (wohl auch) die Verwaltungsvorschrift zu zählen. Solche „Gussformen" von Recht gibt es mit unterschiedlichem Abstraktionsgrad. Für Rechtsformen ist typisch, dass ihre **Abstraktionshöhe** den Einsatz in unterschiedlichen Feldern administrativen Verhaltens ermöglicht.

So ist die Rechtsform des Verwaltungsakts im Sinne des § 35 S. 1 VwVfG durch **12** hoch abstrakte Tatbestandsmerkmale geprägt und daher in praktisch allen Bereichen der Verwaltung und in allen Stadien des Verwaltungshandelns auffindbar. Auch abstrakt umschriebene, aber schon konkreter auf bestimmte, für die Herbeiführung besonderer Rechtsfolgen benötigte Regelungstypen sind Rechtsformen, wie **die Genehmigung, die Zustimmung oder die Untersagung,** die in vielen Rechtsgebieten eingesetzt werden können. Die zuletzt genannten sind auch als Verwaltungsakte mit den allgemein mit ihnen verbundenen Rechtsfolgen identifizierbar, ohne dass damit aber auch die Art ihrer spezifischen Regelungswirkung (z.B. die Öffnung eines durch ein Verbot mit Erlaubnisvorbehalt sonst versperrten Verhaltens – Kontrollerlaubnis[50]) gekennzeichnet wäre. Die zuletzt genannten Rechtsformen können ferner eine gegenstandsspezifische Ausprägung mit gegenstandsspezifischen Voraussetzungen und Rechtsfolgen haben, wie etwa ein baurechtlicher Dispens (§ 31 BauGB) oder eine Entgeltgenehmigung nach § 35 TKG. Mit dem Blick auf solche Besonderheiten lassen sich die Verwaltungsakte in besondere **Verwaltungsakt-Typen** untergliedern.[51]

Im Besonderen Verwaltungsrecht sind viele bereichsspezifische Formen des **13** Verwaltungshandelns – mit je spezifischen Zielen, Rechtmäßigkeitsvoraussetzungen und Rechtsfolgen – rechtlich geformt (etwa im Sozial-, Abgaben-, Umwelt- oder Informationsrecht). Sie erschöpfen sich nicht notwendig darin, die allgemeinen Merkmale eines Verwaltungsakts aufzuweisen; zum Teil sind Verwaltungsakte mit Realakten[52] kombiniert. „Klassiker" sind beispielsweise die **polizeilichen Standardmaßnahmen,** wie Vorladung, Personalienfeststellung, Platzverweis, Aufenthaltsverbot, Gewahrsam, Sicherstellung, Durchsuchung von Personen oder Sachen, Untersuchung von Personen, Betreten und Durchsuchung von Wohnungen.[53] Ihre – zum Teil sehr detaillierte – rechtliche Ausgestaltung hat nicht die gleiche Abstraktionshöhe wie die der Rechtsform des Verwaltungsakts. Sie sind aber gleichwohl seit Jahrzehnten rechtsstaatlich näher umschriebene, auf die polizeiliche Gefahrenabwehr und -vorsorge (also eine bestimmte Aufgabe) ausgerichtete, in verschiedenen Rechtsgebieten einsetzbare Rechtsinstitute, deren Nutzung in vielerlei Hinsicht „geformt", zum Teil auch formalisiert worden ist (s. z.B. den Richtervorbehalt bei Telekommunikationsüberwachungen[54] etc.).

---

[50] Zum Unterschied von Kontrollerlaubnis und Ausnahmebewilligung s. statt vieler *Matthias Ruffert*, Bedeutung, Funktion und Begriff des Verwaltungsakts, in: Erichsen/Ehlers (Hrsg.), VerwR, § 21 Rn. 55 f.
[51] Siehe a. → Bd. II *Bumke* § 35 Rn. 1 ff., 90 ff.
[52] → Rn. 5, 34 f.
[53] Zu derartigen Maßnahmen s. statt vieler *Frederik Rachor*, Das Polizeihandeln, in: Lisken/Denninger (Hrsg.), HPolizeiR F. Rn. 240 ff. Zum Umgang mit personenbezogenen Daten und Informationen vgl. a. → Bd. II *Albers* § 22.
[54] Als Beispiele für den Richtervorbehalt im Polizei- und Strafprozessrecht s. z. B. § 10 c Abs. 1 S. 1 Hamb.PolDVG; § 35 Abs. 3 Nds. SOG, § 81 a Abs. 2, § 100 b Abs. 1 S. 1 u. § 128 StPO. S. ferner → Rn. 102; *Josef König*, Richtervorbehalt im Strafverfahrens- und Polizeirecht, Kriminalistik 2003, S. 513 ff.; *Malte R. v. Kühlewein*, Der Richtervorbehalt im Polizei- und Strafprozessrecht, 2001; *Henner*

Auch ihnen kommen bereichsspezifische Ordnungs-, Speicher-, Orientierungs- und Entlastungsfunktionen zu, aber eben nur bereichsspezifische. Ob auch sie begrifflich den Rechtsformen zugeordnet werden sollen, ist eine Frage terminologischer Konvention. Jedenfalls sind sie Handlungsformen der Verwaltung.

2. Handlungsformen

14 Lassen sich typische (durchaus auch rechtlich geprägte) Erscheinungsformen einer Handlungspraxis der Verwaltung feststellen, die (noch) nicht zu einer Rechtsform kondensiert sind oder die sich nicht auf die Wahl einer bestimmten (in bestimmter Weise rechtlich ausgestalteten) Rechtsform begrenzen, soll von „**Handlungsformen**" gesprochen werden.[55] Solche können z. B. genutzt werden, wenn unterschiedliche Rechtsformen für eine konkrete Maßnahme auf variable, wenn auch typische Weise kombiniert werden,[56] wenn sich für das Verwaltungshandeln eine ausgebaute Rechtsform mit spezifischer „Speicherfunktion" (noch) nicht herausgebildet hat – wie etwa für eine hoheitliche Warnung – oder wenn eine in der Rechtsordnung mit einem bestimmten Begriff versehene Handlungsform – wie etwa ein Plan – in unterschiedlichen Rechtsformen verwirklicht werden kann.[57]

15 Solche Handlungsformen entwickeln sich in der laufenden Verwaltungspraxis, konturieren sich bei hinreichender Durchsetzung immer weiter und können im weiteren Verlauf der Entwicklung zu ausgebauten Rechtsformen werden. Auch können die vorhergehenden tastenden Versuche der Praxis zur Entwicklung von Handlungsformen vom Gesetzgeber kodifiziert und dabei zu Rechtsformen gemacht werden. Die **gesetzliche Ausgestaltung** kann insbesondere eine Reaktion auf das Bedürfnis sein, die rechtlichen Voraussetzungen ihres Einsatzes zu konfektionieren, etwa um dem Verhältnismäßigkeits- und Bestimmtheitsgrundsatz besser Rechnung zu tragen. Beispiele sind die in den letzten Jahren erfolgten Verrechtlichungen polizeilicher Datenerhebung, -speicherung und -verarbeitung.[58] Sie sind eine Fortentwicklung und Ausweitung traditioneller Erhebungsmethoden (wie erkennungsdienstliche Maßnahmen). Zu erwähnen sind etwa die Observation, der Einsatz verdeckter technischer Mittel oder verdeckter Ermittler, die polizeiliche Beobachtung[59], die Telekommunikationsüberwa-

---

Wolter, Die Richtervorbehalte im Polizeirecht, DÖV 1997, S. 939 ff.; *Christoph Gusy*, Rechtsgrundlagen der Richtervorbehalte nach § 100 b StPO, GA 2003, S. 672 ff.; *Andreas Voßkuhle*, Der präventive Richtervorbehalt, in: FS Rainer Wahl, 2011, S. 443 ff.

[55] Eine andere – den Begriff der Rechtsform allerdings sehr ausdehnende – Definition wählt *Pauly*, Handlungsformenlehre (Fn. 45), S. 34. Für ihn ist der Begriff Handlungsform der Oberbegriff, der die Rechtsform des Verwaltungshandelns und das „restliche Verwaltungshandeln" (wie Realakt oder schlichtes Verwaltungshandeln) umgreift.

[56] Zu den unterschiedlichen Erscheinungsformen eines Mix → Rn. 25; Bd. II *Michael* § 41.

[57] → Fn. 36.

[58] Vgl. statt vieler *Martin Koch*, Vergleich der Regelungen zur Datenerhebung und -verarbeitung in den Polizeigesetzen der Länder, 1999; *Hermann Pünder*, Hamburgs neues Polizeirecht (Teil 2) – Änderungen des Gesetzes über die Datenverarbeitung der Polizei im Überblick, NordÖR 2005, S. 349 ff.; *ders.*, Hamburgs neues Polizeirecht (Teil 3) – Datenerhebung durch offenen und verdeckten Einsatz technischer Mittel und präventive Telekommunikationsüberwachung, NordÖR 2005, S. 497 ff.; *Urs Kramer*, Das „modernste Polizeigesetz aller Länder", VR 2005, S. 186 ff.; *Gusy*, PolizeiR, Rn. 201 ff., 214 ff., 268 ff.

[59] Beispielsweise durch Kameraaufnahmen bei einer Großdemonstration, vgl. *VG Berlin*, NVwZ 2010, S. 1442 ff.

chung⁶⁰, die Rasterfahndung etc.⁶¹ Derartige bereichsspezifische Handlungsformen können eine Vielzahl von Rechtmäßigkeitsvoraussetzungen und Rechtsfolgen festlegen, die allein mit der Qualifikation als Verwaltungsakt oder als schlichtes Verwaltungshandeln noch nicht erfasst sind. Ob ihre rechtliche Ausgestaltung hinreichend dicht ist, so dass ein Erkenntnisgewinn damit verbunden ist, sie auch als Rechtsform zu bezeichnen, bedarf jeweils näherer Prüfung, ist aber letztlich eine Frage terminologischer Zweckmäßigkeit.

3. Bewirkungsformen

Da die Gemeinwohlleistung von Verwaltung und Verwaltungsrecht sich nicht in erster Linie an der (Rechts- oder Handlungs-)Form, sondern an dem Beitrag des Verwaltungshandelns zur Aufgabenerfüllung, insbesondere zur Erreichung normativ erwünschter Ziele oder zur Vermeidung unerwünschter Effekte, orientiert,⁶² kommt die Wirkungsebene in den Blick. Soweit Folgen einschließlich Nebenfolgen eintreten, ist von **Wirkungen** zu sprechen. Soweit die Wirkungen gezielt angestrebt oder gegebenenfalls billigend in Kauf genommen werden, soll von **Bewirkungen** gesprochen werden. Die „Kunst" guter Verwaltung besteht darin, das administrative Handeln so auszurichten, dass möglichst ohne weitere administrative Maßnahmen, insbesondere Vollzugsmaßnahmen, die beabsichtigten Wirkungen eintreten. Administrative Maßnahmen sind dementsprechend darauf angelegt, **Wirkungschancen** zu vermitteln. In diesem Sinne ist der Einsatz von Rechts- und Handlungsformen grundsätzlich auf Wirkungen ausgerichtet (also auf Bewirkungen). 16

Um Wirkungen erzielen zu können, reicht es häufig nicht, sich auf eine einzelne Maßnahme zu konzentrieren. Vielmehr muss sie im Kontext aller die Wirkungschancen beeinflussenden Faktoren gesehen, konzipiert und eingesetzt werden. Handelt es sich um die Bewältigung öffentlicher Aufgaben in komplexen Problemlagen, mit heterogenen Zielbündeln, verschiedenen betroffenen Behörden und anderen Akteuren, schwierig einzuschätzenden und zu prognostizierenden Folgen usw., bedarf es gegebenenfalls konzeptioneller Vorbereitung und strategischer Planung, wie sie für moderne Managementkonzepte typisch sind oder auch in Aktionsplänen umgesetzt werden.⁶³ Derartig ganzheitlich konzipierte Vorgehensweisen entziehen sich (bisher) den in der Rechtswissenschaft anerkannten Kategorien für Formungen, dürften aber insbesondere aufgrund europarechtlicher Anstöße auch im deutschen Recht immer bedeutsamer werden. 16a

Wenn die durch Verwaltungshandeln „erwünschten" Wirkungen sich nicht ohne ergänzende Handlungen – etwa an die Grundverfügung anschließende 17

---

⁶⁰ Zur strategischen Telefonüberwachung durch den BND s. *BVerwGE* 130, 180.
⁶¹ Im Hamburgischen Recht sind die entsprechenden Normen sogar in ein besonderes Gesetz „ausgelagert" worden (Gesetz über die Datenverarbeitung der Polizei); in anderen Ländern sind sie meist in das jeweilige Polizeigesetz integriert; zu den Anforderungen an solche Rechtsgrundlagen bei der Öffentlichkeitsfahndung *OVG Hamburg*, NVwZ-RR 2009, S. 878 ff.
⁶² Gemeint ist also die durch Verwaltungshandeln erbrachte Steuerungsleistung. Zur Folgenorientierung s. a. → Bd. I *Voßkuhle* § 1 Rn. 32 ff., *Franzius* § 4 Rn. 67 ff.
⁶³ Zu dem Problem rechtlicher Einordnung s. *Margarete Schuler-Harms*, Management als Rechtsfrage des Verwaltungsrechts?, Werkstattbericht, Manuskript 2012.

Maßnahmen des Verwaltungsvollzugs – einstellen (so wenn der Adressat des Verwaltungsakts dessen Handlungsge- oder -verbote missachtet),[64] kommen ergänzende Bewirkungshandlungen (etwa Ersatzvornahme oder ergänzende – z. B. ökonomische – Anreize[65] oder negative Sanktionen, etwa Bußgelder) in Betracht. Sind die Bewirkungsmaßnahmen rechtlich geformt, soll von **„Bewirkungsformen"** gesprochen werden: Gemeint sind die in der Rechtsordnung bereitgestellten besonderen, zu den Rechts- oder Handlungsformen hinzukommenden Formen, die über die aus dem vorangegangenen Einsatz von Rechts- und Handlungsformen resultierenden Wirkungschancen hinausgehen und speziell auf die Sicherung der angestrebten Wirkungen gerichtet sind, also die erwünschte Reaktion des Adressaten auf die vorangegangenen legislativen oder administrativen Maßnahmen forcieren.[66] Der Begriff betrifft also einen bestimmten Typ des Handelns (das sich im Übrigen auch bestimmten Rechts- oder Handlungsformen zuordnen lassen kann).

18 Rechtliche Aufmerksamkeit verdienen in erster Linie die zur Umsetzung der in der jeweiligen Rechts- oder Handlungsform angelegten Inhalte eingesetzten Maßnahmen, etwa zur Sicherung der Befolgung der ausgesprochenen Ge- und Verbote **(Bewirkungen ersten Grades).** Die Rechtsordnung stellt besondere Formen zur Sicherung des Vollzugs vorangegangener administrativer Maßnahmen bereit – soweit die Verwaltung nicht zur Selbstvornahme schreitet.[67] Spezifische Bewirkungsformen dieses Typs sind im Bereich der **Verwaltungsvollstreckung** für die Erzwingung von Handlungen, Duldungen und Unterlassungen die Ersatzvornahme, der unmittelbare Zwang, die Festsetzung eines Zwangsgeldes und die Erzwingungshaft[68] sowie für die Beitreibung von Geldforderungen die Vollstreckung in das Vermögen,[69] gegebenenfalls sogar Ordnungswidrigkeiten- und Strafsanktionen. Der Einsatz solcher Maßnahmen zielt auf Bewirkungen ersten Grades, nämlich auf die durch das ursprüngliche Verwaltungshandeln angestrebten Wirkungen (etwa die Befolgung des Gebotes). Vorkehrungen zur Sicherung der Bewirkungen ersten Grades sind allerdings nicht notwendig auf den Einsatz von Zwangsmitteln beschränkt. Möglich sind auch **positive oder negative Anreize.** Diese können entweder zur Sicherung der Befolgung eines Ge- oder Verbots eingesetzt werden, aber auch ohne diese, indem der Anreiz als solcher

---

[64] Zu Befolgungs- und Vollzugsdefiziten s. → Bd. I *Reimer* § 9 Rn. 88, *Wißmann* § 15 Rn. 17. Speziell für den Bereich von Kompensationslösungen s. *Andreas Voßkuhle*, Das Kompensationsprinzip, 1999, S. 411 ff.

[65] Dazu → Bd. II *Sacksofsky* § 40 Rn. 5 ff. Sie definiert Anreize als Formen der Steuerung durch Recht, die erwünschtes Verhalten nicht als Rechtspflichten (verbunden mit Sanktionen) anordnen, sondern den Adressaten durch die Anknüpfung positiver bzw. negativer Folgen zum erwünschten Verhalten bringen sollen (Rn. 6). Es ist allerdings auch denkbar, Anreize zur Ergänzung der Erfüllung von Rechtspflichten vorzusehen. So gibt es etwa im Agrarrecht die Kombination von fachrechtlichen Standards mit der Subventionsgewährung. Dazu s. *Catharina Meyer-Bolte*, Agrarrechtliche Cross-Compliance als Steuerungsinstrument im europäischen Verwaltungsverbund, 2007.

[66] Im europäischen Mehrebenenverbund betrifft die Bewirkungsebene auch – so bei den auf Umsetzung angelegten Richtlinien – die Befolgung der europarechtlichen Vorgaben durch die nationalen oder transnationalen Organe.

[67] Dies kann aber zur Kostenabwälzung an den Pflichtigen führen, vgl. *Voßkuhle*, Kompensationsprinzip (Fn. 64), S. 415 f.

[68] Vgl. etwa § 14 Hamb.VwVG.

[69] Vgl. etwa §§ 30 ff. Hamb.VwVG.

A. Orientierungen einer Formenlehre

Verhalten beeinflussen soll.[70] Im letzteren Fall handelt es sich um die sogenannte **indirekte Steuerung**. Anreize können ökonomischer/finanzieller Art sein;[71] es gibt aber auch andere, etwa meritorische Anreize (die Gestattung der Führung eines Umweltzeichens, Ordens u. ä.).[72]

In den Blick geraten nicht nur die aus eigener Initiative der auf den Erfolg ihres Handelns bedachten Verwaltung erfolgenden Bewirkungshandlungen. Von Bedeutung können auch **Kontrollaktivitäten anderer Träger öffentlicher Verwaltung** (Rechts- und Fachaufsicht, Haushaltsaufsicht, politische Kontrolle) sowie privater Dritter[73] werden. Im Gewährleistungsstaat hat sich die Kontrollverantwortung vermehrt auf Private verlagert, mit der Folge der Notwendigkeit der Sicherung einer hinreichenden Gewährleistungsaufsicht.[74] Dabei gewinnen kooperative und anreizorientierte Prüf- und Aufsichtsverfahren und entsprechend veränderte Aufsichtskulturen erhöhte Bedeutung.[75] Die verstärkte Gewichtung der Bewirkungsdimension fordert neue Vollzugskulturen und (möglichst) maßgeschneiderte Aufsichtsarrangements. Von erheblicher Bedeutung sind auch **Kontrollaktivitäten von Bürgern**[76], die durch Rechtsschutz auf die korrekte Bewirkungsmaßnahme hinwirken. Soweit rechtlich geschützte Interessen dadurch vernachlässigt zu werden drohen, dass die Verwaltung Handlungspflichten verletzt und damit Bewirkungen vermeidet, können auch die Bürger gegen derartiges Unterlassen tätig werden und dadurch **Bewirkungshandlungen auslösen** (etwa zur Vermeidung einer Missachtung des Untermaßverbots).

Mit dem Einsatz solcher Bewirkungsformen ist aber die Erreichung der mit den administrativen Maßnahmen letztlich erstrebten Wirkungen häufig noch nicht gesichert. Für die Erfüllung von Verwaltungsaufgaben ist entscheidend, ob die jeweilige Maßnahme auch zu der **Zielerreichung** führt (etwa das Zwangsgeld zu verändertem Verhalten; die Nutzung der Subvention zum – möglichst – erfolgreichen Aufbau eines neuen Betriebs; der Einsatz von Wasserwerfern zur Beendigung gewalttätiger Auseinandersetzungen bei einer Demonstration; **Bewirkungen zweiten Grades**). 19

Die zur Erfüllung des Verwaltungszwecks oder zumindest des originären Zwecks bzw. des Hauptzwecks veranlassten Wirkungen lassen sich von weiteren Wirkungen unterscheiden, die zusätzlich bei konkreten Dritten oder gar in der Allgemeinheit ausgelöst werden. Diese Dimension betrifft die Frage, ob eine Maßnahme und ihre Implementierung **weitere (Zusatz-)Effekte** (z. B. allgemeine Verhaltensänderungen, wirtschaftlicher Aufschwung, Innovationsbereitschaft) auslösen **(Bewirkungen dritten Grades).** 20

Sollen die Bewirkungschancen besonders abgesichert werden, ist auch der Einsatz verschiedener Bewirkungsmaßnahmen möglich, etwa die **Koppelung eines** 21

---

[70] Siehe dazu → Bd. II *Sacksofsky* § 40 Rn. 5.
[71] → Bd. II *Sacksofsky* § 40 Rn. 13 ff.
[72] → Bd. II *Sacksofsky* § 40 Rn. 25 ff.
[73] Dazu vgl. statt vieler *Markus Edelbluth*, Gewährleistungsaufsicht, 2008, S. 109 ff., der am Beispiel der Abfallüberwachung unterschiedliche Funktionen von Sachverständigen und unterschiedliche Beziehungen zu Behörden beschreibt.
[74] Dazu übergreifend *Edelbluth*, Gewährleistungsaufsicht (Fn. 73).
[75] Zu den Möglichkeiten vgl. *Eckhard Schröter/Patrick v. Maravic/Jörg Robert*, „Smart Regulation" bei öffentlichen Aufsichtstätigkeiten, in: Martin Brüggemeier/Klaus Lenk (Hrsg.), Bürokratieabbau im Verwaltungsvollzug, 2011, S. 211 ff.
[76] Dazu s. statt vieler *Edelbluth*, Gewährleistungsaufsicht (Fn. 73), S. 132 ff.

Ge- oder Verbots mit einem positiven Verhaltensanreiz.[77] Ein Beispiel ist es, wenn eine Verhaltensanordnung zum Schutz der Gewässer vor der Einleitung von Abwässern nicht nur notfalls mit einer Verwaltungsvollzugsmaßnahme, sondern von vornherein zusätzlich mit Subventionen zum Bau von Kläranlagen versehen wird, damit die Umstellung des Betriebs auf eine Produktionsweise veranlasst wird, die dazu führt, dass Abwässer gar nicht erst anfallen. Das Gebot wird mit Anreizen für ein Verhalten (z. B. Bau einer Kläranlage) verbunden, das zur zukünftigen Verhinderung der Einleitung von umweltschädlichen Abwässern beiträgt (Bewirkungen zweiten Grades). Die Wirkungen können aber auch noch darüber hinausgehen, wenn sie im Beispiel eine produktionstechnische Innovation stimulieren, die den Bedarf zur Klärung von Abwässern entfallen lässt oder sogar vorbildhaft für andere Unternehmen wird (dies wären Bewirkungen dritten Grades).

22 Während Maßnahmen zur Herbeiführung von Wirkungen ersten Grades weitgehend – so beim Verwaltungsvollzug – rechtlich geformt sind (Bewirkungsformen), gilt dies für Maßnahmen zur Herbeiführung weiterer Wirkungen weitgehend nicht. Die Bewirkungsformen sind an den Bewirkungen ersten Grades orientiert, auch wenn mit ihnen Hoffnungen bzw. Aussichten auf weitere erwünschte Bewirkungen oder auf die Vermeidung unerwünschter Wirkungen verbunden sind. In Rechtswissenschaft und -praxis ist allerdings streitig, wieweit die Dimension der beabsichtigten/unbeabsichtigten **Folgen und Folgesfolgen**[78] in die Klärung rechtlicher Voraussetzungen bzw. der Rechtmäßigkeit des Handelns einbezogen werden darf. Da eine steuerungswissenschaftlich orientierte Verwaltungsrechtswissenschaft auch die verschiedenen Wirkungsebenen in den Blick nimmt, ist ihr das Folgenargument vertraut. Es ist aber weiter zu fragen, wieweit Folgen und Folgesfolgen in einer Formenlehre zu berücksichtigen sind und deshalb zu klären ist, wieweit die verschiedenen Wirkungsdimensionen auf Rechtmäßigkeitsbedingungen, Fehlerfolgen und Rechtsschutzmöglichkeiten u. ä. zurückwirken. Soweit dies zu bejahen ist, besteht Anlass zur Prüfung, ob den Folgen bei der rechtlichen Formung der eingesetzten Maßnahmen – also bei der Ausgestaltung von Rechts- bzw. Handlungs- und gegebenenfalls Bewirkungsformen – hinreichend Rechnung getragen wird.

---

[77] Zur Cross-Compliance im Agrarrecht s. *Meyer-Bolte,* Cross-Compliance (Fn. 65).
[78] Zur rechtlichen Bedeutung von Folgen und Folgesfolgen s. → Bd. I *Franzius* § 4 Rn. 67 ff.; *Karl-Peter Sommermann,* Folgenforschung und Recht, in: ders. (Hrsg.), Folgen von Folgenforschung, 2002, S. 39 (46); *Martina R. Deckert,* Folgenorientierung in der Rechtsanwendung, 1995; ferner *Gertrude Lübbe-Wolff,* Rechtsfolgen und Realfolgen: Welche Rolle können Folgenerwägungen in der juristischen Regel- und Begriffsbildung spielen?, 1981; *Georg Hermes,* Folgenberücksichtigung in der Verwaltungspraxis und in einer entwicklungsorientierten Verwaltungsrechtswissenschaft, in: Schmidt-Aßmann/Hoffmann-Riem (Hrsg.), Methoden, S. 359 ff.; *Heribert Johlen,* Rechtsfindung und Folgenberücksichtigung, in: FG 50 Jahre BVerwG, 2003, S. 1085 ff.; *Carl Böhret/Gottfried Konzendorf,* Handbuch Gesetzesfolgenabschätzung, 2001; *Anne C.M. Meuwese,* Impact Assessment in EU lawmaking, 2008; *Sylvia Veit,* Bessere Gesetze durch Folgenabschätzung?, 2010; *Stephan Hensel/Kilian Bizer/Martin Führ/Joachim Lange* (Hrsg.), Gesetzesfolgenabschätzung in der Anwendung: Perspektiven und Entwicklungstendenzen, 2010; *Sebastian Klausch,* Richterliche Entscheidungsfindung zwischen Dogmatik und Folgenberücksichtigung, in: FS Dieter Reuter, 2010, S. 1279 ff.; *Qingbo Xhang,* Juristische Argumentation durch Folgenorientierung, 2010; *Carsten Lund,* Gesetzesfolgenabschätzung auf europäischer Ebene und in Deutschland, VR 2011, S. 87 ff. Die Folgendimension, insbes. die Nutzung von Instrumenten zur Folgenabschätzung, sind ein besonderes Anliegen der sog. **Better Regulation**, vgl. etwa *Kai Wegerich,* Das Leitbild „Better Regulation", 2011, S. 45 ff.

A. Orientierungen einer Formenlehre

In der nicht-rechtswissenschaftlichen Literatur werden für die Wirkungen zweiten und dritten Grades häufig die Begriffe **Impact** und **Outcome** benutzt,[79] ohne dass insoweit allerdings eine Verknüpfung mit der Frage erfolgt, ob die Folgen angestrebt sind oder nicht. Diese Begriffe kennzeichnen die Auswirkungen des Verwaltungshandelns in dem sozialen Feld, auf das es bezogen ist, etwa – kurzfristig betrachtet – die Reaktion des Betroffenen (er verwendet die Subvention) oder Folgen für Dritte (dieser erleidet einen Auftragsrückgang wegen der Subventionierung des Konkurrenten) oder Stabilisierungen und Veränderungen von Infrastrukturen (die Errichtung eines Einkaufszentrums als Folge des Ausbaus der Verkehrswege in einem bestimmten Gebiet, sowie – langfristig betrachtet – weitere Folgen, etwa die Präzedenzwirkungen in weiteren Problemlagen vergleichbarer Art, aber auch unerwünschte Nebenwirkungen: das am Stadtrand gebaute Einkaufszentrum führt zur Schließung kleinerer Geschäfte im alten Stadtkern). Nur soweit derartige Folgen beabsichtigt sind oder doch in Kauf genommen werden, handelt es sich nach der hier verwendeten Terminologie um Bewirkungen.[80]

23

Soweit Maßnahmen **januskӧpfig** sind, d.h. etwa für den einen eine **Begünstigung**, für den anderen eine **Belastung** darstellen – etwa bei Subventionen –[81], können die rechtlichen Formungsanforderungen jeweils unterschiedlich ausfallen. Die Zufügung eines Wettbewerbsnachteils für den Konkurrenten des Subventionierten ist regelhaft nicht Ziel der Subvention, aber absehbare Folge. Ob es zur rechtlichen Erfassung dieser Folge ausreicht, den den Subventionierten begünstigenden Verwaltungsakt zugleich als mittelbar belastenden Verwaltungsakt für den Konkurrenten anzusehen und ob die Wirkungen auf ihn zum Anlass besonderer Formungen zu nehmen sind, bedarf angesichts der Bedeutung der (Be-) Wirkungsebene einer eigenständigen Prüfung. Zu beachten ist auch bei der rechtlichen Formung des Verwaltungshandelns, dass die mit der Maßnahme typischerweise verbundenen Rechtmäßigkeitsanforderungen und Rechtsfolgen nicht für beide betroffenen Seiten voll identisch sind.

24

Die verschiedenen (Be-)Wirkungsdimensionen haben für die Verwaltung eine wachsende Bedeutung, soweit das Verwaltungshandeln den Besonderheiten des Gewährleistungsstaates Rechnung trägt. Das „**Gewährleistungsverwaltungsrecht**"[82] zielt nämlich in vielerlei Hinsicht auf administrative Handlungen, die erst durch die Reaktionen im betroffenen sozialen Feld zur Erreichung der erstrebten Wirkungen führen. So ist die Regulierung von gesellschaftlicher Selbstregulierung[83] darauf ausgerichtet, die Problembewältigung im gesellschaft-

25

---

[79] → Bd. I *Voßkuhle* § 1 Rn. 32 m.w.N. in Fn. 170. Zu den Begriffen s. ferner → Bd. I *Franzius* § 4 Rn. 70 ff.; *Wolfgang Hoffmann-Riem*, Governance im Gewährleistungsstaat, in: Gunnar Folke Schuppert (Hrsg.), Governance-Forschung: Vergewisserung über Stand und Entwicklungslinien, 2. Aufl. 2006, S. 195 (211 ff.); *ders.*, Tendenzen in der Verwaltungsrechtsentwicklung, DÖV 1997, S. 433 ff.; *Frank Nullmeier*, Output-Steuerung und Performance Measurement, in: Bernhard Blanke u.a. (Hrsg.), Handbuch zur Verwaltungsreform, 4. Aufl. 2011, S. 465 ff.

[80] Zu rechtlichen Folgerungen s. → Rn. 28 u. 53.

[81] Zu ihnen – statt vieler – *Maurer*, VerwR § 17.

[82] Siehe *Andreas Voßkuhle*, Beteiligung Privater an der Wahrnehmung öffentlicher Aufgaben und staatlicher Verantwortung, VVDStRL, Bd. 62 (2003), S. 266 (305 ff.). Vgl. a. → Bd. I *ders.* § 1 Rn. 61, *Schulze-Fielitz* § 12 Rn. 154 ff., *Burgi* § 18 Rn. 79 f. Zur Gewährleistungsrechtsprechung s. *Wolfgang Hoffmann-Riem*, Gewährleistungsrecht und Gewährleistungsrechtsprechung am Beispiel regulierender Selbstverwaltung, in: FS Reiner Schmidt, 2006, S. 447 ff.

[83] Siehe a. → Bd. I *Eifert* § 19 Rn. 52 ff.

lichen Raum zu ermöglichen und durch Rahmensetzungen, Strukturvorgaben, Spielregeln u.a. deren hinreichende Qualität zu sichern. Beispielsweise setzt die Verwaltung im Kontext des stimulierenden Verwaltungshandelns[84] Anreize in der Erwartung, dass sie das erwünschte Verhalten von Privaten auslöst. Innovationssteuerndes Verwaltungshandeln[85] kann durch Maßnahmen der Förderung, aber auch der Vorsorge und Gefahrenabwehr einen Möglichkeitsraum für Innovationen schaffen, ohne dadurch das Stattfinden von **Innovationen** oder gar von gesellschaftsverträglichen Innovationen zwingend zu sichern.[86] Auf die verbesserte Erreichung der Bewirkungen der verschiedenen Grade kann auch die Kombination bzw. der **Mix unterschiedlicher Rechts-, Handlungs- und gegebenenfalls Bewirkungsformen** ausgerichtet sein, etwa das Zusammenspiel der seit langem ausgebildeten Rechtsformen des Ordnungsrechts – z.B. Festsetzung von Grenzwerten – mit ökonomischen Instrumenten – wie Subventionen[87] und dem Handel mit Emissionsrechten[88] – oder das Ineinandergreifen der Formen von Fremd- und Selbstkontrolle im Bereich des Umweltaudits.[89] Letzteres kann beispielsweise darauf ausgerichtet sein, einerseits Gefahrenvorsorge zu betreiben, aber andererseits auch Impulse für die betroffenen Betriebe zu setzen, ihre Organisations- und Arbeitsstrukturen so zu ändern, dass nicht nur die Überwachungsziele erreicht, sondern z.B. die interne Arbeitseffizienz und damit auch die gesamtwirtschaftlich wichtige Produktivität gesteigert werden.

26 Da die Rechtswissenschaft seit jeher eine gewisse Scheu hat, die nicht in Rechtsformen oder rechtlich strukturierten Handlungsformen abgebildeten Maßnahmen und die von ihnen ausgelösten Wirkungen in den Blick zu nehmen,[90] darf es nicht überraschen, dass die rechtliche **„Formung" der verschiedenen Bewirkungsmöglichkeiten** noch nicht abgeschlossen ist und außerhalb der Bewirkungen ersten Grades vielfach keine Notwendigkeit dafür gesehen wird. Auch fällt die Formung von Bewirkungsfaktoren schwer und kann gegebenenfalls sogar kontraproduktiv sein, soweit Bewirkungen im Zusammenspiel (gegebenenfalls in rekursiver Verkoppelung) unterschiedlicher Handlungs- und Bewirkungsfaktoren angestrebt werden.[91] Letztlich wird die Abklärung entsprechender Formungsbedarfe und -möglichkeiten nur gelingen, wenn die Rechtswissenschaft ihre Aufmerksamkeitsebenen ausbaut und auch die verschiedenen (Be-)Wirkungsebenen in ihrer (relativen) Eigenständigkeit wahrnimmt und gegebenenfalls als rechtserheblich anerkennt. Damit können das Recht und die Rechtswissenschaft allerdings immer

---

[84] Dazu → Bd. I *Hoffmann-Riem* § 10 Rn. 127; Bd. II *Sacksofsky* § 40.
[85] → Bd. I *Hoffmann-Riem* § 10 Rn. 128 ff.; Bd. II *Pitschas* § 42 Rn. 233 ff.
[86] Dazu vgl. *Wolfgang Hoffmann-Riem*, Risiko- und Innovationsrecht im Verbund, DV, Bd. 38 (2005), S. 145 ff.; *ders.*, Innovationsoffenheit und Innovationsverantwortung durch Recht. Aufgaben rechtswissenschaftlicher Innovationsforschung, AöR, Bd. 131 (2006), S. 255 ff.; *ders.*, Rückblick auf das Projekt „Recht und Innovation", in: Martin Eifert/Wolfgang Hoffmann-Riem (Hrsg.), Innovation, Recht und öffentliche Kommunikation, 2011, S. 295 (307 ff.).
[87] → Bd. I *Schulze-Fielitz* § 12 Rn. 45 f.; Bd. II *Sacksofsky* § 40 Rn. 7, 13.
[88] Dazu vgl. *Sparwasser/Engel/Voßkuhle*, UmweltR, § 2 Rn. 121 ff., insbes. 125 f. S.a. → Bd. II *Sacksofsky* § 40 Rn. 15, 61 ff.
[89] → Bd. II *Michael* § 41 Rn. 44. Vgl. a. → Bd. I *Schuppert* § 16 Rn. 91 ff., *Eifert* § 19 Rn. 90.
[90] Siehe o. → Fn. 78.
[91] Vgl. a. → Bd. I *Voßkuhle* § 1 Rn. 34, *Franzius* § 4 Rn. 80 sowie zur Fehleranfälligkeit der Steuerung durch Anreize → Bd. II *Sacksofsky* § 40 Rn. 105.

A. Orientierungen einer Formenlehre

komplexer werden.⁹² Systematisierungsleistungen können heute nicht mehr so „einfach" erfolgen, wie zu Zeiten *Otto Mayers*. *Eberhard Schmidt-Aßmanns* Ausarbeitung zum „Allgemeinen Verwaltungsrecht als Ordnungsidee" zeigt schon die Notwendigkeit zunehmender Ausdifferenzierung. Der verstärkte Einbau der (Be-)Wirkungsebenen in die Systembildung der Verwaltungsrechtswissenschaft wird dazu zwingen, das Bild noch komplexer zu zeichnen; als „Belohnung" aber besteht eine Aussicht auf **größere Praxisnähe** durch Einbeziehung der verschiedenen Dimensionen praxisrelevanter Rechtswissenschaft.⁹³

Zur Vermeidung von Missverständnissen sei betont, dass zu den eben behandelten (Be-)Wirkungen nicht die administrative Entscheidung als **Output** des Verwaltungshandelns gezählt werden soll. Zum Output gehört etwa der Erlass des Verwaltungsakts oder der Abschluss eines Verwaltungsvertrages selbst.⁹⁴ Der Begriff der Bewirkungsformen soll vielmehr nur rechtlich „geformte" Maßnahmen zur Erreichung der über die Schaffung solcher Rechtsakte hinausgehenden angestrebten Wirkungen erfassen. Er ist insbesondere auf die in der Rechtsordnung vorgesehenen Maßnahmen zur Sicherung der Bewirkungen ersten Grades bezogen. 27

Besonders schwierig ist die rechtliche Unterscheidung von Handlungs- und Bewirkungsebenen, wenn die (beabsichtigten) Wirkungen erst durch die **Zwischenschaltung eines Dritten** entstehen, wie etwa häufig bei staatlichem Informationsverhalten, das zu entsprechendem Verhalten (etwa der Konsumenten) führt, das letztlich nachteilig für weitere Personen (etwa Verkäufer oder Dienstleister) wirkt. Rechtliche Anforderungen können insoweit nur an die dem Staat zurechenbare Ausgangshandlung (etwa die Informationsgewährung) geknüpft werden, nicht etwa an das dadurch ausgelöste, im Belieben stehende Verhalten Dritter. Daher empfiehlt es sich nicht, die Einwirkungen durch diese zwischengeschalteten Dritten selbst der Rubrik der (staatlichen) Bewirkungsformen zuzuordnen. 28

Zielt das Informationshandeln (als Realhandeln bzw. schlichtes Verwaltungshandeln) auf die (meist nur mittelbare) Wirkung bei den weiteren Personen (in obigem Beispiel den Verkäufern oder Dienstleistern) oder nimmt es diese mindestens billigend in Kauf⁹⁵, kann dieser Umstand auf die rechtlichen Voraussetzungen der Handlungsform (hier der Informationsgewährung) zurückwirken. Nach der Rechtsprechung sind die für Eingriffe maßgebenden rechtlichen Anforderungen auch einzuhalten, wenn eine staatliche Tätigkeit (prototypisch etwa eine Informationstätigkeit) in der Zielsetzung und in den Wirkungen Ersatz für eine staatliche Maßnahme ist, die als Eingriff zu qualifizieren wäre **(funktionales Äquivalent eines Eingriffs).**⁹⁶ Das bedeutet nicht notwendig, dass nur die ausdrücklich für solche Eingriffe verfügbaren Rechts- und Handlungsformen zur Erfüllung der öf-

---

⁹² Darauf ist bei der Zuteilung von Entscheidungsverantwortung, insbes. der Zuordnung von administrativen Eigenständigkeiten und gerichtlicher Kontrolle, Rücksicht zu nehmen, → Rn. 120 sowie Bd. I *Hoffmann-Riem* § 10 Rn. 83 ff.
⁹³ Siehe aber auch unten → Rn. 119.
⁹⁴ Siehe a. → Bd. I *Voßkuhle* § 1 Rn. 32, *Franzius* § 4 Rn. 70 f.
⁹⁵ Siehe hierzu BVerfG, NJW 2011, S. 511 ff.
⁹⁶ Dazu s. BVerfGE 105, 252 (273); 105, 279 (303); BVerwG, NJW 2006, S. 1303 (1304); die rechtliche Handhabbarmachung von Informationen wurde – insbes. durch die Gerichte – für den Fall von Eingriffen entwickelt und für Informationsansprüche durch neue gesetzliche Regelungen wie das Umweltinformationsgesetz, das Informationsfreiheitsgesetz oder zuletzt das Verbraucherinformationsgesetz begleitet.

fentlichen Aufgabe eingesetzt werden dürfen, wohl aber, dass die für Eingriffe geltenden rechtlichen Restriktionen auch zu beachten sind, wenn Bewirkungen durch funktionale Äquivalente eines Eingriffs erzielt werden.[97] Abzulehnen ist demgegenüber die Forderung, dass jegliche beeinträchtigenden Wirkungen durch Realhandeln, also auch soweit es sich nicht um funktionale Äquivalente von Eingriffen handelt, den spezifischen rechtlichen Voraussetzungen von Eingriffen zu unterwerfen sind und deshalb in einer gesetzlichen Ermächtigung fundiert und entsprechend rechtlich geformt sein müssen.[98]

4. Kein Exklusivitätsverhältnis zwischen Rechts-, Handlungs- und Bewirkungsformen

29 Bei den Bemühungen um die Erfassung und Systematisierung der Erscheinungen rechtlich ausgestalteter Formungen ist zu berücksichtigen, dass die (heuristischen) Begriffe Rechts-, Handlungs- und Bewirkungsformen nicht derart im Exklusivitätsverhältnis zueinander stehen, dass ein Verwaltungshandeln stets nur durch eine der drei Formen geprägt oder gekennzeichnet ist. Es gibt **Kumulationen, Überlappungen und fließende Übergänge**; insbesondere ist zu beachten, dass der Begriff der Bewirkungsformen auf einer anderen Bezugsebene (der Bewirkungsdimension) angesiedelt ist als die beiden anderen Begriffe, die sich auf jedwedes Verwaltungshandeln beziehen können, also auch auf das Bewirkungshandeln. Der Begriff der Bewirkungsform soll die Aufmerksamkeit auf eine in der Dogmatik meist vernachlässigte, für die Arbeitspraxis der Verwaltung aber sehr wichtige Dimension richten.

Trotz Überschneidungen kann es bei der rechtlichen Durchdringung insbesondere komplexen Verwaltungshandelns sinnvoll sein, ein konkretes Verwaltungshandeln darauf zu besehen, welcher der Formungstypen verwendet, also insbesondere, welche Handlungsform gewählt wurde, wieweit eine spezifische Rechtsform genutzt wurde und ob zusätzliche Bewirkungsformen eingesetzt wurden. Durch die drei Begriffe werden die je spezifischen **Fokussierungen der Blickrichtung** gekennzeichnet. Der Umgang mit den verschiedenen Blickrichtungen wird allerdings schwierig, wenn Rechts-, Handlungs- und Bewirkungsformen einander so überlagern, dass es allenfalls für analytische Zwecke und gegebenenfalls nur unter Einsatz von Fiktionen gelingt, sie auseinander zu halten. So enthalten die polizeilichen Standardmaßnahmen, wie etwa das Anhalten oder die Durchsuchung, neben der (gegebenenfalls fingierten) Grundverfügung zugleich vollstreckungsrechtliche Elemente.[99] Ein andersartiges Beispiel möglicher Zuordnung von Handlungs- und Bewirkungsebene stellt der sofortige Vollzug oder die „unmittelbare Ausführung" im Polizeirecht dar, bei denen ein

---

[97] Siehe auch → Rn. 113 sowie → Fn. 215.
[98] Zu diesem Problemfeld s. → Bd. I *Hoffmann-Riem* § 10 Rn. 137; *Christian Bumke*, Publikumsinformationen – Erscheinungsformen, Funktionen und verfassungsrechtlicher Rahmen einer Handlungsform des Gewährleistungsstaates, DV, Bd. 37 (2004), S. 3 ff., insbes. 11 ff.; → Bd. II *Gusy* § 23 Rn. 101 f., 104, *Pitschas* § 42 Rn. 87 f. S. aber demgegenüber auch *Friedrich Schoch*, Entformalisierung staatlichen Handelns, in: HStR III, § 37 Rn. 53 ff., insbes. 72 ff. m. w. N., der insoweit allerdings den Eingriffscharakter bejaht.
[99] Vgl. *Würtenberger/Heckmann*, PolizeiR, Rn. 317. Näher zu Vollstreckungsvoraussetzungen und -mitteln → Bd. III *Waldhoff* § 46 Rn. 106 ff.

Zwangseinsatz ohne vorausgehenden Verwaltungsakt erfolgt bzw. Grundverfügung und Zwangsmittel zusammenfallen.[100]

III. Vorbildfunktion des Verwaltungsakts für die überkommene Rechtsformenlehre bei einzelfallbezogenem Verwaltungshandeln

Die Einbettung der überkommenen Rechtsformenlehre in das Bemühen um die Befriedigung rechtsstaatlicher Desiderata und die Ahnherrenschaft *Otto Mayers*[101] machen verständlich, dass der Prototyp dieser Rechtsformenlehre im Hinblick auf **einzelfallbezogenes Verwaltungshandeln** der **Verwaltungsakt** ist (unter Einschluss der Allgemeinverfügung[102], s. § 35 S. 2 VwVfG). Mit der Wahl dieser Rechtsform sind regelmäßig bestimmte Wirkungsfaktoren verbunden, die sich jedenfalls teilweise, aber doch auf kennzeichnende Weise von denen anderer Rechtsformen unterscheiden.[103] Typisch für den Verwaltungsakt sind – wie oben angedeutet[104] – beispielsweise bestimmte **Bindungswirkungen**[105] (Verbindlichkeit für den Bürger, Bestandskraft gegenüber der erlassenden Behörde,[106] Tatbestandswirkung für andere Hoheitsträger u.a.) sowie Möglichkeiten zur Aufweichung der Bindung (bedingt durch Nebenbestimmungen oder die allgemeinen Regeln über Widerruf und Rücknahme), aber auch **Vollstreckungswirkungen** (Titel- und Vollstreckungsfunktion des Verwaltungsakts[107]). Früher wurde auch die **Rechtsschutz eröffnende Funktion** betont;[108] heute sind mit den Formen des Verwaltungsakts in prozessualer Hinsicht nur noch gewisse Weichenstellungen verbunden, so in Richtung auf die Anfechtungs- oder Verpflichtungsklage.[109]

Die Zentralfunktion der Rechtsform des Verwaltungsakts begründet zugleich Ansatzpunkte der **Kritik,** so als *Hans Zacher* den Verwaltungsakt als „begriffsjuristischen Popanz in der Mitte des Systems des Verwaltungshandelns" kriti-

---

[100] Beide Rechtsinstitute sind in den verschiedenen Landespolizeigesetzen allerdings zum Teil unterschiedlich ausgestaltet: Zum Teil gibt es beide parallel, zum Teil nur eines von beiden, s. *Erhard Denninger*, Polizeiaufgaben, in: Lisken/Denninger (Hrsg.), HPolizeiR, E. Rn. 165 ff.

[101] Siehe *Mayer*, VerwR I, S. 92 ff. Vgl. → Bd. I *Stolleis* § 2 Rn. 60 ff.

[102] Zur Abgrenzung einer adressatenbezogenen Allgemeinverfügung gegenüber einem Rechtssatz OVG Saarlouis, NVwZ 2011, S. 190 ff.

[103] → Bd. II *Bumke* § 35 Rn. 2 und passim. *Bumke* betont in Rn. 81 ff. weiter die Gestaltungs- und Stabilisierungsfunktion des Verwaltungsakts. In der Literatur werden etwa herausgearbeitet: Die Konkretisierungsfunktion, die Titel- bzw. Vollstreckungsfunktion, die Verfahrensfunktion und die Rechtsschutzfunktion (so etwa *Kyrill-Alexander Schwarz*, in: Hk-VerwR, § 35 VwVfG Rn. 65 ff.). Ferner werden beispielsweise benannt: Klarstellungs-, Rechtssicherheits-, Stabilisierungs- und Bindungsfunktionen.

[104] → Rn. 2. Aus der Literatur s. statt vieler *Ruffert*, Bedeutung (Fn. 50), § 21 Rn. 7 ff.

[105] → Bd. II *Bumke* § 35 Rn. 42 ff.

[106] Diese ist aber in unterschiedlichen Rechtsgebieten unterschiedlich ausgestaltet, so im Sozialrecht (§ 44 SGB X) anders als allgemein im Verwaltungsrecht (s. §§ 48 ff. VwVfG).

[107] Siehe statt vieler *Krause*, Rechtsformen (Fn. 15), S. 184 f.; *Udo Di Fabio*, System der Handlungsformen und Fehlerfolgenlehre, in: Becker-Schwarze u.a. (Hrsg.), Wandel der Handlungsformen (Fn. 45), S. 47 (49).

[108] → Bd. II *Bumke* § 35 Rn. 13; *Ruffert*, Bedeutung (Fn. 50), § 21 Rn. 3 f. Diese Funktion hat heute unter der Geltung des Art. 19 Abs. 4 GG nicht mehr ihre ursprüngliche Bedeutung, s. BVerwGE 60, 144 (148); 77, 268 (271 f.).

[109] Vgl. dazu *Ossenbühl*, Handlungsformen (Fn. 3), S. 683 f.; *Krause*, Rechtsformen (Fn. 15), S. 176 ff.; → Rn. 57 sowie → Bd. II *Bumke* § 35 Rn. 73 mit Fn. 269.

sierte[110] oder *Joachim Martens*[111] ihn als Relikt obrigkeitsstaatlicher Denktraditionen stigmatisierte. Da die rechtliche Formung des Verwaltungsakts auch Vergleichsmuster der Herausbildung anderer Rechts- und Handlungsformen geworden ist, kann Kritik an ihm auf die Rechtsformenlehre insgesamt ausstrahlen.[112] Die Kritik der Verankerung des Verwaltungsakts in obrigkeitlichen Konzepten[113] oder der Begriffsjurisprudenz sind allerdings bei der hier befürworteten Differenzierung unberechtigt; insbesondere übersieht sie die Vielfalt der Erscheinungsformen des Verwaltungsakts. Eher berechtigt ist die Kritik an dem (zu) hohen – von konkreten Aufgaben, Zwecken, Interessen und Wirkungen abgelösten und Differenzierungen nivellierenden – **Abstraktionsgrad des Begriffs** und der tatbestandlichen Einzelelemente sowie der ausgelösten Rechtsfolgen.[114] Dies kann angesichts der gestiegenen Ausdifferenzierung der Rechtsordnung kontraproduktiv sein oder zumindest zur Ergänzung durch bereichsspezifische Rechts- und Handlungsformen – jedenfalls zur Herausarbeitung von spezifisch eingegrenzten **Verwaltungsakts-Typen**[115] – nötigen.[116] Auch die „Entfremdung von der Wirklichkeit" wird als „Kehrseite der Perfektionierung der Formenlehre" bezeichnet.[117] Die oben befürwortete Ausweitung des Blicks auf Handlungs- und Bewirkungsformen soll gerade dazu beitragen, die rechtswissenschaftliche Formenlehre (wieder) mit der **Wirklichkeit der sehr vielfältigen Praxis** zu versöhnen. Dies setzt allerdings Weiterentwicklungen der traditionellen Formenlehre voraus.

32 Der **Abstraktionsgrad der traditionellen Formenlehre** wird andererseits gerade wegen der dadurch bewirkten Distanzschaffung auch positiv bewertet.[118] Es dürfte sachgerecht sein, die Rechtsformen gegenstands- oder problembezogen weiter auszudifferenzieren und zu systematisieren. So verschleiert der Verweis auf die übergreifende Rechtsform des Verwaltungsakts, dass es eine Vielfalt unterschiedlicher Typen von Verwaltungsakten gibt, die ihrerseits nach spezifischer Systematisierung und damit nach Ordnung rufen.[119] Ferner ist darauf zu reagie-

---

[110] *Franz Zacher*, Die Sozialversicherung als Teil des öffentlichen Rechts, in: FS Kurt Jantz, 1968, S. 29 (38).
[111] *Joachim Martens*, Die Praxis des Verwaltungsverfahrens, 1985, S. 159 ff.; *ders.*, Der Bürger als Verwaltungsuntertan?, KritV 1986, S. 104 ff.
[112] Dabei ist allerdings zunächst zu klären, inwieweit die Kritik berechtigt ist, also z. B., ob der Verwaltungsakt sich zwischenzeitlich hinreichend von seinem obrigkeitsstaatlichen Element emanzipiert hat oder doch jedenfalls auch ohne Verhaftung an die Tradition nutzbar ist; so etwa zutreffend → Bd. II *Bumke* § 35 Rn. 41.
[113] Zur Frage der Berechtigung der Kritik s. a. *Ruffert*, Bedeutung (Fn. 50), § 21 Rn. 1 mit Fn. 1.
[114] Zur Kritik s. etwa *Rainer Pitschas*, Entwicklung der Handlungsformen im Verwaltungsrecht – Vom Formendualismus des Verwaltungsverfahrens zur Ausdifferenzierung der Handlungsformen, in: Willi Blümel/Rainer Pitschas (Hrsg.), Reform des Verwaltungsverfahrensrechts, 1994, S. 229 (244 ff.).
[115] → Bd. II *Bumke* § 35 Rn. 87 ff. Zum – in der öffentlich-rechtlichen Literatur meist vernachlässigten – Justizverwaltungsakt s. etwa *Sebastian Conrad*, Der sogenannte Justizverwaltungsakt, 2011.
[116] Vgl. aber die Kritik von *Krause*, Rechtsformen (Fn. 15), S. 381: Die Aufgabe des Verwaltungsrechts, das Verwaltungshandeln prospektiv, institutionell und restriktiv einzufangen, ist noch nicht geleistet, wenn die Zuordnung zum Begriff des Verwaltungsakts gelungen ist.
[117] → Bd. II *Michael* § 41 Rn. 3.
[118] So etwa *Schmidt-Aßmann*, Rechtsformen (Fn. 12), S. 536 f.; *ders.*, Ordnungsidee, Kap. 6 Rn. 20.
[119] → Bd. II *Bumke* § 35 Rn. 87 ff. Aus der allgemeinen Literatur vgl. statt vieler *Achterberg*, VerwR, § 20 Rn. 67 ff.; *Maurer*, VerwR, § 9 Rn. 44 sowie *Schwarz*, in: Hk-VerwR, § 35 VwVfG Rn. 20 ff. Vorgeschlagen bzw. referiert wird dort folgende Systematisierung: I. Systematisierung nach dem Inhalt des

A. Orientierungen einer Formenlehre

ren, dass die verschiedenen Teile des Besonderen Verwaltungsrechts eigenständige Ausformungen und Weiterentwicklungen erfahren haben[120] und unterschiedliche Zuordnungen verschiedener Teilakte (etwa miteinander verkoppelte Stufungen[121]) kennen. Auch kann es sinnvoll sein, in **je unterschiedlichen Referenzgebieten** je unterschiedliche gebietsbezogene Rechts- und Handlungsformen herauszuarbeiten. Beispielsweise kennt das Recht der Netzwirtschaften die Rechtsform der Versteigerung (§ 61 Abs. 5 TKG). Die **Versteigerung** ist eine in einem gestuften Verwaltungsverfahren nutzbare Alternative des Verfahrens der Lizenzzuteilung.[122] Die Teilhabe am Versteigerungsverfahren und damit auch die Zuschlagserteilung setzen die Prüfung der Mindestanforderungen an die Eignung voraus.[123] An die Zuschlagserteilung knüpft die Frequenzzuteilung an (insbesondere §§ 55, 60 TKG). Zur Frequenzzuteilung darf es aber nur kommen, wenn zuvor die verschiedenen internationalen und nationalen Planungsstufen der Frequenzordnung durchlaufen sind (nach deutschem Recht: §§ 52 ff. TKG). Natürlich kann es in bestimmten Hinsichten (z. B. bei der Ermittlung der Klageart) Sinn machen, jeden Einzelakt einer abstrakten Rechtsform zuzuordnen, etwa die Frequenzzuteilung als Verwaltungsakt zu behandeln. Dessen inhaltliche Verzahnung mit den vorgelagerten Maßnahmen, die gegebenenfalls sehr komplex und höchst unterschiedliche Rechts- und Handlungsformen nutzen (z. B. Plan, Verordnung), muss dann aber anderweitig gesichert werden. Ähnlich komplex sind die Rechts- und Handlungsformen im Luftreinhalte- und Lärmschutzrecht (vgl. §§ 41 ff., 44 ff. BImSchG) oder im Geräte- und Produktsicherheitsrecht. Letzteres unterscheidet beispielsweise die **Akkreditierung** einer Zertifizierungsstelle von der **Zertifizierung** als Prüfungsbescheinigung. Die jeweiligen Regelungen knüpfen an diese Formen bestimmte Rechtsfolgen. Auch wenn sich Einzelelemente tradierter Rechtsformen wiederfinden lassen und dementsprechend traditionelle Klassifi-

---

Verwaltungsakts. 1. Verwaltungsakte mit beschränktem Regelungsgehalt. a) Die Teilgenehmigung. b) Der Vorbescheid. c) Der vorläufige Verwaltungsakt (vgl. hierzu *BVerwGE* 135, 238). d) Der vorsorgliche Verwaltungsakt. 2. Verwaltungsakte, die von der Mitwirkung anderer abhängig sind. a) Der mehrstufige Verwaltungsakt. b) Der mitwirkungsbedürftige Verwaltungsakt. 3. Sonstige Formen des Verwaltungsakts. a) Der verfügende Verwaltungsakt. b) Der gewährende Verwaltungsakt. c) Der gestattende Verwaltungsakt. d) Der feststellende Verwaltungsakt. e) Der rechtsgestaltende Verwaltungsakt. f) Der streitentscheidende Verwaltungsakt. g) Der dingliche Verwaltungsakt. h) Der Verwaltungsakt mit Dauerwirkung (zu letzterem gehören insbes. Verkehrszeichen: std. Rspr. *BVerwG*, NJW 2011, S. 1527 [1528]). II. Systematisierung nach der Form des Verwaltungsakts. 1. Schriftlicher oder beurkundender Verwaltungsakt. 2. Mündlicher Verwaltungsakt. 3. Konkludenter und fiktiver Verwaltungsakt. III. Systematisierung nach den Rechtswirkungen des Verwaltungsakts. 1. Der begünstigende Verwaltungsakt. 2. Der belastende Verwaltungsakt. 3. Der Verwaltungsakt mit Doppelwirkung. 4. Der privatrechtsgestaltende Verwaltungsakt. 5. Der „Schein"-Verwaltungsakt. 6. Der akzessorische Verwaltungsakt.

[120] Pilotfunktion hatte insofern das Abgabenrecht, s. §§ 73 ff. RAO 1919.

[121] Zu gestuften Verfahren s. u. → Fn. 273.

[122] Zur näheren Ausgestaltung s. statt vieler *Susanne Bumke*, Frequenzvergabe nach dem Telekommunikationsgesetz. Unter besonderer Berücksichtigung der Integration ökonomischer Handlungsrationalität in das Verwaltungsverfahren, 2006; *Klaas Kruhl*, Die Versteigerung knapper Frequenzen, 2003; *Jörn A. Kämmerer*, Gemeingüter unter dem Hammer, NVwZ 2002, S. 161 ff.; *Winfried Wegmann*, in: Franz J. Säcker (Hrsg.), Berliner Kommentar zum Telekommunikationsgesetz, 2. Aufl. 2009, § 61 Rn. 31 ff.; *Florian Becker*, Die Versteigerung von UMTS-Lizenzen: eine neuartige Form der Allokation von Rechten, DV, Bd. 35 (2002), S. 1 ff.; *Rüdiger Breuer*, Verfassungsrecht und Versteigerungsverfahren nach § 11 Telekommunikationsgesetz, in: FS Hartmut Maurer, 2001, S. 25 ff.

[123] Dazu vgl. *Bumke*, Frequenzvergabe (Fn. 122), S. 122 ff.

zierungen möglich erscheinen – so etwa die der Akkreditierung als Verwaltungsakt (§ 11 GPSG) –, sind mit einer solchen Qualifikation eines Teilakts keineswegs die wesentlichen Wirkungen in den Blick genommen[124] – so etwa die Art der Gewährleistung von Produktsicherheit durch Einwirkung auf die Voraussetzungen der Ermöglichung der (privatrechtlichen) Zertifizierung seitens der akkreditierten Stelle.[125]

33 Der Verwaltungsakt dient allerdings in allen Bereichen des Verwaltungshandelns – also nicht nur bei der eingreifenden, sondern auch bei der leistenden, planenden oder Infrastruktur bereit stellenden Verwaltungstätigkeit –[126] als Mittel, mit dem weiterhin typischen Entscheidungsergebnissen Form gegeben wird[127] und mit dem weiterhin typische Rechtsfolgen verbunden sind. Die praktische Brauchbarkeit einer Rechtsformenorientierung wird sich allerdings am ehesten weiter ausbauen lassen, wenn die hohe Abstraktionsebene verlassen wird, sobald rechtsgebietsbezogene Sonderentwicklungen es angezeigt erscheinen lassen, entsprechende Differenzierungen und Modifikationen in der Rechtsformenlehre vorzunehmen und die Systematisierung nicht allein an den für (jeden) Verwaltungsakt typischen Rechtsfolgen, sondern an **rechtsgebietsbezogenen typischen Rechtsfolgen** auszurichten (z. B. im Bau-, Telekommunikations-, Energie-, Sozialrecht u. ä.) sowie evtl. auch tatsächliche Folgen einzubeziehen. Für Differenzierungen besteht auch angesichts der europäischen Integration Anlass, da ausländische Rechtsordnungen zum Teil andere Systematisierungen kennen, die spätestens dann für das deutsche Recht folgenreich werden, wenn administrative Akte anderer Rechtsordnungen **transnationale Geltung** erlangen.[128]

IV. Ausweitung auf Formen von Realhandlungen und des schlichten Verwaltungshandelns

34 Die rechtliche Formung des Verwaltungshandelns in Gestalt anderer öffentlich-rechtlicher Willenserklärungen, des öffentlich-rechtlichen Vertrages – der als anerkannte Handlungsform erst relativ spät in die deutsche Verwaltungsrechtsdogmatik und das kodifizierte Recht aufgenommen worden ist – oder des Realakts ist meist geringer als die des Verwaltungsakts. Die begrenzte Formung kann an der Vielfalt von Erscheinungen studiert werden, die den Kategorien der **Realhandlungen** oder des **schlichten Verwaltungshandelns**[129] oder auch des **informalen Verwaltungshandelns**[130] zugeordnet werden. Zu erwähnen sind insoweit u. a.:[131]

---

[124] Näher dazu *Hermann Pünder*, Zertifizierung und Akkreditierung – Private Qualitätskontrolle unter staatlicher Gewährleistungsverantwortung, ZHR 2006, S. 567 ff.; *Andreas Voßkuhle*, Strukturen und Bauformen ausgewählter neuer Verfahren, in: Hoffmann-Riem/Schmidt-Aßmann (Hrsg.), Verwaltungsverfahren, S. 277 (310 ff., 318 ff.).
[125] Ob diese Hoheitsträger ist, ist umstritten. Dafür etwa *Voßkuhle*, Neue Verfahren (Fn. 124), S. 313; a. M. *Pünder*, Zertifizierung (Fn. 124).
[126] Zu den Grundmodi der Aufgabenwahrnehmung vgl. a. → Bd. I *Schulze-Fielitz* § 12.
[127] Vgl. *Schmidt-Aßmann*, Rechtsformen (Fn. 12), S. 536.
[128] → Rn. 83.
[129] → Bd. II *Hermes* § 39, dort (Rn. 23 ff.) auch „Bausteine einer Vertypung".
[130] → Bd. II *Fehling* § 38; *Schoch*, Entformalisierung (Fn. 98), § 37.
[131] Siehe etwa *Koch/Rubel/Heselhaus*, VerwR, § 3 Rn. 79; *Schuppert*, Verwaltungswissenschaft, S. 252 ff.; *Martin Schulte*, Schlichtes Verwaltungshandeln: verfassungs- und verwaltungsrechtsdogmatische

A. Orientierungen einer Formenlehre

- Vollzugs- und Erfüllungshandlungen (z. B. unmittelbarer Zwang);
- vorbereitende Handlungen mit rein faktischen Wirkungen, etwa Verständigungen im Vorfeld;[132]
- Wissenserklärungen (wie Auskünfte, Mitteilungen, Belehrungen, Hinweise);[133]
- Entwicklung von Konzepten und Strategien;
- Überprüfung von Entwürfen;[134]
- Duldung rechtswidrigen Verhaltens;[135]
- öffentliche Aufklärung, etwa Information über Rechte und Pflichten oder über Gefährdungslagen;[136]
- Empfehlungen und Warnungen;[137]
- Bekanntmachung von Standards, etwa im Arzneibuch[138] oder im Deutschen Lebensmittelbuch,[139] als BVT-Merkblätter im Bereich des Emissionsschutzrechts[140] oder als Amtliche Sammlung von Untersuchungsverfahren[141];
- dienstliche Beurteilungen;
- Monitoring[142];
- Errichtung und Unterhaltung öffentlicher Verkehrswege und Plätze;
- Errichtung und Betrieb öffentlicher Einrichtungen, wie etwa Schulen;
- Aufbau von Informationssystemen wie Datenbanken,[143] Registern[144] etc.;
- Unterhaltung von Kommunikationsnetzwerken.[145]

Die Leistungstauglichkeit solcher Kategorien besteht weniger in dem Zugriff auf typisiert feststehende Rechtsfolgen als in der systematisierenden **Bündelung typi-**

35

Strukturüberlegungen am Beispiel des Umweltrechts, 1995, S. 38 ff.; *Ehlers,* Verwaltung und Verwaltungsrecht (Fn. 36), § 1 Rn. 61 f.

[132] → Bd. II *Fehling* § 38 Rn. 28 f. Zu vorbereitenden Handlungen s. ferner *Ulrich Stelkens,* in: Stelkens/Bonk/Sachs (Hrsg.), VwVfG, § 35 Rn. 168.

[133] Dazu s. → Bd. II *Hermes* § 39 Rn. 52 f.; *Erbguth,* VerwR, § 23 Rn. 2; *Koch/Rubel/Heselhaus,* VerwR, § 3 Rn. 79.

[134] → Bd. I *Eifert* § 19 Rn. 72.

[135] Zu dieser Problematik s. *Georg Hermes/Joachim Wieland,* Die staatliche Duldung rechtswidrigen Verhaltens: Dogmatische Folgen behördlicher Untätigkeit im Umwelt- und Steuerrecht, 1988; s. aber auch *Wolfgang Hoffmann-Riem,* Verwaltungskontrolle – Perspektiven, in: Schmidt-Aßmann/Hoffmann-Riem (Hrsg.), Verwaltungskontrolle, S. 325 (354 ff.). S. a. → Bd. II *Fehling* § 38 Rn. 34, 130 mit Fn. 396.

[136] Siehe z. B. § 40 LFGB.

[137] Z. B. § 8 Abs. 4 Nr. 4, 10 GPSG; § 69 Abs. 4 AMG. Zu Empfehlungen und Warnungen allgemein s. *Christoph Gusy,* Verwaltung durch Information – Empfehlungen und Warnungen als Mittel des Verwaltungshandelns, NJW 2000, S. 977 ff.; *Markus Heintzen,* Die öffentliche Warnung als Handlungsform der Verwaltung?, in: Becker-Schwarze u. a. (Hrsg.), Wandel der Handlungsformen (Fn. 45), S. 167 ff. S. a. → Bd. II *Gusy* § 23 Rn. 104 ff.

[138] Siehe z. B. § 55 AMG.

[139] Siehe z. B. § 15 LFGB.

[140] Dazu vgl. *Martin Spieler,* Beste verfügbare Technik und Emissionsschutzrecht. Die BVT-Merkblätter und ihre Bedeutung im emissionsschutzrechtlichen Genehmigungsverfahren, 2006.

[141] Siehe z. B. § 55 a AMG; § 64 LFGB.

[142] Etwa nach § 51 LFGB.

[143] Siehe z. B. § 67 a AMG, § 33 MPG. Dazu s. a. → Bd. II *Holznagel* § 24 Rn. 55; bei der Veröffentlichung personenbezogener Daten aus solchen Datenbanken setzt aber auch die Europäische Grundrechtecharta Grenzen, vgl. *EuGH,* verb. Rs. C-92/09 u. C-93/09, JZ 2011, S. 201 ff.

[144] Das Strahlenschutzregister, s. § 112 StrlSchutzVO; → Bd. II *Holznagel* § 24 Rn. 51. Vgl. allg. → Bd. II *Ladeur* § 21 Rn. 30 ff.

[145] → Bd. II *Britz* § 26, *Holznagel* § 24; *Martin Eifert,* Electronic Government. Das Recht der elektronischen Verwaltung, 2006; *Hermann Hill/Utz Schliesky* (Hrsg.), Herausforderung e-Government, 2009

scher Erscheinungen der Verwaltungspraxis, um spezifische Merkmale erkennen und ihre Rechtserheblichkeit diskutieren zu können. Auch diesen Kategorien können daher insbesondere Speicher- und Entlastungsfunktionen zugeschrieben werden. Allerdings fällt es erheblich schwerer, mit der Wahl einer solchen „Form" administrativen Handelns sogleich typische Rechtmäßigkeitsvoraussetzungen, Rechtswirkungen sowie Rechtsschutz- und Vollstreckungsmöglichkeiten zu identifizieren. Es fehlt weitgehend an entsprechenden rechtlichen „Konfektionierungen". Sollen die bei den traditionell zur Rechtsformenlehre zählenden Vorteile rechtsstaatlicher Bestimmtheit u. ä. gleichwohl möglichst erfüllt werden, kann daran angeknüpft werden, ob/dass die Rechtsordnung zumindest die Voraussetzungen des Handelns näher regelt (insofern auch „formt"). Zu einer spezifischen, alle oder die meisten Erscheinungen auch abstrakt erfassenden Formenlehre sind die dogmatischen Bemühungen um die angesprochenen Erscheinungsformen des Verwaltungshandelns noch nicht gereift. Wohl aber wird an den jeweiligen Handlungsformen dieser Typen des Verwaltungshandelns gearbeitet.[146]

V. Formung von Normen

36   Zwar wird meist – wie hier auch – darauf verwiesen, dass der Verwaltungsakt Vorbildfunktion für die moderne Formenlehre hat. Dies ist insoweit richtig, als es um einzelfallbezogenes Verwaltungshandeln geht. Als ausgebildetes Rechtsinstitut älter und seit langem auch mit Formungsanforderungen verkoppelt sind **Rechtsnormen**[147] – und zwar das im Rechtsstaat besonders wichtige Parlamentsgesetz[148], aber auch die für die Verwaltung bedeutsamen untergesetzlichen Normen (Rechtsverordnung, Satzung). Rechtsnormen verdienen nicht nur als Rechtsquellen, sondern auch als Handlungsformen und als Steuerungsmittel die Aufmerksamkeit von Praxis und Theorie.

Unter Rechtsformaspekten ist das **Gesetz** als Handlungsform nicht besonders schwer zu bestimmen (vgl. z. B. Art. 78 GG)[149] und die Gesetzesvorbehalte geben an, wo diese Handlungsform unverzichtbar ist. Weniger eindeutig ist die Lösung, wenn Gesetze private Regelwerke – wie Standards – durch gesetzliche Verweisformeln zu Rechtsnormen „erheben".[150] Soweit es Wahlmöglichkeiten

---

[146] Vgl. → Bd. II §§ 38–41.

[147] Zum Begriff und zu den Arten s. statt vieler → Bd. I *Ruffert* § 17 Rn. 30 ff.; Bd. II *Hill/Martini* § 34 Rn. 18 ff.; *Ehlers*, Verwaltung und Verwaltungsrecht (Fn. 36), § 2 Rn. 7; *Möstl*, Handlungsformen (Fn. 18), § 19 und 20.

[148] → Bd. I *Reimer* § 9.

[149] Siehe aber *BVerfGE* 114, 196 (234 ff.): Qualifizierung der durch eine gesetzliche Änderung einer Verordnung geschaffenen Rechtsform als Verordnung.

[150] Dazu s. statt vieler *Lothar Michael*, Private Standardsetter und demokratisch legitimierte Rechtsetzung, in: Hartmut Bauer u. a. (Hrsg.), Demokratie in Europa, 2005, S. 431 ff. sowie aus der älteren Literatur *Rüdiger Breuer*, Direkte und indirekte Rezeption technischer Regeln durch die Rechtsordnung, AöR, Bd. 101 (1976), S. 46 ff.; *Peter Marburger*, Die Regeln der Technik im Recht, 1979; *Matthias Schwierz*, Die Privatisierung des Staates am Beispiel der Verweisungen auf die Regelwerke privater Regelgeber im technischen Sicherheitsrecht, 1986 sowie unten → Fn. 396. Vgl. weiterhin → Bd. I *Ruffert* § 17 Rn. 85 ff., *Eifert* § 19 Rn. 61 ff.; *Gunnar Folke Schuppert/Christian Bumke*, Verfassungsrechtliche Grenzen privater Standardsetzung – Vorüberlegungen zu einer Theorie der Wahl rechtlicher Regelungsformen (Regulatory Choice), in: Detlef Kleindiek/Wolfgang Oehler (Hrsg.), Die Zukunft des deutschen Bilanzrechts im Zeichen internationaler Rechnungslegung und privater Standard-

zwischen unterschiedlichen hoheitlichen Handlungsformen gibt, bedarf es einer konzeptorientieren Prüfung, wieweit die Form des Gesetzes – letzteres inhaltlich verstanden nicht nur als Ankoppelung der Exekutivgewalt an das volksgewählte Parlament, sondern auch als inhaltliche und verfahrensmäßige Gewährleistung einer hinreichenden Qualität staatlich verantworteter Aufgabenerfüllung[151] – der administrativen Rechtsetzung überlegen ist. Ferner ist zu klären, wie das Verhältnis des Gesetzes zur exekutivischen Rechtsetzung – verstanden als Fortsetzung und Verdichtung der aufgegebenen Qualitätsgewährleistung durch gesetzesakzessorische Normen (Maßstabsergänzung)[152] – am besten gestaltet wird. Wird – soweit es nicht um Grundrechtseingriffe geht – auch ein originäres Verordnungsrecht der Exekutive anerkannt,[153] gibt es zusätzliche Austauschmöglichkeiten mit anderen Formen exekutivischer Rechtsetzung. Während **Rechtsverordnungen** als gesetzesakzessorische exekutive Normsetzung und **Satzungen** als Normsetzung im Zuge autonomer (nur zum Teil gesetzesakzessorischer[154]) Gestaltung durch Selbstverwaltungsträger[155] seit langem durch die Art und den Inhalt der gesetzlichen Ermächtigungen und das Verfahren ihres Erlasses[156] geformt sind, ist dies für **Pläne**,[157] auch solche mit Normcharakter, oder für **Verwaltungsvorschriften** weniger der Fall. Soweit in der Literatur Formungserfordernisse für letztere behandelt werden, geschieht dies meist aus verfassungsrechtlicher Perspektive (etwa hinsichtlich der Frage, ob eine Verwaltungsvorschrift verfassungsrechtlich für die Herbeiführung der beabsichtigten Rechtsfolgen ausreicht). Verwaltungsvorschriften gibt es in großer inhaltlicher sowie terminologischer[158] Vielfalt und die Fragen ihrer dogmatischen Einord-

---

setzung, 2000, S. 71 ff.; *Steffen Augsberg*, Rechtsetzung zwischen Staat und Gesellschaft, 2003; *Florian Becker*, Kooperative und konsensuale Strukturen in der Normsetzung, 2005; *ders.*, Staatlich-private Rechtsetzung in globalisierten Finanzmärkten, ZG 2009, S. 123 ff.; *Anne Röthel*, Lex mercatoria, lex sportiva, lex technica – Private Rechtsetzung jenseits des Nationalstaates?, JZ 2007, S. 755 ff.; *Britta B. Wiegand*, Die Beleihung mit Normsetzungskompetenzen, 2008; *Klaus Rennert*, Beleihung zur Rechtsetzung?, JZ 2009, S. 976 ff.

[151] Dazu s. *Wolfgang Hoffmann-Riem*, Gesetz und Gesetzesvorbehalt heute. Zur Qualitäts-Gewährleistung durch Normen, AöR, Bd. 130 (2005), S. 5 ff.

[152] Dazu s. → Bd. I *Hoffmann-Riem* § 10 Rn. 85 f.

[153] → Bd. II *Hill/Martini* § 34 Rn. 24; *Johannes Saurer*, Die Funktionen der Rechtsverordnung, 2005, S. 354 ff.; *Christian Seiler*, Der einheitliche Parlamentsvorbehalt, 2000, S. 185 ff.

[154] Insofern bestehen – etwa im Verhältnis zur Rechtsverordnung – Unterschiede der Intensität der Gesetzesakzessorietät, zu ihnen s. etwa → Bd. II *Hill/Martini* § 34 Rn. 33 ff.

[155] Zum Unterschied von Verordnungen und Satzungen s. → Bd. II *Hill/Martini* § 34 Rn. 26; *Markus Heintzen*, Das Rangverhältnis von Rechtsverordnung und Satzung, DV, Bd. 29 (1996), S. 17 ff.; *Schmidt-Aßmann*, Ordnungsidee, Kap. 6 Rn. 84 ff.; *ders.*, Die Rechtsverordnung in ihrem Verhältnis zu Gesetz und Verwaltungsvorschriften, in: FS Klaus Vogel, 2000, S. 477 ff.; *Möstl*, Handlungsformen (Fn. 18), § 29 Rn. 1 ff., 11 ff.; *Koch/Rubel/Heselhaus*, VerwR, § 3 Rn. 109 ff.; *Erbguth*, VerwR, § 26 Rn. 2. Umfassend zur autonomen Normensetzung durch die Verwaltung *Fritz Ossenbühl*, Autonome Rechtsetzung der Verwaltung, in: HStR V, § 104.

[156] Dass hier aber noch weitere Strukturierungen möglich sind, zeigt beispielhaft der (allerdings folgenlos gebliebene) UGB-KomE (etwa §§ 24–30). Ob solche Feinarbeiten rechtspolitisch sinnvoll sind, ist eine andere Frage.

[157] → Bd. II *Köck* § 37; s. statt vieler ferner *Möstl*, Handlungsformen (Fn. 18), § 19 Rn. 11; zu unterschiedlichen Plantypen und den Schwierigkeiten ihrer rechtlichen Einordnung s. etwa *Maurer*, VerwR, § 16.

[158] → Bd. I *Ruffert* § 17 Rn. 67 benennt als Bezeichnungen: Runderlass, Richtlinie, Merkblatt, Verlautbarung, Mitteilung, Schreiben. *Möstl*, Handlungsformen (Fn. 18), § 19 Rn. 13 betont, dass auch Geschäftsordnungen als Verwaltungsvorschriften anzusehen sind.

nung[159] und ihrer Rechtswirkungen[160] für die Bürger (also nicht nur ihre unbestrittene Anleitungswirkung für die Verwaltung) führen noch immer zu erheblichen Kontroversen.[161] Ihre Einsetzungsfelder überschneiden sich zum Teil mit denen anderer Normen[162] bzw. es kommt zu arbeitsteiligen Verbundlösungen zwischen legislativen und administrativen Rechtsakten.[163] Die Versuche zur Typisierung sind dabei insbesondere von dem Wunsch getragen, die Art der Bindungswirkung bestimmen zu können. So werden insbesondere unterschieden:[164]

– Organisationsnormen einschließlich Verfahrensnormen;
– norminterpretierende Verwaltungsvorschriften;
– ermessenslenkende Verwaltungsvorschriften;
– normkonkretisierende Verwaltungsvorschriften;
– gesetzesvertretende Verwaltungsvorschriften.

37 Wird die Verwaltungsrechtswissenschaft als Steuerungswissenschaft verstanden, muss die Bedeutung der jeweils betroffenen **Norm als administratives Steuerungselement** nachdrücklich in den Blick geraten[165] und dies kann zu der Frage führen, ob Formungen – und welche – angezeigt sind, um die mit der Norm verkoppelten Bewirkungschancen zu verbessern. Anders formuliert: Wie kann insbesondere die mit den Rechtsfolgen von untergesetzlichen Normen verbundene Orientierungsfunktion ausgebaut werden? Welche typischen Wirkungsfaktoren sind mit solchen Normen verbunden (etwa: Entstehungsvoraussetzungen, möglicher Regelungsgehalt, Abhängigkeit der Gültigkeit von Fehlern, Bindungswirkungen, Vertrauensschutz, Rechtsschutz, Vollstreckbarkeit)? Derartige Fragen sind an anderer Stelle ausgebreitet worden.[166]

38 Nicht die Rechtsnatur einer außenwirksamen Norm, wohl aber den Charakter einer abstrakt-generellen Orientierung für die Amtswalter können **„weiche" Steuerungsmittel** wie **Leitbilder**,[167] **Verhaltenskodizes**[168], Konzepte und Strate-

---

[159] Hier geht es insbes. um die Frage nach der Zuordnung von Binnenrecht der Verwaltung zum Außenrecht in der Staat-Bürger-Beziehung. S. → Bd. I *Ruffert* § 17 Rn. 15 ff. Grundsätzlich kritisch zum „Import der Außenrechtskonzeption in den staatlichen Innenraum" sowie für eine systemtheoretische Neuordnung der Zuordnung *Markus Pöcker*, Die Verrechtlichung des staatlichen Innenraums, JZ 2006, S. 1108 ff. Zum Versuch einer Neubestimmung s. a. *Armin v. Bogdandy*, Gubernative Rechtsetzung, 2000, S. 439.
[160] Hier geht es insbes. um den über Art. 3 Abs. 1 GG bewirkten flexiblen (Ausnahmen von der Verbindlichkeit ermöglichenden) Geltungsmodus, s. *Walter Schmidt*, Staats- und Verwaltungsrecht, 3. Aufl. 1999, Rn. 180.
[161] Siehe dazu → Bd. II *Hill/Martini* § 34 Rn. 38 ff., 46 ff.
[162] Siehe → Bd. II *Hill/Martini* § 34 Rn. 3 (dort auch der Hinweis auf wechselseitige Austauschmöglichkeiten).
[163] Dazu s. → Bd. I *Eifert* § 19 Rn. 45.
[164] → Bd. I *Ruffert* § 17 Rn. 72 ff.; Bd. II *Hill/Martini* § 34 Rn. 40 ff.
[165] → Rn. 6. S. ferner grundlegend zu einem modernen Normenverständnis *Gunnar Folke Schuppert*, Governance und Rechtsetzung. Grundfragen einer modernen Regelungswissenschaft, 2011. Vgl. *Würtenberger/Heckmann*, PolizeiR, Rn. 317. Näher zu Vollstreckungsvoraussetzungen und -mitteln → Bd. III *Waldhoff* § 46 Rn. 106 ff.
[166] → Bd. I *Ruffert* § 17.
[167] Dazu s. → Bd. I *Voßkuhle* § 1 Rn. 42, *Franzius* § 4 Rn. 23 ff., *Ruffert* § 17 Rn. 79, *Eifert* § 19 Rn. 156; s. ferner *Jan Karstens*, Rechtliche Steuerung von Umweltinnovationen durch Leitbilder: Leitbilder als materieller Kern von regulierter Selbstregulierung, in: Martin Eifert/Wolfgang Hoffmann-Riem (Hrsg.), Innovation und rechtliche Regulierung, 2002, S. 50 ff.; *Jörg Knieling*, Leitbilder als Instrument des Stadtmanagements: Planungstheoretische Bezüge, Praxisbeispiele, Potenziale und Restriktionen,

gien[169] oder die aus **Leistungs- bzw. Zielvereinbarungen** u.a.[170] stammenden internen Vorgaben – aber auch die unter dem Begriff „soft law"[171] gebündelten Erscheinungen – annehmen. Soweit derartige Orientierungen das Optionenverhalten der Verwaltung steuern (sollen), können sie – etwa auf dem Wege der administrativen Selbstbindung (Art. 3 Abs. 1 GG) – auch für den Bürger Rechtswirkungen entfalten. Besonderen Formungsanforderungen unterliegen sie aber regelmäßig nicht.

Während Gesetze üblicherweise der Ausführung durch die Verwaltung bedürfen, gibt es auch sogenannte **Vollziehungsgesetze,** in denen der Gesetzgeber die Vollzugsentscheidung selbst trifft und der Verwaltung allenfalls noch die Vollstreckungshandlung überlässt.[172] Insbesondere bei Planungen von Großvorhaben hat der Gesetzgeber gelegentlich diese Handlungsform gewählt.[173] Aber auch sonst stellt sich die Frage, ob und wieweit Normen gegebenenfalls **auch ohne zusätzliche Vollzugsakte** im Einzelfall wirken können *(self-executing),* wie z.B. gesetzliche Altershöchstgrenzen für bestimmte Berufe (vgl. § 9 SchornsteinfegerG) oder ein Bebauungsplan, der die Bebaubarkeit eines Grundstücks entfallen lässt.

39

Soweit die Befolgung der in Normen enthaltenen Verhaltensanforderungen auf **zusätzliche Vollzugsakte** angewiesen ist, bedarf es allerdings regelmäßig der Konkretisierung der Norm in einem Verwaltungsakt, so dass die Bürger auf ergänzende Orientierungen durch den Verwaltungsakt vertrauen dürfen.[174] Angesichts der Steuerungswirkung von Normen wird sich künftig vermutlich vermehrt die Frage stellen, wieweit es sinnvoll ist und rechtsstaatlichen Anforderungen genügt, Normen so zu gestalten, dass es zusätzlicher Vollzugsakte oder gar gegebenenfalls ergänzender Vollstreckungsakte möglichst nicht bedarf.

---

in: Heidi Sinning (Hrsg.), Stadtmanagement, Strategien zur Modernisierung der Stadt-Region, 2006, S. 71 ff. Speziell zu „Staatsbildern" s. → Bd. II *Hill/Martini* § 34 Rn. 61 m.w.N. in Fn. 510.

[168] → Bd. I *Franzius* § 4 Rn. 29 f.

[169] → Bd. I *Hoffmann-Riem* § 10 Rn. 117 f.

[170] Dazu vgl. → Bd. II *Hill/Martini* § 34 Rn. 65 f., *Bauer* § 36 Rn. 55 ff., *Pitschas* § 42 Rn. 52 sowie *Hermann Hill*, Zur Rechtsdogmatik von Zielvereinbarungen in Verwaltungen, NVwZ 2002, S. 1059 ff. m.w.N. in Fn. 2; *Janis M. Baumert,* Die Leistungsorientierte Bezahlung im öffentlichen Dienst: auf Grundlage von § 18 TVöD (Bund) und dem LeistungsTV-Bund, 2010, Kapitel 5; *Daniel Thym*, Zielvereinbarungen im Schulrecht zwischen informeller Verwaltungspraxis und rechtlicher Steuerung, RdJB 2009, S. 278 ff.; *Volker Epping*, Verwaltungsreform als Verwaltungsaufgabe. Akteure, Mechanismen, Instrumente, VerwArch, Bd. 99 (2008), S. 423 (441 ff.); *Hans-Werner Laubinger*, Beamtenrechtliche Zielvereinbarungen, in: FS Heinrich Siedentopf, 2008, S. 611 ff.

[171] → Bd. I *Hoffmann-Riem* § 10 Rn. 12 mit Fn. 76.

[172] Zu solchen Gesetzen s. etwa *Karl M. Meesen*, Maßnahmegesetze, Individualgesetze und Vollziehungsgesetze, DÖV 1970, S. 314 (317 ff.); *Tanja Firgau*, Exekutivgesetze: ein verfassungsmäßiger Weg zur Beschleunigung von Planungsabläufen?, 1996; *Christine Reuschel-Czermak*, Die Genehmigung von Großvorhaben durch Errichtungs- bzw. Investitionsmaßnahmegesetz statt durch Verwaltungsakt, 1997.

[173] Vgl. etwa das Gesetz über den Bau der „Südumfahrung Stendal" der Eisenbahnstrecke Berlin-Oebisfelde vom 29. 10. 1993, BGBl I, S. 1906 f. Dazu s. *BVerfGE* 95, 1 (15 ff.). Kritisch dazu statt vieler *Willi Blümel*, Fachplanung durch Bundesgesetz (Legalplanung), DVBl 1997, S. 205 (211); *Ulrich Repkewitz*, Beschleunigung der Verkehrswegeplanung, VerwArch, Bd. 88 (1997), S. 137 (154). S. auch *Bernd Biervert*, Der Missbrauch von Handlungsformen im Gemeinschaftsrecht. Eine Untersuchung des gemeinschaftsrechtlichen Handlungsformensystems unter Einbeziehung der Rechtsordnungen Deutschlands, Frankreichs und Englands, 1999, S. 38 ff.

[174] Dies gilt gerade, wenn die Norm, insbes. als Eingriffsnorm, schwach operationalisierte Begriffe enthält. Zur Problematik s. etwa *Christoph Enders u.a.*, Musterentwurf eines Versammlungsgesetzes, 2011, S. 53, 55.

VI. Berücksichtigung von Multipolarität

40 Die tradierte Formenlehre des Verwaltungshandelns ist in erster Linie im Hinblick auf **bipolare Rechtsbeziehungen** entwickelt worden. Darin zeigt sich ihre Herkunft aus dem Eingriffsdenken, wie es für den am Modell der Trennung von Staat und Gesellschaft ausgerichteten liberalen Rechtsstaat prägend war. Die Rechtsordnung verarbeitet zunehmend multipolar ausgerichtete Verwaltungshandlungen, bei denen die Verwirklichung der Interessen des einen Betroffenen notwendig auf Kosten eines anderen geht[175] oder in denen die Erbringung von Leistungen durch Dritte erfolgt.[176] Auch auf solche **multipolaren (Vieleck-)Beziehungen** ist die Formenlehre auszurichten.[177]

Die Anerkennung rechtlicher Erheblichkeit von Wirkungen ist einer der Gründe, dass auch „Dritte" in den rechtlichen Blick geraten, denen gegenüber Rechtsfolgen zwar nicht direkt gesetzt werden, aber denen gegenüber durch die an andere gerichteten Rechtsakte Wirkungen – für oder gegen sie – ausgelöst werden. Insbesondere die Ausweitung subjektiver Rechte[178] und deren Zuerkennung auch an mittelbar betroffene Dritte schließt die Notwendigkeit ein, die Formen des Verwaltungshandelns auch mit Blick auf sie zu besehen und gegebenenfalls weiterzuentwickeln. Die Anerkennung des **Verwaltungsakts mit Drittwirkung** ist ein prominentes Ergebnis solcher Bemühungen.[179] Ein wichtiger Ausgangspunkt für diese Ausweitung des Blicks auf **multipolare Beziehungen** ist die Berücksichtigung von Drittbetroffenen einschließlich faktischer Wirkungen in der Grundrechtsdogmatik. Die zunehmende **Konstitutionalisierung der Rechtsordnung**,[180] also die (verfassungs-)rechtliche Durchdringung aller Rechtsbereiche, hat auch das Verwaltungshandeln erfasst. Infolge der Individualorientierung, insbesondere der **Subjektivierung des Rechtsschutzes** (Art. 19 Abs. 4 GG) und zwar tendenziell auch im Europarecht (s. Art. 263 Abs. 4 AEUV)[181·182], kommen vermehrt unterschiedliche Pole rechtlich geschützter In-

---

[175] So die Definition multipolarer Verwaltungsrechtsverhältnisse durch *Matthias Schmidt-Preuß*, Kollidierende Privatinteressen im Verwaltungsrecht. Das subjektive öffentliche Recht im multipolaren Verwaltungsrechtsverhältnis, 2. Aufl. 2005. Auf S. 9f. unterscheidet *Schmidt-Preuß* verschiedene Konstellationen solcher Rechtsbeziehungen. S.a. *Wolfgang Hoffmann-Riem*, Kontrolldichte und Kontrollfolgen beim nationalen und europäischen Schutz von Freiheitsrechten in mehrpoligen Rechtsverhältnissen, EuGRZ 2006, S. 249 ff.

[176] So beispielsweise im Sozialrecht, s. dazu statt vieler *Margarete Schuler-Harms*, Einbindung Dritter in die Sozialleistungsgewährung, VSSR, Bd. 3 (2005), S. 135 ff.; dies hat weit reichende Folgen für Handlungsformen, s. a. a. O., S. 144 ff., 157 ff.

[177] Vgl. etwa *Di Fabio*, Handlungsformen (Fn. 107), S. 49; → Bd. II *Bumke* § 35 Rn. 67. S. ferner unten → Rn. 110.

[178] Dazu s. statt vieler *Arno Scherzberg*, Subjektiv-öffentliche Rechte, in: Erichsen/Ehlers (Hrsg.), VerwR, § 12; → Bd. I *Masing* § 7.

[179] Zu derartigen Verwaltungsakten s. → Bd. II *Bumke* § 35 Rn. 67; ein Beispiel für einen solchen Verwaltungsakt mit Drittwirkung ist die Stellenbesetzung öffentlicher Ämter, die in die Rechte der unterlegenen Bewerber aus Art. 33 Abs. 2 GG eingreift, BVerwGE 138, 102 (105 ff.).

[180] Dazu s. etwa *Brun-Otto Bryde*, Konstitutionalisierung des Völkerrechts und Internationalisierung des Verfassungsrechts, Der Staat, Bd. 42 (2003), S. 61 ff.; *Gunnar Folke Schuppert / Christian Bumke*, Die Konstitutionalisierung der Rechtsordnung, 2000. S.a. → Bd. I *Schmidt-Aßmann* § 5 Rn. 1 ff., *Ruffert* § 17 Rn. 48 ff.

[181] Noch zur alten Rechtslage bei Ex-Art. 230 Abs. 4 EGV *EuGH*, Rs. C-362/06, Slg. 2009, I-2903 – Sahlstedt.

teressen in den Blick. Eine bestimmte Verwaltungsmaßnahme – etwa eine Baugenehmigung – ist für den Bauwilligen ein begünstigender Verwaltungsakt, für den Nachbarn aber gegebenenfalls eine Belastung durch mittelbare Wirkung und angesichts eines nahe gelegenen Naturschutzgebiets können Auswirkungen auf objektiv-rechtlich geschützte Gemeinwohlzwecke einzubeziehen sein.

Verwaltungshandeln ist nicht darauf beschränkt, nur die zu subjektiven Rechten erstarkten Interessenpositionen in den Blick nehmen zu können. Die oben erwähnten Begriffe Outcome und Impact[183] verweisen beispielhaft auf weitere Wirkungsdimensionen, die für die Verwaltung bei entsprechenden **objektiv-rechtlichen Vorgaben** verbindlich zu beachten sind oder die die Verwaltung jedenfalls beachten darf. Dadurch können gegebenenfalls auch weitere in ihren Interessen Betroffene – etwa entfernt wohnende Nachbarn, die subjektiv-rechtlichen Rechtsgüterschutz jedoch nicht in Anspruch nehmen können, oder Angehörige „zukünftiger" Generationen – in das Aufmerksamkeitsfeld der Verwaltung bei ihrem Handeln geraten. Insofern ist beispielsweise zu klären, ob eine auf die je verschiedenen Betroffenen begrenzte isolierte Betrachtung der eingesetzten Rechts-, Handlungs- und Bewirkungsformen angemessen ist oder ob dies zu einem Verlust an Komplexität der rechtlichen Erfassung führt. Eine Ausweitung des Blicks auf andere Interessenpositionen kann jedenfalls angezeigt sein, soweit Ermessens- und Gestaltungsentscheidungen nicht nur auf die Rechte direkt Betroffener ausgerichtet sind, sondern weitere Ziele, wie etwa die der Standortsicherung einer Gemeinde oder die Ankurbelung von Konjunktur, in den Blick nehmen (dürfen) – Bewirkungen dritten Grades –, gegebenenfalls selbst dann, wenn diese Ziele in der gesetzlichen Ermächtigung nicht aufgeführt sind, aber aufgrund anderer rechtlicher Vorgaben zulässigerweise verfolgt werden dürfen. Noch verzweigter wird das Feld betroffener Interessen und Betroffener in komplexen **Netzwerkbeziehungen**,[184] bei denen das Besondere der Vernetzung durch

---

[182] Der Vertrag von Lissabon hat die Individualnichtigkeitsklage (Art. 263 Abs. 4 AEUV) modifiziert; zu den Änderungen s. *Christoph Herrmann*, Individualrechtsschutz gegen Rechtsakte der EU „mit Verordnungscharakter" nach dem Vertrag von Lissabon, NVwZ 2011, S. 1352 ff.; *Niklas Görlitz/ Philipp Kubicki* ‚Rechtsakte „mit schwierigem Charakter", EuZW 2011, S. 248 ff.; *Matthias Kottmann*, Plaumanns Ende: Ein Vorschlag zu Artikel 263 Abs. 4 AEUV, ZaöRV 2010, S. 547 ff.; *Walter Frenz/Anna-Maria Distelrath*, Klagegegenstand und Klagebefugnis von Individualnichtigkeitsklagen nach Art. 263 IV AEUV, NVwZ 2010, S. 162 ff.; *Wolfram Cremer*, Zum Rechtsschutz des Einzelnen gegen abgeleitetes Unionsrecht nach dem Vertrag von Lissabon, DÖV 2010, S. 58 ff.; *Matthias Pechstein*, EU-Prozessrecht, 4. Aufl. 2011, S. 205 ff.; *Wolfram Cremer*, in: Calliess/Ruffert (Hrsg.), EUV/AEUV, Art. 263 AEUV Rn. 30 ff.; *Andreas Bartosch/Katja Michel*, Widerspruchs- und Klageverfahren – der Rechtsschutz gegen Agenturverwaltungshandeln am Beispiel der ECHA, StoffR 2010, S. 72 ff. Für die unmittelbare Betroffenheit reicht – in Anlehnung an das französische Verwaltungsprozessrecht – jedes tatsächliche Interesse an der Aufhebung der angegriffenen Maßnahme aus; ein subjektives Recht ist insofern nicht erforderlich. Voraussetzung ist – mit Ausnahme von Art. 263 Abs. 4 Var. 3 AEUV – weiterhin aber eine „individuelle" Betroffenheit; s. dazu die sogenannte **Plaumann-Formel** (*EuGH*, Rs. 25/62, Slg. 1963, 211 [238]; Rs. C-50/00 P, Slg. 2002, I-6677, Rn. 32 ff.). Eine Ausdehnung der Klagebefugnis auf Umweltschutzverbände unter Verzicht auf das Merkmal der individuellen Betroffenheit bei Art. 263 Abs. 4 AEUV lässt der EuGH nicht zu (*EuGH*, Rs. C-321/95 P, Slg. 1998, I-1635 – Greenpeace Council), allerdings kann eine Richtlinie den gerichtlichen Rechtsschutz für Umweltverbände erheblich erweitern (*EuGH*, Rs. C-115/09, NVwZ 2011, S. 801 ff. – Trianel Kohlekraftwerk Lünen).
[183] → Rn. 23.
[184] Zu Netzwerken s. *Martin Eifert*, Electronic Government als gesamtstaatliche Organisationsaufgabe, ZG 2001, S. 115 passim; *ders.*, Innovationen in und durch Netzwerkorganisationen: Relevanz, Regu-

VII. Erfahrungs- und Zukunftsorientierung einer Formenlehre

42 Die Auseinandersetzung mit den Formen des Verwaltungshandelns ist notwendigerweise ein Teil der aktuellen Diskurse über die Aufgaben der Verwaltung, über die Funktionen des Verwaltungsrechts und über die Rolle der Verwaltungsrechtswissenschaft bei der administrativen Bewältigung der je aktuell anstehenden Gemeinwohlaufgaben. Die in der Rechtsordnung normierten Voraussetzungen rechtlich geprägten oder jedenfalls rechtlich erlaubten Handelns strukturieren zugleich den **Zugriff auf den normerheblichen Realbereich**.[185] Eine den heutigen Anforderungen gemäße Formenlehre bewährt sich daran, ob sie die erwünschten Ordnungs-, Speicher-, Orientierungs- und Entlastungsleistungen erbringen kann, ohne dass diese durch Verkürzungen bei der Problemwahrnehmung oder Defizite und Verzerrungen bei der Problembewältigung erkauft werden müssen. Solche Leistungen sind für eine Rechtsordnung umso wichtiger, je komplexer die zu bewältigenden Aufgaben, je vielfältiger die Wege der Problemlösung und je heterogener die zu berücksichtigenden Interessen und zu beteiligenden Akteure sind und je ungewisser die Aussicht auf eine befriedigende Problembewältigung ist.

43 Die in solchen Aufgabenfeldern einzusetzenden Rechts-, Handlungs- oder Bewirkungsformen können ein Ausdruck der Verarbeitung von Vergangenheit sein, beschränken sich aber darauf nicht. Die Herausbildung solcher Formen ist nämlich ein Zugriff auf Erfahrungsräume mit dem Ziel, Gegenwart und Zukunft zu bewältigen.[186] Die Vorgehensweise ist **traditionsbeladen** und soll zugleich **zukunftsoffen** sein.[187] Es wird Vergangenes geordnet, um Orientierungen für die Gegenwart und Zukunft zu gewinnen.[188] In den bestimmte rechtlich geprägte Formen symbolisierenden Begriffen sind empirische Beobachtungen und normative Vorgaben kondensiert, die bei der konkreten Rechtsanwendung (bzw. der rechtswissenschaftlichen Analyse) durch Erfassung des jeweiligen Begriffsinhalts im Zuge einer **„normativen Wirklichkeitskonstruktion"**[189] aktiviert

---

lierung und staatliche Einbindung, in: Martin Eifert/Wolfgang Hoffmann-Riem (Hrsg.), Innovation und rechtliche Regulierung, 2002, S. 88 ff.; *Arno Waschkuhn*, Regimebildung und Netzwerke. Neue Ordnungsmuster und Interaktionsformen zur Konflikt- und Verantwortungsregulierung im Kontext politischer Steuerung, 2005; Sonderfragen der Vernetzung stellen sich etwa bei der Einbeziehung des so genannten Dritten Sektors in die Erfüllung öffentlicher Aufgaben (dazu s. etwa *Petra Follmar-Otto*, Kooperation von Sozialverwaltung und Organisationen des Dritten Sektors – Verantwortungsteilung zwischen Staat und Gesellschaft am Beispiel der ambulanten sozialen Arbeit in Berlin und Hamburg, 2007) oder der Nutzung freiwilligen Engagements im Sozialrecht (s. z.B. §§ 12, 25 SGB VIII; § 29 SGB IX). S. dazu *Max-Emanuel Geis*, Die öffentliche Förderung sozialer Selbsthilfe, 1997.

[185] Zu dem Begriff → Bd. I *Hoffmann-Riem* § 10 Rn. 14.
[186] Dazu s. *Reinhart Koselleck*, „Erfahrungsraum" und „Erwartungshorizont" – zwei historische Kategorien, in: *ders.*, Vergangene Zukunft: Zur Semantik geschichtlicher Zeiten, 1. Aufl. 1979, S. 349 ff.
[187] *Ossenbühl*, Handlungsformen (Fn. 3), S. 681 (682).
[188] Vgl. dazu allgemein *Peer Zumbansen*, Ordnungsmuster im modernen Wohlfahrtsstaat – Lernerfahrungen zwischen Staat, Gesellschaft und Vertrag, 2000, S. 17.
[189] Dazu vgl. *Arno Scherzberg*, Die Öffentlichkeit der Verwaltung, 2000, S. 28 ff.; *Wolfgang Hoffmann-Riem*, Methoden einer anwendungsorientierten Verwaltungsrechtswissenschaft, in: Schmidt-Aßmann/Hoffmann-Riem (Hrsg.), Methoden, S. 9 (30 f.).

werden. Der jeweilige Begriff verweist häufig auf eine Vielzahl von normativen und empirischen Prämissen aus der Entstehungs- und Anwendungsgeschichte der jeweiligen Rechts-, Handlungs- und Bewirkungsform. Die zu leistende (Re-)Konstruktion der Begriffe sowie die mit ihrem Einsatz zu gewinnenden weiteren Erfahrungen können zugleich maßstabsbildend und rahmensetzend für die Bewältigung von Zukunft werden. Dies herauszuarbeiten ist insbesondere Aufgabe von **Rechtsdogmatik,**[190] also der Erarbeitung eines in Wissenschaft und Praxis konsentierten, möglichst in einen systematischen Zusammenhang geordneten Bestandes der rechtlich die Steuerung auf der Herstellungsebene erfassenden und der für die Darstellung der Richtigkeit zugelassenen Argumentationsfiguren.

VIII. Zwischenfazit: Fortdauernde Berechtigung einer Formenlehre

In einer Zwischenbemerkung lässt sich feststellen, dass kein Anlass besteht, die bisherigen Bemühungen um eine Formenlehre des Verwaltungshandelns als überflüssig zu bezeichnen, dass es gleichwohl aber angezeigt sein kann, die verfügbaren Formen weiter zu modifizieren, insbesondere auszudifferenzieren und sie gegebenenfalls in größere (am ehesten ganzheitlich zu erfassende) Kontexte zu ordnen. **Die herkömmlichen Zielsetzungen einer Formenlehre sind nicht überholt,** also insbesondere ihre Ordnungs-, Speicher-, Orientierungs- und Entlastungsfunktion:[191] Eine Formenlehre soll die Vielfalt des Verwaltungshandelns strukturieren; sie soll durch Bereitstellung rechtlicher „Bausteine" entlasten; sie soll es erleichtern, das Verwaltungshandeln und evtl. das Handeln von ihm betroffener Privater an das Recht (materielles und Verfahrensrecht) zurückzubinden und insofern zu disziplinieren/rationalisieren und sie soll Weichen für auf bestimmtes Handeln aufbauende weitere Aktivitäten (insbesondere Implementationsmaßnahmen, Rechtsschutz, Bestandsschutzbegrenzungen) stellen.

44

Allerdings erfüllen die Rechts-, Handlungs- und Bewirkungsformen diese Funktionen regelmäßig nur in mehr oder minder abstrakter Weise. Insbesondere bei einer Beschränkung des Blicks auf die traditionellen „Gussformen" – wie Gesetz, Verordnung, Satzung, Verwaltungsvorschrift, Verwaltungsakt, Vertrag – sind die Entlastungen und Orientierungen nur auf eine **Grobstrukturierung** ausgerichtet. Sie erlauben etwa Klärungen über grundsätzliche Formanforderungen (z.B. Zuständigkeit, Veröffentlichungserfordernis, Begründungsanforderungen), über die grundsätzliche Art möglicher Fehlerfolgen (z.B. Nichtigkeit, Anfechtbarkeit) oder über die grundsätzliche Verfügbarkeit von Rechtsschutz (z.B. Möglichkeit der Normenkontrollklage, Feststellungsklage, Anfechtungsklage, Notwendigkeit vorherigen Widerspruchs) oder der Vollstreckbarkeit. Wird nach den im jeweiligen Regelungsfeld **spezifischen Anforderungen** an die Rechtmäßigkeit, an spezifische Fehlerfolgen oder an Vorkehrungen der Vollstreck-

45

---

[190] Zu dem Begriff der Rechtsdogmatik vgl. statt vieler *Winfried Brohm,* Die Dogmatik des Verwaltungsrechts vor den Gegenwartsaufgaben der Verwaltung, VVDStRL, Bd. 30 (1972), S. 245 (246) m.w.N.; *ders.,* Kurzlebigkeit und Langzeitwirkung der Rechtsdogmatik, in: FS Hartmut Maurer, 2001, S. 1079 ff.; *Pöcker,* Verrechtlichung (Fn. 159), S. 1112, bezeichnet Dogmatik als „differenzierten Kommunikationsraum". S. ferner → Bd. I *Möllers* § 3 Rn. 35 ff., *Voßkuhle* § 1 Rn. 6.

[191] → Rn. 3.

barkeit gefragt, muss nach problemspezifischen Vorgaben gesucht werden. Denn es genügt nicht, dass die in Gestalt bestimmter Rechts-, Handlungs- und Bewirkungsformen verfügbaren „Bausteine" irgendwie orientieren, entlasten, disziplinieren etc. Entscheidend ist, dass dies in problemangemessener Weise geschieht, d.h., dass den „Bausteinen" eine **hinreichende Problemlösungskapazität** zukommt. Die Bereitstellung von Rechts-, Handlungs- und Bewirkungsformen ist kein Selbstzweck; es handelt sich um **„Zweckschöpfungen"**, nämlich Hilfsmittel zur bestmöglichen Erfüllung der Verwaltungszwecke. Erforderlich ist daher die Suche, ob in den spezifischen Regelungsfeldern, etwa des Besonderen Verwaltungsrechts, besondere Vorgaben auffindbar sind. Insoweit kann es erforderlich sein, das Anforderungsprofil an Formungen bereichsspezifisch zu diversifizieren, die verfügbaren Rechts-, Handlungs- und Bewirkungsformen gebietsbezogen auszudifferenzieren und sie problemfeldbezogen typisierend zu systematisieren (Herausarbeitung gegenstandsspezifischer **Formen-Typen**). Eine größere Heterogenität (Pluralität) von Formen kann ebenso die Folge sein, wie ihr stetiger, insbesondere durch die Globalisierung und die Europäisierung beschleunigter, Wandel. Rechtswissenschaft ist aufgefordert, diesen Wandel fortlaufend zu beobachten und nach Antworten (gegebenenfalls Modifikationen) in der Formenlehre zu suchen. Dies setzt die fortwährende Beobachtung und Reaktion auf neue Herausforderungen voraus.

B. Veränderte Herausforderungen einer Formenlehre

46 So kann sich beispielsweise zeigen, dass einmal gebildete Rechts-, Handlungs- und Bewirkungsformen im Laufe der Zeit eine früher wichtige Funktion einbüßen. Auch kann ein Perspektivenwechsel (etwa Relativierung der Darstellungs- und stärkere Betonung der Herstellungsebene)[192] die **Relevanzen verschieben.** Auch die Ausdifferenzierung der Rechtsordnung, etwa die Herausbildung immer neuer Sondergebiete des Besonderen Verwaltungsrechts, kann bewirken, dass z.B. der mit der traditionellen Formenlehre angestrebte Nutzen abstrakt bestimmter, also grundsätzlich überall oder jedenfalls an verschiedenen Stellen einsetzbarer, Rechts-, Handlungs- und Bewirkungsformen für die praktische Lösung rechtlich geprägter Aufgaben abnimmt oder zumindest das Angewiesensein auf **gegenstandsspezifisch geprägte** Handlungstypen bzw. Problemlösungsinstrumente zunimmt. Einige zurzeit besonders wichtige **Veränderungen** sollen im Folgenden charakterisiert werden – ohne dass damit die Aussage verbunden wird, alle erwähnten Erscheinungen seien grundlegend „neu". Es reicht, dass sie verstärkt in das Aufmerksamkeitsspektrum in Praxis oder Rechtswissenschaft geraten sind oder dass sie in der (jüngeren) Vergangenheit ausgebaut worden sind.

---

[192] *Hoffmann-Riem*, Methoden (Fn. 189), S. 9; → Bd. I *ders.* § 10 Rn. 30 ff.; *Hans-Heinrich Trute*, Methodik der Herstellung und Darstellung verwaltungsrechtlicher Entscheidungen, in: Schmidt-Aßmann/Hoffmann-Riem (Hrsg.), Methoden, S. 293 ff.

B. Veränderte Herausforderungen einer Formenlehre

I. Von der Rechtsaktzentrierung zur Verhaltenszentrierung und zur Interaktionszentrierung

Für eine moderne Formenlehre von Bedeutung ist die Lösung des Verwaltungsrechts von seiner vorrangigen **Gerichtsschutzperspektive** und die verstärkte Hinwendung zur **Arbeitsperspektive der Verwaltung.** In der Folge wird, wie insbesondere *Christian Bumke*[193] näher herausgearbeitet hat, die **Rechtsaktzentrierung** des Verwaltungsrechts überlagert und zum Teil abgelöst durch die Ausrichtung am problem- und wirkungsorientierten sowie prozessbezogenen **Verhalten** der Verwaltung.[194] Dementsprechend verbreitert sich das Aufmerksamkeitsfeld der Verwaltungsrechtswissenschaft. Dies führt auch zu der Frage, ob die Formenlehre, wie bisher üblich, weiterhin rechtsaktzentriert (und damit auf den Output[195] bezogen) konzipiert werden kann oder ob es angezeigt ist, den Problemlösungsauftrag der Verwaltung als Anlass dafür zu nehmen, dass eine Systematisierung von Rechts-, Handlungs- und Bewirkungsformen verstärkt mit dem Blick auf das Entscheidungsverhalten und auch die in den Entscheidungsvorgang integrierte Berücksichtigung von Folgen (Outcome und Impact[196]) erfolgt. 47

Soweit die Problembewältigung in komplexen Interaktionszusammenhängen erfolgt – unter Beteiligung von oder in Kooperation mit unterschiedlichen privaten und hoheitlichen Akteuren mit zum Teil gegenläufigen Interessen, in zeitlich gestreckten bzw. gestuften Abläufen, unter Nutzung unterschiedlicher Wirkungspfade usw. –, reicht es auch nicht, auf individuelles Verhalten (etwa das einer Verwaltungsbehörde) zu sehen, wenn nicht auch dessen Eingewobensein in Verhaltensweisen anderer berücksichtigt wird. Soweit öffentliche Aufgaben – wie gegenwärtig vermehrt – in komplexen Arbeitszusammenhängen bewältigt werden, ist eine **Interaktionszentrierung** in der rechtlichen Betrachtung geboten. 47a

Zur rechtlichen Erfassung modernen Verwaltungshandelns reicht es im Übrigen nicht, den Blick auf die rechtlichen Anforderungen an das zu findende Entscheidungsergebnis bzw. an dessen „Begründung" (Darstellung der Gründe) zu richten. Vielmehr ist der **Herstellungsprozess** (das Entscheiden selbst) verstärkt in den Blick zu nehmen. Dementsprechend wird häufig die prozedurale Dimension des Verwaltungshandelns und der Rechtsbeziehungen zwischen Staat und Bürger betont,[197] die nicht nur dazu führen kann, Verfahrensfehler als rechtlich erheblich zu betrachten, sondern die vor allem auf die das Ergebnis mitbestimmende (steuernde) Wirkung der Ausgestaltung des Entscheidungsprozesses ver- 47b

---

[193] *Christian Bumke*, Relative Rechtswidrigkeit: Systembildung und Binnendifferenzierungen im öffentlichen Recht, 2004, S. 255 ff.; → Bd. II *ders.* § 35 Rn. 75 ff. zieht aus der Unterscheidung Folgerungen für die Behandlung der Rechtsfigur des Verwaltungsakts.

[194] Vgl. auch → Bd. I *Voßkuhle* § 1 Rn. 15 m.w.N. in Fn. 105.

[195] → Rn. 27.

[196] → Rn. 23.

[197] Siehe → Rn. 63 f.; Bd. II *Schmidt-Aßmann* § 27. Aus der älteren Literatur vgl. etwa *Dirk Ehlers*, Rechtsverhältnisse in der Leistungsverwaltung, DVBl 1986, S. 912 (914). Zur Prozeduralisierung des Rechts vgl. auch *Rainer Pitschas*, Allgemeines Verwaltungsrecht als Teil der öffentlichen Informationsordnung, in: Hoffmann-Riem/Schmidt-Aßmann/Schuppert (Hrsg.), Reform, S. 219 (257); *Karl-Heinz Ladeur*, Subjektive Rechte und Theorie der Prozeduralisierung – Vom Universalismus des Rechts zur rechtlichen Modellbildung unter Ungewissheitsbedingungen, KJ 1994, S. 42 ff.

weist. Bei einer „herstellungsorientierten" Betrachtungsweise gerät eine Vielzahl von Steuerungsfaktoren in den Blick.[198]

48 Wichtig sind dabei die verschiedenen **Phasen der Entscheidungsfindung,** von der Entscheidungsvorbereitung über den Entscheidungsprozess i.e.S. – mit informellen oder formellen Zwischenentscheidungen und am Ende einem Entscheidungsergebnis – bis hin zum Vollzug und gegebenenfalls zur Revision.[199] Die von der traditionellen Formenlehre entwickelten Erwartungen an die handlungsstrukturierende, kontrollermöglichende, disziplinierende und rationalisierende Kraft von Rechtsformen werden zum Teil in die Stadien des Entscheidungsprozesses vorverlagert und in die der Implementation – bis hin zum Einsatz von Verwaltungsvollstreckungsmitteln (etwa Verwaltungszwang) oder zur Sanktionierung von Normverletzungen (Ordnungswidrigkeiten, Strafen) oder auch von informellen Sanktionen[200] – „nachverlagert". Zwar können auch in den der Hauptentscheidung **vor- und nachgelagerten Phasen** klassische Rechtsformen zur Strukturierung hilfreich sein (etwa die Einordnung von polizeilichen Informationsermittlungen oder von Vollzugsmaßnahmen als rechtsschutzfähige Verwaltungsakte); durch sie allein kann aber das volle Spektrum der rechtserheblichen Voraussetzungen und Wirkungen entsprechender Maßnahmen und Folgemaßnahmen nicht erfasst werden.

II. Relativierung der Bedeutung der Formenlehre im Rechtsschutzbereich

49 Für die Herausbildung des Rechtsstaats war die Bereitstellung einer (Verwaltungs-)Gerichtsbarkeit für Rechtsstreitigkeiten über administratives Handeln besonders bedeutsam und die Rechts- und Handlungsformenlehre wurde auch mit dem Blick auf die Eröffnung von Rechtsschutz entwickelt. Angesichts der umfassenden Garantie effektiven Rechtsschutzes in Art. 19 Abs. 4 GG und im Justizgewährungsanspruch[201] hat die Rechts- bzw. Handlungsform für den Rechtsschutz keine Weichen stellende Funktion mehr. Die im Prozessrecht vorgenommene **Formung unterschiedlicher Rechtsbehelfsarten** (Klagarten, Rechtsmittel) ist allerdings für die Frage des „Wie" von Rechtsschutz in Grenzen (so dort, wo – noch – ein Widerspruchsverfahren durchgeführt werden muss[202]) weiterhin er-

---

[198] → Rn. 61 ff.
[199] Zu verschiedenen Stadien der Rechtsanwendung vgl. *Wolfgang Hoffmann-Riem,* Ermöglichung von Flexibilität und Innovationsoffenheit im Verwaltungsrecht – Einleitende Problemskizze –, in: Hoffmann-Riem/Schmidt-Aßmann (Hrsg.), Innovation, S. 9 (31 ff.).
[200] Z.B. den Ausschluss von zukünftigen Vertragsschlüssen (etwa im Rahmen des öffentlichen Beschaffungswesens bei Aufnahme in ein Korruptionsregister).
[201] Zu ihm und zu seinem Verhältnis zu Art. 19 Abs. 4 GG s. *BVerfGE* 107, 395 ff.
[202] Das Vorverfahren wurde in jüngerer Zeit in vielen Bundesländern weitgehend abgeschafft; siehe bspw. für NRW *Rolf-Dieter Theisen,* Abschaffung des Widerspruchsverfahrens in NRW, DVP 2008, S. 63 ff.; für Bayern *Harald Geiger,* Die Neuregelung des Widerspruchsverfahrens durch das AGVwGO, BayVBl. 2008, S. 161 ff.; *Thomas Holzner,* Die Abschaffung des Widerspruchsverfahrens, DÖV 2008, S. 217 ff.; *Klaus-Peter Dolde/Winfried Porsch,* Die Abschaffung des Widerspruchsverfahrens – ein bedauernswerter Abbruch eines Grundpfeilers der VwGO?, VBlBW 2008, S. 428 ff.; *Pascale Cancik,* Vom Widerspruch zum informalen Beschwerdemanagement, DV 2010, S. 467 ff. (mit aufschlussreichen Hinweisen auf Kompensationsversuche in der Praxis, insbes. auf neue Arten des Beschwerdemanagements, s. S. 484 ff., 487 ff.); → Bd. I *Wißmann* § 15 Rn. 48a, 55. Zudem ist das Widerspruchsverfahren über die gesetzlich geregelten Fälle hinaus entbehrlich, wenn dessen Zweck bereits Rechnung getragen wurde, vgl. *BVerwG,* NVwZ 2011, S. 501 ff.

B. Veränderte Herausforderungen einer Formenlehre

heblich. Wird z. B. die Feststellungsklage, wie es einer Tendenz sowohl des Bundesverwaltungsgerichts als auch des Bundesverfassungsgerichts entspricht,[203] vermehrt zur Überprüfung der Rechtmäßigkeit von untergesetzlichen Rechtsnormen, wie der Rechtsverordnung, eingesetzt, verliert die Rechtsschutz steuernde Normierung über die (nur) begrenzte Verfügbarkeit des Normenkontrollverfahrens nach § 47 VwGO an Bedeutung. Damit reduziert sich die rechtsschutzbezogene Sonderstellung der Rechtsform der Rechtsverordnung.

Soweit Problemlagen im Zusammenspiel öffentlich-rechtlicher und privatrechtlicher Rechts-, Handlungs- und Bewirkungsformen bewältigt werden oder entweder die öffentlich-rechtliche oder die privatrechtliche Vorgehensweise gewählt werden kann,[204] können im gleichen Problemfeld **unterschiedliche Gerichtsbarkeiten mit unterschiedlichen Rechtsschutzformen** und unterschiedlichen Rechtsschutzkulturen zuständig sein oder zur Wahl stehen[205] und zum Forum-Shopping verleiten. Auch durch solche Möglichkeiten verlieren Formungsentscheidungen traditioneller Art weiter an Gewicht. Zugleich weitet sich das Arsenal der Rechtsmittelformen aus, in dem nicht nur verwaltungsprozessuale, sondern auch zivilprozessuale Klagarten und Rechtsmittel in Betracht gezogen werden können. 50

Eine gewisse Abschleifung der Erheblichkeit bestimmter Formungen kann evtl. zumindest faktisch auch damit verbunden sein, dass die Fachgerichte dazu tendieren, Rechtsstreitigkeiten möglichst schon im Verfahren des **einstweiligen Rechtsschutzes** abschließend zu bewältigen, das heißt dieses unter dem Aspekt einer summarischen Prüfung so (aber auch nur so) intensiv zu betreiben, dass in der Entscheidung deutlich erkennbar wird, dass auch ein Hauptsacheverfahren an dem Ergebnis nichts ändern würde.[206] Mit dieser Aussage soll nicht die Annahme verbunden werden, die Anforderungen an rechtsstaatliche Bestimmtheit und die Relevanz der in der Rechtsordnung enthaltenen Formungen rechtserheblichen Verhaltens seien im einstweiligen Rechtsschutz suspendiert. Es soll nur darauf verwiesen werden, dass die – auch unter Entlastungsaspekten erfolgende – Verlagerung der gerichtlichen Überprüfung in ein Verfahren, das unter Beschleunigungsaspekten sich von dem Gedanken der nur summarischen Prüfung bestimmen lässt, dazu verleiten kann, streitige Zuordnungen zu bestimmten Rechtsformen nicht zu klären, sondern im Rahmen einer nur summarischen Prüfung, etwa wegen nur begrenzter Relevanz für bestimmte Rechtsfolgen, dahinstehen zu lassen.[207] 51

---

[203] Dazu s. *BVerwGE* 111, 276 (278 f.); 121, 152 (156); 136, 54; *BVerfGE* 102, 26 (32 f.); 115, 81 (95 f.).

[204] → Rn. 69 f. sowie → Bd. I *Burgi* § 18.

[205] Vgl. dazu *Johannes Masing*, Soll das Recht der Regulierungsverwaltung übergreifend geregelt werden?, Verhandlungen des 66. DJT (2006), Bd. I, Teil D, S. 34 ff., 61 ff.; *Stefan Storr*, Soll das Recht der Regulierungsverwaltung übergreifend geregelt werden?, DVBl 2006, S. 1017 (1025).

[206] Zur verstärkten Verlagerung des Rechtsschutzes in das Verfahren des einstweiligen Rechtsschutzes s. *Thomas Groß*, Ökonomisierung der Verwaltungsgerichtsbarkeit und des Verwaltungsprozessrechts, DV, Bd. 34 (2001), S. 371 (390 f.); das Obsiegen im Verfahren der einstweiligen Anordnung berechtigt aber nicht dazu, die Ernennung eines Richters auf eine neu zu vergebende Stelle so schnell vorzunehmen, dass die Konkurrenten keine angemessene Zeit haben, um das BVerfG anzurufen, vgl. *BVerwG*, NJW 2011, S. 695 ff.

[207] Nur ergänzend sei angemerkt, dass der Trend zu quasi endgültigen Entscheidungen im Verfahren des einstweiligen Rechtsschutzes möglicherweise dazu führen muss, dass das Bundesverfassungsgericht seine auf dem Subsidiaritätsgrundsatz fußende Rechtsprechung relativiert, nach der

III. Relativierung der Regelung als Zentralbegriff der Formenlehre

52 Wesentliche, im Zentrum der in den letzten Jahrzehnten entwickelten Formenlehre[208] stehende Rechtsinstitute – wie Verwaltungsakt und Rechtsverordnung – sind an ihrem Charakter als **„Regelung"** orientiert,[209] also an der Schaffung von „extern" erheblichen Rechtsfolgen. Allerdings sind auch verwaltungsintern maßgebliche Handlungsformen – wie die Weisung oder die schlichte Verwaltungsanordnung in besonderen Pflichtenverhältnissen oder die Verwaltungsvorschrift – in die Formenlehre integriert worden. Angesichts der begrenzten Leistungskraft der Unterscheidung von „innen" und „außen"[210] ist den Rechtswirkungen der Formen des Verwaltungshandelns nachgespürt worden, einerlei ob sie vorrangig inneradministrativ wirken oder auf Außenwirkung ausgerichtet sind, und es sind Transformatoren entwickelt worden, wie Art. 3 Abs. 1 GG als „Hebel" zur Sicherung der Außenverbindlichkeit von Verwaltungsvorschriften qua **„Selbstbindung der Verwaltung"**.[211]

53 Die Konzentration des Verwaltungsrechts auf die systembestimmende Figur der „Regelung" ist ferner durch die Erfassung von Realakten, schlichtem und informellem Verwaltungshandeln eingeschränkt worden.[212] Ebenso hat die Anerkennung der schon mehrfach erwähnten Rechtserheblichkeit von **mittelbaren** und sogar nur **faktischen Wirkungen** – etwa in der Grundrechtsdogmatik[213] – Auswirkungen auch in der Formenlehre gehabt (z.B. durch Herausbildung der Handlungsform der Subvention[214] oder die Anerkennung des Tatbestands der Umgehung bzw. der Flucht aus dem Eingriffsregime[215]). Zwar sind es nicht die

---

die Verfassungsbeschwerde grundsätzlich nicht gegen Entscheidungen im einstweiligen Rechtsschutz zulässig ist, es sei denn, dass im Verfahren einstweiligen Rechtsschutzes eigenständige, im Hauptsacheverfahren nicht korrigierbare Rechtsverletzungen erfolgt sind. Zu dieser Rechtsprechung s. *Friedrich Schoch*, Einstweilige Anordnung, in: FG 50 Jahre BVerfG, Bd. I, 2001, S. 695 ff.

[208] So reserviert *Pauly*, Handlungsformenlehre (Fn. 45), S. 36 den Begriff der Rechtsform für Verwaltungshandeln mit „normativer" Regelungsfunktion und -wirkung.

[209] → Bd. II *Bumke* § 35 Rn. 22 ff. S. ferner *Möstl*, Handlungsformen (Fn. 18), § 19 Rn. 4; *Ruffert*, Bedeutung (Fn. 50), § 21 Rn. 24 ff.

[210] → Bd. I *Möllers* § 3 Rn. 7, *Ruffert* § 17 Rn. 68, *Jestaedt* § 14 Rn. 11. Zu der Unterscheidung s. ferner *Ernst-Wolfgang Böckenförde*, Gesetz und gesetzgebende Gewalt, 2. Aufl. 1981, S. 376 ff.; *Klaus Lange*, Innenrecht und Außenrecht, in: Hoffmann-Riem/Schmidt-Aßmann/Schuppert (Hrsg.), Reform, S. 307 ff.

[211] Siehe statt vieler *Dieter H. Scheuing*, Selbstbindungen der Verwaltung, VVDStRL, Bd. 40 (1982), S. 153 ff.; *Michael Sachs*, in: Stelkens/Bonk/Sachs (Hrsg.), VwVfG, § 40 Rn. 103 ff.

[212] Siehe dazu statt vieler → Bd. II *Hermes* § 39 Rn. 8 ff., 20 ff.: Schlichtes Verwaltungshandeln als Handeln ohne Regelungswirkungen.

[213] Dazu s. *Hans-Ullrich Gallwas*, Faktische Beeinträchtigungen im Bereich der Grundrechte: ein Beitrag zum Begriff der Nebenwirkungen, 1970; *Josef F. Lindner*, Theorie der Grundrechtsdogmatik, 2005, S. 493 ff.; *Marion Albers*, Faktische Grundrechtsbeeinträchtigungen als Schutzbereichsproblem, DVBl 1996, S. 233 ff.

[214] → Bd. I *Schulze-Fielitz* § 12 Rn. 45 f.

[215] Darauf reagieren – wie oben (→ Rn. 28) erwähnt – das BVerfG und das BVerwG mit der Konstruktion des funktionalen Äquivalents eines Eingriffs, das bei einem hoheitlichen Handeln bejaht wird, das sich nach seiner Zielsetzung und seinen Wirkungen als Ersatz für eine staatliche Maßnahme darstellt, die als Grundrechtseingriff im herkömmlichen Sinne zu qualifizieren ist (BVerfGE 105, 252 [273]; 105, 279 [303]; BVerwG, NJW 2006, S. 1303 [1304]). S.a. unten → Rn. 113. S. ferner *Bumke*, Publikumsinformationen (Fn. 98), S. 3 (28 ff.); *Dietrich Murswiek*, Das Bundesverfassungsgericht und die Dogmatik mittelbarer Grundrechtseingriffe, NVwZ 2003, S. 1 (6).

faktischen Wirkungen selbst – etwa die Benachteiligung des nicht subventionierten Konkurrenten –, die eine Einstandspflicht des Staates auslösen, sondern die dem Staat zuzurechnenden Maßnahmen,[216] die Anlass für die weiteren rechtlichen Folgerungen sind. Diese Maßnahmen können zwar eine „Regelung", also eine auf die Setzung einer Rechtsfolge gerichtete administrative Handlung sein, müssen es aber nicht (z.B. gezielte Informationsgewährung, von der Wirkungen erst durch Zwischenschaltung eines Dritten ausgehen; Schädigung durch die abirrende Kugel des am Manöver teilnehmenden Soldaten).

IV. Auswirkungen der Reregulierung

54 Die mit der in vielen Bereichen der Privatisierung öffentlicher Aufgaben, mit den Ansätzen zur Beschleunigung staatlicher Überwachungsentscheidungen[217] sowie mit der Schaffung neuer, insbesondere EU-induzierter Regelungskonzepte verbundenen Reregulierungen haben erhebliche Bewegung auch in das Regulierungsinstrumentarium des deutschen Rechts gebracht. Diese **Reregulierung** ist ihrerseits der Versuch einer Antwort auf die veränderten Anforderungen an staatliche Aufgabenerfüllung und den Wandel vom Wohlfahrts- und Interventionsstaat zum Gewährleistungsstaat.[218] Auffällig ist der Befund, dass die unter dem Schlagwort der Deregulierung erfolgte Reregulierung nicht nur die Zahl und den Umfang von Gesetzen, Verordnungen, Verwaltungsvorschriften u.a. erheblich ausgeweitet hat,[219] sondern in Teilgebieten auch zu Veränderungen im Einsatz der von der überkommenen Formenlehre erfassten Rechts-, Handlungs- und Bewirkungsformen geführt hat. Dabei werden zum Teil **„neue" Handlungsformen** geschaffen (wie handelbare Zertifikate,[220] Versteigerung von Lizenzen[221] u.ä.) oder die **Anwendungsfelder „alter" Rechts- und Handlungsformen** werden verändert, etwa durch den Abbau von Eröffnungskontrollen und deren Ersetzung durch Anzeigepflichten mit Überwachungs- und Untersagungsvorbehalten. Die Vielfalt der Regulierungsaktivitäten kann hier nicht dargestellt werden.[222] Wohl aber soll beispielhaft an einem Regelungsfeld, dem Bauordnungsrecht, das traditionell mit Eröffnungskontrollen (Erlaubnis mit Genehmigungsvorbehalt) arbeitete, illustriert und zugleich betont werden, dass die Steuerungsmöglichkeiten durch Abbau der traditionellen Handlungsformen verändert werden.

---

[216] Auf das Erfordernis der Zurechnung verweist insbes. *BVerwG*, NJW 2006, S. 1303 (1304).

[217] → Bd. I *Eifert* § 19 Rn. 36 Fn. 86; Bd. II *Schmidt-Aßmann* § 27 Rn. 86 ff.; *Hermann Pünder*, Verwaltungsverfahren, in: Erichsen/Ehlers (Hrsg.), VerwR, § 13 Rn. 8, § 15 Rn. 45.

[218] Dazu s. → Bd. I *Schulze-Fielitz* § 12 Rn. 13 ff.

[219] Zur Verrechtlichungsdebatte und der Aufforderung zur Herabzonung des Niveaus der Dramatisierung s. *Nicolai Dose*, Verrechtlichung und die Steuerungsfähigkeit von Recht, PVS, Bd. 36 (2006), S. 503 ff. m. w. N.

[220] Siehe a. → Bd. II *Sacksofsky* § 40 Rn. 15, 61 f. Derartige neue Handlungsformen schlagen auch auf die Rechtsfolgen- und die Rechtsschutzebene durch, s. statt vieler *Matthias Diehr*, Rechtsschutz im Emissionszertifikate-Handelssystem. Eine Betrachtung des Treibhausgas-Emissionshandelssystems unter besonderer Berücksichtigung rechtsschutzrelevanter Fragen der Emissionsgenehmigung und der Zuteilung von Emissionsberechtigungen, 2006.

[221] Dazu s. die Nachweise in Fn. 122.

[222] Dazu s. → Bd. I *Eifert* § 19. Zu den Änderungen der Verwaltungsaufgaben s.a. → Bd. I *Baer* § 11.

55 Typisch für das Bauordnungsrecht jüngerer Zeit ist der **Abbau präventiver Kontrolle** selbst dort, wo noch an einer Baugenehmigung festgehalten wird.[223] So sind vielfach **Genehmigungsfreistellungen** erfolgt,[224] zum Teil aber auch nur **vereinfachte Genehmigungsverfahren** eingerichtet worden, die mit einer Genehmigungsfrist und einer **Genehmigungsfiktion**[225] bei Fristablauf versehen sind.[226] In Hamburg wurde zudem die Baugenehmigung mit Konzentrationswirkung auch für die Überprüfung der in anderen einschlägigen Regelungen des Besonderen Verwaltungsrechts vorgesehenen Anforderungen eingeführt[227], mit der möglichen Folge, dass die in den jeweiligen anderen Gebieten enthaltenen Formungsanforderungen „eingeschliffen" werden. Wird auf Eröffnungskontrollen ganz verzichtet, wächst die Notwendigkeit, bei Nichtbeachtung materieller Anforderungen repressive Kontrollvorkehrungen zu nutzen und gegebenenfalls eigenständige **Vollzugsmöglichkeiten** zu eröffnen – wenn mit der Änderung nicht auch Abstriche in der faktischen Maßgeblichkeit der Rechtmäßigkeitsanforderungen verbunden sein sollen. Vollzugsmittel, deren Einsatz vom Vorliegen eines vollzugsfähigen Verwaltungsakts abhängt, scheiden aber aus, wenn auf diesen verzichtet wird. Insoweit kann Ordnungswidrigkeitenrecht – gegebenenfalls auch Strafrecht[228] – als Implementationshilfe nutzbar werden.

V. Abkehr von der Ausrichtung der Formenlehre allein an der Rechtmäßigkeit und Hinwendung auch zum Maßstab administrativer Richtigkeit

56 Die überkommene Formenlehre ist auf das Handeln der Verwaltung mit dem Ziel bezogen, rechtlich verbindliche Vorgaben und rechtserhebliche Folgen typisiert erfassen zu können. Die Formungsanforderungen haben die Gestalt von Recht und dienen der Verwirklichung von Recht. Vorausgesetzt ist bei dieser Sichtweise die Möglichkeit, **Recht** von **Nichtrecht** trennen zu können. Die Grenzziehung zwischen dem Recht und dem Nichtrechtlichen wird aber zunehmend problematisch; insbesondere ist es nicht immer einfach zu bestimmen, welche präskriptive Orientierung zum Recht gehört und welche nicht und wieweit nichtrechtliche präskriptive Orientierungen im Bereich des Rechts maßgeblich werden dürfen.[229] Selbst dort, wo präskriptive Orientierungen ausdrücklich in Rechtsnormen enthalten sind, können sie so weich und offen formuliert sein,

---

[223] Siehe dazu den Überblick in *Koch/Hendler*, BauR, § 23 Rn. 54 ff.

[224] Dazu vgl. z.B. *Volker Kreuziger*, Die Genehmigungsfreistellung im Baurecht, 1997. S.a. → Bd. I *Voßkuhle* § 1 Rn. 57 m. Fn. 299, *Schulze-Fielitz* § 12 Rn. 82, *Burgi* § 18 Rn. 76 m. Fn. 213; Bd. II *Appel* § 32 Rn. 14.

[225] Siehe etwa Art 13 Abs. 4 DienstleistungsRL; § 42a VwVfG. Kritische Analyse dazu bei *Pascale Cancik*, Fingierte Rechtsdurchsetzung? DÖV 2011, S. 1 ff. Beispiele für Genehmigungsfunktionen finden sich a.a.O., S. 5. Kritisch auch *Veith Mehde/Stefan Hansen*, Das subjektive Recht auf Bauordnungsverfügungen im Zeitalter der Baufreistellung – Eine Bilanz, NVwZ 2010, S. 14 ff. (insbes. zu den Folgen für den Nachbarschutz).

[226] Siehe etwa für Hamburg *Hans-Joachim Koch*, Recht der Landesplanung und des Städtebaus, in: Wolfgang Hoffmann-Riem/Hans-Joachim Koch (Hrsg.), Hamburgisches Staats- und Verwaltungsrecht, 3. Aufl. 2006, S. 211 (241).

[227] Kritisch dazu *Koch*, Recht der Landesplanung (Fn. 226), S. 242.

[228] → Rn. 71 ff.

[229] → Bd. I *Hoffmann-Riem* § 10 Rn. 12 f.

dass Art und Intensität ihrer rechtlichen Verbindlichkeit schwer zu bestimmen sind. Die Erwägungsgründe in Rechtsakten der EU – nur beispielhaft seien die der Dienstleistungsrichtlinie benannt – geben dafür reichhaltiges Anschauungsmaterial.[230] **Präskriptive Orientierungen** können in bestimmten Zusammenhängen – wie etwa das Ziel der Effizienz gem. § 7 BHO – als rechtserheblich ausgestaltet sein, in anderen aber nicht und dennoch als Maßstab an „richtiges" Verwaltungshandeln angelegt werden.[231] Dies führt zu der Frage, ob die Ausrichtung der Formenlehre am Rechtlichen solche Leistungen administrativen Handelns, die auch oder nur nichtrechtliche präskriptive Orientierungen heranziehen, erschweren und ob es in methodisch disziplinierter Weise möglich ist, derartige Orientierungen in die Arbeit mit dem Recht einzubeziehen.

Auch dann, wenn präskriptive (z.B. sozialnormative) Orientierungen[232] nicht in den Rang von Recht oder gar von außenverbindlichem Recht erhoben worden sind, können sie ebenso wie rechtliche Vorgaben Erwartungen an die **„Richtigkeit" des Verwaltungshandelns** strukturieren. Solche nichtrechtlich geprägten präskriptiven Orientierungen der Verwaltung sind dadurch gekennzeichnet, dass sie weder mit einer in Rechtsnormen (wohl aber evtl. anderweitig) angelegten Erwartung an ihre Einhaltung noch für den Fall ihrer Nichtbeachtung mit einer besonderen in der Rechtsordnung vorgesehenen und dort ausgestalteten Sanktionsdrohung verbunden sind. Demgegenüber umschreibt **Recht** die Art[233] gesollten oder gedurften Seins, die von einem spezifischen, zu seiner Produktion legitimierten (nicht etwa zur Festlegung von Sitte, Moral, Konventionen oder von reinen Zweckmäßigkeitskriterien u.ä. zuständigen) Träger in einem dafür bestimmten Verfahren und unter Nutzung dafür vorgesehener Handlungsformen festgelegt ist.[234] Typischer-(aber nicht notwendiger-)weise[235] gehört zum Recht, dass bestimmte Instanzen, insbesondere Gerichte, befugt sind, auf die Missachtung des Gesollten oder die Überschreitung des Gedurften mit hoheitlicher Sanktionsgewalt zu reagieren. Insbesondere auf diese Möglichkeit hin sind die überkommenen Rechtsformen gebildet worden. Durch Recht in diesem engen Sinne aber wird Verhalten allein nicht beeinflusst, dies um so weniger, als sich in vielen Handlungsfeldern außer- und semirechtliche Regelungsformen mit eigenen Instrumenten entwickelt haben, die auf andere Wege der Sicherung von Befolgungsbereitschaft vertrauen, etwa die Aussicht der Beteiligten auf weitere zukünftige Kooperation.[236] Zu verweisen ist auf das sog. **soft law**[237], das zwar von der Literatur vorrangig im Bereich des Völker- und Europarechts behandelt wird, das aber auch im nationalen Rechtsraum beobachtbar ist (z.B.

---

[230] Ähnliches gilt für die – nur an die EU gerichteten – Querschnittsklauseln der Art. 7ff. AEUV.

[231] Dazu differenzierend → Bd. II *Pitschas* § 42. Zu § 7 BHO s.a. → Bd. III *Korioth* § 44 Rn. 68ff.

[232] Siehe auch oben → Rn. 38.

[233] Sei es zwingend oder dispositiv oder nur empfehlender Art, sei es durch Sanktionen erzwingbar u.ä.

[234] Vgl. schon → Bd. I *Hoffmann-Riem* § 10 Rn. 12, dort m.w.N. S. ferner *Ehlers*, Verwaltung und Verwaltungsrecht (Fn. 36), § 2 Rn. 2ff.; *Steffen Augsberg*, Rechtsetzung zwischen Staat und Gesellschaft, 2003, S. 22ff.

[235] Es gibt auch objektiv-rechtliche Pflichten, die nicht mit einer subjektiven Rechtsstellung korrespondieren. Ferner ist es möglich, dass aus der Missachtung der Rechtsbindung bloß faktische Konsequenzen gezogen werden (z.B. Verweigerung weiterer Aufträge).

[236] Hinweise bei *Schuppert*, Rechtsetzung (Fn. 165), S. 341 f.

[237] → Bd. I *Hoffmann-Riem* § 10 Rn. 12 mit N. in Fn. 76.

normersetzende Absprachen, Selbstverpflichtungen der Wirtschaft[238]), im verwaltungsrechtlichen Kontext aber häufig nur als Erscheinungsform informellen Verwaltungshandelns behandelt wird.

58 Nicht bei den abstrakt umschriebenen Grundtypen der Rechts- und Handlungsformen – wie etwa beim Verwaltungsakt –, wohl aber gegebenenfalls bei den in bestimmten Rechtsgebieten beobachtbaren Neuentwicklungen und den auf neuartige Handlungsformen oder gar das Feld des soft law bezogenen Erscheinungen wird jedoch zu prüfen sein, wieweit die Vielfalt präskriptiver Orientierungen bei der Bestimmung von Richtigkeitsanforderungen und Rechtsfolgen bedeutsam werden kann oder soll. Solche je nach Kontext rechtlich verbindlichen oder als nur politisch wichtigen, aber für eine „gute Verwaltung"[239] immer bedeutsameren, gegebenenfalls in Leitbildern, Verhaltenskodizes etc. festgehaltenen **Richtigkeitskriterien**[240], können insbesondere bei **Optionenentscheidungen**[241] rechtlich erheblich werden (etwa bei Ermessensentscheidungen) oder zumindest kann es zulässig sein, sie dabei zu berücksichtigen. Darf die Verwaltung zwischen unterschiedlichen Rechts-, Handlungs- oder Bewirkungsformen wählen,[242] dann kann ebenfalls der Auftrag, auch „weiche" Richtigkeitskriterien zu berücksichtigen, für die Wahl bedeutsam werden.

59 Auch das Ziel des Problemlösungsverfahrens einer administrativen „**Mediation**"[243] ist es, mehr als nur Rechtmäßigkeit (i.S. der Fehlerfreiheit bei der Sub-

---

[238] → Bd. II *Fehling* § 38 Rn. 36 f.

[239] Dazu s. → Bd. I *Hoffmann-Riem* § 10 Rn. 35; Bd. II *Schmidt-Aßmann* § 27 Rn. 29 ff., *Hill/Martini* § 34 Rn. 62 m.w.N. in Fn. 392 f.; *Bernd Grzeszick*, Das Grundrecht auf gute Verwaltung – Strukturen und Perspektiven eines Charta-Grundrechts, EuR 2006, S. 161 ff.; *Kai-Dieter Classen*, Gute Verwaltung im Recht der Europäischen Union: eine Untersuchung zu Herkunft, Entstehung und Bedeutung des Art. 41 Abs. 1 und 2 der Europäischen Grundrechtecharta, 2008; *Diana-Urania Galetta*, Inhalt und Bedeutung des europäischen Rechts auf eine gute Verwaltung, EuR 2007, S. 57 ff.; *Bernd Grzeszick*, Das Grundrecht auf eine gute Verwaltung, EuR 2006, S. 161 ff.; *Walter Klappstein*, Das Recht auf eine gute Verwaltung, 2006; *Matthias Ruffert*, Das Recht auf eine gute Verwaltung: Ein Grundrecht im Zentrum des verwaltungsbezogenen Europäischen Verfassungsrechts, in: Hartmut Bauer (Hrsg.), Verfassungsprinzipien in Europa, SIPE 4, 2008, S. 273 ff.; *Jill Wakefield*, The Right to Good Administration, 2007; *Pavlos-Michael Efstratiou*, Der Grundsatz der guten Verwaltung als Herausforderung an die Dogmatik des nationalen und europäischen Verwaltungsrechts, in: Trute/Groß/Röhl/Möllers (Hrsg.), Allgemeines Verwaltungsrecht, S. 281 ff.

[240] Beispielsweise:
– Praktikabilität
– Effektivität (Wirksamkeit)
– Effizienz (angemessene Aufwand-Nutzen-Relation)
– Marktkonformität
– Kohärenz (insbes. bei Regelungsverbünden bzw. der Nutzung unterschiedlicher Rechtsregimes)
– Verteilungsgerechtigkeit
– Akzeptabilität
– Implementierbarkeit
– Nachhaltigkeit
– Innovationsoffenheit
– Revisionsoffenheit.
S. ferner → Bd. II *Hill/Martini* § 34 Rn. 51, *Pitschas* § 42 Rn. 111 ff.

[241] Siehe a. → Bd. I *Hoffmann-Riem* § 10 Rn. 83 ff.

[242] Dazu → Rn. 96 ff.; vgl. auch → Bd. II *Bumke* § 35 Rn. 35 ff., *Michael* § 41.

[243] Dazu vgl. *Karsten-Michael Ortloff*, Mediation im Verwaltungsprozess: Bericht aus der Praxis, NVwZ 2006, S. 148 ff.; *Ines Härtel*, Mediation im Verwaltungsrecht, JZ 2005, S. 753 ff.; *Ulrike Rüssel*, Mediationsverfahren im öffentlichen Bereich, JA 2006, S. 470 ff.; *Helge Rossen-Stadtfeld*, Die verhandelnde Verwaltung – Bedingungen, Funktionen, Perspektiven, VerwArch, Bd. 97 (2006), S. 23 ff.,

sumtion) zu erreichen, sondern auch einige der „nichtrechtlichen", für eine erfolgreiche Problembewältigung aber gleichwohl maßgebenden Faktoren einzubeziehen und/oder ein Ergebnis zu finden, das – gegebenenfalls unter Einbeziehen der Bewältigung auch anderer offener Streitfragen – gute Chancen hat, als angemessen akzeptiert und auf konstruktive Weise implementiert zu werden.[244] Allerdings bedürfen die durch Mediation gefundenen Ergebnisse, soweit sie rechtlich folgenreich sein und insbesondere die Verwaltung binden sollen, der **Umsetzung durch administratives Handeln.** Dies geschieht meist dadurch, dass sie in überkommene Rechts- oder Handlungsformen „umgegossen" werden (z.B. Verwaltungsakt, Vertrag).[245] Soweit dabei aber das Risiko besteht, die angestrebte Problemlösung zu verkürzen, kann es angezeigt sein, die üblichen Rechts- oder Handlungsformen lösungsspezifisch anzureichern, evtl. sogar speziell auf die Umsetzung der Ergebnisse von Mediation gerichtete zu entwickeln.

Entsprechende Weiterungen können insbesondere für die vielfältigen Erscheinungsformen des sogenannten **informalen Verwaltungshandelns** angezeigt sein, vor allem soweit es gewählt wird, um mehr Flexibilität der Problembewältigung nutzen zu können, als es die üblichen Wege der Problemlösung erlauben.[246] Heute aber empfiehlt es sich, das informelle Verwaltungshandeln nicht nur unter dem Aspekt der Informalität, sondern auch dem der Überschreitung der traditionellen Grenzen des Rechtlichen und der Einbeziehung semirechtlicher oder nichtrechtlicher Handlungs- und Bewirkungsformen in die Bewältigung von rechtlich geprägten Problemlagen einzubeziehen.[247]   59a

„Weiche" Richtigkeitsgaranten werden für administratives Handeln auch insoweit immer wichtiger, als es der Verwaltung nicht nur um die Sicherung der   60

Pünder, Verwaltungsverfahren (Fn. 217), § 16; *Joachim v. Bargen,* Mediation im Verwaltungsrecht, BVDR-Rundschreiben 2004, S. 55 f.; *Volkmar Wagner/Matthias Engelhardt,* Mediation im Umwelt- und Planungsrecht als Alternative zur behördlichen oder gerichtlichen Streitbeilegung, NVwZ 2001, S. 370 ff.; *Karsten-Michael Ortloff,* Europäische Streitkultur und Mediation im deutschen Verwaltungsrecht, NVwZ 2007, S. 33 ff.; *Raimund Wimmer/Ulrich Wimmer,* Verfassungsrechtliche Aspekte richterlicher Mediation, NJW 2007, S. 3243 ff.; *Max-Jürgen Seibert,* Mediation in der Verwaltungsgerichtsbarkeit – Erfahrungen und Überlegungen zu einer alternativen Streitbeilegung, NVwZ 2008, S. 365 ff.; *Joachim v. Bargen,* Konfliktlösung mittels richterlicher Mediation als Alternative zum konventionellen Verwaltungsprozess, DV, Bd. 43 (2010), S. 405 ff.; *ders.,* Außergerichtliche Streitschlichtungsverfahren (Mediation) auf verwaltungsrechtlichem Gebiet in rechtsvergleichender Perspektive, in: Jürgen Schwarze (Hrsg.), Bestand und Perspektiven des Europäischen Verwaltungsrechts, 2008, S. 319 ff.; *Jochen F. Bader,* Gerichtsinterne Mediation am Verwaltungsgericht, 2009; *Rainer Pitschas/Harald Walther* (Hrsg.), Mediation im Verwaltungsverfahren und Verwaltungsprozess, 2008; *Annette Guckelberger,* Einheitliches Mediationsgesetz auch für verwaltungsrechtliche Konflikte?, NVwZ 2011, S. 390 ff.; *Ulrich Battis,* Mediation in der Bauleitplanung, DÖV 2011, S. 340 ff.; *Rainer Pitschas,* Mediation als kollaborative Governance, DÖV 2011, S. 333 ff.; *Gerd Fuchs/Marcus Hehn/Jörg Wagner,* Mediation im öffentlichen Bereich – Möglichkeiten und Grenzen, UPR 2011, S. 81 ff.; *Roland Fritz/Heiner Krabbe,* Gerichtsinterne Mediation – Der Faktor Zeit, NVwZ 2011, S. 396 (398 ff.); *Benjamin Teubert,* Mitarbeiter der Verwaltung als Mediatoren in Verwaltungsverfahren?, 2011. S.a. → Bd. II *Appel* § 32 Rn. 102 ff., *Fehling* § 38 Rn. 30 ff.

[244] Zu der Ausweitung auf den „Problemlösungsgegenstand" – über den Streitgegenstand hinaus – s. *Stephan Breidenbach,* Mediation: Struktur, Chancen und Risiken von Vermittlung im Konflikt, 1995, S. 36 ff.; *Wolfgang Hoffmann-Riem,* Justizdienstleistungen im kooperativen Staat, JZ 1999, S. 421 (425).

[245] Zum Mediationsvertrag s. → Bd. II *Bauer* § 36 Rn. 62.

[246] → Rn. 86 f., 88 f.; → Bd. II *Fehling* § 38. Zu den damit verbundenen rechtsstaatlichen Problemen s. *Wolfgang Hoffmann-Riem,* Selbstbindungen der Verwaltung, VVDStRL, Bd. 40 (1981), S. 187 (203 ff.).

[247] Zur Diskussion über soft law in der Literatur s. die Hinweise bei *Schuppert,* Rechtsetzung (Fn. 165), S. 341 ff. S. ferner → Fn. 9.

den Rechtsstaat prägenden Ausrichtung an tradierten Vorstellungen **formaler und materialer Rationalität** geht. Praktisch wirken sich auch zusätzliche Rationalitätskriterien aus, die gegebenenfalls anderen Wissenschaftsdisziplinen entlehnt werden. So verweist die viel beobachtete (und auch kritisierte[248]) Ökonomisierung auf **ökonomische Rationalitätskonzepte**[249] verwaltungsrechtlicher Steuerung. Auch die Ökonomisierung kann erhebliche Schubkraft bei der Ausweitung und Veränderung präskriptiver Orientierungen entfalten. Ferner können überkommene Rationalitätskonzepte unter Verarbeitung neuer kognitionstheoretischer u.ä. Überlegungen weiter ausgebaut werden. Möglicherweise zeigt sich dabei – etwa bei Modifikation des Rationalitätskonzepts in Richtung auf die **„Klugheit des Entscheidens"**[250] –, dass die in Kategorien rechtsstaatlicher Disziplinierung konzipierten Rationalitätskonzepte der Rechtswissenschaft faktisch wichtige Faktoren wie etwa **Emotion**[251] oder **Intuition** ausblenden und dadurch möglicherweise **Kreativitätspotentiale** unterdrücken, die wichtig sein können, um insbesondere unter Bedingungen hoher Komplexität betroffener Interessen und hoher Ungewissheit über mögliche Folgen angemessene Problemlösungen zu erzielen. Die starke Betonung des Formungsbedarfs in der Formenlehre, soweit sie in ihren Zielsetzungen (z.B. Entlastung durch Formung) in erster Linie an Vorstellungen formaler Rationalität ausgerichtet ist, muss relativiert werden. Die Diskussion um veränderte Rationalitätskonzepte als Weg zu einer „guten" Verwaltung steht jedoch erst am Anfang, so dass es zu früh für konkrete Folgerungen ist. Wichtig aber ist: **Formung darf kein Selbstzweck** sein, sondern muss als Mittel zur Sicherung der Qualität der Problemlösung verstanden werden.

VI. Einbeziehung von Verfahrens- und Organisationsformen sowie Formen des Einsatzes von Personal und des Umgangs mit Ressourcen

61 Verwaltungshandeln ist regelmäßig durch die Verzahnung unterschiedlicher **Steuerungsfaktoren** gekennzeichnet, also durch seine Ausrichtung nicht nur an dem normativen Programm, sondern auch an strukturierenden und damit „ergebnisprägenden" Faktoren wie Organisation, Verfahren, Personal und Ressourcen[252] als Mittel der Kontext- und Struktursteuerung. Insofern stellt es – wie schon erwähnt[253] – eine Verkürzung dar, eine Formenlehre rechtsaktbezogen nur

---

[248] Siehe etwa *Andreas Voßkuhle*, „Ökonomisierung" des Verwaltungsverfahrens, DV, Bd. 34 (2001), S. 347ff.; s. ferner *Jens-Peter Schneider*, Zur Ökonomisierung von Verwaltungsrecht und Verwaltungsrechtswissenschaft, DV, Bd. 34 (2001), S. 317ff.
[249] Zu ihnen vgl. *Gebhard Kirchgässner*, Rationalitätskonzepte in der Umweltökonomik, 1998; *Christina Reifschneider*, Behavioral Law and Economics: Überlegungen zu den Konsequenzen moderner Rationalitätskonzepte für die Gestaltung informationellen Kapitalmarktrechts, 2004. S.a. → Bd. II *Sacksofsky* § 40 Rn. 36ff.
[250] So das Anliegen eines Erfurter interdisziplinären Projekts, dazu s. die Beiträge in *Arno Scherzberg* (Hrsg.), Kluges Entscheiden, 2006; *ders. u.a.* (Hrsg.), Klugheit, 2008
[251] Dazu vgl. *Julia F. Hänni*, Vom Gefühl am Grund der Rechtsfindung, 2011.
[252] So schon *Wolfgang Hoffmann-Riem*, Rechtswissenschaft als Rechtsanwendungswissenschaft, in: ders. (Hrsg.), Sozialwissenschaften im Studium des Rechts: Verfassung und Verwaltungsrecht, 1977, S. 1 (7). S. ferner statt vieler *Schuppert*, Verwaltungswissenschaft, S. 544ff., 625ff., 698ff., 772ff.; → Bd. I *Franzius* § 4 Rn. 50ff., 64ff. Zu den Steuerungsfaktoren Personal bzw. Finanzen vgl. a. → Bd. III *Voßkuhle* § 43 bzw. *Korioth* § 44.
[253] → Rn. 47ff.

an den Entscheidungsergebnissen (den rechtlich geprägten Outputs) oder den Bewirkungen[254] zu orientieren. Neben der anzuwendenden Rechtsnorm selbst sind auch weitere den **Herstellungsprozess des Entscheidungshandelns**[255] steuernde Faktoren (als **Inputs**) verwaltungsrechtlich erheblich, und auch für diese stellt sich die Frage, ob sich Formungen mit Ordnungs-, Speicher-, Orientierungs- und Entlastungsfunktionen feststellen lassen bzw. ob auch insoweit ein Bedarf an „Formung" besteht.

So kennen das Organisationsrecht und die Organisationspraxis bestimmte Formen für **Organisationen.**[256] Beispielsweise hat das Öffentliche Recht andere Organisationsformen herausgebildet als das Privatrecht[257] und das Europarecht zum Teil andere als das nationale Recht.[258] Zu unterscheiden sind die organisatorischen Anforderungen an die europäische Eigenverwaltung von den europarechtlichen Anforderungen an die Organisation des nationalen Vollzugs.[259] Hierarchisch-bürokratische Organisationen[260] unterscheiden sich von kooperativ-kollegialisch strukturierten Organisationen.[261] Unterschiedliche Organisationen können sich zu Organisationsverbänden zusammenschließen – auch auf unterschiedlichen Ebenen[262] – oder sie können in Netzwerkstrukturen wirken.[263] Organisationen sind häufig durch Binnendifferenzierung geprägt, so die traditionellen staatlichen Verwaltungsorganisationen, z. B. in Behörden und Ämter.[264] Aus einer verwaltungsrechtswissenschaftlichen Perspektive kommen die (Verwaltungs-)Organisationen und das darauf bezogene (Verwaltungs-)Organisationsrecht als eigenständige Steuerungsfaktoren in den Blick.[265]

Das Verfahrensrecht[266] kennt unterschiedliche Typen von **Verfahren.** So unterscheidet es beispielsweise förmliche und nichtförmliche Verfahren und allgemeine sowie besondere Verfahrensarten, etwa Planfeststellungsverfahren[267] (§§ 72ff. VwVfG), sonstige förmliche Verfahren (§§ 63ff. VwVfG) sowie förmliche Verfahren in Sonderrechtsgebieten, wie etwa das Beschlusskammerverfahren im Telekommunikationsrecht,[268] das Vergabeverfahren[269] oder das immissionsschutz-

---

[254] → Rn. 16ff., 27f.
[255] → Bd. II *Hill/Martini* § 34 Rn. 12 sprechen insofern vom „inneren Verfahren". Diese Terminologie erfasst den Herstellungsprozess, der sich auch auf die Interaktion mit den Bürgern bezieht, allerdings nicht in seiner Gesamtheit.
[256] Zu den Rechtsformen der Verwaltungsorganisation → Bd. I *Groß* § 13; *Martin Burgi*, Verwaltungsorganisationsrecht, in: Erichsen/Ehlers (Hrsg.), VerwR, §§ 7 bis 10.
[257] → Bd. I *Groß* § 13 Rn. 43ff.
[258] Zur europäischen Dimension s. a. → Rn. 78ff.
[259] Dazu s. *Burgi*, Verwaltungsorganisationsrecht (Fn. 256), § 7 Rn. 31 ff.
[260] → Bd. I *Schuppert* § 16 Rn. 40ff.
[261] → Bd. I *Groß* § 13 Rn. 49ff.
[262] → Bd. I *Groß* § 13 Rn. 35ff. zu Mehrebenensystemen der Verwaltungsorganisation.
[263] → Bd. I *Schuppert* § 16 Rn. 134ff.
[264] → Bd. I *Jestaedt* § 14 Rn. 36ff.
[265] → Bd. I *Schuppert* § 16 Rn. 5, 8ff.
[266] Näher dazu → Bd. II §§ 27 bis 32. Zur Bedeutung des Verfahrens s. die Referate von *Elke Gurlit* und *Michael Fehling*, Eigenwert des Verfahrens im Verwaltungsrecht, in: VVDStRL, Bd. 70 (2011), S. 227ff. und S. 278ff.
[267] Dazu näher *Pünder*, Verwaltungsverfahren (Fn. 217), § 15 Rn. 2ff.
[268] Dazu s. *Bernd Holznagel/Christoph Enaux/Christian Nienhaus*, Telekommunikationsrecht, 2. Aufl. 2006, S. 64ff.; *Christian Koenig/Sascha Loetz/Andreas Neumann*, Telekommunikationsrecht, 2004, S. 225f.
[269] Näher hierzu *Pünder*, Verwaltungsverfahren (Fn. 217), § 15 Rn. 38. S. a. → Bd. II *Röhl* § 30 Rn. 13; Bd. III *Korioth* § 44 Rn. 112f., *Scherzberg* § 49 Rn. 119ff.

rechtliche Genehmigungsverfahren,²⁷⁰ und besondere an die Verfahrensarten anknüpfende Rechtsfolgen (etwa hinsichtlich der Präklusion). Die Systematisierung kann nach unterschiedlichen Kriterien erfolgen.²⁷¹ Dabei empfiehlt sich eine Systematisierung unter Zusammenschau von Rechts- und Handlungsformen und deren Verknüpfung mit Aufgaben sowie unter Berücksichtigung der in den jeweiligen Aufgabenfeldern zum Teil je unterschiedlichen Intensitäten staatlicher Verantwortungsübernahme.²⁷²

64 Verfahren kennen besondere Ablaufs- und Zuordnungsregeln – etwa bestimmte Stufungen bei sogenannten **gestuften Verfahren**²⁷³ – sowie verschiedene Verfahrensformen der **Mitwirkung mehrerer** (etwa Informationsaustausch, Benehmen, Einvernehmen²⁷⁴). Das europäische Recht hat besondere Formen von **Kooperationsverfahren**²⁷⁵ vorgesehen, etwa die Notifikation oder Konsultation im Verhältnis von europäischer Kommission und Mitgliedstaat. Die Verwaltungspraxis kennt auch Verfahren ohne nähere rechtliche Konturierung, wie das informelle Aushandlungsverfahren²⁷⁶ oder ad hoc strukturierte Mediationsverfahren.²⁷⁷ Die Wahl der Verfahrensform und die Ausgestaltung der Einzelschritte der Entscheidungsbildung können Folgen für die zu erzielenden Ergebnisse und daran anknüpfende Konsequenzen haben, so dass auch die **Wirkungsebene von Verfahren** Aufmerksamkeit verdient.²⁷⁸ Deshalb kann und muss es Gegenstand

---

²⁷⁰ Dazu s. *Pünder*, Verwaltungsverfahren (Fn. 217), § 15 Rn. 39.
²⁷¹ Siehe etwa *Voßkuhle*, Strukturen (Fn. 124), S. 284 (287 ff.); → Bd. II *Schmidt-Aßmann* § 27 Rn. 48 ff., 77 ff., *Schneider* § 28 Rn. 158 ff.
²⁷² Ich empfehle folgende (nicht abschließende) Unterscheidungen (s. *Wolfgang Hoffmann-Riem*, Verwaltungsverfahren und Verwaltungsverfahrensgesetz – Einleitende Problemskizze, in: Hoffmann-Riem/Schmidt-Aßmann (Hrsg.), Verwaltungsverfahren, S. 9, 36):
– Verfahren realer Leistungsbewirkung (z. B. Realakte)
– Planungsverfahren
– Zulassungsverfahren (Eröffnungskontrolle unter Verzicht auf Auswahlentscheidungen), etwa
 • förmliche Genehmigungsverfahren
 • vereinfachte Genehmigungsverfahren
 • Freistellungsverfahren
– Zuteilungsverfahren (etwa für Subventionen, Sozialleistungen)
– Auswahl- und Verteilungsverfahren (Eröffnungskontrolle verbunden mit einer Auswahl zur Verteilung knapper Güter in Konkurrenzsituationen), etwa
 • Studienplatzvergabe; Verteilung von Standplätzen am Markt
 • vergleichende Lizenzerteilung
 • Vergabeverfahren
 • Versteigerungsverfahren
– Verfahren laufender Überwachung, z. B. Banken- und Kapitalmarktaufsicht und Risikoaufsicht
– Gewährleistungsverfahren (Verfahren zur hoheitlichen Wahrnehmung der Gewährleistungs- und Auffangverantwortung in Bereichen gesellschaftlicher Selbstregulierung), etwa
 • Zertifizierungs- und Akkreditierungsverfahren
 • Audit-Verfahren.
S. aber a. → Bd. II *Schneider* § 28 Rn. 158 ff.
²⁷³ Dazu s. statt vieler *Kopp/Ramsauer*, VwVfG, § 9 Rn. 43 f., § 72 Rn. 25 ff.
²⁷⁴ Dazu → Bd. I *Hoffmann-Riem* § 10 Rn. 24.
²⁷⁵ Dazu vgl. → Bd. I *Schmidt-Aßmann* § 5 Rn. 38 f.; *Kadelbach*, Allgemeines Verwaltungsrecht (Fn. 45), S. 333 ff.
²⁷⁶ → Bd. II *Fehling* § 38 Rn. 28 f. Zur Sinnhaftigkeit derartiger Verfahren *Horst Bossong*, Der Sozialstaat am runden Tisch – Entrechtlichung durch Verfahren, DV, Bd. 34 (2001), S. 145 ff.
²⁷⁷ Siehe die Nachweise o. → Fn. 243 f.
²⁷⁸ Zu erwähnen ist insbes. die These vom Grundrechtsschutz durch Verfahren, s. dazu *Wolfgang Kahl*, Grundrechtsschutz durch Verfahren in Deutschland und in der EU, VerwArch, Bd. 95 (2004), S. 1 ff.

B. Veränderte Herausforderungen einer Formenlehre

rechtswissenschaftlicher Dogmatik sein, die Verfahrensformen auch auf ihren Einfluss auf die Bewirkungen verschiedenen Grades zu besehen und gegebenenfalls gesondert zu systematisieren.

Ähnlich lassen sich Formungen beim Einsatz von **Personal** beobachten.[279] So gibt es nicht nur unterschiedliche Typen der personellen Rechtsverhältnisse (z.B. Beamte, Angestellte und Arbeiter im Öffentlichen Dienst), sondern es sind auch ausgeprägte Rechtsinstitute des Öffentlichen Dienstrechts herausgebildet worden (wie Ernennung, Beförderung, Abordnung, Versetzung). Der Formung unterliegen Vorgaben der Personalplanung und der Personalführung bzw. – moderner formuliert – des Personalmanagements[280] oder der Leistungsmessung.[281] Verstärkt gesehen wird, dass die rechtliche Steuerung des Verwaltungshandelns auch auf dem Wege über die **(rechtliche) Steuerung des Personals** betrieben werden kann.[282] Damit stellt sich die Notwendigkeit, die im Öffentlichen Dienstrecht entwickelten Rechts- und Handlungsformen auch aus der steuerungswissenschaftlichen Perspektive zu betrachten. Gleiches gilt, soweit die Verwaltung sich eines anderen als des in ihrem Organisationsbereich vorgesehenen Personals bei der Erfüllung öffentlicher Aufgaben bedient (Einsatz „Privater").[283]

Steuerungswirkungen entfaltet auch der Umgang mit **Ressourcen**,[284] so dass auch das ressourcenbezogene Recht in die Betrachtung einzubeziehen ist. So strukturiert das Haushaltsrecht den rechtlichen Rahmen der Verwendung von Finanzmitteln. Dieser ist zu beachten, erklärt aber allein nicht die Art des konkreten Umgangs mit Ressourcen, bei dem die Verwaltung erhebliche Gestaltungsspielräume vorfindet. Über die Zuweisung oder Verweigerung von Ressourcen lässt sich insbesondere anreizorientiert[285] steuern und dementsprechend ist das Haushaltsrecht, auch das Haushaltsverfahrensrecht,[286] ebenfalls Steuerungsrecht. Auf die Steuerungsleistung wirkt auch ein, nach welcher „Haushaltsphilosophie" das Haushaltswesen strukturiert ist. So macht es beispielsweise einen großen Unterschied, ob die Ressourcen im Rahmen des Neuen Steuerungsmodells oder der tradierten kameralistischen Haushaltsführung eingesetzt werden,[287] die jeweils unterschiedliche Formen des Umgangs mit Haushaltsmitteln vorsehen und damit gegebenenfalls unterschiedliche Wirkungen anstreben; das **Neue Steuerungsmodell** beispielsweise – im Binnenbereich der Verwaltung – eine höhere Motivation für die Sorge um die Sachgerechtigkeit und Effizienz des Ressourceneinsatzes. Dies kann sich auch auf den Außenbereich der Ressourcenverfügbarkeit und -anwendung auswirken.

---

[279] → Bd. III *Voßkuhle* § 43 Rn. 1; Bd. II *Hill/Martini* § 34 Rn. 60.
[280] → Bd. III *Voßkuhle* § 43 Rn. 57 f.
[281] → Bd. III *Voßkuhle* § 43 Rn. 59, 62 f.
[282] → Bd. III *Voßkuhle* § 43 Rn. 1; *Martin Eifert*, Die geteilte Kontrolle, DV, Bd. 39 (2006), S. 309 ff.
[283] Vgl. dazu → Bd. I *Schuppert* § 16 Rn. 196 ff.
[284] → Bd. III *Korioth* § 44; s.a. → Bd. I *Franzius* § 4 Rn. 64 ff.; Bd. II *Hill/Martini* § 34 Rn. 63.
[285] → Bd. II *Sacksofsky* § 40.
[286] → Bd. II *Schmidt-Aßmann* § 27 Rn. 62.
[287] Dazu s. *Hermann Hill*, Neue Organisationsformen in der Staats- und Kommunalverwaltung, in: Schmidt-Aßmann/Hoffmann-Riem (Hrsg.), Verwaltungsorganisationsrecht, S. 65 (71 f.); *Bernd Grzeszick*, Öffnungsklauseln für die Kommunalverwaltung, DV, Bd. 30 (1997), S. 545 ff.; *Hermann Pünder*, Nach Hundert Jahren Diskussion: Abschied von der Kameralistik, Die Gemeindekasse 2005, S. 79 ff. S. ferner → Bd. I *Schuppert* § 16 Rn. 117 ff.; Bd. III *Korioth* § 44 Rn. 57 ff.

VII. Maßgeblichkeit von komplexen Regelungsstrukturen

67 Der Blick auf den administrativen Einsatz von Steuerungsfaktoren, deren Erheblichkeit sich nicht in der rechtlichen Prägung erschöpft, wird für die Verwaltungsrechtswissenschaft insbesondere bedeutsam, wenn sie sich als Steuerungwissenschaft versteht[288] und dabei den so genannten Governance-Strukturen Aufmerksamkeit zuwendet.[289] Die **Governance-Perspektive**[290] zielt, angewandt auf Verwaltungshandeln, auf das „Wie" der Aufgabenerfüllung, also auf die Erfassung des Modus und der Qualität administrativen Vorgehens.[291] Diese Perspektivenerweiterung ist insbesondere wichtig, soweit Verwaltungshandeln – wie es außerhalb der so genannten Massenverwaltung häufig der Fall ist – in **komplexe Regelungsstrukturen** eingebunden ist. Dieser Begriff[292] kennzeichnet einen mehr oder minder vielfältigen Bestand an Steuerungsfaktoren, darunter die für die Problemlösung maßgebenden materiellen und formellen rechtsnormativen Programme, die spezifischen Wissensbestände und präskriptiven Orientierungen der handelnden Organisation und ihrer Mitglieder (etwa Verwaltungskulturen), die Entscheidungsstrukturierung durch Verfahrensvorgaben sowie begleitende negative oder positive Anreize (knappe oder reichliche Ressourcen, Karrieremuster u. ä.), gegebenenfalls unter Einbeziehung der Vernetzung mit anderen hoheitlichen oder auch privaten Akteuren. Die Herausarbeitung der Regelungsstrukturen zielt insbesondere auf die Erfassung des **Zusammenspiels der verschiedenen Steuerungsfaktoren**.[293] Die rechtliche Analyse kann nämlich zu kurz greifen, wenn sie nur einzelne Steuerungsfaktoren in den Blick nimmt oder nur isoliert auf einzelne Akte sieht, ohne auf deren Zusammenspiel mit anderen zu achten. In komplexen Regelungsstrukturen werden meist auch unterschiedliche Rechts-, Handlungs- und Bewirkungsformen gebündelt, deren nur isolierte Fassung zum Risiko führt, ihr Aufeinanderangewiesensein aus den Augen zu verlieren. Es kommt nicht nur darauf an, das Zusammenspiel auch im Hinblick auf die Funktionen einer Formenlehre zu erfassen, sondern auch zu fragen, ob es neue komplexe Regelungsformen gibt, die verschiedene Rechts-, Handlungs- und Bewirkungsformen übergreifend erfassen und sich dabei gegebenenfalls auch nicht an traditionellen Gewaltengliederungskonzepten orientieren.[294] Noch allerdings hat die Rechtswissenschaft keine Typisierungen herausgearbeitet, die es erlauben, im

---

[288] → Bd. I *Voßkuhle* § 1 Rn. 17 ff.

[289] Zur Governance-Diskussion → Bd. I *Voßkuhle* § 1 Rn. 68 ff.

[290] Zu ihr s. → Bd. I *Schuppert* § 16 Rn. 20 ff. Es gibt allerdings unterschiedliche Sichtweisen auf Governance, s. dazu etwa *Arthur Benz* (Hrsg.), Governance – Regieren in komplexen Regelsystemen, 2. Aufl. 2010.

[291] Vgl. *Hoffmann-Riem*, Governance im Gewährleistungsstaat (Fn. 79), S. 196 (197).

[292] Zum Begriff s. → Bd. I *Voßkuhle* § 1 Rn. 70, *Hoffmann-Riem* § 10 Rn. 5, *Schuppert* § 16 Rn. 24 ff. S. ferner *Hans-Heinrich Trute*, Die Verwaltung und das Verwaltungsrecht zwischen gesellschaftlicher Selbstregulierung und staatlicher Steuerung, DVBl 1996, S. 950 ff.; *ders./Wolfgang Denkhaus/Doris Kühlers*, Regelungsstrukturen der Kreislaufwirtschaft zwischen kooperativem Umweltrecht und Wettbewerbsrecht, 2004. S. ferner – dort aber genutzt als analytische Kategorie in den Sozialwissenschaften – *Renate Mayntz*, Steuerung und Selbstorganisation in staatsnahen Sektoren, in: dies./*Fritz Scharpf* (Hrsg.), Gesellschaftliche Selbstregulierung und politische Steuerung, 1995, S. 9 (16).

[293] Siehe a. u. → Rn. 117.

[294] Siehe dazu *Martin Bullinger*, Regulierung als modernes Instrument zur Ordnung liberalisierter Wirtschaftszweige, DVBl 2003, S. 1355 (1357).

Hinblick auf komplexe Regelungsstrukturen typisierte komplexe Regelungsformen zu benennen oder auch nur typische Steuerungsarrangements zu kategorisieren. Gerade an Letzterem besteht ein hoher praktischer Bedarf.

C. Überlagerung und Verzahnung von Formungsangeboten unterschiedlicher Rechtsgebiete

Bisher wurde nach Formungserfordernissen und -angeboten oder -verzichten im Bereich des (deutschen) Verwaltungsrechts gefragt. Modernes Verwaltungshandeln ist jedoch nicht auf die Institute des Verwaltungsrechts begrenzt, sondern kann gegebenenfalls auch auf **Rechts-, Handlungs- und Bewirkungsformen anderer Rechtsgebiete** zurückgreifen. Dies wird im Folgenden am Zusammenspiel von Verwaltungsrecht und Zivilrecht (I.) sowie von Verwaltungsrecht und Strafrecht (II.) illustriert. Etwas anders gelagert sind Folgen der Trans- und Internationalisierung des Rechts, insbesondere des Zusammenspiels deutschen Rechts mit dem im europäischen Regelungsverbund maßgebenden Europarecht sowie dem Recht von Mitgliedstaaten (III.). 68

I. Privatrecht und Öffentliches Recht als wechselseitig nutzbare Auffangordnungen[295]

Seit langem ist anerkannt, dass die Erfüllung öffentlicher Aufgaben in gewissen Zusammenhängen auch in privatrechtlichen Formen geschehen kann und zunehmend erfolgt.[296] Dementsprechend sind die **Rechts-, Handlungs- und Bewirkungsformen des Privatrechts** auch Gegenstand des Verwaltungshandelns und der Verwaltungsrechtswissenschaft.[297] Dies betrifft zum einen den Befund, dass die Verwaltung für ihr eigenes Handeln auf derartige Formen aus dem Privatrecht zugreift (sogenanntes **Verwaltungsprivatrecht**).[298] Hier stellt sich insbesondere die Frage, wieweit die Nutzung der Formen des Privatrechts, also ihre Verwendung im Bereich der Erfüllung öffentlicher Aufgaben, durch Träger öffentlicher Gewalt oder durch **Öffentlich-Private Partnerschaften (ÖPP)**[299] zu Modifikatio- 69

---

[295] Siehe dazu die Beiträge in *Hoffmann-Riem/Schmidt-Aßmann* (Hrsg.), Auffangordnungen.
[296] Zu den Bestimmungsgründen → Bd. I *Burgi* § 18 Rn. 30 ff. sowie zu Verbunderscheinungen von öffentlich-rechtlichen und privatrechtlichen Lösungen Rn. 34 ff.
[297] Zur Kombination von Formen des Öffentlichen Rechts und des Zivilrechts vgl. *Hans-Heinrich Trute*, Verzahnungen von öffentlichem und privatem Recht – anhand ausgewählter Beispiele –, in: Hoffmann-Riem/Schmidt-Aßmann (Hrsg.), Auffangordnungen, S. 167 ff. Zu Verzahnungen → Bd. I *Burgi* § 18 Rn. 44 ff.
[298] Dazu → Bd. I *Burgi* § 18 Rn. 64 ff. Vgl. ferner statt vieler *Ehlers*, Verwaltung und Verwaltungsrecht (Fn. 36), § 3 Rn. 66 ff., 72 ff. Privatrechtlich handelt die Verwaltung auch bei der Vergabe öffentlicher Aufträge. Zur Grundrechtsbindung bei Vergaben unterhalb der Schwellenwerte s. den Beschluss *BVerfGE* 116, 135 ff.; allerdings kann die Verwaltung im Bereich des Verwaltungsprivatrechts grundsätzlich nicht auf die Regelungen des VwVfG zurückgreifen, vgl. BGH, NVwZ 2010, S. 531 ff.
[299] So nennt der deutsche Gesetzgeber die meist Public Privat Partnerships (PPP) genannten Mischformen funktionaler Privatisierung, s. dazu das Gesetz zur Beschleunigung der Umsetzung von Öffentlich-Privaten Partnerschaften und zur Verbesserung gesetzlicher Rahmenbedingungen für Öffentlich-Private Partnerschaften vom 1. September 2005. S. a. → Bd. II *Bauer* § 36 Rn. 42 ff.; Bd. I *Schulze-Fielitz* § 12 Rn. 96, 114, *Groß* § 13 Rn. 91.

nen führt (Publifizierung privatrechtlicher Rechts-, Handlungs- und Bewirkungsformen),³⁰⁰ oder allgemeiner, wie dem rechtlichen Verbund der beiden Teilrechtsordnungen hier Rechnung getragen werden kann.³⁰¹

70 Davon systematisch zu unterscheiden ist der **Einsatz des Privatrechts durch Private bei der Erfüllung öffentlicher Aufgaben.**³⁰² Insbesondere in den oben angesprochenen Feldern kooperativen u. ä. Verwaltungshandelns kann sich bei der Erfüllung öffentlicher Aufgaben eine **Verlagerung auf Privatrechtssubjekte** und dabei auf Privatrecht insbesondere dann ergeben, wenn die Verwaltung mit Rücksicht auf privatrechtlich ausgestaltete Problemlösungen der beteiligten Träger gesellschaftlicher Verantwortung auf verwaltungsrechtliche Handlungsformen verzichtet. Die **Formen des Privatrechts** – also die vielen im Handlungsarsenal des BGB, HGB, Gesellschaftsrechts u. a. enthaltenen Rechts- und Handlungsformen³⁰³ – werden dann von den Privatrechtssubjekten bei der Erfüllung öffentlicher Aufgaben genutzt. Zum **Gewährleistungsverwaltungsrecht** zählt auch die administrative Sorge für die Leistungsfähigkeit der Erfüllung öffentlicher Aufgaben durch Private. Damit aber treten mittelbar die vielen im Privatrecht entwickelten Rechts-, Handlungs- und Bewirkungsformen in das Beobachtungsfeld der Verwaltung und werden mittel- und langfristig auch in systematische Darstellungen des Verwaltungsrechts integriert werden müssen. Dabei wird insbesondere herauszuarbeiten sein, ob und wieweit sie inhaltlich durch öffentlich-rechtliche Vorgaben „aufgeladen" werden.³⁰⁴ Über die ohnehin durch die **mittelbare Drittwirkung der Grundrechte**³⁰⁵ ausgelöste verfassungsrechtliche Durchdringung zivilrechtlicher Handlungsformen hinaus können verwaltungsrechtliche Vorgaben mittelbar für die Nutzung privatrechtlicher Handlungsformen maßgebend werden, wenn mit ihrer Hilfe öffentliche Aufgaben erfüllt werden.³⁰⁶ Eine solche **Publifizierung des Pri-**

---

³⁰⁰ Siehe dazu *Hans C. Röhl*, Verwaltung und Privatrecht – Verwaltungsprivatrecht?, VerwArch, Bd. 86 (1995), S. 531 ff.; *Peter Unruh*, Kritik des privatrechtlichen Verwaltungshandelns, DÖV 1997, S. 653 ff. Jüngst hat das *BVerfG* insofern in Übereinstimmung mit der h. M. jedenfalls die Bindung der Verwaltung an Art. 3 Abs. 1 GG ausdrücklich bejaht, aber auch an andere Grundrechte anerkannt, wobei die Reichweite sonstigen Grundrechtsschutzes vom Gewährleistungsbereich der jeweiligen Grundrechtsnorm abhängt, s. *BVerfGE* 116, 135 (151 f.).

³⁰¹ Vgl. → Bd. I *Burgi* § 18 Rn. 64 ff., der die herrschende Lehre zum Verwaltungsprivatrecht allerdings ablehnt (dort Rn. 71).

³⁰² → Bd. I *Schulze-Fielitz* § 12 Rn. 91 ff.

³⁰³ Hier sei generell auf die Literatur zum Zivilrecht verwiesen, s. ferner → Bd. I *Schulze-Fielitz* § 12 Rn. 91 ff.

³⁰⁴ *Walter Leisner*, Unterscheidung zwischen privatem und öffentlichem Recht, JZ 2006, S. 869 ff. nimmt m. E. zu Unrecht an, das Vordringen des Privatrechts bedeute ein Ende der Publifizierungswelle und das ius publicum sei nur eine „Provinz". Treffender erscheint es, von einer wechselseitigen Annäherung zu sprechen, die problemspezifische Unterscheidungen allerdings nicht ausschließt und vor allem das Privatrecht im Gewährleistungsstaat nicht vor dem Eindringen von Gemeinwohlsicherungen immunisiert. Bei dieser Sichtweise ergeben sich auch Konvergenzen zu Rechtsordnungen, die den deutschen Dualismus so nicht kennen.

³⁰⁵ Dazu vgl. statt vieler *Stefan Oeter*, „Drittwirkung" der Grundrechte und die Autonomie des Privatrechts, AöR, Bd. 116 (1994), S. 529 ff.; *Anne Roethel*, Normkonkretisierung und Privatrecht, 2004, S. 67 ff., 114 ff. m. w. N.; für von der öffentlichen Hand beherrschte gemischtwirtschaftliche Unternehmen in Privatrechtsform gilt sogar die unmittelbare Grundrechtsbindung *BVerfGE* 128, 226 (246 ff.); derartige Unternehmen können sich selbst nicht auf Grundrechte berufen, vgl. *BVerfG*, JZ 2009, S. 1069 ff.

³⁰⁶ Dazu s. *Martin Burgi*, Funktionale Privatisierung und Verwaltungshilfe, 1999, S. 331 ff.; *Martin Schulte*, Gefahrenabwehr durch private Sicherheitskräfte im Lichte des staatlichen Gewaltmonopols, DVBl 1995, S. 130 (134); *Jan O. Merten*, Private Entscheidungsträger und Europäisierung der Verwal-

C. Überlagerung und Verzahnung von Formungsangeboten

vatrechts[307] kann rechtliche Formungsbedürfnisse nur unter wechselseitiger Berücksichtigung privat- und öffentlich-rechtlicher Vorgaben befriedigen. Dies wird zugleich ein weiterer Schritt zur Überwindung des überkommenen Dualismus der beiden „großen" Rechtsregimes[308] und zu seiner Ablösung durch funktionsspezifische Differenzierungen sein – mit Folgen auch für die Formenlehre.

II. Strafrecht und Öffentliches Recht als wechselseitig nutzbare Auffangordnungen

Zunehmend wichtiger wird auch die **Ergänzungs- und Auffangfunktion des Strafrechts** im Hinblick auf die Verfolgung administrativer Zwecke. Dabei lassen sich zum einen – wenn auch bisher nur punktuell – Beispiele dafür finden, dass Strafrecht vermehrt eingesetzt wird, um der Verwaltung **ausgeweitete Handlungsmöglichkeiten** zu eröffnen, die sie sonst nicht oder nicht mit der gleichen Aussicht auf Erfolg hätte. Beispielsweise kann – vorbehaltlich rechtlicher Grenzen – Strafrecht genutzt werden, um strafprozessuale Ermittlungsbefugnisse ergänzend zu den im Verwaltungsrecht angesiedelten Ermittlungsbefugnissen auch für administrative Zwecke zu nutzen. Dies mag der Verwaltung vorteilhaft erscheinen, wenn die sonstigen administrativen Ermittlungsbefugnisse an strengere Voraussetzungen gekoppelt sind.[309] Daneben gibt es seit längerem eine Tendenz zur verstärkten Pönalisierung bisher nur oder vorrangig verwaltungsrechtlich geregelter Pflichten. Dies deutet auf **verwaltungsregulatorische Absichten im Einsatz von Strafrecht** hin. Insbesondere durch den Prozess der Privatisierung und Deregulierung, aber auch der Globalisierung, verlieren die traditionellen regulativen Mittel des Staates an Steuerungskraft. Als eine Art **Auffangordnung für Steuerungsversagen** und zum Ausgleich bestimmter **Bewirkungsdefizite** im Verwaltungsrecht[310] wird – neben dem Ordnungswidrigkeitenrecht – Strafrecht eingesetzt, dessen Anwendungsbereiche insoweit immer mehr mit dem Verwaltungsrecht verzahnt werden.[311] Das Strafrecht als Implementationshilfe[312] wird so zum Pool für Bewirkungsformen, die (auch) zur Durchsetzung administrativer Zwecke eingesetzt werden.

71

---

tungsrechtsdogmatik, 2005, S. 224 ff. Vgl. auch *Carola Glinski*, Die rechtliche Bedeutung der privaten Regulierung globaler Produktionsstandards, 2011.

[307] Vgl. *de Wall*, Anwendbarkeit (Fn. 32), S. 31 ff. Zum Verhältnis der beiden Rechtsgebiete und ihren Veränderungen s. auch *Benjamin Gündling*, Modernisiertes Privatrecht und öffentliches Recht, 2006.

[308] Zu den relativ fruchtlosen Diskussionen über Theorien zur Abgrenzung von Öffentlichem und Privatrecht, aber auch zu weiteren Funktionen dieser Abgrenzung s. → Bd. I *Burgi* § 18 Rn. 19 ff. S. ferner statt vieler *Leisner*, Unterscheidung (Fn. 304), S. 869 ff. m.w.N.; zur Abgrenzung zwischen öffentlich-rechtlicher und privatrechtlicher Verwaltungstätigkeit, vgl. BVerwG, NVwZ-RR 2010, S. 682 ff.; Abgrenzungsschwierigkeiten ergeben sich bspw. auch bei der LKW-Maut, vgl. BVerwGE 137, 325 (327 ff.).

[309] Beispiele dazu in *Wolfgang Hoffmann-Riem*, Administrativ induzierte Pönalisierung – Strafrecht als Auffangordnung für Verwaltungsrecht, in: FS Heike Jung, 2007, S. 299 (304 ff.).

[310] Vgl. auch die Zuordnungen von *Peter-Alexis Albrecht*, Kriminologie. Eine Grundlegung zum Strafrecht, 4. Aufl. 2010, S. 1 und passim; dort auch Aussagen zum Steuerungsversagen im Hinblick auf Strafrecht, S. 64 ff.

[311] Beispiele dazu in *Wolfgang Hoffmann-Riem*, Pönalisierung (Fn. 309), S. 300 ff.

[312] → Bd. I *Burgi* § 18 Rn. 92.

72 Dieser seit langem beobachtbare Prozess administrativ induzierter Pönalisierung wird auch **durch die EU forciert,** die europarechtlich zunehmend von den Mitgliedstaaten die Absicherung materiellen Rechts durch strafrechtliche Sanktionen – also durch strafrechtliche Bewirkungsformen – fordert.[313] Dies hat viele Gründe, darunter auch den, dass das Verwaltungsvollstreckungsrecht – als Arsenal für Bewirkungsformen – in anderen Mitgliedstaaten nicht so ausgeprägt ist wie in Deutschland. So kennt beispielsweise Frankreich kein Selbsttitulierungsrecht der Verwaltung[314] und vertraut stärker als das deutsche Recht auf die Steuerungskraft der strafrechtlichen Sanktionsanordnung und des Einsatzes der Sanktion als spezifische Bewirkungsform. Da die Europäische Union die treibende Kraft der Deregulierung im nationalen Recht ist und verstärkt auf Selbst- und Koregulierung vertraut, sucht sie nach ergänzenden Implementationshilfen und will sie im Strafrecht verankert sehen. Damit wird die in der Entwicklung des deutschen Rechtsstaats als Fortschritt verbuchte Zurückdrängung des „Polizeistrafrechts" zugunsten eines eigenständigen Verwaltungsvollstreckungsrechts[315] in gewisser Hinsicht wieder rückgängig gemacht.

73 Gelegentlich kommt es vor, dass Strafrecht nicht mit dem vorrangigen Ziel geschaffen wird, ein normwidriges Verhalten auch wirklich zu bestrafen – also die **Rechts-, Handlungs- und Bewirkungsformen des Strafrechts** einzusetzen (Beweiserhebung, Einleitung des Ermittlungsverfahrens, Eröffnung der Hauptverhandlung, Bestrafung, Strafvollzug) –, sondern, um eine Norm verfügbar zu haben, die administrative Maßnahmen zur Bekämpfung des unerwünschten Verhaltens, insbesondere im Rahmen der polizeilichen Generalklausel (Absehbarkeit einer Verletzung des Strafrechts als Anlass zur Abwehr einer Gefährdung der öffentlichen Sicherheit), ermöglicht.[316] Dann kommen zwar insoweit die Rechts-, Handlungs- und Bewirkungsformen des Verwaltungsrechts zum Einsatz, sind aber angewiesen auf die Verfügbarkeit der Strafrechtsnorm.

74 Von Belang ist dabei auch die seit langem eingesetzte Technik, **Blankettstrafnormen** zu schaffen (also weitgehend von der strafrechtlichen Formung abzuse-

---

[313] → Bd. III *Waldhoff* § 46 Rn. 196 ff.; zu den Grenzen einer solchen europarechtlichen Kompetenz a.a.O., Rn. 198; zur Kompetenz des Unionsgesetzgebers für strafrechtliche Bestimmungen im Bereich des Umweltschutzrechts *EuGH*, Rs. C-440/05, Slg. 2007, I-9097 – Meeresverschmutzung.

[314] Siehe dazu *Christian Waldhoff,* Der Verwaltungszwang. Historische und dogmatische Studien zur Vollstreckung und Sanktion als Mittel der Rechtsdurchsetzung der Verwaltung, 2002, S. 526 ff.

[315] Näher dazu *Waldhoff,* Verwaltungszwang (Fn. 314).

[316] So der im Jahre 2005 neu geschaffene § 130 Abs. 4 StGB, der ausweislich der Gesetzesmaterialien in erster Linie (folgt man den Äußerungen vieler Abgeordneter in den Bundestagsdebatten, s. insbes. die Beiträge in *Verhandlungen des Deutschen Bundestages,* 15. Wahlperiode, Bd. 225, S. 14817 f., 14819 f., 14823 f. sowie Bd. 226, S. 15350 ff., 15359 f.) geschaffen wurde, um über § 15 VersG Versammlungen neonazistischer Organisationen an bestimmten Orten verbieten zu können, s. dazu *Hoffmann-Riem,* Pönalisierung (Fn. 309), S. 308 f.; zur Verfassungsmäßigkeit des § 130 Abs. 4 StGB s. *BVerfGE* 124, 300 ff. Zur literarischen Diskussion s. statt vieler *Andrea Kirsch,* Rudolf-Heß-Gedenkmärsche, Volksverhetzung und die Meinungsfreiheit, NWVBl 2010, S. 136 ff.; *Mathias Hong,* Das Sonderrechtsverbot als Verbot der Standpunktdiskriminierung – der Wunsiedel-Beschluss und aktuelle versammlungsgesetzliche Regelungen und Vorhaben, DVBl 2010, S. 1267 f.; *Tatjana Hörnle,* Zur vom BVerfG angenommenen Vereinbarkeit des § 130 Abs. 4 StGB mit Art. 5 Abs. 1 und 2 GG aus strafrechtswissenschaftlicher Sicht, JZ 2010, S. 310–313; *Wolfram Höfling/Steffen Augsberg,* Grundrechtsdogmatik im Schatten der Vergangenheit, JZ 2010, S. 1088 ff.; *Uwe Volkmann,* Die Geistesfreiheit und der Ungeist – Der Wunsiedel-Beschluss des BVerfG, NJW 2010, S. 417 ff.; *Wolfgang Hoffmann-Riem,* Versammlungsfreiheit, in: HGR IV, Rn. 120 ff.

C. Überlagerung und Verzahnung von Formungsangeboten

hen) und die Ausfüllung der Strafandrohung anderen Rechtsgebieten, so dem Verwaltungsrecht, anzuvertrauen.[317] Dies betrifft insbesondere Regelungsfelder, die durch große Komplexität und diverse Entgrenzungen gekennzeichnet sind und in denen es zugleich schwer fällt, das erwünschte Verhalten, zu dem durch die Strafrechtsnorm und Sanktionsandrohung angeregt werden soll, hinreichend eindeutig und fundiert durch sichere Prognosen zu normieren. Diesem Problem begegnet der Einsatz der Rechtstechnik der Blankettstrafnormen. Die Strafandrohung wird zwar in den Strafgesetzen normiert; für die Voraussetzungen der Strafbarkeit wird aber auf Normen aus anderen Rechtsgebieten verwiesen, insbesondere auf die des Besonderen Verwaltungsrechts.[318] Ziel der Strafrechtsnorm ist dann die Sicherung der Maßgeblichkeit dieser anderswo gesetzten normativen Vorgaben bzw. ihre Umsetzung in konkrete Verwaltungsmaßnahmen durch Nutzung der strafrechtlichen Rechts-, Handlungs- und Bewirkungsformen. Dabei werden nicht nur staatliche Instanzen zur Ausfüllung solcher Blankettnormen herangezogen, sondern zum Teil auch Private bzw. private Verbände, so durch die **Technik staatlicher Bezugnahme bzw. Verweisung auf privat gesetzte Standards:**[319] Kann die Missachtung privat gesetzter Standards nicht nur verwaltungsrechtlich maßgeblich und (etwa mit Hilfe des Verwaltungsvollstreckungsrechts) sanktioniert werden, sondern wird sie auch strafrechtlich geahndet, dann entscheiden letztlich Private nicht nur über die materiellen Standards für Ge- und Verbote, sondern damit zugleich über die Voraussetzungen verwaltungsrechtlicher Umsetzung und des Einsatzes strafrechtlicher Rechts-, Handlungs- und Bewirkungsformen.[320] Die Maßnahme selbst ist insoweit allerdings wieder in staatlicher Hand, sei es durch Verhängung der Strafsanktion, sei es durch die administrative Durchsetzung der verwaltungsrechtlichen Ge- und Verbote.

Da der Staat sich insbesondere mit der Ausweitung der Risikogesellschaft zunehmend mit diffusen Problemlagen und durch Entgrenzungen geprägten Situationen befassen muss, ist er bemüht, sich **Wissen oder eine Wissensmöglichkeit „auf Vorrat"** zu verschaffen, um dieses gegebenenfalls im richtigen Zeitpunkt für

---

[317] Dazu vgl. *Irini Vassilaki*, Technikstrafrecht, in: Schulte/Schröder (Hrsg.), Technikrecht, S. 385 (391 ff.). → Bd. III *Waldhoff* § 46 Rn. 153 ff.

[318] Vgl. statt vieler *Meinhard Schröder*, Verwaltungsrecht als Vorgabe für Zivil- und Strafrecht, VVDStRL, Bd. 50 (1991), S. 196 (210 ff.); *Fritz Ossenbühl*, Verwaltungsrecht als Vorgabe für Zivil- und Strafrecht, DVBl 1990. S. 963 (969 ff.); *Vassilaki*, Technikstrafrecht (Fn. 317), S. 385; → Bd. III *Waldhoff* § 46 Rn. 163 ff. Vgl. zur Entwicklung im Umweltrecht etwa *Rüdiger Breuer*, Empfehlen sich Änderungen des strafrechtlichen Umweltschutzes insbesondere in Verbindung mit dem Verwaltungsrecht?, NJW 1988, S. 2072 ff. (2077 f.); *Hans Dahs/Konrad Redeker*, Empfehlen sich Änderungen im strafrechtlichen Umweltschutz insbesondere in Verbindung mit dem Verwaltungsrecht?, DVBl 1988, S. 803 ff. (810 f.); *Wolfgang Winkelbauer*, Die Verwaltungsabhängigkeit des Umweltstrafrechts, DÖV 1988, S. 723 ff. (729 f.). S. a. → Bd. I *Burgi* § 18 Rn. 92 ff.

[319] → Rn. 92. S. statt vieler *Ehlers*, Verwaltung und Verwaltungsrecht (Fn. 36), § 1 Rn. 82, § 2 Rn. 73; *Helmut Schulze-Fielitz*, Technik- und Umweltrecht, in: Schulte/Schröder (Hrsg.), Technikrecht, S. 468 ff., 472 ff.; → Bd. I *Ruffert* § 17 Rn. 85 ff., *Eifert* § 19 Rn. 62 ff.

[320] Zum Problemfeld s. aus der Literatur *Michael Kloepfer/Thomas Elsner*, Selbstregulierung im Umwelt- und Technikrecht, DVBl 1996, S. 964 ff.; *Rüdiger Breuer*, Direkte und indirekte Rezeption technischer Regeln durch die Rechtsordnung, AöR, Bd. 101 (1976), S. 46 ff.; *Irene Lamb*, Kooperative Gesetzeskonkretisierung, 1995; *Christoph Gusy*, Probleme der Verrechtlichung technischer Standards, NVwZ 1995, S. 105 ff.; *Schulze-Fielitz*, Technik und Umweltrecht (Fn. 319), S. 455, 461 ff., 468 ff., 472 ff.; *Irini E. Vassilaki*, Technikstrafrecht (Fn. 317), S. 385 (391 f.).

abwehrende Maßnahmen verfügbar zu haben. Ein Prototyp einer solchen Wissensermittlung aus unterschiedlichen „Quellfeldern" ist die Tatsachenermittlung im Rahmen einer Verzahnung präventiver und repressiver Bekämpfung von Normverstößen und dort insbesondere die Verlagerung der polizeilichen oder staatsanwaltlichen Tätigkeit in das **Vorfeld der Verwirklichung von Gefahren.** Dies betrifft nicht nur die Planung oder den Versuch von rechtsgüterverletzendem Handeln, sondern auch weiter vorgelagerte Bereiche (z. B. die bloße Vorbereitung zukünftiger Aktionen oder Handeln, bei dem noch nicht einmal erkennbar ist, ob es auf Rechtsgutverletzungen hinzielt, abstrakt gesehen aber die Potentialität dafür hat[321]). Die insbesondere im Polizeirecht zwecks Gefahrenabwehr herausgebildeten klassischen Rechtsformen des **Polizeiverwaltungsakts** und der **Polizeiverordnung** werden durch Formen **schlichten Verwaltungshandelns** – insbesondere bei der unter Einsatz moderner Kommunikationstechnologien erfolgenden Datenerhebung und -verarbeitung – ergänzt. Dies geschieht häufig in einer Weise, die nicht eindeutig erkennen lässt, ob die Informationserhebung für eine strafrechtliche Sanktionierung oder eine ordnungsbehördliche Präventionsmaßnahme genutzt werden soll. Die Informationen werden zum Teil mit der **doppelten Zielsetzung** erhoben, sowohl den Einsatz präventiver als auch repressiver Bewirkungsformen vorbereiten zu können.

76 Durch solche wechselseitigen Nutzungsmöglichkeiten von Vorfeld- und Gefahrenabwehraktivitäten (soweit sie überhaupt zulässig sind) droht die rechtsstaatliche **Sicherungsfunktion traditionellen Polizeirechts (und des Strafverfolgungsrechts),** die durch Bestimmtheits- und Verhältnismäßigkeitsanforderungen auch Formungsdruck ausgesetzt war, zu **erodieren.**[322] Auch werden polizeirechtliche Vorfeldaktivitäten manchmal parallel zu strafprozessualen ergriffen, oder Vorfeldaktivitäten – insbesondere die dort erfolgenden Datenerhebungen – verfolgen den doppelten Zweck der (administrativen) vorbeugenden Gefahrenabwehr und der Vorsorge für eine mögliche spätere Strafverfolgung.[323] Dies kann zu einem **Verlust der Formungsvorteile** führen, die bisher im materiellen Polizeirecht einerseits (etwa seinen speziellen Anforderungen an die Erhebung, Speicherung und Verwertung von Daten) und dem Strafverfolgungsrecht (mit anderen Anforderungen) andererseits[324] entwickelt worden sind. Das Fehlen bereichsbezogener

---

[321] Vgl. Ermächtigungen zur Datenerhebung im Vorfeld, z. D. (§§ 8, 9, 10 Hamb.PolDVG; §§ 31 Abs. 2, 32, 33a Abs. 1 Nr. 2 Nds. SOG). Vgl. auch die vom BVerfG in seinen Entscheidungen BVerfGE 100, 313; 107, 299; 110, 33; 113, 348; 115, 320 (Rasterfahndung, „Schläfer") behandelten Normierungen.

[322] Soweit die Informationserhebung zu Grundrechtseingriffen führt, bedarf es eines zu schützenden Rechtsguts als Rechtfertigung der Vorfeldbefugnis. Angesichts des Grundsatzes der umgekehrten Proportionalität (vgl. BVerfGE 113, 348 (368); 115, 320 ff.) muss dieses Rechtsgut durch ein besonders hohes Gewicht geprägt sein, wenn nur eine geringe Wahrscheinlichkeit des Schadenseintritts und der Möglichkeit besteht, ihn durch nachfolgende Maßnahmen zu vermeiden. Der Rang des zu schützenden Rechtsguts wird häufig durch die Strafandrohung indiziert. Je höher diese Strafandrohung, desto leichter die Rechtfertigung der Vorfeldbefugnisse. Dies schafft einen (problematischen) Anreiz, nicht nur entsprechende Strafrechtsnormen bereitzuhalten, sondern auch einen hohen Strafrahmen vorzusehen.

[323] Allerdings sind die Gerichte bemüht, die strafprozessualen und polizeirechtlichen Kompetenzen auseinander zu halten, BVerfGE 113, 348 (367 ff.); s.a. etwa BVerwG, NJW 2006, S. 1225 ff.; dies gilt – als notwendige prozessuale Konsequenz – auch für die Bestimmung des einschlägigen Rechtswegs, vgl. BVerwG, NVwZ-RR 2011, S. 710 ff.

[324] Speziell zur Kumulation unterschiedlicher Informationsbeschaffungsmaßnahmen nach Strafprozessrecht s. *Jens Puschke,* Die kumulative Anordnung von Informationsbeschaffungsmaßnahmen

C. Überlagerung und Verzahnung von Formungsangeboten

Festlegungen führt insbesondere dann zu Risiken rechtsstaatlicher Defizite, wenn die staatliche Maßnahme als schlichtes Verwaltungshandeln bzw. als Realakt – wie es etwa für die Informationserhebung meist zutrifft – selbst wenig geformt ist und dem Betroffenen nicht oder nur verspätet bekannt wird, so dass Rechtsschutz erschwert wird.[325]

Da in vielen Bereichen – etwa in dem Recht der Gentechnik, dem Lebensmittel- oder Chemikalienrecht oder dem Recht der Stammzellenforschung – häufig unsicher ist, ob Gefahren sich unbeabsichtigt verwirklichen, sieht der Gesetzgeber – wie schon erwähnt – durch Schaffung von **Beobachtungspflichten, Transparenzgeboten, Anzeigepflichten** für die betroffenen Privaten,[326] gegebenenfalls ergänzt um **Revisionsvorbehalte,** Handlungsermächtigungen schon für den Vorfeldbereich vor.[327] Parallel damit geht teilweise eine **Pönalisierung der Verletzung entsprechender Pflichten** einher.[328] Die Pönalisierung soll den Einsatz strafrechtlicher Bewirkungsformen ermöglichen und dadurch die Einhaltung der administrativ motivierten Pflichten stimulieren. Sie schafft darüber hinaus – vorbehaltlich von Verwertungsverboten[329] – aber auch Möglichkeiten (oder auch nur Versuchungen), strafrechtliche Ermittlungsbefugnisse zur Informationserhebung auch für administrative Zwecke zu nutzen, selbst wenn entsprechende Befugnisse in dem jeweils betroffenen Bereich des Besonderen Verwaltungsrechts so nicht vorgesehen sind. Soweit die administrative Weiterverwertung von Erkenntnissen aus der Strafverfolgung rechtlich zulässig ist, bewirkt dies eine Relativierung der Bedeutung der im Verwaltungsrecht enthaltenen Vorgaben für verwaltungsrechtliche Rechts-, Handlungs- und Bewirkungsformen, wenn die durch den Einsatz strafrechtlicher Rechts-, Handlungs- und Bewirkungsformen erlangten Ergebnisse sich auch in anderen Bereichen nutzen lassen.

77

---

im Rahmen der Strafverfolgung, 2006; zu Informationsbeschaffungsmaßnahmen des Bundesamtes für Verfassungsschutz vgl. *BVerwGE* 137, 275 (278 ff.).

[325] Beispiele relativ ungeformter polizeilicher Maßnahmen sind die Datenerhebung durch Observation oder polizeiliche Beobachtung, durch den Einsatz verdeckter technischer Mittel oder verdeckter Ermittler sowie Eingriffe in die Telekommunikation (vgl. z.B. §§ 9 ff. Hamb.PolDVG). Traditionelle Mittel waren z.B. §§ 15 und 16 Hamb. SOG sowie § 81 b StPO (erkennungsdienstliche Behandlung).

[326] Gefahrenabwehr und -vorsorge ist aber nur ein möglicher Anknüpfungspunkt für Beobachtungs-, Berichts- u. ä. Pflichten, s. z. B. *Masing*, Regulierungsverwaltung (Fn. 205), S. 36 ff., 182 ff., für die Marktbeobachtung, Selbstbeobachtung und Berichtspflichten der Bundesnetzagentur im Vernetzungsfeld.

[327] Siehe dazu *Ivo Appel*, Staatliche Zukunfts- und Entwicklungsvorsorge: zum Wandel der Dogmatik des öffentlichen Rechts am Beispiel des Konzepts der nachhaltigen Entwicklung im Umweltrecht, 2005, S. 134 ff. *BVerfG*, NVwZ 2011, S. 94 (98 f.) betont die Notwendigkeit von Risikovorsorge nachdrücklich (dort zum Gentechnikrecht).

[328] Siehe zur Inkorporation verwaltungsrechtlicher Pflichten in das Strafrecht etwa § 330 d Nr. 4 StGB i. V. m. §§ 324 ff. StGB.

[329] Vgl. etwa *BVerfGK* 4, 105 ff.: Dort wird ein Verwertungsverbot jedenfalls im Bereich der Selbstbezichtigung angenommen; ob eine solche in der Erfüllung verwaltungsrechtlich begründeter Pflichten zur Mitwirkung an der Sachverhaltsaufklärung liegen kann, bedarf weiterer Abklärung.

III. Trans- und Internationalisierung

1. Formungen im Bereich des europäischen Unionsrechts

78   Die **Europäische Union** nutzt für ihr eigenes Handeln, insbesondere den direkten Vollzug von Unionsrecht (Eigenverwaltungsrecht),[330] besondere Rechts- und Handlungsformen[331] mit jeweils spezifischen Rechtmäßigkeitsanforderungen und Bindungswirkungen.[332] Zu berücksichtigen ist insofern, dass den Diskussionen um „Handlungsformen" in der europäischen Debatte meist ein sehr weites Begriffsverständnis zu Grunde liegt, dem eine Abgrenzung etwa zu Instrumenten oder Typen des Tätigwerdens u. ä. nicht eigen ist.[333] Im Zentrum der **unionsrechtlichen Handlungsformen** und damit insbesondere des unionsunmittelbaren (direkten) Vollzugs stehen Verordnung, Richtlinie, Beschluss, Empfehlung und Stellungnahme[334], also jene in Art. 288 AEUV aufgeführten Rechtsakte, mit denen das Europäische Parlament, der Rat und die Kommission ihre Aufgaben erfüllen können.[335] Eine besondere Nähe zu den kennzeichnenden Merkmalen der Einzelfallregelung des deutschen Verwaltungsaktes hat der Beschluss (früher – in Art. 249 EGV – „Entscheidung" genannt).[336] Die Zentralbegriffe Verordnung, Richtlinie und Beschluss können den Kategorien Gesetzgebungsakt (Art. 289 AEUV), delegierter Rechtsakt (Art. 289 AEUV) und Durchführungsrechtsakt (Art. 290 AEUV) zugeordnet werden. Dabei gehen Gesetzgebungsakte den delegierten Rechtssetzungakten und beide den Durchführungsakten vor.[337] Daneben werden im AEUV noch eine Reihe weiterer Handlungsformen angesprochen.[338]

---

[330] Dazu und den anderen Formen des Europäischen Verwaltungsrechts s. statt vieler *Martin Kment*, Das Eigenverwaltungsrecht der Europäischen Union, JuS 2011, S. 211 ff.

[331] Zu den Handlungsformen mit besonderem Blick auf die Rechtsetzung s. → Bd. II *Hill/Martini* § 34 Rn. 76 ff. sowie *Ines Härtel*, Handbuch der Europäischen Rechtsetzung, 2006. Zu einer europäischen Handlungsformenlehre s. ferner *Jürgen Bast*, Grundbegriffe der Handlungsformen der EU entwickelt am Beschluss als praxisgenerierter Handlungsform des Unions- und Gemeinschaftsrechts, 2006; *ders.*, Handlungsformen, in: v. Bogdandy/Bast (Hrsg.), Europäisches VerfR, S. 489 ff.; *Armin v. Bogdandy/Jürgen Bast/Felix Arndt*, Handlungsformen im Unionsrecht. Empirische Analysen und dogmatische Strukturen in einem vermeintlichen Dschungel, ZaöRV, Bd. 61 (2002), S. 67 ff.; *Biervert*, Missbrauch von Handlungsformen (Fn. 173), S. 38 ff.; *Kadelbach*, Allgemeines Verwaltungsrecht (Fn. 45), S. 297 ff.; *Peter Szczekalla*, Handlungsformen im Europäischen Verwaltungsrecht, in: Terhechte (Hrsg.), VerwREU, § 5. Speziell zu Handlungsformen für den informationellen Bereich s. *Kristina Heußner*, Informationssysteme im Europäischen Verwaltungsverbund, 2007, S. 237 ff., 277 ff. S. a. → Bd. I *Ruffert* § 17 Rn. 33 ff.

[332] Dazu s. statt vieler *Daniela Schroeder*, Bindungswirkungen von Entscheidungen nach Art. 249 EG im Vergleich zu denen von Verwaltungsakten nach deutschem Recht, 2006.

[333] Siehe *v. Bogdandy/Bast/Arndt*, Handlungsformen (Fn. 331), S. 81; *Matthias Ruffert*, Überlegungen zu den Rechtsformen des Verwaltungshandelns im europäisierten Verwaltungsrecht, in: FS Peter Krause, 2006, S. 215, 219 ff.

[334] Zu den verschiedenen Handlungsformen und ihren Besonderheiten s. *Ruffert*, in: Calliess/Ruffert (Hrsg.), EUV/AEUV, Art. 288 AEUV Rn. 16 ff., 23 ff., 85 ff., 95 ff.

[335] Dazu s. *Szczekalla*, Handlungsformen (Fn. 331), Rn. 28 ff.; sowie – zur alten Rechtslage nach Art. 249 EGV – *Christian Bumke*, Rechtsetzung in der Europäischen Gemeinschaft – Bausteine einer gemeinschaftsrechtlichen Handlungsformenlehre, in: Schuppert/Pernice/Haltern (Hrsg.), Europawissenschaft, S. 643 ff.

[336] *Szczekalla*, Handlungsformen (Fn. 331), Rn. 31 ff.

[337] Vgl. *Ruffert*, in: Calliess/Ruffert (Hrsg.), EUV/AEUV, Art. 288 AEUV Rn. 11 f., s. aber auch Rn. 10.

[338] Zu der früheren Rechtslage s. *Bumke*, Rechtsetzung (Fn. 335), S. 643 ff.

C. Überlagerung und Verzahnung von Formungsangeboten

Art. 288 AEUV benennt neben verbindlichen Rechtsakten auch die Empfehlung und Stellungnahme und bezeichnet sie ausdrücklich als nicht verbindlich. Dadurch wird ihnen nicht die rechtliche Bedeutung grundsätzlich aberkannt,[339] die sich etwa bei der Auslegung von Beschlüssen der Kommission auswirken kann. Auch können solche unverbindlichen Akte weisungsähnlich wirken.[340] In der Praxis gibt es eine Vielzahl weiterer Handlungsformen ohne rechtliche Verbindlichkeit, so etwa die Veröffentlichung von Grün- und Weißbüchern, Berichten, Bekanntmachungen, Rundschreiben, Kodices usw.[341] Sie verweisen auf die Relevanz von soft law.[342] Realakte sind dem Unionsrecht ebenso wenig fremd wie informelles Verwaltungshandeln.[343] Die den Organen Europäisches Parlament, Rat und Kommission nach Art. 288 AEUV zugänglichen Handlungsformen bewirken nicht, dass andere (ungeschriebene) Handlungsformen nicht herausgebildet werden dürfen.[344] Vertragliches Handeln im Bereich der Eigenverwaltung, insbesondere im Dienstrecht[345], ist nicht grundsätzlich ausgeschlossen.[346] Allerdings ist die Handlungsform des Vertrags im europäischen Primärrecht nur unvollkommen geregelt. Die EU-Organe genießen gemäß Art. 296 AEUV Wahlfreiheit hinsichtlich der Handlungsform, sofern die Art des zu wählenden Rechtsaktes nicht vorgesehen ist. Zu beachten sind aber Verfahrensvorschriften und inhaltlich insbesondere der Verhältnismäßigkeitsgrundsatz.

Beim indirekten Vollzug des Unionsrechts durch die nationalen Handlungsträger (mitgliedstaatlicher Verwaltungsvollzug) kommen grundsätzlich die nationalen Vorgaben für Handlungsformen zum Einsatz. Der in Art. 4 Abs. 3 EUV normierte Grundsatz der loyalen Zusammenarbeit zwischen EU und Mitgliedstaaten zielt dabei darauf, gegenseitige Achtung und Unterstützung zu sichern. Dieser Grundsatz beeinflusst die Entscheidung über den Einsatz nationaler Handlungsformen ebenso wie andere für den indirekten Vollzug entwickelte Orientierungen, wie das Äquivalenz- und Effizienzgebot.[347] Ein bedeutsames Beispiel für die Einwirkung des EU-Rechts auf die Nutzbarkeit nationaler Handlungsformen ist die EuGH-Rechtsprechung zu den Defiziten der deutschen Verwaltungsvorschriften als Handlungsform zur Umsetzung von EU-Richtlinien.[348] Das Europarecht kann auch auf die Entscheidung einwirken, ob der indirekte Vollzug mit Hilfe informellen Verwaltungshandelns erfolgen darf.[349]

78a

---

[339] *Ruffert*, in: Calliess/Ruffert (Hrsg.), EUV/AEUV, Art. 288 AEUV Rn. 95.
[340] *Szczekalla*, Handlungsformen (Fn. 331), Rn. 44f.
[341] Siehe *Szczekalla*, Handlungsformen (Fn. 331), Rn. 45.
[342] Vgl. *Ruffert*, in: Calliess/Ruffert (Hrsg.), EUV/AEUV, Art. 288 AEUV Rn. 102 mit Fn. 372. Zum soft law s. ferner → Fn. 9.
[343] Siehe statt vieler *Szczekalla*, Handlungsformen (Fn. 331), Rn. 53, 56ff.
[344] *Bumke*, Handlungsformenlehre (Fn. 335).
[345] → Bd. II *Bauer* § 36 Rn. 24ff.
[346] Vgl. Art. 272 AEUV sowie dazu *Ruffert*, Rechtsformen (Fn. 333), S. 226f. *Bauer* stellt in → Bd. II *ders.* § 36 Rn. 27 aber zu Recht fest, dass es ein allgemeines Unionsvertragsrecht nicht gibt und stellt die Schwierigkeiten seiner Herausbildung dar (a.a.O. Rn. 26ff.).
[347] Siehe dazu statt vieler *v. Danwitz*, Europäisches VerwR, S. 137f., 483ff.; *Carsten Nowak*, Rechtsschutz im Europäischen Verwaltungsrecht, in: Terhechte (Hrsg.), VerwREU, § 13 Rn. 83.
[348] EuGH, ABl. EG 1991, C 166 = DVBl 1991, S. 869ff.; ABl. EG 1991, C 294 = EuZW 1991, S. 761ff. sowie aus der Literatur statt vieler *Kadelbach*, Allgemeines Verwaltungsrecht (Fn. 45), S. 310ff. m.w.N. Vgl. a. → Bd. I *Ruffert* § 17 Rn. 71, 77; Bd. II *Hill/Martini* § 34, Rn. 45 sowie → Rn. 36.
[349] Dazu s. *Szczekalla*, Handlungsformen (Fn. 331), Rn. 65f.

79 Bei einem Vergleich mit der deutschen Handlungsformenlehre hat *Christian Bumke* zum früheren Gemeinschaftsrecht festgestellt, dass die **gemeinschaftsrechtlichen Handlungsformen** manche Unterscheidungen in den Hintergrund rücken, die für die deutsche Rechtsordnung konstitutiv sind (so die Unterscheidung zwischen exekutiven und legislativen Rechtsakten) oder doch eine beträchtliche Bedeutung besitzen (wie die zwischen Einzelakt und Norm), während andere erheblich an Gewicht gewinnen, die für die deutsche Rechtsordnung nicht von zentraler Relevanz sind, wie die Unterscheidung zwischen **Grundakt** und **Vollzugsakt**.[350] Dies ist grundsätzlich weiter richtig und verdeutlicht, wie sehr auch heute Rechts-, Handlungs- und Bewirkungsformen „Zweckschöpfungen" sind, deren Tauglichkeit zur Zweckerreichung sich nach dem jeweiligen rechtlichen und tatsächlichen Kontext richtet. Durch Kodifikation oder durch Dogmatisierung lassen sich zwar kontextabhängig bestimmte Strukturelemente oder Ordnungsprinzipien herausarbeiten, denen aber keine alle Rechtsgebiete oder Anwendungsfelder übergreifende Relevanz zukommen muss.

80 Soweit die Organe der Europäischen Union im Eigenverwaltungs- und im Mehrebenenverwaltungsrecht auf das Handeln anderer Akteure steuernd Einfluss nehmen und ihre Tätigkeit als Mittel der Erfüllung öffentlicher Aufgaben einkalkulieren, fällt das starke Vertrauen auf gesellschaftliche Selbstregulierung – in der europarechtlichen Terminologie: **Selbstregulierung** und **Koregulierung** –[351] auf. Im europäischen Bereich werden gesellschaftliche Selbstregulierung und hoheitliche Steuerung in starkem Maße verkoppelt. Es geht um die **Mobilisierung gesellschaftlicher Kräfte,** denen die Verfolgung ihrer individuellen Interessen ermöglicht wird, dies auch mit dem Ziel, zugleich gemeinwohlverträgliche Ergebnisse zu erreichen.[352] Im Zuge der verstärkten Wahrnehmung der Bedeutung von soft law bzw. der Herausarbeitung von **„new modes of governance"**[353] sind insbesondere eine Reihe „weicher" Rechts-, Handlungs- und Bewirkungsformen entwickelt worden, darunter besondere Formen der Koordinierung,[354] die etwa in der Setzung von Zielen und der Überprüfung der Zielerreichung, der Bereitstellung und Generierung von Wissen, der Unterstützung von Prozessen der Überzeugungsbildung, der Ermöglichung von Lernen, des Monitoring, der Zielanpassung u.ä. bestehen. Durch solche Steuerungsformen werden die Handlungsebene und – bezogen auf die Befolgung europarechtlicher Vorgaben im nationalen Recht, etwa bei der nationalen Umsetzung von Richtlinien – die Bewirkungsebene miteinander verzahnt und häufig rekursiv verkoppelt. Auf rechtliche Formung des Einsatzes solcher weichen Steuerungsfaktoren wird

---

[350] *Bumke*, Handlungsformenlehre (Fn. 335), S. 689.

[351] Nach *Härtel*, Rechtssetzung (Fn. 331), S. 446, unterscheidet die Kommission folgendermaßen: Die Selbstregulierung **(self-regulation)** umfasse verschiedene Verfahren, gemeinsame Regeln, Verhaltenskodizes oder freiwillige Vereinbarungen von Wirtschafts- und Sozialakteuren, Nichtregierungsorganisationen oder anderen Gruppen, die diese auf freiwilliger Basis festlegen, um ihre eigenen Angelegenheiten zu regeln. Die Koregulierung **(co-regulation)** kombiniere bindende Rechtssätze mit Maßnahmen privater Akteure. Der EG-Normgeber stecke also mit bindenden Rechtsnormen den Rahmen ab, und die privaten Wirtschaftsteilnehmer füllten diesen Rahmen mit Maßnahmen aus. S. a. → Bd. II *Hill/Martini* § 34 Rn. 82 i.

[352] Näher dazu *Härtel*, Rechtssetzung (Fn. 331), S. 22 ff.

[353] → Bd. II *Hill/Martini* § 34 Rn. 82 g u. 82 k m. w. N.

[354] Vgl. *Hermann Hill*, Zur „Methode der **offenen Koordinierung**" in der Europäischen Union, in: Karl-Peter Sommermann/Jan Ziekow (Hrsg.), Perspektiven der Verwaltungsforschung, 2002, S. 139.

C. Überlagerung und Verzahnung von Formungsangeboten

weitgehend verzichtet, nicht aber stets auf rechtliche „Umhegung" durch Verfahrensregeln, Vorkehrungen für Leistungsvergleiche u. ä.

Europarechtlich sind ferner auf der Vollzugsebene zum Teil neue Bewirkungsformen entwickelt worden, so z. B. die **Kaution** zur Durchsetzung unionsrechtlicher Pflichten, etwa denen der Händler für den Fall der Nichterfüllung im Bereich der Agrarmarktordnungen.[355] Ein anderes Beispiel ist das von der EU forcierte Erfordernis, Strafsanktionen als Bewirkungsformen zur Sicherung der Normenimplementation vorzusehen.[356]

80a

2. Einwirkungen des europäischen Regelungsverbundes auf die für deutsches Verwaltungshandeln maßgebenden Formungen

Der **europäische**[357] **Verwaltungs- und Regulierungsverbund**[358] führt auch über den engen Bereich des indirekten Vollzugs hinaus zur Entwicklung eines nationalen **„europaoffenen" Verwaltungsrechts**.[359],[360] Das deutsche Recht steht unter dem Druck, sich den zum Teil fremden europarechtlichen Steuerungsformen anzupassen,[361] sich auf die besonderen, durch die EU-Institutionen verfügbaren formellen und informellen[362] Verfahrensvorkehrungen einzustellen und dabei

81

---

[355] Dazu s. *Schwarze*, Europäisches VerwR I, S. 709 ff.

[356] → Rn. 72. Dieses Erfordernis bekommt eine besondere Akzentsetzung auch dadurch, dass die Einwirkungen der EU auf das nationale Strafrecht zu dessen Europäisierung beitragen; kritisch dazu etwa *Stephan Beukelmann*, Europäisierung des Strafrechts – Die neue strafrechtliche Ordnung nach dem Vertrag von Lissabon, NJW 2010, S. 2081 m. w. Hinw.

[357] Auf völkerrechtliche Rechts-, Handlungs- und Bewirkungsformen wird hier nicht eingegangen. Vgl. aber → Bd. I *Ruffert* § 17 Rn. 40 ff.

[358] → Bd. I *Schmidt-Aßmann* § 5 Rn. 16 ff. (zum Verwaltungsverbund); Bd. II *Hill/Martini* § 34 Rn. 82 ff.; *Wolfgang Kahl*, Der Europäische Verwaltungsverbund. Strukturen – Typen – Phänomene, in: Der Staat, Bd. 50 (2011), S. 353 ff. Zur Unterschiedlichkeit der Begriffe Mehrebenenverbund und Regulierungsverbund s. *Gabriele Britz*, Vom Europäischen Verwaltungsverbund zum Regulierungsverbund?, EuR 2006, S. 46 (57); *Karl-Heinz Ladeur/Christoph Möllers*, Der europäische Regulierungsverbund der Telekommunikation im deutschen Verwaltungsrecht, DVBl 2005, S. 525 ff.

[359] So die Formulierung von *Thomas v. Danwitz*, Verwaltungsrechtliches System und europäische Integration, 1996, S. 395. Zur Europäisierung s. etwa *Friedrich Schoch*, Die Europäisierung des Allgemeinen Verwaltungsrechts und der Verwaltungsrechtswissenschaft, DV, Beiheft 2, 1999, S. 135 ff.; *Kadelbach*, Allgemeines Verwaltungsrecht (Fn. 45), S. 299 ff.; *Rainer Wahl*, Herausforderungen und Antworten: Das Öffentliche Recht der letzten fünf Jahrzehnte, 2006, S. 94 ff.; *Ruffert*, Rechtsformen (Fn. 333), S. 235 f.

[360] Aus der reichhaltigen Literatur s. statt vieler *v. Danwitz*, Europäisches VerwR; *Jean-Bernard Auby/Jacqueline Dutheil de la Rochère*, Droit administratif Européen, 2007; *Paul Craig*, EU Administrative Law, 2006; *Terhechte* (Hrsg.) VerwREU; *Peter Axer*, Das europäische Verwaltungsrecht in der Konsolidierungsphase: Systembildung – Disziplinierung – Internationalisierung, DV, Beiheft 10, 2010; *Wolfgang Weiß*, Der Europäische Verwaltungsverbund: Grundfragen, Kennzeichen, Herausforderungen, 2010; *Thorsten Siegel*, Entscheidungsfindung im Verwaltungsverbund: horizontale Entscheidungsvernetzung und vertikale Entscheidungsstufung im nationalen und europäischen Verwaltungsverbund, 2009.

Nur als Merkposten sei erwähnt, dass sich in unterschiedlichen Teilrechtsordnungen spezifische Probleme der Koordination bzw. des grenzüberschreitendes Handelns (etwa der Leistungsgewährung) ergeben. S. dazu – am Beispiel des Sozialrechts – *Jens-Peter Schneider*, Verwaltungsrechtliche Instrumente des Sozialstaates, VVDStRL, Bd. 64 (2005), S. 338, 241 ff. (zur Europäisierung der Solidargemeinschaften etc.).

[361] Zu Erscheinungsformen s. etwa *Kadelbach*, Allgemeines Verwaltungsrecht (Fn. 45), S. 299 ff., 325 ff.

[362] Zwischen beiden liegen z. B. die (relativ) unverbindlichen Leitlinien der Regulierung (**good practice guidelines**).

§ 33 Rechtsformen, Handlungsformen, Bewirkungsformen

auch die Sichtweise des Gerichtshofs der Europäischen Union über die rechtliche Qualität deutscher Rechtsformen u. a. zu integrieren.

82 Die Einfügung europarechtlich gestalteter Rechts- und Handlungsformen in das deutsche Recht fällt zum Teil schon deshalb schwer, weil das europäische Unionsrecht den für das deutsche Recht typischen **Dualismus des öffentlichen und des privaten Rechts**[363] so **nicht** kennt,[364] aber auch, weil es neue Instrumente in die Rechtsordnung eingebaut hat, etwa solche, die mit der verstärkten **Ökonomisierung der Instrumente,** aber auch der verstärkten Nutzung von Kooperationsformen[365] oder Managementkonzepten[366] zusammenhängen.[367] Ferner bedeutet die Verlagerung europarechtlicher Entscheidungen vor die auf die deutsche Rechtsordnung bezogenen Entscheidungen deutscher Organe eine Reduktion der Entscheidungsmöglichkeiten nach deutschem Recht.[368] Auch kann die Relevanz der üblicherweise mit den deutschen Rechts-, Handlungs- und Bewirkungsformen verbundenen Rechtmäßigkeitsanforderungen und Rechtsfolgen reduziert werden.

83 Ein prominentes Beispielsfeld für neuartige Rechts- und Handlungsformen (zum Teil auch Bewirkungsformen) ist die **Regulierung im Bereich der Netzwirtschaften,** die in der deutschen Rechtsordnung früher einem hoheitlichen Regime unterworfen waren und infolge der Deregulierung nunmehr neuartigen Regulierungsinstrumenten ausgesetzt werden.[369] Ebenso haben erhebliche Auswirkungen auf die deutsche Formentypik die europarechtlichen Vorgaben in vielen anderen Gebieten verursacht, so beispielsweise im Umweltrecht, im Arzneimittel- und Chemikalienrecht, im Produktsicherheitsrecht, im Gentechnikrecht oder im Luftreinhalte-, Lärmschutz- und Wasserrecht. Selbst wenn es z.B. gelingen sollte, die meisten unionsrechtlich gebotenen und ermöglichten konkret-individuellen Handlungsformen auch in Parallelität zum Verwaltungsakt zu deuten,[370] heißt dies nicht, dass damit ein hinreichender Gewinn an Erkenntnis und Steuerungskraft verbunden ist. Es schließt insbesondere nicht aus, dass die Einordnung europarechtlich geprägter Rechts- und Handlungsformen zu erheblichen Modifikationen und Anreicherungen der Voraussetzungen und Folgen führen muss, wenn nicht nur die mit solchen Formen bisher nach deut-

---

[363] Der aber immer mehr zugunsten von Überschneidungen und Verbundlösungen aufgelöst wird, s. → Bd. I *Burgi* § 18 Rn. 34 ff.

[364] In der Folge kann es dazu kommen, dass privatrechtliche Willenserklärungen gegebenenfalls sogar Gleiches für die Tatbestandswirkung eines Verwaltungsakts bewirken, vgl. *Kadelbach,* Allgemeines Verwaltungsrecht (Fn. 45), S. 330.

[365] Siehe *Kadelbach,* Allgemeines Verwaltungsrecht (Fn. 45), S. 333 ff.

[366] Siehe dazu *Schuler-Harms,* Management (Fn. 63).

[367] Übergreifend zu Änderungswirkungen s. *Christoph Knill/Daniela Winkler,* Staatlichkeit und Europäisierung: Zur Abgrenzung und Systematisierung eines interdisziplinären Konzepts, Der Staat, Bd. 45 (2006), S. 215 (222).

[368] Dazu *Kadelbach,* Allgemeines Verwaltungsrecht (Fn. 45), S. 299 ff. S. a. → Bd. I *Reimer* § 9 Rn. 103.

[369] → Rn. 94 f. S. ferner *Dirk Wieddekind,* Die Regulierung des Zugangs zu Telekommunikationsnetzen – Eine Analyse des gemeinschaftsrechtlichen Regulierungsrahmens für den Netzzugang unter besonderer Berücksichtigung wettbewerbsrechtlicher Regulierungsalternativen, 2007; *Kamyar Abrar,* Fusionskontrolle in der Telekommunikation – Notwendigkeit einer sektorspezifischen Fusionskontrolle oder Möglichkeiten einer Evaluierung nach geltendem Fusionskontrollrecht, 2007.

[370] So die These von *Kadelbach,* Allgemeines Verwaltungsrecht (Fn. 45), S. 348. Ob damit wirklich hinreichend komplexe rechtliche Folgerungen verbunden sind, darf bezweifelt werden.

schem Recht verkoppelten Funktionen, sondern auch weitere (insbesondere gegenstandsspezifisch geprägte) erfüllt werden sollen.

Zu den Herausforderungen einer **„europäisierten" Rechtsformenlehre** gehört 84 es auch, mit der Rechtsfigur transnational wirksamer Maßnahmen hoheitlicher Gewalt in anderen Staaten der EU umzugehen. Der eingebürgerte Begriff des **transnationalen Verwaltungsakts**[371] darf allerdings nicht so missverstanden werden, als ob die transnationale Geltung zugleich bewirkt, dass die hoheitliche Maßnahme sich vollständig in die deutsche Dogmatik des Verwaltungsakts einordnen lässt. Solche (auch hier der Einfachheit halber so genannte) transnationalen Verwaltungsakte[372] müssen vielmehr nach Maßgabe der Rechtsordnung, aus der sie stammen, analysiert werden, aber zusätzlich muss mit ihnen im deutschen Recht so umgegangen werden, dass möglichst keine Brüche bei der Beachtung der Anforderungen (auch) des nationalen Rechts entstehen. Dies kann dazu führen, dass die von dem transnationalen Verwaltungsakt ausgehende Bindung in den verschiedenen Mitgliedstaaten unterschiedlich ist.

D. Ambivalenzen von Formungen

Die Ordnungs-, Speicher-, Orientierungs- und Entlastungsleistung näher aus- 85 gestalteter Rechts-, Handlungs- und Bewirkungsformen ist dann evident, wenn administratives Handeln ohne Verlust an Problemlösungskapazität auf die „konfektionierten Bausteine" der Formenlehre zurückgreifen kann. Im Folgenden sollen **Erscheinungen modernen Verwaltungshandelns** benannt werden, bei denen dies nicht so selbstverständlich möglich ist, jedenfalls nicht so selbstverständlich wie etwa im klassischen Ordnungs- oder Polizeirecht. Der formale Rechtsstaat ist – wie *Gunnar Folke Schuppert* formuliert hat[373] – eingebettet in ein „Meer von Informalität"; informelle Institutionen unterschiedlicher Art gedeihen im Schatten von formalen Governancestrukturen.[374] Es darf allerdings nicht übersehen werden, dass die Rechtsordnung einerseits Informalität als Mittel der Problemlösung akzeptiert und nutzt und andererseits Formungsleistungen erbringt, die aber vielfältiger und differenzierter ausfallen als die traditionellen Formen. Die Anlässe für neuartige (weniger „konfektionierte") Formen oder für den Verzicht auf sie können sehr unterschiedlich sein. Im Folgenden soll die Problemfülle an Einzelerscheinungen illustriert werden.

---

[371] Er geht zurück auf *Eberhard Schmidt-Aßmann*, Deutsches und Europäisches Verwaltungsrecht, DVBl 1993, S. 924 (935). Zu ihm s. statt vieler *Kopp/Ramsauer*, VwVfG, § 35 Rn. 34 ff. m.w.N. in Fn. 55; *Pünder*, Verwaltungsverfahren (Fn. 217), § 15 Rn. 51 m.w.N.; *Szczekalla*, Handlungsformen (Fn. 331), Rn. 73; → Bd. II *Bumke* § 35 Rn. 119 ff.

[372] Zu den Erscheinungsformen solcher transnationalen Verwaltungsakte s. *Volker Neßler*, Der transnationale Verwaltungsakt – zur Dogmatik eines neuen Rechtsinstituts, NVwZ 1995, S. 863 ff.; *Matthias Ruffert*, Der transnationale Verwaltungsakt, DV, Bd. 34 (2001), S. 453 ff.; *ders.*, Bedeutung (Fn. 48), § 21, Rn. 69 ff.; *Kadelbach*, Allgemeines Verwaltungsrecht (Fn. 45), S. 36 ff. m.w.N. in Fn. 100 ff.; *Susanne Koch*, Die grenzüberschreitende Wirkung von nationalen Genehmigungen für umweltbeeinträchtigende industrielle Anlagen, 2010, S. 129 ff.; *Katja Lehr*, Staatliche Lenkung durch Handlungsformen, 2010, S. 115 ff.

[373] *Gunnar Folke Schuppert*, Der Rechtsstaat unter den Bedingungen informaler Staatlichkeit. Beobachtungen und Überlegungen zum Verhältnis formeller und informeller Institutionen, 2011, zusammenfassend S. 183.

[374] A.a.O., S. 182.

I. Formung des Informalen

86 Der in den vergangenen Jahrzehnten in der Verwaltungsrechtswissenschaft viel thematisierte Umgang der Verwaltung mit den Erscheinungsformen des Informalen[375] verdeutlicht, dass die Verwaltung nicht notwendig auf Formung drängt. Die insoweit gelegentlich erhobene Forderung nach „Strukturierung durch Form"[376] kann jedenfalls nicht durch ein Gebot zur Formalisierung des Informalen[377] eingelöst werden, wenn nicht die in der Verwaltungspraxis insbesondere für den Bereich des Gewährleistungsverwaltungsrechts deutlich gewordenen Bedürfnisse nach Handlungsmöglichkeiten mit je unterschiedlicher Verfahrensoffenheit und Bindungsintensität unbefriedigt bleiben sollen.[378] Die **„Motive" für Informalität**[379] lassen sich ja nicht – jedenfalls nicht stets – auf Umgehungsabsichten reduzieren und insoweit normativ diffamieren.[380] Auch ist keineswegs selbstverständlich, dass der Bedarf an der Verrechtlichung des Informalen aus rechtsstaatlicher Sicht zwingend begründet ist. Die rechtlichen Vorgaben gelten grundsätzlich ohne Rücksicht darauf, ob rechtsförmig oder informell gehandelt wird, und auch **informale Verfahren können ein Verwirklichungsmodus des materiellen Rechts sein.**[381] Stets wird zu fragen sein, ob die Formung – oder gar die Formalisierung – zur angemessenen Problemlösung einschließlich der Sicherung der Beachtlichkeit aller rechtlich maßgeblichen Interessen beiträgt oder dysfunktionale Folgewirkungen auslöst. Die Rechtsordnung kennt gewisse Teil-Formungen des informalen Verwaltungshandelns, so etwa das **Scoping** im Rahmen der UVP[382] oder die Qualitätssicherung im Zuge des **Umweltaudit (EMAS),**[383] oder sie hat früher eher informal gestaltete Verfahren formalisiert, wie das **Vergabeverfahren** oberhalb der Schwellenwerte.[384]

---

[375] → Bd. II *Fehling* § 38.

[376] *Schmidt-Aßmann*, Rechtsformen (Fn. 12), S. 533 (541); zur Kritik s. *Dieter Grimm*, Der Wandel der Staatsaufgaben und die Krise des Rechtsstaats, in: ders., Die Zukunft der Verfassung, 1991, S. 159 (174); *Udo Di Fabio*, Verwaltung und Verwaltungsrecht zwischen gesellschaftlicher Selbstregulierung und staatlicher Steuerung, VVDStRL, Bd. 56 (1997), S. 235 ff.

[377] Allerdings gibt es gelegentlich – aus rechtsstaatlicher Sicht gut nachvollziehbare – Tendenzen zur Formalisierung des Informalen, s. dazu – statt vieler – *Cancik*, Widerspruch (Fn. 202), S. 485 ff., 498.

[378] → Bd. II *Fehling* § 38 Rn. 89.

[379] Dazu s. *Eberhard Bohne*, Der informale Rechtsstaat: eine empirische und rechtliche Untersuchung zum Gesetzesvollzug unter besonderer Berücksichtigung des Immissionsschutzes, 1981; *Wolfgang Hoffmann-Riem/Eberhard Schmidt-Aßmann* (Hrsg.), Konfliktbewältigung durch Verhandlungen, 1990; *Helmut Schulze-Fielitz*, Der informale Verfassungsstaat: aktuelle Beobachtungen des Verfassungslebens der Bundesrepublik Deutschland im Lichte der Verfassungstheorie, 1984; *Schuppert*, Informale Staatlichkeit (Fn. 373).

[380] Vgl. dazu die Diskussion um informales Verwaltungshandeln → Bd. II *Fehling* § 38 Rn. 43 ff.; *Hoffmann-Riem*, Selbstbindungen (Fn. 246), S. 187 (191 ff.); *Schulte*, Verwaltungshandeln (Fn. 131), S. 71 ff.; *Schuppert*, Verwaltungswissenschaft, S. 242 ff.

[381] So → Bd. II *Fehling* § 38 Rn. 83.

[382] Dazu s. *Sparwasser/Engel/Voßkuhle*, UmweltR, § 4 Rn. 10 ff., 104. → Bd. II *Fehling* § 38 Rn. 84. S. a. → Bd. II *Gusy* § 23 Rn. 37, *Schneider* § 28 Rn. 19, *Köck* § 37 Rn. 26.

[383] → Bd. II *Appel* § 32 Rn. 28, 83 sowie statt vieler *Sparwasser/Engel/Voßkuhle*, UmweltR, § 4 Rn. 52 ff. Vgl. a. → Bd. I *Schuppert* § 16 Rn. 91 ff., *Eifert* § 19 Rn. 90 ff.; Bd. II *Michael* § 41 Rn. 44.

[384] Dazu vgl. §§ 97 ff. GWB sowie *Martin Hollands/Ralf Sauer*, Geteiltes oder einheitliches Vergaberecht?, DÖV 2006, S. 55 ff. S. a. → Bd. II *Fehling* § 38 Rn. 87. Zu den verfassungsrechtlichen Anforderungen an Vergabeverfahren unterhalb der Schwellenwerte s. *BVerfGE* 116, 135 (149 ff.). S. ferner

D. Ambivalenzen von Formungen

Die Maßgeblichkeit des Rechts auch für informale Problemlösungen lässt sich insbesondere über die ergebnisorientierten Formen der traditionellen Formenlehre nicht sichern, wohl aber – wie etwa an der Diskussion über und der Entwicklung von Mediation studiert werden kann[385] – über Verfahrensabsprachen, Transparenzgebote, Fairnesspflichten, Ratifikationsvorbehalte u. ä. Insoweit muss eine **verhaltensorientierte Formenlehre** im Übrigen berücksichtigen, dass Art und Intensität von Bindungen der Verwaltung nicht ausschließlich von entsprechenden rechtlichen Vorgaben abhängen. Bindungen entstehen insbesondere aus **Erwartungen,** die jedoch nicht ausschließlich in Rechtsnormen kondensiert sein müssen, sondern auch „faktisch", etwa situativ im Interaktionsvorgang insbesondere bei kooperativen Akten, genährt werden können und deren Erfüllung zumindest **Anforderungen administrativer „Klugheit"** entspricht, etwa mit Rücksicht auf den bevorstehenden Interaktionsfortgang in Dauerverhältnissen. Rücksichtnahmepflichten können aber auch durch Anerkennung von **Vertrauensschutz**[386] verrechtlicht sein. 87

II. Formung von Flexibilität

Angesichts des schnellen Wandels vieler Verhältnisse muss eine Formenlehre **Flexibilitätsbedarfen** und gegebenenfalls **Revisionsnotwendigkeiten** Rechnung tragen. Neben dem Versuch zur Schaffung von Erwartungssicherheit durch Knüpfung bestimmter („fester") Rechtsfolgen an eine bestimmte Rechtsform ist die traditionelle Rechtsformenlehre durchaus auch auf Flexibilitätsbedarfe ausgerichtet, so wenn die Formenwahl zugleich als Schleuse zur Nutzung spezifischer (also gegebenenfalls höchst unterschiedlicher) Anforderungen an eine **Aufhebung oder Relativierung der gesetzlichen Bindungswirkung** dient – etwa durch Nebenbestimmungen (Befristung, Widerrufsvorbehalt u.a.) oder durch Nutzung entsprechender gesetzlicher Rechtsinstitute (Widerruf oder Rücknahme eines Verwaltungsakts) oder durch Anpassung und Kündigung eines öffentlich-rechtlichen Vertrages (§ 60 VwVfG). Auch ist es möglich, unterschiedliche **zeitliche Regelungsgehalte** von Verwaltungsakten herauszuarbeiten.[387] Moderne Normierungen nutzen ein immer größeres Potential der Flexibilisierung, wie etwa an Beobachtungs- und Evaluationsvorkehrungen, an Rückholoptionen und Revisionsvorbehalten erkennbar ist,[388] also an bestimmten Formungen der Eröffnung von Flexibilität. 88

EuGH, verb. Rs. C-147/06 und C-148/06, Slg. 2008, I-3565 – SECAP und Santorso; Rs. C-231/03, Slg. 2005, I-7287 – Coname; Rs. C-458/03, Slg. 2005, I-8585 – Parking Brixen.

[385] Dazu s.o. → Fn. 243 f.

[386] Dazu s. statt vieler *Kyrill-Alexander Schwarz,* Vertrauensschutz als Verfassungsprinzip – Eine Analyse des nationalen Rechts, des Gemeinschaftsrechts und der Beziehungen zwischen beiden Rechtskreisen, 2002, S. 321 ff. sowie aus der Rechtsprechung etwa *BVerfGE* 45, 142 (167 f.); 59, 128 (164); *BVerwGE* 41, 277 (279).

[387] Dazu s. *Christian Steinweg,* Zeitlicher Regelungsgehalt des Verwaltungsaktes, 2006.

[388] Siehe → Rn. 54 f., 77.

III. Formung koordinierender, kooperativer und konsensorientierter Entscheidungselemente

89 Der Ruf nach adäquaten Formungen kann auch koordinierende, kooperative und konsensorientierte Elemente im Entscheidungsprozess betreffen.[389] Im Bereich des europäischen Rechts werden für solche Erscheinungen bekanntlich die Begriffe der **„Selbst- und Koregulierung"** genutzt,[390] und es wird von den EU-Organen verdeutlicht, dass sie den entsprechenden Erscheinungsformen „Zukunft" zusprechen. Eine der bisherigen Formenlehre nahekommende Systematisierung und entsprechende Vorkehrungen zur Sicherung der Ordnungs-, Speicher- und Entlastungsfunktion sind bisher allerdings noch nicht beobachtbar. Im Folgenden sei die Problemfülle nur unter Erwähnung einzelner Beispielsfälle illustriert.

90 Nachdem es entgegen anfänglichen Widerständen gelungen ist, durch Anerkennung der (am Vorbild des zivilrechtlichen Vertrages ausgerichteten) Figur des **öffentlich-rechtlichen Vertrages** und deren (wenn auch nur bruchstückhafte) Normierung im Verwaltungsverfahrensrecht[391] eine auf Konsens angewiesene Handlungsform in die Formenlehre zu integrieren,[392] steht eine entsprechende Ordnungsleistung allgemein für **koordinierendes, kooperatives oder sonstiges konsensorientiertes Verwaltungshandeln** noch aus. Sie fällt allerdings deshalb schwer, weil hier mit viel Ideenreichtum immer neue Gestaltungen oder Kombinationen unterschiedlicher Gestaltungen eingesetzt werden – auch, um verstärkt „weichen" Richtigkeitsfaktoren zur Geltung zu verhelfen – und die Übergänge zu tradierten Rechtsformen fließend geworden sind. Beispiele dafür sind der **„ausgehandelte" Verwaltungsakt** oder der **subordinationsrechtliche Vertrag,** die als zwei äußere Pole auf einer Skala von Mischformen von Verwaltungsakt und Vertrag gesehen werden können.[393] „Selbst- und Koregulierung" ist aber nicht auf diese rechtlich geprägten Handlungsformen begrenzt, sondern kann auch weitere „erfinden" oder überkommene Formen auf neue Art kombinieren. Darüber hinaus gibt es diverse kooperative Strukturen auch bei der Normsetzung.[394]

91 Die Einsicht in die begrenzte Tauglichkeit einseitigen staatlichen Handelns – etwa für eine erfolgreiche Informationserfassung auch gegenüber den Privaten, die Zugang zu den dem Staat versperrten Informationen haben, oder für die Si-

---

[389] Zu ihnen vgl. statt vieler *Jens-Peter Schneider,* Kooperative Verwaltungsverfahren, VerwArch, Bd. 87 (1996), S. 38 ff.; *Hermann Hill,* Integratives Verwaltungshandeln – Neue Formen von Kommunikation und Bürgermitwirkung, DVBl 1993, S. 973 ff.; *Appel,* Entwicklungsvorsorge (Fn. 327), S. 502 ff. und passim.

[390] So das Weißbuch „Europäisches Regieren" vom 25. 7. 2001, KOM (2001) 428 endg., abgedruckt in: ABl. EG, Nr. C 287 vom 12. 10. 2001, S. 1 ff.; *Härtel,* Rechtssetzung (Fn. 331), S. 445 ff. sowie → Fn. 351.

[391] Siehe §§ 54 f. VwVfG. S. a. z. B. § 53 SGB X.

[392] Viele, auch historische, Hinweise dazu bei → Bd. II *Bauer* § 36. Für ein illustratives Beispiel des praktischen Einsatzes von Verträgen s. *Jan Freigang,* Verträge als Instrumente der Privatisierung, Liberalisierung und Regulierung in der Wasserwirtschaft, 2009.

[393] So → Bd. II *Michael* § 41 Rn. 5.

[394] Siehe statt vieler *Florian Becker,* Kooperative und konsensuale Strukturen in der Normsetzung, 2005; *Lothar Michael,* Rechtsetzende Gewalt im kooperativen Verfassungsstaat, 2002; zu ihm teilweise kritisch *Wolfgang Hoffmann-Riem,* Rezension der eben zitierten Arbeit von Michael, in: Der Staat, Bd. 44 (2005), S. 160 ff.

D. Ambivalenzen von Formungen

cherung der Implementationsbereitschaft – führt zu Bemühungen um je angemessene Wege zur Nutzung des Wissens, der Werthaltungen, der Lösungsvorschläge und der Akzeptanzbereitschaften anderer als staatlicher Akteure, insbesondere solcher privater Akteure, auf deren Mitwirkung der Erfolg des administrativen Handelns auf der Wirkungsebene angewiesen ist. Dieses **Wissen zu aktivieren** und die Bereitschaft zu konstruktivem Mitwirken zu stimulieren, gelingt mit den tradierten Handlungsformen häufig nicht, soweit sie auf einseitiges staatliches Handeln setzen. Dies erklärt u.a. die Zunahme konsensorientierter, auf Kooperation ausgerichteter, auch die Öffentlichkeit einbeziehender (transparenzorientierter) Vorgehensweisen.[395]

Es gibt auch Interessen an Formungen des wechselseitigen Miteinanders in administrativen und privaten Handlungszusammenhängen, insbesondere zwecks Stärkung der Verhaltenssicherheit. Ausdrücklich anerkannt wird dies z.B., wenn in der Rechtsordnung privat gesetzte, also zunächst nur gesellschaftlich verantwortete, **Standards** maßgebend werden sollen. Dafür werden Transformationsformeln (wie die Anknüpfung an den „Stand der Technik" oder den „Stand der Wissenschaft") genutzt oder die Rezeption wird durch ausdrückliche **Transformationsnormen** ermöglicht.[396] Die Transformation kann auf einen gesonderten, sie aussprechenden Rechtsakt angewiesen sein – für diesen mögen dann wieder traditionelle Kategorien wie Verwaltungsakt oder administrative Normsetzung passen. Sie kann auch allgemein im Gesetz angeordnet sein mit der Folge, dass die normative Wirkung „automatisch" an einen privaten Akt der Standardsetzung anknüpft, also ohne Zwischenschaltung einer besonderen Rechts- oder Handlungsform. Auf eine hoheitliche Handlungsform oder auch nur die Rezeption eines privaten Akteurs als (auch) hoheitlich maßgeblich wird sogar verzichtet, wenn der Staat auf **Selbstverpflichtungen**[397] der Wirtschaft anstelle einer hoheitlichen Regelung vertraut. Als Garant der Einhaltung dient dabei gelegentlich die **„Drohkulisse" der Möglichkeit einer staatlichen Auffangregelung** bei Nichteinhaltung.[398] Die Art und Weise der Möglichkeit hoheitlicher Ersatzlösungen soll und kann auf die Art und Weise des privatrechtlichen Handelns zurückwirken. Deshalb ist es wichtig, dass entsprechende – unter Steuerungsaspekten häufig unverzichtbare – Drohwirkungen und Auffangmöglichkeiten[399] ihrerseits rechtsstaatlich hinnehmbar, also auch gegebenenfalls rechtlich geformt sind, und dass dabei zugleich auf die Funktionalität dieses Zusammenspiels geachtet wird.

92

---

[395] → Bd. II *Hill/Martini* § 34 Rn. 16, *Rossen-Stadtfeld* § 29 Rn. 1 ff. Zu neuen Konzepten, etwa in der Chemikalienregulierung, s. die N. → in Fn. 416.

[396] Dazu s.o. → Rn. 36 mit Fn. 150. Aus der Literatur s. ferner *Lamb*, Gesetzeskonkretisierung (Fn. 320); → Bd. I *Ruffert* § 17 Rn. 85 ff.

[397] Dazu → Bd. I *Eifert* § 19 Rn. 73 ff. S. ferner statt vieler *Härtel*, Rechtsetzung (Fn. 331), S. 446 ff.

[398] Dazu s. etwa die Regelungstechnik der Verpackungsverordnung und des Kreislaufwirtschaftsgesetzes (Überblick dazu in *Trute/Denkhaus/Kühlers*, Regelungsstrukturen [Fn. 292]) oder im Telekommunikationsrecht die vorgehaltene Möglichkeit zur Auferlegung einer Universaldienstverpflichtung (§ 81 TKG). Auch Selbstverpflichtungserklärungen der Wirtschaft können durch die administrative Drohgebärde flankiert sein, bei ihrer Nichteinhaltung hoheitlich zu intervenieren. S.a. *Andreas Helberg*, Normabwendende Selbstverpflichtungen als Instrumente des Umweltrechts. Verfassungs- und verwaltungsrechtliche Voraussetzungen und Grenzen, 1999.

[399] Vgl. auch das bei → Bd. II *Bauer* § 36 Rn. 81 genannte Beispiel der sozialrechtlichen Eingliederungsvereinbarungen.

93 Auch der Einsatz **intermediärer Akteure** (wie Beliehene, Verwaltungshelfer, Beauftragte, Aktuare, benannte Stellen/zugelassene Stellen etc.)[400] oder von sogenannten hybrid gestalteten Aufgabenträgern des öffentlichen wie des privaten Sektors[401] kann die heranziehbaren Rechts- und Handlungsformen und ihre jeweiligen rechtlichen Qualitäten beeinflussen.[402] Auch gibt es Wahlmöglichkeiten. So können Produktsicherheitszertifikate entweder von staatlichen oder von privaten Aufgabenträgern erstellt werden,[403] mit gegebenenfalls unterschiedlichen Folgen für die einzusetzende Rechts- oder Handlungsform. Auch können hoheitliche und private Handlungsträger für die jeweiligen Teilakte mit unterschiedlichen Kompetenzen versehen sein. So ist die Akkreditierung zugelassener (benannter) Stellen im Geräte- und Produktsicherheitsrecht (§ 11 GPSG) zwar ein Verwaltungsakt, die ausgestellten **Zertifikate** dürften aber mangels Regelung kein Verwaltungsakt sein,[404] auch wenn die Zertifizierung rechtliche Vermutungswirkungen auslöst.[405]

IV. Formung von Regulierung im Hinblick auf neu strukturierte Aufgabenfelder

94 Eine moderne Formenlehre muss sich auch Rechtsgebieten zuwenden, in denen die zur Problemlösung vorgesehenen Instrumente sich von den überkommenen Handlungsformen, insbesondere von dem für den Verwaltungsakt maßgebenden Prototyp hoheitlicher Ge- und Verbote oder des Verwaltungsvertrages, derart weit entfernen, dass Zuordnungen zu tradierten Rechts- und Handlungsformen nur begrenzt gelingen oder nur begrenzt hilfreich sind. Beispielsfelder sind die Gebiete des Rechts der **Netzwirtschaften** (Telekommunikations-, Post-, Energierecht und Recht des Schienenverkehrs).[406] Hier stellen sich neuartige Auf-

---

[400] Vgl. etwa *Barbara Remmert*, Private Dienstleistungen in staatlichen Verwaltungsverfahren, 2003; *Eifert*, Kontrolle (Fn. 282), S. 309 ff.; → Bd. I *Schulze-Fielitz* § 12 Rn. 104 ff., *Groß* § 13 Rn. 88 ff., *Eifert* § 19 Rn. 40 ff.

[401] → Bd. I *Schuppert* § 16 Rn. 120 ff.

[402] Vgl. am Beispiel der sozialen Dienste *Follmar-Otto*, Kooperation (Fn. 184).

[403] Dazu vgl. *Kadelbach*, Allgemeines Verwaltungsrecht (Fn. 45), S. 329 ff.

[404] So *Pünder*, Zertifizierung (Fn. 124), S. 578 ff. sowie mit Hinweisen zum Streitstand in Fn. 56 bis 58.

[405] Anders ist die Rechtslage z. B. nach dem Altersvorsorgeverträge-Zertifizierungsgesetz (Riester-Rente), nach dem das Bundeszentralamt für Steuern das Zertifikat in Form eines Verwaltungsakts erlässt (§ 3 Abs. 2 AltZertG). Demgegenüber sind die vom Bundesamt für Sicherheit in der Informationstechnik (BSI) für informationstechnische Systeme ausgestellten Sicherheitszertifikate (§ 9 BSIG) nicht mit Rechtswirkungen versehen (so jedenfalls *Pünder*, Zertifizierung (Fn. 124), S. 589 ff.

[406] Vgl. statt vieler *Gabriele Britz*, Behördliche Befugnisse und Handlungsformen für die Netzentgeltregulierung nach neuem EnWG, RdE 2006, S. 1 ff. S. ferner *Jürgen Kühling*, Sektorspezifische Regulierung in den Netzwirtschaften, 2004; *Johannes Masing*, Grundstrukturen eines Regulierungsverwaltungsrechts, DV, Bd. 36 (2003), S. 1 ff.; *ders.*, Regulierungsverwaltung (Fn. 205); *Bullinger*, Regulierung (Fn. 294), S. 1355 ff.; *Martin Burgi*, Übergreifende Regelung des Rechts der Regulierungsverwaltung – Realisierung der Kodifikationsidee?, NJW 2006, S. 2439 ff.; *Lehr*, Handlungsformen (Fn. 372), *Karsten Herzmann*, Konsultationen, 2010, S. 49 ff.; *Roland Broemel*, Strategisches Verhalten in der Regulierung, 2010, S. 318 ff.; *Michael Fehling*, Das Recht der Eisenbahnregulierung, in: Jörn Lüdemann (Hrsg.), Telekommunikation, Energie, Eisenbahn, 2008, S. 118 (128 ff.); *Kristina Schreiber*, Zusammenspiel der Regulierungsinstrumente in den Netzwirtschaften Telekommunikation, Energie und Eisenbahnen, 2009; *Claudio Franzius*, Warum Governance?, KJ, Bd. 42 (2009), S. 25 (30 ff.).

D. Ambivalenzen von Formungen

gaben der **Regulierung**,[407] die mit zum Teil neuartigen Instrumenten bewältigt werden.[408] Dabei wirken das Kartellrecht und das Fachregulierungsrecht häufig nebeneinander.[409]

Ziel ist insbesondere die Sicherung der Funktionsfähigkeit einer bestimmten Infrastruktur, die vorrangig über das Medium des Marktes erreicht werden soll und damit insbesondere auf die Erhaltung von **Wettbewerb** zielt.[410] Auch wenn staatliche Maßnahmen sich auf einzelne Verhaltensweisen beziehen – etwa auf die Abwehr eines Missbrauchs einer marktbeherrschenden Stellung bei der Festsetzung von Entgelten –, geht es der staatlichen Aktivität nicht nur um den Einfluss auf das konkrete Verhalten, sondern letztlich darum, den Marktprozess als solchen funktionsfähig zu halten. Auf **Struktursteuerung** aber ist die Rechtsform des an Rechtssubjekte adressierten Verwaltungsakts bisher nicht optimal eingestellt. Der **Markt** ist kein Rechtssubjekt, sondern ein Funktionszusammenhang. Wie komplex die staatliche Aufgabe ist und wie wenig sich die Tauglichkeit einer Maßnahme zur Aufgabenerfüllung durch Zuordnung zu einer bestimmten Rechts-, Handlungs- oder Bewirkungsform erfassen lässt, wird auch daran deutlich, dass eine Vielzahl unterschiedlicher Maßnahmen zusammenspielen müssen. So setzt die **Marktregulierung** die Marktdefinition und die Marktabgrenzung voraus (vgl. § 10 TKG), aber auch Marktanalysen (z.B. zur Ermittlung von Marktmacht, s. § 11 TKG), also die Erfassung und rechtliche Strukturierung eines häufig sehr dynamischen Feldes. Der Markt ist – wie die Netzwerkökonomie zu erklären sucht[411] – durch besondere Erscheinungen, auch

---

[407] Unter **Regulierung** verstehe ich – in Anlehnung an→ Bd. I *Eifert* § 19 Rn. 1 ff., 5 – die gewollte, staatlich verantwortete Beeinflussung gesellschaftlicher Prozesse, die einen spezifischen, über den Einzelfall hinausgehenden Gemeinwohlzweck verfolgt und die dabei im Zuge der Bewältigung spezifischer Probleme auf das Medium Recht zugreift, das sowohl Orientierung als auch Grenze sein kann. S. zu (zum Teil anders akzentuierten) Regulierungsbegriffen ferner *Christian Berringer*, Regulierung als Erscheinungsform der Wirtschaftsaufsicht, 2004, S. 80 ff. m.w.N.; *Johannes Hellermann* und *Wolfgang Durner*, Schutz der Verbraucher durch Regulierungsrecht, in: VVDStRL, Bd. 70 (2011), S. 366 (368 ff.); 398, (401 ff.). In der wirtschaftswissenschaftlichen Diskussion werden die Regulierungsbegriffe meist anders definiert als in der rechtswissenschaftlichen (vgl. statt vieler *Torsten J. Gerpott*, Innovationen und Regulierung in der Telekommunikationswirtschaft, Schmalenbachs Zeitschrift für betriebswirtschaftliche Forschung, Sonderheft 54/06, S. 133 (136): „Unter Regulierung versteht man in den Wirtschaftswissenschaften über das allgemeine Wettbewerbsrecht hinausgehende branchenbezogene Eingriffe des Staates ..., die sich unmittelbar auf Wettbewerbskonstellationen zwischen Anbietern oder/und das Verhalten mindestens eines Unternehmens der Branche auswirken ... Sie ergänzen branchenspezifische staatliche Vorgaben an die Wirtschaft.").
[408] Siehe *Schuppert*, Rechtsetzung (Fn. 165), S. 314 ff.
[409] → Bd. I *Hoffmann-Riem* § 10 Rn. 122; *Eifert* § 19 Rn. 142 f. Speziell zu Fragen der Kontrolldichte s. *Hinnerk Wißmann*, Richterliche Kontrolldichte im öffentlichen Wirtschaftsrecht. Zur Harmonisierung von Regulierungs- und Kartellrechtsordnungen, in: FS Reiner Schmidt, 2006, S. 627 ff.
[410] Vgl. → Bd. I *Eifert* § 19 Rn. 110 ff., 125 ff. *Matthias Cornils*, Staatliche Infrastrukturverantwortung und kontingente Marktvoraussetzungen, AöR, Bd. 131 (2006), S. 378 ff., verwendet – bezogen auf das Referenzfeld der Universaldienstleistungen im Telekommunikationsrecht – das Konzept des Gewährleistungsstaats nicht nur als Beschreibungsformel moderner Staatlichkeit, sondern wendet es bezogen auf Art. 87 f. GG normativ, indem er es beispielsweise zur Rechtfertigung eines normativen Grundsatzes der Subsidiarität staatlicher Eigenerfüllung heranzieht (a.a.O., S. 409 ff.). Diese normative Wendung ist nicht im Hinblick auf alle Erscheinungsformen des Gewährleistungsstaats möglich.
[411] Siehe dazu *Berringer*, Regulierung (Fn. 407), S. 55 ff. sowie die Literaturangaben zum Stand der Medienökonomie im Anhang zu dem Beitrag von *Jürgen Heinrich/Frank Lobigs*, Reputation als Motivation! Der institutionenökonomische Reputationsansatz und welche Alternativen?, Medien & Kommunikationswissenschaft, 2005, S. 560 (564 ff.).

spezifische Defizite, geprägt, die die (nationalen oder supra- und internationalen) Hoheitsträger u.a. zu spezifischen Formen aktiver Marktbegleitung durch Regulierung veranlasst haben.[412] Dazu zählen neben Maßnahmen der **Marktdefinition und Marktanalyse** (§§ 9 ff. TKG), auch die der **Markterschließung,** der **Markteröffnung** und gegebenenfalls sogar der **Marktsimulation**.[413] Die dafür genutzten – insbesondere dem angelsächsischen Regulierungsrecht entnommenen – Instrumente lassen sich, wenn überhaupt, dann nur mit erheblichen Mühen den im deutschen Recht tradierten Rechts-, Handlungs- und Bewirkungsformen zuordnen.[414] Die Schwierigkeiten mögen zum Teil auch den politischen Konflikten um diese Art der Regulierung, darunter den vielen Kompromissen zwischen den lobbyistisch aktiven Marktakteuren und der staatlichen Seite, geschuldet sein, sind aber im Kern in den besonderen Anforderungen der auf Netzwirtschaften ausgerichteten **Infrastrukturregulierung** begründet.

95 Aus den weiteren Feldern der Nutzung neuartiger Instrumente sei als „traditionelles" Referenzgebiet neuer verwaltungsrechtlicher Forschung das Umweltrecht und aus ihm beispielhaft das (neuartige) sogenannte **Stoffstrommanagement** benannt.[415] Kennzeichnend für dessen Handlungs- und Bewirkungsformen ist dort der Versuch, den gesamten Produktions-, Verwendungs- und Beseitigungsprozess zu überwachen und dafür nicht nur auf der Zeitachse abgestufte staatliche Maßnahmen vorzusehen, sondern den Betreibern auch dauerhafte Berichts-, Aufzeichnungs- und Auswertungspflichten aufzuerlegen. Das **Kontrollmanagement** ist in starker Weise prozess- und produktionsbezogen ausgestaltet. Ein anderes Beispiel einer neuartigen Regulierung zum Zwecke der verbesserten Generierung (Ko-Produktion) von Risikowissen und zur arbeitsteiligen Zuschreibung von Verantwortung für das Risikomanagement auf die verschiedenen Akteure der Wertschöpfungskette – bei gleichzeitiger Reduktion der behördlichen Kontrolle – findet sich im Bereich der Chemikalienregulierung infolge der **REACh-Verordnung** der EU[416].

---

[412] Dazu s. → Bd. I *Eifert* § 19 Rn. 125 ff. sowie *Wolfgang Hoffmann-Riem/Martin Eifert,* Regelungskonzepte des Telekommunikationsrechts und der Telekommunikationspolitik: innovativ und innovationsgeeignet?, in: Wolfgang Hoffmann-Riem (Hrsg.), Innovation und Telekommunikation, 2000, S. 9 (29 ff.); *Berringer,* Regulierung (Fn. 407), S. 121 ff.

[413] Näher → Bd. I *Eifert* § 19 Rn. 110 ff. sowie (noch zur alten Rechtslage) *Hoffmann-Riem/Eifert,* Regelungskonzepte (Fn. 412), S. 9 (30 ff.); *Martin Eifert/Wolfgang Hoffmann-Riem,* Telekommunikations- und Medienrecht als Technikrecht, in: Schulte/Schröder (Hrsg.), Technikrecht, S. 667 (696 f.). S. ferner die Literatur zum TKG, etwa *Holznagel/Enaux/Nienhaus,* Telekommunikationsrecht (Fn. 268), S. 38 ff.; *Koenig/Loetz/Neumann,* Telekommunikationsrecht (Fn. 268), S. 112 ff.; *Raimund Schütz,* Kommunikationsrecht – Regulierung von Telekommunikation und elektronischen Medien, 2. Aufl. 2011, Rn. 299 ff.

[414] Illustrativ dazu *Britz,* Behördliche Befugnisse (Fn. 406), S. 1 ff.

[415] Dazu vgl. *Appel,* Entwicklungsvorsorge (Fn. 327), S. 142 ff. Zur Managementproblematik → Rn. 16 a Fn. 63.

[416] → Bd. II *Röhl* § 30 Rn. 42 a, *Appel* § 32 Rn. 24 a, 25 a, *Michael* § 41 Rn. 45 a. Kritisch zu dieser Art der Regulierung etwa *Jan B. Ingerowski,* Die REACh-Verordnung, 2010; *ders.,* Die REACh-Verordnung: Wirksames Mittel für einen verbesserten Schutz von Umwelt und Gesundheit vor chemischen Risiken?, in: Dokumentation zur 34. Wissenschaftlichen Fachtagung der Gesellschaft für Umweltrecht e.V. Leipzig 2010, 2011, S. 169, insbes. 182 ff.

E. Optionenwahl, insbesondere Auswahl von Rechts-, Handlungs- und Bewirkungsformen

I. Optionen auf unterschiedlichen Ebenen

Die Rechtsordnung stellt den Akteuren – dem Gesetzgeber, der Verwaltung, den Bürgern u.a. – vielfach Optionen zur Verfügung und berechtigt sie zur Optionenwahl. Optionen können sich u.a. beziehen auf die Entscheidung[417]
- für eine bestimmte **Regulierungsstrategie**[418] (etwa für eine hoheitliche Eigenerfüllung, für eine hoheitlich regulierte Selbstregulierung oder für eine gesellschaftliche Selbstregulierung);
- für bestimmte **Governancestrukturen**[419];
- zwischen dem öffentlich-rechtlichen und dem privatrechtlichen Rechtsregime (**Rechtsregimewahl**)[420] und dort gegebenenfalls zwischen bestimmten **Teilrechtsordnungen** (z.B. Wettbewerbsrecht oder sektorspezifisches Fachrecht);
- innerhalb des öffentlich-rechtlichen Rechtsregimes für **bestimmte administrative Ordnungsmuster** (etwa des imperativen, stimulierenden, innovationsbezogenen oder informationsverarbeitenden sowie des informierenden Verwaltungshandelns);[421]
- für bestimmte **Instrumente** (etwa Telefonüberwachung, Subventionsgewährung, Vergabeentscheidung, Abgabenerhebung, Marktdefinition[422]);
- für **bestimmte Rechts- und Handlungsformen**[423] bei der rechtlichen Umsetzung von Instrumenten und
- für **bestimmte Bewirkungsformen**[424] hinsichtlich des Vollzugs und der Vollstreckung.

Der Bürger kann auf die behördliche Optionenwahl teilweise Einfluss nehmen, etwa durch die Stellung eines bestimmten Antrags, durch Ausübung von Wahlrechten[425] oder durch seine Bereitschaft zu einer konsensualen Lösung. Auf der Bewirkungsebene kann er durch Erfüllung der Primärpflichten dem Einsatz besonderer Bewirkungsformen vorbeugen oder er kann zum Teil auf die Art der Bewirkung Einfluss nehmen. So kann er etwa, soweit dem **Angebot eines Austauschmittels** zu folgen ist – wie im Polizeirecht[426] –, zwar nicht die Bewirkungsform, wohl aber die Art der Bewirkung beeinflussen, indem er etwa durch das Angebot des Austauschmittels Zwangsmaßnahmen als solche oder die zunächst vorgesehenen abwehrt.

Heute wird weitgehend der Grundsatz anerkannt, dass den Staatsorganen, soweit die Rechtsordnung keine Grenzen vorsieht, die Auswahl zwischen unter-

---

[417] Die folgende Ebenenuntergliederung dient heuristischen Zwecken. Es handelt sich nicht um rechtsdogmatisch verfestigte Unterscheidungen.
[418] → Bd. I *Eifert* § 19.
[419] Siehe etwa *Schuppert*, Rechtsetzung (Fn. 165), S. 168 ff.
[420] → Bd. I *Burgi* § 18 insbes. Rn. 28 f., 56 ff.
[421] Zu diesen Kategorien s. → Bd. I *Hoffmann-Riem* § 10 Rn. 125 ff.
[422] Gem. § 10 TKG.
[423] → Rn. 11 ff.
[424] → Rn. 16 ff.
[425] → Rn. 8.
[426] Siehe z.B. § 4 Abs. 4 Hamb. SOG.

schiedlichen, ihnen grundsätzlich verfügbaren Formen der Problembewältigung freisteht. Die Problematik ist lange Zeit unter den Schlagworten der **Formenwahlfreiheit** und des **Formenmissbrauchs** diskutiert worden, so insbesondere im Hinblick auf die Wahl zwischen dem Rechtsregime des öffentlichen und des privaten Rechts,[427] zwischen hoheitlich einseitigen und konsensualen Formen,[428] zwischen öffentlich-rechtlichen und privatrechtlichen Organisationsformen[429] oder zwischen hoheitlichem und unternehmerischem Verhalten.[430]

98 Die normativen Vorgaben einer Optionenwahl für die jeweiligen Regelungsstrategien, Ordnungsmuster, Instrumente oder Rechts-, Handlungs- und Bewirkungsformen, aber auch die Rechtsmacht für die Auswahlentscheidung selbst (**regulatory choice, instrumental choice** etc.)[431] sind im Folgenden nicht umfassend anzusprechen. Hier geht es nur um die Frage, welche restringierenden oder ermöglichenden Vorgaben es speziell für die Wahl der Rechts-, Handlungs- und Bewirkungsformen gibt. Die vorgeschaltete oder auch damit verwobene Frage, ob das jeweilige Rechtsregime, die Regelungsstrategie, das herangezogene Ordnungsmuster, das Instrument oder der jeweilige Regelungsansatz im jeweiligen Problemfeld gewählt werden dürfen, bleibt also ausgeklammert. Allerdings ist zu berücksichtigen, dass die Möglichkeitsräume für die vorgeschalteten Entscheidungen auch dadurch bestimmt und gegebenenfalls eingeschränkt sein können, dass es Grenzen zulässiger Wahl von Rechts-,[432] Handlungs- und Bewirkungsformen[433] gibt[434] und bei Nichtverfügbarkeit einer erwünschten Form gegebenen-

---

[427] Siehe statt vieler *Christian Graf Pestalozza*, „Formenmissbrauch" des Staates, 1973; *Wolff/Bachof/Stober/Kluth*, VerwR I, § 22 Rn. 1 ff.; VerwR III, § 91 f.; *Hans-Heinrich Rupp*, Formenfreiheit der Verwaltung und Rechtsschutz, in: FG 25 Jahre BVerwG, 1978, S. 539 (541 ff.); *Bernhard Kempen*, Formenwahlfreiheit der Verwaltung. Die öffentliche Verwaltung zwischen öffentlichem und privatem Recht, 1989, jeweils m. w. N. → Bd. I *Burgi* § 18 Rn. 6 ff.

[428] Vgl. hierzu insbes. die Diskussion um Verhandlungslösungen und Absprachen *Steffen Kautz*, Absprachen im Verwaltungsrecht: Zulässigkeit, Grenzen und Folgen, 2002; *Peter M. Huber*, Konsensvereinbarungen und Gesetzgebung, ZG 2002, S. 245 ff.; *Walter Frenz*, Selbstverpflichtungen der Wirtschaft, 2001; *Tobias Köpp*, Normvermeidende Absprachen zwischen Staat und Wirtschaft, 2001; *Andreas Helberg*, Normabwendende Selbstverpflichtungen als Instrumente des Umweltrechts, 1999.

[429] Dazu vgl. *Wolff/Bachof/Stober*, VerwR III, § 81 Rn. 21 ff. sowie Rn. 47 ff. zu Gestaltungsformen des Gesetzgebers und Rn. 52 ff. zur Wahlfreiheit der Exekutive; *Roman Loeser*, Wahl und Bewertung von Rechtsformen für öffentliche Verwaltungsorganisationen, 1988. S.a. → Bd. I *Schuppert* § 16 Rn. 182.

[430] Dazu vgl. etwa *Johannes Hellermann*, Handlungsformen und -instrumentarien wirtschaftlicher Betätigung, in: Werner Hoppe/Michael Uechtritz (Hrsg.), Handbuch Kommunale Unternehmen, 2. Aufl. 2007, § 7 Rn. 183; *Veith Mehde*, Ausübung von Staatsgewalt und Public Private Partnership, VerwArch, Bd. 91 (2000), S. 540 ff.; *Hartmut Bauer*, Verwaltungsrechtliche und verwaltungswissenschaftliche Aspekte der Gestaltung von Kooperationsverträgen bei Public Private Partnership, DÖV 1998, S. 89 ff.

[431] Vgl. → Bd. I *Schuppert* § 16 Rn. 174 ff., *ders.*, Staatswissenschaft, 2003, S. 591 ff. sowie – zur Wahl zwischen hard and soft law – 908 ff.; *ders.* Governance und Rechtsetzung (Fn. 165), S. 114 ff. S. ferner → Bd. I *Eifert* § 19 Rn. 153 ff.; *Saurer*, Rechtsverordnung (Fn. 153), S. 238 ff.

[432] Ob eine bestimmte Rechtsform zur Verfügung steht, kann eine Frage der Auslegung sein, s. z. B. *BVerwGE* 72, 265 (268); 97, 117 (120) (betreffend die Frage, ob die Rechtsform des Verwaltungsakts verfügbar ist).

[433] Ein Beispiel ist die – im Einzelnen allerdings umstrittene – Frage der Durchsetzung von Geldforderungen mittels Leistungsbescheids. Zur älteren Rechtsprechung s. *BVerwGE* 18, 283 (284 ff.); 19, 243 (245). Zum Diskussionsstand in der Literatur s. statt vieler *Rupp*, Formenfreiheit (Fn. 427), S. 542 ff.; *Michael Sachs*, in: Stelkens/Bonk/Sachs (Hrsg.), VwVfG, § 35 Rn. 28; § 44 Rn. 62; *Kopp/Ramsauer*, VwVfG, § 35 Rn. 11. S. a. → Bd. III *Waldhoff* § 46 Rn. 82 m. Fn. 458; *Hans-Günter Henneke*, in:

E. Optionenwahl

falls die vorgeschaltete Wahlentscheidung anders ausfallen muss (z. B. Vorzugswürdigkeit einer privat-rechtlichen Lösung gegenüber einer öffentlich-rechtlichen). Die verschiedenen Wahlebenen sind insofern untereinander, gegebenenfalls rekursiv, verschränkt.

Derartige Wahlentscheidungen erfolgen **nicht im rechtsfreien Raum,** sondern sind rechtlich geleitet oder doch „umhegt". Vorgaben für die rechtlichen Grenzen der Wahl finden sich insbesondere in **Zuständigkeitsregeln,**[435] in den **Grundrechten** oder in allgemein rechtsstaatlich wichtigen Grundsätzen wie dem Verhältnismäßigkeitsgrundsatz oder den **Regeln zur Ausübung der Optionenwahl (des Ermessens),** dabei insbesondere **der Abwägung.** Sie können im Europarecht[436], im Verfassungsrecht oder im „einfachen" Fachrecht verankert sein – dort in Gesetzen und untergesetzlichen Normen –, gegebenenfalls auch in „weichen" normativen Vorgaben (Leitbildern, Verwaltungskulturen u. ä.). Derartige „weiche" Vorgaben können über Transformatoren wie den Gleichheitssatz und damit über die Selbstbindung der Verwaltung[437] oder über das Gebot fairer und unbefangener Amtsausübung[438] in bestimmten Kontexten rechtserheblich werden.

99

II. Optionenwahl speziell hinsichtlich der Rechts-, Handlungs- und Bewirkungsformen

Die Rechtsordnung erlaubt grundsätzlich – also vorbehaltlich von Restriktionen – die Nutzung jeder der in einem Rechtsregime und in der jeweiligen Teilrechtsordnung verfügbaren Rechts-, Handlungs- und Bewirkungsformen, ohne dass die Wahlfreiheit selbst ausdrücklich geregelt sein muss **(Grundsatz freier Auswahl).**[439] Art. 296 AEUV normiert diesen Grundsatz ausdrücklich für Rechtsakte der Union. Die Verwaltung ist grundsätzlich auch bei der Kombination unterschiedlicher Formen frei.[440] Selbstverständlich sind die für Rechts-, Handlungs- und Bewirkungsformen allgemein bestehenden rechtlichen Anforderungen zu beachten (z. B. Art. 80 GG für Rechtsverordnungen, §§ 35 ff. VwVfG für Verwaltungsakte, §§ 54 ff. VwVfG für öffentlich-rechtliche Verträge), ebenso wie

100

Knack/Henneke, VwVfG, Vor § 35 Rn. 39 f.; *Maurer,* VerwR, § 10 Rn. 7; *Friedrich Schoch,* Die behördliche Befugnis zum Handeln durch Verwaltungsakt, Jura 2010, S. 670 (674 f.); *Christoph Druschel,* Die Verwaltungsaktbefugnis, 1999; *Bull/Mehde,* VerwR, Rn. 681.

[434] → Rn. 101 ff.

[435] Besonders nachdrücklich auf die Bedeutung der Kompetenzverfassung für die Wahl von Handlungsformen verweist *Helmut Goerlich,* „Formenmissbrauch" und Kompetenzverständnis, 1987. Durch die starke Fokussierung an Gedanken der Gewaltenteilung entsteht allerdings das Risiko der Unterbewertung der Steuerungsaspektes bei der Formenwahl.

[436] Zur unionsrechtswidrigen Beschränkung des Ermessens der Bundesnetzagentur durch den Bundesgesetzgeber *EuGH,* Rs. C-424/07, Slg. 2009, I-11431 – Kommission/Deutschland.

[437] → Rn. 38.

[438] Siehe dazu *Michael Fehling,* Verwaltung zwischen Unparteilichkeit und Gestaltungsaufgabe, 2001. Vgl. a. → Bd. II *Schneider* § 28 Rn. 32 ff.

[439] Siehe statt vieler *Loeser,* System I, § 1 Rn. 58. Zur Wahl im Hinblick auf unternehmerisches Handeln s.→ Bd. I *Schulze-Fielitz* § 12 Rn. 130 m. w. N. in Fn. 393. BVerfGE 114, 196 (224) zählt die Bestimmung bzw. Auswahl der zur Verfügung stehenden Handlungsformen zum Verwaltungsverfahren und nimmt insoweit implizit den Grundsatz der Nichtförmlichkeit des Verfahrens in Bezug, s. §§ 9 ff. SGB X.

[440] → Bd. II *Michael* § 41. S. auch die Beispiele bei → Bd. II *Bauer* § 36 Rn. 81 ff. über Kombinationsformen unter Einschluss von Verträgen.

ergänzende allgemeine Prinzipien wie der Grundsatz der Zweckmäßigkeit und Wirksamkeit bei der Problemlösung. Eine darüber hinausgehende Beschränkung der Wahlfreiheit ist begründungsbedürftig.

101 **Absolute Grenzen der Wahlfreiheit** gibt es, soweit die jeweilige Teilrechtsordnung entsprechende Formen nicht bereithält bzw. im konkreten Zusammenhang die Nutzung nur einer bestimmten Form erlaubt oder die Nutzung anderer verbietet oder Gebote für die Nutzung einer bestimmten Form enthält.

102 In allgemeiner Hinsicht können bestimmte Formen durch Einengungen auf vorangehenden rechtlichen Ebenen ausgeschlossen sein. So begrenzen der Anwendungsvorrang bzw. die unmittelbare Anwendbarkeit des **europäischen Unionsrechts**[441] die Nutzbarkeit kollidierenden mitgliedstaatlichen Rechts und damit auch der in ihm sonst verfügbaren Rechts-, Handlungs- und Bewirkungsformen. Administrative Handlungsformen scheiden aus, soweit der **Justizvorbehalt** reicht, sei es, dass es sich um rechtsprechende Tätigkeit im Sinne von Art. 92 GG handelt, sei es, dass der Richter auch außerhalb der Rechtsprechung i. e. S. notwendig einzuschalten ist, etwa kraft Verfassungsrechts[442] oder kraft einfachen Rechts.[443] Einengungen erfolgen ferner durch die Wahl eines bestimmten Rechtsregimes. So stehen hoheitliche Handlungsformen grundsätzlich nicht bereit, wenn Lösungen im Bereich des Privatrechts angestrebt werden. Die Rechtsordnung kennt auch innerhalb des administrativen Handlungsrahmens (Rechts-, Handlungs- und Bewirkungs-)**Formsperren,** die sich als Verbote des Einsatzes anderer Formen oder als Einengungen der Wahlmöglichkeit auf eine oder auf bestimmte Formen darstellen, sofern ein bestimmter Erfolg erreicht werden soll. Der hierfür häufig benutzte Begriff der Rechtsformgebote ist allerdings insofern irreführend, als er suggeriert, eine bestimmte Form müsse eingesetzt werden: Dies hängt aber davon ab, ob die Verwaltung überhaupt handeln will und ob sie zur Problembewältigung ein Regelungsregime nutzt, das diese Form bereitstellt. Insofern handelt es sich allenfalls um **relative Rechtsformgebote.**

103 Ein Beispiel für eine Rechtsformensperre ist § 54 Abs. 1 VwVfG. Diese Norm beschränkt die Nutzbarkeit öffentlich-rechtlicher Verträge auf Felder, in denen der Vertragsform „Rechtsvorschriften nicht entgegenstehen". Das Gesetz geht also vom Bestehen bereichsspezifischer **Vertragsformverbote**[444] aus. Diese ergeben sich etwa durch Auslegung von einzelnen Vorschriften des Beamtenrechts: Vertragsformverbote sind für die Beamtenernennung[445] und für die Beamtenentlassung[446] anerkannt. Betroffen sind davon verwaltungsaktersetzende Verträge, nicht aber zwingend auch Verpflichtungsverträge, etwa betreffend eine Beförderung.[447] Ein anderes Beispielsfeld ist das Staatsangehörigkeitsrecht (Vertragsformverbot für die Einbürgerung oder Entlassung aus der Staatsbürger-

---

[441] → Bd. I *Ruffert* § 17 Rn. 121 ff. Zu verweisen ist auch auf Verschränkungen mit EU-Vorgaben im nationalen Recht selbst, so etwa in §§ 10–14 TKG (Marktdefinition und Marktanalyse), wodurch der Handlungsrahmen der Bundesnetzagentur europarechtlich eingebunden wird.

[442] Vgl. Art. 13 Abs. 2 bis 5, Art. 104 Abs. 2 GG.

[443] Siehe die Hinweise o. in → Fn. 54.

[444] Zu ihnen *Dirk Ehlers*, Verwaltung in Privatrechtsform, 1984, S. 242; *Walter Krebs*, Verträge und Absprachen zwischen Verwaltung und Privaten, VVDStRL, Bd. 52 (1993), S. 248 (274); *Elke Gurlit*, Verwaltungsvertrag und Gesetz, 2000, S. 271 f.; *Kopp/Ramsauer*, VwVfG, § 54 Rn. 52.

[445] Vgl. §§ 10 ff. BBG; §§ 8 ff. BeamtStG.

[446] Vgl. § 30 ff. BBG; §§ 21 ff. BeamtStG.

[447] Vgl. *Maurer*, VerwR, § 14 Rn. 28; *Michael Fehling*, in: Hk-VerwR, § 54 VwVfG.

E. Optionenwahl

schaft).[448] Vertragsformverbote finden sich auch im Abgabenrecht.[449] Bereichsspezifische Rechtsformverbote ergeben sich zum Teil im Umkehrschluss daraus, dass für ein bestimmtes Handeln nur eine Rechtsform – etwa die des Verwaltungsakts – zulässig ist (relatives Rechtsformgebot). So kann ein gemeindliches Vorkaufsrecht gemäß § 28 Abs. 2 S. 1 BauGB nur durch Verwaltungsakt ausgeübt werden. Das erwähnte Vertragsformverbot etwa für die Beamtenernennung ist mit dem Verwaltungsaktsformgebot für diese Maßnahme verbunden. Zum Teil gibt es nur Einengungen der Rechtsformenwahl, so wenn **alternativ nur zwei Formen** verfügbar sind, etwa entweder der Verwaltungsakt oder der öffentlich-rechtliche Vertrag.[450]

Die Rechtsordnung kennt ausnahmsweise auch **Vorrangregeln** für die Wahl einer Rechtsform, so etwa im Baurecht[451] oder im Telekommunikationsrecht.[452] Starre Zuordnungsverhältnisse – etwa die Subsidiarität imperativer vor konsensualen Rechts-, Handlungs- und Bewirkungsformen – gibt es vorbehaltlich gegenläufiger Regelungen allerdings nicht. Dementsprechend steht der Behörde grundsätzlich auch die Wahl zwischen öffentlich-rechtlichem Vertrag[453] und der Entscheidung durch Verwaltungsakt frei.[454] Vorrangbeziehungen können sich aber aus dem Verhältnismäßigkeitsgrundsatz ergeben.[455] Auch gilt für die Erfüllung öffentlicher Aufgaben, soweit der Staat sie wahrnimmt und er zur Aufgabenerfüllung nicht hoheitliche Befugnisse einsetzen muss, kein grundsätzlicher Vorrang privatwirtschaftlicher Betätigung des Staates vor hoheitlicher Eigenerfüllung oder umgekehrt.[456]

104

Soweit das Bestehen von Rechtsformsperren vom Ergebnis einer **Auslegung** abhängt, kann ein Blick auf die oben[457] im Zusammenhang mit den „Funktionen" von Rechts-, Handlungs- und Bewirkungsformen benannten Eigenheiten bestimmter Formen weiterhelfen. So kann gefragt werden, ob die an bestimmte Formen geknüpften Rechtmäßigkeitsbedingungen, Rechtswirkungen, Rechtsschutz- und Vollstreckungsmöglichkeiten es nahe legen oder gebieten, in dem

105

---

[448] §§ 16, 23 StAG. S. ferner *Jan Ziekow/Thorsten Siegel*, Entwicklung und Perspektiven des Rechts des öffentlich-rechtlichen Vertrages, VerwArch, Bd. 94 (2003), S. 593 (605); *Utz Schliesky*, in: Knack/Henneke, VwVfG, § 54 Rn. 17.

[449] Siehe *Gurlit*, Verwaltungsvertrag (Fn. 444), S. 254 ff.

[450] So etwa für die Förderungszusage nach § 13 Abs. 3 Satz 1 WohnraumförderungsG.

[451] Beispiele sind z. B. § 87 Abs. 2 BauGB: Vorzugswürdigkeit einer Einigung für eine Enteignung; § 165 Abs. 3 Satz 1 Nr. 3 BauGB: Festlegung als städtebaulicher Entwicklungsbereich, wenn die Ziele durch städtebauliche Verträge nicht erreicht werden können. S. a. → Bd. II *Bumke* § 35 Rn. 37.

[452] Vgl. § 16 TKG.

[453] Dass an die Wahl der Vertragsform bestimmte Voraussetzungen und Rechtsfolgen gekoppelt sind (s. insbes. §§ 54 ff. VwVfG) ist dabei zu berücksichtigen – sie bewirkt aber als solche keine Aussage über Vorrangverhältnisse.

[454] Siehe statt vieler *Heribert Schmitz*, in: Stelkens/Bonk/Sachs, VwVfG, § 9 Rn. 167. S. a. *Gurlit*, Verwaltungsvertrag (Fn. 444), S. 21 ff., 252 ff., 272 ff.; *dies.*, Verwaltungsvertrag, in: Erichsen/Ehlers (Hrsg.), VerwR, § 32 Rn. 6.

[455] → Rn. 116.

[456] Eine Regelung wie Art. 87 f Abs. 2 i. V. m. Abs. 1 GG (betr. Telekommunikationsdienstleistungen) bedeutet nur eine scheinbare Ausnahme: Das Grundgesetz erklärt die Erbringung von Telekommunikationsdienstleistungen nicht zur öffentlichen Aufgabe, wohl aber die Sorge dafür, dass flächendeckend angemessene und ausreichende Dienstleistungen erbracht werden. S. a. → Bd. I *Burgi* § 18 Rn. 57; Bd. II *Appel* § 32 Rn. 53 ff.; Bd. III *Waldhoff* § 46 Rn. 46 f.

[457] → Rn. 3.

betroffenen Regelungsbereich nur bestimmte Rechts-, Handlungs- und Bewirkungsformen verfügbar zu machen, etwa um die für eine Rechtsform (z.B. Verwaltungsakt oder Rechtsverordnung) geltenden Regeln über die Bestandskraft oder über Rechtsschutz aktivieren zu können. Soweit die traditionellen Rechts-, Handlungs- und Bewirkungsformen aber Orientierungen etc. nur auf einer sehr abstrakten Ebene erlauben,[458] führt diese Fragerichtung häufig noch nicht zum Ziel. Vielmehr sind mögliche weitere Beschränkungen der Wahlfreiheit **bereichsspezifisch** zu ermitteln. So können besondere Gründe – etwa die Einsicht in die Systemwidrigkeit oder Missbrauchsanfälligkeit von bestimmten konsensualen Lösungen und insoweit die Nichtverhandelbarkeit der rechtlichen Vorgaben – für eine Begrenzung auf einseitiges hoheitliches Handeln (etwa in Form des Verwaltungsakts) sprechen. Die Notwendigkeit der Eröffnung effektiven Rechtsschutzes kann die Freiheit der Wahl zwischen Einzelakt und Rechtsverordnung begrenzen oder die Sicherung der Effektivität beim Rechtsschutz auch für Dritte kann informellen bilateralen Abklärungen durch Aushandlungen entgegenstehen.[459]

106 Sperren für einzelaktbezogene Formen ergeben sich insoweit, als die beabsichtigten Ziele am besten durch eine **Norm** erreicht werden können.[460] Darüber hinaus bewirkt der **Gesetzesvorbehalt** ein spezifisches Rechtsformgebot, da er ein Vorbehalt des formellen (Parlaments-)Gesetzes ist.[461] Zur weiteren Konkretisierung normativer Vorgaben[462] können allerdings untergesetzliche Normen, insbesondere Rechtsverordnungen, in Selbstverwaltungsbereichen auch Satzungen,[463] eingesetzt werden. Ein relatives Rechtsformgebot bewirkt auch der **Vorrang des Gesetzes:**[464] Im Regelungsbereich eines formellen Gesetzes sind abweichende Regelungen ebenfalls nur in der Form des Gesetzes möglich (Abweichungs- und Gesetzesverwerfungsverbot).[465] Ein relatives Rechtsformverbot[466] folgt aus dem europäischen Unionsrecht in Konstellationen, in denen der Europäische Gerichtshof für die **Umsetzung von EU-Richtlinien** die Rechtsform der Verwal-

---

[458] → Rn. 45.

[459] Allgemein zu notwendigen Sicherungen insbes. bei informellen Abklärungen s. *Hoffmann-Riem*, Selbstbindungen (Fn. 246), S. 187 (220ff.).

[460] Auf die Frage, welche Inhalte eine Norm haben darf – insbes. die Frage nach der Rechtmäßigkeit von **Einzelfall-, Maßnahme-** und **Vollziehungsgesetzen** – kann hier nicht eingegangen werden, s. dazu statt vieler *Biervert*, Missbrauch von Handlungsformen (Fn. 173), S. 35ff. m.w.N. Zu der Frage, ob **Rechtsverordnungen mit Änderungsvorbehalt des Gesetzgebers** ergehen dürfen, s. *Biervert*, a.a.O., S. 47ff. sowie umfassender zur Möglichkeit gesetzgeberischen Handelns in Verordnungsform s. *Hartmut Bauer*, Parlamentsverordnungen, in: FS Reiner Schmidt, 2006, S. 237, 239ff. S. ferner *BVerfGE* 114, 196 (234ff.) mit der Aussage, dass eine gesetzliche Änderung oder Ergänzung einer Rechtsverordnung bewirkt, dass das dadurch entstandene Normgebilde insgesamt als Rechtsverordnung zu qualifizieren ist.

[461] → Bd. I *Reimer* § 9 Rn. 23ff., 26.

[462] Nach umstrittener, m.E. aber zutreffender Auffassung stehen Rechtsverordnungen als Rechtsformen auch ohne vorherige gesetzliche Ermächtigung zur Verfügung, soweit inhaltlich keine Eingriffe erfolgen, s. dazu statt vieler *Saurer*, Rechtsverordnung (Fn. 153), S. 220ff. m.w.N.; *Seiler*, Parlamentsvorbehalt (Fn. 153), S. 185ff.

[463] Die Satzungshoheit gilt nur im Rahmen der Gesetze – allerdings ist Art. 80 GG für Satzungen nicht anwendbar, s. statt vieler *Fritz Ossenbühl*, Satzung, HStR III, 2. Aufl. 1996, § 66 Rn. 12ff.

[464] → Bd. I *Reimer* § 9 Rn. 73ff.

[465] → Bd. I *Reimer* § 9 Rn. 76.

[466] Verfehlt die Zuordnung der Problematik zu dem Thema „Missbrauch von Verwaltungsvorschriften" etwa bei *Biervert*, Missbrauch von Handlungsformen (Fn. 173), S. 51f.

tungsvorschrift nicht ausreichen lässt.⁴⁶⁷ Damit ist allerdings die Rechtsform der Verwaltungsvorschrift nicht grundsätzlich ausgeschlossen, sondern nur insoweit, als das nationale Recht bestimmte Anforderungen an Verwaltungsvorschriften nicht erfüllt (so hinsichtlich der Veröffentlichung, der Rechtssicherheit und Einklagbarkeit).⁴⁶⁸ Im deutschen Recht wird als Folge dieser Rechtsprechung der Weg gewählt, die Richtlinien durch Rechtsverordnung umzusetzen,⁴⁶⁹ nicht aber die Rechtsform der Verwaltungsvorschrift mit entsprechenden Rechtswirkungen auszustatten.⁴⁷⁰

Restriktionen des Formeneinsatzes gibt es auch auf der Bewirkungsebene.⁴⁷¹ **107**
Zu nennen sind **relative Vollzugssperren**.⁴⁷² So scheidet eine verwaltungseigene Vollstreckung regelmäßig aus, wenn als Grundverfügung kein Verwaltungsakt vorliegt. Die Ersatzvornahme ist nur zur Erzwingung vertretbarer Handlungen möglich (vgl. § 10 VwVG). Insoweit besteht eine begrenzte Wahlfreiheit: Ist die Ersatzvornahme „untunlich", kann stattdessen ein Zwangsgeld festgesetzt werden.⁴⁷³

Relative Grenzen der Optionenwahl bestehen, soweit die Nutzung einer be- **108**
stimmten Rechts-, Handlungs- und Bewirkungsform an bestimmte verfahrensmäßige oder materiellrechtliche Voraussetzungen geknüpft ist. Derartige Voraussetzungen beziehen sich allerdings meist umfassend auf das jeweilige Regelungsinstrument: Wann darf z. B. die Polizei im Bereich präventiver oder repressiver Tätigkeit eine Durchsuchung, die Überwachung oder Aufzeichnung der Telekommunikation, die Weitergabe von Daten an andere Behörden vornehmen? Sind die Voraussetzungen nicht erfüllt, scheidet diese Vorgehensweise und damit auch die entsprechende Rechts-, Handlungs- oder Bewirkungsform aus.

Soweit die Rechtsordnung zum Handeln ermächtigt, aber keine speziellen Vor- **109**
gaben für die Wahl einer Rechts-, Handlungs- und Bewirkungsform enthält, so dass der Grundsatz freier Verfügbarkeit dieser Formen gilt,⁴⁷⁴ ist die Verwaltung in dem für solche Formen verfügbaren Korridor zur **Optionenwahl**⁴⁷⁵ berechtigt –

---

⁴⁶⁷ *EuGH*, Rs. C-361/88, Slg. 1991, I-2567 – TA Luft; Rs. C-58/89, Slg. 1991, I-4983 – Oberflächenwasser. Vgl. dazu auch *Kadelbach*, Allgemeines Verwaltungsrecht (Fn. 45), S. 310ff.
⁴⁶⁸ Siehe auch *Rainer Wahl*, Verwaltungsvorschriften: Die ungesicherte dritte Kategorie des Rechts, in: FG 50 Jahre BVerwG, 2003, S. 571 (590f.); *Thomas v. Dannwitz*, Normkonkretisierende Verwaltungsvorschriften und Gemeinschaftsrecht, VerwArch, Bd. 84 (1993), S. 73 (81 ff.); *Anja Baars*, Rechtsfolgen fehlerhafter Verwaltungsvorschriften, 2010, S. 21 ff.; *Johannes Saurer*, Die neueren Theorien zur Normkategorie der Verwaltungsvorschriften, VerwArch, Bd. 97 (2006), S. 249ff.; *Thomas Sauerland*, Die Verwaltungsvorschrift im System der Rechtsquellen, 2005, S. 273f.; *Christof Häfner*, Verantwortungsteilung im Genehmigungsrecht, 2010, S. 518ff.
⁴⁶⁹ Vgl. *Johannes Saurer*, Verwaltungsvorschriften und Gesetzesvorbehalt, DÖV 2005, S. 587, 588; *ders.*, Normkategorie der Verwaltungsvorschriften (Fn. 468), S. 251f. S. a. → Bd. I *Ruffert* § 17 Rn. 71, 77; Bd. II *Hill/Martini* § 34 Rn. 45.
⁴⁷⁰ Siehe auch BVerwGE 121, 103; dazu s. *Saurer*, Verwaltungsvorschriften (Fn. 469), S. 589ff. Vgl. a. → Bd. I *Ruffert* § 17 Rn. 67ff.; Bd. II *Hill/Martini* § 34 Rn. 46ff.
⁴⁷¹ Zu ihr → Rn. 16ff. S. a. oben → Fn. 433.
⁴⁷² *Schmidt-Aßmann*, Ordnungsidee, Kap. 6 Rn. 37 („Bewirkungssperren"); *Ziekow*, VwVfG, § 35 Rn. 13 u. 29.
⁴⁷³ Siehe etwa *Pieroth/Schlink/Kniesel*, PolizeiR, § 20 Rn. 13.
⁴⁷⁴ → Rn. 100.
⁴⁷⁵ Diese betrifft – stets unter dem Vorbehalt der Verfügbarkeit der Form im konkreten Fall – z. B. auch die Wahl zwischen einem Bündel von Verwaltungsakten oder dem Erlass einer Allgemeinverfügung (vgl. *Ulrich Stelkens*, in: Stelkens/Bonk/Sachs (Hrsg.), VwVfG, § 35 Rn. 267). Zur Rechtsprechung über Wahlmöglichkeiten s. etwa *U. Stelkens*, in: Stelkens/Bonk/Sachs (Hrsg.), VwVfG, § 35 Rn. 18. Zur For-

auch hinsichtlich der **Kombination unterschiedlicher Rechts-, Handlungs- und Bewirkungsformen**. Als eigenständige Staatsgewalt[476] bedarf sie speziell für die Art des Einsatzes einer der ihr zum Handeln verfügbaren Formen keiner zusätzlichen Ermächtigung. Zu beachten sind allerdings die rechtsstaatlich fundierten allgemeinen Grundsätze der Optionenwahl, wie sie für die Ermessensausübung (etwa § 40 VwVfG) markiert sind.[477] Dies führt insbesondere zu einer **Orientierung an den Zwecken,** die mit der Wahl einer Rechts-, Handlungs- und Bewirkungsform verfolgt werden dürfen und sollen. Der Grundsatz der **Nichtförmlichkeit des Verwaltungsverfahrens** (§ 10 VwVfG; § 9 SGB X) ist nicht selbst Grundlage der Optionenwahl nach Ermessen, wohl aber eine Bestätigung insofern, als auch vom Verwaltungsverfahrensrecht keine besonderen Einengungen ausgehen. Normen wie § 10 VwVfG sollen Effektivität und Effizienz des Verwaltungshandelns und damit die **Problemlösungsfähigkeit im Verfahren** sichern. Die in § 10 S. 2 VwVfG benannten Grundsätze der Einfachheit, Zweckmäßigkeit und Zügigkeit – teilweise aufgegriffen in Art. 41 der Charta der Grundrechte der Europäischen Union (Recht auf eine gute Verwaltung[478]) – sind Konkretisierungen dieses Leitsatzes. Die Wahlfreiheit hinsichtlich der Rechts-, Handlungs- und Bewirkungsform dient auch der Umsetzung dieser Ziele und ermöglicht insbesondere die dafür erforderliche Flexibilität.

III. Zur Problematik von Missbrauchs- und Fluchtformeln

110 Eine über die Anwendung derartiger Grundsätze hinausgehende, überall einsetzbare allgemeine Lehre der Wahl von Rechts-, Handlungs- und Bewirkungsformen gibt es nicht. Wegen ihrer Einseitigkeit wenig hilfreich für Auswahlentscheidungen sind manche in der Literatur übliche Warntopoi, so für den Bereich der Wahl eines Rechtsregimes etwa der Topos des Verbots der **„Flucht in das Privatrecht".**[479] Diese Formel enthält einen richtigen Ansatz, soweit sie auf das Verbot der Nutzung bestimmter (hier privatrechtlicher) Handlungsformen verweist, durch die unabdingbare rechtsstaatliche Sicherungen vereitelt zu werden drohen, die mit öffentlich-rechtlichen Handlungsformen verbunden sind (etwa die Grundrechtsbindung oder die Verfügbarkeit verwaltungsgerichtlichen Rechtsschutzes). Vergleichbar in der Stoßrichtung ist die Redeweise vom **Verbot des Formenmissbrauchs**[480] oder der Rechtsformenmanipu-

---

menwahl im Bereich von Planungen s. *U. Stelkens,* a.a.O., § 35 Rn. 263 ff. Zu den Anforderungen an eine ordnungsrechtliche Allgemeinverfügung vgl. *VGH BW,* NVwZ-RR 2010, S. 55 (56 ff.).

[476] → Bd. I *Hoffmann-Riem* § 10.
[477] Vgl. *Schmidt-Aßmann,* Ordnungsidee, Kap. 6 Rn. 38.
[478] → Bd. II *Schmidt-Aßmann* § 27 Rn. 29 f., 41. Grundsätze guter Verwaltung werden im europäischen Bereich nicht nur allgemein formuliert, sondern auch im Hinblick auf spezielle Teilgebiete, so etwa des Sozialrechts, s. dazu *Tettinger,* Verwaltungsrechtliche Instrumente (Fn. 6), S. 230. Zu § 10 S. 2 VwVfG s. a. → Bd. II *Schneider* § 28 Rn. 27, *Pitschas* § 42.
[479] Das Flucht-Schlagwort hat eine alte Tradition, s. *Fritz Fleiner,* Institutionen des Deutschen Verwaltungsrechts, 8. Aufl. 1928, S. 326.
[480] Dazu grundlegend *Pestalozza,* „Formenmissbrauch" (Fn. 427), dort auch Hinweise über die historische Entwicklung der Rezeption der Missbrauchsfigur. *Pestalozza* verweist insbes. auf Fälle des Formenmissbrauchs durch Manipulation des Sachverhalts oder des Rechtsinhalts sowie der Rechtsgeltung (betreffend die Wahl zwischen Öffentlichem Recht und Privatrecht), a.a.O., S. 143 ff., 166 ff. S. ferner *Biervert,* Missbrauch von Handlungsformen (Fn. 173), insbes. S. 31 ff.

E. Optionenwahl

lation.⁴⁸¹ Derartige Formeln sind – wie der Kontext ihres Gebrauchs zeigt – meist auf bilaterale Rechtsbeziehungen zwischen Staat und Bürger bezogen und sind insbesondere Folgerungen aus der Abwehrfunktion der Grundrechte. Sie vernachlässigen aber infolge ihrer einseitigen Richtung gegen den Staat die Komplexität mancher Problemlagen, so wenn sie ohne hinreichende Differenzierungen auch auf **multidimensionale und multipolare Konfliktlagen** angewandt werden, in denen eine Abwägung und Zuordnung unterschiedlicher subjektiv-rechtlicher und gegebenenfalls objektiv-rechtlicher Interessen – und damit letztlich eine ausgleichende Optimierung – zu erreichen ist. Dann ist es keineswegs selbstverständlich, dass die Wahl eines bestimmten Rechtsregimes oder einer bestimmten Rechts-, Handlungs- und Bewirkungsform schon allein deshalb rechtswidrig (missbräuchlich) ist, weil die Interessen eines der Beteiligten nicht maximal befriedigt werden. Vor einem nicht die Gesamtrechtslage einbeziehenden oder gar inflationären Umgang mit derartiger **Flucht- und Missbrauchsrhetorik** ist jedenfalls zu warnen. Es bedarf zunächst der Klärung, warum die Nutzung der Flexibilität, die die Verfügbarkeit unterschiedlicher Formen ermöglicht, „Missbrauch" sein soll oder als „Flucht" stigmatisiert werden darf. Hat die Verwaltung gute Gründe, warum sie im Interesse der Problemlösungsfähigkeit eine bestimmte Form wählt, ist dies grundsätzlich Gebrauch der Rechtsmacht zur optimalen Problembewältigung, nicht Missbrauch.

Insbesondere für den **Bereich des Gewährleistungs(verwaltungs)rechts** sind entsprechende Wahlmöglichkeiten unabdingbar, um den jeweiligen Steuerungsaufgaben in den nicht auf staatliche Eigenerfüllung ausgerichteten Problemfeldern gerecht werden zu können. Hier muss der Staat im Interesse sachgerechter Aufgabenerfüllung über vielfältige Möglichkeiten der Nutzung unterschiedlicher, auch privatrechtlicher, Gestaltungsmöglichkeiten verfügen, die sich sowohl hinsichtlich der Rechts-, Handlungs- und Bewirkungsformen als auch in organisatorisch-institutioneller Hinsicht auswirken können und dürfen.⁴⁸² Ohne Flexibilität für das Handeln in den Kooperationsbeziehungen mit Privaten und damit auch bei der Wahl geeigneter Rechts-, Handlungs- und Bewirkungsformen wäre der Staat häufig in Gefahr, keine adäquaten Steuerungsimpulse setzen oder nicht auf angemessene Weise – auch nicht mit hinreichender Handlungsmacht – auf die Strategien oder Instrumente und den Ideenreichtum der (zum Teil machtvollen) privaten Akteure reagieren zu können.⁴⁸³

111

Es deutet auch nicht zwingend auf Missbrauch oder Flucht hin, wenn der Staat Rechts-, Handlungs- oder Bewirkungsformen wählt, die beispielsweise **andersartigen Rechtsschutz** ermöglichen als er bei der Nutzung anderer Formen gegeben wäre. Art. 19 Abs. 4 GG bzw. der allgemeine Justizgewährungsanspruch⁴⁸⁴ garantieren effektiven Rechtsschutz, aber nicht eine bestimmte oder

112

---

⁴⁸¹ Dazu s. *Joachim Burmeister*, Verträge und Absprachen zwischen der Verwaltung und Privaten, VVDStRL, Bd. 52 (1993), S. 190 (233). Eine überzogene Missbrauchsperspektive wählt *Willy Spannowsky*, Grenzen des Verwaltungshandelns durch Verträge und Absprachen, 1994, für die Wahl öffentlich-rechtlicher Verträge.
⁴⁸² Dass auch der Gesetzgeber über entsprechende Wahlkompetenzen verfügt, zeigen etwa die Entscheidungen *BVerfGE* 114, 1 ff.; 114, 73 ff. (betreffend die Austauschbarkeit zivilrechtlicher und öffentlich-rechtlicher Instrumente beim Verbraucherschutz im Bereich der Lebensversicherung).
⁴⁸³ Siehe a. → Bd. I *Hoffmann-Riem* § 10 Rn. 108.
⁴⁸⁴ Zu ihm s. *BVerfGE* 107, 395 (401 ff.).

gar überall gleiche Art des Rechtsschutzes. So kann Sekundärrechtsschutz den Anforderungen genügen, auch wenn die Betroffenen Primärrechtsschutz vorziehen würden.[485] Zutreffend hat das Bundesverfassungsgericht seit jeher betont, dass Art. 19 Abs. 4 GG keinen Anspruch auf bestmöglichen Rechtsschutz garantiert.[486] Auch bei der Entscheidung über angemessenen Rechtsschutz können gegenläufig wirkende Schutzgüter zu berücksichtigen sein, die bestimmte Sicherungen administrativer Handlungsfähigkeit oder der Zügigkeit einer Entscheidung erfordern, so dass Zuordnungen im Rahmen der Herstellung praktischer Konkordanz angezeigt sind. Gleiches gilt, wenn die zur Wahl stehenden Rechts-, Handlungs- oder Bewirkungsformen unterschiedliche Möglichkeiten der **Verfahrensbeteiligung der Bürger** eröffnen.

113   Selbstverständlich muss der Staat seine Wahlentscheidung an rechtlich legitimen Zielen ausrichten. So muss es, wie bei allem Staatshandeln, auch für die Wahlentscheidung Gründe geben, also etwa für den Verzicht auf hoheitliche Rechts-, Handlungs- und Bewirkungsformen oder für die Bevorzugung von Formen des schlichten Verwaltungshandelns gegenüber rechtlichen Regelungen. Dabei ist auch zu klären, ob der Staat durch die Wahlentscheidung ohne hinreichende Rechtfertigung rechtlichen Bindungen ausweicht, die an bestimmte Rechtsregimes oder an bestimmte Rechts-, Handlungs- und Bewirkungsformen gebunden sind.[487] Ein solches Ausweichen liegt heute allerdings vielfach nicht (mehr) vor. So durchwirken die Grundrechte auch das Privatrecht und sie binden darüber hinaus je nach ihrem spezifischen Schutzbereich[488] gemäß Art. 1 Abs. 3 GG auch bei privatrechtlichem Handeln der öffentlichen Gewalt. Entfällt verwaltungsgerichtlicher Rechtsschutz mangels öffentlich-rechtlicher Gestaltung, sichert der allgemeine Justizgewährungsanspruch[489] gleichwohl effektiven Rechtsschutz.[490] Verfolgt der Hoheitsträger seine Zwecke durch schlichtes Verwaltungshandeln unter Vermeidung eines Grundrechtseingriffs, so schützt ihn dies vor der Geltung des grundrechtlichen Gesetzesvorbehalts und der entsprechenden grundrechtlichen Bindungen dann nicht, wenn es sich nach Zielrichtung und Wirkung um einen Ersatz für eine staatliche Maßnahme handelt, die als Grundrechtseingriff zu qualifizieren wäre.[491] Das Kriterium **funktionaler Äquivalenz** kann auf weitere Problemfelder erstreckt werden, wenn es um die

---

[485] Vgl. *BVerfGE* 116, 1 (18 ff.); 116, 135 (148 f.).

[486] Siehe *BVerfGE* 10, 89 (105); 70, 35 (56). Zur literarischen Diskussion hierzu s. *Thorsten Siegel*, Effektiver Rechtsschutz und der Vorrang des Primärrechtsschutzes, DÖV 2007, S. 237 ff.; *Marian Niestedt/Franz J. Hölzl*, Zurück aus der Zukunft? Verfassungsmäßigkeit der Primärrechtsschutzbeschränkung im Vergaberecht oberhalb bestimmter Schwellenwerte, NJW 2006, S. 3680 ff.; *Matthias Knauff*, Vertragsschließende Verwaltung und verfassungsrechtliche Rechtsschutzgarantie, NVwZ 2007, S. 546 ff.; *Sebastian Hirschberger*, Bewegte Zweiteilung im Vergaberecht – Effektiver Rechtsschutz im Unterschwellenbereich –, BayVBl. 2007, S. 741 ff.

[487] Näher → Bd. I *Burgi* § 18 insbes. Rn. 44 ff. Dies bedeutet aber nicht, dass stets die gleichen rechtlichen Bindungen bestehen. Missverständlich daher die Formulierung von *Burmeister*, Verträge (Fn. 481), S. 190, 218: „Austauschbar sind die Rechtsformen, indisponibel dagegen die Rechtsmaßstäbe, denen die Verwaltung bei ihrem Handeln unterliegt.".

[488] Auf dessen Maßgeblichkeit für die Grundrechtsbindung des Staates auch bei privatrechtlichem Handeln verweist *BVerfGE* 116, 135 (146, 148 f.). S. ferner *BVerfGE* 128, 226 (244 ff.).

[489] Dazu vgl. *BVerfGE* 107, 395 ff.

[490] Dies bedeutet allerdings nicht notwendig auch primären Rechtsschutz, s.o. → Fn. 485.

[491] Dazu vgl. *BVerfGE* 105, 252 (273). Auch hier ist die Missbrauchsperspektive verfehlt, die aber z.B. *Biervert*, Missbrauch von Handlungsformen (Fn. 173), bemüht.

E. Optionenwahl

Klärung geht, ob die Optionenwahl in nicht gerechtfertigter Weise zur Vermeidung an sich maßgeblicher rechtlicher Vorgaben führt.[492]

Da grundrechtliche und allgemeine rechtsstaatliche Bindungen nicht (mehr) exklusiv auf bestimmte Rechts-, Handlungs- und Bewirkungsformen begrenzt sind, ist bei der rechtlichen Überprüfung der Auswirkung der Optionenwahl nicht in pauschalisierender Weise von den erwähnten Flucht- und Missbrauchsformeln oder gar von entsprechenden Flucht- und Missbrauchsvermutungen auszugehen, sondern von den allgemein für Entscheidungen in Optionenräumen maßgebenden Grundsätzen, und zu fragen, wieweit die Ermächtigung zu diskretionärem Handeln reicht bzw. wieweit die Optionenwahl gerichtlicher Kontrolle zugänglich ist.[493] Für ein **grundsätzliches Misstrauen** der Fehlerhaftigkeit der Ausübung von Optionen besteht im Rechtsstaat des Grundgesetzes ebenso wenig Anlass wie für ein **grundsätzliches Vertrauen,** rechtliche Bindungen würden schon aus administrativem Eigeninteresse eingehalten. Die rechtsstaatlichen Vorkehrungen für die Beachtung aller maßgeblichen Interessen schon im Entscheidungsverfahren sowie die Vorkehrungen für Eigen- und Fremdkontrolle unter Einschluss von Rechtsschutz kalkulieren die nicht nur theoretische Möglichkeit der fehlerhaften Wahlentscheidung ein. Am Beispiel informellen und kooperativen Verwaltungshandelns lässt sich die **Fehleranfälligkeit** aufzeigen, die sich etwa aus Asymmetrien in den Macht- und Interessenverhältnissen, einem problematischen Distanzverlust zwischen Staat und Privaten bis hin zur *corporatistic capture*,[494] der Konzentration der Streitbewältigung auf einzelne Betroffene (unter Außerachtlassung der Interessen der nicht am Verfahren Beteiligten) sowie der Vereitelung von Kontrolle ergeben können.[495]

Derartige Risiken legen es nahe, und können es bei starker Fehleranfälligkeit gegebenenfalls rechtsstaatlich gebieten, ergänzende verfahrensrechtliche Schutzvorkehrungen vorzusehen, etwa zur Schaffung von **Zugangssicherungen,** von **Transparenz** und **Formenwahlklarheit.** Selbstverständlich gilt auch bei der Formenwahl das **Willkürverbot** – und damit ein in ihm verwurzeltes Verbot des Formenmissbrauchs.[496]

Maßgeblicher Bezugspunkt für die Optionenwahl ist der **Verhältnismäßigkeitsgrundsatz,** dessen Maßstabskriterien (Eignung, Erforderlichkeit, Angemessenheit) und Abwägungsauftrag zur rechtsstaatlichen Mäßigung der Staatsgewalt, aber auch zur Sicherung administrativer Handlungsfähigkeit taugen. In

---

[492] Den Gedanken funktionaler Äquivalenz hat das *BVerfG* auch in anderer Hinsicht der Sache nach angewandt, als es im Rahmen einer Prüfung nach § 47 Abs. 1 Nr. 1 VwGO den als Gesetz erlassenen hamburgischen Bebauungsplan in seiner Satzung umgedeutet und dadurch der verwaltungsgerichtlichen Kontrolle unterstellt hat, vgl. *BVerfGE* 70, 35 (57). Diese Entscheidung ist allerdings auf Kritik gestoßen; s. schon das Sondervotum von *Helmut Steinberger,* S. 59 ff.

[493] Dazu → Bd. I *Hoffmann-Riem* § 10, insbes. Rn. 83 ff.; zurückhaltend ist die gerichtliche Kontrolle bei der Überprüfung von Auskunftsverweigerungsgründen nach dem IFG, vgl. BVerwG, JZ 2010, S. 568 ff.

[494] Begriffsbildung nach *Gunnar Folke Schuppert,* Koordination durch Struktursteuerung als Funktionsmodus des Gewährleistungsstaats, in: FS Klaus König, 2004, S. 287, 288. S. a. → Bd. I *ders.* § 16 Rn. 17.

[495] Dazu s. schon *Hoffmann-Riem,* Selbstbindungen (Fn. 246), S. 187 ff. Zu Gefahrenpotenzialen speziell bei der Sachverständigenberatung durch Private s. *Andreas Voßkuhle,* Sachverständige Beratung des Staates, in: HStR III, § 43 Rn. 50 ff.

[496] *Schmidt-Aßmann,* Ordnungsidee, Kap. 6 Rn. 77.

diesem Zusammenhang können **Konzeptvorgaben** oder die Entwicklung **administrativer Strategien**[497] oder **Aktionspläne**[498] u. ä. hilfreich oder gar geboten sein.

117   Soweit **Kombinationen unterschiedlicher Formen** gewählt werden – sei es kumulative, sei es konsekutive –, ist zu klären, ob die Kombination rechtlich erhebliche Nachteile – etwa hinsichtlich der Regelungsklarheit, der Rechtssicherheit, der Kontrollierbarkeit – bewirkt, die nicht in angemessener Weise durch Vorteile bei der Aufgabenerfüllung ausgeglichen werden.[499] Das auf die Kombination bezogene Erfordernis einer Gesamtbetrachtung und damit auch der Sicherung einer Gesamtverhältnismäßigkeit, das schon für die Instrumentenkombination betont worden ist,[500] kann auch für die Kombination von Rechts-, Handlungs- und Bewirkungsformen wichtig werden, soweit speziell mit einer solchen Kombination Belastungen oder Begünstigungen verbunden sind. Auch ist Sorge zu tragen, dass unterschiedliche Maßnahmen und die mit ihnen verbundenen Rechts-, Handlungs- und Bewirkungsformen in ihrer Gesamtheit aufeinander abgestimmt sind **(Konsistenzgebot)**.[501] Der Verhältnismäßigkeitsgrundsatz und zugleich das Gebot effektiven Rechtsschutzes werden verletzt, wenn eine rechtserhebliche Entscheidung mit anderen Rechtsakten so verzahnt wird, dass der Betroffene dadurch ohne eine problem- und aufgabenbezogene Rechtfertigung zusätzlich belastet wird oder folgenreichen Rechtsschutz nicht erlangen kann. Rechtsschutzdefizite können in umgekehrter Richtung eintreten, wenn eine Entscheidung in unterschiedliche Teilakte mit unterschiedlichen Rechts- und Handlungsformen aufgeteilt wird, deren Zusammenspiel eine eigenständige Belastung auslöst, gegen die der Betroffene sich aber durch Rechtsschutz gegen die Teilakte nicht hinreichend wehren kann.[502] Der Verwaltung ist aus rechtsstaatlichen Gründen aufgegeben, die durch die Wahl und gegebenenfalls Kombination unterschiedlicher Formen aktivierte Steuerungskraft administrativ zu beherrschen und damit Verwaltungsverantwortung auch hinsichtlich der Wahrung der Interessen Betroffener behalten zu können und darauf bezogenen Rechtsschutz zu ermöglichen.[503] Dies kann die Verwaltung daran hindern, unterschiedliche Formen beliebig zu kombinieren – etwa im Wege von *trial and error*: irgendetwas werde schon wirken.

IV. Orientierung an den Funktionsbedingungen modernen Verwaltens

118   Die Orientierung der Wahl von Rechts-, Handlungs- und Bewirkungsformen an den allgemeinen Grundsätzen optionalen Verwaltungshandelns[504] verpflichtet die Verwaltung, nicht nur punktuell-situativ Zweckmäßigkeitserwägungen

---

[497] Zur Kohärenzsicherung durch solche Vorkehrungen s. → Bd. I *Hoffmann-Riem* § 10 Rn. 115 ff.; Bd. II *Hill/Martini* § 34 Rn. 58; *Schmidt-Aßmann*, Ordnungsidee, Kap. 2 Rn. 24; Kap. 6 Rn. 95, 98 f.

[498] → Bd. II *Hill/Martini* § 34 Rn. 59.

[499] Derartige Fragen stellen sich insbes., wenn Probleme innerhalb komplexer Regelungsstrukturen (→ Rn. 67) bewältigt werden.

[500] Dazu *Wolfgang Hoffmann-Riem*, Reform des Allgemeinen Verwaltungsrechts: Vorüberlegungen, DVBl 1994, S. 1381 (1384 f.).

[501] So ausdrücklich § 27 Abs. 2 Satz 1 TKG.

[502] Zum Problemfeld s. statt vieler *BVerwGE* 61, 256 ff.; 104, 36 ff. (Rechtsschutz bei Teilgenehmigung).

[503] Vgl. – wenn auch für die gesetzliche Steuerung – → Bd. I *Eifert* § 19 Rn. 163.

[504] → Bd. I *Hoffmann-Riem* § 10 Rn. 61 ff., 83 ff.

E. Optionenwahl

anzustellen und umzusetzen, sondern sich auch in problemangemessener Weise an den grundlegenden Strukturen und Zielbestimmungen des nationalen und des europäischen Verfassungsrechts[505] zu orientieren und diese im konkreten Fall auf die **Funktionsbedingungen modernen Verwaltungshandelns** herunterzubrechen. Dabei kann und muss insbesondere Rücksicht genommen werden
– auf die Fortentwicklung des Rechts der Ordnungs-, Leistungs- und Infrastrukturverwaltung zum Gewährleistungsverwaltungsrecht;
– auf die Pluralisierung und Segmentierung gesellschaftlicher Teilkomplexe;
– auf Erscheinungen der „Krisen" des Ordnungs- oder Planungsrechts;
– auf Möglichkeiten ganzheitlicher Problembewältigung (Beispiele: Aktionspläne, Stoffstrommanagement);
– auf die rechtliche Bindungen ergänzenden „weichen" Richtigkeitskriterien;
– auf das Mit- und Gegeneinander von „hard law" und „soft law";
– auf Möglichkeiten und Schwierigkeiten effektiver kooperativer und konsensorientierter Steuerung und dabei auch
– auf die Sicherung einer wirkmächtigen Handlungsfähigkeit des Staates insbesondere im Verhältnis zu gesellschaftlichen Machtträgern;
– auf die Einbettung nationalen Verwaltungsrechts in den europäischen und globalen Kontext der zu bewältigenden Probleme und rechtlichen Vorgaben

sowie auf viele weitere **Kontextbedingungen.** Soweit Fragen wie die Eignungswirksamkeit einer wählbaren Option oder die Relation zwischen dem notwendigen Einsatz von Ressourcen und dem zu erwartenden Erfolg oder den zu erwartenden Folgen (Effizienz) zu beantworten sind, besteht insbesondere Raum für den trans- und interdisziplinären Zugriff auf Einsichten anderer wissenschaftlicher Disziplinen,[506] die sich gegebenenfalls auch auf die Wahl der Rechts-, Handlungs- und Bewirkungsformen auswirken können. Berücksichtigungsfähig sind ferner richtungsweisende Leitbilder und sonstige Rahmenbedingungen des Verwaltungshandelns wie die Einbettung in Neue Steuerungsmodelle, in Managementsysteme oder in das Electronic Government.[507]

Auch ohne eine abrufbare allgemeine Theorie der Optionenwahl gibt es gleichwohl nutzbare präskriptive Orientierungen und empirische Wegmarkierungen. Es wäre allerdings eine Überforderung der jeweils handelnden administrativen Akteure, müssten sie diese jeweils neu erfassen.[508] Soweit entsprechende Orientierungen nicht durch Rechtspraxis und -wissenschaft zu **praktisch handhabbaren Rechtsanwendungsbausteinen** und insofern zu Rechtsdogmatik oder zu Musterrechtsformen (vergleichbar etwa den Mustersatzungen[509]) oder zu Standards verdichtet sind, ist es hinnehmbar, wenn die Akteure die Optionenwahl auf der Grundlage eigener plausibler Einschätzungen und gegebenenfalls unter Rückgriff auf einschlägige Verwaltungskulturen vornehmen. Der insoweit anzuerkennende **„Vorbehalt des Möglichen"** reagiert auch auf Begrenzungen kognitiver Möglichkeiten, auf Anforderungen an die Zeitgerechtigkeit einer Ent-

119

---

[505] → Bd. I *Schmidt-Aßmann* § 5.
[506] → Bd. I *Voßkuhle* § 1 Rn. 37 ff.
[507] → Bd. I *Voßkuhle* § 1 Rn. 49 ff.; Bd. II *Britz* § 26.
[508] Vgl. zu notwendigen Stoppregeln bei der Wirklichkeitserfassung *Hoffmann-Riem*, Methoden (Fn. 189), S. 64 ff. S. auch *BVerfGE* 128, 1 (37 ff.).
[509] → Bd. II *Hill/Martini* § 34 Rn. 29.

scheidung oder auf Beschränkungen verfügbarer Ressourcen.[510] Die Gerichte sind grundsätzlich zur Kontrolle berufen, wenn auch – soweit der durch Rechtsbindungen markierte Korridor seitens der Verwaltung beachtet ist – nur zu einer die Plausibilität **nachvollziehenden Kontrolle,** dann aber grundsätzlich nicht zu einer die administrative Optionenwahl durch eine judikative Optionenwahl ersetzenden Entscheidung berechtigt.[511]

120   Die bei komplexen Entscheidungen nicht immer vermeidbaren Risiken rechtsfehlerhafter Optionenwahl und -kombination werden minimiert, wenn der Rechtsschutz über die Möglichkeit der Kontrolle aus Anlass bilateraler Betroffenheit hinaus auch **multilaterale und vernetzte Betroffenheiten** umfasst und wenn das kontrollierbare Recht über den Bereich des Schutzes subjektiven Rechts hinaus **objektivrechtliche Bindungen** einschließt. Diese Ausweitung des rechtlichen Blickwinkels erleichtert zudem die Kohärenz mit den rechtlichen Vorkehrungen im Europarecht und in den Rechtsordnungen anderer Mitgliedstaaten der Europäischen Union.

Leitentscheidungen

EuGH, Rs. C-361/88, Slg. 1991, I-2567 – Umsetzung einer Richtlinie durch Verwaltungsvorschrift.
BVerfGE 115, 81 (91 ff.) – Rechtsschutz gegen Rechtsverordnungen.
BVerwGE 72, 300 (306 ff.) – Konzeptvorbescheid, Teilgenehmigungen.
BVerwGE 110, 262 (265 ff.) – Veröffentlichung eines Mietspiegels als Realakt.
BVerwGE 121, 103 (105 ff.) – verfassungsrechtliche Anforderungen an Beihilfevorschriften.
BVerwGE 122, 264 (268 ff.) – Veröffentlichung von Verwaltungsvorschriften mit Außenwirkung.

Ausgewählte Literatur

Bast, Jürgen, Grundbegriffe der Handlungsformen der EU – entwickelt am Beschluss als praxisgenerierter Handlungsform des Unions- und Gemeinschaftsrechts, Berlin 2006.
Becker-Schwarze, Kathrin/Köck, Wolfgang/Kupka, Thomas u. a. (Hrsg.), Wandel der Handlungsformen im Öffentlichen Recht, Stuttgart 1991.
Biervert, Bernd, Der Missbrauch von Handlungsformen im Gemeinschaftsrecht. Eine Untersuchung des gemeinschaftsrechtlichen Handlungsformensystems unter Einbeziehung der Rechtsordnungen Deutschlands, Frankreichs und Englands, Baden-Baden 1999.
v. Bogdandy, Armin/Bast, Jürgen/Arndt, Felix, Handlungsformen im Unionsrecht. Empirische Analysen und dogmatische Strukturen in einem vermeintlichen Dschungel, ZaöRV, Bd. 62 (2002), S. 77–161.
Bohne, Eberhard, Der informale Rechtsstaat, Berlin 1981.
v. Danwitz, Thomas, Verwaltungsrechtliches System und europäische Integration, Tübingen 1996.
Härtel, Ines, Handbuch der Europäischen Rechtssetzung, Berlin 2006.
Kadelbach, Stefan, Allgemeines Verwaltungsrecht unter europäischem Einfluss, Tübingen 1999.
Kempen, Bernhard, Die Formenwahlfreiheit der Verwaltung. Die öffentliche Verwaltung zwischen öffentlichem und privatem Recht, München 1989.
Knauff, Matthias, Der Regelungsverbund: Recht und Soft Law im Mehrebenensystem, Tübingen 2010.
König, Klaus/Dose, Nicolai (Hrsg.), Instrumente und Formen staatlichen Handelns, Köln 1993.
Kormann, Karl, System der rechtsgeschäftlichen Staatsakte. Verwaltungs- und prozessrechtliche Untersuchungen zum allgemeinen Teil des öffentlichen Rechts, Berlin 1910.
Krause, Peter, Rechtsformen des Verwaltungshandelns. Überlegungen zu einem System der Handlungsformen der Verwaltung mit Ausnahme der Rechtsetzung, Berlin 1974.

---

[510] Soweit es nicht verfassungsrechtlich geboten ist, die Ressourcen zur Sicherung verfassungsrechtlich vorgegebener Leistungsfähigkeit entsprechend zu erhöhen.
[511] Näher → Bd. I *Hoffmann-Riem* § 10 Rn. 81 ff.

Ausgewählte Literatur

Müller, Nikolaus, Rechtsformenwahl bei der Erfüllung öffentlicher Aufgaben, Köln 1993.
Ossenbühl, Fritz, Die Handlungsformen der Verwaltung, JuS 1979, S. 681–687.
v. Pestalozza, Christian, „Formenmissbrauch" des Staates. Zu Figur und Folgen des „Rechtsmissbrauchs" und ihrer Anwendung auf staatliches Verhalten, München 1973.
Pitschas, Rainer, Entwicklung der Handlungsformen im Verwaltungsrecht – Vom Formendualismus des Verwaltungsverfahrens zur Ausdifferenzierung der Handlungsformen, in: Willi Blümel/Rainer Pitschas (Hrsg.), Reform des Verwaltungsverfahrensrechts, Berlin 1994, S. 229–256.
Ruffert, Matthias, Überlegungen zu den Rechtsformen des Verwaltungshandelns im europäisierten Verwaltungsrecht, in: FS Peter Krause, Berlin 2006, S. 215–236.
Rupp, Hans-Heinrich, Formenwahlfreiheit der Verwaltung, in: FG BVerwG, München 1978, S. 539–550.
Sauerland, Thomas, Die Verwaltungsvorschrift im System der Rechtsquellen, Berlin 2005.
Saurer, Johannes, Die Funktionen der Rechtsverordnung. Der gesetzgeberische Zuschnitt des Aufgaben- und Leistungsprofils exekutiver Rechtsetzung als Problem des Verfassungsrechts, ausgehend vom Referenzgebiet des Umweltrechts, Berlin 2005.
Schmidt-Aßmann, Eberhard, Die Lehre von den Rechtsformen des Verwaltungshandelns, DVBl 1989, S. 533–541.
Schuppert, Gunnar Folke, Governance und Rechtsetzung. Grundfragen einer modernen Regelungswissenschaft, Baden-Baden 2011.
– Der Rechtsstaat unter den Bedingungen informaler Staatlichkeit. Beobachtungen und Überlegungen zum Verhältnis formeller und informeller Institutionen, Baden-Baden 2011.
Szczekalla, Peter, Handlungsformen im europäischen Verwaltungsrecht, in: Terhechte (Hrsg.), VerwREU, § 5.

§ 34 Normsetzung und andere Formen exekutivischer Selbstprogrammierung

Hermann Hill/Mario Martini

Übersicht

	Rn.
A. Einführung	1
I. Normsetzung und Selbstprogrammierung als eigenständige Funktionswahrnehmung der Verwaltung	1
II. Formen der Selbstprogrammierung	2
III. Funktionen der Programmierung/Normsetzung	5
IV. Besonderheiten bei abstrakt-genereller Programmierung	8
V. Entstehung/Verfahren der Normsetzung/Programmierung	10
B. Untergesetzliche Rechtssätze	18
I. Rechtsverordnungen	18
1. Rechtsverordnungen als abgeleitete Rechtsetzung	18
2. Originäres Verordnungsrecht (in unwesentlichen Bereichen)?	24
3. Neueres Verständnis arbeitsteiliger, kooperativer Rechtsetzung	25
II. Satzungen	26
1. Satzungen als autonome Rechtsetzung juristischer Personen	26
2. Die Legitimation der Satzungsgewalt	28
3. Einzelfragen	32
III. Verwaltungsvorschriften	37
1. Begriff und Rechtsnatur	37
2. Arten der Verwaltungsvorschriften	40
3. Weiterentwicklung der Dogmatik der Verwaltungsvorschriften und Abgrenzung zur Rechtsverordnung	46
C. Andere Formen exekutivischer Selbstprogrammierung	49
I. Die Gesamtrationalität der Programmierung des Verwaltungshandelns	49
II. Normative Umhegung nichtrechtlicher Steuerungsmaßstäbe	52
III. Formen exekutivischer Selbstprogrammierung	56
1. Strukturelle Steuerung durch Organisation und Verfahren, insbesondere Programmsteuerung	57
2. Personalsteuerung	60
3. Verwaltungskulturelle Steuerung	61
4. Haushalts- und Finanzsteuerung	63
5. Kommunikationssteuerung	65
D. Rechtliche Umhegung außerstaatlicher Einflüsse/Kooperationen	70
I. Formen der Einbeziehung und Zusammenarbeit	70
II. Rolle des Staates bei der Gemeinwohlkonkretisierung	72
E. Europäisierung der exekutivischen Selbstprogrammierung	74
I. Rechts- und Handlungsformen im Unionsrecht	75
II. Europäischer Verwaltungs- und Regulierungsverbund	82
III. Rückwirkungen der Europäisierung auf die Tätigkeit der nationalen Exekutive	84
1. Veränderungen im staatlichen Handlungsrepertoire	85a
2. Veränderungen des Aktionsraums der nationalen Exekutive	85b
3. Verschiebungen im nationalen Gewaltengefüge	85c
4. Verschiebungen in den nationalen Legitimationsstrukturen	85d
F. Ausblick	86

Ausgewählte Literatur

A. Einführung[*]

I. Normsetzung und Selbstprogrammierung als eigenständige Funktionswahrnehmung der Verwaltung

1   „Herrschaft im Alltag ist", wie *Max Weber* treffend pointierte, „primär: Verwaltung".[1] Als Instrument staatlicher Machtausübung bedarf das Verwaltungshandeln in einem Rechtsstaat daher normativer Einhegung durch Programmierung. Das gilt nicht nur für die einzelfallorientierte, der operativen Ebene (Vollzugsverwaltung) obliegende Tätigkeit, sondern auch für generelles, der Leitungsebene (Regierung) vorbehaltenes Verwaltungshandeln. In beiden Fällen handelt es sich nicht nur um bloß exekutive, d.h. vollziehende Tätigkeiten. Vielmehr sind jeweils mehr oder weniger Elemente eigenständiger und eigenverantwortlicher Gestaltung und Entscheidung enthalten.[2] Der Verwaltung kommt insoweit eine wichtige Steuerungsfunktion zu.

Dieser **Handlungs- und Gestaltungsauftrag der „Exekutive"** ist verfassungsrechtlich vorgegeben (Art. 20 Abs. 2, 65, 83 ff. GG), folgt aber auch aus den funktionstypischen Besonderheiten des Verwaltungshandelns.[3] Allerdings unterliegt die Verwaltung dabei der Bindung an Gesetz und Recht (Art. 20 Abs. 3 GG)[4] und der gerichtlichen Kontrolle (Art. 19 Abs. 4 GG).[5] Diese Vorprogrammierung und Nachkontrolle darf umgekehrt nicht dahin missverstanden werden, dass der Exekutive lediglich eine Residualfunktion verbliebe. Vielmehr erfährt ihr Handlungs- und Gestaltungsauftrag gerade angesichts steigender Komplexität und Dynamik der Lebenswirklichkeiten sowie verschiedenartiger Abhängigkeiten und Vernetzungen wachsende Bedeutung. Dies anerkennt und würdigt auch zunehmend die Neue Verwaltungsrechtswissenschaft in ihrem Verständnis des Rechts als einer Steuerungsressource.[6]

---

[*] Die Autoren danken den Mitarbeiterinnen und Mitarbeitern des Lehrstuhls Martini, allen voran *Florian Ammerich* und *Quirin Weinzierl*, für die wertvolle Mitarbeit.

[1] *Max Weber*, Grundriss der Sozialökonomik, 1922, III. Abteilung/Erster Teil III./2./§ 3.

[2] Zur „Exekutive" als eigenständige Kategorie in der Verwaltungswissenschaft *Bogumil/Jann*, Verwaltung, S. 195 ff. Zur Eigenständigkeit vgl. auch → Bd. I *Hoffmann-Riem* § 10.

[3] Zu funktionstypischen Besonderheiten vgl. *Hermann Hill*, Das fehlerhafte Verfahren und seine Folgen im Verwaltungsrecht, 1986, S. 190; *ders.*, Diskussionsbeitrag, in: Volkmar Götz/Hans-Hugo Klein/Christian Starck (Hrsg.), Die öffentliche Verwaltung zwischen Gesetzgebung und richterlicher Kontrolle, 1985, S. 236 f.

[4] *Friedrich Schoch*, Außerrechtliche Standards des Verwaltungshandelns als gerichtliche Kontrollmaßstäbe, in: Trute/Groß/Röhl/Möllers (Hrsg.), Allgemeines Verwaltungsrecht, S. 543 (546 f.); *Ulrich Smeddinck*, Gute fachliche Praxis als Regulierungsstrategie, DVBl 2010, S. 694 ff.

[5] Zu den gerichtlichen Verwaltungskontrollen → Bd. III *Schoch* § 50; *ders.*, Außerrechtliche Standards (Fn. 4), S. 552 f.

[6] Vgl. *Hermann Hill*, Staatliches Handeln bei veränderlichen Bedingungen, in: Thomas Ellwein/Joachim Hesse (Hrsg.), Staatswissenschaften: Vergessene Disziplin oder neue Herausforderung?, 1990, S. 55 (60 ff.); → Bd. I *Voßkuhle* § 1 Rn. 11.

A. Einführung

II. Formen der Selbstprogrammierung

„In der flutenden Masse der Verwaltungstätigkeit"[7] braucht es Orientierung 2
und Halt, nicht nur für die Verwaltung selbst, sondern auch für Betroffene, Mitwirkende und Außenstehende. Diese Funktion, dem Verwaltungshandeln Berechenbarkeit zu verleihen, ist zentrale **Aufgabe exekutivischer Selbstprogrammierung.** Ihr ist damit eine Doppelrolle eigen: Sie oszilliert zwischen Verhaltenssteuerung des Bürgers und Selbstbindung der Verwaltung. Sie steuert Verwaltungshandeln ohne enge Determination durch den Gesetzgeber, aber unter Mitwirkung der Normausführenden, insbesondere unter Rückkopplung von Vollzugserfahrungen. Gerade in einem föderalen System dezentralen Gesetzesvollzugs wächst ihr eine wichtige Funktion der Vereinheitlichung sowie Rationalisierung des Verwaltungsvollzugs und damit weitestmöglicher Verbannung des Zufalls aus der Normanwendung zu.

Das wichtigste Gestaltungsmittel exekutivischer Selbstprogrammierung bilden dabei in einem Rechtsstaat die *Rechtsformen,* insbesondere Rechtsverordnungen und Verwaltungsvorschriften (dazu → Rn. 3 sowie im Einzelnen B. [→ Rn. 18 ff.]).[8] Hinzu treten im Hinblick auf den Gesamtauftrag der Verwaltung[9] auch andere Mechanismen der Ordnung, Gestaltung und Programmierung, die ermöglichend und ergänzend die Verwirklichung des Rechts flankieren und absichern, ohne als Rechtsform verfestigt zu sein.[10] Im letztgenannten Fall ist üblicherweise von *Handlungsformen* die Rede (vgl. dazu insbesondere → Rn. 4 sowie im Einzelnen C. und D. [→ Rn. 49 ff.]).[11] Ihre Vielfalt erweitert sich im Gefolge des Europäischen Verwaltungsverbundes zusehends (dazu im Einzelnen E. [→ Rn. 74 ff.]).

Den **Rechtsformen** kommt **Ordnungs-, Speicher- und Entlastungsfunktion** 3
zu.[12] Sie strukturieren das Verwaltungshandeln, indem sie gleichgelagerte Fallkonstellationen vertypen, und erleichtern damit das Auffinden konkreter Lösungen. Mit ihrer Inanspruchnahme sind spezifische Rechtswirkungen verknüpft, die der Rechtsstaat Rechtmäßigkeitsvoraussetzungen unterwirft.[13]

Als generell programmierende und gestaltende Rechtsformen der Exekutive unterscheidet das Grundgesetz zwischen **Rechtsverordnungen** und **Verwaltungsvorschriften.** Erstere sind im Abschnitt „Die Gesetzgebung des Bundes" (Art. 80 GG) geregelt, Letztere haben im Abschnitt „Die Ausführung der Bundes-

---

[7] So *Mayer*, VerwR, S. 92; *Schmidt-Aßmann*, Ordnungsidee, Kap. 6 Rn. 35; → Bd. II *Hoffmann-Riem* § 33 Rn. 1.

[8] Bd. II *Hoffmann-Riem* § 33 Rn. 11 ff.

[9] *Hill*, Das fehlerhafte Verfahren (Fn. 3), S. 208; *Rainer Wahl*, Verwaltungsverfahren zwischen Verwaltungseffizienz und Rechtsschutzauftrag, VVDStRL, Bd. 41 (1983), S. 151 (157).

[10] Zu ihrem Verhältnis zum Recht vgl. neuerdings *Claudio Franzius*, Funktionen des Verwaltungsrechts im Steuerungsparadigma der neuen Verwaltungsrechtswissenschaft, DV, Bd. 39 (2006), S. 335 (340 ff.); → Bd. I *ders.* § 4, sowie → Rn. 49 ff.

[11] Zur Abgrenzung von Handlungsformen und Rechtsformen vgl. auch *Schuppert*, Verwaltungswissenschaft, S. 141 ff.; → Bd. II *Hoffmann-Riem* § 33 Rn. 14; zur Funktion von Rechtsnormen als Verwaltungsinstrumente vgl. *Maurer*, VerwR, § 13 Rn. 2; sowie *Markus Möstl*, Normative Handlungsformen, in: Erichsen/Ehlers (Hrsg.), VerwR, § 19 Rn. 2.

[12] *Schmidt-Aßmann*, Ordnungsidee, Kap. 6 Rn. 34; → Bd. II *Hoffmann-Riem* § 33 Rn. 3; vgl. *Franz J. Lindner*, Experimentelle Rechtsetzung durch Rechtsverordnung, DÖV 2007, S. 1003 (1005) entsprechend für die Rechtsverordnung.

[13] Vgl. *Schmidt-Aßmann*, Ordnungsidee, Kap. 6 Rn. 34; → Bd. II *Hoffmann-Riem* § 33 Rn. 3.

gesetze und die Bundesverwaltung" (Art. 84, 85 GG) normativen Niederschlag gefunden. Bei ihrer Verwendung lässt sich in der Praxis eine klare Trennung zwischen Legislativ- und Exekutivfunktion bzw. von Rechtsetzung und Rechtsanwendung nicht immer leicht erkennen.[14] Ebenso bleibt die **Regelungssystematik** zwischen Rechtsverordnungen und Verwaltungsvorschriften in praxi weithin im Dunkeln. Teilweise ermächtigen gesetzliche Normen zum Erlass sowohl von Rechtsverordnungen als auch von Verwaltungsvorschriften, teilweise werden Rechtsverordnungen für eher Unwesentliches (z.B. Rasenmähen), Verwaltungsvorschriften für eher Wesentliches (z.B. Grenzwerte für lebensbedrohende Stoffe oder Emissionswerte) verwendet.[15] Nicht selten kommen beide Vorschriftentypen auch als funktionale Äquivalente zum Einsatz.[16] Im Verhältnis zwischen abstrakt-genereller Norm und Einzelakt nähern sich die Rechtsformen ebenfalls an, ja werden nahezu austauschbar.[17]

4 Ergänzend zu den klassischen Rechtsformen der Rechtsverordnung, Satzung und Verwaltungsvorschrift bereichern **Handlungsformen,** wie z.B. Aktionspläne, Zielvereinbarungen oder Leitbilder, das Gestaltungsrepertoire der Verwaltung. Sie treten in bunter Vielfalt auf. Nicht selten kommt es auch zu einem Mix verschiedener Formen und Handlungsinstrumente.[18] Die Selbstprogrammierung der Exekutive erfordert dabei aus rechtsstaatlichen und systematischen Gründen eine administrative Konzeptsteuerung,[19] die den Zusammenhang der Handlungsformen verdeutlicht, ihre beabsichtigten Wirkungen darlegt und ihre zielorientierte Auswahl ermöglicht. Indes verliert – im Rahmen dieses exekutiven Regimes[20] – die Wahl der einzelnen Handlungsform als solche zugleich zunehmend an Bedeutung. Schließlich sind aus Sicht der Betroffenen sowie im Hinblick auf eine gemeinwohlorientierte Aufgabenerfüllung die Wirkungen entscheidend, die ein bestimmtes Staatshandeln auslöst.[21]

Normsetzung und andere Formen exekutivischer Selbstprogrammierung befinden sich vor diesem Hintergrund zunehmend im Fluss. Solche **Veränderungen im Formenkanon,** in der jeweiligen Ausprägung und Wirkung, werden vor allem ausgelöst durch innovative ökonomische Instrumente des Verwaltungshandelns,[22] durch moderne Informations- und Kommunikationstech-

---

[14] Vgl. zu dieser Unterscheidung *Ulrich Stelkens,* Rechtsetzungen der europäischen und nationalen Verwaltungen, VVDStRL, Bd. 71 (2012), S. 369 (373 ff.); *Johannes Saurer,* Die neueren Theorien zur Normkategorie der Verwaltungsvorschriften, VerwArch, Bd. 97 (2006), S. 249 (263); vgl. zur Mitwirkung des Bundestags beim Erlass von Rechtsverordnungen → Rn. 21 ff.
[15] Vgl. auch *Jürgen Salzwedel,* Risiko im Umweltrecht – Zuständigkeit, Verfahren und Maßstäbe der Bewertung, NVwZ 1987, S. 276 (278): Das Unwesentliche wird durch Verwaltungsvorschriften geregelt.
[16] Vgl. noch → Rn. 47 f.
[17] Etwa im Planungsbereich vgl. *Hufen,* Fehler, Rn. 447; *Hill,* Das fehlerhafte Verfahren (Fn. 3), S. 247 f.
[18] Vgl. → Bd. II *Michael* § 41.
[19] Vgl. dazu noch → Rn. 58.
[20] Zum Begriff des „Regelungsregimes" vgl. *Wolfgang Hoffmann-Riem,* Gesetz und Gesetzesvorbehalt im Umbruch, AöR, Bd. 130 (2005), S. 5 (17).
[21] Siehe a. → Bd. I *Voßkuhle* § 1 Rn. 32 ff., *Franzius* § 4 Rn. 67 ff. Soweit Wirkungen gezielt angestrebt oder gegebenenfalls billigend in Kauf genommen werden, wird von „Bewirkungen" gesprochen. Sind die Bewirkungsmaßnahmen rechtlich geformt, spricht man von „Bewirkungsformen". So → Bd. II *Hoffmann-Riem* § 33 Rn. 17.
[22] Dazu *Mario Martini,* Der Markt als Instrument hoheitlicher Verteilungslenkung, 2008; vgl. auch → Rn. 63 f. Zu ökonomischen Instrumenten im Umweltrecht vgl. → Bd. II *Sacksofsky* § 40 Rn. 52 ff.

niken,[23] durch neuartige Formen der Zusammenarbeit (Partnerschaften, Netzwerke, Governance)[24] sowie durch europäische und internationale Entwicklungen.[25]

III. Funktionen der Programmierung/Normsetzung

Normsetzung und andere Formen exekutivischer Selbstprogrammierung fungieren als Scharnier zwischen gesetzlicher Steuerung und ihrem Vollzug. Sie bilden eine Zwischenebene, die abschichtet, aber auch verbindet.   5

Versteht man Gesetze als Programme zur Gewährleistung einer hinreichenden Qualität staatlicher Aufgabenerfüllung,[26] so stellt die exekutivische Selbstprogrammierung eine Fortsetzung und Verdichtung dieser **Qualitätsgewährleistung** durch Norm- bzw. Maßstabsergänzung dar.[27] Sie dient darüber hinaus der Herstellung von **Vollzugsfähigkeit,** nämlich durch Harmonisierung gesetzlicher Widersprüche,[28] durch Operationalisierung gesetzlicher Begriffe, durch zeitgerechte Anpassung und Weiterentwicklung, durch Kooperation und Interaktion sowie durch Abstimmung mit tatsächlichen Ressourcen.[29] Dabei nutzt die Exekutive ihre spezifischen Problemverarbeitungskapazitäten, insbesondere ihren im Verhältnis zum Parlament bestehenden Wissensvorsprung und ihre kurzen Reaktionszeiten, etwa bei der Einbeziehung Externer,[30] und entlastet so den parlamentarischen Gesetzgeber.[31]

Umgekehrt entlastet die exekutivische Selbstprogrammierung aber auch die **Vollzugsverwaltung,** indem sie ihr für bestimmte Situationen Reaktionsmuster und Handlungsanleitungen vorgibt. Sie behält den Gesamthandlungskontext im Blick und erreicht auf diese Weise eine Zuordnung und Abstimmung der verschiedenen Programmelemente staatlichen Handelns. Die generalisierende Betrachtung schafft Distanz zum Einzelfall, nimmt aber zugleich die vielfältigen Vollzugserfahrungen auf und lässt Raum für neue Entwicklungen.

---

[23] Vgl. → Rn. 67.
[24] Vgl. → Rn. 70 ff.; *Hermann Hill,* Partnerschaften und Netzwerke – Staatliches Handeln in der Bürgergesellschaft, BayVBl. 2002, S. 321 ff.; *ders.,* Good Governance – Konzepte und Kontexte, in: Gunnar Folke Schuppert (Hrsg.), Governance-Forschung, Vergewisserung über Stand und Entwicklungslinien, 2005, S. 220 ff.; *Gunnar Folke Schuppert/Michael Zürn* (Hrsg.), Governance in einer sich wandelnden Welt, PVS Sonderheft 41, 2008; zu Netzwerken s. a. → Bd. I *Schmidt-Aßmann* § 5 Rn. 25 ff., *Groß* § 13 Rn. 12, *Schuppert* § 16 Rn. 135 ff.; zu Governance → Bd. I *Voßkuhle* § 1 Rn. 68 ff., *Schuppert* § 16 Rn. 20 ff.; zur Entwicklung von Standards im Internationalen Verwaltungsrecht: *Hans C. Röhl,* Internationale Standardsetzung, in: Möllers/Voßkuhle/Walter (Hrsg.), Internationales VerwR, S. 319 ff.
[25] Vgl. unten → Rn. 74 ff.; zum Ganzen vgl. noch → Rn. 86 ff.
[26] Vgl. → Bd. I *Hoffmann-Riem* § 10 Rn. 13; *ders.,* Gesetz und Gesetzesvorbehalt (Fn. 20), S. 45 ff. S. aber a. → Bd. I *Reimer* § 9 Rn. 54. Zu den Funktionen des Gesetzes ebd., Rn. 1 ff.
[27] Vgl. → Bd. I *Hoffmann-Riem* § 10 Rn. 85 f.; *ders.,* Gesetz und Gesetzesvorbehalt (Fn. 20), S. 46.
[28] Vgl. etwa *Norbert Meier/Stefan Greiner,* Rechtliche Handlungsmöglichkeiten der Kommunen bei finanzieller Überforderung durch landes- und bundesgesetzliche Aufgabenzuweisungen und gleichzeitiger Verpflichtung zum Haushaltsausgleich, VerwArch, Bd. 97 (2006), S. 293 ff.; *Janbernd Oebbecke,* Die unterfinanzierte Kommunalverwaltung, DV, Bd. 29 (1996), S. 323 ff.
[29] → Bd. III *Voßkuhle* § 43, *Korioth* § 44.
[30] Vgl. a. → Bd. II *Ladeur* § 21 Rn. 45 ff.; Bd. III *Voßkuhle* § 43 Rn. 49.
[31] Dazu etwa *Mario Martini,* Normsetzungsdelegation zwischen parlamentarischer Steuerung und legislativer Effizienz, AöR, Bd. 133 (2008), S. 155 (157 f.); *Matthias Hedegen,* Informalisierung und Entparlamentarisierung politischer Entscheidungen, VVDStRL, Bd. 62 (2003), S. 9 (29).

Die zunehmende Fragmentierung der Vollzugsverwaltung sowie die Auslagerung bzw. das Zusammenwirken mit externen Dienstleistern bei Vollzugsaufgaben[32] laufen dem tendenziell zuwider. Sie erschweren eine koordinierende Gestaltung und kohärente Strategie. Umso größere Bedeutung kommt der Programmierung hier zu.

6 Zwischen den beiden Polen der gesetzlichen Vorgabe und des einzelfallorientierten Vollzugs verbindet die exekutivische Programmierung und Gestaltung Elemente normativer Wirklichkeitskonstruktion,[33] politischer Wertung und Entscheidung,[34] planerischer Gestaltung und Bewirtschaftung sowie eigener Konfliktlösung.[35] Sie enthält **Konzeptvorgaben** für die Einzelfallkonkretisierung durch die Verwaltung, etwa bei Umsetzung des Vorsorgeprinzips,[36] schafft Rationalisierungsmaßstäbe für das Verwaltungshandeln, einen Rahmen und Korridore für die Generierung neuen Wissens sowie das Vordringen in noch unbekannte Bereiche mit Hilfe flexibler und situationsbezogener Handlungsanweisungen, die der Zielvorstellung eines risikoorientierten Designs, dynamischer Überprüfung und Fortschreibung exekutiver Normen genügen.[37]

Soweit den Formen der exekutivischen Selbstprogrammierung Normcharakter zukommt,[38] sollen sie darüber hinaus der systematischen Rechtsfortbildung dienen,[39] Systemgerechtigkeit und Selbstbindung (Art. 3 Abs. 1 GG) schaffen sowie auf die Vereinheitlichung und rechtsstaatliche Vorhersehbarkeit des Verwaltungshandelns im Einzelfall hinwirken. Mit diesen Funktionen kann auch eine Ver-

---

[32] → Bd. I *Schuppert* § 16 Rn. 70 ff.; international vgl. etwa *Anne-Marie Slaughter*, Global Government Networks, Global Information Agencies and Disaggregated Democracy, in: Karl-Heinz Ladeur (Hrsg.), Public Governance in the Age of Globalisation, 2004, S. 122 (153); *Tom Christensen/Per Laegreid*, Agencification and Regulatory Reforms, in: dies. (Hrsg.), Autonomy and Regulation, 2006, S. 8 ff.

[33] → Bd. II *Hoffmann-Riem* § 33 Rn. 43.

[34] *Schmidt-Aßmann*, Ordnungsidee, Kap. 6 Rn. 87.

[35] Vgl. *Hufen*, Fehler, Rn. 451.

[36] Vgl. *Hans-Heinrich Trute*, Gemeinwohlsicherung im Gewährleistungsstaat, in: Gunnar Folke Schuppert/Friedhelm Neidhardt (Hrsg.), Gemeinwohl – Auf der Suche nach Substanz, 2002, S. 329 (339 f.).

[37] Vgl. *Thomas Vesting*, Zwischen Gewährleistungsstaat und Minimalstaat, Zu den veränderten Bedingungen der Bewältigung öffentlicher Aufgaben in der „Informations- oder Wissensgesellschaft", in: Hoffmann-Riem/Schmidt-Aßmann (Hrsg.), Informationsgesellschaft, S. 101 (128 ff.); *ders.*, Satzungsbefugnis von Landesmedienanstalten und die Umstellung der verwaltungsrechtlichen Systembildung auf ein „Informationsverwaltungsrecht", DV, Bd. 35 (2002), S. 433 (439 f.); *Karl-Heinz Ladeur/Tobias Gostomzyk*, Der Gesetzesvorbehalt im Gewährleistungsstaat, DV, Bd. 36 (2003), S. 141 (153); *Veith Mehde*, Rechtsetzungen der europäischen und nationalen Verwaltungen, VVDStRL, Bd. 71 (2012), S. 418 (420 ff.); *Hermann Hill*, Verwaltungsverfahren bei unerwarteten Ereignissen und Entwicklungen, in: ders. u. a. (Hrsg.), 35 Jahre VwVfG – Bilanz und Perspektiven, 2011, S. 332 (336); zu den Herausforderungen für die Verwaltung, Wissen in einem schnell wandelnden Markt zu generieren und aktuell zu halten, *Michael Fehling*, Instrumente und Verfahren in: ders./Ruffert (Hrsg.), Regulierungsrecht, § 20 Rn. 117; *Gabriele Britz*, Organisation und Organisationsrecht in: Fehling/Ruffert (Hrsg.), Regulierungsrecht, § 21 Rn. 38.

[38] Umstritten bei den Verwaltungsvorschriften → Rn. 38; *Maurer*, VerwR, § 24 Rn. 2: sind zwar Rechtssätze aber keine Rechtsnormen; noch zweifelnd *Fritz Ossenbühl*, Autonome Rechtsetzung der Verwaltung, in: HStR V, § 104 Rn. 5; *Thomas Groß*, in: Friauf/Höfling (Hrsg.), GG, Art. 84 Rn. 31: sind Rechtsnomen; *Möstl*, Normative Handlungsformen (Fn. 11), § 19 Rn. 3 f.: trotz ihres innenrechtlichen Charakters als abstrakt-generelle Regelungen auch Rechtsnormen.

[39] *Christoph Gößwein*, Allgemeines Verwaltungs(verfahrens)recht der administrativen Normsetzung? Überlegungen zur Möglichkeit und zur Bedeutung der Vergesetzlichung eines allgemeinen (Verwaltungs-)Rechts der adminstrativen Normsetzung, 2001, S. 57 f.

A. Einführung

pflichtung der Verwaltung zur Selbstprogrammierung vor dem Einzelfallvollzug korrespondieren, soweit es an anderen hinreichenden normativen Steuerungsvorgaben für das Vollzugshandeln fehlt.[40] So ist etwa eine Vergabe von Subventionen allein auf der Grundlage eines Haushaltsansatzes ohne vorherige Programmierung der Vergabekriterien unzulässig; ähnlich können im Regulierungsverwaltungsrecht oder Polizeirecht bei schwacher parlamentsgesetzlicher Steuerung Konzeptpflichten zur Eigenprogrammierung des Verwaltungshandelns entstehen.[41]

Neuere Konzepte zur Regulierung,[42] zur Bürokratieentlastung und zum Electronic Government[43] verstehen Formen der exekutivischen Selbstprogrammierung zunehmend auch als Teil eines **gewaltenübergreifenden Handlungsverbundes**. Gesetzgebung und administrative Normsetzung erscheinen dann nicht nur als gestuft-arbeitsteiliger Prozess der Rechtsetzung.[44] Sie interagieren auch als wechselseitiger Prozess der Rückkopplung, Verschleifung und Befruchtung.[45] Staatshandeln insgesamt präsentiert sich dabei als „Regulatory Environment", das Freiheitshandeln des Einzelnen, der privaten Unternehmen sowie gesellschaftlicher Gruppen ermöglicht und flexibel gestaltet.[46]

7

IV. Besonderheiten bei abstrakt-genereller Programmierung

Von der klassischen Vollzugsverwaltung unterscheidet sich die gubernative Selbstprogrammierung des Verwaltungshandelns in vielerlei Hinsicht: Aus Auf-

8

---

[40] Dazu *Stelkens*, Rechtsetzungen der europäischen und nationalen Verwaltungen (Fn. 14), S. 380 ff. m. w. N.

[41] Dazu *Martin Eifert*, Das Verwaltungsrecht zwischen „klassischer" Dogmatik und steuerungswissenschaftlichem Anspruch, VVDStRL, Bd. 67 (2008), S. 286 (317 ff.) m. w. N.

[42] *Martin Bullinger*, Regulierung als modernes Instrument zur Ordnung liberalisierter Wirtschaftszweige, DVBl 2003, S. 1355 ff.; *Britz*, Organisation und Organisationsrecht (Fn. 37), § 21 Rn. 56 ff.; *Marian Döhler/Kai Wegrich*, Regulierung als Konzept und Instrument moderner Staatstätigkeit, dms 2010, S. 31 (39); *Hermann Hill*, Recht als Geschäftsmodell, DÖV 2007, S. 809 ff.; *Eckhard Schröter/Patrick v. Maravic/Jörg Röber*, Wider den Entbürokratisierungszwang: Anfoderungen an eine flexible Regulierungskultur, VM 2008, S. 235 (238); s. a. → Bd. I Eifert § 19.

[43] Vgl. *Hermann Hill*, Transformation der Verwaltung durch E-Government, DfK 2004, S. 17 (24 f.); *Frank Nullmeier*, Zwischen Performance und Perfomanz – Funktionen und Konzepte der Evaluierung in öffentlichen Verwaltungen, in: Sabine Kuhlmann/Jörg Bogumil/Hellmut Wollmann (Hrsg.), Leistungsmessung und -vergleich in Politik und Verwaltung, 2004, S. 47 (56); *OECD* (Hrsg.), Public Sector Modernisation: Open Government, OECD Observer 2005, abrufbar unter www.oecd.org/dataoecd/1/35/34455306.pdf; *Matthias Finger/Gaëlle Pécoud*, From e-Government to e-Governance? Towards a model of e-Governance, Electronic Journal of e-Government (ejeg) 2003, abrufbar unter: www.ejeg.com/volume-1/volume1-issue-1/issue1-art1.htm; *Bernd W. Wirtz*, E-Government. Grundlagen, Instrumente, Strategien, 2010; s. a. → Bd. II Britz § 26.

[44] Vgl. *Eberhard Schmidt-Aßmann*, Die Rechtsverordnung in ihrem Verhältnis zu Gesetz und Verwaltungsvorschrift, in: FS Klaus Vogel, 2000, S. 477 (485 f.); *Armin v. Bogdandy*, Gubernative Rechtsetzung, 2000, S. 200; *Gunnar Folke Schuppert*, Governance und Rechtsetzung, 2011, S. 182 ff.

[45] Vgl. etwa *Karl-Heinz Ladeur*, Recht und Verwaltung, Rechtliche „Steuerung" und „Selbstprogrammierung" in „Beurteilungs-" und „Ermessensspielräumen"?, in: Klaus Dammann/Dieter Grunow/Klaus P. Japp (Hrsg.), Die Verwaltung des politischen Systems, Neuere systemtheoretische Zugriffe auf ein altes Thema, 1994, S. 99 (107); *Hermann Hill*, Vom Aufbrechen und Verändern der Verwaltungsrechtsordnung – verwaltungswissenschaftliche Perspektiven, in: ders./Utz Schliesky (Hrsg.), Herausforderung e-Government, 2009, S. 349 (352 ff.)

[46] *Hermann Hill*, Current Trends in Public Sector Modernization, in: ders. (Hrsg.), Modernizing Government in Europe, 2007, S. 11 (13).

trag, Funktion und Legitimation der programmierenden bzw. normsetzenden Organe der Exekutive ergeben sich besondere Kompetenzen (vgl. etwa Art. 65 GG), die der allgemeinen Verwaltung im Einzelfall nicht in gleicher Weise zustehen.[47] **Schutzrichtung** und Zweck von Normen, Programmen, Planungen etc. sind darüber hinaus anders als im allgemeinen Verwaltungshandeln ausgerichtet.[48] Die **Entscheidungsverhältnisse**[49] sind generell-abstrakt und langfristig angelegt. Sie sollen verschiedene Akteurskonstellationen, Komplexitätsgrade und dynamische Veränderungsprozesse berücksichtigen und dadurch Korridore sowie inhaltliche Intentionen und Richtungen für das Verwaltungshandeln vorgeben und generalisierende Abschichtungen vornehmen. Formen und Instrumenten exekutivischer Selbstprogrammierung kommt demnach regelmäßig ein anderer **Auftrag** bzw. Spielraum zu als derjenige der Abwägung oder Ermessenskonkretisierung im Einzelfall.[50]

9 Diese Funktionen erfordern aber auch ein **anders geartetes Verfahren** bei der Genese von Normen bzw. anderen Formen exekutivischer Selbstprogrammierung.[51] Dies ergibt sich aus dem Erfordernis integrierter Betrachtung und der Vielfalt der gegeneinander abzuwägenden Interessen sowie aus dem Ausmaß größerer wertender bzw. politischer Anteile an der Programmentwicklung. Versteht man Normsetzung wegen der Notwendigkeit, neue Wissensbestandteile in Kooperation mit externen Akteuren zu gewinnen,[52] und angesichts zunehmender Dynamisierung auch als **„Normproduktion"**,[53] so ist auch der Inhalt der exekutivischen Programme und Normen auf Dynamik angelegt: Diese sind selbst nie abgeschlossen, legen nicht selten nur Ungewissheiten offen, verknüpfen Teilwissen mit Entscheidungshypothesen[54] und verweisen dadurch auf erforderliche weitergehende Konkretisierungen in der Zukunft. Damit bilden sie „Entdeckungsverfahren", welche die Zusammenarbeit und Koordination der

---

[47] *BVerfGE* 105, 279 ff.; vgl. dazu etwa *Christian Bumke*, Publikumsinformation, DV, Bd. 37 (2004), S. 3 ff.; *Peter M. Huber*, Die Informationstätigkeit der öffentlichen Hand – ein grundrechtliches Sonderregime aus Karlsruhe?, JZ 2003, S. 290 ff.; *Hermann Hill*, Normkonkretisierende Verwaltungsvorschriften, NVwZ 1989, S. 401 (404); *ders.*, Soll das kommunale Satzungsrecht gegenüber staatlicher und gerichtlicher Kontrolle gestärkt werden? Gutachten D zum 58. Deutschen Juristentag 1990, S. D 20.

[48] Vgl. *Eberhard Schmidt-Aßmann*, Grundrechtsschutz durch Verfahrensgestaltung – Perspektive oder nur Erinnerungsposten?, in: FS Hans-Uwe Erichsen, 2004, S. 207 (229). Zur Planung s.a. → Bd. II *Köck* § 37.

[49] Vgl. *Gößwein*, Allgemeines Verwaltungs(verfahrens)recht der administrativen Normsetzung? (Fn. 39), S. 97.

[50] Zur Gestaltungsfreiheit des Verordnungsgebers vgl. *Thomas v. Danwitz*, Die Gestaltungsfreiheit des Verordnungsgebers, 1989, S. 38; zur Standardisierungs- im Gegensatz zur Beurteilungsermächtigung vgl. *Hans D. Jarass*, Bindungswirkung von Verwaltungsvorschriften, JuS 1999, S. 105 (109); *ders.*, Bundes-Immissionsschutzgesetz, Kommentar, 9. Aufl. 2012, § 48 Rn. 43; zum Normsetzungsermessen vgl. auch *Möstl*, Normative Handlungsformen (Fn. 11), VerwR, § 19 Rn. 25 ff.

[51] Vgl. *Gößwein*, Allgemeines Verwaltungs(verfahrens)recht der administrativen Normsetzung? (Fn. 39), S. 53 f.

[52] Vgl. *Hans C. Röhl*, Der rechtliche Kontext der Wissenserzeugung, in: ders. (Hrsg.), Wissen. Zur kognitiven Dimension des Rechts, DV, Sonderheft 9, 2010, S. 65 ff.; *Burkhard Wollenschläger*, Wissensgenerierung im Verfahren, 2009, S. 20 ff.

[53] Vgl. bspw. *Vesting*, Satzungsbefugnis von Landesmedienanstalten (Fn. 37), S. 434.

[54] *Karl-Heinz Ladeur*, Der Staat gegen die Gesellschaft, 2006, S. 335. S.a. → Bd. I *Franzius* § 4 Rn. 50, 80; Bd. II *Ladeur* § 21 Rn. 51, 69.

A. Einführung

verschiedenen Akteure in diesem Lernprozess regeln, und programmieren als solche die Kooperation und Kommunikation.[55]

V. Entstehung/Verfahren der Normsetzung/Programmierung

Die Legitimationskraft exekutivischer Normen und Programme ergibt sich nicht aus sich selbst, vielmehr bedarf es zu ihrer Entstehung eines Rahmens und einer Struktur, die neben organisatorischen,[56] personellen[57] und finanziellen[58] vor allem von verfahrensrechtlichen Voraussetzungen lebt. Dem Verfahren kommt dabei insbesondere eine **Garantiefunktion für die Richtigkeit bzw. Rationalität der Sachentscheidung** zu.[59] Es dient der pluralen Informationssammlung und -verarbeitung[60] sowie dem Interessenausgleich, schafft Akzeptanz und erleichtert insofern die Umsetzung der Entscheidung.[61]

Häufig (vor allem im deutschen Rechtskreis) wird dem Verfahren auf der Grundlage eines ergebnisbezogenen Denkens lediglich eine **dienende Funktion** zugeschrieben. Es sei kein „Wert an sich", sondern in seinem Zweck unmittelbar und ausschließlich auf den Erlass materiell rechtmäßiger und zweckmäßiger Verwaltungsakte bezogen (wenn auch keineswegs „minderwertig"[62]).[63] In einem nur scheinbaren Gegensatz dazu steht die Haltung, dem (fairen) Verfahren einen **Eigenwert** zuzuerkennen.[64] Richtigkeit und Gerechtigkeit sind nach diesem Ver-

10

11

---

[55] Vgl. *Ladeur*, Der Staat gegen die Gesellschaft (Fn. 54), S. 332: „Meta-Regeln der Innovation und des Lernens". S. a. → Bd. I *Franzius* § 4 Rn. 97 ff.; Bd. II *Pitschas* § 42 Rn. 235 f.

[56] → Bd. I *Schuppert* § 16; ders., Koordination durch Struktursteuerung als Funktionsmodus des Gewährleistungsstaates, in: FS Klaus König, 2004, S. 287 (291 f.); *Matthias Schmidt-Preuß*, Steuerung durch Organisation, DÖV 2001, S. 45 ff.; *Martin Burgi*, Privat vorbereitete Verwaltungsentscheidungen und staatliche Strukturschaffungspflicht, Verwaltungsverfassungsrecht im Kooperationsspektrum zwischen Staat und Gesellschaft, DV, Bd. 33 (2000), S. 183 (200 ff.); aus der Politikwissenschaft vgl. *Dietmar Braun/Olivier Giraud*, Steuerungsinstrumente, in: Klaus Schubert/Nils Bandelow (Hrsg.), Lehrbuch der Politikfeldanalyse, 2003, S. 147 (155); zum Strukturermessen vgl. schon *Hermann Hill*, Integratives Verwaltungshandeln – Neue Formen von Kommunikation und Bürgermitwirkung, DVBl 1993, S. 973 (976).

[57] → Bd. II *Hoffmann-Riem* § 33 Rn. 65; Bd. III *Voßkuhle* § 43.

[58] → Bd. II *Hoffmann-Riem* § 33 Rn. 66; Bd. III *Korioth* § 44.

[59] Vgl. *Eberhard Schmidt-Aßmann*, Die Europäisierung des Verwaltungsverfahrensrechts, in: FG 50 Jahre BVerwG, 2003, S. 487 (503); → Bd. I *Hoffmann-Riem* § 10 Rn. 100.

[60] Dazu etwa *Michael Fehling*, Eigenwert des Verfahrens im Verwaltungsrecht, VVDStRL, Bd. 70 (2011), S. 308 (309 f.); *Elke Gurlit*, Der Eigenwert des Verfahrens im Verwaltungsrecht, VVDStRL, Bd. 70 (2011), S. 227 (238 ff.) jeweils m. w. N.; vgl. zur Bedeutung der Informationssammlung im Verwaltungsverfahren auch *Klaus König*, Moderne öffentliche Verwaltung, 2008, S. 353: „Informationen sind der Grundstoff von Verwaltungsentscheidungen in der Moderne". Vgl. zum Umgang der modernen Verwaltung mit Informationen *Hermann Hill*, Business Intelligence/Business Analytics im öffentlichen Sektor – Mit Durchblick zum Weitblick, DÖV 2010, S. 789 ff.

[61] Vgl. *Hill*, Das fehlerhafte Verfahren (Fn. 3), S. 210 ff. und S. 253 ff.; *Hufen*, Fehler, Rn. 8; *Martin Morlok*, Die Folgen von Verfahrensfehlern am Beispiel kommunaler Satzungen, 1988, S. 118 ff.; *Eberhard Schmidt-Aßmann*, Der Verfahrensgedanke in der Dogmatik des öffentlichen Rechts, in: Peter Lerche/Walter Schmitt Glaeser/Eberhard Schmidt-Aßmann (Hrsg.), Verfahren als staats- und verwaltungsrechtliche Kategorie, 1984, S. 1 (8 ff.); *Heinrich A. Wolff*, Die dienende Funktion der Verfahrensrechte, in: FS Rupert Scholz, 2007, S. 977 ff.; → Bd. II *Schmidt-Aßmann* § 27 Rn. 56 ff.

[62] Zu diesem Unterschied *Fehling*, Eigenwert des Verfahrens (Fn. 60), S. 286 m. w. N.

[63] BVerfGE 105, 48 (60) m. w. N.

[64] Vgl. dazu die Nachweise in → Fn. 60, sowie mit Blick auf andere EU-Mitgliedstaaten *v. Danwitz*, Europäisches VerwR, S. 135 ff. und exemplarisch auf die EU-Umweltgesetzgebung *Wolfgang Durner/*

ständnis nicht losgelöst von einem rechtsstaatlichen Verfahren zu erreichen und können ohne diesen Verfahrensbezug auch nicht isoliert beurteilt werden.[65]

Bei sachgerechtem Verständnis erschöpft sich der Zweck des Verfahrens in der Tat nicht in der Optimierung der Entscheidungsfindung, sondern ist auch anderen Zwecken verschrieben, etwa der Sicherung von Entscheidungsakzeptanz sowie demokratischer Legitimationssicherung. Andererseits konkretisiert die Verfahrensdurchführung ein bisher lediglich latent entwickeltes Entscheidungsprogramm. Die Entwicklungsgeschichte des Verfahrens gibt dem Entscheidungsergebnis erst seine Identität. Diese **Prägung der Entscheidung durch das Verfahren** zeigt sich etwa daran, dass das ergebnissteuernde Kommunikationsnetz wegen der Gleichzeitigkeit der eingebrachten Argumente und Interessen zu einem späteren Zeitpunkt nicht mehr in gleicher Weise reproduziert werden kann.[66] Entscheidungsprämissen und -argumente verändern sich im Verfahren inhaltlich.[67] Die Beteiligten des Verfahrens entwickeln ihre Interessen und deren Relevanz und Abstimmung im Verfahren gemeinsam weiter.

Verfahren erlangen daher insbesondere dort eine andere Bedeutung und eigene Dimension, wo es entweder offene materielle Begriffe[68] oder komplexe Regelungsstrukturen zu konkretisieren gilt.[69] Gesetzliche Verfahrensvorgaben verlängern in solchen Fällen die Einflussmacht des Gesetzgebers in die Entscheidung hinein und sichern die Sachgerechtigkeit der Entscheidung flankierend ab.[70] Das Verfahren leistet insofern einen einerseits **eigenständigen, aber zugleich auch dienenden Beitrag zur Zielerreichung.** „Dienende Funktion" und „Eigenwert des Verwaltungsverfahrens" schließen sich nicht aus, sondern bedingen sich. Sie bilden zwei Seiten einer Medaille.[71]

12 Eine Verknüpfung zwischen dem (äußeren) Verfahren und der Entscheidung stellt das sog. **innere Verfahren,** also die Methodik der Entscheidungsfindung, her.[72] Teilweise sind die Folgen von Verstößen gegen das innere Verfahren, ins-

---

Rasso Ludwig, Paradigmenwechsel in der europäischen Umweltgesetzgebung?, NuR 2008, S. 457 (457).

[65] *Rainer Wahl,* Das Verhältnis von Verwaltungsverfahren und Verwaltungsprozessrecht in europäischer Sicht, DVBl 2003, S. 1285 (1287); *Matthias Schmidt-Preuß,* Gegenwart und Zukunft des Verfahrensrechts, NVwZ 2005, S. 489 ff.; vgl. auch *Eberhard Schmidt-Aßmann,* Verwaltungsverfahren und Verwaltungskultur, NVwZ 2007, S. 40 ff.; sowie BVerfGE 105, 48; 115, 205 Vgl. a. → Bd. II *Schmidt-Aßmann* § 27 Rn. 64 f., *Röhl* § 30 Rn. 38.

[66] *Hill,* Das fehlerhafte Verfahren (Fn. 3), S. 211; vgl. *Hufen,* Fehler, Rn. 589.

[67] Vgl. *Armin v. Bogdandy,* Demokratisch, demokratischer, am demokratischsten?, in: FS Alexander Hollerbach, 2001, S. 363 (382).

[68] Vgl. *Hufen,* Fehler, Rn. 451.

[69] *Hans-Heinrich Trute,* Die Verwaltung und das Verwaltungsrecht zwischen gesellschaftlicher Selbstregulierung und staatlicher Steuerung, DVBl 1996, S. 950 (960); *Claudio Franzius,* Governance und Regelungsstrukturen, VerwArch, Bd. 97 (2006), S. 186 (216).

[70] Vgl. *Hill,* Das fehlerhafte Verfahren (Fn. 3), S. 202; *Hermann Pünder,* Exekutive Normsetzung in den Vereinigten Staaten von Amerika und der Bundesrepublik Deutschland, 1995, S. 280; *Karl-Heinz Ladeur,* Was kann das Konzept der „Prozeduralisierung" zum Verständnis des Vorbehalts des Gesetzes und der Rechtsfortbildung beitragen?, in: Christian Joerges/Gunther Teubner (Hrsg.), Rechtsverfassungsrecht, 2003, S. 85 ff.; → Bd. I *Hoffmann-Riem* § 10 Rn. 101.

[71] So ausdrücklich *Fehling,* Eigenwert des Verfahrens (Fn. 60), S. 287; vgl. auch *Gurlit,* Eigenwert des Verfahrens (Fn. 60), S. 234 f.

[72] Zur Abgrenzung zwischen äußerem und innerem Verfahren vgl. *Hermann Hill,* Einführung in die Gesetzgebungslehre, 1982, S. 62 ff.; *Hill,* Das fehlerhafte Verfahren (Fn. 3), S. 285 ff.; *Schmidt-Aßmann,* Ordnungsidee, Kap. 6 Rn. 151 ff.

A. Einführung

besondere des Abwägungsvorgangs, ausdrücklich gesetzlich geregelt (vgl. etwa §§ 214, 215 BauGB), teilweise hat die Rechtsprechung sie aus dem Normgefüge heraus entwickelt.[73]

Ein rationales Abarbeiten der Stationen des Entscheidungsprozesses erschweren in der Praxis politische Interventionen und eine „regulatory capture". Das erfordert und rechtfertigt es, die Anforderungen an Transparenz und Offenlegung der Entscheidungsfindung zu erhöhen.[74] Dokumentations- und Begründungspflichten bilden insoweit wirksame Hebel.[75] Im US-amerikanischen Recht ist eine Verfahrensakte *(rulemaking record)* zusammen mit der *final rule* im amtlichen Mitteilungsblatt zu veröffentlichen.[76] Auch etwa die auf die sog. Plan-UP-Richtlinie zurückgehenden Änderungen des Baugesetzbuches (vgl. § 2 Abs. 3, § 10 Abs. 4 BauGB) betonen den Dokumentations- und Verfahrensgedanken.[77] Nicht zuletzt in der verfassungsgerichtlichen Rechtsprechung wächst in jüngerer Zeit die Sympathie für Begründungspflichten als rationalisierendes Kontrollmittel.[78]

In Deutschland hat die sog. Beschleunigungsgesetzgebung[79] der 1990er Jahre die traditionell im Vergleich zu anderen Ländern bestehende Geringschätzung der Folgen von Verfahrensfehlern[80] zum Ende des 20. Jahrhunderts zunächst noch verstärkt.[81] Im Gegensatz dazu kam im **angelsächsischen Rechtskreis** dem

13

---

[73] Zu Gesetzen vgl. etwa *Hill,* Gesetzgebungslehre (Fn. 72), S. 74 ff.; *Hans-Joachim Mengel,* Gesetzgebung und Verfahren, Ein Beitrag zur Empirie und Theorie des Gesetzgebungsprozesses im föderalen Verfassungsstaat, 1997, S. 24 ff., 171 ff.; s. a. → Bd. I *Reimer* § 9 Rn. 108. Zu Satzungen vgl. *Hill,* Kommunales Satzungsrecht (Fn. 47), S. D 54 ff. S. a. → Bd. II *Sachs* § 31 Rn. 76 ff., 107 ff., *Köck* § 37 Rn. 112 ff. Teilweise wird auch zwischen Herstellung und Darstellung einer Entscheidung unterschieden, vgl. *Hans-Heinrich Trute,* Methodik der Herstellung und Darstellung verwaltungsrechtlicher Enscheidungen, in: Schmidt-Aßmann/Hoffmann-Riem, Methoden (Hrsg.), S. 293 ff.; → Bd. I *Hoffmann-Riem* § 10 Rn. 30 ff.; Bd. II *Hoffmann-Riem* § 33 Rn. 47 f., 61. Dort heißt es in Fn. 255, die Terminologie des „inneren Verfahrens" erfasse nicht den Herstellungsprozess in seiner Gesamtheit, der sich auch auf die Interaktion mit den Bürgern beziehe. Gerade diese Interaktion (äußere Seite) dient aber auch dazu, das innere Verfahren der Entscheidung zu rationalisieren bzw. zu verbessern. Vgl. a. → Bd. II *Schmidt-Aßmann* § 27 Rn. 61 f., 71, *Schneider* § 28 Rn. 104 ff.

[74] Vgl. *Hermann Hill,* Renaissance einer rationalen Politikgestaltung, in: FS Klaus König, 2004, S. 217 (229). S. a. → Bd. II *Pitschas* § 42 Rn. 218 ff.

[75] *Gößwein,* Allgemeines Verwaltungs(verfahrens)recht der administrativen Normsetzung? (Fn. 39), S. 48.

[76] *Matthias C. Orlowsky,* Der Erlass von Rechtsverordnungen nach amerikanischem Recht, DÖV 2005, S. 133 (142).

[77] Vgl. *Klaus Finkelnburg,* Die Änderungen des Baugesetzbuchs durch das Europarechtsanpassungsgesetz Bau, NVwZ 2004, S. 897 (900); *Hans-Dieter Upmeier,* Einführung zu den Neuerungen durch das Europarechtsanpassungsgesetz Bau (EAG Bau), BauR 2004, S. 1382 (1385); *Klaus Wagner/Thomas Engel,* Neuerungen im Städtebaurecht durch das Europarechtsanpassungsgesetz Bau (EAG Bau), BayVBl. 2005, S. 33 (35).

[78] Vgl. dazu etwa *Matthias Cornils,* Rationalitätsanforderungen an die parlamentarische Rechtsetzung im demokratischen Rechtsstaat, DVBl 2011, S. 1053 (1055); *Veith Mehde/Stefanie Hanke,* Gesetzgeberische Begründungspflichten und -obliegenheiten, ZG 2010, S. 381 ff. S. a. → Rn. 21.

[79] Vgl. die Beiträge in: *Jan Ziekow* (Hrsg.), Beschleunigung von Planungs- und Genehmigungsverfahren, 1998; → Bd. II *Schmidt-Aßmann* § 27 Rn. 86 ff.

[80] *Hill,* Das fehlerhafte Verfahren (Fn. 3), S. 427 ff.; *Hufen,* Fehler, Rn. 446; *Morlok,* Die Folgen von Verfahrensfehlern (Fn. 61), S. 142 f.

[81] *Bernd Holznagel,* Verfahrensbezogene Aufgabenkritik und Änderungen von Verfahrensstandards als Reaktion auf die staatliche Finanzkrise, in: Hoffmann-Riem/Schmidt-Aßmann (Hrsg.), Effizienz, S. 205 (224 ff.); *Andreas Voßkuhle,* „Ökonomisierung" des Verwaltungsverfahrens, DV, Bd. 34 (2001), S. 347 (352 f.); *Schmidt-Aßmann,* Verwaltungsverfahren und Verwaltungskultur (Fn. 65), S. 43.

Verfahren unter dem Gesichtspunkt von *„due process"* und *„fair trial"*[82] schon immer eine größere Bedeutung zu, die auch im administrativen Normsetzungsverfahren zum Ausdruck kam.[83] Die US-amerikanische Rechtsordnung lässt sich von der Vorstellung leiten, dass exekutive Normen durch Beteiligung der Öffentlichkeit am Normsetzungsverfahren demokratisch legitimiert werden und dadurch für die inhaltliche Richtigkeit der Entscheidung bürgen. Einer exekutiven Norm ist in dieser Sichtweise eine der gesetzlichen Regelung äquivalente demokratische Legitimität eigen, wenn die Öffentlichkeit auf die normsetzende Behörde und den Normfindungsprozess in ähnlicher Weise Einfluss nehmen kann wie auf die Parlamentarier. Entscheidend sind dabei die Transparenz der Entscheidungsfindung und die Gleichheit der Chancen zur Einflussnahme.[84] Diese Voraussetzungen vermögen nach dieser Idee eine schwache inhaltliche Steuerungsprogrammierung zu kompensieren.

14 Auch das **Recht der Europäischen Union** ist in besonderer Weise durch Prozeduralisierung und Publifizierung geprägt.[85] Besondere Schrittmacherfunktion ist insoweit dem europäischen Umweltrecht eigen.[86] Es schreibt der Transparenz, Offenlegung und Nachvollziehbarkeit der Entscheidungsverfahren besonderen Wert zu, etwa im Hinblick auf die Einbeziehung von Expertenwissen oder durch ergänzende umfassende Suchverfahren, wie die UVP.[87] Europäische und internationale Konzepte zu *„Good Governance"* verstärken diesen Trend.[88] Einen Bedeutungsschub hat insbesondere die sog. Aarhus-Konvention dem Verfahren und vor allem

---

[82] Vgl. *Hill*, Das fehlerhafte Verfahren (Fn. 3), S. 203 m. w. N.; → Bd. II *Schmidt-Aßmann* § 27 Rn. 18.

[83] In jüngerer Zeit lässt sich allerdings dort eine Gegenbewegung hin zum materiellen Recht beobachten *Pünder*, Exekutive Normsetzung (Fn. 70), S. 284; allgemein zur Bedeutung des Verfahrens in den USA *ders.*, a. a. O, S. 271 ff.; *ders.*, Rechtsverordnungen nach amerikanischem Vorbild?, Zur demokratischen Legitimierung exekutiver Normen, ZG 1998, S. 242 (251); *Orlowsky*, Der Erlass von Rechtsverordnungen (Fn. 76), S. 133; für Kanada vgl. *Anke Frankenberger*, Umweltschutz durch Rechtsverordnung, 1998, S. 263; rechtsvergleichend vgl. *Theodora Th. Ziamou*, Rulemaking, Participation and the Limits of Public Law in the USA and Europe, 2001.

[84] *Pünder*, Rechtsverordnungen nach amerikanischem Vorbild? (Fn. 83), S. 251; vgl. *ders.*, Exekutive Normsetzung (Fn. 70), S. 248.

[85] Vgl. *Jan Ziekow*, Strategien zur Umsetzung der Århus-Konvention in Deutschland, Einbettung in das allgemeine Verwaltungsrecht und Verwaltungsprozessrecht oder sektorspezifische Sonderlösung für das Umweltrecht?, EurUP 2005, S. 154 (162); vgl. → Bd. II *Schmidt-Aßmann* § 27 Rn. 72 ff.

[86] Vgl. *Eberhard Schmidt-Aßmann/Clemens Ladenburger*, Umweltverfahrensrecht, in: EUDUR I, § 18 Rn. 1.

[87] Vgl. dazu *Hill*, Renaissance einer rationalen Politikgestaltung (Fn. 74), S. 229; *ders.*, Verwaltungskommunikation und Verwaltungsverfahren unter europäischem Einfluss, DVBl 2002, S. 1316 (1327). Auch im Regulierungsrecht wird zunehmend institutionell externer Sachverstand beigezogen; dazu *Britz*, Organisation und Organisationsrecht (Fn. 37), § 21 Rn. 47; s. a. → Bd. II *Ladeur* § 21 Rn. 45 ff.

[88] Zur European Governance der Europäischen Kommission vgl. *Karl-Heinz Ladeur*, Proceduralisation and its use in a post-modern legal policy, in: Oliver de Schutter (Hrsg.), Governance in the European Union, 2001, S. 53 ff.; *Hill*, Verwaltungskommunikation und Verwaltungsverfahren (Fn. 87), S. 1319; *Roberto Hayder*, Das Weißbuch „Europäisches Regieren" der EU-Kommission, ZG 2002, S. 49 ff.; *Margrit Seckelmann*, Die Optimierung des Informations- und Kommunikationsmanagements der öffentlichen Verwaltung – ein Baustein zu einer Qualitätsverbesserung staatlichen und kommunalen Handelns?, in: Frank Bieler/Gunnar Schwarting (Hrsg.), e-Government, 2007, S. 33 ff.; zu internationalen Aspekten von Good Governance vgl. *Hill*, Good Governance (Fn. 24), S. 220 ff.; sowie noch *Hermann Pünder*, „Open government leads to better Government" – Überlegungen zur angemessenen Gestaltung von Verwaltungsverfahren, NuR 2005, S. 71 (78 f.). Vgl. a. → Bd. II *Rossen-Stadtfeld* § 29 Rn. 76, *Pitschas* § 42 Rn. 16.

A. Einführung

der Öffentlichkeitsbeteiligung verliehen.[89] Sie regelt etwa in Art. 7 die Öffentlichkeitsbeteiligung bei umweltbezogenen Plänen, Programmen und Politiken sowie in Art. 8 die Öffentlichkeitsbeteiligung während der Vorbereitung exekutiver Vorschriften und/oder allgemein anwendbarer rechtsverbindlicher normativer Instrumente. Im Verhältnis zu diesen internationalen Entwicklungen erzeugt die deutsche Rechtsordnung noch allzu viel Recht in undurchsichtigen Verfahren.[90] Diesem Trend versuchen die Bemühungen um eine Verstärkung und Aufwertung der Öffentlichkeitsbeteiligung bei Großvorhaben entgegenzuwirken.[91] Die geplante Einführung einer fakultativen frühzeitigen Öffentlichkeitsbeteiligung (§ 25 Abs. 3 VwVfG-E) erweist sich insoweit freilich als unzureichende Symbolpolitik.

Das Verfahren zum Erlass exekutiver Normen und Programme ist zu sporadisch und häufig nur in Fachgesetzen zersplittert geregelt. Für den Bereich des Umweltrechts wollte der Entwurf der Unabhängigen Sachverständigenkommission zum Umweltgesetzbuch dem durch ausführliche Verfahrensvorschriften, etwa zu Rechtsverordnungen[92] und Verwaltungsvorschriften, Abhilfe schaffen. Er ist mit seinen Reformbemühungen jedoch an föderaler Machtpolitik und den Beharrungskräften wasserrechtlicher Interessenkreise gescheitert. 15

Ob das Verfahren exekutivischer Rechtsetzung allgemein geregelt werden soll, wird durchaus unterschiedlich beantwortet.[93] Sinnvoll wäre ein solches Unterfangen dann, wenn Wirkungsziel, Wirkungsweise und rechtliche Absicherungen der Verfahrensinstrumente in den betroffenen normativen Wirkungsschichten in einem ausgewogenen Verhältnis stünden, insbesondere gleichermaßen zur Zielerreichung geeignet wären (sog. **Adäquanzgebot**).[94] Ob das angesichts der Vielfalt der betroffenen exekutiven Normen und Programme der Fall ist, darf bezweifelt werden. Der jeweilige sachliche und rechtliche Kontext, in dem solche Normen ergehen,[95] ist dafür zu disparat: Je nachdem, ob die Norm bzw. das Pro-

---

[89] Vgl. dazu *Thomas v. Danwitz*, Aarhus-Konvention: Umweltinformation, Öffentlichkeitsbeteiligung, Zugang zu den Gerichten, NVwZ 2004, S. 272 ff.; *Ziekow*, Strategien zur Umsetzung der Århus-Konvention (Fn. 85), S. 154 (155 ff.); *Schmidt-Preuß*, Gegenwart und Zukunft des Verfahrensrechts (Fn. 65), S. 494 f.; *Felix Ekhardt/Katharina Pöhlmann*, Europäische Klagebefugnis: Öffentlichkeitsrichtlinie, Klagerechtsrichtlinie und ihre Folgen, NVwZ 2005, S. 532 ff.; *Ralf Alleweldt*, Verbandsklage und gerichtliche Kontrolle von Verfahrensfehlern: Neue Entwicklungen im Umweltrecht, DÖV 2006, S. 621 (625); *Andreas Fisahn*, Effektive Beteiligung solange noch alle Optionen offen sind – Öffentlichkeitsbeteiligung nach der Aarhus-Konvention, ZUR 2004, S. 136 ff. S.a. → Bd. II *Schneider* § 28 Rn. 86 ff.; Bd. III *Scherzberg* § 49 Rn. 27.

[90] *v. Bogdandy*, Demokratisch, demokratischer, am demokratischsten (Fn. 67), S. 373.

[91] Vgl. dazu etwa *Martin Burgi/Wolfgang Durner*, Modernisierung des Verwaltungsverfahrensrechts durch Stärkung des VwVfG, 2012, S. 146 ff.; *Matthias Knauff*, Öffentlichkeitsbeteiligung im Verwaltungsverfahren, DÖV 2012, S. 1 ff.; *Reinhard Wulfhorst*, Konsequenzen aus „Stuttgart 21": Vorschläge zur Verbesserung der Bürgerbeteiligung, DÖV 2011, S. 581 ff.

[92] Vgl. §§ 11 ff. UGB-KomE; → Rn. 18 ff.; sowie weitergehend *Pünder*, Exekutive Normsetzung (Fn. 70), S. 276 ff.; zum Verfahren im Überblick *Frankenberger*, Umweltschutz durch Rechtsverordnung (Fn. 83), S. 282 ff.

[93] Ablehnend *Gößwein*, Allgemeines Verwaltungs(verfahrens)recht der administrativen Normsetzung? (Fn. 39), S. 110 f.; zustimmend hingegen *Marco Trips*, Das Verfahren der exekutiven Rechtsetzung, Möglichkeiten und Erfordernisse der Aufnahme eines allgemeinen Verfahrens für Verordnungen, Satzungen und Verwaltungsvorschriften in das Verwaltungsverfahrensgesetz, 2006, S. 61; vgl. *Möstl*, Normative Handlungsformen (Fn. 11), § 19 Rn. 17.

[94] *Schmidt-Aßmann*, Ordnungsidee, Kap. 6 Rn. 36.

[95] Vgl. dazu *Stelkens*, Rechtsetzungen der europäischen und nationalen Verwaltungen (Fn. 14), S. 387 ff.; *Schmidt-Aßmann*, Grundrechtsschutz durch Verfahrensgestaltung (Fn. 48), S. 220.

gramm in einem zentralen, hierarchisch geordneten Regelungszusammenhang oder in einem eher horizontalen, netzwerkartigen, auf Partnerschaft angelegten Umfeld ergeht, liegen ganz andere Erfolgsbedingungen und Akteurskonstellationen vor.

Der **Entscheidungsspielraum** und die Eigenverantwortung des **Normgebers** differieren darüber hinaus, je nachdem, ob eine relativ enge Gesetzesbindung (etwa gem. Art. 80 Abs. 1 S. 2 GG eine parlamentarische Rückbindung durch Zustimmung des Bundestages) oder lediglich eine finale Programmierung vorliegt, die es im Laufe des Verfahrens in Abstimmung mit interessierten Beteiligten und Experten weiter zu konkretisieren gilt.[96] Auch die **Legitimationsleistung des Verfahrens** muss bei der Satzungsgebung angesichts der demokratischen Legitimation des Satzungsgebers und seiner Mehrheitsentscheidung, den Unterschieden zwischen autonomer und heteronomer Rechtsetzung, aber auch angesichts der daraus folgenden Anfälligkeiten (z.B. Befangenheit) eine andere sein als etwa bei der Rechtsverordnung.[97] Das Veröffentlichungsgebot ist etwa bei Verwaltungsvorschriften, die Ausstrahlungswirkungen auf die Grundrechte zeitigen, anders zu beurteilen als bei solchen, die lediglich die interne Organisation oder den Dienstbetrieb regeln.[98]

16 Nichtsdestotrotz lassen sich einige **allgemeine rechtsstaatliche Grundsätze** für die Entstehung und das Verfahren exekutivischer Normen und Programme festhalten: allen voran der **Transparenz- und der Öffentlichkeitsgrundsatz.** Sie erfahren, ausgelöst durch europäische Impulse, im Normsetzungsverfahren gegenwärtig einen Bedeutungszuwachs. Offenlegung legitimiert und heilt mögliche rechtsstaatliche Defizite und erschwert unlauteren Einfluss, etwa Lobbying. Gleichzeitig kann die „informierte Öffentlichkeit"[99] Entscheidungsverfahren und Entscheidungsgründe nachvollziehen und avanciert so zu einem „Wachhund" staatlicher Entscheidungen.[100]

In der deutschen Rechtsordnung hält darüber hinaus – nicht zuletzt unter dem Einfluss des Unionsrechts[101] – in jüngerer Zeit zunehmend eine **Prozedura-**

---

[96] Vgl. etwa zum Verfahren der Regulierung *Trute*, Gemeinwohlsicherung im Gewährleistungsstaat (Fn. 36), S. 338 ff.

[97] Vgl. *Hufen*, Fehler, Rn. 451.

[98] Vgl. BVerwGE 122, 264 (269 f.); zur verfahrensrechtlichen Differenzierung nach unterschiedlicher Rechtswirkung der Verordnungsgebung etwa bei Grenz- und Richtwerten vgl. *Gößwein*, Allgemeines Verwaltungs(verfahrens)recht der administrativen Normsetzung? (Fn. 39), S. 163; UGB-KomE, S. 469 f.

[99] *Schmidt-Aßmann*, Die Europäisierung des Verwaltungsverfahrensrechts (Fn. 59), S. 499.

[100] Zu dieser von der EU intendierten Funktion vgl. *Alleweldt*, Verbandsklage und gerichtliche Kontrolle von Verfahrensfehlern (Fn. 89), S. 625; *v. Danwitz*, Aarhus-Konvention (Fn. 89), S. 272 ff.; *Ekhardt/Pöhlmann*, Europäische Klagebefugnis (Fn. 89), S. 532 ff.; *Fisahn*, Effektive Beteiligung solange noch alle Optionen offen sind (Fn. 89), S. 136 ff.; *Annette Guckelberger*, Die Öffentlichkeitsbeteiligung beim Erlass von Rechtsverordnungen unter besonderer Berücksichtigung des Umweltrechts, in: Meinhard Schröder (Hrsg.), Jahrbuch des Umwelt- und Technikrechts 2011, 2011, S. 49 (61 ff.); *Schmidt-Preuß*, Gegenwart und Zukunft des Verfahrensrechts (Fn. 65), S. 494 f.; *Ziekow*, Strategien zur Umsetzung der Århus-Konvention (Fn. 85), S. 155 ff.; vgl. auch *Friedrich Schoch*, Informationsrecht in einem grenzüberschreitenden und europäischem Kontext, EuZW 2011, S. 388. Diesem Zweck ist etwa auch die Einführung von subjektiven Rechten auf Zugang zu Informationen, etwa durch das IFG auf Bundes- wie auf Länderebene, verschrieben; vgl. etwa *Dieter Kugelmann*, Das Informationsfreiheitsgesetz des Bundes, NJW 2005, S. 3609 (3609); *Heribert Schmitz/Serge-Daniel Jastrow*, Das Informationsfreiheitsgesetz des Bundes, NVwZ 2005, S. 984 (994 f.).

[101] Vgl. *Hill*, Verwaltungskommunikation und Verwaltungsverfahren (Fn. 87), S. 1318; *Schmidt-Aßmann/Ladenburger*, Umweltverfahrensrecht (Fn. 86), § 18 Rn. 1 ff. S. a. → Bd. I Franzius § 4 Rn. 54.

A. Einführung

lisierung der Entscheidungsfindung im Normsetzungsverfahren Einzug: durch Maßstabsbildung, Abschichtung und Konzeptbildung, Avisierung sowie durch Partizipation und Überprüfung verändert sie den Prozess und die Grundlagen der Ergebnissuche.[102] Die Prozeduralisierung erfolgt zunehmend nicht mehr nur linear, sondern zyklisch, etwa wenn periodische Überprüfungen (§§ 24, 30 UGB-KomE, § 4c BauGB) und Nachbesserungen verlangt werden.[103]

Exekutivische Normsetzung und Programmierung sind zunehmend auf das Wissen „beteiligter Kreise" (vgl. z.B. § 51 BImSchG, § 20 BBodSchG, § 60 KrwG) angewiesen. Sie bringen gesellschaftliches Problem- und Lösungswissen in den Entscheidungsfindungsprozess mit ein, das die kollektive Intelligenz als qualitätssichernde Ressource hervorbringen soll.[104] Die Leitidee einer erweiterten Öffentlichkeit, die den Bürger befähigen soll, an der partnerschaftlichen Formulierung und Durchsetzung des Rechts teilzuhaben, hat zunehmend Konjunktur.[105] Besondere Bedeutung kommt dieser Entwicklung auf den Feldern zu, auf denen die Verwaltung wegen der Komplexität der Interessen, der Dynamik lebenstatsächlicher Veränderungen, der Potenz privater Akteure, die Anwendungsvoraussetzungen der Gesetze in strategischer Absicht zu verändern, sowie der Ungewissheit der Handlungsgrundlagen reversible Konzepte entwickeln und implementieren sowie im Lichte der Entwicklungen anpassen muss. In derartigen Bereichen kommt der Öffentlichkeit eine wichtige Funktion nicht nur der Mitwirkung, sondern auch als Gegengewicht zu einer Verwaltungspraxis zu, die zu Informalität und selektiver Informationsverarbeitung neigt.[106] Die **Beteiligung der Öffentlichkeit bzw. beteiligter oder interessierter Kreise** (vgl. z.B. § 6 FreqN-PAV) dient der Verwaltung als Medium der Selbstbeobachtung sowie Kontrolle und verhilft zu einer ausgewogenen Sachentscheidung. Sie wirkt damit der Gefahr einer *agency capture* entgegen.[107] In dieser Funktion ist einfachgesetzlichen Verfahrensvorschriften häufig eine das Ermessen des Normgebers mit dem Ziel der **Sicherung materiell richtiger Ergebnisse** einschränkende und steuernde Mission eigen. So soll etwa die Pflicht zur Anhörung der Tierschutzkommission beim Erlass von Tierschutzverordnungen nach § 16b Abs. 1 S. 2 TierSchG den interpretationsoffenen Verfassungsauftrag „Tierschutz" i.S.d. Art. 20a GG verfahrensrechtlich ausfüllen und absichern. Unterbleibt die vorgesehene verfahrensrechtliche Mitwirkung (bzw. wird sie in einer Weise durchgeführt, dass die dabei gewonnenen Erkenntnisse nicht in den Entscheidungsvorgang einfließen kön-

---

[102] Vgl. *Trute*, Gemeinwohlsicherung im Gewährleistungsstaat (Fn. 36), S. 339; *Ladeur/Gostomzyk*, Gesetzesvorbehalt im Gewährleistungsstaat (Fn. 37), S. 169; vgl. auch *Möstl*, Normative Handlungsformen (Fn. 11), § 19 Rn. 16.

[103] Vgl. *Gößwein*, Allgemeines Verwaltungs(verfahrens)recht der administrativen Normsetzung? (Fn. 39), S. 168: Normpflege; vgl. auch *Jan Ziekow/Alexander Windoffer*, Public Private Partnership als Verfahren – Struktur und Erfolgsbedingungen von Kooperationsarenen, NZBau 2005, S. 665 (669) zur lebenszyklusorientierten Verfahrenssteuerung bei PPP.

[104] Zu Bedürfnis- und Lösungsinformationen im Innovationsprozess vgl. *Frank T. Piller*, User Innovation: Der Kunde kann's besser, in: Olga Drossou/Stefan Krempl/Andreas Poltermann (Hrsg.), Die wundersame Wissensvermehrung, 2006, S. 85 (87).

[105] *Trute*, Gemeinwohlsicherung im Gewährleistungsstaat (Fn. 36), S. 341; *Marian Döhler*, Regulative Politik und die Transformation der klassischen Verwaltung, in: Jörg Bogumil/Werner Jann/Frank Nullmeier (Hrsg.), Politik und Verwaltung, PVS, Sonderheft 37, 2006, S. 208 (221 f.).

[106] *Trute*, Gemeinwohlsicherung im Gewährleistungsstaat (Fn. 36), S. 341 f.

[107] Vgl. *Pünder*, „Open Government leads to better Government" (Fn. 88), S. 73; *ders.*, Exekutive Normsetzung (Fn. 70), S. 206, 237, 244. Vgl. a. → Bd. II *Fehling* § 38 Rn. 53.

nen), bedingt das dann konsequenterweise zugleich einen *materiell-rechtlichen* Mangel, der regelmäßig die Unwirksamkeit der Verordnung nach sich zieht.[108]

Ungeachtet aller sachgerechten Funktion kooperativer Gemeinwohlkonkretisierung durch Einbeziehung Dritter kann nach traditionellem demokratischem Verständnis Beteiligung indes eine klassische volkswahlvermittelte Legitimation nicht ersetzen, sondern lediglich ergänzen.[109] Die innere Souveränität des Staates sowie die Autonomie staatlicher Entscheidungen und die sich in dem Auftrag zur Gemeinwohlkonkretisierung ausdrückende Letztverantwortung legitimierter Instanzen bilden Grenzen der Beteiligung der Öffentlichkeit an Normsetzungsverfahren und ihrer verbindlichen Wirkungen.[110]

17 Eine **weitergehende Differenzierung allgemeiner Verfahrensgrundsätze** ist nur schwer möglich, soll sie nicht notwendigerweise auf inhaltlich wenig greifbarem Abstraktionsniveau verharren.[111] Neben den oben genannten Adäquanzkriterien ist auch die jeweils wahrzunehmende Sachaufgabe und Sachstruktur des Normsetzungsbereichs entscheidend.[112] Allenfalls käme ein fakultatives, subsidiäres Regelungsmodell in den allgemeinen Verwaltungsverfahrensgesetzen, ähnlich dem Modell des Planfeststellungsverfahrens nach den §§ 73 ff. VwVfG, in Betracht.[113] **Bereichsspezifische Lösungen** sind aber grundsätzlich vorzugswürdig.[114] Eine zu detaillierte gesetzliche Regelung des exekutiven Normsetzungsverfahrens steht namentlich in der Gefahr, die administrativen Handlungsmöglichkeiten, insbesondere die (flexible bzw. experimentelle) Anpassung an besondere Kontexte zu strangulieren.[115] Andererseits kann es durchaus auch im Sinne des gesetzlichen Auftrags bzw. der Ermächtigung liegen, das entsprechende Verfahrensermessen durch Vorgabe von Verfahrensanforderungen, Zielen und Grenzen besser zu strukturieren. Das BauGB macht davon beispielhaft Gebrauch. So weist § 4a Abs. 1 BauGB den Vorschriften über die Öffentlichkeits- und Behördenbeteiligung insbesondere die Aufgabe der vollständigen Ermittlung und zutreffenden Bewertung der von der Planung berührten Belange zu und schränkt

---

[108] BVerfGE 127, 293 (Rn. 122 ff.); ablehnend *Stelkens*, Rechtsetzungen der europäischen und nationalen Verwaltungen (Fn. 14), S. 392 ff.

[109] Vgl. *Pünder*, Exekutive Normsetzung (Fn. 70), S. 266 f.; sowie noch → Rn. 28 ff.

[110] Vgl. *v. Bogdandy*, Demokratisch, demokratischer, am demokratischsten (Fn. 67), S. 379; *v. Danwitz*, Aarhus-Konvention (Fn. 89), S. 274; zur Kompensation materieller Programmierungsdefizite durch Beteiligung vgl. auch *Möstl*, Normative Handlungsformen (Fn. 11), § 19 Rn. 18 ff. (generell nicht verfassungsgeboten, aber für bestimmte Bereiche evtl. sinnvoll).

[111] Vgl. *Gößwein*, Allgemeines Verwaltungs(verfahrens)recht der administrativen Normsetzung? (Fn. 39), S. 87 f.; anders *Trips*, Das Verfahren der exekutiven Rechtsetzung (Fn. 93), S. 114 f.

[112] Vgl. *Gößwein*, Allgemeines Verwaltungs(verfahrens)recht der administrativen Normsetzung? (Fn. 39), S. 236 ff.; *Möstl*, Normative Handlungsformen (Fn. 11), § 19 Rn. 20. S. a. → Bd. I *Baer* § 11 Rn. 47 ff.

[113] Vgl. *Gößwein*, Allgemeines Verwaltungs(verfahrens)recht der administrativen Normsetzung? (Fn. 39), S. 225; *Schmidt-Aßmann*, Ordnungsidee, Kap. 6 Rn. 87; *Möstl*, Normative Handlungsformen (Fn. 11), § 19 Rn. 20.

[114] Vgl. UGB-KomE, S. 465 zu Rechtsverordnungen, S. 487 zu Verwaltungsvorschriften; *Gößwein*, Allgemeines Verwaltungs(verfahrens)recht der administrativen Normsetzung? (Fn. 39), S. 227; *Frankenberger*, Umweltschutz durch Rechtsverordnung (Fn. 83), S. 281: „phasenmäßige Gliederung für optimale Legitimation"; allgemein zum Verhältnis von allgemeinem und bereichsspezifischem Verfahrensrecht *Jan Ziekow*, Allgemeines und bereichsspezifisches Verwaltungsverfahrensrecht, in: FS Richard Bartlsperger, 2006, S. 247 (253 ff.).

[115] Vgl. *Gößwein*, Allgemeines Verwaltungs(verfahrens)recht der administrativen Normsetzung? (Fn. 39), S. 68, 84; *v. Bogdandy*, Demokratisch, demokratischer, am demokratischsten (Fn. 67), S. 382 f. Vgl. allg. a. → Bd. I *Reimer* § 9 Rn. 99.

damit die verfahrensrechtliche Gestaltungsfreiheit der Gemeinden normativ ein.[116] Mit gleicher Zielsetzung enthält die Anlage zu § 2 Abs. 4 BauGB Vorlagen zur durchzuführenden Umweltprüfung und zum Inhalt des Umweltberichtes.

B. Untergesetzliche Rechtssätze

Nach ihrer Stellung im Funktionengefüge kommt der Verwaltung nicht die Macht zu, kraft eigenen Rechts außenverbindliche Rechtsnormen zu setzen. Vielmehr ist dieses Privileg grundsätzlich dem Parlament als Gravitationszentrum der politischen Willensbildung vorbehalten.[117] Der Gesetzgeber kann die Exekutive aber zur Setzung abstrakt-genereller Außenrechtsnormen durch Übertragungsakt ermächtigen, sei es im Wege der **Delegation** für bestimmte Regelungsmaterien (Rechtsverordnung, unten I.), sei es allgemein kraft gesetzlich verliehener **Autonomie** (Satzung, unten II.). Die Verwaltung übt dann das Recht der Normsetzung anstelle, aber in den Grenzen des parlamentarischen Gesetzes und der ihr übertragenen Rechtsmacht aus. Über diesen Bereich exekutivischer Außenrechtsetzung hinaus eröffnet sich der Verwaltung ein weites Feld, in dem sie ihre Handlungsspielräume als Teil des ihr übertragenen verfassungsrechtlichen Funktionenkreises kraft eigener Machtvollkommenheit – wenn auch im Rahmen der gesetzlichen Spielräume und ohne unmittelbare Rechtswirkung nach außen – im Interesse eines gleichmäßigen und berechenbaren Vollzugs innenrechtlich selbst programmieren darf. Klassisches Steuerungsmittel ist insoweit die **Verwaltungsvorschrift** (unten III.). Alle drei Unterformen exekutivischer Rechtsetzung sind in dem Ziel vereint, einen flexiblen und gleichzeitig rechtssicheren Beitrag zur Rationalisierung des Verwaltungsvollzugs zu leisten. 18

I. Rechtsverordnungen

1. Rechtsverordnungen als abgeleitete Rechtsetzung

Rechtsverordnungen kommt als Instrument exekutivischer Normprogrammierung in der Normenordnung des Grundgesetzes eine Schlüsselrolle zu. Als delegierte Rechtsnormen der Exekutive leiten sie ihre normative Steuerungsmacht von einer parlamentarischen Ermächtigung ab. Ihre Grundidee fußt auf einem Effizienzgedanken arbeitsteiliger, dekonzentrierter Normsetzung: Solche Rechtsetzungsaufgaben, die die Exekutive aufgrund der bei ihr gebündelten Expertise und Ressourcen sachgerecht, schnell, flexibel und der Dynamik der Lebensverhältnisse angepasst bearbeiten kann, erledigt sie im Interesse einer funktionssichernden Entlastung des (in der Flut normativer Steuerungsaufgaben gleichsam zu ertrinken drohenden) Parlaments selbst – aber nach Maßgabe parlamentarischer Steuerungsvorgaben.[118]

Die deutsche **Verfassungstradition** delegierter Gesetzgebung ist jung, aber sehr wechselhaft. Noch die Verfassungen des Norddeutschen Bundes und des Deut-

---

[116] Vgl. dazu *Wolfgang Erbguth*, Abwägung auf Abwegen?, JZ 2006, S. 484 ff.; *Christoph Labrenz*, Zur neuen Diskussion über das Wesen der Abwägung im Bauplanungsrecht, DV 2010, S. 63 ff.; *Mario Martini/Xaver Finkenzeller*, Die Abwägungsfehlerlehre, JuS 2012, S. 126 (128 ff.).
[117] *BVerfGE* 95, 1 (16 f.).
[118] Vgl. dazu *Martini*, Normsetzungsdelegation (Fn. 31), S. 158 ff.

schen Reiches enthielten sich einer Regelung der Verordnungsgebung. Die Weimarer Reichsverfassung regelte sie nur rudimentär; Beschränkungen der Art und des Ausmaßes der Verordnungsermächtigung fehlten. Unter dem Druck der politischen und wirtschaftlichen Ereignisse während des Ersten Weltkrieges übernahm die Verordnungsgebung teilweise die Funktion einer „vereinfachten Gesetzgebung", die den Unterschied zwischen den Rechtsetzungsformen in der Praxis einebnete.[119] Eine reiche Zahl sog. „Ermächtigungsgesetze" institutionalisierte und verbreitete diesen Trend.[120] Diese gestatteten zum Teil sogar ein Abweichen von Grundrechten der Reichsverfassung und konnten die Exekutive in den Stand setzen, durch Rechtsverordnungen förmliche Gesetze aufzuheben und zu ändern.[121] Diese in der Weimarer Reichsverfassung angelegten Möglichkeiten degenerierten in der nationalsozialistischen Ära zum Hebel einer grundlegenden Verfassungsverschiebung. Vor diesem verfassungsgeschichtlichen Hintergrund ist die Regelung des Art. 80 Abs. 1 GG zu lesen: Er soll eine geräuschlose Verlagerung der Rechtsetzungsmacht auf die Exekutive sowie die damit verbundene Aushebelung des Verfassungssystems verhindern.[122]

Diese verfassungshistorische und -rechtliche Ausgangslage beschwor im Nachkriegsdeutschland ein ausgeprägtes Misstrauen gegenüber dem Verordnungsrecht der Exekutive herauf. Jenes wurde teilweise sogar als **Verordnungsphobie**[123] zu einem pathologischen Befund erklärt. Die Rechtsverordnung wurde als Durchbrechung der Gewaltenteilung verstanden, welche strenger Einbindung bedürfe und eine „Ausnahme" bleiben solle.[124] Erst allmählich setzte sich die Einsicht durch, dass ein aus Art. 80 Abs. 1 GG abgeleitetes Rechtsetzungsmonopol des Parlaments weder den Regelungsnotwendigkeiten des modernen Staates gerecht wird noch durch Erfordernisse der demokratischen Legitimation geboten ist.[125] So haben Rechtsverordnungen inzwischen, insbesondere in von hoher Dynamik geprägten Regelungsbereichen, wie etwa dem Umwelt- und Technikrecht, eine enorme **rechtspraktische Bedeutung** erlangt.[126] Nicht zuletzt versucht der

---

[119] *Ernst R. Huber*, Deutsche Verfassungsgeschichte seit 1789, Bd. VI, 1981, S. 437; vgl. auch *Fritz Ossenbühl*, Rechtsverordnung, in: HStR V, § 103 Rn. 12.

[120] *Ossenbühl*, Rechtsverordnung (Fn. 119), § 103 Rn. 12; vgl. auch *Johannes Saurer*, Die Funktionen der Rechtsverordnung, 2005, S. 41; *Klaus Schönenbroicher*, Einige Bemerkungen zum Verhältnis von Gesetz und Rechtsverordnung, BayVBl. 2011, S. 624.

[121] Zum Notverordnungsrecht des Reichspräsidenten s. *Christian Seiler*, Der einheitliche Parlamentsvorbehalt, 2000, S. 157.

[122] *Ossenbühl*, Rechtsverordnung (Fn. 119), § 103 Rn. 13; *Saurer*, Funktionen der Rechtsverordnung (Fn. 120), S. 46; vgl. auch *Wolff/Bachof/Stober/Kluth*, VerwR I, § 25 Rn. 44; *Seiler*, Parlamentsvorbehalt (Fn. 121), S. 163 f.; *Martini*, Normsetzungsdelegation (Fn. 31), S. 160.

[123] *Fritz Ossenbühl*, Gesetz und Verordnung im gegenwärtigen Staatsrecht, ZG 1997, S. 305 (309); vgl. auch *Seiler*, Parlamentsvorbehalt (Fn. 121), S. 159.

[124] BVerfGE 24, 184 (197); vgl. *Schmidt-Aßmann*, Die Rechtsverordnung in ihrem Verhältnis zu Gesetz und Verwaltungsvorschrift (Fn. 44), S. 478; vgl. *Saurer*, Funktionen der Rechtsverordnung (Fn. 120), S. 45; → Bd. I *Ruffert* § 17 Rn. 60.

[125] *Ossenbühl*, Rechtsverordnung (Fn. 119), § 103 Rn. 15; vgl. noch *Wolfgang Kahl*, Die Staatsaufsicht, 2000, S. 485; *Thomas Groß*, Gremienwesen und demokratische Legitimation, in: Karl-Peter Sommermann (Hrsg.), Gremienwesen und staatliche Gemeinwohlverantwortung, 2001, S. 17 (22 f.). S. a. → Bd. I *Poscher* § 8 Rn. 44, *Reimer* § 9 Rn. 69 f., *Ruffert* § 17 Rn. 61.

[126] Vgl. *Maurer*, VerwR, § 4 Rn. 22; *Michael Brenner*, in: v. Mangoldt/Klein/Starck (Hrsg.), GG II, Art. 80 Rn. 12; *Florian Becker*, Kooperative und konsensuale Strukturen in der Normsetzung, 2005, S. 382 f.: Nur durch die Möglichkeit der Rechtsverordnung kann der Staat seine Funktions- und Reaktionsfähigkeit hinsichtlich des immensen Normierungsbedarfs aufrechterhalten.

B. Untergesetzliche Rechtssätze

deutsche Gesetzgeber zunehmend, die Flut an umsetzungsbedürftigen Unionsrechtsakten durch Verordnungsermächtigungen einzudämmen.[127] Durch eine immer großzügiger gewordene Rechtsprechung zu den Erfordernissen des Art. 80 Abs. 1 S. 2 GG hat das BVerfG dieser Entwicklung verfassungsrechtlich den Weg bereitet.[128] Die konzeptionelle Zurückhaltung des Grundgesetzes gegenüber der Rechtsform der Verordnung scheint einer gubernativen Präponderanz gewichen.

Das alles ändert freilich nichts daran, dass Rechtsverordnungen **abgeleitete Rechtsetzung** bleiben,[129] welche die Existenz einer parlamentarischen Delegationsnorm voraussetzt. Art. 80 Abs. 1 GG entfaltet gegenüber anderen Rechtsnormtypen insoweit grundsätzlich eine „Sperrwirkung":[130] Die Vorschrift begrenzt die Übertragung von Rechtsetzungsbefugnissen und hindert so das Parlament daran, sich seiner Verantwortung als gesetzgebende Körperschaft zugunsten einer „Expertokratie" zu entledigen.[131] Ihr Ziel ist es, die Unverbrüchlichkeit des demokratischen Legitimationszusammenhangs gegen eine Preisgabe normativer parlamentarischer Gestaltungsverantwortung und kontinuierliche Selbstentmachtung abzusichern. Denn Publizität des Erlassverfahrens, Diskurs mit einer Opposition, öffentliche Debatten – all diese demokratiesichernden Elemente fehlen der Rechtsverordnung im Vergleich zum Parlamentsgesetz.[132] Die Rechtsnatur der Rechtsverordnung wird insoweit sowohl negativ wie positiv durch ihr Verhältnis zum Gesetz bestimmt: Die gesetzgeberische Ermächtigung der Exekutive zum Erlass von Rechtsverordnungen ist nur „zu-", nicht „abschiebend", d.h. der Gesetzgeber gibt sein Zugriffsrecht auf die Materie nicht auf. Mit der Übertragung der Rechtsetzungsbefugnis korrespondiert mithin kein Kompetenzverlust des Gesetzgebers.[133] Es handelt sich um eine „unechte (konkurrenzschaffende)" bzw. **„konservierende Delegation"** im Sinne der Triepel'schen Delegationslehre.[134] Als abgeleitete Rechtssätze entsprechen Rechtsverordnungen danach dem Prinzip der Dekonzentration (im Unterschied zum Prinzip der Dezentralisation durch Autonomieverleihung bei Satzungen).[135]

19

---

[127] Vgl. dazu im Einzelnen *Johannes Saurer*, Rechtsverordnungen zur Umsetzung europäischen Richtlinienrechts, JZ 2007, S. 1073 (1073), sowie unten → Rn. 20a.
[128] Vgl. die Nachweise bei *Martini*, Normsetzungsdelegation (Fn. 31), S. 162.
[129] *Hartmut Bauer*, in: Dreier (Hrsg.), GG II, Art. 80 Rn. 12; *Brenner*, in: v. Mangoldt/Klein/Starck (Hrsg.), GG III, Art. 80 Rn. 24; *Brun-Otto Bryde*, in: v. Münch/Kunig (Hrsg.), GGK III, Art. 80 Rn. 3; *Schönenbroicher*, Verhältnis von Gesetz und Rechtsverordnung (Fn. 120), S. 625.
[130] Vgl. dazu *Fritz Ossenbühl*, Zum Verfassungsvorbehalt für Rechtserzeugung, in: FS Josef Isensee, 2007, S. 309 (310); *ders.*, Rechtsverordnung (Fn. 119), § 103 Rn. 19; *Schmidt-Aßmann*, Die Rechtsverordnung in ihrem Verhältnis zu Gesetz und Verwaltungsvorschrift (Fn. 39), S. 489; sowie noch *Maurer*, VerwR, § 13 Rn. 4; vgl. auch → Rn. 24.
[131] BVerfGE 78, 249 (272); *Bauer*, in: Dreier (Hrsg.), GG II, Art. 80 Rn. 11; *Martini*, Normsetzungsdelegation (Fn. 31), S. 160f.
[132] *Saurer*, Rechtsverordnungen zur Umsetzung europäischen Richtlinienrechts (Fn. 127), S. 1074.
[133] Bedeutung hat das etwa für die Zulässigkeit verordnungsändernder Parlamentsgesetze sowie verfahrensrechtlicher Mitwirkungsvorbehalte des Bundestages (vgl. dazu → Rn. 21).
[134] *Heinrich Triepel*, Delegation und Mandat im öffentlichen Recht, 1942, S. 23. Kritisch dazu *Claus Pegatzky*, Parlament und Verordnungsgeber, 1999, S. 18ff.
[135] *Brenner*, in: v. Mangoldt/Klein/Starck (Hrsg.), GG III, Art. 80 Rn. 17; *Möstl*, Normative Handlungsformen (Fn. 11), § 19 Rn. 1.

Rechtsverordnungen ist als Gesetzen im materiellen Sinne ebenso wie formellen Gesetzen ein normativer **Verbindlichkeitsanspruch** eigen.[136] Sie sind aber nicht in gleichem Maße sakrosankt: Anders als bei nachkonstitutionellen formellen Gesetzen (vgl. Art. 100 Abs. 1 GG) kommt den Gerichten bei festgestellten Verstößen von Rechtsverordnungen gegen höherrangiges Recht ein *inzidentes* **Normverwerfungsrecht**, bei landesrechtlichen Verordnungen (nach Maßgabe des § 47 Abs. 1 VwGO) auch ein *abstraktes* Normverwerfungsrecht, zu. Es verhilft dem verfassungsrechtlichen Grundsatz vom Vorrang des Gesetzes prozessual zum Durchbruch.[137] Verwaltungs-, insbesondere Widerspruchsbehörden, gebührt ein solches Normverwerfungsrecht demgegenüber nicht: Es würde den Rahmen der der Verwaltung im Kompetenzgefüge unserer Verfassung zugewiesenen Rolle überschreiten.[138] Die Rechtsprechung zeigt sich in jüngerer Zeit auch für eine unmittelbar gegen den Normgeber gerichtete Feststellungsklage nach § 43 VwGO offen, wenn die Norm, wie z.B. § 1 BriefArbbV, unmittelbar Rechte und Pflichten der Betroffenen begründet, ohne dass eine Konkretisierung oder Individualisierung der rechtlichen Beziehungen zwischen Normgeber und Normadressat durch Verwaltungsvollzug vorgesehen oder möglich ist.[139]

20 Die parlamentarische Steuerungsverantwortung für die delegierte Gesetzgebung sichert Art. 80 GG nicht nur formal (durch das Erfordernis einer gesetzlichen Ermächtigung), sondern auch inhaltlich gegen eine Erodierung ab: Das Parlament muss eine hinreichend normativ dichte Vorentscheidung über das legislative Determinierungsprogramm treffen, die den Verordnungsgeber an die politische Leitentscheidung des Gesetzgebers als Transmissionsriemen rückbindet. Das **Bestimmtheitsgebot** des Art. 80 Abs. 1 S. 2 GG fungiert insoweit als „Delegationsfilter".[140]

Die inhaltliche Bindungsdichte parlamentsgesetzlicher Ermächtigungen zu bestimmen, entpuppt sich dabei als stetige Herausforderung. In verschiedenen Formeln **(Selbstentscheidungs-, Programm-, Vorhersehbarkeitsformel)**[141] hat das BVerfG versucht, dieses Gebot mit Inhalt zu füllen.[142] Schon früh hat es herausgearbeitet, dass Inhalt, Zweck und Ausmaß der erteilten Ermächtigung nicht zwingend ausdrücklich im ermächtigenden Gesetzestext bestimmt sein müssen. Es genüge, dass sie unter Heranziehung der allgemeinen Auslegungsgrundsätze im Sinne eines Systems kommunizierender Röhren *aus dem ganzen Gesetz* zu ermitteln sind.[143] Bei der demnach gebotenen einzelfallbezogenen Beurteilung sind die zu erfüllenden Bestimmtheitsanforderungen „von den Besonderheiten des jeweiligen Regelungsgegenstandes sowie der Intensität der Maß-

---

[136] *Wolff/Bachhof/Stober/Kluth*, VerwR I, § 25 Rn. 40; kritisch *Bryde*, in: v. Münch/Kunig (Hrsg.), GGK III, Art. 80 Rn. 6 ff.
[137] *Bryde*, in: v. Münch/Kunig (Hrsg.), GGK III, Art. 80 Rn. 4 a.
[138] Das ist freilich nicht unumstritten; vgl. dazu *BVerwG*, DVBl 2001, S. 931; *Mario Martini*, Verwaltungsprozessrecht, 5. Aufl. 2011, S. 161 mit Fn. 1 m.w.N.
[139] *BVerwGE* 136, 54 (60).
[140] *Maurer*, VerwR, § 13 Rn. 8; *Ossenbühl*, Rechtsverordnung (Fn. 119), § 103 Rn. 20. S.a. → Bd. I *Reimer* § 9 Rn. 71 f.
[141] *Bauer*, in: Dreier (Hrsg.), GG II, Art. 80 Rn. 33; *Brenner*, in: v. Mangoldt/Klein/Starck (Hrsg.), GG III, Art. 80 Rn. 36; *Möstl*, Normative Handlungsformen (Fn. 11), § 19 Rn. 3.
[142] *BVerfGE* 38, 348 (357 f.); ähnlich *BVerfGE* 8, 274 (307); 80, 1 (20 f.); 85, 97 (105).
[143] *BVerfGE* 4, 7 (21 f.); 7, 282 (301); 20, 257 (269); 23, 62 (72).

B. Untergesetzliche Rechtssätze

nahme abhängig"[144], zu denen das Gesetz ermächtigt.[145] Dabei gilt nach allgemeinen rechtsstaatlichen Maßstäben: Je schwerwiegender die Auswirkungen (insbesondere im grundrechtsrelevanten Bereich) für die Betroffenen sind, umso größer muss das Maß der Bestimmtheit der erteilten Ermächtigung sein. Insbesondere bei sanktionierenden Eingriffen ist höchste normative Steuerungsdichte geboten.[146]

Regelungen in jüngeren Umweltgesetzen, die der Exekutive pauschal und dynamisch die Befugnis zuweisen, im Kontext eines gesetzlich geordneten Sach- und Kompetenzbereichs zur **Umsetzung von Unionsrecht** Rechtsverordnungen zu erlassen (vgl. etwa § 79b TierSG, § 57 KrWG), haben eine Diskussion darüber ausgelöst, ob solche Ermächtigungen mit dem Bestimmtheitsgebot des Art. 80 Abs. 1 GG vereinbar sind.[147] Denn den Ermächtigungen selbst sind keine Aussagen über ihr(en) Inhalt, Ausmaß und Ziel zu entnehmen. Vielmehr reichen sie den mitgliedstaatlichen Umsetzungsspielraum wie ein ungeöffnetes Kuvert unbesehen an den Delegatar zur weiteren Veranlassung weiter.[148] In dem **Anwendungsvorrang des Unionsrechts** eine hinreichende Legitimation zur Absenkung der Anforderungen an das Maß der Bestimmtheit zu erkennen, geht fehl:[149] Der Anwendungsvorrang des Unionsrechts bedingt keineswegs eine Entpflichtung von den Geboten des Art. 80 Abs. 1 S. 2 GG. Denn jenem lassen sich keine Aussagen dazu entnehmen, wer innerstaatlich zur Durchführung des Umsetzungsbefehls berufen ist und in welcher Rechtsform die Umsetzung zu erfolgen hat (solange nur den unionsrechtlichen Anforderungen an Verbindlichkeit und Bindungswirkung Genüge getan ist).[150]

20a

Das heißt aber umgekehrt nicht, dass sich eine dynamische Ermächtigung zur Umsetzung von Unionsrecht nicht mit dem Verfassungsrecht in Einklang bringen lässt: Denn wie sonst gilt auch hier, dass sich die notwendige Bestimmtheit einer Verordnungsermächtigung keineswegs zwingend unmittelbar aus der Ermächtigungsnorm selbst ergeben muss, sondern ebenso aus dem Sinnzusammenhang mit anderen Vorschriften, insbesondere den Normen des Unionsrechts als solchen, folgen kann. Anders als in einer unzulässigen dynamischen Verweisung auf private Regelwerke[151] liegt in einer solchen Verweisung auch **keine unzulässige Übertragung legislatorischer Gewalt.**[152] Umgrenzt die Ermächtigung selbst im Zusammenspiel mit den Vorgaben des Unionsrechts den Trans-

20b

---

[144] BVerfGE 58, 257 (277 f.).

[145] Vgl. *Bauer*, in: Dreier (Hrsg.), GG II, Art. 80 Rn. 34; *Martini*, Normsetzungsdelegation (Fn. 31), S. 162.

[146] Vgl. *Martini*, Normsetzungsdelegation (Fn. 31), S. 164 m. w. N.

[147] Vgl. *Fritz Ossenbühl*, Der verfassungsrechtliche Rahmen offener Gesetzgebung und konkretisierender Rechtsetzung, DVBl 1999, S. 1 (6); *Möstl*, Normative Handlungsformen (Fn. 11), § 19 Rn. 3; *Saurer*, Rechtsverordnungen zur Umsetzung europäischen Richtlinienrechts (Fn. 127), S. 1076 f., der in derartigen sektorenspezifischen „Spezialermächtigungen" eine Lösung des Problems sieht, sowie *Ina E. Klingele*, Umweltqualitätsplanung, 2012, S. 129 ff.

[148] *Martini*, Normsetzungsdelegation (Fn. 31), S. 168; *Saurer*, Rechtsverordnungen zur Umsetzung europäischen Richtlinienrechts (Fn. 127), S. 1073 ff.

[149] In diesem Sinne *Manfred Czychowski*, Verordnungsermächtigungen für die Umsetzung von EG-Richtlinien zum Wasserrecht, ZUR 1997, S. 71 (72).

[150] Abgesehen davon sind Richtlinien vor Ablauf der Umsetzungspflicht grundsätzlich nicht unmittelbar anwendbar und haben solange regelmäßig auch nicht am Anwendungsvorrang des Unionsrechts teil.

[151] Vgl. dazu → Rn. 71 b m. w. N.

[152] *Martini*, Normsetzungsdelegation (Fn. 31), S. 170 f.

formationsspielraum, ohne dem Verordnungsgeber normative Grundentscheidungen anzuvertrauen, die über die Grenzen des Art. 80 Abs. 1 S. 2 GG hinausgehen, ist aus der Perspektive des Verfassungsrechts dagegen nichts zu erinnern. Eine dynamische Verordnungsermächtigung genügt mithin dann den Anforderungen des Art. 80 Abs. 1 S. 2 GG, wenn die EU-Norm, auf die sie als umzusetzenden Rechtsakt verweist, einen Konkretisierungsgrad aufweist, der Art. 80 Abs. 1 S. 2 GG genügt. Auch die Verweisung auf einen *zukünftigen* **Rechtsakt des Unionsrechts** ist dabei nicht prinzipiell ausgeschlossen. Denn die erforderliche Bestimmtheit im Sinne von Art. 80 Abs. 1 S. 2 GG muss die Ermächtigung erst in dem Moment aufweisen, in dem der Verordnungsgeber von ihr Gebrauch macht. Der einzige neuralgische Punkt einer derartigen dynamischen Verweisung ist also der Unionsrechtsakt, auf den sie verweist: Krankt er an unzureichender Bestimmtheit (etwa auch im Gefolge späterer Änderung), infiziert er die Verordnungsermächtigung und die Verordnung selbst.[153] Gilt es aber umgekehrt, eine detailgenaue Richtlinie umzusetzen, so kann der nationale Gesetzgeber für eine Verordnungsermächtigung auf die Richtlinie rekurrieren. Da die Exekutive über den Ministerrat ihrerseits einen substantiellen Anteil an der Gesetzgebung der Union hat, geht die dynamische Verweisung auf Unionsrecht allerdings mit einer Zweistufigkeit der exekutiven Rechtsetzung und damit einer politischen Machtverschiebung einher, die Spiegelbild des legitimatorischen Demokratiedefizits der Union ist.

21 Dass es in einer komplexer und dynamischer werdenden Welt immer schwieriger wird, den verfassungsrechtlich gebotenen Steuerungsanspruch der Verordnungsermächtigung in einer ebenso detailgenauen wie anpassungsfähigen Weise aufrecht zu erhalten, bildet sich nicht zuletzt in einer **nachlassenden inhaltlichen Programmierungsdichte** zahlreicher gesetzlicher Verordnungsermächtigungen ab. Diese sucht die Staatspraxis immer häufiger durch **verfahrensrechtliche Sicherungen** zu kompensieren: In zahlreichen Fachgesetzen finden sich Instrumente, mit denen sich das Parlament Einwirkungsmöglichkeiten auf den Inhalt von Rechtsverordnungen vorbehält, insbesondere **Anhörungs- und Kenntnisgabevorbehalte** (vgl. etwa § 20 Abs. 2 S. 1 UmweltHG), ferner **Zustimmungsvorbehalte** (die das Zustandekommen von Rechtsverordnungen an die aufschiebende Bedingung der Zustimmung des Bundestages binden)[154] sowie **Aufhebungsvorbehalte** (die eine auflösende Bedingung für Rechtsverordnungen formulieren; vgl. etwa § 4 Abs. 2 S. 3 Arbeitssicherstellungsgesetz).[155]

21a Grundsätzlich lassen sich solche Vorbehalte als ein von der Delegationsbefugnis mit umfasstes, ihr wesensgleiches Minus verstehen. Eine Zulässigkeitsgrenze überschreiten derartige Typen der Kondominialrechtsetzung aber dann, wenn sie eine normenhierarchische Gemengelage induzieren, die das verfassungsrechtliche Gebot der Formenstrenge dadurch verletzt, dass sie eine zweifelsfreie Verantwortungszurechnung materieller Gesetzgebungsakte unterminieren. So

---

[153] *Martini*, Normsetzungsdelegation (Fn. 31), S. 171; rechtspolitisch sieht sich eine solche dynamische Verordnungsermächtigung der Kritik ausgesetzt, das ohnehin bestehende Übergewicht der Exekutive im Gewaltengefüge zu verstärken: Sie ist als Teil des Ministerrates maßgeblich an der Entstehung des Unionsrechtsaktes beteiligt und setzt ihn später auch selbst um.

[154] Vgl. dazu auch *Pegatzky*, Parlament und Verordnungsgeber (Fn. 134), S. 162 ff., 178 ff.

[155] *Ossenbühl*, Verfassungsvorbehalt für Rechtserzeugung (Fn. 130), S. 314.

B. Untergesetzliche Rechtssätze

verhält es sich bei einem Mitwirkungstypus, dem **Änderungsvorbehalt** des Bundestages: Er ermächtigt den Bundestag, den Inhalt einer Rechtsverordnung durch einfachen Beschluss (statt durch formelles Gesetz) zu ändern (vgl. etwa § 292 Abs. 4 S. 2 HGB, § 59 S. 3 KrWG und § 20 Abs. 2 UmweltHG). Der Bundestag übt damit eine eigene Verordnungsgebung aus, die ihm das Grundgesetz nicht zuspricht. Dieses kennt zwar keinen *Numerus clausus* von Legislativakten. Es weist das Recht, Verordnungen im eigenen Namen zu erlassen, aber allein der Exekutive zu und verwehrt es nach seinem normativen Konzept der Formenbindung dem Parlament. Änderungsvorbehalte führen daher eine verfassungsrechtlich nicht vorgesehene Form kooperativer Rechtserzeugung ein, die wegen ihrer Verschränkungen von Gesetzgebung und Verordnungsgebung mit dem verfassungsrechtlichen Gebot der Formen- und Verantwortungsklarheit nicht vereinbar ist.[156] Will der Gesetzgeber aus eigener Machtvollkommenheit Verordnungen ändern, kann er das durchaus. Er ist dazu aber auf die Handlungsform des Gesetzes und das zu seiner Hervorbringung grundgesetzlich vorgesehene Verfahren verwiesen.[157]

Von solchen **verordnungsändernden Parlamentsgesetzen** als Instrument zur Durchsetzung seines normativen Steuerungsprimats macht der Gesetzgeber bei der Umsetzung größerer Reformvorhaben „aus einem Guss", insbesondere im Steuer- und Sozialrecht, etwa dem GKV-Wettbewerbsverstärkungsgesetz,[158] auch reichlich Gebrauch. **21b**

Mit dieser Handlungsform verbinden sich aber ebenso intrikate rechtliche Fragestellungen. Denn das verordnungsändernde Parlamentsgesetz verquickt in für Dritte äußerlich kaum erkennbarer Weise Rechtsnormen von Gesetzes- und Verordnungsrang in *einer* Rechtsnorm. Es fragt sich dann, wie dieses apokryphe normative Gebilde rechtsdogmatisch in die Hierarchie der Normen einzuordnen ist: ob im Rang des (Artikel-)Gesetzes, dem es entstammt, oder dem Rang der Verordnungsvorschrift, die es ändert. Die Zuordnung erschöpft sich nicht allein in einem akademischen Glasperlenspiel. Sie hat vielmehr unmittelbare Bedeutung für die Verwerfungskompetenzen der Gerichte (§§ 43, 47 VwGO versus Monopolisierung der Normverwerfungsbefugnis beim BVerfG nach Art. 100 Abs. 1 GG) und damit den zu beschreitenden Rechtsweg.[159] „Aus Gründen der **Normenklarheit**" will das BVerfG das entstehende Normengebilde einheitlich als Rechtsverordnung qualifizieren,[160] die der Verordnungsgeber wieder ändern könne. Nur eine eindeutige und einfache Qualifizierung des Mischgebildes garantiere ein ausreichendes Maß an Rechtsschutz. Sonst bleibe der Bürger im Unklaren darüber, ob sein verwaltungsgerichtlicher Rechtsschutz deshalb ins Leere

---

[156] Vgl. dazu *Martini*, Normsetzungsdelegation (Fn. 31), S. 176; *Pegatzky*, Parlament und Verordnungsgeber (Fn. 134), S. 149 ff.

[157] Für die Ausfüllung von bundesgesetzlichen Verordnungsermächtigungen durch die Länder lässt die Verfassung dies in Art. 80 Abs. 4 GG ausdrücklich zu, *Martini*, Normsetzungsdelegation (Fn. 31), S. 177 mit Fn. 97 und m.w.N.; ebenso etwa *Fritz Ossenbühl*, Verordnungsänderung durch den Gesetzgeber, in: FS Detlef Merten, 2007, S. 171.

[158] Dazu *BVerfGE* 114, 196 ff.

[159] Zum Problem der Übertragung der Mitwirkungsbefugnis auf einen Parlamentsausschuss vgl. *Ossenbühl*, Rechtsverordnung (Fn. 119), § 103 Rn. 64 f.; *Brenner*, in: v. Mangoldt/Klein/Starck (Hrsg.), GG III, Art. 80 Rn. 104; *Thomas v. Danwitz*, Rechtsverordnungen, Jura 2002, S. 93 (97) m.w.N.

[160] *BVerfGE* 114, 196 (234).

geht, weil die Norm, die er angreift, an dem besonderen Schutz des Art. 100 Abs. 1 GG teilhat.

21c Bei aller wohlmeinenden Absicht schüttet diese Lösung das Kind jedoch mit dem Bade aus. Sie gebiert *extra constitutionem* eine neue, dogmatisch weder benötigte noch begründbare Handlungsform der Legislative – die „Parlamentsverordnung".[161] Diese gestattet der Verwaltung namentlich, sich im Wege der Verordnungsänderung ohne Weiteres über den in Gesetzesform gegossenen, als vorbehaltlos gedachten Willen des Gesetzgebers hinwegzusetzen und damit den Vorrang des Gesetzes zu unterlaufen.[162] Solange der Gesetzgeber nicht selbst mit einer im (Artikel-)Gesetz ausdrücklich verankerten sog. **„Entsteinerungsklausel"**[163] die spätere Änderung seines parlamentarischen Gestaltungswillens durch die Exekutive zulässt, steht der Verwaltung eine solche Verdrängung nicht frei. Eine gleichsam „konkludente Entsteinerungsklausel" in das Gesetz hineinzulesen, gesteht der Exekutive eine überschießende Rechtsmacht zu. Sie würde dem verordnungsändernden Gesetz nicht nur ohne Grund die ihr zukommende kompetenzielle Sperrwirkung in der föderalen Abweichungsgesetzgebung nehmen.[164] Auch für ein im Wege eines Volksgesetzgebungsverfahrens hervorgebrachtes Gesetz wäre eine solche konstruktive exekutive Überspielung des Volkswillens demokratietheoretisch wie verfassungsrechtlich nicht tragbar.[165] Auch ohne dogmatische Akrobatenstücke lässt sich ein solches *„mixtum compositum"* des verordnungsändernden Gesetzes in Teilen als Verordnung, in Teilen als Parlamentsgesetz qualifizieren.[166] Die erforderliche Normenklarheit ist mit Hilfe der gesetzesverkündenden Veröffentlichungen herstellbar. Auf ihrer Grundlage lässt sich zweifelsfrei rekonstruieren, welche Teile der „Misch-Verordnung" der Feder des Gesetzgebers entstammen und welche nicht.[167] Möglichen Erschwerungen des Rechtsschutzes der Bürger lässt sich durch einen Rückgriff auf den im Prozessrecht auch an anderer Stelle entwickelten Gedanken der Meistbegünstigung begegnen.[168]

21d Ein weiterer Aspekt fand in der Vergangenheit wenig Beachtung, ist aber im Ergebnis ebenfalls lösbar: Verordnungsänderungen durch den Gesetzgeber gilt

---

[161] *Hartmut Bauer,* Parlamentsverordnungen, FS Reiner Schmidt, 2006, S. 237 ff.; *Martini,* Normsetzungsdelegation (Fn. 31), S. 179 ff.; *Frauke Brosius-Gersdorf,* Der Gesetzgeber als Verordnungsgeber, ZG, Bd. 22 (2007), S. 305 ff.; *Arndt Uhle,* Ein dritter Weg?, in: FS Rupert Scholz, 2007, S. 281 ff.

[162] *Martini,* Normsetzungsdelegation (Fn. 31), S. 179 f.; krit. zu diesem Argument unter Verweis auf die tatsächliche Staatspraxis *Ossenbühl,* Verordnungsänderung durch den Gesetzgeber (Fn. 157), S. 181 f.

[163] Zur grundsätzlichen Zulässigkeit der „Entsteinerungsklausel" vgl. schon BVerfGE 8, 155 (171); neuerdings BVerfGE 114, 196 und 303; *Bryde,* in: v. Münch/Kunig (Hrsg.), GG III, Art. 80 Rn. 3; *Möstl,* Normative Handlungsformen (Fn. 11), § 19 Rn. 9; vgl. dazu auch *Ossenbühl,* Verordnungsänderung durch den Gesetzgeber (Fn. 157), S. 172 f.; *Schönenbroicher,* Verhältnis von Gesetz und Rechtsverordnung (Fn. 120), S. 625.

[164] *Martini,* Normsetzungsdelegation (Fn. 31), S. 181.

[165] *Martini,* Normsetzungsdelegation (Fn. 31), S. 180.

[166] *Martini,* Normsetzungsdelegation (Fn. 31), S. 179 ff.; vgl. auch *Ossenbühl,* Verordnungsänderung durch den Gesetzgeber (Fn. 157), S. 178, der die Meinung der Senatsmehrheit ebenfalls „ohne Zweifel als verfassungsdogmatisch weiter von dem Gewaltenteilungsgefüge entfernt" ansieht als die vorherrschende Auffassung der Praxis und Lehre.

[167] *Martini,* Normsetzungsdelegation (Fn. 31), S. 182; *Ossenbühl,* Verordnungsänderung durch den Gesetzgeber (Fn. 157), S. 179 ff.

[168] *Martini,* Normsetzungsdelegation (Fn. 31), S. 182 f.

es klar abzugrenzen von **Erweiterungen der ursprünglichen Verordnungsermächtigung.** Da u. U. beides kumuliert auftreten kann, empfiehlt sich unter dem Aspekt der Rechtsklarheit und des Bestimmtheitsgebots des Art. 80 Abs. 1 S. 2 GG insofern jeweils die unmissverständliche Separierung der Vorschriften innerhalb eines Artikel-Gesetzes.[169]

In dem gesetzlich umgrenzten Rahmen nimmt der Verordnungsgeber die ihm übertragene Konkretisierung der normativen parlamentarischen Grundentscheidung eigenverantwortlich wahr. Rechtlicher Ausdruck dieses Mandats zur gesetzesakzessorischen Ausfüllung des parlamentarischen Konsenses ist eine Gestaltungsfreiheit des Verordnungsgebers (sog. **Verordnungsermessen**), die sich einerseits vom Verwaltungsermessen, andererseits von der Gestaltungsfreiheit des Gesetzgebers unterscheidet.[170] Das normative Ermessen des Verordnungsgebers ist weit.[171] Eine Rechtsverordnung ist danach erst dann rechtswidrig, wenn die normative Entscheidung unvertretbar oder unverhältnismäßig ist. Auch Verfahrensnormen, insbesondere Beteiligungspflichten, können das Gestaltungsermessen des Normgebers einschränken und als Ausfluss ihrer, die materielle Sachrichtigkeit der Entscheidung sichernden, Konkretisierungsfunktion die materielle Unwirksamkeit der Verordnung nach sich ziehen (z. B. einen Verstoß gegen Art. 20a GG im Falle der unterbliebenen Beteiligung der Tierschutzkommission nach § 16b Abs. 1 TierSchG).[172] 22

Neben dem Bestimmtheitsgebot und dem Verordnungsermessen sind für den Erlass von Rechtsverordnungen weitere verfassungsrechtliche Rechtmäßigkeitsschranken von besonderer Relevanz, insbesondere die Begrenzung der **Ermächtigungsadressaten** in Art. 80 Abs. 1 S. 1 GG sowie der Subdelegatare in Art. 80 Abs. 1 S. 4 GG, das **Zitiergebot** in Art. 80 Abs. 1 S. 3 GG, das **Zustimmungsrecht des Bundesrates** (Art. 80 Abs. 1 S. 2, 3 GG) sowie die **Verkündung** im Bundesgesetzblatt gem. Art. 82 Abs. 1 S. 2 GG.[173] Verfahrensbestimmungen zum Erlass von Rechtsverordnungen ergeben sich zusätzlich aus den Fachgesetzen (vgl. etwa § 51 BImSchG) sowie Geschäftsordnungen.[174] 23

2. Originäres Verordnungsrecht (in unwesentlichen Bereichen)?

Seit geraumer Zeit beschäftigt die Rechtswissenschaft die Frage, ob Art. 80 Abs. 1 GG eine exekutive Rechtsetzung außerhalb einer ausdrücklichen gesetz- 24

---

[169] Siehe dazu ausführlich *Ossenbühl*, Verordnungsänderung durch den Gesetzgeber (Fn. 157), S. 182 f.
[170] *BVerwGE* 121, S. 152 (157 ff.); vgl. *Brenner*, in: v. Mangoldt/Klein/Starck (Hrsg.), GG III, Art. 80 Rn. 68 ff.; *Maurer*, VerwR, § 13 Rn. 15; *Ossenbühl*, Rechtsverordnung (Fn. 119), § 103 Rn. 41; *Peter Badura*, Gestaltungsfreiheit und Beurteilungsspielraum der Verwaltung, bestehend aufgrund und nach Maßgabe des Gesetzes, in: FS Otto Bachof, 1984, S. 169 (186 ff.); *v. Danwitz*, Die Gestaltungsfreiheit des Verordnungsgebers (Fn. 50), S. 161 ff.; *Saurer*, Funktionen der Rechtsverordnung (Fn. 120), S. 260 ff.
[171] *BVerwGE* 80, 355 (370).
[172] *BVerfGE* 127, 293 (Rn. 122 ff.); vgl. dazu auch → Rn. 16.
[173] Vgl. ausführlich zu den formellen Rechtmäßigkeitsvoraussetzungen der Rechtsverordnung: *Brenner*, in: v. Mangoldt/Klein/Starck (Hrsg.), GG III, Art. 80 Rn. 24 ff.; *Maurer*, VerwR, § 13 Rn. 9 ff.; *Ossenbühl*, Rechtsverordnung (Fn. 119), § 103 Rn. 26 ff.; *Simon Schnelle*, Eine Fehlerfolgenlehre für Rechtsverordnungen, 2007, S. 57 ff.
[174] Vgl. *Maurer*, VerwR, § 13 Rn. 11; vgl. noch §§ 62 ff. GGO.

geberischen Ermächtigung sperrt. Gegner der These von der Sperrwirkung des Art. 80 Abs. 1 GG bringen vor, die Vorschrift treffe über den Umfang des Gesetzesvorbehalts keine Aussage, statuiere insbesondere kein Rechtsetzungsmonopol des Parlamentes mit der Folge eines Totalvorbehaltes.[175] Art. 80 Abs. 1 GG erfasse nur solche Regelungen, die dem Gesetzesvorbehalt unterlägen. Aus dieser Sicht ergäbe sich die generelle Befugnis der Exekutive, in ihrem Funktionsbereich nicht wesentliche, aber außenwirksame rechtliche Normen zu erlassen.[176] Neben dem abgeleiteten existiert dann ein **originäres,** funktionsimmanentes, mithin selbständiges **Verordnungsrecht der Exekutive,** das auf nicht-wesentliche Regelungen beschränkt ist, allerdings dem Vorrang des Gesetzes unterworfen bleibt und damit den Primat des Parlamentes unberührt lässt.[177] Diese Auffassung hat in jüngerer Zeit weitere Anhänger gefunden.[178] Da sich Art. 80 Abs. 1 S. 2 GG als eine Ausprägung bzw. notwendige Ergänzung und Konkretisierung des allgemeinen Gesetzesvorbehalts und der Rechtsetzungsbefugnis der Exekutive versteht, vermag sie jedoch nicht vollständig zu überzeugen. Aufgabe der Exekutive ist nach dem Konzept der verfassungsrechtlichen Funktionenordnung grundsätzlich die Rekonstruktion und Umsetzung politischer Willensentscheidungen im Einzelfall. Ohne entsprechenden legitimierenden Akt der Ausübung von Rechtsetzungsgewalt ist die Exekutive zur Setzung von abstrakt-generellem Außenrecht nach dem demokratischen Konzept des Grundgesetzes nicht legitimiert. Daran hat der Wandel der Verfassungswirklichkeit nichts geändert.

3. Neueres Verständnis arbeitsteiliger, kooperativer Rechtsetzung

25   Moderne Rechtsetzung ist durch vielfältige Verschränkungen der Normierungsebenen geprägt. Paradigmatisch stehen dafür das KrWG wie das BImSchG. Sie sind als Grundlagen- und Grundsatzgesetze mit einer Vielzahl von Verordnungsermächtigungen gespickt, die das jeweilige Gesetz nicht nur ergänzen, sondern mit ihm gewissermaßen eine unlösbare Regelungseinheit bilden – eine gleichsam kombinierte Sachregelung, an der Parlament und Regierung in Arbeitsteilung zusammenwirken.[179] Staatliche Normsetzung folgt in vielen Sachbereichen diesem **Modell einer gestuften und arbeitsteiligen Konfliktbewältigung.** Exekutive Normsetzung begegnet uns hier nicht als eine bloße Ausnahmeerscheinung und beschränkt sich nicht darauf, auf untergeordneter Ebene vollzugstechnische Fragen von unwesentlicher Bedeutung zu regeln. Sie ist vielmehr Ausdruck dekonzentrierter Normsetzung, welche die Gesetzgebung im

---

[175] *Ernst-Wolfgang Böckenförde,* Gesetz und gesetzgebende Gewalt, 1981, S. 395 ff.; *Ossenbühl,* Rechtsverordnung (Fn. 119), § 103 Rn. 19; vgl. a. → Bd. I *Reimer* § 9 Rn. 69 f., *Ruffert* § 17 Rn. 61.

[176] *Ossenbühl,* Rechtsverordnung (Fn. 119), § 103 Rn. 19.

[177] *Ossenbühl,* Rechtsverordnung (Fn. 119), § 103 Rn. 19; a. A. *Bauer,* in: Dreier (Hrsg.), GG II Art. 80 Rn. 19; vgl. auch *Möstl,* Normative Handlungsformen (Fn. 11), § 19 Rn. 2: ein originäres Verordnungsrecht der Exekutive gibt es unter dem Grundgesetz nicht. Vgl. a. → Bd. I *Reimer* § 9 Rn. 70, *Ruffert* § 17 Rn. 63.

[178] *Hans-Detlef Horn,* Die grundrechtsunmittelbare Verwaltung, Zur Dogmatik des Verhältnisses zwischen Gesetz, Verwaltung und Individuum unter dem Grundgesetz, 1998, S. 64 ff.; *Seiler,* Parlamentsvorbehalt (Fn. 121), S. 190.

[179] *Ossenbühl,* Konkretisierende Rechtsetzung (Fn. 147), S. 4.

B. Untergesetzliche Rechtssätze

demokratischen Rechtsstaat so arbeitsteilig zu organisieren trachtet, dass sie auf die vielfältigen dynamischen Regelungsaufgaben einer modernen Gesellschaft mit einem Ausbau exekutiver Normsetzung zu reagieren in der Lage ist.[180] Die Gesetzgebung folgt dabei dem Gedanken funktionsadäquater rechtlicher Regelungsformen in einem System der *legislatory choice*.[181] Insbesondere im Umweltrecht und im Recht der technischen Sicherheit erschöpft sich die Aufgabe exekutiver Normsetzung keineswegs darin, lediglich ein fertig vorausbedachtes Regelungsprogramm des Gesetzgebers in Einzelpunkten weiter auszuformen. Vielmehr erfüllt erst sie die gesetzlichen Vorschriften mit Leben. Der Leitgedanke der Wesentlichkeit scheint hier auf den Kopf gestellt: Das Wesentliche steht nicht im Gesetz. Die Rechtspraxis opfert das Gebot parlamentarischer Steuerung insofern zusehends auf dem Altar des Effizienzgedankens arbeitsteiliger Kooperation und zollt damit der Dynamik technischen Wandels, wissenschaftlicher Erkenntnisfortschritte und zu diagnostizierender Umweltveränderungen, die sich in den Prozeduren parlamentarischer Gesetzgebung nur schwer einfangen lassen, Tribut.[182]

Nicht wenige Stimmen sehen daher die Zeit gekommen, vor der Realität 25a rechtstatsächlicher Verschiebungen und der Veränderung der Lebensverhältnisse bzw. Machtverschiebung zwischen den Handlungsinstrumenten auch rechtsdogmatisch nicht länger die Augen zu verschließen. *Armin von Bogdandy* etwa stuft eine gubernative Hegemonie als *Status normalis* der neuen Verfassungsordnung ein, auf die sich das Recht einzustellen habe.[183] *Fritz Ossenbühl* hält es für angezeigt, die verfassungsgeschichtlich bedingte Verordnungsphobie des Grundgesetzes einem geordneten Ausbau der Handlungsform weichen zu lassen.[184] Schließlich geht *Eberhard Schmidt-Aßmann* so weit, Verordnungsgebung im Sinne des Grundgesetzes weder als delegierte noch als originäre Rechtsetzung zu verstehen. Vielmehr schlägt er ein **Modell der Gesetzesakzessorietät** vor:[185] Danach ist jegliche Verordnungsgebung durchgängig an eine gesetzliche Basis rückgebunden, die den jeweiligen Regelungsbereich vorstrukturiert. Diese Vorformung soll aber nicht vorrangig durch das Bestimmtheitsgebot des Art. 80 Abs. 1 S. 2 GG erfolgen, das insbesondere bei quantitativem Verständnis die Verfassung zu einer „permanent unerfüllten Norm" mache. Vielmehr könne es zur Gewährleistung der geforderten Gesetzesakzessorietät schon genügen, dass Einzelpunkte des Regelungsfeldes gesetzlich festgelegt seien, innerhalb derer sich das Verordnungsrecht der Exekutive entfalten könne. Das gelte etwa dort, wo es um Fragen nachhaltiger Bedeutung oder um Situationen gehe, in denen die Regelungsoptionen durch andere Vorgaben, z.B. des Unionsrechts, des Haushaltsrechts oder durch Rahmenverträge, von vornherein begrenzt

---

[180] Vgl. *Schmidt-Aßmann*, Die Rechtsverordnung in ihrem Verhältnis zu Gesetz und Verwaltungsvorschrift (Fn. 44), S. 485 f.; *Martini*, Normsetzungsdelegation (Fn. 31), S. 160.

[181] Dazu *Schuppert*, Governance und Rechtsetzung (Fn. 44), S. 126 ff.

[182] Vgl. *Martini*, Normsetzungsdelegation (Fn. 31), S. 165 m.w.N.

[183] *v. Bogdandy*, Gubernative Rechtsetzung (Fn. 44), S. 8, 105, 377 und 490.

[184] *Fritz Ossenbühl*, Gesetz und Verordnung im gegenwärtigen Staatsrecht, in: Gunnar Folke Schuppert (Hrsg.), Das Gesetz als zentrales Steuerungsinstrument des Rechtsstaates, 1998, S. 27 (43).

[185] *Schmidt-Aßmann*, Die Rechtsverordnung in ihrem Verhältnis zu Gesetz und Verwaltungsvorschrift (Fn. 44), S. 487 ff.; vgl. auch *v. Bogdandy*, Gubernative Rechtsetzung (Fn. 44), S. 304 ff. sowie → Bd. I *Reimer* § 9 Rn. 69 f.

seien.[186] Ziel sei es, „den zu regelnden Sachbereich auf die Normsetzungsebenen so ,aufzuteilen', dass deren unterschiedliche Erkenntnis- und Gestaltungsmöglichkeiten möglichst gut eingesetzt werden können".[187] Diese Auffassung eröffnet der exekutivischen Normsetzung durch Rechtsverordnung einen weitergehenden, eigenständigen Anwendungsbereich und erfasst die gesetzliche Vorstrukturierung des Regelbereichs im Wege einer ganzheitlichen Würdigung normativer Einzelvorgaben im Sinne eines arbeitsteilig-kooperativen Regelungsverbundes.[188] Eine ganzheitliche Interpretation der Ermächtigungsnorm als Teil eines Systems kommunizierender Röhren ist mit dem Bestimmtheitsgebot des Art. 80 Abs. 1 S. 2 GG durchaus kompatibel (vgl. bereits → Rn. 20). Sobald dieser enge Rahmen aber durch eine Ablösung des Delegationskonzepts überschritten ist, setzt die Verfassung Schranken: So sehr auch eine Anpassung der normativen Vorgaben an die Realitäten der Normsetzung und der Bedingungen, unter denen sie stattfindet, *de constitutione ferenda* geboten erscheint, so wenig darf der bestehende Rahmen *de constitutione lata* im Wege der Verfassungsinterpretation überdehnt werden. Der Verfassungskonsens darf auch für „den guten Zweck" nicht einseitig aufgekündigt werden. Es gilt, ihn verfassungspolitisch weiterzuentwickeln.

II. Satzungen

1. Satzungen als autonome Rechtsetzung juristischer Personen

26 Ebenso wie Rechtsverordnungen enthalten Satzungen materiell verbindliche, im Rang unter dem formellen Gesetz stehende Normbefehle. In beiden Fällen handelt es sich um **abgeleitete Rechtsquellen:** Ihr normativer Geltungsanspruch geht auf eine Übertragung der Rechtsetzungsgewalt des Staates auf andere Rechtsträger zurück. Im Unterschied zu Rechtsverordnungen wird jedoch im Falle der Satzung nicht nur die Regelungszuständigkeit, sondern der gesamte Regelungsgegenstand, die Sachaufgabe, ausgelagert.[189] Bei der Rechtsverordnung wird die Sachentscheidung lediglich dekonzentriert, bei der Satzung dagegen **dezentralisiert.**[190]

Das Recht zum Satzungserlass beruht auf dem Recht selbständiger Verwaltungsträger, im Rahmen ihrer Autonomie in bestimmten Sachbereichen Rechtsverhältnisse selbständig zu regeln. Satzungserlass ist autonome, der Erlass von Rechtsverordnungen ist heteronome Rechtsetzung. Dies bringt es mit sich, dass etwa im kommunalen Bereich die Satzung die typische Handlungsform bei der Erledigung von **Selbstverwaltungsangelegenheiten,** die Verordnung dagegen

---

[186] *Schmidt-Aßmann*, Die Rechtsverordnung in ihrem Verhältnis zu Gesetz und Verwaltungsvorschrift (Fn. 44), S. 490 f.
[187] Ebd.
[188] *Schuppert*, Governance und Rechtsetzung (Fn. 44), S. 186 f.; zum ähnlichen Gedanken eines „Regelungsregimes" vgl. *Hoffmann-Riem*, Gesetz und Gesetzesvorbehalt (Fn. 20), S. 17.
[189] Vgl. *Edzard Schmidt-Jortzig*, Soll das kommunale Satzungsrecht gegenüber staatlicher und gerichtlicher Kontrolle gestärkt werden?, DVBl 1990, S. 920 ff.
[190] *Schmidt-Jortzig*, Kommunales Satzungsrecht (Fn. 189), S. 920; vgl. *Wolff/Bachof/Stober/Kluth*, VerwR I, § 25 Rn. 60; *Maurer*, VerwR, § 4 Rn. 26; *Fritz Ossenbühl*, Satzung, in: HStR V, § 105 Rn. 39; *Möstl*, Normative Handlungsformen (Fn. 11), § 19 Rn. 11.

B. Untergesetzliche Rechtssätze

die typische Handlungsform bei der Erledigung von Pflichtaufgaben nach Weisung bzw. von **staatlichen Auftragsangelegenheiten** darstellt.[191] In beiden Fällen handeln die Gemeinden nicht als „dritte Gesetzgebungsgewalt", sondern als Teil des administrativen Systems mit exekutiver Normsetzungsgewalt.

Satzungen erweisen sich vor diesem Hintergrund als Rechtsvorschriften, die von einer juristischen Person des öffentlichen Rechts im Rahmen der ihr gesetzlich verliehenen **Autonomie** mit Wirksamkeit für die ihr angehörigen und ihr unterworfenen Personen erlassen werden.[192] Körperschaften, Anstalten oder Stiftungen (insbesondere Gemeinden und Gemeindeverbände, staatliche Universitäten, Industrie- und Handelskammern sowie sonstige berufsständische Selbstverwaltungsträger, Sozialversicherungsträger und Rundfunkanstalten) können sie im Rahmen ihrer jeweiligen Selbstverwaltungsangelegenheiten als Instrument normativer Steuerung einsetzen. Auch bei sog. Anstaltsordnungen handelt es sich häufig materiell um Satzungen.[193] Keine Satzungen sind demgegenüber die Geschäftsordnungen der Parlamente und kommunalen Beschlussorgane: Sie entstammen nicht einer juristischen Person als solcher und wirken vor allem nur organintern.[194] Die Rechtsprechung hindert das jedoch nicht, die Geschäftsordnung des Gemeinderats (in dogmatisch wenig überzeugender Weise) einer Normenkontrolle nach § 47 Abs. 1 S. 1 Nr. 1 VwGO zugänglich zu machen.[195]

Der **Geltungsbereich** von Satzungen ist entsprechend der übertragenen Aufgabe räumlich, zeitlich, personell und sachlich begrenzt.[196] In sachlicher Hinsicht lassen sich im kommunalen Bereich der Selbstverwaltung (ähnlich wie bei Gesetzen) sog. **formelle Satzungen** (etwa Hauptsatzung, Haushaltssatzung) und **materielle Satzungen** (etwa Abgabensatzungen, Bebauungspläne, Satzungen über den Anschluss- und Benutzungszwang) unterscheiden. Nur letztere begründen unmittelbare Rechte oder Pflichten für die der Normgewalt unterworfenen Personen.[197]

Ihren guten **Sinn** haben die Verleihung von Satzungsautonomie und die Satzung als administrative Handlungsform darin, gesellschaftliche Beiträge der Rechtsgenossen zu aktivieren und den jeweiligen gesellschaftlichen Gruppen die eigenverantwortliche Gestaltung solcher Angelegenheiten anzuvertrauen, die sie selbst betreffen und die sie in ihrem überschaubaren Wirkungskreis am

27

---

[191] *Martin Burgi*, KommunalR, § 15 Rn. 10f.; vgl. *Maurer*, VerwR, § 4 Rn. 28.

[192] Vgl. *BVerfGE* 33, 125 (156); vgl. *Maurer*, VerwR, § 4 Rn. 24; *Wolff/Bachof/Stober/Kluth*, VerwR I, § 25 Rn. 57; *Ossenbühl*, Verfassungsvorbehalt (Fn. 130), S. 319.

[193] Vgl. zu früher sog. Sonderverordnungen im besonderen Gewaltverhältnis *Wolff/Bachof/Stober/Kluth*, VerwR I, § 25 Rn. 55f. m.w.N.; *Ossenbühl*, Autonome Rechtsetzung (Fn. 38), § 104 Rn. 6; *Möstl*, Normative Handlungsformen (Fn. 11), § 18 Rn. 12.

[194] Vgl. *Ossenbühl*, Satzung (Fn. 190), § 105 Rn. 42; *Möstl*, Normative Handlungsformen (Fn. 11), § 19 Rn. 13; vgl. auch *Thorsten I. Schmidt*, Die Geschäftsordnungen der Verfassungsorgane als individuell-abstrakte Regelungen des Innenrechts, AöR, Bd. 128 (2003), S. 608ff.

[195] *BVerwG*, DVBl 1988, S. 790f.; *VGH BW*, DÖV 2002, S. 912f.; a.A. *Martini*, Verwaltungsprozessrecht (Fn. 138), S. 163.

[196] Vgl. ausführlich zu den sachlichen, räumlichen und personellen Grenzen der Satzungsautonomie: *Lars C. Adler*, Das Satzungsrecht der Gemeinden als verfassungsrechtlich eigenständiges Rechtsetzungsrecht?, 1997, S. 132, 138, 140; *Waechter*, KommunalR, Rn. 482ff.

[197] Vgl. *Eberhard Schmidt-Aßmann*, Die kommunale Rechtsetzung im Gefüge der administrativen Handlungsformen und Rechtsquellen, 1981, S. 5f.; *Ossenbühl*, Satzung (Fn. 190), § 105 Rn. 44; *Hill*, Kommunales Satzungsrecht (Fn. 47), S. D 19; *Wolff/Bachof/Stober/Kluth*, VerwR I, § 25 Rn. 63.

sachkundigsten beurteilen können. Sie vermögen dadurch die regulative Distanz zwischen Normgeber und Normadressat zu verkürzen.[198] Zugleich sollen sie den Gesetzgeber ein Stück weit von der Schwierigkeit entbinden, solche sachlichen und örtlichen Spezifika, die sich seinem Wahrnehmungsradius entziehen und auf deren Veränderung er nicht schnell genug zu reagieren vermag, berücksichtigen zu müssen.[199]

Das BVerfG gesteht dem Gesetzgeber auch das Recht zu, mit der Übertragung der Wahrnehmung öffentlicher Aufgaben in Gestalt der Selbstverwaltung das Ziel zu verfolgen, ein wirksames **Mitspracherecht der Betroffenen** zu etablieren sowie einen sachgerechten Ausgleich widerstreitender Interessen zu erleichtern und so zur effektiveren Durchsetzung parlamentsgesetzlicher Leitentscheidungen beizutragen.[200] Das trägt nicht zuletzt einer überkommenen verwaltungspsychologischen Erkenntnis sachgerecht Rechnung: Die Einbindung der Betroffenen, insbesondere die Verbindung eigenverantwortlicher Wahrnehmung einer öffentlichen Aufgabe mit privater Interessenwahrung, kann die Normakzeptanz und damit die Normbefolgung erhöhen.[201] Die Dezentralisierung der Aufgabenerfüllung[202] und der zu diesem Zweck ergehenden Regelungen korrespondiert folglich mit der Pluralisierung der Gemeinwohlinteressen, der Vervielfältigung der Entscheidungszentren und der Verteilung der Handlungs- und Wissensressourcen im modernen Staat.[203] Sie soll eine aufgaben-, orts- sowie mitgliederspezifische Adaption und Konkretisierung allgemeiner gesetzlicher Entscheidungen ermöglichen,[204] Vielfalt und Sachverstand der Betroffenen nutzen[205] sowie die Wirksamkeit der Gesetze und eine effektive Zielerreichung im Interesse einer Gemeinwohloptimierung unterstützen.

2. Die Legitimation der Satzungsgewalt

28   Gleichwohl bedarf diese funktionale verwaltungswissenschaftliche Deutung der Satzungsgebung auch der (verfassungs-)rechtlichen Einbettung und Legitimation. Art und Reichweite der **Legitimation von Satzungsgewalt**[206] entscheiden insbesondere darüber, ob und inwieweit für die Satzungsgebung eine ge-

---

[198] Diese Funktionen der Satzungsgebung hat das Bundesverfassungsgericht in seiner grundsätzlichen Entscheidung zur Regelung des Facharztwesens mustergültig herausgearbeitet, *BVerfGE* 33, 125 (156 f.); vgl. auch *Ossenbühl*, Satzung (Fn. 190), § 105 Rn. 1; *Wolff/Bachof/Stober/Kluth*, VerwR I, § 25 Rn. 61.
[199] *BVerfGE* 33, 125 (157).
[200] *BVerfGE* 107, 59 ff.; vgl. auch *BVerfGE* 111, 191 (215 ff.).
[201] *BVerfGE* 107, 59 (92); vgl. dazu *Ossenbühl*, Verfassungsvorbehalt (Fn. 130), S. 318; *Matthias Jestaedt*, Demokratische Legitimation – quo vadis?, JuS 2004, S. 649 (650 f.); *Alexander Hanebeck*, Bundesverfassungsgericht und Demokratieprinzip – Zwischen monistischem und pluralistischem Demokratieverständnis, DÖV 2004, S. 901 (907 ff.); *Mario Martini*, Wenn das Volk (mit)entscheidet ..., 2011, S. 91 f.
[202] Vgl. dazu auch *König*, Moderne öffentliche Verwaltung (Fn. 60), S. 303 ff.
[203] *Janbernd Oebbecke*, Selbstverwaltung angesichts von Europäisierung und Ökonomisierung, VVDStRL, Bd. 62 (2003), S. 366 (374).
[204] *Hill*, Kommunales Satzungsrecht (Fn. 47), S. D 15.
[205] *Reinhard Hendler*, Das Prinzip Selbstverwaltung, in: HStR IV, § 106 Rn. 15, 29 ff.; *Kahl*, Staatsaufsicht (Fn. 125), S. 487; *Oebbecke*, Selbstverwaltung (Fn. 203), S. 398.
[206] Vgl. auch *Ossenbühl*, Satzung (Fn. 190), § 105 Rn. 24 ff.; *Möstl*, Normative Handlungsformen (Fn. 11), § 19 Rn. 12; → Bd. I *Trute* § 6 Rn. 79 ff., 82 ff.

setzliche Ermächtigungsgrundlage erforderlich ist, inwieweit Externe durch Satzungen gebunden werden können, wie weit die Gestaltungsfreiheit des Satzungsgebers (Satzungsermessen) reicht, welche Folgen Verfahrensfehler haben und – nicht zuletzt – wie intensiv Kontrollen durch Aufsichtsbehörden und Gerichte durchzuführen sind.

Die vergleichsweise eindimensional-lakonische Vorschrift des Art. 20 Abs. 2 S. 1 GG sowie die im Grundgesetz im Abschnitt „Die Gesetzgebung des Bundes" prominent verankerten Rechtsetzungsformen des formellen Gesetzes sowie der Rechtsverordnung können und wollen nicht den Anspruch erheben, die gesamte Komplexität der Herausforderung moderner Gesetzgebung sowie der Steuerung moderner Gesellschaften alleine „ein(zu)fangen".[207] Die funktionale Ausdifferenzierung moderner Gesellschaften verlangt vielmehr eine differenzierte Organisationsform öffentlicher Aufgabenerfüllung,[208] stoßen doch das parlamentarische Gesetz und die hierarchisch gegliederte Ministerialverwaltung als Steuerungsressource an ihre Leistungsgrenzen.[209] Die Verengung des Blicks demokratischer Legitimation auf das im Weisungs- und Aufsichtswege durchgesetzte Gesetz greift daher zunehmend zu kurz, um sachgerechte Antworten auf die Dynamik der Lebensverhältnisse moderner Gesellschaften und ihre Regelungsbedürfnisse zu finden.[210] Zwischen demokratischer Egalität als Grundlage des Allgemeininteresses und grundrechtlicher Individualität als Basis des Partikularinteresses gibt es Zwischenstufen,[211] die andersartiger, teilweise polymorpher Legitimationsformen bedürfen[212] und damit auch Reichweite und Inhalt der Befugnis zur Satzungsgebung beeinflussen. Die neuere Rechtsprechung stellt daher konsequenterweise nicht die ununterbrochene Legitimationskette zu den durch Volkswahl legitimierten Entscheidungsträgern in den Vordergrund. Sie rekurriert auf das **Legitimationsniveau** als Ensemble und das Zusammenwirken unterschiedlicher Legitimationsquellen, die je nach Sachbereich verschieden komponiert sein können.[213]

Es zeichnet sich insoweit ein Wandel ab: Nach dem klassischen Modell lückenloser parlamentsvermittelter Legitimation bildeten vorrangig die Legitimationsstränge der sachlich-inhaltlichen Legitimation, die durch Gesetz, Budget und Aufsicht vermittelt wird, sowie der personell-organisatorischen Legitimation die Messlatte.[214] Diesem Modell tritt im Bereich der **kommunalen Selbstverwaltung** (vgl. Art. 28 Abs. 2 GG) ein zweites Modell zur Seite. Es integriert Art. 28 Abs. 1

29

---

[207] *Veith Mehde*, Ausübung von Staatsgewalt und Public Private Partnership, VerwArch, Bd. 91 (2000), S. 540 (565).

[208] Vgl. *Schmidt-Aßmann*, Ordnungsidee, Kap. 2 Rn. 64; *Thomas Groß*, Das Kollegialprinzip in der Verwaltungsorganisation, 1999, S. 198; *ders.*, Gremienwesen und demokratische Legitimation (Fn. 125), S. 22f., 32f.

[209] Zur Bewältigung der sich hieraus ergebenden Koordinationsprobleme setzt die Verwaltung als klassische bürokratische Elemente Instrumente der Federführung, Mitzeichnung, Besprechung und Anhörung ein, *Bogumil/Jann*, Verwaltung, S. 142f.

[210] *Kahl*, Staatsaufsicht (Fn. 125), S. 485; vgl. auch → Bd. I *Trute* § 6 Rn. 42ff.

[211] *Schmidt-Aßmann*, Ordnungsidee, Kap. 2 Rn. 90.

[212] Vgl. *Winfried Kluth*, Funktionale Selbstverwaltung, 1997, S. 379ff.; *ders.*, Demokratische Legitimation, DV, Bd. 35 (2002), S. 349 (358); *Matthias Jestaedt*, Demokratieprinzip und Kondominialverwaltung, 1993, S. 283.

[213] Vgl. BVerfGE 83, 60 (72), 93, 37 (67), *Utz Schliesky*, Souveränität und Legitimität von Herrschaftsgewalt, 2004, S. 276ff.; → Bd. I *Trute* § 6 Rn. 56f.

[214] Vgl. BVerfGE 93, 37 (67); *Schmidt-Aßmann*, Ordnungsidee, Kap. 2 Rn. 82ff.

S. 2 GG in das Legitimationsprogramm des Art. 20 Abs. 2 GG.[215] Die parlamentsvermittelte Legitimation durch die Verpflichtung auf das staatliche Gesetz findet insoweit eine Ergänzung in einer eigenen demokratischen Legitimation der kommunalen Vertretungskörperschaft als Satzungsgeber, ihrer politischen Entscheidungsstruktur und -verantwortung sowie ihrem den Interessenausgleich sichernden Verfahren.

Auch jenseits der gemeindlichen Selbstverwaltung öffnet sich das Demokratiegebot des Grundgesetzes abweichenden Formen der Organisation und Ausübung von Staatsgewalt, namentlich der Einbeziehung Betroffener in die Wahrnehmung öffentlicher Aufgaben[216]: Die **funktionale Selbstverwaltung** (etwa berufsständischer Organisationen oder der Sozialversicherungsträger) als organisierte Selbststeuerung gruppenplural zusammengesetzter, durch gemeinsame Merkmale miteinander verbundener Korporationen steht dafür paradigmatisch. Sie bildet kein Widerlager gegen das demokratische Prinzip des Grundgesetzes, sondern ergänzt und verstärkt es,[217] indem sie den Leitgedanken des sich selbstbestimmenden Menschen in einer freiheitlichen Ordnung inhaltlich ausfüllt.[218] Die historisch gewachsenen Organisationsformen der funktionalen Selbstverwaltung hat das Grundgesetz insoweit durch Erwähnung und Ausgestaltung zum integralen Bestandteil seines verfassungsrechtlichen Gestaltungskonzepts erhoben.[219]

Die besondere Natur der Satzung als Handlungsform bringt es mit sich, dass die **Satzungsentscheidung** nicht wie die Rechtsverordnung (nur) eine Ausdifferenzierung des Gesetzes, gleichsam den Transmissionsriemen des gesetzgeberischen Willens, bildet, der mit dem Mandat zur autorisierten Interpretation der Ermächtigungsnorm ausgestattet ist. Sie ist vielmehr Ausdruck autonomer, aus dem Selbstverwaltungsrecht fließender Entscheidungsmacht. Sie ergeht in öffentlicher Meinungsbildung und Abstimmung, hat dabei – anders als ressortspezifische Entscheidungen (insbesondere bei Rechtsverordnungen) – auch eine ganzheitliche Ressourcen- und Folgenberücksichtigung zugrunde zu legen und ihre Ergebnisse öffentlich zu rechtfertigen.[220]

Mit der Anvertrauung autonomer Regelungsmacht verbinden sich umgekehrt Gefahren: insbesondere eine mögliche Vorbestimmung der Entscheidung durch

---

[215] Vgl. *Hill*, Kommunales Satzungsrecht (Fn. 47), S. D 14; *Schmidt-Aßmann*, Ordnungsidee, Kap. 2 Rn. 88 ff.; *Adler*, Satzungsrecht der Gemeinden (Fn. 196), S. 114 ff.; *Stefanie Engel-Boland*, Gemeindliche Satzungen und Gesetzesvorbehalt, 1999, S. 81 ff.

[216] *BVerfGE* 107, 59 (91); *Becker*, Strukturen in der Normsetzung (Fn. 126), S. 478; *Andreas Hänlein*, Rechtsquellen im Sozialversicherungsrecht, System und Legitimation untergesetzlicher Rechtsquellen des deutschen Sozialversicherungsrechts, 2001, S. 23. S. a. → Bd. I *Schmidt-Aßmann* § 5 Rn. 57, *Reimer* § 9 Rn. 41, 112, *Schuppert* § 16 Rn. 61 f.

[217] *BVerfGE* 107, 59 (92); 111, 191 (215 ff.).

[218] *BVerfGE* 107, 59 (92); vgl. *Alexander Hanebeck*, Der demokratische Bundesstaat des Grundgesetzes, 2004, S. 84 f.; *ders.*, Bundesverfassungsgericht und Demokratieprinzip (Fn. 201), S. 904; → Bd. I *Trute* § 6 Rn. 20.

[219] Vgl. *BVerfGE* 107, 59 (90); 111, 191 (215); *Peter Axer*, Normsetzung der Exekutive in der Sozialversicherung, Ein Beitrag zu den Voraussetzungen und Grenzen untergesetzlicher Normsetzung im Staat des Grundgesetzes, 2000, S. 271; weiterhin vgl. noch *Hänlein*, Rechtsquellen im Sozialversicherungsrecht (Fn. 216), S. 47 ff.; *Schliesky*, Souveränität und Legitimität (Fn. 213), S. 421; *Jestaedt*, Demokratische Legitimation (Fn. 201), S. 651.

[220] Vgl. *Hill*, Kommunales Satzungsrecht (Fn. 47), S. D 17.

B. Untergesetzliche Rechtssätze

das professionelle Hauptamt oder durch Mustersatzungen,[221] ungleichmäßige Interessenrepräsentationen, mögliche Interessenverflechtungen oder eine mangelnde bzw. im Verhältnis zur Parlamentsentscheidung geringere Distanz der normsetzenden Akteure zu dem Gegenstand der Norm.[222] Bei der Legitimation der Satzungsgewalt überwiegen aber zum einen gerade die Argumente der Sach- und Ortsnähe der Entscheidung sowie der gemeinwohlorientierten Gesamtentscheidung und der Notwendigkeit ihrer öffentlichkeitswirksamen Begründung und Rechenschaftslegung.[223] Zum anderen kann den damit verbundenen Fährnissen durch entsprechende **Verfahrenssicherungen** (vgl. etwa die Befangenheits- und Mitwirkungsvorschriften im Kommunalrecht) Rechnung getragen werden.

Die Erledigung öffentlicher Aufgaben im Wege der Selbstverwaltung hat auch in ihrer **tatsächlichen Ausgestaltung** dem Grundprinzip autonomer interessengerechter Selbstverwaltung sowie effektiver Aufgabenwahrnehmung angemessen Rechnung zu tragen.[224] Nur dann handelt es sich um eine mit dem demokratischen Prinzip der Verfassung vereinbare Form der Selbstorganisation, die den Grundgedanken der Selbstverwaltung sachgerecht spiegelt. Deshalb müssen die Regelungen über die **Organisationsstruktur** der Selbstverwaltungseinheiten ausreichende institutionelle Vorkehrungen dafür vorhalten, „dass die betroffenen Interessen tatsächlich angemessen berücksichtigt und nicht einzelne Interessen bevorzugt werden".[225] Dieses **Prinzip gleichmäßiger Interessenrepräsentanz** ist Ausprägung der Legitimationsleistung des Verfahrens, das für die Richtigkeit und Rationalität der Sachentscheidung bürgen soll (→Rn. 11 und 15). Die Anerkennung verbindlicher Entscheidungen der Selbstverwaltungsträger setzt insbesondere voraus, dass den Mitgliedern durch **Vertretungen** maßgeblicher Einfluss auf dieses Handeln erhalten bleibt (vgl. für die Gemeinden auch Art. 28 Abs. 1 S. 2 GG).[226] Die Aufgaben- und Handlungsbefugnisse der Organe müssen in einem parlamentarischen Gesetz ausreichend programmiert sein; ihre Wahrnehmung muss der Aufsicht personell demokratisch legitimierter Amtswalter unterliegen.[227]

30

Welche Aufgaben der Gesetzgeber auf Organisationseinheiten der Selbstverwaltung übertragen will und wie diese hinsichtlich Strukturen und Entscheidungsprozessen ausgestaltet werden sollen, bleibt dabei allerdings weitgehend seinem Ermessen überlassen.[228] Den jeweiligen Träger zu verbindlichem Handeln mit Entscheidungscharakter ermächtigen zu dürfen, ist integraler Bestand-

---

[221] Vgl. etwa *Friedrich Schoch*, Soll das kommunale Satzungsrecht gegenüber staatlicher und gerichtlicher Kontrolle gestärkt werden?, NVwZ 1990, S. 801 (804); *Schmidt-Jortzig*, Kommunales Satzungsrecht (Fn. 189), S. 923.
[222] *Ossenbühl*, Satzung (Fn. 190), § 105 Rn. 31; vgl. *Hans H. v. Arnim*, Gemeindliche Selbstverwaltung und Demokratie, AöR, Bd. 113 (1988), S. 1 (25).
[223] Vgl. auch → Bd. I *Trute* § 6 Rn. 47; *Hill*, Kommunales Satzungsrecht (Fn. 47), S. D 67 f.; *Eberhard Schmidt-Aßmann*, in: Sitzungsbericht über die Verhandlungen der Abteilung Kommunalrecht, 58. Deutscher Juristentag 1990, S. 8 (23); *Adler*, Satzungsrecht der Gemeinden (Fn. 196), S. 110.
[224] Vgl. BVerfGE 107, 59 (90).
[225] Vgl. BVerfGE 37, 1 (27 f.); 107, 59 (90); *Thomas Groß*, Das Kollegialprinzip in der Verwaltungsorganisation (Fn. 208), S. 251 f.
[226] BVerfGE 107, 59 (94).
[227] BVerfGE 107, 59 (94); *Ossenbühl*, Verfassungsvorbehalt (Fn. 130), S. 318 ff.
[228] BVerfGE 107, 59 (93); 111, 191 (216).

teil der gesetzgeberischen Gestaltungsfreiheit bei der Etablierung und näheren Ausgestaltung von Selbstverwaltungseinheiten.

Da die Selbstverwaltungsautonomie auf dem Gedanken der Aktivierung selbstregulativer Beiträge und der selbstbestimmten Ordnung eigener Angelegenheiten beruht, muss sich die Regelungsmacht allerdings grundsätzlich auf die unmittelbar betroffenen Einrichtungsmitglieder beschränken. Die **Bindung Externer,** die außerhalb dieses durch Selbstbetroffenheit und Sachnähe begründeten demokratischen Legitimationszusammenhangs stehen, ist damit grundsätzlich unvereinbar. Sollen Entscheidungen ausnahmsweise über den Kreis der Mitglieder hinausgreifen und auch Dritte erfassen, ist das nur dann denkbar, wenn jene in einem engen Sachzusammenhang mit der funktionalen Aufgabe der jeweiligen Selbstverwaltungskörperschaft stehen und in ihrem Gewicht die Grenzen ihrer eigenen Legitimation nicht vollständig verlassen.[229]

31 Wie weit die Legitimation zur Satzungsgebung reicht, hängt nicht zuletzt davon ab, wie die autonomen mitgliedschaftlich-partizipatorischen Legitimationsquellen konstituiert sind und sich entfalten, und welche Ordnungs-, Steuerungs- sowie Schutz- bzw. Sicherungsfunktionen weiterhin dem parlamentarischen Gesetzgeber verbleiben müssen.[230] Das ist je nach dem **Typus funktionaler Selbstverwaltung** unterschiedlich zu beurteilen. Für den eher grundrechtlich geprägten Typus steht das Paradigma der universitären Selbstverwaltung, bei der grundrechtlich sensible Freiheitsausübungen (Art. 5 Abs. 3 GG) in Ausgleich mit gesetzlichen und haushaltsrechtlichen Vorgaben als Ausdruck demokratischer Legitimation zu bringen sind.[231] Andere Formen funktionaler Selbstverwaltung sollen demgegenüber weniger einem individuellen als einem breiter gefassten institutionellen Interesse der Fruchtbarmachung von Kooperationsgewinnen zum Durchbruch verhelfen. Während dabei etwa in der wirtschaftlichen Selbstverwaltung der berufsständischen Kammern eher noch das legitime substanzielle Eigeninteresse der Berufsgruppenmitglieder dominiert, steht in der sozialen Selbstverwaltung der Gedanke der Verbandssolidarität im Vordergrund.[232]

Wiewohl es sich auf den ersten Blick, etwa bei den Satzungen der Kassenärztlichen Vereinigungen, um die Regelung eigener Angelegenheiten durch die sachkundig Betroffenen handelt, können die Interessen der Mitglieder – wie etwa Verteilungskämpfe beim Honorar der Kassenärzte deutlich machen – in wesentlichen Punkten inhomogen sein und eine Entscheidung durch den parlamentarischen Gesetzgeber bzw. zumindest gesetzliche Organisations- und Ver-

---

[229] Vgl. *Ossenbühl,* Satzung (Fn. 190), § 105 Rn. 35; *Schmidt-Aßmann,* Ordnungsidee Kap. 6 Rn. 86; *Axer,* Normsetzung der Exekutive (Fn. 219), S. 199 f.; *Hänlein,* Rechtsquellen im Sozialversicherungsrecht (Fn. 216), S. 43 f.; für mitversicherte Familienangehörige vgl. *Axer,* Normsetzung der Exekutive (Fn. 219), S. 200.
[230] Vgl. *Schmidt-Aßmann,* Ordnungsidee, Kap. 2 Rn. 90, 99; *Becker,* Strukturen in der Normsetzung (Fn. 126), S. 445 f.
[231] Vgl. *Schmidt-Aßmann,* Ordnungsidee, Kap. 2 Rn. 92; *Horst Dreier,* Hierarchische Verwaltung im demokratischen Staat, 1991, S. 236; *Thomas Oppermann,* Freiheit von Forschung und Lehre, in: HStR VI, § 145 Rn. 54.
[232] *Schmidt-Aßmann,* Ordnungsidee, Kap. 2 Rn. 93; *Reinhard Hendler,* Selbstverwaltung als Ordnungsprinzip, 1984, S. 225 f.; *Peter Tettinger,* Kammerrecht, Das Recht der wirtschaftlichen und freiberuflichen Selbstverwaltung, 1997, S. 132 ff.; *Ernst T. Emde,* Die demokratische Legitimation der funktionalen Selbstverwaltung, 1991, S. 110 f.

fahrensregelungen zum Schutz von Minderheiten erfordern, damit für diese Minderheitsgruppen Selbstverwaltung nicht zur Fremdverwaltung wird.[233]

3. Einzelfragen

Verfassungsrechtliche oder einfach-gesetzliche Verleihung von Satzungsgewalt berechtigt nicht selbstredend zugleich zum **Eingriff in Grundrechte.** Denn sie schließt Grundrechtseingriffe nicht notwendig ein. Vielmehr ist dafür zusätzlich eine spezielle gesetzliche Eingriffsgrundlage erforderlich.[234] Da dadurch angesichts der weitreichenden Grundrechtsrelevanz nahezu alle wichtigen Satzungen gesetzesabhängig werden können, stößt dieser Befund auf Kritik.[235] Eine ergebnisorientierte Betrachtung rechtfertigt angesichts des Primats der Verfassung als solche allerdings keine Aufweichung der Schutzfunktion des Gesetzesvorbehalts. Plausibler erscheint ein anderer Argumentationsansatz: Womöglich steckt dort, wo das Aufgabenfeld hinreichend bestimmt ist, in der Verleihung der Satzungsbefugnis in Einzelfällen implizit auch die Ermächtigung zu den damit verbundenen grundrechtlichen Eingriffen.[236] Zu weit geht es aber, die Argumentationslast gleich umzukehren: Wo Selbstverwaltung nicht wesentlich über die Regelung eigener Angelegenheiten hinausgehe, genüge es generell, so meinen einige, wenn eine gesetzliche Bestimmung den Satzungserlass für den Regelungsgegenstand abdecke.[237] Der Gesetzgeber darf aufgrund seines rechtsstaatlichen und demokratischen Schutzauftrags nicht beliebig „seine vornehmste Aufgabe […] anderen Stellen innerhalb oder außerhalb der Staatsorganisation zu freier Verfügung überlassen".[238]

32

Die Frage nach der Notwendigkeit einer ausdrücklichen gesetzlichen Ermächtigungsgrundlage für wesentliche, grundrechtsrelevante Regelungen durch Satzungen verlagert sich dann auf den Problemkomplex, welche **Bestimmtheitsanforderungen** an diese Ermächtigungsgrundlage zu stellen sind. Beide Fragen sind eng miteinander verzahnt. Art. 80 Abs. 1 S. 2 GG ist wegen der zusätzlichen legitimatorischen Ausstattung des Satzungsgebers und seiner unmittelbar auf die *abgeleitete* Rechtsetzung beschränkten normativen Macht jedenfalls nicht anwendbar.[239] Dessen ungeachtet bleibt der Gesetzgeber aber auch bei der Verleihung von Entscheidungsmacht an Selbstverwaltungseinheiten nicht von seiner Verantwortung entbunden, die Freiheitsinteressen Betroffener gegen die Durchsetzungsmacht spezifischer, in der Selbstorganisation typischerweise wirksam werdender Gruppeninteressen effektiv zu schützen und die grundsätzliche Zuordnung widerstreitender Freiheitsbereiche vorzunehmen. Das gilt in

33

---

[233] Vgl. *Becker,* Strukturen in der Normsetzung (Fn. 126), S. 468; *Peter Axer,* Selbstverwaltung in der gesetzlichen Krankenversicherung, DV, Bd. 35 (2002), S. 377 (390).

[234] Vgl. etwa *Waechter,* KommunalR, Rn. 471; *Ossenbühl,* Satzung (Fn. 190), § 105 Rn. 28; *Möstl,* Normative Handlungsformen (Fn. 11), § 19 Rn. 12.

[235] Vgl. etwa *Hermann Fechtrup,* in: Sitzungsbericht Kommunalrecht, 58. DJT (Fn. 223), S. 39 (47); *Monika Böhm,* Autonomes kommunales Satzungsrecht, in: Gertrude Lübbe-Wolff/Bernhard W. Wegener (Hrsg.), Umweltschutz durch kommunales Satzungsrecht, 2002, S. 414 (421).

[236] → Bd. I *Trute* § 6 Rn. 80. S. aber a. → Bd. I *Reimer* § 9 Rn. 39, 51: kommunalspezifische Fassung des Gesetzesvorbehalts (abgesenkte Anforderungen).

[237] *Oebbecke,* Selbstverwaltung (Fn. 203), S. 398.

[238] *BVerfGE* 33, 125 (159); 98, 49 (60); 101, 312 (322 ff.).

[239] Vgl. *BVerfGE* 12, 319 (325); *Bauer,* in: Dreier (Hrsg.), GG II, Art. 80 Rn. 16; *Bryde,* in: v. Münch/Kunig (Hrsg.), GGK III, Art. 80 Rn. 10.

besonderer Weise bei gruppenplural zusammengesetzten Selbstverwaltungsträgern mit disparaten Grundinteressen, etwa der berufsständischen oder sozialversicherungsrechtlichen Selbstverwaltung. Für die kommunale Selbstverwaltung lässt sich aber der Eigenverantwortlichkeitsgarantie des Art. 28 Abs. 2 GG ein Impuls zugunsten einer Absenkung der rechtsstaatlichen Bestimmtheitsanforderungen entnehmen.[240] Eine Stütze findet dieser Gedanke in dem Befund, dass der Schutzauftrag des Gesetzgebers hier – anders als dort – nicht aus der Gegensätzlichkeit von Gruppeninteressen hergeleitet werden kann.

Insgesamt (insofern ähnlich wie bei Rechtsverordnungen) werden sich damit nicht für alle Satzungen gleichartige Anforderungen an die gesetzliche Ermächtigung aufstellen lassen, vielmehr ist je nach Sachbereich, Regelungsgegenstand und den besonderen Legitimationsstrukturen des Satzungsgebers zu differenzieren. Das fügt sich bruchfrei mit der Metamorphose der Wesentlichkeitstheorie in eine prozeduralisierte Konzeption zusammen,[241] die durch die gesetzliche Vorgabe von Organisation und Verfahren des Interessenausgleichs und der Entscheidungsfindung weiterwirkende Sicherungen zum Schutz von Minderheiten und der Allgemeinheit anstrebt.

34 Die Bestimmtheit der gesetzlichen Ermächtigung determiniert auch die inhaltliche Gestaltungsfreiheit des Satzungsgebers. Das **Satzungsermessen** ist Ausdruck der der Selbstverwaltungsidee innewohnenden Gestaltungsmacht und Eigenverantwortlichkeit des Selbstverwaltungsträgers.[242] Es beschreibt einen (im Rahmen der gesetzlichen Vorgaben und der Grenzen der Selbstverwaltungsgewalt bestehenden) autonomen Entscheidungsbereich des Selbstverwaltungsträgers, in dem dieser den Ausgleich von Freiheitsverwirklichungsinteressen der der Selbstverwaltungsgewalt Unterworfenen unter Abwägung der widerstreitenden Interessen vornehmen kann. Für den kommunalen Bereich hat insofern *Eberhard Schmidt-Aßmann* ein zumindest in den Grundzügen einheitliches Modell für alle Satzungsarten vorgeschlagen, um die gerichtliche Kontrolle stärker vorhersehbar zu machen und für die Gemeinden mehr Rechtssicherheit zu schaffen.[243] Dem steht jedoch entgegen, dass Entscheidungsbedingungen und Entscheidungsart (schon) bei kommunalen Satzungen (erst recht aber bei Satzungen aus anderen Sachbereichen) sehr unterschiedlich sind und damit für ein uniformes Entscheidungsraster mit dem ihm eigenen Allgemeinverbindlichkeitsanspruch kein Raum bleibt.[244]

35 Die Kontrolle der Satzung durch **Aufsichtsbehörden** setzt die staatliche Legitimationsverantwortung des Gesetzgebers im Bereich der kommunalen und funktionalen Selbstverwaltung fort. Er hat daher auch Inhalt und Reichweite der Kontrollen zu bestimmen.[245] Soweit unbestimmte Rechtsbegriffe Spielräume belassen, eröffnen sich diese den Gemeinden, nicht der Aufsichtsbehörde. Denn

---

[240] *Burgi*, KommunalR, § 15 Rn. 40. S. a. → Bd. I *Reimer* § 9 Rn. 39, 51.

[241] → Bd. I *Trute* § 6 Rn. 48; vgl. *Ladeur*, Der Staat gegen die Gesellschaft (Fn. 54), S. 335 ff.; ders., Was kann das Konzept der „Prozeduralisierung"? (Fn. 70), S. 85 ff. Zum Abschied von der Wesentlichkeitstheorie s. a. → Bd. I *Reimer* § 9 Rn. 50 ff.

[242] Vgl. *Ossenbühl*, Satzung (Fn. 190), § 105 Rn 47; *Peter Badura*, Das normative Ermessen beim Erlass von Rechtsverordnungen und Satzungen, in: GS Wolfgang Martens, 1987, S. 25 (29 ff.).

[243] Vgl. *Schmidt-Aßmann*, in: Sitzungsbericht (Fn. 223), S. 20.

[244] BVerwGE 116, 188 (190 f.); vgl. *Hill*, Kommunales Satzungsrecht (Fn. 47), S. D 20; *Janbernd Oebbecke*, Kommunale Satzungsgebung und verwaltungsgerichtliche Kontrolle, NVwZ 2003, S. 1313 (1315 f.).

[245] Vgl. *Hill*, Kommunales Satzungsrecht (Fn. 47), S. D 108 f.; *Oebbecke*, Kommunale Satzungsgebung (Fn. 244), S. 1316.

B. Untergesetzliche Rechtssätze

das Grundgesetz garantiert die Satzungsbefugnisse nicht „im Rahmen administrativen Ermessens", sondern „im Rahmen der Gesetze".[246] Satzungsermessen und Verwaltungsermessen sind wesensverschieden. Ersteres bezeichnet die schöpferische normative Ordnung komplexer Interessenlagen, letzteres die Wahlfreiheit der Verwaltung bei der Anwendung und Sondierung mehrerer als Rechtsfolge gesetzlich vorgesehener Handlungsalternativen im Einzelfall. In der Praxis hat sich die staatliche Aufsicht inzwischen vielfach zu einer kooperativen Aufsicht entwickelt.[247] Es ist teilweise eine Lockerung aufsichtsrechtlicher Zügel zu beobachten. So sind etwa im kommunalen Bereich inzwischen viele Satzungen genehmigungsfrei und nur anzeigepflichtig.[248] Auch im Hochschulbereich zeichnet sich eine stärkere Betonung der Autonomie ab.[249]

Andererseits lassen neuere Entscheidungen im Haftungsrecht[250] den Schluss zu, dass die staatliche Aufsicht nicht vollständig aus der Verantwortung entlassen werden kann. Je mehr eine Prozeduralisierung des Gesetzesvorbehalts voranschreitet, umso mehr sollten aufsichtsbehördliche und gerichtliche Kontrollen von Verfahrensfehlern beim Erlass von Satzungen an Bedeutung gewinnen.[251] Dass der Gesetzgeber dem **Grundsatz der Normerhaltung** bei Verfahrensfehlern der Satzungsgebung zusehends den Vorrang zuspricht, fügt sich damit nicht bruchfrei zusammen.[252]

Eine zusammenfassende **Bilanz** der Satzungsgebung fällt im Hinblick auf ihre vielfältigen Einsatzbereiche und die unterschiedlichen Legitimationsstrukturen sowie den sich langsam vollziehenden Wandel der rechtlichen Anerkennung dieser Legitimationsstrukturen und ihres Zusammenwirkens gemischt aus.[253] Als Lackmustest für ihren Zustand und ihre Bewährung eignet sich die innere Rechtfertigung von Herrschaft und eine tatsächlich wirksame gemeinwohlfähige Struktur des öffentlichen Handlungs- und Entscheidungssystems.[254] Insofern ist in allen Fällen eine Abwägung geboten zwischen staatsvolkvermittelter Legitimation (formal) und gemeinwohlorientiertem output bzw. outcome (materiell)[255] auf der einen Seite sowie gruppenspezifischen Sonderinteressen auf der anderen Seite, die den Prozess der Gemeinwohlkonkretisierung allerdings unterstützen und verstärken können.[256] Zwar erwachsen Gefahren für die Grundrechte sowohl durch die Allmacht staatlicher Entscheidungen als auch durch das Recht kommunaler Selbstverwaltung, bislang unbesetzte Aufgaben aufgrund der ge-

36

---

[246] *Fechtrup*, in: Sitzungsbericht (Fn. 235), S. 50.
[247] Vgl. *Kahl*, Staatsaufsicht (Fn. 125), S. 472 ff.
[248] Vgl. *Waechter*, KommunalR, Rn. 478; *Hill*, Kommunales Satzungsrecht (Fn. 47), S. D 30; *Ossenbühl*, Satzung (Fn. 190), § 105 Rn. 56.
[249] *Max E. Geis*, Das Selbstbestimmungsrecht der Universitäten, Forschung und Lehre 2003, S. 242 (244), spricht von „neuer Autonomie"; weiterhin *Kahl*, Staatsaufsicht (Fn. 125), S. 519 ff.
[250] Insbesondere *BGHZ* 153, 198 (201 ff.); *Albert v. Mutius*, Amtshaftung bei fehlerhafter kommunalaufsichtsbehördlicher Genehmigung privatrechtlicher Gemeindegeschäfte, NJW 2003, S. 1278 (1280).
[251] *Hill*, Das fehlerhafte Verfahren (Fn. 3), S. 200; *Hufen*, Fehler, Rn. 594.
[252] *Waechter*, KommunalR, Rn. 11 ff.; *Burgi*, KommunalR, § 15 Rn. 28 ff.; *Battis*, in: Battis/Krautzberger/Löhr, BauGB, vor §§ 214–216 Rn. 8; *Möstl*, Normative Handlungsformen (Fn. 11), § 19 Rn. 35.
[253] Vgl. → Bd. I *Trute* § 6 Rn. 15 ff.; *Hanebeck*, Bundesverfassungsgericht und Demokratieprinzip (Fn. 201), S. 908; *Jestaedt*, Demokratische Legitimation (Fn. 201), S. 653; *Hermann Hill*, Urban Governance und lokale Demokratie, Informationen zur Raumentwicklung 2005, S. 567 (569).
[254] *Schmidt-Aßmann*, Ordnungsidee, Kap. 2 Rn. 94.
[255] *Mehde*, Staatsgewalt und Public Private Partnership (Fn. 207), S. 563; → Bd. I *Trute* § 6 Rn. 53.
[256] Vgl. *BVerfGE* 107, 59 (92).

bietlichen Allzuständigkeit an sich zu ziehen,[257] bzw. durch sach- bzw. berufsspezifische Einseitigkeiten funktionaler Selbstverwaltung.[258] Umgekehrt schaffen aber gerade die Vielfalt der Satzungsgeber, die größere Zahl der Entscheidungszentren und die jeweils unterschiedlichen Formen der Gemeinwohlsuche ein bislang nicht vollständig entfaltetes Autonomie- und Innovationspotential der Normsetzung durch Satzung.[259]

Auch bei autonomer Gestaltung bestimmter Aufgabenbereiche durch Satzung verbleibt nach dem demokratischen Legitimationskonzept des Grundgesetzes die grundrechtliche Gesamtverantwortung in den Händen des parlamentarischen Gesetzgebers. Gleichzeitig muss das Gesamtvolk maßgeblichen Einfluss auf verbindliches Handeln mit Entscheidungscharakter von Trägern (kommunaler und) funktionaler Selbstverwaltung behalten.[260] Diese Ausübung des parlamentarischen Schutz- und Ordnungsauftrags muss durch inhaltliche Rahmenvorgaben und weiterwirkende organisatorische und prozessuale Sicherungen gewährleistet sein.[261] Für sie besteht umso mehr ein Bedürfnis, je stärker die Wahrnehmung gemeinwohlbezogener Grundanliegen, die Entscheidung interner Interessenkonflikte im Autonomiebereich oder die Bindung Externer betroffen ist.

III. Verwaltungsvorschriften

1. Begriff und Rechtsnatur

37   Neben Gesetzen und Rechtsverordnungen gelten Verwaltungsvorschriften als „ungesicherte dritte Kategorie des Rechts".[262] Sowohl das In- als auch das Ausland[263] erkennt ein praktisches Bedürfnis für solche abstrakt-generellen Regelungen der Verwaltung an, mit denen diese ihren Funktionsbereich ordnet und die Vollzugsfähigkeit der Gesetze herstellt.[264] Gleichwohl ist die dogmatische Konstruktion und Wirkung der Verwaltungsvorschriften im deutschen Verwaltungsrecht bis heute keineswegs abschließend geklärt.[265]

Im Kern sind Verwaltungsvorschriften generell-abstrakte Anordnungen einer Behörde an nachgeordnete Behörden oder eines Vorgesetzten an die ihm unterstellten Verwaltungsbediensteten, die den Verwaltungsvollzug vereinheitlichen, vereinfachen und rationalisieren sollen. Verwaltungsvorschriften vermitteln der

---

[257] Vgl. *Burgi*, KommunalR, § 15 Rn. 8.
[258] Vgl. schon *BVerfGE* 33, 125 (159).
[259] *Hill*, Kommunales Satzungsrecht (Fn. 47), S. D 15; *Oebbecke*, Selbstverwaltung (Fn. 203), S. 374, 391; *Waechter*, KommunalR, Rn. 466.
[260] *BVerfGE* 107, 59 (94).
[261] Vgl. *BVerfGE* 111, 191 (217f.); *Hill*, Urban Governance (Fn. 253), S. 573; *ders.*, Urban Governance – Zum Wohle der Kommune, in: FS Heinrich Mäding, 2006, S. 155 ff.
[262] *Ossenbühl*, Verfassungsvorbehalt (Fn. 130), S. 315; *Rainer Wahl*, Verwaltungsvorschriften: Die ungesicherte dritte Kategorie des Rechts, in: FG 50 Jahre BVerwG (Fn. 59), S. 571 ff.
[263] Vgl. *v. Bogdandy*, Gubernative Rechtsetzung (Fn. 44), S. 452; *Wahl*, Verwaltungsvorschriften (Fn. 262), S. 571.
[264] *Ossenbühl*, Verfassungsvorbehalt (Fn. 130), S. 315 f.
[265] Vgl. *Maurer*, VerwR, § 24 Rn. 2; *Ossenbühl*, Autonome Rechtsetzung (Fn. 38), § 104 Rn. 14 ff.; *Thomas Sauerland*, Die Verwaltungsvorschriften im System der Rechtsquellen, 2005, S. 70 ff.; *Hans-Uwe Erichsen*, Verwaltungsvorschriften als Steuerungsnorm und Rechtsquellen, in: FS Heinrich W. Kruse, 2001, S. 39 (50 ff.); *Jarass*, Bindungswirkung von Verwaltungsvorschriften (Fn. 50), S. 105 ff.; *Barbara Remmert*, Rechtsprobleme von Verwaltungsvorschriften, Jura 2004, S. 728 (729 ff.); *Anna Leisner*, Verwaltungsgesetzgebung durch Erlasse, JZ 2002, S. 219 (223 ff.); *Möstl*, Normative Handlungsformen (Fn. 11), § 19 Rn. 16.

B. Untergesetzliche Rechtssätze

Verwaltung Entlastung und dem Bürger Orientierung, indem sie die Handlungsmaßstäbe der Verwaltung beim Gesetzesvollzug erkennbar und berechenbar machen. Ihre Regelungsgegenstände betreffen entweder die innere Ordnung einer Behörde oder das sachliche Verwaltungshandeln. Sie eignen sich als Instrumente administrativer Nachsteuerung insbesondere dort, wo die Aufspaltung der Verwaltungskompetenz zwischen verschiedenen Verwaltungsträgern ein Harmonisierungsbedürfnis auslöst.

In der Praxis tragen Verwaltungsvorschriften disparate Bezeichnungen. Sie firmieren etwa als „Richtlinien", „Erlasse", „Rundverfügungen" etc.;[266] auch neue oder in ihrer Rechtsnatur ungeklärte Handlungsformen, z. B. Zielvereinbarungen,[267] werden teilweise dem Handlungstypus der Verwaltungsvorschrift zugerechnet. Er hat sich insoweit zu einem **Sammel- und Auffangbegriff für generell-abstraktes Handeln einer Behörde** entwickelt, das nicht als Rechtsverordnung erlassen wurde bzw. deren Voraussetzungen nicht erfüllt und auch nicht als Satzung zu qualifizieren ist.

Die Befugnis zum Erlass von Verwaltungsvorschriften ist grundsätzlich der Exekutivgewalt inhärent. Sie folgt namentlich aus ihrer Organisations- und Geschäftsleitungsgewalt sowie der verfassungsrechtlichen Verpflichtung zum Vollzug der Gesetze.[268] Verwaltungsvorschriften beruhen auf der Weisungskompetenz der vorgesetzten Instanz[269] und stellen gebündelte oder generelle Weisungen dar. Der **hierarchische Aufbau** der Verwaltung bildet insoweit den Schlüssel zum Verständnis der Verwaltungsvorschriften.[270] Dies bedeutet indes auf der anderen Seite, dass in den Fällen, in denen Verwaltungshandeln nicht durch Hierarchie und Weisung geprägt ist, wie bei selbständigen Agenturen, nur andere Handlungsformen, etwa kooperative Netzwerkarrangements, für das Zusammenwirken in Betracht kommen. Gleichwohl sind auch in solchen Fällen Spielregeln oder Leitlinien für das Zusammenwirken erforderlich, die von einer Stelle erlassen werden, welche mit Richtliniensetzung, Koordination und Aufsicht bzw. Kontrolle, also einer Gesamtverantwortung, betraut ist.[271]

---

[266] Vgl. zur Vielfalt der Verwaltungsvorschriften im Steuerrecht pars pro toto *Klaus Tipke/Joachim Lang* u. a., Steuerrecht, 20. Aufl. 2010, § 21 Rn. 36.

[267] *Kopp/Ramsauer*, VwVfG, § 54 Rn 24; *Thorsten I. Schmidt*, Zielvereinbarungen als Herausforderung des Allgemeinen Verwaltungsrechts, DÖV 2008, S. 760 ff.; *Hans-Heinrich Trute*, Die Rechtsqualität von Zielvereinbarungen und Leistungsverträgen im Hochschulbereich, WissR, Bd. 33 (2000), S. 134 (150 ff.); vgl. auch *Hermann Hill*, Zur Rechtsdogmatik von Zielvereinbarungen in Verwaltungen, NVwZ 2002, S. 1059 (1060).

[268] *Möstl*, Normative Handlungsformen (Fn. 11), § 19 Rn. 18; *Ossenbühl*, Verfassungsvorbehalt (Fn. 130), S. 316; vgl. *Annette Guckelberger*, Zum methodischen Umgang mit Verwaltungsvorschriften, DV, Bd. 35 (2002), S. 61 (62).

[269] *Maurer*, VerwR, § 24 Rn. 1; vgl. *Wolff/Bachof/Stober/Kluth*, VerwR I, § 24 Rn. 24; *Ossenbühl*, Autonome Rechtsetzung (Fn. 38), § 104 Rn. 4; *Sabine Seidel*, Praxis der Verordnungsgebung, 2004, S. 6; *Sauerland*, Verwaltungsvorschriften (Fn. 265), S. 43.

[270] *Maurer*, VerwR, § 24 Rn. 6; zu den sog. intersubjektiven Verwaltungsvorschriften gem. Art. 84 Abs. 2, 85 Abs. 2 GG vgl. *Groß*, in: Friauf/Höfling (Hrsg.), GG, Art. 84, Rn. 30 ff., Art. 85, Rn. 16 f.; sowie → Bd. I *Groß* § 13 Rn. 39; *Maurer*, VerwR, § 24 Rn. 18; *Hans-Uwe Erichsen/Charlotte Klüsche*, Verwaltungsvorschriften, Jura 2000, S. 540 (542); *Willi Blümel*, Allgemeine Verwaltungsvorschriften, allgemeine Weisungen und allgemeine Rundschreiben in der Staatspraxis der Bundesverwaltung, in: FS Klaus König, 2004, S. 295 ff.

[271] *Hill*, Urban Governance – Zum Wohle der Kommune (Fn. 261), S. 155 ff.; *Schmidt*, Zielvereinbarungen (Fn. 267), S. 765.

§ 34 Exekutivische Normsetzung

So vielfältig die Arten der Verwaltungsvorschriften sind, so unterschiedlich sind ihre Kompetenztitel. Sie finden sich etwa im Organisations-, Haushalts-, Dienst- und Fachrecht. Ihre unterschiedlichen Verortungen spiegeln dabei teilweise verschiedene Arten der Legitimation der Verwaltung mit unterschiedlichem Gestaltungsspielraum wider.[272]

Gesetze, die den Erlass von Verwaltungsvorschriften regeln, sind im Allgemeinen lediglich Kompetenznormen, nicht dagegen Eingriffsgrundlagen.[273] Soweit die Organisations- und Geschäftsleitungsgewalt überschritten wird, etwa bei den sog. inter-subjektiven Verwaltungsvorschriften, z. B. im Bund-Länder-Verhältnis (Art. 84 Abs. 2, 85 Abs. 2),[274] bedarf es aber einer eigenen Ermächtigungsgrundlage.[275] Für den praktisch wichtigen Bereich der Steuerverwaltung ergibt sich eine solche bspw. aus Art. 108 Abs. 7 GG.[276]

38 Die **Rechtsnatur** und **Wirkmacht** von Verwaltungsvorschriften wird sehr unterschiedlich bewertet. *Hartmut Maurer* sieht aus Verwaltungsvorschriften als verwaltungsinternen Regelungen keine Rechte und Pflichten für die Bürger erwachsen, ihr Regelungsbefehl erreiche – wegen ihrer Beschränkung auf den staatlichen Innenbereich – den Bürger nicht.[277] Dagegen stuft *Rainer Wahl* Verwaltungsvorschriften, die den materiellen Gehalt von Gesetzen weiterentwickeln, vervollständigen, verfeinern und ergänzen, nicht als Vorschriften für die Verwaltung, sondern als von der Verwaltung gesetzte Vorschriften ein, die sich wie alle anderen Rechtsnormen auch auf den Einzelnen beziehen.[278] Ihr Ziel sei es, diesen zu erreichen und seine Rechtsstellung zu regeln – selbstverständlich im Rahmen der vorrangigen Kategorien Verfassung, Gesetz und Rechtsverordnung.[279] Mit Blick auf ihre tatsächlichen, von der Rechtsprechung geprägten Eigenschaften und Auswirkungen plädiert dagegen *Matthias Knauff* für ein Verständnis von Verwaltungsvorschriften als *soft law*, das gleichzeitig nicht die Qualifikation als Innenrecht ausschließen soll.[280]

Die juristische Bewältigung von Verwaltungsvorschriften lässt sich – **historisch betrachtet** – mit *Gunnar Folke Schuppert*[281] in **drei Etappen** gliedern: Für die erste *Etappe* galt die Gleichung „Verwaltungsvorschriften = Nicht-Recht": Die Staats- und Verwaltungsrechtslehre des 19. Jahrhunderts beschränkte den Begriff des Rechts auf die Beziehung zwischen selbständigen Rechtspersonen (im Bereich

---

[272] Vgl. *Wahl*, Verwaltungsvorschriften (Fn. 262), S. 578, Fn. 32.

[273] *Ossenbühl*, Autonome Rechtsetzung (Fn. 38), § 104 Rn. 76; vgl. *Schmidt-Aßmann*, Die Rechtsverordnung in ihrem Verhältnis zu Gesetz und Verwaltungsvorschrift (Fn. 44), S. 477 (491).

[274] Vgl. → Bd. I *Groß* § 13 Rn. 39; *Maurer*, VerwR, § 24 Rn. 18 f.; *Erichsen/Klüsche*, Verwaltungsvorschriften (Fn. 270), S. 542; vgl. auch *Möstl*, Normative Handlungsformen (Fn. 11), § 19 Rn. 18.

[275] Zu diesen Verwaltungsvorschriften vgl. etwa *Blümel*, Allgemeine Verwaltungsvorschriften (Fn. 270), S. 295 ff.

[276] Vgl. zur Bedeutung dieser Vorschrift für den gleichmäßigen Steuervollzug *Mehde*, Rechtsetzungen der europäischen und nationalen Verwaltungen (Fn. 37), S. 435.

[277] *Maurer*, VerwR, § 24 Rn. 17; *Möstl*, Normative Handlungsformen (Fn. 11), § 19 Rn. 16 hält es für notwendig, zu einer einheitlichen innenrechtlichen Lösung zurückzukehren.

[278] *Wahl*, Verwaltungsvorschriften (Fn. 262), S. 578 f.

[279] *Wahl*, Verwaltungsvorschriften (Fn. 262), S. 592 f.

[280] *Matthias Knauff*, Der Regelungsverbund: Recht und Soft Law im Mehrebenensystem, 2010, S. 354 f.; vielmehr kritisiert er solche Ansichten, die eine gänzliche Aufhebung der Grenzen zwischen Innen- und Außenrecht favorisieren und damit nach seiner Einschätzung im Ergebnis der Kelsenschen Reinen Rechtslehre entsprächen.

[281] *Schuppert*, Verwaltungswissenschaft, S. 267 f.

B. Untergesetzliche Rechtssätze

des Verwaltungsrechts auf die Beziehung zwischen Staat und Bürger) und hat daher die Verwaltungsvorschrift als verwaltungsinterne Regelung aus dem Rechtsbegriff ausgeklammert. Über diese auf dem konstitutionellen Gesetzesbegriff der damaligen Zeit beruhende Ausgrenzung sind inzwischen die Zeitläufe hinweggegangen. Der Rechtscharakter der Verwaltungsvorschriften ist grundsätzlich anerkannt und tritt nach heutigem Verständnis schon allein dadurch ein, dass sie für die Behörden und Bediensteten verbindliche Anordnungen darstellen und diese Verbindlichkeit nur durch das Recht begründet sein kann.[282] Das ändert aber nichts daran, dass Verwaltungsvorschriften nach überkommener Auffassung zwar als Rechtssätze, aber nicht als Rechtsnormen (Außenrechtssätze) qualifiziert werden, weil ihre primäre Zielrichtung in der Regel der staatliche Innenraum ist.[283]

Die *zweite Etappe* in der juristischen Bewältigung des Instruments der Verwaltungsvorschriften ist durch die Gegenüberstellung von Innenrecht und Außenrecht[284] gekennzeichnet. Sie ist durch die Vorstellung geprägt, dass Verwaltungsvorschriften weder unmittelbar noch mittelbar gegenüber dem Bürger wirken und so der Bürger keinerlei Rechte aus ihnen ableiten kann. 39

Die *dritte, heutige Etappe* lässt sich als Entwicklung zur Handlungsform der **differenzierten Bindungswirkung**[285] charakterisieren. Sie ist gekennzeichnet durch eine Flexibilität der Einsatzfelder und Wirkungsformen von Verwaltungsvorschriften, die der Verwaltung die ihr zur sachgerechten Bewältigung ihrer Aufgaben erforderlichen Handlungsoptionen eröffnet (vgl. dazu im Einzelnen → Rn. 44).

2. Arten der Verwaltungsvorschriften

Verwaltungsvorschriften treten in der Praxis in sehr unterschiedlichen Erscheinungsformen auf. Neben Organisations-, Haushalts- und Dienstvorschriften (Rn. 40), norminterpretierenden (→ Rn. 41) und ermessenslenkenden (→ Rn. 42) finden sich auch gesetzesvertretende (→ Rn. 43) und normkonkretisierende (→ Rn. 44 f.) Verwaltungsvorschriften. 40

Der Kategorie der **Organisations-, Haushalts- und Dienstvorschriften** unterfällt eine große Zahl von Verwaltungsvorschriften. Sie legen die Zuständigkeit, die innere Organisation und den Dienstbetrieb der Behörde fest, etwa die Geschäftsverteilung und die Dienstzeit, das Verfahren oder haushaltswirksame

---

[282] Vgl. auch *Knauff*, Der Regelungsverbund (Fn. 280), S. 352 f.
[283] So *Maurer*, VerwR, § 24 Rn. 3; *Ulrich Battis*, Allgemeines Verwaltungsrecht, 3. Aufl. 2002, S. 34; *Jörn Ipsen*, Allgemeines Verwaltungsrecht, 4. Aufl. 2005, Rn. 142 ff., 160; *Sauerland*, Verwaltungsvorschriften (Fn. 265), S. 75. Vgl. auch *Bull/Mehde*, VerwR, Rn. 226: Begriffsstreit ohne praktische Auswirkung.
[284] Dazu vgl. *Klaus Lange*, Innenrecht und Außenrecht, in: Hoffmann-Riem/Schmidt-Aßmann/Schuppert (Hrsg.), Reform, S. 307 (321 ff.); → Bd. I *Jestaedt* § 14 Rn. 14; für *Möstl*, Normative Handlungsformen (Fn. 11), § 19 Rn. 4, bleibt dieser Unterschied von fundamentaler Bedeutung.
[285] *Schmidt-Aßmann*, Die Rechtsverordnung in ihrem Verhältnis zu Gesetz und Verwaltungsvorschrift (Fn. 11), S. 178; ähnlich: *Ossenbühl*, Verfassungsvorbehalt (Fn. 130), S. 316 sowie *Wolfgang Kiefer*, Rechtsstaatliche Pflicht zur Veröffentlichung von Verwaltungsvorschriften, LKRZ 2007, S. 212 (214 ff.).

Entscheidungen, soweit diese nicht durch Gesetz oder aufgrund eines Gesetzes geregelt werden müssen.[286] Diesen Vorschriften wird herkömmlicherweise reine Innenwirkung beigemessen.[287] Allerdings kann gerade die Frage, wer entscheidet, in welchem Verfahren und mit welchen Beteiligten dies geschieht und welche finanziellen Ressourcen, etwa Personal- oder Sachmittel, dazu zur Verfügung stehen, mittelbar von erheblicher Grundrechtsrelevanz sein. Diese Regelungen machen nicht nur das Gesetz erst vollziehbar, sondern prägen seine Umsetzung und gestalten damit auch Freiheitsbereiche der Gesetzesadressaten. Gewichtige Stimmen sehen solche Vorschriften denn auch teilweise als originäres Exekutivrecht mit unmittelbarer Außenwirkung an.[288]

41 Gesetzesauslegende oder **norminterpretierende Verwaltungsvorschriften** (Auslegungsrichtlinien) sollen die Auslegung der Gesetze durch die nachgeordneten Verwaltungsbehörden, insbesondere bei unbestimmten Rechtsbegriffen, auf Tatbestandsseite anleiten.[289] Rechtsprechung und Schrifttum stufen diese Vorschriften einhellig als (im Außenverhältnis) unverbindliche, interne Interpretationshilfe ein. Denn die Auslegung unbestimmter Rechtsbegriffe ist durch die Gerichte vollständig überprüfbar, soweit jene nicht ausnahmsweise einen Beurteilungsspielraum für die Verwaltung begründen.[290]

42 Dogmatisch von besonderem Interesse sind sog. **ermessenslenkende Verwaltungsvorschriften** (Ermessensrichtlinien). Sie sollen eine einheitliche und gleichmäßige Ermessensausübung der Verwaltung sicherstellen. Zu diesem Zweck enthalten sie generelle Leitlinien, in welcher Weise die Verwaltung von dem ihr gesetzlich eingeräumten Ermessen Gebrauch machen soll.[291] Dabei erzeugen sie über die ausgeübte Verwaltungspraxis und den Gleichheitssatz (Art. 3 Abs. 1 GG) eine sog. Selbstbindung der Verwaltung und damit eine mittelbare rechtliche Außenwirkung,[292] die insoweit (anders als bei norminterpretierenden Verwaltungsvorschriften) als Teil der Ermessenskontrolle die

---

[286] Vgl. *Ossenbühl*, Autonome Rechtsetzung (Fn. 38), § 104 Rn. 18; *Sauerland*, Verwaltungsvorschriften (Fn. 265), S. 63.

[287] Vgl. *Ossenbühl*, Autonome Rechtsetzung (Fn. 38), § 104 Rn. 20; *Maurer*, VerwR, § 24 Rn. 16; *Jarass*, Bindungswirkung von Verwaltungsvorschriften (Fn. 50), S. 105 (106).

[288] Vgl. *Fritz Ossenbühl*, Rechtsquellen und Rechtsbindungen der Verwaltung, in: Erichsen/Ehlers (Hrsg.), VerwR, 12. Aufl. 2002, § 6 Rn. 45; auch *Maurer*, VerwR, § 24 Rn. 28: „der tatsächlichen Außenwirkung entsprechende rechtliche Außenwirkung" mit Hinweisen auf verschiedene höchstrichterliche Entscheidungen. Kritisch hingegen *Markus Pöcker*, Die Verrechtlichung des staatlichen Innenraums, JZ 2006, S. 1108 ff.

[289] Vgl. *Ossenbühl*, Autonome Rechtsetzung (Fn. 38), § 104 Rn. 24; *Maurer*, VerwR, § 24 Rn. 9; *Battis*, Verwaltungsvorschriften (Fn. 283), S. 33; *Sauerland*, Verwaltungsvorschriften (Fn. 265), S. 64.

[290] Vgl. *Ossenbühl*, Autonome Rechtsetzung (Fn. 38), § 104 Rn. 65; *Maurer*, VerwR, § 24 Rn. 29; s.a. → Bd. I *Ruffert* § 17 Rn. 74. Zum Beurteilungsspielraum s. aber a. → Bd. I *Hoffmann-Riem* § 10 Rn. 90 ff.; dies kann in der Praxis zu der paradox anmutenden Folge führen, dass die Verwaltung, die über einen Rechtsbehelf entscheidet, auf der Grundlage einer Verwaltungsvorschrift ganz anders entscheiden muss als das Gericht, das im weiteren Verfahren über den Fall zu befinden hat, vgl. dazu beispielsweise für das Steuerrecht *Tipke/Lang* u.a., Steuerrecht (Fn. 266), § 22 Rn. 10; *Kiefer*, Veröffentlichung von Verwaltungsvorschriften (Fn. 285), S. 214. S. dazu auch in jüngerer Zeit das Urteil des BVerfG, NVwZ 2011, S. 1062 (1064 f.).

[291] *Maurer*, VerwR, § 24 Rn. 10; *Sauerland*, Verwaltungsvorschriften (Fn. 265), S. 65. S.a. → Bd. I *Ruffert* § 17 Rn. 75.

[292] Vgl. *Battis*, Verwaltungsrecht (Fn. 273), S. 35; *Maurer*, VerwR, § 24 Rn. 31; *Wolff/Bachof/Stober/Kluth*, VerwR I § 24 Rn. 29. S.a. → Bd. II *Pitschas* § 42 Rn. 101; vgl. aber a. → Bd. I *Hoffmann-Riem* § 10 Rn. 123.

Verwaltung selbst und damit faktisch auch die Gerichte bindet.[293] Die mittelbare Außenwirkung lässt sich auf den Grundsatz des Vertrauensschutzes gründen.[294] *Sub specie* der insoweit problematischen Erstanwendung solcher Richtlinien kommt in der Vorschrift eine sog. **„antizipierte Verwaltungspraxis"** zum Ausdruck. Diese Sichtweise kritisieren Einige als „Rechtsdogmatik des alsob"[295] oder gar als „Lebenslüge"[296]: Was die Verwaltung qua Rechtsetzung nicht dürfe, solle sie auch nicht dadurch können, dass sie eine Verwaltungsübung begründe.[297] Wenn zudem für den problematischen Fall der Erstanwendung auf den verlautbarten Willensakt der Verwaltung abgestellt werde, liege darin in der Sache die Anerkennung eines selbständigen, rechtserzeugenden Normwillens der Verwaltung im eigenen Funktionsbereich und damit letztlich bei dogmatisch sauberer Analyse die Kreation eines originären administrativen Ergänzungsrechts mit Außenwirkung.[298] Dem hält *Hartmut Maurer* zu Recht entgegen, dass nicht recht erklärlich ist, warum eine Außenwirkung der Verwaltungsvorschriften „kraft Willensakt der Verwaltungen" eintreten soll, wenn die erlassende Behörde (mit der Wahl einer Verwaltungsvorschrift) nur eine interne Bindung beabsichtigte.[299]

In verschiedenen Sachbereichen anerkannte die Rechtsordnung in der Vergangenheit sog. **gesetzesvertretende Verwaltungsvorschriften,** wenn für bestimmte, normbedürftige Bereiche gesetzliche Regelungen fehlen bzw. unvollständig sind. Dies betrifft insbesondere das Sozialrecht,[300] das Steuerrecht,[301] das Umweltrecht sowie das Subventionsrecht.[302] Es handelt sich dabei um differenzierte Einzelregelungen, die der Gesetzgeber der Verwaltung wegen ihrer Komplexität oder einer notwendigen Spezialisierung überlassen hat. Von Ermessensrichtlinien unterscheiden sie sich dadurch, dass sie nicht *vorgegebene* Entscheidungsmaßstäbe konkretisieren, sondern die erforderlichen Entscheidungsmaßstäbe

43

---

[293] Vgl. §§ 114 VwGO, 102 FGO; für das Steuerrecht beispielsweise *Tipke/Lang u.a.*, Steuerrecht (Fn. 266), § 5 Rn. 25.
[294] *Maurer*, VerwR, § 24 Rn. 22; vgl. *Ossenbühl*, Autonome Rechtsetzung (Fn. 38), § 104 Rn. 58; *Sauerland*, Verwaltungsvorschriften (Fn. 265), S. 192 ff. (zur Selbstbindung der Verwaltung), S. 198 ff. (zum Vertrauensschutz); den Anspruch aus Art. 3 Abs. 1 GG i.V.m. einer antizipierten Verwaltungspraxis verneinend: *Erichsen/Klüsche*, Verwaltungsvorschriften (Fn. 270), S. 546.
[295] *Wahl*, Verwaltungsvorschriften (Fn. 262), S. 585.
[296] *Wahl*, Verwaltungsvorschriften (Fn. 262), S. 587, Anm. 55; zur Kritik an der Begründung der Außenwirkung mit Vertrauensschutz vgl. noch *Bull/Mehde*, VerwR, § 6 Rn. 234; *Sauerland*, Verwaltungsvorschriften (Fn. 265), S. 195, 197.
[297] *Wahl*, Verwaltungsvorschriften (Fn. 262), S. 587; vgl. *Seiler*, Parlamentsvorbehalt (Fn. 121), S. 221 f.
[298] Vgl. auch *Ossenbühl*, Rechtsquellen und Rechtsbindungen (Fn. 288), § 6 Rn. 50; grds. gegen ein eigenständiges Rechtsetzungsrecht der Exekutive wegen der Verschiedenheit der Mandate für die Exekutive und der Gefahr einer Einebnung und Austauschbarkeit der Handlungsformen, *Möstl*, Normative Handlungsformen (Fn. 11), § 19 Rn. 6 f.; im Ergebnis hinsichtlich ermessenslenkender Verwaltungsvorschriften ähnlich und deshalb auch eine Publikationspflicht annehmend: *Kiefer*, Veröffentlichung von Verwaltungsvorschriften (Fn. 285), S. 215.
[299] *Maurer*, VerwR, § 24 Rn. 25 a.
[300] Vgl. etwa die Richtlinien des Spitzenverbandes Bund der Krankenkassen nach §§ 124 Abs. 4 S. 1, 126 Abs. 1 S. 3 SGB V, *BVerwGE* 94, 335 (339 f.); Bertram Schulin/Gerhard Igl, Sozialrecht, 8. Aufl. 2007, § 3 Rn. 5.
[301] Vgl. *Tipke/Lang u.a.*, Steuerrecht (Fn. 266), § 5 Rn. 20 ff.; *Erichsen*, Verwaltungsvorschriften als Steuerungsnorm (Fn. 265), S. 42 f.; Armin Pahlke in: ders./Ulrich Koenig, AO, 2. Aufl. 2009, § 4 Rn. 51 ff.
[302] Vgl. *Maurer*, VerwR, § 24 Rn. 11; *Ossenbühl*, Autonome Rechtsetzung (Fn. 38), § 104 Rn. 34.

erst selbst *schaffen*. Bisher gehörten auch die beamtenrechtlichen Beihilfevorschriften zu dieser Kategorie.[303] Seit das Bundesverwaltungsgericht[304] sie aber zu Recht als wesentlich (weil grundrechtsrelevant) eingestuft hat, ist dieser Regelungspraxis der Boden entzogen und eine Regelung durch Gesetz bzw. Rechtsverordnung erforderlich.[305] Dies zeigt, dass in den genannten Sachbereichen möglicherweise bei genauem Hinsehen noch andere Regelungen grundrechtsrelevant sind, diese Einstufung aber noch aussteht. Insofern kann diese Kategorie auch euphemistisch als **„geduldete" Verwaltungsvorschriften** bezeichnet werden, die einen Bereich durch die Exekutive, gleichsam als „Vorordnung" für eine mögliche spätere gesetzliche Entscheidung, ausdifferenzieren und weiterentwickeln.[306] Soweit es sich allerdings bei diesen Bereichen um nicht wesentliche, d.h. nicht grundrechtsrelevante Bereiche handelt, erkennt zunehmend auch das Schrifttum eine originäre Rechtsetzungsbefugnis und unmittelbare Außenwirkung für „unwesentliche" Bereiche an.[307]

44 Die sog. Wyhl-Entscheidung des Bundesverwaltungsgerichts[308] hat eine weitere Kategorie, die sog. **normkonkretisierenden Verwaltungsvorschriften** entwickelt, die unter bestimmten Voraussetzungen unmittelbare Außenwirkung haben sollen.[309] Diese „legitimierte" Außenwirkung hat das Gericht aus einer Zusammenschau verschiedener Indikatoren, wie etwa gesetzlicher Auftrag, Beurteilungs- bzw. Standardisierungsspielraum, komplizierte und dynamische naturwissenschaftlich-technische Sachverhalte, besondere Stellung des Vorschriftengebers, besonderes Verfahren, insbesondere Einbeziehung externen Sachverstandes, sowie Modus der Veröffentlichung abgeleitet. Normkonkretisierende Verwaltungsvorschriften bewegen sich meist im Bereich der rechtlichen Beurteilung von Tatsachen. Aufgrund der Nähe der Verwaltung zum Einzelfall sowie weil ihr durch eine Vielzahl von Einzelfällen geeignetes Schätzmaterial zur Verfügung steht, kann sie fachkundige Festlegungen treffen, die sie zur Normkonkretisierung prädestinieren.[310] Dabei geht es längst nicht nur um fachliche Deutungen, sondern auch um politische Entscheidungen, in der Regel der Spitze der Exekutive, die für die Gerichte grundsätzlich verbindlich sein sollen.[311] Auch wenn das kritikwürdig

---

[303] *Ulrich Battis*, Bundesbeamtengesetz, 3. Aufl. 2004, § 79 Rn. 11; *Köpp*, Öffentliches Dienstrecht, in: Steiner (Hrsg.), Bes. VerwR, Rn. 100.

[304] *BVerwGE* 121, 103 ff.

[305] Vgl. *BVerwGE* 121, 103 (106); *Carsten Tegethoff*, Die beamtenrechtlichen Beihilfevorschriften im Lichte der Wesentlichkeit, BayVBl. 2005, S. 458 (460); *Rudolf Summer*, Gedanken zum Gesetzesvorbehalt im Beamtenrecht, DÖV 2006, S. 249 (250 ff.); *Johannes Saurer*, Verwaltungsvorschriften und Gesetzesvorbehalt, DÖV 2005, S. 587 (591).

[306] Vgl. auch *BVerwGE* 121, 103 (111); *Ossenbühl*, Autonome Rechtsetzung (Fn. 38), § 104 Rn. 51.

[307] Vgl. etwa *Wahl*, Verwaltungsvorschriften (Fn. 262), S. 583 f.; *Leisner*, Verwaltungsgesetzgebung (Fn. 265), S. 224.

[308] *BVerwGE* 72, 300 ff.

[309] *BVerwGE* 72, 300 (319 ff.); vgl. *Hill*, Normkonkretisierende Verwaltungsvorschriften (Fn. 47), S. 409; *Michael Gerhardt*, Aus der neueren Rechtsprechung zum Atom-, Immissionsschutz- und Abfallrecht, DVBl 1989, S. 125 (127); *Wilfried Erbguth*, Normkonkretisierende Verwaltungsvorschriften, Rechtsdogmatische Grundlagen einer originären Rechtsetzung durch die Exekutive, DVBl 1989, S. 473 (475 ff.); *Shu Perng Hwang*, Normkonkretisierende Verwaltungsvorschriften im Umweltrecht: Normkonkretisierung als Normersetzung?, KritV 2011, S. 97 ff.

[310] *Pahlke*, AO (Fn. 301), § 4 Rn. 56 ff.

[311] *Hill*, Normkonkretisierende Verwaltungsvorschriften (Fn. 47), S. 403; *Hwang*, Normkonkretisierende Verwaltungsvorschriften (Fn. 309), S. 104.

B. Untergesetzliche Rechtssätze

ist, entspricht es allerdings weithin dem allgemeinen Befund, dass Norminterpretation und Normkonkretisierung häufig ineinander greifen.[312]

Die Außenwirkung dieser Verwaltungsvorschriften, insbesondere die Bindungswirkung gegenüber den Gerichten, ist nicht nur an die Voraussetzung willkürfreier Ermittlung und Bewertung gebunden. Sie ist auch dadurch eingeschränkt, dass die Bindung (wie teilweise auch allgemein bei Verwaltungsvorschriften angenommen)[313] nur für den Regelfall, d.h. nicht für atypische Sachverhalte, und unter dem Vorbehalt gesicherter neuer Erkenntnisse besteht.[314] Normkonkretisierende Verwaltungsvorschriften bilden neben den Rechtsverordnungen, die grundsätzlich bis zu ihrer förmlichen Änderung gesetzesgleich gelten, eine **"Experimentalnorm mit eingeschränkter Bindungswirkung"**[315], die im Hinblick auf ihre bloße Vermutungswirkung als eigener Funktionsmodus des Verwaltungshandelns einzustufen ist. Auch der inzwischen aufgegebene, aber wissenschaftlich interessante Kommissionsentwurf eines Umweltgesetzbuchs war dieser Konzeption in seinen §§ 25 und 26 gefolgt.[316]

Die Entwicklung einer neuen Rechtsfigur der normkonkretisierenden Verwaltungsvorschrift hat allerdings durch verschiedene Entscheidungen des **Europäischen Gerichtshofs**[317] einen gewichtigen Rückschlag erlitten. Er hat die Umsetzung unionsrechtlicher Richtlinien durch normkonkretisierende Verwaltungsvorschriften als nicht zulässig erachtet.[318] Begründet hat er das zu Recht mit der unklaren Rechtsqualität und Wirkung dieser Verwaltungsvorschriften. Zum einen müssen sich die Bürger vor Gericht auf die nationale Umsetzungsnorm wie auf eine Außenrechtsnorm berufen können, d.h. die Vorschriften müssen öffentlich zugänglich sein und müssen Rechtssicherheit und Einklagbarkeit gewährleisten. Zum anderen müssen die Umsetzungsakte die Verhaltensmöglichkeiten der Behörde selbst klar und verbindlich bezeichnen.[319] Diesem Erfordernis steht die eingeschränkte Bindungswirkung bei atypischen Sachverhalten und neuen

45

---

[312] Vgl. *Wahl*, Verwaltungsvorschriften (Fn. 262), S. 597, Fn. 86; vgl. auch die Kritik bei *Hwang*, Normkonkretisierende Verwaltungsvorschriften (Fn. 309), S. 105 ff.

[313] *Groß*, in: Friauf/Höfling (Hrsg.), GG, Art. 84 Rn. 31 m.w.N.; *Möstl*, Normative Handlungsformen (Fn. 11), § 19 Rn. 33, § 20 Rn. 20.

[314] Vgl. *BVerwGE* 114, 342; 129, 209 (211); *Schmidt-Aßmann*, Die Rechtsverordnung in ihrem Verhältnis zu Gesetz und Verwaltungsvorschrift (Fn. 44), S. 494; *Helmuth Schulze-Fielitz*, Technik- und Umweltrecht, in: Schulte/Schröder (Hrsg.), Technikrecht, S. 455 (491 ff.); *Wahl*, Verwaltungsvorschriften (Fn. 262), S. 597; *Saurer*, Theorien zur Normkategorie der Verwaltungsvorschriften (Fn. 14), S. 259; *Pöcker*, Die Verrechtlichung des staatlichen Innenraums (Fn. 288), S. 1113; vgl. aber a. → Bd. I *Ruffert* § 17 Rn. 77; exemplarisch für das Steuerrecht *Pahlke*, AO (Fn. 301), § 4 Rn. 58; *Hwang*, Normkonkretisierende Verwaltungsvorschriften (Fn. 309), S. 101.

[315] *Udo Di Fabio*, Risikoentscheidungen im Rechtsstaat, 1994, S. 354; vgl. *Schmidt-Aßmann*, Die Rechtsverordnung in ihrem Verhältnis zu Gesetz und Verwaltungsvorschrift (Fn. 44), S. 494.

[316] Zu den §§ 25–30 UGB-KomE vgl. *Saurer*, Funktionen der Rechtsverordnung (Fn. 120), S. 180 ff.

[317] *EuGH*, Rs. C-361/88, Slg. 1991, I-2567 ff.; Rs. C-59/89, Slg. 1991, I-2607 ff.

[318] Vgl. *Fritz Ossenbühl*, Gedanken zur Kontrolldichte in der verwaltungsgerichtlichen Rechtsprechung, in: FS Konrad Redeker, 1993, S. 55 (69); *Thomas v. Danwitz*, Normkonkretisierende Verwaltungsvorschriften und Gemeinschaftsrecht, VerwArch, Bd. 84 (1993), S. 73 (80 ff.); *Christoph Gusy*, Probleme der Verrechtlichung technischer Standards, NVwZ 1995, S. 105 (107); *Werner Hoppe/Olaf Otting*, Verwaltungsvorschriften als ausreichende Umsetzung von rechtlichen und technischen Vorgaben der Europäischen Union?, NuR 1998, S. 61 (62). Vgl. a. → Bd. I *Ruffert* § 17 Rn. 17, 71; *Hwang*, Normkonkretisierende Verwaltungsvorschriften (Fn. 309), S. 105.

[319] *EuGH*, Rs. C-59/89, Slg. 1991, I-2607, Rn. 15 ff.; *Wahl*, Verwaltungsvorschriften (Fn. 262), S. 591.

Entwicklungen entgegen.³²⁰ Der deutsche Gesetzgeber hat auf das Urteil dadurch reagiert, dass er die bestehenden Verwaltungsvorschriften in Rechtsverordnungen umgewandelt hat und neue Umsetzungsmaßnahmen in der Rechtsform einer Rechtsverordnung erlässt.³²¹

3. Weiterentwicklung der Dogmatik der Verwaltungsvorschriften und Abgrenzung zur Rechtsverordnung

46 Im Gefolge der Rechtsprechung des Europäischen Gerichtshofes empfiehlt etwa *Rainer Wahl* eine Weiterentwicklung der deutschen Dogmatik der Verwaltungsvorschriften, welche diese umsetzungsgeeignet mache.³²² Neuere Untersuchungen versuchen dies durch Aufgabe der generell eingeschränkten Bindungswirkung: Ob eine Verwaltungsvorschrift in einem atypischen Einzelfall unangewendet bleiben müsse, hänge davon ab, ob sie auch diesen Einzelfall erfassen wolle oder nicht. Das sei eine Frage ihres Anwendungsbereichs und damit ihrer Auslegung. Auch wenn dies möglicherweise bisweilen schwierig zu ermitteln sei, bestünden insofern aber keine Unterschiede zu den klassischen Rechtsnormen.³²³ Zum anderen sei der generelle Vorbehalt für eine Überholung durch technische Weiterentwicklung entbehrlich. Entspreche beispielsweise eine Verwaltungsvorschrift zur Konkretisierung des Begriffs des „Standes der Technik" nicht (mehr) dem technischen Stand, entspreche sie – nicht anders als bei Gesetzen und Rechtsverordnungen auch – zugleich nicht (mehr) dem höherrangigen Recht und verstoße insofern gegen den Vorrang des Gesetzes.³²⁴ Im Ergebnis ist nach dieser Lesart daher Verwaltungsvorschriften grundsätzlich die **gleiche Wirkung** wie Gesetzen und Rechtsverordnungen zuzumessen. Ob dies der unterschiedlichen Zielrichtung der verschiedenen Handlungsformen gerecht wird, muss jedoch bezweifelt werden. Denn Verwaltungsvorschriften sind gerade durch ihre Flexibilität und das Fehlen vollständiger Vorhersehbarkeit sowie eines allgemeinen Verbindlichkeitsanspruchs geprägt, auf den Rechtsnormen notwendig angewiesen sind.

47 Wenn Rechtsverordnungen und Verwaltungsvorschriften grundsätzlich gleichermaßen unmittelbare, gesetzesgleiche Außenwirkung zukommen soll, fragt sich, wie in Zukunft eine **Abgrenzung** beider Rechtsvorschriften erfolgen soll.³²⁵ Das Schrifttum misst aus demokratischen und rechtsstaatlichen Gründen teilweise der Rechtsverordnung einen Vorrang zu,³²⁶ teilweise geht es – entsprechend der in der Verwaltung ohnehin verbreiteten Wahrnehmung³²⁷ – von ei-

---

³²⁰ Vgl. *Wahl*, Verwaltungsvorschriften (Fn. 262), S. 590 f.
³²¹ *Saurer*, Theorien zur Normkategorie (Fn. 14), S. 251 f.; *ders.*, Rechtsverordnungen zur Umsetzung europäischen Richtlinienrechts (Fn. 127), S. 1073.
³²² *Wahl*, Verwaltungsvorschriften (Fn. 262), S. 592. S. a. → Bd. I *Ruffert* § 17 Rn. 69 ff.
³²³ *Remmert*, Rechtsprobleme (Fn. 265), S. 733; für eine Anwendbarkeit des § 47 VwGO auf Verwaltungsvorschriften *Mehde*, Rechtsetzungen der europäischen und nationalen Verwaltungen (Fn. 37), S. 448.
³²⁴ *Remmert*, Rechtsprobleme (Fn. 265), S. 734.
³²⁵ Im Regulierungsrecht gelten die Grenzen beispielsweise bereits als fließend, vgl. *Fehling*, Instrumente und Verfahren (Fn. 37), § 20 Rn. 150.
³²⁶ Auf der Basis der klassischen Dogmatik sieht *Möstl* nur ausnahmsweise Abgrenzungsschwierigkeiten für Rechtsverordnungen und Verwaltungsvorschriften, vgl. *Möstl*, Normative Handlungsformen (Fn. 11), § 19 Rn. 5 ff., § 20 Rn. 24.
³²⁷ Vgl. *Knauff*, Der Regelungsverbund (Fn. 280), S. 362.

B. Untergesetzliche Rechtssätze

nem funktional-äquivalenten Einsatzbereich aus und räumt der Exekutive ein Wahlrecht ein.[328] Die Bezeichnung der jeweiligen Vorschrift ist jedenfalls für die Qualifikation nicht entscheidend.[329] Formale Kriterien, wie etwa die Ermächtigungsgrundlage (gemäß Art. 80 Abs. 1 S. 2 GG) oder der Veröffentlichungsmodus können zwar Rechtmäßigkeitsvoraussetzungen bzw. Folgepflichten der Außenwirkung darstellen, sind aber keine hinreichenden Qualifikationsmerkmale.[330] Eine Abgrenzung nach den Funktionsbereichen von Legislative und Exekutive, etwa im Sinne von grundlegender Richtungsgebung und bloßem Vollzug oder im Sinne von Rechtsverordnungen als nachfolgenden, abgespaltenen Teil eines Gesetzes einerseits und Verwaltungsvorschriften als vorweggenommenen Teil der Verwaltungsentscheidung andererseits, ist ebenfalls wohl kaum trennscharf möglich.[331]

Die Meisten wollen die **Abgrenzung nach materiellen Kriterien** treffen.[332] Regelungsgegenstand bzw. -inhalt lassen aber ebenfalls keine verlässliche Abgrenzung zu.[333] So enthalten Verwaltungsvorschriften häufig wesentliche, grundrechtsrelevante Entscheidungen, wie etwa die Festlegung von Grenzwerten, während umgekehrt Rechtsverordnungen sich beispielsweise mit dem Inverkehrbringen und dem Betrieb von Rasenmähern beschäftigen[334] oder wie Ausführungs- und Durchführungsverordnungen Einzelfragen der Organisation oder des Verfahrens regeln. Letztgenannte Rechtsverordnungen wenden sich als Regeladressat an andere Verwaltungsbehörden, während bestimmte Verwaltungsvorschriften (etwa die TA Luft und TA Lärm) auch auf Wirkungen gegenüber selbständigen Rechtssubjekten im Außenverhältnis abzielen.

Auch die teilweise geäußerte Auffassung, Verwaltungsvorschriften seien bei dynamischen Sachverhalten schneller änderbar, gilt annäherungsweise ebenfalls für Rechtsverordnungen, da die Verfahrensvoraussetzungen vielfach angenähert sind.[335] Umgekehrt weisen auch manche Verwaltungsvorschriften im Umwelt- und Technikrecht eine ähnliche Konstanz und Änderungsresistenz wie Verwaltungsvorschriften auf.[336]

So bleibt es – vorbehaltlich der verfassungsrechtlichen Vorgaben – in erster Linie dem **Bestimmungsrecht des Gesetzgebers** vorbehalten, wie er seinen Legislativbereich, insbesondere den Bereich wesentlicher Regelungen, der dem Gesetz bzw. auf seiner Grundlage den Rechtsverordnungen vorbehalten ist, ord-

48

---

[328] Zum Ersten vgl. *Saurer*, Funktionen der Rechtsverordnung (Fn. 120), S. 452 f., zum Zweiten *Leisner*, Verwaltungsgesetzgebung (Fn. 265), S. 230.
[329] Vgl. *Maurer*, VerwR, § 24 Rn. 38; *Hill*, Normkonkretisierende Verwaltungsvorschriften (Fn. 47), S. 403.
[330] Vgl. *Maurer*, VerwR, § 24 Rn. 39; *Bryde*, in: v. Münch/Kunig (Hrsg.), GGK III, Art. 80 Rn. 8; a. A.: *v. Bogdandy*, Gubernative Rechtsetzung (Fn. 183), S. 245, der die Abgrenzung von Rechtsverordnungen und Verwaltungsvorschriften anhand formaler Kriterien vornehmen will.
[331] Vgl. dazu *Hill*, Normkonkretisierende Verwaltungsvorschriften (Fn. 47), S. 406; *Remmert*, Rechtsprobleme (Fn. 265), S. 732.
[332] *Maurer*, VerwR, § 24 Rn. 40; vgl. *Seidel*, Verordnungsgebung (Fn. 269), S. 7 f.; *Sauerland*, Verwaltungsvorschriften (Fn. 265), S. 357, verweist auf die Intensität der Bindungswirkung.
[333] Vgl. *Gusy*, Probleme der Verrechtlichung (Fn. 318), S. 109 f.
[334] Vgl. *Saurer*, Funktionen der Rechtsverordnung (Fn. 120), S. 189 mit Fn. 860.
[335] Zu den Rechtsverordnungen als Instrument schnellerer und flexiblerer Rechtsetzung vgl. *Saurer*, Funktionen der Rechtsverordnung (Fn. 120), S. 82 ff.
[336] Vgl. *Saurer*, Funktionen der Rechtsverordnung (Fn. 120), S. 95.

net.³³⁷ Dabei sind sowohl Ermächtigungen zum Erlass von Rechtsverordnungen als auch Kompetenznormen bzw. Erlassgenehmigungen³³⁸ zum Erlass von Verwaltungsvorschriften unter Zuhilfenahme des gesamten gesetzlichen Umfeldes,³³⁹ der Stellung des jeweiligen Exekutivorgans und des gesetzlich vorgesehenen Verfahrens, des jeweiligen Sachbereichs sowie entsprechender Kontrollen auszulegen. Wenn die gesetzliche Form einer Rechtsverordnung vorgegeben ist,³⁴⁰ knüpfen sich daran automatisch weitere Rechtmäßigkeitsvoraussetzungen (vgl. Art. 80 GG). Umgekehrt gilt, dass dann, wenn die Auslegung der gesetzlichen Vorgaben zu keinem eindeutigen Ergebnis führt, auf die Wirkung der Vorschrift für die Grundrechte der Betroffenen abzustellen ist. Erweist sich die Vorschrift in diesem Sinne als wesentlich bzw. begründet sie Rechte und Pflichten, sind vor allem besondere Verfahrensstandards (insbesondere eine Veröffentlichungspflicht³⁴¹) einzuhalten, dann ist die Vorschrift nur als Rechtsverordnung bzw. formelles Gesetz rechtmäßig.³⁴²

C. Andere Formen exekutivischer Selbstprogrammierung

I. Die Gesamtrationalität der Programmierung des Verwaltungshandelns

49 Die exekutivische Steuerung des Verwaltungshandelns im Einzelfall ist (wie am Beispiel der Satzungen gezeigt³⁴³) einerseits am Maßstab der (demokratischen) **Legitimation** zu messen, andererseits unterliegt sie den Anforderungen einer (rechtsstaatlichen) **Rationalität.** Beides sind Schlüsselbegriffe³⁴⁴ für das Handeln der Exekutive im Spannungsfeld von parlamentsvorbehaltener Entscheidung und exekutiver Eigenständigkeit.³⁴⁵

50 Rechtsstaatliche Rationalisierung meint die „planmäßige Organisierung einer möglichst zweckmäßigen und effektiven Erledigung der staatlichen Aufgaben".³⁴⁶ Dabei ist Aufgabenerfüllung mehr als die Beachtung rechtlicher Vorgaben.³⁴⁷ Die Verwaltung wird zwar „nach Maßgabe des Rechts konstituiert, arbeitet aber nicht allein nach Maßgabe rechtlicher Kriterien".³⁴⁸

---

³³⁷ Zum angeordneten Nebeneinander von Rechtsverordnungen und Verwaltungsvorschriften z. B. im KrWG: vgl. *Saurer*, Funktionen der Rechtsverordnung (Fn. 120), S. 80.
³³⁸ *Leisner*, Verwaltungsgesetzgebung (Fn. 265), S. 231.
³³⁹ Vgl. bereits → Rn. 25; *Schmidt-Aßmann*, Die Rechtsverordnung in ihrem Verhältnis zu Gesetz und Verwaltungsvorschrift (Fn. 44), S. 489.
³⁴⁰ *Sauerland*, Verwaltungsvorschriften (Fn. 265), S. 321, versteht dies als Handlungsformermächtigung.
³⁴¹ BVerwGE 122, 264: Folge fehlender Veröffentlichung ist die Unwirksamkeit ex ante.
³⁴² Zur Bedeutung des Verfahrens im Sinne eines prozeduralisierten Gesetzesvorbehalts vgl. schon → Rn. 10 ff.
³⁴³ Vgl. → Rn. 26 ff.
³⁴⁴ Allgemein zu Schlüsselbegriffen im Rahmen der neueren Modernisierungsdiskussion vgl. *Andreas Voßkuhle*, „Schlüsselbegriffe" der Verwaltungsreform – Eine kritische Bestandsaufnahme, VerwArch, Bd. 92 (2001), S. 184 ff. S. a. → Bd. I *ders.* § 1 Rn. 40 f., *Franzius* § 4 Rn. 28.
³⁴⁵ → Bd. I *Hoffmann-Riem* § 10.
³⁴⁶ Vgl. *Hans-Heinrich Trute*, Die Forschung zwischen grundrechtlicher Freiheit und staatlicher Institutionalisierung, 1994, S. 194; *Schmidt-Aßmann*, Ordnungsidee, Kap. 2 Rn. 75.
³⁴⁷ *Franzius*, Funktionen des Verwaltungsrechts (Fn. 10), S. 357. S. a. → Bd. II *Pitschas* § 42 Rn. 1.
³⁴⁸ *Hans-Heinrich Trute*, Die Wissenschaft vom Verwaltungsrecht: Einige Leitmotive zum Werkstattgespräch, DV, Beiheft 2, 1999, S. 9 (16).

C. Andere Formen exekutivischer Selbstprogrammierung

Schon nach rechtswissenschaftlicher Betrachtung kann man das Verwaltungshandeln bzw. seine Programmierung unter **verschiedenen Rationalitätsaspekten** beleuchten (etwa formelle, prozedurale und materielle Rationalität, konditionale und finale Rationalität, Subsumtions- und Abwägungsrationalität, Rationalität der Folgenorientierung etc.).[349] Erst recht fügen andere Disziplinen, die sich mit dem Verwaltungshandeln und seiner Programmierung beschäftigen, weitere Rationalitätskonzepte hinzu (z.B. politische, ökonomische oder soziale Rationalität).[350] Sie liefern Erklärungskonzepte für das Verhalten und das Zusammenwirken der Akteure, für Fragen der Finanzierung, Organisation und Entscheidung sowie für informationelle und kulturelle Aspekte des Verwaltungshandelns.

Die öffentliche Verwaltung hat namentlich einen umfassenden **Gesamtauftrag**[351] zu erfüllen, der neben objektiver Rechtmäßigkeit und subjektiven Rechten auch vielfältige sonstige Interessen, Belange und Ziele berücksichtigen muss. Zusätzlich zur Rechtmäßigkeit hat die Verwaltung ihr Handeln z.B. auch an den Zielen der **Wirtschaftlichkeit** (vgl. etwa Art. 114 Abs. 2 S. 1 GG, § 6 Abs. 1 HGrG, § 7 Abs. 1 BHO, § 12 SGB V), der **Zweckmäßigkeit** (vgl. etwa § 10 S. 2 VwVfG, § 9 S. 2 SGB X, § 68 Abs. 1 S. 1 VwGO), der **Bürgernähe** (vgl. etwa Art. 1 Abs. 2 EUV, Art. 66 S. 1 bln.Verf.), der **Akzeptanz** etc. zu orientieren.[352] Aus diesem Gesamtauftrag erwächst eine Erwartung der Rechtsordnung an die **Gesamtrationalität** ihres Handelns und seiner Programmierung. Erst wenn verschiedene Rationalitätskonzepte und verschiedene Rationalitätsquellen zusammenwirken, wird das Verwaltungshandeln und seine Programmierung ein notwendiges und gleichzeitig hinreichendes Rationalitätsniveau erreichen. Zentrale Leitideen einer rationalen Programmierung des Verwaltungshandelns im Rechtsstaat sind dabei Vorhersehbarkeit, Transparenz und Nachvollziehbarkeit. 51

II. Normative Umhegung nicht-rechtlicher Steuerungsmaßstäbe

Wenn auch das Verwaltungshandeln und seine Programmierung eine rechtsstaatliche Gesamtrationalität erfordern, ergibt sich daraus noch nicht, in welchem Verhältnis rechtliche und nicht-rechtliche Maßstäbe zueinander stehen. Eine sachgerechte Antwort wird dadurch erschwert, dass rechtliche und außerrechtliche Maßstäbe nicht, wie weithin angenommen, in einem dichotomischen Verhältnis zueinander stehen, sondern sich vielmehr nur graduell un- 52

---

[349] *Helmuth Schulze-Fielitz*, Rationalität als rechtsstaatliches Prinzip für den Organisationsgesetzgeber, in: FS Klaus Vogel, 2000, S. 311 (314); *Arno Scherzberg*, Rationalität – staatswissenschaftlich betrachtet, in: FS Hans-Uwe Erichsen, 2004, S. 177 (181 ff.); *Hans P. Bull*, „Vernunft" gegen „Recht", in: FS Klaus König, 2004, S. 179 (198); *Klaus König*, Zur Rationalität öffentlicher Verwaltung, in: FS Hans H. v. Arnim, 2004, S. 87 (88); → Bd. II *Pitschas* § 42 Rn. 54 ff., 71.

[350] *Oebbecke*, Selbstverwaltung (Fn. 203), S. 377, 380; zu verschiedenen Rationalitätssichten vgl. anschaulich *Hans J. Henneke*, Zur politischen Durchsetzbarkeit von Länderfusionen am Beispiel eines „Nordstaats", in: Edzard Schmidt-Jortzig/Henning Voscherau (Hrsg.), Nordstaat, 2006, S. 243 ff.

[351] *Wahl*, Verwaltungsverfahren (Fn. 9), S. 157; *Hill*, Das fehlerhafte Verfahren (Fn. 3), S. 208; *Schmidt-Aßmann*, Ordnungsidee, Kap. 1 Rn. 44.

[352] Vgl. noch *Wolfgang Hoffmann-Riem*, Methoden einer anwendungsorientierten Verwaltungsrechtswissenschaft, in: Schmidt-Aßmann/Hoffmann-Riem (Hrsg.), Methoden, S. 5 (46 ff.); *Schoch*, Außerrechtliche Standards (Fn. 4), S. 546; s.a. → Bd. II *Pitschas* § 42.

terscheiden lassen:³⁵³ Außerrechtliche Maßstäbe weisen häufig auch einen normativen Gehalt auf, ebenso wie rechtliche Maßstäbe mit außerrechtlichen Erwägungen operieren.³⁵⁴ Die Differenzierung ist für die Programmierung des Verwaltungshandelns insbesondere deshalb von Bedeutung, weil in den letzten Jahren managerialistische Steuerungsmuster die traditionell legalistisch geprägte deutsche Verwaltungskultur herausgefordert haben.³⁵⁵ Darüber hinaus wird etwa der neuerdings eingeschlagene Weg vom „Public Management" hin zu „Public Governance" weithin als eine Renaissance des Politischen bewertet.³⁵⁶

Jedenfalls für den typischen Fall hoheitlicher Entscheidungen sowie rechtsnormativer Selbstprogrammierung³⁵⁷ übt die öffentliche Verwaltung eine **rechtlich begründete Entscheidungsmacht** aus, die Verbindlichkeit gegenüber den Entscheidungsunterworfenen beansprucht und mit einer spezifischen Entscheidungsverantwortung einhergeht.³⁵⁸ Im Rahmen dieser rechtlich legitimierten und rechtsstaatlich-rational verwirklichten Ordnung der Lebenswirklichkeit muss das Recht für alle Maßstäbe des Verwaltungshandelns den institutionellen Rahmen bilden.³⁵⁹ Auch nicht-rechtliche Steuerungsmaßstäbe müssen zumindest dem Grunde nach ihrerseits durch Recht strukturiert sein, sich also in den vorgefundenen Rahmen der Recht- und Gesetzmäßigkeit einpassen, um demokratisch legitim und rechtsstaatlich rational angewendet werden zu können (Art. 20 Abs. 3 GG).³⁶⁰ Dies bedingt eine normativ geleitete **Selektivität des**

---

³⁵³ *Michael Fehling*, Das Verhältnis von Recht und außerrechtlichen Maßstäben, in: Trute/Groß/Röhl/Möllers (Hrsg.), Allgemeines Verwaltungsrecht, S. 461 (464f.).

³⁵⁴ Weitere Beispiele geben *Fehling*, Das Verhältnis von Recht und außerrechtlichen Maßstäben (Fn. 353), S. 464f. und speziell auf S. 480f. für den Maßstab der Effizienz sowie *Schoch*, Außerrechtliche Standards (Fn. 4), S. 554ff.; *Smeddinck*, Regulierungsstrategie (Fn. 4), S. 694ff.

³⁵⁵ *Klaus König*, Öffentliches Management in einer legalistischen Verwaltungskultur, in: FS Christoph Reichard, 2006, S. 23ff.; *ders.*, Moderne öffentliche Verwaltung (Fn. 60), S. 705ff.; *Geert Bouckaert*, Die Dynamik von Verwaltungsreformen, in: Werner Jann/Jörg Bogumil u.a. (Hrsg.), Status-Report Verwaltungsreform, 2004, S. 22ff.; *ders.*, Auf dem Weg zu einer neo-weberianischen Verwaltung. New Public Management im Vergleich, in: Bogumil/Jann/Nullmeier (Hrsg.), Politik und Verwaltung (Fn. 105), S. 354ff.; *Wolfgang H. Loring*, Auf dem Weg zur „neowebrianischen" Verwaltung – eine Einführung, in: ders. (Hrsg.), Moderne Verwaltung in der Bürgergesellschaft, 2008, S. 18ff.; *Giovanni Biaggini*, Grundverständnisse von Staat und Verwaltung, in: IPE III, § 53 Rn. 21ff.; *Hermann Hill*, New Public Management (NPM) in Deutschland. Was bleibt? Was kommt? in: Fabrice Larat/Joachim Beck (Hrsg.), Reform von Staat und Verwaltung – Jenseits von NPM, 2011, S. 51 (56ff.); *Lindner*, Experimentielle Rechtsetzung (Fn. 12), S. 1003.

³⁵⁶ *Kuno Schedler*, Vom Public Management zur Public Governance: Renaissance des Politischen in der Reform, in: FS Ernst Buschor, 2003, S. 417ff.; *Hill*, New Public Management (Fn. 355), S. 51 (53f.).

³⁵⁷ Vgl. *Walter Schmidt*, Einführung in die Probleme des Verwaltungsrechts, 1982, S. 73.

³⁵⁸ *Wolfgang Hoffmann-Riem*, Juristische Verwaltungswissenschaft – multi-, trans- und interdisziplinär, in: Jan Ziekow (Hrsg.), Verwaltungswissenschaften und Verwaltungswissenschaft, 2003, S. 45 (55, 60).

³⁵⁹ *Schmidt-Aßmann*, Ordnungsidee, Kap. 1 Rn. 44; *Franzius*, Funktionen des Verwaltungsrechts (Fn. 10), S. 358; → Bd. II *Pitschas* § 42 Rn. 73.

³⁶⁰ *Wolfram Höfling*, Professionelle Standards und Gesetz, in: Trute/Groß/Röhl/Möllers, Allgemeines Verwaltungsrecht, S. 45 (55); zur Verwaltungsmodernisierung im „Gehäuse" des Rechts vgl. noch *Rainer Pitschas*, Verwaltungsmodernisierung im Spannungsfeld von öffentlichem Dienstleistungsmanagement und dem Steuerungsanspruch des Rechts, in: Joachim Merchel/Christian Schrapper (Hrsg.), „Neue Steuerung", Tendenzen der Organisationsentwicklung in der Sozialverwaltung, 1996, S. 107 (117ff.); so gilt auch für die Internationalen Standardisierungstendenzen das Gebot „einer Kon-

C. Andere Formen exekutivischer Selbstprogrammierung

Zugriffs auf Methoden und Erkenntnisse anderer Disziplinen bzw. umgekehrt eine Zurichtung dieser Erkenntnisse auf normative Kontexte.[361]

Im modernen Staat geht zugleich das Verwaltungshandeln indes über hoheitliche Entscheidungen hinaus. Die exekutivische Selbstprogrammierung trifft nicht nur normative Festlegungen, sondern beeinflusst und wirkt gegenüber dem Einzelfallhandeln auch durch strukturelle Steuerung[362] und Rahmensetzung, etwa durch organisatorische und verfahrensmäßige oder finanzielle, personalwirtschaftliche, technische und kulturelle Vorgaben. In dieser Programmierungsleistung, die auf Einzelhandlungen durchschlägt und sich in deren Wirken nach außen fortsetzt, offenbart sich ebenfalls ein **staatlicher Gestaltungsanspruch.** Gerade deshalb bedarf es auch jenseits staatlicher Entscheidungen bei sonstigen Formen der Programmierung und des staatlichen Einzelhandelns einer normativen Legitimation.

Diese kann – in den Grenzen des Parlamentsvorbehalts – auf unterschiedlicher Stufe (Verfassung, Gesetz, untergesetzliche Rechtsnorm oder Verwaltungsanordnung im Rahmen gesetzlich eingeräumter Befugnisse) angesiedelt sein und in unterschiedlicher Dichte und Intensität (normativer Auftrag, Grundlage, Orientierung etc.) erfolgen. Die **Art der normativen Umhegung**[363] des Zugriffs auf nicht-rechtliche Steuerungsmuster und -maßstäbe richtet sich nach dem jeweiligen Kontext, der durch die Eigenart der jeweiligen Rechtsverhältnisse und Sachbereiche geprägt wird.

Typische Einfallstore zur Anwendung außerjuristischer Maßstäbe sind dabei entweder Verweisungen (vor allem auf technische Standards), unbestimmte Rechtsbegriffe oder abwägungsoffene Ermessensklauseln.[364] Auf der Ebene der **Verfassung** bieten insbesondere die Art. 20 Abs. 2 und 3, 20a, 33 Abs. 4 und 5, 65, 83 ff., 109 ff., 114 Abs. 2 GG Ermächtigungen und Regelungsaufträge, zugleich aber auch Grenzen für die Einbeziehung nicht-rechtlicher Steuerungsmuster und -maßstäbe in das Verwaltungshandeln und seine Programmierung. Auf der Ebene der **Gesetze** sind es Organisations- und Verfahrensgesetze, Haushaltsgesetze sowie die Beamtengesetze und Tarifverträge, die wichtige Einbruchstellen für außerrechtliche Wertentscheidungen bilden. **Rechtsverordnungen,** wie etwa Haushaltsverordnungen oder die Bundeslaufbahnverordnung, sowie **Satzungen** ergänzen diesen normativen Rahmen. Hinzu treten konkretisierende **Verwaltungsvorschriften und Verwaltungsanordnungen,** wie etwa Kabinettsbeschlüsse und Geschäftsordnungen.

Gerade in den letzten Jahren haben insbesondere **Verwaltungsmodernisierungsgesetze der Länder** normative Grundlagen, Gebote und Impulse zur Be-

---

stitutionalisierung der Normsetzung", um eine verbindliche Wirkung zu erzeugen: vgl. *Röhl*, Internationale Standardsetzung (Fn. 24), S. 337 ff.

[361] *Hoffmann-Riem,* Juristische Verwaltungswissenschaft (Fn. 358), S. 54, 57; *ders.,* Methoden einer anwendungsorientierten Verwaltungsrechtswissenschaft (Fn. 352), S. 58 ff.

[362] *Schuppert*, Koordination durch Struktursteuerung (Fn. 56), S. 287 (291 f.); *Burgi*, Privat vorbereitete Verwaltungsentscheidungen (Fn. 56), S. 200 ff.

[363] *Andreas Voßkuhle*, Beteiligung Privater an der Wahrnehmung öffentlicher Aufgaben und staatliche Verantwortung, VVDStRL, Bd. 62 (2003), S. 266 (285); vgl. auch: *Franzius*, Governance und Regelungsstrukturen (Fn. 69), S. 195, Fn. 50.

[364] *Fehling*, Das Verhältnis von Recht und außerrechtlichen Maßstäben (Fn. 353), S. 472 ff.; *Smeddinck*, Regulierungsstrategie (Fn. 4), S. 699 f.

achtung nicht-rechtlicher Ziele und Maßstäbe für das Verwaltungshandeln und die exekutivische Selbstprogrammierung verankert.[365]

Paradigmatisch dafür steht § 1 Abs. 1 Hs. 1 des Dritten Gesetzes zur Reform der **Berliner Verwaltung** vom 17. Mai 1999 (Verwaltungsreform-Grundsätze-Gesetz – BerlVGG).[366] Er verpflichtet die Organisation der Berliner Verwaltung auf eine Anpassung und Fortentwicklung entsprechend „den Veränderungen gesellschaftlicher und wirtschaftlicher Rahmenbedingungen und den fortschreitenden verwaltungswissenschaftlichen und betriebswirtschaftlichen Erkenntnissen". Wichtige Bausteine und Ziele dieses Prozesses sollen nach der Vorstellung des Gesetzes die Entwicklung zur Dienstleistungsverwaltung, die Kostentransparenz, die Ziel- und Wirkungsorientierung, einschließlich Gender Mainstreaming, die interkulturelle Öffnung sowie die dezentrale Fach- und Ressourcenverantwortung bilden (§ 1 Abs. 1 Hs. 2 BerlVGG). Als Instrumente setzt das Gesetz insbesondere auf **Benchmarking** (vgl. auch Art. 91 d GG) und **Wettbewerb** (§ 4 BerlVGG), **Bürgerorientierung** (§ 3 BerlVGG) sowie **Personal- und Qualitätsmanagement** (§§ 6 und 7 BerlVGG): Die Behörden richten nicht nur „die Organisation und die Art ihrer Leistungserbringung im Rahmen des gesetzlichen Auftrags und der gebotenen Wirtschaftlichkeit an den Anforderungen der Leistungsempfänger außerhalb der Berliner Verwaltung einschließlich der besonderen Belange der Wirtschaft aus" (§ 3 Abs. 1 BerlVGG). Sie unterziehen sich zur Erreichung der Ziele des Gesetzes auch „hinsichtlich Qualität und Kosten ihrer vergleichbaren Leistungen mindestens jährlichen Vergleichen innerhalb und außerhalb der Berliner Verwaltung", die in Ziel- und Servicevereinbarungen münden (§ 4 Abs. 1 BerlVGG).

In ganz ähnlicher Weise sucht das Land **Brandenburg** mit seinem „Gesetz über die Organisation der Landesverwaltung (Landesorganisationsgesetz)" vom 24. Mai 2004[367] die Organisation seiner Landesverwaltung auf die Ziele der Dienstleistungsorientierung und Bürgernähe sowie der Effizienz[368] auszurichten (§ 2) und in diesem Sinne fortzuentwickeln (§ 4 Abs. 1 S. 2).

Ähnlich bekennt sich auch das Land **Sachsen-Anhalt** mit seinem Verwaltungsmodernisierungsgrundsätzegesetz vom 27. Februar 2003[369] zu den Prinzipien der Wirtschaftlichkeit, Bürgerfreundlichkeit und Dienstleistungsorientierung als Zielpunkten der Verwaltungsmodernisierung (§ 1 Abs. 1 und 2).

Die Gesetze markieren einen **Trend**. Sie konzipieren Verwaltung in ihrer Zielorientierung bewusst nicht nur als Gesetzesvollzug, sondern als Handlungsauftrag, der in einer gesamthaften Sicht vielfältigen Bedürfnissen und Anforderungen an das Verwaltungshandeln jenseits seiner reinen Gesetzmäßigkeit und damit den **Prinzipien guter Verwaltung** (wie sie insbesondere Art. 41 GrCh als Teil des Rechts auf eine gute Verwaltung versteht) verpflichtet ist. Die einzelnen Handlungsmaximen sind durchaus nicht spannungsfrei: Der Grundsatz der Wirtschaftlichkeit kann etwa mit dem Gedanken der Gesetzmäßigkeit kollidieren. Nicht jedes gesetzmäßige Handeln der Verwaltung ist auch unbedingt wirt-

---

[365] Vgl. noch *Michael König*, Kodifizierung von Leitlinien der Verwaltungsmodernisierung, VerwArch, Bd. 96 (2005), S. 44 ff.
[366] GVBl 1999, S. 171, zuletzt geändert am 21. 6. 2011 (GVBl 2011, S. 266).
[367] GVBl I 2004, S. 186, zuletzt geändert am 20. 12. 2010 (GVBl 2010 I Nr. 42, S. 1).
[368] Zu diesem Begriff vgl. die Beiträge in: Hoffmann-Riem/Schmidt-Aßmann (Hrsg.), Effizienz.
[369] GVBl 2003, S. 40, zuletzt geändert am 7. 8. 2007 (GVBl 2007, S. 290).

C. Andere Formen exekutivischer Selbstprogrammierung

schaftlich. Aber aufgrund seiner verfassungsrechtlichen Vorrangstellung gebührt dem Rechtsstaatsprinzip, insbesondere dem Gebot der Gesetzmäßigkeit der Verwaltung, konsequent der Vorrang. Außerrechtliche Maßstäbe können zwar Bestandteil der Rechtsordnung sein, müssen sich aber auch in den Korridor einfügen, den die Rechtsordnung ihnen lässt.

III. Formen exekutivischer Selbstprogrammierung

In der Verwaltungspraxis haben sich, in unterschiedlicher Gestalt und Intensität normativ umhegt, verschiedene Programmierungs- und Steuerungsansätze des Verwaltungshandelns herausgebildet. Das Ergebnis ihrer Steuerungsleistung ergibt sich dabei meist erst aus ihrem komplexen Zusammenspiel. Diese „Arrangements" von Steuerungsansätzen werden auch als **Regelungsstrukturen** bezeichnet. Sie lassen sich – entsprechend den der Leitungsebene zur Verfügung stehenden, entscheidenden Stellschrauben der Verwaltungssteuerung – in Organisations-, Verfahrens-, Programm- (unten 1.), Personalsteuerung (unten 2.), verwaltungskulturelle Steuerungselemente (unten 3.) und Haushalts- (unten 4.) sowie Kommunikations(infra)strukturen (unten 5.) auffächern. Diese Regelungsstrukturen schaffen die Prämissen und den Rahmen für die materielle Programmsteuerung der Verwaltung. In ihrer Gesamtheit bewirken sie die rechtsstaatliche Rationalität der exekutivischen Selbstprogrammierung.[370]

56

1. Strukturelle Steuerung durch Organisation und Verfahren, insbesondere Programmsteuerung

Programmierung erfordert ein **Programm**. Die Systembildung und Zusammenschau verschiedener Einzelmaßnahmen in Form eines Programms (Plans, Konzepts etc.) fördert Systemrationalität, Verhältnismäßigkeit und wechselseitige Abgestimmtheit, Transparenz und Nachvollziehbarkeit. Sie steht damit unmittelbar im Dienst rechtsstaatlicher Anforderungen. Solche exekutivischen Programme stehen zu administrativen Normen in disparatem Verhältnis: Sie liegen Rechtsverordnungen, Satzungen oder Verwaltungsvorschriften zugrunde, werden durch diese konkretisiert oder umgesetzt, umgekehrt sind sie bisweilen die rechtliche Folge rechtsnormativer Vorgaben.

57

Ein Beispiel stellen die sog. **Konzepte**[371] dar, die einen ganzheitlichen, mittel- bis langfristigen, programmatischen und zukunftsgestaltenden Ansatz verfolgen und die Einheitlichkeit, Gleichmäßigkeit, Abgestimmtheit und Verhältnismäßigkeit des Vorgehens sichern sollen. So verlangt etwa das Immissionsschutzrecht

58

---

[370] *Schmidt-Aßmann*, Ordnungsidee, Kap. 1 Rn. 39; *Hoffmann-Riem*, Gesetz und Gesetzesvorbehalt (Fn. 20), S. 17; *Franzius*, Governance und Regelungsstrukturen (Fn. 69), S. 186. S. a. → Bd. I *Voßkuhle* § 1 Rn. 70, Schuppert § 16 Rn. 24 ff.; Bd. II *Hoffmann-Riem* § 33 Rn. 67.

[371] *Hill*, Staatliches Handeln bei veränderlichen Bedingungen (Fn. 6), S. 64 ff.; *Andreas Müller*, Konzeptbezogenes Verwaltungshandeln, Eine Untersuchung planerischer Handlungsformen der Exekutive im Bereich sich wandelnder Querschnittsaufgaben, 1992, S. 178; sowie *Josef Aulehner*, Polizeiliche Gefahren- und Informationsvorsorge, 1998, S. 531; *Rainer Pitschas*, Entwicklung der Handlungsformen im Verwaltungsrecht – Vom Formendualismus des Verwaltungsverfahrens zur Ausdifferenzierung der Handlungsformen, in: Willi Blümel/Rainer Pitschas (Hrsg.), Reform des Verwaltungsverfahrensrechts, 1994, S. 229 (255); → Bd. I *Hoffmann-Riem* § 10 Rn. 115 ff.

wegen der funktionalen Offenheit des **Vorsorgegebotes in § 5 Abs. 1 S. 1 Nr. 2 BImSchG** ein allgemeines Konzept als Grundlage, das diesem Gebot nähere Konturen verleiht. Die Konkretisierung erfolgt dann durch Rechtsverordnung und Verwaltungsvorschrift.[372] Im Bereich der städtebaulichen Sanierung ist zur Bestimmung der Ziele und Zwecke der Sanierung gem. §§ 140 Nr. 3, 145 Abs. 2 BauGB ein **Sanierungskonzept** erforderlich. Es hat eine Planung mit einem Zeit- und Maßnahmenplan sowie Kosten- und Finanzierungsüberlegungen zur einheitlichen Vorbereitung der städtebaulichen Gesamtmaßnahme zum Gegenstand. In der Regel folgt es zeitlich der Sanierungssatzung, mit der die Gemeinde gem. § 142 BauGB ein Gebiet, in dem eine städtebauliche Sanierungsmaßnahme durchgeführt werden soll, förmlich als Sanierungsgebiet festlegt.[373] Ähnlich ist für die Festlegung eines Stadtumbaugebietes i. S. d. § 171 b Abs. 1 BauGB sowie für Maßnahmen der Sozialen Stadt i. S. d. §§ 171 e ff. BauGB ein städtebauliches **Entwicklungskonzept** erforderlich (§ 171 b Abs. 2, § 171 e Abs. 3 BauGB). Aber längst nicht nur das Bau- und Umweltrecht kennen das Instrument der Konzepte. So verlangt etwa das Telekommunikationsrecht ein **Nummerierungskonzept** (§ 2 TNV), ferner ein **Regulierungskonzept** zur Förderung der Vorhersehbarkeit der Regulierung (§ 2 Abs. 3 Nr. 1; § 15a TKG),[374] das Gleichstellungsrecht **Gleichstellungskonzepte** (Art. 4 ff. BayGlG). Neuerdings fordern Manche auch zur Rechtfertigung und Systematisierung einer wirtschaftlichen Betätigung von Gemeinden ein Konzept.[375] Andere schlagen für die Einbeziehung von Formen sog. kooperativer Demokratie zur Gestaltung der Gemeindeentwicklung eine Konzept- und Verfahrensplanung in Form einer Programm- und Organisationssatzung vor.[376]

59 Eine ähnliche, ganzheitlich-systematisierende Funktion erfüllen auch nationale **Aktionspläne** zur Umsetzung europäischer Vorgaben[377] sowie Aktionspläne in einzelnen Handlungsbereichen der Verwaltung, wie etwa bei der Luftreinhaltung und Lärmminderung,[378] zum Hochwasserschutz,[379] zur Umsetzung einer

---

[372] Vgl. schon *Hans-Heinrich Trute*, Vorsorgestrukturen und Luftreinhalteplanung im Bundesimmissionsschutzgesetz, 1989, S. 86 ff.; sowie *Jarass*, BImSchG (Fn. 50), § 5 Rn. 47 f., 66.

[373] *Krautzberger*, in: Battis/Krautzberger/Löhr, BauGB, § 140 Rn. 3, § 145 Rn. 4; *Christof Federwisch*, Zu den Grenzen städtebaulicher Sanierungskonzepte, NVwZ 2003, S. 1035 ff.

[374] Dazu *Jürgen Kühling*, Regulierungskonzepte nach § 15a TKG-E – ein neuer Baustein im Regulierungsverwaltungsrecht, JZ 2012, S. 341 ff.

[375] Vgl. *Matthias Ruffert*, Grundlagen und Maßstäbe einer wirkungsvollen Aufsicht über die kommunale wirtschaftliche Betätigung, VerwArch, Bd. 92 (2001), S. 27 (37).

[376] Vgl. *Hill*, Urban Governance (Fn. 261), S. 573.

[377] Vgl. etwa *Benjamin Benz/Jürgen Boeckh/Ernst-Ulrich Huster*, Nationale Aktionspläne gegen Armut und soziale Ausgrenzung – ein neuer Anlauf für ein sozialeres Europa?, Theorie und Praxis der sozialen Arbeit, 2003, S. 43; s.a. → Rn. 82j.

[378] *Alfred Scheidler*, Strategische Umweltprüfung für Lärmaktionspläne, NuR 2005, S. 628 ff.; *Michael Steenbuck*, Anspruch auf Verkehrsbeschränkungen zum Schutz vor Feinstaub?, NVwZ 2005, S. 770 ff.; *Reinhard Sparwasser/Ina Stammann*, Neue Anforderungen an die Planung durch die Luftqualitätsvorgaben der EU?, ZUR 2006, S. 169 (171); *Reinhard Sparwasser/Rüdiger Engel*, Aktionspläne des Luftreinhalte- und Lärmschutzrechts im Spannungsfeld zwischen deutschem und europäischem Recht, NVwZ 2010, S. 1513 ff.; *Pascale Cancik*, Aktionspläne zur Lärmminderung – effektives Instrument oder „Aktionismus"?, ZUR 2007, S. 169 ff.; *dies.*, Umweltrechtliche Aktionspläne in der Bauleitplanung – eine Annäherung an Probleme der Verzahnung von Planungsinstrumenten, DVBl 2008, S. 546 ff.; *dies.*, Die Pflicht zur Aufstellung von Aktionsplänen zur Lärmminderung und ihre Kopplung an „Auslösewerte", NVwZ 2008, S. 167 ff.; *Klingele*, Umweltqualitätsplanung (Fn. 147), S. 21 ff.

[379] *Yvonne Wieczorrek/Reinhard Vogt*, Vorbeugen, schützen und managen, Stadt und Gemeinde 2005, S. 374.

C. Andere Formen exekutivischer Selbstprogrammierung

familienfreundlichen Gemeinde[380] etc. So systematisiert und standardisiert die Bundesagentur für Arbeit etwa ihre Dienstleistungen in sog. Handlungsprogrammen.[381] Auch im Regulierungsrecht, etwa im Nahverkehr, im Gesundheitswesen oder im Energiesektor, übernehmen Pläne eine wichtige Steuerungsfunktion, etwa Krankenhauspläne (§ 6 Abs. 1 KHG), Bedarfspläne zur Sicherstellung der ärztlichen Versorgung (§ 99 SGB V), Frequenzpläne (§ 54 TKG) etc.[382] Zur systematischen Planung und Vorausschau des Verwaltungshandelns, insbesondere bei wirtschaftlicher Tätigkeit (vgl. etwa §§ 48, 51 GemHVO NRW), finden auch zusehends sog. **Risikomanagementsysteme** Verbreitung.[383] Diese sollen bspw. als hauhalterische Frühwarnsysteme bewusst und zielorientiert strategische und operative Risiken identifizieren, analysieren, steuern und limitieren, um unsichere Entwicklungen frühzeitig abschätzen und ebenso flexibel wie zeitgerecht reagieren zu können. Auch für das allgemeine Verwaltungshandeln finden sie, wie im angelsächsischen Bereich schon lange üblich,[384] Unterstützer, um die Zukunft des Aufgaben- und Handlungsbereichs verantwortlich zu gestalten. Letztlich tritt auch die Einführung von **Qualitätsmanagementsystemen**[385] in den Dienst des Ziels, die Organisation und das Handeln von Verwaltung ganzheitlich zu optimieren und die Überprüfung und fortlaufende Anpassung an die übergreifenden Verwaltungsziele sicherzustellen.

2. Personalsteuerung

Neben der strukturellen Steuerung durch Organisation und Verfahren nimmt die **Personalsteuerung** eine wichtige Rolle bei der Selbstprogrammierung der Verwaltung ein.[386] Dazu zählen etwa Instrumente der Personalauswahl (wie sie

---

[380] *Hermann Hill*, Familienfreundliche Verwaltung, BayVBl. 2006, S. 549 ff.
[381] *Volker Hielscher*, Reorganisation der Bundesagentur für Arbeit: „Moderner Dienstleister" für wen?, WSI-Mitteilungen 2006, S. 119 (121); *Holger Schütz/Frank Oschmiansky*, Arbeitsamt war gestern, ZSR 2006, S. 5 (8 ff.).
[382] Vgl. *Fehling*, Instrumente und Verfahren (Fn. 37), § 20 Rn. 131 ff.
[383] Vgl. *Anton Kumanov/Anett Schwarzkopf/Armin Fröse*, Die Einführung von Risikomanagementsystemen – eine Aufgabe der kommunalen Wirtschaftsführung, BayVBl. 2001, S. 225 (230); *Hermann Hill*, Risiko-Management – ein Instrument zur Vorsorge, innovative Verwaltung 12/2002, S. 9 (10); *Marco Trips*, Risikomanagement in der öffentlichen Verwaltung, NVwZ 2003, S. 804 (807 ff.); *Gunnar Schwarting*, Finanz- und Haushaltsrisiken: Gedanken zum finanzwirtschaftlichen risk-management in öffentlichen Haushalten, in: Hermann Hill (Hrsg.), Aufgabenkritik, Privatisierung und Neue Verwaltungssteuerung, 2004, S. 117 (123), zum Aufbau eines finanzwirtschaftlichen Risikomanagements; *ders.*, Risikomanagement, VM 2006, S. 232; *ders.*, Haushaltspolitisches Risikomanagement: Von der Analyse zur vorausschauenden Gestaltung, DÖV 2006, S. 947 ff. Vgl. auch die Beiträge in: *Frank Scholz/Andreas Schuler/Hans-Peter Schwintowski* (Hrsg.), Risikomanagement der Öffentlichen Hand, 2009.
[384] Vgl. *Hermann Hill* (Hrsg.), Risikomanagement in der englischen Verwaltung, Speyerer Arbeitsheft Nr. 150, 2003.
[385] Vgl. etwa § 7 Drittes Gesetz zur Reform der Berliner Verwaltung; *Elke Löffler*, Qualitätsmanagement, in: Bernhard Blanke u. a. (Hrsg.), Handbuch zur Verwaltungsreform, 4. Aufl. 2011, S. 492 ff.; *Hermann Hill*, Qualitätsmanagement im 21. Jahrhundert, DÖV 2008, S. 789 ff.; *Alfred Reichwein/Loes Broekmate*, Qualitätsmanagement in Kommunen, in: Hermann Hill (Hrsg.), Wege zum Qualitätsmanagement, 2010, S. 17 ff.; *Hermann Hill*, Qualitätsmanagement im 21. Jahrhundert, in: ders. (Hrsg.), a. a. O., S. 11 ff.; *Christian Jock*, Qualitätsmanagement in Europa, in: Hermann Hill (Hrsg.), Verwaltungsmodernisierung im europäischen Vergleich, S. 35 ff.
[386] Vgl. a. → Bd. III *Voßkuhle* § 43.

Art. 33 Abs. 2 GG und auf seiner Grundlage § 9 BBG sowie § 9 BeamtStG verfassungsrechtlich vorzeichnen), ferner Maßnahmen des Personalmanagements[387] und der Personalentwicklung. Ein strategisches Personalmanagement hat sich an dem übergreifenden Verwaltungsziel der ordnungsgemäßen Aufgabenerledigung zu orientieren. Es erfüllt insoweit eine dienende Funktion.[388] Zu Personalführungs- und Personalentwicklungsmaßnahmen gehören u.a. die Fortbildung, die Beurteilung, Mitarbeitergespräche, Zielvereinbarungen, die Möglichkeit der Einschätzung der Vorgesetzten durch ihre Mitarbeiter sowie ein die Fähigkeiten und Kenntnisse erweiternder Wechsel der Verwendung (vgl. §§ 42 ff., § 46 Abs. 2 Nr. 7 BLV; § 6 Abs. 4 bis 7 Drittes Gesetz Reform der Berliner Verwaltung). Über Geschäftsordnungen, etwa die Gemeinsame Geschäftsordnung der Bundesministerien,[389] wird die Verbindung zu organisatorischen Vorgaben hergestellt.

3. Verwaltungskulturelle Steuerung

61   Das Verhalten der Bediensteten wird nicht zuletzt auch durch die herrschende **Verwaltungskultur**[390] und die in ihr vorherrschenden Werte[391] beeinflusst und gesteuert. Nicht nur im europäischen Vergleich lassen sich unterschiedliche kulturelle Verwaltungstraditionen ausmachen.[392] Auch im nationalen Bereich können Staatskulturen[393] und Staatsbilder[394] eine wichtige Orientierungs- und Leitfunktion für das Verwaltungshandeln übernehmen, wenn es gelingt, diese Orientierungen zu verinnerlichen. Entsprechende Einstellungen und Verhaltensweisen, die auf Ausbildung und Sozialisation im Verwaltungsalltag beruhen, lassen sich

---

[387] Vgl. § 7 Drittes Gesetz zur Reform der Berliner Verwaltung; *Christoph Reichard*, Personalmanagement, in: Blanke u.a. (Hrsg.), Handbuch zur Verwaltungsreform (Fn. 385), S. 295 ff.; *Hermann Hill*, Public Leadership – Wertebasierte Verwaltungsführung, in: FS Hans P. Bull, 2011, S. 610 (616); → Bd. III *Voßkuhle* § 43 Rn. 57 ff.

[388] *Hermann Hill*, Vom Administrator zum Wertschöpfer, Personalwirtschaft 2003, S. 16.

[389] *Brigitte Zypries/Cornelia Peters*, Eine neue gemeinsame Geschäftsordnung für die Bundesministerien, ZG 2000, S. 316 ff.

[390] *Rudolf Fisch*, Organisationskultur von Behörden, in: Klaus König (Hrsg.), Deutsche Verwaltung an der Wende zum 21. Jahrhundert, 2002, S. 449 ff.; *Maximilian Wallerath*, Die Änderung der Verwaltungskultur als Reformziel, DV, Bd. 33 (2000), S. 351 (355). Zum Begriff der „europäischen Verwaltungskultur", zur Anwendung, Benutzung und Weiterentwicklung *Joachim Wenzel*, Europäische Verwaltungskulturen, in: Hermann Hill (Hrsg.), Verwaltungsmodernisierung im europäischen Vergleich, 2009, S. 9 ff.

[391] *Nathalie Behnke*, Alte und neue Werte im öffentlichen Dienst, in: Blanke u.a. (Hrsg.), Handbuch zur Verwaltungsreform (Fn. 385), S. 340 ff.; *Hill*, Public Leadership (Fn. 387), S. 611 (617 f.).

[392] *Werner Jann*, Verwaltungskulturen im internationalen Vergleich, DV, Bd. 33 (2000), S. 325 ff.; *ders.*, Verwaltungskultur. Ein Überblick über den Stand der empirischen und international vergleichenden Forschung, in: König (Hrsg.), Deutsche Verwaltung (Fn. 390), S. 425 ff.

[393] Vgl. die Beiträge in: *Hermann Hill* (Hrsg.), Staatskultur im Wandel, 2002.

[394] Vgl. z.B. *Martin Eifert*, Grundversorgung mit Telekommunikationsleistungen im Gewährleistungsstaat, 1998, S. 139 ff.; *Andreas Voßkuhle*, Der „Dienstleistungsstaat", Der Staat, Bd. 40 (2001), S. 495 ff.; *Claudio Franzius*, Der „Gewährleistungsstaat" – Ein neues Leitbild für den sich wandelnden Staat?, Der Staat, Bd. 42 (2003), S. 493 ff.; *Gunnar Folke Schuppert*, Der Gewährleistungsstaat: modisches Label oder Leitbild sich wandelnder Staatlichkeit?, in: ders. (Hrsg.), Der Gewährleistungsstaat – Ein Leitbild auf dem Prüfstand, 2005, S. 11 ff.; *ders.*, Staatstypen, Leitbilder und Politische Kultur: Das Beispiel des Gewährleistungsstaates, in: Ludger Heidbrink/Alfred Hirsch (Hrsg.), Staat ohne Verantwortung?, 2007, S. 467 ff.; *Werner Jann*, Governance als Reformstrategie – Vom Wandel und der Bedeutung verwaltungspolitischer Leitbilder, in: Schuppert (Hrsg.), Governance-Forschung (Fn. 24), S. 21 (27); *Schmidt-Aßmann*, Ordnungsidee, Kap. 1 Rn. 46; *Hermann Hill*, Perspektive 2020, in: ders. (Hrsg.), Verwaltungsmodernisierung 2010, 2010, S. 9 (10).

C. Andere Formen exekutivischer Selbstprogrammierung

allerdings nur mittelfristig verändern.[395] Das ist die Mission eines effektiven, aber zugleich behutsamen *change management*.[396] So waren im letzten Jahrzehnt Versuche zu beobachten, etwa durch **Leitbilder**[397] einen Übergang von einer legalistisch-bürokratischen Verwaltungskultur hin zu einer Dienstleistungs- und Kundenorientierung oder noch weiter zur Bürgerkommune bzw. zum aktivierenden Staat anzuregen.[398] Solche Leitbilder sollen der Vergewisserung der eigenen Identität und Aufgabe dienen, zugleich aber eine Vision vorstellbar und begreifbar machen. Sie übernehmen damit Orientierungs-, Identifikations-, Motivations- und Kommunikationsfunktionen. Als solche markieren sie eher eine weiche Steuerungsform mit finaler Programmierung.[399] Verfassungsrechtlich gebotene Gesetzesbindung der Verwaltung auf der einen Seite und Finalsteuerung auf der anderen Seite dürfen dabei nicht als Gegensätze, sondern als zwei unterschiedliche Seiten derselben Medaille gesehen werden. Sie verstehen sich als Ausformungen des Ziels einer demokratisch rückgebundenen, legitimierten und sachgerechten Erfüllung der vielfältigen Verwaltungsaufgaben.

Zu dieser Kategorie der **kulturellen Steuerungsinstrumente** zählen neben fachlichen bzw. professionellen Standards[400] auch **Empfehlungen für gute Staats- und Verwaltungsführung** bzw. Verwaltungspraxis,[401] die verschiedene Institutionen als Verhaltenskataloge[402] in den letzten Jahren vorgelegt haben. Die Kodi- 62

---

[395] *Rolf Mohr*, Kulturwechsel, Heraus aus der organisierten Verantwortungsscheu, VM 2005, S. 129 ff.; *Hill*, Public Leadership (Fn. 387), S. 611 (613).

[396] *Henning Schridde*, Change Management in: Blanke u. a. (Hrsg.), Handbuch zur Verwaltungsreform (Fn. 385), S. 279 ff.; *Rüdiger Nolte*, Changemanagement in der öffentlichen Verwaltung, VerwArch, Bd. 96 (2005), S. 243 ff.; *Angela Witt-Bartsch*, Veränderungsmanagement, VM 2004, S. 207 ff.

[397] *Susanne Baer*, Schlüsselbegriffe, Typen und Leitbilder als Erkenntnismittel und ihr Verhältnis zur Rechtsdogmatik, in: Schmidt-Aßmann/Hoffmann-Riem (Hrsg.), Methoden, S. 223 (232 ff.); *Jörg Knieling*, Leitbilder als Instrument des Stadtmanagements: Planungstheoretische Bezüge, Praxisbeispiele, Potenziale und Restriktionen, in: Heidi Sinnig (Hrsg.), Stadtmanagement, Strategien zur Modernisierung der Stadt(-Region), 2006, S. 71 ff.; einen Überblick über die Entwicklung gibt *Margit Seckelmann*, Die „effiziente Verwaltung" – Zur Entwicklung der Verwaltungsleitbilder seit dem Ende der 1970er Jahre, in: Peter Collin/Klaus G. Lutterbeck (Hrsg.), Eine intelligente Maschine, 2009, S. 245 ff.

[398] *Bernhard Blanke/Stefan Plaß*, Vom schlanken Staat zum aktivierenden Staat – Leitbilder der Staats- und Verwaltungsmodernisierung, in: Fritz Behrens/Rolf G. Heinze/Josef Hilbert (Hrsg.), Ausblicke auf den aktivierenden Staat. Von der Idee zur Strategie, 2005, S. 27 ff.; *Hermann Hill*, Über Binnenmodernisierung zu Good Governance, Verwaltung, Organisation, Personal (VOP) 2000, S. 9 ff.; *Seckelmann*, Die „effiziente Verwaltung" (Fn. 397), S. 257 f.; *König*, Moderne öffentliche Verwaltung (Fn. 60), S. 842 ff.

[399] Vgl. noch → Bd. I *Voßkuhle* § 1 Rn. 42, *Franzius* § 4 Rn. 23 ff.

[400] *Höfling*, Professionelle Standards (Fn. 360), S. 45 ff.; *Stefan Schnurr*, Managerielle Deprofessionalisierung?, Neue Praxis 2005, S. 238 (239); *Bernd Dewe*, Perspektiven gelingender Professionalität, Neue Praxis 2005, S. 257 ff.; *Hans de Bruijn*, Management and Professionals in Public Service. About the Risk of Fruitless Tension, in: Marcel Veenswijk (Hrsg.), Organizing Innovation, 2005, S. 48 ff.; → Bd. II *Pitschas* § 42 Rn. 53.

[401] *Hermann Hill* (Hrsg.), Gute Staats- und Verwaltungsführung, Konzepte und Standards, Speyerer Arbeitsheft Nr. 181, 2006; vgl. auch *Ulrich Smeddinck*, Gute fachliche Praxis – Zur Standardisierung von Verhalten, in: Edmund Brandt/ders. (Hrsg.), Gute fachliche Praxis – Zur Standardisierung von Verhalten, 2005, S. 25 (35); *ders.*, Good Practice: Gute fachliche Praxis im englischen Umweltrecht, NuR 2005, S. 634 (639); *ders.*, Regulierungsstrategie (Fn. 4), S. 694 ff.

[402] Vgl. für die Verwaltungstätigkeit der Unionsorgane auch das Recht auf gute Verwaltung in Art. 41 GrCh; s. dazu *Ralf Bauer*, Das Recht auf eine gute Verwaltung im Europäischen Gemeinschaftsrecht, 2002; *Kai-Dieter Classen*, Gute Verwaltung im Recht der Europäischen Union, 2008; *Bernd Grzeszick*, Das Grundrecht auf eine gute Verwaltung – Strukturen und Perspektiven des Charta-Grundrechts auf eine gute Verwaltung, EuR 2006, S. 161 ff.; *Helmut Goerlich*, Good Governance und

zes lassen sich als Versuch begreifen, „durch Kodifizierung bewährter Verhaltensregeln und anerkannter Kriterien auf die Herstellung einer guten Verwaltung Einfluss zu nehmen".[403] Ihre primäre Bedeutung liegt nicht in der Vermittlung subjektiver Rechte der Bürger. Vielmehr sollen sie präventiv den Umgang zwischen Verwaltung und Bürger erleichtern, berechtigte Erwartungshorizonte aufzeigen und so Meinungsstreitigkeiten und wechselseitiges Frustrationspotenzial abbauen. Es handelt sich insoweit zumeist um einen Querschnitt weicher Verhaltensregeln, die sich als Katalysatoren eines guten Miteinanders von Bürger und Verwaltung bewährt haben und Ausdruck berechtigter Verhaltenserwartungen an die öffentliche Verwaltung sind.

Ein Merkmal ist nahezu allen Katalogen eigen: Sie weisen **keinen verbindlichen Charakter** auf, sondern stellen lediglich Empfehlungen dar. Sie entstehen regelmäßig auch nicht als Vorgaben der legislativen Außensteuerung der Verwaltung,[404] sondern aus der Verwaltung selbst heraus, gegebenenfalls unter Einbeziehung der Öffentlichkeit (insbesondere der Bürger und Interessenverbände), und bündeln Praxiserfahrungen.[405] Damit verbindet sich die Hoffnung auf eine erhöhte Leistungsfähigkeit und Akzeptanz im Verhältnis zu starren, sanktionierten gesetzgeberischen Maßnahmen und gegenläufigen Verhaltenserwartungen bzw. -erfahrungen der Bürger. Die Kodizes ergehen dabei nicht aus einer bestimmten fachlichen oder rechtlichen Perspektive, sondern enthalten ganzheitliche Managementansätze.[406] Sie dienen als **Checkliste** sowohl für eine Bewertung des Ist-Zustandes der Verwaltung als auch als Ansatzpunkte für Verbesserungsmaßnahmen. Gleichwohl reichen sie, insbesondere wenn sie veröffentlicht werden, in ihrer Wirkung durchaus nahe an normative Gebote heran. Besondere Wegbereiterfunktion – auch als Orientierungsmaßstab für eine Weiterentwicklung der deutschen Verwaltung – kann insoweit dem **Europäischen Kodex für gute Verwaltungspraxis** zukommen.[407] Mit ihm verbindet sich einerseits die Chance einer Vereinheitlichung des Verfahrensrechts der Mitgliedstaaten.[408] An-

---

Gute Verwaltung, DÖV 2006, S. 313 ff.; *Kristin Pfeffer*, Das Recht auf eine gute Verwaltung, 2006; *Hans D. Jarass*, Das Recht auf eine gute Verwaltung, insbesondere auf ein faires Verwaltungsverfahren, in: FS Wolf-Rüdiger Schenke, 2011, S. 849 ff.; *Franz L. Kneymeyer*, Von der rechtmäßigen zur auch guten Verwaltung. Zum Instrument einer selbst gesetzten Behördenverfassung, in: FS Wolf-Rüdiger Schenke, 2011, S. 931 ff.; → Bd. II *Schmidt-Aßmann* § 27 Rn. 29 ff. S. auch den bereichsspezifischen Kodex für gute Verwaltungspraxis im gemeinschaftlichen Sortenamt, ABl. EG 2000, Nr. C 371, S. 14 mit detaillierten Verhaltensregelungen für die Beschäftigten. Vgl. zu dieser Regelung *Thomas Lübbig*, Die Aufhebung (Rücknahme und Widerruf) von Verwaltungsakten der Gemeinschaftsorgane, EuZW 2003, S. 233 (234).

[403] *Knut Bourquain*, Die Förderung guten Verwaltungshandelns durch Kodizes, DVBl 2008, S. 1224 (1228).

[404] Das ist allerdings keineswegs unumstritten. Die rechtliche Einordnung der Kodizes oszilliert zwischen bloßen Dienstvorschriften und mit Außenwirkung ausgestatteten Normen; *Bourquain*, Die Förderung guten Verwaltungshandelns durch Kodizes (Fn. 403), S. 1228 m. w. N.

[405] *Bourquain*, Die Förderung guten Verwaltungshandelns durch Kodizes (Fn. 403), S. 1228.

[406] Vgl. *Hermann Hill*, Einführung, in: ders. (Hrsg.) Die Good Practice-Verwaltung, Speyerer Arbeitsheft Nr. 147, 2002, S. 1 ff.

[407] Europäischer Kodex für gute Verwaltungspraxis, http://www.ombudsman.europa.eu/de/resources/code.faces; dazu *Bourquain*, Die Förderung guten Verwaltungshandelns durch Kodizes (Fn. 403), S. 1231; *Ulrich Stelkens*, Sicherung guter elektronischer Verwaltung durch „E-Citizen-Charters", in: Hermann Hill/Utz Schliesky, Innovationen im und durch Recht, 2010, S. 127 (129 ff.). Vgl. auch schon oben → Fn. 385.

[408] *Bourquain*, Die Förderung guten Verwaltungshandelns durch Kodizes (Fn. 403), S. 1231.

C. Andere Formen exekutivischer Selbstprogrammierung

dererseits könnte er sich aber auch als gleichsam trojanisches Pferd für die Autonomie des mitgliedstaatlichen Verwaltungsvollzugs entpuppen.

4. Haushalts- und Finanzsteuerung

Die wohl schlagkräftigste Steuerungsressource exekutivischer Handlungsprogrammierung bildet die **Haushalts- und Finanzsteuerung**.[409] Sie wird insbesondere durch die gesetzlichen Vorgaben des Haushaltsgrundsätzegesetzes, der Haushaltsgesetze und Landeshaushaltsordnungen sowie durch Verordnungen und Verwaltungsvorschriften normativ eingehegt.

Das Haushaltssystem befindet sich dabei im Gefolge der Einführung des sog. **Neuen Steuerungsmodells**[410] mit seinem ergebnis- und wirkungsorientierten Ansatz im Umbruch. Eine Schlüsselstellung nehmen insoweit § 6a HGrG und die entsprechenden Vorschriften der Landeshaushaltsordnungen zur leistungsbezogenen Planaufstellung und -bewirtschaftung ein.[411] Die outputorientierte Budgetierung erweist sich in diesem Kontext als eine Produkt- bzw. Ergebnissteuerung, die Leistungen mit Finanzen verwebt.[412] Die Einführung des neuen Finanz- und Rechnungswesens **(Doppik)** liefert mit der Offenlegung und Steuerung des Ressourcenverbrauchs weitere Entscheidungsdeterminanten, die als gleichsam „verlängerter Arm" des Neuen Steuerungsmodells wirken.[413] Mit der Änderung des Buchungsstils ist auch die Hoffnung auf eine Kulturänderung[414] hin zu einem wirtschaftlicheren Verwaltungshandeln und einer periodengerechten Zuordnung von Leistungen und Kosten verknüpft.

---

[409] *Werner Heun*, Staatshaushalt und Staatsleitung, Das Haushaltsrecht im parlamentarischen Regierungssystem des Grundgesetzes, 1989, S. 427 ff.; *Christoph Gröpl*, Haushaltsrecht und Reform, 2000, S. 307 ff.; *Albert v. Mutius*, Die Steuerung des Verwaltungshandelns durch Haushaltsrecht und Haushaltskontrolle, VVDStRL, Bd. 42 (1984), S. 147 ff.; *Hanno Kube*, Finanzgewalt in der Kompetenzordnung, 2004, S. 495; *ders.*, Zu Rechtsstaatlichkeit, Demokratie und der Autonomie rechtlicher Rationalität – im Spiegel der Haushaltsrechtsreform, DV, Bd. 35 (2002), S. 506 ff.; → Bd. III *Korioth* § 44.

[410] *Ferdinand Kirchhof*, Das Haushaltsrecht als Steuerungsressource, in: Hoffmann-Riem/Schmidt-Aßmann (Hrsg.), Effizienz, S. 107 ff.; *Hill*, New Public Management (Fn. 355), S. 51 ff.; *ders.*, Das VwVfG vor neuen Herausforderungen, in: ders. u.a. (Hrsg.), 35 Jahre VwVfG (Fn. 37), S. 350 (355 f.); *Veith Mehde*, Haushaltskonsolidierung und betriebswirtschaftliche Steuerung, in: Hill u.a. (Hrsg.), 35 Jahre VwVfG (Fn. 37), S. 313 (318); *ders.*, Neue Organisationsformen in der Staats- und Kommunalverwaltung, in: Schmidt-Aßmann/Hoffmann-Riem (Hrsg.), Verwaltungsorganisationsrecht, S. 65 (71); *Jens-Peter Schneider*, Das neue Steuerungsmodell als Innovationsimpuls für Verwaltungsorganisation und Verwaltungsrecht, ebd., S. 103 (114 ff.); *Holger Mühlenkamp*, Die Steuerungswirkung der Doppik, Der Städtetag 2011, S. 14 (15); s.a. → Bd. I *Voßkuhle* § 1 Rn. 53 ff., *Schuppert* § 16 Rn. 117 ff.; Bd. III *Korioth* § 44 Rn. 57 ff.

[411] *Hermann Hill*, Zur Sicherung des parlamentarischen Budgetrechts im Neuen Steuerungsmodell, DÖV 2001, S. 793 ff.

[412] *Hermann Hill*, Gesetzgebung und Verwaltungsmodernisierung, ZG 1998, S. 101 ff.; *Mühlenkamp*, Die Steuerungswirkung der Doppik (Fn. 410), S. 15 ff.; s.a. → Bd. III *Korioth* § 44 Rn. 58 ff.

[413] *Georg Harle/Grit Kulemann*, Einführung eines kaufmännischen Rechnungswesens in Hessen, VM 2005, S. 135 ff.; *Christian Wrage*, Reform des staatlichen Haushalts- und Rechnungswesens, VM 2005, S. 261 ff.; *Klaus Lüder*, Notwendige rechtliche Rahmenbedingungen für ein reformiertes staatliches Rechnungs- und Haushaltswesen, DÖV 2006, S. 641 ff.; *Hermann Hill*, Business Intelligence/Business Analytics im öffentlichen Sektor, DÖV 2010, S. 789 (792); *Mühlenkamp*, Die Steuerungswirkung der Doppik (Fn. 410), S. 16 f.; vgl. noch BRDrucks 504/06.

[414] *Brigitte Keller*, Neben dem Buchungsstil auch die Kultur verändern, innovative Verwaltung 11/2005, S. 29 f.; *Matthias Portis*, Die Doppik als Chance für New Public Management, innovative Verwaltung 11/2005, S. 32 ff.; *Hill*, New Public Management (Fn. 355), S. 51 (60).

Schon 1983 hatte *Gunnar Folke Schuppert*[415] den **Programmhaushalt als rationales Budget** gekennzeichnet, das seine Rationalität dadurch gewinne, dass zuerst die Ziele und der Zweck des Staatshandelns definiert, daraus Subziele in Form von Programmen abgeleitet werden, die Programmalternativen sodann einer aufwändigen Kosten-Nutzen-Analyse unterzogen werden, um schlussendlich finanzielle Entscheidungen treffen zu können. Er bezeichnete dies als „Konzept aus einem Guss", das allerdings einer organisatorischen, instrumentellen und auch im politischen Alltag realisierbaren Abstützung bedürfe, um Erfolg in der Praxis zu haben. Mittlerweile sind hierzu nicht nur im internationalen,[416] sondern auch im nationalen Bereich wesentliche Schritte unternommen worden. Sie sind von dem Ziel getragen, die Haushalts- und Finanzsteuerung mit Managementinstrumenten zu verzahnen, um eine in sich konsistente Steuerung der Verwaltung und ihres Wirkens zu erreichen.[417]

64 Vor einigen Jahren reifte im privaten Sektor die Erkenntnis, dass eine Konzentration auf finanzielle Ziele allein nicht ausreicht, um den langfristigen Unternehmenserfolg zu sichern. Insofern wurden mit Hilfe des Instruments der **Balanced Scorecard**[418] aus dem Unternehmensleitbild heraus verschiedene Ziele mit entsprechenden Kennzahlen entwickelt und zueinander in Beziehung gesetzt. Auch einige Verwaltungen haben versucht, sich dieses Instrument nutzbar zu machen.[419] Dabei zeigte sich, dass sich der Ansatz der Privatwirtschaft trotz der für Verwaltungen charakteristischen Zielvielfalt wegen anderer Rahmenbedingungen nicht immer bruchfrei übertragen lässt.[420] Teilweise wird daher die Entwicklung einer „Public Value Scorecard" gefordert.[421]

5. Kommunikationssteuerung

65 Die Verwaltungspraxis vermisst zwischen Gesetz, Leitbild und strategischen Zielen auf der einen Seite und konkretem Einzelhandeln auf der anderen Seite

---

[415] *Gunnar Folke Schuppert*, Die Steuerung des Verwaltungshandelns durch Haushaltsrecht und Haushaltskontrolle, VVDStRL, Bd. 42 (1984), S. 216 (243 ff.).

[416] *Miekatrien Sterck/Bram Scheers*, Deckt der Name die Sache? – Zu einer Verfeinerung des Begriffs „ergebnisorientiertes Haushaltswesen", in: Hermann Hill (Hrsg.), Bestandsaufnahme und Perspektiven des Haushalts- und Finanzmanagements, 2005, S. 11 ff.; *Klaus Lüder*, Zur Outcome-/Output-Steuerung des Finanzgebarens von Gebietskörperschaften, in: FS Ernst Buschor (Fn. 356), S. 291 ff.

[417] *Dietrich Budäus/Christiane Behm/Berit Adam*, Reformen des öffentlichen Haushalts- und Rechnungswesens in Deutschland, VM 2004, S. 228 ff., 329 ff.; 2005, S. 48 ff.; *Dietrich Budäus*, Reform des öffentlichen Haushalts- und Rechnungswesens in Deutschland, DV, Bd. 39 (2006), S. 187 ff.

[418] *Robert S. Kaplan/David P. Norton*, Balanced Scorecard, Strategien erfolgreich umsetzen, 1997; dies., The Strategy-Focused Organization, 2001, S. 133 ff.; *Péter Horváth/Boris Alexander Kühnle*, Die Balanced Scorecard als Konzeption und Instrument zur Umsetzung politischer Programme und Strategien, VM 2002, S. 329 ff.; *Lothar Streitferdt/Krista Schölzig/Maren Hoffers*, Die Balanced Scorecard als strategisches Managementsystem, VM 2004, S. 291 ff.

[419] *Birgit Gerhardt*, Strategische Planung mit der Balanced Scorecard, Grundlage der Modernisierung bei der Versorgungsverwaltung in NRW, Verwaltung, Organisation, Personal (VOP) 2001, S. 28 ff.; *Elisabeth Ferrari/Christa Tausch*, Balanced Scorecard – und die Verwaltung findet ihren Weg, Controlling 2002, S. 245 ff.

[420] *Max Munding*, Balanced Scorecard als Steuerungsinstrument für die öffentliche Verwaltung?, in: Hill (Hrsg.), Aufgabenkritik (Fn. 383), S. 19 (23 ff.).

[421] *Mark Moore*, The Public Value Scorecard, Working Paper #18 May 2003, abrufbar unter: www.ksg.harvard.edu/hauser/PDF_XLS/workingpapers/workingpaper_18.pdf; *Hermann Hill*, Von Good Governance zu Public Leadership, VM 2006, S. 81 (82).

C. Andere Formen exekutivischer Selbstprogrammierung

häufig eine ausreichende, d.h. vollzugsgeeignete durchlaufende Korrespondenzbeziehung. Darin liegt die zentrale Aufgabe der Kommunikationssteuerung. Während im klassischen hierarchisch-bürokratischen Modell der Verwaltungsprogrammierung Verwaltungsvorschriften und Weisungen diese Funktion ausfüllen sollen,[422] kommt sie im Rahmen der Managementsteuerung insbesondere dem Instrument der **Zielvereinbarung**[423] zu. Zielvereinbarungen programmieren das Handeln der Verwaltung, indem sie Prioritäten und Schwerpunkte für Ressourcenverwendung, Arbeitsweisen und Qualitätsziele setzen. Sie brechen das gesetzliche Rechts- und Verwaltungsprogramm auf den Einzelfall herunter. Damit sollen sie den gesetzlichen Intentionen durch eine umfassende Handlungskoordinierung und Ausgestaltung des Handlungsrahmens der Amtswalter zum Durchbruch verhelfen.[424] Sie entpuppen sich insoweit als qualitative Verdichtungen der Verwaltungssteuerung, die den gesetzlichen Handlungsauftrag zeit- und normgerecht konkretisieren. Gleichwohl begegnet ihre Umsetzung in der täglichen Verwaltungspraxis noch erheblichen Schwierigkeiten.[425] Das neue Tarif- und Dienstrecht lässt ihre Bedeutung im Kontext leistungsorientierter Vergütungen weiter wachsen.[426] Hier werden aber auch ihre Nachteile sichtbar: Extrinsische kann intrinsische Motivation zerstören, insbesondere das Gefühl verminderter Selbstbestimmung bzw. der Fremdsteuerung induzieren, und kurzfristiges Denken zulasten nachhaltigen Agierens handlungsleitend werden lassen.[427]

Zielvereinbarungen sind vor allem auf eine Programmierung und Steuerung der Kommunikation gerichtet. Sie betreiben „**Kontraktmanagement durch Kontaktmanagement**".[428] Sie fungieren darüber hinaus als Instrument des **Wissensmanagements**, indem sie das Wissen der Mitarbeiter in den kooperativen Entscheidungsfindungsprozess einspeisen.[429] Sie machen damit die „kollektive Intelligenz" im Interesse sachgerechter Aufgabenerledigung und intelligenter Organisationsstruktur für das Gemeinwesen fruchtbar. Diese Steuerung der bzw.

66

---

[422] Vgl. weiterhin noch *Marc Hansmann*, Ersetzen Zielvereinbarungen die Rechts- und Fachaufsicht?, innovative Verwaltung 5/2006, S. 14 ff.

[423] *Maximilian Wallerath*, Kontraktmanagement und Zielvereinbarungen als Instrumente der Verwaltungsmodernisierung, DÖV 1997, S. 57 ff.; *Schmidt*, Zielvereinbarungen (Fn. 267), S. 760 ff.; *Karin Tondorf*, Zielvereinbarungen, VM 1999, S. 340 ff.; *Hermann Hill*, Zur Veränderung von Handlungsspielräumen durch Kontraktmanagement, VM 1999, S. 75 ff.; kritisch *Erwin Quambusch*, Statt Zielvereinbarungen Besinnung auf das Beamtenrecht, VR 2006, S. 153 ff.; vgl. auch *Andreas Musil*, Verwaltungssteuerung durch Zielvereinbarungen, VR 2006, S. 397 ff.

[424] *Hill*, Zielvereinbarungen (Fn. 267), S. 1061: Zielvereinbarungen als verwaltungsinternes Handlungsrecht.

[425] *Jens Harms*, Perspektiven des Haushalts- und Finanzmanagements aus der Sicht des Rechnungshofs Berlin, in: Hill (Hrsg.), Haushalts- und Finanzmanagement (Fn. 416), S. 157 (160).

[426] *Christian Rüsen/Burghard Rocke*, Leistungsorientierte Bezahlung nach dem Tarifvertrag für den öffentlichen Dienst (TVöD), RiA 2006, S. 49 (55); *Michael Löchert/Henrik Riedel*, Leistungsbeurteilung künftig gesetzlich geregelt, innovative Verwaltung 10/2005, S. 27 ff. S.a. → Bd. III *Voßkuhle* § 43 Rn. 61.

[427] Dazu etwa *Holger Mühlenkamp*, Was bewirkt die Karotte vor der Nase? – Ein kritischer Blick auf anreizorientierte Entgeltsysteme im öffentlichen Sektor, in: Andreas Gourmelon/Michael Mroß (Hrsg.), Führung im öffentlichen Sektor, 2010, S. 131.

[428] *Werner Jann*, Internationale Erfahrungen zentralstaatlicher Verwaltungsreform, in: Frieder Naschold/Werner Jann/Christoph Reichard (Hrsg.), Innovation, Effektivität, Nachhaltigkeit, 1999, S. 32 ff.

[429] *Hill*, Veränderung von Handlungsspielräumen (Fn. 423), S. 76.

durch Information und Kommunikation gewährleisten vor allem Controllingsysteme.[430] Sie verketten Programmierung und Aufsicht bzw. Kontrolle und Nachsteuerung in einem Kreislaufsystem.[431] Auch **Qualitätsmanagementsysteme** erfüllen diese Funktion der internen Kommunikation aller Verwaltungsmitarbeiter über eine „gute Verwaltung".[432] Diese internen Informations- und Kommunikationssysteme finden eine Ergänzung in externen Rückkopplungsschleifen, wie Bürger- bzw. Kundenbefragungen[433] und Leistungsvergleichen (Benchmarking),[434] die einen kontinuierlichen Überprüfungs- und Verbesserungsprozess einläuten sollen.

67 Die Selbstprogrammierung der Exekutive vollzieht sich unter dem Leitbild des **Electronic Government**[435] zunehmend auch durch moderne Informations- und Kommunikationstechniken. Ihnen kommt das Potential zu, transformativ Strukturen, Prozesse und Funktionen der öffentlichen Verwaltung zu verändern[436] – nicht nur durch **Verwaltungsportale,** die neue bürgerorientierte Informationsangebote etablieren und damit eine virtuelle Koordination der Verwaltung ermöglichen,[437] sondern auch durch **technikunterstütztes Prozessmanagement.** Die Steuerung durch technische Vorgaben wirkt strukturierend auf die Architektur und Organisation der Verwaltung sowie auf die Gestaltung von Entscheidungen, von Informations- und Wissenssystemen und von Geschäftsprozessen.[438] Soft-

---

[430] *Klaus Homann,* Verwaltungscontrolling, 2005; *Kuno Schedler,* Verwaltungscontrolling, in: Blanke u. a. (Hrsg.), Handbuch zur Verwaltungsreform (Fn. 385), S. 236 ff.; *Hermann Hill,* Umweltcontrolling und Verwaltungscontrolling, in: Bundesumweltministerium/Umweltbundesamt (Hrsg.), Handbuch Umweltcontrolling für die öffentliche Hand, 2001, S. 23 ff.

[431] *Gröpl,* Haushaltsrecht und Reform (Fn. 409), S. 237.

[432] Vgl. schon oben → Fn. 385; sowie *Johannes Hartmann,* Wege zur modernen Verwaltung, VM 2005, S. 27 ff.; *Gerd Köhler,* Neue Steuerung über TQM und CAF-Selbstbewertung, innovative Verwaltung 6/2005, S. 17 ff.

[433] *Hill,* Neue Organisationsformen (Fn. 410), S. 65 (80); *Martin Koci/Kuno Schedler,* Der gleichzeitige Einsatz von Mitarbeiter- und Kundenbefragungen, VM 2004, S. 73 ff.

[434] *Hellmut Wollmann,* Leistungsmessung in Politik und Verwaltung, in: Kuhlmann/Bogumil/Wollmann (Hrsg.), Leistungsmessung und -vergleich (Fn. 43), S. 21 (38 f.); *Margit Seckelmann,* Durch Kooperation zum Wettbewerb? – Leistungsvergleiche nach Art. 91 d GG, in: Blanke u. a. (Hrsg.), Handbuch zur Verwaltungsreform (Fn. 385), S. 571 ff.; *dies.,* Benchmarking (Art. 91 d GG) und Evaluation – lernende Verwaltung, in: Hill/Schliesky, Innovationen im und durch Recht (Fn. 407), S. 201 ff.; *dies.,* Wettbewerb per Grundgesetz? Die Leistungsvergleiche nach Art. 91 d GG, DVBl 2010, S. 1284 ff.

[435] *Hermann Hill,* Electronic Government – Strategie zur Modernisierung von Staat und Verwaltung, Aus Politik und Zeitgeschichte 2002, S. 24 ff.; *ders.,* eGovernment – Mode oder Chance zur nachhaltigen Modernisierung der Verwaltung?, BayVBl. 2003, S. 737 ff.; *ders.,* Transformation der Verwaltung (Fn. 43), S. 17 ff.; *ders.,* Ein flexibles Qualitätsmanagement für E-Government, in: innovative Verwaltung 9/2010, S. 14 f.; *ders.,* Das VwVfG vor neuen Herausforderungen (Fn. 410), S. 351 (352 f.); *Wirtz,* E-Government (Fn. 43); *Seckelmann,* Optimierung des Informations- und Kommunikationsmanagements (Fn. 88), S. 33 ff.; *Kay Ruge,* Das VwVfG vor neuen Herausforderungen – Informations- und Kommunikationstechniken sowie Innovationsmanagement, in: Hill u. a. (Hrsg.), 35 Jahre VwVfG (Fn. 37), S. 299 ff.; vgl auch die Beiträge in: *Hill/Schliesky* (Hrsg.), Herausforderung e-Government (Fn. 45); → Bd. II *Ladeur* § 21 Rn. 88 ff., *Britz* § 26.

[436] *Tino Schuppan,* Strukturwandel der Verwaltung mit E-Government, 2006; *Martin Brüggemeier* u. a., Organisatorische Gestaltungspotentiale durch Electronic Government – auf dem Weg zur vernetzten Verwaltung, 2006.

[437] *Martin Eifert,* Electronic Government, Das Recht der elektronischen Verwaltung, 2006, S. 15 f.; *Heinrich Reinermann/Jörn v. Lucke* (Hrsg.), Portale in der öffentlichen Verwaltung, Speyerer Forschungsberichte 205, 2000.

[438] *Christoph Reichard/Michael Scheske/Tino Schuppan* (Hrsg.), Das Reformkonzept E-Government, 2004; *Klaus Lenk,* Der Staat am Draht, 2004.

wareprogramme bzw. die Entscheidung über ihren Einsatz übernehmen dabei zusehends die Funktion der Verfahrenschoreographie und Inhaltssteuerung, die bisher klassischerweise Verwaltungsvorschriften ausgefüllt haben.[439] Die für die elektronische Bearbeitung von Verwaltungsvorgängen vorgegebenen **Standards** entfalten eine Tendenz zur Zentralisierung;[440] sie ermöglichen Interoperabilität und Zusammenarbeit mit anderen Behörden.[441] Die Standardisierung als Methode und die Kompatibilität unterschiedlicher verwendeter Systeme gewinnt dadurch zusehends an Bedeutung.

Um ihre Vorteile in der Praxis der Verwaltung systematisch fruchtbar zu machen, hat etwa das Bundesministerium des Innern eine „**Nationale Prozessbibliothek**" gegründet, die als ebenenübergreifende Plattform für Prozesswissen standardisierte Verwaltungsvorgänge abbilden und flächendeckend vorhalten soll. Solche elektronischen Entscheidungsunterstützungssysteme bestimmen Wahrnehmungsmuster, etwa bei der Erfassung eines Sachverhalts, tragen mit dem in die Standards eingeflossenen geronnenen Wissen zur Entlastung, rationalisierenden Strukturierung und Komplexitätsreduzierung sowie zu wechselseitigen Lernprozessen bei der Entscheidungsfindung bei, vermindern dadurch das Fehlerrisiko und schaffen Transparenz sowie Einheitlichkeit und Vergleichbarkeit der Verhaltensmuster.[442]

67a

Mit ihnen verbindet sich aber umgekehrt auch die **Gefahr einer „McDonaldisierung" der Verwaltung.** Sie drohen mit ihren Stereotypen die Flexibilität und Anpassungsfähigkeit sowie Kreativität der Akteure vor Ort bei der sachgerechten Lösung von Einzelfallproblemen mit ihren jeweiligen Spezifika zu erdrosseln. Dadurch erzeugen sie dann zugleich negative Rückstrahlungen auf die Motivation der Mitarbeiter und erhöhen die Wahrscheinlichkeit und Bereitschaft bewusster Regelverletzungen.

Ihre Vorteile spielt Standardisierung nur dort aus, wo sie **passgenau,** also für regelmäßig wiederkehrende, routineartige Abläufe zum Einsatz kommt, die dekontextualisiert werden können.[443] Bei komplexen und dynamischen Geschäftsprozessen, die auf kontingentem und unvollständigem Wissen aufbauen und deren Ziele, Muster und Bezugssysteme sich stetig verändern, sind demgegenüber eher organische als mechanische Formen der Prozessgestaltung angezeigt, die eine experimentelle und evolutionäre situationsbezogene Flexibilisierung von Handlungsanweisungen mit Rückkopplungsschleifen verbinden. Hierdurch lassen sich die Vollzugserfahrungen sachgerecht aufarbeiten und in einen Anpassungsvorgang einspeisen sowie mit dynamischen Anpassungs- und Lernprozessen im Sinne einer „Adaptive Governance" anreichern. Die demokrati-

---

[439] *Hoffmann-Riem,* Gesetz und Gesetzesvorbehalt (Fn. 20), S. 59; *Martin Eifert,* Verwaltungsportale – Rechtsfragen einer neuen bürgerorientierten Verwaltungseinrichtung, in: Wolfgang Bär (Hrsg.), Rechtskonformes eGovernment, eGovernment-konformes Recht, 2005, S. 113 ff.; *Möstl,* Normative Handlungsformen (Fn. 11), § 19 Rn. 5 ff., § 20 Rn. 23; s. a. → Bd. II *Britz* § 26 Rn. 62.

[440] *Hill,* Transformation der Verwaltung (Fn. 43), S. 21. S. aber a. → Bd. II *Ladeur* § 21 Rn. 90 f., *Britz* § 26 Rn. 7.

[441] Vgl. noch *Herbert Kubicek/Martin Wind,* E-Government im Jahr 5 nach dem Internethype, VM 2005, S. 60 ff.; *Rudolf Büllesbach,* eGovernment – Sackgasse oder Erfolgsstory, DVBl 2005, S. 605 ff.; *Olaf Winkel,* E-Government in Deutschland, VM 2006, S. 269 ff.

[442] *Hermann Hill,* Prozessflexibilisierung und adaptive Prozessentwicklung, DÖV 2012, S. 249 (254); *Sabine Tönsmeyer-Uzuner,* Expertensysteme in der öffentlichen Verwaltung, 2000.

[443] *Hill,* Prozessflexibilisierung (Fn. 442), DÖV 2012, S. 257.

schen, rechtsstaatlichen und grundrechtlichen Probleme, die aus derartigen Steuerungs- und Veränderungsmechanismen entstehen, sind bislang noch kaum geklärt.⁴⁴⁴

68 Die dargestellten Formen exekutivischer Selbstprogrammierung sind vorrangig an die Vollzugsverwaltung bzw. deren Mitarbeiter gerichtet. Aus dem internationalen Kontext sind daneben auch Instrumente bekannt, die sich nicht unmittelbar an die Bediensteten richten und diese zu einem bestimmten Verhalten anweisen oder anleiten wollen, sondern den Bürgern bestimmte Rechte oder Garantien einräumen. Diese **Citizen Charters bzw. Servicegarantien**⁴⁴⁵ können gleichwohl als indirekte Handlungskonzepte bzw. Verhaltensregelungen für nachgeordnete Behörden und Amtswalter verstanden werden. Sie enthalten als Qualitätsversprechen oder allgemeine Garantieregeln eine Form der Selbstbindung, der primär verwaltungspolitischer Charakter eigen ist. Sie formen nach außen ein Bild der Verwaltung, das zugleich nach innen programmierend und verhaltensbeeinflussend wirken soll. Darin erschöpft sich ihre Wirkung jedoch nicht: Sie können für den Fall öffentlich erklärten Rechtsbindungswillens – ähnlich wie Vergaberichtlinien – auch eine jedenfalls mittelbare rechtliche Wirkung zeitigen.⁴⁴⁶

Soweit darüber hinaus Bürger auch an der kooperativen Entwicklung von Qualitätsvorgaben für Verwaltungs"produkte" beteiligt und damit in den öffentlichen Dienstleistungsprozess eingebunden werden, lässt sich sogar eine bewusste Co-Steuerung des Verwaltungshandelns durch die Nutzer feststellen.⁴⁴⁷ Dieses „bürgergesteuerte Verwaltungscontrolling",⁴⁴⁸ das auf eine *„customer democracy"* hinausläuft, steht in einem Spannungsverhältnis zu den Mechanismen klassisch demokratischer, volkswahlvermittelter Entscheidungen und Programmierung.⁴⁴⁹ Ebenso wie im Bereich der Normsetzung durch Satzung⁴⁵⁰ werden damit traditionelle Formen der Selbstprogrammierung der Exekutive durch andersartige und neue Legitimationsformen herausgefordert und ggf. weiterentwickelt.

---

⁴⁴⁴ Vgl. *Harald Mehlich*, Electronic Government, Die elektronische Verwaltungsreform, Grundlagen – Entwicklungsstand – Zukunftsperspektiven, 2002, S. 286 ff.; *Eifert*, Electronic Government (Fn. 437), S. 153 ff.; *Utz Schliesky*, Auswirkungen des E-Government auf Verfahrensrecht und kommunale Verwaltungsstrukturen, NVwZ 2003, S. 1322 (1323 ff.); *ders.*, Legitimation und Verantwortung im komplexen, arbeitsteiligen Staat – eine Einführung, in: Hill/ders. (Hrsg.), Herausforderung e-Government (Fn. 45), S. 11 (21 ff.).

⁴⁴⁵ *Bertelsmann-Stiftung* (Hrsg.), Service-Garantien in der Kommunalverwaltung, 2000; *Kurt Promberger/Carmen Niederkofler/Josef Bernhart*, Dienstleistungscharters, 2001; *Hermann Hill*, Dienstleistungs- und Kundenorientierung in der Verwaltung, NdsVBl. 2002, S. 313 (316); *Ulrich Stelkens*, Sicherung guter elektronischer Verwaltung durch „E-Citizen-Charters", in: Hill/Schliesky (Hrsg.), Innovationen im und durch Recht (Fn. 407), S. 127 ff. S. a. → Bd. I *Ruffert* § 17 Rn. 79.

⁴⁴⁶ *Stelkens*, Sicherung guter elektronischer Verwaltung durch „E-Citizen-Charters" (Fn. 445), S. 149 ff.; a. A. etwa *König*, Moderne öffentliche Verwaltung (Fn. 60), S. 742.

⁴⁴⁷ *Dietrich Budäus/Katrin Schwiering*, Die Rolle der Informations- und Kommunikationstechnologien im Modernisierungsprozess öffentlicher Verwaltungen, in: August W. Scheer (Hrsg.), Electronic Business und Knowledge Management – Neue Dimensionen für den Unternehmenserfolg, 1999, S. 143 (155); *Hill*, Transformation der Verwaltung (Fn. 43), S. 23.

⁴⁴⁸ *Hermann Hill*, Kommunikation als Herausforderung für Staat und Verwaltung, in: Ulrich Steger (Hrsg.), Lean Administration. Die Krise der öffentlichen Verwaltung als Chance, 1994, S. 49 (53).

⁴⁴⁹ *Veith Mehde*, Zwischen New Public Management und Democratic Renewal, VerwArch, Bd. 95 (2004), S. 257 (266, 277).

⁴⁵⁰ Vgl. → Rn. 28 ff.

D. Rechtliche Umhegung außerstaatlicher Einflüsse/Kooperationen

Da die Modernisierung der Verwaltung eine Daueraufgabe darstellt,[451] liegt in diesem gesetzlichen Modernisierungsauftrag und seiner exekutivischen Umsetzung eine Form der **fortlaufenden Selbstprogrammierung** der Verwaltung, die ihren Ausdruck in Selbstbewertungssystemen, Modernisierungskonzepten und -projekten sowie Berichtspflichten und Evaluationen[452] finden sollte. Im Rahmen solcher gesetzlichen Modernisierungsaufträge entstehen auch bisher unentdeckte, experimentelle Spielarten der Selbstprogrammierung, die der Verwaltungssteuerung neue Impulse setzen.

69

D. Rechtliche Umhegung außerstaatlicher Einflüsse/Kooperationen

I. Formen der Einbeziehung und Zusammenarbeit

In einem wachsenden Anteil von Lebens- und Regelungsbereichen, insbesondere im Umwelt- und Technikrecht, kommt der Staat mangels hinreichenden Sachverstandes und Expertenwissens nicht umhin, neben der Einbindung wissenschaftlichen Sachverstandes in eigene Entscheidungsverfahren[453] auch ausgefeilte und erprobte Regelwerke oder Module von privaten oder gesellschaftlichen, teilweise auch halbstaatlichen Gremien zu rezipieren.[454] Damit verbinden sich Vorteile der Staatsentlastung, der Erschließung zusätzlicher Ressourcen und Potentiale, Anpassungs- und Dynamisierungschancen, ferner erhöhte Akzeptanz- und Umsetzungschancen. Auf der anderen Seite gehen damit aber auch demokratische und rechtsstaatliche Defizite bzw. Gefahren einher, wie etwa das Risiko einseitiger Interessenausübung, mangelnder Distanz, Verselbständigungstendenzen des Sachverstandes oder mitunter mangelnde Transparenz.[455] Jedoch lässt sich die Nutzbarmachung solch externen Sachverstandes und Expertenwissens nicht einfach durch eine vollständige Verrechtlichung oder gar Etatisierung **gesellschaftlicher Entscheidungsverfahren** erreichen. Dies würde deren Eigenrationalität verändern oder gar zunichte machen und dadurch die erwarteten Effizienz- bzw. Effektivitätsgewinne torpedieren.[456] Eine sog. „steu-

70

---

[451] § 4 Abs. 1 Landesorganisationsgesetz des Landes Brandenburg vom 24. 5. 2004; vgl. auch § 1 S. 2 Drittes Gesetz zur Reform der Berliner Verwaltung vom 21. 12. 2005.

[452] *Hellmut Wollmann/Sabine Kuhlmann*, Evaluierung von Verwaltungsmodernisierung, in: Blanke u. a. (Hrsg.), Handbuch zur Verwaltungsreform (Fn. 385), S. 563 ff.; zu Beobachtung und Evaluation vgl. auch → Bd. I *Franzius* § 4 Rn. 88 ff.

[453] Vgl. → Rn. 16.

[454] Ausführlich *Irene Lamb*, Kooperative Gesetzeskonkretisierung, Verfahren zur Erarbeitung von Umwelt- und Technikstandards, 1995, S. 97; *Michael Kloepfer*, Instrumente des Technikrechts, in: Schulte/Schröder (Hrsg.), Technikrecht, S. 151 (160 ff.); zur Steuerungserwartung *Höfling*, Professionelle Standards (Fn. 360), S. 51 ff., zur halbstaatlichen Standardsetzung, S. 182; zur kooperativen Setzung von Umweltstandards vgl. *Schulze-Fielitz*, Technik- und Umweltrecht (Fn. 314), S. 495 ff.; *Smeddinck*, Regulierungsstrategie (Fn. 4), S. 694 ff. S. a. → Bd. I *Ruffert* § 17 Rn. 86 ff., *Eifert* § 19 Rn. 61 ff. zur guten fachlichen Praxis.

[455] Vgl. *Hans-Heinrich Trute*, Verantwortungsteilung als Schlüsselbegriff eines sich verändernden Verhältnisses von öffentlichem und privatem Sektor, in: Gunnar Folke Schuppert (Hrsg.), Jenseits von Privatisierung und „schlankem" Staat, 1999, S. 13 (32 ff.); *Voßkuhle*, Beteiligung Privater (Fn. 363), S. 289.

[456] Vgl. *Trute*, Zwischen gesellschaftlicher Selbstregulierung und staatlicher Steuerung (Fn. 69), S. 955 f.; *Voßkuhle*, Beteiligung Privater (Fn. 363), S. 295 f.

ernde Rezeption"[457] scheitert in der Regel daran, dass den staatlichen Institutionen das Wissen zur Steuerung und Kontrolle von Inhalt und Entstehung dieser außerrechtlichen Regelwerke fehlt.[458] Je mehr der Staat diese Regelwerke umgekehrt ihrer Eigendynamik überlässt und sich auf den privaten bzw. gesellschaftlichen Sachverstand verlässt, desto mehr schwindet sein Handlungswissen.[459] Einige schlagen deshalb einen sog. **„inszenierten Pluralismus"**[460] vor, bei dem der Staat die Auswahl und Zusammensetzung der Gremien mitbestimmt und über sog. vor- und nachwirkende Legitimationssicherungen[461] Anforderungen an das Verfahren, die Entscheidungsfindung sowie Publizität und Transparenz regelt und damit seine Auffangverantwortung wahrnimmt.[462] Deren Sicherung soll nach dieser Konzeption etwa das Gebot sachgerechter Aufgabenwahrnehmung, gleichmäßiger Interessenberücksichtigung und hinreichender institutioneller Neutralitätssicherungen dienen.[463] Zahlreiche Beispiele für derartige Regelungsstrukturen hält nicht nur das Umwelt- und Technikrecht, sondern auch das Sozialrecht vor.[464]

71 Demokratische und rechtsstaatliche Herausforderungen entstehen ebenfalls, wenn Entscheidungen mit staatlicher Autorität verbindlich gemacht werden sollen, die in sog. Governance-Strukturen der **Zusammenarbeit**,[465] also Kooperationsformen der Verwaltung mit Unternehmen der Privatwirtschaft in Form von Public Private Partnerships,[466] oder in Kooperation mit der Zivilgesellschaft,[467]

---

[457] *Matthias Schmidt-Preuß*, Verwaltung und Verwaltungsrecht zwischen gesellschaftlicher Selbstregulierung und staatlicher Steuerung, VVDStRL, Bd. 56 (1997), S. 160 (203).

[458] Vgl. *Voßkuhle*, Beteiligung Privater (Fn. 363), S. 295; *Hans-Heinrich Trute*, Funktionen der Organisation und ihre Abbildung im Recht, in: Schmidt-Aßmann/Hoffmann-Riem (Hrsg.), Verwaltungsorganisationsrecht, S. 249 (290 f.).

[459] Vgl. *Höfling*, Professionelle Standards (Fn. 360), S. 54; *Voßkuhle*, Beteiligung Privater (Fn. 363), S. 308.

[460] *Helmut Voelzkow*, Private Regierungen in der Techniksteuerung, Eine sozialwissenschaftliche Analyse der technischen Normung, 1996, S. 45 ff.; *Hans-Heinrich Trute*, Vom Obrigkeitsstaat zur Kooperation – Zur Entwicklung des umweltrechtlichen Instrumentariums zwischen klassischem Ordnungsrecht und moderner Verwaltung, in: Reinhard Hendler u. a. (Hrsg.), Rückzug des Ordnungsrechts im Umweltschutz, 1999, S. 13 (41).

[461] Vgl. *Trute*, Funktionen der Organisation (Fn. 458), S. 290; *ders.*, Zwischen gesellschaftlicher Selbstregulierung und staatlicher Steuerung (Fn. 69), S. 956; *ders.*, Vom Obrigkeitsstaat zur Kooperation (Fn. 460), S. 42; *Andreas Voßkuhle*, Gesetzgeberische Regelungsstrategien der Verantwortungsteilung zwischen öffentlichem und privatem Sektor, in: Schuppert (Hrsg.), Jenseits von Privatisierung und „schlankem" Staat (Fn. 455), S. 47 (70).

[462] Vgl. etwa *Kloepfer*, Instrumente des Technikrechts (Fn. 454), S. 184.

[463] *Trute*, Funktionen der Organisation (Fn. 458), S. 288; *Schuppert*, Governance und Rechtsetzung (Fn. 44), S. 128 f.

[464] Kritisch zur exekutiven Normsetzung im Sozialversicherungsrecht etwa *Ossenbühl*, Verfassungsvorbehalt (Fn. 130), S. 320 ff.

[465] *Hill*, Good Governance (Fn. 24), S. 220 ff.; *Gunnar Folke Schuppert/Matthias Kötter*, Rechtssicherheit jenseits des Staates, in: Thomas Risse/Ursula Lehmkuhl (Hrsg.), Regieren ohne Staat? Governance in Räumen begrenzter Staatlichkeit, 2007, S. 64 (70 f.), beide sprechen von „Koordinationsstrukturen".

[466] Vgl. *Hermann Hill*, 25 Thesen zu einer Verfahrensordnung für öffentlich-private Kooperationen (Verwaltungskooperationsrecht), VM 2001, S. 10 ff.; *Ziekow/Windoffer*, Public Private Partnership als Verfahren (Fn. 103), S. 665 ff.; *Jan Ziekow*, Public Private Partnership – auf dem Weg zur Formierung einer intermediären Innovationsebene?, VerwArch, Bd. 97 (2006), S. 626 ff. S. a. → Bd. I *Schulze-Fielitz* § 12 Rn. 96, 114, *Groß* § 13 Rn. 91; Bd. II *Bauer* § 36 Rn. 42 ff.

[467] Vgl. zum Forschungsfeld „3stadt2" *Peter Jakubowski*, Neue Kooperationen und effiziente Verfahren – Ein Beitrag zur Stärkung der kommunalen Selbstverwaltung, in: Hermann Hill (Hrsg.), Kommunale Selbstverwaltung – Zukunfts- oder Auslaufmodell?, 2005, S. 111 (115 ff.).

D. Rechtliche Umhegung außerstaatlicher Einflüsse/Kooperationen

dem sog. Dritten Sektor, als Baustein einer **kooperativen Normerzeugung und -konkretisierung** gefallen sind. Gerade in der einzigartigen korporatistischen Struktur des Sozialversicherungsrechts finden sich insoweit in Gestalt von Normsetzungsverträgen zahlreiche Vorbilder.[468] Eine inhaltliche Programmierung der Entscheidungen ist in diesen Konstellationen schon deshalb kaum möglich, weil das Wissen, das für diese Programmierung erforderlich wäre, in den nachfolgenden Kooperationsstrukturen erst erzeugt werden soll.[469] Geboten ist dann aber eine Kompensation dieses Legitimationsdefizits durch staatliche Koordination im Wege der Struktursteuerung[470] sowie durch weitergehende gesetzliche Spiel- und Prozessregeln für die Zusammenarbeit. Diese müssen auch eine inhaltliche Kontrolle einschließen.[471] Dazu gehört eine Gewährleistung hinreichender Verfahrensöffentlichkeit und die Kontrolle, ob das Normierungsgremium über hinreichende Unabhängigkeit verfügt und dem Prinzip pluraler, aber gleichmäßiger und sachbezogener Interessenrepräsentanz genügt. Erst dann ist sichergestellt, dass die in den Normierungsprozess einfließenden Interessen gleichmäßig abgebildet und nicht etwa einzelne Interessen im Gefolge ungleichgewichtiger Besetzung systematisch majorisiert werden.[472] Dem Ideal distanzierter und egalitärer Herrschaftsausübung, das dem demokratischen Rechtsstaat zu Grunde liegt, droht sonst die Preisgabe.

Diese Sicherungsmechanismen beanspruchen ebenso für die Einbringung privaten Sachverstandes im Wege der **Akkreditierung** Geltung[473] wie für die **exekutivische Standardsetzung** insbesondere durch „technische Ausschüsse" zur Erarbeitung sicherheitstechnischer Regeln, etwa nach § 51a Abs. 2 S. 1 BImSchG, § 20 Abs. 3 S. 1 Nr. 1 GefStoffV und § 34 Abs. 2 S. 3 ProdSG.[474] Nichts Anderes

71a

---

[468] Vgl. dazu *BSGE* 94, 50 (71 ff.); *Axer*, Normsetzung der Exekutive (Fn. 219), S. 89 ff., 310 ff.; *Wiegand*, Beleihung mit Normsetzungskompetenzen, 2008, S. 79 ff.

[469] Vgl. *Franzius*, Governance und Regelungsstrukturen (Fn. 69), S. 209.

[470] *Schuppert*, Koordination durch Struktursteuerung (Fn. 56), S. 287; vgl. *Burgi*, Privat vorbereitete Verwaltungsentscheidungen (Fn. 56), S. 200 f.; *Jan Ziekow*, Inwieweit veranlasst das Neue Steuerungsmodell zu Änderungen des Verwaltungsverfahrens und des Verwaltungsverfahrensgesetzes?, in: Hoffmann-Riem/Schmidt-Aßmann (Hrsg.), Verwaltungsverfahren, S. 349 (350); *Braun/Giraud*, Steuerungsinstrumente (Fn. 56), S. 147 (155); *Martin Schwab*, Kooperative staatliche Entscheidungen und das Demokratieprinzip, in: Stephan Bröchler/Rainer Schützeichel (Hrsg.), Politikberatung, 2008, S. 217 ff.; *Matthias Schmidt-Preuß*, Private technische Regelwerke – Rechtliche und politische Fragen, in: Michael Kloepfer (Hrsg.), Selbst-Beherrschung im technischen und ökologischen Bereich, 1998, S. 94.

[471] Vgl. *Hermann Hill*, Urban Governance – Zum Wohle der Kommune (Fn. 261), S. 157; vgl. auch neuere Gesetze zur Einrichtung von Business Improvement Districts in Hamburg (Gesetz zur Stärkung der Einzelhandels- und Dienstleistungszentren vom 28. 12. 2004, HmbGVBl 2004, S. 525, zuletzt geändert am 27. 11. 2007, HmbGVBl. 2007, 405) und Hessen (Gesetz zur Stärkung von innerstädtischen Geschäftsquartieren vom 21. 12. 2005, GVBl 2005, S. 867, zuletzt geändert am 6. 10. 2010, GVBl I 2010, S. 320), als Teil des Modells hoheitlicher Flankierung privater Selbstorganisation; dazu *Mario Martini*, Der öffentliche Raum zwischen staatlicher Aufgabenwahrnehmung und privater Initiative, DÖV 2008, S. 10 ff. m. w. N.; *Schwab*, Kooperative staatliche Entscheidungen und das Demokratieprinzip (Fn. 470), S. 231 f.

[472] Zu diesem Zweck schreibt § 342 Abs. 1 S. 2 HGB etwa ausdrücklich vor, dass das Verfahren der Standardsetzung die fachlich interessierte Öffentlichkeit einbezieht.

[473] Dazu etwa *Joachim Lege*, Die Akkreditierung von Studiengängen. Wissenschaftsfreiheit in den Händen privater Parallelverwaltung?, JZ 2005, S. 698 ff.; *Hermann Pünder*, Zertifizierung und Akkreditierung, ZHR, Bd. 170 (2006), S. 567 ff.; mit einem Überblick zu Anwendungsgebieten *Mario Martini*, Akkreditierung im Hochschulrecht, WissR, Bd. 41 (2008), S. 232 (236 ff.).

[474] *Kloepfer*, Instrumente des Technikrechts (Fn. 454), S. 183.

§ 34 Exekutivische Normsetzung

gilt für die Wirkmacht des Deutschen Standardisierungsrats im „Deutschen Rechnungslegungs Standards Committee e. V." im Rahmen des § 342 Abs. 1 S. 2 HGB, die Tierschutzkommission nach § 16b TierSchG oder die Vertragsparteien der Pflege-Transparenzvereinbarung (§ 115 Abs. 1a S. 6 SGB XI),[475] die den sog. **Pflege-TÜV** inhaltlich ausfüllen.

Einen instruktiven Grenzfall hybrider kooperativer Rechtserzeugung bildet der so genannte **Corporate Governance Kodex**.[476] Seine Verhaltensregeln guter Unternehmensführung sind das Ergebnis der Arbeit einer aus Wirtschaftsvertretern zusammengesetzten Kommission. Das hindert den Kodex freilich nicht, mittelbar die Zwangswirkung staatlicher Regelungsmacht für sich in Anspruch zu nehmen: Die adressierten Unternehmen sind der gesetzlichen Pflicht unterworfen, öffentlich zu erklären, inwieweit sie den Empfehlungen der Kodex-Kommission entsprechen und warum sie ggf. davon abweichen („comply or explain") – § 161 Abs. 1 S. 1 AktG. Es handelt sich insoweit um ein schillerndes Instrument staatlich kontrollierter Selbstregulierung der Wirtschaft in der Grauzone zwischen Selbstregulierung und Fremdsteuerung. Indem die Regeln des Kodex der gewillkürten Regelungsmacht eines nicht demokratisch legitimierten Gremiums überantwortet sind, bedarf seine Verpflichtungsmacht zur Abgabe einer Entsprechenserklärung einer rechtsstaatlichen Umhegung. Das bedingt eine inhaltliche staatliche Präventivkontrolle der im Kodex begründeten Erklärungsverpflichtungen. Eine reine Verfahrensverantwortung ohne inhaltliche Letztverantwortung ist insoweit unzureichend. Diese ist im Falle des Corporate Governance Kodex gegenwärtig nicht hinreichend gewährleistet.[477]

71b Eine **Grenze zulässiger Einflussmacht privater Akteure** in der normativen Steuerung exekutiver Handlungsmacht ist jedenfalls dort erreicht, wo der Staat privaten Akteuren eigenständige Rechtsetzungsmacht im Wege der Delegation anvertraut. Zwar kennt das Grundgesetz keinen *Numerus clausus* von Normsetzungstypen,[478] der sich Formen kooperativer Rechtserzeugung vollständig verschließt. Art. 80 GG markiert jedoch nicht nur für die staatliche Rechtsetzung, sondern mittelbar auch für jegliche Form der Rechtsetzungsdelegation eine verfassungsrechtliche Demarkationslinie: Wenn es der Verwaltung nicht gestattet ist, normative Regelungsmacht ohne eine nach Inhalt, Zweck und Ausmaß an den Willen des parlamentarischen Gesetzgebers rückgebundene Ermächtigung auszuüben, dann beansprucht dieses Delegationsverbot erst recht gegenüber Spielarten der Ausübung privater (und damit überhaupt nicht demokratisch rückgebundener) Rechtsetzungsmacht Gültigkeit. *Dynamische* Verweisungen auf private Regelwerke stellen sich insoweit (anders als *statische* Verweisungen) als

---

[475] Zu ihrer Verfassungswidrigkeit *Mario Martini/Alexandra Albert*, Finden statt suchen? Der Pflege-TÜV und risikoorientierte Suchfunktionen als casus belli, NZS 2012, S. 201 ff. (Teil 1) und 247 ff. (Teil 2); *Foroud Shirvani*, Verfassungsrechtliche Fragen zu Transparenzberichten in der Pflegeversicherung, ZFSH/SGB 2010, S. 711 ff.

[476] Vgl. dazu etwa *Martin Wolf*, Corporate Governance – der Import angelsächsischer Self-Regulation im Widerstreit zum deutschen Parlamentsvorbehalt, ZRP 2002, S. 59 ff.; *Henrik-Michael Ringleb u. a.*, Kommentar zum Corporate Governance Kodex, 4. Aufl. 2010.

[477] Vgl. auch *Schwab*, Kooperative staatliche Entscheidungen und das Demokratieprinzip (Fn. 470), S. 229, 232.

[478] Zu dieser (in der Rechtsprechung offen gelassenen) Frage *BVerfGE* 44, 322 (346 f.); bejahend noch *BVerfGE* 8, 274 (323); 24, 184 (199).

eine verdeckte Form der Übertragung legislativer Regelungsmacht dar, die mit der Ausstellung eines regelungstechnischen „Blankoschecks" den normativen Anspruch des Art. 80 GG zu unterwandern droht.[479]

II. Rolle des Staates bei der Gemeinwohlkonkretisierung

Allen staatlichen bzw. dem Staat zurechenbaren[480] Entscheidungen ist es im Kern um eine **effektive Problemlösung**[481] im Interesse sachgerechter **Gemeinwohlkonkretisierung** bestellt.[482] Je mehr Wissen und Handlungsressourcen in einer komplexer werdenden Welt verteilt sind, desto mehr sind auch staatliche Entscheidungsträger zur Erreichung dieses Ziels auf die Einbeziehung gesellschaftlicher Ressourcen und spezifischer Problemlösungskompetenzen angewiesen.[483] Ausgehend von einem verfassungsrechtlichen Optimierungsgebot gemeinwohlorientierter Aufgabenerfüllung[484] sowie dem Gedanken funktionssichernder Entlastung ist es daher ein Gebot der Rationalität, Ordnungsmuster und -leistungen jenseits des Staates nicht nur anzuerkennen, sondern sie mit originär staatlichen Mustern zu verzahnen und in einen übergreifenden Prozess der Problemlösung zu integrieren. Als sachgerechter Modus der Problembewältigung[485] darf dabei das Prinzip der **Verantwortungsteilung** gelten,[486] das eine Aktivierung der spezifischen Problemlösungspotentiale der verschiedenen Partner anstrebt, ohne die jeweiligen Anteile austauschbar werden zu lassen. Die Verwaltung ist in dieser Sichtweise nicht mehr alleiniger Gralshüter des Gemeinwohls, sondern Teil eines pluralen und arbeitsteiligen Findungs- und Schöpfungsprozesses funktionsgerechten Zusammenwirkens von Staat und Gesellschaft zur kooperativen Gemeinwohlkonkretisierung. Der übergreifende Ansatz zur Verknüpfung und Zuordnung der jeweiligen Lösungsbeiträge firmiert

72

---

[479] Vgl. dazu im Einzelnen *Florian Becker*, Kooperative und konsensuale Strukturen in der Normsetzung, 2005, S. 381 ff.; *Martini*, Normsetzungsdelegation (Fn. 31), S. 170 f.; *Schuppert*, Governance und Rechtsetzung (Fn. 44), S. 293 f.; zu praktischen Anwendungsfällen insbesondere *Steffen Augsberg*, Rechtsetzung zwischen Staat und Gesellschaft, 2003, S. 173 ff.; als verfassungsrechtlich unzulässig erweist sich vor diesem Hintergrund etwa die Verweisung des Verordnungsgebers in § 2 Abs. 2 der Stichprobenverordnung zum Zensusgesetz 2011 (Verordnung über Verfahren und Umfang der Haushaltebefragung auf Stichprobenbasis zum Zensusgesetz 2011 [Stichprobenverordnung Zensusgesetz 2011 – StichprobenV] vom 25. Juni 2010 [BGBl I, S. 830]), die zur Berücksichtigung der „Qualitätsvorgaben" eines privaten Forschungsprojekts verpflichtet, welche zum Zeitpunkt des Normerlasses nicht vorlagen. Vgl. dazu *Mario Martini*, Der Zensus 2011 als Problem interkommunaler Gleichbehandlung, 2011, S. 48 f.
[480] Zur Zurechnung als Teil der Verantwortung vgl. *Trute*, Funktionen der Organisation (Fn. 458), S. 288; *Voßkuhle*, Beteiligung Privater (Fn. 363), S. 270 f.
[481] Vgl. *Franzius*, Governance und Regelungsstrukturen (Fn. 69), S. 198 f.
[482] Dazu vgl. *Schuppert*, Verwaltungswissenschaft, S. 810 ff.; *Trute*, Gemeinwohlsicherung im Gewährleistungsstaat (Fn. 37), S. 330 f.; *Gunnar Folke Schuppert*, Verwaltungsrechtswissenschaft im Kontext, in: IPE IV, § 70 Rn. 37 ff.
[483] *Höfling*, Professionelle Standards (Fn. 360), S. 52; *Hill*, Partnerschaften und Netzwerke (Fn. 24), S. 324.
[484] → Bd. I *Schulze-Fielitz* § 12 Rn. 148.
[485] Vgl. *Voßkuhle*, Gesetzgeberische Regelungsstrategien (Fn. 461), S. 49.
[486] Vgl. *Trute*, Funktionen der Organisation (Fn. 458), S. 294; kritisch *Rainer Pitschas*, Verantwortungskooperation zwischen Staat und Bürgergesellschaft, in: Karl-Peter Sommermann/Jan Ziekow (Hrsg.), Perspektiven der Verwaltungsforschung, 2002, S. 223 (238), der eher von Verantwortungspartnerschaft oder Verantwortungsgemeinschaft sprechen will.

teilweise unter der Formel „Regime",[487] teilweise unter dem Begriff **„Regelungsstruktur"**[488] oder „Meta-Governance"[489] (vgl. auch für die spezifisch verwaltungsbezogenen Steuerungsinstrumente bereits → Rn. 56 ff.).

Die symbiotische Verschränkung von staatlichen und privaten Handlungsrationalitäten hat nicht zur Folge, dass hier in einem Teilbereich Verwaltungsrecht ohne Staat entstünde.[490] Vielmehr hat der Staat dort, wo es um eine gemeinwohlorientierte Entscheidung geht, eine verfassungsrechtliche Pflicht und Verantwortung,[491] den übergreifenden Prozess der Problemlösung normativ zu umhegen.[492] Wiewohl der Regelungszusammenhang sich erst aus dem konkreten Anwendungsfall konstituiert,[493] bedarf er doch einer generellen Vorordnung. Diese kann aus einer gesetzlichen Grundordnung und einer administrativen Rahmenordnung[494] bestehen.

73 In diesem integrierten Modell der Zusammenführung staatlicher und gesellschaftlicher Problemlösungskompetenz, das sich auch als neue Architektur der Staatlichkeit verstehen lässt,[495] werden sich häufig staatliche Institutionen und Akteure als Organisatoren des Prozesses der Gemeinwohlfindung,[496] als Netzarchitekten,[497] begegnen.[498] Neben organisatorischen und verfahrensrechtlichen **Vorkehrungen zur Gemeinwohlsicherung** geht es dabei vor allem darum, geeignete Informations- und Kommunikationsregeln zu entwickeln[499] und Selbst-

---

[487] Vgl. *Arthur Benz*, Kooperative Verwaltung, 1994, S. 341, zur Theorie internationaler Beziehungen; *Dietrich Fürst*, Komplexitätsverarbeitung in der Planung (Stadt-, Regional-, und Landesplanung) am Beispiel der Regionalplanung, AfK 1996, S. 20 (26); *Hoffmann-Riem*, Gesetz und Gesetzesvorbehalt (Fn. 20), S. 17 zum Gesetz.

[488] *Trute*, Funktionen der Organisation (Fn. 458), S. 295; *Franzius*, Governance und Regelungsstrukturen (Fn. 69), S. 194. S. a. → Bd. I *Schuppert* § 16 Rn. 24 ff.

[489] Vgl. *Hill*, Urban Governance – Zum Wohle der Kommune (Fn. 261), S. 160; *Eva Sørensen/Jacob Torfing*, The Democratic Anchorage of Governance Networks, Scandinavian Political Studies 2005, S. 195 (214); *dies.*, Theoretical Approaches to Metagovernance, in: dies. (Hrsg.), Theories of Democratic Network Governance, 2007, S. 169 ff.; *Chris Skelcher/Navdeep Mathur/Mike Smith*, The Public Governance of Collaborative Spaces: Discourse, Design and Democracy, Public Administration 2005, S. 573 ff.

[490] Vgl. → Bd. I *Ruffert* § 17 Rn. 21 f.; *Franzius*, Governance und Regelungsstrukturen (Fn. 69), S. 209.

[491] Vgl. *Voßkuhle*, Beteiligung Privater (Fn. 363), S. 295, Fn. 118 unter Hinweis auf *Hans-Ulrich Gallwas*, Die Erfüllung von Verwaltungsaufgaben durch Private, VVDStRL, Bd. 29 (1971), S. 225 ff. (Garantenstellung); *Hill*, Von Good Governance zu Public Leadership (Fn. 421), S. 84; → Bd. I *Schulze-Fielitz* § 12 Rn. 148.

[492] Begriff der normativen Umhegung bei *Voßkuhle*, Beteiligung Privater (Fn. 363), S. 285; *Franzius*, Governance und Regelungsstrukturen (Fn. 69), S. 195, Fn. 50; → Rn. 49 ff.

[493] *Schmidt-Aßmann*, Ordnungsidee, Kap. 1 Rn. 46; *Franzius*, Governance und Regelungsstrukturen (Fn. 69), S. 211.

[494] Vgl. etwa für den Fall der Satzung *Hill*, Urban Governance (Fn. 261), S. 567 (573).

[495] *Trute*, Verantwortungsteilung als Schlüsselbegriff (Fn. 455), S. 20.

[496] → Bd. I *Schulze-Fielitz* § 12 Rn. 22.

[497] Vgl. *Ernst H. Ritter*, Raumpolitik mit „Städtenetzen" oder: Regionale Politik der verschiedenen Ebenen, DÖV 1995, S. 393 (401): es bedarf eines speziellen Akteurs, der die Rolle des „Spielemachers" übernimmt; eine seiner Aufgaben ist das „Netzeknüpfen"; *Hermann Hill*, Die Vielfalt der Akteure, Eine Chance für den Wohnungs- und Städtebau, Der Städtetag 1998, S. 5 (7); *ders.*, Partnerschaften und Netzwerke (Fn. 24), S. 325.

[498] Teilweise dazu kritisch die Erfahrungen aus der Praxis, *Hill*, Urban Governance – Zum Wohle der Kommune (Fn. 261), S. 164 f.

[499] Vgl. *Voßkuhle*, Beteiligung Privater (Fn. 363), S. 308; *Gunnar Folke Schuppert/Christian Bumke*, Verfassungsrechtliche Grenzen privater Standardsetzung, Vorüberlegungen zu einer Theorie der Wahl

beobachtung und Revisionsfähigkeit (Reflexivität) zu organisieren.[500] *Wolfgang Hoffmann-Riem* spricht in diesem Zusammenhang vom Gebot normativer Sicherung der Qualität von Problemlösungen, der sog. Qualitäts-Gewährleistung.[501] Deren Aufgabe und Inhalt sind in die Zukunft wirkende Sicherungen, die als Rahmen die Struktur, den Prozess, die Kultur sowie die Effektivität der Problemlösung für das Gemeinwohl verbürgen.[502]

Wiewohl insoweit der Staat wegen der Komplexität der Lebensrealitäten, der Parzellierung von Wissen und Ressourcen sowie der Dynamik der Entwicklung auf die Einbeziehung privater Regelwerke bzw. die Zusammenarbeit mit Privaten oder gesellschaftlichen Gruppen und die gemeinsame Entwicklung von Problemlösungen angewiesen ist, kommt ihm dennoch eine **spezifische Gemeinwohlverantwortung** zu, die er vor allem durch die Vorgabe struktureller und verfahrensmäßiger Sicherungen sowie von weiteren normativen Orientierungen und Umhegungen auszuüben hat (zu ihnen → Rn. 71 ff.). Auch in neuartigen Governance-Strukturen[503] ist daher eine „Public Leadership"[504] gefordert.

E. Europäisierung der exekutivischen Selbstprogrammierung

Das nationale Verwaltungsrecht erfährt durch das Recht der Europäischen Union (Unionsrecht) vielfältige Einflüsse und Impulse. Zwar stellt das Unionsrecht den Mitgliedstaaten den verfahrensrechtlichen Weg der Durchsetzung des Unionsrechts – innerhalb der Grenzen des Äquivalenz- und Effektivitätsgebots[505] (vgl. insbesondere Art. 197 Abs. 1 AEUV)[506] – frei: Sie vollziehen das Unionsrecht in ihren eigenen Verwaltungsstrukturen und nach ihrem eigenen Verwaltungsverfahrensrecht (sog. **Verfahrensautonomie der Mitgliedstaaten;** vgl. Art. 291 Abs. 1 AEUV).[507] Das Unionsrecht macht dabei aber vor einer nachhaltigen Überformung und Neuausrichtung traditioneller Rechtsinstitute keineswegs Halt.[508]

74

---

rechtlicher Regelungsformen (Regulatory Choice), in: GS Dieter Ordelheide, 2000, S. 71 (123); *Hill,* Urban Governance – Zum Wohle der Kommune (Fn. 261), S. 165 f.

[500] Dazu vgl. *Franzius,* Governance und Regelungsstrukturen (Fn. 69), S. 209; *Hoffmann-Riem,* Gesetz und Gesetzesvorbehalt (Fn. 20), S. 9; *Ladeur/Gostomzyk,* Gesetzesvorbehalt im Gewährleistungsstaat (Fn. 37), S. 153; vgl. schon *Hermann Hill,* Gesetzgebung in der postindustriellen Gesellschaft, ZG 1995, S. 82 (84 f.).

[501] *Hoffmann-Riem,* Gesetz und Gesetzesvorbehalt (Fn. 20), S. 46.

[502] Vgl. auch *Hill,* Urban Governance – Zum Wohle der Kommune (Fn. 261), S. 165.

[503] Umfassend vgl. noch *Schuppert* (Hrsg.), Governance-Forschung (Fn. 24); *Arthur Benz* (Hrsg.), Handbuch Governance, 2006; *ders./Yannis Papadopoulos* (Hrsg.), Governance and Democracy, 2006; *Thomas Edeling/Werner Jann* (Hrsg.), Modern Governance, 2006.

[504] *Hill,* Von Good Governance zu Public Leadership (Fn. 421).

[505] Zur normativen Verankerung des Effektivitätsgebots als Rechtsprinzip: *Meinhard Hilf/Saskia Hörmann,* Effektivität – ein Rechtsprinzip, in: FS Christian Tomuschat, 2006, S. 934 ff.

[506] *Matthias Ruffert,* in: Calliess/Ruffert, EUV/AEUV, Art. 197 AEUV Rn. 14; *Klaus F. Gärditz,* Die Verwaltungsdimension des Lissabon-Vertrags, DÖV 2010, S. 453 (462 f.); *Walter Frenz,* Verwaltungskooperation mit der Union im Lichte von Art. 197 AEUV und des Lissabon-Urteils, DÖV 2010, S. 66 ff.

[507] Vgl. *Karl-Heinz Ladeur,* Die Bedeutung eines Allgemeinen Verwaltungsrechts für ein europäisches Verwaltungsrecht, in: Trute/Groß/Röhl/Möllers (Hrsg.), Allgemeines Verwaltungsrecht, S. 804 unter Verweis auf die einschlägige Rechtsprechung des EuGH; *Markus Möstl,* Rechtsetzung der europäischen und nationalen Verwaltungen, DVBl 2011, S. 1076 (1077 f.).

[508] *Friedrich Schoch,* Die Europäisierung des Allgemeinen Verwaltungsrechts, JZ 1995, S. 109 ff.; *ders.,* Europäisierung der Verwaltungsrechtsordnung – einschließlich Verwaltungsverfahrensrecht

75 In diesem Sog gerät auch die exekutivische Selbstprogrammierung zunehmend unter „**Europäisierungsdruck**".[509] Dabei zeichnen sich einerseits Parallelen und Wechselwirkungen der nationalen Rechts- und Handlungsformen zu Steuerungsmustern und Vollzugsregelungen im Unionsrecht ab (dazu unten I.). Andererseits erfolgt die Umsetzung des Unionsrechts zunehmend in einem sog. Europäischen Verwaltungsverbund[510] mit vielfältigen Formen kooperativer Vollzugsprogrammierung (unten II.) sowie weiteren Rückstrahlungen auf die Tätigkeit der nationalen Exekutive (unten III.).

I. Rechts- und Handlungsformen im Unionsrecht

76 Die Rechts- und Handlungsformen der Vollzugsprogrammierung im nationalen und im Unionsrecht nähern sich zusehends einander an.[511] Abweichungen ergeben sich dabei aus den Eigenrationalitäten der Unionsverfassung als Ordnungsrahmens eines Staatenverbundes. Insbesondere lassen die Handlungsformen der Union keine trennscharfe Abgrenzung zwischen legislativer und exekutiver Rechtsetzung zu;[512] jene folgt nicht einem nationalstaatlichen Gewaltenteilungsmuster. Ihr ist auch ein prinzipieller Rechtsetzungsvorbehalt der Legislative nicht vertraut. Vielmehr ist sie von dem Gedanken eines institutionellen Gleichgewichts getragen. Der Vertrag von Lissabon hat insofern immerhin aber einen ersten Schritt unternommen, die Systematik der Rechtsakte zumindest am Gewaltenteilungsschema auszurichten und zu hierarchisieren.[513] Insbesondere kommt der

---

und Rechtsschutz, VBlBW 1999, S. 241 ff.; *ders.*, Individualrechtsschutz im deutschen Umweltrecht unter dem Einfluss des Gemeinschaftsrechts, NVwZ 1999, S. 457 (458 f.). Besonders deutlich ist diese Entwicklung in den 1990er Jahren im Bereich der Rückforderung europarechtswidriger Subventionen im mittelbaren Vollzug aufgetreten, vgl. nur *Dimitris Triantafyllou*, Zur „Europäisierung" des Vertrauensschutzes (insbesondere § 48 VwVfG) – am Beispiel der Rückforderung staatlicher Beihilfen, NVwZ 1992, S. 436, bzw. krit. bei *Ladeur*, Die Bedeutung eines Allgemeinen Verwaltungsrechts (Fn. 507), S. 798 ff. Einen systematischen Überblick vermittelt *Karl-Peter Sommermann*, Veränderungen des nationalen Verwaltungsrechts unter europäischem Einfluss – Analyse aus deutscher Sicht, in: Jürgen Schwarze (Hrsg.), Bestand und Perspektiven des Europäischen Verwaltungsrechts, 2008, S. 181. In neuerer Zeit stehen insbesondere Fragen der Bestandskraft belastender Verwaltungsakte, Voraussetzungen für das Wiederaufgreifen des Verfahrens und die Rücknahmepflichten der Verwaltung im Mittelpunkt, *Matthias Ruffert*, Europäisiertes allgemeines Verwaltungsrecht im Verwaltungsverbund, DV, Bd. 41 (2008), S. 513 ff. Zu dem auf das Verwaltungsprozessrecht einwirkenden Europäisierungsdruck vgl. *Christine Steinbeiß-Winkelmann*, Europäisierung des Verwaltungsrechtsschutzes, NJW 2010, S. 1233 ff.; *Jan Ziekow*, Europa und der deutsche Verwaltungsprozess. Schlaglichter auf eine unendliche Geschichte, NVwZ 2010, S. 793 ff.; aus rechtsvergleichender Sicht umfassend *Stanislaw Biernat* (Hrsg.), Consequences of Incompatibility with EC Law for Final Administrative Decisions and Final Judgements of Administrative Courts in the Member States, 2008. Zur Europäisierung des Begriffs des subjektiven öffentlichen Rechts *Jürgen Schwarze*, Zukunftsaussichten für das Europäische Öffentliche Recht, 2010, S. 51 ff. s. a. → Bd. I *Schmidt-Aßmann* § 5 Rn. 30 ff., *Ruffert* § 17 Rn. 8 ff.

[509] *Matthias Ruffert*, Überlegungen zu den Rechtsformen des Verwaltungshandelns im europäisierten Verwaltungsrecht, in: FS Peter Krause, 2006, S. 215 (219).

[510] Vgl. umfassend zu Begriff, Entstehung und Ausdifferenzierung *Thorsten Siegel*, Entscheidungsfindung im Verwaltungsverbund, 2009, S. 11 ff.; s. a. → Bd. I Schmidt-Aßmann § 5 Rn. 16 ff.

[511] Zu diesen Begriffen im europäischen Recht auch *Peter Szczekalla*, Handlungsformen im europäischen Verwaltungsrecht, in: Terhechte (Hrsg.), VerwREU, § 5 Rn. 2 ff.

[512] Vgl. *Jürgen Bast*, Handlungsformen, in: Armin v. Bogdandy (Hrsg.), Europäisches Verfassungsrecht, 2003, S. 479 (503 ff.); *Ruffert*, Überlegungen zu den Rechtsformen (Fn. 509), S. 222 f.

[513] So unterscheidet er nun zumindest zwischen den (aus einem Gesetzgebungsverfahren fließenden) Gesetzgebungsakten (Art. 289 Abs. 3 AEUV) und Rechtsakten ohne Gesetzescharakter (Art. 290,

E. Europäisierung der exekutivischen Selbstprogrammierung

Kommission die Befugnis zum Erlass verbindlicher Normsetzungsrechtsakte danach nicht von sich aus, sondern nur als abgeleitete Rechtsmacht auf der Grundlage entsprechender Übertragungsakte zu (dazu im Einzelnen → Rn. 80).

Art. 288 AEUV verankert einen Kanon verschiedener Handlungsformen des Unionsrechts. Als **verbindliche Formen** nennt er ausdrücklich Verordnungen, Richtlinien und (nunmehr auch) Beschlüsse.[514] Die Handlungsform des Beschlusses (welche die Handlungsform der Entscheidung i.S.d. Art. 249 EGV a.F. ablöst) ist zumindest in ihrer Rolle als verbindlicher Rechtsakt gegenüber bestimmten Adressaten (Art. 288 Abs. 4 S. 2 AEUV) als im Ansatz mit dem deutschen Verwaltungsakt vergleichbarer Einzelfallrechtsakt ausgestaltet.[515] Der Beschluss verpflichtet die Union als Ensemble ihrer Handlungsträger und Organwalter unmittelbar und strikt zur Ausführung.[516] Aufgrund dieser Wirkung wird der Beschluss zum spezifischen Steuerungsinstrument des Europäischen Verwaltungsverbundes.[517]

Art. 288 AEUV nennt daneben Empfehlungen und Stellungnahmen als **nicht- 77 verbindliche Handlungsformen.** Das Unionsrecht hat sich damit für einen **erweiterten Begriff des Rechtsakts** entschieden, der die Handlungsformenlehre dazu anhält, auch die unverbindlichen Handlungsformen in ihrer Relevanz für die Rechtsordnung ernst zu nehmen.[518] Es liegt in der Konsequenz der Union als Rechtsgemeinschaft, alle hoheitlichen Maßnahmen, die zum Zusammenhalt des aus Union und Mitgliedstaaten bestehenden Verbunds beitragen, als Recht zu qualifizieren. Deshalb sind auch diese Formen integrale Bestandteile der Unionsrechtsordnung.[519]

Insbesondere an dem Instrument der **Empfehlung** (Art. 292 AEUV) wird deut- 78 lich, dass Unverbindlichkeit keineswegs mit rechtlicher Wirkungslosigkeit einhergeht: Die Empfehlung zeitigt erhebliche indirekte Rechtsfolgen, von der für die Selbstprogrammierung der nationalen Verwaltungen wichtige Impulse ausgehen. Sie gilt nämlich als Auslegungsmaßstab für das nationale Recht und übernimmt die Funktion eines Musterentwurfs, mit dem sie den Mitgliedstaaten ein „weiches" Instrument der Rechtsangleichung offeriert. Sie trägt so einem ob-

---

291 AEUV); vgl. dazu auch *Möstl*, Rechtsetzung der europäischen und nationalen Verwaltungen (Fn. 507), S. 1077; *Jürgen Schwarze*, Die Neuerungen auf dem Gebiet des Europäischen Verwaltungsrechts, in: FS Rainer Wahl, 2011, S. 841.

[514] Siehe dazu → Bd. I *Ruffert* § 17 Rn. 34 ff.

[515] Differenzierend *Ulrich Stelkens*, Die „Europäische Entscheidung" als Handlungsform des direkten Unionsrechtsvollzugs nach dem Vertrag über eine Verfassung für Europa, ZEuS 2005, S. 61 (68), der diesem Vergleich grundsätzlich nur eine didaktische Funktion zubilligen will; umfassend hierzu *Daniela Schroeder*, Bindungswirkungen von Entscheidungen nach Art. 249 EG im Vergleich zu denen von Verwaltungsakten nach deutschem Recht, 2006.

[516] Vgl. *Armin v. Bogdandy/Jürgen Bast/Felix Arndt*, Handlungsformen im Unionsrecht, ZaöRV 2002, S. 77 (99 ff.); *Christian Bumke*, Rechtsetzung in der Europäischen Gemeinschaft, Bausteine einer gemeinschaftsrechtlichen Handlungsformenlehre, in: Schuppert/Pernice/Haltern (Hrsg.), Europawissenschaft, S. 643 (680); *Szczekalla*, Handlungsformen im europäischen Verwaltungsrecht (Fn. 511), § 5 Rn. 31 ff.

[517] *Matthias Vogt*, Die Rechtsform der Entscheidung als Mittel abstrakt-genereller Steuerung, in: Schmidt-Aßmann/Schöndorf-Haubold (Hrsg.), Europäischer Verwaltungsverbund, S. 213 (219).

[518] *Bast*, Handlungsformen (Fn. 512), S. 509.

[519] *v. Bogdandy/Bast/Arndt*, Handlungsformen im Unionsrecht (Fn. 516), S. 114; *Szczekalla*, Handlungsformen im europäischen Verwaltungsrecht (Fn. 511), § 5 Rn. 43 ff. Vgl. noch *Ines Härtel*, Handbuch Europäische Rechtsetzung, 2006, § 12.

jektiven Koordinierungsbedürfnis bei dezentralisierter Rechtsetzung Rechnung. Darüber hinaus kann sie in den Fällen, in denen die Kommission aus rechtlichen oder politischen Gründen nicht handeln kann, die Aufgabe eines Wegbereiters zukünftiger Integration übernehmen, indem sie gleichsam als „Minenhund" ein bestimmtes Feld für spätere „harte" Rechtsetzung räumt. **Stellungnahmen** der Kommission lassen sich dagegen als präventive Rechtsgutachten bzw. als vorbereitende Handlung und Zwischenschritt in einem rechtlichen Verfahren verstehen. Sie haben ebenfalls – wie Empfehlungen – Kompensations- und Schrittmacherfunktionen, sind allerdings noch weiter als diese im Vorfeld echter Regulierungsbedürfnisse angesiedelt. Auch sie lassen sich als unverzichtbare Hilfsmittel exekutiver Steuerung auf dem Weg zu legislativen Rechtsformen ansehen. Die besondere Leistungsfähigkeit dieser Handlungsform ergibt sich gerade aus ihrer Niederschwelligkeit als autonomieschonendes Gestaltungsmittel, das im Regelfall keine bindenden Wirkungen entfaltet.

79 Wie die Mitgliedstaaten sieht sich die Union zunehmend der Herausforderung ausgesetzt, die wachsenden Normierungsbedürfnisse einer dynamischen und komplexen Rechtsgemeinschaft in den bestehenden, mitunter schwerfälligen Strukturen sekundärer Rechtsetzung zeitgerecht und hinreichend flexibel einzufangen. Um der anschwellenden Flut von Regelungsbedürfnissen noch angemessen Herr zu werden, greift sie in immer mehr Bereichen auf das Instrument von **Vollzugsregelungen** zurück, die nicht den Rechtsakten nach Art. 288 AEUV zugeordnet werden können. Diese dienen in erster Linie der Ausgestaltung der Binnenstrukturen der Union.[520] Trotz der Systematisierungsbemühungen des Vertrags von Lissabon ist die Vielfalt an Vollzugsregelungen unüberschaubar und wirft eine Vielzahl von Rechtsfragen auf.[521] In dieser Hinsicht hat der Vertrag von Lissabon zwar eine Orientierungsleistung, aber keinen großen Wurf vollbracht.[522] Immerhin erreicht er eine stärkere **Hierarchisierung und Systematisierung** des abgeleiteten Unionsrechts, die diesen Rechtsakten einen klareren normativen Rahmen verleiht. Bislang vereinte die „Durchführung" im Sinne des EU-Vertrages a.F. unter einem Dach ein disparates Bouquet exekutiver Vollzugsprogrammierung der Sekundärrechtskonkretisierung, das sich in einer Grauzone zwischen Gesetzgebungs- und Vollzugsakt bewegte. Es beschränkte sich längst nicht mehr auf abstrakt-generelle Normbefehle, sondern schloss auch individuelle Rechtsakte des Vollzugs ein,[523] die – gemessen an den Kategorien des nationalen Rechts – als Verwaltungsvorschriften einzustufen wären. Der Vertrag unterscheidet nunmehr kategorial klar zwischen delegierten Rechtsakten (Art. 290 AEUV, → Rn. 80) und Durchführungsrechtsakten (Art. 291 AEUV, → Rn. 81). Beide avancieren zu einer immer wichtiger werden-

---

[520] *Oppermann*, EuropaR, § 10 Rn. 68.
[521] Einen Überblick zur Situation nach Lissabon gibt *Carsten Nowak*, Europarecht nach Lissabon, 2011, Rn. 80. Vgl. auch *Ruffert*, Überlegungen zu den Rechtsformen (Fn. 509), S. 220; *Heike Adam*, Die Mitteilungen der Kommission: Verwaltungsvorschriften des Europäischen Gemeinschaftsrechts?, 1999; *Meinhard Hilf/Kai-Dieter Classen*, Der Vorbehalt des Gesetzes im Recht der Europäischen Union, in: FS Peter Selmer, 2004, S. 71 (79).
[522] Vgl. etwa *Schwarze*, Die Neuerungen auf dem Gebiet des Europäischen Verwaltungsrechts (Fn. 513), S. 838.
[523] Zur begrifflichen Differenzierung und inhaltlichen Abgrenzung von Durchführung und Vollzug *Christoph Möllers*, Tertiäre Rechtsetzung im Europarecht, in: Schmidt-Aßmann/Schöndorf-Haubold (Hrsg.), Europäischer Verwaltungsverbund, S. 293 (303 f.).

E. Europäisierung der exekutivischen Selbstprogrammierung

den Steuerungsressource im Gefüge der politikkonkretisierenden Unionsrechtsakte.

Delegierte Rechtsakte ergänzen oder ändern „mit allgemeiner Geltung" nicht 80 wesentliche Teile von Gesetzgebungsakten i.S.d. Art. 289 Abs. 3 AEUV, ohne selbst Gesetzescharakter zu haben (Art. 290 Abs. 1 UAbs. 1 AEUV). Sie nehmen eine Entlastungsfunktion des Gesetzgebers wahr, wie sie in der nationalen Rechtsordnung konzeptionell insbesondere die Rechtsverordnungen der Exekutive ausfüllen. Sie konkretisieren den Inhalt eines Gesetzgebungsaktes, um ihn vollzugsfähig zu machen.[524] Die Kommission darf derartige Rechtsakte erlassen, sofern Ziele, Inhalt, Geltungsbereich und Dauer der Befugnisübertragung ausdrücklich durch den Gesetzgeber festgelegt sind (Art. 290 Abs. 1 UAbs. 2 S. 1 AEUV). Die „wesentlichen Aspekte eines Bereichs", also die politischen Leitentscheidungen, bleiben aber als delegationsfeindliches Refugium dem Gesetzgebungsakt vorbehalten (Art. 290 Abs. 1 UAbs. 2 S. 1 AEUV). Die dogmatische Anleihe der Delegationskonstruktion bei Art. 80 Abs. 1 GG ist unverkennbar.[525] Unionsrechtliche Sekundärrechtkonkretisierung und verfassungsrechtliche Verordnungsgebung nähern sich einander konstruktiv an.[526] Ein wesentlicher Unterschied zu Art. 80 Abs. 1 GG besteht jedoch: Art. 290 AEUV lässt auch eine Änderung des legislativen Rechtsaktes durch den delegierten Rechtsakt zu. Art. 290 AEUV nimmt damit im Verhältnis zu Art. 80 GG eine weitergehende Verflechtung der Handlungsformen der Gesetzgebung und Verwaltung vor. Das Unionsrecht erweitert hier das deutsche Verständnis exekutiver Normsetzung um die im romanischen Rechtskreis möglichen Funktionen delegierter Rechtsetzung.[527] Darüber hinaus darf die „Wesentlichkeit" des Art. 290 Abs. 1 UAbs. 2 S. 1 AEUV nicht einfach durch die deutsche Brille als „Grundrechtswesentlichkeit" gelesen werden. Der AEUV hat dabei nicht die Grundrechtsbetroffenheit für den Einzelnen, sondern die Relevanz für den jeweiligen Politikbereich im Auge.[528]

Anders als delegierte Rechtsakte beschränken sich **Durchführungsrechtsakte** 81 in ihrer Funktion darauf, die Durchführung, also den Vollzug, nicht die Konkretisierung von Basisrechtsakten sicherzustellen.[529] Sie nehmen nicht legislative, sondern rein exekutive Befugnisse wahr. Denn sie gestalten nicht im Wege der Delegation von Normsetzungsmacht ein ausfüllungsbedürftiges Normsetzungsprogramm näher aus, das dadurch erst vollzugsfähig werden soll. Vielmehr konzipieren sie **Regeln für den einheitlichen indirekten Vollzug** eines auf Unionsebene vollständig ausgebauten und vollzugsfähigen normativen Rahmens durch

---

[524] *Stelkens*, Rechtsetzungen der europäischen und nationalen Verwaltungen (Fn. 14), S. 400.

[525] *Gärditz*, Die Verwaltungsdimension des Lissabon-Vertrags (Fn. 506), S. 456.

[526] Vgl. *Martini*, Normsetzungsdelegation (Fn. 31), S. 188; *Möstl*, Rechtsetzungen der europäischen und nationalen Verwaltungen (Fn. 507), S. 1079. Im Dezember 2009 hat die Kommission in einer Mitteilung ihren Standpunkt zum Geltungsbereich delegierter Rechtsakte dargestellt und die aus ihrer Sicht notwendigen Eckpunkte der Befugnisübertragung dargelegt, KOM (2009) 673 endg. Vgl. dazu auch die Entschließung des Europäischen Parlaments vom 5.5.2010 zur legislativen Befugnisübertragung (2010/2021 (INI)).

[527] Vgl. *Möstl*, Rechtsetzungen der europäischen und nationalen Verwaltungen (Fn. 507), S. 1081.

[528] So zu Recht etwa *Mehde*, Rechtsetzungen der europäischen und nationalen Verwaltungen (Fn. 37), S. 431; *Möstl*, Rechtsetzungen der europäischen und nationalen Verwaltungen (Fn. 507), S. 1083.

[529] Anders als bei Art. 290 AEUV geht es mithin um Vollzug von außenwirksamen Rechtsakten, die als solche keiner Ergänzung durch die Verwaltung bedürfen.

§ 34 Exekutivische Normsetzung

die Mitgliedstaaten, der als solcher keiner Konkretisierung mehr bedarf. Sie zielen damit auf diejenigen Ausführungsregelungen, etwa zur Zuständigkeit und zum Verfahren, die beim Vollzug von EU-Recht durch die Mitgliedstaaten erforderlich werden.[530] Diesen Durchführungsrechtsakten gibt Art. 291 AEUV nunmehr einen normativen Vereinheitlichungsrahmen vor.[531] Er versucht den gordischen Knoten gegenläufiger Bedürfnisse dezentralen Vollzugs in den Mitgliedstaaten einerseits und eines Mindestmaßes an Einheitlichkeit andererseits gleichsam durch eine „Kompromissformel" sachgerecht zu entwirren: Die nationalen Behörden haben – im Rahmen des Grundsatzes der Verfahrensautonomie der Mitgliedstaaten – die Durchführungsbefugnis inne.[532] Um zugleich aber die Einheitlichkeit der Durchführung sicherzustellen, dürfen Durchführungsrechtsakte die mitgliedstaatliche Autonomie beschränken: Sie dürfen der Kommission (bzw. in begründeten Sonderfällen ausnahmsweise dem Rat) administrative Durchführungsbefugnisse übertragen (Art. 291 Abs. 2 AEUV).[533] Damit verbindet sich eine Verlagerung exekutiver Kompetenzen von den Mitgliedstaaten auf die Union. Seit Inkrafttreten des Vertrages von Lissabon ist eine solche Übertragung nur möglich, soweit dies zur Sicherung einheitlicher Bedingungen **für die Durchführung der verbindlichen Rechtsakte der Union erforderlich** ist. Diese Beschränkung ist Ausdruck des unionsrechtlichen Subsidiaritätsprinzips (Art. 5 AEUV). Die Rechtsgrundlage für die Übertragung des administrativen Durchführungsrechts folgt dann letztlich aus der jeweiligen materiellen Kompetenz.[534] Den Durchführungsrechtsakten sind auf nationaler Ebene am ehesten die allgemeinen Verwaltungsvorschriften (Art. 84 Abs. 2, 85 Abs. 2, 108 Abs. 7 GG) vergleichbar. Anders als das deutsche Recht begreift das Unionsrecht wohl auch das intersubjektive Verhältnis zwischen Mitgliedstaaten und Unionsrecht als „Außenrecht". Die Durchführungsrechtsakte erhalten so auch eine gesetzliche Allgemeinverbindlichkeit.[535]

Den Art. 290 und Art. 291 AEUV ist eine wichtige Funktion mit Art. 80 GG gemeinsam:[536] Sie regeln die Grenzen zulässiger Delegation von Normsetzungsbefugnissen **abschließend**.[537] Einer sekundärrechtlichen Etablierung neuer For-

---

[530] *Stelkens*, Rechtsetzungen der europäischen und nationalen Verwaltungen (Fn. 14), S. 400f.

[531] Im Einzelnen zum Inhalt dieser Vorschrift sowie ihren verschiedenen möglichen Auslegungsvarianten *Ulrich Stelkens*, Art. 291 AEUV, das Unionsverwaltungsrecht und die Verwaltungsautonomie der Mitgliedstaaten, FÖV Discussion Papers 68, 2011; *ders.*, Rechtsetzungen der europäischen und nationalen Verwaltungen (Fn. 14), S. 400 ff.

[532] Das gilt im unmittelbaren indirekten Vollzug gleichermaßen wie beim Vollzug von europäischem Recht auf dem Wege des transnationalen Verwaltungsaktes, vgl. *Gernot Sydow*, Die Vereinheitlichung des mitgliedstaatlichen Vollzugs des Europarechts in mehrstufigen Verwaltungsverfahren, DV, Bd. 34 (2001), S. 517 (518); *Felix Arndt*, Vollzugssteuerung im Regulierungsverbund, Eine Typologie der Verwaltungskooperationsformen am Beispiel des Energiesektors, DV, Bd. 39 (2006), S. 100 ff.

[533] Eine Durchbrechung der Vollzugshoheit der Mitgliedstaaten findet sich etwa auch im Bereich der GASP, Art. 24, 26, 35, 43 Abs. 2 EUV; leges speciales zu Art. 291 Abs. 2 AEUV sind etwa auch die Art. 75, 105, 108, 178 und 315 AEUV.

[534] Vgl. *Thomas Groß*, Exekutive Vollzugsprogrammierung durch tertiäres Gemeinschaftsrecht?, DÖV 2004, S. 20 (23); *Möllers*, Tertiäre Rechtsetzung im Europarecht (Fn. 523), S. 293 (305f.); *Daniel Riedel*, Die Durchführungsrechtsetzung nach Art. 211, 4. Sp. EG – zwei Arten tertiärer Kommissionsakte und ihre dogmatischen Fragestellungen, EuR 2006, S. 512 ff.

[535] Vgl. *Möstl*, Rechtsetzungen der europäischen und nationalen Verwaltungen (Fn. 507), S. 1081.

[536] Vgl. dazu → Rn. 71b.

[537] *Wolfgang Kahl*, Der Europäische Verwaltungsverbund, Der Staat 2011, S. 353; *Stelkens*, Rechtsetzungen der europäischen und nationalen Verwaltungen (Fn. 14), S. 397 f. Diese Auffassung ist bereits

men delegierter Rechtsetzung außerhalb dieser Regeln schieben sie damit einen Riegel vor. Auch ein Wahlrecht zwischen Art. 290 und Art. 291 AEUV besteht nicht. Sonst würden Umgehungstatbestände eröffnet. Rechtsakte mit Verbindlichkeitsanspruch gegenüber den Unionsbürgern oder Mitgliedstaaten sind damit auf die Bindungsformen der primärrechtlichen Delegationsnormen beschränkt.

II. Europäischer Verwaltungs- und Regulierungsverbund

Der Vollzug des Rechts in der Europäischen Union lebt von der *vertikalen* Zusammenarbeit der EU-Verwaltungsstellen mit den Mitgliedstaaten sowie der *horizontalen* Kooperation zwischen den einzelnen mitgliedstaatlichen Verwaltungen. Für dieses gemeinschaftliche Wirken ist in der Rechtswissenschaft der Begriff des **Europäischen Verwaltungsverbunds**[538] geprägt worden. Als wegweisendes Referenzgebiet hat sich dabei das Produktzulassungsrecht exponiert. Es praktiziert paradigmatisch die verschiedenen Formen der Vernetzung und Überwölbung mitgliedstaatlicher Verwaltungsstrukturen durch unionale Formen der Entscheidungsdeterminierung.[539] Das Schlagwort der „institutionellen Eigenständigkeit" genügt längst nicht mehr, um den Vollzug von Unionsrecht auf mitgliedstaatlicher Ebene treffsicher zu beschreiben.[540] Die klassische Dichotomie zwischen *direktem* Vollzug durch die Unionsorgane und *indirektem* Vollzug durch nationale Behörden beschreibt nur noch ein grobkörniges Grundmodell. Bei genauerer Betrachtung finden sich vielfach Verbundmodelle oder Aufgabenteilungen.[541]

82

---

zu Art. 202 EGV a. F. vertreten worden, vgl. *Möstl*, Rechtsetzung der europäischen und nationalen Verwaltungen (Fn. 507), S. 1079.

[538] Dieser Begriff geht zurück auf *Achim v. Bogdandy*, Supranationaler Föderalismus als Wirklichkeit und Idee einer neuen Herrschaftsform – Zur Gestalt der EU nach Amsterdam, 1999, S. 12 ff., 16 ff. sowie *Eberhard Schmidt-Aßmann*, Europäische Verwaltung zwischen Kooperation und Hierarchie, in: FS Helmut Steinberger, 2002, S. 1375 (1381); s. auch ders., Einleitung: Der europäische Verwaltungsverbund und die Rolle des Europäischen Verwaltungsrechts, in: ders./Schöndorf-Haubold (Hrsg.), Europäischer Verwaltungsverbund, S. 1 ff.; → Bd. I ders. § 5 Rn. 16 ff.; vgl. auch *Hans C. Röhl*, Verantwortung und Effizienz in der Mehrebenenverwaltung, DVBl 2006, S. 1070 ff.; instruktiv *Matthias Ruffert*, Von der Europäisierung des Verwaltungsrechts zum europäischen Verwaltungsverbund, DÖV 2007, S. 761 ff.; zu der durch die EU-Dienstleistungsrichtlinie entstehenden Verbundstruktur vgl. *Utz Schliesky*, Von der Realisierung des Binnenmarkts über die Verwaltungsreform zu einem gemeineuropäischen Verwaltungsrecht? Die Auswirkungen der geplanten EU-Dienstleistungsrichtlinie auf das deutsche Verwaltungsrecht, DVBl 2005, S. 887 (894); *Kahl*, Der Europäische Verwaltungsverbund (Fn. 537), S. 354 ff. Umfassend in neuerer Zeit *Siegel*, Entscheidungsfindung (Fn. 510). Eine Begriffsdefinition findet sich auch bei *v. Danwitz*, Europäisches VerwR, S. 341, der die beiden Begriffe „Europäischer Verwaltungsverbund" bzw. „Verwaltungskooperation" gleichsetzt und darunter das „Zusammenwirken verschiedener Verwaltungsträger zur gemeinsamen, arbeitsteiligen Erfüllung einer Aufgabe" versteht. Gleichzeitig gibt er einen Überblick über die verschiedenen gebrauchten Begriffe, vgl. S. 610 f. Das Primärrecht bildet auch nach dem Vertrag von Lissabon diese neue Entwicklung noch nicht normativ ab, dazu *Gärditz*, Die Verwaltungsdimension des Lissabon-Vertrags (Fn. 506), S. 462.

[539] *Ruffert*, Von der Europäisierung des Verwaltungsrechts zum europäischen Verwaltungsverbund (Fn. 538), S. 762 f.

[540] *Oppermann*, EuropaR, § 13 Rn. 33.

[541] *Oppermann*, EuropaR, § 13 Rn. 33; *Wolfgang Weiß*, Schnittstellenprobleme des neuen Mehrebenenverwaltungsrechts, DV, Bd. 38 (2005), S. 517 (520); *Andreas v. Arnauld*, Zum Status quo des euro-

Hintergrund der Entstehung einer solchen Verbundstruktur war insbesondere die zunehmende Komplexität der auf europäischer Ebene zu regelnden Sachmaterien. Die als Reaktion darauf entstehende finale, programmvorgebende Rechtsetzung der Union mündete in eine Erweiterung ihres exekutiven Handlungs- und Gestaltungsspielraums.[542] Die europäische Idee bringt dabei zugleich nahezu zwangsläufig eine Zusammenführung der Beteiligten über die Grenzen der Einzelstaaten mit sich, müssen doch im Zeitalter von multinational agierenden Wirtschaftsunternehmen sowohl Steuerungswissen geteilt als auch Handlungen abgestimmt sein.[543] Die Konkretisierungsleistungen der Durchführung unionaler Rechtsakte müssen supranational vorgenommen werden.[544] Der Verwaltungsverbund kann diesem Prozess einen Handlungsrahmen verleihen, der zur **Effektivität, Einheitlichkeit, wechselseitigen Kontrolle und Akzeptanz des Unionsrechtsvollzugs** ebenso beiträgt wie zur **sachgerechten Lösung der vor Ort entstehenden Probleme** und zur **Generierung des dazu erforderlichen Wissens**.[545]

82a Zwar scheint die in Art. 291 Abs. 1 AEUV verankerte Verfahrensautonomie der Mitgliedstaaten prima facie mit Strukturen vertikaler Verwaltungskooperation unverträglich. Doch Art. 197 Abs. 1 AEUV stellt nunmehr relativierend klar, dass die effektive Durchsetzung des Unionsrechts und damit auch die in der Praxis als unverzichtbar erlebten Kooperationsstrukturen eine **Frage von gemeinsamem Interesse** sind.[546] Damit begründet der Vertrag von Lissabon im Interesse einer weiteren Vertiefung des Verwaltungsverbundes eine generelle Unionsbefugnis zur Unterstützung der mitgliedstaatlichen Verwaltungen bei der Durchführung des Unionsrechts.[547] Hinzu tritt mit Art. 197 Abs. 2 S. 4 AEUV eine eigene **Koordinierungskompetenz** der Union für die Verwaltungstätigkeit der Mitgliedstaaten im Bereich der vertikalen Verwaltungskooperation.[548] Schließlich gestattet es

---

päischen Verwaltungsrechts, in: Terhechte (Hrsg.), VerwREU, § 2 Rn. 7; *Steffen Augsberg*, Europäisches Verwaltungsorganisationsrecht und Vollzugsformen, in: Terhechte (Hrsg.), VerwREU § 6 Rn. 15. Differenzierend *Kahl*, Der Europäische Verwaltungsverbund (Fn. 537), S. 356, der die Verbundverwaltung nicht als „dritte Schicht" des Europäischen Verwaltungsrechts sieht, sondern als Zwischenebene, die die beiden Schichten integrativ überlagert.

[542] Vgl. dazu auch *v. Arnauld*, Zum Status quo des europäischen Verwaltungsrechts (Fn. 541), § 2 Rn. 2, 28.

[543] *Anne van Aaken*, Transnationales Kooperationsrecht in der Finanzmarktaufsicht, in: Möllers/Voßkuhle/Walter (Hrsg.), Internationales VerwR, S. 225. Es entsteht vor diesem Hintergrund nicht nur ein Verwaltungs- sondern zuvorderst ein Informationsverbund, vgl. *Julia Sommer*, Informationskooperation am Beispiel des Europäischen Umweltrechts, in: Schmidt-Aßmann/Schöndorf-Haubold (Hrsg.), Europäischer Verwaltungsverbund, S. 57 (71). S. dazu auch *Augsberg*, Europäisches Verwaltungsorganisationsrecht (Fn. 541), § 6 Rn. 52.

[544] *Wolfgang Weiß*, Der Europäische Verwaltungsverbund, 2010, S. 21.

[545] Vgl. zu den Zielen des Verwaltungsverbundes ausführlich *Weiß*, Verwaltungsverbund (Fn. 544), S. 27 ff.

[546] Inwiefern Art. 197 Abs. 1 AEUV über diese Aussage mit hoher Symbolkraft hinaus auch konkrete Pflichten beinhaltet, bleibt allerdings zweifelhaft, vgl. *Schwarze*, Die Neuerungen auf dem Gebiet des Europäischen Verwaltungsrechts (Fn. 513), S. 839.

[547] *Matthias Ruffert*, in: Calliess/Ruffert (Hrsg.), EUV/AEUV, Art. 197 AEUV Rn. 23; *Augsberg*, Europäisches Verwaltungsorganisationsrecht (Fn. 543), § 6 Rn. 13.

[548] Diese besteht einerseits jedoch ausweislich des Abs. 2 S. 3 ausschließlich unter dem Primat der mitgliedstaatlichen Freiwilligkeit und verbietet Harmonisierungsmaßnahmen (Abs. 2 S. 4). (Insoweit sieht *Gärditz*, Die Verwaltungsdimension des Lissabon-Vertrags [Fn. 506], S. 463 in dieser Vorschrift auch weder eine Rechtsgrundlage für die Kodifikation des Allgemeinen Unionsverwaltungsrechts

E. Europäisierung der exekutivischen Selbstprogrammierung

Art. 6 S. 2 lit. g AEUV – gemeinsam mit dem Instrument der Verstärkten Zusammenarbeit (Art. 20 EUV) – der Union nunmehr, Maßnahmen zur Unterstützung, Koordinierung oder Ergänzung mitgliedschaftlicher Regelungen auf dem Gebiet der Verwaltungszusammenarbeit zu treffen. Union und Mitgliedstaaten sind dabei zur loyalen Zusammenarbeit verpflichtet (Art. 4 Abs. 3 EUV).[549]

Die **Formen der Zusammenarbeit** bei der Vollzugsprogrammierung sind äußerst vielfältig. Sie reichen von informationellen und prozeduralen Mechanismen[550], über institutionelle Kooperationen[551] bis hin zu kooperativen Konzeptentwicklungen[552] oder dem gemeinsamen Setzen von Standards, wie sie etwa mit dem Sevilla-Prozess[553] zur Bestimmung der besten verfügbaren Technik im Industrieanlagenzulassungsrecht Einzug gehalten haben.[554] Den Spiritus Rector des Europäischen Verwaltungsverbundes bildet dabei die Kommission als Verwaltungsspitze der Union. Sie übt nach Art. 17 Abs. 1 S. 5 AEUV Koordinierungs-, Exekutiv- und Verwaltungsfunktionen aus.[555]

82b

Wachsende Bedeutung erfährt im Verwaltungsverbund der Vollzug durch Europäische **Agenturen,** wie etwa die Europäische Umweltagentur, das Europäische Markenamt oder die Europäische Verteidigungsagentur (Art. 42 Abs. 3 UAbs. 2 EUV), die als Teil der Eigenverwaltung der Union administrative Regulierungs- oder Exekutivaufgaben im Rahmen einer vertikalen Verwaltungskooperation erfüllen,[556] sowie durch Netzwerke nationaler Behörden, die der Ko-

---

noch einen Ansatz zur Lösung spezifischer Verbundprobleme.) Andererseits bleiben nach Abs. 4 die bestehenden Verwaltungskompetenzen der Union, insbesondere solche kraft Sachzusammenhangs, unberührt. Es wird sich allerdings zeigen müssen, inwieweit sich nicht ein mittelbarer Druck zur Inanspruchnahme entwickeln kann, insbesondere wenn die Koordinierung im Sinne des *effet utile* eine entscheidende Verbesserung des Durchführungsniveaus mit sich bringen würde. Einen in seiner Wirkung ebenso unsicheren Gegenpol hierzu mag Art. 4 Abs. 2 S. 1 EUV bilden, der der Union die Pflicht aufgibt, die regionale und lokale Selbstverwaltung zu achten.

[549] Diesen bislang ungeschriebenen Grundsatz hat der Vertrag von Lissabon positiviert, vgl. zum Grundsatz der Loyalität *Armin Hatje,* Loyalität als Rechtsprinzip der Europäischen Union, 2001.

[550] Prototypen solcher Verfahren finden sich bspw. im Energierecht, vgl. *Gabriele Britz,* Vom Europäischen Verwaltungsverbund zum Regulierungsverbund? – Europäische Verwaltungsentwicklung am Beispiel der Netzzugangsregulierung bei Telekommunikation, Energie und Bahn, EuR 2006, S. 45 (65), aber auch im Telekommunikationsrecht, vgl. dazu *Werner Schaller,* Die Intensivierung des Europäischen Verwaltungsverbundes in der Regulierung des Telekommunikations- und Energiesektors, in: FS Dieter H. Scheuing, 2011, S. 415 ff.

[551] *Schmidt-Aßmann,* Ordnungsidee, Kap. 7 Rn. 11; vgl. noch *Peter M. Huber,* Das Kooperationsverhältnis von Kommission und nationalen Verwaltungen beim Vollzug des Unionsrechts, in: FS Winfried Brohm, 2002, S. 127 ff.

[552] Vgl. *Schmidt-Aßmann/Ladenburger,* Umweltverfahrensrecht (Fn. 86), S. 551 (557, Rn. 7); *Weiß,* Schnittstellenprobleme (Fn. 541), S. 537.

[553] Der Sevilla-Prozess beschreibt die kooperative Entwicklung von Merkblättern über die besten verfügbaren Techniken im Industrieanlagenzulassungsrecht auf der Grundlage eines Informationsaustauschs zwischen den Mitgliedstaaten, der Industrie und Umweltverbänden (Art. 17 Abs. 2 IVU-RL).

[554] Vgl. *Christoph Möllers,* Transnationale Behördenkooperation, Verfassungs- und völkerrechtliche Probleme transnationaler administrativer Standardsetzung, ZaöRV 2005, S. 351 (366); *Karl-Heinz Ladeur/Christoph Möllers,* Der europäische Regulierungsverbund der Telekommunikation im Verwaltungsrecht, DVBl 2005, S. 525 (526). Für den Bereich der Finanzmarktaufsicht vgl. *van Aaken,* Transnationales Kooperationsrecht in der Finanzmarktaufsicht (Fn. 543), S. 230 ff., zur Kooperation auf europäischer Ebene S. 238 f.

[555] *Schwarze,* Die Neuerungen auf dem Gebiet des Europäischen Verwaltungsrechts (Fn. 513), S. 839.

[556] Vgl. dazu *v. Arnauld,* Zum Status quo des europäischen Verwaltungsrechts (Fn. 541), § 2 Rn. 17; *Edoardo Chiti,* Decentralised Integration as a New Model of Joint Exercise of Community Functions?

operation zwischen nationalen wie europäischen Stellen eine institutionelle Basis verleihen.[557]

Die Gründung von Agenturen durch Legislativakt der Union folgt keinem systematischen Plan, sondern der politischen Regie situativer Rationalitäten.[558] Mit eigener Rechtspersönlichkeit und einem Mindestmaß an Autonomie ausgestattet, nehmen sie vielfältige Aufgaben der Union wahr. Sie reichen von (ausnahmsweise) individuell bindender Entscheidung über direkte Unterstützung der Union bzw. der Mitgliedstaaten und die Vernetzung der zuständigen nationalen Behörden bis hin zur Programmierung der interbehördlichen Zusammenarbeit.[559] Eine Delegation von Normsetzungsmacht auf Agenturen ist unter dem Regime des Vertrages von Lissabon aber nicht möglich: Art. 291 AEUV benennt den Kreis der zulässigen Delegatare abschließend. Agenturen zählen nicht dazu. Ebenso unzulässig dürfte eine Betrauung von Agenturen mit Durchführungsrechtsakten sein. Zwar hat Art. 291 AEUV wohl keine abschließende Normierung aller Verwirklichungsformen des Europäischen Verwaltungsverbundes im Sinn, so doch aber eine Festlegung des Kreises der zum Erlass von Rechtsakten legitimierten Unionsorgane.[560]

Wie Agenturen verdanken auch die **Netzwerke nationaler Behörden** ihre Entstehung einem Unionsrechtsakt, verfügen im Gegensatz zu diesen aber nicht über eine eigene Rechtspersönlichkeit, sondern setzen sich aus nationalen Behörden und ggf. EU-Institutionen zusammen, deren Aufgabe entweder die partnerschaftliche Verwaltung von Unionsprogrammen oder der institutionalisierte Austausch von Informationen, Ideen und Konzepten bei der Durchführung von Unionsrecht ist, wie z.B. das Gremium Europäischer Regulierungsstellen für elektronische Kommunikation (GEREK) oder das Netzwerk der Europäischen

---

A Legal Analysis of European Agencies, ERPL/REDP 2002, S. 1267 (1287ff.); *Eberhard Schmidt-Aßmann*, Perspektiven der Europäisierung des Verwaltungsrechts, in: Peter Axer u.a. (Hrsg.), Das Europäische Verwaltungsrecht in der Konsolidierungsphase, 2010, S. 263 (273ff.); *Weiß*, Verwaltungsverbund (Fn. 544), S. 61.

[557] *Weiß*, Verwaltungsverbund (Fn. 544), S. 60; *Kahl*, Der Europäische Verwaltungsverbund (Fn. 537), S. 359; *Frenz*, Verwaltungskooperation mit der Union im Lichte von Art. 197 AEUV und des Lissabon-Urteils (Fn. 506), S. 66f.; zu Entwicklung, Struktur und Legitimation *Thomas Groß*, Zum Entstehen neuer institutioneller Arrangements: Das Beispiel der Europäischen Verbundverwaltung in: Dieter Gosewinkel/Gunnar Folke Schuppert (Hrsg.), Politische Kultur im Wandel von Staatlichkeit, WZB-Jahrbuch 2007, 2008, S. 145 (151ff.); vgl. auch die netzwerkartige Zusammenarbeit im Bereich des Europäischen Wettbewerbsnetzes und der wirtschaftsverwaltungsrechtlichen Aufsicht über die grenzüberschreitende Dienstleistungserbringung im Gefolge der Dienstleistungsrichtlinie, *Ruffert*, Von der Europäisierung des Verwaltungsrechts zum europäischen Verwaltungsverbund (Fn. 539), S. 763ff.; vgl. auch *Siegel*, Entscheidungsfindung (Fn. 510), S. 13f.; *Augsberg*, Europäisches Verwaltungsorganisationsrecht (Fn. 541), § 6 Rn. 53ff. Zu den Problemen der Darstellung in Netzwerken: *v. Arnauld*, Zum Status quo des europäischen Verwaltungsrechts (Fn. 541), § 2 Rn. 13.

[558] *Weiß*, Verwaltungsverbund (Fn. 544), S. 90.

[559] Ein Beispiel für letztgenannte Scharnierfunktion ist die Europäische Agentur für die Zusammenarbeit der Energieregulierungsbehörden; zu ihr *Klaus F. Gärditz*, Europäisches Regulierungsverwaltungsrecht auf Abwegen, AöR, Bd. 135 (2010), S. 251 (271); allgemein zu den Funktionen von Agenturen *Weiß*, Verwaltungsverbund (Fn. 544), S. 88ff.

[560] Offener insoweit aber *Möstl*, Rechtsetzungen der europäischen und nationalen Verwaltungen (Fn. 507), S. 1083. Für die hier vertretene Auffassung spricht etwa auch der Umstand, dass der Vertrag von Lissabon den Kreis der Erlassberechtigten auch in anderen Vorschriften, wie z.B. Art. 292 S. 4 AEUV, sehr genau präzisiert und damit den abschließenden Charakter seiner Regelungen zusätzlich unterstreicht.

E. Europäisierung der exekutivischen Selbstprogrammierung

Wettbewerbsbehörden (ECN).[561] Durch einen hohen Innovationsgrad in der europäischen Verwaltungsarchitektur zeichnet sich *sub specie* ihres Grades an Unionalisierung auch das Modell der Europäischen Aufsichtsbehörden im Rahmen des Systems der Finanzaufsicht aus.[562]

Neben Netzwerken und Agenturen bilden auch die Komitologie (→ Rn. 82c) und transnationale Verwaltungsakte (→ Rn. 82d), der Einsatz Privater (→ Rn. 82e) sowie Leitlinien, insbesondere im Kontext des Regulierungsverbundes (→ Rn. 82f), prominente Erscheinungsformen des Europäischen Verwaltungsverbundes. Sichtbaren normativen Niederschlag hat dieser Verschleifungsprozess im deutschen Recht inzwischen auch in den Verwaltungsverfahrensgesetzen des Bundes und der Länder gefunden: Die §§ 8a ff. (L)VwVfG formen erste nationale Konturen eines Europäischen Verwaltungskooperationsrechts aus.[563]

82c Dass die Kontrollmechanismen im Verwaltungsverbund in beide Richtungen, von der Union hin zu den Mitgliedstaaten wie auch von den Mitgliedstaaten hin zur Union, wirken, wird am Beispiel der **Komitologie** besonders deutlich: Beim Erlass von Durchführungsbestimmungen (nicht aber beim Erlass von delegierten Rechtsakten)[564] kontrollieren die Mitgliedstaaten die Kommission durch ihre nationalen Behörden in Form eines Ausschussverfahrens, der sog. Komitologie (Art. 291 Abs. 3 AEUV).[565] Die Kontrollbefugnisse der Ausschüsse reichen unterschiedlich weit – am weitesten in denjenigen Fällen, in denen die Kommission einen Durchführungsrechtsakt erst erlassen darf, wenn der Ausschuss auf eine ablehnende Stellungnahme verzichtet.[566] Ziel der Komitologie ist es, die Kommission an die mitgliedstaatliche Verwaltungsebene rückzubinden. Im Gefolge seiner Kontrolle der Vollzugsharmonisierung, die mittels der Befugnis zur Abgabe von Änderungsvorschlägen zugleich auch eine konkordanzdemokratische Kontrollfunktion erfüllt, fließen unterschiedliche Vollzugserfahrungen in die das exekutive Handeln programmierenden Durchführungsrechtsakte ein.[567] Das

---

[561] Verordnung (EG) Nr. 1211/2009 des Europäischen Parlaments und des Rates vom 25. November 2009 zur Errichtung des Gremiums Europäischer Regionalisierungsstellen für elektronische Kommunikation und des Büros, ABl. EG 2009, Nr. L 337, S. 1 ff.

[562] Vgl. dazu *Jörn A. Kämmerer,* Das neue Europäische Finanzaufsichtssystem (ESFS) – Modell für eine europäisierte Verwaltungsarchitektur?, NVwZ 2011, 1281 (1287).

[563] Dazu etwa *Wolfgang Kahl,* Die Europäisierung des Verwaltungsrechts als Herausforderung an Systembildung und Kodifikationsideen, in: Axer u.a. (Hrsg.), Konsolidierungsphase (Fn. 556), S. 39 (79 ff.).

[564] Delegierte Rechtsakte sind seit dem Vertrag von Lissabon aus dem Komitolgieregime herausgelöst worden, *Gernot Sydow,* Europäische exekutive Rechtsetzung zwischen Kommission, Komitolgieausschüssen, Parlament und Rat, JZ 2012, S. 157 (162).

[565] Auf dieser Grundlage erging inzwischen die Verordnung (EU) Nr. 182/2011 des Europäischen Parlaments und des Rates vom 16. Februar 2011 zur Festlegung der allgemeinen Regeln und Grundsätze, nach denen die Mitgliedstaaten die Wahrnehmung der Durchführungsbefugnisse der Kommission kontrollieren, ABl. EU 2011, Nr. L 55, S. 13; vgl. auch *Matthias Ruffert,* in: Calliess/Ruffert (Hrsg.), EUV/AEUV, Art. 291 AEUV Rn. 2, 12 f.; vgl. zu dem Begriff *v. Danwitz,* Europäisches VerwR, S. 610; *Siegel,* Entscheidungsfindung (Fn. 510), S. 300 ff.; *Augsberg,* Europäisches Verwaltungsorganisationsrecht (Fn. 541), § 6 Rn. 68 ff.

[566] Art. 5 Abs. 3 S. 1 Verordnung (EU) Nr. 182/2011 (Fn 565).

[567] Noch zum Komitologiebeschluss (1999/468/EG), ABl. EG 1999, Nr. L 184, S. 23: *Peter M. Huber,* Die Organisation der unionalen Umweltpolitik, in: JbUTR, 2002, S. 9 (18); *Carlos J. Moreiro González,* Änderungen des normativen Rahmens der Komitologie, ZEuS 2003, S. 561 ff.; *Mark A. Pollack,* Control Mechanism or Deliberative Democracy? Two Images of Comitology, Comparative Political Studies 2003, S. 125 ff.; *Riedel,* Durchführungsrechtsetzung (Fn. 534), S. 522 ff.; *Härtel,* Europäische

Komitologieverfahren sichert den Mitgliedstaaten und insbesondere den nationalen Exekutiven damit einen wirksamen Einfluss auf die unionale Rechtsetzung, der den durch die Übertragung von Hoheitsrechten an die Union verlorenen Boden eigener Steuerungsmacht zum Teil wieder gut macht.[568]

82d Sog. **transnationale Verwaltungsakte**[569] stellen eine unmittelbare Einbindung der Verwaltungen anderer Mitgliedstaaten in das Verwaltungsverfahren des jeweils entscheidenden Staates her. Ziel dieser vertikalen bzw. horizontalen Zentralisierung der Entscheidungszuständigkeit bzw. wechselseitigen Anerkennungen ist es, im Interesse des Bürgers Verfahrensdopplungen zu vermeiden.[570] Die Programmierung des Vollzugs liegt in diesen Fällen darin, Regeln für die Zusammenarbeit und gemeinsame Entscheidungsfindung sowie für die Anerkennung transnational wirkender Entscheidungen aufzustellen.[571] Das klassische Modell des indirekten Unionsrechtsvollzugs erfährt dabei eine Modifizierung durch die Zusammenarbeit der Regulierungsbehörden.[572]

82e Der **Einsatz Privater**[573] als „Benannte Stellen" (vgl. etwa § 3 Nr. 20 MPG) bzw. Akkreditierungs- oder „(Anerkannte) Stellen" im unionalen Produktsicherheits-

---

Rechtsetzung (Fn. 519), § 11 Rn. 24 f.; *Benedikt Scheel*, Die Neuregelungen der Komitologie und das europäische Demokratiedefizit, ZEuS 2006, S. 521 ff.; *Thomas Christiansen/Beatrice Vaccari*, The 2006 Reform of Comitology: Problem Solved or Dispute Postponed?, EIPASCOPE 3/2006, S. 9 ff. S. a. → Bd. II *v. Bogdandy* § 25 Rn. 42; *Röhl* § 30 Rn. 74 ff. sowie a. → Bd. I *Schmidt-Aßmann* § 5 Rn. 24, *Groß* § 13 Rn. 110. Vgl. zur Kritik an dem Komitologieverfahren als „Herrschaft der Beamten" den Verweis bei *v. Danwitz*, Europäisches VerwR, S. 342 f.; die Komitologie dagegen „als gelungenes Element europäischer Governance" positiv bewertend: *Ladeur*, Die Bedeutung eines Allgemeinen Verwaltungsrechts (Fn. 507), S. 809.

[568] Vgl. zum Komitologieverfahren die Verordnung (EU) Nr. 182/2011 (Fn. 565), welche den bisher geltenden Komitologiebeschluss 1999/468/EG aufhebt. Vgl. auch *Schwarze*, Die Neuerungen auf dem Gebiet des Europäischen Verwaltungsrechts (Fn. 513), S. 842.

[569] Erstmals verwendet bei *Eberhard Schmidt-Aßmann*, Deutsches und europäisches Verwaltungsrecht, DVBl 1993, S. 924 (935). Grundlegend *Volker Neßler*, Europäisches Richtlinienrecht wandelt deutsches Verwaltungsrecht, 1994; *Matthias Ruffert*, Der transnationale Verwaltungsakt, DV, Bd. 34 (2001), S. 453. Kritisch zu diesem Begriff vor dem Hintergrund, dass dadurch die vertikale Wirkungsweise dieses Rechtsinstruments aus dem Blickfeld gerät, *Franz C. Mayer*, Internationalisierung des Verwaltungsrechts?, in: Möllers/Voßkuhle/Walter (Hrsg.), Internationales VerwR, S. 56 f.; *Siegel*, Entscheidungsfindung (Fn. 510), S. 324 ff.; *Christoph Ohler*, Europäisches und nationales Verwaltungsrecht, in: Terhechte (Hrsg.), VerwREU, § 9 Rn. 23 ff.

[570] Vgl. *Gernot Sydow*, Verwaltungskooperation in der Europäischen Union, 2004, S. 141 ff.; *ders.*, Vollzug des europäischen Unionsrechts im Wege der Kooperation nationaler und europäischer Behörden, DÖV 2006, S. 66 (69); *Arndt*, Vollzugssteuerung im Regulierungsverbund (Fn. 532), S. 103; *Ruffert*, Überlegungen zu den Rechtsformen (Fn. 509), S. 233; *Weiß*, Verwaltungsverbund (Fn. 544), S. 80 f.; s. a. → Bd. I *Ruffert* § 17 Rn. 141 f.; Bd. II *Bumke* § 35 Rn. 119 ff.; so auch *v. Danwitz*, Europäisches VerwR, S. 628; *Ladeur*, Die Bedeutung eines Allgemeinen Verwaltungsrechts (Fn. 507), S. 810.

[571] Vgl. *v. Danwitz*, Europäisches VerwR, S. 628 f. unter Verweis auf einschlägige Beispiele aus dem Arznei- und Lebensmittelrecht.

[572] *Arndt*, Vollzugssteuerung im Regulierungsverbund (Fn. 532), S. 109 f. So ist die klassische Zweiteilung von dezentralem und zentralem Vollzug mittlerweile überholt und kann bestenfalls als grobe Grundkategorie dienen. Das Vollzugssystem besteht mittlerweile aus einem engen Geflecht von wechselseitiger Zusammenarbeit verschiedener Akteure auf nationaler wie auf europäischer Ebene. Die EU ist ein gemeinsamer verbundener Raum der Verwaltung, Regulierung und Rechtsetzung, vgl. *Weiß*, Verwaltungsverbund (Fn. 544), S. 15 f. S. a. → Bd. I *Schmidt-Aßmann* § 5 Rn. 16 ff., 26 f.

[573] Der Einsatz Privater im Vollzug von Europäischem Recht auf nationaler Ebene ist aber keinesfalls singulär. So kennt die EU kein Verbot der „Mischverwaltung". Insofern können Mitgliedstaaten durchaus mit privaten Unternehmern auf Name und Rechnung des Rates und der Kommission Verträge zur Durchführung von Unionsrecht schließen, EuGH, Rs. C-80/99 bis 82/99, Slg. 2001, I-7211 – Flemmer. Dazu *Rudolf Streinz*, Zuständigkeit des EuGH und Vollzug des Gemeinschaftsrecht. An-

E. Europäisierung der exekutivischen Selbstprogrammierung

recht (Art. 4 Abs. 1 bzw. 14 Abs. 1 VO [EG] Nr. 765/2008[574]) formt eine neue eigenständige Struktur des Vollzugs europäischer Normen aus, die paradigmatischen Charakter für andere Verwaltungsbereiche entfalten kann: Einrichtungen, deren Rechtsstellung nicht etwa Ausfluss privater Selbstverwaltung, sondern durch zwingendes Unionsrecht begründet ist,[575] nehmen in privatrechtlicher Rechtsform (in Deutschland: die Deutsche Akkreditierungsstelle GmbH [DAkkS]; § 8 Abs. 1 S. 1 AkkStelleG i. V.m. § 1 Abs. 1 AkkStelleGBV) hoheitliche Aufgaben der Überwachung der Konformitätsbewertung von Produkten mit den Vorgaben des europäischen Produktzulassungsrechts wahr. In der Sache handelt es sich um eine unionsweite Ausübung von Regelungsbefugnissen (vgl. auch Art. 6 Abs. 3 VO [EG] Nr. 765/2008), die der Rechtsfigur des transnationalen Verwaltungsaktes nahe kommt. Diese neuen Strukturen im Verwaltungsverbund werfen neue Fragen nach Verfahrensanforderungen, Rechtsschutz, Staatshaftung und Grundrechtsgeltung auf.[576]

Große rechtliche wie praktische Bedeutung genießt die Rechtsfigur der **Leitlinie** im europäischen Verwaltungsverbund. Ihre den materiellen Vollzug (selbst) programmierende Konkretisierungsleistung findet sich in zahlreichen Sektoren des Unionsrechts in verschiedenen Erscheinungsformen. Im Beihilfenrecht etwa geben unverbindliche Leitlinien die Einschätzungen der Kommission zur Vertragskonformität staatlicher Begünstigungen wieder. Rechtliche Wirkung entfalten sie durch die Selbstbindung der Union an die selbst gesetzten Handlungsparameter. Leitlinien weisen insoweit eine strukturelle Ähnlichkeit mit Verwaltungsvorschriften im nationalen Recht auf: Die Kommission steuert mit ihrer Hilfe den Unionsrechtsvollzug.[577] Dabei kann ihnen ein gewisses Maß an **Außenrechtswirkung** zukommen (z.B. der Information von Bürgern über ihre unionalen Rechte und Pflichten), **ohne** dass sie eine **volle Bindungswirkung** entwickeln.[578] Wird dagegen eine volle rechtliche Bindung angestrebt, dürfen die prozeduralen Voraussetzungen des Art. 291 AEUV nicht unterlaufen werden; es

82f

---

merkung zu EuGH, Rs. C-80/99 bis C-82/99 (Flemmer u. a.), JZ 2002, S. 240; *Sydow*, Die Vereinheitlichung des mitgliedstaatlichen Vollzugs des Europarechts (Fn. 532), S. 529; *Bettina Schöndorf-Haubold*, Die Strukturfonds der Europäischen Gemeinschaft: Rechtsformen und Verfahren europäischer Verbundverwaltung, 2005, S. 468 (479 f.). Vgl. auch zu weiteren Einbeziehungsformen Privater in den europäischen Verwaltungsverbund; *Augsberg*, Europäisches Verwaltungsorganisationsrecht (Fn. 541), § 6 Rn. 60 ff.

[574] Verordnung (EG) Nr. 765/2008 des Europäischen Parlamens und des Rates über die Vorschriften für die Akkreditierung und Marktüberwachung im Zusammenhang mit der Vermarktung von Produkten und zur Aufhebung der Verordnung (EWG) Nr. 339/93 des Rates vom 9. Juli 2008, ABl. EG 2008, Nr. L 218, S. 30.

[575] *Hans C. Röhl*, Konformitätsbewertung im Europäischen Produktsicherheitsrecht, in: Schmidt-Aßmann/Schöndorf-Haubold (Hrsg.), Europäischer Verwaltungsverbund, S. 153 (163); *Augsberg*, Europäisches Verwaltungsorganisationsrecht (Fn. 541), § 6 Rn. 61.

[576] *Röhl*, Konformitätsbewertung (Fn. 575), S. 164 ff. Ausführlich: *ders.*, Akkreditierung und Zertifizierung im Produktsicherheitsrecht, 2000, S. 79 ff.

[577] *Weiß*, Verwaltungsverbund (Fn. 544), S. 74. Er sieht sie aber in der Rolle als „Ersatzgesetz" kritisch, S. 149 f.; *ders.*, Das Leitlinien(un)wesen der Kommission verletzt den Vertrag von Lissabon, EWS 2010, S. 257 ff.; ebenfalls kritisch zur Leitlinie auch *Helmut Lecheler*, Ungereimtheiten bei den Handlungsformen des Gemeinschaftsrechts – dargestellt anhand der Einordung von „Leitlinien", DVBl 2008, S. 873 ff.; *Möstl*, Rechtsetzungen der europäischen und nationalen Verwaltungen (Fn. 507), S. 1079, 1082.

[578] Vgl. hierzu *Möstl*, Rechtsetzungen der europäischen und nationalen Verwaltungen (Fn. 507), S. 1082.

kommt daher dann für das Handeln der Kommission allein die Form eines Durchführungsrechtsakts nach Art. 291 AEUV, nicht aber eine Leitlinie in Betracht.[579]

Daneben steuern Leitlinien etwa die Grundsätze und Prioritäten der Kohäsionspolitik in der gemeinsamen Strukturfondsverwaltung.[580] Leitlinien erweitern das Instrumentarium administrativer Normsetzung und kooperativer Vollzugsprogrammierung nicht zuletzt auch im Rahmen der **Realisierung unionsrechtlicher Regulierungsaufträge,** wie etwa die Leitlinien zur Marktanalyse und zur Bewertung beträchtlicher Marktmacht (Art. 15 Abs. 2 der Telekommunikations-Rahmen-RL,[581] § 11 Abs. 3 S. 1 TKG).[582] Regulierungsforen entwickeln in Form einer informellen Zusammenarbeit unverbindliche Leitlinien für die Regulierung *(good practice guidelines)*. Als Ausdruck guter fachlicher Praxis übernehmen sie eine wichtige Funktion bei der schrittweisen Fortentwicklung verbindlichen Unionsrechts. Neben dieser Wegbereiterfunktion setzen sie Maßstäbe bei sog. „compliance reports" für einen richtlinienkonformen Vollzug und einen standardisierten Vergleich *(benchmarking)* der Entwicklung in den Mitgliedstaaten. Sie steuern das Verwaltungshandeln durch verbindliche Zielvorgaben. Gleichzeitig übernehmen sie bei der Auslegung der Richtlinien und der Vollziehung des Unionsrechts eine Konkretisierungsfunktion und beschränken dadurch die im Bereich der Regulierung typischen weiten Beurteilungsspielräume.[583]

Die wechselseitige Abstimmung im **Regulierungsverbund**[584] erfüllt auf europäischer Ebene insbesondere im Konsultations- und Konsolidierungsverfahren

---

[579] So auch *Möstl,* Rechtsetzungen der europäischen und nationalen Verwaltungen (Fn. 507), S. 1082.

[580] Vgl. systematisierend *Weiß,* Verwaltungsverbund (Fn. 544), S. 75.

[581] Richtlinie 2002/21/EG des Europäischen Parlaments und des Rates vom 7. März 2002 über einen gemeinsamen Rechtsrahmen für elektronische Kommunikationsnetze und -dienste, ABl. EG 2002, Nr. L 108, S. 33 ff. geändert durch Art. 1 ÄndRL 2009/140/EG vom 25. 11. 2009 (ABl. EG, Nr. L 337, S. 37).

[582] *Gabriele Britz,* Erweiterung des Instrumentariums administrativer Normsetzung zur Realisierung gemeinschaftsrechtlicher Regulierungsaufträge, EuZW 2004, S. 462 ff.; *dies.,* Vom Europäischen Verwaltungsverbund zum Regulierungsverbund? – Europäische Verwaltungsentwicklung am Beispiel der Netzzugangsregulierung bei Telekommunikation, Energie und Bahn, EuR 2006, S. 46 ff.; *dies.,* Organisation und Organisationsrecht (Fn. 37), § 21 Rn. 42 ff. S. a. → Bd. I I *Eifert* § 19 Rn. 143; Bd. II *Vesting* § 20 Rn. 42, *Röhl* § 30 Rn. 59 ff.

[583] *Weiß,* Verwaltungsverbund (Fn. 544), S. 83. Dabei kann die Kommission nur solche Leitlinien aus eigener Kompetenz erlassen, die nicht einer Verordnung gleich unmittelbare Geltung gegenüber den Mitgliedstaaten bzw. Unionsbürgern gewinnen, da ein solches Vorgehen eine Umgehung der primärrechtlich abschließenden Regelung des Art. 290 AEUV darstellen würde, vgl. *Möstl,* Rechtsetzungen der europäischen und nationalen Verwaltungen (Fn. 507), S. 1079.

[584] Dieser Regulierungsverbund stellt eine besonders intensive Form des Verwaltungsverbundes dar. Es handelt sich nicht nur um eine Verflechtung von europäischer und nationaler Ebene beim Vollzug von Unionsrecht, sondern um eine Verflechtung im Rahmen der sachbereichsspezifischen Regelung zur hoheitlichen Organisation und Herstellung von Märkten in Bereichen, die zuvor (staats)monopolisiert waren, vgl. *Britz,* Organisation und Organisationsrecht (Fn. 37), § 21 Rn. 42 ff.; *Fehling,* Instrumente und Verfahren (Fn. 37), § 20 Rn. 151 ff.; *Weiß,* Verwaltungsverbund (Fn. 544), S. 18. Kritisch zum neuen Regulierungsverbund im Gebiet des Energiebinnenmarktes *Gärditz,* Europäisches Regulierungsverwaltungsrecht auf Abwegen (Fn. 559), S. 252 ff.

Eine andere Differenzierung des Verwaltungsverbundes nicht nach Intensivität, sondern nach Verbundtypen, die sich an den jeweiligen Aufgaben orientieren, wählt *Kahl,* Der Europäische Verwaltungsverbund (Fn. 537), S. 360 ff. Er differenziert nach dem Vollzugsverbund, dem Lenkungsverbund, dem Aufsichtsverbund. Daneben existieren als Mischtypen der Regulierungsverbund und der

E. Europäisierung der exekutivischen Selbstprogrammierung

Ko-Regulierung beschreibt einen Mechanismus, durch unionalen Rechts- 82i
akt – in nicht grundrechtssensiblen Bereichen – von der Rechtsetzungsbehörde festgelegte Ziele durch die in dem betreffenden Bereich anerkannten Parteien (insbesondere durch die Wirtschaftsteilnehmer, die Sozialpartner, die Nicht-Regierungsorganisationen und die Verbände) verwirklichen zu lassen.[598] Die Verkopplung von hoheitlichem Zwang mit privater Entscheidungsautonomie soll einen Ausweg aus der regulatorischen Überforderung der Union weisen, insbesondere durch Partizipation und Verantwortungsteilung die Akzeptanz und damit auch die Befolgung der erstellten Regeln sichern.[599] **Selbstregulierung** geht noch einen Schritt weiter: Sie beschreibt einen Mechanismus, mit dem sich Wirtschaftsteilnehmer, Sozialpartner, Nicht-Regierungsorganisationen oder Verbände gemeinsamen Leitlinien auf europäischer Ebene (u. a. Verhaltenskodizes oder sektoralen Vereinbarungen) unterwerfen und im Gegenzug obrigkeitliche Eingriffsmaßnahmen der Wahrnehmung einer hoheitlichen Auffangverantwortung weichen.[600] Diese Regulierungsformen können einerseits durch partnerschaftliche Zusammenarbeit besonders effiziente Regelungsregimes hervorbringen, bergen aber andererseits die Gefahr der Intransparenz bzw. Selbstbegünstigung, da die Wirtschaftsteilnehmer selbst bei der Formulierung der von ihnen zu erreichenden Ziele mitwirken.[601]

Auch **Maßnahmenpläne** macht sich der **europäische Gesetzgeber** zuneh- 82j
mend zur Verwirklichung seiner Ziele zu eigen.[602] Statt detailgenaue normative Vorgaben zu verankern, verpflichten sie die Mitgliedstaaten, ein näher zu konkretisierendes Maßnahmenpaket zu schnüren (s.a. → Rn. 59). Die Union macht von ihnen insbesondere in Bereichen Gebrauch, für die das Unionsrecht lediglich Zielvorgaben vorsieht, v.a. im Umweltrecht.[603] Die Maßnahmen- und Aktionspläne der Mitgliedstaaten bilden so als normative Vorentwürfe eine Zwi-

---

den, dass die Methode in anderen Bereichen nicht mehr zulässig sein soll, vgl. *Schwarze*, Soft Law (Fn. 587), S. 14.

[598] Vgl. ABl. EU 2003, Nr. C 321, S. 3 Ziff. 18; *Gunnar Folke Schuppert*, Gute Gesetzgebung, Bausteine einer kritischen Gesetzgebungslehre, ZG, Sonderheft 2003, S. 41 ff.

[599] *Schuppert*, Governance und Rechtsetzung (Fn. 44), S. 300 f.; *Claudio Franzius*, Regieren durch „besseren" Institutioneneinsatz, in: Thomas Bruha/Karsten Nowak (Hrsg.), Die Europäische Union nach Nizza, 2003, S. 155 ff.

[600] ABl. EU 2003, Nr. C 321, S. 3 Ziff. 22; vgl. auch *Franzius*, Governance und Regelungsstrukturen (Fn. 69), S. 211; sowie *Eberhard Schmidt-Aßmann*, Regulierte Selbstregulierung als Element verwaltungsrechtlicher Systembildung, DV, Beiheft 4, 2001, S. 255 ff.; *Andreas Voßkuhle*, „Regulierte Selbstregulierung" – Zur Karriere eines Schlüsselbegriffs, DV, Beiheft 4, 2001, S. 197 ff. S. a. → Bd. I *Eifert* § 19 Rn. 52 ff.

[601] *Oppermann*, EuropaR, § 10 Rn. 148; s. zur Schaffung nichtstaatlicher Steuerungselemente durch Private auf zwischenstaatlicher Ebene *Ulrich Siebert*, Rechtliche Ordnung in einer globalen Welt, Rechtstheorie, Bd. 41, 2010, S. 151 (163 ff.)

[602] *Saurer*, Rechtsverordnungen zur Umsetzung europäischen Richtlinienrechts (Fn. 127), S. 457; *Klingler*, Umweltqualitätsplanung (Fn. 147), S. 8 ff. und passim.

[603] Vgl. etwa im Wasserschutz die Maßnahmenprogramme auf der Grundlage des Art. 11 der Wasserrahmenrichtlinie (WRRL). S. dazu im deutschen Schrifttum etwa *Eduard Interwies/Nicole Kranz/Benjamin Görlach*, Wer die Wahl hat, hat die Qual? – Auswahl der kosteneffizientesten Maßnahmenkombination für die Umsetzung der Wasserrahmenrichtlinie, ZUR 2006, S. 129 ff.; *Nina Dieckmann*, Die planerischen Instrumente der Wasserrahmenrichtlinie (WRRL): Maßnahmenprogramm und Bewirtschaftungsplan, EurUP 2008, S. 2 ff., *Wolfgang Durner*, Die Durchsetzbarkeit des wasserwirtschaftlichen Maßnahmenprogramms, NuR 2009, S. 77 ff.; *ders.*, Zehn Jahre Wasserrahmen-Richtlinie – Bilanz und Perspektiven, NuR 2010, S. 452 ff.; *Klingler*, Umweltqualitätsplanung (Fn. 147), S. 66 ff.

schenstufe zwischen den aus dem Unionsrecht stammenden Zielen und den gemäß den Plänen zu ergreifenden Einzelmaßnahmen.[604] Mit der Verpflichtung zur Aufstellung derartiger Pläne legt das Unionsrecht einen wesentlichen Teil der Umsetzungsleistung in die Hände der nationalen Verwaltung, ist doch Planaufstellung – wenn auch nicht im klassischen Sinne des deutschen Verwaltungsrechts verstanden – eine typische Aufgabe der Verwaltung.[605]

82k Diese *„new modes of governance"* lassen sich in einem umfassenden Sinne als *policy-making (without legislating)* verstehen. Sie werden von den Prinzipien der Freiwilligkeit (unverbindliche Ziele), Subsidiarität (über die Maßnahmen zur Umsetzung entscheiden die Mitgliedstaaten) und Inklusion (die betroffenen Akteure partizipieren an der Steuerung) bestimmt. Die Wirkmechanismen dieser Steuerung liegen in der Verbreitung von Wissen, Induzierung von Lernschleifen und Überzeugungs- und Bewusstseinsbildung, interaktiven Prozessen von Monitoring und Zielanpassung sowie in der Vorgabe von Zeithorizonten.[606]

83 Diesen **Formen „kooperativen Regierens"**[607] ist gemeinsam, dass sie verstärkt auf Netzwerkbildung[608] und horizontale Kooperationsformen setzen. Sie verkoppeln den Entscheidungsmechanismus mit einer neuen, auf die Kraft des Sacharguments und Gedankenaustauschs, Konsens und Verhandelns setzenden transnationalen Form des Regierens. Mit Hilfe dieser neuen Handlungs- und Steuerungsressourcen will die Kommission durch eine umfassende vorsorgende Einbindung der Normadressaten in die Politikentwicklung frühzeitig mögliches Konfliktpotenzial erkennen und abbauen. Umgekehrt programmiert sie ihr Verhalten für die Zukunft selbst und macht es für die Betroffenen damit voraussehbarer. Die verfahrensrechtliche Einbindung soll eine breitere gesellschaftliche Mobilisierung induzieren und die Politik vollzugsfreundlicher machen.[609] Den neuen Formen des Regierens wird damit eine **größere politisch-instrumentelle Kapazität,** etwa im Hinblick auf die verbesserte Fähigkeit zur Problemlösung, zuteil. Letztlich zielen sie auf eine Steigerung der Effektivität bei der Umsetzung von Recht und damit eine kooperative Gemeinwohlkonkretisierung ab.[610]

---

[604] *Saurer,* Rechtsverordnungen zur Umsetzung europäischen Richtlinienrechts (Fn. 127), S. 458.

[605] *Saurer,* Rechtsverordnungen zur Umsetzung europäischen Richtlinienrechts (Fn. 127), S. 464.

[606] *Héritier,* New Modes of Governance (Fn. 588), S. 187.

[607] Vgl. dazu *Christian Hey/Axel Volkery/Peter Zerle,* Neue umweltpolitische Steuerungskonzepte in der Europäischen Union, ZfU 2005, S. 1 (15).

[608] Zu Netzwerkbildung vgl. auch *Christoph Möllers,* Netzwerk als Kategorie des Organisationsrechts, in: Janbernd Oebbecke (Hrsg.), Nicht-normative Steuerung in dezentralen Systemen, 2005, S. 285 ff.; vgl. dazu auch *Groß,* Zum Entstehen neuer institutioneller Arrangements (Fn. 557), S. 156 ff., der die Frage stellt, ob sich hier eine eigenständige politische Kultur der Mehrebenenverwaltung in Abgrenzug zur Legitimationskette im Nationalstaat etabliert hat. Vgl. auch die Beiträge in Thomas *Conzelmann/Randall Smith* (Hrsg.), Multilevel governance in the European Union. Taking stock and looking ahead, 2008; *Simona Piattoni* (Hrsg.), The theory of multi-level governance. Conceptual, empirical, and normative challenges, 2010. S. a. → Bd. I *Schmidt-Aßmann* § 5 Rn. 25 ff.

[609] *Hey/Volkery/Zerle,* Neue umweltpolitische Steuerungskonzepte (Fn. 607), S. 15; vgl. auch noch *Christoph Knill/Andrea Lenschow* (Hrsg.), Implementing EU environmental policy, 2000. S. a. → Bd. I *Masing* § 7 Rn. 91 ff.; Bd. II *Gusy* § 23 Rn. 70, *v. Bogdandy* § 25 Rn. 55; Bd. III *Waldhoff* § 46 Rn. 16 f.

[610] *Héritier,* New Modes of Governance (Fn. 588), S. 189; *dies.,* Increasing Political Capacity and Policy Effectiveness? (Fn. 588), S. 105 ff.; *Christoph Knill/Andrea Lenschow,* Modes of regulation in the governance of the European Union: toward a comprehensive evaluation, in: Jacint Jordana/David Levi-Faur (Hrsg.), The politics of regulation: institutions and regulatory reforms for the age of governance, 2004, S. 218 (227 ff.).

E. Europäisierung der exekutivischen Selbstprogrammierung

Gleichwohl gehen von diesen Formen auch **Risiken** für die Effektivität und Vollzugsfreundlichkeit aus.[611] So erhöht sich etwa durch die Strategie des Prozessmanagements oder der sukzessiven Selbstbindung die Anzahl der möglichen Vetopunkte im politischen Prozess. Das kann die Zielformulierung nachhaltig verwässern; die Rechts- und Vollzugssicherheit vermindert sich. Der Preis der Auslagerung ist möglicherweise ein politischer Kontrollverlust. Die Überdehnung von Autonomiespielräumen und die Überschreitung von Mandatierungen gilt es jedenfalls zu verhindern. Vollzug, Effektivität und Effizienz der neuen Regierungsformen stellen sich also nicht automatisch ein. Entscheidend wird es darauf ankommen, die nationalen Strukturen und regulativen Traditionen des vollziehenden Staates mit dem Konzept des europäischen Modells in Übereinstimmung zu bringen.[612]

III. Rückwirkungen der Europäisierung auf die Tätigkeit der nationalen Exekutive

Die Ausgestaltung der Rechts- und Handlungsformen im Unionsrecht entfaltet auch Rückwirkungen auf die administrative Normsetzung und andere Formen der Selbstprogrammierung der nationalen Exekutive. Veränderungsprozesse der administrativen Normsetzung spiegeln sich bereits in den Umsetzungsgeboten und -impulsen, die von der europäischen Ebene auf das nationale Recht ausgehen, aber auch in der Verlagerung von politischer Aufmerksamkeit und Interesse auf die europäische Rechtsetzungs- und Politikarena. Sie setzt für Länderregierungen ebenso wie für Interessengruppen nachhaltige Anreize, schon im Vorfeld europäischer Normsetzung ihre Interessen einzubringen. Die Mitwirkung im europäischen Verwaltungs- und Regulierungsverbund bedingt Informationsaustausch[613] ebenso wie einen Wettbewerb der Rechtsordnungen und Verwaltungskulturen und eine Adaption innovativer Verwaltungskonzepte. Eine **Anreicherung und Ausdifferenzierung nationaler Steuerungsmuster** ist die Folge.[614]

84

Insgesamt lassen sich die **Auswirkungen europäisierter Staatlichkeit** und exekutivischen Handelns in europäisierten Regelungskontexten mit *Christoph Knill* und *Daniela Winkler*[615] in vier Ebenen systematisieren: Veränderungen im staatlichen Handlungsrepertoire (unten 1.), Veränderungen des Aktionsraums der nationalen Exekutive (unten 2.) sowie Verschiebungen im nationalen Gewaltengefüge (unten 3.) und in den nationalen Legitimationsstrukturen (unten 4.).

85

1. Veränderungen im staatlichen Handlungsrepertoire

Die wohl sichtbarsten Auswirkungen zeitigt der Prozess der Europäisierung im staatlichen Handlungsrepertoire: Überkommene ordnungsrechtliche Steue-

85a

---

[611] Grundsätzlich zur Bewertung nationalstaatlicher Kooperationsmodelle *Siebert*, Rechtliche Ordnung in einer globalen Welt (Fn. 601), S. 183 ff.

[612] Zu diesen Risiken vgl. *Hey/Volkery/Zerle*, Neue umweltpolitische Steuerungskonzepte (Fn. 607), S. 16.

[613] Vgl. *v. Danwitz*, Europäisches VerwR, S. 618 ff.; *v. Arnauld*, Zum Status quo des europäischen Verwaltungsrechts (Fn. 541), § 2 Rn. 2 insbes. zu den umfangreichen Informationspflichten als Kooperationsmittel bzw. -form.

[614] Ausführlich *Knill/Winkler*, Staatlichkeit und Europäisierung (Fn. 594), S. 219 ff.

[615] Zum folgenden vgl. *Knill/Winkler*, Staatlichkeit und Europäisierung (Fn. 594), S. 225 ff.

rungsansätze erfahren im Gefolge der Europäisierungsprozesse in zunehmendem Umfang eine Ergänzung und Befruchtung durch **neue Instrumente,** wie ökonomische Anreize, Formen der Selbstregulierung oder Instrumente, die auf Partizipation, Proceduralisierung und Transparenz abheben. Hinzu kommen **veränderte Beziehungsmuster zwischen staatlichen und privaten Akteuren,** etwa eine verstärkte Zusammenarbeit mit Interessengruppen (Stakeholdern) und der Zivilgesellschaft, wie sie auch das Weißbuch der Europäischen Kommission „European Governance (Europäisches Regieren)" prononciert.[616] Diese Einbeziehung weiterer Akteure in Verfahren der Normsetzung und Politikgestaltung geht wiederum mit eigenen Verfahrensregelungen einher, die die gerechte Verteilung von Zugangschancen zum Verfahren sowie die Offenlegung der Verfahrensschritte betonen.[617] Schließlich induzieren die Veränderungen in den Steuerungsmustern auch eine Veränderung administrativer Strukturen, die sich etwa an der Einrichtung von Regulierungsbehörden oder der Etablierung von „Einheitlichen Ansprechpartnern"[618] durch die Dienstleistungsrichtlinie sichtbar ablesen lässt. An diesen Strukturveränderungen macht sich ein Rollen- und Funktionswandel der staatlichen Steuerung fest, etwa vom Leistungsstaat zum Regulierungsstaat, von der staatszentrierten Command-and-Control-Regelsetzung zu einer **Collaborative Governance** mit einer Pluralität von Akteuren und Instrumenten.[619]

2. Veränderungen des Aktionsraums der nationalen Exekutive

85b   Die europäischen Entwicklungen und Einflüsse verändern nicht nur den Instrumentenkasten der nationalen Exekutive, sondern auch ihren **räumlichen Aktionsradius.** Ob damit insgesamt deren Stärkung oder Schwächung einhergeht, hängt vom Standpunkt des Betrachters ab:[620] Es lassen sich gegenläufige Tendenzen beobachten, die jeweils für und wider den jeweiligen Akteur wirken

---

[616] *Europäische Kommission,* Weißbuch (Fn. 588), S. 19 ff.; *Ulrich Hilp,* Weißbuch „Europäisches Regieren" und Bürgerbeteiligung – Ein untauglicher Versuch auf dem Weg zu einem Europa aller Bürger?, ZG 2003, S. 119 ff.

[617] Vgl. auch *Hill,* Renaissance einer rationalen Politikgestaltung (Fn. 74), S. 229 zur Einbeziehung von Expertenwissen in den politischen Entscheidungsprozess sowie *OECD* (Hrsg.), Citizens as partners, 2001, S. 73 f.

[618] Dieser hat die Aufgabe, im Rahmen des grenzüberschreitenden Dienstleistungsverkehrs den Dienstleister dergestalt zu unterstützen, dass er über ihn alle Verfahren und Formalitäten abwickeln kann. Damit verbunden ist allerdings nur eine Koordinierungs-, keine Konzentrationsfunktion. Vgl. dazu etwa *Dieter Beck,* Allgemeine organisationswissenschaftliche Aspekte der Implementierung des einheitlichen Ansprechpartners, in: Jan Ziekow/Alexander Windoffer (Hrsg.), Ein Einheitlicher Ansprechpartner für Dienstleister – Anforderungen des Vorschlags einer EU-Dienstleistungsrichtlinie und Gestaltungsoptionen im föderalen System der Bundesrepublik Deutschland, 2007, S. 166; *Siegel,* Entscheidungsfindung (Fn. 510), S. 119 f.; *Mehde,* Haushaltskonsolidierung und betriebswirtschaftliche Steuerung (Fn. 410), S. 313 (325); ähnliche Modelle werden im deutschen Baurecht bereits erprobt, vgl. § 4b BauGB. S. hierzu auch *Jan Ziekow,* Auswirkungen der Modernisierung der Verwaltung auf das Verwaltungsverfahrensrecht, VM 2000, S. 202 (209). Hintergrund ist eine zunehmende Vernetzung im Bewusstsein einer ganzheitlichen Problembetrachtung, vgl. dazu auch *Hill,* Vom Aufbrechen und Verändern der Verwaltungsrechtsordnung (Fn. 45), S. 352 ff.

[619] *Schuppert,* Governance und Rechtsetzung (Fn. 44), S. 281.

[620] Vgl. noch *Aden,* Nationale, europäische und internationale Verrechtlichung (Fn. 587), S. 363; *Klaus H. Goetz,* Europäisierung der öffentlichen Verwaltung – oder europäische Verwaltung?, in: Bogumil/Jann/Nullmeier (Hrsg.), Politik und Verwaltung (Fn. 105), S. 472 ff.

E. Europäisierung der exekutivischen Selbstprogrammierung

können. Bei sog. transnationalen Verwaltungsakten etwa reicht die Effektivität mitgliedstaatlichen Handelns über das jeweilige nationale Territorium hinaus und bedingt insoweit eine Stärkung eigener Handlungsmacht.[621] Mit ihr korrespondiert sachlogisch umgekehrt eine Schwächung autonomer inländischer Gestaltungsbefugnis dort, wo es transnationale Verwaltungsakte anderer Mitgliedstaaten zu respektieren gilt. Ähnliche Gegenstrombewegungen lassen sich für die Einflussmacht der nationalen Exekutive ausmachen: Einerseits suchen Interessenvertreter aus Wirtschaft und Gesellschaft zunehmend eher die supranationale als die nationale Ebene als Ansprechpartner. Auf der anderen Seite gewinnt die nationale Exekutive gleichzeitig erheblichen Einfluss auf unionaler Ebene hinzu. Nicht nur durch ihre Entscheidungsbefugnisse im Rat, sondern insbesondere auch durch ihre Einbeziehung im Rahmen der Komitologieausschüsse als „kleinen Ministerräten"[622] erreicht sie eine Selbstprogrammierung gleichsam durch die Hintertüre, die sich jedoch angesichts des ursprünglichen Souveränitätsverlustes in der Gesamtschau regelmäßig als ein Null-Summen-Spiel entpuppt. Die Komplexität europäischer Abstimmungsverfahren ist um den Preis des Verlustes an Reaktionsschnelligkeit, die die Exekutive an sich auszeichnet, und nicht selten eine erschwerte Abänderbarkeit europäischer Entscheidungsprozeduren sowie Kompromissformeln erkauft.

3. Verschiebungen im nationalen Gewaltengefüge

85c Die Verschiebungen, die der Europäisierungsprozess mit sich bringt, machen auch vor dem Machtgefüge der nationalen Gewalten nicht Halt. Zum einen beschränkt sich Verwaltung nicht mehr nur auf den Vollzug gesetzgeberischer Gestaltungsvorgaben. Vielmehr gestaltet die Verwaltung selbst in Form von Agenturen und Netzwerken flexibel und selbstbestimmt in den neuen Formen exekutivischer Selbstprogrammierung mit.[623] Zum anderen wirkt die Exekutive an den Europäischen Verhandlungs- und Normsetzungstätigkeiten, die sie vollziehen soll, über den Ministerrat unmittelbar mit (vgl. insbesondere Art. 289 Abs. 1 AEUV). Das bringt eine **Stärkung gegenüber der nationalen Legislative** in der mitgliedstaatlichen Gewaltenbalance mit sich. Tendenziell vergrößern europäische Vorgaben, wie etwa im Bereich der Regulierung, auch behördliche Entscheidungsspielräume gegenüber der Judikative und weiten damit exekutive Handlungsmacht zulasten gerichtlicher Kontrolldichte aus.[624] Daneben bedingt das Regieren in der Mehr-Ebenen-Verwaltung zugleich eine stärkere Präsenz von Länderexekutiven auf der europäischen Bühne, was ihren ohnehin bestehenden Reaktions- und Wissensvorsprung gegenüber dem nationalen Parlament weiter erhöht.

---

[621] *Knill/Winkler*, Staatlichkeit und Europäisierung (Fn. 594), S. 230; dazu auch *Ladeur/Möllers*, Der europäische Regulierungsverbund (Fn. 554), S. 526 f.

[622] Vgl. etwa *Martini*, Normsetzungsdelegation (Fn. 31), S. 186.

[623] Vgl. *Ruffert*, Von der Europäisierung des Verwaltungsrechts zum europäischen Verwaltungsverbund (Fn. 557), S. 767; *Albert Weale*, New Modes of Governance, Political Accountability and Public Reason, Government and Opposition, Bd. 46 (2011), S. 58 ff.

[624] Dazu vgl. *Hans-Heinrich Trute*, Regulierung – am Beispiel des Telekommunikationsrechts, in: FS Winfried Brohm, 2002, S. 169 (172, 181); *Claus D. Classen*, Unabhängigkeit und Eigenständigkeit der Verwaltung – zu einer Anforderung des Europarechts an das nationale Verwaltungsrecht, in: FS Dieter H. Scheuing, 2011, S. 293 ff.

4. Verschiebungen in den nationalen Legitimationsstrukturen

85d Schließlich hat die Öffnung und Veränderung von Staatlichkeit durch europäische Zusammenarbeit und Verflechtungen auch Einfluss auf nationale Legitimationsstrukturen.[625] Das (bereits für den Fall der Rechtsetzung der Verwaltung im Bereich des nationalen Rechts dargestellte; siehe bspw. → Rn. 25f.) Spanungsfeld lädt sich im Zusammentreffen mit dem Unionsrecht in noch stärkerer Form auf. Dass das Unionsrecht etwa im Bereich des transnationalen Verwaltungsaktes unionsweit wirkende Entscheidungen ohne Beteiligung der anderen Mitgliedstaaten oder der Kommission ermöglicht, drängt den zentralen Einfluss volkswahl- und parlamentsvermittelter Legitimation zurück.[626] Nach dem hergebrachten Legitimationskonzept einer lückenlosen Kette von Weisungen, Kontrolle und Ernennungen lässt sich diese dezentrale Hoheitsausübung kaum rechtfertigen. Es bedarf alternativer Mechanismen, welche die europäische Verwaltungslegitimation stärken.[627] Auch auf dieser Ebene müssen **demokratische Sicherungen,** etwa Informations- und Kontrollrechte, ihren Eingang in die europäischen Entscheidungsstrukturen finden.[628] Amts- und Verfahrenslegitimität sowie Transparenz im und durch das Verfahren, insbesondere klare Verantwortungsträgerschaften, bilden insoweit zentrale Bausteine.[629] Zuordnungsunklarheiten zeitigen sonst Rechtsschutzdefizite, die den europäischen Verwaltungsverbund seiner Legitimation sowie seiner Akzeptanz berauben können.[630] Ein wesentlicher Motor zur Aufklärung etwaiger Ungewissheiten kann dabei das **Transparenzgebot des Art. 11 Abs. 2 EUV** bilden. Gerade innerhalb der Verbundverwaltung sind mithin Gerichte und Wissenschaft besonders aufgerufen, dem Gebot der Verantwortungsklarheit im Verwaltungshandeln Geltung zu verschaffen, blieben doch die unionalen Rechte auf effektiven Rechtsschutz (Art. 47 GrCh) und auf gute Verwaltung (Art. 41 GrCh) sonst eine leere Hülle.[631] Gleich-

---

[625] Vgl. grundsätzlich zur Frage der Legitimation und Kontrolle von Rechtsetzung jenseits des Nationalstaates *Siebert,* Rechtliche Ordnung in einer globalen Welt (Fn. 601), S. 174 ff.

[626] *v. Arnauld,* Zum Status quo des europäischen Verwaltungsrechts (Fn. 541), § 2 Rn. 29 f., der nicht nur Legitimationsprobleme, sondern auch Kontrollprobleme sieht.

[627] *Röhl,* Konformitätsbewertung (Fn. 575), S. 172; diese Bedenken teilend und deshalb eine Aufsicht fordernd: *Ladeur,* Die Bedeutung eines Allgemeinen Verwaltungsrechts (Fn. 507), S. 811 ff.; *Anne van Aaken,* Transnationales Kooperationsrecht in der Finanzmarktaufsicht (Fn. 543), S. 249; *Weale,* New Modes of Governance (Fn. 623), S. 58 ff. Umfassend zur demokratischen Legitimation und Konzeption der EU *Alexis v. Komorowski,* Demokratieprinzip und Europäische Union, 2010.

[628] Vgl. auch *Weiß,* Verwaltungsverbund (Fn. 544), S. 165 ff.; kritisch *v. Bogdandy,* Grundprinzipien, in: Bogdandy/Bast (Hrsg.), Europäisches VerfR, S. 13 (66f.), der die Elemente von Transparenz, Bürgerbeteiligung, Deliberation und Flexibilität lediglich als Ergänzung, nicht als Ersatz für den Parlamentarismus ansieht.

[629] Daraus ergibt sich auch, dass das Postulat einer stärkeren Verschränkung von nationaler und europäischer Ebene kein legitimatorisches Allheilmittel ist – mit ihm verbindet sich die Nebenwirkung, dass bestehende Strukturen dabei weiter verkompliziert und so die verantwortliche Zuordnung weiter erschwert wird; *Oppermann,* EuropaR, § 16 Rn. 15.

[630] Vgl. zu dieser Gefahr auch *Weiß,* Verwaltungsverbund (Fn. 544), S. 152 ff., der einen Aufbau eines Rechtsprechungsverbundes vorschlägt.

[631] Vgl. *Eberhard Schmidt-Aßmann,* Verwaltungskooperation und Verwaltungskooperationsrecht in der Europäischen Gemeinschaft, EuR 1996, S. 270 (296f.); *Hanns P. Nehl,* Europäisches Verwaltungsverfahren und Gemeinschaftsverfassung, 2002; *Eberhard Schmidt-Aßmann,* Strukturen Europäischer Verwaltung und die Rolle des Europäischen Verwaltungsrechts, in: FS Peter Häberle, 2004, S. 395 (403 f.); *Britz,* Organisation und Organisationsrecht (Fn. 37), § 21 Rn. 55.

zeitig können die Struktur zusammengesetzter europäischer Legitimationsniveaus wie auch Sonderformen von Legitimationskonzepten im nationalen Bereich, etwa im Rahmen der Satzungsgebung bei kommunaler und funktionaler Selbstverwaltung, auch umgekehrt als Referenzmodelle wechselseitiger Befruchtung der institutionellen Fortentwicklung dienen.

F. Ausblick

In einer dynamischen und schnelllebiger werdenden Welt, die dem Gesetzgeber wie den Gerichten mit ihren bisweilen trägen, jedenfalls komplexen Entscheidungsstrukturen die Kontrolle und Steuerung des Handelns der Verwaltung zusehends erschwert, vermag die Verwaltung in ihrer Reaktionsschnelligkeit und ihrem durch Sachnähe gewonnenen Wissensvorsprung ihre Rolle als schlagkräftige Ressource staatlichen Handelns sowie ihre Handlungsfreiräume im Gefüge der Gewalten strukturell immer weiter auszubauen. In gleichem Maße wachsen die Bedeutung von Selbstprogrammierungsmechanismen der Verwaltung sowie umgekehrt das Bedürfnis ihrer Kontrolle. Der verfassungsrechtliche Handlungsrahmen verlangt, die Selbstprogrammierung und Steuerung der Exekutive durch Normen und andere Vorgaben an den Kriterien der (demokratischen) Legitimation[632] und der (rechtsstaatlichen) Rationalität[633] zu messen. Geboten ist dabei jeweils ein hinreichendes Gesamtniveau verschiedener Legitimations- und Rationalitätsquellen, das den überkommenen verfassungsrechtlichen Vorgaben unter veränderten Lebenswirklichkeiten noch gerecht wird.[634] Ein Passepartout zur Sicherung hinreichender Legitimationsanforderungen steht dafür nicht zur Verfügung. Für verschiedene Aufgaben- und Prozesstypen gilt es vielmehr, jeweils passgenaue Steuerungsmodelle zu entwickeln[635] und differenziert bzw. kombiniert anzuwenden.[636] Rechtliche Anforderungen an Rechts- und Handlungsformen müssen dabei auch im Hinblick auf ihre Wirkungen adäquat sein.[637] **Legitimation, Rationalität und Adäquanz** stel-

86

---

[632] Zu diesen Vorgaben im nationalen Recht vgl. → Rn. 28 ff. Im europäischen Verwaltungsverbund sind – auch nach dem Vertrag von Lissabon – wesentliche Fragen nicht geklärt, etwa im Bereich der primärrechtlichen Verankerung des Verbundes, vgl. *Weiß*, Verwaltungsverbund (Fn. 544), S. 45. Ebenfalls pessimistisch *Oppermann*, EuropaR, § 16 Rn. 33. Zum Demokratiedefizit in der EU nach dem Vertrag von Lissabon *Torsten Oppelland*, Institutionelle Neuordnung und Demokratisierung, in: Olaf Leiße (Hrsg.), Die Europäische Union nach dem Vertrag von Lissabon, 2010, S. 79 ff. Vgl. dazu auch *Christian Calliess*, Die neue Europäische Union nach dem Vertrag von Lissabon, 2010, S. 163 ff.; *Adrienne Héritier/Dirk Lehmkuhl*, New Modes of Governance and Democratic Accountability, Government and Opposition, Bd. 46 (2011), S. 126 ff.

[633] Vgl. → Rn. 49 ff.

[634] Vgl. *Schmidt-Aßmann*, Ordnungsidee, Kap. 2 Rn. 94 ff.; *Voßkuhle*, Regelungsstrategien der Verantwortungsteilung (Fn. 461), S. 84; *Hill*, Perspektive 2020 (Fn. 394), S. 19.

[635] So *BMI* (Hrsg.), Zukunftsorientierte Verwaltung durch Innovationen, 2006, S. 11; vgl. auch www.verwaltung-innovativ.de. Für den Bereich der Standards vgl. etwa *Oliver Lepsius*, Standardsetzung und Legitimation, in: Möllers/Voßkuhle/Walter (Hrsg.), Internationales VerwR, S. 345.

[636] Zur Theorie der Wahl rechtlicher Regelungsformen (regulatory choice) vgl. *Schuppert*, Staatswissenschaft, S. 591 ff.; zum Formen- und Instrumentenmix → Bd. II *Michael* § 41; vgl. weiterhin *Pitschas*, Entwicklung der Handlungsformen (Fn. 371), S. 229.

[637] *Schmidt-Aßmann*, Ordnungsidee, Kap. 6 Rn. 36; → Rn. 15.

len damit die zentralen Leitkriterien für die exekutivische Selbstprogrammierung dar. Eine verstärkte Kontrollfunktion der Öffentlichkeit kann dabei nur bedingt eine kompensatorische Funktion wahrnehmen, die für die schwindende Kontroll- und Steuerungskraft anderer Gewalten in die Bresche springt. Als ergänzendes Legitimationsmuster kann sie aber heilsame Wirkungen entfalten.

87 Zu den Entwicklungslinien, die die Verwaltungsrechtsdogmatik beobachten und verarbeiten muss, gehören insbesondere Veränderungen des Verhältnisses und des Ineinandergreifens von **Binnenbereich und Außenbereich** der Verwaltung.[638] Die Exekutive programmiert den Binnenbereich und erlässt außenwirksame Normen. Sie überträgt Regelungsmuster vom Außenbereich in den Binnenbereich, wie etwa Zielvereinbarungen[639] oder Anreize.[640] Gleichzeitig wirken ihre Binnenprogramme auch mittelbar oder unmittelbar nach außen gegenüber selbständigen Rechtssubjekten. Dem trägt etwa die Veröffentlichung von Verwaltungsvorschriften[641] sowie die Bekanntgabe exekutivischer Eigenplanung, also etwa die Veröffentlichung von Konzepten oder Verwaltungsgrundsätzen,[642] Rechnung.

88 Der **Einfluss ökonomischer Steuerungsinstrumente** sowie das Vordringen einer ökonomischen Rationalität auf der Grundlage von Sparbemühungen und Wirtschaftlichkeitserwägungen[643] wird die öffentliche Verwaltung weiter verändern. Manche nehmen diesen Einfluss als Metamorphose von einem weberianischen Staat in Richtung eines neo-weberianischen Staates wahr: Dessen Hülle bleibe der Rechtsstaat als zentrales Bezugssystem der Gesellschaft, dessen Kern, insbesondere das Arbeiten und Interagieren des öffentlichen Dienstes mit den

---

[638] Dazu *Pöcker*, Die Verrechtlichung des staatlichen Innenraums (Fn. 288), S. 1108 ff. sowie schon → Rn. 39.

[639] Zu Zielvereinbarungen im Außenbereich vgl. *Norbert Wohlfahrth/Werner Zülke*, Kontraktmanagement – ein neues Steuerungsinstrument der Stadtentwicklung?, Städte- und Gemeinderat 1996, S. 74 ff.; *Trute*, Zielvereinbarungen und Leistungsverträge im Hochschulbereich (Fn. 267), S. 134 ff.; *Schmidt*, Zielvereinbarungen (Fn. 267), S. 760 ff.; zu Zielvereinbarungen innerhalb der Verwaltung *Hill*, Zielvereinbarungen (Fn. 267), S. 1059 ff.

[640] Zu Leistungsanreizen im Zusammenhang mit Vergütungssystemen vgl. oben → Fn. 426; allgemein zur Steuerung durch Anreize → Bd. II *Sacksofsky* § 40.

[641] BVerwGE 122, 264.

[642] Zur Veröffentlichung von Konzepten vgl. oben → Fn. 371, 372; speziell zu Regulierungskonzepten *Trute*, Regulierung (Fn. 624), S. 169 ff.; *ders.*, Das Telekommunikationsrecht, in: FG BVerwG (Fn. 59); zur Veröffentlichung von Verwaltungsgrundsätzen vgl. *Martin Geppert*, in: Beck'scher TKG-Kommentar, 2006, § 122 Rn. 9 ff. zu § 122 Abs. 3 TKG; *Helmut Kollhosser*, in: Prölss Versicherungsaufsichtsgesetz, 12. Aufl. 2005, § 103 Rn. 4 zu § 103 Abs. 2 VAG.

[643] *Voßkuhle*, „Ökonomisierung" des Verwaltungsverfahrens (Fn. 81), S. 347 ff.; *Christoph Gröpl*, Ökonomisierung von Verwaltung und Verwaltungsrecht, VerwArch, Bd. 93 (2002), S. 459 ff.; *Martin Burgi*, Der Grundsatz der Wirtschaftlichkeit im Verwaltungsrecht, in: Hermann Butzer (Hrsg.), Wirtschaftlichkeit durch Organisations- und Verfahrensrecht, 2004, S. 53 ff.; *Hermann Butzer*, Wirtschaftlichkeit im Verwaltungsrecht, in: Blanke u.a. (Hrsg.), Handbuch zur Verwaltungsreform (Fn. 385), S. 445 ff.; *Schoch*, Außerrechtliche Standards (Fn. 4), S. 562 f.; *Schuppert*, Verwaltungsrechtswissenschaft im Kontext (Fn. 482), § 70 Rn. 35 ff.; aus wirtschaftswissenschaftlicher Sicht: *Jens Harms/Christoph Reichard* (Hrsg.), Die Ökonomisierung des öffentlichen Sektors. Instrumente und Trends, 2003; *Holger Mühlenkamp*, Zur „Ökonomisierung" des öffentlichen Sektors – Verständnisse und Missverständnisse, Speyerer Vorträge 82, 2004; aus politikwissenschaftlicher Sicht: *Jörg Bogumil*, Ökonomisierung der Verwaltung. Konzepte, Praxis, Auswirkungen und Probleme einer effizienzorientierten Verwaltungsmodernisierung, in: Roland Czada/Reinhard Zintl (Hrsg.), Politik und Markt, PVS, Sonderheft 34, 2003, S. 209 ff.; s.a. → Bd. II *Sacksofsky* § 40, *Pitschas* § 42 Rn. 122 ff., sowie → Rn. 63.

F. Ausblick

Bürgern, zeichne sich demgegenüber zusehends durch einen externen Fokus auf eine Dienstleistungsorientierung der Verwaltung mit stärker auf den Bürger als „Kunden" zugeschnittenen Maßnahmen und Performances aus.[644] Das Konzept einer „New Regulation", das Verständnis von Recht als Geschäftsmodell,[645] in dem gewaltenübergreifend Rechtsetzung, Rechtsanwendung und Rechtskontrolle wertschöpfend zusammenwirken, kann insoweit neue Impulse setzen.

Beobachten lässt sich jedenfalls eine **stärkere Outputorientierung** des Verwaltungshandelns und seiner Steuerung: Ein im Vorhinein greifendes Hauptinteresse an Prozessen und Verfahren, das die Legalität der Entscheidungen gewährleisten soll, wird durch ein im Nachhinein greifendes Interesse an Ergebnissen ergänzt, das ebenfalls zu einem Teil des Verfahrens wird, um Wirtschaftlichkeit, Effizienz und Effektivität zu gewährleisten. Legitimität basiert in dieser Sichtweise nicht nur auf Legalität, sondern ebenso auf Wirtschaftlichkeit, Effizienz und Effektivität sowie dem Funktionieren des Staates und seiner Policies.[646]

Neue Möglichkeiten im Umgang mit Information und die **Entwicklung der modernen Informations- und Kommunikationstechniken** treiben die auf Transparenz und nachvollziehbaren Informationen beruhenden ökonomischen Modelle weiter voran.[647] Die zunehmende Nutzung von Social-Media-Kanälen kann diesen Trend verstärken, wirft aber auch neue Fragen, etwa hinsichtlich der Einsatzmöglichkeiten und Risiken, auf, die einer Beantwortung harren.

Durch moderne Informationskanäle lassen sich dezentrales Wissen und Innovationen von unten[648] besser in den Verwaltungsvollzug einspeisen, Informationen und Prozessteile können durch Modularisierung und Standardisierung parallelisiert und neu verknüpft werden,[649] Programme und Entscheidungen können in ihrer Vorläufigkeit leichter angepasst, in ihrem Ablauf leichter verfolgt und auf ihre Zielerreichung besser überprüft werden.[650] Das Instrumentarium der Exekutive zur Steuerung und Überwachung im Rahmen der Selbstprogrammierung erweitert sich dadurch. Es wird anschlussfähig zu internationalen und externen Entwicklungen und bringt die Befolgung von Handlungsvorgaben *(conformance)* sowie den damit erreichten Ertrag *(performance)* in Übereinstimmung.[651] Diese Entwicklung muss zugleich – insbesondere vor dem Hintergrund der zu-

---

[644] *Bouckaert,* Auf dem Weg zu einer neo-weberianischen Verwaltung (Fn. 355), S. 365; *Loring,* Auf dem Weg zur „neowebrianischen" Verwaltung (Fn. 355), S. 18 ff.; *Johan P. Olsen,* Maybe it is Time to Rediscover Bureaucracy, Journal of Public Administration Research and Theory (JPART) 2005, S. 1 ff.; *Jacques Chevallier,* Governance als neues staatliches Paradigma?, Verwaltungswissenschaftliche Informationen 2004, S. 44 (48).

[645] *Hill,* Recht als Geschäftsmodell (Fn. 42), S. 809 ff.

[646] *Bouckaert,* Auf dem Weg zu einer neo-weberianischen Verwaltung (Fn. 355), S. 365; *Olsen,* Rediscover Bureaucracy (Fn. 644), S. 1 ff.; *Chevallier,* Governance als Paradigma? (Fn. 644), S. 48.

[647] *Hill,* Transformation der Verwaltung (Fn. 43), S. 17; → Fn. 435 ff.

[648] Zu einem neuen Bottom-up-System der Rechtsetzung vgl. *Thomas Vesting,* The Network Economy as a Challenge to Create New Public Law (beyond the State), in: Karl-Heinz Ladeur (Hrsg.), Public Governance in the Age of Globalization, 2004, S. 247 (250); *Christian Tietje,* Transnationales Wirtschaftsrecht aus öffentlich-rechtlicher Perspektive, Zeitschrift für Vergleichende Rechtswissenschaft (ZvglRWiss), Bd. 101 (2002), S. 404 (418).

[649] Vgl. dazu *Brüggemeier u.a.,* Organisatorische Gestaltungspotentiale (Fn. 436).

[650] Zum Ziel-Controlling vgl. etwa *Schuppert,* Verwaltungswissenschaft, S. 714.

[651] Zur Interoperabilität im europäischen Kontext vgl. *Hill,* eGovernment – Mode oder Chance (Fn. 435), S. 740.

nehmenden Europäisierung in Recht und Verwaltung – Ansporn und Auftrag zugleich sein: Die Europäische Verbundverwaltung stellt in erster Linie eine **Informationsverwaltung** dar. Ob es gelingt, einen Hand in Hand greifenden Informationsaustausch auf nationaler wie auch europäischer Ebene zu organisieren, wird die Nagelprobe für einen konsistenten unionsweiten Vollzug werden.[652]

90 Die zunehmende **Erfüllung von Gemeinwohlaufgaben** durch externe Akteure hat das Modell eines zentralen Steuerungssubjektes mit hierarchischen Steuerungsmöglichkeiten aufgelöst[653] und durch horizontale Mechanismen der Abstimmung und Kooperation ersetzt.[654] Der Gewährleistungsstaat[655] darf insofern als Beschreibungsformel veränderter Staatlichkeit gelten, die einen Wendepunkt von Steuerung zu Governance markiert,[656] deren zentrale Strukturelemente Netzwerke[657] bilden.[658] Das **Denken in Netzwerken** durchbricht das Konzept einer Normenhierarchie, welche ihrem Wesen nach eine klare Trennung der Rechtsquellen nach ihrem Ursprung voraussetzt.[659]

Insbesondere im Rahmen eines **Regierens jenseits des Nationalstaates**,[660] von Europäisierung und Globalisierung,[661] lässt sich eine **Parallelisierung von Steuerungstechniken und eine Pluralisierung der Rechtsquellen** beobachten.[662] Verschiedene Regelungs- und Ordnungsentwürfe sowie Legitimationsgemeinschaften bestehen als wechselbezügliche Ordnungen nebeneinander.[663] Informali-

---

[652] *Weiß*, Verwaltungsverbund (Fn. 544), S. 66; *Fehling*, Instrumente und Verfahren (Fn. 37), § 20 Rn. 151 ff.; *Schoch*, Informationsrecht (Fn. 100), S. 388; umfassend → Bd. I *Bogdandy* § 25.

[653] *Hans-Heinrich Trute/Wolfgang Denkhaus/Doris Kühlers*, Governance in der Verwaltungswissenschaft, DV, Bd. 37 (2004), S. 451 (468).

[654] Zu einer „Kooperationalisierung der Rechtsetzung" vgl. *Schuppert*, Staatswissenschaft, S. 861; *ders.*, Gute Gesetzgebung (Fn. 598), S. 75 ff.

[655] *Voßkuhle*, Beteiligung Privater (Fn. 363), S. 307 ff.; *Claudio Franzius*, Die europäische Dimension des Gewährleistungsstaates, Der Staat, Bd. 45 (2006), Heft 4, S. 1 ff. S. a. die Nachweise in → Fn. 394; → Bd. I *Voßkuhle* § 1 Rn. 41, *Schuppert* § 16 Rn. 18 f.

[656] *Trute/Denkhaus/Kühlers*, Governance (Fn. 653), S. 465 ff.; vgl. auch *Wolfgang Hoffmann-Riem*, Governance im Gewährleistungsstaat – Vom Nutzen der Governance-Perspektive für die Rechtswissenschaft, in: Schuppert (Hrsg.), Governance-Forschung (Fn. 24), S. 195 ff.

[657] *Gunnar Folke Schuppert*, Governance im Spiegel der Wissenschaftsdisziplinen, in: ders. (Hrsg.), Governance-Forschung (Fn. 24), S. 371 (424 ff.). S. a. → Bd. I *Schmidt-Aßmann* § 5 Rn. 25 ff., *Schuppert* § 16 Rn. 134 ff.

[658] Zu weiteren Governance-Formen, ihrer wechselseitigen Einbettung und Verknüpfung vgl. *Arthur Benz*, Eigendynamik von Governance in der Verwaltung, in: Bogumil/Jann/Nullmeier (Hrsg.), Politik und Verwaltung (Fn. 105), S. 29 ff.

[659] *Matthias Ruffert*, Die Europäisierung der Verwaltungsrechtslehre, DV, Bd. 36 (2003), S. 293 (311); *Hill*, Vom Aufbrechen und Verändern der Verwaltungsrechtsordnung (Fn. 45), S. 364 ff.

[660] *Markus Jachtenfuchs/Beate Kohler-Koch*, Governance in der Europäischen Union, in: Arthur Benz (Hrsg.), Governance – Regieren in komplexen Regelsystemen, 2004, S. 77 (95); *Michael Zürn/Dieter Wolf*, Europarecht und internationales Regime: Zu den Merkmalen von Recht jenseits des Nationalstaates, in: Edgar Grande/Markus Jachtenfuchs (Hrsg.), Wie problemlösungsfähig ist die EU?, 2000, S. 113 ff.

[661] *Bogumil/Jann*, Verwaltung, S. 232 ff. („Strukturwandel von Staatlichkeit"); *Christoph Möllers*, Globalisierte Jurisprudenz, in: Michael Anderheiden u. a. (Hrsg.), Globalisierung als Problem von Gerechtigkeit und Steuerungsfähigkeit des Rechts, 2001, S. 41 ff.; *Eberhard Schmidt-Aßmann*, Die Herausforderung der Verwaltungsrechtswissenschaft durch die Internationalisierung der Verwaltungsbeziehungen, Der Staat, Bd. 45 (2006), S. 315 ff. S. a. → Bd. I *Schmidt-Aßmann* § 5 Rn. 29 ff., 41 ff., *Ruffert* § 17 Rn. 8 ff., 12 ff.

[662] *Schuppert*, Staatswissenschaft, S. 860, 901.

[663] *Stefan Kadelbach*, Autonomie und Bindung der Rechtsetzung in gestuften Rechtsordnungen, Vortrag bei der Tagung der Vereinigung der Deutschen Staatsrechtslehrer 2006, Thesen 9 und 24; vgl.

F. Ausblick

tät,[664] *soft law*[665] sowie die institutionelle Einbettung von Informations-[666], Abstimmungs- und Koordinationsmechanismen[667] gewinnen an Bedeutung. Das Gesamtbild rechtlich relevanter Erscheinungen im internationalen System verschwimmt damit zunehmend. Konturen eines „Rechts ohne Rechtsquellen" scheinen sich vorsichtig am Horizont abzuzeichnen.[668] Zumindest ist aber für die Zukunft im internationalen Rechtsverkehr ein erweiterter Rechtsbegriff erforderlich.[669]

Weitere nachhaltige Einflüsse auf die Zukunft der exekutivischen Selbstprogrammierung kündigen sich mit neuen **Steuerungsansätzen des Regulierungsrechts** an.[670] Dies gilt nicht nur für das deutsche Regulierungsverwaltungsrecht,[671] sondern auch für europäische und internationale Ansätze eines erweiterten Verständnisses von „Regulierung" im Sinne eines gewalten- und sektorenübergreifenden Ordnungsrahmens.[672] Dies betrifft etwa Fragen der Ausweitung des exe-

91

---

noch *Ralph A. Lorz*, Autonomie und Rechtsetzung in gestuften Rechtsordnungen, DVBl 2006, S. 1061 ff.

[664] *Jachtenfuchs/Kohler-Koch*, Governance in der Europäischen Union (Fn. 660), S. 93 f. zu Rechtsbindung und Informalität; *Hermann Hill*, Regulative des Regierens, in: Werner Jann/Klaus König (Hrsg.), Regieren zu Beginn des 21. Jahrhunderts, 2008, S. 329 ff., zum Zusammenwirken von formalen und informalen Regeln. S. a. → Bd. II *Fehling* § 38.

[665] *Christine Chinkin*, Normative Development in the International Legal System, in: Dinah Shelton (Hrsg.), Commitment and Compliance, 2000, S. 21 (25 ff.); *Schuppert*, Staatswissenschaft, S. 908 ff. Die Mechanismen weicher Steuerung systematisierend *Gerhard Göhler*, Neue Perspektiven politischer Steuerung, APuZ 2–3/2010, S. 34 (37 ff.); vgl. auch *ders.*, „Weiche Steuerung" – Regieren ohne Staat aus machttheoretischer Perspektive, in: Risse/Lehmkuhl (Hrsg.), Regieren ohne Staat? (Fn. 465), S. 87 ff.; *ders. u. a.*, Steuerung jenseits von Hierarchie, PVS, Bd. 51 (2010), S. 691 ff. S. a. → Bd. I *Ruffert* § 17 Rn. 79; *Röhl*, Internationale Standardsetzung (Fn. 24), S. 319 ff. zu den Internationalen Standardisierungstendenzen, die für sich genommen, weil rechtlich unverbindlich, faktisch soft law darstellen.

[666] Auch in dieser Hinsicht hat die Umsetzung der Dienstleistungsrichtlinie einen zentralen Impuls im deutschen Verwaltungsrecht gesetzt, der nicht nur den internationalen, sondern auch den nationalen Informationsaustausch beflügeln könnte.

[667] *Tanja A. Börzel/Thomas Risse*, Die Wirkung internationaler Institutionen. Von der Normanerkennung zur Normeinhaltung, in: Markus Jachtenfuchs/Michèle Knodt (Hrsg.), Regieren in internationalen Institutionen, 2002, S. 141 (153); *Schuppert*, Governance im Spiegel der Wissenschaftsdisziplinen (Fn. 657), S. 432 ff.: „Governance als Handlungskoordination in und durch Institutionen"; vgl. noch *Arthur Benz*, Institutionentheorie und Institutionenpolitik, in: FS Klaus König, 2004, S. 19 ff.: „Insitutionen sind in einer Gesellschaft anerkannte, auf Dauer gestellte Regelsysteme"; sowie zur Bedeutung von Institutionen *Werner Jann*, Die skandinavische Schule der Verwaltungswissenschaft: Neo-Institutionalismus und die Renaissance der Bürokratie, in: Bogumil/Jann/Nullmeier (Hrsg.), Politik und Verwaltung (Fn. 105), S. 121 ff.

[668] *Christian Tietje*, Recht ohne Rechtsquellen?, ZfRSoz 2003, S. 27 (39).

[669] *Michael Warning*, Instrumente im transnationalen Umweltschutz, in: Gesellschaft für Umweltrecht (Hrsg.), Dokumentation zur 29. wissenschaftlichen Fachtagung der Gesellschaft für Umweltrecht e. V., Berlin 2005, 2006, S. 173 (185); *Schmidt-Aßmann*, Die Herausforderung der Verwaltungsrechtswissenschaft (Fn. 661), S. 325.

[670] Vgl. schon *Voßkuhle*, Beteiligung Privater (Fn. 363), S. 304, 308 (Regulierungsperspektive, Regulierungskonzept), Fn. 156: „Regulierung als spezifische Form rechtlicher Steuerung gesellschaftlicher Prozesse, mit der ein über den Einzelfall hinausgehender Ordnungszweck verfolgt wird."; sowie umfassend → Bd. I *Eifert* § 19.

[671] *Johannes Masing*, Soll das Recht der Regulierungsverwaltung übergreifend geregelt werden?, Gutachten D zum 66. Deutschen Juristentag, 2006; *Michael Fehling*, Regulierung als Staatsaufgabe im Gewährleistungsstaat Deutschland – Zu den Konturen eines Regulierungsverwaltungsrechts, in: Hermann Hill (Hrsg.), Die Zukunft des öffentlichen Sektors, 2006, S. 91 ff.

[672] *Bullinger*, Regulierung als modernes Instrument (Fn. 42), S. 1357; aus dem internationalen Schrifttum vgl. vor allem *Julia Black*, Critical Reflections on Regulation, 2002, S. 11, abrufbar unter:

kutiven Handlungsspielraums durch Regulierungsermächtigungen sowie die Mitwirkung der Regelungsadressaten, die Problem- und Lösungswissen einbringen,[673] aber neben Teilhabe- auch Kontrollfunktionen übernehmen.[674] Eine „kooperative Regulierung" muss sich dabei der Problematik der **„clientele capture"** annehmen, darf sich namentlich nicht von den Beteiligten bzw. einbeziehenden Interessen vereinnahmen lassen.[675]

92 Konzepte einer **„Smart Regulation"**[676] oder „Responsive Regulation"[677] etablieren neben einer zwangsweisen Durchsetzung der Regelung auch weiche, kommunikative Einflussstrategien durch Beratung und Unterstützung bis hin zu Maßnahmen einer freiwilligen oder regulierten Selbstregulierung als Durchsetzungsinstrumente.[678] Diese *„enforcement pyramid"*[679] bietet damit ein erweitertes und abgestuftes Spektrum zur Umsetzung von Regulierungskonzepten, das im Hinblick auf Aufgaben, Strukturen und Akteure jeweils adäquat und flexibel zur Verfügung steht. Ob und inwieweit neben diesem maßnahmenorientierten Auswahlbündel[680] auch ein inhaltliches Regulierungsermessen der staatlichen Agentur zur gestaltenden Konkretisierung gesetzlicher Regulierungsaufträge anzuerkennen und wie es gegebenenfalls durch legitimierende und kompensierende Maßnahmen aufzufüllen ist, gehört zu den noch nicht abschließend geklärten Fragen.[681] Die normgestalterische Konzeption von Regulierung und die

---

www.lse.ac.uk/collections/CARR/pdf/Disspaper4.pdf; *Colin Scott*, Regulation in the age of governance: the rise of the post-regulatory state, in: Jordana/Levi-Faur (Hrsg.), The politics of regulation (Fn. 610), S. 145 (148); *Christensen/Laegreid*, Agencification and Regulatory Reforms (Fn. 32), S. 8 ff.

[673] *Trute*, Regulierung (Fn. 624), S. 868.

[674] Generell zur Kontrolle und Repräsentanz des Allgemeinen durch Beteiligung als Folge von Privatisierung und Funktionswandel staatlicher Tätigkeit vgl. *Andreas Fisahn*, Arbeitskreis 1: Beteiligungsrechte im postmodernen Staat, in: Josef Falke/Sabine Schlacke (Hrsg.), Information – Beteiligung – Rechtsschutz, 2004, S. 171 (177).

[675] *Michael Fehling*, Verwaltung zwischen Unparteilichkeit und Gestaltungsaufgabe, 2001, S. 273 ff.; sowie *Pünder*, „Open Government leads to better Government" (Fn. 88), S. 73; *ders.*, Exekutive Normsetzung (Fn. 70), S. 206, 237, 244.

[676] *Neil Gunningham/Peter Grabosky/Darren Sinclair*, Smart Regulation: Designing Environmental Policy, 1998; *Michael Moran*, Review Article: Understanding the Regulatory State, British Journal of Political Sience 2002, S. 391 (399); *Susan D. Phillips*, Regulating for Relational Governance of the Voluntary Sector: Teetering Toward Reform in Canada, Paper presented to the International Research Symposium on Public Management, 2006, S. 3 ff.; *Hill*, Recht als Geschäftsmodell (Fn. 42), S. 809 ff.

[677] *Scott*, Regulation in the age of governance (Fn. 672), S. 157.

[678] Vgl. die Beiträge in: Regulierte Selbstregulierung als Steuerungskonzept des Gewährleistungsstaates, DV, Beiheft 4, 2001; *Britz*, Organisation und Organisationsrecht (Fn. 37), § 21 Rn. 47; → Bd. I *Eifert* § 19 Rn. 52 ff.; *Robert P. Kaye*, Regulated (Self-)Regulation: A New Paradigm for Controlling the Professions?, Public Policy and Administration 2006, S. 105 ff.

[679] *Scott*, Regulation in the age of governance (Fn. 672), S. 157; *Schuppert*, Governance im Spiegel der Wissenschaftsdisziplinen (Fn. 657), S. 412 f.

[680] Zu „regulatory choice" vgl. *Schuppert*, Staatswissenschaft, S. 591 ff.; *ders.*, Governance im Spiegel der Wissenschaftsdisziplinen (Fn. 657), S. 396 ff.

[681] Vgl. dazu etwa *BVerfG*, GewA 2012, 198 ff.; *BVerwGE* 139, 226 ff.; *Martin Burgi*, Übergreifende Regelung des Rechts der Regulierungsverwaltung – Realisierung der Kodifikationsidee?, NJW 2006, S. 2439 (2444); *Klaus F. Gärditz*, „Regulierungsermessen" und verwaltungsgerichtliche Kontrolle, NVwZ 2009, S. 1005 ff.; *Jens Kersten*, Herstellung von Wettbewerb als Verwaltungsaufgabe, VVDStRL, Bd. 69 (2010), S. 289 (325 ff.); *Masing*, Recht der Regulierungsverwaltung (Fn. 671), S. 152 ff.; *Michael Fehling/Matthias Ruffert*, Perspektiven in: dies. (Hrsg.), Regulierungsrecht, § 23 Rn. 14, 31; *Stefan Storr*, Soll das Recht der Regulierungsverwaltung übergreifend geregelt werden?, DVBl 2006, S. 1017 (1021 f.); *Alexander Proelß*, Das Regulierungsermessen – eine Ausprägung des behördlichen Letztent-

F. Ausblick

sich mit ihr verbindende finale Überformung konditionaler Entscheidungsprogramme legt die Anerkennung eines solchen Regulierungsermessens jedenfalls nahe. Die Anleihe, die das Bundesverwaltungsgericht[682] zu diesem Zweck beim Planungsermessen vornimmt, geht jedoch fehl. Sie trägt den kategorial unterschiedlichen Zielsetzungen von Regulierung und Planung nicht angemessen Rechnung.[683]

Parallel zu außengerichteten Regulierungsansätzen hat sich vor allem in Großbritannien im Rahmen eines zentral gesteuerten „Performance-Management" ein **„Regulation-inside-Government"**[684] entwickelt, das eine Fülle von Vereinbarungen, Kennzahlen und vor allem überwachenden und kontrollierenden Instanzen nach sich gezogen hat und als solches inzwischen zunehmend auf Kritik bzw. Ablehnung stößt.[685] In Deutschland lässt sich bei der Umsetzung des sog. Neuen Steuerungsmodells im kommunalen und staatlichen Bereich,[686] inzwischen auch im Hochschulbereich,[687] teilweise eine ähnliche Entwicklung **„von der Input-Bürokratie zur Output-Bürokratie"** beobachten, bei der detaillierte Anordnungen und klassische bürokratische Einzelweisungen zunehmend durch überkomplexe Kennzahlensysteme, Berichtspflichten und Kontrollmaßnahmen ersetzt werden, die die Quadratur des Kreises versuchen, unterschiedliche Qualitätsniveaus quantitativ zu erfassen.[688]

93

Alle Maßnahmen exekutivischer Selbstprogrammierung sind letztlich – unabhängig davon, ob sie das eigene Verhalten oder die Programmierung der Zusammenarbeit betreffen – auf einen übergreifenden **Steuerungserfolg**[689] ausge-

94

---

scheidungsrechts, AöR, Bd. 136 (2011), S. 402 ff. Zum Regulierungsermessen der Bundesnetzagentur bei der Berechnung der Kosten effizienter Leistungsbereitstellung *Joachim Wieland*, Regulierungsermessen im Spannungsverhältnis zwischen deutschem und Unionsrecht, DÖV 2011, S. 705 ff.

[682] *BVerwG*, NVwZ 2008, S. 575 (577); NVwZ 2008, S. 798 (799); NVwZ 2008, S. 1359 (1364); NVwZ 2009, S. 653 (658).

[683] *Gärditz*, „Regulierungsermessen" und verwaltungsgerichtliche Kontrolle (Fn. 681), S. 1008; *Kersten*, Herstellung von Wettbewerb als Verwaltungsaufgabe (Fn. 681), S. 326 f. der Rechtsprechung zustimmend hingegen *Proelß*, Regulierungsermessen (Fn. 681), S. 402 ff.

[684] *Christopher Hood u. a.*, Regulation inside Government, 1999; *Christopher Hood/Oliver James/Colin Scott*, Regulation of Government: Has it increased, is it increasing, should it be diminished?, Public Administration, 2000, S. 283 ff.

[685] So heißt es etwa in einem internationalen Vergleich von Reformen des öffentlichen Sektors: „More generally, what has been portrayed as an age of management in several cases seems to have turned into an age of management-watchers, with a massive increase in audit and other regulatory agencies overseeing the public sector. Terms like an ‚age of inspection' and ‚the audit society' have been coined to reflect this development." *Joachim J. Hesse/Christopher Hood/B. Guy Peters*, Conclusion: Paradoxes in Public Sector Reform – a Comparative Analysis, in: dies. (Hrsg.), Paradoxes in Public Sector Reform, 2003, S. 335 (346).

[686] Vgl. dazu die Beiträge in: *Kuhlmann/Bogumil/Wollmann* (Hrsg.), Leistungsmessung und -vergleich (Fn. 43); *Werner Jann*, Neues Steuerungsmodell, in: Blanke u. a. (Hrsg.), Handbuch zur Verwaltungsreform (Fn. 385), S. 98.

[687] *Martin Brüggemeier*, Leistungserfassung und Leistungsmessung in Hochschulen, in: Dietrich Budäus (Hrsg.), Leistungserfassung und Leistungsmessung in öffentlichen Verwaltungen, 2000, S. 221 ff.; *Margrit Seckelmann/Felicia Lauer/Andreas Jug*, Gewogen und für zu leicht befunden?, VM 2006, S. 195 ff.; kritisch *Ulrich Bröckling*, Evaluation, in: ders. u. a. (Hrsg.), Glossar der Gegenwart, 2004, S. 76 ff.

[688] *Otto Depenheuer*, Zählen statt Urteilen. Die Auflösung der Urteilskraft in die Zahlengläubigkeit, SächsVBl. 2010, S. 177 ff.

[689] Zur output-orientierten Legitimation vgl. etwa *Fritz W. Scharpf*, Legitimationskonzepte jenseits des Nationalstaats, in: Schuppert/Pernice/Haltern (Hrsg.), Europawissenschaft, S. 705 (711); *Hill*,

richtet. Dieser Erfolg kann im demokratischen Rechtsstaat nicht isoliert und verabsolutiert gesehen werden.[690] Vielmehr ist eine **ganzheitliche Sicht des Legitimations-, Kontroll-**[691] **und Verantwortungsniveaus**[692] erforderlich. Dazu gehören eine Zusammenschau von Aufgabenzusammenhang,[693] institutionellen Ressourcen und Kapazitäten sowie von Problemlösungsmustern (vor allem Organisation und Verfahren) und Problemlösungsqualität.[694] Es gilt, neue Strukturen und Fähigkeiten zur Antizipation, Innovation und Adaption zu implementieren, um in einer sich wandelnden Welt auf neue und komplexe Problemstellungen durch lernfähige Handlungsanweisungen im Sinne einer „Reflexive Governance" flexibel, effizient und situationsadäquat reagieren zu können.[695] In dieser Richtung bleibt die Verwaltungsrechtswissenschaft aufgefordert, weitere dogmatische Orientierungen und Regelungsmuster zu entwickeln.

Ausgewählte Literatur

Axer, Peter, Normsetzung der Exekutive in der Sozialversicherung. Ein Beitrag zu den Voraussetzungen und Grenzen untergesetzlicher Normsetzung im Staat des Grundgesetzes, Tübingen 2000.
Becker, Florian, Kooperative und konsensuale Strukturen in der Normsetzung, Tübingen 2005.
Bogdandy, Armin v., Gubernative Rechtsetzung. Eine Neubestimmung der Rechtsetzung und des Regierungssystems unter dem Grundgesetz in der Perspektive gemeineuropäischer Dogmatik, Tübingen 2000.
– Demokratisch, demokratischer, am demokratischsten? Zur Steigerungsfähigkeit eines Verfassungsprinzips am Beispiel einer Neugestaltung der Verordnungsgebung, in: Bohnert u.a. (Hrsg.), FS Alexander Hollerbach, 2001, S. 363–384.
–/*Bast/Arndt*, Handlungsformen im Unionsrecht. Empirische Analysen und dogmatische Strukturen in einem vermeintlichen Dschungel, ZaöRV 2002, S. 77–161.
Burgi, Martin, Privat vorbereitete Verwaltungsentscheidungen und staatliche Strukturschaffungspflicht. Verwaltungsverfassungsrecht im Kooperationsspektrum zwischen Staat und Gesellschaft, DV, Bd. 33 (2000), S. 183–206.
Danwitz, Thomas v., Die Gestaltungsfreiheit des Verordnungsgebers. Zur Kontrolldichte verordnungsgeberischer Entscheidungen, Berlin 1989.

Vom Aufbrechen und Verändern der Verwaltungsrechtsordnung (Fn. 45), S. 366 ff. S. a. → Bd. I *Trute* § 6 Rn. 53.
[690] Vgl. *Schmidt-Aßmann*, Die Herausforderung der Verwaltungsrechtswissenschaft (Fn. 661), S. 331 f., wonach in der umweltvölkerrechtlichen Literatur zutreffend darauf hingewiesen werde, dass der erreichte Stand der „Erfüllungskontrolle" durch einen Kanon unverzichtbarer Verfahrensprinzipien flankiert werden müsse.
[691] Vgl. dazu auch *Eberhard Schmidt-Aßmann*, Ordnungsidee und Steuerungsfunktion des Allgemeinen Verwaltungsrechts, in: FS Günter Püttner, 2006, S. 3 (13); ders., Verwaltungskontrolle, in: ders./Hoffmann-Riem (Hrsg.), Verwaltungskontrolle, 2009, S. 9 (40).
[692] *Schmidt-Aßmann*, Ordnungsidee, Kap. 1 Rn. 49; *Voßkuhle*, Gesetzgeberische Regelungsstrategien (Fn. 461), S. 84; *Trute/Denkhaus/Kühlers*, Governance (Fn. 653), S. 471. So auch der Ansatz der „New Regulation"; *Hill*, Recht als Geschäftsmodell (Fn. 42), S. 809 ff.
[693] *Trute/Denkhaus/Kühlers*, Governance (Fn. 653), S. 469. Vgl. a. → Bd. I *Baer* § 11, *Schulze-Fielitz* § 12.
[694] Vgl. etwa zur Legitimation unabhängiger Regulierungsbehörden durch das Demokratieprinzip ergänzende Bausteine *Markus Pöcker*, Unabhängige Regulierungsbehörden und die Fortentwicklung des Demokratieprinzips, VerwArch, Bd. 98 (2008), S. 380 ff. S. auch *Martina Eberl*, Die Dynamisierung organisationaler Kompetenzen, 2009, S. 38 ff.
[695] *Hill*, Perspektive 2020 (Fn. 394), S. 17; *Jocelyne Bourgon*, New Directions in Public Administration. Serving Beyond the predictable, Public Policy and Administration, 2009, S. 309 ff.

Ausgewählte Literatur

Frankenberger, Anke, Umweltschutz durch Rechtsverordnung. Eine rechtsvergleichende Untersuchung der Beteiligung an der Umweltschutz-Verordnungsgebung in Deutschland und Kanada, Berlin 1998.
Franzius, Claudio, Funktionen des Verwaltungsrechts im Steuerungsparadigma der neuen Verwaltungsrechtswissenschaft, DV, Bd. 39 (2006), S. 335–371.
– Governance und Regelungsstrukturen, VerwArch, Bd. 97 (2006), S. 186–219.
Gößwein, Christoph, Allgemeines Verwaltungs(verfahrens)recht der administrativen Normsetzung? Überlegungen zur Möglichkeit und zur Bedeutung der Vergesetzlichung eines allgemeinen (Verwaltungs-)Rechts der administrativen Normsetzung, Berlin 2001.
Groß, Thomas, Exekutive Vollzugsprogrammierung durch tertiäres Gemeinschaftsrecht?, DÖV 2004, S. 20–26.
Hänlein, Andreas, Rechtsquellen im Sozialversicherungsrecht. System und Legitimation untergesetzlicher Rechtsquellen des deutschen Sozialversicherungsrechts, Berlin/Heidelberg 2001.
Hill, Hermann, Soll das kommunale Satzungsrecht gegenüber staatlicher und gerichtlicher Kontrolle gestärkt werden?, Gutachten D für den 58. Deutschen Juristentag, München 1990.
– Verwaltungsentscheidungen im Informationszeitalter, in: Banner u. a. (Hrsg.), Führung, Organisation und Kultur im Electronic Government, Stuttgart 2004, S. 13–23.
– Renaissance einer rationalen Politikgestaltung, in: FS Klaus König, Berlin 2004, S. 217–230.
– Good Governance – Konzepte und Kontexte, in: Gunnar Folke Schuppert (Hrsg.), Governance-Forschung, Bd. 1 (2005), S. 220–250.
Hoffmann-Riem, Wolfgang, Juristische Verwaltungswissenschaft – multi-, trans- und interdisziplinär, in: Jan Ziekow (Hrsg.), Verwaltungswissenschaften und Verwaltungswissenschaft, Berlin 2003, S. 45–61.
– Gesetz und Gesetzesvorbehalt im Umbruch. Zur Qualitäts-Gewährleistung durch Normen, in: AöR, Bd. 130 (2005), S. 5–70.
Kluth, Winfried, Funktionale Selbstverwaltung. Verfassungsrechtlicher Status – verfassungsrechtlicher Schutz, Tübingen 1997.
– Funktionale Selbstverwaltung, DV, Bd. 35 (2002), S. 349–376.
Knill, Christoph/Winkler, Daniela, Staatlichkeit und Europäisierung: Zur Abgrenzung und Systematisierung eines Interdisziplinären Konzepts, Der Staat, Bd. 45 (2006), S. 215–244.
König, Klaus, Öffentliches Management in einer legalistischen Verwaltungskultur, in: FS Christoph Reichard, 2006, S. 23–34.
König, Michael, Kodifizierung von Leitlinien der Verwaltungsmodernisierung, VerwArch, Bd. 96 (2005), S. 44–69.
Leisner, Anna, Verwaltungsgesetzgebung durch Erlasse, JZ 2002, S. 219–231.
Martini, Mario, Normsetzungsdelegation zwischen parlamentarischer Steuerung und legislativer Effizienz, AöR, Bd. 133 (2008), S. 155–190.
Mehde, Veith, Ausübung von Staatsgewalt und Public Private Partnership, VerwArch, Bd. 91 (2000), S. 540–565.
– Rechtsetzungen der europäischen und nationalen Verwaltungen, VVDStRL, Bd. 71 (2012), S. 418–455.
Möllers, Christoph, Theorie, Praxis und Interdisziplinarität in der Verwaltungsrechtswissenschaft, VerwArch, Bd. 93 (2002), S. 22–61.
Möstl, Markus, Rechtsetzungen der europäischen und nationalen Verwaltungen, DVBl 2011, S. 1076–1084.
Oebbecke, Janbernd, Kommunale Satzungsgebung und verwaltungsgerichtliche Kontrolle, NVwZ 2003, S. 1313–1317.
– Selbstverwaltung angesichts von Europäisierung und Ökonomisierung, VVDStRL, Bd. 62, (2003), S. 366–400.
Pünder, Hermann, Exekutive Normsetzung in den Vereinigten Staaten von Amerika und der Bundesrepublik Deutschland, Berlin 1995.
Remmert, Barbara, Rechtsprobleme von Verwaltungsvorschriften, JURA 2004, S. 728–734.
Ruffert, Matthias, Überlegungen zu den Rechtsformen des Verwaltungshandelns im europäisierten Verwaltungsrecht, in: FS Peter Krause, 2006, S. 215–236.
Sauerland, Thomas, Die Verwaltungsvorschrift im System der Rechtsquellen, Berlin 2005.
Saurer, Johannes, Die Funktionen der Rechtsverordnung. Der gesetzgeberische Zuschnitt des Aufgaben- und Leistungsprofils exekutiver Rechtsetzung als Problem des Verfassungsrechts, ausgehend vom Referenzgebiet des Umweltrechts, Berlin 2005.

- Verwaltungsvorschriften und Gesetzesvorbehalt – Zur Entscheidung des Bundesverwaltungsgerichts vom 17. Juni 2004, DÖV 2005, S. 587–594.
- Die neueren Theorien zur Normkategorie der Verwaltungsvorschriften, VerwArch, Bd. 97 (2006), S. 249–269.

Schuppert, Gunnar Folke, Governance und Rechtsetzung, Baden-Baden 2011.

Seiler, Christian, Der einheitliche Parlamentsvorbehalt, Berlin 2000.

Stelkens, Ulrich, Rechtsetzungen der europäischen und nationalen Verwaltungen, VVDStRL, Bd. 71 (2012), S. 369–417.

Trips, Marco, Das Verfahren der exekutiven Rechtsetzung. Möglichkeiten und Erfordernisse der Aufnahme eines allgemeinen Verfahrens für Verordnungen, Satzungen und Verwaltungsvorschriften in das Verwaltungsverfahrensgesetz, Baden-Baden 2006.

Vesting, Thomas, Satzungsbefugnis von Landesmedienanstalten und die Umstellung der verwaltungsrechtlichen Systembildung auf ein „Informationsverwaltungsrecht". Das Beispiel des § 53 Rundfunkstaatsvertrag, DV, Bd. 35 (2002), S. 433–462.

Voßkuhle, Andreas, Methode und Pragmatik im Öffentlichen Recht. Vorüberlegungen zu einem differenziert-integrativen Methodenverständnis am Beispiel des Umweltrechts, in: Bauer/Czybulka/Kahl/Voßkuhle (Hrsg.), Umwelt, Wirtschaft und Recht, Wissenschaftliches Symposium am 16./17. Nov. 2001, Tübingen 2002, S. 171–195.
- Beteiligung Privater an der Wahrnehmung öffentlicher Aufgaben und staatliche Verantwortung, VVDStRL, Bd. 62, (2003), S. 266–328.

Wahl, Rainer, Verwaltungsvorschriften: Die ungesicherte dritte Kategorie des Rechts, in: FG 50 Jahre Bundesverwaltungsgericht, 2003, S. 571–598.

§ 35 Verwaltungsakte*

Christian Bumke

Übersicht

	Rn.		Rn.
A. Der Verwaltungsakt als Handlungsform und Steuerungsinstrument	1	II. Zeitlicher Regelungsinhalt	64
I. Grundlegung der Lehre vom Verwaltungsakt	6	III. Persönlicher Regelungsinhalt: zwei- und mehrseitige Verwaltungsakte	67
II. Fortentwicklungen	9	IV. Verfahren und Form	68
III. Ansätze zur Ablösung des Verwaltungsakts	17	1. Mitwirkungsbedürftige Verwaltungsakte	68
IV. Gute Regulierung durch Wahl der richtigen Handlungsform	20	2. Formlose und formgebundene Verwaltungsakte	71
1. Begriff	20	V. Verwaltungsakte mit und ohne Gestaltungsbefugnis	72
2. Einordnungs- und Abgrenzungsschwierigkeiten	24	C. Funktionen	73
a) Unsicherheit über das Vorliegen einer Regelung und ihren Inhalt	25	I. Funktionen als Abbreviatur des Rechtsregimes	73
		II. Funktionen aus Sicht eines steuerungstheoretischen Ansatzes	75
b) Unsicherheit aufgrund von Rechtsfehlern, insbesondere Handlungsformfehlern	29	1. Funktionen des Verwaltungsakts für die Verwaltung	76
c) Unsicherheit aufgrund von Formüberschneidungen	30	2. Funktionen des Verwaltungsakts für den Bürger	78
3. Maßstäbe für die Auswahl der Handlungsform	35	3. Funktionen des Verwaltungsakts für die Rechtsordnung	80
V. Rechtswirkungen	40	a) Einseitige Gestaltung konkreter Rechtsverhältnisse (Gestaltungsfunktion)	82
1. Regelungsgehalt eines Verwaltungsakts	42		
a) Wirksamkeit	43	b) Stabilisierung konkreter Rechtsverhältnisse (Stabilisierungsfunktion)	85
b) Bestandskraft	48		
c) Bindungswirkung	53	III. Funktion und Regelung	86
2. Regelungsprofile als Steuerungsansatz	55	D. Verwaltungsaktstypen als aufgabenbezogene Steuerungs- und Gestaltungsinstrumente	87
B. Erscheinungsformen des Verwaltungsakts	57		
I. Sachlicher Regelungsinhalt	58	I. Die Genehmigung als Lehrstück für die Ausdifferenzierung der Verwaltungsaktstypen	90
1. Verfügung, Entscheidung, Befehl, Gewährung, Gestattung, Versagung	58		
		II. Sachaufgabenbezogene Verwaltungsaktstypen	102
2. Einzel- und Allgemeinverfügung	59	1. Polizeiverfügung	102
3. Belastender und begünstigender Verwaltungsakt	60	2. Planfeststellungsbeschluss	103
4. Gestaltender und feststellender Verwaltungsakt	61	3. Sozialrechtlicher Verwaltungsakt	104
5. Fiktiver Verwaltungsakt	63a	4. Steuerverwaltungsakt	105

---

* Für hilfreiche Unterstützung danke ich meinen Mitarbeitern *Hauke Schüler*, *Henrik Schramm* und *Jan Sturm*.

	Rn.
III. Querschnittsaufgabenbezogene Verwaltungsaktstypen	106
1. Strukturelle Querschnittsaufgaben	106
a) Privatrechtsgestaltender Verwaltungsakt	106
b) Vorläufige und teilweise Regelung	109
aa) Vorläufiger Verwaltungsakt	110
bb) Teilgenehmigung und Vorbescheid	116
cc) Zusicherung	118
2. Sachaufgaben- und strukturbezogene Querschnittsaufgabe: transnationaler Verwaltungsakt	119
E. Fein- und Nachsteuerung durch Nebenbestimmungen	125
I. Funktionen von Nebenbestimmungen	125
1. Gewährleistung der Erlassvoraussetzungen	126
2. Begrenzung der Bestandskraft	127
3. Sicherung einer Gegenleistung	128
II. Nebenbestimmung und Inhaltsbestimmung	129
1. Art der Nebenbestimmung	131
2. Behördenwille	132
3. Ergänzender Charakter der Nebenbestimmungen	133
III. Erscheinungsformen	135
1. Einordnung von Nebenbestimmungen	136
2. Einzelne Nebenbestimmungen	139
a) Befristung	139
b) Bedingung	140
c) Vorbehalt des Widerrufs	141
d) Auflage	142
e) Vorbehalt einer Auflage	143
f) Modifizierende Auflage	144
IV. Zulässigkeit von Nebenbestimmungen	146
V. Rechtsschutz gegen Nebenbestimmungen	148
1. Materiellrechtliche Wirkung fehlerhafter Nebenbestimmungen	149
2. Isolierte Anfechtbarkeit von Nebenbestimmungen	150
F. Fehler und Fehlerfolgen	153
I. Die begrenzte Fehlerempfindlichkeit als spezifische Steuerungsleistung des Verwaltungsakts	153
II. Eine Ordnung der Fehlerfolgen	155
1. Unwirksame oder wirksame fehlerhafte Verwaltungsakte	156

	Rn.
2. Rechtmäßigkeitsrestitution wirksamer fehlerhafter Verwaltungsakte	158
3. Beständigkeit fehlerhafter Verwaltungsakte	159
III. Der nichtige Verwaltungsakt	160
IV. Der rechtswidrige wirksame Verwaltungsakt	164
1. Aufhebung des rechtswidrigen Verwaltungsakts (Rücknahme)	164
a) Grundlagen	164
aa) Rücknahme von Verwaltungsakten außerhalb des Allgemeinen Verwaltungsrechts	169
bb) Widerspruchs- und Aufhebungsverfahren	170
cc) Gestaltungsrechte des Betroffenen	171
b) Rücknahme von Geldleistungsverwaltungsakten	172
c) Rücknahme sonstiger begünstigender Verwaltungsakte	174
d) Rücknahmefrist	175
2. Heilung des Fehlers	177
a) Heilung von Verfahrens- und Formfehlern	180
b) Heilung materieller Fehler	183
c) Unionsrecht als Grenze für die Heilung von Fehlern	185
3. Umdeutung eines Verwaltungsakts	186
4. Folgenlose Fehler	189
a) Instrumente der Folgenbegrenzung und ihre Funktionen	189
b) Unbeachtlichkeit von Verfahrens- und Formfehlern	196
c) Unionsrecht als Grenze für die Unbeachtlichkeit von Fehlern	202
G. Bestandskraft	205
I. Der Verwaltungsakt zwischen Beständigkeit und Anpassung	205
II. Reichweite der Bestandskraft	211
1. Umfang der Bindungswirkung	212
a) Sachliche und zeitliche Reichweite	212
b) Bindungswirkung in anderen Verfahren: Tatbestands- und Feststellungswirkung	213
c) Instrumente zur Begrenzung der Bindungswirkung	220
d) Bindung der Gerichte und des Gesetzgebers	221
2. Umfang der Bestandskraft	224

Übersicht

3. Bestandskraft rechtmäßiger begünstigender Verwaltungsakte 226
III. Veränderungen und das Wiederaufgreifen des Verfahrens 227
IV. Aufhebung 231
V. Zeitliche Wirksamkeit 235

Ausgewählte Literatur

A. Der Verwaltungsakt als Handlungsform und Steuerungsinstrument

1   Der Verwaltungsakt ist ein zentrales **Steuerungsinstrument** der Verwaltung. Mit seiner Hilfe lassen sich die Rechte und Pflichten von Staat und Bürger festlegen und so die konkreten sozialen Gegebenheiten sachgerecht und verlässlich gestalten. Es handelt sich um die praktisch wichtigste gesetzlich ausgeformte und rechtsstaatlich disziplinierte Handlungsform[1] der Exekutive. Die Rechtsordnung stellt mit ihr ein wirkungsmächtiges und leistungsfähiges Gestaltungsmittel bereit, das eine punktgenaue Steuerung durch den Staat erlaubt.[2] Erlass von Amts wegen, Einseitigkeit, Fehlerunabhängigkeit und Beständigkeit zeichnen den Verwaltungsakt als **Ordnungsinstrument des demokratischen Verfassungsstaates** aus.

2   Gleichgültig, ob es sich um Massenvorgänge des Straßenverkehrs oder der Sozialfürsorge, um Großvorhaben wie den Bau und Betrieb von Kernkraftwerken oder Verkehrsflughäfen, um die Ausstellung eines Diploms oder den Zugang zu einer öffentlichen Einrichtung handelt, ob zwei, drei oder viele Personen beteiligt sind, ob es um Gefahrenabwehr, Vorsorge, Fürsorge, Raumordnung, die Verteilung knapper Güter oder die Regulierung von Märkten geht, ob ein Verbot oder eine Erlaubnis erlassen, ein Ausgleich zwischen privaten Interessen herbeigeführt, eine Pflicht festgestellt oder der Status einer Sache festgelegt wird, ob ein Rechtsverhältnis vorläufig oder endgültig gestaltet, ein Vorhaben ganz oder nur teilweise genehmigt wird, stets kann die Aufgabe durch einen Verwaltungsakt erfüllt werden. Möglich ist dieser umfassende Gebrauch, weil die maßgeblichen Wirkungsfaktoren des Verwaltungsakts, Regelungsinhalt, Bindungswirkung, Bestandskraft und Fehlerfolgen, auf die Eigenheiten der verschiedenen Sachbereiche, die unterschiedlichen Interessenlagen und die jeweilige Verwaltungsaufgabe abgestimmt sind. Innerhalb der durch die §§ 35 VwVfG, 31 SGB X, 118 AO festgeschriebenen Handlungsform stößt man auf ganz verschiedene Erscheinungsformen. Es gibt zwar *den* Verwaltungsakt als **Handlungsform** und **Rechtsquelle**, aber verschiedene **Verwaltungsaktstypen** als **Handlungs-, Steuerungs-** und **Gestaltungsinstrumente**.

3   Gesetzlich definiertes **Leitbild** für die Verwaltungsakte als Handlungsinstrument ist der Verwaltungsakt, wie er in den §§ 35 ff. VwVfG geformt wurde. In ihm werden viele der von Wissenschaft und Rechtsprechung gewonnenen Einsichten über Begriff, Funktion und Wirkung des Verwaltungsakts bewahrt: Der Verwaltungsakt bindet Verwaltung und Bürger gleichermaßen, und zwar grundsätzlich auch der rechtswidrige Verwaltungsakt. Er konkretisiert die einfache Rechtsordnung im Einzelfall, ist auf Beständigkeit angelegt und sucht das berechtigte Vertrauen des Bürgers zu wahren, ohne aber einer Anpassung an veränderte Umstände entgegenzustehen. Als Leitbild wurde und wird er herange-

---

[1] Auf die Unterscheidung zwischen Rechts- und schlichten Handlungsformen wird hier verzichtet. Näher dazu *Walter Pauly*, Grundlagen einer Handlungsformenlehre im Verwaltungsrecht, in: Kathrin Becker-Schwarze/Wolfgang Köck/Thomas Kupka (Hrsg.), Wandel der Handlungsformen im Öffentlichen Recht, 1991, S. 32 ff.; *Schuppert*, Verwaltungswissenschaft, S. 141 ff.; sowie zu der für die Steuerungsperspektive wichtigen Kategorie der Bewirkungsform → Bd. II *Hoffmann-Riem* § 33 Rn. 16 ff.
[2] Näher dazu *Schuppert*, Verwaltungswissenschaft, S. 148 ff., 976 ff.

A. Der Verwaltungsakt als Handlungsform und Steuerungsinstrument

zogen, um die Abweichungen bei den verschiedenen Erscheinungsformen des Verwaltungsakts zu beurteilen.

Angesichts des Ausdifferenzierungsgrades, den der Verwaltungsakt erreicht hat, wird man jedoch von der in den §§ 35ff. VwVfG ausgeformten **Leitbildfunktion** des verwaltungsverfahrensgesetzlichen Verwaltungsakts **abrücken**. Der Verwaltungsakt ist sehr viel mehr als bloß die Festlegung der Handlungsform in § 35 VwVfG. Er ist die Gesamtheit von Regeln, die den Umgang mit ihm und seine Rechtswirkungen festlegen. Dieses Regelungsregime verleiht einem Verwaltungsakt ein spezifisches Profil. Unterhalb der Ebene der Handlungsform hat die Rechtsordnung verschiedene Typen von Verwaltungsakten herausgebildet. Der verwaltungsverfahrensgesetzliche Verwaltungsakt ist einer dieser Typen, andere sind der transnationale Verwaltungsakt oder der Steuerverwaltungsakt.[3] Aufgrund ihrer unterschiedlichen **Regelungsprofile**[4] lassen sich die verschiedenen **Verwaltungsaktstypen** nicht als bloße Spielarten eines verwaltungsaktlichen Leitbildes begreifen. Vielmehr füllen sie zusammen mit dem verwaltungsverfahrensgesetzlichen Verwaltungsakt die Handlungsform des Verwaltungsakts aus.[5]

4

Die Beschäftigung mit dem informellen und informatorischen Verwaltungshandeln,[6] die wachsende Bedeutung koordinierender und kooperativer Elemente,[7] die Herausbildung neuer verwaltungsrechtlicher Strukturen unter den Stichworten Gewährleistungs-, Regulierungs- und Risikoverwaltungsrecht[8] sowie die umfassende Europäisierung des Verwaltungsrechts,[9] aber auch die Erweiterungen der traditionellen rechtsaktbezogenen Perspektive durch die steuerungstheoretische Betrachtungsweise[10] haben das Augenmerk vom Verwaltungsakt abgelenkt. Dennoch bleibt dieser die für die Verwaltung charakteristische Handlungsform und damit ein **Fixpunkt der Verwaltungsrechtswissenschaft**. Die Lehre vom Verwaltungsakt muss jedoch diese Entwicklungen aufgreifen und sich stärker für die **Einbindung des Verwaltungsakts in komplexe Regelungsstrukturen** und vor allem für die Bewirkungen des Verwaltungsakts interessieren.[11] Ohne die Bedeutung des Regelungsinhalts zu mindern, reicht dessen Kenntnis allein nicht aus, um eine verlässliche Verhaltensorientierung für die Verwaltung und den Bürger zu gewährleisten. Vielmehr ist der Verwaltungsakt von der behördlichen Aufgabenerfüllung her zu erfassen. Was mit dem Verwaltungsakt bewirkt werden soll, lässt sich nur verstehen, wenn man den gesamten Entscheidungsprozess sowie die Folgen der Entscheidung einbezieht. Erst auf einer solchen breiten Basis

5

---

[3] → Rn. 119, 105.
[4] → Rn. 55.
[5] → Rn. 87ff.
[6] Vgl. → Bd. II *Fehling* § 38 und → Bd. I *Hoffmann-Riem* § 10 Rn. 131 ff.; Bd. II *Gusy* § 23 Rn. 95 ff.
[7] Vgl. → Bd. I *Schulze-Fielitz* § 12 Rn. 64 ff.
[8] Vgl. → Bd. I *Schulze-Fielitz* § 12 Rn. 51 ff., *Eifert* § 19 Rn. 125 ff. sowie Bd. II *Pitschas* § 42 Rn. 175 ff.
[9] → Bd. I *Voßkuhle* § 1 Rn. 13 f.
[10] → Bd. I *Voßkuhle* § 1 Rn. 2 ff., 17 ff.; Bd. II *Hoffmann-Riem* § 33 Rn. 22 ff., 47 f.
[11] Mit Nachdruck für eine Modernisierung der Handlungsformenlehre eintretend → Bd. II *Hoffmann-Riem* § 33. S. ferner *Friedrich Schoch*, Der Verwaltungsakt zwischen Stabilität und Flexibilität, in: Hoffmann-Riem/Schmidt-Aßmann (Hrsg.), Innovation, S. 199 (203); *Karl-Heinz Ladeur*, Die Zukunft des Verwaltungsakts. Kann die Handlungsformenlehre aus dem Aufstieg des „informalen Verwaltungshandelns" lernen?, VerwArch, Bd. 86 (1995), S. 511 ff. Näher zum Gedanken der Regelungsstruktur → Bd. I *Voßkuhle* § 1 Rn. 70, *Schuppert* § 16 Rn. 24 ff.; Bd. II *Hoffmann-Riem* § 33 Rn. 67.

lässt sich der Verwaltungsakt als Bewirkungsinstrument erfassen.[12] Auch diesem Ziel dient die Entwicklung von Verwaltungsaktstypen.

I. Grundlegung der Lehre vom Verwaltungsakt

6   *Otto Mayer* gab dem Verwaltungsakt seine bis heute fortwirkende Gestalt.[13] Er benutzte den Begriff nicht – wie damals üblich – als **Oberbegriff für sämtliche Betätigungen der Verwaltung**,[14] sondern beschränkte sein Anwendungsfeld auf Maßnahmen, mit denen die Verwaltung ihre konkreten Rechtsbeziehungen zum Bürger verbindlich regelt. Den Verwaltungsakt bestimmte er als einen „der Verwaltung zugehörige[n] obrigkeitliche[n] Ausspruch, der dem Untertanen im Einzelfall bestimmt, was für ihn Rechtens sein soll".[15] Bei der konkreten Ausformung der Figur zeichnete *Mayer* ein bis heute vertraut gebliebenes Bild:[16] Verwaltungsakte werden mit ihrer Bekanntgabe an den Betroffenen wirksam. Sofern sie nicht an einem besonders schweren Fehler leiden, sind auch rechtswidrige Verwaltungsakte wirksam und für den Betroffenen verbindlich. Solche Verwaltungsakte können jedoch vom Betroffenen angefochten[17] und von der zuständigen Behörde oder einem Verwaltungsgericht aufgehoben werden. An den Verwaltungsakt sind Verwaltung und Adressaten gleichermaßen gebunden. Doch kann die Verwaltung den Verwaltungsakt abändern oder aufheben. Wie

---

[12] Näher → Bd. II *Hoffmann-Riem* § 33 Rn. 16 ff.

[13] *Mayer*, VerwR I, § 9.

[14] Vgl. *Paul Laband*, Das Staatsrecht des Deutschen Reiches, Bd. 2, 1. Aufl. 1878, S. 209 ff., sowie *Georg Meyer*, Lehrbuch des Deutschen Verwaltungsrechts, Bd. 1, 2. Aufl. 1893, § 8.

[15] *Mayer*, VerwR I, S. 93. Die verschiedenen Momente, die den Verwaltungsakt auszeichnen: einseitig – verbindlich – wirksam, trotz Rechtswidrigkeit – Bestandskraft, waren bereits bekannt und wurden unter Begriffen wie „Verfügung" oder „Entscheidung" thematisiert (die Begriffsvielfalt war erheblich, s. die Aufzählung bei *Markus Engert*, Die historische Entwicklung des Rechtsinstituts Verwaltungsakt, 2002, S. 26 ff.). Von daher stößt man auf Formulierungen, die den Beschreibungen *Otto Mayers* ähneln: *Friedrich F. v. Mayer*, Grundsätze des Verwaltungsrechts (mit besonderer Rücksicht auf gemeinsames deutsches Recht, sowie auf neuere Gesetzgebung und bemerkenswerthe Entscheidungen der obersten Behörden zunächst der Königreiche Preußen, Bayern und Württemberg), 1862, §§ 11, 34 ff. (näher dazu *Toshiyuki Ishikawa*, Friedrich F. v. Mayer, 1992, S. 128 ff.); *Edgar Loening*, Lehrbuch des Deutschen Verwaltungsrechts, 1884, S. 225 f., der zwischen „Rechtssatz" und „Verwaltungsakt" als möglichen Inhalten der drei Rechtsformen: „der Gesetze, der Verordnung und der Verfügungen" unterscheidet (a. a. O., S. 240 ff.). Einen Überblick über den damaligen Diskussionsstand geben: *Engert*, a. a. O., S. 117 ff.; *Thorsten Lieb*, Privileg und Verwaltungsakt, 2004, S. 180 ff. S. ferner *Heinz Mohnhaupt*, Vom Privileg zum Verwaltungsakt. Beobachtungen zur dogmengeschichtlichen Entwicklung in Deutschland seit Mitte des 18. Jahrhunderts, in: Erk V. Heyen (Hrsg.), Wissenschaft und Recht der Verwaltung seit dem Ancien Régime, 1984, S. 41 ff. Die Konzeption von *Otto Mayer* stellt aber weit mehr als den „Schlußpunkt" (so *Stolleis*, Geschichte II, S. 411) einer Rechtsentwicklung dar: Es ging nicht bloß um die Umschreibung eines Begriffs, sondern um die Entwicklung des Verwaltungsakts als einer Rechtsform und damit um die Schaffung eines neuen Typus von Rechtsfigur. Zu einer gänzlich anderen Einschätzung gelangt *Engert* a. a. O., S. 124 f., der meint, dass *Mayer* noch keine überzeugende begriffliche und konzeptionelle Eingrenzung gelungen sei.

[16] *Mayer*, VerwR I, S. 94 ff., 131 ff., 226 ff. Eine detaillierte Rekonstruktion des Mayer'schen Vorschlags findet sich bei *Reimund Schmidt-De Caluwe*, Der Verwaltungsakt in der Lehre Otto Mayers, 1999, S. 206 ff.

[17] Zum Folgenden *Mayer*, VerwR I, S. 94 ff., 228 ff., 239 ff.

A. Der Verwaltungsakt als Handlungsform und Steuerungsinstrument

Mayer am Beispiel der „Polizeierlaubnis" zeigt, hängt die behördliche Gestaltungsfreiheit dabei entscheidend davon ab, in welchem Umfang dem Betroffenen ein subjektiv-öffentliches Recht eingeräumt wird.[18]

Mit seinem Vorschlag löste *Mayer* die verbreitete Unterscheidung von **„Entscheidung"** als einem behördlichen Rechtserkenntnisakt und **„Verfügung"** als einem Akt der Wirklichkeitsgestaltung ab.[19] Auf diese Weise gelang es ihm, die **Gemengelage** zwischen behördlichen und gerichtlichen Maßnahmen zu überwinden und dem verwaltungsgerichtlichen **Urteil** den exekutiven **Verwaltungsakt** gegenüberzustellen.[20] Zugleich erlaubte ihm sein Vorschlag, den Verwaltungsakt als konkrete, zweiseitig verbindliche Maßnahme von der abstrakten Verordnung, der einseitig verbindlichen Weisung und der unverbindlichen Realhandlung abzugrenzen.

7

Die Figur des Verwaltungsakts bildete nur einen Baustein in der Schule machenden **Konzeption des Allgemeinen Verwaltungsrechts** von *Otto Mayer*. Sein weitergehendes Ziel war es, die tradierte staatswissenschaftliche Herangehensweise zu überwinden und den Blick nicht länger ausschließlich auf die Verwaltung und die konkrete Erledigung ihrer vielfältigen Aufgaben zu richten. Mit diesem Vorhaben stand *Mayer* nicht allein. Eine entsprechende Bewegung setzte in den 80er Jahren des 19. Jahrhunderts[21] mit den Arbeiten von *Otto von Sarwey*, *Edmund Bernatzik* und *Karl Freiherr von Stengel* sowie seinen eigenen Arbeiten ein.[22] Unterschiedliche Gründe kamen damals als **Auslöser** zusammen:[23] die verfassungsrechtliche Überformung der politischen Ordnung unter der Leitidee des Rechtsstaats[24] und die damit einhergehende Herausbildung des Grundsatzes vom Vorrang und Vorbehalt des Gesetzes,[25] die zunehmende öffentlich-rechtliche Gesetzgebung, die Errichtung einer unabhängigen Verwaltungsgerichtsbarkeit,

8

---

[18] *Mayer*, VerwR I, § 22, S. 253 ff. Der Vorrang des Gesetzes zieht der Verwaltung auch Grenzen, doch fehlt es im Feld der Aufhebung weitgehend an gesetzlichen Regeln.

[19] Klar herausgearbeitet wird diese Unterscheidung von *Edmund Bernatzik*, Rechtsprechung und materielle Rechtskraft, 1886, S. 6 ff.

[20] *Mayer* spricht vom gerichtlichen Urteil als „Vorbild" für den Verwaltungsakt (*Mayer*, VerwR I, S. 93). Obwohl *Mayer* die Notwendigkeit betont, von den Regeln für das gerichtliche Urteil abzuweichen und die Rechtswirkungen des Verwaltungsakts den Erfordernissen einer „freie[n] beweglich[n] Verwaltung" anzupassen, führte die Vorbildfunktion dazu, dass nicht die grundsätzlichen Unterschiede, sondern die vermeintlichen Ähnlichkeiten zwischen den beiden Rechtsformen als Ausgangspunkt für die Konturierung der verwaltungsaktlichen Rechtswirkungen genommen wurden; dies gilt insbesondere für die Diskussion um die Bestandskraft von Verwaltungsakten. Näher dazu *Stephan Becker*, Die Bindungswirkung von Verwaltungsakten im Schnittpunkt von Handlungsformenlehre und materiellem öffentlichen Recht, 1997, S. 53 ff., 62 ff.

[21] Diesen Zeitpunkt sieht auch *Bodo Denewitz*, Die Systeme des Verwaltungsrechts, 1948, S. 118 ff. (unter Verweis auf *Arnold Köttgen*, Deutsche Verwaltung, 3. Aufl. 1944, S. 36), als maßgeblich an. Ein Vorläufer ist *Friedrich F. v. Mayer* (s. den Nachweis in Fn. 15; dazu vgl. a. → Bd. I *Stolleis* § 2 Rn. 54). Seine Arbeiten lösten jedoch kein nachhaltiges Echo aus. Damals bestand noch kein dringendes Bedürfnis für eine Neuorientierung der Polizeiwissenschaft.

[22] *Otto v. Sarwey*, Allgemeines Verwaltungsrecht, 1884; *Karl Freiherr v. Stengel*, Begriff, Umfang und System des Verwaltungsrechts, ZgStW, Bd. 38 (1882), S. 219 ff.; *ders.*, Lehrbuch des deutschen Verwaltungsrechts, 1886; *Bernatzik*, Rechtsprechung (Fn. 19); *Otto Mayer*, Theorie des französischen Verwaltungsrechts, 1886. Näher zu dieser Entwicklung → Bd. I *Stolleis* § 2 Rn. 53 ff., insbes. Rn. 58.

[23] Zu weiteren Aspekten *Michael Stolleis*, Die Entstehung des Interventionsstaates und das Öffentliche Recht, in: *ders.*, Konstitution und Intervention, 2001, S. 253 (261 ff.).

[24] Deutlich dargelegt bei *Sarwey*, Verwaltungsrecht (Fn. 22), S. 14 ff.; *Mayer*, VerwR I, § 5.

[25] *Sarwey*, Verwaltungsrecht (Fn. 22), S. 27 ff.; *Stengel*, Lehrbuch (Fn. 22), S. 24 ff.

die Etablierung der sog. juristischen Methode im Staatsrecht[26] und schließlich neuartige Anforderungen im Feld der universitären Ausbildung.[27] Dies führte dazu, dass nicht nur der Rechtsstoff anwuchs und er verschiedenen Ebenen zugeordnet sowie deren Zusammenspiel geklärt werden musste, sondern auch die Kompetenzen von **Verwaltung und Verwaltungsgerichtsbarkeit** aufeinander abzustimmen waren.[28] All dies konnte nicht ohne die **Einbeziehung des Bürgers** in die Betrachtungen geschehen. Mit der traditionellen staatswissenschaftlichen Herangehensweise und ihrer Ausrichtung auf die Verwaltungstätigkeit ließen sich diese Herausforderungen kaum bewältigen.[29] Die erforderliche Erklärungs- und Ordnungskraft ließ sich nur durch gedankliche Abstraktion vom konkreten Handeln und Konzentration auf genuin rechtliche Momente unter Ausgrenzung verwaltungspolitischer und -praktischer Betrachtungen gewinnen: Das Verhältnis zwischen Verwaltung und Bürger wurde als **Rechtsverhältnis** verstanden, die Rechtsstellung der Beteiligten untersucht und nach **Rechten und Pflichten des Bürgers,** aber auch dem **Aufbau der Verwaltungsorganisation** gefragt. Die Maßnahmen der Verwaltung wurden auf einzelne **Rechtsformen** zurückgeführt. Außerdem schied man immer schärfer zwischen Verwaltung und Verwaltungsgerichtsbarkeit und bestimmte das Feld verwaltungsgerichtlicher Kontrolle.[30] Indem *Otto Mayer* den Rechtsstoff auf einzelne „Rechtsinstitute"[31] zurückführte, gelang es ihm überdies, die tatsächliche Vielfalt verwaltungsrechtlicher Erscheinungen systembildend zu durchdringen und praktisch handhabbar zu machen.[32] Dies war die **Geburtsstunde der Verwaltungsrechtswissenschaft,** der Lehre vom Allgemeinen Verwaltungsrecht und des Verwaltungsakts.

---

[26] *Felix Stoerk,* Zur Methodik des Öffentlichen Rechts, 1885; *Edgar Loening,* Die konstruktive Methode auf dem Gebiete des Verwaltungsrechts, Schmollers Jahrbuch 11 (1887), S. 117 ff.; *Philipp Zorn,* Die Entwicklung der Staatsrechtswissenschaft seit 1866, JöR, Bd. 1 (1907), S. 47 ff. Näher zur Diskussion im Staatsrecht *Christoph Schönberger,* Das Parlament im Anstaltsstaat, 1997, S. 21 ff.; zur juristischen Methode aus heutiger Sicht → Bd. I *Voßkuhle* § 1 Rn. 2 ff., *Möllers* § 3 Rn. 23 ff.

[27] Näher am Beispiel von *Fritz Fleiner: Roger Müller,* Verwaltungsrecht als Wissenschaft. Fritz Fleiner 1867–1937, 2006, S. 234 ff.

[28] Näher *Hans-Uwe Erichsen,* Verfassungs- und verwaltungsrechtsgeschichtliche Grundlagen der Lehre vom fehlerhaften belastenden Verwaltungsakt und seiner Aufhebung im Prozeß, 1971, S. 211 ff.

[29] Eindrucksvoll *Lorenz v. Stein,* Handbuch der Verwaltungslehre, 3 Bde., 3. Aufl. 1887; s. ferner näher am positiven Rechtsstoff ausgerichtet: *Edgar Loening,* Lehrbuch des deutschen Verwaltungsrechts, 1884; *Georg Meyer,* Lehrbuch des deutschen Verwaltungsrechts, 2 Bde., 2. Aufl. 1893.

[30] Es handelt sich um einen „Paradigmenwechsel" *(Thomas Kuhn)* im engen, die Grundfeste einer Disziplin erfassenden Sinne. Die „neue" verwaltungsrechtswissenschaftliche Herangehensweise findet sich in großer Klarheit ausgebreitet bei: *Stengel,* Lehrbuch (Fn. 22); *Mayer,* VerwR I; *Fritz Fleiner,* Institutionen des Deutschen Verwaltungsrechts, 1911; *Walter Jellinek,* Verwaltungsrecht, 1928.

[31] *Mayer,* VerwR I, S. 113 ff. Das Rechtsinstitut dient „zur Beherrschung der Fülle von Stoff, welche die Rechtsbeziehungen der von ihr beobachteten Rechtssubjekte darbieten. Sie [die Rechtswissenschaft, C.B.] führt darin das Ganze auf gleichbleibende Einheiten zurück" (a.a.O., S. 113).

[32] S. *Christian Bumke,* Die Entwicklung der verwaltungsrechtswissenschaftlichen Methodik in der Bundesrepublik Deutschland, in: Schmidt-Aßmann/Hoffmann-Riem (Hrsg.), Methoden, S. 73 (86 ff.).

A. Der Verwaltungsakt als Handlungsform und Steuerungsinstrument

II. Fortentwicklungen

Die Lehre *Otto Mayers* vom Verwaltungsakt setzte sich bald durch.[33] Zu nennenswerten Gegenentwürfen kam es nicht.[34] Die fehlende Rückbindung und Ausformung im positiven Recht, aber auch die beträchtlichen Rechtswirkungen, die man dem Verwaltungsakt beimaß, führten dazu, dass die Rechtsfigur zu einem **zentralen Untersuchungsgegenstand** der Verwaltungsrechtswissenschaft wurde.[35] Im Mittelpunkt dieser Bemühungen standen zunächst die **Lehren von den Fehlerfolgen.** Führten manche Fehler zur Nichtigkeit, andere aber nur zur Anfechtbarkeit, so war es wichtig zu wissen, welcher Fehler mit welcher Folge verknüpft war. Da aber jeder Fehler die Rechtswidrigkeit des Verwaltungsakts nach sich zog, brauchte man ein neues Abgrenzungskriterium. Schon bald verständigte man sich auf die Schwere des Fehlers als maßgeblichen Gesichtspunkt (vgl. § 44 Abs. 1 VwVfG).[36] Umstritten blieb jedoch, ob der Fehler noch weitere Kriterien erfüllen muss, um die Nichtigkeit nach sich zu ziehen.[37]

9

Als sehr viel schwieriger gestaltete sich die Diskussion um die **Bestandskraft des Verwaltungsakts.**[38] Bereits der Ausgangspunkt vom kategorischen Unterschied zwischen **Bestandskraft** und **Rechtskraft** blieb trotz der unterschiedlichen Funktionen von Verwaltungsakt und Gerichtsurteil lange umstritten.[39] Deutlicher als bei den Fehlerfolgen machte sich hier das Fehlen eines einfachgesetzlichen Fundaments bemerkbar. Infolgedessen konzentrierte man sich auf die

10

---

[33] → Bd. I *Stolleis* § 2 Rn. 64 ff. Eine größere ablehnende Auseinandersetzung findet sich bei *Ludwig Spiegel*, Die Verwaltungsrechtswissenschaft, 1909, S. 96 ff., 155 ff. Grundsätzliche Kritik äußerten auch *Hans Kelsen*, Zur Lehre vom öffentlichen Rechtsgeschäft, AöR, Bd. 31 (1913), S. 53 ff., 190 ff.; *Paul Schoen*, Deutsches Verwaltungsrecht. Allgemeine Lehren und Organisation (Enzyklopädie der Rechtswissenschaft, Bd. 4), 1914, S. 193, 257 f.; *Erich Kaufmann*, Verwaltung, Verwaltungsrecht, in: Max Fleischmann (Hrsg.), Wörterbuch des Deutschen Staats- und Verwaltungsrechts, 1914, S. 688 (717 f.). Eine spätere Auseinandersetzung mit abweichenden Positionen findet sich bei *Günther Winkler*, Der Bescheid. Ein Beitrag zur Lehre vom Verwaltungsakt, 1956, S. 137 ff.

[34] Dies ändert sich erst mit der Veröffentlichung des Lehrbuchs „Allgemeines Verwaltungsrecht" von *Adolf Merkl* im Jahre 1927, welches jedoch keine größeren Auswirkungen auf die deutsche Diskussion hatte.

[35] *Walter Jellinek*, Der fehlerhafte Staatsakt und seine Wirkungen. Eine verwaltungs- und prozeßrechtliche Studie, 1908; *Karl Kormann*, System der rechtsgeschäftlichen Staatsakte. Verwaltungs- und prozeßrechtliche Untersuchungen zum allgemeinen Teil des öffentlichen Rechts, 1910; *ders.*, Verwaltungsakte, in: Max Fleischmann (Hrsg.), Wörterbuch des Deutschen Staats- und Verwaltungsrechts, 1914, S. 718 (719 ff.); *Willibalt Apelt*, Der verwaltungsrechtliche Vertrag, 1920, S. 74 ff.; *Ernst v. Hippel*, Untersuchungen zum Problem des fehlerhaften Staatsakts, 1924; *Poul Andersen*, Ungültige Verwaltungsakte, 1927; *Robert Coester*, Die Rechtskraft der Staatsakte, 1927; *Hans Ipsen*, Widerruf gültiger Verwaltungsakte, 1932.

[36] Exemplarisch dazu die umfassende Kasuistik bei *Jellinek*, Staatsakt (Fn. 35), S. 54 ff. Einen anschaulichen Überblick über die ältere Diskussion bietet *Andersen*, Verwaltungsakte (Fn. 35), § 5 f.

[37] *Jellinek*, VerwR, S. 268 ff., sowie der Überblick bei *Günther Erbel*, Die Unmöglichkeit von Verwaltungsakten. Ein Beitrag zur Lehre vom fehlerhaften Verwaltungsakt mit besonderer Berücksichtigung des Polizei- und Ordnungsrechts, speziell des Bau- und Gewerberechts, 1972, S. 13 ff., 97 ff.

[38] Siehe nur *Otto Mayer*, Zur Lehre von der materiellen Rechtskraft in Verwaltungssachen, AöR, Bd. 21 (1907), S. 1 ff.; *Adolf Merkl*, Die Lehre von der Rechtskraft, 1923; *Coester*, Rechtskraft (Fn. 35); sowie den Überblick bei *Ipsen*, Widerruf (Fn. 35), §§ 5 ff.

[39] Für eine parallele Handhabung sprach sich etwa *Spiegel*, Verwaltungsrechtswissenschaft (Fn. 33), S. 96 ff., aus.

Rechtskraftlehre des Zivilprozessrechts als vermeintliches Leitbild.[40] Erschwerend kam hinzu, dass die Rückführung der breiten Verwaltungstätigkeit auf eine Handlungsform zwar eine hohe ordnende Kraft besitzt, die **Vielfalt möglicher Regelungsinhalte** jedoch unberührt lässt. Selbst wenn man von den konkreten Inhalten abstrahiert, muss bei der Bestimmung der Bestandskraft nicht nur zwischen rechtmäßigen oder rechtswidrigen, begünstigenden oder belastenden, feststellenden oder gestaltenden und Rechtspositionen begründenden oder bloß Kontrollverbote beseitigenden Verwaltungsakten, sondern auch zwischen den gegenläufigen Interessen der Verwaltung und der Bürger an Fortbestand oder Veränderung der Rechtslage unterschieden werden. Dies machte die Lehre über die Bestandskraft zu einem überaus komplexen Unterfangen.

11 In der **Weimarer Republik** konzentrierte sich die Debatte um die Bestandskraft auf die Zulässigkeit und Grenzen der **Aufhebung von Verwaltungsakten.** Gesetzliche Regelungen über den Verwaltungsakt, seine Bindungswirkung und Bestandskraft finden sich nur wenige.[41] Mit der **Reichsabgabenordnung von 1919** unternahm der Gesetzgeber erstmals den Versuch, die Rechtswirkungen des Verwaltungsakts auszubuchstabieren.[42] Als Grundbegriff wählte der Gesetzgeber die Verfügung (§ 73 Abs. 1 RAO).[43] Innerhalb der Verfügungen formte er einige spezielle Verwaltungsaktstypen wie den Steuerbescheid (§ 211 RAO) oder die vorläufige Steuerfestsetzung (§ 214 RAO) aus. Im Mittelpunkt des Bemühens standen die **Regeln über die Aufhebung der Verfügung.**[44] Im Grundsatz waren alle Verfügungen nach § 75 RAO aufhebbar. Doch wurde dieser Grundsatz für die Steuerbescheide (§ 212 RAO) und die von § 78 RAO erfassten Begünstigungen eingeschränkt. Die Reichsabgabenordnung bemühte sich um einen Ausgleich der widerstreitenden privaten und öffentlichen Interessen an Bestand und Anpassung des Verwaltungsakts, indem sie die Bestandskraft[45] der Verwaltungsakte unterschiedlich weit bemaß. Das darauf gerichtete gesetzgeberische Bemühen fand seinen unvollendeten Abschluss in der **Figur des begünstigenden Verwaltungsakts** im Entwurf einer Verwaltungsrechtsordnung für Württemberg von 1931.[46] Woran es in der Reichsabgabenordnung, aber auch spä-

---

[40] Zu dieser Diskussion *Ipsen*, Widerruf (Fn. 35), S. 25 ff.; für die Diskussion in der Bundesrepublik Deutschland *Max-Jürgen Seibert*, Die Bindungswirkung von Verwaltungsakten, 1989, S. 67 ff.; *Becker*, Bindungswirkung (Fn. 20), S. 53 ff. Näher zu den Unterschieden zwischen Verwaltungsakt und Gerichtsurteil → Rn. 50.

[41] Beispiele finden sich etwa in §§ 8, 20, 21 Abs. 2 u. 3, 22 Abs. 2 GastG v. 28. April 1930 (RGBl I [1930], S. 146 ff.) oder auch in § 44 thür. Notgesetz über die Nutzung öffentlicher Gewässer v. 20. Dezember 1923 (abgedruckt bei Wilhelm Reuß [Hrsg.], Thüringisches Verwaltungsrecht, 1927, S. 372). Im Gewerberecht fanden sich im Kaiserreich bereits Befristungsmöglichkeiten für die Aufnahme des genehmigten Gewerbes, s. § 49 GewO (RGBl I [1900], S. 871 ff.).

[42] Einen Überblick über die rechtlichen Vorbilder gibt *Helmut Cordes*, Untersuchungen über Grundlagen und Entstehung der Reichsabgabenordnung vom 23. Dezember 1919, Diss. Köln 1971, S. 228 ff.

[43] Erfasst wurden auch die Entscheidungen, die den Verfügungen sonst als anderer Verwaltungsaktstypus gegenübergestellt wurden.

[44] Eine ausführliche Darstellung des Regelungsgefüges findet sich bei *Cordes*, Untersuchungen (Fn. 42), S. 236 ff.

[45] → Rn. 51 f.

[46] Art. 88 ff. RVO. In diesem Entwurf wird erstmals von einem Gesetzgeber der Begriff des Verwaltungsakts als Oberbegriff gewählt. Art. 61 RVO definiert den Verwaltungsakt wie folgt: „Verwaltungsakte im Sinne dieses Gesetzes sind die von einer Verwaltungsbehörde in Ausübung der öffentlichen Gewalt zur Ordnung bestimmter Verhältnisse im Einzelfall erlassenen Verfügungen und

A. Der Verwaltungsakt als Handlungsform und Steuerungsinstrument

ter fehlte, war eine klare Unterscheidung zwischen rechtmäßigen und rechtswidrigen Verwaltungsakten.[47]

Die Frage nach der Aufhebbarkeit beherrschte auch die Diskussion in der frühen Bundesrepublik.[48] Bestimmend wurde die Entwicklung **allgemeiner Rechtsgrundsätze über die Aufhebung von Verwaltungsakten** durch das Bundesverwaltungsgericht. Diese nahmen ihren Ausgang in der doppelten Unterscheidung zwischen rechtmäßigen und rechtswidrigen sowie zwischen begünstigenden und belastenden Verwaltungsakten.[49] Darauf aufbauend hat das Bundesverwaltungsgericht in Fortführung der älteren Lehre bezüglich rechtswidriger Verwaltungsakte den **Grundsatz der freien Rücknahme** übernommen[50] und ihn in kritischer Auseinandersetzung mit der rechtswissenschaftlichen Literatur[51] sowie oberverwaltungsgerichtlicher Rechtsprechung[52] um die Berücksichtigung der bestehenden **Vertrauenspositionen** bei begünstigenden Verwaltungsakten erweitert.[53] Trotz dieser sich rasch festigenden Praxis[54] endete die damalige Debatte um die

12

Entscheidungen. Ausgenommen sind jedoch Verfügungen und Entscheidungen innerhalb eines besonderen Gewaltverhältnisses (Dienstgewalt, Anstaltsgewalt)."

[47] Vgl. die Rechtsverstöße und spätere Änderungen der Sach- und Rechtslage umfassenden Aufhebungsgründe nach Art. 78 Abs. 1 Nr. 1 bis 3 RVO und Art. 88 Abs. 1 Nr. 1 bis 7 RVO.

[48] Exemplarisch die Darstellungen bei *Forsthoff*, VerwR, 8. Aufl. 1956, §§ 12 f., und *Hans J. Wolff*, Verwaltungsrecht. Ein Studienbuch, Bd. 1, 4. Aufl. 1961, §§ 52 f.

[49] Dazu *Hans-Joachim Becker*, Die Rücknahme fehlerhafter Verwaltungsakte in der Rechtsprechung des Bundesverwaltungsgerichts, DÖV 1963, S. 459 (460/462).

[50] BVerwGE 5, 312 (2. und 3. LS, 312 ff.).

[51] BVerwGE 6, 1 (5 ff.). *Forsthoff* hat an seiner Ansicht festgehalten, dass die Verwaltung zur Rücknahme rechtswidriger Verwaltungsakte gezwungen sei und dass dem Vertrauen des Bürgers dabei keine Bedeutung zukommen könne, da andernfalls sich der Rechtsstaat selbst aufgebe (VerwR, S. 262 f.). Eine überzeugende Gegenkritik findet sich bei *Dietrich Jesch*, Gesetz und Verwaltung. Eine Problemstudie zum Wandel des Gesetzmäßigkeitsprinzips, 2. Aufl. 1968, S. 195.

[52] Siehe die umfassenden Nachweise in BVerwGE 6, 1 (5 f.).

[53] Siehe BVerwGE 6, 1 (5), bei dem das Gericht die „allgemeinen Grundsätze des Verwaltungsrechts" grundsätzlich als vorgefunden begreift und sogar die Frage aufwirft, ob das Gericht solche Grundsätze überhaupt überprüfen dürfe. In BVerwGE 8, 329 (333), spricht das Gericht bereits von „allgemeinen Rechtsgrundsätze[n] über den Widerruf von Verwaltungsakten". Inhaltlich lassen sich diese Grundsätze wie folgt zusammenfassen: Eine Verpflichtung zur Aufhebung eines rechtsfehlerhaften Verwaltungsakts besteht nicht (BVerwGE 11, 124 [1. LS, 127]). Ein auf unrichtigen Angaben beruhender Verwaltungsakt darf von der Behörde auch nach Ablauf der Widerspruchsfrist zurückgenommen werden. Der Schutz des Vertrauens muss dann regelmäßig hinter dem Interesse an rechtmäßigen Verhältnissen zurücktreten. Ob ein solcher Verwaltungsakt nur für die Zukunft oder auch für die Vergangenheit beseitigt werden kann, ist Frage des Einzelfalls, wobei besondere Bedeutung dem Regelungsinhalt sowie dem Widerrufsgrund (insbesondere der Verantwortung für den Fehler) und -zweck zukommt (BVerwGE 5, 312 [313 f.]; 6, 1 [5 ff.]). Diese Grundsätze erfahren rasche Bestätigung und Ergänzung um Regeln über die Reichweite der Anwendung, die Beweislast für die Rechtswidrigkeit und die Beurteilung des Gewichts des Vertrauensschutzes (BVerwGE 10, 308 [309]; 11, 136 [137]; 13, 28 [32 f.]; 18, 168 [170 f.]; 19, 188 [189 f.]; 21, 119 [122]; 29, 323 [332 ff.]). Zu den Anfängen der Rechtsprechung: *Franz Becker/Niklas Luhmann*, Verwaltungsfehler und Vertrauensschutz. Möglichkeiten gesetzlicher Regelung der Rücknehmbarkeit von Verwaltungsakten, 1963, S. 17 ff.

[54] Über diese Entwicklung berichtet anschaulich *Hans-Joachim Becker*, Die Rücknahme fehlerhafter Verwaltungsakte in der Rechtsprechung des Bundesverwaltungsgerichts, DÖV 1967, S. 729 ff.; ders., Rücknahme fehlerhafter begünstigender Verwaltungsakte und Rückforderung ohne Rechtsgrund gewährter Leistungen, DÖV 1973, S. 379 ff.; *Fritz Ossenbühl*, Die Rücknahme fehlerhafter begünstigender Verwaltungsakte, 2. Aufl. 1964, S. 12 ff., wirft dem BVerwG vor, sich vom Grundsatz der freien Aufhebbarkeit gelöst zu haben, ohne dies deutlich auszuweisen.

Aufhebung fehlerhafter Verwaltungsakte[55] erst mit dem Inkrafttreten der Verwaltungsverfahrensgesetze in Bund und Ländern.

13   Erstmals **gesetzlich definiert** wurde der Verwaltungsakt 1948 in § 25 Abs. 1 VGVO als „jede Verfügung, Anordnung, Entscheidung oder sonstige Maßnahme, die von einer Verwaltungsbehörde zur Regelung eines Einzelfalls auf dem Gebiete des öffentlichen Rechts getroffen wird."[56] An überkommene Ansätze anknüpfend erhielt der Verwaltungsakt eine **rechtsschutzeröffnende Funktion**.[57] Die Legaldefinition wurde von den Verwaltungsgerichtsordnungen der Länder übernommen, sodass der Bürger Rechtsschutz nur gegenüber behördlichen Maßnahmen erlangen konnte, die sich als Verwaltungsakt qualifizieren ließen. Um einen ausreichenden Rechtsschutz zu gewähren, kam es zu einer **„Aufweichung" der Handlungsform**.[58] Ein Ende fand diese Entwicklung erst nach der Gewährung eines von der Handlungsform unabhängigen Verwaltungsrechtsschutzes durch die Verwaltungsgerichtsordnung von 1960.[59]

14   Die gesetzliche Ausgestaltung des Verwaltungsakts in den Verwaltungsverfahrensgesetzen von Bund und Ländern (§§ 35 ff. VwVfG) führte nicht nur zur **Kodifizierung der bundesverwaltungsgerichtlichen Rechtsprechungsgrund-**

---

[55] *Gerhard Schäfer*, Der Widerruf begünstigender Verwaltungsakte, 1960; *Ossenbühl*, Rücknahme (Fn. 54); *Becker*, Rücknahme (Fn. 54).

[56] Verordnung Nr. 165 der Militär-Regierung Deutschland – Britisches Kontrollgebiet – vom 15. September 1948: Verwaltungsgerichtsbarkeit in der britischen Zone (Verwaltungsgerichtsverordnung – VGVO). Dazu *Christian-Friedrich Menger*, System des Verwaltungsgerichtlichen Rechtsschutzes. Eine verwaltungsrechtliche und prozeßvergleichende Studie, 1954, S. 3 f.; *Winkler*, Bescheid (Fn. 33), S. 21 f. Eine allgemeine Ausformung der Bestands- und Bindungswirkung unterblieb zunächst. Im Besonderen Verwaltungsrecht finden sich einzelne Regelungen, so etwa im Beamtenrecht (§ 173 Abs. 1 S. 2, Abs. 2 S. 2 BBG v. 14. Juli 1953, BGBl I [1953], S. 577).

[57] *Julius Hatschek*, Lehrbuch des deutschen und preußischen Verwaltungsrechts, 7./8. Aufl. 1931, S. 11. Anschaulich am Beispiel der unmittelbaren Ausführung hat dies *Rainer Pietzner*, Unmittelbare Ausführung als fiktiver Verwaltungsakt. Zu den historischen Entwicklungslinien der Dogmatik des sofortigen Polizeizwanges in der Rechtsprechung des Preußischen OVG, VerwArch, Bd. 82 (1991), S. 291 (298 ff.), dargestellt. Bei dieser prozessualen Bedeutung kam den enumerativen Regelungen zur Eröffnung des Verwaltungsgerichtsweges der Länder, etwa Preußens und Badens, eine gewisse Bedeutung zu. Aus diesen Regelungsstrategien darf aber nicht auf weitreichende Unterschiede in der Rechtsprechungspraxis geschlossen werden, da auch die Länder, die sich für eine Generalklausel entschieden (Württemberg, Sachsen), regelmäßig nur Verwaltungsakte – und auch dies nur mit wichtigen Einschränkungen – für gerichtlich überprüfbar hielten. So die Einschätzung von *Gernot Sydow*, Die Verwaltungsgerichtsbarkeit des ausgehenden 19. Jahrhunderts. Eine Quellenstudie zu Baden, Württemberg und Bayern, 2000, S. 215, 228. Der Grund für diese weitgehende Übereinstimmung dürfte in der beschränkten Reichweite zu finden sein, die man damals dem subjektiv-öffentlichen Recht des Einzelnen zubilligte.

[58] Beispielhaft *Otto Bachof*, Über Entwicklungstendenzen im gegenwärtigen deutschen Verwaltungsrecht, in: Helmut R. Külz/Richard Naumann (Hrsg.), Staatsbürger und Staatsgewalt, Bd. 2, 1963, S. 1 (8 ff.); *Peter Krause*, Rechtsformen des Verwaltungshandelns. Überlegungen zu einem System der Handlungsformen der Verwaltung mit Ausnahme der Rechtsetzung, 1974, S. 116 ff.

[59] Diese Nutzung des Verwaltungsaktsbegriffs durch die Verwaltungsgerichtsordnung zog eine Diskussion um deren Bedeutung für den Begriff selbst nach sich. Während manche der Ansicht zuneigten, der Begriff des Verwaltungsakts müsse über die Systematik des Verwaltungsprozessrechts entfaltet werden (vgl. *Erich Eyermann/Ludwig Fröhler*, Verwaltungsgerichtsordnung. Kommentar, 1960, § 42 Rn. 14 ff.), ließ sich auch unter Verweis auf die Entwicklung (→ Rn. 6 ff.) an einem unabhängigen Verwaltungsaktsbegriff des materiellen Verwaltungsrechts festhalten (näher *Britta Erbguth*, Der Rechtsschutz gegen die Aufhebung begünstigender Verwaltungsakte. Zugleich ein Beitrag zur Systematik des § 43 VwVfG [Wirksamkeit und Unwirksamkeit von Verwaltungsakten], 1999, S. 32 ff.).

sätze[60] und zur Klärung umstrittener Rechtsfragen[61], sondern auch zu einer **grundlegenden Veränderung der Rechtsfigur**. Aus der dogmatischen „Zweckschöpfung", mit der der Rechtsstoff geordnet wurde und Regeln im Umgang mit der Rechtsfigur zusammengefasst wurden, um sowohl rechtliches Wissen vorzuhalten als auch die Rechtspraxis zu entlasten,[62] wird ein positivrechtlicher Rechtsakt mit gesetzlich ausgestalteten Merkmalen und Rechtsfolgen.[63] Beim Umgang mit diesem Rechtsakt muss vom einschlägigen Fachrecht ausgegangen werden. Nicht das tradierte Leitbild mit seinen anerkannten Funktionen, sondern **die einfache Rechtsordnung entscheidet über die rechtlichen Wirkungen eines Verwaltungsakts.**[64] Beide Maßstäbe mögen sich an den Stellen decken, an denen die Rechtsprechung des Bundesverwaltungsgerichts kodifiziert wurde, sie müssen es aber nicht. Dementsprechend kann man auch den gesetzlichen Ausdifferenzierungen des Verwaltungsakts nicht die überkommenen Vorstellungen vom Verwaltungsakt entgegenhalten. Grenze und Maßstab bietet allein die Verfassung. **Hinfällig** wird damit auch der **Vorwurf „obrigkeitsstaatlicher Natur" des Verwaltungsakts**. Denn es handelt sich nunmehr um einen vom demokratischen Gesetzgeber verantworteten und in die grundrechtsdemokratische Verfassungsordnung eingebundenen Rechtsakt.[65] Abgestützt und weiter entfaltet wurde der bürgerschaftlich-demokratische Gehalt des Verwaltungsakts durch die Herausbildung kooperativer Verfahrensstrukturen.[66]

---

[60] Siehe den Gesetzentwurf der Bundesregierung, BTDrucks 7/910, S. 67 ff., wo die Rechtsprechung des *BVerwG* zur Berücksichtigung von Vertrauensschutztatbeständen zwar grundsätzlich für richtig, aber für teilweise zu weit gehend gehalten wird. Zudem wurden Elemente der thüringischen Verwaltungsgerichtsordnung und der Rechtsprechung des *PreußOVG* übernommen, s. ebd., S. 73. Zur Aufnahme der Aufhebungsregeln des VwVfG durch die Rechtswissenschaft vgl. *Hans-Uwe Erichsen*, Rechtsfragen der Aufhebung von begünstigenden Verwaltungsakten durch die Verwaltung nach Inkrafttreten der Verwaltungsverfahrensgesetze des Bundes und der Länder, VerwArch, Bd. 69 (1978), S. 303 ff.

[61] Siehe *Klaus Vogel*, Die Lehre vom Verwaltungsakt nach Erlaß der Verwaltungsverfahrensgesetze, BayVBl. 1977, S. 617 (618, 621 f.), mit dem Hinweis auf Fragen der verwaltungsrechtlichen Sonderverbindungen und der Nichtigkeit von Verwaltungsakten.

[62] Diese Momente werden anschaulich von *Forsthoff*, VerwR, S. 221 ff., mit Blick auf die Fehlerfolgen herausgearbeitet.

[63] Die große Bedeutung der einfachrechtlichen Ausgestaltung betont auch *Hans Meyer*, in: Hans Meyer/Hermann Borgs-Maciejewski, Kommentar zum Verwaltungsverfahrensgesetz, 2. Aufl. 1982, S. V sowie § 35 Rn. 1. Zu einer grundsätzlich anderen Einschätzung gelangt man indes, wenn man den Gesetzgeber aus verfassungsrechtlichen Gründen an die Handlungsformenlehre gebunden sieht. Einen Überblick über solche Ansätze gibt *Wolfgang Durner*, Konflikte räumlicher Planungen, 2005, S. 408 ff.

[64] Von einem anderen Ausgangspunkt herkommend, wählt *Becker*, Bindungswirkung (Fn. 20), S. 73 ff., diese Einsicht als Grundlage für seine Konzeption der Bindungswirkung.

[65] Will man, wie *Schmidt-De Caluwe*, Verwaltungsakt (Fn. 16), S. 286 f., an der These der „obrigkeitsstaatlichen Natur" festhalten, muss man erläutern, welchen Sinn eine solche Qualifizierung haben soll. Zwei Bezugspunkte lassen sich ausmachen: Zum einen darf man die Frage stellen, ob die Verwaltungsrechtswissenschaft die durch die Kodifikation bewirkten Veränderungen vielleicht nicht ausreichend berücksichtigt hat und man deshalb auf Argumente und Anschauungen stößt, die in einer obrigkeitsstaatlichen Tradition stehen (darin wird man das zentrale Anliegen von *Schmidt-De Caluwe*, Verwaltungsakt [Fn. 16], S. 272 ff., sehen dürfen); zum anderen kann man danach fragen, in welchem Verhältnis der Verwaltungsakt zu konsensualen Maßnahmen steht (*Joachim Martens*, Normenvollzug durch Verwaltungsakt und Verwaltungsvertrag, AöR, Bd. 89 [1964], S. 429 ff.) sowie auf welche Weise die Bürger in das Verwaltungsverfahren einbezogen werden sollten, um ihnen das Gefühl „obrigkeitlicher" Anordnung zu nehmen (s. *Joachim Martens*, Der Bürger als Verwaltungsuntertan?, KritV 1986, S. 104 ff.) S. a. → Bd. II *Bauer* § 36 Rn. 74 f.

[66] Klar herausgearbeitet wird diese Dimension von *Schoch*, Verwaltungsakt (Fn. 11), S. 218 ff.

15 Anlass für die erneute intensive Beschäftigung mit der Bestandskraft und der Bindungswirkung ergab sich seit den 1980er Jahren aus dem Bemühen um einen wirkungsvollen Gesundheits- und Umweltschutz. Dies machte es notwendig, von der aus dem Baurecht vertrauten Vorstellung eines umfassenden **Bestandsschutzes** einer Genehmigung abzugehen[67] und anpassungsfähige Instrumente wie die nachträgliche Anordnung auf- und auszubauen (z.B. § 17 BImSchG).[68] Im selben Zeitraum geriet das Verhältnis von **Stabilität und Flexibilität des Verwaltungshandelns** noch von einer weiteren Seite in den Blick: Bei Entscheidungen, die einen komplexen Sachverhalt betreffen oder unter Unsicherheit getroffen werden müssen, entsteht die Frage, wie sich die gegenläufigen Interessen an Bestand und Anpassung eines Verwaltungsakts gleichmäßig verwirklichen lassen. Ein Lösungsinstrument schuf das Bundesverwaltungsgericht mit der Figur des vorläufigen Verwaltungsakts;[69] als weitere wurden erkannt: die Unterscheidung feststellender[70] und gestaltender[71] Teilregelungen sowie die Möglichkeit nachträglicher Anordnungen. Deutlich wurde in dieser Diskussion, wie wichtig es war, den Verwaltungsakt als eine flexible und anpassungsfähige Handlungsform zu verstehen und auszugestalten.[72]

16 Die jüngsten Entwicklungen ergeben sich aus der **Einwirkung** des Europäischen Gemeinschaftsrechts bzw. nunmehr **des Unionsrechts** auf das deutsche Verwaltungsrecht.[73] Neben der Debatte um Aufhebung gemeinschaftswidriger nationaler Beihilfen und damit erneut um die Bestandskraft von Verwaltungsakten[74] hat das Gemeinschaftsrecht die deutsche Dogmatik um die Figur des transnationalen Verwaltungsakts bereichert.[75]

---

[67] Zum älteren Verständnis baurechtlichen Bestandsschutzes s. *Rolf Bernhardt*, Inhalt und Grenzen des Bestandsschutzes im Baurecht, Diss. Göttingen 1978. Näher zur wachsenden Einbeziehung von Umwelt- und Gesundheitsinteressen *Horst Sendler*, Wer gefährdet wen: Eigentum und Bestandsschutz den Umweltschutz – oder umgekehrt?, UPR 1983, S. 33 (37f., 41f.), 73 (76). Manche Genehmigungen besaßen nie vergleichbaren Bestandsschutz. So stand die Gaststättengenehmigung schon früher unter dem Vorbehalt nachträglicher Anordnungen nach § 5 GastG.

[68] Siehe *Christoph Engel*, Planungssicherheit für Unternehmen durch Verwaltungsakt, 1992, S. 59ff.; *Karsten Sach*, Genehmigung als Schutzschild?, 1994, S. 79ff.; *Rainer Wahl/Georg Hermes/Karsten Sach*, Genehmigung zwischen Bestandsschutz und Flexibilität, in: *Rainer Wahl* (Hrsg.), Prävention und Vorsorge, 1995, S. 217ff.; *Arndt Schmehl*, Genehmigungen unter Änderungsvorbehalt zwischen Stabilität und Flexibilität, 1998, S. 1ff., 79ff.; *Friedrich Curtius*, Entwicklungstendenzen im Genehmigungsrecht, 2005, S. 132ff., 218ff., 232ff.

[69] BVerwGE 67, 99 (101f.); → Rn. 110ff.

[70] → Rn. 62.

[71] → Rn. 63.

[72] *Friedrich Schoch*, Verwaltungsakt (Fn. 11), S. 199ff.; *Ladeur*, Zukunft (Fn. 11), S. 516ff. Die angesprochenen Debatten führten überdies zu einem klärenden Nachdenken über die Bindungswirkung von Verwaltungsakten, s. dazu *Jörn Ipsen*, Verbindlichkeit, Bestandskraft und Bindungswirkung von Verwaltungsakten, DV, Bd. 17 (1984), S. 169ff.; *Seibert*, Bindungswirkung (Fn. 40); *Becker*, Bindungswirkung (Fn. 20).

[73] Siehe dazu *Thomas v. Danwitz*, Verwaltungsrechtliches System und Europäische Integration, 1996, S. 248ff.; *Friedrich Schoch*, Die Europäisierung des Allgemeinen Verwaltungsrechts und der Verwaltungsrechtswissenschaft, DV, Beih. 2, 1999, S. 135ff.; *Stefan Kadelbach*, Allgemeines Verwaltungsrecht unter europäischem Einfluß, 1999; *Rainer Wahl*, Herausforderungen und Antworten. Das Öffentliche Recht der letzten fünf Jahrzehnte, 2006, S. 94ff. S. a. → Bd. I *Voßkuhle* § 1 Rn. 13f., *Ruffert* § 17 Rn. 121ff.

[74] → Rn. 205ff.

[75] → Rn. 119ff.

III. Ansätze zur Ablösung des Verwaltungsakts

Eine dogmatische Figur, die in der Lage war, einseitig und unabhängig von einer gesetzlichen Ermächtigung Rechte und Pflichten für die Bürger zu erzeugen, mochte sich aufgrund von Tradition und praktischer Brauchbarkeit durchsetzen. Dass eine solche Figur auch Anlass für grundsätzliche **Kritik** gab, wird jedoch kaum verwundern.

Mit scharfsinnigen Argumenten setzte *Hans Kelsen* der Figur zu: Dem von *Mayer* behaupteten **Eigenwert der Verwaltung,** der es ihr erlaube, auch ohne Gesetz verpflichtende Verfügungen zu erlassen, fehle es an einem ausreichenden verfassungsrechtlichen Fundament. Außerdem führe eine solche Befugnis zum autonomen Erlass von Verwaltungsakten zu einer Unabhängigkeit der Exekutive gegenüber der Legislative, die weder mit den Grundgedanken der konstitutionellen Monarchie noch mit der Stellung zu vereinbaren sei, die man dem Urteil im Verhältnis zum Gesetz einräume.[76] Als nachhaltig erwies sich die Kritik jedoch nicht. Man verwarf bereits die Prämisse, wonach der Staat über keine vorrechtliche Existenz verfügt und deshalb die Exekutive auch keinen juristischen Mehrwert gegenüber einem Bürger besitzen kann.[77]

In der Bundesrepublik Deutschland sah sich der Verwaltungsakt von zwei Seiten her Einwänden ausgesetzt: Der Figur wurde ihre **obrigkeitsstaatliche Herkunft** sowie ihre fehlende einfachrechtliche Ausgestaltung vorgehalten.[78] Teilweise zielte die Kritik jedoch nicht darauf, den Verwaltungsakt zu beseitigen. Vielmehr ging es den Kritikern darum, die Rechtsposition des Bürgers im Verwaltungsverfahren zu verbessern und die Möglichkeiten von Handlungsinstrumenten auszuloten, die auf Verhandlung und Konsens aufbauen.[79] Zum anderen sah man im Verwaltungsakt das **Sinnbild einer einseitigen Ausrichtung auf die Handlungsformenlehre.**[80] Alternativ schlug man deshalb die „Entscheidung"[81] oder das „Rechtsverhältnis"[82] als Grundbegriffe der verwaltungsrechts-

---

[76] *Hans Kelsen*, Zur Lehre vom öffentlichen Rechtsgeschäft, AöR, Bd. 31 (1913), S. 51 ff., 190 (192 ff., 204 ff.); vgl. dazu *Christoph Möllers*, Staat als Argument, 2000, S. 54 f. Diese Kritik wird von *Schmidt-De Caluwe*, Verwaltungsakt (Fn. 16), S. 229 ff., aufgegriffen und vertieft.

[77] Diese Grundhaltung ist bei *Forsthoff* noch deutlich zu spüren (VerwR, S. 206, 224).

[78] Siehe die Nachweise in Fn. 65.

[79] *Winfried Brohm*, Die Dogmatik des Verwaltungsrechts vor den Gegenwartsaufgaben der Verwaltung, VVDStRL, Bd. 30 (1972), S. 245 (279 f.); *Krause*, Rechtsformen (Fn. 58), S. 235 ff. Eine andere Stoßrichtung hat die staats- und gesellschaftsstrukturell begründete Kritik *Forsthoffs* (VerwR, S. 68 ff.), der den Verwaltungsakt vor dem Hintergrund der Herausforderungen der Daseinsvorsorge für defizitär hält.

[80] Plakativ *Hans Zacher*, Die Sozialversicherung als Teil des öffentlichen Rechts, in: FS Kurt Jantz, 1968, S. 29 (38).

[81] *Winfried Brohm*, Dogmatik (Fn. 79), S. 285 ff.; *Walter Schmidt*, Die Programmierung von Verwaltungsentscheidungen, AöR, Bd. 96 (1971), S. 321 (336 ff.).

[82] *Wilhelm Henke*, Die Rechtsformen der sozialen Sicherung und das Allgemeine Verwaltungsrecht, VVDStRL, Bd. 28 (1970), S. 149 (156 ff.); *Peter Häberle*, Das Verwaltungsrechtsverhältnis – eine Problemskizze, in: ders., Die Verfassung des Pluralismus, 1980, S. 248 ff.; *Hartmut Bauer*, Verwaltungslehre im Umbruch? Reformen und Rechtsverhältnisse als Elemente einer zeitgemäßen Verwaltungsrechtsdogmatik, DV, Bd. 25 (1992), S. 301 ff.; *Jost Pietzcker*, Das Verwaltungsrechtsverhältnis. Archimedischer Punkt oder Münchhausens Zopf?, DV, Bd. 30 (1997), S. 281 ff.; *Rolf Gröschner*, Vom Nutzen des Verwaltungsrechtsverhältnisses, DV, Bd. 30 (1997), S. 301 ff.; *Thomas v. Danwitz*, Zu Funktion und Bedeutung der Rechtsverhältnislehre, DV, Bd. 30 (1997), S. 339 ff. Betrachtet man die Geschichte der

wissenschaftlichen Arbeit vor. Ernsthaft in Frage gestellt wurde der Verwaltungsakt dadurch nicht.

IV. Gute Regulierung durch Wahl der richtigen Handlungsform

1. Begriff

20 § 35 S. 1 VwVfG definiert den Verwaltungsakt als „hoheitliche Maßnahme, die eine Behörde zur Regelung eines Einzelfalls auf dem Gebiet des öffentlichen Rechts trifft und die auf unmittelbare Rechtswirkung nach außen gerichtet ist."[83] **Jede Aussage, jedes Verhalten oder Zeichen,** das diese **Merkmale** erfüllt, stellt einen Verwaltungsakt dar.

21 Maßgebend für die Einordnung als Verwaltungsakt ist nach Auffassung der Rechtsprechung „die äußere Erscheinungsform".[84] In der Literatur wird diese Umschreibung als **formeller Verwaltungsaktsbegriff** gedeutet und diesem ein **materielles Begriffsverständnis** entgegengesetzt, für das die Merkmale des § 35 VwVfG bestimmend sein sollen.[85] Da die Handlungsform des Verwaltungsakts aber gerade kein spezifisch förmliches Element aufweist, ergibt die Aussage der Rechtsprechung nur einen Sinn, wenn man unter dem Ausdruck „Erscheinungsform" die Handlungsform selbst versteht, mithin unabhängig von der Frage, ob die Handlungsform gewählt werden durfte, danach fragt, ob der konkrete Akt die Merkmale eines Verwaltungsakts aufweist. Eine solche Deutung der Gerichtspraxis lässt sich auch mit dem Umstand vereinbaren, dass Gerichte aus dem Vorhandensein einer Rechtsmittelbelehrung regelmäßig auf das Vorliegen eines Verwaltungsakts schließen. Die Rechtsmittelbelehrung ist nämlich ein starkes Indiz dafür, dass die in dem Akt enthaltenen Äußerungen einseitig verbindlich sein sollen. Der Streit um den Verwaltungsaktsbegriff fällt dann aber weitgehend in sich zusammen. Die Divergenz besteht allein darin, ob ein Akt, der an sich nur in anderer Handlungsform erlassen werden kann, überhaupt das Merkmal einer hoheitlichen Regelung erfüllen kann. Dies hängt allein von der Auslegung des Aktes ab.[86]

Rechtswissenschaft als eine dogmatisch arbeitende Disziplin und studiert die dogmatische Arbeitsweise von *Friedrich C. v. Savigny*, zeigt sich, dass bei der Herausbildung einer erklärungsmächtigen und systematisch verfahrenden Dogmatik die Ordnungsinstrumente „Rechtsverhältnis" und „Handlungsform" Hand in Hand gingen. Besinnt man sich der Kategorie des Rechtsverhältnisses, so besinnt man sich fruchtbarer analytischer Zusammenhänge. Man sollte nur nicht das eine gegen das andere Instrument ausspielen. Das Rechtsverhältnis vermag nicht mehr als ein Ordnungsrahmen zu sein, innerhalb dessen die Handlungsformen zu entfalten sind. S. a. → Bd. II *Bauer* § 36 Rn. 103 ff.

[83] Kritisch zu dieser Begriffsbildung *Krause*, Rechtsformen (Fn. 58), S. 119 ff.

[84] *OVG Mecklenb.-Vorp.*, NVwZ-RR 2000, S. 780; in der Judikatur des *BVerwG* findet sich keine gleichermaßen prägnante Aussage, vgl. aber *BVerwGE* 39, 310 (313); 44, 1 (2); 57, 26 (29 f.).

[85] *Hartmut Borchert*, Schein-Verwaltungsakt und Anfechtungsklage, NJW 1972, S. 854 (855); *Wolf-Rüdiger Schenke*, Formeller oder materieller Verwaltungsaktsbegriff?, NVwZ 1990, S. 1009 ff.; *Klaus Erfmeyer*, Der nichtmaterielle Verwaltungsakt – rechtswidrige und überflüssige Fiktion, DÖV 1996, S. 629 (632 ff.); *Ulrich Stelkens*, in: Stelkens/Bonk/Sachs (Hrsg.), VwVfG, § 35 Rn. 15 ff.; ausführlich *Daniel Kresser*, Die Bedeutung der Form für Begriff und Rechtsfolgen des Verwaltungsakts, 2009.

[86] Die Gegenüberstellung von **formellem** und **materiellem Verwaltungsaktsbegriff** wird aber traditionell auch noch anders verwandt (*Menger*, System [Fn. 56], S. 102 ff.; *Karl A. Bettermann*, Das Verwaltungsverfahren, VVDStRL, Bd. 17 [1959], S. 118 [140]; *Otto Bachof*, Satzungsgenehmigung und Satzungsoktroi: Verwaltungsakte mit Doppelnatur, in: FS Werner Weber, 1974, S. 515 [525 f.]): Formell

A. Der Verwaltungsakt als Handlungsform und Steuerungsinstrument

Auf der begrifflichen Ebene lässt sich der Verwaltungsakt präzise von anderen Handlungsformen abgrenzen: Er ist auf den **Einzelfall** und damit auf einen **konkreten Sachverhalt** gerichtet.[87] Dadurch unterscheidet er sich von Rechtsverordnung oder Satzung als Akten der Rechtsetzung.[88] Vom öffentlich-rechtlichen Vertrag[89] hebt sich der Verwaltungsakt als **einseitige Maßnahme** ab. Die **Außenwirkung** unterscheidet ihn von der Weisung und anderen behördeninternen Maßnahmen, die sich nicht unmittelbar in der rechtlich geschützten Sphäre eines Bürgers[90] auswirken.[91] Im Gegensatz zu bloß informatorischen Maßnahmen oder sonstigem tatsächlichem Handeln beinhaltet der Verwaltungsakt als **Regelung** die Setzung einer Rechtsfolge.[92] Verwaltungsakte werden von **Behörden**,[93] also Stellen erlassen, die nach § 1 Abs. 4 VwVfG Aufgaben

22

und materiell bezeichnen **zwei Seiten eines Aktes,** nämlich seine materielle Seite als Rechtsquelle und seine formelle Seite als abschließende Verfahrenshandlung.

[87] Diese Aussage hat auch vor dem § 35 S. 2 VwVfG Bestand. Die Verknüpfung der Varianten durch die Konjunktion „oder" zeigt hier, dass auch die „dingliche Allgemeinverfügung" als Verwaltungsakt angesehen wird, also bei ausreichend konkreter Sachverhaltsregelung dem Personenbezug keine eigene Bedeutung zukommt (a. A. *Klaus Obermayer,* Das Dilemma der Regelung eines Einzelfalls nach dem Verwaltungsverfahrensgesetz, NJW 1980, S. 2386 [2388 f.]). Die vor Erlass des VwVfG bestehenden Debatten um die Reichweite des Verwaltungsakts (s. *Dieter Volkmar,* Allgemeiner Rechtssatz und Einzelakt. Versuch einer begrifflichen Abgrenzung, 1962, S. 36 ff., 42 ff.) haben sich insoweit erledigt (so *Hans J. Wolff/Otto Bachof,* Verwaltungsrecht. Ein Studienbuch, 9. Aufl. 1974, S. 385).

[88] Zu ihnen → Bd. I *Ruffert* § 17 Rn. 60 ff.; Bd. II *Hill/Martini* § 34 Rn. 18 ff. bzw. → Bd. I *Ruffert* § 17 Rn. 64 ff.; Bd. II *Hill/Martini* § 34 Rn. 26 ff.

[89] → Bd. II *Bauer* § 36.

[90] An Stelle des Bürgers können auch Rechtspersonen des Öffentlichen Rechts in Betracht kommen. Voraussetzung für die Erfüllung des Kriteriums der Gerichtetheit auf unmittelbare Rechtswirkung nach außen ist aber stets eine eigene, gegenüber dem Staat geschützte Rechtsposition oder Sphäre des Adressaten. Unabhängig davon ist die Frage, ob die handelnde Behörde auch die Befugnis hat, gegenüber Personen des Öffentlichen Rechts Verwaltungsakte zu erlassen. Beispiele sind kommunalaufsichtliche Verfügungen, s. *BVerwGE* 34, 301 (303), sowie bundesimmissionsschutzrechtliche Anordnungen nach § 24 BImSchG, s. *BVerwGE* 117, 1 (3 ff.). Ausführlich zu sich hier stellenden Fragen *Vera Jungkind,* Verwaltungsakte zwischen Hoheitsträgern, 2008, S. 69 ff.

[91] Als weiteres Kriterium kann man das grundsätzliche Bestehen einer zweiseitigen Bindung von Verwaltung und Bürger anführen (*Heinz-Joachim Freund,* Innen- und Außenrecht. Zur Abgrenzung und zu ihrer Bedeutung für Tatbestand und Rechtsfolgen, Diss. Frankfurt a.M. 1984, S. 86 ff.; *Mayer,* VerwR I, S. 96). Zur Unterscheidung von „Innen" und „Außen" vgl. a. → Bd. I *Jestaedt* § 14 Rn. 14. Zur Außenwirkung von Verwaltungsvorschriften s. a. → Bd. I *Ruffert* § 17 Rn. 15 ff.

[92] Schwierig abzugrenzen ist der Verwaltungsakt von **Verwaltungserklärungen** wie beispielsweise einer Aufrechnung. Keines der Merkmale des Verwaltungsakts eignet sich ohne weiteres dazu, die beiden Handlungsformen voneinander abzugrenzen. Insbesondere zeichnen sich beide Formen dadurch aus, dass die Rechtsfolgen eintreten, weil sie intendiert sind. Unterscheiden lassen sie sich deshalb nur nach der Art der intendierten Rechtsfolgen. Nur der Verwaltungsakt zielt auf den Erlass einer für die Beteiligten verbindlichen und sie bindenden Regelung. Mit einer Verwaltungserklärung soll nicht angeordnet werden, was Recht ist. Näher zu einer solchen Abgrenzung und den damit verbundenen Schwierigkeiten *Christian Ernst,* Die Verwaltungserklärung, 2008, S. 68 ff.

Man sollte dabei auf eine Anleihe bei der zivilrechtlichen Kategorie der Willenserklärung (näher *Flume,* Allgemeiner Teil des Bürgerlichen Rechts, 2. Band, Das Rechtsgeschäft, 4. Aufl. 1992, S. 23 ff.) verzichten, da für den Verwaltungsakt nicht der Wille eines Amtsträgers oder des Staates, sondern die konkrete Manifestation der Regel entscheidend ist. Näher dazu und dabei den Willensbegriff verteidigend *Ernst,* a.a.O., 2. Kap. Zum schlichten Verwaltungshandeln → Bd. II *Hermes* § 39.

[93] → Bd. I *Groß* § 13 Rn. 85 ff., *Jestaedt* § 14 Rn. 36 f. Handelt ein Privater anstelle einer Behörde, liegt ein Schein- oder Nichtverwaltungsakt, also gar kein Rechtsakt vor (z. B. einem Unternehmen wird durch eine Jahresgenehmigung die Möglichkeit eingeräumt, Verkehrszeichen nach eigenem Gutdünken aufzustellen, vgl. *VGH BW,* ESVGH 60, 160 ff.). Anders stellt sich die Situation dar, sofern die

der öffentlichen Verwaltung wahrnehmen. Auf diese Weise lassen sich Verwaltungsakte von gesetzgeberischen und gerichtlichen Rechtsakten abgrenzen. Der **hoheitliche** Charakter des Verwaltungsakts zieht schließlich eine Grenze gegenüber dem Privatrecht.[94]

23 Sieht man eine prägende Aufgabe des Verwaltungsakts darin, für den Einzelfall verbindlich anzuordnen, was Recht ist, lässt sich der Verwaltungsakt auch **funktionell** von den übrigen Handlungsformen **abheben:** Seine Ziele sind weder einfache Gesetzgebung noch konsensuale Koordination mit dem Bürger; es soll aber auch nicht bloß informiert, tatsächlich gehandelt oder die bürokratische Organisation gesteuert werden.

2. Einordnungs- und Abgrenzungsschwierigkeiten

24 Trotz des klaren begrifflichen Ausgangspunkts treten bei der Deutung eines Verhaltens, Zeichens oder einer Aussage als Verwaltungsakt Schwierigkeiten auf. Dieses Feld breiter **Kasuistik** lässt sich nicht in ein festes Netz ordnender Begriffe einfangen. Doch lassen sich die **Schwierigkeiten** im Wesentlichen auf **drei Gründe zurückführen:** a) Der Akt ist inhaltlich nicht ausreichend bestimmt, sodass entweder Zweifel am Vorliegen oder über den Inhalt einer Regelung bestehen; b) der Akt weist Fehler auf, die die Handlungsform betreffen; c) die formbildenden Merkmale des Verwaltungsakts besitzen keine ausreichende Unterscheidungskraft.

a) Unsicherheit über das Vorliegen einer Regelung und ihren Inhalt

25 **Unsicherheiten** über das Vorliegen einer Regelung und ihren Inhalt treten typischerweise beim Einsatz von Zwangsmitteln (z.B. der Schlag eines Polizisten mit einem Stock auf einen Demonstranten),[95] bei der Erteilung oder Versagung einer Auskunft[96] oder anderen informatorischen Akten (z.B. Information über

---

Maßnahme eine Behörde als Entscheidungsträger ausweist und diese das Tätigwerden des Privaten als Geschäftsbesorger veranlasst hat; hier ist eine Zurechnung zur Behörde möglich, auch wenn die Behörde den konkreten Verwaltungsakt nicht kannte. In einer solchen Konstellation kann der vom Privaten erlassene Verwaltungsakt aber rechtswidrig sein, weil der zuständige Hoheitsträger den Regelungsinhalt des Verwaltungsakts nicht hinreichend genau verantwortet hat (vgl. *BVerwGE* 140, 245 [1. und 2. LS, 247 ff.]).

[94] Vgl. a. → Bd. I *Burgi* § 18 Rn. 18 ff.

[95] Siehe *BVerwGE* 26, 161, wo angenommen wird, dass der Schlagstockeinsatz eine konkludente Verfügung enthalte, die als Verwaltungsakt zu qualifizieren sei. Kritisch dazu *Rainer Pietzner*, Rechtsschutz in der Verwaltungsvollstreckung, VerwArch, Bd. 84 (1993), S. 261 (271 ff.). S.a. → Bd. II *Hoffmann-Riem* § 33 Rn. 48; Bd. III *Waldhoff* § 46 Rn. 107. Zum unmittelbaren Zwang im Polizeirecht → Bd. III *Waldhoff* § 46 Rn. 123.

[96] *BVerwGE* 31, 301 ff.; *Bay. VGH*, BayVBl. 1972, S. 364 f. Zur Rechtsnatur der Entscheidung über Auskunftsansprüche s. *Dieter Kugelmann*, Die informatorische Rechtsstellung des Bürgers. Grundlagen und verwaltungsrechtliche Grundstrukturen individueller Rechte auf Zugang zu Informationen der Verwaltung, 2001, S. 355 ff.; zum Problemfeld ferner *Johannes Masing*, Transparente Verwaltung: Konturen eines Informationsverwaltungsrechts, VVDStRL, Bd. 63 (2004), S. 377 (396 ff.). S. ferner die Qualifizierung des Unterschreitens der Mehrwegquote nach § 9 Abs. 2 S. 2 VerpackV (a.F.) als Verwaltungsakt durch das *BVerwG* (BVerwGE 117, 322 [326 ff.]) sowie die parallel gelagerte Diskussion um die Einordnung der Bekanntgabe des Smogalarms nach §§ 40, 49 Abs. 2 BImSchG (a.F.): *Hans D. Jarass*, Die Bekanntgabe des Smog-Alarms, NVwZ 1987, S. 95 (96 ff.), hält sie für einen Verwaltungsakt; *Winfried Kluth*, Der Smog-Alarm zwischen Regelung und Realakt, NVwZ 1987, S. 960 ff., plädiert für eine Qualifizierung als Realakt; *Dirk Ehlers*, Die Rechtsnatur der Bekanntgabe von Smog-

den Glykolgehalt von Weinen,[97] Zusendung einer Zahlungsaufforderung,[98] Eintragung in das Wasserbuch,[99] eine Meldekartei,[100] die Aufrechnung mit einer Gegenforderung,[101] eine strategische Telefonüberwachung[102] oder eine Vertretungsbescheinigung[103]) oder Entscheidungen auf, die einem verfahrensabschließenden Verwaltungsakt vorausgehen (z. B. Aufforderung, ein ärztliches Zeugnis beizubringen,[104] Erteilung einer Note für eine oder mehrere Einzelleistungen[105] oder die Löschung aus der Handwerksrolle bzw. die Mitteilung darüber[106]).

Ausgangspunkt für die Beurteilung ist, „wie der Empfänger sie [die behördliche Maßnahme, C. B.] unter Berücksichtigung der ihm erkennbaren Umstände bei objektiver Würdigung verstehen muß; Unklarheiten gehen zu Lasten der Verwaltung".[107] Wenn Gerichte bei der Auslegung solcher Maßnahmen manchmal zu überraschenden Entscheidungen gelangen,[108] so sollte dies nicht Sorgen bereiten. Es ist der Preis dafür, dass die Regelung eines Verwaltungsakts nicht in eine mit § 117 Abs. 2 Nr. 3 VwGO vergleichbare Entscheidungsformel zu pressen ist.

26

Schwierig wird die Klassifizierungsarbeit vor allem dadurch,[109] dass sich jede sprachliche Äußerung um eine verbindliche Feststellung des Äußerungsinhalts und jedes tatsächliche Handeln um die verbindliche Anordnung ergänzen lässt, das Handeln zu dulden.[110] Man kann deshalb weder einer **Information** noch einem **tatsächlichen Handeln** ansehen, ob es **verbindlich** oder **unverbindlich** ist, sondern ist gezwungen, auf **weitere Kriterien,** wie die Wichtigkeit einer In-

27

Alarm, DVBl 1987, S. 972 ff., spricht sich für eine Einordnung als Rechtsverordnung aus. S. allg. zu Auskunftspflichten → Bd. II *Gusy* § 23 Rn. 81 ff., *Schneider* § 28 Rn. 60 ff.

[97] *BVerfGE* 105, 252 ff.; *BVerwGE* 87, 37 ff.; *Markus Heintzen,* Die öffentliche Warnung als Handlungsform der Verwaltung?, in: Becker-Schwarze/Köck/Kupka (Hrsg.), Wandel (Fn. 1), S. 167 ff.; *Christian Bumke,* Publikumsinformation. Erscheinungsformen, Funktionen und verfassungsrechtlicher Rahmen einer Handlungsform des Gewährleistungsstaates, DV, Bd. 37 (2004), S. 3 ff. S. a. → Bd. II *Gusy* § 23 Rn. 95 ff., insbes. Rn. 104 ff.

[98] *BVerwGE* 41, 305 (306); 57, 26 (30 f.); 99, 101 (103 f.).

[99] *BVerwGE* 37, 103 (104).

[100] *BVerwG,* NJW 1961, S. 571 (572).

[101] Siehe → Fn. 92 sowie *BVerwGE* 66, 218 (220); vgl. *Ulrike Hermann,* Die Aufrechnung im Steuerrecht. Qualifikation und Wirkungen, 1993; *Christoph Druschel,* Die Verwaltungsaktsbefugnis, 1999, S. 140 ff.

[102] *BVerwGE* 130, 180 (185 f.) verneint den Verwaltungsaktscharakter; näher → Fn. 171.

[103] *Gregor Roth,* Vertretungsbescheinigung für Stiftungsorgane und Verkehrsschutz, Non Profit Law Yearbook 2009, S. 65 (74 ff.).

[104] *BVerwGE* 34, 248 (249 ff.).

[105] *BVerwGE* 73, 376 (377); 26, 126 (128); DÖV 1983, S. 819.

[106] *BVerwGE* 88, 122 (122 f.); NVwZ 1983, S. 673; *VGH BW,* NVwZ-RR 1992, S. 473 (474).

[107] *BVerwGE* 99, 101 (103).

[108] Siehe die Vorhaltungen *Ludwig Rencks,* Für einen formalisierten Verwaltungsakt, in: FS Franz Knöpfle, 1996, S. 291 ff.

[109] Ein weiterer Grund kann sich aus dem Vorhandensein eines **Regelungsverbundes** ergeben, also einer Kombination zweier in einem äußeren Akt verbundener Rechtsakte; dazu *Volkmar,* Rechtssatz (Fn. 87), S. 199 f.; *Andreas Voßkuhle,* Der „relative Verwaltungsakt" – eine unzulässige Handlungsform, SächsVBl 1995, S. 54 (57). Beispiele dafür sind die gebietsbezogenen Organisationsakte des Gemeinderechts (*BayVerfGH* 31, 44 [53]; 31, 99 [116]) oder die Anordnung einer Ersatzvornahme durch die Aufsichtsbehörde (*BVerwG,* DÖV 1993, S. 1093).

[110] Da dies aber weder zum Schutz des Vollstreckungsbeamten noch des Bürgers vonnöten ist, hat man von einer solchen normativen Aufladung (weitgehend) abgelassen. Näher *Pietzner,* Rechtsschutz (Fn. 95), S. 271 ff. S. ferner den Überblick zu verschiedenen Abgrenzungskriterien bei *Josef Widmann,* Abgrenzung zwischen Verwaltungsakt und eingreifendem Realakt, Diss. München 1996, S. 77 ff.

formation, die Verfahrensgestaltung,[111] die Eröffnung von Anfechtungs- oder Verpflichtungsklage[112] oder das Vorhandensein einer Rechtsmittelbelehrung,[113] zurückzugreifen.

28   Überdies können Zweifel am Vorliegen einer Regelung oder an ihrer Reichweite aus der Unterscheidung zwischen **vorläufigen** und **endgültigen** bzw. **unselbständigen** und **selbständigen Maßnahmen** erwachsen. Das Verfahrensermessen bietet die Möglichkeit, den regelnden Gehalt einer Maßnahme mit dem Argument zu verneinen, es handele sich um einen unselbständigen Verfahrensabschnitt.[114] Manchmal wird der regelnde Gehalt einer Maßnahme auch verneint, um den Rechtsschutz auf die verfahrensabschließende Entscheidung zu konzentrieren.[115] Auf diese Weise wird die durch § 44a VwGO errichtete prozessuale Sperre auf die materiellrechtliche Ebene vorgezogen.[116] Am deutlichsten wird die **Verknüpfung zwischen Rechtsschutz und Verfahrensgestaltung** bei der Gegenüberstellung der bloß mittelbaren Rechtswirkungen unselbständiger Maßnahmen im Verhältnis zu den unmittelbaren Wirkungen der selbständigen Maßnahmen. Diese Unterscheidung eröffnet einen Raum, um Verwaltungsverfahren in verschiedene Abschnitte zu unterteilen und Maßnahmen – wie beispielsweise die Versagung der gemeindlichen Zustimmung nach § 36 BauGB – als unselbständig zu qualifizieren, weil sie keine unmittelbaren Rechtswirkungen für die Betroffenen entfalten.[117]

b) Unsicherheit aufgrund von Rechtsfehlern, insbesondere Handlungsformfehlern

29   Unsicher kann die Klassifizierung als Verwaltungsakt auch aufgrund der vorhandenen Rechtsfehler werden. Die Verwaltung vermag Verwaltungsakte zu erlassen, wo sie gar **nicht mittels Verwaltungsakt handeln darf**.[118] Dieses Vermö-

---

[111] Bei schriftlichem feststellenden oder informierenden Verwaltungshandeln kann unter Umständen vom Fehlen der Einhaltung der Erfordernisse der §§ 28, 29, 37 Abs. 3, 39 oder 41 VwVfG auf das Nichtvorliegen eines Verwaltungsakts geschlossen werden (*BVerwG*, Buchholz 402.24 § 9 AuslG Nr. 7; *BVerwGE* 77, 268 [274]).
[112] Vgl. §§ 18 Abs. 1 S. 1 VwVG; 9 Abs. 4 IFG.
[113] *BVerwG*, NVwZ-RR 2000, S. 174 (175); *BVerwGE* 29, 310 (312 f.), wo das Gericht betont, dass diese Indizien auch fehlgehen können.
[114] Solche Maßnahmen können, wie eine Leistungsbewertung (s. Fn. 105) oder die Aufforderung, eine amtsärztliche Bescheinigung beizubringen (s. Fn. 104), durchaus einen anordnenden oder feststellenden Charakter besitzen.
[115] *BVerwG*, DÖV 1983, S. 819; NVwZ 1984, S. 307 (308).
[116] Siehe dazu *Jost Pietzcker*, in: Schoch/Schmidt-Aßmann/Pietzner, VwGO, § 42 Abs. 1 Rn. 36 ff., sowie *Paul Stelkens*, in: Schoch/Schmidt-Aßmann/Pietzner, VwGO, § 44a Rn. 3 ff.
[117] Voraussetzung dafür ist jedoch, dass aus der Maßnahme keine Verpflichtungen für Adressaten oder Dritte resultieren, sonst wird man um die Einordnung als Verwaltungsakt nicht umhinkommen. Demgegenüber wird durch das Merkmal der Außenwirkung keine Trennlinie – unmittelbarer und endgültiger – rechtlicher Relevanz gezogen. Durch die Außenwirkung werden zwei Rechtssphären, nämlich der grundrechtlich geschützte Bürgerstatus und der beamtenrechtlich ausgestaltete Amtsstatus, einander zugeordnet. Entscheidend für die Grenzziehung ist nach Auffassung der Rechtspraxis, ob eine Maßnahme unabhängig vom Einzelfall geeignet ist, die grundrechtlich geschützte Sphäre zu berühren, *BVerwGE* 60, 144 (146); 65, 270 (272 ff.).
[118] Es ist eine Auslegungsfrage, in welchem Umfang ein Gesetz der verwaltungsaktlichen Handlungsform entgegensteht. Erstreckt man den Vorbehalt des Gesetzes auch auf die Handlungsform, dann scheidet etwa eine Aufrechnung mittels Verwaltungsakt aus. Welche Rechtswirkungen ein solcher rechtswidriger Verwaltungsakt hat, richtet sich nach den Regeln über die Wirksamkeit und

A. Der Verwaltungsakt als Handlungsform und Steuerungsinstrument

gen ist Folge der Loslösung der Rechtswirksamkeit von der Rechtmäßigkeit des Verwaltungsakts. So kann die Verwaltung zwar nicht ein privatrechtliches Rechtsverhältnis mittels Verwaltungsakt gestalten; sie ist aber in der Lage, eine „Quasi-Kündigung" in Form eines Verwaltungsakts zu erlassen.[119] Nicht anders stellt sich die Situation dar, wenn eine Behörde etwa aus einer Rechnung einen Verwaltungsakt macht, indem sie einen Widerspruchsbescheid erlässt.[120] Hierzu wird man ferner Konstellationen zählen, in denen die Verwaltung statt der gebotenen Satzungs- oder Verordnungsform mittels eines Verwaltungsakts handelt.[121] Entscheidend für das Vorliegen eines Verwaltungsakts ist dann, ob der fehlerhafte Rechtsakt die Merkmale einer Allgemeinverfügung (§ 35 S. 2 VwVfG) erfüllt.[122]

c) Unsicherheit aufgrund von Formüberschneidungen

Die Abgrenzung des Verwaltungsakts gestaltet sich als besonders schwierig, wenn die **prägenden Formmomente** einer einseitigen unmittelbar wirksamen Einzelfallregelung nicht ausreichen, um eine Maßnahme als Verwaltungsakt zu qualifizieren. Noch keine ernsthaften Probleme bestehen, wo Verwaltungsakt und **öffentlich-rechtlicher Vertrag** konkurrieren: Der ausgehandelte Verwaltungsakt mag die Frage nach der Zulässigkeit der verwaltungsaktlichen Handlungsform aufwerfen,[123] doch weder er noch der mitwirkungsbedürftige Verwaltungsakt[124] kann mit der Vertragsform verwechselt werden. 30

Deutlich erkennbar wird die fehlende Abgrenzungskraft aber bei der Gegenüberstellung von **Verwaltungsakt und Weisungen** des öffentlichen Dienstherren.[125] Unterscheidbar sind diese Akte allein aufgrund ihrer Zugehörigkeit zu verschiedenen Rechtsgebieten: Die **Trennung zwischen Außen- und Innenrecht** zieht die Unterscheidung zweier Handlungsformen nach sich, die sich sowohl von ihrer Form als auch von ihren Wirkungen weitgehend decken. Für die Einordnung ist entscheidend, ob die grundrechtlich geschützte Bürgersphäre oder die beamtenrechtlich konstituierte Amtssphäre berührt wird.[126] Die Genauigkeit, 31

Bindungswirkung (vgl. §§ 43 ff. VwVfG.). Zu bedenken ist ferner die Möglichkeit einer Umdeutung analog zu § 47 VwVfG (so z. B. *Bay. VGH*, NVwZ 2000, S. 222 [223] für das Verhältnis zwischen Verwaltungsakt und dienstlicher Anordnung). Näher *Kresser*, Bedeutung (Fn. 85).

[119] *Nds. OVG*, DVBl 1954, S. 297 (298).
[120] *BVerwGE* 78, 3.
[121] *OVG Mecklenb.-Vorp.*, NVwZ-RR 2000, S. 780.
[122] Das *OVG Mecklenb.-Vorp.*, NVwZ-RR 2000, S. 780, meint, dass bei einer ausdrücklichen gesetzlichen Festlegung der Handlungsform wie in § 10 BauGB eine Klassifizierung als Verwaltungsakt ausscheide. M. E. führt die ausdrückliche Regelung dazu, dass der Verwaltungsakt nach § 44 Abs. 1 VwVfG nichtig ist, da der schwerwiegende Rechtsverstoß aufgrund gesetzlicher Anordnung offensichtlich ist.
[123] Vgl. *Volker Schlette*, Die Verwaltung als Vertragspartner. Empirie und Dogmatik verwaltungsrechtlicher Vereinbarungen zwischen Behörde und Bürger, 2000, S. 190 f.
[124] → Rn. 68.
[125] *Otto Bachof*, Verwaltungsakt und innerdienstliche Weisung, in: FS Wilhelm Laforet, 1958, S. 285 (303 ff.); *Thomas Sauerland*, Die Verwaltungsvorschrift im System der Rechtsquellen, 2005, S. 41 ff.
[126] *BVerwGE* 14, 84 (85 ff.); 60, 144 (146); eine Rechtsverletzung führt nicht dazu, dass sich die dienstliche Weisung in einen Verwaltungsakt wandelt (*BVerwGE* 125, 85 [86]); *Hans-Heinrich Rupp*, Grundfragen der heutigen Verwaltungsrechtslehre, 2. Aufl. 1991, S. 19 ff., 44 ff., 75 ff., 81 ff.; *Christian Bumke*, Relative Rechtswidrigkeit. Systembildung und Binnendifferenzierung im Öffentlichen Recht, 2004, S. 118 ff. Zur Unterscheidung von Innen und Außen s. a. → Bd. I *Jestaedt* § 14 Rn. 14.

32 Wenig Hilfe bieten die Formelemente vor allem bei der Abgrenzung von **Verwaltungsakt und untergesetzlicher Rechtsetzung** durch Rechtsverordnung und Satzung. Nicht nur rechtstheoretisch,[127] sondern auch rechtsdogmatisch lässt sich **keine scharfe Grenze zwischen Rechtsetzung und Vollzug** ziehen.[128] Es existiert vielmehr ein breites Feld, in dem der Gesetzgeber entweder zur untergesetzlichen Rechtsetzung oder zum Erlass von Allgemeinverfügungen ermächtigen kann.[129] Hierzu zählen die Raum- und Fachplanung auf den unteren Stufen,[130] die Widmung und Benutzung öffentlicher Einrichtungen[131] sowie das Schnittfeld von abstrakten und konkreten Gefahren.[132] Stets handelt es sich um **allgemein-konkrete oder individuell-abstrakte Sachverhalte**.[133] Das Verfassungsrecht steht diesem Gemenge der Handlungsformen nicht entgegen: Das Gewaltenteilungsprinzip ist nicht auf eine strikte Trennung von Rechtsetzung und Rechtsanwendung angelegt,[134] und auch das Gebot effektiven Rechtsschutzes aus Art. 19 Abs. 4 GG weist weder in die eine noch die andere Richtung.[135]

33 Mit § 35 S. 2 VwVfG hat der Gesetzgeber von seiner Gestaltungsfreiheit Gebrauch gemacht und dem Verwaltungsakt ein weites Anwendungsfeld eröffnet. Angesichts der breiten Schnittmenge und der wenigen Konstellationen, in denen die Handlungsform, wie beispielsweise in § 10 BauGB, ausdrücklich festgeschrieben ist, stellt sich die Frage nach der **Qualifizierung der Rechtsakte**. Um sie zu lösen, könnte man versuchen, die vorhandenen formalen Kriterien zu spezifizieren und beispielsweise hinsichtlich des Merkmals „allgemein" danach zu unterscheiden, ob im Zeitpunkt der Entscheidung die Gruppe der Adressaten

---

[127] Zur rechtstheoretischen Unmöglichkeit, beide Sphären eindeutig voneinander zu scheiden, s. *Hans Kelsen*, Reine Rechtslehre, 2. Aufl. 1960, S. 239 ff. Zu den Lösungsstrategien eingehend *Volkmar*, Rechtssatz (Fn. 87), S. 165 ff.

[128] Eine scharfe Grenze ließe sich nur ziehen, wenn man den Verwaltungsakt auf konkret-individuelle Rechtsakte begrenzen könnte. Jedoch hat die Allgemeinverfügung eine ebenso lange Tradition wie der Verwaltungsakt. S. *Richard Thoma*, Der Polizeibefehl im Badischen Recht: dargestellt auf rechtsvergleichender Grundlage, 1906, S. 65 f. m.w.N.

[129] Nicht ganz so frei ist er nur, wenn er solche Regelungen unmittelbar durch ein Parlamentsgesetz aufstellen will (näher BVerfGE 95, 1 [17]).

[130] Siehe a. → Bd. II *Köck* § 37 Rn. 32, 37.

[131] Unsicherheit bestand bei der Einordnung von Verkehrszeichen. Mit BVerfG, NJW 1965, S. 239, sowie BVerwGE 27, 181 und 59, 221 werden sie heute von der ganz h.M. als Allgemeinverfügungen qualifiziert, die eine örtlich konkretisierte Verkehrssituation regeln (*Maurer*, VerwR, § 9 Rn. 34). Zur früheren Debatte *Gerhard Zimmer*, Das mißverstandene Verkehrszeichen, DÖV 1980, S. 116 ff.; *Gerrit Manssen*, Anordnungen nach § 45 StVO im System des Verwaltungsrechts und des Verwaltungsprozeßrechts, DVBl 1997, S. 633 ff.

[132] BVerwGE 12, 87: Verkaufsverbot.

[133] Weitere Beispiele sind etwa die Pflicht, Arzneimittel in kindersicheren Verpackungen auszugeben (VG Berl., DVBl 1983, S. 281 [282 f.]), oder die Arbeitszeitregelung für eine Behörde (VGH BW, Beschl. v. 1.2.1996 – Az. 4 S 946/95; OVG NW, NWVBl 1994, S. 217; VGH BW, NVwZ-RR 1990, S. 257 [258]) Zu abstrakt-individuellen Regelungen *Fabian Heyle*, Die individuell-abstrakte Regelung des allgemeinen Verwaltungsrechts, NVwZ 2008, S. 390 ff.

[134] Vgl. BVerfGE 95, 1 (15). Die Funktion der Legislative auf ein Monopol gesetzlicher Regelung beschränkend → Bd. I *Poscher* § 8 Rn. 44.

[135] Näher *Eberhard Schmidt-Aßmann*, in: Maunz/Dürig, GG, Art. 19 Abs. 4 Rn. 67 f.

bereits abschließend feststeht (= Verwaltungsakt) oder nicht (= Rechtsnorm).[136] Die Form ließe sich indes zum Abgrenzungskriterium nur erheben, wenn Verwaltungsakt und Rechtsnorm über eine „wahre" oder „richtige" Form verfügen würden. Gerade daran fehlt es jedoch sowohl auf Seiten der Rechtsetzung[137] als auch auf Seiten des Verwaltungsakts. Nicht die konkret-individuelle Form, sondern **die Gestaltung konkreter Rechtsverhältnisse kennzeichnet den Verwaltungsakt**.[138] Demnach kommt man nicht umhin, für die Einordnung auf anderweitige Kriterien zurückzugreifen. Das wichtigste von ihnen ist das ermächtigende **Gesetz**: Rechtsetzungsakte unterscheiden sich nach Ermächtigung, Bekanntgabe und Fehlerfolgen deutlich vom Verwaltungsakt, sodass sich anhand dieser Regelungen normalerweise klären lässt, ob es sich bei einem Rechtsakt um einen Verwaltungsakt handelt. Schwierig wird es aber, wenn das Gesetz zu beiden Handlungsformen ermächtigt.[139] Fehlt es an einer Klassifizierung von Seiten der Verwaltung, sprechen für das Vorliegen einer Allgemeinverfügung die **konkreten Bezüge**, die eine Regelung in **zeitlicher, örtlicher, personeller oder sachlicher Hinsicht** aufweist: Zeitlich begrenzte[140] oder an einen überschaubaren Kreis von Personen gerichtete[141] Ge- oder Verbote, Nutzungsregelungen eines bestimmten Teils einer öffentlichen Sache[142] oder einer einzelnen öffentlichen Einrichtung[143] sowie Maßnahmen gegen konkrete Gefahren[144] sind meist Verwaltungsakte.

Keine zusätzlichen Abgrenzungsprobleme wirft der **relative Verwaltungsakt** auf, der auch als Staatsakt mit Doppelcharakter bezeichnet wird.[145] Darunter las-

34

---

[136] In diese Richtung *Volkmar,* Rechtssatz (Fn. 87), S. 52 ff. Am Beispiel einer Sperrzeitverordnung VGH BW, GewArch 2005, S. 38 f. Eine entsprechend präzise Abgrenzung scheidet jedoch hinsichtlich des Merkmals der Abstraktheit einer Regelung aus.

[137] Zur Diskussion um die Allgemeinheit des Gesetzes und die verfassungsrechtlichen Grenzen für Maßnahme- und Einzelfallgesetz: *Ernst Forsthoff,* Über Maßnahme-Gesetze, in: GS Walter Jellinek, 1955, S. 221 ff.; *Karl Zeidler,* Maßnahmegesetz und „klassisches" Gesetz, 1961, S. 205 ff.; → Bd. I *Reimer* § 9 Rn. 21.

[138] Die Konkretheit als maßgeblichen Bezugspunkt zu betonen hat Tradition, s. *Menger,* System (Fn. 56), S. 102; ferner BVerwGE 27, 181 (183). Sie erlaubt jedoch keine trennscharfe Grenzziehung: Die Unterscheidung zwischen „abstrakt" und „konkret" ist eine Frage des Grades und der Perspektive, wie die Diskussion um den „Endiviensalat-Fall" des BVerwG anschaulich zeigt (BVerwGE 12, 87 [89 f.]), *Hans-Werner Laubinger,* Das „Endiviensalat-Urteil" – eine Fehlentscheidung? Zum Begriff der Allgemeinverfügung im Sinne von § 35 S. 2 VwVfG, in: FS Walter Rudolf, 2001, S. 305 ff.

[139] Siehe zu dieser seltenen Konstellation: § 6 Abs. 1 DSchG Hamb. sowie die Grenzkonstellation in § 36 Abs. 4 Sächs. WasserG.

[140] *Maurer,* VerwR, § 9 Rn. 19, nennt als Beispiel die einmalige Anordnung, alle Rebstöcke im Gemeindegebiet zur Schädlingsbekämpfung zu spritzen.

[141] *VG Berl.,* DVBl 1983, S. 281, mit einem sich an die Hersteller von Arzneimitteln richtenden Gebot.

[142] BVerwGE 27, 181 (183).

[143] Ein Grenzfall findet sich bei *VGH BW,* VBlBW 1987, S. 377 (378), bezüglich der Regelung des Windsurfens auf dem Bodensee. Die Regelung galt zeitlich unbefristet, betraf eine riesige Fläche und enthielt ein allgemeines Verbot. S. a. *VGH BW,* VBlBW 1987, S. 137 (138 f.), zur Nutzung einer Fußgängerzone durch Straßenmusikanten; *Nds. OVG.,* Urt. v. 21. 5. 1992 – Az. 13 L 148/90, das den Handlungsformfehler der Festlegung von Schulbezirken durch eine Allgemeinverfügung neben der zukunftsbezogenen Offenheit des Adressatenkreises mit den besseren Rechtsschutzmöglichkeiten zukünftig Betroffener gegen eine Festlegung durch Rechtsverordnung begründet; *VGH BW,* NVwZ-RR 1997, S. 225, klassifiziert einen Platzverweis für „der Drogenszene Zugehörige" als Verwaltungsakt; zum Verkehrszeichen → Fn. 131.

[144] Etwa die Ausrufung von Smogalarm (→ Fn. 96).

[145] Näher *Voßkuhle,* Verwaltungsakt (Fn. 109), S. 54 ff.; *Hans-Werner Laubinger,* Zur Rechtsnatur der „Bezeichnung" eines Vorhabens nach dem Landbeschaffungsgesetz und zur Doppelnatur hoheit-

sen sich Konstellationen verstehen, in denen eine Maßnahme im Verhältnis zum Akteur als Verwaltungsakt klassifiziert wird, gegenüber anderen Personen eine solche Einordnung jedoch unterbleibt. Beispiele dafür sind die Abstufung einer Straße[146] oder die Bezeichnung eines Vorhabens nach § 1 Abs. 3 Landbeschaffungsgesetz.[147] Möglichkeit und Notwendigkeit, ein und denselben Rechtsakt innerhalb **verschiedener Rechtsverhältnisse** unterschiedlich zu klassifizieren, sind umstritten.[148] Grenzt man jene Konstellationen aus, in denen zwei Rechtsakte rein äußerlich in einer Maßnahme zusammengefasst sind,[149] wird man in den verbleibenden Konstellationen die Notwendigkeit verneinen können. Es reicht aus, jene Akte, die die Merkmale eines Verwaltungsakts erfüllen, einheitlich als Verwaltungsakte zu qualifizieren und mit Hilfe der unterschiedlichen Ausgestaltung des subjektiven Rechts den Kreis der Rechtsschutzberechtigten sinnvoll zu begrenzen.[150]

3. Maßstäbe für die Auswahl der Handlungsform

35   Hat man die Handlungsformen geschieden, stellt sich die **Frage nach einer guten Regulierung:**[151] Wann soll sich die Verwaltung eines Verwaltungsakts, wann einer anderen Handlungsform bedienen? Dabei steckt die Rechtmäßigkeit den Rahmen für die Auswahlentscheidung ab;[152] ihren Maßstab bildet die **Richtigkeit der Entscheidung.** Gemeint ist ein offenes Zielbündel, zu dem Effizienz, Interessengerechtigkeit und Zeitrichtigkeit, Akzeptanz, Effektivität und Implementierbarkeit sowie Gegenwarts- und Zukunftstauglichkeit zählen.[153]

36   Nach der **richtigen Handlungsform** zu fragen, setzt voraus, dass man auch **wählen darf.** Dafür reicht die Substituierbarkeit der Handlungsformen nicht aus. Soweit der Vorbehalt des Gesetzes reicht,[154] muss der Gesetzgeber entsprechende Handlungsbefugnisse bereitgestellt haben. Der Gesetzesvorbehalt gilt

---

licher Maßnahmen. Höchstrichterliche Rechtsprechung zum Verwaltungsrecht, VerwArch, Bd. 77 (1986), S. 421 (430 ff.); *Wolff/Bachof*, Verwaltungsrecht (Fn. 87), S. 384; *Maurer*, VerwR, § 21 Rn. 69; *Hans-Günter Henneke*, in: Knack/Henneke, VwVfG, § 35 Rn. 26 f.

[146] *VGH BW*, NVwZ 1986, S. 1031.

[147] *BVerwGE* 74, 124 (125 f.). In *BVerwG*, NVwZ 1990, S. 260, hat das *BVerwG* die Frage offen gelassen und den Streitfall mit Hilfe des subjektiv-öffentlichen Rechts gelöst (a.a.O., S. 261). Ablehnend zur Übertragung der Konzeption von *BVerwGE* 74, 124 auf landesplanungsrechtliche Genehmigungen *VGH BW*, NVwZ 1998, S. 416.

[148] Siehe → Fn. 145.

[149] So kann der gebietsbezogene Organisationsakt als Verknüpfung eines an die betroffenen Gebietskörperschaften gerichteten Verwaltungsakts sowie eines Rechtssatzes, der gegenüber der Allgemeinheit die Gebietsänderung regelt, gedacht werden, s. *Volkmar*, Rechtssatz (Fn. 87), S. 195 ff.; *Bachof*, Satzungsgenehmigung (Fn. 86), S. 521 ff.

[150] So auch *BVerwG*, NVwZ 1990, S. 260 (261).

[151] → Bd. I *Eifert* § 19 Rn. 154 ff.

[152] → Bd. II *Hoffmann-Riem* § 33 Rn. 100 ff.

[153] → Bd. II *Hoffmann-Riem* § 33 Rn. 109. S. a. *Wolfgang Hoffmann-Riem*, Verwaltungsverfahren und Verwaltungsverfahrensgesetz. Einleitende Problemskizze, in: Hoffmann-Riem/Schmidt-Aßmann (Hrsg.), Verwaltungsverfahren, S. 9 (28), sowie ausführlicher *ders.*, Methoden einer anwendungsorientierten Verwaltungsrechtswissenschaft, in: Schmidt-Aßmann/Hoffmann-Riem (Hrsg.), Methoden, S. 9 (48 ff.); ihm folgend *Schmidt-Aßmann*, Ordnungsidee, Kap. 6 Rn. 57 ff., der ergänzend rechtsstaatliche Gebote der Gleichheit und den Grundsatz der Verhältnismäßigkeit anführt. Zu Maßstäben des Verwaltungshandelns → Bd. II *Pitschas* § 42.

[154] → Bd. I *Reimer* § 9 Rn. 23 ff.

A. Der Verwaltungsakt als Handlungsform und Steuerungsinstrument

ausnahmslos für den Erlass von Rechtsverordnungen[155] und Satzungen[156] sowie auf allen grundrechtswesentlichen Feldern für Verwaltungsakte und Realakte.[157] Für den Abschluss eines öffentlich-rechtlichen Vertrages reicht die allgemeine Anerkennung in den Verwaltungsverfahrensgesetzen von Bund und Ländern aus.[158]

Manchmal beschränkt sich der Gesetzgeber nicht darauf, eine **Wahlmöglichkeit** zu eröffnen, sondern er ordnet darüber hinaus den **Vorrang einer Handlungsform** – meist die des öffentlich-rechtlichen Vertrags – an.[159] Weitere Vorgaben für die Auswahl könnten sich aus dem Verfassungsrecht ergeben. Eingehender diskutiert wird dies für das Verhältnis von öffentlich-rechtlichem Vertrag und Verwaltungsakt.[160] Gegen einen verfassungsrechtlich gebotenen Prima-facie-**Vorrang des Vertrages** vor dem Verwaltungsakt sprechen mehrere Gründe: Die Legitimität des Vertrages ist nicht größer, sondern anders begründet als die des Verwaltungsakts. Auch ist der Vertrag kein milderes Mittel, weil er nicht nur mit Verhandlungskosten und der Gefahr verbunden ist, die hoheitlich eröffneten Gestaltungsspielräume durch den „Zwang" zur Kooperation über Gebühr einzuengen, sondern auch über eine größere Fehlerunempfindlichkeit verfügt.[161] Mit Blick auf die stets gleiche Legitimität der behördlichen Handlungsformen wird man dieses Ergebnis verallgemeinern dürfen: Danach darf die Verwaltung außerhalb des Vorbehalts des Gesetzes und der gesetzlich angeordneten Vorrangregeln zwischen den Handlungsformen wählen und sich dabei auch für ein informelles Vorgehen entscheiden.[162] 37

Nur bei **einfachen Konstellationen** – beispielsweise den Regeln für die Benutzung einer öffentlichen Einrichtung – ist es möglich, generelle Präferenzen für eine bestimmte Handlungsform zu entwickeln. Ansonsten kommt man nicht umhin, die verschiedenen Richtigkeitsmaßstäbe im Einzelfall aufmerksam anzulegen. Bei der Benutzungsordnung etwa sprechen die Bestandskraft des Verwaltungsakts sowie seine Fehlerunabhängigkeit für seinen Gebrauch. Aufgrund des Fehlerfolgenregimes der Gemeindeordnungen kommt in diesem Feld die Satzung aber durchaus als funktionales Äquivalent zum Verwaltungsakt in Betracht. Gilt es zwischen Verwaltungsakt und öffentlich-rechtlichem Vertrag zu wählen, sprechen ein hohes Maß an privater Informations- oder Verhandlungsmacht sowie eine komplizierte Interessenlage für eine vertragliche Lösung. Umgekehrt 38

---

[155] → Bd. I *Reimer* § 9 Rn. 69 ff. Vgl. a. → Bd. I *Ruffert* § 17 Rn. 63; Bd. II *Hill/Martini* § 34 Rn. 24 ff.

[156] → Bd. I *Reimer* § 9 Rn. 39 ff. Vgl. a. → Bd. I *Ruffert* § 17 Rn. 66; Bd. II *Hill/Martini* § 34 Rn. 32 f.

[157] → Bd. I *Reimer* § 9 Rn. 45 ff., 64.

[158] Siehe *Elke Gurlit*, Verwaltungsvertrag und Gesetz, 2000, S. 246 ff.; *Schlette*, Verwaltung (Fn. 123), S. 92 ff. S. a. → Bd. II *Bauer* § 36 Rn. 107.

[159] §§ 165 Abs. 3 S. 1 Nr. 3 BauGB, 39 Abs. 1 S. 2 SächsNatSchG sowie 36 Abs. 2, 40 Abs. 1 LandschaftsG NW. S. a. → Bd. II *Hoffmann-Riem* § 33 Rn. 104.

[160] Vgl. nur *Schlette*, Verwaltung (Fn. 123), S. 197 ff.

[161] Von daher stellt es auch keinen Ermessensfehler dar, wenn die Verwaltung im Rahmen einer Ermessensentscheidung nicht die Möglichkeit einer vertraglichen Lösung in Betracht zieht. Ein Erwägungsfehler kann vorliegen, wenn ihr ein hinreichend konkretes Vertragsangebot vorgelegt wird und sie darauf in keiner Weise reagiert, *Arno Scherzberg*, Grundfragen des verwaltungsrechtlichen Vertrages, JuS 1992, S. 205 (209).

[162] → Bd. II *Hoffmann-Riem* § 33 Rn. 100 ff. Speziell zum informellen Verwaltungshandeln → Bd. II *Fehling* § 38 Rn. 130 ff.

legen eine hohe Zahl von Beteiligten und die Möglichkeit, deren Interessen mit Hilfe eines Verwaltungsakts umfassend und angemessen zu ordnen, die Verwendung eines Verwaltungsakts nahe.

39 Andererseits sollte man die **Unterschiede zwischen den Handlungsformen** für die Frage guter Regulierung auch nicht überschätzen: So setzt eine vertragliche Lösung, die für sich die Akzeptanz der Beteiligten und Adäquanz des Regelungsgehalts in Anspruch nimmt, nicht nur einen exekutiven Gestaltungsspielraum, sondern auch ein gewisses Verhandlungsgleichgewicht voraus.[163] Wo diese Voraussetzungen vorliegen, lassen sich aber in aller Regel auch entsprechend gute Lösungen mit Hilfe eines Verwaltungsakts erreichen. Ähnlich steht es um das Verhältnis von Rechtsverordnung und Verwaltungsakt: Trotz Nichtigkeitslehre sorgt das mit dem Verwaltungsungehorsam verbundene Sanktionsrisiko dafür, dass die faktische Beständigkeit der Rechtsverordnung nicht deutlich hinter der rechtlichen Wirksamkeit des Verwaltungsakts zurückbleibt. Ein wichtiger Unterschied bleibt jedoch: Anders als die Rechtsverordnung kann der öffentlich bekannt gemachte Verwaltungsakt nach Ablauf der Jahresfrist (§§ 74, 58 VwGO) grundsätzlich nicht mehr angefochten werden.[164]

V. Rechtswirkungen

40 Lange Zeit bildete der Verwaltungsakt ein **Sinnbild für die staatliche Gewalt:** Wo Verwaltungsakte erlassen werden, darf die Exekutive von Amts wegen tätig werden, um dem Bürger zu befehlen, wie er sich verhalten soll. Ungeachtet möglicher Rechtsfehler ist dieser Befehl für den Bürger verbindlich und kann von der Verwaltung eigenhändig und falls notwendig mit Gewalt durchgesetzt werden.[165] **Grund und Grenze** für den Verwaltungsakt bildet das **Gesetz,** dessen Allgemeinheit sowohl Gleichheit als auch Sicherheit verbürgt. Gleichzeitig ist das Gesetz jedoch auf den Verwaltungsakt angewiesen; es bedarf seiner, um in der gesellschaftlichen Realität wirksam zu werden.[166] Der Verwaltungsakt erscheint als ein Instrument hoher und verlässlicher **Steuerung:** Der Staat gibt den Bürgern die Richtung für ihr Handeln vor und realisiert die aufgegebenen Zustände, falls die

---

[163] Zum Verhältnis von Verwaltungsakt und Verwaltungsvertrag s.a. → Bd. II *Bauer* § 36 Rn. 75 ff.
[164] Um das Gebot effektiven Rechtsschutzes aus Art. 19 Abs. 4 GG zu wahren, wird man jedoch gerade gegenüber Personen, die zum Zeitpunkt des Erlasses noch nicht vom Verwaltungsakt erfasst wurden und die auch nicht in die Rechtsnachfolge einer von Anfang an betroffenen Person eintreten, großzügig bei der Anwendung der Wiedereinsetzung in den vorigen Stand nach § 60 VwGO und vor allen Dingen bei einem Anspruch auf fehlerfreie Ermessensentscheidung über die Wiederaufnahme des Verfahrens sein, näher dazu *Ulrich Stelkens*, in: Stelkens/Bonk/Sachs (Hrsg.), VwVfG, § 41 Rn. 140; zum Verkehrszeichen, bei dem das Problem besonders virulent wird, → Fn. 171.
[165] Nach *Otto Mayer* übt „der Verwaltungsakt seine Wirkung aus eigener Kraft" (VerwR I, 1. Aufl., S. 97) aus; *Forsthoff* nennt den Verwaltungsakt „eine einseitige Emanation der hoheitlichen Gewalt und nichts mehr" und fährt fort: „[D]ie Fähigkeit, andere zu verpflichten, eine überlegene, zwingende Gewalt in Wirkung zu setzen, macht das Wesen des Verwaltungsakts aus" (VerwR, S. 206). Und an anderer Stelle: „Der Verwaltungsakt gilt nicht darum, weil er die Emanation einer Norm ist, sondern weil die staatliche Autorität ihm Geltung gibt" (a.a.O., S. 224). Zur Kritik an der solchen Bildern Kraft gebenden Vorstellungswelt → Fn. 65. Zur Vollstreckungsfunktion des Verwaltungsakts → Bd. III *Waldhoff* § 46 Rn. 82 ff.
[166] *Helge Rossen*, Vollzug und Verhandlung: die Modernisierung des Verwaltungsvollzugs, 1999, S. 19 ff.; *Hartmut Maurer*, Der Verwaltungsvorbehalt, VVDStRL, Bd. 43 (1985), S. 135 (156 ff.).

Bürger ihren Pflichten nur unzureichend nachkommen. Der Verwaltungsakt ist Instrument eines Staates, der weiß, was gut für seine Bürger ist.

Die Realität der bürgerlichen Gesellschaft hat sich niemals vollständig diesem Modell gebeugt. Längst hat die Rechtsordnung den Verwaltungsakt aus diesem obrigkeitsstaatlichen Korsett befreit und ihn zu einem umfassend einsetzbaren und **aufgabenoffenen,** einem ebenso **anpassungsfähigen** wie **punktgenau arbeitenden Steuerungsinstrument** entwickelt. Besonders deutlich lässt sich dies an Verwaltungsakten ablesen, die private Nutzungskonflikte regeln oder einen funktionsfähigen Wettbewerb auf einem Markt gewährleisten.[167] In solchen Konstellationen bricht der Staat nicht in die Sphäre des Einzelnen ein, sondern er sucht den Ausgleich der widerstreitenden Bürgerinteressen und umhegt die private Selbstregulierung. **41**

1. Regelungsgehalt eines Verwaltungsakts

Die Rechtswirkungen eines Verwaltungsakts setzen sich zusammen aus der konkret statuierten Regelung, d.h. dem **Regelungsinhalt** des Verwaltungsakts, und der gesetzlichen Ermächtigung sowie den Anordnungen über Wirksamkeit, Bindungswirkung, Bestandskraft und anderen rechtlichen Vorgaben, wie beispielsweise der verjährungsrechtlichen Anordnung des § 53 VwVfG. Die konkreten Rechte und Pflichten der Beteiligten ergeben sich aus dem Regelungsinhalt. Wie weit jedoch die vom Verwaltungsakt festgelegten Rechte und Pflichten letztlich reichen, lässt sich nur anhand der gesetzlichen Regelungen über Bindungswirkung und Bestandskraft bestimmen. Sie stehen deshalb im Mittelpunkt der weiteren Betrachtung. Ist von diesen Rechtswirkungen in ihrer Gesamtheit die Rede, wird im Folgenden vom **Regelungsgehalt** des Verwaltungsakts gesprochen. **42**

a) Wirksamkeit

Herkömmlich wird zwischen innerer und äußerer Wirksamkeit[168] unterschieden.[169] Während sich die äußere Wirksamkeit auf den Zeitpunkt des Erlasses be- **43**

---

[167] → Bd. I *Eifert* § 19 Rn. 111 ff.
[168] In diesem Feld besteht trotz terminologischer Unklarheiten im Grundsatz Einigkeit über die Funktion des Begriffes der Wirksamkeit: *Jellinek* (VerwR, S. 262 f. u. 268 ff.) verwendet, wenn auch mit begrifflicher Skepsis, *Ungültigkeit* als Oberbegriff von *Unwirksamkeit, Anfechtbarkeit* und *Widerruflichkeit*. *Wolff* (Verwaltungsrecht [Fn. 48], S. 263 f.) verwendet den Terminus *Wirkungskraft* und hebt damit auf die beim Verwaltungsakt bestehende *Fähigkeit* zur Verbindlichkeit trotz Rechtswidrigkeit in Abgrenzung zum Rechtssatz und privaten Rechtsgeschäft ab. Während bei letzteren Rechtserscheinungen die begriffliche Polarität rechtmäßig/rechtswidrig ausreicht, benötigt man infolge dieser Wirkungskraft die Kategorie der Wirksamkeit. Rechtswirksamkeit erlangt ein Verwaltungsakt bei *Wolff*, wenn das einfache Recht ihm Verbindlichkeit zugesteht, er also vom Adressaten befolgt werden muss. Auch *Forsthoff* unterscheidet Wirksamkeit und bedingte Wirksamkeit in Abgrenzung von Fehlerfreiheit (VerwR, S. 225). Verbleibende begriffliche Unsicherheiten betreffen das Verhältnis der *Wirksamkeit* zu *Rechtskraft* und *Bestandskraft*: Sofern von Rechtskraft des Verwaltungsakts gesprochen wird, ist i. d. R. mit formeller Rechtskraft gemeint, dass der Verwaltungsakt nicht mehr mit Rechtsmitteln angegriffen werden kann (etwa *Forsthoff*, VerwR, S. 252, zur älteren Diskussion → Rn. 11). Was hingegen mit materieller Rechtskraft bezeichnet sein soll, ist äußerst unklar (vgl. etwa *Forsthoff*, VerwR, S. 253 f.), auch hier geht es aber meist um Probleme der Bestandskraft (→ Rn. 48 ff.).
[169] Den Ausgangspunkt des gegenwärtigen Meinungsstandes bildet BVerwGE 13, 1 (6 f.); dazu statt vieler: *Michael Sachs*, in: Stelkens/Bonk/Sachs (Hrsg.), VwVfG, § 43 Rn. 163 ff.; *Maurer*, VerwR, § 9

zieht, richtet sich die innere Wirksamkeit auf den Zeitraum, für den der Verwaltungsakt seine Rechtswirkungen entfaltet.[170] Da sich die äußere Wirksamkeit auf den Verwaltungsakt als Rechtsakt und die innere Wirksamkeit auf den Regelungsinhalt bezieht, sollen diese beiden Ebenen auch begrifflich klar geschieden und von der **Wirksamkeit des Verwaltungsakts** (= äußere Wirksamkeit) und der **Beachtlichkeit des Regelungsinhalts** (= innere Wirksamkeit) gesprochen werden.

44 Das Gesetz kennt nur wirksame und unwirksame Verwaltungsakte (§ 43 VwVfG). Was mit „wirksam" gemeint ist, wird aus dem Gesamtzusammenhang des § 43 VwVfG deutlich: Mit der **Bekanntgabe**[171] gegenüber dem Betroffenen wird die durch den Verwaltungsakt getroffene Regelung für diesen verbindlich; der Betroffene hat die Regelung zu beachten, er ist an sie gebunden. Ab diesem Zeitpunkt kann der Verwaltungsakt umgedeutet (§ 47 VwVfG) und angefochten

---

Rn. 66. Trotz des gemeinsamen Ausgangspunktes stimmen die inhaltlichen Charakterisierungen innerer und äußerer Wirksamkeit nicht stets überein. So unterscheiden etwa *Kopp/Ramsauer*, § 43 Rn. 4f., die äußere Wirksamkeit von der rechtlichen Existenz, letztere beginnt mit der Bekanntgabe an einen Betroffenen, erstere wird relativ zum jeweils Betroffenen bestimmt. *Hubert Meyer* setzt hingegen die Existenz des Verwaltungsakts mit seiner äußeren Wirksamkeit gleich (in: Knack/Henneke, VwVfG, § 43 Rn. 6). Als Folge dessen hindern bei *Kopp/Ramsauer* Bekanntgabefehler den Eintritt der äußeren Wirksamkeit (ebd.), während bei *Meyer* Bekanntgabefehler nur die innere Wirksamkeit betreffen (ebd.). Weitere Beispiele finden sich bei *Reimund Schmidt-De Caluwe*, Die Wirksamkeit des Verwaltungsakts. Zur Neubestimmung der Regelung des § 43 VwVfG, VerwArch, Bd. 90 (1999), S. 49 (53).

[170] Diese anschauliche Gegenüberstellung findet sich bei *Christian Steinweg*, Zeitlicher Regelungsgehalt des Verwaltungsakts, 2006, S. 31 ff.

[171] Die Anforderungen an die Bekanntgabe enthält § 41 VwVfG.

Nach Auffassung des BVerwG sieht die StVO eine besondere Form der öffentlichen Bekanntgabe für Verkehrszeichen vor (vgl. §§ 39 Abs. 1, 45 Abs. 4 StVO). Nicht schon die Aufstellung, sondern erst die Möglichkeit eines durchschnittlichen Kraftfahrers, bei Einhaltung der nach § 1 StVO erforderlichen Sorgfalt mit einem raschen und beiläufigen Blick das aufgestellte Verkehrszeichen zu erfassen (Sichtbarkeitsgrundsatz, vgl. BVerwGE 130, 383 [385 ff.]), führt danach zur Bekanntgabe (so BVerwGE 138, 21 [24]). Diese eigentümliche Konstruktion ist nach Auffassung des BVerwG durch Art. 19 Abs. 4 GG geboten (a.a.O., S. 24 f.; vgl. dazu auch BVerfG, NJW 2009, S. 3642 ff.); a.A. *Dirk Ehlers*, Anmerkung, JZ 2011, S. 155 ff., der die Eigenartigkeit der gerichtlichen Argumentation herausarbeitet. Sachlich führt die Konstruktion des BVerwG zu einem Auseinanderfallen von Bekanntgabe und Ingangsetzen der Anfechtungsfrist (näher *Maurer*, VerwR, § 9 Rn. 36).

Die Wirksamkeitsschwelle in § 43 Abs. 1 VwVfG wird teilweise als Existenzbeginn des Verwaltungsakts begriffen (vgl. etwa BVerwGE 55, 212 [214 ff.]; dazu eingehend *Erbguth*, Rechtsschutz [Fn. 59], S. 53 ff., 75 ff., die ihre Ansicht mit einer Beschreibung des Verwaltungsakts in seiner Doppelnatur als Verfahrensakt und materielle Regelung begründet), die Entwurfsbegründung legt dies ebenso nahe (BTDrucks 7/910, S. 63); vor Bekanntgabe wäre dann von einem Verwaltungsaktsentwurf zu sprechen. Um eine Bindung der Behörde an ihren eigenen Verwaltungsakt zu erreichen, wird vorgeschlagen, eine Existenz des Aktes vor Bekanntgabe anzunehmen (*Hans-Werner Laubinger*, Der Verwaltungsakt mit Doppelwirkung, 1967, S. 93 ff.; ihm im Grundsatz folgend *Schmidt-De Caluwe*, Wirksamkeit [Fn. 169], S. 60 f.). S. ferner *Klaus Erfmeyer*, Die Rechtsnatur „heimlicher" behördlicher Maßnahmen, DÖV 1999, S. 719 (724). *Ule/Laubinger*, VerwVerfR, § 53 Rn. 1 ff., unterscheiden den Erlass von der Bekanntgabe. → Rn. 235 ff. – Bei heimlichen Maßnahmen wie der Anordnung einer Telefonüberwachung erfolgt eine Unterrichtung erst nach Abschluss der Maßnahme. Für die Anordnung der strategischen Überwachung nach § 5 G 10 verneint das BVerwG die Verwaltungsaktsqualität mit dem Argument, es fehle an einer außenwirksamen Regelung (BVerwGE 130, 180 [185 f.]). Gleiches gilt – entgegen BVerwGE 87, 23 (25) – für individuelle Überwachungsmaßnahmen, da keine Rechtsfolgen gesetzt werden (so auch *Ulrich Stelkens*, in: Stelkens/Bonk/Sachs [Hrsg.], VwVfG, § 41 Rn. 4; *Wolf-Rüdiger Schenke*, Neuere Rechtsprechung zum Verwaltungsprozessrecht [1996–2009], 2009, S. 53 f.; *Thorsten Kornblum*, Rechtsschutz gegen geheimdienstliche Aktivitäten, 2011, S. 147 f.).

werden (§ 42 Abs. 1 Alt. 1 VwGO). **Verbindlichkeit** und Wirksamkeit sind danach Synonyme. Auch rechtswidrige Verwaltungsakte sind wirksam, sofern sie nicht nach § 44 VwVfG nichtig sind. Durch § 43 Abs. 1 und 3 VwVfG wird die **Wirksamkeit** von der Rechtmäßigkeit abgelöst und die **Bindungswirkung** rechtswidriger Verwaltungsakte begründet.

Wirksam wird aber nicht der „abstrakte" Verwaltungsakt, sondern der Verwaltungsakt eines bestimmten Regelungsinhalts (§ 43 Abs. 1 S. 2 VwVfG).[172] Dieser **Regelungsinhalt** lässt sich in **sachlicher, persönlicher, räumlicher und zeitlicher Hinsicht** bestimmen. Während die Frage nach einer punktuellen oder dauerhaften sowie vorläufigen oder endgültigen Regelung den sachlichen Inhalt betrifft, geht es bei der Beachtlichkeit des Regelungsinhalts um den zeitlichen Inhalt der Regelung.[173] Die Beachtlichkeit des Regelungsinhalts bezeichnet den Zeitpunkt oder Zeitraum, in dem die im Verwaltungsakt aufgestellte Pflicht zu erfüllen ist oder etwa das gewährte Recht ausgeübt werden darf. Der Verwaltungsakt wird zwar mit seiner Bekanntgabe wirksam, aber der Betroffene muss sein Verhalten so lange nicht verändern, wie die Beachtlichkeit noch nicht eingetreten ist. **45**

Innerhalb der wirksamen Verwaltungsakte eröffnet die Unterscheidung zwischen wirksamen **rechtmäßigen** und **rechtswidrigen** Verwaltungsakten ausreichend Raum, um Konstellationen einzufangen, in denen außerhalb des Verwaltungsakts liegende **Entscheidungsvoraussetzungen** – beispielsweise die gebotene Zustimmung eines Dritten – noch fehlen. Sollen solche Voraussetzungen konstitutiv sein, sind sie – wie bei der Beamtenernennung (§ 10 Abs. 2 S. 1 BBG[174]) oder der Einbürgerung (§ 10 StAG) – als existenzbedingende Mitwirkungshandlungen ausgestaltet. Anderenfalls bedingt ihr Fehlen die Rechtswidrigkeit des Verwaltungsakts.[175] **46**

Viel spricht für die Unterscheidung von **äußerer Wirksamkeit** und **Existenz**. Sie erlaubt es, Konstellationen wie die Aufhebung eines nichtigen Verwaltungsakts,[176] den Eintritt der Bindungswirkung für die Verwaltung mit Verlassen des Hoheitsbereichs[177] oder die Möglichkeit eines für den Nachbarn mangels Bekanntgabe unwirksamen, aber trotzdem rechtserheblichen Verwaltungsakts[178] begrifflich zu erfassen. **47**

---

[172] Nach Auffassung von *Steinweg*, Regelungsgehalt (Fn. 170), S. 61, 64, soll die Regelung nur intendiert sein. Mit dem Wirksamwerden des Verwaltungsakts ist jedoch die Regelung vorhanden. Woran es noch fehlen kann, ist ihre Beachtlichkeit.
[173] Zum Begriff der Beachtlichkeit → Rn. 43. Der zeitliche Inhalt wird beispielsweise berührt, wenn eine bestimmte Pflicht erst nach Wirksamwerden des Verwaltungsakts bestehen soll (s. *Schmidt-De Caluwe*, Wirksamkeit [Fn. 169], S. 51, mit Beispielen). Mit Wirksamwerden ist der Betroffene an diese Regelung gebunden. Er beachtet den Verwaltungsakt, wenn er die Pflicht erst zum Zeitpunkt ihres Entstehens befolgt.
[174] Nach § 13 Abs. 1 Nr. 1 BBG ist die Ernennung nichtig, wenn sie nicht der in § 10 Abs. 2 BBG bestimmten Form entspricht; § 5 Abs. 3 BRRG a. F. hatte bestimmt, dass bei einem solchen Formverstoß eine Ernennung nicht vorliege.
[175] Zur entbehrlichen Kategorie der schwebenden Unwirksamkeit von Verwaltungsakten s. *Kopp/Ramsauer*, VwVfG, § 43 Rn. 37.
[176] → Fn. 517.
[177] → Fn. 171.
[178] Siehe nur *Lorenz*, VerwaltungsprozessR, § 20 Rn. 30 ff. Zur Frage, ob und in welchem Umfang Rechtsschutz gegen Nichtverwaltungsakte eröffnet werden sollte, s. *Andreas Blunk/Hans-Patrick Schroeder*, Rechtsschutz gegen Scheinverwaltungsakte, JuS 2005, S. 602 ff.

b) Bestandskraft

48 Von der **Wirksamkeit** ist die **Bestandskraft** zu unterscheiden, die wiederum eine formelle und eine materielle Seite hat. **Formell bestandskräftig** bedeutet, dass der Verwaltungsakt mit keinem regulären Rechtsmittel mehr angegriffen werden kann, er unanfechtbar geworden ist.[179] Da die Rechtsmittelfristen an die Bekanntgabe anknüpfen, kann ein Verwaltungsakt für den einen noch angreifbar sein, obwohl er für einen anderen Betroffenen bereits unanfechtbar geworden ist.[180] Die formelle Bestandskraft bestimmt sich demnach relativ zu den Betroffenen. Diese Relativität wird noch dadurch gesteigert, dass die Befugnis, Rechtsmittel einzulegen, nicht von der Bekanntgabe, sondern allein von der Existenz des Verwaltungsakts und der so geschaffenen Möglichkeit einer Rechtsverletzung abhängt. Wo Rechtsmittelfristen mangels Bekanntgabe nicht eingreifen, lässt sich die formelle Bestandskraft deshalb nur mit Hilfe des prozessrechtlichen Instituts der Verwirkung realisieren.

49 Die **materielle Bestandskraft** betrifft die Beständigkeit und Unaufhebbarkeit des Verwaltungsakts. Sie soll als Folge der formellen Bestandskraft eintreten.[181] Die nähere Bestimmung des Begriffs fällt schwer, weil man nicht nur uneins ist, ob der Begriff in Anlehnung oder deutlicher Abgrenzung zum prozessrechtlichen Institut der Rechtskraft entfaltet werden sollte,[182] sondern auch, wie sich die Bestandskraft zu Bindungs-, Tatbestands- und Feststellungswirkung eines Verwaltungsakts verhält.[183]

50 Die Klärung des Begriffs sollte mit einem Vergleich zwischen **Gerichtsurteil und Verwaltungsakt** einsetzen und sich dabei der grundsätzlichen **Gleichgerichtetheit** der beiden Rechtsformen bewusst sein.[184] Wenn am Ende das Urteil die Stelle des Verwaltungsakts einnimmt, muss es auch die Funktionen des Verwaltungsakts erfüllen, d.h. die Rechtsordnung konkretisieren, um die Verhältnisse zwischen Staat und Bürger sowie zwischen den Bürgern zu ordnen. Trotzdem bleiben funktionelle Unterschiede und sie sind der Grund, warum man die Figur der Bestandskraft nicht in Anlehnung an die Rechtskraft eines Urteils entwickeln sollte. Prägend für den Verwaltungsakt ist die **rechtsgestaltende Funktion**: Die Verwaltung besitzt grundsätzlich ein Initiativrecht. Dies gilt letztlich auch für das weite Feld genehmigungsbedürftigen Handelns. Zwar muss

---

[179] Näher zum Begriff: *Ursula Domke*, Rechtsfragen der Bestandskraft von Verwaltungsakten, Diss. Mannheim 1989, S. 6 ff. Die Praxis begnügt sich meist mit dem Hinweis auf die Bestandskraft, ohne zwischen formellen und materiellen Gehalten zu differenzieren, oder verwendet den Begriff der Unanfechtbarkeit (vgl. *BVerwGE* 108, 21 [24]; abweichend *BVerwG*, Beschl. v. 9. 3. 1990 – Az. 4 B 145/88; *OVG NW*, NWVBl 1996, S. 305 [306]); kritisch zum Begriff der formellen Bestandskraft *Ipsen*, Verbindlichkeit (Fn. 72), S. 181 ff.

[180] St. Rspr., s. nur *BVerwGE* 44, 294 (296).

[181] Statt vieler *Michael Sachs*, in: Stelkens/Bonk/Sachs (Hrsg.), VwVfG, § 43 Rn. 53 f., der aber auf die daraus erwachsenden Schwierigkeiten hinweist; *Kopp/Ramsauer*, VwVfG, § 43 Rn. 33. Eingehend zur Entwicklung der Diskussion um die materielle Bestandskraft von Verwaltungsakten *Seibert*, Bindungswirkung (Fn. 40), S. 132 ff.; *Ipsen*, Verbindlichkeit (Fn. 72), S. 178 ff.

[182] Anlehnung suchend: *Michael Sachs*, in: Stelkens/Bonk/Sachs (Hrsg.), VwVfG, § 43 Rn. 45; die Eigenständigkeit betont: *Maurer*, VerwR, § 11 Rn. 5.

[183] Dazu klärend *Seibert*, Bindungswirkung (Fn. 40), S. 132 ff.

[184] Vgl. *Christian-Friedrich Menger*, System des verwaltungsgerichtlichen Rechtsschutzes, 1954, S. 134 ff.; *Seibert*, Bindungswirkung (Fn. 40), S. 142 ff., 159 ff., 247 ff., 299 ff.; *Becker*, Bindungswirkung (Fn. 20), S. 62 ff.

A. Der Verwaltungsakt als Handlungsform und Steuerungsinstrument

der Bürger den ersten Schritt machen; sobald dieser jedoch getan ist und das Feld betreten wurde, darf die Verwaltung von Amts wegen tätig werden und beispielsweise die in Betrieb genommene Anlage kontrollieren. Demgegenüber steht beim Urteil die endgültige, friedenswahrende Beilegung eines Rechtsstreits durch einen neutralen Dritten, das Gericht, im Vordergrund.[185] Der bestehende Zweifel soll beseitigt werden und mit Blick auf die konkrete Situation eine endgültige Grenzziehung erfolgen. Demgemäß beschränkt sich die Bindungswirkung des Urteils auf den förmlichen Tenor (§ 117 Abs. 2 Nr. 3 VwGO), weist aber ein höheres Maß an Beständigkeit (Rechtskraft) als der Verwaltungsakt auf, dessen **Gestaltungsfunktion** nach seiner **grundsätzlichen Aufhebbarkeit verlangt**. Eine rechtsstaatliche Ordnung konkreter Rechtsverhältnisse muss aber auch die öffentlichen und privaten Interessen am Bestand der einmal getroffenen Regelung sowie an der Vorhersehbarkeit der künftigen Entwicklung berücksichtigen. Dementsprechend geht das Verwaltungsverfahrensgesetz vom Grundsatz aus, dass Verwaltungsakte aufgehoben werden können: §§ 48 Abs. 1 S. 1, 49 Abs. 1 und 2 VwVfG. Dieser Grundsatz wird jedoch im selben Atemzug durch die Anerkennung einengender Anforderungen an die Aufhebung begünstigender rechtswidriger und rechtmäßiger Verwaltungsakte beschränkt (§§ 48 Abs. 1 S. 2 mit Abs. 2 bis 4, 49 Abs. 2, 3, 6 VwVfG). Aber selbst der rechtmäßige begünstigende Verwaltungsakt bleibt grundsätzlich aufhebbar. Abweichend von diesem Grundmodell wird in manchen Rechtsgebieten – beispielsweise im Beamtenrecht (§ 14 BBG) – die Beständigkeit erhöht, in anderen hingegen – z. B. im Gaststättenrecht (vgl. § 5 GastG) – abgesenkt. Mit dem Institut der Rechtskraft eines Gerichtsurteils lässt sich dies alles nicht erklären.

Als eigenständiges Charakteristikum eines Verwaltungsakts verstanden, besteht die **Bestandskraft** darin, dass der jeweilige Verwaltungsakt nicht aufgehoben werden darf[186] oder muss.[187] Sie richtet sich nach den Anforderungen, die vorliegen müssen, um einen Verwaltungsakt aufzuheben. Die Bestandskraft eines Verwaltungsakts kann deshalb **stärker oder schwächer** sein. Sie bemisst sich für den Bürger anders als für die Verwaltung und für diese wiederum anders als für die Verwaltungsgerichtsbarkeit. Stets geht es aber um die Voraussetzungen und Grenzen der Aufhebung eines Verwaltungsakts. 51

So verstanden ist der Eintritt der **Unanfechtbarkeit** (formelle Bestandskraft) keine Voraussetzung der materiellen **Bestandskraft**. Grundsätzlich ohne rechtlichen Einfluss auf die Gestaltungsbefugnisse ist sie für die **Verwaltung**.[188] Relevanz besitzt sie aber für das Ausmaß der Bestandskraft mit Blick auf den **Bürger**, 52

---

[185] Näher dazu *Matthias Jacobs*, Der Gegenstand des Feststellungsverfahrens. Rechtsverhältnis und rechtliches Interesse bei Feststellungsstreitigkeiten vor Zivil- und Arbeitsgerichten, 2005, S. 195 ff., der vorrangig auf die Verwirklichung subjektiver Rechte als Zweck des Urteils verweist (a.a.O., S. 183 ff.).

[186] *Maurer*, VerwR, § 11 Rn. 7.

[187] Näher *Hartmut Maurer*, Die Rücknahme rechtswidriger belastender Verwaltungsakte, DÖV 1966, S. 477 (483 ff.).

[188] Dies schließt nicht aus, dass der Eintritt der Unanfechtbarkeit auch Rechtswirkungen für die Verwaltung nach sich zieht, so z. B. in §§ 48 Abs. 5, 49 Abs. 5 VwVfG, 6 VwVG, 5, 7 VereinsG. Man könnte überlegen, ob nicht der Umstand, dass ein Verwaltungsakt durch Dritte anfechtbar ist, zu einer grundsätzlichen Minderung des Vertrauensschutzes auch im Verhältnis zur Verwaltung führt. Dagegen spricht, dass das Gesetz in § 50 VwVfG eine Anfechtung voraussetzt und auch die Privilegierung der Verwaltung nur so weit reicht, wie dadurch dem Rechtsmittel abgeholfen wird.

für den sie eine wichtige Scheidelinie markiert: Vor ihrem Eintritt besteht die Bestandskraft darin, dass sich der Bürger gegen jede durch einen rechtswidrigen Verwaltungsakt bewirkte Rechtsverletzung oder durch einen zweckwidrigen Verwaltungsakt verursachte Interessenbeeinträchtigung wenden muss, um diese abzuwehren, später müssen hingegen die hohen Anforderungen des § 51 VwVfG vorliegen. Im Übrigen verfügt der Bürger über einen im Ermessen der Verwaltung stehenden Anspruch auf Wiederaufgreifen des Verfahrens nach den §§ 48 Abs. 1, 49 Abs. 1 mit 51 Abs. 5 VwVfG[189]. Mit der Unanfechtbarkeit gleicht sich für den Bürger die Bestandskraft des rechtswidrigen Verwaltungsakts weitgehend an die des rechtmäßigen an. Aber auch vor dem Zeitpunkt der Unanfechtbarkeit besitzt der rechtswidrige Verwaltungsakt Bestandskraft. Diese zeigt sich am Beispiel rechtswidriger, aber Drittrechte nicht verletzender Verwaltungsakte.

c) Bindungswirkung

53 Der bekannt gegebene Verwaltungsakt ist für den Betroffenen verbindlich. Wird ihm ein Recht eingeräumt oder ein Status anerkannt, kann er sich darauf berufen, Pflichten hat er nachzukommen und Verbote darf er nicht übertreten.[190] Wie weit die rechtliche Erlaubnis beispielsweise einer Anlagengenehmigung reicht, ob sie etwa auch die Verschmutzung des Bodens zu legitimieren vermag, richtet sich nach dem Regelungsgehalt des Verwaltungsakts, also dem sachlichen, zeitlichen und räumlichen Regelungsinhalt unter Berücksichtigung des einschlägigen Fachrechts. Man spricht in diesem Zusammenhang auch von der **Legalisierungswirkung einer Genehmigung:** Der Bürger darf sich so verhalten, wie es die Genehmigung vorsieht.[191] Dabei kann die Legalisierungswirkung auch durch Regelungen aus anderen Teilen der Rechtsordnung eingeschränkt werden. Ein Beispiel dafür bietet § 330d Nr. 5 StGB. Für den schmalen Bereich umweltstrafrechtlich relevanter Verhaltensweisen schließt diese Bestimmung die Legalisierungswirkung aus, falls diese auf einer rechtsmissbräuchlich erlangten Genehmigung beruht.[192]

---

[189] Zum Sonderfall des Anspruchs auf Wiederaufgreifen bei bestandskräftigen, begünstigenden Verwaltungsakten, die hinter dem ursprünglich Beantragten zurückbleiben, s. *VGH BW*, NVwZ 1990, S. 985 (988).
[190] Von der Bindungswirkung zu unterscheiden ist die Befugnis der Verwaltung, einen Verwaltungsakt zwangsweise durchzusetzen *(Vollstreckbarkeit)*. Gegenstand der verwaltungseigenen Vollstreckung sind Verwaltungsakte, die auf ein Handeln, Dulden oder Unterlassen, insbesondere eine Geldforderung, gerichtet sind (vgl. §§ 1 Abs. 1, 6 Abs. 1 VwVG). Voraussetzung ist entweder die Unanfechtbarkeit oder das Fehlen einer aufschiebenden Wirkung des Rechtsmittels. Es liegt die Überlegung nahe, ob denn vor dem Zeitpunkt der Vollstreckbarkeit überhaupt von Bindungswirkung gesprochen werden darf. Indes besteht ein Unterschied zwischen der mit dem Wirksamwerden einhergehenden Rechtsveränderung und der Möglichkeit, diese Veränderung gewaltsam durchzusetzen. Die Missachtung eines Verwaltungsakts mag folgenlos bleiben, trotzdem handelt es sich um eine Missachtung.
[191] *BGHZ* 143, 362 (368 f.).
[192] Eine nähere Begründung dieser umstrittenen Deutung findet sich bei *Bumke*, Rechtswidrigkeit (Fn. 126), S. 113 ff.; a. A. *Matthias Wehr*, Rechtspflichten im Verfassungsstaat. Verfassungs- und verwaltungsrechtliche Aspekte der Dogmatik öffentlich-rechtlicher Pflichten Privater, 2005, S. 131 ff. Einen Überblick über die Diskussion um die Einordnung der Strafnorm bietet *Matthias Jünemann*, Rechtsmißbrauch im Umweltstrafrecht. Zugleich ein Beitrag zur befugnisverleihenden Wirkung behördlicher Genehmigungen, 1998, S. 79 ff.

A. Der Verwaltungsakt als Handlungsform und Steuerungsinstrument

Der wirksame Verwaltungsakt bindet auch die Behörde und ihren Rechtsträger. Dies lässt sich aus den Regeln über die Aufhebung von Verwaltungsakten erschließen. Soweit diese Bindungswirkung[193] reicht, dürfen keine Maßnahmen ergriffen werden, die dem Verwaltungsakt inhaltlich widersprechen. Will man vom Regelungsinhalt abweichen, muss zuvor der entgegenstehende Verwaltungsakt inhaltlich abgeändert oder aufgehoben werden. Ist dies aufgrund der Bestandskraft rechtlich ausgeschlossen, darf die anvisierte Maßnahme nicht verwirklicht werden. Die Bindungswirkung stellt sich als ein **„Abweichungsverbot"** dar.[194] **Bindungswirkung** und **Bestandskraft** bezeichnen demnach voneinander unterscheidbare Rechtswirkungen.[195] Sachlich vorrangig ist die Bindungswirkung, weil nur in ihrem Rahmen die Notwendigkeit besteht, den Verwaltungsakt aufzuheben oder abzuändern. Wie weit die Bindungswirkung reicht, kann schwierig zu bestimmen sein: Unsicherheiten treten nicht nur hinsichtlich des sachlichen und zeitlichen Regelungsinhalts, sondern auch bezüglich des Kreises der Bindungsadressaten auf.[196] Die Bestandskraft bezeichnet demgegenüber die Grenzen der Befugnisse, einen Verwaltungsakt aufzuheben.

54

2. Regelungsprofile als Steuerungsansatz

Die bisher beschriebenen Rechtswirkungen betreffen die abstrakte Ebene der Handlungsform. Eine solche Betrachtung bleibt unzureichend, wenn man das gesamte durch die Rechtswirkungen erzeugte Steuerungspotential des Verwaltungsakts erfassen will. Es fehlen die auf der Ebene des Handlungsinstruments angesiedelten Verwaltungsaktstypen. Unterhalb der allen Verwaltungsakten gemeinsamen Rechtswirkungen bildet die Rechtsordnung verschiedene **Regelungsprofile** heraus, um die obliegenden Verwaltungsaufgaben wirkungsvoll und angemessen zu erfüllen.[197] Mit Hilfe von Regelungsinhalt, Bindungswirkung und Bestandskraft, Verfahrensregeln und der Beteiligtenstellung als **funktionalen „Stellschrauben"** vermag der Gesetzgeber sowohl eine beeindruckende Wirkungsvielfalt als auch eine hohe Passgenauigkeit zu erzielen. Konkret erfassen lassen sich die Regelungsprofile in Form verschiedener **Verwaltungsaktstypen,** auf die unten näher eingegangen wird.[198] An dieser Stelle reicht es aus, auf den Verwaltungsaktstypus der Genehmigung zurückzugreifen und die unterschiedliche Ausgestaltung des Regelungsprofils kursorisch zu verfolgen.

55

---

[193] Verwendet man aus Gründen der Klarheit neben dem Begriff der Wirksamkeit den Begriff der Bindungswirkung, so bezieht sich die Wirksamkeit auf das grundsätzliche Moment der Bindung, während mit der Bindungswirkung die konkrete Bindung der Verwaltung aufgrund des konkreten Regelungsgehalts eines Verwaltungsakts erfasst wird.

[194] *Michael Sachs,* in: Stelkens/Bonk/Sachs (Hrsg.), VwVfG, § 43 Rn. 17, spricht daneben noch von einem „Aufhebungsverbot".

[195] A. A. *Michael Sachs,* in: Stelkens/Bonk/Sachs (Hrsg.), VwVfG, § 43 Rn. 17 ff., der Bindungswirkung und Bestandskraft in einen engeren Zusammenhang stellt; dazu *Becker,* Bindungswirkung (Fn. 20), S. 53 ff. Eine etwas andere Abgrenzung wählt *Ipsen,* Verbindlichkeit (Fn. 72), S. 185 ff.; s. dazu die Kritik *Seibert,* Bindungswirkung (Fn. 40), S. 164 ff.

[196] → Rn. 212 ff.

[197] Den Aufgabenbezug betont *Rainer Wahl,* Die Aufgabenabhängigkeit von Verwaltung und Verwaltungsrecht, in: Hoffmann-Riem/Schmidt Aßmann/Schuppert (Hrsg.), Reform, S. 177 ff., der eine aufgabenbezogene Typisierung des Verwaltungshandelns vorschlägt (a. a. O., S. 190 ff.).

[198] → Rn. 87 ff.

56 Mit einer Genehmigung[199] lassen sich Rechtswirkungen erzielen, die mit denen einer Verfügung vergleichbar sind. Gebotsgehalt und Vollstreckbarkeit der Verfügung finden ihr Gegenstück in der behördlichen Befugnis, die Genehmigung im Fall ihres fehlerhaften Gebrauchs aufzuheben. Sollen mit einer Genehmigung die Nutzungen an einem Grundstück umfassend und abschließend geregelt werden, verleiht ihr das Gesetz nicht nur eine Konzentrationswirkung,[200] sondern auch Verbindlichkeit für die berührten privaten Rechte.[201] Entsprechend bindet das Verfahren die Öffentlichkeit und betroffene Kreise umfassend ein.[202] Je nach dem anvisierten Ziel und der gesetzgeberischen Bewertung der widerstreitenden Interessen an der Beständigkeit oder Veränderbarkeit des Verwaltungsakts weichen die gesetzlichen Regelungen von der in den §§ 48–51 VwVfG niedergelegten Grundkonzeption von Bindungswirkung und Bestandskraft ab. Ist das Bedürfnis nach Anpassung – wie im Feld der Umweltvorsorge und des Umgangs mit technischen Risiken – groß, werden Bindungswirkung und Bestandskraft schwach ausgestaltet.[203] In ein solches Regelungsprofil fügen sich dann auch die umfangreichen **Informationsgewinnungs-** und **Informationsbeibringungspflichten** nahtlos ein, die den Privaten auferlegt werden.[204] Die anvisierten Regelungswirkungen spiegeln sich auch in den verschiedenen Formen der **Verfahrensbeteiligung** wider: Die befehlende Verfügung und der gewährende Leistungsbescheid prägen das bipolare Verhältnis zwischen Staat und Bürger; Grenzen der Handlungsfreiheit werden konkretisiert und Ansprüche anerkannt. Im multipolaren Bürger-Staat-Bürger-Verhältnis werden demgegenüber Güter zugeteilt, Nutzungen ausgeglichen oder Wettbewerbsbeziehungen geregelt. Sogar die **Streitschlichtung** zwischen Privaten kann, wie § 133 Abs. 1 TKG zeigt, zum primären Ziel eines Verwaltungsakts erhoben werden.[205]

B. Erscheinungsformen des Verwaltungsakts

57 Verwaltungsakte lassen sich nach verschiedenen Gesichtspunkten ordnen.[206] Unterscheidet man zwischen dem sachlichen, zeitlichen und persönlichen **Rege-**

---

[199] → Zur Genehmigung s. näher Rn. 90 ff.
[200] Damit ist gemeint, dass der Planfeststellungsbeschluss eine umfassende Regelung aller von ihm berührten öffentlich-rechtlichen Rechtsbeziehungen trifft und daneben keine anderen behördlichen Entscheidungen erforderlich sind, § 75 Abs. 1 VwVfG; näher statt vieler *Rudolf Steinberg/Thomas Berg/Martin Wickel*, Fachplanung, 3. Aufl. 2000, § 3 Rn. 15 ff.; *Durner*, Konflikte (Fn. 63), S. 121 ff.
[201] §§ 75 Abs. 2 VwVfG, 14 BImSchG; näher *Becker*, Bindungswirkung (Fn. 20), S. 126 f.; *Hans-Peter Michler*, Die Duldungswirkung der Planfeststellung, in: FS Willi Blümel, 1999, S. 357 (369 ff.).
[202] So §§ 72 Abs. 2, 73 Abs. 3–9 VwVfG, 10 Abs. 3–9 BImSchG.
[203] Vgl. etwa §§ 19 GenTG, 24 PostG, 16, 25 PBefG, 17 BImSchG, § 10 SprengG, 4 LuftVG. Wie das Feld sozialer Bedürftigkeit zeigt, kann das Interesse an der Beständigkeit einer Entscheidung aber auch sehr groß sein. Dem tragen die Regeln über Dauerverwaltungsakte nach § 45 Abs. 3, 4 SGB X Rechnung. Zum Risikorecht s. a. → Bd. II *Pitschas* § 42 Rn. 175 ff. Zur Flexibilisierung vgl. → Bd. II *Röhl* § 30 Rn. 36, *Pitschas* § 42 Rn. 226 ff.
[204] Siehe etwa §§ 6, 10, 12 GenTG, § 4 9. BImSchV, § 6 28. BImSchV. Vgl. allg. → Bd. II *Gusy* § 23 Rn. 40 f.
[205] → Fn. 210.
[206] Umfangreiche Einteilungen finden sich bei *Achterberg*, VerwR, § 20 Rn. 67 ff.; *Wolff/Bachof*, Verwaltungsrecht (Fn. 87), §§ 47 f.

B. Erscheinungsformen des Verwaltungsakts

lungsinhalt eines Verwaltungsakts und ergänzt diese Kategorie noch um **Verfahren, Form** und **Entscheidungsspielraum,** lassen sich folgende Gruppen bilden:[207]

I. Sachlicher Regelungsinhalt

1. Verfügung, Entscheidung, Befehl, Gewährung, Gestattung, Versagung

§ 35 S. 1 VwVfG greift die alte Unterscheidung zwischen Verfügungen und Entscheidungen auf[208] und ergänzt sie um die profillose Auffangkategorie der hoheitlichen Maßnahme. **Verfügungen** sind Verwaltungsakte, die ein Handeln, Dulden oder Unterlassen **befehlen.** Verfügungen darf die Verwaltung selber vollstrecken.[209] Dem Merkmal der **Entscheidung** fehlt es demgegenüber an vergleichbarer Prägnanz, weil jeder Verwaltungsakt eine Entscheidung beinhaltet.[210] Statt zu befehlen, kann ein Verwaltungsakt eine Sache – beispielsweise Geld – gewähren **(Gewährung),** ein Verhalten, die Errichtung und Nutzung einer Anlage oder die Herstellung und den Verkehr eines Produkts gestatten **(Gestattung, Genehmigung** oder **Erlaubnis)**[211] oder das vom Antragsteller Begehrte versagen **(Versagung).**

58

2. Einzel- und Allgemeinverfügung

Das Gesetz unterscheidet in § 35 S. 1 und 2 VwVfG zwischen **Einzel- und Allgemeinverfügung.** So wie der Übergang vom Konkreten zum Abstrakten und vom Individuellen zum Generellen fließend ist, unterscheiden sich auch Einzel- und Allgemeinverfügung bloß graduell. Auf der einen Seite steht das an einen einzelnen Adressaten, etwa einen Eigentümer, gerichtete konkrete Gebot, einen Baum zu fällen, auf der anderen Seite stößt man auf ein generelles Verbot, wie beispielsweise das an alle Gemüsehändler eines Bezirks gerichtete Gebot, bis auf weiteres keinen Salat zu verkaufen, welches sich angesichts eines konkreten Anlasses und der zeitlichen Begrenzung noch als Verwaltungsakt einordnen lässt.[212] Zwei Kons-

59

---

[207] Nicht erfasst wird der sog. Justizverwaltungsakt, der gemäß §§ 23 ff. EGGVG den Zivilgerichten zur rechtlichen Beurteilung zugewiesen ist. Der Begriff besitzt demnach eine rechtswegordnende Funktion. Näher *Sebastian Conrad,* Der sogenannte Justizverwaltungsakt, 2011.

[208] → Rn. 7 ff.

[209] → Rn. 83 f.

[210] Vgl. *Winfried Brohm,* Die Dogmatik des Verwaltungsrechts vor den Gegenwartsaufgaben der Verwaltung, VVDStRL, Bd. 30 (1972), S. 245 (286, 310). Hingegen ist die spezielle Figur des **streitentscheidenden Verwaltungsakts** geeignet, Konstellationen herauszuheben, in denen die Verwaltung einen Konflikt in der Rolle eines **neutralen Dritten,** insbesondere als kollegial ausgestaltetes Entscheidungsgremium in einem formalisierten prozessähnlichen Verfahren entscheidet (vgl. *BVerwGE* 21, 142 [144]; 23, 25 [26]). Ein anschauliches Beispiel bietet § 133 TKG (vgl. *Elke Gurlit,* in: Franz J. Säcker [Hrsg.], Berliner Kommentar zum Telekommunikationsgesetz, 2. Aufl. 2009, § 133 Rn. 1). Auf der Grenze liegt die Entscheidung der Vergabekammern nach § 114 Abs. 3 S. 1 GWB (*OLG Jena,* NZBau 2000, 539 [540]; vgl. *Ulrich Stelkens,* in: Stelkens/Bonk/Sachs [Hrsg.], VwVfG, § 35 Rn. 221; näher *Martin Andreae,* Der streitentscheidende Verwaltungsakt, Diss. Köln 1986; *Achterberg,* VerwR, § 21 Rn. 81 ff.).

[211] Zwischen Gestattung und Gewährung ist keine trennscharfe Abgrenzung möglich: Erstere bezieht sich auf eine Leistung, die der Staat dem Bürger gegenüber erbringt, letztere auf eine Unternehmung des Bürgers, die der Staat erlaubt. Auf der Grenze zwischen beidem liegt etwa die Einreise- und Aufenthaltserlaubnis.

[212] → Fn. 138.

tellationen werden in § 35 S. 2 VwVfG als Allgemeinverfügung erfasst:[213] Da ist zum einen der Verwaltungsakt, der sich an einen nach allgemeinen Kriterien bestimmbaren Personenkreis wendet (**personenbezogene** Allgemeinverfügung).[214] Ein Beispiel dafür sind Versammlungsverbote. Zum anderen werden jene Verwaltungsakte erfasst, die die öffentlich-rechtliche Eigenschaft einer Sache oder ihre Benutzung durch die Allgemeinheit regeln (**sachbezogene** Allgemeinverfügung).[215] Hierzu zählen beispielsweise die Widmung oder Entwidmung einer öffentlichen Einrichtung,[216] die Unterschutzstellung als Denkmal[217] oder die Anordnung eines Schutzbereiches nach § 2 Schutzbereichsgesetz,[218] das Tauchverbot für einen See[219] oder das Verkehrszeichen.[220]

3. Belastender und begünstigender Verwaltungsakt

60   Neben der Einteilung in rechtmäßige und rechtswidrige Verwaltungsakte bildet die Unterscheidung zwischen belastenden und begünstigenden Verwaltungsakten den maßgeblichen Gesichtspunkt für die Ausgestaltung der exekutiven Aufhebungs- und Änderungsbefugnisse.[221] Begünstigend ist ein Verwaltungsakt, „der ein Recht oder einen rechtlich erheblichen Vorteil begründet oder bestätigt" (§ 48 Abs. 1 S. 2 VwVfG). Enthält ein Verwaltungsakt sowohl eine **Belastung** als auch eine **Begünstigung,** unterfällt er den Regeln für begünstigende Verwaltungsakte.[222] Eine Rechtsgewährung – etwa in Form einer Umzugskostenvergü-

---

[213] Zu den Schwierigkeiten, die Allgemeinverfügung von der Rechtsverordnung abzugrenzen → Rn. 33.
[214] Näher *Ulrich Stelkens*, in: Stelkens/Bonk/Sachs (Hrsg.), VwVfG, § 35 Rn. 282 ff.
[215] Die sachbezogene Allgemeinverfügung nach § 35 S. 2 Alt. 2 VwVfG erfasst die meisten Regelungen, die früher unter der Figur des **dinglichen Verwaltungsakts** zusammengefasst wurden (*Norbert Niehues*, Dingliche Verwaltungsakte. Abgrenzung zwischen Rechtssatz und Einzelakt, DÖV 1965, S. 319 ff.; *Albert v. Mutius*, Rechtsnorm und Verwaltungsakt, in: FS Hans J. Wolff, 1973, S. 167 [207 ff.]; *Maurer*, VerwR, § 9 Rn. 56 f.). Unter die dinglichen Verwaltungsakte fallen alle Verwaltungsakte, die den Rechtsstatus einer Sache regeln, wie z. B. die Zulassung eines Fahrzeugs, die Widmung als öffentliche Sache (*OVG NW*, NJW 1987, S. 2695 [2695]), und sich deshalb nicht unmittelbar an einen bestimmten Adressaten wenden. Stattdessen kann man auch von einem **adressatenlosen Verwaltungsakt** sprechen, weil es zum Erlasszeitpunkt keinen abgrenzbaren Kreis von Betroffenen gibt und die Anfechtungsbefugnis grundsätzlich nach Drittschutzgrundsätzen vermittelt wird. Doch sind die Grenzen fließend, wie die Beispiele der Anlagengenehmigung oder des Verkehrszeichens zeigen. Die Anlagengenehmigung hat einen Adressaten, und das Verkehrsschild regelt weniger den Status einer Sache als vielmehr das Verhalten der Verkehrsteilnehmer. Außerdem wird das Moment der Sachbezogenheit, auf das der dingliche Verwaltungsakt rekurriert, von der Rechtsprechung herangezogen, um die Rechtsnachfolgefähigkeit eines Verwaltungsakts zu beurteilen (so *OVG NW*, NVwZ 1987, S. 427 [427]; *VGH BW*, NVwZ 1992, S. 392 [392]). Doch führt die Frage der Rechtsnachfolge bei Verwaltungsakten über den Themenkreis des dinglichen Verwaltungsakts hinaus (näher *Johannes Dietlein*, Rechtsnachfolge im öffentlichen Recht. Staats- und verwaltungsrechtliche Grundfragen, 1999).
[216] *BVerwGE* 91, 135.
[217] Siehe die in → Fn. 228 aufgeführten Entscheidungen.
[218] *BVerwGE* 70, 77 (81).
[219] *VGH BW*, NJW 1998, S. 2235 (2235).
[220] *BVerwGE* 102, 316 (318).
[221] → Rn. 164 f., Fn. 225.
[222] Allgemeine Auffassung, s. statt vieler *Michael Sachs*, in: Stelkens/Bonk/Sachs (Hrsg.), VwVfG, § 48 Rn. 120. Eine scheinbare Ausnahme bildet der Fall, dass man zwischen belastendem und begünstigendem Regelungsinhalt unterscheiden kann. Denn dann liegen in Wahrheit zwei bloß äußerlich verbundene Verwaltungsakte vor.

tung²²³ – oder eine Gestattung oder Erlaubnis – beispielsweise eine Baugenehmigung²²⁴ – stellen rechtserhebliche Vorteile dar, mögen sie auch mit unerwünschten Rechtsfolgen einhergehen oder nicht vollständig dem Begehrten entsprechen. In nachbarschaftlichen oder anderen konkurrenzbedingten **Dreiecksverhältnissen** kann der für den einen belastende Verwaltungsakt für den anderen begünstigend sein. Klassische Beispiele für solche mehrseitigen Verwaltungsakte sind die Baugenehmigung und die Auswahlentscheidung bei der Vergabe von Marktplätzen oder Konzessionen. Aber auch der den Adressaten belastende Verwaltungsakt des **Zwei-Personen-Verhältnisses** kann einen rechtlich erheblichen Vorteil beinhalten, indem er die Belastung begrenzt und eine größere Belastung ausschließt.²²⁵ Eine Verfügung – wie z.B. die Unterschutzstellung als Baudenkmal – wird aber nicht allein schon deshalb zu einem begünstigenden Verwaltungsakt, weil der Eigentümer die Belastung erstrebt.²²⁶ Bei einem feststellenden Verwaltungsakt hängt die Einordnung davon ab, ob die getroffene Feststellung den Adressaten begünstigt oder belastet.²²⁷

4. Gestaltender und feststellender Verwaltungsakt

Jeder Verwaltungsakt verändert die Rechtsordnung und besitzt eine **gestaltende Wirkung,** mag sie auch **deklaratorischer,**²²⁸ **wiederholender**²²⁹ oder **fest-**   61

---

²²³ *BVerwGE* 64, 24 (1. LS, 26); 81, 149 (149).
²²⁴ *Hess. VGH,* NJW 1976, S. 1910 (1910).
²²⁵ Meist wird ein belastender Verwaltungsakt keinen solchen begrenzenden Regelungsinhalt aufweisen. Nach Auffassung des *BVerwG* kann auch ein belastender Verwaltungsakt Bezugspunkt eines verfassungsrechtlich geschützten Vertrauens sein: *BVerwGE* 67, 129 (133); 79, 163 (169); *BVerwG,* NVwZ 1988, S. 938 (940). Näher *Sebastian Schröcker,* Berichtigung und Änderung behördlicher Bescheide, NJW 1968, S. 2035 (2039 ff.). Statt einen belastenden Verwaltungsakt als Vertrauenstatbestand anzuerkennen, sollte man den Vertrauensschutz an dessen teilbegünstigenden Inhalt anbinden. Bei Steuerbescheiden wird die Nachforderung durch §§ 172 ff. AO eingeengt. Näher dazu *Roman Seer,* in: Klaus Tipke/Joachim Lang (Hrsg.), Steuerrecht, 20. Aufl. 2010, § 21 Rn. 394 ff.
²²⁶ *BVerwG,* NVwZ 1992, S. 1197 (1197 f.).
²²⁷ *BVerwGE* 72, 265 (267 f.); → Fn. 234.
²²⁸ Mitunter stößt man auf die Unterscheidung zwischen konstitutiven und deklaratorischen Verwaltungsakten: **Konstitutiv** ist ein Verwaltungsakt, wenn eine Pflicht, ein Recht oder ein Rechtsstatus erstmals durch den Verwaltungsakt begründet, verändert oder aufgehoben wird oder wenn der Verwaltungsakt Voraussetzung für den Eintritt von Rechtsfolgen ist. Als **deklaratorisch** wird seine Wirkung bezeichnet, falls die Rechtsänderung bereits eingetreten ist, da die gesetzlichen Voraussetzungen vorliegen. Ob ein Verwaltungsakt konstitutiv oder bloß deklaratorisch oder es mangels Regelung überhaupt an einem Verwaltungsakt fehlt, ist eine Frage der Gesetzesauslegung. So kann die Eintragung in eine Denkmalliste konstitutiv – *OVG NW,* NWVBl 1995, S. 105 (105) – oder gleichgültig für die Denkmaleigenschaft sein – *Thür. OVG,* DÖV 2004, S. 491 (491 f.). Eine deklaratorische Wirkung ordnet § 38 AO an. Deklaratorisch bedeutet jedoch nicht ohne Rechtswirkung. Auch der deklaratorische Verwaltungsakt entfaltet Bindungswirkung und Bestandskraft und ist in diesem Sinne konstitutiv.
²²⁹ In der früheren Rechtsprechung wurde die **wiederholende Verfügung** im Gegensatz zum **Zweitbescheid** nicht als Verwaltungsakt eingestuft, weil mangels Sachprüfung ohne neuen Regelungsgehalt nur auf den bereits vorliegenden Verwaltungsakt verwiesen werde, *BVerwGE* 13, 99 (102). Später hat das *BVerwG* die wiederholende Verfügung im Hinblick auf die Entscheidung, das abgeschlossene Verfahren nicht wiederaufzugreifen, als Verwaltungsakt eingestuft, *BVerwGE* 44, 333 (334 f.), und in *BVerwG,* NVwZ 2002, S. 482 (483), die frühere Verneinung der Verwaltungsaktsqualität als „spätestens seit Inkrafttreten der Verwaltungsverfahrensgesetze überholt" bezeichnet. Es handelt sich um einen **verwaltungsverfahrensgestaltenden Verwaltungsakt,** so *Hans G. Henneke,* in: Knack/Henneke, VwVfG, § 35 Rn. 71; *Maurer,* VerwR, § 11 Rn. 56. Das Unionsrecht kennt die ver-

stellender Art sein.[230] Aber nicht jeder Verwaltungsakt weist auch einen feststellenden Gehalt auf.[231] Zwar muss vor jeder Entscheidung die Rechtslage geklärt und in diesem Sinne festgestellt werden. Daraus folgt aber nicht, dass die Entscheidung selbst eine verbindliche Feststellung enthält.

62 Um einen **feststellenden Verwaltungsakt** handelt es sich nur, wenn das Bestehen oder Nichtbestehen eines Rechtsverhältnisses oder Sachverhalts verbindlich festgestellt wird.[232] Als Beispiel kommt die Feststellung in Betracht, dass der Betroffene verpflichtet ist, eine Genehmigung einzuholen, oder dass ein bestimmter Umstand den Unfall verursacht hat. Feststellende Gehalte zu ermitteln, fällt mitunter schwer, weil sie sich in der Begründung eines Verwaltungsakts verbergen können.[233] Angesichts der Bindungswirkung, die nachteilige Feststellungen für den Betroffenen haben, sollte man mit der Annahme eines feststellenden Regelungsinhalts zurückhaltend sein. Neben dem Vorhandensein einer **Verwaltungsaktsbefugnis**[234] wird man verlangen müssen, dass der Verbindlichkeitsanspruch einer Feststellung eindeutig zum Ausdruck gelangt.[235]

63 Von der gestaltenden Wirkung der Verwaltungsakte im Allgemeinen und dem feststellenden Verwaltungsakt lässt sich der **gestaltende Verwaltungsakt** unterscheiden. Durch ihn wird ein Rechtsverhältnis begründet, verändert oder aufgehoben. Ein Beispiel ist die Erteilung einer Genehmigung, ein anderes die Gewährung einer wiederkehrenden Leistung. Unter diese Umschreibung fällt auch die Verfügung.[236] Im Unterschied zu ihr sind aber weder der gestaltende noch der feststellende Verwaltungsakt vollstreckbar. Zu den gestaltenden Verwaltungsakten zählt auch der **statusgestaltende Verwaltungsakt.** Durch einen solchen Verwaltungsakt wird eine bestimmte Rechtsstellung geschaffen oder vernichtet. Statusgestaltend sind beispielsweise die Einbürgerung, die Ernennung zum Beamten oder seine Entlassung. Mit der Figur des statusgestaltenden Verwaltungsakts ist es möglich, zwischen der abstrakten Rechtsstellung einer Person, Deutscher, Beamter oder Abgeordneter zu sein, und den konkret bestehenden Rechten und Pflich-

---

wandte Figur des bestätigenden Rechtsakts, näher *Daniela Schroeder,* Der bestätigende Rechtsakt in der Rechtsprechung des EuGH und des EuG, EuZW 2007, S. 467 ff.

[230] Zum rechtsgestaltenden Inhalt feststellender Verwaltungsakte *Seibert,* Bindungswirkung (Fn. 40), S. 94 ff.; *Druschel,* Verwaltungsaktsbefugnis (Fn. 101), S. 186 ff.; *Ivo Appel/Hansjörg Melchinger,* Rechtsanwendung und feststellender Verwaltungsakt, VerwArch, Bd. 84 (1993), S. 349 (358 ff.).

[231] A. A. *Winkler,* Bescheid (Fn. 33), S. 58 f.; *Wolff/Bachof,* Verwaltungsrecht (Fn. 87), S. 390; *Appel/Melchinger,* Rechtsanwendung (Fn. 230), S. 368.

[232] Einen Unterfall des feststellenden Verwaltungsakts bildet der **beurkundende Verwaltungsakt,** durch den in öffentlichen Registern oder durch die Errichtung einer Urkunde ein bestimmter Sachverhalt verbindlich festgestellt wird, BVerwGE 39, 103 (104); *Ulrich Stelkens,* in: Stelkens/Bonk/Sachs (Hrsg.), VwVfG, § 35 Rn. 87, 222.

[233] Vgl. *BSGE* 66, 168 (173); 79, 261 (265); Urt. v. 22. 6. 2004 – Az. B 2U 36/03 R: Der Regelungsinhalt eines Verwaltungsakts kann sich auch aus der Begründung ergeben.

[234] Zur Notwendigkeit einer gesetzlichen Grundlage für feststellende Verwaltungsakte BVerwGE 72, 265 (266); NVwZ 1991, S. 267 (267 f.). Näher *Harald Kracht,* Feststellender Verwaltungsakt und konkretisierende Verfügung, 2002, S. 354 ff.; *Druschel,* Verwaltungsaktsbefugnis (Fn. 101), S. 184 ff.; *Jungkind,* Verwaltungsakte (Fn. 90), S. 69 ff.

[235] So dezidert *BVerwGE* 135, 209 (LS, 214 f.). Eine Versagung beinhaltet deshalb normalerweise keine auf die Versagungsgründe bezogene Feststellung (str.). Für die Baugenehmigung *BVerwGE* 48, 271 (272 ff.). Näher *Domke,* Rechtsfragen (Fn. 179), S. 103 f.; *Bumke,* Rechtswidrigkeit (Fn. 126), S. 184 ff.

[236] → Rn. 58, 102.

5. Fiktiver Verwaltungsakt

Der **fiktive Verwaltungsakt**[238] ist kein Verwaltungsakt gemäß § 35 VwVfG. 63a
Das Anwendungsfeld des fiktiven Verwaltungsakts hat sich in den letzten Jahren immer weiter vergrößert.[239] Mit § 42a VwVfG existiert nunmehr ein allgemeines Regelwerk für die Genehmigungsfiktion.

Der fiktive Verwaltungsakt beruht auf einer gesetzlichen Anordnung[240] (vgl. § 42a Abs. 1 S. 1 VwVfG). Die fingierte Regelung wird mit Eintritt der gesetzlichen Voraussetzungen wirksam.[241] Häufig knüpft eine solche Regelung an ein pflichtwidriges Unterlassen der zuständigen Behörde an (vgl. § 42a Abs. 1 S. 1, Abs. 2 VwVfG).[242] Der Regelungsinhalt des fiktiven Verwaltungsakts lässt sich anhand der gesetzlichen Regelungen über den Verfahrens- und Entscheidungsgegenstand sowie – im Fall eines Antragsverfahrens – des hinreichend bestimmten Antrags (vgl. § 42a Abs. 1 S. 1 VwVfG)[243] bestimmen. Aufgrund der Fiktion existiert eine einem Verwaltungsakt entsprechende Regelung, auf die die Vor-

---

[237] → Rn. 106 ff.

[238] Dazu *Monika Jachmann*, Die Fiktion im öffentlichen Recht, 1998, S. 234 ff.; *Johannes Caspar*, Der fiktive Verwaltungsakt. Zur Systematisierung eines aktuellen verwaltungsrechtlichen Instituts, AöR, Bd. 125 (2000), S. 131 ff.; *Martin Oldiges*, Der fiktive Verwaltungsakt. Bemerkungen auch zu § 15 Abs. 2 BImSchG, UTR, Bd. 54 (2000), S. 41 ff.; aus dem breiten Schrifttum zu § 42a VwVfG und Art. 13 RL 2006/123/EG *Michael Fehling*, Beschleunigung von Genehmigungsverfahren in der Umsetzung der Dienstleistungsrichtlinie, in: ders./Klaus W. Grewlich (Hrsg.), Struktur und Wandel des Verwaltungsrechts. Symposium zum 80. Geburtstag von Prof. Dr. Dr.h.c. Martin Bullinger, 2011, S. 43 (51 ff.); *Annette Guckelberger*, Die Rechtsfigur der Genehmigungsfiktion, DÖV 2010, S. 109 ff.; *Michael Uechtritz*, Die allgemeine verwaltungsverfahrensrechtliche Genehmigungsfiktion des § 42a VwVfG, DVBl 2010, S. 684 ff. Die Genehmigungsfiktion ist ein Teilstück des Instrumente, auf die bei der Beschleunigung von Verwaltungsverfahren gesetzt wird. Näher zu diesen Debatten statt aller *Martin Bullinger*, Beschleunigte Genehmigungsverfahren für eilbedürftige Vorhaben. Ein Beitrag zur zeitlichen Harmonisierung von Verwaltung, Wirtschaft und Gesellschaft, 1991; das Beschleunigungsinstrument der Genehmigungsfiktion lehnt *Bullinger* jedoch weitgehend ab (a.a.O., S. 68 ff.).

[239] Siehe etwa § 6a GewO (Genehmigung der dort aufgeführten genehmigungsbedürftigen Gewerbe), § 10 Abs. 1 S. 3 HwO (Eintragung in die Handwerksrolle), § 18 Abs. 1 S. 3 SigG (Anerkennung von Prüf- und Bestätigungsstellen); zur fingierten Baugenehmigung im vereinfachten Genehmigungsverfahren, die zahlreiche Landesbauordnungen vorsehen (z. B. § 61 Abs. 3 S. 4 Hamb.BauO), s. *Koch/Hendler*, BauR, § 23 Rn. 43, 59; *Johannes Saurer*, Die Fiktionstatbestände im vereinfachten Baugenehmigungsverfahren, DVBl 2006, S. 605 ff.

[240] Neben den Beispielen → Fn. 239 z. B. § 6 Abs. 4 S. 4 BauGB (Genehmigung des Flächennutzungsplans), § 8 Abs. 5a S. 1 TierSchG (Genehmigung von Tierversuchen), § 12 Abs. 5 S. 2 GenTG (Genehmigung zur Errichtung und zum Betrieb bestimmter gentechnischer Anlagen), § 2 Abs. 6a S. 1 FStrG (Widmung eines neuen Teils einer Bundesfernstraße); zum Rundfunkrecht s. *Uwe Jürgens*, Marktzutrittsregulierung elektronischer Informations- und Kommunikationsdienste, 2005, S. 222 ff.

[241] § 42a VwVfG setzt voraus, dass eine gesetzliche Vorschrift die Genehmigungsfiktion vorsieht, ein hinreichend bestimmter Genehmigungsantrag gestellt wird und innerhalb der Frist (s. dazu § 42a Abs. 2 VwVfG) keine behördliche Entscheidung über den Antrag bekannt gegeben wird (s. zu Letzterem *Uechtritz*, Genehmigungsfiktion [Fn. 238], S. 691). Vgl. zur Frist *Anne Neidert*, Verwaltungsverfahren über einen einheitlichen Ansprechpartner. Änderungsbedarf im deutschen Verwaltungsverfahrensrecht aufgrund der EG-Dienstleistungsrichtlinie, 2010, S. 173 ff.

[242] Fehlt es an einem behördlichen Anknüpfungspunkt, scheidet eine Fiktion grundsätzlich aus, vgl. *BVerwGE* 124, 47 (50).

[243] Näher zu diesem Erfordernis *Uechtritz*, Genehmigungsfiktion (Fn. 238), S. 688.

schriften über die Bindungswirkung, Aufhebung[244] und das Rechtsbehelfsverfahren[245] entsprechend angewandt werden (vgl. § 42a Abs. 1 S. 2 VwVfG).[246] Ob die Fiktion auch die Rechtmäßigkeit der Regelung umfasst,[247] ist eine Auslegungsfrage, die normalerweise schon aus Gründen effektiven Rechtsschutzes nach Art. 19 Abs. 4 GG und des Beschleunigungszwecks der Fiktion zu verneinen ist.[248]

II. Zeitlicher Regelungsinhalt

64   Ein Verwaltungsakt kann sich, wie ein Versammlungsverbot, in einer einmaligen Regelung erschöpfen; von ihm können aber auch dauerhaft Rechtswirkungen ausgehen, beispielsweise indem jemand verpflichtet wird, seinen Hund anzuleinen oder ein Fahrtenbuch zu führen. Diese Unterscheidung ist zunächst phänomenologischer und damit gradueller Natur: Auch der **punktuelle** Verwaltungsakt weist ein Moment der Dauer auf, weil zwischen Erlass und Verwirklichung Zeit vergeht. Überdies ist es eine Frage der Perspektive, ob man bei einem statusgestaltenden Verwaltungsakt auf die juristische Sekunde der Statusänderung oder auf den **dauerhaft** veränderten Status abstellt.

65   Rechtlich bedeutsam wird der Zeitfaktor erst durch die Anerkennung eines speziell durch das Moment der Zeit gekennzeichneten Verwaltungsakts – des

---

[244] Auch eine nach § 42a VwVfG fingierte Genehmigung kann nach § 48 VwVfG aufgehoben werden. Im Anwendungsbereich der Dienstleistungsrichtlinie (RL 2006/123/EG) wird man bei dieser Entscheidung die unionsrechtliche Wertung berücksichtigen müssen, dass die Verwaltung zügig innerhalb einer bestimmten Frist über die Genehmigung entscheiden soll (s. Art. 13 Abs. 3 S. 1 der RL). Um dieses Anliegen nicht zu unterlaufen, wird man das Unionsinteresse am Fortbestand der Genehmigung als einen sehr erheblichen Abwägungsbelang in die Ermessensentscheidung über die Aufhebung einstellen, sodass gewichtige öffentliche Interessen auf dem Spiel stehen müssen, um eine Aufhebung zu rechtfertigen (vgl. *Matthias Cornils*, in: Monika Schlachter/Christoph Ohler [Hrsg.], Europäische Dienstleistungsrichtlinie, 2008, Art. 13 Rn. 27; vgl. auch *Kopp/Ramsauer*, VwVfG, § 42a Rn. 19a: zwingende Gründe des Allgemeininteresses analog Art. 13 Abs. 4 S. 2 der RL). Zur vorgelagerten Frage der Rechtmäßigkeitsfiktion → Fn. 248.

[245] Ein fiktiver Verwaltungsakt wird nicht bekannt gegeben. Nach § 42a Abs. 3 VwVfG ist aber der Eintritt der Genehmigungsfiktion schriftlich zu bescheinigen. Da auf Seiten des Bürgers ein Feststellungsinteresse besteht und der Gesetzgeber dieses auch anerkannt hat, wird man davon ausgehen, dass die Feststellung Gegenstand eines Verwaltungsaktes ist (so *Guckelberger*, Genehmigungsfiktion [Fn. 238], S. 117; a. A. *Uechtritz*, Genehmigungsfiktion [Fn. 238], S. 691 f.). Was den Inhalt der Bescheinigung anbelangt, sieht *Uechtritz* die Behörde als verpflichtet an, den Inhalt der Genehmigung festzustellen (a. a. O., S. 692); gegen eine so weitgehende Pflicht spricht aber der Wortlaut des § 42a VwVfG. Rechtsstaatlich geboten ist eine solche Feststellung jedenfalls nicht.

[246] Die genaue Reichweite etwa im Hinblick auf die umstrittene Frage, ob § 44 VwVfG analog Anwendung findet, ist anhand der gesetzlichen Fiktionsregelung zu entscheiden (beispielhaft: BVerwGE 105, 6 [15 f.]). Im Anwendungsbereich des § 42a VwVfG ist § 44 VwVfG entsprechend anzuwenden, wobei nur die Nichtigkeitsgründe aus § 44 Abs. 1, Abs. 2 Nr. 4 und 6 VwVfG in Betracht kommen (*Kopp/Ramsauer*, VwVfG, § 42a Rn. 16).

[247] Das Recht kennt auch Rechtmäßigkeitsfiktionen, s. *Thorsten Siegel*, Die Verfahrensbeteiligung von Behörden und anderen Trägern öffentlicher Belange. Eine Analyse der rechtlichen Grundlagen unter besonderer Berücksichtigung der Beschleunigungsgesetzgebung, 2001, S. 171 f.

[248] Zur Diskussion um die beschränkte Rechtmäßigkeitsfiktion aus Art. 13 Abs. 4 RL 2006/123/EG s. *Cornils*, in: Schlachter/Ohler (Hrsg.), DienstleistungsRL (Fn. 244), Art. 13 Rn. 21 ff.; *Jan Ziekow*, Möglichkeiten zur Verbesserung der Standortbedingungen für kleinere und mittlere Unternehmen durch Einführung von Genehmigungsfiktionen, 2008, S. 41 f.; *Daniel Hissnauer*, Auswirkungen der Dienstleistungsrichtlinie auf das deutsche Genehmigungsverfahren, 2009, S. 229 ff.

Dauerverwaltungsakts. Dieser hat im Sozialgesetzbuch eine nähere Ausgestaltung gefunden (§§ 45 Abs. 3, 48 SGB X). Das Bundesverwaltungsgericht misst dem Dauerverwaltungsakt aber auch im Allgemeinen Verwaltungsrecht rechtliche Bedeutung bei: Nicht nur die Frage des maßgeblichen Zeitpunkts der gerichtlichen Beurteilung,[249] sondern auch der Rückgriff auf die Rücknahmebestimmung in § 48 VwVfG und das Wiederaufgreifen des Verfahrens nach § 51 Abs. 1 Nr. 1 VwVfG hängen seiner Meinung nach davon ab, ob ein Dauerverwaltungsakt vorliegt oder nicht.[250]

Den Dauerverwaltungsakt über den Umstand hinaus zu definieren, dass er **rechtswidrig werden** kann, fällt schwer. Das Bundesverwaltungsgericht klassifiziert Verwaltungsakte als Dauerverwaltungsakte, wenn „deren Wirkung nach Sinn und Zweck und dem einschlägigen materiellen Recht wesensmäßig auf Dauer angelegt ist. Dies ist insbesondere dann der Fall, wenn der Verwaltungsakt ein auf Dauer berechnetes oder in seinem Bestand von ihm abhängiges Rechtsverhältnis begründet oder inhaltlich verändert".[251] Diese Umschreibung ist nicht frei von Deutungsschwierigkeiten. Ergänzend verweist man darauf, dass sich der Verwaltungsakt „nicht in einem einmaligen Gebot oder Verbot oder in einer einmaligen Gestaltung der Rechtslage erschöpf[en]"[252] darf[253] oder dass „die [...] Anpassungsbedürftigkeit an die anspruchsbegründenden tatsächlichen Umstände" entscheidend ist.[254] Obwohl diese Kriterien nicht trennscharf sind, spielen Abgrenzungsfragen in der Praxis keine größere Rolle. Trotzdem wird man auf die **Figur** im Allgemeinen Verwaltungsrecht **verzichten** können:[255] Für die Bestimmung des maßgeblichen Entscheidungszeitpunkts ist nicht das Vorliegen eines Dauerverwaltungsakts entscheidend. Dieser richtet sich vielmehr nach den fachgesetzlichen Vorgaben.[256] Ähnlich ist die Situation bei der

66

---

[249] In der früheren Rechtsprechung des *BVerwG* führte das Vorliegen eines Dauerverwaltungsakts dazu, den maßgeblichen Beurteilungszeitpunkt bei Anfechtungsklagen auf die gerichtliche Entscheidung zu verschieben (vgl. *BVerwGE* 22, 16 [22 f.]). Heutzutage betont das Gericht, dass sich die Frage nach dem maßgeblichen Beurteilungszeitpunkt in erster Linie nach dem einschlägigen Fachrecht richtet (so *BVerwGE* 84, 157 [160]; *BVerwG*, Buchholz 239.2 § 28 SVG Nr. 2). Dies führt dazu, dass etwa bei einer Gewerbeuntersagung nach § 35 GewO die behördliche Entscheidung den maßgeblichen Beurteilungszeitpunkt bildet (näher dazu *Schenke*, VerwaltungsprozessR, Rn. 782 ff.).

[250] Siehe *BVerwGE* 84, 111 (113); NVwZ-RR 1994, S. 369 (369); *BVerwGE* 104, 115 (120); zustimmend *Ule/Laubinger*, VerwVerfR, § 61 Rn. 22; ablehnend *Moris Lehner*, Der rückwirkende Widerruf von begünstigenden Verwaltungsakten, DV, Bd. 26 (1993), S. 183, 195 ff.; *Dagmar Felix*, Der Verwaltungsakt mit Dauerwirkung – eine sinnvolle Kategorie des Allgemeinen Verwaltungsrechts?, NVwZ 2003, S. 385 ff.

[251] *BVerwGE* 104, 115 (120). Der zweite Satz findet sich bei *Wolff/Bachof*, Verwaltungsrecht (Fn. 87), S. 394. In *BVerwGE* 114, 160 (167), betont das Gericht als Kennzeichen eines Dauerverwaltungsakts die „typische, sich ständig neu aktualisierende Verpflichtung". Das Bundessozialgericht hat keine größeren Anstrengungen unternommen, den Begriff des Dauerverwaltungsakts zu definieren, sondern sich auf die Beantwortung inhaltlicher Fragen konzentriert (s. vor allem *BSGE* 56, 165 [170 ff.], sowie die Darstellung bei *Wolfgang Rüfner*, in: Georg Wannagat/Eberhard Eichenhofer [Hrsg.], SGB X, 1. Kap.: Verwaltungsverfahren, 2002, § 45 Rn. 16 ff.).

[252] *Otto Bachof*, Der maßgebliche Zeitpunkt für die gerichtliche Beurteilung von Verwaltungsakten, JZ 1954, S. 416 (419).

[253] *Gerrit Manssen*, Der Begriff „Verwaltungsakt mit Dauerwirkung", ZfSH/SGB 1991, S. 225 (229), hat diese Formulierung kritisiert und versucht, sie ad absurdum zu führen (ihm folgend *Friedrich E. Schnapp*, Rücknahme von Verwaltungsakten, SGb 1993, S. 1 [6]).

[254] So *Manssen*, Begriff (Fn. 253), S. 234; *Ule/Laubinger*, VerwVerfR, § 61 Rn. 21.

[255] Im Ergebnis übereinstimmend *Felix*, Verwaltungsakt (Fn. 250), S. 388 f.

[256] Siehe → Fn. 249.

Aufhebung eines Verwaltungsakts: Nicht das Vorliegen eines Dauerverwaltungsakts, sondern der Eintritt wesentlicher Veränderungen bildet den entscheidenden Gesichtspunkt.[257] Schließlich vermag auch nicht die Beschränkung eines Wiederaufgreifens des Verfahrens nach § 51 Abs. 1 Nr. 1 VwVfG auf Dauerverwaltungsakte zu überzeugen.[258] Wie bei der Aufhebung kommt es auch beim Wiederaufgreifen allein darauf an, ob sich die Sach- oder Rechtslage in erheblicher Weise verändert hat.

III. Persönlicher Regelungsinhalt: zwei- und mehrseitige Verwaltungsakte

67 Das tradierte Bild des Verwaltungsakts wird durch das Gegenüber von Staat und Bürger bestimmt. Maßnahmen wie die Polizeiverfügung oder die Steuerfestsetzung ergingen im öffentlichen Interesse und legten die Rechte und Pflichten des Bürgers im **bipolaren** Verhältnis zum Staat fest. Der Schutz oder die Vorteile, die ein Nachbar, Konkurrent oder eine gefährdete Person durch den Verwaltungsakt erlangte, bildeten einen bloßen Rechtsreflex.[259] Subjektive Rechte Dritter waren dem Verwaltungsrecht weitgehend fremd. Die unter dem Grundgesetz einsetzende Subjektivierung des Öffentlichen Rechts erfasste auch die Rechtssphäre Dritter.[260] Dies führte dazu, dass die Rechtswirkungen eines Verwaltungsakts die Rechtssphäre ganz verschiedener Personen berühren konnten. Mit einem Mal war es möglich, dass eine Baugenehmigung oder Abrissverfügung sich für den Nachbar als belastende oder begünstigende Regelung erwies.[261] Der **mehrseitige,** multipolare oder der **Verwaltungsakt** mit Dritt- oder Doppelwirkung[262] ist längst zur **Normalität** geworden. Viele Verwaltungsakte haben die Aufgabe, die widerstreitenden Interessen und Rechtspositionen der Privaten dadurch auszugleichen, dass sie die konkreten Rechte und Pflichten

---

[257] → Rn. 205 ff.
[258] So aber *BVerwGE* 104, 115 (120): Eine Änderung der Sach- und Rechtslage könne sich regelmäßig nur auf die Rechtmäßigkeit von Verwaltungsakten mit Dauerwirkung auswirken. Vgl. *Michael Sachs*, in: Stelkens/Bonk/Sachs (Hrsg.), VwVfG, § 51 Rn. 89; *Ule/Laubinger,* VerwVerfR, § 65 Rn. 17. – Es ist aber nicht einsichtig, warum etwa hinsichtlich einer Abrissverfügung bei geänderter Sach- oder Rechtslage nur die Einstellung der Vollstreckung und nicht auch ein Wiederaufgreifen des Verfahrens geboten sein soll. In diesem Sinne auch *Wolfgang Schäfer*, in: Obermayer, VwVfG, § 51 Rn. 55. Letztlich ist aber für die rechtliche Beurteilung nicht der Begriff, sondern die Frage entscheidend, ob sich aus der Rechtsordnung erhebliche Rechtsveränderungen bezüglich eines Verwaltungsakts ergeben können oder nicht. In dieser Weise verfährt das *BVerwG* mit Blick auf die Ablehnung einer Rückübertragung nach § 4 Abs. 2 VermG (LKV 2009, S. 172 f.).
[259] Näher zur Figur des Rechtsreflexes *Otto Bachof*, Reflexwirkungen und subjektive Rechte im Öffentlichen Recht, in: GS Walter Jellinek, 1955, S. 287 ff.
[260] Einen Überblick zur Subjektivierung des Öffentlichen Rechts gibt *Tanja Schmidt*, Die Subjektivierung des Verwaltungsrechts. Dargestellt anhand der Entwicklung der Ermessensansprüche innerhalb der ersten beiden Nachkriegsjahrzehnte, 2006. → Bd. I *Stolleis* § 2 Rn. 107, 110, *Masing* § 7 Rn. 98 ff.
[261] *Peter Preu*, Die historische Genese der öffentlichrechtlichen Bau- und Gewerbenachbarklagen (ca. 1800–1979), 1990, S. 81 ff.; *Ingo Kraft*, Entwicklungslinien im baurechtlichen Nachbarschutz, VerwArch, Bd. 89 (1998), S. 264 ff.
[262] Das Gesetz bezeichnet ihn auch als „Verwaltungsakt mit Doppelwirkung", § 80 Abs. 1 S. 2 VwGO. Diesen Begriff sollte man aber einem Verwaltungsakt vorbehalten, der sowohl einen begünstigenden als auch belastenden Regelungsinhalt aufweist (→ Rn. 60). Näher *Laubinger*, Verwaltungsakt (Fn. 171); *Matthias Schmidt-Preuß*, Kollidierende Privatinteressen im Verwaltungsrecht, 2. Aufl. 2005, S. 11 ff.

sowohl der Adressaten als auch der Drittbetroffenen regeln.²⁶³ Der Verwaltungsakt im multipolaren Rechtsverhältnis stellte die Handlungsformenlehre vor keine spezifischen Herausforderungen: Die Schwierigkeiten solcher Rechtsverhältnisse lagen und liegen in der Konturierung der berührten Rechtspositionen, den damit verbundenen grundrechtsdogmatischen Implikationen und der Ausgestaltung eines effektiven und ausgewogenen Rechtsschutzes.²⁶⁴ Es handelt sich um Fragen, die die Lehren vom subjektiv-öffentlichen Recht betreffen. Sicherlich bedeutet die Einbeziehung multipolarer Rechtsverhältnisse auch für die Handlungsformenlehre eine bedeutsame Perspektivenerweiterung. Doch weder die Lehren über die Fehlerfolgen noch die Rechtswirkungen im Allgemeinen oder die Beständigkeit und Aufhebung des Verwaltungsakts werden dadurch entscheidend verändert.

IV. Verfahren und Form

1. Mitwirkungsbedürftige Verwaltungsakte

Einseitiges Handeln ist charakteristisch für einen Verwaltungsakt. Es gibt jedoch Verwaltungsakte, deren Wirksamkeit oder Rechtmäßigkeit von der Zustimmung des Bürgers (**mitwirkungsbedürftiger Verwaltungsakt**)²⁶⁵ oder der Mitwirkung einer anderen Behörde (**mehrstufiger Verwaltungsakt**)²⁶⁶ abhängt. Mehrstufige Verwaltungsakte sind ein einfaches Instrument zur Koordinierung der staatlichen Zuständigkeitsordnung. Sie erlauben es, wo verfassungsrechtlich geboten oder gesetzlich erwünscht, Bundes- und Landeskompetenzen zu koordinieren, die kommunale Selbstverwaltungsgarantie zu wahren (z. B. § 36 BauGB) oder besondere Fachkompetenz in den Entscheidungsprozess einzubinden.²⁶⁷ Die behördliche Mitwirkung ist dabei normalerweise als **interner Akt** ausgestaltet.²⁶⁸ Während der mehrstufige Verwaltungsakt das Moment einseitigen Verwaltungshandelns nicht weiter berührt, müssen beim **mitwirkungsbedürftigen** Verwaltungsakt beide Seiten – Staat und Bürger – zusammenwirken.²⁶⁹ Dieses „zweiseitige", kooperative, für den Verwaltungsakt scheinbar so untypische Moment zeichnet den mitwirkungsbedürftigen Verwaltungsakt

68

---

²⁶³ Näher *Schmidt-Preuß* (Fn. 262), S. 252 ff., 725 ff.
²⁶⁴ *Eberhard Schmidt-Aßmann*, in: Maunz/Dürig, GG, Art. 19 Abs. 4 Rn. 3 f., 22, 229; → Bd. II *Hoffmann-Riem* § 33 Rn. 40 f.
²⁶⁵ Näher *Christoph Gusy*, Der Antrag im Verwaltungsverfahren, BayVBl. 1985, 484 ff.; *Paul Stelkens*, Der Antrag – Voraussetzung eines Verwaltungsverfahrens und eines Verwaltungsaktes?, NuR 1985, S. 213 ff.; *Ferdinand Kirchhof*, Der Verwaltungsakt auf Zustimmung, DVBl 1985, S. 651 ff.; *Ulrich Stelkens*, in: Stelkens/Bonk/Sachs (Hrsg.), VwVfG, § 35 Rn. 229 ff.
²⁶⁶ Näher *Hans G. Henneke*, in: Knack/Henneke, VwVfG, § 35 Rn. 110; *Maurer*, VerwR, § 9 Rn. 28; *Kopp/Ramsauer*, VwVfG, § 35 Rn. 112, 128 ff.
²⁶⁷ Z. B. § 4 Abs. 5 S. 4 DSchG Hamb., Art. 14 Abs. 1 S. 2 DSchG Bay.
²⁶⁸ Die Formen und Anforderungen an diesen Akt variieren von der Pflicht anzuhören (z. B. § 35 Abs. 4 GewO) über die Pflicht, sich ins Benehmen zu setzen (z. B. § 55 Abs. 5 S. 3 TKG, § 74 Abs. 6 S. 1 Nr. 2 VwVfG), bis hin zum Erfordernis des Einvernehmens für jede Entscheidung (z. B. § 36 Abs. 1 BauGB). Weitere Beispiele bei *Thomas Mann*, Zur Bedeutung des Einvernehmenserfordernisses in § 7 Abs. 1b Satz 2 AtG, DVBl 2009, S. 340 mit Fn. 4–6.
²⁶⁹ Dieses Moment erklärt die Aufmerksamkeit, die dieser verwaltungsaktlichen Erscheinungsform früher zuteil wurde: *Jellinek*, VerwR, S. 249 ff.; *Forsthoff*, VerwR, S. 211 ff.; *Wolff/Bachof*, Verwaltungsrecht (Fn. 87), § 48.

aus.²⁷⁰ Der mitwirkungsbedürftige Verwaltungsakt besitzt eine **verfahrensrechtliche Seite** in Form eines Antrags und eine **materiellrechtliche Seite** in Form der Zustimmung.²⁷¹ Das Mitwirkungserfordernis wahrt die Autonomie des Einzelnen, schützt ihn vor unerwünschten Wohltaten des Staates und fördert sowohl die Verwirklichung des Verwaltungshandelns als auch die Selbstregulierungskräfte der Gesellschaft. Auf diese Weise wird ein Feld kooperativer Verhaltensgestaltung eröffnet. Die an vielen Stellen des Verwaltungsverfahrensrechts erfolgte Einbindung Privater findet im mitwirkungsbedürftigen Verwaltungsakt ihr funktionales Äquivalent.

69 Während das kooperative Moment über den Mitwirkungsakt hinaus kaum rechtlich sichtbar wird, zeigen sich die Eigenheiten des mitwirkungsbedürftigen Verwaltungsakts besonders deutlich beim **Fehlen der erforderlichen Mitwirkung.** Wird ein Verwaltungsakt erlassen, ohne dass der nach § 22 S. 2 Nr. 2 VwVfG gebotene **Antrag** vorliegt, ist der Verwaltungsakt rechtswidrig. Der Fehler kann jedoch entsprechend dem Rechtsgedanken in § 45 Abs. 1 Nr. 1 VwVfG durch ein Gebrauchmachen geheilt werden. Schwieriger zu beurteilen sind die Folgen einer fehlenden **Zustimmung:** Betont man die Notwendigkeit des Zusammenwirkens, spricht dies für die schwebende Unwirksamkeit des Verwaltungsakts,²⁷² stellt man hingegen auf die verbleibende Entscheidungszuständigkeit der Verwaltung ab, liegt es nahe, die mangelnde Zustimmung wie jeden anderen Fehler auch nach den Vorgaben der §§ 43 ff. VwVfG zu behandeln.²⁷³ Für die zweite Lesart spricht entscheidend, dass der Gesetzgeber bei Verwaltungsakten, bei denen die Zustimmung – wie beispielsweise bei der Beamtenernennung oder der Einbürgerung – Wirksamkeitserfordernis sein soll, das Verfahren so ausgestaltet, dass der Verwaltungsakt nicht ohne Zustimmung erlassen werden kann.²⁷⁴ Überdies ist den Verwaltungsverfahrensgesetzen von Bund und Ländern die Kategorie des schwebend unwirksamen Verwaltungsakts fremd. Demnach führt die fehlende Zustimmung in aller Regel zur bloßen Fehlerhaftigkeit des Verwaltungsakts.

70 Weicht der Verwaltungsakt vom Antrag ab, bedarf es keines neuen Antrags, weil dessen Funktion gewahrt bleibt, solange Antrag und Verwaltungsakt denselben Verfahrensgegenstand betreffen. Woran es aber fehlt, ist die erforderliche

---

²⁷⁰ Erfunden wurde der mitwirkungsbedürftige Verwaltungsakt von *Otto Mayer*, um Rechtsverhältnisse, die wie das Beamtenverhältnis traditionell als vertragliche Beziehung verstanden wurden, als durch Verwaltungsakt begründete Rechtsverhältnisse zu erfassen. *Mayer* sprach von einem „Verwaltungsakt auf Unterwerfung" (VerwR I, S. 98; VerwR II, 1. Aufl. 1895, S. 221 ff.). Zugleich konnte er mit dessen Hilfe erklären, wie dem Einzelnen ohne gesetzliche Grundlage Pflichten auferlegt werden können (näher *Forsthoff*, VerwR, S. 212). Genau genommen geht es aber nicht um die Reichweite des Vorbehalts des Gesetzes, sondern um die Wahrung der privaten Autonomie, die einer einseitigen Inpflichtnahme etwa als Beamter entgegensteht. Zur kooperativen Aufgabenwahrnehmung vgl. → Bd. I *Schulze-Fielitz* § 12 Rn. 64 ff.

²⁷¹ Nicht jedes Antragserfordernis ist gleichbedeutend mit einem zustimmungspflichtigen Verwaltungsakt; so z. B. Antrag auf Altersruhegeld, s. *Kirchhof*, Verwaltungsakt (Fn. 265), S. 651 (653). Darf ein Verwaltungsverfahren nur auf Antrag eröffnet werden (§ 22 S. 2 Nr. 2 VwVfG), so handelt es sich um einen zustimmungsbedürftigen Verwaltungsakt.

²⁷² In diesem Sinne *Jellinek*, VerwR, S. 251; *Wolff/Bachof*, Verwaltungsrecht (Fn. 87), S. 403. Differenzierend *Forsthoff*, VerwR, S. 213 f.

²⁷³ So BVerwGE 19, 284 (287); 23, 237 (237); 82, 196 (199); *Kirchhof*, Verwaltungsakt (Fn. 265), S. 651 (659 f.).

²⁷⁴ Vgl. §§ 16, 23 StAG, 10 Abs. 2 BBG, 44 Abs. 2 Nr. 2 VwVfG.

Zustimmung. Diese lässt sich auch nicht durch das wohlverstandene Eigeninteresse des Antragstellers ersetzen. Denn die Zustimmung dient dazu, die **Autonomie des Einzelnen** zu bewahren. Es bleibt dem Antragsteller überlassen, dem Verwaltungsakt nachträglich – etwa durch Gebrauchmachen – zuzustimmen oder ihn anzufechten, um den Erlass des von ihm eigentlich anvisierten Verwaltungsakts zu erreichen.[275] Antrag und Zustimmung können bis zum Erlass des mitwirkungsbedürftigen Verwaltungsakts zurückgenommen werden. Das Verfahren ist dann einzustellen. Nach Erlass scheidet aufgrund der Bindungswirkung eine Rücknahme der Zustimmung aus, sofern sich nicht aus dem Fachrecht eine weitergehende Dispositionsbefugnis ergibt.[276]

2. Formlose und formgebundene Verwaltungsakte

Nach § 37 Abs. 2 S. 1 VwVfG kann ein Verwaltungsakt **schriftlich, elektronisch, mündlich** oder **in anderer Weise** erlassen werden. Für schriftliche und elektronische Verwaltungsakte statuiert das Verwaltungsverfahrensgesetz spezielle Anforderungen an Bestimmtheit und Form (§ 37 Abs. 3 bis 5), Begründung (§ 39 VwVfG) und Bekanntgabe (§ 41 Abs. 2 und 4 VwVfG) des Verwaltungsakts. Sofern keine besonderen Vorschriften bestehen, steht es der Verwaltung frei, ob und in welcher Form sie einen Verwaltungsakt erlässt (§ 10 VwVfG). Sofern das Gebot, einfach, zweckmäßig, zügig und wirtschaftlich zu verfahren (§§ 10 S. 2 VwVfG, 7, 34 BHO),[277] nicht entgegensteht, sollte die Verwaltung jedoch zu einer **Rechtssicherheit wahrenden Form** greifen.

71

V. Verwaltungsakte mit und ohne Gestaltungsbefugnis

Eine weitere Unterscheidung von erheblicher rechtlicher wie praktischer Bedeutung ist die zwischen Verwaltungsakten mit und ohne Gestaltungsbefugnis.[278]

72

---

[275] Man könnte daran denken, dass der Antragsteller den Verwaltungsakt allein mit dem Einwand anfechten kann, dass es an der erforderlichen Zustimmung fehlt. Eine solche Klage scheitert jedoch am fehlenden Rechtsschutzbedürfnis. Aus diesem Grund sind die Gestaltungsmöglichkeiten der Verwaltung enger, als *Wolfgang Hoffmann-Riem,* Von der Antragsbindung zum konsentierten Optionenermessen, DVBl 1994, S. 605 (607), dies annimmt. Eine aus Sicht der Verwaltung optimale Entscheidung befreit diese nicht von einem bestehenden Zustimmungserfordernis von Seiten des Bürgers.

[276] Nach Auffassung von *Herbert Schmitz,* in: Stelkens/Bonk/Sachs (Hrsg.), VwVfG, § 22 Rn. 70; *Martin Schnell,* Der Antrag im Verwaltungsverfahren, 1986, S. 109 f., soll die Rücknahme des verfahrensrechtlichen Antrags dem Rechtsgedanken des § 183 BGB entsprechend nur bis zur Bekanntgabe der Entscheidung zulässig sein (so mit Blick auf die besonderen Status beamtenrechtlicher Entscheidungen BVerwGE 104, 375 [378 f.]). Demgegenüber sieht der *Bay. VGH,* NVwZ-RR 1992, S. 328, „kein[en] Grund [...], die Folgen einer Rücknahme anders zu beurteilen als eine Antragsrücknahme noch vor Erlaß des beantragten Verwaltungsaktes oder als die von Anfang an fehlende Antragstellung." Einig ist man sich aber darüber, dass mit Eintritt der Bestandskraft des Verwaltungsakts eine Rücknahme des Antrags ausscheidet (*BVerwGE* 57, 342 [347]).

[277] Zu den Maßstäben des Verwaltungshandelns → Bd. II *Pitschas* § 42.

[278] Näher zu dieser Unterscheidung → Bd. I *Hoffmann-Riem* § 10 Rn. 57 ff., 81 ff.; *Maurer,* VerwR, § 7; *Koch/Rubel/Heselhaus,* VerwR, § 5 Rn. 57 ff. Mit dem Begriff der Gestaltungsbefugnis soll deutlich gemacht werden, dass diese Unterscheidung nicht von der sprachlichen Unbestimmtheit der ermächtigenden Gesetze oder dem Bestehen faktischer Gestaltungsspielräume abhängt, sondern kompetenzrechtlicher Natur ist. Auch der Beurteilungsspielraum betrifft nicht allein die Unsicherheit der Rechtsanwendung und die Schwierigkeiten der gerichtlichen Kontrolle (wenn man auch mit funk-

§ 35 Verwaltungsakte

Bei der Gestaltungsbefugnis unterscheidet man weiter zwischen **Beurteilungsspielräumen**,[279] die ausnahmsweise der Tatbestandsseite einer gesetzlichen Ermächtigung zugeordnet werden, und **Ermessen**,[280] das der Verwaltung auf der Rechtsfolgenseite eingeräumt sein kann.[281] Fehlt es an einer Gestaltungsbefugnis, spricht man von einem **gebundenen Verwaltungsakt**.[282] Kennzeichnend für ihn ist, dass die Judikative sich nicht auf einen kontrollierenden Nachvollzug beschränkt, sondern ihr eigenes Urteil über die Rechtmäßigkeit des Verwaltungsakts fällt und ihre Entscheidung gewissermaßen an die Stelle der Verwaltungsentscheidung setzt. Besteht hingegen eine Gestaltungsbefugnis, so beschränkt sich die gerichtliche Kontrolle darauf, ob der von der Rechtsordnung gezogene Gestaltungsrahmen und ihre dirigierenden Vorgaben sowie die allgemeinen Anforderungen an die Befugnisausübung, wie beispielsweise das Zugrundelegen eines zutreffenden Sachverhalts oder das Unterbleiben sachwidriger Überlegungen, beachtet wurden.[283] Die rechtliche Bedeutung der Unterscheidung zeigt sich

---

tionell-rechtlichen Überlegungen das Feld der Beurteilungsspielräume sehr weit vermessen kann, s. *Gunnar Folke Schuppert*, Self-restraints der Rechtsprechung, DVBl 1988, S. 1191 ff.), sondern beinhaltet eine Befugnis zur letztverbindlichen Rechtsgestaltung.

[279] Näher mit Blick auf die gerichtliche Kontrollproblematik *Otto Bachof*, Beurteilungsspielraum, Ermessen und unbestimmter Rechtsbegriff im Verwaltungsrecht, JZ 1955, S. 97 ff.; *Carl H. Ule*, Zur Anwendung unbestimmter Rechtsbegriffe im Verwaltungsrecht, in: GS Walter Jellinek, 1955, S. 309 ff.; *Martin Ibler*, Rechtspflegender Rechtsschutz im Verwaltungsrecht. Zur Kontrolldichte wertender Behördenentscheidungen. Vom Preußischen Oberverwaltungsgericht bis zum modernen Gerichtsschutz im Prüfungsrecht, 1999; *Christian Bamberger*, Behördliche Beurteilungsermächtigungen im Lichte der Bereichsspezifik des Verwaltungsrechts. Die gerichtliche Kontrolle der Zulassung bundesweiter Fernsehveranstaltungen, VerwArch, Bd. 93 (2002), S. 217 ff.

[280] Näher *Robert Alexy*, Ermessensfehler, JZ 1986, S. 701 ff.; *Martin Bullinger*, Das Ermessen in der öffentlichen Verwaltung. Entwicklung, Funktionen und Gerichtskontrolle, JZ 1984, S. 1001 ff. S. ferner *Ulla Held*, Das freie Ermessen: von den vorkonstitutionellen Wurzeln bis zur positivistischen Auflösung der Ermessenslehre, 1996.

[281] Näher zu dieser Unterscheidung *Walter Jellinek*, Gesetz, Gesetzesanwendung und Zweckmäßigkeitserwägung: zugleich ein System der Ungültigkeitsgründe von Polizeiverordnungen und -verfügungen; eine staats- und verwaltungsrechtliche Untersuchung, 1913, S. 157 ff.; *Dieter Jesch*, Unbestimmter Rechtsbegriff und Ermessen in rechtstheoretischer und verfassungsrechtlicher Perspektive, AöR, Bd. 82 (1957), S. 163 ff.; *Hans-Joachim Koch*, Unbestimmte Rechtsbegriffe und Ermessensermächtigungen im Verwaltungsrecht. Eine logische und semantische Studie zur Gesetzesbindung der Verwaltung, 1979; *Matthias Herdegen*, Beurteilungsspielraum und Ermessen im strukturellen Vergleich, JZ 1991, S. 747 ff.; *Eckhard Pache*, Tatbestandliche Abwägung und Beurteilungsspielraum. Zur Einheitlichkeit administrativer Entscheidungsfreiräume und zu deren Konsequenzen im verwaltungsgerichtlichen Verfahren. Ein Versuch der Modernisierung, 2001. Beide Formen der Gestaltungsbefugnis setzen eine Ermächtigung durch den Gesetzgeber voraus (in diesem Sinne *Schmidt-Aßmann*, in: Maunz/Dürig, GG, Art. 19 Abs. 4 Rn. 185 ff.; *ders.*, Ordnungsidee, 4. Kap. Rn. 65; *Pache*, a.a.O., S. 69 ff., vgl. auch den Überblick zu alternativen Erklärungsansätzen, ebd. S. 63 ff., 76 ff., kritisch zu diesem Ansatz, da der Gesetzgeber meist [eine seltene Ausnahme bildet § 10 Abs. 2 S. 2 TKG] auf eine ausdrückliche Zuweisung von Beurteilungsspielräumen verzichtet, *Fritz Ossenbühl*, Vom unbestimmten Rechtsbegriff zur letztverbindlichen Verwaltungsentscheidung, DVBl 1974, S. 309 [312 f.]).

[282] Das Ermessen auf der Rechtsfolgenseite und der Beurteilungsspielraum auf der Tatbestandsseite werden hier als Teil eines einheitlichen Phänomens verstanden. So auch → Bd. I *Hoffmann-Riem* § 10 Rn. 85; *Koch*, Rechtsbegriffe (Fn. 281), S. 172 ff.; *Pache*, Abwägung (Fn. 281), S. 108 ff., 479 ff.; *Jestaedt*, Maßstäbe des Verwaltungshandelns, in: Erichsen/Ehlers (Hrsg.), VerwR, § 11 Rn. 27 ff.

[283] Die Unterscheidung zwischen Beurteilungsspielräumen einerseits und Ermessen sowie Planungsermessen andererseits baut auf dem unterschiedlichen Gestaltungsspielraum auf, über den der Gesetzgeber bei der Einräumung solcher Gestaltungsbefugnisse verfügt. Darüber hinaus lassen sich die drei Gestaltungsbefugnisse aber auch aufgrund ihres unterschiedlichen gerichtlichen Kontrollprogramms unterscheiden. Näher *Ingo Richter/Gunnar Folke Schuppert/Christian Bumke*, Casebook

auch bei der unterschiedlichen Fehlerempfindlichkeit von Verwaltungsakten mit und ohne Gestaltungsbefugnis. Doch bildet die Gestaltungsbefugnis nur einen von mehreren Faktoren, die die Ausformung der Fehlerfolgen bestimmen.[284] Die maßgebliche Bedeutung der Unterscheidung besteht in der Möglichkeit des Gesetzgebers, der Verwaltung mehr oder minder große Räume für ihre verwaltungspolitische Ausgestaltung zu überlassen.[285]

C. Funktionen

I. Funktionen als Abbreviatur des Rechtsregimes

Ein Verwaltungsakt besitzt eine verwaltungsverfahrensrechtliche,[286] prozessuale,[287] vollstreckungsrechtliche[288] und materiellrechtliche Funktion, wobei man Letztere nochmals in eine Gestaltungs-,[289] Konkretisierungs-[290] und Stabilisierungsfunktion[291] unterteilen kann.[292] Eine Funktion in diesem Sinne ist eine **Abbreviatur**. Es werden die Eigenheiten begrifflich gebündelt und umschrieben, die sich aus den Regeln über den Erlass, die Rechtswirkungen und die Durchsetzung eines Verwaltungsakts sowie den bestehenden Rechtsschutzmöglichkeiten destillieren lassen. Eine solche Betrachtung dient der resümierenden Reflexion und äußeren Ordnungsbildung.[293]

73

Verwaltungsrecht, 3. Aufl. 2000, § 3; *Koch/Rubel/Heselhaus,* VerwR, § 5 Rn. 57 ff.; *Bull/Mehde,* VerwR, § 16. Zu gerichtlichen Verwaltungskontrollen allg. → Bd. III *Schoch* § 50.

[284] → Rn. 155 ff.
[285] Näher → Bd. I *Hoffmann-Riem* § 10 Rn. 56 ff.
[286] → Rn. 77, 79.
[287] Nach dem Wegfall der rechtsschutzeröffnenden Funktion des Verwaltungsakts (→ Rn. 13) besteht die Bedeutung der Handlungsform darin, besondere Klagearten mit eigenen Sachurteilsvoraussetzungen auszuformen (§§ 42 Abs. 1, 68 f., 74 f., 78 f., 113 f. VwGO) und zum Teil zu besonderen Verfahren im einstweiligen Rechtsschutz zu führen (§§ 80, 80a VwGO). Mit seinen Regeln über die Rechtsmittelfristen trägt das Prozessrecht entscheidend zur Stabilisierung des Verwaltungsakts bei.
[288] → Rn. 83 f.
[289] → Rn. 50, 82.
[290] → Rn. 41, 80.
[291] → Rn. 85.
[292] Prägnant statt vieler *Hans Meyer,* in: Meyer/Borgs-Maciejewski, Verwaltungsverfahrensgesetz (Fn. 63), § 35 Rn. 4 ff. In der Literatur werden Funktionskataloge verschiedenen Abstraktionsgrades vorgeschlagen: *Krause,* Rechtsformen (Fn. 58), S. 144 ff., unterscheidet Titelfunktion, Individualisierungs- und Klarstellungsfunktion, Formalisierungsfunktion und Gerechtigkeitsgewährleistungsfunktion; *Schuppert,* Verwaltungswissenschaft, S. 155, behandelt Individualisierungs- und Klarstellungsfunktion, Titelfunktion, Verwaltungsverfahrensfunktion und Prozessrechtsfunktion; *Maurer,* VerwR, § 9 Rn. 40, nennt Effektivitätsfunktion, Interessenwahrungsfunktion sowie Klarstellungs- und Stabilisierungsfunktion.
[293] Über die genannten Funktionen hinaus weist der Verwaltungsakt alle Funktionen auf, die den exekutiven Handlungsformen im Allgemeinen zugeschrieben werden: Der Verwaltungsakt soll dazu beitragen, die gesellschaftliche Ordnung zu gewährleisten. Seine Form und sein Inhalt werden durch das demokratische Moment politischer Gegenwarts- und Zukunftsgestaltung und die rechtsstaatlichen Gebote der Rechtssicherheit und Vorhersehbarkeit bestimmt. Um der „Bereitstellungsfunktion des Rechts" (*Schuppert,* Verwaltungswissenschaft, S. 148 ff., 976 ff.; → Bd. I *ders.* § 16 Rn. 11 f.) zu genügen, muss der Verwaltungsakt als ein Instrument verstanden und gehandhabt werden, mit dem die Verwaltung ihre Aufgaben im Einzelfall möglichst optimal verwirklichen kann. Näher *Eberhard Schmidt-Aßmann,* Die Lehre von den Rechtsformen des Verwaltungshandelns. Ihre Bedeutung im

74   Beides ist nicht gering zu schätzen, doch ist damit keine eigenständige Perspektive gewonnen und sie liegt auch nicht auf der Hand. Fragt man nach der Funktion des Verwaltungsakts, will man etwas über die Aufgaben, Leistungen, Ziele oder Zwecke wissen.[294] Da der Verwaltungsakt keinen wesenseigenen Zweck *(telos)* besitzt, bietet es sich an, auf einen Begriff wie den der Funktion zurückzugreifen, der keine bestimmte Frage vorgibt, sondern ein breites Feld an Perspektiven und Fragestellungen eröffnet.

II. Funktionen aus Sicht eines steuerungstheoretischen Ansatzes

75   Dieses Feld gilt es in groben Zügen auszumessen: Dabei soll entsprechend dem steuerungstheoretischen Ansatz die verhaltensbezogene mit der rechtsaktsbezogenen Perspektive verbunden werden.[295] Aus der **rechtsaktsbezogenen Perspektive** möchte man etwas über den abstrakten normativen Gegenstand Verwaltungsakt wissen.[296] Die **verhaltensbezogene Perspektive** interessiert sich hingegen für die konkreten Verwaltungsakte in der sozialen Wirklichkeit.[297] Verwaltungsakte bewirken etwas in der sozialen Wirklichkeit: Immer verändern sie die konkrete Rechtsordnung, manchmal eröffnen sie einen Handlungsspielraum, manchmal führen sie zu einer Verhaltensänderung, manchmal passiert auch weiter nichts. Bereits an dieser Stelle werden zwei grundlegende Perspektiven deutlich: Man kann nach den **normativen** oder nach den **sozialen Funktionen** eines Verwaltungsakts fragen.[298] Indes wird dabei genau das voneinander geschieden, was der steuerungstheoretische Ansatz mit dem Begriff des Steuerns oder – um Assoziationen einer allmächtigen Verwaltung zu vermeiden – Bewirkens einfangen will: die rechtliche und tatsächliche Entfaltung des Normativen in der sozialen Wirklichkeit.[299]

1. Funktionen des Verwaltungsakts für die Verwaltung

76   Wählt man nicht die Unterscheidung „normativ/sozial" als Basis und vertraut sich dem Steuerungsansatz an, führt dieser einen zum **Steuerungsakteur**:[300] Die Verwaltung benutzt Verwaltungsakte, um ihre Aufgaben zu erfüllen. Die Frage nach der Funktion kann also als Frage nach den **Funktionen des Verwaltungs-**

System des Verwaltungsrechts und für das verwaltungsrechtliche Denken der Gegenwart, DVBl 1989, S. 533 ff.; → Bd. II *Hoffmann-Riem* § 33 Rn. 30 ff.

[294] Zu den Schwierigkeiten, einen präzisen Funktionsbegriff zu entfalten, *Helmut Schelsky*, Systemfunktionaler, anthropologischer und personfunktionaler Ansatz in der Rechtssoziologie, in: Rüdiger Lautmann/Werner Maihofer/Helmut Schelsky (Hrsg.), Die Funktion des Rechts in der modernen Gesellschaft, 1970, S. 37 (43 ff.).

[295] Näher zu diesem Grundverständnis *Bumke*, Rechtswidrigkeit (Fn. 126), S. 262 ff.

[296] → Rn. 80 ff.

[297] → Rn. 76 ff.

[298] Dazu *Joseph Raz*, On the Functions of Law, in: Alfred W. B. Simpson (Hrsg.), Oxford Essays in Jurisprudence, 1973, S. 278 ff., der mit Hilfe der Unterscheidung von normativen (ebd., S. 280 ff.) und sozialen Funktionen (ebd., S. 287 ff.) das Feld zu ordnen sucht.

[299] Zu den Charakteristika einer solchen Perspektive → Bd. I *Voßkuhle* § 1 Rn. 22 ff.

[300] → Bd. I *Voßkuhle* § 1 Rn. 20, *Hoffmann-Riem* § 10 Rn. 16 ff., *Schuppert* § 16 Rn. 8; *Hoffmann-Riem*, Methoden einer anwendungsorientierten Verwaltungsrechtswissenschaft, in: Schmidt-Aßmann/Hoffmann-Riem (Hrsg.), Methoden, S. 9 (11 ff.).

C. Funktionen

akts für die Verwaltung verstanden werden. Diese Frage lässt sich nicht ohne Rückgriff auf die Aufgaben der Verwaltung und die Modi ihrer Erledigung beantworten.[301] Der Vorteil dieser Perspektive besteht in der Verknüpfung von rechtlicher Ausgestaltung und konkreten Aufgabenstellungen der Verwaltung. Diese Verknüpfung zeigt ihre deutlichsten Spuren in den Verwaltungsaktstypen, die einer optimalen Aufgabenerledigung dienen.[302]

Darüber hinaus prägt der Verwaltungsakt das Bild einer arbeitsteilig organisierten, regelgeleiteten und aktenförmig arbeitenden Verwaltung, sodass man von einer **bürokratisch-technischen Funktion** sprechen kann.[303] Der Verwaltungsakt bestimmt den behördlichen Arbeitsablauf, indem er den kontinuierlichen Fluss der Verwaltungstätigkeit auf einzelne Punkte des Entscheidens konzentriert. Verwaltungsakte bilden rechtlich stabile, vom tatsächlichen Handeln unabhängige Orientierungspunkte für Verwaltung und Bürger, die sich darüber hinaus aktenförmig[304] registrieren lassen. Sie erlauben es im hohen Maß, **Komplexität** zu **reduzieren.** Es beginnt mit einem Vorgang und der Überlegung, sich womöglich eines Verwaltungsakts zu bedienen, um den Vorgang zu erledigen. Fällt die Auswahlentscheidung zugunsten des Verwaltungsakts, ist die Arbeit zunächst auf den Erlass gerichtet. Nach dem Erlass bildet der Verwaltungsakt ein Richtmaß für die künftige Arbeit, die sich oftmals in neuen Verwaltungsakten niederschlägt. Im Laufe der Zeit entstehen Fixpunkte, Ketten oder sogar Netze von Verwaltungsakten, an denen sich die tagtägliche Verwaltungsarbeit verlässlich orientieren kann. Schließlich erlauben der Verwaltungsakt als Handlungsform und das ihn tragende Verfahrensrecht, komplexe gesellschaftliche Situationen auf einen Entscheidungsakt oder eine überschaubare Zahl gestufter Entscheidungsakte zu beschränken.

77

2. Funktionen des Verwaltungsakts für den Bürger

Mit dem gleichen Recht kann man nach den Funktionen des Verwaltungsakts für den **Bürger** (oder die Gerichte oder den Gesetzgeber) fragen. Man wechselt dabei von der Akteursperspektive zum Adressaten und **Steuerungsobjekt.** In dieser Perspektive zeigt der Verwaltungsakt seine **Interessenwahrungsfunktion:** Der Verwaltungsakt ist ein Steuerungsinstrument der Verwaltung zur Gestaltung und Ordnung konkreter Rechtsbeziehungen gegenüber und zwischen den Bürgern. Seine Gestaltungsaufgabe kann der Verwaltungsakt nur erreichen, wenn er die privaten und öffentlichen Interessen wahrt. Doch ist damit kein fester rechtlicher Maßstab, sondern eine Leitidee benannt, deren Direktionskraft nicht überschätzt werden sollte.[305] Das Panorama der berührten Interessen ist weit und wird entscheidend durch die Rechtsordnung geformt: Nicht alle Interessen sollen im selben Umfang verwirklicht oder geschützt, manche sollen zurückgestellt, andere

78

---

[301] → Bd. I *Baer* § 11, *Schulze-Fielitz* § 12.
[302] → Rn. 87 ff.
[303] *Bernhard Raschauer/Wolfgang Kazda,* Verwaltungsorganisation, in: Karl Wenger/Christian Brünner/Peter Oberndorfer (Hrsg.), Grundriß der Verwaltungslehre, 1983, S. 141 ff.; *Bernd Becker,* Öffentliche Verwaltung. Lehrbuch für Wissenschaft und Praxis, 1989, § 34; *Cornelia Vismann,* Akten. Medientechnik und Recht, 2000.
[304] → Bd. II *Ludeur* § 21 Rn. 1 ff.
[305] Die interessenwahrende Funktion betont *Schoch*, Verwaltungsakt (Fn. 11), S. 209; allgemein zur Kategorie des Interesses *Schmidt-Aßmann*, Ordnungsidee, 3. Kap. Rn. 63 ff.

bevorzugt, mitunter soll auch ein Ausgleich zwischen ihnen hergestellt werden. Schließlich müssen rechtlich verfestigte Interessen in Form von subjektiven Rechten oder objektiven gesetzlichen Vorgaben beachtet werden. Die Interessenwahrung kann weitgehend vorgezeichnet sein, es kann aber auch zur Aufgabe werden, Interessen wahrzunehmen, sie zu gewichten und ihr Verhältnis festzulegen.

79 Aus der Perspektive des Bürgers bildet der Verwaltungsakt einen markanten Berührungspunkt mit der staatlichen Sphäre. Die Regelungen über Beteiligung, Anhörung, Akteneinsicht, Geheimhaltung und Neutralität der Verwaltung (§§ 11 ff., 20 f., 24 f., 28 bis 30 VwVfG) verschaffen dem Betroffenen eine **bürgerliche Rechtsstellung.**[306] Diese wird durch die Vorschriften über den Erlass des Verwaltungsakts, seine Bestimmtheit und Form sowie seine Begründung (§§ 37, 39, 41, 43 VwVfG) weiter ausgeformt und abgerundet. Hierin besteht nicht nur die verwaltungsverfahrensrechtliche, sondern auch eine **den Bürgerstatus wahrende Funktion.**[307]

3. Funktionen des Verwaltungsakts für die Rechtsordnung

80 Wendet man nochmals den Blick und betrachtet den Verwaltungsakt nunmehr aus rechtsaktsbezogener Perspektive als abstrakten Gegenstand, so lassen sich die Funktionen des Verwaltungsakts für die Rechtsordnung studieren.[308] Eine solche Betrachtung führt zu den allgemeinen Funktionen des Rechts für die Gesellschaft und damit zu sozialtheoretischen Grundvorstellungen wie Sicherheit,[309] sozialer Kontrolle,[310] Integration,[311] rechtlich verfasster Herrschaft, Stabilisierung normativer Erwartungen[312] und Koordination. Übergreifend lässt sich von der **Ordnungs- und Orientierungsfunktion des Rechts für die Gesellschaft** sprechen.[313] Worin besteht nun die spezifische Leistung des Verwaltungs-

---

[306] Die rechtsstellungsbegründenden Vorschriften des Verwaltungsverfahrensgesetzes sind nicht auf die Handlungsform des Verwaltungsakts beschränkt, doch haben sich diese Vorschriften gerade mit Blick auf die verwaltungsaktliche Handlungsform herausgebildet. Dies erlaubt es, sie weiterhin als eine spezifische Leistung des Verwaltungsakts zu thematisieren. Zu diesen Verfahrensrechten allg. s. a. → Bd. II *Gusy* § 23 Rn. 41 ff., *Schneider* § 28 Rn. 42 ff.; zur Unparteilichkeit vgl. a. → Bd. II *Schneider* § 28 Rn. 32 ff.

[307] Näher *Susanne Baer*, „Der Bürger" im Verwaltungsrecht: Subjektkonstruktion durch Leitbilder vom Staat, 2006, S. 42 ff.

[308] → Fn. 293.

[309] Besonders eindrücklich hat *Thomas Hobbes* den Eintritt in das Stadium der Zivilisation selbst als normativen Akt gedeutet. In der Befolgung des Rechts bleibt dann immer die Alternative des Kriegszustands präsent (s. Leviathan, ed. Richard Tuck, 1996, S. 117 ff.). Die Aufrechterhaltung eines zivilisierten Zustands als einziger Garant existenzieller Sicherheit ist dann die Funktion des Rechts als der Gesamtheit der Befehle des Souveräns.

[310] Vgl. etwa perspektivisch *Roscoe Pound*, Social Control through Law, 1942, S. 63 ff.; *Talcott Parsons*, in: William M. Evan (Hrsg.), Law and Sociology, 1962, S. 56 ff.; *Matthias Kötter*, Subjektive Sicherheit, Autonomie und Kontrolle, Der Staat, Bd. 43 (2004), S. 371 (376 ff.).

[311] Für ein Verständnis der Rechtsordnung als Rahmen des staatlichen Integrationsprozesses *Rudolf Smend*, Verfassung und Verfassungsrecht, 1928, S. 78; weitere Beispiele für integrationsorientierte Rechtsverständnisse sind *Harry C. Bredemeier*, Law as an Integrative Mechanism, in: Evan (Hrsg.), Law (Fn. 310), S. 73 ff.; sowie *Jürgen Habermas*, Faktizität und Geltung: Beiträge zur Diskurstheorie des Rechts und des demokratischen Rechtsstaats, 1992, S. 15 ff., der in Auseinandersetzung mit *Max Weber* die sozialintegrative Funktion des Rechts betont (a. a. O., S. 98).

[312] Näher *Niklas Luhmann*, Das Recht der Gesellschaft, 1995, S. 124 ff.

[313] Vgl. die einführende Darstellung der allgemeinen Funktionen sozialer Normen und der speziellen Funktionen rechtlicher Normen bei *Peter Koller*, Theorie des Rechts. Eine Einführung, 2. Aufl.

C. Funktionen

akts in der Rechtsordnung? Wodurch hebt er sich von anderen Rechtsakten ab? Durch das Zusammenspiel von vier Aspekten: dem einseitigen Handeln, der konkreten Situation, der Konkretisierung des Rechts und der Gestaltung der Rechtsordnung. In der einseitigen Gestaltung und Stabilisierung konkreter Rechtsverhältnisse und der darin umfassten Konkretisierung der Rechte und Pflichten aller Beteiligten besteht das spezifische **Leistungsvermögen des Verwaltungsakts in der Rechtsordnung.**[314]

Sämtliche Erwägungen für die **Wahl der verwaltungsaktlichen Handlungsform,** seien sie rechtsstaatlicher, demokratischer, sozialgestalterischer oder ökonomischer Natur, spiegeln sich in der Gestaltungs- und Stabilisierungsfunktion des Verwaltungsakts wider: Der Verwaltungsakt verwirklicht die gesetzlichen und politischen Vorgaben von Gesetzgeber und Regierung. Er schafft Gewissheit über die bestehende Rechtslage, ordnet konkrete Rechtsbeziehungen und eröffnet den Bürgern dadurch einen – nach Maßgabe seiner Bestandskraft – verlässlichen Handlungsspielraum.[315] Zugleich gibt er der behördlichen Arbeit eine klare und überschaubare Grundlage und weist dem weiteren Tätigwerden eine Richtung. 81

a) Einseitige Gestaltung konkreter Rechtsverhältnisse (Gestaltungsfunktion)

Die Verwaltung legt die Rechte und Pflichten von Bürgern und Behörden fest und gestaltet auf diesem Weg konkrete Rechtsverhältnisse. Gleichgültig, ob die Verwaltung zum Handeln verpflichtet ist, sie ihr Ermessen ausübt, eine Verpflichtung auferlegt oder eine Leistung gewährt, die Entscheidung deklaratorisch oder konstitutiv ist, stets konkretisiert der Verwaltungsakt die bestehende Rechtsordnung für eine konkrete Situation und entfaltet in diesem Rahmen seine Rechtswirkungen **(Konkretisierungsfunktion).** Welche tatsächlichen Wirkungen ein Verwaltungsakt hat, lässt sich nicht in gleicher Weise vorhersagen. Die Folgen hängen von vielem, nicht zuletzt von der Richtigkeit der getroffenen Regelung, der Intensität und Durchsetzungskraft behördlicher Kontrolle und der Rechtstreue der Beteiligten ab. Es gibt aber auch Konstellationen, bei denen die entscheidende Wirkung gar nicht im faktischen Verhalten, sondern allein in der rechtlichen Veränderung liegt: Man kann sich wie ein Beamter gerieren, aber Beamter ist man nur aufgrund einer wirksamen Ernennung. Diese **Ermöglichungsfunktion** des Verwaltungsakts reicht weit: Erfasst werden alle Formen der Begründung, Veränderung oder Aufhebung eines Rechts, also auch Konstellationen, in denen rechtliche Bewirkung und tatsächliche Wirkung korrelieren 82

1997, S. 53 ff.; *Manfred Rehbinder,* Rechtssoziologie, 7. Aufl. 2009, S. 92 ff. Vgl. a. → Bd. II *Hoffmann-Riem* § 33 Rn. 1 ff.

[314] Die einseitige Verantwortungsübernahme durch den Staat reicht m.E. nicht aus, um das den spezifischen Sinn konstituierende Moment eines Verwaltungsakts zu erfassen (so aber *Schmidt-Aßmann,* Ordnungsidee, Kap. 6 Rn. 101). Jedes Regeln, auch das konsensuale, muss vom Regelnden verantwortet werden. „Regeln als Verantworten" kann deshalb den Verwaltungsakt nicht von anderen Formen der Regelsetzung abheben. Umgekehrt führt nicht jede Regelung zu einer „entlasteten Gestaltungserwartung auf Seiten der Adressaten" (a.a.O.), denn durch jede gebietende oder verbietende Regel werden die Adressaten in die Verantwortung genommen.

[315] *Gunnar Folke Schuppert,* Verwaltungsrechtswissenschaft als Steuerungswissenschaft. Zur Steuerung des Verwaltungshandelns durch Verwaltungsrecht, in: Hoffmann-Riem/Schmidt-Aßmann/Schuppert (Hrsg.), Reform, S. 65 (99), spricht anschaulich von der „Ordnungs- und Vergewisserungsfunktion […] des Verwaltungsakts".

müssen: So soll man eine Gaststätte nur mit einer entsprechenden Genehmigung betreiben; faktisch geht es aber auch ohne.[316]

83 Der Verwaltungsakt soll gestalten, verändern, etwas bewirken. Während ihm die rechtlichen Veränderungen inhärent sind, kann der Verwaltungsakt tatsächliche Veränderungen nur anstoßen. Er kann – als Leistungsgewährung – einen Anreiz setzen.[317] Handelt es sich um eine Genehmigung, besteht ein Druckmittel im Entzug der gewährten Rechtsposition. Am greifbarsten ist die **Bewirkungsfunktion** bei der Verfügung konkreter Handlungsgebote oder -verbote. Solche Verfügungen weisen eine **Vollstreckungsfunktion** auf: Der Verwaltungsakt wird zur Grundlage legitimen staatlichen Zwangs. Die Verwaltung darf mit Gewalt die soziale Wirklichkeit verändern. Unmittelbarer, gezielter und massiver kann man auf konkrete Situationen nicht einwirken: Gewalt als gestalterische Urform.

84 Nach den Verwaltungsvollstreckungsgesetzen von Bund und Ländern besitzen Verwaltungsakte, die dem Bürger ein Handeln aufgeben oder verbieten (§§ 1 Abs. 1, 6 Abs. 1 VwVG), die Qualität eines **Vollstreckungstitels.** Die Verwaltung kann sich auf diesem Weg ihren eigenen Titel schaffen und nach Maßgabe der Verwaltungsvollstreckungsgesetze zwangsweise durchsetzen.[318] Auf der Titelfunktion des Verwaltungsakts baut die scharfe Grenze auf, die die Verwaltungsvollstreckungsgesetze zwischen Erlass und Durchsetzung eines Verwaltungsakts ziehen. Die behördliche Gewaltausübung wird von den Rechtmäßigkeitsvoraussetzungen der auferlegten Handlungspflicht abgelöst. Dies wiederum sichert die rasche Herbeiführung des mit dem Verwaltungsakt angestrebten tatsächlichen Zustands.[319]

b) Stabilisierung konkreter Rechtsverhältnisse (Stabilisierungsfunktion)

85 Die Gestaltung der einfachen Rechtsordnung durch Konkretisierung und Festlegung der Rechte und Pflichten gewinnt ihre spezifische Kraft durch die **stabilisierenden Regelungen** über die Bindungswirkung und Bestandskraft des Verwaltungsakts.[320] Die Stabilität des Verwaltungsakts besteht in der Wirksamkeit des rechtswidrigen Verwaltungsakts und in den beschränkten Möglichkeiten, einen bestandskräftigen Verwaltungsakt zu verändern oder aufzuheben. Durch diese beiden Momente hebt sich der Verwaltungsakt von Realakt und Rechtsnorm ab. Sowohl öffentliche als auch private Interessen stützen den Gedanken der **Beständigkeit** eines Verwaltungsakts ab. Die Gründe für die Beständigkeit sind sehr verschieden, je nachdem, ob es sich um einen rechtmäßigen oder rechtswidrigen oder um einen belastenden oder begünstigenden Verwaltungsakt han-

---

[316] Näher zur Ermöglichungsfunktion *Bumke*, Rechtswidrigkeit (Fn. 126), S. 11 f., 20 f.
[317] Zur Steuerung durch Anreize → Bd. II *Sacksofsky* § 40.
[318] Es ist vor allem die in der Titelfunktion zum Ausdruck kommende exekutive Herrschaftsgewalt, die dafür verantwortlich ist, dass die Vollstreckungsfunktion als eine der Funktionen des Verwaltungsakts angesehen wird. Zur Vollstreckungsfunktion des Verwaltungsakts → Bd. III *Waldhoff* § 46 Rn. 82 ff.
[319] Näher dazu und zu möglichen Durchbrechungen dieses Grundsatzes eingehend *Hanno-Dirk Lemke*, Verwaltungsvollstreckungsrecht des Bundes und der Länder. Eine systematische Darstellung, 1997, S. 154 ff.; *Ralf Poscher*, Verwaltungsakt und Verwaltungsrecht in der Vollstreckung. Zur Geschichte, Theorie und Dogmatik des Verwaltungsvollstreckungsrechts, VerwArch, Bd. 89 (1998), S. 111 ff.; *Würtenberger/Heckmann*, PolizeiR, Rn. 755 ff. S. a. zur Vollstreckungsfunktion des Verwaltungsakts → Bd. III *Waldhoff* § 46 Rn. 77 ff.
[320] → Rn. 211 ff., 224 ff.

D. Verwaltungsaktstypen als Steuerungs- und Gestaltungsinstrumente

delt, ob sich die Umstände seit dem Erlass verändert haben oder ob es sich um ein Sachgebiet handelt, in dem ein hoher Anpassungsbedarf besteht.³²¹ Stets jedoch sind die Destabilisierungsmöglichkeiten des Bürgers durch Widerspruchs- und Klagefrist sowie gegebenenfalls durch Präklusionsvorschriften zeitlich eng begrenzt.³²² Eine einzige allgemeine Durchbrechung erfährt die Stabilisierungsaufgabe durch den **Vorbehalt einer wesentlichen Veränderung** der tatsächlichen oder rechtlichen Umstände.³²³ Wie die stabilisierende Wirkung überhaupt, so findet auch diese Grenze ihre Erklärung in der auf Konkretisierung der einfachen Rechtsordnung angelegten Gestaltungsfunktion.

III. Funktion und Regelung

Nur mit großer Vorsicht sollte man versuchen, aus den Funktionen eines Verwaltungsakts auf den Regelungsinhalt zu schließen oder daraus Anhaltspunkte für die **Qualifizierung einer behördlichen Maßnahme** zu gewinnen.³²⁴ Sieht man von der selbstverständlichen Möglichkeit ab, Auslegungsspielräume mit Hilfe funktioneller Überlegungen zu schließen, sitzt man bei diesem Vorgehen allzu schnell einem Zirkelschluss auf. Ihren Platz hat die **funktionale Betrachtung** im Rahmen der behördlichen Entscheidungsfindung: Funktionelle Überlegungen sollten sowohl die Auswahl der Handlungsform als auch die konkrete Gestaltung des Verwaltungsakts bestimmen.

86

D. Verwaltungsaktstypen als aufgabenbezogene Steuerungs- und Gestaltungsinstrumente

Die Europäisierung der nationalen Rechtsordnung,³²⁵ die Veränderungen des staatlichen Aufgabenverständnisses,³²⁶ die sich wandelnde Rolle Privater bei der staatlichen Aufgabenerledigung³²⁷ und die zunehmende Bedeutung der Faktoren Information und Wissen³²⁸ lassen den Verwaltungsakt als abstrakte Handlungsform unberührt. Die erforderlichen Modifikationen vollziehen sich unterhalb dieser Ebene bei der **Ausgestaltung der verschiedenen Verwaltungsaktstypen** als Gestaltungs- und Steuerungsinstrumente. Ältere Verwaltungsaktstypen, wie das präventive oder repressive Verbot, treten zurück, neue Typen, wie der vorläufige oder transnationale Verwaltungsakt, bilden sich heraus. Als Teil und Antwort auf die sich wandelnden Regelungsstrukturen differenzieren sich Verwaltungsaktstypen bereichsspezifisch aus.

87

---

³²¹ → Rn. 159, 205 ff.
³²² → Rn. 171.
³²³ → Rn. 205 ff., 227 ff.
³²⁴ In diese Richtung argumentiert das *BVerwG*, wenn es für die „Punkte in Flensburg" die Verwaltungsaktsqualität im Hinblick auf die ansonsten bestehenden verfahrensrechtlichen Anforderungen verneint (*BVerwGE* 77, 268 [274]).
³²⁵ → Bd. I *Voßkuhle* § 1 Rn. 13 f., *Schmidt-Aßmann* § 5 Rn. 30 ff., *Ruffert* § 17 Rn. 8 ff.
³²⁶ → Bd. I *Baer* § 11 Rn. 10 ff.
³²⁷ → Bd. I *Schulze-Fielitz* § 12 Rn. 91 ff.
³²⁸ → Bd. I *Voßkuhle* § 1 Rn. 11; Bd. II *Vesting* § 20 Rn. 36 ff.

88 Schon früh stößt man auf die ersten Erscheinungsformen von Verwaltungsaktstypen. Ein prominentes, von den verschiedenen Rechtswirkungen ausgehendes Beispiel bildet die Gegenüberstellung von Erlaubnis und Konzession.[329] Besonders interessant für die Herausbildung von Verwaltungsaktstypen ist dabei das Bemühen um eine Verbindung von Verwaltungsaufgabe und Handlungsform.[330] Paradigmatisch dafür steht die Konzeption der Polizeigewalt von *Otto Mayer*. Ihm gelingt es, die Aufgabe der Gefahrenabwehr, die Handlungsform des Verwaltungsakts und die das Bürger-Staat-Verhältnis prägende allgemeine Polizeipflicht als Grundelemente zum Rechtsinstitut der Polizeigewalt zu verbinden.[331] Als Teil der Polizeigewalt gewinnt auch die Polizeiverfügung ein spezifisches Antlitz. Sie formt sich zu einer bereichsspezifischen und aufgabengebundenen Ausformung des Verwaltungsakts – zu einem Verwaltungsaktstypus. In einer solchen **Verbindung** spezifischer **Rechtswirkungen** mit einer **bestimmten Verwaltungsaufgabe** besteht das den **Verwaltungsaktstyp** auszeichnende Moment. Er verbindet konzeptionell Rechtsakts- und Verhaltensperspektive. Eine derartige Typisierung erfordert es, die **bereichsspezifischen Regelungsstrukturen**[332] einzubeziehen und dementsprechend den behördlichen Gestaltungsspielraum, die denkbaren Grundpflichten der Beteiligten,[333] die Verfahrensgestaltung sowie die Ausgestaltung der Kontrolle mitzubedenken.

89 Die Unterscheidung verschiedener Verwaltungsaktstypen kann ihren Ausgang entweder bei der Verwaltungsaufgabe oder den Rechtswirkungen nehmen: So kann man entweder den Typus des Regulierungsverwaltungsakts bilden und diesen mit Blick auf die verschiedenen Formen der Zugangs- und Entgeltregulierung weiter unterteilen, oder man stellt beispielsweise Genehmigung und Planfeststellungsbeschluss gegenüber.[334] Die erneut zutage tretende Alternative zwischen rechtsakts- und verhaltensbezogener Perspektive lässt sich durch eine Kombination von Aufgabe und Rechtswirkung überwinden. Dabei ist zu berücksichtigen, dass die Verwaltungsaktstypen nicht nur zur Erledigung einzelner **Sachaufgaben,** sondern auch zur Bewältigung von **Querschnittsaufgaben** eingesetzt werden. Querschnittsaufgaben wiederum können **sachaufgabenbezogen** oder **strukturbezogen** sein. Strukturelle Querschnittsaufgaben werden beispielsweise mit Hilfe privatrechtsgestaltender oder vorläufiger Verwaltungsakte erbracht. Mitunter lassen sich auch strukturelle und aufgabenbezogene Querschnittsaufgaben miteinander verbinden. Der transnationale Verwaltungsakt ist ein Beispiel für einen solchen Verwaltungsaktstypus.

---

[329] *Mayer*, VerwR I, S. 243 f.; *Fleiner*, Institutionen des VerwR, S. 379 ff., 405 ff.

[330] Näher *Bumke*, Entwicklung (Fn. 32), S. 87 ff.

[331] *Mayer*, VerwR I, S. 209, 212, 228 f., sowie S. 315 f., 348, für die Finanzgewalt (s. aber die scharfsinnige Kritik bei *Albert Hensel*, VVDStRL, Bd. 3 [1927], S. 77 ff.).

[332] Näher zum Gedanken der Regelungsstruktur → Bd. I *Voßkuhle* § 1 Rn. 70, *Schuppert* § 16 Rn. 24 ff.; Bd. II *Hoffmann-Riem* § 33 Rn. 67.

[333] Nur darf man dabei den Status solcher Pflichten nicht verkennen. Ohne gesetzliche Konkretisierung lassen sich daraus keine unmittelbar durchsetzbaren Pflichten begründen. Dies wird besonders deutlich bei der Statuierung sozialer Rechte nach den §§ 2 ff. SGB I, die die allgemeine staatliche Fürsorgepflicht spezifizieren, deren konkreter Rechtsinhalt sich jedoch nach den näheren gesetzlichen Ausformungen richtet, § 2 Abs. 1 SGB I. Gleiches gilt für die allgemeine Polizeipflicht. Doch kann diese Pflicht bei der Rechtsnachfolge unmittelbare rechtliche Bedeutung entfalten, s. BVerwGE 125, 325 (330 ff.).

[334] Näher zur Diskussion um den Regulierungsbegriff → Bd. I *Eifert* § 19 Rn. 1 ff.

D. Verwaltungsaktstypen als Steuerungs- und Gestaltungsinstrumente

I. Die Genehmigung als Lehrstück für die Ausdifferenzierung der Verwaltungsaktstypen

Die Genehmigung bildet heute **keinen eigenständigen Verwaltungsakts-** 90
typus mehr. Das Wort vermag nur noch als Sammelbegriff zu dienen, um die Verwaltungsakte zu erfassen, die ein Verhalten, eine Anlage oder ein Produkt gestatten oder eine Sache bzw. ein Recht gewähren.[335] Stattdessen lässt sich dieses Feld aber als ein Lehrstück betrachten, in dem sich die überkommenen Unterscheidungen abgeschliffen und die Verwaltungsaktstypen ausdifferenziert haben. Im Mittelpunkt der traditionellen Typologie stehen drei Unterscheidungen:
– die zwischen Kontrollerlaubnis und Konzession als einer Bewirtschaftungsentscheidung;[336]
– die zwischen präventivem Verbot mit Erlaubnisvorbehalt und repressivem Verbot mit Ausnahmevorbehalt[337] und
– die zwischen Kontrollerlaubnis und Planfeststellungsbeschluss.[338]

Das **präventive Verbot mit Erlaubnisvorbehalt,** auch als Kontrollerlaubnis 91
bezeichnet, dient der gefahrenabwehrenden Kontrolle privater Freiheitsbetätigung. Es sollen nur solche Gefahrenquellen eröffnet werden, bei denen sichergestellt ist, dass sich das Gefahrenpotential nicht verwirklichen wird. Gegenstand des Verbots sind an sich erlaubte, sozial erwünschte Betätigungen, auf deren Wahrnehmung ein Anspruch besteht. Es handelt sich um eine **gebundene Entscheidung.** Im Unterschied dazu erfasst das **repressive Verbot mit Ausnahme- oder Befreiungsvorbehalt,** bei dem man auch von einer Ausnahmebewilligung spricht, sozial unerwünschte Betätigungen, wie z. B. das Veranstalten von Glücksspielen. Eine Befreiung von diesem Verbot steht im **Ermessen** der Verwaltung. Früher wurde eine Grundrechtsbindung der Verwaltung in diesem Bereich verneint, heute wird sie weithin anerkannt.[339]

Die Scheidelinie, die mit Hilfe der Unterscheidung zwischen **Kontrollerlaub-** 92
nis und **Ausnahmebewilligung** gezogen wird, ist **idealtypischer Natur:** Es wird

---

[335] Siehe aber auch den Modernisierungsvorschlag → Bd. I *Masing* § 7 Rn. 165 ff. Eine allen Genehmigungsverfahren gemeinsame Leistung besteht in der Bereitstellung von Informationsbeständen über den genehmigungsbedürftigen Sachverhalt durch den Antragsteller. Näher *Jürgens*, Marktzutrittsregulierung (Fn. 83), S. 228 ff.

[336] Grundlegend, aber mit einem überkommenen Verständnis von der Konzession *Mayer*, VerwR II, S. 95 ff.; aus der heutigen Zeit *Joachim Wieland*, Die Konzessionsabgaben. Zur Belastung wirtschaftsverwaltungsrechtlicher Erlaubnisse mit Abgaben, 1991, S. 124 ff.; *Christian Koenig*, Die öffentlichrechtliche Verteilungslenkung, 1994, S. 100 ff.; *Michael Fehling*, Gemeingebrauch und Sondernutzung im System des allgemeinen Verwaltungsrechts und des Wirtschaftsverwaltungsrechts, JuS 2003, S. 246 ff.

[337] Grundlegend *Thoma*, Polizeibefehl (Fn. 128), S. 341 f.; aus neuerer Zeit *Jürgen Schwabe*, Das Verbot mit Erlaubnisvorbehalt, JuS 1973, S. 133 ff.; *Athanasios Gromitsaris*, Die Unterscheidung zwischen präventivem Verbot mit Erlaubnisvorbehalt und repressivem Verbot mit Befreiungsvorbehalt, DÖV 1997, S. 401 ff.; *Andreas Voßkuhle*, Das Kompensationsprinzip. Grundlagen einer prospektiven Ausgleichsordnung für die Folgen privater Freiheitsbetätigung – Zur Flexibilisierung des Verwaltungsrechts am Beispiel des Umwelt- und Planungsrechts, 1999, S. 347 ff.; *Maurer*, VerwR, § 9 Rn. 51 ff.

[338] Grundlegend *Rainer Wahl*, Genehmigung und Planungsentscheidung. Überlegungen zu zwei Grundmodellen des Verwaltungsrechts und zu ihrer Kombination, DVBl 1982, S. 51 ff.

[339] Näher *Voßkuhle*, Kompensationsprinzip (Fn. 337), S. 347 ff.

von den konkreten Situationen abstrahiert und auf einer grundsätzlichen Ebene Billigung und Missbilligung gegenübergestellt.[340] Je konkreter die Situation wird, desto geringer ist die Erklärungskraft der Unterscheidung. Am Ende reduziert sie sich auf die unterschiedliche Ausgestaltung **exekutiver Gestaltungsmöglichkeiten**.[341]

93 **Idealtypisch** ist auch die Unterscheidung zwischen **Kontrollerlaubnis** und **Planfeststellungsbeschluss**: Bei der Kontrollerlaubnis stehen sich anspruchsberechtigter Bürger und präventiv kontrollierende Verwaltung gegenüber. Demgegenüber ist der Planfeststellungsbeschluss auf eine umfassende Abwägung der durch ein Vorhaben berührten Belange mit dem Ziel einer ausgewogenen Planung gerichtet. Das planerische Ermessen erlaubt, einigen Interessen den Vorrang vor anderen Interessen einzuräumen, sofern die Grenzen des Abwägungsprinzips nicht missachtet werden. Folglich wird der Planfeststellungsbeschluss in einem Verfahren erlassen, das eine breite Öffentlichkeitsbeteiligung gewährleistet. Er entfaltet eine verfahrensrechtliche Konzentrationswirkung und weist eine beträchtliche Bestandskraft auf, die sogar privatrechtliche Unterlassungsansprüche hindert.[342]

94 Auch diese Unterscheidung hat an Schärfe und Tiefe eingebüßt: **Anlagengenehmigungen** nach dem Bundesimmissionsschutzgesetz eröffnen zwar kein planerisches Ermessen, doch müssen auch hier sämtliche rechtlich relevanten Belange einbezogen und bewertet werden. Neben den Gedanken der Gefahrenabwehr treten gleichberechtigt die technische Gefahrenvorsorge und naturgüterbezogene Ressourcenvorsorge.[343] Außerdem wurde mit der **Plangenehmigung** in § 74 Abs. 6 VwVfG ein Genehmigungstyp geschaffen, der sich durch planerische Gestaltungsfreiheit auszeichnet.[344]

95 Die Unterscheidung zwischen **Kontrollerlaubnis** und **Konzession** oder Bewirtschaftungserlaubnis gewinnt einen eigenständigen Gehalt nur, wenn man der Konzession einen über die Ausnahmebewilligung hinausgehenden Gehalt zuweist und den Gehalt in der Zuweisung von Nutzungsrechten sieht.[345] Ein Recht zur Nutzung beinhaltet zwar auch die Kontrollerlaubnis,[346] doch durch die Verknüpfung von behördlicher Gestaltungsbefugnis und spezifischem staatlichen Nutzungsregime lässt sich die Konzession von der Kontrollerlaubnis unterscheiden.

---

[340] → Bd. I *Masing* § 7 Rn. 170.
[341] So die bisherige Kritik zusammenfassend *Voßkuhle*, Kompensationsprinzip (Fn. 337), S. 347 f.
[342] Siehe *Wahl*, Genehmigung (Fn. 338), S. 53 ff.
[343] Die Veränderungen werden von *Frank Schreiber*, Das Regelungsmodell der Genehmigung im integrierten Umweltschutz, 2000, S. 69 ff., 281 ff., nachgezeichnet.
[344] Die Plangenehmigung verfügt über eine längere Tradition, näher *Steinberg/Berg/Wickel*, Fachplanung (Fn. 200), § 2 Rn. 117 ff., § 5 Rn. 31 ff.; *Hans D. Jarass*, Aktuelle Probleme des Planfeststellungsrechts – Plangenehmigung, Planänderung, Planergänzung, ergänzendes Verfahren, DVBl 1997, S. 795 (796 ff.); *Hans-Jürgen Ringel*, Die Plangenehmigung im Fachplanungsrecht: Anwendungsbereich, Verfahren und Rechtswirkungen, 1996, S. 17 ff.
[345] Anschaulich greifbar wird der Nutzungs- und Bewirtschaftungsgehalt im Wasserrecht; näher *Frank Hasche*, Das neue Bewirtschaftungsermessen im Wasserrecht. Die Auswirkungen der Wasserrahmenrichtlinie und der IVU-Richtlinie, 2005.
[346] Dieser rechtliche Gehalt ist umstritten und wird überwiegend verneint. Näher *Bumke*, Rechtswidrigkeit (Fn. 126), S. 173 ff.

D. Verwaltungsaktstypen als Steuerungs- und Gestaltungsinstrumente

Zusammenfassend wird man sagen müssen, dass die Ordnungsleistung dieser Unterscheidungen[347] zu gering ist, um die vielfältigen Ausformungen des Genehmigungswesens einzufangen. Man denke nur an die Vielfalt von **Auswahlentscheidungen,** die außerhalb des Prioritätsprinzips oder vergleichbarer Mechanismen auf Anforderungen an die Zuverlässigkeit und den Sachverstand der Bewerber aufbauen und überdies den Geboten von Verfahrenstransparenz und Neutralität verpflichtet sein können. Solche Auswahlentscheidungen wird man zwar als eigenständigen **Verteilungsgenehmigungstyp** anerkennen,[348] doch lässt sich der Mangel an Verwaltungsaktstypen, die hinreichend nah an der Verwaltungspraxis ausgerichtet sind, um typische Steuerungsleistungen dogmatisch einzufangen, nicht mit Hilfe von Ergänzungen beseitigen. 96

Welche Wege könnte man stattdessen einschlagen? Beginnen wird man mit den **Elementen,** aus denen die Genehmigungstypen zusammenzusetzen sind. Zu ihnen zählen die typischen **Rechtswirkungen,** also Regelungsinhalt, Bindungswirkung und Bestandskraft. Sie wird man im Hinblick auf die **Aufgaben** ordnen, die mit Hilfe des Genehmigungstyps bewältigt werden sollen. Bei den Aufgaben muss man zwischen einzelnen Sachaufgaben, sachlichen Querschnittsaufgaben und strukturellen Querschnittsaufgaben unterscheiden. Als weitere Bauelemente wird man den **Gestaltungsspielraum** bei der behördlichen Entscheidung, den **Genehmigungsgegenstand** sowie grundlegende **Verfahrensstrukturen** heranziehen.[349] 97

Zu den **sachlichen Aufgaben,** die mit Hilfe von Genehmigungen bewältigt werden, zählen Gefahrenabwehr und die vor allem auf technische Risiken bezogene Gefahrenvorsorge. Von sehr erheblicher Bedeutung ist daneben die Ressourcenvorsorge für Umweltgüter. Die übrigen Aufgabenstellungen kreisen um die Bereitstellung, Verteilung, Nutzung und den Schutz natürlich oder künstlich knapper Güter. Die Übersichtlichkeit dieser Aufzählung zerbricht, sobald man die einzelnen Aufgaben näher betrachtet. Man kann die Nutzung wie beim Wasser mittels öffentlich-rechtlichen Regimes sichern, sie wie früher die Luft dem Prioritätsprinzip unterwerfen, sie stattdessen zusammen mit der Güterverteilung dem Wettbewerbsmarkt überlassen oder wie im Bereich der Netzwirtschaften einen Regulierungsmarkt konstituieren.[350] Die Bereitstellung von Gütern kann sich darauf beschränken, einen gefahrlosen Umgang zu gewährleisten; es können aber auch Qualitätsstandards aufgestellt werden, sodass man beispielsweise nur mit einer bestimmten Ausbildung tätig werden darf. Das **Profil der Genehmigung** wird durch die Aufgabenstellung maßgeblich geprägt. Eine **Kontrollerlaubnis,** die sich auf die **Gefahrenabwehr** beschränkt, kann hinsichtlich des Erlassverfah- 98

---

[347] Eine abweichende Einschätzung findet sich bei *Schreiber,* Regelungsmodell (Fn. 343), S. 237 ff., der Kontroll- und Gestaltungsvorbehalt einander gegenüberstellt; *Curtius,* Entwicklungstendenzen (Fn. 68), S. 243 ff.; → Bd. I *Masing* § 7 Rn. 167, 170, der die Kontrollerlaubnis und Ausnahmebewilligung als zwei seiner aus vier Typen bestehenden Genehmigungstypologie anerkennt.

[348] Vom Verfahrensgedanken ausgehend wird dieser Typus von *Andreas Voßkuhle,* Strukturen und Bauformen neuer Verwaltungsverfahren, in: Hoffmann-Riem/Schmidt-Aßmann (Hrsg.), Verwaltungsverfahren, S. 277 (290 ff.), herausgearbeitet; s. ferner → Bd. I *Masing* § 7 Rn. 168, der von einem suspensiven Verbot mit Distributionsvorbehalt spricht.

[349] Diese Gesichtspunkte werden von *Curtius,* Entwicklungstendenzen (Fn. 68), S. 25 ff., 111 ff., betont.

[350] *Andreas Voßkuhle,* Wer zuerst kommt, mahlt zuerst! – Das Prioritätsprinzip als antiquierter Verteilungsmodus einer modernen Rechtsordnung, DV, Bd. 29 (1996), S. 511 ff.

rens, der Beteiligung Dritter, der Mitwirkungspflichten des Antragstellers, der Sicherung von Informationen und der Anpassungsbefugnisse an künftige Entwicklungen völlig anders ausgestaltet sein als eine Kontrollerlaubnis, die zugleich eine angemessene **Gefahren- und Ressourcenvorsorge** gewährleisten soll.

99 Für das Profil des Verwaltungsaktstypus bildet die behördliche **Gestaltungsbefugnis** ein zentrales Element. Funktion und Steuerungswirkung einer gebundenen Genehmigung weichen deutlich von den Wirkungen einer Genehmigung ab, die der Verwaltung einen Beurteilungs- oder Ermessensspielraum oder sogar ein Planungsermessen einräumt. Es macht einen Unterschied, ob das Verhältnis der öffentlichen und privaten Interessen bereits gesetzlich austariert ist oder ob die Verwaltung im Rahmen des ihr eröffneten Gestaltungsspielraums einzelne Interessen als maßgeblich auszeichnet und damit anderen Interessen vorzieht.

100 Ein weiteres Bauelement bildet der **Genehmigungsgegenstand.** Dafür in Betracht kommen **Personen, Anlagen** oder **Produkte,** wobei die personenbezogene Genehmigung den Zugang zu einem Berufsfeld oder einzelne Betätigungen betreffen kann. Der Gegenstandsbezug bildet aber keine notwendige Grenze: Häufig umfasst eine Genehmigung Anforderungen an verschiedene Gegenstände – beispielsweise die Gaststättengenehmigung an Betreiber und Betriebsanlage.[351]

101 Auch die **Verfahrensstrukturen** tragen entscheidend zur Profilbildung bei. Die gebundene Kontrollerlaubnis, die neben der Gefahrenabwehr auch eine wirkungsvolle Gefahrenvorsorge und eine nachhaltige Ressourcenvorsorge für eine Anlage gewährleisten soll, wird meist auf der Grundlage eines spezifischen „Risikoverfahrens" erlassen.[352] Vergleichbar eigentümliche Verfahrensstrukturen lassen sich bei der Verteilungsgenehmigung ausmachen.[353]

Um der Komplexität der Erscheinungsformen Herr zu werden, wird man schließlich zu prüfen haben, ob man neben den verschiedenen Genehmigungstypen noch einzelne dogmatische Bausteine, wie etwa die Schutzauflage als ein Element des Kompensationsprinzips, braucht, um die ein Genehmigungstyp bei Bedarf spezifiziert werden kann.

II. Sachaufgabenbezogene Verwaltungsaktstypen[354]

1. Polizeiverfügung

102 Die Verfügung beinhaltet ein Gebot oder Verbot, das von der Verwaltung zwangsweise durchgesetzt werden kann. Die (Polizei-)Verfügung dient der Ab-

---

[351] Siehe §§ 2 ff. GastG.
[352] Näher zu diesem Verfahrenstyp *Voßkuhle*, Strukturen (Fn. 348), S. 330 ff. S. a. → Bd. II *Röhl* § 30 Rn. 24 ff., *Pitschas* § 42 Rn. 175 ff.
[353] Näher *Voßkuhle*, Strukturen (Fn. 348), S. 290 ff.; ausführlich dazu *Ferdinand Wollenschläger*, Verteilungsverfahren. Die staatliche Verteilung knapper Güter: verfassungs- und unionsrechtlicher Rahmen, Verfahren im Fachrecht, bereichsspezifische verwaltungsrechtliche Typen- und Systembildung, 2010. S. a. → Bd. II *Röhl* § 30 Rn. 10 ff.
[354] Unter der Kategorie der sachaufgabenbezogenen Verwaltungsaktstypen lassen sich sicherlich weitere Typen ordnen. Die folgende Darstellung beschränkt sich auf vier Typen, die charakteristisch sind für große Teile des Verwaltungsrechts. Sucht man nach weiteren Beispielen, dürfte die in § 13 TKG statuierte **Regulierungsverfügung** ein sehr interessanter Kandidat sein (s. zu ihr *Jens-Peter Schneider*, Telekommunikation, in: Fehling/Ruffert [Hrsg.], Regulierungsrecht, § 8 Rn. 15 ff.; *Thomas Mayen*, in: Klaus-Dieter Scheurle/Thomas Mayen [Hrsg.], TKG, 2. Aufl. 2008, § 13 Rn. 12 ff.). Sie ist

D. Verwaltungsaktstypen als Steuerungs- und Gestaltungsinstrumente

wehr konkreter Gefahren für die öffentliche Sicherheit und Ordnung.[355] Sie trägt dazu bei, Normalität zu gewährleisten. Bindungswirkung und Bestandskraft richten sich nach allgemeinen Regeln. Der Erlass der Polizeiverfügung steht im behördlichen Ermessen, da Gefahrenabwehrmaßnahmen ein knappes Gut bilden. Stehen erhebliche Güter des Einzelnen auf dem Spiel, kann aber eine Pflicht zum Einschreiten bestehen. Weder an die Sachverhaltsermittlung noch an das Erlassverfahren werden besondere Anforderungen gestellt. Die Rechtsbeziehungen zwischen Staat (Polizei) und Bürger (Verantwortlichem) sind überwiegend bipolar ausgestaltet und bauen auf der materiellen Polizeipflicht des Einzelnen auf.[356] Gefahren werden normalerweise punktuell und schnell durch die Beseitigung der Gefahrenquelle bewältigt. Anders stellt sich die Situation jedoch für Gefahrenquellen dar, die man nur sichern, nicht aber unterbinden darf. Dann ist auch die Polizeiverfügung auf Dauer angelegt.[357] Die Polizeiverfügung stellt ein einfach handhabbares und effektiv durchsetzbares Steuerungsinstrument zur **Bewältigung alltäglicher Gefahrensituationen** dar. Sie ist Teil der Gewährleistung eines Feldes freier und eigenverantwortlicher gesellschaftlicher Betätigung, in dem die Verwaltung erst tätig wird, wenn der Einzelne seinen Pflichten nicht nachkommt.[358] Ihre rechtsstaatliche Disziplinierung erfolgt auf zwei Wegen: Zum einen sind schwere Eingriffe in die Sphäre des Bürgers vielfach als Standardmaßnahmen gesetzlich ausgeformt,[359] zum anderen gewährleistet die Un-

---

ein Verwaltungsakt, der verschiedene Verfahren und Entscheidungen zu einem gemeinsamen und einheitlichen Abschluss führt. Das dabei bestehende Regulierungsermessen dient dazu, auf der Grundlage der in § 2 TKG aufgestellten Regulierungsziele ein verbindliches Ordnungskonzept zur Herstellung eines wirksamen Wettbewerbs zu entwickeln und dieses Konzept als Regulierungsverfügung festzuschreiben (*BVerwG*, Beschl. v. 28. 1. 2010 – Az. 6 B 50/09, in Anlehnung an *Heinrich Wilms*, in: ders./Johannes Masing/Georg Jochum [Hrsg.], Telekommunikationsgesetz, § 2 Rn. 1; zum Regulierungsermessen s. *Jan Oster*, Normative Ermächtigungen im Regulierungsrecht. Eine vergleichende Untersuchung behördlicher Entscheidungsspielräume in der deutschen und amerikanischen Netzinfrastrukturregulierung, 2010, S. 158 ff.). In der Verfügung werden die Ergebnisse von Marktdefinition und -analyse nach §§ 10 und 11 TKG festgestellt (ist ein wirksamer Wettbewerb vorhanden, erschöpft sich die Verfügung in dieser Feststellung) und festgelegt, welche der in § 13 Abs. 5 TKG aufgeführten denkbaren Maßnahmen erlassen werden. Erfasst werden dabei alle wesentlichen Ordnungsinstrumente, die das TKG zur Verfügung stellt, also vor allem Zugangs- (§§ 19–21 TKG) und Entgeltregulierung (§§ 30, 39 TKG). In seiner vertikalen und horizontalen Koordinationsleistung, der Aufgabe, z.T. konfligierende Ziele zu verfolgen, sowie der weiten Gestaltungsbefugnis ähnelt die Regulierungsverfügung dem Planfeststellungsbeschluss (zu den strukturellen Unterschieden zwischen Regulierungs- und Planungsermessen *Martin Eifert*, Die gerichtliche Kontrolle der Entscheidungen der Bundesnetzagentur, ZHR, Bd. 174 [2010], S. 449 [460 f.]). Im Unterschied zu diesem ist die Regulierungsverfügung aber gerade kein planerisches Angebot, sondern eine komplexe Ordnungsverfügung, die überdies nur solange wie erforderlich Bestand haben soll. Denn regelmäßig nach spätestens drei Jahren sind die Ergebnisse der Definition und Analyse des Marktes zu überprüfen (§ 14 Abs. 2 TKG).

[355] *Mayer*, VerwR I, S. 226; aus heutiger Zeit s. nur *Württenberger/Heckmann*, PolizeiR, Kap. E.

[356] Konsequenz dessen sind Unsicherheiten bei der dogmatischen Begründung der Rechtsnachfolge im Sicherheits- und Ordnungsrecht, s. *Pieroth/Schlink/Kniesel*, PolizeiR, § 9 Rn. 49 ff., einerseits sowie andererseits *Würtenberger/Heckmann*, PolizeiR, Rn. 452 ff.; anschaulich wird das Problem in BVerwGE 125, 325 (330 ff.).

[357] Z.B. die Verpflichtung zum Anleinen eines gefährlichen Hundes oder die Gewährleistung sicheren Verkehrs durch Reinigungspflichten.

[358] → Bd. 1 *Masing* § 7 Rn. 163 f.

[359] Siehe z. B. die §§ 11–16 a SOG Hamb. oder die §§ 19–36 PolG BW; allgemein zur Stellung solcher Maßnahmen im System des Gefahrenabwehrrechts *Württenberger/Heckmann*, PolizeiR, Rn. 305 f.

terscheidung zwischen Polizeiverfügung und vollstreckungsrechtlichen Durchsetzungsakten grundsätzlich einen hinreichenden Rechtsschutz.[360]

2. Planfeststellungsbeschluss

103   Der Planfeststellungsbeschluss verfolgt eine **anlagenbezogene und raumplanerische Ordnungsaufgabe:** Sämtliche öffentliche und private Belange, die durch das Vorhaben berührt werden, werden von der Entscheidung erfasst und sollen durch den Verwaltungsakt zu einem Ausgleich gebracht werden.[361] Im Mittelpunkt des Beschlusses steht neben den Aspekten der Ressourcenvorsorge, Gefahrenabwehr und -vorsorge die Frage der Raumnutzung unter Berücksichtigung der überörtlichen Raumplanung;[362] er wird begrenzt durch die allgemeinen materiellrechtlichen Vorgaben für die Errichtung und den Betrieb der geplanten Anlage.[363] Entsprechend seiner Aufgabe entfaltet der Planfeststellungsbeschluss nach § 75 Abs. 1 VwVfG umfassende Genehmigungs- und Gestaltungswirkung (Satz 1, 1. Halbsatz): Neben dem Beschluss bedarf es grundsätzlich keiner weiteren auf das Vorhaben bezogenen Genehmigung (Satz 1, 2. Halbsatz). Alle öffentlich-rechtlichen Beziehungen zwischen dem Vorhabenträger und den durch den Plan Betroffenen werden rechtsgestaltend geregelt (Satz 2). Ist der Beschluss unanfechtbar geworden, sind nach § 75 Abs. 2 S. 1 VwVfG sämtliche – ob privat- oder öffentlich-rechtliche – Unterlassungs- und Beseitigungsansprüche ausgeschlossen. Durch diese erhebliche Bestandskraft wird die Ordnungsaufgabe der Planfeststellung abgesichert. Zum Ausgleich dafür eröffnet § 75 Abs. 2 VwVfG einen Anspruch auf Erlass von Schutzauflagen, falls sich herausstellt, dass schädliche Auswirkungen übersehen wurden oder es aufgrund veränderter Umstände zu solchen Auswirkungen kommt. Ist eine solche Schutzauflage untunlich oder mit dem Vorhaben unvereinbar, tritt an dessen Stelle ein Entschädigungsanspruch.[364] Die **Beständigkeit der Planung** ist stets das Ziel, was durch den in § 75 Abs. 1a VwVfG niedergelegten Grundsatz der Planerhaltung anschaulich wird, wonach erhebliche Fehler nach Möglichkeit durch Planergänzung oder durch ein ergänzendes Verfahren zu beheben sind.[365] Überdies kommt nach Auffassung der Praxis ein Widerruf nach § 49 Abs. 2 VwVfG nur in Betracht, falls Schutzauflagen oder andere Formen der Planerhaltung sich als unzureichend er-

---

S. ferner die Überlegungen des *BVerwG* zum Verhältnis zwischen polizeilicher Generalklausel und dem Grundrechtsvorbehalt in Art. 12 Abs. 1 S. 2 GG: *BVerwGE* 115, 189 (193 f.).

[360] Siehe nur *Würtenberger/Heckmann*, PolizeiR, Rn. 737 ff., 809.

[361] → Bd. II *Köck* § 37 Rn. 19; näher *Steinberg/Berg/Wickel*, Fachplanung (Fn. 200), § 5; *Willi Blümel*, Der Gegenstand der Planfeststellung. Zur Zulässigkeit von Betriebsregelungen im Planfeststellungsbeschluss, VerwArch, Bd. 83 (1992), S. 146 ff.

[362] Zur genauen Art und Weise dieser Einbindung s. *BVerwGE* 125, 116 (137 ff.); *Bernhard Stüer*, Handbuch des Bau- und Fachplanungsrechts. Planung, Genehmigung und Rechtsschutz, 4. Aufl. 2009, Rn. 3249 ff.

[363] Näher *Steinberg/Berg/Wickel*, Fachplanung (Fn. 200), § 3 Rn. 34 ff.

[364] Näher *Voßkuhle*, Kompensationsprinzip (Fn. 337), S. 105 ff.; *Steinberg/Berg/Wickel*, Fachplanung (Fn. 200), § 4; *Heinz-Joachim Bonk/Werner Neumann*, in: Stelkens/Bonk/Sachs (Hrsg.), § 75 Rn. 78 mit § 74 Rn. 193 ff. S. a. → Bd. III *Osterloh* § 55.

[365] Begriffsprägend *Horst Sendler*, in: Joachim Kormann (Hrsg.), Aktuelle Fragen der Planfeststellung, UPR, Bd. 7 (1994), S. 9 (28 ff.); s. auch *Günter Gaentzsch*, Bemerkungen zur Planerhaltung im Fachplanungsrecht, DVBl 2000, S. 741 (742 ff.); *Jarass*, Probleme des Planfeststellungsrechts (Fn. 344), S. 800 ff., sowie *Steinberg/Berg/Wickel*, Fachplanung (Fn. 200), § 6 Rn. 103 ff.

D. Verwaltungsaktstypen als Steuerungs- und Gestaltungsinstrumente

weisen, um öffentliche oder private Interessen ausreichend zu schützen.[366] Andere Stimmen gehen noch weiter und wollen den Widerruf gänzlich ausschließen.[367] Um eine verlässliche und ausgewogene Planung zu ermöglichen, ist das Anhörungsverfahren in § 73 VwVfG so ausgestaltet, dass sämtliche betroffenen Personen (§ 73 Abs. 4 S. 1 VwVfG) und Behörden (§ 73 Abs. 2 VwVfG) beteiligt werden.[368] Das Verfahren ist darauf angelegt, den Sachverhalt umfassend aufzubereiten und die widerstreitenden Interessen zu klären.

3. Sozialrechtlicher Verwaltungsakt

Der sozialrechtliche Verwaltungsakt wird vom Fürsorgeprinzip geprägt, das die Gewichte zwischen staatlichem und privatem Interesse zugunsten des Bedürftigen verschiebt.[369] Dies lässt sich an der Ausgestaltung von Bindungswirkung und Bestandskraft verfolgen: Für rechtswidrige belastende Sozialverwaltungsakte gilt nach § 44 Abs. 2 SGB X das **Gebot der Gesetzmäßigkeit der Verwaltung:** Wurden einem Bedürftigen zu Unrecht Leistungen vorenthalten oder Beiträge erhoben, ist der Verwaltungsakt nach § 44 Abs. 1 S. 1 und 2 SGB X grundsätzlich rückwirkend aufzuheben.[370] Das Fürsorgeprinzip bestimmt auch die Regeln im Umgang mit Veränderungen der Sach- und Rechtslage. So stellt beispielsweise eine veränderte Entscheidungspraxis des Bundessozialgerichts eine erhebliche Veränderung nach § 48 Abs. 2 SGB X dar. § 48 Abs. 1 S. 1 SGB X statuiert eine Pflicht zur **Anpassung an die veränderten Umstände.** Veränderungen zugunsten des Betroffenen sind nach § 48 Abs. 1 S. 2 Nr. 1 SGB X mit Wirkung vom Zeitpunkt der Änderung zu berücksichtigen. Umgekehrt tritt das Bestreben nach Verlässlichkeit zugunsten des Bedürftigen beim **Vertrauensschutz** hervor: Anders als im Verwaltungsverfahrensgesetz reicht es für den Ausschluss von Vertrauen nicht aus, dass die Ursache für einen Fehler in der Sphäre des Bedürftigen wurzelt; stets muss ein schuldhaftes Verhalten hinzukommen (§§ 44 Abs. 1 S. 2, 45 Abs. 2 Nr. 2, 48 Abs. 1 Nr. 2 und 4 SGB X). Weiter verstärkt wird der Vertrauensschutz durch die Frist in § 45 Abs. 3 SGB X, die über die aus § 48 Abs. 4 VwVfG vertraute Jahresfrist hinausgeht (§§ 45 Abs. 4, 47 Abs. 2 S. 5, 48 Abs. 4 SGB X).

4. Steuerverwaltungsakt

Die Abgabenordnung hat die Regeln der Verwaltungsverfahrensgesetze weitgehend übernommen (§§ 118 ff. AO). Für den praktisch wichtigen Teil der Steuer-

---

[366] BVerwGE 105, 6 (13 f.); *Kopp/Ramsauer*, VwVfG § 49 Rn. 19a.
[367] VGH BW, NVwZ-RR 2000, S. 87 (88 f.); OVG Berl., DVBl 1997, S. 73 (3. LS).
[368] Die Pflicht, anerkannte Naturschutzvereine zu beteiligen, folgt aus § 63 BNatSchG sowie den entsprechenden landesrechtlichen Vorschriften (z. B. § 67 Abs. 4 NatSchG BW); näher *Hans D. Jarass*, Die Beteiligung von Naturschutzverbänden an der Änderung von Planfeststellungsbeschlüssen und an Plangenehmigungen, NuR 1997, S. 426 ff. Zur Anhörung s. a. → Bd. II *Gusy* § 23 Rn. 48 ff., *Schneider* § 28 Rn. 42 ff.
[369] Das Fürsorgeprinzip ist nicht als übergreifender Grundsatz im Sozialrecht anerkannt. Stattdessen ist von sozialer Gerechtigkeit, sozialer Sicherheit und Solidarität die Rede. Der Begriff vermag aber trotz seiner paternalistischen Konnotation die verschiedenen Dimensionen des Sozialrechts, nämlich die Vorsorge, Förderung, Hilfe und Entschädigung, einzufangen und den gemeinsamen Grundgedanken hervorzuheben. Näher *Hans F. Zacher*, Abhandlungen zum Sozialrecht, 1993, S. 249 ff., 257 ff., 308 ff.
[370] Eine zeitliche Grenze der Leistungsgewährung für die Vergangenheit ergibt sich aus § 44 Abs. 4 SGB X.

festsetzung und der Feststellung der Steuergrundlagen hält sie jedoch eine eigenständige Konzeption der verwaltungsaktlichen Handlungsform bereit (§§ 155 ff. AO).[371] An diesen Vorschriften lässt sich studieren, wie die Rechtsordnung auf das Auftreten spezieller Aufgaben mit der Entfaltung passender Verwaltungsaktstypen reagiert. So findet sich in diesem Abschnitt neben dem Steuerbescheid (§ 155 AO) mit Freistellungs-, Steuervergütungs-, Feststellungs-, Steuermess-, Zerlegungs-, Zuteilungs-, Haftungs- und Duldungsbescheid ein ganzer Reigen an Verwaltungsaktstypen zur Bewältigung der verschiedenen Aufgaben.[372] Das **Massenverwaltungsgeschäft** spiegelt sich nicht nur darin, sondern auch in der Anerkennung des **vorläufigen Verwaltungsakts** in den §§ 164, 165 AO. Für die öffentliche Hand hat dieser Verwaltungsaktstypus den großen Vorteil, dass sie schnell Abgaben einfordern kann, ohne die Sorge zu haben, aufgrund fehlerhafter tatsächlicher Einschätzungen eine rechtswidrige Festsetzung vorgenommen zu haben. Denn der vorläufige Verwaltungsakt steht einer endgültigen Festsetzung nicht entgegen. Lehrreich ist die Abgabenordnung aber auch im Hinblick auf die **Stufung von Verwaltungsverfahren** mit Hilfe der Unterscheidung in Grundlagenbescheide vor allem in Form der Feststellung der Besteuerungsgrundlagen (§§ 171 Abs. 10, 179 f. AO) und die darauf aufbauenden Steuerbescheide. Ausgerichtet an dieser Funktion verfügt der Feststellungsbescheid über eine starke Bindungswirkung (§§ 182 Abs. 1, 351 Abs. 2 AO). Aber auch bei den Aufhebungsregeln zeigen sich die Besonderheiten der Verfahrensstufung (§ 175 Abs. 1 Nr. 1 AO). Die Regeln über die **Bestandskraft** sind stark von der Tradition geprägt. Im Unterschied zur Konzeption des Allgemeinen Verwaltungsrechts fußen die Regeln nicht auf der Unterscheidung zwischen rechtmäßigen und rechtswidrigen Verwaltungsakten. Betrachtet man die Gründe, die zur Aufhebung berechtigen (§ 172 AO) oder verpflichten (§§ 173–175 AO), so lässt sich bei aller Verschiedenheit der Gründe ein leitender Gedanke ausmachen: Die Steuer soll auf der Grundlage eines zutreffenden Sachverhaltes und damit einer **richtigen Besteuerungsgrundlage** festgesetzt werden.[373] Auch das Verhältnis zwischen **Bestandsinteresse** und **Rechtmäßigkeitsrestitution** weicht an einem Punkt sehr deutlich von den Verwaltungsverfahrensgesetzen ab: So kann das Vertrauen auch an Gerichtsurteile (§ 176 Abs. 1 S. 1 AO) und Verwaltungsvorschriften (§ 176 Abs. 2 AO) anknüpfen. Das Vertrauen in die bestehende Rechts- und Verwaltungspraxis wird geschützt, und dieser Schutz erfasst sogar die vorläufigen Verwaltungsakte nach §§ 164, 165 AO. In diesen Regeln kommt ein gänzlich anderes, realistischeres Verständnis des Rechtsanwendungs- und Konkretisierungsprozesses zum Tragen.

---

[371] Näher *Heinrich W. Kruse*, Lehrbuch des Steuerrechts, Bd. 1: Allgemeiner Teil, 1991, § 13.

[372] §§ 155 Abs. 1 S. 3, Abs. 4, 179 f. mit 171 Abs. 10, 184, 185 ff., 191 AO. S. dazu den Überblick bei *Kruse*, Lehrbuch (Fn. 371), § 14.

[373] § 172 Abs. 1 Nr. 1 AO: Zölle und Verbrauchssteuern werden regelmäßig aufgrund einer summarischen Prüfung festgesetzt; §§ 173 Abs. 1, 174, 175 AO. Auch § 175 Abs. 1 Nr. 2 AO wird man hierzu zählen dürfen: Wirken sich tatsächliche Ereignisse, wie z. B. die Anfechtung eines Rechtsgeschäfts, nachträglich so aus, dass ein Bedürfnis besteht, eine schon endgültig (bestandskräftig) getroffene Regelung i.S. der § 118 AO an die Sachverhaltsänderung anzupassen, dann eröffnet § 175 AO dafür einen Weg. Näher dazu *BFHE* 157, 484 (485 ff.). Nicht von diesem Grundgedanken getragen sind das Einverständnis oder das Einlegen eines Rechtsmittels nach § 172 Abs. 1 Nr. 2 a AO, die beiden in § 172 Abs. 1 Nr. 2b und c AO aufgeführten Verfahrensfehler sowie schließlich die Regelungen in §§ 174 Abs. 1 S. 2, 175 Abs. 1 Nr. 1 AO.

III. Querschnittsaufgabenbezogene Verwaltungsaktstypen

1. Strukturelle Querschnittsaufgaben

a) Privatrechtsgestaltender Verwaltungsakt

Der privatrechtsgestaltende Verwaltungsakt[374] ist ein Instrument, um **Privatrecht und Öffentliches Recht miteinander zu verknüpfen**.[375] Eine solche Regelung eines privaten Rechtsverhältnisses[376] kann auf unterschiedliche Weise geschehen:[377] Eine Möglichkeit besteht darin, dass die Wirksamkeit eines privaten Rechtsgeschäfts von der Erteilung einer Genehmigung abhängig gemacht wird und das private Rechtsgeschäft bis zur **Genehmigung** schwebend unwirksam bleibt. Endgültig unwirksam wird das Rechtsgeschäft erst mit Eintritt der Bestandskraft. Beispiele dafür sind die Kündigung eines Arbeitnehmers nach § 85 SGB IX, die Begründung von Wohneigentum nach § 22 BauGB oder die Entgelte im Bereich der Telekommunikation (§§ 31, 39 TKG), lizenzpflichtiger Postdienstleistungen nach § 22 PostG oder der Energiewirtschaft (§ 23a EnWG) oder Beförderungsentgelte und Beförderungsbedingungen von Straßenbahnen (§ 39 PBefG). Zudem kann der Verwaltungsakt ein **privates Recht unmittelbar umgestalten**. Dies geschieht z. B. bei der Ausübung des gemeindlichen Vorkaufsrechts nach § 28 Abs. 2 BauGB oder einer Enteignung, z. B. nach § 113 BauGB, oder nach Ablauf der Anfechtungsfrist durch den Planfeststellungsbeschluss (§ 75 Abs. 2 VwVfG). Auch die Unwirksamerklärung eines privaten Rechtsgeschäfts zählt hierzu (z. B. § 32d GWB). Über die vertrauten Formen der Genehmigung hinaus stößt man hier neuerdings auf ein Beispiel **regulierter Selbstregulierung**, nämlich die in § 22 TKG niedergelegte Pflicht, als Inhaber beträchtlicher Marktmacht eine Vereinbarung mit Nachfragern der Netze über den Zugang zu treffen und überdies Standardangebote für Zugangsleistungen zu unterbreiten (§ 23 TKG).[378]

106

Privatrechtsgestaltende Verwaltungsakte sind Querschnittsinstrumente, deren Gemeinsamkeit allein in ihrer auf das Privatrecht ausgreifenden Wirkung besteht. Zu unterschiedlich sind die Gründe für den Übergriff im Übrigen. Es han-

107

---

[374] Zunächst wurde die privatrechtsgestaltende Wirkung von Hoheitsakten in der Urteilslehre näher untersucht, vgl. *Wilhelm Kisch*, Beiträge zur Urteilslehre, 1903, S. 45 ff.; *Georg Kuttner*, Die privatrechtlichen Nebenwirkungen der Zivilurteile, 1908. Eine thematische Ausweitung erfolgte durch *Hermann Bürckner*, Der privatrechtsgestaltende Staatsakt, 1930, der neben Urteilen auch Verwaltungsakte in den Blick nimmt, S. 14 ff., 59 ff.; ferner *Wilhelm Kroeber*, Das Problem des privatrechtsgestaltenden Staatsaktes, 1931, S. 28 ff., auch mit Hinweisen zu Vorformen bei *Otto Mayer* und *Karl Kormann* (ebd., S. 42 f.).

[375] → Bd. I *Burgi* § 18 Rn. 35 ff., 77 f.; außerdem die Beiträge in: *Hoffmann-Riem/Schmidt-Aßmann* (Hrsg.), Auffangordnungen, sowie *Axel Tschentscher*, Der privatrechtsgestaltende Verwaltungsakt als Koordinationsinstrument zwischen öffentlichem Recht und Privatrecht, DVBl 2003, S. 1424 ff.

[376] Einen Überblick über Erscheinungsformen und Kennzeichen bieten *Bürckner*, Staatsakt (Fn. 374), S. 14 ff.; *Gerrit Manssen*, Privatrechtsgestaltung durch Hoheitsakt. Verfassungsrechtliche und verwaltungsrechtliche Grundfragen, 1994, S. 20 ff. Kritisch gegenüber der Figur des privatrechtsgestaltenden Verwaltungsakts *Karsten Schmidt*, Kartellverfahrensrecht – Kartellverwaltungsrecht – Bürgerliches Recht. Kartellrechtspflege nach deutschem Recht gegen Wettbewerbsbeschränkungen, 1977, S. 145 ff.

[377] Typologische Annäherungen finden sich bei *Kroeber*, Problem (Fn. 374), S. 18 ff.; *Lutz Schmidt*, Unmittelbare Privatrechtsgestaltung durch Hoheitsakt, 1975, S. 71 ff.; *Manssen*, Privatrechtsgestaltung (Fn. 376), S. 12 ff.

[378] → Bd. I *Eifert* § 19 Rn. 52 ff.

§ 35 Verwaltungsakte

delt sich um ein wirkungsvolles Instrument zur Aufsicht, punktuellen Wahrung oder Durchsetzung eines öffentlichen Interesses, zur Stärkung der Beständigkeit eines Verwaltungsakts oder zum Schutz privater Mitwettbewerber oder Verbraucher. Privatrechtsgestaltender Verwaltungsakte bedarf man in Feldern, in denen man meint, nicht allein den kartellrechtlichen Mechanismen zur Wahrung marktwirtschaftlichen Wettbewerbs vertrauen zu können.

108   Noch heute geht man im Zivilrecht überwiegend davon aus, dass privatrechtsgestaltende Verwaltungsakte nicht mehr von der Verwaltung aufgehoben werden könnten, sofern die Unanfechtbarkeit eingetreten sei.[379] Demgegenüber betont das Bundesverwaltungsgericht, dass die allgemeinen Regeln des Verwaltungsverfahrensgesetzes gelten.[380]

b) Vorläufige und teilweise Regelung

109   Immer wieder kommt es zu Situationen, in denen es nicht möglich ist, eine abschließende Regelung zu erlassen, aber trotzdem ein Interesse daran besteht, die **Situation vorläufig oder teilweise zu regeln.** Die Zeit drängt, man möchte verlässlich planen, eine Situation ist unsicher oder ein Vorhaben zu komplex – solche Gründe verlangen nach einer situationsangepassten Regelung. Ist ein schnelles Handeln auf der Grundlage eines unsicheren Sachverhalts vonnöten oder von Seiten des Betroffenen erwünscht, kann das Recht darauf mit dem Absenken der Erlassvoraussetzungen, z.B. durch die Subjektivierung des Gefahrbegriffs, aber auch dadurch reagieren, dass man vorläufige Maßnahmen, wie etwa den sog. Gefahrerforschungseingriff oder einen vorläufigen Verwaltungsakt, ermöglicht.[381] Um ein komplexes Vorhaben zu bewältigen, muss die Möglichkeit bestehen, das Vorhaben in Teilabschnitte zu zerlegen und sukzessive durchzuführen. Dies geschieht mit Hilfe von Teilgenehmigungen. Daneben tauchen aber auch Rechtsfragen auf, die von zentraler Bedeutung für die Zulässigkeit des Gesamtvorhabens sind. Um sie vorab zu klären, stellt die Rechtsordnung den Vorbescheid zur Verfügung.[382] Schließlich gibt es Situationen, die momentan nicht verändert werden

---

[379] Vgl. *BGHZ* 84, 70 (71f.), unter Berufung auf *Forsthoff*, VerwR I, S. 270f.; so bereits *Bürckner*, Staatsakt (Fn. 374), S. 74ff. *Wolff/Bachof*, Verwaltungsrecht (Fn. 87), S. 464: Die Rücknahme privatrechtsgestaltender Verwaltungsakte sei ausgeschlossen. Dagegen *Udo Steiner*, Bindungswirkung und Bestandskraft der fingierten Bodenverkehrsgenehmigung, DVBl 1970, S. 34 (37), mit dem Hinweis, die Lehre von der besonderen Bestandskraft privatrechtsgestaltender Verwaltungsakte sei Reaktion auf den früheren Grundsatz der freien Rücknehmbarkeit fehlerhafter Verwaltungsakte und im Hinblick auf die neue Rücknahmelehre nicht mehr geboten. Der privatrechtsgestaltende Verwaltungsakt wurde auch für nebenbestimmungsfeindlich gehalten, vgl. *Wolfgang Hönig*, Die Zulässigkeit von Nebenbestimmungen bei Verwaltungsakten, Diss. München 1968, S. 181ff.; dazu ferner *Manssen*, Privatrechtsgestaltung (Fn. 376), S. 298ff.

[380] *BVerwGE* 54, 257 (259ff.); ebenso *Karl-Heinz Gursky*, in: Staudinger (2009), Vorbem. zu den §§ 182ff. BGB Rn. 63 m.w.N.; vom BGH abweichend *OLG Rostock*, WM 2001, S. 2206 (2207).

[381] Einen Überblick über die verschiedenen Instrumente geben *Hans-Christoph Schimmelpfennig*, Vorläufige Verwaltungsakte, 1989, S. 91ff.; *Christoph Brüning*, Einstweilige Verwaltungsführung. Verfassungsrechtliche Anforderungen und verwaltungsrechtliche Ausgestaltung, 2003, S. 174ff. Näher zur Subjektivierung des Gefahrbegriffs und der Beweismaßreduktion im Polizeirecht *Ralf Poscher*, Gefahrenabwehr. Eine dogmatische Rekonstruktion, 1999, S. 29ff., 151ff. Als Unterfall des vorläufigen Verwaltungsakts wird der Gefahrerforschungseingriff von *Udo Di Fabio*, Vorläufiger Verwaltungsakt bei ungewissem Sachverhalt. Gefahrerforschung als Anwendungsfall vorläufiger Regelungen, DÖV 1991, S. 629ff., eingeordnet.

[382] Näher zum Gedanken der Verfahrensstufung *Becker*, Bindungswirkung (Fn. 20), S. 17ff.

D. Verwaltungsaktstypen als Steuerungs- und Gestaltungsinstrumente

können, in denen man jedoch bereits ein Stück künftiger Entwicklung festlegen will. Ein Instrument dafür ist die Zusicherung nach § 38 VwVfG.[383] Mit vorläufigem Verwaltungsakt, Teilgenehmigung und Vorbescheid sowie der Zusicherung hält das Verwaltungsrecht drei Verwaltungsaktstypen bereit, um eine der Sachlage angemessene und interessengerechte Regelung zu treffen.[384]

aa) Vorläufiger Verwaltungsakt

Der vorläufige Verwaltungsakt ist ein Verwaltungsakt, der unter dem **Vorbehalt steht, dass er durch eine endgültige Entscheidung abgelöst wird.** Ein solcher Vorbehalt ist nach Auffassung des Bundesverwaltungsgerichts „im Zweifel als eine vorläufige oder eingeschränkte Regelung des Inhalts zu verstehen, dass die Begünstigung zunächst nur bis zum Erlass der endgültigen Entscheidung Bestand haben soll."[385] Die **Bindungswirkung** des vorläufigen Verwaltungsakts ist durch den Erlass der endgültigen Regelung begrenzt, letzterer wird also nicht durch die Bestandskraft des vorläufigen Verwaltungsakts behindert. Vor diesem Zeitpunkt bindet der vorläufige Verwaltungsakt wie jeder andere Verwaltungsakt.[386]

110

Die unsichere Entscheidungslage beruht entweder darauf, dass der bestehende Sachverhalt noch nicht vollständig aufgeklärt wurde **(Ermittlungsoffenheit)** oder die Entscheidung vom Eintritt eines künftigen Ereignisses abhängt **(Zukunftsoffenheit).** Der Gesetzgeber hat auf solche Gegebenheiten bereichsspezifisch reagiert: Die Gestaltung durch vorläufige Verwaltungsakte findet sich bei der Steuerfestsetzung (§§ 164f. AO) und für eng umgrenzte Konstellationen im Sozialrecht (§§ 42 f. SGB I).[387] Daneben eröffnen z.B. § 17 WHG und § 33 KrW-/AbfG die Möglichkeit, einstweilige Erlaubnisse bis zum Abschluss des Genehmigungsverfahrens zu erteilen. Voraussetzung dafür ist die überwiegende Wahrscheinlichkeit, dass die ausstehende Entscheidung zugunsten des Begünstigten ausfallen wird. Im Anwendungsbereich der Verwaltungsverfahrensgesetze fehlt es an einer entsprechenden Ermächtigung. Das Bundesverwaltungsgericht hat jedoch die

111

---

[383] Näher *Annette Guckelberger*, Behördliche Zusicherungen und Zusagen, DÖV 2004, S. 357 ff.; *Ulrich Stelkens*, in: Stelkens/Bonk/Sachs (Hrsg.), VwVfG, § 38.

[384] Darüber hinaus hat das BVerwG den **vorsorglichen Verwaltungsakt** erfunden (BVerwGE 81, 84 [94]; der Konstruktion des Gerichts folgend *Joachim Sanden*, Der vorsorgliche Verwaltungsakt, DÖV 2006, S. 811 [814f.]): Es wird eine endgültige Regelung getroffen, die aber nur beachtlich ist, falls noch ein bestimmter Umstand eintritt. Bleibt dieser aus, erweist sich der Verwaltungsakt als von Anfang an gegenstandslos. Die Konstruktion weist eine Ähnlichkeit mit § 24 StAG auf. Näher zu dieser Figur, die über keine größere praktische Bedeutung verfügt: *Franz-Josef Peine*, Entwicklungen im Recht des Verwaltungsakts. Eine Zwischenbilanz, in: FS Werner Thieme, 1993, S. 563 (585); *Bernhard Losch*, Der vorsorgliche Verwaltungsakt, NVwZ 1995, S. 235 ff., der den vorsorglichen Verwaltungsakt als eine „besonders veranlasste Vorläufigkeit" einordnet (a.a.O., S. 238). Alternativ wird vorgeschlagen, im Moment der Vorsorglichkeit eine rückwirkend auflösende Bedingung zu sehen; so *Günter Püttner*, Urteilsanmerkung, JZ 1989, S. 846 f. Ablehnend, weil überflüssig, *Joachim Martens*, Die Rechtsprechung zum Verwaltungsverfahrensrecht, NVwZ 1991, S. 1043 (1044). S. a. *Maurer*, VerwR, § 9 Rn. 63 c: Ausrichtung des Verwaltungsakts auf Bestandskraft unterlaufend; zudem kein Bedürfnis ersichtlich.

[385] BVerwGE 66, 99 (1. LS). Näher zur Figur *Schimmelpfennig*, Verwaltungsakte (Fn. 381), S. 85 ff., 127 ff.; Klaus *Kemper*, Der vorläufige Verwaltungsakt, 1990, S. 159 ff.; *Peine*, Entwicklungen (Fn. 384), S. 565 ff.; *Brüning*, Verwaltungsführung (Fn. 381), S. 217 ff.

[386] Näher *Schimmelpfennig*, Verwaltungsakte (Fn. 381), S. 131 ff.; *Kemper*, Verwaltungsakt (Fn. 385), S. 195 ff.; *Brüning*, Verwaltungsführung (Fn. 381), S. 252 ff. S. ferner BFHE 167, 290 ff.

[387] Näher *Peter Axer*, Verwaltungsakt unter Berichtigungsvorbehalt. Zugleich ein Beitrag zum „vorläufigen Verwaltungsakt" und zum „Rücknahmevorbehalt" bei Verwaltungsakten, DÖV 2003, S. 271 ff.

Aspekte der Ermittlungsoffenheit und Zukunftsoffenheit in den Entscheidungssituationen für so bedeutsam erachtet, dass es der Verwaltung eine Befugnis eingeräumt hat, vorläufige Verwaltungsakte zu erlassen.

112 Der **Ausschluss des Vertrauensschutzes** und die Vorläufigkeit des Rechtsgrunds für die Begünstigung bildeten nicht nur den Grund für die Herausbildung dieses Verwaltungsaktstypus durch die Rechtspraxis,[388] sondern markieren zugleich den maßgeblichen Unterschied zum gewöhnlichen Verwaltungsakt. Bedenkt man, dass die Unsicherheitsfaktoren in der Sphäre des Begünstigten liegen, welchem auf diesem Weg ermöglicht wird, vorzeitig in den Genuss der Begünstigung zu gelangen, wird man in dieser Ausformung **einen angemessenen Interessenausgleich** sehen. Die unabgeschlossene Sachverhaltsklärung und die Verantwortung des Begünstigten erklären auch, warum Teilgenehmigung und Vorbescheid ein anderer Interessenausgleich zugrunde liegt.

113 Das Bundesverwaltungsgericht versteht den Vorbehalt der Vorläufigkeit als konstitutiven Teil des Regelungsinhalts und sieht im vorläufigen Verwaltungsakt deshalb einen eigenständigen Verwaltungsaktstypus. Doch kommt auch – wie die Einordnung des vorläufigen Verwaltungsakts nach den §§ 164 und 165 AO zeigt – eine Einordnung des Vorbehalts als Nebenbestimmung in Betracht.[389] Die Kombination von **Interimscharakter der Regelung** und der **Verfahrensstufung** zwischen vorläufigem und endgültigem Verwaltungsakt gibt dem vorläufigen Verwaltungsakt aber einen ebenso charakteristischen wie eigenständigen Regelungsinhalt, der die Klassifizierung als selbständigen Verwaltungsaktstypus rechtfertigt.[390]

114 Die **Bindungswirkung** des vorläufigen Verwaltungsakts ist schwach, und er besitzt auch keine Bestandskraft gegenüber der endgültigen Regelung.[391] Man könnte deshalb in ihm eine unzulässige Umgehung der Vorschriften über Bindungswirkung und Bestandskraft sehen (§§ 43, 48 ff. VwVfG). Doch kennt das Verwaltungsverfahrensgesetz von Natur aus schwache Verwaltungsakte, etwa den mit einem Widerrufsvorbehalt versehenen oder unter einer auflösenden Bedingung stehenden Verwaltungsakt (§ 36 Abs. 2 Nr. 2 und 3 VwVfG). Überdies ist die Bindungswirkung nicht etwas Festes. Ihre Reichweite hängt vom Regelungsinhalt ab. Entscheidend ist deshalb die **gesetzliche Ermächtigung;** sie darf dem Erlass einer vorläufigen Regelung nicht entgegenstehen.[392]

---

[388] Statt aller *Kemper,* Verwaltungsakt (Fn. 385), S. 55 ff., 73 ff.; BVerwGE 135, 238 (241).

[389] Die Diskussion um die Einordnung des vorläufigen Verwaltungsakts bildet den Schwerpunkt in der bisherigen Diskussion. S. die Überblicke bei *Schimmelpfennig,* Verwaltungsakte (Fn. 381), S. 100 ff.; *Brüning,* Verwaltungsführung (Fn. 381), S. 243 ff. Für eine Einordnung als Nebenbestimmung: *Kemper,* Verwaltungsakt (Fn. 385), S. 50 ff.; *Jörg Lücke,* Vorläufige Staatsakte, 1991, S. 190 f.: Bedingung plus Auflage; *Jürgen Eschenbach,* Der vorläufige Verwaltungsakt – praxistaugliche Neuschöpfung oder Fortbildung praeter legem?, DVBl 2002, S. 1247 (1254); *Axer,* Verwaltungsakt (Fn. 387), S. 276: Widerrufsvorbehalt. *Brüning,* Verwaltungsführung (Fn. 381), S. 253 ff., hält eine Einordnung in das VwVfG für unzulässig.

[390] Teil der endgültigen Regelung kann eine Rückforderung nach § 49a Abs. 1, 3 VwVfG analog sein (BVerwGE 135, 238 [244 ff.]).

[391] Näher *Schimmelpfennig,* Verwaltungsakte (Fn. 381), S. 38, 89 f.; *Kemper,* Verwaltungsakt (Fn. 385), S. 186 ff.; *Reimund Schmidt-De Caluwe,* Vorläufige Verwaltungsakte im Arbeitsförderungsrecht, NZS 2001, S. 240 (248 f.); sehr zurückhaltend BVerwG, NVwZ 1987, S. 44 (45 f.); deutlich zur Funktion des vorläufigen Verwaltungsakts BVerwGE 135, 238 (241).

[392] *BSGE* 67, 104 (1. LS, 113 f.); 62, 32 (39).

D. Verwaltungsaktstypen als Steuerungs- und Gestaltungsinstrumente

Ist dies nicht der Fall, wird man die Ermächtigung so auslegen dürfen, dass sie unter folgenden **drei Voraussetzungen** den Erlass einer vorläufigen Regelung erlaubt: 1.) ein öffentliches oder privates Interesse an der vorläufigen Regelung, 2.) die überwiegende Wahrscheinlichkeit, dass die endgültige mit der vorläufigen Regelung grundsätzlich übereinstimmt, 3.) die Zustimmung des Betroffenen oder die Notwendigkeit der Regelung.[393] 115

bb) Teilgenehmigung und Vorbescheid

Teilgenehmigung und Vorbescheid beinhalten eine abschließende Regelung, die sich auf einen Abschnitt eines Gesamtvorhabens beschränkt und entweder die **partielle Errichtung oder Nutzung erlaubt (Teilgenehmigung)** oder mit dem Vorhaben verbundene **Rechtsfragen beantwortet (Vorbescheid).** Teilregelungen erlauben, komplexe Vorhaben in überschaubare Einzelabschnitte zu gliedern, und eröffnen die Möglichkeit, frühzeitig mit der Verwirklichung eines Großvorhabens zu beginnen. Ihre **Bindungswirkung** unterscheidet sich nicht von anderen Verwaltungsakten: Von den ausgesprochenen Erlaubnissen und Feststellungen darf nur abgewichen werden, wenn zuvor der Teilverwaltungsakt aufgehoben wird. Teilverwaltungsakte führen demnach zu einer abschließenden Klärung der rechtlichen Zulässigkeit des Vorhabensabschnitts im Verhältnis zwischen Behörde, Unternehmer und Nachbarn.[394] Neben der zeitlich-sachlichen Ordnungsfunktion und der Eröffnung von Handlungsspielräumen besteht gerade darin ihre Leistung. 116

Zugleich resultiert aus dem Abschnittscharakter des Teilverwaltungsakts eine **spezifische Unsicherheit:** Die einzelnen Bescheide sind zwar sachlich selbständig, aber trotzdem funktional aufeinander bezogen, da sie alle Teilstücke eines Gesamtprojekts sind und deshalb an diesem ausgerichtet sein müssen. Damit entsteht die Gefahr, dass das Projekt bei einem späteren Abschnitt auf unüberwindliche rechtliche Hindernisse stößt und sich die bisherigen Teilverwaltungsakte als nutzlos und verlustbringend erweisen.[395] Ihr lässt sich begegnen, indem man ein **vorläufiges Gesamturteil** über das Vorhaben fällt und einen Teilverwaltungsakt nur erlässt, falls dieses Urteil positiv ausfällt. Die entscheidende Frage für die Beteiligten lautet: Wird auch das vorläufige Gesamturteil von der **Bindungswirkung** des Verwaltungsakts umfasst? Würde durch das vorläufige Gesamturteil die grundsätzliche Zulässigkeit des Gesamtvorhabens verbindlich festgestellt, würde dies auf Seiten des Unternehmers zu einer deutlich gesteigerten Planungssicherheit führen und auf Seiten der Nachbarn eine grundsätzliche Klärung der rechtlichen Zulässigkeit des Vorhabenserlauben. Mit Hilfe des positiven Gesamturteils als einer verbindlichen Feststellung, die sich in ein vorläufiges positives 117

---

[393] In diesem Sinne *Kemper,* Verwaltungsakt (Fn. 385), S. 156f.; ähnlich, wenn auch die Figur selbst ablehnend *Brüning,* Verwaltungsführung (Fn. 381), S. 537, 543f. Der vorläufige Verwaltungsakt scheidet danach als Grundlage für einen Gefahrerforschungseingriff aus. Die Behörde ist darüber hinaus verpflichtet, die vorbehaltenen Maßnahmen unverzüglich vorzunehmen. Aus ungerechtfertigten Verzögerungen dürfen der Verwaltung keine Vorteile erwachsen; so *BVerwGE* 135, 238 (243). Bleibt die endgültige Entscheidung im Umfang hinter der vorläufigen Regelung zurück, ist ggf. § 49a Abs. 1 und 3 VwVfG entsprechend anzuwenden (ebd., 211ff.).
[394] Näher zu diesem im Einzelnen umstrittenen Feld *Becker,* Bindungswirkung (Fn. 20), S. 151ff.
[395] Anschaulich *Becker,* Bindungswirkung (Fn. 20), S. 152ff.

Gesamturteil und weitere, das Gesamturteil verfestigende Teilgenehmigungen aufspalten lässt, wird es konstruktiv möglich, das gestufte Verfahren zu einer **Gesamtentscheidung** zusammenzubinden.[396] Eine solche „Verklammerung" der Teilgenehmigungen mit Hilfe des vorläufigen positiven Gesamturteils setzt jedoch voraus, dass es Bindungswirkung entfaltet. Auf dieser Basis hat sich das Bundesverwaltungsgericht gegen anderslautende Stimmen in Rechtsprechung und Literatur für eine Bindungswirkung ausgesprochen.[397] Der Gesetzgeber ist dem Gericht bei der Novellierung von § 8 BImSchG gefolgt.[398] Aufgrund der Vorläufigkeit des Urteils **entfällt die Bindungswirkung** jedoch – wie es in § 8 S. 2 BImSchG heißt –, wenn eine Änderung der Sach- oder Rechtslage oder Einzelprüfungen im Rahmen späterer Teilgenehmigungen zu einer von der vorläufigen Gesamtbeurteilung abweichenden Beurteilung führen.

cc) Zusicherung

118 Die Zusicherung ist nach § 38 Abs. 1 VwVfG eine von der zuständigen Behörde erteilte Zusage,[399] einen bestimmten Verwaltungsakt später zu erlassen oder zu unterlassen. Von ihrem **Regelungsgehalt** wird die Zusicherung durch § 38 Abs. 2 VwVfG dem Verwaltungsakt weitgehend gleichgestellt. Anders als ein Verwaltungsakt verliert die Zusicherung jedoch ihre Bindungswirkung, wenn sich die Sach- oder Rechtslage so verändert, dass die Behörde bei Kenntnis dieser Umstände die Zusicherung nicht gegeben hätte oder hätte geben dürfen (§ 38 Abs. 3 VwVfG).[400]

---

[396] *BVerwGE* 72, 300 (307, 309). Aus dem gestuften Verfahren ergeben sich zwei Fragen, die entweder die Reichweite des Regelungsinhalts oder die der Bindungswirkung betreffen: 1.) Wie lassen sich die Schwierigkeiten bewältigen, die sich ergeben, wenn die erste Teilgenehmigung aufgehoben wird? S. *BVerwGE* 80, 207 (221 ff.), sowie *Becker*, Bindungswirkung (Fn. 20), S. 169 ff. 2.) Wie weit reicht die Bindungswirkung der aus den vorangegangenen Teilerrichtungsgenehmigungen hervorgegangenen Errichtungsgenehmigung zur Betriebsgenehmigung? Da die Errichtung der Anlage über deren Sicherheit entscheidet, muss die Errichtungsgenehmigung eine entsprechende Feststellung beinhalten, dass ein sicherer Betrieb möglich ist. Haben sich die Erkenntnisse in Wissenschaft und Technik gewandelt und lassen sich diese Einsichten nicht mittels nachträglicher Anordnung durchsetzen, ist eine Teilaufhebung der Errichtungsgenehmigung erforderlich. Näher dazu *BVerwGE* 88, 286 (290 f.).

[397] *BVerwGE* 72, 300 (309). Näher zu der Debatte um die Bindungswirkung *Becker*, Bindungswirkung (Fn. 20), S. 156 ff.

[398] Das vorläufige positive Gesamturteil ist auch bei der Teilgenehmigung gentechnischer Anlagen festgeschrieben, § 11 Abs. 2 GenTG. Obwohl es an einer in § 8 S. 2 BImSchG entsprechenden Aussage über die Grenze der Bindungswirkung fehlt, wird man jedoch von einer entsprechenden Begrenzung ausgehen, da sie vom Grundverständnis des *BVerwG* getragen wird.

[399] Der Rechtscharakter der einfachen Zusage ist umstritten. Nach h. M. handelt es sich nicht um einen Verwaltungsakt. Hinsichtlich der Bindungswirkung gelten die von der Rechtsprechung anerkannten Grundsätze des allgemeinen Verwaltungsrechts. Danach sind rechtmäßige Zusagen verbindlich, während rechtswidrige Zusagen grundsätzlich unverbindlich sind. Eine Grenze kann sich nur aus Gründen des Vertrauensschutzes ergeben. Sie setzt aber voraus, dass „die Nichteinhaltung der Zusage zu nahezu unträglichen Verhältnissen führen würde" (*BVerwGE* 49, 359 [363]). Näher zur Zusage *Wilfried Fiedler*, Funktion und Bedeutung öffentlich-rechtlicher Zusagen im Verwaltungsrecht, 1977.

[400] Zur konkreten Reichweite *Peter Baumeister*, Die Zusicherung – ein Muster ohne Bindungswert? Zugleich kritische Bemerkungen zum Urteil des BVerwG vom 25. 1. 1995 betreffend die Bindungswirkung der Zusicherung, DÖV 1997, S. 229 ff.

2. Sachaufgaben- und strukturbezogene Querschnittsaufgabe: transnationaler Verwaltungsakt

Mit der Figur des transnationalen Verwaltungsakts werden in- und ausländische behördliche Rechtsakte mit **grenzüberschreitenden Rechtswirkungen** erfasst, die von ihrem Regelungsgehalt einem Verwaltungsakt entsprechen oder bei denen es sich um einen Verwaltungsakt handelt.[401] Die Figur bildet einen **Grundbaustein** im föderalen Aufbau der Europäischen Union[402] und dient der **horizontalen und vertikalen Koordination** zwischen den mitgliedstaatlichen Verwaltungen und der gemeinschaftlichen Verwaltung. Mit ihrer Hilfe wird die rechtliche Bedeutung behördlicher Entscheidungen innerhalb der Europäischen Union erfasst. Als Gegenstand eines transnationalen Verwaltungsakts kommen unterschiedliche Regelungen in Betracht: Es kann sich um Zulassungen für Produkte oder Unternehmungen handeln, die wie das Betreiben von Bankgeschäften oder der Aufenthalt in einem Staat einer Erlaubnis bedürfen, oder um Aufsichtsmaßnahmen, beispielsweise gegenüber der Zweigniederlassung eines Kreditinstituts.[403] Erfasst wird aber auch die Erteilung von Bescheinigungen etwa in Form verbindlicher Zollauskünfte oder der Ausstellung eines Zeugnisses. Die grenzüberschreitende Wirkung des transnationalen Verwaltungsakts **gründet auf**

119

---

[401] Begriffsprägend: *Eberhard Schmidt-Aßmann*, Deutsches und europäisches Verwaltungsrecht, DVBl 1993, S. 924 (935 f.), und *Volker Neßler*, Europäisches Richtlinienrecht wandelt deutsches Verwaltungsrecht. Ein Beitrag zur Europäisierung des deutschen Rechts, Diss. Heidelberg 1994. Den Sprachgebrauch aufgreifend und die Figur weiter ausformend: *Matthias Ruffert*, Der transnationale Verwaltungsakt, DV, Bd. 34 (2001), S. 453 ff., der zwischen drei Formen unterscheidet: 1.) wirkungsbezogene Transnationalität (z. B. die gemeinschaftsweite Verbindlichkeit von Verwaltungsakten nach Art. 250 Zollkodex, nunmehr Art. 17 Modernisierter Zollkodex), 2.) adressatenbezogene Transnationalität (z. B. eine Abfallverbringungsgenehmigung nach der VO [EWG] Nr. 259/93 des Bestimmungsstaates gegenüber dem Antragsteller im Versandstaat), 3.) behördenbezogene Transnationalität (z. B. verdeckte Ermittlungen der Behörde eines anderen Mitgliedstaates nach Art. 39 ff. SDÜ – näher zu dieser Form *Martin Schlag*, Grenzüberschreitende Verwaltungsbefugnisse im EG-Binnenmarkt. Eine Untersuchung zur Zulässigkeit und zu den rechtlichen Grenzen einer mitgliedstaatsübergreifenden Verwaltungstätigkeit anhand des Bankenaufsichtsrechts, 1998); *Stefan Burbaum*, Rechtsschutz gegen transnationales Verwaltungshandeln, 2003, Kap. 1; *Gernot Sydow*, Verwaltungskooperation in der Europäischen Union. Zur horizontalen und vertikalen Zusammenarbeit der europäischen Verwaltungen am Beispiel des Produktzulassungsrechts, 2004, S. 141 ff.; *Christoph Ohler*, Die Kollisionsordnung des Allgemeinen Verwaltungsrechts. Strukturen des deutschen Internationalen Verwaltungsrechts, 2005, S. 56 ff., 151 ff. (wo aber stattdessen der Begriff „grenzüberschreitender Verwaltungsakt" gebraucht wird); *Martin Kment*, Grenzüberschreitendes Verwaltungshandeln. Transnationale Elemente deutschen Verwaltungsrechts, 2010, S. 468 ff. (für transnationale Akte außerhalb der EU). Ablehnend: *Kadelbach*, Verwaltungsrecht (Fn. 73), S. 36 ff., 325 ff.; *Joachim Becker*, Der transnationale Verwaltungsakt. Übergreifendes europäisches Rechtsinstitut oder Anstoß zur Entwicklung mitgliedstaatlicher Verwaltungskooperationsgesetze?, DVBl 2001, S. 855 (861 ff.), sowie die Gegenkritik von *Burbaum*, Rechtsschutz (a. a. O.), S. 35 ff. Vgl. a. → Bd. I *Ruffert* § 17 Rn. 141 f.

[402] Näher zu den theoretischen Grundlagen *Christoph Schönberger*, Die Europäische Union als Bund. Zugleich ein Beitrag zur Verabschiedung des Staatenbund-Bundesstaats-Schemas, AöR, Bd. 129 (2004), S. 81 (98 ff.).

[403] Zulassung von Biozid-Produkten (§ 12g ChemG), Inverkehrbringen gentechnisch veränderter Produkte (§ 14 Abs. 5 GenTG), Zulassung von Zweigniederlassungen (§ 53b KWG) oder Erlaubnis für das Betreiben von Bankgeschäften (§ 33b KWG), Eintragung in die Handwerksrolle aufgrund der Anerkennung von Hochschuldiplomen (§ 7 Abs. 2 S. 4 HwO), Bestehen einer pharmazeutischen Prüfung zur Erlangung der Approbation (§ 4 Abs. 1a BApO).

dem Unionsrecht.[404] Sie zeigt sich in der Bindung, die die Entscheidung in einem anderen Mitgliedstaat entfaltet, wobei diese Bindung nach Grund und Umfang unterschiedlich ausgestaltet sein kann, da sie entweder auf dem primärrechtlichen Grundsatz der gegenseitigen Anerkennung, einer Verordnung oder einer Richtlinie beruhen kann:

120 Nach dem primärrechtlichen **Grundsatz der gegenseitigen Anerkennung sind die Mitgliedstaaten** verpflichtet, Vorschriften und Anwendungsmodalitäten des Herkunftslandes als den eigenen nationalen Vorschriften gleichwertig anzuerkennen.[405] Soweit die Entscheidung eines Mitgliedstaates – des Erlassstaates – auf gleichwertigen Anforderungen gründet, schließt dies die Durchführung eines weiteren Verfahrens zur Wahrung gleichwertiger Anforderungen in einem anderen Mitgliedstaat aus. Darin besteht die transnationale Wirkung der Entscheidung des Erlassstaates.

121 Die transnationale Wirkung kann stattdessen auf einer **Verordnung** beruhen. Unter welchen Voraussetzungen sie eintritt und wie weit sie reicht, richtet sich dann nach deren Regelungsgehalt. Häufig besitzen die Entscheidungen des Erlassstaates unionsweite Geltung oder sie werden der behördlichen Entscheidung jedes anderen Mitgliedstaates gleichgestellt.[406] Manchmal begnügt sich das Unionsrecht damit, ein Anerkennungsverfahren zu statuieren.[407]

122 Auch eine **Richtlinie** kommt als Grundlage der transnationalen Wirkung in Betracht. Sie bedarf dann der Umsetzung in die mitgliedstaatliche Rechtsordnung. Die transnationale Wirkung kann dabei zu einer generellen Gleichstellung der Entscheidung des Herkunftslandes mit der eines anderen Mitgliedstaates führen,[408] sich darauf beschränken, das Inverkehrbringen eines Produkts nicht weiter zu beschränken,[409] oder sich darin zeigen, dass bestimmte Nachweise als

---

[404] Um den Geltungsgrund der transnationalen Wirkung wird gestritten. Näher *Burbaum*, Rechtsschutz (Fn. 401), S. 27 ff.; *Neßler*, Richtlinienrecht (Rn. 401), S. 10 ff.; *Sydow*, Verwaltungskooperation (Fn. 401), S. 143 ff., 242 ff.; *Ohler*, Kollisionsordnung (Fn. 401), S. 105 ff., 142 ff.

[405] Näher *Volkmar Götz*, Der Grundsatz der gegenseitigen Anerkennung im europäischen Binnenmarkt, in: FS Günther Jaenicke, 1998, S. 763 (764 ff., 776 f.); *Sascha Michaels*, Anerkenungspflichten im Wirtschaftsverwaltungsrecht der Europäischen Gemeinschaft und der Bundesrepublik Deutschland. Zwecke des internationalen Verwaltungsrechts, 2004, S. 215 ff. Es besteht aber keine Vermutung dafür, dass die Vorschriften in den verschiedenen Mitgliedstaaten gleichwertig sind.

[406] Ausfuhrgenehmigung für Güter und Technologie mit doppeltem Verwendungszweck (Art. 9 Abs. 2 VO [EG] Nr. 428/2009); Entscheidungen der Zollbehörden (Art. 17 Modernisierter Zollkodex); Ausfuhrgenehmigung für Kulturgüter (Art. 2 Abs. 3 VO [EG] Nr. 116/2009); Erteilung eines Visums (Art. 24 mit Art. 2 Nr. 3 Visakodex; Art. 21 SDÜ). Bei der Zulassung neuartiger Lebensmittel in Art. 4 Abs. 2 Alt. 1 VO (EG) Nr. 258/97 nicht ausdrücklich geregelt. Auf die unionsweite Bindungswirkung lässt sich jedoch aus dem nach Art. 6 Abs. 4 angeordneten Konsultationsverfahren schließen. Anerkennung eines Entscheidungsentwurfs durch die betroffenen Mitgliedstaaten nach Art. 10 Abs. 4 VO (EG) Nr. 1234/2008 begründet die transnationale Wirkung bei der Änderung einer Zulassung für Human- und Tierarzneimittel.

[407] Ein solches Koordinationsverfahren wird aber auch bei Entscheidungen mit unionsweiter Wirkung benutzt (Art. 18 RL 2001/18/EG; Art. 7 VO [EG] Nr. 258/97).

[408] Siehe beispielsweise Führerscheine (Art. 1 Abs. 2 RL 91/439/EWG) oder Berufsqualifikationen (Art. 4, 13, 21 ff. RL 2005/36/EG); Inverkehrbringen von Produkten (Art. 7 RL 92/53/EWG, Art. 22 RL 2001/18/EG); Zulassung von Lebensversicherungen und Direktversicherungen (Art. 5 Abs. 1 RL 2002/83/EG; Art. 7 Abs. 1 RL 92/49/EWG). Ausnahmsweise kann sich die transnationale Wirkung auch darin zeigen, dass Aufsichtsbefugnisse auf den Herkunftsmitgliedstaat konzentriert werden, so für die Zweigniederlassungen von Kreditinstituten nach Art. 30 RL 2006/48/EG.

[409] Z. B. Art. 10 RL 2009/54/EG.

D. Verwaltungsaktstypen als Steuerungs- und Gestaltungsinstrumente

ausreichend anzuerkennen sind.[410] Hängt die Gleichstellung, wie beispielsweise bei der Zulassung von Humanarzneimitteln nach dem dezentralisierten Verfahren, von einer mitgliedstaatlichen Anerkennungsentscheidung im Einzelfall ab, reduziert sich die transnationale Wirkung auf die grundsätzliche Beachtlichkeit von Prüfungsberichten[411] und die Pflicht, ein unionsweites Verwaltungsverfahren durchzuführen, in dem auftretende Meinungsverschiedenheiten zwischen den Mitgliedstaaten und der Kommission aufgelöst werden und eine einheitliche unionsweit gültige Entscheidung getroffen wird.[412]

Die transnationale Wirkung eignet sich zur Verfolgung unterschiedlicher **Ziele:** 123
In erster Linie soll mit ihrer Hilfe ein Beitrag zur Schaffung eines unionsweiten Binnenmarktes (Art. 3 Abs. 3 EUV, 26 AEUV) und damit zu der in Art. 21 AEUV niedergelegten unionsweiten Freizügigkeit geleistet werden. Zugleich entfaltet die transnationale Wirkung koordinatorische Kräfte und trägt damit bei zur föderalen Verwaltungsordnung der Europäischen Union. Außerdem werden mit dem transnationalen Verwaltungsakt traditionell völkerrechtliche Ziele verfolgt, nämlich die Sicherung der Rechtsdurchsetzung sowie die Gewährleistung eines effektiven Rechtsschutzes.

Rechtmäßigkeit und **Wirksamkeit** des transnationalen Verwaltungsakts rich- 124
ten sich nach den Vorgaben des Unionsrechts und des Herkunftsmitgliedstaates.[413] Durch diese unionsrechtlich bedingte Bindungswirkung wird die mitgliedstaatliche Vollzugsautonomie begrenzt. Die Behörden eines anderen Mitgliedstaates sind nicht befugt, den Verwaltungsakt auf seine Rechtmäßigkeit zu prüfen oder gar aufzuheben.[414] Wo konkrete Gefahren drohen können und deshalb zum Schutz der öffentlichen Sicherheit ein schnelles Handeln möglich sein muss, sieht das Unionsrecht Schutzklauseln vor, die den Mitgliedstaaten ein vorläufiges Einschreiten zur Gefahrenabwehr erlauben.[415] Die mit der transnationalen Wirkung erstrebte Konzentration auf die Entscheidung des Erlassstaates führt schließlich

---

[410] Z.B. Nachweise für die Zuverlässigkeit einer Person nach Anhang VII Nr. 1 lit. d RL 2005/36/EG.

[411] Z.B. Art. 28f. RL 2001/83/EG. S. auf der Grundlage des Grundsatzes der gegenseitigen Anerkennung *EuGH*, Rs. 25/88, Slg. 1989, 1105, Rn. 20; Rs. 270/80, Slg. 1981, 3305, Rn. 20f. – Zum zentralen Zulassungsverfahren nach der VO (EG) Nr. 726/2004 und weiteren Verfahren im europäischen Arzneimittelrecht s. *Wolfgang A. Rehmann*, Arzneimittelgesetz, 3. Aufl. 2008, Vor § 21 Rn. 4 ff.

[412] Art. 27f. RL 1998/8/EG und § 12 g ChemG; Art. 28 ff. RL 2001/83/EG. Näher dazu *Sydow*, Verwaltungskooperation (Fn. 401), S. 191 ff. Wo ein solches Verfahren eröffnet wird, ist die unionsweite Wirkung nur folgerichtige Konsequenz, die ihre Grundlage grundsätzlich darin findet, dass die Kommission einen Beschluss nach Art. 288 Abs. 4 AEUV (vormals Entscheidung, Art. 249 Abs. 4 EGV) erlässt. Zu der unterschiedlichen Ausformung dieser Koordinationsverfahren s. *Sydow*, Verwaltungskooperation (Fn. 401), S. 126 ff.; *Jens Hofmann*, Rechtsschutz und Haftung im Europäischen Verwaltungsverbund, 2004, S. 128 ff.

[413] Näher *Neßler*, Richtlinienrecht (Fn. 401), S. 27 ff., der der Meinung ist, dass beim Erlass eines transnationalen Verwaltungsakts eine erweiternde Auslegung des § 13 VwVfG geboten ist (a.a.O., S. 103 ff.); *Ruffert*, Verwaltungsakt (Fn. 401), S. 473 f.; *Burbaum*, Rechtsschutz (Fn. 401), S. 59 f.; *Kment*, Verwaltungshandeln (Fn. 401), S. 512 ff. und zu den Möglichkeiten einer Überprüfung im Rahmen völkerrechtlich anerkannter Vorbehalte S. 520 ff.

[414] *Burbaum*, Rechtsschutz (Fn. 401), S. 84 ff.; *Hofmann*, Rechtsschutz (Fn. 412), S. 278 ff. Dies kann zu erheblichen Behinderungen beim Rechtsschutz und damit zu Konflikten mit Art. 19 Abs. 4 GG führen. Näher *Burbaum*, Rechtsschutz (Fn. 401), S. 109 f.; *Hofmann*, Rechtsschutz (Fn. 412), S. 238 ff.

[415] §§ 69 Abs. 1a AMG, 26 Abs. 5 S. 2 GenTG – Art. 12 VO (EG) Nr. 258/97; sowie *Burbaum*, Rechtsschutz (Fn. 401), S. 57 f.; *Michaels*, Anerkennungspflichten (Fn. 405), S. 371 ff.

dazu, dass sämtliche Betroffene im Herkunftsmitgliedstaat um Rechtsschutz nachsuchen müssen. Die Bindungswirkung des transnationalen Verwaltungsakts endet jedoch, falls sich der Akt nach den Vorgaben des Unionsrechts als nichtig erweist.[416] Denn ein nichtiger Verwaltungsakt wird vom Europäischen Gerichtshof als unbeachtlich angesehen.[417]

E. Fein- und Nachsteuerung durch Nebenbestimmungen

I. Funktionen von Nebenbestimmungen

125 Der Verwaltungsakt leistet eine Feinsteuerung, indem er konkrete Rechtsverhältnisse situationsangemessen regelt. Sein Regelungsinhalt kann beispielsweise bei einer Anlagengenehmigung eine sehr große Zahl an einzelnen Bestimmungen enthalten, die die Errichtung und den Betrieb der Anlage detailliert regeln.[418] Trotzdem ergeben sich immer wieder Situationen, in denen die Beteiligten ein Interesse haben, den Verwaltungsakt um Bestimmungen zu ergänzen, die die Rechte und Pflichten in zeitlicher, sachlicher oder räumlicher Hinsicht näher festlegen, den Gebrauch der Rechte von bestimmten Leistungen oder Verhaltensweisen des Begünstigten abhängig machen oder der Verwaltung künftige Gestaltungsspielräume offenhalten. Bei solchen auf den Regelungsinhalt bezogenen, ihn **verfeinernden, abrundenden oder ergänzenden Festlegungen** handelt es sich um Nebenbestimmungen nach § 36 VwVfG.

1. Gewährleistung der Erlassvoraussetzungen

126 Über das allgemeine Ziel der **Fein- und Nachsteuerung** hinaus macht man von Nebenbestimmungen aus unterschiedlichen Gründen Gebrauch:[419] Im Rahmen von Genehmigungsverfahren eröffnen Nebenbestimmungen – allen voran Bedingung und Auflage (§ 36 Abs. 2 Nr. 2 und 4 VwVfG) – einen Weg zwischen Versagung und Erteilung der Genehmigung. Mit Hilfe der Nebenbestimmungen wird sichergestellt, dass die gesetzlichen Voraussetzungen des Verwaltungsakts erfüllt werden. Ein solches Vorgehen erlaubt nicht nur eine **angemessene Reaktion** auf einen punktuell unzureichenden Antrag, sondern erleichtert und beschleunigt auch das Genehmigungsverfahren. Die **Sicherung der Erlassvoraussetzungen** durch Nebenbestimmungen unterstreicht zugleich die Aufgabe und Befugnis der Verwaltung, ein situationsbezogenes und passgenaues Regelwerk zu entwerfen.

---

[416] So auch *Sydow*, Verwaltungskooperation (Fn. 401), S. 149 f.; a. A. *Ruffert*, Verwaltungsakt (Fn. 401), S. 475 f.; *Kment*, Verwaltungshandeln (Fn. 401), S. 519 mit Blick auf eine völkerrechtlich begründete Transnationalität.

[417] *EuGH*, Rs. C-137/92P, Slg. 1994, I-2555, Rn. 49 ff. S. *Claudia Annacker*, Der fehlerhafte Rechtsakt im Gemeinschafts- und Unionsrecht, 1998, S. 79 ff.

[418] Angesichts dessen leuchtet die Charakterisierung des Verwaltungsakts als „Instrument zur Grobsteuerung des Verwaltungshandelns" (*Wolff/Bachof/Stober/Kluth*, VerwR I, § 47 Rn. 1) nicht ein.

[419] Siehe *Theodor Elster*, Begünstigende Verwaltungsakte mit Bedingungen, Einschränkungen und Auflagen, 1979, S. 55 ff.; *Carsten Tegethoff*, Nebenbestimmungen in umweltrechtlichen Zulassungsentscheidungen, 2001, S. 47 ff.; die folgende Aufzählung folgt weitgehend dessen Vorschlag.

2. Begrenzung der Bestandskraft

Nebenbestimmungen können stattdessen auch dazu dienen, die **Gestaltungsspielräume der Verwaltung zu vergrößern,** indem sie die Bestandskraft des Verwaltungsakts verringern. Wiederum geht es um Flexibilität und Anpassung, doch das Ziel ist ein anderes, nämlich **Vorsorge für künftige Entwicklungen.** Wird ein Vorbehalt des Widerrufs (§ 36 Abs. 2 Nr. 3 VwVfG) aufgestellt, darf die Behörde den Verwaltungsakt entschädigungslos widerrufen (§ 49 Abs. 2 S. 1 Nr. 1, Abs. 6 S. 1 VwVfG).[420] Der Auflagenvorbehalt nach § 36 Abs. 2 Nr. 5 VwVfG erlaubt der Verwaltung hingegen, einen Verwaltungsakt an veränderte Gegebenheiten anzupassen.[421]

127

3. Sicherung einer Gegenleistung

Ein dritter Grund, um auf eine Nebenbestimmung zurückzugreifen, besteht darin, den Erlass eines im Ermessen stehenden Verwaltungsakts von einer „Gegenleistung" abhängig zu machen, beispielsweise die Sondernutzung einer öffentlichen Einrichtung von der Auflage, dass der Begünstigte einen Obolus leistet. Solange dabei ein sachlicher Zusammenhang gewahrt und die Forderung der öffentlichen Hand nicht unangemessen ist,[422] finden solche Forderungen ihre Rechtfertigung im behördlichen Ermessen.[423] Das Moment flexiblen und situationsangemessenen Regelns durch Nebenbestimmung wird hier um den Gedanken des **Vorteilsausgleichs** ergänzt.

128

II. Nebenbestimmung und Inhaltsbestimmung

In der Rechtspraxis zwingt die Notwendigkeit statthaften prozessualen Vorgehens dazu, sich mit der Frage auseinanderzusetzen, anhand welcher Kriterien sich der Verwaltungsakt von seinen Nebenbestimmungen unterscheiden lässt.[424] Die Frage wäre leicht zu beantworten, wenn man allein auf die **Form** abstellen könnte. Als Nebenbestimmung wären dann alle Regeln anzusehen, die die Legaldefinitionen des § 36 Abs. 2 Nr. 1 bis 5 VwVfG erfüllen. Ein solches Vorgehen scheidet

129

---

[420] Befristung, Bedingung und Auflage legen den Regelungsgehalt und damit den Umfang der Bindungswirkung fest, lassen aber die Bestandskraft unberührt.

[421] So etwa beim Immissions- oder Gewässerschutz: Hier wird das Instrument der Nebenbestimmung im Einzelfall um generelle gesetzliche Ermächtigungen ergänzt, nachträglich Anordnungen vornehmen zu dürfen, ohne dabei im Grundsatz durch Bindungswirkung oder Bestandskraft des bestehenden Verwaltungsakts beschränkt zu werden (vgl. §§ 17 BImSchG, 19 S. 3 GenTG, 5 GastG, 13 WHG). In diesem Zusammenhang wird von „gesetzlichen Nebenbestimmungen" gesprochen. Da diese Regeln aber den Regelungsgehalt eines Verwaltungsakts festlegen (→ Rn. 42 ff.), weckt die Bezeichnung falsche Vorstellungen.

[422] Vgl. z.B. die Prüfung einer Abstandssumme für einen zweckentfremdenden Wohngebäudeabbruch in *BVerwG*, NJW 1978, S. 1018 (1019). Näher ausgestaltet findet sich dieses Erfordernis im Recht des Verwaltungsvertrags in Form des sog. Koppelungsverbotes, vgl. allg. → Bd. II *Pitschas* § 42 Rn. 106.

[423] *Kopp/Ramsauer*, VwVfG, § 36 Rn. 48 m. w. N.; *Voßkuhle*, Kompensationsprinzip (Fn. 337), S. 357 ff.

[424] Näher *Hönig*, Zulässigkeit (Fn. 379), S. 111 ff., der eine Trennung sogar für unmöglich erachtet; *Jens Schachel*, Nebenbestimmungen zu Verwaltungsakten, 1979, S. 55 ff.; *Jürgen Fluck*, Genehmigungszusätze, nachträgliche Anordnungen und Aufhebung der Genehmigung im Immissionsschutzrecht, DVBl 1992, S. 862 (862 ff.); *Tegethoff*, Nebenbestimmungen (Fn. 419), S. 56 ff., 89 ff.

jedoch als alleiniges Instrument aus, solange man davon ausgeht, dass jeder Verwaltungsakt über bestimmte Regelungsbestandteile (**Inhaltsbestimmungen**) verfügen muss. Wenn es in § 3 Abs. 1 S. 1 GastG heißt, „die Erlaubnis ist für eine bestimmte Betriebsart und für bestimmte Räume zu erteilen", so wird man nicht umhinkommen, betriebsartbezogene Festlegungen unabhängig von ihrer Form als Inhaltsbestimmung einzuordnen, durch die ein Akt als Gaststättenerlaubnis konstituiert wird.[425] In diesem Sinne stellt das Bundesverwaltungsgericht Anordnungen, welche die Gestalt und Beschaffenheit einer Anlage und damit den sachlichen Genehmigungsinhalt betreffen, den Nebenbestimmungen gegenüber.[426]

130 Die Abgrenzungsfrage ist damit noch nicht gelöst. Zum einen enthalten sich die Gesetze meist einer klaren Aussage über die den Verwaltungsakt konstituierenden Inhaltsbestimmungen, zum anderen können nach § 36 Abs. 1 VwVfG Nebenbestimmungen dazu dienen, die Voraussetzungen für den Erlass eines Verwaltungsakts zu sichern. Solche Regelungen beziehen sich aber zwangsläufig auf den Inhalt des Verwaltungsakts. Die Unsicherheiten werden noch dadurch verstärkt, dass man das **Verhältnis zwischen Verwaltungsakt und Nebenbestimmung** auf drei verschiedene Weisen bestimmen kann, nämlich nach der Art der Nebenbestimmung, nach dem Behördenwillen und nach dem ergänzenden Charakter einer Nebenbestimmung.[427]

1. Art der Nebenbestimmung

131 Die erste Verhältnisbestimmung nimmt ihren Ausgang bei der **gesetzlichen Unterscheidung** zwischen Befristung, Bedingung und Widerrufsvorbehalt auf der einen und Auflage und Auflagevorbehalt auf der anderen Seite. Während es bei der ersten Gruppe heißt, dass sie „mit" dem Verwaltungsakt „erlassen werden", spricht das Gesetz bei Auflage und Auflagenvorbehalt davon, dass diese „mit" dem Verwaltungsakt „verbunden werden". Betont man die unterschiedliche Art der Verbindung, lassen sich Befristung, Bedingung und Widerrufsvorbehalt als **unselbständige** und untrennbare **inhaltliche (Neben-)Bestimmungen** des Verwaltungsakts qualifizieren (§ 36 Abs. 2 Nr. 1 bis 3 VwVfG).[428] Demgegenüber besitzen Auflage und Auflagenvorbehalt einen **selbständigen Regelungsinhalt**, der sich vom Verwaltungsakt trennen lässt (§ 36 Abs. 2 Nr. 4 und 5 VwVfG).

---

[425] Vergleichbare Festlegungen finden sich z. B. in § 21 9. BImSchV, § 16 Abs. 1 AtVfV.
[426] Bei einer Betriebsgenehmigung für eine Ölfeuerungsanlage ist die Maßgabe, was verfeuert werden darf, Teil des Genehmigungsinhalts: *BVerwGE* 69, 37 (39); dementsprechend sind auch Regelungen über den Boden einer Abfalldeponie nicht Nebenbestimmungen, sondern Inhalt der Anlagenzulassung: *BVerwGE* 90, 42 (48).
[427] Klar herausgearbeitet von *Elster*, Verwaltungsakte (Fn. 419), S. 115 ff.
[428] Die drei unselbständigen Nebenbestimmungen weisen keine gemeinsame Struktur in Form einer zeitlichen Bestimmung des Rechtsinhalts auf (a. A. *Barbara Remmert*, Nebenbestimmungen zu begünstigenden Verwaltungsakten, VerwArch, Bd. 88 [1997], S. 112 [126 f.]). Der Widerrufsvorbehalt betrifft nicht die inhaltlich-zeitliche Ausgestaltung der Regelung, sondern die Reichweite der Bindungswirkung. Die Bedingung lässt eine zeitliche Deutung zu. Doch zeigt sich bei der Gegenüberstellung mit der Auflage, dass das entscheidende Moment in der Art der Verbindung und nicht im Inhalt der Nebenbestimmung besteht.

2. Behördenwille

Ganz anders stellt sich das Verhältnis zwischen Verwaltungsakt und Nebenbestimmung dar, wenn man den Willen der Behörde zum Ausgangspunkt wählt. Die Selbständigkeit oder Unselbständigkeit einer Nebenbestimmung richtet sich danach, ob die Behörde den Verwaltungsakt auch ohne Nebenbestimmung erlassen hätte. Entscheidend ist dafür die **rechtliche Gestaltungsmacht:** Bei einer gebundenen Entscheidung kann die Behörde nur wollen, dass Verwaltungsakt und Nebenbestimmung dem Gesetz gemäß ergehen. Abgesehen von gesetzlich verankerten Verbindungen, wie die in § 36 Abs. 1 VwVfG, lassen sich hier die Nebenbestimmungen vom Verwaltungsakt trennen. Nur im Bereich des Ermessens wird ein Gestaltungsspielraum eröffnet, der Platz für einen ermessensfehlerfrei gefassten **Behördenwillen** lässt. Wird durch das Wegdenken einer Nebenbestimmung der Regelungsinhalt verändert oder das Rechte- und Pflichtengefüge zu Lasten der Verwaltung verschoben, steht der Trennung der Behördenwille entgegen. Nebenbestimmungen dieser Art ließen sich so als unselbständige klassifizieren.

132

3. Ergänzender Charakter der Nebenbestimmungen

Nähert man sich hingegen von dem allen Nebenbestimmungen gemeinsamen Merkmal der ergänzenden Beziehung zum Verwaltungsakt, lassen sich **sämtliche Nebenbestimmungen vom Verwaltungsakt trennen.**[429] Dem steht weder die Logik[430] noch der Wille der Verwaltung entgegen: Ob die Behörde einen Verwaltungsakt um eine Bedingung oder eine Auflage ergänzt und ob ihr dabei Ermessen zusteht oder es sich um eine gebundene Entscheidung handelt, in keinem der Fälle will die Verwaltung einen Verwaltungsakt ohne Nebenbestimmung erlassen.[431] Entscheidend ist allein, ob **der Verwaltungsakt sinnvollerweise ohne die Nebenbestimmung bestehen kann.**[432] Mit der Möglichkeit, jede Nebenbestimmung vom Verwaltungsakt abzuspalten, werden auch nicht die unterschiedlichen Rechtsfolgen in Frage gestellt, die mit dem Gebrauch von Befristung oder Bedingung einerseits und Auflage oder Auflagenvorbehalt andererseits einhergehen. Sicherlich macht es einen erheblichen Unterschied, ob ein Verwaltungsakt unter einer aufschiebenden Befristung oder einer Auflage erlassen wird. Doch die aufgeschobene oder aktuelle Beachtlichkeit des Verwaltungsakts zählt nicht zum konstitutiven Inhalt des Verwaltungsakts, sondern ist Folge des Gebrauchs der Nebenbestimmungen. Der Vorteil einer solchen Betrachtung besteht in der Möglichkeit, den **Rechtsschutz gegen Nebenbestim-**

133

---

[429] In der Literatur wird in diesem Zusammenhang von „Teilbarkeit" gesprochen, s. etwa *Heinrich A. Wolff*, in: Sodan/Ziekow (Hrsg.), VwGO, § 113 Rn. 173 ff. Der Begriff der Teilbarkeit betrifft genau genommen allein die Frage, ob der verbleibende Rechtsakt als Verwaltungsakt klassifiziert werden kann – mag dieser ungewollt, rechtswidrig oder aus anderen Gründen fragwürdig erscheinen. Näher *Hans-Werner Laubinger*, Die Anfechtbarkeit von Nebenbestimmungen, VerwArch, Bd. 73 (1982), S. 345 (360 ff.); → Fn. 515 (unter Nichtigkeit).
[430] Davon scheinen *Jan-Reinard Sieckmann*, Die Anfechtbarkeit von Nebenbestimmungen zu begünstigenden Verwaltungsakten, DÖV 1998, S. 525 (529 ff.); *Christian Hanf*, Rechtsschutz gegen Inhalts- und Nebenbestimmungen zu Verwaltungsakten, 2003, S. 6 ff., 29 ff., auszugehen.
[431] So auch *Elster*, Verwaltungsakte (Fn. 419), S. 283 f.
[432] Betrifft die „Nebenbestimmung" den konstitutiven Regelungsinhalt des Verwaltungsakts, handelt es sich gar nicht um eine Neben-, sondern um eine Inhaltsbestimmung.

mungen einheitlich auszuformen: Gegen sämtliche Nebenbestimmungen darf danach die Anfechtungsklage erhoben werden, „sofern nicht eine isolierte Aufhebung offenkundig ausscheidet."[433]

134 Auch diese einheitliche Betrachtungsweise muss bei der weiteren Suche nach einem Abgrenzungskriterium bedenken, dass Nebenbestimmungen ein den Verwaltungsakt inhaltlich bestimmendes Moment aufweisen können. Bei den unselbständigen Nebenbestimmungen (§ 36 Abs. 2 Nr. 1 bis 3 VwVfG) ist dies evident. Konsequenz dessen ist die Existenz eines Bereiches, in dem die Verwaltung wählen kann, ob sie eine Bestimmung als Teil des Verwaltungsakts oder als Nebenbestimmung erlässt. Innerhalb dieses Bereichs ist eine **Unterscheidung** zwischen Verwaltungsakt und Nebenbestimmung nur anhand der gewählten **Form** möglich.[434] Begrenzt wird dieser Bereich durch die für den Verwaltungsakt **konstitutiven Inhaltsbestimmungen.** Welche Bestimmungen zu diesem engen Kreis zählen, richtet sich nach den Vorgaben des Fachrechts und, wo dieses schweigt, nach der Verkehrsauffassung.

III. Erscheinungsformen

135 Das Verwaltungsverfahrensgesetz unterscheidet zwischen fünf Arten von Nebenbestimmungen: Befristung, Bedingung, Vorbehalt des Widerrufs, Auflage und Vorbehalt einer Auflage. Sie werden in § 36 Abs. 2 Nr. 1 bis 5 VwVfG gesetzlich definiert. Sämtliche Nebenbestimmungen sind akzessorisch zu einem Verwaltungsakt. Ihre Rechtswirkungen treten deshalb nur ein, wenn dieser Verwaltungsakt wirksam ist.[435]

1. Einordnung von Nebenbestimmungen

136 Ob und um welche Art von Nebenbestimmung es sich bei einer Regelung handelt, richtet sich nach deren **„objektivem Erklärungswert".** „Maßgebend ist, wie der Empfänger sie [die Regelung, C.B.] unter Berücksichtigung der ihm erkennbaren Umstände bei objektiver Würdigung verstehen muß; Unklarheiten

---

[433] *BVerwGE* 112, 221 (1. LS). Offenkundigkeit kommt in Betracht, wenn aus Sicht eines mit den Umständen vertrauten Beobachters (→ Rn. 162) die Voraussetzungen für den Erlass des Verwaltungsakts nicht vorliegen und die angefochtene Nebenbestimmung der Sicherung einer noch ausstehenden Erlassvoraussetzung dient.

[434] Im Ergebnis deckt sich dieses Kriterium meist mit jenem, wonach eine Nebenbestimmung vorliegt, wenn es sich um eine Einschränkung des Antrags handelt; vgl. *Elster*, Verwaltungsakte (Fn. 419), S. 66 f., 162; *Rainer Pietzner/Michael Ronellenfitsch*, Das Assessorexamen im Öffentlichen Recht, 12. Aufl. 2010, § 9 Rn. 17. Alternativ wird zur Abgrenzung des Verwaltungsakts von den Nebenbestimmungen vorgeschlagen, zwischen **Tun und Unterlassen** (*Franz-Josef Kunert*, „Genehmigungszusätze" im Immissionsschutzrecht, UPR 1991, S. 249 [252]) oder **Haupt- und Nebenpflicht** (*Paul Stelkens/Ulrich Stelkens*, in: Stelkens/Bonk/Sachs [Hrsg.], VwVfG, 6. Aufl. 2001, § 36 Rn. 10; anders nun *Ulrich Stelkens*, in: Stelkens/Bonk/Sachs [Hrsg.], VwVfG, § 36 Rn. 68 f., 99 ff.) zu unterscheiden. Für umweltrelevante Anlagengenehmigungen schlägt *Tegethoff*, Nebenbestimmungen (Fn. 419), S. 93 ff., eine Unterscheidung nach der **Wichtigkeit der Vermeidung der Umweltauswirkungen** vor.

[435] Bei einem begünstigenden Verwaltungsakt steht die Wirkung unter dem Vorbehalt, dass die Begünstigung in Anspruch genommen wird. So für die Akzessorietät der Verpflichtung aus einer Auflage und zur Möglichkeit vorwirkender verpflichtender Auflagen *Schachel*, Nebenbestimmungen (Fn. 424), S. 32 m. w. N.

gehen zu Lasten der Verwaltung."[436] Nicht entscheidend ist danach, unter welcher Bezeichnung die Regelung erfolgte.

Auszuscheiden aus dem Kreis der Nebenbestimmungen sind zunächst die **konstitutiven Inhaltsbestimmungen** wie etwa die Zweckbestimmung einer staatlichen Leistung im Sinne des § 49 Abs. 3 VwVfG sowie jene Bestimmungen, die **keinen regelnden Gehalt** besitzen, sondern sich in einem Hinweis auf die Gesetzeslage erschöpfen.[437] 137

Innerhalb der Gruppe der Nebenbestimmungen können Schwierigkeiten bei der Einordnung einer Nebenbestimmung als **Auflage** oder **(Potestativ-)Bedingung** auftreten, bei der der Bedingungseintritt vom Verhalten eines Beteiligten abhängt.[438] Der einzige erkennbare Unterschied zwischen Auflage und Bedingung besteht in der Art und Weise ihrer Verknüpfung mit dem Verwaltungsakt. Fehlt es an einer eindeutigen Einordnung von Seiten der Verwaltung, wird man aus Gründen der Verhältnismäßigkeit im Zweifel vom Vorliegen einer Auflage ausgehen. Mit der Möglichkeit des Widerrufs nach § 49 Abs. 2 Nr. 2 VwVfG und dem Instrument der Verwaltungsvollstreckung verfügt die Verwaltung auch über ausreichende Mittel, um die Auflage durchzusetzen. 138

2. Einzelne Nebenbestimmungen

a) Befristung

Die Befristung wird in § 36 Abs. 2 Nr. 1 VwVfG als eine Bestimmung definiert, nach der eine Vergünstigung oder Belastung zu einem Zeitpunkt beginnt, endet oder für einen bestimmten Zeitraum gilt. Auch das Eintreten eines Ereignisses – z.B. die Abordnung eines Beamten – kann eine Befristung darstellen. Der Eintritt muss nur gewiss sein;[439] anderenfalls handelt es sich um eine Bedingung. Die Befristung dient der **zeitlichen Feinabstimmung,** indem sie die Rechtswirkungen eines Verwaltungsakts auf die konkreten sachlichen Gegebenheiten abstimmt, sei es, weil sich diese schnell ändern, sie periodisch überprüft werden sollen[440] oder nur einen überschaubaren Zeitraum einnehmen.[441] 139

---

[436] *BVerwGE* 99, 101 (103).

[437] So beispielsweise der Hinweis, dass die Genehmigung erlischt, falls die Anlage während eines dreijährigen Zeitraums nicht mehr betrieben wird (§ 18 Abs. 1 Nr. 2 BImSchG). Bei solchen informatorischen Akten kann man überlegen, ob der Hinweis einen feststellenden Regelungsgehalt besitzen soll. Angesichts der generellen Problematik um feststellende Verwaltungsakte wird man dafür aber einen klar artikulierten Willen der Behörde zu fordern haben; → Rn. 62.

[438] Zur Abgrenzung *Ulrich Stelkens*, in: Stelkens/Bonk/Sachs (Hrsg.), VwVfG, § 36 Rn. 76, 87. Entscheidend kommt es darauf an, dass der Wille, die Genehmigungswirkung von einer bestimmten Handlung abhängig zu machen, für den Adressaten erkennbar wird. So ist es z.B. der Fall bei *Hess. VHG*, NVwZ-RR 1992, S. 469 (469f.).

[439] *Ulrich Stelkens*, in: Stelkens/Bonk/Sachs (Hrsg.), VwVfG, § 36 Rn. 71.

[440] Vgl. z.B. *BVerwGE* 78, 192 (206f.).

[441] Beispielsweise kann mit einer Befristung die straßenverkehrsrechtliche Ausnahmegenehmigung nach § 46 I Nr. 11 StVO eng auf den Zeitraum zugeschnitten werden, in dem die die Ausnahmegenehmigung rechtfertigende Situation vorliegt. Unter Umständen erlässt die Verwaltung einen Kettenverwaltungsakt, wird also nach Fristablauf bei Fortdauern der Genehmigungsvoraussetzungen jeweils ein neuer Verwaltungsakt erlassen, vgl. *BVerwG*, NJW 1994, S. 2037 (2037f.).

b) Bedingung

140 Eine Bestimmung, nach der der Eintritt oder der Wegfall einer Vergünstigung oder Belastung von dem ungewissen Eintritt eines zukünftigen Ereignisses abhängt, ist nach § 36 Abs. 2 Nr. 2 VwVfG eine Bedingung. Mit einer Bedingung lassen sich mehrere Ziele verfolgen: Stets handelt es sich um ein Instrument, um sich auf Unwägbarkeiten einzustellen: Der bedingte Verwaltungsakt hält für den Eintritt wie für den Nichteintritt eines Ereignisses eine Regelung parat.[442] Die Beteiligten können sich deshalb auf die **Ungewissheit einstellen.** Die Bedingung ist überdies besonders gut geeignet, den Adressaten zu einem bestimmten Verhalten anzuhalten: Durch die Verknüpfung von Verwaltungsakt und Bedingung wird ein starker Anreiz gesetzt, den Bedingungseintritt herbeizuführen oder zu verhindern, um in den Genuss einer Vergünstigung zu kommen oder eine Belastung zu vermeiden oder zu beenden. Außerdem kann die Bedingung dazu genutzt werden, die Erteilung des Verwaltungsakts von einer „**Gegenleistung**" des Begünstigten abhängig zu machen.[443]

c) Vorbehalt des Widerrufs

141 Der einem Verwaltungsakt beigefügte Vorbehalt des Widerrufs (§ 36 Abs. 2 Nr. 3 VwVfG) verschafft der Verwaltung die Möglichkeit, den Verwaltungsakt nach § 49 Abs. 2 S. 1 Nr. 1 VwVfG zu widerrufen. Der Widerrufsvorbehalt verschiebt das Verhältnis zwischen **Beständigkeit und Änderbarkeit** zu Lasten der Beständigkeit. Er beseitigt die engen Grenzen des § 49 Abs. 2 S. 1 Nr. 2 bis 5 VwVfG, unter denen sonst ein Widerruf nur zulässig ist, und befreit darüber hinaus von der sich aus § 49 Abs. 6 VwVfG ergebenden Pflicht, den Begünstigten für den Fall eines Widerrufs zu entschädigen. Da der Widerrufsvorbehalt allgemein, d.h. ohne die Nennung einzelner Widerrufsgründe, gefasst werden darf,[444] besteht die einzige Bindung in der Pflicht, das Widerrufsermessen fehlerfrei auszuüben. Doch reicht es dafür nicht aus, dass die Widerrufsmöglichkeit kraft Vorbehalts gegeben ist; zumindest bedarf es eines sachlichen Grundes, der über die bloße Neueröffnung eines behördlichen Gestaltungsspielraums hinausgeht.[445] Die Funktion des Widerrufsvorbehalts besteht in der **Erhaltung des behördlichen Gestaltungsermessens** trotz verwaltungsaktlicher Regelung.

d) Auflage

142 Nach § 36 Abs. 2 Nr. 4 VwVfG liegt eine Auflage vor, falls dem Begünstigten ein Tun, Dulden oder Unterlassen vorgeschrieben wird. Äußerlich betrachtet erfüllt die Auflage die in § 35 S. 1 VwVfG angeführten Merkmale eines Verwal-

---

[442] Klassisches Beispiel der Einberufung unter der Bedingung des Verteidigungsfalls: *BVerwGE* 57, 69 (69 ff.).
[443] Siehe *BVerwGE* 126, 104 ff.: sanierungsrechtliche Genehmigung für Modernisierungs- und Instandsetzungsmaßnahmen unter der Bedingung, dass Mietern Vereinbarungen gemäß den Sozialplänen angeboten werden.
[444] Ein Widerrufsvorbehalt für den Fall, dass sich der Verwaltungsakt als rechtswidrig erweist, dient allein dazu, den Vertrauensschutz nach § 48 Abs. 1 S. 2 VwVfG zu umgehen, und ist deshalb rechtswidrig.
[445] Die Verwaltungsgerichte neigen zusehends zu einer intensiven Prüfung des sachlichen Grundes. Z.B. *VGH BW*, NVwZ 1990, S. 482 (482).

tungsakts. Aufgrund ihrer akzessorischen Ausrichtung und gesetzlichen Ausformung als Nebenbestimmung handelt es sich bei ihr jedoch nicht um einen selbständigen Verwaltungsakt.[446] Eine praktisch wichtige Eigenheit der Auflage besteht in den **Befugnissen,** mit denen die Verwaltung **auf ihre Missachtung reagieren** kann. Anders als bei der Bedingung mit ihrem groben Mechanismus „verbindlich/unverbindlich", eröffnen Verwaltungsvollstreckung,[447] Rücknahme und – wo gesetzlich anerkannt – die Nutzungsuntersagung eine breite Palette, um in angemessener Weise auf die Nichtbefolgung der Auflage zu reagieren. Bei der **Ausgestaltung der Sanktion** können die unterschiedliche Bedeutung der Verhaltenspflicht, die Art und Weise ihrer Missachtung, aber auch die Sanktionsfolgen sowie alle anderen Besonderheiten des Einzelfalls berücksichtigt werden. Die Auflage bildet danach ein vorzügliches Instrument zur **Verhaltenssteuerung** gerade auch in Feldern, in denen die Absicherung mittels Bedingung unverhältnismäßig wäre. Das scharfe, aber grobe Instrument der Bedingung kann man deshalb Pflichten vorbehalten, die unter allen Umständen eingehalten werden sollen. Von ihren Funktionen her ähnelt die Auflage der Bedingung. Wie diese vermag sie, eine **Gegenleistung** für den Erlass eines Verwaltungsakts abzusichern. Außerdem weist auch sie eine **Anreizstruktur** auf.[448] Diese ist zwar ein wenig versteckt, da der Betroffene von der Begünstigung ohne vorherige Erfüllung der Auflage Gebrauch machen kann. Doch kann die Verwaltung den Verwaltungsakt nach § 49 Abs. 2 S. 1 Nr. 2, Abs. 6 S. 1 VwVfG entschädigungslos widerrufen, sodass am Ende ein Eigeninteresse an der Einhaltung der Auflage besteht. Deutlicher als bei den übrigen Nebenbestimmungen tritt bei der Auflage die allgemeine Funktion der Nebenbestimmungen hervor, den Verwaltungsakt auf die konkreten tatsächlichen und rechtlichen Gegebenheiten abzustimmen. Gerade mit Hilfe von Verhaltenspflichten lassen sich die durch einen Verwaltungsakt berührten öffentlichen und privaten Interessen wahren.[449]

e) Vorbehalt einer Auflage

Wird der Verwaltungsakt, wie es in § 36 Abs. 2 Nr. 5 VwVfG heißt, mit einem Vorbehalt nachträglicher Aufnahme, Änderung oder Ergänzung einer Auflage verbunden, spricht man von einem Auflagenvorbehalt.[450] Sein Anwendungs-

---

[446] So *Hans Meyer*, in: Meyer/Borgs-Maciejewski, Verwaltungsverfahrensgesetz (Fn. 63), § 36 Rn. 19; a. A. trotz zugestandener Akzessorietät *Kopp/Ramsauer*, VwVfG, § 36 Rn. 31; *Ulrich Stelkens,* in: Stelkens/Bonk/Sachs (Hrsg.), VwVfG, § 36 Rn. 83. Wird eine Auflage nachträglich erlassen, handelt es sich um einen Verwaltungsakt. Doch ist dies keine Besonderheit der Auflage, sondern gilt für sämtliche Nebenbestimmungen (*Ulrich Stelkens*, in: Stelkens/Bonk/Sachs [Hrsg.], VwVfG, § 36 Rn. 38).
[447] Näher *Christoph Heydemann*, Die Durchsetzbarkeit von Verhaltensbindungen im Recht der begünstigenden Verwaltung, 1994. S. a. → Bd. III *Waldhoff* § 46 Rn. 77 ff.
[448] Zu Anreizen → Bd. II *Sacksofsky* § 40.
[449] Erkennbar wird dies etwa bei der Auflage, dass bestimmte Mietobergrenzen nicht überschritten werden dürfen (*BVerwGE* 126, 104 ff.), oder der einer Schankwirtschaftsgenehmigung beigefügten Auflage, dass kein Geschlechtsverkehr gegen Entgelt angeboten werden darf (*OVG Berl.,* Grundeigentum 2002, S. 1569 ff.), oder der Auflage zu einer Fahrerlaubnis, in regelmäßigen Untersuchungen Alkoholabstinenz nachzuweisen (*OVG Rh.-Pf.,* NJW 1990, S. 1194 f.).
[450] Auch beim Auflagenvorbehalt wird über die Rechtsnatur gestritten. Die Merkmale eines Verwaltungsakts liegen vor; doch trifft § 36 VwVfG eine abweichende Regelung und qualifiziert den Akt als Nebenbestimmung; näher *Michael Kloepfer*, Der Auflagenvorbehalt bei Verwaltungsakten, DV, Bd. 8 (1975), S. 295 (301 ff.).

bereich ist auf begünstigende Verwaltungsakte beschränkt. Darin gleicht er der Auflage. Wie der Widerrufsvorbehalt ist der Vorbehalt einer Auflage auf die künftige Entwicklung gerichtet. Seine Funktion ist es, den behördlichen **Gestaltungsspielraum** trotz verwaltungsaktlicher Festlegungen zu erhalten, aber zugleich ist er auf **Beständigkeit** ausgerichtet: Sein Ziel ist nicht die Aufhebung, sondern die **Anpassung** der getroffenen Regelung **an veränderte Gegebenheiten**.[451]

f) Modifizierende Auflage

144 § 36 Abs. 2 VwVfG stellt keinen **abschließenden Katalog** möglicher Nebenbestimmungen auf.[452] Die meisten Erscheinungen lassen sich jedoch entweder als eine in § 36 VwVfG aufgeführte Konstellation oder – wie der Vorbehalt einer vorläufigen Regelung – als Inhaltsbestimmung einordnen.[453] Trotzdem wird seit längerem über die Frage diskutiert, ob man nicht einen besonderen Typ von Nebenbestimmung braucht, falls ein Verwaltungsakt das beantragte Vorhaben inhaltlich modifiziert.[454]

145 *Felix Weyreuther* entwickelte für solche Einschränkungen die Figur der **modifizierenden Auflage**.[455] Eine Besonderheit der modifizierenden Auflage besteht darin, dass man sie nicht vom Verwaltungsakt trennen und deshalb auch nicht isoliert anfechten kann.[456] Das Bundesverwaltungsgericht hat diese Figur aufgegriffen,[457] und bis heute ist sie bei den Oberverwaltungsgerichten in Gebrauch.[458] Dennoch

---

[451] Typisch für die Verwendung in der Praxis sind Fälle, in denen möglich erscheint, dass bestimmte Vorhaben Beeinträchtigungen hervorrufen, die größer sind, als man für den Erlass des Verwaltungsakts zugrunde legt, vgl. z. B. die Auflagenvorbehalte in *BayVGH*, Beschl. v. 27. 1. 2005 – Az. 26 ZB 03.3238; Beschl. v. 11. 4. 2001 – Az. 26 ZS 00.764.

[452] So die überwiegende Auffassung: *Ulrich Stelkens*, in: Stelkens/Bonk/Sachs (Hrsg.), VwVfG, § 36 Rn. 65; *Hans-Günter Henneke*, in: Knack/Henneke, VwVfG, § 36 Rn. 7; *Kopp/Ramsauer*, VwVfG, § 36 Rn. 13; a.A. *Hans Meyer*, in: Meyer/Borgs-Maciejewski, Verwaltungsverfahrensgesetz (Fn. 63), § 36 Rn. 24.

[453] → Rn. 129 ff. Zur Schutzauflage nach § 74 Abs. 2 S. 2 und 3 VwVfG und ihrer Klassifizierung *Voßkuhle*, Kompensationsprinzip (Fn. 337), S. 103 ff.; *Steinberg/Berg/Wickel*, Fachplanung (Fn. 200), § 4 Rn. 5 ff.

[454] Z.B. die Ergänzung einer Gestattung zur Einleitung von Grundwasser um die Bestimmung, dass das Grundwasser bestimmte Schadstoffwerte nicht überschreiten darf, oder kleinere Änderungen in den Bauunterlagen eines Baugenehmigungsantrags (sog. Grüneinträge), vgl. *VGH BW*, VBlBW 1993, S. 135 (137).

[455] *Felix Weyreuther*, Über „Baubedingungen", DVBl 1969, S. 295 ff.; *ders.*, Modifizierende Auflagen, DVBl 1984, S. 365 (373). *Weyreuther* umschrieb die Figur als „Nein, aber" und insistierte, dass sie im Bereich solcher Abweichungen zwischen Antrag und Gewährung gegenüber der Erfassung als modifizierte Gewährung einen Mehrwert beinhaltet: Die Koppelung der Aliudgewährung mit der Auflage als Anordnung soll im Unterschied zur bloßen modifizierten Gewährung eine besondere Befehlsqualität haben und eine der Bestandskraft fähige Entscheidung herbeiführen, dass nur das so Gewährte rechtmäßig ist. Ausführliche Auseinandersetzungen mit *Weyreuther* finden sich bei *Elster*, Verwaltungsakte (Fn. 419), S. 51 ff., und *Heydemann*, Durchsetzbarkeit (Fn. 447), S. 151 ff.

[456] *BVerwGE* 36, 145 (154).

[457] *BVerwG*, DÖV 1974, S. 380 (381); *BVerwGE* 65, 139 (141); zwischenzeitlich ist in spürbarer Zurückhaltung die Rechtsfigur zwar nicht ausdrücklich aufgegeben worden, aber ihre Fragen münden im Rahmen der Begründetheit in das Kriterium einer selbständigen Abtrennbarkeit, die es erlaubt, dass der verbleibende Verwaltungsakt „ohne Änderung seines Inhaltes sinnvoller- und rechtmäßigerweise bestehen bleiben kann", *BVerwG*, NVwZ 1984, S. 366 (366).

[458] Z.B. *OVG NW*, Urt. v. 27. 9. 2005 – Az. 13 A 4090/03; *BayVGH*, Urt. v. 30. 1. 2006 – Az. 25 B 01.2478; *VGH BW*, NVwZ-RR 1999, S. 431 (431 f.).

stößt die Figur auf immer breitere Ablehnung.[459] Der entscheidende Einwand lautet dabei, dass es sich bei der modifizierenden Auflage um eine Inhaltsbestimmung in Form einer modifizierenden Gestattung handelt.[460] Man wird dieses Urteil für Einschränkungen teilen, die – wie die Zahl der Stockwerke eines Gebäudes oder die Lage einer Anlage im Raum – eine **konstitutive Inhaltsbestimmung** betreffen. Bei den verbleibenden Einschränkungen entscheidet die **Form** darüber, ob es sich um eine Auflage oder um einen Teil des Verwaltungsakts handelt. Einer besonderen Auszeichnung der Auflage als „modifizierend" bedarf es jedoch nicht. Der Einordnung als Auflage steht auch nicht entgegen, dass die Verhaltenspflicht nicht im Wege des Verwaltungsvollstreckungszwangs selbständig durchsetzbar ist. Zwar entfällt damit eine wichtige Reaktionsmöglichkeit, doch ist mit der Widerrufsoption aus § 49 Abs. 2 Nr. 2 VwVfG weiterhin ein wirkungsvolles Instrument vorhanden, um die Missachtung der Auflage zu sanktionieren.

IV. Zulässigkeit von Nebenbestimmungen

Viele Fachgesetze ermächtigen zum Erlass von Nebenbestimmungen.[461] Fehlt es an einer solchen speziellen Ermächtigung, wird gemeinhin auf § 36 VwVfG zurückgegriffen.[462] Neben dem Wortlaut der Vorschrift wird dies damit begründet, dass sich aus der Befugnis, den Verwaltungsakt in den in § 36 VwVfG aufgeführten Konstellationen zu versagen, auf die weniger weitreichende Befugnis schließen lässt, eine Nebenbestimmung zu erlassen.[463] Diese Betrachtungsweise mag für Nebenbestimmungen, die unmittelbar auf die Sicherung einer Erlassvoraussetzung gerichtet sind, vielleicht noch überzeugen,[464] **kompensatorische Maßnahmen** oder **gegenleistungsartige Pflichten**[465] lassen sich auf diesem Weg kaum rechtferti-

146

---

[459] So *Ule/Laubinger*, VerwVerfR, § 50 Rn. 16; *Christoph Brüning*, Ist die Rechtsprechung zur isolierten Anfechtbarkeit von Nebenbestimmungen wieder vorhersehbar?, NVwZ 2002, S. 1081 (1082); *Maurer*, VerwR, § 12 Rn. 16; *Ulrich Stelkens* in: Stelkens/Bonk/Sachs (Hrsg.), VwVfG, § 36 Rn. 98; *Helge Sodan*, in: Sodan/Ziekow (Hrsg.), VwGO, § 42 Rn. 21. *Dirk Ehlers*, Verwaltungsrechtsdogmatik und modifizierende Auflage, VerwArch, Bd. 67 (1976), S. 369 (376 ff.), will die Figur zugunsten der Deutung als Potestativbedingung verabschieden. Gegen die Einwendung spricht aber, dass das beantragte Vorhaben nicht unter der Bedingung genehmigt wird, dass es anders ausgeführt wird, sondern es wird etwas anderes als das Beantragte genehmigt.
[460] Statt vieler *Maurer*, VerwR, § 12 Rn. 16. Freilich geht auch *Weyreuther*, Auflagen (Fn. 455), S. 365 ff., davon aus, dass die modifizierende Auflage das beantragte Vorhaben inhaltlich verändert.
[461] Z.B. §§ 12 Abs. 2 und 4 AufenthG, 12 BImSchG, 3 Abs. 2 GastG, 19 GenTG, 34a Abs. 1 S. 2 GewO, 13 WHG. Fachgesetzlich wird der Begriff der Auflage zum Teil auch in einem weiten, den Erlass selbständiger Verwaltungsakte umfassenden Sinn verstanden, so etwa in § 15 VersG.
[462] Statt vieler *Hans-Josef Schneider*, Nebenbestimmungen und Verwaltungsprozeß, 1981, S. 42 f., 56, der hinsichtlich der Qualität von § 36 Abs. 2 VwVfG als Ermächtigungsgrundlage den systematischen Zusammenhang mit Absatz 1 und die Gesetzesbegründung für entscheidend hält; *Maurer*, VerwR, § 12 Rn. 20.
[463] *Gerd Roellecke*, Gesetzmäßigkeitsprinzip und verwaltungsrechtliche Auflagen und Bedingungen, DÖV 1968, S. 333 (340); *Hans Meyer* in: Meyer/Borgs-Maciejewski, Verwaltungsverfahrensgesetz (Fn. 63), § 36 Rn. 33.
[464] Kritisch aufgrund der selbständigen Durchsetzbarkeit von Auflagen *Hans-Uwe Erichsen*, in: Erichsen/Ehlers (Hrsg.), VerwR, 12. Aufl. 2002, § 14 Rn. 11, und *Elster*, Verwaltungsakte (Fn. 419), S. 240 ff., mit eingehender Prüfung der Forderungen des Gesetzesvorbehalts.
[465] Z.B. die Auflage einer Zweckentfremdungsgenehmigung, die Bereitstellung von Wohnraum an anderer Stelle zu finanzieren, vgl. BVerwGE 55, 135 ff.

gen.⁴⁶⁶ Verbindet man aber die fachgesetzliche Ermächtigung zum Erlass des Verwaltungsakts mit der Regelung in § 36 VwVfG, so lassen sich daraus hinreichend genaue Vorgaben für die Zulässigkeit und Grenzen von Nebenbestimmungen entwickeln.⁴⁶⁷ Auf diese Weise wird den Anforderungen des **Vorbehalts des Gesetzes**⁴⁶⁸ genügt. Dies gilt auch für den Erlass selbständiger Verhaltenspflichten in Form von Auflagen. Da die Bindungswirkung des Verwaltungsakts dem nachträglichen Erlass einer Nebenbestimmung entgegensteht, ist ein solches Vorgehen nur nach Maßgabe einer entsprechenden gesetzlichen Ermächtigungsgrundlage zulässig.

147 Neben den allgemeinen Rechtmäßigkeitsanforderungen, insbesondere dem Grundsatz der Verhältnismäßigkeit, aus dem sich die Unangemessenheit einer auflösenden Bedingung ergeben kann,⁴⁶⁹ führt das **akzessorisch-funktionale Verhältnis** zwischen Verwaltungsakt und Nebenbestimmung dazu, dass zwischen ihnen ein sachlicher Zusammenhang bestehen muss. In diesem Sinne verlangt § 36 Abs. 3 VwVfG, dass die Nebenbestimmung nicht dem Zweck des Verwaltungsakts widersprechen darf. Doch reicht das **Gebot eines Sachzusammenhangs** weiter: Die Nebenbestimmungen müssen sich innerhalb des Zweckrahmens bewegen, den die Ermächtigung für den Erlass des Verwaltungsakts aufstellt. Auf der Grenze bewegt sich eine Befristung mit dem Ziel, die Bestandskraft einer Genehmigung zu mindern und der Entschädigungspflicht aus § 49 Abs. 6 VwVfG zu entgehen. Da neben der Feinsteuerung jedoch die zentrale Funktion der Nebenbestimmungen darin besteht, den Gestaltungsspielraum der Verwaltung zu erhalten, bleibt hier das Sachlichkeitsgebot gewahrt.⁴⁷⁰ Schließlich wird man auf den allgemeinen Rechtsgrundsatz des Koppelungsverbots (vgl. § 56 Abs. 1 S. 2 VwVfG)⁴⁷¹ zurückgreifen dürfen. An diesem Grundsatz scheitert beispielsweise die Pflicht, Ausbildungskosten zurückzuzahlen, obwohl dafür eine adäquate Gegenleistung erbracht wurde.⁴⁷²

---

⁴⁶⁶ So *Voßkuhle*, Kompensationsprinzip (Fn. 337), S. 359 f. Auch der Verweis auf eine implizite Zustimmung des Betroffenen durch Nutzung der Begünstigung hilft nicht weiter, weil die Zustimmung den aus Demokratie- und Rechtsstaatsprinzip gebotenen Vorbehaltsbereich unberührt lässt.

⁴⁶⁷ In diesem Sinne auch *Elster*, Verwaltungsakte (Fn. 419), S. 241 f. Grenzen für die Verfügung von Auflagen können sich aus der Art des Verwaltungsakts ergeben; so sind statusgestaltende Verwaltungsakte regelmäßig nebenbestimmungsfeindlich, da es sonst an der gebotenen Rechtsklarheit fehlt, nach welchem Rechtsregime sich die Rechte und Pflichten des Betroffenen richten. Vgl. z.B. zur Unzulässigkeit einschränkender Nebenbestimmungen bei der Approbation *BVerwG*, NJW 1999, S. 1798 (1799); ähnlich bei der Einbürgerung *BVerwGE* 27, 263 (266). Bei privatrechtsgestaltenden Verwaltungsakten ist die Auflage rechtswidrig, wenn auch eine Nebenbestimmung für das Privatrechtsgeschäft nicht zulässig wäre, z.B. *BGH*, NJW 1981, S. 980 (980 f.). Ebenso muss sich der Erlass einer Nebenbestimmung innerhalb des Gestaltungsspielraums bewegen, den die jeweilige Ermessensvorschrift eröffnet. Ein anschauliches Beispiel bietet *OVG NW*, NVwZ 1999, S. 556 (558).

⁴⁶⁸ → Bd. I *Reimer* § 9 Rn. 23 ff.

⁴⁶⁹ Beispielhaft *BVerwGE* 78, 114 (119 f.).

⁴⁷⁰ A. A. *Kopp/Ramsauer*, VwVfG, § 36 Rn. 58.

⁴⁷¹ Näher *Schneider*, Nebenbestimmungen (Fn. 462), S. 73 ff.; → Bd. II *Pitschas* § 42 Rn. 106.

⁴⁷² *BVerwGE* 52, 183 (187).

V. Rechtsschutz gegen Nebenbestimmungen

Ist eine Nebenbestimmung rechtswidrig, stellt sich zum einen die **materiellrechtliche Frage,** inwieweit dadurch die Rechtmäßigkeit des Verwaltungsakts berührt wird, und zum anderen die **prozessuale Frage,** auf welchem Weg man sich gegen eine solche Nebenbestimmung zur Wehr setzen kann.

148

1. Materiellrechtliche Wirkung fehlerhafter Nebenbestimmungen

Welche Wirkung eine rechtswidrige Nebenbestimmung hat, richtet sich nach dem Verhältnis zwischen **Nebenbestimmung und Verwaltungsakt:**[473] Geht man mit der hier befürworteten Auffassung davon aus, dass sich alle Nebenbestimmungen vom Verwaltungsakt lösen lassen, so wirkt sich die Rechtswidrigkeit einer Nebenbestimmung nicht auf die Rechtmäßigkeit des Verwaltungsakts aus.[474] Eine Ausnahme muss nur für Nebenbestimmungen gemacht werden, die dazu dienen, die Voraussetzungen für den Erlass des Verwaltungsakts zu gewährleisten.[475] Aufgrund der Rechtmäßigkeitsfunktion der Nebenbestimmung für den Verwaltungsakt betrifft der Fehler der Nebenbestimmung dann immer auch den Verwaltungsakt.

149

2. Isolierte Anfechtbarkeit von Nebenbestimmungen

Räumt man dem Betroffenen die Möglichkeit ein, eine ihm missliebige Nebenbestimmung unabhängig vom Verwaltungsakt **anzufechten,** führt dies aufgrund des in § 80 Abs. 1 VwGO begründeten Suspensiveffekts dazu, dass er den begünstigenden Verwaltungsakt ausnutzen kann, ohne die Nebenbestimmung beachten zu müssen. Neben dem geringeren Streitwert besteht in diesem Effekt ein wichtiger Vorteil gegenüber der sonst in Betracht kommenden Verpflichtungsklage, die auf den Erlass des begünstigenden Verwaltungsakts ohne belastende Nebenbestimmung gerichtet ist.[476] Verwaltung und Drittbetroffener müssen dem nicht tatenlos zusehen. Der Begünstigte kann durch die Anordnung der sofortigen Vollziehung nach § 80 Abs. 2 S. 1 Nr. 4 VwGO in die Pflicht genommen werden.

150

---

[473] Zur Abgrenzung s. → Rn. 129 ff.

[474] → Rn. 133 f. Sieht man stattdessen die Art der Nebenbestimmung oder den Willen der Behörde als maßgeblichen Gesichtspunkt für Selb- oder Unselbständigkeit einer Nebenbestimmung an, wirkt sich auch die Rechtswidrigkeit unterschiedlich aus: Entscheidet die Art der Nebenbestimmung, wird die Scheidelinie zwischen den beiden in § 36 Abs. 2 VwVfG aufgeführten Gruppen von Nebenbestimmungen gezogen, vgl. *Elster,* Verwaltungsakte (Fn. 419), S. 292 ff. Ist hingegen der Behördenwille maßgeblich, verläuft die Linie zwischen gebundenen und im Ermessen stehenden Verwaltungsakten.

[475] Das *BVerwG* fordert, dass der Verwaltungsakt sinnvoller- und *rechtmäßiger*weise bestehen bleiben kann, *BVerwGE* 112, 221 (224); so auch *Hans-Dieter Sproll,* Rechtsschutz gegen Nebenbestimmungen eines Verwaltungsakts, NJW 2002, S. 3221 (3223). Irrt die Verwaltung über die Notwendigkeit einer Nebenbestimmung, fehlt es an dem Zusammenhang.

[476] Näher *Schneider,* Nebenbestimmungen (Fn. 462), S. 113 ff. Die Verpflichtungsklage enthält zwar nach h.M. eine implizite Anfechtung des versagenden Bescheids. Diese implizite Anfechtungsklage wird aber nicht von § 80 Abs. 1 VwGO erfasst, weil die Verpflichtungsklage auf Erweiterung der bestehenden Rechtssphäre gerichtet ist. Vgl. *Rainer Pietzcker,* Rechtsschutz gegen Nebenbestimmung – unlösbar?, NVwZ 1995, S. 15 (20).

151 Die Interessenlage allein vermag die **Rechtsschutzfrage** nicht zu beantworten. Eine als stark schwankend empfundene und in ihren Folgen schwer abzuschätzende Rechtsprechung des Bundesverwaltungsgerichts führte in den 1990er Jahren dazu, dass der Rechtsschutz gegen belastende Nebenbestimmungen zu einem unübersichtlichen Streitfeld wurde. Inzwischen hat das Bundesverwaltungsgericht zu einer klaren Linie gefunden, die es erlaubt, festen Boden wiederzugewinnen.[477] Blickt man zurück, zeigt sich nicht nur, dass die Rechtsschutzfrage „im Laufe der Zeit erhebliche Wandlungen durchgemacht" hat,[478] sondern auch, dass die Praxis zu ihrem Ausgangspunkt zurückgekehrt ist: Wie schon vor gut hundert Jahren ist es heute im Grundsatz wieder möglich, alle Nebenbestimmungen selbständig anzufechten.[479]

152 Dass eine solche Anfechtung überhaupt möglich ist, ergibt sich im Rückschluss aus § 113 Abs. 1 S. 1 VwGO, der es erlaubt, einen Verwaltungsakt auch nur zum Teil aufzuheben.[480] Da eine Teilaufhebung nur möglich ist, soweit sich der aufzuhebende Teil vom verbleibenden Restverwaltungsakt trennen lässt, führt die Rechtsschutzfrage wiederum zum Verhältnis von Nebenbestimmung und Verwaltungsakt.[481] Betont man – wie hier – den gemeinsamen **ergänzenden Charakter** der Nebenbestimmungen, wird man mit der neueren Judikatur des Bundesverwaltungsgerichts grundsätzlich alle Nebenbestimmungen für isoliert anfechtbar erachten.[482] Nach Auffassung des Gerichts „ist gegen belastende Nebenbestimmungen eines Verwaltungsakts die Anfechtungsklage gegeben […]. Ob diese

---

[477] *BVerwGE* 112, 221 (224). Doch darf man das Beharrungsvermögen der Oberverwaltungsgerichte nicht unterschätzen: Exemplarisch *OVG Berl.*, NVwZ 2001, S. 1059 (1060), wo eine aufschiebende Bedingung unter die vom *BVerwG* aufgestellten Maßstäbe mit der Folge subsumiert wird, dass eine isolierte Anfechtung von vornherein ausscheiden soll.

[478] *Maurer*, VerwR, § 12 Rn. 22.

[479] Zum Ausgangspunkt der Rechtsprechung s. *PrOVG* 12, 366 (369); 33, 333 (335): Klageanträge auf Aufhebung von Nebenbestimmungen, zumeist undifferenziert Bedingungen genannt, begegneten keinen Bedenken. Dazu, aber auch zur baldigen Herausbildung der Auffassung der Unmöglichkeit der selbständigen Anfechtbarkeit von Bedingungen im heutigen engeren Sinn, *Elster*, Verwaltungsakte (Fn. 419), S. 313 ff.

[480] S. *Schneider*, Nebenbestimmungen (Fn. 462), S. 96 ff., 100 ff. Schon an dieser gesetzlichen Regelung scheitert die vereinzelt vertretene Auffassung (*Bernd J. Fehn*, Die isolierte Auflagenanfechtung, DÖV 1988, S. 202 [207 ff.]; *Holger Stadie*, Rechtsschutz gegen Nebenbestimmungen eines begünstigenden Verwaltungsaktes, DVBl 1991, S. 613 [613 ff.]; *Christoph Labrenz*, Die neuere Rechtsprechung des BVerwG zum Rechtsschutz gegen Nebenbestimmungen – falsch begründet, aber richtig, NVwZ 2007, S. 161 [164 f.]), dass eine belastende Nebenbestimmung niemals selbständig angefochten werden kann.

[481] Macht man die Frage der Anfechtbarkeit von der **Art der Nebenbestimmung** abhängig, lassen sich nur Auflage und Auflagenvorbehalt selbständig anfechten. Auf diese Weise verfuhr die Praxis über lange Zeit und gewährte Rechtsschutz gegen unselbständige Nebenbestimmungen nur durch Verpflichtungsklage (*BVerwGE* 29, 261 [265]; 36, 145 [153 f.]; *VGH BW*, VBlBW 1984, S. 83 [84]; 1995, S. 29 [29]; NVwZ-RR 2001, S. 272 [272]). Stellt man stattdessen auf den **Behördenwillen** ab, ist allein die Anfechtung von Nebenbestimmungen gebundener Verwaltungsakte zulässig (*BVerwGE* 55, 135 [137]; 56, 254 [256]; NVwZ-RR 1997, S. 530 [530]). Für diese Auffassung lassen sich auch prozessuale Gründe anführen: Durch das auf die Aufhebung der Nebenbestimmung beschränkte Urteil wird die Behörde mit einem Verwaltungsakt konfrontiert, den sie so nicht erlassen hat. Der Verwaltung einen solchen Akt aufzudrängen, bereitet zwar keine Bedenken bei gebundenen Verwaltungsakten, umso fragwürdiger erscheint dies jedoch bei Verwaltungsakten, deren Erteilung im Ermessen der Exekutive steht.

[482] Im Ergebnis wie hier *Maurer*, VerwR, § 12 Rn. 25, *Matthias Ruffert*, in: Erichsen/Ehlers (Hrsg.), VerwR, § 23 Rn. 18; *Brüning*, Isolierte Anfechtbarkeit (Fn. 459), S. 1081 ff.; *Sproll*, Rechtsschutz (Fn. 475), S. 3222; *Jörg Schmidt*, Rechtsschutz gegen Nebenbestimmungen, VBlBW 2004, S. 81 ff.; *Kopp/Schenke*, VwGO, § 42 Rn. 22.

Klage zur isolierten Aufhebung der Nebenbestimmung führen kann, hängt davon ab, ob der begünstigende Verwaltungsakt ohne die Nebenbestimmung sinnvoller- und rechtmäßigerweise bestehen bleiben kann; dies ist eine Frage der Begründetheit und nicht der Zulässigkeit des Anfechtungsbegehrens, sofern nicht eine isolierte Aufhebbarkeit offenkundig von vornherein ausscheidet."[483] Rechtmäßigerweise nicht bestehen bleiben kann der Restverwaltungsakt, soweit die Nebenbestimmung dazu dient, eine Voraussetzung für den Erlass des Verwaltungsakts zu erfüllen (vgl. § 36 Abs. 1 VwVfG).[484] Steht der Verwaltungsakt im behördlichen **Ermessen,** so wahrt das Bundesverwaltungsgericht die Gestaltungsbefugnis der Verwaltung, indem es die Möglichkeit eröffnet, die Begünstigung in analoger Anwendung des § 49 Abs. 2 Nr. 2 VwVfG zu widerrufen.[485]

F. Fehler und Fehlerfolgen

I. Die begrenzte Fehlerempfindlichkeit als spezifische Steuerungsleistung des Verwaltungsakts

Ein Verwaltungsakt ist **rechtswidrig** oder fehlerhaft, wenn er gegen eine formelle oder materielle Vorgabe der Rechtsordnung verstößt.[486] Ein solcher Rechts-

153

---

[483] BVerwGE 112, 221 (224). Nach *Maurer,* VerwR, § 12 Rn. 25, ist unter dem Kriterium der Sinnhaftigkeit das Problem des behördlichen Willens bei Ermessensverwaltungsakten zu berücksichtigen. Am Sinn des Bestehenbleibens ohne Nebenbestimmung kann es aber nicht schon immer dann fehlen, wenn der Verwaltungsakt im Ermessen der Behörde steht.

[484] Erforderlich für die Unbegründetheit der isolierten Anfechtung ist, dass nach Abtrennung der rechtswidrigen Nebenbestimmung ein Verwaltungsakt zurückbleibt, der deshalb rechtswidrig ist, weil ohne Nebenbestimmung die Erfüllung von Erlassvoraussetzungen nicht sichergestellt ist. Zur Schwierigkeit, dieses Vorgehen mit dem traditionellen Verständnis des § 113 Abs. 1 VwGO zu harmonisieren s. *Schneider,* Nebenbestimmungen (Fn. 462), S. 142 ff., 150 ff. Nach *Schenke,* VerwaltungsprozessR, Rn. 807, ist die Anfechtung schon dann unbegründet, wenn ein aus welchen Gründen auch immer rechtswidriger Verwaltungsakt zurückbleibt. Da § 48 VwVfG ein Vertrauen auf rechtswidrige Begünstigungen anerkennt, ist m. E. nicht ersichtlich, warum der Bürger nicht rechtswidrige Teile einer rechtswidrigen Begünstigung zu Fall bringen können soll.

[485] BVerwGE 65, 139 (141); *Pietzcker,* Rechtsschutz (Fn. 476), S. 19.

[486] Ein Verstoß liegt vor, wenn der Verwaltungsakt gegen eine individuelle oder allgemeine, geschriebene oder ungeschriebene Regel oder Vorgabe verstößt, die beim Erlass eines Verwaltungsakts zu beachten ist. Zu den Unsicherheiten bei dieser Beurteilung ausführlich: *Peter Baumeister,* Der Beseitigungsanspruch als Fehlerfolge des rechtswidrigen Verwaltungsakts, 2006, S. 127 ff. *Michael Sachs* hat in diesem Zusammenhang die These aufgestellt, dass die Verfahrensanforderungen der Verwaltungsverfahrensgesetze von Bund und Ländern den Verwaltungsakt grundsätzlich unberührt lassen (→ Bd. II *Sachs* § 31 Rn. 46 ff.; *ders.,* Zur formellen Rechtswidrigkeit von Verwaltungsakten, VerwArch, Bd. 97 [2006], S. 573 [587 f.]). Er begründet dies damit, dass es sich bei den Verfahrensanforderungen um Verhaltensnormen handelt, die Menschen ein bestimmtes Verhalten aufgeben, gegen die aber ein Rechtsakt nicht verstoßen kann (→ Bd. II *Sachs* § 31 Rn. 42 f.; *ders.,* Rechtswidrigkeit, a. a. O., S. 580). So verstanden werden durch Vorschriften wie die §§ 44 bis 46 VwVfG oder die Unterscheidung zwischen wesentlichen und unwesentlichen Verfahrensvorschriften die Verhaltensnormen zu Maßstabsnormen des Verwaltungsakts erhoben (*Sachs,* Rechtswidrigkeit [a. a. O.], S. 587 f.). Diese Einordnung vermag dann auch nicht mit dem Verweis auf die Gesetzesbindung der Verwaltung (Art. 20 Abs. 3 GG) oder § 59 Abs. 2 Nr. 2 VwVfG entkräftet zu werden (s. *Sachs,* Rechtswidrigkeit [a. a. O.], S. 582). Dies hängt davon ab, ob es sich bei den Verfahrensanforderungen tatsächlich in erster Linie um Verhaltensnormen handelt, was m. E. zu verneinen ist: Verhaltensrecht, wie man es im Zivil- oder Strafrecht findet, besteht aus einem Komplex von Regeln über Verhalten und Zurechnung, die orientiert am Regelungszweck

verstoß kann verschiedene Folgen haben: Sofern er nicht an einem schweren, zur Nichtigkeit führenden Fehler leidet, ist ein rechtswidriger Verwaltungsakt wirksam, kann aber aufgehoben werden. Der Verstoß kann sich auch als folgenlos erweisen. Diese **begrenzte Fehlerempfindlichkeit** wurde früher aus der Eigenart exekutiver Hoheitsgewalt hergeleitet.[487] Als Manifestation legitimer staatlicher Gewalt sollte ein Verwaltungsakt grundsätzlich gültig sein. In dieser Eigenschaft sah man ein konstitutives Merkmal. Man formte die verwaltungsaktliche Handlungsform gerade mit dem Ziel, dem Verwaltungsakt eine begrenzte Unempfindlichkeit gegenüber Rechtsfehlern zu verleihen. Mangels gesetzlicher Regelungen bildete die Frage, welche Fehler die Nichtigkeit, welche die Aufhebbarkeit und welche keine Folgen nach sich ziehen sollten, einen Schwerpunkt der Debatten um den Verwaltungsakt.[488] Die Verwaltungsverfahrensgesetze von Bund und Ländern haben der Fehlerunempfindlichkeit ein gesetzliches Fundament gegeben (§§ 43 ff. VwVfG) und viele der alten Streitfragen entschieden.[489]

154 Nähert man sich dem Phänomen der Fehlerunempfindlichkeit, um die spezifischen Steuerungsleistungen zu erfassen, die mit seiner Hilfe erbracht werden, zeigt sich ein disparates Interessengefüge: Den Ausgangspunkt bildet dabei nicht der Gedanke der Beständigkeit, sondern das **Gebot der Rechtmäßigkeitsrestitution.** Jeder Fehler widerstreitet dem Gebot der Gesetzmäßigkeit der Verwaltung und dem Sollensanspruch des Rechts. Auch wenn es keine rechtslogisch gebotene Fehlerfolge gibt,[490] verlangen beide Gebote nach der Herstellung eines rechtmäßigen Rechtszustands.[491] Der Gedanke der Beständigkeit kommt erst als Reaktion auf das Restitutionsgebot ins Spiel. Die Vorstellung, nach einer gewissen Zeit an der getroffenen Regelung festzuhalten, speist sich aus ver-

---

unterschiedliche Maßstäbe an das Vorliegen einer Handlung, die Zurechnung von Erfolgen, die innere Einstellung und die Möglichkeit, sich zu exkulpieren, aufstellen. Hinzu kommt ein Katalog unterschiedlicher Reaktions- und Sanktionsregeln. Äquivalente kennt das Verwaltungsverfahrensrecht nicht. Es interessiert sich grundsätzlich nicht für das Verhalten der Bediensteten, sondern fragt danach, ob die aufgestellten Regeln beachtet wurden. Der Maßstab dafür ist nicht das Handlungsvermögen des handelnden Bediensteten, sondern das Leistungsvermögen der Verwaltung: Was darf man von dieser in Anbetracht ihrer Aufgaben erwarten? Das Verwaltungsverfahrensrecht enthält nicht in erster Linie Verhaltensregeln, sondern Regeln darüber, unter welchen Bedingungen ein Verwaltungsakt erlassen werden darf (vor diesem Vorverständnis wird auch das Urteil von *Forsthoff*, VerwR, S. 223, verständlich, dass die Rechtswidrigkeit des Verwaltungsakts beim Verfahrensfehler aus der „immanenten Logik der Rechtsordnung folge"). Deshalb wird durch Vorschriften, wie man sie in den §§ 44 bis 46 VwVfG findet, nicht die Fehlererheblichkeit begründet, sondern ausgestaltet und zum Teil begrenzt (näher *Baumeister*, Beseitigungsanspruch [a. a. O.], S. 133 ff.).

[487] Siehe dazu und zum Folgenden *Mayer*, VerwR, S. 95; *Forsthoff*, VerwR, S. 224.

[488] → Rn. 9 ff.

[489] → Rn. 13 ff.

[490] So aber nicht nur die Lehre vom Stufenbau der Rechtsordnung: *Merkl*, Lehre (Fn. 38), S. 280 ff., 290 f.; aus neuerer Zeit *Annacker*, Rechtsakt (Fn. 417), S. 240 f., sondern auch – jedenfalls für Rechtsnormen – die traditionelle deutsche Nichtigkeitslehre, s. *Jörn Ipsen*, Rechtsfolgen der Verfassungswidrigkeit von Norm und Einzelakt, 1980, 1. und 4. Teil.

[491] *Martin Morlok*, Alles als Rechtmäßigkeitsrestitution. Der Erstattungsanspruch im Zusammenhang der Sekundäransprüche des öffentlichen Rechts, DV, Bd. 25 (1992), S. 371 (376); *Bernd Grzeszick*, Rechte und Ansprüche. Eine Rekonstruktion des Staatshaftungsrechts aus den subjektiven öffentlichen Rechten, 2003, S. 92 ff., 144 ff.; *Friedrich Schoch*, Effektuierung des Sekundärrechtsschutzes. Zur Überwindung des Entwicklungsrückstands des deutschen Staatshaftungsrechts, DV, Bd. 34 (2001), S. 261 (261 f.).

schiedenen Quellen, deren wichtigste die **Ordnungs- und Orientierungsfunktion des Rechts** ist. Beim Verwaltungsakt besitzt diese Funktion ein erhebliches Gewicht: Der Verwaltungsakt konkretisiert die Rechtsordnung und legt im Einzelfall fest, „was rechtens sein soll". Es ist seine Aufgabe, eine verlässliche Grundlage für die Rechte und Pflichten der Beteiligten einschließlich der Verwaltung zu schaffen. Verlässlichkeit und Vertrauen setzen Beständigkeit voraus und vermögen dementsprechend das Gebot der Rechtmäßigkeitsrestitution sachlich und zeitlich zu begrenzen.[492] Für eine Begrenzung der Folgen von Verfahrensfehlern streitet der **Gedanke einer effizienten Verfahrensgestaltung**[493]. Hat sich ein Verfahrensfehler nicht auf den Regelungsinhalt eines Verwaltungsakts ausgewirkt, kann darin ein Grund zu sehen sein, den Verwaltungsakt nicht aufzuheben. Eine weitere Quelle, aus der die Vorstellung der Beständigkeit schöpft, besteht in der Aufgabe, einen **ausgewogenen Interessenausgleich zwischen den Verfahrensbeteiligten** herbeizuführen. Nicht nur bei der Genehmigung von Großanlagen oder im Bereich der Fachplanung, sondern auch in einfachen nachbarschaftlichen Verhältnissen besteht neben dem Interesse an rechtmäßigen Verhältnissen ein mit der Zeit immer stärker werdendes Bedürfnis nach Stabilität und Investitionssicherheit. Von ganz anderer Art ist das Streben nach Beständigkeit, welches aus dem Wunsch erwächst, die Genehmigungs- und Planungsverfahren zur **Sicherung des Wirtschaftsstandorts Deutschland** zu beschleunigen.[494]

II. Eine Ordnung der Fehlerfolgen

Bei der **Ausgestaltung der Fehlerfolgen** können und müssen unterschiedlichste Gebote, Leitgedanken und Ziele berücksichtigt werden. Sie eröffnen dem Gesetzgeber einen weiten **Gestaltungsspielraum** und sind zugleich der Grund dafür, dass sich die Fehlerfolgen nicht auf ein Grundprinzip zurückführen lassen. Charakteristisch für das Fehlerfolgenregime ist die **Spannungslage** zwischen dem starken Interesse an der **Herstellung eines rechtmäßigen Zustands** und dem nicht minder starken Interesse an der **Beständigkeit der bestehenden Rechtslage**. Während der Gedanke der Beständigkeit das Fehlerfolgenregime gleichmäßig prägt, schlägt sich der Gedanke der Rechtmäßigkeitsrestitution mal stärker und mal schwächer nieder: Bestimmend wird der Gedanke, wenn ein subjektives Recht verletzt wird.[495] Denn der grundrechtliche Integritätsanspruch sichert je-

155

---

[492] Besonders deutlich wird die Ordnungsfunktion des Verwaltungsakts beim Vollzug verfassungswidriger Gesetze. § 79 Abs. 2 BVerfGG sichert die Beständigkeit der aufgrund des nichtigen Gesetzes ergangenen Verwaltungsakte. Gäbe es die Regelung nicht und müsste man alle Vollzugsakte rückgängig machen, wäre dies mit immensen Kosten verbunden. Die Verhaltenserwartungen würden enttäuscht und es würde ein genereller Enttäuschungsvorbehalt gegenüber der einfachen Rechtsordnung entstehen.

[493] Zum Effizienzgebot → Bd. II *Pitschas* § 42 Rn. 111 ff.

[494] Dieser Wunsch führte in den 1990er Jahren dazu, dass die Fehlerempfindlichkeit weiter begrenzt und die Möglichkeit der Fehlerheilung ausgedehnt wurde; s. zum GenBeschleunigungsG und seiner Bewertung durch die Wissenschaft → Bd. II *Schmidt-Aßmann* § 27 Rn. 86 ff.

[495] Die Aufhebungs- und Reaktionsansprüche der Betroffenen bestehen nur so weit, als dadurch eine subjektive Rechtsverletzung beseitigt wird (§ 113 Abs. 1 S. 1, Abs. 5 S. 1 VwGO). Eine weitere Unterscheidung, die für die Reichweite des Restitutionsanspruchs von Bedeutung ist, ist die zwischen zweckwidrigen und rechtswidrigen Verwaltungsakten. Obwohl die zweckwidrige Ermessens-

dem Grundrechtsträger das Recht, nur in rechtmäßiger Weise in seiner Rechtssphäre beeinträchtigt zu werden.[496] Da dieser Integritätsanspruch nur wirksam gewahrt werden kann, wenn auch entstandene Schäden beseitigt werden, muss das Recht der Fehlerfolgen grundsätzlich einen Schadensersatzanspruch[497] umfassen. Die **Aufgabe des Fehlerfolgenregimes** besteht demnach im Wesentlichen darin, die Beständigkeit und Verlässlichkeit der Rechtsordnung zu wahren, ihre Vorgaben durchzusetzen und die Integrität der Grundrechtsträger zu schützen.[498]

1. Unwirksame oder wirksame fehlerhafte Verwaltungsakte

156   Für eine Ordnung der Fehlerfolgen bedeutet dies, dass im ersten Schritt festgelegt werden muss, welche Rechtswirkungen ein fehlerhafter Verwaltungsakt hat. Ein Fehler kann nach § 44 Abs. 1 oder 2 VwVfG zur **Nichtigkeit des Verwaltungsakts** führen und auf diese Weise den Rechtmäßigkeitsanspruch der Rechtsordnung wahren. Sollte ein nichtiger und damit nach § 43 Abs. 3 VwVfG unwirksamer Verwaltungsakt faktische Beeinträchtigungen – z.B. durch zeitliche Verzögerung eines Vorhabens – nach sich ziehen, wird der Integritätsschutz durch den Folgenbeseitigungs- und Amtshaftungsanspruch aus Art. 34 S. 1 GG mit § 839 BGB gewährleistet. Lückenlos ist dieser Schutz aber nur für Eigentumsbeeinträchtigungen ausgestaltet.[499]

157   Zieht der Fehler nicht die Nichtigkeit nach sich, ist der fehlerhafte Verwaltungsakt nach § 43 Abs. 1 VwVfG wirksam und bindet Verwaltung und Beteiligte. In der Regel sind fehlerhafte Verwaltungsakte nicht nichtig, sondern **wirksam.** Erklären lässt sich dies mit der Konkretisierungs- und Stabilisierungsfunktion des Verwaltungsakts: Gerade weil der Verwaltungsakt Rechte und Pflichten verbindlich festlegen und einen verlässlichen Handlungsraum ausgestalten soll, führt ein Fehler normalerweise nicht zur Nichtigkeit.

2. Rechtmäßigkeitsrestitution wirksamer fehlerhafter Verwaltungsakte

158   Für die wirksamen, aber fehlerhaften Verwaltungsakte müssen in einem zweiten Schritt Regeln aufgestellt werden, auf welche Weise rechtmäßige Zustände geschaffen werden können. Neben dem zentralen Instrument der **Aufhebung des Verwaltungsakts** nach den §§ 48 ff. VwVfG, 42 Abs. 1, 68, 72 f., 113 VwGO eröffnet die Rechtsordnung die Möglichkeit, Verfahrens- und Formfehler nach

---

betätigung, gemessen an den §§ 40 VwVfG, 114 S. 1 VwGO, rechtmäßig ist, kann der Betroffene die Ermessensausübung mit Rechtsmitteln angreifen (s. *Pietzner/Ronellenfitsch*, Assessorexamen [Fn. 434], § 35 Rn. 3 f.m.w.N.). Der Sprachlosigkeit des Rechts lässt sich mit Hilfe des Gedankens der Entscheidungsrichtigkeit abhelfen (→ Bd. I *Hoffmann-Riem* § 10 Rn. 75): Die Verwaltung soll ihr Ermessen nicht bloß rechtmäßig, sondern auch richtig ausüben. Aus Gründen der Gewaltenteilung ist dieser Maßstab aber nicht als bewehrtes Rechtsgebot ausgestaltet.

[496] Ausführlich *Grzeszick*, Rechte (Fn. 491), S. 169 ff., 180 ff., 186 ff., 218 ff., 334 ff.; *Bumke*, Rechtswidrigkeit (Fn. 126), S. 225 f.; *Baumeister*, Beseitigungsanspruch (Fn. 486), S. 21 ff.

[497] → Bd. III *Morlok* § 54.

[498] Solange der Gesetzgeber es unterließ, die Fehlerfolgen zu regeln, war es Aufgabe von Rechtsprechung und Lehre, die Folgen fehlerhafter Verwaltungsakte festzulegen (a.A. *Merkl*, Verwaltungsrecht [Fn. 34], S. 191 ff.). Näher zu den verschiedenen Ansätzen *Erbel*, Unmöglichkeit (Fn. 37), S. 94 ff. S.a. → Bd. II *Sachs* § 31 Rn. 24 ff.

[499] Der Anspruch aus enteignungsgleichem Eingriff eröffnet eine verschuldensunabhängige Haftung, s. *Fritz Ossenbühl*, Staatshaftungsrecht, 5. Aufl. 1998, S. 247 ff.; *Richter/Schuppert/Bumke*, Verwaltungsrecht (Fn. 283), § 19 B. Vgl. umfassend → Bd. III *Höfling* § 51, *Morlok* §§ 52, 54, *Enders* § 53.

den § 45 VwVfG und die inhaltlichen Mängel einer Planfeststellung nach § 75 Abs. 1a VwVfG zu **heilen** oder nach § 47 VwVfG den fehlerhaften Verwaltungsakt in einen rechtmäßigen **umzudeuten**. Handelt es sich um eine **offensichtliche Unrichtigkeit** im Sinne des § 42 VwVfG, kann der Fehler auch einfach korrigiert werden.[500]

Faktische Beeinträchtigungen, die durch den Verwaltungsakt selbst oder aufgrund seiner Vollstreckung verursacht werden, könnte die Verwaltung ohne weiteres rückgängig machen oder einen Schadensausgleich gewähren. Wahrscheinlich ist ein solches Geschehen nicht, weshalb die Rechtsordnung dem Bürger **Folgenbeseitigungs-** und – unter einschränkenden Voraussetzungen – **Schadensersatzansprüche** einräumt.[501]

3. Beständigkeit fehlerhafter Verwaltungsakte

In einem dritten Schritt sind die **Grenzen der Rechtmäßigkeitsrestitution** zu ziehen. Als Instrumente, die Fehlerempfindlichkeit des Verwaltungsakts zu begrenzen, kommen die Klassifizierung als Ordnungsvorschrift, die Begrenzung des subjektiven Rechts, der Ausschluss des Aufhebungsanspruchs durch Unanfechtbarkeit oder Präklusion und das Fehlen eines Rechtswidrigkeitszusammenhangs in Betracht. Ohne jede Folge sind nur Verstöße gegen **Ordnungsvorschriften**.[502] Doch widerstreitet die Einordnung einer Rechtsvorschrift als Ordnungsvorschrift

159

---

[500] Welches Gewicht ein Fehler hat und mit welcher Fehlerfolge er verknüpft sein sollte, lässt sich kaum einmal ohne einen genaueren Blick auf die einfache Rechtsordnung beantworten. Eine solche Ausnahme bilden offenbare Unrichtigkeiten, wie z.B. bloße Schreib- oder Rechenfehler. Bei offenbar unrichtigen Rechtsakten fehlt es an einem Bedürfnis, den Rechtsakt aufzuheben. Dementsprechend sieht § 42 VwVfG vor, dass ein solcher Fehler jederzeit berichtigt werden darf. Näher *Klaus Jachmann*, Die Berichtigung offenbar unrichtiger Verwaltungsakte gemäß § 42 Verwaltungsverfahrensgesetz, Diss. Regensburg 1993, der aufzeigt, dass sich unter den offensichtlichen Unrichtigkeiten auch solche verbergen können, die sich nicht als bloße falsa demonstratio einordnen lassen (a.a.O., S. 77 ff.); a.A. *Andreas Musil*, Die Berichtigung von Verwaltungsakten wegen offenbarer Unrichtigkeiten gemäß § 42 VwVfG und § 129 AO, DÖV 2001, S. 947 (950 f.). Die Rechtsprechung des Bundesfinanzhofs zu § 129 AO geht unter Verweis auf den abweichenden Wortlaut sehr viel weiter und lässt auch inhaltliche Korrekturen zu, vgl. z.B. *BFH*, NVwZ 1990, S. 702 (702 f.); näher *Lothar Woerner/Georg Grube*, Die Aufhebung und Änderung von Steuerverwaltungsakten, 8. Aufl. 1988, S. 16 ff.; *Werner Kuhfus*, Die Berichtigung offenbarer Unrichtigkeiten nach § 129 Abgabenordnung, 1999.

[501] Näher *Grzeszick*, Rechte (Fn. 491), S. 334 ff.; *Wolfram Höfling*, Primär- und Sekundärrechtsschutz im Öffentlichen Recht, VVDStRL, Bd. 61 (2002), S. 260 (268 ff.); *Bumke*, Rechtswidrigkeit (Fn. 126), S. 216 ff.; *Baumeister*, Beseitigungsanspruch (Fn. 486), S. 21 ff. Vgl. a. → Bd. III *Höfling* § 51, *Morlok* §§ 52, 54, *Enders* § 53. Aufgrund der grundsätzlichen Unabhängigkeit des Vollstreckungsverfahrens von der Rechtmäßigkeit der Grundverfügung muss der Betroffene sowohl die Grundverfügung als auch die Vollstreckungsmaßnahme angreifen (vgl. *BVerwG*, NVwZ 2009, S. 122). Zu der Diskussion um die Grenzen dieses Grundsatzes im Hinblick auf einen etwaigen Rechtmäßigkeitszusammenhang zwischen Verfügung und Vollstreckung bei noch nicht bestandskräftigen, aber sofort vollziehbaren Verwaltungsakten s. *Würtenberger/Heckmann*, PolizeiR, S. 362 f., sowie eingehend *Lemke*, Verwaltungsvollstreckungsrecht (Fn. 319), S. 154 ff. S.a. → Bd. III *Waldhoff* § 46 Rn. 131 ff.

[502] Als Beispiele für „unwesentliche Verfahrensfehler" nennt *Hermann Hill*, Das fehlerhafte Verfahren und seine Folgen im Verwaltungsrecht, 1986, S. 428, das Fehlen einer vorgeschriebenen Unterschrift unter der Prüfungsniederschrift (vgl. *BVerwGE* 6, 33 [35]) und die Verletzung von Ordnungsvorschriften bei der Zustellung. Wird gegen eine Ordnungsvorschrift verstoßen, verneint man gemeinhin die Rechtswidrigkeit des Verwaltungsakts. Ein konsequenter Sprachgebrauch müsste mit dieser unschädlichen Gewohnheit brechen und stattdessen von einem Fall der Folgelosigkeit der Rechtswidrigkeit sprechen. Näher zur Unterscheidung unwesentlicher und wesentlicher Verfahrensvorschriften → Rn. 193 ff.

III. Der nichtige Verwaltungsakt

160 Nach § 44 Abs. 1 VwVfG ist ein Verwaltungsakt nichtig, wenn er an einem besonders schwerwiegenden und offensichtlichen Fehler leidet.[503] Dem Gesetz liegt die bis dahin vorherrschende Evidenztheorie zugrunde.[504] Ist der Fehler sowohl besonders schwer als auch offenkundig, **verfehlt der Verwaltungsakt** zwangsläufig **seine Aufgabe, Rechte und Pflichten zu konkretisieren** und stabile Rechtsverhältnisse zu begründen. Da keinerlei Interesse an seiner Beständigkeit besteht,[505] bestimmt sich die Fehlerfolge ausschließlich anhand des Gedankens der **Rechtmäßigkeitsrestitution:** Der Verwaltungsakt ist unwirksam. Daneben finden sich in § 44 Abs. 2 VwVfG Fehler, die vom Gesetzgeber als so schwerwiegend eingestuft wurden, dass der damit behaftete Verwaltungsakt unter keinen Umständen wirksam werden soll.[506] Zu ihnen zählen die Nichterkennbarkeit der erlassenden Behörde (Nr. 1), bestimmte besonders schwere Form- und Zuständigkeitsmängel (Nr. 2 und 3), die faktische Unmöglichkeit (Nr. 4) und der Verstoß gegen die guten Sitten (Nr. 6) oder einen Straf- oder Bußgeldtatbestand (Nr. 5). Umgekehrt werden im anschließenden Absatz des § 44 VwVfG Fehler genannt, die keinesfalls zur Nichtigkeit führen. Erfasst werden Verstöße gegen die örtliche Zuständigkeit (Nr. 1, abgesehen von dem nach § 44 Abs. 2 Nr. 3 VwVfG erfassten Verstoß), die Mitwirkung einer nach § 20 Abs. 1 VwVfG ausgeschlossenen Person mit Ausnahme der unmittelbar Beteiligten (Nr. 2) und die unterbliebene Mitwirkung eines Ausschusses (Nr. 3) oder einer Behörde (Nr. 4).

---

[503] Verstöße gegen Unionsrecht führen nicht notwendig zur Nichtigkeit (*BVerwGE* 104, 289 [295 f.]). Dem deutschen Recht ähnlich geht das Fehlerfolgenregime des Unionsrechts von einer Vermutung der Gültigkeit des Unionsrechts aus. Nichtig sind Unionsrechtsakte nur, sofern sie an einem schweren und offensichtlichen Fehler leiden (*EuGH*, Rs. C-137/92P, Slg. 1994, I-2555, Rn. 49 ff.); näher dazu *Christian Bumke*, Rechtsetzung in der Europäischen Gemeinschaft. Bausteine einer gemeinschaftsrechtlichen Handlungsformenlehre, in: Schuppert/Pernice/Haltern (Hrsg.), Europawissenschaft, S. 643 (671 ff.).

[504] Siehe *Wolff/Bachof*, Verwaltungsrecht (Fn. 87), S. 426; *BVerwGE* 19, 284 (287); *BVerfGE* 34, 9 (25). Zur früheren Diskussion → Fn. 36. Scharf ablehnend *Walter G. Leisner*, Nichtigkeit eines Verwaltungsakts (nur) bei Offensichtlichkeit der besonders schweren Fehlerhaftigkeit? Kritik an der Evidenzlehre zu § 44 Abs. 1 VwVfG, DÖV 2007, S. 669 ff.

[505] Traditionell wurden für die Begründung der Nichtigkeitsfolge Formeln wie die angeführt, dass bei solchen Fehlern die exekutive Autorität nicht ausreiche, um dem Verwaltungsakt eine Gültigkeitsvermutung zu verleihen, z. B. *Mayer*, VerwR, S. 95: „Dann erscheint die Kraft des Staatswillens nicht in ihm." Überwiegend betrachtete man es als selbstverständlich, zwischen Fehlern nach ihrer Schwere differenzieren zu können. Von den Kelsenianern wurde die Unterscheidung zwischen Nichtigkeit und Anfechtbarkeit anhand des Kriteriums der Schwere wegen fehlender gesetzlicher Verankerung als subjektiv-beliebig und Anmaßung der Gesetzgeberrolle durch die Rechtswissenschaft abgelehnt, vgl. *Merkl*, Verwaltungsrecht (Fn. 34), S. 194 f., in dem Bemühen, unterschiedliche methodische Selbstverständnisse aufzuzeigen, näher *v. Hippel*, Fehlerhafter Staatsakt (Fn. 35), S. 78. Einen Überblick über diese Debatte geben *Hill*, Verfahren (Fn. 502), S. 13 ff., und *Erich Schiedeck*, Die Nichtigkeit von Verwaltungsakten nach § 44 Abs. 1 VwVfG, Diss. Regensburg 1993, S. 12 ff.

[506] Insoweit greift das Gesetz auf die in der Literatur insbesondere von *Forsthoff*, VerwR, S. 226 ff., und *Hans J. Wolff*, Verwaltungsrecht, Bd. 1, 2. Aufl. 1958, S. 336 ff., vertretene Auffassung zurück, dass Fehler allein aufgrund ihres Gewichts zur Nichtigkeit führen können.

F. Fehler und Fehlerfolgen

161 Besonders schwer ist ein Fehler, „der den davon betroffenen Verwaltungsakt als schlechterdings unerträglich erscheinen, d.h. mit tragenden Verfassungsprinzipien oder der Rechtsordnung immanenten wesentlichen Wertvorstellungen unvereinbar sein lässt."[507] Zu den **schwerwiegenden Fehlern** zählen beispielsweise eine in sich widersprüchliche und unbestimmbare Baugenehmigung,[508] eine Zwangsmittelandrohung, die nicht mit der vorgeschriebenen Fristsetzung verbunden wurde,[509] oder ein an eine verstorbene Person gerichteter Verwaltungsakt.[510]

162 Meist scheitert die Nichtigkeit aber daran, dass der Fehler für einen unvoreingenommenen, nicht unbedingt sachkundigen, aber aufgeschlossenen, mit den in Betracht kommenden Umständen vertrauten **Beobachter** nicht ohne weiteres ersichtlich ist.[511] Die in der Verwaltungspraxis vorkommenden Verstöße gegen Rechtsvorschriften sind in aller Regel nicht **hinreichend offensichtlich**.[512] Die erforderliche Evidenz besitzen meist nur Fehler, die sich aus dem Regelungsinhalt selbst ergeben, sei es, dass dieser zu unbestimmt, unsinnig oder auf etwas Unmögliches gerichtet ist, z.B. weil der Adressat oder das Objekt einer Handlungspflicht nicht mehr existieren.[513]

163 Die Nichtigkeit eines Verwaltungsakts kann jederzeit festgestellt werden (§ 44 Abs. 5 S. 1 VwVfG). Sofern der Einzelne ein berechtigtes Interesse hat, besteht nach § 44 Abs. 5 S. 2 VwVfG ein Anspruch auf die **Feststellung der Nichtigkeit**.[514] Erfasst die Nichtigkeit nur einen Teil des Verwaltungsakts, lassen sich die Teile trennen und ist zudem der nichtige Teil nicht so wesentlich, dass die Behörde den Verwaltungsakt nicht auch ohne ihn erlassen hätte, ist nach § 44 Abs. 4 VwVfG nur der fehlerhafte Teil nichtig.[515]

---

[507] *BVerwG*, DVBl 1985, S. 624 (624); s. ferner *BVerwG*, Buchholz 401.0 § 125 AO Nr. 1, S. 3 f. m. w. N.; *BVerwG*, NVwZ 2000, S. 1039 (1040).

[508] *OVG NW*, DÖV 1989, S. 685 (685 f.): Die Baugenehmigung wird für ein Grundstück erteilt, das nach den eingereichten Unterlagen erheblich größer ist als das tatsächlich existierende Grundstück.

[509] *Hess. VGH*, NVwZ 1982, S. 514 (514 f.).

[510] BFHE 169, 103 (1. LS).

[511] EVwVerfG 1963, S. 153. Vgl. zu Bezugspunkt und Anforderungen an die Offensichtlichkeit *Michael Sachs*, in: Stelkens/Bonk/Sachs (Hrsg.), VwVfG, § 44 Rn. 123 ff., ferner *Iris Reder*, Auslegung von Verwaltungsakten, 2002, S. 52 ff.

[512] Nach *VGH BW*, NVwZ-RR 1991, S. 490, kommt Offensichtlichkeit nicht in Betracht, wenn innerhalb der Rechtsprechung unterschiedliche Beurteilungen zur Frage anzutreffen sind. Betont wird gemeinhin, dass bei materieller Gesetzwidrigkeit Evidenz meist nicht gegeben sein wird, vgl. BVerwGE 19, 284 (288), und die Darstellung bei *Schiedeck*, Nichtigkeit (Fn. 505), S. 120 ff.

[513] Das Bemerkenswerte an solchen Konstellationen ist, dass es gar nicht der Nichtigkeitsfolge bedarf: Diese Akte besitzen einen Regelungsgehalt, der überhaupt keine Rechtswirkungen hervorrufen kann oder dessen Wirkungen ins Leere gehen, weshalb zumindest eine zwangsweise Durchsetzung ausscheidet. Näher *Erbel*, Unmöglichkeit (Fn. 37), S. 117 ff., 126 ff.

[514] Der Einzelne kann diesen Anspruch im Wege einer Verpflichtungsklage verfolgen oder eine auf Nichtigkeitsfeststellung gerichtete Feststellungsklage erheben. Daneben kommt grundsätzlich auch eine Anfechtungsklage in Betracht; näher zu den Auffassungen zum Verhältnis der Feststellung nach § 44 Abs. 5 VwVfG zu sonstigen Rechtsbehelfsmöglichkeiten *Michael Sachs*, in: Stelkens/Bonk/Sachs (Hrsg.), VwVfG, § 44 Rn. 199 ff.

[515] Das Gesetz knüpft an den (objektiv zu bestimmenden) behördlichen Willen als maßgebliches Kriterium an (näher *Michael Sachs*, in: Stelkens/Bonk/Sachs [Hrsg.], VwVfG, § 44 Rn. 191 ff.). Die Diskussion um das Kriterium der Teilbarkeit verläuft bei § 44 VwVfG parallel zu der um die Abtrennbarkeit von Nebenbestimmungen (näher *Wassilios Skouris*, Teilnichtigkeit von Gesetzen, 1973, S. 23 ff.). Inhaltlich kann sich der Gesichtspunkt der Teilbarkeit nur auf den Regelungsinhalt bezie-

IV. Der rechtswidrige wirksame Verwaltungsakt

1. Aufhebung des rechtswidrigen Verwaltungsakts (Rücknahme)

a) Grundlagen

164 Fehlerhafte Verwaltungsakte,[516] die nicht nichtig sind,[517] können von der Verwaltung ganz oder teilweise[518] zurückgenommen werden, um auf diese Weise den gebotenen rechtmäßigen Zustand herbeizuführen.[519] Die **Rücknahme** ist ein

---

hen und meinen, ob eine sinnvolle Regelung bestehen bleibt, sodass weiterhin die Merkmale eines Verwaltungsakts, vor allem sein Regelungscharakter, fortbestehen.

[516] Erfasst werden auch **fiktive Verwaltungsakte** (→ Rn. 63a), **Verwaltungsakte, die gerichtlich bestätigt worden sind** (*BVerwG*, Dokumentarische Berichte aus dem BVerwG. Ausgabe B: Öffentlicher Dienst 1998, S. 113 ff.; *Klaus Erfmeyer*, Die Befugnis der Behörde zum Erlaß von Folgebescheiden nach rechtskräftigem Urteil über den Erstbescheid. Direkte Anwendbarkeit der §§ 48 und 49 VwVfG und Einschränkung des Verwaltungsaktswiederholungsverbots, DVBl 1997, S. 27 [30 f.]; *Michael Kilian*, in: Sodan/Ziekow [Hrsg.], VwGO, § 121 Rn. 113; einschränkend *BVerwGE* 91, 256 [258 ff.]), sowie **Verwaltungsakte in Form der Fassung des Widerspruchsbescheids** (vgl. *Nds. OVG*, NVwZ 1990, S. 675 [1. LS]). Gleiches gilt für die Zusicherung nach § 38 Abs. 1 VwVfG (§ 38 Abs. 2 VwVfG). Nach Auffassung des *BVerwG* erfasst § 48 VwVfG auch **Verwaltungsakte, die nachträglich rechtswidrig geworden sind** (*BVerwGE* 84, 111 [113 f. m. w. N.]; *BVerwG*, NVwZ-RR 2005, S. 341 [342]); s. *Bumke*, Rechtswidrigkeit (Fn. 126), S. 193 ff. Zwar scheitert eine solche Auslegung nicht schon daran, dass Verwaltungsakte nicht rechtswidrig oder rechtmäßig werden können, trotzdem sollte man die Rücknahmeregelung nach § 48 VwVfG nur auf Verwaltungsakte anwenden, die bereits bei ihrem Erlass rechtswidrig gewesen sind. Für eine solch enge Auslegung spricht die in den §§ 48, 49 Abs. 2 Nr. 3 f. und Abs. 3, 51 Abs. 1 Nr. 1 VwVfG niedergelegte gesetzliche Konzeption. Gerade die vom *BVerwG* entschiedenen Konstellationen einer rückwirkenden Aufhebung einer Geldleistung wurden vom Gesetzgeber als Widerruf eines rechtmäßigen Verwaltungsakts nach § 49 Abs. 3 VwVfG geregelt (a. A. *VGH BW*, VBlBW 2002, S. 208 [209 f.]). Zur Möglichkeit des Rechtmäßigwerdens von Verwaltungsakten s. *BVerwGE* 64, 218 (221); *Schl.-Hol. OVG*, NVwZ 1995, S. 185 ff.; ablehnend *Ute Mager*, Der maßgebliche Zeitpunkt für die Beurteilung der Rechtswidrigkeit einer Gewerbeuntersagung, NVwZ 1996, S. 134 (135).

[517] Zur Nichtigkeit von Verwaltungsakten → Rn. 160 ff. Ob auch ein nichtiger Verwaltungsakt zurückgenommen werden kann, ist umstritten (befürwortend: *Ule/Laubinger*, VerwVerfR, § 61 Rn. 11; ablehnend: *Maurer*, VerwR, § 11 Rn. 16, jeweils m. w. N.). Die Annahme der Möglichkeit der Rücknahme eines von der Behörde für nichtig erachteten Verwaltungsakts liegt eher fern, weil die Regelungskonzeption des § 48 VwVfG mit ihrer Unterscheidung zwischen begünstigenden und belastenden Verwaltungsakten nicht passt und kein Grund erkennbar ist, warum sich die Verwaltung nicht mit der Feststellung der Nichtigkeit begnügen sollte. Die Frage kann also nur lauten, ob die Behörde im Streit um die Nichtigkeit eines Verwaltungsakts auf § 48 VwVfG zurückgreifen und die Frage der Nichtigkeit offenlassen kann. Dies wird man aus praktischen Gründen bejahen, da entscheidend die Rechtmäßigkeitsrestitution ist, welche auf beiden Wegen gleichermaßen erreicht wird. Ausführlich zu dieser Frage *Ulrich Knoke*, Rechtsfragen der Rücknahme von Verwaltungsakten. Zur Dogmatik und Kritik der Rücknahmebestimmungen der Verwaltungsverfahrensgesetze, 1989, S. 83 ff. Zulassen wird man einen solchen „fehlerhaften" Umgang mit dem nichtigen Verwaltungsakt, sofern dem Betroffenen dadurch keinerlei Rechtsnachteil erwächst, a. A. *Maurer*, VerwR, § 11 Rn. 16.

[518] Siehe etwa *BVerwGE* 68, 159 (184); näher *Michael Sachs*, in: Stelkens/Bonk/Sachs (Hrsg.), VwVfG, § 48 Rn. 100 ff. Zur Teilbarkeit von Planfeststellungsbeschlüssen s. *Steinberg/Berg/Wickel*, Fachplanung (Fn. 200), § 6 Rn. 159 ff.

[519] Grundsätzlich ist der Anwendungsbereich von § 48 VwVfG sachlich nicht weiter begrenzt. Über seine Anwendung ist es aber im Hinblick auf die Rücknahme von Einbürgerungen zum Streit gekommen. Siehe *BVerfGE* 116, 24 (51 ff. einerseits, *abw. M.*, 60 ff., andererseits; krit. gegenüber der Entscheidung auch *Michael Silagi*, Staatsangehörigkeitsentzug ex tunc durch Aufhebung der Einbürgerung, StAZ 2006, S. 313 [314 f.]) und die hinsichtlich der Frist klärende Entscheidung *BVerwGE* 130,

F. Fehler und Fehlerfolgen

Verwaltungsakt,[520] der in aller Regel in elektronischer oder schriftlicher Form erfolgt.[521] Die Entscheidung steht nach § 48 Abs. 1 S. 1 VwVfG im Ermessen der Verwaltung, wobei dieses Ermessen für begünstigende Verwaltungsakte (§ 48 Abs. 1 S. 2 VwVfG) gesetzlich ausgeformt und eingeschränkt wird (§ 48 Abs. 2 bis 4 VwVfG).[522] Diese vertrauensschützenden Regelungen gelten nach § 50 VwVfG jedoch nicht, wenn der begünstigende Verwaltungsakt, der von einem Dritten angefochten worden ist, während des Vorverfahrens oder während des verwaltungsgerichtlichen Verfahrens aufgehoben wird, soweit dadurch dem Rechtsmittel abgeholfen wird.[523]

Hinsichtlich der **begünstigenden Verwaltungsakte** unterscheidet das Gesetz zwischen Verwaltungsakten, die eine einmalige oder laufende Geldleistung oder teilbare Sachleistung gewähren (§ 48 Abs. 2 VwVfG), und den übrigen begünstigenden Verwaltungsakten (§ 48 Abs. 3 VwVfG). Die Unterscheidung beruht auf der gesetzgeberischen Vorstellung, „daß dort, wo die Auswirkungen des Verwaltungsakts bereits als finanzielle Größe erfaßbar sind, das finanzielle Interesse des Betroffenen schon beim Umfange der Rücknahme berücksichtigt wird. Die beschränkte Aufhebung trägt also gewissermaßen in einem vereinfachten Aufrechnungsverfahren den Interessen des Begünstigten und den öffentlichen Interessen Rechnung".[524] **Geldleistungsverwaltungsakte** werden in ihrem Bestand geschützt, sofern sich das Vertrauen des Begünstigten als schutzwürdig erweist (§ 48 Abs. 2 S. 1 bis 3 VwVfG). Demgegenüber beschränkt sich bei den **anderen begünstigenden Verwaltungsakten** die gesetzliche Ausgestaltung des Vertrauensschutzes auf einen Vermögensschutz (§ 48 Abs. 3 S. 1 VwVfG).[525] Das **private**

165

---

209 (210f.). Der Gesetzgeber hat die Rücknahme von Einbürgerungen nunmehr in § 35 StAG spezialgesetzlich geregelt (näher *Kay Hailbronner*, in: ders./Günter Renner/Hans-Georg Maaßen, Staatsangehörigkeitsrecht, 5. Aufl. 2010, § 35 StAG Rn. 1 ff., 6 ff.); zur Frist s. § 35 Abs. 3 StAG.
Zur Möglichkeit einer Aufhebung der Rücknahme → Fn. 722.

[520] Siehe nur *Maurer*, VerwR, § 11 Rn. 20.

[521] Maßgeblich sind hierbei die formellen Anforderungen an den aufzuhebenden Verwaltungsakt, s. nur *Sachs*, in: Stelkens/Bonk/Sachs (Hrsg.), § 48 Rn. 242.

[522] Näher zum behördlichen Rücknahmeermessen *BVerwGE* 92, 81 (87); 60, 208 (211); 83, 195 (199); zur Tendenz der Ermessensreduzierung in den Fällen des Vorliegens der Voraussetzungen des § 48 Abs. 2–4 VwVfG eingehend *Knoke*, Rechtsfragen (Fn. 517), S. 123 ff.

[523] Über die genauen Voraussetzungen herrscht Streit (s. *Barbara Remmert*, Die behördliche Aufhebung von Verwaltungsakten mit Doppelwirkung. Zur Dogmatik des § 50 VwVfG, VerwArch, Bd. 91 [2000], S. 209 ff.). Einig ist man sich noch darüber, dass der Vertrauensschutz außer Kraft gesetzt ist, wenn das Rechtsmittel zulässig und begründet ist. Umgekehrt kann nicht jede bloße Einlegung eines Rechtsmittels ausreichen. Nach Auffassung des *Bay. VGH* (NVwZ 1997, S. 701 [1. LS]) ist jedenfalls nicht die Begründetheit des Rechtsbehelfs zu fordern. *Wolfgang Schäfer*, in: Obermayer, VwVfG, § 50 Rn. 18, hält die Begründetheit offenbar sogar für unerheblich. Andere Stimmen nehmen an, dass die Behörde bei verständiger Würdigung den Erfolg des Rechtsmittels erwarten muss (*Eberhard Schmidt-Aßmann*, Institute gestufter Verwaltungsverfahren: Vorbescheid und Teilgenehmigung – Zum Problem der Verfahrensrationalität im administrativen Bereich, in: FG BVerwG, 1978, S. 569 [583 f.], mit dem Hinweis auf das aus divergierenden Zuständigkeiten resultierende Prognoseproblem; dem bundesimmissionsschutzrechtlichen Parallelfall folgend *BVerwGE* 65, 313 [321]; ähnlich *Knoke*, Rechtsfragen [Fn. 517], S. 308 ff.), und führen dafür den Wortlaut („abgeholfen wird") sowie die der Zulässigkeit vergleichbare Interessenlage an: Nur berechtigte Rechtspositionen sollen den Vertrauensschutz mindern.

[524] Musterentwurf eines Verwaltungsverfahrensgesetzes, 1964, S. 169.

[525] *BVerwGE* 104, 289 (300): „Bei Verwaltungsakten, die sich auf eine Geldleistung beziehen (§ 48 Abs. 2 VwVfG), geschieht also der Ausgleich der Vermögensnachteile dadurch, daß dem Betroffenen die Geldleistung belassen wird, was durch einen Verzicht auf die Rücknahme des Verwaltungsakts geschieht. Anders ist die Lage, wenn sich der Verwaltungsakt nicht auf eine Geldleistung bezieht;

Bestandsinteresse bleibt jedoch im Rahmen des Aufhebungsermessens nach § 48 Abs. 1 S. 1 VwVfG zu berücksichtigen.[526]

166 Ob der Verwaltungsakt nur mit Wirkung **für die Zukunft** oder auch **für die Vergangenheit** bis hin zum Zeitpunkt seines Erlasses **zurückgenommen** wird, entscheidet die Behörde[527] nach pflichtgemäßem Ermessen. Maßgeblich sind Schutzwürdigkeit und Gewicht der berührten Bestands- und Beseitigungsinteressen.[528] Im Normalfall führt dies dazu, dass Verwaltungsakte, die eine wiederkehrende Leistung zum Gegenstand haben, nur für die Zukunft,[529] hingegen solche, die wie eine Baugenehmigung eine Dreieckskonstellation regeln, auch für die Vergangenheit zurückgenommen werden.[530] Rückwirkend erfolgt die Rücknahme nach § 48 Abs. 2 S. 4 VwVfG in der Regel auch, wenn sich der Betroffene nach § 48 Abs. 2 S. 3 VwVfG nicht auf sein Vertrauen berufen kann. Soweit ein Verwaltungsakt mit Wirkung für die Vergangenheit zurückgenommen wird, sind bereits erbrachte Leistungen zu erstatten. Dies, wie auch den Umstand, dass die zu erstattende Leistung durch schriftlichen Verwaltungsakt festzusetzen ist, bestimmt § 49a Abs. 1 VwVfG.[531]

167 § 48 VwVfG ist von **dreifacher Bedeutung:** 1.) bildet er zusammen mit § 49 VwVfG die Grundlage für die Bindungswirkung des Verwaltungsakts gegenüber der Verwaltung, 2.) begrenzt er die Bestandskraft des Verwaltungsakts, indem er auch nach Ablauf der Rechtsmittelfristen die Möglichkeit einer Rechtmäßigkeitsrestitution eröffnet, 3.) schafft er einen Ausgleich zwischen den widerstreitenden öffentlichen und privaten Interessen an der Aufhebung und der Beständigkeit des Verwaltungsakts. Gerade beim letzten Punkt hat sich ein Anschauungswandel von der freien zu einer allein auf die Zukunft bezogenen Auf-

---

dann bleibt es im Grundsatz bei der Rücknahme und der Ausgleich erfolgt auf Antrag in Geld in einem besonderen Verfahrensabschnitt (§ 48 Abs. 3 VwVfG)."

[526] Ebenso *Kopp/Ramsauer*, VwVfG, § 48 Rn. 136f.; a.A. *Hans-Uwe Erichsen/Dirk L. Brügge*, Die Rücknahme von Verwaltungsakten nach § 48 VwVfG, JURA 1999, S. 155 (162). Die Rechtsprechung des *BVerwG* steht der hier vertretenen Ansicht nicht entgegen. Das Gericht betont nur, dass das private Interesse normalerweise der Rücknahme nicht entgegensteht, *BVerwGE* 85, 79 (84); DVBl 1990, S. 1057 (1058); 1991, S. 1083 (1087). Näher *Hermann-Josef Blanke*, Vertrauensschutz im deutschen und europäischen Verwaltungsrecht, 2000, S. 171 ff.

[527] Die örtliche Zuständigkeit bestimmt sich nach § 48 Abs. 5 VwVfG. Die sachliche Zuständigkeit richtet sich nach dem Fachrecht; fehlt es an einer näheren Regelung, dann ist die Behörde zuständig, die zum Zeitpunkt der Aufhebungsentscheidung die sachliche Zuständigkeit besitzt (*BVerwGE* 110, 225 [231f.]), näher *Sachs*, in: Stelkens/Bonk/Sachs (Hrsg.), VwVfG, § 48 Rn. 254ff. Die Ausgangsbehörde darf zwar nicht den Widerspruchsbescheid isoliert aufheben, da dies dessen verfahrensabschließender Funktion widerspräche (*BVerwG*, NVwZ 2002, S. 1252 [1254]), die Aufhebung des Verwaltungsakts in der Form des Widerspruchsbescheides (§ 79 Abs. 1 Nr. 1 VwGO) ist aber möglich (ebd.). Aufgrund der Bindung an die Entscheidung des Widerspruchsbehörde setzt die Rücknahme jedoch eine Änderung der Sach- oder Rechtslage oder das Vorliegen neuer Erkenntnisse voraus, da ansonsten stets ein Ermessensfehler vorliegt (ebd.).

[528] Näher zu den Ermessensgesichtspunkten *BVerwGE* 83, 195 (197f.); *Hans J. Becker*, Rücknahme fehlerhafter Verwaltungsakte und Rückforderung ohne Rechtsgrund gewährter Leistungen, DÖV 1973, S. 379 (384ff.); *Michael Sachs*, in: Stelkens/Bonk/Sachs (Hrsg.), VwVfG, § 48 Rn. 77ff., 135ff.

[529] *Maurer*, VerwR, § 11 Rn. 33.

[530] *OVG NW*, Az. 7 B 326/02; zur Frage, ob dies ausdrücklich geschehen muss, vgl. *Sächs. OVG*, DVBl 2002, S. 724.

[531] Die weiteren Modalitäten, insbesondere die Verzinsungspflicht, sind in § 49a Abs. 2 bis 4 VwVfG geregelt. Es handelt sich dabei um öffentlich-rechtliche Ansprüche, näher *Kopp/Ramsauer*, VwVfG, § 49a Rn. 1.

F. Fehler und Fehlerfolgen

hebung des rechtswidrigen Verwaltungsakts vollzogen, eine Entwicklung,[532] in der heute niemand mehr wie *Ernst Forsthoff*[533] die Selbstaufgabe des Rechtsstaats sehen wird. In dieser Rechtsprechung wie im nunmehr maßgeblichen § 48 VwVfG tritt einmal mehr die Konkretisierungs- und Stabilisierungsfunktion des Verwaltungsakts hervor.

Die Verwaltung darf ihre Aufhebungsentscheidung aber auch auf die **Widerrufsregelung** nach § 49 VwVfG stützen.[534] Dies kann sich aufgrund der anders gearteten Ausgestaltung des Vertrauensschutzes im § 49 Abs. 2 und 3 VwVfG als vorteilhaft erweisen.   **168**

aa) Rücknahme von Verwaltungsakten außerhalb des Allgemeinen Verwaltungsrechts

An Stelle des Rücknahmeermessens finden sich im Besonderen Verwaltungsrecht Vorschriften, die zur Rücknahme eines rechtswidrigen Verwaltungsakts verpflichten.[535] Seltener sind Bestimmungen, die die Aufhebung einengen und vom Vorliegen spezieller Rücknahmegründe abhängig machen.[536] Eine Pflicht zur Rücknahme kann sich auch bei der Verletzung von **Unionsrecht** ergeben.[537] Das **Sozialgesetzbuch** weicht in mehreren wichtigen Punkten von der Regelung in den Verwaltungsverfahrensgesetzen von Bund und Ländern ab, um den Fürsorgegedanken optimal zu verwirklichen.[538] Noch deutlicher unterscheiden sich die Regeln über die Rücknahme von **Steuerverwaltungsakten** von denen des Allgemeinen Verwaltungsrechts.[539] All diese Regelungen unterstreichen den Gestaltungsspielraum des Gesetzgebers und machen anschaulich, wie die in § 48 VwVfG niedergelegte Grundkonzeption des Allgemeinen Verwaltungsrechts auf der Ebene der verschiedenen Verwaltungsaktstypen[540] mal punktuell, mal grundlegend an die speziell verfolgten Ziele angepasst wird.   **169**

bb) Widerspruchs- und Aufhebungsverfahren

Ist vom Adressaten oder von dritter Seite ein Widerspruchsverfahren angestrengt worden, ist die Verwaltung nach den §§ 72, 73 Abs. 1 S. 1 VwGO verpflichtet, den fehlerhaften Verwaltungsakt aufzuheben, soweit er die Rechte des   **170**

---

[532] Zu dieser Entwicklung → Rn. 11 f., insbesondere Fn. 53.
[533] *Forsthoff*, VerwR, S. 263.
[534] Siehe *Maurer*, VerwR, § 11 Rn. 19; Grundlage dieses Verständnisses bildet ein Erst-Recht-Schluss (so explizit unter Verweis auf die eigene Rechtsprechung *BVerwGE* 112, 80 [85]).
[535] Beispiele finden sich etwa in § 15 GastG oder § 14 BBG (s. die Aufzählung bei *Hubert Meyer*, in: Knack, VwVfG, 8. Aufl. 2004, § 48 Rn. 10).
[536] Zur Frage des Rückgriffs auf § 48 Abs. 2 bis 4 VwVfG s. *Dirk Ehlers*, Rechtsprechungsanalyse. Das Verwaltungsverfahrensgesetz im Spiegel der Rechtsprechung der Jahre 1998–2003, DV, Bd. 37 (2004), S. 255 (278); *Hubert Meyer*, in: Knack/Henneke, VwVfG, § 48 Rn. 12, 14.
[537] Std. Rspr. des EuGH s. *EuGH*, Rs. C-201/02, Slg. 2004, I-748, Rn. 64 ff. Die entscheidende Frage geht denn auch weniger um diesen Ausgangspunkt als um die Grenzen der Aufhebungspflicht. Einen Überblick dazu geben *Eberhard Schmidt-Aßmann*, Die Europäisierung des Verwaltungsverfahrens, in: FG BVerwG, 2003, S. 487 ff.; *Jörg Gundel*, Verwaltung, in: Schulze/Zuleeg/Kadelbach (Hrsg.), EuropaR, § 3 Rn. 101 ff., 198.
[538] → Rn. 104.
[539] → Rn. 105. Näher *Woerner/Grube*, Aufhebung (Fn. 500), S. 71 ff., 146 ff.
[540] → Rn. 87 ff.

Widerspruchsführers verletzt.[541] Widerspruchs- und Rücknahmeverfahren stehen selbständig nebeneinander.[542] Doch wirkt die **Einlegung eines Rechtsmittels** auf das Rücknahmeverfahren zurück. Nach § 50 VwVfG wird nämlich der Vertrauensschutz für begünstigende Verwaltungsakte außer Kraft gesetzt.[543] Im Unterschied zum Rücknahmeverfahren entfaltet der angegriffene Verwaltungsakt im Widerspruchsverfahren keine Bindungswirkung für die Verwaltung. Die Verwaltung ist hier nicht an die Regelungen der §§ 48 ff. VwVfG gebunden.[544] Die Gestaltungsgrenzen für Abhilfe- und Widerspruchsentscheidung ergeben sich allein aus der Reichweite der subjektiven Rechte des Widerspruchsführers. Aspekte des rechtsstaatlichen **Vertrauensschutzes** kommen hingegen nur in sehr engen Grenzen zum Tragen.[545]

cc) Gestaltungsrechte des Betroffenen

171 Dem Bürger stehen die Möglichkeiten der Verwaltung nicht in gleicher Weise zur Verfügung. Er kann **Widerspruch** mit dem Argument einlegen, der Verwaltungsakt sei zweckwidrig[546] oder rechtswidrig. Wird der Widerspruch zurückgewiesen, steht ihm der **Rechtsweg** zu den Verwaltungsgerichten offen.[547] Nach Ein-

---

[541] Zur Konkretisierung des Maßstabs der Zweckmäßigkeit durch Gesichtspunkte allgemeiner Entscheidungsrichtigkeit näher *Wolfgang Hoffmann-Riem*, in: Hoffmann-Riem/Schmidt-Aßmann (Hrsg.), Innovation, S. 24 ff.; *Schmidt-Aßmann*, Ordnungsidee, Kap. 6 Rn. 57 ff.

[542] Bei der Entscheidung der Ausgangsbehörde, ob sie den Weg über § 72 VwGO oder über die §§ 48 ff. VwVfG wählt, muss diese berücksichtigen, ob die Aufhebung nach den §§ 48, 49 VwVfG dazu führt, dass der Widerspruchsführer um seinen Kostenersatzanspruch nach § 80 Abs. 1 VwVfG gebracht wird. § 80 VwVfG greift nämlich nach Ansicht des *BVerwG* nur ein, wenn über den Widerspruch zugunsten des Widerspruchsführers nach den §§ 72, 73 Abs. 3 VwGO entschieden wurde. Unterbleibt eine Entscheidung über den Widerspruch, weil der Verwaltungsakt anderweitig aufgehoben wurde oder sich in anderer Weise erledigt hat, ist für eine Kostenentscheidung kein Raum. Dient die Aufhebung allein dazu, der Kostentragungspflicht zu entgehen, so ist sie ermessensfehlerhaft, *BVerwGE* 101, 64 (67 f.). Wird der Ausgangsbescheid während des Widerspruchsverfahrens nach § 48 VwVfG aufgehoben, erledigt sich das Widerspruchsverfahren, *OVG NW*, NVwZ-RR 1993, S. 289 f. Wurde ein Widerspruchsverfahren durchgeführt, so darf der Bescheid nur noch bei Vorliegen neuer Erkenntnisse zurückgenommen werden; zu einer isolierten Aufhebung des Widerspruchsbescheids ist die Ausgangsbehörde nicht befugt, *BVerwG*, NVwZ 2002, S. 1252 (1254).

[543] → Fn. 523.

[544] So jedenfalls die h.M.: *BVerwGE* 101, 64 (69 ff.); *Knoke*, Rechtsfragen (Fn. 517), S. 291 ff.; *Christian Huxhoff*, Die Erledigung eines Verwaltungsakts im Widerspruchsverfahren, 1995, S. 104 ff.; a. A. *Hans Meyer*, in: Meyer/Borgs-Maciejewski, Verwaltungsverfahrensgesetz (Fn. 63), § 50 Rn. 16; *Michael Oerder*, Das Widerspruchsverfahren der Verwaltungsgerichtsordnung, 1989, S. 141 ff.

[545] Näher dazu und zu den Konstellationen, in denen der Grundsatz des Vertrauensschutzes die Entscheidungsbefugnis begrenzen kann, weil die Entscheidung nicht (allein) der Rechtmäßigkeitsrestitution dient: *Rainer Pietzner/Michael Ronellenfitsch*, Das Assessorexamen im Öffentlichen Recht, 11. Aufl. 2005, § 40 Rn. 17 f.

[546] Die gerichtliche Ermessenskontrolle (§ 114 S. 1 VwGO) bleibt hinter der behördlichen Ermessensausübung zurück: Auch die zweckwidrige Ermessensbetätigung kann gemessen an den §§ 40 VwVfG, 114 S. 1 VwGO rechtmäßig sein. Trotzdem kann die Ermessensausübung vom Betroffenen mit dem Widerspruch angegriffen werden; näher *Pietzner/Ronellenfitsch*, Assessorexamen (Fn. 434), § 35 Rn. 3 f. m.w.N.; → Fn. 495.

[547] Einen Antrag auf Rücknahme vor Eintritt der Unanfechtbarkeit deutet die Rspr. als Widerspruch (*BVerwGE* 115, 302 [310]; a.A. *Kopp/Ramsauer*, VwVfG, § 48 Rn. 80). Folge dessen wird im Regelfall sein, dass der Bürger erst nach dem Eintritt der Unanfechtbarkeit einen Antrag auf fehlerfreie Ermessensentscheidung über die Rücknahme des Verwaltungsakts geltend machen kann. Der Grund dafür ist systematischer Natur und ergibt sich aus § 51 VwVfG. Zu gerichtlichen Kontrollen der Verwaltung s. umfassend → Bd. III *Schoch* § 50.

tritt der Unanfechtbarkeit bleibt ihm nach § 51 Abs. 1 VwVfG ein Anspruch auf **Wiederaufgreifen des Verfahrens,** falls sich die Sach- oder Rechtslage zu seinen Gunsten verändert hat (Nr. 1), neue für ihn günstige Beweismittel vorliegen (Nr. 2) oder ein Grund vorliegt, der zu einer Wiederaufnahme eines Gerichtsverfahrens führen würde (Nr. 3). Ansonsten bleibt ihm – nach Auffassung des Bundesverwaltungsgerichts begrenzt auf belastende Verwaltungsakte – ein Anspruch auf fehlerfreie Ermessensentscheidung über die Rücknahme des Verwaltungsakts.[548]

b) Rücknahme von Geldleistungsverwaltungsakten

Ein Geldleistungsverwaltungsakt darf nach § 48 Abs. 2 S. 1 VwVfG nicht zurückgenommen werden, soweit der Begünstigte auf den Bestand vertraut hat und sein Vertrauen unter Abwägung mit dem öffentlichen Interesse an einer Rücknahme schutzwürdig ist. Um von einem **Vertrauen** zu sprechen, wird man neben der Kenntnis des Verwaltungsakts[549] ein Zeichen oder eine Betätigung des Vertrauens verlangen.[550] Auf das Vertrauen kann sich der Begünstigte nach § 48 Abs. 2 S. 3, Abs. 3 S. 2 VwVfG nicht berufen, wenn er den Verwaltungsakt durch arglistige Täuschung, Drohung oder Bestechung erwirkt hat (Nr. 1) oder er die Rechtswidrigkeit des Verwaltungsakts kannte oder infolge grober Fahrlässigkeit nicht kannte (Nr. 3).[551] Nach § 48 Abs. 2 S. 3 Nr. 2 VwVfG reicht es für die Schutzunwürdigkeit bereits aus, wenn der Verwaltungsakt durch Angaben des Begünstigten erwirkt wurde, die in wesentlicher Beziehung unrichtig oder unvollständig waren. Jeder Fehler, der aus der **Verantwortungssphäre des Begünstigten** stammt, vermag danach den Vertrauensschutz zu beseitigen.[552] Unbillige Härten lassen sich dadurch vermeiden, dass sich der Begünstigte auf den Wegfall der Bereicherung nach § 49a Abs. 2 VwVfG berufen kann.

172

Liegt danach ein Vertrauenstatbestand vor, ist das **Vertrauen** in der Regel **schutzwürdig,** wenn der Begünstigte gewährte Leistungen verbraucht oder eine Vermögensdisposition getroffen hat, die er nicht mehr oder nur unter unzumutbaren Nachteilen rückgängig machen kann (§ 48 Abs. 2 S. 2 VwVfG). Von der Regel sind Ausnahmen aufgrund einer abweichenden Gewichtung der gegenläufigen Interessen denkbar. Eine solche Ausnahme hat das Bundesverwaltungsgericht für die Rückforderung nationaler Beihilfen anerkannt, die unter Verstoß gegen das Durchführungsverbot aus Art. 88 Abs. 3 EGV (nunmehr Art. 108 Abs. 3 AEUV) gewährt wurden.[553] Das überragende öffentliche Interesse an der Wahrung der europäischen Beihilfeordnung auf der einen Seite und die Möglichkeit eines sorgfältigen Unternehmens auf der anderen Seite, sich über die Einhaltung des Notifizierungsverfahrens zu informieren, führen – als Ausdruck einer unionsrechtskon-

173

---

[548] Seine Grundlage findet der Anspruch in den §§ 51 Abs. 5 mit 48 Abs. 1 S. 1 VwVfG.
[549] Vgl. *BVerwGE* 48, 87 (92); *Kopp/Ramsauer,* VwVfG, § 48 Rn. 97.
[550] Vgl. *BVerwGE* 68, 159 (164 f.); differenzierend *Kopp/Ramsauer,* VwVfG, § 48 Rn. 96 f., sowie *Knoke,* Rechtsfragen (Fn. 517), S. 149 ff.
[551] Der Vertrauensschutz kann aber auch aus anderen Gründen noch ausgeschlossen sein, so etwa bei Einlegung eines Rechtsmittels, *BVerwGE* 31, 67 (69).
[552] Dies gilt insbesondere für das Verschweigen von Tatsachen, die anzugeben nur der Betroffene in der Lage ist. Der Vertrauensschutz entfällt aber nicht, wenn die Verantwortung für die fehlerhafte Angabe bei der Behörde liegt (vgl. *OVG NW,* NWVBl 1991, S. 193 [194]). Doch stellt das *BVerwG* sehr hohe Anforderungen an eine Verantwortungsverlagerung auf die öffentliche Hand, vgl. *BVerwGE* 89, 345 (353); 74, 357 (363 ff.).
[553] *BVerwGE* 92, 81 (85 f.).

formen Auslegung⁵⁵⁴ – zur Umkehrung der Regel zugunsten des öffentlichen Rücknahmeinteresses.

c) Rücknahme sonstiger begünstigender Verwaltungsakte

174 Der Vertrauensschutz, den das Gesetz für sonstige begünstigende Verwaltungsakte in § 48 Abs. 3 VwVfG vorsieht, zielt darauf, die Vermögensnachteile auszugleichen, die der Begünstigte dadurch erleidet, dass er auf den Bestand des Verwaltungsakts vertraut hat.⁵⁵⁵ Wie beim Geldleistungsverwaltungsakt besteht dieser Schutz nur, soweit das Vertrauen unter Abwägung mit dem öffentlichen Interesse schutzwürdig ist (§ 48 Abs. 3 S. 1 und 2 VwVfG). Das **Interesse am Bestand** des Verwaltungsakts kann nur im Rahmen der Ermessensentscheidung über die Rücknahme nach § 48 Abs. 1 S. 1 VwVfG und auch nur in dem Umfang berücksichtigt werden, wie sich das enttäuschte Vertrauen finanziell nicht ausgleichen lässt.⁵⁵⁶ Vor allem bei den statusgestaltenden⁵⁵⁷ und privatrechtsgestaltenden⁵⁵⁸ Verwaltungsakten stellt sich die Frage, ob das Bestandsinteresse einer Rücknahme nicht grundsätzlich entgegensteht. Fehlte es an einer spezialgesetzlichen Regelung,⁵⁵⁹ schloss man häufig auf den Ausschluss der Rücknahme nach allgemeinen Grundsätzen.⁵⁶⁰ Heute wird differenziert: Grundsätzlich besteht die Möglichkeit, den Verwaltungsakt nach § 48 VwVfG zurückzunehmen. Eine solche Rücknahme ist aber nur zulässig, wenn bei der Abwägung aller Umstände des Einzelfalls das öffentliche Interesse an der Aufhebung überwiegt.⁵⁶¹ Außerdem kann der Rückgriff auf § 48 VwVfG in grundrechtssensiblen Bereichen an den Anforderungen der Gesetzesbestimmtheit scheitern, die sich durch den Vorbehalt des Gesetzes nach Maßgabe der Wesentlichkeitstheorie⁵⁶² ergeben. In diesem Sinne hat das Bundesverfassungsgericht die Rücknahme einer Einbürgerung zugelassen, die auf einer Täuschung durch den Betroffenen beruhte,⁵⁶³ und ebenso wird man die Rücknahme einer Genehmigung für die Begründung oder Teilung von Wohnungseigentum nach § 22 BauGB für möglich erachten. Die Frage nach der Zulässigkeit und den Grenzen der Rücknahme stellt sich aber auch bei anderen Konstellationen, etwa bei der Rücknahme einer Baugenehmigung nach Errichtung des Bauwerks⁵⁶⁴ oder der Aufhebung eines Planfeststellungsbeschlusses.⁵⁶⁵

---

⁵⁵⁴ S. a. → Bd. I *Ruffert* § 17 Rn. 139.
⁵⁵⁵ Der Ausgleichsanspruch ist ein öffentlich-rechtlicher Anspruch eigener Art (in diesem Sinne *Knoke*, Rechtsfragen [Fn. 517], S. 179 f. m. w. N. zu Gegenstimmen) und die Rücknahme – soweit Eigentumsrechte berührt werden – als ausgleichspflichtige Inhaltsbestimmung zu verstehen (vgl. *BVerwGE* 77, 295 [297]).
⁵⁵⁶ Das Fehlen einer ausdrücklichen Einschränkung der Rücknahmemöglichkeit und die Reduktion des Vertrauensschutzes auf den Ausgleichsanspruch haben zu Unsicherheiten bezüglich des Verhältnisses von Ermessen und Vertrauensschutz geführt, näher *Blanke*, Vertrauensschutz (Fn. 526), S. 193 ff.; *Knoke*, Rechtsfragen (Fn. 517), S. 180 ff.
⁵⁵⁷ → Rn. 63.
⁵⁵⁸ → Rn. 106 ff.
⁵⁵⁹ Z. B. für die Teilungsgenehmigung nach § 19 BBauG: *BVerwGE* 54, 257 ff.
⁵⁶⁰ Z. B. der privatrechtsgestaltenden Verwaltungsakte s. → Fn. 379 f.
⁵⁶¹ *BVerwGE* 54, 257 (259 ff.); 118, 216 (218 ff.); 119, 17 (19 ff.).
⁵⁶² S. a. → Bd. I *Reimer* § 9 Rn. 47 ff., 50 ff.
⁵⁶³ Siehe *BVerfGE* 116, 24 (51 ff.); näher → Fn. 519.
⁵⁶⁴ *Kopp/Ramsauer*, VwVfG, § 48 Rn. 41.
⁵⁶⁵ *Kopp/Ramsauer*, VwVfG, § 48 Rn. 42; *BVerwGE* 105, 6 (13 ff.).

d) Rücknahmefrist

Die Rücknahme begünstigender Verwaltungsakte ist nur innerhalb eines Jahres zulässig, nachdem die Behörde von Tatsachen Kenntnis erhalten hat, die die Rücknahme rechtfertigen (§ 48 Abs. 4 VwVfG). Die Regelung hat für viele Diskussionen gesorgt. Die Rechtsprechung geht seit der Entscheidung des Großen Senats des Bundesverwaltungsgerichts davon aus, dass es sich um eine **Entscheidungsfrist** handelt,[566] die sowohl Tatsachen- als auch Rechtsanwendungsfehler erfasst.[567] Die Frist beginnt zu laufen, wenn dem „nach der innerbehördlichen Geschäftsverteilung zur Rücknahme des Verwaltungsakts berufene[n] Amtswalter" der zuständigen Behörde „sämtliche für die Rücknahmeentscheidung erheblichen Tatsachen vollständig bekannt sind."[568]

175

Steht die Ausschlussfrist einer den Grundsätzen des unionsrechtlichen Vertrauensschutzes genügenden und überdies unionsrechtlich gebotenen Rücknahme entgegen, führt der Vorrang des **Unionsrechts** zur **Nichtanwendung** der Frist.[569]

176

2. Heilung des Fehlers

Wird der Rechtsverstoß geheilt, ist das Gebot der Rechtmäßigkeitsrestitution (Gesetzmäßigkeit der Verwaltung) erfüllt. Aus dem rechtswidrigen wird ein rechtmäßiger Verwaltungsakt.[570] Solange dem Betroffenen daraus kein Nachteil erwächst, bedarf dies keiner weiteren Rechtfertigung.[571] Der mögliche Streitpunkt liegt nicht an dieser Stelle, sondern bei den **Anforderungen,** die man an eine nachträgliche **Beseitigung des Fehlers** stellen soll. Lässt sich der Rechtsverstoß – die fehlende Anhörung, Begründung oder Mitwirkung einer anderen Behörde, die fehlerhafte Erwägung oder Abwägung – im Nachhinein heilen? Von einer Heilung kann nur gesprochen werden, wenn durch die nachträglichen Maßnahmen ein Zustand herbeigeführt wird, der dem Zustand eines von vornherein rechtmäßigen Verwaltungsakts entspricht.[572] Je nachdem, welche An-

177

---

[566] *BVerwGE* 70, 356 (362 f.); dagegen wird im Schrifttum zumeist von einer Bearbeitungsfrist ausgegangen, wobei mitunter auf die in diese Richtung weisende Entstehungsgeschichte verwiesen wird (BTDrucks 7/910, S. 71): *Maurer*, VerwR, § 11 Rn. 35 a; *Matthias Ruffert*, in: Erichsen/Ehlers (Hrsg.), VerwR, § 24 Rn. 22; *Michael Sachs*, in: Stelkens/Bonk/Sachs (Hrsg.), VwVfG, § 48 Rn. 230 f. Im Rahmen der Beschleunigungsdebatte sah man aber im Hinblick auf die Entscheidung des Großen Senats von einer Änderung des § 48 Abs. 4 S. 1 VwVfG ab (BTDrucks 10/6283, S. 5).

[567] *BVerwGE* 70, 356 (357 ff.); insoweit zustimmend statt vieler *Maurer*, VerwR, § 11 Rn. 35 a.

[568] *BVerwGE* 70, 356 (362, 364).

[569] *EuGH*, Rs. C-24/95, Slg. 1997, I-1591; *BVerwGE* 106, 328 ff.

[570] Ab dem Zeitpunkt der Heilung ist der Verwaltungsakt rechtmäßig. Mangels gesetzlicher Anordnung entfaltet die Heilung keine Rückwirkung. Dies ist im Hinblick auf den Anspruch auf Feststellung der ursprünglichen Rechtswidrigkeit oder auf Schadensersatz unstreitig. In diesem Sinne unter Auseinandersetzung mit der Auffassung einer rückwirkenden Heilung *Martin Morlok*, Die Folgen von Verfahrensfehlern am Beispiel von kommunalen Satzungen, 1988, S. 149; *Uwe Kischel*, Folgen von Begründungsfehlern. Verwaltungsprozeß, Zivilprozeß, Verwaltungsverfahren, 2004, S. 160 ff.

[571] So auch *Morlok*, Folgen (Fn. 570), S. 147 f.; a. A. *Hufen*, Fehler, Rn. 595 f., unter dem Gesichtspunkt, dass Heilung stets die Fehlersanktionierung verkürzt, die Rechtsbindung der Verwaltung zugunsten von Verfahrenseffizienz einschränkt.

[572] Näher *Hufen*, Fehler, Rn. 598 ff., mit Betonung des Problematischen an der Annahme einer Gleichwertigkeit der Zustände; *Kischel*, Folgen (Fn. 570), S. 155 ff.; *Marco Martin*, Heilung von Verfahrensfehlern im Verwaltungsverfahren, 2004, S. 253 ff.

forderungen man an die Gleichwertigkeit stellt, ist dieser Zustand einfach, schwer oder gar nicht zu erreichen.

178 Das Maß der Gleichwertigkeit lässt sich nur bestimmen, wenn man die **Funktion** der missachteten **Verfahrens- und Formvorschrift** berücksichtigt:[573] Ein Antrag kann – wie bei der Beamtenernennung – „unerlässlich" für die Begründung eines Rechtsverhältnisses sein oder eine bloße Verfahrensfunktion besitzen.[574] Nur der zweite Antrag kann nachgeholt werden. Während Fehler im behördeninternen Procedere einer Entscheidungsfindung gewöhnlich unerheblich sind, muss das Verfahren bei einem pluralistischen Entscheidungsgremium so eingerichtet sein, dass der Austausch von Argumenten bei der Entscheidungsfindung gewährleistet ist. Ein Verstoß gegen dieses der Verfahrensgerechtigkeit dienende Gebot lässt sich nicht nachträglich heilen.[575] Ähnlich soll durch die Mitwirkung eines Ausschusses die noch offene Entscheidungssituation mitgestaltet werden. Dementsprechend scheidet auch hier eine nachträgliche Heilung aus.[576] Anderes gilt für die unterbliebene Mitwirkung einer Behörde. Dieses Verfahrenserfordernis dient meist der Wahrung spezieller Fachkompetenzen und der Informationsbeschaffung. Ein solcher Fehler lässt sich heilen, zumal die Mitwirkung in wichtigen Fällen als die Wirksamkeit bedingendes Zustimmungserfordernis ausgestaltet ist.[577]

179 Bei der unterbliebenen **Anhörung** geht man überwiegend davon aus, dass diese – sofern nicht wie bei der Ablösung (Versetzung) eines Soldaten weitergehende Ziele verfolgt werden[578] – geheilt werden kann.[579] Umstritten sind jedoch die Anforderungen an die **Gleichwertigkeit:** Nach Auffassung des Bundesverwaltungsgerichts wird der Anhörungsfehler normalerweise allein durch die ordnungsgemäße Durchführung des Widerspruchsverfahrens geheilt. Voraussetzung dafür ist jedoch, dass die Widerspruchsbehörde berechtigt ist, die Ausgangsentscheidung vollständig auf ihre Recht- und Zweckmäßigkeit zu überprüfen, sie „ein etwaiges Vorbringen des Betroffenen zur Kenntnis nimmt und bei ihrer Entscheidung in Erwägung zieht".[580] Demgegenüber wird häufig we-

---

[573] Hierzu und zum Folgenden: *Morlok,* Folgen (Fn. 570), S. 118 ff. Im Wesentlichen lassen sich mit *Morlok* folgende Funktionen beschreiben: 1.) instrumentelle oder dienende Funktion, 2.) Selbstzweck, 3.) Verfahrensrichtigkeit, 4.) heteroteleologische Funktion; Beispiel zu letzterer: Normen wie die Verpflichtung zur Beifügung einer Rechtsmittelbelehrung „wollen weder das primäre Ziel des Verfahrens […] befördern, noch wird man ihnen […] Selbstzweckcharakter beimessen können" (a.a.O., S. 133). S. ferner *Hill,* Verfahren (Fn. 502), S. 199 ff.

[574] *BVerwGE* 23, 237 (238): Ein fehlender Antrag des Dienstpflichtigen macht die Einberufung zum zivilen Ersatzdienst nicht nichtig. Früher ging das *BSG* davon aus, dass das Fehlen des gebotenen Antrags zur Nichtigkeit des Bescheids führt. Nach Erlass des § 41 Abs. 1 Nr. 1 SGB X hat das Gericht seine Auffassung modifiziert (*BSGE* 76, 149 [151 f.]).

[575] *BVerwGE* 91, 217 (222).

[576] Im Unterschied zur Heilungsmöglichkeit durch nachträgliche Beschlussfassung eines Ausschusses nach § 45 Abs. 1 Nr. 4 VwVfG ist eine Heilung nicht möglich, wenn nach einer spezialgesetzlichen Regelung der Zweck der Mitwirkung nur durch vorherige Mitwirkung erreicht werden kann, Beispiel ist § 69 Abs. 1 BPersVG, vgl. *BVerwGE* 66, 291 (295).

[577] *BVerwGE* 62, 108 (1. LS): Nachholbarkeit der Beteiligung der Industrie- und Handelskammern bei Erlass eines Bereitstellungsbescheides, s. ferner *Ulrich Stelkens,* in: Stelkens/Bonk/Sachs (Hrsg.), VwVfG, § 35 Rn. 173 ff.

[578] *BVerwGE* 76, 310 (312); Buchholz 236.1, § 3 SG, Nr. 17.

[579] *BVerwGE* 66, 111 (114 f.); a. A. *Hufen,* Fehler, Rn. 601, 620; zu besonderen Konstellationen s. *Hill,* Verfahren (Fn. 502), S. 69 ff.

[580] *BVerwGE* 66, 111 (114 f.).

nigstens ein behördlicher Hinweis auf die nachträglich erfolgende Anhörung verlangt.[581] Doch selbst im Bundesverwaltungsgericht herrscht Uneinigkeit darüber, ob bei einer Ermessensentscheidung der Anhörungsmangel nur unbeachtlich ist, „wenn die Anhörung von der erlassenden Behörde nachgeholt worden ist."[582]

a) Heilung von Verfahrens- und Formfehlern

Nach § 45 Abs. 1 VwVfG können folgende Verfahrens- und Formfehler, die nicht zur Nichtigkeit des Verwaltungsakts führen, geheilt werden: Der erforderliche Antrag kann nachträglich gestellt werden (Nr. 1), die erforderliche Begründung nachträglich gegeben werden (Nr. 2),[583] die gebotene Anhörung eines Beteiligten nachgeholt werden (Nr. 3),[584] der erforderliche Beschluss eines Ausschusses nachträglich gefasst werden (Nr. 4) und die gebotene Mitwirkung einer anderen Behörde nachgeholt werden (Nr. 5).[585] **180**

Anders, als man erwarten würde, können die erforderlichen Handlungen nicht nur bis zum Ende des Widerspruchsverfahrens, sondern darüber hinaus sogar bis zum Abschluss der letzten Tatsacheninstanz eines **verwaltungsgerichtlichen Verfahrens** vorgenommen werden (§ 45 Abs. 2 VwVfG). Die Gefahr, dass auf diese Weise die Verfahrens- und Formvorschriften zur „Farce" verkommen, ist vorhanden und, wie die engen Heilungsmöglichkeiten im Unionsrecht zeigen, auch nicht als „anachronistisch" abzutun.[586] Anders steht es um die Heilung im Wider- **181**

---

[581] *Hans Meyer*, in: Meyer/Borgs-Maciejewski, Verwaltungsverfahrensgesetz (Fn. 63), § 45 Rn. 33; vgl. OVG NW, DVBl 1981, S. 689 (690); vgl. a. *Michael Sachs*, in: Stelkens/Bonk/Sachs (Hrsg.), VwVfG, § 45 Rn. 79 f.

[582] So BVerwGE 66, 184 (4. LS); a. A. BVerwGE 66, 111 (113 f.). Von anderer Seite wird eine Heilung durch die Widerspruchsbehörde generell abgelehnt, so *Theodor Schilling*, Die Anhörungsregelung des Verwaltungsverfahrensgesetzes im Lichte des Grundgesetzes, VerwArch, Bd. 78 (1987), S. 45 (76 f.).

[583] Fehlt die Begründung nicht ganz, sondern ist nur unvollständig, ist natürlich ihr Vervollständigen mit umfasst. Von Fragen der formalen Begründungspflicht des § 39 VwVfG zu unterscheiden sind das Nachschieben von Gründen und das Auswechseln einer Begründung: Die Behörde erkennt, dass die dem Betroffenen angegebenen Gründe nicht tragen, und will sie durch tragfähige ersetzen. Vgl. dazu *Hans-Detlef Horn*, Das Nachschieben von Gründen und die Rechtmäßigkeit von Verwaltungsakten, DV, Bd. 25 (1992), S. 203 (204 ff.). Entgegen der Annahme prinzipieller Zulässigkeit ist nach *Wolf-Rüdiger Schenke*, Das Nachschieben von Gründen im Rahmen der Anfechtungsklage, NVwZ 1988, S. 1 (9), mit der inhaltlichen Fehlerhaftigkeit der Begründung auch der Verwaltungsakt rechtswidrig; damit würde die Begründung aber letztlich zu einem Teil des Verwaltungsakts werden. Zur h. M. *Heinrich A. Wolff*, in: Sodan/Ziekow (Hrsg.), VwGO, § 113 Rn. 76 ff., § 114 Rn. 206 ff.

[584] → Bd. II *Schneider* § 28 Rn. 49.

[585] § 41 Abs. 1 SGB X eröffnet darüber hinaus die Möglichkeit, die erforderliche Hinzuziehung eines Beteiligten nachzuholen (Nr. 6). Eine solche Heilung ist aber auch nach dem VwVfG nicht ausgeschlossen. Hat sich der Verwaltungsakt erledigt, ist eine Heilung unmöglich; ist er bestandskräftig, ist eine Heilung zwar nicht nötig, aber möglich; a. A. *Kopp/Ramsauer*, VwVfG, § 45 Rn. 13. Führt der Fehler dazu, dass eine Rechtsmittelfrist versäumt wurde, so gilt die Versäumung nach § 45 Abs. 3 VwVfG als nicht verschuldet.

[586] Die „Farce" betont *Jörg Berkemann*, Verwaltungsprozeßrecht auf „neuen Wegen", DVBl 1998, S. 446 (448); für „anachronistisch" werden die Bedenken hingegen von *Michael Ronellenfitsch*, Rechtsfolgen fehlerhafter Planung, NVwZ 1999, S. 583 (587), erachtet. Mit Nachdruck für eine Begrenzung der Heilungsmöglichkeiten auf das Widerspruchsverfahren plädieren: *Elke Gurlit*, Eigenwert des Verfahrens im Verwaltungsrecht, VVDStRL, Bd. 70, S. 227 (263); *Michael Fehling*, Eigenwert des Verfahrens im Verwaltungsrecht, VVDStRL, Bd. 70, S. 278 (326); vgl. auch → Bd. II *Schneider* § 28 Rn. 133 sowie Bd. III *Schoch* § 50 Rn. 300.

spruchsverfahren: Steht die Funktion einer Verfahrensvorschrift einer Heilung nicht entgegen und verfügt die **Widerspruchsbehörde** über dieselben Befugnisse wie die Ausgangsbehörde, so führt ein ordnungsgemäß durchgeführtes Verfahren unter Wahrung aller Formvorschriften und des materiellen Rechts zum Erlass eines rechtmäßigen Verwaltungsakts.[587]

182 Der Gedanke, dass durch die Nachholung einer versäumten Handlung der Mangel beseitigt werden kann, trägt auch bei anderen Verfahrens- oder Formfehlern,[588] sodass beispielsweise auch die unterbliebene notwendige Beteiligung nach § 13 Abs. 2 S. 2 VwVfG,[589] die Mitwirkung eines befangenen Amtsträgers nach § 20 Abs. 1 VwVfG[590] oder ein Formfehler bei der Eintragung in eine Denkmalliste[591] nachträglich geheilt werden können.

b) Heilung materieller Fehler

183 Erlässt die Widerspruchsbehörde einen fehlerfreien Verwaltungsakt, sind die materiellen Fehler des Ausgangsbescheids beseitigt. Beruht der Fehler auf einer fehlenden Ermächtigungsgrundlage, entfällt dieser mit dem Erlass einer entsprechend rückwirkenden Ermächtigungsgrundlage.[592] Im gerichtlichen Verfahren lassen sich **materielle Fehler** hingegen nur in den engen Grenzen des Nachschiebens von Gründen heilen.[593]

184 Weitreichende Heilungsmöglichkeiten eröffnet § 75 Abs. 1a VwVfG mit den Instrumenten der **Planergänzung** oder der **Durchführung eines ergänzenden Verfahrens**. Nicht nur fehlerhafte Verfahrensabschnitte können wiederholt werden,[594] sondern auch materielle Abwägungsfehler und andere inhaltliche Fehler

---

[587] Diese Einschätzung findet sich bei *Jost Pietzcker*, Verfahrensrechte und Folgen von Verfahrensfehlern, in: FS Hartmut Maurer, 2001, S. 695 (709); a.A. *Hufen*, Fehler, Rn. 598, 601, 620, der insbesondere Anhörungsmängel für grundsätzlich unheilbar hält. Zu den Selbstkontrollen der Verwaltung s. allg. → Bd. III *Schiedermair* § 48.
[588] Vgl. *Michael Sachs*, in: Stelkens/Bonk/Sachs (Hrsg.), VwVfG, § 45 Rn. 135 ff. S.a. → Bd. II *ders*. § 31 Rn. 117. Überwiegend wird demgegenüber angenommen, § 45 VwVfG bilde einen numerus clausus für heilungsfähige Form- und Verfahrensfehler beim Verwaltungsakt. Wenn es über die gesetzlich statuierten Beschränkungen der Heilbarkeit von Verfahrensfehlern hinaus auf die Erreichbarkeit des Zwecks durch Nachholung ankommt (vgl. nur *Morlok*, Folgen [Fn. 570], S. 153), fragt sich, ob hierin nicht ein verallgemeinerungsfähiges Kriterium liegt, vgl. *Baumeister*, Beseitigungsanspruch (Fn. 486), S. 372 ff. Strikt gegen weitere Heilungswirkungen *Hans Meyer*, in: Meyer/Borgs-Maciejewski, Verwaltungsverfahrensgesetz (Fn. 63), § 45 Rn. 6 ff.
[589] *OVG Bremen*, NVwZ-RR 1994, S. 189 (191): Heilung durch Anhörung; noch weitgehender *BFHE* 144, 155 (157): für eine Heilung durch Zuziehung im Gerichtsverfahren.
[590] *BVerwGE* 75, 214 (227): für Mitwirkung beim Planfeststellungsverfahren.
[591] *OVG NW*, NVwZ-RR 1995, S. 314 (314).
[592] *BVerwGE* 50, 2 (7 f.); 67, 129 (132 f.); 91, 262 (270); *BayVGH*, NVwZ-RR 1993, S. 100 (101).
[593] Näher *Martin Axmann*, Das Nachschieben von Gründen im Verwaltungsrechtsstreit, 2001; *Heinrich A. Wolff*, in: Sodan/Ziekow (Hrsg.), VwGO, § 113 Rn. 70 ff.; *Michael Sachs*, in: Stelkens/Bonk/Sachs (Hrsg.), VwVfG, § 45 Rn. 45 ff.
[594] *BVerwG*, Buchholz 406.11, § 215 a BauGB, Nr. 6, S. 15. § 75 Abs. 1a VwVfG erfasst keine Verfahrensfehler; ob trotzdem ein ergänzendes Verfahren zulässig ist, wird in der Literatur unterschiedlich beurteilt: bejahend *Heinz J. Bonk/Werner Neumann*, in: Stelkens/Bonk/Sachs (Hrsg.), VwVfG, § 75 Rn. 38, ablehnend *Peter Henke*, Das ergänzende Verfahren im Planfeststellungsrecht, UPR 1999, S. 51 (54). Da das *BVerwG* eine analoge Anwendung des § 45 Abs. 1 Nr. 3 VwVfG im Bereich des Planfeststellungsverfahrens für zulässig erachtet (*BVerwGE* 75, 214 [227]), dürfte die Frage praktisch weitgehend bedeutungslos sein.

können auf diese Weise getilgt werden.⁵⁹⁵ Voraussetzung dafür ist aber, dass „der zu behebende Mangel [...] nicht von solcher Art und Schwere [ist], daß er die Planungen als Ganzes von vornherein in Frage stellt oder die Grundzüge der Planung berührt".⁵⁹⁶

c) Unionsrecht als Grenze für die Heilung von Fehlern

Sollen Verstöße gegen Form- oder Verfahrensvorschriften des Unionsrechts oder gegen Vorschriften geheilt werden, die Unionsrecht umsetzen, sind die Vorgaben des Unionsrechts zu beachten.⁵⁹⁷ Das Unionsrecht erkennt die **Autonomie der Mitgliedstaaten** beim indirekten Vollzug des Unionsrechts grundsätzlich an und zieht ihr zugleich **Grenzen**.⁵⁹⁸ „Nach dem Grundsatz der Verfahrensautonomie sind die Einzelheiten des Verfahrens Sache der innerstaatlichen Rechtsordnung eines jeden Mitgliedstaats, sie dürfen jedoch nicht ungünstiger sein als diejenigen, die gleichartige Sachverhalte innerstaatlicher Art regeln (Äquivalenzprinzip), und die Ausübung der von der Gemeinschaftsrechtsordnung verliehenen Rechte nicht praktisch unmöglich machen oder übermäßig erschweren (Effektivitätsprinzip)".⁵⁹⁹ Welche Grenzen sich konkret aus diesem Grundsatz ergeben, ist nicht immer leicht zu ermessen.⁶⁰⁰ Jedenfalls wird man die **Vorgaben beim direkten Vollzug** des Unionsrechts berücksichtigen, da diese eine Leitbildfunktion für den indirekten Vollzug besitzen.⁶⁰¹ Charakteristisch für

185

---

⁵⁹⁵ Zur Abgrenzung der beiden Verfahren *Jarass*, Probleme (Fn. 344), S. 800 ff.; *Burghard Hildebrandt*, Der Planergänzungsanspruch. Zum Vorrang des Anspruchs auf Planergänzung gegenüber dem Anspruch auf Planaufhebung beim verselbständigten Planfeststellungsbescheid, 1999, S. 85 ff.

⁵⁹⁶ *BVerwG*, Buchholz 406.11, § 215a BauGB, Nr. 1, S. 4. Auch hier stößt man auf eine gehörige Skepsis gegenüber solchen Heilungsmöglichkeiten, die sich aus der Überzeugung speist, die Struktur planerischen Abwägens als einer umfassenden Gesamtbewertung der berührten Belange stehe einer Isolierung einzelner Belange und damit der Möglichkeit, die Planungsentscheidung inhaltlich zu verändern oder zu ergänzen, entgegen (*Steinberg/Berg/Wickel*, Fachplanung [Fn. 200], § 6 Rn. 49 f., 102 ff.; *Ulf M. Sieg*, Die Schutzauflage im Fachplanungsrecht. Materieller Schutzanspruch und prozessuale Durchsetzung, 1994, S. 161 ff.). S. a. → Bd. II *Köck* § 37 Rn. 114.

⁵⁹⁷ Näher *Wolfgang Kahl*, Grundrechtsschutz durch Verfahren in Deutschland und in der EU, VerwArch, Bd. 95 (2004), S. 1 ff.; *Martin Kment*, Die Stellung nationaler Unbeachtlichkeits-, Heilungs- und Präklusionsvorschriften im europäischen Recht, EuR 2006, S. 201 ff.; *ders.*, Nationale Unbeachtlichkeits-, Heilungs- und Präklusionsvorschriften und Europäisches Recht, 2005, S. 41 ff.

⁵⁹⁸ Näher *Kadelbach*, Verwaltungsrecht (Fn. 73), S. 110 ff.; *Ulrich Haltern*, Europarecht. Dogmatik im Kontext, 2. Aufl. 2007, Rn. 793 ff.; *Kahl*, Grundrechtsschutz (Fn. 597), S. 16 ff.

⁵⁹⁹ Std. Rspr. *EuGH*, Rs. C-201/02, Slg. 2004, I-723, Rn. 67 m.w.N. Vgl. a. → Bd. I *Schmidt-Aßmann* § 5 Rn. 31.

⁶⁰⁰ Näher *v. Danwitz*, Verwaltungsrechtliches System (Fn. 73), S. 259 ff.; *Hans D. Jarass/Saša Beljin*, Die Bedeutung von Vorrang und Durchführung des EG-Rechts für die nationale Rechtsetzung und Rechtsanwendung, NVwZ 2004, S. 1 ff.; *Schmidt-Aßmann*, Europäisierung (Fn. 537). Exemplarisch studieren lassen sich die Schwierigkeiten an der Diskussion um die Einordnung des Urteils *EuGH*, Rs. C-224/97, Sgl. 1999, I-2517, Rn. 29 ff., mit Blick auf die Grenzen der Bestandskraft des Verwaltungsakts (näher *EuGH*, verb. Rs. C-453/00 u. a., Slg. 2004, I-837, Rn. 23 ff., sowie *BVerwG*, DÖV 2005, S. 651 f.), s. *Jörg Gundel*, Bootsliegeplatz-Privilegien für Einheimische: Verstoß gegen die Dienstleistungsfreiheit und Durchbrechung der nationalen Bestandskraft-Regeln?, EuR 1999, S. 781 (786 ff.); *Theodor Schilling*, Anmerkung, EuZW 1999, S. 407 f.; *Matthias Niedobitek*, Kollisionen zwischen EG-Recht und nationalem Recht, VerwArch, Bd. 92 (2001), S. 58 (78 f.); *Dieter H. Scheuing*, Europäisierung des Verwaltungsrechts, DV, Bd. 34 (2001), S. 107 (142 f.). Das Gericht selbst betont, dass seine Entscheidung nicht die Frage der Bestandskraft berühre (a.a.O., Rn. 25).

⁶⁰¹ Im Zweifel neigt der EuGH dazu, die Wirksamkeit des Unionsrechts zu gewährleisten, indem die unionsrechtlichen Vorgaben für den direkten und den indirekten Vollzug harmonisiert werden.

diese Vorgaben ist die abweichende Bedeutung und der daraus resultierende **unterschiedliche Umgang mit Verfahrens- und Formfehlern**. Nicht die dienende Funktion wie in Deutschland, sondern die Gewährleistung eines verfahrensrichtigen Ergebnisses bestimmt den unionsrechtlichen Verfahrensgedanken.[602] Als Folge ist die Heilung von Verfahrens- und Formfehlern während des Gerichtsverfahrens grundsätzlich ausgeschlossen.[603] Dies gilt jedenfalls für die Vorschriften, die wie die Pflicht zur Anhörung oder zur Begründung eines Rechtsakts der Sicherung und **Durchsetzung der Rechte des Einzelnen** dienen.[604] Bedeutet dies für den indirekten Vollzug, dass die zeitliche Grenze der Heilung entgegen der Regelung in § 45 Abs. 2 VwVfG wenigstens auf den Abschluss des Widerspruchsverfahrens zu beschränken ist?[605] Bedenken gegen einen solchen Schluss ergeben sich aus dem Umstand, dass eine Heilung weder die Ausübung der Rechte unmöglich macht noch übermäßig erschwert, sondern der Rechtswahrung dient. Doch taucht das Gebot der Effektivität hinter dem Erfordernis der Gleichwertigkeit wieder auf: Führt die Nachholung nicht zu einem gleichwertigen Zustand, bleibt der Fehler bestehen. Das Maß für die Gleichwertigkeit wird aus der Funktion der verletzten Vorschrift und dem behördlichen Gestaltungsspielraum gebildet. Ein pauschales Urteil ist nicht möglich; an einer Betrachtung der einzelnen Verfahrensregeln kommt man nicht vorbei.[606]

Staatshaftungsrecht: *EuGH*, verb. Rs. C-46, 48/93, Slg. 1996, I-1029, Rn. 42; Rs. C-224/01, Slg. 2003, I-10239, Rn. 51 ff.; vorläufiger Rechtsschutz: *EuGH*, verb. Rs. C-143/88, C-92/89, Slg. 1991, I-415, Rn. 18; Rs. C-465/93, Slg. 1995, I-3761, Rn. 22. Vgl. *Susanne Hegels*, EG-Eigenverwaltungsrecht und Gemeinschaftsverwaltungsrecht. Europäisches Verwaltungsrecht für den direkten und den indirekten Gemeinschaftsrechtsvollzug, 2000, S. 79 ff., 193 ff.; *Friedrich Schoch*, Die Europäisierung des Allgemeinen Verwaltungsrechts, JZ 1995, S. 109 ff.; *ders.*, Die Europäisierung des Verwaltungsprozessrechts, in: FG BVerwG, 2003, S. 507 ff.

[602] Näher *Rainer Wahl*, Das Verhältnis von Verwaltungsverfahren und Verwaltungsprozessrecht in europäischer Sicht, DVBl 2003, S. 1285 (1287). Die These von einem strukturellen Gegensatz zwischen Unionsrecht und deutschem Verwaltungsrecht ist weit verbreitet (näher *v. Danwitz*, Verwaltungsrechtliches System [Fn. 73], S. 194 ff., 334 ff., 395 ff.). S.a. → Bd. II *Schmidt-Aßmann* § 27 Rn. 15 f.

[603] *EuGH*, Rs. C-93/89, Slg. 1991, I-4569, Rn. 23 ff.; verb. Rs. C-329/93 u.a., Slg. 1996, I-5151, Rn. 31 ff.; *EuG* Rs. T-36/91, Slg. 1995, II-1847, Rn. 108, 113; T-346/94, Slg. 1995, II-2841, Rn. 39. Weitere Nachweise bei *Kahl*, Grundrechtsschutz (Fn. 597), S. 20 Fn. 139.

[604] *EuGH*, Rs. C-315/99, Slg. 2001, I-5281, Rn. 31 f.; Rs. 248/84, Slg. 1987, I-4013, Rn. 22; Rs. C-329/93, Slg. 1996, I-5151, Rn. 48; *Kahl*, Grundrechtsschutz (Fn. 597), S. 21 m.w.N. in Fn. 140 f.

[605] So *Juliane Kokott*, Europäisierung des Verwaltungsprozeßrechts, DV, Bd. 31 (1998), S. 335 (367 f.); *Kahl*, Grundrechtsschutz (Fn. 597), S. 21 f.; *Kment*, Stellung (Fn. 597), S. 223 ff.; zurückhaltender *Pietzcker*, Verfahrensrechte (Fn. 587), S. 709 f.

[606] So auch *Fehling*, Eigenwert (Fn. 586), S. 297 ff. Ein anschauliches Lehrbeispiel für diese Vorgehensweise bietet BVerwGE 131, 352, wo das BVerwG zwischen der Vorprüfung des Einzelfalls über die UVP-Pflichtigkeit und der unterbliebenen Umweltverträglichkeitsprüfung selbst unterscheidet (vgl. § 4 Abs. 1 Nr. 1 und 2 UmwRG). Vgl. a. *OVG NW*, NWVBl 2012, S. 181 (187 f.) zur FFH-Verträglichkeitsprüfung. Der EuGH hat bislang keine dezidiert gegenteilige Position eingenommen (vgl. *EuGH*, Rs. C-215/06, Slg. 2008, I-4911, Rn. 55 ff.). → Bd. III *Schoch*, § 50 Rn. 311. Nicht verallgemeinern lassen sich die Überlegungen des EuGH zur Verletzung des Durchführungsverbots aus Art. 108 Abs. 3 AEUV (vormals Art. 88 Abs. 3 EGV). Das Gericht versagt hier die Möglichkeit einer Heilung vollständig (*EuGH*, Rs. C-305/89, Slg. 1991, I-1603, Rn. 41; Rs. C-354/90, Slg. 1991, I-5505, Rn. 16 f.; relativierend aber Rs. C-199/06, Slg. 2008, I-409, Rn. 45 ff.).

3. Umdeutung eines Verwaltungsakts

Statt durch nachträgliche Heilung können die Fehler eines – wirksamen oder unwirksamen[607] – Verwaltungsakts gemäß § 47 Abs. 1 VwVfG auch dadurch beseitigt werden, dass dieser Verwaltungsakt in einen rechtmäßigen Verwaltungsakt umgedeutet wird.[608] Bei einer **Umdeutung** wird der Regelungsinhalt des rechtswidrigen Verwaltungsakts durch einen Regelungsinhalt ersetzt, der – wie es in § 47 Abs. 1 VwVfG heißt – auf das gleiche Ziel gerichtet ist. Gemeint ist damit der in der sozialen Wirklichkeit **anvisierte Rechtserfolg**, der *Impact*,[609] die rechtlichen Auswirkungen für den Betroffenen. Auf das gleiche Ziel gerichtet ist die Aufhebung einer Genehmigung oder eines anderen begünstigenden Verwaltungsakts und die Feststellung, dass die Genehmigung erloschen oder die Begünstigung entfallen ist.[610] Gleiches gilt für das Verhältnis zwischen der Untersagung eines Verhaltens und einer Aufhebung der Genehmigung des Verhaltens.[611] Auch eine Teilübereinstimmung reicht aus: So lässt sich eine fristlose in eine fristgemäße Entlassung[612] und eine Abrissverfügung in eine Nutzungsuntersagung[613] umdeuten.

186

In der Praxis **scheitert die Umdeutung** meist an den in § 47 VwVfG aufgestellten Hürden: Um rechtmäßig zu sein, muss der neue[614] Verwaltungsakt materiell fehlerlos sein. Außerdem hätte es möglich sein müssen, ihn in der geschehenen Verfahrensweise und Form zu erlassen (§ 47 Abs. 1 VwVfG). Des Weiteren darf der neue Verwaltungsakt weder der erkennbaren Absicht der erlassenden Behörde widersprechen, noch dürfen seine Rechtsfolgen für den Betroffenen ungünstiger sein (§ 47 Abs. 2 S. 1). Eine Umdeutung ist ferner unzulässig, wenn der fehlerhafte Verwaltungsakt nicht zurückgenommen werden dürfte (§ 47 Abs. 2

187

---

[607] Str., in diesem Sinne *Ule/Laubinger*, VerwVerfR, § 60 Rn. 11 m.w.N.; a.A. *Hubert Meyer*, in: Knack/Henneke, VwVfG, § 47 Rn. 8 f. m.w.N. In aller Regel scheitert eine solche Umdeutung jedoch an den Umdeutungsvoraussetzungen oder daran, dass der Verwaltungsakt nicht hinreichend bestimmt ist.

[608] Wörtlich übereinstimmende Regelungen finden sich in der AO (§ 128) und im SGB X (§ 43). Umstritten ist die Möglichkeit, einen wegen seiner Form fehlerhaften Verwaltungsakt in eine schlichte Verwaltungserklärung unter analoger Anwendung von § 47 VwVfG umzudeuten. Die Praxis ist dabei sehr zurückhaltend (vgl. *Kresser*, Bedeutung [Fn. 85], S. 104 ff.).

[609] → Bd. I *Voßkuhle* § 1 Rn. 32, *Franzius* § 4 Rn. 72 ff.

[610] VGH BW, NVwZ 1985, S. 349 (349 f.): Umdeutung des Widerrufs einer Genehmigung, deren Wirksamkeit schon entfallen ist, in einen dies feststellenden Verwaltungsakt; BayVGH, NVwZ-RR 1991, S. 117 (117 f.): Widerruf einer schon erloschenen Baugenehmigung und Umdeutung in Feststellung des Erloschenseins; BVerwGE 110, 111 (114 f.); BVerwGE 115, 111 (113 f.): Umdeutung des Widerrufs der Feststellung von Abschiebungshindernissen nach § 53 AuslG (a.F.) in Feststellung, dass keine Abschiebungshindernisse vorliegen.

[611] BayVGH, BayVBl. 1984, S. 304 (304 f.): Waffenbesitzverbot/Widerruf Waffenbesitzberechtigung; BGHZ 143, 362 (370): wasserpolizeiliche Untersagungsverfügung/Widerruf einer wasserrechtlichen Erlaubnis.

[612] BVerwGE 91, 73 (74 f.).

[613] Das Beispiel führen *Ule/Laubinger*, VerwVerfR, § 60 Rn. 4, an.

[614] Zum Teil wird gesagt, die Auswechselung der Regelung lasse die Identität des Verwaltungsakts unberührt, so *Ule/Laubinger*, VerwVerfR, § 60 Rn. 4, mit der Folge, dass es keiner Klageänderung bedürfte (so *Hans-Werner Laubinger*, Die Umdeutung von Verwaltungsakten, VerwArch, Bd. 78 [1987], S. 207 ff., 345 ff. [352]). Das würde voraussetzen, zwischen der abstrakten Handlungsform und dem konkreten Inhalt zu unterscheiden. Tatsächlich ist aber die Regelung ein konstitutives Merkmal eines Verwaltungsakts, und man fragt sich, was mit Identität gemeint sein soll; noch deutlicher wird die Schwierigkeit, wenn der Verwaltungsakt in eine andere Handlungsform umgedeutet wird.

S. 2 VwVfG). Schließlich darf nach § 47 Abs. 3 VwVfG eine gebundene Entscheidung nicht in eine Ermessensentscheidung umgedeutet werden.[615]

188 Unsicherheit herrscht über die Frage, ob die Umdeutung **kraft Gesetzes** eintritt oder es eines konstitutiven **(Verwaltungs-)Akts** bedarf.[616] Eng damit verknüpft wird darüber gestritten, wer umdeuten darf oder sogar muss: nur die **Verwaltung** oder auch die **Verwaltungsgerichte**.[617] Das Bundesverwaltungsgericht geht davon aus, dass es sich bei der Umdeutung nach § 47 VwVfG um einen „Erkenntnisakt" und nicht um einen – „nur der Behörde vorbehaltenen – Entscheidungsakt" handelt.[618] Umdeuten darf deshalb auch das Verwaltungsgericht.[619] Gegen die Auffassung des Gerichts spricht aber nicht nur der von § 140 BGB abweichende Wortlaut und der Umstand, dass die Rücknahme erst durch Fristablauf nach § 48 Abs. 4 VwVfG unzulässig werden kann, sondern auch die in § 47 Abs. 4 VwVfG statuierte Anhörungspflicht. Denn wenn die Umdeutung bereits durch das Gesetz bewirkt wird, bedarf es keiner Anhörung mehr. Trotz dieser Bedenken sollte man an der Konzeption einer gesetzlich bedingten Umdeutung festhalten: Auf diese Weise lässt sich die Umdeutung als Ausschnitt des allgemeinen Rechtsgedankens der Konversion verstehen.[620] Wie die Konversion folgt die Umdeutung der Steuerungsperspektive des Rechts: Das, was bewirkt werden soll – der Rechtserfolg –, soll gewahrt werden, sofern die Behörde auf dieselbe Weise den anderen Verwaltungsakt hätte erlassen können.[621]

4. Folgenlose Fehler
a) Instrumente der Folgenbegrenzung und ihre Funktionen

189 Verstößt ein Verwaltungsakt gegen die Rechtsordnung, ist er rechtswidrig.[622] Ein solcher Verstoß kann folgenlos bleiben. Um dieses Ziel zu erreichen, bedient sich die Rechtsordnung verschiedener **Instrumente**:

---

[615] Ist das Ermessen auf Null reduziert, bleibt eine Umdeutung möglich, s. *BVerwGE* 48, 81 (84).

[616] Als gesetzlich bedingt mit der Folge, dass die behördliche Umdeutung oder Feststellung einer Umdeutung deklaratorischen Charakter (→ Fn. 228) hat: *Maurer*, VerwR, § 10 Rn. 45; *Ule/Laubinger*, VerwVerfR, § 60 Rn. 20 mit Fn. 41. Nach anderer Auffassung ist die Umdeutung ein konstitutiver Akt, so *Peter N. Wirth*, Umdeutung fehlerhafter Verwaltungsakte, 1991, S. 75 ff.; *Wolf-Rüdiger Schenke*, Die Umdeutung von Verwaltungsakten, DVBl 1987, S. 641 (646 f.). Umstritten ist weiter, ob die Umdeutung Verwaltungsakt ist; bejahend *Wirth*, a. a. O., S. 107 ff.; *Schenke*, a. a. O., S. 647 f.; verneinend *Michael Sachs*, in: Stelkens/Bonk/Sachs (Hrsg.), VwVfG, § 47 Rn. 6 f.; vgl. zur Rolle und Rechtsnatur der Umdeutungserklärung auch *Steinweg*, Regelungsgehalt (Fn. 170), S. 210 ff.

[617] Nur die Verwaltung: *Hans Meyer*, in: Meyer/Borgs-Maciejewski, Verwaltungsverfahrensgesetz (Fn. 63), § 47 Rn. 6; *Hubert Meyer*, in: Knack/Henneke, VwVfG, § 47 Rn. 30; *Schenke*, Umdeutung (Fn. 616), S. 650 ff.; *Wirth*, Umdeutung (Fn. 616), S. 128 ff. Anders die h. M.; vgl. nur *Kopp/Ramsauer*, VwVfG, § 47 Rn. 35a: auch die Gerichte.

[618] *BVerwG*, NVwZ 1984, S. 645 (645); *BVerwGE* 110, 111 (114); 115, 111 (114). Als Erkenntnisakt setzt dies ein Erkennen voraus. Aus diesem Grund kann eine Rücknahme zugunsten des Bürgers eine Umdeutung unzulässig machen. Ebenso macht aus diesem Grund eine Anhörung Sinn. Die Einordnung der Umdeutungserklärung als deklaratorische Erklärung der kraft Gesetzes eintretenden Umdeutung schließt also nicht aus, dass den Publizitätsanforderungen, die *Steinweg*, Regelungsgehalt (Fn. 170), S. 211, als Einwand anführt, genügt wird.

[619] *BVerwGE* 110, 111 (114 m. w. N.).

[620] So *Laubinger*, Umdeutung (Fn. 614), S. 347 f.: Dem Bürger kommt die Umdeutung durch Gesetz zugute, wenn es um einen begünstigenden Verwaltungsakt geht, dem ansonsten die Rücknahme drohen würde. S. aber auch *BGHZ* 143, 362 (370).

[621] Es handelt sich nicht um einen Unterfall der Teilnichtigkeit, so aber *Flume*, Rechtsgeschäft (Fn. 92), S. 590.

[622] → Fn. 486.

F. Fehler und Fehlerfolgen

– Begrenzung der subjektiven Rechtssphäre des Betroffenen,
– Ausschluss seines Aufhebungsanspruchs,
– Einordnung als unwesentlicher Verfahrensfehler und
– Klassifizierung der verletzten Vorschrift als unwesentliche Verfahrensvorschrift bzw. Ordnungsvorschrift.

Diese Instrumente führen zwar alle zur Folgenlosigkeit des Fehlers im konkreten Fall, doch unterscheiden sie sich im Übrigen beträchtlich in Zielsetzung und Wirkung.

Einen Fehler folgenlos zu lassen, sollte gut bedacht werden, weil der Sollens- und Ordnungsanspruch des Rechts beeinträchtigt werden kann.[623] Qualifiziert man die verletzte Vorschrift als **Ordnungsvorschrift,** bleibt ein Verstoß stets folgenlos.[624] Da die Norm dadurch ihre rechtliche Bedeutung verliert, wird man nur wenige Vorschriften in dieser Weise klassifizieren.

190

Meist beschränkt sich die Folgenlosigkeit eines Fehlers auf einen von mehreren Betroffenen. Lässt der Fehler dessen **subjektive Rechtssphäre unberührt,** bleibt der Fehler mangels Rechtsverletzung für ihn folgenlos. Dieses Phänomen ist aus dem Nachbarrechtsstreit bekannt. Statt die Rechtssphäre zu verkürzen, kann man auch den **Aufhebungsanspruch** begrenzen, indem man beispielsweise Rechtsmittelfristen oder Vorschriften materieller Präklusion wie z. B. § 10 Abs. 3 S. 5 BImSchG einführt.[625] Wird die Rechtssphäre des Betroffenen so ausgestaltet, dass es gar nicht erst zu einer Rechtsverletzung kommt, oder wird sein Aufhebungsanspruch beschränkt, muss **die Folgenlosigkeit grundrechtlich gerechtfertigt werden.**

191

Die Unterscheidung zwischen den die Rechtssphäre des Einzelnen konstituierenden subjektiven Rechten und dem Aufhebungsanspruch als einem durch eine Rechtsverletzung ausgelösten Reaktionsanspruch, der unter den grundrechtlichen Garantien auf Beseitigung der Rechtsverletzung durch Inanspruchnahme gerichtlichen Schutzes gerichtet ist,[626] erlaubt es, eine unterschiedliche

192

---

[623] Vgl. *Morlok,* Folgen (Fn. 570), S. 57 ff.

[624] → Rn. 159.

[625] Präklusionsvorschriften sind mehr als Fehlerfolgenregeln, weil der Betroffene mit seinem „auf die Verhinderung oder Modifizierung des beantragten Vorhabens abzielende[n] Gegenvorbringen" (*BVerwGE* 60, 297 [300]) bereits im Verwaltungsverfahren und unabhängig von jeder möglichen Rechtsverletzung ausgeschlossen wird. Bestimmungen solcher Art sollen eine effiziente und ausgewogene Durchführung komplexer multipolarer Verwaltungsverfahren gewährleisten; näher dazu *Hans C. Röhl/Clemens Ladenburger,* Die materielle Präklusion im raumbezogenen Verwaltungsrecht. Verfassungs- und gemeinschaftsrechtliche Vorgaben, verwaltungsdogmatische Einordnung, 1997, S. 22 ff., 28 ff.; *Anno Oexle,* Das Rechtsinstitut der materiellen Präklusion in den Zulassungsverfahren des Umwelt- und Baurechts. Unter besonderer Berücksichtigung des Europäischen Gemeinschaftsrechts und des Verfassungsrechts, 2001, S. 86 ff. Ein anschaulicher Überblick über die unterschiedlichen Arten von Präklusionsvorschriften findet sich bei *Sabine Quaas,* Die Behördenpräklusion. Behördenbeteiligung und Verfahrensbeschleunigung, 2006, S. 5 ff.; *Matthias Niedzwicki,* Präklusionsvorschriften des öffentlichen Rechts im Spannungsfeld zwischen Verfahrensbeschleunigung, Einzelfallgerechtigkeit und Rechtsstaatlichkeit. Zur Vereinbarung der Präklusion mit dem Grundgesetz und mit dem Europarecht, 2007, S. 37 ff. Sie einzubeziehen, rechtfertigt ihre prozessuale Wirkung: Eine Klage ist bei materieller Präklusion zwar zulässig, doch bleibt sie erfolglos, soweit der Kläger mit seinen Einwendungen ausgeschlossen ist. Mag der Betroffene durch die Planungsentscheidung auch in seinen subjektiven Rechten verletzt sein, die Obliegenheitsverletzung führt – im Umfang der Präklusion – zum Ausschluss des Aufhebungsanspruchs. Str., in diesem Sinne *Oexle,* a. a. O., S. 22 ff. S. a. ↙ Bd. II *Gusy* § 23 Rn. 57 f

[626] Näher zu diesen Reaktionsansprüchen *Robert Alexy,* Theorie der Grundrechte, 1985, S. 208 ff.; *Stern,* StaatsR III, S. 671; *Grzeszick,* Rechte (Fn. 491), S. 92.

Logik freizulegen, die mit der Begrenzung von Rechtspositionen verfolgt wird. Während die Ausgestaltung der Rechtssphäre vor allem dazu dient, die gegenläufigen öffentlichen und privaten Interessen einander zuzuordnen und den **Raum eigener Betroffenheit** abzustecken, soll durch die Beschränkung des Aufhebungsanspruchs ein **ausgewogener Rechtsschutz** gewährleistet werden. Die Einschränkungen des Aufhebungsanspruchs erfolgen, um den öffentlichen oder privaten Interessen an der Beständigkeit der bestehenden Rechtslage Raum zu geben. Da zwischen der subjektiven Rechtsverletzung und dem Aufhebungsanspruch ein grundrechtlich gefestigtes Band besteht,[627] knüpft der Ausschluss des Anspruchs normalerweise an eine **Obliegenheitsverletzung** an, sei es, dass nicht rechtzeitig, formgerecht oder hinreichend substantiiert der Anspruch erhoben oder Einwendungen geltend gemacht wurden.[628] Betrifft der Fehler eine **Verfahrensvorschrift,** so wird die subjektive Rechtssphäre des Betroffenen nur berührt, wenn ein **„Rechtswidrigkeitszusammenhang"** besteht, das heißt, die „Verfahrensvorschrift einen typischen Bezug zum Schutz der materiell-rechtlichen Position" des Betroffenen hat.[629] Um die Reichweite der subjektiven Rechtssphäre und nicht um die Undurchsetzbarkeit geht es auch bei den in § 46 VwVfG geregelten Folgen von Verfahrens- und Formfehlern.[630] Kommt es jedoch zu einer Rechtsverletzung, kann sich der Fehler immer noch als folgenlos erweisen, indem der an sich bestehende und auf die Beseitigung des Eingriffs gerichtete Aufhebungsanspruch beschränkt wird.

193 Um sich dem Problem folgenloser Verfahrensfehler zu nähern, sollte man auf der einen Seite unwesentliche, wesentliche und gewöhnliche Verfahrensvorschriften und auf der anderen Seite unwesentliche, absolute und gewöhnliche Verfahrensfehler unterscheiden.[631]

194 **Unwesentliche Verfahrensvorschriften** sind Ordnungsvorschriften in dem oben dargelegten Sinne.[632] **Wesentlich** oder absolut ist eine **Verfahrensvorschrift,**

---

[627] *Grzeszick,* Rechte (Fn. 491), S. 334 ff.; *Baumeister,* Beseitigungsanspruch (Fn. 486), S. 21 ff.

[628] Außerhalb solcher Gründe darf der Aufhebungsanspruch nicht übermäßig erschwert werden. Man kann sich jedenfalls schwerlich einen Grund vorstellen, durch den der vollständige Ausschluss des Anspruchs gerechtfertigt werden könnte, solange der Betroffene ein subjektives Recht auf Einhaltung der verletzten Norm hat. Aus diesem Grund betrifft die Unbeachtlichkeitsregelung in § 46 VwVfG nicht die Reichweite des Aufhebungsanspruchs, sondern die Frage, wie weit der Bereich bemessen sein soll, dessen Wahrung in die Gestaltungsmacht des Einzelnen gestellt sein soll. Es geht gerade nicht um die Undurchsetzbarkeit eines an sich zustehenden Rechts, sondern um die Festlegung der Rechtsverhältnisse zwischen der Verwaltung und dem Betroffenen. Näher zu dieser Ansicht *Bumke,* Rechtswidrigkeit (Fn. 126), S. 209 ff.; *Walter Krebs,* Kompensation von Verwaltungsverfahrensfehlern durch gerichtlichen Rechtsschutz. Zur Problematik des § 46 VwVfG des Bundes und der Länder, DVBl 1984, S. 109 (110 f.); BVerwGE 65, 287 (289); a. A. *Karl A. Bettermann,* Die Anfechtung von Verwaltungsakten wegen Verfahrensfehlern, in: FS Hans P. Ipsen, 1977, S. 271 (S. 289: als „handgreiflich unrichtig" charakterisiert); *Hill,* Verfahren (Fn. 502), S. 103 f., sowie ausführlich *Wolf-Rüdiger Schenke,* Der verfahrensfehlerhafte Verwaltungsakt gemäß § 46 VwVfG, DÖV 1986, S. 305 (308 ff.).

[629] Näher dazu *Eberhard Schmidt-Aßmann,* in: Maunz/Dürig, GG, Art. 19 Abs. 4 Rn. 157.

[630] → Fn. 628.

[631] *v. Hippel,* Fehlerhafter Staatsakt (Fn. 35), S. 78; *Hill,* Verfahren (Fn. 502), S. 427; *Morlok,* Folgen (Fn. 570), S. 143; *Ule/Laubinger,* VerwVerfR, § 58 Rn. 1 ff.

[632] → Rn. 159. Zum Teil wird auch die Verletzung der Pflicht zur Rechtsmittelbelehrung nach § 59 VwGO als unwesentliche Verfahrensvorschrift eingeordnet, da der Verstoß sich nicht auf die Rechtswidrigkeit des Verwaltungsakts auswirkt. M.E. liegt die Erklärung darin, dass das Prozessrecht die Pflicht nicht zu einer Erlassvoraussetzung eines Verwaltungsakts erhoben hat; a. A. *Sachs,* Rechtswidrigkeit (Fn. 486), S. 587; *Baumeister,* Beseitigungsanspruch (Fn. 486), S. 199 m.w.N.

F. Fehler und Fehlerfolgen

wenn ihre Verletzung unabhängig von der **Kausalitätsfrage,** ob sich der Verstoß auf den Regelungsinhalt ausgewirkt haben kann, erheblich ist.[633] Aufgrund der intensiven inhaltlichen Kontrolle der Verwaltungsakte durch die Gerichte wird dem Verfahrensrecht eine dienende Funktion zugewiesen. Diese dienende Funktion spiegelt sich im grundsätzlichen Kausalitätserfordernis wider. Die übrigen Verfahrensvorschriften weisen keine Besonderheiten auf; sie sind der Normalfall.

Wird ein Fehler als unwesentlich bezeichnet, kann damit zweierlei gemeint sein: Er kann zu geringfügig sein, um einen Rechtsverstoß hervorzurufen, oder er kann sich nicht auf das inhaltliche Ergebnis ausgewirkt haben.[634] Mit welcher Bedeutung von einem **unwesentlichen Fehler** gesprochen wird, richtet sich nach der Art der Verfahrensvorschrift. Bei einer wesentlichen Verfahrensvorschrift ist die fehlende Kausalität gleichgültig, sodass ein unwesentlicher Fehler in einem Mangel besteht, der noch zu keiner Verletzung führt.[635] Bei den übrigen (gewöhnlichen) Verfahrensvorschriften ist mit unwesentlich die fehlende Kausalität des Fehlers gemeint. Ist der Verfahrensfehler in jedem Fall erheblich, liegt ein absoluter Verfahrensfehler vor.[636] Wie eine Vorschrift einzuordnen oder ein Fehler zu klassifizieren ist, beantwortet manchmal das Gesetz,[637] meist ist man auf das allgemeine Verständnis und damit auf den Zweck der Verfahrensvorschrift verwiesen. 195

b) Unbeachtlichkeit von Verfahrens- und Formfehlern

Nach § 46 VwVfG kann die Aufhebung eines fehlerhaften und wirksamen Verwaltungsakts nicht allein deshalb beansprucht werden, weil er unter Verletzung von Vorschriften über das Verfahren, die Form oder die örtliche Zuständigkeit zustande gekommen ist.[638] Diese Beschränkung der subjektiven Rechtssphäre tritt aber nur ein, wenn offensichtlich ist, dass die Verletzung die Entscheidung in der Sache nicht berührt hat. Folgenlos ist ein Verfahrens- oder Formfehler, der sich **mangels Kausalität** nicht auf den Regelungsinhalt ausgewirkt haben kann.[639] § 46 VwVfG trifft eine Darlegungs- und Beweislastregel zulasten der öffentlichen Hand.[640] Sie gilt es auch im Rahmen komplexer Verwaltungsentscheidungen zu beachten.[641] „‚Kausalität' ist […] die Fehlerfolgenvoraussetzung par excellence für die Reaktion auf Verfahrensfehler. Sie optimiert das Interesse an Rechtmäßigkeit 196

---

[633] *BVerwGE* 24, 23 (32 f.); 29, 282 (283 f.); 105, 348 (353 f.).
[634] *BVerwGE* 105, 328 (332).
[635] *EuGH,* verb. Rs. C-424 u. 425/85, Slg. 1987, 2755, Rn. 20 (falsche Übersetzung); Rs. 119/86, Slg. 1987, 4121, 2. LS (einzelner Erwägungsfehler).
[636] Näher → Bd. II *Sachs* § 31 Rn. 60 ff.
[637] § 44 Abs. 2 VwVfG.
[638] § 127 AO stimmt damit wörtlich überein. § 42 SGB X nimmt in Satz 2 Anhörungsfehler vom Ausschluss aus.
[639] Schon vor dieser gesetzlichen Regelung hatte das *BVerwG* das Zurechnungsprinzip der Kausalität zum allgemeinen Grundsatz des Verwaltungsrechts erhoben: *BVerwGE* 69, 256 (269). Zur Bedeutung des Kriteriums in der bisherigen Rechtsprechung des Gerichts *Clemens Ladenburger,* Verfahrensfehlerfolgen im französischen und deutschen Verwaltungsrecht. Die Auswirkung von Fehlern des Verwaltungsverfahrens auf die Sachentscheidung, 1999, S. 263 ff.
[640] *Fehling,* Eigenwert (Fn. 586), S. 293 ff.; *Anja Kleesiek,* Zur Problematik der unterlassenen Umweltverträglichkeitsprüfung. Zugleich eine Untersuchung der Vereinbarkeit des § 46 VwVfG mit dem europäischen Gemeinschaftsrecht, 2010, S. 60 ff. › Bd. III *Schoch* § 50 Rn. 302 f.
[641] Näher *Kleesiek,* Problematik (Fn. 640), S. 189 ff., mit Blick auf die Folgen einer unterlassenen UVP.

§ 35 Verwaltungsakte

und den Schutz der subjektiven Rechte mit dem Interesse an Verwaltungseffizienz und Rechtssicherheitsbedürfnissen."⁶⁴²

197 In dieser **Unbeachtlichkeitsvorschrift** spiegelt sich die traditionelle Sichtweise von der dienenden Funktion⁶⁴³ des Verfahrensrechts, der Fokussierung auf das materielle Recht und der Überholung von Verfahrensfehlern durch die ordnungsgemäße Durchführung eines gerichtlichen Verfahrens wider. Mit ihrer Hilfe wird das Verfahren beschleunigt und werden Kosten in Konstellationen vermieden, in denen die Wahrung der Verfahrens- und Formvorschriften zu keiner anderen Sachentscheidung führen würde. § 46 VwVfG greift jedoch nicht ein, wenn eine wesentliche Verfahrensvorschrift verletzt wird, da deren Missachtung unabhängig von jeder Kausalität erheblich ist.⁶⁴⁴

198 Die Ausrichtung der Folgen von Verfahrensfehlern an der Unterscheidung zwischen Verwaltungsakten mit und ohne Gestaltungsbefugnis negiert für den weiten Bereich der gebundenen Verwaltungsakte die maßgebliche **Aufgabe des Verfahrensrechts** als „**Verwirklichungsmodus des Verwaltungsrechts**".⁶⁴⁵ Kompetenzrechtlich betrachtet ist daran wenig auszusetzen: Die Letztentscheidungsbefugnis der Verwaltungsgerichte reduziert die vom Verfahrensrecht disziplinierte Unsicherheit und Offenheit im Entscheidungsprozess zu einem rechtsunerheblichen Faktum. Ohne Rest geht diese Konzeption nur auf, wenn man die Entscheidung des Gerichts – Rechtsfehler ausgeblendet – als materiellrechtlich richtig erachtet. Kompetenziell betrachtet, lässt sich daran zwar nicht zweifeln, doch rational gesehen, gibt es wenig Grund für eine solche Annahme.⁶⁴⁶ Aus dieser Differenz erwächst die Forderung nach einer abgewogenen Sanktionslehre und nährt sich die Kritik an den gesetzgeberischen Bemühungen, Verfahrensfehler nach Möglichkeit folgenlos zu stellen.⁶⁴⁷

199 Die entscheidende Frage bei der Anwendung des § 46 VwVfG ist auf die **Anforderungen** gerichtet, die an den **hypothetischen Kausalverlauf** zu stellen sind. Diese Anforderungen lassen sich nicht einheitlich fassen, weil es mit zunehmender Komplexität des Entscheidungsprozesses immer unwahrscheinlicher wird,

---

⁶⁴² *Morlok*, Folgen (Fn. 570), S. 186.

⁶⁴³ → Bd. II *Schmidt-Aßmann* § 27 Rn. 64 f.

⁶⁴⁴ *BVerwGE* 105, 348 (353 f.); 87, 62 (68, 71) zum Mitwirkungsrecht anerkannter Naturschutzverbände nach § 29 Abs. 1 Nr. 4 BNatSchG a. F. (nunmehr § 63 Abs. 1 Nr. 3, Abs. 2 Nr. 6 BNatSchG). Eine Einschränkung macht das *BVerwG*, wenn das Landesrecht dem Verband die Möglichkeit einräumt, die Entscheidung materiellrechtlich überprüfen zu lassen, BVerwG, NVwZ 2002, S. 1103 (1105). Ein weiteres Beispiel für wesentliche Verfahrensvorschriften bietet *BVerwGE* 91, 217 (221 f.): Auch im vereinfachten Verfahren nach § 15a Abs. 2 GjS a. F. (nunmehr § 23 JuSchG) müssen die tragenden Gründe einer Indizierung vor der Entscheidung diskutiert worden sein, eine nachträgliche Begründung des Gremiums genügt nicht. Auch in *BVerwGE* 116, 175 (176 f.), geht es mit dem Zustimmungsvorbehalt aus § 14 Abs. 3 S. 1 WaStrG a. F. (nunmehr § 14e Abs. 6 S. 2 WaStrG) um eine wesentliche Verfahrensvorschrift, aber nach § 19 Abs. 4 S. 2 WaStrG ist im Falle ihrer Verletzung der Planfeststellungsbeschluss wegen der Möglichkeit eines ergänzenden Verfahrens nicht aufzuheben, sondern nur für rechtswidrig zu erklären.

⁶⁴⁵ *Rainer Wahl*, Verwaltungsverfahren zwischen Verwaltungseffizienz und Rechtsschutzauftrag, VVDStRL, Bd. 41 (1983), S. 151 (153).

⁶⁴⁶ Ein Versuch, diesen Einwand zu entkräften, findet sich bei *Bumke*, Rechtswidrigkeit (Fn. 126), S. 214 f.

⁶⁴⁷ Näher *Hufen*, Fehler, Rn. 584 ff.; → Bd. II *Schmidt-Aßmann* § 27 Rn. 105 ff., *Sachs* § 31 Rn. 118 ff.; *Heike Jochum*, Verwaltungsverfahrensrecht und Verwaltungsprozeßrecht. Die normative Konnexität von Verwaltungsverfahrens- und Verwaltungsprozeßrecht und die Steuerungsleistung des materiellen Verwaltungsrechts, 2004, S. 144 ff.

F. Fehler und Fehlerfolgen

dass sich ein einzelner Verfahrensfehler auf das Ergebnis ausgewirkt hat. Während es aus diesem Grund in einfachen Verwaltungsverfahren nur selten an der Ergebniserheblichkeit eines Fehlers fehlen wird, braucht es in komplexen Planungs- und Genehmigungsverfahren dafür konkrete Anhaltspunkte.[648]

Ausgeschlossen ist die **Kausalität** eines Verfahrens- oder Formfehlers bei gebundenen Entscheidungen und bei Ermessensentscheidungen, sofern der exekutive Gestaltungsspielraum angesichts der konkreten Umstände des Einzelfalls auf Null reduziert ist.[649] Weder eine unterlassene oder mangelhafte Maßnahme im Verwaltungsverfahren noch ein Fehler bei der gewählten Form können über die Sphäre der Verwaltung hinaus wirken. Mangels rechtlicher Gestaltungsbefugnis bemisst sich in solchen Konstellationen der Regelungsinhalt des Verwaltungsakts allein nach der Überzeugung des kontrollierenden Verwaltungsgerichts. 200

Verfügt die Verwaltung hingegen über rechtlich anerkannte **Gestaltungsspielräume** in Form von Ermessen oder Beurteilungsspielraum, wird man die Kausalität eines Fehlers meist bejahen müssen, weil es zumindest an seiner offensichtlichen Unerheblichkeit fehlt.[650] Trotzdem kann sich in solchen rechtlichen Situationen der Fehler als nicht ursächlich erweisen, so beispielsweise bei einer fehlerhaften Bekanntmachung des Verwaltungsakts, einer Ausfüllung des Ermessens im Wege behördlicher Selbstbindung oder bei dem Verwaltungsakt einer örtlich unzuständigen Behörde.[651] 201

c) Unionsrecht als Grenze für die Unbeachtlichkeit von Fehlern

Fehler folgenlos zu stellen, droht schnell in Widerstreit zur Pflicht der Mitgliedstaaten zu geraten, die rechtswidrigen **Folgen eines Verstoßes gegen das Unionsrecht zu beheben.**[652] Doch auch das Unionsrecht kennt das Gebot der Rechtssicherheit und steht deshalb einer Beschränkung des Aufhebungsanspruchs durch die Einführung von Rechtsmittelfristen oder Präklusion grundsätzlich offen gegenüber.[653] 202

Folgenlos darf ein Fehler nach Auffassung des Europäischen Gerichtshofs auch bleiben, wenn er sich nicht auf den Regelungsinhalt ausgewirkt hat und nicht 203

---

[648] *Ladenburger,* Verfahrensfehlerfolgen (Fn. 639), S. 273 ff. S. a. → Bd. II *Köck* § 37 Rn. 115.

[649] So *BVerwGE* 65, 287 (289). Von Seiten der Literatur sieht sich ein ohne weitere Differenzierung nur dem Ermessen gegenübergestellter Begriff der Gebundenheit immer wieder Einwänden ausgesetzt, die zum einen an die Ausfüllungsbedürftigkeit und damit die faktische Prägekraft der Verwaltung, zum anderen an den Umfang der gerichtlichen Kontrollkompetenz anknüpfen, um die Vorstellung gebundener Verwaltungsentscheidungen zu überwinden bzw. partiell einzuschränken; ausführlich *Pache,* Abwägung (Fn. 281), S. 452 ff.

[650] Was Offensichtlichkeit im Einzelnen meint, ist umstritten: Kommt es auf Offensichtlichkeit für den Betroffenen an (so *Hubert Meyer,* in: Knack/Henneke, VwVfG, § 46 Rn. 35) oder geht es um den Ausschluss von Mutmaßungen der Gerichte (so *Michael Sachs,* in: Stelkens/Bonk/Sachs [Hrsg.], § 46 Rn. 80)? Der Ausschluss von Mutmaßungen dürfte durch ein Erfordernis eindeutiger Nachweisbarkeit mit Hilfe von Akten und sonstigen Unterlagen (so *Kopp/Ramsauer,* VwVfG, § 46 Rn. 36) gewährleistet sein.

[651] Siehe *OVG Brandenb.,* Urt. v. 10. 1. 2003 – Az. 8 D 15/01. G; *VG Berl.,* Urt. v. 6. 4. 2004 – Az. 12 A 15.04; *VG Frankfurt a. M.,* Urt. v. 20. 1. 2003 – Az. 12 E 3535/02.

[652] Std. Rspr. *EuGH,* Rs. C-201/02, Slg. 2004, I-723 Rn. 64 m. w. N.

[653] *EuGH,* Rs. C-470/99, Slg. 2002, I-11617, Rn. 78; Rs. C-312/93, Slg. 1995, I-4599, Rn. 16 ff. (näher *Christian Wiggers,* Planerhaltung im Recht der Raumordnung. Zur Auslegung und Umsetzung von § 10 ROG, 2003, S. 115 ff.; *Niedzwicki,* Präklusionsvorschriften [Fn. 625], S. 222 ff.); im konkreten Fall können sich aber auch Grenzen aus dem Unionsrecht ergeben: *EuGH,* Rs. C-473/00, Slg. 2002, I-10875, Rn. 34 ff.; Rs. C-62/00, Slg. 2002, I-6325, 3. LS. S. a. → Bd. II *Schneider* § 28 Rn. 81, 95.

eine wesentliche Verfahrens- oder Formvorschrift betrifft, deren Verletzung stets erheblich ist.[654] Anders als in der deutschen Verwaltungsrechtsordnung handelt es sich bei der Kausalität jedoch nicht um ein allgemeines Zurechnungsprinzip zwischen Fehler und Rechtsakt. Die vom Unionsrecht betonte **Eigenfunktion des Verfahrens** führt dazu, dass Vorschriften, die wie die Anhörung oder die Begründung der Rechtswahrung des Betroffenen dienen, unbedingt zu beachten sind.[655]

204 Für die Anwendung des § 46 VwVfG im Rahmen des indirekten Vollzugs von Unionsrecht bedeutet dies zweierlei: Zum einen muss für die einzelnen verfahrensrechtlichen Vorgaben geklärt werden, ob es sich um wesentliche oder gewöhnliche Verfahrensvorschriften handelt. Um zu verhindern, dass die Durchsetzung des Unionsrechts übermäßig erschwert wird, wird man sich dabei im Zweifel für eine Einordnung als **wesentliche Verfahrensvorschrift** aussprechen. Zum anderen ist die Frage zu beantworten, ob sich der Einzelne auf die Missachtung der Verfahrensvorschrift berufen kann.[656] Eine Einschränkung des § 46 VwVfG statuiert § 4 UmwRG.[657]

G. Bestandskraft

I. Der Verwaltungsakt zwischen Beständigkeit und Anpassung

205 Beständigkeit ist eine markante Eigenschaft des Verwaltungsakts. Dies hat sich bereits am rechtswidrigen Verwaltungsakt gezeigt. Umso mehr zeichnet die **Beständigkeit** den **rechtmäßigen Verwaltungsakt** aus. Gestaltungs- wie Stabilisierungsfunktion sprechen gleichermaßen für einen dauerhaften Erhalt. **Verändert sich** aber **die Sach- oder Rechtslage,** so gerät auch der Gedanke der Beständigkeit in Fluss. Der Verwaltungsakt konkretisiert die Rechtsordnung mit Blick auf die konkreten Umstände. Ändern sich aber der rechtliche Rahmen oder die sachlichen Gegebenheiten, lässt sich nicht ausschließen, dass die getroffene Regelung nicht mehr passt. Die Konkretisierungsfunktion verlangt nach einer Möglichkeit, den Verwaltungsakt an die veränderten Gegebenheiten anzupassen. Da aber die Welt in steter Veränderung und die Zukunft ungewiss ist, streitet die stabilisierende Funktion des Verwaltungsakts in einer solchen Situation für die Beibehaltung der getroffenen Regelung. Ein Verwaltungsakt soll den Betroffenen von den Unwägbarkeiten des Lebens befreien und ein verlässliches Fundament für Planung und Handeln bilden. Aus diesem Grund tritt die Be-

---

[654] A. A. *Hegels*, EG-Eigenverwaltungsrecht (Fn. 601), S. 87 f., die davon ausgeht, dass der EuGH das Kausalitätserfordernis als generelles Fehlerzurechnungsprinzip verwendet.

[655] *Kahl*, Grundrechtsschutz (Fn. 597), S. 9 f.; *Kment*, Unbeachtlichkeitsvorschriften (Fn. 597), S. 36 f.; *Wahl*, Verwaltungsverfahren (Fn. 602), S. 1285 (1290).

[656] Näher dazu (auch zur früheren Rechtslage) *Kleesiek*, Problematik (Fn. 640), S. 173 ff., 232 ff.

[657] Präzise zu den vielfältigen Rechtsfragen in diesem Zusammenhang und im Umgang mit der Umweltverträglichkeitsprüfung im Allgemeinen *Kleesiek*, Problematik (Fn. 640); s.a. den Vorlagebeschluss *BVerwG*, NVwZ 2012, S. 448. Eine unionsrechtskonforme Fassung des Rechts der Umweltverträglichkeitsprüfung dürfte dem Gesetzgeber damit jedenfalls nicht gelungen sein (vgl. *Kleesiek*, Problematik [Fn. 640], S. 232 ff.). Zur Möglichkeit einer Heilung von Fehlern bei einer UVP in entsprechender Anwendung von § 45 Abs. 1 und 2 VwVfG s. *OVG NW*, NuR 2010, S. 583 (584 f.); vgl. a. *OVG NW*, NWVBl 2012, S. 181 (187 f.); → Fn. 606.

G. Bestandskraft

standskraft erst bei Veränderungen zurück, die sich nach den §§ 49 Abs. 2 S. 1 Nr. 3, 4 und 5; 51 Abs. 1 Nr. 1 VwVfG als erheblich erweisen.[658]

Bei **erheblichen Veränderungen** tritt das Bestandsinteresse hinter dem Bedürfnis nach einer rechtmäßigen Ordnung der konkreten Rechtsbeziehung zurück.[659] Angesichts der nach § 49 Abs. 2 S. 1 Nr. 3 und 4 VwVfG erforderlichen Gefährdung des öffentlichen Interesses wird das Vertrauen in den Fortbestand kaum einmal in der Lage sein, einen im Ermessen stehenden Widerruf zu verhindern. Zum Ausgleich für berechtigtes, aber enttäuschtes Vertrauen statuiert § 49 Abs. 6 S. 1 VwVfG einen Entschädigungsanspruch, wobei das Gesetz – anders als bei der Rücknahme – keinen Unterschied zwischen Geldleistungs- und sonstigen Verwaltungsakten macht. **206**

Von ihrer Funktion her erfasst die **Anpassungsbefugnis** auch den **rechtswidrigen Verwaltungsakt.** Im Übrigen bestehen jedoch **grundlegende Unterschiede** zwischen der Beständigkeit rechtmäßiger und rechtswidriger Verwaltungsakte. Die **Beständigkeit eines fehlerhaften Verwaltungsakts** drückt sich in einem umfangreichen Regelwerk aus, welches den Ausgleich zwischen Bestandswahrung und der Wiederherstellung eines gesetzmäßigen Zustands herzustellen sucht. In diesem Regelwerk stellt die Rücknahme eines rechtswidrigen Verwaltungsakts nur einen Baustein dar.[660] **207**

Demgegenüber ist die **Bestandskraft des rechtmäßigen Verwaltungsakts** allein Folge seiner grundlegenden Funktion, die Rechtsordnung zu konkretisieren und zu stabilisieren. Das Bedürfnis, flexibel auf künftige Veränderungen reagieren zu können, wird durch den Vorbehalt erheblicher Veränderungen aufgefangen. Weitergehende Veränderungsmöglichkeiten durch Widerrufsvorbehalt oder nachträgliche Anordnung finden sich außerhalb des durch § 36 VwVfG gezogenen Rahmens nur punktuell und nur bei Regelungsmaterien, bei denen ein erhebliches öffentliches Interesse an einer flexiblen Anpassung und Umgestaltung des Verwaltungsakts besteht.[661] **208**

Allein die übereinstimmenden Regeln über die **Aufhebung eines belastenden Verwaltungsakts** scheinen in Widerspruch zu dieser Grundkonzeption zu stehen. Dass die Aufhebung sowohl eines rechtswidrigen als auch eines rechtmäßigen Verwaltungsakts im Ermessen der Verwaltung steht, lässt sich jedoch darauf zurückführen, dass es in beiden Konstellationen ausreicht, einen exekutiven Gestaltungsspielraum zu eröffnen. Einheitlich ist allein das vom Gesetz gewählte Instrument des Ermessens sowie das Interesse der Adressaten, von der Belastung **209**

---

[658] Die Veränderung der Sachlage (§ 49 Abs. 2 S. 1 Nr. 3 VwVfG) wird meist definiert als nachträgliches Entstehen tatsächlicher Gegebenheiten, die die Behörde im Falle ihres Vorliegens zum Zeitpunkt des Erlasses berechtigt hätten, den Verwaltungsakt nicht zu erlassen, vgl. *BVerwG*, NVwZ 1991, S. 577 (578) m.w.N. Bei § 49 Abs. 2 S. 1 Nr. 4 VwVfG schließt schon der Wortlaut eine Einbeziehung der Änderung der höchstrichterlichen Rechtsprechung aus. Insoweit weniger eindeutig ist § 51 VwVfG, wo der Ausschluss der Rechtsprechungsänderung aus dem Unterschied zwischen Rechtserkenntnis und Rechtsänderung begründet wird, vgl. *Michael Sachs*, in: Stelkens/Bonk/Sachs (Hrsg.), VwVfG, § 51 Rn. 104 ff. m.w.N.; a. A. *Hans Meyer*, in: Meyer/Borgs-Maciejewski, Verwaltungsverfahrensgesetz (Fn. 63), § 51 Rn. 15.
[659] Dass es um Anpassung geht, wird in § 49 Abs. 1 VwVfG durch die Voraussetzung unterstrichen, dass der Widerruf nicht erfolgen darf, falls ein Verwaltungsakt gleichen Inhalts erneut erlassen werden müsste.
[660] → Rn. 155 ff.
[661] Vgl. §§ 17 BImSchG, 13, 18 Abs. 1 WHG, 19 S. 3, 20 Abs. 2 GenTG, 28, 30, 42a AMG.

befreit zu werden. Die unterschiedliche Bedeutung rechtmäßiger und rechtswidriger Verwaltungsakte wird dadurch nicht negiert.

210 Es gibt Sachbereiche, in denen die auf starke Beständigkeit ausgerichtete Grundkonzeption in unangemessener Weise die auf Anpassung angewiesenen **öffentlichen und privaten Interessen** verdrängen würde. Beispiele hierfür sind das Umwelt- oder Technikrecht. Die besondere Empfindlichkeit der Umweltgüter, die rasanten Veränderungen in der Technik, die hohe Dynamik, die diese weitgehend europäisierten und vielfach internationalisierten Bereiche auszeichnet, und die Notwendigkeit, eine nachhaltige Entwicklung zu gewährleisten, verlangen nach der **Befugnis**, die getroffenen Regelungen durch Widerruf oder nachträgliche Anordnung **an die gewandelten Gegebenheiten anzupassen,** ohne dabei in gleichem Maße durch **Entschädigungspflichten** eingeengt zu werden.[662]

II. Reichweite der Bestandskraft

211 **Die Bestandskraft kann größer oder kleiner sein und variiert nach den Beteiligten.** Ihr Ausmaß richtet sich nach den rechtlichen Grenzen, die für die Aufhebung eines Verwaltungsakts bestehen. Von Bedeutung ist die Bestandskraft jedoch nur, soweit die **Verwaltung** bei ihrem Handeln durch den Regelungsinhalt eines vorhandenen Verwaltungsakts **gebunden** wird. Fehlt es daran, darf die Verwaltung ungeachtet der vorhandenen Verwaltungsakte eine neue Regelung erlassen. Um die Reichweite der **Bestandskraft** und die Gestaltungsspielräume der Verwaltung zu bemessen, muss deshalb zunächst der Umfang der **Bindungswirkung** bestimmt werden.

1. Umfang der Bindungswirkung

a) Sachliche und zeitliche Reichweite

212 Die Regelung des Verwaltungsakts bindet die Beteiligten nach den konkret getroffenen inhaltlichen Anordnungen. Dieser **Regelungsinhalt** ist nicht streng auf den Tenor beschränkt; auch die Begründung eines Verwaltungsakts kann Anordnungen enthalten, die verbindlich sind.[663] Normalerweise **umfasst** der Regelungsinhalt aber **weder Tatsachenfeststellungen** noch **präjudizielle Rechtsverhältnisse** oder **abstrakte Rechtsfragen.**[664] Ermitteln lässt sich der Regelungsgehalt nicht ohne **Einbeziehung des anzuwendenden Fachrechts:**[665] So ergibt sich z. B. aus der beschränkten Prüfungskompetenz der Bauaufsichtsbehörde im vereinfachten Genehmigungsverfahren ein entsprechend beschränkter Regelungs-

---

[662] → Fn. 661. Meist bilden solche Anpassungsbefugnisse nur einen Baustein einer komplexeren Regelungsstruktur. Zu ihr zählen etwa Beobachtungs- und Berichtspflichten des Begünstigten oder intensivierte Aufsichtspflichten (§§ 25 GenTG, 32, 40, 47a AMG).

[663] Vgl. *BSGE* 66, 168 (173); 79, 261 (265); Urt. v. 22. 6. 2004 – Az. B 2 U 36/03 R: Der Regelungsinhalt eines Verwaltungsakts kann sich auch aus der Begründung ergeben.

[664] Auch die materielle Rechtskraft des Gerichtsurteils hat grundsätzlich nur die Rechtsfolgenentscheidung zum Gegenstand, vgl. für die ZPO *BGHZ* 13, 265 (278): „Rechtskräftig wird nur die Rechtsfolge, die der Richter aus dem Sachverhalt durch Subsumtion geschlossen hat."; vgl. dazu *Jacobs,* Gegenstand (Fn. 185), S. 202 ff., zum entsprechenden verwaltungsprozessrechtlichen Streitgegenstandsbegriff *Michael Kilian,* in: Sodan/Ziekow (Hrsg.), VwGO, § 121 Rn. 45 ff.

[665] Näher *Sach,* Genehmigung (Fn. 68), S. 50 ff.; *Schmehl,* Genehmigungen (Fn. 68), S. 40 ff.

inhalt über die Vereinbarkeit der Baugenehmigung mit höherrangigem öffentlichen Recht.[666]

b) Bindungswirkung in anderen Verfahren: Tatbestands- und Feststellungswirkung

Die Bindung der Verwaltung an den Verwaltungsakt reicht über ein Abweichungsverbot bei der Wiederholung des gleichen Verfahrens hinaus, zur Darstellung dessen unterscheidet man Tatbestands- und Feststellungswirkung.[667] „Die **Tatbestandswirkung** hat zum Inhalt [...], dass der Bescheid mit dem von ihm in Anspruch genommenen Inhalt von allen rechtsanwendenden Stellen (Behörden und Gerichten, letztere, soweit sie nicht zur Entscheidung über Rechtsbehelfe gegen den Bescheid berufen sind) zu beachten und eigenen Entscheidungen zugrunde zu legen ist."[668] Beinhaltet die Regelung eines Verwaltungsakts die rechtliche Beurteilung eines Tatbestandsmerkmals für einen konkreten Fall, so ist diese Regelung dem späteren Verfahren zugrunde zu legen und ihr entsprechend das Tatbestandsmerkmal zu bejahen oder zu verneinen.[669]

213

---

[666] Siehe statt vieler *Koch/Hendler*, BauR, § 23 Rn. 45. Ein anschauliches Beispiel bildet die Möglichkeit einer nachträglichen Anordnung nach den §§ 24 f. BImSchG, um die Anforderungen aus § 22 BImSchG gegenüber einer Anlage durchzusetzen, die über eine bestandskräftige Baugenehmigung verfügt. Das *BVerwG* geht davon aus, dass die Bestandskraft nur im Rahmen dieser dynamischen Umweltpflicht besteht, s. *BVerwGE* 98, 235 (247); NVwZ 1988, S. 2552 (2552), wobei die Bestandskraft aber die grundsätzliche Erlaubtheit der Anlage umfasst.

[667] Begrifflich ist hier im Einzelnen fast alles unsicher. Als Ausweg bietet es sich an, den begonnenen Weg des vielfach Vertretenen weiterzugehen und sich dabei um eine Präzisierung der Kategorien und die Darlegung der maßgeblichen Regeln und konkreten Rechtswirkungen zu bemühen, vgl. aus der Literatur *Franz Knöpfle*, „Tatbestandswirkung" und „Feststellungswirkung" als Grundlage der Verbindlichkeit von gerichtlichen Entscheidungen und Verwaltungsakten, BayVBl. 1982, S. 225 ff.; *Seibert*, Bindungswirkung (Fn. 40), S. 69 ff., 177 ff.

[668] *BVerwG*, ZOV 2005, S. 186 (187). Als **„Tatbestandswirkung im engeren Sinne"** wird oft bezeichnet, wenn das Vorliegen eines bestimmten Verwaltungsakts Tatbestandsmerkmal einer Norm ist, die den Voraussetzungen für den Erlass eines anderen Verwaltungsakts regelt. So bestand nach § 16 Abs. 5 BErzGG (Fassung vom 6. 12. 1985) auch der Anspruch auf Erziehungsurlaub, wenn ein Anspruch auf Erziehungsgeld durch Verwaltungsakt anerkannt wurde, bzw. jener besteht nicht, wenn dieser verneint wurde: *BVerwGE* 94, 94 (95 f.). Vgl. ferner *BVerwGE* 94, 98 (99): Anspruch auf kinderbezogenen Teil des Ortszuschlags, wenn dem Beamten Kindergeld nach dem Bundeskindergeldgesetz zusteht, § 40 Abs. 3 S. 1 BBesG (aktuelle Fassung: „Familienzuschlag"); *BVerwG*, NVwZ-RR 1999, S. 243 (243): Kammerzugehörigkeit nach § 2 IHKG setzt Veranlagung zur Gewerbesteuer voraus – insoweit hat die Entscheidung der Steuerbehörde Tatbestandswirkung – und das Bestehen einer Betriebsstätte im Kammerbezirk – insoweit ist der steuerrechtliche Betriebsstättenbegriff zwar maßgebend, aber die steuerbehördliche Entscheidung hat mangels gesetzlicher Anordnung weder Tatbestands- noch Feststellungswirkung. S. ferner zur Vermeidung widersprüchlicher Entscheidungen von Förderungsämtern und Bundesverwaltungsamt über die Länge und das Ende der BAföG-Förderungshöchstdauer: *BVerwG*, Buchholz 436.36 § 18 b BAföG Nr. 8. Zur Reichweite der Bindungswirkung einer Bescheinigung des Denkmalschutzamtes für die Finanzbehörden: BFHE 201, 250 (251 f.); *BFH*, DB 2001, S. 2578 (2578 f.): nur hinsichtlich solcher Feststellungen, die dem Amt auch obliegen.

[669] Zur disparaten Begrifflichkeit vgl. *Knöpfle*, Feststellungswirkung (Fn. 667), S. 226. Teilweise heißt es, Tatbestandswirkung bedeute die Pflicht, von der Existenz des Verwaltungsakts auszugehen, s. *Wolff/Bachof*, Verwaltungsrecht (Fn. 87), S. 92; *Detlef Merten*, Bestandskraft von Verwaltungsakten, NJW 1983, S. 1993 (1997); *Kyrill-Alexander Schwarz*, in: NK-VwVfG/VwGO, § 43 VwVfG Rn. 20. Diese Aussage ist jedoch entweder ungenau oder nichtssagend: Will eine Behörde eine Maßnahme gegen jemanden ergreifen, dessen konkrete Rechtsstellung mittels eines Verwaltungsakts festgelegt wurde, dann reicht es nicht aus, auf die bloße Existenz des Verwaltungsakts zu rekurrieren, vielmehr muss sie die konkret getroffene Regelung zugrunde legen.

214 Die Tatbestandswirkung richtet sich nach dem Regelungsgehalt und der Auslegung der von ihr möglicherweise erfassten Tatbestandsmerkmale. Nur **soweit die zu treffende Entscheidung identisch mit der getroffenen Regelung ist**, kommt die Tatbestandswirkung in Betracht. Ob ihr Eintritt zudem von der **Unanfechtbarkeit** des Bescheids oder noch weiteren Voraussetzungen[670] abhängt, ist umstritten. Für das Erfordernis der Unanfechtbarkeit von Seiten der Verfahrensbeteiligten[671] lässt sich zwar nicht die Bestandskraft, wohl aber der Gedanke der Rechtssicherheit anführen, da auf diese Weise ein wichtiger Unbeständigkeitsfaktor ausgeschlossen wird. Gegen eine solche wie jede andere Voraussetzung über den Erlass hinaus spricht jedoch, dass kein unmittelbarer Zusammenhang zwischen der rechtlichen Beurteilungskompetenz einer Behörde und der Anfechtbarkeit eines Verwaltungsakts besteht. Deshalb ist über Praktikabilitätserwägungen hinaus kein Grund erkennbar, warum die mit dem Erlass eines Verwaltungsakts ausgeübte und Bindungswirkung entfaltende Entscheidungs- und Beurteilungskompetenz einer Behörde für einen beschränkten Zeitraum durch die Beurteilungskompetenz einer anderen Behörde ersetzt werden soll.[672] Entscheidend kommt hinzu, dass der Bürger durch den Verwaltungsakt eine **konkrete Rechtsposition** erlangt hat. Ein Recht, eine Pflicht oder eine Feststellung sind zum Bestandteil der Rechtsordnung geworden. Ohne eine gesetzlich anerkannte Befugnis darf die Verwaltung nicht von diesen Rechtspositionen absehen. Aus diesem Grund setzt die Tatbestandswirkung nicht anders als die Bindungswirkung mit Erlass des Verwaltungsakts ein.[673]

215 Das rechtliche Fundament für die Tatbestandswirkung bildet die konkrete Rechtsposition, die mit dem Erlass des wirksamen Verwaltungsakts als Teil der **bundesstaatlichen Rechtsordnung** geschaffen wurde.[674] Diese und nicht die Frage, in welchem Umfang **Bundesbehörden** oder **andere Landesbehörden** an die Rechtsakte einer Landesverwaltung gebunden sind,[675] ist maßgeblich, zumal die in Rede stehenden Verwaltungsakte gar nicht gegenüber diesen Behörden ergehen. Ebenso wenig kommt es für die Tatbestandswirkung darauf an, dass

---

[670] *BVerwG* und *BGH* heben vereinzelt die „förmliche Art der Entscheidung" (*BVerwGE* 94, 98 [99]) bzw. die „Förmlichkeit [...] des Verfahrens" (*BGHZ* 121, 131 [134]) hervor. Im Gesamtzusammenhang der Entscheidung dürfte sich dieses Erfordernis in dem Umstand erschöpfen, dass für eine bestimmte Rechtsfrage ein Verwaltungsverfahren durchgeführt und mit einem Verwaltungsakt abgeschlossen wurde, m.a.W. die entsprechende Regelung den Hauptregelungsinhalt des Verwaltungsakts bildet. Letztlich erschöpft sich diese Aussage in einer genauen Bestimmung des Regelungsinhalts des Verwaltungsakts, um seine genaue Tatbestandswirkung zu bemessen.

[671] Nur diese Anforderung ist sinnvoll; in mehrpoligen Verhältnissen müsste man unter Umständen jahrelang warten, der Zeitpunkt des Eintritts der Tatbestandswirkung wäre sehr unsicher; vgl. auch *Seibert*, Bindungswirkung (Fn. 40), S. 182 ff.

[672] Besonders deutlich wird dies, wenn es sich um dieselbe Behörde in einem anderen Verfahren handelt. In anderen Konstellationen tut die Behörde gut daran abzuwarten, abweichen darf sie aber nicht.

[673] Zurückhaltender *Kopp/Ramsauer*, VwVfG, § 43 Rn. 23.

[674] Dieses Fundament scheidet als Grundlage für die Bindungswirkung des transnationalen Verwaltungsakts aus. Es bedarf deshalb einer speziellen gesetzlichen Anordnung. Näher dazu *Ulrich Fastenrath*, Die veränderte Stellung der Verwaltung und ihr Verhältnis zum Bürger unter dem Einfluss des Europäischen Gemeinschaftsrechts, DV, Bd. 31 (1998), S. 277 (301 ff.).

[675] Näher zu dieser Problematik mit Blick auf die Bindung von Bundesbehörden an Landesrecht *Bumke*, Rechtswidrigkeit (Fn. 126), S. 98 ff.

G. Bestandskraft

sich das Land die Maßnahmen seiner Behörden zurechnen lassen muss. Die Tatbestandswirkung auf den Gedanken der Selbstbindung zu stützen, würde diesem eine Mächtigkeit verleihen, die sich nicht mit dem ministeriellen Ressortprinzip[676] vereinbaren lässt.

Die Frage nach der Tatbestandswirkung und ihren Grenzen stellt sich deshalb für die **erlassende Behörde** nicht anders als für eine **fremde**: Entscheidend ist nicht, welche Behörde im Folgeverfahren zu entscheiden hat, sondern wie die Beziehung zwischen dem bestehenden (Ausgangs-)Verwaltungsakt und dem zu erlassenden (Folge-)Verwaltungsakt rechtlich ausgestaltet ist. **216**

Handelt es sich um ein **gestuftes Verwaltungsverfahren,** dann entfaltet der Ausgangsakt regelmäßig eine umfassende Tatbestandswirkung. Selbst wenn sich in der Zwischenzeit die sachlichen Umstände in rechtserheblicher Weise verändert haben, darf die Verwaltung im Folgeverfahren nicht einfach vom Regelungsinhalt des Ausgangsakts absehen. Als Ausweg bleibt ihr nur die Möglichkeit, den Ausgangsakt aufzuheben.[677] Der Gesetzgeber kann die rechtliche Beziehung aber auch anders ausgestalten: So steht das vorläufige positive Gesamturteil nach § 8 S. 2 BImSchG unter dem Vorbehalt einer gleichbleibenden Sach- und Rechtslage.[678] **217**

Die Verbindung zwischen Ausgangs- und Folgeakt kann aber auch darauf gründen, dass die Frage, ob eine Erlassvoraussetzung im konkreten Fall vorliegt, durch die Regelung des Ausgangsakts beantwortet wird und die im Folgeverfahren entscheidende Behörde nicht die Befugnis haben soll, die Subsumtionsfrage unabhängig vom Ausgangsakt selbständig zu beurteilen. Auf eine solche Konstellation stößt man z.B. bei der parallelen Erteilung von Bau- und Gaststättengenehmigung[679] oder beim Verhältnis zwischen der Bewilligung von Kindergeld und der Entscheidung über die Gewährung des kinderbezogenen Anteils des Ortszuschlags.[680] Für das Verhältnis von Bau- und Gaststättengenehmigung hat das Bundesverwaltungsgericht die Tatbestandswirkung durch den **Vorbehalt gleichbleibender Umstände** begrenzt. Das Gebot effizienter und zügiger Verwaltungstätigkeit sowie der Ausschluss der dirigierenden Kraft des Ausgangsakts für die Subsumtion sprechen dafür, den Vorbehalt als **allgemeine Grenze der Tatbestandswirkung außerhalb gestufter Verwaltungsverfahren** anzuerkennen. Doch steht diese Grenze ihrerseits unter dem Vorbehalt einer anderweitigen gesetzlichen Regelung. Eine solche findet sich beispielsweise in § 15 Abs. 1 S. 4 BVFG oder § 42 AsylVfG. **218**

---

[676] → Bd. I *Groß* § 13 Rn. 82 ff., *Wißmann* § 15 Rn. 34.

[677] *Becker,* Bindungswirkung (Fn. 20), S. 176 ff. m.w.N.; zum Verhältnis von Bauvorbescheid und Baugenehmigung s. *BVerwGE* 68, 241 (245); vgl. aber auch *BVerwG,* NVwZ 1995, S. 894 (895); vgl. ferner *Klaus Finkelnburg/Karsten-Michael Ortloff/Christian-W. Otto,* Öffentliches Baurecht. Band II: Bauordnungsrecht/Nachbarschutz/Rechtsschutz, 6. Aufl. 2010, S. 144 ff.; a.A. *Seibert,* Bindungswirkung (Fn. 40), S. 491 ff. Diese Bindung eines Vorbescheids steht, da es sich um eine materiellrechtliche Frage handelt, unter dem Vorbehalt einer anderweitigen gesetzlichen Regelung.

[678] Siehe *Hans D. Jarass,* Bundesimmissionsschutzgesetz, Kommentar, 9. Aufl. 2012, § 8 Rn. 28; *Andreas Wasielewski,* in: Hans-Joachim Koch/Eckhard Pache/Dieter H. Scheuing (Hrsg.), Gemeinschaftskommentar zum Bundesimmissionsschutzgesetz, § 8 Rn. 72 ff.

[679] *BVerwGE* 80, 259 (261 f.): Gleichlauf der Zulässigkeitsmaßstäbe in §§ 4 Abs. 1 Nr. 3 GastG und 15 Abs. 1 S. 2 BauNVO hinsichtlich der mit einem Gaststättenvorhaben für die örtliche Umgebung verbundenen Emissionen.

[680] *BVerwGE* 94, 98 ff.; → Fn. 668 mit Beispielen.

219 Im Unterschied zur Tatbestandswirkung erfasst die **Feststellungswirkung** tatsächliche Feststellungen des Ausgangsakts für den Folgeakt.[681] In einem anderen Verwaltungsverfahren können solche Feststellungen aber nur aufgrund einer gesetzlichen Anordnung verbindlich sein.[682] Beispiele dafür finden sich etwa in den §§ 69 SGB IX[683] und 12 Abs. 1 S. 3 VwRehaG.

c) Instrumente zur Begrenzung der Bindungswirkung

220 Die Reichweite der Bindungswirkung wird nicht nur durch den sachlichen, zeitlichen oder räumlichen Regelungsgehalt festgelegt. Gesetz und Rechtspraxis kennen weitere Wege, um die Bindungswirkung eines Verwaltungsakts zu begrenzen: Das praktisch wichtigste Instrument bildet die **Befugnis, nachträgliche Anordnungen zu erlassen.**[684] Exemplarisch studieren lässt sich dessen Wirkung an § 5 GastG. Diese Vorschrift erlaubt es, im Nachhinein Anordnungen zu erlassen, die der Gaststättengenehmigung widersprechen. Die Genehmigung vermag insoweit keine Bindungswirkung zu entfalten. Ganz auf die Bindungswirkung will das Gesetz aber auch nicht verzichten, sieht es doch in § 15 GastG „Rücknahme und Widerruf der Erlaubnis" vor. Die Rechtspraxis stellt dies vor die diffizile Aufgabe, eine Grenze zwischen nachträglicher Anordnung und Bindungswirkung zu ziehen.[685]

d) Bindung der Gerichte und des Gesetzgebers

221 Für die **Gerichte** stellt sich die Situation nicht anders als für die Verwaltung dar. Auch ihnen gegenüber hat der Bürger aufgrund des Verwaltungsakts eine bestimmte Rechtsposition inne. Haben sie eine Entscheidung zu treffen und ist die Anwendung eines Tatbestandsmerkmals für den konkreten Sachverhalt bereits durch die Verwaltung mittels eines Verwaltungsakts vorgenommen wor-

---

[681] Rechtliche Feststellungen werden bereits von der Tatbestandswirkung erfasst. Sie zählen aufgrund entsprechender gesetzlicher Anordnung bereits zum Regelungsinhalt des Verwaltungsakts, vgl. *Knöpfle*, Feststellungswirkung (Fn. 667), S. 229, m.N. zu abweichenden Konzeptionen (a.a.O., S. 227).

[682] Für das Gesetzeserfordernis ist es nicht notwendig, dass die Feststellungswirkung ausdrücklich angeordnet wird (missverständlich *BVerwGE* 123, 101 [102]), sie muss sich aber als Ergebnis der Auslegung ergeben; vgl. *BVerwGE* 99, 45 (50f.): Bindung an die Feststellung der gesundheitlichen Folgen einer Schädigung. Offengelassen von *BVerwGE* 80, 54 (56), hinsichtlich einer Feststellungswirkung der Annahme von Hilflosigkeit i.S.d. § 33b EStG. Bei *rechtlichen* Feststellungen setzt eine Bindung voraus, dass die Tatbestandsmerkmale in den beiden Verfahren sachlich übereinstimmen – also z.B. nicht „hilfsbedürftig" und „qualifiziert hilfsbedürftig", vgl. *BVerwGE* 80, 54 (57f.).

[683] *BVerwGE* 66, 315 (318): zur bindenden Wirkung der Feststellung gesundheitlicher Merkmale nach § 3 Abs. 4 SchwbG (jetzt § 69 IV SGB IX).

[684] Nicht unmittelbar, aber doch mittelbar als Instrument der Begrenzung lassen sich Kontrollpflichten einordnen, wie man sie in § 52 Abs. 1 S. 1 und 2 BImSchG findet. Die darin begründete Intensivierung der Kontrolle soll dazu führen, dass die Behörden schneller reagieren und die bestehenden Regelungen an die veränderten Gegebenheiten anpassen. Die Befugnisse werden zwar nicht erweitert, dafür wird die Beständigkeit unter Beobachtung gestellt. Es handelt sich also nicht um ein funktionales Äquivalent, sondern um eine verfahrensrechtliche Verstärkung der auf Anpassung gerichteten Interessen.

[685] Als Maßstab zieht man die Aufhebungsregeln heran: Anordnungen, die in der Sache eine Aufhebung der Erlaubnis bedeuten, sind unzulässig; vgl. auch *BVerwG*, GewArch 1986, S. 96 (97): Die Grenze zwischen Sperrzeitverlängerung nach § 18 GastG und Erlaubnisaufhebung bilde das Kriterium, ob „ein wesentliches Begriffsmerkmal der erlaubten Betriebsart nicht mehr erfüllt und folglich die Erlaubnis zum Betrieb des Gaststättengewerbes außer Kraft gesetzt wäre".

den, so hat das Gericht diese Entscheidung grundsätzlich zugrunde zu legen. Wie auch gegenüber der Verwaltung steht diese Wirkung unter dem Vorbehalt anderweitiger gesetzlicher Anordnung.

Keine Tatbestandswirkung kann der Verwaltungsakt im Rahmen seiner **gerichtlichen Überprüfung** entfalten. Ebenso wenig vermag der Verwaltungsakt die Zivilgerichte im **Amtshaftungsprozess** zu binden. Der Grund dafür ist einfach: Die Tatbestandswirkung knüpft an den Regelungsinhalt, die Amtspflichtverletzung an die Rechtmäßigkeit des Verwaltungsakts an. Der Gefahr eines Wertungswiderspruchs zwischen den Regeln über Anfechtung und Bestandskraft auf der einen und den Grundsätzen der Amtshaftung auf der anderen Seite wird durch den in § 839 Abs. 3 BGB festgeschriebenen Grundsatz vom Vorrang des Primärrechtsschutzes begegnet.[686] 222

Gegenüber dem **Gesetzgeber** entfaltet der Verwaltungsakt keine Bindungswirkung. Der Gesetzgeber kann Rechtspositionen des Bürgers jederzeit aufheben oder inhaltlich umgestalten. Die Grenzen seiner Gestaltungsmacht ergeben sich aus den rechtsstaatlichen Grundsätzen des Rückwirkungsverbotes und des Vertrauensschutzes.[687] 223

2. Umfang der Bestandskraft

Soweit die **Bindungswirkung** des Verwaltungsakts reicht, darf von seinem Regelungsinhalt nur in dem Umfang abgewichen werden, in dem der Verwaltungsakt aufgehoben wird. Steht der Aufhebung die Bestandskraft entgegen, bleibt es bei der bestehenden Rechtslage, bis sich der Verwaltungsakt erledigt. 224

So unterschiedlich die Gründe für die Beständigkeit eines Verwaltungsakts sind, so verschieden bemessen ist auch seine Bestandskraft. Dies lässt sich an den verschiedenen Bestimmungen des Besonderen Verwaltungsrechts studieren, die die Bestandskraft – wie in den §§ 14 BBG, 12 BeamtStG oder § 75 Abs. 2 VwVfG[688] – gegenüber der Konzeption der §§ 48 ff. VwVfG spürbar verstärken oder umgekehrt – wie in den §§ 7, 11 und 12 WHG – weitgehend ausschließen können. Innerhalb des Allgemeinen Verwaltungsrechts verlaufen die für die **Bemessung der Bestandskraft** maßgeblichen Linien zwischen rechtmäßigen und rechtswidrigen sowie zwischen belastenden und begünstigenden Verwaltungsakten. **Rechtmäßige Verwaltungsakte** sind auf Bestand angelegt. Die Beständigkeit **rechtswidriger Verwaltungsakte** ist deutlich fragiler: Verwaltungseffizienz bei belastenden 225

---

[686] Vgl. *BGHZ* 113, 117 (118 ff.), mit ausführlicher Begründung, die insbesondere auf die insoweit sonst gegenstandslose Regelung des § 839 Abs. 3 BGB abstellt. Trotzdem ist die begrenzte Bindungswirkung im Amtshaftungsprozess umstritten: Von Teilen der Literatur wird vertreten, nach Eintritt der Bestandskraft könne die Frage der Rechtmäßigkeit des Verwaltungsakts nicht mehr aufgeworfen werden, so z.B. *Finkelnburg/Ortloff/Otto*, Baurecht II (Fn. 677), S. 136 f. Umfassend *Bernd Rohlfing*, Die Nachprüfbarkeit bestandskräftiger Verwaltungsakte im Amtshaftungsprozess, 2000. Zur Amtshaftung s.a. → Bd. III *Höfling* § 51, *Morlok* §§ 52, 54.

[687] Näher dazu *Maurer*, StaatsR, § 17 Rn. 101 ff.; *Kyrill-Alexander Schwarz*, Vertrauensschutz als Verfassungsprinzip. Eine Analyse des nationalen Rechts, des Gemeinschaftsrechts und der Beziehungen zwischen beiden Rechtskreisen, 2001, S. 295 ff.

[688] § 75 Abs. 2 VwVfG schließt den Rückgriff auf § 49 VwVfG nicht aus; vgl. mit Nachweisen *Hansjochen Dürr*, in: Knack/Henneke, VwVfG, § 72 Rn. 31; a.A. VGH BW, NVwZ-RR 1997, S. 682 (683); NVwZ-RR 2000, S. 87 (88 f.); OVG Berl., DVBl 1997, S. 73 (3. LS). Ein Widerruf nach § 49 VwVfG kommt nur in Betracht, falls Schutzmaßnahmen unverzichtbar sind und nicht ausreichend durch Schutzauflagen bewerkstelligt werden können: *BVerwGE* 105, 6 (13 f.).

Verwaltungsakten, Dispositionsschutz und das Gebot der Wirtschaftlichkeit bei Geldleistungsverwaltungsakten[689] sowie andere Bestandsinteressen bei sonstigen begünstigenden Verwaltungsakten bilden die tragenden Gründe für die Bestandskraft. Wie sehr dabei **finanzielle Gesichtspunkte** eine Rolle spielen, lässt sich an der unterschiedlichen Ausgestaltung der Bestandskraft in den Abs. 2 und 3 des § 48 VwVfG ablesen. Eine weitere Scheidelinie wird durch die Unterscheidung zwischen **erheblichen** und **unerheblichen Veränderungen** gebildet. Bei allen Verwaltungsakten stellt sich nämlich die Frage, ob der Regelungsinhalt an die erheblich veränderte Sach- oder Rechtslage angepasst werden sollte. Überdies ist die Unterscheidung zwischen erheblichen und unerheblichen Veränderungen für den Bürger von Bedeutung: Ändert sich die Sach- oder Rechtslage zu seinen Gunsten, hat er einen Anspruch auf Wiederaufgreifen des Verfahrens nach § 51 Abs. 1 Nr. 1 VwVfG.[690]

3. Bestandskraft rechtmäßiger begünstigender Verwaltungsakte

226 Die Bestandskraft eines rechtmäßigen begünstigenden Verwaltungsakts ist hoch. Solange es nach dem Erlass zu keinen erheblichen Veränderungen im Sinne des § 49 Abs. 2 S. 1 Nr. 3 und 4 VwVfG kommt, erweist sich der **Verwaltungsakt** im Grundsatz als **änderungsfest**, sofern der Widerruf nicht notwendig ist, um schwere Nachteile für das Gemeinwohl zu verhüten oder zu beseitigen (§ 49 Abs. 2 S. 1 Nr. 5 VwVfG).[691] Etwas anderes gilt nur, falls sich der Verwaltungsakt nach § 49 Abs. 2 S. 1 Nr. 1 VwVfG von **vornherein als unbeständig** erweist oder der Widerruf nach § 49 Abs. 2 S. 1 Nr. 2 VwVfG als Instrument gebraucht wird, um ein rechtswidriges Verhalten des Begünstigten zu sanktionieren. Die Unbeständigkeit des Verwaltungsakts lässt sich auf zwei Weisen erzeugen: Entweder wird sie dem Verwaltungsakt mit Hilfe eines Widerrufsvorbehalts implantiert oder das Gesetz ermächtigt die Verwaltung zum Widerruf.[692] Die Bestandskraft beschränkt sich darauf, dass sachgerechte Gründe vorliegen müssen, die die Ausübung des Widerrufsvorbehalts rechtfertigen.[693] Als Sanktionsinstrument kommt der Widerruf sowohl in Betracht, wenn der Begünstigte eine ihm auferlegte Auflage[694] nicht erfüllt (§ 49 Abs. 2 S. 1 Nr. 2, Abs. 3 S. 1 Nr. 2 VwVfG), als

---

[689] Der Gedanke kommt auch bei rechtmäßigen Geldleistungsverwaltungsakten zum Tragen: Ein öffentliches Interesse am Widerruf besteht nicht, falls die Ausgleichspflicht nach § 49 Abs. 6 VwVfG sich mit dem Betrag deckt, der vereinnahmt werden könnte: *VG Frankfurt a.M.*, Urt. v. 19. 2. 2003 – Az. 1 E 3052/02.

[690] → Rn. 171, 227 ff.

[691] Beispiele dafür sind selten, weil in solchen Situationen entweder bereits ein rechtswidriger Verwaltungsakt vorhanden ist oder sich die Umstände in erheblicher Weise verändert haben, s. *BVerwGE* 105, 6 ff.

[692] Die Unbeständigkeit vermag nach h.M. auch ein rechtswidriger, aber bestandskräftiger Widerrufsvorbehalt zu erzeugen, *BVerwG*, NVwZ 1987, S. 498 (498); *VGH BW*, NVwZ 1990, S. 482 (482); a. A. *Maurer*, VerwR, § 11 Rn. 41. Die Rechtswidrigkeit ist von der Behörde aber jedenfalls im Rahmen des Widerrufsermessens zu berücksichtigen; das Gewicht dieses Umstandes lässt sich jedoch nicht generell bemessen; a.A. *Ehlers*, Verwaltungsverfahrensgesetz (Fn. 536), S. 282: Gebrauchmachen von bestandskräftigem rechtswidrigem Widerrufsvorbehalt sei in aller Regel ermessensfehlerhaft.

[693] *BVerwGE* 45, 235 (242). Die Bestandskraft hängt demnach vom gesetzlichen Entscheidungsprogramm und der gerichtlichen Kontrollintensität ab. Ein anschauliches Beispiel für eine hohe Kontrollintensität bietet *VGH BW*, NVwZ 1990, S. 482 ff.

[694] Wie beim Widerrufsvorbehalt ist auch hier streitig, ob ein Widerruf beim Vorliegen einer rechtswidrigen, aber bestandskräftigen Auflage erlaubt ist. Überwiegend wird dies bejaht (*Michael*

auch, wenn er die gewährte Geldleistung oder teilbare Sachleistung zweckwidrig verwendet (§ 49 Abs. 3 S. 1 Nr. 1 VwVfG). Der Gebrauch des Instruments wird durch die Widerrufsfrist aus § 49 Abs. 2 S. 2, Abs. 3 S. 2 VwVfG begrenzt und durch den Grundsatz der Verhältnismäßigkeit gesteuert.[695] Ein Widerruf scheidet deshalb aus, falls an der Erfüllung der Auflage nur ein geringes Interesse besteht[696] oder sich auf mildere Weise die mit der Auflage verfolgten Ziele verwirklichen lassen.[697] In diesem beschränkten Beharrungsvermögen besteht in solchen Konstellationen die Bestandskraft.

III. Veränderungen und das Wiederaufgreifen des Verfahrens

Die tatsächlichen und rechtlichen Veränderungen oder der bloße Zeitablauf können entweder den Verwaltungsakt selbst oder die durch ihn begründeten Rechte und Pflichten berühren. Um eine **rechtliche Veränderung** handelt es sich, wenn die nach dem Stand der Technik bestehenden Anforderungen an eine Anlage oder die von ihr zu beachtenden Grenzwerte erhöht werden, sodass eine bereits genehmigte Anlage ihnen nicht mehr genügt. Ein Grundstück kann aus einem Landschaftsschutzgebiet herausgenommen werden, sodass es sinnwidrig erscheint, an einer Abrissverfügung festzuhalten, die der Wahrung des früheren Landschaftsschutzgebietes diente.[698] **Tatsächliche Veränderungen** können dazu führen, dass die Voraussetzungen für die Gewährung einer staatlichen Leistung entfallen, weil z. B. nach der Anerkennung einer Ausbildungsförderung ein beträchtlicher Vermögenszuwachs eintritt. Daneben sind viele andere Veränderungen denkbar, wie etwa das Ungefährlichwerden einer Sache oder Person, die in gleicher Weise dazu führen, dass eine Tatbestandsvoraussetzung für den Erlass eines Verwaltungsakts nicht mehr erfüllt ist. Auch der bloße **Zeitablauf** kann rechtlich bedeutsam sein. So führt das Nichtgebrauchmachen von einer Genehmigung nach einer gewissen Zeit meist zu ihrem Erlöschen.[699] Tatsächliche Veränderungen

227

Sachs, in: Stelkens/Bonk/Sachs [Hrsg.], VwVfG, § 49 Rn. 49; *Wolfgang Schäfer*, in: Obermayer, VwVfG, § 49 Rn. 29; *Joachim Suerbaum*, Widerruf und Erstattung bei Geld- und Sachleistungsverwaltungsakten nach der Novellierung des Verwaltungsverfahrensrechts, VerwArch, Bd. 90 [1999], S. 361 [371]); a. A. *BayVGH*, BayVBl. 1992, S. 83 (84); *Hubert Meyer*, in: Knack/Henneke, VwVfG, § 49 Rn. 44.

[695] Bei der Konturierung des Widerrufsermessens misst das *BVerwG* dem Grundsatz der Wirtschaftlichkeit eine erhebliche Direktionskraft zu, *BVerwGE* 105, 55 (57 ff.): Im Sinne eines intendierten Ermessens (näher zu dieser Figur *Heinz-Joachim Pabst*, Intendiertes Ermessen und Normauslegung, VerwArch, Bd. 93 [2002], S. 540 ff.; *Jasmin Beuermann*, Intendiertes Ermessen, 2001; *Knut Kaffenberger*, Das intendierte Verwaltungsermessen, 2002) ist die Verwaltung grundsätzlich verpflichtet, rechtswidrig ausgeschüttete Gelder zurückzufordern.

[696] Fragwürdig *VGH BW*, NVwZ 1987, S. 520 (520): Die Nichterfüllung einer Verwendungsnachweisauflage soll den Widerruf rechtfertigen, ohne dass es auf eine zweckentsprechende Verwendung der Mittel ankommt.

[697] Die Reichweite der Anforderungen an die Verhältnismäßigkeit des Widerrufs ist im Einzelnen umstritten, vgl. einerseits *Kopp/Ramsauer*, VwVfG, § 49 Rn. 39: Grundsätzlich müsse erfolglos angemahnt und ggf. eine (Nach-)Frist gesetzt worden sein, auch wenn die Frist schon in der Auflage enthalten war, andererseits *Hubert Meyer*, in: Knack/Henneke, VwVfG, § 49 Rn. 45, und *Michael Sachs*, in: Stelkens/Bonk/Sachs (Hrsg.), VwVfG, § 49 Rn. 53: Eine Fristsetzung sei nur erforderlich, wenn die Auflage nicht befristet war.

[698] Vgl. *BVerwGE* 6, 321 (323).

[699] Siehe §§ 18 BImSchG, 8 GastG, 71 MusterBauO.

wirken sich in mannigfacher Form auf die vom Verwaltungsakt begründeten Rechte und Pflichten aus: So kann die Durchsetzung einer Pflicht wegen Zweckfortfalls hinfällig werden, etwa der Pflicht, bestimmte Betriebsunterlagen im Rahmen eines Verfahrens über die Einstellung eines Betriebs vorzulegen, wenn der Betrieb aus anderen Gründen bereits eingestellt wird.[700] Schließlich kann auch auf dieser Ebene das bloße Verstreichen von Zeit zu rechtlichen Veränderungen, wie beispielsweise der Verjährung eines Anspruchs, führen.[701] Neue Vorstellungen über das richtige Maß an technischer oder sozialer Gefahrenvorsorge oder ein Wandel der verwaltungspolitischen Vorstellungen können zu einer veränderten Ermessenspraxis, zu einer Umgestaltung der Genehmigungserfordernisse und damit auch zu der Frage führen, in welchem Umfang bestehende Bescheide abgeändert werden können. Die **Verwaltung** muss nicht nur **auf Veränderungen reagieren** können, ihr müssen auch Instrumente an die Hand gegeben werden, um **selbst** zu **verändern**.

228 Veränderungen können sich auf die vorhandenen Verwaltungsakte auswirken, sie müssen es aber nicht. Unerhebliche Veränderungen lassen den Verwaltungsakt in seinem Bestand unberührt. **Erhebliche Veränderungen** können zur Unwirksamkeit führen,[702] der Verwaltung die Möglichkeit zur Anpassung eröffnen,[703] sie zur Anpassung verpflichten[704] oder einen Anspruch des Betroffenen auf Anpassung begründen.[705]

229 Ein **Anspruch auf Anpassung** besteht nach § 51 Abs. 1 Nr. 1 VwVfG, wenn sich die dem Verwaltungsakt zugrunde liegende Sach- oder Rechtslage nachträglich zugunsten des Betroffenen geändert hat.[706] Die Nrn. 2 und 3 desselben Absatzes erfassen Veränderungen anderer Art. Danach besteht der Anspruch auf Wiederaufgreifen des Verfahrens auch, wenn neue Beweismittel vorliegen, die eine dem Betroffenen günstigere Entscheidung herbeigeführt haben würden, oder ein Wiederaufnahmegrund entsprechend § 580 ZPO gegeben ist.[707] Der Antrag ist zulässig, falls der Betroffene ohne grobes Verschulden außerstande war, den Grund für das Wiederaufgreifen in dem früheren Verfahren geltend zu machen (§ 51 Abs. 2 VwVfG), und er die drei Monate lange Antragsfrist wahrt (§ 51 Abs. 3 VwVfG). Liegen diese Voraussetzungen vor, hat die Verwaltung auf der Grundlage des einschlägigen Fachrechts eine neue Sachentscheidung zu treffen.[708] Der Anspruch auf Wiederaufgreifen des Verfahrens ist für den Betroffenen von großer Bedeutung, weil mit ihm die sich aus der Unanfechtbarkeit des Verwaltungsakts ergebende Beständigkeit der Rechtslage durchbrochen werden kann.

---

[700] *VG Leipzig*, DÖV 1994, S. 660 (660).

[701] Vgl. §§ 53 VwVfG, 169 ff., 228 ff. AO.

[702] → Rn. 239.

[703] Z. B. §§ 49 Abs. 2 S. 1 Nr. 3 und 4 VwVfG; 131 Abs. 2 S. 1 Nr. 3 AO.

[704] Z. B. §§ 48 SGB X; 15 Abs. 2 GastG; 73 Abs. 1 AsylVfG.

[705] Vgl. §§ 51, 75 Abs. 2 S. 2 VwVfG.

[706] Dem *BVerwG* zufolge findet § 51 Abs. 1 Nr. 1 VwVfG nur bei Verwaltungsakten mit Dauerwirkung Anwendung: *BVerwGE* 104, 115 (120 f.). Zum Dauerverwaltungsakt → Rn. 65 f.

[707] Der Wiederaufnahmegrund liegt von Anfang an vor. § 51 VwVfG will aber – wie Abs. 2 zeigt – Situationen erfassen, in denen sich erst später herausstellt, dass eine bestimmte Tatsache vorliegt.

[708] *BVerwG*, DVBl 1982, S. 998 (999 f.); a. A. *Maurer*, VerwR, § 11 Rn. 61; vgl. zum zugrunde liegenden Streit über die Rechtsgrundlage der neuen Sachentscheidung: Neuentscheidung entsprechend der materiellen Rechtslage oder Entscheidung nach den §§ 48–50 VwVfG, *Ule/Laubinger*, VerwVerfR, § 65 Rn. 30.

G. Bestandskraft

Außerhalb des Anwendungsbereichs von § 51 VwVfG steht dem Betroffenen – **230**
wie sich § 51 Abs. 5 VwVfG entnehmen lässt – ein **Anspruch auf fehlerfreie Ermessensentscheidung über den Widerruf oder die Rücknahme** eines **belastenden Verwaltungsakts** nach §§ 48 Abs. 1, 49 Abs. 1 S. 1 VwVfG zu (Wiederaufgreifen im weiteren Sinne[709]).[710] Wie beim Verfahren nach § 51 Abs. 1 VwVfG bietet es sich an, zwischen der Entscheidung über das Wiederaufgreifen als der ersten Stufe und der neuen Sachentscheidung als zweiter Verfahrens- und Entscheidungsstufe zu unterscheiden.[711] Auf der zweiten Stufe ist die Verwaltung nicht auf die Maßnahmen nach §§ 48 Abs. 1 und 49 Abs. 1 S. 1 VwVfG beschränkt, sondern hat zu entscheiden, ob der Verwaltungsakt aufgehoben, geändert, ersetzt oder bestätigt werden soll.[712] § 51 Abs. 3 VwVfG findet von seinem Sinn und Zweck her keine Anwendung.[713] Ist die Aufrechterhaltung des Verwaltungsakts „schlechthin unerträglich", wird das Ermessen auf Null reduziert und ein Anspruch auf Anpassung begründet.[714]

Beide Arten des Wiederaufgreifens schränken die in § 121 VwGO statuierte **230a**
Rechtskraft eines – einen Verwaltungsakt bestätigenden – Gerichtsurteils ein.[715]

---

[709] So *BVerwG*, Beschl. v. 23. 2. 2004 – Az. 5 B 104.03; *BVerwGE* 135, 137 (145 f.); *Maurer*, VerwR, § 11 Rn. 62 f.; kritisch zur Terminologie *Matthias Ruffert*, in: Erichsen/Ehlers (Hrsg.), VerwR, § 26 Rn. 12.

[710] H.M.: BVerfGE 27, 297 (305 ff.); BVerwGE 105, 6 (13); 121, 226 (230 f.) – std. Rspr.; *Wolff/Bachof*, Verwaltungsrecht (Fn. 87), S. 472; *Maurer*, VerwR, § 11 Rn. 63; a. A. aber noch BVerwGE 24, 115 (118). Weigert sich die Verwaltung, sich erneut mit der bestandskräftigen Sachentscheidung zu beschäftigen, wird allein ein verfahrensgestaltender Verwaltungsakt erlassen (s. OVG Sachs.-Anh., Urt. v. 16. 12. 2004 – Az. 3 L 403/01). Ist eine Versagung Gegenstand der bestandskräftigen Entscheidung, ist vor der Frage des Wiederaufgreifens der Regelungsinhalt zu klären. Sieht man im Unterschied zur h. M. (zusammenfassend dargestellt von *Kracht*, Verwaltungsakt [Fn. 234], S. 111 ff.) in der Versagung nicht mehr als die Nichtgewährung des Begehrten (so *Bumke*, Rechtswidrigkeit [Fn. 126], S. 180), dann kommt die Behörde nicht umhin, erneut zu versagen.

[711] BVerwGE 135, 121 (129 f.); so auch *Peter Selmer*, Wiederaufgreifen des Verwaltungsverfahrens – von Amts wegen und auf Antrag, JuS 1987, S. 363 (365); *Hans-Uwe Erichsen/Bodo Ebber*, Das Wiederaufgreifen unanfechtbar abgeschlossener Verwaltungsverfahren gemäß § 51 VwVfG, JURA 1997, S. 424 (432 f.); *Gabriele Britz/Tobias Richter*, Die Aufhebung eines gemeinschaftsrechtswidrigen nicht begünstigenden Verwaltungsakts, JuS 2005, S. 198 (200); *Markus Ludwigs*, Der Anspruch auf Rücknahme rechtswidriger belastender Verwaltungsakte, DVBl 2008, S. 1164 (1165 f.).

[712] BVerwGE 135, 121 (129 f.).

[713] BVerwGE 135, 121 (130 f.).

[714] BVerwGE 95, 86 (92); Buchholz 412.3 § 16 BVFG Nr. 2. Unerträglich kann die Aufrechterhaltung beispielsweise sein, weil der Verwaltungsakt und ggf. das bestätigende Gerichtsurteil offensichtlich fehlerhaft sind oder die Behörde sonst gegen Treu und Glauben handelt; näher *Michael Sachs*, in: Stelkens/Bonk/Sachs (Hrsg.), VwVfG, § 51 Rn. 19. Ein Verstoß gegen Unionsrecht führt für sich genommen nicht zur Unerträglichkeit, vgl. EuGH, Rs. C-453/00, Slg. 2004, I-837, Rn. 24; Rs. C-2/06, Slg. 2008, I-411, Rn. 37.

[715] Die Reichweite der Rechtskraft richtet sich in sachlicher Hinsicht nach dem Streitgegenstand (näher dazu *Steffen Detterbeck*, Streitgegenstand und Entscheidungswirkungen im Öffentlichen Recht, 1995, S. 6, 91 ff.; *Dieter Leipold*, in: Friedrich Stein/Martin Jonas, Kommentar zur Zivilprozessordnung, Bd. 4, 22. Aufl. 2008, § 322 Rn. 88 ff.). Um das Ziel der Rechtskraft, nämlich die Entscheidung über den Streitgegenstand außer Streit zu stellen, zu gewährleisten, tritt auch bei voneinander abweichenden Streitgegenständen eine Bindung ein, wenn die rechtskräftige Zu- oder Aberkennung eines prozessualen Anspruchs für den streitigen prozessualen Anspruch vorgreiflich ist (BVerwGE 96, 24 [26]; vgl. *Detterbeck*, a.a.O., S. 115 ff.; *Berthold Clausing*, in: Schoch/Schmidt-Aßmann/Pietzner [Hrsg.], VwGO, § 121 Rn. 24). Ändert sich nachträglich die Rechtslage, so steht die Rechtskraft einer neuen rechtlichen Beurteilung nicht entgegen (näher *Clausing*, a.a.O., § 121 Rn. 71, 73 ff.). Da die Rechtskraft nur zugunsten der obsiegenden Partei wirkt, ist die Verwaltung in einem solchen Fall nicht gehindert, von der Durchsetzung eines rechtskräftig anerkannten Verwaltungsakts abzusehen oder einen gerichtlich nicht anerkannten Anspruch zu erfüllen (vgl. BVerwGE 91, 256 [261]).

Dabei handelt die Verwaltung grundsätzlich nicht ermessensfehlerhaft, wenn sie ein Wiederaufgreifen (im weiteren Sinne) mit dem Argument ablehnt, dass der Verwaltungsakt rechtskräftig bestätigt wurde.[716] Eine Pflicht zum Wiederaufgreifen (im weiteren Sinne) besteht nur, sofern entweder die Aufrechterhaltung „schlechthin unerträglich" ist oder dies aus unionsrechtlichen Gründen nach Art. 4 Abs. 3 EUV geboten ist.[717]

IV. Aufhebung

231 Durch die Aufhebung wird der Verwaltungsakt beseitigt, er verliert seine Wirksamkeit (§ 43 Abs. 3 VwVfG).[718] Beschränkt sich die Aufhebung auf einen Teil, so wird zugleich der Regelungsinhalt des Verwaltungsakts geändert. Ein **Verwaltungsakt** kann aus unterschiedlichen **Gründen** (Rechtswidrigkeit, Zweckverfehlung, erhebliche Veränderungen), mit verschiedenen **Zielen** (Rechtmäßigkeitsrestitution, Anpassung an veränderte Umstände) und von verschiedenen **Gewalten** (Verwaltung, Gerichte, Gesetzgeber) mit unterschiedlichen **Rechtsakten** (Verwaltungsakt, Urteil, Rechtsverordnung, Gesetz) **aufgehoben** werden.[719] Für die Verwaltung bestimmen sich die Möglichkeiten und Grenzen der Aufhebung nach den §§ 43 ff. VwVfG. Ungeschriebene Aufhebungstatbestände kommen daneben grundsätzlich nicht in Betracht.[720]

Der Bürger kann einen Verwaltungsakt nicht aufheben. Er kann jedoch auf eine durch den Verwaltungsakt begründete Rechtsposition verzichten.[721]

232 Die Aufhebung des Verwaltungsakts bildet nicht nur das wichtigste Mittel, um einen **rechtmäßigen Zustand** herbeizuführen, sondern es ist zugleich ein maßgebliches Instrument, um den Verwaltungsakt den **gewandelten Verhältnissen anzupassen.** Dies ist jedoch nur erforderlich, sofern die erstrebten Änderungen nicht bereits auf andere Weise und ohne von der Bestandskraft behindert zu werden vorgenommen werden können. Geändert werden muss der Verwaltungsakt nur, soweit er Bindungswirkung besitzt.

---

[716] *BVerwGE* 135, 121 (130); 135, 137 (146).

[717] Für diese Pflicht hat der *EuGH* folgende Voraussetzungen aufgestellt (*EuGH*, Rs. C-453/00, Slg. 2004, I-837, Rn. 28): 1.) Aufhebungsbefugnis der Behörde nach nationalem Recht, 2.) Bestandsbzw. Rechtskraft des Verwaltungsakts aufgrund eines letztinstanzlichen Gerichtsurteils, 3.) das Gericht muss dabei seine Vorlagepflicht nach Art. 267 AEUV verletzt haben, 4.) ein Verstoß gegen Unionsrecht, 5.) die Aufhebung muss unmittelbar nach Kenntniserlangung beantragt werden (relativierend insoweit *EuGH*, Rs. C-2/06, Slg. 2008, I-411, Rn. 55 ff.). Der Verstoß gegen Unionsrecht muss nicht vorher gerügt worden sein (*EuGH*, Rs. C-2/06, Slg. 2008, I-411, Rn. 46).

[718] Unterscheidet man zwischen Existenz und Rechtswirkungen eines Verwaltungsakts, ist es möglich, einen nichtigen Verwaltungsakt aufzuheben; das Gesetz sieht stattdessen aber für die Verwaltung die Feststellung der Nichtigkeit vor (§ 44 Abs. 5 VwVfG).

[719] Näher dazu *Stefan Lascho*, Die Erledigung des Verwaltungsakts als materiellrechtliches und verwaltungsprozessuales Problem, 2001, S. 93 ff.; *Steinweg*, Regelungsgehalt (Fn. 170), S. 138 ff.

[720] So zum gerichtlich bestätigten Verwaltungsakt *BVerwGE* 135, 137 (142 f., 145); a. A. *VGH BW*, VBlBW 2009, S. 32 (35).

[721] Verzichtet der Bürger auf die Rechtsposition oder macht er von einem Verwaltungsakt keinen Gebrauch, verliert dieser kraft gesetzlicher Anordnung seine Wirksamkeit. Beide Fälle führen zur Erledigung, nicht aber zur Aufhebung des Verwaltungsakts. A. A. *Steinweg*, Regelungsgehalt (Fn. 170), S. 157. Bleibt die Frage, ob ein Verwaltungsakt mittels eines öffentlich-rechtlichen Vertrages aufgehoben werden kann (bejahend *Steinweg*, Regelungsgehalt [Fn. 170], S. 155 f.). Jedenfalls können die Beteiligten einen Verwaltungsakt als erledigt ansehen (so *BVerwG*, NVwZ 1988, S. 729 [730]).

G. Bestandskraft

Die Aufhebung kann entweder ab dem Erlasszeitpunkt (ex tunc) oder einem späteren Zeitpunkt, etwa für die Zukunft (ex nunc), erfolgen. Welcher **Zeitpunkt** gewählt wird, hängt zunächst einmal von den gesetzlichen Vorgaben und den unterschiedlichen Zielen ab, die mit der Aufhebung verfolgt werden. Während der Widerruf – abgesehen von der besonderen Konstellation einer zweckwidrigen Verwendung einer Geldleistung (§ 49 Abs. 3 VwVfG) – entsprechend seiner Funktion, eine Anpassung an veränderte Umstände zu ermöglichen, nur für die Zukunft erfolgt (§ 49 Abs. 1 und 2 VwVfG), führen die Rücknahme nach § 48 VwVfG und die gerichtliche Aufhebung nach § 113 Abs. 1 S. 1 VwGO grundsätzlich zu einer rückwirkenden Aufhebung ab dem Erlasszeitpunkt.[722]

233

Erfolgt die **Aufhebung** auch **für die Vergangenheit** (ex tunc), müssen die Rechtsbeziehungen normalerweise rückabgewickelt werden. Die Verwaltung ist nach § 49a Abs. 1 S. 1 VwVfG zur Rückforderung erbrachter Leistung verpflichtet.[723] Umgekehrt ist der Folgenbeseitigungsanspruch des zu Unrecht Beeinträchtigten auf die Wiederherstellung des ursprünglichen Zustands gerichtet.[724] Vielfach statuiert das Gesetz als weitere Folge einer Aufhebung eine Entschädigungspflicht, um das berechtigte, aber enttäuschte Vertrauen zu kompensie-

234

---

[722] Vom Zeitpunkt, zu dem die Aufhebung erfolgt, hängen die Möglichkeiten ab, **einen Widerruf oder eine Rücknahme zurückzunehmen oder zu widerrufen**. Wirkt die zweite Rücknahme auf den Erlasszeitpunkt der ersten Rücknahme oder des ersten Widerrufs zurück, dann wurde rechtlich betrachtet der ursprüngliche Verwaltungsakt nicht aufgehoben (vgl. *VGH BW*, NVwZ 1992, S. 184 [184]). Die Rücknahme des Widerrufs oder der Rücknahme wird deshalb gemeinhin als zulässig angesehen, wenn auch unterschiedliche Meinungen über die rechtliche Konstruktion bestehen. Ausführlich dazu *Erbguth*, Rechtsschutz (Fn. 59), S. 132 ff. (Deutung als Novation); *Steinweg*, Regelungsgehalt (Fn. 170), S. 199 ff. Wird die erste Rücknahme nur mit Wirkung für die Zukunft widerrufen, bleibt es zunächst bei der durch die Rücknahme bewirkten Aufhebung des Verwaltungsakts. Da diese Aufhebung nur mit Wirkung für die Zukunft beseitigt wird, kann man sich fragen, ob der ursprüngliche Verwaltungsakt nunmehr wieder auflebt. Da der Verwaltungsakt für den Zeitraum, in dem die erste Rücknahme wirksam war, nicht mehr vorhanden war oder nicht vorhanden sein sollte, stellt das Wiederaufleben in der Sache einen Neuerlass des ursprünglichen Verwaltungsakts dar. Beruht der Widerruf schließlich darauf, dass es zu einer wesentlichen Veränderung gekommen ist, dann kann der Widerruf allein nicht ausreichen, um den ursprünglichen Verwaltungsakt wiederzubeleben, da es einer neuen Sachentscheidung bedarf. Gleiches gilt für den Widerruf eines Widerrufs. Die h. M. lehnt denn auch den Widerruf eines Widerrufs ab, *Jellinek*, VerwR, S. 281 f.; *Wolff/Bachof*, Verwaltungsrecht (Fn. 87), S. 459; *Maurer*, VerwR, § 11 Rn. 20; *Steinweg*, Regelungsgehalt (Fn. 170), S. 201 f.; a. A. *Hans Meyer*, in: Meyer/Borgs-Maciejewski, Verwaltungsverfahrensgesetz (Fn. 63), § 48 Rn. 34; *Martin Ibler*, Kann der Widerruf eines Verwaltungsakts widerrufen werden? NVwZ 1993, S. 451 (453), der darauf abstellt, dass beim Widerruf eines begünstigenden Widerrufs § 49 Abs. 2 VwVfG nicht umgangen werden dürfe. Nicht entschieden ist damit die Frage, ob die erste Rücknahme oder der erste Widerruf einen Regelungsinhalt besitzen, von dem bei der neuen Sachentscheidung abgewichen wird. Dieser Inhalt müsste über die Aufhebung hinaus den herbeigeführten Zustand betreffen (also z. B. statt der ursprünglichen Pflicht, 100 € zu zahlen, ein Recht darauf, keine 100 € zu zahlen, oder die Feststellung, dass keine solche Pflicht besteht). Normalerweise wird es an einem solchen weitergehenden Gehalt fehlen, sodass der erste Widerruf oder die erste Rücknahme der neuen Sachentscheidung nicht entgegensteht.

[723] Sie hat diese durch Leistungsbescheid festzusetzen, § 49a Abs. 1 S. 2 VwVfG. Der Umfang der Rückforderung wird durch die Abs. 2 bis 4 des § 49a VwVfG näher ausgestaltet. S. dazu *Michael Sachs*, in: Stelkens/Bonk/Sachs (Hrsg.), VwVfG, § 49a Rn. 41 ff.; *Hans-Uwe Erichsen/Dirk L. Brügge*, Der Widerruf von Verwaltungsakten nach § 49 VwVfG und der öffentlich-rechtliche Erstattungsanspruch nach § 49a VwVfG, JURA 1999, S. 496 (502 ff.).

[724] BVerwGE 94, 100 (109); näher *Baumeister*, Beseitigungsanspruch (Fn. 486), S. 345 ff. S. a. → Bd. III *Enders* § 53.

§ 35 Verwaltungsakte

ren.⁷²⁵ Die Schutzwürdigkeit wird dabei für rechtmäßige Verwaltungsakte anders bemessen als für rechtswidrige.

V. Zeitliche Wirksamkeit

235 Unterscheidet man zwischen Existenz, (äußerer) Wirksamkeit eines Verwaltungsakts und Beachtlichkeit des Regelungsinhalts (= innerer Wirksamkeit),⁷²⁶ lassen sich mehrere rechtlich **relevante Zeitpunkte** ausmachen:
– das Existentwerden des Verwaltungsakts;
– das Wirksamwerden des Verwaltungsakts;
– das Beachtlichwerden seines Regelungsinhalts;
– das Unbeachtlichwerden seines Regelungsinhalts;
– das Unwirksamwerden des Verwaltungsakts.

236 Als Rechtsakt wird der Verwaltungsakt in dem Moment **existent,** in dem er willentlich den Herrschaftsbereich des Verwaltungsträgers verlässt. Sofern der Verwaltungsakt nicht an einem schwerwiegenden Fehler im Sinne des § 44 VwVfG leidet und auch keinen unverständlichen oder unmöglich zu verwirklichenden Regelungsinhalt aufweist, bindet der Verwaltungsakt ab diesem Zeitpunkt die Verwaltung.⁷²⁷ Mit der Bekanntgabe an den Betroffenen wird der Verwaltungsakt diesem gegenüber **wirksam** (§ 43 Abs. 1 VwVfG). Ab welchem Zeitpunkt die konkreten Pflichten oder Rechte beachtlich sind, richtet sich nach dem zeitlichen Regelungsinhalt. Normalerweise fällt das Wirksamwerden des Verwaltungsakts mit dem **Beachtlichwerden** des Regelungsinhalts zusammen. Es kann aber auch ein früherer oder späterer Zeitpunkt bestimmt sein. Der Regelungsinhalt kann sich in einer punktuellen Regelung erschöpfen, er kann sich auf einen bestimmten Zeitraum beziehen oder auf Dauer angelegt sein. Es gibt demnach auch einen Zeitpunkt, in dem der Regelungsinhalt **unbeachtlich** wird.⁷²⁸ Ist der Regelungsinhalt in jeder Hinsicht unbeachtlich geworden, so fallen Unbeachtlichkeit und Unwirksamkeit **zusammen.** Haben sich die Rechtswirkungen eines Verwaltungsakts erschöpft oder entfaltet er aus anderen Gründen keine Rechtswirkungen mehr, wird der Verwaltungsakt unwirksam. Er hat sich dann im Sinne des § 43 Abs. 2 VwVfG erledigt.

237 Wo das Unwirksamwerden auf einem gesetzlichen, gerichtlichen oder behördlichen Hoheitsakt beruht, kann es **auf den Zeitpunkt des Erlasses zurückwirken** und damit den Zustand herbeiführen, als ob der unwirksam gewordene Verwaltungsakt niemals irgendwelche Rechtswirkungen entfaltet hätte.⁷²⁹

238 Aus dem Umstand, dass ein Verwaltungsakt unwirksam wird, darf nicht vorschnell geschlossen werden, dass alle **Rechtswirkungen,** die der wirksame Ver-

---

⁷²⁵ Vgl. etwa §§ 48 Abs. 3 S. 1, 49 Abs. 6 S. 1 VwVfG, 21 Abs. 4 S. 1 BImSchG.
⁷²⁶ Näher → Rn. 43 ff.
⁷²⁷ Man kann dies unter Verweis auf § 43 VwVfG bestreiten (so die h.M.; vgl. z.B. *OVG NW*, NVwZ 1992, S. 991 [991]; *Kopp/Ramsauer*, VwVfG, § 41 Rn. 15; ausführlich *Ulrich Stelkens*, in: Stelkens/Bonk/Sachs [Hrsg.], VwVfG, § 35 Rn. 20). Erkennt man die Relativität der Wirksamkeit im Sinne des § 43 VwVfG an, ist aber nicht einzusehen, warum die Bindung der Verwaltung von dem für sie zufälligen Moment der erstmaligen Bekanntgabe abhängen soll. Der Zeitpunkt ist im Gesetz nicht ausdrücklich geregelt, weil ohne Wirksamkeit gegenüber einem Bürger die Bindungswirkung praktisch bedeutungslos bleibt. Wie hier *Ule/Laubinger*, VerwVerfR, § 53 Rn. 1 f.
⁷²⁸ Näher *Lascho*, Erledigung (Fn. 719), S. 119 ff.
⁷²⁹ → Fn. 722.

G. Bestandskraft

waltungsakt hervorgebracht hat, entfallen. So führt das Erlöschen einer Anlagengenehmigung nach § 18 Abs. 2 BImSchG nicht zum Wiederaufleben der nach § 14 BImSchG ausgeschlossenen privatrechtlichen Abwehransprüche. Der Grund dafür ergibt sich aus der gesetzlichen Konzeption: Der Rechtsausschluss tritt mit der Unanfechtbarkeit der Genehmigung ein und ist deshalb von der Fortexistenz der Genehmigung unabhängig.[730]

Verwaltungsakte können aus verschiedenen Gründen keine Rechtswirkungen mehr entfalten und damit **unwirksam werden:** Die Aufhebung durch Gesetz, Gerichtsurteil oder Verwaltungsakt führt zur Unwirksamkeit des Verwaltungsakts. Unwirksam wird der Verwaltungsakt auch, wenn die Verwirklichung des Regelungsinhalts unmöglich wird. Dies ist stets beim Untergang des Regelungsgegenstandes, etwa wenn eine gefährliche Sache zerstört wird, der Fall. Fällt der Regelungsadressat weg, stirbt beispielsweise der Begünstigte einer Leistung oder der Träger einer Pflicht, kann der Verwaltungsakt nur unwirksam werden, falls er – etwa aufgrund der Höchstpersönlichkeit des Regelungsinhalts – nicht auf einen Rechtsnachfolger übergeht.[731] Demgegenüber führt der Wegfall einer Erlassvoraussetzung normalerweise nicht zur Unwirksamkeit, sondern zur Befugnis, den Verwaltungsakt aufzuheben und an die erheblich veränderten Umstände anzupassen. Verwaltungsakte können auch durch Zeitablauf unwirksam werden. Der Grund dafür ergibt sich entweder aus dem Gesetz oder aus dem zeitlich begrenzten Regelungsinhalt des Verwaltungsakts selbst. Wird von einer Genehmigung kein Gebrauch gemacht, so erlischt sie normalerweise kraft gesetzlicher Anordnung nach Ablauf einer bestimmten Zeit.[732] Die gleiche Wirkung hat es, wenn der Verwaltungsakt auflösend bedingt ist und die Bedingung eintritt. Demgegenüber führt die Verwirklichung des Regelungsinhalts in der sozialen Wirklichkeit nur zur Unwirksamkeit, wenn von dem Verwaltungsakt keine sonstigen Rechtswirkungen, wie etwa die, als Rechtsgrund für den Erhalt einer Leistung zu fungieren,[733] ausgehen. Besitzt ein Verwaltungsakt einen vorläufigen Regelungsinhalt, so wird er auch dadurch unwirksam, dass die noch ausstehende endgültige Regelung erlassen wird. Unwirksam wird ein Verwal-

239

---

[730] Siehe *BVerwGE* 117, 133 (136 f.). Ein Wiederaufleben der Abwehransprüche kommt also nur bei einer rückwirkenden Aufhebung der Genehmigung in Betracht.

[731] Näher *Dietlein*, Nachfolge (Fn. 215), S. 105 ff., 192 ff. Vgl. zur Höchstpersönlichkeit instruktiv *BVerwGE* 125, 325 (334 f.): Übergangsfähigkeit der Verhaltensstörerhaftung.

[732] §§ 18 Abs. 1 BImSchG, 27 Abs. 1 GenTG, 8 GastG, 71 MusterBauO. Der Nichterwerb einer ausländischen Staatsangehörigkeit innerhalb eines Jahres führt nach § 24 StAG zur rückwirkenden Unwirksamkeit der Entlassung aus der Staatsangehörigkeit.

[733] Wann von einem Verwaltungsakt noch Rechtswirkungen ausgehen, ist nicht immer einfach zu beantworten, vgl. für verschiedene Fälle möglicher Erledigung durch Vollziehung *Lascho*, Erledigung (Fn. 719), S. 122 ff. Ein Beispiel für die Bedeutung der Frage des Erledigungseintritts bieten auf eine einmalige Handlung, Duldung oder Unterlassung gerichtete sofort vollziehbare Verwaltungsakte. Häufig wird der auf irreversible Weise vollstreckte Verwaltungsakt ohne Dauerwirkung für erledigt gehalten, vgl. z. B. *BVerwGE* 26, 161 (163, 165); vgl. ferner *Christoph Enders*, Der vollzogene Grundverwaltungsakt als Gegenstand der Vollstreckungsabwehr neben dem Leistungsbescheid, NVwZ 2000, S. 1232 (1234). Nach anderer Auffassung hat sich der Verwaltungsakt auch hier wie allgemein nicht durch Vollzug erledigt, weil er als Grundlage der Vollstreckung und damit Voraussetzung der Kostenerstattung noch Rechtswirkungen äußert (vgl. *BVerwG*, NVwZ 2009, S. 122). Der Betroffene muss demnach die Möglichkeit haben, die rechtswidrige Grundverfügung aufheben zu lassen und damit der Vollstreckung rückwirkend die Grundlage zu entziehen, so *Lemke*, Verwaltungsvollstreckungsrecht (Fn. 319), S. 170 ff. (m. w. N. für diese Position, s. S. 175 Fn. 142).

tungsakt ferner, wenn die zuständige Behörde und der betroffene Bürger den Akt übereinstimmend als erledigt erklären. Schließlich können der Verzicht des Begünstigten, die Verwirkung oder die Verjährung zur Erledigung des Verwaltungsakts führen.

Ausgewählte Literatur

Becker, Stephan, Die Bindungswirkung von Verwaltungsakten im Schnittpunkt von Handlungsformenlehre und materiellem öffentlichen Recht, Baden-Baden 1997.
Curtius, Friedrich, Entwicklungstendenzen im Genehmigungsrecht, Baden-Baden 2005.
Elster, Theodor, Begünstigende Verwaltungsakte mit Bedingungen, Einschränkungen und Auflagen, Göttingen 1979.
Erbel, Günther, Die Unmöglichkeit von Verwaltungsakten. Ein Beitrag zur Lehre vom fehlerhaften Verwaltungsakt mit besonderer Berücksichtigung des Polizei- und Ordnungsrechts, speziell des Bau- und Gewerberechts, Frankfurt a. M. 1972.
Hippel, Ernst v., Untersuchungen zum Problem des fehlerhaften Staatsakts, Berlin 1924.
Ipsen, Hans, Widerruf gültiger Verwaltungsakte, Hamburg 1932.
Kadelbach, Stefan, Allgemeines Verwaltungsrecht unter europäischem Einfluß, Tübingen 1999.
Kelsen, Hans, Zur Lehre vom öffentlichen Rechtsgeschäft, AöR, Bd. 31 (1913), S. 53-98, 190–249.
Kormann, Karl, System der rechtsgeschäftlichen Staatsakte. Verwaltungs- und prozeßrechtliche Untersuchungen zum allgemeinen Teil des öffentlichen Rechts, Springer 1910.
Krause, Peter, Rechtsformen des Verwaltungshandelns. Überlegungen zu einem System der Handlungsformen der Verwaltung, mit Ausnahme der Rechtsetzung, Berlin 1974.
Ladeur, Karl-Heinz, Die Zukunft des Verwaltungsakts. Kann die Handlungsformenlehre aus dem Aufstieg des „informalen Verwaltungshandelns" lernen?, VerwArch, Bd. 86 (1995), S. 511–530.
Ossenbühl, Fritz, Die Rücknahme fehlerhafter begünstigender Verwaltungsakte, 2. Aufl., Berlin 1964.
Poscher, Ralf, Verwaltungsakt und Verwaltungsrecht in der Vollstreckung. Zur Geschichte, Theorie und Dogmatik des Verwaltungsvollstreckungsrechts, VerwArch, Bd. 89 (1998), S. 111–136.
Schmidt-De Caluwe, Reimund, Der Verwaltungsakt in der Lehre Otto Mayers, Tübingen 1999.
Schoch, Friedrich, Der Verwaltungsakt zwischen Stabilität und Flexibilität, in: Hoffmann-Riem/Schmidt-Aßmann (Hrsg.), Innovation und Flexibilität des Verwaltungshandelns, 1994, S. 199–244.
Seibert, Max-Jürgen, Die Bindungswirkung von Verwaltungsakten, Baden-Baden 1989.
Volkmar, Dieter, Allgemeiner Rechtssatz und Einzelakt. Versuch einer begrifflichen Abgrenzung, Berlin 1962.
Wahl, Rainer, Genehmigung und Planungsentscheidung. Überlegungen zu zwei Grundmodellen des Verwaltungsrechts und zu ihrer Kombination, DVBl 1982, S. 51–62.
Wolff, Hans J./Bachof, Otto, Verwaltungsrecht. Ein Studienbuch, 9. Aufl., München 1974.

§ 36 Verwaltungsverträge[*]

Hartmut Bauer

Übersicht

	Rn.
A. Entwicklungslinien der Vertragsrechtslehre	1
I. Historische Reminiszenzen	1
II. Neuere Entwicklungstendenzen	8
III. Über Aufgaben einer zeitgemäßen Lehre vom Verwaltungsvertrag	16
B. Zur Normalität vertraglicher Beziehungen in öffentlich-rechtlichen Kontexten	20
I. Völkerrecht, Gemeinschafts- und Unionsrecht, Verfassungsrecht	20
1. Völkerrecht	21
2. Gemeinschafts- und Unionsrecht sowie europäische Verwaltungsverträge	22
3. Verfassungsrecht	29
4. Teilrechtsordnungsübergreifende Aspekte	30
II. Die Vielfalt vertraglicher Beziehungen im Verwaltungsrecht (Überblick)	31
III. Zur Ordnungsidee vertraglicher Einigung	33
C. Anwendungsfelder des Vertrages im Verwaltungsrecht	34
I. Referenzgebiete verwaltungsrechtswissenschaftlicher Beobachtung	34
II. Ausgewählte und ergänzende Referenzkonstellationen	36
1. „Massenverwaltung" durch Vertrag	37
2. Public Private Partnership	42
3. Public Public Partnership	47
4. Kontraktmanagement	54
5. Verwaltungsverträge zwischen Privaten	59
6. Mediationsverträge und Prozessvergleiche	61
III. Zur ubiquitären Präsenz des Verwaltungsvertrages	67
D. Bausteine für eine Lehre vom Verwaltungsvertrag	69
I. Begriff, Abgrenzungen und „Instrumentenmix"	70
1. Der Begriff des Verwaltungsvertrages	70
2. Abgrenzungen und „Instrumentenmix"	73
a) Vertrag und Verwaltungsakt	74
b) Vertrag und informelles Verwaltungshandeln	78
c) „Instrumentenmix"	81
II. Rechtsregime, Fehlerfolgen und Steuerung	84
1. Das Rechtsregime für Verwaltungsverträge	84
2. Zur Fehler- und Fehlerfolgenlehre	92
3. Zu den Steuerungsleistungen von Verwaltungsverträgen	98
III. Gegenstände, Anbahnung, Begründung und Entwicklung verwaltungsvertraglicher Rechtsverhältnisse	103
1. Vertragsrechtslehre als Rechtsverhältnislehre	103
2. Parteien und Inhalte verwaltungsvertraglicher Rechtsverhältnisse	106
3. Vertragsverhandlungen und Vertragsanbahnung in vorvertraglichen Rechtsverhältnissen	110
4. Begründung und Entwicklung verwaltungsvertraglicher Rechtsverhältnisse	115

---

[*] Für zupackende, engagierte und hilfreiche Unterstützung bei der Vorbereitung dieses Beitrags danke ich meinen Assistenten *Dr. Kai-Holmger Kretschmer* und *Lydia Hajasch*.

Rn.		Rn.
5. Insbesondere: Vertragsgestaltungslehre, Vertragsklauseln und Vertragstypen 121	b) Rechtsdirigierte Vertragsgestaltung durch Vertragsklauseln und Vertragstypen	122
a) Zum Gegenstand einer Vertragsgestaltungslehre 121	c) Vertragstypologien	131
	E. Retrospektiven und Perspektiven	133

Ausgewählte Literatur

A. Entwicklungslinien der Vertragsrechtslehre

I. Historische Reminiszenzen

„Am Anfang der rechtswissenschaftlichen Erörterung" um den öffentlich-rechtlichen Vertrag „steht die eindeutig verneinende Stellungnahme von *Otto Mayer*".[1] Mit dieser seinerzeit als „typisch für die herrschende Auffassung in historischer Sicht" eingestuften[2] Bemerkung leitete einer der führenden Kommentare zum Verwaltungsverfahrensgesetz noch gegen Ende des 20. Jahrhunderts die Erläuterungen zum öffentlich-rechtlichen Vertrag ein. Obschon diese Einschätzung dort mittlerweile korrigiert ist[3], bleibt sie doch bezeichnend für den nachwirkenden Einfluss einer Grundposition, die vertraglichem Verwaltungshandeln ablehnend oder zumindest äußerst reserviert gegenübersteht. Denn nach *Otto Mayer* „sind wahre Verträge des Staates auf dem Gebiete des öffentlichen Rechtes überhaupt nicht denkbar"[4]. Das Verdikt erklärt sich zum einen aus dem Bemühen um eine Verwaltungsrechtswissenschaft, die „als juristische Disciplin" gleichberechtigt „neben die älteren Schwestern" tritt, konzeptionell auf ein „System von eigenthümlichen Rechtsinstituten der staatlichen Verwaltung" ausgerichtet ist[5] und deshalb namentlich zur Abgrenzung von der Privatrechtswissenschaft (vermeintlich) zivilrechtlichen Instituten wie dem Vertrag jedenfalls keine zentrale Stellung im Verwaltungsrecht einräumt.[6] Zum anderen beruht die „Undenkbarkeit" solcher Verträge auf staatstheoretischen Prämissen und dogmatischen Vorverständnissen.[7] Danach soll das Öffentliche Recht be-

---

[1] *Jürgen Möllgaard*, in: Knack, VwVfG, 4. Aufl. 1994, Vor § 54 Rn. 1, zu öffentlich-rechtlichen Verträgen „zwischen dem Staat und seinem Bürger". Bis in die Formulierungen hinein ähnliche Äußerungen begleiten die Entstehungsgeschichte der heutigen §§ 54 ff. VwVfG vom Musterentwurf eines Verwaltungsverfahrensgesetzes (EVwVerfG 1963, 1964, S. 185) bis zur Begründung des Gesetzentwurfs der Bundesregierung zum VwVfG, BTDrucks 7/910, S. 76.

[2] *Hartmut Maurer*, Der Verwaltungsvertrag – Probleme und Möglichkeiten, DVBl 1989, S. 798 (799 Fn. 6), zur 2. Aufl. 1982.

[3] *Hans-Günter Henneke*, in: Knack, VwVfG, 5. Aufl. 1996, Vor § 54 Rn. 6.1.

[4] *Otto Mayer*, Zur Lehre vom öffentlichrechtlichen Vertrage, AöR, Bd. 3 (1888), S. 3 (42). Die vielzitierte Formulierung steht im Kontext mit der Erörterung öffentlich-rechtlicher „Verträge zwischen dem Staat und den Unterthanen" und ist dementsprechend nur auf diesen Vertragstyp bezogen; vgl. dazu auch *Otto Mayer*, Das Staatsrecht des Königreichs Sachsen, 1909, S. 40: „Die Abmachungen, welche zwischen dem Staate und den Untertanen getroffen werden über die Ausübung der öffentlichen Gewalt, können ihrer rechtlichen Natur nach überhaupt keine echten Verträge sein, denn der Vertrag setzt die rechtliche Gleichheit der Vertragschließenden voraus, deren übereinstimmender Wille gemeinsam den Rechtserfolg zu tragen hat." Völlig konsistent ist die Ablehnung dieses Vertragstyps freilich selbst bei *Mayer* nicht durchgehalten; vgl. dazu *Maurer*, Verwaltungsvertrag (Fn. 2), S. 799 ff.

[5] *Mayer*, Vertrag (Fn. 4), S. 3. S. dazu a. → Bd. I *Stolleis* § 2 Rn. 60.

[6] Dazu etwa *Maurer*, Verwaltungsvertrag (Fn. 2), S. 800; *Stolleis*, Geschichte II, S. 375, 403 ff., 412; *Volker Schlette*, Die Verwaltung als Vertragspartner, 2000, S. 30; *Ralf M. Dewitz*, Der Vertrag in der Lehre Otto Mayers, 2004, S. 30 ff., 124.

[7] Mit Recht macht *Pavlos-Michael Efstratiou*, Die Bestandskraft des öffentlichrechtlichen Vertrags, 1988, S. 110, auf „eine Reihe von Vorurteilen, Teil- und Fehllehren" aufmerksam, die die Ausbildung des verwaltungsrechtlichen Vertrages belastet haben. Vgl. zum Folgenden *Maurer*, Verwaltungsvertrag (Fn. 2), S. 800; *Walter Krebs*, Grundfragen des öffentlich-rechtlichen Vertrages, in: Dirk Ehlers/Walter Krebs (Hrsg.), Grundfragen des Verwaltungsrechts und des Kommunalrechts, 2000, S. 41 (44 ff.); *Schlette*, Vertragspartner (Fn. 6), S. 29; *Dewitz*, Vertrag (Fn. 6), S. 16 ff.

herrscht sein von dem „Grundsatze der allgemeinen einseitig bindenden Kraft des Staatswillens", der „von vornherein überall [...] für sich allein fähig ist, das Rechtsverhältniss zu erzeugen", und neben dem etwaige förmliche Mitwirkungen des Untertanen nicht die Bedeutung einer auf die Erzeugung eines Rechtsverhältnisses im Sinne des Vertrages gerichteten Willenserklärung haben können.[8] Demgemäß seien in dem durch das allgemeine „Subjectionsverhältniss" bzw. das „grosse Gewaltverhältniss der Unterthanenschaft" geprägten Öffentlichen Recht „wahre Verträge", die „gleichberechtigte Kontrahenten, koordinirte Subjecte" voraussetzten, nicht möglich[9]. Retrospektiv wurden diese Äußerungen aus dem vorletzten Jahrhundert wiederholt in der einprägsamen Formel zusammengeführt:[10] **Der Staat paktiert nicht!**

2   Inzwischen zeigen eingehendere Untersuchungen[11] für den Verwaltungsvertrag allerdings einen wesentlich **differenzierteren entwicklungsgeschichtlichen Befund:** Schon *Otto Mayer* erörterte öffentlich-rechtliche Verträge zwischen „gleichwertigen Trägern öffentlicher Gewalt" und verwies zur Veranschaulichung auf Beispiele kommunaler Zusammenarbeit;[12] auch akzeptierte er die prinzipielle Möglichkeit zivilrechtlicher Verträge zwischen Staat und Bürger.[13, 14] Vor allem aber finden sich bereits im ausgehenden 19. Jahrhundert namhafte Autoren, die den öffentlich-rechtlichen Vertrag im Staat-Bürger-Verhältnis anerkannten. Das betrifft nicht nur die heftig umstrittene Rechtsnatur der Beamtenanstellung durch einen sog. „Staatsdienervertrag" und die rechtsdogmatische Einordnung der Ein-

---

[8] *Mayer*, Vertrag (Fn. 4), S. 42. Dort macht *Mayer* darauf aufmerksam, dass es zum Schutz der Interessen des Einzelnen notwendig sein könne, auch dessen Willen Einfluss auf die Erzeugung des Rechtsverhältnisses zu gewähren; doch könne diesem Anliegen durch die Bindung des Verwaltungshandelns an Gesuche und Annahmeerklärungen der Einzelnen genügt werden. Dagegen wäre ein Gesetz, das „überflüssiger Weise die Einwilligung zu einer förmlichen Mitwirkung an der Erzeugung des Rechtsverhältnisses im Sinne des Vertrages steigerte, [...] eine leere juristische Liebhaberei".

[9] *Mayer*, Vertrag (Fn. 4), S. 30, 41 f., 53, 81.

[10] *Wilhelm Henke*, Allgemeine Fragen des öffentlichen Vertragsrechts, JZ 1984, S. 441 (441); *ders.*, Wandel der Dogmatik des öffentlichen Rechts, JZ 1992, S. 541 (542); vgl. auch bereits EVwVerfG 1963 (Fn. 1), S. 190. In dieser apodiktischen Form ist die Zurückhaltung gegenüber dem öffentlich-rechtlichen Vertrag in *Mayers* Schriften, soweit ersichtlich, allerdings nicht nachweisbar; dazu *Schlette*, Vertragspartner (Fn. 6), S. 29 f. Fn. 109; *Dewitz*, Vertrag (Fn. 6), S. 29 Fn. 88.

[11] Vgl. zum Folgenden *Maurer*, Verwaltungsvertrag (Fn. 2), S. 799 ff.; *Schlette*, Vertragspartner (Fn. 6), S. 28 ff.; *Klaus Stern*, Zur Grundlegung einer Lehre des öffentlich-rechtlichen Vertrages, VerwArch, Bd. 49 (1958), S. 106 (108 ff.); *Worachet Pakeerut*, Die Entwicklung der Dogmatik des verwaltungsrechtlichen Vertrages, 2000; zuletzt *Harald Eberhard*, Der verwaltungsrechtliche Vertrag, 2005, S. 37 ff., 65 ff.; jew. m. w. N.

[12] *Mayer*, VerwR I, 1. Aufl. 1895, S. 137 Fn. 3; *ders.*, VerwR II, 1. Aufl. 1896, S. 430 ff. (vgl. dort auch S. 453 ff. zur Bedeutung des Vertrages für das internationale und bundesstaatliche Verwaltungsrecht); *ders.*, VerwR II, S. 380 ff. m. Fn. 1.

[13] Vgl. *Mayer*, VerwR I, S. 115 f.; ähnlich bereits *ders.*, VerwR I, 1. Aufl. 1895, S. 137 ff.; *ders.*, Vertrag (Fn. 4), S. 35. S. zur Anerkennung privatrechtlicher Staat-Bürger-Verträge aus damaliger Sicht auch *G. Grosch*, Der Staat als Kontrahent, JöR, Bd. 5 (1911), S. 267 (267 ff. m. w. N.).

[14] Das sollte freilich nicht überbewertet werden, weil bei *Otto Mayer* auch gegenüber diesen beiden Vertragstypen eine mehr als deutliche Zurückhaltung erkennbar ist. So versuchte er etwa, die zwischen Selbstverwaltungskörpern einvernehmlich getroffenen Regelungen inhaltlich und begrifflich („Abkommen", „Vereinbarung", „Übereinkunft") von den öffentlich-rechtlichen Verträgen abzusetzen und privatrechtliche Staat-Bürger-Verträge auf mehr oder weniger enge Ausnahmen zu begrenzen. S. zum Ganzen *Dewitz*, Vertrag (Fn. 6), S. 23 ff., 25 ff. m. w. N. Wirkungsgeschichtlich entfalteten diese Verträge denn auch keine systembildende Kraft für die Lehre vom Verwaltungsvertrag im Allgemeinen Verwaltungsrecht.

A. Entwicklungslinien der Vertragsrechtslehre

bürgerung von Ausländern, sondern auch die Berücksichtigung öffentlich-rechtlicher und privatrechtlicher Verträge als Handlungsformen der Verwaltung. In den nach der Jahrhundertwende erschienenen Lehrbüchern bleibt der Verwaltungsvertrag präsent,[15] trotz monographischer Abhandlungen[16] nach Voraussetzungen und Anwendungsbereichen jedoch kontrovers, und er kann sich jahrzehntelang in der Verwaltungsrechtslehre keinen mit dem Stellenwert des Verwaltungsakts auch nur annähernd vergleichbaren Platz erobern[17] – im Grundsatz anerkannt, aber gleichsam in die Ecke gestellt, „geduldet, aber kaum beachtet"[18].

Dass sich die Wissenschaft dem Verwaltungsvertrag nicht völlig entziehen konnte, beruht nicht zuletzt auf **Rechtsvorschriften, die** frühzeitig **vertragliche Vereinbarungen vorsahen**. Die damaligen gesetzlichen Regelungen erfassten öffentlich-rechtliche Verträge sowohl zwischen Verwaltung und Bürger[19] als auch zwischen zwei oder mehreren Verwaltungsträgern und sogar zwischen zwei oder mehreren Privatleuten;[20] dementsprechend bediente sich auch die Verwal-

3

---

[15] Z. B. *Fleiner*, Institutionen des VerwR, S. 209 ff.; *Jellinek*, VerwR, S. 253 f.

[16] Wegweisend insbes. *Willibalt Apelt*, Der verwaltungsrechtliche Vertrag, 1920; für die volle Anerkennung und breite Einsatzmöglichkeiten des öffentlich-rechtlichen Vertrages ferner etwa *Theodor Buddeberg*, Rechtssoziologie des öffentlich-rechtlichen Vertrages, AöR, Bd. 47 (1925), S. 85 ff.; enger und aus österreichischer Perspektive *Max Layer*, Zur Lehre vom öffentlich-rechtlichen Vertrag, 1916; für einen „möglichst eng" begrenzten Anwendungsbereich *Karl Kormann*, System der rechtsgeschäftlichen Staatsakte, 1910, S. 29 ff. (32).

[17] Dies gilt auch noch für die Entwicklung nach 1945. Äußerlich fassbar ist der mit Abstand geringere Stellenwert schon allein am Umfang der in der Lehrbuchliteratur dem Verwaltungsakt einerseits und dem Verwaltungsvertrag andererseits gewidmeten Passagen. So finden sich bei *Hans J. Wolff*, Verwaltungsrecht I, 1. Aufl. 1956, zum Verwaltungsvertrag nur eine halbe Seite (S. 186), zum Verwaltungsakt hingegen 50 Seiten (S. 191–241), und in der (erstmals von *Otto Bachof* mitbearbeiteten) 9. Aufl. dieses Lehrbuchs von 1974 umfassen die speziell auf den Verwaltungsvertrag bezogene Passage sieben Seiten, der Abschnitt über die Verwaltungsakte dagegen 125 Seiten. *Ernst Forsthoffs* Lehrbuch des Verwaltungsrechts enthält in der 1. Aufl. (1950) wie in der 10. Aufl. (1973) jew. drei Paragraphen (S. 153–207 bzw. S. 195–272) zum Verwaltungsakt, aber nur jew. einen halben Paragraphen zum öffentlich-rechtlichen Vertrag (S. 207–215 bzw. S. 273–283). Inzwischen hat der Vertrag in den Lehrbuchdarstellungen zwar größere Bedeutung erlangt, die aber noch immer deutlich hinter der des Verwaltungsakts zurückbleibt. Neben fortwährender Ungleichgewichtigkeit im Umfang ist ein gewisses äußeres Indiz für die „Nachrangigkeit" die nicht selten zu beobachtende Behandlung des Verwaltungsakts in einem eigenen Kapitel (Teil, Paragraph etc.), während der Verwaltungsvertrag nur zusammen mit anderen Sonderverbindungen oder Handlungsformen in ein anderes Kapitel (Teil, Paragraph etc.) eingestellt ist; so etwa bei *Erichsen/Ehlers* (Hrsg.), VerwR, §§ 21 ff. einer- und §§ 28 ff. andererseits; *Maurer*, VerwR, §§ 9 ff. einer- und §§ 13 ff. andererseits; *Erbguth*, VerwR, §§ 12 ff. (S. 113–304) einer- und § 24 (S. 325–340) andererseits; *Wallerath*, VerwR, § 9 („Die Lehre vom Verwaltungsakt", S. 273–352) einer- und § 10 („Sonstiges Verwaltungshandeln", S. 353–416, wobei der Abschnitt über den öffentlich-rechtlichen Vertrag 19 Seiten beträgt) andererseits. Mitunter spricht auch die Anzahl der für die beiden Handlungsformen bereitgestellten Abschnitte für sich; s. etwa *Ipsen*, VerwR, §§ 6–11 (S. 83–191) zum Verwaltungsakt und § 12 (S. 192–201) zum öffentlich-rechtlichen Vertrag.

[18] So treffend *Maurer*, Verwaltungsvertrag (Fn. 2), S. 801, m. ergänzendem Hinw. darauf, dass die bis zum Erlass der VwGO bestehende Fokussierung des Verwaltungsrechtsschutzes auf Verwaltungsakte von der prozessualen Seite her die Entfaltung des Verwaltungsvertragsrechts behindert haben dürfte.

[19] Häufig erwähnte Beispiele sind abgabenrechtliche Ermächtigungen der Gemeinden, mit den Steuerpflichtigen Vereinbarungen über die Höhe der Steuer abzuschließen; dazu etwa *Fleiner*, Institutionen des VerwR, S. 212; *Schlette*, Vertragspartner (Fn. 6), S. 30 f. m. w. N.

[20] Dazu m. Beispielen etwa *Apelt*, Vertrag (Fn. 16), S. 21 ff., 53; *Buddeberg*, Rechtssoziologie (Fn. 16), S. 127; *Fleiner*, Institutionen des VerwR, S. 212 f.; *Jellinek*, VerwR, S. 253.

tungspraxis der Vertragsform.[21] Daraus und aus der wiederholten Anerkennung des öffentlich-rechtlichen Vertrages in der Rechtsprechung hat bereits 1931 der Entwurf einer **Verwaltungsrechtsordnung für Württemberg** die Konsequenzen gezogen und „Rechtssätze über die Vertragsschließung und deren rechtliche Bedeutung" entwickelt.[22] Der Entwurf ist zwar nie Gesetz geworden, wegen der vorgeschlagenen Kodifikation und der darin zum Ausdruck kommenden Grundströmung aber gleichwohl von mehr als nur historischem Interesse. Er deutet den Vertrag rechtsgebietsübergreifend als „allgemeine Rechtsform"[23], stellt ihn in das Allgemeine Verwaltungsrecht ein,[24] nimmt Verwaltungsträger und Privatpersonen als mögliche Vertragsparteien zusammen mit den eben erwähnten Vertragsvarianten auf, stützt den Vertrag in enger Anlehnung an das Bürgerliche Recht auf die übereinstimmenden Willenserklärungen von rechtlich gleichgeordneten Rechtssubjekten und formuliert in Art. 47 zukunftsweisend: „Durch Verträge können Rechtsverhältnisse begründet oder verändert werden, soweit Rechtsvorschriften nicht entgegenstehen"[25]. Die Bestimmung wirkt überaus modern und bezieht zur Zulässigkeit öffentlich-rechtlicher Verträge eine klare, in Sonderheit die damals (wie später) verbreitet geforderte[26] **normative Ermächtigung ablehnende Position.**[27] Der Vorstoß wurde allerdings vom Gesetzgeber

---

[21] Vgl. die Beispiele bei *Fleiner*, Institutionen des VerwR, S. 209; *Jellinek*, VerwR, S. 253; retrospektiv *Utz Schliesky*, in: Knack/Henneke, VwVfG, Vor § 54 Rn. 4f., sowie *Schlette*, Vertragspartner (Fn. 6), S. 31 f. m. Fn. 124.

[22] *Kommission für die Landesordnung des Allgemeinen öffentlichen Rechts* (Hrsg.), Verwaltungsrechtsordnung für Württemberg, Entwurf eines Gesetzes mit Begründung, 1931, S. 18f., 175ff. (Zitat: S. 177).

[23] A.a.O., S. 175.

[24] Vgl. a.a.O., S. VII. Gesetzessystematisch ist bemerkenswert, dass der Entwurf den Vertrag in Art. 47–51 und damit noch vor den Vorschriften über die Verwaltungsakte (Art. 61–94) regelt; freilich weist die Begründung darauf hin, dass der Verwaltungsvertrag „in seiner Bedeutung für die Rechtsgestaltung hinter dem Verwaltungsakt [...] zurücktritt" (a.a.O., S. 176).

[25] A.a.O., S. 18, und – zur Begründung – S. 175 ff.

[26] Danach soll die „Zulässigkeit der Regelung öffentlichrechtlicher Verhältnisse durch Vertrag von einer entsprechenden Ermächtigung durch Rechtssatz abhängig" sein; s. dazu die Ausführungen im Kommissionsentwurf, a.a.O., S. 179 m.w.N.; vgl. ferner *Stern*, Grundlegung (Fn. 11), S. 114ff., 121ff., 137ff., und *Albert Bleckmann*, Subordinationsrechtlicher Vertrag und Gesetzmäßigkeit der Verwaltung, VerwArch, Bd. 63 (1972), S. 404 (406ff.); jew. m.w.N.

[27] Verwaltungsrechtsordnung für Württemberg (Fn. 22), S. 179f. Die Begründung ist auch heute noch lesenswert: Wenn im bisherigen Recht „die Freiheit der vertragsmäßigen Regelung öffentlich-rechtlicher Verhältnisse nicht anerkannt war, vielmehr diese Regelung nur auf Grund besonderer gesetzlicher Ermächtigung zugelassen wurde [...], so muß doch vom Standpunkt der Neugestaltung des öffentlichen Rechts aus eine solche Freiheit im Zweifel, d.h. soweit nicht Rechtsvorschriften entgegenstehen, anerkannt werden; im öffentlichen Recht kann so wenig wie im bürgerlichen Recht im Hinblick auf die rasche Ausdehnung des Aufgabenkreises der öffentlichen Verwaltung und die Veränderlichkeit der Verhältnisse darauf verzichtet werden, daß Personen, denen ein gewisser Interessenkreis zur autonomen Verwaltung überlassen ist, auch die Möglichkeit eröffnet wird, ihre Rechtsbeziehungen durch den Austausch gegenseitiger Willenserklärungen gestaltend zu beeinflussen [...]. Der Entwurf hat daher für sein Gebiet allgemein anerkannt, daß Verträgen rechtliche Wirkung zukomme und auch für Verträge zwischen Privatpersonen keine Einschränkung festgesetzt. Öffentlichrechtliche Verträge [...] können nicht nur der Begründung und Änderung von Schuldverhältnissen dienen, sondern auch dingliche Wirkungen haben [...]. Die Freiheit des Einzelnen (ob Körperschaft oder Privatperson) in der rechtlichen Ordnung seiner Verhältnisse kann jedoch auf dem Gebiet des öffentlichen Rechts nur bestehen, soweit nicht durch Rechtsvorschrift für die rechtliche Regelung eines Tatbestands die einseitige Bestimmung durch die öffentliche Gewalt (Verwaltungsakt oder Verfügung kraft eines besonderen Gewaltverhältnisses) angeordnet ist. Eine solche Vorschrift muß im

A. Entwicklungslinien der Vertragsrechtslehre

nicht umgesetzt und konnte **in der Verwaltungsrechtswissenschaft fortwährende Vorbehalte** gegen den Verwaltungsvertrag nicht gänzlich ausräumen. Exemplarisch dafür ist der noch weit nach dem Inkrafttreten des Grundgesetzes unternommene Versuch,[28] den öffentlich-rechtlichen Vertrag möglichst weit zurückzudrängen und allenfalls auf enge Anwendungsfelder zu beschränken; im Übrigen spricht die Vernachlässigung des Verwaltungsvertrages in der Lehrbuchliteratur[29] für sich.

Die ständig steigende Bedeutung vertraglichen Verwaltungshandelns konnten 4 diese Vorbehalte freilich nicht mehr aufhalten. Nach zunehmender Verbreitung in der Rechtswirklichkeit und spezialgesetzlich erweitert vorgesehenen Einsatzmöglichkeiten[30] verhalfen dem öffentlich-rechtlichen Vertrag spätestens die Verwaltungsverfahrensgesetze von Bund und Ländern zum **endgültigen Durchbruch**. Der zur Vorbereitung dieser Kodifikationen eingesetzte Bund-Länder-Ausschuss hatte zunächst zwar noch keine Vorschriften über den öffentlich-rechtlichen Vertrag geplant, solche Regelungen aber auf die übereinstimmende „Empfehlung der angehörten Professoren" bei der zweiten Lesung in den **Musterentwurf eines Verwaltungsverfahrensgesetzes** aufgenommen.[31] Der Musterentwurf erteilt der sog. normativen Ermächtigungslehre eine Absage und hält – unter Hinweis auf die herrschende Verwaltungsrechtslehre und die über das Erfordernis einer rechtsnormativen Zulassung längst hinausgegangene Verwaltungspraxis – rechtsgeschäftliche Vereinbarungen im Öffentlichen Recht für zulässig, „soweit Rechtsvorschriften nicht entgegenstehen"[32]. Dem sind die gerichtliche Spruchpraxis[33] und das **Verwaltungsverfahrensgesetz** des Bundes[34]

Zweifel als zwingend erachtet werden. […] Der Entwurf hat daher die grundsätzliche Zulässigkeit der Begründung oder Veränderung von Rechtsverhältnissen durch Vertrag durch den Vorbehalt eingeschränkt, ‚soweit Rechtsvorschriften nicht entgegenstehen'."

[28] Grundsätzliche Vorbehalte nochmals insbes. bei *Martin Bullinger*, Vertrag und Verwaltungsakt, 1962, S. 254 ff. und passim; speziell zur Kritik des württembergischen Entwurfs einer Verwaltungsrechtsordnung s. dort S. 41. Zu den vereinzelt bis heute anzutreffenden Vorbehalten → Rn. 6 f.

[29] → Fn. 17.

[30] Zusammenstellung von – gegenüber dem früheren Recht erweiterten – (spezial-)gesetzlichen Regelungen etwa bei *Hans J. Knack*, Der öffentlich-rechtliche Vertrag im Musterentwurf eines Verwaltungsverfahrensgesetzes, DVBl 1965, S. 709 (710); s. dort (S. 709 f.) auch die Hinw. zur Verwaltungspraxis. Instruktiv zur Rechtspraxis ist der häufig anzutreffende Hinw., wonach in Schleswig-Holstein eine beachtliche Zahl von Wiedergutmachungssachen durch Vertrag erledigt werden konnten, nämlich 1957 11%, 1958 17%, 1959 22% und 1960 29,3% aller Wiedergutmachungssachen (schl.-hol. LTDrucks 5/650, S. 133).

[31] EVwVerfG 1963 (Fn. 1), S. 73. Sowohl die erst in zweiter Lesung erfolgte Aufnahme von Vorschriften über den Verwaltungsvertrag als auch der dafür von der Wissenschaft ausgehende Impuls sind nicht nur am Rande bemerkenswert. Denn zum einen bestätigt die gegenüber dem (in dem Entwurf von Anbeginn als „annexe Materie" des Verwaltungsverfahrensrechts berücksichtigten) Verwaltungsakt verspätete Einbeziehung des öffentlich-rechtlichen Vertrages einmal mehr dessen Vernachlässigung selbst bei der Vorbereitung der Kodifikation. Und zum anderen zeigt die von den „angehörten Professoren" (*Otto Bachof, Ludwig Fröhler* und *Carl H. Ule*; a.a.O., S. XII, 55) ausgehende Anregung, dass die negative Einstellung zum Verwaltungsvertrag nur bei – freilich einflussreichen – Teilen der Wissenschaft anzutreffen war. Zur Entstehungsgeschichte des VwVfG vgl. allg. a. → Bd. II *Schmidt-Aßmann* § 27 Rn. 12 ff., *Schneider* § 28 Rn. 9 f.

[32] EVwVerfG 1963 (Fn. 1), S. 29, 189 ff.

[33] Bezeichnenderweise hielt es das BVerwG noch 1966 für angezeigt, die grundsätzliche Anerkennung öffentlich-rechtlicher Verträge in Auseinandersetzung mit der (vermeintlich) „klassischen Verwaltungsrechtslehre" und insbes. mit *Otto Mayer* eingehender zu begründen (*BVerwGE* 23, 213 [215 f.]).

[34] Verwaltungsverfahrensgesetz (VwVfG) v. 25. 5. 1976, BGBl I, S. 1253.

sowie die entsprechenden landesrechtlichen Regelungen³⁵ gefolgt. Das Gesetz führt den öffentlich-rechtlichen Vertrag aus der „ungerechtfertigten Verbannung [...] in die Illegitimität"³⁶ heraus und stellt ihn als ein dem Grundsatz nach anerkanntes Rechtsinstitut auf ein normatives Fundament mit im Einzelnen näher bestimmten materiellen Schranken. Dabei tritt der Gesetzgeber mit umfassender Regelungsintention auf; er nimmt öffentlich-rechtliche Verträge zwischen Staat und Bürger ebenso zur Kenntnis wie Verträge zwischen mehreren Verwaltungsträgern und solche zwischen Privatpersonen über einen Gegenstand des Öffentlichen Rechts, und er hält sich ausdrücklich für weitere Vertragstypen offen.³⁷

5   Allerdings begnügt sich das Verwaltungsverfahrensgesetz „mit den für die Verwaltungspraxis unbedingt erforderlichen Vorschriften"³⁸. Das hat ihm – zumal im unmittelbaren Vergleich mit den wesentlich detaillierteren Regelungen über den Verwaltungsakt – den Vorwurf einer **„stiefmütterlichen"³⁹ Behandlung der Verwaltungsverträge** eingetragen. Noch weitaus gewichtiger ist indes das in den Materialien wiederholt anklingende Verständnis, der öffentlich-rechtliche Vertrag sei eine Handlungsform zur Regelung atypischer Konstellationen.⁴⁰ Besonders pointiert findet sich diese Einschätzung in der Begründung des Schriftformerfordernisses (§ 57 VwVfG). Dort ist zu lesen, dass sich das Verwaltungshandeln „auch nach der Normierung des öffentlich-rechtlichen Vertrages [...] überwiegend in der überkommenen Gestaltungsform des Verwaltungsaktes vollziehen [werde]. Solange der **Vertrag** – im Gegensatz zu seiner Bedeutung im Zivilrecht und im Gegensatz zu dem eingebürgerten Verwaltungsakt – **als atypische Regelung** anzusehen ist, muß hierfür Schriftform verlangt werden"⁴¹. Das steht in auffallendem Kontrast zu der an früherer Stelle betonten Bereitschaft, es der weiteren Entwicklung zu überlassen, „ob und inwieweit [...] der öffentlich-rechtliche Vertrag den Verwaltungsakt zurückdrängen wird"⁴²; nichts anderes gilt für den vordergründig namentlich durch die §§ 9, 54 S. 2 VwVfG erweckten Eindruck,⁴³ nach dem Gesetz seien Verwaltungsakt und öffentlich-rechtlicher Vertrag „prinzipiell austauschbare, funktional gleichwertige und rechtssystematisch gleichberechtigte Handlungsformen der

---

³⁵ Vgl. zu den Verwaltungsverfahrensgesetzen der Länder *Ule/Laubinger*, VerwVerfR, § 8 Rn. 16; *Maurer*, VerwR, § 5 Rn. 17 ff.

³⁶ Vgl. *Jürgen Salzwedel*, Die Grenzen der Zulässigkeit des öffentlich-rechtlichen Vertrages, 1958, S. 256; dazu BTDrucks 7/910, S. 79.

³⁷ BTDrucks 7/910, S. 78; wegen der §§ 1 f. VwVfG sind öffentlich-rechtliche Verträge unter Privaten, sofern nicht zumindest ein Vertragspartner als Beliehener tätig wird, vom VwVfG allerdings nicht erfasst (*Elke Gurlit*, Bestimmung der Rechtsnatur von Verwaltungsverträgen, in: Erichsen/Ehlers [Hrsg.], VerwR, § 30 Rn. 8; *Utz Schliesky*, in: Knack/Henneke, VwVfG, § 54 Rn. 60 f.).

³⁸ BTDrucks 7/910, S. 77.

³⁹ *Wolfgang Hoffmann-Riem*, Verwaltungsrechtsreform – Ansätze am Beispiel des Umweltschutzes, in: Hoffmann-Riem/Schmidt-Aßmann/Schuppert (Hrsg.), Reform, S. 115 (155) m. Hinw. auf die darin nachwirkende Tradition *Otto Mayers*.

⁴⁰ BTDrucks 7/910, S. 76 ff.; die Begründung ist allerdings nicht konsistent, weil dort u. a. auch die Rede davon ist, dass „am Ende des Verwaltungsverfahrens häufig nicht mehr der Verwaltungsakt, sondern der öffentlich-rechtliche Vertrag" steht, und überdies auf eine verbreitete Vertragspraxis hingewiesen wird.

⁴¹ BTDrucks 7/910, S. 81; Hervorhebungen hinzugefügt.

⁴² BTDrucks 7/910, S. 77.

⁴³ Vgl. *Schlette*, Vertragspartner (Fn. 6), S. 174 ff. m. w. N., der für den atypischen Charakter des Vertrages zudem die zurückgenommene Regelungsintensität anführt.

A. Entwicklungslinien der Vertragsrechtslehre

Verwaltung"[44]. Denn in der zitierten Passage ist der Vertrag konzipiert als eine gegenüber dem Verwaltungsakt nachrangige, mehr oder weniger auf Ausnahmen zugeschnittene Handlungsform, deren Einsatzmöglichkeiten im Verwaltungsalltag zudem durch das generelle Schriftformerfordernis empfindlich eingeschränkt sind.[45] Zusammen mit der **defizitären normativen Vorordnung** hat diese konzeptionelle Zurückhaltung die wissenschaftliche Aufbereitung des Verwaltungsvertragsrechts erheblich erschwert.

Immerhin war mit den Verwaltungsverfahrensgesetzen „die Schlacht um den öffentlich-rechtlichen Vertrag" im Prinzipiellen geschlagen.[46] Doch überdauerten bei Teilen der Verwaltungsrechtslehre die Bedenken sogar die gesetzliche Institutionalisierung. Die Skeptiker konzentrieren sich auf öffentlich-rechtliche Verträge zwischen Staat und Bürger, betonen die Unvereinbarkeit von Subordination und Vertrag, sprechen von einer **korrekturbedürftigen „dogmatischen Fehlkonstruktion"**[47] oder fordern, wenn schon nicht die „Abschaffung des mißratenen Rechtsinstituts", so doch die ausdrückliche Festschreibung des Ausnahmecharakters im Gesetz, bisweilen verbunden mit der Neigung, „einen Kranz niederzulegen am Grabe *Otto Mayers*"[48]. Noch nach der Jahrtausendwende ist der sog. subordinationsrechtliche Vertrag für manchen eine „contradictio in adjecto", bei kritischem Nachbohren voller „Kuriositäten", bestenfalls ein „Sonderinstitut für Ausnahmefälle, in denen öffentliches Recht legitimerweise durch Vertrag modifiziert oder ausgestaltet werden kann"[49]. Derart prinzipielle Einwände sind freilich seit längerem auf dem Rückzug. In der aktuellen Lehrbuchliteratur dient die ablehnende Haltung *Otto Mayers* regelmäßig nur noch als präliminarische Kontrastfolie bei der Präsentation des geltenden Verwaltungsvertragsrechts.[50] Gleichwohl finden sich **Fernwirkungen althergebrachter Positionen** bis in die Gegenwart auch mit ganz anderer Ausrichtung. In jüngerer Zeit ist nämlich wiederholt darauf hingewiesen worden, dass *Otto Mayer* mit der These von der „Undenkbarkeit" öffentlich-rechtlicher Verträge[51] zu seiner Zeit Recht gehabt und auch heute noch „irgendwie" Recht habe. Der Vorstoß zielt nicht auf die erneute Erschütterung der Existenzberechtigung oder Zulässigkeit des öffentlich-rechtlichen Vertrages, fordert aber eine Überprüfung der Grundidee des Verwaltungsvertrages, die auf das System des Verwaltungsvertrages

6

---

[44] *Utz Schliesky*, in: Knack/Henneke, VwVfG, Vor § 54 Rn. 45.

[45] Zur darin liegenden „Benachteiligung" gegenüber dem Verwaltungsakt krit. etwa *Werner Thieme*, Über die Notwendigkeit einer Reform des Allgemeinen Verwaltungsrechts, DÖV 1996, S. 757 (760 f.).

[46] *Hans Meyer*, in: ders./Hermann Borgs-Maciejewski, Verwaltungsverfahrensgesetz, 2. Aufl. 1982, § 54 Rn. 1 m.w.N.

[47] *Joachim Burmeister*, Verträge und Absprachen zwischen der Verwaltung und Privaten, VVDStRL, Bd. 52 (1993), S. 190 (222 ff.).

[48] *Günter Püttner*, Wider den öffentlich-rechtlichen Vertrag zwischen Staat und Bürger, DVBl 1982, S. 122 (Zitate: S. 125, 126); dazu krit. *Ingo Heberlein*, Wider den öffentlich-rechtlichen Vertrag?, DVBl 1982, S. 763 ff.; deutliche Vorbehalte auch bei *Roman Herzog*, Art. „Vertrag, öffentlich-rechtlicher", in: EvStL, Sp. 3802 (3806): „Alles in allem bleibt das Institut des verwaltungsrechtlichen Vertrages jedenfalls im rechtsstaatl. Zwielicht".

[49] *Günter Püttner*, Öffentliches Recht und Privatrecht, in: FS Hartmut Maurer, 2001, S. 713 (718 f.).

[50] So z. B. bei *Bull/Mehde*, VerwR, Rn. 840; *Ipsen*, VerwR (Fn. 17), Rn 790; *Wolff/Bachof/Stober/Kluth*, VerwR I, § 54 Rn. 6.

[51] → Rn. 1.

zurückwirken soll.⁵² Er verweist auf strukturelle Unebenheiten⁵³ und letztlich auf nicht abschließend geklärte Grundfragen des Verwaltungsvertragsrechts.

7 **Wirkungsgeschichtlich** erweisen sich die bei Teilen der Verwaltungsrechtswissenschaft tiefverwurzelten Vorbehalte gegen den öffentlich-rechtlichen Vertrag zwischen Staat und Bürger demnach über die Jahrzehnte hinweg als erstaunlich resistent. Sie begünstigten eine sektorale Wahrnehmung der Verwaltungswirklichkeit, in der sich Lehre und Praxis immer weiter voneinander entfernten.⁵⁴ Sie trugen zu einer ebenso zurückhaltenden wie fragmentarischen Regelung des Vertrages in den Verwaltungsverfahrensgesetzen bei.⁵⁵ Und sie setzten den Verwaltungsvertrag mit der Umklammerung durch den Verwaltungsakt als der „regulären", „typischen", „zentralen" oder zumindest „häufigsten" Rechtsform des Verwaltungshandelns unter permanenten Rechtfertigungsdruck.⁵⁶ Indes ist **der lange Schatten** *Otto Mayers* nur ein entwicklungsgeschichtlicher Aspekt. Andere Teile der Verwaltungsrechtslehre haben nämlich frühzeitig das immer wieder artikulierte „verwaltungsrechtswissenschaftliche Mißtrauen"⁵⁷ gegen vertragliches Verwaltungshandeln hinter sich gelassen, auf gesetzlich vorgesehene bzw. bereitgestellte öffentlich-rechtliche Verträge hingewiesen, den mehr oder weniger intensiven Kontakt zur Rechtspraxis gesucht, auf die Aufnahme des Vertrages in das Verwaltungsverfahrensgesetz hingewirkt und für die „gleichberechtigte" Beachtung des Verwaltungsvertrages im Allgemeinen Verwaltungsrecht geworben. Im zusammenfassenden Rückblick spielte die Rechtswissenschaft bei der Entwicklung des Verwaltungsvertrages daher eine sehr ambivalente Rolle. Bei allem Facettenreichtum der hemmenden und fördernden Impulse bleibt freilich eines: Die bis heute nicht abgeschlossenen **Kontroversen behinderten die Ausbildung einer zeitgemäßen Verwaltungsvertragsrechtsdogmatik.**

II. Neuere Entwicklungstendenzen

8 Der sich von tradierten Vorbehalten absetzenden Verwaltungsrechtslehre gab die prinzipielle **normative Anerkennung des Vertrages** in den Verwaltungsverfahrensgesetzen einen gewissen Auftrieb, dessen Schubkraft freilich durch die konzeptionelle Zurückhaltung der überdies nur fragmentarischen normativen Regelungen⁵⁸ deutlich abgeschwächt war; auch erfassen diese Gesetze keineswegs sämtliche im Verwaltungsrecht anzutreffenden Vertragskonstellationen.⁵⁹ Spätere

---

⁵² *Krebs*, Grundfragen (Fn. 7), S. 42, 44, 51 ff.; *Dewitz*, Vertrag (Fn. 6), S. 113 ff., 125 f.
⁵³ Vgl. auch *Maurer*, VerwR, § 14 Rn. 25: Der Verwaltungsvertrag führt „sogar bis zu einem gewissen Grad zu strukturellen Widersprüchen".
⁵⁴ *Möllgaard*, in: Knack, VwVfG, 4. Aufl. 1994, Vor § 54 Rn. 1. Vgl. aber auch Heribert Schmitz, „Die Verträge sollen sicherer werden" – Zur Novellierung der Vorschriften über den öffentlich-rechtlichen Vertrag, DVBl 2005, S. 17 (18), nach dessen Einschätzung das von *Otto Mayer* beeinflusste Denken „in der Wissenschaft wohl überwunden, in Teilen der Verwaltungspraxis aber noch" heute „lebendig" ist.
⁵⁵ → Rn. 5.
⁵⁶ Dabei ist es – freilich mit deutlicher Abschwächung – bis heute geblieben; vgl. nur *Schlette*, Vertragspartner (Fn. 6), S. 34 ff., 174 ff.; → Rn. 6, 73, 76.
⁵⁷ *Walter Krebs*, Konsensuales Verwaltungshandeln im Städtebaurecht, DÖV 1989, S. 969 (975).
⁵⁸ → Rn. 4 f.
⁵⁹ Die früher etwa von *Heinz J. Bonk* (in: Stelkens/Bonk/Sachs [Hrsg.], VwVfG, 6. Aufl. 2001, § 54 Rn. 23), vertretene Ansicht, wonach vom Anwendungsbereich des VwVfG insbes. die dem sog. Verwaltungsprivatrecht zugeordneten Verträge ausgenommen sind, wird von *Bonk* nicht mehr aufrecht

A. Entwicklungslinien der Vertragsrechtslehre

Bemühungen[60] um Nach- wie Verbesserungen, die Bereinigung von Regelungsdefiziten und die normative Aufwertung des Vertrages finden hier eine Erklärung. Sie betreffen nicht allein das Allgemeine Verwaltungsrecht. Regelungsort war vielmehr in erster Linie das Fachrecht, das zunehmend zum zentralen Schauplatz für (spezial-)**gesetzliche Fortentwicklungen des Vertragsrechts** avancierte. Anschauliche Belege finden sich dafür im Städtebaurecht, in dem der Verwaltungsvertrag zwar seit langem einen angestammten Platz hat,[61] in der jüngeren Vergangenheit aber mit stimulierender Intention typologisch ausgebaut wurde.[62]

Zusätzliche Unterstützung erhielt die für den Vertrag aufgeschlossene Richtung der Verwaltungsrechtslehre frühzeitig durch das **gewandelte Verständnis der Stellung des Bürgers im Staat**.[63] Denn nach dem Grundgesetz ist der Einzelne nicht länger „Untertan, sondern Bürger"[64]; und der öffentlich-rechtliche Vertrag trägt in besonderer Weise „der im modernen Rechtsstaat gegenüber obrigkeitsstaatlichen Vorstellungen völlig geänderten rechtlichen Stellung des früher lediglich als Verwaltungsobjekt betrachteten Bürgers Rechnung"[65]. Eine wohlwollende wissenschaftliche Begleitung der fortschreitenden normativen Ausformung des Verwaltungsvertragsrechts zieht demnach mit der Verabschiedung des „Gewaltverhältnisses der Unterthanenschaft"[66] nicht zuletzt verfassungsrechtlich gebotene Konsequenzen.[67]

9

Ähnlich verhält es sich mit dem seit geraumer Zeit zu beobachtenden[68] **Trend zum kooperativen Staat**.[69] Spiegelbildlich zur veränderten Stellung des Einzel-

10

---

erhalten; nach dessen Einschätzung handle es sich vielmehr um Zivilrecht, welches durch Normen und Rechtsgrundsätze des Öffentlichen Rechts ergänzt, überlagert und modifiziert wird (*Bonk*, in: Stelkens/Bonk/Sachs [Hrsg.], VwVfG, § 54 Rn. 8, 68f.). Ausgenommen sind die öffentlich-rechtlichen Verträge zwischen Privaten (→ Fn. 37).

[60] Siehe zu solchen Vorstößen beispielsweise den Bericht und die Beschlussempfehlungen des beim Bundesinnenministerium eingerichteten Beirats Verwaltungsverfahrensrecht zur Fortentwicklung der Vorschriften über den öffentlich-rechtlichen Vertrag (§§ 54–62 VwVfG), NVwZ 2002, S. 834f.; *Heinz J. Bonk*, Fortentwicklung des öffentlich-rechtlichen Vertrags unter besonderer Berücksichtigung der Public Private Partnerships, DVBl 2004, S. 141ff.; sowie das Gesetz zur Beschleunigung der Umsetzung von Öffentlich Privaten Partnerschaften und zur Verbesserung gesetzlicher Rahmenbedingungen für Öffentlich Private Partnerschaften vom 1. 9. 2005 (BGBl I, S. 2676), im Folgenden abgekürzt: ÖPP-Beschleunigungsgesetz.

[61] Grundlegend *Eberhard Schmidt-Aßmann/Walter Krebs*, Rechtsfragen städtebaulicher Verträge, 2. Aufl. 1992.

[62] Vgl. etwa *Wolfgang Kahl*, Das Kooperationsprinzip im Städtebaurecht, DÖV 2000, S. 793ff.; *Ralph A. Lorz*, Unzulänglichkeiten des Verwaltungsvertragsrechts am Beispiel der städtebaulichen Verträge, DÖV 2002, S. 177ff.; knapper Überblick zur Entwicklung bei *Heinz J. Bonk*, in: Stelkens/Bonk/Sachs (Hrsg.), VwVfG, § 54 Rn. 134ff.

[63] Vgl. dazu *BVerfGE* 45, 297 (335); ferner *Schmidt-Aßmann*, Ordnungsidee, Kap. 1 Rn. 21 und 23; jüngst *Katja Lehr*, Staatliche Lenkung durch Handlungsformen, 2009, S. 220.

[64] *BVerwGE* 1, 159 (161); → Bd. I *Stolleis* § 2 Rn. 108.

[65] *BVerwGE* 23, 213 (216).

[66] → Rn. 1.

[67] Weiter gehend *Erich Eyermann/Ludwig Fröhler*, Verwaltungsgerichtsordnung, Kommentar, 1. Aufl. 1960, § 40 Rn. 10, wonach es „der modernen Auffassung vom Verhältnis Staat/Untertan entspricht […], die Anwendung *hoheitlicher* Mittel möglichst als *letzten Ausweg* vorzusehen"; dem zustimmend *BayVGH*, BayVBl. 1962, S. 285 (286).

[68] Kooperative Verwaltung ist nicht neu, aber sowohl quantitativ als auch qualitativ in neue Dimensionen hineingewachsen; s. dazu *Arthur Benz*, Kooperative Verwaltung, 1994, S. 13, 23ff.

[69] Begriffsprägend *Ernst-Hasso Ritter*, Der kooperative Staat, AöR, Bd. 104 (1979), S. 389ff.; → Bd. I *Schulze-Fielitz* § 12 Rn. 64ff.

nen im Öffentlichen Recht bringt dieser Trend ein gewandeltes Staatsverständnis auf den Begriff: „Der Staat steigt vom hoheitlich-hoheitsvollen Podest des einseitig Anweisenden herab, er tritt auf die Ebene des Austausches von Informationen und Leistungen und der Verbindung zu abgestimmtem Handeln"[70]. Als „Prototyp"[71] oder „Phänotypus materieller Kooperation"[72] ist der Vertrag ein wichtiges Element in dieser Entwicklung, wenn auch bei weitem nicht das einzige. Nicht zufällig sind parallel zur Aufwertung des Verwaltungsvertrages verstärkt die vielfältigen Erscheinungsformen informellen Verwaltungshandelns in das Blickfeld der Verwaltungsrechtswissenschaft geraten[73] und dort ein Dauerthema geblieben.[74] Und nicht anders als viele Verwaltungsverträge des Außenrechtskreises stehen informelle Verständigungen im Kontext mit Gesprächen zwischen Verwaltung und Bürger, die jedenfalls partiell verfassungsrechtliche Direktiven[75] aufnehmen und für den Verwaltungsalltag die **Normalität kooperativen Verwaltungshandelns** als Befund[76] bestätigen.

11   Die Einsicht in die Normalität des Verwaltungshandelns durch Verträge und Absprachen wurde wesentlich gefördert durch Praxisberichte und Rechtstatsachenforschung.[77] So haben **Praxisberichte** gezeigt, dass beim Regierungspräsi-

---

[70] *Ritter,* Staat (Fn. 69), S. 393.

[71] *Burmeister,* Verträge (Fn. 47), S. 205.

[72] *Udo Di Fabio,* Vertrag statt Gesetz?, DVBl 1990, S. 338 (339).

[73] Grundlegend *Eberhard Bohne,* Der informale Rechtsstaat, 1981; *ders.,* Informales Verwaltungs- und Regierungshandeln als Instrument des Umweltschutzes, VerwArch, Bd. 75 (1984), S. 343 ff.; ferner aus der frühen Diskussion etwa *Wolfgang Hoffmann-Riem,* Selbstbindungen der Verwaltung, VVDStRL, Bd. 40 (1982), S. 187 (191 ff.); *Carl-Eugen Eberle,* Arrangements im Verwaltungsverfahren, DV, Bd. 17 (1984), S. 439 ff.; *Hartmut Bauer,* Informelles Verwaltungshandeln im öffentlichen Wirtschaftsrecht, VerwArch, Bd. 78 (1987), S. 241 (244 ff.); *Hans-Günter Henneke,* Informelles Verwaltungshandeln im Wirtschaftsverwaltungs- und Umweltrecht, NuR 1991, S. 267 ff.; *Horst Dreier,* Informales Verwaltungshandeln, Staatswissenschaften und Staatspraxis 1993, S. 647 ff. m.w.N.; *Martin Schulte,* Schlichtes Verwaltungshandeln, 1995, S. 25 ff.; ferner zur Formenvielfalt kooperativen Handelns *Gerlinde Dauber,* Möglichkeiten und Grenzen kooperativen Verwaltungshandelns, in: Kathrin Becker-Schwarze u.a. (Hrsg.), Wandel der Handlungsformen im Öffentlichen Recht, 1991, S. 67 (78 ff.).

[74] Siehe aus jüngerer Zeit etwa *Schuppert,* Verwaltungswissenschaft, S. 236 ff.; *Michael Fehling,* Verwaltung zwischen Unparteilichkeit und Gestaltungsaufgabe, 2001, S. 315 ff. und passim; *Martin Kellner,* Haftungsprobleme bei informellem Verwaltungshandeln, 2004; *Friedrich Schoch,* Entformalisierung staatlichen Handelns, in: HStR III, § 37 insbes. Rn. 96, 100 ff., 160 ff.; jüngst *Lehr,* Lenkung (Fn. 63), die das informale Verwaltungshandeln als zweite Gruppe unter den Begriff des Realaktes rubriziert. Dieses umfasst auch das mehrseitige kooperativ-konsensuale Verwaltungshandeln, das sich „gegenüber dem einseitig hoheitlichen Handeln des Staates als besonders lenkungstauglich erwiesen" (S. 3) habe. → Bd. II *Fehling* § 38; jew. m.w.N. Zu Parallelen im Verfassungsrecht *Martin Morlok,* Informalisierung und Entparlamentarisierung politischer Entscheidungen als Gefährdungen der Verfassung?, VVDStRL, Bd. 62 (2003), S. 37 ff. m.w.N.

[75] Nach einer vielzitierten Formulierung des BVerfG entspricht die „Notwendigkeit des Gesprächs zwischen Verwaltung und Bürger [...] dem grundgesetzlichen Verständnis der Stellung des Bürgers im Staat" (*BVerfGE* 45, 297 [335]). Vgl. auch → Bd. II *Gusy* § 23 Rn. 18 ff.

[76] *Schmidt-Aßmann,* Ordnungsidee, Kap. 3 Rn. 118 ff., Kap. 6 Rn. 112 f.

[77] Dazu frühzeitig *Hermann Hill* (Hrsg.), Verwaltungshandeln durch Verträge und Absprachen, 1990. Der Band dokumentiert die Referate und Diskussionsberichte einer im Frühjahr 1989 in Speyer durchgeführten Tagung, die einer breiteren Fachöffentlichkeit die bei der praktischen Arbeit mit öffentlich-rechtlichen Verträgen angestellten Strategieüberlegungen, ansatzweise auch die Einsatzbreite und vertragliche Gestaltungsprobleme vor Augen führte. Zusammen mit im Umfeld der Tagung an anderer Stelle veröffentlichten Ergebnissen der Rechtstatsachenforschung (dazu insbes. *Hartmut Maurer,* Rechtstatsachenforschung im Bereich des Verwaltungsrechts, in: Wolfgang Heinz (Hrsg.), Rechtstatsachenforschung heute, 1986, S. 125 ff. [126 ff.]; *ders./Birgit Hüther,* Die Praxis des Verwal-

A. Entwicklungslinien der Vertragsrechtslehre

dium Stuttgart bereits Anfang der 1980er Jahre nicht nur mehr oder weniger „massenhaft" öffentlich-rechtliche Verträge zum Einsatz kamen,[78] sondern mit „unbewehrten" und „bewehrten" Verträgen auch unterschiedliche Vertragstypen[79] entwickelt wurden. Und die verstärkt vorangetriebene **Rechtstatsachenforschung**[80] hat ergeben, dass sich der Vertrag in der Verwaltungspraxis fest etabliert und wenn schon nicht auf zahlreichen Gebieten routinemäßig eingebürgert,[81] so doch zumindest viele Verwaltungsbereiche erschlossen hat[82]: „Die Praxis verwendet den Verwaltungsvertrag in einer kaum vorstellbaren Breite der Anwendungsfelder"[83]. Die verbesserte Kenntnis der rechtstatsächlichen Gegebenheiten

---

tungsvertrags im Spiegel der Rechtsprechung, 1989) und Praxisberichten namentlich von *Peter Arnold* (Die Arbeit mit öffentlich-rechtlichen Verträgen im Umweltschutz beim Regierungspräsidium Stuttgart, VerwArch, Bd. 80 [1989], S. 125 ff.) und *Manfred Bulling* (Kooperatives Verwaltungshandeln [Vorverhandlungen, Arrangements, Agreements und Verträge] in der Verwaltungspraxis, DÖV 1989, S. 277 ff.) sensibilisierte die Tagung für eine Vertragspraxis, die der Verwaltungsrechtswissenschaft bis dahin so nicht bewusst war. Zu weiteren Impulsen für ein „Mehr" an Vertrag vgl. *Walter Leisner*, Vertragsstaatlichkeit, 2009, der die These aufstellt, „der Vertrag [sei] zugleich prinzipielle Grundlage und zentrale Erscheinungsform der verfassungsrechtlichen Ordnung" (S. 11), dem bisherigen Denken, das Öffentliche Recht sei im Wesentlichen auf Norm und Befehl gegründet, eine Absage erteilt (S. 12) und zu dem Ergebnis gelangt, das Beste sei doch der Vertrag.

[78] Den Berichten zufolge haben die Behörden u.a. bis Ende 1986 in über 1200 Fällen öffentlich-rechtliche Verträge über die Beseitigung von baurechtswidrigen Gartenhäusern geschlossen. In diesen Verträgen verpflichteten sich die beteiligten Privaten, die Gartenhäuser bis zu einem bestimmten Zeitpunkt abzubrechen oder so zurückzubauen, dass die verbleibende Anlage belassen werden kann – im Gegenzug verpflichtete sich die Behörde zur vorübergehenden Duldung der illegalen Zustände. Bei der Fristbemessung für den Abbruch bzw. Rückbau gestand die Behörde meist eine mehrjährige Zeit der „Restnutzung" zu, die in manchen Härtefällen bei älteren Gartenbesitzern sogar bis zu einer Duldungszusage „auf Lebenszeit" reichte. S. dazu und zu weiteren Beispielen *Arnold*, Umweltschutz (Fn. 77), S. 132 ff.; *Bulling*, Verwaltungshandeln (Fn. 77), S. 282 ff.

[79] Nach dieser Typologie sehen sog. „unbewehrte" Verträge für Vertragsverletzungen keine Sanktionen vor, während „bewehrte" Verträge dafür Regelungen etwa über die Unterwerfung unter die sofortige Zwangsvollstreckung und Zwangsgeldandrohungen enthalten; dazu *Bulling*, Verwaltungshandeln (Fn. 77), S. 281.

[80] Insbes. *Wilhelm Henke*, Praktische Fragen des öffentlichen Vertragsrechts – Kooperationsverträge, DÖV 1985, S. 41 ff.; *Bruno Bartscher*, Der Verwaltungsvertrag in der Behördenpraxis, 1997; *Manteo H. Eisenlohr*, Der Prozeßvergleich in der Praxis der Verwaltungsgerichtsbarkeit, 1998; *Hartmut Maurer/Bruno Bartscher*, Die Praxis des Verwaltungsvertrags im Spiegel der Rechtsprechung, 2. Aufl. 1997; *Schlette*, Vertragspartner (Fn. 6), S. 235 ff.; *Gunnar Folke Schuppert*, Grundzüge eines zu entwickelnden Verwaltungskooperationsrechts, Rechts- und verwaltungswissenschaftliches Gutachten, erstellt im Auftrag des Bundesministeriums des Innern, 2001, S. 15 ff.; *Barbara Remmert*, Private Dienstleistungen in staatlichen Verwaltungsverfahren, 2003, S. 109 ff.; *Michael Tietze*, Kooperation im Städtebau, 2003; *Kai-Holmger Kretschmer*, Das Recht der Eingliederungsvereinbarung des SGB II, 2012. Diese und andere Untersuchungen haben für den Verwaltungsvertrag die Praxis in einer Weise aufgehellt, die so – abgesehen vielleicht vom informellen Verwaltungshandeln – bei keiner anderen Handlungsform anzutreffen ist; sie haben das von *Andreas Voßkuhle*, Verwaltungsdogmatik und Rechtstatsachenforschung, VerwArch, Bd. 85 (1994), S. 567 (569, 578, 585), seinerzeit noch mit Recht kritisierte Forschungsdefizit deutlich verringert. Vgl. auch allg. → Bd. I *Voßkuhle* § 1 Rn. 29 ff.

[81] In diesem Sinne *Bartscher*, Verwaltungsvertrag (Fn. 80), S. 297; anders *Schlette*, Vertragspartner (Fn. 6), S. 253 f., wonach vertragliches Handeln, *quantitativ* gesehen, bei den meisten Behörden eine wenig bedeutsame bis unbedeutende Rolle spielen soll. Die uneinheitlichen Einschätzungen sind nicht zuletzt auf voneinander abweichende terminologische und sachliche Abgrenzungen zurückzuführen, die auf die Einsatzbreite des Untersuchungsgegenstandes und die Fallzahlen zurückwirken; vgl. dazu auch *Schlette*, a.a.O., S. 251 m. Fn. 31.

[82] *Schlette*, Vertragspartner (Fn. 6), S. 335.

[83] *Eberhard Schmidt-Aßmann*, Diskussionsbeitrag, VVDStRL, Bd. 52 (1993), S. 326 (326).

regte in der Verwaltungsrechtslehre eine intensivere Beschäftigung mit vertraglichem Verwaltungshandeln an und verringerte die Kluft zur Rechtspraxis.

12 In der Wissenschaftsgeschichte war dafür die **Bayreuther Staatsrechtslehrertagung**[84] eine wichtige Etappe.[85] Ungeachtet der von einem der Referenten nochmals vorgetragenen prinzipiellen Vorbehalte[86] zeigte dort nämlich *Walter Krebs*[87] die enorme Einsatzbreite und Funktionenvielfalt des Verwaltungsvertrages in der Praxis auf; er stellte den Kontakt zu den Steuerungsansätzen und -techniken des kooperativen Staates her, und er benannte etwa mit der Ausrichtung des Verwaltungsvertrages auf die Wahrnehmung von Verwaltungsaufgaben, mit der prozeduralen Konzeption der Vertragsdogmatik, mit der Annäherung des öffentlich-rechtlichen und des zivilrechtlichen Verwaltungsvertrages, mit der „verwaltungsvertraglichen Kautelarjurisprudenz" und mit der Vertragstypologie zukunftsweisend Eckpunkte einer allgemeinen Vertragsrechtslehre, die dem Verwaltungsvertrag die „schönsten Aussichten" prophezeite. Dies alles ebnete den Weg für eine **Perspektivenerweiterung,** welche die negative, vertragliches Verwaltungshandeln begrenzende Funktion des Rechts zwar nicht in Abrede stellt, in dieser schrankenziehenden Funktion aber nur eine Seite des Verwaltungsvertragsrechts sieht, und daneben die stärkere wissenschaftliche Aufbereitung der positiven Funktion des Verwaltungsvertragsrechts fordert.[88] Die **positive Funktion des Verwaltungsvertragsrechts** richtet den Vertrag – nicht anders als die übrigen Rechtsformen des Verwaltungshandelns[89] – auf die **Wahrnehmung von Verwaltungsaufgaben**[90] aus und entnimmt dem Gesetz nicht nur Beschränkungen vertraglichen Handelns, sondern zugleich normative Direktiven für die Begründung, inhaltliche Ausgestaltung, Änderung, Abwicklung und Aufhebung verwaltungsvertraglicher Rechtsverhältnisse, und zwar einschließlich gesetzlich belassener oder eröffneter Spielräume für die Selbststeuerung der am Vertrag beteiligten Akteure.

13 Die Perspektivenerweiterung erleichterte **interdisziplinäre Kontaktaufnahmen** insbesondere **mit verwaltungswissenschaftlichen Fragestellungen.** Damit sind nicht nur Aspekte wie Flexibilität, Komplexitätsbewältigung, Effektivität und Effizienz, Verwaltungsentlastung und Akzeptanzförderung angesprochen,[91]

---

[84] Zweiter Beratungsgegenstand der Bayreuther Tagung war das Thema „Verträge und Absprachen zwischen der Verwaltung und Privaten" mit Berichten von *Joachim Burmeister* und *Walter Krebs*, Landesberichten von *Christian J. Autexier, Johannes Hengstschläger* und *Rainer J. Schweizer* (VVDStRL, Bd. 52 [1993], S. 190 ff.) sowie Begleitaufsätzen von *Philip Kunig* (DVBl 1992, S. 1193 ff.) und *Helmut Lecheler* (BayVBl. 1992, S. 545 ff.).

[85] Ähnlich *Eberhard Schmidt-Aßmann*, Das Recht der Verwaltungsverträge zwischen gesetzlicher Bindung und administrativer Gestaltung, in: FS Heinrich W. Kruse, 2001, S. 65 (66 m. Fn. 1); andere Einschätzung bei *Schlette*, Vertragspartner (Fn. 6), S. 3.

[86] *Burmeister,* Verträge (Fn. 47), S. 222 ff.

[87] *Walter Krebs,* Verträge und Absprachen zwischen der Verwaltung und Privaten, VVDStRL, Bd. 52 (1993), S. 248 ff.

[88] Näheres bei *Hartmut Bauer,* Die negative und die positive Funktion des Verwaltungsvertragsrechts, in: FS Franz Knöpfle, 1996, S. 11 (13 ff.).

[89] Vgl. allgemein zum „Bewirkungsauftrag" der Formenlehre *Eberhard Schmidt-Aßmann*, Die Lehre von den Rechtsformen des Verwaltungshandelns, DVBl 1989, S. 533 (535). S. a. → Bd. II *Hoffmann-Riem* § 33 Rn. 16 ff.

[90] Vgl. *Krebs,* Verträge (Fn. 87), S. 256. Allg. zu Verwaltungsaufgaben s. a. → Bd. I *Baer* § 11.

[91] Dazu am Beispiel des Städtebaurechts etwa *Kahl,* Kooperationsprinzip (Fn. 62), S. 799 ff. Vgl. auch → Bd. II *Pitschas* § 42.

A. Entwicklungslinien der Vertragsrechtslehre

sondern auch Strategie- und Auswahlüberlegungen für Problemlösungen[92] sowie die Vertragsgestaltung.[93] Letzteres ist namentlich im Zuge der zahlreichen **Privatisierungsvorgänge** zunehmend bewusst geworden, bei denen Vertragsklauseln Vorsorge für eine ordnungsgemäße Aufgabenerfüllung treffen und damit letztlich staatliche **Gewährleistungsverantwortung** absichern.[94] Die Verwaltungsrechtslehre nimmt dies zum einen im Anschluss an *Eberhard Schmidt-Aßmann* unter dem Stichwort der **„gesetzesdirigierten Vertragsgestaltung"**[95] auf. Zum anderen entwickelt sie für normativ nicht oder nicht abschließend determinierte Vertragsgestaltungen **Best-Practice-Empfehlungen** im Dialog mit der Verwaltungspraxis, die zudem etwa in ministeriellen Leitfäden Gestaltungsmodelle und Musterverträge für die Umsetzung „vor Ort" beisteuert.[96]

Doch beschränkt sich die Entfaltung des Verwaltungsvertrages durch die Rechtslehre nicht auf bloße Gesetzesanwendung und ergänzende Hinweise zur praktischen Handhabung. Vielmehr ist in den wissenschaftlichen Fokus längst auch die **Leistungsfähigkeit der bestehenden gesetzlichen Regelungen** für die Bewältigung moderner Erscheinungsformen und Bedürfnisse vertraglich-kooperativen Handelns zwischen Staat und Gesellschaft[97] geraten. Dementsprechend durchleuchtet und analysiert die Verwaltungsrechtswissenschaft zunehmend den gegenwärtigen Normenbestand, zeigt tatsächliche oder vermeintliche Defizite auf und erstellt **Empfehlungen für die gesetzliche Fortentwicklung** des Verwaltungsvertragsrechts.[98] Die Vorschläge zielen auf die **Modernisierung von Staat**

14

---

[92] Dazu frühzeitig *Arnold*, Umweltschutz (Fn. 77), S. 125 ff.

[93] Siehe zu Gestaltungsvarianten für vertragliche Flexibilitätsvorsorge etwa *Hartmut Bauer*, Anpassungsflexibilität im öffentlich-rechtlichen Vertrag, in: Hoffmann-Riem/Schmidt-Aßmann (Hrsg.), Innovation, S. 245 (274 ff.).

[94] Dazu vorerst *Hartmut Bauer*, Privatisierung von Verwaltungsaufgaben, VVDStRL, Bd. 54 (1995), S. 243 (274 ff.); *Schmidt-Aßmann*, Ordnungsidee, Kap. 3 Rn. 114 ff., Kap. 6 Rn. 120 ff.; allgemein zum Zusammenhang von Privatisierung und Gewährleistungsverwaltung *Martin Burgi*, Privatisierung, in: HStR IV, § 75 Rn. 28 ff.; grundlegende Überlegungen zur – über das Verwaltungsvertragsrecht hinausweisenden – Entwicklung eines Gewährleistungsverwaltungsrechts bei *Andreas Voßkuhle*, Beteiligung Privater an der Wahrnehmung öffentlicher Aufgaben und staatliche Verantwortung, VVDStRL, Bd. 62 (2003), S. 266 (304 ff., 307 ff.). *Bernward Wollenschläger*, Effektive staatliche Rückholoptionen bei gesellschaftlicher Schlechterfüllung, 2006, S. 108 ff., 136 ff.; *Hubertus Gersdorf*, Privatisierung öffentlicher Aufgaben – Gestaltungsmöglichkeiten, Grenzen, Regelungsbedarf, JZ 2008, S. 831 ff.; rechtsvergleichend *Wenguang Yu*, Praktische Erfahrungen und rechtliche Probleme mit Public Private Partnership in der Verkehrsinfrastruktur in Deutschland und China, 2010, S. 268 ff. Auch der auf dem 67. Deutschen Juristentag gefasste Beschluss Nr. 17 a, 67. Deutscher Juristentag, 2008, Bd. II/1, S. M 79, sieht die Gewährleistungsvereinbarung zwischen Staat und Privaten als das wichtigste Instrument der Gewährleistungsverantwortung an. S. für den Bereich der Wasserversorgung, *Marina Schur*, Der Wasserversorgungsvertrag, 2009, S. 59 ff. (insbes. S. 63 ff.). S.a. → Bd. I *Schulze-Fielitz* § 12 Rn. 154 ff. Kritisch dazu, ob der Staat seiner Gewährleistungsverantwortung ausreichend gerecht werden kann, *Philipp Genschel/Stephan Leibfried*, Schupperts Staat, Wie beobachtet man den Wandel der Formidee?, Der Staat, Bd. 47 (2008), S. 359 (372 ff.).

[95] *Eberhard Schmidt-Aßmann*, Verwaltungsverträge im Städtebaurecht, in: FS Konrad Gelzer, 1991, S. 117 (122); *ders.*, Ordnungsidee, Kap. 6 Rn. 116 m. w. N.

[96] Vgl. etwa *Peter J. Tettinger*, Die rechtliche Ausgestaltung von Public Private Partnership, DÖV 1996, S. 764 ff.; *ders.*, Public Private Partnership, Möglichkeiten und Grenzen – ein Sachstandsbericht, NWVBl 2005, S. 1 ff.; zu Best-Practice-Empfehlungen für die Gestaltung von Public Private Partnership-Verträgen s. etwa *Schuppert*, Verwaltungswissenschaft, S. 448. Vgl. auch allg. → Bd. II *Ladeur* § 21 Rn. 81.

[97] *Schmidt-Aßmann*, Rechtsformen (Fn. 89), S. 535.

[98] Hervorzuheben sind die im Auftrag des Bundesministeriums des Innern erstellten Gutachten von *Schuppert*, Verwaltungskooperationsrecht (Fn. 80), und *Jan Ziekow*, Verankerung verwaltungs-

und Verwaltung. Sie orientieren sich nicht selten am Leitbild einer „Partnerschaft zwischen Staat und Gesellschaft zur Aktivierung spezifisch bürgerschaftlicher Problemlösungskompetenzen" und tragen mit diesem Modernisierungsansatz zu einem **Paradigmenwechsel** im Grundverständnis des Verhältnisses von Staat und Gesellschaft bei.[99]

15   Perspektive ist die **Ausbildung eines Verwaltungskooperationsrechts**[100] nach den **Maximen des „aktivierenden Staates"**[101]. Dieser Programmatik verpflichtete Innovationsimpulse mündeten in das ÖPP-Beschleunigungsgesetz,[102] das gesetzliche Hemmnisse bei der Umsetzung von Öffentlich Privaten Partnerschaften ausräumen und dadurch die Implementierung von Public Private Partnership fördern will.[103] Ob und wann es darüber hinaus zu der **geplanten Überarbei-**

---

rechtlicher Kooperationsverhältnisse (Public Private Partnership) im Verwaltungsverfahrensgesetz, 2001. Gesetzesanalysen und Anregungen für die normative Fortentwicklung des Verwaltungsvertragsrechts finden sich freilich auch ohne derartige Aufträge; s. z.B. *Schlette*, Vertragspartner (Fn. 6), insbes. S. 685 ff., *Hermann Butzer*, Brauchen wir das Koppelungsverbot nach § 56 VwVfG?, DÖV 2002, S. 881 (insbes. S. 890 f.), *Ulrich Stelkens*, Von der Nichtigkeit zur Vertragsanpassungspflicht – Zur Neuordnung der Fehlerfolgen öffentlich-rechtlicher Verträge, DV, Bd. 37 (2004), S. 193 (insbes. S. 199 ff., 225 f.), und – bereichsspezifisch – *Stefan Storr*, Zu einer gesetzlichen Regelung für eine Kooperation des Staates mit privaten Sicherheitsunternehmen im Bereich polizeilicher Aufgaben, DÖV 2005, S. 101 (109 f.), sowie aus der weiter zurückliegenden Literatur insbes. *Wilhelm Henke*, Entwurf eines Gesetzes über den Subventionsvertrag, DVBl 1984, S. 845 (850 ff.). Vgl. zum Regelungsdefizit etwa *Karl-Peter Sommermann*, Das Verwaltungsverfahrensgesetz im europäischen Kontext: eine rechtsvergleichende Bilanz, in: Hermann Hill/Karl-Peter Sommermann/Ulrich Stelkens/Jan Ziekow (Hrsg.), 35 Jahre Verwaltungsverfahrensgesetz – Bilanz und Perspektiven, 2011, S. 191 (211 f.: „Rumpfbestimmungen"), und *Ulrich Stelkens*, Kodifikationssinn, Kodifikationseignung und Kodifikationsgefahren im Verwaltungsverfahrensrecht, ebd., S. 271 (280 ff.), der die §§ 54 ff. VwVfG u.a. als „Negativ-Beispiel" für mangelnde Handhabbarkeit heranzieht und überspitzt formuliert, dass die Vorschriften auf dem „Reißbrett entworfen" worden seien.

[99] Siehe dazu das Vorwort zu dem von *Jan Ziekow* herausgegebenen Band Public Private Partnership – Projekte, Probleme, Perspektiven –, 2003, S. V, der einen Workshop dokumentiert.

[100] *Gunnar Folke Schuppert*, Jenseits von Privatisierung und „schlankem" Staat: Vorüberlegungen zu einem Konzept von Staatsentlastung durch Verantwortungsteilung, in: Christoph Gusy (Hrsg.), Privatisierung von Staatsaufgaben: Kriterien – Grenzen – Folgen, 1998, S. 72 (109 ff.); *ders.*, Verwaltungskooperationsrecht (Fn. 80); *Martin Kment*, Die Einbindung Privater bei der Verwirklichung von Infrastrukturprojekten – Eine rechtsvergleichende Analyse zum Schutz von öffentlichen Interessen und Belangen Dritter bei Public Private Partnership-Vorhaben, VerwArch, Bd. 103 (2012), S. 63 (84 ff.); vgl. auch *Wollenschläger*, Rückholoptionen (Fn. 94), S. 181 ff., der allerdings den terminologisch prekären Begriff des „Gewährleistungsvertrages" verwendet; *Torsten Lämmerzahl*, Die Beteiligung Privater an der Erledigung öffentlicher Aufgaben, 2007; *Martin Burgi*, Privatisierung öffentlicher Aufgaben – Gestaltungsmöglichkeiten, Grenzen, Regelungsbedarf, Gutachten für den 67. Deutschen Juristentag, 2008, Bd. I, S. D 1 (109 ff.); *Hans-Detlef Horn*, Zum Fortentwicklungsbedarf des Verwaltungsvertragsrechts, in: FS Herbert Bethge, 2009, S. 339 ff.; *Nina Stöcker*, Entwicklung des Verwaltungskooperationsvertrages unter Berücksichtigung des Vergaberechts, 2009; *Tonio Gas*, Die gesetzliche Normierung des öffentlich-privaten Kooperationsvertrages – Handlungsbedarf im Gewährleistungsstaat, DV, Bd. 45 (2012), S. 43 ff.

[101] Vgl. *Ziekow*, Kooperationsverhältnisse (Fn. 98), S. 1 ff.; *Schmitz*, Novellierung (Fn. 54), S. 18 f.; *Uwe Kaminski*, Die Kündigung von Verwaltungsverträgen, 2005, S. 46 ff.; jew. m.w.N. s.a. → Bd. I *Voßkuhle* § 1 Rn. 63 f.

[102] → Fn. 60.

[103] Siehe dazu die Begründung des Gesetzentwurfs der Fraktionen SPD und Bündnis 90/Die Grünen, BTDrucks 15/5668, S. 1 f., 10; ferner *Michael Uechtritz/Olaf Otting*, Das „ÖPP-Beschleunigungsgesetz": Neuer Name, neuer Schwung für „öffentlich-private Partnerschaften"?, NVwZ 2005, S. 1105 ff.; *Martin Fleckenstein*, Abbau von Hemmnissen für Public Private Partnership: Das ÖPP-Beschleunigungsgesetz, DVBl 2006, S. 75 ff.; s. zu einzelnen Regelungen *Yu*, Partnership (Fn. 94), S. 119 ff.

tung der verwaltungsverfahrensgesetzlichen **Vorschriften über den öffentlich-rechtlichen Vertrag** kommen wird[104], bleibt abzuwarten. Beim derzeitigen Entwicklungsstand zeichnet sich freilich schon jetzt ab, dass die beabsichtigte „behutsame"[105] Überarbeitung der einschlägigen Vorschriften sehr zurückhaltend ausfallen wird, weil sie sich in erster Linie auf die – zudem teilweise nur deklaratorische – Aufnahme des Kooperationsvertrages und Modifikationen der Fehlerfolgenregelung konzentriert; dadurch würde der im Verwaltungsvertragsrecht bestehende **Handlungsbedarf für den Gesetzgeber** nur in Teilen[106] abgebaut.

III. Über Aufgaben einer zeitgemäßen Lehre vom Verwaltungsvertrag

Retrospektiv dokumentieren die nur holzschnittartig skizzierten Entwicklungsstationen einen zwar nicht schwankungsfreien, insgesamt aber doch eher geradlinig verlaufenden **kontinuierlichen Bedeutungszuwachs des Verwaltungsver-**   16

---

[104] Näheres hierzu bei *Schmitz*, Novellierung (Fn. 54), S. 17 ff.; *ders.*, Kooperationsverträge: Zur bevorstehenden Novellierung des Vertragsrechts im Verwaltungsverfahrensgesetz, in: Hartmut Bauer/Christiane Büchner/Frauke Brosius-Gersdorf (Hrsg.), Verwaltungskooperation – Public Private Partnerships und Public Public Partnerships, 2008, S. 51 ff. Zur Diskussion der geplanten Regelung des Kooperationsvertrages s. *Max Reicherzer*, Die gesetzliche Verankerung von Public-Private-Partnerships, DÖV 2005, S. 603 ff.; *Ulrich Stelkens*, „Kooperationsvertrag" und Vertragsanpassungsansprüche: Zur beabsichtigten Reform der §§ 54 ff. VwVfG, NWVBl 2006, S. 1 ff.; *Hartmut Maurer*, Fortentwicklung des Verwaltungsverfahrensrechts – aber wohin?, in: FS Günter Püttner 2007, S. 43 (49 ff.). Auf Landesebene hat Schleswig-Holstein mit dem Gesetz über die Zusammenarbeit zwischen Trägern der öffentlichen Verwaltung und Privaten vom 19. 6. 2007 (GVBl S. 328) eine gewisse Vorreiterrolle übernommen. Vgl. auch → Bd. I *Schuppert* § 16 Rn. 94 f.

[105] *Schmitz*, Novellierung (Fn. 54), S. 17.

[106] Zur Diskussion über die sog. „große" und „kleine" Lösung s. *Schmitz*, Novellierung (Fn. 54), S. 20 f.; *Benjamin Gündling*, Modernisiertes Privatrecht und öffentliches Recht, 2006, S. 122 ff.; *Hartmut Bauer*, Verwaltungswissenschaftliche Impulse für die Fortentwicklung der Lehre vom Verwaltungsvertrag, in: FS Rolf Stober, 2008, S. 327 (330); *Horn*, Fortentwicklungsbedarf (Fn. 100), S. 350 ff., wonach „die ‚kleine Lösung' nicht ganz so klein ausfallen" sollte (S. 357); *Gas*, Kooperationsvertrag (Fn. 100), S. 47 ff. (51 ff.), befürwortet eine „große Lösung" (S. 55) zur Kodifizierung des Kooperationsvertrages im VwVfG; *Jörn A. Kämmerer/Paulina Starski*, Über Nutz und Frommen einer ÖPP-Gesetzgebung, ZG, Bd. 23 (2008), S. 227 (241 f.), die das Bedürfnis nach einer gesetzlichen Regelung kritisch hinterfragen und Probleme der Kodifikation des Kooperationsvertrages im VwVfG aufzeigen. Nach Ansicht von *Lämmerzahl*, Beteiligung Privater (Fn. 100), S. 235 ff., sollte in § 54 VwVfG lediglich eine „Öffnungsklausel zum Verwaltungskooperationsvertrag" aufgenommen werden; darüber hinaus gehende Detailregelungen sollten einem gesonderten Verwaltungskooperationsgesetz vorbehalten bleiben, dessen Anwendungsbereich auf öffentlich-rechtliche Kooperationsverträge beschränkt ist. *Stöcker*, Verwaltungskooperationsvertrag (Fn. 100), S. 111 ff. (268 ff.), fordert für die Normierung des Verwaltungskooperationsvertrages ein gesondertes „Verwaltungskooperations(vertrags-)gesetz" mit einem „teilrechtsordnungsübergreifende[n] Ansatz". *Burgi*, Privatisierung (Fn. 100), S. D 109 ff. (111), plädiert für die Entwicklung eines Allgemeinen PPP-Gesetzes und lehnt wegen der erforderlichen rechtsübergreifenden Regelungen eine Verankerung im VwVfG ab; dieser Vorschlag wurde mit 53 Ja-Stimmen, bei 3 Enthaltungen und 3 Nein-Stimmen angenommen (67. Deutscher Juristentag, 2008, Bd. II/1, S. M 80, Beschluss Nr. 22). Nach Auffassung *Burgis*, Verwaltungsverfahrensrecht zwischen europäischem Umsetzungsdruck und nationalem Gestaltungswillen, JZ 2010, S. 105 (107), sollte der 2004 vorgelegte Entwurf eines Ergänzungsgesetzes für die Kodifizierung des öffentlich-rechtlichen Kooperationsvertrages im VwVfG nicht realisiert werden, da „er die privatrechtlichen und die institutionellen Privatisierungsvorgänge gar nicht erfasse und damit weiterhin deutlich mehr als 90% sämtlicher Public Privat Partnership-Verträge unreglementiert bleiben würden". Weitere Regelungsvorschläge bei *Wollenschläger*, Rückholoptionen (Fn. 94), S. 192 ff., und *Gas*, a. a. O., S. 45 ff., 58 ff., 65 ff. m. zahlr. w. N.

trages in der Verwaltungsrechtswissenschaft. Lange Zeit berechtigte Einschätzungen, wonach das öffentliche Vertragsrecht „als umfassende dogmatische Aufgabe noch nicht erkannt, geschweige denn ausgearbeitet"[107] sei oder die „Rechtsdogmatik hinsichtlich des öffentlich-rechtlichen Vertragsrechts [...] noch in den Kinderschuhen" stecke[108] und von „einer hinreichenden dogmatischen Strukturierung des verwaltungsrechtlichen Vertrages [...] keine Rede sein" könne[109], lassen sich daher heute nicht mehr unbesehen fortführen.[110] Vielmehr ist der historischen *tour d'horizon* zu entnehmen, dass Teile der Rechtslehre schon vor Jahrzehnten die prinzipielle Anerkennung des Vertrages mit weichenstellender Fernwirkung auf die späteren Verwaltungsverfahrensgesetze entscheidend gefördert haben.[111] Dabei ist es nicht geblieben. Denn die für den Verwaltungsvertrag aufgeschlossene Strömung der Verwaltungsrechtswissenschaft hat die veränderte Stellung des Bürgers zum Staat ebenso aufgegriffen wie die Normalität kooperativen Verwaltungshandelns, sie ist mit der Verwaltungspraxis im Gespräch und betreibt Rechtstatsachenforschung, sie steht im interdisziplinären Dialog mit der Verwaltungswissenschaft, sie nimmt Reformansätze wie Privatisierungsvorgänge und staatliche Gewährleistungsverantwortung auf, und sie verarbeitet all dies mit Modernisierungsanspruch und mit der Perspektive auf die Ausbildung eines Verwaltungskooperationsrechts, das Empfehlungen für die Fortentwicklung des Verwaltungsvertragsrechts durch den Gesetzgeber einschließt[112] – und zwar in Teilen bis in die Lehrbuchliteratur hinein.[113]

17 Die **vielfach beklagten Entwicklungsrückstände** der Vertragsrechtslehre[114] wollen daher richtig eingeordnet sein. Sie sind sicher im unmittelbaren Vergleich mit der detailliert ausgearbeiteten Vertragsrechtsdogmatik des Zivilrechts und mit der gründlich durchgebildeten Verwaltungsaktsdogmatik unbestreitbar; nachwirkende staatstheoretische Vorbehalte und die geringe normative Vorordnung verwaltungsvertraglichen Handelns liefern dafür eine einfache Erklärung. Doch ändert dies nichts daran, dass die **Lehre vom Verwaltungsvertrag** seit geraumer Zeit gut vorankommt, dabei neue oder in neuem Licht erscheinende Problemlagen verarbeitet und so **den Anschluss an die moderne Rechtsentwicklung herstellt.**

---

[107] *Henke*, Wandel (Fn. 10), S. 546.
[108] *Willy Spannowsky*, Grenzen des Verwaltungshandelns durch Verträge und Absprachen, 1994, S. 225.
[109] *Schlette*, Vertragspartner (Fn. 6), S. 3.
[110] Zumal gerade in der jüngeren Vergangenheit mehrere hochkarätige Habilitationsschriften Wesentliches zur Vertragsrechtslehre beigetragen haben; s. *Elke Gurlit*, Verwaltungsvertrag und Gesetz, 2000; *Hans C. Röhl*, Verwaltung durch Vertrag, unveröffentlichte Habilitationsschrift, o. J.; *Schlette*, Vertragspartner (Fn. 6); *Spannowsky*, Grenzen (Fn. 108).
[111] → Rn. 4 m. Fn. 31.
[112] → Rn. 9 ff.
[113] So findet sich in der Lehrbuchliteratur schon seit langem der Hinw., der öffentlich-rechtliche Vertrag sei im Verwaltungsrecht eine „häufige Erscheinung" und stehe „fest in Brauch und Übung" (*Forsthoff*, VerwR, 1. Aufl. 1950, S. 208 f.); er sei „inzwischen zu einem selbstverständlichen, unverzichtbaren und weitverbreiteten Handlungsinstrument" geworden (*Wolff/Bachof/Stober/Kluth*, VerwR I, § 54 Rn. 4). Zur Rezeption von „Catch-words" der modernen Entwicklung („Kooperationsprinzip", „Mediation", „Public Private Partnership", „Privatisierung", „Gewährleistungsverwaltung", „kooperationsrechtliche Verträge", „Neues Steuerungsmodell", „Kontraktmanagement" usw.) in der Lehrbuchliteratur s. insbes. *Wolff/Bachof/Stober/Kluth*, VerwR I, § 54.
[114] Vgl. etwa *Schmidt-Aßmann*, Rechtsformen (Fn. 89), S. 535; *Thieme*, Reform (Fn. 45), S. 760 f.; *Schlette*, Vertragspartner (Fn. 6), S. 3.

A. Entwicklungslinien der Vertragsrechtslehre

Vor diesem Hintergrund wäre es prekär, vom **Approach der „Neuen Verwaltungsrechtswissenschaft"**[115] grundlegend neue richtungweisende Leitideen oder Impulse zu erwarten. Der Programmatik dieses Neuorientierungsvorstoßes[116] trägt die aktuelle wissenschaftliche Bearbeitung des Verwaltungsvertragsrechts nämlich bereits in vielen Punkten Rechnung. Als Belege müssen an dieser Stelle[117] einige Stichworte genügen: Die moderne Vertragsrechtslehre hat die einseitige Fixierung auf die traditionelle sog. Juristische Methode nicht anders als eine exklusiv pathologieorientierte Betrachtungsweise inzwischen hinter sich gelassen. Sie stellt sich den Herausforderungen des gesellschaftlichen Wandels. Sie bezieht mit Blick sowohl auf die Rechtsanwendung als auch auf die Rechtsetzung handlungsorientierte Gestaltungsfragen ein. Sie beschäftigt sich mit veränderten Steuerungsansätzen. Sie scheut weder vor Realbereichsanalysen noch vor der Arbeit mit neuen Referenzgebieten zurück. Sie ist in Leitbilddebatten eingebunden. Sie berührt und behandelt viele der „Schlüsselbegriffe", die in der „Neuen Verwaltungsrechtswissenschaft" übergreifende Reformansätze thematisieren. Und sie steht bei alledem ganz selbstverständlich im Gedankenaustausch mit der Verwaltungspraxis. So gesehen sind Fortschreibung und Fortentwicklungen der Lehre vom Verwaltungsvertrag weniger Ausdruck einer methodischen Neuausrichtung oder gar eines strukturellen Umbruchs in der Verwaltungsrechtswissenschaft. Bei nüchterner und sachadäquater Betrachtung ist die **zeitgemäße Entfaltung der Vertragsrechtslehre** eher **Teil jenes permanenten Modernisierungsprozesses,** mit dem Verwaltung und Verwaltungsrecht immer wieder auf die Höhe der Zeit gebracht werden – und der selbstverständlich auch an der Rechtswissenschaft nicht spurlos vorübergeht.[118] Jedenfalls erscheint eine zeitgemäße Bearbeitung des Verwaltungsvertragsrechts auch ohne die Proklamation einer „Neuen Verwaltungsrechtswissenschaft" und ohne einen an diese „Zäsur"[119] anschließenden Neubeginn möglich.[120]

18

---

[115] → Bd. I *Voßkuhle* § 1.

[116] Zur Programmatik und zu den im Folgenden angesprochenen Aspekten der „Neuen Verwaltungsrechtswissenschaft" → Bd. I *Voßkuhle* § 1.

[117] Vgl. ergänzend oben → Rn. 8 ff.

[118] Die Beobachtung, dass die Modernisierung von Verwaltung und Verwaltungsrecht eine Daueraufgabe ist und dementsprechend auch die Verwaltungsrechtslehre laufend der Anpassung bedarf, ist keineswegs neu; vgl. etwa *Otto Bachof,* Über einige Entwicklungstendenzen im gegenwärtigen Deutschen Verwaltungsrecht (1963), in: ders., Wege zum Rechtsstaat, 1979, S. 245 ff.; ders., Die Dogmatik des Verwaltungsrechts vor den Gegenwartsaufgaben der Verwaltung, VVDStRL, Bd. 30 (1972), S. 193 (insbes. S. 218, 229 ff., 237 f.); vgl. aus jüngerer Zeit etwa *Jens Kersten/Sophie-Charlotte Lenski,* Die Entwicklungsfunktion des Allgemeinen Verwaltungsrechts, DV, Bd. 42 (2009), S. 501 (523), die es als „die" zentrale Aufgabe des Allgemeinen Verwaltungsrechts ansehen, die klassischen Handlungsformen aufgrund der Erschließung neuer Referenzgebiete näher auszudifferenzieren.

[119] → Bd. I *Voßkuhle* § 1 Rn. 1, 71.

[120] Wie alles Recht ist auch die Rechtsdogmatik der geschichtlichen Entwicklung unterworfen und muss deshalb von Zeit zu Zeit daraufhin überprüft werden, ob sie ihrem Gegenstand noch gerecht wird. Das schließt Anpassungen der Verwaltungsrechtslehre ein, die in den zurückliegenden Jahrzehnten immer wieder zu beobachten waren. Ob Quantität und/oder Qualität solcher Anpassungen in der Sache die Ausrufung neuer „Wissenschaftszeitalter" oder „-perioden" tragen, ist letztlich immer auch eine Wertungsfrage. Wer für solche Proklamationen aufgeschlossen ist, mag die in jüngerer Zeit weit vorangetriebene Verwaltungsvertragsrechtslehre als „Neue" Lehre vom Verwaltungsvertrag ausgeben und anschließend als Musterbeleg für die „Neue Verwaltungsrechtswissenschaft" anführen. Unabhängig davon stoßen derartige Proklamationen regelmäßig auf allerlei Befindlichkeiten, wecken entsprechende Vorbehalte, verlagern die Schwerpunkte rechtswissen-

19 Die Einstellung in den permanenten Modernisierungsprozess wirkt auf die **konzeptionelle Ausrichtung der Verwaltungsvertragsrechtslehre** zurück, die ohne Rechtfertigungsdruck zwanglos an den herangewachsenen dogmatischen Bestand anknüpfen kann und dadurch doch nicht gehindert ist, Ergänzungs- oder Erneuerungsvorschläge zu unterbreiten. Konzeptionell ist **Hauptaufgabe** einer zeitgemäßen Lehre vom Verwaltungsvertrag demnach die **Bereitstellung**[121] **einer leistungsfähigen Vertragslehre,** die Traditionslinien und Modernisierungsbedarf aufnimmt und beides zukunftsfähig verarbeitet. Das setzt neben der Kontaktaufnahme mit dem sich aktuell stark entwickelnden Verwaltungskooperationsrecht[122] eine Vergewisserung über die rechtstatsächliche Verbreitung vertraglicher und vertragsähnlicher Beziehungen in öffentlich-rechtlichen Kontexten[123] und insbesondere im Verwaltungsrecht[124] voraus, auf der eine praxisgerechte und anwendungsorientierte Verwaltungsvertragsrechtslehre[125] aufbauen kann.

B. Zur Normalität vertraglicher Beziehungen in öffentlich-rechtlichen Kontexten

I. Völkerrecht, Gemeinschafts- und Unionsrecht, Verfassungsrecht

20 Die in den frühen Grundsatzdebatten zu beobachtende Abdrängung öffentlich-rechtlicher Staat-Bürger-Verträge allenfalls in eine Randposition und die daran anschließende Vernachlässigung des Vertrages in der verwaltungsrechtswissenschaftlichen Systembildung sind nicht zuletzt beeinflusst durch die vornehmliche Verortung des Rechtsinstituts „Vertrag" im Zivilrecht.[126] Denn die Rückführung auf das Zivilrecht[127] weckt Assoziationen mit (privatautonomer)

---

schaftlicher Diskussionen, lenken notwendige Debatten oftmals auf Nebenschauplätze ab und stören dadurch die problemadäquate Bearbeitung der auftretenden Sachfragen.

[121] Richtungweisend für die Bereitstellungsfunktion des Rechts im Zusammenhang mit der Reform des Allgemeinen Verwaltungsrechts *Gunnar Folke Schuppert,* Verwaltungsrechtswissenschaft als Steuerungswissenschaft. Zur Steuerung des Verwaltungshandelns durch Verwaltungsrecht, in: Hoffmann-Riem/Schmidt-Aßmann/Schuppert (Hrsg.), Reform, S. 65 (insbes. S. 96 ff., 98 ff., 111 ff.). S. a. → Bd. I *ders.* § 16 Rn. 11 f.

[122] Anliegen, Gegenstand und Konzeption eines solchen Verwaltungskooperationsrechts sind freilich noch nicht abschließend geklärt; vgl. dazu vorerst nur *Schuppert,* Verwaltungswissenschaft, S. 443 ff.; *Hartmut Bauer,* Zur notwendigen Entwicklung eines Verwaltungskooperationsrechts, in: Gunnar Folke Schuppert (Hrsg.), Jenseits von Privatisierung und „schlankem" Staat, 1999, S. 251 (251 ff.). Auch ist der Verwaltungsvertrag nur ein – besonders wichtiger – Teil des zu entwickelnden Verwaltungskooperationsrechts, das sinnvollerweise andere (oftmals in einer unsicheren Beziehung zum Vertrag stehende) Kooperationsformen einschließen müsste – so etwa (wegen der thematischen Eingrenzung in diesem Beitrag nicht berücksichtigte) informelle Absprachen, Verständigungen usw. (s. dazu → Bd. II *Fehling* § 38). Überdies wäre die alleinige Ausrichtung des Vertrages auf Kooperation auch deshalb zweifelhaft, weil Gegenstand von Verträgen auch der nur punktuelle Austausch oder die einmalige Problembereinigung sein kann; → Rn. 66, 68.

[123] → Rn. 20 ff.
[124] → Rn. 31 f., 34 ff.
[125] → Rn. 69 ff.
[126] → Rn. 1 f.
[127] Aus jüngerer Zeit etwa *Burmeister,* Verträge (Fn. 47), S. 254 („aus dem Zivilrecht" stammendes „Rechtsinstitut"); ähnlich *Paul Kirchhof,* Mittel staatlichen Handelns, in: HStR III, 1. Aufl. 1988, § 59

B. Zur Normalität vertraglicher Beziehungen

Vertragsfreiheit und im Verwaltungsrecht entsprechende Ressentiments. Indes wäre eine **genuin zivilrechtliche Einordnung des Vertrages verfehlt**.[128] Vielmehr belegen Seitenblicke in andere Regelungsmaterien des Öffentlichen Rechts, dass vertragliche Beziehungen auch dort seit langem heimisch sind und keineswegs auf privatautonomer Freiheit zu Beliebigkeit beruhen.[129]

1. Völkerrecht

Das betrifft zunächst das **Völkerrecht,** das die Staaten nach wie vor in erheblichem Umfang durch vertragliche Vereinbarungen im Wege der Selbstregulierung gestalten.[130] Solche Verträge begründen für die beteiligten Staaten u. a. Verpflichtungen zur Zusammenarbeit beispielsweise mit humanitären, wirtschafts-, umwelt-, sozial-, kultur- und sicherheitspolitischen Zielsetzungen und reichen bis hin zur Gründung Internationaler Organisationen. Mit hierher gehören außerdem internationale Übereinkünfte der Europäischen Union, für die der Vertrag von Lissabon die Vertragsabschlussbefugnis nunmehr ausdrücklich regelt.[131] Für den Abschluss, die inhaltliche Ausgestaltung und die Durchführung völkerrechtlicher Verträge gibt es vielfältige rechtliche Direktiven – so namentlich in dem „Vertrag über Verträge", der Wiener Vertragsrechtskonvention,[132] und innerstaatlich etwa für die Bundesrepublik Deutschland in den einschlägigen verfahrensrechtlichen und inhaltlichen Direktiven des Grundgesetzes.[133]

21

2. Gemeinschafts- und Unionsrecht sowie europäische Verwaltungsverträge

Nichts anderes gilt im rechtlichen Ausgangspunkt für die frühere Europäische Gemeinschaft, die bekanntlich auf völkerrechtliche Verträge zurückgeht, seither wiederholt auf vertraglicher Grundlage fortentwickelt wurde[134] und so-

22

Rn. 122 ff., wonach der Vertrag „das Rechtsinstrument privater Hand" und der „Vertrag zwischen öffentlicher und privater Hand" ein „staatsrechtlicher Problemfall" sei, der in der „Grundstruktur eines freiheitlichen Staates […] Ausnahme" bleibe; teilweise abweichend nunmehr *ders.*, Mittel staatlichen Handelns, in: HStR V, § 99 Rn. 157 ff. Aus zivilrechtlicher Sicht mit vergleichbaren Scheuklappen *Fritz Rittner*, Der privatautonome Vertrag als rechtliche Regelung des Soziallebens, JZ 2011, S. 269 ff.

[128] Zutreffend *Schlette*, Vertragspartner (Fn. 6), S. 11 f.

[129] Überblick zur Verbreitung des Vertrages im Öffentlichen Bereich aus jüngerer Zeit bei *Leisner*, Vertragsstaatlichkeit (Fn. 77), S. 56 ff.

[130] Vgl. dazu und zum Folgenden etwa *Christian Tomuschat*, Art. „Völkerrecht", in: EvStL, Sp. 3875 ff.; *Stefan Oeter*, Art. „Völkerrecht", in: EvStL, Neuausgabe 2006, Sp. 2648 (2652); sowie zur zentralen Bedeutung des völkerrechtlichen Vertrages für das Recht der internationalen Verwaltungsbeziehungen *Eberhard Schmidt-Aßmann*, Die Herausforderung der Verwaltungswissenschaft durch die Internationalisierung der Verwaltungsbeziehungen, Der Staat, Bd. 45 (2006), S. 315 (328 ff.). S. a. → Bd. I *Ruffert* § 17 Rn. 41 f.

[131] Vgl. Art. 216 AEUV und dazu *Kirsten Schmalenbach*, in: Calliess/Ruffert (Hrsg.), EUV/AEUV, Art. 216 AEUV Rn. 1. Zu weiteren unionsrechtlichen Direktiven für den Abschluss internationaler Übereinkünfte s. etwa die Vorgaben in Art. 218 AEUV für Verhandlungen und den Abschluss völkerrechtlicher Verträge zwischen der Union und Drittländern oder internationalen Organisationen.

[132] Dazu *Wolfgang Graf Vitzthum*, Begriff, Geschichte und Quellen des Völkerrechts, in: ders. (Hrsg.), Völkerrecht, 5. Aufl. 2010, S. 1 (50 ff.).

[133] Siehe z. B. *Rudolf Bernhardt*, Verfassungsrecht und völkerrechtliche Verträge, in: HStR VII, 1. Aufl. 1992, § 174.

[134] Überblicke bei *Herdegen*, EuropaR, § 4; *Streinz*, EuropaR, Rn. 16 ff.; Oppermann/Classen/Nettesheim, EuropaR, § 2; *Leisner*, Vertragsstaatlichkeit (Fn. 77), S. 67 ff., bezeichnet Gemeinschaftsrecht als „gleichordnendes und gleichgeordnetes Vertragsrecht".

§ 36 Verwaltungsverträge

gar durch den „Vertrag über eine Verfassung für Europa"[135] eine ausdrücklich als Vertrag bezeichnete Verfassung erhalten sollte[136]. Dass die Gründungsverträge, deren Fortentwicklung bis zur Errichtung der **Europäischen Union** und die anschließenden Reformprozesse nicht mit Vorstellungen privatautonomer Vertragsfreiheit erfassbar sind, versteht sich.[137] Über den vertraglichen Gründungs- und institutionellen Entwicklungskomplex hinaus sah das **primäre Gemeinschaftsrecht** an mehreren Stellen weitere Verträge vor und setzte diese für die Funktionsfähigkeit der Gemeinschaft bisweilen sogar voraus. Dies gilt zunächst für den mittlerweile aufgehobenen Art. 293 EGV, der die Mitgliedstaaten berechtigte und verpflichtete, zur Sicherstellung der dort genannten Ziele[138] Verträge über die Gleichstellung der Angehörigen von Mitgliedstaaten auszuhandeln und abzuschließen[139] sowie daneben für Vereinbarungen über die Ernennung von Richtern und Generalanwälten des Gerichtshofs (Art. 223 EGV) und den Sitz der Organe der Gemeinschaft (Art. 289 EGV).[140] Die zuletzt genannten Vorschriften sind in Art. 253 AEUV und Art. 341 AEUV übernommen. Die Kontroversen über die rechtssystematische Zuordnung mancher der genannten Vereinbarungen zum Völkerrecht oder zum Gemeinschaftsrecht dringen in den Grenzbereich der beiden Rechtsebenen vor und haben teilweise bereits die Grenzlinie zum sekundärrechtlichen Vertrag überschritten;[141] das ist hier nicht zu vertiefen.

23 Jedenfalls stellte das **sekundäre Gemeinschaftsrecht** mit der Europäischen Wirtschaftlichen Interessenvereinigung (EWIV) bereits Mitte der 1980er Jahre eine Organisationsform bereit, die im konkreten Einzelfall durch gemeinschaftsrechtlichen Vertrag gegründet und von deutschen Gebietskörperschaften für die grenzüberschreitende Zusammenarbeit mit Nachbarstaaten bzw. deren Untergliede-

---

[135] Text in: *Deutscher Bundestag, Referat Öffentlichkeitsarbeit* (Hrsg.), Eine Verfassung für Europa, 2004, S. 49 ff.

[136] In der ursprünglichen Fassung ist der Verfassungsvertrag durch die mit dem negativen Ausgang der Referenden in Frankreich und den Niederlanden eingeleitete Entwicklung hin zum Vertrag von Lissabon (2009) freilich obsolet geworden, was aber nichts daran ändert, dass der Lissabonner Vertrag über weite Strecken auf den Verfassungsvertrag zurückgreift.

[137] Für die zu beachtenden innerstaatlichen Bindungen liefern insbes. die Entscheidungen zu Maastricht und Lissabon (*BVerfGE* 89, 155; 123, 267) instruktives Anschauungsmaterial.

[138] Unter anderem Beseitigung der Doppelbesteuerung innerhalb der Gemeinschaft, Vereinfachung der Förmlichkeiten für die gegenseitige Anerkennung und Vollstreckung richterlicher Entscheidungen; s. dazu und zu den entsprechenden Übereinkommen *Jürgen Bröhmer*, in: Calliess/Ruffert (Hrsg.), EUV/EGV, 3. Aufl. 2007, Art. 293 EG Rn. 1, 6 ff.

[139] *EuGH*, Rs. 12/76, Slg. 1976, 1473, Rn. 5 ff.; Rs. C-398/92, Slg. 1994, I-467, Rn. 9 ff.; *Jürgen Bröhmer*, in: Calliess/Ruffert (Hrsg.), EUV/EGV, 3. Aufl. 2007, Art. 293 EG Rn. 1. Bei den Abkommen handelt es sich um völkerrechtliche Verträge; s. *Eckart Klein*, in: Hailbronner/Klein/Magiera/Müller-Graff, EU-/EG-Vertrag, Art. 220 EG Rn. 1; *Matthias Niedobitek*, Das Recht der grenzüberschreitenden Verträge, 2001, S. 293.

[140] Weitere Beispiele in Art. 112 Abs. 2 b) EGV (Auswahl und Ernennung der Mitglieder des Direktoriums der EZB – jetzt: Art. 283 Abs. 2 b) AEUV) und Art. 224 EGV (Ernennung der Mitglieder des Gerichts erster Instanz – jetzt: Art. 254 AEUV). Zum Vertragscharakter der Entscheidungen und zur – umstrittenen – Zuordnung zum Völkerrecht bzw. zum Gemeinschaftsrecht s. einerseits *Streinz*, EuropaR, Rn. 317 (völkerrechtliche Verwaltungsabkommen bzw. Verträge), und andererseits *Robert Uerpmann*, Kooperatives Verwaltungshandeln im Gemeinschaftsrecht: die Gemeinschaftsrahmen für staatliche Beihilfen, EuZW 1998, S. 331 (333 m. Fn. 44 zur Richterernennung: sekundärrechtlicher Vertrag); vgl. auch *Niedobitek*, Verträge (Fn. 139), S. 294 ff. m. w. N.

[141] → Fn. 140.

rungen genutzt wurde.¹⁴² Außerdem drängt das sekundäre Gemeinschaftsrecht gelegentlich auf grenzüberschreitende Zusammenarbeit der Mitgliedstaaten zu Zwecken gegenseitiger Information, Konsultation und Abstimmung, die entsprechende vertragliche Vereinbarungen nahelegen.¹⁴³

Spezifisch gemeinschaftsrechtliche Verträge gibt es überdies im Dienstrecht der Gemeinschaft. Dazu hat der Gerichtshof schon sehr früh in seiner Spruchpraxis zu Personalangelegenheiten die Auffassung vertreten, bei Anstellungsverträgen der Gemeinschaft handele es sich um öffentlich-rechtliche Verträge.¹⁴⁴ Die Begründung des öffentlich-rechtlichen Charakters der („stillschweigend" abgeschlossenen) **Anstellungsverträge** stützt sich auf zwei Gesichtspunkte. Zum einen stellt der Gerichtshof darauf ab, dass an den Verträgen mit der Kommission als Vertragspartei eine juristische Person des Öffentlichen Rechts beteiligt war; zum anderen hält er fest, dass die vertraglich vereinbarte Tätigkeit im Sprachendienst selbst öffentlich-rechtlicher Natur sei, weil die Übersetzungsarbeit den amtlichen Verlautbarungen der Kommission einen inhaltlich gleichen Ausdruck in den Amtssprachen der Kommission geben und damit einen wesentlichen Beitrag zu dem auf die Annahme der Texte dieser Verlautbarungen in den einzelnen Amtssprachen gerichteten Verfahren leistete.¹⁴⁵ Die Heranziehung der beiden Kriterien „Vertragspartei" und „Vertragsgegenstand" führt zur Anerkennung öffentlich-rechtlicher Verwaltungsverträge, deren Verbindlichkeit auf dem Gemeinschaftsrecht beruht¹⁴⁶ und die nach den allgemeinen Vorschriften des Verwaltungsrechts der Gemeinschaft zu beurteilen und zu handhaben sind.¹⁴⁷

Während im Dienstrecht **europäische Verwaltungsverträge** seit langem bekannt und analysiert sind,¹⁴⁸ wurden sie im Übrigen **von der Verwaltungsrechtslehre eher vernachlässigt**¹⁴⁹. Mit der Bezugnahme auf Schiedsklauseln „in einem

---

¹⁴² Siehe *Niedobitek*, Verträge (Fn. 139), S. 304 ff., m. exemplarischem Hinw. auf das EURO-Institut in Kehl, das vom Land Baden-Württemberg und vom französischen Staat sowie weiteren deutschen und französischen Gebietskörperschaften getragen wird. Näheres zur EWIV bei *Christian Müller-Gugenberger/Peter Schotthöfer* (Hrsg.), Die EWIV in Europa, 1995.

¹⁴³ *Niedobitek*, Verträge (Fn. 139), S. 309 f. Vgl. ferner zu dem durch die Verordnung (EG) Nr. 1082/2006 inspirierten Europäischen Verbund zu territorialen Zusammenarbeit (EVTZ) *Matthias Pechstein/Michael Deja*, Was ist und wie funktioniert ein EVTZ?, EuR, Bd. 46 (2011), S. 357 ff.; *Franz J. Peine/Thomas Starke*, Der Europäische Zweckverband, LKV 2008, S. 402 ff. Im Übrigen bietet sich im grenzüberschreitenden Rechtsverkehr der Rückgriff auf vertragliche Vereinbarungen in vielen Konstellationen aus Sachgründen auch ohne sekundärrechtlichen Druck an; vgl. etwa *Martin Kment*, Grenzüberschreitendes Verwaltungshandeln, 2010, S. 617 ff. m. Hinw. u. a. auf grenzüberschreitende Gefahrenabwehr und gemeinsame Umweltschutzprojekte.

¹⁴⁴ *EuGH*, verb. Rs. 43/59, 45/59 und 48/59, Slg. 1960, 965 (986 f.); Rs. 44/59, Slg. 1960, 1115 (1133 f.).

¹⁴⁵ *EuGH*, verb. Rs. 43/59, 45/59 und 48/59, Slg. 1960, 965 (986 f.); Rs. 44/59, Slg. 1960, 1115 (1133 f.).

¹⁴⁶ Dazu *Niedobitek*, Verträge (Fn. 139), S. 301 m. ergänzendem Hinw. darauf, dass die direkte Abstützung im Gemeinschaftsrecht keine Besonderheit und in vergleichbarer Form auch im Dienstrecht Internationaler Organisationen anzutreffen sei.

¹⁴⁷ *EuGH*, verb. Rs. 43/59, 45/59 und 48/59, Slg. 1960, 965 (987); Rs. 44/59, Slg. 1960, 1115 (1134); *Niedobitek*, Verträge (Fn. 139), S. 302.

¹⁴⁸ *Niedobitek*, Verträge (Fn. 139), S. 302 m. w. N.

¹⁴⁹ So sind die Verwaltungsverträge in dem erstmals 1988 erschienenen Grundlagenwerk „Europäisches Verwaltungsrecht" von *Jürgen Schwarze* (2. Aufl. 2005) nicht zentral behandelt. Frühe Analysen gemeinschaftsrechtlicher Verträge dagegen vor allem bei *Albert Bleckmann*, Die öffentlichrechtlichen Verträge der EWG, NJW 1978, S. 464 ff.; *ders.*, Der Verwaltungsvertrag als Handlungsmittel der Europäischen Gemeinschaften, DVBl 1981, S. 898 ff.; *Ines Härtel*, Handbuch Europäische Rechtsetzung, 2006, S. 454 ff., die bei den europäischen öffentlich-rechtlichen Verträgen typologisch zwischen Völkerrechtsverträgen, interinstitutionellen Vereinbarungen und Verwaltungsverträgen unterscheidet; speziell zu

von der Gemeinschaft […] abgeschlossenen öffentlich-rechtlichen oder privatrechtlichen Vertrag" (Art. 238 EGV, jetzt: Art. 272 AEUV) und Ausführungen zum Rechtsregime für „die vertragliche Haftung der Gemeinschaft" (Art. 288 EGV, jetzt: Art. 340 AEUV) geht das primäre Gemeinschafts- bzw. Unionsrecht zwar von der Möglichkeit verwaltungsvertraglicher Vereinbarungen aus;[150] es stellt dafür aber keinen ausdrücklichen Rechtsrahmen bereit. Die zurückhaltende Normierung erklärt, weshalb das vertragliche Verwaltungshandeln der Unionsorgane bislang rechtswissenschaftlich weitgehend „im Dunkeln geblieben" ist.[151] In der **Praxis** schließen die Organe der Union auf vielen Aktionsfeldern[152] mit juristischen Personen des Öffentlichen Rechts und des Privatrechts der Mitgliedstaaten sowie mit natürlichen Personen in **beträchtlichem Umfang** Verträge. Diese Verträge sollen u.a. die Erfüllung der angewachsenen Gemeinschaftsaufgaben erleichtern, Stagnationen der Rechtsetzung überbrücken, spezialisierten externen Sachverstand erschließen und unzureichende gemeinschaftsunmittelbare Verwaltung kompensieren helfen.[153] Als **Beispiele** werden genannt: Verträge zur Bedarfsdeckung, Studien- und Forschungsverträge, Subventions- bzw. Beihilfeverträge, Lizenzverträge, Beleihungsverträge, Entwicklungsverträge sowie Verträge zur vergleichsweisen Beilegung von Streitigkeiten aus gemeinschaftsrechtlichen Rechtsverhältnissen.[154]

---

interinstitutionellen Vereinbarungen s. *Florian v. Alemann*, Die Handlungsform der interinstitutionellen Vereinbarung, 2006.

[150] Ergänzend findet sich mitunter der Hinw. auf Art. 282 EGV (jetzt: Art. 335 AEUV); vgl. (zu ex-Art. 211 EGV) *Dorothee Fischer-Appelt*, Agenturen in der Europäischen Gemeinschaft, 1999, S. 139 f. m.w.N. Art. 249 EGV (jetzt: Art. 288 AEUV), der den Vertrag nicht erwähnt, steht der Möglichkeit verwaltungsrechtlicher Verträge nicht entgegen, weil der in dieser Vorschrift enthaltene Handlungsformenkatalog nicht abschließend ist; dazu etwa *Matthias Ruffert*, in: Calliess/Ruffert (Hrsg.), EUV/AEUV, Art. 288 AEUV Rn. 6, 98; *Werner Schroeder*, in: Streinz (Hrsg.), EUV/AEUV, Art. 288 AEUV Rn. 2; *Ulrich Stelkens*, Probleme des Europäischen Verwaltungsvertrags nach dem Vertrag zur Gründung einer Europäischen Gemeinschaft und dem Vertrag über eine Verfassung für Europa, EuZW 2005, S. 299 (299 m.w.N.).

[151] *Stelkens*, Probleme (Fn. 150), S. 299; insoweit zeigt sich eine gewisse Parallelität zu Wahrnehmungsproblemen in der historischen Entwicklung der deutschen Vertragsrechtslehre; → Rn. 3 ff. Vgl. auch *Kment*, Grenzüberschreitendes Verwaltungshandeln (Fn. 143), S. 637, der zur Festlegung eines verlässlichen Rechtsrahmens für grenzüberschreitende öffentlich-rechtliche Verträge den Abschluss völkerrechtlicher Verträge anregt.

[152] Nach *Jürgen Grunwald*, Die nicht-völkerrechtlichen Verträge der Europäischen Gemeinschaften, EuR, Bd. 19 (1984), S. 227 (227 f. m.w.N.), wurden schon Mitte der 1980er Jahre „so wesentliche Politiken wie die Entwicklungshilfe, der Umweltschutz, die Förderung von Wissenschaft, Forschung und Entwicklung, die Verbreitung von Kenntnissen und Innovationen, die Energiepolitik und die Förderung von Investitionen in neue Technologien zu einem großen Teil über das Medium ‚Vertrag' verwirklicht […], wobei sich das Finanzvolumen aller Verträge im Jahre 1984 auf ca. 2,5 Milliarden ECU, d.h. rund 10% des Gesamthaushaltsvolumens belaufen dürfte"; den damaligen Befund im Grundsatz für die Gegenwart bestätigend *Röhl*, Verwaltung (Fn. 110), S. 10. Vgl. ergänzend zu dreipoligen Verwaltungsverträgen zwischen Kommission, Mitgliedstaat und regionaler/lokaler Instanz als Mittel der Politikgestaltung und -durchführung im Zuge eines Kontraktmanagements *Matthias Ruffert*, Demokratie und Governance in Europa, in: Hartmut Bauer/Peter M. Huber/Karl-Peter Sommermann (Hrsg.), Demokratie in Europa, 2005, S. 319 (332 f.).

[153] *Grunwald*, Verträge (Fn. 152), S. 228 f.; *Albrecht Weber*, Das Verwaltungsverfahren, in: Michael Schweitzer (Hrsg.), Europäisches Verwaltungsrecht, 1991, S. 55 (60).

[154] Vgl. *Grunwald*, Verträge (Fn. 152), S. 242 ff.; *Ulrich Karpenstein*, in: Grabitz/Hilf (Hrsg.), EU-Recht, Art. 272 AEUV Rn. 16 f.; *Kyrill-Alexander Schwarz*, in: Hans-Werner Rengeling u.a. (Hrsg.), Handbuch des Rechtsschutzes in der Europäischen Union, S. 313 Fn. 62; *Stelkens*, Probleme (Fn. 150), S. 299 f.; *Eberhard*, Vertrag (Fn. 11), S. 436; speziell zu den zuletzt angesprochenen Vergleichsverträgen

B. Zur Normalität vertraglicher Beziehungen

Mit der rechtstatsächlichen Befundnahme beginnen allerdings auch die **rechtlichen Probleme**.[155] Sie betreffen zuallererst das anzuwendende Rechtsregime (Gemeinschaftsrecht oder nationales Recht) sowie die Unterscheidung von Öffentlichem Recht und Privatrecht, daneben die Ermittlung des Inhalts eines spezifisch gemeinschaftsrechtlichen Vertragsrechts und die Ausgestaltung eines etwaigen Konkurrentenschutzes. Manches dieser Probleme ist in der Rechtspraxis freilich entschärft, weil in die Verträge oftmals ausdrücklich Rechtsanwendungs- bzw. Rechtswahlklauseln aufgenommen sind[156], in denen sich die Vertragsparteien auf die anzuwendende Rechtsordnung verständigen. Ein einmal wirksam vereinbartes **Rechtsregime** wirkt auf Entstehung und Entwicklung des vertraglichen Rechtsverhältnisses in jedem Stadium ein – von der Vertragsanbahnung über die Verhandlungsphase und die inhaltliche Ausgestaltung bis zum Vertragsabschluss und zur anschließenden Vertragsdurchführung.[157]

26

Damit sind jedoch nicht alle Verträge und sämtliche Vertragskonstellationen erfasst. Untersteht ein Verwaltungsvertrag nur dem Gemeinschaftsrecht, so bereiten die rechtliche Beurteilung und Handhabung erhebliche Schwierigkeiten. Bislang ist – abgesehen von vereinzelten bereichsspezifischen Sonderregelungen – nämlich noch **kein** allgemeines **Gemeinschaftsvertragsrecht** ausgebildet.[158] Das mangels vertragsspezifischer gemeinschaftsrechtlicher Rechtsgrundsätze bestehende normative Defizit ist nur in eingeschränktem Umfang durch den rechtsvergleichenden Rückgriff auf das Recht der Mitgliedstaaten zu beheben, weil dort das Verwaltungsvertragsrecht unterschiedlichen Konzeptionen folgt.[159] Mit limitierenden Zuständigkeitsregelungen, dem Prinzip der Gemein-

27

EuGH, verb. Rs. C-80/99 bis C-82/99, Slg. 2001, I-7211 ff., Rn. 16 ff., 25 ff.; *OVG NW*, NVwZ 2001, S. 691 (692); *Bleckmann*, Verwaltungsvertrag (Fn. 149), S. 896. S. zum möglichen Einsatz eines europäischen öffentlich-rechtlichen Vertrages und dessen Voraussetzungen im Bereich der Beihilfe *Walter Frenz*, Fall Opel: Beihilfe durch einen europäischen öffentlich-rechtlichen Vertrag?, EWS 2009, S. 19 ff.

[155] Vgl. dazu und zum Folgenden aus der neueren Literatur *Spannowsky*, Grenzen (Fn. 108), S. 491 ff.; *Niedobitek*, Verträge (Fn. 139), S. 296 ff.; *Stelkens*, Probleme (Fn. 150), S. 300 ff.; jew. m. w. N.; *Kment*, Grenzüberschreitendes Verwaltungshandeln (Fn. 143), S. 626 ff.; *Ulrich Stelkens/Hanna Schröder*, EU Public Contracts, 2012; *Thomas v. Danwitz*, Europäisches Verwaltungsrecht, 2008, S. 253 ff.

[156] Siehe *Grunwald*, Verträge (Fn. 152), S. 239 f.; *Weber*, Verwaltungsverfahren (Fn. 153), S. 60; *Hans-Werner Rengeling u. a.*, Rechtsschutz in der Europäischen Union, 1994, S. 258 f.; *Stelkens*, Probleme (Fn. 150), S. 301 m. w. N.

[157] Vgl. *Grunwald*, Verträge (Fn. 152), S. 240; ferner *Kment*, Grenzüberschreitendes Verwaltungshandeln (Fn. 143), S. 626 ff. (631 f.), der darauf hinweist, dass der Parteiwille nur ein Anknüpfungspunkt für die gewählte Rechtsordnung ist.

[158] *Schlette*, Vertragspartner (Fn. 6), S. 61; *Eberhard*, Vertrag (Fn. 11), S. 438; *Stelkens*, Probleme (Fn. 150), S. 301 m. w. N. und unter Hinw. auf Sonderregelungen in Art. 108 ff. Haushaltsordnung 2002.

[159] Auch ist der öffentlich-rechtliche Vertrag nicht in allen mitgliedstaatlichen Rechtsordnungen als Handlungsform bekannt; s. *Rengeling u. a.*, Rechtsschutz (Fn. 156), S. 259 m. Hinw. auf Großbritannien. Zu gegenläufigen Grundverständnissen vgl. beispielsweise *Stelkens*, Probleme (Fn. 150), S. 301 f. m. w. N., der darauf aufmerksam macht, dass in Deutschland das öffentlich-rechtliche Vertragsrecht als „bürgerfreundliche" Alternative zum Verwaltungsakt konzipiert sei, während in Frankreich der contrat administratif wegen der der Verwaltung eingeräumten Kontroll-, Sanktions-, Vertragsanpassungs- und Auflösungsrechte eine „verwaltungsfreundliche" Alternative zum contrat de droit commun sei. Ob sich die Kontrastierung der beiden Verwaltungsrechtsordnungen unter Berücksichtigung der deutschen Verwaltungsvertragspraxis, in der Sonderrechte der Verwaltung oftmals im Wege der Vertragsgestaltung begründet werden (vgl. dazu vorerst nur *Hartmut Bauer*, Verwaltungsrechtliche und verwaltungswissenschaftliche Aspekte der Gestaltung von Kooperationsverträgen bei Public Private Partnership, DÖV 1998, S. 89 ff.), in dieser Schärfe aufrechterhalten lässt, sei hier dahingestellt; kursorischer Überblick über die Regelung zum Verwaltungsvertrag im europäi-

schaftstreue, dem Diskriminierungsverbot, dem Koppelungsverbot, dem Übermaßverbot und dem Grundsatz des Vertrauensschutzes sind zwar mögliche allgemeine Ansatzpunkte für ein gemeinschaftsrechtliches Vertragsrecht benannt.[160] Doch stößt deren Vertiefung wegen der voneinander abweichenden normativen „Vertragsphilosophien in Europa" auf Grenzen. Unabhängig davon ist für die Entfaltung des **Europäischen Verwaltungsvertragsrechts im Werden** die Einbeziehung auch der Vertragspraxis wesentlich.[161] Gefordert ist insbesondere der Kontakt zur Praxis der **Vertragsgestaltung,** die normative Regelungsdefizite zumindest teilweise auffängt. Sie hat im Vertragswesen der Gemeinschaft typisierte Standardverträge und Allgemeine Vertragsbedingungen hervorgebracht und spielt offenbar eine so wichtige Rolle, dass sie zusammen mit anderen Elementen eines effizienten **Vertragsmanagements** wie der Kontrolle der Vertragserfüllung schon vor Jahrzehnten speziellen **Vertragsdiensten** zur sektoriell getrennten Verwaltung anvertraut wurde.[162] Hier zeigen sich auffallende Parallelen zu neueren Entwicklungen im deutschen Verwaltungsrecht, auf die zurückzukommen sein wird.[163]

28 **Perspektivisch** ist im Europäisierungskontext mit einer schwunghaften Zunahme der Verträge, zumindest aber mit einer **weiteren Aufwertung des Ver-**

---

schen Raum bei *Sommermann,* Verwaltungsverfahrensgesetz (Fn. 98), S. 193 ff.; ebenso umfangreiche wie instruktive rechtsvergleichende Untersuchung wichtiger Vertragsrechtsordnungen nunmehr bei *Rozen Noguellou/Ulrich Stelkens* (Hrsg.), Droit comparé des Contrats Publics/Comparative Law on Public Contracts, 2010; speziell zum spanischen Recht *María Jesús Montoro Chiner,* Rechtsstaatliche Entwicklungen im Recht der verwaltungsrechtlichen Verträge Spaniens, in: FS Detlef Merten, 2007, S. 463 (465 ff.); zum portugiesischen Recht *Maria João Estorninho,* Direito Europeu dos Contratos Públicos, 2006; zum schweizerischen Recht *Ulrich Häfelin/Georg Müller/Felix Uhlmann,* Allgemeines Verwaltungsrecht, 2010, S. 235 ff.; zum französischen Recht unter dem Blickwinkel der Folgen fehlerhafter Verwaltungsverträge *Ulrich Stelkens,* „Pacta sunt servanda" im deutschen und französischen Verwaltungsrecht, DVBl 2012, S. 609 ff.; sowie zu Public Private Partnerships im französischen Rechtskreis *Ali Sedjari* (dir.), Partenariat public privé et gouvernance future, 2005, und im österreichischen Recht *Stefan Storr,* Erweiterung kommunaler Spielräume durch Kooperation, ÖZW 2011, S. 2 ff. Rechtsvergleichend zum koreanischen Recht *Sung-Soo Kim,* Public Private Partnership als neue Form der Erfüllung staatlicher Aufgaben? in: Joug Hyun Soek/Jan Ziekow (Hrsg.), Die Einbeziehung Privater in die Erfüllung öffentlicher Aufgaben, 2008, S. 37 ff. Ein Seitenblick auf das Zivilrecht zeigt die Schwierigkeiten, selbst in diesem traditionell stark vertragsgeprägten Rechtsgebiet eine Verständigung über allgemeine Rechtsgrundsätze und deren Stellenwert in einer europäischen Privatrechtsordnung zu erzielen, vgl. dazu etwa die Kritik am Draft Common Frame of Reference (DCFR) von *Horst Eidenmüller u.a.,* Der Gemeinsame Referenzrahmen für das Europäische Privatrecht, JZ 2008, S. 529 ff. Zu dem prekären Vorhaben einer Vollharmonisierung im Privatrecht s. die Beiträge in *Beate Gsell/Carsten Herresthal* (Hrsg.), Vollharmonisierung im Privatrecht, 2009, und zu der von einer Vollharmonisierung absehenden Debatte über das Optionale Instrument als von den Vertragsparteien wählbares unionsweit einheitliches Vertragsrechtsregime unlängst etwa *Carsten Herresthal,* Ein europäisches Vertragsrecht als Optionales Instrument, EuZW, 2011, S. 7 ff. S. zu den Bedenken der Rechtsgrundlage für die Verordnung der Kommission über ein Europäisches Kaufrecht KOM (2011) 635 vom 11. 10. 2011 *Jürgen Basedow,* Art. 114 AEUV als Rechtsgrundlage eines optionalen EU-Kaufrechts: Eine List der Kommission?, EuZW 2012, S. 1 f.

[160] So – mit sehr einseitiger Betonung der Limitierungen – die von *Spannowsky,* Grenzen (Fn. 108), S. 491 ff., angebotenen Aspekte; vgl. auch *Bleckmann,* Verwaltungsvertrag (Fn. 149), S. 897 f.; *Eberhard,* Vertrag (Fn. 11), S. 437 ff.

[161] Vgl. *Weber,* Verwaltungsverfahren (Fn. 153), S. 61.

[162] *Grunwald,* Verträge (Fn. 152), S. 229, 260 ff.; vgl. ergänzend auch *Ruffert,* Demokratie (Fn. 152), S. 333, zur Bereitstellung von Musterklauseln und Musterverträgen für dreipolige Verwaltungsvereinbarungen im Rahmen eines Kontraktmanagements.

[163] → Rn. 68 m. Fn. 406, Rn. 118, 121 ff.

B. Zur Normalität vertraglicher Beziehungen

tragswesens zu rechnen. Dafür dürfte ein wichtiger Impuls von der in den letzten Jahren zu beobachtenden Welle neu eingerichteter Regulierungs- und Exekutivagenturen[164] ausgehen. Art. 298 AEUV hat die Eigenverwaltung der Europäischen Union im Ansatz erstmals verfassungsrechtlich verankert.[165] Im europäischen Verwaltungsverbund[166] übernehmen diese **Agenturen** vielfältige Aufgaben insbesondere bei der Informationsbeschaffung und -verbreitung sowie auf den Handlungsfeldern der Bildungs- und Projektförderung;[167] dabei sind sie zunehmend auf die Zusammenarbeit mit den komplementären Einrichtungen der Mitgliedstaaten, aber auch mit Privaten angewiesen. In den mit rasanter Geschwindigkeit ablaufenden Prozessen der Binnendifferenzierung und Pluralisierung bilden sich vertikal wie horizontal[168] **Kooperationsstrukturen**[169] und **Netzwerkverwaltungen** heraus, für die neben anderem die Handlungsform des Verwaltungsvertrages zur Verfügung steht.[170] Obgleich derartige Einbindungen in Kooperationen und Netzwerke nicht notwendigerweise auf Vertragsverhältnisse zurückgehen müssen, bietet sich der Vertrag hierfür doch in vielen Konstellationen als sachadäquate und passgenaue Handlungsform an. In einschlägigen Rechtstexten sind denn auch vertragliche Beziehungen vorgesehen oder zumindest angelegt – so etwa bei der Übertragung von Aufsichts- und Prüfungsbefugnissen auf nationale Einrichtungen sowie für die Kooperation und für die Koordinierung der Gewinnung, Sammlung und Verarbeitung von Informationen.[171]

---

[164] Dazu allgemein etwa *Fischer-Appelt*, Agenturen (Fn. 150); *Thomas Groß*, Die Kooperation zwischen europäischen Agenturen und nationalen Behörden, EuR, Bd. 40 (2005), S. 54 ff.; *Wolfgang Kilb*, Europäische Agenturen und ihr Personal – die großen Unbekannten?, EuZW 2006, S. 268 ff.; *Michael H. Koch*, Mittelbare Gemeinschaftsverwaltung in der Praxis, EuZW 2005, S. 455 ff.; *Barbara Remmert*, Die Gründung von Einrichtungen der mittelbaren Gemeinschaftsverwaltung, EuR, Bd. 38 (2003), S. 134 ff.; *Georg Hermes*, Legitimationsprobleme unabhängiger Behörden, in: Bauer/Huber/Sommermann (Hrsg.), Demokratie (Fn. 152), S. 457 ff.; *Ruffert*, Demokratie (Fn. 152), S. 336 ff.; *Gernot Sydow*, Externalisierung und institutionelle Ausdifferenzierung, VerwArch, Bd. 97 (2006), S. 1 ff.; *Hans-Heinrich Vogel*, Verwaltungsstrukturen der Europäischen Union: Kooperationsverwaltung durch die Schaffung von Agenturen, SIPE 1 (2006), S. 199 ff.; aus jüngerer Zeit *Stephan Kirste*, Das System der Europäischen Agenturen, VerwArch, Bd. 101 (2011), S. 268 ff. S. a. → Bd. I *Schmidt-Aßmann* § 5 Rn. 23, *Trute* § 6 Rn. 106 ff.

[165] *Matthias Ruffert*, in: Calliess/Ruffert (Hrsg.), EUV/AEUV, Art. 298 AEUV Rn. 1, 5 ff. m. einer Übersicht über die derzeit aktiven Regulierungsagenturen.

[166] Vgl. *Eberhard Schmidt-Aßmann*, Europäische Verwaltung zwischen Kooperation und Hierarchie, in: FS Helmut Steinberger, 2002, S. 1375 ff.; *Thorsten Siegel*, Entscheidungsfindung im Verwaltungsverbund, 2009, S. 224 ff. → Bd. I *Schmidt-Aßmann* § 5 Rn. 16 ff.

[167] Eine prägnante Darstellung des Rechtsrahmens mit einer Zusammenstellung von Agenturen und deren Aufgaben gibt *Kilb*, Agenturen (Fn. 164), S. 269 ff.; instruktiv *Siegel*, Verwaltungsverbund (Fn. 166), S. 295 ff., der die Bildung der Agenturen als Folge des „Ausdiversifizierungsprozesses" ansieht.

[168] Vgl. *Gernot Sydow*, Vollzug des europäischen Unionsrechts im Wege der Kooperation nationaler und europäischer Behörden, DÖV 2006, S. 66 ff.

[169] Grundlegend *Eberhard Schmidt-Aßmann*, Verwaltungskooperation und Verwaltungskooperationsrecht in der Europäischen Gemeinschaft, EuR, Bd. 31 (1996), S. 270 ff.; s. a. → Bd. I *ders.* § 5 Rn. 25 ff.; monographisch *Gernot Sydow*, Verwaltungskooperation in der Europäischen Union, 2004.

[170] Vgl. *Fischer-Appelt*, Agenturen (Fn. 150), 139 ff.

[171] Dazu *Fischer-Appelt*, Agenturen (Fn. 150), 139 ff. m. w. N.

3. Verfassungsrecht

29 Im **Verfassungsrecht** sind vertragliche und vertragsähnliche Beziehungen ebenfalls verbreitet.[172] Eine besonders lange Tradition haben sie im Bundesstaatsrecht, in dem sowohl der Bund und die Länder als auch die Länder untereinander in beachtlichem Umfang **Staatsverträge und Verwaltungsabkommen** schließen.[173] Gegenstand der Vereinbarungen sind u. a. die Bereinigung grenznachbarschaftlicher Zuständigkeitsprobleme, die Kooperation bei der grenzüberschreitenden Wahrnehmung von Aufgaben, die Errichtung gemeinsamer Einrichtungen, die Angleichung des Rechts und der Verwaltungspraxis usw. All dies vollzieht sich nicht in einem rechtsfreien Raum privatautonomer Beliebigkeit. Denn das Grundgesetz und das einfache Gesetzesrecht sehen vertragliche Vereinbarungen im Bundesstaatsrecht teilweise ausdrücklich vor,[174] und auch dort, wo derartige normative Vorordnungen fehlen, lassen sich dem Bundesrecht, insbesondere dem Bundesverfassungsrecht, und gegebenenfalls dem Landesverfassungsrecht Begrenzungen und Direktiven für föderative Verträge, Hinweise auf die Folgen etwaiger Rechtsfehler und auf ungeschriebene Haupt- und Nebenpflichten sowie ergänzende Regeln für das intraföderative Vertragsrecht entnehmen. Einen neuen Anwendungsbereich für „föderative" Verträge, die gleichsam „quer" zur konventionellen bundesstaatlichen Ordnung liegen, erschließt Art. 24 Abs. 1a GG für die **nationalstaatsgrenzüberschreitende Zusammenarbeit** in Europa.[175] Die Ende 1992 neu in das Grundgesetz aufgenommene Vorschrift führt zu einer Öffnung der Staatlichkeit auf Länderebene und trägt – über die bis dahin gegebenen Optionen hinaus[176] – dem Bedarf an regionalen Kooperationen entlang natürlicher Raumgegebenheiten und Entwicklungslinien Rechnung; die Palette der für die Zusammenarbeit benachbarter europäischer Regionen ins Auge gefassten Gegenstände reicht von der Raum- und Regionalplanung über Polizei- und Si-

---

[172] Überblick bei *Leisner*, Vertragsstaatlichkeit (Fn. 77), S. 75 ff. In der rechtsdogmatischen Einordnung sind diese Beziehungen freilich oftmals unsicher; vgl. *Helmuth Schulze-Fielitz*, Der informale Verfassungsstaat, 1984, insbes. S. 46, 53, 58.

[173] Dazu und zum Folgenden etwa *Gunter Kisker*, Kooperation im Bundesstaat, 1971; *Jost Pietzcker*, Zusammenarbeit der Gliedstaaten im Bundesstaat, Landesbericht Bundesrepublik Deutschland, in: Christian Starck (Hrsg.), Zusammenarbeit der Gliedstaaten im Bundesstaat, 1988, S. 17 ff.; *Christoph Vedder*, Intraföderale Staatsverträge, 1996; *Stefan Oeter*, Integration und Subsidiarität im deutschen Bundesstaatsrecht, 1998, S. 259 ff.; *Hartmut Bauer/Frauke Brosius-Gersdorf*, Art. „Staatsverträge" und „Verwaltungsabkommen", in: EvStL, Neuausgabe 2006, Sp. 2340 ff., 2612 ff.; *Marcus Schladebach*, Staatsverträge zwischen Ländern, VerwArch, Bd. 98 (2007), S. 238 ff.; speziell zu landesgrenzüberschreitender kommunaler Kooperation auf vertraglicher Grundlage s. *Thorsten I. Schmidt*, Kommunale Kooperation, 2005, S. 577 ff. S. a. → Bd. I *Groß* § 13 Rn. 112 f.

[174] Z. B. Art. 29 Abs. 7 und 8, 91 b, 91 c Abs. 2 und 3, 91 e, 104 b Abs. 2, 118 a GG; § 9 Gesetz über die Zusammenarbeit von Bund und Ländern in Angelegenheiten der Europäischen Union v. 12. 3. 1993 (BGBl I, S. 313), zuletzt geändert durch Gesetz vom 22. 9. 2009 (BGBl I, S. 3031).

[175] Dazu *Markus Kotzur*, Grenznachbarschaftliche Zusammenarbeit in Europa, 2004; vgl. zu den vielfältigen Kooperations- und Gestaltungsformen auch *ders.*, Rechtsfragen grenzüberschreitender Zusammenarbeit, in: Gerold Janssen (Hrsg.), Europäische Verbünde für territoriale Zusammenarbeit (EVTZ), 2006, S. 55 ff. S. a. → Bd. I *Schmidt-Aßmann* § 5 Rn. 43, und zu bundesgrenzüberschreitender kommunaler Kooperation auf vertraglicher Grundlage *Schmidt*, Kooperation (Fn. 173), S. 589 ff.

[176] Vgl. zum Gesamtkomplex am Beispiel des „Karlsruher Übereinkommens" und der Weiterentwicklung des Rechts grenzüberschreitender Zusammenarbeit *Gregor Halmes*, Rechtsgrundlagen für den regionalen Integrationsprozeß in Europa, DÖV 1996, S. 933 ff.

cherheitsaufgaben bis hin zu Abfall- und Abwasserentsorgung.[177] Das von Art. 24 Abs. 1a GG bereitgestellte Vertragsmodell weist zwar über das nationale Verfassungsrecht hinaus, war zur Abrundung aber doch kurz anzusprechen.

4. Teilrechtsordnungsübergreifende Aspekte

Die Seitenblicke auf jenseits konventioneller verwaltungsrechtlicher Betrachtungen liegende Anwendungsfelder von Verträgen sind nicht abschließend.[178] Sie genügen jedoch als Beleg für die **Normalität vertraglicher Beziehungen in öffentlich-rechtlichen Kontexten**, relativieren Vorstellungen einer vornehmlich zivilrechtlichen Verwurzelung des Vertrages und drängen insbesondere Assoziationen mit privatautonomer Vertragsfreiheit zurück. Vielmehr ist der Vertrag eine **„Figur der Allgemeinen Rechtslehre"**[179], eine Kategorie des Rechts schlechthin[180] mit einer entsprechenden Bandbreite an Einsatzmöglichkeiten. Die Verbreitung des Vertrages in völker-, unions- und verfassungsrechtlichen Kontexten ist deshalb kein Zufall. Nicht zuletzt wegen des Bedeutungszuwachses eher überraschend ist freilich die rechtswissenschaftliche Unterbelichtung namentlich der europäischen Verwaltungsverträge.[181] Sie dürfte sich in gewissem Umfang aus dem bislang noch unzulänglich ausgebildeten gemeinschaftsspezifischen Vertragsrecht erklären, zeigt aber auch, dass das Vertragswesen mit einem exklusiv normorientierten Zugriff nicht umfassend erschließbar ist, den Rückgriff auf allgemeine Rechtsgrundsätze notwendig macht und überdies – wie in den anderen beleuchteten Bereichen – den am Vertrag beteiligten Akteuren beträchtlichen Raum für **Selbststeuerung** belässt.

II. Die Vielfalt vertraglicher Beziehungen im Verwaltungsrecht (Überblick)

In jüngerer Zeit haben eine Reihe monographischer Untersuchungen die Normalität vertraglicher Beziehungen[182] auch für das Verwaltungsrecht bestätigt und den Verwaltungsvertrag aus seiner früheren Außenseiterrolle herausgeholt.[183] Danach finden **Vertragslösungen** so gut wie **in allen Materien des Verwaltungsrechts** „und für die verschiedensten Sachverhalte Verwendung, von

---

[177] Vgl. *Claus D. Classen*, in: v. Mangoldt/Klein/Starck (Hrsg.), GG II, Art. 24 Rn. 70, 73, wonach für die Übertragung völkerrechtliche sowie verwaltungsrechtliche Verträge (nicht jedoch einseitige Akte) in Betracht kommen und auf der Basis einer entsprechenden landesgesetzlichen Ermächtigung auch nachgeordnete Einrichtungen wie Kommunen handeln können; *Ingolf Pernice*, in: Dreier (Hrsg.), GG II, Art. 24 Rn. 40.
[178] Beispiele für hier nicht angesprochene öffentlich-rechtliche Verträge finden sich etwa im Vertragsstaatskirchenrecht; dazu *Bernd Jeand'Heur/Stefan Korioth*, Grundzüge des Staatskirchenrechts, 2000, S. 65 ff., 189 ff.; *Stefan Mückl*, Grundlagen des Staatskirchenrechts, in: HStR VII, § 159 Rn. 30 ff.
[179] *Christian Graf v. Pestalozza*, Privatverwaltungsrecht: Verwaltungsrecht unter Privaten, JZ 1975, S. 50 (55).
[180] *Schlette*, Vertragspartner (Fn. 6), S. 12, 393 m. w. N.; → Rn. 88.
[181] → Rn. 25 ff.
[182] *Schmidt-Aßmann*, Ordnungsidee, Kap. 6 Rn. 114; *Leisner*, Vertragsstaatlichkeit (Fn. 77).
[183] Hervorzuheben sind insbes. die Habilitationsschriften von *Spannowsky*, Grenzen (Fn. 108); *Schlette*, Vertragspartner (Fn. 6); *Gurlit*, Verwaltungsvertrag (Fn. 110); *Röhl*, Verwaltung (Fn. 110); sowie – vornehmlich aus österreichischer Sicht – *Eberhard*, Vertrag (Fn. 11); s. auch bereits oben → Rn. 10 ff. und zu einzelnen Einsatzfeldern unten → Rn. 34 ff.

der routinemäßigen Erledigung alltäglicher Verwaltungsaufgaben geringerer Bedeutung bis hin zur Regelung äußerst komplexer Situationen mit hohem finanziellem Aufwand"[184].

32 Allerdings konzentrieren sich die erwähnten Untersuchungen regelmäßig auf ein bestimmtes Segment von Verwaltungsverträgen, nämlich auf die – historisch besonders vorbelasteten[185] – **Verträge zwischen Staat und Bürger,**[186] mitunter zudem fokussiert auf öffentlich-rechtliche Verträge.[187] Für solche thematischen Eingrenzungen mag es gute, dem jeweiligen Erkenntnisinteresse folgende Gründe geben. Doch tendieren die vielfach am Begriff des Verwaltungsvertrages ansetzenden Beschränkungen zur Ausblendung einer mehr oder weniger großen **Vielzahl weiterer Verträge.** Abhängig vom Zuschnitt der jeweiligen Begrenzung fallen aus dem Gegenstand der Vertragsrechtslehre dann eine ganze Reihe von Vertragskonstellationen heraus, die ebenfalls zur Normalität vertraglicher Beziehungen im Verwaltungsrecht gehören und nicht von vornherein zu vernachlässigen sind – so beispielsweise die herkömmlich dem Verwaltungsprivatrecht[188] zugeordneten **zivilrechtlichen Verträge der Verwaltung** mit dem davon etwas abgesetzten Verwaltungsgesellschaftsrecht,[189] die **Verträge zwischen Verwaltungsträgern**[190] und die **verwaltungsrechtlichen Verträge zwischen Privaten.**[191]

III. Zur Ordnungsidee vertraglicher Einigung

33 Normalität und Verbreitung vertraglicher Einigungen verweisen auch in öffentlich-rechtlichen Kontexten auf die **Ordnungsidee einvernehmlicher und verbindlicher Regelung der Beziehungen** zwischen zwei oder mehreren Rechtssubjekten.[192] Wie die erwähnten Beispiele und der sprachliche Zusammenhang mit „Sich-Vertragen" verdeutlichen,[193] geht es dabei in der Sache nicht allein um Austausch und Kooperation, sondern auch um konsensuale Konfliktvermeidung und Streitbeilegung. Über Zulässigkeit und etwaige inhaltliche Beschränkungen vertraglicher Vereinbarungen sind damit noch keine Aussagen getroffen. Doch zeigt sich schon an dieser Stelle, dass die Rechtsordnung jenseits

---

[184] *Schlette*, Vertragspartner (Fn. 6), S. 335.
[185] → Rn. 1 ff.
[186] Vgl. *Gurlit*, Verwaltungsvertrag (Fn. 110), S. 31; *Röhl*, Verwaltung (Fn. 110), S. 17, 24 ff. Für die bahnbrechende Bayreuther Staatsrechtslehrertagung (→ Rn. 12) war diese Beschränkung bereits durch die Themenstellung vorgegeben.
[187] Insbes. *Schlette*, Vertragspartner (Fn. 6), S. 21 ff., 164 ff.
[188] Vgl. *Schmidt-Aßmann*, Ordnungsidee, Kap. 6 Rn. 24 ff.; *Ulrich Stelkens*, Verwaltungsprivatrecht, 2005; krit. *Hans C. Röhl*, Verwaltung und Privatrecht – Verwaltungsprivatrecht?, VerwArch, Bd. 86 (1995), S. 531 ff.; → Bd. I *Burgi* § 18 Rn. 65 f.
[189] Grundlegend *Ernst T. Kraft*, Das Verwaltungsgesellschaftsrecht, 1982; ferner *Thomas v. Danwitz*, Vom Verwaltungsprivat- zum Verwaltungsgesellschaftsrecht – Zu Begründung und Reichweite öffentlich-rechtlicher Ingerenzen in der mittelbaren Kommunalverwaltung, AöR, Bd. 120 (1995), S. 595 ff.; *Walter Krebs*, Notwendigkeit und Struktur eines Verwaltungsgesellschaftsrechts, DV, Bd. 29 (1996), S. 309 ff.; krit. *Thomas Mann*, Die öffentlich-rechtliche Gesellschaft, 2002, insbes. S. 269 ff.; ders., Kritik am Konzept des Verwaltungsgesellschaftsrechts, DV, Bd. 35 (2002), S. 463 ff.
[190] Vgl. dazu und zu intrapersonalen Verträgen vorerst *Elke Gurlit*, Begriff, Bedeutung und Arten des Verwaltungsvertrages, in: Erichsen/Ehlers (Hrsg.), VerwR, § 29 Rn. 1; → Rn. 47 ff.
[191] Siehe dazu vorerst nur *Maurer*, VerwR, § 14 Rn. 10; → Rn. 59 f.
[192] Vgl. dazu und zum Folgenden *Schlette*, Vertragspartner (Fn. 6), S. 13 ff. m. w. N.
[193] Vgl. *Wilhelm Henke*, Staat und Recht, 1988, S. 209.

solcher Begrenzungen durch eine bewusst offen gehaltene bzw. unbewusst lückenhafte oder unklare Regelung von Rechtsbeziehungen Optionen für die Selbststeuerung der beteiligten Rechtssubjekte eröffnet und dem Vertrag insoweit eine **normergänzende Funktion mit Rechtsquellencharakter**[194] zukommt.

C. Anwendungsfelder des Vertrages im Verwaltungsrecht

I. Referenzgebiete verwaltungsrechtswissenschaftlicher Beobachtung

In der Entwicklung des Verwaltungsvertrages hat das **Baurecht** mit seinen althergebrachten Garagendispens- und Erschließungsverträgen[195] eine gewisse „Vorreiterrolle"[196] übernommen und gilt mit dem vom Gesetzgeber mehrfach ausgebauten Instrumentarium der städtebaulichen Verträge als **„klassisches Referenzgebiet"**[197]. Obschon das Städtebaurecht besonders praxisrelevante Verwaltungsverträge bereitstellt, erfasst es nur einen Ausschnitt vertraglichen Handelns und ist deshalb als alleiniges Referenzgebiet[198] für das Allgemeine Verwaltungsrecht zu eng.[199]

34

Daher hat die Verwaltungsrechtslehre unter Einbeziehung der Rechtstatsachenforschung[200] seit längerem **neue Referenzgebiete** erschlossen und die dort anzutreffenden Verträge beschrieben und näher analysiert.[201] Die Analysen dokumentieren eine variantenreiche Einsatzbreite für Verträge vom Umweltrecht über das Sozialrecht, das Subventionsrecht, das Energiewirtschaftsrecht,

35

---

[194] Siehe zum Rechtsquellencharakter des Verwaltungsvertrages z. B. *Hans Meyer*, in: ders./Borgs-Maciejewski, Verwaltungsverfahrensgesetz (Fn. 46), § 54 Rn. 4; *Jürgen Punke*, Verwaltungshandeln durch Vertrag, o. J. (1988), S. 251; *Arno Scherzberg*, Grundfragen des verwaltungsrechtlichen Vertrages, JuS 1992, S. 205 (214); *Schmidt-Aßmann/Krebs*, Verträge (Fn. 61), S. 205, 213; *Krebs*, Verträge (Fn. 87), S. 270; ähnlich *Roman Seer*, Verständigungen in Steuerverfahren, 1996, S. 400; anders etwa *Henke*, Allgemeine Fragen (Fn. 10), S. 445.

[195] Überblick zu Ausgestaltung, rechtlichen Anforderungen, Inhalt und Abschluss des Erschließungsvertrages bei *Thomas Walter*, Der Erschließungsvertrag im System des Erschließungsrechts, 2010.

[196] *Felix Weyreuther*, Die Zulässigkeit von Erschließungsverträgen und das Erschließungsbeitragsrecht, UPR 1994, S. 121 (123).

[197] *Röhl*, Verwaltung (Fn. 110), S. 2; zu einzelnen Vertragstypen bzw. Erscheinungsformen *Schmidt-Aßmann/Krebs*, Verträge (Fn. 61), S. 1 ff.; *Dieter Birk*, Städtebauliche Verträge, 4. Aufl. 2002, S. 35 ff.; speziell zum Einsatz des städtebaulichen Vertrages im dreiseitigen Verhältnis zwischen Gemeinde, Investor und Land *Peter Koch-Sembdner*, Der dreiseitige städtebauliche Vertrag am Beispiel der Konversion in Rheinland-Pfalz, ZfIR 2009, S. 641 ff.; zur Zulässigkeit von Vertragsstrafklauseln in städtebaulichen Verträgen *Marc Michael Ruttlof*, Die Zulässigkeit von Vertragsstrafenklauseln in städtebaulichen Verträgen mit großflächigen Einzelhandelsprojekten, 2012; zur praktischen Bedeutung *Bartscher*, Verwaltungsvertrag (Fn. 80), S. 304 f.; *Schlette*, Vertragspartner (Fn. 6), S. 266 ff.

[198] Allgemein zur Bedeutung und Auswahl von Referenzgebieten *Eberhard Schmidt-Aßmann*, Zur Reform des Allgemeinen Verwaltungsrechts, in: Hoffmann-Riem/Schmidt-Aßmann/Schuppert (Hrsg.), Reform, S. 11 (26 ff.); *Schmidt-Aßmann*, Ordnungsidee, Kap. 1 Rn. 12 ff.; → Bd. I *Voßkuhle* § 1 Rn. 43 ff.

[199] Vgl. *Schmidt-Aßmann*, Ordnungsidee, Kap. 6 Rn. 120.

[200] → Rn. 11.

[201] Siehe zum Folgenden *Schlette*, Vertragspartner (Fn. 6), S. 263 ff.; *Gurlit*, Verwaltungsvertrag (Fn. 110), S. 36 ff.; *Röhl*, Verwaltung (Fn. 110), S. 78 ff. und passim; *Markus Kaltenborn*, Streitvermeidung und Steitbeilegung im Verwaltungsrecht, 2007, S. 69 ff.; jew. m. w. N. Knapper, aber instruktiver Überblick bei *Michael Fehling*, in: HK-VerwR, § 54 VwVfG Rn. 62 f., 68 ff.

das Kartellrecht, das Vergaberecht, das Gewerberecht, das Ordnungsrecht, das Öffentliche Dienstrecht und das Hochschulrecht bis hin zum Ausländerrecht; selbst das früher nicht selten als prinzipiell „vertragsfeindlich"[202] eingestufte Steuerrecht hat sich inzwischen nicht mehr als vertragsresistent erwiesen[203].

II. Ausgewählte und ergänzende Referenzkonstellationen

36 Es ist hier nicht der Ort, sämtliche Anwendungsfelder des Vertrages näher vorzustellen oder auch nur eines der Referenzgebiete in seiner gesamten Breite abzudecken. Stattdessen muss es genügen, einige ausgewählte und ergänzende Referenzkonstellationen zu präsentieren. Dabei meint die Beschäftigung mit Referenzkonstellationen[204] nicht die schlichte Aneinanderreihung von bislang mehr oder weniger unbekannten bzw. im Allgemeinen Verwaltungsrecht unzulänglich berücksichtigten (weiteren) Vertragsbeispielen aus einzelnen Gebieten des Besonderen Verwaltungsrechts. Vielmehr geht es bei der **Arbeit mit Referenzkonstellationen** etwas anspruchsvoller vor allem um die Sichtung, Erfassung, Ordnung, Analyse und dogmatische Aufbereitung typischer Erscheinungsformen von Verwaltungsverträgen und verwaltungsvertraglichen Problemlagen, die möglichst schon in mehreren Gebieten des Fachrechts praktisch geworden sind oder jedenfalls praktisch werden können. Das damit verbundene Erkenntnisinteresse will das Allgemeine Verwaltungsrecht bereichern und weist bereits im ersten Zugriff über einzelne Sparten des Fachrechts und einzelne Referenzgebiete hinaus. Abweichend von der noch immer zu beobachtenden mehr deskriptiven Kompilation von Einsatzfeldern und Anwendungsbeispielen zielt der hier verfolgte Ansatz vielmehr auf die Typisierung verwaltungsvertraglichen Handelns, das in mehreren Gebieten des Besonderen Verwaltungsrechts vorkommt (oder zumindest vorkommen kann). Deshalb sollten Referenzkonstellationen bereits vor der Einspeisung „ins Allgemeine" möglichst in mehreren Referenzgebieten nachweisbar, bedeutsam und gegebenenfalls erprobt sein; haben sie referenzgebietsübergreifende „Feuerproben" bestanden, dann spricht vieles dafür, dass sie einen Beitrag zur Modernisierung der herkömmlichen Verwaltungsvertragsrechtslehre leisten können und in das Allgemeine Verwaltungs-

---

[202] *Wolff/Bachof/Stober/Kluth*, VerwR I, § 54 Rn. 12.
[203] Siehe *Seer*, Verständigungen (Fn. 194), insbes. S. 3, 78 f., 317 ff. m. w. N. Der BFH arbeitet bevorzugt mit funktionellen Äquivalenten und namentlich mit der Figur der „tatsächlichen Verständigung"; vgl. dazu die ausführliche Rechtsprechungsanalyse bei *Seer*, a. a. O., S. 66 ff.; ferner *Gurlit*, Verwaltungsvertrag (Fn. 110), S. 44 ff., und *Maurer*, VerwR, § 14 Rn. 3b m. w. N.; Schreiben des *BMF* vom 30. 7. 2008, BStBl I 2008, 831, das die Voraussetzungen und die rechtlichen Folgen der „tatsächlichen Verständigung" darlegt, allerdings keine abschließende Stellung zur Rechtsnatur der „tatsächlichen Verständigung" bezieht. Zur möglichen Deutung der tatsächlichen Verständigung als öffentlich-rechtlicher Vertrag *Ulrich Pflaum*, Einzelfragen der tatsächlichen Verständigung – unter besonderer Berücksichtigung des BMF-Schreibens vom 30. Juli 2008, Die Steuerwarte 2009, S. 63 (65), wonach das Schreiben des BMF „die tatsächliche Verständigung insgesamt deutlicher in die Nähe des öffentlich-rechtlichen Vertrages" rückt; *Ulf-Christian Dißars*, Ungeklärte Rechtsfragen der tatsächlichen Verständigung, NWB 2010, S. 2141 ff. Darüber hinaus werden konsensuale Lösungen zwischen der Kommunalaufsicht und der Kommune im Bereich des Haushaltsrechts für den Fall des Fehlens einer Haushaltssatzung diskutiert; dazu *Hanspeter Knirsch*, Vorläufige Haushaltsführung und Haushaltskonsolidierung, VR 2010, S. 40 (42 f.)
[204] Siehe dazu bereits *Bauer*, Impulse (Fn. 106), S. 332.

C. Anwendungsfelder des Vertrages im Verwaltungsrecht

recht einzustellen sind. Nach dieser Abschichtung sind folgende Konstellationen hervorzuheben:

1. „Massenverwaltung" durch Vertrag

Nach einer im Allgemeinen Verwaltungsrecht verbreiteten Annahme sollen öffentlich-rechtliche Verträge zwischen Staat und Bürger, quantitativ gesehen, nur eine „wenig bedeutsame bis unbedeutende Rolle" spielen[205], für die „Massenverwaltung" eher ungeeignet[206] und noch nicht zum „Handlungsinstrument des Verwaltungsalltags" herangereift sein.[207] Spätestens das **Hartz IV-Gesetz**[208] belegt das Gegenteil. Das darin enthaltene neue Recht der Grundsicherung für Arbeitsuchende (SGB II) schreibt der Sozialverwaltung nämlich vor, dass sie „mit jeder erwerbsfähigen leistungsberechtigten Person die für ihre Eingliederung erforderlichen Leistungen vereinbaren (Eingliederungsvereinbarung)" soll[209]. Die **Eingliederungsvereinbarung** ist ein **öffentlich-rechtlicher Vertrag,**[210] dessen

37

---

[205] *Schlette*, Vertragspartner (Fn. 6), S. 253 ff., 334 f. (Zitat: S. 254; im Original teilweise hervorgehoben), der diese Aussage allerdings auf „die meisten Behörden" beschränkt und zudem unter den Vorbehalt der Nichteinbeziehung des Bereichs der öffentlichen Aufträge stellt (a.a.O., S. 254); ähnliche Einschätzung bei *Jan Ziekow/Thorsten Siegel*, Entwicklung und Perspektiven des öffentlich-rechtlichen Vertrages (Teil 1), VerwArch, Bd. 94 (2003), S. 593 (593: vertraglichem Handeln kommt ein „nur geringer quantitativer Anteil" zu), die diese Aussage allerdings auf die gesamte außenwirksame Tätigkeit der Verwaltung beziehen; vgl. auch *Ziekow*, VwVfG, § 54 Rn. 2.

[206] *Maurer*, Verwaltungsvertrag (Fn. 2), S. 806; *ders.*, Rechtstatsachenforschung (Fn. 77), S. 130; *Utz Schliesky*, in: Knack/Henneke, VwVfG, Vor § 54 Rn. 56; bis in die jüngste Zeit weiter gehend und wirklichkeitswissenschaftlich eher uninformiert *Kay Waechter*, Der öffentlich-rechtliche Vertrag, JZ 2006, S. 166 (168), wonach es bei öffentlich-rechtlichen Verträgen nicht um die „normale" Verwaltung gegenüber dem Bürger gehe und das Massengeschäft gleichliegender Fälle auch in der Leistungsverwaltung nach wie vor durch Verwaltungsakt abgewickelt werde.

[207] Vgl. *Maurer*, VerwR, § 14 Rn. 24, und zu den – insgesamt – uneinheitlichen Einschätzungen in der Literatur ergänzend *Schlette*, Vertragspartner (Fn. 6), S. 251 f. m. w. N.; vgl. auch *Bull/Mehde*, VerwR, Rn. 847 („Über Sozialleistungen werden kaum Verträge geschlossen") einerseits und Rn. 1234 andererseits.

[208] So die landläufige Bezeichnung des ursprünglich mit dem Vierten Gesetz für Moderne Dienstleistungen am Arbeitsmarkt vom 24. 12. 2003 (BGBl I, S. 2954) erlassenen SGB II.

[209] § 15 Abs. 1 S. 1 SGB II.

[210] So die inzwischen ganz überwiegende Meinung in der Literatur; s. etwa *Uwe Berlit*, Zusammenlegung von Arbeitslosen- und Sozialhilfe, info also 2003, S. 195 (205); *ders., Das neue Sanktionensystem (Teil 2)*, Zeitschrift für Sozialhilfe und Sozialgesetzbuch (ZfSH/SGB) 2006, S. 11 (15f.); *Heinrich Lang*, Die Eingliederungsvereinbarung zwischen Autonomie und Bevormundung, NZS 2006, S. 176 (181); *Stephan Rixen*, in: Wolfgang Eicher/Wolfgang Spellbrink (Hrsg.), SGB II, Kommentar, 1. Aufl. 2005, § 15 Rn. 3; *Kerstin Strick*, Rechtsprobleme der Eingliederungsvereinbarung gem. § 15 SGB II, unveröffentlichtes Vortragstyposkript, S. 8; eingehende Analyse der Rechtsnatur bei *Kai-Holmger Kretschmer*, „Sozialhilfe" durch Vertrag, DÖV 2006, S. 893 (895 f.), m. w. N. auch auf vereinzelte abweichende Einordnungen wie „unverbindliche Absichtserklärung", „reine Verfügung", „bloßer Realakt" und „Mischform"; anders *Wolfgang Spellbrink*, Eingliederungsvereinbarung nach SGB II und Leistungsabsprache nach dem SGB XII aus Sicht der Sozialgerichtsbarkeit, Sozialrecht aktuell 2006, S. 52 (54 f.: „hoheitliches Handeln sui generis"); *ders.*, in: Wolfgang Eicher/Wolfgang Spellbrink (Hrsg.), SGB II, Kommentar, 2. Aufl. 2008, § 15 Rn. 8 ff. Die Arbeitsverwaltungspraxis nimmt ebenfalls einen öffentlich-rechtlichen Vertrag i.S.v. §§ 53 ff. SGB X an; s. Bundesagentur für Arbeit, Az. S 21-II-1202, II-4113, II-4221, Durchführungsanweisung zur Eingliederungsvereinbarung § 15 SGB II, Stand Mai 2011, S. 1, im Internet abrufbar unter www.eingliederungsvereinbarung.de; *Christian Kocialkowski*, Eingliederungsvereinbarungen nach dem SGB II aus Sicht der Bundesagentur für Arbeit, Sozialrecht aktuell 2006, S. 38 (38 f.). Nach überkommener Einordnung handelt es sich um einen subordinationsrechtlichen öffentlich-rechtlichen Vertrag nach § 53 Abs. 1 S. 2 SGB X (*Rixen*, a.a.O., § 15 Rn. 3; *Strick*, a.a.O., S. 8; *Ernst-Wilhelm Luthe/Markus A. Timm*, Die Eingliederungsverein-

Abschluss bei dem derzeitigen Heer von erwerbsfähigen Leistungsberechtigten im administrativen Tagesgeschäft **millionenfach** ansteht.[211] Mit diesem flächendeckenden Einsatz ist der Verwaltungsvertrag endgültig[212] im Alltag der **"Massenverwaltung"** angekommen, ganz abgesehen davon, dass im aktivierenden Sozialstaat die gesamte modernere Arbeitsverwaltung zunehmend von „einer vielfältigen und dicht gewirkten Kette von vertraglichen Vereinbarungen durchzogen" wird[213]. Weitere Tendenzen hin zur Massenverwaltung durch Vertrag finden sich inzwischen mit der **Integrationsvereinbarung**[214] im Ausländerrecht.[215]

---

barung des SGB II, SGb 2005, S. 261 [261]; *Uwe Berlit*, Eingliederungsvereinbarungen nach dem SGB II – Rechtsrahmen und Rechtsschutz, Sozialrecht aktuell 2006, S. 41 [41 f.]; *Ernst Huckenbeck* in: Martin Löns/Heike Herold-Tews (Hrsg.), SGB II, Grundsicherung für Arbeitsuchende, 3. Aufl. 2011, § 15 Rn. 5; *Manfred Hammel*, Die Eingliederungsvereinbarung nach § 15 SGB II – eine sehr umstrittene Materie, ZFSH/SGB 2007, S. 589 [589]; *Bauer*, Impulse [Fn. 106] S. 335; *Mario Martini/Jan-Erik Schenkel*, Die Eingliederungsvereinbarung – ein verfassungswidriger Formenmissbrauch?, VSSR 2010, S. 393 [401]; *Dagmar Felix*, Der öffentlich-rechtliche Verwaltungsvertrag und seine Bedeutung im Sozialrecht, in: FS Hans P. Bull, 2011, S. 539 [552 ff.]).

[211] Bei einer gesetzeskonform agierenden Sozialverwaltung bewegt sich rein rechnerisch die Zahl der jährlich abgeschlossenen Eingliederungsvereinbarungen deutlich über der Zahl der erwerbsfähigen Leistungsberechtigten. Denn nach § 15 Abs. 1 S. 3 SGB II soll die Eingliederungsvereinbarung für sechs Monate geschlossen werden, und nach § 15 Abs. 1 S. 4 und 5 SGB II soll anschließend unter Berücksichtigung der bisher gewonnenen Erfahrungen eine neue Eingliederungsvereinbarung geschlossen werden. Die gesetzliche Regelungstechnik der Befristung mit anschließendem Neuabschluss führt quantitativ zu einem Anstieg der Fallzahlen pro Jahr.

[212] Siehe bereits oben → Rn. 11.

[213] So die Einschätzung von *Eberhard Eichenberger*, Verträge in der Arbeitsverwaltung, SGb 2004, S. 203 ff. (Zitat: S. 204), u. a. unter Hinw. auf „Techniken des New Governance". *Foroud Shirvani*, Konsensuale Instrumente im SGB II, SGb 2010, S. 257 (261 f.). *Kretschmer*, Eingliederungsvereinbarung (Fn. 80), S. 25 ff. Zum Einsatzfeld des öffentlich-rechtlichen Vertrages im Sozialverwaltungsrecht insgesamt *Stephan Rixen*, Das Sozialverwaltungsrecht im Spiegel der Rechtsprechung, DV, Bd. 43 (2010), S. 545 (563), wonach der öffentlich-rechtliche Vertrag zwar nicht „das" Instrument des Sozialrechts sei, aber „zunehmend eine wichtige Rolle bei der Strukturierung des Sozialrechtsverhältnisses insgesamt und der Vorstrukturierung von Verwaltungsakten" gewinne. Vgl. auch *Thorsten Kingreen/Stephan Rixen*, Sozialrecht: Ein verwaltungsrechtliches Utopia?, DÖV 2008, S. 741 (747: „Das bedeutendste Steuerungsmedium des Sozialrechts ist der Vertrag. Sozialrecht ist Vertragsrecht."); *Felix*, Verwaltungsvertrag (Fn. 210), S. 547: „der Sozialstaat [kann] auf eine lange und etablierte Form der Kooperation mit nichtstaatlichen Akteuren zurückblicken."

[214] Diese findet an zwei Stellen Eingang ins Ausländerrecht: Zum einen kann gem. § 44 a Abs. 1 Nr. 3 AufenthG die Teilnahme an einem Integrationskurs Gegenstand einer in dem hier interessierenden Zusammenhang dargestellten Eingliederungsvereinbarung sein, wenn der Ausländer Leistungen nach dem Zweiten Buch des Sozialgesetzbuches bezieht. Diesbezüglich ist die Migrations- und Arbeitsverwaltung zur Zusammenarbeit verpflichtet; s. zu den Vor- und Nachteilen einer solchen Regelung *Daniel Thym*, Migrationsverwaltungsrecht, 2010, S. 312 ff. m.w.N. Zum anderen kann die Aufenthaltserlaubnis bei „Altfällen" gem. § 104 a Abs. 4 AufenthG unter der Bedingung erteilt werden, dass eine Integrationsvereinbarung abgeschlossen wird. Nach Abschluss einer Integrationsvereinbarung ist eine Verlängerung der Aufenthaltserlaubnis grundsätzlich von der Erfüllung der eingegangenen Integrationsverpflichtung abhängig (BTDrucks 16/5065, S. 202; *Roman Fränkel*, in: Rainer M. Hofmann/Holger Hoffmann, Ausländerrecht, 2008, § 104 a Rn. 25; *Thym*, a. a. O., S. 317 ff. m.w.N.). Um die Verbindlichkeit der individuellen Integrationsförderung zu erhöhen, hatten sich 2009 die Koalitionspartner bei der Regierungsbildung im Koalitionsvertrag auf die Einführung eines „Integrationsvertrages" verständigt. In dem Integrationsvertrag sollen die notwendigen Integrationsmaßnahmen für eine erfolgreiche Eingliederung in die deutsche Gesellschaft und den deutschen Arbeitsmarkt (Spracherwerb, Ausbildung, Kinderbetreuung etc.) festgeschrieben und die dafür bereitgestellten Hilfen vereinbart werden. Auf dieser Grundlage werden seit Anfang April 2011 an 18 Modellstandorten individuelle Integrationsvereinbarungen erprobt. Nach Abschluss der Erprobungsphase soll eine Entscheidung über die flächendeckende Einführung der Integrationsver-

C. Anwendungsfelder des Vertrages im Verwaltungsrecht

Gegenstand der Eingliederungsverträge sind neben anderem die Leistungen, 38
die der erwerbsfähige Leistungsberechtigte für die Eingliederung in Arbeit erhält,
und die Bemühungen, die er zu dieser Eingliederung mindestens unternehmen
und nachweisen muss.[216] Zu den vertraglich übernommenen **Pflichten der Arbeitsagenturen** zählen beispielsweise Beratungsleistungen, die Ermittlung des
status quo der Eignung des Arbeitslosen für bestimmte Berufsfelder und das
Aufzeigen von medizinischen oder therapeutischen Wegen zur Verbesserung der
Eingliederungsfähigkeit, Offerten für die Teilnahme an Weiterbildungsmaßnahmen und die Unterbreitung von Vermittlungsangeboten, gegebenenfalls auch die
Übernahme von Weiterbildungs-, Bewerbungs- und Umzugskosten; im Gegenzug verpflichten sich die **Arbeitsuchenden** etwa zur Aufgabe und Auswertung
von Stellenanzeigen, zu gezielten Initiativbewerbungen, zum Besuch von Arbeitsmarktbörsen, zur Mitwirkung an sozialtherapeutischen Maßnahmen oder
zur Teilnahme an Kursen für die weitere berufliche Qualifikation.[217]

Der Rechtsform nach ließen sich all diese Vertragsinhalte bei entsprechender 39
Gesetzeslage ebenso gut durch Verwaltungsakt festlegen. Für den Fall des **Nichtzustandekommens einer Eingliederungsvereinbarung** soll denn auch die Regelung der Kernelemente der zunächst angestrebten, am Ende aber nicht erreichten
vertraglichen Einigung **„durch Verwaltungsakt"** erfolgen.[218] Damit rückt der
Gesetzgeber den Verwaltungsakt gleichsam in die „zweite Reihe" verfügbarer
Handlungsformen: Der **Verwaltungsakt** hat nur noch **Auffangfunktion,** die erst
zum Tragen kommt, **wenn** und nachdem das primär und vorrangig zu verfolgende Bemühen um **eine vertragliche Konkretisierung der beiderseitigen Rechte und Pflichten im Sozialrechtsverhältnis gescheitert** ist.[219] Für das Allgemeine
Verwaltungsrecht dürfte die gesetzlich angeordnete Nachrangigkeit des Verwaltungsakts gegenüber dem Verwaltungsvertrag in einem wichtigen Segment der
leistungsgewährenden Sozialverwaltung derzeit noch gewöhnungsbedürftig
sein. Indes geht der Befund auf Vorstellungen des **aktivierenden Staates** zurück,[220]

---

einbarung erfolgen. Näheres zu der auf europarechtliche Impulse zurückgehenden Integrationsvereinbarung in: BTDrucks 17/2400, S. 137.

[215] Das relativiert Vorbehalte gegen die Einsatzbreite des Verwaltungsvertrages in der Massenverwaltung wie sie sich etwa bei *Maurer,* VerwR, § 14 Rn. 5 finden.

[216] Siehe dazu und zu weiteren möglichen Vertragsgegenständen §§ 15 f. SGB II.

[217] Vgl. *Kretschmer,* „Sozialhilfe" (Fn. 210), S. 894; *ders.,* Eingliederungsvereinbarung (Fn. 80), S. 280 f. *Spellbrink,* in: Eicher/Spellbrik, SGB II, 2. Aufl. (Fn. 210), § 15 Rn. 22 ff.

[218] § 15 Abs. 1 S. 6 SGB II.

[219] *Uwe-Dietmar Berlit,* in: Johannes Münder (Hrsg.), Sozialgesetzbuch II, 3. Aufl. 2009, § 15 Rn. 1, 39 f.; *Dieter Knoblauch/Torsten Hübner,* Die Eingliederungsvereinbarung als Handlungsform in SGB II und SGB III, NDV 2005, S. 277 (277); *Katharina v. Koppenfels-Spies,* Kooperation unter Zwang? – Eingliederungsvereinbarungen des SGB II im Lichte des Konzepts des „aktivierenden Sozialstaats", NZS 2011, S. 1 (2); *Kretschmer,* Eingliederungsvereinbarung (Fn. 80), S. 25 ff., 174 ff., 206 ff.; vgl. auch BTDrucks 15/1516, S. 54. Anders und das gesetzgeberische Regelungsprogramm konterkarrierend *BSGE* 104, 185 (187 f.), wonach sich „auch unter systematischen Gesichtspunkten [...] kein Vorrang der Eingliederungsvereinbarung gegenüber dem Verwaltungsakt" ergibt; ähnlich wirklichkeitsabgewandt *Wolfgang Spellbrink,* Sozialrecht durch Verträge?, NZS 2010, S. 649 (653); überzeugende Kritik an der bundessozialgerichtlichen Entscheidung u. a. in den Urteilsanmerkungen von *Jutta Siefert,* SGb 2010, S. 615 ff., und *Imme Müller,* jurisPR-SozR 9/2010, sowie bei *Kretschmer,* Eingliederungsvereinbarung (Fn. 80), S. 206 ff.; vgl. auch *Felix,* Verwaltungsvertrag (Fn. 210), S. 555 f.

[220] Dazu allgemein *Wolfgang Spellbrink,* in: Eicher/Spellbrink, SGB II, 2. Aufl. (Fn. 210), § 1 Rn. 1 m. w. N.; *Rainer Pitschas,* Das sozialrechtliche Verwaltungsverfahren im „aktivierenden" Sozialstaat. Verfahrensrechtliche Konsequenzen der staatlichen Verantwortungspartnerschaft mit der Bürgerge-

die nicht nur die Sozialrechtsmodernisierung dirigieren.[221] Der Regelungsansatz macht Ernst mit der Subjektstellung des Bürgers.[222] Mit der gewählten Regelungstechnik will der Gesetzgeber den Leistungsberechtigten aus der Position des passiven Objekts staatlicher Unterstützung herausholen, die Eigenverantwortung des Arbeitsuchenden stärken und den Leistungsempfänger zusammen mit der aus der Grundhaltung passiver Abfederung von Arbeitslosigkeit durch (vornehmlich finanzielle) Leistungsgewährung herausgeführten Sozialverwaltung konzeptionell in vertragliche Arrangements einbinden, in denen alle Beteiligten aktiv bei der Beseitigung der Hilfebedürftigkeit zusammenwirken.[223] **Hauptmotiv** für die Neuregelung ist demnach die Aktivierung aller Beteiligten zur Bewältigung insbesondere der Arbeitslosigkeit des individuell davon Betroffenen. Nach ersten eingehenderen Analysen hat sich der veränderte Steuerungsansatz als ausgesprochen erfolgreich erwiesen.[224] Das ist hier nicht zu vertiefen. Festzuhalten ist jedoch die gesetzliche Umstellung eines wichtigen Bereichs der Sozialverwaltung auf das Konzept vertraglicher Selbstregulierung.

40 Das **Vertragsmodell** prägt von Anbeginn die sich zwischen den Beteiligten entwickelnden Beziehungen. Eine von der Bundesagentur erstellte Handlungsempfehlung[225] erwähnt als Grundvoraussetzung ein „umfassendes und systematisches Profiling", mit dem für den Einzelnen eine Chancen- und Risikoeinschätzung erarbeitet und dessen beruflicher Standort ermittelt wird. An die Standortbestimmung schließen sich intensive Beratungsgespräche und **Verhandlungen über die** von beiden Vertragsparteien **zu erbringenden Leistungen** an; zur Erleichterung der Beratungs- und Verhandlungsgespräche sowie der Auswahl der zu erbringenden Leistungen sind der Empfehlung leitfadenartige Checklisten angehängt, die überdies Anregungen für die Entwicklung von Alternativen enthalten. In dem vom Gesetzgeber angenommenen Regelfall münden die Verhandlungen in den Abschluss der **Eingliederungsvereinbarung,** in der die Rechte und Pflichten der Beteiligten eindeutig festgehalten, verbindlich vereinbart und schriftlich fixiert sind. Für die **Vertragsgestaltung** hält die Handlungsempfehlung einen **Mustervertrag** als Formulierungshilfe vor, der nicht nur die Festlegung der Leistungen und Pflichten der Vertragsparteien abstrakt vorstrukturiert, sondern daneben – ebenfalls abstrakt vorformulierte – Bausteine für die Regelung der Rechtsfolgen bei Nichterfüllung der vertraglichen Verpflichtungen sowie für

---

sellschaft, in: FS 50 Jahre BSG, 2004, S. 765 (insbes. S. 778 ff.); *Lang*, Eingliederungsvereinbarung (Fn. 210), S. 176 m.w.N.; vertiefend *Thorsten Kingreen*, Das Sozialstaatsprinzip im europäischen Verfassungsverbund, 2003, S. 128 ff.; *ders.*, Rechtliche Gehalte sozialpolitischer Schlüsselbegriffe: Vom daseinsvorsorgenden zum aktivierenden Sozialstaat, SDSRV, Bd. 52 (2004), S. 7 ff.

[221] Vgl. bereits oben → Rn. 15; → Bd. I *Voßkuhle* § 1 Rn. 42, 63 f.

[222] → Rn. 9. Dass der Ansatz namentlich durch die Sanktionsmechanismen über weite Strecken relativiert wird, steht auf einem anderen Blatt (→ Rn. 41).

[223] Siehe *Lang*, Eingliederungsvereinbarung (Fn. 210), S. 176; *Kretschmer*, „Sozialhilfe" (Fn. 210), S. 894; *Eberhard Eichenhofer*, Sozialreformen zwischen Vision und Wirklichkeit, NZS 2007, S. 57 (61); *Wolfgang Spellbrink*, Die Eingliederungsvereinbarung nach § 15 SGB II und ihre Sanktionierung, Das SGB II in der Praxis der Sozialgerichte – Bilanz und Perspektiven 2010, S. 45 ff.

[224] *Kretschmer*, Eingliederungsvereinbarung (Fn. 80), S. 102–153 u.a.m. empirisch belegtem Hinw. auf deutlich erhöhte Vermittlungserfolge der die Vertragsform ernst nehmenden persönlichen Ansprechpartner/Fallmanager.

[225] Siehe Bundesagentur für Arbeit, Az. II-1202, Handlungsempfehlung 5/2005 vom 20. 5. 2005, Hinw. zu § 15, S. 1, 3 f. m. Anlagen, im Internet abrufbar unter www.eingliederungsvereinbarung. de.

etwaige Schadensersatzpflichten enthält.[226] In solchen Musterverträgen mögen **typisierte Verträge** angelegt sein, die wesentliche Vertragsinhalte bereits vorab formularmäßig festschreiben und nur noch mit den Daten des Einzelfalles zu versehen sind.[227] Gleichwohl unterscheiden sich derart typisierte Verträge vom Verwaltungsakt nicht allein durch die vom Bürger hinzuzufügende Unterschrift,[228] weil die Kultur des Eingliederungsvertrages im Ansatz nicht auf einseitig erlassene Hoheitsakte ausgerichtet ist, sondern auf den Leitgedanken gemeinsam erarbeiteter und einvernehmlich geregelter Problemlösungen, die Gestaltungsalternativen kennen und im konkreten Einzelfall zur Geltung bringen können. Völlig zutreffend ist deshalb mitunter von einem **Recht** des Leistungsberechtigten **auf Verhandlungen** mit dem zuständigen Leistungsträger die Rede.[229]

Für gewisse **Irritationen** sorgt das Vertragsmodell allerdings deshalb, weil das SGB II den Leistungsberechtigten zum Abschluss eines Eingliederungsvertrages zwingt.[230] Wesentlich flankiert wurde die Abschlusspflicht bislang durch einen besonderen gesetzlichen Bezug zu den Leistungen zur Sicherung des Lebensunterhalts, in Sonderheit des Arbeitslosengeldes II, das – anders als die eben dargestellten Eingliederungsleistungen – nicht vertraglich vereinbart, sondern durch Verwaltungsakt festgesetzt wird. Mit der hier gebotenen Vereinfachung wurde das **Arbeitslosengeld II** u. a. dann um 30% **abgesenkt,** wenn sich der Hilfebedürftige trotz Belehrung weigerte, „eine ihm angebotene Eingliederungsvereinbarung abzuschließen"[231]. Der Sanktionsmechanismus ist schon wegen der Verkoppelung von Vertrag und Verwaltungsakt bemerkenswert,[232] vor allem aber wegen des davon ausgehenden zusätzlichen **Kontrahierungsdrucks.** Die auf die Ablehnung eines von der Behörde unterbreiteten Angebots folgende **Sanktion** schränkte die Vertragsfreiheit des Hilfebedürftigen empfindlich ein, **relativierte den vertraglichen Grundansatz,**[233] hinterließ den Eindruck „unfreiwilliger" Verträge[234] und zog entsprechende verfassungsrechtliche Vorbehalte auf sich.[235] Indes dürfte die-

41

---

[226] Der Mustervertrag findet sich in der Anlage, die Hinw. zur Vereinbarung der Rechtsfolgen der Nichteinhaltung des Vertrages und insbes. von Schadensersatz auf S. 6 der Handlungsempfehlung (Fn. 225).
[227] *Maurer,* VerwR, § 14 Rn. 24.
[228] Zur Reduzierung auf diesen Unterschied s. *Maurer,* VerwR, § 14 Rn. 24.
[229] *Rixen,* in: Eicher/Spellbrink, SGB II, 1. Aufl. (Fn. 210), § 15 Rn. 4; vgl. auch *Spellbrink,* in: Eicher/Spellbrink, SGB II, 2. Aufl. (Fn. 210), § 15 Rn. 15; anders *BSGE* 104, 185 (187).
[230] § 2 Abs. 1 S. 2 SGB II.
[231] § 31 Abs. 1 S. 1 Nr. 1 a) SGB II a.F.; bei wiederholter Weigerung sah § 31 Abs. 3 SGB II a.F. weitere Absenkungen vor.
[232] Eine solche Instrumentenkombination („Instrumentenmix") ist auch an anderer Stelle anzutreffen. Während der bereits erwähnten, beim Nichtzustandekommen einer Eingliederungsvereinbarung bezüglich der Eingliederungsleistungen zum Einsatz kommenden Verwaltungsakte lediglich eine Auffangfunktion haben (→ Rn. 39), machen die Sanktions-Verwaltungsakte den vertraglichen Steuerungsansatz „scharf", und zwar sowohl hinsichtlich des Vertragsabschlusses als auch hinsichtlich der Vertragserfüllung (§ 31 Abs. 1 SGB II a.F.).
[233] Pointiert *Lang,* Eingliederungsvereinbarung (Fn. 210), S. 184: In der rechtlichen Ausgestaltung dürfte das Konzept „zwar als grundrechtliche Autonomie verbürgender Tiger gesprungen, aber als – Selbstbestimmung gar unterminierender – Bettvorleger gelandet sein".
[234] Vgl. dazu allgemein *Theodor Schilling,* Der „unfreiwillige" Vertrag mit der öffentlichen Hand, VerwArch, Bd. 87 (1996), S. 191 ff.; der Unfreiwilligkeit zustimmend *Felix,* Verwaltungsvertrag (Fn. 210), S. 552 ff. (554 ff.).
[235] Die verfassungsrechtliche Kritik setzt insbes. bei der Vertragsfreiheit (Art. 2 Abs. 1 GG) und der Rechtsschutzgarantie an; s. *Berlit,* Zusammenlegung (Fn. 210), S. 205 f.; *ders.,* Sanktionensystem

ser Druck durch die mit der Vertragslösung verfolgte Regelungsintention aktiver partnerschaftlicher Kooperation bei der Bewältigung der Arbeitslosigkeit in der Gesamtkonzeption des SGB II verfassungsrechtlich gerechtfertigt gewesen sein.[236] Die spezifische Sanktionsregelung für den Fall einer unberechtigten Abschlussverweigerung ist auf Pflichtverletzungen, die seit April 2011 begangen werden, nicht mehr anzuwenden.[237] Insofern dürften nunmehr die allgemeinen Vorschriften bei Verletzung vorvertraglicher Pflichten gelten.

2. Public Private Partnership

42 Von ganz anderem Zuschnitt als die sozialrechtlichen Eingliederungsvereinbarungen sind die vielfältigen **Erscheinungen staatlich-gesellschaftlicher Zusammenarbeit, die sich zumeist in vertraglichen Formen** bewegen.[238] Unter der Chiffre „Public Private Partnership" (PPP) haben sie in vielen Referenzgebieten Fuß gefasst:[239] in der Versorgungs- und Energiewirtschaft, in der Kinder- und Jugendhilfe, im Öffentlichen Personennahverkehr und in der Bauleitplanung, beim Wissens- und Technologietransfer, in der Wirtschaftsförderung und in der Fernstraßenbaufinanzierung, in wortspielartiger Abwandlung als Police Private Partnership[240] längst auch im Polizei- und Sicherheitsrecht usw. Die Gegen-

---

(Fn. 210), S. 15 f.; *Strick,* Eingliederungsvereinbarung (Fn. 210), S. 7 ff.; vgl. ferner *Daniel O'Sullivan,* Verfassungsrechtliche Fragen des Leistungsrechts der Grundsicherung für Arbeitsuchende, SGb 2005, S. 369 (373 f.).

[236] Im praktischen Ergebnis übereinstimmend *Rixen,* in: Eicher/Spellbrink, SGB II, 1. Aufl. (Fn. 210), § 15 Rn. 15 f.; *Lang,* Eingliederungsvereinbarung (Fn. 210), S. 184; *Kretschmer,* „Sozialhilfe" (Fn. 210), S. 896 ff.; *Hammel,* Eingliederungsvereinbarung (Fn. 210), S. 590 ff. *Martini/Schenkel,* Formenmissbrauch (Fn. 210), S. 401 ff.; jew. m.w.N.

[237] § 77 Abs. 12 SGB II.

[238] *Schmidt-Aßmann,* Ordnungsidee, Kap. 5 Rn. 53; *Wolff/Bachof/Stober/Kluth,* VerwR I, § 54 Rn. 3.

[239] Zu den Einsatzfeldern s. *Friedrich Schoch,* Public Private Partnership, in: Hans-Uwe Erichsen (Hrsg.), Kommunale Verwaltung im Wandel, 1999, S. 101 (106 ff.); *Hartmut Bauer,* Public Private Partnership als Erscheinungsformen der kooperativen Verwaltung, in: Rolf Stober (Hrsg.), Public-Private-Partnerships und Sicherheitspartnerschaften, 2000, S. 21 (27 ff.); *Wolff/Bachof/Stober/Kluth,* VerwR II, § 93 Rn. 7 ff.; *Jan Ziekow/Alexander Windoffer,* Public Private Partnership, 2001, S. 17 ff.; jew. m.w.N.; *Max-Emanuel Geis,* Kommunalrecht, 2. Aufl. 2011, § 12 Rn. 107; materialreich und instruktiv die Beiträge in: Dietrich Budäus/Peter Eichhorn (Hrsg.), Public Private Partnership, 1997, und *Dietrich Budäus* (Hrsg.), Kooperationsformen zwischen Staat und Markt, 2006; empirisch, allerdings auf Teilsegmente beschränkt, *Deutsches Institut für Urbanistik* (Hrsg.), Public Private Partnership Projekte, Eine aktuelle Bestandsaufnahme in Bund, Ländern und Kommunen, Endbericht, 2005; *Bauer,* Impulse (Fn. 106), S. 337 ff. Einen Überblick über nationale PPP-Projekte bei *Stöcker,* Verwaltungskooperationsvertrag (Fn. 100), S. 72 ff. S. zur Verfassungsmäßigkeit und den haushaltsrechtlichen Rahmenbedingungen der PPP-Modelle im Straßenbau *Yu,* Partnership (Fn. 94), S. 168 ff., 197 ff. Mit hierher gehören die Vorgänge des Cross-Border-Leasings. Mit der hier gebotenen Vereinfachung geht es dabei um die auf ausgesprochen komplexen Verträgen mit Laufzeiten bis zu 99 Jahren beruhende Übertragung von Vermögensgegenständen – meist Infrastruktureinrichtungen – der Kommune an einen ausländischen Investor, um diese anschließend zurück zu mieten. Hintergrund waren die aus einem mittlerweile geschlossenen Steuerschlupfloch im amerikanischen Recht resultierenden Steuervorteile, die sich die Kommune und der Investor untereinander aufteilten; s. dazu u. a. *Karl-Hermann Kästner,* Privatisierung kommunaler Einrichtungen – eine rechtliche Bestandsaufnahme, in: FS Wolf-Rüdiger Schenke, 2011, S. 863 (895 ff.), und *Hartmut Bauer,* Zukunftsthema „Rekommunalisierung", DÖV 2012, S. 329 (333); jew. m.w.N. Vgl. auch → Bd. I *Schulze-Fielitz* § 12 Rn. 96, 114 ff., *Groß* § 13 Rn. 91.

[240] Begriffsprägend *Rolf Stober,* Staatliches Gewaltmonopol und privates Sicherheitsgewerbe, NJW 1997, S. 889 (889, 895 f.); *ders.,* Privatisierung öffentlicher Aufgaben – Phantomdiskussion oder Gestaltungsoption in einer verantwortungsgeteilten, offenen Wirtschafts-, Sozial- und Sicherheitsverfas-

C. Anwendungsfelder des Vertrages im Verwaltungsrecht

stände der Partnerschaftsvereinbarungen reichen vom vergleichsweise „einfachen" Leistungsaustausch bis hin zu **hochkomplexen Vorgängen** wie der Teilprivatisierung der Berliner Wasserbetriebe, bei der eine rechtsfähige Anstalt des Öffentlichen Rechts im Rahmen eines Holding-Modells in einen privatrechtlichen Konzern eingebunden wurde.[241] Wohl **prominentestes Beispiel** ist der 2002 zwischen der Bundesrepublik Deutschland und dem privaten Betreiberkonsortium **Toll Collect** geschlossene Maut-Konzessionsvertrag. Das Vertragswerk umfasst rund 17 000 (in Worten: siebzehntausend!) Seiten[242] und bewegte in einer „Tragik-Komödie"[243] monatelang die Republik. Nachdem sich herausgestellt hatte, dass das von Toll Collect entwickelte System für die LKW-Maut nicht termingerecht in Betrieb genommen werden konnte und deshalb staatliche Einnahmeausfälle in Milliardenhöhe drohten, kamen nämlich auch der Vertrag, die dort für Verzögerungen der Inbetriebnahme des Maut-Systems vorgesehenen Konfliktlösungsmechanismen und das Vertragsmanagement im Krisenfall ins Gerede. An dem Gerangel über Ausschreibungsfehler, immer wieder neue Startermine, Kündigungsandrohungen, Schadenersatzforderungen, Ausgleichszahlungen, Vertragsstrafen, Haftungsobergrenzen, schiedsgerichtliche Konfliktbereinigung, Nachverhandlungen, Nachbesserungen und schlussendliche Verständigung auf eine Fortsetzung der Kooperation lässt sich sehr schön studieren, in welche Schieflagen „Triple P" nicht nur bei Großprojekten geraten kann. Gleichwohl „besteht auf allen Ebenen (Bund, Länder und Gemeinden) und über Parteigrenzen hinweg ein **Grundkonsens, Public Private Partnerships zu fördern**".[244] Nicht nur in

---

sung?. NJW 2008, S. 2301 (2307); zur „partiellen" Privatisierung im Sicherheitssektor, dessen verfassungsrechtlicher und verwaltungsorganisationsrechtlicher Vereinbarkeit und den Anforderungen einer Privatisierung im Bereich der Geschwindigkeitsüberwachung aus gewährleistungsrechtlicher Sicht *ders.*, Verkehrssicherheitspartnerschaften, 2012; ferner *Andreas Peilert*, Police Private Partnership, DVBl 1999, S. 282 ff.; *Rolf Stober*, Police-Private-Partnership aus juristischer Sicht, DÖV 2000, S. 261 ff.; *Bauer*, Partnership (Fn. 239), S. 38 ff.; *Fabian Jungk*, Police Private Partnership, 2001; *Tettinger*, Sachstandsbericht (Fn. 96), S. 9; vgl. auch *Stephan Rixen*, Vom Polizeirecht über das Gewerberecht zurück zum Polizeyrecht?, DVBl 2007, S. 221 ff. S. zu den Grenzen der Aufgabenübertragung im Bereich der Sicherheit, der Vollstreckung sowie des Straf- und Maßregelvollzugs, *Burgi*, Privatisierung (Fn. 100), S. D 56 ff.

[241] Die Teilprivatisierung beruhte auf einem Gesetz und diversen vertraglichen Regelungen; s. zur Konstruktion im einzelnen VerfGH Berlin, NVwZ 2000, S. 794 (794); knapp *Benedikt Wolfers*, Privatisierung unter Wahrung der öffentlich-rechtlichen Rechtsform: Der Modellfall Berliner Wasserbetriebe, NVwZ 2000, S. 765 (765); eingehende Analyse der vertraglichen Regelungen im Einzelnen bei *Jan Hecker*, Privatisierung unternehmenstragender Anstalten des öffentlichen Rechts, VerwArch, Bd. 92 (2001), S. 261 (265 ff.). Die Teilprivatisierung war wiederholt Anlass für gerichtliche Auseinandersetzungen und ist bis heute Gegenstand öffentlichkeitswirksamer Kontroversen; so führten die steigenden Wasserpreise und die „Geheimniskrämerei" um die vertraglichen Grundlagen im Februar 2011 zu einem mit 98,2% Ja-Stimmen angenommenen Volksentscheid zur Offenlegung der Verträge.

[242] *Petra Bornhöft/Frank Dohmen*, 17 000 Seiten offene Fragen, Der Spiegel 43/2003, S. 106 (106).

[243] *Tettinger*, Sachstandsbericht (Fn. 96), S. 1. Zur Chronologie des Maut-Debakels vgl. etwa *Frank Dohmen/Frank Hornig*, Näher am Ziel, Der Spiegel 36/2004, S. 82; Die Maut – Chronologie einer Pannenserie, im Internet abrufbar unter www.tagesschau.de; zu den vom Bund gegen Toll Collect schon 2004 in einem Schiedsverfahren geltend gemachten Schadensersatz- und Vertragsstrafenforderungen in Höhe von 5,1 Mrd. Euro s. FAZ vom 7. 8. 2007, S. 10, und zur staatsrechtlichen Problematik der zwischen den Vertragsparteien vereinbarten Vertraulichkeit s. *Frank Schorkopf*, Transparenz im „Toll-Haus", NVwZ 2003, S. 1471 ff.; vgl. ferner *Yu*, Partnership (Fn. 94), S. 104 ff.

[244] *Uechtritz/Otting*, ÖPP-Beschleunigungsgesetz (Fn. 103), S. 1105 (Zitat; Hervorhebung hinzugefügt), 1111. Auch wenn das Ruder künftig wieder stärker in eine Rekommunalisierung umschlagen sollte, spielen Verwaltungsverträge und das Verwaltungsrecht eine wichtige Rolle; vgl. dazu etwa

Deutschland: Public Private Partnerships sind seit geraumer Zeit auch in das Blickfeld der Europäischen Gemeinschaften geraten, die mit Interesse die mitgliedstaatliche Förderung und Koordinierung (auch binnengrenzenüberschreitender) Public Private Partnerships zur Kenntnis nimmt und selbst „Maßnahmen zur Ausschaltung von Hemmfaktoren für ÖPP eingeleitet hat"[245]. So sieht beispielsweise das Grünbuch der EU-Kommission über die Modernisierung der europäischen Politik im Bereich des öffentlichen Auftragswesens unter anderem eine Effizienzprüfung des bisherigen Vergabeverfahrens auch in Bezug auf Öffentlich Private Partnerschaften vor; aus dem ersten Richtlinienentwurf der Kommission vom Dezember 2011 wird deutlich, dass auf mittlere Sicht ein verstärkter Einsatz von Verhandlungen der Auftragsbedingungen mit potenziellen Bietern unter bestimmten Voraussetzungen folgen könnte.[246] Zur Förderung institutionalisierter Öffentlich Privater Partnerschaften (IÖPP) und zur Klärung der Rechtslage hinsichtlich der Ausschreibungspflichten hat die Kommission außerdem im Februar 2008 eine „Mitteilung zu Auslegungsfragen in Bezug auf die Anwendung der gemeinschaftlichen Rechtsvorschriften für öffentliche Aufträge und Konzessionen auf IÖPP"[247] erlassen.

43 Der allenthalben spürbare kräftige Aufwind ändert freilich nichts daran, dass die **juristische Leistungsfähigkeit des Begriffs** „Public Private Partnership" für viele ungewiss ist[248]. Richtiger Ansicht nach handelt es sich dabei vorerst um ei-

---

Hartmut Bauer, Verwaltungskooperation – Public Private Partnerships und Public Public Partnerships, in: Bauer/Büchner/Brosius-Gersdorf (Hrsg.), Verwaltungskooperation (Fn. 104), S. 9 (22 f.); *Peter Paffhausen*, Gestaltung von Public Private Partnerships, ebd., S. 95 ff.

[245] *Kommission der Europäischen Gemeinschaften*, Grünbuch zu Öffentlich-Privaten Partnerschaften und den gemeinschaftlichen Rechtsvorschriften für öffentliche Aufträge und Konzessionen vom 30. 4. 2004, KOM (2004) 327 endg., S. 4, 8. Die dazu von der Bundesregierung abgegebene Stellungnahme datiert vom 16. 8. 2004 und ist im Internet abrufbar unter www.bmwi.de.

[246] *EU-Kommission*, Grünbuch über die Modernisierung der europäischen Politik im Bereich des öffentlichen Auftragswesens, Wege zu einem effizienteren europäischen Markt für öffentliche Aufträge, vom 17. 1. 2011 S. 15 ff. (16 f.), im Internet abrufbar unter http://eur-lex.europa.eu/LexUriServ/LexUriServ.do?uri=COM:2011:0015:FIN:DE:PDF. Vorschlag für eine Richtlinie des Europäischen Parlaments und des Rates über die öffentliche Auftragsvergabe vom 20. 12. 2011, KOM (2011) 896 (COD), im Internet abrufbar unter http://eur-lex.europa.eu/LexUriServ/LexUriServ.do?uri=COM:2011:0896:FIN:DE:PDF.

[247] Im Internet abrufbar unter http://ec.europa.eu/internal_market/publicprocurement/docs/ppp/comm_2007_6661_de.pdf.

[248] Krit. etwa *Martin Burgi*, Funktionale Privatisierung und Verwaltungshilfe, 1999, S. 99: taugt „nicht als Grundlage juristischer Ableitungen"; *Jörn A. Kämmerer*, Privatisierung, 2001, S. 58: insgesamt „von Unklarheit, ja Polyvalenz geprägt"; *Schoch*, Partnership (Fn. 239), S. 103: umschreibt – „Modernität suggerierend, aber rechtlich Unverbindliches transportierend – als schillernder Sammelbegriff unterschiedlichste Erscheinungsformen der Kooperation zwischen Verwaltungsträgern und Privaten"; *Schuppert*, Verwaltungskooperationsrecht (Fn. 80), S. 4: Definitionen gleichen dem Versuch, „einen Pudding an die Wand zu nageln"; *Tettinger*, Sachstandsbericht (Fn. 96), S. 1: „Modewort" ohne „trennscharfe Begriffsbestimmung"; *Johannes Hellermann*, Handlungsformen und -instrumentarien wirtschaftlicher Betätigung, in: Werner Hoppe/Michael Uechtritz (Hrsg.), Handbuch Kommunale Unternehmen, 2. Aufl. 2007, § 7 Rn. 165 ff. Vgl. auch Stellungnahme der Bundesregierung (Fn. 245), S. 1: „schillernder Begriff, der in den unterschiedlichsten Zusammenhängen verwendet wird und unterschiedlichste Inhalte transportiert"; ferner *Sibylle Roggenkamp*, Public Private Partnership, 1999, S. 25 ff.; *Hedda Hetzel/Bernd Früchtl*, Das Zusammenwirken von öffentlicher Hand und Privatwirtschaft in Öffentlich Privaten Partnerschaften, BayVBl. 2006, S. 649 (650); *Jan Ziekow*, Public Private Partnership – auf dem Weg zur Formierung einer intermediären Innovationsebene?, VerwArch, Bd. 97 (2006), S. 626 (627 ff.); *Kämmerer/Starski*, ÖPP-Gesetzgebung (Fn. 106), S. 232; *Kment*, Einbindung (Fn. 100), S. 66 f.; *Peter Baumeister*, Public Private Partnership als neue Form der Erfül-

C. Anwendungsfelder des Vertrages im Verwaltungsrecht

nen intra- und interdisziplinären Verbund- oder Brückenbegriff, der heuristische und strukturierende Funktionen übernimmt und mit einigem Glück zu einer dogmatischen Kategorie mit mehr oder weniger weitreichenden Konsequenzen für die praktische Rechtsanwendung heranwachsen kann.[249] Wegen der hohen Assoziations- und Suggestivkraft ist der Terminus aus der Diskussion ohnehin nicht mehr hinwegzudenken. Auch ist er fest im amtlichen Sprachgebrauch verankert.[250] Und er ist mittlerweile als **„Öffentlich Private Partnerschaft"** (ÖPP) in die **Gesetzessprache** eingeführt[251] – die „germanisierende" Wendung vermeidet den Anglizismus, weicht davon in der Sache aber nicht ab.[252]

Für den gesetzlich ausdrücklich rezipierten Begriff der Öffentlich Privaten Partnerschaft stellen die Materialen zum ÖPP-Beschleunigungsgesetz[253] **signifikante Merkmale** heraus: „Mit Öffentlich Privaten Partnerschaften wird eine dauerhafte, in beiderseitigem Vorteil liegende, dem Gemeinwohl dienende **Kooperation zwischen öffentlichen Händen und Privatwirtschaft** angestrebt. Insofern stellen ÖPP einen wichtigen **Baustein zur Modernisierung des Staates** dar. Dabei treten die öffentlichen Hände häufig nur noch als Nachfrager von Dienstleistungen auf. Die Privatwirtschaft erbringt diese Dienstleistungen und wird dafür von den öffentlichen Händen mit einem jährlichen Entgelt bezahlt. Im Unterschied zur reinen Privatisierung von öffentlichen Aufgaben und Dienstleistungen gehen **ÖPP** einen anderen, einen **dritten Weg.** ÖPP heißt Kooperation von öffentlicher Hand und privater Wirtschaft beim Entwerfen, bei der Planung, Erstellung, Finanzierung, dem Management, dem Betreiben und dem Verwerten von bislang in staatlicher Verantwortung erbrachten öffentlichen Leistungen"[254]. Die Erläuterung deckt wichtige Aspekte des verwaltungswissenschaftlichen Begriffsverständnisses[255] ab und vermittelt einen ersten Eindruck dessen, was mit

44

---

lung staatlicher Aufgaben, in: Soek/Ziekow (Hrsg.), Einbeziehung (Fn. 159), S. 65 (67 ff.). S. a. → Bd. I *Voßkuhle* § 1 Rn. 63 m. Fn. 344, *Schulze-Fielitz* § 12 Rn. 96, 114.

[249] Näheres dazu bei *Bauer,* Partnership (Fn. 239), S. 24 ff.; vgl. auch *Schuppert,* Verwaltungskooperationsrecht (Fn. 80), S. 5 ff., sowie allgemein zur Arbeit mit derartigen Begriffen *Wolfgang Hoffmann-Riem,* Methoden einer anwendungsorientierten Verwaltungsrechtswissenschaft, in: Schmidt-Aßmann/Hoffmann-Riem (Hrsg.), Methoden, S. 9 (60 ff.); zur Abgrenzung der PPP von anderen Erscheinungsformen, *Yu,* Partnership (Fn. 94), S. 32 ff.; *Ziekow/Windoffer,* Partnership (Fn. 239), S. 25 ff., 38 ff., 58 ff., die eine Kennzeichnung von PPP anhand von Indikatoren befürworten und zur Identifizierung und Abgrenzung von PPP einen Positiv- und Negativkatalog aufstellen. → Bd. I *Voßkuhle* § 1 Rn. 40 f.

[250] Siehe dazu nur die Titel der vom Bundesinnenministerium anlässlich der Reformüberlegungen zum VwVfG (→ Rn. 14 f.) in Auftrag gegebenen Gutachten von *Schuppert,* Verwaltungskooperationsrecht (Fn. 80), und *Ziekow,* Kooperationsverhältnisse (Fn. 98); ferner etwa *Bundesministerium für Wirtschaft und Arbeit* (Hrsg.), Public Private Partnership – Ein Leitfaden für Verwaltung und Unternehmer, 2. Aufl. 2003.

[251] ÖPP-Beschleunigungsgesetz (Fn. 60).

[252] Vgl. statt vieler nur den Antrag „Wachstumsstrategie für Deutschland: Public-Private Partnership weiterentwickeln und nunmehr realisieren – Infrastruktur optimieren, Investitionsstau auflösen" von Abgeordneten und der Fraktion der CDU/CSU, BTDrucks 15/5676, S. 1.

[253] → Fn. 60.

[254] BTDrucks 15/5668, S. 10; Hervorhebungen hinzugefügt. Vgl. auch die im Grünbuch zu Öffentlich-Privaten Partnerschaften (Fn. 245), S. 3, aufgeführten Charakteristika und den dortigen Hinw. auf die in einigen Mitgliedstaaten anzutreffende Möglichkeit einer „privat initiierten ÖPP" (a. a. O., S. 14).

[255] Dazu etwa *Schoch,* Partnership (Fn. 239), S. 103 ff.; *Gunnar Folke Schuppert,* Die öffentliche Verwaltung im Kooperationsspektrum staatlicher und privater Aufgabenerfüllung – Erscheinungsformen von Public Private Partnership als Herausforderung an Verwaltungsrecht und Verwaltungswissenschaft, in: Budäus/Eichhorn (Hrsg.), Partnership (Fn. 239), S. 93 (94 f.); *Dietrich Budäus/Gernod Grüning,* Public Private Partnership – Konzeption und Probleme eines Instruments zur Verwaltungs-

Public Private Partnership gemeint ist. **Hauptmotive** für die breite Unterstützung des ÖPP-Modells sind neben ordnungspolitischen Gesichtspunkten erhoffte Einsparungspotentiale zur Reduzierung der anhaltenden Finanzknappheit in den öffentlichen Kassen, die Nutzung der Fachkompetenz der privaten Akteure, die Erschließung von Informationen, die Erzielung von Effizienzgewinnen und anderes mehr.[256] Im Hintergrund stehen Anliegen einer **Staatsmodernisierung** nach den Maximen der Entlastung durch funktionale Privatisierung[257] („schlanker Staat"), des kooperativen und des aktivierenden Staates.[258]

45 Für die Lehre vom Verwaltungsvertrag sind Public Private Partnerships deshalb von **zentraler Bedeutung,** weil sie regelmäßig[259] **auf vertraglicher Grundlage** beruhen und – wie die Bemühungen um eine Kodifikation der „Kooperationsverträge" zeigen[260] – die gesetzliche Vorordnung der „Triple P"-Verträge verbreitet als unzureichend gilt. Bei der rechtlichen Einordnung treten in der Praxis **zwei Grundformen** hervor: einerseits die Einrichtung von auf Dauer angelegten Organisationen[261] auf der Grundlage von **Gesellschaftsverträgen** und andererseits kurz- oder langfristig angelegte Rechtsbeziehungen auf der Grundlage von **Austauschverträgen,**[262] die dem Privatrecht oder dem Öffentlichen Recht zugeordnet sein können. Modellorientierte Zugriffe unterscheiden deshalb mitunter typologisch zwischen **„Organisations-PPP"** und **„Vertrags-PPP".**[263] Vertragsanalytisch ist diese Typologie jedoch verkürzend, weil auch die „Organisations-PPP" auf eine vertragliche, nämlich eine gesellschaftsvertragliche Grundlage zurück-

---

reform aus Sicht der Public Choice-Theorie, ebd., S. 25 (48 ff.); *Roggenkamp,* Public Private Partnership (Fn. 248), S. 26 ff.
[256] Zu den gemeinschaftsweit ähnlich gelagerten Motiven s. etwa Grünbuch zu Öffentlich-Privaten Partnerschaften (Fn. 245), S. 3. Vgl. auch → Bd. I *Voßkuhle* § 1 Rn. 59, *Schulze-Fielitz* § 12 Rn. 93.
[257] Bei der funktionalen Privatisierung bleibt die Verwaltungsaufgabe der staatlichen Verwaltung zugeordnet, die jedoch in die Aufgabenerledigung Private einschalten kann – man spricht deshalb auch von einer Aufgabenteilprivatisierung; dazu frühzeitig strukturierend *Friedrich Schoch,* Privatisierung von Verwaltungsaufgaben, DVBl 1994, S. 962 (974); sowie allgemein *Burgi,* Verwaltungshilfe (Fn. 248), S. 145 ff.; *Kämmerer,* Privatisierung (Fn. 248), S. 23 m. w. N. Zur Einordnung von Public Private Partnership als funktionale Privatisierung etwa *Tettinger,* Sachstandsbericht (Fn. 96), S. 2. S. a. → Bd. I *Schulze-Fielitz* § 12 Rn. 110, *Schuppert* § 16 Rn. 83.
[258] → Rn. 15.
[259] Die in der Verwaltungspraxis ebenfalls anzutreffenden und bis hin zu „Handschlag-Partnerschaften" reichenden informellen Varianten sind an dieser Stelle nicht zu thematisieren; dazu *Budäus/Grüning,* Partnership (Fn. 255), S. 54; *Schuppert,* Verwaltungskooperationsrecht (Fn. 80), S. 13 f. S. a. → Bd. I *ders.* § 16 Rn. 172.
[260] → Rn. 15.
[261] Durch Gründung eines gemischtwirtschaftlichen Unternehmens, einer GmbH oder einer AG. Vgl. auch → Bd. I *Groß* § 13 Rn. 47 f., *Jestaedt* § 14 Rn. 30, *Schuppert* § 16 Rn. 183 ff.
[262] Vereinzelt wird der Begriff Public Private Partnership i. e. S. auf gesellschaftsrechtliche Zusammenschlüsse beschränkt (so etwa von *Herbert Grziwotz,* Vertragsgestaltung im öffentlichen Recht, 2002, S. 254), was jedoch nicht überzeugt und auch der Verwaltungswirklichkeit nicht gerecht wird.
[263] *Tettinger,* Sachstandsbericht (Fn. 96), S. 3 ff.; weniger vereinfachend noch *ders.,* Ausgestaltung (Fn. 96), S. 765 ff. Das Grünbuch zu Öffentlich-Privaten Partnerschaften (Fn. 245), S. 9 ff., unterscheidet zwischen „ÖPP auf Vertragsbasis" und „institutionalisierten ÖPP, bei denen die Zusammenarbeit zwischen öffentlichem und privatem Sektor innerhalb eines eigenständigen Rechtssubjekts erfolgt"; an der Vertragsanalyse im nachstehenden Text ändert sich dadurch nichts. Speziell zu Organisations-PPP s. *Christoph Reichard,* Organisations-PPP – Typologie und praktische Ausprägungen, in: Budäus (Hrsg.), Kooperationsformen (Fn. 239), S. 77 ff.; *Bauer,* Verwaltungskooperation (Fn. 244), S. 14 ff.; *Foroud Shirvani,* Public Private Partnership und die Subsidiaritätsprüfung bei öffentlichen Unternehmensbeteiligungen, DÖV 2011, S. 865 ff.

C. Anwendungsfelder des Vertrages im Verwaltungsrecht

geht und die Verwaltungspraxis überdies die beiden Modelltypen oftmals kombiniert. Derartige Kombinationen sind verbreitet und liegen etwa dann vor, wenn in einem ersten Schritt durch Gesellschaftsvertrag eine „Organisations-PPP" errichtet und anschließend in einem zweiten Schritt der neu geschaffenen Organisation auf austauschvertraglicher Grundlage im Wege der „Vertrags-PPP" der Betrieb einer staatlichen Einrichtung übertragen wird – oder konkreter: wenn beispielsweise einem gemischtwirtschaftlichen Unternehmen unmittelbar nach dessen Gründung durch Betreibervertrag Aufgaben der Abwasserbeseitigung übertragen werden. Ähnlich verhält es sich, wenn in ein bereits bestehendes öffentliches Unternehmen Akteure aus dem privaten Sektor vertraglich als Gesellschafter aufgenommen werden.[264] Für die Vertragslehre bleiben Public Private Partnerships deshalb in allen angesprochenen Varianten ein Thema.

Neuralgische **Problemfelder** der Public Private Partnerships sind – referenzgebietsübergreifend – die genaue Bestimmung der rechtlichen **Spielräume für staatlich-gesellschaftliche Kooperation,** das Verfahren der Partnersuche und die **Auswahl des privaten Partners** sowie die inhaltliche Ausgestaltung der Kooperationsbeziehung durch **Vertragsgestaltung.**[265] Wegen der oftmals nur geringen gesetzlichen Vorordnung der Kooperationsverträge[266] haben sich in der Vertragspraxis die konzeptionelle Anlage der Partnerschaften und die Auswahl der dazu passenden Vertragsklauseln als besonders schwierig erwiesen. Zur Erleichterung der Meinungsbildung und Entscheidungsfindung liegen seit längerem leitfadenartige Hilfen vor, die typisierte Partnerschaftsmodelle mit ihren Licht- und Schattenseiten und den dazugehörigen Vertragsklauseln vorstellen, immer wieder aktualisiert, ergänzt und fortgeschrieben werden und auch Hinweise für die Gestaltung von Auswahlverfahren sowie auf bisherige Erfahrungsberichte enthalten.[267] Den Entscheidungsprozess unterstützen außerdem sog. „Kompetenzzentren" oder Task-Forces, die in großer Zahl auf Bun-

46

---

[264] Vgl. Grünbuch zu Öffentlich-Privaten Partnerschaften (Fn. 245), S. 19.
[265] *Schuppert,* Verwaltungswissenschaft, S. 445 ff.; *Bauer,* Partnership (Fn. 239), S. 30 ff. (allgemein sowie zum Ver- und Entsorgungssektor, 38 ff. (zum Sicherheitsrecht); unter spezifisch gemeinschaftsrechtlichem Blickwinkel ähnliche Strukturierung auch im Grünbuch zu Öffentlich-Privaten Partnerschaften (Fn. 245), S. 4 (konzeptionelle Phase, Modalitäten der Auswahl des privaten Partners, angemessene Wahl der Vertragsbestimmungen). Hinw. auf mögliche „Fallstricke" und „Probleme" bei der Vertragsgestaltung bei *Dietrich Budäus/Birgit Grüb,* Public Private Partnership (PPP): Zum aktuellen Entwicklungs- und Diskussionsstand, in: Bauer/Büchner/Brosius-Gersdorf (Hrsg.), Verwaltungskooperation (Fn. 104), S. 33 (37 ff.); zu den aus dem „Gebot des Gewährleistungsverfassungsrechts" abgeleiteten Anforderungen an die Wahl des Kooperationspartners und den vertraglichen Regelungen zur Absicherung der staatlichen Letztentscheidungsmacht vgl. *Wollenschläger,* Rückholoptionen (Fn. 94), S. 108 ff., 136 ff., 181 ff.; *Burgi,* Privatisierung (Fn. 100), S. D 101 ff.
[266] → Rn. 45, 123 ff. Besonders anschauliche Belege für geringe gesetzliche Vorordnungen und die entsprechend herausragende Bedeutung der Kautelarjurisprudenz finden sich bei Großprojekten; s. etwa zur Teilprivatisierung der Berliner Wasserbetriebe (→ Rn. 42) *Hecker,* Privatisierung (Fn. 241), S. 282 ff. Zu verfassungsrechtlichen, (auch) durch Vertragsgestaltung umzusetzenden Sicherstellungsaufträgen s. *Hermann Butzer,* Sicherstellungsauftrag, in: HStR IV, § 74 Rn. 38 ff., 55 ff.; zur vergaberechtlichen Relevanz von PPP-Projekten, s. *Jan Byok,* Der novellierte Rechtsrahmen für Auftragsvergaben im Bereich der PPP, KommJur 2009, S. 281 ff.
[267] Siehe dazu vorerst nur *Tettinger,* Ausgestaltung (Fn. 96), S. 765 ff.; *ders.,* Sachstandsbericht (Fn. 96), S. 2 ff.; ferner zu einzelnen Modellvarianten auch Stellungnahme der Bundesregierung (Fn. 245), S. 5 ff.; *Hetzel/Früchtl,* Zusammenwirken (Fn. 248), S. 650 f.; Leitfaden-Beispiele: Bundesministerium für Wirtschaft und Arbeit (Hrsg.), Partnership (Fn. 250), und *Kommission der Europäischen Gemeinschaften,* Guidelines for Successful Public-Private Partnerships, März 2003.

des- und Landesebene[268] sowie in anderen Mitgliedstaaten der Europäischen Union[269] installiert sind und die Implementierung von Public Private Partnership-Projekten fördern. Sie sollen mit ihrem Sachverstand und ihren Erfahrungen die Nutzer über die verschiedenen Partnerschaftsformen und die einzelnen Verfahrensabschnitte informieren und beraten, „egal ob es sich um die konzeptionelle Phase handelt, um die Modalitäten der Auswahl des privaten Partners, eine bessere Risikoverteilung, die angemessene Wahl der Vertragsbestimmungen oder sogar die Einbeziehung von EU-Finanzierungsmitteln"[270].

3. Public Public Partnership

47   In gewisser Parallelität zu Public Private Partnership thematisiert „Public Public Partnership"[271] (PuPuP) **Erscheinungen** „staatlich-staatlicher", genauer: **innerstaatlicher Zusammenarbeit,** die sich in vielfältigen Formen vollzieht. Bekanntes Anschauungsmaterial für derartige Kooperationen liefert die **interkommunale Zusammenarbeit,**[272] für die mit den Arbeitsgemeinschaften, den Zweckvereinbarungen und den Zweckverbandsvereinbarungen Kooperationsmöglichkeiten bereitstehen, die allesamt auf öffentlich-rechtlichen Verträgen[273] beruhen.[274] Neben den einzelgesetzlichen Ausformungen bestehen zusätzliche

---

[268] *Uechtritz/Otting,* ÖPP-Beschleunigungsgesetz (Fn. 103), S. 1105 m. Fn. 7.
[269] Grünbuch zu Öffentlich-Privaten Partnerschaften (Fn. 245), S. 4.
[270] Grünbuch zu Öffentlich-Privaten Partnerschaften (Fn. 245), S. 4.
[271] Der Begriff ist, soweit ersichtlich, noch eher ungebräuchlich, erfreut sich aber wachsender Beliebtheit. S. zur Verbreitung – bei kommunalen Kooperationen mit vergaberechtlichem Hintergrund – *Stefan Storr,* Public-Public-Partnerships, LKV 2005, S. 521 ff.; *Jan Ziekow/Thorsten Siegel,* Public Public Partnerships und Vergaberecht: Vergaberechtliche Sonderbehandlung der „In-State-Geschäfte"?, VerwArch, Bd. 96 (2005), S. 119 ff.; *dies.,* Die Vergaberechtspflichtigkeit von Partnerschaften der öffentlichen Hand, VergabeR 2005, S. 145 (145); beiläufige amtliche Verwendung in der Stellungnahme der Bundesregierung (Fn. 245), S. 3. Zur Verwendung *in sozialrechtlichem Kontext* mit Blick auf die Arbeitsgemeinschaften nach dem SGB II *Hartmut Bauer,* Hartz IV und die Kommunen, in: Christiane Büchner/Olaf Gründel (Hrsg.), Hartz IV und die Kommunen, 2005, S. 28 (36); *Frauke Brosius-Gersdorf,* Hartz IV und die Grundsicherung für hilfebedürftige erwerbsfähige Arbeitsuchende, VSSR 2005, S. 335 ff. Bereichsunabhängige Verwendung jetzt bei *Christoph Reichard,* Institutionelle Alternativen zu Public-Private-Partnerships, in: Bauer/Büchner/Brosius-Gersdorf (Hrsg.), Verwaltungskooperation (Fn. 104), S. 61 (65 f.). Von „Public-Semipublic-Partnership" spricht *Schuppert,* Verwaltungswissenschaft, S. 291 ff., unter Hinw. auf Verträge zwischen dem Land Berlin und Dachorganisationen des Dritten Sektors (Liga-Vertrag, SELKO-Vertrag). Näheres zur Terminologie → Rn. 48.
[272] Überblick bei *Armin Dittmann,* Kommunalverbandsrecht, in: Achterberg/Püttner/Würtenberger (Hrsg.), Bes. VerwR, § 18 Rn. 33 ff.; *Geis,* Kommunalrecht (Fn. 239), § 21; zu den landesgesetzlichen Regelungen s. *Burgi,* KommunalR, S. 280 ff.; *Thorsten I. Schmidt,* Kommunalrecht, 2011, Rn. 761 ff. Mit konkreten Gestaltungsvorschlägen für die Praxis *Hans-Josef Dahlen,* Grenzüberschreitende Verträge mit benachbarten Kommunen, in: Karl Otto Bergmann/Hermann Schumacher (Hrsg.), Handbuch der kommunalen Vertragsgestaltung, Bd. IV, 2001, S. 371 ff.; eingehender zur kommunalen Zusammenarbeit und insbes. zu den Zweckverbänden *Schmidt,* Kooperation (Fn. 173); → Bd. I *Groß* § 13 Rn. 114 f.
[273] Soweit es sich nicht um Pflichtvereinbarungen und Pflichtverbände handelt, für die Besonderheiten gelten; vgl. zu diesen Besonderheiten exemplarisch Art. 16, 28 bay. Gesetz über die kommunale Zusammenarbeit (BayKommZG).
[274] Exemplarisch Art. 4 Abs. 1 S. 1, 7 Abs. 1, 17 BayKommZG; zu Brandenburg *Michael Nierhaus,* Kommunalrecht für Brandenburg, 2003, S. 168 ff.; länderübergreifend *Armin Dittmann,* Kommunalverbandsrecht, in: Achterberg/Püttner/Würtenberger (Hrsg.), Bes. VerwR, § 18 Rn. 33 ff.; *Alfons Gern,* KommunalR, S. 589 ff.; *Janbernd Oebbecke,* Kommunale Gemeinschaftsarbeit, in: HKWP I, § 29, S. 843 ff.; *Hans-Werner Rengeling,* Formen interkommunaler Zusammenarbeit, in: HKWP II, § 38, S. 385 ff.; knapper Überblick bei *Eberhard Schmidt-Aßmann/Hans C. Röhl,* Kommunalrecht, in: Schmidt-Aßmann/

C. Anwendungsfelder des Vertrages im Verwaltungsrecht

Optionen zu interkommunaler Zusammenarbeit auf der Grundlage sowohl von privatrechtlichen als auch von öffentlich-rechtlichen Verträgen,[275] die – zusammen mit weiteren Verträgen des Kommunalrechts[276] – freilich regelmäßig kein zentraler Gegenstand der Beschäftigung mit „dem" Verwaltungsvertrag sind.[277] Erscheinungsformen von Public Public Partnership finden sich indes nicht nur im Kommunalrecht. Aufsehenerregende Beispiele aus dem **Sozialrecht** sind die im SGB II a. F. vorgesehenen **Arbeitsgemeinschaften,** die von den Arbeitsagenturen und den kommunalen Trägern zur einheitlichen Wahrnehmung ihrer Aufgaben „durch privatrechtliche oder öffentlich-rechtliche Verträge"[278] einzurichten waren. Diese Verträge waren organisationsrechtlicher Teil der mit dem **Hartz IV-Gesetz**[279] eingeführten Grundsicherung für Arbeitsuchende und haben in der Verwaltungspraxis hochkomplexe Probleme der Ausgestaltung von Public Public Partnerships aufgeworfen.[280] Das Bundesverfassungsgericht hat diese Zusammenarbeit zwar für verfassungswidrig erklärt.[281] Doch setzt auch die inzwischen getroffene Anschlussregelung auf Verträge.[282]

Anders als Public Private Partnership ist Public Public Partnership, soweit ersichtlich, freilich noch kein in der Diskussion fest verankerter **Begriff**.[283] Wie dieser ist Public Public Partnership vorerst nicht als Rechtsbegriff, sondern als auf Intra- und Interdisziplinarität angelegter Verbund- oder Brückenbegriff gedacht, der heuristische und strukturierende Funktionen übernimmt.[284] Er dient der Sichtung, Erfassung und Ordnung der erwähnten Kooperationsbeziehungen innerhalb der öffentlichen Hand und vermeidet mangels einengender Vorab-Definitionen die Ausblendung bestimmter Kooperationsphänomene ebenso wie eine vorschnelle Segmentierung des Gesamtspektrums. Wen der Anglizismus stört, der mag ihn eindeutschen und von „**Öffentlich Öffentlicher Partnerschaft**" (ÖÖP) sprechen.[285] **48**

Ähnlich wie bei den Öffentlich Privaten Partnerschaften lassen sich bei den Public Public Partnerships typologisch zwei **Grundformen** unterscheiden.[286] Bei der sog. **vertraglichen Kooperation** erfolgt die Zusammenarbeit ohne die Errichtung einer neuen Organisationseinheit auf der Grundlage privatrechtlicher **49**

Schoch (Hrsg.), Bes. VerwR, Kap. 1 Rn. 156 f.; *Schmidt,* Kommunalrecht (Fn. 272), Rn. 765; *Geis,* Kommunalrecht (Fn. 239), § 21 Rn. 29.

[275] *Gern,* KommunalR, S. 589 f.; *Ziekow/Siegel,* Partnerships (Fn. 271), S. 122 f.; *Schmidt,* Kommunalrecht (Fn. 272), Rn. 766. Speziell zu Kooperationen auf gesellschaftsrechtlicher Grundlage *Dirk Ehlers,* Interkommunale Zusammenarbeit in Gesellschaftsform, DVBl 1997, S. 138 ff.

[276] Ergänzend zu den im Text angesprochenen Verträgen sind Gebietsänderungs- und Eingemeindungsverträge zu nennen; vgl. dazu etwa *Manfred Neese,* Gebietsänderungsverträge, in: Bergmann/Schumacher (Hrsg.), Handbuch IV (Fn. 272), S. 237 ff.

[277] Vgl. *Schlette,* Vertragspartner (Fn. 6), S. 21, 264, 331; zur Bedeutung des Verwaltungsvertragsrechts in Rekommunalisierungsprozessen *Bauer,* Rekommunalisierung (Fn. 239), S. 337 f.; → Rn. 32.

[278] So die Formulierung in § 44b Abs. 1 S. 1 SGB II a. F.

[279] → Fn. 208.

[280] Näheres sogleich in → Rn. 51 f.

[281] *BVerfGE* 119, 331.

[282] Näher dazu → Rn. 53a.

[283] → Fn. 271.

[284] → Rn. 43.

[285] Siehe Stellungnahme der Bundesregierung (Fn. 245), S. 3: „öffentlich-öffentliche Partnerschaften".

[286] Vgl. *Storr,* Partnerships (Fn. 271), S. 522; *Ziekow/Siegel,* Partnerships (Fn. 271), S. 122 f.; *Bauer,* Verwaltungskooperation (Fn. 244), S. 19.

oder öffentlich-rechtlicher Verträge, durch die einem Kooperationspartner eine Aufgabe des oder der anderen Beteiligten übertragen, ein Kooperationspartner in die Erledigung der Aufgabe des bzw. der anderen Kooperationspartner eingeschaltet oder einem Kooperationspartner die Mitbenutzung einer von dem anderen Beteiligten betriebenen Einrichtung gestattet wird; beispielhaft sind im kommunalen Bereich die Zweckvereinbarungen. Von sog. **institutionalisierten Kooperationen** ist dagegen die Rede, wenn die Zusammenarbeit in einer eigens dafür gegründeten besonderen Organisationseinheit erfolgt, also etwa in einer Arbeitsgemeinschaft oder einem Freiverband. Wegen der vertraglichen Grundlage sind auch solche institutionalisierten Public Public Partnerships für die Vertragslehre von Interesse. Als typenübergreifende **Motive** der Errichtung von Public Public Partnerships führt die kommunalrechtliche Literatur[287] an: Einsparungen durch Kräftebündelung, Nutzung des Know-hows der anderen Akteure des öffentlichen Sektors, Erschließung von Synergieeffekten, Stärkung der Verwaltungskraft, Erhöhung der Wirtschaftlichkeit und anderes mehr. Das entspricht über weite Strecken den Motiven für Public Private Partnership[288] und zugleich Grundanliegen der **Verwaltungsmodernisierung**[289].

50 Jenseits des engeren kommunalrechtlichen Bereichs bewegen sich die bereits angesprochenen, im Zuge der jüngeren **Sozialrechtsmodernisierung** eingerichteten **Arbeitsgemeinschaften** nach § 44b SGB II a.F., in denen die Arbeitsagenturen mit den Kommunen zur einheitlichen Wahrnehmung ihrer Aufgaben kooperierten. Durch zwischenzeitliche Rechtsänderungen sind diese Arbeitsgemeinschaften zwar überholt.[290] Wegen der zugrunde liegenden Regelungstechnik sind sie aber nach wie vor nicht nur von historischem Interesse, ganz abgesehen von den strukturellen Fortwirkungen in der Nachfolgeinstitution, den heutigen gemeinsamen Einrichtungen. **Hintergrund** der Arbeitsgemeinschaften war die **Zusammenführung von Erwerbsfähigen-Sozialhilfe und Arbeitslosenhilfe** zu der neuen Grundsicherung für hilfebedürftige erwerbsfähige Arbeitsuchende.[291] Bis zu dieser Zusammenführung standen – vereinfacht – mit der Arbeitslosenhilfe und der Sozialhilfe zwei steuerfinanzierte staatliche Fürsorgesysteme in unterschiedlicher Trägerschaft (Bundesanstalt bzw. -agentur für Arbeit und Kommunen) nebeneinander, die sich in ihren Zielsetzungen teilweise überschnitten. Hauptgrund für die Überschneidung war, dass sich die erwerbsfähigen Sozialhilfebezieher und die Arbeitslosenhilfeempfänger in einer vergleichbaren Lebenslage befanden; denn bei beiden Empfängergruppen resultierte die Hilfebedürftigkeit aus der Erwerbslosigkeit.[292] Folge des historisch herangewachsenen Doppelregimes wa-

---

[287] Vgl. z.B. *Gern,* KommunalR, S. 589; *Nierhaus,* Kommunalrecht (Fn. 274), S. 167; *Reichard,* Institutionelle Alternativen (Fn. 271), S. 65f., 70f.
[288] → Rn. 44.
[289] Vgl. *Storr,* Partnerships (Fn. 271), S. 521.
[290] Dazu und zum Folgenden → Rn. 53a.
[291] Siehe dazu und zum Folgenden Näheres bei *Hartmut Bauer,* Sozialrecht in der Reform: Hartz IV, DÖV 2004, S. 1017ff.; zur Diskussion im Vorfeld der Reform *Johannes Masing,* Umbau des Doppelregimes von Sozial- und Arbeitslosenhilfe, DVBl 2002, S. 7ff.; *Winfried Boecken,* Zusammenführung von Sozialhilfe und Arbeitslosenhilfe: Insbesondere zur verfassungsrechtlichen Zulässigkeit einer Abschaffung des Anspruchs auf Arbeitslosenhilfe und einer Beteiligung des Bundes an den Sozialhilfeaufwendungen, SGb 2002, S. 357ff.; *Hans-Günter Henneke,* Verfassungsfragen der Zusammenführung von Arbeitslosenhilfe und Sozialhilfe bei der Bundesanstalt für Arbeit, ZG 18 (2003), S. 137ff.; jew. m.w.N.
[292] Treffend BTDrucks 15/1516, S. 42: Sie sind „hilfebedürftig, weil sie erwerbslos sind".

C. Anwendungsfelder des Vertrages im Verwaltungsrecht

ren zahlreiche Ungereimtheiten und Ungleichbehandlungen wie unterschiedliche Leistungsvoraussetzungen, voneinander abweichende Leistungsmodalitäten und ein unterschiedliches Leistungsniveau, daneben Verwaltungsmehraufwand, Bürgerunfreundlichkeit und sog. „Verschiebebahnhöfe".[293] Dies alles erklärt, weshalb die Zusammenführung der beiden Leistungssysteme in der Sache im Bundestag fraktionenübergreifend eine überwältigende Mehrheit fand und vom Bundesrat mitgetragen wurde.

Mit dem Grundkonsens in der Sache waren indes noch nicht sämtliche Probleme bereinigt. Als **organisatorisches Gegenstück** zur Verschmelzung der beiden bisherigen Leistungssysteme stellte sich unausweichlich das Folgeproblem der verwaltungsorganisationsrechtlichen Zuordnung des neuen Leistungssystems. Denn mit der Einlassung auf den weithin als „richtig" eingestuften Reformansatz musste zugleich die **organisatorische Zusammenführung der beiden Systeme** überzeugend bewerkstelligt werden. Das war vor allem deshalb schwierig, weil die beiden bisherigen Leistungen – sieht man von früheren Kooperations-Modellprojekten wie MoZArT ab – von voneinander unabhängig agierenden Trägern administriert, finanziert und erbracht wurden: die Arbeitslosenhilfe von der Bundesanstalt bzw. Bundesagentur für Arbeit, die Sozialhilfe von den Kommunen. Dementsprechend verfügten beide Träger über je spezifische Erfahrungen, je spezifisches Know-how und je spezifische Möglichkeiten im Umgang mit bzw. bei der Bewältigung von Langzeitarbeitslosigkeit. Am Ende der monatelangen Modell-Debatten[294] verständigte sich der Gesetzgeber in einem politischen Kompromiss für den Regelfall auf eine zwischen Bundesagentur und Kommunen (kreisfreie Städte/Kreise) **geteilte Aufgabenträgerschaft**[295] und das **Grundmodell der einheitlichen Aufgabenwahrnehmung durch Arbeitsgemeinschaften**

51

---

[293] Die in den beiden Leistungssystemen bestehenden Unterschiede betrafen u.a. die Einkommensanrechnung, das bei der Bedürftigkeitsprüfung zu berücksichtigende Vermögen, die Anforderungen an die Aufnahme zumutbarer Arbeit, die Einstandspflicht von Angehörigen sowie die Höhe von Sozial- und Arbeitslosenhilfe. Der Verwaltungsmehraufwand resultierte aus der nur teilweise aufeinander abgestimmten Steuerungsansätzen der beiden Leistungssysteme und aus der Doppelverwaltung der sog. „Aufstocker", die Leistungen sowohl aus dem einen als auch aus dem anderen System bezogen – jew. m. eigenen Anträgen, eigenen Verfahren, eigenen Sachverhaltsermittlungen, eigenen Berechnungen usw. Die verbreitete Praxis der sog. „Verschiebebahnhöfe" steht für Techniken der beiden Verwaltungen, die Leistungsempfänger in das jew. andere Leistungssystem abzuschieben. Zu den Einzelheiten s. *Bauer,* Sozialrecht (Fn. 291), S. 1019f. m.w.N.

[294] Zur Diskussion standen facettenreiche Modelle einer alleinigen Trägerschaft der Bundesagentur, einer alleinigen Trägerschaft der Kommunen sowie einer geteilten Trägerschaft durch Bundesagentur und Kommunen; vgl. *Hans-Günter Henneke,* Kommunen haben Entscheidung für alleinige Trägerschaft der Grundsicherung für Arbeitsuchende selbst in der Hand, Der Landkreis 2004, S. 3ff.; *ders.,* Aufgabenwahrnehmung und Finanzlastverteilung im SGB II als Verfassungsproblem, DÖV 2005, S. 177 (178ff.); *ders.,* Hartz IV in der „Überholung": Die Suche nach klarer Verantwortungszuordnung in den Arbeitsgemeinschaften geht weiter, DÖV 2006, S. 726ff.; *Bauer,* Hartz IV (Fn. 271), S. 29ff.

[295] Nach §6 Abs. 1 S. 1 Nr. 1 SGB II ist die Bundesagentur Träger sämtlicher Leistungen nach dem SGB II, soweit die Trägerschaft nicht nach §6 Abs. 1 S. 1 Nr. 2 SGB II den Kommunen zugewiesen ist. Danach gehören zu den Leistungen der Bundesagentur namentlich die Leistungen zur Sicherung des Lebensunterhalts mit Ausnahme der in der Trägerschaft der Kommunen stehenden Leistungen für Unterkunft und Heizung, also vor allem das Arbeitslosengeld II. Zu den Leistungen der kommunalen Träger gehören neben den Leistungen für Unterkunft und Heizung Leistungen zur Eingliederung des Leistungsberechtigten in das Erwerbsleben wie die Betreuung minderjähriger und behinderter Kinder, die häusliche Pflege von Angehörigen, die Schuldnerberatung, die psychosoziale Betreuung und die Suchtberatung. Zu den Einzelheiten s. *Brosius-Gersdorf,* Hartz IV (Fn. 271), S. 338f.

(ARGE).[296] Das Modell der ARGE, die gem. § 44b Abs. 3 S. 1 SGB II a.F. die Aufgaben der Arbeitsagenturen nach dem SGB II wahrnehmen und auf die gem. § 44b Abs. 3 S. 2 a.F. die kommunalen Träger ihre Aufgaben nach dem SGB II übertragen sollten, war erkennbar von dem Motiv getragen, die erwähnten je spezifischen Fachkompetenzen und Verwaltungserfahrungen zusammenzuführen. Nach § 44b Abs. 1 SGB II a.F. waren die **ARGE durch privatrechtliche oder öffentlich-rechtliche Verträge** zu errichten.

52 Damit hatte der Gesetzgeber die Weichen für die Errichtung der Public Public Partnerships zwar eindeutig und zwingend in die **Vertragsform** gestellt, der Praxis „vor Ort" im Übrigen aber Steine statt Brot gegeben. Denn die Formulierung „privatrechtliche oder öffentlich-rechtliche Verträge" ließ vieles zu und war im Ansatz eine reichlich **„offene" Organisationsnorm**[297] bzw. Direktive für die Vertragsgestaltung. Zwar fanden sich zu Einzelfragen wie dem Standort der ARGE, der Berücksichtigung von Besonderheiten der beteiligten Träger und regionaler Eigenheiten, der Binnenorganisation bis hin zum Losentscheid, der gerichtlichen und außergerichtlichen Vertretung der ARGE und des Aufgabenzuschnitts in § 44b SGB II a.F. wichtige normative Vorordnungen der Vertragsinhalte. Doch blieben jenseits solcher Festlegungen und Direktiven zahlreiche Fragen für das konkrete Vertragsdesign vom Gesetzgeber ungeklärt. In der Institutional-Choice-Situation waren die Normadressaten deshalb weitgehend auf sich selbst gestellt und vom Gesetzgeber ziemlich alleingelassen. Das betrifft insbesondere die **Rechtsform der ARGE**, für die in der Literatur viele denkbare Varianten privat- und öffentlich-rechtlicher Provenienz in der Diskussion waren: aus dem Zivilrecht teils mit Beleihungskonstruktionen die Aktiengesellschaft, die Gesellschaft bürgerlichen Rechts, die Gesellschaft mit beschränkter Haftung, aus dem Öffentlichen Recht Körperschaften, Anstalten, Stiftungen und auch eine Gesellschaft oder „Rechtsform" öffentlichen Rechts sui generis etwa auf der Grundlage eines öffentlich-rechtlichen Vertrages nach den §§ 53 ff. SGB X.[298] In die Überlegungen zur sachadäquaten Rechtsform einbezogen waren neben Beleihungskonstruktionen regelmäßig Haftungs-, Personalüberleitungs-, Steuer-, Aufsichts-, Verwaltungsverfahrens- und Verwaltungsprozessrechtsfragen. **Komplexitätsreduzierend** und entlastend wirkten bei diesen Public Public Partnerships in der Verwaltungspraxis wiederum **Vertragsmuster** und Textbausteine für die Vertragsge-

---

[296] § 6 Abs. 1, 44b SGB II a.F.; zu dem hier nicht zu diskutierenden, alternativen und auf die Experimentierklausel des § 6a SGB II gestützten Optionsmodell s. *Rixen*, in: Eicher/Spellbrink, SGB II, 2. Aufl. (Fn. 210), § 6a Rn. 1 ff.; Erfahrungsberichte zum Optionsmodell von *Rolf Lindemann/Anett Fritz*, Erfahrungen mit der Optionsmöglichkeit, in: Büchner/Gründel (Hrsg.), Hartz IV (Fn. 271), S. 48 ff.; *Claudia Schiefelbein*, Rolle und Strategien der Kommunen bei der Zusammenführung von Arbeitslosen- und Sozialhilfe (Hartz IV), ebd., S. 53 ff.; *Barbara Syrbe/Jörg Freese*, Kommunale Sozial- und Beschäftigungspolitik im Rahmen des SBG II, NVwZ 2006, S. 353 ff.; *Henneke*, Hartz IV (Fn. 294), S. 727 ff.; eingehende Detailanalyse der gesetzlichen Modelle und Modellvarianten bei *Brosius-Gersdorf*, Hartz IV (Fn. 271), S. 336 ff., 338 ff. Die Experimentierklausel wurde durch die wegen BVerfGE 119, 331 erforderliche Gesetzesänderung (BTDrucks 17/1555, S. 15) aufgehoben.

[297] Vgl. *Rixen*, in: Eicher/Spellbrink, SGB II, 2. Aufl. (Fn. 210), § 44b Rn. 3: ARGE „als ‚offene' Organisationsform". S. a. → Bd. I *Groß* § 13 Rn. 115.

[298] Siehe zu den diskutierten Varianten etwa *Kay Ruge/Irene Vorholz*, Verfassungs- und verwaltungsrechtliche Fragestellungen bei der Arbeitsgemeinschaft nach § 44b SGB II, DVBl 2005, S. 403 (408 ff.); *Brigitte Strobel*, Die Rechtsform der Arbeitsgemeinschaften nach § 44b SGB II, NVwZ 2004, S. 1195 (1196 ff.); vgl. zur Diskussion auch *Rixen*, in: Eicher/Spellbrink, SGB II, 2. Aufl. (Fn. 210), § 44b Rn. 3f., 8 ff.; *Brosius-Gersdorf*, Hartz IV (Fn. 271), S. 341.

staltung, die beispielsweise mit einer „Mustervereinbarung GmbH für eine ARGE" (Errichtungs- und Aufgabenübertragungsvertrag, Gesellschaftsvertrag), mit einer „Mustervereinbarung GbR für eine ARGE", mit einer „Mustervereinbarung öffentlich-rechtlicher Vertrag für eine ARGE" und ergänzenden Hinweisen auf „Erforderliche Vertragselemente" vom Deutschen Städte- und Gemeindebund ins Internet eingestellt wurden.[299]

Hervorzuheben ist außerdem eine „**Rahmenvereinbarung** zwischen dem Bundesministerium für Wirtschaft und Arbeit, der Bundesagentur für Arbeit und kommunalen Spitzenverbänden zur Weiterentwicklung der Grundsätze der Zusammenarbeit der Träger der Grundsicherung in den Arbeitsgemeinschaften gemäß § 44b SGB II" vom 1. August 2005[300]. Darin hatten sich die Vertragsparteien darauf verständigt, zur Stärkung der Handlungsfähigkeit der ARGE die „Startaufstellung" der ARGE weiter zu entwickeln, die Kompetenzen der ARGE-Geschäftsführer zu erweitern und unter Wahrung der Globalsteuerung der Bundesagentur für Arbeit die Umsetzungsverantwortung regional zu verankern.[301] § 4 der Rahmenvereinbarung sah dazu eine **Trennung von Gewährleistungs- und Umsetzungsverantwortung** vor. Danach umfasste die der Bundesagentur für Arbeit zugeordnete **Gewährleistungsverantwortung** neben anderem „den Umfang und die Definition von Mindeststandards bei der Leistungserbringung, die Controlling-Berichterstattung für die Arbeitsgemeinschaften einschließlich des darauf aufbauenden Benchmarking und die Statistik", während die **Umsetzungsverantwortung** der Arbeitsgemeinschaften das „operative Geschäft und damit die Auswahl und Anwendung der Handlungsmittel bei der Leistungserbringung im Rahmen der zur Verfügung stehenden personellen und finanziellen Ressourcen, das bei der Umsetzung von Zielvereinbarungen erzielte Ergebnis der Leistungserbringung sowie die Qualitätssicherung" umfasste. Solche Verständigungen brachten Licht in die Beziehungen, erleichterten die konzeptionelle Ausgestaltung und die Handhabung der ARGE-Verträge in der Praxis. Dass die Gesamtkonzeption der einfachgesetzlich angeordneten Bund-Länder-Kooperation verfassungsrechtlich auf tönernen Beinen stand[302] und der andernorts im Zuge der Föderalismusreform politisch so entschieden geforderten Entflechtung von Bund und Ländern „in den Rücken fiel", versteht sich.

53

Den verfassungsrechtlichen Vorbehalten hat sich das Bundesverfassungsgericht angeschlossen, im Dezember 2007 die gesetzliche Regelung der ARGE wegen eines Verstoßes gegen das Verbot der Mischverwaltung und die kommu-

53a

---

[299] Leitlinien der Bundesagentur für Arbeit, im Internet abrufbar unter www.dstgb.de, Pfad: Startseite > Brennpunkte > mehr > Umsetzung von Hartz IV > IV. Informationen der Bundesagentur für Arbeit > Leitlinien der Bundesagentur für Arbeit > Musterverträge; zu von der Bundesagentur für Arbeit entworfenen ARGE-Musterverträgen s. *Brosius-Gersdorf*, Hartz IV (Fn. 271), S. 342.

[300] Im Internet abrufbar unter www.gib.nrw.de/de/download//data/ARGE-Rahmen.pdf; s. zur Rahmenvereinbarung *Brosius-Gersdorf*, Hartz IV (Fn. 271), S. 343; *Henneke*, Hartz IV (Fn. 294), S. 729 f.

[301] So die Formulierungen in der Präambel der Rahmenvereinbarung (Fn. 300); krit. zur Rahmenvereinbarung *Henneke*, Hartz IV (Fn. 294), S. 729 ff.

[302] Zur Diskussion eingehend *Brosius-Gersdorf*, Hartz IV (Fn. 271), S. 346 ff. m. w. N.; *Hans Lühmann*, Verfassungswidrige Zusammenlegung von Arbeitslosen- und Sozialhilfe im SGB II?, DÖV 2004, S. 677 ff.; *Henneke*, Aufgabenwahrnehmung (Fn. 294), S. 182 ff.; *ders.*, Hartz IV (Fn. 294), S. 727 ff., der ergänzend auf prekäre Ausgrenzungen des Deutschen Landkreistages, Beanstandungen des Bundesrechnungshofs und krit. Stellungnahmen des Hartz-IV-Ombudsrats hinweist; *Joachim Dyllick/Ernö Lörincz/Reinhard Neubauer*, ARGE – Irrungen und Wirrungen, ZFSH/SGB 2007, S. 397 ff. m. w. N.

nale Selbstverwaltungsgarantie beanstandet und dem Gesetzgeber bis Ende 2010 eine Frist zur Schaffung einer verfassungskonformen Organisation gesetzt.[303] Dem ist der Gesetzgeber nach längeren politischen Debatten[304] im Sommer 2010 nachgekommen.[305] Die Neuregelung hält an dem bewährten System der Leistungsgewährung „aus einer Hand" fest.[306] Herzstück ist der neu in das Grundgesetz eingefügte Art. 91 e, der die verfassungsrechtliche Grundlage für die prinzipielle Fortführung der Kooperation zwischen den Arbeitsagenturen und den kommunalen Trägern bildet und deren Zusammenwirken in gemeinsamen Einrichtungen für den Regelfall sogar anordnet.[307] Näher ausgestaltet ist die gemeinsame Einrichtung in den neuen §§ 44b ff. SGB II. Danach müssen die Träger der Grundsicherung im Gebiet ihres kommunalen Trägers eine gemeinsame Einrichtung zur einheitlichen Durchführung der Grundsicherung für Arbeitsuchende bilden. Die grundlegenden Entscheidungen über Organisationsstruktur, Organe, Aufgaben und Befugnisse der gemeinsamen Einrichtung trifft zwar das Gesetz. Innerhalb des gesetzlichen Rahmens verbleibt aber weiterhin großer Raum für vertragliche Regelungen. Daher errichten die jeweiligen Träger ihre gemeinsamen Einrichtungen immer noch selbst, indem sie im vorgegebenen Ordnungsrahmen deren Standort sowie die nähere Ausgestaltung und Organisation durch Vereinbarung festlegen. Im Gegensatz zur alten Gesetzesfassung äußert sich der aktuelle Normtext nicht dazu, ob die der Verwaltungspraxis vorbehaltenen Regelungen durch öffentlich- oder privatrechtlichen Vertrag getroffen werden können.[308] Hilfestellungen für die nähere Ausgestaltung bietet eine gemeinsam von dem Bundesministerium für Arbeit und Soziales, der Bundesagentur für Arbeit und kommunalen Spitzenverbänden erarbeitete Checkliste für eine gründungsbegleitende Vereinbarung[309]. Der Checkliste lassen sich de-

---

[303] BVerfGE 119, 331 (361 ff., 367 ff.).

[304] Siehe dazu etwa die Beiträge von *Klaus Bermig* (Die Neuorganisation der Trägerschaft der Grundsicherung für Arbeitsuchende. Gestaltungsoptionen und Umsetzungsvarianten aus ministerieller Sicht), *Irene Vorholz* (Die Jobcenter-Reform aus kommunaler Sicht) und *Rolf Lindemann* (Erfahrungen mit dem Modell der Optionskommune in der Verwaltungspraxis) in: Hartmut Bauer/Christiane Büchner/Frauke Brosius-Gersdorf (Hrsg.), Hartz IV im Umbruch, 2010, S. 21 ff., 33 ff., 45 ff.; *Joachim Dyllick/Ernö Lörincz/Reinhard Neubauer*, Die Arbeitsgemeinschaft nach dem SGB II (ARGE) Irrungen und Wirrungen – eine unendliche Geschichte, NJ 2011, S. 15 ff. S. zur verfassungsrechtlichen Vereinbarkeit der Regelungen über die Optionskommunen *Hans-Günter Henneke*, Stellung der SGB II-Optionskommunen im bundesstaatlichen Gefüge, DÖV 2012, S. 165 ff.

[305] Gesetz zur Änderung des Grundgesetzes (Art. 91 e) v. 21. 7. 2010 (BGBl I, S. 944); Gesetz zur Weiterentwicklung der Organisation der Grundsicherung für Arbeitsuchende v. 3. 8. 2010 (BGBl I, S. 1112).

[306] BTDrucks 17/1555, S. 1, 24.

[307] BTDrucks 17/1554, S. 4.

[308] *Ernst-Wilhelm Luthe*, Die gemeinsame Einrichtung nach § 44 b SGB II, SGb 2011, S. 131 (133), entnimmt den neuen Organisationsvorgaben Hinw. für den rechtsstaatlichen „Normalfall einer gesetzlich hinreichend bestimmten öffentlich-rechtlichen Organisationsform", weshalb „die Annahme eines Rechts auf freie Formenwahl zwischen Privat- und Öffentlichem Recht im Zusammenhang mit der Rechtsformbestimmung der Einrichtung [...] hinfällig" sei. Wirklich überzeugend oder gar zwingend ist dies freilich nicht. Denn weder das Gesetz noch die sogleich im Text anzusprechende Checkliste enthalten belastbare Ansatzpunkte für eine verpflichtend zu wählende Organisationsform. Im Gegenteil spricht die nach der Checkliste mögliche Übernahme bisheriger Vereinbarungen für eine weiterhin bestehende Wahlfreiheit der beteiligten Träger.

[309] Checkliste für eine gründungsbegleitende Vereinbarung vom 1. 10. 2010, im Internet abrufbar unter www.stgt-mv.de/pub/19/358/d/checklisten.pdf. Des Weiteren informiert das auf der Internetseite der Arbeitsagentur bereit gestellte „Prozesshandbuch für den Übergang von Arbeitsgemeinschaf-

taillierte Hinweise zum einen für notwendige Inhalte und zum anderen für mögliche ergänzende und sinnvolle Inhalte der Vereinbarung entnehmen. Neben diesen obligatorischen und fakultativen Vertragsinhalten benennt die Checkliste bereits gesetzlich geregelte organisatorische Fragen, für die eine vertragliche Vereinbarung entbehrlich, zur wiederholenden Klarstellung aber auch nicht schädlich ist. Obschon die früheren ARGE-Verträge nicht automatisch fortgelten, fällt auf, dass nach der Checkliste die Übernahme der bisherigen Vereinbarungen im Rahmen der gesetzlichen Vorgaben möglich ist.[310] Im praktischen Ergebnis spielen Verwaltungsverträge daher auch nach dem neuen Recht eine zentrale Schlüsselrolle.

4. Kontraktmanagement

Das Stichwort „Kontraktmanagement" thematisiert Modernisierungsansätze[311] des New Public Management und insbesondere das Neue Steuerungsmodell[312]. Das erkennbar betriebswirtschaftlich beeinflusste Modell[313] ist mittlerweile in eine umfassende Strategie zur **Modernisierung von Staat und Verwaltung** eingestellt,[314] in vielen Bundes- und Landesverwaltungen eingeführt[315] und in die Gesetzgebung eingegangen[316]. Ziel der „Modernisierungsphilosophie hierarchischer Verwaltung"[317] ist die Umstellung der bisherigen input-orientierten Steuerung, die den nachgeordneten Verwaltungseinheiten wenig Spielräume für eine sachnahe, kreative und effiziente Aufgabenerledigung lässt und die Verwaltungsspitze mit vielen Detailaufgaben belastet, auf eine output-orientierte Steue-

54

---

ten (ARGEn) und Agenturen für Arbeit mit getrennter Aufgabenwahrnehmung (AAgAW) in eine gemeinsame Einrichtung (gE)" die beteiligten Akteure und hält in seinen Anlagen Mustervereinbarungen und Checklisten bereit, im Internet abrufbar unter http://www.arbeitsagentur.de/zentraler-Content/HEGA-Internet/A07-Geldleistung/Dokument/GA-SGB-II-NR-33-2010-09-24-Anlage-1.pdf.

[310] Checkliste (Fn. 309), S. 1.

[311] → Bd. I *Voßkuhle* § 1 Rn. 50 ff., 53 ff.

[312] Für die Entwicklung in Deutschland wegweisend *Kommunale Gemeinschaftsstelle (KGSt)*, Das neue Steuerungsmodell. Begründungen, Konturen, Umsetzungen, Bericht Nr. 5/1993. Frühe fundierte Analyse bei *Jens-Peter Schneider*, Das Neue Steuerungsmodell als Innovationsimpuls für Verwaltungsorganisation und Verwaltungsrecht, in: Schmidt-Aßmann/Hoffmann-Riem (Hrsg.), Verwaltungsorganisationsrecht, S. 103 ff.; *Gunnar Folke Schuppert*, Modernisierungskonzepte und -strategien für die Öffentliche Verwaltung in Europa, SIPE 3 (2007), S. 183 (188 ff.).

[313] *Dietmar Bräunig*, Öffentliche Verwaltung und Ressourcenbewirtschaftung, 2000, S. 15 ff., 72 ff., 162 ff., 257 ff., 277 ff.; *Hermann Hill*, Zur Rechtsdogmatik von Zielvereinbarungen, NVwZ 2002, S. 1059 (1059); *Maximilian Wallerath*, Kontraktmanagement und Zielvereinbarungen als Instrumente der Verwaltungsmodernisierung, DÖV 1997, S. 57 (59).

[314] BMI (Hrsg.), Moderner Staat – Moderne Verwaltung, Erstellung und Abschluss von Zielvereinbarungen – Praxisempfehlungen, 2001, S. 5.

[315] *Hermann Hill*, Neue Organisationsformen in der Staats- und Kommunalverwaltung, in: Schmidt-Aßmann/Hoffmann-Riem (Hrsg.), Verwaltungsorganisationsrecht, S. 65 (insbes. S. 74 ff.). Über den Realisierungsgrad ist damit noch nichts gesagt; zur hinter dem Reformmodell zurückgebliebenen Umsetzungspraxis s. *Jan Ziekow*, Inwieweit veranlasst das Neue Steuerungsmodell zu Änderungen des Verwaltungsverfahrens und des Verwaltungsverfahrensgesetzes?, in: Hoffmann-Riem/Schmidt-Aßmann (Hrsg.), Verwaltungsverfahren, S. 349 (361). Vgl. auch → Bd. I *Voßkuhle* § 1 Rn. 56.

[316] So z. B. in § 48 b Abs. 1 Nr. 1 SGB II, wonach das Bundesministerium für Arbeit und Soziales im Einvernehmen mit dem Bundesministerium der Finanzen „Vereinbarungen zur Erreichung der Ziele nach diesem Buch" mit der Bundesagentur für Arbeit schließen soll; vgl. auch § 1 Abs. 3 SGB III.

[317] Dazu und zum Folgenden *Hans-Heinrich Trute*, Die Rechtsqualität von Zielvereinbarungen und Leistungsverträgen im Hochschulbereich, WissR, Bd. 33 (2000), S. 134 (135).

rung, die auf eine stärker an Zielen und Ergebnissen orientierte Arbeitsweise setzt und dazu den einzelnen Verwaltungseinheiten mehr Eigenverantwortung und Selbständigkeit einräumt.[318] Von der Umstellung, mit der eine Änderung der Führungskultur hin zu einem mehr partnerschaftlich-kooperativen Umgangsstil einhergeht,[319] erhoffen sich die Befürworter Effizienzgewinne und Effektivitätssteigerungen.[320]

55 Ein **Schlüsselbegriff**[321] des gesamten Modernisierungskonzepts ist das **Kontraktmanagement,** weil die Akteure ihre künftigen Ziele in Kontrakten vereinbaren. Leitgedanke des behördeninternen Kontraktmanagements „ist der Übergang von Einzelanweisungen hin zum Führen mit Zielen"[322]. Dabei erfüllen die Kontrakte unterschiedliche **Funktionen**[323]:
– Sie dienen *erstens* der Rechtskonkretisierung und -verwirklichung, indem sie die gesetzlichen Direktiven mit den realen externen Vollzugsbedingungen in Beziehung setzen und dadurch einen optimalen Vollzug vorbereiten.
– *Zweitens* optimieren Kontrakte den Gesetzesvollzug durch die frühzeitige Abstimmung mit den internen Gegebenheiten, in Sonderheit mit den verfügbaren personellen, sächlichen und finanziellen Ressourcen, die das Verwaltungshandeln steuern.
– Die Kontrakte sind *drittens* Ergebnis eines kooperativen Kommunikationsprozesses, der durch seine interaktive Dialogstruktur innovationsfördend und aktivierend wirkt.
– *Viertens:* Zusätzlich unterstützt werden die kreativitätsfördernden Aspekte durch die prozesshafte und lernorientierte Anlage des Kontraktmanagements, das nicht der Detailplanung und -steuerung dient, sondern über die in regelmäßigen Abständen immer wieder neu einsetzenden Abstimmungen und Aushandlungen unter Auswertung bislang gewonnener Erfahrungen eine kontinuierliche Verbesserung der Aufgabenerledigung anstrebt.

---

[318] Vgl. zum konzeptionellen Anliegen eingehend *Werner Jann*, Neues Steuerungsmodell, in: Bernhard Blanke u.a. (Hrsg.), Handbuch zur Verwaltungsreform, 4. Aufl. 2011, S. 98 ff.; *Patrick E. Sensburg*, Der kommunale Verwaltungskontrakt, 2004, S. 25 ff.; *Christian Winter*, Das Kontraktmanagement, 1998, S. 175 ff.; *Nils Behrndt*, Neues Verwaltungsmanagement und kommunales Verfassungsrecht, 2004, S. 12 ff.; zu Kernpunkten des veränderten Steuerungssystems *Hermann Pünder*, Zur Verbindlichkeit der Kontrakte zwischen Politik und Verwaltung im Rahmen des Neuen Steuerungsmodells, DÖV 1998, S. 63 (63 f.); knappe Überblicke bei *Bull/Mehde*, VerwR, Rn. 1229 ff. und *Olaf Otting*, Kontraktmanagement in der Kommunalverwaltung: Zwischen politischem Anspruch und rechtlicher Verbindlichkeit, VR 1997, S. 361 (361).
[319] *BMI* (Hrsg.), Moderner Staat (Fn. 314), S. 7.
[320] Vgl. zu den Zielen etwa *Christoph Reichard*, Internationale Trends im kommunalen Management, in: Gerhard Banner/Christoph Reichard (Hrsg.), Kommunale Managementkonzepte in Europa, 1993, S. 3 (14 ff.); *Dietrich Budäus*, Organisationswandel öffentlicher Aufgabenwahrnehmung als Teil eines New Public Management, in: ders. (Hrsg.), Organisationswandel öffentlicher Aufgabenwahrnehmung, 1998, S. 99 (103 ff.); *Wulf Damkowski/Claus Precht*, Moderne Verwaltung in Deutschland – eine Einführung, in: dies. (Hrsg.), Moderne Verwaltung in Deutschland, 1998, S. 11 (21 ff.); *Albert v. Mutius*, Neues Steuerungsmodell in der Kommunalverwaltung, in: FS Klaus Stern, 1997, S. 685 (686 ff.); *Karin Tondorf u.a.*, Steuerung durch Zielvereinbarungen, 2002, S. 49 ff.; *Hartmut Bauer/ Kai-Holmger Kretschmer*, Zur Dogmatik von Zielvereinbarungen im Verwaltungsrecht, FS Dieter H. Scheuing, 2011, S. 245 ff.
[321] *Otting*, Kontraktmanagement (Fn. 318), S. 362.
[322] *BMI* (Hrsg.), Moderner Staat (Fn. 314), S. 9.
[323] Siehe dazu und zum Folgenden vor allem *Hill*, Zielvereinbarungen (Fn. 313), S. 1061; ferner *BMI* (Hrsg.), Moderner Staat (Fn. 314), S. 7 f.

C. Anwendungsfelder des Vertrages im Verwaltungsrecht

- Die Kontrakte verändern *fünftens* die Zusammenarbeit von Vorgesetzten und Mitarbeitern, weil sie den Mitarbeitern größere Spielräume bei der Gestaltung der Arbeitsprozesse und dem Einsatz von Ressourcen einräumen und dadurch deren Motivation fördern.
- Dabei zielt das Kontraktmanagement *sechstens* auf eine umfassende Handlungskoordinierung und schafft einen Handlungsrahmen für die dynamische Ausgestaltung der Beziehungsverhältnisse zwischen den Beteiligten und des Dienst- bzw. Arbeitsbetriebs.
- Außerdem hat das Kontraktmanagement *siebtens* eine wichtige soziale und sozialpsychologische Funktion, weil gemeinsam erarbeitete, besprochene und vereinbarte Ziele die Loyalität und das Vertrauen im Team steigern.
- Schließlich ermöglichen Kontrakte *achtens* Soll-Ist-Vergleiche und damit eine Kontrolle und Bewertung der erzielten Ergebnisse; das gibt nicht nur allen Beteiligten größere Sicherheit und Transparenz hinsichtlich der erfüllten Erwartungen, sondern eröffnet zugleich Perspektiven für die Personalentwicklung.

Die Schlaglichter auf die Funktionen vermitteln einen ersten Eindruck von den möglichen **Gegenständen der Kontrakte.** Bei behördeninternen Kontrakten mit Mitarbeitern handelt es sich im Kern um die Vereinbarung von Leistungszielen mit dem innerhalb eines bestimmten Zeitrahmens angestrebten Zielerreichungsgrad, von Finanzzielen, die sich auf die Wirtschaftlichkeit der Leistungserstellung beziehen, und von personenbezogenen Zielen, die sich z. B. mit Fragen der Fortbildung des Mitarbeiters, der Aufgabenübertragung und eines etwaigen Arbeitsplatzwechsels beschäftigen.[324] In der Gesamtbetrachtung ist das Kontraktmanagement allerdings wesentlich komplexer, weil danach Kontrakte nicht nur behördenintern zwischen Vorgesetzten und Mitarbeitern, sondern auch zwischen Organisationseinheiten einer Behörde, zwischen verschiedenen Behörden sowie zwischen politischen Instanzen und Verwaltung abzuschließen[325] und zudem auf ebenenübergreifende Vernetzung angelegt sind.[326] 56

Wegen der Heterogenität möglicher Konfigurationen mit unterschiedlichen Beteiligten und Gegenständen entziehen sich die Kontrakte einer einheitlichen Bestimmung der **Rechtsnatur.**[327] Vordergründig legt der Begriff „Kontrakt" ebenso 57

---

[324] *BMI* (Hrsg.), Moderner Staat (Fn. 314), S. 11 ff.
[325] *Wallerath*, Kontraktmanagement (Fn. 313), S. 59. Zu verschiedenen Varianten s. *Winter*, Kontraktmanagement (Fn. 318), S. 196 ff. („Politische Zielvereinbarungen", „Management-Zielvereinbarungen", „Verwaltungs-Zielvereinbarungen", „Service-Zielvereinbarungen"); speziell zum kommunalen Bereich *Kommunale Gemeinschaftsstelle (KGSt)*, Das Neue Steuerungsmodell in kleineren und mittleren Gemeinden, Bericht Nr. 8/1995, S. 31 ff.; *Sensburg*, Verwaltungskontrakt (Fn. 318), S. 47 ff.; *Thomas R. Wolf-Hegerbekermeier*, Die Verbindlichkeit im kommunalen Kontraktmanagement, DÖV 1999, S. 419 (419): „Politische Kontrakte", „Managementkontrakte", „Servicekontrakte" und Mitarbeitergespräche. S. zu möglichen Einsatzfeldern *Thorsten I. Schmidt*, Zielvereinbarung als Herausforderung des Allgemeinen Verwaltungsrechts, DÖV 2008, S. 760 (760). Einen Überblick über mögliche Vereinbarungen zwischen den Organen der Kommune und deren rechtliche Beurteilung gibt *Albert Prahl*, Zur rechtlichen Verbindlichkeit von Zielvereinbarungen in der Kommune unter besonderer Berücksichtigung des TVöD, VR 2009, S. 253 ff.
[326] Siehe zum Mehrebenensystem des Kontraktmanagements *Ziekow*, Steuerungsmodell (Fn. 315), S. 359 ff. m. w. N.
[327] Vgl. *Wallerath*, Kontraktmanagement (Fn. 313), S. 60; *Pünder*, Kontrakte (Fn. 318), S. 64; *Wolf-Hegerbekermeier*, Kontraktmanagement (Fn. 325), S. 419; *Trute*, Zielvereinbarungen (Fn. 317), S. 146; *Sensburg*, Verwaltungskontrakt (Fn. 318), S. 72 ff. (zusammenfassend S. 232 f.: Vertrag, Satzung und informelles Verwaltungshandeln); *Heike Jochum*, Verwaltungsverfahrensrecht und Verwaltungspro-

wie die synonym verwendeten Begriffe „Zielvereinbarung" und „Leistungsvereinbarung"[328] zwar die Einordnung als Vertrag nahe.[329] Doch stimmte dies mit der Kontraktpraxis schon allein deshalb nicht überein, weil dort zwar häufig die „Verbindlichkeit" der Zielvereinbarungen betont wird,[330] mitunter ein im Rechtssinne verbindlicher Vertrag aber ausdrücklich ausgeschlossen ist;[331] in solchen Fällen scheitert die Annahme eines Vertrages bereits am fehlenden Rechtsbindungswillen der Beteiligten. Die unsichere Zuordnung lässt sich bis hinein in die Lehrbuchliteratur zum Allgemeinen Verwaltungsrecht verfolgen. Dort ist das Kontraktmanagement bisweilen in den Abschnitt über Verwaltungsverträge eingestellt, in die „Nähe" zu diesen Verträgen gerückt und nur einen Atemzug später unter Hinweis auf die Informalität doch wieder aus der Vertragsrechtsform herausgenommen,[332] während andernorts die im Rahmen neuer Steuerungsmodelle geschlossenen Kontrakte zwischen Politik und Verwaltung oder verschiedenen Funktionseinheiten der Verwaltung als „intrapersonale Verträge" ausgewiesen sind[333]. Untersuchungen zur Kommunalverwaltung, die bei der Implementierung der Zielvereinbarungen vorausgeeilt ist, setzen zumeist am Vertrag an, unterscheiden teilweise zwischen unverbindlichen Kontrakten und **„Verwaltungsbinnenrechtsverträgen"**[334], tendieren für die verwaltungsinternen Kontrakte aber überwiegend zu der Einschätzung, es handle sich um rechtlich unverbindliches informelles Organhandeln, das lediglich auf die Herbeiführung eines tat-

---

zeßrecht, 2004, S. 314 ff.; *Josef Aulehner*, Zielvereinbarungen im öffentlichen Recht, in: FS Rupert Scholz, 2007, S. 451 (458 ff.); *Bauer/Kretschmer*, Zielvereinbarungen (Fn. 320), S. 248 ff.; zur Notwendigkeit einer Differenzierung nunmehr knapp und prägnant *Fehling*, in: HK-VerwR, § 54 VwVfG Rn. 78 ff.

[328] *Hill*, Zielvereinbarungen (Fn. 313), S. 1059.

[329] *Pünder*, Kontrakte (Fn. 318), S. 64; *Sensburg*, Verwaltungskontrakt (Fn. 318), S. 72, 100. Zur (arbeits)rechtlichen Einordnung von Zielvereinbarungen in der Privatwirtschaft vgl. etwa *Georg Annuß*, Arbeitsrechtliche Aspekte von Zielvereinbarungen in der Praxis, NZA 2007, S. 290 ff.; *Sabine Lischka*, Führen und Entlohnen mit Zielvereinbarungen, BB 2007, S. 552 ff. m. w. N.

[330] Z. B. BMI (Hrsg.), Moderner Staat (Fn. 314), S. 9: „Zielvereinbarungen sind *verbindliche Absprachen* zwischen zwei Ebenen für einen festgelegten Zeitraum über die zu erbringenden Leistungen, deren Qualität und Menge, das hierzu erforderliche Budget bzw. die zur Verfügung stehenden Ressourcen sowie über Art und Inhalt des Informationsaustausches"; Hervorhebung hinzugefügt.

[331] So in einer von *Trute*, Zielvereinbarungen (Fn. 317), S. 148, 150, mitgeteilten Zielvereinbarung zwischen der Freien und Hansestadt Hamburg (Behörde für Wissenschaft und Forschung) und der Universität Hamburg vom März 1999; vgl. auch *Robert Uerpmann*, Rechtsfragen von Vereinbarungen zwischen Universität und Staat, JZ 1999, S. 644 (646). S. ergänzend zu den oftmals sehr diffusen Vorstellungen über die Bindungswirkung bei den Beteiligten *Behrndt*, Verwaltungsmanagement (Fn. 318), S. 369 f.; *Sensburg*, Verwaltungskontrakt (Fn. 318), S. 121 ff.; instruktiv *Janbernd Oebbecke*, Verwaltungssteuerung im Spannungsfeld von Rat und Verwaltung, DÖV 1998, S. 853 (857: „Ob die Beteiligten sich stets hinreichend klar darüber sind, was sie wollen, muß bezweifelt werden"). Umgekehrt ist für Zielvereinbarungen mitunter die entsprechende Geltung der Vorschriften über den öffentlich-rechtlichen Vertrag (§§ 54 ff. VwVfG) gesetzlich angeordnet; s. dazu für Zielvereinbarungen im Universitätsbereich den Hinw. auf § 9 S. 3 HSG NRW m. ergänzenden Erläuterungen bei *Ulrich Battis/Jens Kersten*, Die rechtlichen Rahmenbedingungen für die verhandelnde Verwaltung im Hochschulbereich, DVBl 2003, S. 349 (351 f.).

[332] *Wolff/Bachof/Stober/Kluth*, VerwR I, § 54 Rn. 15, 74.

[333] *Elke Gurlit*, Begriff, Bedeutung, Arten (Fn. 190), § 29 Rn. 1; *dies.*, Rechtsnatur (Fn. 37), § 30 Rn. 8.

[334] *Oebbecke*, Verwaltungssteuerung (Fn. 331), S. 857 ff.; vgl. auch *Fehling*, in: HK-VerwR, § 54 VwVfG Rn. 79, und *Leonhard Kathke*, Leistungsfeststellung als Grundlage leistungsorientierter Besoldung, ZBR 2006, S. 357 (364 ff.), der besoldungsvertragliche Zielvereinbarungen als Verträge einstuft.

sächlichen Erfolgs gerichtet sei[335]. Ganz befriedigt die Abdrängung in den informell-unverbindlichen Bereich freilich nicht, weil die Erfüllung von Zielvereinbarungen etwa bei Beurteilungen, Beförderungen und künftigen Mittelzuweisungen deutlich spürbare Folgen[336] haben kann.

Die Frage nach der Rechtsnatur von Zielvereinbarungen führt an die **Grenzlinie zwischen Vertrag und Nicht-Vertrag.** Dabei wird zu differenzieren sein. Auf der einen Seite stehen Vereinbarungen, die sicher als öffentlich-rechtliche Verträge zu qualifizieren sind; dazu zählen die zwischen den Ländern und ihren Hochschulen abgeschlossenen Finanzierungssicherungsverträge und im Grundsatz auch Zielvereinbarungen zwischen Staat und Hochschule.[337] Auf der anderen Seite stehen nicht verbindlich gemeinte Kontrakte, bei denen es schon mangels Bindungswillens an einem Vertrag fehlt.[338] Dazwischen liegt ein derzeit noch unsicherer **Graubereich zumindest vertragsähnlicher Absprachen.** In diesem Graubereich steht der Annahme eines Vertrages nicht, wie gelegentlich zu lesen ist,[339] der Binnenrechtscharakter von Kontrakten entgegen, weil Vertragspartner auch teilrechtsfähige Rechtssubjekte desselben Rechtsträgers sein können, wenn sie im Verhältnis zueinander mit eigenen Rechten ausgestattet sind.[340] Gleiches gilt für die vermeintlich ausschließliche „Finalprogrammierung" von Kontrakten,[341] weil Zielvereinbarungen neben Zielvorgaben die beiderseitigen Rechte und Pflichten sehr präzise regeln können.[342] Deshalb dürfte die Bestimmung der Rechtsnatur, der Zulässigkeit und der inhaltlichen Grenzen von Kontrakten aus der Grauzone regelmäßig konkrete Einzelfallanalysen voraussetzen.[343] Wichtiger

---

[335] *Pünder,* Kontrakte (Fn. 318), S. 67 ff.; *Behrndt,* Verwaltungsmanagement (Fn. 318), S. 404 ff.; vgl. auch *Otting,* Kontraktmanagement (Fn. 318), S. 362 f.; *Andreas Musil,* Wettbewerb in der staatlichen Verwaltung, 2005, S. 186 ff.; sowie allgemein *Bull/Mehde,* VerwR, Rn. 848, 1233.

[336] Vgl. etwa *Hill,* Zielvereinbarungen (Fn. 313), S. 1062; *Behrndt,* Verwaltungsmanagement (Fn. 318), S. 405 ff.; ferner *Kathke,* Leistungsfeststellung (Fn. 334), S. 357 ff.

[337] Überzeugend *Trute,* Zielvereinbarungen (Fn. 317), S. 146 ff. m.w.N.; vgl. auch *Fehling,* in: HK-VerwR, § 54 VwVfG Rn. 80; *Uerpmann,* Rechtsfragen (Fn. 331), S. 647 f., 649 f.; *Wolfgang Hoffmann-Riem,* Organisationsrecht als Steuerungsressource, in: Schmidt-Aßmann/Hoffmann-Riem (Hrsg.), Verwaltungsorganisationsrecht, S. 355 (386 f.), sowie – zu Leistungsvereinbarungen im Rahmen einer Public Private Partnership – *Schneider,* Steuerungsmodell (Fn. 312), S. 130.; *Schmidt,* Zielvereinbarung (Fn. 325), S. 764. S. zur Rechtsnatur der Zielvereinbarungen gem. § 48 SGB II a. F. (jetzt: § 48b SGB II) *Shirvani,* Konsensuale Instrumente (Fn. 213), S. 259 ff. Zum Einsatz der Zielvereinbarung bei der Professorenbesoldung *Juliane Koch,* Leistungsorientierte Professorenbesoldung, 2009, S. 283 f., wonach es sich bei solchen Zielvereinbarungen um subordinationsrechtliche öffentlich-rechtliche Verträge handelt.

[338] *Oebbecke,* Verwaltungssteuerung (Fn. 331), S. 857; *Sensburg,* Verwaltungskontrakt (Fn. 318), S. 134 f. Den Rechtsbindungswillen für die Zielvereinbarung gem. § 48 SGB II a. F. bejahend, *Shirvani,* Konsensuale Instrumente (Fn. 213), S. 259. → Fn. 331.

[339] *v. Mutius,* Steuerungsmodell (Fn. 320), S. 708 m. Fn. 119.

[340] *Otting,* Kontraktmanagement (Fn. 318), S. 362; *Wolf-Hegerbekermeier,* Kontraktmanagement (Fn. 325), S. 420; *Behrndt,* Verwaltungsmanagement (Fn. 318), S. 377.

[341] Zu diesem Einwand *Otting,* Kontraktmanagement (Fn. 318), S. 362; *Wolf-Hegerbekermeier,* Kontraktmanagement (Fn. 325), S. 420; *Behrndt,* Verwaltungsmanagement (Fn. 318), S. 378.

[342] Dazu mit Beispielen aus dem Hochschulbereich *Trute,* Zielvereinbarungen (Fn. 317), S. 148 f.; *Barbara Remmert,* Verwaltungsvertrag und Parlamentskompetenz, in: Liber Amicorum Hans-Uwe Erichsen, 2004, S. 163 (164 f.).

[343] Vgl. *Oebbecke,* Verwaltungssteuerung (Fn. 331), S. 857 ff. Im Ansatz gegen pauschale Beurteilungen auch *Musil,* Wettbewerb (Fn. 335), S. 179, der allerdings gegen die Rechtsverbindlichkeit von Zielvereinbarungen in prinzipieller Weise mit dem Schwert des Demokratieprinzips zu Felde zieht (a.a.O., S. 179 ff.). Vor einer Überzeichnung des „Demokratieproblems" warnt zu Recht *Markus*

als solche Detailanalysen unsicherer Hybrid-Gebilde dürfte für die Kontraktpraxis indes die **rechtsformübergreifende** Bereitstellung eines Regelwerks[344] sein, das in den Kontraktrechtsverhältnissen die Bestands- und Flexibilitätsinteressen der beteiligten Parteien austariert und eine **angemessene Risikoverteilung** sicherstellt. **Ansatzpunkte** liefern dafür der Rechtsgedanke der **clausula rebus sic stantibus**[345], vor allem aber **Kontraktgestaltungen**[346], die Nachverhandlungsklauseln, Anpassungsklauseln, Kündigungsklauseln usw. verwenden[347]; in Praxisempfehlungen sind solche „Kontraktöffnungsklauseln" zumindest in Ansätzen bereits enthalten.[348]

5. Verwaltungsverträge zwischen Privaten

59   Bei den bisher behandelten Verträgen war stets zumindest ein Vertragspartner die Verwaltung. Gleichwohl wäre es verkürzend, die Vertragslehre exklusiv auf die Verwaltung zuzuschneiden.[349] Denn das Verwaltungsrecht kennt auch öffentlich-rechtliche Verträge zwischen Privaten[350], die „quer" zu den gängigen Erscheinungen liegen und auf den ersten Blick wie ein Fremdkörper wirken mögen. Bei manchem stehen diesen Verträgen „aus dogmatischen Gründen [...] erhebliche Bedenken" entgegen,[351] andere erklären sie schlicht zum **„Phantom"**[352] und wieder andere sehen keinen sachlichen Grund, weshalb „hier nicht Zivilrecht gelten soll, wie es sonst zwischen Privaten gilt und angemessen ist"[353]. Doch ändert

---

Möstl, Verwaltungsmodernisierung als Demokratieproblem, in: Bauer/Huber/Sommermann (Hrsg.), Demokratie (Fn. 152), S. 389 ff.; vgl. auch *Veith Mehde*, Neues Steuerungsmodell und Demokratieprinzip, 2000. Dem Erfordernis einer Einzelfallanalyse zustimmend *Shirvani*, Konsensuale Instrumente (Fn. 213), S. 263; *Schmidt*, Zielvereinbarung (Fn. 325), S. 764.

[344] Vgl. auch die Überlegungen von *Schneider*, Steuerungsmodell (Fn. 312), S. 131, und *Hoffmann-Riem*, Organisationsrecht (Fn. 337), S. 387; vgl. zur Ausrichtung der aus der Zielvereinbarung folgenden Rechte und Pflichten und deren dogmatische Erfassung auf den Ordnungsrahmen der Rechtsverhältnislehre *Bauer/Kretschmer*, Zielvereinbarungen (Fn. 320), S. 250 ff.

[345] § 60 VwVfG; vgl. *Trute*, Zielvereinbarungen (Fn. 317), S. 146, und die Überlegungen zur entsprechenden Anwendung von § 60 VwVfG bei *Oebbecke*, Verwaltungssteuerung (Fn. 331), S. 859, sowie zu einer direkten oder entsprechenden Anwendung einzelner Vorschriften aus dem Rechtsregime von §§ 54 ff. VwVfG bei *Schmidt*, Zielvereinbarungen (Fn. 325), S. 761, und *Bauer/Kretschmer*, Zielvereinbarungen (Fn. 320), S. 255 ff.

[346] Zur herausragenden Bedeutung der (Vertrags-)Klauselpraxis prägnant *Trute*, Zielvereinbarungen (Fn. 317), S. 149, 157; vgl. zu möglichen Inhalten und Grenzen von Zielvereinbarungsgestaltungen auch *Schmidt*, Zielvereinbarung (Fn. 325), S. 761 ff., und *Bauer/Kretschmer*, Zielvereinbarungen (Fn. 320), S. 257 f.

[347] Vgl. zu solchen Klauseln *Behrndt*, Verwaltungsmanagement (Fn. 318), S. 384, der seine Überlegungen zu „theoretisch denkbaren Vertragsgestaltungen" allerdings vorschnell verwirft.

[348] Vgl. *BMI* (Hrsg.), Moderner Staat (Fn. 314), S. 19 f. (allgemeine Hinw. zur Gestaltung von Zielvereinbarungen: Auflösungsgründe, Nachverhandlung, Aktualisierung/Anpassung, 31, 33.

[349] Ausdrückliche Ausblendung der öffentlich-rechtlichen Verträge zwischen Privaten über den Begriff des Verwaltungsvertrages etwa bei *Röhl*, Verwaltung (Fn. 110), S. 25 m. Fn. 45 (systematisch wie dogmatisch unbedeutende Kategorie); nur beiläufige Behandlung bei *Schlette*, Vertragspartner (Fn. 6), S. 21, 118, 264, 331, 405, 410; knapp *Spannowsky*, Grenzen (Fn. 108), S. 117 f.

[350] Siehe vorerst nur *Gurlit*, Begriff, Bedeutung, Arten (Fn. 190), § 29 Rn. 9; *Heinz J. Bonk*, in: Stelkens/Bonk/Sachs (Hrsg.), VwVfG, § 54 Rn. 65 f.; *Utz Schliesky*, in: Knack/Henneke, VwVfG, § 54 Rn. 60 ff.

[351] *Achterberg*, VerwR, § 21 Rn. 227.

[352] *Hans-Hermann Kasten/Arnulf Rapsch*, Der öffentlichrechtliche Vertrag zwischen Privaten – Phänomen oder Phantom?, NVwZ 1986, S. 708 ff.; krit. auch *Alfons Gern*, Der Vertrag zwischen Privaten über öffentlichrechtliche Berechtigungen und Verpflichtungen, 1977.

[353] *Bull/Mehde*, VerwR, Rn. 873.

das überdeutlich geäußerte Unbehagen nichts an dem verwaltungsrechtlichen Befund: Das **Phänomen öffentlich-rechtlicher Verträge „zwischen zwei oder mehreren Privatleuten"** begleitet den Verwaltungsvertrag seit Anbeginn – nicht nur in der Literatur, sondern auch in der Gesetzgebungsarbeit und in Gesetzestexten.[354] Solche Verträge sind nach überwiegender Ansicht zulässig, wenn die Rechtsordnung eine entsprechende Dispositionsbefugnis einräumt, die „Privatleute" also zur vertraglichen Gestaltung der Rechtsverhältnisse ermächtigt.[355] Oft erwähnte **Beispiele** sind Einigungen zwischen dem Betroffenen und Begünstigten einer Enteignung nach § 110 BauGB[356], wenn es sich dabei um Private handelt; in dieser Konstellation ist die Enteignungsbehörde selbst nicht Vertragspartner, hat jedoch nach § 110 Abs. 1 BauGB auf eine verwaltungsvertragliche Einigung zwischen Privaten „hinzuwirken" und übernimmt deshalb Funktionen eines impulsgebenden, gegebenenfalls moderierenden „Vertragsvermittlers".

Vergleichbare Konstellationen finden sich in dem in Westdeutschland kaum wahrgenommenen **Vermögensrecht**. Dort hat nach § 31 Abs. 5 S. 1 VermG die „Behörde in jedem Stadium des Verfahrens auf eine gütliche Einigung zwischen dem Berechtigten und dem Verfügungsberechtigten hinzuwirken". Gegenstand der **gütlichen Einigung** sind vor allem Fragen der Restitutionsberechtigung, in denen sich Alteigentümer und „Verfügungsberechtigter"[357] über die künftige rechtliche Zuordnung eines Vermögenswertes verständigen. Da die Vermögensrestitution nach dem Vermögensgesetz öffentlich-rechtlich geregelt ist, handelt es sich bei der gütlichen Einigung in dem hier interessierenden Zusammenhang um einen **öffentlich-rechtlichen Vertrag**[358] zwischen Privaten, der in der Praxis verbreitet ist. Die Norm zielt auf die beschleunigte Klärung offener Vermögensfragen, will zu diesem Zweck die Potentiale einvernehmlicher Konfliktlösung durch die Beteiligten ausschöpfen und begründet deshalb einen **Vorrang für die gütliche Einigung**.[359] Ähnlich wie in den erwähnten baurechtlichen Enteignungsfällen übernimmt die Behörde hier Mittlerfunktionen in einem mehrpoligen Interessenkonflikt. In bestimmten Konstellationen geht das Vermögensrecht noch einen Schritt weiter und lässt bei der Unternehmensrestitution die Vereinbarung eines **Schiedsverfahrens** zu.[360] Die Gesetzesbegründung führt hierzu aus, dass es sich „bei dem Anspruch, über den das Schiedsgericht zu entscheiden hat, nicht um einen privatrechtlichen Anspruch handelt. Da es bei dem Anspruch auf Rückgabe eines Vermögenswertes vielfach jedoch nur um die Inte-

60

---

[354] → Rn. 3f.
[355] Siehe zum Erfordernis (spezial-)gesetzlicher Ermächtigung *Gurlit*, Begriff, Bedeutung, Arten (Fn. 190), § 29 Rn. 9; *Maurer*, VerwR, § 14 Rn. 10; *Heinz J. Bonk*, in: Stelkens/Bonk/Sachs (Hrsg.), VwVfG, § 54 Rn. 65 f.
[356] Außerdem finden sich häufig Hinw. auf Vereinbarungen über die Pflicht zur Gewässerunterhaltung nach nordrhein-westfälischem Recht, über Unterhaltspflichten an Straßen usw.; s. etwa *Wolff/Bachof/Stober/Kluth*, VerwR I, § 54 Rn. 34 m. w. N. und Bsp.
[357] Zu den Begriffen s. § 2 VermG.
[358] *Jens Robbert*, Vergleich und gütliche Einigung im vermögensrechtlichen Verfahren, VIZ 1995, S. 193 (196 f.); anders, jedoch offenbar auf privatrechtliche Rechtsfolgen des Rechtsgeschäfts beschränkt *OLG Bbg.*, VIZ 2001, S. 383 (384), unter Aufhebung des mit der hier vertretenen Auffassung übereinstimmenden landgerichtlichen Verweisungsbeschlusses an das VG Potsdam. Zu ähnlich gelagerten Konstellationen öffentlich-rechtlicher Verträge im Vermögenszuordnungsrecht s. *Hans-Peter Fehr/Rüdiger Nolte*, Die Rechtsnatur der Einigung im Vermögenszuordnungsrecht, VIZ 1997, S. 321 ff.
[359] Vgl. BTDrucks 12/103, S. 35 f.
[360] § 31 Abs. 6 VermG i. V. m. §§ 30 Abs. 2, 6 Abs. 1, 6b, 38a VermG.

ressen zweier Parteien, nämlich des Berechtigten und des Verfügungsberechtigten geht, erscheint es vertretbar, den Parteien grundsätzlich eine Verfügbarkeit über den an sich öffentlich-rechtlichen Anspruch zuzubilligen und somit die Vereinbarung eines Schiedsverfahrens zuzulassen"[361]. **Verwaltungsverträge zwischen Privaten** sind deshalb **nicht allein als weitere Beispiele für öffentlich-rechtliche Verträge von Interesse,** sondern auch wegen der damit verbundenen Optionen für einen durch die Verwaltung stimulierten Interessenausgleich unter Privaten,[362] für die beschleunigte Beilegung von Konflikten, für konsensual entwickelte Problemlösungen und für die Verwaltungs- bzw. Staatsentlastung.

6. Mediationsverträge und Prozessvergleiche

61 „Über Mediation im Verwaltungsrecht, also über alternative Konfliktbeilegungsmechanismen außerhalb wie auch innerhalb des Verwaltungsprozesses, ist in den letzten Jahren viel geschrieben worden"[363]. In der Tat: **Mediation** hat Konjunktur[364]! **Begrifflich** meint Mediation eine **Methode der Konfliktbearbeitung,** bei der alle an dem Konflikt Beteiligten selbständig und eigenverantwortlich im Wege von durch einen neutralen, nicht mit Entscheidungsmacht ausgestatteten Dritten (Mediator, „Konfliktmittler") unterstützten Verhandlungen eine konsensuale Lösung für ihren individuellen Konflikt erarbeiten.[365] Von den institutionalisierten Verfahren staatlichen Rechtsschutzes unterscheidet sich das Mediationsverfahren dadurch, dass die Beteiligten nicht dem nach Recht und Gesetz zu Gunsten des einen und zu Lasten des anderen urteilenden Richter unterworfen sind, sondern freiwillig und selbstbestimmt eine die jeweiligen Interessen ausgleichende Lösung anstreben.[366] Damit fügt sich die Mediation nahtlos in das Gesamtbild der sich zunehmend ausbreitenden kooperativ-konsensualen Strukturen ein; zugleich soll sie einen Beitrag zur Justizentlastung und zur **Modernisierung** des Rechtswesens leisten[367], weiter gehend sogar zu

---

[361] BTDrucks 12/103, S. 36 m. ergänzenden Klarstellungen zum Schutz von Interessen Dritter.

[362] Vgl. auch *Reiner Schmidt,* Die Reform von Verwaltung und Verwaltungsrecht, VerwArch, Bd. 91 (2000), S. 149 (150 f.): Verwaltungsrecht ist nicht nur als Kollisionsrecht zwischen öffentlichen und privaten Interessen zu verstehen, sondern „auch und vor allem als *Distributionsrecht* zu begreifen, das private Belange unter öffentlicher Verwaltung reguliert"; ferner *Paul Stelkens/Heribert Schmitz,* in: Stelkens/Bonk/Sachs (Hrsg.), VwVfG, 6. Aufl. 2001, § 9 Rn. 162 a. Zu weiteren Beispielen des verwaltungsvertraglichen Interessenausgleichs (auch) unter Privaten → Rn. 61 ff.

[363] *Karsten-Michael Ortloff,* Mediation außerhalb und innerhalb des Verwaltungsprozesses, NVwZ 2004, S. 385 (385).

[364] *Jan Ziekow,* Mediation in der Verwaltungsgerichtsbarkeit, NVwZ 2004, S. 390 (390).

[365] Vgl. *Stephan Breidenbach,* Mediation, 1995; *Fritjof Haft,* Verhandlung und Mediation, in: ders./Katharina Gräfin v. Schlieffen (Hrsg.), Handbuch Mediation, 2. Aufl. 2009, § 2 Rn. 1, 11; *Rainer Pitschas,* Mediation als Methode und Instrument der Konfliktmittlung im öffentlichen Sektor, NVwZ 2004, S. 396 (397); *Catharina Herzog/Jonas Hennig,* Mediation – Aufbruch in eine neue Streitkultur, Jura 2011, S. 929 ff.; *Stefan Vetter,* Mediation und Vorverfahren, 2004, S. 132 ff.; *Joachim v. Bargen,* Mediation im Verwaltungsprozess, DVBl 2004, S. 468 (470); *ders.,* Konfliktlösung mittels richterlicher Mediation als Alternative zum konventionellen Verwaltungsprozess, DV, Bd. 43 (2010), S. 405 ff.; *Ines Härtel,* Mediation im Verwaltungsrecht, JZ 2005, S. 753 (754); *Christoph A. Stumpf,* Alternative Streitbeilegung im Verwaltungsrecht, 2006, S. 274; *Guy Beaucamp,* Mediation im Widerspruchsverfahren?, DÖV 2011, S. 886 ff.; *Kaltenborn,* Streitvermeidung (Fn. 201), S. 106 ff.; *Jan M. v. Bargen,* Gerichtsinterne Mediation, 2008, S. 15 ff. → Bd. II *Appel* § 32 Rn. 102 ff.

[366] *Ortloff,* Mediation (Fn. 363), S. 385; *Beaucamp,* Mediation (Fn. 365), S. 887 m. w. N. S. zur Abgrenzung von anderen Schlichtungsverfahren *Herzog/Hennig,* Mediation (Fn. 365), S. 932.

[367] Vgl. *Pitschas,* Mediation (Fn. 365), S. 396.

C. Anwendungsfelder des Vertrages im Verwaltungsrecht

einer veränderten Streitkultur führen. Als mögliche **Einsatzfelder** für die Mediation sind viele Bereiche des Verwaltungsrechts im Gespräch: Genehmigungs-, Planfeststellungs- und Bauplanungsverfahren, exekutive Normsetzung bis hin zum Sozialrecht sowie Gemeindegebiets- und sonstige Regionalreformen.[368] Starken Aufwind hat der Ruf nach dem verstärkten Einsatz außergerichtlicher Konfliktbearbeitung und insbesondere der Mediation unlängst durch die Vorgänge um das umstrittene Großprojekt „Stuttgart 21" erhalten.[369] Zusätzliche Impulse sind von dem bereits für Herbst 2011 angekündigten Mediationsgesetz[370] zu erwarten, das auf eine europäische Richtlinie[371] zurückgeht und zusammen mit dieser das Anliegen verfolgt, „die Nutzung der Mediation weiter zu fördern und sicherzustellen, dass die Parteien, die die Mediation in Anspruch nehmen, sich auf einen vorhersehbaren rechtlichen Rahmen verlassen können"[372].

An dieser Stelle sind weder die Rezeption des Mediationsverfahrens in der Verwaltungsrechtswissenschaft[373] nachzuzeichnen noch Fragen der Abstimmung der Konfliktmittlung namentlich mit dem Verwaltungsverfahrens- und Verwaltungsprozessrecht zu erörtern.[374] Für die Lehre vom Verwaltungsvertrag ist die

62

---

[368] *Hermann Pünder*, Kooperation statt Konfrontation, DV, Bd. 38 (2005), S. 1 (12 f. m. w. N.); vgl. auch *Kaltenborn*, Streitvermeidung (Fn. 201), S. 106 ff.; *Karsten-Michael Ortloff*, Europäische Streitkultur und Mediation im deutschen Verwaltungsrecht, NVwZ 2007, S. 33 (34); ferner zum Potential der Verwaltungsmediation *Rainer Pitschas*, Mediationsgesetz zwischen Entlastung der Justiz und kollaborativer Governance, ZG, Bd. 26 (2011), S. 136 ff., m. der Forderung nach einer gesetzlichen Regelung im Verwaltungsverfahrensgesetz; ähnlich *Annette Guckelberger*, Einheitliches Mediationsgesetz auch für verwaltungsgerichtliche Konflikte?, NVwZ 2011, S. 390 ff., die eine Hinweispflicht auf die Möglichkeit der Mediation durch die Behörden schon während des Verwaltungsverfahrens befürwortet und Änderungen des Mediationsgesetzes wegen der verwaltungsrechtlichen Besonderheiten vorschlägt. Vorschlag für ein mediatives Vorverfahren bei *Vetter*, Mediation (Fn. 365), S. 185 ff., 222 ff. S. zu den für die Mediation geeigneten und ungeeigneten verwaltungsrechtlichen Konstellationen, den Schwierigkeiten der Mediation im Verwaltungsrecht und im Widerspruchsverfahren *Beaucamp*, Mediation (Fn. 365), S. 886 ff.; verfassungsrechtliche Grenzen der Mediation im Verwaltungsverfahren bei *Franz-Joseph Peine*, Entwicklung des Verwaltungsverfahrensrechts – ein Forschungsprogramm, LKV 2012, S. 1 (5 f.); *Vetter*, a. a. O., S. 180 ff., 191 ff., der das Durchgreifen gemeinschaftsrechtlicher und verfassungsrechtlicher Bedenken im Hinblick auf die Einführung eines mediativen Vorverfahrens allerdings verneint.

[369] Statt vieler *Thomas Groß*, Stuttgart 21 – Folgerungen für Demokratie und Verwaltungsverfahren, DÖV 2011, S. 510 (512 f.); *Reinhard Wulfhorst*, Konsequenzen aus „Stuttgart 21": Vorschläge zur Verbesserung der Bürgerbeteiligung, DÖV 2011, S. 581 ff. m. w. N.; zum Einsatz der Mediation bei Großprojekten *Alexander Schink*, Öffentlichkeitsbeteiligung – Beschleunigung – Akzeptanz, DVBl 2011, S. 1377 (1382 f.).

[370] Gesetzentwurf der Bundesregierung zur Förderung der Mediation und anderer Verfahren der außergerichtlichen Konfliktbeilegung vom 1. 4. 2011, BTDrucks 17/5335. Unstimmigkeiten u. a. über die gesetzliche Verankerung der gerichtsinternen Mediation und der Aus- und Weiterbildung des Mediators führen bislang dazu, dass das Gesetz noch nicht verabschiedet worden ist.

[371] Richtlinie 2008/52/EG (Mediationsrichtlinie) des Europäischen Parlaments und des Rates vom 21. 5. 2008, ABl. EU, Nr. L 136, S. 3.

[372] BTDrucks 17/5335, S. 10 m. Hinw. auf Erwägungsgrund 7 der Mediationsrichtlinie. → Bd. II *Appel* § 32 Rn. 109 a.

[373] Frühzeitig impulsgebend *Oliver Passavant*, Mittlerunterstützte Kooperation in komplexen Verwaltungsprojekten, DVBl 1987, S. 516 ff.; *Wolfgang Hoffmann-Riem*, Konfliktmittler in Verwaltungsverhandlungen, 1989; *Bernd Holznagel*, Konfliktlösung durch Verhandlungen, 1990; Wolfgang Hoffmann-Riem/Eberhard Schmidt-Aßmann (Hrsg.), Konfliktbewältigung durch Verhandlungen, Bde. I und II, 1990. Inzwischen hat die Mediation Eingang in die Lehrbuchliteratur gefunden; s. *Hermann Pünder*, Mediation in Verwaltungsverfahren, in: Erichsen/Ehlers (Hrsg.), VerwR, § 16.

[374] Dazu etwa *Härtel*, Mediation (Fn. 365), S. 757 ff.; *Ziekow*, Mediation (Fn. 364), S. 392 ff.; → Bd. II *Fehling* § 38 Rn. 30 ff.

Mediation vor allem aus zwei Gründen aufschlussreich – zum einen wegen der **Verhandlungen,** die zentraler Bestandteil des alternativen Konfliktlösungsmechanismus sind,[375] zum anderen wegen der erfolgreiche **Mediationsverfahren abschließenden Verträge.**[376] Auch die Verhandlungen selbst verweisen auf Verträge, nämlich auf die Mediationsauftragsverträge mit dem Mediator, die dessen Rechte und Pflichten näher konkretisieren, und auf die Mediationsvereinbarungen, die für die Verhandlungen die Verfahrensordnung regeln; dabei sind selbstverständlich auch Vertragskombinationen denkbar, die jedoch an der hohen **Funktionsübereinstimmung „zwischen den Instrumenten der Mediation und des Verwaltungsvertrages"** nichts ändern.[377] Da das angekündigte Mediationsgesetz auf eine Regelung des Ablaufs des Mediationsverfahrens weitgehend verzichtet, wird es auch künftig erforderlich sein, dass die Parteien in einer Verfahrensvereinbarung Verfahrens-, Kommunikations- und Verhaltensregeln festlegen.[378]

63 Welch großes Potential das Modell alternativer Konfliktbeilegung im Verwaltungsrecht hat, dokumentieren die mittlerweile auf breiter Front angelaufenen Experimente mit der sog. **„Gerichtsmediation"**[379]. Nach Einschätzung der Akteure haben sich diese Aktivitäten bewährt. Neben dem Freiburger Modellversuch[380] ist das **Berliner Pilotprojekt** hervorzuheben, das im Oktober 2003 startete. *Karsten-Michael Ortloff,* der in Deutschland wesentlich zur Verbreitung der Medi-

---

[375] Diesen Aspekt betont mit Recht *Haft,* Verhandlung (Fn. 365), § 2 Rn. 1 ff.; vgl. auch *Benno Heussen,* Die Organisation von Mediationsverhandlungen, in: Haft/Gräfin v. Schlieffen (Hrsg.), Handbuch (Fn. 365), § 17 Rn. 1, 34 ff.; *Stefan Kessen/Markus Troja,* Die Phasen und Schritte der Mediation als Kommunikationsprozess, ebd., § 13.

[376] Die am Ende einer erfolgreichen Mediation stehende einverständliche Regelung muss zwar nicht zwingend ein Vertrag sein (vgl. *Ortloff,* Mediation [Fn. 363], S. 386; *Schmidt-Aßmann,* Ordnungsidee, Kap. 6 Rn. 136 f.), wird aber vernünftigerweise diese Form suchen, um für die Beteiligten Klarheit zu schaffen und Vorsorge gegen künftige Streitigkeiten zu treffen (vgl. *Heussen,* Organisation [Fn. 375], § 17 Rn. 51 ff., 58 ff.; *Kessen/v. Troja,* Phasen [Fn. 375], § 13 Rn. 75 ff.; *v. Bargen,* Mediation [Fn. 365], S. 472; *Härtel,* Mediation [Fn. 365], S. 760; *Ludwig Koch,* Vertragsgestaltungen in der Mediation, in: Martin Henssler/Ludwig Koch [Hrsg.], Mediation in der Anwaltspraxis, 2. Aufl. 2004, § 11 Rn. 12, 61; zu Problemen vertraglicher Bindung speziell bei Planfeststellungsverfahren s. *Pünder,* Kooperation [Fn. 368], S. 24 ff.).

[377] Siehe *Schuppert,* Verwaltungskooperationsrecht (Fn. 80), S. 45 ff. (45), unter Hinw. auf Untersuchungen von *Mathias Hellriegel* und m. Beispielen für die vertragliche Gestaltung einer Mediationsvereinbarung und eines Mediationsauftrages.

[378] BTDrucks 17/5335, S. 15, m. beispielhafter Aufzählung möglicher Inhalte der Vereinbarung. Danach kann eine zusätzliche Vereinbarung in Bezug auf die Verschwiegenheitspflicht weiterer Personen sinnvoll sein, da der „Kreis der in die Durchführung des Mediationsverfahrens eingebundenen Personen eng zu verstehen ist" (S. 17) und sich die Verschwiegenheitspflicht daher nur „nur" auf diesen engen Personenkreis bezieht. Durch die beabsichtigte Neuregelung des § 796 d ZPO und § 167 Abs. 1 VwGO kann die in der Mediation abgeschlossene Vereinbarung zudem für vollstreckbar erklärt werden. Diese Regelung ist allerdings nicht unumstritten; dazu *Denis Diop/Alexander Steinbrecher,* Ein Mediationsgesetz für Deutschland: Impuls für die Wirtschaftsmediation?, BB 2011, S. 131 (133 f.) m. w. N.

[379] Dazu *Ortloff,* Mediation (Fn. 363), S. 386; *ders.,* Mediation im Verwaltungsprozess: Bericht aus der Praxis, NVwZ 2006, S. 148 (148 m. Fn. 1); *v. Bargen,* Mediation (Fn. 365), S. 473 f. S. zur Mediation in der Sozialgerichtsbarkeit im Land Hessen, das am 1. 4. 2008 ein einjähriges Pilotprojekt startete, um Erfahrungen in der Mediation zu sammeln, *Peter Brändle/Frank Schreiber,* Mediation in der hessischen Sozialgerichtsbarkeit als richterliche Tätigkeit, Justiz 2008, S. 351 ff. Übersicht über nationale und internationale Modellprojekte der „echten" Richter-Mediation bei *v. Bargen,* Gerichtsinterne Mediation (Fn. 365), S. 71 ff.

[380] *v. Bargen,* Mediation (Fn. 365), S. 468 ff.

C. Anwendungsfelder des Vertrages im Verwaltungsrecht

ation in der Verwaltungsgerichtsbarkeit beigetragen hat und in diesem Projekt für das VG Berlin und das OVG Berlin(-Brandenburg) als Gerichtsmediator tätig war, berichtete unlängst über eine Einigungsquote von rund 75% in den zahlreichen von ihm durchgeführten Mediationsverfahren und veranschaulichte an mehreren Beispielen eindrucksvoll den „Mehrwert der Mediation" gegenüber der konventionellen „juristischen" Streitbehandlung.[381]

Im **Verwaltungsprozess** kann der zur Entscheidung berufene Richter schon definitionsgemäß[382] nicht als Mediator fungieren. Er kann aber mediative Elemente in die Verhandlung einbauen.[383] Gefördert wird dies durch die gesetzgeberische Direktive an das Gericht, „in jeder Lage des Verfahrens auf eine gütliche Beilegung des Rechtsstreits oder einzelner Streitpunkte bedacht zu sein"[384]. Die **gütliche Beilegung** des Rechtsstreits mündet wenn auch nicht zwingend,[385] so doch nicht selten in einen **Prozessvergleich,** der nach gängiger Lesart Doppelnatur hat: Er ist sowohl Prozesshandlung als auch **öffentlich-rechtlicher Vertrag.**[386] In Gestalt des „in der verwaltungsgerichtlichen Praxis häufig vorkommenden"[387] Prozessvergleichs erschließt sich der Verwaltungsvertrag „im Querschnitt" nochmals viele Gebiete des Besonderen Verwaltungsrechts, mögen in

64

---

[381] *Ortloff,* Bericht (Fn. 379), S. 148 ff.; in ergänzenden Gesprächen war zu erfahren, dass die Gegenstände der durchgeführten Mediationsverfahren aus vielen, wenn nicht sogar „praktisch aus allen" Gebieten des Besonderen Verwaltungsrechts kamen. Weiteres praktisches Anschauungsmaterial zum „Mehrwert der Mediation" bei *Peter Knorr,* Mediation im Verwaltungsprozess – Der praktische Fall: Der „unfaire" Erschließungsbeitrag, NVwZ 2006, S. 914 f., und bei *Karsten-Michael Ortloff,* Mediation im Verwaltungsprozess – Der praktische Fall: Der behinderte Schüler, NVwZ 2006, S. 1143 f.; *ders.,* Europäische Streitkultur (Fn. 368), S. 33 ff.

[382] Anders als der Mediator (→ Rn. 61) besitzt der Richter Entscheidungsmacht und muss diese im Falle des Scheiterns von Verhandlungen auch streitentscheidend einsetzen. Daher scheidet der für ein Verfahren zuständige Richter als Mediator in diesem Verfahren aus; s. *Karsten-Michael Ortloff,* Richterauftrag und Mediation, in: Stephan Breidenbach/Martin Henssler (Hrsg.), Mediation für Juristen, 1997, S. 111 (114 f.).

[383] Instruktiv *Karsten-Michael Ortloff,* in: Schoch/Schmidt-Aßmann/Pietzner (Hrsg.), VwGO, § 104 Rn. 30 ff.; *ders.,* Richterauftrag (Fn. 382), S. 115 ff.; *ders.,* Mediation und Verwaltungsprozess, in: Haft/Gräfin v. Schlieffen (Hrsg.), Handbuch (Fn. 365), § 41 Rn. 72, 77.

[384] Vgl. § 278 Abs. 1 ZPO, dessen Kernaussage schon vor der vor einigen Jahren erfolgten konzeptionellen Umstellung auf die gütliche Streitbeilegung galt und gem. § 173 VwGO auf das verwaltungsprozessuale Verfahren anzuwenden ist. Zur entsprechenden Anwendung von § 279 ZPO a. F. s. *Eisenlohr,* Prozeßvergleich (Fn. 80), S. 56; *Karsten-Michael Ortloff,* in: Schoch/Schmidt-Aßmann/ Pietzner (Hrsg.), VwGO, § 106 Rn. 6 f.; zur entsprechenden Anwendung des mit § 279 Abs. 1 S. 1 ZPO a. F. identischen, seit 2002 geltenden § 278 Abs. 1 ZPO *Claus Meissner,* ebd., § 173 Rn. 205, m. ergänzender Diskussion der Übertragbarkeit des in § 278 Abs. 2 ff. ZPO geregelten Modells gütlicher Streitbeilegung auf die VwGO in Rn. 203 f.

[385] Als Alternativen zum Vergleich kommen beispielsweise Klagerücknahmen und Erledigterklärungen in Betracht. Diese Alternativen fungieren mitunter als funktionelle Äquivalente zum Verwaltungsvertrag, wenn sie etwa mit Zusagen kombiniert werden; vom Verwaltungsvertrag unterscheiden sich die Alternativen dann in der Form, nicht jedoch im sachlichen Gegenstand der Vereinbarung.

[386] *BVerwG,* NJW 1994, S. 2306 (2306 f.); *Karsten-Michael Ortloff,* in: Schoch/Schmidt-Aßmann/ Pietzner (Hrsg.), VwGO, § 106 Rn. 27; *Eisenlohr,* Prozeßvergleich (Fn. 80), S. 1 f., 185; *Werner Budlach/ Heribert Johlen,* Der Prozessvergleich im verwaltungsgerichtlichen Verfahren, JuS 2002, S. 371 (371).

[387] So die Einschätzung von *Schlette,* Vertragspartner (Fn. 6), S. 655, wonach ca. 3–4% aller verwaltungsgerichtlichen Verfahren in einem Prozessvergleich enden (a. a. O.); vgl. auch *Eisenlohr,* Prozeßvergleich (Fn. 80), S. 208 f., und *Karsten-Michael Ortloff,* in: Schoch/Schmidt-Aßmann/Pietzner (Hrsg.), VwGO, § 106 Rn. 20, wonach die Erledigungsstatistiken „kaum Aufschluß über das Vergleichsgeschehen" geben. In den statistischen Angaben sind weder außergerichtliche Einigungen noch funktionelle Äquivalente (→ Fn. 385) berücksichtigt.

der Gerichtspraxis manche Bereiche auch „vergleichsgeeigneter" als andere sein.[388] Ähnlich wie bei Mediationsverfahren finden auch im Vorfeld von Prozessvergleichen Verhandlungen statt, ähnlich wie bei anderen Verwaltungsverträgen werfen auch Prozessvergleiche Probleme der Vertragsgestaltung auf, und in Teilbereichen finden auch hier Vertragsformulare Verwendung.[389]

65 Ein instruktives **Beispiel** ist der **„Dresdner Hochschulzulassungsvergleich"**, mit dem beim VG Dresden seit Jahren Streitigkeiten über die Zulassung zum Studium in Numerus-Clausus-Fächern einer einvernehmlichen Lösung zugeführt werden.[390] Mit der hier gebotenen Vereinfachung geht es dabei jeweils um mehrere hundert auf Studienzulassung gerichtete Verfahren, in denen auf Anregung des Gerichts ein gemeinsamer Erörterungstermin stattfindet. In diesem Termin stehen zunächst die staatlichen Kapazitätsberechnungen auf dem Prüfstand. Unter Berücksichtigung der normativen Direktiven für die Bestimmung von Ausbildungskapazitäten[391] werden dort u. a. „verschwiegene" Studienplätze diskutiert. Als besonderen Vorzug dieser Verfahrensgestaltung empfinden die Beteiligten die Kommunikation in unmittelbarer Rede und Gegenrede. Denn sie ermöglicht es, zahlreiche tatsächliche Fragen zu klären und Rechtsprobleme zu erörtern, die „schriftsätzlich allenfalls aufgeworfen oder angerissen werden können"; da die sachkundigen Auskunftspersonen der Hochschule im Erörterungstermin zugegen sind, lassen sich Ungereimtheiten rasch klären[392] und vorschnelle Verhärtungen der Fronten vermeiden. Auf der Grundlage der eingehenden Erörterung der Sach- und Rechtslage unterbreitet das Gericht den Verfahrensbeteiligten sodann einen fundierten **Vergleichsvorschlag** zur gütlichen Beilegung des Rechtsstreits. Der Vorschlag sieht die Zuteilung der über die ursprünglich festgesetzte Zahl hinausgehenden Studienplätze unter den Antragstellern im Wege eines öffentlich durchzuführenden Losverfahrens vor, im Gegenzug sollen mit dem Zustandekommen des Vergleichs alle anhängigen Numerus-Clausus-Verfahren zurückgenommen bzw. erledigt sein. In der Vergangenheit hat dies jeweils zum Abschluss eines Prozessvergleichs geführt, der alle Beteiligten „ins Boot holt", die Einzelheiten des Losverfahrens einschließlich des zeitnah durchzuführenden Zulassungs- und Nachrückverfahrens regelt[393] und die massenhaft anhängig gemachten Rechtsstreitigkeiten erledigt.[394] Vorteile dieser Verfahrensweise sind neben anderem die schnelle Rechts- und Planungssicherheit für alle Verfahrensbeteiligten, die wegen des Vergleichs in späteren Beschwerdeverfahren nicht mehr erschüttert

---

[388] Vgl. *Eisenlohr*, Prozeßvergleich (Fn. 80), S. 41 f., 178 f., 223 f.

[389] Näheres bei *Eisenlohr*, Prozeßvergleich (Fn. 80), S. 45 ff., 112 ff., 245 ff.

[390] Das ursprünglich in Dresden konzipierte Modell wurde später auch andernorts praktiziert; vgl. *Wolfgang Zimmerling/Robert Brehm*, Hochschulkapazitätsrecht, 2003, S. 188 f. m. ergänzendem Hinw. auf die Praxis des VG Leipzig.

[391] Z. B. Lehrverpflichtungen, Sachausstattung; zu den Einzelheiten von Kapazitätsberechnungen vgl. *Zimmerling/Brehm*, Hochschulkapazitätsrecht (Fn. 390), S. 57 ff.

[392] *Zimmerling/Brehm*, Hochschulkapazitätsrecht (Fn. 390), S. 188.

[393] *Zimmerling/Brehm*, Hochschulkapazitätsrecht (Fn. 390), S. 189.

[394] Zu den Einzelheiten s. den Bericht des Qualitätsbeauftragten über die Qualitätssicherungsmaßnahmen zur „Optimierung der Antrags- und Klageverfahren auf Zulassung zu einem Studium in numerus clausus Fächern" am Verwaltungsgericht Dresden, insbes. S. 4. Der Bericht behandelt neben anderem über tausend in einem Jahr eingegangene Verfahren auf vorläufige Zulassung zum Medizinstudium und weist darauf hin, dass es in Einzelfällen auch zum Abschluss außergerichtlicher Vergleiche zwischen den Beteiligten gekommen ist. Für Gespräche über den „Dresdner Hochschulzulassungsvergleich" danke ich Frau VorsRiVG *Renate Czub*.

C. Anwendungsfelder des Vertrages im Verwaltungsrecht

werden kann, sowie eine deutliche Entlastung des Gerichts. Im Übrigen belegt der über die Jahre hinweg mehrfach optimierte „Dresdner Hochschulzulassungsvergleich" eindrucksvoll die Eignung des Verwaltungsvertrages für die Bewältigung selbst multipolarer Interessenkonflikte.[395]

Mediationsverträge und Prozessvergleiche beenden pathologisch gewordene Beziehungen im Verwaltungsrecht durch Konsens. Sie stellen in eine Schieflage geratene Rechtsverhältnisse für die Zukunft auf eine neue, von den Beteiligten gemeinsam erarbeitete Grundlage. Dabei sind der vertraglichen Neuordnung **sowohl zweipolige als auch drei- und mehrpolige Konfliktbeziehungen** zugänglich, an denen insbesondere auch mehrere Private beteiligt sein können; das Baunachbarrecht und das Hochschulzulassungsrecht liefern dafür Beispiele. Mediationsverträge und Prozessvergleiche zeigen freilich auch, dass es sich in der Sache keineswegs stets um mittel- oder langfristig angelegte Zusammenarbeit handeln muss. Denn die **möglichen Gegenstände** der konfliktbereinigenden Verträge sind **außerordentlich vielfältig** und können sich in einmaligen „Leistungen" wie der Erteilung einer Baugenehmigung oder einer Fahrerlaubnis, Geldleistungen im Besoldungs-, im Subventions- und im Abgabenrecht, vorübergehenden Duldungen im Ausländerrecht usw. erschöpfen. Der Verwaltungsvertrag ist in solchen Konstellationen eine äußere Form für die konsensuale Bewältigung von punktuellen Konflikten, deren Gegenstand im Grunde Einmalleistungen sind, die sich jedenfalls nicht zwanglos auf ein übergreifendes Leitbild der Kooperation ausrichten und deshalb nicht über den Einheitsleisten des „kooperativen Staates" schlagen lassen.

66

III. Zur ubiquitären Präsenz des Verwaltungsvertrages

In der Zusammenschau der Referenzkonstellationen liegt der Verwaltungsvertrag im Trend der Zeit. Er wächst zur Handlungsform der Massenverwaltung heran. Er erobert sich in den vielfältigen Erscheinungen staatlich-gesellschaftlicher wie innerstaatlicher Zusammenarbeit einen festen Platz in der Verwaltungsorganisation. Er dringt in den Binnenbereich der Verwaltung vor. Er kommt zwischen Privaten zum Einsatz. Und er übernimmt bei pathologisch gewordenen Rechtsbeziehungen eine Schlüsselfunktion für die einvernehmliche Streitbeilegung durch Konsens. Zusammen mit weiteren Beispielen und der zunehmenden Verbreitung in den unterschiedlichsten Referenzgebieten[396] lassen die Analysen der Referenzkonstellationen vermuten, dass das **Verwaltungsrecht** wenigstens potentiell **an fast allen Stellen von vertraglichen** oder vertragsähnlichen **Strukturen durchzogen** ist.[397]

67

Ein wichtiger Grund für die hohe Präsenz des Verwaltungsvertrages sind **Modernisierungsstrategien,** die sich an Leitbildern des kooperativen und aktivie-

68

---

[395] Allgemein zur Eignung des Verwaltungsvertrages für die Gestaltung polygonaler bzw. mehrpoliger Rechtsverhältnisse *Krebs,* Verträge (Fn. 87), S. 252; *Franz Reimer,* Mehrseitige Verwaltungsverträge, VerwArch, Bd. 94 (2003), S. 543 ff.
[396] → Rn. 34 f.
[397] Ähnliche Überlegungen bereits bei *Salzwedel,* Grenzen (Fn. 36), S. 1: „Nahezu jeder Gegenstand des Verwaltungshandelns ist auch ein potentieller Gegenstand des öffentlich-rechtlichen Vertragsschlusses".

renden Staates orientieren oder zumindest auf eine Staatsentlastung zielen.[398] Doch handelt es sich dabei nicht um das alleinige Motiv.[399] Auch wäre die Rückführung des Verwaltungsvertrages ausschließlich auf den Grundgedanken der Kooperation zu einseitig, weil Vertragsgegenstand auch ein mehr oder weniger punktueller „Leistungsaustausch" sein kann.[400] Dementsprechend reichen die vertraglichen Regelungsgegenstände von eher einfach strukturierten zweipoligen Rechtsverhältnissen[401] über kompliziertere mehrpolige und multipolare Rechtsverhältnisse[402] bis hin zu hochkomplexen Rechtsverhältnissen.[403] Trotz der Mannigfaltigkeit der Erscheinungsformen sind als **Querschnittsthemen** immer wieder Fragen vertraglicher Selbstregulierung,[404] Kommunikations- und Verhandlungsprozesse[405] sowie Gestaltungsprobleme[406] auszumachen;[407] darauf wird zurückzukommen sein.

D. Bausteine für eine Lehre vom Verwaltungsvertrag

69 Wenn bislang von Verwaltungsverträgen die Rede war, so handelte es sich zwar durchgängig um **Verträge „im" Verwaltungsrecht**, nicht jedoch um eine begrifflich bereits näher präzisierte Rechtsform. Der bewusste Verzicht auf eine vorangestellte Definition hat einen einfachen Grund. Die **verwaltungswissenschaftliche Analyse** ausgewählter Referenzgebiete und Referenzkonstellationen[408] sollte einen möglichst ungetrübten Eindruck von in der Verwaltungswirklichkeit anzutreffenden einvernehmlichen und verbindlichen Regelungen zwischen zwei oder mehreren Rechtssubjekten[409] vermitteln. Vorab-Definitionen hätten die unbefan-

---

[398] → Rn. 39, 44, 49 f., 54 f., 61; vgl. auch → Rn. 60.

[399] So dürften bei der Mediation, vor allem aber bei dem schon lange vor den Leitbilddebatten praktizierten Prozessvergleich die höhere Akzeptanz, die Möglichkeit der passgenauen Problemlösung und die überzeugendere Befriedungsfunktion im Vordergrund stehen.

[400] → Rn. 66. Man mag auch bei solchen punktuellen Kontakten des Leistungsaustausches noch von „Kooperation" sprechen. Der Kooperationsbegriff verliert dann aber an Konturen, weil wegen der Ordnungsidee einer einvernehmlicher Regelung (→ Rn. 33) letztlich jeder Vertrag auf einem Zusammenwirken der Beteiligten beruht; vgl. auch *Schlette*, Vertragspartner (Fn. 6), S. 364, und zur Differenzierungsbedürftigkeit gängiger Kooperationsvorstellungen *Röhl*, Verwaltung (Fn. 110), S. 71 ff.

[401] Z. B. Vereinbarungen über die Beseitigung von rechtswidrig errichteten Gartenhäusern oder die stufenweise Heranführung von Großbäckereien an Nachtbackverbote (dazu *Bulling*, Verwaltungshandeln [Fn. 77], S. 282 f.; → Fn. 78). Auch die sozialrechtlichen Eingliederungsvereinbarungen (→ Rn. 37 ff.) und jedenfalls teilweise die Verwaltungsverträge zwischen Privaten (→ Rn. 59 f.) wird man hier einstellen können.

[402] → Rn. 65 f.

[403] → Rn. 42, 47.

[404] → Rn. 39, 46, 52 f., 58.

[405] → Rn. 40, 42, 55, 61 f., 65.

[406] → Rn. 40, 42, 46, 52 f., 58, 62.

[407] Hier zeigen sich auffallende Parallelen zum Befund bei gemeinschaftsrechtlichen Verwaltungsverträgen (→ Rn. 27). Ganz ähnlich verhält es sich mit den hier nur kurz erwähnten (→ Rn. 28), aber nicht näher analysierten nationalstaatsgrenzüberschreitenden bzw. grenznachbarschaftlichen Kooperationsformen; s. *Kotzur*, Zusammenarbeit (Fn. 175), S. 142 ff. (zu Kommunikations- und Verhandlungsphasen), 565 ff. (zu Checklisten für die inhaltliche Vertragsgestaltung).

[408] Dazu → Rn. 34 f.

[409] Zu diesen Begriffsmerkmalen des Vertrages s. *Schlette*, Vertragspartner (Fn. 6), S. 15 f. m. w. N.; → Rn. 33.

gene, allein am Vertrag ansetzende Sichtung der Verwaltungsrealität allzu leicht stören und zur Ausblendung ganzer Segmente der Vertragspraxis führen können. So hätte eine auf öffentlich-rechtliche Verträge fokussierte und von den §§ 54 ff. VwVfG ausgehende Befundnahme die privatrechtlichen Verwaltungsverträge in das Verwaltungsprivatrecht abgedrängt[410] und „Verwaltungsbinnenrechtsverträge"[411] ebenso wie Verwaltungsverträge zwischen Privaten[412] mangels Anwendbarkeit der §§ 54 ff. VwVfG nicht im Blick; auch besteht bei definitionsbedingten Blickverengungen stets die Gefahr, die nicht selten im Grenz-, Überschneidungs- und Überlagerungsbereich von Öffentlichem Recht und Privatrecht angesiedelten, auf vertraglicher Grundlage beruhenden Organisationsformen etwas voreilig in der Schublade des Verwaltungsorganisationsrechts „abzulegen". Hier wie andernorts dirigiert das Begriffsverständnis das Beobachtungsfeld[413] und kann zu einseitigen, wenn nicht gar verfälschenden Gesamtbefunden führen. Kehrseite des wirklichkeitswissenschaftlichen Zugriffs ist der Befund einer enormen Vielfalt von Vereinbarungen „im" Verwaltungsrecht, die in einer (allgemeinen) Lehre vom Verwaltungsvertrag schwer zu bändigen ist. Dass dazu an dieser Stelle nur Bausteine beigetragen werden können, versteht sich.

I. Begriff, Abgrenzungen und „Instrumentenmix"

1. Der Begriff des Verwaltungsvertrages

Fragen einer sachangemessenen Erfassung der Verwaltungswirklichkeit stehen auch im Hintergrund der **verwaltungsrechtlichen Kontroversen über den Begriff des Verwaltungsvertrages.** § 54 VwVfG definiert den Verwaltungsvertrag nicht,[414] erläutert aber den dort geregelten öffentlich-rechtlichen Vertrag als „Rechtsverhältnis auf dem Gebiet des öffentlichen Rechts". Dies und ergänzende Erwägungen legen es nahe, die Bezeichnung „Verwaltungsvertrag" zu reservieren für den „Vertrag, der verwaltungsrechtliche Rechtsverhältnisse zum Gegenstand hat, der verwaltungsrechtliche Rechte und Pflichten begründet, ändert oder aufhebt"[415]. Das Begriffsverständnis dient dann der Abgrenzung zum privatrechtlichen Vertrag und namentlich zu privatrechtlichen Verträgen, an denen die Verwaltung beteiligt ist; dafür sprechen gute rechtsdogmatische und rechtspraktische Gründe, weil die Rechtsordnung an die Rechtsnatur eines Vertrages konkrete Rechtsfolgen etwa für den im Streitfall zu beschreitenden Rechtsweg und das anzuwendende Rechtsregime knüpft.[416] Die im Wesentlichen auf die

70

---

[410] Siehe etwa *Maurer*, Verwaltungsrecht, § 14 Rn. 7 ff., § 17 Rn. 1.

[411] Siehe zur Unanwendbarkeit der §§ 54 ff. VwVfG auf diese Verträge *Oebbecke*, Verwaltungssteuerung (Fn. 331), S. 857.

[412] Diese Verträge werden nach § 1 VwVfG vom Anwendungsbereich des VwVfG nicht erfasst und unterfallen daher auch nicht dem Rechtsregime von §§ 54 ff. VwVfG; dazu *Heinz J. Bonk*, in: Stelkens/Bonk/Sachs (Hrsg.), VwVfG, § 54 Rn. 65.

[413] In der Sache sehr klar herausgearbeitet bei *Röhl*, Verwaltung (Fn. 110), S. 17 ff.

[414] Zu terminologischen Variationen s. *Schlette*, Vertragspartner (Fn. 6), S. 18 ff. m. w. N.

[415] *Maurer*, Verwaltungsrecht, § 14 Rn. 7 m. ergänzendem Hinw. auf die §§ 1 Abs. 1, 9, 35 VwVfG und anderweitige öffentlich-rechtliche Verträge; s. aber auch *ders.*, Verwaltungsvertrag (Fn. 2), S. 807, wonach zu fragen sei, ob der verwaltungsprivatrechtliche Vertrag nicht „im Verwaltungsvertrag aufgehen" sollte.

[416] *Maurer*, Verwaltungsrecht, § 14 Rn. 8 ff.; *Achterberg*, VerwR, § 21 Rn. 232; *Schlette*, Vertragspartner (Fn. 6), S. 115 ff.

Rechtsnatur des Vertragsgegenstandes abstellende Begriffsbildung hat aber den entscheidenden Nachteil, dass sie nur einen mehr oder weniger kleinen Ausschnitt der Vertragspraxis erfasst. Deshalb verwendet eine sich zunehmend durchsetzende Ansicht den „Verwaltungsvertrag" als Oberbegriff für sämtliche Verträge der Verwaltung öffentlich-rechtlicher wie privatrechtlicher Provenienz;[417] danach sind Verwaltungsverträge „ohne Rücksicht auf ihre Zuordnung zum privaten oder öffentlichen Recht alle Verträge, an denen mindestens auf einer Seite als Vertragspartner die öffentliche Verwaltung beteiligt ist"[418]. Auch für dieses Begriffsverständnis sprechen gute Gründe, weil die Verwaltung öffentliche Aufgaben auch dann erfüllt, wenn sie die Form des zivilrechtlichen Vertrages nutzt;[419] außerdem kann die auf die **Vertragsparteien** abstellende Betrachtungsweise über weite Strecken die Vielfalt vertraglicher Beziehungen „im" Verwaltungsrecht aufnehmen. Das überzeugt im Ansatz, bedarf jedoch der abrundenden Ergänzung; denn das ausschließliche Abstellen auf die „Verwaltung als Vertragspartner" vernachlässigt das traditionsreiche Phänomen der „Verwaltungsverträge zwischen Privaten"[420]. Mit der demnach gebotenen Abrundung sind Verwaltungsverträge alle Verträge, an denen zumindest auf einer Seite die Verwaltung beteiligt ist, sowie Verträge zwischen Privaten, die verwaltungsrechtliche Rechte und Pflichten zum Gegenstand haben.[421]

71 Von besonderem Charme ist die sämtliche Verträge „der" Verwaltung einbeziehende Begriffsbildung wegen der damit verbundenen Programmatik einer **rechtsdogmatischen Annäherung des öffentlich-rechtlichen und des privatrechtlichen Verwaltungsvertrages.**[422] Das Annäherungsanliegen ist Reaktion auf die Beobachtung, dass sich die Vertragspartner häufig keine Gedanken über die Zuordnung des Vertrages zu einer Teilrechtsordnung machen,[423] selbst rechtlich gründlich beratene Verwaltungen bei der Ausarbeitung von Verträgen oftmals

---

[417] *Schmidt-Aßmann/Krebs*, Verträge (Fn. 61), S. 137; *Krebs*, Verträge (Fn. 87), S. 258; *ders.*, Grundfragen (Fn. 7), S. 41 („inzwischen eingeführte Terminologie"); *Spannowsky*, Grenzen (Fn. 108), S. 47 f.; *Schmidt-Aßmann*, Ordnungsidee, Kap. 6 Rn. 114; *Reimer*, Verwaltungsverträge (Fn. 395), S. 545; *Kaminski*, Kündigung (Fn. 101), S. 50 ff.; *Gurlit*, Verwaltungsvertrag (Fn. 110), S. 23 f.; *dies.*, Rechtsnatur (Fn. 37), § 30 Rn. 2; *Huber*, Allg. VerwR, S. 222; *Stelkens*, Verwaltungsprivatrecht (Fn. 188), S. 24 f. m. Fn. 11; *Rainer Schröder*, Verwaltungsrechtsdogmatik im Wandel, 2007, S. 295 ff.; mit mancherlei Einschränkungen und Differenzierungen auch *Röhl*, Verwaltung (Fn. 110), S. 20 ff.; *Willy Spannowsky*, Planungsrechtliche Steuerung von Vorhaben der Erneuerbaren Energien durch Verträge, UPR 2009, S. 201 (206) m. w. N.; weitergehend *Vasco Pereira da Silva*, Eine Reise durch das Europa des Verwaltungsrechts, in: Bernd H. Oppermann (Hrsg.), International Legal Studies, 2009, S. 41 (52 f.), der noch weitergehender von einer „schizophrenen Dualität" spricht.
[418] *Schmidt-Aßmann*, Verwaltungsverträge (Fn. 95), S. 117.
[419] *Krebs*, Verträge (Fn. 87), S. 257 f.
[420] → Rn. 59 f.; vgl. auch → Rn. 61 ff.
[421] Fragen der Begriffsbildung sind, soweit es sich – wie hier – nicht um Normativbegriffe handelt, immer auch Zweckmäßigkeitsfragen, über die sich trefflich streiten lässt. Einer praxisorientierten Verwaltungsrechtswissenschaft muss daran gelegen sein, die Vertragspraxis möglichst in ihrer ganzen Vielfalt aufzunehmen. Diesem Anliegen folgt die hier vorgeschlagene Begriffsbildung.
[422] Siehe dazu und zum Folgenden insbes. *Schmidt-Aßmann*, Verwaltungsverträge (Fn. 95), S. 127 ff.; *Krebs*, Verträge (Fn. 87), S. 257 f., 273 ff.; *Spannowsky*, Grenzen (Fn. 108), S. 162 ff.; trotz Verwendung des privat- und öffentlich-rechtliche Verträge umfassenden Verwaltungsvertrags-Begriffs Vorbehalte gegen die Annäherung bei *Stelkens*, Verwaltungsprivatrecht (Fn. 188), S. 949 ff., und *Jochum*, Verwaltungsverfahrensrecht (Fn. 327), S. 224 f.; s. zu den Vorbehalten auch *Maurer*, Fortentwicklung (Fn. 104), S. 52 f.
[423] Dies konzediert – trotz aller Kritik (→ Rn. 91) – auch *Schlette*, Vertragspartner (Fn. 6), S. 111.

D. Bausteine für eine Lehre vom Verwaltungsvertrag

nicht wissen, ob sie auf dem Gebiet des Öffentlichen Rechts oder des Privatrechts agieren,[424] und die Bestimmung der Rechtsnatur eines Vertrages nicht selten umstritten und ungewiss ist.[425] Daraus resultieren zahlreiche Unsicherheiten, die sich durch die Entwicklung rechtsformunabhängiger Grundregeln und einheitlicher rechtlicher Standards zwar nicht völlig ausräumen, aber reduzieren lassen. Anknüpfungspunkte für die Angleichung liefern nicht auf die Rechtsnatur des jeweiligen Vertrages abstellende unions- und verfassungsrechtliche Direktiven, ferner rechtsgebietsübergreifende Grundsätze und Regeln für die Behandlung von Verträgen und schließlich wechselseitige Verschränkungen des Vertragsrechts der Teilrechtsordnungen.[426]

Das Programm rechtsdogmatischer **Annäherung hebt die** durch das positive Recht vorgegebene **Unterscheidung von öffentlich-rechtlichen und privatrechtlichen Verwaltungsverträgen nicht auf,**[427] auch nicht die in § 54 S. 2 VwVfG mit prekärem Wortlaut[428] angeordnete Differenzierung zwischen sog. „koordinationsrechtlichen" und sog. „subordinationsrechtlichen" Verträgen.[429] Deshalb bleibt es

72

---

[424] *Schmidt-Aßmann*, Verwaltungsverträge (Fn. 95), S. 127. Die Unsicherheiten beziehen sich auch auf die öffentlich- bzw. privatrechtliche Zuordnung des dem Vertrag vorgelagerten Rechtsverhältnisses und sind bis in die fachgerichtliche Spruchpraxis hinein nachweisbar; vgl. nur unlängst zur Rechtsnatur von Streitigkeiten in Vergabeverfahren, die Aufträge unterhalb der Schwellenwerte betreffen, einerseits *OVG NW*, NVwZ-RR 2006, S. 842 f. (Eröffnung des Verwaltungsrechtsweges), und andererseits *Nds. OVG*, NVwZ-RR 2006, S. 843 ff. (Rechtsweg zu den ordentlichen Gerichten), sowie *Thorsten Siegel*, Effektiver Rechtsschutz und der Vorrang des Primärrechtsschutzes, DÖV 2007, S. 237 (241 f. m. w. N.); für die Rechtspraxis jetzt (vorerst) klärend *BVerwG*, DÖV 2007, S. 842 ff. m. w. N. (ordentlicher Rechtsweg).

[425] Siehe zu den Abgrenzungsschwierigkeiten etwa die weiter zurückliegenden Überlegungen zu Kooperationsverträgen bei *Henke*, Praktische Fragen (Fn. 80), S. 44 ff., und aus jüngerer Zeit nur die Kontroversen über die Qualifikation der Beschaffungsvorgänge im „Öffentlichen Auftragswesen" (insbes. Liefer- und Bauaufträge), in denen abweichend von der traditionellen zivilrechtlichen Deutung mitunter für eine öffentlich-rechtliche Einordnung plädiert wird (für die „Publifizierung" insbes. *Schlette*, Vertragspartner [Fn. 6], S. 148 ff.; vgl. auch *Gurlit*, Verwaltungsvertrag [Fn. 110], S. 52 ff., 331).

[426] Beispiele für derartige Verschränkungen sind einerseits für öffentlich-rechtliche Verträge die namentlich in § 62 S. 2 VwVfG angeordnete ergänzende Heranziehung zivilrechtlicher Vorschriften und andererseits für privatrechtliche Verträge der Verwaltung öffentlich-rechtliche Überlagerungen durch allgemeine Verwaltungsgrundsätze. S. eingehender unten → Rn. 87 ff.

[427] Statt vieler *Elke Gurlit*, Grundlagen des Verwaltungsvertrages (Teil I), Jura 2001, S. 659 (661). Die Abgrenzung von öffentlich-rechtlichen und privatrechtlichen Verträgen erfolgt in Übereinstimmung mit der ganz überwiegenden Ansicht in Rspr. und Literatur nach dem Vertragsgegenstand; vgl. dazu etwa *BVerwGE* 74, 368 (370: „Gegenstand und Zweck"); 97, 331 (335); 111, 163 (164); *Heinz J. Bonk*, in: Stelkens/Bonk/Sachs (Hrsg.), VwVfG, § 54 Rn. 73 ff.; *Utz Schliesky*, in: Knack/Henneke, VwVfG, Vor § 54 Rn. 27 f.; *Ziekow*, VwVfG, § 54 Rn. 21; *Klaus Lange*, Die Abgrenzung des öffentlich-rechtlichen Vertrages vom privatrechtlichen Vertrag, NVwZ 1983, S. 313 (314 f.); *Arno Scherzberg*, Grundfragen des verwaltungsrechtlichen Vertrages, JuS 1992, S. 205 (206 ff.); *Schlette*, Vertragspartner (Fn. 6), S. 112 ff.; *Ziekow/Siegel*, Entwicklung – Teil 1 (Fn. 205), S. 597 ff.; jew. m. w. N. In Randbereichen kann die Abgrenzung beträchtliche Probleme aufwerfen, die in der Rechtspraxis für den konkreten Einzelfall oftmals erst durch eine abschließende gerichtliche Entscheidung klärbar sind.

[428] In den Kontroversen über das Verständnis des „Vertrages im Sinne des § 54 S. 2 VwVfG" scheint sich inzwischen die Auffassung durchzusetzen, wonach dem sog. „subordinationsrechtlichen Vertrag" alle öffentlich-rechtlichen Verwaltungsverträge zwischen Behörden und Bürgern zuzuordnen sind; vgl. *BVerwGE* 111, 162 (165 f.); *Heinz J. Bonk*, in: Stelkens/Bonk/Sachs (Hrsg.), VwVfG, § 54 Rn. 61 f.; *Schlette*, Vertragspartner (Fn. 6), S. 383 ff. m. w. N. auch zu gegenteiligen Auffassungen.

[429] Semantisch ist die Differenzierung vollkommen missglückt; treffend *Achterberg*, VerwR, § 21 Rn. 237: Die Bezeichnungen „koordinationsrechtlicher" und „subordinationsrechtlicher" Vertrag sind

bei der vom Prozessrecht vorgegebenen Zweispurigkeit des Rechtsschutzes,[430] deshalb bleibt es bei den gegenüber privatrechtlichen Verwaltungsverträgen teilweise abweichenden formalen und verfahrensrechtlichen Anforderungen an öffentlich-rechtliche Verträge,[431] deshalb bleibt es bei den gesetzlich speziell für sog. „subordinationsrechtliche" Verträge festgelegten Voraussetzungen[432] usw. Doch wird die rechtliche Einordnung der Verwaltungsverträge darum nicht zum alles beherrschenden Thema, steckt in der **Qualifikationsfrage nicht** einmal **die zentrale „Hauptproblematik"**[433] des Verwaltungsvertragsrechts. Denn so wichtig die Einordnung im konkreten Einzelfall sein mag, so wenig sollte sie die erwähnten, schon jetzt in vielen Bereichen bestehenden Gemeinsamkeiten verdecken, zumal der öffentlich-rechtliche Verwaltungsvertrag in den §§ 54 ff. VwVfG nur sehr rudimentär geregelt ist.[434] Auch liegen die Probleme der rechtspraktischen Handhabung von Verwaltungsverträgen – nicht anders als das Querschnittsthema der Vertragsgestaltung[435] – vielfach quer zu den gängigen Einteilungen[436] und drängen deshalb auf eine transparenzerhöhende Angleichung der einschlägigen Regeln.[437] Dies alles legt für die (allgemeine) Lehre vom Verwaltungsvertrag eine Harmonisierung der Grundregeln und Standards nahe, die auf einer mittleren Abstraktionsebene Vermittlungs- und Entlastungsfunktionen erfüllen, in der konkreten Fallkonstellation dann allerdings wiederum bereichs- und typspezifischer Konkretisierung zugänglich und bedürftig sind.[438]

2. Abgrenzungen und „Instrumentenmix"

73   Obschon der Verwaltungsvertrag im Verwaltungsrecht seit jeher präsent ist, hat er sich lange Zeit schwergetan, eine angemessene **Position in der Handlungsformenlehre** zu erkämpfen.[439] Grund dafür ist nicht allein die „Vorbildfunktion des Verwaltungsakts" für die klassische Rechtsformenlehre,[440] mit der in der Systembildung eine gewisse Vernachlässigung anderer Formen einzelfallbezogenen Verwaltungshandelns und insbesondere des nicht selten in „Konkurrenz" zum Verwaltungsakt gestellten Verwaltungsvertrages[441] einhergeht. Vielmehr hat sich der Verwaltungsakt über die Jahrzehnte hinweg auch als ausgesprochen „fortentwicklungsfähig" erwiesen und etwa mit dem „zweiseitigen

---

insofern missverständlich, „als die Gleichordnung der Rechtssubjekte gerade Wesensmerkmal des Vertrags ist, so daß aus dieser Sicht der Begriff ‚koordinationsrechtlicher Vertrag' eine Tautologie, der Begriff ‚subordinationsrechtlicher Vertrag' ein Paradoxon darstellt".
[430] § 40 VwGO, § 13 GVG.
[431] §§ 57 f., 62 S. 1 VwVfG.
[432] §§ 55 f., 59 Abs. 2, 61 VwVfG.
[433] So jedoch die Einschätzung von *Winfried Brohm*, Städtebauliche Verträge zwischen Privat- und Öffentlichem Recht, JZ 2000, S. 321 (326); wie hier *Röhl*, Verwaltung (Fn. 110), S. 32.
[434] Siehe zum fragmentarischen Charakter der Regelungen bereits → Rn. 5, 8.
[435] → Rn. 68.
[436] Vgl. *Schmidt-Aßmann*, Ordnungsidee, Kap. 6 Rn. 117.
[437] → Rn. 89 f.
[438] Vgl. *Krebs*, Verträge (Fn. 87), S. 257 f., 259 f.
[439] → Rn. 1 ff.
[440] → Bd. II *Hoffmann-Riem* § 33 Rn. 30 ff.
[441] *Maurer*, Verwaltungsvertrag (Fn. 2), S. 806; *Schlette*, Vertragspartner (Fn. 6), S. 361; vgl. auch EVwVerfG 1963 (Fn. 1), S. 186, wonach es der weiteren Entwicklung überlassen bleiben soll, ob und inwieweit „der öffentlich-rechtliche Vertrag den Verwaltungsakt zurückdrängen wird".

D. Bausteine für eine Lehre vom Verwaltungsvertrag

Verwaltungsakt"[442], dem „tatsächlich ausgehandelten Verwaltungsakt"[443] und dem „konsentierten Verwaltungsakt"[444] Figuren hervorgebracht, die Kooperationsstrukturen abbilden und – trotz aller verbleibenden Unterschiede der äußeren Erscheinungsform – in der Entstehung und im Regelungsgehalt Annäherungen an vertragliches Verwaltungshandeln erkennen lassen.[445] Im langen Schatten *Otto Mayers*[446] setzten derartige „Fortentwicklungen" den Verwaltungsvertrag im Ordnungsrahmen der Handlungsformenlehre immer wieder unter Rechtfertigungsdruck – gelegentlich gipfelten die Vorbehalte sogar in der Wertung, der öffentlich-rechtliche Vertrag zwischen Staat und Bürger sei neben dem Verwaltungsakt überflüssig.[447] Dabei und in der „Konkurrenz" mit anderen Handlungsformen ist manches dem mitwirkungsbedürftigen Verwaltungsakt, dem privatrechtlichen Vertrag und dem informellen Verwaltungshandeln zugeschlagen worden, „was sich durchaus als Verwaltungsvertrag hätte qualifizieren lassen"[448]. Daher dominieren inzwischen wesentlich differenziertere Einschätzungen, die Raum für nuanciertere Trennstriche und Verbindungslinien zwischen den einzelnen Handlungsformen geben.

a) Vertrag und Verwaltungsakt

Anders als der auf zwei- oder mehrseitigem Konsens beruhende Verwaltungsvertrag ist der traditionelle **Verwaltungsakt** eine **einseitig-imperative Handlungsform** der Verwaltung,[449] in klassischer Wendung „ein der Verwaltung zugehöriger Ausspruch, der dem Untertanen im Einzelfall bestimmt, was für ihn Rechtens sein soll"[450]. Die Ordnungsmodelle von Verwaltungsvertrag und Verwaltungsakt weichen demnach fundamental voneinander ab und geben den beiden Handlungsformen im historisch-dogmatischen Ausgangspunkt ein unterschiedliches Gepräge: Während mit dem Verwaltungsvertrag die daran beteiligten Rechtssubjekte ihre Rechtsbeziehungen durch übereinstimmende Willenserklärungen einvernehmlich begründen, ändern oder aufheben, ist der Verwaltungsakt das Institut, mit dem ein Rechtssubjekt, nämlich die Behörde, ihren Willen anderen Rechtssubjekten mit rechtlich bindender Wirkung oktroyieren kann. Geschichtlich verweisen Verwaltungsvertrag und Verwaltungsakt daher

74

---

[442] Der Begriff geht zurück auf *Walter Jellinek*, Zweiseitiger Verwaltungsakt und Verwaltungsakt auf Unterwerfung, in: FG Preußisches OVG, 1925, S. 84 ff.; *ders.*, VerwR, S. 250 ff.; dazu *Maurer*, Verwaltungsvertrag (Fn. 2), S. 800 f.

[443] *Joachim Schmidt-Salzer*, Tatsächlich ausgehandelter Verwaltungsakt, zweiseitiger Verwaltungsakt und verwaltungsrechtlicher Vertrag, VerwArch, Bd. 62 (1971), S. 135 ff.

[444] *Wolfgang Hoffmann-Riem*, Verwaltungsrechtsreform – Ansätze am Beispiel des Umweltschutzes, in: Hoffmann-Riem/Schmidt-Aßmann/Schuppert (Hrsg.), Reform, S. 115 (151, 156); *Friedrich Schoch*, Der Verwaltungsakt zwischen Stabilität und Flexibilität, in: Hoffmann-Riem/Schmidt-Aßmann (Hrsg.), Innovation, S. 199 (231 f.).

[445] In diese Richtung *Maurer*, VerwR, § 14 Rn. 24, zum „ausgehandelten Verwaltungsakt".

[446] → Rn. 7.

[447] Vgl. die Darstellung bei *Schlette*, Vertragspartner (Fn. 6), S. 49 f. m. w. N.

[448] *Maurer*, Verwaltungsvertrag (Fn. 2), S. 807; vgl. auch ebd., S. 801.

[449] Dazu und zum Folgenden Näheres bei *Maurer*, VerwR, § 14 Rn. 18 ff.; *Schlette*, Vertragspartner (Fn. 6), S. 176 ff. m. w. N.; *Fehling*, in: HK-VerwR, § 54 VwVfG Rn. 31 ff.; vgl. auch → Bd. II *Bumke* § 35 Rn. 22.

[450] *Mayer*, VerwR I, S. 93; zur Rezeption wesentlicher Teile dieser Definition in § 35 VwVfG s. statt vieler *Fritz Ossenbühl*, Die Handlungsformen der Verwaltung, JuS 1979, S. 681 (683); *Wolfgang Löwer*, Funktion und Begriff des Verwaltungsakts, JuS 1980, S. 805 ff.

auf völlig gegensätzliche Ordnungsideen und **diametrale Verwaltungskulturen:** hier das Sich-Einigen, dort der Befehl! Es ist deshalb kein Zufall, dass *Otto Mayer* nicht nur exponierter wissenschaftlicher Wegbereiter des Verwaltungsakts war,[451] sondern zugleich den Verwaltungsvertrag aus der verwaltungsrechtlichen Systembildung möglichst heraushalten wollte[452].

75   Allerdings hat die **moderne Verwaltungsaktdogmatik** die obrigkeitsstaatliche Verwurzelung hinter sich gelassen[453] und sich in ihrer verfassungsadaptierten Konzeption **für kooperative und konsensorientierte Strategien geöffnet.** Schon die verwaltungsverfahrensrechtlichen Vorschriften über Antrags- und Anhörungsrechte sowie behördliche Beratungs-, Auskunfts- und Begründungspflichten[454] stellen den Erlass von Verwaltungsakten in Kommunikationsprozesse ein, die sich als Ausdruck eines kooperativen Verwaltungsstils deuten lassen und das Erscheinungsbild einseitig-imperativer Regelung relativieren.[455] Noch wichtiger sind die schon angesprochenen mitwirkungsbedürftigen Verwaltungsakte, die nur auf Antragstellung oder mit Zustimmung des Bürgers ergehen dürfen, Verwaltungsakte mit Nebenbestimmungen, wenn die Nebenbestimmung eine Gegenleistung des Bürgers fordert, und ausgehandelte Verwaltungsakte, die freilich keine eigenständige dogmatische Kategorie bilden. All diese Erscheinungen rücken den Verwaltungsakt in die Nähe des Vertrages und mögen in manchen Regelungskonstellationen sogar als dessen funktionelles Äquivalent erscheinen.[456] In dieselbe Richtung weisen Beobachtungen, wonach **Verwaltungsakte und Verwaltungsverträge** „je nach ihrem durch Nebenbestimmungen und/oder Vereinbarungen mehr oder weniger konsensual festgelegten Regelungsinhalt **weitgehend austauschbar und funktional äquivalent** eingesetzt werden können"[457], oder der Verwaltungsakt die ihm anhaftenden Schalen des einseitig-autoritären Befehls abstreift und sich zu einer „quasi notariellen, möglichst einvernehmlichen Festlegung der jeweiligen konkretisierten Rechtslage" wandelt.[458]

76   Indes: **Mehr als Annäherungen des „konsentierten" Verwaltungsakts an den Verwaltungsvertrag sind mit alledem nicht erreichbar.** Denn die Funktionslogik des Verwaltungsvertrages basiert auf dem durch übereinstimmende Willenserklä-

---

[451] Dazu und zu weiter zurückliegenden Vorstößen zur Etablierung des Verwaltungsakts als Zentralbegriff des Verwaltungsrechts *Reimund Schmidt-De Caluwe,* Der Verwaltungsakt in der Lehre Otto Mayers, 1999, S. 19 ff. Vgl. auch → Bd. II *Bumke* § 35 Rn. 6 ff.

[452] → Rn. 1 f. Im Übrigen passt auch *Otto Mayers* Grundhaltung zu anderen Rechtsinstituten „ins Bild"; vgl. *Maurer,* Fortentwicklung (Fn. 104), S. 44 f.

[453] Vgl. *Schmidt-De Caluwe,* Verwaltungsakt (Fn. 451), S. 269 ff.; ferner *Kersten/Lenski,* Entwicklungsfunktion (Fn. 118), S. 517, wonach „sich die Lehre vom Verwaltungsakt auch längst von ihrer obrigkeitsstaatlichen Konnotation befreit" habe. S. a. → Bd. II *Bumke* § 35 Rn. 14.

[454] Siehe etwa §§ 22, 25, 28, 39 VwVfG.

[455] Vgl. *Schmidt,* Reform (Fn. 362), S. 158; *Schmidt-Aßmann,* Ordnungsidee, Kap. 6 Rn. 102.

[456] *Schmidt-Aßmann,* Ordnungsidee, Kap. 6 Rn. 102; vgl. auch *Leisner,* Vertragsstaatlichkeit (Fn. 77), S. 93 ff. (93), der darauf hinweist, „dass in zahllosen Konstellationen Verwaltungsakte auf Wegen zustande kommen, welche letztlich nichts sind als Vertragsverhandlungen; der so ‚ausgehandelte Verwaltungsakt' ist dann im Grunde nur ein verdeckter verwaltungsrechtlicher Vertrag".

[457] *Helmuth Schulze-Fielitz,* Kooperatives Recht im Spannungsfeld von Rechtsstaatsprinzip und Verfahrensökonomie, DVBl 1994, S. 657 (663; Hervorhebungen hinzugefügt); im Ergebnis ähnlich *Leisner,* Vertragsstaatlichkeit (Fn. 77), S. 93.

[458] *Rainer Pitschas,* Entwicklung der Handlungsformen im Verwaltungsrecht – Vom Formendualismus des Verwaltungsverfahrens zur Ausdifferenzierung der Handlungsformen, in: Willi Blümel/Rainer Pitschas (Hrsg.), Reform des Verwaltungsverfahrens, 1994, S. 229 (243).

D. Bausteine für eine Lehre vom Verwaltungsvertrag

rungen begründeten zwei- oder mehrseitigen Rechtsakt, dessen Inhalt auch im Abschluss durch die beteiligten Vertragsparteien konsensual bestimmt wird. Dem wird ein von der Behörde am Ende einseitig erlassener Verwaltungsakt nicht gerecht,[459] ganz abgesehen davon, dass sich das an die beiden Handlungsformen anknüpfende Rechtsregime unterscheidet.[460] Im Übrigen scheitern Überlegungen zur Annäherung der beiden Handlungsformen spätestens in den Bereichen, in denen der Verwaltungsakt als Handlungsform nicht verfügbar ist und deshalb nicht zum Einsatz kommen kann – so bei der Einbeziehung Privater in die Erfüllung von Verwaltungsaufgaben im Rahmen von Public Private Partnership-Modellen, bei interkommunalen Kooperationen und anderweitiger Zusammenarbeit von Verwaltungsträgern auf der Grundlage von öffentlich-rechtlichen oder privatrechtlichen Verträgen, bei Verträgen im Zuge des Kontraktmanagements, bei Verwaltungsverträgen zwischen Privaten und in Vorgängen der Konfliktmittlung, die den „Mehrwert" der Mediation bzw. mediativer Elemente nutzen,[461] daneben bei der Vereinbarung „übergesetzlicher Mehrleistungen"[462] des Bürgers. Die Beispiele zeigen, dass der **Verwaltungsvertrag nur partiell in einem Alternativverhältnis zum Verwaltungsakt** steht. Deshalb und wegen der in der Praxis ebenfalls anzutreffenden Kombinationen der beiden Handlungsformen[463] sollte der Verwaltungsvertrag weniger als „Konkurrent" des Verwaltungsakts begriffen und stattdessen als vollwertiges eigenständiges Rechtsinstitut verstanden werden, das sich als auch im Abschluss einvernehmliche Regelung aller am Vertrag Beteiligten in grundsätzlicher Weise vom Verwaltungsakt unterscheidet. Ohne die gebotene Emanzipation lässt sich der Verwaltungsvertrag nicht aus dem überkommenen Würgegriff des Verwaltungsakts befreien und funktionsadäquat entfalten: Der Verwaltungsvertrag ist ein Aliud!

Vor diesem Hintergrund ist auch die **Gegenüberstellung von Vor- und Nachteilen** der beiden Handlungsformen **wenig weiterführend.** Gewiss bieten Stichworte wie Akzeptanz, Flexibilität, Effektivität der Verwaltungstätigkeit, Bewältigung atypischer und/oder komplexer Problemlagen, Nutzung der Kenntnisse und Erfahrungen des privaten Vertragspartners sowie Verknüpfung verschiedener Rechtsverhältnisse mögliche Ansatzpunkte für einen Analyserahmen.[464] Doch führen entsprechende Analysen der Bereiche, in denen zwischen

77

---

[459] Vgl. *Maurer,* Verwaltungsvertrag (Fn. 2), S. 805, mit treffendem Hinw. auf den Unterschied zwischen einseitigen und zweiseitigen Rechtsakten.

[460] Die Unterschiede beginnen bereits beim Zustandekommen, weil bei einem in Aussicht genommenen Verwaltungsvertrag gar kein Vertrag vorliegt, wenn es an der einvernehmlichen Regelung mangels übereinstimmender Willenserklärung einer Vertragspartei fehlt. Demgegenüber führt etwa beim zustimmungsbedürftigen Verwaltungsakt die fehlende Willenserklärung des Bürgers zur Rechtswidrigkeit, gegebenenfalls zur Unwirksamkeit des Verwaltungsakts. Vgl. *Heinz J. Bonk,* in: Stelkens/Bonk/Sachs (Hrsg.), VwVfG, § 54 Rn. 39. S. a. → Bd. II Bumke § 35 Rn. 69 f.

[461] Siehe zu Public Private Partnerships → Rn. 42 ff., zu Public Public Partnerships → Rn. 47 ff., zum Kontraktmanagement → Rn. 54 ff., zu Verwaltungsverträgen zwischen Privaten → Rn. 59 f. und zum Komplex „Mediation und Prozessvergleich" → Rn. 61 ff.

[462] *Manfred Bulling,* Umweltschutz und Wirtschaftsüberwachung, in: Hill (Hrsg.), Verwaltungshandeln (Fn. 77), S. 147 (148); *Schlette,* Vertragspartner (Fn. 6), S. 90 ff., 343; *Schmidt-Aßmann,* Recht der Verwaltungsverträge (Fn. 85), S. 68 ff.; ferner aus der Spruchpraxis BVerwGE 84, 236 (238 ff.).

[463] Dazu sogleich → Rn. 81 ff.

[464] Siehe dazu *Hans-Günter Henneke,* 30 Jahre LVwG, 20 Jahre VwVfG – Stabilität und Flexibilität des Verwaltungshandelns, DÖV 1997, S. 768 (774 ff., insbes. S. 776); *Schlette,* Vertragspartner (Fn. 6), S. 337 ff.; *Utz Schliesky,* in: Knack/Henneke, VwVfG, Vor § 54 Rn. 49 ff.; *Fehling,* in: HK-VerwR, § 54

Vertrag und Verwaltungsakt ein „Konkurrenzverhältnis" besteht, zu dem Ergebnis, dass eine pauschale Bevorzugung der einen oder anderen Handlungsform nicht angebracht ist; vielmehr hängt die Entscheidung darüber, welche Form die vorteilhaftere ist, „von vielerlei Umständen ab und kann daher nur anhand der konkreten Fallumstände abschließend getroffen werden"[465]. Exemplarisch sind die Gesichtspunkte der **Anpassungsfähigkeit** und **Flexibilität**, bei denen man nicht selten Vorteile im Verwaltungsvertragsrecht vermutet.[466] Denn auch der Verwaltungsakt hat sich nicht nur durch die Ausbildung „neuer" Erscheinungsformen,[467] sondern wegen der Optionen zu Befristungen, Bedingungen, Auflagen, Teilregelungen, Vorbescheiden und Ähnlichem als variabel einsetzbare Handlungsform erwiesen,[468] die Stabilitätsanforderungen und Flexibilitätsbedürfnisse aufnehmen und verarbeiten kann.[469] Umgekehrt enthält das Verwaltungsvertragsrecht ebenfalls Elemente sowohl der Flexibilität wie der Stabilität und verweist die Vertragsparteien zur Regelung ihrer Anpassungs- und Flexibilitätsbedürfnisse über weite Strecken auf die gesetzesdirigierte Vertragsgestaltung.[470] Ähnlich verhält es sich mit der vermeintlich geringen Eignung des Vertrages für die **„Massenverwaltung"**, bei deren Bewältigung der Verwaltungsakt „die Nase vorne" haben soll; in einem nicht unwichtigen Bereich der Sozialverwaltung hat der Gesetzgeber nämlich unlängst die Weichen in den „massenhaften" Einsatz von Verwaltungsverträgen gestellt und damit einer verbreiteten Einschätzung eine Absage erteilt.[471] Wenn überhaupt, dann dürften in den sich

---

VwVfG Rn. 12 ff.; vgl. ferner *Maurer*, Fortentwicklung (Fn. 104), S. 46 ff., sowie speziell zu Vorteil-Nachteil-Relationen anhand der Kriterien „Handlungsmöglichkeiten", „Form", „Rechtmäßigkeit", „Wirksamkeit", „einseitige Lösung", „Betroffenheit von Drittinteressen" und „Durchsetzung" *Ziekow*, VwVfG, § 54 Rn. 3.

[465] So das Resümee von *Schlette*, Vertragspartner (Fn. 6), S. 361. S. a. → Bd. II *Bumke* § 35 Rn. 38.
[466] In diesem Sinne bereits EVwVerfG 1963 (Fn. 1), S. 187 f.
[467] Siehe etwa zum „vorläufigen Verwaltungsakt" *BVerwGE* 67, 99, und zum „vorsorglichen Verwaltungsakt" *BVerwGE* 81, 84. S. dazu → Bd. II *Bumke* § 35 Rn. 110 ff. bzw. 109 m. Fn. 384.
[468] *Maurer*, Verwaltungsvertrag (Fn. 2), S. 806; *Henneke*, 30 Jahre LVwG (Fn. 464), S. 776; *ders.*, in: Knack, VwVfG, 8. Aufl. 2003, Vor § 54 Rn. 34; *Utz Schliesky*, in: Knack/Henneke, VwVfG, Vor § 54 Rn. 52; vgl. ferner allgemein zum Trend der Ausdifferenzierung von Erscheinungsformen des Verwaltungsakts → Bd. II *Hoffmann-Riem* § 33 Rn. 32 m. w. N.
[469] Dazu eingehend *Schoch*, Verwaltungsakt (Fn. 444), S. 218 ff. Vgl. auch → Bd. II *Bumke* § 35 Rn. 39.
[470] Näheres dazu bei *Bauer*, Anpassungsflexibilität (Fn. 93), S. 254 ff. (insbes. S. 276, 288: „vertragliche Flexibilitätsvorsorge"); vgl. ferner speziell zur Anwendung der *clausula rebus sic stantibus* bei sog. koordinationsrechtlichen Verträgen *Eberhard Schwerdtner*, Verwaltungsverträge im Spannungsfeld unbedingter Vertragsbindung und dem Interesse auf Vertragsanpassung bei veränderter Sachlage, VBlBW 1998, S. 9 ff.; vgl. ferner allgemein zum gesetzlichen und vertraglichen Anpassungsinstrumentarium bei privatrechtlichen Verträgen *Tobias Lettl*, Die Anpassung von Verträgen des Privatrechts, JuS 2001, S. 144 ff., 248 ff., 347 ff., 456 ff., 559 ff., 660 ff.
[471] → Rn. 37 ff. m. ergänzendem Hinw. auf die Integrationsvereinbarung im Ausländerrecht als weiteren Beleg für den tendenziellen Einsatz des Verwaltungsvertrages in der Massenverwaltung. Die in Teilen des Sozialrechts zu beobachtende Vorrangstellung des Vertrages könnte neuerdings auch im Naturschutzrecht Fuß fassen. Nach dem am 1. 3. 2010 neu gefassten § 3 Abs. 3 BNatSchG soll bei Maßnahmen des Naturschutzes und der Landschaftspflege nämlich *vorrangig* geprüft werden, ob der Zweck mit angemessenem Aufwand auch durch vertragliche Vereinbarung erreicht werden kann. Kritisch und schlussendlich die Vorrangstellung ablehnend *Alexander Proelß/Ursula Blanke-Kießling*, Der Verwaltungsvertrag als Handlungsform der Naturschutzverwaltung – Bemerkungen zu § 3 III BNatSchG, NVwZ 2010, S. 985 ff.; den Vorrang nur hinsichtlich der Prüfpflicht, nicht gegenüber dem einseitigen behördlichen Handeln bejahend *Walter Frenz*, Vertragsnaturschutz in neuem Gewand, NuR 2011, S. 257 ff.

überschneidenden Einsatzfeldern der beiden Handlungsformen wesentliche Vorzüge des Verwaltungsvertrages in der **höheren Akzeptanz** und der daran anschließenden geringeren Rechtsmittelanfälligkeit liegen, die allerdings – wegen der Einseitigkeit der abschließenden Entscheidung freilich nur abgeschwächt – auch durch „konsentierte" Verwaltungsakte erreichbar sein mögen.

b) Vertrag und informelles Verwaltungshandeln

Anders als der Verwaltungsakt, der sich von vertraglichem Verwaltungshandeln traditionell und bis heute durch die Einseitigkeit jedenfalls der abschließenden Entscheidung unterscheidet, weist das **informelle Verwaltungshandeln** seit jeher eine **hohe Affinität zum Verwaltungsvertrag** auf.[472] In dem hier interessierenden Zusammenhang[473] thematisiert das informelle Verwaltungshandeln Kontaktaufnahmen, Vorabklärungen, Verständigungen, Abstimmungen, Absprachen und dergleichen, die im Vor- und Umfeld förmlicher Entscheidungen anzutreffen sind und teilweise sogar an deren Stelle treten. Solche Praktiken sind im Verwaltungsalltag verbreitet, schlagen wie der Verwaltungsvertrag das Thema des „kooperativen Staates" an[474] und werden deshalb nicht ohne Grund mit diesem oftmals in einem Atemzug genannt.[475]

78

Vom Verwaltungsvertrag unterscheiden sich die formlosen Absprachen nach herrschender Lesart wegen des fehlenden Rechtsbindungswillens durch ihre **rechtliche Unverbindlichkeit**.[476] Der fehlende Rechtsbindungswille entlässt das informelle Verwaltungshandeln jedoch nicht in einen rechtsfreien Raum, zumal mit formlosen Übereinkünften nicht selten faktische Bindungen einhergehen. Vielmehr unterliegen auch informelle Aktivitäten stets der Gesetzesbindung der Verwaltung und können zudem Rechtsfolgen auslösen, die freilich nach wie vor wenig geklärt sind.[477] **Verbindungslinien** zwischen dem in der Gesamtbetrachtung begrifflich unscharf gebliebenen informellen Verwaltungshandeln **zum Verwaltungsvertrag** bestehen vor allem in zweifacher Hinsicht. Zum einen können formlose Abstimmungen den Abschluss eines Vertrages vorbereiten und am Ende in einen Vertrag münden; sie wären dann gegebenenfalls in die Dogmatik vorvertraglicher Schuldverhältnisse einzustellen. Zum anderen können Abspra-

79

---

[472] → Rn. 10 m. N.

[473] Zur Unterscheidung des konsensgeprägten „zweiseitigen" informellen Verwaltungshandelns von hier nicht interessierenden „einseitigen" Verhaltensweisen (Warnungen, Empfehlungen, Verbraucheraufklärung etc.), s. dazu a. → Bd. II *Gusy* § 23 Rn. 95 ff.), die mitunter ebenfalls dem informellen Verwaltungshandeln zugeschlagen werden, jedoch strukturell ganz anders gelagerte Probleme aufwerfen, s. *Dreier*, Verwaltungshandeln (Fn. 73), S. 649 ff.

[474] Vgl. *Schmidt-Aßmann*, Ordnungsidee, Kap. 6 Rn. 112.

[475] Beispielhaft ist das Thema „Verträge und Absprachen zwischen Verwaltung und Privaten" der Bayreuther Staatsrechtslehrertagung; → Fn. 84.

[476] Wegweisend *Bohne*, Rechtsstaat (Fn. 73), S. 46; *ders.*, Informales Verwaltungs- und Regierungshandeln (Fn. 73), S. 344; vgl. ferner etwa *Schlette*, Vertragspartner (Fn. 6), S. 217 f. m. w. N.; *Spannowsky*, Grenzen (Fn. 108), S. 79; *Wolfram Höfling/Günter Krings*, Der verwaltungsrechtliche Vertrag: Begriff, Typologie, Fehlerlehre, JuS 2000, S. 625 (626); *Huber*, Allg. VerwR, S. 223; *Maurer*, VerwR, § 15 Rn. 14; *Utz Schliesky*, in: Knack/Henneke, VwVfG, Vor § 54 Rn. 40, 55; *Fehling*, in: HK-VerwR, § 54 VwVfG Rn. 36 f.; *Ziekow*, VwVfG, § 54 Rn. 10; → Bd. II *Fehling* § 38 Rn. 17; vorsichtiger *Heinz J. Bonk*, in: Stelkens/Bonk/Sachs (Hrsg.), VwVfG, § 54 Rn. 40 f. m. w. N.

[477] Überblicke zu den alles andere als abgeschlossenen Diskussionen bei *Heribert Schmitz*, in: Stelkens/Bonk/Sachs (Hrsg.), VwVfG, § 9 Rn. 172 ff., und *Heinz J. Bonk*, ebd., § 54 Rn. 40 ff.; jew. m. w. N.; ferner *Lehr*, Lenkung (Fn. 63), S. 39 ff. → Rn. 10.

chen in die unsichere Grauzone zum Verwaltungsvertrag vorstoßen[478] und die Grenzlinie auch überschreiten.[479] Beide Problemlagen machen regelmäßig konkrete Einzelfallanalysen erforderlich, die aber im Prinzipiellen nichts an dem Abgrenzungskriterium des Rechtsbindungswillens und an der Einordnung formloser Absprachen unterhalb der förmlichen Vertragsebene ändern.

80   In der rechtsdogmatischen Abschichtung erschöpfen sich die Bezüge zwischen informellem und vertraglichem Verwaltungshandeln allerdings nicht. Beide Handlungsformen sind nämlich zugleich Ausdruck wie Antriebskräfte des kooperativen und aktivierenden Staates.[480] So gesehen bestätigen und verstärken die Strategien informellen Verwaltungshandelns die bereits angetönten[481] **Veränderungen in der Verwaltungskultur.** Der sich wandelnde Verwaltungsstil setzt auf Koordination, Kooperation und Konsens und muss damit ein an einseitigem Verwaltungshandeln und staatlicher Gesellschaftssteuerung geschultes Denken verwirren.[482] Die nicht allein atmosphärisch-psychologische „Umpolung"[483] der Verwaltungspraxis kommt der Subjektstellung des Bürgers entgegen und wirkt sympathisch, bringt aber auch negative Begleiterscheinungen mit sich. Denn bei manchem Großprojekt verhandelt die Verwaltung ähnlich einem Wirtschaftsunternehmen, sie bietet, fordert, drängt, droht, stellt in Aussicht, verspricht, vereinbart, und selbst wenn sie einen förmlichen Vertrag geschlossen hat, lässt sie sich noch auf Kulanz und Anpassungen ein;[484] die Vorgänge um Toll Collect[485] bieten dafür wenig ansprechendes Anschauungsmaterial. Gerade wegen solcher Fehlentwicklungen ist es eine wichtige Aufgabe der Verwaltungsrechtswissenschaft, den Wandel in der Tiefenstruktur unvoreingenommen zur Kenntnis zu nehmen, zu ordnen und die Bindung der Verwaltung an Gesetz und Recht in den dynamischen Kooperationsbeziehungen zur Geltung zu bringen.

c) „Instrumentenmix"

81   Die konventionelle Formenlehre legt besonderes Gewicht auf die Abgrenzung der einzelnen Rechtsformen des Verwaltungshandelns, die es erleichtert, für die jeweils zu beurteilende Handlung Rechtmäßigkeitsanforderungen, Rechtsfolgen, Rechtsschutzoptionen und Vollstreckungsmöglichkeiten zu bestimmen.[486] Das

---

[478] Ein Beispiel sind die „tatsächlichen Verständigungen" über schwer zu ermittelnde faktische Gegebenheiten im Steuerrecht, die der BFH unter im Einzelnen näher bestimmten Voraussetzungen als zulässig und bindend einstuft; → Fn. 203.
[479] Deshalb lässt sich beispielsweise das Kontraktmanagement nicht – wie gelegentlich vorgeschlagen – generell dem informellen Verwaltungshandeln zuschlagen; → Rn. 57 f.
[480] Siehe zum informellen Verwaltungshandeln *Heribert Schmitz,* in: Stelkens/Bonk/Sachs (Hrsg.), VwVfG, § 9 Rn. 172 ff.; zum Verwaltungsvertrag bereits oben. *Lehr,* Lenkung (Fn. 63), S. 44 ff. → Rn. 10, 14 f., 68.
[481] → Rn. 10, 74.
[482] Vgl. *Henke,* Wandel (Fn. 10), S. 547.
[483] Vgl. *Bleckmann,* Gesetzmäßigkeit (Fn. 26), S. 405.
[484] *Henke,* Wandel (Fn. 10), S. 547.
[485] → Rn. 42.
[486] Vgl. zur Qualifikations- und Folgenorientierung etwa *Ossenbühl,* Handlungsformen (Fn. 450), S. 681 ff.; *Schmidt-Aßmann,* Rechtsformen (Fn. 89), S. 534, 537; *ders.,* Ordnungsidee, Kap. 6 Rn. 34; *Walter Pauly,* Grundlagen einer Handlungsformenlehre im Verwaltungsrecht, in: Becker-Schwarze u. a. (Hrsg.), Wandel (Fn. 73), S. 25 (35 ff.); *Udo Di Fabio,* System der Handlungsformen und Fehlerfolgenlehre, ebd., S. 47 ff.; *Hartmut Bauer,* Verwaltungsrechtslehre im Umbruch?, DV, Bd. 25 (1992),

schließt Verbindungslinien zwischen einzelnen Formen nicht aus. Das Verwaltungsvertragsrecht nutzt zur Erfüllung von Verwaltungsaufgaben eine ganze Reihe derartiger **Kombinationen von Handlungsformen**. Der „Instrumentenmix" betrifft zunächst den **Verwaltungsakt**. Ein bekannter „Klassiker" ist die zweistufige Subventionsvergabe,[487] bei der das Subventionsrechtsverhältnis durch einen die grundsätzliche Bewilligung regelnden Verwaltungsakt begründet und in dessen Vollzug in einem weiteren Rechtsverhältnis durch privatrechtlichen Vertrag näher ausgestaltet wird.[488] Auch wenn das mit dieser Konzeption verfolgte Anliegen, die Subventionsvergabe öffentlich-rechtlicher Bindung zu unterwerfen, durch die zwischenzeitliche Rechtsentwicklung überholt ist,[489] die Zweistufenlehre mit ihren Folgeproblemen seit langem zunehmender Kritik ausgesetzt ist und die „einstufig" angelegte Subventionsvergabe durch Verwaltungsakt oder Verwaltungsvertrag überzeugender wäre,[490] gilt jedenfalls bei Einschaltung einer Bank in die Darlehensvergabe und entsprechender Ausgestaltung die Annahme „zweistufiger" Rechtsbeziehungen in der Verwaltungspraxis verbreitet als unumgänglich.[491] In anderen Regelungsbereichen kann der Verwaltungsvertrag ebenfalls neben den Verwaltungsakt treten, wenn etwa eine materielle Leistungspflicht durch Verwaltungsakt fixiert wird und die Modalitäten des Vollzugs vertraglich geregelt werden.[492] Ein weiteres Beispiel für Handlungsform-Kombinationen sind Verwaltungsverträge, in denen sich die Behörde zum Erlass eines Verwaltungsakts verpflichtet.[493] Solche Verpflichtungsverträge werfen weniger in der Abgrenzung zum „vertragserfüllenden Verwaltungsakt"[494], dafür aber bei der Abstimmung der Rechtsregime für die beiden Handlungsformen umso beträchtlichere

---

S. 301 (309 ff.); *Schulte*, Verwaltungshandeln (Fn. 73), S. 187 ff.; → Bd. II *Hoffmann-Riem* § 33 Rn. 3; ferner allgemein zum „Instrumentenmix" → Bd. II *Michael* § 41.

[487] Grundlegend *Hans P. Ipsen*, Öffentliche Subventionierung Privater, 1956.

[488] Siehe dazu, zu alternativen Formen der Subventionsvergabe und zum Folgenden *Reiner Schmidt*, Wirtschaftspolitik, Wirtschaftsverwaltungsorganisation, Wirtschaftsförderung, in: Achterberg/Püttner/Würtenberger (Hrsg.), Bes. VerwR, § 1 Rn. 172 ff.; *Maurer*, VerwR, § 17 Rn. 11 ff. m. w. N.

[489] Darauf machte *Hans P. Ipsen* später unter Hinw. auf den inzwischen vom VwVfG ausdrücklich bereitgestellten öffentlich-rechtlichen Vertrag selbst aufmerksam (Subventionen, in: HStR IV, 1. Aufl. 1990, § 92 Rn. 60). *Jörn A. Kämmerer*, Subventionen, in: HStR V, § 124 Rn. 56, bezeichnet die Subventionsvergabe durch öffentlich-rechtlichen Vertrag als „Ideal kooperativen Verwaltungshandelns"; vgl. zur Abkehr von der Zweistufentheorie im Subventionsrecht aufgrund der „Möglichkeit der ausschließlich privatrechtlichen Ausgestaltung des Subventionsverhältnisses [...]" und der Entbehrlichkeit der „Vorschaltung eines Verwaltungsaktes zur Begründung einer öffentlich-rechtlichen Stufe" wegen der durchgängigen Grundrechtsbindung des Staates auch im Subventionsrecht *Christian Weißenberger*, Die Zweistufentheorie im Wirtschaftsverwaltungsrecht – Teil 2, GewArch 2009, S. 465 (465), der sich der Abkehrtendenz allerdings im Ergebnis nicht anschließt.

[490] Vgl. *Michael Rodi*, Die Subventionsrechtsordnung, 2000, S. 644, sowie – unter Bevorzugung und Darlegung der Leistungsfähigkeit des Verwaltungsvertrages – *Wilhelm Henke*, Das Recht der Wirtschaftssubventionen als öffentliches Vertragsrecht, 1979, S. 11 ff., 20 ff.

[491] *Reiner Schmidt*, Wirtschaftspolitik, Wirtschaftsverwaltungsorganisation, Wirtschaftsförderung, in: Achterberg/Püttner/Würtenberger (Hrsg.), Bes. VerwR, Rn. 174; *Maurer*, VerwR, § 17 Rn. 28. *Weißenberger*, Zweistufentheorie (Fn. 489), S. 470; *Yvonne Dorf*, Rückabwicklung echter und unechter zweistufiger Rechtsverhältnisse, NVwZ 2008, S. 375 ff. Vgl. auch → Bd. I *Burgi* § 18 Rn. 71.

[492] *Henneke*, 30 Jahre LVwG (Fn. 464), S. 777.

[493] Mit praktischen Beispielen beschäftigen sich etwa *BVerwG*, NVwZ 1986, S. 554 f. (Subventionsvertrag mit der Verpflichtung zum Erlass von Bewilligungsbescheiden); NJW 1998, S. 662 ff. (Verpflichtung zum Erlass eines Einbürgerungsbescheides); *Bartscher*, Verwaltungsvertrag (Fn. 80), S. 135 (Vertrag über die Erteilung einer Baugenehmigung).

[494] *Punke*, Vertrag (Fn. 194), S. 230.

Probleme auf.⁴⁹⁵ Die Kombination kann praktischen Bedürfnissen der zeitlichen Staffelung oder der Vorbereitung des vereinbarten Verwaltungsakts dienen, mag sich jedoch teilweise auch aus der noch zu geringen Vertrautheit mit den Problemlösungskapazitäten des Verwaltungsvertrages erklären; jedenfalls dürften sich die erwähnten Anschlussprobleme regelmäßig durch umfassende Vertragswerke mit passgenauer Vertragsgestaltung vermeiden lassen.⁴⁹⁶ Neuerdings findet sich eine gesetzlich angeordnete Kombination von Vertrag und Verwaltungsakt im Zusammenhang mit den sozialrechtlichen Eingliederungsvereinbarungen, bei denen der Verwaltungsakt nicht nur für den Fall des Scheiterns von Vertragsverhandlungen eine Auffangfunktion übernimmt, sondern auch in Gestalt von Sanktions-Verwaltungsakten mit spürbarem Druck auf den Vertragsabschluss und die ordnungsgemäße Vertragserfüllung hinwirkt;⁴⁹⁷ in dieser Konstellation ist vertragliches Handeln überschattet von zurückgehaltener, „bei Bedarf" aber jederzeit abrufbarer Macht zu einseitiger Anordnung durch Verwaltungsakt.

82   **Verbindungslinien** führen vom Verwaltungsvertrag bei der Erfüllung von Verwaltungsaufgaben auch **zu anderen Formen des Verwaltungshandelns.** So kann entgegen der früheren, unter dem Stichwort des Normsetzungsvertrages heftig diskutierten⁴⁹⁸ Praxis der „Bauplanungsabreden" ein Anspruch auf die Aufstellung von Bauleitplänen und städtebauliche **Satzungen** vertraglich nicht begründet werden.⁴⁹⁹ Mit dem sog. „Durchführungsvertrag"⁵⁰⁰ hat der Gesetzgeber jedoch im Städtebaurecht eine Vertragsform geschaffen, die Bebauungsplan und „Durchführungsvertrag" als rechtlich voneinander abhängige Teile so zusammenspannt, dass eine enge Verzahnung zwischen Satzung und Vertrag mit dem Charakter eines „Instrumentenmix"⁵⁰¹ entsteht.⁵⁰² Völlig andersgeartete Be-

---

⁴⁹⁵ Dazu *Jürgen Fluck*, Die Erfüllung des öffentlich-rechtlichen Verpflichtungsvertrages durch Verwaltungsakt, 1985; *Georg Butterwegge*, Verwaltungsvertrag und Verwaltungsakt, 2001.
⁴⁹⁶ Vgl. *Schlette*, Vertragspartner (Fn. 6), S. 193.
⁴⁹⁷ → Rn. 39, 41.
⁴⁹⁸ Vgl. zu unterschiedlichen Erscheinungsformen und zur Diskussion *Schmidt-Aßmann/Krebs*, Verträge (Fn. 61), S. 84 ff.
⁴⁹⁹ § 1 Abs. 3 S. 2 BauGB.
⁵⁰⁰ Die noch auf DDR-Recht zurückgehende Regelung findet sich heute in § 12 Abs. 1 BauGB; s. zu den möglichen „Fallstricken in der Praxis" *Stefan Swierczyna*, Praxisprobleme bei Abschluss des öffentlich-rechtlichen Durchführungsvertrages nach § 12 BauGB anhand der Rechtsprechung seit 2005, LKV 2009, S. 452 ff.; zu den Voraussetzungen für den Abschluss städtebaulicher Verträge *Jürgen Busse*, Städtebauliche Verträge im Lichte der Rechtsprechung, LKV 2009, S. 241 ff.; zur Entwicklung und zur Ausgestaltung dreiseitiger städtebaulicher Verträge *Koch-Sembdner*, Dreiseitiger Vertrag (Fn. 197), S. 641 ff.; zur Einsatzbereitschaft der städtebaulichen Verträge in Bezug auf den Lärmschutz *Michael Krautzberger*, Der Beitrag der städtebaulichen Verträge zur Lösung von städtebaulichen Problemen des Lärmschutzes, UPR 2009, S. 213 ff.; zu den Anforderungen planvorbereitender und planungsfördernder städtebaulicher Verträge *Willy Spannowsky*, Die Zulässigkeit abwägungsdirigierender Verträge, ZfBR 2010, S. 429 ff. S. zur Ausschreibungspflicht der Verträge u. a. *Andreas Harms/Jörg Schmidt-Wottrich*, Ausschreibungspflichten bei kommunalen Grundstücksverkäufen und städtebaulichen Verträgen, LKV 2011, S. 537 (540 f.).
⁵⁰¹ So ausdrücklich *Willy Spannowsky*, Städtebauliche Verträge als Instrumente zur Bewältigung komplexer städtebaulicher Entwicklungsaufgaben bei der Wiedernutzung von Brachflächen?, UPR 1996, S. 201 (208); von einer „Paketlösung" aus drei Teilen spricht *Grziwotz*, Vertragsgestaltung (Fn. 262), S. 237.
⁵⁰² Dementsprechend konstatiert *Gurlit*, Verwaltungsvertrag (Fn. 110), S. 34, eine „echte Beteiligung Privater an der Satzungsgebung". Näheres zur Konzeption der „Durchführungsverträge" bei *Spannowsky*, Grenzen (Fn. 108), S. 384 ff.; *Grziwotz*, Vertragsgestaltung (Fn. 262), S. 237 ff.; *Schlette*, Vertragspartner (Fn. 6), S. 269 ff. m. ergänzenden Hinw. zur großen Beliebtheit in der Praxis.

züge zur Rechtsetzung weisen die sozialversicherungsrechtlichen **Normenverträge** auf, die zwar ebenfalls keine der Vertragsparteien zum Erlass oder zur Abänderung von Normen verpflichten, aber bereits selbst Normen, d.h. abstraktgenerelle Regelungen enthalten.[503] Beispiele für normvermeidende bzw. normersetzende und normergänzende Verträge[504] finden sich im Vertragsnaturschutz,[505] der neben anderem zur Vermeidung von Unterschutzstellungen durch **Rechtsverordnungen** vertragliche Vereinbarungen mit den potentiellen Normadressaten ermöglicht;[506] die längst zum „Standardinstrument der Naturschutzverwaltung"[507] avancierten Naturschutzverträge kennen auch gestufte Verordnungs-Vertrags-Kombinationen, bei denen aufbauend auf einer Rechtsverordnung, die einen gewissen Mindestschutz der Natur festlegt, mit den Eigentümern oder Pächtern[508] der im Schutzgebiet liegenden Grundstücke ein über dieses Niveau hinausgehender Schutz vertraglich vereinbart wird. Verbindungslinien zu **Verwaltungsvorschriften** bestehen beispielsweise in den Bereichen, in denen Richtlinien Zweck, Abschluss und inhaltliche Ausgestaltung von Verwaltungsverträgen gegebenenfalls unter Beifügung von Musterverträgen dirigieren.[509] Mit **schlichtem Verwaltungshandeln** verknüpft ist der Verwaltungsvertrag etwa dann, wenn die Vertragserfüllung durch Realakte erfolgt;[510] und die Bezüge spe-

---

[503] Näher dazu *Peter Axer*, Normsetzung der Exekutive in der Sozialversicherung, 2000, insbes. S. 56 ff.; *Florian Becker*, Kooperative und konsensuale Strukturen in der Normsetzung, 2005, S. 598 ff. m.w.N.; vgl. auch *Jonathan I. Fahlbusch*, Das gesetzgeberische Phänomen der Normsetzung durch oder mit Vertrag, 2004; *Felix*, Verwaltungsvertrag (Fn. 210), S. 547 ff.

[504] Knappe Zusammenstellung einzelner Varianten bei *Gurlit*, Verwaltungsvertrag (Fn. 110), S. 43; *Proelß/Blanke-Kießling*, Naturschutzverwaltung (Fn. 471), S. 987 f.; eingehender *Becker*, Kooperative Strukturen (Fn. 503), S. 575 ff.

[505] Zu den derzeitigen gesetzlichen Direktiven für den Vertragsnaturschutz s. §§ 3 Abs. 3, 32 Abs. 4 BNatSchG und aus dem Landesrecht etwa Art. 3 Abs. 3, 5 Abs. 1 BayNatSchG.

[506] Siehe im Einzelnen etwa die Analysen von *Di Fabio*, Vertrag (Fn. 72), S. 338 ff.; *Martin Gellermann/Andreas Middeke*, Der Vertragsnaturschutz, NuR 1998, S. 457 ff.; *Hans-Werner Rengeling/Martin Gellermann*, Kooperationsrechtliche Verträge im Naturschutzrecht, ZG 6 (1991), S. 317 ff.; *Eckart Rehbinder*, Vertragsnaturschutz – Erscheinungsformen, Rechtsprobleme, ökologische Wirkungen, DVBl 2000, S. 859 ff.; *ders.*, Vertragsnaturschutz in FFH-Gebieten: Ein Spagat zwischen beihilfe- und naturschutzrechtlichen Anforderungen, in: FS Rainer Wahl, 2011, S. 553 ff.; *Becker*, Kooperative Strukturen (Fn. 503), S. 634 ff.; *Marcel Raschke/Andreas Fisahn*, Politik für eine umweltverträglichere Landwirtschaft, ZUR 2006, S. 57 (60 f., 61 f.); *Proelß/Blanke-Kießling*, Naturschutzverwaltung (Fn. 471), S. 987 f.; *Frenz*, Vertragsnaturschutz (Fn. 471), S. 257 ff.

[507] *Rengeling/Gellermann*, Verträge (Fn. 506), S. 320. Vgl. ergänzend zum – konzeptionell abweichenden – Vertragsgrundwasserschutz *Ines Härtel*, Düngung im Agrar- und Umweltrecht, 2002, S. 207 ff.

[508] Typischerweise handelt es sich beim Vertragsnaturschutz um Verträge zwischen Landwirten und Landwirtschaftsverwaltungen; s. *Rehbinder*, Vertragsnaturschutz (Fn. 506), S. 862.

[509] Vgl. dazu etwa die Hinw. von *Schlette*, Vertragspartner (Fn. 6), S. 300 m. Fn. 211, auf die vom Bayerischen Staatsministerium für Landesentwicklung und Umweltfragen herausgegebenen „Richtlinien über Bewirtschaftungsverträge des Naturschutzes und der Landschaftspflege auf landwirtschaftlich nutzbaren Flächen (Bayerisches Vertragsnaturschutzprogramm)" und ein vergleichbares Programm des Niedersächsischen Umweltministeriums; s. ferner zur alternativen Einsetzbarkeit von Verwaltungsvorschriften und vertraglichen Vereinbarungen § 32 Abs. 4 BNatSchG. Auch sozialrechtliche Handlungsempfehlungen (→ Rn. 40) und subventionsrechtliche Verwaltungsvorschriften können bei entsprechender inhaltlicher Ausgestaltung in diesen Kontext eingestellt werden.

[510] Siehe ergänzend zur Deutung der auf den Vertragsabschluss gerichteten behördlichen Willenserklärung als „schlicht-hoheitliches" Verwaltungshandeln *Ziekow/Siegel*, Entwicklung – Teil 1 (Fn. 205), S. 599. Zum schlichten Verwaltungshandeln vgl. allgemein → Bd. II *Hermes* § 39.

ziell zum **informellen Verwaltungshandeln** sind bereits dargetan[511]. Schließlich finden sich bisweilen auch Hinweise auf „vertragliche **Pläne**"[512].

83   Die Schlaglichter auf die **Vielfalt von Kombinationsformen** relativieren den Erkenntniswert einer vornehmlich folgenzentrierten Formenlehre und lassen die Bewirkungsfunktion der Handlungsformen stärker hervortreten.[513] Ungeachtet der vorstehend nur sehr punktuellen Befundnahme soll der „Instrumentenmix" nämlich erkennbar die Erfüllung von Verwaltungsaufgaben erleichtern. Nicht nur am Rande bemerkenswert sind dabei die sozial- und naturschutzrechtlichen Erscheinungsformen, die primär auf vertragliche Lösungen setzen und für den Fall des Scheiterns von Vertragsverhandlungen in der Hinterhand die einseitige Anordnung durch Verwaltungsakt oder Rechtsverordnung gleichsam als „Knüppel im Sack" vorhalten. Doch sind solche „Druckmittel" bei weitem nicht für alle Kombinationsvarianten signifikant[514] und sollten deshalb nicht überbetont werden, zumal sie mehr oder weniger nachrangig praktisch werden und gesetzlich bereitgestellte Vertragsmodelle nicht zuallererst von gegebenenfalls pathologisch gewordenen Beziehungen her analysiert werden sollten. Im Übrigen bestätigt der „Instrumentenmix" selbst bei Berücksichtigung der „Druckmittel" die Aufwertung der Vertragsform und damit den schon mehrfach angedeuteten **Umbau der Verwaltungsrechtskultur „hin zum Kooperativen",** der erst bei einer Zusammenschau sämtlicher Kooperationsstrukturen in voller Klarheit und in seiner ganzen Tragweite bewusst wird.[515]

II. Rechtsregime, Fehlerfolgen und Steuerung

1. Das Rechtsregime für Verwaltungsverträge

84   In der Gesamtbetrachtung ist das Verwaltungsvertragsrecht in einer **Vielzahl von Vorschriften unterschiedlicher Rechtsebenen** geregelt. Sieht man von völ-

---

[511] → Rn. 78 ff.

[512] *Wolff/Bachof/Stober/Kluth*, VerwR I, § 56 Rn. 25, Hervorhebung hinzugefügt; zu Zielvereinbarungen *Detterbeck*, Allg. VerwR, Rn. 893; dem ist hier nicht näher nachzugehen. Vgl. aber a. → Bd. II *Hill/Martini* § 34 Rn. 65 f., *Pitschas* § 42 Rn. 52; Bd. III *Voßkuhle* § 43 Rn. 61 ff. Nur zur Abrundung ist als Kombinationsform von Vertrag und Plan der in → Rn. 82 vorgestellte städtebauliche „Instrumentenmix" anzuführen.

[513] Siehe zur Relativierung der „Folgenzentriertheit der Formenlehre" und zur Bedeutung der Handlungsformen für die Wahrnehmung von Verwaltungsaufgaben (Bewirkungsauftrag) *Schmidt-Aßmann*, Rechtsformen (Fn. 89), insbes. S. 535, 537 f.; vgl. auch → Bd. II *Hoffmann-Riem* § 33 Rn. 14 f., 16 f., 42 ff.

[514] Ganz abgesehen davon, dass der Vertragsnaturschutz in der Verwaltungspraxis auf hohe Akzeptanz stößt; s. zur großen praktischen Bedeutung *Schlette*, Vertragspartner (Fn. 6), S. 208 ff., 264, der im Vertragsnaturschutz einen „Wachstumsbereich" des verwaltungsrechtlichen Vertrages vermutet (a. a. O., S. 300 f.). Zu praktischen Erfahrungen mit den sozialrechtlichen Eingliederungsvereinbarungen s. nunmehr die empirische Untersuchung von *Kretschmer*, Eingliederungsvereinbarung (Fn. 80), S. 102–153; zu den am normativen Kontrahierungsdruck ansetzenden Vorbehalten gegen diese Verträge → Rn. 41.

[515] Mit einiger Berechtigung kritisiert daher *Benz*, Kooperative Verwaltung (Fn. 68), S. 35 ff., den handlungsformenorientierten Problemzugang, weil er sich auf einzelne Akte beschränkt und deshalb die gesamte Komplexität der Interaktionsbeziehungen nicht angemessen erfassen kann. In eine Gesamtbetrachtung des Trends „hin zum Kooperativen" wären neben dem informellen Verwaltungshandeln insbes. auch die kooperationsgeprägten, „konsentierten" Verwaltungsakte (→ Rn. 73, 75) einzustellen.

D. Bausteine für eine Lehre vom Verwaltungsvertrag

kerrechtlichen Bezügen der Thematik[516] ab, dann setzt sich das Rechtsregime für Verwaltungsverträge aus verschiedenartigen ineinandergreifenden Normkomplexen des Europarechts, des nationalen Verfassungsrechts sowie des Allgemeinen und des Besonderen Verwaltungsrechts von Bund und Ländern zusammen. Von zentraler Bedeutung sind außerdem privatrechtliche Regelungen, die nicht nur auf zivilrechtliche, sondern jedenfalls nach Maßgabe von § 62 S. 2 VwVfG ergänzend auch auf öffentlich-rechtliche Verwaltungsverträge zur Anwendung kommen. Die hohe Komplexität des Rechtsregimes schließt bereits im Ansatz die Erarbeitung eines „detailgenauen" Einheitsvertragsrechts aus und fordert bei der Beurteilung konkreter Verwaltungsverträge stets bereichsspezifische, gegenstands- und situationsbezogene Einzelfallanalysen, die sich an den jeweils einschlägigen normativen Vorgaben orientieren und diese umsetzen. Rechtsformübergreifend sind folgende Gesichtspunkte hervorzuheben:

Unionsrechtliche Direktiven haben im Verwaltungsvertragsrecht vor allem 85 bei der Vergabe von Subventionen und öffentlichen Aufträgen für Aufsehen gesorgt. Danach unterliegt die **vertragliche Subventionsvergabe** dem unionsrechtlichen Beihilferegime der Art. 107 ff. AEUV (ex-Art. 87 ff. EGV), und zwar unabhängig davon, ob sie auf der Grundlage eines privatrechtlichen[517] oder eines öffentlich-rechtlichen[518] Verwaltungsvertrages erfolgt.[519] Dementsprechend sind Subventionsverträge, die gegen zwingende Vorschriften des Beihilferechts der Europäischen Union verstoßen, rechtsformunabhängig nichtig.[520] Ähn-

---

[516] Vgl. etwa zum Subventions- und zum Vergaberecht *Marc Bungenberg*, in: Ulrich Loewenheim/Karl M. Meessen/Alexander Riesenkampff (Hrsg.), Kartellrecht, Europäisches und Deutsches Recht, 2. Aufl. 2009, Vor §§ 97 ff. Rn. 9, 103 ff.; *Rodi*, Subventionsrechtsordnung (Fn. 490), S. 26, 116 ff.; *Thomas Puhl*, Der Staat als Wirtschaftssubjekt und Auftraggeber, VVDStRL, Bd. 60 (2001), S. 456 (463 f.); *Gurlit*, Verwaltungsvertrag (Fn. 110), S. 55.

[517] Siehe zur gem. § 134 BGB eintretenden Nichtigkeit eines gegen Art. 88 Abs. 3 S. 3 EGV (jetzt: Art. 108 Abs. 3 S. 3 AEUV) verstoßenden privatrechtlichen Vertrages *BGH*, NVwZ 2004, S. 636 (637).

[518] Zur Nichtigkeit von öffentlich-rechtlichen Verträgen, die gegen ein gemeinschaftsrechtliches Verbot verstoßen, s. allgemein bereits *BVerwGE* 70, 41 (44 f.).

[519] Die rechtsformunabhängige Bindung an das gemeinschaftsrechtliche Beihilferegime betonen insbes. *Barbara Remmert*, Nichtigkeit von Verwaltungsverträgen wegen Verstoßes gegen das EG-Beihilfenrecht, EuR, Bd. 35 (2000), S. 469 (480), und *Gurlit*, Verwaltungsvertrag (Fn. 110), S. 325, 383, 438, 441; vgl. auch *Dirk Ehlers*, Rechtsprobleme der Rückforderung von Subventionen, GewArch 1999, S. 305 (318).

[520] Das gilt jedenfalls für Subventionsverträge, die ohne vorherige Notifizierung nach Art. 108 Abs. 3 AEUV (ex-Art. 88 Abs. 3 EGV) und ohne (positive) abschließende Kommissionsentscheidung entgegen Art. 108 Abs. 3 S. 3 AEUV (ex-Art. 88 Abs. 3 S. 2 EGV) durchgeführt werden; so für privatrechtliche Verträge *BGH*, NVwZ 2004, S. 636 (637 unter Hinw. auf § 134 BGB), für öffentlich-rechtliche Verträge *Remmert*, Nichtigkeit (Fn. 519), S. 473 ff., die sowohl Art. 88 Abs. 3 S. 3 EGV (jetzt: Art. 108 Abs. 3 S. 3 AEUV) als auch eine Negativentscheidung als Verbotsgesetz deutet, demgemäß Nichtigkeit nach § 59 Abs. 1 VwVfG i. V. m. § 134 BGB annimmt und zudem ergänzend auf die in diesen Konstellationen bei privatrechtlichen Verwaltungsverträgen (unmittelbar nach § 134 BGB) eintretende Nichtigkeitsfolge hinweist. Vgl. zu öffentlich-rechtlichen Verträgen auch *Maurer*, VerwR, § 14 Rn. 43a (unter Hinw. auf § 59 Abs. 1 VwVfG, § 134 BGB); ferner *Spannowsky*, Grenzen (Fn. 108), S. 306 f. m. Fn. 33, der allerdings bei einem Verstoß gegen die Notifizierungspflicht im Anschluss an *Jens-Peter Schneider*, Vertragliche Subventionsverhältnisse im Spannungsfeld zwischen europäischem Beihilferecht und nationalem Verwaltungsrecht, NJW 1992, S. 1197 (1198 ff.), bis zur abschließenden Entscheidung der Kommission schwebende Unwirksamkeit nach § 58 Abs. 2 VwVfG annehmen und erst der rechtskräftigen Untersagung durch die Kommission Verbotscharakter beilegen will. Die eingangs erwähnte Nichtigkeitsfolge ist freilich nicht unbestritten; s. dazu und zur Frage, ob das Gemeinschaftsrecht in abweichenden Fallgestaltungen bereits ein „zwingendes Verbot" errichtet, *Gurlit*,

liche[521] Europäisierungen des Verwaltungsvertragsrechts sind im **Vergaberecht** zu beobachten. Dort haben in der Vergangenheit bekanntlich mehrere EG-Richtlinien[522] in den von ihnen erfassten Bereichen für einen Umbau des traditionellen deutschen Vergaberechts gesorgt,[523] von dem à la longue Rückwirkungen auf die unterhalb der unionsrechtlich relevanten Schwellenwerte liegenden Beschaffungsvorgänge zu erhoffen sind[524]. Die europarechtlich angestoßene Umstellung von dem haushaltsrechtlichen Innenrecht über die sog. „haushaltsrechtliche Lösung" auf die sog. „wettbewerbsrechtliche Lösung" hat sich in mehreren Etappen vollzogen und alsbald dazu angeregt, die zivilrechtlichen Verträge, auf denen die öffentliche Auftragsvergabe in Deutschland traditionell beruht, als öffentlich-rechtliche Verträge einzustufen.[525] Der Vorschlag konnte sich bislang nicht durch-

---

Verwaltungsvertrag (Fn. 110), S. 423 ff.; *Martin Gellermann*, Verwaltungsvertragliche Subventionsverhältnisse im Spannungsfeld zwischen Beihilfekontrolle und Verwaltungsverfahrensrecht, DVBl 2003, S. 481 (483 ff.).

[521] Zu Querverbindungen zwischen EG-Beihilferecht und Ausschreibungsverfahren bei Public Private Partnerships, die Aufgaben der Daseinsvorsorge erfüllen, vgl. *Tonio Gas/Martin Rücker*, Die Finanzierung von Public Private Partnerships unter dem Blickwinkel des EG-Beihilferechts, DÖV 2004, S. 56 (59 ff. m. w. N.).

[522] Die einschlägigen Bau-, Liefer- und Dienstleistungskoordinierungsrichtlinien sowie die Sektorenrichtlinie wurden über die Jahre hinweg mehrfach geändert. In der aktuellen Fassung sind sie auf der Homepage des Bundesministeriums für Wirtschaft und Technologie nachgewiesen; s. www.bmwi.de/BMWi/Navigation/Wirtschaft/Wirtschaftspolitik/oeffentliche-auftraege,did=190884.html.

[523] Siehe zu den Entwicklungslinien etwa *Puhl*, Auftraggeber (Fn. 516), S. 461 ff.; *Beate Rudolf*, Einführung, in: Jan Byok/Wolfgang Jaeger (Hrsg.), Kommentar zum Vergaberecht, 2. Aufl. 2005, Rn. 5 ff., 15 ff.; *Jan Byok*, Die Entwicklung des Vergaberechts seit 1999, NJW 2001, S. 2295 ff.; *ders.*, Die Entwicklung des Vergaberechts seit 2002, NJW 2004, S. 198 ff.; *ders.*, Die Entwicklung des Vergaberechts seit 2004, NJW 2006, S. 2076 ff. S. a. → Bd. II *Fehling* § 38 Rn. 87 f.

[524] Die gemeinschafts- bzw. unionsrechtlichen Vorgaben und die sie umsetzenden deutschen Vergaberechtsvorschriften gelten nur für öffentliche Aufträge oberhalb bestimmter Schwellenwerte (§§ 100 Abs. 1, 127 GWB, § 2 VgV); der Schwellenwert liegt beispielsweise für Bauaufträge bei 4,845 Millionen Euro (siehe zur Anhebung auf 5 Millionen Euro ab dem 1. 1. 2012 EU-Verordnung Nr. 1251/2011 vom 30. 11. 2011, ABl. EU, Nr. L 319, S. 43). Im Anschluss daran unterliegen öffentliche Aufträge im deutschen Recht je nach Auftragsvolumen derzeit unterschiedlichen Rechtsregimen. Folge davon ist eine weder rechtspolitisch noch rechtssystematisch überzeugende Zersplitterung des deutschen Vergaberechts – enttäuschend deshalb *BVerfGE* 116, 135, wonach der hinter dem Primärrechtsschutz im „oberschwelligen" Vergaberecht weit zurückbleibende (faktisch regelmäßig ausgeschlossene) Primärrechtsschutz des übergangenen Konkurrenten im „unterschwelligen" Vergaberecht verfassungsrechtlich nicht zu beanstanden sein soll; immerhin hat das BVerfG die Auftragsvergabe im „unterschwelligen" Bereich klarstellend an Art. 3 Abs. 1 GG gebunden. Mit Recht krit. zu dieser bundesverfassungsgerichtlichen Judikatur *Marian Niestedt/Franz J. Hölzl*, Zurück aus der Zukunft? Verfassungsmäßigkeit der Primärrechtsschutzbeschränkung im Vergaberecht oberhalb bestimmter Schwellenwerte, NJW 2006, S. 3680 ff.; differenzierend *Siegel*, Rechtsschutz (Fn. 424), S. 238 ff.; vgl. auch *Ferdinand Wollenschläger*, Das EU-Vergaberegime für Aufträge unterhalb der Schwellenwerte, NVwZ 2007, S. 388 ff.; ebenfalls krit. *Christian Weißenberger*, Die Zweistufentheorie im Wirtschaftsverwaltungsrecht – Teil 1, GewArch 2009, S. 416 (421 ff.); zum möglichen Eilrechtsschutz im Unterschwellenbereich *Detlef Ulmer*, Eilrechtsschutz vor den Zivilgerichten bei Vergaben im Unterschwellenbereich, KommJur 2008, S. 81 ff. *OLG Düsseldorf*, Urt. v. 13. 1. 2010, Az.: I-27 U 1/09, 27 U 1/09 (zit. n. juris), wonach im unterschwelligen Bereich Unterlassungsansprüche des unterlegenen Bieters bestehen, die er auch im Wege der einstweiligen Verfügung durchsetzen kann, wenn der Auftraggeber gegen Regeln, die er bei der Auftragsvergabe einzuhalten versprochen hat, verstößt; kritischer Überblick über Rechtsschutzmöglichkeiten im unterschwelligen Vergabebereich *Tobias André/Daniel Sailer*, Primärer Vergaberechtsschutz unterhalb der unionsrechtlichen Anwendungsschwellen – Zur judiziellen Urbarmachung einer „Rechtsschutzwüste", JZ 2011, S. 555 ff.

[525] So – unter Heranziehung weiterer Aspekte und unter Ausklammerung von „Randbereichen" – *Schlette*, Vertragspartner (Fn. 6), S. 148 ff.; s. zu den – weiter zurückreichenden – Kontroversen über

D. Bausteine für eine Lehre vom Verwaltungsvertrag

setzen. In dem hier interessierenden Zusammenhang ist dies freilich ohne Bedeutung, weil die durch das deutsche Recht umgesetzten Vergabe-Richtlinien die öffentliche Auftragsvergabe ohne Rücksicht auf die Zuordnung der Vergabeverträge zu einem der Teilrechtsgebiete dirigieren.[526] Da die Richtlinien nicht zwischen öffentlich-rechtlichen und privatrechtlichen Verträgen differenzieren, erfassen sie in ihrem Anwendungsbereich öffentliche Aufträge unbeschadet von deren Qualifikation durch das jeweilige nationale Recht.[527] Deshalb kann auch das die Richtlinien umsetzende deutsche Vergaberecht seinen Anwendungsbereich nicht auf eine bestimmte Rechtsform der Vergabeverträge beschränken;[528] entscheidend ist vielmehr die Qualifikation als entgeltlicher Vertrag zwischen öffentlichen Auftraggebern und Unternehmen mit den in § 99 GWB ausgewiesenen Inhalten.[529] Die entsprechenden Aufträge sind nunmehr ausdrücklich „im Wett-

---

die Zuordnung der Vergabeverträge zum Öffentlichen oder zum Privatrecht *Gurlit*, Verwaltungsvertrag (Fn. 110), S. 53 ff. m. w. N.

[526] Siehe zum Gebot richtlinienkonformer Auslegung des deutschen Vergaberechts etwa OLG Bbg., NVwZ 1999, S. 1142 (1144 f. m. w. N.).

[527] *Martin Burgi*, Der Verwaltungsvertrag im Vergaberecht, NZBau 2002, S. 57 (60); *Hans C. Röhl*, Der Anwendungsbereich des Vergaberechts – BGHZ 145, 55, JuS 2002, S. 1053 (1057 f.); jew. m. w. N. Vgl. zur grundsätzlichen Rechtsformneutralität der gemeinschaftsrechtlichen Direktiven für Vergabeverträge auch *Gurlit*, Verwaltungsvertrag (Fn. 110), S. 640.

[528] Siehe dazu – auch in Auseinandersetzung mit zumindest missverständlichen Ausführungen in der Gesetzesbegründung und gegenteiligen Auffassungen, die öffentlich-rechtliche Verträge generell dem Zugriff des Vergaberechts entziehen wollen – *Burgi*, Verwaltungsvertrag (Fn. 527), S. 60; *Ziekow/Siegel*, Partnerships (Fn. 271), S. 124 f.; *EuGH*, Rs. C-399/98, Slg. 2001, I-5409, Rn. 63 ff.

[529] Zu den vom Vergaberecht erfassten Verträgen s. *Burgi*, Verwaltungsvertrag (Fn. 527), S. 57 ff., mit Hinw. auch auf vergaberechtlich umstrittene Verträge. Zu den Verträgen bei sog. (Quasi-)Inhouse-Geschäften, die unter bestimmten Voraussetzungen (insbes. Kontrolle des öffentlichen Auftraggebers über den Auftragnehmer wie über eine eigene Dienststelle, Beschränkung der auftragnehmerischen Aktivitäten im Wesentlichen auf Tätigkeiten für den Auftraggeber) vergaberechtsirrelevant sind, s. *EuGH*, Rs. C-107/98, Slg. 1999, I-8121, Rn. 44 ff.; Rs. C-26/03, Slg. 2005, I-1, Rn. 47 ff.; Rs. C-410/04, Slg. 2006, I-3303, Rn. 17 ff.; Rs. C-340/04, Slg. 2006, I-4137, Rn. 31 ff., 58 ff.; *Bungenberg*, Kartellrecht (Fn. 516), § 99 Rn. 42 ff.; *Karsten Hardrath*, In-house-Geschäfte und europäisches Vergaberecht, 2006; *Walter Frenz*, Ausschreibungspflicht bei Anteilsveräußerungen und Enkelgesellschaften, NJW 2006, S. 2665 ff.; *Markus Söbbeke*, In-house quo vadis?: Zur Konzeption des Kontrollerfordernisses bei vergabefreien Eigengeschäften nach den EuGH-Urteilen „Stadt Halle" und „Carbotermo", DÖV 2006, S. 996 ff.; zu Fragen und Abgrenzungsproblemen bei den lange Zeit verbreitet als „vergaberechtsimmun" eingestuften Public Public Partnerships namentlich im interkommunalen Bereich vgl. *Martin Burgi*, Warum die „kommunale Zusammenarbeit" kein vergaberechtspflichtiger Beschaffungsvorgang ist, NZBau 2005, S. 208 (209 ff.); ders., Vergabe- und Wettbewerbsrecht als zusätzliche Maßstäbe für Verwaltungszusammenarbeit, ZG 21 (2006), S. 189 (193 ff.); *Ziekow/Siegel*, Partnerships (Fn. 271), S. 123 ff.; *Stefan Storr*, Kooperation statt nach Ausschreibung?, SächsVBl 2006, S. 234 (235 ff.); *Holger Schröder*, Die vergaberechtliche Problematik der interkommunalen Zusammenarbeit am Beispiel der Bildung von Zweckverbänden, NVwZ 2005, S. 25 ff.; mit einem Fortentwicklungsvorschlag *Markus Pöcker/Jens Michel*, Vergaberecht und Organisation öffentlicher Verwaltung: Vom Formalismus der juristischen Person zur Anpassung an sich verändernde Handlungs- und Organisationsrationalitäten, DÖV 2006, S. 445 ff. *EuGH*, Urt. v. 9. 6. 2009, Rs. C-480/06 (zit. n. juris): keine Ausschreibungspflicht bei der Kooperation von Gemeinden zur Erfüllung einer öffentlichen Aufgabe, sofern sie ausschließlich zwischen öffentlichen Stellen ohne Beteiligung Privater geschlossen wurde und sie keine Vergabe möglicher erforderlicher Aufträge über Bau oder den Betrieb von Anlagen vorsieht oder sie präjudiziert; zu den möglichen Folgen dieser Entscheidung für andere Formen der Zusammenarbeit s. *Andreas Hövelberndt*, Die vergaberechtliche Bewertung der interkommunalen Zusammenarbeit – ein Update, NWVBl 2011, S. 161 ff.; *Walter Frenz*, Aktuelle europarechtliche Grenzen des Vergaberechts, NVwZ 2010, S. 609 ff.; *Bettina Ruhland*, Öffentlich-öffentliche Partnerschaften aus der Perspektive des Vergaberechts, VerwArch, Bd. 101 (2010), S. 399 ff.; vgl. ferner zu den Auswirkungen

bewerb und im Wege transparenter" Verfahren zu vergeben, in denen die daran teilnehmenden Unternehmen regelmäßig gleich zu behandeln sind (§ 97 Abs. 1 und 2 GWB). Abweichend vom früheren Haushaltsrecht stärkt das umgestaltete Vergaberecht den Bieterschutz durch die Einräumung eines Anspruchs auf Einhaltung der Bestimmungen über das Vergabeverfahren (§ 97 Abs. 7 GWB) und ein mehrstufiges Rechtsschutzverfahren (§§ 102 ff. GWB). Den Bieterschutz verbessert überdies die Pflicht des Auftraggebers, die betroffenen Bieter und Bewerber über den Namen des Unternehmens, dessen Angebot angenommen werden soll, über die Gründe der vorgesehenen Nichtberücksichtigung ihres Angebotes und über den frühesten Zeitpunkt des Vertragsschlusses unverzüglich in Textform zu informieren und den Vertrag je nach gewähltem Übermittlungsweg erst fünfzehn oder zehn Kalendertage nach Absendung der Information zu schließen. Anders als die Vorgängerregelung führt ein Verstoß gegen die Informations- und Wartepflicht nach § 101b GWB nicht ipso iure zur Nichtigkeit, sondern zur nachträglichen Unwirksamkeit des Vertrages ex tunc, wenn sie in einem Nachprüfungsverfahren nach § 101b Abs. 2 GWB festgestellt wird. Bis zu diesem Zeitpunkt ist der Vertrag schwebend wirksam.[530] Nicht anders als das EU-Beihilferecht enthält das europäisierte Vergaberecht für Verwaltungsverträge demnach **rechtsformunabhängige Vorschriften,** die Teilaspekte der vorvertraglichen Beziehungen, Direktiven für die Verfahrensgestaltung im Vorfeld des Vertragsschlusses und sogar Unwirksamkeitsgründe regeln.

86 **Rechtsformunabhängige Vorschriften** für Verwaltungsverträge finden sich **auch im Verfassungsrecht.** Neben aus dem Grundgesetz hergeleiteten Gewährleistungs- und Sicherstellungsaufträgen, die im Gefolge der zahlreichen Teilprivatisierungsvorgänge staatlich-gesellschaftlicher Kooperation zunehmend bewusst geworden sind und auf das Privatisierungsprozesse begleitende Verwaltungsvertragsrecht einwirken,[531] sind vor allem **rechtsstaatliche** und demokratische **Maximen** zu nennen. So ist schon nach herkömmlichem Verständnis die Verwaltung jedenfalls bei zivilvertraglichem Handeln, das (unmittelbar) der Wahrnehmung öffentlicher Aufgaben dient, gemäß Art. 1 Abs. 3 GG an Grund-

---

auf die kommunale Praxis *Wolfgang E. Trautner/Christof Schwabe/Norbert Schleper,* Das Urteil des Europäischen Gerichtshofes »Hamburger Müllverbrennung«: Gelbes oder grünes Licht für die interkommunale Zusammenarbeit, LKRZ 2010, S. 161 ff.; Überblick über die Ausschreibungspflichtigkeit der einzelnen Kooperationsformen bei *Catharina Erps,* Kommunale Kooperationshoheit und europäisches Vergaberecht, 2010, S. 279 ff. *Burgi,* Privatisierung (Fn. 100), S. D 77 ff.; befürwortet de lege lata einen primärrechtlichen Ausnahmetatbestand für die Ausschreibungspflicht gesetzlich vorgesehener Formen der Verwaltungszusammenarbeit ohne private Beteiligung.

[530] Die Informations- und Wartepflicht nebst Nichtigkeitsfolge war früher in § 13 VgV geregelt. Diese Vorschrift ist im Zuge der Novellierung des Vergaberechts weggefallen. Die Informationspflicht des Auftraggebers ist nunmehr in § 101 a Abs. 1 GWB geregelt. Die Unwirksamkeitsfolge des Vertrages ergibt sich nun aus § 101b Abs. 1 Nr. 1, Abs. 2 GWB und setzt neben dem Pflichtenverstoß dessen Geltendmachung in einem Nachprüfungsverfahren voraus; zur Diskussion über die Verfassungsmäßigkeit der Nichtigkeitsregelung in § 13 S. 6 VgV s. *Stelkens,* Verwaltungsprivatrecht (Fn. 188), S. 1135 f. m.w.N. Zur umstrittenen Rechtsfolge der „schwebenden Wirksamkeit" und nicht der „schwebenden Unwirksamkeit" des Vertrages s. *Oliver Hattig,* in: ders./Thomas Maibaum (Hrsg.), Praxiskommentar Kartellvergaberecht, Der 4. Teil des GWB und VgV, § 101 b GWB Rn. 40 f.

[531] Instruktiv *Hermann Butzer,* Sicherstellungsauftrag, in: HStR IV, § 74 insbes. Rn. 38 ff. (zu Ansatzpunkten für eine verfassungsrechtliche Begründung von Sicherstellungsaufträgen) und 55 ff. (zu Anforderungen an das begleitende Verwaltungsrecht) m.w.N.

D. Bausteine für eine Lehre vom Verwaltungsvertrag

rechte gebunden.[532] Auch gilt der Grundsatz der Gesetzmäßigkeit der Verwaltung (Art. 20 Abs. 3 GG) für öffentlich-rechtliche wie privatrechtliche Verwaltungsverträge gleichermaßen;[533] deshalb eröffnet allein die privatrechtliche Einstufung eines Verwaltungsvertrages der Verwaltung keine weiter gehenden Dispositionsspielräume im Sinne (grundrechtsgestützter) privatautonomer Vertragsfreiheit.[534] Und dem **Demokratieprinzip** ist die privatrechtsförmige Verwaltung ebenfalls nicht entzogen. Das betrifft nicht nur Standardthemen wie die demokratische Legitimation nach Art. 20 Abs. 2 GG, derentwegen namentlich die Gemeinwohlbindung und staatliche Ingerenzrechte gegebenenfalls durch Vertragsgestaltung abzusichern sind.[535] Vielmehr können zur Wahrung demokratisch-parlamentarischer Kontrollrechte rechtsformunabhängig auch eine gewisse Publizität, Informationen über Vertragsgestaltungen und die Offenlegung von Vertragsinhalten geboten sein, und zwar selbst bei vertraglich vereinbarter Vertraulichkeit und umfangreichen Geheimhaltungsklauseln.[536]

Demgegenüber sind rechtsformunabhängige Aussagen zum Verwaltungsvertragsrecht auf der **unterverfassungsrechtlichen Ebene** im ersten Zugriff eher schwierig auszumachen. Denn auf dieser Ebene errichten die §§ 54 ff. VwVfG speziell **für öffentlich-rechtliche Verträge ein Sonderregime** und scheinen deshalb strikt ein **„dualistisches Vertragsrecht"**[537] mit den unterschiedlichen (Wertungs-)Grundlagen der Teilrechtsordnungen zu determinieren. Allerdings erfassen die §§ 54 ff. VwVfG bei weitem nicht sämtliche öffentlich-rechtlichen Verwaltungsverträge,[538] was zwangsläufig Anschlussfragen nach dem jenseits des

87

---

[532] Siehe dazu und zur kontrovers gebliebenen, sich aber zunehmend durchsetzenden Grundrechtsbindung bei den sog. „Bedarfsdeckungsgeschäften" *Gurlit*, Verwaltungsvertrag (Fn. 110), S. 398 ff.; zur umfassenden Fiskalgeltung der Grundrechte auch *Horst Dreier*, in: Dreier (Hrsg.), GG I, Art. 1 III Rn. 65 ff. m. w. N.; ferner *Krebs*, Verträge (Fn. 87), S. 274, m. ergänzendem Hinw. auf die rechtsformunabhängige Geltung auch des Übermaßverbots. S. a. → Bd. I *Burgi* § 18 Rn. 45 f.

[533] *Schmidt-Aßmann*, Verwaltungsverträge (Fn. 95), S. 121 f., 128; *Huber*, Allg. VerwR, S. 222; *Gurlit*, Verwaltungsvertrag (Fn. 110), S. 377 f.

[534] Gänzlich andere Ausrichtung etwa bei *Heinz J. Bonk*, in: Stelkens/Bonk/Sachs (Hrsg.), VwVfG, § 54 Rn. 11, wonach das in den §§ 54 ff. VwVfG konkretisierte Gesetzmäßigkeitsprinzip für öffentlich-rechtliche Verwaltungsverträge die bei Verwaltungshandeln durch privatrechtliche Verträge weiter gehende Dispositionsfreiheit „bis zur Grenze der Gesetzes- und Sittenwidrigkeit" beschränke und erst gar nicht entstehen lasse; Näheres zur Vertragsfreiheit unten → Rn. 107.

[535] Siehe zu den einzelnen Konstellationen übersichtlich *Horst Dreier*, in: Dreier (Hrsg.), GG II, Art. 20 (Demokratie) Rn. 136 ff. m. w. N.; eingehender zur Diskussion *Dirk Ehlers*, Verwaltung in Privatrechtsform, 1984, S. 124 ff.; *Hubertus Gersdorf*, Öffentliche Unternehmen im Spannungsfeld zwischen Demokratie- und Wirtschaftlichkeitsprinzip, 2000, S. 222 ff.; *Veith Mehde*, Ausübung von Staatsgewalt in Public Private Partnership, VerwArch, Bd. 91 (2000), S. 540 ff.; *Stefan Storr*, Der Staat als Unternehmer, 2001, S. 67 ff.; *Ariane Berger*, Staatsaufsicht gemischtwirtschaftlicher Unternehmen, 2006, S. 77 m. w. N.; knapp *Tettinger*, Sachstandsbericht (Fn. 96), S. 5.

[536] Näher dazu am Beispiel des Maut-Konzessionsvertrages mit der Betreibergesellschaft Toll Collect GmbH *Schorkopf*, Transparenz (Fn. 243), S. 1472 ff., sowie am Beispiel der Hybrid-Konstruktion der Berliner Wasserbetriebe, die die öffentlich-rechtliche Rechtsform beibehält und den Privaten an dem öffentlichen Unternehmen beteiligt, VerfGH Berlin, NVwZ 2000, S. 794 (795); vgl. ferner *Wolfers*, Privatisierung (Fn. 241), S. 765 ff., und zu den rechtstatsächlichen Vorgängen → Rn. 42. Weiter gehende Überlegungen zur Einführung einer allgemeinen Veröffentlichungspflicht von komplexen Verträgen bei *Schmidt-Aßmann*, Ordnungsidee, Kap. 6 Rn. 119.

[537] *Winfried Brohm*, Grundsatzfragen städtebaulicher Verträge, in: Hartmut Bauer u. a. (Hrsg.), 100 Jahre Allgemeines Baugesetz Sachsen, 2000, S. 457 (436).

[538] So sind etwa die Verträge nach dem SGB komplett vom Anwendungsbereich der (allgemeinen) Verwaltungsverfahrensgesetze ausgenommen (z. B. § 2 Abs. 2 Nr. 4 VwVfG, Art. 2 Abs. 2

Anwendungsbereichs dieser Normen zum Einsatz kommenden Vertragsrechtsregime provoziert.[539] Für zusätzliche Unsicherheit sorgen fachgesetzliche Sonderregelungen, die häufig nicht zweifelsfrei erkennen lassen, welcher Teilrechtsordnung die von ihnen geregelten Verträge zuzuordnen sind.[540] Vor allem aber beschränken sich die §§ 54 ff. VwVfG auf mehr oder weniger punktuelle Regelungen eines öffentlich-rechtlichen Verwaltungsvertragsrechts[541] und verweisen im Übrigen pauschal auf andere Normen und insbesondere in § 62 S. 2 VwVfG auf die ergänzende Geltung des Bürgerlichen Gesetzbuches. Der Lückenhaftigkeit des Verwaltungsverfahrensgesetzes fallen so wesentliche Elemente des Verwaltungsvertragsrechts wie die Vertragsanbahnungsbeziehungen, die zum Vertragsschluss führenden Willenserklärungen, die möglichen Folgen etwaiger Willensmängel, die Vertragsdurchführung, Leistungsstörungen, die Rückabwicklung und nachvertragliche Rechtsverhältnisse zum Opfer. Gleichwohl entlastet die Regelungstechnik der lückenfüllenden **Verweisung auf das Bürgerliche Gesetzbuch** den Gesetzgeber und mag wegen der über weite Strecken rechtstechnischen Bestandteile des Vertragsrechts selbst bei anlässlich der Rezeption von zivilrechtlichen Normen gebotenen Wertungen überzeugen.[542] In der Rechtspraxis ist die Generalverweisung mitunter aufwendig, weil nach gängiger Interpretation stets zu prüfen ist, ob und inwieweit BGB-Vorschriften nach Sinn und Zweck auf den öffentlich-rechtlichen Vertrag anwendbar sind.[543]

88 Ungeachtet solcher einzelnormbezogenen Rezeptionsprobleme führt die in § 62 S. 2 VwVfG angeordnete prinzipielle Verzahnung von Öffentlichem Recht und Privatrecht auch auf der unterverfassungsrechtlichen Ebene unausweichlich zum Befund eines insoweit **rechtsformunabhängigen Verwaltungsvertragsrechts**. An dieser Stelle macht sich das **Fehlen einer Allgemeinen Vertragsrechtslehre** schmerzlich bemerkbar. Denn die Gesamtrechtsordnung weist namentlich in den mehr rechtstechnischen Fragen der Definition, des Zustande-

---

Nr. 4 BayVwVfG), und zwar mit handgreiflichen praktische Konsequenzen, weil § 53 SGB X öffentlich-rechtliche Verträge über Sozialleistungen – abweichend von § 54 VwVfG – nur zulässt, soweit die Erbringung der Leistungen im Ermessen des Leistungsträgers steht. Zur Unanwendbarkeit der §§ 54 ff. VwVfG auf „Verwaltungsbinnenrechtsverträge" und Verwaltungsverträge zwischen Privaten s. bereits → Rn. 69, privatrechtliche Verwaltungsverträge sind schon begrifflich ausgenommen; zu weiteren Ausnahmen auf der langen Negativliste *Schlette*, Vertragspartner (Fn. 6), S. 403 ff.

[539] Vgl. dazu *Schlette*, Vertragspartner (Fn. 6), S. 404 ff., der – abgesehen von privatrechtlichen Verwaltungsverträgen und unter Hinw. auf beachtliche Gegenmeinungen in Literatur und Rechtsprechung – die §§ 54 ff. VwVfG überall dort, wo sie nicht direkt anwendbar sind, analog oder jedenfalls als Ausdruck allgemeiner Grundsätze des Verwaltungsrechts anwenden will.

[540] → Rn. 71.

[541] Pointiert *Ossenbühl*, Handlungsformen (Fn. 450), S. 684: Die Vertragsregelungen des VwVfG sind keine ausgereiften und in sich abgeschlossenen Konzeptionen „eines öffentlichen Vertragsrechts, sondern nur eine mehr oder weniger sporadische Ansammlung von Vorsichtsmaßregeln zur Verhinderung des Machtmißbrauchs".

[542] Vgl. *Brohm*, Grundsatzfragen (Fn. 537), S. 465 f.

[543] *Heinz J. Bonk*, in: Stelkens/Bonk/Sachs (Hrsg.), VwVfG, § 62 Rn. 22; *Utz Schliesky*, in: Knack/Henneke, VwVfG, § 62 Rn. 11; *Hans-Heinrich Trute*, Verzahnungen von öffentlichem und privatem Recht – anhand ausgewählter Beispiele, in: Hoffmann-Riem/Schmidt-Aßmann (Hrsg.), Auffangordnungen, S. 167 (178 f.); zu den Auswirkungen der Schuldrechtsreform s. *Gündling*, Privatrecht (Fn. 106); für den Bereich des öffentlich-rechtlichen Vertrages mit einem privaten Dritten *Steffen Christmann*, Der öffentlich-rechtliche Vertrag mit privaten Dritten im Lichte der Schuldrechtsreform, 2010.

D. Bausteine für eine Lehre vom Verwaltungsvertrag

kommens und der Abwicklung von Verträgen einen teilrechtsordnungsübergreifenden Grundbestand an Regeln aus, der gleichsam als Allgemeiner Teil des Rechts vor die Klammer zu ziehen ist,[544] die Grundstrukturen der Vertragsrechtsordnung transparent macht, prinzipiell auf alle Vertragsbeziehungen zur Anwendung kommen und dadurch nicht zuletzt die praktische Handhabung der Vielfalt der in öffentlich-rechtlichen Kontexten anzutreffenden Verträge[545] erleichtern kann.[546] Dem ist hier nicht weiter nachzugehen. Festzuhalten ist jedoch die durch § 62 S. 2 VwVfG bewirkte Verknüpfung des für öffentlich-rechtliche Verwaltungsverträge geltenden Rechtsregimes mit dem Privatrecht, der umgekehrt bei privatrechtlichen Verwaltungsverträgen über das Verwaltungsprivatrecht[547] bewirkte Modifikationen des Zivilrechts durch überlagernde öffentlich-rechtliche Vorschriften korrespondieren. Die gegenseitige Ergänzung der beiden Teilrechtsordnungen ist ein Musterbeispiel für die konzeptionelle Deutung von **Öffentlichem Recht und Privatrecht als wechselseitige Auffangordnungen.**[548]

---

[544] Vgl. *Christoph Gusy*, Staatsaufträge an die Wirtschaft, JA 1989, S. 26 (28 f.); deutliche Anklänge mit Rezeptionen für das Verwaltungsrecht auch bei *Maurer*, VerwR, § 14 Rn. 6 f. zum „allgemeinen Vertragsbegriff" und zur Definition des Vertrages „nach der allgemeinen Rechtslehre"; s. auch *Klaus F. Röhl/Hans Christian Röhl*, Allgemeine Rechtslehre, 3. Aufl. 2008, S. 475, wonach der Vertrag als solcher keinem besonderen Rechtsgebiet zugeordnet ist.

[545] → Rn. 20 ff.

[546] In Deutschland wird die Allgemeine Rechtslehre freilich kaum gepflegt und insbes. die Allgemeine Vertragsrechtslehre vernachlässigt. Dabei lassen sich beispielsweise mit der Begriffsbestimmung, dem Zustandekommen und der Bindungswirkung von Verträgen, der Vertragserfüllung nach den Maximen von Treu und Glauben einschließlich der Vertragsanpassung an veränderte Umstände etc. durchaus teilrechtsordnungsübergreifende Regeln entwickeln, die zivilrechtlichen Normen weitgehend entsprechen und im Grundsatz vom Völkerrecht über das Verfassungsrecht bis hin zum Verwaltungsrecht auch im Öffentlichen Recht Geltung beanspruchen; entsprechende Ansatzpunkte finden sich im Völkerrecht in der WVK und im Verfassungsrecht etwa in den aus der Bundestreue hergeleiteten Regeln für das intraföderative Vertragsrecht (pacta sunt servanda, clausula rebus sic stantibus usw.; dazu *Hartmut Bauer*, Die Bundestreue, 1992, S. 359 ff.; *ders.*, in: Dreier [Hrsg.], GG II, Art. 20 [Bundesstaat] Rn. 44); vgl. eingehender *Schlette*, Vertragspartner (Fn. 6), S. 394 f.; *Hartmut Bauer*, Gesetz und Vertrag, in: Werner Holm/Christian Starck (Hrsg.), Das Gesetz, 2012, S. 173 (188 ff.).

[547] Das in den Details freilich nach wie vor umstritten ist; s. unlängst *Stelkens*, Verwaltungsprivatrecht (Fn. 188), insbes. S. 1190 ff., und *Gündling*, Privatrecht (Fn. 106), S. 141 f., 152 ff., 161 ff. und passim; zur prinzipiellen Fortführung in der Spruchpraxis s. etwa BVerwG, DÖV 2007, S. 842 (844).

[548] Siehe *Trute*, Verzahnungen (Fn. 543), S. 178 f.; *Eberhard Schmidt-Aßmann*, Öffentliches und Privatrecht: Ihre Funktionen als wechselseitige Auffangordnungen – Einleitende Problemskizze, in: Hoffmann-Riem/Schmidt-Aßmann (Hrsg.), Auffangordnungen, S. 7 (9 f.); *Wolfgang Hoffmann-Riem*, Öffentliches Recht und Privatrecht als wechselseitige Auffangordnungen, ebd., S. 261 (277, 292); vgl. auch *Martin Bullinger*, Die funktionelle Unterscheidung von öffentlichem Recht und Privatrecht als Beitrag zur Beweglichkeit von Verwaltung und Wirtschaft in Europa, ebd., S. 239 (255); *Huber*, Allg. VerwR, S. 222 („die Unterscheidung zwischen öffentlich-rechtlichem und privatrechtlichem Vertrag [verliert] an Bedeutung"); der wechselseitigen Auffangordnung beider Rechtsbereiche zustimmend *Joachim Sanden*, Die Anpassung und Kündigung öffentlich-rechtlicher Verträge am Beispiel des Altlastensanierungsvertrages, NVwZ 2009, S. 491 (493). *Dieter Gabbert*, Die Übertragung und Verpfändung von Sozialleistungsansprüchen, Kompass 9/10 2009, S. 10 (16), befürwortet ebenso bei der Übertragung und Verpfändung von Sozialleistungsansprüchen mangels Definition der Übertragung im SGB I einen „Rückgriff" auf die zivilrechtlichen Vorschriften, „soweit diese nicht aufgrund der sozialrechtlichen Grundgedanken modifiziert werden". Dem Rückgriff auf zivilrechtliche Grundsätze über die Haftung wegen schuldhafter Vertragsverletzung im Bereich der häuslichen Pflege und Haushaltshilfe zwischen den Krankenkassen und den Leistungserbringern nach dem SGB V zustimmend *Oliver Ricken*, Anmerkung zum Urt. des BSG v. 24. 1. 2009 – B 3 KR 2/07 R, SGb 2009,

89 Weit über diese Verschränkungen hinaus weist das Programm[549] der **rechtsdogmatischen Annäherung der beiden Vertragsrechtsordnungen.** Sie kann an die schon erwähnten[550] und weitere rechtsformunabhängige Direktiven des Unions- und Verfassungsrechts anschließen und stellt damit im Ausgangspunkt nochmals Grundannahmen klar, die gleichermaßen für privatrechtliche wie öffentlich-rechtliche Verträge der Verwaltung gelten.[551] Daneben sind auch auf einfachgesetzlicher Ebene Annäherungen erreichbar. In diesem Sinne hat *Eberhard Schmidt-Aßmann* für das Städtebaurecht frühzeitig angeregt, etwa aus dem Schriftformerfordernis (§ 57 VwVfG), der Drittschutzklausel (§ 58 VwVfG), der Fehlerfolgenregelung des § 59 Abs. 1 VwVfG in Verbindung mit § 134 BGB, dem Koppelungsverbot (§ 56 Abs. 1 S. 2 VwVfG) und den fachgesetzlichen Vorgaben für die Vertragsgestaltung durch Mindestinhaltsklauseln sowie umgekehrt aus zivilrechtlichen Erkenntnissen über sozialverträgliche Klauseln der Vertragsgestaltung einheitliche Anforderungen an Verwaltungsverträge zu formulieren.[552] Der zunächst auf das Städtebaurecht bezogene Vorstoß ist einerseits sicher nicht in allen Teilen verallgemeinerungsfähig, weil etwa das generelle Schriftformerfordernis (§ 57 VwVfG) eine Besonderheit speziell des öffentlich-rechtlichen Verwaltungsvertrages ist, das so nicht für sämtliche privatrechtlichen Verwaltungsverträge gilt.[553] Andererseits sind § 58 Abs. 1 VwVfG Ausdruck des auch im Zivilrecht geltenden Verbots von Verträgen zu Lasten Dritter,[554] das Koppelungsverbot Ausdruck eines allgemeinen rechtsstaatlichen Grundsatzes[555] und fachgesetzliche Direktiven für die Vertragsgestaltung regelmäßig rechtsformunabhängig. Inzwischen wurde die Programmatik der Angleichung der Vertragsrechtsordnungen in mehreren Untersuchungen getestet, die bemerkenswert viele weitere **Annäherungspotentiale** aufzeigen – so namentlich für die vorvertraglichen Schuldverhältnisse und die Vertragsanpassung[556] sowie für gemeinsame Standards im Recht der Kündigung von Verwaltungsverträgen.[557] Trotz aller unbestreitbar fortwährender Unterschiede gleichen sich die Rechtmäßigkeitsmaßstäbe tendenziell an.[558]

S. 418 ff.; vgl. auch *Schröder*, Verwaltungsrechtsdogmatik (Fn. 417), S. 300 ff. → Bd. I *Burgi* § 18 Rn. 1 ff.; Bd. II *Hoffmann-Riem* § 33 Rn. 69 f.

[549] Siehe dazu bereits oben → Rn. 71 f.

[550] → Rn. 85 f.

[551] *Eberhard Schmidt-Aßmann*, Zur Gesetzesbindung der verhandelnden Verwaltung, in: FS Winfried Brohm, 2002, S. 547 (566).

[552] *Schmidt-Aßmann*, Verwaltungsverträge (Fn. 95), S. 128 f.

[553] Das ändert freilich nichts daran, dass die Schriftform unter dem Stichwort „Formanforderungen" ein Kandidat für die Einstellung in eine Allgemeine Vertragsrechtslehre bleibt. Denn zum einen lässt § 57 VwVfG abweichende und damit auch schwächere Formvorschriften ausdrücklich zu (*Utz Schliesky*, in: Knack/Henneke, VwVfG, § 57 Rn. 6 f.), und zum anderen regelt auch das BGB die Schriftform differenziert (vgl. §§ 125 ff., 311 b BGB); s. dazu näher → Rn. 115.

[554] Sofern die belasteten Dritten nicht zustimmen; vgl. nur *Heinz J. Bonk*, in: Stelkens/Bonk/Sachs (Hrsg.), VwVfG, § 58 Rn. 2, 10.

[555] Statt vieler *Heinz J. Bonk*, in: Stelkens/Bonk/Sachs (Hrsg.), VwVfG, § 56 Rn. 4 f. m. w. N. S. a. → Bd. II *Pitschas* § 42 Rn. 106.

[556] Näheres dazu unten → Rn. 113 ff., 118 f. m. w. N.

[557] *Kaminski*, Kündigung (Fn. 101), S. 74 ff., 152 ff., 307 ff.; s. zur Anwendbarkeit des § 314 BGB *Sanden*, Anpassung (Fn. 548), S. 495; *Christmann*, Schuldrechtsreform (Fn. 543), S. 199 f.

[558] So das Resümee von *Gurlit*, Verwaltungsvertrag (Fn. 110), S. 640 ff. (640); vgl. auch *Dirk Ehlers*, Das Verwaltungsverfahrensgesetz im Spiegel der Rechtsprechung der Jahre 1998–2003, DV, Bd. 37 (2004), S. 255 (289).

Weiter gehende Angleichungen finden sich in dem Regelungsvorschlag von 90
Gunnar Folke Schuppert für die Aufnahme eines **Verwaltungskooperationsrechts** in das Verwaltungsverfahrensgesetz. Der Vorschlag beschränkt sich nämlich nicht auf den eher schmalen Bereich des öffentlich-rechtlichen Vertrages, sondern will prinzipiell alle Vertragsformen der Kooperation mit Privaten erfassen; dazu setzt er auf „gewisse essentials", die aus den Leitideen der Verantwortungsteilung, des Gewährleistungsstaates und des Kooperationsprinzips hergeleitet und bei allen gängigen Vertragsarten zu beachten sind.[559] Das nimmt den Annäherungsimpuls auf, treibt die Angleichung der Vertragsrechtsordnungen voran und bestätigt **rechtspolitischen Vereinheitlichungsbedarf** im Verwaltungsvertragsrecht.

Die Leistungsfähigkeit der Annäherungsprogrammatik ist freilich nicht un- 91
bestritten. So wendet sich die **Kritik** gegen die „Einheitsthese", weil sie die ohnehin schon schwer auszumachende Grenze zwischen Öffentlichem und Privatem Recht „vollends in einer Nebelzone nicht zuzuordnender, quasi frei schwebender Schutzvorschriften verschwinden" lasse und in klarem Widerspruch zu Konzeption wie Systematik des Verwaltungsverfahrensgesetzes stehe;[560] auch verwahrt sich die Kritik schlicht gegen eine unzulässige Analogie.[561] Die Vorbehalte gegen die vermeintliche „Einheitsthese" und die angebliche Analogie verkennen und verfehlen jedoch das Konzept der Vertragsrechtsordnungsannäherung, das weder auf ein Gemeinrecht noch auf eine undifferenzierte Einheitslösung[562] und schon gar nicht auf eine Analogie zielt. Denn die angestrebte Angleichung hebt die Unterscheidung von Öffentlichem Recht und Privatrecht nicht auf.[563] Vielmehr bemüht sie sich um einen **rechtssystematischen Ordnungsrahmen,** der rechtsformunabhängige Problemlagen aufzeigen, auf einer mittleren Abstraktionsebene dafür Regeln mit typisierten Lösungsoptionen anbieten, durch harmonisierte Standards die Arbeit mit Verwaltungsverträgen erleichtern und zudem die künftige Rechtsentwicklung inspirieren kann. Das trägt zur Transparenz des Verwaltungsvertragsrechts bei, entbindet aber selbstverständlich nicht von der stets gebotenen bereichs- und typspezifischen Konkretisierung im Einzelfall. Bei der Annäherungsdebatte geht es um Überlegungen auf einem inter- und intradisziplinären Forum, das es ermöglicht, in dem komplexen Rechtsregime für Verwaltungsverträge rechtsformunabhängige Elemente zu sichten, zu ordnen und dogmatisch in einem **Rahmenregelwerk** zusammenzuführen, nicht aber um die Einebnung normativer Unterschiede.

2. Zur Fehler- und Fehlerfolgenlehre

Die Beschäftigung mit rechtswidrigen Verwaltungsverträgen, mit Fehlern und 92
Fehlerfolgen vertraglichen Verwaltungshandelns gehört zu den Standardthemen

---

[559] *Schuppert,* Verwaltungskooperationsrecht (Fn. 80), S. 124 ff. (insbes. S. 130 f.); teilrechtsordnungsübergreifende Überlegungen zum Verwaltungskooperationsvertrag auch bei *Ziekow,* Kooperationsverhältnisse (Fn. 98), S. 206 ff.; zum (deutlich zurückhaltenderen) derzeitigen Stand der Reformüberlegungen → Rn. 15.
[560] *Schlette,* Vertragspartner (Fn. 6), S. 164 ff.; Gegenkritik bei *Röhl,* Verwaltung (Fn. 110), S. 22 ff.
[561] *Stelkens,* Verwaltungsprivatrecht (Fn. 188), S. 949 ff.
[562] Klarstellend *Schmidt-Aßmann,* Gesetzesbindung (Fn. 551), S. 566; vgl. zur Kompatibilität der Ansätze auch *Gündling,* Privatrecht (Fn. 106), S. 145 ff.
[563] Dazu und zum Folgenden → Rn. 71 f., 84 f., 88 ff.

der Rechtsformenlehre. Nachdem die Schlacht um die prinzipielle Zulässigkeit des öffentlich-rechtlichen Vertrages geschlagen war, entwickelten sich **Vertragsfehler** für lange Zeit zu einem, wenn nicht sogar zu dem **zentralen Arbeitsgebiet der Vertragsrechtslehre**.[564] Manche Stellungnahme des Schrifttums vermittelte „den Eindruck, es finde das Vertragsrecht seine höchste rechtsstaatliche Erfüllung in einer extensiven Nichtigkeitslehre"[565]. Dementsprechend galten die „Erforschung der Grenzen des Verwaltungshandelns durch Verträge" als Hauptaufgabe und das Phänomen rechtswidriger, aber gleichwohl wirksamer Verwaltungsverträge als „zentrale Problematik des Vertragsrechts".[566] Die Konzentration auf Fehler und Fehlerfolgen erklärt sich nicht nur aus subkutan nachwirkenden prinzipiellen Vorbehalten gegen den öffentlich-rechtlichen Vertrag[567] und dem „pathologieorienten"[568] Zugang der konventionellen Vertragsrechtslehre zur Verwaltungswirklichkeit, der die negative, das Vertragshandeln begrenzende Funktion des Rechts viel zu einseitig zu Lasten der positiven, auf die effektive Erfüllung von Verwaltungsaufgaben ausgerichteten Funktion überbetont.[569] Einen ergänzenden Erklärungsansatz bietet daneben die exponierte Stellung der Nichtigkeitsvorschrift unter den dürftigen vertragsrechtlichen Regelungen des Verwaltungsverfahrensgesetzes, die bei einem primär normbezogenen Zugriff zuallererst Aufmerksamkeit erheischt. Zusätzliche Anziehungskraft lieferte ein sich schon vor Inkrafttreten von § 59 VwVfG an dieser Fehlerregelung entzündender rechtspolitischer, rechtsdogmatischer und verfassungsrechtlicher Streit, der bis heute nicht abgeebbt ist.[570] Inzwischen hat die Fehlerfolgenlehre aus guten Gründen ihre frühere beherrschende Vorrangstellung in der Vertragsrechtslehre eingebüßt. Dies ändert aber nichts daran, dass bei der Beurteilung fehlerhafter Verwaltungsverträge auf das Fehlerfolgenregime zurückzugreifen ist. Dank der intensiven Beschäftigung mit Vertragsfehlern liegen dazu detaillierte Aufbereitungen der Gesamtproblematik[571] vor, die an dieser Stelle entlasten und eine Beschränkung auf ausgewählte Problemfelder erlauben.

---

[564] Vgl. *Schlette*, Vertragspartner (Fn. 6), S. 2f., 536f. m.w.N.

[565] *Schmidt-Aßmann*, Verwaltungsverträge (Fn. 95), S. 119; ähnlich *ders.*, Recht der Verwaltungsverträge (Fn. 85), S. 70.

[566] *Spannowsky*, Grenzen (Fn. 108), S. 24, 297; noch heute sieht *Maurer*, VerwR, § 14 Rn. 25, u. a. wegen der Problematik rechtswirksamer rechtswidriger Verträge, aus rechtlicher Sicht das „Hauptproblem des Verwaltungsvertrages" im Grundsatz der Gesetzmäßigkeit der Verwaltung.

[567] Darauf macht *Schlette*, Vertragspartner (Fn. 6), S. 537, zutreffend aufmerksam; zum langen Schatten *Otto Mayers* s. bereits oben → Rn. 7.

[568] Pointiert *Voßkuhle*, Verwaltungsdogmatik (Fn. 80), S. 578. S. a. → Bd. I *ders.* § 1 Rn. 10.

[569] Dazu *Bauer*, Funktion (Fn. 88), S. 13 ff.; *Schlette*, Vertragspartner (Fn. 6), S. 537; → Rn. 12.

[570] Frühzeitige Kritik bei *Hartmut Maurer*, Das Verwaltungsverfahrensgesetz des Bundes, JuS 1976, S. 485 (494 f.); später vor allem *Alexander Blankenagel*, Folgenlose Rechtswidrigkeit öffentlich-rechtlicher Verträge?, VerwArch, Bd. 76 (1985), S. 276 (278 ff.); aktuell *Maurer*, VerwR, § 14 Rn. 47 ff.

[571] Siehe aus jüngerer Zeit etwa *Gurlit*, Verwaltungsvertrag (Fn. 110), S. 407 ff.; *Schlette*, Vertragspartner (Fn. 6), S. 536 ff.; *Höfling/Krings*, Vertrag (Fn. 476), S. 630 ff.; *Jan Ziekow/Thorsten Siegel*, Entwicklung und Perspektiven des öffentlich-rechtlichen Vertrags (Teil 3), VerwArch, Bd. 95 (2004), S. 281 ff.; *Maurer*, VerwR, § 14 Rn. 36 ff.; *Heinz J. Bonk*, in: Stelkens/Bonk/Sachs (Hrsg.), VwVfG, § 59 Rn. 9 ff., 14 ff., 41 ff., 61 ff.; *Utz Schliesky*, in: Knack/Henneke, VwVfG, § 59 Rn. 29 ff.; *Christmann*, Schuldrechtsreform (Fn. 543), S. 201 ff.; *Stöcker*, Verwaltungskooperationsvertrag (Fn. 100), S. 240 ff.; umfassende Gesamtuntersuchung bei *Matthias Werner*, Allgemeine Fehlerfolgenlehre für den Verwaltungsvertrag, 2008; eine von der gängigen Fehlerlehre abweichende Konzeption entwickelt *Röhl*, Verwaltung (Fn. 110), S. 315 ff.

D. Bausteine für eine Lehre vom Verwaltungsvertrag

Im Mittelpunkt der Fehlerfolgenlehre steht § 59 VwVfG,[572] dessen **Regelungs-** 93
modell von der bis zum Inkrafttreten des Verwaltungsverfahrensgesetzes geltenden Fehlerbehandlung abweicht. Vor diesem Zeitpunkt hatte nach der Rechtsprechung jeder Gesetzesverstoß die Nichtigkeit des jeweiligen öffentlich-rechtlichen Vertrages zur Folge.[573] Mit dieser Einheitslösung bricht § 59 VwVfG und trifft stattdessen für die Beurteilung rechtswidriger Verträge eine **abgestufte Rechtsfolgenanordnung.** Danach bleibt es zwar bei der Nichtigkeit als allein möglicher Rechtsfolge.[574] Doch tritt die Rechtsfolge der Nichtigkeit nicht bei jedem Gesetzesverstoß ein, sondern nur, wenn einer der in § 59 VwVfG genannten Nichtigkeitsgründe vorliegt. Dazu benennen § 59 Abs. 1 VwVfG für alle öffentlich-rechtlichen Verträge als Nichtigkeitsgrund die entsprechend anzuwenden Nichtigkeitsvorschriften des Bürgerlichen Gesetzbuches und § 59 Abs. 2 VwVfG für subordinationsrechtliche Verträge weitere, im Einzelnen aufgeführte Nichtigkeitsgründe. Das differenzierende Fehlerregime führt dazu, dass es **rechtswidrige, aber dennoch wirksame Verträge** geben kann, nämlich dann, wenn Verträge zwar gegen Gesetze verstoßen, aber nicht die Voraussetzungen eines in § 59 VwVfG genannten Nichtigkeitstatbestandes erfüllen. In diesen Fällen besitzt der rechtswidrige wirksame Vertrag gegenüber dem rechtswidrigen Verwaltungsakt, der nach Wirksamwerden fristgebunden anfechtbar und vor allem durch die Verwaltung rücknehmbar[575] ist, eine **erhöhte Fehlerresistenz.** Dagegen erhobene rechtsstaatliche Bedenken haben sich bislang nicht durchgesetzt[576] und lassen sich jedenfalls bei verfassungskonformer Handhabung[577] der Nichtigkeitsgründe ausräumen.[578]

Als **Schlüsselnorm der Fehlerfolgenlehre** kristallisiert sich seit längerem § 59 94
Abs. 1 VwVfG heraus,[579] der sich mit der Verweisung auf Vorschriften des Privat-

---

[572] § 59 VwVfG ist freilich nur die Zentralnorm der herkömmlichen Fehlerfolgenlehre. Daneben werden teilweise auch die §§ 54 S. 1, 58 VwVfG in diesen Kontext eingestellt; hinzu kommen – wie etwa im Vergaberecht – spezialgesetzliche Fehlerfolgenregelungen (vgl. *Gurlit,* Verwaltungsvertrag [Fn. 110], S. 407, 416 f.; → Rn. 85) und durch Anfechtung ausgelöste Nichtigkeitsfolgen (dazu *Maurer,* VerwR, § 14 Rn. 40).
[573] *BVerwGE* 4, 111 (114 f.); 5, 128 (136); 42, 331 (334 f.); 48, 166 (168 f.); 49, 359 (361); BVerwG, NJW 1980, S. 2538 (2539); zur damaligen Einschätzung in der Literatur s. *Maurer,* Verwaltungsverfahrensgesetz (Fn. 570), S. 494 m.w.N.; Übersicht zur Rechtsprechungsentwicklung bei *Werner,* Fehlerfolgenlehre (Fn. 571), S. 125 ff.
[574] In Schleswig-Holstein enthält das Landesrecht bekanntlich eine differenziertere Rechtsfolgenanordnung. Danach kann die durch bestimmte Rechtsverstöße ausgelöste Unwirksamkeit eines Vertrages nur innerhalb eines Monats nach Vertragsschluss geltend gemacht werden; nach Ablauf der Frist ist der rechtswidrige Vertrag wirksam. S. dazu *Utz Schliesky,* in: Knack/Henneke, VwVfG, § 59 Rn. 11 f. m.w.N.
[575] Dabei lässt es die missglückte Rechtsprechung zu § 48 Abs. 4 VwVfG (BVerwGE 70, 356) oftmals in die Hand der Verwaltung, den Fristablauf zu „verlängern".
[576] Siehe *Gurlit,* Verwaltungsvertrag (Fn. 110), S. 408 ff.; *Heinz J. Bonk,* in: Stelkens/Bonk/Sachs (Hrsg.), VwVfG, § 59 Rn. 8; *Utz Schliesky,* in: Knack/Henneke, VwVfG, § 59 Rn. 3 ff.; vgl. auch BVerwGE 89, 7 (10); vgl. zur Diskussion auch *Werner,* Fehlerfolgenlehre (Fn. 571), S. 80 ff.; *Stöcker,* Verwaltungskooperationsvertrag (Fn. 100), S. 240 ff.; für den Bereich des Sozialrechts *Felix,* Verwaltungsvertrag (Fn. 210), S. 544 m.w.N.
[577] *Spannowsky,* Grenzen (Fn. 108), S. 305; *Maurer,* VerwR, § 14 Rn. 51.
[578] Ganz abgesehen davon, dass auch dem Recht des Verwaltungsakts sanktionslos bleibende Fehler und Gesetzesverstöße nicht fremd sind; vgl. etwa §§ 47 f. VwVfG, §§ 214 ff. BauGB.
[579] *Schmidt-Aßmann,* Verwaltungsverträge (Fn. 95), S. 124 ff.; *ders.,* Recht der Verwaltungsverträge (Fn. 85), S. 70 ff.; *Krebs,* Verträge (Fn. 87), S. 268; *Spannowsky,* Grenzen (Fn. 108), S. 305; jew. zu § 59 Abs. 1 VwVfG i.V.m. § 134 BGB; zurückhaltend *Schlette,* Vertragspartner (Fn. 6), S. 550 f. Daneben

rechts im Ansatz nahtlos in das **Konzept der rechtsformunabhängigen Annäherung**[580] einfügt: „Der Vorschrift kommt eine wichtige Verklammerungsfunktion zwischen den Teilrechtsordnungen des bürgerlichen und des öffentlichen Rechts zu, indem sie das Nichtigkeitsregime nicht danach differenziert, ob der Schwerpunkt des Vertrages im öffentlichen Recht oder im Zivilrecht liegt. Gerade im Diffusionsbereich komplexer Verwaltungskooperationen, die nicht selten einen Mix öffentlich-rechtlicher und zivilrechtlicher Elemente enthalten, kommt derartigen teilrechtsordnungsübergreifenden Problemlösungsmustern besondere Bedeutung zu"[581].

95 Zu den einschlägigen privatrechtlichen Vorschriften zählt vor allem **§ 134 BGB**, der auf alle privatrechtlichen Verwaltungsverträge unmittelbar und auf alle öffentlich-rechtlichen Verträge über § 59 Abs. 1 VwVfG entsprechend anzuwenden ist. Danach ist ein Rechtsgeschäft grundsätzlich nichtig, wenn es gegen ein gesetzliches Verbot verstößt. Solche **Verbote** können sich aus dem Unionsrecht,[582] aus dem Verfassungsrecht,[583] aus Parlamentsgesetzen, Rechtsverordnungen und Satzungen ergeben. Allerdings ist nicht jeder Verstoß gegen einfaches Gesetzesrecht schon ein Verstoß gegen ein gesetzliches Verbot, weil andernfalls die differenzierende Rechtsfolgenanordnung leerliefe. Deshalb fordert die verwaltungsgerichtliche Spruchpraxis einen durch Auslegung des einschlägigen Fachrechts zu ermittelnden „qualifizierten"[584] Rechtsverstoß, und die zivilgerichtliche Spruchpraxis stellt auf den im konkreten Einzelfall durch Interpretation zu erschließenden Sinn und Zweck der jeweiligen Vorschrift ab.[585] Diese Ansätze sind kompatibel und verweisen methodologisch übereinstimmend auf eine Interpretation der jeweils einschlägigen Norm.[586] Die demnach gebotenen **Einzelfallanalysen** sind dogmatisch unbefriedigend, aber der Natur der Sache geschuldet und „keine besondere Schwäche der Vertragsrechtslehre"[587]. Fallgruppenbildungen werden in den Randbereichen immer unscharf bleiben, und die Formulierung allgemeiner Leitlinien,[588] die den Besonderheiten der Beteiligung von Verwaltungsträgern Rechnung tragen, münden am Ende mitunter in die ernüchternde Feststellung, „nicht ohne Restbestände an Rechtsunsicher-

---

bleibt selbstverständlich § 59 Abs. 2 VwVfG anwendbar; zu im Anwendungsbereich dieser Norm auszumachenden rechtsformunabhängigen Nichtigkeitswertungen s. *Gurlit*, Verwaltungsvertrag (Fn. 110), S. 438.

[580] → Rn. 89 ff.
[581] *Ziekow/Siegel*, Entwicklung – Teil 3 (Fn. 571), S. 282.
[582] → Rn. 85.
[583] → Rn. 86.
[584] *BVerwGE* 89, 7 (10); 98, 58 (63). Teilweise stellt die verwaltungsgerichtliche Spruchpraxis auch auf den Sinn und Zweck der jeweiligen Vorschrift ab; s. Utz *Schliesky*, in: Knack/Henneke, VwVfG, § 59 Rn. 37 m.w.N.
[585] Dazu Heinz J. *Bonk*, in: Stelkens/Bonk/Sachs (Hrsg.), VwVfG, § 59 Rn. 51 m.w.N. und dem ergänzenden Hinw. darauf, dass daran anschließende im Zivilrecht entwickelte Grundsätze „auch für § 59 herangezogen werden" können.
[586] Zur wechselseitigen Übertragbarkeit von in den beiden Gerichtszweigen entwickelten Regeln, die zumindest in Randbereichen unscharf bleiben, ist damit nichts gesagt; vgl. zu den Übertragungsproblemen *Gurlit*, Verwaltungsvertrag (Fn. 110), S. 410 ff.
[587] *Schmidt-Aßmann*, Verwaltungsverträge (Fn. 95), S. 125.
[588] Siehe dazu etwa *Schmidt-Aßmann*, Verwaltungsverträge (Fn. 95), S. 124 ff.; *Krebs*, Verträge (Fn. 87), S. 268 f.; *Schlette*, Vertragspartner (Fn. 6), S. 552 ff.; *Ziekow/Siegel*, Entwicklung – Teil 3 (Fn. 571), S. 283 f.

heit" auszukommen[589]. Gleichwohl dürften einige allgemeine Aussagen möglich sein; dazu gehört die Nichtigkeit bei Verstößen gegen die – freilich in der Praxis seltenen – Vertragsformverbote[590], bei Verstößen gegen die behandelten unionsrechtlichen Direktiven im Subventionsrecht[591] und bei den früheren zweiseitig bindenden Normsetzungsverträgen im Bauplanungsrecht[592]. Auch das führt freilich nur beschränkt weiter.

Liegt ein Nichtigkeitsgrund vor, so erfasst die Nichtigkeit nicht notwendig den gesamten Vertrag. Vielmehr sehen § 59 Abs. 3 VwVfG für öffentlich-rechtliche und § 139 BGB für privatrechtliche Verwaltungsverträge in Fällen, in denen anzunehmen ist, dass bei einem nur in Teilen nichtigen Verwaltungsvertrag der Vertrag bzw. das Rechtsgeschäft auch ohne den nichtigen Teil geschlossen worden wäre, als Rechtsfolge die bloße **Teilnichtigkeit** vor. Bei dieser – im praktischen Ergebnis wiederum rechtsformunabhängigen[593] – Fehlerfolge ist auf eine Würdigung der Umstände des Einzelfalls und maßgeblich auf die Teilbarkeit des Vertragsinhalts abzustellen. 96

Wegen der beschriebenen Unsicherheiten und der oftmals erst lange Zeit nach Vertragsschluss erkennbar werdenden Nichtigkeit sind in der Vertragspraxis **vertragsinterne Fehlerfolgenregelungen** verbreitet. In den entsprechenden Vertragsklauseln definieren die Parteien selbst das Fehlerregime für ihren Vertrag. Soweit diese Klauseln darauf abzielen, im Ergebnis den nichtigen Vertragsinhalt aufrechtzuerhalten, sind sie von vornherein unzulässig und nehmen an der Nichtigkeit des Vertrages teil.[594] Anders verhält es sich mit Vertragsgestaltungen, die sich beispielsweise mit Folgen der Teilnichtigkeit beschäftigen und anordnen: „Die Unwirksamkeit einzelner Teile dieses Vertrages lässt die Gültigkeit des Vertrages insgesamt unberührt"; bei der Vereinbarung solcher Klauseln gilt der Restvertrag ohne weiteres fort, „soweit er ohne den in concreto nichtigen Teil noch Sinn macht (und die salvatorische Klausel selbst wirksam ist)"[595]. Auch Nachbesserungs-, Vertragsergänzungs- und Neuverhandlungsklauseln sind mögliche Optionen für eine Interessenregulierung in Teilnichtigkeits- und Nichtigkeitskonstellationen, die sich jenseits des gesetzlich bereitgestellten Fehlerfolgenregimes bewegen, dagegen aber nicht zwangsläufig verstoßen. Dass sich die Vertragsparteien bei der Vereinbarung des Vertragsregelwerks vielfach nicht primär an der Zuordnung des jeweiligen Vertrages zum Öffentlichen Recht oder zum Privatrecht orientieren, weil sie selbst oftmals nicht wissen, auf welchem Teilrechtsordnungsgebiet sie agieren,[596] ist an dieser Stelle wenigstens kurz nochmals in Erinnerung zu rufen. 97

---

[589] *Krebs*, Verträge (Fn. 87), S. 269.
[590] *Gurlit*, Verwaltungsvertrag (Fn. 110), S. 416 f.
[591] → Rn. 85.
[592] *Gurlit*, Verwaltungsvertrag (Fn. 110), S. 436 f.
[593] Vgl. BVerwGE 4, 111 (119); *Heinz J. Bonk*, in: Stelkens/Bonk/Sachs (Hrsg.), VwVfG, § 59 Rn. 61: „allgemeiner Rechtsgedanke"; *Stöcker*, Verwaltungskooperationsvertrag (Fn. 100), S. 256: „teilrechtsordnungsübergreifende[r] Grundsatz".
[594] Vgl. dazu mit Beispielen aus der Spruchpraxis *Ziekow/Siegel*, Entwicklung – Teil 3 (Fn. 571), S. 298.
[595] Siehe zu diesem Beispiel *Schlette*, Vertragspartner (Fn. 6), S. 573, unter Hinw. darauf, dass diese Klauseln in verwaltungsrechtlichen Verträgen „üblich" sind.
[596] → Rn. 71.

3. Zu den Steuerungsleistungen von Verwaltungsverträgen

98 Unter steuerungswissenschaftlichem Blickwinkel[597] spielen Verwaltungsverträge schon allein deshalb eine wichtige Rolle, weil etwa im Rahmen des Kontraktmanagements[598] vertragliche oder zumindest vertragsähnliche Beziehungen ein unverzichtbares Kernelement des Neuen Steuerungsmodells sind und sich eine Reihe von Vertragskonstellationen Konzepten einer „regulierten Selbstregulierung" zuordnen lassen oder jedenfalls annähern.[599] Weitaus wichtiger ist jedoch, dass die **normative Steuerung von Verwaltungsverträgen** regelmäßig Raum für die Selbststeuerung der beteiligten Akteure lässt. Zwar kennt das einschlägige Rechtsregime[600] auf allen Rechtsebenen „harte" Vorgaben, die nicht zur Disposition stehen und feste Leitplanken für vertragliches Handeln errichten. Innerhalb des durch zwingendes Recht und normative Gestaltungsdirektiven abgesteckten Rahmens ist es den Beteiligten aber unbenommen zu entscheiden, ob und mit welchem Inhalt sie sich vertraglich binden wollen. Entscheiden sie sich für die vertragliche Bindung, kommt es zu „kooperativer Rechtsgestaltung"[601]. Daher entzieht sich vertragliches Verwaltungshandeln überkommenen Vorstellungen eines schlichten Gesetzesvollzugs. Vielmehr ist die **Verwaltung im Verwaltungsvertragsrecht nicht nur Steuerungsobjekt, sondern zugleich Steuerungssubjekt,** weil sie normative Steuerungsimpulse aufnimmt, aktiv umsetzt und dabei eigene Steuerungsaktivitäten entfaltet.[602]

99 Die handlungsorientierte **gesetzliche Steuerung** ist **vielfältig abgestuft.** Ausweislich der oben erörterten Referenzkonstellationen gilt dies bereits für das **„Ob" vertraglichen Handelns,** d.h. für die Wahl des Vertrages. Dazu reicht die Skala der

---

[597] Impulsgebend für die Steuerungsdebatte in der Verwaltungsrechtswissenschaft *Schuppert*, Steuerungswissenschaft (Fn. 121), S. 65 ff.; vgl. ferner aus der kaum noch überschaubaren Literatur *Matthias Schmidt-Preuß*, Verwaltung und Verwaltungsrecht zwischen gesellschaftlicher Selbstregulierung und staatlicher Steuerung, VVDStRL, Bd. 56 (1997), S. 160 ff.; *Udo Di Fabio*, Verwaltung und Verwaltungsrecht zwischen gesellschaftlicher Selbstregulierung und staatlicher Steuerung, VVDStRL, Bd. 56 (1997), S. 235 ff.; die Beiträge von *Karl-Heinz Ladeur, Andreas Voßkuhle, Gunnar Folke Schuppert* und *Eberhard Schmidt-Aßmann* in DV, Beiheft 2, 1999, S. 59 ff., 197 ff., 201 ff., 253 ff.; *Claudio Franzius*, Funktionen des Verwaltungsrechts im Steuerungsparadigma der Neuen Verwaltungsrechtswissenschaft, DV, Bd. 39 (2006), S. 335 ff.; sowie die Berichte von *Ivo Appel* und *Martin Eifert* zum Thema „Das Verwaltungsrecht zwischen klassischem dogmatischen Verständnis und steuerungswissenschaftlichem Anspruch" auf der Freiburger Staatsrechtslehrertagung, VVDStRL, Bd. 67 (2008), S. 226 ff., 286 ff.; jew. m.w.N.; → Bd. I *Voßkuhle* § 1 Rn. 16 ff., *Franzius* § 4, *Eifert* § 19. Krit. gegenüber Grundannahmen der Steuerungsdiskussion etwa *Oliver Lepsius*, Steuerungsdiskussion, Systemtheorie und Parlamentarismuskritik, 1999; u.a. mit Blick auf das verwaltungsvertragliche Kopplungsverbot *Bernd Grzeszick*, Anspruch, Leistungen und Grenzen steuerungswissenschaftlicher Ansätze für das geltende Recht, DV, Bd. 42 (2009), S. 105 ff.

[598] → Rn. 54 ff.

[599] So etwa Verwaltungsverträge zwischen Privaten (→ Rn. 59 f.) und jedenfalls teilweise auch Verträge, die Mediationsverfahren abschließen, sowie Prozessvergleiche (→ Rn. 61 ff.), daneben auch manche Konstellation der Public Public Partnership (→ Rn. 47 ff.).

[600] → Rn. 84 ff.

[601] Vgl. *Peter Krause*, Rechtsformen des Verwaltungshandelns, 1974, S. 221; zum Rechtsquellencharakter des Vertrages s. bereits → Rn. 33.

[602] Dazu allgemein *Schmidt-Aßmann*, Ordnungsidee, Kap. 1 Rn. 36; vgl. unter verwaltungsvertraglichem Blickwinkel auch *Lehr*, Lenkung (Fn. 63), S. 222, 394 ff., die „dem verwaltungsrechtlichen Vertrag ein beachtliches Lenkungspotential" beimisst, „auf welches die Verwaltung nur schwerlich verzichten kann" (Zitat: S. 222).

D. Bausteine für eine Lehre vom Verwaltungsvertrag

Steuerungsansätze vom ausnahmslosen „Zwang zum Vertrag"[603] über den für den Regelfall angeordneten Abschluss von Verträgen[604], normativen „Druck" zum Abschluss von Verträgen[605], das „Hinwirken" auf Verträge[606] und stimulierende Anreize zu vertraglichen Aktivitäten[607] bis hin zur bloßen Bereitstellung des Vertrages als Option[608]. Ähnlich verhält es sich mit dem **„Wie" vertraglichen Handelns,** d.h. mit den möglichen Vertragsinhalten, über die vornehmlich das Fachrecht informiert. Hier reicht die Bandbreite von eher detaillierter gesetzlicher Vor-Steuerung beispielsweise bei städtebaulichen Verträgen[609] über inhaltliche Direktiven mit ausdrücklich freigestellter Wahl der Teilrechtsordnung[610] und Prozessvergleiche, die lediglich die Verfügungsbefugnis der Prozessbeteiligten über den Vergleichsgegenstand voraussetzen,[611] bis hin zu den in der Praxis verbreiteten Verwaltungshelferverträgen, die nach herrschender Ansicht auch ohne spezialgesetzliche Regelung mit entsprechenden inhaltlichen Vorgaben möglich sind. Bei aller Abstufung in Steuerungsintensität und -dichte haben all diese Verträge eines gemeinsam: Sie sind gesetzlich nicht abschließend determiniert. Für das künftige Verhalten und die vertraglich vereinbarte Leistungserbringung müssen deshalb die Verwaltungsverträge selbst wesentliche Steuerungsleistungen erbringen.

Wegen der gesetzlichen Teildetermination haben die Akteure stets mehr oder weniger große **Spielräume zur Selbststeuerung.** Das weckt Bedarf an ergänzenden Informationen, Erfahrungsberichten anderer und konkreten Handlungsanleitungen, die zu einer ebenso rechtskonformen wie optimalen Aufgabenerfüllung beitragen und so die Erreichung des **Steuerungszieles** erleichtern. Sieht man von einfacher strukturierten Verträgen ab, so sind die Verwaltungen „vor Ort" mit dieser Informationsbeschaffung oftmals überfordert. Deshalb schlägt namentlich bei neuen oder komplexen Problemlagen[612] vor der vertraglichen

---

[603] Zur zwingenden Vorgabe vertraglicher Kooperation in sozialverwaltungsrechtlichen Arbeitsgemeinschaften s. § 44b Abs. 1 S. 1 SBG II a.F.: „Zur einheitlichen Wahrnehmung ihrer Aufgaben [...] errichten die Träger [...] durch privatrechtliche oder öffentlich-rechtliche Verträge Arbeitsgemeinschaften [...]"; → Rn. 51 f. Zu andersgearteten, durch den Selbstbindungsmechanismus von Art. 3 Abs. 1 GG ausgelösten Kontrahierungszwängen für „flächendeckend" vom Vertrag Gebrauch machende Verwaltungsträger s. *Krebs,* Verträge (Fn. 87), S. 263.

[604] So für die sozialrechtlichen Eingliederungsvereinbarungen nach § 15 Abs. 1 S. 1 SGB II: „Die Agentur für Arbeit *soll* [...] mit jeder erwerbsfähigen leistungsberechtigten Person" eine Eingliederungsvereinbarung abschließen; Hervorhebung hinzugefügt. Näheres dazu oben → Rn. 37 ff.

[605] Zu normativem „Kontrahierungsdruck" durch die Bereitstellung von Sanktionsmechanismen und anderen „Auffangoptionen" s. → Rn. 41, 82 f.

[606] So bei den in → Rn. 59 f. erwähnten Verwaltungsverträgen zwischen Privaten.

[607] So bei der Ausräumung von Hemmnissen für den Abschluss von Public Private Partnerships, mit der die Verbreitung der dazugehörigen Kooperationsformen gefördert werden soll; → Rn. 42 ff. Zur Steuerung durch Anreize vgl. auch → Bd. II *Sacksofsky* § 40.

[608] Dies betrifft den Verwaltungsvertrag ganz allgemein; nur beispielhaft zu erwähnen sind deshalb Verträge aus dem Bereich der Gerichtsmediation und Prozessvergleiche (→ Rn. 63 ff.).

[609] Vgl. §§ 11 f. BauGB; → Rn. 82.

[610] Siehe dazu § 44b SGB II a.F., der für die Ausgestaltung und Organisation der durch privatrechtlichen oder öffentlich-rechtlichen Vertrag (→ Fn. 603) zu errichtenden Arbeitsgemeinschaften (→ Rn. 51 f.) Direktiven enthält, die u.a. die einheitliche Aufgabenwahrnehmung, die außenwirksame Binnenorganisation, die Berücksichtigung des regionalen Arbeitsmarktes und der regionalen Wirtschaftsstruktur betreffen. Zur aktuellen Regelung s. oben → Rn. 53a.

[611] § 106 VwGO; s. → Rn. 65 f.

[612] Anschauliche aktuelle Beispiele liefern im Gefolge der organisationsrechtlichen Turbulenzen um das Hartz IV-Gesetz Vertragsmuster und die Rahmenvereinbarung zur Weiterentwicklung der in diesem Gesetz niedergelegten Grundsätze und insbes. der Startaufstellung der ARGE; dazu → Rn. 52 f.

Selbststeuerung regelmäßig die Stunde der Ministerialverwaltungen, der Verbände und privater Berater. Fast schon ein „Musterbeispiel" sind die Entscheidungshilfen für Public Private Partnership-Projekte. In Gestalt von Konzepten und Modellen für die Zusammenarbeit von öffentlicher Verwaltung und Privaten werden sie zum einen auf dem privaten „Consultant-Markt" angeboten, in kommerziellen Fachtagungen näher erläutert, in Seminaren vertrieben und – präzisiert für den Einzelfall – „verkauft".[613] Zum anderen agieren auf dem Beratungsfeld Ministerialverwaltungen und Verbände insbesondere der Kommunen, die für die Einbeziehung Privater in die Erledigung öffentlicher Aufgaben Leitfäden, Gestaltungsempfehlungen einschließlich dazugehöriger Musterverträge und Erfahrungsberichte bereitstellen, außerdem zum Informations-, Gedanken- und Erfahrungsaustausch hochkarätig besetzte Kongresse veranstalten[614] und in eigens dafür eingerichteten „Kompetenzzentren" bzw. Task-Forces mit ihrem Sachverstand die Entscheidungsprozesse der Verwaltungen „vor Ort" begleiten.[615] Diese Zentren sollen die Implementierung von Public Private Partnership-Projekten fördern und umfassende Beratungsleistungen erbringen. Das schließt Hilfestellungen beim Umgang mit **Steuerungsmedien** wie „Markt", „Organisation", „Personal" und „Finanzen" ein und betrifft etwa die Positionierung im Markt der Leistungsanbieter, die organisatorische Konzeption der Kooperation, die Auswahl des privaten Vertragspartners, Kosteneinsparungen und die Erschließung von EG-Finanzierungsmitteln.[616]

101 In dem „Steuerungsmix" des „polyzentrischen Steuerungsverbunds" entsteht und verdichtet sich **Steuerungswissen** über die Wirkungszusammenhänge zwischen Steuerungsaktivitäten und Steuerungsergebnissen. Dieses Wissen ist für die vertragliches Handeln in Betracht ziehende Verwaltung „vor Ort" hilfreich, nimmt ihr aber weder die endgültige Entscheidung noch die Letztverantwortung ab.[617] Auch ist die Um- und Durchsetzung des Steuerungswissens auf in-

---

[613] Instruktiv *Tettinger*, Ausgestaltung (Fn. 96), S. 765 ff.; vgl. auch *ders.*, Sachstandsbericht (Fn. 96), S. 1 ff. Zur Einbeziehung Sachverständiger s. a. → Bd. II *Ladeur* § 21 Rn. 45 ff.; Bd. III *Voßkuhle* § 43 Rn. 49.

[614] Siehe z.B. die Dokumentation zu dem vom baden-württembergischen Wirtschaftsministerium am 15.11.2004 im Haus der Wirtschaft in Stuttgart veranstalteten Kongress „Public Private Partnership in Baden-Württemberg" Stuttgart o.J., auch im Internet abrufbar unter www.ibl.uni-stuttgart.de/05forschung/ppp/pdf/Task_Force_im_Wirtschaftsministerium_Baden-Wuerttemberg/Dokumentation_des_Kongresses_Public_Private_Partnership_in_Baden-Wuerttemberg_(04–2005)_(PDF).pdf.

[615] → Rn. 46.

[616] → Rn. 46; zur exemplarischen Verdeutlichung im Referenzgebiet der Abwasserentsorgung s. *Hartmut Bauer*, Privatisierungsimpulse und Privatisierungspraxis in der Abwasserentsorgung – Eine Zwischenbilanz, VerwArch, Bd. 90 (1999), S. 561 (563 ff., 566 ff., 573 ff.).

[617] Bezeichnenderweise machen selbst ministerielle Leitfäden darauf aufmerksam, dass aus ihrer Verwendung „keine Ansprüche gleich welcher Art gegen den Bund geltend gemacht werden" können; s. *Bauer*, Verwaltungskooperationsrecht (Fn. 122), S. 256 m.w.N. Im kommunalen Bereich kann es in besonders gelagerten Konstellationen allerdings zu Amtspflichtverletzungen durch die kommunale Aufsichtsbehörde kommen; s. BGH, NVwZ 2003, S. 634 f.; dazu krit. *Hubert Meyer*, Amtspflichten der Rechtsaufsichtsbehörde – Staatliche Fürsorge statt Selbstverantwortung?, NVwZ 2003, S. 818 ff.; vgl. auch *Claus Pegatzky*, Public-Private-Partnership im Lichte der Oderwitz-Rechtsprechung, NVwZ 2005, S. 61 ff. Dass es im Übrigen bei in den Auseinandersetzungen über Public Private Partnership-Modelle und -Gestaltungen keine Königswege und fertigen Patentlösungen gibt, versteht sich und wird auch auf den einschlägigen Kongressen immer wieder betont; vgl. nur etwa das Schlusswort von *Horst Mehrländer* in der Kongressdokumentation (Fn. 614), S. 93.

teraktive Prozesse angewiesen, in denen die beteiligten Akteure nicht nur miteinander, sondern auch gegeneinander arbeiten. Bei einer akteurzentrierten Beobachtung von Steuerungsvorgängen in Public Private Partnership-Gehäusen ist bisweilen gar nicht mehr recht erkennbar, wer eigentlich wen steuert und ob in dem „Kampf um das Steuerruder" das angestrebte Steuerungsziel schon aus den Augen verloren ist.[618] In derartigen Konfliktlagen können unterschiedliche Handlungsrationalitäten der beteiligten Akteure aufbrechen und Steuerungsansätze wie finanzielle Druckmittel, politische Macht, öffentlichkeitswirksam aufgebaute Drohkulissen und Verhandlungsgeschick gegenüber sachadäquaten Strategien zur Problemlösung leicht die Oberhand gewinnen.

Zur Vermeidung oder wenigstens zur Entschärfung solcher und anderer Fehlsteuerungen tragen klare vertragliche Regelungen bei, die eine ausgewogene Verteilung der Rechte und Pflichten der Vertragsparteien festschreiben und vorausschauend vertragsinterne Vorkehrungen für die Bereinigung von gleichwohl auftretenden Konflikten treffen. Darin, in der auf den konkreten Einzelfall bezogenen Umsetzung normativer Direktiven[619] und in der Nutzung gesetzlich eröffneter oder belassener Spielräume mag man **spezifische Steuerungsleistungen von Verwaltungsverträgen** sehen. Aus verwaltungsrechtsdogmatischer Sicht handelt es sich dabei um Standardprobleme der Vertragsgestaltung, auf die zurückzukommen sein wird.[620] **102**

III. Gegenstände, Anbahnung, Begründung und Entwicklung verwaltungsvertraglicher Rechtsverhältnisse

1. Vertragsrechtslehre als Rechtsverhältnislehre

Nach § 54 S. 1 VwVfG regelt der öffentlich-rechtliche Vertrag ein „Rechtsverhältnis" auf dem Gebiet des Öffentlichen Rechts, und für „Zivilrechtler ist es eine Selbstverständlichkeit, daß Rechte und Pflichten stets aufgrund von Rechtsverhältnissen entstehen"[621] und Verträge Rechtsverhältnisse[622] begründen.[623] Dieser Befund drängt es förmlich auf, das Verwaltungsvertragsrecht in den **dogmatischen Ordnungsrahmen der Rechtsverhältnislehre**[624] einzustel- **103**

---

[618] Anschauliche Beispiele liefern die Vorgänge um Toll Collect (→ Rn. 42).
[619] Vgl. *Tettinger*, Sachstandsbericht (Fn. 96), S. 6.
[620] → Rn. 121 ff., insbes. Rn. 125.
[621] *Rolf Gröschner*, in: ders. u. a., Rechts- und Staatsphilosophie, 2000, S. 5.
[622] Siehe zum herausragenden Stellenwert des Rechtsverhältnisses in der Zivilrechtsdogmatik nur *Karl Larenz/Manfred Wolf*, Allgemeiner Teil des Bürgerlichen Rechts, 9. Aufl. 2004, S. 225 ff.; dort ist das Rechtsverhältnis nach dem Rechtssubjekt bzw. der Person als zweiter zentraler „Grundbegriff des Privatrechts" benannt.
[623] Zur Deutung des Schuldverhältnisses (§§ 241 ff. BGB) als Rechtsverhältnis s. nur *Larenz/Wolf*, Allgemeiner Teil (Fn. 622), S. 226; *Karl Larenz*, Lehrbuch des Schuldrechts, Bd. I, 14. Aufl. 1987, S. 1.
[624] An dieser Stelle ist nicht erneut im Detail in die Kontroversen über die umstrittene Leistungsfähigkeit der Rechtsverhältnislehre einzutreten. S. zur Diskussion etwa *Dirk Ehlers*, Rechtsverhältnisse in der Leistungsverwaltung, DVBl 1986, S. 912 ff.; *Hermann Hill*, Rechtsverhältnisse in der Leistungsverwaltung, NJW 1986, S. 2602 ff.; aus jüngerer Zeit z. B. *Schoch*, Verwaltungsakt (Fn. 444), S. 211 ff.; *Jost Pietzcker*, Das Verwaltungsrechtsverhältnis – Archimedischer Punkt oder Münchhausens Zopf?, DV, Bd. 30 (1997), S. 281 ff.; *Rolf Gröschner*, Vom Nutzen des Verwaltungsrechtsverhältnisses, DV, Bd. 30 (1997), S. 301 ff.; *Thomas v. Danwitz*, Zu Funktion und Bedeutung der Rechtsverhältnislehre, DV, Bd. 30 (1997), S. 339 ff.; *Thomas Meysen*, Die Haftung aus Verwaltungsrechtsverhältnis,

len.⁶²⁵ Die Handlungsformenlehre wird dadurch für den Verwaltungsvertrag nicht obsolet, erhält aber einen anderen Stellenwert.⁶²⁶ Denn zum einen ist die Formenlehre ergebnisbezogen auf die „Momentaufnahme"⁶²⁷ des Rechtsakts zentriert und kann deshalb die sich entwickelnden Beziehungen nicht angemessen erfassen. Zum anderen setzt die Lehre von den Handlungs- oder Rechtsformen „der Verwaltung"⁶²⁸ im dogmatischen Zugriff schon begrifflich an „der Verwaltung" an und verengt so den ersten Zugang zum Verwaltungsvertrag auf „die Verwaltung".⁶²⁹ Demgemäß waren nach dem Vorbild der Behandlung einseitigen Verwaltungshandelns lange Zeit die Grenzen vertraglichen „Verwaltungshandelns" das beherrschende Thema des Verwaltungsvertragsrechts, das u.a. eine feinziselierte Fehler- und Fehlerfolgenlehre hervorgebracht hat.⁶³⁰ Diese Lehre ist, auch aus der Sicht privater Vertragspartner, zweifellos wichtig, mit ihrer Konzentration auf „die Verwaltung" und deren Fehlverhalten aber zu einseitig. „Wer beim Verwaltungsvertrag nur auf die Behörde abstellt" und die Einwilligung des Bürgers als bloße Zutat wertet, „ist über *Otto Mayer* nicht hinausgekommen"⁶³¹,

---

2000; *Anne Peters*, Nebenpflichten im Verwaltungsrechtsverhältnis?, DV, Bd. 35 (2002), S. 177 ff.; *Friedhelm Hase*, Das Verwaltungsrechtsverhältnis, DV, Bd. 38 (2005), S. 453 ff.; *Henneke*, 30 Jahre LVwG (Fn. 464), S. 772 f.; *ders.*, in: Knack/Henneke, VwVfG, Vor § 35 Rn. 14 ff.; *Utz Schliesky*, in: Knack/Henneke, VwVfG, Vor § 54 Rn. 44; *Heinrich de Wall*, Die Anwendbarkeit privatrechtlicher Vorschriften im Verwaltungsrecht, 1999, S. 218 ff.; *Schmidt-Aßmann*, Ordnungsidee, Kap. 6 Rn. 40 ff.; *Markus Winkler*, Verwaltungsträger im Kompetenzverbund, 2009, S. 180 ff.; *Ipsen*, VerwR, S. 45 ff.; *Lehr*, Lenkung (Fn. 63), S. 66 ff.; *Bauer/Kretschmer*, Zielvereinbarungen (Fn. 320), S. 250 ff.; *Barbara Remmert*, Verwaltungshandeln und Verwaltungsrechtsverhältnis im Überblick, in: Erichsen/Ehlers (Hrsg.), VerwR, § 17; → Bd. I *Masing* § 7 Rn. 120 ff.; Bd. II *Bumke* § 35 Rn. 80; *Fehling* § 38 Rn. 4, 67; Bd. III *Huber* § 45 Rn. 8, 14, 141; *Kahl* § 47 Rn. 32 f.; prägnanter und guter Überblick zur Entwicklung der Debatten, zu Grundlagen und Bedeutung der Rechtsverhältnislehre bei *Kellner*, Haftungsprobleme (Fn. 74), S. 49 ff.; jew. m.w.N. Zur hier vertretenen Position s. *Bauer*, Verwaltungsrechtslehre (Fn. 486), S. 301 ff.

⁶²⁵ Trotz des (auch) normativen Befundes wegen des vermeintlich zu „hohen" Abstraktionsgrades aus jüngerer Zeit krit. etwa *Schlette*, Vertragspartner (Fn. 6), S. 173 f.; anders *Gündling*, Privatrecht (Fn. 106), S. 128, der die Rechtsverhältnislehre als Ergänzungskategorie heranzieht; wieder anders *Röhl*, Verwaltung (Fn. 110), S. 29 ff., der den Verwaltungsvertrag als „sekundäres Rechtsverhältnis" erfassen will.

⁶²⁶ Näheres zur (wechselseitigen) Komplementärfunktion von Handlungsformen- und Rechtsverhältnislehre bei *Bauer*, Verwaltungsrechtslehre (Fn. 486), S. 301 ff.; vgl. auch *Lehr*, Lenkung (Fn. 63), S. 60 ff., wonach die Handlungsformenlehre zentraler Bestandteil der allgemeinen verwaltungsrechtswissenschaftlichen Dogmatik bleibt, deren Lücken aber durch die Rechtsverhältnislehre geschlossen werden.

⁶²⁷ *Bachof*, Dogmatik (Fn. 118), S. 231.

⁶²⁸ Vgl. dazu nur die Titel der Beiträge von *Ossenbühl* (Fn. 450) und *Schmidt-Aßmann* (Fn. 89) sowie die oben → Bd. II *Hoffmann-Riem* § 33 Rn. 1 ff. vorgestellten „Orientierungen einer Formenlehre"; dem entspricht die gängige Lehrbuchliteratur, die den Verwaltungsvertrag regelmäßig in der Rubrik der Handlungsformen „der Verwaltung" etc. ablegt.

⁶²⁹ Diese Perspektivenverengung relativiert auch die „Steuerungsperspektive" nur begrenzt, weil sie zuallererst an „staatlicher" Steuerung ansetzt, bei (prekärer) systemtheoretischer Verknüpfung in einem zweiten Schritt freilich Öffnungen bewirken kann; vgl. *Remmert*, Dienstleistungen (Fn. 80), S. 182 ff.; → Bd. III *Voßkuhle* § 43 Rn. 18 ff.

⁶³⁰ → Rn. 92 ff.

⁶³¹ *Maurer*, Verwaltungsvertrag (Fn. 2), S. 805; zu der namentlich gegenüber dem Verwaltungsakt abweichenden Ordnungsidee des Verwaltungsvertrages s. bereits oben → Rn. 74 ff. An dieser Stelle ergeben sich krit. Rückfragen auch an die „Neue Verwaltungsrechtswissenschaft", die dazu tendiert, die in die Rechtsbeziehungen zur Verwaltung eingebundenen Rechtspositionen des Bürgers auf den „Rechtsstatus des Einzelnen im Verwaltungsrecht" (→ Bd. I *Masing* § 7) zu konzentrieren, dadurch den Anschluss an die auch im Verwaltungsrecht längst zu beobachtende Entwicklung „from status

D. Bausteine für eine Lehre vom Verwaltungsvertrag

zumal sich die Einsatzfelder von Verwaltungsverträgen nicht auf die Beziehungen zwischen Staat und Bürger beschränken.

Demgegenüber liefert die Rechtsverhältnislehre in mehrfacher Hinsicht Ansatzpunkte für eine **dogmatische Perspektivenerweiterung:** Die Rechtsverhältnislehre führt zu einer Gesamtbetrachtung des rechtlich geregelten Lebenssachverhalts und der spezifischen Sachstrukturen. Sie berücksichtigt dabei bereits im Ansatz die Zeitdimension der sich zwischen den beteiligten Akteuren entwickelnden Beziehungen und bringt diese etwa in Dauerrechtsverhältnissen zur Geltung. Sie kann Nebenpflichten und Obliegenheiten in verwaltungsvertraglichen Rechtsverhältnissen ebenso wie Haftungsfragen verarbeiten. Sie öffnet den Blick für mehrpolige Interessenkonstellationen. Sie unterstreicht Kommunikationsprozesse und Gestaltungsoptionen der Vertragsparteien. Sie betont Möglichkeiten des einvernehmlichen (auch privaten) Ausgleichs zwischen den Beteiligten. Sie ist für die komplementäre Ordnung von Rechtsverhältnissen durch Privatrecht und Öffentliches Recht aufgeschlossen. Sie erleichtert neben der intradisziplinären auch die interdisziplinäre Kontaktaufnahme namentlich zu den Verwaltungswissenschaften. Nicht zuletzt: Die Rechtsverhältnislehre kann die in der Rechtswirklichkeit anzutreffende Vielfalt der Verwaltungsverträge problemlos aufnehmen und dabei insbesondere die Subjektstellung des Bürgers dogmatisch wirksam umsetzen. **104**

Die Perspektivenerweiterung hat **Konsequenzen,** von denen an dieser Stelle nur drei hervorzuheben sind. *Erstens* setzt die Rechtsverhältnislehre an den rechtsnormgestalteten Beziehungen zwischen zwei oder mehreren Rechtssubjekten[632] an und vermeidet dadurch vorschnelle Verengungen etwa auf Verträge zwischen Staat und Bürger, die bei der Beschäftigung mit „dem" Verwaltungsvertrag zwar nicht selten anzutreffen sind,[633] aber nur einen Teil der Vertragswirklichkeit erfassen. *Zweitens* beschäftigt sich die Rechtsverhältnislehre nicht allein mit dem Rechtsakt „Vertrag", sondern nimmt die diesem Rechtsakt vor- und nachgelagerten Beziehungen zwischen den Akteuren, also die sich in Rechtsverhältnissen entwickelnden Rechte und Pflichten der Beteiligten mit in den Blick. Das entspricht einer prozeduralen Konzeption der Vertragsdogmatik[634], geht aber einen **105**

---

to contract" (vgl. *Gurlit*, Verwaltungsvertrag [Fn. 110], S. 8) zu verlieren droht und Verwaltungsverträge über vertragliche Pflichten des Bürgers aus einer Pflichtenstellung in Anknüpfung an die Freiheit des Einzelnen zu erfassen sucht (vgl. → Bd. I *Masing* § 7 Rn. 172 ff.).

[632] Z. B. *Achterberg,* VerwR, § 20 Rn. 14.

[633] → Rn. 32, 67.

[634] Bahnbrechend *Krebs*, Verträge (Fn. 87), S. 258 f. (→ Rn. 12), der die prozedurale Konzeption zwar nicht ausdrücklich auf das Rechtsverhältnis ausrichtet, aber mit der „Beziehung" zwischen Verwaltung und Bürger arbeitet und die phasenspezifische Analyse in das „Verfahren vor Vertragsschluß", den „Vertragsschluß" und die „Rechtsstellung nach Vertragsschluß" unterteilt; vgl. auch ebd., S. 251 f. Nach Einschätzung von *Gurlit,* Verwaltungsvertrag (Fn. 110), S. 7 ff., die die Verbindung zum Verwaltungsrechtsverhältnis herstellt, hat sich die prozedurale Konzeption in neueren Darstellungen des Vertragsrechts durchgesetzt; skeptisch jedoch *Pitschas,* Entwicklung (Fn. 458), S. 230. Die gebotene Differenzierung zwischen den einzelnen Entwicklungsstationen von Vertragsbeziehungen (Vertragsplanung, Vertragsdesign, Vertragsverhandlung, Vertragsabschluss, Vertragsdurchführung, Vertragscontrolling usw.) ist instruktiv aufgezeigt in vielen der Beiträge in dem von *Benno Heussen* herausgegebenen Handbuch Vertragsverhandlung und Vertragsmanagement, 3. Aufl. 2007; vgl. auch die Überlegungen bei *Schröder*, Verwaltungsrechtsdogmatik (Fn. 417), S. 299 ff., der im Lebenszyklus die Phasen der Vertragsanbahnung, des Vertragsschlusses und der Vertragsschlussfolgen unterscheidet.

§ 36 Verwaltungsverträge

Schritt weiter, weil die Rechtsverhältnislehre mit den vorvertraglichen Rechtsverhältnissen, den Rechtsverhältnissen der Vertragsdurchführung einschließlich der Vertragsanpassung und -fortentwicklung sowie den nachvertraglichen Rechtsverhältnissen[635] strukturierende Ordnungskategorien bereitstellt. Schließlich *drittens*: Die Rechtsverhältnislehre versteht sich als dogmatischer Ordnungsrahmen für rechtsnormgestaltete Beziehungen. Das schließt es zwar einerseits aus, unmittelbar aus dem Verwaltungsrechtsverhältnis selbst normative Folgen abzuleiten.[636] Andererseits sensibilisiert Denken in Rechtsverhältnissen jedoch für ergänzende, auch ungeschriebene Rechtsnormen, die sich bei einer exklusiv handlungsformorientierten Betrachtung nicht ohne weiteres aufdrängen,[637] und vor allem für Optionen vertraglicher Selbststeuerung der beteiligten Rechtssubjekte durch Vertragsgestaltung, der normergänzende Funktion mit Rechtsquellencharakter[638] zukommt. All dies kann hier freilich nur in den Grundlinien vorgestellt werden.

2. Parteien und Inhalte verwaltungsvertraglicher Rechtsverhältnisse

106   Ein verwaltungsvertragliches Rechtsverhältnis wird begründet[639] durch die Einigung zweier oder mehrerer **Rechtssubjekte** über die Herbeiführung einer bestimmten Rechtsfolge und kommt zustande durch die Abgabe einander entsprechender Willenserklärungen.[640] Ausweislich der Realbereichsanalyse[641] treten als Akteure bei der Begründung solcher Vertragsrechtsverhältnisse Verwaltung und Bürger[642] in Erscheinung, und zwar in ganz unterschiedlichen Konstellationen. Die Verwaltungswirklichkeit kennt Staat-Bürger-Verträge, Verträge zwischen Verwaltungsträgern, Bürger-Bürger-Verträge und intrapersonale Binnenrechtsverträge zwischen verschiedenen Funktionseinheiten der Verwaltung sowie Kombinationen solcher Vertragstypen.[643] Rechtlich sind all diese Vertragsvarianten jedenfalls nicht prinzipiell zu beanstanden und müssen doch gängige Verwal-

---

[635] So etwa bei nachwirkenden Vertragspflichten zur Verschwiegenheit.

[636] Der Ordnungsrahmen hat keine rechtsbegründende Funktion, sondern ordnet normativ gestaltete Beziehungen. Zu dieser Klarstellung besteht Anlass; vgl. *Schmidt-Aßmann*, Ordnungsidee, Kap. 6 Rn. 44.

[637] So etwa für den Grundsatz von Treu und Glauben, der auch im Verwaltungsvertragsrecht von den Beteiligten billige Rücksichtnahme auf die berechtigten Interessen des oder der jeweils anderen Vertragspartner sowie redliches und loyales Verhalten fordert; vgl. dazu unlängst *Kellner*, Haftungsprobleme (Fn. 74), S. 64 ff.

[638] → Rn. 33.

[639] Entsprechendes gilt für die in § 54 S. 2 VwVfG daneben gesondert ausgewiesene vertragliche Änderung oder Aufhebung von Rechtsverhältnissen.

[640] Vgl. *Maurer*, VerwR, § 14 Rn. 6; *Huber*, Allg. VerwR, S. 222; *Elke Gurlit*, Zustandekommen von Verwaltungsverträgen, in: Erichsen/Ehlers (Hrsg.), VerwR, § 31 Rn. 2; *Christmann*, Schuldrechtsreform (Fn. 543), S. 50 f.

[641] → Rn. 36 ff. Die Ergebnisse der Realbereichsanalyse zur Vielfalt der an Verwaltungsverträgen beteiligten Akteure, in Sonderheit der möglichen Vertragsparteien, sind über weite Strecken nicht neu, sondern haben in der Vertragsrechtsentwicklung eine lange Tradition; dazu → Rn. 3 f.

[642] Zur näheren Ausdifferenzierung der auf staatlicher und privater Seite denkbaren Rechtssubjekte, die von der Rechtsordnung als Träger eigener Rechte und Pflichten anerkannt und auf diese Weise mit Rechtsfähigkeit ausgestattet sind, vgl. *Schlette*, Vertragspartner (Fn. 6), S. 438 ff.

[643] Der Facettenreichtum hat auch dann Bestand, wenn – abweichend von der hier verfolgten Konzeption (→ Rn. 70) – privatrechtliche Verträge begrifflich ausgeklammert werden, weil in all den im Text genannten Konstellationen zumindest auch öffentlich-rechtliche Verträge anzutreffen sind.

tungsvertragsdogmatiken gründlich verunsichern. Denn eine Verwaltungsvertragsrechtslehre, die ihrem Gegenstand gerecht werden und sämtliche Erscheinungsformen verwaltungsvertraglicher Aktivitäten aufnehmen will, kann sich nicht länger mit der Verarbeitung eines mehr oder weniger kleinen Ausschnitts von Bürger-Staat-Verträgen begnügen. Deshalb können eine umfassend angelegte Vertragsdogmatik beispielsweise Versuche, den Verwaltungsvertrag gedanklich von einer Sonderbindung der Verwaltung her und wegen der unterschiedlichen Qualität der Vertragspartner in einer heterogenen Struktur asymmetrisch zu konzipieren,[644] nicht überzeugen. Bürger-Bürger-Verträgen sind solche Qualitätsunterschiede zwischen den Vertragspartnern nämlich offenkundig fremd, und Verträge zwischen Verwaltungsträgern sperren sich gegen derartige Asymmetrien ebenso wie intrapersonale Binnenrechtsverträge. Für die Verwaltungsvertragsrechtsverhältnislehre ist die Vielfalt der Akteure dagegen kein Problem, weil sie sich mit der Orientierung an den an Vertragsverhältnissen beteiligten Rechtssubjekten ganz bewusst dafür offenhält. Gewiss: Die Arbeit mit Rechtssubjekten mag „blutleer" wirken, weil sie auf einem vergleichsweise hohen Abstraktionsniveau angesiedelt ist. Indes ist dies zum einen dem Gegenstand geschuldet, der an die Paradigmenebene heranreicht, und zum anderen praxisadäquat.

Auf der Praxis- wie der Paradigmenebene bewegt sich auch die prekäre **Vertragsfreiheit** der an Verwaltungsverträgen beteiligten Rechtssubjekte.[645] Insoweit ist kein Wort darüber zu verlieren, dass die paktierende Verwaltung regelmäßig nicht auf der Basis einer grundrechtlich fundierten Vertragsfreiheit agiert, sich bei vertraglichem Handeln also nicht auf privatautonome Abschluss- und Inhaltsfreiheit stützen kann.[646] Auch ist kein Wort darüber zu verlieren, dass sich der mit der Verwaltung oder mit anderen Bürgern auf dem Gebiet des Verwaltungsrechts paktierende Bürger nicht seiner Grundrechte begibt; aus seiner Sicht erfolgt der Vertragsschluss in aller Regel in Ausübung grundrechtlich geschützter Freiheit, ist der Vertragsschluss Grundrechtsgebrauch.[647] Doch ist die vom Zivilrecht geprägte Ausrichtung der Vertragsfreiheit auf Privatautonomie mit Assoziationen zu Merkmalen wie „Freiheit und Beliebigkeit der Rechtsausübung"[648] viel zu einseitig[649] und verfehlt bei einer umfassend verstandenen Ver- **107**

---

[644] *Röhl*, Verwaltung (Fn. 110), S. 17 ff., 29; vgl. auch *Schmidt-Aßmann*, Ordnungsidee, Kap. 6 Rn. 114.

[645] Darin sehen manche bis heute „die" Grundfrage des Verwaltungsvertrages; vgl. *Krebs*, Grundfragen (Fn. 7), S. 41 ff.; *Dewitz*, Vertrag (Fn. 6), S. 113 ff., 125 f.; beide unter Hinw. darauf, dass *Otto Mayers* These von der „Undenkbarkeit" öffentlich-rechtlicher Verträge auch heute noch „irgendwie" ihre Berechtigung habe (→ Rn. 6).

[646] Statt vieler *Spannowsky*, Grenzen (Fn. 108), S. 274 ff.; *Schlette*, Vertragspartner (Fn. 6), S. 47, 71 f.; *Gurlit*, Verwaltungsvertrag (Fn. 110), S. 245 f., 333 ff.; *Martin Kellner*, Fallgruppen der culpa in contrahendo im Verwaltungsrecht, DÖV 2011, S. 26 (28); jew. m. w. N. Ausnahmen kommen dort in Betracht, wo – wie im Wissenschaftssektor – vertragliches Handeln der Verwaltung auf grundrechtlich abgestützte Autonomie zurückgeht.

[647] Vgl. *Detlef Göldner*, Gesetzmäßigkeit und Vertragsfreiheit im Verwaltungsrecht, JZ 1976, S. 352 (355); *Maurer*, Verwaltungsvertrag (Fn. 2), S. 805; *Krebs*, Verträge (Fn. 87), S. 265; *Schlette*, Vertragspartner (Fn. 6), S. 66 ff.; *Kellner*, Fallgruppen (Fn. 646), S. 28 m. w. N.

[648] Vgl. *Burmeister*, Verträge (Fn. 47), S. 212 f.

[649] Das zivilrechtlich inspirierte Verständnis der Vertragsfreiheit verkennt, dass der Vertrag kein genuin zivilrechtliches Institut, sondern in der gesamten Rechtsordnung anzutreffen und deshalb als Institut der Allgemeinen Rechtslehre zuzuordnen ist (→ Rn. 30); vgl. auch *Schlette*, Vertragspartner (Fn. 6), S. 46 f.

tragsfreiheit schon dort die normativ gestaltete Rechtswirklichkeit[650]; denn „die Privatautonomie als Strukturprinzip des Privatrechts ist eine vielfältig gebundene, eingeschränkte und verfaßte Freiheit"[651]. Dass auch im Verwaltungsvertragsrecht von einer umfassenden privatautonomen Vertragsfreiheit der Bürger keine Rede sein kann, zeigen besonders klar die Verwaltungsverträge zwischen Privaten, die nach gängigem Verständnis eine spezialgesetzlich eingeräumte Dispositionsbefugnis voraussetzen[652], und daneben die gerade wegen der strikten Gesetzesbindung der Verwaltung eingeschränkten Dispositionsmöglichkeiten[653]. Nach einer Analyse von *Volker Schlette* dürfte die (zivilrechtliche) Vertragsfreiheit mittlerweile „der Situation stark angenähert sein, wie sie auch im Verwaltungsrecht heute zumeist anzutreffen ist: Ein enges Korsett zwingender gesetzlicher (und richterrechtlicher) Vorschriften läßt nur an bestimmten Stellen Bewegungsfreiheit für (privat-)autonome Rechtsetzung; i.ü. ist der Vertragsinhalt weitgehend gesetzlich fixiert"[654]. Obschon hier wie dort die Redeweise von einem „engen Korsett" zweifelhaft ist, unterstützt der Befund doch ein von jeder idealtypisch überhöhten zivilrechtlichen Imprägnierung befreites Verständnis der Vertragsfreiheit, das auch wegen der universellen Bedeutung des Vertrages[655] geboten ist: Die Ordnungsidee vertraglicher Einigung ist nicht eine wie auch immer näher umschriebene Chimäre der Verwirklichung „individuell-privatautonomer Freiheit zur Beliebigkeit", sondern die einvernehmliche und verbindliche Regelung der Beziehungen zwischen zwei oder mehreren Rechtssubjekten[656] auf der Grundlage einer Befugnis zur Rechtsgestaltung durch Vertrag, die normativ konstituiert und auf vielfältige Weise gebunden und beschränkt ist. Das reduziert die Einbindung der Vertragsfreiheit in das Verwaltungsvertragsrecht auf ein eher terminolo-

---

[650] Das betrifft insbes. die auf *Bullinger*, Vertrag (Fn. 28), S. 255, zurückgehende und vielzitierte Einschätzung, wonach die Vertragsfreiheit im Zivilrecht ein Feilschen bis zur Grenze der Sittenwidrigkeit und des Wuchers erlaube; die Formel hat zwar große Suggestivkraft, geht an der rechtlich gestalteten Vertragswirklichkeit aber vorbei. Instruktive Korrektur der unzutreffenden Prämisse, im Zivilrecht seien die unbegrenzte Abschluss- und Gestaltungsfreiheit die Regel und Einschränkungen die Ausnahme, bei *Schlette*, Vertragspartner (Fn. 6), S. 47f. m.w.N. und zahlr. Bsp. für die schon in der Ursprungsfassung des BGB enthaltenen und seither mehr oder weniger kontinuierlich ausgebauten Beschränkungen der Vertragsfreiheit. Ein besonders signifikantes Beispiel für Annäherungen an „öffentlich-rechtliche" Maßstäbe aus jüngerer Zeit ist der Einbau von Diskriminierungsverboten in das Privatrecht; s. dazu die Berichte zum Thema „Diskriminierungsschutz und Privatautonomie" auf der Staatsrechtslehrertagung in Jena von *Matthias Jestaedt* und *Gabriele Britz*, VVDStRL, Bd. 64 (2005), S. 298ff., 355f.; Gesetz zur Umsetzung europäischer Richtlinien zur Verwirklichung der Grundsätze der Gleichbehandlung vom 14. 8. 2006 (BGBl I, S. 1897).

[651] *Robert Keller*, Vorvertragliche Schuldverhältnisse im Verwaltungsrecht, 1997, S. 40 m.w.N.; vgl. zur Deutung der (privatautonomen) Vertragsfreiheit als normativ konstituierte Freiheit auch *Wolfram Höfling*, Vertragsfreiheit, 1991, S. 20ff.

[652] → Rn. 59f.

[653] *Schlette*, Vertragspartner (Fn. 6), S. 68. Da bei Verwaltungsverträgen zwischen Staat und Bürger die aus dem Vorrang des Gesetzes resultierende Rechtsbindung der Verwaltung nicht gelockert ist, kann die Vertragsfreiheit Privater hier sehr schnell ihr Ende erreichen; denn sie verhält sich gleichsam spiegelbildlich zur Vertragsfreiheit der Verwaltung und kann deshalb dem Privaten in der Regel keine größeren Dispositionsmöglichkeiten als der Verwaltung einräumen.

[654] *Schlette*, Vertragspartner (Fn. 6), S. 49; kritisch gegenüber zunehmender normativer Regulierung des Vertragsrechts *Rittner*, Vertrag (Fn. 127), mit der abschließenden Forderung: „Gebt den Bürgern ihr Vertragsrecht zurück" (S. 274).

[655] → Rn. 20ff.

[656] → Rn. 30, 33.

gisches Problem.⁶⁵⁷ Letztlich ausschlaggebend ist daher die normative Regelung der Befugnis zur Rechtsgestaltung durch Vertrag. Dementsprechend ist die Vertragsfreiheit aller Beteiligten im Verwaltungsvertragsrecht seit langem und bis heute präsent, freilich mit dem ergänzenden und natürlich wie überall zutreffenden Hinweis auf ihre Begrenzung.⁶⁵⁸ Das lenkt die praktische Handhabung von Verwaltungsverträgen hin zu der bekannten Unterscheidung von zwingendem Recht und dispositivem Recht⁶⁵⁹, hin zu normativ belassenen oder eröffneten Dispositionsspielräumen für vertragliche Rechtsgestaltung⁶⁶⁰.

---

⁶⁵⁷ Vgl. dazu – mit anderer, auf die Privatautonomie bezogener Ausrichtung – *Gurlit*, Verwaltungsvertrag (Fn. 110), S. 245, wonach die Frage, ob die Verwaltung für vertragliches Handeln wie jeder Private die Privatautonomie in Anspruch nehmen kann, letztlich vom „begrifflichen Verständnis" abhängen soll; ferner die Thematisierung der Begriffsbildungsproblematik bei *Spannowsky*, Grenzen (Fn. 108), S. 276. S. auch *Röhl*, Verwaltungsprivatrecht (Fn. 188), S. 537, der Privatautonomie als die vom Privatrechtsgesetzgeber eingeräumte „Befugnis zur Rechtsgestaltung" verstehen will und vor diesem Hintergrund die Zuweisung von Privatautonomie an die Verwaltung für möglich hält, die Vertragsfreiheit aber offenbar grundrechtlich radizieren will. Demgegenüber bleibt hier die Privatautonomie, d.h. die Befugnis der einzelnen (privaten) Rechtsperson zur selbständigen Regelung der eigenen Angelegenheiten bzw. (Rechts-)Verhältnisse, für Private bzw. Bürger reserviert, während das Verwaltungsvertragsrecht für den rechtstechnischen Einsatz normativ verfasster und gebundener Vertragsfreiheit (im Sinne einer Befugnis zur Rechtsgestaltung durch Vertrag) auch der Verwaltung offen gehalten wird. Insoweit bedürfen die vielleicht missverständlich formulierten, jedenfalls in der Diskussion aber missverstandenen Ausführungen bei *Bauer*, Anpassungsflexibilität (Fn. 93), S. 254 m. Fn. 50, der Klarstellung: Dort ging es um die Nichtübertragbarkeit der grundrechtsgestützten *(privatautonomen)* Vertragsfreiheit Privater auf die öffentliche Verwaltung; hier geht es um die normativ konstituierte und gebundene Befugnis zur Rechtsgestaltung durch Vertrag (Vertragsfreiheit), die im Verwaltungsvertragsrecht auch der Verwaltung zukommt.
⁶⁵⁸ Siehe etwa Verwaltungsrechtsordnung für Württemberg (Fn. 22), S. 179f.; EVwVerfG 1963 (Fn. 1), S. 193; BTDrucks 7/910, S. 79 („der das Privatrecht beherrschende Grundsatz der Vertragsfreiheit" kann „im öffentlichen Recht nur sehr beschränkt Geltung beanspruchen"); *Göldner*, Vertragsfreiheit (Fn. 647), S. 358; *Efstratiou*, Bestandskraft (Fn. 7), S. 127 („Vertragsfreiheit erfährt im öffentlichen Recht in all ihren fünf Hauptelementen [sc. Abschluss-, Partnerwahl-, Regelungsinhalts-, Typen- und Beendigungsfreiheit] derartige Einschränkungen, daß von ihr nur noch ein elementares, für den vertraglichen Sinngehalt unverzichtbares Minimum übrig bleibt"); ebenso pointiert wie treffend *Ule/Laubinger*, VerwVerfR, § 70 Rn. 2 („Beim Abschluß örVe genießt die Behörde grundsätzlich sowohl Abschluß- als auch eine gewisse, wenn auch eingeschränkte Gestaltungsfreiheit. Wer die Vertragsfreiheit der Verwaltung in Abrede stellt, leugnet die Existenz des örVes überhaupt."); ferner *Henke*, Wirtschaftssubventionen (Fn. 490), S. 27f.; *Utz Schliesky*, in: Knack/Henneke, VwVfG, § 54 Rn. 22; *Eberhard*, Vertrag (Fn. 11), S. 319, 323, 326f.; *Heinz J. Bonk*, in: Stelkens/Bonk/Sachs (Hrsg.), VwVfG, § 54 Rn. 90. Anders sieht dies freilich die in der Literatur nach Anzahl der Autoren (wohl) überwiegende Meinung; s. *Kellner*, Haftungsprobleme (Fn. 74), S. 90 m.w.N. Der gelegentlich als Ersatz für die durchweg rechtlich gebundene Vertragsfreiheit der Verwaltung angebotene schillernde Begriff der „Kompetenz" (vgl. *Röhl*, Verwaltung [Fn. 110], S. 29; *Schmidt-Aßmann*, Ordnungsidee, Kap. 6 Rn. 114; *Gurlit*, Verwaltungsvertrag [Fn. 110], S. 245f.) kann mit seinen Rückwirkungen auf die asymmetrische Konzeption der Vertragsdogmatik nicht sämtliche in der normativ gestalteten Verwaltungswirklichkeit anzutreffenden Verwaltungsverträge erfassen und schon deshalb eine allgemeine Verwaltungsvertragsrechtslehre nicht überzeugen. Er wird dadurch aber nicht bedeutungslos, sondern für Verwaltungsverträge, an denen die Verwaltung beteiligt ist, auf seinen eigentlichen Kern, nämlich auf die Zuständigkeit zum Abschluss und zur Gestaltung von Verträgen innerhalb der ausdifferenzierten Verwaltungsorganisation, zurückgeführt.
⁶⁵⁹ Siehe dazu bereits *Apelt*, Vertrag (Fn. 16), S. 11ff.; *ders.*, Der verwaltungsrechtliche Vertrag, AöR, Bd. 84 (1959), S. 249 (253f.).
⁶⁶⁰ Im praktischen Ergebnis macht es dabei keinen Unterschied, ob die Dispositionsspielräume aus fehlender gesetzlicher Regelung, aus abdingbaren Normen oder aus Beurteilungs- und Ermessensnormen resultieren; vgl. zu dieser Problematik *Schlette*, Vertragspartner (Fn. 6), S. 83ff., der die Rolle

§ 36 Verwaltungsverträge

108 Innerhalb des normativ abgesteckten Rahmens erfolgt diese vertragliche **Rechtsgestaltung durch rechtlich gleichgeordnete Rechtssubjekte:** „Daß bei dem öffentlichrechtlichen Vertrag die den Vertrag Schließenden als solche rechtlich gleichgestellt sein müssen, ergibt sich aus dem im Rechtsleben […] eingebürgerten Begriff des Vertrags" und aus der Gegenüberstellung zum Verwaltungsakt[661]. Die rechtliche Gleichordnung der Vertragsparteien gilt nach den Gesetzgebungsmaterialien auch für öffentlich-rechtliche Verträge zwischen Verwaltung und Bürger[662] und erklärt neben anderem, weshalb die Verwaltung zur zwangsweisen Durchsetzung von Ansprüchen aus öffentlich-rechtlichen Verträgen – nicht anders als bei zivilrechtlichen Verträgen – grundsätzlich einer gerichtlichen Titulierung bedarf, vertragliche Ansprüche also nicht mittels Verwaltungsakts durchsetzen kann[663]. Freilich muss die rechtliche Gleichordnung bei all jenen Vorbehalte wecken, die darin kein verfassungsadäquates Erklärungsmodell für das Staat-Bürger-Verhältnis sehen wollen und stattdessen auf Subordinationsthesen abstellen[664]. Indes ist ein allgemeines „Subjectionsverhältniss" spätestens seit dem Inkrafttreten des Grundgesetzes unhaltbar geworden und kann – unbeschadet staatlicher Rechtsetzungsbefugnisse und gebotener Differenzierungen – jedenfalls die vertraglichen Beziehungen zwischen Verwaltung und Bürger nicht mehr systembildend prägen: „Hier tritt der Staat – wie grundsätzlich jede Privatperson – als Inhaber von rechtlich konstituierten Pflichten und Befugnissen, als bloßes ‚Rechtssubjekt' in Erscheinung; hier ist er, indem sich beider Rechte und Pflichten durch Rechtsnormen bestimmen, seiner eigenen Rechtsordnung unter- und damit den übrigen Rechtssubjekten gleichgeordnet"[665].

---

des dispositiven Gesetzesrechts im öffentlichen Vertragsrecht freilich als „vernachlässigenswert" einstuft und stattdessen vorrangig auf Beurteilungs- und Ermessensspielräume abstellt. Vgl. auch *Spannowsky*, Grenzen (Fn. 108), S. 277 ff., der zwar wegen vermeintlich irreführender Begrifflichkeit den Gebrauch der Vertragsfreiheit für die vertragliche Gestaltungsbefugnis der Verwaltung ablehnt, stattdessen aber auf eine vornehmlich durch Ermessensvorschriften eingeräumte „Dispositionsbefugnis" der Verwaltung abstellt und darauf die „Vertragsgestaltungsfreiheit" der Verwaltung stützt. Zu den in der Rechtspraxis nicht selten ganz beträchtlichen Dispositionsmöglichkeiten, die vor allem auch auf fehlende gesetzliche Regelungen bzw. geringe Regelungsintensität zurückgehen, s. bereits → Rn. 99 und unten → Rn. 109, 123 ff.

[661] Verwaltungsrechtsordnung für Württemberg (Fn. 22), S. 179; dass für den privatrechtlichen Verwaltungsvertrag nichts anderes gilt, versteht sich.

[662] Siehe zum öffentlich-rechtlichen Vertrag BTDrucks 7/910, S. 78 („[…] beim Vertragsschluß begegnen sich Behörde und Bürger nach allgemeiner Meinung immer als Gleichstehende") m. ergänzenden Hinw. zur Gleichordnung der Vertragsparteien bei Verträgen zwischen mehreren Verwaltungsträgern sowie zwischen mehreren Privatpersonen; ähnlich bereits EVwVerfG 1963 (Fn. 1), S. 188 f.

[663] *BVerwGE* 50, 171 (174 f.); 84, 157 (166 f.); anders verhält es sich bei einer vertraglichen Unterwerfung unter die sofortige Vollstreckung (vgl. § 61 VwVfG) und bei ausdrücklichen gesetzlichen Vollstreckungsermächtigungen. S. a. → Bd. III *Waldhoff* § 46 Rn. 113 ff.

[664] So speziell für die „Vertragsverwaltung" *Lecheler*, Verträge (Fn. 84), S. 547, und allgemein *Schmidt-Aßmann*, Rechtsformen (Fn. 89), S. 538 f.; *ders.*, Zur Reform des Allgemeinen Verwaltungsrechts, in: Hoffmann-Riem/Schmidt-Aßmann/Schuppert (Hrsg.), Reform, S. 11 (18 f.). Vom Ausgangspunkt subordinationsrechtlicher Erwägungen, derentwegen *Otto Mayer* öffentlich-rechtliche Staat-Bürger-Verträge noch für undenkbar hielt (→ Rn. 1), liegen asymmetrische Konzeptionen des Verwaltungsvertragsrechts nahe (vgl. *Schmidt-Aßmann*, Ordnungsidee, Kap. 6 Rn. 114; *Röhl*, Verwaltung [Fn. 110], S. 17 ff., 29), die jedoch nur einen Teil der Vertragswirklichkeit erfassen.

[665] Klärend *Schlette*, Vertragspartner (Fn. 6), S. 40 ff. (Zitat: S. 41) m.w.N.; noch immer instruktiv *Joachim Martens*, Der Bürger als Verwaltungsuntertan?, KritV, Bd. 1 (1986), S. 104 ff.; Näheres zur hier vertretenen Konzeption bei *Hartmut Bauer*, Geschichtliche Grundlagen der Lehre vom subjektiven öffentlichen Recht, 1986, S. 167 ff. Nicht zuletzt (auch) vor dem im Text genannten Hintergrund führt

D. Bausteine für eine Lehre vom Verwaltungsvertrag

Bei dieser Ausrichtung sind mit Berechtigungen, Verpflichtungen, Nebenpflichten, Obliegenheiten etc. rechtsformübergreifend wesentliche **Inhalte von Verwaltungsverträgen** abstrakt vergleichsweise leicht erfassbar. Im Kern geht es um wechselseitig aufeinander bezogene subjektive Rechte[666] und Pflichten der Vertragspartner. Für diese in Verwaltungsvertragsrechtsverhältnisse eingebundenen Rechte und Pflichten ist signifikant, dass sie **gesetzlich regelmäßig nicht abschließend determiniert** sind. Deshalb entsteht im gesetzlichen Rahmen **autonom gesetztes Verwaltungsvertragsrecht,** durch das die Parteien für ihr konkretes Vertragsverhältnis bestimmen, was für sie rechtens sein soll, genauer: welche konkreten Rechte und Pflichten zwischen ihnen gelten, welche konkreten Berechtigungen und Verpflichtungen den beteiligten Akteuren zustehen und zugeordnet sein sollen.[667]

3. Vertragsverhandlungen und Vertragsanbahnung in vorvertraglichen Rechtsverhältnissen

Verwaltungsverträgen gehen oftmals **Aushandlungsprozesse** voraus, die sich nicht in einem rechtsfreien Raum bewegen. Die normative Umhegung von Vertragsverhandlungen zeigen schon allein bereichsspezifische gesetzliche Steuerungen, die von einem Recht des Bürgers auf Verhandlungen[668] über die Bereitstellung eines Verhandlungsverfahrens[669] bis hin zu einem mehr oder weniger

---

der Bedeutungszuwachs des Verwaltungsvertrages auch zu Rückfragen an das Allgemeine Verwaltungsrecht bei der Konzeption des Staat-Bürger-Verhältnisses.

[666] Das subjektive Recht ist – wie viele Grundbegriffe des Rechts – umstritten, was nicht zuletzt auf uneinheitliche theoretische Vorstellungen und daran anschließende terminologische Abweichungen zurückzuführen ist. Doch lässt sich die für das Privatrecht von *Karl Larenz* entwickelte Deutung des subjektiven Rechts als „offener" Rahmenbegriff, der besagt, dass einem Rechtssubjekt „etwas – und zwar etwas jeweils Bestimmtes rechtens zukommt oder gebührt", problemlos auf das Öffentliche Recht übertragen und dort dogmatisch verarbeiten; Näheres dazu bei *Hartmut Bauer,* Subjektive öffentliche Rechte des Staates, DVBl 1986, S. 208 (217 f.). Für die – rechtsformunabhängige – Konzeption der Verwaltungsvertragsrechtslehre hat dies den Vorteil, dass übergreifend für sämtliche Erscheinungsformen von Verwaltungsverträgen mit einheitlichen Grundbegriffen gearbeitet werden kann. Das betrifft insbes. auch die subjektiven öffentlichen Rechte des Staates (dazu bahnbrechend *Wilhelm Henke,* Das subjektive Recht im System des öffentlichen Rechts, DÖV 1980, S. 621 ff.), die zwar in der Lehrbuchliteratur verbreitet anerkannt sind (so etwa von *Maurer,* VerwR, § 8 Rn. 2, und – unter ausdrücklichem Hinw. auf die aus öffentlich-rechtlichen Verträgen resultierenden Rechte sowie Rechte beim Auftreten der Verwaltung als Privatrechtssubjekt – von *Arno Scherzberg,* Subjektiv-öffentliche Rechte, in: Erichsen/Ehlers [Hrsg.], VerwR, § 12 Rn. 27), mit deren Anerkennung sich mancher aber erkennbar schwer tut; vgl. etwa → Bd. I *Masing* § 7 Rn. 105. Zu Nachwirkungen *Otto Mayers* bei der Ablehnung subjektiver Rechte des Staates s. *Rolf Gröschner,* Das Überwachungsrechtsverhältnis, 1992, S. 119 ff.

[667] *Bauer,* Verwaltungskooperationsrecht (Fn. 122), S. 255 f.

[668] So zur Referenzkonstellation der Eingliederungsvereinbarung nach § 15 SGB II (→ Rn. 40) *Rixen,* in: Eicher/Spellbrink, SGB II, 1. Aufl. (Fn. 210), § 15 Rn. 4; enger *Spellbrink,* in: Eicher/Spellbrink, SGB II, 2. Aufl. (Fn. 210), § 15 Rn. 15 (Anspruch auf Einräumung des Aushandlungsprozesses); vgl. → Rn. 40 a. E.

[669] § 101 Abs. 1 und 5 GWB. Das vergaberechtliche Verhandlungsverfahren gliedert sich in zwei Abschnitte. Danach werden in einer ersten Phase mit oder ohne vorherige öffentliche Aufforderung zur Teilnahme geeignete Unternehmen ausgewählt und in einer zweiten Phase Vertragsverhandlungen mit dem Ziel einer Zuschlagserteilung geführt. Abweichend von dem in anderen Bereichen der öffentlichen Auftragsvergabe geltenden Verhandlungsverbot sind im Verhandlungsverfahren Verhandlungen zwischen der Vergabestelle und den Bietern gesetzlich erwünscht und zur Bestimmung des späteren Vertragsinhalts auch notwendig. Diese Verfahrensart ist namentlich bei den eigent-

strikten (Nach-)Verhandlungsverbot[670] reichen. Auch begrenzen und dirigieren materiellrechtliche Direktiven namentlich des Fachrechts von Anbeginn die Spielräume für Aushandlungen und zeitigen so Vorwirkungen auf die Vertragsverhandlungen. Hinzu kommen neben Vorgaben für die Auswahl der potentiellen privaten Vertragspartner[671] differenzierte verfahrensrechtliche Anforderungen für einzelne Arten von Verwaltungsverträgen, die Verhandlungsprozesse steuern – so etwa Vorgaben des Verwaltungsverfahrensrechts, des Vergaberechts und bei Prozessvergleichen[672] auch des Verwaltungsprozessrechts, daneben beispielsweise bei Vergleichsverhandlungen und Mediationen von den Akteuren vertraglich vereinbarte Verfahrensregeln[673]. Vertragsverhandlungen werden demnach stets „im Schatten des Rechts", genauer: in einem rechtlichen Rahmen geführt.[674] Insgesamt lässt sich daher für Aushandlungsprozesse im Vorfeld von Verwaltungsverträgen eine **Maxime rechtsdirigierter Vertragsverhandlungen** formulieren. Mit der Maxime rechtsdirigierter Vertragsverhandlungen sind Aushandlungsprozesse rechtlich eingefangen und diszipliniert; das entzieht immer wieder aufkeimenden Soupçonismen gegen ein „Aushandeln statt Entscheiden"[675] den Boden, solange die „verhandelnde Verwaltung" die gesetzlichen Vorgaben wahrt[676].

111 Aus verwaltungswissenschaftlicher Sicht handelt es sich bei Vertragsverhandlungen um – gegebenenfalls mittlerunterstützte[677] – **interaktive Kommunika-**

---

lichen Vergabeverhandlungen ein dynamischer Prozess und weitgehend formfrei, jedoch nicht von den vergaberechtlichen Grundsätzen des Wettbewerbs, der Transparenz und der Nichtdiskriminierung freigestellt. Zu den näheren Einzelheiten s. *Bungenberg*, Kartellrecht (Fn. 516), § 101 Rn. 21 ff. In der Rechtspraxis vergeben die öffentlichen Auftraggeber erstaunlich viele und vor allem wirtschaftlich bedeutsame Projekte auf diesem Wege; s. dazu *Klaus Willenbruch*, Die Praxis des Verhandlungsverfahrens nach §§ 3a Nr. 1 VOB/A und VOL/A, NZBau 2003, S. 422 (422), wonach ausweislich einer Analyse des Bundesinnenministeriums 2002 ca. 65% aller Beschaffungsvorgänge im Rahmen von Verhandlungsverfahren (und freihändiger Vergaben) erfolgten. Vgl. allgemein zum Verhandlungsverfahren *Jan Byok*, Das Verhandlungsverfahren, 2006.

[670] Siehe etwa für Teilbereiche des Vergaberechts § 101 Abs. 1, 2 und 7 GWB; § 15 VOB/A; § 15 VOL/A. Nach *Ute Jasper/Friedhelm Marx*, Einführung, in: Vergaberecht, dtv-Textsammlung, 13. Aufl. 2011, S. XXIX, konkretisiert das Verhandlungsverbot den Grundsatz von Treu und Glauben, der auch im Vergaberecht gilt. Näheres zum offenen Verfahren bei *Bungenberg*, Kartellrecht (Fn. 516), § 101 Rn. 13 ff., 36 ff.

[671] Dazu gehören beispielsweise bei Kooperationsverträgen Anforderungen an die Leistungsfähigkeit, Fachkunde, Zuverlässigkeit und Eignung des Privaten; vgl. *Bauer*, Verwaltungskooperationsrecht (Fn. 122), S. 259 ff., und zur rechtspolitischen Diskussion über die Aufnahme solcher Anforderungen in einen neuen § 56a VwVfG *Schmitz*, Novellierung (Fn. 54), S. 21 f.

[672] → Rn. 64 f.

[673] → Rn. 62.

[674] Vgl. allgemein zu Verwaltungsverhandlungen *Schmidt-Aßmann*, Gesetzesbindung (Fn. 551), S. 556; speziell zu Verhandlungen bei Public Private Partnerships *Roggenkamp*, Public Private Partnership (Fn. 248), S. 160 f. m. einer ergänzenden spieltheoretischen Analyse. Zur Spieltheorie vgl. auch → Bd. II *Sacksofsky* § 40 Rn. 48 ff.

[675] Vgl. zur Diskussion z.B. *Philip Kunig/Susanne Rublack*, Aushandeln statt Entscheiden?, Jura 1990, S. 1 ff.; *Nicolai Dose*, Die verhandelnde Verwaltung, 1997; *Helge Rossen*, Vollzug und Verhandlung, 1999; *Eberhard Schmidt-Aßmann*, Die Bedeutung von Verhandlungslösungen im Verwaltungsverfahren, in: Eibe Riedel (Hrsg.), Die Bedeutung von Verhandlungslösungen im Verwaltungsverfahren, 2002, S. 21 ff.

[676] Eine ganz andere, nämlich eine rechtspolitische Frage ist, ob die Verhandlungsbeziehungen gesetzlich stärker strukturiert werden sollten; s. dazu die rechtsformunabhängigen Vorschläge zur Regelung von Vorfeld-Kooperationen bei *Ziekow*, Kooperationsverhältnisse (Fn. 98), S. 172 ff., 187 ff., 198 f. Zur Verrechtlichung des Informellen s. a. → Bd. II *Fehling* § 38 Rn. 83 ff.

[677] Vgl. → Rn. 61 ff.

D. Bausteine für eine Lehre vom Verwaltungsvertrag

tionsbeziehungen, die vielfältige Funktionen erfüllen.[678] Im Vordergrund steht der wechselseitige Gedanken- und Informationsaustausch über die das in Aussicht genommene Vertragsverhältnis betreffenden tatsächlichen Gegebenheiten, über erste Einschätzungen der Rechtslage und vorläufige rechtliche Bewertungen des Vorgangs, über die Interessen der Beteiligten und die von den Akteuren verfolgten Ziele, nicht zuletzt auch über die Ausgestaltung des potentiellen Vertrages. In dem Kommunikationsprozess erfolgt eine abgeschichtete Problembearbeitung mit stufenweise entwickelten Problemlösungen, die am Ende in einen Vertrag münden oder auch zum Scheitern der Vertragsverhandlungen führen kann. Ein besonders anschauliches Beispiel für gesetzlich vorstrukturierte Verhandlungen in einem dynamisch angelegten, ergebnisoffenen Prozess bietet der durch das ÖPP-Beschleunigungsgesetz[679] in das Vergaberecht eingefügte „**Wettbewerbliche Dialog**"[680]. Der Wettbewerbliche Dialog ist für komplexe Beschaffungsaufträge[681] gedacht und soll vor allem dann zum Einsatz kommen, wenn die Auftraggeber nicht schon im Voraus die optimalen technischen Lösungen und die Angebote des Marktes kennen. Dementsprechend ist die Option des Wettbewerblichen Dialogs für oberhalb der Schwellenwerte liegende Aufträge u.a. nur dann gegeben, wenn die Auftraggeber objektiv nicht in der Lage sind, „die technischen Mittel anzugeben, mit denen ihre Bedürfnisse und Ziele erfüllt werden können"[682]. Der Grundstruktur nach[683] eröffnet den Wettbewerblichen

---

[678] Vgl. allgemein zur juristischen Kommunikation *Felix Weyreuther*, Probleme juristischer Kommunikation, DÖV 1987, S. 177 ff.; aus der richterlichen Perspektive *Karsten-Michael Ortloff*, in: Schoch/Schmidt-Aßmann/Pietzner (Hrsg.), VwGO, § 104 Rn. 30 ff.; speziell zu vorvertraglichen Kommunikationsbeziehungen *Bauer*, Anpassungsflexibilität (Fn. 93), S. 257 f.

[679] → Fn. 60.

[680] § 101 Abs. 5 GWB a.F. (jetzt: § 101 Abs. 4 GWB); § 6a VgV a.F. Im Zuge der jüngsten Novellierungen des Vergaberechts ist § 6 a VgV weggefallen. Regelungen zum Wettbewerblichen Dialog finden sich nun in den einzelnen Vergabeordnungen (z. B. § 3 a Abs. 1 Nr. 3, Abs. 4 VOB/A, § 3 Abs. 1, 7 EG VOL/A). S. zum Wettbewerblichen Dialog etwa *Matthias Knauff*, Im wettbewerblichen Dialog zur Public Private Partnership?, NZBau 2005, S. 249 ff.; *Hermann Pünder/Ingo Franzius*, Auftragsvergabe im wettbewerblichen Dialog, ZfBR 2006, S. 20 ff. m.w.N.; *Ralf P. Schenke/Stefan Klimpel*, Verhandlungsverfahren versus wettbewerblicher Dialog: Neuere Entwicklungen im Vergaberecht Öffentlich Privater Partnerschaften (ÖPP)/Public Private Partnership (PPP), DVBl 2006, S. 1492 (1494 ff.); *Bungenberg*, Kartellrecht (Fn. 516), § 101 Rn. 30 ff.; *Olaf Otting/Udo H. Olgemöller*, Innovation und Bürgerbeteiligung im Wettbewerblichen Dialog, NVwZ 2011, S. 1225 ff.; Vergleich des wettbewerblichen Dialogs, Verhandlungsverfahrens und des Interessenbekundungsverfahrens bei *Christof Schwabe*, Wettbewerblicher Dialog, Verhandlungsverfahren, Interessenbekundungsverfahren, 2009. S.a. → Bd. I *Hoffmann-Riem* § 10 Rn. 129; Bd. II *Fehling* § 38 Rn. 88.

[681] Erwägungsgrund 31 der RL 2004/18/EG des Europäischen Parlaments und des Rates vom 31. 3. 2004 über die Koordinierung der Verfahren zur Vergabe öffentlicher Bauaufträge, Lieferaufträge und Dienstleistungsaufträge, ABl. EU 2004, Nr. L 134, S. 114 (118), sog. Vergabekoordinierungsrichtlinie (im Folgenden abgekürzt: VKR), zählt zu den besonders komplexen Vorhaben etwa die Durchführung bedeutender integrierter Verkehrsinfrastrukturprojekte, großer Computernetzwerke oder Vorhaben mit einer komplexen und strukturierten Finanzierung, deren finanzielle und rechtliche Konstruktion nicht im Voraus vorgeschrieben werden kann.

[682] § 3 Abs. 7 EG VOL/A. Zur exemplarischen Verdeutlichung: Ein denkbarer Anwendungsfall könnte das Bedürfnis (und das Ziel) der Verbindung zweier Straßen sein, die an einander gegenüberliegenden Flussufern verlaufen, wenn zunächst noch ungewiss ist, ob die angestrebte „Flussüberquerung" technisch und wirtschaftlich vorteilhafter durch eine Brücke oder durch eine Untertunnelung zu erreichen ist.

[683] Zu den näheren Einzelheiten und zu flankierenden Verpflichtungen (u.a. zur Gleichbehandlung der für den Dialog ausgewählten Unternehmen, zu Information und Geheimhaltung) des Auftraggebers, die einen fairen Wettbewerb sicherstellen sollen, s. z.B. § 3 Abs. 7 EG VOL/A.

Dialog die europaweite Bekanntgabe der Bedürfnisse und Anforderungen des Auftragebers, die zunächst alle Wirtschaftsteilnehmer zu einer Bewerbung aufruft. Dabei kann die Höchstzahl der am Wettbewerblichen Dialog teilnehmenden Unternehmen auf mindestens drei beschränkt werden. Im Anschluss daran erfolgt eine Eignungsprüfung der interessierten Unternehmen, in der der Auftraggeber die in die (eigentliche) Dialogphase einzubeziehenden Bewerber auswählt. In dieser Phase,[684] die in mehreren Dialogrunden stattfinden kann, ermittelt der Auftraggeber durch Erörterung der Einzelheiten des Projekts mit den ausgewählten Unternehmen, wie seine Bedürfnisse am besten erfüllt werden können. Der Auftraggeber hat die Dialogphase für abgeschlossen zu erklären, wenn eine Lösung gefunden oder erkennbar ist, dass keine Lösung gefunden werden kann. Ist eine Lösung gefunden, werden die ausgewählten Bewerber zur Angebotsabgabe aufgefordert[685] und schlussendlich der Zuschlag erteilt, der den Wettbewerblichen Dialog ebenso wie das Verfahren der „Partnersuche" abschließt; damit ist zugleich die rechtliche Grundlage für die künftige verwaltungsvertragliche Kooperation geschaffen.[686]

112 Freilich geht es bei Vertragsverhandlungen bei weitem nicht stets um die Begründung einer kurz-, mittel- oder langfristig angelegten Kooperation. Vielmehr können sie auch auf eine konsensuale Konfliktbeilegung zielen. Denn Konflikte trennen nicht nur, sondern verbinden die Kontrahenten auch durch deren gemeinsames Problem, das – jenseits streitiger Konfliktentscheidung durch Gerichte – im Wege dialogischer Kommunikation in Vertragsverhandlungen einer einvernehmlichen Lösung zugeführt werden kann. Doch dürfen die skizzierten Kommunikationsprozesse nicht den Eindruck ungetrübter Harmonie hinterlassen. Denn **erfolgreiches Verhandeln** setzt eine gewisse Verhandlungsmacht und zudem Fertigkeiten und Fähigkeiten „im Verhandeln" voraus, die in der Rechtspraxis namentlich bei Staat-Bürger-Verträgen zwischen den Verhandlungsparteien keineswegs immer ausgewogen verteilt sind. Faktische Ungleichgewichte können sich dabei nicht allein zu Lasten des Bürgers ergeben,[687] sondern auch zu Lasten der Verwaltung, wenn der Private über eine entsprechende „bargaining power"[688] oder besonderes Verhandlungsgeschick verfügt. Dagegen kann sich die Verwaltung jedoch wappnen, wenn sie lernt, „wie man sich […] mit geschick-

---

[684] Zur Teilnahme am (eigentlichen) Dialog fordert der Auftraggeber „gleichzeitig schriftlich auf"; vgl. Art. 40 Abs. 1 VKR (Fn. 681).

[685] Vgl. Art. 1 Abs. 11 c) VKR (Fn. 681).

[686] Einen verstärkten Einsatz der Verhandlungen erwägt auch die EU-Kommission, die eine Effizienzkontrolle der bisherigen Möglichkeiten des Vergabeverfahrens vornehmen und es den Auftraggebern stärker gestatten will, mit potentiellen Bietern zu verhandeln; vgl. → Fn. 246.

[687] Vgl. *Grziwotz*, Vertragsgestaltung (Fn. 262), S. 21, der von einer „strukturellen Unterlegenheit des Privaten" spricht; *Schlette*, Vertragspartner (Fn. 6), S. 372 f. Faktische „Ungleichheitslagen" sind keine Besonderheit des Verwaltungsvertragsrechts, sondern auch in anderen Teilrechtsordnungen und insbes. selbst im Zivilrecht verbreitet anzutreffen. Hier wie andernorts verweisen die Disparitäten letztlich auf Fragen etwaiger Schutzvorschriften und in gerichtlichen Verfahren auf die Berücksichtigung der „tatsächlichen Machtverhältnisse im konkreten Einzelfall" namentlich bei der Vertragsauslegung; s. zu Letzterem etwa *Ulrike Bick*, Städtebauliche Verträge, DVBl 2001, S. 154 (155 f.) m.w.N. Außerdem hat der Bürger die Option des Ausstiegs aus Vertragsverhandlungen und ist deshalb einem etwaigen „Vertragsdiktat" der Verwaltung nicht unentrinnbar unterworfen.

[688] Dazu frühzeitig *Albert Bleckmann*, Verfassungsrechtliche Probleme des Verwaltungsvertrages, NVwZ 1990, S. 601 (607).

ter Verhandlungsführung behauptet"[689] und dabei rechts- und sozialpsychologisches Erfahrungswissen verwertet. Dazu gehört der vertiefte Erwerb außerrechtlicher Kenntnisse[690] über die Strukturierung von Verhandlungsphasen[691] und steuernde, zielführende „Moderation", über die Sprache als Mittel des Gesprächs und andere Formen der Kommunikation, über intuitive und rationale Verhandlungsmodelle, über streitiges und ausgleichendes Verhandeln, über kompetitive und kooperative Verhandlungsstile, über den Einsatz von Kreativitätstechniken wie Brainstorming, über das Auseinanderhalten von Sach- und Beziehungsebene, über „Verhandlungsfallen" und die Abwehr „schmutziger Verhandlungstricks", auch über die wichtige Alternative des Ausstiegs aus Verhandlungen und über vieles andere mehr, kurz: über Vorbereitung, Rahmenbedingungen, Strategien und Maximen erfolgreichen Verhandelns.

Solche außerrechtlichen Aspekte blendet die herkömmliche verwaltungsrechtliche Perspektive trotz der großen praktischen Bedeutung freilich regelmäßig aus. Stattdessen zentriert sie die Aushandlungsprozesse im Vorfeld von Verwaltungsverträgen auf Schuld- bzw. Rechtsverhältnisse der Vertragsanbahnung[692] und damit auf **vorvertragliche Rechtsverhältnisse.**[693] Ungeachtet der zahlreichen Probleme, die sich damit bis heute verbinden und nach der Schuldrechtsmodernisierung teilweise neu stellen, hier aber nicht im Detail zu erörtern sind, entsteht ein vorvertragliches Schuldverhältnis jedenfalls mit der Aufnahme von Vertragsverhandlungen.[694] Spätestens ab diesem Zeitpunkt sind die Verhandlungspartner zur Rücksichtnahme auf die Rechte und Belange des jeweils anderen Teils angehalten, sind die Verhandlungspartner einander wechselseitig zu loyalem und redlichem Verhalten verpflichtet, wobei unerheblich ist, ob es im konkreten Einzelfall zu einem Vertragsabschluss kommt oder nicht. Mögliche Ansatzpunkte für Verstöße gegen diese allgemeine Verhaltenspflicht im vorvertraglichen Rechtsverhältnis sind neben anderem der Abbruch der Vertragsverhandlungen ohne triftigen Grund, die Verletzung von Aufklärungs- und Sorgfaltspflichten sowie Vertretungsmängel, die den Vertragsabschluss verzögern oder scheitern lassen. Entsprechende Pflichtverletzungen können Schadenser-

113

---

[689] *Budäus/Grüning,* Partnership (Fn. 255), S. 63.

[690] Siehe zum Folgenden *Walther Gottwald/Fritjof Haft,* Verhandeln und Vergleichen als juristische Fertigkeiten, 2. Aufl. 1993; *Fritjof Haft,* Verhandlung und Mediation – Die Alternative zum Rechtsstreit, 2. Aufl. 2000; *Reiner Ponschab/Adrian Schweizer,* Kooperation statt Konfrontation, 2. Aufl. 2010; *Roger Fisher/William Ury/Bruce Patton,* Das Harvard-Konzept, 23. Aufl. 2009.

[691] Strukturierte Verhandlungen sind prozedural angelegt und vollziehen sich in mehreren aufeinanderfolgenden Phasen, die unterschiedliche Gegenstände haben: Eröffnungsphase, Rahmenphase, Themenphase, Informationsphase, Argumentationsphase, Entscheidungsphase, Schlussphase (vgl. *Haft,* Verhandlung [Fn. 690], S. 123 ff.).

[692] Vgl. dazu und zum Folgenden für die Rechtslage vor der Schuldrechtsmodernisierung *Keller,* Vorvertragliche Schuldverhältnisse (Fn. 651); *Schlette,* Vertragspartner (Fn. 6), S. 414 ff.; *Gurlit,* Verwaltungsvertrag (Fn. 110), S. 466 ff.; sowie für die Rechtslage nach der Schuldrechtsmodernisierung *Kellner,* Haftungsprobleme (Fn. 74), S. 27 ff., 81 ff.; *Gündling,* Privatrecht (Fn. 106), S. 341 ff.; jew. m. w. N.

[693] So die Terminologie etwa bei Heinz J. Bonk, in: Stelkens/Bonk/Sachs (Hrsg.), VwVfG, 6. Aufl. 2001, § 62 Rn. 45.

[694] Vgl. § 311 Abs. 2 Nr. 1 BGB, der über § 62 S. 2 VwVfG auf öffentlich-rechtliche Verwaltungsverträge entsprechend anwendbar ist; dazu *Utz Schliesky,* in: Knack, VwVfG/Henneke, § 62 Rn. 30; *Heinz J. Bonk,* in: Stelkens/Bonk/Sachs (Hrsg.), VwVfG, § 62 Rn. 22, 45 ff.; *Kellner,* Fallgruppen (Fn. 646), S. 27; *Christmann,* Schuldrechtsreform (Fn. 543), S. 148; für die Rechtslage vor der Schuldrechtsmodernisierung *Keller,* Vorvertragliche Schuldverhältnisse (Fn. 651), S. 119 f., 127 ff.

satzansprüche auslösen,⁶⁹⁵ auch wenn dies zumeist nur bei schweren oder gewichtigen Rechtsverstößen anzunehmen sein wird und dabei letztlich die Umstände des Einzelfalls ausschlaggebend sein mögen. Über den Einzelfall hinaus wichtig ist: Im vorvertraglichen Rechtsverhältnis spielen sich Vertragsverhandlungen und -anbahnungen weder in einem *rechtsfreien* noch in einem *rechtsfolgenfreien* Raum ab;⁶⁹⁶ das gilt rechtsformunabhängig⁶⁹⁷ sowohl für öffentlich-rechtliche als auch für privatrechtliche Verwaltungsverträge.

114 In manchen der angesprochenen Konkretisierungen vorvertraglicher Pflichten klingen bereits **Verfahrenspflichten** an – so beim grundlosen Verhandlungsabbruch, bei verhandlungs- und vertragsabschlussfördernden Aufklärungspflichten sowie bei vertragsabschlussverzögerndem oder -verhinderndem Verhalten. Verfahrenspflichten verweisen auf Problemlagen spezifischer, dem Vertragsschluss vorgelagerter Verfahrensrechtsverhältnisse. Dogmatisch lassen sich Verfahrenspflichten und die ihnen korrespondierenden Rechte der beteiligten Akteure deshalb in die vorvertraglichen Rechtsverhältnisse einstellen und dort systematisieren. Dabei ist jedoch bereichsspezifische Konkretisierungsarbeit unumgänglich, weil die Verfahrenspflichten in einzelnen Regelungsgebieten des Verwaltungsvertragsrechts unterschiedlich ausgeformt sind. Bei der demnach gebotenen bereichsspezifischen Analyse ist man bei der Suche nach besonderen Verfahrenspflichten seit langem in den für bestimmte Segmente **öffentlich-rechtlicher Verwaltungsverträge** geltenden §§ 9 ff. VwVfG, § 62 S. 1 VwVfG⁶⁹⁸ fündig geworden. Diesen Normen lassen sich Pflichten zur Sachverhaltsaufklärung und zur Mitwirkung an der Sachverhaltsermittlung, Beratungs-, Belehrungs- und Hinweispflichten, zudem gegebenenfalls Verpflichtungen zur Information oder zur Hinzuziehung sog. Dritter zu den diese betreffenden Verhandlungen usw. entnehmen.⁶⁹⁹ Verfahrensgeprägte vorvertragliche Pflichten sind keine Besonderheit dieser öffentlich-rechtlichen Verträge. Vielmehr finden sie sich auch in Einsatzfeldern **privatrechtlicher Verwaltungsverträge.** Exemplarisch ist das Vergaberecht. Dort gehen den privatrechtlichen Beschaffungsverträgen regelmäßig Vergabeverfahren voraus, die im europäisierten deutschen Vergaberecht bekanntlich sehr differenziert geregelt sind. So kann die Vergabe von oberhalb der sog. Schwellenwerte liegenden Aufträgen in vier unterschiedlichen Verfahrensarten⁷⁰⁰ erfolgen, im Offenen Verfahren, im Nichtoffenen Verfahren,

---

⁶⁹⁵ Vgl. § 280 Abs. 1 BGB i. V. m. §§ 311 Abs. 2 Nr. 1, 241 Abs. 2 BGB, die über § 62 S. 2 VwVfG auf öffentlich-rechtliche Verwaltungsverträge entsprechend anwendbar sind; dazu etwa *Gündling*, Privatrecht (Fn. 106), S. 341 ff. (343), der ergänzend darauf hinweist, dass die Schuldrechtsreform in dem hier interessierenden Zusammenhang im Wesentlichen die bisherige Regelung der für das Rechtsinstitut der culpa in contrahendo entwickelten Grundsätze übernommen hat; *Christmann*, Schuldrechtsreform (Fn. 543), S. 174 ff.; zu möglichen Fallgestaltungen und Haftungsfolgen der c. i. c. im Verwaltungsrecht *Kellner*, Fallgruppen (Fn. 646), S. 26 ff.; vgl. auch → Bd. II *Fehling* § 38 Rn. 118 f. In besonders gelagerten Fällen kommen auch Ansprüche auf Vertragsanpassung oder -aufhebung in Betracht; vgl. zu den möglichen Rechtsfolgen im Einzelnen *Keller*, Vorvertragliche Schuldverhältnisse (Fn. 651), S. 176 ff.

⁶⁹⁶ Vgl. *Kellner*, Haftungsprobleme (Fn. 74), S. 82.

⁶⁹⁷ Dazu bereits oben → Rn. 71, 89 f.

⁶⁹⁸ Zu dem nicht alle öffentlich-rechtliche Verwaltungsverträge erfassenden Anwendungsbereich der §§ 9 ff., 54 ff. VwVfG vgl. schon oben → Rn. 87.

⁶⁹⁹ Vgl. *Krebs*, Verträge (Fn. 87), S. 260 ff.; *Keller*, Vorvertragliche Schuldverhältnisse (Fn. 651), S. 130 ff., 142 ff.; 161 ff.; *Schlette*, Vertragspartner (Fn. 6), S. 414 ff.

⁷⁰⁰ Vgl. § 101 GWB. S. a. → Bd. I *Schulze-Fielitz* § 12 Rn. 143; Bd. III *Scherzberg* § 49 Rn. 120.

im Verhandlungsverfahren und im schon vorgestellten[701] Wettbewerblichen Dialog; unterhalb der sog. Schwellenwerte sind an nationalen Verfahrensarten die Öffentliche Ausschreibung, die Beschränkte Ausschreibung und die Freihändige Vergabe geläufig[702]. Die näheren Einzelheiten mögen hier auf sich beruhen, zumal sie zusammen mit Fragen des sog. Primärrechtsschutzes und des sog. Sekundärrechtsschutzes noch immer „im Fluss" sind. Stattdessen müssen mit der gebotenen Vereinfachung einige Eckpunkte genügen: Danach sind, erstens, bei den einzelnen Vergabearten über weite Strecken die Auftragsvergaben im Vorfeld des Vertragsabschlusses verfahrensrechtlich strukturiert. Zweitens orientieren sich die Vergabeverfahren an bestimmten Grundsätzen wie dem Wettbewerbsgebot, dem Diskriminierungsverbot und Transparenzmaximen. Drittens prägen diese Grundsätze alle Vergabeverfahren und liefern Ansatzpunkte für die Entwicklung konkreter Verfahrenspflichten etwa zur Gleichbehandlung von Bietern, zum diskriminierungsfreien Umgang mit Informationen, mitunter auch zur Geheimhaltung etc. Nicht zuletzt räumt das Gesetz, viertens, bei den sog. oberschwelligen Auftragsvergaben konkurrierenden Bietern einen Anspruch darauf ein, dass „der Auftraggeber die Bestimmungen über das Vergabeverfahren einhält"[703], und im sog. unterschwelligen Auftragssegment arbeitet man zumindest mit Behelfslösungen wie einem vorvertraglichen Vertrauensverhältnis, aus dem sich bei einer Verletzung von Vergaberegeln Schadensersatzansprüche ergeben können[704].

4. Begründung und Entwicklung verwaltungsvertraglicher Rechtsverhältnisse

Wie erwähnt werden verwaltungsvertragliche Rechtsverhältnisse rechtsformunabhängig durch die Abgabe übereinstimmender Willenserklärungen **begründet**.[705] Die rechtlichen Anforderungen an Angebot und Annahme richten sich im Kern nach den Vorschriften des Bürgerlichen Gesetzbuches, gegebenenfalls in entsprechender Anwendung bzw. i.V.m. § 62 S. 2 VwVfG.[706] Dabei bedürfen die vom Verwaltungsverfahrensgesetz erfassten öffentlich-rechtlichen Verwaltungsverträge nach § 57 VwVfG der **Schriftform.**[707] Das Schriftformerfordernis stellt

115

---

[701] → Rn. 111.
[702] § 3 VOB/A, § 3 VOL/A.
[703] § 97 Abs. 7 GWB; vgl. auch § 126 GWB. S.a. → Bd. III *Korioth* § 44 Rn. 112.
[704] Knapper, aber prägnanter Überblick bei *Jasper/Marx,* Vergaberecht (Fn. 670), S. XXXII ff., XXXIII f., XL f.; *Rudolf,* Einführung (Fn. 523), Rn. 92 ff.; vgl. auch *Niedersächs.* OVG, NVwZ-RR 2006, S. 843 (844); *BGH,* NJW 1998, S. 3636 (3636 f.); *BGH,* NJW 2004, S. 2165 (2165); *BVerwG,* DÖV 2007, S. 842 (843); ferner *BVerfG,* NJW 2006, S. 3701 (3704 f.). Nach jüngerer Ansicht können auf der Rechtsfolgenseite auch Unterlassungsansprüche ausgelöst werden; dazu *André/Sailer,* Vergaberechtsschutz (Fn. 524), S. 559 ff. m.w.N.
[705] → Rn. 87 ff., 106; s. dort auch die Ausführungen zum (teilrechtsordnungsübergreifenden) Verbot von Verträgen zu Lasten Dritter, das als Wirksamkeitsvoraussetzung für die vom VwVfG erfassten Verwaltungsverträge in dem in § 58 Abs. 1 VwVfG geregelten Zustimmungserfordernis des Dritten seinen Niederschlag gefunden hat.
[706] *Heinz J. Bonk,* in: Stelkens/Bonk/Sachs (Hrsg.), VwVfG, § 62 Rn. 26 ff.; *Utz Schliesky,* in: Knack/Henneke, VwVfG, § 62 Rn. 11 ff.; *Max-Emanuel Geis,* Die Schuldrechtsreform und das Verwaltungsrecht, NVwZ 2002, S. 385 (386).
[707] Dabei sind insbes. die Anforderungen an die sog. „Urkundeneinheit" (vgl. § 126 Abs. 2 BGB) umstritten. Das BVerwG hat diese Frage noch nicht abschließend entschieden, in einem Fall aber zwei separate schriftliche Erklärungen genügen lassen (*BVerwGE* 96, 326 [332 ff.]); dies bestätigte das

an diese Verträge gegenüber zivilrechtlichen Verträgen erhöhte Anforderungen und scheint vordergründig für einen rechtsformabhängigen Selbststand des öffentlich-rechtlichen Verwaltungsvertragsrechts zu streiten. Doch hält sich schon § 57 Halbsatz 2 VwVfG für andere gesetzlich vorgeschriebene Formen offen,[708] und auch das Zivilrecht regelt die Anforderungen an die Vertragsform abgestuft[709]; hinzu kommen kommunalrechtliche Formerfordernisse für Verpflichtungserklärungen, die nicht zwischen öffentlich- und privatrechtlichen Verträgen unterscheiden[710]. Deshalb spricht nichts dagegen, Formanforderungen als solche in eine rechtsformübergreifende Verwaltungsvertragsrechtslehre einzustellen und mit den gebotenen Differenzierungen zur Anwendung zu bringen.

116 Die Begründung eines Vertragsverhältnisses durch Vertragsschluss steht am Ende vorvertraglicher Rechtsverhältnisse, ist aber nur eine Momentaufnahme innerhalb der **sich entwickelnden verwaltungsvertraglichen Beziehungen.** Ist ein Verwaltungsvertrag wirksam geschlossen, so bedarf er regelmäßig der „Umsetzung",[711] d.h. er wird von den Vertragsparteien „ins Werk gesetzt", erfüllt, verwirklicht, durchgeführt und abgewickelt. Spätestens hier zeigt sich, dass der Rechtsakt „Kontrakt" in aller Regel nicht Endpunkt ist, sondern Auftakt für den Leistungsaustausch oder die Zusammenarbeit zwischen den Beteiligten: Der Vertrag wird zur Grundlage und zum Ausgangspunkt für das künftige Verhalten der Akteure, die ihre Leistungen nunmehr nach Maßgabe des vertraglich Vereinbarten zu erbringen haben. Dabei kann etwa bei Großprojekten vom Vertragsschluss bis zur endgültigen Vertragsrealisierung ein langer Weg führen, und bei auf Dauer eingerichteten Kooperationsbeziehungen steuert das vertragliche Handlungsprogramm die Akteure nicht selten jahrzehntelang.

BVerwG, DNotZ 2010, S. 449 ff. m. Anm. von *Herbert Grziwotz*, für den Fall eines nicht in einer Urkunde zusammengefassten umfangreichen und komplexen Vertragswerks; zu rechtspolitischen Überlegungen, das Schriftformerfordernis aufzulockern, s. *Schmitz*, Novellierung (Fn. 54), S. 23; Überblick zu den unterschiedlichen Ansichten bei *Christmann*, Schuldrechtsreform (Fn. 543), S. 55 ff., der im Ergebnis aus Gründen der Rechtssicherheit und Rechtsklarheit die Urkundeneinheit nach § 126 BGB bejaht; ebenso *Werner*, Fehlerfolgenlehre (Fn. 571), S. 44 ff.; anders *Mónica L. Ibagón-Ibagón*, Rechtsstaatliche Anforderungen an den Verwaltungsvertrag am Beispiel der Schriftlichkeit des Vertrags, 2011; Zusammenstellung „typischer" Fehlerquellen der Schriftform v. a. in Bezug auf umfangreiche Vertragsanlagen bei *Horst Schlemminger*, Schriftformrisiken beim Abschluss öffentlich-rechtlicher Verträge, NVwZ 2009, S. 223 ff.

[708] Dabei kommen sowohl strengere Formen wie die notarielle Beurkundung etwa im Zusammenhang mit Grundstücksgeschäften (§ 62 S. 2 VwVfG i. V. m. § 311b Abs. 1 BGB) als auch Abweichungen „nach unten" in Betracht; s. dazu *Maurer*, Verwaltungsvertrag (Fn. 2), S. 803; *ders.*, VerwR, § 14 Rn. 29; *Utz Schliesky*, in: Knack/Henneke, VwVfG, § 57 Rn. 6 f.; anders *Christmann*, Schuldrechtsreform (Fn. 543), S. 51 f., wonach die Schriftform das „Mindestmaß" sei. Vgl. ergänzend auch die Sonderregelung für den gerichtlichen Vergleich in § 106 VwGO.

[709] Siehe dazu und zu den abgestuften Rechtsfolgen von Formverstößen z.B. *Larenz/Wolf*, Allgemeiner Teil (Fn. 622), S. 482 ff.

[710] Dazu etwa *Karl O. Bergmann*, Die rechtsgeschäftliche Vertretung der Gemeinden, in: ders./Hermann Schumacher (Hrsg.), Handbuch der kommunalen Vertragsgestaltung, Bd. I, 1998, S. 25 (32 ff.). Am Beispiel der nordrhein-westfälischen Gemeindeordnung *Bernd Köster*, Abgabe von Verpflichtungserklärungen und Erteilung von Vollmachten nach § 64 Gemeindeordnung Nordrhein-Westfalen, KommJur 2009, S. 416 ff.

[711] Anders verhält es sich mit Verfügungsverträgen, die unmittelbar rechtsgestaltende Wirkung haben und daher nicht der Umsetzung bzw. des „Vollzugs" bedürfen; Beispiele für solche Verfügungsverträge sind die Genehmigungserteilung durch Vertrag und der vertraglich vereinbarte Rechtsverzicht. S. dazu, zu weiteren Sonderfällen und zum Folgenden *Schlette*, Vertragspartner (Fn. 6), S. 580.

D. Bausteine für eine Lehre vom Verwaltungsvertrag

Trotz der großen praktischen Bedeutung schenkt die verwaltungsrechtliche **117** Lehrbuchliteratur der **Vertragsdurchführung** nur eher geringe Aufmerksamkeit. Wenn überhaupt, dann widmet sie sich dieser Entwicklungsphase der Vertragsrechtsverhältnisse zumeist unter Stichwörtern wie „Vertragserfüllung und Leistungsstörungen"[712]. Während sich die **Erfüllung** verwaltungsvertraglicher Ansprüche – direkt oder in entsprechender Anwendung bzw. i.V.m. § 62 S. 2 VwVfG[713] – nach § 362 BGB richtet, ist bei öffentlich-rechtlichen Verwaltungsverträgen hinsichtlich der **Leistungsstörungen** zwar der Hinweis auf das zivilrechtliche Leistungsstörungsrecht verbreitet, im Anschluss an die Schuldrechtsreform jedoch verstärkt mit der deutlichen Einschränkung versehen, es sei „für jede Einzelnorm zu prüfen, ob sie unverändert auf den öffentlich-rechtlichen Vertrag mit seinen Besonderheiten übertragen werden kann"[714]. Das macht die Entwicklung rechtsformunabhängiger Grundsätze für die Vertragsdurchführung schwierig, zumal sich unter dem gemeinsamen Dach des Verwaltungsvertrages höchst heterogene Vertragskonstellationen versammeln – von kurzfristiger Verhaltensabstimmung über mittelfristig angelegte Leistungserbringung bis hin zu intensiver Kooperation auf austauschvertraglicher Grundlage mit mehr oder minder dauerhafter Bindung. Zusätzliche Hürden für die Ausbildung rechtsformunabhängiger Regeln ergeben sich, wenn – wie hier – vertraglich eingerichtete Organisationen als Thema und Gegenstand in das Verwaltungsvertragsrecht einbezogen werden. Unbeschadet aller gegebenenfalls angezeigten Modifikationen bietet das Leistungsstörungsrecht des Bürgerlichen Gesetzbuches aber eine erste Orientierung und immerhin Ansatzpunkte für die Ermittlung teilrechtsordnungsübergreifender Grundsätze und Regeln, die auf Grundgedanken eines Allgemeinen Verwaltungsvertragsrechts rückführbar sind[715] und bei Leistungsstörungen privat- wie öffentlich-rechtlicher Verwaltungsverträge zur Anwendung kommen können.[716] Im Übrigen ist auf Optionen für die **vertragsinterne Sicherstellung ordnungsgemäßer Vertragserfüllung** hinzuweisen, von denen die Rechtspraxis regen Gebrauch macht. Beispiele für die Vertragsdurchführung absichernde Vertragsgestaltungen sind neben grundbuchmäßigen Sicherungen

---

[712] Siehe z.B. *Elke Gurlit*, Vertragserfüllung und Leistungsstörungen, in: Erichsen/Ehlers (Hrsg.), VerwR, § 33; *Maurer*, VerwR, § 14 Rn. 52.

[713] Zur entsprechenden Anwendbarkeit von § 362 BGB auf öffentlich-rechtliche Verwaltungsverträge vgl. *Heinz J. Bonk*, in: Stelkens/Bonk/Sachs (Hrsg.), VwVfG, § 62 Rn. 38a; *Utz Schliesky*, in: Knack/Henneke, VwVfG, § 62 Rn. 37; *Gurlit*, Vertragserfüllung (Fn. 712), § 33 Rn. 1; *de Wall*, Anwendbarkeit (Fn. 624), S. 441 f.; *Schlette*, Vertragspartner (Fn. 6), S. 581, m. Hinw. darauf, dass über § 62 S. 2 VwVfG die §§ 362ff. BGB „praktisch unverändert herangezogen werden können".

[714] *Geis*, Schuldrechtsreform (Fn. 706), S. 386. Vgl. auch zur Diskussion vor der Schuldrechtsmodernisierung *Schlette*, Vertragspartner (Fn. 6), S. 584ff., und nach der Schuldrechtsmodernisierung *Gündling*, Privatrecht (Fn. 106), S. 298ff.; *Christmann*, Schuldrechtsreform (Fn. 543), S. 115ff.

[715] Vgl. oben → Rn. 88.

[716] Für die Rechtslage vor der Schuldrechtsmodernisierung instruktiv *Schlette*, Vertragspartner (Fn. 6), S. 580f., 584ff.; für die Rechtslage nach der Schuldrechtsmodernisierung *Jan Ziekow/Thorsten Siegel*, Entwicklung und Perspektiven des öffentlich-rechtlichen Vertrages (Teil 4), VerwArch, Bd. 95 (2004), S. 573 (573f.); zu über weite Strecken noch nicht abschließend geklärten Rechtsfragen im Anschluss an die Schuldrechtsreform s. *Geis*, Schuldrechtsreform (Fn. 706), S. 386ff.; *Utz Schliesky*, in: Knack/Henneke, VwVfG, § 62 Rn. 14; vgl. auch *Christmann*, Schuldrechtsreform (Fn. 543), S. 119ff. Teilweise finden sich freilich spezialgesetzliche Regelungen für „Leistungsstörungen" – so etwa für die sozialrechtlichen Eingliederungsvereinbarungen (→ Rn. 37ff.) die Sanktionstatbestände nach §§ 31ff. SGB II.

Vertragsklauseln[717] die Vertragsstrafen, pauschalierten Schadensersatz, Rücktrittsrechte, Selbstvornahmerechte, Bürgschaften, Patronatserklärungen, Vollstreckungsunterwerfungen[718] usw. regeln, daneben Vereinbarungen, die bei in der Vertragsdurchführung auftretenden Problemen eine einvernehmliche Fortentwicklung des jeweiligen Verwaltungsvertrages durch die Parteien vorsehen[719].

118 Zusammen mit den gesetzlichen Regelungen sind solche Klauseln häufig wesentlich für ein effektives **Vertragscontrolling und Vertragsmanagement,** das die Vertragserfüllung begleitet oder jedenfalls begleiten sollte und mit zu den kompliziertesten Teilen der Vertragsverwaltung[720] zählt. Vertragscontrolling und Vertragsmanagement thematisieren unter mehr verwaltungswissenschaftlichem Blickwinkel Strategien, die fortlaufend die Einhaltung bzw. ordnungsgemäße Erfüllung eingegangener Vertragspflichten überprüfen, auf die Durchsetzung vertraglicher Vereinbarungen pochen, die Entwicklung des verwaltungsvertraglichen Rechtsverhältnisses „in der Zeit" beobachten, bei der Vertragsdurchführung auftretende Probleme und etwaige Schieflagen rechtzeitig identifizieren, Risiken bewerten, Fehlentwicklungen wirkungsvoll gegensteuern und insgesamt auf eine optimale Vertragsrealisierung zielen. Das setzt Steuerungsrechte bei der Vertragsdurchführung voraus, schließt jedoch auch die Bereitschaft zu Nachverhandlungen und Vertragsanpassungen ein, wenn sich abzeichnet, dass der Vertrag aus rechtlichen oder tatsächlichen Gründen nicht mehr in der ursprünglich vorgesehenen Weise abzuwickeln ist. Namentlich komplexe Langzeitverträge – wie sie beispielsweise bei Public Private Partnerships[721] anzutreffen sind – richten dafür verbreitet eigene Kooperationsgremien[722] ein, die mit Vertretern der Vertragsparteien und sog. „neutralen" Mitgliedern besetzt sind. Aufgaben dieser Gremien sind – wiederum in interaktiven Kommunikationsprozessen[723] – die Erörterung und Klärung von Fragen, die sich aus der Vertragsdurchführung ergeben, die sachkundige Vorbereitung von Problemlösungen nach den Maximen der Vertragsgerechtigkeit, die Förderung eines Interessenausgleichs zwischen den Vertragsparteien sowie die Abstimmung über die **Fortentwicklung der verwaltungsvertraglichen Rechtsverhältnisse.** Doch darf

---

[717] Näheres bei *Grziwotz,* Vertragsgestaltung (Fn. 262), S. 51 ff.; zur bewussten Offenhaltung von Public Private Partnership-Verträgen nach einem „Modell des unvollständigen Vertrages" s. *Roggenkamp,* Public Private Partnership (Fn. 248), S. 203 ff.; vgl. auch *Wollenschläger,* Rückholoptionen (Fn. 94), S. 136 ff., 188 ff., 200 ff., der ergänzend die Notwendigkeit einer Kodifikation des Leistungsstörungsrechts für den Kooperationsvertrag betont; speziell zu Vertragsstrafenklauseln in städtebaulichen Verträgen *Ruttloff,* Vertragsstrafenklauseln (Fn. 197).
[718] Vgl. § 61 VwVfG.
[719] *Bauer,* Funktion (Fn. 88), S. 28 ff.; speziell zu vertragsinternen Vorkehrungen für Fälle von Leistungsstörungen durch entsprechende Vertragsklauseln (Haftungsbeschränkungen, Kündigungs-, Rücktritts- und Anpassungsvereinbarungen, Vertragsstrafen, Schadenspauschalierung und Verfallklauseln) s. *Schlette,* Vertragspartner (Fn. 6), S. 517 ff.
[720] So die Einschätzung von *Grunwald,* Verträge (Fn. 152), S. 263; für Public Private Partnership-Arrangements *Roggenkamp,* Public Private Partnership (Fn. 248), S. 188 ff. m.w.N.; Tipps zum Vertragsmanagement aus praktischer Sicht bei *Thomas Ax/Matthias Schneider,* Vertragsmanagement – Dienstleistungen, 2006; *dies.,* Vertragsmanagement – Bauleistungen, 2006; eingehender zu Fragen des Vertragsmanagements und -controllings die Beiträge in Heussen (Hrsg.), Handbuch (Fn. 634).
[721] → Rn. 42 ff.
[722] Dazu und zum Folgenden Näheres bei *Bauer,* Verwaltungskooperationsrecht (Fn. 122), S. 268 f. m.w.N.
[723] → Rn. 111.

dies nicht dazu verleiten, an einem einmal geschlossenen Vertrag „um jeden Preis" festzuhalten. Denn „gutes" Vertragsmanagement muss sich immer auch der möglichen „Ausstiegsalternative" bewusst sein und frühzeitig Rücktritts-, Kündigungs- und ähnliche Rechte ausüben, wenn sich herausstellt, dass ein vertraglich begründetes Rechtsverhältnis endgültig „nicht mehr zu retten" ist.

Mit der **Anpassung und Kündigung von verwaltungsvertraglichen Rechtsverhältnissen** ist die Brücke zu § 60 VwVfG geschlagen, der für die von ihm erfassten öffentlich-rechtlichen Verträge in besonderen Fällen spezialgesetzliche Regelungen enthält. § 60 Abs. 1 VwVfG steht in einer undeutlichen und in den Details umstritten gebliebenen dogmatischen Grundbeziehung zu den allgemeinen Lehren vom Wegfall der Geschäftsgrundlage und der *clausula rebus sic stantibus*.[724] Die Norm ermöglicht vorrangig eine Vertragsanpassung, wenn sich die Verhältnisse so wesentlich geändert haben, dass einer Vertragspartei das Festhalten an der ursprünglichen vertraglichen Regelung nicht zuzumuten ist; die Anpassung erfolgt auf Verlangen der durch die veränderten Verhältnisse unzumutbar betroffenen Vertragspartei im Wege einer vertraglichen Vereinbarung und bewirkt eine inhaltliche Änderung des verwaltungsvertraglichen Rechtsverhältnisses. Ist eine Vertragsanpassung nicht möglich oder für eine Partei nicht zumutbar, räumt § 60 Abs. 1 VwVfG subsidiär ein Kündigungsrecht ein.[725] In der Grundstruktur liegen all diese Regelungen parallel zu den entsprechenden zivilrechtlichen Regelungen[726] und schaffen mit diesen gemeinsam einen Grundbe-

119

---

[724] Siehe dazu für die Rechtslage vor der Schuldrechtsmodernisierung *Schlette*, Vertragspartner (Fn. 6), S. 606 ff.; für die Rechtslage nach der Schuldrechtsmodernisierung *Kaminski*, Kündigung (Fn. 101), S. 162 ff.; jew. m.w.N. und dem Hinw. darauf, dass die dogmatischen Unterschiede der beiden Rechtsinstitute gering sind; vgl. ferner *Ziekow/Siegel*, Entwicklung – Teil 4 (Fn. 716), S. 574 ff.

[725] Zu der umstrittenen Frage, ob das in § 60 Abs. 1 S. 2 VwVfG unter der Voraussetzung schwerer Gemeinwohlgefährdungen der Behörde eingeräumte besondere Kündigungsrecht lediglich eine Präzisierung des Kündigungsrechts nach § 60 Abs. 1 S. 1 VwVfG ist und nur klarstellende Funktion besitzt, s. jew. m.w.N. einerseits *Schlette*, Vertragspartner (Fn. 6), S. 621, der in § 60 Abs. 1 S. 2 VwVfG „bis auf Randbereiche nichts anderes als" einen aus Klarstellungsgründen besonders geregelten Unterfall von Art. 60 Abs. 1 S. 1 VwVfG sieht, und andererseits *Kaminski*, Kündigung (Fn. 101), S. 187 ff., wonach gegen „die wohl h.M." das behördliche Sonderkündigungsrecht aus § 60 Abs. 1 S. 2 VwVfG „nichts mit dem Kündigungsrecht" aus § 60 Abs. 1 S. 1 VwVfG „zu tun haben" soll; vgl. auch *Christmann*, Schuldrechtsreform (Fn. 543), S. 194, wonach das Kündigungsrecht aus § 60 Abs. 1 S. 1 VwVfG unabhängig und neben dem Kündigungsrecht der Behörde gem. § 60 Abs. 1 S. 2 VwVfG besteht. Vgl. ferner zu der ebenfalls umstrittenen Frage, ob und gegebenenfalls auf welcher Rechtsgrundlage nach einer Ausübung des Kündigungsrechts aus § 60 Abs. 1 S. 2 VwVfG Entschädigung bzw. Schadensausgleich zu leisten ist, *Ziekow/Siegel*, Entwicklung – Teil 4 (Fn. 716), S. 578 ff. m.w.N., die bei einem vom Vertragspartner nicht hinnehmbaren Vertrauensschaden aus guten Gründen einen Schadensausgleich für die eingetretene Äquivalenzstörung auf der Grundlage von Treu und Glauben annehmen. Große praktische Bedeutung hat das besondere Kündigungsrecht der Behörde aus § 60 Abs. 1 S. 2 VwVfG nach verbreiteter Einschätzung in der Literatur nicht erlangt; dazu *Schlette*, a.a.O., S. 620 (praktische Bedeutung tendiert „gegen Null"); *Geis*, Schuldrechtsreform (Fn. 706), S. 387; *Kaminski*, a.a.O., S. 187; *Utz Schliesky*, in: Knack/Henneke, VwVfG, § 60 Rn. 27.

[726] Siehe zu den über weite Strecken parallel gelagerten zivilrechtlichen Voraussetzungen für eine Vertragsanpassung und insbes. zu der für öffentlich-rechtliche wie privatrechtliche Verträge jedenfalls im Ansatz übereinstimmenden Voraussetzung der Unzumutbarkeit § 313 Abs. 1 BGB, und zu Parallelvorschriften zur Kündigung von Dauerschuldverhältnissen die §§ 313 Abs. 3 S. 2, 314 BGB. Vgl. ferner allgemein zur Annäherung der Kündigungsvorschriften in den Teilrechtsordnungen i.S. gemeinsamer Standards *Kaminski*, Kündigung (Fn. 101), S. 240 f., 285 f., 296, 307 ff., und speziell zum besonderen Kündigungsrecht der Behörde aus § 60 Abs. 1 S. 2 VwVfG, dessen praktische Bedeutung gering ist (dazu Fn. 725), *Geis*, Schuldrechtsreform (Fn. 706), S. 387, wonach diese Norm de lege fe-

§ 36 Verwaltungsverträge

stand an Regeln über Vertragsanpassung und Kündigung, der sich zumindest auf einer mittleren Abstraktionsebene wiederum in ein rechtsformunabhängiges Verwaltungsvertragsrecht[727] einbringen lässt. Nicht nur ergänzend ist an dieser Stelle erneut in Erinnerung zu rufen, dass die Parteien ihre Anpassungs- und Kündigungsbedürfnisse teils unterhalb, teils in Abwandlung gesetzlicher Tatbestände[728] selbst präventiv durch Vertragsgestaltung[729] oder später durch Nachverhandlungen regeln – die Verwaltungsvertragspraxis ist voll davon[730]. Für das moderne Vertragsmanagement[731] sind vertraglich vereinbarte Anpassungs- und Kündigungsklauseln nicht nur als Grundlage für die Ausübung von Steuerungs- und Gestaltungsrechten bedeutsam. Vielmehr sind sie dort auch als Druckmittel und Drohpotential, als „fleet in being" einsetzbar, die dazu beitragen kann, ein in schweres Gewässer geratenes Vertragsverhältnis zielorientiert wieder in ruhigeres Fahrwasser zu bringen und so den Erfolg einer konsensualen Konfliktlösung oder einer Kooperation abzusichern.

120 Die Kündigung ist nur ein Beispiel für die **„Beendigung" von Verwaltungsverträgen.** Weitere Beispiele sind Erfüllung, Aufhebungsverträge, Rücktritt, Fristablauf bei Zeitverträgen, der Eintritt auflösender Bedingungen und die Ausübung von Widerrufsvorbehalten.[732] Solche „Beendigungstatbestände" setzen nicht zwangsläufig den Schlusspunkt unter verwaltungsvertragliche Rechtsverhältnisse. So bleibt nach der Erfüllung vertraglicher Ansprüche der Vertrag als Rechtsgrund für das Behaltendürfen der Leistung erhalten,[733] stellt sich bei Kündigungen die Frage nach einem etwaigem Ersatz des Vertrauensschadens[734], können bei Auflösungsverträgen und Fristablauf Probleme der Zuordnung der von den Vertragsparteien für die Vertragsdurchführung eingesetzten sächlichen Mittel auftreten, und bei vielen Verwaltungsverträgen werden über das „Vertragsende" hinaus postvertraglich Rechtsverhältnisse fortbestehen, aus denen sich beispielsweise

---

renda „angesichts der Anwendbarkeit von § 314 BGB entbehrlich" ist. *Christmann,* Schuldrechtsreform (Fn. 543), S. 192, 194f., befürwortet die Subsidiarität des § 313 Abs. 1 BGB gegenüber § 60 VwVfG für den Fall, dass sich die Verhältnisse nach Vertragsschluss geändert haben und keine Unmöglichkeit vorliegt, wobei eine einseitige Störung der Geschäftsgrundlage ausreichend sei; für den Fall, dass die Vertragsparteien bei Vertragsschluss einem gemeinsamen Irrtum unterlagen, befürwortet er eine Anwendung des § 313 Abs. 2 BGB i.V.m. § 62 S. 2 VwVfG (a.a.O., S. 192f.); bei einem Dauerschuldverhältnis sei § 314 BGB heranzuziehen (a.a.O., S. 199f.).

[727] → Rn. 84ff.; kritisch zur Tauglichkeit zivilrechtlicher Institute zur Bewältigung der Privatisierungsfolgen aufgrund der staatlichen Gewährleistungsverantwortung *Wollenschläger,* Rückholoptionen (Fn. 94), S. 189f.

[728] Voraussetzung dafür sind selbstverständlich entsprechende Handlungsspielräume etwa durch normativ offen gelassene Bereiche oder dispositives Recht (→ Rn. 107), deren exakte Bestimmung im Detail schwierig sein mag; vgl. dazu etwa *Ziekow/Siegel,* Entwicklung – Teil 4 (Fn. 716), S. 575, 577, die § 60 VwVfG zwar als „zwingendes, nicht zur vertraglichen Disposition der Vertragsparteien stehendes Recht" bezeichnen, es dann aber zulassen wollen, dass die Parteien die dort geregelte Reihenfolge von Anpassung und Kündigung „abbedingen und vereinbaren [können], dass eine Kündigung auch ohne Prüfung einer vorherigen Anpassungsmöglichkeit zulässig sein soll".

[729] *Krebs,* Verträge (Fn. 87), S. 271.

[730] Näheres zur verwaltungsvertraglichen Flexibilitätsvorsorge bei *Bauer,* Anpassungsflexibilität (Fn. 93), S. 274ff., und zu vertraglich vereinbarten Kündigungsregelungen bei *Kaminski,* Kündigung (Fn. 101), S. 217ff., 269ff. 290ff.; jew. m. zahlr. Bsp. aus der Praxis.

[731] → Rn. 118.

[732] Vgl. *Kaminski,* Kündigung (Fn. 101), S. 82ff.

[733] *Schlette,* Vertragspartner (Fn. 6), S. 582f.

[734] Vgl. *Ziekow/Siegel,* Entwicklung – Teil 4 (Fn. 716), S. 578ff.

Pflichten zur Auskunftserteilung gegenüber dem früheren Vertragspartner[735] oder zur Verschwiegenheit gegenüber Dritten ergeben. Über solche **nachvertraglichen Rechtsverhältnisse** ist in der Verwaltungsvertragsrechtslehre wenig bekannt, zumindest aber wenig geschrieben. Gleichwohl ist eines sicher, nämlich dass es postvertragliche Pflichten gibt. Hier liegt ein noch weithin unerschlossenes Desiderat einer praxisorientierten Verwaltungsvertragsrechtslehre.

5. Insbesondere: Vertragsgestaltungslehre, Vertragsklauseln und Vertragstypen

a) Zum Gegenstand einer Vertragsgestaltungslehre

Die „**verwaltungsvertragliche Kautelarjurisprudenz**"[736] ist erst spät in das Bewusstsein der Verwaltungsvertragsrechtslehre getreten.[737] Das ist leicht erklärbar und überraschend zugleich. Die Vernachlässigung der Vertragsgestaltung ist leicht erklärbar, weil Teile der Verwaltungsrechtsrechtswissenschaft in der Tradition *Otto Mayers* gegen konsensuales Verwaltungshandeln jahrzehntelang ein prinzipielles Misstrauen hegten und sich deshalb viel zu lange bevorzugt mit den Grenzen des Verwaltungsvertrages beschäftigt haben.[738] Auch mögen die im Verwaltungsrecht – anders als im Zivilrecht – bereitstehende „Alternative" des Verwaltungsakts[739], die freilich oftmals nur eine Scheinalternative ist, und die Funktionenvielfalt von Verwaltungsverträgen die kautelarjuristische Arbeit behindert haben.[740] Weitere Erklärungsansätze liefern das Vergaberechtsregime, das ausgehandelte Vertragsgestaltungen beschränkt[741], allerdings nur einen Teil der Verwaltungsverträge erfasst, und die im herkömmlichen Verwaltungsrecht dominierende Kontrollperspektive[742]. Die Vernachlässigung ist zugleich überraschend, weil Fragen der Vertragsgestaltung wie ein roter Faden viele Bereiche des Verwaltungsvertragsrechts durchziehen.[743] In der Rechtspraxis besteht daher gerade für die Verwaltung Bedarf am Erwerb von Kenntnissen über die Spezifikation von Verträgen, über Einsatz und Folgen von Vertragsklauseln;[744] dem entspricht im

---

[735] Zu solchen Auskunftsansprüchen s. etwa im Zusammenhang mit der Rekommunalisierung eines Gasnetzes *OLG Schleswig*, NVwZ-RR 2006, S. 811 (814), unter Hinw. auf Treu und Glauben.

[736] Begriffsprägend *Krebs*, Verträge (Fn. 87), S. 271, der diesen Ansatz allerdings nicht näher ausführt.

[737] Relativ frühe Vorarbeiten finden sich jedoch insbes. bei *Henke*, Praktische Fragen (Fn. 80), S. 49 ff.; vgl. ferner *Bauer*, Anpassungsflexibilität (Fn. 93), S. 276 ff.; *Spannowsky*, Grenzen (Fn. 108), S. 224 ff. und passim; *Schlette*, Vertragspartner (Fn. 6), S. 467 ff.; speziell zu gemeinschaftsrechtlichen Verwaltungsverträgen *Grunwald*, Verträge (Fn. 152), S. 260 f.

[738] *Grziwotz*, Vertragsgestaltung (Fn. 262), S. 16 f.; *Schlette*, Vertragspartner (Fn. 6), S. 467 f.; *Eberhard Schmidt-Aßmann*, Zur Reform des Allgemeinen Verwaltungsrechts, in: Hoffmann-Riem/Schmidt-Aßmann/Schuppert (Hrsg.), Reform, S. 11 (59); zu den nachwirkenden Vorbehalten s. → Rn. 6 f.

[739] Vgl. dazu auch *Röhl*, Verwaltung (Fn. 110), S. 422 f., der darauf hinweist, dass die Klauselerstellung rechtswissenschaftlicher Arbeit nicht leicht zugänglich sein dürfte und dass sich auch für Verwaltungsakte „die Wissenschaft – zu Recht – nie der Aufgabe angenommen [habe], eine Klausellehre für Verwaltungsakte zu entwickeln".

[740] Auf diese Aspekte macht *Spannowsky*, Grenzen (Fn. 108), S. 225 f., aufmerksam.

[741] Vgl. *Röhl*, Verwaltung (Fn. 110), S. 422; *Schmidt-Aßmann*, Ordnungsidee, Kap. 6 Rn. 123.

[742] Vgl. *Spannowsky*, Grenzen (Fn. 108), S. 224, sowie allgemein *Voßkuhle*, Verwaltungsdogmatik (Fn. 80), S. 577; → Bd. I *ders.* § 1 Rn. 2 ff.

[743] → Rn. 27, 40, 42, 46, 52, 58, 61, 68, 72, 77, 97, 100, 102, 105, 109, 117, 119; s. ergänzend aus der Kommentarliteratur etwa *Fehling*, in: HK-VerwR, § 54 VwVfG Rn. 67, 74.

[744] Dazu *Budäus/Grüning*, Partnership (Fn. 255), S. 63.

Verwaltungsalltag eine große Nachfrage nach Standardisierungen von Vertragswerken, die vertragsrechtliche Probleme ausräumen oder zumindest entschärfen.[745] Den **hohen Stellenwert der Vertragsgestaltung** bestätigen Überlegungen zur Verankerung verwaltungsrechtlicher Kooperationsverhältnisse im Verwaltungsverfahrensgesetz, in denen Vertragsklauseln eine wichtige Rolle spielen.[746] Deshalb wird sich eine anwendungsorientierte Verwaltungsvertragsrechtslehre kaum damit begnügen können, die Vertragsgestaltung ausschließlich „praktischer Verwaltungskunst"[747] zu überlassen. Gefordert ist vielmehr ein **Perspektivenwechsel,** der die Herausforderung der Vertragsgestaltung annimmt, aufnimmt und verarbeitet. Die Gestaltung von Verwaltungsverträgen wird dann zu einem zentralen und unverzichtbaren Arbeitsfeld der modernen Vertragsrechtslehre, zum Gegenstand einer normativ vorgeprägten Vertragsgestaltungslehre.[748] Eine solche **Vertragsgestaltungslehre** setzt normativ an und beschäftigt sich mit den wesentlichen Elementen der Gestaltung von Verwaltungsverträgen – so etwa mit dem rechtlich vorgegebenen Rahmen, mit den in diesem Rahmen bestehenden Optionen für autonome Vereinbarungen durch die Akteure und mit den tragenden Bausteinen von Verträgen, nämlich mit Vertragsklauseln und Vertragstypen. Ziel der Vertragsgestaltungslehre ist in erster Linie die wissenschaftlich fundierte und aussagekräftige Bereitstellung von rechtlich zulässigen vertraglichen Gestaltungsvarianten, die der Praxis die Arbeit mit Verwaltungsverträgen erleichtert. Daneben kann die Vertragsgestaltungslehre Impulse und Hilfestellungen bei der gesetzgeberischen Fortentwicklung des Verwaltungsvertragsrechts geben.

b) Rechtsdirigierte Vertragsgestaltung durch Vertragsklauseln und Vertragstypen

122 Einzig zeit-, sach- und rechtsadäquater **Ausgangspunkt** einer überzeugenden Vertragsgestaltungslehre ist die **Vertragsfreiheit,**[749] und zwar in der Ausprägung der inhaltlichen Gestaltungsfreiheit. Diese inhaltliche Gestaltungsfreiheit gibt den an Verwaltungsverträgen beteiligten Rechtssubjekten nicht plein pouvoir, weder im Umgang mit der jeweils anderen Vertragspartei noch im Umgang mit der Rechtsordnung. Sie ist vielmehr auf vielfältige Weise normativ diszipliniert. Verwaltungsverträge haben daher die Maxime **rechtsdirigierter Vertragsgestaltung**[750] zu beachten und zu wahren: „Das Gesetz gibt dem Vertrag Rahmen und

---

[745] So zur vertraglichen Umsetzung von Public Private Partnership-Projekten die Ergebnisse der empirischen Untersuchungen in: *Deutsches Institut für Urbanistik* (Hrsg.), Public Private Partnership Projekte (Fn. 239), S. 11, 32 f., 60, 65.

[746] *Ziekow,* Kooperationsverhältnisse (Fn. 98), S. 190 ff.; *Wollenschläger,* Rückholoptionen (Fn. 94), S. 181 ff.

[747] Vgl. *Bull/Mehde,* VerwR, Rn. 850: „Wo das Gesetz keine konkreten Anweisungen gibt, ist die Kunst der Rechtspraktiker gefordert, und tatsächlich ist für viele Fallgruppen bereits eine ausgefeilte ‚Klauselpraxis' entstanden".

[748] Näheres bei *Bauer,* Verwaltungskooperationsrecht (Fn. 122), S. 262 ff.

[749] Näheres dazu bereits oben → Rn. 107.

[750] Grundlegend *Schmidt-Aßmann,* Verwaltungsverträge (Fn. 95), S. 122: „gesetzesdirigierte Vertragsgestaltung"; zur „rechtsdirigierten Verwaltung" s. *ders.,* Methoden der Verwaltungsrechtswissenschaft – Perspektiven der Systembildung, in: Schmidt-Aßmann/Hoffmann-Riem (Hrsg.), Methoden, S. 387 (390).

D. Bausteine für eine Lehre vom Verwaltungsvertrag

Richtpunkte. Es ist nicht nur Grenze, sondern auch Determinante der Vertragsgestaltung"[751]. In seiner begrenzenden Funktion schließt das Gesetz einzelne Vertragsgestaltungen aus und erklärt bestimmte Vertragsklauseln für unzulässig. Als Determinante der Vertragsgestaltung enthält es mehr oder weniger detaillierte Vorgaben für mögliche Inhalte verwaltungsvertraglicher Vereinbarungen, bei denen die schöpferische Umsetzung rechtlicher Direktiven und die kreative Handhabung von normativen Dispositionsspielräumen im Vordergrund stehen. Die damit vorerst nur knapp skizzierte rechtsdirigierte Vertragsgestaltung erfolgt zum einen durch die Auswahl von Vertragstypen, zum anderen durch Vertragsklauseln, bei denen sich „Mindestinhaltsklauseln"[752] und andere Klauseln unterscheiden lassen. Sowohl für die Vertragstypen als auch für die beiden Klauselarten ist signifikant, dass sie gesetzlich nicht „punktgenau vorformuliert" sind. Selbst rechtlich zwingende Vorgaben für vertragliche Mindestinhalte lassen nämlich in aller Regel Raum für sprachliche und sachliche Variationen bei der Konkretisierung, solange diese im praktischen Ergebnis den Vorgaben entspricht. Schon allein das macht die rechtsdirigierte Gestaltung von Verwaltungsverträgen zu einem „schwierigen Geschäft".

Ein „schwieriges Geschäft" ist die verwaltungsvertragliche Kautelarjurisprudenz zudem deshalb, weil die normativen Anforderungen an Verwaltungsverträge und die damit einhergehenden **Gestaltungsoptionen vielfach nicht leicht zu ermitteln** sind. Das Spektrum der rechtlichen Direktiven erstreckt sich vom Verbot bestimmter Vertragsgestaltungen[753] über eher engmaschige Gestaltungsvorgaben bis hin zu vergleichsweise weit zurückgenommener fachgesetzlicher Vorordnung der Vertragsinhalte.[754] Aufschlussreiches Anschauungsmaterial für Letzteres liefern die in der Verwaltungswirklichkeit verbreiteten Verwaltungshelferverträge. Exemplarisch sind **Teilprivatisierungen im Referenzgebiet der Abwasserentsorgung.** Dazu bestimmt das Wasserhaushaltsgesetz lapidar und überdies nur deklaratorisch: „Die zur Abwasserbeseitigung Verpflichteten können sich zur Erfüllung ihrer Pflichten Dritter bedienen"[755]. Die darauf gestützte Einschaltung Privater, die nicht weniger als Planung, Sanierung, Ausbau, Ausrüstung, Finanzierung und den jahrzehntelangen Betrieb der Abwasserentsorgungsanlagen umfassen kann, erfolgt auf verwaltungsvertraglicher Grundlage. Bei der Gestaltung dieser Vertragswerke, die oftmals aktenordnerfüllenden Um-

---

[751] *Schmidt-Aßmann,* Verwaltungsverträge (Fn. 95), S. 122.

[752] *Eberhard Schmidt-Aßmann,* Zur Reform des Allgemeinen Verwaltungsrechts, in: Hoffmann-Riem/Schmidt-Aßmann/Schuppert (Hrsg.), Reform, S. 11 (59).

[753] Siehe z. B. § 1 Abs. 3 S. 2 BauGB, der auch „Umgehungsgestaltungen" einschließt; § 56 VwVfG (dazu *Schlette,* Vertragspartner [Fn. 6], S. 471 ff.); § 53 Abs. 2 SGB X, wonach Verträge über Sozialleistungen im Ermessensbereich zwar möglich, vertragliche Vereinbarungen über gebundene Sozialleistungen aber ausgeschlossen sind; ferner bereits oben → Rn. 94 f., 97, Fn. 728.

[754] → Rn. 99. Vgl. zu der überdies oftmals schwierigen Bestimmung zulässiger Inhalte von Vertragsgestaltungen unter Heranziehung der Vertragspraxis *Berger,* Staatseigenschaft (Fn. 535), S. 115 ff.

[755] § 56 S. 3 WHG (früher: § 18 a Abs. 2 S. 2 WHG). Die 1996 als § 18 a Abs. 2 S. 3 WHG angefügte (und später auf Satz 2 umgestellte) Regelung diente ausweislich der Gesetzesmaterialien lediglich der Klarstellung und sollte dem Trend zu Public Private Partnership im Abwassersektor einen gewissen Rückenwind verschaffen; im Landeswasserrecht findet sich eine vergleichbare Regelung beispielsweise in § 63 Abs. 3 S. 1 SächsWG; s. dazu und zum Folgenden *Bauer,* Privatisierungsimpulse (Fn. 616), S. 563 ff., 570 ff. m. w. N. Zu Parallelentwicklungen im Segment der Wasserversorgung s. *Angelika Emmerich-Fritsche,* Privatisierung der Wasserversorgung in Bayern und kommunale Aufgabenverantwortung, BayVBl. 2007, S. 1 ff.

fang haben, sind die Akteure in wesentlichen Fragen auf sich selbst gestellt. Dabei stoßen sie auf weitere gesetzliche Direktiven, deren vertragliche Umsetzung beträchtliche Probleme bereiten kann. Dazu gehört die wasserrechtlich fortbestehende Abwasserbeseitigungspflicht, von der sich die Kommunen[756] bei einer Teilprivatisierung nicht freizeichnen können. Zur Absicherung dieser kommunalen Gewährleistungsverantwortung sind ganz unterschiedliche Klauseln mit teils obligatorischem, teils fakultativem Inhalt denkbar, die die Verwaltung in die Lage versetzen, die „Zügel in der Hand" zu behalten. Hervorzuheben sind effektive vertragliche Rückholoptionen[757] etwa in Form von Kündigungsrechten, die mit Heimfallrechten kombiniert sind und die Handlungsfähigkeit der Verwaltung gegenüber dem privaten Anlagenbetreiber sicherstellen.

124 Während die **fachgesetzliche Vorordnung der Vertragsinhalte** bei den eben erörterten Teilprivatisierungen auffallend gering ist, bestand nach der bis Ende Februar 2010 geltenden Gesetzeslage[758] bei der im Abwasserrecht ebenfalls angedachten Vollprivatisierung eine deutlich höhere Regulierungsdichte: Schon das Bundesrecht formuliert für die dort nur befristet und widerruflich vorgesehene Übertragung der Abwasserbeseitigungspflicht mit der Fachkunde und Zuverlässigkeit des Privaten, mit der Sicherstellung der übertragenen Pflichten und dem Nichtentgegenstehen überwiegender öffentlicher Interessen[759] klare Vorgaben.[760] Auf der landesrechtlichen Ebene nimmt beispielsweise Sachsen diese Vorgaben auf, legt die pflichtenübertragende **Vollprivatisierung** auf die vertragliche Rechtsform fest und gibt dafür eine Reihe weiterer Direktiven, deren nähere Präzisierung einer Rechtsverordnung überlassen bleibt.[761] Nach dem Entwurf dieser Verordnung[762] erfolgt die Pflichtenübertragung durch öffentlich-recht-

---

[756] Zur normativ grundsätzlich den Gemeinden zugewiesenen Abwasserbeseitigungspflicht s. § 56 S. 1, 2 WHG (früher: § 18 a Abs. 2 S. 1 WHG) und etwa § 63 Abs. 2 S. 1 SächsWG; § 66 BrandenbWG; Art. 34 Abs. 1 BayWG.

[757] *Voßkuhle,* Beteiligung Privater (Fn. 94), S. 326; *Wollenschläger,* Rückholoptionen (Fn. 94), S. 143 ff. Vgl. allg. → Bd. I *Schulze-Fielitz* § 12 Rn. 166; Bd. II *Appel* § 32 Rn. 88.

[758] Die in dem hier interessierenden Zusammenhang am 1. 3. 2011 in Kraft getretene Wasserrechtsnovelle hat auch den bis dahin geltenden § 18 a WHG erfasst, dessen Regelungsgehalt geändert und nunmehr in § 56 WHG n. F. eingestellt. Im Anschluss an die Föderalismusreform nimmt die Neufassung die Regelungsintensität auf der Bundesebene zurück und überlässt damit mehr als bisher den Ländern die Regelung der Abwasserbeseitigungspflicht und der Übertragung dieser Pflicht. Von der Übernahme der Länderermächtigung nach § 18 a Abs. 2 a WHG a. F. wurde abgesehen, weil ländereigene Regelungen nunmehr bereits verfassungsrechtlich möglich sind. „Insofern lässt das neue WHG geltende und künftige landesrechtliche Privatisierungsregelungen unberührt" (BTDrucks 16/12275, S. 68). Der im nachfolgenden Text vorgestellte § 63 Abs. 3 und 4 SächsWG wurde seit dem Inkrafttreten der Wasserrechtsnovelle des Bundes nicht geändert. Unabhängig von einer etwaigen künftigen Änderung dieser Norm bleiben die Ausführungen wegen des modellartigen Zusammenspiels und Ineinandergreifen von Gesetz und Vertrag von bleibendem Interesse.

[759] § 18 a Abs. 2 a WHG a. F.

[760] An sich handelte es sich bei mancher dieser Vorgaben um Selbstverständlichkeiten, zu deren Regelung die Praxis allerdings Anlass gab und gibt; vgl. *Bauer,* Partnership (Fn. 239), S. 30 ff., 41 ff.

[761] § 63 Abs. 4 SächsWG.

[762] Verordnung des Sächsischen Staatsministeriums für Umwelt und Landwirtschaft über die Übertragung des Wasserversorgungs- und der Abwasserbeseitigungspflicht (Pflichtenübertragungsverordnung-Wasser [WPÜbVO]), Referentenentwurf, Stand 19. 2. 2001. Nach Auskunft des Ministeriums vom Oktober 2006 wurde der Verordnungsentwurf seither in zwei Verordnungen Wasser und Abwasser gespalten, der Entwurf der Verordnung über die Übertragung der Wasserversorgungspflicht mehrfach überarbeitet, der Entwurf der Verordnung über die Übertragung der Abwasserbeseitigungspflicht jedoch nicht mehr weiterverfolgt. Zu den Regelungsintentionen und zur Vorge-

lichen Vertrag, in dem die Unterwerfung des Privaten unter die sofortige Vollstreckung gem. § 61 Abs. 1 VwVfG vorzusehen ist.[763] Außerdem muss der Vertrag die Verfügungsgewalt über die zur Pflichtenerfüllung dienenden Gegenstände, Einrichtungen etc. und die Unterhaltung der zur Pflichtenerfüllung dienenden Anlagen regeln und dabei gewissen Mindestanforderungen genügen.[764] Zur Ermöglichung der Überwachung ordnungsgemäßer Pflichterfüllung sind vertraglich ferner Auskunftsansprüche und Kontrollrechte der Verwaltung sowie Berichtspflichten des Privaten vorzusehen.[765] Weitere Ansatzpunkte für normative Gestaltungsvorgaben sind ein Zeitrahmen für die Befristung der Vertragslaufzeit, Neuverhandlungsklauseln, Kündigungsklauseln und Qualitätssicherungsklauseln.[766] Trotz der relativ detaillierten Vorordnung bleibt nach dem Verordnungsentwurf jedoch die „umfassende Regelung aller sachlichen und verfahrensmäßigen Voraussetzungen, die mit der Übertragung der kommunalen Pflichten auf Private und der nachfolgenden Aufgabenwahrnehmung durch die Privaten verbunden sein können, [...] Sache der Ausgestaltung des öffentlich-rechtlichen Vertrages" durch die Parteien; mit sämtlichen „Vorgaben kann und soll nur der notwendige Rechtsrahmen geschaffen werden"[767]. Dementsprechend sind neben der – schon für sich durchaus fehleranfälligen – Ausformulierung die passgenauen Feinabstimmungen in den einzelnen Klauseln und die Aufnahme normativ nicht vorgegebener, zusätzlicher Vertragsklauseln in die Hände der Parteien gelegt. Das relativiert die Unterschiede zu der geringeren gesetzlichen Vorordnung in den erwähnten Teilprivatisierungsfällen, weil juristisch sachkundig beratene Parteien auch dort auf vergleichbare Vertragsklauseln zurückgreifen werden – so etwa auf die Vereinbarung von Betriebs- und Informationspflichten des Privaten, von Prüfungs-, Kontroll- und Weisungsrechten der Verwaltung, von Befristungs- und Kündigungsklauseln[768] und nicht zuletzt von effektiven Rückholoptionen.

Demnach entsteht – ungeachtet der abgestuften Intensität fachgesetzlicher Vorordnung, mitunter womöglich auch aus Gründen der Übernormierung[769] –

---

schichte im Abwassersektor sowie zum Folgenden s. *Bauer*, Privatisierungsimpulse (Fn. 616), S. 576 ff. Der aktuelle Verordnungsentwurf zur Übertragung der Wasserversorgungspflicht (Stand: August 2004) enthält in dem hier interessierenden Zusammenhang ähnliche Regelungstechniken wie die im nachfolgenden Text vorgestellten Vorgaben.
[763] § 1 WPÜbVO-Entwurf (Fn. 762).
[764] Unter anderem durch (1) die Aufstellung eines Verzeichnisses über die der Aufgabenerfüllung dienenden beweglichen und unbeweglichen Sachen sowie dinglichen und obligatorischen Rechte, (2) Bestimmungen über die Übertragungen dieser Sachen und Rechte sowie die später zur Aufgabenerfüllung errichteten bzw. erworbenen Sachen und Rechte, (3) Bestimmungen über den Übergang dieser Sachen und Rechte auf die Verwaltung im Falle der Beendigung des Übertragungsverhältnisses oder der Insolvenz des Privaten, (4) Bestimmungen über die laufende Unterhaltung der erwähnten Sachen, regelmäßig abgesichert durch eine selbstschuldnerische Vertragserfüllungsbürgschaft eines Kreditinstituts, sowie (5) Entgeltregelungen über die Übertragung, vereinbarte Rückübertragung und vorzeitige Rückübertragung der erwähnten Sachen und Rechte; s. § 3 Abs. 1 WPÜbVO-Entwurf (Fn. 762).
[765] § 4 WPÜbVO-Entwurf (Fn. 762).
[766] Vgl. §§ 7 f. WPÜbVO-Entwurf (Fn. 762).
[767] WPÜbVO-Entwurf (Fn. 762), Begründung, S. 2.
[768] Vgl. *Schmidt-Aßmann*, Ordnungsidee, Kap. 6 Rn. 124; *Röhl*, Verwaltung (Fn. 110), S. 411 ff.
[769] Davon scheint bei Public Private Partnership-Konstellationen *Tettinger*, Sachstandsbericht (Fn. 96), S. 6, auszugehen: „Angesichts eines solchen Wusts an [normativen] Vorgaben muss [!]

im Wege der Vertragsgestaltung gleichsam unterhalb der gesetzlichen Regelungsebene eine mehr oder weniger dicke **Schicht eines** von den Parteien **autonom gesetzten Verwaltungsvertragsrechts.** Hier ist der Ort für vertragliche Selbststeuerung:[770] Die beteiligten Akteure nehmen das Heft selbst in die Hand und regeln im vorgegebenen normativen Rahmen durch kooperative Rechtsgestaltung die Konditionen für ihr konkretes Vertragsverhältnis. Das unterstreicht die herausragende Bedeutung der Vertragsgestaltung und ist eine anspruchsvolle, bisweilen recht aufwendige Tätigkeit. Vor allem bei langfristig angelegten und/oder komplexen Verträgen unterlaufen nämlich leicht Gestaltungsmängel und -defizite. Unausgewogene, nicht hinreichend auf die spezifische Aufgabenstellung und Interessenkonstellation zugeschnittene vertragliche Regelwerke können so von Anbeginn mit konzeptionellen, später nicht mehr behebbaren Geburtsfehlern belastet und zum Scheitern verurteilt sein.[771] Ähnliche Folgeprobleme sind bei unter Zeitdruck entstandenen Verträgen zu verzeichnen.[772] Das „schwierige Geschäft" der Vertragsgestaltung kann so sehr schnell in ein „unsicheres Geschäft" mit hohen, folgekostenbehafteten Risiken umschlagen.

126 Entlastet und erleichtert wird die Vertragsgestaltung durch **Vertragsmuster,**[773] **Leitfäden und Modelle,**[774] daneben bei sich häufiger wiederholenden Vorgängen durch Formularverträge.[775] Standardisierte Regelwerke finden sich insbesondere in den Modelldebatten im Umfeld von Privatisierung und Public Private Partnership.[776] Größere Bekanntheit und praktische Verbreitung hat dort das Betreibermodell erlangt, das unter Beibehaltung der prinzipiellen Aufgabenzuweisung an

---

durchweg auf ein umfangreiches gesellschaftsrechtliches Instrumentarium bzw. vertragliches Klauselwerk zurückgegriffen werden"; Klammerzusätze hinzugefügt.

[770] → Rn. 98 ff.

[771] *Klaus Sinz,* Praktische Erfahrungen und Probleme mit Public Private Partnership in der Entsorgungswirtschaft, in: Budäus/Eichhorn (Hrsg.), Partnership (Fn. 239), S. 185 (190); Beispiele für Folgeprobleme prekärer Vertragsgestaltungen bei *Bauer,* Verwaltungskooperationsrecht (Fn. 122), S. 266.

[772] Das gilt zumal dann, wenn dieser Zeitdruck aus strategischen Gründen künstlich erzeugt wird.

[773] Siehe z. B. *Heinz Hillermeier/Oliver Bloeck* (Hrsg.), Kommunales Vertragsrecht; *Karl O. Bergmann/ Hermann Schumacher* (Hrsg.), Handbuch der kommunalen Vertragsgestaltung, Bde. I–IV, 1998 ff.

[774] → Rn. 46, 100; instruktiver Überblick zu einzelnen Modellformen von Public Private Partnerships bei *Wolff/Bachof/Stober/Kluth,* VerwR II, § 93 Rn. 25 ff. Hinzu kommen weitere Hilfestellungen etwa durch monographische Erörterungen der Gestaltung von Verträgen im Verwaltungsrecht; z. B. *Grziwotz,* Vertragsgestaltung (Fn. 262). Vgl. zur gebotenen Unterstützung der Rechtspraxis durch rechtsdogmatische System- und Modellbildung auch *Butzer,* Sicherstellungsauftrag (Fn. 266), Rn. 57.

[775] Zur auch nach der Schuldrechtsreform umstritten gebliebenen Frage, ob und inwieweit auf Formularverträge das nunmehr in den §§ 305 ff. BGB geregelte Recht der Allgemeinen Geschäftsbedingungen zur Anwendung kommt, s. *BGH,* NVwZ 2003, S. 371 ff., der für privatrechtliche städtebauliche Verträge im Segment der Einheimischenmodelle eine Inhaltskontrolle nach den §§ 9 bis 11 AGBG ablehnt, die diesen Normen zu Grunde liegenden Wertungen jedoch bei der Kontrolle des vertraglichen Austauschverhältnisses heranzieht, all diese Festlegungen jedoch (jedenfalls) beschränkt auf die vor Ablauf der Umsetzungsfrist für die EG-Klausel-Richtlinie abgeschlossenen Verträge; umfassend zu diesem Problemkreis *Gündling,* Privatrecht (Fn. 106), S. 184 ff. m. w. N.; zum Meinungsstand vor und nach der Schuldrechtsreform sowie der verfassungsrechtlichen Zulässigkeit der Einbeziehung der §§ 305 ff. BGB in die Verweisung des § 62 S. 2 VwVfG *Ruttloff,* Vertragsstrafenklauseln (Fn. 197), S. 218 ff.; die Anwendbarkeit der §§ 305 ff. BGB gem. § 62 S. 2 VwVfG auf koordinations- und subordinationsrechtliche Verträge befürwortend *Christmann,* Schuldrechtsreform (Fn. 543), S. 75 ff.

[776] Dazu etwa *Bundesministerium für Wirtschaft und Arbeit* (Hrsg.), Partnership (Fn. 250), passim; *Tettinger,* Sachstandsbericht (Fn. 96), S. 2 ff., der – ohne Anspruch auf Vollständigkeit – nicht weniger als fünfzehn verschiedene Modelle (Betreibermodell, Kooperationsmodell, Betriebsführungsmodell usw.) präsentiert.

die Verwaltung auf eine mehr oder minder weitgehende Übertragung der Aufgabenerledigung durch einen privaten Betreiber zielt.[777] In der Entsorgungswirtschaft enthalten **Betreiberverträge** neben anderem folgende Vertragselemente[778]:
- Pflichten und Leistungen des privaten Betreibers,
- Pflichten und Leistungen des Verwaltungsträgers,
- Regelungen zur Übernahme von Altanlagen,
- Festschreibung und Spezifizierung der durchzuführenden Baumaßnahmen, Sanierungen und technologischen Neuerungen,
- Vergabe von Bauleistungen im Fall der Erweiterung der Anlage bzw. Vergabe von Aufgaben an Dritte,
- Berichts- und Informationspflichten des Betreibers,
- Prüfungs-, Kontroll- und Weisungsrechte des Verwaltungsträgers,
- Haftungsregelungen,
- Vergütungsregelungen mit Anpassungsklauseln,
- Preisgestaltungsregeln,
- Genehmigungs- und Betriebsvoraussetzungen,
- Regelungen über nachträgliche Veränderungen und Erweiterungen,
- Vorkehrungen für die Fortentwicklung der Vertragsbeziehung,
- Aufgaben, Zusammensetzung und Verfahren von Koordinations- oder Kooperationsgremien, die beispielsweise als Clearing-Stelle bei in der Phase der Vertragsdurchführung auftretenden Konflikten oder Problemen fungieren,
- Mediations- und Schiedsklauseln,
- Vereinbarungen über die reguläre Vertragsbeendigung (Laufzeit) mit Entschädigungsregelungen für den Restwert der Anlage,
- Kündigungsrechte und Bestimmungen zur vorzeitigen Beendigung des Vertrages, in Sonderheit über die Rückführung der Anlage,
- Sanktionsmechanismen wie z. B. Vertragsstrafen,
- Insolvenz des Privaten,
- Absicherungen der ordnungsgemäßen Durchführung, Abwicklung und gegebenenfalls Rückabwicklung (z. B. durch Bankbürgschaften),
- Höhere Gewalt und
- Schlussbestimmungen.

Derartige Vertragsmuster, Leitfäden und Modelle mit einer Zusammenstellung passender Vertragselemente können bei der Gestaltung von Verwaltungsverträgen nützliche Dienste leisten. Gleiches gilt für **Erfahrungsberichte, Checklisten und Best-Practice-Empfehlungen.** Doch sollten diese Hilfestellungen nicht überschätzt und – vor allem – mit der gebotenen Vorsicht behandelt werden. Sie haben nämlich nicht immer gediegene Validitäts-Härtetests durchlaufen[779] und sind vielfach schlicht „verbands- oder unternehmensorientiert" kon-

127

---

[777] Siehe a. → Bd. I *Schulze-Fielitz* § 12 Rn. 121, *Schuppert* § 16 Rn. 88. Ein Beispiel für eine sehr weitgehende Einschaltung Privater in die Aufgabenerledigung wurde bereits im Zusammenhang mit der Teilprivatisierung der Abwasserentsorgung vorgestellt: Auslagerung von Planung, Sanierung, Ausbau, Ausrüstung, Finanzierung und jahrzehntelanger Betrieb der Abwasserentsorgungsanlagen (→ Rn. 123).
[778] Zum Folgenden vgl. die Auflistungen bei *Sinz*, Erfahrungen (Fn. 771), S. 189; *Schuppert*, Verwaltungswissenschaft, S. 449.
[779] Siehe dazu nur die krit. Bemerkungen zu den von bei Public Private Partnership-Projekten häufig eingeschalteten Unternehmensberatern vorgelegten, checklisten-ähnlichen Best-Practice-Empfehlun-

zipiert.[780] Bei realistischer Einschätzung handelt es sich um keine Patentrezepte, „sondern um grob gerasterte, eher betriebswirtschaftlich als juristisch fundierte Skizzierungen, die lediglich als Ausgangspunkt für entsprechende Vertragswerke geeignet sind"[781]. Das spricht nicht gegen den Rückgriff auf Vertragsmuster, Leitfäden, Erfahrungsberichte, Best-Practice-Empfehlungen etc., sofern diese nicht durch einseitige Interessenberücksichtigung geprägt, in schlechter Qualität aus allein kommerziellen Gründen entworfen oder sonst defizitär[782] sind. Die Nutzung der Hilfsangebote sollte sich jedoch sowohl der beschränkten Leistungsfähigkeit als auch der Optimierbarkeit vieler der auf dem Markt kursierenden „Handreichungen" bewusst sein. Dies legt den Ruf nach einer Verbesserung der Hilfestellungen nahe, nach einer Optimierung insbesondere durch die Erarbeitung von allgemeinen und bereichsspezifischen Leitfäden für die Vertragsgestaltung mit den dazugehörigen Vertragsmustern, Regelungsbeispielen, Vertragsklauseln und Auswahlkriterien. Zu dieser Optimierung kann die Vertragsgestaltungslehre beitragen, indem sie gesunden Menschenverstand, praktisches Erfahrungswissen, Kenntnisse über die Generierung von Alternativen und rechtliche Direktiven so miteinander verknüpft, dass aussagekräftige, weiterführende Hinweise für die Vertragskonfiguration entstehen.[783] In der konkreten Gestaltungssituation wird dann zwar noch immer Bedarf nach einer Anpassung der angebotenen Vertragsgerüste und -klauseln an die jeweiligen Gegebenheiten „vor Ort" verbleiben; die bereitgestellten Optionen erleichtern aber die Auswahlentscheidungen und die stets notwendige Konkretisierungsarbeit im Detail.[784]

128 Für eine **aussagekräftige Bereitstellung von Vertragstypen und Vertragsklauseln** ist es nicht damit getan, Gestaltungsvarianten lediglich aufzuzeigen, anzusprechen oder anzudeuten. Zusätzlich geboten sind eingehende Erläuterungen der Funktionsweise der einzelnen Gestaltungsoptionen mit den dazugehörigen Bewertungen – etwa nach dem obligatorischen und fakultativen Charakter von typisierten Klauseln, nach funktionellen Äquivalenten, nach den rechtlichen, wirtschaftlichen, sozialen und ökologischen, gegebenenfalls auch

---

gen bei *Dietrich Budäus/Gernod Grüning/Andreas Steenbock*, Public Private Partnership I – State of the Art, 1997, S. 26: „In der Regel wird allerdings nicht dargestellt, auf welcher Basis man (außer durch ‚Erfahrung und gesunden Menschenverstand') zu diesen Empfehlungen gekommen ist und wie sie konkret umgesetzt werden sollen". Vgl. zu Problemfeldern von Musterverträgen auch *Kment*, Einbindung (Fn. 100), S. 80 f.

[780] *Tettinger*, Ausgestaltung (Fn. 96), S. 765.

[781] *Tettinger*, Sachstandsbericht (Fn. 96), S. 6.

[782] Von diesem Vorwurf sind auch ministeriell verantwortete Dokumente nicht ausgenommen; Beispiel für einen missglückten Leitfaden: *Bundesministerium für Wirtschaft und Arbeit* (Hrsg.), Partnership (Fn. 250). Die farbige Hochglanzbroschüre enthält viele nicht wirklich weiterführende Photos von Rednern, Diskutanten sowie Teilnehmern an Public Private Partnership-Veranstaltungen und ansonsten „Kraut-und-Rüben-Beiträge" ohne erkennbare innere Gesamtstruktur; als „Handreichung", „Nachschlagewerk" und „praktische Anleitung" (so die Kennzeichnungen im Vorwort, S. 6) ist dieser Leitfaden kaum zu gebrauchen. Ganz anders verhält es sich mit früheren Leitfäden zur Einbeziehung Privater in die Ver- und Entsorgungswirtschaft, die damals wie heute – trotz aller auch dort denkbaren Optimierungsmöglichkeiten – „echte" Hilfsangebote für die Rechtspraxis waren und sind.

[783] Vgl. *Schuppert*, Verwaltungswissenschaft, S. 449.

[784] Dies käme der Aufgabe der Wissenschaft nach, die Alltagsarbeit durch die Bereitstellung von Gestaltungsoptionen zu erleichtern; vgl. *Reimer*, Verwaltungsverträge (Fn. 395), S. 546: „Der Bereitstellungsfunktion des Rechts korrespondiert eine Bereitstellungsfunktion der Rechtswissenschaft".

D. Bausteine für eine Lehre vom Verwaltungsvertrag

politischen Folgen, nach praktischer Handhabbarkeit, nach der Einsetzbarkeit als „Druckmittel",[785] nach „sicheren" und „riskanten" Wegen der Vertragsgestaltung. Nur mit solchen Zusatzinformationen ist ein funktionsfähiger **„Instrumentenkasten"** bereitgestellt, auf den die Akteure in der Institutional-Choice-Situation mit Gewinn zugreifen können. Bei diesem Zugriff ist auf innere Stimmigkeit und Widerspruchsfreiheit des vertraglichen Gesamtarrangements besonders zu achten. Verträge, die inkonsistent oder nicht „aus einem Guss" sind, kommen in der Durchführung leicht in Schieflagen, die bei einem juristisch und handwerklich „sauber" ausgearbeiteten Vertragsdesign vermeidbar wären. Ähnlich verhält es sich mit vertraglichen Regelwerken, die mit Klauseln derart überfrachtet sind, dass der Vertrag wegen sich wechselseitig relativierender, womöglich sogar in Frage stellender Gestaltungselemente an Steuerungskraft für das Verhalten der Vertragsparteien einbüßt und insgesamt „ins Schlingern" gerät.[786]

Im Einzelnen kann die Vertragsgestaltungslehre ihre Analysen und **Bereitstellungsleistungen auf die unterschiedlichsten Interessen** der Akteure ausrichten. So treten bei vielen Verwaltungsverträgen Fragen einer sachgerechten Ausbalancierung von Flexibilitäts- und Stabilitätsbedürfnissen der Parteien auf.[787] Solche Fragen können im Wege **vertraglicher Flexibilitätsvorsorge** durch die Verwendung bestimmter Vertragsarten und Vertragsklauselarten bereits im Stadium der Vertragsgestaltung (vor-)geklärt werden. Bei den Vertragsarten bieten Gestaltungsvarianten wie Vorverträge, Teilverträge und Rahmenverträge Flexibilisierungspotential, bei den Vertragsklauselarten erschließen etwa Kooperationsklauseln, Kündigungsklauseln, Befristungs-, Neu- und Nachverhandlungsklauseln sowie weitere Öffnungsklauseln Anpassungsoptionen. Ein anderer Problemkomplex betrifft die **vertragliche Absicherung der** auf vielen Handlungsfeldern in der Phase **nach Privatisierungsvorgängen fortbestehenden Verwaltungsverantwortung**[788] für die ordnungsgemäße Aufgabenerfüllung.[789] Dazu finden sich in vorliegenden Musterverträgen, die sich an das Betreiber- oder an das Kooperationsmodell anlehnen, facettenreiche Klauseln, die neben anderem die dauerhafte und sozialverträgliche Qualitäts- und Leistungserbringung absichern: Vereinbarungen über die Pflicht des Privaten zur Einhaltung gesetzlicher Bestimmungen, Betriebspflichten, Informations-, Berichts- und Auskunftspflichten des Privaten, 129

---

[785] Vgl. → Rn. 42, 101.

[786] So spricht manches dafür, dass das 17 000-seitige Vertragswerk mit Toll Collect (→ Rn. 42) trotz aller Komplexität des Vertragsgegenstandes und unter Berücksichtigung vermutlich umfangreicher technischer Anlagen mindestens „eine Seite zuviel" hat. Unabhängig von dem konkreten Vorgang fördern die aus der Praxis komplexer Vertragsgestaltungen mitgeteilte Aufspaltung des Gesamtvertrages in einzelne Vertragskomplexe, deren getrennte Bearbeitung durch verschiedene Berater bzw. Beratungsteams mit anschließender Zusammenführung zu einem Gesamtregelwerk inhaltlich nicht hinreichend abgestimmte und überfrachtete Verträge.

[787] Dazu und zum Folgenden *Schlette*, Vertragspartner (Fn. 6), S. 499 ff., 510 ff.; *Schmidt-Aßmann*, Ordnungsidee, Kap. 6 Rn. 124; *Bauer*, Anpassungsflexibilität (Fn. 93), S. 276 ff.; *ders.*, Funktion (Fn. 88), S. 27 ff.

[788] Vgl. nur zur Ver- und Entsorgungswirtschaft oben → Rn. 123 f.; ferner → Bd. I *Schulze-Fielitz* § 12 Rn. 148 ff.

[789] Dazu und zum Folgenden *Schmidt-Aßmann*, Ordnungsidee, Kap. 6 Rn. 124; *Ziekow*, Kooperationsverhältnisse (Fn. 98), S. 190 ff.; *Bauer*, Funktion (Fn. 88), S. 22 ff.; *ders.*, Gestaltung von Kooperationsverträgen (Fn. 159), S. 91, 93 ff.; vgl. allgemein zu Optionen der Vertragsgestaltung durch Klauseln, die den Inhalt, die Durchführung usw. von Verträgen betreffen, auch *Schlette*, Vertragspartner (Fn. 6), S. 507 ff.

Prüf-, Kontroll-, Überwachungs- und Ingerenzrechte der Verwaltung, Regelungen über die Vertragsbeendigung und deren Folgen usw. Vertragliche Gestaltungsprobleme sowohl der Flexibilitätsvorsorge als auch der Absicherung von Verwaltungsverantwortung sind bereits an anderer Stelle eingehender analysiert und deshalb hier im Einzelnen nicht erneut vorzustellen.[790]

130 Inzwischen beeinflusst das Arbeitsprogramm der Vertragsgestaltungslehre Überlegungen zur Verankerung von **Kooperationsverträgen** im Verwaltungsverfahrensgesetz.[791] Nach einem dazu erstellten Gutachten von *Jan Ziekow*[792] ist „die Ausfüllung der Gestaltungs- und Begrenzungsfunktion des Verwaltungskooperationsrechts in erster Linie durch die Gestaltung des Verwaltungskooperationsvertrages zu bewirken". Dabei unterscheidet er hinsichtlich der rechtlichen Direktiven für obligatorische und fakultative **Vertragsklauseln** drei Gruppen. Die erste Gruppe gesetzlicher Steuerung, bei der bestimmte vertragliche Regelungen zwingend vorgegeben sind, erfasst Mindestinhalte (sog. Mindestinhaltsklauseln),[793] die zweite Gruppe betrifft sog. Berücksichtigungsklauseln, bei denen zwar das „Ob" einer vertraglichen Regelung vorgegeben sei, das „Wie" der Umsetzung aber zur Disposition der Vertragspartner stehe,[794] und der dritten Gruppe sind fakultative Klauseln zugeordnet, bei denen „Ob" und „Wie" einer kooperationsvertraglichen Regelung den Parteien anheimgestellt sind.[795] Im Anschluss daran befürwortet *Ziekow* die klarere normative Vorordnung der Vertragsgestaltung durch im Einzelnen näher ausformulierte gesetzliche Direktiven für alle drei Klauselkategorien.[796] „Ob" und „Wie" der Gesetzgeber diese Empfehlung rezipieren wird, bleibt abzuwarten.[797] Jedenfalls zeigt der Vorschlag, wie sehr die **Ver-**

---

[790] Zur Entlastung und zur Vermeidung von Wiederholungen kann auf die Beiträge in → Fn. 787 und 789 verwiesen werden.

[791] Siehe dazu nur die bei *Schmitz*, Novellierung (Fn. 54), S. 18, mitgeteilte Passage aus dem vom Bundeskabinett am 1.12.1999 verabschiedeten Programm „Moderner Staat – Moderne Verwaltung. Leitbild und Programm der Bundesregierung": „Die Bundesregierung wird rechtliche Rahmenbedingungen für kooperative Vertragsverhältnisse schaffen. [...] Deshalb werden für die Ausgestaltung von Kooperationsbeziehungen taugliche *Vertragstypen* und *Vertragsklauseln* im Verwaltungsverfahrensrecht verankert"; Hervorhebung hinzugefügt. Vgl. auch *Butzer*, Sicherstellungsauftrag (Fn. 266), Rn. 58; Gesetzesvorschläge bei *Gas*, Kooperationsvertrag (Fn. 100), S. 65 ff.; Vorschläge zur Verankerung des Leistungsstörungsrechts im VwVfG *Wollenschläger*, Rückholoptionen (Fn. 94), S. 208 f.; vgl. zu den mittlerweile sehr umfangreichen Debatten über pro und contra einer Kodifikation des Kooperationsvertrages im Übrigen bereits oben → Rn. 15 m.w.N.

[792] *Ziekow*, Kooperationsverhältnisse (Fn. 98), S. 190 ff.

[793] Die inhaltliche Vorgabe bezieht sich auf das „Ob" und den Mindeststandard des „Wie". Als Beispiele werden u.a. benannt die Definition der Kooperationsziele, die genaue Bestimmung von Inhalt, Umfang und Qualität der von den Kooperationspartnern zu erbringenden Leistungen, die Verpflichtung auf ein bestimmtes Verantwortungsniveau, in Fällen fortbestehender Auffangverantwortung der Verwaltung mindestens ein Recht zur Rückholung der Erfüllung der Aufgabe und schließlich das Gebot vertrauensvoller Zusammenarbeit.

[794] Als Beispiele nennt *Ziekow* u.a. die Definition einzelner Leistungs- und Betriebspflichten, die Definition von Leistungs- und Qualitätsstandards, die Einrichtung eines Vertragscontrollings und -managements, Informations-, Kontroll- und Aufsichtsrechte der Verwaltung und die Entwicklung eines Fehlerfolgen- und Leistungsstörungsregimes.

[795] Ein Beispiel ist die vertragsinterne Einrichtung von Kooperationsgremien zur Klärung von Problemen und Vorbereitung der Anpassung bzw. Fortentwicklung des vertraglichen Regelwerks.

[796] *Ziekow*, Kooperationsverhältnisse (Fn. 98), S. 196 ff.

[797] Vorbehalte bei *Reimer*, Verwaltungsverträge (Fn. 395), S. 572 f., der bei zwingenden Sachregelungen Attraktivitätsverluste für den Vertrag befürchtet, dispositive Sachnormen für erfolgverspre-

D. Bausteine für eine Lehre vom Verwaltungsvertrag

tragsgestaltung immer mehr zu einem „Herzstück" des Verwaltungsvertragsrechts und der Verwaltungsvertragsrechtslehre heranwächst.

c) Vertragstypologien

Mit der Kodifikation des Kooperationsvertrages würde im Verwaltungsverfahrensgesetz ein „neuer" Vertragstyp neben die in den §§ 54 ff. VwVfG angedeuteten Typen[798] treten. Die zahlreichen Erscheinungsformen verwaltungsvertraglicher Aktivitäten wären damit allerdings nicht abschließend[799] „eingefangen". Den Umgang mit der auch nach einem etwaigen gesetzgeberischen Tätigwerden verbleibenden Unübersichtlichkeit der Vertragswirklichkeit könnte eine typologische Ordnung der Vertragsvielfalt wesentlich erleichtern.[800] Doch ist eine allseits akzeptierte **Gesamttypologie bislang nicht gelungen.** Stattdessen stößt man im Schrifttum auf eine Vielzahl von Vertragstypologien, die neben anderem Vertragskonstellationen aus dem Besonderen Verwaltungsrecht zusammenstellen[801] oder Vertragstypen des zivilrechtlichen Schuldrechts auf das Öffentliche Vertragsrecht übertragen[802] und insgesamt höchst unterschiedlichen Ordnungsvorstellungen folgen. Entsprechend heterogen fallen die Ordnungen aus. Ohne jeden Anspruch auf Vollständigkeit seien nur einige Auflistungen und Ansatzpunkte für Typologien erwähnt:

– (1) koordinations- und subordinationsrechtliche Verträge, (2) Verpflichtungs- und Verfügungsverträge, (3) Austausch- und Vergleichsverträge;[803]

131

---

chender hält und auf die Vertragsgestaltung durch die Parteien setzt. Zur Rezeption von Teilaspekten s. das bereits erwähnte schleswig-holsteinische Gesetz zur Erleichterung Öffentlich Privater Partnerschaften (Fn. 104).

[798] Insbes. neben den Vergleichsvertrag (vgl. § 55 VwVfG) und den Austauschvertrag (vgl. § 56 VwVfG). Vgl. ferner die weichenstellende Unterscheidung zwischen sog. koordinationsrechtlichen und subordinationsrechtlichen Verträgen in § 54 (Satz 2) VwVfG und deren Ergänzung um den „kooperationsrechtlichen Vertrag" bei *Ziekow*, VwVfG, § 54 Rn. 25 ff. (36).

[799] Bislang kennt das VwVfG keinen numerus clausus verwaltungsrechtlicher Verträge; s. z.B. *Maurer*, VerwR, § 14 Rn. 15; *Reimer*, Verwaltungsverträge (Fn. 395), S. 553 m.w.N. Daran wird nach dem derzeitigen Diskussionsstand auch die Ergänzung des VwVfG nichts ändern.

[800] *Schuppert*, Verwaltungswissenschaft, S. 174 f.; zur Notwendigkeit einer Typologie frühzeitig *Maurer*, Verwaltungsvertrag (Fn. 2), S. 802; *Krebs*, Verträge (Fn. 87), S. 277 f.

[801] Vgl. zu „Besondere(n) Vertragsarten und -inhalte(n)" nach Maßgabe des Fachrechts etwa *Heinz J. Bonk*, in: Stelkens/Bonk/Sachs (Hrsg.), VwVfG, § 54 Rn. 123 ff.: (1) Abgabenrechtliche Verträge, (2) Verträge im öffentlichen Dienst- und Hochschulrecht, (3) Städtebauliche Verträge i.w.S., (4) Bauleitplanungsverpflichtungsverträge, (5) Erschließungsverträge, (6) Ablösungsverträge, (7) Folgekostenverträge, (8) Durchführungsverträge zum Vorhaben- und Erschließungsplan, (9) Stellplatzersatzverträge, (10) Umweltrechtliche Verträge i.w.S., (11) Naturschutzrechtliche Verträge, (12) Subventionsverträge, (13) öffentlich-rechtliche Verträge in sonstigen Rechtsgebieten.

[802] Dazu *Schlette*, Vertragspartner (Fn. 6), S. 493 ff., unter Anerkennung öffentlich-rechtlicher Kaufverträge, Mietverträge, Darlehensverträge, Dienstverträge, Werkverträge, Schuldanerkenntnisse, Schuldversprechen und Leiheverträge sowie mit ergänzenden Überlegungen zu öffentlich-rechtlichen Pacht- und Bürgschaftsverträgen; ablehnend allerdings für öffentlich-rechtliche Schenkungsverträge. Anders *Eisenlohr*, Prozeßvergleich (Fn. 80), S. 193, der die Übertragbarkeit der zivilrechtlichen Vertragstypen auf das Verwaltungsrecht ausschließt.

[803] So unter dem Stichwort „Vertragsarten" *Maurer*, VerwR, § 14 Rn. 12 ff., der den Vergleichsvertrag und den Austauschvertrag als „Besondere Vertragstypen" behandelt; vgl. auch *Huber*, Allg. VerwR, S. 224 ff.; ferner zum Stichwort „Vertragsarten" *Utz Schliesky*, in: Knack/Henneke, VwVfG, § 54 Rn. 50 ff. (Subordinationsrechtliche Verträge, Koordinationsrechtliche Verträge, Mischverträge).

§ 36 Verwaltungsverträge

– (1) gesetzlich geforderte Verträge, (2) gesetzlich favorisierte Verträge, (3) lückenfüllende Verträge, (4) alternative Verträge, (5) gesetzlich nicht vorgesehene, aber auch nicht verbotene Verträge;[804]
– (1) benannte und unbenannte Verträge, (2) einseitige, zweiseitige und gegenseitige Verträge, (3) Verträge mit kausaler und konditioneller Verknüpfung, (4) Verpflichtungs- und Verfügungsverträge, (5) abstrakte und kausale Verträge;[805]
– (1) Verträge im Rahmen erwerbswirtschaftlicher Betätigung, (2) Beschaffungs-/Privatisierungsverträge, (3) Verträge zur gemeinsamen Erfüllung öffentlicher Aufgaben („Kooperationsverträge"), (4) Verträge zur Vorbereitung, Erleichterung und Ergänzung von Hoheitsaufgaben, (5) hoheitsaktersetzende Verträge;[806]
– (1) Verträge der Hoheitsverwaltung (z.B. steuerrechtliche Verträge, ordnungsrechtliche Verträge), (2) Verträge der Leistungsverwaltung (z.B. Benutzungsverträge für kommunale Einrichtungen, Subventionsverträge), (3) Verträge der Fiskalverwaltung;[807]
– (1) Einbeziehung Privater in die Erledigung von Verwaltungsaufgaben, (2) Leistungsgewährung an Private, (3) Verpflichtung Privater zu finanziellen Leistungen, (4) Vermeidung klassisch einseitig-hoheitlicher Eingriffsverwaltung, (5) Substitution behördlicher Genehmigungen, (6) Vorbereitung oder Ergänzung einseitig-hoheitlichen Handelns, (7) Regelung unklarer und/oder umstrittener Sachverhalte;[808]
– als Grundkategorien (1) Verträge in Ausübung vorbehaltener Regelungsbefugnisse, (2) Verträge über staatliche Ressourcen, (3) Verträge zur Bereitstellung von Sachleistungen durch staatliche Organisationen und als Beispiel für komplexe Verträge (4) Strukturverträge;[809]
– bewehrte und unbewehrte Verträge;[810]
– zwei- und mehrseitige Verträge, wobei mehrseitige Verträge typologisch weiter auszudifferenzieren sind, und zwar (1) nach den Vertragsstrukturen insbesondere in (a) Ringverträge, (b) Netzverträge, (c) Fächerverträge sowie (d) Übereckverträge, und (2) nach den Vertragsgegenständen in die Kategorien (a) Leistungsverträge, (b) Organisationsverträge, (c) Normverträge sowie (d) Statusverträge.[811]

---

[804] *Griwotz*, Vertragsgestaltung (Fn. 262), S. 17 f.
[805] *Heinz J. Bonk*, in: Stelkens/Bonk/Sachs (Hrsg.), VwVfG, § 54 Rn. 112 ff.
[806] *Krebs*, Verträge (Fn. 87), S. 278; im Anschluss daran *Schuppert*, Verwaltungswissenschaft, S. 174 ff. (insbes. S. 176), der diese Typologie in eine Skala zwischen „Privatrechtlicher Aufgabenerfüllung" und „Klassischer Hoheitsverwaltung" einstellt, und an späterer Stelle eine weitere „Vertragstypologie zur Bestimmung des maßgeblichen Rechtsregimes" einführt (S. 177 ff.).
[807] So der von *Spannowsky*, Grenzen (Fn. 108), S. 427 ff., aufgespannte „verwaltungstypologische Rahmen der Gestaltungsfreiheit im Verwaltungsvertragsrecht".
[808] *Schlette*, Vertragspartner (Fn. 6), S. 363 ff.
[809] So unter dem Stichwort „Vertragskategorien" *Röhl*, Verwaltung (Fn. 110), S. 85 ff.; vgl. auch *Schmidt-Aßmann*, Ordnungsidee, Kap. 6 Rn. 120.
[810] Zur Unterscheidung dieser beiden Formen öffentlich-rechtlicher Verträge s. *Bulling*, Verwaltungshandeln (Fn. 77), S. 281 f., der den „bewehrten Vertrag" als „perfekten" öffentlich-rechtlichen Vertrag bezeichnet, weil er sanktionsbewehrt ist und dort für Fälle der Vertragsverletzung insbes. eine Unterwerfung unter die sofortige Zwangsvollstreckung vorgesehen ist.
[811] *Reimer*, Verwaltungsverträge (Fn. 395), S. 552 ff.

Buntscheckiger könnte der Befund kaum sein. Gleichwohl haben die Typisie- **132** rungen ihre Berechtigung, weil sie – je für sich – unter verschiedenen Blickwinkeln bereichs- und funktionsspezifische Eigenheiten der Verwaltungsverträge erhellen.[812] In der Gesamtbetrachtung muss die **Vielfalt der Vertragstypologien** jedoch eher verwirren.[813] Deshalb wäre die Erarbeitung einer übergreifenden Gesamttypologie wünschenswert. Systematisierungsleitende Ordnungsidee könnte die an Gemeinsamkeiten und Unterschieden ansetzende Bildung von Fallgruppen sein, die wiederkehrende vertragliche Regelungskonstellationen herausschält, analysiert, dogmatisch abschichtet und mit der Typisierung rechtliche Problemlösungen vorbereitet und vorzeichnet. Mögliche Ansatzpunkte für die **Binnenarchitektur einer Gesamttypologie** sind die Vertragspartner,[814] die Anzahl der Beteiligten (und Betroffenen),[815] die Vertragsgegenstände, die Vertragsmotive und -ziele, die Dauer der vertraglichen Rechtsbeziehung, der Grad institutioneller Verdichtung des Vertragsverhältnisses[816] und natürlich auch die Zuordnung zu einzelnen Rechtsregimen mit den wechselseitigen Ergänzungen von Öffentlichem Recht und Privatrecht. Weiterführende Hinweise lassen sich für all dies den in der Rechtspraxis bereits vorliegenden Vertragsgestaltungen entnehmen.

E. Retrospektiven und Perspektiven

Im zusammenfassenden Rückblick ist der Verwaltungsvertrag längst aus der **133** ihm früher teilweise zugedachten „Statistenrolle"[817] herausgetreten und heute im

---

[812] Vgl. *Schuppert*, Verwaltungswissenschaft, S. 174 f., der aus diesen Gründen auf den Versuch einer Gesamttypologie verzichtet.
[813] Der Typologie-Wirrwarr hat tiefer liegende Ursachen, die schon beim umstrittenen „Begriff" des Verwaltungsvertrages (→ Rn. 70 ff.) beginnen. Denn das Begriffsverständnis stellt die Blende zur Wahrnehmung der Vertragswirklichkeit größer oder kleiner ein und steckt damit den zu typisierenden Gegenstand ab. Auch sind die Anliegen und Erkenntnisinteressen einer Vertragstypologie unklar geblieben. Manche Autoren verfolgen damit vornehmlich heuristische Zwecke (vgl. *Krebs*, Verträge [Fn. 87], S. 277 ff., der einer Vertragstypologie daneben eine „rechtsdogmatische Mittlerfunktion" zuweist; enger *Spannowsky*, Grenzen [Fn. 108], S. 507), während es anderen (auch) um die Systematisierung mittelbarer oder unmittelbarer Rechtsfolgen geht (s. *Reimer*, Verwaltungsverträge [Fn. 395], S. 552, 560 ff.). Wieder andere stellen unter der Chiffre „Arten der Verwaltungsverträge" eher deskriptiv im Wesentlichen nur die in den §§ 54 ff. VwVfG genannten Verträge vor (vgl. *Maurer*, VerwR, § 14 Rn. 12 ff.). Gelegentlich beschränkt sich eine Vertragstypologie funktionell auch auf die Bestimmung des einschlägigen Rechtsregimes (*Schuppert*, Verwaltungswissenschaft, S. 177 ff.). Mitunter thematisiert die Beschäftigung mit Vertragskategorien die Vorbildwirkung des typisierenden Denkens im Zivilrecht, geht wegen der als Spezifikum des Verwaltungsvertrages ausgegebenen „Bindung der Verwaltung als Vertragspartner an das öffentlich-rechtliche Sonderrecht" dann aber doch eigene Wege (*Röhl*, Verwaltung [Fn. 110], S. 86 f.). Im changierenden Gegenstand und in den wechselnden Erkenntnisinteressen kommen immer wieder ungeklärte Grundfragen an die Oberfläche, von denen bereits an früherer Stelle die Rede war.
[814] Verwaltungsverträge (1) ausschließlich zwischen Verwaltungsträgern, (2) zwischen Verwaltungsträgern und Privaten, (3) ausschließlich zwischen Privaten, (4) zwischen Binnenrechtssubjekten, (5) zwischen Rechtssubjekten im „grenzüberschreitenden" Bereich, (6) zwischen Rechtssubjekten in Mehr-Ebenen-Strukturen usw.
[815] Zwei-, drei- und mehrpolige Vertragsrechtsverhältnisse.
[816] Denkbare Eckpunkte einer Skalierung sind der schlichte Leistungsaustausch auf der einen und die feste Organisation auf der anderen Seite.
[817] *Michael Nierhaus*, Rezension, DÖV 2001, S. 570 (570); → Rn. 1 ff.

Verwaltungsalltag bis hin zur „Massenverwaltung"[818] zu einem zentralen Rechtsinstitut geworden. Dieser Befund ist Ergebnis eines jahrzehntelangen Entwicklungsprozesses, in dem viele Faktoren zusammenwirkten. Über die Zeitläufe hinweg haben gewandelte verfassungstheoretische Grundannahmen und veränderte verfassungsrechtliche Vorgaben das Vordringen des Vertrages unterstützt, klarstellende und rechtsändernde Entscheidungen des Gesetzgebers den Vertrag gefördert und gefordert, politische Weichenstellungen den Vertrag in die Programmatik der Staats- bzw. Verwaltungsmodernisierung aufgenommen und die Rechtspraxis dem Vertrag immer neue Anwendungsfelder erschlossen. Am vorläufigen Endpunkt der Entwicklung ist das Verwaltungsrecht zumindest potentiell an fast allen Stellen von vertraglichen oder vertragsähnlichen Beziehungen durchzogen: Der Trend „hin zum Vertrag" hält unvermindert an. Daher bedarf es keiner hellseherischen Kräfte für die Prognose, dass **die Zeit des Verwaltungsvertrages recht eigentlich erst gekommen** ist.

134 An der **Verwaltungsrechtslehre** ist diese Entwicklung nicht spurlos vorübergegangen. Im Gegenteil: Für vertragliches Handeln aufgeschlossene Teile der Rechtswissenschaft haben den entscheidenden Impuls für die Aufnahme des öffentlich-rechtlichen Vertrages in das Verwaltungsverfahrensgesetz gegeben und dadurch auf längere Sicht wesentlich zum endgültigen Durchbruch dieser Handlungsform beigetragen[819] – auch wenn in anderen Lagern der Rechtslehre viel zu lange Skeptiker einflussreich geblieben sind. Nachdem die Grundsatzfrage zugunsten der Zulässigkeit des öffentlich-rechtlichen Vertrages entschieden war, hat die Verwaltungsrechtswissenschaft spätestens seit der zweiten Hälfte der 1980er Jahre den Anschluss an die Vertragsentwicklung in Gesetzgebung und Verwaltungspraxis gesucht, die Herausforderung der Modernisierung des Verwaltungsvertragsrechts angenommen, dogmatische Entwicklungsrückstände abgebaut und versucht, mit dem rasant voranschreitenden Vertragswesen Schritt zu halten.[820] Freilich gilt dies wiederum nur für Teile der Wissenschaft. Eine zeitgemäße Lehre vom Verwaltungsvertrag kann sich nämlich nicht darauf beschränken, die ältere, den öffentlich-rechtlichen Staat-Bürger-Vertrag ablehnende Grundposition zu den Akten zu legen. Sie muss vielmehr auch die damit verbundenen Implikationen bereinigen, die im langen Schatten *Otto Mayers* subkutan an vielen Stellen bis heute nachwirken.[821] Die **Liste der** daran anknüpfenden, **nicht abschließend geklärten Streitfragen ist lang und reicht bis an die Paradigmenebene heran.**

135 **Gegenstände der herkömmlichen Kontroversen** sind nicht weniger[822] als die prinzipielle Konzeption der „Stellung" Privater im Öffentlichen Recht bzw. der Grundrelation zwischen „Staat" und „Bürger", die konsequente Verabschiedung subordinationsrechtlicher Vorstellungen und die Anerkennung normativ verfasster Vertragsfreiheit aller an verwaltungsvertraglichen Beziehungen beteiligten Rechtssubjekte. In mehr systematischer Hinsicht geht es um die Einbeziehung sämtlicher Verträge „im" Verwaltungsrecht in die Vertragsrechtslehre,[823] die sich

---

[818] → Rn. 37 ff.
[819] → Rn. 4 m. Fn. 31; zu späteren Empfehlungen der Verwaltungsrechtswissenschaft für die gesetzliche Fortentwicklung des Vertragsrechts s. → Rn. 14 m. Fn. 98.
[820] → Rn. 16 f.
[821] → Rn. 1 f., 5 ff., 73, 92, 103, 107 ff., 121.
[822] Näheres zum Folgenden oben in → Rn. 103 ff.
[823] Vgl. oben → Rn. 69 ff., 84 ff.

E. Retrospektiven und Perspektiven

gegen die verbreitete Verengung auf Staat-Bürger-Verträge sperrt, über die konventionelle Bearbeitung von Austauschverträgen hinaus die Berücksichtigung von Organisationsverträgen verlangt und teilrechtsordnungsübergreifende Arbeit einfordert. Unabhängig von solchem „innersystematischen" Entwicklungsbedarf stellen sich kritische Rückfragen an die Einbindung des Verwaltungsvertrages in die Gesamtsystematik des Allgemeinen Verwaltungsrechts. Das betrifft zuallererst die traditionelle Erörterung des Vertrages allein unter dem Gesichtspunkt der „Handlungsformen ‚der Verwaltung'",[824] die problemverkürzend nur einen Teilaspekt vertraglichen Handelns in den Blick nimmt, weiter gehenden Systematisierungsbedarf verwaltungsvertraglicher Beziehungen verdeckt und den damit einhergehenden Umbruch der Verwaltungskultur[825] mit all seinen Rückwirkungen auf die Tiefenstruktur verwaltungsrechtlicher Systembildung bestenfalls erahnen lässt. Weitere **Anfragen an die Dogmatik des Allgemeinen Verwaltungsrechts** beziehen sich auf sog. „Grundbegriffe"[826] – so auf die systemgerechte Verarbeitung vertraglich begründeter Rechte, Ansprüche, Haupt- und Nebenpflichten etc. in der Lehre vom subjektiven Recht, auf die Fortbildung der Lehren über das Verwaltungsermessen und unbestimmte Rechtsbegriffe mit Blick auf vertragsrechtliche Dispositionsbefugnisse sowie auf die vertragsadäquate Domestizierung von Verhandlungsprozessen.[827]

Vor diesem Hintergrund ergeben sich **kritische Rückfragen auch an die „Neue Verwaltungsrechtswissenschaft"**.[828] Denn die „Neue Verwaltungsrechtswissenschaft" behandelt Verwaltungsverträge – nicht anders als die herkömmliche Lehre – neben anderen Formen des Verwaltungshandelns unter der Überschrift der „Handlungs- und Bewirkungsformen der öffentlichen Verwaltung"[829]; sie setzt sich deshalb im Kern denselben Vorbehalten aus, die auch für Teile der traditionellen Verwaltungsrechtslehre gelten.[830] Hinzu kommt, dass die „Neue Verwaltungsrechtswissenschaft" die verwaltungsrechtlichen Beziehungen, soweit sie den Bürger betreffen, in leicht antiquierter Terminologie auf den „Rechtsstatus des Einzelnen im Verwaltungsrecht"[831] reduziert und damit die Ordnungsidee, die

136

---

[824] Näheres zum Folgenden oben in → Rn. 73 ff., 92 ff., 103 ff.
[825] → Rn. 10, 33, 74 ff., 80, 83 und passim.
[826] *Maurer*, VerwR, § 6 ff.
[827] Siehe zum subjektiven Recht → Rn. 109 m. Fn. 666; zu Ermessen und unbestimmtem Rechtsbegriff → Rn. 107 m. Fn. 660 sowie zu weiterem Differenzierungsbedarf und speziell zu einem „Managementermessen" *Schmidt-Aßmann*, Gesetzesbindung (Fn. 551), S. 551 f.; zu Verhandlungsprozessen → Rn. 110 ff.
[828] Zu im Übrigen von der modernen Verwaltungsvertragsrechtslehre bereits weitgehend berücksichtigten Forderungen der „Neuen Verwaltungsrechtswissenschaft" vgl. → Rn. 8 ff., 18.
[829] So die Überschrift des achten Teils des Gesamtwerks. Diese Ausrichtung hat ganz konkrete Konsequenzen. So wurde etwa die Fehler- und Fehlerfolgenlehre, die ein Standardthema der Handlungsformenlehre ist, in diesem Beitrag nur wegen entsprechender redaktioneller Vorgaben in einem herausgehobenen eigenen Gliederungspunkt (→ Rn. 92 ff.) behandelt, obwohl die dort thematisierten Gesichtspunkte nur einen kleinen Ausschnitt denkbarer Pathologien in verwaltungsvertraglichen Rechtsverhältnissen betreffen und deshalb rechtsverhältnisdogmatisch viel überzeugender an anderer Stelle zu behandeln gewesen wären, nämlich bei der Frage nach Wirksamkeit und Nichtigkeit von Verwaltungsverträgen. Zu Verfahrensfehlern vgl. aber allg. → Bd. II *Sachs* § 31.
[830] → Rn. 103 m. Fn. 629.
[831] Vgl. → Bd. I *Masing* § 7. Mit dieser Begriffswahl ist schon im gedanklichen Zugriff die Entwicklung „from status to contract" nicht aufgenommen (→ Rn. 103 m. Fn. 631), was wiederum allerlei Konsequenzen hat. So wird die Idee der Gleichordnung als Basis vertraglich begründeter Rechte und Pflichten sehr krit. diskutiert und die Vorstellung „einer prästabilisierten Gleichordnung" abgelehnt,

Funktionslogik und auch die Kultur vertraglicher Einigung[832] nicht erreicht. Zudem dürften sich mit der „Steuerungsperspektive" kaum wegweisend neue und unmittelbar anschlussfähige Entwicklungsimpulse für die Vertragsrechtslehre gewinnen lassen.[833]

137 Die zahlreichen Rückfragen an Teile der konventionellen und an die „Neue" Verwaltungsrechtswissenschaft belegen, wie sehr verwaltungsvertragliche Aktivitäten der Begleitung durch eine **zeitgemäße Lehre vom Verwaltungsvertrag** bedürfen. An eine historisch und wirklichkeitswissenschaftlich aufgeklärte Verwaltungsvertragsrechtslehre, die ihrem Gegenstand gerecht werden will, sind vor allem **zwei Hauptanforderungen** zu stellen. Sie muss erstens möglichst alle in der normativ gestalteten Rechtswirklichkeit anzutreffenden Konstellationen vertraglicher Aktivitäten[834] aufnehmen, darf also nicht länger eine Teillehre von ausgewählten Segmenten des Verwaltungsvertrages sein. Zweitens muss sie rechtsdirigiert arbeiten. Die gebotene Gesetzesorientierung macht die Vertragsrechtslehre unausweichlich zu einer Lehre vom „Rechtsverhältnis"[835] und damit zu einer **Rechtsverhältnislehre,** die die Vielfalt vertraglicher Beziehungen „im" Verwaltungsrecht problemlos erfassen kann.[836] Der Preis für die Ausrichtung auf verwaltungsvertragliche Rechtsverhältnisse ist zwar ein etwas höherer Abstraktionsgrad. Doch verflüchtigt sich die Verwaltungsvertragsrechtslehre darum nicht in Aussagearmut oder gar in nebulöser Aussagelosigkeit. Praktische Nutzanwendungen zeigen sich neben anderem in der dogmatischen Erschließung von zwei-, drei- und mehrpoligen verwaltungsvertraglichen Rechtsverhältnissen, von sehr unterschiedlichen Beteiligtenkonstellationen, von Aushandlungs- und Anbahnungsbeziehungen in vorvertraglichen Rechtsverhältnissen sowie von Entwicklungsphasen verwaltungsvertraglicher Rechtsverhältnisse; darin eingeschlossen sind Fragen der Vertragsgestaltung, die in einer Vertragsgestaltungslehre als integralem Bestandteil der Verwaltungsvertragsrechtslehre darstellbar und bearbeitbar sind.

138 Damit ist der Nutzen der Rechtsverhältnislehre als dogmatischer Ordnungsrahmen noch nicht erschöpft. In einer ganzen Reihe von Teilaspekten wie dem

---

und zwar u.a. m. Hinw. darauf, dass dies für den „öffentlichen subordinationsrechtlichen Vertrag […] definitionsgemäß evident" sei (a.a.O., Rn. 175), obschon sich inzwischen doch herumgesprochen haben sollte, dass die Redeweise vom „subordinationsrechtlichen Vertrag" missverständlich ist und die Rückführung vertraglicher Rechtsbeziehungen auf Subordinationsverhältnisse nicht überzeugen kann (s. dazu nur *Schlette*, Vertragspartner [Fn. 6], S. 36 ff., 382 ff.; → Rn. 72, 108). An anderer Stelle werden (echte) subjektive Rechte von und innerhalb von Verwaltungsträgern in Abrede gestellt (a.a.O., Rn. 105), wobei offenbar „Kompetenzen" an die Stelle von Rechten, Ansprüchen auf Leistungen usw. treten sollen.

[832] Vgl. → Rn. 33, 76, 83.

[833] Das gilt insbes. für die schon seit längerem bekannten Fragen der Selbststeuerung der Akteure durch Vertragsgestaltung, die verwaltungsrechtsdogmatisch ohne Rückgriff auf den Steuerungsansatz bewältigbar sind. Zu den Steuerungsleistungen von Verwaltungsverträgen, die in diesem Beitrag wiederum nur wegen entsprechender redaktioneller Vorgaben in einem eigenen Gliederungspunkt behandelt wurden, s. → Rn. 98 ff., sowie zur selbststeuernden Vertragsgestaltung durch Vertragsklauseln und Vertragstypen → Rn. 121 ff. Prinzipielle Vorbehalte gegen eine einseitige Akzentuierung des steuerungswissenschaftlichen Ansatzes bei *Friedrich Schoch*, Gemeinsamkeiten und Unterschiede von Verwaltungsrechtslehre und Staatsrechtslehre, DV, Beiheft 7, 2007, S. 177 (203 ff.).

[834] Zur verwaltungswissenschaftlichen Befundnahme s. → Rn. 34 ff.

[835] Vgl. § 54 S. 1 VwVfG.

[836] Siehe dazu und zum Folgenden näher oben → Rn. 103 ff.

unsicheren Rechtsregime, der Bestimmung eines spezifisch gemeinschaftsrechtlichen Vertragsrechts, der Vielzahl möglicher Beteiligter, der Vielfalt der Vertragstypen und der Problemreduktion durch Vertragsgestaltung weisen nämlich die **europäischen Verwaltungsverträge** auffallende Parallelen zum deutschen Verwaltungsvertragswesen auf.[837] Dies legt es nahe, auch diese Verträge in der Grundstruktur mit den Ordnungskategorien der Rechtsverhältnislehre zu erfassen, wie überhaupt die auf das Rechtsverhältnis ausgerichtete Vertragsrechtslehre offen und damit **anschlussfähig** ist **für rechtsebenenübergreifende Verträge etwa** als Grundlage von Netzwerkverwaltungen namentlich **in Europäisierungs- und Internationalisierungskontexten**.[838] So gesehen könnte eine als Rechtsverhältnislehre konzipierte zeitgemäße Lehre vom Verwaltungsvertrag über den engeren Bereich des (deutschen) Verwaltungsvertragsrechts hinaus und über die Teildisziplinen einschließlich des Verfassungsrechts[839] hinweg einen wichtigen Beitrag zur **Ausbildung einer Allgemeinen Vertragsrechtslehre**[840] und weiter gehend zum Verständnis der „Rechtsordnung als Rechtsverhältnisordnung"[841] leisten.

Ausgewählte Literatur

Apelt, Willibalt, Der verwaltungsrechtliche Vertrag, Leipzig 1920.
Arnold, Peter, Die Arbeit mit öffentlich-rechtlichen Verträgen im Umweltschutz beim Regierungspräsidium Stuttgart, VerwArch, Bd. 80 (1989), S. 125–142.
Bartscher, Bruno, Der Verwaltungsvertrag in der Behördenpraxis, Konstanz 1997.
Bauer, Hartmut, Anpassungsflexibilität im öffentlich-rechtlichen Vertrag, in: Hoffmann-Riem/Schmidt-Aßmann (Hrsg.), Innovation, S. 245–288.
– Die negative und die positive Funktion des Verwaltungsvertragsrechts, in: FS Franz Knöpfle, 1996, S. 11–31.
– Public Private Partnerships als Erscheinungsformen der kooperativen Verwaltung – Zugleich ein Beitrag zu Police Private Partnership, in: Rolf Stober (Hrsg.), Public-Private-Partnerships und Sicherheitspartnerschaften, Köln u. a. 2000, S. 21–50.
– Verwaltungsrechtliche und verwaltungswissenschaftliche Aspekte der Gestaltung von Kooperationsverträgen bei Public Private Partnership, DÖV 1998, S. 89–97.
– Zur notwendigen Entwicklung eines Verwaltungskooperationsrechts – Statement, in: Gunnar Folke Schuppert (Hrsg.), Jenseits von Privatisierung und „schlankem" Staat: Verantwortungsteilung als Schlüsselbegriff eines sich verändernden Verhältnisses von öffentlichem und privatem Sektor, Baden-Baden 1999, S. 251–272.
Benz, Arthur, Kooperative Verwaltung, Baden-Baden 1994.
Bonk, Heinz J., Fortentwicklung des öffentlich-rechtlichen Vertrags unter besonderer Berücksichtigung der Public Private Partnerships, DVBl 2004, S. 141–149.
Brosius-Gersdorf, Frauke, Hartz IV und die Grundsicherung für hilfebedürftige erwerbsfähige Arbeitsuchende, VSSR 2005, S. 335–383.

---

[837] Vgl. *Grunwald,* Verträge (Fn. 152), S. 227 ff., und bereits oben → Rn. 27.
[838] Zur Bedeutung vertraglicher Vereinbarungen im Völkerrecht s. allgemein → Rn. 21.
[839] Siehe zu Verträgen im deutschen Verfassungsrecht → Rn. 29 und zum Vertragsgedanken im Europarecht → Rn. 22; in Staatsphilosophie, Verfassungstheorie und Verfassungslehre ist der Vertrag als Erklärungsmodell für das Gemeinwesen seit Jahrhunderten verfügbar (dazu etwa *Hisao Kuriki,* Über den Gedanken des Verfassungsvertrags in der Geschichte der deutschen Verfassungstheorie, in: FS Rainer Wahl, 2011, S. 121 ff.).
[840] Vgl. → Rn. 88.
[841] So der Titel der Studie von *Norbert Achterberg,* Die Rechtsordnung als Rechtsverhältnisordnung, 1982, die allerdings keine rechtsdogmatischen Anliegen verfolgt, sondern auf die Grundlegung einer Rechtsverhältnistheorie zielt.

Bulling, Manfred, Kooperatives Verwaltungshandeln (Vorverhandlungen, Arrangements, Agreements und Verträge) in der Verwaltungspraxis, DÖV 1989, S. 277–289.
Dewitz, Ralf M., Der Vertrag in der Lehre Otto Mayers, Berlin 2004.
Eberhard, Harald, Der verwaltungsrechtliche Vertrag, Wien 2005.
Efstratiou, Pavlos-Michael, Die Bestandskraft des öffentlichrechtlichen Vertrags, Berlin 1988.
Eisenlohr, Manteo H., Der Prozeßvergleich in der Praxis der Verwaltungsgerichtsbarkeit, Köln u. a. 1997.
Gas, Tonio, Die gesetzliche Normierung des öffentlich-privaten Kooperationsvertrages – Handlungsbedarf im Gewährleistungsstaat, DV, Bd. 45 (2012), S. 43–80.
Grunwald, Jürgen, Die nicht-völkerrechtlichen Verträge der Europäischen Gemeinschaften, EuR, Bd. 19 (1984), S. 227–267.
Grziwotz, Herbert, Vertragsgestaltung im öffentlichen Recht, München 2002.
Gündling, Benjamin, Modernisiertes Privatrecht und öffentliches Recht, Berlin 2006.
Gurlit, Elke, Verwaltungsvertrag und Gesetz, Tübingen 2000.
Henke, Wilhelm, Allgemeine Fragen des öffentlichen Vertragsrechts, JZ 1984, S. 441–447.
– Das Recht der Wirtschaftssubventionen als öffentliches Vertragsrecht, Tübingen 1979.
– Praktische Fragen des öffentlichen Vertragsrechts – Kooperationsverträge, DÖV 1985, S. 41–53.
Hill, Hermann (Hrsg.), Verwaltungshandeln durch Verträge und Absprachen, Baden-Baden 1990.
– Zur Rechtsdogmatik von Zielvereinbarungen, NVwZ 2002, S. 1059–1063.
Kahl, Wolfgang, Das Kooperationsprinzip im Städtebaurecht, DÖV 2000, S. 793–802.
Kaltenborn, Markus, Streitvermeidung und Streitbeilegung im Verwaltungsrecht, Baden-Baden 2007.
Kaminski, Uwe, Die Kündigung von Verwaltungsverträgen, Berlin 2005.
Keller, Robert, Vorvertragliche Schuldverhältnisse im Verwaltungsrecht, Berlin 1997.
Kellner, Martin, Haftungsprobleme bei informellem Verwaltungshandeln, Berlin 2004.
Krebs, Walter, Verträge und Absprachen zwischen der Verwaltung und Privaten, VVDStRL, Bd. 52 (1993), S. 248–284.
Kretschmer, Kai-Holmger, Das Recht der Eingliederungsvereinbarung des SGB II, 2012.
– „Sozialhilfe" durch Vertrag, DÖV 2006, S. 893–901.
Lettl, Tobias, Die Anpassung von Verträgen des Privatrechts, JuS 2001, S. 144–148, 248–251, 347–352, 456–462, 559–565, 660–663.
Maurer, Hartmut, Der Verwaltungsvertrag – Probleme und Möglichkeiten, DVBl 1989, S. 798–807.
– Fortentwicklung des Verwaltungsverfahrensrechts – aber wohin?, in: FS Günter Püttner, 2007, S. 43–56.
–/*Bartscher, Bruno,* Die Praxis des Verwaltungsvertrags im Spiegel der Rechtsprechung, 2. Aufl., Konstanz 1997.
Mayer, Otto, Zur Lehre vom öffentlichrechtlichen Vertrage, AöR, Bd. 3 (1888), S. 3–86.
Niedobitek, Matthias, Das Recht der grenzüberschreitenden Verträge, Tübingen 2001.
Noguellou, Rozen/Stelkens, Ulrich (Hrsg.), Droit comparé des Contrats Publics/Comparative Law on Public Contracts, Brüssel 2010.
Ortloff, Karsten-Michael, Mediation außerhalb und innerhalb des Verwaltungsprozesses, NVwZ 2004, S. 385–390.
Pünder, Hermann, Kooperation statt Konfrontation, DV, Bd. 38 (2005), S. 1–34.
– Zur Verbindlichkeit der Kontrakte zwischen Politik und Verwaltung im Rahmen des Neuen Steuerungsmodells, DÖV 1998, S. 63–71.
Reimer, Franz, Mehrseitige Verwaltungsverträge, VerwArch, Bd. 94 (2003), S. 543–573.
Remmert, Barbara, Private Dienstleistungen in staatlichen Verwaltungsverfahren, Tübingen 2003.
Roggenkamp, Sibylle, Public Private Partnership, Frankfurt am Main 1999.
Ritter, Ernst-Hasso, Der kooperative Staat, AöR, Bd. 104 (1979), S. 389–413.
Röhl, Hans C., Verwaltung durch Vertrag, unveröffentlichte Habilitationsschrift, Typoskript.
Ruge, Kay/Vorholz, Irene, Verfassungs- und verwaltungsrechtliche Fragestellungen bei der Arbeitsgemeinschaft nach § 44b SGB II, DVBl 2005, S. 403–415.
Schlette, Volker, Die Verwaltung als Vertragspartner, Tübingen 2000.
Schmidt, Thorsten I., Zielvereinbarung als Herausforderung des Allgemeinen Verwaltungsrechts, DÖV 2008, S. 760–765.
Schmidt-Aßmann, Eberhard, Verwaltungsverträge im Städtebaurecht, in: FS Konrad Gelzer, 1991, S. 117–129.
– Zur Gesetzesbindung der verhandelnden Verwaltung, in: FS Winfried Brohm, 2002, S. 547–566.
–/*Krebs, Walter,* Rechtsfragen städtebaulicher Verträge, 2. Aufl., Berlin u. a. 1992.

Ausgewählte Literatur

Schmitz, Heribert, „Die Verträge sollen sicherer werden" – Zur Novellierung der Vorschriften über den öffentlich-rechtlichen Vertrag, DVBl 2005, S. 17–24.
Schuppert, Gunnar Folke, Grundzüge eines zu entwickelnden Verwaltungskooperationsrechts, Regelungsbedarf und Handlungsoptionen eines Rechtsrahmens für Public Private Partnership. Rechts- und verwaltungswissenschaftliches Gutachten, erstellt im Auftrag des Bundesministeriums des Innern, Juni 2001.
Seer, Roman, Verständigungen in Steuerverfahren, Köln 1996.
Spannowsky, Willy, Grenzen des Verwaltungshandelns durch Verträge und Absprachen, Berlin 1994.
Stelkens, Ulrich, Probleme des Europäischen Verwaltungsvertrags nach dem Vertrag zur Gründung einer Europäischen Gemeinschaft und dem Vertrag über eine Verfassung für Europa, EuZW 2005, S. 299–304.
– Verwaltungsprivatrecht, Berlin 2005.
–/*Schröder, Hanna,* EU Public Contracts, Speyer 2012.
Stern, Klaus, Zur Grundlegung einer Lehre des öffentlich-rechtlichen Vertrages, VerwArch, Bd. 49 (1958), S. 106-157.
Stöcker, Nina, Entwicklung des Verwaltungskooperationsvertrages unter Berücksichtigung des Vergaberechts, Frankfurt am Main 2010.
Tettinger, Peter J., Public Private Partnership, Möglichkeiten und Grenzen – ein Sachstandsbericht, NWVBl 2005, S. 1–10.
Tietze, Michael, Kooperation im Städtebau, Berlin 2003.
Voßkuhle, Andreas, Beteiligung Privater an der Wahrnehmung öffentlicher Aufgaben und staatliche Verantwortung, VVDStRL, Bd. 62 (2003), S. 266–335.
– Verwaltungsdogmatik und Rechtstatsachenforschung, VerwArch, Bd. 85 (1994), S. 567–585.
Ziekow, Jan, Verankerung verwaltungsrechtlicher Kooperationsverhältnisse (Public Private Partnership). Wissenschaftliches Gutachten, erstattet für das Bundesministerium des Innern, Juni 2001.
–/*Siegel, Thorsten,* Entwicklung und Perspektiven des Rechts des öffentlich-rechtlichen Vertrages, Teile 1–4, VerwArch, Bd. 94 (2003), S. 593–608; Bd. 95 (2004), S. 133–150, 281–299, 573–585.

§ 37 Pläne

Wolfgang Köck

Übersicht

	Rn.		Rn.
A. Planung als eigenständige Handlungsform	1	II. Integrale Raumpläne	59
		1. Raumordnungspläne	61
I. Der komplexe Vorgang der Planung	2	2. Bauleitpläne	71
1. Aufstieg, Krise und Erneuerung der Planung	2	III. Programmpläne als Lenkungspläne	81
		IV. Fachpläne am Beispiel der Krankenhausplanung	87
2. Annäherungen an Planung und die planende Verwaltung	9	D. Die Rechtmäßigkeit der Planung: Dogmatische Sonderinstitute	92
3. Planung als Handlungsform der Infrastrukturverwaltung	20	I. Planrechtfertigung	96
4. Der komplexe Vorgang der Planung	22	II. Planungsermessen, Abwägungsgebot und Abwägungsfehlerlehre	99
II. Die unterschiedliche rechtliche Qualifikation von Plänen	30	1. Äußere Grenzen des Planungsermessens	100
1. Handlungsformen und Rechtsformen	30	2. Innere Grenzen des Planungsermessens: Abwägungsgebot und Abwägungsfehlerlehre	104
2. Rechtsformen planerischer Entscheidungen	32	a) Allgemeines	104
B. Steuerungsfunktionen und Steuerungsmodi von Plänen	38	b) Das Abwägungsgebot als Handlungs- und Kontrollnorm	106
I. Funktionen, Erscheinungsformen und Typen von Plänen	38	c) Verbesserung der Abwägungskontrolle durch formalnumerische Methodik?	111
II. Steuerungsfunktionen: Ordnungsplanung – materiale Verwirklichungsplanung – Lenkungsplanung	42	d) Planungsfehler und Planerhaltung	112
III. Steuerungsmodi von Plänen	45	III. Plangewährleistung	117
C. Die Steuerungsleistung von Plänen am Beispiel bestimmter Pläne	51	Leitentscheidungen	
I. Steuerung durch Pläne und Planungsrecht	51	Ausgewählte Literatur	

A. Planung als eigenständige Handlungsform

1 Pläne machen es der Verwaltungsrechtswissenschaft schwer. Planentscheidungen ergehen in allen denkbaren Rechtsformen, und die Funktionen und Erscheinungsformen von Plänen sind überaus vielfältig. Trotz der Vielfalt der Pläne und Planfunktionen ist es Wissenschaft und Praxis gelungen, typische Eigenarten herauszuarbeiten, die es erlauben, planerisches Verwaltungshandeln von anderen Formen des Verwaltungshandelns und staatlichen Entscheidens zu unterscheiden und darauf auch in der rechtlichen Verarbeitung Rücksicht zu nehmen. Ein Planungsrecht ist entstanden, freilich kein völlig uniformes, sondern eines, das auf die Vielheit der Funktionen und Erscheinungsformen nur mit Ausdifferenzierung reagieren konnte. Ziel dieses Beitrages ist es, die Pläne im Kontext der Handlungsformen der Verwaltung zu verorten (siehe Teil A), die unterschiedlichen Funktionen und Erscheinungsformen von Plänen herauszuarbeiten (siehe unten B.) und hiervon ausgehend die Steuerungsleistungen einzelner Pläne zu bestimmen (siehe unten C.), sowie die planungsrechtsdogmatischen Reaktionen auf planerisches Entscheiden und dessen Ausdifferenzierung nachzuzeichnen (siehe unten D.). Am Beginn aber steht ein kurzer historischer Abriss über die Entwicklung von Planungspraxis und Planungstheorie der letzten vierzig Jahre.

I. Der komplexe Vorgang der Planung

1. Aufstieg, Krise und Erneuerung der Planung

2 Planung ist von *Joseph H. Kaiser* im Jahre 1965 als „der große Zug unserer Zeit"[1] und als „Kind der Krise"[2] bezeichnet worden. Angespielt wurde damit auf den **gewachsenen Planungsbedarf des modernen Sozialstaates** mit seinen umfassenden Verantwortungsübernahmen für die sozioökonomische Wohlfahrt,[3] aber auch auf die damalige Überzeugung, die Herausforderungen, die aus den gestiegenen Ansprüchen der Gesellschaft erwachsen sind, planerisch bewältigen zu können. Die wirtschaftliche Krise Mitte der sechziger Jahre hatte in der Bundesrepublik Deutschland das Bedürfnis nach einer Erweiterung der tradierten Planungen stimuliert und das sich in Zeiten des Wirtschaftswunders Bahn brechende liberale „Vertrauen in die sinnvolle Selbstbewegung der gesellschaftlichen Zustände" wieder beeinträchtigt.[4] Neue Planungen, ausgelöst auch durch aus dem Sozialstaatsprinzip (Art. 20 GG) abgeleitete Planungsaufträge[5] und durch grundgesetzlich verankerte neue Aufgabenbereiche (Art. 91a und b, Art. 104a Abs. 4, Art. 106 Abs. 3 S. 4 Nr. 1, Art. 109 GG), traten hinzu. „Haus-

---

[1] *Joseph H. Kaiser*, Exposé einer pragmatischen Theorie der Planung, in: ders. (Hrsg.), Planung I, 1965, S. 11.
[2] *Joseph H. Kaiser*, Vorwort, in: ders. (Hrsg.), Planung III, 1968, S. 7.
[3] Siehe dazu näher *Stern*, StaatsR II, S. 706; s.a. *Roman Herzog/Rainer Pietzner*, Planung, in: EvStL, Sp. 2503 (2504f.).
[4] *Fritz Scharpf*, Planung als politischer Prozess, in: *ders.*, Planung als politischer Prozess. Aufsätze zur Theorie der planenden Demokratie, 1973, S. 33 (39).
[5] Vgl. statt vieler *Eberhard Schmidt-Aßmann*, Planung unter dem Grundgesetz, DÖV 1974, S. 541 (543): „Sozialstaatlichkeit erfordert Planung, z.B. Infrastrukturplanung für die Daseinsvorsorge und den Abbau des Leistungsgefälles zwischen Bundesländern und Regionen".

A. Planung als eigenständige Handlungsform

halts- und Finanzplanung, Bauleitplanung sowie Raumplanung genügten nicht mehr. Rahmenplanung (Art. 91a Abs. 3 GG) und Bildungsplanung (Art. 91b GG), Investitionsplanung, Sozialplanung, Landesplanung und Entwicklungsplanung wurden geboren, schließlich der Gedanke einer umfassenden staatlichen Aufgaben- und Ressourcenplanung im Stil einer mehr oder weniger weitreichenden Staats- und Gesellschaftsplanung".[6]

Eine **Planungseuphorie** setzte ein, die aber schon im Laufe der 1970er Jahre der **Ernüchterung** wich. Diese hatte ihren Grund nur partiell in den rechtlichen Schranken, die dem tendenziell „absolute[n] planerischen Denken"[7] gesetzt worden sind, sondern wesentlich auch in der Erkenntnis, dass die Problemverarbeitungsfähigkeit beschränkt ist **(Grenzen rationaler Planung)**[8] und dass die institutionellen Strukturen sowie die Eigeninteressen von Planungsträgern, Planadressaten und Planbetroffenen die Steuerbarkeit auch diesseits rechtlicher Schranken begrenzen **(Steuerungsgrenzen des Staates)**.[9] Die Vorstellung, durch staatliche Planung „die gesellschaftliche Entwicklung in Kenntnis ihrer Probleme, auf Grund aller relevanten Daten und in Voraussicht künftiger Abläufe auf bestimmte Ziele hin optimal zu steuern",[10] war schnell als sozialtechnokratische Hybris identifiziert. An der Idee holistischer Gesamtplanungen bzw. integrativer Entwicklungsplanungen[11] konnte in der Folgezeit nicht mehr bruchlos festgehalten werden.[12] **Inkrementalistisches Denken,** das viel strapazierte „muddling through",[13] gewann an Anerkennung. Daraus resultierte aber weder normativ noch empirisch ein Abschied von der Planung. 3

In normativer Hinsicht bestand mit Blick auf die **Aufgaben des Sozial- und Umweltstaates** nie ein Zweifel daran, dass „die Komplexität und die Dynamik der Industriegesellschaft an die Steuerungsleistungen des politischen Systems gesteigerte Anforderungen [stellen], denen nur mit dem Instrument der Planung [...] genügt werden kann".[14] Planung erschien vor diesem Hintergrund als eine „un- 4

---

[6] Vgl. *Stern*, StaatsR I, S. 906. Vgl. a. → Bd. I *Stolleis* § 2 Rn. 100, 114, 117 ff.

[7] *Schmidt-Aßmann*, Planung unter dem Grundgesetz (Fn. 5), S. 542.

[8] Vgl. *Fritz W. Scharpf*, Komplexität als Schranke der politischen Planung, PVS 13 (1972), Sonderheft 4, S. 168 ff. Ebenfalls abgedruckt in: *ders.*, Planung (Fn. 4), S. 73 ff.

[9] Dazu schon *Scharpf*, Planung (Fn. 4). S. a. *Renate Mayntz*, Politische Steuerung und gesellschaftliche Steuerungsprobleme – Anmerkungen zu einem theoretischen Paradigma, in: Jahrbuch zur Staats- und Verwaltungswissenschaft 1987, S. 89 ff.; *dies.*, Politische Steuerung: Aufstieg, Niedergang und Transformation einer Theorie, in: *dies.*, Soziale Dynamik und politische Steuerung, 1997, S. 263 ff.; *dies.*, Governance Theory als fortentwickelte Steuerungstheorie?, in: Gunnar Folke Schuppert (Hrsg.), Governance-Forschung. Vergewisserung über Stand und Entwicklungslinien, 2006, S. 11 ff.

[10] *Dieter Grimm*, Verfassungsfunktion und Grundgesetzreform, AöR, Bd. 97 (1972), S. 489 (518); *Stern*, StaatsR I, S. 907.

[11] Siehe dazu näher *Dietrich Fürst*, Begriff der Planung und Entwicklung der Planung in Deutschland, in: ders./Frank Scholles (Hrsg.), Handbuch Theorien und Methoden der Raum- und Umweltplanung, 3. Aufl., 2008, S. 21 (28 ff.).

[12] Siehe auch *Schuppert*, Verwaltungswissenschaft, S. 200; *Gerd Albers/Julian Wékel*, Stadtplanung: eine illustrierte Einführung, 2. Auflage 2011, S. 28 ff. Dies lässt sich insbesondere an der Geschichte des Raumordnungsrechts und des Städtebaurechts zeigen; siehe etwa *Ulrich Battis*, Grundzüge des Rechts der Raumordnung und Landesplanung, JA 1981, S. 313 (314 f.); *Rüdiger Göb*, Neue Möglichkeiten und Grenzen der Stadtentwicklungsplanung, DÖV 1990, S. 592 (593 f.).

[13] Dazu grundlegend *Charles Lindblom*, The Science of Muddling Through, in: Public Administration Review 19 (1959), S. 79–88.

[14] *Klaus Seemann*, Zur politischen Planung im „Demokratischen Rechtsstaat", DV, Bd. 13 (1980), S. 405 (407).

vermeidliche Konsequenz der umfassenden Sozialverantwortung des Staates".[15] Zu Recht schrieb *Felix Weyreuther* daher Anfang der 1980er Jahre mit Blick auf die Staatsaufgabe Umweltschutz: „Angesichts der vergleichsweise überwältigenden Steigerung des Gefährdungspotentials und des zunehmenden Spürbarwerdens der Endlichkeit unserer natürlichen Lebensgrundlagen läst sich im Grunde nicht einmal ernstlich erwägen, dass der unerlässliche Umweltschutz […] in erster Linie unter Einsatz von nur reagierenden Handhaben zu gewährleisten sein könnte. Wir sind auf die Anwendung vorsorgender Schutzstrategien angewiesen. Das zwingt uns zu öffentlichen Planungen, mögen wir deren Unzulänglichkeiten nun mehr oder weniger zu fürchten haben."[16] An dieser normativen Beurteilung ist auch heute noch festzuhalten.[17] Zwar ist das Verständnis des Sozial- und Umweltstaates angesichts wachsender Ansprüche und sinkender Steuerungsfähigkeit einem Wandlungsprozess unterworfen und es sind Umbauprozesse zu beobachten, die staatstheoretisch auf neue Begriffe, wie **„Gewährleistungsstaat"**[18] oder „aktivierender Staat"[19], gebracht worden sind. Dass auch ein an den normativen Imperativen von Sozial- und Umweltstaatlichkeit gekoppelter „Gewährleistungsstaat" auf Planung angewiesen ist – ja möglicherweise sogar noch in gesteigertem Maße, weil er ja eine Konzeption für die Erfüllung von Aufgaben durch gesellschaftliche Akteure benötigt[20] –, steht dabei aber außer Frage.

5   Akzeptiert wurde in der Folgezeit ein **verminderter Rationalitätsanspruch der Planung.**[21] Dieser fand seinen Ausdruck beispielsweise in Ansätzen zur strategischen Schwerpunktsetzung[22], in der Hinwendung zu einer bedarfsbezogenen Planung (im Gegensatz zu einer sog. reinen „Angebotsplanung"[23]) und zur Entwicklung informeller Konzepte[24] oder in der expliziten Einbeziehung des Faktors Zeit[25] und der Eigenbeobachtung („Rückkopplungsschleifen"; Monito-

---

[15] Vgl. *Peter Badura*, Auftrag und Grenzen der Verwaltung im sozialen Rechtsstaat, DÖV 1968, S. 446 (453). S. a. *Schuppert*, Verwaltungswissenschaft, S. 99.
[16] *Felix Weyreuther*, Umweltschutz und öffentliche Planung, UPR 1981, S. 33 (34). S. zur Notwendigkeit der Umweltplanung auch *Werner Hoppe*, Staatsaufgabe Umweltschutz, VVDStRL, Bd. 38 (1980), S. 211 (228 ff.); *Wolfgang Köck*, Perspektiven integrativer Umweltplanung aus rechtlicher Sicht, UPR 2002, S. 321.
[17] Siehe zu den verfassungsrechtlichen Planungsaufträgen nur *Werner Hoppe*, Planung, in: HStR IV, § 77 Rn. 70–86.
[18] *Wolfgang Hoffmann-Riem*, Modernisierung von Recht und Justiz, 2001, S. 24 ff.; *Schuppert*, Staatswissenschaft, S. 289 ff.; *Claudio Franzius*, Der „Gewährleistungsstaat" – ein neues Leitbild für den sich wandelnden Staat?, in: Der Staat, Bd. 42 (2003), S. 493 ff. S. a. → Bd. I *Voßkuhle* § 1 Rn. 41, *Schuppert* § 16 Rn. 18 f.
[19] *Schuppert*, Verwaltungswissenschaft, S. 920 ff. S. a. → Bd. I *Voßkuhle* § 1 Rn. 63 f.
[20] Siehe dazu nur die von *Gunnar Folke Schuppert* aufgelisteten Planungsaufgaben, die er als „Gewährleistungsmodi des Gewährleistungsstaates" bezeichnet; vgl. *Gunnar Folke Schuppert*, Der Gewährleistungsstaat – modisches Label oder Leitbild sich wandelnder Staatlichkeit?, in: ders. (Hrsg.), Der Gewährleistungsstaat – ein Leitbild auf dem Prüfstand, 2005, S. 11 (41 ff.).
[21] *Ernst-Hasso Ritter*, Staatliche Steuerung bei vermindertem Rationalitätsanspruch? Zur Praxis der politischen Planung in der Bundesrepublik Deutschland, in: Jahrbuch zur Staats- und Verwaltungswissenschaft 1987, S. 321–353.
[22] Siehe *Ernst-Hasso Ritter*, Strategieentwicklung heute – Zum integrativen Management konzeptioneller Politik (am Beispiel der Stadtentwicklungsplanung), in: Klaus Selle (Hrsg.), Zur räumlichen Entwicklung beitragen: Konzepte, Theorien, Impulse (Planung neu denken, Bd. 1), 2006, S. 129 ff.
[23] Siehe unten → Rn. 77.
[24] Siehe unten → Rn. 81 ff. Näher dazu *Schmidt-Aßmann*, Ordnungsidee, Kap. 6 Rn. 116 f.
[25] *Dietrich Fürst/Ernst-Hasso Ritter*, Planung, in: Handwörterbuch der Raumordnung, 4. Aufl. 2005, S. 765 (768).

ring; strategisches Controlling). Hinzu kamen ein „argumentative turn"[26] bzw. eine „kommunikative Wende"[27] im Vorgang der Planung als Reaktion auf die Steuerungsgrenzen des Staates und die Notwendigkeit der Legitimationsbeschaffung.[28] Heute wird mit Blick auf diese Entwicklungen von einem **„perspektivischen Inkrementalismus"**[29] ebenso gesprochen wie von **„strategischer Planung"**.[30] Aber auch von der „Rückkehr der großen Pläne" ist bereits wieder die Rede.

Die darin zum Ausdruck kommende **Renaissance der Planung**[31] speist sich aus drei Quellen: aus der **Rezeption der Planungserfahrungen im privatwirtschaftlichen Bereich,** mit der insbesondere Managementansätze und die Wiedergewinnung der strategischen Dimension in Zusammenhang gebracht werden,[32] aus dem internationalen **Leitbild der nachhaltigen Entwicklung,** die insbesondere das Denken in Qualitäts- und Handlungszielen sowie in Konzepten und Programmen befördert hat,[33] und aus der **Politik und Rechtsetzung der EG**.[34]

6

Die **europäische Ebene** sorgt in doppelter Hinsicht für eine **Erweiterung und Stärkung der Planung.** Zum einen dadurch, dass die **Planungen der EG-Institutionen** nicht mehr nur den eigenen institutionellen Apparat betreffen, sondern steuernd auf die Mitgliedstaaten einwirken sollen. Exemplarisch dafür steht die europäische Raumordnungsplanung,[35] die sich bereits in einem europäischen Raumentwicklungskonzept (EUREK), in einer darauf bezogenen europäischen Regionalpolitik (Struktur- und Kohäsionsfonds)[36] und in diversen Fachplanungen (transeuropäische Netze,[37] insbesondere großräumige Verkehrsnetze[38]; räumliche Vernetzung ökologisch wertvoller Räume[39]) niedergeschlagen

7

---

[26] *Frank Fischer/John Forester* (Hrsg.), The Argumentative Turn in Policy Analysis and Planning, 1993.

[27] *Ritter*, Strategieentwicklung heute (Fn. 22), S. 132 f.

[28] Siehe dazu schon *Claus Offe*, Demokratische Legitimation der Planung, in: *ders.*, Strukturprobleme des Kapitalismus, 1972, 123 ff.

[29] *Karl Ganser/Walter Siebel/Tom Sieverts*, Die Planungsstrategie der IBA Emscherpark, RaumPlanung 61 (1993), S. 112 (114 f.).

[30] *Ritter*, Strategieentwicklung heute (Fn. 22).

[31] Siehe auch *Ivo Appel*, Staatliche Zukunfts- und Entwicklungsvorsorge, 2005, S. 162, der von einer „Renaissance planerischer Elemente" spricht.

[32] So *Ritter*, Strategieentwicklung heute (Fn. 22), S. 135.

[33] Vgl. dazu für die Umweltpolitik: *Eckard Rehbinder*, Festlegung von Umweltzielen, NuR 1997, S. 313 ff.; *Wolfgang Köck*, Umweltqualitätsziele und Umweltrecht, ZUR 1997, S. 79 ff.; *ders.*, Rechtsfragen der Umweltzielplanung, NuR 1997, S. 528 ff.; *Moritz Reese*, Qualitätsorientierung im Umweltrecht, in: Martin Oldiges (Hrsg.), Umweltqualität durch Planung, 2006, S. 25 ff.

[34] Vgl. *Schmidt-Aßmann*, Ordnungsidee, Kap. 6 Rn. 95. S. a. *Appel*, Entwicklungsvorsorge (Fn. 31), S. 163.

[35] Vgl. dazu insbesondere *Rainer Wahl*, Europäisches Planungsrecht – Europäisierung des deutschen Planungsrechts, in: FS Willi Blümel, 1999, S. 617 ff.; *Hans D. Jarass*, Europäisierung des Planungsrechts, DVBl 2000, S. 945 ff.; *Gernot Sydow*, Strukturen europäischer Planungsverfahren, DÖV 2003, S. 605 ff.

[36] Vgl. dazu *Jarass*, Europäisierung (Fn. 35), S. 949 f.; *Klaus F. Gärditz*, Europäisches Planungsrecht, 2009, S. 29 ff.

[37] Vgl. *Georg Hermes*, Staatliche Infrastrukturverantwortung, 1998, S. 363; *Gärditz*, Europäisches Planungsrecht (Fn. 36), S. 22 ff.

[38] Vgl. *Wolfgang Durner*, Konflikte räumlicher Planungen, 2005, S. 513 ff.; *Eckhard Bogs*, Die Planung transeuropäischer Verkehrsnetze, 2002.

[39] Siehe Art. 4 Abs. 2 FFH-RL. Vgl. dazu etwa *Andreas Fisahn*, Entwicklungstendenzen des europäischen Planungsrechts, UPR 2002, S. 258 (260).

§ 37 Pläne

hat. Eine Erweiterung und Stärkung erfährt die Planung durch die EG aber auch deshalb, weil die EG in wachsendem Maße dazu übergegangen ist, mitgliedstaatliche Autonomiesicherung einerseits und Komplexitätsreduktion andererseits über die **Etablierung von Planungspflichten auf der mitgliedstaatlichen Ebene** politisch zu steuern und die Öffentlichkeit dabei systematisch einzubeziehen. Hervorzuheben ist in diesem Zusammenhang insbesondere das europäische Umweltrecht, das den Mitgliedstaaten eine Vielzahl neuer Fachplanungen vorschreibt.[40] Die wasserwirtschaftliche Planung, die Luftreinhalteplanung und die Lärmminderungsplanung waren zwar in Deutschland auch vorher schon etabliert,[41] haben aber wesentliche neue Impulse durch die europäische Rechtsetzung bekommen.[42] Ähnliches gilt für die **Überformung** von Gesamt- und Fachplanungen durch die Einführung einer **Strategischen Umweltprüfung für Pläne und Programme (SUP)**[43] und für die Überformung von komplexen Gestattungsverfahren durch Einführung der **Umweltverträglichkeitsprüfung (UVP).**[44] Die Einbeziehung von Umweltaspekten in den Vorgang der Erarbeitung bestimmter Pläne und Programme bzw. der Prüfung bestimmter Vorhaben beinhaltete vor dem Hintergrund der Erfordernisse planerischer Abwägung zwar an sich nichts Neues, hat aber die Anforderungen an den Vorgang der Entscheidungsbildung (für Planungsverfahren: Bündelung der Umweltaspekte im Abwägungsvorgang)[45] verändert und mit der EG-Kommission und dem Europäischen Gerichtshof neue Akteure für die Weiterentwicklung von Planung und Planungsrecht hervorgebracht.

8 Resümierend ist angesichts all dieser Entwicklungen *Gunnar Folke Schuppert* zuzustimmen, wenn er in seinem zur Jahrtausendwende erschienenen Buch über die Verwaltungswissenschaft feststellt, dass die **Planung auch weiterhin „das wesentliche Instrument sozialstaatlicher Aufgabenerledigung"**[46] ist. Planungsernüchterung und Krise der Planung haben zwar die Ansprüche an Pla-

---

[40] Vgl. *Kurt Faßbender,* Grundfragen und Herausforderungen des europäischen Umweltplanungsrechts, NVwZ 2005, S. 1122 ff.; *Gärditz,* Europäisches Planungsrecht (Fn. 36), S. 40–45.

[41] Siehe für die wasserwirtschaftliche Planung: *Michael Reinhardt,* Bewirtschaftungsplanung im Wasserrecht, ZfW 1999, S. 300 ff.; für die Luftreinhalteplanung: *Hans-Heinrich Trute,* Vorsorgestrukturen und Luftreinhalteplanung im Bundes-Immissionsschutzgesetz, 1989; für die Lärmminderungsplanung: *Helmuth Schulze-Fielitz/Albert Berger,* Lärmminderungsplanung als neue Form der Umweltplanung, DVBl 1992, S. 389 ff.

[42] Siehe a. → Bd. II *Hill/Martini* § 34 Rn. 59. Beispielhaft kann insofern zudem auf die Rechtsprechung zur Luftreinhalteplanung verwiesen werden: Der *EuGH* erkannte in seinem Urteil v. 25. 7. 2008 (Rs. C-237/07) auf einen Anspruch des Einzelnen auf Planaufstellung zur Wiederherstellung der europarechtlich geforderten Luftqualität und verabschiedete damit für das Luftqualitätsrecht einen ehernen Grundsatz des deutschen Planungsrechts. Dazu kritisch: *Kurt Faßbender,* Neues zum Anspruch des Bürgers auf Einhaltung des europäischen Rechts, EuR 2009, S. 400 ff. S. auch den Vorlagebeschluss des BVerwG in *BVerwGE* 128, 278.

[43] Richtlinie 2001/42/EG des Europäischen Parlaments und des Rates vom 27. 6. 2001 über die Prüfung der Umweltauswirkungen bestimmter Pläne und Programme, ABl. EG 2001, Nr. L 197, S. 30. Zur Umsetzung in § 2 Abs. 4 BauGB s.a. → Bd. II *Hill/Martini* § 34 Rn. 17.

[44] Richtlinie 85/337/EWG des Rates vom 27. 6. 1985 über die Umweltverträglichkeitsprüfung bei bestimmten öffentlichen und privaten Projekten, ABl. EG 1985, Nr. L 175, S. 40. S.a. → Bd. I *Schmidt-Aßmann* § 5 Rn. 33; Bd. II *Gusy* § 23 Rn. 25, *Appel* § 32 Rn. 37.

[45] Vgl. *BVerwG,* ZUR 2005, S. 199 (200).

[46] Vgl. *Schuppert,* Verwaltungswissenschaft, S. 99, der insoweit eine Formulierung von *Wilfried Erbguth* (Zur Rechtsnatur von Programmen und Plänen der Raumordnung und Landespflege, DVBl 1981, S. 557 [561]) verwendet.

2. Annäherungen an Planung und die planende Verwaltung

Nach einer gängigen Lehrbuchdefinition ist unter Planung „das vorausschauende Setzen von Zielen und gedankliche Vorwegnehmen der zu ihrer Verwirklichung erforderlichen Verhaltensweisen" zu verstehen.[47] Ganz ähnlich ist das Verständnis in den Planungswissenschaften, die Planung als „ein systematisches Vorgehen zur Entwicklung von Handlungszielen und -abfolgen über einen längeren Zeitraum" verstehen.[48] Beide Begriffsbestimmungen heben nicht nur den **Instrumentcharakter** der Planung hervor, sondern auch „ein gewisses Maß an **Autonomie** sowohl im Blick auf die Zielsetzungen als auch im Blick auf die Wahl der Mittel".[49] Treffend bezeichnet *Jörg Berkemann* den Prozess der Planung als ein **„Denken in Alternativen"**,[50] um auf rationale Weise über Optionen zur Zielerreichung entscheiden zu können. 9

In zweckbezogener Hinsicht geht es bei der Planung um den Versuch, durch methodisch geleitetes Handeln **Zukunftsvorsorge** zu **organisieren**[51] und damit Risiken zu mindern.[52] Absehbare Entwicklungen sollen antizipiert werden, um auf der Grundlage des besten Wissens frühzeitig notwendige Maßnahmen zur Erreichung gewünschter Ziele bestimmen und einleiten zu können. In kognitiver Hinsicht beruht Planung auf institutionalisierten Fähigkeiten zur Analyse und Prognose, in entscheidungstheoretischer Hinsicht auf dem **Rationalitätskalkül**[53] und in der **Steuerungsperspektive**[54] auf der Durchsetzungsfähigkeit der zur Planung befugten Institution und der Verfügbarkeit tauglicher Durchsetzungsinstrumente. Planung ist ein besonders voraussetzungsreiches Projekt, wenn ihr Gegenstand weder die gestaltbare Technik noch der persönliche oder betriebliche Bereich, sondern die Gesellschaft der Individuen ist.[55] Mit Letzterer befasst sich die **staatliche Planung**, auf die sich dieser Beitrag zu konzentrieren hat. 10

Planung ist nicht nur ein Instrument zur Gewährleistung von Zukunftsfähigkeit, sondern ein besonderer **Entscheidungstyp.** Zutreffend hat *Werner Thieme* darauf hingewiesen, dass sich der Plan von der Einzelentscheidung dadurch un- 11

---

[47] Siehe nur *Wolff/Bachof/Stober*, VerwR II, § 56 Rn. 6; *Dirk Ehlers*, Verwaltung und Verwaltungsrecht, in: Erichsen/Ehlers (Hrsg.), VerwR, § 1 Rn. 54; *Maurer*, VerwR, § 16 Rn. 14; ähnlich *Herzog/Pietzner*, Planung (Fn. 3), Sp. 2504; *Georg Hermes*, Planung, in: EvStL, Neuausgabe 2006, Sp. 1790.
[48] Vgl. *Fürst/Ritter*, Planung (Fn. 25), S. 765; Ähnlich *Scharpf*, Planung (Fn. 4), S. 37 f.
[49] *Maurer*, VerwR, § 16 Rn. 14. Treffend spricht das Bundesverwaltungsgericht davon, dass „die Befugnis zur Planung […] einen mehr oder weniger ausgedehnten Spielraum an Gestaltungsfreiheit einschließt und einschließen muss, weil Planung ohne Gestaltungsfreiheit ein Widerspruch in sich wäre"; vgl. BVerwGE 34, 301 (304).
[50] Vgl. *Jörg Berkemann*, Horizonte rechtsstaatlicher Planung, in: FS Otto Schlichter, 1995, S. 27 (31).
[51] Vgl. *Rainer Wolf*, „Planung auf Zeit" – eine neue Chance für die Stadtentwicklung?, in: FS Heiko Faber, 2007, S. 207 ff.
[52] *Gerd Roellecke*, Ein Rechtsbegriff der Planung, DÖV 1994, S. 1024.
[53] Siehe nur *Berkemann*, Horizonte (Fn. 50), S. 30 ff.
[54] Siehe a. → Bd. I *Voßkuhle* § 1 Rn. 17 ff.
[55] Vgl. *Wolf*, „Planung auf Zeit" (Fn. 51), S. 207.

§ 37 Pläne

terscheidet, „dass er eine größere Zahl von Einzelentscheidungen steuert, dass er diesen Einzelentscheidungen vorgeordnet ist".[56] Ganz ähnlich sieht *Klaus Obermayer* das wesentliche Merkmal des Plans darin, „dass er eine Reihe von Maßnahmen vorsieht, die zueinander in einem unlösbaren Verhältnis gegenseitiger Ergänzung und Abhängigkeit stehen".[57] Dieser Gesichtspunkt findet sich auch in der Begriffsbestimmung von *Eberhard Schmidt-Aßmann:* „Planung besteht in der analysierenden Erfassung gegenwärtiger Lagen, in der Prognose künftiger Entwicklungen und im Vorentwurf einer normativen Ordnung. Sie zielt auf den Ausgleich von Interessen und die Koordination von Aktivitäten in einem Gefüge abgestimmter, miteinander zu einem Konzept verflochtener Maßnahmen. Komplexität, Konnexität und gestalterische Kreativität kennzeichnen Planung und Plan."[58]

12 Den Aspekt des „Vorentwurfs einer normativen Ordnung" *(Eberhard Schmidt-Aßmann)* bzw. des Vorbereitens von Einzelentscheidungen[59] hebt auch *Niklas Luhmann* hervor, wenn er Planung als **„Festlegung von Entscheidungsprämissen für künftige Entscheidungen"** definiert.[60] Darin liegt ein wichtiger Unterschied zum herkömmlichen Entscheiden in der sog. **„Vollzugsverwaltung"**, die grundsätzlich nicht darauf angewiesen ist, künftige Entscheidungen durch eine Planungsentscheidung vorzubereiten bzw. zu koordinieren, sondern nach Maßgabe einer gesetzlich geregelten Ordnung über den Einzelfall entscheidet[61] und sich hierbei idealiter der Rechtsform des (belastenden resp. begünstigenden) **Verwaltungsakts**[62] bedient.

13 Das Steuern von Einzelentscheidungen durch die Entscheidung über Prämissen hat die Planung mit der **Gesetzgebung** gemein, weil jede Normsetzung Prämissen für künftige Entscheidungen setzt und damit künftige Entscheidungen vorbereitet.[63] Trotz dieser Parallelität sprechen wir in der Regel nicht davon, dass Gesetze und Pläne gleichzusetzen sind.[64] *Gerd Roellecke* hat darauf hingewiesen, dass die Aufgabe des Gesetzes eine andere ist als die Aufgabe des Plans: Gesetze als Handlungsform des Rechts seien funktionell an Erwartungssicherheit und materiell am Gerechtigkeitsgedanken orientiert, während Planungen und Pläne auf die Erreichung von Sachzwecken bezogen sind und eine **„Selbstfestlegung eigenen künftigen Verhaltens"** beinhalten.[65] Überzeugend ist diese Entgegensetzung nicht; denn für die meisten Gesetze gilt wohl mittlerweile, dass sie Steuerungsmittel zur Erreichung spezifischer Sachzwecke sind.

---

[56] *Thieme,* VerwaltungsL, Rn. 457.

[57] *Klaus Obermayer,* Der Plan als verwaltungsrechtliches Institut, VVDStRL, Bd. 18 (1960), S. 144 (149).

[58] *Eberhard Schmidt-Aßmann,* Planung als administrative Handlungsform und Rechtsinstitut, in: FS Otto Schlichter, 1995, S. 3 (4 f.) S. a. schon *ders.,* Planung unter dem Grundgesetz (Fn. 5), S. 542.

[59] Vgl. *Walter Schmitt Glaeser/Eberhard König,* Grundfragen des Planungsrechts. Eine Einführung, JA 1980, S. 321 (325): „Planung heißt Konzeption künftigen Handelns, herkömmliche Verwaltung ist Entscheidung und Durchführung konkreten aktuellen Handelns".

[60] *Niklas Luhmann,* Politische Planung, in: *ders.,* Politische Planung. Aufsätze zur Soziologie von Politik und Verwaltung, 1971 (5 Aufl. 2007), S. 66 (67).

[61] Vgl. *Wilfried Erbguth,* Abwägung als Wesensmerkmal rechtsstaatlicher Planung – die Anforderungen des Rechtsstaatsprinzips, UPR 2010, S. 281 (282).

[62] → Bd. II *Bumke* § 35.

[63] Vgl. dazu auch *Roellecke,* Planung (Fn. 52), S. 1025.

[64] Siehe dazu schon *Ernst Forsthoff,* Über Mittel und Methoden moderner Planung, in: Kaiser (Hrsg.), Planung III (Fn. 2), S. 21 (23). Zum Gesetz s. a. → Bd. I *Reimer* § 9.

[65] *Roellecke,* Planung (Fn. 52), S. 1026.

A. Planung als eigenständige Handlungsform

Der Unterschied von Gesetzgebung und Planung kann daher nur aus der Eigenart planerischen Handelns gewonnen werden. Zutreffend hat *Heiko Faber* von Planung als **„Kombination von Konkretheit und Multilateralität"** gesprochen,[66] und im Ergebnis ähnlich betont *Eberhard Schmidt-Aßmann* den **spezifischen Situationsbezug der Planung:** „Die ‚konkrete Lage der Dinge', die in der Rechtsprechung zum Bebauungsplan so oft eine Rolle spielt, – sie ist ein Charakteristikum nicht nur der räumlichen Planung, sondern der Planung schlechthin."[67] Der explizite Hinweis auf den spezifischen Situationsbezug, auf die „konkrete Lage der Dinge", schafft die Distanz zur Gesetzgebung und macht deutlich, dass nicht jeder vorbereitende Vorgang, der Normsetzungen vorausgeht, und nicht jede Normsetzung, die künftige Entscheidungen vorbereitet, als Planung zu charakterisieren ist, sondern nur jener Vorgang, der mit Blick auf die „konkrete Lage der Dinge" Ziele setzt und die zur Zielverwirklichung einzusetzenden Mittel festlegt. Genau dies ist gemeint, wenn das Bundesverfassungsgericht in seiner Entscheidung zum Gesetz über die Südumfahrung Stendal vom „finalen" Charakter der Planung spricht und betont, dass „die Planungsentscheidung keine generell-abstrakte Vorgabe für eine unbestimmte Vielzahl von Fällen dar[stellt]", sondern es sich vielmehr „um einen komplexen Prozess der Gewinnung, Auswahl und Verarbeitung von Informationen, der Zielsetzung und der Auswahl einzusetzender Mittel handelt."[68] Für *Eberhard Schmidt-Aßmann* liegt die „Normativität des planerischen Ordnungsentwurfs [...] zwischen der Einzelfallentscheidung und dem generell-abstrakten Rechtssatz. Wegen der notwendigen Regelungsbreite eines Konzepts steht sie letzterem allerdings näher als dem Einzelakt; doch gewinnt sie diese Breite nicht durch eine gleichförmig reihende Tatbestandsstruktur, sondern durch Verflechtung konkreter Maßnahmen."[69]

Wenngleich Gesetzgebung und Planung zu unterscheiden sind, wird sich die Planung häufig in der Rechtsform des Gesetzes niederschlagen.[70] Das liegt insbesondere nahe, wenn Parlament und Regierung planen.[71] Dabei kann es sich um echte **„Rechtsgesetze"** handeln, nämlich dann, wenn eine gesetzliche Regelung benötigt wird, um eine Planung umzusetzen[72]. Der Plan kann aber auch selbst in die Form des Parlamentsgesetzes gegossen werden. In diesem Falle spricht man von einem **„Plangesetz"**.[73] Ein Beispiel dafür ist das bereits erwähnte Gesetz über den Bau der „Südumfahrung Stendal".[74] Auch die Gesetze zu kommunalen Neugliederungen sind Plangesetze, weil sie das Ergebnis eines Planungsvorgangs dokumentieren und demgemäß auch an den Standards, die für Planungsvor-

---

[66] *Faber*, VerwR, S. 355.
[67] *Schmidt-Aßmann*, Planung (Fn. 58), S. 4f.
[68] BVerfGE 95, 1 (16) – Gesetz über den Bau der „Südumfahrung Stendal".
[69] *Schmidt-Aßmann*, Planung (Fn. 58), S. 15. Dies wurde in der älteren Lehre noch anders gesehen, so etwa bei *Max Imboden*, Der Plan als verwaltungsrechtliches Institut, VVDStRL, Bd. 18 (1960), S. 113 (126), der den Plan als Mittel zur Koordinierung von Einzelakten charakterisiert und damit insbesondere zum Ausdruck bringen will, dass der Plan nach seinen konstitutiven Elementen der Verfügung näher steht als dem Rechtssatz.
[70] Siehe unten → Rn. 32.
[71] *Maurer*, VerwR, § 16 Rn. 14, sieht hier den Schwerpunkt der staatlichen Planungen.
[72] Siehe oben → Rn. 11.
[73] Vgl. *Thomas Würtenberger*, Staatsrechtliche Probleme politischer Planung, 1979, S. 19ff.; *Schuppert*, Verwaltungswissenschaft, S. 204.
[74] Siehe oben Fn. → 68.

gänge gelten, gemessen worden sind.⁷⁵ Als Gesetze können sie zwar nicht allen Anforderungen unterliegen, die Wissenschaft und Praxis für Pläne erarbeitet haben,⁷⁶ die besonderen Anforderungen des Gebotes der planerischen Abwägung sind aber auf Plangesetze angewendet worden.⁷⁷ Mit Blick auf den Bebauungsplan als Rechtssatz hat *Felix Weyreuther* schon 1977 richtigerweise davon gesprochen, dass der Plan-Rechtssatz nicht einfach mit dem Rechtssatz gleichgesetzt werden dürfe, weil eine „Gleichsetzung von Rechtssatz zu Rechtssatz […] als Formalbetrachtung in […] schlechthin unerträglicher Weise an dem vorbeigeht, was den (Bebauungs-)Plan zu einem Rechtssatz sozusagen sui generis macht."⁷⁸ Insofern sind die Konsequenzen, die aus der Rechtsformwahl bzw. der Bestimmung der Rechtsnatur einer Entscheidung erwachsen, zu relativieren⁷⁹. Von den Plangesetzen zu unterscheiden sind Planungsgesetze einerseits und Legalplanungen andererseits. **Planungsgesetze** sind Gesetze, in denen Planungsaufträge an die Exekutive bzw. die Verwaltung formuliert und die generellen Ziele der Planung normiert werden.⁸⁰ **Legalplanungen** sind systemwidrige Eingriffe in die Funktionenordnung durch ein An-sich-Ziehen originärer Verwaltungsplanungen seitens des parlamentarischen Gesetzgebers; hierfür bedarf es besonderer Gründe.⁸¹

16 Planung durch Gesetz ist allerdings nicht nur eine Angelegenheit von Parlament und Regierung. Vielmehr wird man mit *Heiko Faber* zu konstatieren haben, dass die **Normsetzung** zu einem **zentralen Handlungsmittel der planenden Verwaltung** geworden ist.⁸² Beispielhaft kann insoweit auf den kommunalen Bebauungsplan, der als Satzung beschlossen wird (§ 10 Abs. 1 BauGB), oder auf den Regionalplan, der nach den Landesplanungsgesetzen verschiedener Bundesländer ebenfalls als Satzung⁸³ bzw. als Rechtsverordnung⁸⁴ beschlossen wird, verwiesen werden.⁸⁵ Darin liegt auch nach den Erwägungen zur Situationsbezogenheit einer jeden Planung⁸⁶ **kein Formenmissbrauch.**

17 Von zentraler Bedeutung für die Herausarbeitung gemeinsamer Wesensmerkmale der Planung ist die **Etablierung verwaltungsrechtlicher Planungen** auf der Grundlage der vom Gesetzgeber geschaffenen **Planungsgesetze** gewesen, weil erst die gesetzgeberische Verankerung zentraler verwaltungsrechtlicher Planungen, insbesondere die Verankerung der **Bauleitplanung** im BBauG – so unvollkommen diese Regelungen anfangs auch gewesen sein mögen –, die

---

⁷⁵ Vgl. *BVerfGE* 86, 90 (108).
⁷⁶ Siehe unten → Rn. 92 ff.
⁷⁷ Dazu näher *Durner*, Konflikte (Fn. 38), S. 278 ff. S. allgemein auch *Wolfgang Köck*, Gesetzesfolgenabschätzung und Gesetzgebungsrechtslehre, VerwArch, Bd. 93 (2002), S. 1 (18); *Hoppe*, Planung, in: HStR IV, § 77 Rn. 25.
⁷⁸ *Felix Weyreuther*, Rechtliche Bindung und gerichtliche Kontrolle planender Verwaltung im Bereich des Bodenrechts, BauR 1977, S. 293 (296).
⁷⁹ Siehe unten → Rn. 33.
⁸⁰ *Schuppert*, Verwaltungswissenschaft, S. 204.
⁸¹ Siehe dazu näher *Fritz Ossenbühl*, Der Gesetzgeber als Exekutive, in: FS Werner Hoppe, 2000, S. 183 (185 ff.), der sich in diesem Beitrag mit der BVerfG-Entscheidung zur „Südumfahrung Stendal" (*BVerfGE* 95, 1 ff.) auseinandersetzt. S. zur Thematik der Legalplanung auch *Michael Ronellenfitsch*, Maßnahmegesetze zur Beschleunigung von Verkehrsprojekten, DÖV 1991, S. 771 (779).
⁸² *Faber*, VerwR, S. 348. Allg. zur exekutivischen Normsetzung → Bd. II *Hill/Martini* § 34.
⁸³ So etwa in Niedersachsen: siehe § 8 Abs. 3 NdsROG.
⁸⁴ So etwa in Bayern: siehe Art. 19 Abs. 1 BayLPlG.
⁸⁵ Weitere Beispiele: *Wolff/Bachof/Stober*, VerwR II, § 56 Rn. 16.
⁸⁶ Siehe oben → Rn. 14.

A. Planung als eigenständige Handlungsform

Grundlage für eine breite rechtspraktische und rechtswissenschaftliche Befassung mit Planungen und Plänen geschaffen und die Herausarbeitung von Wesensmerkmalen stimuliert hat. Hierzu gehört beispielsweise die Beobachtung normstruktureller Unterschiede von Planungsnormen (**finale Programmierung**) und herkömmlichen Rechtsnormen (konditionale Programmierung),[87] wenngleich die Reichweite dieses Merkmals für rechtliche Einordnungen nicht überschätzt werden darf,[88] weil die Zweckorientierung ein durchgängiges Moment der Rechtsfindung ist.[89]

Die Beschreibungen dessen, was Planung ist, haben nicht zu einem allgemein anerkannten **Rechtsbegriff der Planung** geführt,[90] sondern die Erkenntnis gefördert, dass es nicht sinnvoll ist, eine „kategoriale begrifflich-definitorische Trennung der Planung von anderen Arten administrativen Entscheidens" anzustreben.[91] Demgemäß wird *Gerd Roelleckes* Vorschlag, Planung als „Selbstfestlegung eigenen künftigen Verhaltens"[92] zu verstehen und aus diesem Begriff rechtsdogmatische Schlussfolgerungen zu ziehen, „letztlich nicht für förderlich [gehalten], weil er eine begriffliche Trennung anstrebt, die er nicht durchhalten kann".[93] *Eberhard Schmidt-Aßmann* plädiert stattdessen für ein Rechtsdenken, das vom **Typus des Planens** ausgeht, um aus den „Sachstrukturen und Wesenseigenheiten planerischen Handelns" „rechtliche Sinnzusammenhänge" aufzudecken.[94] In der Tat haben sich die identifizierten **Merkmale der Planung** – also ein Spielraum an Gestaltungsfreiheit, die Kombination von Multilateralität und Konkretheit (Komplexität der Interessenlage und Situationsbezug), das Denken in Alternativen und die Verknüpfung der ausgewählten Maßnahmen zur rationalen Erreichung von Zwecken, das Entwerfen eines zukunftstauglichen gestaltenden Konzepts, die Bindung an dieses Konzept und dessen Verwirklichung bzw. flexible Anpassung an neu erkannte Erfordernisse – zu einem besonderen Typus staatlichen Entscheidens verdichtet, der es rechtfertigt, die **Planung als ein eigenständiges Rechtsinstitut** zu bezeichnen[95] und an der **„Schwelle zur Rechtsformqualität"** (*Gunnar Folke Schuppert*)[96] zu verorten[97]. Eine kategoriale

18

---

[87] Dazu grundlegend *Werner Hoppe*, Zur Struktur von Normen des Planungsrechts, DVBl 1974, S. 641 ff.; s.a. *Schmitt Glaeser/König*, Grundfragen (Fn. 59), S. 325; *Schmidt-Aßmann*, Ordnungsidee, Kap. 6 Rn. 97.

[88] Vgl. dazu *Martin Beckmann*, Die Umweltverträglichkeitsprüfung und das rechtssystematische Verhältnis von Planfeststellungsbeschlüssen und Genehmigungsentscheidungen, DÖV 1987, S. 944 (948 f.).

[89] Dazu näher *Koch/Hendler*, BauR, § 17 Rn. 7.

[90] Einer weit verbreiteten Einschätzung in der Literatur gemäß fehlt dem Planungsbegriff jedwede Brauchbarkeit für juristische Zwecke; s. statt vieler nur *Martin Oldiges*, Grundlagen eines Plangewährleistungsrechts, 1970, S. 42 und 51; *Fritz Ossenbühl*, Welche normativen Anforderungen stellt der Verfassungsgrundsatz des demokratischen Rechtsstaates an die planende staatliche Tätigkeit?, Gutachten B zum 50. Deutschen Juristentag, 1974, S. 51; *Werner Hoppe*, Planung und Pläne in der verfassungsgerichtlichen Kontrolle, in: FG 25 Jahre BVerfG, 1976, S. 663 (665 ff.).

[91] *Schmidt-Aßmann*, Planung (Fn. 58), S. 10.

[92] *Roellecke*, Planung (Fn. 52), S. 1024 ff.

[93] *Schmidt-Aßmann*, Planung (Fn. 58), S. 10. Zurückhaltend auch *Willy Spannowsky*, Der Planer als Rechtsgestalter, DÖV 1996, S. 1017 (1021).

[94] *Schmidt-Aßmann*, Planung (Fn. 58), S. 10. Ähnlich *Spannowsky*, Der Planer (Fn. 93), S. 1021.

[95] Vgl. *Schmidt-Aßmann*, Ordnungsidee, Kap. 6 Rn. 97; *ders.*, Planung (Fn. 58), S. 8 ff.

[96] *Schuppert*, Verwaltungswissenschaft, S. 198. Zustimmend *Schmidt-Aßmann*, Ordnungsidee, Kap. 6 Rn. 97.

[97] Siehe unten → Rn. 30 ff.

§ 37 Pläne

Trennung von anderen Arten administrativen Entscheidens ist mit der Herausarbeitung eines solchen Rechtsinstituts der Planung allerdings nicht verbunden. Insofern gibt es Überschneidungsbereiche zwischen rechtsetzender und planerischer Administrativentscheidung einerseits sowie planerischer und individuell-konkreter Administrativentscheidung andererseits, in denen eine konkrete Zuordnung zu dem einen oder anderen Typus letztlich auch von finalen Erwägungen (z.B. von der gerichtlichen Kontrolldichte) abhängt.[98]

19 Gestritten worden ist insbesondere über die Zuordnung der **Planfeststellung** zum Institut des Plans.[99] Rechtsprechung und die h.M. in der Literatur rechnen Planfeststellungen zu den Plänen,[100] was sich insbesondere in der Anerkennung eines Planungsermessens (Abwägung) niedergeschlagen hat.[101] *Eberhard Schmidt-Aßmann* ordnet sie demgegenüber systematisch nicht der Planung, sondern der Vollzugsebene zu.[102] Insbesondere für die „weniger raum- als anlagebezogenen Planestellungen" erkennt er auf eine „gegenüber gestaltenden Plänen verengte Abwägungsdimension, die eher der Vollzugsstufe als dem konzeptionellen Entscheiden zuzurechnen ist".[103] In ähnlicher Weise äußern sich eine Reihe anderer Stimmen, die die Planfeststellung stärker in die Nähe des Typus der Unternehmergenehmigung, wie z.B. der immissionsschutzrechtlichen Genehmigung, rücken.[104] In der Tat enthält die Planfeststellung Elemente der Genehmigung, insbesondere vereinigt sie das planerische Element der Prämissensetzung mit dem vollziehenden Element der vorhabenbezogenen Gestattung (§ 75 Abs. 1 VwVfG). Diese Besonderheit gegenüber den klassischen vorbereitenden Planungen[105] nimmt der Planfeststellung aber noch nicht ihren planerischen Gesamtcharakter,[106] der darin liegt, dass auf der Ebene der verschiedenen durch das Vorhaben berührten raumbedeutsamen Belange ein Konflikt auszutragen ist, der ein Bedürfnis nach einer umfassenden Abwägung auslöst. Auch der Umstand, dass die Planfeststellung gegenüber den klassischen verwaltungsrechtlichen Planungen, wie der Bauleitplanung und der Raumplanung, eher nachvollziehend angelegt ist,[107] mehr strikte Bindungen aufweist und eine Reihe fachrechtlicher Anforderungen schlicht abzuarbeiten hat,[108] führt noch nicht zur Zuordnung zum Typus

---

[98] Siehe dazu auch *Beckmann*, Die Umweltverträglichkeitsprüfung (Fn. 88), S. 947 ff.

[99] Dazu ausführlich *Wilfried Erbguth*, Anmerkungen zum administrativen Entscheidungsspielraum – am Beispiel der Planfeststellung, DVBl 1992, S. 398 ff. Jüngst: *Martin Beckmann*, Planfeststellung zwischen Zulassungsverfahren und Planung, in: Wilfried Erbguth/Winfried Kluth (Hrsg.), Planungsrecht in der gerichtlichen Kontrolle, 2012, S. 123 ff. Zum Planfeststellungsverfahren s.a. → Bd. II *Schneider* § 28 Rn. 48, 78 ff., 106, 134 ff.; 153; zum Planfeststellungsbeschluss → Bd. II *Bumke* § 35 Rn. 103.

[100] Siehe statt vieler *Rainer Wahl*, Genehmigung und Planungsentscheidung, DVBl 1982, S. 51 ff.

[101] Grundlegend *BVerwGE* 48, 56 ff. (für die straßenrechtliche Planfeststellung).

[102] *Schmidt-Aßmann*, Ordnungsidee, Kap. 6 Rn. 95 mit Fn. 226.

[103] *Schmidt-Aßmann*, Planung (Fn. 58), S. 14.

[104] Siehe statt vieler *Beckmann*, Die Umweltverträglichkeitsprüfung (Fn. 88), S. 949; *ders.*, Planfeststellung (Fn. 99), S. 123, 141 f.

[105] Siehe oben → Rn. 11 f.

[106] Siehe dazu auch *Horst Sendler*, (Un)erhebliches zur planerischen Gestaltungsfreiheit, in: FS Otto Schlichter, 1995, S. 55 (72–84).

[107] Vgl. *Ulrich Ramsauer*, Planfeststellung ohne Abwägung?, NVwZ 2008, S. 944 (947).

[108] *Rainer Wahl* spricht insoweit von „zwei Blöcken von Rechtsvorschriften, dem engeren spezifischen Fachplanungsrecht und den in einem anderen fachlichen Kontext entstandenen Zusatzrege-

A. Planung als eigenständige Handlungsform

der gebundenen Unternehmergenehmigung.[109] Allerdings ist anzuerkennen, dass für bestimmte Planfeststellungen die Akzente anders liegen und demgemäß auch die Zuordnung eine andere zu sein hat, wie etwa das Beispiel der Planfeststellung im Bergrecht (§§ 52, 55 BBergG) zeigt.[110] Das Niedersächsische Oberverwaltungsgericht und auch das BVerwG haben darüber hinaus auch die atomrechtliche Planfeststellung nicht mehr dem Planungsbereich zugeordnet, sondern sie im Ganzen als gebundene Entscheidung qualifiziert.[111] Die Probleme der Zuordnung stellen sich allerdings nicht nur für die Planfeststellung, sondern umgekehrt auch für sog. **„komplexe Genehmigungsentscheidungen"**,[112] die durch Interdependenzen und Multilateralität geprägt sind und eine Reihe von Strukturgemeinsamkeiten mit der Planung aufweisen.[113] Heute sprechen wir mit Blick auf die komplexen Genehmigungsentscheidungen teilweise eindeutiger von **„Genehmigungsentscheidungen mit planungsrechtlichem Einschlag"**[114] und dürfen darunter nicht nur den planerischen Charakter der Entscheidung über den Standort eines raumbedeutsamen Vorhabens fassen, sondern müssen mit Blick auf konzeptionelle Anforderungen an Vorsorgeaufträge insbesondere auch gesetzlich geleitete **Vorsorgestrategien**, aber auch **Bewirtschaftungskonzepte** stofflicher Belastungen von Räumen, mitdenken.[115] Dies hat z. B. *Horst Sendler* getan, als er Verwaltungsbehörden beim Ausfüllen unbestimmter Rechtsbegriffe durch Rechts- und Verwaltungsvorschriften einen „planungsinfizierten Beurteilungsspielraum" attestierte.[116] Die anhaltende wissenschaftliche Diskussion um die Anerkennung von Beurteilungsspielräumen in den Aufgabenbereichen der **Risikoverwaltung**[117] ist in der Sache nichts anderes als der Versuch, planerische Elemente in Genehmigungsentscheidungen zu integrieren.

3. Planung als Handlungsform der Infrastrukturverwaltung

Die „fortschreitende Zunahme des Planungsbedürfnisses ist eine unvermeidliche Konsequenz der umfassenden Sozialverantwortung des Staates",[118] und Planung ist zur zentralen Handlungsform der sozialgestaltenden Verwaltung geworden. Zwar ist es richtig, dass immer schon staatlich geplant worden ist,[119]

20

---

lungen (Umweltregelungen)"; vgl. *Rainer Wahl*, Die Fachplanung in der Phase ihrer Europäisierung, in: FS Richard *Bartlsperger*, 2006, S. 427 (443).

[109] Vgl. *Wahl*, Genehmigung (Fn. 100), S. 53.

[110] Vgl. *Ramsauer*, Planfeststellung (Fn. 107), S. 947.

[111] Vgl. *Nds. OVG*, ZUR 2006, S. 489 (491). Bestätigt durch *BVerwG*, NVwZ 2007, S. 833. Dagegen zu Recht kritisch: *Ramsauer*, Planfeststellung (Fn. 107), S. 944 ff.

[112] *Eberhard Schmidt-Aßmann*, Verwaltungsverantwortung und Verwaltungsgerichtsbarkeit, VVDStRL, Bd. 34 (1976), S. 221 (223 ff.).

[113] Siehe dazu auch *Dietrich Murswiek*, Die staatliche Verantwortung für die Risiken der Technik, 1985, S. 371; *Horst Sendler*, Wer gefährdet wen: Eigentum und Bestandsschutz den Umweltschutz – oder umgekehrt?, UPR 1983, S. 33 (43).

[114] Dazu grundlegend *Peter Badura*, Die Standortentscheidung bei der Unternehmergenehmigung mit planungsrechtlichem Einschlag, BayVBl. 1976, S. 515; *Wahl*, Genehmigung (Fn. 100), S. 57–62; s. a. *Michael Ronellenfitsch*, Einführung in das Planungsrecht, 1986, S. 7.

[115] Vgl. *Wahl*, Genehmigung (Fn. 100), S. 61. S. a. *Karl-Heinz Ladeur*, Zum planerischen Charakter der technischen Normen im Umweltrecht, UPR 1987, S. 253 (257 ff.); *Faber*, VerwR, S. 364 ff.

[116] *Sendler*, Wer gefährdet wen (Fn. 113), S. 43.

[117] Siehe a. → Bd I *Schulze-Fielitz* § 12 Rn. 28 ff.; Bd II *Röhl* § 30 Rn. 30, *Pitschas* § 42 Rn. 175 ff.

[118] *Badura*, Auftrag (Fn. 15), S. 453.

[119] Vgl. *Klaus Stern*, Die Idee der politischen Planung, in: FS Werner Hoppe, 2000, S. 271 (272).

jedoch ist der **Verwaltung** (sieht man von der Kommunalen Ebene ab) die Sozialgestaltungsaufgabe erst in den letzten Jahrzehnten durch den Verfassungsauftrag zur Sozial- und Umweltstaatlichkeit und den sich daraus ergebenen Folgen für die Programmierung der Verwaltung umfassend zugewachsen.[120] *Winfried Brohm* hatte auf der Staatsrechtslehrertagung 1970 von einer „neuen Phase der Entwicklung" gesprochen, mit der die Verwaltung auf die Veränderungen, die Verwissenschaftlichung und die nahezu totale Interdependenz aller Tätigkeiten und Zustände in der modernen Industriegesellschaft reagiert habe.[121] Die neue Entwicklung wurde insbesondere darin gesehen, dass das Verwaltungshandeln seinen punktuellen und eindimensionalen (bilateralen) Charakter verloren habe. Der Verwaltung würden Ziele eines Gestaltungsprozesses genannt, die sie dazu zwängen, „sich in der Verfolgung des ihr gesteckten Zieles laufend selbst [zu] programmieren." *Heiko Faber* hat diese und andere Beobachtungen zu Ansätzen einer pragmatischen Theorie des Verwaltungsrechts verarbeitet. In seiner Skizze wird das Verwaltungsrecht als das Recht von **Funktionskreisen der öffentlichen Verwaltung** bezeichnet und dabei zwischen der **Eingriffsverwaltung**, der **Leistungsverwaltung** und der **Infrastrukturverwaltung** unterschieden.[122] Eingriffs- und Leistungsverwaltung bilden für *Faber* zwei Facetten bilateraler verwaltungsrechtlicher Rechtsverhältnisse. Große Teile der Verwaltungstätigkeit, so *Faber*, vollziehen sich aber nicht primär und auch nicht mehr ausschließlich in Rechtsverhältnissen gegenüber einzelnen, sondern „gegenüber dem Publikum oder in der Vorsorge für zukünftige Generationen in der Befolgung objektiver Rechtspflichten".[123] In dieser **Multilateralität** liegt für *Faber* das infrastrukturelle Moment – man könnte auch sagen: das planerische Moment – von Verwaltungstätigkeit. In sachlicher Hinsicht geht es dabei um die „Herstellung von Produktionsvoraussetzungen" und die vorausschauende „Abwehr von Schäden", also um „negative und positive **Infrastrukturvorsorge**",[124] oder anders formuliert: um die **„Gestaltungsfunktion"** der Verwaltung.[125] Vom Sozial- und Umweltstaat her gedacht erscheint die Infrastrukturverwaltung als neue Grundfunktion der Verwaltung. Eingriffs- und Leistungsverwaltung werden folgerichtig von *Faber* als „individualrechtliche Grenz- und Sonderfälle der Infrastrukturverwaltung" verortet.[126]

21 Der Erkenntniswert der Einteilung der Verwaltung in eine Eingriffs-, Leistungs- und Infrastrukturverwaltung ist zunächst einmal ein verwaltungswissenschaftlicher, der ähnlich wie die Einteilung der Verwaltung in eine „Vollzugsverwaltung" und eine „sozialgestaltende" bzw. „planende Verwaltung" den **Funktions-**

---

[120] Vgl. statt vieler *Rainer Wahl*, Die Aufgabenabhängigkeit von Verwaltung und Verwaltungsrecht, in: Hoffmann-Riem/Schmidt-Aßmann/Schuppert (Hrsg.), Reform, S. 177 (196 ff.); s. a. schon *Badura*, Auftrag (Fn. 15), S. 446–455.
[121] *Winfried Brohm*, Die Dogmatik des Verwaltungsrechts vor den Gegenwartsaufgaben der Verwaltung, VVDStRL, Bd. 30 (1972), S. 245 (258 ff.).
[122] *Faber*, VerwR, S. 168 ff. *Schulze-Fielitz* unterscheidet als Handlungsmodi bei der hoheitlichen Aufgabenwahrnehmung die ordnende Verwaltung sowie Leistungs- und Gewährleistungsverwaltung, → Bd. I *ders.* § 12 Rn. 24 ff.
[123] *Heiko Faber*, Vorbemerkungen zu einer Theorie des Verwaltungsrechts in der nachindustriellen Gesellschaft, in: FS Helmut Ridder, 1989, S. 291 (296).
[124] *Faber*, VerwR, S. 168.
[125] *Wahl*, Aufgabenabhängigkeit (Fn. 120), S. 196.
[126] *Faber*, VerwR, S. 169.

A. Planung als eigenständige Handlungsform

wandel der Verwaltung im Sozial- und Umweltstaat hervorhebt, den Relevanzbereich des klassischen rechtsstaatlichen Verwaltungsrechts dadurch relativiert[127] und die Handlungsform der Planung in das Zentrum rückt.[128] *Heiko Fabers* Ansprüche gehen allerdings weiter. Für ihn verweisen die genannten Funktionskreise auf „jeweils relativ abgrenzbare Komplexe von Institutionen mit eigenen Regelungen".[129] Für die Eingriffsverwaltung verweist *Faber* auf den belastenden Verwaltungsakt, für die Leistungsverwaltung auf den begünstigenden Verwaltungsakt bzw. den verwaltungsrechtlichen Vertrag.[130] Für die Infrastrukturverwaltung fehle es zwar noch an einem entsprechenden leistungsfähigen allgemeinen rechtlichen Begriff. Normsetzung, Planfeststellung und infrastruktureller Realakt seien allerdings prototypische Formen, in denen sich das infrastrukturelle Verwaltungshandeln niederschlage. Mag man auch nicht alle *Faber*schen Schlussfolgerungen teilen – dies gilt insbesondere für die weit gehende Negierung individualrechtlicher Komponenten des Handelns der Infrastrukturverwaltung, die wohl in der Figur des **Planungsrechtsverhältnisses** bzw. des **polygonalen Rechtsverhältnisses**[131] besser aufgehoben und auch an europäische Entwicklungen besser anschlussfähig ist –, so schärft *Fabers* Ansatz den Blick für die infrastrukturellen Komponenten von Verwaltungsentscheidungen und leistet damit einen wichtigen Beitrag auch für die rechtliche Durchdringung der Handlungsformen.

4. Der komplexe Vorgang der Planung

Staatliche Planung reagiert auf die zunehmende **Interdependenz der Lebenszusammenhänge** und das damit verbundene Bedürfnis nach **Koordinierung.** Sie antwortet also auf die Herausforderungen einer komplexen Welt, die nach problemgerechten/sachgemäßen Festlegungen von Entscheidungsprämissen verlangt und damit notwendig **multilateral** angelegt sein muss. Die Festlegung von Entscheidungsprämissen ist zunächst eine Aufgabe der Staatsleitung (**Regierungsplanung**),[132] die für eine sachverständige Problemaufbereitung und für eine Koordinierung nach innen (horizontale Abstimmung der Ressortinteressen) und nach außen (z. B. Abstimmung mit der EU, anderen Staaten und Bundesländern; Abstimmung mit gesellschaftlichen Interessen und Rechten) zu sorgen hat. Diesen Herausforderungen kann eine staatsleitende Planung nur genügen, wenn sie ihrerseits die Komplexität wieder reduziert.[133] Dies geschieht i. d. R. durch
– die Festlegung von **Planungsbereichen,** also durch verbindliche Zuordnungen von Planungsmaterien zu Planungsträgern[134] im Rahmen der durch die Verfassung selbst schon festgelegten Verteilung der Planungsfunktionen zwischen Regierung und Parlament,[135]

22

---

[127] *Heiko Faber* spricht insoweit treffend von der „fallenden Relevanzfunktion des rechtsstaatlichen Verwaltungsrechts"; vgl. *Faber,* VerwR, S. 36 ff.
[128] *Wahl,* Aufgabenabhängigkeit (Fn. 120), S. 196 ff.
[129] *Faber,* VerwR., S. 170.
[130] *Faber,* VerwR, S. 170.
[131] Vgl. *Jörn Ipsen,* Allgemeines Verwaltungsrecht, 6. Aufl. 2009, Rn. 190.
[132] Dazu unten → Rn. 81 ff.
[133] Vgl. *Schmidt-Aßmann,* Planung unter dem Grundgesetz (Fn. 5), S. 544.
[134] Vgl. *Thieme,* VerwaltungsL, Rn. 474.
[135] Dazu näher *Hoppe,* Planung, in: HStR IV, § 77 Rn. 34–64.

- durch die **Zerlegung des Planungsprozesses** in **überschaubare analytische Schritte** und ein **Verfahren,** das die **Beteiligung** der durch die Planung berührten Sachbereiche und Interessen sicherstellt,
- durch eine **Stufung** der Planungsprozesse und
- durch die Etablierung von **Koordinierungsmechanismen.**

23   Soweit die Planung nicht auf der Ebene der **Staatsleitung** erfolgen kann oder darf, sondern durch die **Verwaltung** zu leisten ist, wird dieser Komplexitätsreduktionsprozess wesentlich durch **Planungsgesetze** gesteuert. Dies gilt insbesondere für die Festlegung der Planungsaufträge und der generellen Ziele,[136] für die Entscheidung über die Stufung von Planungsprozessen (z.B. räumliche Stufung; Stufung in vorbereitende und verbindliche Planungen[137] bzw. Stufung in Planungsabschnitten etc.), für das Verfahren und für die Etablierung von Koordinierungsmechanismen (z.B. Regeln über die Bindung an andere Planwerke;[138] Prinzipien der Koordinierung, wie z.B. das **Gegenstromprinzip**[139]). Beispielhaft kann insoweit auf die **Verkehrswegeplanung** verwiesen werden: Zu koordinieren sind hier EU-Planungen transeuropäischer Netze (Art. 170–172 AEUV)[140] mit der Verkehrswegeplanung des Bundes, der Länder, der Gemeinden und den konkreten örtlichen Gegebenheiten. Komplexität wird dadurch reduziert, dass zunächst der **Bedarf ermittelt** wird (Erstellung von Bedarfs- und Ausbauplänen und dessen förmliche Festlegung in einem Fernstraßenausbaugesetz) und die höheren Planungsebenen dann eine grobe, vorbereitende Planung leisten (Linienbestimmung gem. § 16 FStrG; Raumordnungsverfahren – §§ 15 f. ROG), deren konkrete Verortung im Raum (Feintrassierung) erst auf der Ebene niederstufiger Planungen vorgenommen werden kann (Planfeststellungsverfahren – § 17 FStrG).[141]

24   Auch die Strukturierung des Planungsprozesses in einzelne analytische Schritte ist rechtlich angeleitet und wird im Wesentlichen über das **Abwägungsgebot** gesteuert,[142] ist durch europarechtliche Vorgaben mit Blick auf die Umweltaspekte mittlerweile aber auch detailliert positivrechtlich verankert (**Strategische Umweltprüfung** für Pläne und Programme; **Umweltverträglichkeitsprüfung** für bestimmte planungsähnliche, komplexe Projekte). Insbesondere in den Planungs- bzw. Verwaltungswissenschaften ist der **Vorgang der Planung phasenspezifisch strukturiert** worden. *Werner Thieme* unterscheidet in seiner Verwaltungslehre zehn Phasen (1. Festlegung des Planungsfeldes, 2. Datenphase, 3. Problemanalyse, 4. Zielfestlegung, 5. Alternativensammlung, 6. Prognose, 7. Schätzung des Ressourcenverbrauchs, 8. Alternativenbewertung, 9. Planentwurf, 10. Entscheidung).[143] *Eberhard Schmidt-Aßmann* hat in Anlehnung an *Frido Wagener* gar zwölf

---

[136] Hinzuweisen ist insoweit auf die Planungsziele und Abwägungsdirektiven der Bauleitplanung (§ 1 Abs. 5 und 6 BauGB) bzw. auf die Leitvorstellungen und Grundsätze der Raumordnung (§ 1 Abs. 2 und § 2 ROG).

[137] Z.B. die Stufung der Bauleitplanung in einen vorbereitenden Bauleitplan (Flächennutzungsplan) und einen verbindlichen Bauleitplan (Bebauungsplan) – § 1 Abs. 2 BauGB.

[138] Z.B. Bindung der Bauleitplanung an die Ziele der Raumordnung (§ 1 Abs. 4 BauGB).

[139] Siehe § 1 Abs. 3 ROG.

[140] Dazu näher *Durner*, Konflikte (Fn. 38), S. 513 ff.

[141] Vgl. dazu *Durner*, Konflikte (Fn. 38), S. 69 ff. und 422 ff. S.a. *Gerd Lautner/Thomas Metz*, Bundesfernstraßenplanung – Von der Bedarfsermittlung bis zur baulichen Realisierung, VR 1996, S. 253–260.

[142] Siehe unten → Rn. 106 ff.

[143] Vgl. *Thieme*, VerwaltungsL, Rn. 473.

A. Planung als eigenständige Handlungsform

Phasen identifiziert (Planungsplanung, Teamaufstellung, Prämissenfeststellung, Datenbestandsaufnahme, Bestandsanalyse, Prognose, Programmierung, Programmierungskritik, Planentscheidung, Planverkündung, Durchführungsplanung und Plananpassung).[144] In normativer Hinsicht ergibt sich – abweichend von der deskriptiven Sichtweise der Verwaltungswissenschaften – aus dem Verhältnismäßigkeitsprinzip und dem Abwägungsgebot[145] eine Strukturierung des Planungsvorgangs in vier Stufen:[146]

(1) Problemidentifikation und Zielfestlegung,
(2) Datenbestandsaufnahme und Prognose,
(3) Zusammenstellung der Handlungsalternativen im Hinblick auf die Planziele und deren Auswirkungen,
(4) Gewichtung/Bewertung der Alternativen und Entscheidung.

Die **Problemidentifikation** prägt die Richtung des Planungsprozesses. Normativ gesteuert wird die Problemidentifikation auf der Ebene der **Regierungsplanung** häufig lediglich durch Verfassungsaufträge zur Sozialgestaltung (Art. 20 und 20a GG) und zur Planung.[147] Auf der Ebene der **Verwaltungsplanung** wird die Problemidentifikation durch die in **Planungsgesetzen** festgelegten **Planungsziele und Leitlinien** normativ bestimmt. In der Regel wird dabei auch festgelegt, dass Pläne aufzustellen sind und welcher konkreten Aufgabe der Plan dienen soll.[148] Beispielhaft kann insoweit auf **infrastrukturelle Bedarfsplanungen,** wie die Bundes-**Verkehrswegeplanung** (§ 1 FStrAbG[149]; § 16 Abs. 1 FStrG), die **Jugendhilfeplanung** (§ 80 SGB VIII) und die **Krankenhausplanung** (§ 6 KHG und die Krankenhausgesetze der Länder, z. B. §§ 3 ff. SächsKHG), verwiesen werden, deren Aufstellung gesetzlich vorgeschrieben ist und die periodisch fortzuschreiben sind. Teilweise sind die konkreten Gegenstände der Pläne und die Pflicht zu ihrer Aufstellung nur rahmenhaft in den Planungsgesetzen geregelt. In diesen Fällen entscheidet die konkrete Problemidentifikation durch den Planungsträger darüber, ob ein Plan aufgestellt wird und welcher konkreten Gestaltungsaufgabe der Plan dienen soll. Beispielhaft kann insoweit auf die **Bauleitplanung** verwiesen werden. Hier entscheidet die Gemeinde in den Grenzen des § 1 Abs. 3 BauGB, d.h. auf der Grundlage ihrer eigenen städtebaulichen Vorstellungen,[150] darüber, ob sie einen Plan aufstellt (§ 2 Abs. 1 BauGB). In den Grenzen des Rahmens, den das Abwägungsgebot zieht, entscheidet die Gemeinde darüber, welche konkreten städtebaulichen Ziele mit der Planung verfolgt werden sollen. In den Worten des

---

[144] *Schmidt-Aßmann*, Planung unter dem Grundgesetz (Fn. 5), S. 545.
[145] Siehe unten → Rn. 106 ff.
[146] Ähnlich *Ekkehard Hofmann*, Abwägung im Recht, 2007, S. 107, 179 ff. S.a. *Schmidt-Aßmann*, Planung unter dem Grundgesetz (Fn. 5), S. 546. S. exemplarisch für die Krankenhausplanung die Strukturierung, die das BVerwG in seinem Urt. v. 25. 7. 1985 vorgenommen hat: Zielfestlegung – Bedarfsanalyse – Krankenhausanalyse – Festlegung der in den Plan aufzunehmenden Krankenhäuser (*BVerwGE* 72, 38 [46]).
[147] Haushaltsplanung (Art. 110 GG); Finanzplanung (Art. 106 Abs. 3, 109 Abs. 3 GG); Planung für den Verteidigungsfall (Art. 53a Abs. 2 GG); Rahmenplanung bei Gemeinschaftsaufgaben (Art. 91a Abs. 3 GG); Bildungsplanung (Art. 91b GG); siehe die Auflistung bei *Hoppe*, Planung, in: HStR IV, § 77 Rn. 35–40.
[148] Vgl. *Udo Di Fabio*, Die Struktur von Planungsnormen, in: FS Werner Hoppe, 2000, S. 75 (79).
[149] Fernstraßenausbaugesetz in der Fassung der Bekanntmachung vom 20. 1. 2005 (BGBl I [2005], S. 201), geändert durch Artikel 12 des Gesetzes vom 9. 12. 2006 (BGBl I [2006], S. 2833).
[150] St. Rspr.; siehe zuletzt *BVerwGE* 119, 25 (28). S. dazu auch *Bernd Bender*, Befugnis und Pflicht zur Bauleitplanung, in: FS Felix *Weyreuther*, 1993, S. 125 ff.

Bundesverwaltungsgerichts: „Innerhalb jenes Rahmens ist nämlich das Vorziehen und Zurücksetzen bestimmter Belange überhaupt kein nachvollziehbarer Vorgang der Abwägung, sondern eine geradezu elementare planerische Entschließung, die zum Ausdruck bringt, wie und in welcher Richtung sich eine Gemeinde städtebaulich geordnet fortentwickeln will".[151] Auch im Raumordnungsgesetz sind durch den Bundesgesetzgeber nur Mindestinhalte der Pläne festgelegt (§ 8 Abs. 5 und 6 ROG), so dass Raum für eigenständige Problemidentifikationen der Planungsträger verbleibt.

26 Die Phase der **Datenbestandsaufnahme** und der Prognose ragt teilweise noch in die erste Phase hinein, weil eine Problemidentifikation, die zur Grundlage einer Planaufstellungsentscheidung gemacht werden soll, ohne eine gewisse Bestandsaufnahme und Prognose nicht auskommt. Auch in dieser frühen Phase bedarf es schon der **Einbeziehung bzw. Rezeption sachverständigen Wissens,**[152] um die Probleme sachgerecht identifizieren und angemessene Ziele formulieren zu können.[153] Nach der Zielfestlegung kann der **Untersuchungsrahmen** gezielter bestimmt werden. Häufig wird diese Phase durch ein sog. **Scoping-Verfahren,** das der Festlegung des Untersuchungsrahmens dient, gesteuert. Durch Europarecht ist ein solches Verfahren im Rahmen der **Strategischen Umweltprüfung** für bestimmte raumbedeutsame Pläne und Programme und im Rahmen der Umweltverträglichkeitsprüfung für bestimmte komplexe raumbedeutsame Vorhaben vorgeschrieben.[154] Datenbestandsaufnahmen und Prognosen erfordern nicht nur die Einbeziehung des dafür notwendigen Sachverstands, sondern – insbesondere bei raumbedeutsamen Planungen – auch die **Einbeziehung der von der Planung Betroffenen,** um sicherzustellen, dass deren Interessen und Rechte als abwägungserhebliche Belange in der Bestandsaufnahme berücksichtigt sind (**Informationsfunktion** der Beteiligung Planungsbetroffener)[155]. Die erheblichen Pflichten zur Datenbestandsaufnahme und Prognose, die ohne das Wissen um die von der Planung berührten Sachbereiche und das der durch die Planung Betroffenen nicht erfüllt werden können, haben zu einem erheblichen **Bedeutungsgewinn des Verfahrens** geführt.[156] Regelmäßig werden eine Reihe von Fachbehörden und anderer Träger öffentlicher Interessen, deren Aufgaben durch die Planung berührt sind, beteiligt (sog. „Trägerverfahren").[157] Gleiches gilt für Selbstverwaltungskörperschaften und für Dritte, deren Rechte

---

[151] BVerwGE 34, 301 (309).
[152] Vgl. dazu auch *Schmidt-Aßmann,* Planung unter dem Grundgesetz (Fn. 5), S. 545.
[153] Auf der Ebene der Staatsleitung ist darauf vielfach organisatorisch reagiert worden, indem spezielle Behörden bzw. Gremien eingerichtet worden sind, die die zuständigen Institutionen bei der Problemidentifikation und der Zielfestlegung unterstützen. Beispielhaft sei hier nur auf die Einrichtung des Bundesamtes für Bauwesen und Raumordnung (BBR), auf die Einrichtung des Umweltbundesamtes (UBA) oder auf die Bundesanstalt für Landwirtschaft und Ernährung hingewiesen. Auch die Einrichtung sachverständiger Beratungsgremien, wie der Rat von Sachverständigen für Umweltfragen, gehört in diesen Zusammenhang.
[154] Siehe für die deutsche Umsetzung: §§ 5 und 14f. UVPG; § 2 Abs. 4 S. 2 BauGB; § 9 ROG. S. a. → Bd. II *Gusy* § 23 Rn. 37, *Schneider* § 28 Rn. 19, *Fehling* § 38 Rn. 84.
[155] Siehe auch → Bd. III *Scherzberg* § 49 Rn. 60.
[156] Vgl. *Brohm,* Dogmatik (Fn. 5), S. 261; auch *Wahl,* Aufgabenabhängigkeit (Fn. 120), S. 200; *Schmidt-Aßmann,* Verwaltungsverantwortung (Fn. 112), S. 265 ff.
[157] Siehe für die Bauleitplanung: § 4 BauGB; für die Raumordnungsplanung: § 10 ROG; für die Jugendhilfeplanung: § 80 Abs. 3 SGB VIII; für die Krankenhausbedarfsplanung: § 7 Abs. 1 KHG i. V. m. den Krankenhausgesetzen der Länder.

A. Planung als eigenständige Handlungsform

bzw. Interessen durch die Planung berührt sind.[158] Da Betroffenheiten mit Blick auf Dritte schwer eingrenzbar sind und infrastrukturelle Planungen zudem immer auch eine politische und damit demokratische Komponente haben, sind insbesondere bei raumbedeutsamen Planungen i.d.R. **Öffentlichkeitsbeteiligungen** vorgesehen,[159] wobei die Einbeziehung der Öffentlichkeit mittlerweile europarechtlich vorgeschrieben ist.[160] (In jüngster Zeit wird – im Anschluss an die Auseinandersetzungen um das „Stuttgart 21"-Projekt[161] – insbesondere auch wieder die Akzeptanzförderung durch eine möglichst frühzeitige Bürgerbeteiligung betont. Bürgerbeteiligungen – und nach Möglichkeit auch Erörterungen – sollen schon auf den Gestattungsentscheidungen vorgelagerten Planungsstufen erfolgen.[162] Exemplarisch dafür steht die Energieleitungsausbauplanung auf der Grundlage des EnWG [§§ 12a–d] und des Netzausbaubeschleunigungsgesetzes [NABEG].)[163] Für vorhabenbezogene Planungen, für die die Form der Planfeststellung vorgeschrieben ist, ergeben sich umfangreiche Verfahrensanforderungen durch die Regelungen des Planfeststellungsverfahrens im Verwaltungsverfahrensgesetz (§§ 72ff. VwVfG), soweit nicht die einzelnen Fachplanungsgesetze spezielle Verfahrensanforderungen vorschreiben.

Die **Zusammenstellung der Handlungsalternativen und deren Auswirkungen** ist ein Wesenselement der Planung und bedarf keiner ausdrücklichen gesetzlichen Festlegung.[164] Welche Alternativen in den Blick zu nehmen sind, hängt von der Planungsebene ab. Die einzubeziehenden Handlungsalternativen sind auf der **Regierungsebene** andere als auf der Verwaltungsebene. Soll auf der **Verwaltungsebene** geplant werden, so ist der Korridor der zu berücksichtigenden Alternativen durch den Gegenstandsbereich des jeweiligen Planungsgesetzes und häufig darüber hinaus auch durch bindende Vorgaben übergeordneter Planungsstufen abgesteckt. Bei Planungen in Planungsstufen, wie etwa bei der Bundes-

27

---

[158] Die Beteiligung der (Nachbar-)Gemeinden bei raumbedeutsamen Planungen erfolgt über das sog. „Trägerverfahren"; siehe für die Bauleitplanung: § 4 BauGB; für die Raumordnungsplanung: § 10 ROG.

[159] Siehe für die Raumordnungsplanung: § 10 ROG; für die Bauleitplanung: § 3 BauGB; für die wasserwirtschaftliche Planung: § 83 Abs. 4 WHG; für die Luftreinhalteplanung: § 47 Abs. 5 und 5a BImSchG; für die Frequenznutzungsplanung: § 54 Abs. 3 TKG. Vgl. a. → Bd. II *Rossen-Stadtfeld* § 29; Bd. III *Scherzberg* § 49.

[160] Siehe insbesondere die Richtlinie 2001/42/EG des Europäischen Parlaments und des Rates vom 27. 6. 2001 über die Prüfung der Umweltauswirkungen bestimmter Pläne und Programme, ABl. EG 2001, Nr. L 197, S. 30, und die Richtlinie 2003/35/EG des Europäischen Parlaments und des Rates vom 26. 5. 2003 über die Beteiligung der Öffentlichkeit bei der Ausarbeitung bestimmter umweltbezogener Pläne und Programme […], ABl. EU 2003, Nr. L 156, S. 17. S.a. → Bd. I *Schmidt-Aßmann* § 5 Rn. 33; Bd. II *Gusy* § 23 Rn. 25.

[161] Dazu etwa *Thomas Groß*, Stuttgart 21 – Folgerungen für Demokratie und Verwaltungsverfahren, DÖV 2011, S. 510 ff.

[162] Vgl. etwa *Rudolf Steinberg*, Die Bewältigung von Infrastrukturvorhaben durch Verwaltungsverfahren – eine Bilanz, ZUR 2011, S. 340 ff.; s. auch *Alexander Schink*, Öffentlichkeitsbeteiligung – Beschleunigung – Akzeptanz, DVBl 2011, S. 1377 ff.

[163] Dazu etwa *Martin Kment*, Vorbote der Energiewende in Deutschland: das Netzausbaubeschleunigungsgesetz, RdE 2011, S. 341 ff.

[164] Rechtsdogmatisch ist die Alternativenprüfung aus dem Abwägungsgebot abgeleitet worden; vgl. nur *BVerwGE* 71, 166 (171 f.). Mittlerweile hat sie vermittelt über die europäischen RL zur UVP und zur SUP für die Planungen, die der UVP unterliegen, eine ausdrückliche gesetzliche Verankerung erfahren; vgl. § 6 Abs. 3 Nr. 5 UVPG. Die Reichweite dieser Vorschrift ist allerdings umstritten. S. zum Streitstand zuletzt: *Ramsauer*, Planfeststellung (Fn. 107), S. 946.

verkehrswegeplanung oder der Energieleitungsausbauplanung, verengen sich die ernsthaft in Betracht kommenden Alternativen mit jeder Planungsstufe weiter. Handlungsalternativen, die lediglich zu einem **verminderten Grad der Zielerreichung** führen, dürfen nicht von vornherein verworfen werden, wenn sie auf der Auswirkungsseite signifikante Vorteile aufweisen.[165] Mit der Zusammenstellung der Handlungsalternativen wird in erster Linie ein **entscheidungstheoretisches Programm der Optimierung** verfolgt.[166] Der vergleichende Blick auf den Zielerreichungsgrad unterschiedlicher Maßnahmen und deren jeweilige Auswirkungen auf Rechtspositionen sowie Interessen Dritter und auf Schutzgüter der Allgemeinheit soll den Planer in die Lage versetzen, die aus seiner Sicht optimale Entscheidung zu finden. Mit Blick auf die **Umweltauswirkungen** sind durch EU-Recht in Gestalt der SUP und der UVP spezifische Instrumente geschaffen worden, die den Folgenermittlungsprozess anleiten.

28 Die **Gewichtung** bzw. Bewertung der Handlungsalternativen und ihrer jeweiligen Auswirkungen auf Zielerreichung und berührte Belange ist ein **Kernelement des Abwägungsvorgangs.**[167] Durch den Bezug zu den Planungszielen einerseits und den Auswirkungen auf die Belange andererseits soll sichergestellt werden, dass die Bewertung sich an den Gewichten orientiert. Damit die Gewichtung überprüfbar ist, muss sie transparent sein. **Transparenz** wird hergestellt durch eine **Begründung,** in der die Auseinandersetzung mit den Belangen dokumentiert wird.[168] Darüber hinaus stehen eine Reihe weiterer fachlicher Methoden zur Verfügung,[169] z.B. **Kosten-Nutzen-Analysen, Nutzwertanalysen** oder ähnliche ökonomische Methoden.[170] Auch die sog. „Umweltbeschreibung" als Element der SUP bzw. UVP ist ein Verfahrenselement zur Rationalisierung der Gewichtungsentscheidung. Sie dient dazu, sicherzustellen, dass alle Umweltaspekte gebündelt und somit in aggregierter Weise in den Gewichtungsvorgang eingestellt werden[171] und soll helfen, einer atomistischen Betrachtungsweise entgegenzuwirken.[172] Wegen der Interdependenzen, die einzelne Handlungsalternativen beinhalten, ist es häufig nicht möglich, jede einzelne Alternative gegen andere abzuwägen, sondern es sind Maßnahmekombinationen zueinander ins Gewicht zu setzen. Die Gewichtung der Handlungsalternativen mit Blick auf Zielerreichung einerseits und berührte Belange andererseits kann auch zum Planungsverzicht führen (sog. **„Nullvariante"**), wenn keine Handlungsalternative den Anforderungen des Abwägungsgebotes[173] genügt.[174]

---

[165] Vgl. dazu *BVerwGE* 116, 254 (263) = ZUR 2003, S. 22 (23) – A 44 Hessisch Lichtenau.

[166] Vgl. dazu auch *Hofmann*, Abwägung (Fn. 146), S. 107. S.a. *Helmuth Schulze-Fielitz*, Das Flachglas-Urteil des Bundesverwaltungsgerichts – BVerwGE 45, 309, Jura 1992, S. 201 (207).

[167] Siehe unten → Rn. 106 ff.

[168] Begründungspflichten sind häufig spezialgesetzlich vorgeschrieben (z.B. in den §§ 2a, 5 Abs. 5 und § 9 Abs. 8 BauGB; § 7 Abs. 5 ROG), ergeben sich aber schon aus dem Rechtsstaatsgebot. Vgl. a. → Bd. II *Gusy* § 23 Rn. 59 ff. sowie *Pitschas* § 42 Rn. 218 ff.

[169] Vgl. *Schmidt-Aßmann*, Planung unter dem Grundgesetz (Fn. 5), S. 546; *Thieme*, VerwaltungsL, Rn. 476.

[170] Siehe a. → Bd. II *Sacksofsky* § 40 Rn. 107 ff.

[171] Vgl. dazu *BVerwGE* 122, 207 (211).

[172] Siehe dazu auch *Wolfgang Köck/Ekkehard Hofmann*, Leistungsfähigkeit des Rechts der Bauleitplanung zur Reduzierung der Flächeninanspruchnahme, in: Wolfgang Köck u.a., Effektivierung des raumbezogenen Planungsrechts zur Reduzierung der Flächeninanspruchnahme, 2007, S. 29.

[173] Siehe unten → Rn. 106 ff.

[174] Vgl. dazu *BVerwGE* 104, 236 (250 ff.).

A. Planung als eigenständige Handlungsform

Die **Planungsentscheidung** muss das Ergebnis der Gewichtung widerspiegeln. 29
Da es um die Entscheidung über alternative Handlungskonzepte geht, dürfen einzelne Belange gegenüber anderen zurückgesetzt werden, wenn die getroffene Planungsentscheidung insgesamt den bestmöglichen Ausgleich zwischen Zielerreichung und Auswirkungen herstellt. Der normative **Handlungsauftrag** zum bestmöglichen Ausgleich darf allerdings nicht gleichgesetzt werden mit der **Handlungskontrolle**. Diese hat sich darauf zu konzentrieren, signifikante Verfehlungen zu verhindern und nicht darauf, ein Optimum zu gewährleisten.[175]

II. Die unterschiedliche rechtliche Qualifikation von Plänen

1. Handlungsformen und Rechtsformen

Die Rede von der „Planung als eigenständige[r] Handlungsform"[176] ist mehrdeutig. Soweit der Begriff der Handlungsform synonym für Rechtsform verwendet wird,[177] mag die Behauptung einer Eigenständigkeit der Planung bzw. des Plans Verwunderung hervorrufen, weil Pläne üblicherweise in bestehende Rechtsformen gegossen werden.[178] Zwar gibt es eine Reihe von Plänen, die außerhalb der entwickelten Rechtsformen stehen und auch nicht einfach in die Residualkategorie des schlichten Verwaltungshandelns[179] einzuordnen sind, wie sich exemplarisch am Flächennutzungsplan als vorbereitenden Bauleitplan zeigen lässt, der in der Form des Ratsbeschlusses verabschiedet wird und als „hoheitliche Maßnahme eigener Art" qualifiziert worden ist.[180] Die Vielfalt der für die Planung zu nutzenden Rechtsformen zeigt aber, dass „Planung" bzw. „Plan" nicht zwingend als ein aliud zu den überkommenen Rechtsformen anzusehen ist.[181] 30

Gleichwohl ist die Rede von der eigenständigen Handlungsform der Planung berechtigt, und zwar in einem doppelten Sinne: Zum einen wird in der jüngeren Literatur zunehmend ein über die Gleichsetzung von Handlungsform und Rechtsform hinausgehendes Verständnis von Handlungsform zugrunde gelegt und darunter „typische Erscheinungsformen einer Handlungspraxis der Verwaltung" erfasst, die sich „nicht in der Wahl einer bestimmten Rechtsform erschöpfen", gleichwohl aber wie die Rechtsform eine Ordnungs-, Speicher- und Entlastungsfunktion für juristisches Arbeiten erfüllen.[182] Im Kontext eines solchen 31

---

[175] Dazu näher unten → Rn. 110.
[176] Vgl. *Schmidt-Aßmann*, Ordnungsidee, Kap. 6 Rn. 97 und *Schuppert*, Verwaltungswissenschaft, S. 204 ff.
[177] So das Verständnis der klassischen Handlungsformenlehre; siehe nur *Fritz Ossenbühl*, Die Handlungsformen der Verwaltung, JuS 1979, S. 681 ff.; *Eberhard Schmidt-Aßmann*, Die Lehre von den Rechtsformen des Verwaltungshandelns, DVBl 1989, S. 533 ff. S. a. → Bd. II *Hoffmann-Riem* § 33 Rn. 6.
[178] Siehe unten → Rn. 32.
[179] → Bd. II *Hermes* § 39.
[180] Siehe auch unten → Rn. 32; zur rechtlichen Einordnung des Flächennutzungsplans *Brohm*, BauR, § 6 Rn. 12; *Maurer*, VerwR, § 16 Rn. 24; *Wolff/Bachof/Stober*, VerwR II, § 56 Rn. 23.
[181] Dazu ausführlich *Rainer Wahl*, Rechtsfragen der Landesplanung und Landesentwicklung, Band I, 1978, S. 21 ff. Die „aliud-These" wurde insbesondere zu Beginn der rechtswissenschaftlichen Befassung mit der Planung vertreten, etwa von *Forsthoff*, VerwR, S. 309 ff. und *Joseph H. Kaiser*, in: Verhandlungen des 50. DJT, Band II, 1974, S. I 14.
[182] Siehe zu den Funktionen der Handlungsformenlehre *Ossenbühl*, Handlungsformen (Fn. 177); *Schmidt-Aßmann*, Lehre von den Rechtsformen (Fn. 177); → Band II *Hoffmann-Riem* § 33 Rn. 1 ff.

Verständnisses von Handlungsformen lässt sich angesichts der zwischenzeitlichen Herausarbeitung spezifischer und gemeinsamer Merkmale der Planung[183] zweifellos von Eigenständigkeit sprechen.[184] Zum anderen zeigt die Befassung mit den Rechtsformen der Planung, dass die etablierten Formen nur unvollkommen auf die Bedürfnisse der Planung zugeschnitten sind und spezifische – gleichsam planungsgerechte – Anpassungen erfahren haben.[185]

2. Rechtsformen planerischer Entscheidungen

32 Planungsentscheidungen können sich in einer **Vielzahl von Rechtsformen** niederschlagen, die von der außenverbindlichen Norm über die individuell-konkrete Regelung bis hin zu grundsätzlich verwaltungsinternen Regelungen (Verwaltungsvorschriften) und reinen Realakten ohne Regelungswirkung reichen.[186] Vielfach legt der Gesetzgeber in den **Planungsgesetzen** die **Rechtsform** der Planungsentscheidung fest:
– So bestimmt § 10 Abs. 1 BauGB, dass die Gemeinde den **Bebauungsplan** als **Satzung** beschließt.
– Uneinheitlich sind die Festlegungen in den Landesplanungsgesetzen. In einigen Bundesländern werden die hochstufigen Landespläne, also der Landesentwicklungsplan bzw. das **Landesentwicklungsprogramm**, als formelles **Gesetz** verabschiedet,[187] in anderen Bundesländern als **Rechtsverordnung**.[188] Für die **regionale Landesplanung**, also die **Regionalpläne**, ist sowohl die Rechtsform der **Satzung** vorgesehen,[189] teilweise aber auch die Rechtsform der **Rechtsverordnung**.[190] Eine dritte Gruppe von Bundesländern macht keine explizite Angabe über die Rechtsform der Planungsentscheidung.[191]
– Sehr differenzierte Rechtsformen finden sich bei den **Fachplänen.** Der **Bedarfsplan** ist dem **Fernstraßenausbaugesetz** als Anlage beigelegt und hat somit Gesetzeskraft. Gleiches gilt für die Bundesbedarfsplanung bei Energielei-

---

[183] Siehe oben Rn. → 18.
[184] So etwa *Schmidt-Aßmann*, Ordnungsidee, Kap. 6 Rn. 97; *Schuppert*, Verwaltungswissenschaft, S. 204 ff.; *Wolff/Bachof/Stober*, VerwR II, § 56 Rn. 1 ff.
[185] Siehe unten → Rn. 33.
[186] Vgl. *Maurer*, VerwR, § 16 Rn. 18. S. a. die Auflistungen bei *Wolff/Bachof/Stober*, VerwR II, § 56 Rn. 14–21; *Schuppert*, Verwaltungswissenschaft, S. 201
[187] So in NRW und Schleswig-Holstein; vgl. § 16 a LPlG NRW (Landesentwicklungsprogramm, das Grundsätze und allgemeine Ziele der Raumordnung festlegt, wird als Gesetz verabschiedet); § 2 Abs. 1 LPlG Schlesw.-Holst. (Landesentwicklungsgrundsätze werden in einem eigenständigen Landesentwicklungsgrundsätzegesetz verabschiedet).
[188] So etwa in Baden-Württemberg, Bayern, Hessen, Mecklenburg-Vorpommern, Niedersachsen, Rheinland-Pfalz, Saarland, Sachsen, Sachsen-Anhalt und Thüringen; vgl. § 10 Abs. 1 i.V.m. § 6 Abs. 1 Nr. 1 LPlG Baden-Württemberg; Art. 17 BayLPlG; § 8 Abs. 4 S. 1 Hess. LPlG; § 7 Abs. 3 S. 1 LPlG Mecklenburg-Vorpommern; § 7 Abs. 3 Nds. ROG; § 8 Abs. 1 S. 7 LPlG Rheinland-Pfalz; § 3 Abs. 8 Saarl. LPlG; § 7 Abs. 1 SächsLPlG; § 5 Abs. 3 S. 1 LPlG Sachsen-Anhalt; § 13 Abs. 3 ThürLPlG. In NRW wird der Landesentwicklungsplan, im Gegensatz zum Landesentwicklungsprogramm, als Rechtsverordnung verabschiedet, vgl. § 17 i.V.m. 18 Abs. 1 S. 2 LPlG NRW.
[189] So etwa in Baden-Württemberg, Niedersachsen und Sachsen; vgl. § 12 Abs. 10 LPlG Baden-Württemberg; § 8 Abs. 6 S. 1 Nds. ROG (gilt nicht für kreisfreie Städte – § 8 Abs. 2 Nds. ROG); § 7 Abs. 2 S. 1 SächsLPlG.
[190] Vgl. Art. 19 Abs. 1 S. 2 BayLPlG; § 9 Abs. 5 S. 1 LPlG Mecklenburg-Vorpommern.
[191] Hessen; Nordrhein-Westfalen (die §§ 19 ff. LPlG NRW ergeben keinen Aufschluss über die Rechtsnatur der Regionalpläne); Rheinland-Pfalz; Saarland; Sachsen-Anhalt; Schleswig-Holstein; Thüringen.

A. Planung als eigenständige Handlungsform

tungen (§ 12e EnWG). Die Bedarfsbestimmung durch den Gesetzgeber gilt grundsätzlich für die sog. Planrechtfertigung und auch für den „Bedarfsposten" im Rahmen der Abwägung in nachstufigen Planungsverfahren.[192] Die Planung über die Festlegung der **Linienführung** von Bundesfernstraßen hat demgegenüber eine rein **verwaltungsinterne** Bedeutung (§ 16 FStrG),[193] während der **Planfeststellungsbeschluss** für das konkrete Fernstraßenbauvorhaben (§ 17 FStrG) als **Verwaltungsakt** getroffen wird (§ 74 Abs. 1 VwVfG i. V. m. §§ 69, 70 VwVfG) und damit unmittelbare Rechtswirkungen für alle Adressaten entfaltet. Auch der Krankenhausplan ist ein reines Verwaltungsinternum. „Außenwirkung erhalten die Planaussagen erst in der Form des Erlasses der entsprechenden Bescheide über die Aufnahme oder Nichtaufnahme in den Krankenhausplan (§ 8 Abs. 1 KHG)."[194]

Mit der gesetzgeberischen Festlegung der Rechtsform einer Verwaltungsentscheidung wird herkömmlicherweise sowohl über spezifische (formelle) **Voraussetzungen** und **Rechtsfolgen,** insbesondere über die **Fehlerfolgen,** als auch über den **Rechtsschutz** entschieden. Für Pläne gilt dies allerdings nur in eingeschränkter Weise: **33**

> „Ein gutes Beispiel bildet der Bebauungsplan. Er ergeht gemäß § 10 BauGB zwar als Satzung. Betrachtet man jedoch die Systemfolgen, die mit dieser Qualifikation als Rechtssatz eigentlich verbunden sein müssten, so zeigen sich mehr Abweichungen als Regelaussagen: Das Verfahren ist eigenständig normiert (§§ 3, 4 BauGB). Folglich bedurfte es auch einer eigenständigen Fehlerfolgenregelung (§§ 214 ff. BauGB), die sich so für andere Satzungen und Rechtssätze nicht findet, sondern auf den Typus Bebauungsplan speziell zugeschnitten ist. Ähnliches gilt für das planerische Entscheidungsprogramm des § 1 Abs. 6 BauGB und für den Tatbestand des Geltungsverlustes von Plänen, der eben nicht wie bei anderen Normen auf die Bildung gegensätzlichen Gewohnheitsrechts beschränkt ist, sondern schon bei der Funktionslosigkeit eintritt."[195]

Zu Recht weist *Eberhard Schmidt-Aßmann* angesichts dieses Befundes darauf hin, dass „die meisten Pläne nicht richtig zu der ihnen zugewiesenen Rechtsform [passen]", weil die Normativität des planerischen Ordnungsentwurfs „zwischen der Einzelentscheidung und dem generell-abstrakten Rechtssatz liegt" und die Situationsbezogenheit der Planung nach Anpassungsleistungen verlangt, auf die die etablierten Formen des Verwaltungsrechts nur unvollkommen zugeschnitten sind.[196] Rechtswissenschaft, Rechtspraxis und nicht zuletzt auch der Planungsgesetzgeber selbst haben auf diesen Befund reagiert und Rechtsinstitute entwickelt, die der Besonderheit der Planung Rechnung tragen sollen. Hierzu gehören die angesprochenen besonderen Geltungsregeln (Stichwort: Funktionslosigkeit des Plans), aber auch die Planerhaltungsregeln.[197]

Wenngleich die Bedeutung der Rechtsform für die Planung zu relativieren ist, ist ihre Ordnungs- und Speicherfunktion relevant. Daher ist es sinnvoll, sich zunächst an den überkommenen Kategorien von Rechtsformen zu orientieren und für die im Einzelnen notwendigen Anpassungen Sorge zu tragen. Eine elemen- **34**

---

[192] Vgl. BVerwGE 98, 339 (345 f.); 100, 388 (390). S. dazu auch *Bernhard Stüer/Willi Esch Probstfeld,* Die Planfeststellung, 2003, Rn. 145, 279.
[193] Vgl. BVerwGE 62, 342.
[194] *Udo Steiner,* Höchstrichterliche Rechtsprechung zur Krankenhausplanung, NVwZ 2009, S. 486 (488). S. auch unten → Rn. 89.
[195] *Schmidt-Aßmann,* Planung (Fn. 58), S. 9. S. dazu auch → Rn. 36.
[196] *Schmidt-Aßmann,* Planung (Fn. 58), S. 9, 15 ff.
[197] Siehe unten → Rn. 112 ff.

tare Funktion der überkommenen Rechtsformen liegt in ihrer Speicherleistung für den **Rechtsschutz**,[198] aber auch für die **Plangewährleistung**.[199] Soweit der Gesetzgeber im Planungsgesetz die Rechtsform der Planungsentscheidung nicht ausdrücklich festgelegt hat, muss die Rechtsnatur des jeweiligen Plans geklärt werden. Dies geschieht anhand materieller Kriterien.[200]

35 Für die Qualifizierung ist zunächst bedeutsam, ob der Plan überhaupt einen **Regelungsgehalt** besitzt. Sog. „indikative Pläne"[201] informieren lediglich über Zustände bzw. prognostische Trends. Sie legen weder das Verhalten öffentlicher Stellen noch gar das Verhalten privater Wirtschaftssubjekte fest. Beispielhaft kann auf die periodischen Berichte politischer Sektoren, etwa die Wirtschafts-, Agrar- oder Umweltberichte, hingewiesen werden. Mangels Regelungsgehalt sind solche Berichte als **Realakte** zu qualifizieren.[202]

36 Hinsichtlich der Pläne, die einen Regelungscharakter aufweisen, ist zu unterscheiden, ob die Regelung als ein **Verwaltungsinternum** einzustufen ist[203] oder ob es sich um eine **außenverbindliche Regelung** handelt. Sollen durch einen Plan lediglich öffentliche Stellen verpflichtet werden, oder bindet der Plan auch den Bürger bzw. verselbstständigte Verwaltungseinheiten? Auf die **Bindungswirkung** ausgewählter Pläne wird in den Abschnitten B. und C. noch ausführlicher eingegangen. Exemplarisch sei an dieser Stelle lediglich die **Rechtsnatur** des **Flächennutzungsplans** (§§ 5 ff. BauGB) angesprochen. Rechtspraxis und Rechtswissenschaft waren sich bis vor kurzem noch darüber einig, dass der Flächennutzungsplan nicht als außenverbindliche Norm zu qualifizieren ist,[204] weil er weder in formeller Hinsicht die Voraussetzungen erfüllt, die an Normen zu richten sind (Nichterfüllung der Verkündungsanforderungen),[205] noch materiell Normcharakter aufweist.[206] Zwar sei durch verschiedene Vorschriften des BauGB klargestellt, dass dem Flächennutzungsplan eine Regelungswirkung gegenüber anderen öffentlichen Planungsträgern (§ 7 BauGB), gegenüber anderen Fachbehörden (§ 35 Abs. 3 Nr. 1 BauGB) und auch gegenüber der Gemeinde selbst (§ 8 Abs. 2 S. 1 BauGB) zukomme. Die Bindungswirkung sei allerdings beschränkt; denn andere öffentliche Planungsträger könnten im Rahmen des Beteiligungsverfahrens dem Flächennutzungsplan widersprechen (§ 7 BauGB), für die Baugenehmigungsbehörde habe die Darstellung in einem Flächennutzungsplan i.d.R. nur den Charakter eines Belanges,[207] und auch die Gemeinde werde lediglich insoweit verpflichtet, als sie für nachlaufende Planungen an die im Flächennutzungsplan

---

[198] Dazu näher *Erbguth*, Rechtsnatur (Fn. 46), S. 562.
[199] Vgl. *Maurer*, VerwR, § 16 Rn. 27 ff.; *Schuppert*, Verwaltungswissenschaft, S. 212; *Winfried Brohm*, Plangewährleistungsrechte, Jura 1986, S. 617 ff.
[200] Vgl. *Werner Hoppe*, Planung und Pläne in der verwaltungsgerichtlichen Kontrolle, in: FS Christian-Friedrich Menger, 1985, S. 747 = *ders.*, Grundfragen des Planungsrechts, 1998, S. 285 (297).
[201] Siehe unten → Rn. 46; siehe zum Begriff *Hoppe*, Planung, in: HStR IV, § 77 Rn. 18; *Wolff/Bachof/Stober*, VerwR II, § 56 Rn. 5.
[202] Vgl. *Maurer*, VerwR, § 16 Rn. 19.
[203] Vgl. dazu *BVerwGE* 62, 86 (96) und 72, 38 (45) (Krankenhausbedarfsplan als Verwaltungsinternum ohne unmittelbare Rechtswirkungen nach außen).
[204] Vgl. nur *Koch/Hendler*, BauR, § 14 Rn. 4; *Brohm*, BauR, § 6 Rn. 12 f.; *Hoppe/Bönker/Grotefels*, BauR, § 3 Rn. 85, jeweils m.w.N.
[205] Vgl. dazu *BVerwG*, NVwZ 1991, S. 262 (263).
[206] Vgl. *BVerwG*, NJW 1967, S. 1385; *BVerwGE* 68, 311 (314); *BVerwG*, NVwZ 1991, S. 262 (263).
[207] Vgl. dazu *BVerwGE* 77, 300 (307); *BVerwG*, NVwZ 1991, S. 161; *BVerwG*, DVBl 2005, S. 1583 (1586).

A. Planung als eigenständige Handlungsform

dargestellte Grundkonzeption gebunden sei.[208] Durch jüngere gesetzgeberische Entwicklungen, insbesondere durch die im Jahre 1997 erfolgte Einfügung des § 35 Abs. 3 S. 3 BauGB als Reaktion auf den Ausbau der Windenergie, wird man nun allerdings für qualifizierte Darstellungen im Flächennutzungsplan, die die Genehmigungsfähigkeit von Windenergieanlagen an anderer Stelle im Außenbereich der Gemeinde ausschließen, von einer rechtsnormähnlichen Entscheidung ausgehen müssen. Konsequenterweise werden in Rechtsprechung und Literatur für diese Fälle mittlerweile auch unmittelbare Klagemöglichkeiten betroffener Privater bejaht.[209] Schwierigkeiten bereitet auch die **Einordnung der Landespläne** in den Bundesländern, in denen der Planungsgesetzgeber keine expliziten Formregelungen getroffen hat. Auch hier wird wie bei den Flächennutzungsplänen grundsätzlich von „**hoheitlichen Maßnahmen eigener Art**"[210] gesprochen, allerdings deutlicher noch der **rechtsnormähnliche Charakter** herausgestellt.[211] Für den rechtsnormähnlichen – mittelbar außenwirkenden – Charakter sprechen auch die Bindungswirkungen, die Zielfestlegungen in Regionalplänen über die verschiedenen Raumordnungsklauseln entfalten (siehe mit Blick auf die Bindung der Gemeinden: § 1 Abs. 4 BauGB; mit Blick auf die Bindung von Fachbehörden: § 35 Abs. 3 S. 2 BauGB.[212] Auch diesbezüglich sind Konsequenzen für den Rechtsschutz unabdingbar[213] und mittlerweile durch die Rechtsprechung bestätigt.[214]

Hinsichtlich der Pläne, deren Außenverbindlichkeit außer Frage steht, geht es um die Einordnung als **Rechtsnorm** oder **Verwaltungsakt.** Diese Unterscheidung wird traditionell mit Hilfe des Kriteriums eines generell-abstrakten resp. individuell-konkreten Regelungsgehalts getroffen. Für Pläne muss das Kriterium des generell-abstrakten Regelungsgehalts aber schon durch die **Situationsbedingtheit** eines jeden Plans in eingeschränkter Weise gehandhabt werden. Die Situationsbedingtheit erhellt, dass der Plan zwar eigentlich zwischen Rechtsnorm und Einzelakt steht, wegen der notwendigen Regelungsbreite eines Konzepts aber der Norm näher ist als dem Einzelakt.[215] *Eberhard Schmidt-Aßmann* identifiziert eine „eigenständige Regelungsstruktur planerischer Entscheidungen", wenn er darauf hinweist, dass der Plan, anders als die klassische Norm, seine Breite „nicht durch eine gleichförmig reihende Tatbestandsstruktur, sondern durch Verflechtung konkreter Maßnahmen" gewinnt. Die „Zuordnung von Plänen zu den Rechtssät- 37

---

[208] Vgl. *BVerwGE* 48, 70.
[209] Vgl. dazu näher *Annette Guckelberger*, Die veränderte Steuerungswirkung der Flächennutzungsplanung, DÖV 2006, S. 973 (976 ff.); *BVerwG*, Urt. v. 26. 4. 2007, NVwZ 2007, S. 1081 (Eröffnung der Normenkontrolle für Darstellung von Konzentrationsflächen für Windenergieanlagen). Die Entscheidung ist in der Literatur nahezu durchgängig auf Zustimmung gestoßen; vgl. statt vieler *Alfred Scheidler*, Flächennutzungspläne als Gegenstand einer Normenkontrollklage, DÖV 2008, S. 766 ff.; kritisch demgegenüber: *Christoph Hermann*, Rechtsschutz gegen Flächennutzungspläne im System des Verwaltungsprozessrechts, NVwZ 2009, S. 1185 (1187 ff.).
[210] Siehe zuletzt *Hess. VGH*, NuR 2002, S. 115 – Regionalplan Südhessen 2000.
[211] Vgl. nur *Brohm*, BauR, § 37 Rn. 15 und 25 m. w. N.
[212] *Erbguth*, Rechtsnatur (Fn. 46), S. 560; *Hoppe*, Verwaltungsgerichtliche Kontrolle (Fn. 200), S. 298.
[213] Vgl. nur *Martin Kment*, Unmittelbarer Rechtsschutz Privater gegen Ziele der Raumordnung und Flächennutzungspläne im Rahmen des § 35 III BauGB, NVwZ 2003, S. 1047 ff.; *Reinhard Hendler*, Verwaltungsgerichtliche Normenkontrolle Privater gegen Raumordnungs- und Flächennutzungspläne, NuR 2004, S. 485 ff.
[214] Siehe grundlegend *BVerwGE* 119, 217 (219 ff.); ferner *Sächs. OVG*, SächsVBl 2003, S. 84; s. a. schon *BVerfGE* 76, 107 (114) – Wilhelmshaven.
[215] Siehe oben → Rn. 33.

zen, zu der die dualistische Rechtsformenlehre veranlasst", sei folglich zwar alles andere als optimal, sie sei „aber nicht formenfehlerhaft".[216]

B. Steuerungsfunktionen und Steuerungsmodi von Plänen

I. Funktionen, Erscheinungsformen und Typen von Plänen

38 Funktionen, Erscheinungsformen und Typen von Plänen sind in der planungsrechtlichen Literatur intensiv behandelt und systematisiert worden.[217] Gebräuchliche **Einteilungen**[218] ordnen die Planungen
– nach ihrer **Wirkungsweise** (indikative, influenzierende und imperative Pläne),
– nach der **Planungsebene** (Regierungsplanung – Verwaltungsplanung; höher- und niederstufige Pläne, z.B. überörtliche und örtliche Raumplanung),
– nach der **Planungsart** (Zielplanung – Ressourcenplanung; Gesamtplanung – Fachplanung; Bedarfsplanung – Entwicklungsplanung),
– nach dem **Zeithorizont** der Planung (kurzfristig – mittelfristig – langfristig) und
– nach dem **Planadressaten** (Binnenplanung – Außenplanung).

Der Ertrag dieser Einteilung für die im Rahmen dieses Beitrages im Zentrum stehenden Fragen nach der Steuerungsfunktion von Plänen, der Analyse ihrer spezifischen Steuerungsleistungen und den sich daraus ergebenden Konsequenzen für die Dogmatikentwicklung des Planungsrechts[219] ist allerdings gering, so dass auf eine umfassende Darstellung hier verzichtet und lediglich die unterschiedliche Wirkungsweise von Plänen näher analysiert werden soll.

39 Ergiebiger erscheinen vor dem Hintergrund unseres Erkenntnisinteresses demgegenüber die Versuche, die **Planungssysteme** in Deutschland ordnend zu erfassen, weil eine solche Systematisierung enger an den **Steuerungsfunktionen** orientiert ist. Hier finden sich in der Literatur Einteilungen, die
(1) das System der **Regierungsplanung** (staatsleitende Planung: Programmplanung),
(2) das System der **räumlichen Gesamtplanung** (überörtliche Raumordnungsplanung und lokale Bauleitplanung) sowie
(3) das System der raumbedeutsamen **Fachplanungen**
unterscheiden.[220]

40 Dem **System der raumbedeutsamen Fachplanungen** lassen sich sehr unterschiedliche Planungen zuordnen, nämlich
– die vorhabenbezogenen **Planfeststellungen** (z.B. Verkehrswege – § 17 FStrG; Schienenwege – § 18 AEG; Wasserstraßen – § 14 WaStrG; Stromleitungen (§§ 18 ff. NABEG); Deponien – § 31 Abs. 2 KrW-/AbfG; Flughäfen – § 8 LuftVG),

---

[216] *Schmidt-Aßmann*, Planung (Fn. 58), S. 15.
[217] Vgl. nur *Ossenbühl*, Gutachten (Fn. 90), S. B 25 ff.; *Stern*, StaatsR II, S. 707 ff.; *Wolff/Bachof/Stober*, VerwR II, § 56 Rn. 11 ff.; *Hoppe*, Planung, in: HStR IV, § 77 Rn. 8 ff.
[218] Siehe *Hoppe*, Planung, in: HStR IV, § 77 Rn. 9–20; *Roman Herzog*, Arten und Probleme der Planung, in: EvStL, Sp. 2515 ff.; *Hermes*, Planung (Fn. 47), Sp. 1992 f.
[219] Siehe oben → Rn. 1.
[220] Vgl. *Hoppe*, Planung, in: HStR IV, § 77 Rn. 26–30.

- **die sonstigen Umweltfachplanungen** (z.B. Landschaftsplanung – §§ 8 ff. BNatSchG; wasserwirtschaftliche Planung – §§ 82 und 83 WHG; Hochwasser-Risikomanagementpläne – § 75 WHG; Abfallwirtschaftsplanung – § 29 KrW-/AbfG; Luftreinhalteplanung – § 47 BImSchG; Lärmminderungsplanung – §§ 47 a ff. BImSchG),
- **die raumbedeutsamen sektoralen Bedarfsplanungen** als Grundlage für Investitions- und Förderungsentscheidungen (z.B. Krankenhausbedarfsplanung – § 6 KHG; Schulentwicklungsplanung – Landesschulgesetze, z.B. § 125 HessSchulG; Hochschulentwicklungsplanung – Landeshochschulgesetze, z.B. § 14 BayHSG; Jugendhilfeplanung – § 80 SGB VIII) und als vorbereitende Planungen für vorhabenbezogene Planfeststellungen (z.B. die Bedarfsplanung in der Form des Bundesverkehrswegeplans oder die Bedarfsplanung sowie die Bundesfachplanung für den Ausbau der Energienetze (§§ 12 a–d EnWG) und die Bestimmung der Trassenkorridore (§§ 4 ff. NABEG) sowie
- **die sonstigen zuteilenden Fachplanungen** (z.B. Frequenzplanung – §§ 53 f. TKG; Flugroutenfestlegung – § 27 a Abs. 2 LuftVO[221]).

Für die spezifischen Zwecke dieses Beitrages wird eine abweichende Systematisierung zugrunde gelegt. Dabei wird für die Bestimmung der **Steuerungsfunktionen von Plänen** eine höhere Abstraktionsebene gewählt und zwischen **Ordnungsplanung, materialer Verwirklichungsplanung** (vorhabenbezogene Planung; infrastrukturbezogene Bedarfsplanung; Entwicklungsplanung) und einer Programmplanung als **Lenkungsplanung** unterschieden.[222] Im Anschluss daran wird näher auf den **Steuerungsmodus von Plänen** eingegangen und in diesem Zusammenhang die Unterscheidung von regelnden und nichtregelnden Plänen eingeführt. 41

II. Steuerungsfunktionen: Ordnungsplanung – materiale Verwirklichungsplanung – Lenkungsplanung

Zweck jeder staatlichen Planung ist es, **Zukunftsvorsorge**, also positive und negative Infrastrukturvorsorge, zu organisieren und damit Risiken – nicht zuletzt auch Freiheitsrisiken[223] – zu mindern[224]. Dies geschieht, indem Prämissen für künftige Entscheidungen der Planadressaten gesetzt werden. Treffend konstatiert *Joseph H. Kaiser*, eine Formulierung von *Konrad Huber* aufnehmend: „Der Plan ist auf Vollzug angelegt, sein Zweck ist, erfüllt zu werden, und nicht zu gelten".[225] Das gilt für alle Pläne, unabhängig von ihrer spezifischen Aufgabe. Demgemäß verlieren der Plan bzw. einzelne Festsetzungen eines Plans ihre Orientierung stiftenden Gehalte, wenn sich die tatsächlichen Verhältnisse seit der Planentscheidung so verändert haben, dass eine Verwirklichung des Plans bzw. 42

---

[221] Luftverkehrs-Ordnung in der Fassung der Bekanntmachung vom 27. 3. 1999 (BGBl I [1999], S. 580), zuletzt geändert durch Artikel 1 der Verordnung vom 17. 11. 2006 (BGBl I [2006], S. 2644).
[222] Vgl. auch die ähnliche Einteilung bei *Oldiges*, Plangewährleistungsrecht (Fn. 90), S. 44 ff.
[223] Vgl. *Joseph H. Kaiser*, Der Plan als ein Institut des Rechtsstaats und der Marktwirtschaft, in: ders. (Hrsg.), Planung II, 1966, S. 11 (13): „Funktion [des Planes] ist nicht, die freiheitliche Gesellschaftsordnung zu beeinträchtigen, sondern zu gewährleisten".
[224] Siehe oben → Rn. 10.
[225] Vgl. *Kaiser*, Der Plan (Fn. 223), S. 18.

§ 37 Pläne

einzelner Festsetzungen auf unabsehbare Zeit ausgeschlossen sind. Bei Plänen, die als Rechtsnormen verabschiedet werden und somit rechtliche Geltung beanspruchen, wird diesem Aspekt mit der Figur des **funktionslosen Plans** Rechnung getragen.[226]

43 Versuchen wir, die Funktion von Plänen spezifischer mit Blick auf ihre jeweiligen **Steuerungsfunktionen** zu bestimmen, erscheint die Unterscheidung von **Ordnungsplanung, materialer Verwirklichungsplanung** und **Lenkungsplanung** hilfreich.[227] **Ordnungsplanung** ist raumbezogene Planung. Ihr geht es darum, eine zukunftsfähige Nutzung des Raumes zu gewährleisten. Dies beinhaltet vor allen Dingen eine nutzungslimitierende **Umweltplanung,** eng damit zusammenhängend eine an die Knappheit von Ressourcen anknüpfende **Bewirtschaftungsplanung** und eine die Nutzungen koordinierende Planung des Gesamtraumes. Klassischer Typ der Ordnungsplanung ist die **Raumordnungsplanung** auf örtlicher **(Bauleitplanung)** und überörtlicher Ebene **(Landesplanung;** Raumordnungsplanung des Bundes). Die **materiale Verwirklichungsplanung** ist ebenfalls raumbedeutsam. Sie erschöpft sich aber nicht in der koordinierenden Ordnung der Nutzung des Raumes, sondern ist sektoral vorhabenbezogen resp. investitionsbezogen angelegt. Prototypisch dafür stehen die Planfeststellungen, aber auch raumbedeutsame Bedarfsplanungen, wie die Krankenhausbedarfsplanung oder die Jugendhilfeplanung, können hier eingeordnet werden, weil es dabei um den Ressourceneinsatz zur Anpassung zentraler Infrastruktureinrichtungen an den Bedarf im Planungsraum geht. Die Lenkungsplanung ist demgegenüber staatsleitende Planung (Regierungsplanung) bzw. kommunale Entwicklungsplanung, die sich beispielsweise in Haushaltsplänen, mehr und mehr aber auch in Programmen, Konzepten und Strategien niederschlägt[228]. Sie ist darauf gerichtet, die Ressourcenplanung mit Blick auf die Erreichung bestimmter sozioökonomischer Ziele zu koordinieren (z.B. Auflegung spezifischer Förderprogramme) oder Gesetzgebungen bzw. spezifische Planungen vorzubereiten.

44 Als Planung der Leitungsebenen ist die **Lenkungsplanung** nicht kategorial von der Ordnungsplanung und der materialen Verwirklichungsplanung zu unterscheiden, weil auch Lenkungsplanung auf Zwecke der Ordnung und der materialen Entwicklung gerichtet sein kann. Der unterschiedliche **Steuerungsmodus** von Lenkungsplanungen und auch der vergleichsweise geringe Verrechtlichungsgrad vieler Lenkungsplanungen rechtfertigt es aber, diese Planungsfunktion besonders herauszustellen. Im Übrigen ist stets zu bedenken, dass die Kategorisierung der Planungsfunktionen in Ordnungsplanung, Verwirklichungsplanung und Lenkungsplanung **idealtypisch** gemeint ist. Die Empirie der Planungslandschaft zeigt, dass sich insbesondere die existierenden verwaltungsrechtlichen Planungen häufig nicht auf lediglich eine dieser Funktionen reduzieren lassen, sondern einen **Mischcharakter** aufweisen.[229] So sind Bebauungspläne primär Ordnungspläne, sollen durch die Eröffnung von Nutzungsmöglichkeiten aber auch Investoren anlocken (Lenkungsaspekt). Durch Koppelung mit städtebaulichen Verträgen bzw.

---

[226] Vgl. für die Bauleitplanung *BVerwGE* 54, 5 (9); siehe dazu auch *Udo Steiner,* Der funktionslose Bebauungsplan, in: FS Otto Schlichter, 1995, S. 313ff. S. für die Raumordnungsplanung *Hess. VGH,* NVwZ-RR 2005, S. 670 (672).

[227] Vgl. dazu *Oldiges,* Plangewährleistung (Fn. 90), S. 44ff.

[228] Siehe unten → Rn. 81ff.

[229] Siehe dazu schon *Oldiges,* Plangewährleistung (Fn. 90), S. 44.

B. Steuerungsfunktionen und Steuerungsmodi von Plänen

Nutzung des Instrumentes des vorhabenbezogenen Bebauungsplans bekommt der Plan gar den Charakter eines materialen Verwirklichungsplans.

III. Steuerungsmodi von Plänen

Schaut man auf den **Steuerungshebel,** mit dessen Hilfe der Staat auf die Planadressaten einwirkt, sind **regelnde** und **nichtregelnde Pläne,** bzw. noch weiter ausdifferenzierend **indikative, influenzierende** und **imperative Pläne** zu unterscheiden. 45

Indikative Pläne steuern allein über die in den Plänen enthaltenen **Informationen,** also über die Zusammenstellung und Aufbereitung von Daten.[230] Sie haben somit **keinen Regelungscharakter.**[231] Als Beispiele für indikative Pläne werden in der Literatur der Raumordnungsbericht, der Agrarbericht, der Jahreswirtschaftsbericht, der Umweltbericht oder der Sozialbericht genannt.[232] Näher noch liegt es, an dieser Stelle auch auf den **Landschaftsplan** (§§ 8 ff. BNatSchG) hinzuweisen, der sich zwar nicht allein in einer indikativen Funktion erschöpft, sondern auch Regelungen enthält[233]. Er entfaltet aber insbesondere auch über die Qualität der in ihm aufgehobenen und aufbereiteten Bestandsaufnahme des Zustandes von Natur und Landschaft Wirkungen und wird für eine Reihe von Verwaltungsverfahren (z.B. auch für die Umweltverträglichkeitsprüfung) herangezogen (§ 9 Abs. 5 BNatSchG). Indikativen Plänen kommt eine rechtliche Bindungswirkung naturgemäß nicht zu. Ihre bestandsaufnehmenden Inhalte werden als Input in einer Vielzahl von Verwaltungsentscheidungen verarbeitet bzw. können Normsetzungen oder das Auflegen von Anreizprogrammen vorbereiten. Insoweit weisen sie eine Schnittmenge mit den influenzierenden Plänen auf. 46

Influenzierende Pläne sind dadurch charakterisiert, dass Handlungsziele formuliert werden, die Durchsetzung dieser Ziele aber nicht mittels unmittelbar regelnder Normen und Anordnungen sichergestellt wird, sondern durch Anreize[234], wie z.B. Förderungsprogramme oder finanzielle Belastungen bestimmter (planwidriger) Verhaltensweisen. Influenzierende Pläne haben deshalb genau wie indikative Pläne keinen Regelungscharakter; sie entfalten dementsprechend ebenfalls keine rechtlichen Bindungswirkungen nach außen[235], und sie sind grundsätzlich nicht geeignet, einen **Gewährleistungstatbestand** für Lenkungsadressaten zu begründen.[236] Lenkungswirkungen können sie aber gleichwohl erzeugen, wenn die Adressaten der Planung die planerischen Festlegungen in ihre eigenen Dispositionen einbeziehen.[237] Als Beispiele für influenzierende Pläne werden u.a. die Rahmenplanung gemäß Art. 91 a GG und die Bildungsplanung 47

---

[230] Vgl. *Ossenbühl,* Gutachten (Fn. 90), S. B 29; *Hoppe,* Planung, in: HStR IV, § 77 Rn. 18; *BVerwGE* 62, 86 (94).
[231] Siehe oben → Rn. 36.
[232] *Wolff/Bachof/Stober,* VerwR II, § 56 Rn. 5.
[233] Siehe unten → Rn. 50.
[234] → Bd. II *Sacksofsky* § 40.
[235] Vgl. *Hoppe,* Planung, in: HStR IV, § 77 Rn. 19.
[236] → Rn. 83, 117 ff.; siehe dazu etwa *Roellecke,* Planung (Fn. 52), S. 1030 f.
[237] Vgl. dazu *Wahl,* Europäisches Planungsrecht (Fn. 35), S. 622 ff.; s.a. *Oldiges,* Plangewährleistungsrecht (Fn. 90), S. 21 ff.

§ 37 Pläne

gemäß Art. 91b GG genannt.[238] Auch das Europäische Raumentwicklungskonzept (EUREK) oder der Raumordnungspolitische Orientierungsrahmen[239] lassen sich dieser Planungsart zuordnen, ebenso wie die europäischen Strukturförderungsprogramme.[240] Eine influenzierende Funktion kommt auch dem Krankenhausplan zu, der allerdings mit regelnden Elementen gekoppelt ist.[241]

48 **Imperative Pläne** berechtigen oder verpflichten ihre Adressaten unmittelbar und steuern diese durch regelnde Festlegungen.[242] Adressaten imperativer Pläne können auch Verwaltungsbehörden im Rahmen ihrer Zuständigkeiten sein.[243] Zu den imperativen Plänen mit unmittelbarer Rechtswirkung nach außen gehören alle Pläne, die in der Rechtsform einer Rechtsnorm (im materiellen Sinne), also in der Form des Gesetzes, der Verordnung oder Satzung, bzw. in der Rechtsform des Verwaltungsaktes beschlossen werden.[244] Die bekanntesten unmittelbar außenwirksamen Pläne sind der Bebauungsplan (§ 10 Abs. 1 BauGB), die überörtlichen Raumordnungspläne der Länder (Landesraumordnungsprogramme, Regionalpläne[245] – §§ 4, 8 ROG i. V. m. den Landesplanungsgesetzen) und die Planfeststellungen. Imperative Pläne, die lediglich Bindungswirkungen für andere staatliche Behörden erzeugen, sind ihrer Rechtsnatur nach als Verwaltungsvorschriften oder hoheitliche Akte eigener Art einzustufen. Zu diesen Plänen gehören der Flächennutzungsplan (§§ 5 ff. BauGB),[246] die wasserwirtschaftlichen Pläne gem. §§ 82, 83 WHG (soweit sie nach Landesrecht nicht zu allgemeinverbindlichen Plänen erklärt werden), die Linienbestimmung nach § 16 FStrG[247], die Krankenhausbedarfsplanung (§ 6 KHG)[248] und nach h. M. – trotz seiner Beanspruchbarkeit[249] – auch der Luftreinhalte- und Aktionsplan (§ 47 BImSchG).[250] Der bereits angesprochene

---

[238] *Wolff/Bachof/Stober*, VerwR II, § 56 Rn. 5.

[239] Der Raumordnungspolitische Orientierungsrahmen aus dem Jahre 1992 ist ein Raumordnungsprogramm des Bundes, dessen influenzierende Absichten sowohl auf die Ebene der Landesraumordnung als auch – möglicherweise noch wichtiger – auf die Ebene einer europäischen Raumordnung zielen; vgl. dazu auch *Michael Krautzberger*, Orientierungsrahmen für die Raumordnungspolitik in der Bundesrepublik Deutschland, DÖV 1992, S. 911–915.

[240] Näher dazu *Gärditz*, Europäisches Planungsrecht (Fn. 36), S. 28 ff.; s. zur landwirtschaftlichen Strukturförderung durch Förderprogramme auch *Wolfgang Köck*, Rechtlicher Handlungsrahmen und Instrumente für die Erhaltung der Biodiversität in Kulturlandschaften, NuR 2010, S. 530 (537 f.).

[241] Siehe unten → Rn. 87 ff.

[242] *Hermes*, Planung (Fn. 47), Sp. 1792; *Ossenbühl*, Gutachten (Fn. 90), S. B 29; *Hoppe*, Planung, HStR IV, § 77 Rn. 20; BVerwGE 62, 86 (94).

[243] *Maurer*, VerwR, § 16 Rn. 16.

[244] Siehe oben → Rn. 32, 36.

[245] Landesentwicklungs- und Regionalpläne entfalten als Raumordnungspläne nach § 4 ROG grundsätzlich nur Bindungswirkungen gegenüber öffentlichen Stellen (*Walter Bielenberg/Peter Runkel/Willy Spannowsky*, Raumordnungs- und Landesplanungsrecht des Bundes und der Länder, Losebl., K § 4 Rn. 71 ff.). Eine unmittelbare Außenwirkung gegenüber Privaten besteht nach § 4 Abs. 2 und 3 ROG nur, soweit Fachgesetze des Bundes oder der Länder eine Bindungswirkung anordnen. Derartige Raumordnungsklauseln finden sich z. B. in § 35 Abs. 3 S. 2 BauGB, § 11 Abs. 3 BauNVO, § 10 Abs. 1 BWaldG, § 6 Abs. 2 LuftVG (vgl. *Bielenberg/Runkel/Spannowsky*, Raumordnungs- und Landesplanungsrecht, K § 4 Rn. 324 ff.).

[246] Siehe aber die Einschränkungen oben → Rn. 36.

[247] *Ehlers* in: Erichsen/Ehlers, VerwR, § 1 Rn. 56.

[248] BVerwGE 72, 38 (45).

[249] Vgl. *EuGH*, Urt. v. 25. 7. 2008 (Rs. C-237/07); s. auch schon *BayVGH*, ZUR 2006, S. 421 (423 f.). A. A. noch *BVerwG*, Vorlagebeschluss, NVwZ 2007, S. 695.

[250] Siehe statt vieler: *Hans D. Jarass*, Bundes-Immissionsschutzgesetz, 8. Aufl. 2010, § 47 Rn. 38, 42 f. Demgegenüber zu Recht kritisch und die Außenwirkung betonend: *Reinhard Sparwasser/Rüdiger En-*

Landschaftsplan ist trotz seiner wichtigen bestandsaufnehmenden Teile nicht nur als ein indikativer Plan einzuordnen, sondern zugleich auch als ein imperativer Plan; denn seine Ziel- und Maßnahmenfestlegungen sind gem. § 9 Abs. 5 BNatSchG in Planungen und Verwaltungsverfahren zu berücksichtigen. Die **Bindung,** die durch **imperative Pläne** erzeugt wird, kann sehr **unterschiedlich** sein. Planadressaten können durch die Planungsentscheidung **strikt gebunden** werden, sie können aber auch lediglich zur (abwägenden) Berücksichtigung der Planungsentscheidung verpflichtet sein **(relative Bindung).**

Strikte Bindungen erzeugen z. B. die Festlegungen des Bebauungsplans. **49** Grundstückseigentümer dürfen das „verplante" Grundstück nicht entgegen der planerischen Festsetzung baulich nutzen, und Behörden dürfen planwidrige Bauvorhaben grundsätzlich nicht gestatten (§ 30 Abs. 1 BauGB) oder dulden. Grundstückseigentümer sind aber umgekehrt nicht ohne weiteres verpflichtet, den baulichen Nutzungsmöglichkeiten positiv nachzukommen, und auch die Fachbehörden sind nicht dazu verpflichtet, gegenüber dem Grundstückseigentümer die Bebauung anzuordnen. Die Steuerungsfunktion des Bebauungsplans liegt insoweit in der Herstellung einer zukunftsfähigen nutzungskoordinierenden städtebaulichen **Ordnung** und in der Unterbreitung eines auf diese Ordnung bezogenen **Nutzungsangebotes.**[251] Noch darüber hinausgehende Bindungen erzeugt ein imperativer Plan, wenn er **Maßnahmen** festlegt und die Planadressaten zur Umsetzung verpflichtet. Dies ist beispielsweise im Bereich der **Luftreinhalteplanung** (§ 47 Abs. 6 BImSchG) der Fall. Hier steuert der Plan die Ermessensausübung der Fachbehörden im Rahmen ihrer Eingriffsbefugnisse.[252]

Eine lediglich **relative Bindungswirkung** kommt imperativen Plänen dann zu, **50** wenn andere Planungsträger bzw. sonstige öffentliche Entscheidungsträger die Planentscheidung im Rahmen der eigenen Entscheidung zu berücksichtigen haben. Beispielhaft kann insoweit auf Festlegungen in **Raumordnungsplänen** in der Form der Grundsätze verwiesen werden.[253] Gleiches gilt für die festgelegten Ziele und Maßnahmen der **Landschaftspläne** als Fachpläne des Naturschutzes und der Landschaftspflege, die in Planungen und Verwaltungsverfahren nicht strikt zu beachten, sondern lediglich zu berücksichtigen sind (§ 9 Abs. 5 BNatSchG; § 1 Abs. 6 Nr. 7g BauGB). Auch bezüglich der Integration der Landschaftsplanung in die räumliche Gesamtplanung ordnet das Planungsgesetz keine strikte Übernahme landschaftsplanerischer Aussagen an, sondern für die Raumordnungsplanung und die Bauleitplanung eine Berücksichtigung nach Maßgabe des Abwägungsgebots (§ 11 Abs. 3 BNatSchG; § 1 Abs. 6 Nr. 7g BauGB).

---

gel, Aktionspläne des Luftreinhalte- und Lärmschutzrechts im Spannungsfeld zwischen deutschem und europäischem Recht, NVwZ 2010, S. 1513 (1514); *Pascale Cancik,* Europäische Luftreinhalteplanung – zur zweiten Phase der Implementation, ZUR 2011, S. 283 (287, 295).

[251] Siehe unten → Rn. 76.
[252] Vgl. für die Luftreinhalteplanung: *Wolfgang Köck* in: Ludger Giesberts/Michael Reinhardt, Beck'scher Online-Kommentar Umweltrecht, 2011, zu § 47 BImSchG Rn. 19; s.a. *Jarass,* Bundes-Immissionsschutzgesetz (Fn. 250), zu § 47, Rn 39; *Eckard Rehbinder,* Entwicklung des Luftqualitätsrechts, NuR 2005, S. 496.
[253] Dazu näher unten → Rn. 64.

C. Die Steuerungsleistung von Plänen am Beispiel bestimmter Pläne

I. Steuerung durch Pläne und Planungsrecht

51 Pläne sind Entscheidungen über Prämissen, mit denen der Planungsträger als **Steuerungssubjekt** eine Vielzahl von Einzelentscheidungen der Planadressaten als **Steuerungsobjekt** steuert.[254] Planadressaten können Träger öffentlicher Verwaltung sein, aber auch Privatrechtssubjekte (gesellschaftliche Akteure), je nachdem, ob die Planung als Binnenplanung, als Außenplanung oder auch als Binnenplanung mit beabsichtigter Außenwirkung angelegt ist.[255] Die **Steuerungsleistung** von Plänen ist zunächst einmal abhängig vom gewählten Steuerungsmodus, also davon, ob der Plan **indikativ, influenzierend** oder **imperativ** angelegt ist, bzw. in anderen Worten, ob er einen nichtregelnden oder einen regelnden Charakter hat.[256] Die besondere **Steuerungsleistung** imperativer (regelnder) Pläne ist durch die rechtliche Bindungswirkung begründet. Imperative (regelnde) Pläne überlassen die Entscheidung nicht der Disposition des Planadressaten, sondern verpflichten diese zur Beachtung bzw. Berücksichtigung der Planungsentscheidung.

52 Die **Steuerungsleistung,** die einem Plan normativ zugeschrieben werden kann, bestimmt sich nicht nur danach, ob es sich um einen regelnden oder nichtregelnden Plan handelt, sondern auch danach, ob durch die speziellen Planungsgesetze bzw. durch das allgemeine Planungsrecht weitere Voraussetzungen für die Erfüllung der jeweiligen Steuerungsfunktionen bereitgestellt werden. Hierzu gehören:
– die Bereitstellung eines **Verfahrens** der Planaufstellung, das die Einbeziehung aller mit den Gegenständen der Planung befassten Institutionen, die Beteiligung der von der Planung Betroffenen und die transparente Verarbeitung der durch die Planung berührten Belange sicherstellt,
– die Bereitstellung **planakzessorischer Instrumente** der Sicherung und Verwirklichung der Planung,
– die Bereitstellung von Mechanismen der **Plananpassung** und der **Planerhaltung** zur Steigerung von Flexibilität und Robustheit (Senkung der Fehleranfälligkeit) sowie die
– Bereitstellung von Institutionen der **Kontrolle.**

53 Beteiligung und Transparenz, aber auch Plananpassung und -kontrolle sind notwendig, um den Zweck jeder staatlichen Planung gewährleisten zu können, eine rationale, am Gemeinwohl orientierte Prämissensetzung für weitere Entscheidungen sicherzustellen und damit **Voraussetzungen für eine rechtsstaatliche und gemeinwohlrichtige Steuerung** zu schaffen. Diese Voraussetzungen sind durch Planungsgesetze – vielfach auch in Erfüllung europarechtlicher Anforderungen[257] – und durch die Leistungen von Rechtswissenschaft und Rechts-

---

[254] Siehe zum Begriff der Steuerung *Mayntz*, Politische Steuerung (Fn. 9), S. 93 f.
[255] Siehe zu diesen Unterscheidungen *Roellecke*, Planung (Fn. 52), S. 1026 ff., 1029.
[256] Siehe dazu oben → Rn. 46 ff.
[257] Siehe oben → Rn. 24.

C. Die Steuerungsleistung von Plänen

praxis geschaffen worden, etwa durch Verfahrensvorschriften in den Planungsgesetzen oder durch Anforderungen, die das **Abwägungsgebot** stellt.[258] Die Rechtspflichten steuern den Planungsträger und sind damit zwar eine unerlässliche, aber noch keine hinreichende Bedingung dafür, dass der jeweilige Plan die ihm zugedachte Steuerungsleistung erbringen kann.

Die Verfügbarkeit planakzessorischer Instrumente der Sicherung und Verwirklichung von Plänen sowie die Robustheit von Plänen steigernde Planerhaltungsregeln[259] erlauben Rückschlüsse auf die Steuerungsleistung von Plänen. Da Planung in höherem Maße als Rechtsetzung auf tatsächliche Verhältnisse Rücksicht zu nehmen hat (Stichwort: Geltungsverlust durch Funktionslosigkeit der Planung)[260], ist sie auf die Bereitstellung eines die **Planungsgrundlagen sichernden und die Planung verwirklichenden Instrumentariums** angewiesen. Exemplarisch dafür stehen die Plansicherungs- und -durchsetzungsinstrumente im Recht der Bauleitplanung (Veränderungssperre[261]; Gemeindliche Vorkaufsrechte[262], Enteignung;[263] städtebauliche Gebote und Entwicklungsmaßnahmen),[264] die befristete Untersagung raumordnungswidriger Planungen und Maßnahmen (§ 14 ROG) oder die **vorläufige Anordnung zur Sicherung** von Schutzgebieten.[265] Vernachlässigt der Planungsgesetzgeber die Bereitstellung eines funktionalen Sicherungsinstrumentariums, wie beispielsweise im Bereich der Etablierung eines kohärenten europäischen Netzes von Vorranggebieten für den Naturschutz („Natura 2000"), sind Wissenschaft und Praxis zu gewagten rechtlichen Sicherungskonstruktionen (potenzielles FFH-Gebiet) genötigt.[266] Die Verfügbarkeit eines hoheitlich-hierarchischen Sicherungs- und Verwirklichungsinstrumentariums schafft darüber hinaus wichtige Voraussetzungen für den erfolgreichen Einsatz informeller und flexibler Instrumente (Kooperation im Schatten der Hierarchie).[267] Für die Beurteilung der Steuerungsleistung von Plänen ist bei influenzierenden (nichtbindenden) Plänen auch bedeutsam, welcher Akteur über den Einsatz planverwirklichender lenkender Mittel verfügt. In der Raumordnung liegen die Planungskompetenz und die Kompetenz der Mittelvergabe zur Förderung bestimmter raumwirksamer Aktivitäten nach den ressourcenzehrenden Erfahrungen mit der sog. „integrierten Entwicklungsplanung" grundsätzlich nicht in einer Hand, so dass die Träger der Raumordnungsplanung insoweit lediglich über weiche Instrumente der Planverwirklichung verfügen (§ 13 ROG).[268]

54

---

[258] Siehe unten → Rn. 106 ff.
[259] Siehe unten → Rn. 112 ff.
[260] Siehe oben → Rn. 33, 42.
[261] Vgl. § 14 BauGB.
[262] Vgl. §§ 24 ff. BauGB.
[263] Vgl. §§ 85 ff. BauGB.
[264] Vgl. §§ 175 ff. und §§ 165 ff. BauGB.
[265] Siehe für die Sicherung von Wasserschutzgebieten: § 48 Abs. 5 SächsWG; für die einstweilige Sicherstellung von besonderen Gebieten des Naturschutzes: § 52 SächsNatSchG.
[266] Siehe etwa *Wahl*, Europäisches Planungsrecht (Fn. 35), S. 646, der darauf hinweist, dass das europäische Planungsrecht wichtige planungsrechtliche Institute, wie das Institut der Veränderungssperre, noch nicht ausgebildet hat und über den Umweg der generellen Pflicht zur Vertragstreue letztlich nur unbefriedigende Äquivalente zu schaffen versucht.
[267] *Fritz Scharpf*, Die Handlungsfähigkeit des Staates am Ende des zwanzigsten Jahrhunderts, PVS 32 (1991), S. 621–634.
[268] Siehe unten → Rn. 67.

§ 37 Pläne

55 In den Kontext der Flexibilisierung und Robustheit von Plänen gehören „**Planulismen**"[269] bzw. „**Planula**" als vom Planungsgesetzgeber bereitgestellte **Zwischenformen** von Plan und plandurchsetzender Regelung. Sie sollen für die nötige Flexibilität in Fällen sorgen, in denen die durch das Planungsgesetz festgelegte Bindungswirkung für nachlaufende Administrativentscheidungen der besonderen Situation nicht ausreichend Rechnung trägt. Beispiele für solche „Planulismen" sind das **raumordnerische Zielabweichungsverfahren** (§ 6 ROG), die **Befreiung** von einzelnen Schutzgebietsfestsetzungen (§ 67 BNatSchG) oder der baurechtliche **Dispens** (§ 31 Abs. 2 BauGB). Auch die **Abrundungs- und Einbeziehungssatzungen** gem. § 34 Abs. 4 BauGB sind in diesen Zusammenhang gerückt worden.[270] Der Planungsgesetzgeber reagiert damit auf Schwerfälligkeiten im Planaufstellungs- bzw. -änderungsverfahren, um in nicht vorhergesehenen (atypischen) Situationen Raum für Anpassungen zu geben, soweit die Planungskonzeption im Grundsätzlichen davon unberührt bleibt.[271] Dass solche Flexibilisierungsmechanismen notwendig sind, zeigt nicht nur die Planungspraxis,[272] sondern auch ein vergleichender Blick in die Planungssysteme anderer Länder.[273] Trotz Rückkopplung an die Planungskonzeption im Grundsätzlichen werden Planulismen als Aufweichung des (städtebaurechtlichen) **Planmäßigkeitsprinzips**[274] kritisiert.[275] Mit Blick auf die **Steuerungsleistung** von Plänen fällt die Bewertung differenziert aus. Soweit der Gesetzgeber sicherstellt, dass die Grundzüge der Planung durch die Abweichung nicht berührt werden dürfen, ist die Steuerungsleistung des Plans gewahrt.

56 Die Steuerungsleistung insbesondere imperativer Pläne hängt nicht zuletzt auch von den Möglichkeiten der **Kontrolle** ab. Sinnfällig wird dies am Beispiel der räumlichen Gesamtplanung. Gemeinden haben ihre Planungen den Zielen der Raumordnung anzupassen (§ 1 Abs. 4 BauGB) und müssen darüber hinaus sonstige Festlegungen in überörtlichen Plänen im Rahmen ihrer eigenen Planung berücksichtigen und nach Maßgabe des Abwägungsgebotes verarbeiten (§ 4 Abs. 1 S. 1 ROG). Ob die Prämissen der höherstufigen Planung von der niederstufigen Planung korrekt verarbeitet worden sind, ist zunächst eine Kontrollaufgabe der **Aufsichtsbehörden.** Die Kontrollleistung ist von vornherein beschränkt, wenn niederstufige Pläne nicht zur Genehmigung zu stellen sind, sondern die Eingriffsinitiative von der Aufsichtsbehörde ausgehen muss, wie es bei der Bauleitplanung der Gemeinden mittlerweile für den Regelfall der verbindlichen Bauleitplanung vorgesehen ist (§ 10 Abs. 2 BauGB). Die Trägheitslasten wirken sich dann – insbesondere unter den Rahmenbedingungen eines „schlanken Staates"[276] – negativ auf die Kontrolle aus. Wirksam kompensiert werden kann dies durch Möglichkeiten

---

[269] *Eberhard Schmidt-Aßmann*, Planungsrecht, in: Handwörterbuch der Raumordnung, 4. Aufl. 2005, S. 783 (786).
[270] *Schmidt-Aßmann*, Planungsrecht (Fn. 269), S. 786; *Erich Hofherr*, Planersetzende Satzungen, in: FS Otto Schlichter, 1995, S. 371 ff.
[271] Siehe etwa § 31 Abs. 2 BauGB: Grundzüge der Planung dürfen nicht berührt werden. S. dazu auch *BVerwG*, NVwZ 1999, S. 1110.
[272] Siehe unten → Rn. 78.
[273] Näher dazu *Gerd Schmidt-Eichstaedt*, Das Bau- und Planungsrecht in der Europäischen Union, DÖV 1995, S. 969 (970).
[274] Siehe zum Planmäßigkeitsprinzip im Städtebaurecht *Schmidt-Aßmann*, Planung (Fn. 58), S. 19 ff.
[275] *Schmidt-Aßmann*, Planungsrecht (Fn. 269), S. 786.
[276] Siehe dazu a. → Bd. I *Voßkuhle* § 1 Rn. 62.

C. Die Steuerungsleistung von Plänen

einer **Drittkontrolle.** Dem dienen u. a. schon die Partizipation der Öffentlichkeit[277] und die Einbeziehung der Träger öffentlicher Belange im Vorgang der Planerarbeitung. Wichtiger, weil mit Sanktionsmacht ausgestattet, sind allerdings die gerichtlichen **Rechtsschutzmöglichkeiten.**[278] Diese wirken aufgrund der Mechanismen des deutschen Rechtsschutzsystems allerdings häufig nicht steuerungsimpulsstärkend, sondern steuerungsimpulshemmend. Gemeinden haben allerdings die Möglichkeit, sich auf die ihnen durch Ziele der Raumordnung zugewiesenen Funktionen sowie auf Auswirkungen auf ihre zentralen Versorgungsbereiche zu berufen (§ 2 Abs. 2 S. 2 BauGB).[279]

Die **Steuerungsleistung,** die einem Plan aufgrund der Analyse des jeweiligen Planungsgesetzes zugeschrieben werden kann, darf nicht gleichgesetzt werden mit der **Steuerungswirkung,** die einem Plan **empirisch** zukommt. Durch die Erkenntnisse der Implementationsforschung[280] ist bekannt, dass rechtliche Bindungswirkungen und auch die Bereitstellung planungssichernder und planverwirklichender Instrumente noch kein Garant für das Eintreten von Steuerungswirkungen sind. Die **Planungstheorie** hat sich in den letzten Jahren insbesondere am Beispiel der räumlichen Gesamtplanung mit der Steuerungswirkung von Plänen befasst[281] und dabei Erkenntnisse gewonnen,[282] die für unseren Zusammenhang allerdings nur partiell hilfreich sind, weil sie weniger auf die (normativ im Vordergrund stehende) Ordnungsfunktion von räumlichen Gesamtplänen fokussiert sind, sondern primär auf die über die Ordnungsgewährleistung hinausgehende materiale Entwicklung des Raumes zielen. 57

Mit Blick auf die Steuerungswirkung von Plänen wichtiger erscheint daher ein den **Sachproblemen gemäßes Verhältnis von generell-abstrakter Rechtsetzung und situationsbezogener Planung.** Administrative Planung ist überfordert, wenn Entscheidungen, die besser durch das Gesetz getroffen werden können, an den Planungsträger überantwortet werden. 58

– Exemplarisch dafür stehen die Probleme der Luftreinhalteplanung zur Bewältigung der Feinstaubproblematik, die nur dann wirksam und angemessen auf

---

[277] Vgl. a. → Bd. III *Scherzberg* § 49.
[278] Siehe a. → Bd. III *Schoch* § 50.
[279] Siehe dazu etwa *OVG* Rheinl.-Pfalz, NVwZ 1999, S. 435 (437); s. darüber hinaus auch *Zentralinstitut für Raumplanung*, Das Raumordnungsrecht: Vergangenheit – Gegenwart – Zukunft, DVBl 2005, S. 1149 (1154).
[280] Der Implementationsforschung verdanken wir die Erkenntnis, dass das Steuerungsobjekt durchaus eigene Interessen hat und das voraussichtliche Adressatenverhalten deshalb bei der Policy-Formulierung mitbedacht werden muss; siehe zur Entwicklung der Steuerungstheorie *Mayntz*, Governance Theory (Fn. 9), S. 13. Vgl. a. → Bd. II *Sacksofsky* § 40 Rn. 45 ff.
[281] Siehe etwa *Dietrich Fürst/Bernhard Müller* (Hrsg.), Wandel der Planung im Wandel der Gesellschaft, 2000; *Uwe Altrock u. a.* (Hrsg.), Perspektiven der Planungstheorie, 2004; *Bernhard Müller/Stephan Löb/Karsten Zimmermann* (Hrsg.), Steuerung und Planung im Wandel. FS Dietrich Fürst, 2004; *Klaus Selle* (Hrsg.), Zur räumlichen Entwicklung beitragen (Fn. 22).
[282] Vgl. etwa *Fürst/Ritter*, Planung (Fn. 25), S. 768, die den verstärkten Einsatz informeller Instrumente im „Planvollzug", insbesondere kooperative und kommunikative Strategien, strategische Schwerpunktsetzungen, Stärkung der Umsetzungsorientierung und eine Steigerung der Flexibilität als Erfolgsbedingungen für die Effektivierung der Raumplanung identifiziert haben. Ähnlich *Rainer Danielzyk*, Wozu noch Raumplanung?, in: FS Dietrich Fürst, 2004, S. 13 (23 f.): „Sie [die Raumplanung] muss flexibel, umsetzungsorientiert und in Netzwerken agieren können, dabei strategische Orientierung geben und sich im Sinne einer Planung differenzierter Intensität auf Schwerpunkte konzentrieren können".

§ 37 Pläne

der administrativen Planungsebene bewältigt werden können, wenn auf der Ebene der EU (durch feinstaubsenkende Produktnormen) und auf der Ebene des Nationalstaates die diesen Regelungsebenen gemäßen Aufgaben erledigt worden sind.

– Ganz ähnlich ist der Befund mit Blick auf ein zentrales Problem der Nachhaltigkeitspolitik, der Reduzierung des „Flächenverbrauchs" für Siedlung und Verkehr im Interesse der vorsorgenden Wahrung von Freiräumen. In ihrer Nachhaltigkeitsstrategie aus dem Jahre 2002 hat die Bundesregierung das Ziel formuliert, die Flächenneuverbrauchsrate bis zum Jahre 2020 auf 30 ha pro Tag zu senken. Um dieses Ziel zu erreichen, bedarf es zunächst eines planerischen Konzepts abgestimmter Maßnahmen auf der Ebene der Staatsleitung, an dem es nach wie vor fehlt. U.a. wäre daran zu denken, die räumliche Gesamtplanung auf der überörtlichen und der lokalen Ebene auf ein solches Ziel zu fixieren, d.h. entsprechende Vorgaben schon in die Planungsgesetze des BauGB und des ROG aufzunehmen.[283] Unterbleibt eine solche Steuerung auf der Ebene des Planungsgesetzes, wird man jedenfalls von der lokalen Bauleitplanung, mit Abstrichen aber auch von einer kommunal verfassten[284] überörtlichen Raumordnungsplanung, nicht erwarten dürfen, dass die Planungsträger ihre planerischen Entscheidungsspielräume im Interesse der Senkung des Flächenverbrauchs einsetzen. Für die Gemeinden als Planungsträger ergibt sich dies insbesondere deshalb, weil sich die planenden Gemeinden in einer Konkurrenzsituation befinden, die es auch bodensensiblen Gemeinden schwer macht, eine Politik der Innenentwicklung aufrechtzuerhalten, wenn benachbarte Gemeinden weiterhin die in der Regel für die Bauherren kostengünstigeren Siedlungsquartiere in den Außenbereichen ausweisen und damit Investoren und Einwohner (als wichtige Determinanten für die kommunale Finanzkraft) anlocken.[285] Eine weitere strukturelle Schwäche des Bodenschutzes in der planerischen Abwägung liegt darin, dass die Belange des Bodenschutzes im Rahmen einer Einzelentscheidung, wie der Aufstellung eines einzelnen Flächennutzungsplans oder eines einzelnen Bebauungsplans, gar nicht angemessen verarbeitet werden können, weil der Boden- und Flächenverbrauch „im Regelfall erst durch das Zusammenwirken zahlreicher vergleichbarer Einzelmaßnahmen" zu einem signifikanten Problem wird.[286] Es ist also nicht nur das vergleichsweise geringe Interesse der Gemeinden am Flächensparen, sondern auch die unzureichende Beurteilungsperspektive im Rahmen einer lokalen Planungsentscheidung, die dazu beiträgt, dass die Planungsentscheidung i.d.R. zuungunsten des Bodenschutzes ausgeht. All dies lässt darauf schließen, dass dem Problem zunehmender Flächeninanspruchnahme nicht allein durch Optimierungsgebote oder besonderen bodenbezogenen Ermittlungspflichten begegnet werden kann, sondern nur durch eine gesetzliche Entscheidung, die der lokalen Pla-

---

[283] Vgl. zum Folgenden *Köck/Hofmann*, Leistungsfähigkeit des Rechts (Fn. 172), S. 15.
[284] Siehe zu den unterschiedlichen Organisationsmodellen der Landesplanung in Deutschland: unten → Rn. 63.
[285] Vgl. dazu *Michael Schmalholz*, Steuerung der Flächeninanspruchnahme, 2005, S. 103. S. dazu auch schon *Michael Kloepfer*, Freiraumschutz durch Planung, in: Werner Hoppe/Wolfgang Appold (Hrsg.), Umweltschutz in der Raumplanung, 1990, S. 88 (104f.). Zum kommunalen Finanzausgleich s. → Bd. III *Korioth* § 44 Rn. 85.
[286] *Schmalholz*, Steuerung (Fn. 285), S. 109f.

II. Integrale Raumpläne

Integrale Raumpläne sind die **räumlichen Gesamtplanungen** auf der überörtlichen Ebene (Raumordnungspläne: Bundesraumordnung, hochstufige Landesplanung, Regionalplanung)[288] und auf der lokalen Ebene (Bauleitplanung). Integrale Funktionen erfüllen auch bestimmte Fachplanungen, nämlich die **Planfeststellungen** und die **nutzungsregelnden Gebietsfestsetzungen,** weil es hier um die letztentscheidende abwägende Verortung konkreter Vorhaben bzw. konkreter Zuordnungen und Nutzungsfestlegungen im Raum geht. 59

Die **Steuerungsfunktion integraler Raumpläne** ist unterschiedlich. Bei den **Raumordnungsplänen** und den **Bauleitplänen** steht die **Ordnungsfunktion** im Vordergrund. Eine **materiale Entwicklungsfunktion** kommt diesen Plänen zwar auch zu, aber lediglich sekundär.[289] Ganz anders verhält es sich bei den **Planfeststellungen,** die über ihre Ordnungsfunktion hinaus jedenfalls insofern auch eine unmittelbare **materiale Verwirklichungsdimension** haben, als durch den Planfeststellungsbeschluss die Durchführung des Vorhabens unmittelbar freigegeben wird. Die folgende Analyse konzentriert sich auf die Raumordnungs- und Bauleitpläne, weil diese Pläne, die an der Schnittstelle von Ordnungs- und Entwicklungsplänen zu verorten sind, besondere Einsichten eröffnen. 60

1. Raumordnungspläne

Die **Raumordnung** in Deutschland wird wesentlich über **Raumordnungspläne** gesteuert, aber in bedeutendem Maße auch über europäische, nationale und landesseitige Förderpolitiken, die auf Konzeptentwicklungen beruhen und ihrerseits wieder regionale Entwicklungskonzepte zur Grundlage von Förderungen machen.[290] Für die Beurteilung der **Steuerungsleistung** ist zunächst die Funktion der Raumordnungspläne zu bestimmen. Sie sind **Ordnungspläne,** haben aber auch eine **materiale Entwicklungsfunktion.**[291] Als Ordnungsplanung entscheidet der Plan über die Funktion bestimmter Räume (z. B. Festlegung Zentraler Orte) und sichert Gebiete für bestimmte Zwecke (z. B. für Zwecke der Fachplanung: Naturschutz, Bergbau, Infrastruktur). Als Entwicklungsplanung nimmt er Einfluss auf die Verwirklichung der Zwecke über die bloße Sicherung der Ordnung hinaus. Die primäre Funktion der Raumordnungspläne hat sich nach dem Ende der Planungseuphorie[292] auf den ordnungsplanerischen Aspekt verlagert. Hierauf sind im Wesentlichen auch die **Instrumente der Durchsetzung** bezogen. Entwicklungsplane- 61

---

[287] Dazu näher die Vorschläge bei *Köck/Hofmann,* Leistungsfähigkeit des Rechts (Fn. 172), S. 39 f. (für die Bauleitplanung). S. zu den Konsequenzen für das Recht der Raumordnung die Beiträge in: *Kilian Bizer/Klaus Einig/Wolfgang Köck/Stefan Siedentop,* Raumordnungsinstrumente zur Flächenverbrauchsreduktion, 2011.

[288] Vgl. dazu *Koch/Hendler,* BauR, § 1 Rn. 23.

[289] Siehe unten → Rn. 61.

[290] Siehe oben → Rn. 45, 48, unten → Rn. 81. Mit Blick auf europäische Förderpolitiken kann auf die Gemeinschaftsinitiative INTERREG verwiesen werden. Dazu näher *José Martínez,* Die grenzüberschreitende Raumplanung unter europäischem Integrationsdruck, ZUR 2005, S. 337 (340).

[291] Siehe zu den Steuerungsfunktionen oben → Rn. 43.

[292] Siehe oben Rn. 5.

§ 37 Pläne

rische Aspekte finden sich insbesondere in den raumordnerischen Konzepten und Programmen; hier dominieren allerdings weiche Instrumente der Plandurchsetzung bzw. lose Kopplungen von Plan und Plandurchsetzung.[293]

62 Innerhalb der Raumordnungspläne sind die **Raumordnungspläne des Bundes** (§§ 17 ff. ROG) und **die Landespläne (Landesentwicklungsprogramme, Regionalpläne, Regionale Flächennutzungspläne** – §§ 8 ff. ROG) zu unterscheiden. Die Raumordnungsplanung des Bundes spielt – trotz ihrer nunmehr erstmals expliziten gesetzlichen Ausgestaltung in den §§ 17 ff. ROG – nach wie vor nur eine untergeordnete Rolle. Jenseits der neu etablierten Raumordnung in der deutschen ausschließlichen Wirtschaftszone (AWZ)[294] und der durch das ROG 2009[295] geschaffenen Möglichkeit, Raumordnungspläne für das Bundesgebiet mit Festlegungen zu länderübergreifenden Standortkonzepten für See- und Binnenhäfen sowie für Flughäfen als Grundlage für ihre verkehrliche Anbindung aufzustellen (§ 17 Abs. 2 ROG), ist der Bund in seiner Raumplanung auf die Grundsatzbildung beschränkt (§ 17 Abs. 1 ROG). Der **Raumordnungspolitische Orientierungsrahmen** des Bundes stammt aus dem Jahre 1992, er hat einen programmatischen, nichtregelnden Charakter und zielt im Sinne des Gegenstromprinzips eher auf Positionsbestimmungen im Verhältnis zur europäischen Raumordnung als auf die Landesplanung.[296] Auf die Landesplanung nimmt der Bund bislang weniger durch seine eigene Raumordnungsplanung (siehe aber § 18 Abs. 1 S. 2 ROG) als durch sein Raumordnungsgesetz Einfluss, das die Raumordnung in den Ländern steuert (durch Leitvorstellungen und Grundsätzen in den §§ 1 ff. und durch Regelungen über die Planaufstellung und den Vorgang der Planung in den §§ 8 ff. ROG). Durch das ROG werden die Länder dazu verpflichtet, einen Raumordnungsplan für das Landesgebiet[297] sowie regionale Teilpläne (Regionalpläne) aufzustellen (§ 8 ROG). Dabei sind die Raumordnungspläne benachbarter Planungsräume aufeinander abzustimmen (§ 7 Abs. 3 ROG) und die Regionalpläne aus dem hochstufigen Landesplan zu entwickeln (§ 8 Abs. 2 S. 1 ROG). Das Verhältnis der Pläne zueinander ist aber kein rein hierarchisches; denn die Entwicklung, Ordnung und Sicherung des Gesamtraumes soll die Gegebenheiten und Erfordernisse seiner Teilräume berücksichtigen und umgekehrt (**Gegenstromprinzip**; § 1 Abs. 3 ROG). Die hochstufigen Landespläne ergehen typischerweise in verbaler (beschreibender) Form als Landesraumordnungsprogramme oder Landesentwicklungspläne. Daneben sind auf der hochstufigen Planungsebene auch sachliche und räumliche Teilpläne zulässig (§ 7 Abs. 1 S. 2 ROG). Die Möglichkeit, sachliche **Teilpläne** zu erarbeiten, wird von den Ländern

---

[293] Siehe unten → Rn. 66.

[294] Diesbezüglich hat insbesondere der Ausbau der Windenergie im Offshore-Bereich eine regelnde Raumordnung des Bundes notwendig gemacht und den Gesetzgeber dazu bewogen, eine eigene Bestimmung für die Raumordnung in der AWZ in das Gesetz aufzunehmen (§ 17 Abs. 3 ROG). Dazu näher *Wilfried Erbguth*, Raumordnungspläne für die deutsche AWZ, UPR 2011, S. 207 ff.; s. auch schon *Rainer Wolf*, Grundfragen der Entwicklung einer Raumordnung für die Ausschließliche Wirtschaftszone, ZUR 2006, S. 176 ff.

[295] Siehe zum ROG 2009 statt vieler: *Ernst-Hasso Ritter*, Das Gesetz zur Neufassung des Raumordnungsgesetzes (ROG 2009): Weiterentwicklung oder beginnendes Siechtum?, DÖV 2009, S. 425 ff.; *Wolfgang Durner*, Das neue Raumordnungsgesetz, NuR 2009, S. 373 ff.

[296] Vgl. dazu auch *Krautzberger*, Orientierungsrahmen (Fn. 239), DÖV 1992, S. 911.

[297] Sonderregelungen betreffen die Stadtstaaten; vgl. § 8 Abs. 1 S. 3 ROG.

vielfach genutzt;²⁹⁸ sie sind geeignet, den **Planungsaufwand** zu begrenzen, wenn nur unter bestimmten Aspekten eine Planaufstellung oder -fortschreibung notwendig erscheint.²⁹⁹ Durch § 7 ROG wird sichergestellt, dass die Raumordnungspläne der Länder auf die Leitvorstellungen und Grundsätze des ROG (§§ 1, 2 ROG) bezogen sind und Festlegungen zur Raumstruktur enthalten.

Auf der hochstufigen Planungsebene des Landes werden zentrale siedlungsstrukturelle Konzepte festgelegt, wie etwa Zentrale Orte und Entwicklungsachsen, aber auch Schwerpunkträume für besondere landesweit bedeutende Funktionen, z.B. Räume für die Gewinnung von Rohstoffen und Mineralien, ökologische Vorranggebiete etc.³⁰⁰ Die regionale Landesplanung ist in vielen Bundesländern keine staatliche Regionalplanung mehr, für die eine staatliche Planungsstelle zuständig ist, sondern folgt einem **verbandlich-kommunalen Organisationsmodell** und wird durch **regionale Planungsgemeinschaften** durchgeführt.³⁰¹ Durch das kommunalisierte Organisationsmodell soll dem **Gegenstromprinzip** auch organisatorisch Rechnung getragen und die Akzeptanz der Regionalplanung gegenüber der lokalen Planung gestärkt werden. Dies kann als Versuch gewertet werden, die Steuerungsleistung der Regionalplanung gegenüber der lokalen Planung zu verbessern, birgt aber auch Risiken für die Gemeinwohlrichtigkeit der Planungsentscheidungen, weil zu befürchten ist, dass kommunal dominierte regionale Planungsgemeinschaften in höherem Maße lokalen Partikularinteressen Rechnung tragen. 63

Raumordnungspläne werden zwar als **Rechtssätze** bzw. als **rechtsnormähnliche hoheitliche Maßnahmen eigener Art** erlassen.³⁰² Aus dem Normcharakter des Plans im Ganzen folgt aber noch keine strikte **Bindungswirkung** aller Planaussagen. Strikt bindend sind nur diejenigen Planfestlegungen, die als **Ziele der Raumordnung** getroffen werden, während Planentscheidungen, die einen Grundsatzcharakter haben **(Grundsätze der Raumordnung),** noch abwägungsfähig und auch abwägungsbedürftig sind (§ 3 Nrn 2 und 3 ROG; § 7 Abs. 2 ROG). Ziele der Raumordnung sind gem. § 3 Nr. 2 ROG verbindliche Vorgaben in Form von räumlich und sachlich bestimmten oder bestimmbaren, vom Träger der Landes- oder Regionalplanung abschließend abgewogenen textlichen oder zeichnerischen Festlegungen in Raumordnungsplänen zur Entwicklung, Ordnung und Sicherung des Raums. Demgemäß sind sie von öffentlichen Stellen bei ihren raumbedeutsamen Planungen und Maßnahmen zu beachten (§ 4 Abs. 1 ROG)³⁰³ und entfalten nach Maßgabe fachgesetzlicher Raumordnungsklauseln auch Bindungen gegenüber Privaten (§ 4 Abs. 2 ROG). Die Qualifizierung einer planerischen Festlegung als Ziel der Raumordnung hängt allerdings nicht von der Bezeichnung durch den Planungsträger ab (§ 8 Abs. 4 S. 2 2. HS ROG), sondern von der Erfüllung materieller Voraussetzungen. Insbesondere muss der Planungsträger eine überörtliche und überfachliche gesamtplanerische Interessenabwä- 64

---

²⁹⁸ Siehe den Überblick bei *Koch/Hendler*, BauR, § 5 Rn. 11–85.
²⁹⁹ Eine weit verbreitete Klage über die Raumordnung lautet, „dass vorgegebene Teilkataloge bei der Erstellung von Plänen auf den verschiedenen (bis zu sechs!) Ebenen unabhängig von ihrer aktuellen Relevanz ‚abgearbeitet' werden müssen"; vgl. *Danielzyk*, Raumplanung (Fn. 282), S. 19.
³⁰⁰ Dazu näher etwa *Brohm*, BauR, § 37 Rn. 9.
³⁰¹ Dazu näher *Brohm*, BauR, § 37 Rn. 17–22.
³⁰² Siehe oben → Rn. 32, 36.
³⁰³ Siehe aber auch die Sonderregelung für bestimmte Bundesmaßnahmen in § 5 ROG.

§ 37 Pläne

gung und Konfliktklärung vorgenommen haben,[304] die den Anforderungen des Abwägungsgebotes genügt, also **Letztentscheidungscharakter** hat,[305] und auch vor dem Hintergrund lokaler Planungsbefugnisse (Planungsautonomie der Gemeinden – Art. 28 Abs. 2 GG) Bestand hat, also als „überörtliches Interesse von höherem Gewicht"[306] anzuerkennen ist.

65 Als Ziele der Raumordnung werden die Zentralen Orte, aber auch Entwicklungsachsen und in zunehmendem Maße Schwerpunkträume für bestimmte Funktionen festgelegt.[307] Dies geschieht mittlerweile häufig in sachlichen Teilplänen, wie etwa in den **Braunkohleplänen** als Teilregionalpläne der sächsischen Landesplanung (§ 4 Abs. 4 SächsLPlG). Auch die **Windenergieplanung** vollzieht sich wegen des dringenden Bedarfs mittlerweile meist in sachlichen Teilplänen; hier werden zunehmend auf der Ebene des landesweiten Raumordnungsplans (meist qualitative) Zielvorgaben für die Regionalplanung gesetzt,[308] die dann für ihren Planungsraum **Vorrang- bzw. Eignungsgebiete** für die Windenergienutzung als Ziele der Raumordnung festlegt.[309]

66 Die Steuerung der Raumordnung über die Nutzung des Instrumentes der **Ziele der Raumordnung** erhöht die Bindungswirkung und verringert konsequenterweise die Entscheidungsspielräume für andere öffentliche Planungs- und Entscheidungsträger. Planaussagen, die als Grundsätze der Raumordnung getroffen werden, lassen anderen öffentlichen Planungs- und Entscheidungsträgern demgegenüber Raum für eigene Entscheidungen. Zwar wächst, wie schon ein Blick in das ROG (§§ 13, 17 Abs. 4, 26 Abs. 2) zeigt, insgesamt der Einsatz „weicher Planungsinstrumente", wie Leitbilder oder Konzepte. Das Instrument der Ziele der Raumordnung ist aber nicht praktisch obsolet geworden, sondern wird sowohl in der hochstufigen als auch in der regionalen Landesplanung umfassend eingesetzt.[310] Eine gewisse **Flexibilität** wird im Bereich der Ziele der Raumordnung über das Institut der **Zielabweichung** (§ 6 ROG)[311] sowie über die **Ermessenspraxis** im Bereich der Untersagung raumordnungswidriger Planungen und Maßnahmen (§ 14 ROG) gewahrt. Darüber hinaus sind weitere Flexibilisierungen auch über die Festlegung sog. „**Soll-Ziele**"[312] in der Planungspraxis beobachtbar.[313]

67 Für die **Sicherung und Verwirklichung der Raumordnungspläne** stellen das ROG und die Landesplanungsgesetze eine Reihe von Instrumenten zur Verfügung. Hierzu gehört auf der Sicherungsebene die zeitlich befristete Möglichkeit der **Untersagung raumordnungswidriger Planungen und Maßnahmen,** wenn

---

[304] Vgl. *BVerwGE* 90, 329 (333).

[305] Vgl. statt vieler *Koch/Hendler*, BauR, § 3 Rn. 22.

[306] Vgl. *BVerfGE* 76, 107 – Wilhelmshaven.

[307] Siehe dazu schon *Battis*, Grundzüge (Fn. 12), S. 316.

[308] Siehe etwa den Sächs. Landesentwicklungsplan 2003, Z 11.4.

[309] Siehe zu den rechtlichen Anforderungen grundlegend *BVerwGE* 118, 33 ff. S. auch *Reinhard Hendler*, Die bundesverwaltungsgerichtliche Rechtsprechung zur regionalplanerischen Steuerung der Windkraftnutzung, UPR 2003, S. 401 ff.; *Stephan Gatz*, Rechtsfragen der Windenergienutzung, DVBl 2009, S. 737 ff.; *Wolfgang Köck*, Planungsrechtliche Anforderungen an die räumliche Steuerung der Windenergienutzung, ZUR 2010, S. 507 ff.

[310] Siehe oben → Rn. 65.

[311] Siehe oben → Rn. 55.

[312] Siehe zu den Voraussetzungen, unter denen sog. „Soll-Ziele" als Ziele der Raumordnung anerkannt werden: *BVerwG*, Urt. v. 16.12.2010, NVwZ 2011, S. 821 – IKEA.

[313] Dazu näher *Carsten Heemeyer*, Flexibilisierung der Erfordernisse der Raumordnung, 2006, S. 243 ff.

sich ein Raumordnungsplan in Aufstellung befindet und wenn zu befürchten ist, dass die Planung oder Maßnahme die Verwirklichung der vorgesehenen Ziele der Raumordnung unmöglich machen oder wesentlich erschweren würde (§ 14 Abs. 2 ROG). Auf der Ebene positiver Verwirklichung setzt das ROG auf **weiche Instrumente der Umsetzung.** Hierzu gehört die raumordnerische Zusammenarbeit gem. § 13 ROG. Formen der Zusammenarbeit zwischen den Trägern der Landes- und Regionalplanung, öffentlichen Stellen und Personen des Privatrechts einschließlich Nichtregierungsorganisationen und der Wirtschaft können Verträge,[314] Maßnahmen wie regionale Entwicklungskonzepte oder regionale und interkommunale Netzwerke sowie die Durchführung einer Raumbeobachtung sein.

Die Steuerungsleistung von Raumordnungsplänen ist nicht zuletzt abhängig von ihrer **Aktualität** und **Robustheit.** Dass veraltete Pläne unter bestimmten Voraussetzungen ihre Geltung verlieren, ist bereits dargelegt worden.[315] Robustheit meint **Senkung der Fehlersensibilität.** Gerade für die besonders aufwändigen – weil in höchstem Maße koordinationsbedürftigen – räumlichen Gesamtpläne erscheint es schon aus Gründen der Verfahrensökonomie sinnvoll, dass nicht jeder Fehler im Verfahren der Planerarbeitung und im Vorgang der Abwägung auf die Geltung durchschlägt,[316] sondern differenzierte **Fehlerfolgen** entwickelt werden. Für die Raumplanung hat der Gesetzgeber mittlerweile Regelungen zur **Planerhaltung** geschaffen, die die **Unbeachtlichkeit bestimmter Mängel** vorsehen und für bestimmte andere Fehler ein **Planergänzungsverfahren** ermöglichen (§ 12 ROG). Ob damit angesichts der Grundrechtsfunktionen des Planungsverfahrens und der Verfahrensfunktionen, die sich aus der bürgerschaftlichen Partizipation ergeben, über das Ziel hinausgeschossen worden ist, wird kontrovers diskutiert.[317] 68

Als **Ergebnis** ist festzuhalten, dass die Steuerungsleistung der Raumordnungspläne primär in ihrer **Ordnungsfunktion** liegt. Diesbezüglich verfügen die Planungsträger über adäquate Instrumente, andere öffentliche Planungs- und Entscheidungsträger sowie – nach Maßgabe der Raumordnungsklauseln – auch private Rechtsträger zu binden. Gestärkt wird die ordnende Funktion auch über Veränderungen der Organisation der Raumordnungsplanung, weil das verbandlich-kommunale Organisationsmodell der Regionalplanung, das von einer Reihe von Bundesländern praktiziert wird, der lokalen Planungsebene effektivere Mitwirkungsmöglichkeiten gibt, die darauf hoffen lassen, dass die getroffene Entscheidung akzeptiert wird. Soweit der Raumordnungsplanung auch **eine materiale Entwicklungsfunktion** zukommt, ist die Steuerungsleistung der Pläne eher als gering zu bewerten.[318] 69

---

[314] Dazu näher *Willy Spannowsky*, Raumordnerische Verträge als Instrument des interkommunalen Interessenausgleichs, in: Petra Jähnke/Thomas Gawron (Hrsg.), Regionale Kooperation – Notwendigkeit und Herausforderung kommunaler Politik, 2000, S. 35 ff.

[315] Siehe oben → Rn. 42.

[316] Siehe dazu *Horst Sendler*, Neue Entwicklungen bei Rechtsschutz und gerichtlicher Kontrolldichte im Planfeststellungsrecht, in: Joachim Kormann (Hrsg.), Aktuelle Fragen der Planfeststellung, 1994, S. 9 (24 ff.); *Werner Hoppe*, Erste Überlegungen zu einem „Grundsatz der Planerhaltung", in: FS Otto Schlichter, 1995, S. 87 ff.

[317] Siehe unten → Rn. 116. Kritisch zur Parallelregelung im Recht der Bauleitplanung etwa *Koch/Hendler*, BauR, § 18 Rn. 35 ff.; s.a. *Spannowsky*, Der Planer (Fn. 93), S. 1023 f.

[318] Vgl. zu den Steuerungsinstrumenten der Raumordnung: *Klaus Einig*, Regulierung durch Regionalplanung, DÖV 2011, S. 185 ff.

§ 37 Pläne

70 Auch mit Blick auf die **Integration sektoraler Planungen** ist die **Steuerungsleistung mittlerweile begrenzt.** Dies zeigt sich z.B. in den Sonderregelungen des § 5 ROG,[319] mehr noch aber in europarechtlichen Entwicklungen. Die nationale Entwicklung der räumlichen Planung hat gezeigt, dass am Anfang zunächst Fachplanungen standen, die mit zunehmender Einwirkung auf den Gesamtraum systematisch verbunden und rechtlich überformt worden sind.[320] Gesamtplanungen, wie die Raumordnungsplanung, sind somit das Produkt eines entwickelten räumlichen Planungssystems. Idealiter erfolgt die Koordination sektoraler Planungen durch abwägende Berücksichtigung im Vorgang der Gesamtplanung – mustergültig verwirklicht in der Konzeption der Landschaftsplanung, die als Fachplanung des Naturschutzes in die örtliche und überörtliche Raumordnungsplanung zu integrieren ist. Dieser Idealtypus des Umgangs mit Fachplanungen prägt zwischenzeitlich immer weniger das Planungsgeschehen und hat gegenüber sektoralen Planungen, projektorientierten Planungen und gesetzgeberischen Konzeptentscheidungen faktisch und auch normativ an Bedeutung verloren. Die Gründe dafür liegen allerdings nicht nur in der Komplexitätsreduktion, die fachbezogene bzw. projektbezogene Planungen (strategische Planungen) gegenüber Gesamtplanungen auszeichnet, und an normativen Vorentscheidungen des Planungsgesetzgebers (§ 5 ROG), sondern neben institutionellen Schwächen der überörtlichen räumlichen Gesamtplanung[321] in Durchgriffen des (europäischen) Gesetzesrechts.[322] Exemplarisch für die Stärkung der sektoralen Planungen durch europäische Rechtsetzung sei hier nur auf die wasserwirtschaftliche Planung[323] und die Naturschutzplanung (Errichtung des kohärenten europäischen Netzes „Natura 2000")[324] verwiesen, „deren Integration immer weniger durch die Regionalplanung noch gesteuert werden kann".[325] Für die europäisierte wasserwirtschaftliche Fachplanung hat der deutsche Gesetzgeber immerhin noch die Koppelung an die Ziele der Raumordnung festgelegt (§ 82 Abs. 1 S. 2 WHG); die europäische Fachplanung des kohärenten ökologischen Netzes „Natura 2000" muss demgegenüber nicht einmal mehr Ziele der Raumordnung beachten, soweit nicht die besonderen Ausnahmegründe der Art. 6 Abs. 4 bzw. 16 FFH-RL vorliegen.

---

[319] Siehe oben Rn. → 62.
[320] Vgl. dazu auch *Wahl*, Europäisches Planungsrecht (Fn. 35), S. 621.
[321] Dazu ausführlich *Dietrich Fürst/Ernst-Hasso Ritter*, Landesentwicklungsplanung und Regionalplanung. Ein verwaltungswissenschaftlicher Grundriß, 2. Aufl. 1993; s.a. schon *Fritz W. Scharpf/Fritz Schnabel*, Steuerungsprobleme der Raumplanung, WZB discussion papers, 1977, sowie *Dietrich Fürst*, Wandel der Regionalplanung im Wandel des Staates?, in: Dietrich Fürst/Bernhard Müller (Hrsg.), Wandel der Planung (Fn. 281), S. 9.
[322] Siehe oben → Rn. 7.
[323] Vgl. *Martin Oldiges*, Zur Entwicklung des Gewässerqualitätsrechts – Wasserwirtschaftliche Planung als Instrument zur Erzielung von Gewässerqualität, in: ders. (Hrsg.), Umweltqualität durch Planung (Fn. 33), S. 115 (121 ff.).
[324] Siehe etwa *Wahl*, Europäisches Planungsrecht (Fn. 35), S. 632 ff.
[325] *Fürst*, Wandel der Regionalplanung (Fn. 321), S. 19. Die institutionellen Probleme der neuen Wasserwirtschaftsplanung auf der Grundlage der Wasserrahmenrichtlinie belegen allerdings auch die Grenzen einer sektoralen Planung, die die gesamte Landnutzung in Flusseinzugsgebieten unter dem Aspekt der Erreichung von Wasserqualitätszielen zu koordinieren hat; vgl. dazu *Timothy Moss*, Induzierter Institutionenwandel ‚von oben' und die Anpassungsfähigkeit regionaler Institutionen: zur Umsetzung der EU-Wasserrahmenrichtlinie in Deutschland, in: ders. (Hrsg.), Das Flussgebiet als Handlungsraum, 2003, S. 129–175.

C. Die Steuerungsleistung von Plänen

2. Bauleitpläne

Bauleitpläne sind das wichtigste **Steuerungsinstrument zur Ordnung des lokalen Raumes.** Die Aufgabe der Bauleitplanung besteht gem. § 1 Abs. 1 BauGB darin, die bauliche und sonstige Nutzung der Grundstücke in der Gemeinde vorzubereiten und zu leiten, um eine nachhaltige städtebauliche Entwicklung zu gewährleisten (§ 1 Abs. 1 und 5 BauGB). Damit wird deutlich, dass die Steuerungsleistung der Bauleitplanung in der Ordnung des lokalen Raumes liegt: **Bauleitplanung** als solche ist **Ordnungsplanung** („Auffangplanung"[326]) und Angebotsplanung, nicht aber zugleich (vorhabenbezogene) **materiale Entwicklungsplanung.**[327] Träger der Bauleitplanung sind die Gemeinden, denen aufgrund der verfassungsrechtlich gewährleisteten kommunalen **Selbstverwaltungsgarantie** (Art. 28 Abs. 2 GG) die lokale **Planungshoheit** zukommt.[328] Zwar fokussiert die direktive Funktion der Bauleitplanung wegen § 34 BauGB auf die Stadterweiterung,[329] die aus § 1 Abs. 3 BauGB resultierende **Planungspflicht** lässt aber eine Stadtinnenentwicklung allein auf der Basis planloser Einzelgenehmigungen nicht zu, wenn qualifizierte städtebauliche Gründe von besonderem Gewicht vorliegen.[330] Insofern sind die Gemeinden nicht frei in der Nutzung des Planungsinstrumentariums, sondern haben die Bauleitpläne aufzustellen, sobald und soweit es für die städtebauliche Ordnung erforderlich ist (§ 1 Abs. 3 BauGB). In diesem Zusammenhang wird auch von einem **Planmäßigkeitsprinzip**[331] und einem „**Grundsatz der Ausschließlichkeit der Plantypen**"[332] gesprochen.

71

Das BauGB unterscheidet **zwei Stufen der Bauleitplanung:** den **Flächennutzungsplan** als vorbereitenden Bauleitplan und den **Bebauungsplan** als verbindlichen Bauleitplan (§ 1 Abs. 2 BauGB). Auf der ersten Stufe, der Ebene des Flächennutzungsplans, ist für das gesamte Gemeindegebiet die sich aus der beabsichtigten städtebaulichen Entwicklung ergebende Art der Bodennutzung nach den voraussehbaren Bedürfnissen der Gemeinde in den Grundzügen darzustellen (§ 5 Abs. 1 S. 1 BauGB). Aus dem Flächennutzungsplan sind dann konkrete Bebauungspläne für bestimmte Grundstücke des Gemeindegebiets zu entwickeln (§ 8 Abs. 2 BauGB). Diese bilden die zweite Stufe der Bauleitplanung. Die lokale Bauleitplanung hat die **Erfordernisse der überörtlichen Planung** zu verarbeiten und ist an die Ziele der Raumordnung strikt gebunden (§ 1 Abs. 4 BauGB)[333]; sie

72

---

[326] Vgl. *Brohm,* BauR, § 1 Rn. 14 ff.
[327] Vgl. *Brohm,* BauR, § 1 Rn. 19 f. – Entwicklungsplanerische Elemente finden sich allerdings im Instrumentarium des Besonderen Städtebaurechts, z. B. das Baugebot des § 176 BauGB. Eine formelle Stadtentwicklungsplanung existiert nicht. S. dazu auch *Göb,* Stadtentwicklungsplanung (Fn. 12), S. 595.
[328] Vgl. BVerfGE 56, 298 (312 f.) – Militärflughafen Memmingen; 79, 127 (150 ff.) – Rastede; vertiefend: *Eberhard Schmidt-Aßmann,* Die Garantie der kommunalen Selbstverwaltung, in: FS 50 Jahre BVerfG, Band II, 2001, S. 803–825; *Koch/Hendler,* BauR, § 12; s. a. *Köck/Hofmann,* Leistungsfähigkeit des Rechts (Fn. 172), S. 47 ff.
[329] *Wolf,* Planung auf Zeit (Fn. 51), S. 216.
[330] Vgl. BVerwGE 119, 25 (28 ff.).
[331] Vgl. *Eberhard Schmidt-Aßmann,* Grundsätze der Bauleitplanung, BauR 1978, S. 99 (100 f.); *Brohm,* BauR, § 6 Rn. 2; *Koch/Hendler,* BauR, § 13 Rn. 4; *Hoppe/Bönker/Grotefels,* BauR, § 3 Rn. 94.
[332] *Brohm,* BauR, § 6 Rn. 2.
[333] Siehe oben Rn. → 65.

§ 37 Pläne

hat sich aber auch horizontal abzustimmen (**Interkommunales Abstimmungsgebot, § 2 Abs. 2 BauGB**).[334]

73 „Der **Flächennutzungsplan** soll aus den städtebaulichen Entwicklungsvorstellungen der Gemeinde die Konsequenzen für die Bodennutzung ziehen; er hat insofern eine **Programmausführungsfunktion**".[335] Städtebauliche Entwicklungsvorstellungen werden meist in informellen Plänen, in Stadtentwicklungskonzepten bzw. Stadtteilentwicklungskonzepten, festgehalten,[336] die sich nicht allein in für die Bodennutzung relevanten Aspekten erschöpfen. Über die Programmausführungsfunktion hinaus kommt dem Flächennutzungsplan auch eine **Programmierungsfunktion**[337] für die verbindliche Bauleitplanung zu, weil er Entwicklungsgrundlage für die verbindliche Bauleitplanung ist. Weitere Funktionen liegen in der **Koordinierung** (Zusammenführung aller raumbedeutsamen lokalen Planungen und Abstimmung mit anderen Planungsträgern), in der **Allokation** (indem grobmaschige Standortplanungen überörtlicher Planungsträger weiter präzisiert werden)[338] und in der **Information** (Flächennutzungsplan als Auskunft über Bodennutzung im Gemeindegebiet).[339] Als vorbereitender Bauleitplan kommt dem Flächennutzungsplan **grundsätzlich keine Bindungswirkung nach außen** zu. Rechtswissenschaft und Rechtspraxis ordnen ihn als „**hoheitliche Maßnahme eigener Art**" ein.[340] Lediglich für Flächennutzungspläne, die die Voraussetzungen des § 35 Abs. 3 S. 3 BauGB erfüllen und damit Außenwirkung haben, ist ein Quasi-Normcharakter anerkannt.[341] Insofern lässt sich für die zuletzt genannten Pläne von einer strikt restringierenden Funktion sprechen.

74 Die **Steuerungsleistung** des Flächennutzungsplans liegt zu allererst in der die lokale Flächennutzung ordnenden Funktion. Diese Leistung wird durch den Plan allerdings nur defizitär erbracht.[342] Dafür hat der Gesetzgeber teilweise selbst gesorgt. So werden öffentliche Planungsträger durch den Flächennutzungsplan nur insoweit gebunden, als sie dem Plan nicht widersprochen haben (§ 7 BauGB), und auch die Steuerungswirkung für den verbindlichen Bauleitplan ist schon deshalb begrenzt, weil das BauGB die Möglichkeit eröffnet, gleichzeitig mit der Aufstellung eines Bebauungsplans auch den Flächennutzungsplan zu ändern (**Parallelverfahren – § 8 Abs. 3 BauGB**). Von dieser Möglichkeit wird in den Gemeinden

---

[334] Siehe vertiefend, insbesondere zu den defizitären Maßstäben der Abstimmung, *Hoppe/Bönker/Grotefels*, BauR, § 3 Rn. 141 ff.; *Brohm*, BauR, § 9 Rn. 10 ff.

[335] *Koch/Hendler*, BauR, § 14 Rn. 2.

[336] Siehe auch unten Rn. → 82, 85.

[337] Vgl. *Brohm*, BauR, § 6 Rn. 4; *Koch/Hendler*, BauR, § 14 Rn. 2.

[338] Dazu näher *Ondolf Rojahn*, Umweltschutz in der raumordnerischen Standortplanung von Infrastrukturvorhaben, NVwZ 2011, S. 654 ff.

[339] *Guckelberger*, Steuerungswirkung (Fn. 209), S. 974.

[340] Siehe oben → Rn. 36.

[341] *Guckelberger*, Steuerungswirkung (Fn. 209), S. 980 f. So nun auch *BVerwG*, Urt. v. 26. 4. 2007, NVwZ 2007, S. 1081, das dem Flächennutzungsplan im Anwendungsbereich von § 35 Abs. 3 S. 3 BauGB eine dem Bebauungsplan vergleichbare Funktion bescheinigt und die Normenkontrollklage in entsprechender Anwendung des § 47 Abs. 1 Nr. 1 VwGO zulässt.

[342] Vgl. dazu *Rolf-Peter Löhr*, Rechtstatsächliches und Rechtspolitisches zum Flächennutzungsplan, in: FS Otto Schlichter, 1995, S. 229 (231): „Der Flächennutzungsplan ist ein gutes Beispiel für die Diskrepanz zwischen Norm und Fakten. Nach dem Baugesetzbuch kommt ihm eine zentrale Bedeutung für die Steuerung der städtebaulichen Entwicklung zu, in der Praxis hat er in den letzten zehn bis fünfzehn Jahren zunehmend an Bedeutung verloren".

häufig Gebrauch gemacht,³⁴³ so dass vielfach inkrementalistische Bebauungspläne die Flächennutzungsplanung steuern und nicht die Flächennutzungsplanung die Bebauungsplanung.

Der Planungsgesetzgeber hat die Flächennutzungsplanung mit der Einführung des Parallelverfahrens oder auch mit der Regelung des § 35 Abs. 6 BauGB nicht nur geschwächt, sondern er hat auch gegenläufige Anreize gesetzt und **Initiativen zur Wiederherstellung der Ordnungsfunktion** ergriffen. Zu den Anreizen zählt die **Genehmigungspflicht für Flächennutzungspläne** (§ 6 Abs. 1 BauGB), die die Gemeinde auch dann trifft, wenn sie ihren Flächennutzungsplan ändert. Da Bebauungspläne grundsätzlich nicht (mehr) der Genehmigung unterliegen (§ 10 Abs. 2 BauGB), kann die Gemeinde das u. U. riskante Genehmigungsverfahren nur dann vermeiden, wenn sie ihre Bebauungspläne aus dem bestehenden (und bereits genehmigten) Flächennutzungsplan entwickelt. Die wohl wesentlichste **Aufwertung** hat der Flächennutzungsplan durch den § 35 Abs. 3 S. 3 BauGB erfahren. Diese Norm ermöglicht es der Flächennutzungsplanung, mit (mittelbarer) Wirkung für Dritte die Nutzung des Außenbereichs zu steuern, weil öffentliche Belange einem privilegierten Vorhaben – jedenfalls in der Regel – auch dann entgegenstehen, soweit hierfür durch Darstellungen im Flächennutzungsplan eine Ausweisung an anderer Stelle erfolgt ist. Hiervon ist insbesondere mit Blick auf die Ausweisung von „Konzentrationszonen" für die Errichtung von Windenergieanlagen vielfach Gebrauch gemacht worden.³⁴⁴ Im Ergebnis ist daher festzuhalten, dass die Ordnungsfunktion des Flächennutzungsplans in ihrem Kernbereich eingeschränkt ist und dass sie in einem Randbereich, nämlich bezogen auf die Steuerung der Raumnutzung im Außenbereich, demgegenüber eine deutliche Stärkung erfahren hat.

Der **Bebauungsplan** als zweite Stufe der Bauleitplanung enthält die rechtsverbindlichen Festsetzungen für die städtebauliche Ordnung. Er bezieht sich jeweils auf eine bestimmte Fläche des Gemeindegebietes und legt parzellenscharf die Nutzung fest. Der Bebauungsplan bildet die Grundlage für weitere zum Vollzug des Städtebaurechts erforderliche Maßnahmen (§ 8 Abs. 1 S. 2 BauGB). Damit ist die **Ordnungsfunktion** des Bebauungsplans, sein lediglich rahmensetzender, anbietender Charakter, vom Gesetzgeber deutlich zum Ausdruck gebracht worden. Als Rechtsnorm³⁴⁵ binden die Festsetzungen des Bebauungsplans zwar nicht nur öffentliche Entscheidungsträger, sondern auch Dritte.³⁴⁶ Die Bindung erstreckt sich aber nicht auf die Vollziehung der Festsetzungen. Diese obliegt der Initiative des Grundstückseigentümers.³⁴⁷ Die Gemeinde verfügt zwar nicht nur über ein Instrumentarium der **Plansicherung,**³⁴⁸ sondern auch über ein **Instrumentarium,** das der **Vollziehung der Festsetzungen** des Bebau-

---

³⁴³ Vgl. *Arno Bunzel/Ursula Meyer,* Die Flächennutzungsplanung – Bestandsaufnahme und Perspektiven für die kommunale Praxis, 1996; *Löhr,* Rechtstatsächliches (Fn. 342), S. 234: „Vielfach geht mit jeder zweiten Aufstellung eines Bebauungsplans eine Änderung des Flächennutzungsplans im Parallelverfahren einher." S. dazu auch *Stefan Greiving,* Strategische Überlegungen für eine zeitlich und inhaltlich flexibilisierte Flächennutzungsplanung, UPR 1998, S. 294.
³⁴⁴ Siehe zu den Anforderungen im Einzelnen *BVerwG,* NVwZ 2003, S. 733.
³⁴⁵ Die Gemeinde beschließt den Bebauungsplan als Satzung, § 10 Abs. 1 BauGB.
³⁴⁶ Siehe oben → Rn. 48.
³⁴⁷ Siehe oben → Rn. 71.
³⁴⁸ Siehe oben → Rn. 54.

§ 37 *Pläne*

ungsplans dient, wie z. B. die Möglichkeit der **Enteignung,** um ein Grundstück entsprechend den Festsetzungen des Bebauungsplans zu nutzen oder dessen Nutzung vorzubereiten (§ 85 Abs. 1 Nr. 1 BauGB), oder die Möglichkeit, **städtebauliche Gebote** anzuwenden (z. B. das Baugebot des § 176 BauGB). Die Anwendung dieser Instrumente ist aber an enge Voraussetzungen geknüpft und mit Entschädigungspflichten (§ 93 Abs. 1 BauGB) bzw. anderen Kostentragungspflichten (§ 176 Abs. 4 BauGB) verbunden. Sie werden deshalb sehr zurückhaltend eingesetzt. Soll eine Bebauungsplanung „nicht als Fehlplanung enden, muss sie die Interessen der Eigentümer und anderer potenzieller Nutzer antizipieren"[349], d. h., bezogen auf die bauliche Nutzung, bedarfsorientiert angelegt sein.

77 Die Gemeinden arbeiten mittlerweile aber nicht nur mit bedarfsantizipierenden Prognoseinstrumenten, sondern in hohem Maße mit Instrumenten wie dem **städtebaulichen Vertrag** (§ 11 BauGB) und dem **vorhabenbezogenen Bebauungsplan** (§ 12 BauGB),[350] um Ordnungsleistung und **materiale Verwirklichung** zu koppeln. Dies gilt insbesondere für die Gewerbeentwicklung und für die ein Planbedürfnis auslösenden Nutzungen im innerstädtischen Bereich. Die hohe praktische Bedeutung, die diesen Instrumenten zukommt, zeigt zugleich, dass der Anspruch der Bauleitplanung, private Nutzungen „im Interesse des Gemeinwohls"[351] durch öffentliche Planung zu steuern, modifiziert worden und partiell einer „Flankierung privater Nutzungsabsichten durch öffentliche Planung"[352] gewichen ist. Darin liegt nicht nur ein ökonomischer Einsatz knapper Planungsressourcen, sondern immer auch ein Bedeutungsgewinn des inkrementellen Moments gegenüber dem planerischen Moment.

78 Die **Festsetzungen,** die dem Plangeber im Bebauungsplan eröffnet werden (§ 9 BauGB), gehen weit über eine **Bauplanung** im engeren Sinne hinaus und ermöglichen eine umfassende **Bodennutzungsplanung.**[353] In besonderer Weise ausdifferenziert geregelt sind die Festsetzungsmöglichkeiten im Bereich baulicher Nutzung. Hier stellt der Gesetzgeber über die **Baunutzungsverordnung** (BauNVO) einen Katalog von **Baugebietstypen** zur Verfügung und legt typenspezifisch die zulässigen Nutzungen fest. Die umfassenden Festsetzungsmöglichkeiten **steigern** die **Steuerungsbefugnisse** des Plangebers, erzeugen aber zugleich auch einen Bedarf nach **Flexibilisierung,** dem das Planungsgesetz durch **Ausnahme- und Befreiungsmöglichkeiten** Rechnung getragen hat (§ 31 BauGB). Die Baugenehmigungspraxis zeigt, dass hiervon häufig Gebrauch gemacht wird.[354]

79 Flächennutzung im städtischen Raum unterliegt einem permanenten Wandel. Planungsgesetzgebung und Planung reagieren darauf mit einer expliziten **Verzeitlichung der Planung,** die es der planenden Gemeinde ermöglichen soll, im Bebauungsplan zeitlich begrenzte Nutzungsmöglichkeiten festzulegen (§ 9 Abs. 2 BauGB). Ob daraus nennenswerte Steuerungseffekte erwachsen werden, die über die bisher in städtebaulichen Verträgen oder vorhabenbezogenen Bebauungsplänen durchsetzbaren Vereinbarungen hinausgehen, bleibt abzuwarten.

---

[349] *Wolf,* Planung auf Zeit (Fn. 51), S. 213.
[350] Vgl. dazu auch *Spannowsky,* Der Planer (Fn. 93), S. 1019.
[351] *Ernst Forsthoff,* Der Staat der Industriegesellschaft, 1971, S. 115.
[352] *Wolf,* Planung auf Zeit (Fn. 51), S. 211.
[353] *Brohm,* BauR, § 6 Rn. 23.
[354] *Eckart Scharmer/Hellmut Wollmann/Michael Argast,* Rechtstatsachenuntersuchung zur Baugenehmigungspraxis, 1985.

C. Die Steuerungsleistung von Plänen

Im **Ergebnis** ist festzuhalten, dass die Steuerungsleistung der Bauleitplanung primär auf Ordnungsfunktionen fokussiert ist. Zwar enthält das Planungsgesetz insbesondere in seinem Abschnitt über das Besondere Städtebaurecht auch Instrumente materialer Verwirklichung, die Nutzung dieser Instrumente ist aber wesentlich von Fördervoraussetzungen abhängig, über die der Träger der Bauleitplanung nicht allein entscheidet. Materiale Verwirklichungsplanung vollzieht sich demgegenüber im Rahmen städtebaulicher Verträge bzw. vorhabenbezogener Bebauungspläne, also auf der Grundlage von Vereinbarungen. Auch im Bereich der Ordnungsplanung ist die Steuerungsleistung begrenzt; dies gilt insbesondere für die Flächennutzungsplanung,[355] aber mit Blick auf die steigende Bedeutung städtebaulicher Verträge und vorhabenbezogener Bebauungspläne auch für die Bebauungsplanung.[356] 80

III. Programmpläne als Lenkungspläne

Programmpläne sind „**politische Pläne**".[357] Hierzu gehören im weiteren Sinne auch **Konzepte und Strategien.** Programmpläne haben primär **lenkende Funktionen;** sie steuern die Planadressaten also nicht durch bindende Festlegungen, sondern auf indirekte Weise, insbesondere durch die **Koppelung von Entwicklungskonzepten und Förderpolitiken,**[358] durch die ausdrückliche oder implizite **Ankündigung regelnder Entscheidungen** oder durch die indikativen Gehalte des Plans.[359] Programmpläne sind Pläne der Leitungsebene auf unterschiedlichen Planungsebenen, sei es auf Regierungsebene, auf kommunaler Ebene oder auf der supranationalen bzw. internationalen Ebene. Häufig handelt es sich um **informelle Pläne,** also um Pläne, deren Erarbeitung rechtlich nicht vorgeschrieben und deren Erarbeitungsverfahren nicht festgelegt ist. 81

Auf der Ebene der **Regierungsplanung** gehören zu den Programmplänen **Strategien,** wie etwa die „**Nachhaltigkeitsstrategie der Bundesregierung**",[360] die deutsche Anpassungsstrategie an den Klimawandel[361] oder die „**Nationale Strategie zur biologischen Vielfalt**",[362] zu deren Ausarbeitung die Bundesrepublik Deutschland aufgrund des Übereinkommens über die biologische Vielfalt verpflichtet ist (Art. 6 lit. a Convention on Biological Diversity – CBD). Ebenso gehören dazu die **Umweltpolitikpläne,**[363] wie der Umweltplan des Landes Baden- 82

---

[355] Siehe oben → Rn. 74.

[356] Siehe oben → Rn. 77.

[357] Gemeint sind damit Pläne der Leitungsebene. Ein politisches Element wohnt jedem Plan inne. Das ist die Konsequenz der Einräumung von Entscheidungsspielräumen.

[358] Siehe dazu mit Blick auf europäische Raumentwicklungsleitlinien und deren Verwirklichung durch Förderprogramme *Siegbert Gatawis,* Steuerung der nationalen Raumordnung durch das EUREK und durch Fördermittel der EG, UPR 2002, S. 263 (266 ff.); *Martínez,* Grenzüberschreitende Raumplanung (Fn. 290), S. 340.

[359] Siehe oben → Rn. 46 f.

[360] *BReg,* Perspektiven für Deutschland. Unsere Strategie für eine nachhaltige Entwicklung, 2002.

[361] *BReg,* Deutsche Anpassungsstrategie an den Klimawandel, 2008. Dazu näher *Moritz Reese/Stefan Möckel/Jana Bovet/Wolfgang Köck,* Rechtlicher Handlungsbedarf für die Anpassung an die Folgen des Klimawandels, UBA-Berichte 1/10, 2010.

[362] Siehe *BMU,* Nationale Strategie zur biologischen Vielfalt, Entwurf, Mai 2007. Dazu: *Köck,* Handlungsrahmen und Instrumente (Fn. 240), S. 533.

[363] Dazu näher *Köck,* Umweltzielplanung (Fn. 33), S. 528 ff.

Württemberg, oder umweltpolitische Schwerpunkt-[364] und spezifische Aktionsprogramme, etwa im Bereich des Klimaschutzes oder des gesundheitsbezogenen Umweltschutzes. Pläne dieser Art finden sich auch auf der **kommunalen Ebene.** Hinzuweisen ist auf **Stadtentwicklungskonzepte,** auf kommunale **Nachhaltigkeitskonzepte** im Rahmen der sog. „Kommunalen Agenda 21"[365] oder auf kommunale Umweltpläne. Auf der Ebene der **europäischen Planung** zählen die **thematischen Strategien** auf unterschiedlichen Politiksektoren und die **Aktionsprogramme,** wie etwa die Umweltprogramme, zu diesem Typus der Planungen.

83 In der nationalen Rechtsdiskussion sind Programmpläne als politische Pläne intensiv unter dem Aspekt der Abgrenzung der Befugnisse von Legislative und Exekutive erörtert worden. Auf die Ergebnisse dieser Debatte kann hier nur verwiesen werden.[366] Im Kontext unserer Erörterung geht es nicht um die Einordnung politischer Pläne am Maßstab der **Funktionenordnung** der Staatsgewalten[367], sondern einzig um die Bestimmung der **Steuerungsleistung** solcher Pläne. In diesem Zusammenhang ist zunächst einmal festzuhalten, dass die angesprochenen Strategien, Aktionsprogramme und Konzepte nur **den Plangeber selbst binden** und **Vertrauen** nach außen erst durch eine **ausgeübte Verwaltungspraxis** erzeugen können. Wegen rudimentärer Anforderungen an den Konzepterarbeitungsvorgang sind solche Konzepte unter vereinfachten Voraussetzungen veränderbar oder verwerfbar **(Konzeptwechsel),** ohne dass daraus ohne weiteres Gewährleistungsansprüche erwachsen.[368]

84 Mit rechtlichen Zuschreibungen sind Programmpläne (Strategien, Aktionsprogramme und Konzepte) lediglich unzureichend erfassbar. Zu Recht schreibt *Eberhard Schmidt-Aßmann* am Beispiel städtebaulicher Entwicklungskonzepte: „Informelle Pläne werden von der Gemeinde genutzt, um sich selbst zunächst ein Konzept zu machen, dann aber auch mit diesem Konzept und seinem Rationalitätsanspruch eine über den eigenen Wirkungskreis hinausreichende Beachtung zu finden. Hier wird Planung in einem ganz elementaren Sinne als Handlungsform eingesetzt: Die systematisch-methodenbezogene Art seines Zustandekommens und die Konnexität der in ihm vorgesehenen Maßnahmen geben jedem Plan ein eigenständiges Gewicht, das im politischen Prozess nicht einfach an die Seite geschoben werden kann."[369] Und an anderer Stelle heißt es: „Vor allem für Querschnittsaufgaben sichern sie einen ganzheitlichen Ansatz und erhöhen dadurch die Rationalität gerade solcher Folgeentscheidungen, die gesetzlich nur schwach vorgezeichnet sind."[370] Die Funktion solcher Konzepte und Programme liegt aber nicht nur in der Rationalisierung und der Abwehr von Willkür. Ebenso wichtig sind die indikativen Momente solcher Konzepte, weil sie über ihren Informationsgehalt Orientierung geben und insoweit auch eine persuasorische und edukato-

---

[364] Siehe etwa *BMU*, Nachhaltige Entwicklung in Deutschland. Entwurf eines umweltpolitischen Schwerpunktprogramms, 1998.
[365] Vgl. *Frank Nolte,* Lokale Agenda 21 zwischen Wunsch und Wirklichkeit, 2006.
[366] Grundlegend *Ossenbühl,* Gutachten (Fn. 90); *Ernst-Wolfgang Böckenförde,* Planung zwischen Regierung und Parlament, Der Staat, Bd. 11 (1972), S. 429 ff.; *Würtenberger,* Politische Planung (Fn. 73); s.a. *Köck,* Umweltzielplanung (Fn. 33), NuR 1997, S. 528 ff.
[367] Vgl. → Bd. I *Poscher* § 8.
[368] Siehe auch unten → Rn. 117 ff.
[369] *Schmidt-Aßmann,* Planung (Fn. 58), S. 22.
[370] *Schmidt-Aßmann,* Ordnungsidee, Kap. 6 Rn. 98.

rische Funktion haben.³⁷¹ Hingewiesen sei nur auf lokale Nachhaltigkeitskonzepte, die, wenn sie in einem konzertierten Prozess von Verwaltung und Bürgerschaft zustande kommen, trotz ihres informellen Charakters Wirkungen über ihren Urheber hinaus entfalten, indem sie über die Bewertung der Bestände und die sich daraus ableitenden Handlungsoptionen und Maßnahmen informieren.

In der Gesetzgebung wird mittlerweile verstärkt auf Programme und Konzepte Bezug genommen bzw. die Existenz von Programmen und Konzepten zur Voraussetzung anderer Entscheidungen gemacht.³⁷² So schreibt § 1 Abs. 6 Nr. 11 BauGB den Kommunen vor, dass sie die Ergebnisse eines von der Gemeinde beschlossenen städtebaulichen Entwicklungskonzepts bei der Aufstellung der Bauleitpläne zu berücksichtigen haben. § 5 BauGB nimmt für die Aufstellung von Flächennutzungsplänen auf die „beabsichtigte städtebauliche Entwicklung" Bezug und verweist damit indirekt auf städtebauliche Konzepte. Die förmliche Festlegung von **Sanierungsgebieten** gem. § 142 BauGB beruht i.d.R. auf ausgearbeiteten **Sanierungskonzepten.** Für die Festlegung von **Stadtumbaugebieten** ist ein **städtebauliches Entwicklungskonzept** sogar explizite Voraussetzung (§ 171b Abs. 2 BauGB). Teilweise ist für die Konzepterarbeitung gar ausdrücklich die Geltung des Abwägungsgebots festgeschrieben worden.³⁷³ 85

Im **Ergebnis** ist festzuhalten, dass die **Steuerungsleistung von Programmplänen** sowohl in der **Vorbereitung eigener Regelungen** (Gesetze, regelnde Pläne) **und Lenkungskonzepte** (Förderungen resp. finanzielle Belastungen planwidriger Aktivitäten) als auch in der **Beeinflussung der Entscheidungen Dritter** liegt. Diese Dritten können öffentliche **Planungsträger** sein: So sind städtebauliche Entwicklungskonzepte ein Belang, der über das interkommunale Abstimmungsgebot (§ 2 Abs. 2 BauGB) auch von Nachbargemeinden für die eigene Planung zu berücksichtigen ist. Die Nachhaltigkeitsstrategie der Bundesregierung mit ihren Zielsetzungen zur Reduzierung des Flächenverbrauchs³⁷⁴ bindet zwar weder öffentliche noch private Planungsträger, muss aber bei raumbedeutsamen Entscheidungen schon deshalb mitbedacht werden, um regelnde Eingriffe des Bundes vermeiden zu können. 86

IV. Fachpläne am Beispiel der Krankenhausplanung

Das Planungsrecht kennt verschiedene Arten von **Fachplänen,**³⁷⁵ deren jeweilige Steuerungsleistung hier schon aus Raumgründen nicht dargestellt werden kann. Da die bisherige Analyse der Steuerungsleistung von Plänen sich auf den Typus der **Ordnungspläne** und der **Lenkungspläne** beschränkt hat, soll an dieser Stelle ein Plan, der (jedenfalls auch) dem Typus des **materialen Verwirklichungsplans** zugerechnet werden kann,³⁷⁶ ausgewählt werden. Die Wahl fällt dabei nicht auf die vielfach erörterte vorhabenbezogene **Planfeststellung,** son- 87

---

³⁷¹ Vgl. *Köck,* Umweltzielplanung (Fn. 33), S. 532; s.a. *Eberhard Schmidt-Aßmann,* Struktur und Gestaltungselemente eines Umweltplanungsrecht, DÖV 1990, S. 169 (175).
³⁷² Vgl. dazu auch *Spannowsky,* Der Planer (Fn. 93), S. 1023.
³⁷³ Vgl. etwa § 171b Abs. 2 S. 2 BauGB (Stadtentwicklungskonzepte); § 136 Abs. 4 S. 3 BauGB (Sanierungskonzepte).
³⁷⁴ Siehe oben → Rn. 58.
³⁷⁵ Siehe oben → Rn. 40.
³⁷⁶ Siehe oben → Rn. 43.

§ 37 Pläne

dern auf die weit weniger im Blickpunkt stehende **Krankenhausplanung,** die allerdings ebenfalls mit einem feststellenden Element gekoppelt ist.

88 Die Krankenhausplanung hat eine **Doppelfunktion** zu erfüllen. Sie bereitet einerseits die **staatliche Förderung von Krankenhäusern** vor (§ 8 Abs. 1 KHG) und steuert andererseits auch die **Zulassung zur Behandlung von Versicherten der gesetzlichen Krankenkassen und Ersatzkassen** nach §§ 108 Ziff. 2, 109 Abs. 1 S. 2 SGB V. Die staatliche Förderung von Krankenhäusern beruht auf dem Krankenhausfinanzierungsgesetz (KHG) und den Krankenhausgesetzen der Länder.[377] Diese Gesetze bezwecken die wirtschaftliche Sicherung der Krankenhäuser durch Förderung der Investitionskosten,[378] um eine bedarfsgerechte Versorgung der Bevölkerung mit leistungsfähigen, eigenverantwortlich handelnden Krankenhäusern zu gewährleisten und zu sozial tragbaren Pflegesätzen beizutragen (§ 1 KHG). Verwirklichungsinstrument zur wirtschaftlichen Sicherung der für den Bedarf erforderlichen Krankenhäuser sind die **Krankenhauspläne,** die von den Ländern aufzustellen sind (§ 6 Abs. 1 KHG). Krankenhäuser, die in den Krankenhausplan eines Landes aufgenommen sind, haben einen Anspruch auf Förderung ihrer Investitionskosten (§ 8 Abs. 1 KHG). Zudem sind sog. „Plankrankenhäuser", also Krankenhäuser, die in den Krankenhausplan aufgenommen sind, zugelassene Krankenhäuser der Krankenkassen und Ersatzkassen. Aus alledem ergibt sich, dass der Krankenhausplanung nicht nur eine **steuernde Wirkung für die Finanzierung der für den Bedarf erforderlichen Krankenhäuser** zukommt, sondern dass sie auch eine elementare **wirtschaftliche Bedeutung für die Krankenhäuser** hat und das Entscheidungsverhalten der Krankenhausträger lenkt (Krankenhausplanung als Lenkungsplanung).[379] Krankenhäuser, die nicht in den Bedarfsplan aufgenommen sind, sind in ihren beruflichen Betätigungsmöglichkeiten deutlich eingeschränkt. Das Bundesverfassungsgericht hat in diesem Zusammenhang von wirtschaftlichen Auswirkungen gesprochen, die einer Berufszulassungsbeschränkung nahekommen.[380] Das KHG als Planungsgesetz enthält zwar **Direktiven für die Planerstellung** (§ 1 Abs. 1 KHG), erst die Rechtsprechung hat aus diesen Direktiven aber scharfe Anforderungen für die Planerarbeitung entwickelt, die den **planerischen Gestaltungsspielraum** deutlich einschränken.[381]

89 Die **Krankenhausplanung** vollzieht sich in einem **zweistufigen Prozess.**[382] Auf der **ersten Stufe** ist die eigentliche Planung angelegt. Auf der **zweiten Stufe** wird durch **Verwaltungsakt** die Aufnahme oder Nichtaufnahme eines Krankenhauses **rechtsverbindlich festgestellt** (§ 8 Abs. 1 S. 4 KHG). Auf der **ersten Stufe** – der Stufe der eigentlichen Planung – vollzieht sich der Entscheidungsvorgang in **vier Schritten:** (1) **Zielfestlegung** anhand der gesetzlichen Planungsdirektiven – (2) **Bedarfsanalyse** als Beschreibung des zu versorgenden Bedarfs der

---

[377] Siehe etwa das Sächsische Krankenhausgesetz (SächsKHG) v. 19. 8. 1993, SächsGVBl S. 675.

[378] Sog. „dualistisches Modell": Investitionskosten werden durch den Staat getragen, laufende Betriebs- und Behandlungskosten demgegenüber über Pflegesätze finanziert (§ 4 KHG); siehe dazu auch *Martin Burgi/Petra Maier,* Kompetenzfragen der Krankenhausplanung: Vom Bundesstaat zum Kassenstaat?, DÖV 2000, S. 579 ff.

[379] Dazu näher *BVerwGE* 62, 86 (95).

[380] Vgl. *BVerfGE* 82, 209 (224, 229); *BVerfG,* NVwZ 2004, S. 718 (719).

[381] Grundlegend *BVerwGE* 62, 86 und *BVerwGE* 72, 38.

[382] Vgl. *BVerwGE* 62, 86 (94).

C. Die Steuerungsleistung von Plänen

Bevölkerung – (3) **Krankenhausanalyse** zur Bestimmung derjenigen Krankenhäuser, mit denen der Versorgungsbedarf befriedigt werden soll – (4) **Festlegung** der „Plankrankenhäuser".[383] Die **Planentscheidung** bereitet die späteren **Feststellungsbescheide** auf der **zweiten Stufe** vor. Planerische Elemente enthalten der erste Schritt (Zielplanung)[384] und der dritte Schritt (Versorgungsplanung).[385] Unmittelbar außenwirksame Regelungen enthält der Krankenhausplan zwar nicht,[386] er ist aber die allein maßgebende Grundlage für die rechtsverbindliche Feststellung der Aufnahme oder Nichtaufnahme eines Krankenhauses in den Bedarfsplan. Der für den Feststellungsbescheid zuständigen Behörde steht insoweit kein eigenständiger Entscheidungsspielraum zu.[387]

Die angesprochenen planerischen Elemente sind durch die Rechtsprechung mittlerweile deutlich eingeschränkt worden. Bezüglich der Zielfestlegung hat das Bundesverwaltungsgericht aus den Zwecksetzungen des KHG ein geschlossenes Rechtsprogramm entwickelt,[388] das lediglich noch hinsichtlich des Raumzuschnittes,[389] für den der Plan zu erstellen ist, Spielräume lässt. Darüber hinausgehende Spielräume für eigene Prioritätensetzungen des Planers sind nicht erkennbar, weil die der bedarfsgerechten Versorgung dienenden leistungsfähigen und kostengünstigen Krankenhäuser zwingend in den Krankenhausbedarfsplan aufgenommen werden müssen.[390] Bei der sog. „Versorgungsplanung", also der Entscheidung über die objektiv geeigneten Krankenhäuser, die in Anbetracht des tatsächlich ermittelten Bedarfs gesichert werden sollen, ist durch die Rechtsprechung ein Auswahlkriteriengerüst nach dem Grade der Geeignetheit eines jeden Krankenhauses entwickelt worden,[391] das einem Konditionalprogramm entspricht und keine Entscheidungsspielräume mehr enthält.[392] Erfüllen allerdings mehr Krankenhäuser diese Voraussetzungen, als für den Bedarf notwendig, hat die für die Feststellung der Aufnahme in den Krankenhausplan zuständige Behörde eine Auswahlentscheidung zu treffen (§ 8 Abs. 2 KHG), für die ein Beurteilungsspielraum anerkannt worden ist.[393]

Im Ergebnis ist festzuhalten, dass die Krankenhausplanung eine zentrale Steuerungsleistung für die staatliche Förderung der Krankenhäuser und für die private Investition von Krankenhausprojekten erbringt. Die wirtschaftlichen Auswirkungen dieser Planung sind – gerade auch mit Blick auf die Grundrechte der (privaten) Krankenhausträger – so weit reichend, dass die Rechtsprechung dazu übergegangen ist, das Planungsgesetz in erheblicher Weise rechtlich nach-

---

[383] Vgl. BVerwGE 72, 38 (46).
[384] BVerwGE 72, 38 (47): „[...] Maßnahme, die einen überwiegend planerischen Charakter hat".
[385] Vgl. BVerwGE 62, 86 (97).
[386] BVerwGE 62, 86 (96); 72, 38 (45).
[387] Vgl. BVerwGE 62, 86 (97); 72, 38 (49): „[...] ähnlich wie bei einer Weisung verpflichtet, entsprechende Feststellungsbescheide zu erlassen".
[388] Vgl. BVerwGE 62, 86 (99).
[389] BVerwGE 62, 86 (105).
[390] BVerwGE 62, 86 (100).
[391] BVerwGE 62, 86 (15).
[392] Vgl. Steiner, Höchstrichterliche Rechtsprechung (Fn. 194), S. 488; Martin Burgi, Moderne Krankenhausplanung zwischen staatlicher Gesundheitsverantwortung und individuellen Trägerinteressen, NVwZ 2010, S. 601 (605).
[393] Vgl. dazu auch Steiner, Höchstrichterliche Rechtsprechung (Fn. 194), S. 488; Burgi, Moderne Krankenhausplanung (Fn. 392), S. 606. S. auch BVerwG, Urt. v. 25. 9. 2008, NVwZ 2009, S. 525 (527 f.).

§ 37 Pläne

zusteuern. Planerische Elemente sind in diesem Prozess in hohem Maße auf der Strecke geblieben.

D. Die Rechtmäßigkeit der Planung: Dogmatische Sonderinstitute

92 Planung beinhaltet ein gewisses Maß an **Autonomie** sowohl mit Blick auf die **Zielsetzungen** als auch mit Blick auf die Wahl der **Mittel**.[394] Das Bundesverwaltungsgericht hat dies in seinen bekannten Satz gefasst: „Planung ohne Gestaltungsfreiheit ist ein Widerspruch in sich."[395] Zur Planung gehört mithin sachnotwendig ein eigenverantwortlicher **Spielraum der Entscheidung** für die zur Planungsentscheidung befugte Institution. Begründet worden ist ein solcher Spielraum zur Gestaltung nicht ausschließlich mit der besonderen verfassungsrechtlichen Stellung der Planungsträger; denn eine solch besondere Stellung konnten ohnehin nur spezifische Institutionen, wie die Gemeinden als Selbstverwaltungsträger (Art. 28 Abs. 2 GG) oder die Regierung als Institution der Staatsleitung, für sich reklamieren.[396] Soweit man nicht schon aus dem Wesen der Planung selbst Gestaltungsbefugnisse ableitet, bedurfte es für die Verwaltung als Planungsträger einer **normativen Ermächtigung zur Gestaltung,**[397] die aus der **Struktur der Planungsnormen** abgeleitet worden ist.[398]

93 Gesetzliche Programme, die die Verwaltung **output**-bezogen steuern, indem ihr durch Rechtsnormen zwar Ziele, nicht aber die zur Zielerreichung einzusetzenden Mittel vorgegeben werden, sind als sog. **Finalprogramme** eingeordnet und den sog. **Konditionalprogrammen** gegenübergestellt worden, die **input**-bezogen steuern und der Verwaltung „bei Vorliegen bestimmter Voraussetzungen (gesetzlicher Tatbestand) bestimmte Maßnahmen (Rechtsfolgen)" vorschreiben.[399] Mit der Entgegensetzung von Konditional- und Finalprogramm glaubte man, auch den Hebel für die Unterscheidung von **Planungsermessen** und (rechtsfolgebezogenem) **Verwaltungsermessen** in der Hand zu haben.[400] Planungsermessen ist dann ähnlich wie das Rechtsetzungsermessen insgesamt ein gestaltendes Ermessen, während das Verwaltungsermessen als Rechtsfolgeermessen Gestaltung nur mit Blick auf die Rechtsfolgenbestimmung eröffnet. Zwischenzeitliche Entwicklungen in der rechtstheoretischen Diskussion[401] und deren rechtsdogmatische Verarbeitung[402] legen aber eher nahe, in Anerkennung dieser

---

[394] Siehe oben → Rn. 9. Vgl. statt vieler *Maurer*, VerwR, § 16 Rn. 14.
[395] *BVerwGE* 34, 301 (304); 48, 56 (59).
[396] Siehe zur diesbezüglichen Diskussion zusammenfassend *Sendler*, Planerische Gestaltungsfreiheit (Fn. 106), S. 73 f.
[397] Vgl. *BVerwGE* 62, 86 (93): „[…] ihr durch spezielle gesetzliche Regelungen eine Gestaltungsbefugnis eingeräumt ist".
[398] Dazu grundlegend *Hoppe*, Struktur (Fn. 87), S. 643 ff.; weiterführend etwa *Hans-Joachim Koch*, Die normtheoretische Basis der Abwägung, in: Wilfried Erbguth u. a. (Hrsg.), Abwägung im Recht, 1996, S. 9 f. S. a. *Claudio Franzius*, Funktionen des Verwaltungsrechts im Steuerungsparadigma der Neuen Verwaltungsrechtswissenschaft, DV, Bd. 39 (2006), S. 335 (361 ff.).
[399] *Koch/Hendler*, BauR, § 17 Rn. 4; *Hoppe*, Struktur (Fn. 87), S. 643 f. S. a. → Bd. I *Franzius* § 4 Rn. 13 ff.
[400] Siehe dazu schon *Peter Badura*, Das Planungsermessen und die rechtsstaatliche Funktion des Verwaltungsrechts, in: FS 25 Jahre Bayerischer Verwaltungsgerichtshof, 1972, S. 158 (174 ff.).
[401] Siehe insoweit nur *Robert Alexy*, Ermessensfehler, JZ 1986, S. 701 ff.
[402] *Rüdiger Rubel*, Planungsermessen, 1982; *Hans-Joachim Koch*, Das Abwägungsgebot im Planungsrecht, DVBl 1983, S. 1125 ff.; *ders.*, Die normtheoretische Basis (Fn. 398), S. 9 ff.

Unterscheidung von einer ansonsten sachlichen Identität beider Ermessensvarianten auszugehen, weil sich mit Blick auf die Planung „weder **normstrukturell** noch hinsichtlich der **Begründungsanforderungen** qualitative Unterschiede zum ‚normalen' Ermessen" gezeigt haben.[403] Wenn dies so ist, dann verstellt die Betonung der Eigenständigkeit des Planungsermessens gegenüber dem Verwaltungsermessen den Blick auf Gemeinsamkeiten und verursacht unnötige Komplikationen.

Die Anerkennung eines **Planungsermessens** ist nicht gleichbedeutend mit Freiheit von rechtlicher Bindung. Angesichts der bedeutenden Auswirkungen, die insbesondere regelnde Planungen, wie beispielsweise die Bauleitplanung, auf die Positionen der Bürger haben, insbesondere auf **grundrechtlich geschützte Positionen** wie die Eigentumsgarantie des Art. 14 GG,[404] besteht Einvernehmen darüber, dass die planerische Gestaltungsfreiheit schon von Verfassungs wegen nicht ohne **rechtliche Bindungen** eingeräumt werden darf.[405]

Verfassungsrechtliche Bindungen der Planungen ergeben sich aus der **Funktionenordnung** der Staatsgewalten,[406] die uns an dieser Stelle nicht weiter interessieren soll, sowie aus dem **Rechtsstaatsprinzip** und den **Grundrechten**.[407] Aus dem Rechtsstaatsprinzip und den Grundrechten ergeben sich, vermittelt über das Verhältnismäßigkeitsprinzip und den Gleichbehandlungsgrundsatz, **Anforderungen** mit Blick auf die **Erforderlichkeit der Planung** („Ob" der Planung), dem **Vorgang der Planung und der Planungsentscheidung** („Wie" der Planung) und der **Gewährleistung** der Planungsentscheidung (rechtsstaatlicher bzw. eigentumsrechtlicher Vertrauensschutz). Diese Bindungen sind vom Gesetzgeber in zahlreichen Planungsgesetzen ausgestaltet und von Rechtswissenschaft und Rechtspraxis zu besonderen Rechtsinstituten ausgeformt worden. Hierzu gehören das Institut der **Planrechtfertigung** (siehe unten I.), das wegen der enteignungsrechtlichen Vorwirkung der Planfeststellung in besonderer Weise im Planfeststellungsrecht Bedeutung erlangt hat, das **Abwägungsgebot** als materieller Kern der Bindung des **Planungsermessens** (siehe unten II.) und das Institut der **Plangewährleistung** (siehe unten III.).

I. Planrechtfertigung

Aus den Verfassungsaufträgen zur Sozial- und Umweltstaatlichkeit ergeben sich Planungspflichten.[408] Zentrale Planungsaufgaben hat der Gesetzgeber in Planungsgesetzen rechtlich gefasst durch Regelungen, die generelle Planungsziele vorgeben und materielle Planungsvorgaben machen. Die gesetzliche Etablierung von Planungsaufgaben verweist dabei zwar auf ein abstraktes Planungserfordernis, nicht aber zwangsläufig auf die Notwendigkeit konkreter

---

[403] *Koch/Rubel/Heselhaus*, VerwR, § 5 Rn. 110.
[404] Dazu grundsätzlich schon *Weyreuther*, Rechtliche Bindung (Fn. 78), S. 295; *ders.*, Die Bedeutung des Eigentums als abwägungserheblicher Belang bei der Planfeststellung nach dem Bundesfernstraßengesetz, DÖV 1977, S. 419 (421 ff.).
[405] Siehe für die Bauleitplanung statt vieler *Koch/Hendler*, BauR, § 17 Rn. 1.
[406] Siehe oben → Rn. 83.
[407] Siehe vertiefend *Ossenbühl*, Gutachten (Fn. 90), S. B 143 ff.; *Hoppe*, Planung, HStR IV, § 77 Rn. 93 ff.
[408] Siehe oben → Rn. 2, 4.

Pläne. So leuchtet es unmittelbar ein, dass Siedlungen, Gewerbegebiete oder Infrastruktureinrichtungen, wie etwa Flughäfen, Straßen oder Abfalldeponien, wegen ihrer besonderen Raumbedeutsamkeit der Planung bedürfen. Ob allerdings **Bedarf** für eine konkrete Straße, einen konkreten Flughafen oder ein weiteres Gewerbegebiet in einer Gemeinde besteht, ist damit noch nicht beantwortet. Stets hat das Bundesverwaltungsgericht daher betont, „dass eine hoheitliche Planung ihre Rechtfertigung nicht etwa schon in sich selbst trägt, sondern im Hinblick auf die von ihr ausgehenden Einwirkungen auf Rechte Dritter für die jeweils konkrete Planungsmaßnahme rechtfertigungsbedürftig ist".[409] Ob das **Rechtfertigungserfordernis** nur im Hinblick auf **Rechte Dritter** (Grundrechte) besteht, ist zweifelhaft. Eine überflüssige Planung, die die stets knappen öffentlichen Planungsressourcen bindet, kann schon mit Blick auf das **Wirtschaftlichkeitsgebot**[410] als besondere Ausprägung des Verhältnismäßigkeitsprinzips nicht gerechtfertigt werden. Gleiches muss jedenfalls auf der Ebene öffentlicher Planungen mit Blick auf das **Staatsziel Umweltschutz** (Art. 20a GG) gelten, weil nur erforderliche öffentliche Vorhaben Eingriffe in die Integrität der Umwelt rechtfertigen können.[411]

97 Maßstab der Rechtfertigung ist das **Erforderlichkeitsgebot.** Teilweise hat dieses Gebot auch einen einfachgesetzlichen Niederschlag gefunden, so etwa in § 1 Abs. 3 BauGB, der bestimmt, dass die Gemeinden die Bauleitpläne aufzustellen haben, „sobald und soweit es für die städtebauliche Entwicklung und Ordnung erforderlich ist". Zwar liegt die Funktion dieser Regelung primär in der Gewährleistung des Planmäßigkeitsprinzips gegenüber planloser Einzelgenehmigung,[412] sie wird aber allgemein auch als Verbot nicht erforderlicher Pläne verstanden.[413] Von besonderer Bedeutung ist die Planrechtfertigung stets im **Planfeststellungsrecht** gewesen. Hier ist von der Rechtsprechung die Formel geprägt worden, dass ein Vorhaben zur Erreichung der spezifischen Zielsetzungen des jeweiligen Fachplanungsgesetzes „objektiv erforderlich" sein muss.[414] Gemeint ist damit allerdings nicht eine Unausweichlichkeit der Planung, vielmehr reicht es aus, dass sie „**vernünftigerweise geboten**" ist.[415]

98 Das Institut der Planrechtfertigung als Verbot nicht erforderlicher Pläne wird in jüngerer Zeit zunehmend mit der Begründung in Frage gestellt, dass sich aus dem Gebot der Planrechtfertigung materiell keine über das **Abwägungsgebot** hinausgehenden Anforderungen an die Planung ergäben.[416] In der Tat muss schon die Entscheidungsherstellung am Maßstab des Abwägungsgebotes dazu führen, dass eine Planung, für die kein Bedarf besteht, an den Belangen, die auf

---

[409] *BVerwGE* 48, 56 (60) (zur straßenrechtlichen Planfeststellung); s. a. schon *BVerwGE* 34, 301 (305); 45, 309 (312) – Flachglas; beide zur Bauleitplanung.
[410] Siehe dazu a. → Bd. II *Pitschas* § 42 Rn. 122 ff.
[411] Siehe dazu schon *Gerd Winter*, Bedürfnisprüfung im Fachplanungsrecht, NuR 1985, S. 41 (43 f.).
[412] Siehe oben → Rn. 71.
[413] Dazu grundlegend *Felix Weyreuther*, Über die Erforderlichkeit von Bebauungsplänen, DVBl 1981, S. 369 (371).
[414] *BVerwGE* 48, 56 (60).
[415] Vgl. *BVerwGE* 56, 110 (118 f.); 71, 167 (168); 84, 123 (130). Dazu näher auch *Rainer Wahl/Johannes Dreier*, Entwicklung des Fachplanungsrechts, NVwZ 1999, S. 606 (613 f.).
[416] Siehe für die Fachplanung etwa *Matthias Schmidt-Preuß*, Fachplanung und subjektiv-rechtliche Konfliktschlichtung, in: FS Werner Hoppe, 2000, S. 1071 (1082) m. w. N. s. a. *Ulrich Ramsauer/Karin Bieback*, Planfeststellung von privatnützigen Vorhaben, NVwZ 2002, S. 277 (280).

Erhaltung und Verschonung gerichtet sind, scheitert. Ein eigenständiger Wert kann der Planrechtfertigung gegenüber der Abwägung deshalb nur dann zuerkannt werden, wenn dieser Aspekt der Planung der vollen gerichtlichen Kontrolle unterliegt bzw. ein besonderes Ermittlungs- und Bewertungsprogramm beinhaltet. An der Vollkontrolle wird man, trotz gegenteiliger Beteuerungen der Gerichte,[417] zweifeln müssen; denn die Erforderlichkeit der Bauleitplanung wird maßgeblich aufgrund kommunaler Vorstellungen über die städtebauliche Entwicklung beurteilt[418] und hinterfragt diese i.d.R. nicht. Durchaus ähnliche Tendenzen zeigen sich im Planfeststellungsrecht. Hier gilt für Bundesfernstraßen die Bedarfsbestimmung durch den Gesetzgeber grundsätzlich auch für die Planrechtfertigung.[419] Unabhängig davon hat das Bundesverwaltungsgericht mittlerweile auch erkennen lassen, dass es an einer Planrechtfertigung „nur bei groben und einigermaßen offensichtlichen Missgriffen" fehlen soll,[420] was eher auf eine Evidenzkontrolle schließen lässt.[421] Der besondere Wert der Planrechtfertigung gegenüber einer allumfassenden Abwägung dürfte deshalb in einem vorgelagerten Ermittlungs- und Bewertungsverfahren liegen, dessen Ergebnis eine förmliche oder auch nichtförmliche Bedarfsfeststellung ist. Gerade bei der Planung in Kaskaden, wie etwa der nationalen (und transnationalen) Verkehrswegeplanung oder der nationalen (und transnationalen) Energienetzplanung, zeigt sich der besondere Wert einer vorgelagerten Bedarfsprüfung mit sorgfältigen Ermittlungsschritten und fachgerechten Prognosen. Da der Bedarf nicht nur eine Frage sorgfältiger Ermittlungen und Prognosen, sondern auch der Präferenzen ist, kommt der Beteiligung der Öffentlichkeit auch in dieser Phase schon eine wichtige Bedeutung zu. Jüngere Planungsgesetze, wie das Netzausbaubeschleunigungsgesetz (NABEG), wissen um diese Bedeutung und reagieren damit auf Verfahrensdiskussionen im Anschluss an „Stuttgart 21".[422]

II. Planungsermessen, Abwägungsgebot und Abwägungsfehlerlehre

Das Planungsrecht kennt zwei unterschiedliche rechtliche Bindungen der planerischen Gestaltungsfreiheit:[423]
- die **äußeren Grenzen des Planungsermessens** durch zwingende gesetzliche Vorgaben (vereinzelt auch als sog. **Planungsleitsätze** bezeichnet[424]), die nicht durch Abwägung überwunden werden können, und
- die **inneren Grenzen des Planungsermessens,** die durch die gesetzlichen Abwägungsdirektiven (siehe für die Bauleitplanung § 1 Abs. 5 BauGB) und das

---

[417] Siehe etwa *BVerwGE* 72, 282. Weitere Nachweise bei *Ramsauer/Bieback*, Planfeststellung (Fn. 416), S. 280.
[418] Siehe oben → Rn. 25.
[419] Siehe unten → Rn. 23 und 32. Vgl. *BVerwGE* 98, 339 (345f.); 100, 388 (390). S. dazu auch *Stüer/Esch Probstfeld*, Die Planfeststellung (Fn. 192), Rn. 145, 279.
[420] Vgl. *BVerwG*, NVwZ 2002, S. 350 – Bitburg.
[421] Kritisch dazu *Ramsauer/Bieback*, Planfeststellung (Fn. 416), S. 280f.
[422] Vgl. dazu auch *Groß*, Stuttgart 21 (Fn. 161), S. 510ff. S. auch oben → Rn. 26.
[423] Siehe zum Folgenden näher *Brohm*, BauR, §§ 12 und 13.
[424] So vom BVerwG in einer Entscheidung zum Planfeststellungsrecht: *BVerwGE* 71, 163 (165). Zu Recht ist in der Literatur darauf aufmerksam gemacht worden, dass es schlicht um zwingendes Recht geht und der Begriff des Planungsleitsatzes nur Verwirrung stiftet; vgl. *Koch/Hendler*, BauR, § 18 Rn. 73.

Gebot gerechter Abwägung (das für den Bereich der Bauleitplanung durch § 1 Abs. 6 und 7 BauGB auch *expressis verbis* gesetzlich verankert worden ist) gezogen worden sind. Im Bereich der inneren Grenzen des Planungsermessens ist der Entscheidungsspielraum grundsätzlich „gekennzeichnet durch die fehlende gesetzliche Rangbestimmung der Interessen, die den Planungsträger zur eigenen Interessenordnung mit der Möglichkeit der Kompensation im Rahmen eines Konzepts ermächtigt. (…) Der Kern des Interessenordnens ist die planerische Abwägung"[425]. Diese wird durch das Abwägungsgebot gesteuert.

1. Äußere Grenzen des Planungsermessens

100 Zwingende rechtliche Vorgaben für die Planung können unmittelbar im Planungsgesetz geregelt sein (z.B. für die Bauleitplanung das Gebot zur Anpassung an die Ziele der Raumordnung in § 1 Abs. 4 BauGB oder das Gebot zur Anwendung der FFH-Gebietsschutzregeln in § 1a Abs. 4 BauGB[426]), aber auch in anderen gesetzlichen bzw. untergesetzlichen Normen. So setzt beispielsweise eine Naturschutzverordnung der Bauleitplanung eine äußere Schranke, soweit diese Verordnung der Planverwirklichung dauerhaft entgegensteht, eine naturschutzrechtliche Befreiungslage also nicht gegeben ist.[427] Zwingende gesetzliche Vorgaben können sich auf die **Entschließungsfreiheit zur Aufstellung von Plänen** beziehen (z.B. das Erfordernis der Bauleitplanung in § 1 Abs. 3 BauGB[428]) oder auf die **inhaltliche Gestaltungsfreiheit.** Beispielhaft kann hier wiederum auf die Pflicht zur Anpassung der Bauleitpläne an die Ziele der Raumordnung (§ 1 Abs. 4 BauGB) verwiesen werden oder auf fachgesetzliche Vorgaben für die Planfeststellung, wie etwa die Vorgaben des § 41 BImSchG für die Errichtung bzw. wesentliche Änderung öffentlicher Straßen.[429]

101 **Keine zwingenden rechtlichen Vorgaben** sind solche, die der Planungsträger noch **durch Abwägung überwinden** kann. Ein Beispiel dafür ist § 50 BImSchG, der von den Entscheidungsträgern raumbedeutsamer Planungen und Maßnahmen verlangt, die für eine bestimmte Nutzung vorgesehenen Flächen einander so zuzuordnen, dass schädliche Umwelteinwirkungen so weit wie möglich vermieden werden. Schon durch Darstellungen im Plan – und nicht erst durch nachlaufende Genehmigungsentscheidungen – soll für eine räumliche Trennung konfligierender Nutzungen gesorgt werden. In Literatur und Rechtsprechung sind rechtliche Vorgaben dieser Art als **Optimierungsgebote**[430] bezeichnet worden, um damit auszudrücken, dass der Gesetzgeber mit einer solchen Regelung den in ihnen enthaltenen Zielvorgaben **ein besonderes Gewicht** zumessen will und damit die an sich bestehende normative Ranggleichheit der Belange[431] verändert hat.[432]

---

[425] Vgl. *Schmidt-Aßmann*, Planung (Fn. 58), S. 11.
[426] Dazu näher *Wolfgang Köck*, FFH-Schutzgebiete und Artenschutz in der Abwägung, in: Willy Spannowsky/Andreas Hofmeister (Hrsg.), Die Abwägung – das Herzstück der städtebaulichen Planung, 2010, S. 107 (115 ff.).
[427] Siehe dazu nur *BVerwG*, NVwZ 2004, S. 1242, 1243; siehe zusammenfassend *Jan Ziekow*, Die städtebauliche Erforderlichkeit von Bebauungsplänen, in: VerwArch, Bd. 97 (2006), S. 115 (133).
[428] Siehe dazu oben → Rn. 97.
[429] Vgl. *BVerwGE* 101, 1 ff.; anders noch *BVerwGE* 61, 295 (298).
[430] Vgl. *Brohm*, BauR § 13 Rn. 6 ff.; *Koch/Hendler*, BauR, § 17 Rn. 31 ff.
[431] Siehe oben → Rn. 99.
[432] *BVerwGE* 71, 163 (165).

D. Die Rechtmäßigkeit der Planung: Dogmatische Sonderinstitute

Optimierungsgebote sind eine umstrittene Rechtsfigur, gegen die nicht nur terminologische,[433] sondern auch verfassungsrechtliche Einwände geltend gemacht worden.[434] So kritisiert *Richard Bartlsperger*: **102**

> „Eine verfassungsrechtliche Problematik besteht einmal darin, ob regelhafte ‚planungsrechtliche Optimierungsgebote' nicht bereits deshalb verfassungsrechtlichen Bedenken begegnen, weil das planungsrechtliche Abwägungsgebot allein schon als objektivrechtliche Funktions- und Handlungsnorm der Planungsverwaltung Anforderungen rechtsstaatlicher Verhältnismäßigkeit im und für den konkreten Fall unterliegt. Vor allem hat die Verfassungsfrage auch eine individualrechtliche Seite. Insofern richtet sie sich darauf, ob regelhafte „planungsrechtliche Optimierungsgebote" im Hinblick auf planungsrelevante beziehungsweise planungsbetroffene Grundrechte, insbesondere das Eigentumsgrundrecht, mit der grundrechtlichen Schrankenregel vereinbar sind, wonach administrative Grundrechtseingriffe unbeschadet der vorausgesetzten generellen gesetzlichen Zweckbestimmung stets eine Verhältnismäßigkeitsprüfung unter den individuellen konkreten Voraussetzungen des Falles erfordern. Unter beiden Gesichtspunkten erscheinen verfassungsrechtliche Bedenken gegen regelhafte ‚planungsrechtliche Optimierungsgebote' begründet."[435]

Richtig ist, dass das Gebot gerechter Abwägung einen am Grundsatz der Verhältnismäßigkeit orientierten Interessenausgleich im konkreten Einzelfall gewährleisten soll.[436] Dem Gesetzgeber ist es aber nicht verwehrt, bestimmten Belangen normativ eine besondere Gewichtung beizumessen, weil er die Gemeinwohlentscheidung nicht in Gänze der planenden Verwaltung überlassen muss.[437] So kann beispielsweise der Verfassungsauftrag für den Umweltschutz den Gesetzgeber dazu legitimieren, bestimmten Umweltbelangen ein besonderes Gewicht einzuräumen oder gar entsprechende zwingende gesetzliche Vorgaben für die Planungsentscheidung zu verankern. Insofern obliegt es dem Gesetzgeber, den Abwägungsraum durch gesetzliche Regelungen einzuschränken. Die Problematik liegt daher weniger in der verfassungsrechtlichen Zulässigkeit, Optimierungsgebote normieren zu dürfen, als in der praktischen Schwierigkeit, Optimierungsgebote als solche erkennen zu können.[438] Demgemäß sind die Gerichte mittlerweile sehr vorsichtig in der Anerkennung von Optimierungsgeboten geworden[439] und scheinen sich von der Figur wieder verabschieden zu wollen.[440] Die praktische Relevanz von Optimierungsgeboten wird ohnehin überschätzt; denn auch **Optimierungsgebote** sind in der Abwägung überwindbar und setzen keine zwingenden Vorgaben für den Planer. Sie werden deshalb in Abgrenzung zu den absoluten Vorrangbestimmungen („Planungsleitsätze") auch als **„relative Vorrangbestimmung"** bezeichnet.[441] **103**

---

[433] In terminologischer Hinsicht ist darauf aufmerksam gemacht worden, dass der Begriff des „Optimierungsgebotes" in der allgemeinen rechtstheoretischen Diskussion anders besetzt ist und die spezifische Verwendung im Planungsrecht daher Verwirrung stiftet; siehe dazu näher *Koch/Hendler*, BauR, § 17 Rn. 33 ff.

[434] Vgl. die grundlegende Kritik von *Richard Bartlsperger*, Planungsrechtliche Optimierungsgebote, DVBl 1996, S. 1 ff.

[435] *Bartlsperger*, Optimierungsgebote (Fn. 434), S. 11 f.

[436] Siehe dazu auch *BVerfGE* 79, 174 (198); *BVerfG*, BauR 2003, S. 1338.

[437] Vgl. nur *Brohm*, BauR, § 13 Rn. 6.

[438] Vgl. dazu am Beispiel der sog. „Bodenschutzklausel" (§ 1a Abs. 2 BauGB) im Recht der Bauleitplanung *Köck/Hofmann*, Leistungsfähigkeit des Rechts (Fn. 172), S. 31 f. S. auch *Di Fabio*, Planungsnormen (Fn. 148), S. 88 ff.

[439] Exemplarisch dafür steht die Entscheidung des *BVerwG* v. 31. 1. 1997, BVerwGE 104, 68 (74): Bauplanungsrechtliche Eingriffsregelung kein Optimierungsgebot; kritisch dazu *Koch/Hendler*, BauR, § 17 Rn. 43.

[440] Siehe dazu auch *Brohm*, BauR, § 13 Rn. 8 ff.

[441] *Brohm*, BauR, § 13 Rn. 7.

2. Innere Grenzen des Planungsermessens: Abwägungsgebot und Abwägungsfehlerlehre

a) Allgemeines

104 Bezüglich der Bindungen, die sich aus den inneren Grenzen des Planungsermessens ergeben, ist an zentraler Stelle das **Gebot gerechter Abwägung (Abwägungsgebot)** zu nennen, welches ursprünglich als Kontrollmaßstab im Bauplanungsrecht entwickelt worden war, längst aber zu einer **allgemeinen normativen Anforderung an die Herstellung von Planungsentscheidungen** erwachsen ist und damit den Planungsvorgang steuert, auch wenn es als **Handlungsnorm** über die mit gerichtlichen Sanktionen bewehrten Anforderungen hinausgeht.[442] Als Element des **Rechtsstaatsprinzips**[443] steht es nicht zur Disposition des Gesetzgebers[444] und gilt nach der unumstrittenen Rechtsprechung von Bundesverwaltungsgericht und Bundesverfassungsgericht selbst dann, wenn es nicht – wie im BauGB (§ 1 Abs. 7 BauGB) und im ROG (§ 7 Abs. 2 ROG) – ausdrücklich gesetzlich angeordnet worden ist. Demgemäß ist es von den kontrollierenden Gerichten beispielsweise auch für staatsrechtliche Planungen, wie z. B. den Gebietsreformen,[445] oder für Fachplanungen neuen Typs, wie die Krankenhausplanung[446] oder die Luftreinhalteplanung,[447] angewendet worden.

105 Das Abwägungsgebot als Kernelement **planerischer (gestaltender) Abwägung** ist zu unterscheiden von der sog. **nachvollziehenden Abwägung.** Die letztere ist dadurch charakterisiert, dass „eine Kompensation zwischen unterschiedlichen öffentlichen Interessen grundsätzlich nicht zulässig [ist]. Vorteile, die ein Vorhaben für einen öffentlichen Belang erbringt, sind grundsätzlich nicht geeignet, Nachteile bei anderen entgegenstehenden öffentlichen Interessen auszugleichen oder aufzuwiegen. Bei der gestaltenden Abwägung beim Planen werden dagegen die einzelnen öffentlichen und privaten Belange in eine Gesamtbetrachtung eingebracht und eingefügt, also in einer umfassenden Bewertung ‚eingeschmolzen'. Dies hat seine Ursache darin, dass es bei der Planung um die Gestaltung von Interessengeflechten geht, bei der ‚dem einen Interesse nicht zugestanden werden kann, ohne in einer Art Kettenreaktion zugleich die zahlreichen anderen Interessen zu berühren'".[448] Dieses gestalterische Moment fehlt bei der nachvollziehenden Abwägung, die auf „das Auffinden einer vorgegebenen Abwägung"[449] gerichtet ist und der vollinhaltlichen gerichtlichen Kontrolle unterliegt. Ein Beispiel für eine solche nachvollziehende Abwägung ist die Abwägung im Rahmen der naturschutzrechtlichen Ausgleichsregelung (§ 15 Abs. 5 BNatSchG).

---

[442] Siehe auch oben → Rn. 29.

[443] Siehe zur Ableitung des Abwägungsgebotes aus dem Rechtsstaatsprinzip nur *BVerwGE* 41, 67 ff.; 64, 33 (35) – Sylt. S. a. *Hoppe,* Planung, in: HStR IV, § 77 Rn. 25; jüngst: *Erbguth,* Abwägung (Fn. 61), S. 281 ff.

[444] *Koch/Hendler,* BauR, § 17 Rn. 1.

[445] Vgl. dazu nur *Werner Hoppe,* Entwicklung von Grundstrukturen des Planungsrechts durch das *BVerwG,* DVBl 2003, S. 697 (705) mit Hinweisen auf die Rspr.

[446] Vgl. *BVerwGE* 72, 38 (47).

[447] Vgl. *BayVGH,* ZUR 2006, S. 421.

[448] *Wahl,* Genehmigung (Fn. 100), S. 55 unter Hinweis auf *BVerwG,* Urt. v. 30. 4. 1969, Buchholz 407.4 § 17 FStrG Nr. 12, S. 610.

[449] Vgl. *Weyreuther,* Rechtliche Bindung (Fn. 78), S. 297.

b) Das Abwägungsgebot als Handlungs- und Kontrollnorm

106 Die Anforderungen, die das Abwägungsgebot an planerische Entscheidungen stellt, sind von der Rechtsprechung als **Maßstab** der gerichtlichen **Kontrolle** zunächst negativ formuliert worden. In seiner Leitentscheidung aus dem Jahre 1969 stellt das Bundesverwaltungsgericht fest, dass das Abwägungsgebot verletzt ist,

„wenn eine sachgerechte Abwägung überhaupt nicht stattgefunden hat […], wenn in der Abwägung an Belangen nicht eingestellt wurde, was nach Lage der Dinge in sie eingestellt werden muß, […] wenn die Bedeutung der betroffenen privaten Belange verkannt oder wenn der Ausgleich zwischen den von der Planung berührten öffentlichen Belangen in einer Weise vorgenommen wird, der zur objektiven Gewichtigkeit einzelner Belange außer Verhältnis steht."[450]

In seiner berühmten Flachglas-Entscheidung aus dem Jahre 1974 stellte das Bundesverwaltungsgericht zudem klar, dass sich die Kontrollanforderungen nicht nur auf das **Abwägungsergebnis** beziehen, also auf die Kontrolle der Begründbarkeit der Planungsentscheidung,[451] sondern auch auf den **Abwägungsvorgang**,[452] also auf die Kontrolle der Begründung durch den Plangeber.[453] Die Unterscheidung von Abwägungsvorgang und Abwägungsergebnis ist bedeutsam für das sich in der Folgezeit entwickelnde **Planerhaltungsrecht**.[454]

107 Aus dem Abwägungsgebot als **Kontrollnorm** sind in der Literatur positive Gebote für die **Herstellung der Planungsentscheidung** abgeleitet und zu einer **Handlungsnorm**[455] entwickelt worden. Gemäß dieser **Handlungsanweisung**[456]
– muss überhaupt eine Abwägung durchgeführt werden,
– müssen alle nach Lage der Dinge erheblichen Belange ermittelt und in die Abwägung eingestellt werden,
– müssen die abwägungsrelevanten einzelnen Belange zutreffend gewichtet und
– zwischen den widerstreitenden Belangen ein vertretbarer Ausgleich hergestellt werden.

Entsprechend werden die Phasen der Ermittlung, der Einstellung der Belange, der Gewichtung und der abschließenden Planungsentscheidung unterschieden.[457]

108 Gegen diese Aufbereitung des Abwägungsgebotes als Handlungsanweisung für die Entscheidungsherstellung ist eingewendet worden, dass sie die Anforderungen, die an die Herstellung von Planungsentscheidungen zu richten sind, nur unvollkommen zum Ausdruck bringe, weil die hergebrachte Struktur nicht ohne weiteres erkennen lasse, welche Rolle den gesetzlich verankerten Zielen der Planung im Rahmen der Entscheidungsherstellung zukomme und auch die Anforderungen an die Ermittlung und Prüfung von Entscheidungsalternativen

---

[450] BVerwGE 34, 301 (309).
[451] Vgl. *Koch*, Abwägungsgebot (Fn. 402), S. 1126.
[452] Vgl. BVerwGE 45, 309 (312 f.) – Flachglas.
[453] *Koch*, Abwägungsgebot (Fn. 402), S. 1127.
[454] Siehe unten → Rn. 112 ff.
[455] Siehe zur Unterscheidung von Kontrollnorm und Handlungsnorm *Brohm*, BauR, § 13 Rn. 14; s. a. *Ekkehard Hofmann*, Raten oder Rechnen: Planungsverfahren als methodische Herausforderung, in: Jan Ziekow (Hrsg.), Aktuelle Fragen des Luftverkehrs-, Fachplanungs- und Naturschutzrechts, 2006, S. 153 (154 f.); *ders.*, Abwägung (Fn. 146), S. 176 ff. S. a. → Bd. I *Hoffmann-Riem* § 10 Rn. 13.
[456] Vgl. *Koch/Hendler*, BauR, § 17 Rn. 14; *Koch/Rubel/Heselhaus*, VerwR, § 5 Rn. 117; ähnlich *Hoppe/Bönker/Grotefels*, BauR, § 7 Rn. 36 ff.
[457] *Hoppe/Bönker/Grotefels*, BauR, § 7 Rn. 36 ff.

§ 37 Pläne

nicht deutlich werde.[458] *Ekkehard Hofmann* hat in Reaktion darauf folgende Strukturierung des Abwägungsgebots als **Handlungsanweisung** vorgeschlagen:
„(1) Problemidentifikation anhand der gesetzlichen Ziele,
(2) Zusammenstellung der Handlungsalternativen,
(3) Durchführung einer Bestandserhebung und Ermittlung der voraussichtlichen Auswirkungen des Projekts sowie
(4) Gewichtung/Bewertung und abschließende Entscheidung."[459]

109 In der Tat mag diese Strukturierung der normativen Anforderungen an die Entscheidungsherstellung **für den Planer** besser zum Ausdruck bringen, was er zu tun hat. In der Sache selbst aber enthält diese Rekonstruktion des Abwägungsgebotes nichts Neues; denn dass die Orientierung an den gesetzlichen Planungszielen und die Zusammenstellung von Handlungsalternativen auch bisher schon zu den Anforderungen gehörte, die an den Planungsvorgang zu richten sind, ist unbestritten. Deshalb wird im Folgenden am vertrauten Prüfschema[460] festgehalten.

110 Die Strukturierung der Elemente des Abwägungsgebotes zeigt, dass die Kontrolle dieser Anforderungen begrenzt sein muss. Ob eine Abwägung überhaupt durchgeführt worden ist oder der Plangeber davon ausgegangen ist, dass er in seiner Entscheidung strikt gebunden ist, ist noch vollinhaltlich nachprüfbar. Gleiches gilt für die Sammlung des Abwägungsmaterials, also die zu ermittelnden Belange, Bedürfnisse und Entscheidungsoptionen.[461] Demgegenüber markieren die Gewichtung des Abwägungsmaterials und der Ausgleich zwischen den von der Planung berührten Belangen den Kern der planerischen Gestaltungsfreiheit. Wie die Belange gewichtet werden, ist deshalb zuallererst Aufgabe des Planers. Demgemäß ist das Abwägungsgebot nicht verletzt, wenn sich die zur Planung befugte Institution „in der Kollision zwischen verschiedenen Belangen für die Bevorzugung des einen und damit notwendigerweise für die Zurückweisung eines anderen entscheidet".[462] Eine äußerste Grenze wird durch die Rechtsprechung nur insoweit gezogen, als die Belange nicht in geradezu unvertretbarer Weise fehlgewichtet werden dürfen.[463] Da das vierte Element der Planungskontrolle, der Ausgleich zwischen den Belangen, untrennbar mit der Gewichtung zusammenhängt,[464] muss auch diesbezüglich die Kontrolle notwendigerweise begrenzt sein. Das Abwägungsgebot ist erst dann verletzt, „wo einer der beteiligen Belange in geradezu unvertretbarer Weise zu kurz kommt".[465] *Winfried Brohm* hat all dies in dem Satz zusammengefasst: „Rechtlich beanstandungsfähig ist also nicht eine mangelnde ‚Verhältnismäßigkeit' oder besser eine unausgeglichene Entwicklung, sondern lediglich ein Ausgleich, der außer Verhältnis steht, also überhaupt nicht mehr vertretbar erscheint."[466] Daraus erhellt, dass das Abwägungsgebot als **Handlungsanleitung** zwar auf **Optimierung** der

---

[458] Vgl. *Hofmann*, Abwägung (Fn. 146), S. 177 f.
[459] *Hofmann*, Abwägung (Fn. 146), S. 179.
[460] Siehe oben → Rn. 107.
[461] Vgl. statt vieler *Brohm*, BauR, § 13 Rn. 22.
[462] *BVerwGE* 34, 301 (309); 48, 56 (64).
[463] Siehe *BVerwGE* 34, 301 (309); 45, 309 (314 ff.); 48, 56 (64); 56, 110 (123); 75, 214 (253 f.).
[464] Siehe dazu auch *BVerwGE* 48, 56 (64); *Koch/Hendler*, BauR, § 17 Rn. 15.
[465] *BVerwGE* 45, 309 (326).
[466] *Brohm*, BauR, § 13 Rn. 23.

Entscheidung gerichtet ist, als **Kontrollmaßstab** aber mit der **Abwehr des schlechthin Unvertretbaren** zufrieden sein muss.[467] Selbst dieses schlechthin Unvertretbare muss aber erkannt und von dem noch gerade Vertretbaren abgegrenzt werden. Damit gerät die **Methodik der Abwägung** in den Blick.

c) Verbesserung der Abwägungskontrolle durch formal-numerische Methodik?

Ekkehard Hofmann hat in seiner Habilitationsschrift „Abwägung im Recht" zutreffend herausgearbeitet, dass die in der Praxis weit verbreitete natürlich-sprachliche Art, Abwägungsvorgänge durchzuführen und zu erläutern, bei der erforderlichen Artikulierung von Prognosen und Gewichtungen vor großen Schwierigkeiten steht. Die Beschreibung von Prognoseurteilen mit Ausdrücken wie „wahrscheinlich" oder „ist zu erwarten" und Bewertungen durch Bezeichnungen wie „erheblich", „beachtlich" oder „gering" unterliege schon hinsichtlich ihrer kalkulatorischen Belastbarkeit einigen Zweifeln. Was ergäbe die Gesamtbetrachtung von einem „wahrscheinlich eintretenden erheblichen Effekt" und einem „sehr wahrscheinlich zu erwartenden geringen Effekt", wird von *Hofmann* gefragt.[468] Er schlägt deshalb vor, für bestimmte Planungsentscheidungen zu erwägen, die **natürlich-sprachliche Darstellung** der Entscheidungsgründe durch eine **formal-numerische** Methodik zu ersetzen, weil die Verwendung einer solchen Methodik jedenfalls dazu führen würde, die Gewichtungen des Planers **transparent** zu machen und dadurch bessere Voraussetzungen für ihre Kontrolle zu schaffen.[469] Bessere Planungsentscheidungen sind durch die Einführung formaler Methoden unmittelbar wohl nicht zu erwarten, weil ja der Planer selbst über die Wertsetzung entscheidet. Immerhin erlaubt aber der Einsatz einer solchen Methodik, die Konsistenz der Wertungen zu prüfen. Ob allerdings planungsbefugte Institutionen, wie beispielsweise die Gemeinden als Träger der Bauleitplanung, überhaupt in der Lage sind, mit solchen Methoden zu arbeiten oder ob letztlich nur ein Arbeitsbeschaffungsprogramm für Ökonomen produziert wird, scheint derzeit offen. Immerhin aber könnte auch jetzt schon der Wert und die Praktikabilität einer solchen Methodik in Planspielen erprobt werden, um auf der Basis solcher Erfahrungen über die partielle Einführung solcher Verfahren entscheiden zu können.[470]

d) Planungsfehler und Planerhaltung

Unter dem Stichwort **Planerhaltung** werden Anstrengungen zusammengefasst, die darauf gerichtet sind, **fehlerhafte** – und damit rechtswidrige – **Pläne** nach Möglichkeit in ihrem Bestand zu erhalten, z.B. indem bestimmte Fehler für unbeachtlich erklärt werden (siehe z.B. § 214 Abs. 1 und 2 BauGB) oder die Möglichkeit geschaffen wird, Fehler nachbessernd in einem ergänzenden Verfahren zu beheben (§ 214 Abs. 4 BauGB). Das Interesse an der Planerhaltung ist

111

112

---

[467] Kritisch dazu *Erbguth*, Abwägung (Fn. 61), S. 284, der von der spiegelbildlichen Kongruenz von Abwägungsgebot (Handlungsnorm) und Abwägungsfehlerlehre (Kontrollnorm) spricht.
[468] *Hofmann*, Abwägung (Fn. 116), S. 273 ff.; *ders.*, Raten oder Rechnen (Fn. 455), S. 159 f.
[469] *Hofmann*, Abwägung (Fn. 146), S. 287 ff.; *ders.*, Raten oder Rechnen (Fn. 455), S. 185 ff.
[470] So auch der Vorschlag von *Köck/Hofmann*, Leistungsfähigkeit des Rechts (Fn. 172), S. 34.

zum einen **verfahrensökonomisch** motiviert, um an sich „richtige" Pläne, also Pläne, die in der Sache gut begründet sind und auch vom Ergebnis her betrachtet ohne weiteres begründbar wären, nicht wegen marginaler bzw. eingrenzbarer Fehler in aufwendigen Planungsverfahren noch einmal erarbeiten zu müssen.[471] Das Interesse an der Planerhaltung resultiert aber auch aus den besonderen **Funktionsbedingungen** von Plänen, die eben nicht wie tradierte Rechtsnormen gelten, sondern auch durch zwischenzeitliche Veränderungen der tatsächlichen Situation als „funktionslos" nichtig sein können.[472] Beide Motive sind anzuerkennen, können aber den Planerhalt nur in engen Grenzen rechtfertigen.

113 Der ursprüngliche Anlass für das Nachdenken über Planerhaltung hatte mit den Besonderheiten von fehlerhaften Plänen zu tun, die als **Rechtsnormen** verabschiedet werden und damit dem sog. **„Nichtigkeitsdogma"** unterlagen,[473] d.h. – anders als rechtswidrige Verwaltungsakte – einer Bestandskraft nicht fähig waren. Als besonders problematisch wurde dies im Recht der Bauleitplanung empfunden, wo der Gesetzgeber schon in den 1970er Jahren Planerhaltungsregeln eingeführt hat (§§ 155a und b BBauG), um die Fehleranfälligkeit von Bebauungsplänen zu senken. Heute finden sich gesetzlich gefasste Planerhaltungsregeln in vielfach ähnlichen Wortlauten in den wichtigsten Planungsgesetzen, insbesondere im Recht der Bauleitplanung (§§ 214ff. BauGB), im Raumordnungsrecht (§ 10 ROG und Landesplanungsgesetze) und im Planfeststellungsrecht (§ 75 Abs. 1a VwVfG und Fachplanungsgesetze). Die Schwerpunkte der einfachgesetzlichen Planerhaltungsregeln liegen im Bereich von Verfahrensfehlern, im Bereich von Fehlern im **Abwägungsvorgang** und im Bereich von eingrenzbaren **Inhaltsfehlern,** denen durch **Planergänzung** Rechnung getragen werden soll.

114 Eine **Planergänzung** zur Behebung von **Inhaltsfehlern** widerspricht an sich den Grundimperativen planerischen Entscheidens, weil die Planentscheidung Einzelmaßnahmen in Konnexität bringt. „Es entsteht ein Maßnahmengeflecht, das nur schwer auflösbar ist."[474] Das Herausbrechen einzelner Bausteine aus diesem Entscheidungsgefüge ist nach Auffassung des Bundesverwaltungsgerichts daher nur dann vorstellbar, wenn der zu behebende Mangel nicht von solcher Art und Schwere ist, dass er die Planung als Ganzes von vornherein in Frage stellt oder die Grundzüge der Planung berührt.[475] In der Literatur werden die Anforderung teilweise konkreter formuliert: Eine punktuelle Nachbesserung muss möglich sein, d.h. die Gesamtabwägung im Übrigen muss unberührt bleiben.[476]

---

[471] Vgl. *Sendler,* Neue Entwicklungen bei Rechtsschutz (Fn. 316), S. 24ff.; *Hoppe,* Erste Überlegungen (Fn. 316), S. 87ff.

[472] Siehe oben → Rn. 42.

[473] Von einem Nichtigkeitsdogma für fehlerhafte Rechtsnormen kann heute nur noch sehr eingeschränkt die Rede sein, weil zwischenzeitlich sehr differenzierte Fehlerfolgen entwickelt worden sind. S. dazu näher *Fritz Ossenbühl,* Eine Fehlerlehre für untergesetzliche Normen, NJW 1986, S. 2805 (2806ff.); s.a. *Köck,* Gesetzgebungsrechtslehre (Fn. 77), S. 13ff.; → Bd. II *Sachs* § 31 Rn. 76ff., 99. Ob für Bebauungspläne das Nichtigkeitsdogma überhaupt durchschlagend gewesen ist, ist zweifelhaft; siehe nur die akribische Untersuchung von *Günter Gaentzsch,* Rechtsfolgen von Fehlern bei der Aufstellung von Bauleitplänen, in: FS Felix Weyreuther, 1993, S. 249ff.

[474] Vgl. *Schmidt-Aßmann,* Planung unter dem Grundgesetz (Fn. 5), S. 542; *Weyreuther,* Eigentum (Fn. 404), S. 420.

[475] Vgl. *BVerwG,* DVBl 1999, S. 243.

[476] Vgl. *Werner Hoppe/Peter Henke,* Der Grundsatz der Planerhaltung im neuen Städtebaurecht, DVBl 1997, S. 1407 (1412); *Koch/Hendler,* BauR, § 18 Rn. 27.

Fehler im Abwägungsvorgang sind gemäß der gesetzlichen Planerhaltungsregeln nur noch dann erheblich, wenn sie offensichtlich und auf das **Abwägungsergebnis** von Einfluss gewesen sind (siehe z.B. § 214 Abs. 3 S. 2 BauGB; § 12 Abs. 3 S. 2 ROG; § 75 Abs. 1a S. 1 VwVfG). Das Bundesverwaltungsgericht hat in seiner Grundsatzentscheidung vom 21. August 1981 diese gesetzliche Regelung wegen der Verankerung des Abwägungsgebotes im Verfassungsrecht zwar einschränkend ausgelegt,[477] offensichtliche Mängel im Abwägungsvorgang bleiben aber weiterhin ohne Folgen, soweit nicht die **konkrete Möglichkeit** gegeben ist, dass die planerische Entscheidung bei korrektem Abwägungsvorgang anders ausgefallen wäre.[478] Mit anderen Worten: Die bloße Begründbarkeit, die Rechtmäßigkeit des Abwägungsergebnisses, genügt für den Planbestand, es sei denn, es werden nicht nur rechtliche Möglichkeiten, sondern auch tatsächliche Anhaltspunkte dafür festgestellt, dass die Abwägung bei korrektem Vorgang anders ausgefallen wäre.

115

Kritik haben die einfachgesetzlichen Planerhaltungsregeln zum einen wegen der in ihnen zum Ausdruck kommenden Geringschätzung des Planungsverfahrens hervorgerufen. Zu Recht ist darauf hingewiesen worden, dass die Verfahrensrechte gerade bei Planungsentscheidungen, deren Angemessenheit nur begrenzt gerichtlich kontrollierbar ist,[479] eine **grundrechtssichernde Funktion** erfüllen.[480] Für die Ausformulierung und Anwendung eines allgemeinen Rechtsgrundsatzes der Planerhaltung[481] wird dies stets mitzuberücksichtigen sein. Kritik haben die Planerhaltungsregeln des § 214 BauGB zum anderen auch deshalb auf sich gezogen, weil sie den Abwägungsvorgang kurzerhand dem Verfahren zuschlagen und ihn nicht als Gegenstand materieller Entscheidungsfindung ansehen.[482] Restriktionen für ein Recht der Planerhaltung ergeben sich auch aus der europarechtlichen Überformung zahlreicher Planungen, die insbesondere das Verfahrensmoment gestärkt hat. Die Kommission und der Europäische Gerichtshof als neue Akteure der Anwendungskontrolle europäischen Rechts beeinflussen zunehmend auch das Planungsrecht. Die Konsequenzen, die daraus für ein Recht der Planerhaltung erwachsen, lassen sich noch nicht abschließend beurteilen.[483]

116

III. Plangewährleistung

Pläne werden nicht erarbeitet, um zu gelten, sondern um verwirklicht zu werden. Adressaten der Pläne sind öffentliche und private Entscheidungsträger, die ihr Investitionsverhalten auf den Plan einstellen (sollen) und bei entsprechendem Verhalten daran interessiert sind, dass der Plan Bestand hat (**Stabilitätsinteresse**). Der Plan muss aber gleichzeitig anpassungsfähig bleiben, um seine

117

---

[477] Vgl. *BVerwGE* 64, 33 (35).
[478] *BVerwGE* 64, 33 (39).
[479] Siehe oben → Rn. 110.
[480] Siehe nur *Koch/Hendler*, BauR, § 18 Rn. 35 ff.
[481] Vgl. *Werner Hoppe*, Der Rechtsgrundsatz der Planerhaltung als Struktur- und Abwägungsprinzip, in: Erbguth u.a. (Hrsg.), Abwägung im Recht (Fn. 398), S. 133 ff.
[482] Dazu näher *Erbguth*, Abwägung (Fn. 61), S. 285 ff.
[483] Siehe dazu jüngst *Martin Kment*, Die raumordnungsrechtliche Planerhaltung im Lichte des europäischen Rechts, DÖV 2006, S. 462 ff.; *ders.*, Nationale Unbeachtlichkeits-, Heilungs- und Präklusionsvorschriften und Europäisches Recht, 2005.

§ 37 Pläne

Funktion erfüllen zu können, Zukunftsvorsorge bzw. Risikominderung zu gewährleisten (**Flexibilitätsinteresse**). „Ändern sich die Verhältnisse oder sind sie von vornherein falsch eingeschätzt worden, dann sind auch die Pläne entsprechend zu korrigieren, wenn sie nicht zwecklos oder gar zweckwidrig werden sollen. […] In diesem Spannungsverhältnis liegt die Frage der **Plangewährleistung.** Es geht um die Verteilung des Risikos zwischen Plangeber und externen Planadressaten (Bürger, Gemeinden) bei Aufhebung, Änderung oder Nichteinhaltung von Plänen".[484] Sie wird unter Rückgriff auf das **Vertrauensschutzprinzip** und dessen **rechtsformbezogene Ausgestaltungen** durchgeführt.

118 Nur sehr eingeschränkt ist die Risikoverteilung bisher Gegenstand **ausdrücklicher Regelungen in den einschlägigen Planungsgesetzen** gewesen, so etwa im **Recht der Bauleitplanung,** wo das Vertrauen auf die Nutzungsmöglichkeiten, die durch den Bebauungsplan eröffnet werden, in den ersten sieben Jahren nach der Eröffnung der Nutzung durch die Planentscheidung voll zu **entschädigen** ist, nach Ablauf der Siebenjahresfrist aber nur noch für Eingriffe in die ausgeübte Nutzung gehaftet wird (§ 42 Abs. 2 und 3 BauGB).[485]

119 In der Literatur sind die mit dem Begriff Plangewährleistung verbundenen Fragenkomplexe in vier Anspruchsbereiche unterschieden worden: **Planfortbestand, Planbefolgung,** Ansprüche auf **Übergangsregelungen und Anpassungshilfen** sowie **Entschädigung.**[486] Grundsätzlich gilt, dass es einen **Anspruch auf Planfortbestand** nicht geben kann, weil ein solcher Anspruch mit der Funktion der staatlichen Planung, gerade auch mit Blick auf die Verfassungsaufträge zur Sozial- und Umweltstaatlichkeit, nicht vereinbar wäre. Pläne müssen an die Situation angepasst und damit verändert werden können. Hierbei gelten grundsätzlich die Regeln, die für Rechtsformen staatlichen Entscheidens entwickelt worden sind. Pläne, die in die Rechtsform des **Verwaltungsaktes** gegossen sind, unterliegen den Änderungsregeln des Verwaltungsverfahrensgesetzes, insbesondere der Regelung über den Widerruf (§ 49 VwVfG)[487]. Pläne, die als **Gesetze** verabschiedet werden, müssen die Grenzen der echten und unechten Rückwirkung beachten.[488] Unechte Rückwirkungen sind zwar grundsätzlich zulässig, erfordern aber ggf. Übergangsregelungen zur Abfederung von Härten. Daraus können sich insbesondere für influenzierende Pläne, die als Förderungsgesetze verabschiedet werden, Konsequenzen ergeben, wenn im Vertrauen auf den Plan Dispositionen getroffen worden sind.[489] Auch ein **Anspruch auf Planbefolgung** kennt unsere Rechtsordnung grundsätzlich nicht. In dem Bereich, in dem solche Drittansprüche aktuell diskutiert werden, für die **Luftreinhalteplanung,** beruhen die Anspruchsüberlegungen allein auf der spezifischen Funktion des Luftreinhalteplans bzw. Aktionsplans als vom Gesetz selbst vorgesehenes prioritäres Instrument der Gewährleistung des Gesundheitsschutzes.[490] Bezüglich der **Entschädigungsan-**

---

[484] *Maurer,* VerwR, § 16 Rn. 26; s. a. *Brohm,* Plangewährleistungsrechte (Fn. 199), S. 617 ff.

[485] Dazu näher *Wolfgang Köck,* Planungsschadensrechtliche Aspekte der Reduzierung der Flächeninanspruchnahme, in: ders. u. a., Effektivierung (Fn. 172), S. 189 ff.

[486] Vgl. *Maurer,* VerwR, § 16 Rn. 28 ff.; *Schuppert,* Verwaltungswissenschaft, S. 212.

[487] Siehe dazu a. → Bd. II Bumke § 35 Rn. 232 ff.

[488] *Maurer,* VerwR, § 16 Rn. 30 f.; *Schuppert,* Verwaltungswissenschaft, S. 212.

[489] *Maurer,* VerwR, § 16 Rn. 30.

[490] Vgl. *BayVGH,* ZUR 2006, S. 421; siehe aus der Literatur etwa *Reinhard Sparwasser,* Luftqualitätsplanung zur Einhaltung der EU-Grenzwerte – Vollzugsdefizite und ihre Rechtsfolgen,

sprüche ist – jenseits der spezialgesetzlichen Entschädigungsregeln[491] – auf die allgemeinen **Grundsätze des Staatshaftungsrechts**[492] zu verweisen.

Leitentscheidungen

BVerfGE 95, 1 (Legalplanung).
BVerwGE 34, 301 (Bauleitplanung – Abwägungsgebot).
BVerwGE 45, 309 – Flachglas (Bauleitplanung – Abwägungsgebot).
BVerwGE 48, 56 (Straßenrechtliche Planfeststellung – Abwägungsgebot).
BVerwGE 62, 86 (Krankenhausplanung).
BVerwGE 64, 33 (Planerhaltungsregeln).
BVerwGE 71, 163 (Planungsrechtliche Optimierungsgebote).
BVerwGE 71, 166 (Alternativenprüfung im Planfeststellungsrecht).
BVerwGE 72, 38 (Krankenhausplanung).
BVerwGE 73, 282 (Planrechtfertigung).
BVerwGE 90, 329 (Anpassung der Bauleitplanung an Ziele der Raumordnung).
BVerwGE 100, 388 (Bedarfsplan Bundesfernstraßen).
BVerwGE 118, 33 (Raumplanerische Steuerung der Windenergie).
BVerwGE 118, 181 (Messe und Flughafen Stuttgart).
BVerwGE 119, 25 (Erforderlichkeit der Bauleitplanung).
BVerwGE 119, 54 (Bindungswirkung landesplanerischer Aussagen mit einer Regel-Ausnahme-Struktur).
BVerwGE 122, 207 (UVP in der Bauleitplanung).
BVerwGE 125, 116 (Planfeststellung Flughafen Berlin-Schönefeld).
BVerwGE 128, 382 (Normenkontrollklage gegen Flächennutzungsplan).
BVerwG, NVwZ 2007, 695 (Luftreinhalteplanung).
BVerwG, NVwZ 1991, 262 (Rechtsnatur des Flächennutzungsplans).
BVerwG, BauR 2011, 781 – IKEA Rastatt (Kongruenzgebot, Soll-Ziele).
Nds. OVG, ZUR 2006, 489 (atomrechtliche Planfeststellung als gebundene Entscheidung).
Hess. VGH, NuR 2002, 115 – Regionalplan Südhessen.
BayVGH, ZUR 2006, 421 (Luftreinhalteplanung).
OVG NRW, Urt. v. 3. 9. 2009, DVBl. 2009, 1385 – Datteln.

Ausgewählte Literatur

I. Sozialwissenschaftliche Planungsliteratur

Albers, Gerd/Wékel, Julian, Stadtplanung: eine illustrierte Einführung, 2. Auf., Darmstadt 2011.
Altrock, Uwe u. a. (Hrsg.), Perspektiven der Planungstheorie, Berlin 2004.
Einig, Klaus, Regulierung durch Regionalplanung, DÖV 2011, S. 185–194.
Fischer, Frank/Forester, John (Hrsg.), The Argumentative Turn in Policy Analysis and Planning, Durham u. a. 1993.
Fürst, Dietrich, Begriff der Planung und Entwicklung der Planung in Deutschland, in: ders./Frank Scholles (Hrsg.), Handbuch Theorien und Methoden der Raum- und Umweltplanung, 3. Aufl., Dortmund 2008, S. 21–47.
– Planung als politischer Prozess, in: ders./Frank Scholles (Hrsg.), Handbuch Theorien und Methoden der Raum- und Umweltplanung, 3. Aufl., Dortmund 2008, S. 48–69.
– /*Ritter, Ernst-Hasso,* Planung, in: Handwörterbuch der Raumordnung, 4. Aufl., Hannover 2005, S. 765–769.

NVwZ 2006, S. 369 (373): Anspruch auf Planvollzug bejaht. S. jüngst aber *BVerwG*, NVwZ 2007, S. 695.

[491] Siehe oben → Rn. 118.
[492] Siehe dazu → Bd. III *Höfling* § 51, *Morlok* §§ 52, 54.

§ 37 Pläne

Luhmann, Niklas, Politische Planung, in: ders., Politische Planung. Aufsätze zur Soziologie von Politik und Verwaltung, Opladen 1971 (5. Aufl. ebd. 2007), S. 66–89.
Müller, Bernhard/Löb, Stephan/Zimmermann, Karsten (Hrsg.), Steuerung und Planung im Wandel. FS Dietrich Fürst, 2004.
Ritter, Ernst-Hasso, Staatliche Steuerung bei vermindertem Rationalitätsanspruch? Zur Praxis der politischen Planung in der Bundesrepublik Deutschland, in: Jahrbuch zur Staats- und Verwaltungswissenschaft 1987, S. 321–353.
– Strategieentwicklung heute – Zum integrativen Management konzeptioneller Politik (am Beispiel der Stadtentwicklungsplanung), in: Klaus Selle (Hrsg.), Zur räumlichen Entwicklung beitragen: Konzepte, Theorien, Impulse (Planung neu denken, Bd. 1), Dortmund 2006, S. 129–145.
Scharpf, Fritz, Planung als politischer Prozess. Aufsätze zur Theorie der planenden Demokratie, Frankfurt a. M. 1973.
Selle, Klaus, (Hrsg.), Zur räumlichen Entwicklung beitragen: Konzepte, Theorien, Impulse (Planung neu denken, Bd. 1), Dortmund 2006.

II. Grundlagen des Planungsrechts

Bartlsperger, Richard, Planungsrechtliche Optimierungsgebote, DVBl 1996, S. 1–12.
Berkemann, Jörg u. a. (Hrsg.), Planung und Planungskontrolle. FS Otto Schlichter, 1995.
Berkemann, Jörg, Die Entwicklung der Rechtsprechung des Bundesverwaltungsgerichts zum Planungsrecht, in: Erbguth, Wilfried/Kluth, Winfried (Hrsg.), Planungsrecht in der gerichtlichen Kontrolle. Kolloquium zum Gedenken an Werner Hoppe, Berlin 2012, S. 11–56.
Brohm, Winfried, Plangewährleistungsrechte, Jura 1986, S. 617–625.
Durner, Wolfgang, Konflikte räumlicher Planungen, Tübingen 2005.
Erbguth, Wilfried, Zur Rechtsnatur von Programmen und Plänen der Raumordnung und Landesplanung, DVBl 1981, S. 557–564.
– Abwägung als Wesensmerkmal rechtsstaatlicher Planung – die Anforderungen des Rechtsstaatsprinzips, UPR 2010, S. 281–287.
– u. a. (Hrsg.), Planung. FS Werner Hoppe, 2000.
Gärditz, Klaus F., Europäisches Planungsrecht, Tübingen 2009.
Hofmann, Ekkehard, Abwägung im Recht, Tübingen 2007.
Hoppe, Werner, Zur Struktur der Normen des Planungsrechts, DVBl 1974, S. 641–647.
– Planung und Pläne in der verfassungsgerichtlichen Kontrolle, in: FG 25 Jahre BVerfG, Bd. I, 1976, S. 663–714.
– Planung und Pläne in der verwaltungsgerichtlichen Kontrolle, in: FS Christian-Friedrich Menger, 1985, S. 747–777.
– Der Rechtsgrundsatz der Planerhaltung als Struktur- und Abwägungsprinzip, in: Wilfried Erbguth u. a. (Hrsg.), Abwägung im Recht, Köln 1996, S. 133–156.
Jarass, Hans D., Europäisierung des Planungsrechts, DVBl 2000, S. 945–952.
Kaiser, Joseph H. (Hrsg.), Planung, Bde. I–VI, Baden-Baden 1965–1972.
Koch, Hans-Joachim, Das Abwägungsgebot im Planungsrecht, DVBl 1983, S. 1125–1133.
Koch, Hans-Joachim, Die normtheoretische Basis der Abwägung, in: Wilfried Erbguth u. a. (Hrsg.), Abwägung im Recht, Köln 1996, S. 9–24.
Köck, Wolfgang, Rechtsfragen der Umweltzielplanung, NuR 1997, S. 528–536.
Obermayer, Klaus, Der Plan als verwaltungsrechtliches Institut, in: VVDStRL, Bd. 18 (1960), S. 144–175.
Ossenbühl, Fritz, Welche normativen Anforderungen stellt der Verfassungsgrundsatz des demokratischen Rechtsstaates an die planende staatliche Tätigkeit? Gutachten für den 50. Deutschen Juristentag, Band I, Teil B, München 1974.
Ramsauer, Ulrich, Planfeststellung ohne Abwägung?, NVwZ 2008, S. 944–950.
Roellecke, Gerd, Ein Rechtsbegriff der Planung, DÖV 1994, S. 1024–1031.
Ronellenfitsch, Michael, Einführung in das Planungsrecht, Darmstadt 1986.
Rubel, Rüdiger, Planungsermessen, Frankfurt a. M. 1982.
Schmidt-Aßmann, Eberhard, Planung unter dem Grundgesetz, DÖV 1974, S. 541–547.
– Planung als administrative Handlungsform und Rechtsinstitut, in: FS Otto Schlichter, 1995, S. 3–25.
Schmitt Glaeser, Walter/König, Eberhard, Grundfragen des Planungsrechts. Eine Einführung, JA 1980, S. 321–326 und 414–421.

Ausgewählte Literatur

Schulze-Fielitz, Helmuth, Das Flachglas-Urteil des Bundesverwaltungsgerichts – BVerwGE 45, 309, Jura 1992, S. 201–208.
Sendler, Horst, Plan- und Normerhaltung vor Gericht, in: FS Werner Hoppe, 2000, S. 1011–1030.
Spannowsky, Willy, Der Planer als Rechtsgestalter, DÖV 1996, S. 1017–1028.
Stern, Klaus, Die Planung, in: ders., StaatsR II, S. 697–726.
Wahl, Rainer, Rechtsfragen der Landesplanung und Landesentwicklung. Erster Band: Das Planungssystem der Landesplanung. Grundlagen und Grundlinien, Berlin 1978 (insbes. S. 21–170).
– Genehmigung und Planungsentscheidung, DVBl 1982, S. 51–62.
– Europäisches Planungsrecht – Europäisierung des deutschen Planungsrechts, in: FS Willi Blümel, 1999, S. 617–646.
Weyreuther, Felix, Rechtliche Bindung und gerichtliche Kontrolle planender Verwaltung im Bereich des Bodenrechts, BauR 1977, S. 293–309.
– Die Bedeutung des Eigentums als abwägungserheblicher Belang bei der Planfeststellung nach dem Bundesfernstraßengesetz, DÖV 1977, S. 419–426.
Würtenberger, Thomas, Staatsrechtliche Probleme politischer Planung, Berlin 1979.

III. Besonderes Planungsrecht

Beckmann, Martin, Planfeststellung zwischen Zulassungsverfahren und Planung, in: Erbguth, Wilfried/Kluth, Winfried (Hrsg.), Planungsrecht in der gerichtlichen Kontrolle. Kolloquium zum Gedenken an Werner Hoppe, Berlin 2012, S. 123–156.
Burgi, Martin, Moderne Krankenhausplanung zwischen staatlicher Gesundheitsverantwortung und individuellen Trägerinteressen, NVwZ 2010, S. 601–607.
Cancik, Pascale, Europäische Luftreinhalteplanung – zur zweiten Phase der Implementation, ZUR 2011, S. 283–295.
Driehaus, Hans-Joachim/Birk, Hans-Jörg (Hrsg.), Baurecht – Aktuell. FS Felix Weyreuther, 1993.
Faßbender, Kurt, Grundfragen und Herausforderungen des europäischen Umweltplanungsrechts, NVwZ 2005, S. 1122–1133.
– Maßnahmenprogramme – Bindungswirkung und Rechtsschutz, in: Köck, Wolfgang/Faßbender, Kurt (Hrsg.), Implementation der Wasserrahmenrichtlinie in Deutschland – Erfahrungen und Perspektiven, Baden-Baden 2011, S. 129–148.
Hoffmann-Riem, Wolfgang/Wieddekind, Dirk, Frequenzplanung auf der Suche nach Planungsrecht, in: FS Werner Hoppe, 2000, S. 745–766.
Köck, Wolfgang u.a., Effektivierung des raumbezogenen Planungsrechts zur Reduzierung der Flächeninanspruchnahme, UBA-Berichte, Berlin 2007.
Ladeur, Karl-Heinz, Frequenzverwaltung und Planungsrecht, CR 2002, S. 181–191.
Schmidt-Aßmann, Eberhard, Grundfragen des Städtebaurechts, Göttingen 1972.
– Grundsätze der Bauleitplanung, BauR 1978, S. 99–108.
– Struktur und Gestaltungselemente eines Umweltplanungsrechts, DÖV 1990, S. 169–179.
– Wissenschaftsplanung im Wandel, in: FS Werner Hoppe, 2000, S. 649–665.
Schmidt-Eichstaedt, Gerd, Das Bau- und Planungsrecht in der Europäischen Union, DÖV 1995, S. 969–977.
Waechter, Kay, Raumordnungsziele als höherrangiges Recht, DÖV 2010, S. 493–503.
Wahl, Rainer, Entwicklung des Fachplanungsrechts, NVwZ 1990, S. 426–441.
– */Dreier, Johannes,* Entwicklung des Fachplanungsrechts, NVwZ 1999, S. 606–620.
– */Hönig, Dietmar,* Entwicklung des Fachplanungsrechts, NVwZ 2006, S. 161–171.
Wolf, Rainer, „Planung auf Zeit" – eine neue Chance für die Stadtentwicklung, in: FS Heiko Faber, Tübingen 2007, S. 207–231.
Zentralinstitut für Raumplanung, Das Raumordnungsrecht: Vergangenheit – Gegenwart – Zukunft, DVBl 2005, S. 1149–1161.

§ 38 Informelles Verwaltungshandeln

Michael Fehling

Übersicht

	Rn.		Rn.
A. Informelles Verwaltungshandeln als eigenständige Handlungsform	1	3. Einseitiges Handeln, bilaterale oder multilaterale Verständigungen	41
I. Die Entdeckung des „Informalen" durch die Verwaltungsrechtswissenschaft in den 1980er Jahren	1	4. Austauschabsprachen und Vergleichsabsprachen	42
II. Kennzeichen des informellen Verwaltungshandelns	6	C. Informelles Verwaltungshandeln zwischen Steuerungserleichterung und Steuerungsdefizit	43
1. Merkmale	7	I. Erweiterung der Handlungs- und Steuerungsressourcen	44
a) Faktische Bindungswirkung bei rechtlicher Unverbindlichkeit	7	1. Reaktion auf veränderte Rahmenbedingungen des Verwaltungshandelns	45
b) Vorhandensein einer rechtsförmlichen Alternative	10	a) Sinkende Steuerungsfähigkeit traditionellen Ordnungsrechts	45
c) Kooperation?	12	b) Akzeptanzprobleme einseitig-hoheitlichen Handelns	47
2. Abgrenzungsfragen	14	c) Dienstleistungsparadigma	49
a) Abgrenzung zu schlichtem Verwaltungshandeln	14	2. Erhoffte Vorteile informellen Handelns	51
b) Abgrenzung zu Vertrag und Vertragsverhandlungen	17	II. Verleitung zu suboptimaler oder gar rechtswidriger Steuerung	53
c) Abgrenzung zu informell-kooperativen Elementen im „offiziellen" Verwaltungsverfahren	18	1. Spiegelbildliche Risiken informellen Vorgehens	53
		2. Drohende Aushöhlung von Verfassungsprinzipien	55
d) Abgrenzung zu verwaltungsinternen informellen Verständigungen	19	a) Erosion rechtsstaatlicher Disziplinierung der Verwaltung	56
III. Der empirische Befund	21	b) Aufweichung demokratischer Legitimation durch selektive Partizipation	58
B. Erscheinungsformen informellen Verwaltungshandelns	27	c) Gefährdung von Grundrechten Dritter oder auch des Kooperationspartners	60
I. Typen	28		
1. Vorabsprachen	28		
2. Mediation	30	III. Erkenntniswert ökonomischer und verwaltungswissenschaftlicher Forschungen für die Erfolgsbedingungen informeller Absprachen	62
3. Normvollziehende Absprachen	34		
4. Normersetzende Absprachen	36		
5. Einseitiges informelles (Aufsichts-)Handeln	38		
II. Kriterien für eine Systematisierung	39	D. Rechtliche Bewältigungsstrategien	67
1. Informelles Verwaltungshandeln auf Normsetzungs- oder Vollzugsebene	39	I. Begrenzte Leistungsfähigkeit der Rechtsverhältnislehre	67
2. Vorbereitung oder Ersetzung förmlicher Handlungsformen	40		

§ 38 Informelles Verwaltungshandeln

	Rn.		Rn.
II. Gesetzmäßigkeit der Verwaltung als Ausgangspunkt	69	2. Schutz durchsetzungsschwacher Allgemeininteressen („Viertschutz")	104
1. Vorbehalt des Gesetzes für informelles Vorgehen?	71	3. (Grundrechts-)Schutz der privaten Adressaten bzw. Kooperationspartner	107
2. Vorrang des Gesetzes	76	4. Unparteiliche Verfahrensgestaltung	109
a) Wahrung der Kompetenzordnung	76	5. Gebot rechtsstaatlicher und demokratisch-politischer Verantwortungsklarheit	110
b) Rechtliche oder auch nur faktische Spielräume als Voraussetzung informeller Tauschgeschäfte?	78	6. Verallgemeinerungsfähigkeit der Flachglas-Kriterien für Vorabbindungen	112
c) Insbesondere: Reichweite des Koppelungsverbots	80	V. Kompensatorische Abstufung der gerichtlichen Kontrolldichte	114
III. Verrechtlichung des Informellen?	83	VI. Haftungsfragen	116
1. Gesetzliche (Teil-)Formalisierung informellen Verwaltungshandelns	84	1. Staatshaftung	117
a) Bereichsspezifische Rechtsgrundlagen für Vorverhandlungen über die Antragstellung und Verfahrensgestaltung	84	2. Haftung des privaten Kooperationspartners	119
b) Ermächtigung zum Einsatz eines Mediators oder Projektmanagers	85	3. Erstattungsansprüche	121
c) Exkurs: Die Formalisierung des Vergaberechts als Testfall für eine weitergehende Verrechtlichungsstrategie	86	E. Informelles Verwaltungshandeln im Instrumentenvergleich	122
		I. Flexibilisierung rechtsförmlicher Alternativen zum informellen Handeln	123
2. Problematik stärkerer Verrechtlichung des informellen Verfahrens	89	1. Stärkung der formloskooperativen Elemente im normalen Verwaltungsverfahren?	124
a) Ausschluss- und Befangenheitsvorschriften	90	2. Abschwächung der Bindungswirkungen, vor allem bei der Vertragsgestaltung	126
b) Beteiligungsrechte Drittbetroffener an informellen Absprachen oder Vorgaben?	92	3. Ermöglichung des „opting out" bei Rechtsverordnungen	129
c) Analogiefähigkeit von Formvorschriften?	97	II. „Instrumental choice" als Ermessensentscheidung	130
IV. Funktionale Äquivalente zu rechtsstaatlichen und grundrechtlichen Garantien des förmlichen Verwaltungshandelns	99	1. Fehlender Vorrang informellkooperativen Vorgehens	130
1. Hinreichende Berücksichtigung von Belangen Drittbetroffener	100	2. Leitlinien für die Instrumentenwahl	131

A. Informelles Verwaltungshandeln als eigenständige Handlungsform

I. Die Entdeckung des „Informalen" durch die Verwaltungsrechtswissenschaft in den 1980er Jahren

Informelles (oder gleichbedeutend: informales[1]) Verwaltungshandeln ist als solches nicht neu. Schon im 19. Jahrhundert hat die Verwaltung keineswegs ausschließlich mit Befehl und Zwang agiert, sondern vor Ort im Einzelfall auch eine formlose Verständigung mit Bürgern oder Unternehmen gesucht[2]. Diese Praxis wurde jedoch **lange Zeit** in einer Verwaltungsrechtswissenschaft **ausgeblendet,** deren Programm primär in der rechtsstaatlichen Zähmung der einseitig-hoheitlich handelnden Eingriffsverwaltung bestand und dabei als Kristallisationspunkt rechtsförmlicher Anforderungen auf den Verwaltungsakt fixiert war. Im Übrigen erforderte die Herausarbeitung des Informellen als eigenständige Kategorie eine gewisse Konsolidierung der Lehre von den formellen Handlungsformen der Verwaltung, ein Prozess, der erst mit den Verwaltungsverfahrensgesetzen zu einem gewissen Abschluss kam.

Im Wesentlichen zwei Entwicklungen haben der rechtswissenschaftlichen Thematisierung des „Informalen" den Boden bereitet[3]. Zum einen rückte in den 1970er Jahren der Wandel zum **„kooperativen Staat"**[4] vermehrt in das Blickfeld des Staatsrechts.[5] Seine gewachsene (Mit-)Verantwortung für die wirtschaftliche Prosperität konnte der moderne Sozialstaat offensichtlich mit traditionellen ordnungsrechtlichen Instrumenten allein nicht bewältigen. Diese Erkenntnis fand später Ausdruck in der vielzitierten Formel von den „wachsende[n] Staatsaufgaben" bei zugleich „sinkende[r] Steuerungsfähigkeit des Rechts".[6] Neue Steuerungsressourcen suchte man sich durch eine mehr oder minder institutionalisierte Zusammenarbeit von Staat und Wirtschaftspartnern zu erschließen, die unterhalb der Ebene rechtsverbindlicher Festlegungen angesiedelt blieb. Zum

---

[1] Die uneinheitliche Begrifflichkeit beruht allein auf unterschiedlichen sprachlichen Präferenzen; vgl. *Maurer*, VerwR, § 15 Rn. 14; *Steffen Kautz*, Absprachen im Verwaltungsrecht 2002, S. 32; für den Begriff des „Informalen" etwa *Eberhard Bohne*, Informales Verwaltungs- und Regierungshandeln als Instrumente des Umweltschutzes, VerwArch, Bd. 75 (1984), S. 343 (343 m. Fn. 1), sowie *Helmuth Schulze-Fielitz*, Der informale Verfassungsstaat, 1984, S. 16, der „informal" für weiter gehend hält.
[2] Näher unten → Rn. 21.
[3] Eingehend dazu *Anna-Bettina Kaiser*, Die Kommunikation der Verwaltung, 2009, S. 220 ff. Zur entsprechenden Krise des Ordnungsrechts als Motor für den Wandel der Verwaltungsrechtswissenschaft → Bd. I *Voßkuhle* § 1 Rn. 10 m. w. N.
[4] Einflussreich *Ernst-Hasso Ritter*, Der kooperative Staat, AöR, Bd. 104 (1979), S. 389 ff.; vgl. auch *ders.*, Das Recht als Steuerungsmedium im kooperativen Staat, StWStP 1990, S. 50 ff. S. a. → Bd. I *Schulze-Fielitz* § 12 Rn. 64 ff.
[5] Zuvor bereits mehrfach, freilich mit idealisierender Tendenz, *Herbert Krüger*, Allgemeine Staatslehre, 1964, S. 612 ff.; *ders.*, Von der Notwendigkeit einer freien und auf lange Zeit angelegten Zusammenarbeit zwischen Staat und Wirtschaft, 1966; *ders.*, Das wirtschaftspolitische Mitwirkungsverhältnis, 1974. Die politikwissenschaftliche Korporatismus-Debatte hatte solche Verflechtungen bereits deutlich früher thematisiert, oftmals mit dem Akzent auf einer drohenden Aushöhlung demokratischer Verfahren; klassisch *Theodor Eschenburg*, Herrschaft der Verbände, 2. Aufl. 1963.
[6] Begriffsprägend *Dieter Grimm* (Hrsg.), Wachsende Staatsaufgaben – Sinkende Steuerungsfähigkeit des Rechts, 1990.

anderen lenkte fast zur gleichen Zeit die verwaltungswissenschaftliche Implementationsforschung die Aufmerksamkeit auf **Vollzugsdefizite** im neuen Umweltrecht.[7] Namentlich im Immissionsschutzrecht und im Wasserrecht schien die Verwaltung auf informelle Tauschgeschäfte mit den betroffenen Unternehmen angewiesen, um überhaupt Vollzugserfolge erzielen zu können.

3 Die **Entdeckung** des informellen Verwaltungshandelns durch die **Verwaltungsrechtswissenschaft** geht im Anschluss an diese Implementationsstudien vor allem auf *Bohne* zurück.[8] Am Beispiel des Immissionsschutzrechts standen bei ihm die Gefahren des „informalen Rechtsstaats" für die Gesetzmäßigkeit der Verwaltung und den (Grundrechts-)Schutz Drittbetroffener im Vordergrund. Zugleich lotete er in Erkenntnis der Unverzichtbarkeit des Informellen bereits Strategien der rechtlichen Bewältigung aus. In die gleiche Richtung zielte, unmittelbar an *Bohne* anknüpfend, das viel beachtete Staatsrechtslehrerreferat von *Hoffmann-Riem,* der vor allem das Risiko betonte, dass informelle Vorabbindungen im nachfolgenden Verwaltungsverfahren zu einer selektiven Interessenverarbeitung führen können.[9] Diese Betrachtungsweise verarbeitet in mehrfacher Hinsicht die Perspektivenerweiterung, welche die Dogmatik des Öffentlichen Rechts zuvor erfahren hatte. Dies betrifft die Aufwertung des Verfahrensgedankens[10] und namentlich des Grundrechtsschutzes durch Verfahren[11] sowie die Erkenntnis, dass auch rechtlich unverbindliches Handeln Steuerungs- und sogar faktische Eingriffswirkungen zeitigen kann.

4 In der Folge beschäftigte sich eine Flut von Veröffentlichungen mit den (verwaltungs-)rechtlichen Anforderungen an informelles Verwaltungshandeln, mit unterschiedlicher Akzentuierung der dem Informellen innewohnenden Chancen zur Effektivierung staatlichen Handelns einerseits und der Risiken für die Gesetzmäßigkeit der Verwaltung andererseits.[12] Gerade hier gewann die **Rechtsverhältnislehre** Anhänger, weil dieses Analyseinstrument eine verbesserte Einsicht in das Prozesshafte informeller Kontakte versprach.[13] Parallel dazu ent-

---

[7] *Renate Mayntz u.a.,* Vollzugsprobleme der Umweltpolitik, 1978; *Jochen Hucke/Arieh A. Ullmann,* Konfliktregelung zwischen Industriebetrieb und Vollzugsbehörde bei der Durchsetzung regulativer Politik, in: Renate Mayntz (Hrsg.), Implementation politischer Programme, Empirische Forschungsberichte 1980, S. 105ff.; vgl. auch *Gerd Winter,* Das Vollzugsdefizit im Wasserrecht, 1975. S. a. → Bd. I *Voßkuhle* § 1 Rn. 10, 30.

[8] *Eberhard Bohne,* Der informale Rechtsstaat, 1981; *ders.,* Informales Verwaltungs- und Regierungshandeln (Fn. 1), S. 343ff.

[9] *Wolfgang Hoffmann-Riem,* Selbstbindungen der Verwaltung, VVDStRL, Bd. 40 (1982), S. 187ff.

[10] Vgl. a. → Bd. II *Schmidt-Aßmann* § 27 Rn. 45f.

[11] Siehe a. → Bd. I *Masing* § 7 Rn. 53ff.

[12] Aus den 1980er Jahren neben den zuvor und in den folgenden Fn. Genannten insbes. *Carl-Eugen Eberle,* Arrangements im Verwaltungsverfahren, DV, Bd. 17 (1984), S. 439ff.; *Gertrude Lübbe-Wolff,* Das Kooperationsprinzip im Umweltrecht – Rechtsgrundsatz oder Deckmantel des Vollzugsdefizits, NuR 1989, S. 295ff. Zu normersetzenden Absprachen und Selbstverpflichtungen *Jürgen Becker,* Informales Verwaltungshandeln zur Steuerung wirtschaftlicher Prozesse im Zeichen der Deregulierung, DÖV 1985, S. 1003ff.; *Janbernd Oebbecke,* Die staatliche Mitwirkung am gesetzesabwendenden Vereinbarungen, DVBl 1986, S. 793ff.

[13] *Hartmut Bauer,* Informelles Verwaltungshandeln im öffentlichen Wirtschaftsrecht, VerwArch, Bd. 78 (1987), S. 241 (259ff.); *Ulrich Beyerlin,* Schutzpflicht der Verwaltung gegenüber dem Bürger außerhalb des formellen Verwaltungsverfahrens?, NJW 1987, S. 2713 (2719); *Philip Kunig/Susanne Rublack,* Aushandeln statt Entscheiden?, Jura 1990, S. 1 (6); *Martin Schulte,* Schlichtes Verwaltungshandeln, 1995, S. 203ff., insbes. S. 221ff. Zur Leistungsfähigkeit der Rechtsverhältnislehre in diesem Zusammenhang näher unten → Rn. 67f.

standen auch neue verwaltungswissenschaftliche Untersuchungen, die anders als die juristischen Arbeiten nicht das Gesetz, sondern die Interaktionsstrukturen in Verhandlungssystemen in den Mittelpunkt rückten.[14]

Ende der 1980er/Anfang der 1990er Jahre beschäftigte sich die Verwaltungsrechtswissenschaft, inspiriert von den US-amerikanischen Erfahrungen, vermehrt auch mit Möglichkeiten der Konfliktmittlung **(Mediation)** im Verwaltungsverfahren als Gegengewicht zu tendenziell intransparenten, rein bilateralen (Vor-)Absprachen.[15] In jüngerer Zeit erfährt zudem mehr oder minder informelles Agieren in **Aufsichtsverhältnissen** auf nationaler und europäischer Ebene, vor allem in der Wettbewerbsaufsicht sowie in Strukturen regulierter Selbstregulierung, vermehrt Beachtung.[16] Gerade in diesem Zusammenhang wird die Bedeutung von Information und Kommunikation als Handlungsvoraussetzung für die Verwaltung sowie als informelles Steuerungsmittel besonders deutlich. Das informelle Verwaltungshandeln gerät so in der Neuen Verwaltungsrechtswissenschaft zu einem wichtigen **Testfeld** nicht nur für die **Leistungsfähigkeit des steuerungstheoretischen Ansatzes,**[17] sondern auch für die Betrachtung des **Verwaltungsrechts als Informations- und Kommunikationsordnung.**[18]

II. Kennzeichen des informellen Verwaltungshandelns

Traditionell wird jegliches Verwaltungshandeln, das nicht auf Rechtswirkungen gerichtet ist, der **Residualkategorie der Realakte** zugeordnet. Eine primär negative Zuordnung, die das informelle Verwaltungshandeln in die Nähe des (verwaltungs-)rechtlich Irrelevanten rückt, vernachlässigt jedoch dessen potentiell erhebliche faktische Steuerungswirkungen, die wiederum mit Mitteln des Rechts verarbeitet werden müssen[19]. Auch das informelle Vorgehen weist charakteristische Merkmale auf, die es von anderen Handlungsformen der Verwaltung unterscheiden. Innerhalb der Realakte etablieren sich damit informelle Verständigungen als **eigenständige Handlungsform.** Dabei liegt es im Wesen des Informellen, dass eine trennscharfe Abgrenzung, namentlich zur formlosen Kooperation in „normalen" Verwaltungsverfahren, nicht immer möglich ist, es sich also teilweise um nur **graduelle Abstufungen** handelt.

---

[14] Vor allem *Arthur Benz*, Kooperative Verwaltung, 1994; zu empirischen Studien unten → Rn. 22.
[15] Grundlegend *Wolfgang Hoffmann-Riem*, Konfliktmittler in Verwaltungsverhandlungen, 1989; *Bernd Holznagel*, Konfliktlösung durch Verhandlungen, 1990; *Wolfgang Hoffmann-Riem/Eberhard Schmidt-Aßmann* (Hrsg.). Konfliktbewältigung durch Verhandlungen, 2 Bde., 1990.
[16] Dazu → Bd. I *Eifert* § 19 Rn. 46 m.w.N.; vgl. auch *Karl-Heinz Ladeur*, Privatisierung öffentlicher Aufgaben und die Notwendigkeit der Entwicklung eines neuen Informationsverwaltungsrechts, in: Hoffmann-Riem/Schmidt-Aßmann (Hrsg.), Informationsgesellschaft, S. 225 (229ff. u. 244ff.); *Michael Fehling*, Europäische Verkehrsagenturen als Instrumente der Sicherheitsgewährleistung und Marktliberalisierung insbesondere im Eisenbahnwesen, in: EuR, Beiheft 2, 2005, S. 41 (56).
[17] Siehe dazu a. → Bd. I *Voßkuhle* § 1 Rn. 17ff.
[18] Vgl. *Kaiser*, Kommunikation (Fn. 3), S. 230ff.: „vom Kommunikationsmuster zur Handlungsform"; allgemein a. → Bd. II *Vesting* § 20.
[19] Statt vieler *Friedrich Schoch*, Entformalisierung staatlichen Handelns, in: HStR III, § 37 Rn. 25; wissenschaftsgeschichtlich *Kaiser*, Kommunikation (Fn. 3), S. 229ff.

1. Merkmale

a) Faktische Bindungswirkung bei rechtlicher Unverbindlichkeit

7   Von den rechtsförmlichen Instrumenten (Verwaltungsakt, Vertrag, Rechtsnorm) unterscheidet sich das informelle Verwaltungshandeln grundlegend dadurch, dass es **keine Rechtswirkungen** zeitigt. Im Gegensatz zu Vertrag oder Zusicherung bestehen mangels Rechtsbindungswillens der Beteiligten **keinerlei Erfüllungsansprüche.**[20] **Sekundäransprüche,** etwa auf Schadensersatz oder auf Erstattung erbrachter Leistungen, sind dagegen nicht von vornherein ausgeschlossen, sofern solche Ansprüche am tatsächlichen Geschehen (z.B. Verhandlungsverhalten) anknüpfen und nicht Rechtswirkungen des Vereinbarten voraussetzen.[21]

8   Typisch und geradezu begriffsprägend für informelles Verwaltungshandeln sind dessen mehr oder minder intensive **faktische (Vorab-)Bindungen.**[22] Sie bilden gleichsam das Pendant zu den Rechtswirkungen des förmlichen Verwaltungshandelns und rechtfertigen es, von informellen Absprachen (nebst verwandten einseitig-informellen Vorgaben) als eigenständiger Handlungsform zu sprechen.[23] Bei vorgeschalteten Vorverhandlungen schaffen Vorabbindungen eine Zäsur zum nachfolgenden gesetzlichen Normalverfahren; so entsteht faktisch ein zweistufiger Entscheidungsprozess. Wie weit die tatsächliche Bindung reicht, hängt stark vom Einzelfall ab. Namentlich bei Dauerkontakten und bei öffentlichkeitswirksamen Vereinbarungen können die Beteiligten im Regelfall davon ausgehen, dass die Gegenseite die Absprache nicht ohne guten Grund brechen wird, weil sonst Vertrauens- und Imageverlust drohen. Tatsächliche Bindungen können so in ihrer Wirkung sogar massiver sein als rechtliche Bindungen, zumal „auch rechtliche Bindungen wahrhaft unüberwindbar nicht zu sein pflegen" und insbesondere vertragliche Bindungen „sich in aller Regel durch die Bereitschaft zur Leistung von Schadensersatz kompensieren lassen"[24]. Gerade bei einseitig-informellen Bitten u.ä. kann die faktische Bindungswirkung auch daraus resultieren, dass beide Seiten rechtsförmliche Alternativmaßnahmen vermeiden wollen. Doch bleibt die Stabilisierung von Verhaltenserwartungen bei nur informellen Absprachen und erst recht bei einseitig-informellen Vorgaben stets prekär; bei Absprachen kann die Verwaltung nie sicher sein, dass die „Gegenseite" es „wirklich ernst meint".

9   Sind demnach faktische Vorabbindungen für informelle Vorabsprachen charakteristisch, so darf daraus nicht im Gegenzug geschlossen werden, das auf rechtsförmliches Verwaltungshandeln ausgerichtete „Normalverfahren" sei von äußeren Einflüssen und tatsächlichen Bindungen kaum tangiert. Dies wäre gänzlich unrealistisch. Dabei muss man nicht so weit gehen zu behaupten, komplexe Verwaltungsentscheidungen seien durchgängig nur die bloße Ratifikation

---

[20] Dies gilt unabhängig davon, ob die Absprachen wie für öffentlich-rechtliche Verträge erforderlich (§ 57 VwVfG) schriftlich abgeschlossen worden sind. Zu § 57 VwVfG vgl. → Bd. II *Bauer* § 36 Rn. 5, 115.

[21] Zu Sekundäransprüchen unten → Rn. 116 ff.

[22] Dazu ausführlich *Eberle*, Arrangements (Fn. 12), S. 443 ff.; *Hoffmann-Riem*, Selbstbindungen (Fn. 9), insbes. S. 199 ff. u. 222 ff.

[23] Vgl. *Gunnar Folke Schuppert*, Verwaltungswissenschaft, S. 244 ff., insbes. 247.

[24] BVerwGE 45, 309 (318) – Flachglas.

eines Konkretisierungsergebnisses, das zuvor in wechselseitiger Abhängigkeit und Abstimmung erarbeitet worden sei.[25] Konzepte wie diejenigen der nachvollziehenden Amtsermittlung[26] und der nachvollziehenden Abwägung[27] machen jedenfalls deutlich, dass die **Verwaltung oftmals auf private Kooperation und Vorarbeiten angewiesen** und dadurch in ihrer Entscheidungsautonomie bereits mehr oder weniger eingeschränkt ist.[28]

b) Vorhandensein einer rechtsförmlichen Alternative

Nach der hier vorgenommenen Kategoriebildung[29] ist informelles Verwaltungshandeln ferner dadurch gekennzeichnet, dass die Verwaltung zwischen einem rechtsförmlichen (mittels Vertrag, Verwaltungsakt oder Normsetzung) und einem informellen Vorgehen bzw. einer Kombination beider[30] **wählen** kann.[31] Aus diesem **Alternativverhältnis** ergeben sich typusprägende Rechtsprobleme bei der Instrumentenwahl mit Chancen des Effizienzgewinns und der Steuerungsoptimierung einerseits und Risiken einer Erosion rechtsstaatlicher Form sowie Umgehungsgefahren andererseits.[32] Das Vorhandensein einer rechtsförmlichen Alternative bedeutet freilich nicht, dass im konkreten Fall mit beiden Vorgehensweisen das gleiche Ergebnis zu erzielen wäre. Wegen der an den privaten Partner bzw. Adressaten nötigen Konzessionen werden informelle Steuerungsmöglichkeiten vielfach hinter rechtlich zulässigen, allerdings praktisch schwer durchsetzbaren förmlichen Anordnungsmöglichkeiten zurückbleiben. Umgekehrt lassen sich durch geschickte „Koppelungsgeschäfte" gelegentlich auch überobligationsmäßige, durch Verwaltungsakt oder Vertrag nicht erreichbare (Vollzugs-)Erfolge erzielen.

Auch im Übrigen darf das Kriterium einer Wahlmöglichkeit der Verwaltung **nicht zu eng verstanden,** insbesondere nicht isoliert auf eine einzelne konkrete

---

[25] So aber *Helge Rossen,* Vollzug und Verhandlung, 1999, S. 192 f.; abgeschwächt *ders. (Rossen-Stadtfeld),* Die verhandelnde Verwaltung – Bedingungen, Funktionen, Perspektiven, VerwArch, Bd. 97 (2006), S. 23 (27 f., 38 f.).

[26] Grundlegend *Jens-Peter Schneider,* Nachvollziehende Amtsermittlung bei der Umweltverträglichkeitsprüfung, 1991.

[27] So für den Vorhaben- und Erschließungsplan (heute § 12 BauGB) *Jens-Peter Schneider,* Kooperatives Verwaltungshandeln, VerwArch, Bd. 87 (1996), 38 (59). Mit anderer Bedeutung, nämlich als uneingeschränkte gerichtliche Kontrolle einer auf den Einzelfall ausgerichteten Gewichtung, verwendet diesen Begriff *BVerwGE* 115, 17 (24 f.).

[28] Zur Unvermeidlichkeit kooperativer Rechtsgewinnung in und durch Verfahren prägnant *Helmuth Schulze-Fielitz,* Kooperatives Recht im Spannungsfeld von Rechtsstaatsprinzip und Verfahrensökonomie, DVBl 1994, S. 657 (658 f.).

[29] Ein anderes Begriffsverständnis stellt ausschließlich auf Kooperation und Konsens ab, so etwa *Horst Dreier,* Informales Verwaltungshandeln, StWStP 1993, S. 647 (648 u. 651 f.).

[30] Die Komplementärfunktion informellen Verwaltungshandelns besonders hervorhebend *Schuppert,* Verwaltungswissenschaft, S. 245 f.

[31] *Bohne,* Informales Verwaltungs- und Regierungshandeln (Fn. 1), S. 344; *Hans-Günter Henneke,* Informelles Verwaltungshandeln im Wirtschaftsverwaltungs- und Umweltrecht, NuR 1991, S. 267 (270); *Joachim Burmeister,* Verwaltungshandeln durch Verträge und Absprachen, VVDStRL Bd. 52 (1991), S. 190 (235); speziell für staatlich induzierte Selbstverpflichtungen *Angela Faber,* Gesellschaftliche Selbstregulierungssysteme – unter besonderer Berücksichtigung der Selbstverpflichtungen, 2001, S. 219; *Gabriele Hucklenbruch,* Umweltrelevante Selbstverpflichtungen – ein Instrument progressiven Umweltschutzes, 2000, S. 99.

[32] *Schmidt-Aßmann,* Ordnungsidee, Kap. 6 Rn. 127. Näher zu den Chancen und Risiken unten → Rn. 51 ff.

Maßnahme bezogen werden. Wie beim subordinationsrechtlichen Vertrag, der nach § 54 S. 2 VwVfG durch das Alternativverhältnis Verwaltungsvertrag/Verwaltungsakt definiert ist, muss auch beim informellen Verwaltungshandeln auf **das gesamte Rechtsverhältnis und die insoweit bestehenden Optionen bezüglich der Handlungsform** abgestellt werden.[33] Erfasst werden auch Aufgabenfelder, bei denen nur einzelne Aspekte einer rechtsförmigen Regelung zugänglich sind. Ein Beispiel bilden Regionalkonferenzen zur Koordinierung verschiedener Förderungsmaßnahmen von Staat und Wirtschaft zwecks Umstrukturierung einer alten Industrieregion[34]; derartige informelle Abstimmungsprozesse wären nur zu einem geringen Teil durch rechtsförmliche Planung und Subventionierung ersetzbar. Informelle Anteile weisen ferner oftmals Kooperationen im Rahmen von Public Private Partnerships auf. Solche komplexen Kooperationsverhältnisse sind typischerweise nicht voll vertraglich und gesellschaftsrechtlich durchnormiert,[35] weil eine rechtsförmliche Vollregelung insoweit an die Grenzen unternehmerisch geforderter Flexibilität stoßen würde.

c) Kooperation?

12   Verbreitet wird das Charakteristische informellen Verwaltungshandelns – gerade auch in Abgrenzung zu einseitig-hoheitlichem schlichten Verwaltungshandeln durch Warnungen, Empfehlungen usw. – in einem **konsensualen Zusammenwirken von Verwaltung und Rechtsunterworfenen (Bürger, Unternehmen, Verbände)** gesehen.[36] Typischerweise geht es um direkte Kooperation in Form von Absprachen. Funktional weitgehend äquivalent sind staatlich induzierte Selbstverpflichtungen der Wirtschaft, bei denen der Staat im Gegenzug auf den Erlass eines Gesetzes oder einer Rechtsverordnung verzichtet. Derartige informelle Tauschbeziehungen werfen besondere rechtsstaatliche und grundrechtliche Probleme einer faktischen Koppelung von Leistung und Gegenleistung auf, was die dogmatische Heraushebung im Rahmen der Systembildung rechtfertigt.

13   Dennoch erscheint es nicht sinnvoll, die Kategorie des informellen Verwaltungshandelns auf „echte" Kooperationsverhältnisse zu beschränken. Erfasst werden ebenso **einseitige informelle Akte (Bitten, Hinweise, Anregungen u. ä.)**,

---

[33] So für den subordinationsrechtlichen Vertrag *Michael Fehling*, in: Hk-VerwR, § 54 VwVfG Rn. 57 m. w. N. Für das informelle Handeln (allerdings unter Einschluss der staatlichen Informationstätigkeit) vgl. *Kautz*, Absprachen (Fn. 1), S. 39: Alternativität „nur auf einer abstrakten Ebene".

[34] Dazu *Joachim J. Hesse*, Verhandlungslösungen und kooperativer Staat, in: Hoffmann-Riem/Schmidt-Aßmann (Hrsg.), Konfliktbewältigung, Bd. I (Fn. 15), S. 97 (102 ff.); *Ritter*, Recht als Steuerungsmedium (Fn. 4), S. 68 ff.

[35] Den Vorverhandlungen ähnelt eine vorausgehende Markt- bzw. Bieteransprache; wesentliche informelle Anteile weist ferner z. B. das Risikomanagement auf, näher *Martin Weber/Oliver Moß/Andreas Parzych*, Wirtschaftlichkeitsuntersuchungen als Erkenntnis- und Entscheidungsprozess, in: Martin Weber/Michael Schäfer/Friedrich L. Hausmann (Hrsg.), Public-Private-Partnership, 2006, § 11 3.4.1. bzw. 4.2. Vgl. ferner *Peter Arnold*, Kooperatives Handeln der nicht-hoheitlichen Verwaltung, in: Nicolai Dose/Rüdiger Vogt (Hrsg.), Kooperatives Recht, 1995, S. 211 ff., der allerdings vertragliche Gestaltungen in den Vordergrund rückt.

[36] Besonders deutlich *Horst Dreier*, Informales Verwaltungshandeln (Fn. 29), S. 652: „informales Verwaltungshandeln ohne Kooperation (im Sinne von Kommunikation, Tauschvorgängen, Konsenssuche) erscheint nicht vorstellbar"; statt vieler ferner *Schuppert*, Verwaltungswissenschaft, S. 113 ff.; zuletzt *Jan Oster*, Das informell-kooperative Verwaltungshandeln im Umweltrecht, NuR 2008, S. 845 (846).

A. Informelles Verwaltungshandeln als eigenständige Handlungsform

die man nicht als kooperativ oder gar konsensual im engeren Sinne bezeichnen kann, die aber **vom Adressaten hingenommen** und befolgt werden, weil es in beiderseitigem Interesse liegt, rechtsförmliche (Aufsichts-)Maßnahmen zu vermeiden. Insoweit lässt sich von einer Verständigung im weiteren Sinne sprechen. Aber auch **allgemeinere Rundschreiben, Verlautbarungen, Leitfäden u. ä.** gehören zum einseitig-informellen Handeln, wenn und weil diese Akte das Verhalten der Adressaten (typischerweise Unternehmen) außerhalb der Verwaltung indirekt steuern sollen und insoweit an die Stelle rechtsverbindlicher exekutiver Normen treten.[37]

2. Abgrenzungsfragen

a) Abgrenzung zu schlichtem Verwaltungshandeln

Aus dem Blickwinkel der Handlungsformenlehre sind informelles und schlichtes Verwaltungshandeln zusammengefasst in der Auffangkategorie der bloßen Realakte.[38] Denn beide teilen die Eigenschaft fehlender Rechtswirkungen. Wiederum als Sonderform des einseitigen schlichten Verwaltungshandelns hat sich neben den reinen Tathandlungen in jüngerer Zeit die staatliche Informationstätigkeit (Warnungen, Empfehlungen u. ä.) etabliert.[39] Abgrenzungsprobleme entstehen gerade zwischen dieser Sonderform schlichten Verwaltungshandelns und dem informellen Verwaltungshandeln. Der Unterschied wird verbreitet darin gesehen, dass informelles Handeln auf **Kooperation und Konsens** angelegt, schlichtes Verwaltungshandeln dagegen **einseitig-hoheitlicher Natur** sei.[40] Diese Abgrenzung ist jedoch nicht mehr möglich, wenn man, wie hier, auch einseitiges schlichtes (Aufsichts-)Handeln in gewissem Umfang dem informellen Verwaltungshandeln zurechnet. 14

Ein neuerer Systematisierungsansatz will staatliche Publikumsinformationen sowie informelle Absprachen in einer einheitlichen Kategorie des informellen Staatshandelns zusammenfassen. Mit Recht wird darauf hingewiesen, dass es in beiden Fällen, anders als bei sonstigen Realakten, um **Kommunikation und Informationstransfer** geht; als dogmatischer Grundbaustein könne die „öffentlich-rechtliche Wissenserklärung" dienen.[41] Diese Gemeinsamkeiten werden jedoch überlagert durch **zentrale Unterschiede,** sowohl bei den **Definitionsmerkmalen** als auch bei den **daran anknüpfenden typischen Rechtsproblemen:** 15

---

[37] Ausdrücklich *Anne Schädle*, Exekutive Normsetzung in der Finanzmarktaufsicht, 2007, S. 93 mit dortiger Fn. 378: „auch einseitig hoheitliches Handeln kann informell sein"; *Alexander Schink*, Das Kooperationsprinzip, in: Utz Schließky/Christian Ernst (Hrsg.), Recht und Politik, 2007, S. 69 (74). Näher unten → Rn. 38.

[38] Allein deswegen von einer einheitlichen Kategorie informellen Verwaltungshandelns ausgehend noch *Fritz Ossenbühl*, Informelles Hoheitshandeln im Gesundheits- und Umweltschutz, UTR 1987, S. 27 (29 f.); ähnlich *Kautz*, Absprachen (Fn. 1), S. 39 m. w. N.

[39] Zu Publikumsinformationen → Bd. II *Gusy* § 23 Rn. 95 ff.; zur Systematik → Bd. II *Hermes* § 39 Rn. 107.

[40] So z. B. *Maurer*, VerwR, § 15 Rn. 16 f.

[41] So vor allem *Schoch*, Entformalisierung (Fn. 19), in: HStR III, § 37 Rn. 26 f. u. 121 ff.; vgl. auch *Winfried Brohm*, Rechtsstaatliche Vorgaben für informelles Verwaltungshandeln, DVBl 1994, S. 132 (132 f.); aus Schweizer Sicht auch *Peter Hösli*, Möglichkeiten und Grenzen der Verfahrensbeschleunigung durch informell-kooperatives Verwaltungshandeln, 2002, S. 19 ff.

16   Informelles Verwaltungshandeln erfolgt im Schatten rechtsförmlicher Alternativen, während staatliches Informationshandeln aus Gründen der Verhältnismäßigkeit regelmäßig nicht gleichermaßen durch ordnungsrechtliche Ge- oder Verbote substituierbar ist.[42] Informelles Vorgehen, selbst wenn es im Gewand einseitiger Maßnahmen einhergeht, setzt typischerweise einen – zumindest ansatzweisen – Interessenausgleich mit den Betroffenen voraus, weil der Steuerungserfolg von der Befolgungsbereitschaft der privaten Partner bzw. Adressaten abhängt; demgegenüber ist die Steuerungsleistung staatlicher Informationstätigkeit in erster Linie von der Reaktion des Publikums und nicht derjenigen der Betroffenen abhängig. Schlichtes Verwaltungshandeln in Form von Warnungen und Empfehlungen geschieht öffentlich, informelle Kooperation vollzieht sich meist in mehr oder minder vertraulichem Rahmen. Auch die aufgeworfenen Rechtsprobleme sind so unterschiedlich, dass die Zusammenfassung in einer Kategorie kaum sinnvoll erscheint:[43] Publikumsinformationen sind primär ein verfassungsrechtliches Thema (Vorbehalt des Gesetzes, staatliche Kompetenzordnung, faktische Grundrechtseingriffe), verwaltungsrechtliche Fragen werden nur am Rande berührt (z. B. bei der Frage der analogen Anwendung von § 28 VwVfG). Demgegenüber stellt das informelle Verwaltungshandeln genuin verwaltungsrechtliche Probleme der Handlungsformen- und Rechtsverhältnislehre, der Gestaltung des Verwaltungsverfahrens sowie der Vorabbindung und Abwägung; Verfassungsrecht gibt insoweit mit dem Rechtsstaatsprinzip, dem Demokratieprinzip sowie dem Grundrechtsschutz durch Verfahren u. ä. nur einen Rahmen vor.

Die Verwaltung kann allerdings informelles und Informationshandeln **verbinden,** etwa indem sie die Öffentlichkeit über die informellen Verhandlungen informiert, um so den Druck auf den privaten Kooperationspartner zu erhöhen.[44]

b) Abgrenzung zu Vertrag und Vertragsverhandlungen

17   Im Gegensatz zu informellen Absprachen erzeugt der Vertrag als rechtsförmige konsensuale Handlungsform Rechtswirkungen, auch in Form von Erfüllungsansprüchen. Dies allein löst die Abgrenzungsprobleme indes nicht. Denn auch dem Vertrag geht als solchem typischerweise ein **nicht formalisierter Aushandlungsprozess** voraus, was eine Parallele zu Vorverhandlungen als Erscheinungsform informellen Verwaltungshandelns nahezulegen scheint.[45] Für derartige Vorabsprachen typisch ist jedoch die damit verbundene Vorabbindungswirkung, vor deren Hintergrund das nachfolgende Verwaltungsverfahren mehr oder minder als bloßer Vollzug der informellen Absprache erscheint. Demgegenüber sind Vertragsverhandlungen bereits Bestandteil des offiziellen und als solches nichtförm-

---

[42] Anders *Hösli*, Informell-kooperatives Verwaltungshandeln (Fn. 41), S. 19 ff.

[43] Zum Folgenden, allerdings zusätzlich auf die Differenzierung zwischen einseitigem und kooperativem Handeln abstellend, *Dreier*, Informales Verwaltungshandeln (Fn. 29), S. 650 f.; *Schuppert*, Verwaltungswissenschaft, S. 235 ff.; *Oster*, Das informell-kooperative Verwaltungshandeln (Fn. 36), S. 846.

[44] So z. B. das Vorgehen des Datenschutzbeauftragten von Schleswig-Holstein *Thilo Weichert* gegenüber „Facebook", Pressemitteilung vom 30. 9. 2011, abrufbar unter https://www.datenschutzzentrum.de/presse/20110930-facebook-datenschutz-durchsetzen.html.

[45] So wohl *Volker Neumann*, Der informelle Sozialstaat, VSSR 1993, S. 119 (122 ff.), der sich in der Sache ganz überwiegend mit vertraglichen Regelungen beschäftigt.

lichen (§ 10 VwVfG) Verwaltungsverfahrens gemäß §§ 9 f. VwVfG und kulminieren idealtypisch erst im Vertragsschluss, ohne dass sich zuvor eine Zäsur durch Vorabbindungen ausmachen ließe. Wie Praxisberichte und empirische Untersuchungen nahelegen, wird sich allerdings bei der Aufnahme von Verhandlungen oftmals noch nicht absehen lassen, ob sie in einen Vertragsschluss oder in eine informelle (Vor-)Absprache münden.[46] Im übertragenen Sinne lässt sich von informellen Verständigungen als „Kausalgeschäft" sprechen, das den mehr oder minder formalisierten Charakter des nachfolgenden „Erfüllungsgeschäfts" noch nicht präjudiziert.[47] Daran bestätigt sich, dass zwar Abstufungen und Typisierungen möglich sind, eine trennscharfe Abgrenzung des Informellen von den rechtsförmigen Handlungsformen aber nicht immer gelingt.[48]

c) Abgrenzung zu informell-kooperativen Elementen im „offiziellen" Verwaltungsverfahren

Auch das Normalverfahren nach den Verwaltungsverfahrensgesetzen, selbst wenn es auf den Erlass einer einseitigen Regelung durch Verwaltungsakt abzielt, enthält **kooperative Elemente (z.B. Anhörung, Beratung),** die zwar gesetzlich vorgesehen, in ihrem Ablauf aber gemäß § 10 VwVfG formlos sind. Im Einzelfall können sie nahtlos in echte Verhandlungen und Vorverständigungen übergehen.[49] Typischerweise bewirken Anhörung und Beratung als unselbständige Elemente des Verwaltungsverfahrens jedoch keine entscheidungsähnliche Vorabbindung, die notwendig ist, um Vorverhandlungen als eigenständige informelle Handlungsform zu klassifizieren. Eine kooperative Ausgestaltung des offiziellen Verwaltungsverfahrens kann jedoch eine **Alternative** darstellen zu informellen (Vor-)Verhandlungen.[50]

18

d) Abgrenzung zu verwaltungsinternen informellen Verständigungen

Informell gehandelt wird auch innerhalb der Verwaltung. Als Beispiel für verwaltungsinterne Absprachen ohne rechtliche Bindungswirkung kann das Kontraktmanagement im Rahmen des neuen Steuerungsmodells dienen.[51] Eine informelle Abstimmung zwischen verschiedenen Behörden erfolgt z.B. in der Zusammenarbeit verschiedener (Regulierungs-)Behörden oder auch institutio-

19

---

[46] *Manfred Bulling,* Kooperatives Verwaltungshandeln in der Verwaltungspraxis, DÖV 1989, S. 277 (278, 287f.); *Stephan Kippes,* Bargaining, 1994, S. 161f.; *Nicolai Dose,* Die verhandelnde Verwaltung, 1997, insbes. S. 371f.

[47] *Schuppert,* Verwaltungswissenschaft, S. 246f.; *Ritter,* Recht als Steuerungsmedium (Fn. 4), S. 84.

[48] Vgl. *Schoch,* Entformalisierung (Fn. 19), in: HStR III, § 37 Rn. 28; speziell auf Vertragsverhandlungen und informelle Absprachen bezogen *Dreier,* Informales Verwaltungshandeln (Fn. 29), S. 638.

[49] Dazu *Nicolai Dose,* Kooperatives Recht, DV, Bd. 27 (1994), S. 191 (193); *ders.,* Verwaltung (Fn. 46), insbes. S. 406 (zu Stufen der Verhandlungsintensität) u. S. 417.

[50] Näher unten → Rn. 124f.

[51] Zu dessen informellem Charakter *Hermann Pünder,* Zur Verbindlichkeit der Kontrakte zwischen Politik und Verwaltung, DÖV 1998, S. 63 (65ff.); *Josef Aulehner,* Zielvereinbarungen im öffentlichen Recht, in: FS Rupert Scholz, 2007, S. 451 (462ff.); differenzierend *Michael Fehling,* in: Hk-VerwR, § 54 VwVfG Rn. 80. Demgegenüber sind Ziel- und Leistungsvereinbarungen zwischen Staat und selbstverwaltungsberechtigten Hochschulen als öffentlich-rechtliche Verträge zu qualifizieren, dazu *Hans-Heinrich Trute,* Die Rechtsqualität von Zielvereinbarungen und Leistungsverträgen im Hochschulbereich, WissR, Bd. 33 (2000), S. 134 (147ff.); *Fehling,* a.a.O., § 54 VwVfG Rn. 81. Vgl. a. → Bd. II *Bauer* § 36 Rn. 58.

nalisiert in Europäischen Agenturen. Einseitige informelle Vorgaben sind etwa im Rahmen der Fachaufsicht anzutreffen. Da jedoch die **Handlungsformenlehre auf Verwaltungshandeln im Außenverhältnis zum Bürger zugeschnitten** ist, wird das ohnehin weniger verrechtlichte staatliche Binnenverhältnis (wo grundsätzlich auch keine subjektiven Rechte, insbesondere Grundrechte, gelten) im Folgenden weitgehend ausgeklammert.

20   Mit einbezogen werden dagegen **Rechtsaufsichtsverhältnisse gegenüber Selbstverwaltungsträgern** (insbesondere Kommunen, Hochschulen, Rundfunkanstalten), weil diese eigene Rechtspositionen entgegensetzen können und Eingriffe in das Selbstverwaltungsrecht Außenwirkung besitzen. Dies gilt erst recht für die Beihilfenaufsicht der EU gegenüber den Mitgliedstaaten. Insoweit bestehen gewisse Parallelen zur Wettbewerbsaufsicht gegenüber Privaten.

III. Der empirische Befund

21   **Rückblickend** lässt sich informelles Verwaltungshandeln durchaus schon im 19. Jahrhundert nachweisen, etwa bei der Durchsetzung von Arbeitsschutzbestimmungen durch die sogenannten Fabrikinspektoren.[52] Das bürokratische Vollzugsmodell *Max Webers* war stets eine Idealisierung. Damals geriet das informelle Vorgehen indes nicht in den Blickwinkel des Verwaltungsrechts, weil informelle Verständigungen vorwiegend auf lokaler Ebene vorkamen (die damals nur eingeschränkt der Staatsverwaltung zugerechnet wurde) und mangels Rechtswirkungen rechtsstaatlich weniger bändigungsbedürftig erschienen.

22   Vor diesem historischen Hintergrund erscheinen Verfallsszenarien, die für die Gegenwart einen einschneidenden Verlust einseitig-hoheitlicher Gestaltungsmacht und damit staatlicher Souveränität konstatieren,[53] zumindest überzeichnet. Die vorliegenden Praxisberichte und empirischen Studien – wenngleich sie aufgrund ihrer schmalen Datenbasis keine statistische Signifikanz beanspruchen können und teilweise bereits veraltet sind[54] – machen allerdings einen **Bedeutungsgewinn des Informellen** plausibel.[55] Zu vermuten ist eine noch weitere Ausbreitung informeller Absprachen sowie einseitig-informeller Ratschläge u.ä. durch komplexe und dadurch besonders auf Kooperation oder zumindest implizite Verständigung angelegte Aufsichtsstrukturen.

---

[52] *Thomas Ellwein*, Kooperatives Verwaltungshandeln im 19. Jahrhundert, in: Nicolai Dose/Rüdiger Vogt (Hrsg.), Kooperatives Recht (Fn. 35), S. 43 ff.; *Hubert Treiber*, Kooperatives Verwaltungshandeln der Gewerbeaufsicht (Fabrikinspektion) des 19. Jahrhunderts, a.a.O., S. 65 ff.

[53] Klassisch *Ernst Forsthoff*, Der Staat der Industriegesellschaft, 1971; teilweise in dieser Tradition *Udo Di Fabio*, Das Recht offener Staaten, 1998; im hiesigen Kontext zu Recht differenzierend *Schneider*, Kooperatives Verwaltungshandeln (Fn. 27), S. 45 f.; vgl. auch *Benz*, Verwaltung (Fn. 14), S. 306.

[54] Kritisch zur Methodik und Repräsentativität der ersten Untersuchungen *Andreas Voßkuhle*, Verwaltungsdogmatik und Rechtstatsachenforschung, VerwArch, Bd. 85 (1994), S. 567 (572 ff.).

[55] Zu den ersten Studien und den darin aufgezeigten Vollzugsdefiziten, namentlich im Umweltrecht, oben → Rn. 2; ferner vor allem *Dose*, Verwaltung (Fn. 46), *Kippes*, Bargaining, (Fn. 46), S. 147 ff. (mit Fallbeispielen zur Altlastensanierung), *Gerd v. Wedemeyer*, Kooperation statt Vollzug im Umweltrecht, 1995, S. 26 ff.; sowie die Praxisberichte von *Bulling*, Kooperatives Verwaltungshandeln (Fn. 46), S. 282 ff., und *Carsten Tegethoff*, Projektbezogene Umweltabsprachen in der Verwaltungspraxis – Eine Untersuchung am Beispiel des immissionsschutzrechtlichen Genehmigungsverfahrens, BayVBl. 2001, S. 644 ff. Zweifelnd aus methodischer und rechtstheoretischer Perspektive → Bd. I *Möllers* § 3 Rn. 15.

A. Informelles Verwaltungshandeln als eigenständige Handlungsform

Anzutreffen ist informelles Vorgehen heute sowohl im Verwaltungsvollzug als auch – vor allem in Form von staatlich induzierten Selbstverpflichtungen – auf Normsetzungsebene. Besonders verbreitet sind informelle Absprachen wohl im **wirtschaftsnahen Umweltrecht** (namentlich im Immissionsschutzrecht und Wasserrecht sowie bei der Altlastensanierung[56]), im **Regulierungsrecht** (besonders in der Finanzmarktaufsicht[57]) und im **(sonstigen) Wirtschaftsverwaltungsrecht**.[58] Aber auch aus dem **Privatrundfunkrecht** (in Form weitreichender Beratung bei Zulassungsanträgen; informeller Verständigungen an Stelle rechtsförmlicher Beanstandungen und sonstiger Aufsichtsmaßnahmen)[59], dem **Bau- und Fachplanungsrecht** (insbesondere Vorabbindungen gegenüber einem Investor betreffend)[60], dem **Sozialrecht** (vor allem im Verhältnis der Kassen zu Leistungserbringern)[61], dem **Steuerrecht** (in Form tatsächlicher Verständigungen[62]) und in

23

---

[56] Monographisch z. B. *Mayntz u.a.*, Vollzugsprobleme (Fn. 7), S. 144 ff., 318 ff., 341 ff., 400 ff., 424 ff. zum Immissionsschutz, S. 647 ff., 654 ff., 758 ff. zum Gewässerschutzrecht; *Bohne*, Informaler Rechtsstaat (Fn. 8), S. 49 ff.; *Dose*, Verwaltung (Fn. 46), insbes. S. 201 ff. zum Immissionsschutzrecht; *Stephan Tomerius*, Informelle Projektabsprachen im Umweltrecht, 1995, insbes. S. 32 ff.; *Dongsoo Song*, Kooperatives Verwaltungshandeln durch Absprachen und Verträge beim Vollzug des Immissionsschutzrechts, 2000, insbes. S. 201 ff., 208 ff.; zu normersetzenden und -vorbereitenden Absprachen zuletzt *Lothar Michael*, Rechtsetzende Gewalt im kooperierenden Verfassungsstaat, 2002, S. 48 ff.

[57] Zu informellen Verlautbarungen, Rundschreiben, Mitteilungen und Absprachen in der Versicherungsaufsicht *Gunne W. Bähr*, Das Generalklausel- und Aufsichtssystem des VAG im Strukturwandel, 2000, S. 188 ff., unter Verweis bereits auf die Motive des VAG 1901 (Nachdruck 1963), S. 28; in der Finanzmarktaufsicht im Grenzbereich von Verwaltungsvorschriften, adressatenbezogenen Allgemeinverfügungen und informellem Verwaltungshandeln *Schädle*, Finanzmarktaufsicht (Fn. 37), S. 91 ff.; *Thomas M. J. Möllers*, Europäische Methoden- und Gesetzgebungslehre im Kapitalmarktrecht – Vollharmonisierung, Generalklauseln und *soft law* im Rahmen des Lamfalussy-Verfahrens als Mittel zur Etablierung von Standards, ZEuP 2008, S. 480 (491 ff.), der die faktischen Bindungswirkungen solcher Leitlinien betont, aber eine *safe harbour rule* ablehnt; einen weiteren Bedeutungszuwachs informeller Maßnahmen der BaFin prognostizierend *Christoph Louven/Julius Raapke*, Aktuelle Entwicklungen in der Corporate Governance von Versicherungsunternehmen, VersR 2012, S. 257 (265); zu Konsultationen im Energierecht zwischen Bundesnetzagentur und Marktteilnehmern im Grenzbereich von bloßer Informationssammlung und faktischen Bindungen oder Selbstverpflichtungen *Karsten Herzmann*, Konsultationen, 2010, insbes. S. 163 ff. S. auch → Fn. 109.

[58] *Bauer*, Informelles Verwaltungshandeln (Fn. 13), S. 246 ff.; im Vordergrund stehen insoweit normvertretende und -vorbereitende Absprachen; Überblick bei *Michael*, Rechtsetzende Gewalt (Fn. 56), S. 68 ff.; zu Public-Private-Partnership-Projekten *Arnold*, Kooperatives Handeln (Fn. 35), S. 213 ff.; zur Wirtschaftsförderung bei der Unternehmensansiedlung *Klaus Bussfeld*, Informales Verwaltungshandeln – Chancen und Gefahren, in: Hermann Hill (Hrsg.), Verwaltungshandeln durch Verträge und Absprachen, 1990, S. 39, 42 ff.; zu normvollziehenden Absprachen *Birgit Schmidt am Busch*, Informale Absprachen als Steuerungsinstrument im Gaststättenrecht, GewArch 2009, S. 377 (382 ff.); zum Kartellrecht *Christine Windbichler*, Informelles Verfahren bei der Fusionskontrolle, 1981, S. 10 ff.; Bundeskartellamt, Jahresbericht 1999/2000, BTDrucks 14/6300, S. 23 ff., Tz. 30: „Komplexe Wettbewerbsprobleme können in der Regel nur im Wege intensiver Verhandlungen zwischen den beteiligten Unternehmen und dem BKartA gelöst werden".

[59] *Wiebke Baars*, Kooperation und Kommunikation durch Landesmedienanstalten, 1999, insbes. S. 44 ff.

[60] BVerwGE 45, 309 (316 ff.) – Flachglas; zu selektiven informellen Einflussmöglichkeiten BVerwGE 75, 214 (230 f.) – Flughafen München II; VGH BW, VBlBW 1988, 299 – Hochrheinautobahn; VBlBW 1990, 56 (59) – Flughafenerweiterung Stuttgart. Mittlerweile werden Absprachen mit Investoren im Bauplanungsrecht allerdings zunehmend in Vertragsform gegossen (vgl. §§ 11, 12 BauGB). Zu ergänzenden informellen Planungen s. *Michael Uechtritz*, Die Bedeutung informeller Planungen für die Bauleitplanung und für Genehmigungsentscheidungen, ZfBR 2010, S. 646 ff.

[61] *Neumann*, Informeller Sozialstaat (Fn. 45), S. 123, mit dem Beispiel von Belegungsabsprachen von Rentenversicherungsträgern mit privaten Kliniken, meist erfolgt später allerdings eine Formalisierung von Absprachen in Verträgen; *Ralf Kreikebohm/Harald Hoyer*, Informelles Verwaltungshandeln

der **Hochschulaufsicht**[63] wird von informellem Vorgehen berichtet. Es findet sich vor allem im Rahmen von Dauerkontakten (Daueraufsichtsverhältnisse gegenüber mittleren oder großen Wirtschaftsunternehmen)[64] oder in besonders komplexen Einzelfällen. In jüngerer Zeit hat man in vielen der genannten Gebiete auch in Deutschland erste Erfahrungen mit Mediationsverfahren – mit unterschiedlichem Erfolg – gesammelt.[65]

24 Die **Staatsaufsicht über Selbstverwaltungsträger** (Gemeinden, Hochschulen, öffentlich-rechtliche Rundfunkanstalten) neigt traditionell zu informellen Verständigungen und einseitigen formlosen Wegweisungen statt zu rechtsförmlichen Aufsichtsmaßnahmen.[66] Weniger verbreitet sind rein informelle Maßnahmen anscheinend im Verhältnis zwischen EU und Mitgliedstaaten, doch kommen Vorverhandlungen wohl selbst in der **Beihilfenaufsicht** mit ihrem recht hohen Formalisierungsgrad vor.[67] In der **europäischen Wettbewerbs- und Kartellaufsicht** gegenüber Unternehmen sind dagegen informelle „comfort letters"[68] bzw. nunmehr Beratungsschreiben[69] gebräuchlich. Zwischen rechtsförmigem und informellem Handeln angesiedelt sind Mitteilungen und Empfehlungen (Art. 288 Abs. 5 AEUV). Daneben hat sich in der europäischen Praxis eine Vielzahl weiterer, rechtlich allenfalls teilweise bindender Handlungsformen herausgebildet.[70] Un-

---

in der Rentenversicherung – zugleich ein Beitrag zur Rechtstypenlehre im Sozialrecht, in: Dieter Giese/Volker Neumann (Hrsg.), Beiträge zum Recht sozialer Dienste und Einrichtungen, H. 30, 1995, S. 1 (3ff.); vgl. auch *Rainer Pitschas*, Das sozialrechtliche Verwaltungsverfahren im aktivierenden Sozialstaat, in: FS 50 Jahre Bundessozialgericht, 2004, S. 765 (780f.); *Erhardt Treutner*, Kooperativer Rechtsstaat, 1998, insbes. S. 136ff., mit Beispielen aus der Selbsthilfe-Förderung.

[62] *Roman Seer*, Verständigungen im Steuerverfahren, 1996, S. 7ff.; *Rolf Eckhoff*, Rechtsanwendungsgleichheit im Steuerrecht, 1999, S. 450ff.; *Sebastian Müller-Franken*, Maßvolles Verwalten, 2004, insbes. S. 5 (unter Hinweis auf den AO-Anwendungserlass v. 24. 9. 1987, BStBl I 1987, S. 664 [687] zu § 88 AO).

[63] *Gerd Roellecke*, Rechtsaufsicht und informelle Steuerung am Beispiel der Universitäten, DÖV 1985, S. 854ff.

[64] Instruktiv *Jürgen Fluck*, Praktische Aspekte des Verwaltungsverfahrens aus Sicht eines Großunternehmens, in: Willi Blümel/Rainer Pitschas (Hrsg.), Verwaltungsverfahren und Verwaltungsprozess im Wandel der Staatsfunktionen, 1997, S. 181 (187ff., insbes. 189).

[65] Überblick m.w.N. bei *Hermann Pünder*, Kooperation statt Konfrontation, in: DV, Bd. 38 (2005), S. 1 (12f.), dort im Übrigen vor allem am Beispiel des Ausbaus des Frankfurter Flughafens. S.a. → Bd. II Appel § 32 Rn. 102ff.

[66] Vgl. *Anna Leisner-Eggensperger*, Direktive Beratung von Gemeinden durch die Aufsicht: Gefahren für Autonomie und Rechtsschutz, DÖV 2005, S. 761ff.

[67] Vgl. *Michael Fehling*, Das europäische Beihilfenrecht in der Wirtschaftskrise, EuR 2010, S. 598 (616).

[68] Zur früheren Praxis, nach der über 90% der Verfahren durch derartige informelle Verwaltungsschreiben erledigt wurden, etwa *Andreas Klees*, Europäisches Kartellverfahrensrecht, 2005, § 1 Rn. 6 u. § 2 Rn. 35; *Borys Wodz*, Comfort Letters and Other Informal Letters in E.C. Competition Proceedings – Why is the Story Not Over?, European Competition Law Review – ECLR 2000, S. 159ff.

[69] Vorausgesetzt in Erwgrd. Nr. 38 der VO (EG) 1/2003 v. 16. 12. 2003, ABl. EG, Nr. L 1, S. 1 und näher ausgestaltet durch die „Bekanntmachung der Kommission über informelle Beratung bei neuartigen Fragen zu den Artikeln 81 und 82 des Vertrages, die in Einzelfällen auftreten (Beratungsschreiben)" KOM 2004/C 101/06, v. 27. 4. 2004, ABl. EG, Nr. C 101, S. 78. Das Beratungsschreiben ist somit an die Stelle der „comfort letters" getreten, *Kurt L. Ritter*, in: Ulrich Immenga/Ernst-Joachim Mestmäcker (Hrsg.), Wettbewerbsrecht: EG, Bd. 1, 4. Aufl. 2007, Art. 10 VO (EG) 1/2003 Rn. 3. S. auch *Klees*, Kartellverfahrensrecht (Fn. 68), § 2 Rn. 40ff.; *Holger Dieckmann*, in: Gerhard Wiedemann (Hrsg.), Handbuch des Kartellrechts, 2. Aufl. 2008, § 45 Rn. 27ff.

[70] Vgl. *Matthias Ruffert*, in: Calliess/ders. (Hrsg.), EUV/AEUV, Art. 288 AEUV Rn. 105; zu „Standards", „Guidelines" und „Recommendations" der Europäische Wertpapier- und Marktaufsichtsbe-

A. Informelles Verwaltungshandeln als eigenständige Handlungsform

verbindliche Standards im Sinne eines Verwaltungs-Soft-Law werden vermehrt sogar auf **völkerrechtlicher Ebene** produziert, sei es von internationalen Organisationen oder in Kooperation nationaler Regierungen oder Verwaltungsbehörden.[71]

Die **Erfolgschancen eines informellen Vorgehens** hängen nach den vorliegenden Berichten wesentlich davon ab, inwieweit die Verwaltung über ein realistisches Drohpotential rechtsförmigen Vorgehens verfügt für den Fall, dass die informelle Verständigung scheitert oder Absprachen später nicht eingehalten werden.[72] Private Kooperationspartner können Verhandlungen dann nicht mehr so leicht zur Vermeidung eines effektiven Gesetzesvollzugs einsetzen. Zwar erfolgen informelle Absprachen und Bitten definitionsgemäß stets mehr oder minder im Schatten des Ordnungsrechts und der Hierarchie. Doch reicht es nach den Erfahrungen nicht aus, dass die Verwaltung theoretisch formelle Handlungsalternativen besitzt; entsprechende Normsetzungs- bzw. Vollzugsakte müssen rechtlich wie politisch auch durchsetzbar erscheinen. 25

Informelle Verständigungen werden meist **bilateral allein mit dem Vorhabenträger** gesucht, ohne Beteiligung von Drittbetroffenen.[73] Die **Machtverhältnisse** zwischen Verwaltung und privatem Absprachepartner bedürfen einer differenzierten Einschätzung. Zwar deuteten die ersten empirischen Studien aus dem Umweltrecht darauf hin, dass bei komplexen Verfahren kooperierende (Groß-)Unternehmen über eine strukturelle Überlegenheit verfügten, weil ein einseitig-hoheitlicher Vollzug kaum durchsetzbar erschien.[74] Auch im Steuerrecht werden informelle Verständigungen wohl eher mit „großen" Steuerpflichtigen gesucht, bei denen sich die Steuerverwaltung wegen besonders hoher Sachverhaltskomplexität nicht in der Lage sieht, die tatsächlichen Grundlagen der Besteuerung mit vertretbarem Aufwand einseitig-hoheitlich aufzuklären.[75] Spätere Untersuchungen machten aber deutlich, dass bei vollzugsgeeigneteren Normen[76] eine aktive Verwaltung selbst in komplexen Fällen des Umwelt- und Wirtschaftsverwaltungsrechts Kooperation durch geschickte „Kompensationsgeschäfte" auch zur Durchsetzung überobligationsmäßiger Anforderungen nutzen kann.[77] In der Arbeits- und Sozialverwaltung wird man regelmäßig sogar von einer strukturellen Überlegenheit der Verwaltung gegenüber dem „Kunden" ausgehen 26

---

hörde ESMA s. *Möllers*, Methoden- und Gesetzgebungslehre (Fn. 57), S. 491; zu Mitteilungen unten → Fn. 356.

[71] → Bd. I *Möllers* § 3 Rn. 15 u. 32.

[72] Besonders deutlich *Bulling*, Kooperatives Verwaltungshandeln (Fn. 46), S. 289; *v. Wedemeyer*, Kooperation statt Vollzug (Fn. 55), S. 133 u. 173.

[73] Differenzierend *Tegethoff*, Projektbezogene Umweltabsprachen (Fn. 55), S. 645: keine Beteiligung Drittbetroffener bei Vorverhandlungen vor Antragstellung; dagegen in etwa einem Viertel der Fälle Beteiligung von Einwendern an etwaigen späteren Verhandlungsrunden; zur meist unterlassenen Beteiligung der Endverbraucher und von Umweltverbänden an staatlich induzierten Selbstverpflichtungen der Wirtschaft *Michael*, Rechtsetzende Gewalt (Fn. 56), S. 90; s. auch unten → Rn. 41 u. 64.

[74] *Bohne*, Informaler Rechtsstaat (Fn. 8), S. 77 ff.; auf dieser Prämisse aufbauend auch *Hoffmann-Riem*, Selbstbindungen (Fn. 9), S. 210 f.

[75] Vgl. *Eckhoff*, Rechtsanwendungsgleichheit (Fn. 62), S. 261 u. 452.

[76] Am Beispiel der vollzugserleichternden Novellierung des § 17 BImSchG in der Mitte der 1980er Jahre *Dose*, Verwaltung (Fn. 46), S. 420 ff.

[77] So insbesondere *Bulling*, Kooperatives Verwaltungshandeln (Fn. 46), S. 288 f., dort allerdings für den Einsatz des öffentlich-rechtlichen Vertrags; *Dose*, Verwaltung (Fn. 46), S. 423 ff. u. 429 f.

müssen. Dementsprechend differenziert muss das Risiko übermäßiger Zugeständnisse an den Kooperationspartner einerseits und seiner Übervorteilung andererseits eingeschätzt werden. Eine Betrachtungsweise, die in informellem Handeln allein eine Ursache für Vollzugsdefizite sieht, greift zu kurz.[78]

B. Erscheinungsformen informellen Verwaltungshandelns

27 Informelles Vorgehen kommt nicht nur in verschiedenen Rechtsgebieten, sondern auch in **unterschiedlichsten Formen** vor. Typisierend lassen sich – ohne Anspruch auf Vollständigkeit – einige besonders verbreitete Erscheinungsformen benennen (I.). Daneben können sie nach abstrakten Kriterien systematisiert werden (II.). Zwar wirft das informelle Verwaltungshandeln in seiner Gesamtheit einige **typische Rechtsprobleme** auf, doch je nach Erscheinungsform mit unterschiedlichen Akzentuierungen.

I. Typen

1. Vorabsprachen

28 Regelungsvorbereitende Absprachen in Vorverhandlungen finden sowohl **im Vorfeld der Normsetzung** (in der Bauleitplanung[79] sowie in der Verordnungs- oder Gesetzgebung[80]) als auch der **Planfeststellung**[81] und sonstiger **Gesetzesvollzugsentscheidungen** (vor allem bei Genehmigungen[82]) statt. Sonderfälle stellen die an der Schwelle zur vertraglichen Verbindlichkeit angesiedelten[83] tatsächlichen Verständigungen im Steuerrecht sowie die Vorabzuleitung von Entscheidungsentwürfen[84] dar. Informelle Absprachen dienen ferner zur Vorbereitung von Personalentscheidungen durch Gremien, namentlich bei höchsten Staatsämtern und entsprechenden Richterposten.[85] Außerhalb des Öffentlichen Rechts sind Vorabsprachen im Strafprozess („Deals") besonders gut untersucht; sie sind wegen der hohen Eingriffsintensität des Strafrechts verbunden mit einer besonderen Formstrenge des Strafprozesses rechtsstaatlich besonders umstritten.[86]

29 Vorabsprachen können sich auf reine **Verfahrensfragen** (etwa die Abfassung eines Genehmigungsantrags) beschränken; insoweit haben sie in einigen Bereichen eine gesetzliche Teilformalisierung erfahren.[87] Typischerweise bewirken

---

[78] Näher unten → Rn. 68 ff.
[79] Leitentscheidung: *BVerwGE* 45, 309 (316 ff.) – Flachglas.
[80] Musterbeispiel: Atomausstieg; dazu etwa *Jens Peter Schneider*, Paktierte Gesetze als aktuelle Erscheinungsform kooperativer Umweltpolitik, in: Bernd Hansjürgens/Wolfgang Köck/Georg Kneer (Hrsg.), Kooperative Umweltpolitik, 2003, S. 43 ff.
[81] Leitentscheidung: *BVerwGE* 75, 214 (230 f.) – Flughafen München II.
[82] Statt vieler *Kautz*, Absprachen (Fn. 1), S. 57.
[83] Dazu kritisch *Müller-Franken*, Verwalten (Fn. 62), S. 190 ff.
[84] Grundlegend *Bohne*, Informaler Rechtsstaat (Fn. 8), S. 59; aufgegriffen z. B. von *Dreier*, Informales Verwaltungshandeln (Fn. 29), S. 655.
[85] *Schoch*, Entformalisierung (Fn. 19), in: HStR III, § 37 Rn. 46 ff.
[86] Grundlegend *BGHSt* 43, S. 195 ff.; *BGH*, NJW 2005, S. 1440 f.; monographisch statt vieler *Stefan Sinner*, Vertragsgedanke im Strafprozessrecht, 1999.
[87] Näher unten → Rn. 84 ff.

vorbereitende Absprachen jedoch zugleich **gewisse inhaltliche Festlegungen.** Kennzeichnend ist eine mehr oder minder weitreichende faktische Bindungswirkung **(Vorabbindung)** für die im anschließenden Normalverfahren ergehende rechtsförmige Entscheidung.[88]

2. Mediation

Auch die Konfliktmittlung vor oder während des Verwaltungsverfahrens kann i.w.S. dem informellen Verwaltungshandeln zugerechnet werden, da sie typischerweise[89] außerhalb rechtsförmlicher Verfahren stattfindet und auf eine Verständigung zwischen den Beteiligten zielt. Weil die Mediation die abschließende Verwaltungsentscheidung nur vorbereiten, nicht aber ersetzen soll, stellt sich wie bei Vorverhandlungen auch hier das Problem der **Vorabbindung** der abschließend entscheidungsbefugten Verwaltung.[90] Bei einem Privaten als Mediator geht es insoweit vor allem um die **Wahrung staatlicher Letztentscheidungsverantwortung.**[91]

30

Dennoch unterscheidet sich die Problematik grundlegend von derjenigen bei Vorverhandlungen: Die Mediation soll durch Einbeziehung aller Betroffenen bzw. deren Repräsentanten und durch transparente Verfahrensgestaltung einen **umfassenden Interessenausgleich** sichern[92] und damit der Gefahr selektiver Interessenberücksichtigung, wie sie bei nur bilateralen vertraulichen Vorverhandlungen besteht, gerade entgegenwirken.[93] Der Mediator hat eine eher **moderierende Funktion**[94], selbst dann, wenn er über die Verfahrensmittlung hinaus ausnahmsweise auch eigene Entscheidungsvorschläge unterbreitet.[95]

31

Als von den Konfliktparteien einvernehmlich auszuwählender **neutraler**[96] **Mittler** wird meist ein **außenstehender Privater** in der Rolle eines selbstständigen Verwaltungshelfers oder im Wege der Verwaltungssubstitution fungieren. Das

32

---

[88] Dazu bereits oben → Rn. 8, zur Gefahr selektiver Interessenberücksichtigung sowie der Entwertung rechtsförmlicher Verfahren unten → Rn. 53.

[89] Zur eventuellen Integration in das förmliche Anhörungsverfahren sogleich → Rn. 32; zum Vorschlag einer entsprechenden Umfunktionierung des Widerspruchsverfahrens *Stefan Vetter*, Mediation und Vorverfahren, 2004, S. 162 ff.; zum niedersächsischen Gegenmodell eines Beschwerdemanagements mit nur entfernt mediationsähnlichen Zügen kritisch *Pascale Cancik*, Vom Widerspruchsverfahren zum informellen Beschwerdemanagement, DV, Bd. 43 (2010), S. 467 (488 ff.). – Weitgehend ausgeblendet wird hier die Mediation im verwaltungsgerichtlichen Verfahren.

[90] Von einer „Rechtswirkung im Werden" spricht *Rainer Pitschas*, Mediation als kollaborative Governance, DÖV 2011, S. 333 (337).

[91] Näher → Bd. II *Appel* § 32 Rn. 121.

[92] Zu den Voraussetzungen optimistisch *Pünder*, Kooperation (Fn. 65), S. 6 ff.; skeptisch etwa *Horst Bossong*, Der Sozialstaat am Runden Tisch, DV, Bd. 34 (2001), S. 145 (150 ff.).

[93] Besonders deutlich bei *Wolfgang Hoffmann-Riem*, Verhandlungslösungen und Mittlereinsatz im Bereich der Verwaltung: Eine vergleichende Einführung, in: Hoffmann-Riem/Schmidt-Aßmann (Hrsg.), Konfliktbewältigung, Bd. I (Fn. 15), S. 13 (26 ff., insbes. 31); *Helmuth Schulze-Fielitz*, Der Konfliktmittler als verwaltungsverfahrensrechtliches Problem, a.a.O., Bd. II, S. 35 (66 ff.); zuletzt *Rossen-Stadtfeld*, Verhandelnde Verwaltung (Fn. 25), S. 45 ff.

[94] Vgl. *Schuppert*, Verwaltungswissenschaft, S. 131: „weniger eine Erscheinungsform des kooperativen als des moderierenden Staates".

[95] Zur Unterscheidung zwischen einem bloßen Verfahrensmittler und einem aktiven Konfliktmittler sowie weiteren Modellen *Holznagel*, Konfliktlösung (Fn. 15), insbes. S. 109 ff.; *Dieter Kostka*, Öffentliches Konfliktmanagement, DV, Bd. 26 (1993), S. 87 (89 ff.).

[96] Zum Problem der Unparteilichkeitssicherung *Michael Fehling*, Verwaltung zwischen Unparteilichkeit und Gestaltungsaufgabe, 2001, S. 419 ff.

Mediationsverfahren ist dann dem Privatverfahrensrecht zuzuordnen.[97] Es kann jedoch auch ein **Behördenbediensteter** zum Mediator bestellt werden. So wird für das Planfeststellungsverfahren vorgeschlagen, mit dieser Aufgabe einen Beamten der Anhörungsbehörde zu betrauen, sofern diese von der Planfeststellungsbehörde verschieden ist und dadurch für eine Vermittlungsrolle grundsätzlich geeignet erscheint. Unter diesen Umständen – aber auch bei Einschaltung eines Privaten – ließe sich die Mediation sogar in das – eventuell vorgezogene – förmliche Anhörungsverfahren (§ 73 VwVfG) integrieren.[98]

33   Mediation ist von **Projektmanagement** zu unterscheiden. Der Projektmanager ist für die Optimierung der verwaltungsinternen Vorgänge zwecks Verfahrensbeschleunigung zuständig; er erbringt dadurch gleichsam eine Dienstleistung zugunsten des investitionswilligen Antragstellers (der auch die Kosten zu tragen hat, vgl. § 2 Abs. 1 Nr. 5 der 9. BImSchV) und keine unparteiliche Vermittlungsleistung.[99]

3. Normvollziehende Absprachen

34   Eine normvollziehende **(vollzugsersetzende)** Absprache bereitet eine förmliche Verwaltungsentscheidung nicht vor, sondern tritt ganz oder teilweise an ihre Stelle. Dies betrifft typischerweise Ordnungsverfügungen; das Musterbeispiel bilden **Sanierungsabsprachen,** die eine nachträgliche Anordnung (z. B. nach § 17 BImSchG) ersetzen.[100] In „Paketlösungen" werden gelegentlich auch Anforderungen an mehrere (Alt-)Anlagen miteinander verknüpft. Gegenstand der Absprache kann ferner die vorübergehende **Duldung** rechtswidriger Zustände sein,[101] meist freilich nicht als einseitiges Zugeständnis der Behörde, sondern gekoppelt an Sanierungszusagen des Betroffenen nach Ablauf der Duldungsfrist.[102]

35   Stärker als bei Vorverhandlungen liegt bei vollzugsersetzenden Absprachen der **Fokus auf der informellen Entscheidung,** weniger auf dem vorangehenden (Verhandlungs-)Verfahren. Es ist durchaus möglich, dass zunächst ein „normales" Verwaltungsverfahren i.S.v. § 9 VwVfG eingeleitet wird, dieses aber letztlich doch nicht, wie zunächst beabsichtigt, zum Erlass einer rechtsförmigen Entscheidung führt, sondern mit einer informellen Absprache endet.

4. Normersetzende Absprachen

36   Normersetzende (normvermeidende, normabwendende) Absprachen werden getroffen, um den **Erlass einer Rechtsnorm abzuwenden.** Die Vereinbarung er-

---

[97] Zum Ganzen näher → Bd. II *Appel* § 32 Rn. 104 f.
[98] Dazu etwa *Pünder,* Kooperation (Fn. 65), S. 20 ff., der für einen Externen plädiert. Bei der Bauleitplanung wird eine Integration in die vorgezogene Bürgerbeteiligung (§§ 4b, 3 Abs. 1 BauGB) vorgeschlagen, dazu bereits *Hubert Treiber,* Probleme der Neutralität staatlichen Handelns – Sicherung von Akzeptanz, in: Hoffmann-Riem/Schmidt-Aßmann (Hrsg.), Konfliktbewältigung, Bd. II (Fn. 15), S. 287, 298 ff.
[99] Gegenüberstellung z. B. bei *Fehling,* Unparteilichkeit (Fn. 96), S. 420, vgl. auch S. 272 f. Zum einheitlichen Ansprechpartner als potenziellem Projektmanager s. unten → Rn. 50.
[100] Konkrete Beispiele bei *Bohne,* Informaler Rechtsstaat (Fn. 8), S. 164 ff.; *Dose,* Verwaltung (Fn. 46), S. 265 ff.
[101] Dazu *Albrecht Randelzhofer/Dieter Wilke,* Die Duldung als Form flexiblen Verwaltungshandelns, 1981; restriktiver *Georg Hermes/Joachim Wieland,* Die staatliche Duldung rechtswidrigen Verhaltens, 1988.
[102] Zusammenfassend etwa *Kautz,* Absprachen (Fn. 1), S. 56 f.; *Dreier,* Informales Verwaltungshandeln (Fn. 29), S. 655 f.

B. Erscheinungsformen informellen Verwaltungshandelns

setzt somit eine ansonsten „drohende" Regelung durch Rechtsverordnung oder Parlamentsgesetz.[103] Als Sonderformen lassen sich benennen: zum einen normverdrängende Absprachen, die aufgrund gesetzlicher Anordnung an die Stelle der ansonsten einschlägigen Rechtsnorm treten und deren Wirkungen für die an der Absprache Beteiligten suspendieren[104]; zum anderen normflankierende oder -flankierte Absprachen, die eine Norm gleichsam als Durchführungsvereinbarung besser vollzugsfähig machen.[105] Oftmals handelt es sich nicht um „echte" bilaterale Absprachen, sondern um **staatlich induzierte Selbstverpflichtungen** der Wirtschaft. Zusagen werden dabei im Regelfall von Wirtschaftsverbänden abgegeben **(horizontal)**, welche die Absprache auf einer zweiten Ebene **(vertikal)** verbandsintern zwischen ihren Mitgliedern umsetzen müssen.[106]

Wie informelle Verständigungen allgemein, so bergen auch normersetzende Absprachen und Selbstverpflichtungen das **Risiko selektiver Interessenberücksichtigung** und der **Umgehung höherrangigen** formellen wie materiellen **(Verfassungs-)Rechts**.[107] Weit stärker als bei normvollziehenden Absprachen rücken hier Probleme **demokratischer Legitimation und Verantwortung** in den Vordergrund, weil das entsprechende Normsetzungsverfahren und damit der primär zuständige Gesetz- oder Verordnungsgeber ausgeschaltet werden. Auf der vertikalen Umsetzungsebene ist das Kartellrecht besonders zu beachten.[108] 37

5. Einseitiges informelles (Aufsichts-)Handeln

Hierbei handelt es sich zwar nicht um Absprachen i.e.S., doch ist solchen äußerlich einseitigen Maßnahmen zumindest eine **gewisse Verständigungserwartung** eigen, weil jene rechtlich unverbindlich bleiben und ihre Umsetzung daher die **freiwillige Folgebereitschaft der Adressaten voraussetzt**. Solche formlosen Mechanismen einseitig-hoheitlicher Steuerung finden sich sowohl im Einzelfall (als Bitten, Hinweise u.ä.) als auch mit breiterem Adressatenkreis (als Rundschreiben, Leitfäden u.ä.). Sie sind gerade in Aufsichtsverhältnissen, von der 38

---

[103] Hierzu und zum Folgenden *Michael*, Rechtsetzende Gewalt (Fn. 56), S. 40 ff.; als informelles Verfassungshandeln eingestuft und vom Verwaltungshandeln abgegrenzt von *Oster*, Das informellkooperative Verwaltungshandeln (Fn. 36), S. 847.

[104] Sie werden auch als „normakzessorisch" bezeichnet, so *Mattias Schmidt-Preuß*, Verwaltung und Verwaltungsrecht zwischen gesellschaftlicher Selbstregulierung und staatlicher Steuerung, VVDStRL, Bd. 56 (1997), S. 160 (214), mit dem Beispiel der Rücknahmepflichten verdrängenden Selbstverpflichtungen im Rahmen der VerpackungsV.

[105] Vgl. *Jürgen Fluck/Thomas Schmitt*, Selbstverpflichtungserklärungen und Umweltvereinbarungen – rechtlich gangbarer Königsweg deutscher und europäischer Umweltpolitik, VerwArch, Bd. 89 (1998), S. 220 (226), mit dem Beispiel der AltautoV (a. F.), deren Vollziehbarkeit in der damaligen Fassung auf einer Selbstverpflichtung der Automobilindustrie zum Aufbau eines Rücknahmesystems beruhte.

[106] Zu dieser Struktur näher z. B. *Faber*, Selbstregulierungssysteme (Fn. 31), S. 230 ff. S. a. → Bd. I *Eifert* § 19 Rn. 73 ff.

[107] Näher dazu unten → Rn. 53 ff. S. a. → Bd. I *Ruffert* § 17 Rn. 134.

[108] *Winfried Brohm*, Rechtsgrundsätze für normersetzende Absprachen, DÖV 1992, S. 1025 (1028 f.); eingehend dazu *Michael*, Rechtsetzende Gewalt (Fn. 56), S. 519 ff. m. w. N.; für eine Lösung über §§ 7, 8 GWB *Foround Shirvani*, Das Kooperationsprinzip im deutschen und europäischen Umweltrecht, 2005, S. 222 f.; a. A. etwa *Klaus W. Grewlich*, Umweltschutz durch „Umweltvereinbarungen" nach nationalem Recht und Europarecht, DÖV 1998, 54 (56 ff.), wonach das Kartellrecht hier durch verfassungsrechtliche Grundsätze überlagert und teilweise verdrängt werde.

klassischen Kommunalaufsicht über das Regulierungsrecht[109] bis hin zur Wettbewerbsaufsicht der EU-Kommission,[110] verbreitet anzutreffen. Informelle „Bitten" treten gelegentlich auch an die Stelle ordnungsrechtlicher Verfügungen, vor allem dann, wenn die Tatsachenbasis für rechtsförmliche Maßnahmen noch zu unsicher erscheint.[111] Ebenso wie bei normvollziehenden Absprachen ist für derartige aufsichtsmaßnahmenersetzende Hinweise u.ä. eine labile faktische Bindungswirkung sowie die Alternativität zu rechtsförmlichem Handeln kennzeichnend.

II. Kriterien für eine Systematisierung

1. Informelles Verwaltungshandeln auf Normsetzungs- oder Vollzugsebene

39 Informelles Handeln kann entweder den **Erlass von Rechtsnormen** (Gesetze, Rechtsverordnungen, Satzungen) oder aber **Gesetzesvollzugsmaßnahmen** (durch Verwaltungsakt oder öffentlich-rechtlichen Vertrag) vorbereiten oder ersetzen.[112] Die Rechtsfragen sind im Kern dieselben. Doch ist die gesetzliche Programmierung auf der Ebene des Verwaltungsvollzugs dichter als auf der Ebene administrativer Normsetzung, sodass die Gesetzmäßigkeit der Verwaltung für weitgehend gesetzesgebundene Vollzugsabsprachen engere Schranken setzt als für Normsetzungsabsprachen. Bei gesetzesvorbereitenden oder -ersetzenden Absprachen verlagern sich die Rechtsprobleme vollständig in das Verfassungsrecht.[113]

2. Vorbereitung oder Ersetzung förmlicher Handlungsformen

40 Informelle Verständigungen können als Vorverhandlungen im Vorfeld bzw. Umfeld eines rechtsförmigen (Verwaltungs-)Verfahrens erfolgen oder aber gänz-

---

[109] Beispiel: *VG Berlin*, WuB 1987, S. 959 ff. m. Anm. *Fischer*: informeller Hinweis der damaligen Bundesanstalt für das Kreditwesen an ein Kreditinstitut, dass eine von diesem Kreditinstitut beabsichtigte Handlung die Prüfung schwerwiegender bankaufsichtlicher Konsequenzen zur Folge haben werde; zu informellen Rundschreiben in der Versicherungsaufsicht *Helmut Kollhosser*, in: Erich R. Prölls (Hrsg.), Versicherungsaufsichtsgesetz, 12. Aufl. 2005, § 81 Rn. 7 m.w.N.; in der Aufsicht über Kredit- und andere Finanzdienstleistungsinstitute besonders bedeutsam das „Rundschreiben 11/2010 (BA) vom 15.12.2010: Mindestanforderungen an das Risikomanagement – MARisk", von *Lothar Michael*, Rechts- und Außenwirkungen sowie richterliche Kontrolle der MaRisk VA, VersR 2010, S. 141 (147 f.) als „Verwaltungsvorschrift mit atypischer faktischer Bindungswirkung" eingeordnet; zum informellen Handeln im Regulierungsrecht allgemein *Michael Fehling*, Instrumente und Verfahren, in: ders./Ruffert (Hrsg.), Regulierungsrecht, § 20 Rn. 111 f. Weitere Nachweise oben → Fn. 57.
[110] Als wichtiges Beispiel konnten die bis zur Novellierung des EU-Kartellverfahrensrechts üblichen „comfort letters" der EU-Kommission dienen; s. o. → Fn. 68.
[111] Beispiele (jeweils aus Entschädigungs-Perspektive): *BGH*, NJW 1996, S. 3152: Bitte um Rückruf eines Medikaments; *BGH*, JR 1998, S. 461: Bitte, von einer Verwertung landwirtschaftlicher Produkte vorläufig abzusehen.
[112] *Schmidt-Aßmann*, Ordnungsidee, Kap. 6 Rn. 130 ff., spricht auch von der „Programmierungsebene" und der „Implementationsebene"; *Michael*, Kooperative Rechtsetzung (Fn. 56), S. 37 ff., von „normativen" und „normvollziehenden" Absprachen.
[113] Vgl. oben → Rn. 36 f.

lich an die Stelle förmlichen Verwaltungshandelns treten.[114] In beiden Konstellationen muss dafür Sorge getragen werden, dass gesetzliche (Verfahrens-)Anforderungen nicht umgangen oder ausgehöhlt werden. Dieses Grundproblem ist im Kern identisch, jedoch unterschiedlich ausgeprägt: Nur bei **vorbereitenden Absprachen** (vor allem auf Ebene des Gesetzesvollzugs) stellt sich das Problem der **Vorabbindung;** das anschließende offizielle Verfahren droht zu einer bloßen Ratifikationsveranstaltung für das informell bereits vorstrukturierte Ergebnis zu werden.[115] Soll demgegenüber informelles Verwaltungshandeln **rechtsförmliche Maßnahmen** ganz oder teilweise **ersetzen,** so werden die Reichweite des **Gesetzesvorbehalts** (bei normersetzenden Absprachen und staatlich induzierten Selbstverpflichtungen) und des **Gesetzesvorrangs** – mit der Frage eines gesetzlichen Gebots rechtsförmlichen Verfahrens – besonders virulent.[116]

3. Einseitiges Handeln, bilaterale oder multilaterale Verständigungen

Auch wenn informelles Verwaltungshandeln angesichts fehlender Rechtsbindungen auf eine **gewisse Verständigung** mit dem/den Adressaten angewiesen ist, muss es nicht notwendig in eine vertragsähnliche zwei- oder mehrseitige Abmachung gekleidet sein. Es kann auch einseitig erfolgen, etwa rechtsverbindliche Aufsichtsmaßnahmen vorbereiten oder ersetzen.[117] Häufiger sind jedoch direkte oder – bei staatlich induzierten Selbstverpflichtungen – indirekte Absprachen.[118] **Typischerweise** finden solche informellen **Absprachen bilateral** allein zwischen Verwaltung und Vorhabenträger bzw. (bei Absprachen auf Verordnungsebene) belasteter Wirtschaft statt,[119] seltener allein mit Drittbetroffenen.[120] Der Verzicht auf die Einbeziehung weiterer oder gar aller Betroffener dient der Reduzierung von Komplexität zwecks Erleichterung einer Einigung, ist aber in besonderem Maße mit der Gefahr selektiver Informations- und Interessenberücksichtigung verbunden.[121] Speziell die **Mediation** soll diesem Trend entgegenwirken, indem dabei weitestmögliche Multilateralität angestrebt wird.[122] Allerdings können selbst in Konfliktmittlungsverfahren zeitweise bilaterale Einzelgespräche erforderlich sein, etwa zur Wahrung von Geschäftsgeheimnissen oder zur Überwindung temporärer Blockaden.[123]

41

---

[114] Statt vieler *Dreier,* Informales Verwaltungshandeln (Fn. 29), S. 648; *Kautz,* Absprachen (Fn. 1), S. 56 ff.

[115] Oben → Rn. 8; zur rechtlichen Bewältigung unten → Rn. 112.

[116] Dazu unten → Rn. 71 ff.

[117] Oben → Rn. 13 u. 38.

[118] Zur Einordnung staatlich induzierter Selbstverpflichtungen als indirekte Absprachen besonders deutlich *Lothar Michael,* Selbstverpflichtungen der Wirtschaft und Absprachen mit dem Staat, DV, Bd. 37 (2004), S. 557 (558 ff.).

[119] Statt vieler *Hoffmann-Riem,* Selbstbindungen (Fn. 9), S. 212; *Dreier,* Informales Verwaltungshandeln (Fn. 29), S. 660; zum empirischen Befund oben → Rn. 26.

[120] *Eberhard Schmidt-Aßmann,* Diskussionsbeitrag, VVDStRL, Bd. 40 (1982), S. 277 f.; *Eberle,* Arrangements (Fn. 12), S. 443 mit dortiger Fn. 21.

[121] Zusammenfassend *Fehling,* Unparteilichkeit (Fn. 96), S. 316 f.

[122] Zur Notwendigkeit einer umfassenden Beteiligung aller betroffenen Gruppen (nicht notwendig: Personen) im Mediationsverfahren etwa *Pünder,* Kooperation (Fn. 65), S. 6 ff.; s.a. → Bd. II *Appel* § 32 Rn. 111. Zweifel an der praktischen Realisierbarkeit bei *Bossong,* Runder Tisch (Fn. 92), S. 150 ff.

[123] *Oliver Passavant,* Mittlerunterstützte Kooperation in komplexen Verwaltungsprojekten, DÖV 1987, S. 516 (520).

4. Austauschabsprachen und Vergleichsabsprachen

42 In Parallele zu den §§ 55, 56 VwVfG lassen sich auch bei informellen Absprachen solche mit Vergleichs- und mit Austauschcharakter unterscheiden.[124] Da Absprachen per se das Tauschprinzip eigen ist, lassen sie sich durchgängig als Austauschabsprachen verstehen, sofern man Leistung und Gegenleistung weit definiert und alle von den Beteiligten wechselseitig angestrebten Verhaltensweisen (Tun oder Unterlassen) einbezieht.[125] Weil Unklarheiten tatsächlicher oder rechtlicher Art eine wichtige Motivation für informelle Verständigungen darstellen, werden allerdings **Austauschabsprachen oftmals zugleich Vergleichsabsprachen** darstellen; ebenso wenig wie beim öffentlich-rechtlichen Vertrag[126] handelt es sich um sich wechselseitig ausschließende Gegensätze.[127] Scheinbar findet sogar die Unterkategorie „hinkender Austauschverträge" in **„hinkenden Austauschabsprachen"** eine Entsprechung; zu denken ist insoweit vor allem an staatlich induzierte Selbstverpflichtungen der Wirtschaft, die in der Erwartung abgegeben werden, dass sich der Staat einer einseitig-hoheitlichen Normierung enthält. Doch macht es wenig Sinn, hinkende von vollgültigen Absprachen abzugrenzen, weil informelle Übereinkünfte im Unterschied zu Verträgen ohnehin keine Rechtspflichten begründen, sondern insgesamt allein auf der rechtlich ungesicherten Erwartung fußen, der Partner werde sich mehr oder minder freiwillig an die Absprache halten. Ohnehin erscheint schon die Unterscheidung von Vergleichs- und Austauschabsprachen nur dann rechtlich folgenreich, wenn daran mehr oder minder weitreichende Analogien zu den Rechtmäßigkeitsanforderungen für öffentlich-rechtliche Verträge (§§ 55–58 VwVfG) geknüpft werden. Dies ist jedoch, wie noch auszuführen sein wird,[128] nur äußerst begrenzt notwendig und möglich, soll nicht die Eigenart des Informellen zerstört werden und dessen spezifisches Steuerungspotential verloren gehen.

C. Informelles Verwaltungshandeln zwischen Steuerungserleichterung und Steuerungsdefizit

43 Nach dem Programm der Neuen Verwaltungsrechtswissenschaft dürfen Chancen und Risiken des Informellen nicht allein mit Blick auf die Verfassungs- und Gesetzmäßigkeit der Verwaltung sowie den darauf gerichteten Rechtsschutz analysiert werden. Vielmehr geht es zentral um den **Steuerungsbeitrag,** den informelles Verwaltungshandeln im Kontext einer Steuerung durch Recht[129] zu leisten vermag; dabei ist die Perspektive der Informationsgewinnung und -verarbeitung[130] verstärkt einzubeziehen. Allerdings muss der spezifisch (verwaltungs-)rechtliche Blickwinkel weiter Fragen der rechtlichen Bewältigung und Einhegung

---

[124] *Bohne,* Informaler Rechtsstaat (Fn. 8), S. 75 f.
[125] *Kautz,* Absprachen (Fn. 1), S. 54 f.
[126] Zur Überlappung von § 55 und § 56 VwVfG statt vieler *Kopp/Ramsauer,* VwVfG, § 55 Rn. 8; *Michael Fehling,* in: Hk-VerwR, § 55 VwVfG Rn. 13.
[127] *Kautz,* Absprachen (Fn. 1), S. 55.
[128] Unten → Rn. 81 u. 92 ff.
[129] S. a. → Bd. I *Voßkuhle* § 1 Rn. 17 ff.
[130] → Bd. II *Vesting* § 20.

C. Informelles Verwaltungshandeln

des Informellen in den Vordergrund stellen. Die „brauchbare Illegalität"[131] ist angesichts von Art. 20 Abs. 3 GG keine rechtlich zu billigende Option.[132] Doch darf die Betrachtung nicht bei der – unverändert notwendigen – Sicherung der Rechtmäßigkeit des Verwaltungshandelns stehen bleiben, sondern hat darüber hinaus positive wie negative Steuerungswirkungen informellen Vorgehens zu analysieren und so im Rahmen der Gesetze eine Steuerungsoptimierung anzustreben. Zu klären sind also die **rechtlichen Rahmenbedingungen für möglichst sachrichtiges und effizientes Verwaltungshandeln.**

I. Erweiterung der Handlungs- und Steuerungsressourcen

Die Möglichkeit informellen Verwaltungshandelns als Alternative oder in Ergänzung zu rechtsförmigen Handlungsformen erweitert die der Verwaltung zur Verfügung stehenden Optionen. Durch diese zusätzliche „instrumental choice"[133] verbessern sich potentiell auch die Steuerungsressourcen. In manchen Fällen, in denen formelles Vorgehen unter den veränderten Rahmenbedingungen des Verwaltungshandelns (unten 1.) mangels Um- oder Durchsetzbarkeit Vollzugs- und Steuerungsdefizite aufweist, mag das informelle Verwaltungshandeln größeren Steuerungserfolg versprechen (2.).

44

1. Reaktion auf veränderte Rahmenbedingungen des Verwaltungshandelns

a) Sinkende Steuerungsfähigkeit traditionellen Ordnungsrechts

Dass die Steuerungskraft des (Gesetzes-)Rechts aufgrund zunehmender Komplexität und rascherem Wandel der sozialen und wirtschaftlichen Zusammenhänge gesunken, der staatliche Steuerungsbedarf dagegen gleichzeitig gewachsen ist, ist mittlerweile fast eine Binsenweisheit.[134] Der Akzent sollte jedoch weniger auf der abnehmenden Steuerungsfähigkeit traditionellen Ordnungsrechts liegen – diese war stets begrenzt, Vollzugsdefizite sind kein modernes Phänomen –, sondern auf den **schwierigeren Steuerungsaufgaben.**[135] Der erhöhte Steuerungsaufwand wiederum ist weniger auf quantitativ wachsende Staatsaufgaben zurückzuführen[136] – der Aufgabenzuwachs des Sozialstaats ist schon seit längerem zu einem zumindest vorübergehenden Abschluss gekom-

45

---

[131] *Niklas Luhmann*, Funktionen und Folgen formaler Organisation, 5. Aufl. 1999, S. 304 ff.; zur historischen Einordnung *Kaiser*, Kommunikation (Fn. 3), S. 223 f.; vgl. auch, mit etwas anderer Akzentuierung, *Frido Wagener*, Der öffentliche Dienst im Staate der Gegenwart, VVDStRL, Bd. 37 (1979), 215 (245).

[132] Zutreffend *Bohne*, Informaler Rechtsstaat (Fn. 8), S. 234 ff., insbes. S. 238; zuletzt *Müller-Franken*, Verwalten (Fn. 62), S. 113 ff., am Beispiel des Steuerrechts; zu den insoweit bestehenden Unterschieden zwischen juristischer und verwaltungswissenschaftlicher Betrachtung *Schulze-Fielitz*, Kooperatives Recht (Fn. 28), S. 660 f.

[133] Begriff nach *Schuppert*, Verwaltungswissenschaft, S. 352, der wiederum auf *Christopher Hood*, The Tools of Governance, 1983, Bezug nimmt. S. a. → Bd. I *Schuppert* § 16 Rn. 174 f.

[134] Vgl. aber a. → Bd. I *Reimer* § 9 Rn. 84 ff.

[135] Zusammenfassend *Kautz*, Absprachen (Fn. 1), S. 70 ff.

[136] So noch *Dieter Grimm*, Der Wandel der Staatsaufgaben und die Krise des Rechtsstaats, in: *ders.*, Wachsende Staatsaufgaben (Fn. 6), S. 291 (296 ff.); zusammenfassend *Schuppert*, Verwaltungswissenschaft, S. 104 ff. m. w. N.

men –, sondern auf das zunehmende **Verlangen nach „passgenauer"** und dadurch regelmäßig komplexerer **Steuerung.** Die Förderung wirtschaftlicher Prosperität wird immer mehr zum Leitgesichtspunkt weiter Bereiche des Öffentlichen Rechts, besonders des Umwelt- und Wirtschaftsverwaltungsrechts. Dazu sucht man das Zusammenspiel des (Regulierungs-)Rechts mit Marktprozessen zu optimieren, nicht zuletzt auch mittels einer Umstellung auf „Regulierte Selbstregulierung" durch vermehrten Rückgriff auf Beiträge Privater zur Erfüllung von Verwaltungsaufgaben.[137]

46 Die neueren komplexen Steuerungsaufgaben und Strukturen führen zu zunehmend offenen Gesetzesnormen (Finalprogramme statt Konditionalprogramme, oder jedenfalls äußerst unbestimmte Normierungen), die vermehrt der politisch-gestaltenden Konkretisierung durch die Verwaltung bedürfen. Die **politische Konfliktlösung** wird von der Gesetzgebung, die sich gegebenenfalls sogar bewusst mit Formelkompromissen begnügt, **auf die Verwaltung verlagert.**[138] Dieser Gestaltungsverantwortung kann die Verwaltung mit traditionellen Mitteln von Befehl und Zwang allein nicht Herr werden, nicht zuletzt deshalb, weil ihr das notwendige (Steuerungs-)Wissen – und auch die personellen Kapazitäten – dazu häufig fehlt. Sinkende Normierbarkeit führt so zu **abnehmender Vollziehbarkeit mit rechtsförmlichen, einseitig-hoheitlichen Mitteln.** Verstärkter Rückgriff auf besonders flexibles informelles Handeln soll die Steuerungsressourcen erweitern.

b) Akzeptanzprobleme einseitig-hoheitlichen Handelns

47 Die Bereitschaft, Maßnahmen der „Obrigkeit" als eminent vernünftig auch dann hinzunehmen, wenn sie für den Betroffenen mit Nachteilen verbunden sind, ist mit gewachsenem demokratischen Selbstbewusstsein einerseits und individuellem Nutzenkalkül andererseits zurückgegangen.[139] Die Bereitschaft, Rechtsmittel einzulegen und sich auf langwierige Rechtsstreitigkeiten einzulassen, ist gewachsen. Deshalb müssen sich der Staat und seine Verwaltung **vermehrt aktiv um Akzeptanz** ihrer Maßnahmen bei den Rechtsunterworfenen **bemühen.**[140]

48 Das Streben nach Akzeptanz durch – nicht notwendig informelle – Kooperation soll sogar verfassungsrechtlich intendiert sein. Im demokratischen Verfassungsstaat wird das **„Gespräch" zum Leitbild des Umgangs mit dem (mündigen) Bürger**[141], also die Kooperation (jedenfalls in einem weiteren, auf die Verfahrensgestaltung bezogenen Sinne). Auch politisch sind Lösungen im Einvernehmen mit der Wirtschaft (namentlich in Form normabwendender Absprachen bzw. staatlich

---

[137] Dazu → Bd. I *Eifert* § 19 Rn. 144 ff. S. a. → Bd. I *Schulze-Fielitz* § 12 Rn. 91 ff.

[138] Im vorliegenden Zusammenhang besonders deutlich *Schneider*, Kooperative Verwaltungsverfahren (Fn. 27), S. 46; *Benz*, Verwaltung (Fn. 14), S. 48 ff.; *Rossen*, Verhandlung (Fn. 25), S. 355 f.; ders., Verhandelnde Verwaltung (Fn. 25), S. 48.

[139] Näher *Rainer Pitschas*, Verwaltungsverantwortung und Verwaltungsverfahren, 1990, S. 564 ff., zum dadurch mitverursachten Bedeutungsgewinn informeller Verfahrensweisen S. 565.

[140] *Thomas Würtenberger*, Akzeptanz durch Verwaltungsverfahren, NJW 1991, 257 (259 ff.); ders., Die Akzeptanz von Verwaltungsentscheidungen, 1996, insbes. S. 30 ff. u. S. 53 ff.; → Bd. II *Pitschas* § 42 Rn. 201 ff.; als Vorteil von staatlich induzierten Selbstverpflichtungen der Wirtschaft *Michael*, Rechtsetzende Gewalt (Fn. 55), S. 211.

[141] *BVerfGE* 45, 297 (335) – Hamburger U-Bahn-Bau; möglicherweise in Anknüpfung an *Peter Häberle*, Grundrechte im Leistungsstaat, VVDStRL, Bd. 30 (1972), S. 43 (89 mit dortiger Fn. 200).

C. Informelles Verwaltungshandeln

induzierter Selbstverpflichtungen) besser als Erfolg zu vermitteln als weitere Rechtsnormen, die stets den Verdacht wirtschaftshemmender Überregulierung auslösen.[142]

c) Dienstleistungsparadigma

Im Zuge der **Beschleunigungsdiskussion** wurde das Verwaltungsverfahren vermehrt in den Dienst der **Investitions- und Standortförderung** gestellt und insoweit als Dienstleistung verstanden, die möglichst passgenau auf die Bedürfnisse der Kunden (Vorhabenträger) abzustimmen ist.[143] Dies erfordert Kooperation und Konsens. Verfahrensförmlichkeiten erscheinen dabei primär als verzögernd und zu starr; für den Einzelfall maßgeschneiderte Tauschgeschäfte scheinen attraktiver als Entscheidungen „von der Stange" nach abstrakt-generellen Maßstäben.[144]

49

Dem Bedürfnis nach frühzeitiger und flexibler Kooperation mit einem potentiellen Investor sollen Vorschriften wie namentlich § 5 UVPG und § 2 Abs. 2 der 9. BImSchV (früher auch §§ 71a ff. VwVfG a.F.) Rechnung tragen. Sie bewirken eine **Teilformalisierung informeller Vorverhandlungen.**[145] Die Funktion des neuen einheitlichen Ansprechpartners nach der Dienstleistungsrichtlinie ließe sich über die Botenfunktion eines Frontoffice (vgl. § 71b Abs. 1 VwVfG) hinaus mit zusätzlichen informellen Beratungsaufgaben anreichern (zu dessen minimalen Informationspflichten § 71c VwVfG) und so einem serviceorientierten Projektmanager annähern.[146]

50

2. Erhoffte Vorteile informellen Handelns

Ein teilweises Ausweichen der Verwaltung auf informelle Handlungsstrategien verspricht wesentliche Vorteile bei der Bewältigung der geschilderten neuen Herausforderungen und Ansprüche an die Verwaltung.[147] Kooperation mit den

51

---

[142] *Michael*, Rechtsetzende Gewalt (Fn. 56), S. 210 f.; zur Deregulierung als Motiv bereits *Becker*, Informales Verwaltungshandeln (Fn. 12), S. 1004 ff. u. 1007 f.

[143] Grundlegend *Martin Bullinger*, Beschleunigte Genehmigungsverfahren für eilbedürftige Vorhaben, 1991, insbes. S. 15 ff.; zur politischen Umsetzung *Unabhängige Expertenkommission zur Vereinfachung und Beschleunigung von Planungs- und Genehmigungsverfahren*, Investitionsförderung durch flexible Genehmigungsverfahren, 1994, insbes. Rn. 200 ff.; zum Dienstleistungsparadigma insgesamt *Fehling*, Unparteilichkeit (Fn. 96), S. 169 ff., insbes. S. 173 ff.; zu seiner Bedeutung für das Verwaltungsrecht am Beispiel privater Dienstleistungen: *Franz Reimer*, Qualitätssicherung, 2010, insbes. S. 74 ff. u. 421 f.; auf die Mediation bezogen *Pünder*, Kooperation (Fn. 65), S. 33 f.; zu der Dienstleistungsrichtlinie und ihrer Umsetzung in §§ 71a ff. VwVfG *Michael Fehling*, Eigenwert des Verfahrens im Verwaltungsrecht, VVDStRL, Bd. 70 (2011), S. 278 (315 f.).

[144] Auf diesem Zusammenhang fußt die Arbeit von *Hösli*, Informell-kooperatives Verwaltungshandeln (Fn. 42), programmatisch S. 3; vgl. auch *Brohm*, Informelles Verwaltungshandeln (Fn. 41), S. 139, wonach „die heutige hochgradig spezialisierte Industriegesellschaft dadurch gekennzeichnet [ist], dass jeder Fall zur Einzelerscheinung tendiert". Man mag insoweit auch von einem Wandel der „Verwaltungskultur" sprechen, vgl. → Bd. I *Möllers* § 3 Rn. 51.

[145] Dazu näher unten → Rn. 84 ff.

[146] Näher *Michael Fehling*, Beschleunigung von Genehmigungsverfahren in Umsetzung der Dienstleistungsrichtlinie, in: ders./Klaus W. Grewlich (Hrsg.), Struktur und Wandel des Verwaltungsrechts, 2011, S. 43 (54 f.); *Alexander Windoffer*, in: Jan Ziekow/Alexander Windoffer (Hrsg.), Ein einheitlicher Ansprechpartner für Dienstleister, 2007, S. 34 ff. Zum Projektmanager ferner oben → Rn. 33.

[147] Ähnliche Auflistung der Vorteile auch bei *Dreier*, Informales Verwaltungshandeln (Fn. 29), S. 656 f.; *Schoch*, Entformalisierung (Fn. 19), in: HStR III, § 37 Rn. 96.

Betroffenen kann der Verwaltung **zusätzlichen Sachverstand** und damit Steuerungswissen verschaffen, das sie zur Bewältigung der immer komplexeren Aufgaben dringend benötigt.[148] Vermeidet man rechtsförmige Festlegungen, so scheinen **einzelfallgerechtere und effizientere Lösungen** erreichbar und Vollzugsdefizite minimierbar. Der weitgehende Verzicht auf rechtliche Bindungen erhöht die **Anpassungsflexibilität** auch bei späteren Veränderungen der Umstände. Frühzeitige informelle Verständigungen können das Verfahren **beschleunigen** und durch verbesserte Akzeptanz spätere **Rechtsstreitigkeiten vermeiden.** Gerade bei Dauerkontakten, etwa in der Wirtschaftsaufsicht, trägt „unbürokratische" Kooperation zur **Schaffung und Erhaltung des wechselseitigen Vertrauens** bei. Informalität kann nicht zuletzt das Auffinden innovativer Lösungen jenseits der eingefahrenen Verwaltungsroutine erleichtern. Kurzum: Informelles Vorgehen erweitert die Steuerungsoptionen und verspricht in manchen komplexen Fällen dem Einzelfall angemessenere sowie leichter um- und durchsetzbare Lösungen.

52 Informelles Verwaltungshandeln verheißt nicht nur eine Steuerungsoptimierung, sondern entspricht in besonderem Maße auch den **Eigeninteressen der Verwaltung.** Diese können, wie die Public-Choice-Theorie lehrt, das Verwaltungshandeln fast ebenso stark beeinflussen wie die gesetzlichen Vorgaben.[149] Verständigungsorientiertes und flexibel auf Kundenwünsche reagierendes Verwalten verspricht **Arbeitsersparnis,** sofern der Vollzugsaufwand wegfällt oder zumindest deutlich reduziert ist. Kooperation statt Konfrontation führt auch zu einem **angenehmeren Arbeitsklima.**[150] Ohne (offenen) Streit erzielte Vollzugserfolge lassen sich politisch besonders gut verwerten; sie **verbessern das Image der Verwaltung** und möglicherweise sogar die Wiederwahlchancen der politisch Verantwortlichen. Informell können die Akteure in der Verwaltung schließlich auch leichter versuchen, eigene (politische) Gerechtigkeitsvorstellungen zu verwirklichen.

II. Verleitung zu suboptimaler oder gar rechtswidriger Steuerung

1. Spiegelbildliche Risiken informellen Vorgehens

53 Den potentiellen Vorteilen informellen Vorgehens stehen nahezu spiegelbildlich nicht zu unterschätzende Gefahren gegenüber.[151] Statt der Verwaltung wie erhofft eine breitere Informationsgrundlage zu verschaffen, droht bei zu „unkritischer" informeller Kooperation eine **selektive,** weil maßgeblich vom (privaten)

---

[148] Statt vieler *Rossen-Stadtfeld,* Verhandelnde Verwaltung (Fn. 25), S. 34 f.; *Michael,* Rechtsetzende Gewalt (Fn. 56), S. 207 ff.; *Oster,* Das informell-kooperative Verwaltungshandeln (Fn. 36), S. 846.
[149] Überblick z. B. bei *Dennis C. Mueller* (Hrsg.), Perspectives on Public Choice, 1996, darin vor allem die Beiträge von *Ronald Wintrobe,* Modern bureaucratic theory, S. 429 ff., und *Terry M. Moe,* The positive theory of public bureaucracy, S. 455 ff.; *Ingo Heinemann,* Public Choice und moderne Demokratietheorie, 1999, S. 33 ff.; s. aber auch unten → Rn. 62.
[150] Plastisch *Lübbe-Wolff,* Kooperationsprinzip (Fn. 12), S. 302: „Wer sitzt nicht lieber mit den Herren von der Industrie am Verhandlungstisch, als am Schreibtisch Verfügungen vorzubereiten? Wer ist nicht in den zu überwachenden Betrieben lieber zuvorkommend behandelter Gast als ungern gesehener Kontrolleur, den man nach Möglichkeit an der Pforte warten lässt?".
[151] Zum Folgenden ähnlich *Dreier,* Informales Verwaltungshandeln (Fn. 29), S. 660 f.; *Henneke,* Informelles Verwaltungshandeln (Fn. 31), S. 273.

C. Informelles Verwaltungshandeln

Kooperationspartner eigeninteressiert beeinflusste **Informationsgewinnung und -verarbeitung**. Ein vollzugserleichterndes Vertrauensverhältnis kann gerade bei Dauerkontakten in **Distanzverlust**, in Klientelorientierung bis hin zum „agency capture" umschlagen.[152] Der effizienzfördernden Flexibilität des informellen Vorgehens steht als Kehrseite dessen mangelnde Effektivität gegenüber, wenn unverbindliche Absprachen nicht eingehalten, informelle Wegweisungen nicht befolgt werden.[153] Statt abgebaut, werden **Vollzugsdefizite** womöglich **perpetuiert**, sofern die Gegenseite über höheres Drohpotential und überlegene Tauschmacht verfügt. Auch die Hoffnung auf Verfahrensbeschleunigung wird enttäuscht, wenn Verhandlungen scheitern oder informelle Absprachen später gebrochen werden, wenn Kooperationsbereitschaft zwecks Verzögerung möglicherweise sogar nur vorgetäuscht war. Werden im Verständigungswege Rechtsstreitigkeiten mit der betroffenen Wirtschaft vermieden, so kann gerade diese selektive Kooperation **Klagen ausgegrenzter Drittbetroffener** heraufbeschwören. Kurzum: Die Chance der Steuerungsoptimierung geht mit dem Risiko suboptimaler Steuerung bis hin zum partiellen Steuerungsverzicht einher.

Ebenso wenig ist gesichert, dass Verwaltung und ihr Personal mit jeweils eigenen institutionellen und individuellen Interessen tatsächlich von einem informellen Vorgehen profitieren. Wiederum werden die **Nachteile** besonders dann virulent, wenn die **informelle Steuerung scheitert.** Muss nachträglich auf rechtsförmiges Handeln umgesattelt werden, so bedeutet dies für das Verwaltungspersonal unweigerlich erhöhten Zeit- und Arbeitsaufwand.[154] Bei nicht eingehaltenen Absprachen droht auch politischer (Image-)Schaden. Selbst wenn langwierige Verhandlungen letztlich noch zum Erfolg führen, kann diese Strategie dennoch höheren Arbeitsaufwand bedeuten als die in gewissem Grade auch entlastend wirkende hoheitliche Vollzugsroutine.[155] 54

2. Drohende Aushöhlung von Verfassungsprinzipien

Die geschilderten Risiken sind auch (verfassungs-)rechtlich relevant. Insoweit geht es darum, das **strukturelle Gefährdungspotential der Informalität** zu ergründen, das verfassungsrechtliche Schutzpflichten auslöst[156], also nach rechtlichen Bewältigungsstrategien (unten D.) verlangt. 55

a) Erosion rechtsstaatlicher Disziplinierung der Verwaltung

Die zentrale Gefahr des Informellen liegt in der **Umgehung der Gesetzesbindung** der Verwaltung (Art. 20 Abs. 3 GG)[157], sowohl in Bezug auf Verfahrensförmlichkeiten als auch auf das materielle Recht. Das rechtsförmige Verfahren droht durch informelle faktische (Vorab-)Bindungen zu einem bloßen formalen 56

---

[152] Siehe a. → Bd. I *Eifert* § 19 Rn. 142; Bd. II *Hill/Martini* § 34 Rn. 16.

[153] Aus diesem Grund reichen informelle Umweltvereinbarungen zur Umsetzung von EU-Richtlinien grundsätzlich nicht aus, näher unten → Rn. 70.

[154] Zur Ambivalenz des Zeitfaktors z.B. *Andreas Helberg*, Normabwendende Selbstverpflichtungen als Instrumente des Umweltrechts, 1999, S. 63 ff., insbes. S. 69; *Hoffmann-Riem*, Selbstbindungen (Fn. 9), S. 216.

[155] Dies betont *Lübbe-Wolff*, Kooperationsprinzip (Fn. 12), S. 302.

[156] Dogmatisch insoweit in Anlehnung an BVerfGE 111, 333 (355) – Brandenburgisches Hochschulgesetz.

[157] Dazu → Bd. I *Schmidt-Aßmann* § 5 Rn. 65 f., *Reimer* § 9 Rn. 74 ff.

§ 38 Informelles Verwaltungshandeln

Ratifikationsprozess ohne eigenständige Informationsverarbeitungsfunktion[158] entwertet zu werden. Das materiell einschlägige Recht kann zum Objekt potentiell gesetzeswidriger Tauschgeschäfte degenerieren[159]; seine Steuerungskraft kann durch mangelnden Vollzug aufgrund überlegener Machtposition des privaten Kooperationspartners bzw. Adressaten Schaden nehmen, wie dies teilweise im Umwelt- und Wirtschaftsverwaltungsrecht konstatiert wurde.[160]

57 Kooperation, zumal wenn sie informell und dadurch wenig transparent vonstatten geht, birgt ferner das Risiko eines **Verlustes rechtsstaatlicher Distanz**[161] und – bei nur einseitiger Verständigungsbereitschaft in mehrseitigen Verwaltungsrechtsverhältnissen – eines Verstoßes gegen das ebenfalls rechtsstaatlich fundierte **Unparteilichkeitsgebot.**[162]

b) Aufweichung demokratischer Legitimation durch selektive Partizipation

58 Ein einseitiger Distanzverlust durch selektive Kooperation kann auch zum Problem demokratischer Legitimation und Kontrolle werden.[163] Demokratisch nicht legitimierte private Kooperationspartner und mit ihnen **partikulare Sonderinteressen** gewinnen Einfluss auf Verwaltungsentscheidungen; die Entscheidungsgewalt der demokratisch legitimierten und dem Gemeinwohl verpflichteten Amtswalter droht ausgehöhlt zu werden.[164] Allerdings darf kein starrer Gegensatz zwischen staatlicher Gemeinwohlverantwortung und auf Distanz zu haltenden Gruppeninteressen aufgebaut werden. Inwieweit die Verwaltung Distanz zu Privaten wahrt oder durch und bei informellen Kontakten abbaut, ist in erster Linie eine Frage politischer Gestaltung im Rahmen demokratischer Gemeinwohlkonkretisierung.[165]

59 Gravierende Bedenken ergeben sich im Hinblick auf die **politisch-demokratische Kontrolle.** Denn informelles Verwaltungshandeln neigt zur **Intransparenz.** Eine kritische Begleitung informeller Verständigungsprozesse durch die (Medien-)Öffentlichkeit bildet jedoch ein unverzichtbares Korrektiv gegenüber selektivem Distanzabbau. Informelle Absprachen oder staatlich induzierte Selbstverpflichtungen müssen also so transparent gestaltet werden, dass die Repräsentanten des Staates für ihr Tun bzw. das Handeln der ihr unterstellten Verwaltung

---

[158] Zur entsprechenden Verfahrensdefinition → Bd. II *Schmidt-Aßmann* § 27 Rn. 1.
[159] Ähnlich wurde beim öffentlich-rechtlichen Vertrag eine Umgehung der Gesetzesbindung befürchtet; so der Sache nach zuletzt *Burmeister*, Verträge und Absprachen (Fn. 31), S. 210 ff.; vgl. auch *Kopp/Ramsauer*, VwVfG, § 54 Rn. 11 b.
[160] Zur Notwendigkeit einer differenzierten Betrachtungsweise oben → Rn. 26.
[161] Vgl. *Udo Di Fabio*, Das Kooperationsprinzip – ein allgemeiner Rechtsgrundsatz des Umweltrechts, NVwZ 1999, 1153 (1157); *Matthias Schmidt-Preuß*, Verwaltung und Verwaltungsrecht zwischen gesellschaftlicher Selbstregulierung und staatlicher Steuerung, VVDStRL, Bd. 56 (1997), 160 (178); *Hans-Heinrich Trute*, Die Verwaltung und das Verwaltungsrecht zwischen gesellschaftlicher Selbstregulierung und staatlicher Steuerung, DVBl 1996, S. 950 (961); allgemein zum rechtsstaatlichen Distanzgebot *Schmidt-Aßmann*, Ordnungsidee, Kap. 2 Rn. 2.
[162] *Fehling*, Unparteilichkeit (Fn. 96), insbes. S. 315 ff.
[163] Zur demokratischen Dimension des Distanzgebots allgemein *Schmidt-Aßmann*, Ordnungsidee, Kap. 2 Rn. 3.
[164] Statt vieler *Brohm*, Informelles Verwaltungshandeln (Fn. 41), S. 138 f. Selbst bei der Mediation besteht die Gefahr einer „Aristokratie der Engagierten", *Pünder*, Kooperation (Fn. 65), S. 17.
[165] *Michael Fehling*, Verfassungs- und europarechtliche Rahmenbedingungen kooperativer Umweltpolitik, in: Hansjürgens/Köck/Kneer, Kooperative Umweltpolitik (Fn. 80), S. 139 (154). Zu den Konsequenzen unten → Rn. 109.

politisch verantwortlich gemacht werden können.¹⁶⁶ Hier wird besonders deutlich, dass es sich um ein Problem nicht des Ob, sondern des Wie informeller Kooperation handelt.

c) Gefährdung von Grundrechten Dritter oder auch des Kooperationspartners

Grundrechte Dritter sind besonders bei bilateralen Absprachen gefährdet. **60** Dies betrifft sowohl die materiell-rechtliche als auch die verwaltungsverfahrensrechtliche und die prozessuale Dimension. Informelle Kooperation exklusiv mit dem Vorhabenträger oder – bei staatlich induzierten Selbstverpflichtungen – mit Wirtschaftsverbänden verschlechtert regelmäßig die Chancen Drittbetroffener, mit ihren grundrechtlich geschützten Interessen Gehör zu finden.¹⁶⁷ Zugunsten von flexiblen wirtschaftsnahen Lösungen und der Hoffnung auf Akzeptanz drohen **grundrechtliche Schutzpflichten** vernachlässigt zu werden. Findet – bei norm- oder vollzugsersetzenden Absprachen – kein offizielles Verwaltungsverfahren statt oder wird es in seiner Bedeutung durch informelle Vorabsprachen geschmälert, so geht damit auch die **grundrechtsschützende Funktion des rechtlich geregelten Verfahrens** verloren. Schließlich ist bei unverbindlichen und als solchen deshalb nicht anfechtbaren Absprachen auch die gerichtliche Überprüfung erschwert. Ist zudem noch der Inhalt der (Vor-)Absprache für Drittbetroffene intransparent, so wird ihr Anspruch auf **effektiven Rechtsschutz** (Art. 19 Abs. 4 GG)¹⁶⁸ geschmälert.

Grundrechte können auch auf Seiten des **privaten Kooperationspartners** **61** durch informelle Verständigungen gefährdet werden. Denn auch die **Verleitung zur Kooperation** kann einen **(faktisch-indirekten) Grundrechtseingriff** darstellen, wenn das Kooperationsangebot wie meist von einer mehr oder minder ausgeprägten Drohung mit andernfalls zu ergreifenden ordnungsrechtlichen Alternativmaßnahmen begleitet wird.¹⁶⁹ Dies gilt erst recht für einseitiges informelles Vorgehen der Verwaltung.¹⁷⁰ Wer in eine informelle Absprache einwilligt und Abmachungen oder einseitige Vorgaben trotz rechtlicher Unverbindlichkeit befolgt, handelt zwar grundsätzlich gerade in Ausübung seiner grundrechtlichen Freiheit und wird nicht in seiner Betätigungsfreiheit eingeschränkt.¹⁷¹ Voraussetzung ist aber, dass er dies freiwillig tut. Gerade dies steht jedoch in Zweifel, wenn dem Privaten aufgrund überlegener Machtposition der Verwaltung, wie z.B. teilweise im Sozialrecht, die **Kooperationsbereitschaft mehr oder weniger abgenötigt** wird. Allerdings kann die Freiwilligkeit nicht schon deshalb in Frage gestellt werden, weil der Private andernfalls mit einem für ihn eventuell noch

---

¹⁶⁶ Hierzu näher unten → Rn. 111.
¹⁶⁷ Grundlegend *Hoffmann-Riem*, Selbstbindungen (Fn. 9), S. 209 ff.; zu Abhilfemöglichkeiten unten → Rn. 100 ff.
¹⁶⁸ → Bd. I *Schmidt-Aßmann* § 5 Rn. 71 ff.
¹⁶⁹ Gegen die Annahme von „Freiwilligkeit" in diesem Zusammenhang etwa *Michael*, Rechtsetzende Gewalt (Fn. 56), S. 328 ff.
¹⁷⁰ Vgl. *Bähr*, Aufsichtssystem (Fn. 57), S. 191: „Um sich das Wohlwollen der Aufsichtsbehörde zu erhalten, akzeptieren die Versicherungsunternehmen auch solche schlicht-verwaltenden Maßnahmen und Verlautbarungen, die nach der geltenden Rechtslage nicht unbedingt akzeptiert werden müssten".
¹⁷¹ *Kautz*, Absprachen (Fn. 1), S. 240 ff.; *Faber*, Selbstregulierungssysteme (Fn. 31), S. 305 ff., insbes. 310.

nachteiligeren hoheitlichen Vorgehen rechnen müsse; der pointierte Vergleich mit dem „Vorzeigen der Folterinstrumente"[172] ist irreführend, sofern es sich alternativ um eine rechtmäßige staatliche Regelung handeln würde, welche die Betroffenen ohnehin einzukalkulieren hätten.[173] Die Entscheidung für oder wider eine informelle Verständigung kann jedoch nicht mehr hinreichend frei getroffen werden, wenn Rechte und Pflichten des Kooperationspartners derart unbestimmt bleiben, dass der Private keine rationale Abwägung zwischen den Alternativen (freiwillige Befolgung unverbindlicher Abmachungen bzw. Vorgaben oder Hinnahme einer rechtsverbindlichen hoheitlichen Regelung) mehr vornehmen kann.[174]

III. Erkenntniswert ökonomischer und verwaltungswissenschaftlicher Forschungen für die Erfolgsbedingungen informeller Absprachen

62 Birgt somit informelles Vorgehen Chancen und Risiken, so gilt es nach Wegen zu suchen, wie die Chancen bestmöglich genutzt und die Risiken minimiert werden können. Die Sozialwissenschaften, vor allem die **Ökonomie,** liefern eine Vielzahl von Modellen, die für das Funktionieren von informellen Verhandlungssystemen nutzbar gemacht werden können. **Eindimensionale Erklärungsansätze** bleiben jedoch auch hier tendenziell **unterkomplex.**[175] Das ökonomische Rational-Choice-Modell geht davon aus, dass rational Handelnde stets individuelle und organisatorische Eigeninteressen verfolgen;[176] darunter dürfen jedoch nicht verengend nur egoistische Präferenzen verstanden werden.[177] Die Spieltheorie, die strategisches, die Reaktionen der Gegenseite möglichst weit antizipierendes Verhalten in den Mittelpunkt rückt,[178] hat, vom „Gefangenen-Dilemma" ausgehend, große Schwierigkeiten zu erklären, warum sich Akteure außerhalb längerfristiger Kontakte überhaupt auf – förmliche oder informelle – Kooperation einlassen.[179] Der Transaktionskostenansatz sieht den entscheidenden Beweggrund für kooperatives Handeln in der Verringerung der Kosten für Informationsbeschaffung,[180] doch handelt es sich auch dabei nur um einen ein-

---

[172] *Dietrich Murswiek,* Freiheit und Freiwilligkeit im Umweltrecht, JZ 1988, S. 985 (988); aufgegriffen etwa von *Schulte,* Verwaltungshandeln (Fn. 13), S. 102 ff.; zu Recht gegen diese Metaphorik, weil sie rechtsstaatswidriges Handeln impliziert, *Michael,* Selbstverpflichtungen (Fn. 118), S. 564.

[173] Dies betont zu Recht *Michael,* Selbstverpflichtungen (Fn. 118), S. 564.

[174] Zum Ganzen *Fehling,* Kooperative Umweltpolitik (Fn. 165), S. 139 (151). Zu den Konsequenzen unten → Rn. 73 ff.

[175] Zum Folgenden im Überblick *Benz,* Verwaltung (Fn. 14), S. 81 ff.

[176] Vgl. *Volker Kunz,* Rational Choice, 2004; *Anne van Aaken,* „Rational Choice" in der Rechtswissenschaft – zum Stellenwert der ökonomischen Theorie im Recht, 2003. S. a. → Bd. II *Sacksofsky* § 40 Rn. 36 ff.

[177] Gegen eine Sicht, nach der politisch-administratives Handeln primär oder gar ausschließlich an individuellen oder institutionellen Eigeninteressen ausgerichtet sei, zu Recht *Benz,* Verwaltung (Fn. 14), S. 68 f.; *Dose,* Kooperatives Recht (Fn. 49), S. 101.

[178] Vgl. etwa *Horst Eidenmüller,* Ökonomische und spieltheoretische Grundlagen von Verhandlung/Mediation, in: Stephan Breidenbach/Martin Henssler (Hrsg.), Mediation für Juristen: Konfliktbehandlung ohne gerichtliche Entscheidung, 1997, S. 31 ff.; *Georg v. Wangenheim,* Games and Public Administration, The Law and Economics of Regulation and Licensing, 2004; → Bd. II *Sacksofsky* § 40 Rn. 48 ff; allgemein z. B. *Manfred J. Holler/Gerhard Illing,* Einführung in die Spieltheorie, 6. Aufl. 2006.

[179] Näher *Arthur Benz,* Der Beitrag der Spieltheorie zur Analyse des kooperativen Verwaltungshandelns, in: Dose/Voigt, Kooperatives Recht (Fn. 35), S. 297 ff.; vgl. auch *Dose,* Kooperatives Recht (Fn. 49), S. 101.

[180] *Ronald H. Coase,* The firm, the market and the law, 1990; zur verwaltungswissenschaftlichen Rezeption allgemein *Schuppert,* Verwaltungswissenschaft, S. 575 ff.; *ders.,* Institutional Choice im öffent-

C. Informelles Verwaltungshandeln

zelnen – wenn auch wichtigen – Faktor aus einem weit komplexeren Bündel unterschiedlicher Einflüsse und Motive.

In der Verwaltungs- und der Politikwissenschaft sind Ansätze besonders verbreitet, die – formelle oder auch informelle – Kooperation aus **wechselseitigen Abhängigkeiten und den Vorteilen von Austauschbeziehungen** erklären.[181] Dies trifft sich mit der auch die Neue Verwaltungsrechtswissenschaft prägenden Erkenntnis, dass die Fähigkeit der Verwaltung zur einseitig-hoheitlichen Steuerung oftmals durch ihr **Wissensdefizit** beeinträchtigt ist.[182] Enge Verbindungen bestehen ferner zur Einsicht der **Governance-Forschung,** wonach die (politische) Praxis stärker durch komplexe Arrangements verschiedener Akteure mit unterschiedlicher Handlungslogik geprägt ist als durch hierarchische Beziehungen.[183] Diese Erklärungsmuster erscheinen auch für das Verwaltungsrecht anschlussfähig und verdeutlichen einmal mehr, dass es sich bei informell-kooperativem Verwaltungshandeln nicht um ein Krisensymptom, sondern um eine vollgültige Steuerungsoption handelt.[184] Wissensdefizite und in abgeschwächter Form sogar eine gewisse Austauschlogik motivieren im Grundsatz auch einseitig-informelles Handeln der Verwaltung,[185] die dabei auf die freiwillige Folgebereitschaft des Adressaten letztlich fast ebenso angewiesen ist wie bei einer Absprache. Doch bleibt zu berücksichtigen, dass der Verwaltung juristisch schon definitionsgemäß[186] stets eine rechtsförmliche Alternative zur Verfügung steht. Die Wahl einer informell-kooperativen Strategie erfolgt daher stets situationsabhängig und kann in der fortlaufenden Interaktion überprüft und gegebenenfalls revidiert werden.[187]

Ungeachtet aller Schwierigkeiten, ein allgemeingültiges theoretisches Erklärungsmuster für informelle Verständigungen zu entwickeln, lassen sich doch zumindest einige konkrete **Erfolgsbedingungen für gelingende Kooperationsbe-**

---

lichen Sektor, in: *Dieter Grimm* (Hrsg.), Staatsaufgaben, 1994, S. 647ff. S.a. → Bd. II *Sacksofsky* § 40 Rn. 40. Für die Mediation, auf die Rechtsdurchsetzungskosten bezogen, *Pünder,* Kooperation (Fn. 65), S. 32.

[181] Im vorliegenden Zusammenhang *Benz,* Verwaltung (Fn. 14), S. 85f.; *Kippes,* Bargaining (Fn. 46), S. 44ff.; *Hubert Treiber,* Über mittlerunterstützte Verhandlungen bei umstrittenen Standortentscheidungen, in: *Hoffmann-Riem/Schmidt-Aßmann,* Konfliktbewältigung, Bd. I (Fn. 15), S. 267 (277); allgemeiner z.B. *Bernd Marin* (Hrsg.), Generalized Political Exchange, 1990.

[182] *Dieter Cansier,* Informal-kooperatives Verwaltungshandeln im Umweltschutz aus ökonomischer Sicht, in: Hermann Hill/Hagen Hof (Hrsg.), Wirkungsforschung zum Recht II – Verwaltung als Adressat und Akteur, 2000, S. 285 (286ff.); *Martin Eifert,* Regulierte Selbstregulierung und die lernende Verwaltung, DV, Beiheft 4, 2001, S. 137ff. S. aber a. → Bd. II *Vesting* § 20 Rn. 50.

[183] Vgl. *Hans-Heinrich Trute/Wolfgang Denkhaus/Doris Kühlers,* Governance in der Verwaltungsrechtswissenschaft, DV, Bd. 37 (2004), S. 451ff.; *Claudio Franzius,* Governance und Regelungsstrukturen, VerwArch, Bd. 97 (2006), S. 186ff.; *Wolfgang Köck,* Governance in der Umweltpolitik, in: *Gunnar Folke Schuppert* (Hrsg.), Governance-Forschung: Vergewisserung über Stand und Entwicklungslinien, 2. Aufl. 2006, S. 322 (323, 328ff.). S.a. → Bd. I *Schuppert* § 16 Rn. 20ff.

[184] Die „Normalität kooperativen Handelns" betont auch *Schmidt-Aßmann,* Ordnungsidee, Kap. 3 Rn. 121f.; ähnlich etwa *Schuppert,* Verwaltungswissenschaft, S. 244f. m.w.N.

[185] Z.B. hatte sich in *BGH,* JR 1998, S. 461 (463) die Ordnungsbehörde mit einer informellen Bitte begnügt, ein Produkt vorerst nicht mehr zu verkaufen, weil hinreichende Informationen für ein Verkaufsverbot noch nicht vorlagen. In einem solchen Fall profitiert der Betroffene, wenn er der Bitte nachkommt, davon, dass die mit einem förmlichen Verkaufsverbot regelmäßig verbundene Publizität vermieden wird.

[186] Siehe oben → Rn. 10f.

[187] Ähnlich *Benz,* Verwaltung (Fn. 14), S. 86f.

ziehungen identifizieren. Verhandlungslösungen werden wesentlich erleichtert und oftmals überhaupt erst möglich, wenn der Kreis der Beteiligten möglichst klein bleibt; jede Erweiterung erhöht in beträchtlichem Maße den Einigungsaufwand, ökonomisch gesprochen: die Transaktionskosten. Dies erklärt die Tendenz zu bilateralen Absprachen. Dadurch werden allerdings die Kosten der Absprache zum Teil auf Dritte oder die Allgemeinheit verlagert (externalisiert).[188] Im Übrigen wird immer wieder betont, gelingende Kooperation setze idealtypisch die wechselseitige Anerkennung der Kooperationspartner als gleichberechtigt voraus.[189] Dies kann sich indes nur auf den Umgangs- und Verhandlungsstil beziehen; real asymmetrische Einflussmöglichkeiten sind dadurch keineswegs ausgeschlossen, zumal in der Realität regelmäßig imperfekte Kooperationsbedingungen anzutreffen sind.[190]

65 Asymmetrien sind zudem auch rechtlich dadurch vorgezeichnet, dass die Verwaltung über – freilich im Einzelfall möglicherweise schwer durchsetzbare – einseitig-hoheitliche Handlungsoptionen verfügt. Nach allen vorliegenden Erkenntnissen ist dies indes kein Hindernis; gerade **im Schatten des Ordnungsrechts und der Hierarchie** gedeiht die Kooperations- und Kompromissbereitschaft privater Akteure.[191] Im Übrigen scheinen **klare rechtliche Rahmenbedingungen** informelle Verständigungen eher zu erleichtern als zu erschweren; das Gesetz muss allerdings hinreichende rechtliche oder zumindest faktische **Spielräume**[192] lassen für Tauschgeschäfte, die – insoweit ist die Rational-Choice-Perspektive plausibel – beiden Seiten vorteilhaft erscheinen.

66 Innerhalb des rechtlichen Rahmens wird eine (informelle) Verständigung durch eine **pragmatische Handlungsorientierung** der Akteure erleichtert, während eher ideologie- und prinzipiengeleitete Einstellungen eine Einigung weniger wahrscheinlich machen. Absprachen setzen einen (schrittweisen) Übergang von positionsbezogenen zu kompromissorientierten, wenn nicht gar verständigungsorientierten Verhandlungen voraus.[193] In Hinblick auf die konkreten Kooperationschancen kann mit *Benz*[194] zwischen verschiedenen **Aufgabentypen mit unterschiedlichem Konfliktpotential und unterschiedlicher Motivationsstruktur** differenziert werden:
– „Ordnungsaufgaben", bei denen Konflikte zwischen sich wechselseitig beeinträchtigenden Handlungsoptionen existieren, zeichnen sich durch partiell gegeneinandergerichtete Interessen der Akteure aus. Doch eint diese immerhin

---

[188] Gerade insoweit wäre eine Reinternalisierung externer Effekte durch umfassende Kompensation von Nachteilen und Vorteilen wünschenswert; s. *Dieter Suhr*, Die Bedeutung von Kompensationen und Entscheidungsverknüpfungen, in: Hoffmann-Riem/Schmidt-Aßmann, Konfliktbewältigung, Bd. I (Fn. 15), S. 113 (119 ff.).

[189] *Benz*, Verwaltung (Fn. 14), S. 38.

[190] Vgl. oben → Rn. 26.

[191] *Dose*, Verwaltung (Fn. 46), insbes. S. 415 ff.; zum „Schatten der Hierarchie" grundlegend *Fritz Scharpf*, Die Handlungsfähigkeit des Staates am Ende des zwanzigsten Jahrhunderts, PVS 1991, S. 621 (629); für das Energierecht vgl. *Herzmann*, Konsultationen (Fn. 57), S. 168: „Schatten des Regulierers".

[192] Zur insoweit wichtigen Unterscheidung zwischen einer verwaltungswissenschaftlichen und der juristischen Perspektive unten → Rn. 78.

[193] *Benz*, Verwaltung (Fn. 14), S. 87 ff. u. 112 ff.; für die Mediation ähnlich *Pünder*, Kooperation (Fn. 65), S. 8 ff.

[194] *Benz*, Verwaltung (Fn. 14), S. 223 ff.; aufgegriffen von *Dose*, Kooperatives Recht (Fn. 49), S. 101 f.

das gemeinsame Interesse an einer Lösung des Konflikts. Insoweit sind die Chancen für einen Kompromiss eher günstig.[195]
- So genannte „Produktions- und Entwicklungsaufgaben", etwa im Rahmen der wirtschaftlichen Restrukturierung einer Region, scheinen wegen der im Ergebnis gleichgerichteten Interessen aller Beteiligten für eine Kooperation zunächst zwar besonders geeignet. Doch erschweren Trittbrettfahrer-Risiken und massive Koordinationsprobleme, wie sie in derart komplexen multilateralen Strukturen angelegt sind, eine Verständigungslösung.[196]
- „(Um-)Verteilungsaufgaben" schließlich, jedenfalls wenn sie mit gravierenden Verteilungskonflikten belastet sind, lassen einen (informellen) Kompromiss als ziemlich unwahrscheinlich erscheinen. Wer etwas zu verlieren hat, wird hier oftmals eine defensive Blockadestrategie vorziehen – es sei denn, die Verwaltung verfügt über ein hinreichend realistisches Drohpotenzial mit einseitig-hoheitlichen Alternativen.[197]

D. Rechtliche Bewältigungsstrategien

I. Begrenzte Leistungsfähigkeit der Rechtsverhältnislehre

Die Deutung von informellen Kooperationsbeziehungen als **Verwaltungsverfahrensrechtsverhältnis** hat gegenüber einer Fixierung auf die Handlungsform den Vorteil, das Prozesshafte von Verhandlungen besser zu erfassen.[198] Dadurch vermag die Rechtsverhältnislehre auch eine Brücke zu schlagen zu den ökonomischen und verwaltungswissenschaftlichen Analysen, die sich besonders mit den Interaktionen bei Verhandlungen beschäftigen. Einseitig-informelles Verwaltungshandeln ist zwar nicht in gleichem Maße interaktiv-prozesshaft angelegt, doch löst es für die Zukunft Verhaltenserwartungen aus, welche die Annahme eines über die punktuelle Handlung hinausreichenden Verwaltungsrechtsverhältnisses rechtfertigen. Denn regelmäßig stellt sich, vom weiteren Verhalten des Adressaten sowie von der Einschätzung der Verwaltung abhängig, insbesondere die Frage, ob durch hoheitliche Anordnungen nachgesteuert werden soll oder muss.[199] Mit der Figur der drei- und mehrseitigen Verwaltungs(verfahrens)rechtsverhältnisse lassen sich zudem – insoweit bei informellem ebenso wie bei rechtsförmigem Vorgehen – auch mehrpolige Interessenkonflikte angemessen einordnen.[200] Die Rechtsverhältnislehre taugt somit vor allem als **analytisches Raster**.[201]

67

---

[195] Näher *Benz*, Verwaltung (Fn. 14), S. 233 ff.; zur spieltheoretischen Einordnung als „mixed motive games" s. auch *Thomas C. Schelling*, The Strategy of Conflict, 19. Aufl. 2003, S. 89; *Kippes*, Bargaining (Fn. 46), S. 43.
[196] *Benz*, Verwaltung (Fn. 14), S. 252 ff.
[197] *Benz*, Verwaltung (Fn. 14), S. 268 ff.; teilweise ähnlich *Dose*, Verwaltung (Fn. 46), S. 111 f. u. 422 f.: Redistributive Maßnahmen lassen sich im Verhandlungswege typischerweise nur in Paketlösungen verwirklichen; angedeutet auch bei *Kippes*, Bargaining (Fn. 46), S. 90 f.
[198] Dazu bereits oben → Rn. 4 m.N. in Fn. 13; allgemein z.B. *Schmidt-Aßmann*, Ordnungsidee, Kap. 6 Rn. 42. S. a. → Bd. II *Bauer* § 36 Rn. 104 f.
[199] Vgl. *Rolf Gröschner*, Das Überwachungsrechtsverhältnis: Wirtschaftsüberwachung in gewerbepolizeilicher Tradition und wirtschaftsverwaltungsrechtlichem Wandel, 1992, S. 305 ff.
[200] Vgl. allgemein *Hans-Uwe Erichsen*, Verwaltungshandeln und Verwaltungsrechtsverhältnis, in: ders./Ehlers (Hrsg.), VerwR, 12. Aufl. 2002, § 11 Rn. 3.

D. Rechtliche Bewältigungsstrategien

Umsetzungsakte ergänzen; darüber hinaus erscheinen auch normverdrängende Absprachen zulässig, wenn bei deren Nichtbefolgung eine gesetzliche Auffangregelung eingreift (wie z.B. gem. §§ 6, 8, 9 VerpackV).[207]

1. Vorbehalt des Gesetzes für informelles Vorgehen?

Hinter dem Problem, inwieweit bereits das Informelle als **Handlungsform** einer gesetzlichen Ermächtigung bedarf, steht die allgemeine Frage, ob sich der Vorbehalt des Gesetzes nur auf den Inhalt oder auch auf die Form des Tätigwerdens bezieht bzw. ob der jeweils einschlägigen Rechtsgrundlage neben allgemeinen Regeln über die Handlungsform ein eigener, vom (Entscheidungs-)Inhalt unabhängiger Eingriffscharakter zukommt.[208] Während ein Verwaltungsakt Rechtsfolgen verbindlich festlegt, der Bestandskraft fähig ist und einseitig-hoheitlich vollstreckt werden kann,[209] trifft all dies auf informelles Verwaltungshandeln nicht zu. Befürworter eines Gesetzesvorbehalts für informelles Verwalten argumentieren mit dessen angeblich faktische Eingriffswirkung aufgrund faktischer Bindungswirkungen.[210] Dies überzeugt indes kaum. Insbesondere verfängt der Vergleich mit staatlichen Publikumsinformationen (insbesondere Warnungen)[211] nicht. Während ein unbestimmter Kreis von in keiner Rechtsbeziehung stehender Bürger des Publikums und damit Dritter abhängen, an die diese Informationen gerichtet sind, so hat es bei informellem Verwaltungshandeln allein der Adressat selbst in der Hand, ob er der staatlichen Steuerung durch informelles Vorgehen nachkommt und damit die staatlich intendierte Steuerungswirkung eintritt. Ebensowenig lässt sich die Zulässigkeit der Wahl einer informellen Vorgabe als Handlungsform entscheidend von der Gesetzmäßigkeit der jeweiligen faktischen Steuerungsinhalte abhängig machen.

In Übereinstimmung mit für die Privatwirtschaft gelten auch für die Verwaltung Schranken informellen Vorgehens. Die insoweit der Verwaltung gezogenen Grenzen werden an späterer Stelle noch genauer dargestellt werden. Vor diesem Hintergrund erscheint die Wahl informeller Instrumente auch nicht als derart grundsätzlich bedenklich, dass sie nur bei ausdrücklicher gesetzlicher Zulassung

---

rungssysteme (Fn. 31), S. 394ff.; Kritik bei *Fluck/Schmitt*, Selbstverpflichtungserklärungen und Umweltvereinbarungen (Fn. 105), S. 247ff.; ebenso schon *Bohne*, Informales Verwaltungs- und Regierungshandeln (Fn. 17) S. 302f. Entsprechend hatte der EuGH, Rs. C-59/89, Slg. 1991, I-2607 (2631f.) in Luft sogar Verwaltungsvorschriften zur Richtlinienumsetzung für nicht ausreichend befunden, weil diese nicht ausnahmslos allgemeinverbindlich seien. Vgl. z. B. Bd. I, *Pietzcker*, § 17 Rn. 71; Bd. II, *Hill/Martini*, § 24 Rn. 45; zu untergesetzlichen Richtlinien Bd. I, *Reimer*, § 9 Rn. 47 ff.

[207] *Michael*, Rechtsetzende Gewalt (Fn. 56), S. 512f.; *Fehling*, Kooperative Umweltpolitik (Fn. 165), S. 161f. Zur Entwicklung ab der Bonner Bauminister-Konferenz vgl. *Ritgen*, Absprachen zwischen Verwaltung und Privaten, DVBl 1992, S. 1102 (1107f.).

[208] Grundlegend *Wahl*, Der Vorrang der Verfassung und die Selbständigkeit des Gesetzesrechts, NVwZ 1984, S. 401 (408f.).

[209] Zur hoheitlichen Qualität vgl. Bd. I, *Pietzcker*, § 17 Rn. 19.

[210] Vgl. nur *Hoffmann-Riem*, in: *ders.*/Schmidt-Aßmann/*Voßkuhle*, GVwR Bd. I, § 10 Rn. 40 f., der allerdings jedenfalls für feststehende Verwaltungsakte einer solchen Argumentation zu Recht entgegentritt; ebenso *Kunig*, DVBl 1992, S. 1193 (1197 f.).

[211] Dazu s. die Ausführungen der Kommission in BVerfGE 105, 279 (303 f.) und die Europäische Entscheidung BVerfGE 105, 252 ff. sowie dazu die Anm. von *Di Fabio* JZ 2003, S. 608 ff.; *Murswiek*, NVwZ 2003, S. 1 ff.; *Huber*, JZ 2003, S. 290 ff.

1989, S. 321 (323f.); unklar, weil nicht hinreichend zwischen Form und Inhalt unterscheidend, BVerwGE 72, 265 (267f.).

§ 38 Informelles Verwaltungshandeln

dafür erforderlich wäre. Informelles Vorgehen unterliegt daher **bezüglich der Instrumentenwahl nicht** dem **Vorbehalt des Gesetzes**.[213]

72 Würde man dies anders sehen, so müsste **jedenfalls eine allgemeine, durch Auslegung ermittelbare Ermächtigung zur Wahl einer informellen Vorgehensweise ausreichen**.[214] Vorverhandlungen im Verwaltungsvollzug sind unter diesem Gesichtspunkt zumindest vom Verfahrensermessen (§ 10 VwVfG) gedeckt;[215] der Verzicht auf ein offizielles Verwaltungsverfahren bei vollzugsersetzenden Absprachen oder Vorgaben ist im Rahmen des § 22 VwVfG zulässig.[216] Wo die Verwaltung über die Befugnis zur verbindlichen Einzelfallregelung durch Verwaltungsakt verfügt, muss als Alternative erst recht eine einseitig-informelle Äußerung ohne Rechtsverbindlichkeit möglich sein, wenn nicht ausnahmsweise gesetzlich Gegenteiliges festgelegt ist. Eine Verordnungsermächtigung lässt bei der Instrumentenwahl meist auch einen Verzicht auf eine rechtsförmige Regelung und ein Ausweichen auf normvermeidende Absprachen zu;[217] nur in Ausnahmefällen lässt sich dem Gesetz oder der Verfassung (z. B. wegen grundrechtlicher Schutzpflichten) eine Pflicht zum Erlass einer Rechtsverordnung oder sogar eines Gesetzes entnehmen.[218] Informelles Verwaltungshandeln stellt eben keine „Rechtsformmanipulation"[219] dar, sondern eine grundsätzlich verfassungsgemäße Steuerungsoption. Der „Formungsauftrag des Rechtsstaates (kann) vor dem Phänomen des Informellen nicht halt machen",[220] doch betrifft dieser Auftrag das Wie und nicht das Ob informeller Handlungsweisen.

73 Die Reichweite des Gesetzesvorbehalts muss ferner **im Hinblick auf Gegenstand und Inhalt informellen Verwaltungshandelns** ermittelt werden. Die Frage ist, inwieweit die Besonderheiten der Informalität – die rechtliche Unverbindlichkeit der Vorgaben und bei informell-kooperativem Handeln zusätzlich die Freiwilligkeit schon bei der Bereitschaft zu einer Absprache – zu einer **Abschwächung des Gesetzesvorbehalts im Vergleich zu rechtsförmigem Handeln** führen. Dies rührt an Grundsatzfragen der Grundrechtsdogmatik, nämlich nach dem Vorliegen eines (faktischen) Grundrechtseingriffs trotz fehlender Rechtsverbindlichkeit und nach Voraussetzungen und Bedeutung eines Grundrechtsverzichts durch Konsens.[221]

---

[213] Siehe auch *Walter Frenz*, Selbstverpflichtungen der Wirtschaft, 2001, S. 187 ff. Allg. zum Vorbehalt des Gesetzes → Bd. I *Reimer* § 9 Rn. 23 ff.

[214] Entsprechend soll für den subordinationsrechtlichen Vertrag § 54 S. 2 VwVfG als Ermächtigung ausreichen (*Michael Fehling*, in: Hk-VerwR, § 54 VwVfG Rn. 3 m.w.N.), obwohl der Vertrag im Gegensatz zur informellen Absprache sogar Rechtswirkungen zeitigt.

[215] *Willy Spannowsky*, Grenzen des Verwaltungshandelns durch Verträge und Absprachen, 1994, S. 127; *Schoch*, Entformalisierung (Fn. 19), in: HStR III, § 37 Rn. 163.

[216] Das heißt dann, wenn die Behörde nicht aufgrund von Spezialvorschriften von Amts wegen oder auf Antrag tätig werden muss; hierzu *Bohne*, Informaler Rechtsstaat (Fn. 8), S. 133.

[217] So i. E. etwa *Michael*, Rechtsetzende Gewalt (Fn. 56), S. 451 f.; *Helberg*, Selbstverpflichtungen (Fn. 154), S. 126 ff.; sogar *Burmeister*, Verträge und Absprachen (Fn. 31), S. 232 ff., der zwar einen weitreichenden Rechtsformvorbehalt, aber unter Rückgriff auf den „Kompensationsgedanken" doch wieder eine Ausnahme macht, wenn das Regelungsziel durch freiwillige Verpflichtungen Privater gleichermaßen erreichbar erscheint.

[218] Dazu z. B. *Helberg*, Selbstverpflichtungen (Fn. 154), S. 117 ff.

[219] So aber *Burmeister*, Verträge und Absprachen (Fn. 31), S. 233.

[220] *Eberhard Schmidt-Aßmann*, Die Lehre von den Rechtsformen des Verwaltungshandelns, DVBl 1989, S. 533 (541).

[221] Siehe dazu a. → Bd. I *Masing* § 7 Rn. 49 und 42 m.w.N.

D. Rechtliche Bewältigungsstrategien

Sind Dritte betroffen, wird die Beurteilung durch eine mehrpolige Grundrechtslage zwischen Abwehr- und Schutzfunktion zusätzlich erschwert.

Pauschalurteile erscheinen kaum möglich, doch lassen sich einige **Leitlinien** herausarbeiten. Adressaten bzw. Partner informellen Verwaltungshandelns bleiben schutzwürdig, soweit ihre Kooperations- bzw. Befolgungsbereitschaft wegen der direkten oder indirekten Drohung mit rechtsförmigen Alternativmaßnahmen als nicht mehr freiwillig erscheint.[222] Insoweit muss sich der Staat die Wirkungen seiner informellen Einflussnahme zurechnen lassen.[223] Andererseits kann die Verantwortung für normvermeidende Absprachen und staatlich induzierte Selbstverpflichtungen nicht einseitig auf den Staat als Grundrechtsverpflichteten verlagert werden, während die privaten Absprachepartner ihrerseits mangels Bindungswirkung von jeder rechtlichen Verpflichtung frei bleiben.[224] In einem komplexen „status negativus cooperationis"[225] bedarf es Zwischenlösungen. Soweit es um den Gesetzesvorbehalt geht, so ist – nicht zuletzt im Hinblick auf die Wesentlichkeitstheorie[226] – für den Inhalt auch des informellen Verwaltungshandelns eine **gesetzliche Grundlage zu fordern**. Doch **reduzieren sich** die **Anforderungen an die Regelungsdichte** im Vergleich zu imperativem Staatshandeln je nach Grad der Freiwilligkeit bzw. faktischer Zwangs- und Bindungswirkung.[227]

Da sich die Ermächtigung allein auf den Inhalt, nicht aber auf die informelle Handlungsform erstrecken muss,[228] kann durchgängig auf die **gesetzlichen Grundlagen für entsprechendes rechtsförmiges Handeln zurückgegriffen** werden. Für normvermeidende Absprachen genügt demnach eine Normsetzungs-, d.h. regelmäßig Verordnungsermächtigung;[229] für Absprachen auf Vollzugsebene oder auch für einseitig-informelle Vorgaben ist eine entsprechende (ordnungsrechtliche) Eingriffsbefugnis zu fordern. Gesetzlicher Festlegungen zum zulässigen Inhalt des informell Vereinbarten bzw. Vorgegebenen im Einzelnen bedarf es angesichts der geringen Anforderungen an die Regelungsdichte nicht.[230]

2. Vorrang des Gesetzes

a) Wahrung der Kompetenzordnung

Die staatliche Kompetenzordnung (Verbands- und Organkompetenzen) mit ihrer machtverteilenden und -begrenzenden Funktion darf durch informelles

---

[222] Zum Problem der Freiwilligkeit oben → Rn. 61; zu den daraus folgenden Transparenzanforderungen unten → Rn. 111.
[223] Zur Einordnung als Problem wertender Zurechnung *Michael*, Rechtsetzende Gewalt (Fn. 56), S. 356.
[224] *Wolfgang Hoffmann-Riem*, Buchbesprechung zu Lothar Michael, Rechtsetzende Gewalt im kooperierenden Verfassungsstaat, Der Staat, Bd. 44 (2005), S. 162 f.
[225] Grundlegend dazu *Michael*, Rechtsetzende Gewalt (Fn. 56), S. 321, 364 ff. Vgl. a. → Bd. II *ders.* § 41 Rn. 119.
[226] Siehe aber a. → Bd. I *Reimer* § 9 Rn. 50 ff.
[227] In diese Richtung auch *Schmidt-Aßmann*, Ordnungsidee, Kap. 2 Rn. 54.
[228] Oben → Rn. 71.
[229] *Michael*, Rechtsetzende Gewalt (Fn. 56), S. 365; *Faber*, Selbstregulierungssysteme (Fn. 31), S. 269 f.; *Brohm*, Normersetzende Absprachen, (Fn. 108), S. 1033; *Fluck/Schmitt*, Selbstverpflichtungserklärungen und Umweltvereinbarungen (Fn. 105), S. 237.
[230] Inwieweit *vorhandene* gesetzliche Regelungen Schranken setzen, ist keine Frage des Gesetzesvorbehalts, sondern des Gesetzesvorrangs. S. dazu a. → Bd. I *Reimer* § 9 Rn. 73 ff.

Vorgehen nicht unterlaufen werden.[231] Inwieweit allerdings einzelne (Organ-)Zuständigkeitsvorschriften über das rechtsförmliche Handeln hinaus auch das informelle Verwaltungshandeln erfassen sollen, ist eine Frage der **Auslegung.** Je stärker eine Zuständigkeitsnorm auf eine bestimmte rechtsförmige Handlungsform ausgerichtet ist, desto eher kann die Auslegung ergeben, dass dadurch die Kompetenz für informelles Handeln nicht oder zumindest nicht abschließend mitgeregelt werden soll. Im **Regelfall,** vor allem bei offen formulierten Normen (wie z.B. der polizeilichen Generalklausel), entspricht dagegen die **Zuständigkeit** derjenigen, **wie** sie **bei rechtsförmigem Handeln,** an dessen Stelle das informelle Vorgehen tritt, gegolten hätte.[232] Uneingeschränkt gilt dies für Vorverhandlungen wegen der von ihnen ausgehenden faktischen Vorabbindung; deshalb ist etwa bei Vorabsprachen über den Inhalt eines Bebauungsplans die Beteiligung des für den Planerlass zuständigen Gemeinderats erforderlich.[233] Aber auch vollzugsvermeidende Verständigungen (z.B. Sanierungsabsprachen) und einseitig-informelle Vorgaben dürfen nur von derjenigen Stelle erfolgen, die auch zu einseitig-hoheitlicher Regelung befugt wäre.[234]

77 Besondere Probleme stellen sich bei der Organkompetenz für **normersetzende** Absprachen bzw. staatlich induzierte Selbstverpflichtungen der Wirtschaft. An der parlamentarischen Gesetzgebung, teilweise aber auch an der Verordnungsgebung (v.a. wenn sie der Zustimmung des Bundesrats bedarf), sind verschiedene Organe beteiligt; wollte man deren Zusammenspiel mit Initiativ- und Erlassrecht sowie gegebenenfalls Zustimmungsvorbehalten auf informelle Verständigungen genau übertragen,[235] bliebe von der Formlosigkeit und Flexibilität des informellen Verwaltungshandelns kaum etwas übrig. Auch die Annahme, für gesetzesersetzende Absprachen sei allein das auch zur Gesetzgebung befugte Parlament zuständig,[236] überzeugt nicht. Denn genau besehen handelt es sich bei derartigen informellen Verständigungen gar nicht um ein Äquivalent zur Normsetzung, sondern die entsprechende staatliche Seite verzichtet nur – rechtlich unverbindlich – auf die Einleitung eines Normsetzungsverfahrens.[237]

---

[231] Besonders deutlich *Schoch,* Entformalisierung (Fn. 19), in: HStR III, § 37 Rn. 128 f. u. 131 mit besonderem Augenmerk auf der Verbandskompetenz; vgl. zu informellen Verhandlungen des Bundes mit einem Betreiber im Rahmen der in Bundesauftragsverwaltung zu vollziehenden Atomaufsicht BVerfGE 104, 249 (265 f.) – Biblis A; deutlicher benennt die Gefahren das Sondervotum, a a O. S. 273 (283).

[232] So etwa *Hucklenbruch,* Selbstverpflichtungen (Fn. 31), S. 169.

[233] So schon BVerwGE 45, 309 (321) – Flachglas. Auf gesetzesvorbereitende Absprachen lässt sich dies freilich nicht übertragen, weil auf Ebene der parlamentarischen Gesetzgebung politische Vorabbindungen in der repräsentativen Parteiendemokratie ohnehin eine Normalität darstellen (vgl. *Schoch,* Entformalisierung [Fn. 19], in: HStR III, § 37 Rn. 132) und die Gesetzgebung auch keinem Gebot gerechter Abwägung unterliegt; die gesetzesvorbereitende Absprache zum Atomkonsens konnte daher zulässigerweise allein von der Bundesregierung ohne Beteiligung des Parlaments getroffen werden.

[234] Für normvollziehende Absprachen *Kautz,* Absprachen (Fn. 1), S. 202.

[235] In diese Richtung *Faber,* Selbstregulierungssysteme (Fn. 31), S. 260 ff.; *Michael,* Rechtsetzende Gewalt (Fn. 56), S. 425 ff., dabei allerdings die Formlosigkeit auch der Mitwirkung der anderen Organe (insbesondere des Bundesrates) betonend.

[236] So z.B. *Faber,* Selbstregulierungssysteme (Fn. 31), S. 256.

[237] *Fluck/Schmitt,* Selbstverpflichtungserklärungen und Umweltvereinbarungen (Fn. 105), S. 232; *Brohm,* Normersetzende Absprachen (Fn. 108), S. 1029; *Schoch,* Entformalisierung (Fn. 19), in: HStR III, § 37 Rn. 132; *Shirvani,* Kooperationsprinzip (Fn. 108), S. 226 f.

D. Rechtliche Bewältigungsstrategien

Zwar werden in solchen Absprachen oder Selbstverpflichtungen darüber hinaus positiv Regelungen getroffen, die eine faktische Bindungswirkung erzeugen können.[238] Solche Handlungsversprechen werden jedoch fast ausschließlich von Seiten der privaten Partner abgegeben und betreffen die staatliche Zuständigkeitsordnung jedenfalls nicht unmittelbar.[239] Anderen Gesetzesinitiativberechtigten bleibt es unbenommen, weiterhin eine gesetzliche Regelung anzustreben.[240] Unter diesen Umständen genügt es, wenn eine gesetzes- oder verordnungsvermeidende Abmachung allein von der Bundesregierung ausgehandelt wird, ohne das Parlament und/oder den Bundesrat zu beteiligen.[241]

b) Rechtliche oder auch nur faktische Spielräume als Voraussetzung informeller Tauschgeschäfte?

Die Tatsache, dass es sich um informelle und damit rechtlich unverbindliche Absprachen oder einseitige Hinweise handelt, erweitert nicht den Gestaltungsspielraum der Verwaltung; sie bleibt in vollem Umfang an vorhandene gesetzliche Vorgaben gebunden. Denn wenn sich Private auf solche Absprachen einlassen und informellen Vorgaben Folge leisten, so geschieht dies im Schatten drohender rechtsförmiger Alternativmaßnahmen und daher typischerweise nur eingeschränkt freiwillig.[242] Wie schon das Flachglas-Urteil lehrt, können faktische Bindungen ebenso wirksam sein wie rechtliche Bindungen.[243] Verwaltungswissenschaftlich mögen zwar bereits faktische Spielräume (in Form äußerst unbestimmter, mit erheblichen Auslegungsunsicherheiten belasteter Rechtsbegriffe) Verhandlungslösungen nahelegen. Deren Verfassungskonformität hängt im Lichte von Art. 20 Abs. 3 GG jedoch grundsätzlich davon ab, dass sich die der informellen Verständigung zugrunde gelegte Rechtsauffassung, vor allem bei der Auslegung und Anwendung unbestimmter Gesetzesbegriffe, bei rechtlicher (gegebenenfalls gerichtlicher) Überprüfung als zutreffend erweist.[244] Wei-

78

---

[238] Darauf zentral abstellend *Michael,* Rechtsetzende Gewalt (Fn. 56), S. 432 f.

[239] Etwas andere Begründung bei *Schoch,* Entformalisierung (Fn. 19), in: HStR III, § 37 Rn. 132: Faktische Bindungen hier als eine rein politische Kategorie, die (verfassungs-)rechtlich kaum zu fassen sei.

[240] *Helberg,* Selbstverpflichtungen (Fn. 154), S. 101.

[241] So z.B. auch *Kautz,* Absprachen (Fn. 1), S. 198 ff., der allerdings für satzungsersetzende Absprachen in Übertragung der Flachglas-Rechtsprechung (die jedoch nur Vorabbindungen beim Satzungserlass betraf) eine Ausnahme machen will und dort eine Beteiligung des Gemeinderats fordert. – Dagegen war eine Zustimmung des Bundesrates bei normersetzenden Verträgen (deren Einhaltung einseitig-hoheitlich durchsetzbar sein sollte und die dadurch einer Rechtsverordnung sehr nahe gekommen wären) in § 36 Abs. 1 S. 2 UGB-KomE vorgesehen, nicht aber für rechtlich unverbindliche staatlich induzierte Selbstverpflichtungen, vgl. dazu § 35 Abs. 1 u. 4 S. 1 i.V.m. § 34 Abs. 3 UGB-KomE.

[242] Dazu schon oben im Zusammenhang mit der Frage eines Grundrechtseingriffs → Rn. 61 und beim Vorbehalt des Gesetzes → Rn. 71.

[243] BVerwGE 45, 309 (318).

[244] Anders *Eberle,* Arrangements (Fn. 12), S. 452, der in der Verwendung unbestimmter Rechtsbegriffe ein Indiz dafür erblickt, dass der Gesetzgeber die Entscheidung grundlegender Interessenkonflikte „gewissermaßen an die Verwaltungsfront abgeschoben hat"; vgl. auch *Helmuth Schulze-Fielitz,* Informales oder illegales Verwaltungshandeln?, in: Arthur Benz/Wolfgang Seibel (Hrsg.), Zwischen Kooperation und Korruption, 1992, S. 233 (238 ff.), der eine breite „Grauzone" sieht, in der das Verwaltungshandeln „weder gesetzlich präzise festgelegt noch illegal ist." Die Annahme einer immanenten Konkretisierungsbefugnis der Verwaltung bei unbestimmten Rechtsbegriffen steht jedoch im

ter reichende informelle Vorgabe- und Absprachemöglichkeiten setzen **entsprechende materiellrechtliche Spielräume** voraus. Zu denken ist in erster Linie an Beurteilungs- und Ermessens- sowie sonstige (planerische) Abwägungs- und Gestaltungsspielräume, wie sie teilweise auf Gesetzesvollzugsebene, in noch höherem Maße aber bei der administrativen Normsetzung bestehen. Nicht zu vergessen ist aber auch die gesetzesfreie Verwaltung; namentlich gesetzlich nicht geregelte staatliche Förderungen können, in den Grenzen des EU-Beihilfenrechts und der Grundrechte von Konkurrenten, nach pflichtgemäßem Ermessen vergeben werden. Das Problem verschiebt sich dann in die Frage, inwieweit die Subventionierung informell von einer Gegenleistung des Begünstigten abhängig gemacht werden darf.[245]

79   Die Beschränkung informellen Verwaltungshandelns auf rechtliche statt bloß faktische Spielräume führt keineswegs zu einem übertriebenen, flexible Lösungen über die Maßen behindernden rechtsstaatlichen Rigorismus. Auch bei gebundenen Entscheidungen können nämlich rechtlich Spielräume anderer Art bestehen. Zu nennen sind erstens **vergleichstypische Spielräume** analog § 55 VwVfG, die allerdings bei bloßen Rechtsunsicherheiten relativ gering bleiben.[246] Zweitens steht die genaue **Ausgestaltung von Nebenbestimmungen** auch dann, wenn deren Beifügung zur Herstellung rechtmäßiger Zustände als solche zwingend ist, im Ermessen der Verwaltung (vgl. allgemein § 36 Abs. 1 VwVfG); dies schafft entsprechende Spielräume auch für informelle Absprachen. Drittens kann selbst zwingendes Recht gewisse **zeitliche Flexibilität** bei seiner Verwirklichung belassen; so muss selbst eine rechtlich zwingende (Untersagungs-)Entscheidung nicht notwendig sofort, sondern allenfalls unverzüglich und damit nach einer gewissen, sachlich vertretbaren Zeitspanne erfolgen.[247] Auf der Vollzugsebene eröffnen sich weitere Zeitfenster, und Rechtsbehelfe können zusätzliche Verzögerungen mit sich bringen. Führt demnach rechtsförmiges Handeln mit Befehl und Zwang ohnehin erst nach einer gewissen Zeitspanne zum Erfolg, so muss eine ähnliche Zeitspanne auch für alternative informelle Lösungen zur Verfügung stehen, ohne dass dies mit der Gesetzesbindung der Verwaltung in Konflikt geriete.

c) Insbesondere: Reichweite des Koppelungsverbots

80   Wie die verwaltungswissenschaftliche Analyse lehrt und die empirischen Untersuchungen ebenfalls nahelegen, ist die Hoffnung auf einen wechselseitigen Vorteil in Tauschgeschäften ein wesentlicher Beweggrund für informelle Ver-

---

Widerspruch zur herrschenden Doktrin grundsätzlich voller gerichtlicher Überprüfbarkeit. S. aber a. → Bd. I *Hoffmann-Riem* § 10 Rn. 83 ff. und 89 ff.

[245] Zum Problem der Reichweite des Koppelungsverbots sogleich unten → Rn. 80 ff.

[246] Siehe schon *Bohne*, Informaler Rechtsstaat (Fn. 8), S. 138 ff.; *Eberle*, Arrangements (Fn. 12), S. 453; allgemein zum Vergleichsspielraum *Michael Fehling*, in: Hk-VerwR, § 55 VwVfG Rn. 17 ff. m.w.N.; *Kopp/Ramsauer*, VwVfG, § 55 Rn. 14 ff.; demgegenüber hält *Kautz*, Absprachen (Fn. 1), S. 212 f., „unechte Vergleichsabsprachen" für gänzlich unzulässig.

[247] So im vorliegenden Zusammenhang nun auch *Oster*, Das informell-kooperative Verwaltungshandeln (Fn. 36), S. 848. Zur Rechtfertigung von Duldungs-Übergangsfristen durch den Grundsatz der Verhältnismäßigkeit vgl. *Hermes/Wieland*, Duldung (Fn. 101), S. 39 ff.; *Schulte*, Verwaltungshandeln (Fn. 13), S. 153 f.; *Tomerius*, Informelle Projektabsprachen (Fn. 56), S. 52 ff., insbes. S. 56, jedoch nur auf Ermessensentscheidungen bezogen. Zu Nebenbestimmungen vgl. allg. → Bd. II *Bumke* § 35 Rn. 125 ff.

D. Rechtliche Bewältigungsstrategien

ständigungen und ihre Befolgung.[248] Zwecks **Erweiterung von Kompensationsmöglichkeiten**[249] lässt sich aus mehreren sachlich zusammenhängenden Problemen gegebenenfalls ein „Gesamtpaket" schnüren. Dabei darf nicht einseitig nur die **Gefahr sachwidriger Koppelungen** betont werden. Informelle Verhandlungsprozesse dienen vielmehr umgekehrt auch dazu, verdeckte, aber implizit bereits **bestehende Verknüpfungen aufzudecken**;[250] bei der Mediation steht diese Aufgabe zwecks Erarbeitung von Möglichkeiten eines Interessenausgleichs sogar ganz im Vordergrund.[251]

Sachwidrige Verknüpfungen auch informeller Art unterliegen einem Koppelungsverbot. Dieses ist rechtsstaatlich fundiert und kann, wie § 56 VwVfG deutlich macht, nicht mit dem Hinweis auf den Grundsatz „volenti non fit iniuria" in Frage gestellt werden.[252] Doch sollte man das Koppelungsverbot hier nicht übermäßig streng verstehen.[253] Da die Informalität flexible Anpassungen bis hin zur Negierung der Absprache ermöglicht, können derartige Verknüpfungen in weitem Umfang (soweit faktisch noch möglich) auch nachträglich – etwa in einer nachfolgenden rechtsförmlichen Entscheidung – wieder aufgelöst werden; insoweit besteht ein wesentlicher Unterschied zum öffentlich-rechtlichen Vertrag.[254] Wegen Verstoßes gegen das Koppelungsverbot rechtswidrig sind bei informellen Absprachen nur gesetzlich eindeutig verbotene Verknüpfungen sowie solche, für die sich keinerlei sachlicher Grund finden lässt **(Verbot gesetzwidriger und willkürlicher Koppelung)**. Zuwiderhandlungen lassen sich mangels Rechtsverbindlichkeit informeller Vereinbarungen zwar nicht wirksam durch die Nichtigkeitsfolge (analog § 59 Abs. 2 Nr. 4 VwVfG) sanktionieren, doch können Verstöße bei Vorverhandlungen auf die nachfolgende offizielle Verwaltungsentscheidung durchschlagen. Außerdem können Rechtsbrüche auf der Haftungs- und sogar auf der disziplinarrechtlichen Ebene rechtliche Konsequenzen zeitigen.[255]

81

Sach- und gesetzeswidrig wäre z. B. die Zurückhaltung einer rechtlich gebundenen Genehmigung zwecks Erzwingung von Zugeständnissen bei der Sanierung einer Altanlage.[256] Nicht durch das Koppelungsverbot untersagt ist dagegen die informelle Vereinbarung überobligationsmäßiger privater Sanierungsleistungen gegen staatliche Teilsubventionierung; die gesetzlichen Grenzen für nachträgliche

82

---

[248] Vgl. oben → Rn. 63.
[249] Vgl. *Andreas Voßkuhle,* Das Kompensationsprinzip, 1999, S. 55 ff.
[250] Mit Beispielen *Dieter Suhr,* Kompensationen und Entscheidungsverknüpfungen (Fn. 188), S. 120 ff. u. 136 ff.
[251] Vgl. oben → Rn. 31. Selbst bilaterale Verhandlungen bieten für eine derartige Interessen- und Optionenklärung vielfältige Gelegenheiten, wenngleich das Risiko größer ist, dass Verknüpfungen zu Lasten Dritter oder der Allgemeinheit (Externalisierung der Kosten der Einigung) gewählt werden.
[252] Zur Übertragbarkeit bereits *Bohne,* Informaler Rechtsstaat (Fn. 8), S. 137 f.; *Kunig,* Verträge und Absprachen (Fn. 212), S. 1199; *Brohm,* Normersetzende Absprachen (Fn. 108), S. 1034; zur rechtsstaatlichen Fundierung des Koppelungsverbots *BVerwG,* NJW 1980, S. 1294. S. a. → Bd. II *Pitschas* § 42 Rn. 106.
[253] Wie dies bei § 56 Abs. 1 S. 2 VwVfG teilweise geschieht, aber schon dort fragwürdig erscheint; vgl. dazu *Michael Fehling,* in: Hk-VerwR, § 56 VwVfG Rn. 26 ff.
[254] Vgl. *Song,* Kooperatives Verwaltungshandeln (Fn. 56), S. 174 f.; a. A. insoweit *Bohne,* Informaler Rechtsstaat (Fn. 8), S. 138.
[255] Ähnlich *Shirvani,* Kooperationsprinzip (Fn. 108), S. 216 f.
[256] *Bohne,* Informales Verwaltungs- und Regierungshandeln (Fn. 1), S. 356 f.

Anordnungen (etwa nach § 17 BImSchG) betreffen nämlich nur „unkompensierte" Anordnungen und sollen derartige Tauschgeschäfte nicht verhindern.[257] Um sicherzustellen, dass sich der private Absprachepartner tatsächlich freiwillig auf derartige Koppelungen einlässt, sind aber **hohe Anforderungen an Bestimmtheit und Durchschaubarkeit** dessen zu stellen, was ihm realiter abgefordert werden soll.[258] Insoweit geht es auch um Grundrechtsschutz.[259] Auf Seiten der Verwaltung muss die Kontrolle durch die Öffentlichkeit jedenfalls bei normersetzenden Absprachen ein Korrektiv gegen einen „Ausverkauf von Hoheitsrechten" durch – politisch, aber nicht rechtlich – zu missbilligende Koppelungsgeschäfte bieten. Unter beiden Gesichtspunkten dürfte der Spielraum für Tauschgeschäfte bei transparenten Mediationsverfahren weit größer sein als bei undurchsichtigen bilateralen (Vor-)Verhandlungen.

III. Verrechtlichung des Informellen?

83   Vorrang und Vorbehalt des Gesetzes vermögen, wie soeben erläutert, das informelle Verwaltungshandeln kompetenziell und inhaltlich zu kanalisieren, weil entsprechende gesetzliche Vorgaben grundsätzlich ohne Rücksicht darauf gelten, ob rechtsförmig oder informell gehandelt wird. Auf das **informelle Verfahren** als Verwirklichungsmodus des materiellen Rechts[260] ist diese Argumentation dagegen nicht übertragbar. Die Verfahrensvorschriften des Verwaltungsverfahrensgesetzes und der Spezialgesetze bleiben in ihrem Anwendungsbereich auf das rechtsförmige Verfahren beschränkt; wollte man diese Vorgaben auf das informelle Verwaltungsverfahren durchgängig analog anwenden, bliebe von der begriffsbildenden Informalität kaum etwas übrig. Andererseits besteht auch beim informellen Verfahren ein gewisses **Bedürfnis nach rechtlicher Einhegung,** um den spezifischen Gefahren der Informalität für die Gesetzmäßigkeit der Verwaltung zu begegnen. Eine mögliche Bewältigungsstrategie besteht in einer mehr oder minder weitgehenden Verrechtlichung des informellen Vorgehens.[261] Das geltende Recht hält dafür einige, freilich punktuell bleibende Anschauungsbeispiele bereit (1.). Doch würde eine weitgehende Formalisierung des Informellen überwiegend kontraproduktive Nebenwirkungen zeitigen (2.).

---

[257] So auch für den öffentlich-rechtlichen Vertrag *BVerwGE* 84, 236 (238 ff.); *Volker Schlette*, Die Verwaltung als Vertragspartner, 2000, S. 321 ff.
[258] Vgl. hierzu und zum Folgenden *Fehling*, Kooperative Umweltpolitik (Fn. 165), S. 155; näher unten → Rn. 111.
[259] Zur hinreichenden Bestimmtheit der Anforderungen als Voraussetzung für Freiwilligkeit bereits oben → Rn. 61.
[260] Begriff von *Rainer Wahl*, Verwaltungsverfahren zwischen Verwaltungseffizienz und Rechtsschutzauftrag, VVDStRL, Bd. 41 (1983), S. 151 (153).
[261] Als „normative, auf Verrechtlichung zielende" Strategie der „eher pragmatische[n], den Freiraum der Verwaltung betonende[n]" Position gegenübergestellt von *Dreier*, Informales Verwaltungshandeln (Fn. 29), S. 661.

D. Rechtliche Bewältigungsstrategien

1. Gesetzliche (Teil-)Formalisierung informellen Verwaltungshandelns

a) Bereichsspezifische Rechtsgrundlagen für Vorverhandlungen über die Antragstellung und Verfahrensgestaltung

Vor allem[262] im Rahmen der Umweltverträglichkeitsprüfung (sog. **Scoping**, § 5 UVPG und entsprechende Spezialvorschriften, z.B. §§ 2 Abs. 2 i.V.m. § 2a Abs. 1 der 9. BImSchV) haben Vorverhandlungen eine **gesetzliche Teilformalisierung**[263] erfahren. Diese Regelungen ermächtigen jedoch nur zur **informellen Vorstrukturierung des weiteren Verfahrens,** insbesondere zur Konkretisierung des Untersuchungsrahmens und der beizubringenden Unterlagen. Mit dieser Hilfestellung für den Vorhabenträger soll, wie für Vorverhandlungen allgemein typisch,[264] eine **Verfahrensbeschleunigung** erreicht werden.[265] Die Vorschriften treffen keinerlei Aussage über die Zulässigkeit inhaltlicher Vorabbindungen.[266] Auch wird der Ablauf der Vorverhandlungen nicht näher geregelt; Drittbetroffene besitzen kein Teilnahmerecht, sondern können ebenso wie Sachverständige nach Ermessen der Behörde (§ 5 S. 4 UVPG)[267] hinzugezogen werden. Insgesamt bleibt so der Formalisierungsgrad informeller Vorverhandlungen aus Gründen der Verfahrensflexibilität bewusst gering.

84

b) Ermächtigung zum Einsatz eines Mediators oder Projektmanagers

Auch die Mediation und das Projektmanagement haben mittlerweile in einzelnen Bereichen gesetzliche Anerkennung erfahren. Namentlich[268] § 4b BauGB wird als Ermächtigung zur Einschaltung eines **Verfahrensmittlers** verstanden,[269] dem einzelne Verfahrensschritte des förmlichen Bauleitplanungsverfahrens (insbesondere auf der Ebene der vorgezogenen Bürgerbeteiligung) übertragen wer-

85

---

[262] Früher außerdem in § 71c Abs. 2 VwVfG a.F. Die §§ 71a ff. VwVfG a.F. wurden im Zuge der Umsetzung der Dienstleistungsrichtlinie wieder aufgehoben, weil sie ihre Signal- und Anstoßwirkung erfüllt hätten, s. BTDrucks. 16/10493, S. 17.

[263] So ausdrücklich *Shirvani,* Kooperationsprinzip (Fn. 108), S. 215; *Martin Kment,* in: Werner Hoppe (Hrsg.), Gesetz über die Umweltverträglichkeitsprüfung, 3. Aufl. 2007, § 5 Rn. 1. Noch weitergehend *Kloepfer,* UmweltR, § 5 Rn. 525: Vorverhandlungen nach § 5 UVPG „dürften ihren informellen Charakter verloren haben".

[264] Siehe oben → Rn. 49.

[265] *Kment,* in: Hoppe, UVPG (Fn. 263), § 5 Rn. 3 mit Hinweis auf Nr. 0.4.1. der UVPVwV; *Schink,* Kooperationsprinzip (Fn. 37), S. 84; daneben treten die Aspekte der politisch-gesellschaftlichen Akzeptanz und prozeduraler Legitimation, *Martin Wickel,* in: Hk-VerwR, § 73 Rn. 16.

[266] *Sparwasser/Engel/Voßkuhle,* UmweltR, § 4 Rn. 104.

[267] Eine sorgsame Ausübung dieses Verfahrensermessens anmahnend *Eberhard Schmidt-Aßmann,* Die Bedeutung von Verhandlungslösungen im Verwaltungsverfahren, in: Eibe Riedel (Hrsg.), Die Bedeutung von Verhandlungslösungen im Verwaltungsverfahren, 2002, S. 21 (31); näher zur im Einzelfall erforderlichen Abwägung der Vor- und Nachteile einer Beteiligung Dritter *Peter Nisipeanu,* Das Scoping-Verfahren nach § 5 UVPG – dargestellt am (ab-)wasserwirtschaftlichen Genehmigungsverfahren, NVwZ 1993, S. 319 (320 ff.); *Kment,* in: Hoppe, UVPG (Fn. 263), § 5 Rn. 22. Bei § 2 Abs. 2 der 9. BImSchV fehlt diese Beteiligungsmöglichkeit ganz, vgl. *Schink,* Kooperationsprinzip (Fn. 37), S. 84.

[268] Eine deutlichere Ermächtigung zum Einsatz eines privaten oder behördlichen Verfahrensmittlers, dem gegebenenfalls auch die Durchführung des Erörterungstermins sollte übertragen werden können, sah § 89 UGB-KomE vor; eine informelle Mediation sollte gleichwohl ebenfalls möglich bleiben, dazu *BMU* (Hrsg.), Umweltgesetzbuch (UGB-KomE), 1998, zu § 89: Interessenausgleich, S. 641 f.

[269] *Ulrich Battis,* in: ders./Krautzberger/Löhr, BauGB, § 4b Rn. 2 f. u. 6.

den können. Von informellem Verwaltungshandeln lässt sich dabei jedoch kaum sprechen. Die Option, auf Wunsch und Kosten des Antragstellers einen **Projektmanager** zu beauftragen, eröffnet § 2 Abs. 2 Nr. 5 der 9. BImSchV.[270] Weitere Festlegungen zu dessen Aufgaben oder Vorgehen trifft das Gesetz jedoch nicht, so dass hier nur mit erheblichen Einschränkungen von einer gesetzlichen Regelung zuvor informellen Verwaltungshandelns die Rede sein kann.

c) Exkurs: Die Formalisierung des Vergaberechts als Testfall für eine weitergehende Verrechtlichungsstrategie

86 Als Referenzgebiet für die Ermittlung der Vor- und Nachteile einer Verfahrensformalisierung und Zurückdrängung vormals weitgehend informeller Verhandlungen bietet sich das Vergaberecht an. Traditionell wurden öffentliche Beschaffungsaufträge auf haushaltsrechtlicher Grundlage im Wege **weitgehend informeller Vertragsverhandlungen** vergeben, wobei sich die Verwaltung zwecks Arbeitsersparnis oft selektiv auf bekannte und bewährte „Hoflieferanten" beschränkte. Eine eingeschränkte Ausschreibungspflicht bestand allein nach den Verdingungsordnungen, die als Verwaltungsvorschriften ohne Außenwirkung indes kaum eine Steuerungswirkung entfalten konnten, zumal sie Konkurrenten keinerlei Rechtsschutzmöglichkeiten vermittelten.[271] Ins Allgemeine gewendet lässt sich zugespitzt resümieren: Maximale Verfahrensflexibilität wurde mit dem hohen Preis des Unterlaufens verfassungs- und gemeinschaftsrechtlicher Vorgaben (v.a. des allgemeinen Gleichheitssatzes und der europäischen Grundfreiheiten) bezahlt; die **Risiken ungezügelter Informalität** für die Gesetzmäßigkeit der Verwaltung und den Grundrechtsschutz hatten sich verwirklicht.

87 In einer zweiten Phase suchte der Gesetzgeber, angestoßen durch entsprechende EU-Vergaberichtlinien, diesen Risiken durch eine **massive Formalisierung des Vergabeverfahrens** zu begegnen. Durch maximale Verfahrenstransparenz, unterfüttert durch subjektive und damit einklagbare Rechte unterlegener Konkurrenten (nunmehr § 97 Abs. 7 i.V.m. § 107 Abs. 2 GWB), sollte ein europaweiter chancengleicher Wettbewerb um öffentliche Aufträge gefördert und außerdem die öffentlichen Kassen entlastet werden.[272] Das „offene Verfahren" avancierte zum neuem Leit- und Regelverfahren der öffentlichen Auftragsvergabe (vgl. § 106 Abs. 6 S. 1 GWB). In der Praxis wurden die Vorgaben des „offenen Verfahrens" mit dem weitgehenden Verhandlungsverbot[273] freilich oftmals als zu starr empfunden;[274] man wich, wo irgend möglich, auf das eigentlich als

---

[270] Zur Konzeption s. *Expertenkommission*, Investitionsförderung (Fn. 143), Rn. 278 ff.; *Ernst Kutscheidt/Johannes Dietlein*, in: v. Landmann/Rohmer, UmweltR II, § 2 der 9. BImschV Rn. 17; zur Abgrenzung von der Mediation oben → Rn. 33; zur potentiellen Annäherung des einheitlichen Ansprechpartners an einen Projektmanager oben → Rn. 50.

[271] Rückblickend dazu z.B. *Oliver Dörr*, Das europäisierte Vergaberecht in Deutschland, JZ 2004, S. 703 (704).

[272] Statt vieler *Marc Bungenberg*, in: Ulrich Loewenheim/Karl M. Meesen/Alexander Riesenkampff (Hrsg.), Kartellrecht: GWB, 2. Aufl. 2009, § 97 Rn. 2 ff. u. 77.

[273] Dazu z.B. *Matthias Knauff*, Dispositionsfreiheiten öffentlicher Auftraggeber nach der Ausschreibung öffentlicher Aufträge, 2004, S. 43 ff.

[274] *Knauff*, Dispositionsfreiheiten (Fn. 273), S. 111 f.; *Bungenberg*, in: Loewenheim/Meesen/Riesenkampff, GWB (Fn. 272), § 101 Rn. 30; rechtsvergleichend *Schmidt-Aßmann*, Verhandlungslösungen (Fn. 267), S. 30 f.

D. Rechtliche Bewältigungsstrategien

Ausnahme konzipierte Verhandlungsverfahren (unterhalb der Schwellenwerte: freihändige Vergabe) aus, das wiederum fast keine Verfahrenssicherungen aufweist. Ähnlich weichen die Aufgabenträger außerhalb des Kartellvergaberechts bei der Vergabe von Dienstleistungskonzessionen, namentlich im Verkehrsbereich,[275] gerne auf die Direktvergabe aus, weil diese im Gegensatz zu einem förmlicheren Ausschreibungsverfahren[276] nahezu unbegrenzt informelle (Vor-)Verhandlungen ermöglicht. Vieles spricht dafür, in diesen Entwicklungen einen Beleg für die allgemeine These zu sehen, dass **übermäßige Verrechtlichung und Formalisierung des Verfahrens** neue, mit den Mitteln des Rechts schwer zu unterbindende **Ausweichstrategien** auslöst.

Dieser Tendenz wiederum sollen die jüngeren Reformen des europäischen und nationalen Kartellvergaberechts entgegenwirken und bei der Auftragsvergabe wieder etwas mehr Flexibilität ermöglichen.[277] Mit dem „wettbewerblichen Dialog" (§ 101 Abs. 4 GWB, § 3a Abs. 4 VOB/A, § 3 EG Abs. 7 VOL/A) wurde ein neuer Verfahrenstyp geschaffen, der **punktuelle Transparenzsicherungen** (Ausschreibung, nach der Dialogphase konkretisierte Leistungsbeschreibung, Zuschlag nach „starrem" Wirtschaftlichkeitsvergleich) mit einer **informellen Dialogphase** (Verhandlungsverfahren im Ausschreibungsverfahren) verbindet.[278] Ob diese auf komplexe Aufträge zielende Verfahrensform den Praxistest besteht, bleibt noch abzuwarten.[279] Für die informelle (Dialog- bzw. Verhandlungs-)Phase, die zum Schutz der Geschäftsgeheimnisse[280] in bilaterale Einzelgespräche aufgeteilt werden muss, wird verbreitet eine Beweissicherung durch ausführliche, von beiden Dialogpartnern unterzeichnete Protokolle gefordert.[281] Andererseits bezweifelt man die praktische Durchsetzbarkeit solcher transpa-

88

---

[275] Vgl. für den Schienenpersonenverkehr Art. 5 Abs. 6 VO (EG) Nr. 1370/2007; den Anwendungsbereich drastisch einschränkend *BGH*, NZBau 2011, S. 175 ff.

[276] Da die Vergabe von Dienstleistungskonzessionen nicht dem Kartellvergaberecht unterfällt, besteht bei der Konzessionsvergabe im Übrigen selbst bei Ausschreibung größerer Spielraum für mehr oder minder informelle Verhandlungen.

[277] Siehe *Hermann Pünder*, in ders./Martin Schellenberg (Hrsg.), Vergaberecht – Handkommentar, 2011, § 101 GWB Rn. 44; *Matthias Ganske*, in: Olaf Reidt/Thomas Stickler/Heike Glahs (Hrsg.), Vergaberecht, 3. Aufl. 2011, § 101 GWB Rn. 20. Neben dem neuen Verfahren des wettbewerblichen Dialogs finden sich weitere Flexibilisierungspotentiale bei der erweiterten Möglichkeit der Zulassung von Varianten in den Angeboten, der ausnahmsweisen Zulässigkeit einer funktionalen Leistungsbeschreibung sowie der erweiterten Zulässigkeit vergabefremder Anforderungen. – Zum Konzept einer „strukturierten Abarbeitung von Komplexität im Vergabeverfahren", um Transparenz und Verfahrensflexibilität miteinander zu verbinden, *Michael Fehling*, in: Pünder/Schellenberg, Vergaberecht (Fn. 277), § 97 GWB Rn. 136 m.w.N. Zum Vergabeverfahren vgl. a. → Bd. III *Scherzberg* § 49 Rn. 119 ff.

[278] Näher *Matthias Knauff*, Im wettbewerblichen Dialog zur Public Private Partnership?, NZBau 2005, S. 249 (251 ff.); *Annette Klimisch/Caspar Ebrecht*, Stellung und Rechte der Dialogteilnehmer im wettbewerblichen Dialog, NZBau 2011, S. 203 (206 f.); *Pünder*, in ders./Schellenberg, Vergaberecht (Fn. 277), § 101 GWB Rn. 53 f.; ausführlich *Ingo Franzius*, Verhandlungen im Verfahren der Auftragsvergabe, 2007.

[279] Ein gemischtes (vorläufiges) Fazit ziehen *Helmerich Bornheim/Cornelia Hähnel*, Die Kostenerstattungspflicht des Auftraggebers im Wettbewerblichen Dialog nach § 3a Abs. 4 Nr. 7 VOB/A 2009, VergabeR 2011, S. 62 (63 f.); zur bisher geringen Verbreitung *VK Rheinland-Pfalz*, Beschl. v. 21. 7. 2009, Az.: VK 1–41/09, IBR 2009, S. 546.

[280] Zur Notwendigkeit von Vertraulichkeit § 3a Abs. 4 Nr. 3 S. 5 VOB/A bzw. § 3 EG Abs. 7 lit. b S. 3 VOL/A, näher *Knauff*, Wettbewerblicher Dialog (Fn. 278), S. 252; *Ganske*, in: Reidt/Stickler/Glahs, Vergaberecht (Fn. 277), § 101 GWB Rn. 29. Vgl. a. allg. → Bd. II *Holznagel* § 24 Rn. 69 ff.

[281] *Knauff*, Wettbewerblicher Dialog (Fn. 278), S. 252.

renzsichernden Dokumentationspflichten.[282] Ähnlich mühsam suchen Gerichte und europäischer Gesetzgeber bei der Vergabe von Dienstleistungskonzessionen zumindest rudimentäre Transparenzanforderungen zu etablieren.[283] Dies unterstreicht einmal mehr die **Schwierigkeiten einer „passgenauen" rechtlichen Einhegung des Informellen.**

2. Problematik stärkerer Verrechtlichung des informellen Verfahrens

89   Am Beispiel des Vergaberechts wird noch einmal deutlich, dass die rechtliche Bewältigung des Informellen einen **schwierigen Balanceakt** erfordert. Einerseits bedarf es auch hier gewisser Verfahrenssicherungen, um den Risiken intransparenter Informalität für den Grundrechtsschutz (Dritt-)Betroffener und für die Gesetzmäßigkeit der Verwaltung zu begegnen. Andererseits dürfen verfahrensrechtliche Anforderungen nicht so weit gehen, dass der Flexibilitätsgewinn und damit zugleich der Steuerungsmehrwert informellen Vorgehens gegenüber rechtsförmlichem Handeln verloren ginge.[284] Eine Erweiterung der Handlungsoptionen setzt eine hinreichende Ausdifferenzierung der Steuerungsinstrumente voraus. Bei übermäßiger Re-Formalisierung droht sich das Bedürfnis nach flexiblen informellen Verhandlungsmöglichkeiten in neue Ausweichstrategien, insbesondere in noch intransparentere (geheime) Vor-Vorverhandlungen, Bahn zu brechen;[285] insoweit ist die Steuerungsfähigkeit auch des Verfahrensrechts begrenzt.[286] Erscheint somit eine pauschale Übertragung von Verfahrensregelungen auf den informellen Verwaltungsvollzug[287] unangemessen und kontraproduktiv, so bleibt doch die Frage, inwieweit einzelne **Verfahrens- und Formbestimmungen selektiv analog anwendbar** sind.[288]

---

[282] Zur mangelnden Nachweisbarkeit von Verstößen *Knauff*, Dispositionsfreiheiten (Fn. 273), S. 120.

[283] Für den Verkehrsbereich *Michael Fehling*, in: Marcel Kaufmann/Thomas Lübbig/Hans-Joachim Prieß/Hermann Pünder (Hrsg.), VO (EG) 1370/2007, Kommentar, 2010, Art. 7 Rn. 37 ff. (Vorabveröffentlichung), Rn. 68 ff. (besondere Publikationspflicht bei der Direktvergabe im Eisenbahnsektor) u. Rn. 87 ff. (Begründungspflicht).

[284] Von einer „notwendige[n] Flexibilitätsreserve des Verwaltungshandeln[s]" spricht *Schmidt-Aßmann*, Ordnungsidee, Kap. 6 Rn. 125.

[285] Statt vieler *Eberle*, Arrangements (Fn. 12), S. 457 ff.; *Schulte*, Verwaltungshandeln (Fn. 13), S. 112 f., *Schmidt-Aßmann*, Ordnungsidee, 6. Kap. Rn. 129; *Maurer*, VerwR, § 15 Rn. 21; speziell auf die §§ 54 ff. VwVfG bezogen *Dreier*, Informales Verwaltungshandeln (Fn. 29), S. 663; *Schoch*, Entformalisierung (Fn. 19), in: HStR III, § 37 Rn. 125. Tendenziell strenger dagegen *Kautz*, Absprachen (Fn. 1), S. 194, der diesem Argument allein rechtspolitische Bedeutung beimessen will, jedoch dabei vernachlässigt, dass eine Analogie auch eine wertungsmäßige Vergleichbarkeit der Sachverhalte voraussetzt.

[286] Allgemein zur begrenzten Steuerungsfähigkeit des Rechts als Ursache für informelles Verwaltungshandeln oben → Rn. 45.

[287] Eine Formalisierung von normsetzenden Absprachen durch pauschale Analogien zum Gesetzgebungs- oder Verordnungsverfahren kommt von vornherein nicht in Betracht, da diese Verfahren ausschließlich auf die Entstehung rechtsverbindlicher Normen ausgerichtet sind; außerdem ist das Verordnungsverfahren selbst rechtlich kaum geregelt; so *Michael*, Rechtsetzende Gewalt (Fn. 56), S. 478.

[288] Ähnlich *Schmidt-Aßmann*, Ordnungsidee, Kap. 6 Rn. 131. Dies kommt grundsätzlich auch für normsetzende Absprachen in Betracht; systemwidrig wäre es jedoch, zur Lückenfüllung ein Verfahrensrecht für solche Absprachen zu entwickeln, das trotz ihres informellen Charakters strengere Verfahrensanforderungen aufstellt als für die formelle Verordnungsgebung; so zutreffend *Michael*, Rechtsetzende Gewalt (Fn. 56), S. 480 gegen *Helberg*, Normanwendende Selbstverpflichtungen (Fn. 154), S. 244.

D. Rechtliche Bewältigungsstrategien

a) Ausschluss- und Befangenheitsvorschriften

Weitgehend unproblematisch erscheint die **analoge Anwendung der §§ 20, 21 VwVfG**[289] auf Vorverhandlungen im Vorfeld eines Verwaltungsverfahrens i. S. v. § 9 VwVfG (z. B. bei Genehmigungen vor Antragstellung) und bei vollzugsersetzenden Absprachen sowie informellen Aufsichtsmaßnahmen. Die Heranziehung der Ausschluss- und Befangenheitsvorschriften bewirkt für sich genommen keine besondere, nur zu neuen Ausweichstrategien führende Verfahrensformalisierung informeller Vorklärungsprozesse.[290] Im Übrigen hat der Gesetzgeber selbst etwa in § 2 Abs. 2 und § 2a Abs. 1 der 9. BImSchV bestimmte Vorgespräche gesetzlich geregelt und damit die enge Verbindung zum eigentlichen Verwaltungsverfahren verdeutlicht. Bei Vorabsprachen im kommunalen Bereich (z. B. bei der Bauleitplanung) gelten die **kommunalrechtlichen Mitwirkungsverbote sogar unmittelbar**. Eine Analogie zu diesen Mitwirkungsverboten oder zu den **§§ 20, 21 VwVfG scheidet dagegen aus bei verordnungsersetzenden oder -vorbereitenden Absprachen,** weil insoweit politische Gestaltungsaufgaben an Gewicht gewinnen; die Sanktionierung sachwidriger Interessenverquickungen muss insoweit dem politischen Prozess überlassen bleiben. Auch werden bei der exekutiven Normsetzung meist nur ohnehin unschädliche Gruppeninteressen berührt sein.[291]

Von der Anwendung der Ausschluss- und Befangenheitsregeln auf informelle Absprachen zu unterscheiden ist die Frage, inwieweit **selektive Vorabsprachen als Vorabfestlegung die Besorgnis der Befangenheit** (§ 21 VwVfG[292]) für daran beteiligte Amtswalter **im nachfolgenden Verwaltungsverfahren** bewirken können. Angesichts der Ubiquität faktischer Vorabbindungen bei informellen Vorverhandlungen ist hier vor einer Überdehnung der rechtlichen Anforderungen zu warnen. Deshalb begründet allein die Tatsache, dass ein Amtsträger Vorgespräche ausschließlich mit einzelnen Beteiligten (etwa mit dem Antragsteller unter Ausschluss von Drittbetroffenen) geführt hat, trotz der damit verbundenen Gefahren für die Waffengleichheit noch keine Besorgnis der Befangenheit, wenn es für dieses Vorgehen sachliche Gründe gibt.[293] Anders dagegen, wenn die Behördenvertreter in derartigen Vorgesprächen in eine anwaltsähnliche Rolle der Interessenvertretung geraten, so dass Organe des antragstellenden Unternehmens „gewissermaßen mit am Entscheidungstisch sitzen", während die Gegner des Projekts der Behörde als außenstehende Beteiligte gegenüberstehen.[294] Ein Indiz dafür bilden intransparente und einseitig Dritte belastende inhaltliche

---

[289] Zu diesen vgl. a. → Bd. II *Schneider* § 28 Rn. 32 ff.
[290] Dazu näher *Fehling*, Unparteilichkeit (Fn. 96), S. 319 ff. m. w. N.; zuletzt *Oster*, Das informell-kooperative Verwaltungshandeln (Fn. 36), S. 849.
[291] Vgl. für das Verfahren der exekutiven Normsetzung *Fehling*, Unparteilichkeit (Fn. 96), S. 228 f.
[292] § 20 Abs. 1 Nr. 6 VwVfG ist dagegen von vornherein nicht einschlägig, weil Vorverhandlungen von Behördenvertretern in amtlicher Eigenschaft geführt werden.
[293] So auch *Kautz*, Absprachen (Fn. 1), S. 232, mit der Begründung, eine solche Vorabfestlegung liege in der Natur der Vorabsprache und nicht wie von § 21 VwVfG gefordert in der Person des Amtswalters; ähnlich wohl auch *Schulte*, Verwaltungshandeln (Fn. 13), S. 139; wohl strenger *Bohne*, Informaler Rechtsstaat (Fn. 8), S. 151; *ders.*, Informales Verwaltungs- und Regierungshandeln (Fn. 1), S. 351 f.
[294] Siehe *Michael Fehling*, in: Hk-VerwR, § 20 VwVfG Rn. 4 f., in Übertragung der Grundsätze aus den München II-Entscheidungen (*BVerwGE* 75, 214 [230 f.]; *BayVGH*, NVwZ 1982, 510 [512]).

§ 38 Informelles Verwaltungshandeln

Festlegungen, die für das nachfolgende Verwaltungsverfahren keine realistischen (Konkretisierungs-)Spielräume mehr offen lassen, das Projekt zugunsten rechtlich geschützter Drittinteressen zu modifizieren.

b) Beteiligungsrechte Drittbetroffener an informellen Absprachen oder Vorgaben?

92 Bei Absprachen in Vertragsform fordert § 58 VwVfG die Zustimmung Dritter, in deren Rechte eingegriffen wird. Bei Verwaltungsakten besitzen Drittbetroffene in den Grenzen der §§ 13, 28 VwVfG ein Anhörungsrecht, teilweise ist gar spezialgesetzlich eine umfassendere Bürgerbeteiligung vorgesehen. In engen Grenzen finden sich in einzelnen Gesetzen auch Vorschriften über die Mitwirkung bestimmter Kreise an der Verordnungsgebung. Eine analoge Anwendung auf die jeweils entsprechenden informellen Absprachen oder einseitigen Vorgaben scheint vor allem zwecks Grundrechtsschutzes durch Verfahren naheliegend, birgt doch informelles Verwaltungshandeln in besonderem Maße Gefahren für die Rechte ausgegrenzter Dritter.[295] Umfassende Beteiligungsrechte Drittbetroffener oder sonstiger im förmlichen Normalverfahren Mitwirkungsberechtigter würden jedoch die Flexibilitätsvorteile des Informellen weitgehend zerstören. Die Erfahrungen aus der Praxis ließen dann mit hoher Wahrscheinlichkeit neue Strategien des Unterlaufens erwarten.[296] Deshalb erscheint gerade insoweit **gegenüber einer Reformalisierung äußerste Zurückhaltung** geboten.

93 Dies gilt in besonderem Maße für **Vorverhandlungen,** weil die Chancen für erfolgreiche Vorabsprachen bei zu großer Beteiligtenzahl massiv sinken.[297] Soweit der Gesetzgeber Vorgespräche im Wege einer Teilformalisierung des zuvor Informellen gesetzlich ausdrücklich vorsieht, hat er Dritten gerade kein automatisches Beteiligungsrecht zugestanden;[298] eine obligatorische Beteiligung Drittbetroffener war nicht einmal in den UGB-Entwürfen vorgesehen.[299] Für Vorverhandlungen ist daher entgegen verbreiteter Auffassung[300] eine **analoge Anwendung von § 58 VwVfG oder § 28 VwVfG abzulehnen.**[301] Wie noch aus-

---

[295] Zu dieser Gefahr oben → Rn. 60; zu Lösungsmöglichkeiten unten → Rn. 100 ff.

[296] Aus Sicht eines Praktikers *Tegethoff,* Projektbezogene Umweltabsprachen (Fn. 55), S. 649 f.; als Argument gegen die analoge Anwendung der §§ 54 ff. VwVfG z. B. bei *Schulte,* Verwaltungshandeln (Fn. 13), S. 137.

[297] Zu diesem von Verwaltungspraktikern und Verwaltungswissenschaftlern bestätigten Befund bereits oben → Rn. 26 u. 64.

[298] Dazu oben → Rn. 84.

[299] Nach § 85 Abs. 2 S. 2 UGB-KomE sollte es bei einer fakultativen Hinzuziehung verbleiben; mehr sei nach der Begründung (*BMU* [Hrsg.], UGB-KomE, 1998, Zu § 85, S. 633) „weder geboten noch zweckmäßig, zumal dadurch informelle Vorverhandlungen zwischen Vorhabenträger und Genehmigungsbehörde ohnehin nicht verhindert werden könnten"; darauf weist *Meinhard Schröder,* Konsensuale Instrumente des Umweltschutzes, NVwZ 1998, S. 1011 (1016), hin. Ebenso in § 38 UGB-AT-ProfE, dazu *Michael Kloepfer/Eckhard Rehbinder/Eberhard Schmidt-Aßmann,* UGB-AT, 2. Aufl. 1991, Zu § 36, S. 241 f.

[300] Eine Analogie zu § 28 VwVfG bzw. speziellen Beteiligungsvorschriften befürwortend: *Hoffmann-Riem,* Selbstbindungen (Fn. 9), S. 224; *Bohne,* Informales Verwaltungs- und Regierungshandeln (Fn. 1), S. 352 ff.; *Bauer,* Informelles Verwaltungshandeln (Fn. 13), S. 267; *Kautz,* Absprachen (Fn. 1), S. 214 ff.; für eine Analogie sogar zu § 58 VwVfG: *Henneke,* Informelles Verwaltungshandeln (Fn. 31), S. 275; *Spannowsky,* Verträge und Absprachen (Fn. 215), S. 450 ff.

[301] Ähnlich *Schoch,* Entformalisierung (Fn. 19), in: HStR III, § 37 Rn. 163; *Eberle,* Arrangements (Fn. 12), S. 457 ff.; *Schulte,* Verwaltungshandeln (Fn. 13), S. 110 ff.; *Shirvani,* Kooperationsprinzip

D. Rechtliche Bewältigungsstrategien

zuführen sein wird,³⁰² können die Rechte Drittbetroffener mit anderen flexibleren Mitteln hinreichend geschützt werden.

Auf **normvollziehende Absprachen** ist diese Argumentation nicht übertragbar, weil kein nachfolgendes Verwaltungsverfahren stattfindet, in dem diese Dritten ihre Rechte geltend machen könnten. Eine eventuelle Klagebefugnis vor Gericht vermag den Grundrechtsschutz auf Verwaltungsverfahrensebene nicht voll zu ersetzen.³⁰³ Deshalb ist hier bei Eingriffen in Rechte Drittbetroffener deren **Zustimmung analog § 58 VwVfG unausweichlich.**³⁰⁴ Dies ist hinreichend praktikabel, wenn § 58 Abs. 1 VwVfG entgegen verbreiteter Meinung **eng ausgelegt** wird. Er greift nicht schon dann ein, wenn Rechte Dritter betroffen sind, sondern als Ausprägung des Verbots von Verträgen zu Lasten Dritter nur unter der Voraussetzung, dass das materielle Recht eine Einschränkung der (Grund-)Rechtsposition des Dritten nur mit dessen Zustimmung zulässt. 94

In Parallele zur Rechtslage bei normvollziehenden Absprachen sind bei **einseitig-informellen Vorgaben**, die Aufsichts- oder Vollzugsmaßnahmen ersetzen, die **§§ 13, 28 VwVfG entsprechend** heranzuziehen. Da jedoch die Hinzuziehung Dritter als Beteiligte analog § 13 Abs. 2 S. 1 VwVfG³⁰⁵ im Ermessen der Behörde steht und § 28 VwVfG wiederum die Beteiligtenstellung voraussetzt, steht im Ergebnis die **Anhörung Drittbetroffener,** in deren Rechte durch einseitig-informelles Handeln faktisch eingegriffen wird, **im pflichtgemäßen Ermessen der Behörde.** Auch das Postulat des Grundrechtsschutzes durch Verfahren vermag hier kein weiter reichendes Anhörungsrecht zu begründen.³⁰⁶ 95

Bei der Verordnungsgebung sind § 58 und § 28 VwVfG von vornherein nicht anwendbar und daher **auf normvertretende Absprachen nicht übertragbar.**³⁰⁷ Im Übrigen existieren bei der Verordnungsgebung Mitwirkungsvorschriften (etwa für die „beteiligten Kreise", § 51 BImSchG) ohnehin nur im öffentlichen Interesse, so dass der Grundrechtsschutz durch Verfahren nicht einschlägig ist.³⁰⁸ Vielmehr geht es allein um die Sicherung einer umfassenden Interessenermittlung und -berücksichtigung, einem Anliegen, dem, wie noch auszuführen sein wird,³⁰⁹ ausreichend in anderer, den Charakter des Informellen besser wahren- 96

(Fn. 108), S. 218 f.; vgl. auch *Schmidt-Aßmann,* Ordnungsidee, Kap. 6 Rn. 131; schwankend *Song,* Kooperatives Verwaltungshandeln (Fn. 56), S. 105 ff., insbes. 111 f.

³⁰² Unten → Rn. 100 ff.

³⁰³ Vgl. a. → Bd. I *Schmidt-Aßmann* § 5 Rn. 74.

³⁰⁴ *Bohne,* Informales Verwaltungs- und Regierungshandeln (Fn. 1), S. 358; *Bauer,* Informelles Verwaltungshandeln (Fn. 13), S. 267; *Fehling,* Unparteilichkeit (Fn. 96), S. 326; *Oster,* Das informellkooperative Verwaltungshandeln (Fn. 36), S. 849. S. a. → Bd. II *Bauer* § 36 Rn. 89.

³⁰⁵ Eine Analogie zu § 13 Abs. 2 S. 2 VwVfG scheidet von vornherein aus, weil informelles Handeln mangels Rechtsverbindlichkeit niemals rechtsgestaltende Wirkung besitzen kann. Sofern im Schrifttum dennoch auf § 13 Abs. 2 S. 2 VwVfG rekurriert wird, so betrifft dies Vorverhandlungen, denen eine rechtsverbindliche Entscheidung nachfolgt, vgl. etwa *Bohne,* Informales Regierungs- und Verwaltungshandeln (Fn. 1), S. 353.

³⁰⁶ *Beyerlin,* Schutzpflicht (Fn. 13), S. 2719, der jedoch anschließend eine Pflicht zur Beteiligung Dritter aus der behördlichen Pflicht zur umfassenden Informationsgewinnung herleitet.

³⁰⁷ *Hucklenbruch,* Selbstverpflichtungen (Fn. 31), S. 123 ff.; *Frenz,* Selbstverpflichtungen (Fn. 213), S. 211 f., will zwar grundsätzlich „den Gedanken des § 58 VwVfG" anwenden, hält ihn dann angesichts des großen Kreises faktisch Drittbetroffener doch für nicht recht passend.

³⁰⁸ *Michael,* Rechtsetzende Gewalt (Fn. 56), S. 485 f.; *Brohm* Normensetzende Absprachen (Fn 108), S. 1031; *Shirvani,* Kooperationsprinzip (Fn. 108), S. 227.

³⁰⁹ Unten → Rn. 104 ff. u. 112 f.

den Weise Rechnung getragen werden kann. Beteiligungsrechte Dritter bestehen somit bei normersetzenden Absprachen nicht.[310]

c) Analogiefähigkeit von Formvorschriften?

97 Für öffentlich-rechtliche Verträge fordert § 57 VwVfG die Schriftform; diese soll neben der Klarstellungs- und Beweisfunktion vor allem auch eine Warn- und Schutzfunktion für den privaten Vertragspartner erfüllen,[311] was sich alles auf rechtlich unverbindliche Absprachen im Verwaltungsvollzug nicht übertragen lässt. Außerdem drohte ein vertragsähnliches Schriftformerfordernis psychische Hemmschwellen zu schaffen, wodurch das Risiko eines Ausweichens in noch weniger transparente Geheimverhandlungen weiter erhöht würde. Aus diesen Gründen ist **§ 57 VwVfG hier nicht analogiefähig**.[312]

98 Für **normersetzende oder -vorbereitende Absprachen** kommt, da auf anderer Ebene angesiedelt, eine Analogie zu § 57 VwVfG von vornherein nicht in Betracht.[313] Da Rechtsnormen jedoch verkündet werden müssen, ließe sich entsprechend ein **Gebot der Veröffentlichung des Wortlauts normersetzender Absprachen** erwägen, was wiederum deren schriftliche Fixierung voraussetzte. Im Vordergrund steht insoweit freilich nicht das Formerfordernis, sondern die **Herstellung von Publizität**. Diese ist schon zur Sicherung demokratisch-politischer Kontrolle unverzichtbar.[314] Eine Analogie zu den Verkündungs- und Bekanntmachungsvorschriften, die ersichtlich auf rechtsverbindliche Normen zugeschnitten sind, ist jedoch auch mit diesem Argument nicht begründbar.[315]

IV. Funktionale Äquivalente zu rechtsstaatlichen und grundrechtlichen Garantien des förmlichen Verwaltungshandelns

99 Wo die Formalisierung informellen Handelns kontraproduktive Wirkungen zeitigen würde, müssen **funktional äquivalente Sicherungen** etabliert werden, die das spezifische Gefahrenpotential informellen Verwaltungshandelns entschärfen, ohne dessen Flexibilität und damit seine Eignung als Steuerungsoption zu untergraben. Verfassungsrechtlich dürfen auch neue Steuerungstechniken er-

---

[310] *Schoch*, Entformalisierung (Fn. 19), in: HStR III, § 37 Rn. 137; *Michael*, Rechtsetzende Gewalt (Fn. 56), S. 483 ff.; *Brohm*, Normersetzende Absprachen (Fn. 108), S. 1030 f.; a. A.: *Kautz*, Absprachen (Fn. 1), S. 231.

[311] Statt vieler *Oliver Weihrauch*, Verwaltungsrechtlicher Vertrag und Urkundeneinheit, VerwArch, Bd. 82 (1991), S. 543 (558 f.).

[312] *Kautz*, Absprachen (Fn. 1), S. 233; *Matthias C. Orlowski*, Regulation durch Konsens, 2003, S. 48 f.

[313] De lege ferenda war Schriftform allerdings ausdrücklich in § 36 Abs. 1 S. 5 UGB-KomE für normersetzende Verträge vorgesehen.

[314] Dazu unten → Rn. 111. Eine Veröffentlichung von Selbstverpflichtungen war für den Regelfall ausdrücklich gefordert in § 35 Abs. 1 S. 2 UGB-KomE.

[315] *Michael*, Rechtsetzende Gewalt (Fn. 56), S. 480 ff.; *Kautz*, Absprachen (Fn. 1), S. 235 f.; *Hucklenbruch*, Selbstverpflichtungen (Fn. 31), S. 170 ff.; wohl auch *Brohm*, Normersetzende Absprachen (Fn. 108), S. 1031; *Schmidt-Aßmann*, Ordnungsidee, Kap. 6 Rn. 135; a. A.: *Jürgen Knebel/Lutz Wicke/Gerhard Michael*, Selbstverpflichtungen und normersetzende Umweltverträge als Instrumente des Umweltschutzes, 1999, S. 115 ff. m. w. N.; für eine Veröffentlichung im Bundesanzeiger *Schoch*, Entformalisierung (Fn. 19), in: HStR III, § 37 Rn. 141. Eine amtliche Publikation favorisiert auch die „Empfehlung der Kommission über Umweltvereinbarungen zur Durchführung von Richtlinien der Gemeinschaft" v. 9. 12. 1996, ABl. EG Nr. L 333, S. 59, Ziffer 2.2.c).

D. Rechtliche Bewältigungsstrategien

probt werden; dies kann sogar geboten sein, um neuen Herausforderungen gerecht zu werden. Informelles Verwaltungshandeln bedarf jedoch eines rechtlichen Rahmens, der verhindert, dass von der Informalität ein „strukturelles Gefährdungspotential"[316] für verfassungsrechtlich geschützte Rechtspositionen (insbesondere Grundrechte) ausgeht.

1. Hinreichende Berücksichtigung von Belangen Drittbetroffener

Einseitig-selektive (Vor-)Absprachen gefährden die prozedurale Waffengleichheit; dadurch droht auch das Resultat (Grund-)Rechte Drittbetroffener zu verkürzen. Doch bieten sich schon **beim informellen Handeln selbst,** unterhalb der Schwelle einer nicht gebotenen Beteiligung Drittbetroffener an den Absprachen, einige Optionen, um dieser Gefahr zu begegnen. Soweit es nicht um reine Privatinteressen geht, können gegebenenfalls andere Verhandlungspartner oder spezielle Repräsentanten Interessen der Drittbetroffenen gleichsam treuhänderisch **mitvertreten** und dadurch zugleich **bündeln,** so dass der Verhandlungskreis nicht zu groß wird.[317] Dies gilt namentlich für andere Fachbehörden, die ähnliche gesetzliche Belange (z. B. des Umweltschutzes) repräsentieren wie sie u. U. auch Drittbetroffenen am Herzen liegen. Darüber hinaus ließe sich sogar an die Einschaltung eines speziell als Interessenwalter ernannten Bürgeranwalts denken.[318] 100

Folgt, wie bei Vorverhandlungen, ein offizielles Verwaltungsverfahren nach, so stehen ungeachtet der faktischen Bindungswirkungen auch **im offiziellen Verfahren** noch beschränkte Kompensationsmöglichkeiten zugunsten zuvor ausgegrenzter Dritter zur Verfügung. Unverzichtbar ist zumindest die lückenlose **Offenlegung des Inhalts der informellen Vorabsprache,** damit Dritte im Rahmen ihrer Anhörung bzw. der Bürgerbeteiligung im Verwaltungsverfahren dazu gezielt Stellung nehmen können.[319] Wünschenswert wäre darüber hinaus eine möglichst umfassende **aktenmäßige Dokumentation** der Vorverhandlungen mit Akteneinsicht Drittbetroffener im Verwaltungsverfahren.[320] Deren Einflussmöglichkeiten 101

---

[316] In Anlehnung an den Maßstab aus *BVerfGE* 111, 333 (355) – Brandenburgisches Hochschulgesetz, dort die Hochschulorganisation betreffend, s. auch bereits oben → Rn. 55.

[317] *Fehling,* Unparteilichkeit (Fn. 96), S. 323 f.; *Schmidt-Aßmann,* Ordnungsidee, Kap. 6 Rn. 131. Dabei entsteht freilich eine Prinzipal-Agent-Konstellation (s. dazu a. → Bd. II *Sacksofsky* § 40 Rn. 45 ff.), die in ein Dilemma führen kann: „Wirksamer Einfluss der vertretenen Akteure auf ihre Repräsentanten behindert Verhandlungsprozesse und fördert die Verfestigung von Standpunkten, während sich effektive, verständigungsorientierte Kooperation leicht gegenüber innerorganisatorischen Willensbildungsverfahren und Kontrollen verselbständigt", so *Benz,* Verwaltung (Fn. 14), S. 318; *Schneider,* Kooperative Verwaltungsverfahren (Fn. 27), S. 65.

[318] Vgl. *Schoch,* Entformalisierung (Fn. 19), in: HStR III, § 37 Rn. 137: Einrichtung „öffentlicher Sachwalter".

[319] *Kunig/Rublack,* Aushandeln (Fn. 13), S. 10; *Fehling,* Unparteilichkeit (Fn. 96), S. 325; vgl. auch *Beyerlin,* Schutzpflicht (Fn. 13), S. 2719. Im Sonderfall der Bundesauftragsverwaltung hielt die Senatsmehrheit nicht einmal eine Information des für die Aufsicht originär zuständigen Landes als insoweit gleichsam „Drittbetroffener" über die informellen Verhandlungen des Bundes mit dem Betreiber des KKW Biblis A für erforderlich (*BVerfGE* 104, 249 [268]); demgegenüber forderte das Sondervotum (unter Verweis auf die Bundestreue-Verpflichtung des Bundes, a. a. O., S. 284) mit Recht zumindest eine nachträgliche Information des Landes über die Verhandlungen.

[320] *Hoffmann-Riem,* Selbstbindungen (Fn. 9), S. 229 f.; *Kunig/Rublack,* Aushandeln (Fn. 13), S. 8; *Fehling,* Unparteilichkeit (Fn. 96), S. 324 f.; *Song,* Kooperatives Verwaltungshandeln (Fn. 56), S. 116; *Tomerius,* Informelle Projektabsprachen (Fn. 56), S. 60 f.

können in geeigneten, den Aufwand rechtfertigenden Fällen ferner durch die Einschaltung eines neutralen **Konfliktmittlers** verbessert werden.[321] Insoweit handelt es sich zwar nicht um Rechtspflichten der Verwaltung, ebenso wenig wie bei den oben genannten Kompensationsmaßnahmen in informellen Verhandlungen selbst, doch können die Bemühungen der informell agierenden Verwaltung um die Einbeziehung oder zumindest Repräsentation Drittbetroffener und ihrer Belange die gerichtliche Kontrolldichte beeinflussen.[322]

102 Inhaltlich müssen Vorabsprachen trotz (oder: gerade wegen) der intendierten faktischen Bindungswirkungen zumindest noch gewisse **Konkretisierungs- und Korrekturspielräume im Verwaltungsverfahren** offen lassen. Denn andernfalls würde das nachfolgende rechtsförmige Verfahren komplett entwertet.[323] Bei normvollziehenden Absprachen oder einseitig-hoheitlichen Vorgaben schließt sich zwar kein offizielles (Verwaltungs-)Verfahren mehr an. Doch muss auch hier der Verwaltung faktisch ein je nach dem konkreten Einzelfall bemessener **Spielraum für eventuell erforderliche rechtsförmige „Nachbesserungen"** verbleiben; die Verwaltung wird insoweit nicht durch ein Konsequenzgebot am eingeschlagenen informellen Kurs festgehalten, wenn es für das Umschwenken einen sachlichen Grund gibt.[324]

103 **Selbstbeschränkungsabkommen und staatlich induzierte Selbstverpflichtungen** können bei ihrer Umsetzung innerhalb der Wirtschaft in die Wettbewerbsfreiheit außenstehender wirtschaftlicher Konkurrenten eingreifen. Dem muss vor allem das europäische und nationale Kartellrecht entgegenwirken, das eine Instrumentalisierung derartiger Abkommen zur wettbewerbsbeschränkenden Benachteiligung von Mitbewerbern prinzipiell verbietet.[325] Das Verfassungsgebot der Wettbewerbsneutralität verlangt darüber hinaus, betroffenen Dritten ein **Beitrittsrecht** einzuräumen.[326]

2. Schutz durchsetzungsschwacher Allgemeininteressen („Viertschutz")

104 Auch unabhängig von konkreten Rechtspositionen Drittbetroffener bergen informelle Absprachen und in geringerem Maße auch einseitig-informelle Vorgaben schon wegen ihrer typischerweise geringen Transparenz ein besonderes Risiko selektiver, von den verfassungsrechtlichen (z.B. Art. 20a GG) und gesetzlichen Maßstäben abweichender Interessenberücksichtigung.[327] Insbesondere droht eine Verletzung des Abwägungsgebots oder eine fehlerhafte Ermessensausübung.

---

[321] Zur Mediation als Kompensation für einseitig-selektive (Vor-)Verhandlungen oben → Rn. 31.
[322] Dazu näher unten → Rn. 115.
[323] Insoweit in Übertragung des Flachglas-Urteils (*BVerwGE* 45, 309 [318 ff.]), wonach eine „Verkürzung" des abschließenden Abwägungsvorgangs gerechtfertigt sein kann, nicht aber im Umkehrschluss ein vollständiger Abwägungsausfall.
[324] Zum Fehlen eines solchen Konsequenzgebots auch unten → Rn. 132, aus haftungsrechtlicher Perspektive vgl. → Rn. 118.
[325] Eingehend dazu *Michael*, Rechtsetzende Gewalt (Fn. 56), S. 519 ff., zum Problem insbesondere S. 568 ff.; *Frenz*, Selbstverpflichtungen (Fn. 213), S. 296 ff.; zusammenfassend z.B. *Fehling*, Kooperative Umweltpolitik (Fn. 165), S. 153.
[326] *Di Fabio*, Kooperationsprinzip (Fn. 161), S. 1157; *Michael*, Rechtsetzende Gewalt (Fn. 56), S. 395 ff.
[327] *Philip Kunig*, Alternativen zum einseitig-hoheitlichen Verwaltungshandeln, in: Hoffmann-Riem/Schmidt-Aßmann, Konfliktbewältigung, Bd. I (Fn. 15), S. 43 ff. (58, 60); *Fehling*, Kooperative Umweltpolitik (Fn. 165), S. 153.

D. Rechtliche Bewältigungsstrategien

Kompensatorisch gegensteuern lässt sich mit ähnlichen Mitteln, wie sie vorstehend zum Schutz der Rechte Drittbetroffener erörtert wurden.

Bei informellen Verhandlungen selbst gewinnt die **Repräsentation solcher Allgemeininteressen** durch entsprechende Fachbehörden oder gar einen speziellen Umweltanwalt besonders hohe Bedeutung.[328] Im Einzelfall erscheint sogar die Beteiligung ausgewählter **„Public-Interest-Organisationen"** erwägenswert. Wiederum können entsprechende prozedurale Anstrengungen der Verwaltung als Gradmesser dafür dienen, inwieweit bestimmte Allgemeininteressen tatsächlich in die informelle oder (bei Vorverhandlungen) spätere rechtsförmliche Entscheidung einbezogen worden sind. 105

Ferner ist gerade unter dem Aspekt des „Viertschutzes" die **Information der Öffentlichkeit** über den Verhandlungsverlauf oder zumindest nachträglich über den Inhalt der informellen (Vor-)Absprachen – und sei es nur in einer Presseerklärung – essentiell, hier allerdings nicht zwecks Gewährleistung effektiven Rechtsschutzes für Dritte, sondern zur Ermöglichung öffentlicher politisch-demokratischer Kontrolle, nicht zuletzt über die Medien.[329] Entsprechende Publizität kann gegebenenfalls **öffentlichen Druck zu Korrekturen** erzeugen, sei es im ohnehin nachfolgenden Verwaltungsverfahren (bei vorbereitenden Absprachen) oder im Wege eines Umschwenkens auf rechtsförmige Alternativen wie z.B. den Erlass einer Rechtsverordnung an Stelle einer als unzureichend empfundenen Selbstverpflichtung der Wirtschaft. 106

3. (Grundrechts-)Schutz der privaten Adressaten bzw. Kooperationspartner

Private Kooperationspartner und Adressaten einseitig-informeller Verwaltungsmaßnahmen handeln zwar grundsätzlich freiwillig, wenn sie in Absprachen einwilligen und diesen trotz fehlender Rechtsverbindlichkeit Folge leisten oder wenn sie sich an rechtlich unverbindliche informelle Vorgaben halten. Dabei handelt es sich um Grundrechtsbetätigung und nicht um staatliche Grundrechtsbeschränkung. Von einer **freiwilligen Entscheidung** für oder gegen eine informelle Klärung lässt sich jedoch dann nicht mehr sprechen, wenn Rechte und Pflichten der Kooperationspartner oder des Adressaten so unbestimmt bleiben, dass der Private die ihm offenstehenden Alternativen nicht mehr vergleichen und daher keine rationale Abwägung zwischen den Alternativen mehr treffen kann.[330] 107

Gerade der Wunsch nach Flexibilität als wichtige Triebfeder informeller Verständigungen begünstigt eine diffuse Verantwortungsteilung, so dass die Tragweite der wechselseitig übernommenen Pflichten eher verschleiert wird.[331] Um 108

---

[328] *Lübbe-Wolff*, Kooperationsprinzip (Fn. 12), S. 297 (Umweltanwalt); *Helmuth Schulze-Fielitz*, Informelles oder illegales Verwaltungshandeln (Fn. 244), S. 246 (Umweltbeauftragter der Verwaltung); *Tomerius*, Informelle Projektabsprachen (Fn. 56), S. 197 ff.

[329] *Fehling*, Kooperative Umweltpolitik (Fn. 165), S. 155; *Schoch*, Entformalisierung (Fn. 19), in: HStR III, § 37 Rn. 141. Unter dem Gesichtspunkt der demokratisch-politischen Verantwortung näher unten → Rn. 299. Dies vernachlässigt *Kautz*, Absprachen (Fn. 1), S. 235 ff., der keinerlei Bekanntmachung informeller Absprachen für erforderlich hält. Zur Öffentlichkeitskontrolle vgl. ferner → Bd. III *Scherzberg* § 49.

[330] Siehe bereits oben → Rn. 61.

[331] So auch die zentrale Befürchtung bei *Udo Di Fabio*, Verwaltung und Verwaltungsrecht zwischen gesellschaftlicher Selbstregulierung und staatlicher Steuerung, VVDStRL, Bd. 56 (1997), S. 235 (251 ff., insbes. 257 f.), dort allerdings weniger auf informelle Absprachen als auf eine sonstige Inpflichtnahme Privater bezogen.

diesen spezifischen Grundrechtsgefährdungen zu begegnen, muss die informell handelnde Verwaltung genügend deutlich machen, welche rechtsförmlichen Alternativen zur Verfügung stehen, so dass der private Kooperationspartner hinreichend informiert und insoweit frei entscheiden kann, ob er sich auf die Absprache einlässt oder sie später durch Nichtbefolgung faktisch aufkündigt.[332] Mit anderen Worten: Die Tragweite der Absprache bzw. der informellen Vorgaben muss gerade auch für den privaten Partner bzw. Adressaten hinreichend **transparent** gemacht werden.[333]

4. Unparteiliche Verfahrensgestaltung

109 Der Gefahr einer selektiven Interessenberücksichtigung im (Absprache-)Ergebnis gilt es bereits durch eine entsprechende Verfahrensgestaltung entgegenzuwirken. Insoweit lässt sich von einem Gebot **prozeduraler Unparteilichkeit** sprechen.[334] Dieses darf jedoch nicht als Forderung nach streng gleichmäßiger Distanz zu allen betroffenen Gruppeninteressen[335] missverstanden werden; eine Position neutraler Sachlichkeit bleibt dem Staat in distanzarmen Kooperationsverhältnissen und sonstigen informellen Verständigungsprozessen prinzipiell verwehrt. Die Verwaltung hat allerdings eine **gesetzesadäquate** – und, sofern gesetzlich z. B. durch ein Abwägungsgebot gefordert, hinreichend plurale – **Interessenartikulation und -verarbeitung** zu gewährleisten.[336] Dies führt zu den oben erörterten Optionen zwecks Gewährleistung des gebotenen Dritt- und Viertschutzes zurück.[337] Inwieweit darüber hinaus im Verfahren Distanz gewahrt (z. B. durch Mediation) oder durch und bei informeller Kooperation abgebaut wird (z. B. durch einseitige Vorverhandlungen), ist grundsätzlich eine Frage des Verfahrensermessens und dabei wiederum ein Akt politischer Gestaltung im Rahmen demokratisch zu verantwortender Gemeinwohlkonkretisierung.[338]

---

[332] In diese Richtung auch *Kautz*, Absprachen, (Fn. 1), S. 253 f., der die Freiwilligkeit verneint, wenn die Verwaltung Aufklärungspflichten vernachlässigt; dies stelle analog § 123 BGB eine Täuschung durch Unterlassen dar.
[333] *Fehling*, Kooperative Umweltpolitik (Fn. 165), S. 151 f. u. 155.
[334] Dazu *Fehling*, Unparteilichkeit (Fn. 96), zusammenfassend S. 343 ff.; *Tomerius*, Informelle Projektabsprachen (Fn. 56), S. 73 ff.; *Bohne*, Informales Verwaltungs- und Regierungshandeln (Fn. 1), S. 351; aus der Rechtsprechung BVerwGE 75, 214 (230) – Flughafen München II: die Planfeststellungsbehörde habe „gegenüber jedermann jenes Maß an innerer Distanz und Neutralität zu wahren, die ihr in einer späteren Phase noch ein abgewogenes Urteil ermöglicht" und „die ihr übertragene Aufgabe in unparteiischer Weise wahrzunehmen"; ähnlich VGH BW, VBlBW 1988, S. 298 (299) – Hochrheinautobahn. S. a. → Bd. II *Schneider* § 28 Rn. 35.
[335] In diese Richtung *Di Fabio*, Kooperationsprinzip (Fn. 161), S. 1157; *Matthias Schmidt-Preuß*, Verwaltung und Verwaltungsrecht zwischen gesellschaftlicher Selbstregulierung und staatlicher Steuerung, VVDStRL, Bd. 56 (1997), 160 (176); *Trute*, Die Verwaltung und das Verwaltungsrecht (Fn. 161), S. 961. – Allgemein zu Wurzeln und Problematik eines solchen Distanzgebots für die Verwaltung *Fehling*, Unparteilichkeit (Fn. 96), S. 12 ff.
[336] Vgl. *Fehling*, Unparteilichkeit (Fn. 96), S. 449 f., zu Pluralisierung statt Neutralisierung bei politischen Gestaltungsentscheidungen.
[337] Dazu oben → Rn. 100 ff. u. 104 ff.
[338] Zum Ganzen *Fehling*, Kooperative Umweltpolitik (Fn. 165), S. 154.

5. Gebot rechtsstaatlicher und demokratisch-politischer Verantwortungsklarheit

Die **Verantwortung** für die Resultate informellen Verwaltungshandelns einschließlich dessen Unverbindlichkeit liegt ungeachtet aller Kritik[339] **primär bei der staatlichen Seite;**[340] dies folgt aus der verfassungsrechtlich vorgegebenen Asymmetrie von staatlicher (Gemeinwohl- und Gesetzes-)Bindung und privater Freiheit. Eine Teilverantwortung des privaten Kooperationspartners schlägt sich im Haftungsrecht nieder, bleibt aber bei der Absprache wie auch bei ihrer Umsetzung mangels rechtlicher Bindungswirkung auf – schwer zu beweisende – Fälle bewusster Täuschung und vorsätzlicher rechtswidriger Schädigung beschränkt.[341]

Verantwortung setzt Klarheit über das zu Verantwortende voraus. Die vielfachen (politischen) Weichenstellungen, die mit informellem Verwaltungshandeln verbunden sind, müssen sichtbar gemacht werden. Diese beginnen bei der Entscheidung für informelles statt rechtsförmiges Vorgehen, setzen sich in der Auswahl der Absprachepartner (insbesondere: bilateral oder multilateral) sowie in der Gestaltung des Kooperationsverfahrens fort und kulminieren im Inhalt informeller Absprachen bzw. einseitigen informellen Verwaltungshandelns.[342] Ein Mindestmaß an **Transparenz des informellen Verwaltungshandelns und seiner Ergebnisse** ist aber nicht nur Voraussetzung für wirksame politisch-demokratische Kontrolle, sondern ebenso aus rechtsstaatlicher Perspektive (Schutz Drittbetroffener und des privaten Kooperationspartners) und nicht zuletzt auch im Interesse des „Viertschutzes" unverzichtbar. Durchschaubarkeit, die sich wie ausgeführt auf verschiedenste Weise herstellen lässt, wird somit zum Dreh- und Angelpunkt einer prozeduralen Bewältigung des Informellen, ohne dessen Flexibilitätsvorzüge zu zerstören[343] und vor allem ohne zu einer weitgehenden Verfahrensformalisierung zu führen.[344]

6. Verallgemeinerungsfähigkeit der Flachglas-Kriterien für Vorabbindungen

Für Vorabbindungen bei der Bauleitplanung hat das Bundesverwaltungsgericht im grundlegenden Flachglas-Urteil drei Voraussetzungen statuiert,[345] die auf andere informelle Vorabsprachen[346] und sogar auf jedwede informelle Praxis

---

[339] *Hoffmann-Riem*, Buchbesprechung (Fn. 224), S. 162 ff. mit dem Argument, durch eine kooperative Gesamtverantwortung des Staates würden die Rechtspflichten und damit die Lasten informeller Absprachen allein auf den Staat verlagert, während der private Kooperationspartner ausschließlich die Vorteile der rechtlichen Unverbindlichkeit genießen könne.

[340] Für normersetzende Absprachen: *Michael*, Rechtsetzende Gewalt (Fn. 56), S. 320 ff., insbes. 356 ff.

[341] Vgl. unten → Rn. 119.

[342] *Fehling*, Kooperative Umweltpolitik (Fn. 165), S. 154 f.

[343] Besonders deutlich *Schoch*, Entformalisierung (Fn. 19), in: HStR III, § 37 Rn. 140; rechtsvergleichend *Schmidt-Aßmann*, Verhandlungslösungen (Fn. 267), resümierend S. 50.

[344] In dieser Richtung auch *Tomerius*, Informelle Projektabsprachen (Fn. 56), S. 57 ff., insbes. S. 60.

[345] BVerwGE 45, 309 (321).

[346] *Wolfgang Hoffmann-Riem*, Verwaltungsrechtsreform – Ansätze am Beispiel des Umweltschutzes, in: Hoffmann-Riem/Schmidt-Aßmann/Schuppert (Hrsg.), Reform, S. 153; *Dreier*, Informales Verwaltungshandeln (Fn. 29), S. 666 f.; *Schmidt-Aßmann*, Ordnungsidee, Kap. 6 Rn. 131; *Fehling*, Unparteilichkeit (Fn. 96), S. 318, angedeutet bereits von *Bohne*, Informaler Rechtsstaat (Fn. 8), S. 154 mit dortiger Fn. 35; für die Vorabbindung durch Mediation *Pünder*, Kooperation (Fn. 65), S. 25 f.

im Verwaltungsverfahren[347] übertragbar sind. Die Kompetenzordnung muss gewahrt bleiben, die Vorabbindung bzw. das informelle Vorgehen als solches bedürfen eines rechtfertigenden Grundes und die informell vorweggenommene Entscheidung darf inhaltlich nicht zu beanstanden sein, insbesondere dürfen die Anforderungen an eine gerechte Abwägung (bei planungsähnlichen Entscheidungen) nicht umgangen werden. Rechte Dritter und Belange der Allgemeinheit müssen somit zumindest in den Abwägungsvorgang einbezogen werden, auch wenn die grundrechtsschützende und rationalitätssteigernde Funktion des (förmlichen) äußeren Verfahrens durch die Vorabbindung teilweise ausgehöhlt wird. Das Erfordernis eines sachlichen Grundes für die Vorabfestlegung sichert, dass das offizielle Verfahren mit seiner grundrechtsschützenden Wirkung nicht grundlos an Wert verliert. Die Verallgemeinerungsfähigkeit der Flachglas-Kriterien wird auch an anderen Rechtsinstituten deutlich, die unter ähnlichen Voraussetzungen ein Abschichten von Entscheidungen und dadurch sogar weitergehende rechtliche Vorabbindungen ermöglichen. Dies gilt etwa für Vorbescheid und Teilgenehmigung, die Abschnittsbildung in der Planfeststellung, den vorzeitigen Baubeginn sowie für vorläufige Verwaltungsakte.[348]

113 Die Flachglas-Rechtsprechung lässt sich als Anerkennung einer **funktionalen** oder **output-orientierten Legitimation**[349] informeller Vorabbindungen deuten und erscheint auch unter diesem Gesichtspunkt für informelle Absprachen verallgemeinerungsfähig. Gemeint ist nicht allein, ja nicht einmal in erster Linie, eine Ex-post-Rechtfertigung informeller Praktiken durch sachrichtige Ergebnisse (worüber man ohnehin oftmals wird streiten können). Vielmehr zielt die Output-Legitimation auf rechtliche Sicherungen verschiedenster Art (mit Einschluss der gerichtlichen Kontrollmöglichkeiten), die rechtmäßige und sachrichtige Entscheidungen wahrscheinlicher machen. Genau dies ist auch die Funktion der Flachglas-Kriterien; sie sollen die rechtsstaatliche und demokratische Qualität informellen Verwaltungshandelns strukturell sichern und dabei die reduzierte Legitimationskraft des rechtsförmigen Verfahrens und der dortigen Partizipationsmöglichkeiten kompensieren.

V. Kompensatorische Abstufung der gerichtlichen Kontrolldichte

114 Eine output-orientierte Betrachtung führt dazu, dass es nicht auf einzelne rechtsstaatliche und grundrechtliche Sicherungen (z.B. Beteiligungsrechte Drittbetroffener an informellen Verhandlungen), sondern auf das **Gesamtniveau der Rahmenbedingungen** im konkreten Fall ankommt. Entscheidend ist, was die Verwaltung insgesamt, sei es in informellen oder rechtsförmigen Verfahrensschritten, unternommen hat, um eine gesetzesadäquate Interessenberücksichtigung sicherzustellen und für Transparenz zu sorgen. Eine solche Gesamtbetrachtung mit vielfältigen, im Einzelfall flexibel kombinierbaren Kompensationsmöglichkeiten ver-

---

[347] *Schoch*, Entformalisierung (Fn. 19), in: HStR III, § 37 Rn. 163.
[348] Eingehend dazu *Kautz*, Absprachen (Fn. 1), S. 157 ff.
[349] Dazu grundlegend *Fritz Scharpf*, Demokratietheorie zwischen Utopie und Anpassung, 1970, insbes. S. 21 ff.; für die europäische und internationale Ebene *ders.*, Legitimationskonzepte jenseits des Nationalstaats, in: Schuppert/Pernice/Haltern (Hrsg.), Europawissenschaft, S. 706 (708 ff.); Überblick m. w. N. → Bd. I *Trute* § 6 Rn. 53.

meidet das Risiko effizienzfeindlicher Versteinerungen, das jeder punktuellen Verfahrensformalisierung anhaftet.[350]

Im Rahmen eines übergreifenden Kompensationsmodells kann die **gerichtliche Kontrolldichte bei einer nachfolgenden rechtsverbindlichen Maßnahme** danach **abgestuft** werden, inwieweit die Verwaltung die ihr offen stehenden Optionen zum hinreichenden Dritt- und Viertschutz sowie für eine unparteiliche und transparente Verfahrensgestaltung wahrgenommen hat.[351] Dies schafft Anreize für mehr Pluralität und Transparenz bei informellen Vorverhandlungen, ohne der Verwaltung die für informelles Handeln notwendige Flexibilität zu nehmen. Die verwaltungsgerichtliche Amtsermittlung (§ 86 VwGO) und Überzeugungsbildung (§ 108 VwGO) sind dafür hinreichend elastisch.[352] Je transparenter eine Absprache, je offener und pluraler das informelle Verfahren gestaltet ist, umso stärker kann zudem bei Rechtsfragen die gerichtliche Überprüfung auf Ermessensfehler zurückgenommen werden;[353] das Gericht kann sich auf eine weniger intensive Begründungskontrolle[354] beschränken. Sind (Dritt-)Betroffene in den Abspracheprozess adäquat mit einbezogen worden, hat man gar ein aufwendiges Mediationsverfahren auf sich genommen, so streitet eine Vermutung dafür, dass deren Interessen auch im Absprache- und gegebenenfalls Abwägungsergebnis adäquat berücksichtigt wurden.[355] Gleiches gilt für die Repräsentation von öffentlichen Interessen, etwa durch Vertreter der entsprechenden Fachbehörden am Verhandlungstisch. Umgekehrt zwingt mangelnde Transparenz und Selektivität der Verhandlungen zu einer intensivierten gerichtlichen Amtsermittlung und (Abwägungs-)Kontrolle. Sind informelle Verhandlungen lückenhaft oder gar nicht dokumentiert, so rechtfertigt dies Beweiserleichterungen für ausgeschlossene Drittbetroffene; die Darlegungs- und Beweislast kann so im Prozess als Korrektiv gegen einseitige Distanzverluste eingesetzt werden.

VI. Haftungsfragen

Wiewohl rechtlich unverbindlich, sind informelle Absprachen und einseitiginformelle Hinweise o.ä. nicht automatisch rechtlich folgenlos. Zwar bestehen keine Erfüllungsansprüche. Da die Betroffenen dem informellen Ansinnen zuwiderhandeln können – freilich mit dem Risiko, dass rechtsförmliche Aufsichts-

---

[350] *Fehling*, Kooperative Umweltpolitik (Fn. 165), S. 155.
[351] Zum Ganzen *Fehling*, Unparteilichkeit (Fn. 96), S. 325f., 329, 495ff.; ders., Kooperative Umweltpolitik (Fn. 165), S. 152f.; *Wolfgang Hoffmann-Riem*, Verwaltungsrechtsreform (Fn. 346), in: ders./Schmidt-Aßmann/Schuppert (Hrsg.), Reform, S. 135 (148). Zu gerichtlichen Verwaltungskontrollen s.a. → Bd. III *Schoch* § 50.
[352] Näher *Fehling*, Unparteilichkeit (Fn. 96), S. 476ff.
[353] Für „diskussionswürdig" hält dies *Dreier*, Informales Verwaltungshandeln (Fn. 29), S. 669.
[354] Die Verwaltungsgerichte haben bei Ermessensentscheidungen allgemein betrachtet die Aufgabe, in Kommunikation mit den Prozessbeteiligten „Stichhaltigkeit und Belastbarkeit behördlicher Ermittlungen, Bewertungen, Gewichtungen und Abwägungen zu eruieren"; so *Michael Gerhardt*, in: Schoch/Schmidt-Aßmann/Pietzner (Hrsg.), VwGO, Vorbem. § 113 Rn. 20; *Schmidt-Aßmann*, Ordnungsidee, Kap. 4 Rn. 83; ähnlich *Thomas Würtenberger*, Rechtliche Optimierungsgebote oder Rahmensetzungen für das Verwaltungshandeln, VVDStRL, Bd. 58 (1999), S. 139 (169f.). Dabei bleibt genügend Raum für eine angepasste gerichtliche „Nacharbeitungsintensität"; vgl. *Fehling*, Unparteilichkeit (Fn. 96), S. 488.
[355] Vgl. speziell auf die Mediation bezogen bereits *Hoffmann-Riem*, Konfliktmittler (Fn. 15), S. 63f.; *Schneider*, Kooperative Verwaltungsverfahren (Fn. 27), S. 63.

maßnahmen folgen –, scheidet Primärrechtsschutz (etwa durch Feststellungsklage) mangels Klagebefugnis regelmäßig[356] aus.[357] **Sekundäransprüche** (d.h. hier Erstattungsansprüche und Ansprüche auf Schadensersatz) sind jedoch möglich, sofern sie allein an dem tatsächlichen Verhalten der Beteiligten anknüpfen und weder rechtlich noch ökonomisch (partielle) Erfüllungssurrogate darstellen. Im Übrigen besitzen Haftungsrisiken auch eine gewisse **präventive Steuerungswirkung**, können also das Ob und das Wie informellen Vorgehens beeinflussen.

1. Staatshaftung

117   Auch informelles Handeln kann **Amtshaftungsansprüche** auslösen. Trifft ein Amtswalter eine rechtswidrige Absprache, so verletzt er seine Amtspflicht zu rechtmäßigem Handeln;[358] diese Amtspflicht setzt nämlich nicht voraus, dass eine rechtsverbindliche Maßnahme getroffen wird, und besteht daher auch bei informellem Verwaltungshandeln. Inwieweit diese Amtspflicht drittgerichtet ist, bestimmt sich nach allgemeinen Regeln;[359] in Ausnahmefällen können sogar außenstehende, an der Absprache nicht beteiligte Dritte geschützt sein.[360] Auch sonstige **Entschädigungsansprüche** sind bei Verwaltungshandeln ohne rechtliche Bindungswirkung nicht von vornherein ausgeschlossen. So kann die einseitig-informelle Bitte, den Verkauf bestimmter Lebensmittel bei noch ungeklärtem Sachverhalt zunächst einzustellen oder ein Medikament zurückzurufen, eine polizeirechtlich entschädigungspflichtige „Maßnahme" darstellen.[361]

118   Von besonderer Bedeutung ist die Frage, ob die Verwaltung sich durch den Entschluss zu informellem Vorgehen selbst bindet und aus Gründen des **Vertrauensschutzes** zur konsequenten Fortsetzung der Kooperation verpflichtet. Bei Aufkündigung eines informellen Konsenses könnte die Verwaltung dann schadensersatzpflichtig werden. Entgegen teilweise vertretener Auffassung[362] trifft die Verwaltung jedoch keine Pflicht, den einmal eingeschlagenen Weg der informellen Kooperation kontinuierlich fortzusetzen, statt auf einseitig-hoheitliches Handeln „umzusatteln". Denn andernfalls würde die rechtliche Unverbindlichkeit faktisch aufgehoben,[363] und dies zudem einseitig zu Lasten der

---

[356] Mitteilungen der Kommission sieht der EuGH zuweilen als zulässige Gegenstände einer Nichtigkeitsklage an, z.B. *EuGH*, Rs. C-303/90, Slg. 1991, I-5315 (5343ff.); insoweit wird dieser an sich informellen Handlungsform doch begrenzte Rechtswirkung zugesprochen, dazu *Heike Adam*, Die Mitteilung der Kommission: Verwaltungsvorschriften des Gemeinschaftsrechts, 1999, S. 118ff.

[357] Für informelle Maßnahmen der BaFin *Frank A. Schäfer*, in: Karl-Heinz Boos/Reinfrid Fischer/Hermann Schulte-Mattler (Hrsg.), Kreditwesengesetz, 4. Aufl. 2012, § 6 KWG Rn. 24.

[358] *Kautz*, Absprachen (Fn. 1), S. 342f.

[359] Dazu allgemein → Bd. III *Morlok* § 54. Zur Situation bei normersetzenden Absprachen mit Parallelen zur Problematik normativen Unrechts und der großzügigeren Beurteilung im Rahmen des gemeinschaftsrechtlichen Staatshaftungsanspruchs s. *Michael*, Rechtsetzende Gewalt (Fn. 56), S. 647ff.

[360] *Spannowsky*, Verträge und Absprachen (Fn. 215), S. 453f.

[361] Dies setzt voraus, dass in der Bitte ein „bewusst[es und] zielgerichtet[es]" Einwirken auf einen scheinbar Polizeipflichtigen zu sehen ist (so in *BGH*, NJW 1996, S. 3151 [3152]); ist die Bitte dagegen als ein bloßer „Appell an die Eigenverantwortung" zu verstehen, so reicht dies nicht aus (vgl. *BGH*, JR 1998, S. 461 [463]).

[362] So vor allem *Di Fabio*, Kooperationsprinzip (Fn. 161), S. 1153; in diese Richtung auch *Eberle*, Arrangements (Fn. 12), S. 448f.

[363] Besonders betont von *Kautz*, Absprachen (Fn. 1), S. 325ff.; vgl. auch *Spannowsky*, Verträge und Absprachen (Fn. 215), S. 452f.

D. Rechtliche Bewältigungsstrategien

Verwaltung.³⁶⁴ Allgemeiner betrachtet darf das Vertrauensschutzprinzip nicht so überdehnt werden, dass der Staat seine Handlungs- und Gestaltungsmöglichkeiten und insbesondere die Fähigkeit verliert, die Gemeinwohlerfordernisse politisch neu zu bewerten und gegebenenfalls auch mit veränderten Mitteln durchzusetzen.³⁶⁵ In Anbetracht des rechtsstaatlich wie grundrechtlich fundierten Willkürverbots kann allerdings ein willkürliches, also ohne sachlichen Grund erfolgendes „Umschwenken" Ansprüche des privaten Kooperationspartners aus **culpa in contrahendo**³⁶⁶ auslösen.³⁶⁷ Willkür wird jedoch allenfalls in seltenen Ausnahmefällen beweisbar sein, weil sich das Verhalten äußerlich nicht von einer legitimen späteren Änderung der Absichten unterscheiden lässt.

2. Haftung des privaten Kooperationspartners

Auch in diese Richtung kommen Ansprüche aus **culpa in contrahendo** in Betracht. Der Bruch einer informellen Vereinbarung reicht dazu jedoch nicht aus; beim Privaten wird man mangels Grundrechtsbindung nicht einmal einen sachlichen Grund für die Nichteinhaltung der Absprache fordern können. Wird dagegen die scheinbare Konsensbereitschaft als bloße Verzögerungstaktik genutzt (was freilich schwer beweisbar sein dürfte), ist ein entsprechender Ersatzanspruch, auf das negative Interesse gerichtet, trotz rechtlicher Unverbindlichkeit der Absprache gegeben.³⁶⁸ **119**

Branchen-Außenseiter, zu deren Lasten Selbstbeschränkungsabkommen von Wirtschaftsverbänden mit dem Staat gehen können, besitzen möglicherweise gegen den Verband einen **Schadensersatzanspruch aus § 33 Abs. 3 S. 1 i. V. m. Abs. 1 GWB**.³⁶⁹ Ist der Verstoß gegen das Kartellverbot nicht erst auf der verbandsinternen Umsetzungsebene, sondern schon auf der Ebene der informellen **120**

---

³⁶⁴ Mit Recht gegen eine Verlagerung sämtlicher Risiken informeller Kooperation auf den Staat, während die Privaten von der fehlenden Rechtsverbindlichkeit nur profitieren, *Hoffmann-Riem*, Buchbesprechung (Fn. 224), S. 163 f.

³⁶⁵ Mit diesem Argument gegen ein weitreichendes Kooperationsprinzip *Joachim Wieland*, Das Kooperationsprinzip im Atomrecht, ZUR 2001, S. 20 (22 f.); vgl. auch *Paul Kirchhof*, Der Staat als Organisationsform politischer Herrschaft und rechtlicher Bindung, DVBl 1999, S. 637 (657); *Claudio Franzius*, Bundesverfassungsgericht und indirekte Steuerung im Umweltrecht, AöR, Bd. 126 (2001), S. 403 (428). Für die europäische Ebene ebenso die Bekanntmachung der Kommission zu Beratungsschreiben (Fn. 69), Ziff. 24; von einer eingeschränkten Selbstbindung der Kommission ausgehend *Klees*, Kartellverfahrensrecht (Fn. 68), § 2 Rn. 60. Im Normalfall wird die Erfüllung der geweckten Erwartungen freilich einem Gebot administrativer Klugheit entsprechen, → Bd. II *Hoffmann-Riem* § 33 Rn. 87.

³⁶⁶ Zu deren Verankerung im Öffentlichen Recht auch außerhalb des öffentlich-rechtlichen Vertrags (dort ausdrücklich § 62 S. 2 VwVfG i. V. m. §§ 280 Abs. 1, 241 Abs. 2, 311 Abs. 2 BGB) → Bd. III *Morlok* § 54. Ohnehin lässt sich bei Aufnahme informeller Kontakte oftmals noch gar nicht absehen, ob diese letztlich in einen Vertragsschluss münden oder in eine informelle Absprache; zu entsprechenden Erfahrungen oben → Rn. 17.

³⁶⁷ Eingehend dazu *Martin Kellner*, Haftungsprobleme bei informellem Verwaltungshandeln, 2004, insbes. S. 116 ff. u. 165 ff., der die culpa in contrahendo als in Treu und Glauben wurzelnden Unterfall der allgemeinen Rechtsverhältnishaftung einordnet; letztlich auch trotz tendenzieller Überbetonung des Konsequenzgebots *Shirvani*, Kooperationsprinzip (Fn. 108), S. 257 ff., insbes. 261; ggf. sogar für einen Schadensersatzanspruch aus Amtshaftung *Eberle*, Arrangements (Fn. 112), S. 449; *Spannowsky*, Verträge und Absprachen (Fn. 215), S. 453.

³⁶⁸ *Kellner*, Haftungsprobleme (Fn. 367), 127 ff.; *Kautz*, Absprachen (Fn. 1), S. 346 f.

³⁶⁹ *Michael*, Rechtsetzende Gewalt (Fn. 56), S. 647; zur allgemein geringen praktischen Bedeutung *Eckhart Rehbinder*, in: Loewenheim/Meesen/Riesenkampff (Hrsg.), GWB (Fn. 272), § 33 Rn. 4.

Verständigung zwischen Staat und Brachenvertretung angesiedelt, so können sich sogar (Amtshaftungs-)Ansprüche gegen den Staat ergeben.[370]

3. Erstattungsansprüche

121 Wenn eine der Parteien ihre Leistung absprachegemäß erbringt, die andere Seite sich aber nicht an die informelle Absprache hält, so stellt sich die Frage nach einem **öffentlich-rechtlichen Erstattungsanspruch.** Als Grundlage des Rückgewähranspruchs kann auf die auch im Öffentlichen Recht anwendbare **Zweckverfehlungskondiktion** (Rechtsgedanke des § 812 Abs. 1 S. 2, 2. Alt BGB)[371] zurückgegriffen werden, sofern die Leistung ihrer Art nach zurückerstattet werden kann.[372] Die rechtliche Unverbindlichkeit der informellen Verständigung steht dem nicht entgegen. Im Gegenteil: Es ist gerade Kennzeichen einer Zweckvereinbarung, dass der Leistungszweck nicht Gegenstand eines Vertrages geworden ist, die Leistung vielmehr außerhalb einer rechtlichen Verpflichtung um der Gegenleistung willen erbracht wird. Ein solches Gegenseitigkeitsverhältnis wird man bei informell-konsensualem Verwaltungshandeln regelmäßig anzunehmen haben. Hieran wird einmal mehr deutlich, dass das Fehlen eines Rechtsbindungswillens nicht mit rechtlicher Folgenlosigkeit gleichgesetzt werden darf. Eine Sichtweise, die informelles Agieren pauschal als Handeln „auf eigenes Risiko" außerhalb des Rechts einstufen würde, griffe gerade auch auf der Sekundärebene zu kurz.

E. Informelles Verwaltungshandeln im Instrumentenvergleich

122 Im Bestreben nach **Steuerungsoptimierung** sollte die Wahl zwischen rechtsförmlichem oder informellem Vorgehen oder deren Kombination möglichst rational und reflektiert getroffen werden. Dabei gilt es, sich zunächst über die vorhandenen rechtsförmigen Alternativen zu informellem Verwaltungshandeln klar zu werden (unten I.). Gefahren des Informellen für Transparenz und Kontrolle sind rechtlich nur dort hinzunehmen, wo die (Flexibilitäts-)Vorteile informellen Handelns im Instrumentenvergleich in einer **Prognose** überwiegen, wo also das informelle Vorgehen gegenüber rechtsförmlichem Handeln größere Steuerungsressourcen verspricht. Allerdings wird man der Verwaltung bei der „instrumental choice"[373] (II.) nach allgemeinen Grundsätzen auch insoweit einen gewissen Prognosespielraum zubilligen müssen.

I. Flexibilisierung rechtsförmlicher Alternativen zum informellen Handeln

123 Inwieweit informelles Verwaltungshandeln wirklich flexibler ist, hängt auch davon ab, welche Spielräume für situationsangepasste und rechtsbindungs-

---

[370] *Michael*, Rechtsetzende Gewalt (Fn. 56), S. 650.
[371] Für die analoge Anwendbarkeit im Öffentlichen Recht außerhalb der speziell geregelten Fälle (§ 49a VwVfG, § 62 S. 2 BGB i.V.m. § 812 BGB) *VGH BW*, NJW 1978, S. 2050 (2051), *VG Minden*, NJW 1985, S. 679 (680); demgegenüber hält *Ossenbühl*, StaatshaftungsR, S. 429 f., die Zweckverfehlungskondiktion jedenfalls im Bereich des Subventionsrechts für entbehrlich.
[372] Hierzu und zum Folgenden *Kautz*, Absprachen (Fn. 1), S. 335 ff. u. 347.
[373] N. oben → Fn. 133.

schwache Kooperation die anderen Handlungsformen der Verwaltung eröffnen. Daher wird man im Ergebnis zwar in vielen Bereichen die **Unvermeidbarkeit kooperativen Vorgehens,**[374] nicht aber automatisch auch die Unvermeidbarkeit des Informellen diagnostizieren müssen.

1. Stärkung der formlos-kooperativen Elemente im normalen Verwaltungsverfahren?

Anhörung (§ 28 VwVfG)[375], Beratung (§ 25 VwVfG)[376] und sogar die mit Mitwirkungsobliegenheiten der Beteiligten verknüpfte Amtsermittlung (§ 24 VwVfG)[377] eröffnen schon **im Standardverwaltungsverfahren breit gefächerte Kooperationsmöglichkeiten,** die wegen der grundsätzlichen Nichtförmlichkeit (§ 10 VwVfG) auch flexibel bleiben.[378] Das „Gespräch als Leitbild des Umgangs mit dem Bürger"[379] findet bereits hier seinen Platz. Wichtige Vorteile informellen Handelns lassen sich schon auf diese Weise, durch eine kooperative Verfahrensgestaltung, realisieren, ohne dass es eines Ausweichens in die Informalität bedarf. So vermag sich die Verwaltung durch Amtsermittlung und Anhörung wichtige Informationen zu verschaffen und ihr Steuerungswissens zu erweitern. Anhörung und individuelle Beratung können dienstleistungsorientiert ausgestaltet werden[380] und wesentlich zur Akzeptanz von Verwaltungsentscheidungen beitragen.[381]

124

Nicht mehr von den genannten Verfahrensbausteinen gedeckt sind freilich Vorabbindungen, also Absprachen über den Inhalt einer zu treffenden Verwaltungsentscheidung.[382] Sollen solche **inhaltlichen Bindungen** nicht informell bleiben, steht nur die Alternative eines Vertragsschlusses zur Verfügung.[383] Allerdings ist nicht immer eine klare Unterscheidung zwischen Vertragsverhandlungen im Normalverfahren und informellen Vorabsprachen möglich. So lassen sich Verhandlungen im Vergabeverfahren sowohl als „normale" Verfahrensschritte auf dem Weg zum vertraglichen Zuschlag als auch als informelle Vorabbindungen deuten.[384]

125

---

[374] Ähnlich *Schulze-Fielitz*, Kooperatives Recht (Fn. 28), S. 658f.

[375] Siehe dazu → Bd. II *Gusy* § 23 Rn. 48ff., *Schneider* § 28 Rn. 42ff.

[376] Vgl. a. → Bd. II *Gusy* § 23 Rn. 37, *Schneider* § 28 Rn. 60.

[377] Siehe a. → Bd. II *Gusy* § 23 Rn. 39f., *Schneider* § 28 Rn. 36ff.

[378] So besonders deutlich *Kunig/Rublack*, Aushandeln (Fn. 13), S. 4f.; *Schulze-Fielitz*, Kooperatives Recht (Fn. 28), S. 665.

[379] N. oben → Fn. 141.

[380] Die Dienstleistungsorientierung zugunsten des Investors wird einseitig in den Vordergrund gestellt von der *Expertenkommission*, Investitionsförderung (Fn. 143), Rn. 251 ff. u. 559 f.; zum gleitenden Übergang von Anhörung und Beratung zu informellen Verhandlungen oben → Rn. 18 mit N. in Fn. 48.

[381] Zu diesem Motiv für informelle Kooperation oben → Rn. 47f. Sogar ein „mediatives Element" sieht in der Anhörung *Pitschas*, Mediation (Fn. 90), S. 400f.

[382] Statt vieler *v. Wedemeyer*, Kooperation statt Vollzug (Fn. 55), S. 177f.; zu § 2 Abs. 2 der 9. BImSchV vgl. *Song*, Kooperatives Verwaltungshandeln (Fn. 56), S. 96f.

[383] Ein gutes Beispiel für die Alternative zwischen informeller Absprache oder vertraglicher Verfestigung bildet § 132 Abs. 2 UGB-KomE, wonach ein Sanierungskonzept „soweit erforderlich" durch Anordnung oder öffentlich-rechtlichen Vertrag zu bestätigen gewesen wäre; damit wurde eine Verstärkung der Bindungswirkung und Durchsetzbarkeit angestrebt.

[384] Vgl. allgemein oben → Rn. 18, zum Vergaberecht oben → Rn. 87f.

2. Abschwächung der Bindungswirkungen, vor allem bei der Vertragsgestaltung

126 Gegenüber dem Vertrag besitzt die informelle Absprache für die Beteiligten in bestimmten Konstellationen den Vorteil fehlender Rechtsverbindlichkeit; bei veränderten Umständen oder auch nur geänderten eigenen Prioritäten kann also jede Seite grundsätzlich[385] die Absprache jederzeit einfach ignorieren. Faktische Bindungswirkungen (z.B. drohender Verlust an Glaubwürdigkeit und damit Gefährdung des in Dauerverwaltungsrechtsverhältnissen unverzichtbaren Vertrauensverhältnisses) sorgen jedoch dafür, dass dies in der Regel nicht ohne subjektiv zwingenden Grund geschieht. Die Bindungswirkung eines **(Vor-)Vertrags** kann jedoch durch entsprechende Klauseln ähnlich abgeschwächt werden. Zu denken ist an die **Vereinbarung eines jederzeitigen Kündigungs- oder Rücktrittsrechts**[386] und/oder eines über § 61 VwVfG hinausgehenden **Rechts auf Vertragsanpassung an veränderte Umstände.**[387]

127 Der (öffentlich-rechtliche) Vertrag unterliegt allerdings **drei besonderen Restriktionen,** die bei informellen Absprachen nicht bestehen und im Instrumentenvergleich deren besondere Attraktivität ausmachen: Erstens bedarf der öffentlich-rechtliche Vertrag der Schriftform (§ 57 VwVfG).[388] Zweitens müssen Drittbetroffene zustimmen (§ 58 Abs. 1 VwVfG); diese besonders lästige und deshalb Informalität geradezu herausfordernde Wirksamkeitsvoraussetzung greift jedoch nur ein, wenn der Vertragsschluss zu einer Rechtsverletzung des Dritten führt, und nicht schon dann, wenn der Dritte in Belangen betroffen ist, die im Rahmen einer fehlerfreien Abwägung überwindbar sind.[389] Drittens schafft ein rechtsverbindlicher Vertragsschluss die Notwendigkeit zu einer Entscheidung, ob und wann man von vertraglichen Kündigungs- oder Anpassungsrechten Gebrauch macht; den Kooperationspartnern ist also die bei informellen Absprachen gegebene Möglichkeit genommen, die Frage der weiteren Befolgung der Absprache einfach „in der Schwebe zu lassen".

128 Selbst der Verwaltungsakt bietet, etwa in der Figur des **vorläufigen Verwaltungsakts** oder durch Beifügung eines **Auflagen-** oder **Widerrufsvorbehalts** oder einer **auflösenden Bedingung,** nicht zu unterschätzende Möglichkeiten, die Bindungswirkung situationsangemessen zu flexibilisieren.[390] Solche Gestaltungen können eine Alternative vor allem zu einseitig-informellem Verwaltungshandeln darstellen, im Einzelfall sogar zu Absprachen.[391]

---

[385] Zum Erfordernis eines sachlichen Grundes zur Vermeidung einer Haftung aus culpa in contrahendo oben → Rn. 118.

[386] Vgl. *Hartmut Bauer,* Anpassungsflexibilität im öffentlich-rechtlichen Vertrag, in: Hoffmann-Riem/Schmidt-Aßmann (Hrsg.), Innovation, S. 245 (282); zur Möglichkeit, ein Rücktrittsrecht nach freiem Belieben eines Vertragspartners zu vereinbaren, für das Zivilrecht *Dagmar Kaiser,* in: Staudinger, BGB-Kommentar, Neubearbeitung 2004, § 346 Rn. 48.

[387] Vgl. erneut *Bauer,* Anpassungsflexibilität (Fn. 386), S. 283f.; *Fluck/Schmitt,* Selbstverpflichtungserklärungen und Umweltvereinbarungen (Fn. 105), S. 259.

[388] Zur mangelnden Übertragbarkeit auf informelle Absprachen oben → Rn. 57f.

[389] *Michael Fehling,* in: Hk-VerwR, § 58 VwVfG Rn. 16; nach der Gegenauffassung soll bereits die Klagebefugnis ausreichen, so *Schlette,* Die Verwaltung als Vertragspartner (Fn. 257), S. 436.

[390] Siehe a. → Bd. II *Bumke* § 35 Rn. 109ff., 208.

[391] Näher *Karl-Heinz Ladeur,* Die Zukunft des Verwaltungsakts, VerwArch, Bd. 86 (1995), S. 511 (insbes. 526ff.).

3. Ermöglichung des „opting out" bei Rechtsverordnungen

Ein Abschwächen der Bindungswirkung durch Kündigungs- oder Rücktrittsrechte kommt bei Rechtsnormen, insbesondere Rechtsverordnungen, nicht in Betracht. Zu erwägen ist jedoch eine inhaltliche Gestaltung, die es den Normunterworfenen unter bestimmten Bedingungen gestattet, informelle Alternativlösungen zu verwirklichen, die das mit der Verordnung verfolgte Ziel mindestens ebenso wirksam erreichen. Als Vorbild für eine solche Gestaltung kann der Regelungsmechanismus der Verpackungsverordnung dienen, die ein partielles *„opting out"*[392] zugunsten eines selbsteingerichteten Rücknahmesystems zulässt.[393]

129

II. „Instrumental choice" als Ermessensentscheidung

1. Fehlender Vorrang informell-kooperativen Vorgehens

Ein **Kooperationsprinzip,** das die Verwaltung vorrangig zu – gar informellem – kooperativem Handeln verpflichten würde, gibt es als Rechtsprinzip selbst im Umweltrecht **nicht,**[394] ungeachtet missverständlicher Aussagen des Bundesverfassungsgerichts.[395] Auch der Verhältnismäßigkeitsgrundsatz zwingt nicht dazu, (informeller) Kooperation oder einseitig-informellem Handeln gegenüber rechtsförmigem Vorgehen mit Befehl und Zwang den Vorrang einzuräumen.[396]

130

---

[392] Eine ähnliche Option findet sich im föderalen System der USA in der US-Umweltgesetzgebung, wobei der Bund den Einzelstaaten die Option einräumt, das Regelungsregime des Bundes unter gewissen Voraussetzungen durch eigene – freilich ebenfalls rechtsverbindliche – Alternativkonzepte zu ersetzen (dazu am Beispiel des Insolvenzrechts *Tracey N. Bosomworth,* Federal Exemptions and the Opting-Out Provisions of Section 522: A Constitutional Challenge, 58 Indiana Law Journal [1992], S. 143 ff.). Die Abweichungsgesetzgebung nach der deutschen Föderalismusreform geht in die gleiche Richtung.

[393] Statt vieler *Michael,* Rechtsetzende Gewalt (Fn. 55), S. 141 ff., der insoweit von „normverdrängenden Absprachen" spricht; am Beispiel des „Dualen Systems" nach der VerpackungsV *Andreas Finckh,* Regulierte Selbstregulierung im Dualen System, 1998, S. 84 f.; *Hans-Heinrich Trute/Wolfgang Denkhaus/Doris Kühlers,* Regelungsstrukturen der Kreislaufwirtschaft zwischen kooperativem Umweltrecht und Wettbewerbsrecht, 2004. S. 38 ff. S. a. → Bd. I *Schulze-Fielitz* § 12 Rn. 166; Bd. II *Sacksofsky* § 40 Rn. 22 sowie aber a. → Bd. II *Appel* § 32 Rn. 88.

[394] Statt vieler *Hans-Joachim Koch,* Das Kooperationsprinzip im Umweltrecht – ein Missverständnis?, NuR 2001, S. 541 (546 ff.); *Sparwasser/Engel/Voßkuhle,* UmweltR, § 3 Rn. 48 ff., insbes. Rn. 54. Demgegenüber für ein – allerdings eher schwaches und daher die Handlungsfähigkeit des Staates kaum beeinträchtigendes – rechtliches Kooperationsprinzip *Kloepfer,* UmweltR, § 4 Rn. 56 ff. Vgl. aber a. → Bd. I *Schulze-Fielitz* § 12 Rn. 72, *Eifert* § 19 Rn. 53, 162; Bd. II *Hoffmann-Riem* § 33 Rn. 104.

[395] In den Entscheidungen zu den Landesabfallabgaben (*BVerfGE* 98, 83 [101 ff.]) und zur kommunalen Verpackungssteuer (*BVerfGE* 98, 106 [118 ff.]) sah das Gericht einen Widerspruch der angefochtenen Regelungen zu einem angeblichen Kooperationskonzept des *einfachen Gesetzgebers;* verfassungsrechtlicher Ansatzpunkt war allein ein aus dem Rechtsstaatsprinzip in Verbindung mit der bundesstaatlichen Kompetenzordnung hergeleitetes Gebot der Widerspruchsfreiheit der Rechtsordnung; so besonders deutlich *Dietrich Murswiek,* Das so genannte Kooperationsprinzip – ein Prinzip des Umweltschutzes?, ZUR 2001, S. 7 (13); *Christoph Gusy,* Kooperation als staatlicher Steuerungsmodus, ZUR 2001, S. 1 (5). S. a. → Bd. II *Michael* § 41 Rn. 47.

[396] Zur nur ausnahmsweise möglichen Rechtfertigung der (informellen) Duldung rechtswidrigen Verhaltens durch den Grundsatz der Verhältnismäßigkeit *Hermes/Wieland,* Duldung (Fn. 101), S. 39 f., 47 u. 49 f.; *Schulte,* Verwaltungshandeln (Fn. 13), S. 153; demgegenüber wollen dem Verhältnismäßigkeitsgrundsatz unmittelbar die rechtfertigende Kraft der Duldung entnehmen *Randelzhofer/Wilke,* Duldung (Fn. 101), S. 80 ff. Zur (informellen) Gewährung einer Übergangsfrist oben → Rn. 79 mit N. in Fn. 247.

Zwar sind informelle Vorgaben oder Absprachen für die dadurch „Verpflichteten" angesichts der rechtlichen Unverbindlichkeit weniger belastend als echte Rechtspflichten. Doch bleibt die Steuerungskraft und damit die Eignung solcher informeller Instrumente mit nur faktischer Bindungswirkung regelmäßig so zweifelhaft, dass schon dies ein rechtsförmliches Vorgehen „erforderlich" machen, also vor dem Verhältnismäßigkeitsgrundsatz rechtfertigen kann.[397]

2. Leitlinien für die Instrumentenwahl

131 Bei der **Instrumentenwahl** handelt es sich um eine **Ermessensentscheidung.** Wie jedes (Verwaltungs-)Ermessen, einschließlich des – freilich typischerweise weiteren – Ermessens auf Normsetzungsebene, muss auch dieses Verfahrensermessen pflichtgemäß ausgeübt werden. Als Leitlinien der Ermessensausübung sind die Steuerungseignung, aber auch die Eingriffsintensität der Verfahrens- und Handlungsalternativen zu berücksichtigen. Dabei verbleibt der Verwaltung ein ganz erheblicher, bis an die Willkürschwelle heranreichender Spielraum.

132 Vertrauensschutzaspekte können das Ermessen bei der Instrumentenwahl einengen, es jedoch nur im Extremfall auf Null reduzieren. Ein Konsequenzgebot, das die Verwaltung an einem einmal eingeschlagenen Weg (informeller) Kooperation festhalten würde,[398] kennt das Recht jedenfalls in dieser pauschalen Form nicht. Umgekehrt darf das informelle Verwaltungshandeln jedoch ebenso wenig in die „Dunkelkammer des Rechtsstaats"[399] verbannt und damit auf eine Funktion allenfalls als Notanker reduziert werden. Den Steuerungsaufgaben im modernen Staat wird allein eine Sichtweise gerecht, welche die **„instrumental choice"** und gegebenenfalls den **Instrumentenmix**[400] **für den Einzelfall offenhält** und dabei zugleich auf **rechtsstaatliche Rationalität** drängt.

Leitentscheidungen

BVerfGE 104, 249 bzw. 273 (Sondervotum) – Biblis A (informelle Verhandlungen des Bundes mit einem Betreiber im Rahmen der Atomaufsicht).
BVerwGE 45, 309 – Flachglas (informelle Vorabbindungen bei der Bauleitplanung).
BVerwGE 75, 214 – Flughafen München II (einseitige Vorabsprachen bei der Flughafenplanung).
BGH, JR 1998, 461 (Frage eines polizeirechtlichen Entschädigungsanspruchs des Nichtstörers nach Befolgung einer informellen „Bitte").

Ausgewählte Literatur

Bauer, Hartmut, Informelles Verwaltungshandeln im öffentlichen Wirtschaftsrecht, VerwArch, Bd. 78 (1987), S. 241–268.
Benz, Arthur, Kooperative Verwaltung, Baden-Baden 1994.
Bohne, Eberhard, Der informale Rechtsstaat, Berlin 1981.
– Informales Verwaltungs- und Regierungshandeln als Instrument des Umweltschutzes, VerwArch, Bd. 75 (1984), S. 343–373.

---

[397] *Frenz*, Selbstverpflichtungen (Fn. 213), S. 130 f.; *Fehling*, Kooperative Umweltpolitik (Fn. 165), S. 143 f.
[398] In diese Richtung *Di Fabio*, Kooperationsprinzip (Fn. 161), S. 1157.
[399] Formulierung von *Eberle*, Arrangements (Fn. 12), S. 463.
[400] Zum Instrumentenmix eingehend → Bd. II *Michael* § 41.

Materialien

Brohm, Winfried, Rechtsgrundsätze für normersetzende Absprachen, DÖV 1992, S. 1025–1035.
– Rechtsstaatliche Vorgaben für informelles Verwaltungshandeln, DVBl 1994, S. 133–139.
Bulling, Manfred, Kooperatives Verwaltungshandeln (Vorverhandlungen, Arrangements, Agreements und Verträge) in der Verwaltungspraxis, DÖV 1989, S. 277–289.
Dose, Nicolai, Die verhandelnde Verwaltung, Baden-Baden 1997.
–/*Vogt, Rüdiger* (Hrsg.), Kooperatives Recht, Baden-Baden 1995.
Dreier, Horst, Informales Verwaltungshandeln, StWStP 1993, S. 647–681.
Eberle, Eugen, Arrangements im Verwaltungsverfahren, DV, Bd. 17 (1984), S. 439–464.
Faber, Angela, Gesellschaftliche Selbstregulierungssysteme im Umweltrecht – unter besonderer Berücksichtigung der Selbstverpflichtungen, Köln 2001.
Fehling, Michael, Verwaltung zwischen Unparteilichkeit und Gestaltungsaufgabe, Tübingen 2001.
– Verfassungs- und europarechtliche Rahmenbedingungen kooperativer Umweltpolitik, in: Bernd Hansjürgens/Wolfgang Köck/Georg Kneer (Hrsg.), Kooperative Umweltpolitik, Baden-Baden 2002, S. 139–159.
Frenz, Walter, Selbstverpflichtungen der Wirtschaft, Tübingen 2001.
Henneke, Hans-Günter, Informelles Verwaltungshandeln im Wirtschaftsverwaltungs- und Umweltrecht, NuR 1991, S. 267–275.
Hoffmann-Riem, Wolfgang, Selbstbindungen der Verwaltung, VVDStRL, Bd. 40 (1982), S. 187–239.
–/*Schmidt-Aßmann, Eberhard,* Konfliktbewältigung durch Verhandlungen, 2 Bde., Baden-Baden 1990.
Kaiser, Anna-Bettina, Die Kommunikation der Verwaltung, Baden-Baden 2009.
Kautz, Steffen, Absprachen im Verwaltungsrecht, Berlin 2002.
Kellner, Martin, Haftungsprobleme bei informellem Verwaltungshandeln, Berlin 2004.
Kippes, Stephan, Bargaining, Köln u. a. 1995.
Kunig, Philip/Rublack, Susanne, Aushandeln statt Entscheiden?, Jura 1990, S. 1–11.
Lübbe-Wolff, Gertrude, Das Kooperationsprinzip im Umweltrecht – Rechtsgrundsatz oder Deckmantel des Vollzugsdefizits?, NuR 1989, S. 295–302.
Mayntz, Renate u. a., Vollzugsprobleme der Umweltpolitik, Wiesbaden 1978.
Michael, Lothar, Rechtsetzende Gewalt im kooperierenden Verfassungsstaat, Berlin 2002.
Oster, Jan, Das informell-kooperative Verwaltungshandeln im Umweltrecht, NuR 2008, S. 845–850.
Pünder, Hermann, Kooperation statt Konfrontation, DV, Bd. 28 (2005), S. 1–34.
Ritter, Ernst-Hasso, Der kooperative Staat, AöR, Bd. 104 (1979), S. 389–413.
– Das Recht als Steuerungsmedium im kooperativen Staat, StWStP 1990, S. 50–88.
Rossen, Helge, Vollzug und Verhandlung, Tübingen 1999.
– Die verhandelnde Verwaltung – Bedingungen, Funktionen, Perspektiven, VerwArch Bd. 97 (2006), S. 23–49.
Schneider, Jens-Peter, Kooperative Verwaltungsverfahren, VerwArch, Bd. 87 (1996), S. 38–67.
Schoch, Friedrich, Informalisierung staatlichen Handelns, in: HStR III, § 37, S. 131–227.
Schulte, Martin, Schlichtes Verwaltungshandeln, Berlin 1995.
Schulze-Fielitz, Helmuth, Kooperatives Recht im Spannungsfeld von Rechtsstaatsprinzip und Verfahrensökonomie, DVBl 1994, S. 657–667.
Spannowsky, Willy, Grenzen des Verwaltungshandelns durch Verträge und Absprachen, Berlin 1994.
Tegethoff, Carsten, Projektbezogene Umweltabsprachen in der Verwaltungspraxis – Eine Untersuchung am Beispiel des immissionsrechtlichen Genehmigungsverfahrens, BayVBl. 2001, S. 644–651.

Materialien

Bekanntmachung der Kommission über informelle Beratung bei neuartigen Fragen zu den Artikeln 81 und 82 des Vertrages, die in Einzelfällen auftreten (Beratungsschreiben), KOM 2004/C 106/06, vom 27. April 2004, ABl. EU, Nr. C 101, S. 78.

§ 39 Schlichtes Verwaltungshandeln

Georg Hermes

Übersicht

	Rn.
A. Die Bedeutung schlichten Verwaltungshandelns in der Handlungsformenlehre	1
I. Administrative Praxis	3
II. Zur bisherigen Erfolglosigkeit der Formungsaufgabe	8
1. Die Negation der Regelungswirkung	9
2. Geschichte	13
3. Defizite	17
III. Schlichtes Verwaltungshandeln als Suchbegriff	20
1. Funktion des Begriffs	20
2. Verwaltungshandeln ohne Rechtsform	22
3. Abgrenzung zu informellem Verwaltungshandeln	30
B. Bausteine einer Vertypung	32
I. Aufgabenbezug	33
1. Ordnende Verwaltung	34
2. Personale Leistungsverwaltung	39
3. Sach- und Dienstleistungen für die Allgemeinheit	44
II. Beitrag zur Bewirkung des exekutiven Ziels	47
1. Herstellung exekutiver Handlungsfähigkeit	48
2. Indirekte Steuerung durch Wissenserklärungen	52
3. Entscheidungsvorbereitendes Handeln	54
4. Unmittelbare Bewirkungen durch Realakte	56
III. Modus und Intensität rechtlicher Steuerung	60
1. Gesetzliche Programmierung	61

	Rn.
a) Materielle Programmsteuerung	62
b) Verfahrens- und Organisationssteuerung	68
c) Steuerung personeller und finanzieller Ressourcen	70
2. Einzelfallbezogene exekutive Programmierung	74
a) Erfüllungs- und Vollstreckungshandlungen	75
b) Vollzug von Planungsentscheidungen	77
IV. Verfassungsrechtliche und weitere allgemeine Maßstäbe	79
1. Gesetzmäßigkeit schlichten Verwaltungshandelns	80
a) Vorbehalt des Gesetzes	81
b) Vorrang des Gesetzes und Auswahl des Rechtsregimes	85
2. Verwaltungsspezifische Maßstäbe	88
a) Zuständigkeit	89
b) Verfahrensrechtliche Anforderungen	90
c) Materielle Prinzipien	93
3. Maßstäbe der allgemeinen (Zivil-)Rechtsordnung	95
4. Schlichtes Verwaltungshandeln und Formenwahl	99
V. Fehlerfolgen und Rechtsschutz	100
C. Perspektiven für die Erfüllung der Formungsaufgabe	105
I. Schlichtes Verwaltungshandeln im Übergang zur Handlungsform	106
II. Verbleibende Typisierungsaufgabe	110
III. Beteiligung Privater	114

Ausgewählte Literatur

A. Die Bedeutung schlichten Verwaltungshandelns in der Handlungsformenlehre

1   Die administrative Praxis[1] umfasst mehr und anderes als exekutive Normsetzung, Verwaltungsakte und Verträge. Die über diese Rechtsformen[2] hinausreichende Vielfalt administrativer Handlungen sucht die Verwaltungsrechtswissenschaft bislang mit Hilfe einer **Rest- oder Auffangkategorie** abzubilden. Sie wird mit dem Begriff des **Realaktes** umschrieben, wo die tatsächlichen Wirkungen dieser Art des Verwaltungshandelns in einen Gegensatz zu den rechtlichen Wirkungen der übrigen Handlungsformen gestellt werden. Der Begriff des **schlichten Verwaltungshandelns** betont demgegenüber die fehlende oder geringere rechtliche Strukturierung in Abgrenzung zur Rechtsförmigkeit anderer Handlungsformen.[3]

2   Obwohl die Bedeutung exekutiver Maßnahmen jenseits der etablierten Rechts- und Handlungsformen und insbesondere die Relevanz von Verwaltungshandeln mit tatsächlichen[4] Wirkungen außer Frage steht, ist es der Verwaltungsrechtswissenschaft bislang nicht gelungen, ihre **Formungs- und Systematisierungsaufgabe** im Hinblick auf diesen Teil der administrativen Handlungspraxis zu erfüllen. Das schlichte Verwaltungshandeln muss deshalb nach wie vor als „terra incognita" und als Stiefkind der verwaltungsrechtlichen Dogmatik[5] angesehen werden. Vieles spricht dafür, dass sich daran so lange nichts ändern wird, wie diese Kategorie negativ definiert wird durch den Gegensatz zu rechtsförmlichem Handeln mit rechtlichen Wirkungen. Schlichtes Verwaltungshandeln kann vor diesem Hintergrund vorläufig nur als Suchbegriff verstanden werden, der den Blick auf ein noch nicht ausreichend bestelltes Feld verwaltungsrechtlicher Systembildung richtet.[6] Wie die Beispiele der hier nur am Rande zu behandelnden behördlichen Warnungen[7], der Realakte im Rahmen der Verwaltungsvollstreckung[8] oder des tatsächlichen Verwaltungshandelns im Rahmen formalisierter Verwaltungsverfahren[9] zeigen, lassen sich aus dem disparaten Feld des schlichten Verwaltungshandelns nur einzelne Handlungstypen zu Handlungsformen verdichten. Vor diesem Hintergrund kann ein verwaltungsrechtsdogmatischer Beitrag zum schlichten Verwal-

---

[1] *Schmidt-Aßmann*, Ordnungsidee, Kap. 6 Rn. 1.
[2] Siehe zu Handlungs- und Rechtsformen → Bd. II *Hoffmann-Riem* § 33 Rn. 1 ff.
[3] Übersicht über weitere terminologische Varianten bei *Ulrike Siems*, Der Begriff des schlichten Verwaltungshandelns, 1999, S. 4 m. w. N.: schlichtes Hoheitshandeln, schlicht-hoheitliche Maßnahme, Verwaltungstathandeln, faktisches Verwaltungshandeln etc.
[4] Dazu, dass letztlich jedes Verwaltungshandeln „real" oder „tatsächlich" ist, weil auch Normsetzung, Verwaltungsakte etc. „reales Agieren" voraussetzen und einschließen, *Peter Krause*, Rechtsformen des Verwaltungshandelns, 1974, S. 56.
[5] Nachweise zu diesen Formulierungen bei *Wolff/Bachof/Stober*, VerwR II, § 57 Rn. 3; so auch *Hans D. Jarass*, Effektivierung des Umweltschutzes gegenüber bestehenden Anlagen, DVBl 1985, S. 193 (197); *Hans-Günther Henneke*, Informelles Verwaltungshandeln im Wirtschaftsverwaltungs- und Umweltrecht, NuR 1991, S. 267; *Gerhard Robbers*, Schlichtes Verwaltungshandeln, DÖV 1987, S. 272 (272); *Hartmut Bauer*, Verwaltungsrechtslehre im Umbruch?, DV, Bd. 25 (1992), S. 301 (312).
[6] Näher dazu unten → Rn. 20 ff.
[7] Dazu → Bd. II *Gusy* § 23 Rn. 100 ff.
[8] → Bd. III *Waldhoff* § 46 Rn. 77 ff.
[9] → Bd. II *Schneider* § 28 Rn. 158 ff.

A. Die Bedeutung schlichten Verwaltungshandelns

tungshandeln lediglich Vorarbeiten liefern für die weitere Vertypung und Verdichtung einzelner Handlungsfelder zu Handlungs- und Rechtsformen.

I. Administrative Praxis

Eine erste Anschauung von der Vielfalt exekutiver Maßnahmen ohne Regelungswirkung oder ohne Verdichtung zu einer Rechtsform liefert ein kursorischer Überblick über die in der Lehrbuchliteratur – regelmäßig verbunden mit dem Bemühen um die Bildung von Fallgruppen – aufgelisteten Beispiele schlichten Verwaltungshandelns.[10] Nimmt man die Fülle des Fallmaterials hinzu, das insbesondere der Rechtsprechung Anlass gegeben hat, nicht normgeleitete Realakte[11] dem Öffentlichen oder dem privaten Recht zuzuordnen,[12] stellt sich alsbald der Eindruck von der **Unübersichtlichkeit eines disparaten Feldes exekutiver Tätigkeit** ein. Dieser Eindruck wird verstärkt, wenn man schließlich die vor allem für die anwaltliche Praxis konzipierten Zusammenstellungen des Fallmaterials konsultiert, in denen – auch und vor allem – schlichtes Verwaltungshandeln Anlass für Schadensersatz-, Entschädigungs- oder sonstige Sekundäransprüche gegeben hat.[13]

3

Den Eindruck, dass das schlichte Verwaltungshandeln die **„kleine Münze"** des Verwaltungshandelns darstellt,[14] legen Beispiele[15] nahe, die von dem Anlegen von Akten, der dienstlichen Beurteilung[16] oder der Streifenfahrt eines Polizeibeamten über die Durchführung einer Schutzimpfung, die Herausgabe eines Führerscheins[17] oder die Errichtung eines Verwaltungsgebäudes bis hin zu dem Abriss eines Hauses, dem Betrieb einer Feuerwehrsirene[18] oder der Beseitigung einer Telefonzelle[19] oder einer Straßenlaterne[20] reichen.

4

Unter dem Blickwinkel von Rechts- und Aufgabengebieten reicht das Spektrum von **polizeilichen Maßnahmen** wie der Durchsuchung von Personen[21] oder der unverbindlichen Befragung[22] über den Vollzug ordnungsbehördlicher Verwaltungsakte durch Vollstreckungsakte (z. B. unmittelbarer Zwang) bis zu

5

---

[10] *Koch/Rubel/Heselhaus*, VerwR, § 3 Rn. 77, 79; *Peine*, VerwR, Rn. 879; *Schuppert*, Verwaltungswissenschaft, S. 252 ff.; *Dirk Ehlers*, Verwaltung und Verwaltungsrecht, in: Erichsen/Ehlers (Hrsg.), VerwR, § 1 Rn. 61 f.

[11] So *Dirk Ehlers*, in: Schoch/Schmidt-Aßmann/Pietzner (Hrsg.), VwGO, § 40 Rn. 392, in Abgrenzung zu solchen Realakten, die „in Vollziehung einer Rechtsnorm" vorgenommen werden.

[12] Die überwiegend nach Rechts- und Aufgabengebieten gegliederte Auflistung der Problemfälle von *Dirk Ehlers*, in: Schoch/Schmidt-Aßmann/Pietzner (Hrsg.), VwGO, § 40 Rn. 392–428, umfasst 11 Seiten und ca. 150 Fußnoten.

[13] *Christoph Stein/Peter Itzel/Karin Schwall*, Praxishandbuch des Amts- und Staatshaftungsrechts, 2005, S. 14 ff.; *Reinhart Geigel*, Der Haftpflichtprozess, 24. Aufl. 2004, Kap. 20 Rn. 48 ff.

[14] *Schmidt-Aßmann*, Ordnungsidee, Kap. 6 Rn. 125.

[15] Vgl. die ausführliche Auflistung von Beispielen bei *Siems*, Begriff (Fn. 3), S. 32 ff.; *Martin Schulte*, Schlichtes Veraltungshandeln, 1995, S. 17 ff.

[16] *Koch/Rubel/Heselhaus*, VerwR, § 3 Rn. 77.

[17] *Hess. VGH*, DÖV 1963, S. 389; s. a. *VG Köln*, NJW 1991, S. 2584 (Herausgabe eines Stadtsiegels).

[18] *BVerwGE* 79, 254 f.

[19] *VGH BW*, DVBl 1984, S. 881.

[20] *OVG RP*, NJW 1986, S. 953; s. a. *BayVGH*, NJW 1991, S. 2660.

[21] *Frederik Rachor*, Das Polizeihandeln, in: Lisken/Denninger (Hrsg.), HPolizeiR, 4. Aufl. 2007, Kap. F Rn. 638.

[22] *Rachor*, Das Polizeihandeln (Fn. 21), Kap. F Rn. 257.

Realhandlungen im Rahmen der **Leistungsverwaltung,** zu denen etwa die Auszahlung von Versorgungsleistungen sowie der Betrieb von **öffentlichen Einrichtungen** gehört.[23] Das schlichte Verwaltungshandeln soll Tätigkeiten erfassen, die von dem Bau und der Unterhaltung von Verkehrswegen über die Einrichtung eines kommunalen Kinderspiel-[24] oder Sportplatzes[25] und die Lehrtätigkeit an öffentlichen Schulen, Fachhochschulen und Universitäten bis hin zu Einrichtungen des öffentlichen Feuerschutzes reichen.[26]

6 Verstärkte Aufmerksamkeit wird seit geraumer Zeit schlichtem Verwaltungshandeln gewidmet, das durch die verwaltungsinterne[27] oder nach außen gerichtete[28], an individuelle Empfänger oder an eine nicht näher bestimmte und bestimmbare Öffentlichkeit gerichtete **Vermittlung von Informationen** gekennzeichnet ist. Das Spektrum von Beispielen schlichten Verwaltungshandelns in diesem Bereich reicht vom Aufbau von Informationssystemen wie Datenbanken, Registern und Kommunikationsnetzwerken[29] über individuelle Auskünfte, Mitteilungen, Belehrungen und Hinweise bis hin zu öffentlichen Presseerklärungen, Empfehlungen, Appellen, Warnungen, Produktinformationen[30] und Monitoringberichten[31].

7 Die verbreitete Ansicht, Erscheinungsformen des schlichten Verwaltungshandelns nähmen ständig zu[32], speist sich vermutlich in erster Linie aus der Beobachtung solcher Formen staatlichen Informationshandelns. Bezogen auf das Realhandeln im Sinne tatsächlicher Bewirkungshandlungen lässt sie sich kaum belegen. Insbesondere **Privatisierungstendenzen** nicht nur im Bereich der Daseinsvorsorge[33] sprechen dagegen, da hier Leistungen von Privaten erbracht werden, ohne dass deren Handeln der Verwaltung zugerechnet werden kann.

---

[23] Zur Weisung eines Lehrers an seine Schüler, den von ihnen verschmutzten Schulraum zu säubern, und zur Durchsetzung dieser Weisung durch Abschließen der Außentür als Realakt s. *Schl.-hol. OVG*, NJW 1993, S. 952 f.

[24] *OVG NRW*, NVwZ 1983, S. 356 ff.

[25] *BVerwGE* 81, 197 ff.

[26] Dass es dabei häufig um die Abwehr von (Lärm-)Beeinträchtigungen solcher Einrichtungen geht, zeigen etwa die Beispiele in *BVerwG*, NJW 1985, S. 1481 (abrutschendes Erdreich beim Straßenbau); *BVerwGE* 79, 254 ff. (Lärm einer Feuersirene); 81, 197 ff. (Sportlärm); *BVerwG*, NVwZ 1991, S. 886 (Schießlärm).

[27] → Bd. II *Holznagel* § 24.

[28] → Bd. II *Gusy* § 23 Rn. 28 f.

[29] → Bd. II *Ladeur* § 21 Rn. 29 ff., 41 ff., 85 ff.; *Britz* § 26; *Martin Eifert*, Electronic Government. Das Recht der elektronischen Verwaltung, 2006.

[30] Siehe etwa *BVerwGE* 34, 69 (politische Erklärung der Studentenschaft); *BVerwG*, NJW 1989, S. 412 (Presseerklärung der Staatsanwaltschaft); DVBl 1992, S. 1166 (ministerielles Rundschreiben zur mangelnden Verkehrsfähigkeit von Wurst); *Hess. VGH*, NJW 1988, S. 1683 (Erklärung einer Gemeindevertretung); *BVerwGE* 14, 323 (327 f.) (Abgabe einer Erklärung über Unverbindlichkeit von Untersuchungsberichten des Luftfahrtbundesamtes); zur Bekanntmachung von Standards im Arzneibuch s. § 55 AMG; aus dem Lebensmittel-, Bedarfsgegenstände- und Futtermittelgesetzbuch vgl. § 40 LFGB (Information der Öffentlichkeit über ein bestimmtes Lebens- oder Futtermittel unter genauere Bezeichnung des Produktes) und § 15 LFGB (Amtliche Sammlung und Veröffentlichung von Untersuchungsverfahren über die in § 2 genannten Erzeugnisse).

[31] Siehe z. B. das Monitoring etwa nach § 51 LFGB, §§ 35, 51 EnWG.

[32] Exemplarisch *Schuppert*, Verwaltungswissenschaft, S. 230; *Wolff/Bachof/Stober*, VerwR II, § 57 Rn. 2.

[33] → *Schulze-Fielitz*, § 12 Rn. 97 ff.

A. Die Bedeutung schlichten Verwaltungshandelns

II. Zur bisherigen Erfolglosigkeit der Formungsaufgabe

Das solchen Übersichten über die Erscheinungsformen schlichten Verwaltungshandelns zu Grunde liegende Merkmal ist das **Fehlen rechtlicher Wirkung**.[34] Nach diesem Kriterium werden dem Begriff des schlichten Verwaltungshandelns oder des schlichthoheitlichen Handelns alle diejenigen Verwaltungsmaßnahmen zugerechnet, die nicht auf einen unmittelbaren[35] Rechtserfolg gerichtet, also nicht selbst Rechtsquelle[36], sondern auf einen tatsächlichen Erfolg gerichtet sind.[37] Überwiegend[38] synonym findet der Begriff des Realaktes[39] als einseitige Tathandlung, mit der primär faktische Wirkungen intendiert sind,[40] Verwendung.[41] Dementsprechend wird der Realakt oder das schlichte Verwaltungshandeln auch – negativ – definiert als das nach Öffentlichem Recht zu beurteilende Handeln von Verwaltungsträgern, das nicht in den Formen des Rechtssatzes, des Verwaltungsakts oder des öffentlich-rechtlichen Vertrages erfolgt.[42] Auf diese Weise wird die Suche nach der hier in Rede stehenden Handlungsform in eine Richtung gelenkt, die die verwaltungsrechtsdogmatische Formungsaufgabe offensichtlich nicht erfüllen kann.

1. Die Negation der Regelungswirkung

Offensichtlicher Bezugspunkt solcher negativen Begriffsbestimmungen ist das in § 35 VwVfG enthaltene Merkmal der **Regelung**, das das entscheidende **Abgrenzungskriterium** zwischen Verwaltungsakt und Realakt liefert.[43] Das Fehlen eines intendierten Rechtserfolgs ist darüber hinaus auch das entscheidende Unterscheidungskriterium im Verhältnis zum Verwaltungsvertrag, zu den verwaltungsrechtlichen Willenserklärungen, zu denen z.B. die Aufrechnung oder die Stundung gehören, und zu den von der Verwaltung gesetzten Rechtsnormen.[44] Was die Unterschiede zum Verwaltungsakt angeht, so wird hervorgehoben, dass dem Realakt nicht nur der für Verwaltungsakte typische Regelungscharakter fehlt, sondern dass er auch nicht auf Einzelfälle beschränkt sein und nicht einseitig erfolgen muss.[45] Das negative Merkmal der fehlenden intendierten Rechtswirkung schließt nicht aus, dass durch schlichtes Verwaltungshandeln **recht-**

---

[34] Siehe dazu die Literaturübersicht bei *Siems,* Begriff (Fn. 3), S. 45 ff.
[35] So *Ingo Richter/Gunnar Folke Schuppert/Christian Bumke,* Casebook Verwaltungsrecht, 3. Aufl. 2000, S. 233.
[36] Dazu m.w.N. *Robbers,* Schlichtes Verwaltungshandeln (Fn. 5), S. 274.
[37] *Schulte,* Schlichtes Verwaltungshandeln (Fn. 15), S. 29; *Siems,* Begriff (Fn. 3), S. 242; *Schmidt-Aßmann,* Ordnungsidee, Kap. 6 Rn. 125; *Maurer,* VerwR, § 15 Rn. 1; *Detterbeck,* Allg. VerwR, Rn. 885; *Rainer Buchholz,* System des Verwaltungsrechts, Bd. 3, 1997, S. 58.
[38] Zu Unterschieden im Verständnis der Begriffe Realakt einerseits und schlichtes/nichtförmliches Verwaltungshandeln andererseits s. *Jörn Ipsen,* Allgemeines Verwaltungsrecht, 7. Aufl. 2011, Rn. 822.
[39] Realakte werden auch als Tathandlungen, tatsächliches, faktisches oder schlichtes Verwaltungshandeln sowie als schlichthoheitliches Handeln bezeichnet; *Detterbeck,* Allg. VerwR, Rn. 886.
[40] *Koch/Rubel/Heselhaus,* VerwR, § 3 Rn. 77.
[41] *Erbguth,* VerwR, § 23 Rn. 2.
[42] So *Faber,* VerwR, S. 262; ähnlich – allerdings bezogen auf den Begriff des nichtförmlichen Verwaltungshandelns – *Ipsen,* Allgemeines Verwaltungsrecht (Fn. 38), Rn. 830.
[43] *Koch/Rubel/Heselhaus,* VerwR, § 3 Rn. 77.
[44] *Erbguth,* VerwR, § 23 Rn. 2; *Detterbeck,* Allg. VerwR, Rn. 885.
[45] *Maurer,* VerwR, § 15 Rn. 1.

liche Folgen ausgelöst werden.⁴⁶ Das gilt insbesondere für Beseitigungs- oder Ersatzansprüche⁴⁷ als unbeabsichtigte Nebenfolgen schlichten Verwaltungshandelns oder für das Erlöschen bestehender Verpflichtungen durch tatsächliche Erfüllungshandlungen.⁴⁸

10   Dogmatische Relevanz besitzen die Begriffe des schlichten Verwaltungshandelns und des Realaktes nahezu ausschließlich als negatives Ergebnis der Frage, ob eine konkrete Verwaltungshandlung als Verwaltungsakt oder eben „nur" als Realakt oder als schlichtes Verwaltungshandeln zu qualifizieren ist. Diese Abgrenzung nimmt die Anwendungspraxis vor allem als Vorfrage für die **Anwendbarkeit verwaltungsverfahrensrechtlicher Regelungen** (§ 9 VwVfG)⁴⁹ und bei der Bestimmung der **statthaften Klage- und Antragsart** im Verwaltungsprozessrecht⁵⁰ vor. Dem negativen Kriterium fehlender Regelungswirkung entsprechend verläuft dabei der Abgrenzungsvorgang nicht im Wege einer positiven Zuordnung zur Kategorie des schlichten Verwaltungshandelns, sondern hat allein das Nichtvorliegen einer Regelungswirkung als Merkmal des Verwaltungsaktes zum Gegenstand. Wenn dieses Merkmal einer konkreten Verwaltungshandlung nicht vorliegt, ist ihre Qualifikation als schlichtes Verwaltungshandeln oder als Realakt die „automatische" Folge.

11   Abgrenzungsoperationen dieser Art lassen sich exemplarisch an den Problemen im Umgang mit behördlichen Auskünften zeigen. Hier geht es darum, ob die Entscheidung darüber, **Auskunft** zu erteilen oder zu versagen, als **Verwaltungsakt** oder als **schlichtes Verwaltungshandeln** anzusehen ist.⁵¹ Bisweilen wird angenommen, dass es sich um einen Verwaltungsakt handele.⁵² Begründet wird dies mit dem Hinweis, dass diese Entscheidung das Ergebnis eines Abwägungsprozesses ist, der deshalb den Charakter eines Verwaltungsaktes habe.⁵³ Indes kann von einem „Abwägungsprozess" nicht auf das Vorliegen eines Ver-

---

⁴⁶ Unterschieden wird insoweit zwischen dem Setzen von Rechtsfolgen (Verboten, Geboten, Erlaubnissen) einerseits und dem Haben von Rechtswirkungen andererseits; *Koch/Rubel/Heselhaus*, VerwR, § 3 Rn. 77.

⁴⁷ Z.B. die Fahrt mit einem Dienstwagen unter Einsatz von Blaulicht, bei der ein Unfall geschieht; *Erbguth*, VerwR, § 23 Rn. 4.

⁴⁸ Z.B. Auszahlung der Rente; *Koch/Rubel/Heselhaus*, VerwR, § 3 Rn. 77.

⁴⁹ *Stelkens/Schmitz* in: Stelkens/Bonk/Sachs (Hrsg.), VwVfG, § 9 Rn. 4, 86.

⁵⁰ Repräsentativ hierfür die Ausführungen bei *Kopp/Schenke*, VwGO, § 42 Rn. 13: „Anfechtungs- und Verpflichtungsklage schließen für den Bereich der Hoheitsverwaltung, wenn und soweit der Rechtsstreit sich auf einen VA oder eine Regelung bezieht, die eine Behörde nach dem Klagebegehren durch VA treffen soll, grundsätzlich sonstige Klagearten, insbesondere auch die allgemeine Leistungsklage, aus." Die Ausnahmen betreffen den vorbeugenden Rechtsschutz und eine Sonderkonstellation aus dem Fachplanungsrecht (Rn. 15, 41 zu § 42 VwGO). Zu den Abgrenzungsschwierigkeiten zwischen Verwaltungs- und Realakt im Hinblick auf die Statthaftigkeit von Anfechtungs- und Verpflichtungsklage einerseits und allgemeiner Leistungsklage andererseits s. nur die Übersichten bei *Jost Pietzcker*, in: Schoch/Schmidt-Aßmann/Pietzner (Hrsg.), VwGO, § 42 Rn. 25 ff., 152 ff.

⁵¹ *P. Stelkens/U. Stelkens*, in: Stelkens/Bonk/Sachs (Hrsg.), VwVfG, § 35 Rn. 102 f.; *Wolff/Bachof/Stober*, VerwR II, § 45, Rn. 46 f.

⁵² *Rachor*, Das Polizeihandeln (Fn. 21), Kap. F Rn. 31; *BVerfG*, DVBl 2001, S. 278; *OVG Berlin*, NJW 1986, S. 2004.

⁵³ Die Rechtsprechung des Bundesverwaltungsgerichts stellt hier darauf ab, ob es sich um eine schlichte Information handelt oder ob die Behörde die Auskunft von einer Ermessenserwägung abhängig machen muss; *BVerwGE* 31, 301 ff.; 74, 115 ff. (118). Vgl. auch *Maurer*, VerwR, § 9 Rn. 62, § 15 Rn. 7; *BayVGH*, BayVBl. 1983, S. 402; *Robbers*, Schlichtes Verwaltungshandeln (Fn. 5), S. 272 ff. (mit Einzelheiten).

waltungsaktes geschlossen werden, da § 35 VwVfG hierfür keinen tatbestandlichen Anknüpfungspunkt enthält. Die Abgrenzungsleistung wird also durch die Merkmale des Verwaltungsaktes als Rechtsform erbracht. Ein vergleichbares Beispiel sind Zahlungen, bei denen die Frage aufgeworfen wird, ob die Zahlung konkludent einen Bewilligungsbescheid enthält.[54]

In ähnlicher Weise umstritten war die Rechtsnatur von **unmittelbarer Ausführung** und **Sofortvollzug** im Ordnungs- und Polizeirecht. Es wurde vielfach die Ansicht vertreten, bei der unmittelbaren Ausführung falle die sachliche Verfügung, die Androhung sowie die Festsetzung und Ausführung in einem Akt zusammen und sie sei deshalb als zusammengesetzter Verwaltungsakt zu qualifizieren.[55] Gegen diese Auffassung spricht aber, dass hier, weil der Betroffene noch nicht bekannt ist, ein adressatenloser Verwaltungsakt konstruiert werden müsste.[56] Diese Konstruktion lässt sich allerdings weder mit § 35 S. 1 noch mit § 35 S. 2 VwVfG vereinbaren. Deshalb handelt es sich bei der unmittelbaren Ausführung um schlichtes Verwaltungshandeln.[57] Ähnlich liegt das vor allem im Bereich der polizeilichen Standardmaßnahmen bestehende Problem der sog. **„Duldungsverfügung"**, also der Vorstellung, dass polizeiliche Realakte wie etwa erkennungsdienstliche Maßnahmen, Durchsuchungen von Personen, Sachen und Wohnungen oder Sicherstellungen von Sachen zugleich als Verwaltungsakte zu qualifizieren sind, die dem Betroffenen die Duldung der jeweiligen Maßnahme aufgeben.[58] Seit mit der Schaffung des § 40 VwGO im Jahre 1960 der Zugang zum Verwaltungsgericht bekanntermaßen nicht mehr davon abhängt, dass ein Verwaltungsakt Klagegegenstand ist, kann diese Auffassung allerdings als weitgehend überwunden gelten. Die – ursprünglich aus der Rechtsschutzfunktion des Verwaltungsaktes begründete – Abgrenzungsleistung wird auch hier nicht auf der Grundlage einer „positiven" Bestimmung des schlichten Verwaltungshandelns vorgenommen, sondern ist im Wege negativer Abgrenzung von der Rechtsform des Verwaltungsaktes zu leisten. 12

2. Geschichte

Der auf diese Weise negativ definierte und deshalb unausweichlich konturlos bleibende Begriff des schlichten Verwaltungshandelns ist einerseits das Produkt der in das 19. Jahrhundert zurückreichenden Bemühungen der deutschen Verwaltungsrechtslehre, die Gesamtheit der beobachteten Aktivitäten der Verwal- 13

---

[54] Vgl. etwa *Faber*, VerwR, S. 290 f. m. w. N. aus der Rechtsprechung.

[55] Ausführlich zum Problem *Rainer Pietzner*, Unmittelbare Ausführung als fiktiver Verwaltungsakt, VerwArch, Bd. 82 (1991), S. 291 ff.

[56] *Maurer*, VerwR, § 20 Rn. 26.

[57] *Maurer*, VerwR, § 20 Rn. 26; *Peter Schäfer*, Zur Rechtsnatur der unmittelbaren Ausführung nach Art. 9 Abs. 1 PAG – Verwaltungsakt oder Realakt?, BayVBl. 1989, S. 742 (745); *Pietzner*, Unmittelbare Ausführung (Fn. 55), S. 306.

[58] Nachweise dazu, dass diese Vorstellung auch in der jüngeren Rechtsprechung noch nicht gänzlich aufgegeben ist, bei *Rachor*, Das Polizeihandeln (Fn. 21), Kap. F Rn. 43. Sie geht zurück auf *Jellinek*, VerwR, S. 258, der von „Verwaltungsakten tatsächlicher Art" und dem in ihnen „steckende[n] Duldungsbefehl" spricht. Nach *Forsthoff*, VerwR, S. 193, stellen „Durchsuchungen und Festnahmen, Vernichtung verbotener Schriften [...] tatsächliche Handlungen dar, welche zugleich das Rechtsgebot an den Betroffenen enthalten, ihren Vollzug zu dulden oder geschehen zu lassen". Diese Lehre wurde auch in der Rechtsprechung breit rezipiert – vgl. *VG Karlsruhe*, DVBl 1967, S. 861; *OLG Frankfurt am Main*, NJW 1981, S. 2372; *BayVGH*, NVwZ 1988, S. 1055.

tung in **Handlungsformen** abzubilden, und andererseits Folge des Umstandes, dass sich diese Bemühungen auf eine **rechtsaktbezogene Perspektive**[59] beschränkten. Obwohl die Erkenntnis, dass sich die Verwaltung nicht allein in den „unkörperlichen Gefilden des Rechts" bewegt, sondern auch im Raum der Wirklichkeit, in dem sich buchstäblich die Dinge hart stoßen,[60] keine neue Erkenntnis ist, lässt sich nach wie vor eine Fixierung auf die „gesetzesvollziehende rechtsverbindliche Entscheidung mit Außenwirkung"[61] konstatieren.

14 Die „Erfindung" des schlichten Verwaltungshandelns[62] ist das Produkt der systematischen Vorgehensweise der **traditionellen Verwaltungsrechtswissenschaft**[63], die die Vielfalt der administrativen Handlungspraxis in einem System zu erfassen und rechtlich zu strukturieren sucht,[64] dabei den Handlungsformen maßgebliche systembildende Bedeutung beimisst und diese Handlungsformen an dem binären Schema Regelung/Nicht-Regelung[65] ausrichtet. Die Urheberschaft für die Begriffsbildung wird häufig *Walter Jellinek* zugeschrieben,[66] der in der dritten Auflage seines Lehrbuchs zum Verwaltungsrecht dem Oberbegriff der „öffentlichen Verwaltung" einerseits die „obrigkeitliche Verwaltung" und andererseits die „schlichte Hoheitsverwaltung"[67] zuordnete.[68] Die obrigkeitliche Verwaltung zeichnete sich nach *Jellinek* dadurch gegenüber der schlichten Hoheitsverwaltung aus, dass sie sich der dem Staat oder sonstigen Trägern öffentlicher Gewalt eigentümlichen Macht bedient.[69] Der schlichten Hoheitsverwaltung ordnet er – nicht anders als dies heute geschieht –[70] so heterogene Erscheinungsformen zu wie Verrichtungen auf dem Gebiet des Bauwesens und der Technik (Straßenbau, Anlegung von Grünflächen, Errichtung einer Verbrennungsanlage zur Beseitigung des Hausmülls usw.), das Aussetzen von Prämien für jede vertilgte Kreuzotter oder die Ausgabe einer Verkehrsfibel zur Verhütung von Verkehrsunfällen.[71] Neben solchen Beispielen findet sich allerdings auch eine erste „Strukturierung" dieser Form des Verwaltungshandelns.[72]

---

[59] Siehe dazu nur *Christian Bumke*, Die Entwicklung der verwaltungsrechtswissenschaftlichen Methodik in der Bundesrepublik Deutschland, in: Schmidt-Aßmann/Hoffmann-Riem (Hrsg.), Methoden, S. 73 (75–78, 96 f.); → Bd. I *Stolleis* § 2 Rn. 53 ff.; s.a. → Bd. I *Voßkuhle* § 1 Rn. 3.

[60] *Krause*, Rechtsformen (Fn. 4), S. 55.

[61] So die Entscheidung des Bundesverfassungsgerichts zur Wahrnehmungskompetenz in der Bundesauftragsverwaltung, *BVerfGE* 104, 249 (266).

[62] Historische Übersichten vermitteln *Schulte*, Schlichtes Verwaltungshandeln (Fn. 15), S. 59 ff.; *Siems*, Begriff (Fn. 3), S. 18 ff.

[63] Dazu → Bd. I *Voßkuhle* § 1 Rn. 5.

[64] Zur bleibenden Berechtigung s. nur *Schmidt-Aßmann*, Ordnungsidee, Kap. 6 Rn. 1 ff.

[65] Zur Bedeutung eines binären Schemas im Rahmen verwaltungsrechtswissenschaftlicher Systembildung s. nur → Bd. I *Voßkuhle* § 1 Rn. 5 m.w.N.

[66] *Schulte*, Schlichtes Verwaltungshandeln (Fn. 15), S. 59; *Faber*, VerwR, S. 253; *Walter Mallmann*, Schranken nichthoheitlicher Verwaltung, VVDStRL, Bd. 19 (1961), S. 165, 169; *Robbers*, Schlichtes Verwaltungshandeln (Fn. 5), S. 272.

[67] *Jellinek*, VerwR, S. 21. *Faber*, VerwR, S. 262, meint, *Jellinek* habe mit dieser Bezeichnung die Problematik dieses Verwaltungshandelns entdeckt; *Robbers*, Schlichtes Verwaltungshandeln (Fn. 5), S. 272, bezeichnet *Jellinek* als „Entdecker der schlichten Hoheitsverwaltung".

[68] *Jellinek*, VerwR, S. 20–28.

[69] *Jellinek*, VerwR, S. 21 f.

[70] Dazu oben → Rn. 3 ff.

[71] *Jellinek*, VerwR, S. 22.

[72] *Jellinek*, VerwR, S. 21 f.: In Orientierung an der Frage, welche Gründe die Verwaltung dazu bewegen, nicht mit obrigkeitlichen Mitteln tätig zu werden, gelangte *Jellinek* zu drei Bereichen von Tä-

A. Die Bedeutung schlichten Verwaltungshandelns

Jenseits dieser Begriffsbildung lassen sich die Versuche, die Verwaltungshandlungen nach solchen mit rechtlichen Wirkungen und solchen mit tatsächlichen Wirkungen zu ordnen, bereits in die **zweite Hälfte des 19. Jahrhunderts** zurückverfolgen. Die „schlichte Hoheitsverwaltung" deckte sich weitgehend mit dem, was von den Vertretern der sog. staatswissenschaftlichen Methode in der **Verwaltungswissenschaft**[73] mit den Stichworten der „Tat" und der „Staatspflege" bezeichnet[74] oder auch mit Begriffen wie „fürsorgende Tätigkeit"[75], „Tathandlung", „tatsächliche Verwaltungshandlung" oder „tatsächliche Verrichtung (Realakt)"[76] belegt wurde.

15

Wenn es sich bei diesen Umschreibungen um ein „systematisch nicht integriertes Sammelbecken der außerhalb der Eingriffsverwaltung entfalteten Verwaltungstätigkeit"[77] handelte, so kann diese Einschätzung wohl auch für den heute gebräuchlichen Begriff des schlichten Verwaltungshandelns Geltung beanspruchen. Denn das bis heute maßgebliche – negative – Kriterium der fehlenden intendierten Regelungswirkung wurde teilweise bereits in der zweiten Hälfte des 19. Jahrhunderts deutlich in den Mittelpunkt gestellt.[78] Über diesen Stand ist auch die Verwaltungsrechtslehre nach 1945 nicht wesentlich hinausgekommen.[79] Eine Ordnung innerhalb des heterogenen Feldes des schlichten Verwaltungshandelns wird auch in dieser Zeit kaum erkennbar. Erwähnung verdient lediglich die Differenzierung nach **tatsächlichen Verrichtungen** (Bau von Verkehrswegen, Annahme von Anträgen, Berichte, Aktenvermerke)[80] einerseits und **schlichten Verwaltungsäußerungen** (Mitteilungen, Benachrichtigungen, Empfehlungen, Hinweisen oder Mahnungen) andererseits.[81]

16

---

tigkeiten. Zunächst fasste er die Tätigkeiten der Verwaltung zusammen, die diese nicht oder nicht unbedingt mit dem Bürger in Berührung bringen mussten (z.B. im Bauwesen oder beim Anlegen von Grünflächen). Sodann identifizierte er jene nichthoheitlichen Tätigkeiten, mit denen die Verwaltung bestimmte Ziele einfacher erreichen konnte als mit dem Einsatz von Staatsgewalt (etwa durch die Aussetzung von Fangprämien für Kreuzottern). Den dritten Bereich bildeten die Tätigkeiten der nichthoheitlichen Verwaltung, mit der die hoheitliche Verwaltung unterstützt wurde (z.B. durch Auskünfte). Zusammenfassend dazu *Siems*, Begriff (Fn. 3), S. 20 f.

[73] → Bd. I *Stolleis* § 2 Rn. 26 ff.; zur staatswissenschaftlichen Methode in der Verwaltungsrechtswissenschaft s. insbes. *Meyer-Hesemann*, Methodenwandel, S. 11 ff.

[74] Siehe z.B. *Lorenz v. Stein*, Gegenwart und Zukunft der Rechts- und Staatswissenschaft Deutschlands, 1876, S. 335: „Alles Recht will etwas hindern, alle Verwaltung wird zur That."; vgl. auch *Georg Meyer*, Lehrbuch des Deutschen Verwaltungsrechts, Teil I, 1883, S. 59, 73; ders., Lehrbuch des Deutschen Verwaltungsrechts, Teil I, 2. Aufl. 1893, S. 73, 93 ff.: „obrigkeitliche und fürsorgende Tätigkeiten", die man unter dem Begriff der „staatlichen Pflege" zusammenfasse; vgl. zum Ganzen instruktiv *Peter Badura*, Das Verwaltungsrecht des liberalen Rechtsstaates, 1967, S. 36 ff., 52 f.; ders., Verwaltungsrecht im liberalen und im sozialen Rechtsstaat, 1966, S. 17; *Stolleis*, Geschichte II, S. 383 f.

[75] Vgl. auch *Georg Jellinek*, Allgemeine Staatslehre, 3. Aufl. 1914, S. 622 ff., 624, mit der Unterscheidung zwischen „obrigkeitlicher und sozialer Tätigkeit".

[76] Nachweise dazu bei *Siems*, Begriff (Fn. 3), S. 18 f.

[77] *Badura*, Verwaltungsrecht (Fn. 74), S. 39.

[78] Deutlich etwa bei *Karl Kormann*, Das System der rechtsgeschäftlichen Staatsakte, 1910, S. 128; weitere Nachweise dazu bei *Schulte*, Schlichtes Verwaltungshandeln (Fn. 15), S. 61.

[79] *Siems*, Begriff (Fn. 3), S. 22 ff.; *Schulte*, Schlichtes Verwaltungshandeln (Fn. 15), S. 63 ff.

[80] *Forsthoff*, VerwR, S. 155.

[81] *Klaus Stern*, Schlichte Verwaltungsäußerungen, BayVBl. 1957, S. 86 (86). Bei *Hans Peters*, Lehrbuch der Verwaltung, 1949, S. 151, ist ferner der Ausdruck „Wissenserklärungen" zu finden. Unter diesem werden dort aber nicht verschiedene Beispiele zusammengefasst. Zu den Bemühungen von *Forsthoff*, VerwR, S. 155, s.a. bereits *Jellinek*, VerwR, S. 250 f.

3. Defizite

17 Die Verwaltungsrechtswissenschaft „alter" und „neuer" Prägung kann mit der zuvor umrissenen Kategorie des schlichten Verwaltungshandelns offensichtlich „nicht sehr viel anfangen".[82] Regelmäßig an letzter Stelle in der Reihe der Handlungsformen präsentiert,[83] muss sich diese Erscheinungsform des Verwaltungshandelns in den Lehrbüchern mit knappen Ausführungen zufriedengeben. Zumindest die „richtigen Realakte", also bloße Tathandlungen, seien „dogmatisch uninteressant"[84], während regelungsvorbereitende und regelungsausführende Handlungen[85] als „nicht besonders interessant" erachtet werden, weil sie „so nah mit dem eigentlichen Regelungsakt verbunden sind, daß sie dem Regelungsregime von Verwaltungsverfahrens- oder Verwaltungsvollstreckungsgesetzen unterliegen".[86] Auch bei der dogmatischen Durchdringung einzelner Gebiete des Besonderen Verwaltungsrechts ist erkennbar, dass dem schlichten Verwaltungshandeln **keine strukturierende Funktion** beigemessen wird. Die Zuweisung einer speziellen Verwaltungstätigkeit zur Kategorie des schlichten Verwaltungshandelns ist eher Ausdruck von „Verlegenheit"[87] als Ergebnis dogmatischer Strukturierungsleistungen.

18 Diese Hilf- und Ratlosigkeit im Umgang mit dem schlichten Verwaltungshandeln als Kategorie einer Handlungsformenlehre ist in der Verwaltungsrechtslehre auf vielfache Weise zum Ausdruck gebracht worden.[88] Wenn etwa von einem „disparaten und heterogenen Feld" von Verwaltungshandlungen die Rede ist,[89] das sich zwangsläufig allgemeinen Aussagen und Bewertungsmaßstäben entzieht,[90] so bestätigen solche Einschätzungen das von *Ernst R. Huber*[91] stammende Verdikt des schlichten Verwaltungshandelns als rechtlich **profilloser Auffangkategorie**[92], der eine dogmatische Relevanz abgesprochen werden muss.[93]

---

[82] *Ingo Richter/Gunnar Folke Schuppert*, Casebook Verwaltungsrecht, 2. Aufl. 1995, S. 246.

[83] *Ehlers*, Verwaltung und Verwaltungsrecht (Fn. 10), § 1 Rn. 52; *Ipsen*, Allgemeines Verwaltungsrecht (Fn. 38), § 3 Rn. 179; *Peine*, VerwR, § 10 Rn. 878 ff.

[84] *Schuppert*, Verwaltungswissenschaft, S. 253.

[85] Zu dieser auf *Robbers*, Schlichtes Verwaltungshandeln (Fn. 5), zurückgehenden Kategorisierung s. unten → Rn. 109.

[86] *Schuppert*, Verwaltungswissenschaft, S. 253.

[87] Zutreffend *Rainer Wahl*, Die Aufgabenabhängigkeit von Verwaltung und Verwaltungsrecht, in: Hoffmann-Riem/Schmidt-Aßmann/Schuppert (Hrsg.), Reform, S. 177 (206), bezogen auf soziale Betreuungsdienste.

[88] *Faber*, VerwR, S. 263; *Schulte*, Schlichtes Verwaltungshandeln (Fn. 15), S. 24; *Robbers*, Schlichtes Verwaltungshandeln (Fn. 5), S. 272.

[89] *Richter/Schuppert/Bumke*, Casebook (Fn. 35), S. 233.

[90] *Richter/Schuppert/Bumke*, Casebook (Fn. 35), S. 233.

[91] *Ernst R. Huber*, Wirtschaftsverwaltungsrecht, Erster Band, 2. Aufl. 1953, S. 53.

[92] Siehe insoweit nur *Fritz Ossenbühl*, Die Handlungsformen der Verwaltung, JuS 1979, S. 681 (685), sowie *Krause*, Rechtsformen (Fn. 4), S. 11, der vom „Leertitel der schlichten Verwaltungshandlung" spricht.

[93] *Joachim Burmeister*, Verträge und Absprachen zwischen der Verwaltung und Privaten, VVDStRL, Bd. 52 (1993), S. 190 (231, 232): „Die Handlungskategorie der Realakte und vor allem die Vielfalt der unter dem Sammelbegriff der schlichten Verwaltungshandlungen zusammengefassten administrativen Verhaltensäußerungen bleiben als dogmatisch uninteressante oder irrelevante Handlungsformen außer Betracht, weil sie als Tathandlungen nicht die Eigenschaften der prinzipiell eigenständigen, verbindlichen Festlegung einer Rechtsfolge oder der Feststellung eines Rechtszustandes aufweisen. [...] Es ist [...] der Befund zu konstatieren, dass das schlichte Verwaltungshandeln eine ‚profillose Auffangkategorie' darstellt, deren gängige Einteilung in verschiedene Handlungstypen

A. Die Bedeutung schlichten Verwaltungshandelns

Solche ernüchternden Einschätzungen finden ihre berechtigte Grundlage in der **Funktion von Handlungs- und Rechtsformen**[94], die Handlungspraxis der Verwaltung zu ordnen und zu strukturieren und auf diese Weise die Basis dafür zu schaffen, das Handeln rechtlich zu strukturieren. Die Ordnungs-, Speicher-[95], Orientierungs- und Entlastungsfunktionen, die die Rechts- und Handlungsformen auszeichnen,[96] werden von der Kategorie des schlichten Verwaltungshandelns nicht erbracht, weil sie für die Vielzahl der im Verwaltungs- und Gerichtsalltag auftretenden Fragen keine Aussagen bereithält, die Standardantworten ermöglichen würden.[97] Auch ein spezifischer Bezug zu verschiedenen Programmarten[98] oder Aufgabentypen lässt sich für die „Handlungsform" des schlichten Verwaltungshandelns als solche nicht herstellen, eine ihr eigene Finalität[99] nicht finden. Von dem dogmatischen (Zwischen-)Stand, den etwa Pläne in der Handlungsformenlehre erreicht haben,[100] ist das schlichte Verwaltungshandeln noch weit entfernt.

19

III. Schlichtes Verwaltungshandeln als Suchbegriff

1. Funktion des Begriffs

Wenn also die der Verwaltungsrechtswissenschaft aufgegebene „dogmatische Strukturierungsarbeit"[101] im Hinblick auf das schlichte Verwaltungshandeln bis heute nicht erfüllt ist, kann daraus nur die Folgerung gezogen werden, die Regelungs- und Rechtsaktbezogenheit der deutschen Verwaltungsrechtslehre auch insoweit zu überwinden,[102] als sie in der Handlungsform des schlichten Verwaltungshandelns ihren negativen Ausdruck findet.[103] Die verbleibende Funktion

20

---

auf der Ebene empirischer Beschreibung verharrt und anerkanntermaßen dogmatisch folgenlos bleibt." Ähnlich *Krause*, Rechtsformen (Fn. 4), S. 56.

[94] Zum Verhältnis beider s. nur *Schmidt-Aßmann*, Ordnungsidee, Kap. 6 Rn. 34; *Schuppert*, Verwaltungswissenschaft, S. 141 ff.; → Bd. II *Hoffmann-Riem* § 33 Rn. 11 ff.

[95] *Eberhard Schmidt-Aßmann*, Zur Funktion des allgemeinen Verwaltungsrechts, DV, Bd. 27 (1994), S. 139 ff.

[96] → Bd. II *Hoffmann-Riem* § 33 Rn. 1 ff.; *Loeser*, System I, § 9 Rn. 5 ff., unterscheidet nach Speicherfunktion, Komplexitätsreduktion, Garantiefunktion, Schutzfunktion, Steuerungsfunktion und Transportfunktion; s. a. *Ossenbühl*, Handlungsformen (Fn. 92), S. 685.

[97] Zur Funktion der Zuordnung einer Verwaltungstätigkeit zu einer Handlungsform, „zur Lösung von wiederkehrenden Rechtsproblemen auf einen bestimmten Normfundus zurückzugreifen, der die Voraussetzungen und Rechtsfolgen einheitlich regelt", s. bereits *Krause*, Rechtsformen (Fn. 4), S. 14–16.

[98] Vgl. die Übersicht bei *Schuppert*, Verwaltungswissenschaft, S. 135 ff., mit Verweis auf *Klaus König/Nicolai Dose* (Hrsg.), Instrumente und Formen staatlichen Handelns, 1993.

[99] Danach sucht *Eberhard Schmidt-Aßmann*, Reformbedarf und Reformansätze, in: Hoffmann-Riem/Schmidt-Aßmann/Schuppert (Hrsg.), Reform, S. 62.

[100] → Bd. II *Köck* § 37 Rn. 1–37.

[101] *Schuppert*, Verwaltungswissenschaft, S. 231; *Robbers*, Schlichtes Verwaltungshandeln (Fn. 5), S. 272.

[102] Allgemein zu dieser Forderung an eine neue Formenlehre → Bd. II *Hoffmann-Riem* § 33 Rn. 52 f.

[103] Die umgekehrte Konsequenz, die nicht in Betracht kommt, zieht *Burmeister*, Verträge und Absprachen (Fn. 93), S. 231 f.: Sie liege darin, dem schlichten Verwaltungshandeln ebenso wie dem informellen Verwaltungshandeln zu bescheinigen, es sei dogmatisch uninteressant oder irrelevant, und zwar deshalb, weil die unter diesen Begriffen zusammengefassten Handlungen nicht die Eigenschaft der prinzipiell eigenständigen, verbindlichen Festlegung einer Rechtsfolge oder der Feststellung eines Rechtszustandes aufweisen.

des Begriffs des schlichten Verwaltungshandelns kann dann nur darin gesehen werden, die **Gesamtheit des Verwaltungshandelns** in das Blickfeld der Verwaltungsrechtswissenschaft im Allgemeinen und der Handlungsformenlehre im Besonderen zu rücken und den Blick dafür zu schärfen, dass dazu auch das Handeln gehört, das bislang nicht zu Rechts- oder Handlungsformen verdichtet wurde. Verbunden mit dieser Erinnerung ist dann die Aufforderung, diesen wesentlichen Teil des Verwaltungshandelns – unabhängig von seiner fehlenden Regelungswirkung – zu formen und auf diese Weise zu strukturieren.

21 Liegt also die erste und wichtigste Funktion der Kategorie des schlichten Verwaltungshandelns darin, dasjenige Handeln der Verwaltung in das Aufmerksamkeitsfeld der Verwaltungsrechtswissenschaft zu rücken, das (noch) **nicht** das für **Rechts- und Handlungsformen** erforderliche Ausmaß an **dogmatischer Durchformung** erreicht hat, so erweist sich die hier untersuchte Kategorie als **Suchbegriff**. Er bezeichnet das weite und disparate Feld der bislang durch die Handlungsformenlehre nicht ausreichend strukturierten administrativen Praxis und enthält zugleich die Aufforderung, aus diesem Feld einzelne Sektoren zu isolieren, rechtlich zu strukturieren und auf diese Weise zu (neuen) Handlungsformen zu verdichten. Für einzelne Sektoren wie die staatliche Öffentlichkeitsarbeit, regelungsvorbereitende oder regelungsausführende Handlungen sind solche „Verdichtungen" bereits zu beobachten.[104]

2. Verwaltungshandeln ohne Rechtsform

22 Das Untersuchungsfeld, das mit dem Begriff des schlichten Verwaltungshandelns bezeichnet wird, ist folglich definiert durch die **Gesamtheit des Verwaltungshandelns,** das noch **nicht durch Handlungs- oder Rechtsformen strukturiert** ist. Folgerichtig wird die fehlende (Rechts-)Förmlichkeit des schlichten Verwaltungshandelns in den Mittelpunkt gestellt und dieses umschrieben als das breite Spektrum „der rechtlich weniger strukturierten und vorrangig auf tatsächliche Wirkungen angelegten Verwaltungsrealakte".[105] Auf diese Weise wird betont, dass dieser Teil der administrativen Handlungspraxis zwar nicht außerhalb des Rechts steht und insofern als Rechtshandeln bezeichnet werden kann,[106] dass er aber „rechtsdogmatisch (noch) nicht geprägtes Verwaltungsverhalten"[107] darstellt.

23 Schlichtes Verwaltungshandeln ist also zunächst durch zwei positive und ein negatives Element definiert: Es geht um ein Handeln, welches der Verwaltung zurechenbar ist und dem die Rechtsförmlichkeit im Sinne einer rechtlichen Struktur fehlt. Diese Begriffsbestimmung soll mit den beiden Merkmalen der Qualifikation als *„Handeln"* und dem Zurechnungselement *„der Verwaltung"* einerseits eine **Abgrenzungsleistung** gegenüber bloßen (Handlungs-)**Folgen** und gegenüber dem **Unterlassen** erbringen, anderseits sollen **„private" Handlun-**

---

[104] Dazu unten → Rn. 106 ff.
[105] *Schmidt-Aßmann*, Ordnungsidee, Kap. 6 Rn. 125; die Abgrenzung zum „rechtsförmigen" Verwaltungshandeln betonen auch *Wolff/Bachof/Stober*, VerwR II, § 57 Rn. 1.
[106] *Roland Plattner-Steinmann*, Tatsächliches Verwaltungshandeln, 1990, S. 25; *Lukas S. Brühwiler-Frèsey*, Verfügung, Vertrag, Realakt und andere verwaltungsrechtliche Handlungssysteme. Eine Untersuchung über ihr gegenseitiges Verhältnis, 1984, S. 287; *Peter Saladin*, Das Verwaltungsverfahrensrecht des Bundes, 1979, S. 66.
[107] *Richter/Schuppert*, Casebook (Fn. 82), S. 246.

A. Die Bedeutung schlichten Verwaltungshandelns

gen aus dem Begriff des schlichten Verwaltungshandelns ausgeschieden werden.

Die mit diesen beiden Definitionselementen aufgeworfenen Zuordnungsfragen stellen sich nicht nur für das schlichte Verwaltungshandeln, sondern auch für rechtsförmliches Handeln mit Regelungswirkung. Allerdings wird dort die erste Frage nach einem „Handeln" vor dem Hintergrund der Zentrierung auf regelnde Handlungsformen bereits durch Elemente wie die „Maßnahme als Willenserklärung"[108] abgearbeitet. Die regelungsfixierte Dogmatik trifft also Zuordnungen als „Handlung" oder als Verwaltungshandeln nur implizit, weil beides Charakteristika sind, die gerade über die Zuordnung eines Phänomens zur regelungsbezogenen Handlungsform automatisch mitvermittelt werden. Die Kehrseite dieser Regelungsbezogenheit ist, dass sich die traditionelle Dogmatik bei dem nicht regelnden Verwaltungshandeln nicht weiter für die **Abgrenzung** zwischen **Handeln, Unterlassen** und den **Folgen** von Handeln interessiert. Seinen Ausdruck findet dieses Desinteresse darin, dass etwa Folgen von Verwaltungshandeln wie Emissionen[109] kurzerhand den Realakten zugeordnet werden, ohne genauer die Handlungsqualität[110] zu prüfen oder danach zu fragen, ob sie vorhersehbar, intendiert oder vermeidbar waren. Auf der anderen Seite finden sich Aussagen, dass Emissionen der öffentlichen Hand, die durch den Schuss des Polizisten verursachte Wunde oder die durch dienstliche Äußerungen hervorgerufene Ehrverletzung des Bürgers[111] als „bloße Folgen" von Handlungen aus dem Begriff des schlichten Verwaltungshandelns auszuscheiden seien.[112]

In ähnlicher Weise liegt auch die Abgrenzung zwischen Verwaltungshandeln und **nicht der Exekutive zurechenbarem Handeln** weitgehend außerhalb der Problemverarbeitungskapazität einer regelungsbezogenen Handlungsformenlehre. Soweit diese Abgrenzung nicht rechtsformimmanent etwa über den Behördenbegriff des § 35 VwVfG und den Begriff des „Trägers öffentlicher Verwaltung"[113] abgearbeitet werden kann,[114] führt sie zu den irritierenden Feststellungen, jeder Realakt könne auch von Privaten ausgeführt werden,[115] Realakte seien nie hoheitlich, sondern „neutral"[116], und sie trügen „keine Erkennungszeichen hoheitlichen Handelns an sich"[117]. Dies mündet dann in der bekannten und problematischen Suche nach einem Bezug des Handelns zu öffentlichen Aufgaben und zu einer dogmatisch kaum kontrollierbaren und widersprüchlichen Kasuistik, wie sie sich insbesondere im Amtshaftungsrecht zu der Frage entwi-

---

[108] So für den Verwaltungsakt exemplarisch *P. Stelkens/U. Stelkens* in: Stelkens/Bonk/Sachs (Hrsg.), VwVfG, § 35 Rn. 69.

[109] *Richter/Schuppert/Bumke,* Casebook (Fn. 35), S. 87 f.; *Ulrich Ramsauer,* Die faktische Beeinträchtigung des Eigentums, 1980, S. 45 f.

[110] Problembewusst *Josef Widmann,* Abgrenzung zwischen Verwaltungsakt und eingreifendem Realakt, 1996, S. 74 f.

[111] *Robbers,* Schlichtes Verwaltungshandeln (Fn. 5), S. 273.

[112] *Robbers,* Schlichtes Verwaltungshandeln (Fn. 5), S. 273; *Walter Schmidt,* Einführung in die Probleme des Verwaltungsrechts, 1982, Rn. 236; ihnen folgend *Widmann,* Abgrenzung (Fn. 110), S. 75.

[113] Exemplarisch *Wolff/Bachof/Stober,* VerwR II, § 45 Rn. 20.

[114] *P. Stelkens/U. Stelkens,* in: Stelkens/Bonk/Sachs (Hrsg.), VwVfG, § 35 Rn. 50, mit Verweis auf *Stelkens/Schmitz,* in: Stelkens/Bonk/Sachs (Hrsg.), § 1 Rn. 237 ff.; *Maurer,* VerwR, § 21 Rn. 30 ff.; *Matthias Ruffert,* Verwaltungsakt, in: Erichsen/Ehlers, VerwR, § 21 Rn. 18 ff.

[115] *Koch/Rubel/Heselhaus,* VerwR, § 3 Rn. 81.

[116] OVG NRW, NJW 1984, S. 1982 (1983) (Feuerwehrgerätehaus).

[117] *Faber,* VerwR, S. 264.

ckelt hat, ob der Verursacher einer schädigenden Handlung „in Ausübung eines öffentlichen Amtes" tätig wurde.[118]

26 Als Ausgangspunkt für die Lösung der Zurechnungsfrage wird hier ein **handlungsorientierter Steuerungsansatz** gewählt, wie er als zentraler Gehalt des Wandels der Verwaltungsrechtswissenschaft zu einer Handlungs- und Entscheidungswissenschaft und Ansatzpunkt der „Neuen Verwaltungsrechtswissenschaft" verstanden wird.[119] Auf der Grundlage dieses Ansatzes lassen sich andere Kriterien und Zurechnungsgesichtspunkte entwickeln. Wenn man nämlich von einem Konzept „politischer Steuerung" als „konzeptionell orientierter Gestaltung der gesellschaftlichen Umwelt durch politische Instanzen" ausgeht[120] und „Steuerung" analytisch aufteilt – in ein handelndes Steuerungssubjekt, ein Steuerungsobjekt, auf das eingewirkt werden soll, ein Steuerungsziel und Steuerungsinstrumente –, geraten jenseits der Entscheidungszentriertheit traditioneller verwaltungsrechtlicher Dogmatik Gesichtspunkte ins Blickfeld, die sowohl die Qualifikation als „Handlung" wie auch die Zurechnung zur Verwaltung anzuleiten vermögen. Maßgeblich im Sinne der zu leistenden Abgrenzungen wird damit die Frage, ob sich die beobachteten und nicht auf regelungsbezogene Handlungsformen beschränkten Phänomene in einen von politisch verfassten Steuerungssubjekten ausgehenden intentionalen – „steuernden" – Bewirkungszusammenhang einordnen lassen. Ein „Handeln der Verwaltung", das prima facie als schlichtes Verwaltungshandeln qualifiziert werden kann, liegt demnach dann vor, wenn die beobachtete Realität beschrieben werden kann als Akt eines politisch verfassten Akteurs, der einen politisch gebildeten Willen durch andere als rechtsförmliche Bewirkungsformen im Sinne der Gesellschaftsgestaltung verwirklichen soll.

27 Auf der Grundlage dieser Prämisse muss also zur Beantwortung der Frage, ob jenseits der bekannten Handlungsformen ein – schlichtes – „Handeln" „der" Verwaltung vorliegt, nach der **Einbindung in ein** für den Steuerungszusammenhang typisches **Steuerungsarrangement** gesucht werden, d.h. nach einem auf die Verwirklichung politisch definierter Zwecke bezogenen intentionalen Bewirkungszusammenhang, in dem materiell-, verfahrens- und organisationsrechtliche sowie finanzbezogene und personelle Steuerungsmittel miteinander verknüpft sind.[121] Diesem Suchprogramm folgend bieten sich nicht nur Anhaltspunkte, das „weite Feld" des schlichten Verwaltungshandelns zu einzelnen Typen zu verdichten,[122] sondern es lassen sich auch in kontrollierbarer Weise be-

---

[118] Ausführliche Übersicht dazu bei *Stein/Itzel/Schwall*, Praxishandbuch (Fn. 13), S. 11 ff.; zum Schulfall der Dienstfahrt s. mit zahlreichen Beispielen und Nachweisen *Ossenbühl*, StaatshaftungsR, S. 34 f.

[119] Dazu → Bd. I *Voßkuhle* § 1 Rn. 20.

[120] Im Sinne des von *Renate Mayntz* und *Fritz Scharpf* geschaffenen „akteurzentrierten Institutionalismus"; dazu *Renate Mayntz/Fritz Scharpf*, Der Ansatz des akteurzentrierten Institutionalismus, in: dies. (Hrsg.), Gesellschaftliche Selbstregelung und politische Steuerung, 1995, S. 39 ff.; *Renate Mayntz*, Politische Steuerung und gesellschaftliche Steuerungsprobleme, in: dies. (Hrsg.), Soziale Dynamik und politische Steuerung, 1997, S. 186 (189); vgl. ferner *Fritz Scharpf*, Interaktionsformen. Akteurzentrierter Institutionalismus in der Politikforschung, 2000.

[121] Der Begriff des Steuerungsarrangements findet sich zuerst bei *Eberhard Schmidt-Aßmann*, Reformbedarf und Reformansätze, in: Hoffmann-Riem/Schmidt-Aßmann/Schuppert (Hrsg.), Reform, S. 20.

[122] → Rn. 33 ff., 105 ff.

A. Die Bedeutung schlichten Verwaltungshandelns

stimmte Ausgrenzungen über das Merkmal der „Handlung" und der Zurechnung zur Verwaltung begründen. Für nicht intendierte Folgen von Verwaltungshandeln muss sich eine steuerungstheoretische Fortentwicklung der Dogmatik des schlichten Verwaltungshandelns nicht interessieren. Ebenso wie ein Verhalten von Amtsträgern „bei Gelegenheit" ihrer amtlichen Tätigkeit[123] können die sich hier stellenden Zurechnungsfragen der staatshaftungsrechtlichen Aufarbeitung überlassen bleiben,[124] weil sie nicht in einen finalen Steuerungs- und Bewirkungszusammenhang eingebunden sind. Gleiches gilt für das Unterlassen möglicher Handlungen, soweit es sich nicht als Erscheinungsform informellen Verwaltungshandelns[125] darstellt. Umgekehrt lässt sich etwa das Handeln im Rahmen des öffentlichen Schulsystems aus dieser Perspektive positiv beschreiben als „zurechenbares, geplantes Verhalten des Staates"[126] und damit als schlichtes Verwaltungshandeln.

28 Bei der Orientierung des Handlungs- sowie des Zurechnungsaspekts des schlichten Verwaltungshandelns am **steuerungstheoretischen Ansatz** sind allerdings auch die **Grenzen** des analytischen Wertes dieses Ansatzes in Betracht zu ziehen. Selbst wenn eingeräumt wird, dass „der politische Akteur kein einheitliches Subjekt" ist, „sondern ein ‚multiple self' das mehrere Rationalitäten in unterschiedlichen Handlungssituationen implementieren kann",[127] wird im steuerungstheoretischen Ansatz dennoch eine stets klare Identifizierbarkeit der politischen Qualität des Steuerungssubjekts unterstellt. Diese kann allerdings bisweilen durchaus problematisch sein. Damit kann der steuerungstheoretische Ansatz in Einzelfällen die über diese politische Einbindung erfolgende Qualifikation eines Phänomens als „Handeln der Verwaltung" nicht schärfer vornehmen, als dies die herkömmliche Dogmatik vermag. Denn der Bereich zwischen politischer – „öffentlicher" – und privater Organisiertheit, in dem sich politische und wirtschaftliche Rationalitäten in diversen Formen mischen und auf diese Weise hybride Strukturen hervorbringen,[128] wird offensichtlich größer und differenzierter.[129] Wo sich das Verwaltungsrecht mit komplexen Abläufen konfrontiert sieht, in denen ein Steuerungssubjekt nur schwer zu identifizieren ist, wo sich politische und „private" Handlungsrationalitäten verbinden[130] und Regulierung auf eine Verschränkung von staatlichen und gesellschaftlichen Akteuren[131] zielt,[132] hat die theoretische Reflexion dieser Entwicklungen[133] noch nicht die

---

[123] Zu Beispielen s. *Ossenbühl*, StaatshaftungsR, S. 28 ff.
[124] → Bd. III *Morlok* § 52, *Osterloh* § 55.
[125] → Bd. II *Fehling* § 38 Rn. 34 (zur Duldung).
[126] *Hinnerk Wißmann*, Pädagogische Freiheit als Rechtsbegriff, 2002, S. 47.
[127] So → Bd. I *Voßkuhle* § 1 Rn. 20.
[128] Siehe nur → Bd. I *Schuppert* § 16 Rn. 70 ff.
[129] → Bd. I *Eifert* § 19 Rn. 6; *Eberhard Schmidt-Aßmann*, Regulierte Selbstregulierung als Element verwaltungsrechtlicher Systembildung, DV, Beiheft 4, 2001, S. 253 (264): „Keine Seite besitzt ein Definitionsmonopol".
[130] *Hans-Heinrich Trute*, Die Verwaltung und das Verwaltungsrecht zwischen Selbstregulierung und staatlicher Steuerung, DVBl 1996, S. 950 (951).
[131] → Bd. I *Eifert* § 19 Rn. 6, 14, 52; ähnlich auch *Wolfgang Hoffmann-Riem*, Tendenzen in der Verwaltungsrechtsentwicklung, DÖV 1997, S. 433 (435), wo von einem „Übergang von regulativen zu mehr oder minder selbstregulativen Handlungsszenarien" die Rede ist.
[132] › Bd. I *Eifert* § 19 Rn. 14.
[133] Diese Beobachtung ist im steuerungstheoretischen Ansatz auf abstrakter Ebene reflektiert (politische Steuerung müsse als interaktiver Prozess verstanden werden, an dem unterschiedliche Akteu-

§ 39 Schlichtes Verwaltungshandeln

dogmatischen „Niederungen" erreicht, die die Problematik der hier vorgeschlagenen Variation des Handlungsbegriffs beseitigen könnte. Auch für die dem schlichten Verwaltungshandeln in besonderer Weise gestellten Abgrenzungsfragen, die sich hinter der scheinbar einfachen Qualifikation als „Handeln der Verwaltung" verbergen, gilt insofern der Befund, dass es sich vorläufig nur um einen Suchbegriff handeln kann.

29 Aus dem so umrissenen Feld, auf das sich die mit dem Begriff des schlichten Verwaltungshandelns aufgegebene Suche zu beziehen hat, können die Formen des Verwaltungshandelns ausgeschieden werden, die bereits zu **Rechts- oder Handlungsformen** vertypt sind. Unabhängig von der genauen Abgrenzung dieser beiden Formungstypen oder -grade[134] können dazu jedenfalls die exekutive Normsetzung, der Verwaltungsakt, der Verwaltungsvertrag und wohl auch die innerdienstliche Weisung sowie Willenserklärungen[135] gezählt werden.[136]

3. Abgrenzung zu informellem Verwaltungshandeln

30 Aus dem Beobachtungsfeld, dessen Strukturierung mit dem Begriff des schlichten Verwaltungshandelns aufgegeben ist, lässt sich auch die Kategorie des informellen Verwaltungshandelns ausgrenzen. Zwar wird dieser Handlungstypus nicht selten als eine **Untergruppe** des **schlichten Verwaltungshandelns** angesehen[137] und unter diesem Oberbegriff z.B. als regelungsvermeidende Tätigkeit[138] kategorisiert, deren Sinn darin liegt, rechtsförmliches Handeln im Interesse des erstrebten Erfolges zu vermeiden. Solchen Kategorisierungen liegt allerdings das – letztlich untaugliche –[139] gemeinsame Merkmal der fehlenden Regelungswirkung[140] zu Grunde.

31 Allerdings ist das **informelle Verwaltungshandeln**[141] zwischenzeitlich in einer Art und Weise charakterisiert und ansatzweise vertypt, dass es sich – ähnlich dem erwähnten Typus der Publikumsinformation[142] und von diesem deutlich unterscheidbar[143] – als eigenständige Handlungsform isolieren lässt. Dabei ist nicht entscheidend auf das kooperative Element[144] abzustellen, obwohl dieses wesentliche Erscheinungsformen informellen Verwaltungshandelns prägt. Vielmehr bezieht die Kategorie des informellen Verwaltungshandelns ihre prägende

---

re „in einer Art Netzwerk mit- und gegeneinander arbeiten", so → Bd. I *Voßkuhle* § 1 Rn. 20). Zur Netzwerkbildung als Herausforderung an das überkommene Verwaltungsorganisationsrecht → Bd. I *Schuppert* § 16 Rn. 134 ff.

[134] → Bd. II *Hoffmann-Riem* § 33 Rn. 9 ff.

[135] Dazu ausführlich *Elke Gurlit*, Verwaltungsrechtlicher Vertrag und andere verwaltungsrechtliche Sonderverbindungen, in: Erichsen/Ehlers (Hrsg.), VerwR, § 28 Rn. 1 ff.

[136] *Koch/Rubel/Heselhaus*, VerwR, § 3 Rn. 77.

[137] Z.B. von *Schmidt-Aßmann*, Ordnungsidee, Kap. 6 Rn. 125; → Bd. II *Fehling* § 38 Rn. 14; s. dazu nur *Schuppert*, Verwaltungswissenschaft, S. 111 ff.; *Fritz Ossenbühl*, Informelles Hoheitshandeln im Gesundheits- und Umweltschutz, UTR, Bd. 3 (1987), S. 27 ff.; *Schulte*, Schlichtes Verwaltungshandeln (Fn. 15), S. 25 ff., 40 ff.; *Rainer Schröder*, Verwaltungsrechtsdogmatik im Wandel, 2007, S. 305 ff.

[138] *Robbers*, Schlichtes Verwaltungshandeln (Fn. 5), S. 277.

[139] → Rn. 8 ff.

[140] *Peine*, VerwR, Rn. 878.

[141] → Bd. II *Fehling* § 38.

[142] → Bd. II *Gusy* § 23 Rn. 95 ff.

[143] → Bd. II *Fehling* § 38 Rn. 14 ff.

[144] Zusammenfassend *Schuppert*, Verwaltungswissenschaft, S. 112 f.

Kraft aus dem Umstand, dass das so bezeichnete Verwaltungshandeln **"im Schatten rechtsförmlicher Alternativen"**[145] steht und aus diesem Umstand auch typusbildende Rechtsprobleme und Bewältigungsstrategien resultieren.

B. Bausteine einer Vertypung

Da eine Typisierung des schlichten Verwaltungshandelns, die die negative Eigenschaft fehlender Regelungswirkung in den Mittelpunkt stellt, die der Verwaltungsrechtswissenschaft gestellte Systematisierungsaufgabe[146] nicht erfüllen kann, muss nach anderen Bezugspunkten für eine Formung der bislang als schlichtes Verwaltungshandeln beobachteten Erscheinungsformen administrativer Handlungspraxis gesucht werden. Dies führt zu den Fragen, inwieweit sich ein spezifischer Aufgabenbezug schlichten Verwaltungshandelns beobachten lässt (I.), ob dieses Verwaltungshandeln typisiert werden kann im Hinblick auf den Beitrag, den es für die Bewirkung der exekutiv verfolgten Ziele leistet (II.), ob sich unterschiedliche Modi und Intensitäten rechtlicher Steuerung ausmachen lassen (III.), ob sich allgemeine Maßstäbe unterschiedlichen Typen des schlichten Verwaltungshandelns zuordnen lassen (IV.) und welche Unterschiede im Hinblick auf Fehlerfolgen und Rechtsschutzfragen erkennbar sind (V.).

I. Aufgabenbezug

Ausgehend von der Erkenntnis, dass das **Verwaltungshandeln** und sein durch das Verwaltungsrecht bereitzustellender Ordnungsrahmen **aufgabengeprägt** sind,[147] bietet sich als eine erste Annäherung an eine Typisierung schlichten Verwaltungshandelns sein Bezug zu konkreten Aufgabenfeldern[148] an.[149] Dabei kann an Vorarbeiten angeknüpft werden, die sich um typologisierte Modelle aufgabenspezifisch organisierten Verwaltungshandelns bemühen.[150]

1. Ordnende Verwaltung

Der vielfach beschriebene Typus der Ordnungs- oder Vollzugsverwaltung[151], der insbesondere am Beispiel der Gefahrenabwehr herausgearbeitet wurde, ist aus der hier interessierenden Perspektive durch einen hohen Grad an **formalisierten Handlungsformen** mit rechtlichen Wirkungen gekennzeichnet. Verwaltungsakte in Form von Geboten, Verboten und Erlaubnissen, Zulassungen etc. prägen das Instrumentarium.[152] Raum und Bedarf für schlichtes Verwaltungs-

---

[145] → Bd. II *Fehling* § 38 Rn. 16.
[146] *Schmidt-Aßmann*, Ordnungsidee, Kap. 1 Rn. 1 ff.
[147] Grundlegend *Wahl*, Aufgabenabhängigkeit (Fn. 87), S. 177 ff.
[148] Zum Begriff der Verwaltungsaufgaben → Bd. I *Baer* § 11 Rn. 11 ff.
[149] Allgemein zu diesem Vorgehen *Wahl*, Aufgabenabhängigkeit (Fn. 87), S. 190.
[150] → Bd. I *Schulze-Fielitz* § 12 Rn. 3.
[151] → Bd. I *Schulze-Fielitz* § 12 Rn. 27; *Wahl*, Aufgabenabhängigkeit (Fn. 87), S. 192 ff.; *Schmidt-Aßmann*, Ordnungsidee, Kap. 3 Rn. 100 ff.
[152] *Wahl*, Aufgabenabhängigkeit (Fn. 87), S. 177; → Bd. I *Schulze-Fielitz* § 12 Rn. 27.

handeln besteht bei der Wahrnehmung der Aufgaben, die diesem Typus zugeordnet werden können, in erster Linie in dem als Gefahrenvorsorge umschriebenen Vorfeld konkreter gefahrenabwehrender Maßnahmen, bei der Vorbereitung und bei dem Vollzug von rechtsförmigen Entscheidungen sowie bei den nicht regelnden Standardmaßnahmen.

35 Insbesondere die Vorverlagerung der Reaktionsschwelle in Gestalt der vorbeugenden[153] **Gefahren- und Risikovorsorge** im Umwelt-[154], Arznei-, Lebensmittel- und auch im allgemeinen Polizeirecht[155] haben dazu geführt, dass traditionellen Erscheinungsformen des schlichten Verwaltungshandelns größere Aufmerksamkeit gewidmet wird und neue Instrumente zum Einsatz kommen. In diesen Zusammenhang gehören zunächst das Beschaffen und Bereithalten von Arbeitsmaterial jeglicher Art, das einige Polizeigesetze als Teil der „erforderlichen Vorbereitungen für die Hilfeleistung in Gefahrenfällen" explizit normieren.[156] Daneben geht es um die Erhebung, Speicherung und Verarbeitung nicht nur personenbezogener[157] Informationen[158] und allgemeiner um die beobachtende Arbeit der Sicherheits- und Gefahrenabwehrbehörden. Auch ein wesentlicher Teil der ordnungs- und umweltbehördlichen Kontroll- und Überwachungstätigkeit vollzieht sich ohne die Inanspruchnahme regelnder oder rechtsförmlicher Instrumente und ist deshalb hier von Interesse. Nicht selten weit im Vorfeld konkreter Gefahrensituationen und einzelfallbezogener Maßnahmen besteht die Funktion eines solchen schlichten Verwaltungshandelns darin, die **personellen, sachlichen und informationellen Voraussetzungen ordnenden Verwaltungshandelns** herzustellen und aufrechtzuerhalten.

36 Eine weitere zentrale Erscheinungsform schlichten Verwaltungshandelns im Bereich der ordnenden Verwaltung stellen die **hoheitlichen Informationshandlungen** mit ihren aufklärenden, beratenden, empfehlenden, hinweisenden oder warnenden Funktionen dar.[159] Das Spektrum reicht von dem Verteilen von Handzetteln im Vorfeld von Demonstrationen[160] über das vergleichsweise neue polizeiliche Instrument der an einen individualisierten potentiellen Gefahrenverursacher gerichteten Ermahnung[161] bis hin zu dem bekannten kriminalpolizeilichen Vorbeugungsprogramm[162] und den zwischenzeitlich vielfach gesetz-

---

[153] *Franz-Xaver Kaufmann*, Diskurse über Staatsaufgaben, in: Dieter Grimm (Hrsg.), Staatsaufgaben, 1994, S. 15 (28 f.).

[154] *Sparwasser/Engel/Voßkuhle*, UmweltR, § 2 Rn. 18 ff.

[155] → Bd. I *Schulze-Fielitz* § 12 Rn. 28 f.; exemplarisch einerseits *Josef Aulehner*, Polizeiliche Gefahren- und Informationsvorsorge, 1998, und andererseits zur Funktionslogik des „Präventionsstaates" *Eberhard Denninger*, Vom Rechtsstaat zum Präventionsstaat?, in: Adolf-Arndt-Kreis (Hrsg.), Sicherheit durch Recht in Zeiten der Globalisierung, 2003, S. 9 ff.

[156] Nachweise dazu bei *Rachor*, Das Polizeihandeln (Fn. 21), Kap. F Rn. 210.

[157] → Bd. II *Albers* § 22.

[158] Zur Sammlung, Aufbereitung und Auswertung umweltrelevanter Daten vgl. nur *Sparwasser/Engel/Voßkuhle*, UmweltR, § 2 Rn. 175 f.; allgemein → Bd. II *Vesting* § 20 Rn. 47 ff.

[159] → Bd. II *Gusy* § 23 Rn. 95 ff.; für das Umweltrecht zusammenfassend *Sparwasser/Engel/Voßkuhle*, UmweltR, § 2 Rn. 177 ff.

[160] Dazu *Rachor*, Das Polizeihandeln (Fn. 21), Kap. F Rn. 16; zu den Anforderungen an tatsächliches Polizeihandeln im Zusammenhang mit Großdemonstrationen s. BVerfGE 69, 315 (355 f.).

[161] Zur sog. „Gefährderansprache" s. *Rachor*, Das Polizeihandeln (Fn. 21), Kap. F Rn. 120 ff., 820 ff.; *Timo Hebeler*, Die Gefährderansprache, NVwZ 2011, S. 1364 (1366), der sie als („individuelle") Warnung qualifiziert.

[162] *Rolf-Peter Weinberger*, Das Kriminalpolizeiliche Vorbeugungsprogramm, 1984.

B. Bausteine einer Vertypung

lich normierten Publikumsinformationen z.B. Produkte und Lebensmittel betreffend[163].

Ohne expliziten Informationsgehalt, in seinen Wirkungsweisen aber durchaus vergleichbar mit hoheitlichen Informationshandlungen stellt sich dasjenige Verwaltungshandeln dar, das in der schlichten **Präsenz exekutiven Handlungspotentials** liegt. Das Bereithalten starker Polizeikräfte – etwa bei großen Sportveranstaltungen oder bei Demonstrationen – gehört in diesen Zusammenhang ebenso wie die schlichte polizeiliche Präsenz in der Form von Streifenfahrten oder Streifengänge[164]. Über die Schaffung der Voraussetzungen exekutiven Handelns[165] hinaus sollen hier potentielle Verursacher von Gefahren abgeschreckt oder zumindest „beeindruckt"[166] werden und das allgemeine Sicherheitsgefühl der Bevölkerung[167] gestärkt werden. 37

Den auch quantitativ wichtigsten Sektor schlichten Verwaltungshandelns im Bereich der ordnenden Verwaltung dürften die entscheidungs- bzw. regelungsvorbereitenden Handlungen[168] sowie die regelungsausführenden (Vollzugs-)Handlungen[169] ausmachen. Auskünfte, Beratung, Akteneinsicht und Maßnahmen der Sachverhaltsermittlung sind wesentliche Elemente der Verwaltungsverfahren[170] zur **Vorbereitung von Entscheidungen.** Die **Erfüllung** von durch Verwaltungsakt konkretisierten oder auch unmittelbar durch Gesetz normierten Ansprüchen sowie der **Vollzug** und die **Vollstreckung** von Entscheidungen insbesondere in den gesetzlich normierten Formen des Vollstreckungsrechts[171] konstituieren den der Einzelfallentscheidung nachgelagerten Teil des schlichten Verwaltungshandelns auf dem Gebiet der ordnenden Verwaltung. Schließlich sind in diesen Zusammenhang die Realakte zu erwähnen, die insbesondere im Polizeirecht als sog. **„Standardmaßnahmen"** normiert sind.[172] 38

2. Personale Leistungsverwaltung

Die steigende oder zumindest in der Vergangenheit gestiegene Bedeutung schlichten Verwaltungshandelns wird üblicherweise mit der Entstehung und Expansion leistungsstaatlicher Aufgaben[173] in Verbindung gebracht.[174] Insbesondere die vielfältigen Tätigkeiten der Verwaltung, die dem Aufgabenbereich der „Daseinsvorsorge" zugeordnet werden, seien vorrangig auf einen tatsächlichen Erfolg gerichtet, nicht auf Veränderungen in der „Normenwelt".[175] Das 39

---

[163] Nachweise dazu → Bd. II *Gusy* § 23 Rn. 99 mit Fn. 415.
[164] *Wolf-Rüdiger Schenke*, Polizeirecht, in: Steiner (Hrsg.), Bes. VerwR, Rn. 266; *Rachor*, Das Polizeihandeln (Fn. 21), Kap. F Rn. 15.
[165] → Rn. 35.
[166] *Rachor*, Das Polizeihandeln (Fn. 21), Kap. F Rn. 15, 120 ff. m. w. N.
[167] Dazu, dass dies nicht zu den polizeilichen Aufgaben im engeren Sinne gehört und deshalb nicht als maßstabsbildendes Kriterium in das polizeiliche Ermessen einfließen darf, s. *Rachor*, Das Polizeihandeln (Fn. 21), Kap. F Rn. 125.
[168] *Robbers*, Schlichtes Verwaltungshandeln (Fn. 5), S. 274 f.
[169] *Robbers*, Schlichtes Verwaltungshandeln (Fn. 5), S. 279.
[170] → Bd. II *Schneider* § 28 Rn. 42 ff.
[171] → Bd. III *Waldhoff* § 46 Rn. 77 ff.
[172] *Rachor*, Das Polizeihandeln (Fn. 21), Kap. F Rn. 38 ff.
[173] Zur Leistungsverwaltung → Bd. I *Schulze-Fielitz* § 12 Rn. 39 ff.
[174] Repräsentativ *Pluttner-Steinmann*, Tatsächliches Verwaltungshandeln (Fn. 106), S. 6 ff.; *Koch/Rubel/Heselhaus*, VerwR, § 3 Rn. 77; *Bull/Mehde*, VerwR, Rn. 1018.
[175] *Koch/Rubel/Heselhaus*, VerwR, § 3 Rn. 77.

§ 39 Schlichtes Verwaltungshandeln

bedarf genauerer Analyse, weil wesentliche Teile leistungsstaatlicher Aufgaben vor allem des Sozialrechts in rechtlich als Verwaltungsakt strukturierten Formen der Geldleistung erfüllt werden, während „reale" Leistungen von Privaten oder solchen freien Trägern erbracht werden, die jedenfalls nicht der Verwaltung im engeren – organisatorischen – Sinne zugeordnet werden können.[176] Angesichts der Privatisierungstendenzen und des Übergangs zu den spezifischen Formen der Wahrnehmung von Gewährleistungsverantwortung[177] auf den Gebieten ehemals leistungsstaatlicher (Daseinsvorsorge-)Aufgaben kann das **schlichte Verwaltungshandeln** schon deshalb heute **nicht** mehr als **„die" Handlungsform der Leistungsverwaltung** verstanden werden.

40 So hat das schlichte Verwaltungshandeln für wesentliche Teile des Sozialrechts nur eine sehr beschränkte Relevanz. Die Aufgaben, dem Einzelnen ein menschenwürdiges Dasein zu sichern, gleiche Voraussetzungen für die freie Entfaltung der Persönlichkeit insbesondere junger Menschen zu schaffen, den Erwerb des Lebensunterhalts durch eine frei gewählte Tätigkeit zu ermöglichen und besondere Belastungen des Lebens abzuwenden oder auszugleichen,[178] erfüllt der Staat nur zu einem kleinen Teil durch „reale" Akte als Sach- oder Dienstleistung. Die Leistungen im Bereich der Sozialversicherung werden vielmehr von privaten Einrichtungen erbracht (Leistungserbringer), während das Verwaltungshandeln geprägt ist durch die massenhafte Produktion von **Verwaltungsakten**[179], deren Gegenstand **Geldleistungen** sind.[180] „Schlicht" oder „real" handelt die Verwaltung dann zum einen durch die Auszahlung festgesetzter Geldleistungen.[181] Große praktische Bedeutung kommt bei diesem Verwaltungstypus dem schlichten Verwaltungshandeln zum anderen – nicht anders als im Bereich der ordnenden Verwaltung[182] – vor allem bei der verwaltungsverfahrensrechtlich[183] strukturierten Entscheidungsvorbereitung zu, weil diese in besonderer Weise auf die Einbindung „technischen" Sachverstandes angewiesen ist.[184] Auch spielen hier individuelle Beratung und Auskunft über Rechte und Ansprüche[185] eine besondere Rolle. Daneben kommt auch hier dem hoheitlichen

---

[176] *Bundesarbeitsgemeinschaft der Freien Wohlfahrtspflege*, Jahresbericht 2010; *Ernst Rabenstein*, Die Position der freien Wohlfahrtspflege, Berufliche Rehabilitation 1998, S. 243; *Hans Flierl*, Freie und öffentliche Wohlfahrtspflege, 2. Aufl. 1992.
[177] → Bd. I *Schulze-Fielitz* § 12 Rn. 41, 51 ff., 97 ff., 158 ff.
[178] So die Formulierung der Ziele des Sozialrechts in § 1 Abs. 1 S. 2 SGB I.
[179] *Peter Tettinger*, Verwaltungsrechtliche Instrumente des Sozialstaates, VVDStRL, Bd. 64 (2005), S. 199 (201); *Ingwer Ebsen*, Das Sozialverwaltungsrecht im Spiegel der Rechtsprechung, DV, Bd. 35 (2002), S. 239 (250); *Rainer Pitschas*, Das sozialrechtliche Verwaltungsverfahren im „aktivierenden" Sozialstaat, FS 50 Jahre Bundessozialgericht, 2004, S. 765 (779).
[180] → Bd. I *Schulze-Fielitz* § 12 Rn. 43.
[181] Dass die „technischen" Fragen der Übermittlung von Geldleistungen an ihren Destinatär" keine grundlegenderen Rechtsprobleme aufwerfen – so zutreffend *Thomas Simons*, Verfahren und verfahrensäquivalente Rechtsformen im Sozialrecht, 1985, S. 429 –, erklärt das geringe Interesse an dieser Erscheinungsform schlichten Verwaltungshandelns.
[182] Auf Ähnlichkeiten zur Ordnungs- und Finanzverwaltung weist *Wahl*, Aufgabenabhängigkeit (Fn. 87), S. 177 ff., hin.
[183] Zu den Besonderheiten des Verwaltungsverfahrens für die sozialrechtliche Verwaltungstätigkeit s. nur *Gerhard Igl/Felix Welti*, Sozialrecht, 8. Aufl. 2007, § 77.
[184] *Simons*, Verfahren (Fn. 181), S. 249 ff.
[185] Besonders geregelt in den §§ 14 und 15 SGB I; dazu *Tettinger*, Instrumente des Sozialstaates (Fn. 179), S. 210 f.; *Igl/Welti*, Sozialrecht (Fn. 183), § 76 Rn. 8.

B. Bausteine einer Vertypung

Informationshandeln im Interesse einer Aufklärung der Allgemeinheit über Rechte der Sozialleistungsempfänger besondere Bedeutung zu.[186]

Ganz anders stellt sich der als **Sozialpflege**[187] bezeichnete Teil sozialstaatlicher Aufgaben dar, der mittels „sozialbetreuenden Verwaltungshandelns"[188] wahrgenommen wird und primär durch persönliche Dienstleistungen geprägt ist. Sozialarbeit, Kinder- und Jugendhilfe, Drogenhilfe, Randgruppenbetreuung sowie Alten- oder Behindertenbetreuung sind durch direkte Interaktion zwischen natürlichen Personen geprägt,[189] in der den Angehörigen des öffentlichen Dienstes eine personale Betreuungs- und Hilfsfunktion zugewiesen ist.[190] Wenn dieses „Verwalten durch Menschen für Menschen"[191] der allgemeinen Kategorie des schlichten Verwaltungshandelns zugeordnet wird,[192] so ist es doch offensichtlich durch Eigenheiten geprägt, die etwa in der äußerst geringen inhaltlichen und verfahrensrechtlichen[193] Programmierbarkeit, in der Notwendigkeit dezentraler, klientennaher Organisationsformen und in der besonderen Bedeutung professioneller Fähigkeiten, Einstellungen und Motivationen des eingesetzten Personals zu suchen sind. 41

Trotz einiger Besonderheiten prägen die letztgenannten Merkmale auch das staatliche Bildungswesen.[194] Die verbreitete Qualifikation **schulischen Unterrichts** als Realakt oder als „vollziehendes" tatsächliches Verwaltungshandeln[195] erweist sich auch hier als Ausdruck der Suche nach einer Handlungsform, die sich der Angewiesenheit staatlicher Erziehung, Bildung und Ausbildung auf das konkret-individuelle Handeln[196] von Lehrern und Erziehern bewusst ist, ohne die Notwendigkeit in Abrede zu stellen, den Unterricht als staatliche Veranstaltung wahrzunehmen und demgemäß in das System rechtlicher Bindung einzubeziehen.[197] Die besondere Angewiesenheit zielkonformer Aufgabenerfüllung auf das handelnde Personal ist hier Ausdruck und Folge der personalen Erziehungssituation. Dies führt etwa zu der Erkenntnis, dass pädagogische Freiheit des Lehrers als funktionale Notwendigkeit für einen gelingenden pädagogischen Prozess[198], der den staatlichen Erziehungs- und Bildungsauftrag und 42

---

[186] § 13 SGB I; dazu *Igl/Welti*, Sozialrecht (Fn. 183), § 76 Rn. 7.

[187] *Schmidt-Aßmann*, Ordnungsidee, Kap. 3 Rn. 30.

[188] *Eberhard Schmidt-Aßmann*, Zur Reform des Allgemeinen Verwaltungsrechts, in: Hoffmann-Riem/Schmidt-Aßmann/Schuppert (Hrsg.), Reform, S. 11 (62).

[189] *Schmidt-Aßmann*, Ordnungsidee, Kap. 3 Rn. 2.

[190] *Wahl*, Aufgabenabhängigkeit (Fn. 87), S. 206.

[191] *Wahl*, Aufgabenabhängigkeit (Fn. 87), S. 207, dort auch zum Folgenden.

[192] Auf die Bedeutung der Realhandlung in der pflegenden Verwaltung haben bereits *Christian-Friedrich Menger*, Rechtssatz, Verwaltung und Verwaltungsgerichtsbarkeit, DÖV 1955, S. 591 (588), und *Wolfgang Rüfner*, Die Rechtsformen der sozialen Sicherung und das Allgemeine Verwaltungsrecht, VVDStRL, Bd. 28 (1970), S. (214), hingewiesen.

[193] Dazu, dass das Verfahrensrecht der Sozialverwaltung für die Leistungsabwicklung im Sach- und Dienstleistungsbereich nur höchst unvollständige Ordnung anzubieten vermag, s. *Simons*, Verfahren (Fn. 181), S. 228.

[194] Zum Unterricht in der Schule als dem Staat zurechenbares, geplantes Verhalten s. *Wißmann*, Pädagogische Freiheit (Fn. 126), S. 47 m.w.N.

[195] *Richter/Schuppert*, Casebook (Fn. 82), S. 247, 251 ff.; *Wißmann*, Pädagogische Freiheit (Fn. 126), S. 46 ff.

[196] *Wißmann*, Pädagogische Freiheit (Fn. 126), S. 15.

[197] *Wißmann*, Pädagogische Freiheit (Fn. 126), S. 17.

[198] Siehe *BVerfGE* 47, 46 (83); zu den verschiedenen Begründungen s. *Wißmann*, Pädagogische Freiheit (Fn. 126), S. 126 ff.

das Selbstentfaltungsrecht der Schüler und Eltern zu einem Ausgleich bringen muss,[199] auch rechtlicher Anerkennung und Ausformung bedarf.[200]

43 Der ausgeprägte personale Bezug schlichten Verwaltungshandelns im Bereich der betreuenden und erziehenden Leistungsverwaltung, seine damit in Zusammenhang stehende eingeschränkte Programmierbarkeit und die Bedeutung professioneller Standards stellt die Verbindung her zu anderen, nicht dem Typus der Leistungsverwaltung zuzuordnenden Rechtsverhältnissen, die traditionell durch das Institut des **„besonderen Gewaltverhältnisses"** erfasst wurden. Nach dessen rechtsstaatlicher Überholung könnte eine fortdauernde Funktion des Begriffes darin liegen, die Aufmerksamkeit auch der Verwaltungsrechtsdogmatik auf „Eingliederungslagen" zu lenken,[201] zu deren Eigenheiten die besondere Bedeutung schlichten Verwaltungshandelns mit dem hier erörterten personalen Einschlag zählt. In diesem Sinne gehören etwa Maßnahmen im Rahmen des Strafvollzuges[202] oder des Wehrpflicht- und Ersatzdienstpflichtverhältnisses in diesen Zusammenhang.

3. Sach- und Dienstleistungen für die Allgemeinheit

44 Ein ganz anderes Gepräge als die personale Leistungsverwaltung weist der Sektor der Leistungsverwaltung auf, der durch (infrastrukturelle) Sachleistungen an die Allgemeinheit gekennzeichnet ist. Insbesondere die Errichtung und Unterhaltung **öffentlicher Verkehrswege**[203], die in den exemplifizierenden Listen zu den Erscheinungsformen des schlichten Verwaltungshandelns zu finden sind,[204] gehören hierher. Das öffentliche (Straßen-)Verkehrsnetz kann als Prototyp für die staatliche oder unter staatlicher Gewährleistungsverantwortung stehende Bereitstellung von Basisleistungen der **(Netz-)Infrastruktur** gelten, die die Mobilität von Personen, den Transport von Gütern und die Übermittlung von Informationen ermöglichen.[205] Es handelt sich um komplexe technischen Systeme, die – als öffentliche Sachen im Gemeingebrauch – unmittelbar oder vermittelt über Anbieter von (Transport-)Diensten der Allgemeinheit zur Verfügung stehen. Auch die Wasserversorgung[206] und die Abwasserbeseitigung[207] sind in diesem Zusammenhang zu erwähnen.

45 Der Aufgabenbezug ist hier geprägt durch die staatliche Infrastrukturverantwortung, die eine möglichst flächendeckende Grundversorgung zu angemesse-

---

[199] *Wißmann*, Pädagogische Freiheit (Fn. 126), S. 125 ff.
[200] *Wißmann*, Pädagogische Freiheit (Fn. 126), S. 125 ff.
[201] *Eberhard Schmidt-Aßmann*, Der Rechtsstaat, in: HStR II, § 26 Rn. 23 mit Fn. 80; *Friedrich Loschelder*, Grundrechte im Sonderstatus, in: HStR V, 2. Aufl. 2000, § 123 Rn. 14 ff.
[202] *Alexandra Nitsch*, Die Unterbringung von Gefangenen nach dem Strafvollzugsgesetz, 2006; s.a. die Beiträge in *Irmgard Rode* (Hrsg.), Einsperren statt behandeln? – Neue Wege im Straf- und Maßregelvollzug, 2007.
[203] Gemeint sind die tatsächlichen Handlungen der Errichtung und Unterhaltung in Abgrenzung von der einen Verwaltungsakt darstellenden Widmung eines Weges für den öffentlichen Verkehr; *Koch/Rubel/Heselhaus*, VerwR, § 3 Rn. 77.
[204] *Maurer*, VerwR, § 15 Rn. 2.
[205] *Georg Hermes*, Staatliche Infrastrukturverantwortung, 1998, S. 256 ff.; *Hendrick Lackner*, Gewährleistungsverwaltung und Verkehrsverwaltung, 2004, S. 179 ff. (Straße), 239 ff. (Luftverkehr), 272 ff. (Eisenbahn).
[206] *Richter/Schuppert*, Casebook (Fn. 82), S. 247, 251 ff.
[207] *Richter/Schuppert*, Casebook (Fn. 82), S. 251 ff.

B. Bausteine einer Vertypung

nen Bedingungen zum Gegenstand hat und die sowohl im Wege eines staatlichen Leistungsangebots als auch durch die Bereitstellung eines Ordnungsrahmens erfüllt werden kann, der ein entsprechendes Angebot durch Private gewährleistet.[208] Das „reale" Handeln, das hier in der Bereitstellung der technischen Systeme (Netze) und in der Erbringung der mit ihrer Hilfe bewerkstelligten Transport-, Übermittlungs- und Versorgungsdienste liegt, ist geprägt durch technische Entwicklungen und professionelle Standards, weist einen signifikanten Raumbezug und einen daraus resultierenden Planungsbedarf[209] auf und wird wegen seines erheblichen Finanzbedarfs in beträchtlichem Umfang durch die Bereitstellung von Haushaltsmitteln gesteuert, soweit nicht Modelle der vollständigen Nutzerfinanzierung Platz greifen. Privatisierungstendenzen[210] und der Rückzug des Staates auf regulierende Formen der Wahrnehmung seiner Gewährleistungsverantwortung[211] haben in diesem Aufgabensektor offensichtlich zu einer erheblichen Reduzierung der „Realakte" geführt, die exekutiven Stellen zugerechnet werden können.

Ähnliche Aufgabenmerkmale lassen sich – mit erheblichen Differenzierungen im Einzelnen – für Sach- und Dienstleistungen wie den Feuerschutz, die Rettungsdienste, den Katastrophenschutz, das Bestattungswesen oder die Abfallentsorgung konstatieren. Ein wesentlicher Teil der **öffentlichen Einrichtungen**, die dem schlichten Verwaltungshandeln zugeordnet zu werden pflegen,[212] dürfte damit erfasst sein. **46**

II. Beitrag zur Bewirkung des exekutiven Ziels

Jenseits einer aufgabenbezogenen Perspektive auf das schlichte Verwaltungshandeln können seine Erscheinungsformen danach unterschieden werden, welchen Beitrag es zur Bewirkung der normativ erwünschten Ziele jeweils leisten soll oder leisten kann. Zu fragen ist nach der durch dieses Handeln zu erbringenden **Steuerungsleistung**, um auf diese Weise seinen Standort im Rahmen einer Typologie von Bewirkungsformen[213] genauer bestimmen zu können. **47**

1. Herstellung exekutiver Handlungsfähigkeit

In den Blick zu nehmen sind hier zunächst die **personellen, sächlichen, informationellen und finanziellen Voraussetzungen exekutiven Handelns**.[214] Die Aktivitäten, die von der Errichtung und der Unterhaltung der erforderlichen Verwaltungsgebäude über die Ausstattung einer Verwaltungseinheit mit Personal und technischer Ausrüstung bis hin zur Aufstellung von Dienstplänen[215] oder zur Bereitstellung der notwendigen Informationsinfrastruktur reichen, **48**

---

[208] *Hermes*, Infrastrukturverantwortung (Fn. 205), S. 342 ff., 390 ff.
[209] → Bd. II *Köck* § 37 Rn. 96 ff.
[210] → Bd. I *Schulze-Fielitz* § 12 Rn. 98 ff.
[211] → Bd. I *Eifert* § 19 Rn. 52.
[212] *Richter/Schuppert*, Casebook (Fn. 82), S. 251.
[213] → Bd. II *Hoffmann-Riem* § 33 Rn. 16 ff.
[214] Zur „materials technology" s. *Bernd Becker*, Öffentliche Verwaltung, 1989, S. 752 ff.
[215] Vgl. das Beispiel in OVG NRW, Urt. v. 18. 8. 2005 – 1 A 2722/04 (Änderung Feuerwehr-Dienstplan).

§ 39 Schlichtes Verwaltungshandeln

werden als betriebsbezogenes[216] oder „Eigenhandeln"[217] der Verwaltung, als „interne Verrichtungen"[218] oder als „interner Dienstbetrieb"[219] dem schlichten Verwaltungshandeln zugeordnet.[220] Ihr gegenständliches Substrat wird partiell unter dem Begriff der öffentliche Sachen im Verwaltungsgebrauch[221] dogmatisch verarbeitet.

49 Zunehmende Bedeutung kommt dabei der **verwaltungsinternen Informationsinfrastruktur**[222] zu: Von der Erhebung, Speicherung und Verarbeitung personenbezogener Daten über die Beobachtung von Wirtschafts-, Konjunktur-, Arbeitsmarkt- und Gesellschaftsentwicklungen[223] oder Einrichtungen wie das Informationssystem nach der Richtlinie über Produktsicherheit[224] bis hin zur allgemeinen Kategorie der Feststellungen ohne Bindungswirkung im Behördenverkehr[225] reichen die Beispiele aus diesem Bereich, die dem schlichten Verwaltungshandeln zugeordnet werden. Auch Maßnahmen der „internen" Organisation und Selbstprogrammierung[226] z.B. durch interne Richtlinien, Programme oder Pläne gehören zu den Erscheinungsformen, die mangels rechtlicher Formung dem schlichten Verwaltungshandeln zugeordnet werden.

50 Solche Erscheinungsformen des Verwaltungshandelns werden häufig als „regelungsvorbereitende" Handlungen qualifiziert.[227] Allerdings wird auf diese Weise ein Bewirkungszusammenhang hergestellt, der sich allenfalls in Einzelfällen nachweisen lässt. Denn vieles von dem, was mit Hilfe dieser Einordnung dogmatisch über den Bezug zu einer zu erlassenden Regelung erfasst werden soll, führt nicht typischerweise zu einer Regelung und ist auch gar **nicht final auf den Erlass einer Regelung bezogen**. Die klassische Dienstfahrt der Polizei z.B. „dient" nicht notwendig und in jedem Fall der Vorbereitung einer Regelung durch Verwaltungsakt.

51 Im Bereich dieser Handlungen ist das Wenigste gesetzlich geregelt, sie gelten deswegen als „nicht-normvollziehende Akte"[228]. Mangels spezialgesetzlicher Regelung stellt sich als dogmatisches Problem die Frage, ob für den Rechtsschutz der Verwaltungsrechtsweg gegeben ist, ob es sich also um dem Öffent-

---

[216] *Richter/Schuppert*, Casebook (Fn. 82), S. 246, 247 ff.
[217] *Bernd Walter*, Verwaltungsrealakt im System des Polizeirechts, Die Polizei 1991, S. 133 (134); *Siems*, Der Begriff (Fn. 3), S. 173 f.
[218] *Wolff/Bachof/Stober*, VerwR II, § 57 Rn. 8.
[219] *Siems*, Der Begriff (Fn. 3), S. 36 f.
[220] Auch Gerichtsverwaltungsangelegenheiten im engeren Sinne (Personal, Infrastruktur, Ablauf, Finanzen, Hausverwaltung) gehören in diesen Zusammenhang; dazu → Bd. I *Schulze-Fielitz* § 12 Rn. 36.
[221] *Hans-Jürgen Papier*, Recht der öffentlichen Sachen, in: Erichsen/Ehlers (Hrsg.), VerwR, § 39 Rn. 48 ff.
[222] → Bd. II *Ladeur* § 21.
[223] *Plattner-Steinmann*, Tatsächliches Verwaltungshandeln (Fn. 106), S. 10.
[224] Beispiel bei *Robert Käß*, Die Warnung als verwaltungsrechtliche Handlungsform, WiVerw 2002, S. 197 (198 in Fn. 19).
[225] *Wolff/Bachof/Stober*, VerwR II, § 57 Rn. 14.
[226] → Bd. II *Hill/Martini* § 34 Rn. 37 ff.
[227] So insbesondere *Ernst Rasch*, Der Realakt insbesondere im Polizeirecht, DVBl 1992, S. 207 (208 f.), bezogen auf die Fahrt eines Polizeibeamten mit dem Kraftfahrzeug aus dienstlichen Gründen, polizeiliche Streifengänge und Beobachtungen – im Anschluss an *Robbers*, Schlichtes Verwaltungshandeln (Fn. 5), S. 274 f., der seine Beispiele allerdings enger auf verwaltungsverfahrensrechtlich normierte Vorgänge bezieht (Anhörung, Akteneinsicht etc.).
[228] *Dirk Ehlers*, in: Schoch/Schmidt-Aßmann/Pietzner (Hrsg.), VwGO, § 40 Rn. 392.

B. Bausteine einer Vertypung

lichen oder dem privaten Recht zuzuordnende Handlungen handelt.[229] Die Zuordnung wird über den Rekurs auf den sog. **„Funktionszusammenhang"** hergestellt, der in einem weiteren Sinne (z.B. über Aufgabezuweisungsnormen) normativ geprägt ist. Auf diese Weise werden etwa Streifenfahrten der Polizei dem Öffentlichen Recht zugeordnet.[230]

2. Indirekte Steuerung durch Wissenserklärungen

Einer zweiten Kategorie lassen sich unter der Perspektive der Bewirkung diejenigen Erscheinungsformen schlichten Verwaltungshandelns zuordnen, die auf die Beeinflussung des Verhaltens der Bürger[231] mittels **Information** und ohne Regelung[232] gerichtet sind. In diese Kategorie gehören vor allem die Wissenserklärungen, die die Verwaltungsrechtslehre seit langem in Abgrenzung zu den Realakten im engeren Sinne als besonderen Typus identifiziert hat.[233] Insbesondere behördliche **Auskünfte, Belehrungen, Hinweise, Mitteilungen, Warnungen, Berichte** u. ä. werden in diesem Zusammenhang erwähnt.[234] Dabei soll die Bezeichnung „Wissenserklärung" den Unterschied zu den auf einen Rechtserfolg gerichteten Willenserklärungen veranschaulichen.[235]

52

Soweit mit solchen exekutiven Maßnahmen konkret identifizierbare Ziele verfolgt werden, ist deren Bewirkung durch die **Zwischenschaltung Dritter** gekennzeichnet, von denen als „Adressaten" der Wissenserklärung erwartet wird, dass sie ihr Verhalten in mehr oder weniger voraussehbarer Art und Weise an der exekutiven Wissenserklärung ausrichten werden.[236] Insbesondere für (öffentliches) staatliches Informationshandeln als Modus indirekter Verhaltenssteuerung sind die damit einhergehenden Probleme der (Be-)Wirkungs- und Zurechnungszusammenhänge ausführlich erörtert worden.[237] Ihnen kommt aber auch auf der Mikroebene individueller Auskünfte, Mitteilungen, Hinweise etc. Bedeutung zu.

53

3. Entscheidungsvorbereitendes Handeln

Soll das exekutive Ziel durch eine Entscheidung bewirkt werden, die sich typischerweise mit regelnder Wirkung an die betroffenen Akteure wendet, so bedürfen solche Entscheidungen regelmäßig der Vorbereitung, in deren Rahmen

54

---

[229] Dazu → Rn. 86 ff.
[230] *Dirk Ehlers*, in: Schoch/Schmidt-Aßmann/Pietzner (Hrsg.), VwGO, § 40 Rn. 407.
[231] Gemeint sind Maßnahmen, die nach traditioneller Unterscheidung zwischen „Innenbereich" der Verwaltung und „Außenverhältnis" zum Bürger Letzterem zuzuordnen sind; Beispiele für Steuerung durch „Wissenserklärungen" im „Innenverhältnis" bei *Siems*, Der Begriff (Fn. 3), S. 105.
[232] *Richter/Schuppert*, Casebook (Fn. 82), S. 247, 252 ff.
[233] Ausführlich m. w. N. *Siems*, Der Begriff (Fn. 3), S. 103 ff.
[234] *Erbguth*, VerwR, § 23 Rn. 2; ausführliche Nachweise dazu bei *Wolff/Bachof/Stober*, VerwR II, § 57 Rn. 12. Soweit es hierbei um Auskünfte geht, können diese auch Bestandteil eines konkreten Verwaltungsverfahrens sein, so dass sich hier Überschneidungen mit entscheidungsvorbereitendem Handeln (→ Rn. 54) ergeben.
[235] Zum heuristischen Wert *Maurer*, VerwR, § 15 Rn. 2; *Erbguth*, VerwR, § 23 Rn. 2.
[236] Zum Austausch von Erfahrungsberichten und sonstigen Informationen im Zusammenhang mit Demonstrationen s. BVerfGE 69, 315 (355) – Brokdorf.
[237] → Bd. II *Hoffmann-Riem* § 33 Rn. 28.

schlichtem Verwaltungshandeln erhebliche Bedeutung zukommt. Die **Ermittlung des** relevanten **Sachverhalts** durch Anhörung der Beteiligten, Sachverständigengutachten, Untersuchungsberichte[238] und Aufforderungen an den Bürger, Unterlagen vorzulegen, wie auch die Maßnahmen, die den Antragsteller eines Entscheidungsverfahrens oder sonstige Beteiligte in die Lage versetzen, auf das Ergebnis des Verfahrens Einfluss zu nehmen (Auskünfte), gehören in diesen Zusammenhang.[239]

55   Verwaltungsrechtsdogmatisch abgearbeitet werden diese Erscheinungsformen schlichten Verwaltungshandelns ganz überwiegend über ihre Funktion als **Elemente des Verfahrens** zur Vorbereitung von exekutiven Normen[240], Verwaltungsakten[241], Verwaltungsverträgen[242] oder Plänen[243]. Spezialgesetzliche Regelungen oder solche des allgemeinen Verwaltungsverfahrens- und Prozessrechts normieren Beteiligungsrechte, generelle Anforderungen an entscheidungsvorbereitendes Handeln sowie Fragen des Rechtsschutzes (insbesondere § 44a VwGO). Daraus erklärt sich, dass die allgemeine Verwaltungsrechtslehre diesem entscheidungsvorbereitenden Typus des Verwaltungshandelns unter dem Blickwinkel der Handlungsform weder besondere Aufmerksamkeit gewidmet noch einen Beitrag dazu geleistet hat, es dogmatisch genauer zu strukturieren.

4. Unmittelbare Bewirkungen durch Realakte

56   Schließlich sind dem schlichten Verwaltungshandeln eine Reihe von Maßnahmen zuzuordnen, mit deren Hilfe die Verwaltung die intendierte **Wirkung unmittelbar herbeiführt,** indem sie durch tatsächliches Handeln den beabsichtigten Erfolg unmittelbar durch „reale Exekution"[244] ins Werk setzt oder das intendierte Leistungsangebot selbst erbringt.

57   Solche „Bewirkungen ersten Grades"[245] werden als **Erfüllungshandlungen** bezeichnet, wenn die Verwaltung – typischerweise durch Verwaltungsakt – zu der Handlung verpflichtet ist. Die Auszahlung eines zuvor durch Leistungsbescheid festgesetzten Geldbetrages kann hierfür als das Schulbeispiel gelten. Ist dagegen das intendierte Verhalten – typischerweise konkretisiert durch einen vorangehenden gebietenden oder verbietenden Verwaltungsakt – Gegenstand einer rechtlichen Verpflichtung eines außerhalb der Verwaltung stehenden Rechtssubjektes und kommt dieses der Pflicht nicht nach, so stellen sich die den Erfolg unmittelbar bewirkenden Realakte als Element der **Verwaltungsvollstreckung** dar. Die Ersatzvornahme[246] wie auch die Anwendung unmittelbaren Zwangs als Vollstreckungsmittel gehören hierher.

---

[238] *Koch/Rubel/Heselhaus*, VerwR, § 3 Rn. 79 (m. w. N. in Fn. 156).
[239] Zur Beratung des Bürgers bei der Abgabe von Erklärungen oder bei der Stellung von Anträgen *Michael Kloepfer*, Informationsrecht, 2002, § 10 Rn. 79.
[240] → Bd. II *Hill/Martini* § 34 Rn. 10 ff.
[241] → Bd. II *Bumke* § 35 Rn. 68 ff.
[242] → Bd. II *Bauer* § 36 Rn. 110 ff.
[243] → Bd. II *Köck* § 37 Rn. 22 ff.
[244] *Krause*, Rechtsformen (Fn. 4), S. 54 f.
[245] → Bd. II *Hoffmann-Riem* § 33 Rn. 18.
[246] Da auch das Verhalten beauftragter Dritter der Verwaltung zurechenbar ist, gehört hierher sowohl die sog. Selbstvornahme als auch der häufigere Fall der sog. Fremdvornahme; zu dieser Unterscheidung s. nur *Maurer*, VerwR, § 20 Rn. 14.

B. Bausteine einer Vertypung

Jenseits vorangehender Konkretisierungen von Rechten und Pflichten durch Verwaltungsakt finden sich sowohl im Rahmen klassischer **Eingriffsverwaltung** als auch und vor allem im Bereich der personalen **Leistungsverwaltung** und der Bereitstellung von Sach- und Dienstleistungen für die Allgemeinheit Realakte, die die intendierten Wirkungen unmittelbar herbeiführen (sollen). Die unmittelbare Ausführung oder die Sicherstellung einer Sache mögen als Beispiele aus dem Polizeirecht genügen.[247] Das Unterrichthalten oder der Bau und die Unterhaltung einer Straße[248] seien als Beispiele aus dem Bereich der Leistungsverwaltung hier erwähnt. 58

Solche realen Bewirkungen eines unmittelbar intendierten Erfolges sind vor allem im Hinblick auf den **Rechtsschutz** durch die Besonderheit geprägt, dass hier wegen der „vollendeten Tatsachen" häufig nur sekundäre Ersatzansprüche in Betracht kommen. Schon aus diesem Grund sind sie auf vorbereitende Entscheidungsverfahren[249] oder äquivalente Vorkehrungen angewiesen, soweit ein vorbereitendes Entscheidungsverfahren nicht möglich ist. 59

III. Modus und Intensität rechtlicher Steuerung

Signifikante Unterschiede weisen die diversen Erscheinungsformen schlichten Verwaltungshandelns im Hinblick auf den Modus und die Intensität ihrer normativen Steuerung auf. Dabei ist über die **materielle Programmsteuerung** hinaus auch die **Verfahrens- und Organisationssteuerung**, die **Budgetsteuerung**[250] sowie die normative **Personalsteuerung**[251] in Betracht zu ziehen. Die verbreitete Annahme, dass schlichtem Verwaltungshandeln „in der Regel eine gesetzliche Grundlage fehlt"[252], ist angesichts der Fixierung des deutschen Verwaltungsrechts[253] auf die materielle Programmsteuerung offensichtlich ausschließlich oder primär auf diese bezogen und bedarf der genaueren Überprüfung. Dabei ist zwischen der gesetzlichen (dazu 1.) und der einzelfallbezogenen Programmierung schlichten Verwaltungshandelns durch vorangehende Entscheidung (dazu 2.) zu unterscheiden, die ihrerseits regelmäßig in der einen oder anderen Form gesetzlich programmiert ist. 60

1. Gesetzliche Programmierung

Schlichtes Verwaltungshandeln ist den verschiedenen **Formen der normativen Steuerung** nicht entzogen.[254] Dies gilt auch für die traditionellen Formen materieller Programmsteuerung, wie sich insbesondere an Beispielen eingreifender Maßnahmen aus dem Bereich der ordnenden Verwaltung zeigen lässt. Wo die Leistungsfähigkeit dieser Form der Programmsteuerung begrenzt ist, lässt sich die spezifische Funktion von Formen der Verfahrens- und Organisationssteuerung wie auch der Budget- und der normativen Personalsteuerung zeigen. 61

---

[247] Dazu *Rasch*, Realakt (Fn. 227), S. 209 ff.; *Rachor*, Das Polizeihandeln (Fn. 21), Kap. F Rn. 38 ff.
[248] *Erbguth*, VerwR, § 23 Rn. 2.
[249] → Rn. 74 ff.
[250] → Bd. I *Franzius* § 4 Rn. 64; s. a. Bd. III *Korioth* § 44.
[251] → Bd. I *Schuppert* § 16 Rn. 8, *Hoffmann-Riem* § 10 Rn. 27; Bd. III *Voßkuhle* § 43.
[252] Exemplarisch *Richter/Schuppert*, Casebook (Fn. 82), S. 217.
[253] → Bd. I *Franzius* § 4 Rn. 47.
[254] Zur Reichweite des Vorbehalts des Gesetzes → Rn. 81 ff.

§ 39 Schlichtes Verwaltungshandeln

a) Materielle Programmsteuerung

62 Besonders deutlich lassen sich die bekannten Formen materieller Bindung des Verwaltungshandelns in den Bereichen nachweisen, in denen das tatsächliche Handeln eingreifenden Charakter hat und funktional einem gebietenden oder verbietenden Verwaltungsakt vergleichbar ist. Nach der auf *Robbers*[255] zurückgehenden Systematisierung geht es hier um die **regelungsersetzenden Handlungen**, womit drei vor allem aus dem Polizeirecht bekannte Phänomene in den Blick genommen werden: die unmittelbare Ausführung, der Sofortvollzug und diejenigen polizeilichen Standardmaßnahmen, die – wie z.B. die Sicherstellung in Abwesenheit des Eigentümers – keine Verwaltungsakte sind.[256]

63 Für die unmittelbare Ausführung gilt § 44 Abs. 1 S. 2 Preußisches Polizeiverwaltungsgesetz als paradigmatisch. In ihm wurde die unmittelbare Ausführung dem Erlass einer polizeilichen Verfügung gleichgestellt, um Erstere denselben Bindungen zu unterwerfen, die für Verfügungen galten.[257] Wegen der funktionalen **Vergleichbarkeit mit eingreifenden Verwaltungsakten** liegen entsprechende Bindungen nahe, die durch spezielle Befugnisvoraussetzungen[258], durch Verweis auf die Voraussetzungen eines Verwaltungsaktes mit entsprechendem Inhalt[259] oder im Wege einer hier naheliegenden Analogie[260] begründet sind.

64 Wo sich in der historischen Entwicklung eine solche Vergleichbarkeit mit eingreifenden Verwaltungsakten nicht aufdrängte, können neue grundrechtliche Entwicklungen in Verbindung mit dem Vorbehalt des Gesetzes zur Notwendigkeit einer bereichsspezifischen Normierung schlichten Verwaltungshandelns führen. Das wichtigste Beispiel für eine solche Entwicklung bilden die verschiedenen Maßnahmen der Erhebung, Speicherung, Verwendung, Verarbeitung und Weitergabe von **personenbezogenen Informationen und Daten**[261], die größtenteils dem schlichten Verwaltungshandeln zuzuordnen sind.[262] Im Gefolge der bundesverfassungsgerichtlichen Rechtsprechung seit dem Volkszählungsurteil[263] ist in diesem Bereich eine intensive Normierung zu konstatieren, die neben verfahrens- und organisationsrechtlichen Vorkehrungen in erheblichem Umfang auch der ma-

---

[255] *Robbers*, Schlichtes Verwaltungshandeln (Fn. 5), S. 272 ff.
[256] Übersicht bei *Widmann*, Abgrenzung (Fn. 110), S. 63 ff., 154 ff.
[257] *Krause*, Rechtsformen (Fn. 4), S. 58 m.w.N.
[258] Z.B. die polizeirechtlichen Voraussetzungen der Sicherstellung nach den Polizeigesetzen der Länder, z.B. in § 40 Hess.SOG.
[259] Eine Definition der unmittelbaren Ausführung findet sich etwa in § 5a des Musterentwurfes eines einheitlichen Polizeigesetzes. Danach kann die Polizei eine Maßnahme selbst oder durch einen Beauftragten unmittelbar ausführen, wenn der Zweck der Maßnahme durch die Inanspruchnahme des Störers nicht oder nicht rechtzeitig erreicht werden kann. Der Sofortvollzug ist nach § 47 Abs. 2 Hess.SOG zulässig, wenn dies zur Abwehr einer Gefahr erforderlich ist, insbesondere weil Maßnahmen gegen Störer und (in Anspruch zu nehmende Nichtstörer) nicht rechtzeitig möglich sind oder keinen Erfolg versprechen.
[260] *Robbers*, Schlichtes Verwaltungshandeln (Fn. 5), S. 275.
[261] → Bd. II *Albers* § 22.
[262] Soweit hier nicht mit der bereits erörterten „Duldungskonstruktion" – dazu → Rn. 12 – gearbeitet wird; zur Einordnung als Realakte s. nur *Widmann*, Abgrenzung (Fn. 110), S. 159 ff.; *Bull/Mehde*, VerwR, Rn. 574; *Jochen Nungesser*, Hessisches Datenschutzrecht, 2. Aufl. 2001, § 2 Rn. 26; → Bd. II *Hoffmann-Riem* § 33 Rn. 15.
[263] BVerfGE 65, 1 (41 ff.) – Volkszählung; 67, 157 (171 ff.) – G 10; 85, 386 (395 ff.) – Fangschaltungen; 93, 181 (186 ff.) – Rasterfahndung; 100, 313 (358 ff.) – G 10.

B. Bausteine einer Vertypung

teriellen Programmierung zugeordnet werden kann,[264] wenn es etwa um den bereichsspezifisch und präzise zu bestimmenden Verwendungszweck[265] geht, auf den die anschließende Verwendung der Informationen begrenzt sein muss.[266] Hier zeigt sich eine Intensität normativer Programmierung, die es der Rechtspraxis offensichtlich ermöglicht, Lösungen ohne Rückgriffe auf das allgemeine Verwaltungsrecht zu entwickeln. Der Umstand, dass der „Handlungsform" des schlichten Verwaltungshandelns im Datenschutzrecht augenscheinlich so gut wie keine Aufmerksamkeit geschenkt wird,[267] ist nicht nur Ausdruck der fehlenden Leistungsfähigkeit dieses Begriffes, sondern auch Folge des Umstandes, dass hier ausreichende Antworten aus dem Gesetz zu finden sind.

Auch im Bereich der **Leistungsverwaltung** bestätigt sich der erste Eindruck fehlender Normierung schlichten Verwaltungshandelns nur partiell. In erheblichem Umfang stellt sich dieses Handeln nämlich als die Erfüllung gesetzlich normierter Ansprüche dar, deren exekutive Konkretisierung durch Leistungs-, Zulassungs- oder sonstige Entscheidungen[268] mitunter nur mit geringen Spielräumen verbunden ist. Das gilt in erster Linie für die Geldleistungen im Bereich der Sozialversicherung und der Sozialhilfe.[269] Aber auch auf die nichtmonetären sozialen Sach- und Dienstleistungen bestehen gesetzlich normierte Ansprüche, mögen diese auch nur „dem Grunde nach" normiert und insbesondere im Wege der Gewährleistung eines ausreichenden Angebotes durch dritte Leistungserbringer durch den Leistungsträger mediatisiert sein.[270] Der Anspruch auf Unterricht[271] oder der sozialrechtliche Anspruch auf einen Kindergartenplatz nach § 24 SGB VIII[272] zeigen die Abstufungen in der inhaltlichen Konkretisierung solcher Ansprüche.

65

---

[264] *BVerfGE* 65, 1 (44, 65 ff.); 100, 313 (359 f.). Daran fehlte es etwa bei § 10 Abs. 2 S. 1 VereinsG: *BVerwGE* 79, 110 ff. Unzulässig ist mangels ausreichender Eingriffsgrundlage auch die Verwertung von Aufzeichnungen der Strafverfolgungsbehörden im Besteuerungsverfahren: *BFH*, DuD 1999, S. 421 (422 f.). Auch die polizeigesetzlichen Generalklauseln können mangels bereichsspezifischer und präziser Regelung keinen Eingriff in Art. 10 GG rechtfertigen; vgl. etwa *VG Darmstadt*, NJW 2001, S. 2273 (2275); → Bd. II *Albers* § 22.

[265] *BVerfGE* 100, 313 (360); zu einigen der beträchtlichen Konsequenzen dieser Rechtsprechung *Wolf-Rüdiger Schenke*, Die Verwendung der durch strafprozessuale Überwachung der Telekommunikation gewonnenen personenbezogenen Daten zur Gefahrenabwehr, JZ 2001, S. 997 (998).

[266] Zur Auslegung der Zweckbestimmung des Stasi-Unterlagen-Gesetzes vgl. *LG Kiel*, NJW 1996, S. 1976 f.; hierzu auch *Ulrich Dammann*, Nutzung der Stasi-Funkaufklärung durch parlamentarische Untersuchungsausschüsse, NJW 1996, S. 1946 (1947); Einzelheiten → Bd. II *Albers* § 22 Rn. 123 ff.

[267] Handlungsformbezogene Ausführungen finden sich etwa bei *Spiros Simitis* (Hrsg.), Kommentar zum Bundesdatenschutzgesetz, 6. Aufl. 2006, überhaupt nur im Zusammenhang mit der Auskunft – insofern, als die Ablehnung eines Auskunftsgesuchs als Verwaltungsakt qualifiziert wird (*Otto Mallmann*, in: ebd., Rn. 51 zu § 6 BDSG). Vom schlichten Verwaltungshandeln (oder dem Realakt) ist ausweislich des Stichwortverzeichnisses nirgends die Rede.

[268] Dazu, dass der klassische Verwaltungsakt zentrale Handlungsform der Sozialverwaltung ist, s. nur *Tettinger*, Instrumente des Sozialstaates (Fn. 179), S. 201; zur steigenden Bedeutung von Verträgen → Bd. II *Bauer* § 36 Rn. 37 ff.

[269] → Bd. I *Schulze-Fielitz* § 12 Rn. 43; *Igl/Welti*, Sozialrecht (Fn. 183), S. 280 ff.; zum „rigiden Gesetzesvorbehalt" im Sozialrecht s. *Tettinger*, Instrumente des Sozialstaates (Fn. 179), S. 213 f.

[270] *Simons*, Verfahren (Fn. 181), S. 429 ff.

[271] *Norbert Niehues/Johannes Rux*, Schul- und Prüfungsrecht, Bd. 1, 4. Aufl. 2006, S. 171 ff.

[272] Dazu *Igl/Welti*, Sozialrecht (Fn. 183), § 67 Rn. 12 ff.

§ 39 Schlichtes Verwaltungshandeln

66 Eine relativ hohe Regelungsdichte zeigt sich zwischenzeitlich auch bei den **Ansprüchen auf** eine **Auskunft**[273], die zu den „Klassikern" im Reigen von Beispielen des schlichten Verwaltungshandelns gehört.[274] Jenseits grundrechtlich[275] und aus ungeschriebenen Rechtsgrundsätzen wie dem beamtenrechtlichen Fürsorgeprinzip[276] begründeter Auskunftsansprüche und über den – beschränkten[277] – verwaltungsverfahrensrechtlichen Anspruch aus § 25 S. 2 VwVfG hinaus finden sich eine Reihe spezieller Ansprüche, die nicht selten gemeinschaftsrechtlich vorgeformt sind. Das Datenschutzrecht oder die Rechte des Bürgers auf Zugang zu Umweltinformationen oder zu sonstigen Informationen auf der Grundlage der neueren Informationsfreiheitsgesetze[278] sind die prominentesten Beispiele.[279]

67 Mit solchen Elementen einer materiellen Anspruchskonkretisierung unterscheiden sich die erwähnten Beispiele materieller Programmsteuerung deutlich von den sog. **derivativen Leistungsansprüchen.** Bei diesen ist das „Ob" der staatlichen Leistung sowie ihr genauer Inhalt und Umfang nicht normativ bestimmt, sondern bemisst sich nach anderen – insbesondere exekutiven und/oder haushaltspolitischen – (Vor-)Entscheidungen. Erst auf der Grundlage solcher Vorentscheidungen wird über den Gleichheitssatz eine Anspruchsposition auf gleiche Teilhabe an den dargebotenen Leistungen vermittelt. Exemplarisch kann hier auf die rechtliche Grundstruktur verwiesen werden, die den Zugang und die Nutzung **öffentlicher Sachen im Gemeingebrauch** (Straßen) prägt.[280] Hier wird Umfang und Modus der Bereitstellung der öffentlichen Sache in erheblichem Umfang durch eine Reihe haushaltspolitischer sowie raum- und fachplanerischer (Planfeststellung) Vorentscheidungen und durch konkrete nutzungsbezogene Rechtsakte (Widmung) konkretisiert, so dass für eine Steuerung durch materielle Ansprüche weder der Raum noch die Notwendigkeit bleibt. Inhalt und Umfang der (Real-)Leistungen, auf die sich der Anspruch auf gemeingebräuchliche Nutzung bezieht, werden primär durch solche Vorentscheidungen bestimmt. Der materielle Gehalt des Instituts des Gemeingebrauchs beschränkt sich darauf, den Grundsatz der Gebührenfreiheit sowie die Regel zu normieren, dass eine besondere Zulassung nicht erforderlich ist. Eine materielle Programmierung der Entscheidung

---

[273] Liste von Beispielen bei *Wolff/Bachof/Stober*, VerwR II, § 57 Rn. 10.
[274] *Gerd Engelhardt*, in: Obermayer, VwVfG, § 25 Rn. 43; *Maurer*, VerwR, § 9 Rn. 62; *Kopp/Schenke*, VwGO, Anh. zu § 42 Rn. 9; *Robbers*, Schlichtes Verwaltungshandeln (Fn. 5), S. 276 mit Fn. 48.
[275] *EGMR*, NVwZ 1999, S. 57; → Bd. II *Gusy* § 23 Rn. 24.
[276] *BVerwG*, NWVBl 1997, S. 295.
[277] Er betrifft nur die Rechte und Pflichten Beteiligter im Verwaltungsverfahren, nicht aber Sachinformationen oder Informationen zum materiellen Recht; statt vieler *Kopp/Ramsauer*, VwVfG, § 25 Rn. 15 m.w.N. auch zur weitergehenden Auffassung, wonach auch materielles Recht Gegenstand des Auskunftsanspruches ist; s.a. § 15 SGB I oder § 89 S. 2 AO.
[278] Dazu → Bd. II *Gusy* § 23 Rn. 82 ff.
[279] In den Polizei- und Datenschutzgesetzen bestehen Auskunftsrechte Betroffener im Zusammenhang mit der Speicherung von Daten. Beispiele bilden die §§ 29 Hess.SOG, 18 Hess.DSG und 19 BDSG, wo der Umfang des Auskunftsanspruchs des Betroffenen, Verfahrenserfordernisse (Anforderungen an den Antrag, Begründungserfordernisse) sowie Versagungsgründe jeweils eingehend geregelt sind. Das Umweltinformationsgesetz (UIG) trifft ebenfalls sehr eingehende Regelungen über den Anspruch auf Zugang zu Umweltinformationen. Das UIG regelt in diesem Sinne Verpflichtete (§ 2 Abs. 1 UIG) und Berechtigte (§ 3 Abs. 1 S. 1 UIG: „jede Person") des Auskunftsrechtes, das Verfahren (§ 4 UIG), den Rechtsschutz gegen Ablehnungen (§ 6 UIG) sowie die Ablehnungsgründe (§§ 8, 9 UIG); *Kloepfer*, Informationsrecht (Fn. 239), § 10 Rn. 79.
[280] *Papier*, Recht der öffentlichen Sachen (Fn. 221), § 40 Rn. 15 ff.

B. Bausteine einer Vertypung

darüber, ob und in welchem Umfang öffentliche Sachen bereitgestellt werden, ist mit dem Anspruch auf gemeingebräuchliche Nutzung nicht verbunden.

b) Verfahrens- und Organisationssteuerung

Was die verfahrens- und organisationsrechtliche Steuerung[281] schlichten Verwaltungshandelns angeht, so lassen sich nur punktuell detaillierte normative Vorkehrungen beobachten. Zu erwähnen ist etwa das **Datenschutzrecht** mit seinen amtshilfefesten Weitergabe- und Verwertungsverboten[282], Aufklärungs-, Auskunfts- und Löschungspflichten[283] sowie der Kontrolle durch unabhängige Instanzen wie den Datenschutzbeauftragten.[284] **Richtervorbehalte** für Maßnahmen der akustischen Wohnraumüberwachung und andere polizeiliche Standardmaßnahmen, die der Kategorie der Realakte zuzuordnen sind, können als Beispiele aus dem Recht der Eingriffsverwaltung mit besonders intensivem Grundrechtsgefährdungspotential herangezogen werden.[285] 68

Die Organisation und die Verfahren staatlich-gesellschaftlichen Zusammenwirkens, das den Modus der Aufgabenwahrnehmung bei der Bereitstellung von Sach- und Dienstleistungen für die Allgemeinheit wie auch auf dem Sektor der personalen Leistungsverwaltung prägt, sind nur sehr punktuell Gegenstand normativer Einhegung. Hinzuweisen ist etwa auf die in neueren **Schulgesetzen** ausdrücklich normierten Verselbständigungstendenzen, auf die Regelungen zur Mitwirkung von Schülern und Eltern im Rahmen der inneren Schulverfassung oder auf Instrumente (externer) Evaluation und Qualitätssicherung.[286] Die Kooperation zwischen den Verwaltungseinrichtungen, die die Finanzierungs- und Gewährleistungsverantwortung für ein bestimmtes Leistungsangebot tragen, und dritten Leistungsmittlern[287] wird – wie im Sozialrecht[288] (§§ 106, 135 ff. SGB V) – punktuell durch Verfahren eines **Qualitätsmanagements** normativ strukturiert. Solche Beispiele können allerdings nicht darüber hinwegtäuschen, dass die Aufgabe einer auch normativ geleiteten Kooperationalisierung[289] erst noch zu erfüllen ist.[290] 69

c) Steuerung personeller und finanzieller Ressourcen

Die Erfüllung von Verwaltungsaufgaben in den Erscheinungsformen des schlichten Verwaltungshandelns ist – wie jedes Verwaltungshandeln – abhängig 70

---

[281] → Bd. I *Schuppert* § 16.

[282] *BVerfGE* 65, 1 (46).

[283] *BVerfGE* 30, 1 (22 f.); 65, 1 (46); vgl. etwa die Löschungspflichten in § 4 Abs. 1 G 10, § 100 a Abs. 4 StPO.

[284] → Bd. II *Albers* § 22 Rn. 161; *BVerfGE* 65, 1 (46).

[285] Ausführliche Nachweise dazu bei *Rachor,* Das Polizeihandeln (Fn. 21), Kap. F Rn. 592 ff.

[286] Siehe dazu die Darstellung bei *Niehues/Rux,* Schulrecht (Fn. 271), S. 223 ff.

[287] Zur Frage, ob deren Leistungen der Verwaltung überhaupt noch zurechenbar und deshalb als schlichtes Verwaltungshandeln qualifizierbar sind, s. → Rn. 25 ff., 114.

[288] Dazu *Schmidt-Aßmann,* Ordnungsidee, Kap. 3 Rn. 31.

[289] Zum Begriff *Andreas Voßkuhle,* „Schlüsselbegriffe" der Verwaltungsrechtsreform, VerwArch, Bd. 93 (2002), S. 184 (203 f.).

[290] „Grundbausteine einer Dogmatik des Gewährleistungsverwaltungsrechts" mit Hinweisen auf punktuelle gesetzliche Anhaltspunkte, denen auch für den Bereich des schlichten Verwaltungshandelns insbesondere im Bereich der Infrastrukturleistungen Bedeutung zukommt, entwickelt *Andreas Voßkuhle,* Beteiligung Privater an der Wahrnehmung öffentlicher Aufgaben und staatliche Verantwortung, VVDStRL, Bd. 62 (2003), S. 266 (310 ff.).

von den personellen und finanziellen Ressourcen, die die Grundlage des jeweiligen Handelns „der" Verwaltung bilden.[291] Deshalb gelten für diesen Ausschnitt aus der administrativen Handlungspraxis die Erkenntnisse über Funktion und Bedeutung der (normativen) **Personal- und Budgetsteuerung**[292] zunächst in gleicher Weise wie für das Verwaltungshandeln im Allgemeinen. Besondere Bedeutung erlangen diese beiden Steuerungsressourcen für das schlichte Verwaltungshandeln dort, wo sie mangels anderer rechtlicher Vorgaben die alleinige oder die wesentliche Last der normativen Steuerung zu tragen haben.

71 Das ist zunächst der Fall bei den Maßnahmen, die auf die Herstellung der exekutiven Handlungsfähigkeit[293] gerichtet sind. Die Ausstattung der Verwaltung mit **Sachmitteln** (Gebäude, Fahrzeuge, technische Ausrüstung etc.), deren Funktionsangemessenheit wie auch deren Qualität im Sinne der Eigenschaft, keine unbeabsichtigten (Schadens-)Folgen zu verursachen, hängen überwiegend von der Bereitstellung entsprechender finanzieller Mittel ab.

72 Insbesondere auf dem Sektor der personalen Leistungsverwaltung lässt sich die herausragende Bedeutung der **Personalsteuerung** beobachten. Das betrifft zunächst die Bereitstellung von Planstellen (§ 49 BHO) und ihre entsprechende Eingruppierung im **Haushalt** des verantwortlichen Aufgabenträgers.[294] Nicht zu vernachlässigen ist aber auch die Frage der fachlichen Anforderungen an den Zugang zu den einschlägigen Berufstätigkeiten. Normative Anforderungen an die **berufliche Qualifikation** von Personen, denen bestimmte Verwaltungsfunktionen vorbehalten sind,[295] finden sich etwa für Lehrberufe[296] oder das pädagogische Personal in Kindertagesstätten[297]. Ähnliches wäre angesichts besonders eingriffsintensiver Realakte auch im Bereich des Polizeirechts zu erwarten, das solche Maßnahmen – insbesondere die Anwendung unmittelbaren Zwangs – zwar den Polizeibehörden vorbehält, allerdings die dazugehörigen Fragen der Fachkompetenz, Personalauswahl und -ausbildung weitestgehend der exekutiven Normsetzung durch Rechtsverordnung überantwortet.[298]

73 In besonders kostenintensiven Bereichen der personalen Leistungsverwaltung und bei der Bereitstellung von Sach- oder Dienstleistungen für die Allgemeinheit wurden über das allgemeine haushaltsrechtliche Instrumentarium hinaus **spezielle Planungsinstrumente** entwickelt, die auch oder sogar in erster Linie die Bereitstellung der finanziellen Mittel und damit Quantität und Qualität des Angebotes steuern. Zu erwähnen sind in diesem Zusammenhang etwa die Krankenhausbedarfsplanung[299], die in einigen Bundesländern gesetzlich vorge-

---

[291] Siehe dazu nur *Becker*, Verwaltung (Fn. 214), S. 680 ff., 835 ff.
[292] → Bd. I *Franzius* § 4 Rn. 64 ff., *Schuppert* § 16 Rn. 8 f.; Bd. III *Voßkuhle* § 43, *Korioth* § 44.
[293] → Rn. 48 ff.
[294] → Bd. III *Voßkuhle* § 43.
[295] Das allgemeine Beamtenrecht verweist insoweit auf die für einzelne Laufbahnen (regelmäßig durch Rechtsverordnung) vorgeschriebene, subsidiär auf die „übliche" Vorbildung; s. § 7 BBG.
[296] Vgl. etwa das Hess. Lehrerbildungsgesetz vom 29. November 2004 (GVBl I, S. 330).
[297] Vgl. z.B. in Hessen die Verordnung über Mindestvoraussetzungen in Tageseinrichtungen für Kinder (Mindestverordnung – MVO) vom 17. Dezember 2008 (GVBl I, S. 1047).
[298] Kritisch dazu *Hans Lisken/Erhard Denninger*, Die Polizei im Verfassungsgefüge, in: Lisken/Denninger (Hrsg.), HPolizeiR, 4. Aufl. 2007, Kap. C Rn. 16; zu neueren Versuchen, polizeiliche Befugnisse auf Angestellte außerhalb des beamteten Polizeidienstes zu übertragen, s. *Martin Kutscha*, Polizei „light" in Berlin, LKV 2007, S. 306 ff.
[299] Dazu → Bd. II *Köck* § 37 Rn. 88.

B. Bausteine einer Vertypung

schriebene kommunale Schulentwicklungsplanung[300], die Jugendhilfeplanung nach §§ 79, 80 SGB VIII[301] und die Nahverkehrspläne[302] nach den ÖPNV-Gesetzen der Länder. Partiell in Gesetzesform gegossen ist die Verkehrswegeplanung, die auf Bundesebene in Gestalt des Bundesverkehrswegeplans und der Ausbaugesetze für Bundesfernstraßen und für Schienenwege der Eisenbahnen des Bundes[303] formalisiert ist. Kommunalen Verkehrsentwicklungskonzepten[304] kommt die vergleichbare Funktion zu, im Rahmen planerischer Koordinierung auch den finanziellen Rahmen zukünftiger Investitionen in die Verkehrsinfrastruktur abzustecken.

2. Einzelfallbezogene exekutive Programmierung

Regelmäßig gebietet es das Verwaltungsrecht, die „reale Tat" von der „davorliegenden" Entscheidung hierüber zu trennen.[305] Ein wesentlicher Teil des schlichten Verwaltungshandelns stellt sich deshalb als **Vollzug, Ausführung, Umsetzung** oder **Erfüllung** von Entscheidungen dar, die dem realen Handeln vorausliegen und typischerweise eine den Einzelfall regelnde Wirkung haben.[306] Lässt man die tatsächliche Handlung der Bekanntgabe eines Hoheitsaktes als dessen integralen Bestandteil, der einer eigenständigen rechtlichen Beurteilung nicht zugänglich ist und dem Rechtsregime des bekannt gegebenen Aktes zugerechnet[307] wird, außer Betracht, sind dies neben Erfüllungs- oder Ausführungshandlungen[308], die auf der Grundlage eines Verwaltungsaktes erfolgen,[309] vor allem Handlungen des Verwaltungsvollstreckungsrechts und planverwirklichende Maßnahmen.

74

a) Erfüllungs- und Vollstreckungshandlungen

Die aus rechtlicher Perspektive einfachste, in der Praxis der EDV-gestützten Massenverwaltung (z.B. Sozialverwaltung) aber durchaus fehleranfällige Erscheinungsform ist in diesem Zusammenhang die **Erfüllung von (Geldleis-**

75

---

[300] Siehe dazu nur *Niehues/Rux*, Schulrecht (Fn. 271), S. 211 ff.
[301] Dazu → Bd. II *Köck* § 37 Rn. 25.
[302] Dazu *Wilhelm Kolks*, Nahverkehrspläne, in: Wilhelm Kolks/Joachim Fiedler (Hrsg.), Verkehrswesen in der kommunalen Praxis, Bd. I, 2. Aufl. 2003, S. 59 ff.
[303] Dazu ausführlich *Daniel Lewin*, Gestufte Planung von Bundesverkehrswegen, 2003, S. 46 ff.; *SRU*, Umwelt und Straßenverkehr – Sondergutachten, 2005, Rn. 387 ff.
[304] *Egbert Neumann*, Kommunale Verkehrsentwicklungskonzepte, in: Kolks/Fiedler (Hrsg.), Verkehrswesen (Fn. 302), S. 43 ff.; *SRU*, Umwelt und Straßenverkehr (Fn. 303), Rn. 469 ff.
[305] *Becker*, Verwaltung (Fn. 214), S. 460.
[306] Nach der Kategorisierung von *Robbers*, Schlichtes Verwaltungshandeln (Fn. 5), S. 279, handelt es sich hier um die regelungsausführenden Handlungen. Mitunter werden solche Erscheinungsformen aus der Kategorie des schlichten Verwaltungshandelns ausgeschieden, weil sie geprägt sind durch den vorbereitenden Regelungsakt; so etwa *Plattner-Steinmann*, Tatsächliches Verwaltungshandeln (Fn. 106), S. 112. Besonderheiten gelten für die Fälle, in denen die vorgelagerte Entscheidung in die Form von Plänen gegossen ist.
[307] So *Huber*, Allg. VerwR, S. 238, mit dem Beispiel des Handzeichens eines den Verkehr regelnden Polizeibeamten, das dazu dient, die von ihm erlassenen Verwaltungsakte „in anderer Weise" bekannt zu geben (§ 37 Abs. 2 S. 1 VwVfG).
[308] Als Ausführungshandlungen werden die Realakte bezeichnet, die eine vorangegangene Verwaltungsmaßnahme „in die Wirklichkeit" umsetzen; so *Huber*, Allg. VerwR, S. 238.
[309] Typische Beispiele sind hier die Auszahlung eines durch Verwaltungsakt gewährten Geldbetrages oder der Bau einer durch Planfeststellungsbeschluss festgesetzten Straße sowie die Anwendung eines festgesetzten Zwangsmittels.

tungs-)Ansprüchen, die zuvor durch Verwaltungsakt konkretisiert wurden.[310] Da solche Erfüllungshandlungen nahezu vollständig durch die zu erfüllende Verwaltungsentscheidung determiniert sind, konzentrieren sich die Fragen der inhaltlichen Richtigkeit sowie nach Verfahrens- und Rechtsschutzanforderungen praktisch ausschließlich auf diese.

76 Vergleichbares gilt für eine Vielzahl von **Vollstreckungshandlungen,** die in erheblichem Umfang dem regelungsausführenden tatsächlichen Verwaltungshandeln zuzuordnen sind.[311] Da es sich bei den Vollstreckungshandlungen um Eingriffsrecht in seiner reinsten Form handelt,[312] treten hier neben die Programmierung durch die zu vollstreckende Entscheidung und weitere vollstreckungsrechtliche Zwischenentscheidungen[313] detaillierte vollstreckungsrechtliche Normen.[314] Ein Bedarf nach darüber hinausgehenden Regeln, die aus dem Charakter von Vollstreckungshandlungen als schlichtem Verwaltungshandeln zu gewinnen wären, ist kaum erkennbar.[315] Die Nähe zu den etablierten Rechtsformen des eingreifenden Verwaltungshandelns ist hier unübersehbar.[316]

b) Vollzug von Planungsentscheidungen

77 Deutlich geringer ist die Steuerungsintensität schlichten Verwaltungshandelns, das in der Errichtung und dem Betrieb von öffentlichen Einrichtungen im Allgemeinen und von Einrichtungen der **öffentlichen Infrastruktur** im Besonderen besteht. Zwar werden solche Vorhaben regelmäßig durch vorangehende Planungsentscheidungen vorbereitet.[317] Angesichts der Komplexität des Beziehungsgeflechts öffentlicher und privater Belange, die durch solche Vorhaben berührt werden, bedarf es hier eines vielfach gestuften vorbereitenden Planungsprozesses. Dieser ist durch die Instrumente der gesamträumlichen Landes- und Regionalplanung einschließlich des Raumordnungsverfahrens und auf der letzten Stufe – bei Großvorhaben – durch die Planfeststellung oder – bei Vorhaben von geringerer Bedeutung – durch die bauplanungsrechtlichen Instrumente geprägt[318] und an seinem Ende steht nicht selten ein Enteignungsakt zur Beschaffung der erforderlichen Grundstücke.[319] Auch trifft den Betreiber einer planfestgestellten[320] oder durch Bebauungsplan festgesetzten Anlage die Pflicht, darin enthaltene Vorgaben zu beachten.

---

[310] Z.B. Auszahlung von Dienstbezügen; dazu und zu weiteren Beispielen aus der Rechtsprechung s. *Wolff/Bachof/Stober,* VerwR II, § 57 Rn. 9.
[311] *Robbers,* Schlichtes Verwaltungshandeln (Fn. 5), S. 279; ähnlich *Koch/Rubel/Heselhaus,* VerwR, § 3 Rn. 77; vgl. auch *Bull/Mehde,* VerwR, Rn. 111; *Rasch,* Realakt (Fn. 227), S. 1020.
[312] Zum unmittelbaren Zwang s. z. B. die §§ 10–12 VwVG.
[313] Z. B. die Festsetzung des Zwangsgeldes (Verwaltungsakt), die die Rechtsgrundlage für das Beitreibungsverfahren darstellt – *BVerwGE* 49, 169 –, oder die Festsetzung bei der Ersatzvornahme – *OVG RP,* DÖV 1986, S. 1030 m. w. N.
[314] → Bd. III *Waldhoff* § 46 Rn. 77 ff.
[315] *Robbers,* Schlichtes Verwaltungshandeln (Fn. 5), S. 279; ähnlich *Koch/Rubel/Heselhaus,* VerwR, § 3 Rn. 77.
[316] → Bd. II *Hoffmann-Riem* § 33 Rn. 13.
[317] → Bd. II *Köck* § 37 Rn. 38 ff.; *Hermes,* Infrastrukturverantwortung (Fn. 205), S. 358 ff.
[318] *Hermes,* Infrastrukturverantwortung (Fn. 205), S. 358 ff.; *Lewin,* Gestufte Planung (Fn. 303).
[319] Dazu, dass ein Realakt keine Enteignung im Sinne des Art. 14 Abs. 3 GG darstellen kann, weil diese durch hoheitlichen Rechtsakt erfolgen muss, s. *BVerwGE* 77, 295 (298).
[320] Zur (Amts-)Pflicht, in einem Planfeststellungsbeschluss enthaltene nachbarschützende Auflagen zu befolgen, s. *BGHZ* 97, 97 ff.

B. Bausteine einer Vertypung

Diese Vorgaben lassen aber regelmäßig eine Vielzahl von Einzelfragen der Bauausführung und vor allem des konkreten Betriebs der Anlage offen.³²¹ Für den konkreten Bau und die Unterhaltung z. B. von Straßen³²² setzen die planerischen Vorentscheidungen lediglich einen Rahmen, der dann unter Beachtung allgemeiner Sicherheitsanforderungen³²³ durch reales Verwaltungshandeln auszufüllen ist. Was durch die Vorhabenplanung nicht entschieden ist, wird dementsprechend durch konkrete Ausführungs- oder Vollzugsplanungen als Grundlage der Auftragsvergabe an private Unternehmer abgearbeitet.³²⁴

78

IV. Verfassungsrechtliche und weitere allgemeine Maßstäbe

Über die zuvor aufgezeigte spezielle fachrechtliche Programmierung schlichten Verwaltungshandelns hinaus ist danach zu fragen, inwieweit sich für einzelne Erscheinungsformen des schlichten Verwaltungshandelns auf der Grundlage von Ansätzen einer allgemeinen **Maßstabslehre**³²⁵ Spezifika identifizieren lassen, die als Element einer weiteren Typisierung einsetzbar sind. Dabei wird im Folgenden der Schwerpunkt auf den Maßstabsbereich der Rechtmäßigkeit gelegt,³²⁶ wobei auch und insbesondere die verfassungsrechtlichen Anforderungen an schlichtes Verwaltungshandeln berücksichtigt werden.

79

1. Gesetzmäßigkeit schlichten Verwaltungshandelns

Die Suche nach rechtlichen Maßstäben für das schlichte Verwaltungshandeln fördert zunächst nicht viel mehr zutage als allgemeine Aussagen des Inhalts, dass auch für diese Art exekutiven Handelns der **Vorrang** und – so weit sein Anwendungsbereich reicht – der **Vorbehalt des Gesetzes**³²⁷ Geltung beanspruchen.³²⁸ Für schlichtes Verwaltungshandeln sollen keine anderen Rechtmäßigkeitsanforderungen gelten als für Rechtsakte.³²⁹ Diese Form des Verwaltungshandelns bewege sich zwar häufig im gesetzesfreien, nicht aber im rechtsfreien Raum.³³⁰ Vor dem Hintergrund der verbreiteten Auffassung, schlichtes Verwaltungshandeln bewege sich weitgehend außerhalb spezialgesetzlicher Normierungen,³³¹ bedeutet dies in erster Linie die Bindung an die Grundrechte und an den Grundsatz der Verhältnismäßigkeit als Grenze allen staatlichen Han-

80

---

³²¹ Zum – beschränkten – Regelungsgehalt des Planfeststellungsbeschlusses s. nur *Rudolf Steinberg/Thomas Berg/Martin Wickel*, Fachplanung, 3. Aufl. 2000, S. 324 ff.
³²² *Kurt Kodal/Helmut Krämer*, Straßenrecht, 6. Aufl. 1999, S. 1258 ff.
³²³ Vgl. z. B. § 4 FStrG, wonach die Träger der Straßenbaulast dafür einzustehen haben, dass ihre Bauten „allen Anforderungen der Sicherheit und Ordnung" genügen.
³²⁴ Zu Einzelheiten der Bauausführung bei Straßenprojekten s. *Kodal/Krämer*, Straßenrecht (Fn. 322), S. 1269 ff.
³²⁵ → Bd. II *Pitschas* § 42; *Schmidt-Aßmann*, Ordnungsidee, Kap. 6 Rn. 57 ff.
³²⁶ Das schließt nicht aus, punktuell nach spezifischen Konkretisierungen der „Praktikabilität" zu suchen, die etwa nach Auffassung von *Schmidt-Aßmann*, Ordnungsidee, Kap. 6 Rn. 125, den Einsatz schlichten Verwaltungshandelns vorrangig leitet.
³²⁷ → Bd. I *Reimer* § 9 Rn. 23 ff., 73 ff.
³²⁸ *Wolff/Bachof/Stober*, VerwR II, § 57 Rn. 16 ff.; *Schmidt-Aßmann*, Ordnungsidee, Kap. 6 Rn. 125; *Maurer*, VerwR, § 15 Rn. 5.
³²⁹ *Siems*, Der Begriff (Fn. 3), S. 6 f. m. w. N.; *Maurer*, VerwR, § 15 Rn. 5.
³³⁰ *Wolff/Bachof/Stober*, VerwR II, § 57 Rn. 16.
³³¹ → Rn. 60.

delns.³³² Die Möglichkeit, **spezifische Rechtmäßigkeitsanforderungen** zu identifizieren, die sich auf das schlichte Verwaltungshandeln als solches beziehen und von den allgemeinen Maßstäben jeden Verwaltungshandelns abweichen, wird zu Recht verneint.³³³ Nur für einzelne Ausschnitte aus dem Feld des schlichten Verwaltungshandelns sind solche spezifischen Maßstäbe bislang partiell³³⁴ identifiziert worden.

a) Vorbehalt des Gesetzes

81   Besondere Aufmerksamkeit verdient zunächst die Frage, inwieweit schlichtes Verwaltungshandeln dem Vorbehalt des Gesetzes und insbesondere wegen möglicher **Eingriffsqualität** den speziellen grundrechtlichen Gesetzesvorbehalten³³⁵ unterworfen ist. Sie wirft in Bezug auf schlichtes Verwaltungshandeln schon deshalb besondere Probleme auf, weil der durch Rechtsförmigkeit, imperativen Gehalt, Finalität und Unmittelbarkeit geprägte klassische Eingriffsbegriff³³⁶ mangels Regelungswirkung hier nicht weiterführt. Die durch den nur „faktischen" und nicht selten vermittelten Wirkungsmodus schlichten Verwaltungshandelns aufgeworfenen Probleme sind bekanntlich ausführlich in Bezug auf öffentliches Informationshandeln³³⁷ diskutiert worden. Die aus dieser Diskussion gewonnenen Erkenntnisse lassen sich zunächst dahin verallgemeinern, dass schlichtes Verwaltungshandeln weiter gehende Wirkungen haben kann als regelndes Handeln etwa durch Verwaltungsakt.³³⁸ Nicht nur staatliche Informationstätigkeit kann als „weiches" Handeln „harte" Folgen nach sich ziehen³³⁹, sondern auch und erst recht ein großer Teil der eigentlichen Tathandlungen, die reale Veränderungen unmittelbar bewirken und dabei mit grundrechtlich geschützten Positionen in Konflikt geraten.

82   Die Konturierung des „faktischen" Grundrechtseingriffs³⁴⁰ durch schlichtes Verwaltungshandeln mit Hilfe der Kriterien der Finalität³⁴¹, der Vorhersehbar-

---

³³² *Schmidt-Aßmann*, Ordnungsidee, Kap. 6 Rn. 125.

³³³ *Barbara Remmert*, Schlichtes Verwaltungshandeln, in: *Erichsen/Ehlers* (Hrsg.), VerwR, § 36 Rn. 2.

³³⁴ Zu einzelnen Bereichen schlichten Verwaltungshandelns im Übergang zur Handlungsform → Rn. 106 ff.

³³⁵ Zum Verhältnis und zur Begrifflichkeit s. nur → Bd. I *Reimer* § 9 Rn. 24.

³³⁶ Dazu und zu den Wandlungen des Eingriffstatbestandes s. nur *Horst Dreier*, in: Dreier (Hrsg.), GG I, Vorb. Rn. 124 m. w. N.; *Schmidt-Aßmann*, Ordnungsidee, Kap. 2 Rn. 48 ff.

³³⁷ BVerfGE 105, 252 (265 ff.) – Glykol; 105, 279 (294 ff., 299 ff.) – Jugendsekten; s. a. *Kloepfer*, Informationsrecht (Fn. 239), § 3 Rn. 116, § 10 Rn. 83; *Udo Di Fabio*, Information als hoheitliches Gestaltungsmittel, JuS 1997, S. 1 (4); zum Ganzen → Bd. II *Gusy* § 23 Rn. 109 ff.

³³⁸ *Wolff/Bachof/Stober*, VerwR II, § 57 Rn. 20.

³³⁹ *Dietrich Murswiek*, Warnungen, Wertungen, Kritik als Grundrechtseingriffe. Zur Wirtschafts- und Meinungslenkung durch staatliches Informationshandeln, DVBl 1997, S. 1021 (1021 f.).

³⁴⁰ Allgemein zur faktischen Grundrechtsbeeinträchtigung *Hans-Ullrich Gallwas*, Faktische Beeinträchtigung im Bereich der Grundrechte, 1970, S. 12 ff.; *Marion Albers*, Faktische Grundrechtsbeeinträchtigung als Schutzbereichsproblem, DVBl 1996, S. 233 ff.; *Rolf Eckhoff*, Der Grundrechtseingriff, 1991, S. 173 ff.; *Wiebke Spaet*, Grundrechtseingriff durch Information, 1995; *Winfried Brohm*, Rechtsgrundsätze für normersetzende Absprachen, DÖV 1992, S. 1025 ff.; *Gertrude Lübbe-Wolff*, Rechtsprobleme der behördlichen Umweltberatung, NJW 1987, S. 270 ff.; *Ulrich Ramsauer*, Die faktische Beeinträchtigung des Eigentums, 1980.

³⁴¹ BVerwGE 90, 112 (121); zur Bedeutung des Finalitätskriteriums bei der Beurteilung faktischer Grundrechtsbeeinträchtigungen s. *Schulte*, Schlichtes Verwaltungshandeln (Fn. 15), S. 87 ff., 92 f.; vgl. auch *Andreas Roth*, Verwaltungshandeln mit Drittbetroffenheit und Gesetzesvorbehalt, 1991, S. 85 ff.

B. Bausteine einer Vertypung

keit, der Unmittelbarkeit und der Intensität[342] erweist sich bei näherem Hinsehen nicht als unlösbar. Insoweit kann auf die Diskussion um das staatliche Informationshandeln verwiesen werden.[343] Faktische, aber „direkt-intentionale"[344] (finale[345]) Maßnahmen mit unbestrittener Eingriffsqualität lassen sich insbesondere im **Polizeirecht** leicht ausmachen.[346] Hier sind staatliche Tathandlungen darauf gerichtet, unmittelbar auf grundrechtlich geschützte Freiheitsbereiche zuzugreifen[347] und unterliegen deshalb den grundrechtlichen Gesetzesvorbehalten. Auch die Eingriffe in das Grundrecht auf informationelle Selbstbestimmung durch Erhebung, Speicherung, Weitergabe[348] und Verwendung **personenbezogener Daten** sind nicht nur auf dem Gebiet des Polizeirechts weitestgehend dogmatisch verarbeitet.[349]

Danach verbleibt ein problematischer Bereich von Konstellationen, in denen sich eine schlichte Verwaltungshandlung nur **mittelbar** auswirkt,[350] indem sie z.B. lediglich einen grundrechtsbeeinträchtigenden Nebeneffekt entfaltet.[351] Für solche und vergleichbare Zweifelsfälle ist unabhängig von der Frage nach der genauen Konturierung des Eingriffstatbestandes daran zu erinnern, dass die Reichweite des Gesetzesvorbehalts begrenzt ist durch die **Möglichkeit der gesetzlichen Programmierung**.[352] Die rechtliche Strukturierung schlichten Verwaltungshandelns aus der Perspektive des Gesetzesvorbehalts hat deshalb die allgemeine Einsicht „in die prinzipielle Begrenztheit der Fähigkeit des Gesetzgebers zur präzisen Determination des Verwaltungshandelns insbesondere bei komplexen, gestaltenden und verteilenden Aufgaben" in Betracht zu ziehen.[353] Jenseits allgemeiner Zweifel an der Steuerungsfähigkeit des Rechts[354] sind hier 83

---

[342] *BVerwGE* 71, 183 (194); 75, 109 (115); 82, 76 (79); 90, 112 (119 ff.); 102, 304 (312 ff.); 105, 252 (273); *Udo Di Fabio*, Risikoentscheidungen im Rechtsstaat, 1994, S. 695 ff.; *Christoph Gusy*, Verwaltung durch Information, NJW 2000, S. 977 (983). Kritisch *Lübbe-Wolff*, Rechtsprobleme (Fn. 340); *Martin Schulte*, Informales Verwaltungshandeln als Mittel staatlicher Umwelt- und Gesundheitspflege, DVBl 1988, S. 512 (517).
[343] → Bd. II *Gusy* § 23 Rn. 100 ff.
[344] *Horst Dreier*, in: ders. (Hrsg.), GG I, Vorb. Rn. 127.
[345] *Eckhoff*, Grundrechtseingriff (Fn. 340), S. 278; BGH, NJW 1967, S. 293.
[346] *Rachor*, Das Polizeihandeln (Fn. 21), Kap. F Rn. 41 f.
[347] *Remmert*, Schlichtes Verwaltungshandeln (Fn. 333), § 35 Rn. 4. Als unmittelbare Eingriffe bedürfen beispielsweise die Anwendung des unmittelbaren polizeilichen Zwangs, die zwangsweise Verbringung auf das Polizeirevier, die Ingewahrsamnahme, das Eindringen in oder das Versiegeln von Wohnungen einer gesetzlichen Grundlage. Gleiches muss für erkennungsdienstliche Maßnahmen, das Festhalten bei der Identitätsfeststellung und die Durchsuchung von Personen, Sachen und Wohnungen gelten. Ein polizeiliches Anschreiben, mit welchem zur Vermeidung polizeilicher Gefahrabwehrmaßnahmen dem Adressaten nahegelegt wird, sich nicht an Demonstrationen zu beteiligen, greift in die grundgesetzlich geschützte Willensentschließungsfreiheit des Betroffenen, an Demonstrationen teilzunehmen, ein und bedarf daher ebenso einer gesetzlichen Grundlage (*Nds.OVG*, DÖV 2006, S. 122).
[348] Zur Wissensauskunft eines Richters an die Aufsichtsbehörde über Anhängigkeit und Sachstand eines Verfahrens gegen einen Notar *OLG Dresden*, NJW 2000, S. 1503.
[349] → Bd. II *Albers* § 22 Rn. 59 f.
[350] *BVerfGE* 105, 252 (273); *Remmert*, Schlichtes Verwaltungshandeln (Fn. 333), § 35 Rn. 4.
[351] Hierher gehören etwa eine Demonstrationsbegleitung oder die sog. Gefährderansprache vor Ort; s. *Rachor*, Das Polizeihandeln (Fn. 21), Kap. F Rn. 130.
[352] *BVerfGE* 49, 89 (126); 105, 279 (304); Nachweise der krit. Lit. zur letztgenannten Entscheidung bei *Schulze-Fielitz*, in: Dreier (Hrsg.), GG I, Art. 20 (Rechtsstaat) Rn. 115 mit Fn. 551.
[353] *Horst Dreier*, Informales Verwaltungshandeln, in: Staatswissenschaften und Staatspraxis 1993, S. 647 (658).
[354] → Bd. I *Voßkuhle* § 1 Rn. 19, *Reimer* § 9 Rn. 84 ff.

§ 39 Schlichtes Verwaltungshandeln

nur die Besonderheiten schlichten Verwaltungshandelns von Interesse, die sich auf seine grundsätzliche normative Steuerbarkeit auswirken. Von Bedeutung ist insoweit die Beobachtung, dass sich schlichtes Verwaltungshandeln z. B. im Bereich personaler Leistungsverwaltung[355] nicht selten **spontan** vollzieht, weshalb verfahrensrechtliche und materielle Programmierungsformen hier jedenfalls nur begrenzt möglich sind und keinen „Gewinn an Messbarkeit und Berechenbarkeit staatlichen Handelns" für den Bürger mit sich bringen würden.[356] Das wirkt sich etwa aus auf die Reichweite des Vorbehalts des Gesetzes im **Schulverhältnis,** bei der die „Gefahren einer zu weitgehenden Vergesetzlichung, die gerade für das Schulverhältnis missliche Folgen haben könnte"[357], in Betracht zu ziehen sind. Deswegen können nur grundlegende Fragen der Zuordnung und Abgrenzung der berührten verfassungsrechtlichen Positionen erfasst werden. Vergleichbares gilt für nicht intendierte und nicht vorhersehbare Nebenfolgen tatsächlichen Verwaltungshandelns.[358]

84   Schließlich ist darauf hinzuweisen, dass es bislang noch an Ansätzen dafür fehlt, den **institutionellen Gesetzesvorbehalt**[359] in spezifischer Weise für solche Verwaltungsbereiche fruchtbar zu machen, die mangels materieller Programmierbarkeit in besonderer Weise auf organisatorische Rahmenbedingungen für ein aufgabenangemessenes Handeln angewiesen sind.[360]

b) Vorrang des Gesetzes und Auswahl des Rechtsregimes

85   Die Geltung des Vorrangs des Gesetzes auch für alle Erscheinungsformen des schlichten Verwaltungshandelns ist unbestritten.[361] Von diesem Ausgangspunkt gelangt man aber alsbald zu der Suche nach den **maßgeblichen Normen,** die bei solchem Handeln Beachtung verlangen. In den Sektoren, die spezialgesetzlich mit spezifischem Bezug auf das jeweilige *Verwaltungs*handeln ausgeformt sind,[362] ergeben sich hier regelmäßig keine nennenswerten Probleme. Insoweit genügt der Hinweis auf die Standardmaßnahmen des Polizeirechts oder die Maßnahmen im Rahmen des Schulverhältnisses.[363]

---

[355] → Rn. 39 ff.
[356] *BVerfGE* 105, 279 (305).
[357] *BVerfGE* 47, 46 (79).
[358] Die gleiche Problematik der Eingriffsbestimmung ergibt sich auch bei durch die öffentliche Hand verursachten Immissionen, soweit für die emittierende Anlage nicht eine die Immission umfassende Regelung besteht; *Ulrich Ramsauer,* Die faktischen Beeinträchtigung des Eigentums, 1980, S. 45 f. Häufig wird im Planfeststellungsverfahren eine entsprechende Regelung erfolgen; diese fehlte jedoch beispielsweise in den Fällen *OVG NRW,* DVBl 1977, S. 291 (Flugplatz) und *BVerwG,* NJW 1969, S. 340. Beispiele für Immissionen sind etwa die Benutzung neuer Militärflugzeuge (*BGH,* DVBl 1973, S. 445), die eine in Flugplatznähe gelegene Hofstelle wegen erhöhter Lärmbelastung unbewohnbar macht (*BGH,* DVBl 1973, S. 445), die Immissionen durch Bau und Betrieb einer Straße (*BGHZ* 54, 384), eine Muschelbänke vernichtende Abwasserverursachung (*BGH,* DVBl 1972, S. 117) oder die Staubimmissionen beim Autobahnbau (*BGHZ* 48, 98).
[359] Dazu *Schmidt-Aßmann,* Ordnungsidee, Kap. 4 Rn. 18 ff., Kap. 5 Rn. 26 ff.; *Günter C. Burmeister,* Herkunft, Inhalt und Stellung des institutionellen Gesetzesvorbehalts, 1991.
[360] Zu vorhandenen Regelungsansätzen → Rn. 68 f.
[361] → Rn. 80.
[362] → Rn. 60 ff.
[363] → Bd. I *Burgi* § 18 Rn. 25, der die Frage der Zuordnung zum Öffentlichen Recht in diesen Fällen zutreffend als Subsumtionsproblem qualifiziert.

B. Bausteine einer Vertypung

Erhebliche Schwierigkeiten bereitet dagegen aus der traditionellen Trennungsperspektive die Zuordnung derjenigen Realhandlungen zum **Öffentlichen oder privaten Recht,** die – vermeintlich – nicht normgeleitet sind[364] und deshalb als „neutral" oder zumindest mehrdeutig erscheinen[365]. Da es auf den „Willen" des administrativ Handelnden nicht ankommen kann,[366] behelfen sich die herrschende Lehre und Praxis damit, das Realhandeln nach seinem jeweiligen **Sachzusammenhang** mit einem dem Öffentlichen oder dem Privatrecht zugeordneten Handeln einzuteilen.[367] Aus der Perspektive eines neuen Verständnisses, das Öffentliches und Privatrecht als wechselseitige Auffangordnungen[368] oder als Verbund[369] begreift und nach den Maßstäben – nicht primär nach der Rechtswegzuordnung – fragt, erweist sich eine solche **Zuordnung** schlichten Verwaltungshandelns als **irrelevant.** In Ermangelung eines speziellen, auf das jeweilige Verwaltungshandeln bezogenen „öffentlich-rechtlichen" Sonderrechts kommen die allgemeinen (Verfassungs-)Prinzipien und Maßstäbe zur Anwendung, die für jedes – öffentlich-rechtliche wie privatrechtliche – Verwaltungshandeln Geltung beanspruchen.[370] Subsidiär ist das „Jedermanns-Recht" der allgemeinen (Zivil-)Rechtsordnung anzuwenden.[371]

86

Verbleibende Abgrenzungsprobleme betreffen allein die Frage, ob die Rechtsordnung speziell auf das Verwaltungshandeln bezogene Maßstäbe bereitstellt oder sich darauf beschränkt, allgemeine – in gleicher Weise auch für Private geltende – Verhaltensregeln aufzustellen. Auf dieser Linie, die schlicht dem berechtigten Anliegen der sog. Sonderrechtstheorie[372] folgt, liegt auch die Rechtsprechung des Bundesgerichtshofs zu dem Schulfall der **Dienstfahrten**[373]. Während früher entsprechend der „Sachzusammenhangstheorie" das Handeln „in Ausübung" eines öffentlichen Amtes davon abhängig gemacht wurde, ob Anlass der

87

---

[364] *Dirk Ehlers,* in: Schoch/Schmidt-Aßmann/Pietzner (Hrsg.), VwGO, § 40 Rn. 392; → Bd. I *Burgi* § 18 Rn. 25.

[365] *Ludwig Renck,* Der Rechtsweg im gerichtlichen Verfahren – Vertragshandeln und Realakte, JuS 2000, S. 1001 (1001); zu solchen Einschätzungen schlichten Verwaltungshandelns s. bereits oben → Rn. 25.

[366] *Renck,* Rechtsweg (Fn. 365), S. 1003; *Dirk Ehlers* in: Schoch/Schmidt-Aßmann/Pietzner (Hrsg.), VwGO, § 40 Rn. 393.

[367] *Erbguth,* VerwR, § 23 Rn. 3; *Maurer,* VerwR, § 15 Rn. 4; BVerwGE 74, 132; BGH, NJW 1977, S. 1238 (1238); BVerwG, NJW 1974, S. 817 (818); → Bd. I *Burgi* § 18 Rn. 26 f.; die Anwendung der „Sachzusammenhangstheorie" lässt sich bei *Dirk Ehlers,* in: Schoch/Schmidt-Aßmann/Pietzner, VwGO, § 40 Rn. 392 ff. studieren.

[368] So der von *Wolfgang Hoffmann-Riem* erstmals in *ders.,* Reform des Allgemeinen Verwaltungsrechts – Vorüberlegungen, DVBl 1994, S. 1381 (1386 f.) geprägte Begriff; s. sodann *Eberhard Schmidt-Aßmann,* Öffentliches Recht und Privatrecht: Ihre Funktionen als wechselseitige Auffangordnungen, in: Hoffmann-Riem/Schmidt-Aßmann (Hrsg.), Auffangordnungen, S. 7 (13 ff.).

[369] → Bd. I *Burgi* § 18 Rn. 37.

[370] → Bd. I *Burgi* § 18 Rn. 45 ff.

[371] → Rn. 95 ff.

[372] → Bd. I *Burgi* § 18 Rn. 21 f.

[373] BGHZ 68, 217 (218 ff.); 42, 176 (180); 21, 48 (51); BGH, DÖV 1979, S. 865; zu Fragen der nach wie vor nicht befriedigend gelösten Verkehrssicherungspflicht *Siegfried Orf,* Aus der Rechtsprechung zur Verkehrssicherungspflicht des Waldbesitzers, NZV 1997, S. 201 (204); BGHZ 60, 54 (59); BGH, NJW 1967, S. 1325 (1325); NJW 1953, S. 1297 (1298). Zur Kritik an der (privatrechtlich konstruierten) Verkehrssicherungspflicht *Johannes Masing,* in: Umbach/Clemens (Hrsg.), GG, Art. 34 Rn. 76 m.w.N.

Dienstfahrt „hoheitliche" oder „fiskalische" Geschäfte waren,[374] bringt das Gericht nunmehr den Grundsatz der „haftungsrechtlichen Gleichbehandlung" zur Anwendung, soweit der Amtsträger nicht Sonderrechte der Verwaltung (§ 35 StVO) in Anspruch nimmt.[375] Die verbleibende Notwendigkeit, trotz dieses Verbundes und der damit einhergehenden Anwendbarkeit sowohl öffentlich-rechtlicher als auch privatrechtlicher Normen ein konkretes schlichtes Verwaltungshandeln insgesamt entweder als „öffentlich-rechtlich" oder „privatrechtlich" zu qualifizieren, resultiert allein aus der **Rechtswegfrage**. Für diese Abgrenzung wird auch weiterhin – mit allen Schwierigkeiten und Inkonsistenzen – der Sachzusammenhang mit der jeweils wahrgenommenen Aufgabe die unvermeidbare Orientierung liefern müssen.

2. Verwaltungsspezifische Maßstäbe

88   Jenseits spezieller normativer Vorgaben für einzelne Erscheinungsformen des schlichten Verwaltungshandelns[376] stellt sich die Frage, ob die allgemeinen Maßstäbe des Verwaltungshandelns[377] auch für diesen Teil der administrativen Handlungspraxis gelten und ob Modifikationen oder Besonderheiten identifizierbar sind.

a) Zuständigkeit

89   Festzuhalten ist hier zunächst die Selbstverständlichkeit, dass schlichtes Verwaltungshandeln an die Zuständigkeitsordnung gebunden ist.[378] Dabei gilt, dass sich die Zuständigkeit in Ermangelung spezieller Ermächtigungs- und Zuständigkeitsnormen nach der normativen Zuweisung der Aufgabe richtet, deren Erfüllung das jeweilige Handeln dient.[379] Bezogen auf die Frage nach einer erforderlichen Rechtsgrundlage für schlichtes Verwaltungshandeln bedeutet dies, dass dieses als Minimum die normative Zuweisung einer Aufgabe an die handelnde Stelle voraussetzt[380] und sich im konkreten Fall im Rahmen dieser Aufgabenzuweisung halten muss. Wie die Beispiele der Konflikte um öffentliche Erklärungen von Selbstverwaltungsträgern außerhalb ihres Aufgabenbereichs[381] zeigen, ist mit dem Aufgabenbezug ein im Grundsatz unbestrittenes, in der praktischen Anwendung allerdings mit erheblichen Unsicherheiten belastetes Kriterium benannt. Solche Unsicherheiten gewinnen eine grundsätzliche – auch

---

[374] Obwohl, wie *Ipsen*, Allgemeines Verwaltungsrecht (Fn. 38), § 13 Rn. 829, zu Recht bemerkt, geschädigten Dritten völlig gleichgültig sein musste, ob der betreffende Bedienstete in hoheitlicher oder fiskalischer Mission unterwegs war.

[375] *BGHZ* 68, 217 ff.; zustimmend etwa *Maurer*, VerwR, § 3 Rn. 30; *Ipsen*, Allgemeines Verwaltungsrecht (Fn. 38), § 13 Rn. 829. S. a. die Differenzierung zwischen allgemeinen öffentlichen Krankenhäusern – *BGHZ* 9, 145 (148) – und solchen Psychiatrischen Landeskrankenhäusern, die (auch) der Zwangsunterbringung dienen – *BGHZ* 38, 49 (52).

[376] Dazu → Rn. 60 ff.

[377] → Bd. II *Pitschas* § 42.

[378] *Maurer*, VerwR, § 15 Rn. 5; zu amtshaftungsrechtlichen Konsequenzen zuständigkeitsüberschreitenden Handelns s. das Beispiel in *BGHZ* 117, 240 ff. (Absperrung eines Entwässerungsgrabens durch eine unzuständige Ordnungsbehörde).

[379] *Koch/Rubel/Heselhaus*, VerwR, § 3 Rn. 80; *Wolff/Bachof/Stober*, VerwR II, § 57 Rn. 17.

[380] *Ipsen*, Allgemeines Verwaltungsrecht (Fn. 38), Rn. 831.

[381] *Remmert*, Schlichtes Verwaltungshandeln (Fn. 333), § 35 Rn. 3; *Wolff/Bachof/Stober*, VerwR II, § 57 Rn. 18 jeweils m. w. N.

B. Bausteine einer Vertypung

bundesstaatliche – Dimension, wenn es um schlichtes „Verwaltungs"-Handeln geht, dessen Zuordnung zu den Aufgabenbereichen von Legislative und Regierung[382] in Frage steht.

b) Verfahrensrechtliche Anforderungen

In verfahrensrechtlicher Hinsicht herrscht Einigkeit darüber, dass elementare rechtsstaatlich und insbesondere grundrechtlich fundierte Verfahrensregeln[383] auch bei schlichtem Verwaltungshandeln zu beachten sind.[384] Dazu gehört etwa das Gebot der **Unparteilichkeit** und **Neutralität**. Über solche grundlegenden Verfahrensprinzipien hinaus konzentriert sich das Interesse vor allem auf die Frage, inwieweit die Regeln der Verwaltungsverfahrensgesetze entsprechende Anwendung finden können.[385] 90

Bei den Verfahrensanforderungen an **Warnungen** steht das Erfordernis der vorherigen Anhörung im Vordergrund.[386] Mangels Anwendbarkeit des § 28 VwVfG wird es dem Grundsatz des rechtlichen Gehörs entnommen,[387] das seinerseits auf das Rechtsstaatsprinzip und die Grundrechte zurückgeführt wird.[388] Außerdem wird auf einen gemeinschaftsrechtlichen Rechtsgedanken zurückgegriffen.[389] Auf dieser Grundlage besteht zwischenzeitlich weitgehende Übereinstimmung darüber, dass diejenigen Warnungen, die nach einer im Voraus anzustellenden Prognose in Rechte eines Drittbetroffenen eingreifen werden, grundsätzlich nur nach dessen vorheriger Anhörung zulässig sind.[390] Mittlerweile liegen auch landesgesetzliche Vorschriften vor, die eine solche Anhörung ausdrücklich vorschreiben.[391] Eine Heilung einer unterbliebenen Anhörung in 91

---

[382] Die Begründung der Verbandskompetenz für staatliches Informationshandeln bereitet im Verhältnis von Bund und Ländern seit geraumer Zeit erhebliche Schwierigkeiten; dazu *Joachim Lege*, Nochmals: Staatliche Warnungen, DVBl 1999, S. 569 ff.; *Thomas Discher*, Mittelbarer Eingriff, Gesetzesvorbehalt, Verwaltungskompetenz – Die Jugendsekten-Entscheidungen – BVerwGE 82, 76 – BVerwG, NJW 1991, 1770–1992, 2496 – BVerfG, NJW 1989, 3269, JuS 1993, S. 463 (470 f.); *Markus Heintzen*, Hoheitliche Warnungen und Empfehlungen im Bundesstaat, NJW 1990, S. 1448 ff.; *Wolfgang Schatzschneider*, Informationshandeln im Bundesstaat, NJW 1991, S. 3202. Verfassungsrechtlich stellt sich zunächst die Frage, ob für die bundesstaatliche Kompetenzfrage die Art. 83 ff. GG einschlägig sind – sei es, weil das Informationshandeln in Vollzug eines Bundesgesetzes stattfindet, sei es, weil die Art. 83 ff. GG auch für gesetzesfreie Verwaltung Geltung beanspruchen – oder ob die Generalklausel des Art. 30 GG hier einschlägig ist; so etwa *Schulte*, Schlichtes Verwaltungshandeln (Fn. 15), S. 149 f., mit Verweis auf *BVerwG*, JZ 1991, S. 625 (628). Problematisch ist ferner, ob die „Bundesregierungskompetenz" alle Materien umfasst, bei denen dem Bund die Gesetzgebungszuständigkeit zukommt, mit der Folge, dass die Bundesregierung in diesen Bereichen „ihre beobachtende und die Entwicklung begleitende Politik entfalten" können muss, „wozu im notwendigen Umfang auch die Information der Öffentlichkeit gehört"; *BVerwGE* 87, 37 (51); *BVerfGE* 105, 252 (268 ff.).

[383] → Bd. II *Schmidt-Aßmann* § 27 Rn. 23 ff. Sowohl die verfahrensmäßigen als auch die inhaltlichen Anforderungen an Warnungen werden aus dem Rechtsstaatsprinzip und bei Eingriffen in Grundrechte auch aus diesen abgeleitet.

[384] *Schmidt-Aßmann*, Ordnungsidee, Kap. 6 Rn. 125.

[385] *Remmert*, Schlichtes Verwaltungshandeln (Fn. 333), § 35 Rn. 5 (m. w. N.).

[386] *Martin Hochhuth*, Vor schlichthoheitlichem Verwaltungseingriff anhören?, NVwZ 2003, S. 30 ff.

[387] So *Käß*, Warnung (Fn. 224), S. 207.

[388] *Käß*, Warnung (Fn. 224), S. 207 mit Fn. 90.

[389] S. Art. 8 Abs. 3 der Richtlinie 92/59/EWG des Rates vom 29. Juni 1992, wonach beim Auftreten eines Verdachts auf eine ernste und unmittelbare Gefahr durch ein Produkt der Hersteller oder Händler gehört werden muss.

[390] *Gusy*, Verwaltung (Fn. 342), S. 985 f.; *LG Stuttgart*, NJW 1989, S. 2257 (2261).

[391] Nachweise bei *Käß*, Warnung (Fn. 224), S. 208 mit Fn. 97.

§ 39 Schlichtes Verwaltungshandeln

Analogie zu § 45 Abs. 1 Nr. 3 VwVfG wird nicht akzeptiert, weil deren Zweck im Nachhinein nicht mehr erreicht werden kann.[392]

92 Was das anwendbare Verfahrensrecht angeht, so ist bis heute umstritten, ob und gegebenenfalls in welchem Umfang die **Verwaltungsverfahrensgesetze** auf schlichtes Verwaltungshandeln entsprechend anwendbar sind.[393] Befürwortet wird insbesondere eine analoge Anwendung einzelner Vorschriften, die Ausdruck eines allgemeinen – verfassungsrechtlichen – Prinzips sind.[394] Dazu gehören etwa die Vorschrift des § 40 VwVfG über das Ermessen oder die Vorschriften der §§ 20, 21 VwVfG zur Befangenheit. Etwas anderes soll dagegen gelten für die Vorschrift über die Beteiligung Dritter am behördlichen Verfahren (§ 13 VwVfG) wie auch für die Akteneinsicht durch Beteiligte (§ 29 Abs. 1 VwVfG), weil es insoweit an einer planwidrigen Unvollständigkeit des Gesetzes fehle.[395] Orientierung bieten hier – neben Vergleichen zur Handlungsform des Verwaltungsaktes – eher allgemeine Verfassungsgrundsätze wie das Rechtstaatsprinzip.[396]

c) Materielle Prinzipien

93 Wie für jedes Verwaltungshandeln beanspruchen die **allgemeinen Prinzipien** des **Gemeinschafts-**, des **Verfassungs-** und des **Verwaltungsrechts** auch für das schlichte Verwaltungshandeln Geltung.[397] Neben der Gewährleistung effektiven Rechtsschutzes[398] und dem – im Grenzbereich zwischen Verfahrens-[399] und materiellen Prinzipien anzusiedelnden – Neutralitätsgebot[400] werden vor allem die rechtsstaatlichen Gebote der Verhältnismäßigkeit[401] und der Gleichbehandlung hervorgehoben, die auch für das nicht rechtsförmliche schlichte Verwaltungshandeln Geltung beanspruchen.[402] Spezifische Relevanz für die verschiedenen Erscheinungsformen schlichten Verwaltungshandelns kommt dem **Gleichheitssatz** etwa im Bereich staatlicher Empfehlungen und Warnungen zu, wenn es um die Hervorhebung positiver oder negativer Eigenschaften von Produkten gegenüber den Verbrauchern geht.[403] Darüber hinaus steuert der Gleichheitssatz als maßgebliches Prinzip die Teilhabe an Sach- und Dienstleistungen und determiniert auch die Verteilung[404] knapper (Finanz-)Mittel für solche Leistungen.

---

[392] So *Käß*, Warnung (Fn. 224), S. 208.

[393] Nachweise dazu bei *Schulte*, Schlichtes Verwaltungshandeln (Fn. 15), S. 136 mit Fn. 232; *Wolff/Bachof/Stober*, VerwR II, § 57 Rn. 22.

[394] *Schulte*, Schlichtes Verwaltungshandeln (Fn. 15), S. 136 f.

[395] Weil der Gesetzgeber die Geltendmachung dieser Rechte bewusst von der Einleitung eines Verwaltungsverfahrens und der damit zusammenhängenden Bestimmung des Verfahrensgegenstandes sowie der Verfahrensbeteiligten abhängig gemacht habe; so *Schulte*, Schlichtes Verwaltungshandeln (Fn. 15), S. 136 f.

[396] Siehe dazu etwa *Schulte*, Schlichtes Verwaltungshandeln (Fn. 15), S. 136 f.

[397] *Remmert*, Schlichtes Verwaltungshandeln (Fn. 333), § 35 Rn. 3.

[398] Dazu *Schulte*, Schlichtes Verwaltungshandeln (Fn. 15), S. 145 ff.

[399] Zum Neutralitätsgebot als Verfahrensprinzip → Rn. 90.

[400] *Christof Gramm*, Aufklärung durch staatliche Publikumsinformationen, Der Staat, Bd. 30 (1991), S. 51 (75).

[401] Dazu *Schulte*, Schlichtes Verwaltungshandeln (Fn. 15), S. 152 ff.

[402] *Schmidt-Aßmann*, Ordnungsidee, Kap. 6 Rn. 125; für den Bereich staatlicher Warnungen s. z. B. *Käß*, Warnung (Fn. 224), S. 202.

[403] → Bd. II *Gusy* § 23 Rn. 102 (m. w. N.).

[404] Zur Bedeutung des Gleichheitssatzes bei Verteilungsentscheidungen s. *Georg Hermes*, Gleichheit durch Verfahren bei der staatlichen Auftragsvergabe, JZ 1997, S. 909 (S. 913); *Markus Pöcker*, Das Ver-

B. Bausteine einer Vertypung

Die unbestrittene Geltung des **Verhältnismäßigkeitsprinzips**[405] für alle Arten schlichten Verwaltungshandelns hat wiederum im Bereich der öffentlichen Publikumsinformation[406] praktische Bedeutung erlangt. Im Übrigen stellt die Anwendung des Verhältnismäßigkeitsprinzips auf solche Realakte mit Eingriffsqualität, die insbesondere im Recht der Gefahrenabwehr und im Bereich des Verwaltungsvollstreckungsrechts zur alltäglichen Verwaltungspraxis gehören, eine Selbstverständlichkeit dar, die – soweit ersichtlich – nicht mit spezifischen Problemen oder Modifikationen im Hinblick auf Besonderheiten des schlichten Verwaltungshandelns belastet ist. Schließlich kann der Grundsatz des **Vertrauensschutzes**[407] etwa bei behördlichen Auskünften Bedeutung gewinnen, indem er die Behörde auch ohne rechtliche Bindung verpflichtet, konsequent vorzugehen und ihren eigenen Erklärungen entsprechend zu handeln.[408] Schließlich sind aus allgemeinen (Verfassungs-)Prinzipien qualitative **Anforderungen** sowohl an individuelle **behördliche Auskünfte** oder Mitteilungen als auch an **Publikumsinformationen** abgeleitet worden.[409] Sie müssen inhaltlich zutreffend[410], vollständig und unmissverständlich sein[411] und unterliegen dem für jedes staatliche Handeln geltenden Sachlichkeitsgebot.[412]

Maßstäben außerhalb von Rechtmäßigkeitsanforderungen im engeren Sinne, die nicht als Kontroll-, sondern als Handlungsmaßstäbe fungieren, aber über die „Schleuse" ermessensleitender Erwägungen, Professionalitätsanforderungen[413] und anderer Prinzipien wie das Verhältnismäßigkeitsprinzip teilweise in Recht „übersetzt" werden können,[414] kommt für das schlichte Verwaltungshandeln

94

---

fahrensrecht wirtschaftsverwaltungsrechtlicher Verteilungsentscheidungen: Der einheitliche Verteilungsverwaltungsakt, DÖV 2003, S. 193 (194).

[405] *Remmert*, Schlichtes Verwaltungshandeln (Fn. 333), § 35 Rn. 4.

[406] Siehe z.B. BVerwGE 82, 76 (83); die allgemeinen Anforderungen des verfassungsrechtlichen Verhältnismäßigkeitsprinzips an staatliche Publikumsinformationen gelten auch und insbesondere bei der Auslegung und Anwendung spezialgesetzlicher Ermächtigungsgrundlagen. So hat das Bundesverfassungsgericht nicht gezögert, die Rechtsgrundlagen im Verfassungsschutzgesetz des Landes Nordrhein-Westfalen sowohl auf der Tatbestands- wie auch auf der Rechtsfolgeseite (Ermessen) im Hinblick auf ihre Auslegung und Anwendung im Einzelfall mit Hilfe des Verhältnismäßigkeitsgrundsatzes zu kontrollieren (*BVerfG*, EuGRZ 2005, S. 421 [423 ff.]). In diesem Sinne ist nach § 69 Abs. 4 i.V.m. Abs. 1 S. 3 i.V.m. S. 2 Nr. 4 AMG eine Warnung nur in Verbindung mit dem Widerruf, der Rücknahme oder dem Ruhen der Zulassung zulässig. S. hierzu *Claus Burgardt*, Veröffentlichungsbefugnis der Arzneimittelkommission der Deutschen Ärzteschaft, Pharma-Recht 1996, S. 136 (137); *Tilman Haussühl*, Die Produktwarnung im System des öffentlichen Rechts, 1999, S. 103. Ebenso macht Art. 3 Abs. 2 des Lebensmittelüberwachungsgesetzes oder auch § 40 Abs. 2 LFGB die Zulässigkeit einer Warnung davon abhängig, ob andere ebenso wirksame Maßnahmen ausscheiden. Die öffentliche Warnung wird dabei als *ultima ratio* verstanden, der ausdrücklich die öffentliche Information durch den Gefahrverursacher selbst als milderes Mittel vorangestellt wird.

[407] → Bd. II *Pitschas* § 42 Rn. 95 ff.

[408] *Beatrice Weber-Dürler*, Vertrauensschutz im öffentlichen Recht, 1983, S. 195 ff.

[409] → Bd. II *Gusy* § 23 Rn. 18 ff.

[410] *Gramm*, Publikumsinformationen (Fn. 400), S. 75 m.w.N.; *Janbernd Oebbecke*, Beratung durch Behörden, DVBl 1994, S. 147 (154). Zu den modifizierten Anforderungen, wenn die Richtigkeit von Informationen noch nicht abschließend geklärt ist (Aufklärung des Sachverhalts im Rahmen des Möglichen und unter Nutzung verfügbarer Quellen, Anhörung Betroffener, Bemühen um die nach den Umständen erreichbare Verlässlichkeit), s. BVerfGE 105, 252 (272).

[411] Bezogen auf Auskünfte *Wolff/Bachof/Stober*, VerwR II, § 57 Rn. 11 (m.w.N.).

[412] BVerfGE 57, 1 (8); 105, 252 (272); BVerwGE 82, 76 (83).

[413] → Rn. 97.

[414] → Bd. II *Pitschas* § 42 Rn. 28; *Schmidt-Aßmann*, Ordnungsidee, Kap. 6 Rn. 60.

eine nicht zu unterschätzende Bedeutung zu. So steuert das **Effizienzgebot**[415] etwa maßgeblich den Mitteleinsatz im Bereich kostenintensiver Infrastrukturvorhaben und erlangt auch im Rahmen der Abwägungskontrolle von Planungsentscheidungen rechtliche Bedeutung. Darüber hinaus steuert es in seiner Ausprägung als Grundsatz der Wirtschaftlichkeit insgesamt die Bereitstellung und Verwendung von Haushaltsmitteln und beeinflusst damit Umfang und Qualität z. B. im Bereich der personalen Leistungsverwaltung wesentlich. In diesem Sektor dürfte auch dem Maßstab der **Akzeptabilität**[416] von Verwaltungshandeln eine herausragende Rolle zukommen.

3. Maßstäbe der allgemeinen (Zivil-)Rechtsordnung

95 Der Erkenntnis, dass die allgemeine **Zivilrechtsordnung** eine kompensatorische Ergänzung spezifisch öffentlich-rechtlicher Maßstäbe darstellt,[417] kommt für das schlichte Verwaltungshandeln insbesondere in denjenigen Sektoren besondere Relevanz zu, die keiner speziellen öffentlich-rechtlichen Normierung unterworfen sind. Wenn die Verwaltung Verrichtungen vornimmt, die auch von Privaten vorgenommen werden können und auch tatsächlich vorgenommen werden, so folgt – vorbehaltlich ausdrücklicher abweichender gesetzlicher Anordnung – bereits aus dem allgemeinen Vorrang des Gesetzes, dass die Verwaltung auch die für jedermann geltenden Nichtstörungsschranken nicht überschreiten darf.

96 Diese Erkenntnis führt in einer Vielzahl praktischer Einzelfälle zu der Anwendung von Maßstäben, die sich nicht von denjenigen der allgemeinen Zivilrechtsordnung unterscheiden. So hat sich jeder hoheitlich handelnde Amtsträger aller Eingriffe in fremde Rechte zu enthalten, die eine **unerlaubte Handlung** im Sinne des bürgerlichen Rechts (§ 823 BGB) darstellen.[418] Die **Verkehrssicherungspflicht**[419] als eine allgemeine Rechtspflicht nicht nur der Verwaltung ist Ausdruck der allgemeinen Rücksichts- und Nichtstörungspflichten im Hinblick auf denjenigen, der Gefährdungsquellen setzt und beherrscht.[420] Ihre Verletzung durch Bund, Länder und Gemeinden vor allem im Bereich öffentlicher Straßen wird als der häufigste Grund für eine Haftung des Staates gegenüber dem Bürger eingeschätzt.[421] Neben dem Betrieb von Straßen sind es Kindergärten, Schwimmbäder, Krankenhäuser, Messen, Jahrmärkte und andere öffentliche Veranstaltungen, die Verkehrssicherungspflichten der betreibenden Verwaltungseinheit auslösen. Umfang und Modalitäten dieser Pflicht hängen nicht davon ab, ob der hoheitliche Träger der Einrichtung das Rechtsverhältnis zu den Nutzern hoheitlich oder privatrechtlich ausgestaltet hat. Schließlich hat etwa das Bundesverfassungsgericht die Anforderungen an den Schutz vor Irreführungen und damit an die Richtigkeit von wettbewerbsbezogenen staatlichen Informationen explizit in Anknüpfung an diejenigen Pflichten entwickelt, die nach allgemeinem Regeln **(UWG)** auch für Äußerungen privater Wettbewerber und sonstiger Dritter gelten.[422]

---

[415] → Bd. II *Pitschas* § 42 Rn. 111 ff.
[416] → Bd. II *Pitschas* § 42 Rn. 201 ff.
[417] → Bd. I *Schulze-Fielitz* § 12 Rn. 5 (m. w. N.).
[418] *BGHZ* 78, 274 ff.; für Urheberrechtsverletzungen s. *BGH*, NJW 1981, S. 1310 ff.
[419] Ausführliche Nachweise bei *Stein/Itzel/Schwall*, Praxishandbuch (Fn. 13), Rn. 467.
[420] Grundlegend *BGHZ* 60, 54 (55).
[421] *Stein/Itzel/Schwall*, Praxishandbuch (Fn. 13), Rn. 467.
[422] *BVerfGE* 105, 252 (267 f.).

B. Bausteine einer Vertypung

Von kaum zu unterschätzender Bedeutung für das schlichte Verwaltungshandeln ist der allgemeine Maßstab der **Professionalität,** der als Verweisungsbegriff auf Standards der jeweiligen Berufsgruppe fungiert und insoweit privater Standardsetzung[423] vergleichbar ist. Der Verweis auf „allgemein anerkannte pädagogische Grundsätze oder Bewertungsmaßstäbe"[424] im Bereich des Schulverhältnisses zeigt diese Nähe deutlich. Die praktische Funktion des Professionalitätsmaßstabes liegt insbesondere darin, die Pflichtenstellung von Amtsträgern mit Hilfe eines Vergleichs zu derjenigen privater Akteure in vergleichbarer Funktion dort konkretisieren zu können, wo es an spezifisch öffentlich-rechtlichen Maßstäben fehlt. So wird in der Rechtsprechung z.B. explizit hervorgehoben, dass Erzieherinnen im Bereich der „öffentlich-rechtlichen Daseinsvorsorge die gleichen Aufsichtspflichten, wie ihre privatrechtlich tätigen Kolleginnen" haben.[425] Wie diese Beispiele zeigen, gewinnt der Maßstab der Professionalität vor allem im Bereich der personalen Leistungsverwaltung Bedeutung und kompensiert dort den im Interesse effektiver Aufgabenerfüllung erforderlichen Freiraum des konkret handelnden Amtsträgers.[426]

97

Die hier in Rede stehenden Maßstäbe der allgemeinen Rechtsordnung, die für Private wie für Verwaltungsträger in gleicher Weise gelten, sind nicht nur der Zivilrechtsordnung zu entnehmen. Wie die Beispiele der „Polizeipflicht" des Straßenbaulastträgers[427] oder der Umstand, dass auch die Errichtung und Unterhaltung eines Behördengebäudes den allgemeinen Anforderungen des öffentlichen Baurechts unterworfen ist, zeigen, können sie auch dem **Öffentlichen Recht** entnommen werden. Auch insoweit zeigt sich die praktische Bedeutsamkeit einer das Öffentliche und das Privatrecht umfassenden Verbundperspektive[428] für die rechtliche Strukturierung schlichten Verwaltungshandelns.

98

4. Schlichtes Verwaltungshandeln und Formenwahl

Probleme hinsichtlich der Befugnis zur Instrumentenauswahl im **Verhältnis der schlichten zu den rechtsförmlichen Handlungen**[429] stellen sich nach der hier vorgeschlagenen Abgrenzung zum informellen Verwaltungshandeln nicht, weil danach das schlichte Verwaltungshandeln gerade dadurch gekennzeichnet ist, dass keine rechtsförmliche Alternative zur Verfügung steht. Vergleichbare Konstellationen können nur dann auftreten, wenn schlichtes Verwaltungshandeln eine vorbereitende Entscheidung voraussetzt.[430] Eine Formenwahlfreiheit im Sinne der Möglichkeit eines Verzichts auf solche vorbereitenden und das nachfolgende schlichte Handeln bindenden Entscheidungen besteht abgesehen von ausdrücklichen gesetzlichen Ausnahmen[431] nicht.[432] Eine weitere – auch ver-

99

---

[423] → Bd. I *Eifert* § 19 Rn. 62 ff.
[424] *Schl.-hol. OVG,* NJW 1993, S. 952 (953).
[425] *OLG Karlsruhe,* OLGR Karlsruhe 2006, S. 426 ff.
[426] Zur pädagogischen Freiheit des Lehrers s. bereits → Rn. 42.
[427] Dazu *Kodal/Krämer,* Straßenrecht (Fn. 322), S. 1259 ff.
[428] → Rn. 86.
[429] *Schmidt-Aßmann,* Ordnungsidee, Kap. 6 Rn. 125.
[430] → Rn. 74 ff.
[431] Beispiele finden sich vor allem im Polizeirecht unter der Voraussetzung einer „Gefahr im Verzug".
[432] *Remmert,* Schlichtes Verwaltungshandeln (Fn. 333), VerwR, § 35 Rn. 2.

fassungsrechtlich insbesondere im Hinblick auf die Gewährleistung effektiven Rechtsschutzes relevante – Frage geht dahin, inwieweit solche vorbereitenden Entscheidungen gesetzlich vorgesehen werden müssen oder ihre Notwendigkeit unmittelbar aus der Verfassung begründet werden kann.[433]

V. Fehlerfolgen und Rechtsschutz

100 Schlichtes Verwaltungshandeln, das mit rechtlichen Vorgaben nicht in Einklang steht, ist rechtswidrig. Soweit damit Beeinträchtigungen subjektiver Rechte einhergehen, verbietet es die Rechtsschutzgarantie des Art. 19 Abs. 4 GG, solche Rechtsverletzungen folgenlos zu lassen, und macht ein System der Fehlerfolgen und Folgerechte notwendig.[434] Eine allgemeine, das schlichte Verwaltungshandeln insgesamt betreffende Antwort auf die Frage, welche Folgen rechtswidriges Handeln nach sich zieht, fehlt allerdings bislang. Diese Frage stellt sich hier grundlegend anders als bei Formen des Verwaltungshandelns mit rechtlichen Wirkungen. Denn bei diesen besteht die grundsätzlich mögliche Fehlerfolge darin, die rechtlichen Wirkungen mit den Mitteln des Rechts vollständig oder partiell, nach Maßgabe materieller und/oder verfahrens- und prozessrechtlicher Voraussetzungen zu beseitigen.[435] Für schlichtes Verwaltungshandeln, das nicht Rechte gestaltet, sondern Tatsachen schafft,[436] kommt dagegen die **(Un-)Wirksamkeit als zentraler Bezugspunkt** eines Fehlerfolgenregimes **nicht in Betracht**.[437]

101 Auch der **Grundkonflikt**, dessen Lösung die konkrete Ausgestaltung des **Fehlerfolgenregimes** und der Folgerechte zu bewältigen hat, präsentiert sich bei den Formen des schlichten Verwaltungshandelns anders als bei den Handlungsformen, die durch ihre rechtlichen Wirkungen geprägt sind. Während es bei diesen vorrangig um das Spannungsverhältnis zwischen dem Interesse an der Herstellung rechtmäßiger Zustände und dem nicht weniger gewichtigen Interesse an der Beständigkeit der bestehenden Rechtslage geht,[438] sieht sich bei schlichtem Verwaltungshandeln das Interesse an der (Wieder-)Herstellung rechtmäßiger Zustände anderen gegenläufigen Interessen gegenübergestellt. Gegen die „Aufhebung" von Realakten oder sonstigen Maßnahmen streiten nicht die Beständigkeit der Rechtsordnung, sondern die tatsächliche Unmöglichkeit einer solchen „Aufhebung", die Unverhältnismäßigkeit des finanziellen Aufwandes sowie Gesichtspunkte der Verwaltungseffizienz[439] und der Praktikabilität des Verwaltungshandelns. Insbesondere der Umstand, dass durch schlichtes Verwaltungshandeln veränderte tatsächliche Umstände nicht oder jedenfalls nicht vollständig rückgängig zu machen sind, führt dazu, dass diese Konflikte – abgesehen von der Möglichkeit, im Klagewege die Rechtswidrigkeit einer in der Vergangenheit lie-

---

[433] Dazu die Nachweise der älteren Diskussion bei *Krause*, Rechtsformen (Fn. 4), S. 59. Eine vergleichbare Frage stellte sich früher im Vergaberecht, als Zuschlag und Abschluss in einem Akt mit der Folge zusammenfielen, dass primärer Rechtsschutz gegen rechtswidrige Vergabeentscheidungen nicht zu erlangen war.
[434] *Eberhard Schmidt-Aßmann*, in: Maunz/Dürig, GG, Art. 19 Abs. 4 Rn. 282.
[435] Für Verwaltungsakte s. → Bd. II *Bumke* § 35 Rn. 153 ff.
[436] *Richter/Schuppert*, Casebook (Fn. 82), S. 264.
[437] Für Warnungen *Käß*, Warnungen (Fn. 224), S. 203.
[438] → Bd. II *Bumke* § 35 Rn. 155.
[439] → Bd. II *Pitschas* § 42 Rn. 111 ff.

B. Bausteine einer Vertypung

genden Verwaltungsmaßnahme feststellen zu lassen[440] – ganz überwiegend **staatshaftungsrechtlich** im Wege retrospektiver Kompensation[441] und nur partiell – nämlich bei drohenden oder noch andauernden Beeinträchtigungen – mittels primärer Abwehransprüche auf **Unterlassung** oder negatorischer und restitutorischer **Beseitigungsansprüche**[442] abgearbeitet werden können.[443]

Stellt sich ein bevorstehendes tatsächliches Verwaltungshandeln als Vollzug oder Ausführung vorangegangener rechtsförmlicher Entscheidungen dar,[444] so findet der **Anspruch auf Unterlassung** des Handelns seine rechtliche Gestalt in dem Abwehranspruch (auf Aufhebung bzw. Feststellung der Nichtigkeit) gegen die zu Grunde liegende Entscheidung. Ist die Entscheidung bereits vollzogen, so findet dieser Abwehranspruch seine Fortsetzung in dem Vollzugsfolgenbeseitigungsanspruch. Wenn dem schlichten Verwaltungshandeln kein Verwaltungsakt vorausgeht, richtet sich der abwehrrechtliche Anspruch unmittelbar auf Unterlassung der bevorstehenden oder absehbaren rechtswidrigen tatsächlichen Beeinträchtigung.[445] Allerdings machen die Gründe dafür, dass einem Verwaltungshandeln keine rechtsförmliche Entscheidung vorausgeht – es fehlt an einem Adressaten, die Maßnahme duldet keinen Aufschub oder kann etwa im Rahmen personaler Betreuungsverhältnisse nur spontan vollzogen werden –, es dem Betroffenen regelmäßig unmöglich, dieses Handeln vorherzusehen und mit Hilfe eines Unterlassungsanspruchs abzuwehren. Die praktische Bedeutung von Unterlassungsansprüchen gegen rechtswidriges schlichtes Verwaltungshandeln ist deshalb gering. Aus der Perspektive effektiven Rechtsschutzes führt dies zu der Notwendigkeit, diejenigen Sachbereiche zu identifizieren, in denen sich schlichtes Verwaltungshandeln notwendigerweise „spontan" und ohne vorgelagerte Entscheidung oder Vorankündigung vollziehen muss.[446]

102

Anders stellt sich die Situation dar, wenn das beeinträchtigende rechtswidrige Verwaltungshandeln auf Dauer oder auf regelmäßige Wiederholung angelegt ist und dementsprechend kontinuierliche bzw. wiederkehrende Wirkungen hervorruft, wie dies etwa bei der Errichtung und dem Betrieb von Anlagen und Einrichtungen[447] der Fall ist. Hier ist der **negatorische Beseitigungsanspruch**[448] darauf gerichtet, den Zustand herzustellen, der bestehen würde, wenn die Beeinträchtigung nicht mehr vorhanden wäre.[449] Bei diesem wie auch bei dem weiter gehenden **restitutorischen Beseitigungsanspruch** auf Wiederherstellung ei-

103

---

[440] *Jost Pietzcker*, in: Schoch/Schmidt-Aßmann/Pietzner (Hrsg.), VwGO, § 43 Rn. 13; *Hufen*, VerwaltungsprozessR, § 18 Rn. 44; vgl. z. B. *Nds.OVG*, NJW 2006, S. 391 ff. (polizeiliches Gefährderanschreiben).

[441] → Bd. III *Morlok* § 54.

[442] → Bd. III *Enders* § 53; zur Grundsatzfrage nach Inhalt und Reichweite eines abwehrrechtlichen – negatorischen und restitutorischen – Beseitigungsanspruchs s. nur *Wolfram Höfling*, Primär- und Sekundärrechtsschutz im Öffentlichen Recht, VVDStRL, Bd. 61 (2002), S. 260 (270 ff.).

[443] *Maurer*, VerwR, § 15 Rn. 3; unproblematisch sind in diesem Zusammenhang die prozessualen Instrumente (allgemeine Leistungs- bzw. Unterlassungsklage, Feststellungsklage); s. dazu nur *Maurer*, VerwR, § 15 Rn. 7.

[444] → Rn. 74 ff.

[445] *Michael Hoffmann*, Der Abwehranspruch gegen rechtswidrige hoheitliche Realakte, 1969; *Ossenbühl*, StaatshaftungsR, S. 300 f.; *Wolff/Bachof/Stober*, VerwR II, § 57 Rn. 23.

[446] → Rn. 99.

[447] *BVerwGE* 79, 254 ff. (Feuerwehrsirene); 81, 197 ff. (Sportplatz).

[448] *Bernd Grzeszick*, Staatshaftungsrecht, in: Erichsen/Ehlers (Hrsg.), VerwR, § 45 Rn. 126.

[449] *Höfling*, Primär- und Sekundärrechtsschutz (Fn. 442), S. 270.

nes dem Zustand vor der Beeinträchtigung vergleichbaren Zustandes[450], die beide dem Anspruch auf Folgenbeseitigung[451] zugerechnet werden,[452] verbergen sich die entscheidenden Probleme hinter den Kriterien der Unmöglichkeit oder Unzumutbarkeit einer Wiederherstellung oder Folgenbeseitigung. Denn bei der Handhabung dieser anspruchsbeschränkenden oder -ausschließenden Kriterien wird über den Konflikt zwischen dem Interesse an der (Wieder-)Herstellung rechtmäßiger Zustände und den im konkreten Fall entgegenstehenden legitimen Zielen (Schutz von Rechten Dritter, Effizienz) entschieden.

104 Allein der Ausweg eines „pekuniären Kompensationsanspruchs"[453] für Rechtsverletzungen durch schlichtes Verwaltungshandeln kommt dort in Betracht, wo die Wiederherstellung des ursprünglichen bzw. eines entsprechenden Zustandes wegen tatsächlicher oder – verfassungslegitimierter – rechtlicher Unmöglichkeit oder Unzumutbarkeit ausscheidet. Das **Staatshaftungsrecht** zieht daraus die Konsequenzen in Gestalt eines Folgenentschädigungsanspruchs[454] sowie mit Hilfe der Ansprüche aus enteignungsgleichem Eingriff, aus Aufopferung und aus Amtshaftung.[455]

C. Perspektiven für die Erfüllung der Formungsaufgabe

105 Ob es mit Hilfe der erörterten Bausteine gelingen wird, das schlichte Verwaltungshandeln aus seinem Zustand einer profillosen Auffangkategorie[456] herauszuführen, welche Wege dabei im Einzelnen zu beschreiben sind und welche Teilerfolge bei Erfüllung des Strukturierungsauftrages im Hinblick auf einzelne Typen bereits zu vermelden sind, soll hier nur im Sinne einer Zwischenbilanz umrissen werden, da die wesentlichen Formungselemente bereits deutlich geworden sein sollten.

I. Schlichtes Verwaltungshandeln im Übergang zur Handlungsform

106 Die mit dem hier vorgeschlagenen Suchbegriff[457] aufgegebene Ordnungs- und Strukturierungsleistung lässt sich jedenfalls für einige Teilbereiche des schlichten Verwaltungshandelns beobachten, die sich deshalb dem Grenzbereich zwischen schlichtem Verwaltungshandeln und vertypten Handlungsformen zuord-

---

[450] *BVerwGE* 69, 366 (371 f.); *Remmert*, Schlichtes Verwaltungshandeln (Fn. 333), § 35 Rn. 6; zu den in diesem Zusammenhang vielfach umstrittenen Fragen der Begründung, des genauen Inhalts und der Reichweite eines solchen Wiedergutmachungs- oder Wiederherstellungsanspruchs s. nur *Höfling*, Primär- und Sekundärrechtsschutz (Fn. 442), S. 271 f.; *Grzeszick*, Staatshaftungsrecht (Fn. 448), § 44 Rn. 128; → Bd. III *Enders* § 53; zum Sonderfall des Widerrufs *Remmert*, Schlichtes Verwaltungshandeln (Fn. 333), VerwR, § 35 Rn. 7 m. w. N. in Fn. 49.
[451] *Wolff/Bachof/Stober*, VerwR II, § 57 Rn. 23.
[452] Kritisch dazu *Höfling*, Primär- und Sekundärrechtsschutz (Fn. 442), S. 270 f.
[453] *Höfling*, Primär- und Sekundärrechtsschutz (Fn. 442), S. 274.
[454] *Winfried Erbguth*, Vom Folgenbeseitigungsanspruch zum Folgenentschädigungsanspruch, JuS 2000, S. 336 ff.; *Karl-E. Hain*, Folgenbeseitigung und Folgenentschädigung, VerwArch, Bd. 95 (2004), S. 498 ff.
[455] *Remmert*, Schlichtes Verwaltungshandeln (Fn. 333), § 35 Rn. 6; Nachw. bei *Wolff/Bachof/Stober*, VerwR II, § 57 Rn. 24.
[456] → Rn. 18.
[457] → Rn. 20 ff.

C. Perspektiven für die Erfüllung der Formungsaufgabe

nen lassen. Dabei handelt es sich zum einen um „neue" Phänomene, der sich Verwaltungspraxis und Verwaltungsrechtswissenschaft als „spannende" Kategorie[458] in jüngerer Zeit intensiv gewidmet haben, und zum anderen um „Bekanntes und Bewährtes", das offenbar wenig Bedarf nach den Diensten auslöst, die die Formenlehre anzubieten hat, und deswegen als „nicht besonders interessant" eingestuft wird.[459]

Zur ersten Gruppe gehört insbesondere das Verwaltungshandeln, das mit den Begriffen der staatlichen **Publikumsinformation**[460] oder der **Warnung** erfasst wird.[461] Oberhalb der Ebene des zunehmenden Normmaterials wurden hierzu allgemeine Prinzipien zu Fragen der Zuständigkeit, der grundrechtlichen Eingriffsqualität und der damit in Zusammenhang stehenden Reichweite des Vorbehalts des Gesetzes sowie zu den inhaltlichen Richtigkeitsanforderungen[462] und zu Rechtsschutzfragen entwickelt.[463] Von manchen wird diese Erscheinungsform deshalb bereits als Handlungsform eingestuft.[464] **107**

Obwohl dieser Typus nicht zu den „neuen" Phänomenen gehört, lässt sich Ähnliches für individuelle behördliche **Auskünfte** konstatieren. Sie sind einerseits in Form selbständiger Auskunftsansprüche und andererseits als Teil des Verwaltungsverfahrens Gegenstand (spezial-)gesetzlicher Normierung, unterliegen vergleichbaren Qualitäts- und Richtigkeitsanforderungen wie die Publikumsinformationen und lassen sich auch unter dem Aspekt ihrer indirekten Steuerungsleistung mit diesen vergleichen.[465] Verbleibende Aufgaben im Hinblick auf die Auskunft als Handlungsform betreffen ihre Einbettung in ein Gesamtkonzept der informierenden Verwaltung[466] und insbesondere die damit in Zusammenhang stehende Frage, ob über spezielle Auskunftsansprüche hinaus ein allgemeines Auskunftsrecht begründet werden kann.[467] **108**

---

[458] *Schuppert*, Verwaltungswissenschaft, S. 253.

[459] *Schuppert*, Verwaltungswissenschaft, S. 253, betreffend regelungsvorbereitende und -ausführende Handlungen.

[460] Zum Begriff *Gramm*, Publikumsinformationen (Fn. 400), S. 53 f.

[461] → Bd. II *Gusy* § 23 Rn. 95 ff.; zur Zuordnung zum schlichten Verwaltungshandeln s. nur *Schulte*, Schlichtes Verwaltungshandeln (Fn. 15).

[462] *BVerfGE* 105, 252 (272).

[463] Es herrscht zumindest die Auffassung vor, dass die eigentlich „spannende" Kategorie des schlichten Verwaltungshandelns diejenige ist, die sich in Form von Aufklärung, Empfehlungen, Appellen und Warnungen vollzieht; so zum Beispiel die Einschätzung von *Schuppert*, Verwaltungswissenschaft, S. 253; aus der Lehrbuchliteratur etwa *Richter/Schuppert/Bumke*, Casebook (Fn. 35), S. 235 ff.

[464] Manche plädieren bereits für die Publikumsinformation als eigenständige Handlungsform. So *Christian Bumke*, Publikumsinformation, DV, Bd. 37 (2004), S. 3 (33): „Eigenständige Handlungsform"; auch *Maurer*, VerwR, § 15 Rn. 11, stellt die Frage, ob die öffentliche Warnung überhaupt noch unter den – rechtsdogmatisch ohnehin vernachlässigten – Begriff des Realaktes subsumiert werden kann oder ob sie nicht als eigene Handlungsform des Verwaltungsrechts betrachtet und behandelt werden müsste. „Erste Konturen eines Rechts der Publikumsinformation" konstatieren *Sparwasser/Engel/Voßkuhle*, UmweltR, § 2 Rn. 179.

[465] Sog. „comfort letters" im europäischen Wettbewerbsrecht dienen der Verfahrensbeschleunigung; s. dazu nur *Holger Dieckmann*, in: Gerhard Wiedemann (Hrsg.), Handbuch des Kartellrechts, 1999, § 45 Rn. 5 ff.

[466] *Johannes Masing*, Transparente Verwaltung: Konturen eines Informationsverwaltungsrechts, in: VVDStRL, Bd. 63 (2004), S. 377 (423 ff.).

[467] Maßgebliche Argumentationstopoi sind hier das Rechtsstaatsprinzip, das Sozialstaatsprinzip oder die Grundrechte, wobei nach h. M. gilt, dass eine allgemeine Verpflichtung zu Auskunftserteilungen aus keiner dieser verfassungsrechtlichen Vorgaben abgeleitet werden kann: *BVerfG*, NJW

109 In die Gruppe des „Bekannten und Bewährten" gehören die Handlungen, die durch ihren intensiven Zusammenhang mit einer Einzelfallregelung insbesondere in der Form des Verwaltungsaktes geprägt sind und in Bezug auf diese als **regelungsvorbereitende, regelungsersetzende** und **regelungsausführende Maßnahmen** typisierbar sind.[468] Diese drei Typen gehen zurück auf den von *Robbers*[469] vorgelegten „Neuansatz zur begrifflichen Erfassung und dogmatischen Strukturierung schlichten Verwaltungshandelns"[470], der große Aufmerksamkeit auf sich gezogen hat.[471] *Robbers* legt seinem Strukturierungsansatz das Postulat rechtsdogmatischer Relevanz[472] zu Grunde und wählt deshalb die Regelung – durch Verwaltungsakt ebenso wie durch Vertrag oder durch exekutive Normen – als Ansatzpunkt für eine dogmatisch relevante Strukturierung des Handlungstypus. Auf dieser Grundlage unterscheidet er neben den drei genannten noch die regelungsvermeidenden Verwaltungshandlungen, die nach der hier vorgeschlagenen Abgrenzung[473] dem informellen Verwaltungshandeln zuzuordnen sind, und fügt diesen Kategorien schließlich die fünfte Gruppe derjenigen Handlungen hinzu, die aufgabengeprägt sind und keinen Bezug zu verwaltungseigener rechtlicher Regelung besitzen.[474] Zwar vermag *Robbers* für diese letzte von ihm vorgeschlagene Kategorie – das „eigentliche Feld schlichten Verwaltungshandelns"[475] – mangels Regelungsbezugs keine dogmatisch relevanten Aussagen zu liefern, so dass es sich nicht um einen „Gesamtentwurf" handelt.[476] Immerhin wurde aber mit den regelungsvorbereitenden, -ersetzenden und -ausführenden Handlungen auf drei Vertypungen hingewiesen, deren Strukturierung durch das Verwaltungsverfahrensrecht, durch die Standardmaßnahmen des Polizei- und Ordnungsrechts sowie durch das Verwaltungsvollstreckungsrecht sich deutlich von dem sonstigen schlichten Verwaltungshandeln abhebt. Alle drei Kategorien zeichnen sich durch eine relativ hohe Normierungsdichte aus. Bei regelungsersetzenden Maßnahmen mit regelmäßig zu bejahender Eingriffsqualität kann auf allgemeine Prinzipien für Eingriffshandlungen zurückgegriffen werden, und Analogien zu den für Verwaltungsakte geltenden Vorschriften sind nicht ausgeschlossen. Regelungsvorbereitende Handlungen sind insbesondere als Bestandteil des Verwaltungsverfahrens dogmatisch durchformt[477] und auch bei den regelungsausführenden Handlungen zeigt sich ange-

---

1998, S. 405; *BVerfGE* 84, 375 (388); Paul *Stelkens*/Dieter *Kallerhoff*, in: Stelkens/Bonk/Sachs (Hrsg.), VwVfG, § 25 Rn. 10 ff.

[468] Siehe dazu bereits → Rn. 54 f., 56 ff.
[469] *Robbers*, Schlichtes Verwaltungshandeln (Fn. 5), S. 272 ff.
[470] So die Einschätzung von *Schulte*, Schlichtes Verwaltungshandeln (Fn. 15), S. 24.
[471] Nachweise dazu bei *Siems*, Begriff (Fn. 3), S. 144 ff.
[472] *Robbers*, Schlichtes Verwaltungshandeln (Fn. 5), S. 272.
[473] → Rn. 30 f.; → Bd. II *Fehling* § 38 Rn. 14 ff.
[474] *Robbers*, Schlichtes Verwaltungshandeln (Fn. 5), S. 274, 279 f.; das Spektrum reicht von dem Unterricht an Schulen über Glückwünsche der Verwaltung und das Feuerlöschen bis hin zur Forschung an Universitäten.
[475] *Robbers*, Schlichtes Verwaltungshandeln (Fn. 5), S. 279 f.
[476] *Faber*, VerwR, S. 263; *Richter/Schuppert*, Casebook (Fn. 82), S. 233; *Schulte*, Schlichtes Verwaltungshandeln (Fn. 15), S. 24; Rainer *Pitschas*, Entwicklung der Handlungsformen im Verwaltungsrecht – vom Formendualismus des Verwaltungsverfahrens zur Ausdifferenzierung der Handlungsformen, in: Willi Blümel/Rainer Pitschas (Hrsg.), Reform des Verwaltungsverfahrens, 1994, S. 229 (252).
[477] → Rn. 54 f.; → Bd. II *Schneider* § 28 Rn. 24 ff.

C. Perspektiven für die Erfüllung der Formungsaufgabe

sichts ihrer intensiven Programmierung durch vorangehende Einzelfallentscheidungen[478] wenig Bedarf nach weiterer Formung.

II. Verbleibende Typisierungsaufgabe

Die danach verbleibende Typisierungsaufgabe bezieht sich in erster Linie auf alle die Erscheinungsformen schlichten Verwaltungshandelns, die sich z.B. bei dem Ansatz von *Robbers* hinter der Kategorie aufgabengeprägter Handlungen verbergen.[479] Wie bereits erwähnt, ist die Verwaltungsrechtswissenschaft bei der Erfüllung dieser Aufgabe über die Auflistung von Beispielen, die nach Fallgruppen geordnet zu werden pflegen, nicht hinausgekommen.[480] Ein Neuansatz, diesen Zustand durch Überwindung eines regelungs- und rechtsschutzzentrierten Denkens zu überwinden, kann nur bei der typusprägenden Funktion des **Aufgabenbezugs**[481] sowie bei dem Beitrag ansetzen, den das schlichte Verwaltungshandeln zur **Bewirkung exekutiver Ziele** zu leisten in der Lage ist.[482] Da die Bedeutung schlichten Verwaltungshandelns im Bereich der ordnenden Verwaltung weitestgehend mit den zuvor erwähnten Typen des Informationshandelns und der regelungsbezogenen Handlungen abgedeckt ist, führt die Orientierung am Aufgabenbezug zu dem Vorschlag, die personale Leistungsverwaltung sowie die Sach- und Dienstleistungen für die Allgemeinheit als typusbildende Kategorien zu Grunde zu legen. Ergänzend tritt die unter dem Blickwinkel des Bewirkungsbeitrags vorgeschlagene Kategorie der Herstellung exekutiver Handlungsfähigkeit hinzu.[483]

110

Beschreibungen, wonach sich die Verwaltung durch **„betriebsbezogenes" Verwaltungshandeln** selbst organisiert und im „Großunternehmen" Verwaltung „gebaut und repariert, produziert und verteilt, gefahren und telefoniert, rekrutiert und propagandiert" wird,[484] markieren das Feld „realer" Phänomene, die der Begriff des schlichten Verwaltungshandelns erfassen soll und die hier der Kategorie der Maßnahmen zur Herstellung exekutiver Handlungsfähigkeit zugeordnet wurden.[485] Die traditionelle Verwaltungsrechtswissenschaft interessierte sich vor dem Hintergrund ihrer vorrangigen Orientierung an dem Außenrecht[486] vor allem für die mit den Mitteln des Staatshaftungsrechts zu bewältigenden Ausnahmefälle, in denen solches Handeln zu Beeinträchtigungen von Bürgern führt.[487] Aus der Perspektive einer steuerungstheoretisch angeleiteten Verwaltungsrechtswissenschaft ist die Gesamtheit dieser Maßnahmen dagegen in ihrer Funktion als Voraussetzung und Mittel zur Bewirkung exekutiver Ziele in den Blick zu nehmen. Dann

111

---

[478] → Rn. 74 ff.
[479] *Robbers*, Schlichtes Verwaltungshandeln (Fn. 5), S. 279 f.
[480] → Rn. 3 ff.
[481] → Rn. 33 ff.
[482] → Rn. 47 ff.
[483] → Rn. 48; die übrigen nach der Bewirkungsfunktion kategorisierten Erscheinungsformen schlichten Verwaltungshandelns sind entweder dem Informationshandeln zuzuordnen oder werden durch die Typen des regelungsbezogenen Handelns weitgehend erfasst.
[484] *Richter/Schuppert*, Casebook (Fn. 82), S. 247 f.
[485] → Rn. 48 ff.
[486] Siehe dazu nur *Schmidt-Aßmann*, Ordnungsidee, Kap. 5 Rn. 4; → Bd. I *Jestaedt* § 14 Rn. 11.
[487] → Rn. 100 ff.

rücken Instrumente der Budget- und Personalsteuerung, Formen exekutivischer Selbstprogrammierung[488] sowie Organisationsfragen in den Blickpunkt. Gerade diese durch das Verlassen der Innen-Außen-Perspektive gewonnene Perspektivenerweiterung begründet allerdings auch erhebliche Zweifel daran, ob die Vielfalt der auf diese Weise in den Blick geratenden Phänomene durch eine Handlungsform abgebildet werden können. Diese Zweifel könnten dafür sprechen, diesen Typus weiter zu differenzieren, wie dies etwa objektbezogen mit dem Institut der öffentlichen Sachen im Verwaltungsgebrauch[489] geschieht.

112 Für den Typus der **Handlungen der personalen Leistungsverwaltung** wurden bereits prägende Elemente identifiziert,[490] zu denen an erster Stelle die besondere Abhängigkeit effektiver Aufgabenerfüllung von professionellen Fähigkeiten[491], individuellen Einstellungen und Motivationen gehört. Das Recht kann sich hier nicht an einem „Idealtyp" orientieren, sondern muss die individuellen Fähigkeiten und Begabungen zu Grunde legen.[492] Die für diesen Typus diagnostizierte „weitgehende Irrelevanz rechtlicher Steuerung"[493] bezieht sich auf die Formen materieller Programmsteuerung und bedarf hier der Kompensation durch andere Steuerungsformen. Organisationsrechtlich sind Formen der Autonomisierung und der Kooperation mit privaten Aufgabenträgern vorherrschend.

113 Für den Typus von Handlungen auf dem Sektor der **Sach- und Dienstleistungen für die Allgemeinheit** ist in erster Linie prägend, dass sie „multilateral" wirken und weitestgehende Überschneidungen mit dem Begriff der **Infrastruktur**verwaltung aufweisen.[494] Die erhebliche Bedeutung der Budgetsteuerung, ein gestuftes System vorbereitender Planungs- und Zulassungsverfahren bei raumbeanspruchenden Infrastrukturen, die Allgemeinwohldienlichkeit, die ihren Ausdruck in Zugangs- und Nutzungsansprüchen findet, sowie eine erhebliche Bedeutung technischer Standards für Bau, Betrieb und Unterhaltung gehören zu den weiteren typusprägenden Merkmalen.

III. Beteiligung Privater

114 Eine typusübergreifende Herausforderung, die nicht im Rahmen einer Handlungsformenlehre zu bewältigen ist, von dieser aber auch nicht ignoriert werden kann, liegt in der zunehmenden Einschaltung Privater. Dieser Beobachtung, die sich zwischenzeitlich als ein wesentlicher „roter Faden" in allen Erörterungen zur Modernisierung des Verwaltungsrechts präsentiert,[495] kommt für einen wesentlichen Teil des schlichten Verwaltungshandelns besondere Relevanz zu. Die Beispiele, die vom „Outsourcing" technischer Hilfsfunktionen der Verwaltung[496]

---

[488] → Bd. II *Hill/Martini* § 34 Rn. 56 ff.

[489] Siehe dazu nur *Papier*, Recht der öffentlichen Sachen (Fn. 221), § 38 Rn. 48 ff.

[490] → Rn. 39 ff.

[491] → Rn. 41 f., 97.

[492] So bezogen auf Lehrer *Schl.-hol. OVG*, NJW 1993, S. 952 (953).

[493] *Wahl*, Aufgabenabhängigkeit (Fn. 87), S. 206.

[494] *Faber*, VerwR, S. 263, 423; *Hermes*, Infrastrukturverantwortung (Fn. 205), S. 162 ff., 323 ff.; *Hendrik Lackner*, Gewährleistungsverwaltung und Verkehrsverwaltung, 2004.

[495] Siehe nur → Bd. I *Voßkuhle* § 1 Rn. 58 ff., *Trute* § 6 Rn. 89 ff., *Schulze-Fielitz* § 12 Rn. 91 ff., *Schuppert* § 16 Rn. 80 ff.

[496] *Alfred Büllesbach/Joachim Rieß*, Outsourcing in der öffentlichen Verwaltung, NVwZ 1995, S. 444 ff.

über den Gesundheitsdienst[497] bis zum Betrieb von Autobahnen[498] reichen, decken alle hier interessierenden Typen schlichten Verwaltungshandelns ab. Auf der Ebene des Allgemeinen Verwaltungsrechts wirft dies Grundsatzfragen etwa nach der Reichweite des Vorbehalts des Gesetzes[499] auf, weil hier – mangels imperativen Verwaltungshandelns – die Beleihungsregeln keine Anwendung finden können, auch schlichtes „Verwaltungs"-Handeln aber mit erheblichen Rechtsbeeinträchtigungen verbunden sein kann. Einzelfragen der **Zurechnung** wurden bislang im Rahmen der Staatshaftung abgearbeitet, wenn es etwa um Schäden Dritter bei der Wahrnehmung von Aufgaben der Müllentsorgung durch private Unternehmer als Erfüllungsgehilfen einer Kommune[500] oder durch von der Polizei beauftragte Abschleppunternehmen[501] ging. Die Zurechnungsfrage[502] stellt sich aber über Haftungsfragen hinaus grundsätzlich und mündet in die Notwendigkeit, auch und gerade im Hinblick auf schlichtes „Verwaltungs"-Handeln Regeln für die Ergebnissicherung, die Qualifikation und Auswahl privater Akteure, den Schutz der Rechte Dritter, Lenkungs- und Kontrollinstrumente sowie Evaluations- und Rückholoptionen zu entwickeln.[503] Das hier vorgeschlagene Kriterium der Einbindung in einen Steuerungszusammenhang[504] zur Lösung der Zurechnungsfrage ist zu überprüfen und – im Rahmen der Entwicklung solcher Regeln – fortzuentwickeln. Dieser Aufgabe hat sich nicht nur die weitere Formung schlichten Verwaltungshandelns, sondern die Neue Verwaltungsrechtswissenschaft überhaupt zu stellen.

Ausgewählte Literatur

Michael Hoffmann, Der Abwehranspruch gegen rechtswidrige hoheitliche Realakte, Berlin 1969.
Gerhard Robbers, Schlichtes Verwaltungshandeln, DÖV 1987, S. 272–280.
Martin Schulte, Schlichtes Verwaltungshandeln, Tübingen 1995.
Ulrike Siems, Der Begriff des schlichten Verwaltungshandelns, Göttingen 1999.
Josef Widmann, Abgrenzung zwischen Verwaltungsakt und eingreifendem Realakt, Diss. München 1996.

---

[497] *Frank Stollmann*, Aufgabenerledigung durch Dritte im öffentlichen Gesundheitsdienst, DÖV 1999, S. 183 ff.
[498] Dazu *Lackner*, Gewährleistungsverwaltung (Fn. 494), S. 191 ff.
[499] *Martin Burgi*, Funktionale Privatisierung und Verwaltungshilfe, 1999, S. 283 ff.
[500] *OLG Düsseldorf*, DAR 2000, S. 733 f. (keine Verdrängung der Haftung des Unternehmers durch Amtshaftung).
[501] *BGH*, NJW 1993, S. 1258 ff.; s. a. *OLG Thüringen*, OLGR Jena 2002, S. 247 ff. (Überschwemmungsschäden durch Fehlverhalten eines im Auftrag eines Gemeindezweckverbandes tätigen Unternehmens).
[502] → Rn. 25 ff.
[503] So die weiterführende Zusammenstellung der Grundbausteine einer Dogmatik des Gewährleistungsverwaltungsrechts von *Voßkuhle*, Beteiligung Privater (Fn. 290), S. 310 ff.
[504] → Rn. 26 f.

§ 40 Anreize

Ute Sacksofsky

Übersicht

	Rn.
A. Anreize im Kontext der Steuerungsdiskussion	1
I. Entwicklung der Diskussion	1
II. Gegenstand	4
III. Anreize als Form indirekter Steuerung	9
IV. Erscheinungsformen	12
1. Anreize für Akteure außerhalb der staatlichen Verwaltung	13
a) Monetäre Verhaltensanreize	14
b) Verhaltensanreize durch Modifikation staatlichen Handelns	22
c) Meritorische Anreize	25
2. Anreize innerhalb der Verwaltung	26
B. Ökonomische Grundlagen	29
I. Zum „homo oeconomicus"	31
1. Präferenzen	34
2. Rationalität	36
II. Zentrale Elemente der Neuen Institutionenökonomik	39
1. Transaktionskosten	40
2. Property Rights	41
3. Prinzipal-Agent-Theorie	45
4. Exkurs: Spieltheorie	48
III. Am Beispiel: ökonomische Instrumente im Umweltrecht	52
1. Die Umweltproblematik aus wirtschaftswissenschaftlicher Sicht	53
a) Problembeschreibung	53

	Rn.
b) Externe Effekte	56
c) Öffentliche Güter	57
2. Staatliches Eingreifen	58
3. Vorteile ökonomischer Instrumente	63
a) Ökonomische Effizienz	64
b) Ökologische Effektivität	68
c) Dynamische Anreizwirkung	70
d) Bewertung	71
C. Normative Anforderungen und Wirkungsbedingungen	73
I. Anreize als Grundrechtseingriffe	77
II. Kompetenzen	82
1. Legislative/Exekutive	83
2. Bundesstaatliche Kompetenzverteilung	85
III. Verhältnismäßigkeit	86
1. Legitimes Ziel	86
2. Geeignetheit	87
3. Erforderlichkeit	88
4. Angemessenheit	90
IV. Diskriminierungsschutz	91
V. Spezifische rechtliche Vorgaben bei einzelnen Anreizformen	95
VI. Zur Effizienz von Anreizen	99
1. Adressatenauswahl	100
2. Geeignetheit	101
3. Fehlsteuerung	105
4. Kosten der Implementation	106
5. Kosten-Nutzen-Analyse	107

A. Anreize im Kontext der Steuerungsdiskussion

I. Entwicklung der Diskussion

1   Anreize als Steuerungsinstrument fanden im Laufe der **siebziger und achtziger Jahre** des zwanzigsten Jahrhunderts Eingang in die verwaltungsrechtliche Diskussion. Dabei beschränkte sich die Instrumentendiskussion um Anreize zunächst vor allem auf das **Umweltrecht**. Dafür waren mehrere Faktoren ausschlaggebend, die größtenteils unmittelbar mit der Entwicklung der allgemeinen Steuerungsdiskussion im Verwaltungsrecht[1] zusammenhängen. Einer der Auslöser für die gesamte Diskussion um neue Steuerungsformen war das **„Vollzugsdefizit"**. Studien aus den siebziger Jahren hatten gezeigt, dass wesentliche Teile des traditionellen „Ordnungsrechts" (also der Regelung in Form von Ge- und Verboten) in der Praxis nicht umgesetzt wurden; diese Studien bezogen sich auf umweltrechtliche Regelungsmaterien.[2] Hinzu kam die Herausbildung der Umweltökonomie als einer wirtschaftswissenschaftlichen Spezialdisziplin. Umweltökonomen erhoben die Forderung, das gesamte Umweltrecht zu reformieren, um stärker auf ökonomische Anreize statt auf Gebote oder Verbote zu setzen.

2   Bis heute hat die Diskussion um Anreize das Allgemeine Verwaltungsrecht kaum erreicht,[3] wenn man von der spezifisch steuerungswissenschaftlichen Perspektive absieht.[4] Dies überrascht, da sich der Einsatzbereich von Anreizen **nicht auf das Umweltrecht beschränkt**. In den meisten modernen Referenzgebieten[5], wie etwa dem Sozial-, insbesondere Gesundheitsrecht, dem Wissenschaftsrecht, und selbst in so traditionell geprägten Gebieten wie dem Beamten- oder dem Ausländerrecht[6] findet sich eine Vielzahl von Regelungen, die nicht über Ge- und Verbote regeln, sondern Anreize als Instrumente einsetzen.[7] Hinzu kommt, dass Steuerung durch Anreize bestimmten Gebieten des Verwaltungsrechts seit jeher nicht fremd ist. Finanzielle Anreize haben schon lange ihren Platz im Steu-

---

[1] → Bd. I *Voßkuhle* § 1 Rn. 10.
[2] Siehe insbesondere *Gerd Winter*, Das Vollzugsdefizit im Wasserrecht, 1975; *Renate Mayntz* u.a., Vollzugsprobleme der Umweltpolitik, 1978; *Eberhard Bohne*, Der informale Rechtsstaat, 1981. Vgl. a. → Bd. I *Voßkuhle* § 1 Rn. 10, 30.
[3] So finden sich – mit Ausnahme von *Koch/Rubel/Heselhaus*, VerwR, § 1 Rn. 14 – in den Lehrbüchern zum Allgemeinen Verwaltungsrecht keine Ausführungen zum Thema „Anreize": weder im Inhalts- noch im Stichwortverzeichnis wird man fündig bei *Achterberg*, VerwR; *Battis*, Allgemeines Verwaltungsrecht, 3. Aufl. 2002; *Bull/Mehde*, VerwR; *Detterbeck*, Allg. VerwR; *Erichsen/Ehlers* (Hrsg.), VerwR; *Ipsen*, Allgemeines Verwaltungsrecht, 6. Aufl. 2009; *Maurer*, VerwR; *Peine*, VerwR, 9. Aufl. 2008; *Schmalz*, Verwaltungsrecht: Fälle und Lösungen, 3. Aufl. 1998; *Wolff/Bachof/Stober*, VerwR I.
[4] → Bd. I *Voßkuhle* § 1.
[5] Zur Bedeutung der Referenzgebiete für das Allgemeine Verwaltungsrecht: *Schmidt-Aßmann*, Ordnungsidee, Kap. 1 Rn. 12–16, Kap. 3 Rn. 2–5.
[6] So verschafft § 10 Abs. 3 StAG Ausländern einen Einbürgerungsanspruch nach bereits sieben Jahren rechtmäßigen Aufenthalts im Inland (Regelzeit nach § 10 Abs. 1 StAG: acht Jahre), wenn der Betroffene durch eine Bescheinigung nach § 14 Abs. 5 IntV i.V.m. § 43 Abs. 4 AufenthG die erfolgreiche Teilnahme an einem Integrationskurs nachweisen kann und nach § 10 Abs. 3 S. 2 StAG bereits nach 6 Jahren, wenn der Nachweis besonderer Integrationsleistungen erbracht wird.
[7] → Rn. 13 ff.

er- und Abgabenrecht, wie auch im Wirtschaftsrecht, insbesondere in der Wirtschaftsförderung.[8] In diesem Sinne sind Anreize **keineswegs neue verwaltungsrechtliche Steuerungsinstrumente,** sondern traditionelle Bestandteile des Instrumentariums staatlichen Handelns. Freilich – und dies erklärt wiederum die besondere Fokussierung der Diskussion um Anreize auf das Umweltrecht – war das Umweltrecht das erste Gebiet, in dem Anreize aufgrund ökonomischer Forderungen als Ersatz für ordnungsrechtliche Regelungen konzipiert wurden.

Die Diskussion um Anreize ist damit ein Beispiel für den **zunehmenden Einfluss wirtschaftswissenschaftlichen Denkens** auf das Recht; teils wird die Ökonomik gar als neue Referenzwissenschaft der Staats- und Verwaltungs(rechts)-lehre bezeichnet.[9] Die Ökonomisierungsdiskussion[10] erfasst dabei weite Bereiche, auch das Verwaltungsverfahren[11] oder das Verwaltungsprozessrecht[12] bleiben davon nicht verschont. Aus juristischer Perspektive ist vor allem die Frage zu beantworten, wie sich wirtschaftliches Denken mit den normativen Vorgaben und Maßstäben des Rechts verbinden lässt. Dass dies in verschiedenen Bereichen unterschiedlich weitgehend gelingt, zeigen nähere Analysen. So viel kann an dieser Stelle aber bereits festgehalten werden: Beide Extrempositionen sind abzulehnen. Weder muss das Recht von ökonomischen Erwägungen freigehalten werden (teilweise darf es das nicht einmal), noch können wirtschaftliche Überlegungen ungefiltert, ungebremst und ungeprüft in das Recht übernommen werden.[13]

3

II. Gegenstand

Eine **Definition** des Begriffes „Anreiz" ist im Rahmen einer juristischen Analyse nicht einfach, denn es handelt sich nicht um einen eigentlich juristischen, in Rechtsnormen definierten oder dogmatisch ausgeformten Rechtsbegriff. In einem weiten Sinne ist „Anreiz" jeder Umstand, der einen Akteur zu einem bestimmten Verhalten veranlasst oder veranlassen soll.

4

Zwei Momente eines solch umfassenden Begriffes seien hervorgehoben: Zum einen ist – entgegen einem möglicherweise intuitiven Verständnis – **unerheblich,** ob es sich um **positive oder negative Anreize** handelt; eine Anreizwirkung kann sowohl durch die „Belohnung" des erwünschten als auch durch die „Be-

5

---

[8] Siehe dazu die Beispiele in den Fn. 47–50.
[9] Vgl. *Andreas Voßkuhle,* „Ökonomisierung" des Verwaltungsverfahrens, DV, Bd. 34 (2001), S. 347 (347); *Oliver Lepsius,* Die Ökonomik als neue Referenzwissenschaft für die Staatsrechtslehre?, DV, Bd. 32 (1999), S. 429 (434 ff.). S. aber auch → Bd. I *Voßkuhle* § 1 Rn. 39, *Möllers* § 3 Rn. 45 f.
[10] Siehe dazu neben den in Fn. 118, 119 Genannten insbesondere *Jens-Peter Schneider,* Zur Ökonomisierung von Verwaltungsrecht und Verwaltungsrechtswissenschaft, DV, Bd. 34 (2001), S. 317 ff.; *Christoph Gröpl,* Ökonomisierung von Verwaltung und Verwaltungsrecht, VerwArch, Bd. 93 (2002), S. 459 ff.; *Martin Morlok,* Vom Reiz und Nutzen, von den Schwierigkeiten und den Gefahren der Ökonomischen Theorie für das öffentliche Recht, in: Christoph Engel/Martin Morlok (Hrsg.), Öffentliches Recht als ein Gegenstand ökonomischer Forschung, 1998, S. 1; *Hoffmann-Riem/Schmidt-Aßmann* (Hrsg.), Effizienz; *Horst Eidenmüller,* Effizienz als Rechtsprinzip, 3. Aufl. 2005; *Christoph Engel/Markus Englerth/Jörn Lüdemann/Indra Spiecker genannt Döhmann* (Hrsg.), Recht und Verhalten, 2007; *Klaus Mathis,* Effizienz statt Gerechtigkeit?, 2. Aufl. 2006.
[11] Siehe etwa *Voßkuhle,* „Ökonomisierung" (Fn. 9), S. 347 ff.
[12] Siehe etwa *Thomas Groß,* Ökonomisierung der Verwaltungsgerichtsbarkeit und des Verwaltungsprozessrechts, DV, Bd. 34 (2001), S. 371 ff.; *Heike Jochum,* Verwaltungsverfahrensrecht und Verwaltungsprozessrecht, 2004, S. 283 ff.
[13] Vgl. *Lepsius,* Ökonomik als Referenzwissenschaft (Fn. 9), S. 429 (432 f.).

strafung" des nicht erwünschten Verhaltens erzielt werden. Ohnehin sind positive und negative Anreize nicht in allen Fällen klar voneinander abzugrenzen. Eine klare Unterscheidung positiver und negativer Anreize ist nur dort möglich, wo der „Normalzustand" eindeutig definiert ist; nur dann weiß man, ob das gewünschte Verhalten belohnt oder das unerwünschte Verhalten bestraft wird. Eines der wenigen Beispiele, die einen eindeutig positiven Anreiz darstellen, ist die frühere Eigenheimzulage.[14] Dagegen kann beispielsweise die Absetzbarkeit bestimmter Ausgaben bei der Steuer als „Steuervergünstigung", d.h. als positiver Anreiz erscheinen, wenn als Normalzustand die Zahlung der Steuer ohne Vergünstigung begriffen wird, während die fehlende Absetzbarkeit umgekehrt als Bestrafung angesehen werden kann, wenn die „normale" Steuerschuld als die Absetzbarkeit umfassend angesehen wird.[15] Um es am Beispiel der Kfz-Steuer zu illustrieren: Wird derjenige mit einem Auto mit neuem Luftschadstoff-Filter belohnt, wenn er geringere Steuern bezahlt, oder wird der Halter des alten Autos bestraft, da er höhere Steuern bezahlen muss?[16]

6 Zum zweiten beschränkt sich der Begriff des Anreizes **nicht allein** auf **monetäre Anreize,** auch wenn diese den überwiegenden Teil der hier zu betrachtenden Anreiz-Regime ausmachen. Anreize beziehen sich auf alle Faktoren, die Einfluss auf das Handeln von Menschen nehmen können; auch Regelungen, die einen Gewinn an Macht, Einfluss, Status oder strategische Vorteile ermöglichen, können Anreize darstellen.

Anreize spielen damit **in ganz verschiedenen Teilsystemen der Gesellschaft** eine Rolle: in der Kultur ebenso wie in der Ökonomie oder bei der Kindererziehung. Eine erste Einschränkung des hier untersuchten Gegenstands ergibt sich aus der Beschränkung auf das die Verwaltungsrechtswissenschaft interessierende *Verwaltungsrecht.* Dabei sind zwei unterschiedliche Perspektiven denkbar. Zum einen geht es um Steuerungsinstrumente des **Staates gegenüber der Gesellschaft** (im weitesten Sinne) in den Materien des öffentlichen Rechts. Zum anderen kann es aber auch um Anreiz-Regime **innerhalb der Verwaltung selbst** gehen, die beispielsweise durch leistungsbezogene Besoldung oder Budgetierung eine bessere Verwaltungstätigkeit der Verwaltungsmitarbeiter zu erreichen suchen.[17] In diesem Sinne ist die Diskussion um Anreize Teil der allgemeinen Diskussion um rechtliche Steuerung.

Daneben bedarf es für die vorzunehmende Analyse einer weiteren Einschränkung, denn aus ökonomischer Sicht stellt das gesamte Recht einen Anreiz für das Handeln Einzelner dar. Allerdings besteht auf der normativen Ebene ein erheblicher **Unterschied zwischen Rechtspflichten,** die unmittelbar und unbedingt gelten (Ordnungsrecht) **und Anreizregelungen,** die zwar bestimmte Folgen an ein Verhalten knüpfen, dieses selbst aber nicht zur Rechtspflicht erheben. Dieser Unterschied auf der normativen Ebene lässt sich freilich nicht nahtlos in eine soziologische oder ökonomische Perspektive übersetzen. Denn bei einer Analyse

---

[14] Vgl. § 1 ff. Eigenheimzulagegesetz in der Fassung der Bekanntmachung vom 26. 3. 1997 (BGBl I [1997], S. 734), zuletzt geändert durch Art. 1 des Gesetzes vom 22. 12. 2005 (BGBl I [2005], S. 3680). Die Eigenheimzulage lief am 1. 1. 2006 aus.
[15] Solche Diskussionen gibt es etwa über die Deutung des Kinderfreibetrages oder die Begrenzung des Verlustabzuges.
[16] Vgl. §§ 3b, 9 KraftStG.
[17] → Bd. III *Voßkuhle* § 43 Rn. 116 u. *Korioth* § 44 Rn. 57 ff.

des tatsächlichen Verhaltens von Menschen geht es um die Betrachtung des Seins, nicht des Sollens. Normative Anordnungen als solche stellen nur für diejenigen Menschen einen Anreiz dar, sich normkonform zu verhalten, die eine intrinsische Motivation dazu besitzen, sich rechtmäßig zu verhalten.[18] Für diejenigen, denen es an einer solchen Motivation fehlt, stellt Recht nur dann einen Anreiz dar, wenn es mit einer Sanktion für den Fall des Verstoßes gegen eine normative Anordnung verknüpft ist. Wie stark eine Rechtsregel als Anreiz wirken kann, hängt damit entscheidend von dem Ausmaß der Sanktion und der Wahrscheinlichkeit ihrer Verhängung ab.[19]

Für die juristische Betrachtung darf die normative Ebene indes nicht ausgeblendet werden. Um das Spezifische der Diskussion um Anreize als Steuerungsinstrumente zu erfassen, werden Anreize als Formen der Steuerung durch Recht verstanden, **die erwünschtes Verhalten nicht als Rechtspflichten** (verbunden mit Sanktionen) **anordnen,** sondern den Adressaten durch die Anknüpfung positiver oder negativer Folgen zum erwünschten Verhalten bringen sollen.[20]

Anreize können einerseits eingesetzt werden, um die Verwirklichung bestimmter Ziele zu befördern, die über **Gebot oder Verbot nur schwer durchzusetzen** sind, etwa weil sie einen Zwang zu bestimmten wirtschaftlichen Dispositionen und Investitionen beinhalten müssten, der mit dem Grundrechtsverständnis des Grundgesetzes nicht vereinbar wäre. Diese Art von Anreizen ist häufig monetär angelegt, sie zielt in der Regel unmittelbar auf das verfolgte Ziel. Insbesondere die Subvention[21] fördert unmittelbar den von ihr verfolgten Zweck. Durch die Eigenheimzulage[22] sollte der Bau selbstgenutzten Wohnraums gefördert, durch die nach der Vereinigung normierte Investitionszulage[23] Investitionen in den neuen Bundesländern angekurbelt, durch Zuschüsse für den Absatz deutscher Steinkohle[24] die wirtschaftliche Existenzgrundlage der Steinkoh-

7

---

[18] Vgl. zur Berücksichtigung der intrinsischen Motivation des Normadressaten etwa *Erik Gawel*, Intrinsische Motivation und umweltpolitische Instrumente, Perspektiven der Wirtschaftspolitik, 2. Jahrgang (2001), Heft 2, S. 145ff; zu den Interdependenzen aus psychologischer Sicht: *Edward L. Deci*, Effects of externally Mediated Rewards on intrinsic Motivation, Journal of Personality and Social Psychology 1971, S. 105ff.

[19] Dazu aus dem rechtssoziologischen Schrifttum *Klaus Röhl*, Rechtssoziologie, 1987, S. 254 (256); *Thomas Raiser*, Grundlagen der Rechtssoziologie, 5. Aufl. 2009, S. 226f.; *Gerd Spittler*, Norm und Sanktion: Untersuchungen zum Sanktionsmechanismus, 1967, S. 96.

[20] Einen weiteren Begriff von Anreizsteuerung verwendet *Wolfgang Hoffmann-Riem*, Risiko- und Innovationsrecht im Verbund, DV, Bd. 38 (2005), S. 145 (171f.), der auch Ver- und Gebote einbezieht. Ein solcher weiter Anreizbegriff hat aber zur Folge, dass das gesamte Recht als Anreizsystem erscheint. Allenfalls ließe sich daran denken, dass Anreize eingesetzt werden, um die Durchsetzung zu fördern. Nach der hier vertretenen Auffassung ist der durch Anreize implementierte Teil der Rechtspflichten nicht mehr Rechtspflicht im strengen Sinn, da man sich sozusagen „freikaufen" kann.

[21] Einen Überblick über die Subventionsleistungen des Bundes geben die Subventionsberichte der Bundesregierung, zuletzt der Bericht der Bundesregierung über die Entwicklung der Finanzhilfen des Bundes und der Steuervergünstigungen gem. § 12 des Gesetzes zur Förderung der Stabilität und des Wachstums der Wirtschaft (StWG) vom 8. 6. 1967 für die Jahre 2009 bis 2011 (23. Subventionsbericht), BTDrucks 17/6795. Vgl. allgemein zum Subventionsbegriff nur *Hans-Wolfgang Arndt*, Wirtschaftsverwaltungsrecht, in: Steiner (Hrsg.), Bes. VerwR, Rn. 162f.

[22] → Fn. 14.

[23] Investitionszulagengesetz 1991 (InvZulG 1991), BGBl I (1991), S. 1322 (1333); derzeit: Investitionszulagengesetz 2007 (InvZulG 2007), BGBl I (2006), S. 1614, in Kraft seit dem 21. 7. 2006.

[24] Vgl. das Gesetz zur Sicherung des Einsatzes von Steinkohle in der Verstromung in den Jahren 1996 bis 2005, verabschiedet als Art. 1 des Gesetzes zur Sicherung des Einsatzes von Steinkohle in

leindustrie gefördert werden. Auch die Innovationssteuerung setzt Anreize ein, um Innovationsbereitschaft zu sichern und zu fördern und so Gemeinwohlorientierung sicherzustellen (Innovationsverantwortung).[25]

8 Andererseits kann über Anreizinstrumente auch ein Zweck verfolgt werden, der zwar prinzipiell auch **über Gebot oder Verbot,** dort jedoch **nur weniger effizient** erreichbar wäre. Dies war der klassische Ansatz ökonomischer Forderungen nach Umweltabgaben, mit denen der gleiche Umweltstandard wie mit Ge- und Verboten, aber zu insgesamt geringeren volkswirtschaftlichen Kosten erreicht werden sollte.[26] Diese geringeren Kosten können sich entweder zugunsten Privater oder zugunsten des Staates niederschlagen.

Im Übrigen ist kaum zu unterscheiden, ob das Ziel einer Maßnahme die gleich gute Erreichung des angestrebten Zwecks mit weniger, d.h. Ressourcen schonenderen, Mitteln oder die möglichst weit reichende Beförderung eines Zwecks mit einer vorgegebenen Menge an Ressourcen ist. So ist etwa die Budgetierung in der Verwaltung auch in der Hoffnung eingeführt worden, dadurch eine größere Sparsamkeit herbeizuführen – was einerseits zu einer kostengünstigeren, andererseits zu einer wirkungsstärkeren Verwaltung führen kann. Ziele kostensteuernder Verhaltensanreize im Gesundheitswesen können etwa die Begrenzung öffentlicher Gesundheitsausgaben auf die Höhe der Einnahmen des Systems, der Gleichschritt des Wachstums des Gesundheitsmarktes mit dem Wachstum der Wirtschaft, die Qualitätsverbesserung oder die Quantitätssteigerung in der Leistung oder die Senkung staatlicher Transferkosten durch die Beförderung der Selbstregulierung von Interessenkonflikten der im Gesundheitswesen miteinander agierenden Parteien sein.[27]

III. Anreize als Form indirekter Steuerung

9 Die Steuerungsdiskussion hat sich immer stärker indirekten Formen der Steuerung zugewandt. Nicht imperative, auf direkte Verhaltenssteuerung gerichtete Normprogramme, sondern indirekt wirkende Konzepte sollen den gewünschten Steuerungserfolg erzielen. Zu diesen Formen **indirekter Steuerung** zählen auch Anreize. Indem Anreizinstrumente erwünschtes Verhalten nicht als unbedingt geltende Rechtspflichten anordnen, wird den Adressaten ein höherer Freiheitsgrad zugestanden als bei einer Regelung durch Ge- und Verbote. Es bleibt ihnen überlassen, wie sie sich verhalten; ein bestimmtes Verhalten wird nicht erzwungen, sondern „angeregt", indem das Verhalten positive oder negative Rechtsfolgen auslöst.

10 Steuerung durch Anreize stellt zudem einen wichtigen Baustein für das Steuerungskonzept der „regulierten Selbstregulierung" dar. **Regulierte Selbstregulie-**

---

der Verstromung und zur Änderung des Atomgesetzes und des Stromeinspeisungsgesetzes vom 19. 7. 1994 (BGBl I [1994], S. 1618); auch: Verordnung (EG) Nr. 1407/2002 des Rates vom 23. 7. 2002 über staatliche Beihilfen für Steinkohlenbergbau, ABl. EG 2002, Nr. L 205, S. 1. Zu weiteren Beispielen monetärer Steuerung → Rn. 14 ff. und Rn. 27.

[25] → Bd. I *Hoffmann-Riem* § 10 Rn. 128.
[26] → Rn. 1.
[27] Vgl. *Xenia Scheil-Adlung*, Kostensteuerung durch Verhaltensanreize? Anmerkungen aus internationaler Sicht, 1. Teil, Die BKK 1998, S. 89 (91).

A. Anreize im Kontext der Steuerungsdiskussion

rung gilt als Steuerungskonzept des „Gewährleistungsstaats".[28] Auf systemtheoretischen[29] oder akteurstheoretischen[30] Grundannahmen basierend[31] entwickelte sich insbesondere in der rechtswissenschaftlichen Steuerungsdiskussion das Konzept der regulierten Selbstregulierung.[32] Regulierte Selbstregulierung stellt eine Mischform aus imperativer Regulierung und Selbstregulierung dar.[33] Dabei kann entweder die klassisch imperative Regulierung um Selbstregulierungselemente ergänzt oder aber Selbstregulierung durch imperative Instrumente unterstützt werden.[34] Die Intention ist, Gemeinwohlziele dadurch zu erreichen, dass sie als Nebeneffekt oder gar als explizites Ziel aus dem Selbstregulierungsprozess hervorgehen.[35] Gleichwohl wird der Begriff der Selbstregulierung in den Diskussionen nicht ganz einheitlich verwendet. Gemeinsam dürfte allen Ansätzen sein, dass es sich um eine Ordnungsbildung ohne Einflussnahme des Staates handelt.[36] Über diese Gemeinsamkeit hinaus divergieren jedoch die Vorstellungen darüber, welche Formen der Ordnungsbildung zur Selbstregulierung gezählt werden. Im rechtswissenschaftlichen Schrifttum ist die Tendenz erkennbar, nur institutionalisierte Formen der Ordnungsbildung unter den Begriff der Selbstregulierung zu fassen, die auf einer Reflexion der beteiligten Akteure über den Regelungsgegenstand beruhen.[37] Das wird insbesondere daran deutlich, dass als Prototyp für regu-

---

[28] Dazu: *Wolfgang Hoffmann-Riem*, Tendenzen in der Verwaltungsrechtsentwicklung, DÖV 1997, S. 433 ff.; *Gunnar Folke Schuppert*, Rückzug des Staates?, DÖV 1995, S. 761 ff.; *Hans-Heinrich Trute*, Verwaltung und Verwaltungsrecht zwischen gesellschaftlicher Selbstregulierung und staatlicher Steuerung, DVBl 1996, S. 950 ff.

[29] Grundlegend *Niklas Luhmann*, Politische Theorie im Wohlfahrtsstaat, 1981; *ders.*, Steuerung durch Recht? Einige klarstellende Bemerkungen, Zeitschrift für Rechtssoziologie 1991, S. 142 ff.; *Gunther Teubner/Helmut Willke*, Kontext und Autonomie: Gesellschaftliche Selbststeuerung durch reflexives Recht, Zeitschrift für Rechtssoziologie 1984, S. 4; *Arno Scherzberg*, Die Öffentlichkeit der Verwaltung, 2000.

[30] *Renate Mayntz/Fritz Scharpf*, Der Ansatz des akteurszentrierten Institutionalismus, in: dies. (Hrsg.), Gesellschaftliche Selbstregelung und politische Steuerung, 1995, S. 39 ff.

[31] → Bd. I *Voßkuhle* § 1 Rn. 18 ff.

[32] Grundlegend zu „Regulierter Selbstregulierung" *Wolfgang Hoffmann-Riem*, Multimedia-Politik vor neuen Herausforderungen, Rundfunk und Fernsehen, 1995, S. 125 ff.; *ders.*, Öffentliches Recht und Privatrecht als wechselseitige Auffangordnungen – Systematisierung und Entwicklungsperspektiven, in: ders./Eberhard Schmidt-Aßmann (Hrsg.), Öffentliches Recht und Privatrecht als wechselseitige Auffangordnungen, 1996, S. 261 ff., 300 ff.; *Trute*, Verwaltung und Verwaltungsrecht (Fn. 28), S. 950 ff.; weiterhin die Referate von *Mathias Schmidt-Preuß* und *Udo Di Fabio* auf der Staatsrechtslehrertagung 1996, VVDStRL, Bd. 56 (1997), S. 160 ff., 235 ff.; sowie die Beiträge in: Regulierte Selbstregulierung als Steuerungskonzept des Gewährleistungsstaates, DV, Beiheft 4, 2001.

[33] Dazu *Eberhard Schmidt-Aßmann*, Regulierte Selbstregulierung als Element verwaltungsrechtlicher Systembildung, in: Regulierte Selbstregulierung als Steuerungskonzept des Gewährleistungsstaates, DV, Beiheft 4, 2001, S. 253 (255); → Bd. I *Eifert* § 19 Rn. 52 ff.

[34] Dabei sind vielfältige Mischformen denkbar. Regulierungskonzepte müssen daher auf einer gleitenden Skala gedacht werden, *Hoffmann-Riem*, Öffentliches Recht und Privatrecht (Fn. 32), S. 300.

[35] *Andreas Voßkuhle*, Gesetzgeberische Regelungsstrategien der Verantwortungsteilung zwischen öffentlichem und privatem Sektor, in: Gunnar Folke Schuppert (Hrsg.), Jenseits von Privatisierung und schlankem Staat, 1999, S. 47 (60 f.). Das leuchtet im Übrigen unmittelbar ein, wenn man sich vergegenwärtigt, dass die Diskussion um veränderte Steuerungskonzepte eng verknüpft ist mit der Diskussion um sich wandelnde Staatsaufgaben. Siehe dazu nur die Beiträge in *Dieter Grimm* (Hrsg.), Wachsende Staatsaufgaben – sinkende Steuerungsfähigkeit des Rechts?, 1990.

[36] Vgl. *Wolfgang Schulz/Thorsten Held*, Regulierte Selbstregulierung als Form modernen Regierens, Arbeitspapiere des Hans-Bredow-Instituts Nr. 10, 2002, S. A3.

[37] Siehe dazu nur die Definition von *Schmidt-Aßmann*, Regulierte Selbstregulierung (Fn. 33), S. 255: „*Selbstregulierung* bezeichnet Maßnahmen nichtstaatlicher Instanzen, die die eigenen Verhaltensmaßstäbe der Beteiligten sichern sollen."

lierte Selbstregulierung die Verpackungsverordnung und das darauf beruhende Duale System Deutschland angesehen wird.[38] Ein weiterer Begriff von Selbstregulierung bezieht demgegenüber auch Phänomene wie die spontane Selbstregulierung durch den Markt mit ein.[39] Allen Ansätzen der regulierten Selbstregulierung ist – unabhängig von Unterschieden im Detail – jedoch gemein, dass diese ein besonderes Augenmerk ihrer Analyse auf die im jeweiligen Bereich vorherrschenden **Funktionslogiken** richten und das Normprogramm daran ausrichten, um so selbstregulative Prozesse zur Zielerreichung zu nutzen.[40] Diese Form von Steuerung ist damit auf die Setzung von Anreizen angewiesen, die die selbstregulativen Prozesse des zu regulierenden Bereichs erst in Gang setzen.[41] Die Funktionsweise von Anreizen zielt nämlich genau darauf, an der Funktionslogik des zu regelnden Bereichs anzuknüpfen, um eine Wirkungssteigerung bei der Steuerung zu erreichen. Der Regelungsadressat wird am ehesten das durch die Steuerung intendierte Ziel verfolgen, wenn es in die „Sprache" seiner eigenen Funktionslogik übersetzt wurde. So kann anreizorientiertes Recht als notwendiges Grundelement eines auf Steuerung durch Regulierung von Selbstregulierung zielenden Konzepts angesehen werden.

11   Die große Chance, die Anreize als Steuerungsmittel bieten können, wird damit deutlich: Die Erreichung von Zielen wird wahrscheinlicher, wenn es **im eigenen Interesse der Akteure** liegt, sich in der gewünschten Weise zu verhalten. Ein Gebot oder Verbot wird von den Adressaten (hoffentlich) befolgt, doch richtet sich die Energie der Handelnden darauf, diesen von außen an sie herangetragenen Zwang möglichst weitgehend zu ignorieren, zu umgehen oder jedenfalls mit möglichst geringem Ressourceneinsatz zu befolgen. Gelingt es jedoch, durch die Gewährung von Vorteilen die Zielerreichung „zur eigenen Sache" zu machen, kann dies die Zielerreichung erheblich befördern.[42]

IV. Erscheinungsformen

12   Die **Vielzahl der Erscheinungsformen** von Anreizen macht eine umfassende Darstellung unmöglich. Im Nachfolgenden soll daher nur ein Überblick gegeben werden, in welch vielfältiger Art und Weise Anreize in die vom Verwaltungsrecht geregelten Lebensbereiche Eingang gefunden haben. Dabei lassen sich Anreize entlang **verschiedener Achsen systematisieren.** Denkbar wäre etwa ein

---

[38] Dazu *Andreas Finckh*, Regulierte Selbstregulierung im Dualen System, 1998; *Florian Becht/Thomas Groß*, Die Privatisierung der Überwachung im Kreislaufwirtschafts- und Abfallrecht, UPR 2010, S. 336 ff.; *Wolfgang Kahl*, Abfall, in: Fehling/ Ruffert (Hrsg.), Regulierungsrecht, § 13 Rn. 95 ff.

[39] *Schulz/Held*, Regulierte Selbstregulierung (Fn. 36).

[40] Deutlich wird das besonders bei den systemtheoretischen Ansätzen, vgl. dazu *Scherzberg*, Öffentlichkeit (Fn. 29), S. 62; *Hoffmann-Riem*, Risiko- und Innovationsrecht (Fn. 20), S. 161; grundlegend *Teubner/Willke*, Kontext und Autonomie (Fn. 29), S. 4 ff., 24 ff. Für die akteurstheoretischen Ansätze vgl. *Renate Mayntz/Fritz Scharpf*, Steuerung und Selbstorganisation in staatsnahen Sektoren, in: dies. (Hrsg.), Gesellschaftliche Selbstregelung und politische Steuerung, 1995, S. 9 ff. Aus der verwaltungsrechtswissenschaftlichen Diskussion nur *Hoffmann-Riem*, Öffentliches Recht und Privatrecht (Fn. 32), S. 261 ff., 290 ff. Für die ökonomischen Ansätze s. nur *Ian Ayres/John Braithwaite*, Responsive Regulation, 1992; grundlegend *Phillip Selznick/Phillip Nonet*, Law and society in transition: towards responsive law, 1978.

[41] *Hoffmann-Riem*, Risiko- und Innovationsrecht (Fn. 20), S. 161.

[42] Genauer zur entsprechenden Herangehensweise im Umweltrecht → Rn. 15, 17, 21.

A. Anreize im Kontext der Steuerungsdiskussion

Durchgang durch die **einzelnen Gebiete** des Verwaltungsrechts; dies ist indes eine Aufgabe, die den Bearbeitungen der je einzelnen Gebiete überlassen bleiben muss. Unterschieden werden kann auch anhand der **handelnden Instanz**, mithin danach, wer Anreize setzt. Eine zentrale Differenz ist dabei, ob die Festlegung der Anreize durch den Gesetzgeber oder durch die Verwaltung selbst erfolgt. Weiter kann nach den verschiedenen Ebenen der Verwaltung oder den handelnden Gebietskörperschaften unterschieden werden.

Zumeist sollen Anreize zu einem gewünschten Verhalten anregen, das nicht schon als Rechtspflicht vorgeschrieben ist. In diesem Sinne wurden Anreize oben[43] definiert, um nicht jede Sanktion als (negativen) Anreiz zu verstehen und damit auf Aussagekraft zu verzichten. Doch gibt es auch hier interessante Zwischenformen. So sieht etwa § 77 SGB IX die Zahlung einer Ausgleichsabgabe vor, wenn die vorgeschriebene Mindestzahl schwerbehinderter Beschäftigter nicht erreicht wird. Auch wenn § 77 Abs. 1 S. 2 SGB IX ausdrücklich bestimmt, dass die Zahlung der Ausgleichsabgabe die Pflicht zur Beschäftigung schwerbehinderter Menschen nicht aufhebt, kann diese Ausgestaltung als (rein) ökonomischer Anreiz gedeutet werden, der nicht auf Strafe oder Buße, sondern schlicht auf Zahlung setzt. Als **Anreize zur Erfüllung von Rechtspflichten** erscheinen etwa auch das In-Aussicht-Stellen befristeter Steueramnestien bei Selbstanzeige oder die Auslobung von „Begrüßungsgeld" für Studierende, die ihrer Meldepflicht nachkommen und sich an ihrem Hochschulort anmelden.[44]

Im Folgenden wird danach systematisiert, wer durch Anreize erreicht werden soll. Zunächst werden die vielfältigen Formen der Anreize gegenüber Personen außerhalb der staatlichen Verwaltung beleuchtet und anschließend die Anreizgestaltung für das Handeln innerhalb der Verwaltung skizziert.

1. Anreize für Akteure außerhalb der staatlichen Verwaltung

Hauptsächlich wird das Steuerungsinstrument Anreize eingesetzt, um das Verhalten von Akteuren außerhalb der staatlichen Verwaltung zu beeinflussen. Es geht insoweit um die Einflussnahme auf Private sowie auf Personen oder Institutionen, die gegenüber dem Staat mit Autonomierechten ausgestattet sind. **13**

a) Monetäre Verhaltensanreize

Eine zentrale Position nehmen die monetären Anreize ein. In erster Linie treten sie als Subventionen, Steuervergünstigungen oder Abgabenbefreiungen in Erscheinung. Während bei **Subventionen** konkrete Geldzahlungen mit einem gewünschten Verhalten verbunden werden, führen **Steuervergünstigungen** und **Abgabenbefreiungen** bei entsprechendem Verhalten zu einer niedrigeren Steuer- bzw. Abgabenschuld. In jeder Konstellation steht der unmittelbare finanzielle Vorteil für ein konkretes Verhalten im Mittelpunkt. Volkswirtschaftlich finden sie ihre Rechtfertigung in den positiven externen Effekten,[45] die mit dem jeweils begünstigten Verhalten befördert werden sollen.[46] **14**

---

[43] → Rn. 6.
[44] Dazu *VG Berlin*, Urt. v. 22. 8. 2008, Az.: 12 A 280.07 (juris).
[45] → Rn. 56.
[46] Vgl. *Wolfgang Cezanne*, Allgemeine Volkswirtschaftslehre, 6. Aufl. 2005, S. 230 f.

§ 40 Anreize

Subventionen, Steuervergünstigungen und Abgabenbefreiungen sind schon seit Jahrhunderten praktizierte Steuerungsformen.[47] Beispiele für ihren Einsatz finden sich unabhängig vom politischen System bereits in den deutschen Gliedstaaten als auch dem Kaiserreich vor 1918[48], der Weimarer Republik[49], der Nazidiktatur[50] und der heutigen Demokratie[51]. Gerade die Lenkung von Investitionen in präferierte Regionen[52], Wirtschaftszweige[53] oder Wirtschaftsstrukturen (z. B. in

---

[47] So z. B. schon im Chur-Brandenburgischen Edict vom 29. 10. 1685.

[48] Nur beispielhaft sei auf die wirtschaftspolitischen Maßnahmen in Württemberg durch Wilhelm I. (u. a. mit der Württembergischen Zentralstelle für Handel und Gewerbe seit 1848) oder die Förderung des sächsischen Bergbaus durch König Johann (Sachsen) mittels Zuschüssen zum Silberpreis bzw. dem Ankauf von Silberminen im Jahr 1871 verwiesen. Subventionen waren vielfach auch mit dem Aufbau der Eisenbahnen durch die Länder oder mit der Errichtung und Unterhaltung von Dampfschifffahrtsverbindungen verbunden, z. B. Gesetz, betreffend die St. Gotthard-Eisenbahn vom 2. 11. 1871 (RGBl, S. 375) und Gesetz, betreffend eine Postdampfschiffsverbindung mit Ostafrika vom 1. 2. 1890 (RGBl, S. 19 f.). Stärker sozialpolitisch motiviert war dagegen das Gesetz, betreffend Bürgschaften des Reichs zur Förderung des Baues von Kleinwohnungen für Reichs- und Militärbedienstete vom 10. 6. 1914 (RGBl I, S. 219).

[49] Zum Beispiel: Verordnung des Reichspräsidenten zur Sicherung von Wirtschaft und Finanzen vom 1. 12. 1930 (RGBl I, S. 517 ff.); Zweite Verordnung des Reichspräsidenten zur Sicherung von Wirtschaft und Finanzen vom 5. 6. 1931 (RGBl I, S. 279 ff.); Dritte Verordnung des Reichspräsidenten zur Sicherung von Wirtschaft und Finanzen vom 6. 10. 1931 (RGBl I, S. 537 ff.); Vierte Verordnung des Reichspräsidenten zur Sicherung von Wirtschaft und Finanzen und zum Schutze des inneren Friedens vom 8. 12. 1931 (RGBl I, S. 699 ff.); Verordnung des Reichspräsidenten zur Anpassung einiger Gesetze und Verordnungen an die veränderte Lage von Wirtschaft und Finanzen vom 23. 12. 1931 (RGBl I, S. 779 ff.); Verordnung des Reichspräsidenten zum Schutze der Wirtschaft vom 9. 3. 1932 (RGBl I, S. 121 ff.); Verordnung des Reichspräsidenten über Maßnahmen zur Erhaltung der Arbeitslosenhilfe und der Sozialversicherung sowie zur Erleichterung der Wohlfahrtslasten der Gemeinden vom 14. 6. 1932 (RGBl I, S. 273 ff.); Verordnung des Reichspräsidenten zur Belebung der Wirtschaft vom 4. 9. 1932 (RGBl I, S. 425 ff.); Verordnung des Reichspräsidenten über Maßnahmen zur Förderung der Arbeitsbeschaffung und der ländlichen Siedlung vom 15. 12. 1932 (RGBl I, S. 543 ff.); Verordnung des Reichspräsidenten zur Erhaltung des inneren Friedens vom 19. 12. 1932 – Auszug (RGBl I, S. 548 ff.); Verordnung des Reichspräsidenten über Wirtschaft und Finanzen vom 23. 12. 1932 (RGBl I, S. 571 ff.); Verordnung des Reichspräsidenten zum Schutze des deutschen Volkes vom 4. 2. 1933 – Auszug (RGBl I, S. 35 ff.); Verordnung des Reichspräsidenten über Maßnahmen auf dem Gebiete der Finanzen, der Wirtschaft und der Rechtspflege vom 18. 3. 1933 (RGBl I, S. 109 ff.).

[50] Zum Beispiel: Gesetz zur Förderung der gewerblichen Wirtschaft in den Grenzgebieten vom 25. 3. 1939 (RGBl I, S. 580); Dritte Verordnung zur Durchführung des GewStG vom 31. 1. 1940 (RGBl I, S. 284 ff.), insbes. § 13 „Steuerfreiheit für neue Unternehmen"; Gesetz über die Beschränkung [...] vom 13. 12. 1933 (RGBl I, S. 1058 f.); Anordnung zur Gewerbeförderung vom 5. 7. 1939 (Reichsanzeiger 1939, Nr. 153); Erlass zu öffentlichen Zuschüssen vom 12. 6. 1940 (RStBl 1940, 593); Erlass zu Steuererleichterungen vom 12. 8. 1940 (Reichsministerialblatt 1940, 210); Erlass zur Wiederaufnahme von Gewerbebetrieben, die infolge von Kriegsmaßnahmen eingestellt waren, vom 22. 8. 1941 (Ministerialblatt des Reichs- und Preußischen Ministeriums des Innern 1941 – ohne Seitenangabe).

[51] Beispielhaft sei hier auf die Subventionsberichte der Bundesregierung (zuletzt 23. Subventionsbericht vom 11. 8. 2011 [BTDrucks 17/6795]) und die als „Kieler Liste" bekannt gewordene Zusammenstellung des Instituts für Weltwirtschaft in Kiel (zuletzt *Alfred Boss/Astrid Rosenschon*, Kieler Diskussionsbeitrag Nr. 479/480 vom Juni 2010, abrufbar unter www.ifw-kiel.de/pub/kd/2010/kd479-480.pdf) verwiesen. S. a. → Fn. 21.

[52] Zum Beispiel: Berlinförderungsgesetz 1990 (BGBl I [1990], S. 173 ff.); Investitionszulagengesetz 1996 (BGBl I [1996], S. 60 ff.); Wirtschaftsstrukturverbesserungsgesetz (BGBl I [1969], S. 2785 ff.); Fördergebietsgesetz (BGBl I [1993], S. 1654 ff.); Treuhandkreditaufnahmegesetz (BGBl I [1992], S. 1190 ff.); Zonenrandförderungsgesetz (BGBl I [1971], S. 1237 ff.).

[53] Zum Beispiel Filmförderungsgesetz (BGBl I [1989], S. 2053 ff.); Filmvorhabenförderungsverordnung-Frankreich (BGBl I [1981], S. 889 f.); Aussiedlerunterbringungs-Finanzhilfegesetz (BGBl I [1990], S. 1347 ff.).

A. Anreize im Kontext der Steuerungsdiskussion

kleine und mittelständische Unternehmen – KMU)[54] soll mit Subventionen und Steuer- bzw. Abgabenvergünstigungen bewerkstelligt werden.

Daneben ist die Steuerung durch **Abgaben** getreten. So wurde insbesondere im Umweltbereich die Ressourcennutzung mit Abgaben belegt.[55] Seit Anfang der achtziger Jahre wurden Abgabenlösungen in das deutsche Umweltrecht eingeführt. Zu nennen sind etwa die seit 1981 erhobene Abwasserabgabe und die seit 1988 in einigen Ländern eingeführten Wasserentnahmeentgelte[56] sowie die Ökosteuer aus dem Jahre 1999[57]; weniger erfolgreich waren die Abgaben im Bereich des Abfallrechts, die vom Bundesverfassungsgericht überwiegend als verfassungswidrig verworfen wurden: so die Landesabfallabgaben[58], die kommunale Verpackungssteuer[59] und die Abfallverbringungsabgabe[60]. Abgaben spielen auch eine gewichtige Rolle bei der Förderung der Beschäftigung schwerbehinderter Menschen.[61] 15

Mit dem Beginn des Emissionsrechtehandels haben auch **Zertifikate** Eingang in das Umweltrecht gefunden.[62] Mit einem Zertifikat wird einem Wirtschaftsunternehmen – und zukünftig möglicherweise auch Privathaushalten – ein Ressourcenverbrauch bzw. Schadstoffausstoß in einem bestimmten Umfang gestattet. Es liegt im Interesse des Wirtschaftsunternehmens, unter Einhaltung dieser Höchstgrenze so effektiv wie möglich zu produzieren. Sofern es gelingt, unterhalb der durch Zertifikate abgedeckten Grenze zu bleiben, steht es dem Unternehmen frei, die nicht in Anspruch genommenen Zertifikate weiter zu verkaufen. Auf diesem Weg soll der Ressourcenverbrauch bzw. Schadstoffausstoß in besonders effizienter Weise reguliert werden.[63] Der sich auf dem Markt ergebende Preis für ein Zertifikat bzw. die entsprechende Quote bildet zugleich einen monetären Anreiz für das Unternehmen, den Ressourcenverbrauch bzw. Schadstoffausstoß zu reduzieren. 16

Monetäre Anreize sind außerdem Bestandteil des Vergaberechts. In verschiedener Art und Weise wird die **Vergabe öffentlicher Aufträge** an die Erfüllung 17

---

[54] Hess. kleine und mittlere Unternehmen-Förderungsgesetz (GVBl Hess. 1974, S. 458 ff.); Hess. Jugendbildungsförderungsgesetz (GVBl Hess. I [2005], S. 858 ff.).
[55] Umfassend dazu *Ute Sacksofsky*, Umweltschutz durch nicht-steuerliche Abgaben, 2000.
[56] Dazu *BVerfGE* 93, 319 (319 ff.).
[57] Gesetz zum Einstieg in die ökologische Steuerreform vom 24. 3. 1999 (BGBl I [1999], S. 378 ff.); Gesetz zur Fortführung der ökologischen Steuerreform vom 16. 12. 1999 (BGBl I [1999], S. 2432 ff.); Gesetz zur Fortentwicklung der ökologischen Steuerreform vom 23. 12. 2002 (BGBl I [2002], S. 4602 ff.). Siehe dazu auch *BVerfGE* 110, 274 (274 ff.).
[58] Dazu *BVerfGE* 98, 83 (83 ff.).
[59] Dazu *BVerfGE* 98, 106 (106 ff.).
[60] Dazu *BVerfGE* 113, 128 (128 ff.).
[61] Zur gesetzlichen Regelung s. §§ 71 ff., 77 SGB IX.
[62] Vier relevante Normen des nationalen Rechts regeln gemeinsam den Emissionshandel für die Periode 2008–2012 in Deutschland: das Treibhausemissionshandelsgesetz (TEHG), das Zuteilungsgesetz 2007 (ZuG 2012), die Zuteilungsverordnung 2012 (ZuV 2012) und der Nationale Allokationsplan (NAP 2008-5–2012). *Ute Sacksofsky*, Rechtliche Möglichkeiten des Verkaufs von Emissionsberechtigungen, 2008; *Ines Zenke/Thomas Fuhr/Thomas Bornkamm*, CO2-Handel aktuell, 2009; *Carolin Küll*, Grundrechtliche Probleme der Allokation von CO2-Zertifikaten, 2008; *Judith Horrichs*, Die Zuteilungsregeln im Emissionshandel und ihre Entstehungsbedingungen, 2011. – Mit Urt. v. 21. 12. 2011 hat der *EuGH*, Gr. Kammer, Rs. C-366/10 – ATA u.a., NVwZ 2012, S. 226–236, den grundsätzlichen Angriff auf die Richtlinie wegen Verstoßes gegen Völker(gewohnheits)recht für den Bereich des Luftverkehrs zurückgewiesen (s. bes. Rn. 72, 78, 130, 135, 147, 156, 157 im Urteil).
[63] → Rn. 61 f.

besonderer Kriterien geknüpft. Die Möglichkeit, bei der Auftragsvergabe vorrangig vor potentiellen Mitbewerbern berücksichtigt zu werden, stellt einen Anreiz zur Berücksichtigung vertragsfremder Interessen dar. Die Berücksichtigung von vertragsfremden Interessen erfolgt auf unterschiedlicher Regelungsgrundlage und reicht von Gesetzen bis hin zu ministeriellen Runderlassen. Anwendung findet diese Form des monetären Anreizes beispielsweise in den Bereichen des Umweltschutzes[64], der Mittelstandsförderung[65], der Förderung der Gleichstellung der Frau[66], der Förderung der tariflichen Entlohnung[67] und der Sicherung der beruflichen Erstausbildung[68].[69]

18 Monetäre Anreize ergeben sich schließlich über die **Gewährung sonstiger wirtschaftlicher Vorteile.** Als Anwendungsfall sei beispielsweise auf die Förderung der nachhaltigen Energiegewinnung verwiesen, wobei Unternehmen im Rahmen des Erneuerbare-Energien-Gesetzes als auch des Kraft-Wärme-Kopplungsgesetzes der Marktzugang überhaupt erst ermöglicht bzw. erleichtert wird.[70] Nachhaltigkeitsüberlegungen spielten weiterhin eine Rolle bei der Gestaltung der Autobahnmaut. So wurden über die Differenzierung der Höhe der Autobahnmaut nach Emissionsklassen Anreize zur Emissionsminderung geschaffen.[71] Zugleich stellt das Mautsystem selbst einen Anreiz zur Nutzung umweltverträglicher Verkehrsträger dar.

19 Im **Gesundheitswesen** findet sich eine besondere Vielfalt monetärer Anreize ganz unterschiedlichen Charakters.[72] Adressaten sind die Leistungserbringer, die Versicherten sowie die Leistungsfinanzierer/Versicherungen.[73] Im Verhältnis zwischen Versicherten und Finanzierern soll durch Prämien- und Leistungsgestaltungen auf das Kostenbewusstsein und Nachfrageverhalten Einfluss genommen werden;[74] wirtschaftliche Vorteile für Versicherte stellen etwa die Wahltarife (§ 53 SGB V) dar. Im Verhältnis zwischen Leistungserbringern und Leistungsfinanzierern erfolgt die Steuerung durch monetäre Anreize vor allem über das Vergütungssystem:[75] So bringen Kopf- und Fallpauschalen für die behandelnden Ärzte und Krankenhäuser je nach deren Wirtschaftlichkeit monetäre

---

[64] Vgl. Nr. 2.1 der Vergabe-RL Thür. (Thür. StAnz 2004, 1737 ff.); Nr. 1.1, 1.3, 2 des interministeriellen Runderlasses Nordrhein-Westfalens vom 29. 3. 1985 (MBl NW 1985, 556).

[65] Vgl. hierzu z. B. § 21 des Gesetzes zur Förderung und Stärkung des Mittelstandes (NW) sowie § 22 des Gesetzes zur Mittelstandsförderung (Bad.-Württ.).

[66] Vgl. § 14 Landesgleichstellungsgesetz Brandenb., § 22 ThürGleichstellungsG, § 13 Landesgleichstellungsgesetz Berlin, Nr. 9 der Landesbeschaffungsordnung Schl.-Hol.

[67] Tariftreuegesetz vom 17. 12. 2002 (GV.NW 2003, 8 ff.).

[68] Vgl. § 10 VgG Berlin vom 8. 7. 2010 (GVBl 2010, S. 399).

[69] Siehe a. → Bd. III *Korioth* § 44 Rn. 113.

[70] Vgl. § 5 Abs. 1 EEG, der einen Anspruch auf vorrangigen Netzanschluss für Anlagenbetreiber von Erneuerbaren-Energie-Anlagen regelt, und § 9 Abs. 1 EEG, der bei fehlender Kapazität der Netzbetreiber eine Ausbaupflicht vorsieht. §§ 8 Abs. 1, 16 Abs. 1 EEG verpflichten den Netzbetreiber darüber hinaus, den Strom aus Erneuerbaren Energien zu einem gesetzlich festgelegten Preis abzunehmen.

[71] Vgl. § 3 Autobahnmautgesetz.

[72] Zur Entwicklung und Ausgestaltung: *Bernhard Braun u. a.*, Anreize zur Verhaltenssteuerung im Gesundheitswesen, 2006, www.bertelsmann-stiftung.de/cps/rde/xbcr/bst/Verhaltenssteuerung_Chartbook_final.pdf.

[73] Zur Übersicht vgl. *Volker E. Amelung*, Managed Care, 4. Aufl. 2007, S. 9 (Schaubild), S. 48 ff.

[74] *Margarete Schuler-Harms*, Soziale Infrastruktur im Gesundheitswesen – der ambulante Sektor, in: Fehling/Ruffert (Hrsg.), Regulierungsrecht, § 15 Rn. 38.

[75] *Amelung*, Managed Care (Fn. 73), S. 139 ff.

Vor- oder Nachteile. Im Rahmen der **Kopfpauschalen** (ambulanter Sektor) wird unabhängig vom Behandlungsaufwand pro Patient ein festgelegter Pauschalbetrag bezahlt. Für den behandelnden Arzt maximiert sich der Gewinn, wenn es ihm gelingt, den Behandlungsaufwand auf das Mindestmaß zu reduzieren.[76] Vergleichbar wirken **Fallpauschalen** (stationärer Sektor), sogenannte *Diagnosis Related Groups* (DRG),[77] die unabhängig von der tatsächlichen Leistungsmenge für komplette Behandlungsabläufe gezahlt werden.[78]

Monetäre Anreize werden zugleich **auf mittelbarem Weg** dazu eingesetzt, die ansteigenden Gesundheitskosten zu begrenzen. So sollen durch Früherkennung und frühzeitige Behandlung Kosteneinsparungen bei den Behandlungskosten erreicht werden. Dies geschieht über monetäre Anreize zur regelmäßigen Teilnahme an **Vorsorgeuntersuchungen.** Ein klassisches Beispiel hierfür sind die „Bonushefte" im zahnärztlichen Bereich. Abhängig von dem Zeitraum, in dem regelmäßig zahnärztliche Vorsorgeuntersuchungen stattgefunden haben, erhält der kassenärztliche Patient von seiner Krankenkasse einen höheren Kostenzuschuss zum Zahnersatz.[79] Eine mittelbare Kostenbegrenzung soll auch mit dem Anreiz zum freiwilligen Verzicht auf die freie Arztwahl erreicht werden. Mit einem bislang nur schwachen monetären Anreiz werden kassenärztliche Patienten zu einer **integrierten bzw. hausarztzentrierten Versorgung** (§ 73b SGB V) angehalten.[80] Gesetzliche Krankenkassen bieten etwa den Verzicht auf die vierteljährliche Praxisgebühr, sofern sich der Patient verpflichtet, im Krankheitsfall zunächst einen vorher festgelegten Hausarzt aufzusuchen und Fachärzte erst nach Überweisung durch den Hausarzt zu konsultieren.

Spiegelbildlich zu wirtschaftlichen Vorteilen wirken **auch potentielle wirtschaftliche Nachteile** als monetäre Anreize. Ein bedeutsamer Anwendungsbereich der Anreize durch potentielle wirtschaftliche Nachteile findet sich wiederum im Gesundheitswesen. Ein typisches Beispiel hierfür ist die am 1. Januar 2004 eingeführte **Praxisgebühr.** Sie soll einerseits als Schleuse zur Reduzierung von Praxisbesuchen dienen und andererseits eine Versorgungslenkung hin zur Erstkonsultation durch einen Hausarzt ermöglichen.[81] Auch die Streichung des Krankengeldes bzw. die Einschränkung der Lohnfortzahlung im Krankenfall – Stichwort: **„Karenztage"** – ist ein negativer finanzieller Anreiz, der dem Missbrauch der Lohnfortzahlungsregelung durch sogenanntes „Krankfeiern" vorbeugen soll. Sofern keine Unterscheidung zwischen länger- und kurzfristigen Krankheiten vorgenommen wird, mag die „Karenzregelung" freilich eher als

20

---

[76] Zweifelhaft ist allerdings die Anreizwirkung im Hinblick auf die Versorgung der Patienten.
[77] Hierzu insbesondere *Herbert Genzel*, Grundsatzfragen zu den neuen Vergütungsformen im Krankenhaus, ArztR 2000, S. 324ff.; *Ansgar Hense*, Soziale Infrastruktur im Gesundheitswesen – der stationäre Sektor, in: Fehling/Ruffert (Hrsg.), Regulierungsrecht, § 16.
[78] Mit dem Wettbewerbsstärkungsgesetz (GKV-WSG vom 26. 3. 2007, BGBl I, S. 378) wurden die Leistungen auch der Vertragsärzte geändert (jetzt § 87a SGB V). Dabei bleibt das Prinzip der Versichertenpauschale erhalten und wird durch Einzelvergütungen für besonders förderungswürdige Leistungen ergänzt (§ 87 Abs. 2b S. 1 SGB V). Dazu *Ulrich Wenner*, Vertragsarztrecht nach der Gesundheitsreform, 2008, § 22; *Schuler-Harms*, Infrastruktur (Fn. 74), § 15 Rn. 96ff.
[79] Eine gesetzliche Grundlage findet das Verfahren in §§ 25, 26 und 65a SGB V.
[80] Vgl. *Wenner*, Vertragsarztrecht (Fn. 78), § 11.
[81] Ihre gesetzliche Grundlage findet die Praxisgebühr in §§ 28 IV, 73b SGB V.

§ 40 Anreize

Finanzierungsinstrument denn als Steuerungsinstrument erscheinen.[82] In gleicher Weise vermischt sich der Steuerungscharakter mit dem Finanzierungscharakter auch bei der **Selbstbeteiligung** an Leistungen der medizinischen Versorgung. Da die Selbstbeteiligung in Abhängigkeit von der Anzahl und Kostenintensität der abgefragten medizinischen Leistungen berechnet wird, ergibt sich zugleich der Anreiz, die Leistungsabfrage zu verringern.[83] Als weiteres Beispiel für potentielle wirtschaftliche Nachteile kann der Anspruch auf freien Zugang zu allen Daten über Verstöße gegen das Lebensmittel- und Futtermittelgesetzbuch nach § 1 Abs. 1 Satz 1 Nr. 1 VIG dienen.[84] Die Veröffentlichung von Hygieneverstößen kann Gastronomen empfindlich treffen.

21 **Sonstige wirtschaftliche Vorteile** – in concreto die verbesserte Positionierung am Markt – sind für Unternehmen ein Anreiz, sich gemeinnützig im Hinblick auf ihre Stellung und Wahrnehmung in der Gesellschaft zu engagieren. Bisher finden sich zu diesem, unter dem Begriff **„Corporate Social Responsibility"** (CSR) thematisierten, Handeln der Unternehmen kaum gesetzliche Regelungen. Dennoch findet CSR Ausdruck in einer Vielzahl von Engagements zugunsten der Umwelt oder innerhalb des sozialen Bereiches. Benannt sei hier die unentgeltliche Bereitstellung finanzieller und sachlicher Mittel an Umwelt- und Sozialverbände.[85] Dabei ist bei den Unternehmen meist nicht nur die altruistische Motivation entscheidungsleitend, sondern zugleich auch die mit der Förderung verbundene Möglichkeit zu einer besseren Marktpositionierung wesentlicher Anreiz für ein entsprechendes Tätigwerden. Die zunehmende Bedeutung der freiwilligen Beiträge der Unternehmen zu sozialer und ökologischer Nachhaltigkeit und die Förderung entsprechenden Engagements sind wesentliche Aspekte in der Diskussion um ergänzende gesetzliche Regulierungen in diesem Bereich. Dabei geht es darum, die vorhandene altruistische Motivation und die Anreize aus der Marktpositionierung zu stärken. Wesentliche Meilensteine in der Diskussion um eine – insbesondere europäische – CSR-Politik waren das Davoser Manifest (1973),[86] das EU-Grünbuch zu CSR (2001)[87] und das Europäi-

---

[82] Zur Problematik der Karenztage in ausgewählten OECD-Ländern *Scheil-Adlung*, Kostensteuerung (Fn. 27), S. 89–97, 149–154, 197–201 (insbes. S. 93–96).

[83] Die gesetzliche Grundlage für die Selbstbeteiligung findet sich in §§ 31, 61 und 62 SGB V.

[84] Dazu *OVG Saarl.*, NVwZ 2011, S. 632 ff.; Vorinstanz: *VG Saarlouis*, DuD 2010, S. 849–852; Anm. *Elke Gurlit*, Zeitwert von Verbraucherinformation und Rechtsschutzanforderungen, NVwZ 2011, S. 1052. – Aktuelle Diskussion über die sog. „Pankower Ekelliste": *Thomas Holzner*, Die „Pankower Ekelliste", NVwZ 2010, S. 489 ff.; *Ferdinand Wollenschläger*, Staatliche Verbraucherinformation als neues Instrument des Verbraucherschutzes, VerwArch 2011, S. 20 ff.; *Florian Becker/Ylva Blackstein*, Der transparente Staat – Staatliche Verbraucherinformation über das Internet, NJW 2011, S. 490 ff.; *Alexander Schink*, Smileys in der Lebensmittelkontrolle – Verfassungsrechtliche Zulässigkeit einer amtlichen Information der Öffentlichkeit über die Ergebnisse der amtlichen Lebensmittelkontrolle, DVBl 2011, S. 253 ff.

[85] So engagiert sich z.B. die hessische Licher Privatbrauerei zugunsten verschiedener Umweltprojekte im Hessischen Naturschutzzentrum und der Hessischen Gesellschaft für Ornithologie und Naturschutz. Mit verschiedenen Aktionen, deren Erlös zu verschiedenen Anteilen den SOS-Kinderdörfern zugute kommt, engagieren sich Unternehmen wie Transocean Tours Touristik GmbH, die Deutsche Post AG bzw. der Versandhandel Otto GmbH & Co. KG auf dem sozialen Gebiet.

[86] Das Davoser Manifest ist wiedergegeben bei *Horst Steinmann*, Zur Lehre von der Gesellschaftlichen Verantwortung der Unternehmensführung – Zugleich eine Kritik des Davoser Manifests, WiSt 1973, S. 472 f.

[87] EU-Grünbuch zu CSR (KOM [2001] 366 endg.).

A. Anreize im Kontext der Steuerungsdiskussion

sche Multistakeholder Forum zu CSR (2002–2004)[88]. Dabei wird die Frage, inwiefern gesetzliche Rahmenbedingungen zur Förderung der CSR eingeführt werden sollen, kontrovers diskutiert. In der Binnenmarktakte der Kommission vom 13. April 2011 kündigt diese einen Gesetzesvorschlag an, der eine Berichtspflicht der Unternehmen über ihre CSR-Aktivitäten vorsieht.[89] Während sich Unternehmensverbände strikt dagegen aussprechen,[90] werden von Umweltverbänden und sozialen NGOs Standards und Transparenzverpflichtungen für notwendig gehalten.[91] Regelungen bestehen bereits für **Gütesiegel**, die seitens des Staates, aber auch durch private Organisationen verliehen werden. Beispielhaft seien hier das Bio-Zeichen des Bundesministeriums für Verbraucherschutz oder das Umweltzeichen, der „Blaue Engel"[92], benannt. Auch mit der „**EMAS**-Verordnung"[93] wurden Anreize zur Einführung eines betrieblichen Umweltmanagementsystems geschaffen.

b) Verhaltensanreize durch Modifikation staatlichen Handelns

Neben dem monetären Anreiz agiert die öffentliche Hand mit dem Anreiz der flexiblen Selbstregulierung. Gemeint sind damit vornehmlich rechtliche Regelungen, die primär auf die Aktivierung institutioneller Selbstregulierung zielen und für den Fall, dass diese unterlassen wird oder ineffizient ist, mit staatlichen Interventionen drohen.[94] Hierunter fallen insbesondere Regelungen zu **Zielvereinbarungen im Hochschulbereich**,[95] wonach die Struktur- und Entwicklungsplanung zwischen Ministerium und Hochschule abgestimmt wird. Sollte es nicht zu einer Zielvereinbarung kommen, verbleibt den Ministerien die Möglichkeit zum Erlass von Zielvorgaben. Freilich wird gegenüber den Hochschulen, etwa mit der leistungsbezogenen Mittelvergabe, den Organisationsreformen und der Einrichtung von Hochschulräten, auch eine Vielzahl weiterer Instrumente eingesetzt, die un- 22

---

[88] Abschlussbericht zum Multistakeholder Forum unter: http://ec.europa.eu/enterprise/csr/documents/29062004/EMSF_final_report.pdf.

[89] KOM (2011) 206 endg., S. 17.

[90] Zum Beispiel: Stellungnahme des BDI zur Binnenmarktakte der Kommission vom 11. 5. 2011: www.bdi.eu/Binnenmarkt_binnenmarktakte.htm; BDI Kernpunkte zu CSR: www.csrgermany.de/www/csr_cms_relaunch.nsf/id/C57C018D43078DFBC12577FF00373CEF/$file/10_Kernpunkte_CSR.pdf?open.

[91] Hier sei nur beispielhaft genannt: BUND-Positionspapier, zuletzt aktualisiert im Oktober 2008 (www.bund.net/fileadmin/bundnet/publikationen/sonstiges/20081000_sonstiges_gesellschaftliche_verantwortung_standpunkt.pdf).

[92] Das Umweltzeichen „Blauer Engel" ist ein seit 1978 vergebenes Gütesiegel für besonders umweltschonende Produkte und Dienstleistungen. Es wurde 1977 vom Bundesminister des Inneren und den für Umweltschutz zuständigen Ministern der Bundesländer ins Leben gerufen. Derzeit sind das BMU, das UBA, das RAL (Deutsches Institut für Gütesicherung und Kennzeichnung e. V.) sowie die Jury Umweltzeichen am Vergabeverfahren beteiligt. S. a. → Bd. I *Eifert* § 19 Rn. 151.

[93] Verordnung (EWG) Nr. 1836/93 vom 29. 6. 1993, ABl. EWG 1993, Nr. L 168, S. 1; ersetzt durch VO Nr. 761/2001 vom 19. 3. 2001 (EMAS), ABl. EG 2001, Nr. L 114, S. 1; s.a. §§ 32, 33 Umweltauditgesetz. Vgl. dazu a. → Bd. I *Schuppert* § 16 Rn. 91 f., *Eifert* § 19 Rn. 90 ff.; Bd. II *Michael* § 41 Rn. 44.

[94] Siehe a. → Bd. I *Eifert* § 19 Rn. 73 ff.; Bd. II *Fehling* § 38 Rn. 36 f., *Michael* § 41 Rn. 46; Bd. III *Waldhoff* § 46 Rn. 21 f.

[95] Regelungen dazu finden sich u. a. in § 7 Hess. HSG, § 13 Abs. 2 Bad.-Württ. HSG, § 1 Abs. 3, 4 Nds. HSG; § 6 NW HSG. S.a. → Bd. II *Hill/Martini* § 34 Rn. 65 f., 93, *Bauer* § 36 Rn. 56 ff.

ter dem Stichwort „Ökonomisierung der Hochschule" zu einer intensiven Diskussion geführt haben.[96]

Einen ähnlichen Anreiz zur flexiblen Selbstregulierung enthalten auch die Regelungen zur Vermögensauseinandersetzung der IHK im Falle der Änderung der Bezirksgrenzen.[97]

Ein weiteres Beispiel findet sich im **Gesetz über die Metropolregion Frankfurt/Rhein-Main (MetropolG):** Die Kommunen des Ballungsraumes Rhein-Main sind zunächst aufgerufen, in eigener Verantwortung Zusammenschlüsse zur Wahrnehmung der Aufgaben, etwa der Abfallbeseitigung, der Errichtung und Unterhaltung kultureller Einrichtungen und der regionalen Verkehrsplanung, zu bilden.[98] Unter den Voraussetzungen des § 5 MetropolG kann die Landesregierung, sofern sich die betroffenen Kommunen nicht freiwillig zusammenschließen, Pflichtverbände anordnen.

23   Anreize aus einem veränderten staatlichen Verhalten ergeben sich auch in den Bereichen der Gewährung von **Verfahrenserleichterungen oder Verfahrensprivilegien** sowie in der Regulierung und Herstellung von Wettbewerb. Der Staat verzichtet dabei nicht gänzlich auf eine Intervention, sondern gewährt den Beteiligten die Möglichkeit, für ein bestimmtes, vom Gesetzgeber intendiertes Verhalten einen höheren Grad an wirtschaftlicher Flexibilität und gegebenenfalls auch einen Vorteil bei der Marktpositionierung zu erlangen.

Die Gewährung von Verfahrenserleichterungen und Verfahrensprivilegien ist ein Anreizinstrument, das überwiegend im Wirtschaftsverwaltungsrecht sowie im Umweltrecht eingesetzt wird. Die Gewerbeordnung,[99] die Handwerksordnung, das Gaststättenrecht sowie das Sprengstoffgesetz[100] beinhalten Anreize zur **Fortführung** eines Gewerbes oder eines Betriebs. Rechtsnachfolger sowie ausgewählte Personen können beispielsweise einen Handwerksbetrieb fortführen, ohne die Voraussetzungen für den Eintrag in die Handwerksrolle zu erfüllen,[101] beziehungsweise ein Gaststättengewerbe übergangsweise auf Grund der Erlaubnis des verstorbenen Inhabers[102] betreiben. Ein Anreiz zum Handel mit Lebensmitteln aus eigenem Anbau findet sich in § 55a Abs. 1 Nr. 2 GewO, wonach der **Vertrieb selbstgewonnener Erzeugnisse** der Land- und Forstwirtschaft, des Gemüse-, Obst- und Gartenbaus, der Geflügelzucht und

---

[96] Das Bundesverfassungsgericht hat eines der Reformgesetze gebilligt: *BVerfGE* 111, 333. Zur Debatte um die neuen Steuerungsformen im Hochschulbereich, s. etwa: *Reinhard Hendler*, Die Universität im Zeichen der Ökonomisierung und Internationalisierung, VVdStRL, Bd. 65 (2006), S. 238 ff.; *Ute Mager*, Die Universität im Zeichen der Ökonomisierung und Internationalisierung, VVdStRL, Bd. 65 (2006), S. 274 ff.; *Volker Epping*, Verwaltungsreform als Verwaltungsaufgabe. Akteure, Mechanismen, Instrumente, VerwArch, Bd. 99 (2008), S. 423–449; *Michael Jaeger*, Steuerung durch Anreizsysteme an Hochschulen, in: Jörg Bogumil/Rolf G. Heinze (Hrsg.), Neue Steuerung von Hochschulen, 2009.

[97] Regelungen zur institutionellen Selbstregulierung durch die IHK enthalten nahezu alle Ausführungsgesetze zum IHKG, z. B. § 1 HessAG IHKG, Art. 8 BayAG IHKG, § 1 IHKG-Berlin. IHK können demnach zunächst selbst die Vermögensauseinandersetzung bei der Änderung ihrer Bezirke vornehmen. Für den Fall, dass die beteiligten Kammern keine einvernehmliche Lösung finden, kommt es zu einer Regelung durch die Aufsichtsbehörde.

[98] §§ 1, 3 MetropolG.

[99] § 46 GewO.

[100] § 12 Abs. 1 SprengG.

[101] § 4 Abs. 1 HwO.

[102] §§ 10, 11 GastG.

A. Anreize im Kontext der Steuerungsdiskussion

Imkerei sowie der Jagd und Fischerei eine reisegewerbekartenfreie Tätigkeit darstellt.[103]

Auf dem Sektor des Umweltrechts werden insbesondere im Rahmen der Förderung von Organisationen, die am Eco-Management-and-Audit-Scheme **(EMAS)** teilnehmen, neben monetären Anreizgestaltungen Anreize in Form von Verfahrenserleichterungen sowie Verfahrensprivilegien eingesetzt. Dies verdeutlicht zunächst die EMAS-Privilegierungs-Verordnung, wonach Regelungen des Immissionsschutzrechts sowie des Abfallrechts für Anlagen, die den Anforderungen der EG-Umweltaudit-Verordnung entsprechen, modifiziert werden.[104]

Anreize werden auch mit der **Regulierung des Wettbewerbs,** insbesondere mit dessen Erleichterung, geschaffen. Ziel ist es, die Marktmechanismen zu Rentabilitätsgewinnen auszunutzen.[105] Anreize zu einem **kostengünstigen Netzzugang** ergeben sich ebenso aus den Regelungen des § 21 Abs. 2–4 EnWG zur Entgeltkontrolle im Vergleichsverfahren. Netzbetreiber werden bemüht sein, die Netzbetriebskosten – und zugleich die daraus resultierenden Netzzugangskosten – unterhalb oder im Rahmen der durchschnittlichen Kosten für den Netzbetrieb zu halten. Anderenfalls riskieren sie, dass in ihre Kostengestaltung regulierend eingegriffen wird. Zugleich sorgt die Kostenkontrolle im Netzbetrieb für einen kostengünstigeren Netzzugang, der ein Anreiz für das Engagement neuer Energieversorgungsunternehmen am Markt ist. Zahlreiche weitere Regelungen des Energiewirtschaftsgesetzes zum diskriminierungsfreien Zugang zu den Versorgungsnetzen, Speicheranlagen und öffentlichen Verkehrswegen erleichtern neuen Energieversorgungsunternehmen den Marktzutritt. Die Deregulierung des Energieversorgungsmarktes stellt mittelbar einen Anreiz zu mehr Wettbewerb in diesem Geschäftsbereich dar. Ebenso wird zur Effizienzsteigerung im Rahmen der Energieversorgung mit Anreizen gearbeitet. So besteht für Netzbetreiber im Bereich der Energieversorgung die Möglichkeit, bei der Bestimmung der Netzzugangsentgelte von dem oben genannten Vergleichsverfahren abzuweichen und stattdessen eine Methode zur Entgeltbestimmung zu wählen, die Anreize zu einer effizienten Leistungserbringung setzt.[106] Für Netzentgelte von Strom- und Gasnetzbetreibern wurde 2007 in Konkretisierung des § 21 a EnWG die Anreizregulierungsverordnung (ARegV) erlassen,[107] welche die bisherige Individualkontrolle

24

---

[103] Vgl. hierzu auch die Privilegierung des Ausschanks von selbsterzeugtem Wein (Straußwirtschaft), der nach § 3 der Gewerbe- und Gaststättenrechts-Zuständigkeitsverordnung Hess. für bestimmte Zeiträume keiner Erlaubnis bedarf.

[104] Als Anreiz zum Betrieb einer EMAS-Anlage wirken unter anderem der Verzicht auf die Anordnung der Bestellung eines Betriebsbeauftragten, die Möglichkeit der Durchführung von Emissionswertmessungen durch eigenes Personal in – gegenüber gewöhnlichen Anlagen – größeren zeitlichen Zyklen sowie die Option auf eine eigenständig durchführbare sicherheitstechnische Prüfung. Vgl. §§ 3, 4, 6 EMAS-Privileg-VO. Vgl. a. → Bd. I *Schuppert* § 16 Rn. 91f., *Eifert* § 19 Rn. 90ff.; Bd. II *Michael* § 41 Rn. 44.

[105] Als klassisches Beispiel hierfür ist die Liberalisierung der Strom- und Gasmärkte in Europa zu nennen. S. a. → Bd. I *Schuppert* § 16 Rn. 106ff., *Eifert* § 19 Rn. 130ff.

[106] Vgl. § 21 a EnWG.

[107] Anreizregulierungsverordnung (ARegV) v. 29. 10. 2007 (BGBl I, S. 2529), zuletzt geändert am 22. 12. 2011 (BGBl I, S. 3034, 2012 I, S. 131). Nach § 1 regelt die Verordnung „die Bestimmung der Entgelte für den Zugang zu den Energieversorgungsnetzen im Wege der Anreizregulierung" und legt die Berechnungsmethoden für Netzentgelte von Strom- und Gasnetzbetreibern nach mathematischen Formeln fest (Anlagen 1–3). Nach § 19 ARegV finden „Qualitätselemente" in die Berechnung

von Einzelkosten ablöst und sie durch ein System ersetzt, das Netzbetreibern mittels Erlösobergrenzen für ihre Einnahmen aus dem Netzgeschäft Anreize zur Kostensenkung geben soll.[108]

c) Meritorische Anreize

25 Meritorische Anreize erwachsen aus der **Wertschätzung,** die bestimmten Verhaltensmustern oder Leistungen seitens der Gesellschaft entgegengebracht wird. Es liegt in der Natur der Sache, dass derartige Anreize nur begrenzt der rechtlichen Regelung zugänglich sind. Meritorische Anreize liegen häufig dem sozialen oder ökologischen Engagement Einzelner zugrunde. Schon seit Jahrhunderten wurden zusätzlich zu der altruistischen Motivation Anreize für ein entsprechendes Verhalten gesetzt. **Ehrentitel und Ehrenpositionen** haben nach wie vor Konjunktur. So werden etwa besondere Verdienste im Bereich der Wissenschaft mit einer Honorarprofessur oder einem Doktortitel ehrenhalber anerkannt.[109] Für besondere Leistungen um den Wiederaufbau und friedlichen Aufstieg der Bundesrepublik Deutschland wird das Bundesverdienstkreuz verliehen.[110] Vergleichbare Titel, Orden und Ehrenzeichen finden sich in allen Bundesländern.[111] Die von den öffentlichen Auszeichnungen ausgehende Anreizwirkung wird in der jüngeren Zeit auch nutzbar gemacht, um bürgerschaftliches Engagement im alltäglichen Bereich zu fördern. So sollen durch die Einführung einer Jugendleitercard nicht nur praktische Anreize, wie die kostenlose Nutzung öffentlicher Bibliotheken und Schwimmbäder, sondern auch meritorische Anreize geschaffen werden.[112]

2. Anreize innerhalb der Verwaltung

26 Innerhalb der Verwaltung finden sich Anreizgestaltungen, die denjenigen außerhalb der Verwaltung in ihrer Wirkung ähneln oder sogar entsprechen.

---

der Erlösobergrenzen Eingang, so dass besondere Bemühungen der Netzbetreiber sich auch im Netzentgelt niederschlagen können.

[108] Zu den Einzelheiten *Andrea Berndt*, Die Anreizregulierung in den Netzwirtschaften, 2011; *Heinz-Werner Ufer/Andreas Hoffjan/Stephan Ißleib/Lukas D. Schuchardt*, Investitionsanreize der Anreizregulierungsverordnung in der Energiewirtschaft, ZögU 2010, S. 1 ff.; *Felix Hardach*, Die Anreizregulierung der Energieversorgungsnetze, 2010; *Ralf Walther*, Die Regulierung der Elektrizitätsnetzentgelte nach der Anreizregulierungsverordnung, 2009; *Franz J. Säcker*, Die wettbewerbsorientierte Anreizregulierung von Netzwirtschaften, N&R 2009, S. 78 ff.; *Stefan Missling*, Möglichkeiten einer Anpassung der Erlösobergrenzen in der Anreizregulierung, IR 2008, S. 126 ff. (Teil 1), S. 201 ff. (Teil 2); *Reinhard Ruge*, Die neue Anreizregulierungsverordnung (ARegV) – Systemwechsel bei der Regulierung der Netzentgelte im Energiebereich, DVBl 2008, S. 956 ff.

[109] Nur beispielhaft sei hier auf §§ 72, 73 Hess. HSG verwiesen. Vergleichbare Regelungen finden sich auch im Landesrecht der anderen Bundesländer.

[110] Grundlage für dessen Verleihung ist der Stiftungserlass durch den Bundespräsidenten vom 7. 9. 1951. Eine gesetzliche Grundlage findet sich im Gesetz über Titel, Orden und Ehrenzeichen vom 26. 7. 1957 (BGBl I [1957], S. 844 ff.).

[111] Nur beispielhaft sei auf den Erlass über die Stiftung des Ehrenbriefes des Landes Hessen (GVBl Hess. I [1973], S. 197 f.) verwiesen.

[112] Zu den Rechtsgrundlagen vgl. § 73 SGB VIII; auf Landesebene z.B. für Mecklenb.-Vorp. die Empfehlungen des Sozialministeriums in der Bekanntmachung vom 22. 5. 2000 (Amtsblatt MV 2000 [Nr. 2]); Bestimmungen vom Hessischen Ministerium für Arbeit, Familie und Gesundheit vom 1. 9. 2010 zur Anwendung der Jugendleiter/innen-Card in Hessen (II 2 a–52 m 0600-0001).

A. Anreize im Kontext der Steuerungsdiskussion

Eine besondere Bedeutung nimmt bei der Betrachtung von Anreizen innerhalb der Verwaltung das Verfahren der **Budgetierung** ein.[113] Mit der Budgetierung ist ein System der dezentralen Verantwortung einer Organisationseinheit für ihren eigenen Finanzrahmen bei festgelegtem Leistungsumfang mit bedarfsgerechtem, in zeitlicher und sachlicher Hinsicht selbstbestimmtem Mitteleinsatz gemeint, wobei eine Überschreitung des Finanzrahmens grundsätzlich ausgeschlossen sein soll. Ziel dieses Verfahrens ist es, Sparerfolge und ein verändertes Kosten- und Leistungsbewusstsein der Beschäftigten zu erreichen.

Neu sind im öffentlichen Dienstrecht unmittelbar wirkende monetäre Anreize zur Gestaltung des Einkommens für die in der Verwaltung und in den Hochschulen Beschäftigten. Maßgeblich haben hierzu die **Änderungen des Dienstrechts** aus dem Jahre 1997 beigetragen.[114]

Eine noch ausgeprägtere Möglichkeit zur Gestaltung des eigenen Gehaltsgefüges besteht für Beamte im **Vollstreckungsdienst.** Nach § 49 BBesG in Verbindung mit § 1 Vollstreckungsvergütungsverordnung erhalten Gerichtsvollzieher im Außendienst als Vergütung einen Anteil in Höhe von 15% an den durch sie vereinnahmten Gebühren.[115]

Auch im Rahmen des Hochschulwesens finden sich Anreizsysteme in Gestalt von Gehaltsanreizen. Die Umstellung der Besoldung der Hochschullehrer von der C-Besoldung auf die W-Besoldung im Jahre 2002[116] führte zu einer massiven Absenkung des Grundgehaltes verbunden mit der Möglichkeit leistungsbezogener Zulagen.[117]

Ein Beispiel für Anreizregelungen des Gesetzgebers zur Absicherung der von ihm verfolgten Ziele stellt § 10 Abs. 4 Satz 1 HessGlG[118] dar. Werden die Zielvorgaben des **Frauenförderplans** nicht erfüllt, sieht das Gesetz für die Entschei-

---

[113] S. a. → Bd. I *Voßkuhle* § 1 Rn. 53 , *Schuppert* § 16 Rn. 77; Bd. II *Hill/Martini* § 34 Rn. 63 f.; Bd. III *Korioth* § 44 Rn. 59 ff.

[114] Zunächst enthält § 27 BBesG leistungsbezogene Unterscheidungsmerkmale. Zwar wurde die grundsätzliche Bemessung des Grundgehalts nach Stufen beibehalten, jedoch muss neben dem Dienstalter zusätzlich die Leistung des Beamten miteinbezogen werden. Bei dauerhaft herausragenden Leistungen kann nach § 27 Abs. 7 S. 1 BBesG für Beamte und Soldaten der Besoldungsgruppe A die nächsthöhere Stufe schon nach Ablauf der Hälfte des Zeitraums bis zu ihrem Erreichen als Grundgehalt vorweg festgesetzt werden. Wird demgegenüber festgestellt, dass die Leistung des Beamten nicht den mit dem Amt verbundenen durchschnittlichen Anforderungen entspricht, verbleibt er in seiner bisherigen Stufe, bis seine Leistung ein Aufsteigen in die nächsthöhere Stufe rechtfertigt, § 27 Abs. 5 BBesG. § 42a BBesG eröffnet der Bundesregierung und den Landesregierungen zudem die Möglichkeit, jeweils für ihren Bereich zur Abgeltung von herausragenden besonderen Leistungen durch Rechtsverordnung die Gewährung von Leistungsprämien und Leistungszulagen an Beamte und Soldaten in Besoldungsgruppen der Besoldungsgruppe A zu regeln. S. a. → Bd. III *Voßkuhle* § 43 Rn. 101.

[115] Freilich begrenzt § 2 der Vollstreckungsvergütungsverordnung die Vergütung für die Erledigung eines einzelnen Auftrags auf einen bestimmten Betrag, der nur im Ausnahmefall überschritten werden darf.

[116] ProfBesReformG vom 16. 2. 2002, BGBl I, S. 686.

[117] Auf den Vorlagebeschluss des *VG Gießen* vom 8. 12. 2008, Az.: 5 E 248/07, ZBR 2009, S. 211 ff. ist das Urteil des Zweiten Senats vom 14. 2. 2012, Az.: 2 BvL 4/10 (abrufbar unter www.bverfg.de, Entscheidungen, Datum), ergangen, welches die W 2-Besoldung für unvereinbar mit Art. 33 Abs. 5 GG erklärt, da das Prinzip angemessener Alimentation verletzt sei, und die Neuregelung bis zum 1. 1. 2013 aufgibt.

[118] Hessisches Gleichberechtigungsgesetz vom 21. 12. 1993 (GVBl I S. 729), zuletzt geändert durch Art. 1 Zweites ÄndG vom 31. 8. 2007 (GVBl I S. 586).

dungsträger bei einer zukünftigen Einstellung oder Beförderung eines männlichen Bewerbers in einem Bereich, in dem Frauen unterrepräsentiert sind, Verfahrenserschwernisse vor. Der Anreiz besteht in dem Gewinn an Flexibilität im Rahmen der Einstellungs- und Beförderungspolitik, da bei Nichterfüllung der Zielvorgaben des Frauenförderplanes für zwei Jahre jede weitere Einstellung oder Beförderung eines Mannes der Zustimmung der jeweils für die Frauenförderung zuständigen Stelle bedarf.

B. Ökonomische Grundlagen

29   Interdisziplinäre Arbeit zwischen Juristen und Ökonomen[119] kann an die alte Tradition der engen Kooperation zwischen Rechts- und Wirtschaftswissenschaften anknüpfen, wie sie in einigen gemeinsamen staatswissenschaftlichen Fakultäten auch heute noch zum Ausdruck kommt. Insbesondere mit der **ökonomischen Analyse des Rechts**[120] ist die interdisziplinäre Zusammenarbeit in den letzten Jahrzehnten wieder aufgenommen und vertieft worden.[121] Bei der ökonomischen Analyse des Rechts stand zunächst das Zivilrecht im Vordergrund.[122] Erst allmählich wurde auch das öffentliche Recht von ökonomischen Analysen erfasst.[123] Inspiriert vor allem von der Neuen Politischen Ökonomie wurden auf verfassungsrechtlicher Ebene die grundlegenden Institutionen des Verfassungsstaates analysiert.[124] Im Verwaltungsrecht war es das **Umweltrecht,** das die „ökonomische Herausforderung des Rechts"[125] in besonderer Weise annahm: Die verwaltungsrechtswissenschaftliche Diskussion um Anreize als Steuerungsinstrument wurde durch umweltökonomische Forschung und Forderungen angestoßen.[126] Die gesamte Debatte ist getragen von einem interdisziplinären Zugang und Impe-

---

[119] Siehe a. → Bd. I *Voßkuhle* § 1 Rn. 39, *Möllers* § 3 Rn. 45 f.

[120] Die ökonomische Theorie des Rechts entstand in den USA. Als ihre Begründer gelten *Guido Calabresi* und *Richard Posner,* s. insbesondere *Guido Calabresi,* Some Thoughts on Risk Distribution and the Law of Torts, Yale Law Journal 70 (1961), S. 499 ff.; *ders.,* The Costs of Accidents, 3. Aufl. 1972; *Richard Posner,* Economic Analysis of Law, 7. Aufl. 2007 (1. Aufl. 1973). Einige der amerikanischen Grundlagentexte finden sich auf Deutsch in *Heinz-Dieter Assmann/Christian Kirchner/Erich Schanze* (Hrsg.), Ökonomische Analyse des Rechts, 1993.

[121] Zur Einführung s. *Stephan Tontrup,* Ökonomik in der dogmatischen Jurisprudenz, in: Christoph Engel (Hrsg.), Methodische Zugänge zu einem Recht der Gemeinschaftsgüter, 1998, S. 41 ff.; *Wolfgang Weigel,* Rechtsökonomik, 2003. Zahlreiche Anwendungsfälle stellt dar: *Michael Adams,* Ökonomische Theorie des Rechts, 2. Aufl. 2004.

[122] Beispielsweise beschäftigt sich in dem zweibändigen Sammelband von Jules Coleman und Jeffrey Lange (Hrsg.), Law and Economics, 1992, die weit überwiegende Anzahl von Beiträgen mit dem Privatrecht.

[123] Siehe dazu insbesondere *Engel/Morlok* (Hrsg.), Öffentliches Recht (Fn. 10). Ein ganzes Kapitel zur ökonomischen Analyse des Öffentlichen Rechts enthält auch *Weigel,* Rechtsökonomik, (Fn. 121), S. 94 ff. Siehe dazu auch *Christoph Engel,* Rechtliche Entscheidungen unter Unsicherheit, in: Christoph Engel/Jost Halfmann/Martin Schulte (Hrsg.), Wissen-Nichtwissen-Unsicheres Wissen, 2002, S. 307 ff.; → Bd. I *Möllers* § 3 Rn. 45.

[124] Siehe dazu etwa *Geoffrey Brennan/James M. Buchanan,* Die Begründung von Regeln, 1993; *James M. Buchanan,* Politische Ökonomie als Verfassungstheorie, 1990; *Martin Leschke,* Ökonomische Verfassungstheorie und Demokratie, 1993.

[125] So die – doppelsinnige – Formulierung von *Martin Morlok,* Vom Reiz und Nutzen, von den Schwierigkeiten und den Gefahren der Ökonomischen Theorie für das öffentliche Recht, in: Engel/Morlok (Hrsg.), Öffentliches Recht (Fn. 10), S. 1.

[126] → Rn. 1.

B. Ökonomische Grundlagen

tus. Es ist daher unerlässlich, sich in groben Zügen der ökonomischen Grundlagen zu vergewissern.

Dabei soll in drei Schritten vorgegangen werden. Am Anfang stehen einige Bemerkungen zu der Grundlage des ökonomischen Denkens, dem Konzept des homo oeconomicus; denn nur wenn dieses Verständnis mit juristischem Denken kompatibel ist, lohnt die Beschäftigung mit den Wirtschaftswissenschaften (I.). Sodann folgt eine kurze Skizze wesentlicher Aspekte der Neuen Institutionenökonomik. Diese neuere Strömung innerhalb der Wirtschaftswissenschaften bietet am meisten Anschlussstellen für die juristische Betrachtung (II.). Schließlich soll an dem Beispiel, das die gesamte Anreiz-Diskussion ausgelöst hat, den ökonomischen Instrumenten im Umweltrecht, im Detail gezeigt werden, wie ökonomisches Denken eine Debatte um neue Steuerungsformen im Verwaltungsrecht befruchten kann (III.).

I. Zum „homo oeconomicus"

Die ökonomische Analyse beruht auf dem Konzept des „homo oeconomicus".[127] Mit Hilfe des **homo oeconomicus** modellieren Ökonomen, wie sich Menschen in Knappheitssituationen verhalten. Das Homo-oeconomicus-Modell besteht aus **drei grundlegenden Bausteinen:**[128]
– den Präferenzen des Individuums. Diese sind für die ökonomische Analyse als gegeben anzusehen.[129]
– dem Handlungsraum des Individuums, also dem Raum aller dem Individuum zur Verfügung stehenden Handlungsmöglichkeiten. Dem Einzelnen stehen dabei nur solche Handlungsmöglichkeiten zur Verfügung, die mit den Restriktionen zu vereinbaren sind, wie etwa Begrenzungen durch das zur Verfügung stehende Geld oder die zur Verfügung stehende Zeit.
– die eigentliche Wahlhandlung des Individuums; diese ergibt sich aus der Art und Weise, wie sich das Individuum angesichts seiner Präferenzen und der Restriktionen tatsächlich verhält. Die Ökonomen gehen dabei grundsätzlich vom rationalen Verhalten des Einzelnen aus. Der Einzelne wird das Verhalten wählen, das seinen Nutzen maximiert.

Das Homo-oeconomicus-Modell ist **heftig kritisiert** worden: Der „schiere Nutzenmaximierer" lasse den „Juristen schaudern"[130] und stelle ein Menschenbild dar, das mit der Vorstellung des Menschen aus rechtlicher Sicht nicht vereinbar sei.[131] Insbesondere in der Soziologie wurden grundsätzliche Einwände gegen

---

[127] Ausführlich dazu *Gebhard Kirchgässner*, Homo Oeconomicus: das ökonomische Modell individuellen Verhaltens und seine Anwendung in den Wirtschafts- und Sozialwissenschaften, 3. Aufl. 2008.

[128] Zum Folgenden *Mathias Erlei/Martin Leschke/Dirk Sauerland*, Neue Institutionenökonomik, 2. Aufl. 2007, S. 2.

[129] Kritisch dazu *Arno Scherzberg*, Rationalität – staatswissenschaftlich betrachtet, in: FS Hans-Uwe Erichsen, 2004, S. 177 (198 f.).

[130] *Karl-Heinz Fezer*, Aspekte einer Rechtskritik an der economic analysis of law und am property rights approach, JZ 1986, S. 817 (822). Auf diese Kritik hin entspann sich eine weitere Debatte: *Claus Ott/Hans-Bernd Schäfer*, Die ökonomische Analyse des Rechts – Irrweg oder Chance wissenschaftlicher Rechtserkenntnis, JZ 1988, S. 213 ff.; *Karl-Heinz Fezer*, Nochmals: Kritik an der ökonomischen Analyse des Rechts, JZ 1988, S. 223 ff.; *Gebhard Kirchgässner*, Führt der homo oeconomicus das Recht in die Irre?, JZ 1991, S. 104 ff.

[131] *Fezer*, Nochmals (Fn. 130), S. 224. Reserviert auch, den „homo republicanus" entgegensetzend: *Rolf Gröschner*, Der homo oeconomicus und das Menschenbild des Grundgesetzes, in: Engel/Morlok

dieses Menschenbild erhoben. Stellvertretend für diese Kritik steht das von *Ralf Dahrendorf* geprägte Modell zur Analyse des Menschen in seinem Dasein als gesellschaftliches Wesen, das Modell des homo sociologicus.[132] Der **homo sociologicus** ist nach *Dahrendorf* als Gesamtheit seiner sozialen Rollen, die ihrerseits von Normen (Muss-, Soll- und Kann-Normen), Erwartungen sowie belohnenden oder bestrafenden Sanktionen Dritter geprägt sind, anzusehen.[133] Die Übernahme gewisser Verhaltensweisen entspreche demzufolge nicht dem Willen und dem Entschluss des Einzelnen, sondern es sei die Einnahme einer Rolle, die diesen Vorgang mit Notwendigkeit und Verbindlichkeit bedinge. Diese Verbindlichkeit resultiere aus den Erwartungen der Gesellschaft an den Träger einer Rolle; soziale Normen sind diesem Ansatz zufolge in der Realität maßgeblich für die Erklärung menschlichen Verhaltens.[134]

33   Insoweit diese **Kritik** an der fehlenden Normorientierung des Homo-oeconomicus-Modells ansetzt, **kann** sie von der ökonomischen Theorie **aufgefangen werden.** Die Entscheidung des Individuums, sich im Alltag an Gesetzesvorschriften zu halten, ist in einer Welt beschränkter Informationen und Ressourcen meistens rational, da ein Gesetzesverstoß erhebliche Kosten zur Folge hat.[135] Auch die Orientierung an gesellschaftlichen Erwartungen lässt sich als rationale Entscheidung des Individuums erklären. Die Befolgung anerkannter – nicht aber gesetzlich normierter – Verhaltensnormen in der Gesellschaft oder auch nur innerhalb einer Teilgruppe der Gesellschaft ermöglicht dem Individuum die Teilhabe an den Vorteilen, die mit der Mitgliedschaft in der jeweiligen Gesellschaft oder Gruppe verbunden sind.[136] Diese Vorteile büßt das Individuum ein, wenn es sich nicht mehr an die jeweils geltenden Normen hält. Das Individuum verliert an Reputation, was kurzfristig möglicherweise nur geringe, langfristig möglicherweise aber erhebliche Kosten mit sich bringt.[137] Damit bedeuten **gesetzliche oder soziale Regeln** wie auch **gesellschaftlich anerkannte Normen** im Rahmen des ökonomischen Verhaltensmodells nicht mehr, aber auch nicht weniger als **eine Art zusätzlicher Restriktion,** deren Nichtbeachtung mit erheblichen Kosten verbunden sein kann.

Inzwischen hat sich die Heftigkeit der Kritik gelegt. Statt Inkompatibilitäten auf der (normativen) Ebene des Menschenbildes zu konstruieren, wird differen-

---

(Hrsg.), Öffentliches Recht (Fn. 10), S. 31 ff.; sich kritisch hiermit auseinandersetzend: *Gebhard Kirchgässner*, Es gibt keinen Gegensatz zwischen dem Menschenbild des Grundgesetzes und dem homo oeconomicus, in: Engel/Morlok (Hrsg.), Öffentliches Recht (Fn. 10), S. 49 ff. Zu der gewisse Parallelen aufweisenden Debatte, ob das Menschenbild der Systemtheorie mit dem Menschenbild des Grundgesetzes kompatibel sei, vgl. *Oliver Lepsius*, Steuerungsdiskussion, Systemtheorie und Parlamentarismuskritik, 1999, S. 52 ff.

[132] *Ralf Dahrendorf*, Homo sociologicus – Ein Versuch zur Geschichte, Bedeutung und Kritik der Kategorie der sozialen Rolle, 17. Aufl. 2010 (1. Aufl. 1959). Zur soziologischen Kritik am Modell des homo sociologicus: *René König*, Freiheit und Selbstentfremdung in soziologischer Sicht; in: Freiheit als Problem der Wissenschaft, 1962, S. 25 (36 ff.); *Eckhard Garczyk*, Der Homo Sociologicus und der Mensch in der Gesellschaft, 1963, S. 297 f.

[133] *Dahrendorf*, Homo sociologicus (Fn. 132), S. 24, 37 ff.

[134] *Dahrendorf*, Homo sociologicus (Fn. 132), S. 37 f.

[135] Dies erkennt auch *Peter Weise*, Homo oeconomicus und homo sociologicus, Zeitschrift für Soziologie 1989, S. 148 (152), der allerdings das Modell des homo sociooeconomicus als am besten geeignete Basiseinheit für die sozialwissenschaftliche Theoriebildung ansieht.

[136] *Kirchgässner*, Homo Oeconomicus (Fn. 127), S. 34.

[137] *Kirchgässner*, Homo Oeconomicus (Fn. 127), S. 34 f.

ziertere Skepsis hinsichtlich der Brauchbarkeit des Homo-oeconomicus-Modells geäußert. Als positive sozialwissenschaftliche Theorie dient das Konzept des homo oeconomicus dazu zu analysieren, **wie sich Menschen tatsächlich verhalten**. Insoweit **ist fraglich,** inwieweit sich Menschen tatsächlich rational bzw. nutzenmaximierend verhalten und wie sich Präferenzen bilden und verändern;[138] insbesondere eine Differenzierung nach Lebensbereichen liegt nahe.[139] Teils hat auch die ökonomische Theorie auf diese Skepsis mit Erweiterungen und Klarstellungen des Modells reagiert.

1. Präferenzen

Die dem Homo-oeconomicus-Modell zugrunde liegenden Präferenzen entspringen allein den **Vorstellungen, Wünschen und Neigungen des Individuums.** Weder wird eine Präferenzordnung von außen vorgegeben, noch müssen die Präferenzen aller Menschen gleich sein. Im Gegenteil: Die Verschiedenheit der Präferenzen der Einzelnen spiegelt die Verschiedenheit der Menschen wider. Präferenzen sind nicht auf materielle Güter begrenzt: Ebenso wie Kleidung, Handys oder Kaviar können Macht oder Anerkennung als Präferenzen angesehen werden; die Vorstellung, dem homo oeconomicus gehe es nur um materielle Dinge, insbesondere Geld, stellt daher ein Missverständnis dar.

Freilich müssen die Präferenzen des Individuums bestimmte Bedingungen erfüllen, um für die ökonomische Analyse nützlich zu sein: Sie müssen etwa in eine konsistente Ordnung gebracht werden. Zumeist wird darüber hinaus **angenommen,** dass **Präferenzen konstant** sind, da Veränderungsmöglichkeiten die Komplexität der Analyse entscheidend erhöhen und insbesondere keine (einfachen) Aussagen mehr zu Reaktionen auf Restriktionen zulassen. Gerade die Annahme der Unveränderlichkeit von Präferenzen kann den Aussagewert der darauf basierenden Analyse freilich erheblich verringern. Denn schon die Lebenserfahrung legt nahe, dass sich Präferenzen bei Menschen im Laufe des Lebens verändern oder zumindest verändern können. Dies stellt aber keinen grundlegenden Einwand gegen das Modell des homo oeconomicus dar, sondern lässt wünschenswert erscheinen, dass die Frage, wie sich Präferenzen bilden und verändern, verstärkt zum Gegenstand der Forschung wird.

Das Modell des homo oeconomicus geht von der „gegenseitig desinteressierten Vernünftigkeit" aus. Fraglich ist, inwieweit der homo oeconomicus seine Präferenzen auch so formen darf, dass sie das Wohlergehen (oder das Gegenteil) anderer Menschen mit einbeziehen, vor allem ob man ihn sich **auch als altruistisch** vorstellen kann. Mit anderen Worten: Können Präferenzen des A auch so strukturiert sein, dass sein Nutzen davon abhängt, dass es B gut geht? Prinzipiell steht dem wohl nichts im Wege;[140] die Interdependenz führt aber zu **Komplikationen in der Analyse,** so dass viele Ökonomen von der Modellierung solcher

---

[138] Dazu: *Scherzberg,* Rationalität (Fn. 129), S. 198 f.

[139] Die Bereichsspezifik hervorhebend auch *Martin Morlok,* Vom Reiz und Nutzen, von den Schwierigkeiten und den Gefahren der Ökonomischen Theorie für das öffentliche Recht, in: Engel/Morlok (Hrsg.), Öffentliches Recht (Fn. 10), S. 22 f.

[140] *Bruno S. Frey,* Die Grenzen ökonomischer Anreize, in: Ernst Fehr/Gerhard Schwarz (Hrsg.), Psychologische Grundlagen der Ökonomie, 2002; *Brennan/Buchanan,* Die Begründung von Regeln (Fn. 124), S. 46 ff.

Präferenzen absehen.[141] Fraglich ist zudem, ob gerade in der rechtlichen Analyse altruistisches Verhalten berücksichtigt werden muss. Bei altruistischem Verhalten kommt es typischerweise nicht zu Konflikten, weil der Handelnde das Wohlergehen des Anderen mit einbezieht; gerade für diese Fälle **erübrigt sich** damit eine **rechtliche Regelung**.[142] Es nimmt daher nicht Wunder, dass die Rechtsordnung typischerweise – ganz wie der homo oeconomicus – von dem seine eigenen Interessen verfolgenden Individuum ausgeht.

Die moderne Wirtschaftswissenschaft setzt auf **methodischen Individualismus**:[143] Jedwede Analyse geht vom Einzelnen aus, auch wenn Kollektive untersucht werden sollen. So können zwar auch Organisationen als Akteure betrachtet werden; ausschlaggebend ist aber allein das Verhalten der Einzelnen innerhalb der Organisation. Die Perspektive, Organisationen vom Interesse der einzelnen Organisationsangehörigen her zu betrachten, kann vielfach zu fruchtbaren Ergebnissen führen. Doch können in Kollektiven zusätzliche Dimensionen eine Rolle spielen.

2. Rationalität

36   Heftig umstritten ist die Frage, ob und inwieweit Menschen sich bei ihren Handlungen tatsächlich rational verhalten.[144] Dabei bedeutet **Rationalität** für die Ökonomen, dass das Individuum unter Anwendung des **Kosten-Nutzen-Kalküls** seine Handlungsmöglichkeiten bewertet, um seinen Nutzen zu maximieren.[145] Es wird also seinen – relativen – Vorteil suchen und dasjenige Verhalten wählen, welches ihm am meisten Gewinn im Sinne von **größtmöglicher Befriedigung seiner Präferenzen** verspricht. Interessant ist dabei vor allem die **Vorhersagbarkeit** von Reaktionen auf Veränderungen. Die Rationalitätsannahme hat zur Folge, dass Menschen auf Veränderungen der äußeren Umstände in vorhersagbarer Weise reagieren.

37   Dabei ist auch das Rationalitätskonzept einigen Wandlungen unterworfen. Ging die Neoklassik noch von vollkommener individueller Rationalität aus, so passen viele der Vertreter der Neuen Institutionenökonomik das Rationalitätskonzept so an, dass es eher den Bedingungen der wirklichen Welt entspricht.[146] Denn typischerweise sind die Einzelnen eben **nicht vollständig informiert** und können zu komplexe Datenmengen nicht verarbeiten, so dass sie gerade keinen optimalen Plan aufstellen können. Vielfach wird hierfür in Anlehnung an

---

[141] Dies rechtfertigend auch *Eidenmüller*, Effizienz (Fn. 10), S. 33.
[142] Dieses Argument macht *Kirchgässner*, Führt der homo oeconomicus das Recht in die Irre? (Fn. 130), S. 104 f., sehr stark.
[143] *Erlei/Leschke/Sauerland*, Neue Institutionenökonomik (Fn. 128), S. 6; *Rudolf Richter/Eirik G. Furubotn*, Neue Institutionenökonomik, 4. Aufl. 2010, S. 3.
[144] Eine sorgfältige Untersuchung der Möglichkeiten der Übernahme des Rational-Choice-Ansatzes in die Rechtswissenschaft bietet *Anne van Aaken*, „Rational Choice" in der Rechtswissenschaft, 2003.
[145] *Erlei/Leschke/Sauerland*, Neue Institutionenökonomik (Fn. 128), S. 4 f.; *Richter/Furubotn*, Neue Institutionenökonomik (Fn. 143), S. 3 f.
[146] Siehe insbesondere *Oliver E. Williamson*, Markets and Hierarchies, 1975, S. 4 ff. und *Douglass C. North*, Structure and Performance: The Task of Economic History, Journal of Economic Literature 16 (1978), S. 963 (972 ff.).

B. Ökonomische Grundlagen

Herbert A. Simon der Begriff der **"bounded rationality"**[147] (eingeschränkte Rationalität) verwendet.

Ob diese Korrekturen ausreichen, ist indes nicht klar. Dies wird nicht erst seit der neueren Diskussion um die Hirnforschung und den freien Willen deutlich;[148] die Herausforderung der neuen Ergebnisse der Hirnforschung treffen allerdings alle Geistes- und Sozialwissenschaften und nicht allein die Ökonomie. Doch sind Zweifel auch darüber hinaus angebracht: Insbesondere die empirische Verhaltensforschung zeigt, dass sich Menschen in vielen Situationen „irrational" verhalten.[149] Beispielsweise bewerten Menschen Dinge, die sie bereits besitzen, höher als Güter, deren Erwerb noch ansteht (**Verlustaversion**)[150] oder bestrafen unter Inkaufnahme eigener Kosten ein Verhalten anderer Menschen, welches sie als unfair ansehen.[151] Auch sind Entscheidungen von Menschen nicht unabhängig von der Formulierung der Fragestellung und dem Kontext, in dem die Menschen ihre Entscheidung treffen sollen (selbst wenn diese logisch äquivalent sind).[152] Dennoch sollten diese **Anomalien** nicht dazu führen, vorschnell Rationalität im ökonomischen Sinne vollständig zu verwerfen; so ist daran zu erinnern, dass es gerade Ökonomen sind, die sich im Rahmen der empirischen Wirtschaftsforschung mit diesen Anomalien beschäftigen. Es ist daher eher naheliegend, dass die Berücksichtigung dieser Anomalien lediglich zu Verfeinerungen des Homo-oeconomicus-Modells führt, statt die Notwendigkeit seiner Verabschiedung zu verlangen.[153]

Trotz der – durchaus ernstzunehmenden – Einwände gegen den homo oeconomicus ist es sinnvoll, für die Analyse vom Umgang der Menschen mit Knappheitssituationen weiterhin das Homo-oeconomicus-Modell zugrunde zu legen, wobei freilich die Verfeinerungen der moderneren Forschungsansätze aufzunehmen sind. Dabei gilt es auch zu reflektieren, dass der homo oeconomicus **kein Menschenbild im normativen Sinne** darstellt, nicht einmal empirisch allen Situationen und Lebensbereichen entspricht, **sondern** als **Modell für die**

38

---

[147] *Herbert A. Simon,* Models of Man. Social and Rational, 1957; *ders.,* Models of Bounded Rationality, 2. Aufl. 1983; *Richter/Furubotn,* Neue Institutionenökonomik (Fn. 143), S. 5; *Gunnar Janson,* Ökonomische Theorie im Recht, 2004, S. 40; *Daniel Kahneman,* Maps of Bounded Rationality, The American Economic Review 93 (2003), S. 1449 ff.

[148] *Gerhard Roth,* Fühlen – Denken – Handeln, 2003; *Wolf Singer,* Ein neues Menschenbild?, 2003.

[149] Siehe beispielsweise *Matthew Rabin,* Psychology and Economics, Journal of Economic Literature 36 (1998), S. 11 ff.; *Reiner Eichenberger/Bruno S. Frey,* „Superrationalität" oder: Vom rationalen Umgang mit dem Irrationalen, Jahrbuch für Neue Politische Ökonomie 1993, S. 50 ff.; *Reinhard Eichenberger,* Verhaltensanomalien und Wirtschaftswissenschaften, 1992.

[150] *Amos Tversky/Daniel Kahneman,* Loss Aversion in Riskless Choice, Quarterly Journal of Economics 107 (1991), S. 1039 ff.

[151] *Christine Jolls/Cass R. Sunstein/Richard Thaler,* A Behavioral Approach to Law and Economics, Stanford Law Review 50 (1998), S. 1471 (1489 ff.); *Rabin,* Psychology and Economics (Fn. 149), S. 11 ff.; *Reiner Eichenberger/Felix Oberholzer-Gee,* Intrinsisch motivierte Fairness: Experimente und Realität, in: Martin Held/Hans G. Nutzinger (Hrsg.), Institutionen prägen Menschen, 1999, S. 148.

[152] *Amos Tversky/Daniel Kahnemann,* The Framing of Decisions and the Psychology of Choice, Science 211 (1981), S. 453 ff. Eine knappe Darstellung weiterer Beispiele bietet *Anne van Aaken,* Vom Nutzen der ökonomischen Theorie für das öffentliche Recht: Methode und Anwendungsmöglichkeiten, in: Marc Bungenberg u. a. (Hrsg.), Recht und Ökonomik, 2004, S. 1 (10 ff.).

[153] In diese Richtung geht insbesondere *Frey,* Grenzen (Fn. 140), S. 21 ff.; *Horst Eidenmüller,* Rechtswissenschaft als Realwissenschaft, JZ 1999, S. 53 (54).

Analyse dient, mit allen Einschränkungen, die damit einhergehen.[154] Andererseits ist es gerade im Kontext der Steuerungsdiskussion unumgänglich, von rationalem Verhalten der Akteure auszugehen. Denn rationales Verhalten bedeutet nichts anderes, als dass Menschen durch Veränderungen von Anreizen systematisch (in vorhersagbarer Weise) beeinflusst werden.[155] Ließe man diese Annahme entfallen, wäre jegliche (sinnvolle) Steuerung von vornherein zum Scheitern verurteilt.

II. Zentrale Elemente der Neuen Institutionenökonomik

39 Die Kernaussage der Neuen Institutionenökonomik liegt in dem Satz, dass Institutionen für den Wirtschaftsprozess von Bedeutung sind.[156] Der Begriff der **Institution,** der hier zugrunde gelegt ist, unterscheidet sich dabei von dem Sprachgebrauch, wie er etwa in der Jurisprudenz üblich ist; so wird von Neuen Institutionalisten der Begriff Institution **umfassender verstanden** als „ein System miteinander verknüpfter, formgebundener (formaler) und formungebundener (informeller) Regeln (Normen) einschließlich der Vorkehrungen zu deren Durchsetzung".[157] Die Entstehung der Neuen Institutionenökonomik wird vielfach mit dem Aufsatz von *Ronald Coase* aus dem Jahr 1937[158] in Verbindung gebracht,[159] eine dynamische Entwicklung nahm die Neue Institutionenökonomik indes erst seit den sechziger Jahren des vergangenen Jahrhunderts. Mit dem Fokus auf Institutionen wandte sich die Neue Institutionenökonomik Bereichen zu, die bisher nicht im Zentrum der wirtschaftswissenschaftlichen Betrachtung gelegen hatten, etwa dem politischen Sektor oder der Rechtswissenschaft.[160] Ob und inwieweit die Neue Institutionenökonomik die neoklassische Herangehensweise lediglich ergänzt oder zu einem völlig neuen Paradigma führt, ist unter ihren Vertretern noch nicht abschließend geklärt,[161] jedenfalls werden viele der überkommenen mikroökonomischen Grundlagen auch weiterhin genutzt. Zudem darf die gemeinsame Bezeichnung nicht zu der Annahme verleiten, die Neue Institutionenökonomik stelle eine völlig einheitliche Theorierichtung dar; im Einzelnen finden sich wichtige Unterschiede. Es kann daher hier nur um die **Skizzierung von** – im Wesentlichen gemeinsamen – **Grundlinien** gehen.

---

[154] In diesem Sinne auch *Eidenmüller,* Effizienz (Fn. 10), S. 39; *Janson,* Ökonomische Theorie (Fn. 147), S. 47.

[155] *Kirchgässner,* Führt der homo oeconomicus das Recht in die Irre? (Fn. 130), S. 106.

[156] Zur Einführung besonders geeignet: *Richter/Furubotn,* Neue Institutionenökonomik (Fn. 143); *Erlei/Leschke/Sauerland,* Neue Institutionenökonomik (Fn. 128); s.a. *Karl Homann/Andreas Suchanek,* Ökonomik, 2. Aufl. 2005; *Stefan Voigt,* Institutionenökonomik, 2. Aufl. 2009.

[157] *Richter/Furubotn,* Neue Institutionenökonomik (Fn. 143), S. 7; *Victor Nee/Paul Ingram,* Embeddedness and Beyond: Institutions, Exchange and Social Structure, in: Mary C. Brinton/Victor Nee (Hrsg.), The New Institutionalism in Sociology, 1998, S. 19; ähnlich *Erlei/Leschke/Sauerland,* Neue Institutionenökonomik (Fn. 128), S. 22 ff.

[158] *Ronald H. Coase,* The Nature of the Firm, Economica 4 (1937), S. 386 ff.

[159] *Erle/Leschke/Sauerland,* Neue Institutionenökonomik (Fn. 128), S. 41; *Richter/Furubotn,* Neue Institutionenökonomik (Fn. 143), S. X; *Ingo Pies,* Ronald Coase' Transaktionskosten-Ansatz, 2000.

[160] → Rn. 29.

[161] *Richter/Furubotn,* Neue Institutionenökonomik (Fn. 143), S. 1 f.; stärker die Gemeinsamkeiten betonend: *Erlei/Leschke/Sauerland,* Neue Institutionenökonomik (Fn. 128), S. 49 f.

B. Ökonomische Grundlagen

1. Transaktionskosten

Ein wichtiger Aspekt der Neuen Institutionenökonomik ist die Betonung der **Kostspieligkeit von Transaktionen**. In der neoklassischen Modellwelt hatten sich Marktgleichgewichte hergestellt, ohne dass dafür Kosten anfielen; unterstellt wurden Transaktionskosten von Null.[162] In der Realität aber machen die Kosten der Nutzung von Institutionen einen erheblichen Faktor aus, wie der Aufsatz von *Coase* „The Nature of the Firm"[163] verdeutlichte. *Coase* stellte sich in diesem Aufsatz die Fragen: Was ist ein Unternehmen und warum gibt es Unternehmen? Das neoklassische Modell konnte hierauf keine Antwort geben, denn danach bestand ein Unternehmen nur aus einer Gewinnmaximierungsfunktion, wie sie auch ein einzelner wirtschaftlicher Akteur hätte verfolgen können. *Coase* legte hingegen dar, dass es Kosten der Nutzung des Preismechanismus gibt. Dazu gehören beispielsweise Suchkosten, die anfallen, wenn man sich über die relativen Preise informiert. Auch beim Verhandeln und beim Abschluss von Verträgen entstehen Kosten, hinzu kommen Kosten der Durchsetzung und Kontrolle. Diese Kosten erreichen eine erhebliche Größe. Einigen Schätzungen zufolge erreichen sie bis zu 50–60% des Nettosozialprodukts.[164] Inzwischen hat sich die Transaktionskostenanalyse weit über den Marktmechanismus hin ausgedehnt. Transaktionskosten werden verstanden als die **Kosten der Einrichtung, Nutzung, Erhaltung und Veränderung** von Institutionen; dies kann sich auf den Markt ebenso beziehen wie auf Unternehmen oder politische Institutionen wie z.B. das Rechtssystem.[165] Selbstverständlich spielen Transaktionskosten auch in verwaltungsrechtlichen Kontexten eine erhebliche Rolle; man denke nur an die Kosten für Informationsbeschaffung, Kontaktaufnahme und Überwachung, die der Verwaltung sowie den mit der Verwaltung in Kontakt tretenden Bürgern entstehen.

40

2. Property Rights

Ein weiteres zentrales Konzept der Neuen Institutionenökonomik stellt der Begriff der „property rights" dar. Im Deutschen ist die Terminologie nicht eindeutig: Übersetzt werden „property rights" mit Handlungsrechten,[166] Verfügungsrechten[167] oder Eigentumsrechten[168]. Im Folgenden wird **„Verfügungsrechte"** verwandt, da dieser Begriff am deutlichsten zum Ausdruck bringt, dass es bei Property Rights nicht um Eigentum und Besitz im juristischen Sinne, sondern um ein Bündel von Rechten im Umgang mit Gütern verschiedenster Art geht; Property Rights sind nicht beschränkt auf materielle Güter. Verfügungsrechte sind von besonderer Bedeutung für die ökonomische Theorie des Rechts und spielen naheliegenderweise vor allem in der zivilrechtlichen Analyse eine wichtige Rolle.[169]

41

---

[162] *Richter/Furubotn*, Neue Institutionenökonomik (Fn. 143), S. 14.
[163] *Coase*, Nature (Fn. 158), S. 386 ff.
[164] *Richter/Furubotn*, Neue Institutionenökonomik (Fn. 143), S. 53.
[165] *Richter/Furubotn*, Neue Institutionenökonomik (Fn. 143), S. 57 f.
[166] So *Weigel*, Rechtsökonomik (Fn. 121), S. 25 ff.; *Hans-Rudolf Peters*, Wirtschaftspolitik, 2000, S. 280.
[167] So *Eirik G. Furubotn/Svetozar Pejovich*, The Economics of Property Rights, 1974, S. 3; *Richter/Furubotn*, Neue Institutionenökonomik (Fn. 143), S. 87 ff.; *Janson*, Ökonomische Theorie (Fn. 147), S. 60 ff.
[168] *Matthes Buhbe*, Ökonomische Analyse von Eigentumsrechten, 1980.
[169] Einen guten Überblick über die Grundlagentexte geben *Eirik G. Furubotn/Svetozar Pejovich*, Introduction, in: dies. (Hrsg.), Economics of Property Rights (Fn. 167); *Harold Demsetz*, Toward a

42 Ein zentrales Moment der Property-Rights-Analyse ist das so genannte **Coase-Theorem,** welches *Ronald Coase* in seinem Aufsatz „The Problem of Social Cost" entwickelte.[170] *Coase* wandte sich gegen die Vorstellung, dass der Staat zwingend eingreifen müsste, um externe Effekte[171] zu internalisieren. Insbesondere wendet sich *Coase* damit **gegen ein naiv verstandenes Verursacherprinzip** und zeigt, dass es unter gewissen Bedingungen durch Verhandlungen zwischen Geschädigten und Verursachern zu einer effizienten Lösung kommt, unabhängig davon, wem Verfügungsrechte zugewiesen sind. Effizienz wird also beispielsweise nicht nur erreicht, wenn der Verursacher eines Umweltschadens Schadenersatz leisten muss, sondern auch dann, wenn der vom Umweltschaden Betroffene den Verursacher durch Entschädigungszahlungen dazu veranlasst, umweltschädigende Handlungen einzuschränken oder aufzugeben.

43 *Coase* selbst wählt zur Illustration das **Beispiel von Viehzüchter und Bauer.**[172] Bauer und Viehzüchter wohnen nebeneinander, ohne dass ein Zaun ihre Gebiete trennt. Die Kühe des Viehzüchters weiden daher auch auf den Äckern des Bauern und fügen ihm damit Ernteschäden zu. Auf den ersten Blick ist offensichtlich der Viehzüchter der Verursacher eines externen Effekts, so dass er die Ernteeinbußen des Bauers im Wege des Schadensersatzes ausgleichen muss. *Coase* legt dar, dass das Verursacherprinzip, also die Entschädigung des „Geschädigten", keineswegs die einzig effektive Ausgestaltung des Eigentumsrechtssystems ist.[173] Denn auch dann, wenn der Bauer den Viehhalter dafür bezahlt, dass dieser seine Herde reduziert, um die Ernteschäden zu verringern, würde sich eine effiziente Allokation herstellen.[174] Es ist daher aus ökonomischer Perspektive verkürzt, danach zu fragen, wie A davon abgehalten werden kann, dem B externe Kosten aufzuerlegen. Die entscheidende Frage ist nach der Auffassung von *Coase* die: „Soll es A erlaubt sein, B zu schädigen, oder soll es B erlaubt sein, A zu schädigen?".[175] Aus ökonomischer Sicht komme es nicht darauf an, wem das Zivilrecht die Verfügungsbefugnis zuweist.[176] Externe Effekte seien wechselseitiger Natur. Immer dann, wenn in der Rechtsordnung ein vollständiges System durchsetzbarer Eigentumsrechte existiere, sei es **durch direkte Verhandlungen** der Betroffenen möglich, einen **externen Effekt effizient zu internalisieren.**[177]

Theory of Property Rights, American Economic Review 57 (1967), S. 347 ff.; vgl. ferner *Harold Demsetz*, The Exchange and Enforcement of Property Rights, Journal of Law and Economics 7 (1964), S. 11 ff.; *Armen A. Alchian*, Some Economics of Property Rights, Il Politico 30 (1965), S. 816 ff.; *Eirik G. Furubotn/Svetozar Pejovich*, Property Rights and Economic Theory: A Survey of Recent Literature, Journal of Economic Literature 10 (1972), S. 1137 ff.; *Horst Siebert*, Economics of the Environment, 7. Aufl. 2008, S. 97 ff.; s. für das Öffentliche Recht aber auch *Peter Häberle*, Vielfalt der property rights und der verfassungsrechtliche Eigentumsbegriff, AöR, Bd. 109 (1984), S. 36 ff.

[170] *Ronald Coase*, The Problem of Social Cost, Journal of Law & Economics 3 (1960), S. 1 ff.
[171] Siehe dazu → Rn. 56.
[172] *Coase*, Problem (Fn. 170), S. 2 ff.
[173] Da es sich um eine Nutzenkonkurrenz zwischen verschiedenen Individuen handelt, vermeidet *Coase* selbst die Bezeichnung „Verursacher" und „Geschädigter".
[174] *Coase*, Problem (Fn. 170), S. 6 ff.
[175] *Coase*, Problem (Fn. 170), S. 2.
[176] *Coase*, Problem (Fn. 170), S. 8 ff., verdeutlicht dies an zahlreichen Beispielen aus der englischen Rechtsprechung.
[177] *Coase*, Problem (Fn. 170), S. 19.

B. Ökonomische Grundlagen

Gerade in Zeiten, in denen über einen „schlankeren Staat"[178] nachgedacht wird, können *Coase'* Ansichten dabei helfen, Aufgaben im öffentlichen Interesse über die Konstruktion und Verteilung von Verfügungsrechten Privaten zu übertragen. Ein Beispiel hierfür ist der jüngst in Kraft getretene **Emissionshandel für Treibhausgase.**[179] Dabei ist freilich auch zu berücksichtigen, dass sich die Funktion des Staates selten allein auf die (ursprüngliche) Zuteilung der Verfügungsrechte beschränken wird; häufig wird der Staat zudem Überwachungs- und Gewährleistungsverantwortung übernehmen müssen.

44

Das Coase-Theorem gilt **nur unter sehr eingeschränkten Bedingungen.**[180] Auf eine dieser Bedingungen hat *Coase* bereits selbst hingewiesen.[181] Er setzte in seinen Beispielen voraus, dass Verhandlungen ohne Transaktionskosten durchgeführt werden können. Es darf also nichts kosten, den Vertrag auszuhandeln und zu erfüllen.[182] Damit wird auch deutlich, dass das Coase-Theorem als solches für die Lösung der meisten Probleme von Externalitäten nicht ausreicht.

3. Prinzipal-Agent-Theorie

Ein Zweig der Neuen Institutionenökonomik befasst sich mit der Untersuchung von Beziehungen, die bei der Delegation von Aufgaben entstehen: die **Prinzipal-Agent-Theorie.**[183] Der Auftraggeber (Prinzipal) beauftragt einen Vertreter (Agent) mit der Ausführung einer Leistung, wobei der Agent einen gewissen Entscheidungsspielraum hat.[184] Dabei sind zwei Gesichtspunkte von zentraler Bedeutung: Zum einen verfolgt der **Agent** seine **eigenen Interessen,** die nicht notwendigerweise mit den Interessen des Prinzipals übereinstimmen; zumindest wird der Agent typischerweise nicht bestmöglich das Interesse des Prinzipals verfolgen. Zum anderen ist die **Informationsverteilung asymmetrisch:**[185] Der Prinzipal kann die Tätigkeit des Agenten nicht unmittelbar beobachten (z.B. seine Arbeitsintensität) und der Agent hat mehr Informationen über die konkrete Situation als der Prinzipal; im ersten Fall spricht man von ver-

45

---

[178] → Bd. I *Voßkuhle* § 1 Rn. 62.

[179] → Rn. 61 f.

[180] Vgl. dazu *Alfred Endres*, Umweltökonomie, 3. Aufl. 2007, S. 35 ff.; *Joachim Weimann*, Umweltökonomik, 3. Aufl. 1995, S. 38 ff.; *Bernd Hansjürgens*, Umweltabgaben im Steuersystem, 1992, S. 25 ff.

[181] *Coase*, Problem (Fn. 170), S. 15 ff.

[182] Coase' Anliegen war es freilich, eine realitätsnähere Betrachtung zu erzielen, als er sie in der Pigou-Tradition gegeben sah: *Coase*, Problem (Fn. 170), S. 42 f.

[183] Als wichtige Beiträge s. *Michael Jensen/William Meckling*, Theory of the Firm: Managerial Behavior, Agency Costs and Ownership Structure, Journal of Financial Economics 3 (1976), S. 305 ff.; *Eugene Fama*, Agency Problems and the Theory of the Firm, Journal of Political Economy 88 (1980), S. 288 ff.; *Eugene Fama/Michael Jensen*, Separation of Ownership and Control, Journal of Law and Economics 26 (1983), S. 301 ff.; *Armen Alchian/Harold Demsetz*, Production, Information Costs and Economic Organization, American Economic Review 72 (1972), S. 777 ff.; *George P. Baker/Michael Jensen/Kevin J. Murphy*, Compensation and Incentives: Practice vs. Theory, Journal of Finance 43 (1988), S. 593 ff. Vgl. hierzu auch →Bd. I *Schuppert* § 16 Rn. 72 f.

[184] Siehe zum Folgenden *Richter/Furubotn*, Neue Institutionenökonomik (Fn. 143), S. 173 ff.

[185] Die folgenden Ausführungen beziehen sich auf die Konstellation nach Vertragsschluss, da diese für das Öffentliche Recht von größerem Interesse ist. Die Prinzipal-Agent-Theorie befasst sich aber auch mit der Situation vor Vertragsschluss. In Letzterer stellt sich insbesondere das Problem der adversen Selektion, die wiederum auf einem Informationsvorsprung des Agenten beruht; er weiß über seine Eigenschaften und Fähigkeiten genauer Bescheid als der Prinzipal.

stecktem Handeln, im zweiten von versteckter Information. Zusätzlich zu diesen beiden Annahmen wird in der Prinzipal-Agent-Theorie davon ausgegangen, dass das **Ergebnis des Arbeitseinsatzes** nicht nur vom Handeln des Agenten abhängt, sondern **auch** von **exogenen Faktoren (Schocks)**; der Agent kann damit immer behaupten, ein schlechtes Ergebnis resultiere aus äußeren Faktoren und nicht aus mangelndem Einsatz seinerseits. Beide Konstellationen werden als Unterformen des – aus der Versicherungstheorie stammenden – **moralischen Risikos** angesehen.

46 Die Prinzipal-Agent-Theorie tritt derzeit in **zwei Spielarten** auf. Erstens gibt es den normativen Prinzipal-Agent-Ansatz, der sich stark theoretisch und mathematisch mit der Maximierung von individuellen Nutzenfunktionen unter Nebenbedingungen beschäftigt. Aus juristischer Perspektive eher zugänglich ist demgegenüber der stärker empirisch ausgerichtete positive Zweig der Prinzipal-Agent-Theorie.[186]

Die Prinzipal-Agent-Theorie versucht, Modelle dafür zu entwickeln, wie das für den Prinzipal bestehende Problem des Eigeninteresses des Agenten und der asymmetrischen Informationsverteilung durch Anreizsysteme gelöst oder zumindest verbessert werden kann. So kann der Prinzipal durch Überwachung versuchen, sich negativ auf sein Interesse auswirkende Handlungen des Agenten zu unterbinden oder der Agent kann Maßnahmen der Selbstbindung, etwa eine (nicht notwendigerweise) pekuniäre Kaution anbieten, um den Prinzipal abzusichern. Die so entstehenden „agency costs" (für Überwachungsaufgaben des Auftraggebers, Kautionsausgaben des Beauftragten, Residualverlust[187]) stehen in einer Wechselbeziehung zueinander, die es zu optimieren gilt.

47 Die Prinzipal-Agent-Theorie ist deshalb von so großem Interesse, weil ihr **Einsatzbereich** so **vielfältig** ist. Denn wer Prinzipal und wer Agent ist, kann ganz unterschiedlich sein; insbesondere tritt es immer wieder ein, dass eine Person gleichzeitig Prinzipal und Agent ist. So ist etwa der Manager Prinzipal gegenüber den Mitarbeitern, hingegen Agent gegenüber den Aktionären. Bezogen auf das Verwaltungsrecht lassen sich vielfältige Prinzipal-Agent-Konstellationen finden: So kann der Wähler als Prinzipal, der Verwaltungsbeamte als Agent oder der Minister als Prinzipal (und zugleich wiederum Agent gegenüber dem Parlament) und die Mitarbeiter der Verwaltung als Agenten angesehen werden. Auch bei der Privatisierung treten vielfältige Prinzipal-Agent-Situationen auf. So kann die Verwaltung als Prinzipal gegenüber Privaten, denen öffentliche Aufgaben übertragen worden sind, angesehen werden. In all diesen Konstellationen geht es um eine **sinnvolle Balance von Anreizen und Überwachung,** um die verschiedenen Interessen strukturell angemessen zu berücksichtigen. Hierfür lohnt es sich, die Prinzipal-Agent-Forschung zur Kenntnis zu nehmen.

---

[186] So auch *Janson*, Ökonomische Theorie (Fn. 147), S. 83.
[187] *Richter/Furubotn,* Neue Institutionenökonomik (Fn. 143), S. 177, definieren diesen als Differenz zwischen dem hypothetischen Gewinn, der dem Prinzipal bei einer klassischen „first-best-Lösung" zufiele und dem Gewinn, der tatsächlich anfällt, wenn es positive Transaktionskosten gibt und die Wohlfahrt des Prinzipals durch die Handlungen des Agenten nicht maximiert wird.

B. Ökonomische Grundlagen

4. Exkurs: Spieltheorie

Die **Spieltheorie**[188] ist eine Methode zur Analyse von Situationen, in denen Menschen sich durch ihr Verhalten gegenseitig beeinflussen. Die Handlungsspielräume der Akteure werden durch „Spielregeln" beschrieben, so dass sich Aussagen darüber treffen lassen, welche der möglichen Verhaltensweisen von rationalen Akteuren (Spielern) gewählt werden. Die Spielregeln bestehen aus verschiedenen Komponenten: Es ist zu klären, wer die Spieler sind (alle, die in einem Spiel Entscheidungen treffen), welche Möglichkeiten von Aktionen sie haben („Spielzüge"),[189] die Strategien der Spieler, d.h. wie sie die Aktion auswählen („Spielplan"), über welche Informationen sie verfügen[190] und was es zu gewinnen gibt (Auszahlungsfunktion oder Payoff-Funktion)[191]. Die Spieltheorie ist daran interessiert herauszufinden, wie das Spielergebnis (Outcome) ausfällt; zentraler Begriff in diesem Zusammenhang ist das **Gleichgewicht,** in gewissem Sinne eine „Ruhelage", d.h. eine Situation, in der keine Veränderung mehr eintritt. Die Spieltheorie behandelt dabei sowohl kooperative als auch nicht-kooperative Spiele und die Komplexität der Spielregeln ist inzwischen stark angestiegen.

48

Zur Illustration eines der für die Rechtswissenschaft besonders interessanten sozialen Dilemmas sei das klassische Beispiel, das **Gefangenen-Dilemma**[192], kurz dargestellt. Obwohl auf zwei Spieler beschränkt, illustriert es treffend die Grundstruktur sozialer Dilemmata.

49

Zwei Angeklagte sitzen in Einzelhaft und haben keine Möglichkeit der Kommunikation. Sie sind eines gemeinsam begangenen, schweren Verbrechens angeklagt, das man ihnen aber nicht nachweisen kann. Der einzige Weg zur Verurteilung wegen eines Verbrechens wäre ein Geständnis. Beweisen lässt sich hingegen – auch ohne Geständnis – ein minder schweres Vergehen der beiden. Es existiert eine Kronzeugenregelung – ein Hinweis darauf, dass die Spieltheorie maßgeblich in den USA entwickelt wurde. Die verschiedenen Verhaltensmöglichkeiten der beiden Gefangenen führen zu folgenden Ergebnissen bzw. spieltheoretisch gesprochen „pay-offs": Gestehen beide, werden sie beide zu fünf Jahren Gefängnis verurteilt (Verbrechen mit mildernden Umständen). Gesteht nur einer, geht er frei aus (Kronzeuge), während der andere für sechs Jahre ins Gefängnis muss (Verbrechen ohne mildernde Umstände). Gesteht keiner, werden beide zu einem Jahr Gefängnis verurteilt (Vergehen).

Das rationale Verhalten beider führt dazu, dass beide für fünf Jahre ins Gefängnis müssen. Dies zeigt folgende Überlegung: Unterstellt sei, dass sich beide Ge-

50

---

[188] Die folgende Darstellung orientiert sich an *Weimann*, Umweltökonomik (Fn. 180), S. 273 ff.; gut lesbare, „mathematikfreie" Einführungen in spieltheoretisches Denken bieten *Thomas C. Schelling*, Micromotives and Macrobehavior, 1978; *ders.*, The Strategy of Conflict, Cambrigde, Mass., 1960; zur Einführung s.a. *Eric Rasmussen*, Games and Information. An Introduction to Game Theory, Oxford, 7. Aufl. 2007; *Manfred Holler/Gerhard Illing*, Einführung in die Spieltheorie, 7. Aufl. 2009; *Christian Rieck*, Spieltheorie, 10. Aufl. 2010; *Siegfried Berninghaus/Karl-Martin Ehrhart/Werner Gueth*, Strategische Spiele: eine Einführung in die Spieltheorie, 3. Aufl. 2010; zur Bedeutung der Spieltheorie für das Verwaltungsrecht vgl. insbesondere *Melanie Bitter*, Spieltheorie und öffentliche Verwaltung, 2005.
[189] Leicht vorstellbar etwa in der Parallele zum Schach.
[190] Wozu auch das Verhalten der Mitspieler gehört (soweit es sich auf die Vergangenheit bezieht).
[191] Auch dies ist weit gefasst und kann materiellen wie immateriellen Nutzen umfassen.
[192] Vgl. zum Folgenden *Weimann*, Umweltökonomik (Fn. 180), S. 60 ff.; *Eberhard Feess*, Umweltökonomie und Umweltpolitik, 3. Aufl. 2007, S. 13 ff.; *Holger Rogall*, Ökologische Ökonomie. Eine Einführung, 2. Aufl. 2008, S. 64.

fangenen rational verhalten und das Ziel verfolgen, möglichst kurze Zeit im Gefängnis zu verbringen. Für jeden Gefangenen isoliert betrachtet, ist es günstiger zu gestehen als nicht zu gestehen, unabhängig davon, was der andere macht. Beide Spieler besitzen eine dominante Strategie. Betrachten wir die Handlungsalternativen aus der Perspektive des A, je nachdem wie sich B verhält. Nehmen wir zunächst an, B würde gestehen. A hat daraufhin – wie immer – zwei Handlungsmöglichkeiten: gesteht er nicht, geht er für sechs Jahre ins Gefängnis, gesteht er, muss er lediglich fünf Jahre im Gefängnis verbringen. Wenn B gesteht, ist es für A also günstiger, auch zu gestehen. Nehmen wir jetzt an, B würde nicht gestehen. Gesteht A in dieser Konstellation nicht, wird er zu einem Jahr Gefängnis verurteilt, gesteht er, wird er hingegen freigesprochen. Auch wenn B nicht gesteht, ist es für A also vorteilhafter zu gestehen. Entsprechend stellt sich die Sachlage für B dar. Im Ergebnis werden also beide gestehen. In der spieltheoretischen Terminologie ist „Gestehen" die dominante Strategie beider Spieler, fünf Jahre Gefängnis für beide das „Nash-Gleichgewicht" dieses Spieles.

Es ist offensichtlich, dass dieses Ergebnis nicht pareto-optimal ist.[193] Gestünde keiner, gingen beide jeweils nur für ein Jahr ihrer Freiheit verlustig. Jeder stünde besser, ohne dass der andere schlechter stünde. Zum pareto-optimalen Ergebnis werden die beiden – sich selbst überlassen – aber nicht gelangen.

51 Die Struktur des Gefangenen-Dilemmas kennzeichnet typische **soziale Dilemmata**.[194] Ein Beispiel ist der Ozonsmog im Sommer. Die hohen Ozonkonzentrationen reduzieren für viele Menschen die Möglichkeit, schöne Sommertage zu genießen. Es ist bekannt, dass Autoabgase für die hohen Ozonkonzentrationen wesentlich verantwortlich sind. Die Einzelnen, denen ozonfreie Sommertage wichtiger sind als Autofahren, stehen vor einem Dilemma. Selbst wenn sie als einzelne das Autofahren unterlassen, nützt ihnen das nichts. Im Gegenteil: sie nehmen die „Kosten" des entgangenen Autofahrens, wie etwa Zeitverlust und zusätzliche Mühe auf sich, ohne dadurch aber ihrem eigentlichen Ziel – einem nicht gesundheitsgefährdenden Sommertag – spürbar näher gekommen zu sein. Als rationale Menschen werden sie daher weiter ihr Auto benützen. Selbst wenn alle Einwohner der betroffenen Gegend übereinstimmend der Auffassung wären, dass es besser wäre, an ozongefährdeten Tagen das Autofahren – außer möglicherweise in bestimmten Ausnahmefällen – zu unterlassen, könnten sie dieses Ziel, auf sich selbst gestellt, nicht erreichen. Es zeigt sich im Gegenteil, dass es für den Einzelnen umso sinnvoller wird, Auto zu fahren, je mehr andere – aus welchen Gründen auch immer – ihr Auto in der Garage stehen lassen. Eine einzige Autofahrt hat keinen Ozonsmog zur Folge. Für jeden Einzelnen ist die Benutzung des Autos also die dominante Strategie, der ozonreiche Sommer als Nash-Gleich-

---

[193] → Rn. 54.
[194] Grundlegend und anschaulich hierzu *Garrett Hardin,* The Tragedy of the Commons, Science 162 (1968), S. 1243 ff. – Die pointierten Thesen *Hardins* sind in den nachfolgenden Jahrzehnten freilich stark differenziert worden, v.a. durch *Elinor Ostrom,* die für ihre Erforschung gelingender gemeinschaftlicher Verwaltung von Gemeingütern 2009 als erste Frau den Wirtschaftsnobelpreis erhielt. Zu den Forschungsergebnissen vgl. grundlegend *Elinor Ostrom,* Governing the Commons: The Evolution of Institutions for Collective Action, Cambridge University Press 1990, sowie zusammenfassend und m.w.N. *Elinor Ostrom/Joanna Burger/Christopher B. Field/Richard B. Norgaard/David Policansky,* Revisiting the Commons: Local Lessons, Global Challenges, Science 284 (1999), S. 278 ff. (Aufzählung von abstrakten Bedingungen gelingender selbstorganisierter Verwaltung von Gemeingütern auf S. 281, li. Sp.).

B. Ökonomische Grundlagen

gewicht das Ergebnis. Soziale Dilemmata in der Struktur des Gefangenen-Dilemmas sind in vielen Situationen gegeben. Es ist offensichtlich, dass in solchen Fällen allein durch individuelle Entscheidungen keine effizienten Lösungen erzielt werden können. Die spieltheoretische Analyse kann daher zeigen, wie wichtig es sein kann, dass der Staat das (kollektiv) effiziente Verhalten der Einzelnen erzwingt – im Beispiel etwa durch Fahrverbote.

III. Am Beispiel: ökonomische Instrumente im Umweltrecht

Im Folgenden soll an einem Beispiel verdeutlicht werden, wie ökonomisches Denken die Verwaltungsrechtswissenschaft befruchten kann. Dabei bietet sich die Analyse ökonomischer Instrumente im Umweltrecht aus zwei Gründen an. Zum einen war die umweltökonomische Forderung nach ökonomischen Instrumenten im Umweltrecht der **Auslöser** der gesamten Diskussion um Anreize im Verwaltungsrecht. Zum anderen sind einige dieser Instrumente **auch in der Praxis** eingesetzt worden, so dass sie für eine stärker wirklichkeitsbezogene Verwaltungsrechtswissenschaft[195] von besonderem Interesse sind. 52

1. Die Umweltproblematik aus wirtschaftswissenschaftlicher Sicht

a) Problembeschreibung

Zur Problembeschreibung nutzt die **Umweltökonomie** die allgemeine mikroökonomische Theorie.[196] Deren Methoden werden auf die Umweltproblematik angewandt. Am Anfang steht dabei die Modellanalyse. Das Umweltproblem lässt sich danach folgendermaßen darstellen: 53

Im Sprachgebrauch der Wirtschaftswissenschaften ist ein Gut knapp, wenn es nicht ausreicht, um alle Nutzungswünsche zu befriedigen: Um die Nutzung des Gutes wird konkurriert.[197] Die Ökonomie macht keine normativen Aussagen darüber, welche Nutzungen zulässig oder wie konkurrierende Nutzungen zu bewerten sind; insoweit wird auf soziale Praktiken und die rechtlich-politischen Rahmenbedingungen der jeweiligen Gesellschaft rekurriert.[198] Alles, was Einzelne wünschen, kommt als Nutzungswunsch in Betracht. Insbesondere sind Nutzungen nicht etwa nur solche, die von der „Wirtschaft" im allgemeinen Sprachgebrauch – also zur Herstellung von Produkten – benötigt werden.[199] Das Interesse Einzelner an der unberührten Schönheit der Landschaft ist ebenso zu berücksichtigen wie das Interesse an der Bebauung einer bestimmten Fläche, das Bedürfnis nach sauberer Luft zum Atmen ebenso wie die Funktion der Luft zur Aufnahme von Abgasen.

---

[195] Zur Bedeutung der Realbereichsanalyse in der Neuen Verwaltungsrechtswissenschaft s. → Bd. I *Voßkuhle* § 1 Rn. 29 ff.

[196] *Endres*, Umweltökonomie (Fn. 180), S. 6, mit Hinweisen auf einführende Literatur (Fn. 8); s.a. Hermann *Bartmann*, Umweltökonomie – ökologische Ökonomie, 1996, S. 16 ff.

[197] Vgl. Peter *Michaelis*, Ökonomische Instrumente in der Umweltpolitik, 1996, S. 5; Ian *Wills*, Economics and the Environment. A signalling and incentives approach, 1997, S. 3 ff., 18 ff.; Dieter *Cansier*, Umweltökonomie, 2. Aufl. 1996, S. 13; *Endres*, Umweltökonomie (Fn. 180), S. 1.

[198] Vgl. *Wills*, Economics (Fn. 197), S. 17 ff.

[199] *Endres*, Umweltökonomie (Fn. 180), S. 1.

54 Ziel der ökonomischen Theorie ist es, eine **optimale Allokation knapper Güter** zu erreichen.²⁰⁰ Knappe Ressourcen sollen so eingesetzt werden, dass sie den größtmöglichen Nutzen erzielen. Ihr Einsatz soll pareto-effizient erfolgen: **Pareto-Effizienz** liegt dann vor, wenn bei gegebenen Ausgangsbedingungen durch Reallokation niemand besser gestellt werden könnte, ohne dass mindestens ein anderes Individuum dadurch eine Nutzeneinbuße erlitte.

Entscheidend ist hierbei die Bewertung des Nutzens für den Einzelnen anhand seiner Präferenzen. Die Bewertung der angestrebten Nutzungen bleibt den Individuen überlassen; allein auf ihre Präferenzen kommt es an. Dabei sind selbstverständlich auch die Opportunitätskosten zu berücksichtigen. Das, was der Einzelne für die Nutzung eines Gutes einsetzt, steht für eine anderweitige Verwendung nicht länger zur Verfügung. Der Einzelne hat daher nicht unbeschränkt mehr Nutzen, je mehr er von einem Gut konsumiert. Plausibel ist es, von einer **sinkenden Nutzenkurve** auszugehen.²⁰¹ Je mehr der Einzelne von einem bestimmten Gut bereits zur Verfügung hat, desto weniger Nutzengewinn verschafft ihm der Erwerb der nächsten Einheit des Gutes. Auf das Umweltproblem angewandt bedeutet dies, dass es nicht Zielrichtung ökonomischen Denkens ist, Umweltbelastungen möglichst niedrig zu halten oder gar vollkommen auszuschließen. Erst recht soll nicht eine Nullemission herbeigeführt werden. Es geht vielmehr darum, den **optimalen Grad an Umweltschutz** herauszufinden.²⁰²

55 Im Modell gestaltet sich die Bestimmung dieses optimalen Grades einfach. Sie kann auf die parallele Situation bei der Produktion normaler Konsumgüter zurückgreifen. Die Produktion eines gewöhnlichen Konsumgutes ist dann pareto-effizient, wenn die Grenzkosten der Produktion dem Grenznutzen des Konsums entsprechen. Die optimale Umweltbelastung liegt damit dort, wo die **(sinkenden) Grenznutzen der Umweltbelastungen** gerade noch die **(steigenden) Grenzschäden rechtfertigen**.²⁰³

Normalerweise stellt sich eine effiziente Allokation von Gütern über den Markt ein. Besteht ein Preis-Gleichgewicht, d.h. Angebot und Nachfrage für ein Gut entsprechen sich, ist dieses auch pareto-effizient. Im Umweltbereich funktioniert der Markt jedoch nicht. Obwohl Umweltgüter knapp sind, spiegelt sich diese Knappheit nicht im Preis wieder. Umweltgüter haben – derzeit – keinen Preis. Dies führt zu ihrer Übernutzung.²⁰⁴

b) Externe Effekte

56 In der ökonomischen Theorie wird hier der Begriff der „externen Effekte" eingeführt.²⁰⁵ **Externe Effekte** sind solche, die **Auswirkungen** auf andere Wirt-

---

²⁰⁰ *Feess*, Umweltökonomie (Fn. 192), S. 1; *Weimann*, Umweltökonomik (Fn. 180), S. 27; *Siebert*, Economics of the Environment (Fn. 169), S. 7 ff.

²⁰¹ Vgl. *Michaelis*, Ökonomische Instrumente (Fn. 197), S. 9.

²⁰² *Michaelis*, Ökonomische Instrumente (Fn. 197), S. 7; *Feess*, Umweltökonomie (Fn. 192), S. 1.

²⁰³ *Feess*, Umweltökonomie (Fn. 192), S. 1.

²⁰⁴ *Hansjürgens*, Umweltabgaben (Fn. 180), S. 24; *Dietrich Dickertmann*, Erscheinungsformen und Wirkungen von Umweltabgaben aus ökonomischer Sicht, in: Paul Kirchhof (Hrsg.), Umweltschutz im Abgaben- und Steuerrecht. Veröffentlichungen der Deutschen Steuerjuristischen Gesellschaft e. V., Bd. 15 (1993), S. 35 f.

²⁰⁵ Vgl. *Endres*, Umweltökonomie (Fn. 180), S. 16 ff.; *Feess*, Umweltökonomie (Fn. 192), S. 41 ff.; *Weimann*, Umweltökonomik (Fn. 180), S. 30 ff.

B. Ökonomische Grundlagen

schaftsteilnehmer haben, **ohne** dass sich dies **in den Preisen** niederschlägt. Externe Effekte können sowohl positiv als auch negativ sein.[206] Das Rauchen von Zigaretten wirkt auf viele Nichtraucher störend, während etwa ein schön angelegter Garten Vorübergehende erfreuen kann. Der Umweltbereich stellt ein Musterbeispiel für negative externe Effekte dar.[207] So belasten Emissionen bei der Produktion von Gütern die Nachbarn, ohne dass dies als Kostenfaktor berücksichtigt wird.

Gibt es externe Effekte, hat der **Markt** als Mittel der effizienten Allokation **versagt oder** weist zumindest **Unvollkommenheiten** auf. Zur zentralen Frage für die Umweltökonomie wird damit, wie diese externen Effekte internalisiert werden können.

c) Öffentliche Güter

Dass eine solche Internalisierung externer Effekte bei Umweltgütern häufig schwierig ist, folgt aus der Eigenschaft vieler Umweltgüter als öffentlicher Güter.[208] **Öffentliche Güter** sind durch zwei Merkmale gekennzeichnet:[209] (1) das sogenannte **Ausschlussprinzip** ist **nicht anwendbar** und (2) es besteht **Nichtrivalität im Konsum.** Das erste Kriterium ist angebotsseitig definiert, das zweite nachfrageseitig.

57

Die Bedeutung dieser Merkmale lässt sich in der Gegenüberstellung mit privaten Gütern verdeutlichen. Bei diesen ist das Ausschlussprinzip anwendbar; so ist eine Anbieterin in der Lage, einen Nachfrager zur Zahlung eines Preises heranzuziehen, weil ein Ausschluss anderer technisch möglich ist. Außerdem besteht Rivalität im Konsum. Die Kleidung, die eine Person trägt, können andere nicht – jedenfalls nicht zur gleichen Zeit – tragen; das Brötchen, welches ein Mensch isst, können andere nicht essen.

Bei öffentlichen Gütern ist der Ausschluss eines Nutzers dagegen nicht oder nur zu unverhältnismäßig hohen Kosten möglich. Auch rivalisieren die Nutzer im Konsum nicht. Zusätzliche Nutzer beeinträchtigen nicht das Nutzenniveau der bisherigen Nutzer. Im Sprachgebrauch der Wirtschaftswissenschaften: Die Grenzkosten des hinzutretenden Nutzers sind Null. Die saubere Luft atmen alle, die Straßenbeleuchtung nutzt allen, die auf der Straße gehen. Selbstverständlich gibt es hierbei auch Mischformen. Grundsätzlich ist auch die Straße ein öffentliches Gut, denn die Nutzung einer Straße durch eine Autofahrerin beeinträchtigt nicht die Fahrt einer anderen. Dies gilt aber nur, solange beide noch genügend Raum haben, um ihrem Tempo entsprechend voranzukommen. Wollen zu viele die Straße gleichzeitig benutzen, kommt es zum Stau.

---

[206] *Feess*, Umweltökonomie (Fn. 192), S. 42.
[207] *Hansjürgens*, Umweltabgaben (Fn. 180), S. 25.
[208] Das Verhältnis der Theorie öffentlicher Güter zur Theorie externer Effekte wird in der Ökonomie nur selten expliziert. Zumeist wird vertreten, dass die Theorie der öffentlichen Güter als Spezialfall einer allgemeinen Theorie externer Effekte angesehen werden kann: *Manfred Kemper,* Das Umweltproblem in der Marktwirtschaft, 1993, S. 6; *Hansjürgens,* Umweltabgaben (Fn. 180), S. 26, Fn. 12; *Feess,* Umweltökonomie (Fn. 192), S. 41 ff.
[209] Vgl. hierzu die traditionellen finanzwissenschaftlichen Lehrbücher, beispielsweise *Richard A. Musgrave/Peggy B. Musgrave/Lore Kullmer,* Die öffentlichen Finanzen in Theorie und Praxis, Bd. I, 1991, S. 66 ff.; *Horst Zimmermann/Klaus D. Henke/Michael Broer,* Finanzwissenschaft, 10. Aufl. 2009, S. 51 ff.; vgl. auch *Siebert,* Economics of the Environment (Fn. 169), S. 59 ff.; *Hans Wiesmeth,* Umweltökonomie, 2003, S. 69 ff.

Die Existenz eines öffentlichen Gutes bringt das **Problem des „Trittbrettfahrers"** mit sich. Wenn jemand von der Nutzung eines Gutes nicht ausgeschlossen werden kann, wird er nicht bereit sein, zu seiner Erstellung beizutragen. Damit spricht jedenfalls – auch aus ökonomischer Perspektive – viel dafür, dass staatliches Handeln im Umweltbereich erforderlich ist.

2. Staatliches Eingreifen

58   Grundsätzlich stehen Ökonomen **staatlichem Eingreifen** skeptisch gegenüber. Denn das Ersetzen der individuellen Entscheidung durch staatliches Handeln und Planen bringt aus ökonomischer Perspektive immer die **Gefahr von Effizienzverlusten** mit sich. Am besten wäre es daher, wenn für die Internalisierung externer Effekte auf Verhandlungen zwischen den Betroffenen gesetzt werden könnte.[210] Das Coase-Theorem[211] belegt, dass es unter idealen Bedingungen zu effizienten Lösungen kommen kann, unabhängig davon, wem Verfügungsrechte zugestanden werden. Diese idealen Bedingungen liegen aber bei den meisten Umweltproblemen nicht vor.[212] Jedenfalls in gewissem Umfang ist staatliches Handeln erforderlich.

Der Staat hat grundsätzlich zwei Möglichkeiten, eine Internalisierung externer Effekte vorzunehmen. Zum einen kann er **Preisvorgaben** machen, indem bestimmte Umweltgüter mit einem Preis belegt werden. Dies führt zur Umweltabgabe. Zum anderen kann der Staat **Mengenvorgaben** machen, indem Gesamtschadstoffmengen definiert und auf einzelne Unternehmen aufgeteilt werden. Dies führt zu Zertifikatslösungen.

59   Pareto-Effizienz im Umweltbereich könnte dann erreicht werden, wenn die **Internalisierung externer Effekte** gelänge. Ein Vorschlag zur Internalisierung externer Effekte wurde von *Arthur C. Pigou* bereits 1920 entwickelt.[213] Eine Möglichkeit, das Auseinanderfallen von sozialen und privaten Kosten zu lösen, könnte die Erhebung einer Steuer sein.[214] Durch diese staatliche Steuer würden die sozialen Kosten – in unserem Falle Umweltschäden – in das Kostenkalkül des Produzenten einfließen.[215] Die Grenzkosten der Produktion wären höher, entsprechend weniger würde von dem betreffenden Gut nachgefragt. Es lässt sich nachweisen, dass eine Wahl der **Pigou-Steuer** in optimaler Höhe, also in Höhe der Grenzschäden im Pareto-Optimum, zu einer pareto-effizienten Allokation führen würde[216] (sog. first-best-Lösung)[217]. Doch ist sie in der Realität nicht einsetzbar, weil ihre Erhebung umfassende Information voraussetzt, über die

---

[210] → Rn. 43.

[211] → Rn. 42.

[212] Ausführlich dazu *Sacksofsky*, Umweltschutz (Fn. 55), S. 9 f.

[213] *Arthur C. Pigou*, The Economics of Welfare, 1938; gegen dieses Werk wendet sich insbesondere *Coase*, Problem (Fn. 170), S. 1 ff., 28 ff.

[214] *Pigou*, Economics (Fn. 213), S. 183 ff.

[215] *Karl-Heinrich Hansmeyer/Dieter Ewringmann*, Das Steuer- und Abgabensystem unter der ökologischen Herausforderung, Staatswissenschaften und Staatspraxis, 1990, S. 34 (45 f.) und *Cansier*, Umweltökonomie (Fn. 197), S. 37 f., weisen freilich darauf hin, dass *Pigou* selbst bei dem Beispiel aus dem Umweltrecht, das er behandelt – Luftverschmutzung durch Fabrikrauch – Subventionen vorschlägt.

[216] Nachweise bei *Weimann*, Umweltökonomik (Fn. 180), S. 176 ff.; *Feess*, Umweltökonomie (Fn. 192), S. 41 ff.; *Hansjürgens*, Umweltabgaben (Fn. 180), S. 28 ff.; *Wiesmeth*, Umweltökonomie (Fn. 209), S. 77 ff.

[217] *Hansjürgens*, Umweltabgaben (Fn. 180), S. 30.

B. Ökonomische Grundlagen

der Staat nicht verfügt.[218] Die Pigou-Steuer wird daher allgemein – auch von Umweltökonomen – als unpraktikabel verworfen.[219] In den weiteren („second-best-")Lösungen wird daher darauf verzichtet, die (vollständige) Internalisierung externer Kosten anzustreben. Statt zu versuchen, den optimalen Grad der Umweltbelastung herauszufinden, wird diese Frage dem politischen System überantwortet.[220] Die zuständigen politischen Instanzen sollen den angestrebten Umweltstandard – beispielsweise den akzeptierten Grad der Emissionen – festlegen. Unter ökonomischen Gesichtspunkten soll dann nur noch untersucht werden, wie dieser politisch vorgegebene Umweltstandard am effizientesten, also am kostengünstigsten, umgesetzt werden kann.

Der sogenannte **Standard-Preis-Ansatz** setzt dabei – insoweit ähnlich der Pigou-Steuer – auf Abgaben, also eine Steuerung über den Preis. Er wurde von *William J. Baumol* und *Wallace E. Oates* im Jahr 1971 entwickelt.[221] Die **Abgabe auf Emissionen** soll so gewählt werden, dass die Emissionsmenge einem vorgegebenen politischen Standard entspricht. Um dieses Ziel zu erreichen, ist nicht mehr – wie bei der Pigou-Steuer – erforderlich, dass der Staat die Grenznutzen und Grenzkosten der Schadstoffvermeidung kennt. *Baumol* und *Oates* schlagen ein **trial-and-error**-Verfahren vor. Die Abgabenhöhe soll zunächst auf einen geschätzten Wert festgelegt werden. Zeigt sich dann im Laufe der Zeit, dass die Emissionen den angestrebten Standard übersteigen, muss der Abgabensatz erhöht werden. Unterschreiten die Emissionen hingegen den Standard, ist der Abgabensatz zu verringern. Allmählich wird sich dabei der richtige Abgabensatz herausstellen.[222] Ideal ist ein solches trial-and-error-Verfahren nicht. Es kann zu volkswirtschaftlich deutlich höheren Kosten führen, als wenn die Abgabe sofort richtig festgelegt worden wäre. Die Erweiterung einer nicht ausreichenden Schadstoffvermeidungsanlage wird im Regelfall teurer sein als der sofortige Bau einer größeren Anlage.[223] Zudem bleiben die Grenzvermeidungskosten nicht statisch. Mit der technischen Entwicklung verändern sich auch diese. 60

Anstelle einer Steuerung über den Preis kommt auch eine Steuerung über die Menge in Betracht. Hierzu dienen vor allem die sogenannten **Zertifikatslösungen**. Der Staat gibt eine bestimmte Menge von Verschmutzungsrechten aus, die frei handelbar sind. Es sind verschiedene Modelle denkbar, wie diese Erstausgabe erfolgen kann. Es können etwa vorhandenen Emittenten kostenlos Zertifikate zur Verfügung gestellt werden *(grandfathering)*; vorgeschlagen werden aber auch Auktionen.[224] Nach der Ausgabe ist der weitere Handel mit Zertifikaten den Marktkräften überlassen; weitere Interventionen des Staates erfolgen grundsätz- 61

---

[218] Vgl. *Hansjürgens*, Umweltabgaben (Fn. 180), S. 30; *Weimann*, Umweltökonomik (Fn. 180), S. 179.

[219] *Horst Siebert*, Analyse der Instrumente der Umweltpolitik, 1976, S. 22; *Hansjürgens*, Umweltabgaben (Fn. 180), S. 31; *Weimann*, Umweltökonomik (Fn. 180), S. 208.

[220] Vgl. *Karl-Heinrich Hansmeyer/Hans-Karl Schneider*, Umweltpolitik. Ihre Fortentwicklung unter marktsteuernden Aspekten, 1990, S. 24 f.

[221] *William J. Baumol/Wallace E. Oates*, The Use of Standards and Prices for Protection of the Environment, erstmals veröffentlicht in: Swedish Journal of Economics 73 (1971), S. 42 ff., abgedruckt in: Wallace E. Oates (Hrsg.), The Economics of the Environment, 1994, S. 161 ff.

[222] *Weimann*, Umweltökonomik (Fn. 180), S. 209 ff.

[223] Vgl. *Weimann*, Umweltökonomik (Fn. 180), S. 242.

[224] Die Auswahl des Verfahrens der Ausgabe ist von großer Bedeutung; vgl. dazu *Michaelis*, Ökonomische Instrumente (Fn. 197), S. 56, 111 f.; *Endres*, Umweltökonomie (Fn. 180), S. 110 ff.; *Sacksofsky*, Möglichkeiten des Verkaufs (Fn. 62).

lich nicht.²²⁵ Zertifikate werden daher auch und gerade von Ökonomen gefordert, die in der Tradition des Coase'schen Denkens stehen; in Deutschland war *Holger Bonus* der bekannteste „Vorkämpfer"²²⁶ für Zertifikatslösungen.²²⁷

Beim Vergleich von Zertifikaten und Abgabelösungen auf theoretischer Ebene schneiden erstere gut ab. Sie sind ökologisch treffsicher, weil die Obergrenze der emittierten Schadstoffe durch die Menge der ausgegebenen Zertifikate genau bestimmt wird. Im Rahmen des Standard-Preis-Ansatzes nähert man sich dieser Zielgröße dagegen erst durch *trial and error* an. Es kann gezeigt werden, dass das Zertifikat-Modell unter bestimmten Voraussetzungen in der ökonomischen Analyse alle relevanten Kriterien mindestens ebenso gut erfüllt wie der Standard-Preis-Ansatz, in einzelnen Punkten sogar deutliche Vorteile aufweist.²²⁸ Zertifikate sind insoweit **Abgabenlösungen überlegen**; sie stellen daher ein interessantes umweltpolitisches Instrument dar.

62 Freilich können Zertifikate nur in bestimmten Problemkonstellationen eingesetzt werden. Sie setzen zum einen das **Bestehen kompetitiver Märkte** voraus. Denn ein Markt, auf dem sich nicht genügend Wettbewerber befinden, so dass sich monopolistische Strukturen bilden können, führt beim Zertifikate-Handel nicht zu einer effizienten Allokation.²²⁹ Zudem sind Zertifikate **nur bei bestimmten Schadstoffarten** geeignet. Sie können nur dort angewendet werden, wo es auf die lokale Verteilung der Emissionen nicht ankommt.²³⁰ Denn im Gefolge von Zertifikaten können Emissionen überall im beteiligten Gebiet auftreten – im Extremfall stelle man sich vor, ein Unternehmen kaufe alle Zertifikate auf. Die Bildung sogenannter „hot spots" muss aber aus umweltpolitischen Gründen vermieden werden. Besonders geeignet sind Zertifikate daher im Bereich der globalen Luftschadstoffe. Ein geradezu idealer Anwendungsfall für Zertifikate ist etwa der **Klimaschutz**.²³¹ Seit 2005 existiert auch in Deutschland ein – völkerrechtlich eingebettetes und europarechtlich vorgegebenes – Emissionshandelssystem für Luftschadstoffe.²³²

---

²²⁵ Dies ist freilich nur eine idealisierte Sichtweise. Typischerweise wird der Staat nach der Erstausgabe von Zertifikaten weiter tätig bleiben, etwa im Rahmen einer Neuausgabe. Zudem wird ihm zumeist die Überwachung der Einhaltung der Regeln überantwortet. Denn ohne die Durchsetzung, dass sich die Emissionen eines Unternehmens im Rahmen seiner Zertifikats-Menge halten, bräche der Zertifikate-Markt zusammen.

²²⁶ Siehe etwa die Einleitung seines Vortrages „Vergleich von Abgaben und Zertifikaten" auf dem Symposium zu Ehren des 65. Geburtstags von Hansmeyer: „Denke ich an jene alten Tage zurück, als man noch der *Prostitution* geziehen wurde, wenn man sich für Preise als Mittel der Umweltpolitik aussprach, dann wird mir nostalgisch zumute. Damals war man *Pionier* und ziemlich alleine; das hat Spaß gemacht" (FS Karl-Heinrich *Hansmeyer*, 1994, S. 287 [287]).

²²⁷ Er bezeichnet sich selbst als aus der Coase-Tradition kommend (Vergleich von Abgaben und Zertifikaten [Fn. 215], S. 289 f.).

²²⁸ *Weimann*, Umweltökonomik (Fn. 180), S. 242; *Michaelis*, Ökonomische Instrumente (Fn. 197), S. 57 f.; *Kemper*, Umweltproblem (Fn. 208), S. 113 f., 181 f., 263 ff.

²²⁹ *Weimann*, Umweltökonomik (Fn. 180), S. 229 ff.; vgl. auch *Endres*, Umweltökonomie (Fn. 180), S. 122 ff.

²³⁰ Dieses Problem stellt sich auch bei Abgaben. Bei Zertifikaten ist es insofern gravierender, als diese einen Raum umfassen müssen, der groß genug ist, um dort einen kompetitiven Markt vorzufinden.

²³¹ *Weimann*, Umweltökonomik (Fn. 180), S. 244 f.; vgl. dazu auch *Alfred Endres/Reimund Schwarze*, Zertifikate im Klimaschutz, in: Holger Bonus (Hrsg.), Umweltzertifikate, 1998, S. 166 ff.

²³² → Rn. 15.

B. Ökonomische Grundlagen

3. Vorteile ökonomischer Instrumente

Die Umweltökonomen sehen in Abgaben oder Zertifikaten entscheidende Vorteile gegenüber der „Auflagenpolitik",[233] wie sie das traditionelle umweltrechtliche Handeln durch Ge- und Verbote nennen. Der Vereinfachung halber wird der Vergleich auf die Erhebung von **Umweltabgaben** beschränkt; für Zertifikatslösungen gelten die Überlegungen entsprechend. Beim Vergleich sind drei Gesichtspunkte zu berücksichtigen: Ökonomische Effizienz (a), ökologische Effektivität (b) und dynamische Anreizwirkung (c).

a) Ökonomische Effizienz

Hauptvorteil des Einsatzes ökonomischer Instrumente für den Umweltschutz gegenüber der Auflagenlösung ist ihre **Kosteneffizienz.** Durch Abgaben oder Zertifikate kann derselbe Umweltstandard wie durch Auflagen zu geringeren volkswirtschaftlichen Kosten erreicht werden. Der Grund hierfür liegt in unterschiedlichen Vermeidungskosten verschiedener, denselben Schadstoff emittierender Unternehmen.

Am Beispiel wird eine der Bedingungen deutlich, unter denen dieser Vorzug der ökonomischen Instrumente nur einsetzt. Abgaben und Zertifikate machen sich die **unterschiedlichen Vermeidungskosten** verschiedener Unternehmen zunutze. In einer Situation, in der die Emissionsvermeidung für alle betroffenen Firmen gleich teuer ist, werden alle auch beim Einsatz ökonomischer Instrumente die gleiche Menge des Schadstoffes ausstoßen; eine (volkswirtschaftliche) Kostenersparnis entfällt.[234]

Kosteneffizienz bedeutet, dass der gleiche Umweltstandard zu volkswirtschaftlich geringeren Kosten erreicht wird. Dies ist von politischem Vorteil, zumal in Zeiten knapper öffentlicher Kassen. Es werden finanzielle Mittel freigesetzt, die für andere Zwecke genutzt werden können. Dem Umweltschutz nützt die Kosteneffizienz freilich nur indirekt. Denn es ist keineswegs zwingend (und auch nicht sehr wahrscheinlich), dass freiwerdende Mittel tatsächlich für umweltpolitische Zwecke eingesetzt werden. Ein indirekter Nutzen für den Umweltschutz liegt daher nur in einer begrenzten politischen Entlastungsfunktion. Verschlingt umweltpolitisches Handeln geringere Finanzmittel, mögen umweltpolitische Maßnahmen politisch leichter durchsetzbar sein.

Des Weiteren ist darauf hinzuweisen, dass die Abgabenlösung **nur zu geringeren volkswirtschaftlichen Kosten** führt. Einzelwirtschaftlich betrachtet, stellt sich die Situation anders dar. Für das einzelne Unternehmen kann eine Ent- oder eine Belastung eintreten. Dies ergibt sich daraus, dass die Abgabenzahlung eine Kaufkraftübertragung an den Staat darstellt. Damit handelt es sich nicht um volkswirtschaftliche Kosten, die nur den Ressourcenverzehr berücksichtigen, wohl **aber um einzelwirtschaftliche Kosten.** Treten nun bei den einzelnen Emittenten sowohl Vermeidungskosten als auch Abgabenzahlungen auf, so kann

---

[233] *Weimann,* Umweltökonomik (Fn. 180), S. 259; *Hansjürgens,* Umweltabgaben (Fn. 180), S. 33; *Endres,* Umweltökonomie (Fn. 180), S. 102 f.; *Lutz Wicke,* Umweltökonomie, 1993, S. 195 ff.
[234] *Burkhard Huckestein,* Umweltabgaben – Anwendungsbedingungen einer ökologischen Allzweckwaffe, ZfU 1993, S. 343 (352); *Peter Michaelis,* Institutionelle Rahmenbedingungen für Marktlösungen: Ein Anforderungsprofil, in: Erik Gawel (Hrsg.), Institutionelle Probleme der Umweltpolitik, ZAU-Sonderheft 8/1996, S. 42 (45 f.).

dies zu einer höheren Belastung führen. In diesem Zusammenhang ist auch von entscheidender Bedeutung, was mit dem Aufkommen aus der Umweltabgabe geschieht. Fließt dieses Aufkommen in den allgemeinen Staatshaushalt, ohne an die Unternehmen rückverteilt zu werden, führt die Erhebung einer Umweltabgabe zu einer stärkeren Belastung der meisten Unternehmen.[235] Daraus erklärt sich der verbreitete Widerstand gegen Umweltabgaben von Seiten der Industrie.[236]

b) Ökologische Effektivität

68 Einer der **Haupteinwände** gegen die Erhebung von Umweltabgaben unter (partieller) Aufgabe der Auflagenpolitik ist die **mangelnde ökologische Treffsicherheit.**[237]

Durch die individuelle Genehmigung einer jeden emittierenden Anlage ist genau bekannt, welchen Gesamtausstoß an Emissionen es maximal geben wird. Bei Abgabenlösungen steht es dagegen im Belieben der Einzelnen, inwieweit sie ihre Emissionen einschränken. Selbst wenn die Abgabenhöhe „richtig" gewählt ist, mag sich zwar bei rational handelnden Unternehmen der gewünschte Steuerungserfolg einstellen. Zwingend ist dies jedoch nicht. Anpassungsreaktionen brauchen Zeit, die sich nur schwer abschätzen lässt und von zahlreichen anderen, nicht vorhersehbaren Faktoren abhängt. Wie bereits oben erörtert, kann eine Abgabenlösung nur im Wege des trial-and-error-Verfahrens implementiert werden. Jedenfalls vorübergehende Ungenauigkeiten in der ökologischen Treffsicherheit sind daher vorauszusehen.

69 Teilweise wird versucht, die Überlegenheit des Ordnungsrechts im Hinblick auf die Treffsicherheit zu relativieren.[238] Zu bedenken sei das Vollzugsdefizit im – bestehenden – Umweltrecht. So richtig es ist, dass das Umweltrecht unter einem **Vollzugsdefizit** leidet,[239] so zweifelhaft erscheint, inwieweit Umweltabgaben geeignet sind, diesem abzuhelfen. Ein Vollzugsdefizit kann zum einen in mangelnder Kontrolle und Überwachung der Auflagen liegen. Hier bringt die Erhebung von Umweltabgaben allenfalls geringe Fortschritte. Denn auch die Festsetzung der geschuldeten Abgabe verlangt Kontrolle und Überwachung. Man könnte im Gegenteil sogar argumentieren, dass es unter Umständen leichter ist, die technischen Gegebenheiten einer Anlage zu überprüfen, als kontinuierlich den konkreten Schadstoffausstoß zu überwachen. Zum anderen wird darauf hingewiesen, dass – etwa bei der Genehmigung von Anlagen – aus wirtschaftlichen Gründen immer wieder **Ausnahmen** von den ordnungsrechtlich festgelegten Standards gemacht werden.[240] Auch auf dieses Problem bieten Umweltabgaben jedoch kaum eine befriedigende Antwort. Denn im Abgabenrecht gibt es ebenfalls die Möglichkeit von Ausnahmen. So sieht die Abgaben-

---

[235] Vgl. dazu: *Hansjürgens*, Umweltabgaben (Fn. 180), S. 41 ff.
[236] Vgl. aber *Rolf Bach*, Die Ökonomie der Ökologie – Unternehmer haben ein egoistisches Interesse an einer ökologischen Steuerreform, in: Olav Hohmeyer (Hrsg.), Ökologische Steuerreform, 1995, S. 97 ff., der herausarbeitet, weshalb Unternehmer ein egoistisches Interesse an einer ökologischen Steuerreform haben (sollten).
[237] *Dieter Cansier*, Steuer und Umwelt. Zur Effizienz von Emissionsabgaben, in: Karl-Heinrich Hansmeyer (Hrsg.), Staatsfinanzierung im Wandel, 1983, S. 765 (770); *Kloepfer*, UmweltR, § 5 Rn. 230 f.
[238] *Hansjürgens*, Umweltabgaben (Fn. 180), S. 38.
[239] → Rn. 1.
[240] *Hansjürgens*, Umweltabgaben (Fn. 180), S. 38.

ordnung mit Stundung (§ 222), abweichender Festsetzung aus Billigkeitsgründen (§ 163) und Erlass (§ 227) selbst drei Instrumente dafür vor.[241] Es ist kein Grund ersichtlich, weshalb die Verwaltung bei der Beurteilung von Genehmigungen großzügiger sein sollte als bei der Beitreibung von Abgaben. Die Behörden stehen jeweils unter demselben politischen Druck, wenn Unternehmen oder Investoren mit Betriebsschließung oder Abwanderung drohen.

c) Dynamische Anreizwirkung

70 Wichtige **Vorzüge** entwickeln ökonomische Instrumente **bei dynamischer Betrachtungsweise**. Indem die Auflagenpolitik bestimmte Standards vorgibt, kann sie zwar die Einhaltung dieser Standards garantieren, im Hinblick auf eine Verbesserung der Standards wirkt sie aber geradezu kontraproduktiv. Ist ein bestimmter Schadstoffausstoß genehmigt, ist es für ein Unternehmen nur sinnvoll, diese Genehmigung auch auszunützen.[242] Jede weitere Verringerung der Emission würde Kosten verursachen, ohne dass dabei irgendwelche Vorteile für das Unternehmen entstünden. Ein Unternehmen handelte irrational, wenn es unter diesen Bedingungen weitere Schadstoffvermeidung betriebe.

Verschärft wird dieser Anreiz zur Ausreizung der Umweltbelastung durch den Bezug auf den „Stand der Technik".[243] Der **Stand der Technik** hängt entscheidend von den Emittenten ab;[244] denn primär sind sie diejenigen, die in der Lage wären, den Stand der Technik weiterzuentwickeln. Doch haben die Unternehmen in einem ordnungsrechtlich geprägten System schon wenig Anreiz, neue Vermeidungstechnologien zu entwickeln,[245] so erscheint es noch weniger attraktiv, etwaige Verbesserungen der Technologie der Behörde mitzuteilen.[246] Sonst würde die Behörde diesen neuen „Stand der Technik" möglicherweise für spätere Erweiterungen oder Neubauten des Unternehmens verpflichtend machen, ohne dass das Unternehmen dadurch Kostenvorteile erhielte. Dieses Problem wurde treffend mit dem Schlagwort vom **„Schweigekartell der Oberingenieure"**[247] gekennzeichnet.

Anders gestaltet sich die Lage beim Einsatz ökonomischer Instrumente. Da eine Abgabe für jede emittierte Einheit zu entrichten ist, besteht ein ständiger Anreiz für das Unternehmen, die Emissionsmenge zu verringern.[248] Es ist daher ureigenstes Interesse der Unternehmen, umwelttechnologische Fortschritte zu

---

[241] Entsprechende Regelungen gibt es auch für nichtsteuerliche Abgaben: § 19 VKG i.V.m. § 59 BHO.
[242] *Endres*, Umweltökonomie (Fn. 180), S. 113; *Fritz Rahmeyer*, Volkswirtschaftstheoretische Grundlagen der Umweltökonomie, in: Martin Stengel/Kerstin Wüstner (Hrsg.), Umweltökonomie, 1997, S. 35 (58); *Weimann*, Umweltökonomik (Fn. 180), S. 266.
[243] *Hansjürgens*, Umweltabgaben (Fn. 180), S. 87.
[244] *Weimann*, Umweltökonomik (Fn. 180), S. 266.
[245] Diese Aussage muss freilich in gewissem Umfang relativiert werden. Denn auch die Einschätzung, dass umweltpolitische Standards verschärft werden könnten, kann Unternehmen zur Entwicklung besserer Umwelttechnologie veranlassen. Andernfalls wäre kaum zu erklären, woher die derzeit bereits beobachtbaren – beachtlichen – Fortschritte in der Umwelttechnologie kommen; vgl. aber auch *Michaelis*, Ökonomische Instrumente (Fn. 197), S. 50 f., zu dieser Plausibilitätsvermutung.
[246] *Kemper*, Umweltproblem (Fn. 208), S. 106; *Weimann*, Umweltökonomik (Fn. 180), S. 266.
[247] Dieser Ausdruck wird *Bonus* zugeschrieben, *Weimann*, Umweltökonomik (Fn. 180), S. 266.
[248] *Cansier*, Steuer und Umwelt (Fn. 237), S. 766; *Hans G. Nutzinger*, Ökologisch orientierte Steuern als umweltpolitische Instrumente, in: Alexander Roßnagel/Uwe Neuser (Hrsg.), Reformperspektiven im Umweltrecht, 1996, S. 46.

erzielen. Ein Unternehmen, das viel für den Umweltschutz tut, hat Kostenvorteile gegenüber stärker verschmutzenden Wettbewerbern. Die Förderung der Kreativität und Innovationsfähigkeit der Unternehmen ist eine große Chance für den Umweltschutz.

d) Bewertung

71   Ursprünglich ist die Umweltökonomie mit dem Programm angetreten, die Auflagenpolitik des herkömmlichen Umweltrechts gänzlich durch „marktwirtschaftliche" Instrumente abzulösen. Die Auflagenpolitik galt als ineffizient und überholt.[249] Inzwischen hat sich dies – jedenfalls zum Teil – geändert.[250] Differenziertere ökonomische Analysen zeigen, dass die theoretische Überlegenheit von Abgabenlösungen nur unter sehr eingeschränkten, in der Realität nicht immer gegebenen Bedingungen zutrifft.[251] Zumeist wird daher inzwischen auch von Ökonomen eine **Verbindung von Auflagen und Umweltabgaben** als wünschenswert angesehen.[252] Auch die Art und Weise, wie Abgaben für den Umweltschutz eingesetzt werden sollen, unterliegt aus ökonomischer Sicht zahlreichen Beschränkungen. Um ökonomischen Ansprüchen an Rationalität zu genügen, müssen die (umweltpolitischen) Ziele, die mit dem Einsatz des Instruments Abgabe erreicht werden sollen, klar definiert sein.[253] Denn erst, wenn die Ziele festliegen, können Aussagen über die Rationalität der Mittel gemacht werden. Dies hat beispielsweise zur Folge, dass sich die Höhe einer Abgabe an den Vermeidungskosten der Unternehmen zu orientieren hat, d.h. zunächst einmal überhaupt Vorstellungen über Vermeidungskosten und Substitutionsmöglichkeiten existieren müssen. Ein lediglich demeritorisierender Ansatz, der Umweltnutzung mit einer Abgabe in irgendeiner Höhe belegt, kann nicht als rational angesehen werden.[254] Ebenso muss die Ausgestaltung der Abgabe im Einzelnen analysiert werden, um zu vermeiden, dass bestimmte Ausnahmerege-

---

[249] *Günter Hartkopf/Eberhard Bohne,* Umweltpolitik, Bd. I, 1983, S. 239 mit Nachw.; s.a. das noch ziemlich pauschale Urteil von *Weimann,* Umweltökonomik (Fn. 180), S. 267: Auflagenpolitik erscheine in einem „sehr schlechten Licht"; Darstellung und Nachweise bei *Erik Gawel,* Umweltallokation durch Ordnungsrecht, 1994, S. 52ff.; kritisch zur gängigen Rezeption des Ordnungsrechts in umweltökonomischen Lehrbüchern *Erik Gawel,* Ökonomische Analyse des Umweltverwaltungsrechts, in: Staatswissenschaften und Staatspraxis 1993, S. 553ff.

[250] Siehe etwa *Karl-Heinrich Hansmeyer,* Umweltpolitische Ziele im Steuer- und Abgabensystem aus finanzwissenschaftlicher Sicht, in: Umweltschutz durch Abgaben und Steuern (UTR 16 [1992]), S. 1 (12f.), der selbst sagt, er sei „vorsichtiger" in seinem Plädoyer für Umweltabgaben geworden.

[251] Grundlegend *Gawel,* Umweltallokation (Fn. 249); s.a. *Erik Gawel,* Staatliche Steuerung durch Umweltverwaltungsrecht, DV, Bd. 28 (1995), S. 201ff.

[252] Siehe etwa *Dieter Ewringmann,* Umweltsteuern – Konzeptioneller Wandel des Abgabensystems und instrumentelle Folgen, in: FS Karl-Heinrich *Hansmeyer,* 1994, S. 273 (275); *Hansmeyer/Schneider,* Umweltpolitik (Fn. 220), S. 54; *Rahmeyer,* Volkswirtschaftstheoretische Grundlagen (Fn. 242), S. 65; weitere Nachweise bei *Wolfgang Köck,* Umweltrechtsentwicklung und ökonomische Analyse, NuR 1992, S. 412 (416); *Martin Junkernheinrich,* Auflagen, Steuern und Zertifikate?, in: ders. (Hrsg.), Ökonomisierung der Umweltpolitik, 2. Aufl. 2002, S. 243ff.

[253] *Huckestein,* Umweltabgaben (Fn. 234), S. 354f.; *Karl-Heinrich Hansmeyer,* Marktwirtschaftliche Elemente in der Umweltpolitik, ZfU 1988, S. 231 (239f.); vgl. dazu *Wolfgang Köck,* Umweltordnungsrecht – ökonomisch irrational? Die juristische Sicht, in: Erik Gawel/Gertrude Lübbe-Wolff (Hrsg.), Rationale Umweltpolitik – rationales Umweltrecht: Konzepte, Kriterien und Grenzen rationaler Steuerung im Umweltschutz, 1999, S. 323ff.; *Erik Gawel,* Umweltordnungsrecht – ökonomisch irrational? Die ökonomische Sicht, in: ebd., S. 237ff.

[254] *Köck,* Umweltordnungsrecht (Fn. 253), S. 334.

lungen – wie etwa Absetzungsmöglichkeiten – dem eigentlich beabsichtigten Lenkungszweck entgegensteuern. Zudem entfallen die dauerhaften Anreize für Innovationen im Umweltbereich, wenn die Abgabe auf die Unterstützung des Ordnungsrechts in der Weise beschränkt wird, dass die Restverschmutzung abgabenfrei bleibt.[255] Schließlich sind Abgaben nur dann dem Umweltschutz dienlich, wenn sie in dem betroffenen Bereich tatsächlich lenkend wirken können. Dies ist etwa nicht der Fall bei der Sanierung von Altlasten.[256] Die Allokationsentscheidungen sind bereits getroffen – Steuerungswirkung kann eine Abgabe dann nicht mehr entfalten.

Im Ergebnis ist festzuhalten, dass die Befürwortung von Umweltabgaben und die korrespondierende Ablehnung des Ordnungsrechts auch aus ökonomischer Perspektive längst nicht (mehr) so eindeutig ausfällt,[257] wie es in der theoretisch-abstrakten Modellwelt schien. Das Ergebnis genauerer Analyse ist, dass **abstrakte Aussagen** über die **prinzipielle Überlegenheit** *eines* umweltrechtlichen Instruments **nicht getroffen werden können**.[258] Stattdessen ist es erforderlich, den jeweils betroffenen Sachbereich genau zu analysieren.[259] Die Konsequenz ist, dass man auf unterschiedliche Problemkonstellationen auch mit unterschiedlichen Instrumenten oder Instrumentverbünden wird reagieren müssen.[260] Der „Instrumenten-Mix"[261] wird – je nach Kontext – unterschiedlich ausfallen. In einer hochkomplexen, ausdifferenzierten Gesellschaft kann nur die **differenzierte, kontextabhängige Analyse** den „policy mix" herausfinden, der sachbereichsadäquat ist. 72

C. Normative Anforderungen und Wirkungsbedingungen

Anreize können in verschiedenen Bereichen und in vielfältigen Formen als Steuerungsinstrumente eingesetzt werden. Während manche Formen von An- 73

---

[255] *Horst Zimmermann/Bernd Hansjürgens*, Umweltpolitische Einordnung verschiedener Typen von Umweltabgaben, in: Horst Zimmermann (Hrsg.), Umweltabgaben. Grundsatzfragen und abfallwirtschaftliche Anwendung, 1993, S. 1 (9).

[256] *Hansmeyer/Schneider*, Umweltpolitik (Fn. 220), S. 27; *Bernd Hansjürgens*, Affinität zwischen Typen von Umweltabgaben und Umweltproblemen – unter Berücksichtigung neuer Vorschläge, in: Zimmermann (Hrsg.), Umweltabgaben (Fn. 255), S. 41 f.

[257] 1978 formulierte der *Rat von Sachverständigen für Umweltfragen* noch ganz eindeutig: „Eine am Rationalprinzip orientierte Umweltpolitik sollte sich im Rahmen des Verursacherprinzips immer für eine abgabenpolitische Durchsetzung der Qualitätsziele entscheiden", Umweltgutachten 1978, Tz. 1798.

[258] *Michaelis*, Ökonomische Instrumente (Fn. 197), S. 57.

[259] *Karl-Heinrich Hansmeyer*, Abgaben und steuerliche Instrumente der Umweltpolitik – Wirkungsweise, Erfahrungen, Möglichkeiten, ZfU 1987, S. 251 (255 f.); *Rahmeyer*, Volkswirtschaftstheoretische Grundlagen (Fn. 242), S. 65; *Michaelis*, Ökonomische Instrumente (Fn. 195), S. 108; *Hansjürgens*, Affinität (Fn. 256), S. 36 ff.

[260] *Erik Gawel*, Ökonomie der Umwelt – ein Überblick über neue Entwicklungen, ZAU 7 (1994), S. 37 (42), konstatiert: „An die Stelle dieses älteren „instrumentellen Substitutionsdogmas" der Vergangenheit, das bestehende Umweltpolitik durch im Idealfall ein einziges überlegenes Marktinstrument zu ersetzen suchte, tritt zunehmend die Befürwortung eines problemspezifisch differenzierten und gemischt-instrumentellen Vorgehens unter Einschluß auch regulativer Komponenten"; vgl. dazu *Erik Gawel*, Umweltpolitik durch gemischten Instrumenteneinsatz. Allokative Effekte instrumentell diversifizierter Leistungsstrategien für Umweltgüter, 1991; *Erik Gawel*, Die mischinstrumentelle Strategie in der Umweltpolitik. Ökonomische Betrachtungen zu einem neuen Politikmuster, Jahrbuch für Sozialwissenschaft 43 (1992), S. 267 ff.

[261] → Bd. II *Michael* § 41.

reizen schon lange implementiert und erprobt sind – etwa in der Wirtschaftsförderung –, ist die aktuelle Diskussion um Anreize vor allem der Suche nach neuen, effizienteren Formen der Steuerung geschuldet.[262] Der Gesetzgeber und die Verwaltung sind also zu Kreativität und Experimentierfreude aufgerufen. **Grenzen** für die Steuerung durch Anreize lassen sich auf zwei – sehr unterschiedlichen – Ebenen aufzeigen.

74 Zum einen unterliegen Anreizinstrumente – wie jedes gesetzgeberische Handeln – **normativen Vorgaben.** Diese ergeben sich vor allem aus dem **Verfassungsrecht**. Allerdings sollten diese Grenzen nicht zu eng gezogen werden. Insbesondere darf die Berufung auf die Verfassung nicht zur totalen Veränderungssperre gegenüber allen neuen Entwicklungen führen. Die Verfassung zieht als Rahmenordnung[263] nur äußerste Grenzen für politisches Handeln. Je nach Sachbereich können gegebenenfalls normative Grenzen aus dem Europa- oder Völkerrecht hinzukommen.

75 Traditionelle Rechtswissenschaft würde es möglicherweise bei der Analyse der normativen Ebene bewenden lassen. Akzeptiert man hingegen die Entwicklung der Rechtswissenschaft von einer „anwendungsbezogenen Interpretationswissenschaft" hin zu einer „rechtsetzungsorientierten Handlungs- und Entscheidungswissenschaft"[264], darf die rechtswissenschaftliche Analyse nicht bei der Herausarbeitung zwingender normativer Vorgaben verharren. Stattdessen sind – wie in der Gesetzgebungslehre[265] – **Kriterien für die Schaffung „guter" Anreiz-Instrumente** zu entwickeln.

76 Diese Fragen werden in sechs Schritten bearbeitet. Zunächst soll untersucht werden, ob bzw. unter welchen Voraussetzungen Anreiz-Instrumente Grundrechtseingriffe darstellen (I.). Sodann ist zu klären, wer im gewaltenteilenden System Anreize setzen darf (II.), um dann eine Verhältnismäßigkeitsprüfung vorzunehmen (III.). Weitere rechtliche Anforderungen ergeben sich aus dem Diskriminierungsschutz (IV.) sowie aus spezifischen Vorgaben für einzelne Anreiz-Instrumente (V.). Der Beitrag schließt mit einigen Anmerkungen zur Effizienz von Anreizen (VI.).

I. Anreize als Grundrechtseingriffe

77 Welchen verfassungsrechtlichen Anforderungen rechtsetzendes Handeln genügen muss, hängt wesentlich davon ab, ob es in Grundrechte eingreift. Die

---

[262] → Rn. 3.
[263] *Ernst Wolfgang Böckenförde*, Die Methoden der Verfassungsinterpretation – Bestandsaufnahme und Kritik, NJW 1976, S. 2089 (2098 f.); *ders.*, Schutzbereich, Eingriff, verfassungsimmanente Schranken. Zur Kritik gegenwärtiger Grundrechtsdogmatik, Der Staat, Bd. 42 (2003), S. 165, 186 f.
[264] *Andreas Voßkuhle*, Methode und Pragmatik im Öffentlichen Recht, in: Hartmut Bauer/Detlef Czybulka u. a. (Hrsg.), Umwelt, Wirtschaft und Recht, 2002, S. 171 (179 ff.). S. a. → Bd. I *ders.* § 1 Rn. 15.
[265] *Helmuth Schulze-Fielitz*, Gesetzgebungslehre als Soziologie der Gesetzgebung, ZG 2000, S. 295 ff.; *ders.*, Wege, Umwege oder Holzwege zu besserer Gesetzgebung, JZ 2004, S. 862 ff.; *Gunnar Folke Schuppert*, Gute Gesetzgebung. Bausteine einer kritischen Gesetzgebungslehre, ZG Sonderheft 2003; *Peter Blum*, Wege zu besserer Gesetzgebung – sachverständige Beratung, Begründung, Folgenabschätzung und Wirkungskontrolle, Gutachten I zum 65. DJT, 2004; aus historischer Perspektive *Bernd Mertens*, Gesetzgebungskunst im Zeitalter der Kodifikationen, 2004. Vgl. a. → Bd. I *Voßkuhle* § 1 Rn. 15, *Franzius* § 4 Rn. 104 ff., *Reimer* § 9 Rn. 109.

C. Normative Anforderungen und Wirkungsbedingungen

Frage, ob bzw. unter welchen Voraussetzungen Anreize Grundrechtseingriffe darstellen, soll daher am Anfang der Untersuchung stehen. Es ist vorstellbar, dass sich Anreize in Lebensbereichen auswirken, die durch spezielle Freiheitsrechte geschützt sind. Doch ist das eine Frage der Schutzbereichsbestimmung, die hier nicht im Vordergrund steht.[266] Hier soll es allein um die Frage des Eingriffs gehen. Paradigmatisch wird daher die Frage anhand der allgemeinen Handlungsfreiheit des Art. 2 Abs. 1 GG erörtert. Wenn Anreize einen Eingriff in das Auffanggrundrecht der allgemeinen Handlungsfreiheit darstellen, dann erst recht in die speziellen Grundrechte, sofern deren Schutzbereich betroffen ist.

Unter einem **Grundrechtseingriff** im herkömmlichen Sinne wird im Allgemeinen ein rechtsförmiger Vorgang verstanden, der unmittelbar und gezielt (final) durch ein vom Staat verfügtes, erforderlichenfalls zwangsweise durchzusetzendes Ge- oder Verbot, also imperativ, zu einer Verkürzung grundrechtlicher Freiheiten führt.[267] Auf den ersten Blick scheint offensichtlich, dass Anreize unter diese Definition nicht fallen. Denn sie enthalten ja gerade kein imperatives Ge- oder Verbot, sondern überlassen rechtlich gesehen dem Einzelnen die Freiheit, ob er die durch Anreiz nahegelegte Handlung vollzieht oder nicht. Bei genauerem Nachdenken zeigt sich, dass die Ablehnung des Eingriffs – auch in seiner klassischen Form – so einfach nicht ist. Denn Anreize erfüllen wenigstens zwei der Eingriffsmerkmale unproblematisch. Zum einen genügen die meisten Anreiz-Instrumente dem **Merkmal der Rechtsförmigkeit,** denn typischerweise sind sie normativ geregelt. Sie sind – zumeist – klassische Rechtsnormen, enthalten einen Tatbestand und eine Rechtsfolge in der Form: Wer in einer bestimmten Weise handelt, den treffen bestimmte Folgen. Auch das **Merkmal der Finalität** lässt sich bejahen, denn Anreize werden als Steuerungsinstrument eingesetzt, sind also gerade zielgerichtet. Sie stellen – im Gegensatz zur paradigmatischen, fehlgehenden Polizeikugel – nicht die unbeabsichtigte Folge eines auf andere Ziele gerichteten Staatshandelns dar, sondern im Gegenteil: Ihre Rechtsfolge tritt – genau wie beabsichtigt – dann ein, wenn der Tatbestand erfüllt ist. Am schwierigsten ist die Frage des **imperativen Gehalts** zu beurteilen. Hier wirkt sich wiederum die Zweischichtigkeit der Anreiz-Instrumente aus. Mit Blick auf die eigentliche Handlungspflicht, etwa die Vermeidung der Einleitung von Abwasser, ist ein imperativer Gehalt zu verneinen: Der Einzelne ist – normativ gesehen – nicht verpflichtet, die Abwassereinleitung zu unterlassen. Mit Blick auf die Rechtsfolge bei einer Verweigerung der geforderten Handlung kann jedoch ein imperativer Gehalt nicht bezweifelt werden. Diese wird mit Befehl und Zwang durchgesetzt, so wird zum Beispiel die Abgabe, die aus dem Einleiten von Abwasser resultiert, selbstverständlich auch im Wege der Verwaltungsvollstreckung durchgesetzt. Worauf kommt es nun an: auf die primäre **Handlungspflicht oder** auf die **sekundäre Rechtsfolge?** Stellt man sich die Rechtsfolge als Begünstigung vor – beispielsweise die Gewährung der Eigenheimzulage beim Kauf oder Bau von eigengenutztem Wohneigentum[268] – liegt

78

---

[266] Siehe aber → Rn. 81a.
[267] *BVerfGE* 105, 279 (300); *Bodo Pieroth/Bernhard Schlink*, Grundrechte, 26. Aufl. 2010, Rn. 251; *Dreier* in: Dreier (Hrsg.), GG I, Vorbem. vor Art. 1 GG Rn. 124; *Gertrude Lübbe-Wolff*, Grundrecht als Eingriffsabwehrrecht, 1988, S. 42 ff.; *Rolf Eckhoff*, Der Grundrechtseingriff, 1992, S. 3 ff., 173 ff.; *Wolfgang Roth*, Faktische Eingriffe in Freiheit und Eigentum, 1994, S. 7 ff.
[268] → Rn. 5.

es nahe, auch den Eingriff zu verneinen. Stellt man sich dagegen – wie etwa bei der Abwasserabgabe – den Anreiz als Belastung vor, liegt es näher, einen Eingriff zu bejahen.

79 Letztlich kann offen bleiben, ob sich ein Anreiz auch als klassischer Eingriff verstehen lässt, denn der **moderne Eingriffsbegriff** hat alle vier Kriterien des klassischen Eingriffs wesentlich erweitert. Danach kann als Eingriff jedes staatliche Handeln angesehen werden, das dem Einzelnen ein Verhalten, das in den Schutzbereich eines Grundrechts fällt, ganz oder teilweise unmöglich macht oder wesentlich erschwert.[269] Dies ist **jedenfalls** der Fall, wenn der Anreiz in einer **Belastung** besteht. Auch wenn der Einzelne grundsätzlich das Recht hat, die Handlung frei zu wählen, wird er doch durch die negativen Folgen, die die Entscheidung gegen die vom Staat „angeregte" Handlung mit sich bringt, in eine bestimmte Richtung gelenkt (dies ist schließlich auch der Zweck des Anreizes). Fraglich ist, ob dies bei Begünstigungen anders zu beurteilen ist. Allgemein werden **Begünstigungen** dann als Eingriff angesehen, wenn sie Auswirkungen auf Dritte haben.[270] Etwas anderes kann aber auch dann nicht gelten, wenn es um eine Begünstigung ohne Drittwirkung geht. Hier ließe sich zwar argumentieren, dass dem Einzelnen nur etwas entgeht, worauf er keinen Anspruch hat, so dass ihm beide Handlungsalternativen weiterhin offen stehen; entscheidet er sich gegen die gewünschte Handlung, steht er nicht schlechter da als zuvor. Diese Argumentation greift aber zu kurz. So beeinflusst auch der Verlust von Begünstigungen den Einzelnen bei der Wahl seiner Handlung und greift damit in die grundrechtliche Handlungsfreiheit ein. Besteht die Aussicht, für ein bestimmtes Verhalten Geld zu erhalten, hat dies Einfluss auf den Entscheidungsprozess. Hinzu kommt, dass häufig nicht klar zu unterscheiden ist, ob es sich um eine Belastung oder eine Begünstigung handelt.[271] Da Begünstigung und Belastung keine klar unterscheidbaren Kategorien sind, sondern Wertungsentscheidungen unterliegen, sollte die Frage, ob ein Grundrechtseingriff vorliegt, auch nicht von dieser Entscheidung abhängen.

80 Diese Argumentation gilt selbst dann, wenn man – wie in der Literatur teilweise verlangt – den klassischen Eingriff bei der allgemeinen Handlungsfreiheit in geringerem Ausmaß ausweitet als bei speziellen Freiheitsgrundrechten. So wird vertreten, dass ein Eingriff in die allgemeine Handlungsfreiheit nur dann vorliegt, wenn es sich um eine rechtliche, im Unterschied zu einer faktischen, Maßnahme handelt und es sich um eine gegenüber dem betroffenen Einzelnen, im Unterschied zu einem Dritten, ergehende Maßnahme handelt.[272] Beide Kriterien sind bei Anreizen erfüllt.

---

[269] *BVerfGE* 6, 273 (278); 13, 181 (185 ff.); 30, 227 (243); 46, 120 (137); 52, 42 (54); 76, 1 (42 ff.); *Pieroth/Schlink*, Grundrechte (Fn. 267), Rn. 253; *Hans-Ullrich Gallwas*, Faktische Beeinträchtigungen im Bereich der Grundrechte, 1970; *Paul Kirchhof*, Verwalten durch mittelbares Einwirken, 1977, S. 189 ff.; *Ulrich Ramsauer*, Die faktische Beeinträchtigung des Eigentums, 1980; *Dietrich Murswiek*, Das Bundesverfassungsgericht und die Dogmatik mittelbarer Grundrechtseingriffe, NVwZ 2003, S. 1 (3); *Roth*, Faktische Eingriffe (Fn. 267), S. 33 ff.; *Albert Bleckmann/Rolf Eckhoff*, Der „mittelbare" Eingriff, DVBl 1988, S. 373 (376). S. a. → Bd. I *Masing* § 7 Rn. 49.

[270] Vgl. *Bleckmann/Eckhoff*, Der „mittelbare" Eingriff (Fn. 269), S. 382.

[271] → Rn. 5.

[272] *Pieroth/Schlink*, Grundrechte (Fn. 267), Rn. 403; *Jost Pietzcker*, „Grundrechtsbetroffenheit" in der verwaltungsrechtlichen Dogmatik, in: FS Otto Bachof, 1984, S. 145 ff.; *Hans-Uwe Erichsen*, Allgemeine Handlungsfreiheit, in: HStR VI, § 152 Rn. 79 ff.

Im Ergebnis sind daher **alle Anreize als Grundrechtseingriffe** anzusehen.²⁷³ **81**
Das verlangt die Kern-Idee grundrechtlicher Freiheit. Indem der Staat Anreize setzt, nimmt er auf die Handlungen der Bürger Einfluss. Es kann als ein klassisches Zeichen des patriarchalen Staates angesehen werden, wenn dieser vorgibt zu wissen, was gut für den Einzelnen ist und damit den Einzelnen in bestimmte Richtungen lenkt. Das Lenken durch Begünstigungen ist die „Gute Policey" ohne zwingendes rechtliches Ge- oder Verbot. Dies ist dem Staat selbstverständlich nicht vollständig untersagt. Im freiheitlichen Staat verlangt aber die allgemeine Handlungsfreiheit, dass der Staat eine Einflussnahme auf das Verhalten grundrechtlich rechtfertigen kann. Gerade in Bereichen, wo Anreize effizienter wirken sollen als die Steuerung durch Ge- oder Verbote, ist offensichtlich, dass es um die Verhaltenssteuerung der Einzelnen geht. Der freiheitliche Staat darf dies nicht ohne Rechtfertigung tun. Ob eine Anreizregulierung zulässig ist, entscheidet sich demnach grundsätzlich auf der **Ebene der Rechtfertigung.**

Freilich gibt es **„anreizfeindliche" Grundrechte**. Ist zentraler Bestandteil eines **81a**
Grundrechts, wie etwa bei der Glaubensfreiheit, die Verpflichtung zu staatlicher Neutralität,²⁷⁴ darf der Staat auch nicht im Wege von Anreizen auf die Entscheidungsfreiheit der Einzelnen Einfluss nehmen. Ebenso wenig wie der Staat durch die Androhung von Sanktionen den Eintritt in eine bestimmte Religionsgemeinschaft erzwingen darf, darf er ein solches Verhalten durch Anreize fördern. Anreize sind ebenfalls unzulässig, wenn sie gegen von Grundrechten vorgegebene Ziele oder Verfassungsaufträge verstoßen. Nach Art. 3 Abs. 2 GG dürfen überkommene Rollenverteilungen, die zu einer höheren Belastung oder sonstigen Nachteilen für Frauen führen, nicht durch staatliche Maßnahmen verfestigt werden;²⁷⁵ daher ist das in § 16 Abs. 4 SGB VIII vorgesehene Betreuungsgeld für Eltern, die ihre Kinder nicht in Kindertagesstätten betreuen lassen, verfassungswidrig.²⁷⁶

II. Kompetenzen

Die Frage, wer Anreize setzen darf, stellt sich in zweifacher Hinsicht. Zum einen **82**
geht es darum, inwieweit die Verwaltung im Verhältnis zum Gesetzgeber eigenständig Anreize entwickeln kann, zum anderen geht es um die Kompetenzverteilung im Bundesstaat.

1. Legislative/Exekutive

Im gewaltengliedernden Staat ist fraglich, inwieweit Anreize nur vom parla- **83**
mentarischen Gesetzgeber oder auch von der Exekutive gesetzt werden können. Relevant hierfür ist zunächst der grundlegende rechtsstaatliche Gedanke des

---

[273] Jedenfalls sind Anreize wesentlich näher am klassischen Eingriffsbegriff als staatliche Warnungen und Empfehlungen, die von Teilen der Literatur als Eingriffe klassifiziert werden; vgl. hierzu *Christoph Gusy*, Verwaltung durch Information – Empfehlungen und Warnungen als Mittel des Verwaltungshandelns, NJW 2000, S. 977 (982 ff.); *Murswiek*, Bundesverfassungsgericht (Fn. 269), S. 2 ff.; → Bd. II *Gusy* § 23 Rn. 104 ff.; *Rainer Wahl/Johannes Masing*, Schutz durch Eingriff, JZ 1990, S. 553 ff.
[274] Grundlegend dazu *Stefan Huster*, Die ethische Neutralität des Staates, 2002.
[275] BVerfGE 85, 191, 207; 114, 357 (370 f.)
[276] Ausführlich dazu *Ute Sacksofsky*, Verfassungsmäßigkeit des geplanten Betreuungsgeldes, Streit 2010, S. 167 ff.

Vorrangs des Gesetzes. Gefordert ist sowohl die Gesetzmäßigkeit der Verwaltung im Sinne einer Orientierung am Gesetz als auch der Grundsatz, dass untergesetzliche Normen dem Gesetz nicht widersprechen dürfen.[277] Daher darf die Verwaltung jedenfalls keine Anreize setzen, die den im Gesetz vorgesehenen Regelungen widersprechen. Fraglich ist, ob die Verwaltung Anreize setzen darf, um die Ausführung oder Durchsetzung von Gesetzen zu erleichtern.[278] Dagegen könnten rechtsstaatliche Bedenken vorgebracht werden, da solche Anreize leicht die Bindung an das Gesetz relativieren. Dennoch wird man im Interesse einer effektiven Gesetzesausführung in gewissem Umfang Anreize der Verwaltung, die die Ziele der Gesetzgebung unterstützen und fördern, nicht als prinzipiell unzulässig ansehen müssen. Jedenfalls unterliegt die Setzung solcher Anreize rechtsstaatlichen Grenzen. Insbesondere ist dabei zu beachten, dass der rechtstreue Bürger, der sich an die rechtlichen Bindungen auch ohne Anreize hielt, nicht gleichheitswidrig benachteiligt wird. Häufig werden sich Anreize durch die Verwaltung in einer gewissen rechtlichen Grauzone, im Bereich des Informalen und des Kooperativen finden.[279]

84 Aber selbst in Bereichen, in denen der Vorrang des Gesetzes nicht relevant wird, stellt sich die Frage nach der Reichweite des im Rechtsstaatsprinzip enthaltenen Grundsatzes des **Vorbehalts des Gesetzes.** Seinen Ausgangspunkt nahm er von der klassischen Formel, dass „Eingriffe in Freiheit und Eigentum" nur auf Grund eines Gesetzes zulässig sein sollten.[280] Damit war der Gesetzesvorbehalt eng bezogen auf den klassischen Eingriff. Inzwischen hat sich auch der Gesetzesvorbehalt erweitert, so dass teilweise vertreten wird, nicht nur bei Freiheitsbeschränkung, sondern auch bei Leistung und Begünstigung sei eine parlamentsgesetzliche Grundlage zu verlangen.[281] Auch wenn die Lehre vom Totalvorbehalt sich nicht hat durchsetzen können, hat das Bundesverfassungsgericht den Gesetzesvorbehalt durch seine **Wesentlichkeitslehre** materiell aufgewertet. Danach muss der parlamentarische Gesetzgeber in grundlegenden normativen Bereichen, zumal im Bereich der Grundrechtsausübung, soweit diese staatlicher Regelung zugänglich ist, alle wesentlichen Entscheidungen selbst treffen.[282] Inwieweit dies bei Anreizinstrumenten der Fall ist, lässt sich **nicht abstrakt beantworten.** Letztlich sind dafür dieselben – freilich unscharfen und uneinheitlichen – Kriterien ausschlaggebend wie in anderen Bereichen, insbesondere die Intensität der Grundrechtsbetroffenheit.[283] Diese hängt bei Anreizen wesentlich davon ab, wie stark der Anreiz

---

[277] *Helmuth Schulze-Fielitz,* in: Dreier (Hrsg.), GG II, Art. 20 Rn. 92. S. a. → Bd. I *Reimer* § 9 Rn. 73 ff.
[278] Beispiele s. → Rn. 12.
[279] → Bd. II *Fehling* § 38; Bd. I *Schulze-Fielitz* § 12 Rn. 64 ff.
[280] *Helmuth Schulze-Fielitz,* in: Dreier (Hrsg.), GG II, Art. 20 Rn. 92; *Karl-Peter Sommermann,* in: v. Mangoldt/Klein/Starck (Hrsg.), GG II, Art. 20 Rn. 271; *Pieroth/Schlink,* Grundrechte (Fn. 267), Rn. 271 ff.; *Walter Krebs,* Zum aktuellen Stand vom Vorbehalt des Gesetzes, Jura 1979, S. 304 ff.; *Jost Pietzcker,* Vorrang und Vorbehalt des Gesetzes, JuS 1979, S. 710 ff.; *Peter Selmer,* Vom Vorbehalt des Gesetzes, JuS 1968, S. 489 ff. S. a. → Bd. I *Reimer* § 9 Rn. 23 ff.
[281] Zur Lehre vom Totalvorbehalt: *Dietrich Jesch,* Gesetz und Verwaltung, 2. Aufl. 1968, S. 175 ff.; *Hans H. Rupp,* Grundfragen der heutigen Verwaltungsrechtslehre, 2. Aufl. 1991, S. 113 ff.
[282] *BVerfGE* 49, 89 (126); 61, 260 (275); 88, 103 (116); *Karl-Peter Sommermann,* in: v. Mangoldt/Klein/Starck (Hrsg.), GG II, Art. 20 Rn. 274; *Krebs,* Vorbehalt des Gesetzes (Fn. 280), S. 308; *Eberhard Schmidt-Aßmann,* Verwaltungsorganisation zwischen parlamentarischer Steuerung und exekutivischer Organisationsgewalt, in: FS Hans P. Ipsen, 1997, S. 332 (345 f.). Krit. → Bd. I *Reimer* § 9 Rn. 50 ff.
[283] *Karl-Peter Sommermann,* in: v. Mangoldt/Klein/Starck, GG II, Art. 20 Rn. 279; vgl. *BVerfGE* 58, 257 (274); 98, 218 (252).

verhaltenssteuernd wirkt, m. a. W. wie „groß" der Anreiz ist. Bei meritorischen Anreizen wird die Intensität zumeist eher gering zu veranschlagen sein, bei monetären Anreizen hängt die Beurteilung primär von der Höhe der finanziellen Begünstigung oder Belastung ab. Freilich geht es aber nicht um deren absolute Höhe, sondern diese muss im Verhältnis zur finanziellen Situation der Adressaten gesetzt werden. Ein in absoluter Höhe geringer Betrag wirkt auf Sozialhilfeempfänger stark steuernd ein, während für große Unternehmen auch höhere Summen als „peanuts" erscheinen können.

2. Bundesstaatliche Kompetenzverteilung

Die **Kompetenzverteilung im Bundesstaat** zum Setzen von Anreizen richtet sich grundsätzlich nach den allgemeinen Kompetenzvorschriften. Anreize dienen der Steuerung in Sachbereichen. Die **Gesetzgebungskompetenz** richtet sich daher grundsätzlich **nach den Sachkompetenzen** der Art. 70 ff. GG. Besonderheiten können sich dabei dann ergeben, wenn Anreize in Form der Steuer erhoben werden. Hier kann der Fall eintreten, dass Steuerkompetenz und Sachkompetenz auseinanderfallen. Das Bundesverfassungsgericht hat hierfür das Gebot der **Widerspruchsfreiheit im Bundesstaat** entwickelt.[284] Dies ist in dieser Konstellation auch sinnvoll, da hier in der Tat eine Zuständigkeit zweier verschiedener Akteure bestehen kann. Das Bundesverfassungsgericht hat diesen Grundsatz allerdings auch auf das Verhältnis von Sachgesetzgebungskompetenzen angewendet.[285] Diese Rechtsprechung ist vielfach kritisiert worden.[286] Richtigerweise sollte stattdessen darauf abgestellt werden, wie die **Kompetenzregelungen im Grundgesetz** diesen Konflikt regeln: Für die konkurrierende Gesetzgebung kommt es damit darauf an, inwieweit der Bund von seiner Gesetzgebung Gebrauch gemacht hat. Soweit Anreize sich darauf beschränken, die Ausführung und Durchsetzung von Gesetzen zu erleichtern, können sie sich auf Verwaltungskompetenzen stützen.[287]

85

III. Verhältnismäßigkeit

1. Legitimes Ziel

Anreize als solche stellen **keinen Selbstzweck** dar. Sie sind nicht Ziele in sich selbst, sondern sollen dazu beitragen, bestimmte außerhalb von ihnen liegende Zwecke zu erreichen. Welche Ziele durch Anreize verfolgt werden, legt der Ge-

86

---

[284] *BVerfGE* 98, 106 (118).
[285] Zuerst in der Entscheidung zu den Landesabfallabgaben (*BVerfGE* 98, 83), sodann auch im Schwangerenhilfeergänzungsgesetz (*BVerfGE* 98, 265 [301]).
[286] *Sacksofsky,* Umweltschutz (Fn. 55), S. 249 ff.; *Stefan Haack,* Widersprüchliche Regelungskonzeptionen im Bundesstaat, 2002, S. 138 f.; *Christian Bumke,* Gesetzgebungskompetenz unter bundesstaatlichem Kohärenzzwang, ZG 1999, S. 376 ff.; *Dietrich Murswiek,* Umweltrecht und Grundgesetz, DV, Bd. 33 (2000), S. 241 (275); *Horst Sendler,* Grundrechte und Widerspruchsfreiheit in der Rechtsordnung, NJW 1998, S. 2875 ff.; *Kristian Fischer,* Die kommunale Verpackungssteuer und die Widerspruchsfreiheit der Rechtsordnung, JuS 1998, S. 1096 ff.; *Martin Führ,* Widerspruchsfreies Recht im uniformen Bundesstaat, KJ 1998, S. 503 ff.; *Joachim Lege,* Kooperationsprinzip contra Müllvermeidung, Jura 1999, S. 125 ff.; *Reiner Schmidt/Lars Diedrichsen,* Anmerkung zu Bundesverfassungsgericht, Urteil vom 7. 5. 1998, JZ 1999, S. 37 f.
[287] Siehe dazu → Rn. 83.

setzgeber fest; er verfügt dabei – wie insgesamt in der politischen Gestaltung – über einen großen Spielraum. Die normativen Grenzen für die **Wahl der Ziele**, die sich aus der Verfassung ergeben, sind dabei aber – wie bei jedem staatlichen Handeln – zu beachten. Verfassungsaufträge oder sich aus Grundrechten ergebende Neutralitätspflichten des Staates sind auch bei der Setzung von Anreizen verbindlich. So wäre etwa ein Anreiz erleichterter Einbürgerung, wenn man vom Islam zum Christentum überwechselte, als Verstoß gegen das Grundrecht der Religionsfreiheit von vornherein verfassungswidrig.[288]

Für die weitere rechtliche Prüfung – ebenso wie für die effiziente Gestaltung eines Anreiz-Instruments – ist die **genaue Identifikation des Zieles** zentral. Denn die Bestimmung des Zieles bildet den Ausgangspunkt für alle weiteren Überlegungen zur Anreizsteuerung. Insbesondere die Verhältnismäßigkeitsprüfung als Prüfung der Zweck-Mittel-Relation kann nur stattfinden, wenn das Ziel identifiziert ist.

2. Geeignetheit

87 Ein **Schwerpunkt** der Prüfung der Verhältnismäßigkeit von Anreizen liegt auf der Ebene der **Geeignetheit**. Hier besteht ein wichtiger Unterschied zur Steuerung durch Ge- und Verbote. Ge- und Verbote scheitern nur relativ selten an der Stufe der Geeignetheit.[289] Bei Anreizen könnte diese Prüfungsstufe eine höhere Hürde für den Gesetzgeber darstellen. Es besteht die **Gefahr der Fehlsteuerung,** weil sich die Anpassungsreaktionen der Einzelnen nur schwer vorhersagen lassen.[290] Indem Anreizsteuerung auf komplexe Wirkungszusammenhänge trifft, wird die Beurteilung der Geeignetheit, zumal ex ante, häufig schwer fallen. Verfassungsrechtlich bedeutet dies, dass dem Gesetzgeber – wie immer bei Prognosen – eine **Einschätzungsprärogative** zukommt, die nur begrenzter verfassungsgerichtlicher Überprüfung zugänglich ist.[291] Zugleich ist hier auch ein Einfallstor für **Beobachtungs-, Kontroll- und Nachbesserungspflichten des Gesetzgebers.**[292] Gerade weil sich die Geeignetheit letztlich erst aus der Beobachtung der Reaktionen der Einzelnen ergibt, ist der Gesetzgeber verpflichtet, das Anreiz-Instrument zu verändern oder abzuschaffen, wenn sich die Prognosen als falsch erweisen oder sich die tatsächlichen Verhältnisse ändern.

In bestimmten Fällen lässt sich die Ungeeignetheit einer Steuerung durch Anreize schon aus der genauen Bestimmung des Ziels ableiten. Ist ein Verhalten so schädlich, dass es unbedingt unterbunden werden muss, ist die Steuerung durch Anreize offensichtlich untauglich. Ist beispielsweise ein Giftstoff schon in geringster Dosis sehr schädlich, kann das Ziel staatlicher Maßnahmen nur darin liegen, die Einleitung des Giftes generell zu unterbinden.[293] Damit reicht es nicht

---

[288] Siehe dazu → Rn. 81 a.
[289] *BVerfGE* 103, 293 (307); 96, 10 (23); 67, 157 (175 f.); 63, 88 (115); 30, 292 (316).
[290] Siehe dazu → Rn. 105.
[291] *BVerfGE* 50, 290 (332 f.); *Rüdiger Breuer,* Legislative und administrative Prognoseentscheidungen, Der Staat, Bd. 16 (1977), S. 21 ff.; *Arndt Schmehl,* Die erneute Erforderlichkeitsklausel in Art. 72 Abs. 2 GG, DÖV 1996, S. 724 (728).
[292] Dazu *BVerfGE* 25, 1 (13); 50, 290 (335, 352); 56, 54 (78 f.); 57, 139 (162 f.); 88, 203 (309 f.); 95, 267 (314 f.). S. a. → Bd. I *Reimer* § 9 Rn. 114.
[293] Dieses Beispiel wird häufig von Gegnern von Umweltabgaben angeführt: *Paul Kirchhof,* Verfassungsrechtliche Grenzen von Umweltabgaben, in: ders. (Hrsg.), Umweltschutz im Abgaben- und

aus, auf die anreizgesteuerte bzw. -motivierte Freiwilligkeit emissionsvermeidenden Verhaltens der potentiellen Emittenten zu setzen; Anreize etwa in der Form einer Abgabe auf die Einleitung des Giftstoffes in Wasser wären gänzlich ungeeignet. Geeignetes Steuerungsinstrument kann in diesem Fall nur das Verbot sein.

3. Erforderlichkeit

Die **Erforderlichkeit** verlangt die Prüfung, ob kein milderes Mittel zur Zweckerreichung gleich geeignet ist. An dieser Stufe scheitern Anreiz-Instrumente im Regelfall nicht. Indem sie den Betroffenen die Wahl lassen, ob die gewünschte Handlung vorgenommen wird oder nicht, stellen sie typischerweise selbst das **mildere Mittel** gegenüber einer Regelung durch Ge- oder Verbot dar. 88

Doch auch hiervon kann es Ausnahmen geben. Es ist vorstellbar, dass aus der Perspektive des Betroffenen ein Anreiz so stark wirkt, dass ein Ge- oder Verbot als milderes Mittel erscheinen könnte. Dies gilt jedenfalls dann, wenn zum Vergleich nicht ein totales Verbot, sondern ein nur teilweises Verbot – ohne (negativen) Anreiz – herangezogen wird. So ließe sich argumentieren, die Erlaubnis, kostenfrei in geringem Umfang Abwasser einleiten zu dürfen, sei ein milderes Mittel als die Einleitung von Abwasser mit einer Abgabe zu belegen. Für Nicht-Zahlungskräftige, die die Abgabe nicht erbringen können, ist dieses Argument plausibel. Dennoch wird es nur in seltenen Fällen durchdringen können. Ein milderes Mittel führt zum Verstoß gegen das Verhältnismäßigkeitsprinzip nur dann, wenn es gleich geeignet ist. Dies wird für den Regelfall eines Anreizes, der ja gerade effizienter steuern soll, nicht gegeben sein, zumal auch insoweit eine Einschätzungsprärogative des Gesetzgebers besteht.[294] 89

4. Angemessenheit

Die **Angemessenheitsprüfung** bei Anreizen weist **keine Besonderheiten** gegenüber einer Prüfung der Verhältnismäßigkeit i.e.S. bei Ge- und Verboten auf. Es wird selten der Fall sein, dass ein Anreizinstrument an dieser Prüfungsstufe scheitert. 90

IV. Diskriminierungsschutz

Der Einsatz von Anreiz-Instrumenten birgt erhebliche **Gefahren der Diskriminierung** in sich. Besonders gefährdet sind alle Gruppen, die im Antidiskriminierungsrecht geschützt werden. Dazu zählen etwa – orientiert an Art. 19 AEUV – die Merkmale des Geschlechts, der Rasse, der ethnischen Herkunft, der Religion oder Weltanschauung, der Behinderung, des Alters oder der sexuellen Orientie- 91

Steuerrecht, 1993, S. 3 (5f.); i.S. einer Grenze für Umweltabgaben: *Bernd Bender/Reinhard Sparwasser/Rüdiger Engel* (Hrsg.), Umweltrecht, 4. Aufl. 2000, Kap. 2, Rn. 43 (insbes. Fn. 38); *Matthias Schmidt-Preuß*, Flexible Instrumente des Umweltschutzes, in: Klaus-Peter Dolde (Hrsg.), Umweltrecht im Wandel, 2001, S. 309 (314); *Jürgen Bunde*, Umweltsituation in der Bundesrepublik Deutschland, in: Wolfgang Benkert/Jürgen Bunde/Bernd Hansjürgens (Hrsg.), Umweltpolitik mit Öko-Steuern? Ökologische und finanzpolitische Bedingungen für neue Umweltabgaben, 2. Aufl. 1991, S. 23 (66); *Ulrich Hösch*, Steuerung durch Umweltabgaben, Wirtschaft und Verwaltung, 2002, S. 141 (163).

[294] → Rn. 87.

§ 40 Anreize

rung. Dabei wird es eher selten sein, dass Anreiz-Instrumente unmittelbar diskriminieren, d.h. direkt eines der verpönten Merkmale verwenden. Größer ist die Gefahr der **mittelbaren Benachteiligung,** mithin die Ausgestaltung der Anreizsteuerung in der Weise, dass sie sich nachteilig auf eine der durch ein verpöntes Merkmal definierten Gruppen auswirkt. Eine Ursache dafür ist die hohe Komplexität der Steuerung durch Anreize. Das Design eines Anreiz-Systems verlangt schon im Hinblick auf das eigentlich verfolgte Ziel erhebliche Anstrengungen in der Prognose möglicher Anpassungsreaktionen. Dies führt **tendenziell** dazu, dass sich Konzeptionen allein **an der Lebenslage dominanter Bevölkerungsgruppen orientieren** und die Auswirkungen der Anreizsteuerung auf marginalisierte, diskriminierungsbedrohte Gruppen nicht hinreichend berücksichtigt werden.

92 Beispielhaft sei dies am Merkmal Geschlecht illustriert: Durch die **Riester-Rente** wurden Anreize für die private Altersvorsorge geschaffen, die auf den ersten Blick geschlechtsneutral wirken: Jeder Mensch erhält hiernach – ohne Ansehen des Geschlechts – die gleiche staatliche Förderung für den Abschluss eines zertifizierten Rentenversicherungsvertrages mit einem privaten Unternehmen. Die Auswirkungen trafen die Geschlechter aber ganz unterschiedlich. In der Realität mussten Frauen aufgrund versicherungsmathematischer Berechnungen höhere Prämien für die gleiche Rentenhöhe bezahlen;[295] gegenüber der geschlechtsneutralen Ausgestaltung des staatlichen Rentenversicherungssystems hat das Anreizinstrument damit zu mehr Ungleichbehandlung geführt. Der Gesetzgeber hat auf diesen Missstand mit der im Alterseinkünftegesetz[296] vorgesehenen und am 1. Januar 2005 in Kraft getretenen Änderung von § 1 Abs. 1 S. 1 Nr. 2 des Altersvorsorge-Zertifizierungsgesetzes[297] reagiert.

93 Problematisch können unter dem Blickwinkel des Diskriminierungsschutzes auch Anreizsysteme **innerhalb des öffentlichen Dienstes** sein. Die Gleichstellungsgesetze der Länder untersagen bei Beförderungs- oder Einstellungsentscheidungen die Verwendung von Kriterien, die sich nachteilig auf Frauen auswirken: So ordnet etwa § 10 Abs. 3 HGlG an, dass Familienstand oder Einkommen des Partners oder der Partnerin nicht berücksichtigt werden dürfen, und dass Teilzeitbeschäftigungen, Beurlaubungen und Verzögerungen beim Abschluss der Ausbildung auf Grund der Betreuung von Kindern das berufliche Fortkommen nicht beeinträchtigen dürfen; § 10 Abs. 2 HGlG untersagt die Berücksichtigung von Dienstalter, Lebensalter und dem Zeitpunkt der letzten Beförderung, soweit ihnen nicht für die Eignung, Leistung und Befähigung der Bewerberinnen und Bewerber Bedeutung zukommt. Zwar sollen die jetzt in die Wege geleiteten Leis-

---

[295] Vgl. hierzu *EuGH*, Rs. C-236/09, ZESAR 2011, S. 294–298: Nach Art. 5 Abs. 2 RL 2004/113 EG war eine solche Regelung auch europarechtlich zulässig; der EuGH stellte allerdings in einem Vorabentscheidungsverfahren mit Urt. v. 1. 3. 2011, Rs. C-236/09, fest, dass diese Regelung der Verwirklichung des mit der Richtlinie 2004/113 verfolgten Ziels der Gleichbehandlung von Frauen und Männern und den Art. 21 und 23 der Charta entgegensteht und insofern geschlechtsspezifische Versicherungsverträge europarechtswidrig sind; die Regelung wird mit Wirkung vom 21. 12. 2012 ungültig.

[296] Gesetz zur Neuordnung der einkommensteuerrechtlichen Behandlung von Altersvorsorgeaufwendungen und Altersbezügen (Alterseinkünftegesetz – AltEinkG) vom 5. 7. 2004 (BGBl I [2004], S. 1427); dort Art. 7 Nr. 1 lit. a) aa).

[297] Gesetz über die Zertifizierung von Altersvorsorge- und Basisrentenverträgen.

C. Normative Anforderungen und Wirkungsbedingungen

tungsanreize[298] gerade nicht an Dienst- und Lebensalter anknüpfen, so dass sie insoweit mit dem bisherigen Gleichstellungsrecht konform gehen, doch wird genau zu prüfen sein, welche neuen Kriterien in Leistungsbeurteilungen einfließen. Denn es besteht gerade im beruflichen Kontext die Gefahr des Abstellens auf Kriterien, die sich nachteilig auf Frauen auswirken, z. B. durch die zunehmende Berücksichtigung der Betriebszugehörigkeit im öffentlichen Dienst.

Diskriminierungsschutz ist **nicht nur politisches Desiderat**, sondern auch **zwingende rechtliche Vorgabe.** Dies gilt für alle diskriminierungsgefährdeten Gruppen, soweit die Antidiskriminierungsrichtlinien der Europäischen Union reichen, die erst vor kurzem (und viel zu spät) umgesetzt worden sind.[299] Für das Merkmal Geschlecht kommen noch die Vorgaben aus Art. 3 Abs. 2 GG hinzu. Nach dessen Satz 2 ist der Gesetzgeber verpflichtet, die tatsächliche Durchsetzung der Gleichberechtigung von Männern und Frauen zu fördern und auf die Beseitigung tatsächlicher Benachteiligung hinzuwirken. Gegen diesen Verfassungsauftrag wird verstoßen, wenn der Gesetzgeber – wie etwa mit der ursprünglichen Fassung der Riester-Rente – neue tatsächliche Benachteiligungen schafft. Vor allem aber ist inzwischen auch verfassungsrechtlich das Rechtsinstitut der mittelbaren Benachteiligung anerkannt.[300] Danach sind die Ungleichbehandlungen, die sich faktisch überwiegend zum Nachteil von Frauen auswirken, nur zulässig, wenn sie gerechtfertigt sind. Die beste Methode, um solchen mittelbaren Benachteiligungen vorzubeugen, ist es, **Gender-Mainstreaming**,[301] welches die Berücksichtigung der unterschiedlichen Auswirkungen auf die Geschlechter schon im politischen Prozess sicherstellen soll, ernst zu nehmen.

V. Spezifische rechtliche Vorgaben bei einzelnen Anreizformen

Für jedes spezifische Anreizinstrument sind zudem die für den einschlägigen Bereich relevanten Vorgaben aus dem Verfassungs-, Europa- und Völkerrecht zu beachten. So sind etwa bei Anreizen im öffentlichen Dienst die hergebrachten Grundsätze des Berufsbeamtentums nach Art. 33 Abs. 5 GG zu beachten. Alle monetären Anreize müssen den Regeln der Finanzverfassung und dem allgemeinen Gleichheitssatz genügen. Freilich dürfen hier keine überzogenen Anforderungen gestellt werden. Die von vielen postulierte Geltung des Steuerstaatsprinzips, die zu einer nur sehr restriktiven Akzeptanz von nicht-steuerlichen Abgaben führt, hält genauerer Prüfung nicht stand.[302] Auch führen – entgegen mancher Ansichten in der Literatur – Lenkungsabgaben nicht zu einer verfassungswidrigen Ungleichbehandlung von Armen und Reichen. So wird kritisch angemerkt, dass die Schonung der Umwelt für den Mittellosen „Befehl", für den Zahlungsfähigen nur „Empfehlung" sei.[303] Dies ist zwar richtig. Angesichts des-

---

[298] → Rn. 27.
[299] Allgemeines Gleichbehandlungsgesetz vom 14. 8. 2006, BGBl I (2006), S. 1897.
[300] Erstmals in der Entscheidung vom 27. 11. 1997, *BVerfGE* 97, 35 (43); *BVerfGE* 104, 373 (393); 109, 64 (89); 109, 256 (271 f.).
[301] *Susanne Baer*, Radikalität, Fortschritt und Gender Mainstreaming, Streit 2003, S. 66 ff.; *Silke Bothfeld/Sigrid Gronbach/Barbara Riedmüller* (Hrsg.), Gender Mainstreaming – eine Innovation in der Gleichstellungspolitik, 2002.
[302] Ausführlich dazu *Sacksofsky*, Umweltschutz (Fn. 55), S. 126 ff., m. w. N.
[303] *Ferdinand Kirchhof*, Leistungsfähigkeit und Wirkungsweisen von Umweltabgaben an ausgewählten Beispielen, DÖV 1992, S. 233 ff.; ähnlich *Kirchhof*, Verfassungsrechtliche Grenzen (Fn. 293),

sen, dass das gesamte Wirtschaftssystem darauf beruht, dass Reiche sich mehr leisten können als Arme, ist indes nicht recht ersichtlich, worauf das Argument eigentlich zielt. Denn die These, dass Art. 3 GG nie eine Differenzierung nach der Zahlungsfähigkeit gestatte, wäre offensichtlich unsinnig.[304] Sollten monetäre Anreize zu sozialen Verwerfungen führen, könnte das Sozialstaatsprinzip[305] möglicherweise einen sozialen Ausgleich verlangen, nicht aber würde dadurch das Anreiz-Instrument als solches verfassungswidrig.[306]

96 Europarechtlich sind insbesondere die Art. 107 ff. AEUV zu berücksichtigen, die die Voraussetzungen der Zulässigkeit staatlicher Beihilfen und das Verfahren der Beihilfeaufsicht regulieren.[307] Der europarechtliche Begriff der Beihilfe ist weit zu verstehen: Er umfasst alle staatlichen Maßnahmen, die die Belastung vermindern, welche ein Unternehmen normalerweise zu tragen hat,[308] bzw. alle staatlichen oder aus staatlichen Mitteln gewährten Leistungen ohne angemessene, also marktübliche Gegenleistung.[309] Erfasst werden sowohl positive Leistungen als auch Verschonungen oder Erleichterungen von allgemeinen staatlich auferlegten Leistungspflichten.[310] Damit sind monetär operierende Anreize wie insbesondere Subventionen und Investitionszulagen, aber auch Steuer- und Abgabenerleichterungen regelmäßig auf ihre **Vereinbarkeit mit den Beihilfevorschriften des AEU-Vertrages** hin zu überprüfen.[311] Die Beihilfeaufsicht obliegt der Europäischen Kommission. Zu unterscheiden ist die repressive Beihilfeaufsicht über bestehende Beihilfen (Art. 108 Abs. 1, 2 AEUV) von der präventiven Beihilfeaufsicht über neue Beihilfen (Art. 108 Abs. 3 AEUV).[312] Materiell gilt, dass Beihilfen, die den Handel zwischen den Mitgliedstaaten beeinträchtigen, also insbesondere den Wettbewerb verzerren, im Sinne eines Regel-Ausnahme-Verhältnisses grundsätzlich unzulässig sind (Art. 107 Abs. 1 AEUV), wenn sie nicht unter eine der in Art. 107 Abs. 2 AEUV genannten Legalausnahmen oder nach Art. 107 Abs. 3 AEUV unter den Ermessensvorbehalt der Kommission fallen.[313] Effektiv unterliegen Beihilfen damit einem präventiven Verbot mit Genehmigungsvorbehalt.

97 Daneben muss die Verfolgung von Zielen im Rahmen staatlicher Vergabeverfahren – etwa die Förderung umweltfreundlicher Produkte und Dienstleistungen oder arbeitsmarktpolitischer Belange – beachten, dass die Berücksichtigung von

---

S. 7; *Joachim Lang*, Verwirklichung von Umweltschutzzwecken im Steuerrecht, in: Kirchhof (Hrsg.), Umweltschutz (Fn. 293), S. 115 ff.; *Wolfram Höfling*, Verfassungsfragen einer ökologischen Steuerreform, StuW 1992, S. 242 (247).

[304] Niemand behauptet etwa, dass Abfallentsorgung, Museumseintritt oder das U-Bahnfahren kostenlos sein müssten.

[305] Siehe a. → Bd. I *Schmidt-Aßmann* § 5 Rn. 99 ff.

[306] Zur Bedeutung des allgemeinen Gleichheitssatzes auch in der *Leistungs*verwaltung s. nur *Peter Häberle*, Grundrechte im Leistungsstaat, VVDStRL, Bd. 30 (1972), S. 43 (96 ff.); *Wolfgang Martens*, ebd., S. 21 ff.

[307] Hierzu *Michael Rodi*, Die Subventionsrechtsordnung, 2000. S. a. → Bd. I *Schmidt-Aßmann* § 5 Rn. 97; Bd. II *Röhl* § 30 Rn. 51, *Bauer* § 36 Rn. 85.

[308] EuGH, Rs. 30/59, Slg. 1961, 1 (43).

[309] *Christian Koenig/Jürgen Kühling*, in: Streinz (Hrsg.), EUV/EGV, Art. 87 EGV Rn. 27.

[310] Vgl. nur *Streinz*, EuropaR, 8. Aufl. 2008, Rn. 1017.

[311] Vgl. *Koenig/Kühling*, in: Streinz (Hrsg.), EUV/EGV, Art. 87 EGV Rn. 28.

[312] Nähere, mit der Rechtsprechung des *EuGH* entwickelte Verfahrensregelungen für die Beihilfeaufsicht sind seit 1999 in der VO 659/1999 (ABl. EG 1999, Nr. L 83, S. 1) sekundärrechtlich normiert.

[313] Vgl. *Koenig/Kühling*, in: Streinz (Hrsg.), EUV/EGV, Art. 87 EGV Rn. 5 f.

nicht betriebswirtschaftlichen Vergabekriterien europarechtlich reglementiert ist.³¹⁴

Im wirtschaftsvölkerrechtlichen Subventionsrecht ist insbesondere an die im Rahmen der WTO abgeschlossenen multilateralen Abkommen wie das Allgemeine Zoll- und Handelsabkommen 1994 (General Agreement on Tariffs and Trade, GATT 1994)³¹⁵ sowie an das Übereinkommen über Subventionen und Ausgleichsmaßnahmen ebenfalls aus dem Jahre 1994 (Agreement on Subsidies and Countervailing Measures, SCM Agreement 1994)³¹⁶ zu denken.

VI. Zur Effizienz von Anreizen

Ferner gilt es, **Kriterien für „gute" Anreizinstrumente** aufzuzeigen. Dabei ist der Grundsatz eindeutig: Sollen neue Anreizinstrumente zur Effizienzsteigerung eingesetzt werden, müssen sie in eine genaue Funktions- und Wirkungsanalyse eingebettet werden. Dabei sind jedenfalls sechs Aspekte zu beachten:
– Identifikation des verfolgten Zieles³¹⁷
– Adressatenauswahl
– Geeignetheit des Anreizes
– Anpassungsreaktionen
– Kosten der Implementation
– Kosten-Nutzen-Vergleich

Es ist im Rahmen dieses Beitrags ausgeschlossen, zur Effizienz von Anreizen umfassend Stellung zu nehmen. Im Folgenden sollen daher nur einige Gesichtspunkte angesprochen werden, die bei einer Steuerung durch Anreize besonders bedeutsam sind.

1. Adressatenauswahl

Ist das vom Normgeber verfolgte Ziel identifiziert, ist zu prüfen, welche Adressaten für denkbare Anreize in Betracht kommen. Hierfür müssen die handelnden Akteure identifiziert werden. Dabei wird sich eine **Grundunterscheidung** zumeist unmittelbar aus dem verfolgten Ziel ableiten lassen: Zu unterscheiden ist zunächst zwischen **Adressaten innerhalb und außerhalb der Staatsverwaltung.** Geht es um Anreize für eine bessere Arbeit der Verwaltung selbst, ist das Personal in der Verwaltung der primäre Adressat. Geht es hingegen um die Verfolgung anderer politischer oder gesellschaftlich relevanter Ziele, werden die anzusprechenden Akteure typischerweise Private sein. Eine gewisse Zwitterstellung nehmen juristische Personen des öffentlichen Rechts ein. Ihnen steht häufig ein eigener Autonomiebereich gegenüber der Staatsverwaltung zu. So stellen kommunale Körperschaften, die Hochschulen oder der öffentlich-recht-

---

314 Insbesondere *EuGH*, Rs. 31/87, Slg. 1988, 4635 – Gebroeders Beentjes S V; Rs. C-225/98, Slg. 2000, I-7445 – Nord-Pas-de-Calais; *Jens-Peter Schneider*, EG-Vergaberecht zwischen Ökonomisierung und umweltpolitischer Instrumentalisierung, DVBl 2003, S. 1186 ff.; *Walter Frenz*, Aktuelle europarechtliche Grenzen des Vergaberechts, NVwZ 2010, S. 609 ff.; *Ingo Beuttenmüller*, Vergabefremde Kriterien im öffentlichen Auftragswesen, 2007.
315 ABl. EG 1994, Nr. L 336, S. 11.
316 ABl. EG 1994, Nr. L 336, S. 156.
317 → Rn. 86.

liche Rundfunk gegenüber dem Gesetzgeber ein „Außen" dar, gleichzeitig sind sie stärkerem staatlichen Einfluss ausgesetzt als Private.

Ist geklärt, ob die Adressaten eines Anreizinstruments innerhalb oder außerhalb der Verwaltung zu suchen sind, ist eine **weitere Auswahl bzw. Spezifizierung** erforderlich. Diese ist leicht, wenn von vornherein lediglich ein Akteur oder eine bestimmte Gruppe von Akteuren relevante Handlungen für das definierte Ziel vornehmen oder unterlassen kann. Häufig aber sind verschiedene Gruppen von Akteuren beteiligt, die als Adressaten von Anreizen in Betracht kommen. Beispielsweise können Anreize im Gesundheitswesen etwa bei Patienten, Krankenkassen, Ärzten bzw. Krankenhäusern oder Arzneimittelanbietern ansetzen;[318] die Abfallbekämpfung kann den Hersteller, Verkäufer oder Endabnehmer in die Pflicht nehmen.

Schließlich kann adäquater Adressat auch entweder eine Institution selbst – die Hochschule – oder aber Einzelne innerhalb der Institution – die Lehrenden oder die Studierenden – sein. Die **Prinzipal-Agent-Theorie**[319] hat die Bedeutung dieser Differenzierung sehr deutlich herausgearbeitet: Die Interessen von Prinzipal (etwa den Aktionären eines Unternehmens) und Agent (dem Management) können divergieren, so dass in der Steuerungsperspektive auch zu berücksichtigen ist, wie gesetzte Anreize innerhalb einer Institution wirken.

2. Geeignetheit

101 Anreize können nur dann wirken, wenn sie die Motivation der Adressaten treffen. Sind die handelnden Akteure als potentielle Kandidaten identifiziert, ist daher zu untersuchen, welche **Motivationsstrukturen** sie aufweisen.

102 Dabei ist Geld einer der wichtigsten Anreize, jedenfalls im wirtschaftlichen Bereich: Unternehmen verfolgen das Ziel, ihren (monetären) Gewinn zu maximieren; **monetäre Anreize** orientieren sich also am Code des Wirtschaftssystems.[320] Der monetäre Anreiz kann auch mittelbar wirken: So können Anreize einem **Unternehmen** auch die Hoffnung auf eine bessere strategische Positionierung am Markt, ein gehobenes Ansehen der Firma oder Ähnliches bieten; man denke etwa an das Sponsoring, mit dem Unternehmen Werbeeffekte erhoffen, oder die (freiwillige) Ableistung eines Öko-Audits, um sich besser am Markt zu positionieren. Unternehmen können sich dabei theoretisch natürlich auch ausschließlich an nicht-wirtschaftlichen Zielsetzungen wie etwa der Verfolgung einer bestimmten Geschäftsmoral orientieren. Häufig wird die Kalkulation der Unternehmen auf lange Sicht jedoch auch hier auf den wirtschaftlichen Erfolg abzielen, der mittelbar durch das staatlich gesetzte Anreizinstrument befördert wird. Der Gesetzgeber kann sich diesen Antrieb über das Anreizinstrument zunutze machen. Dieser Mechanismus ist für monetäre Anreize im Bereich wirtschaftlicher Tätigkeit, in dem Geld eine entscheidende Rolle spielt und daher auch als Anreizinstrument wirken kann, offensichtlich. Aber auch in **höchstpersönlichen Beziehungen** wie etwa dem Ehe- und Familienleben können monetäre Anreize

---

[318] Für einen Überblick: *Scheil-Adlung*, Kostensteuerung (Fn. 27), S. 89 ff., 149 ff., 197 ff.
[319] → Rn. 45–47.
[320] Zum Code des Wirtschaftssystems: *Niklas Luhmann*, Die Wirtschaft der Gesellschaft, 2. Aufl. 1989, S. 46 f., 68 ff., 194 ff., 230 ff.

C. Normative Anforderungen und Wirkungsbedingungen

wirken: Das Ehegattensplitting subventioniert die Ehe mit der traditionellen Rollenverteilung zwischen Alleinverdiener und Hausfrau; für Ehefrauen (gut) verdienender Männer „rechnet" sich daher die Aufnahme einer (Teilzeit-)Stelle häufig nicht.[321] Auch die steuerliche Absetzbarkeit von Kinderbetreuungskosten setzt Anreize dafür, ob ein Elternteil – faktisch im Regelfall Frauen – zuhause die Kinder betreut oder ob Eltern andere Formen der Betreuung in Anspruch nehmen.[322] In Bereichen, in denen finanzielle Gesichtspunkte nur einen Faktor unter vielen bilden, ist die Wirkung von monetären Anreizen indes begrenzt, so dass eine genaue Wirkungsanalyse erforderlich ist. Ein Beispiel hierfür ist die Geburtenförderung; zwar mögen gute finanzielle Rahmenbedingungen die Entscheidung für Kinder erleichtern, sie werden aber – angesichts des umfassenden Einflusses auf die Lebensgestaltung – nur selten ausschlaggebend für den Entschluss sein, Kinder zu bekommen.[323]

Betrachtet man darüber hinaus die **Motivationslage Einzelner**, spielen neben dem Geld besonders häufig das Streben nach Macht, Einfluss, Status und Ansehen eine wichtige Rolle. Da der Durchgriff auf einzelne Menschen vor allem bei Anreizsystemen innerhalb der Verwaltung selbst von Bedeutung ist, müssen diese Faktoren vor allem dort Berücksichtigung finden. Doch auch außerhalb der Verwaltung können **meritorische Anreize** von Bedeutung sein. So zeigt etwa das ungebrochene Interesse an Ehrungen und Titeln – nicht zuletzt Ehrenpromotionen oder Honorarprofessuren –, was für ein wichtiges Motivationsmoment Status und Ansehen spielen können. **103**

Aber auch wenn das im Prinzip richtige Anreiz-Instrument gewählt wird, ist dieses im Weiteren genau zu justieren. Insbesondere muss der Anreiz die **Schwelle** überschreiten, ab der er überhaupt auf den Handelnden zu wirken geeignet ist. Ein zu niedrig angesetzter monetärer Anreiz wirkt nicht. So dürften zwar sog. Schadensfreiheitsrabatte in der Krankenversicherung ebenso wie die Einführung von Karenztagen bei Bagatellerkrankungen einen kostensenkenden Steuerungseffekt haben, bei schwerwiegenden Erkrankungen jedoch leer laufen. Das sog. gate-keeper- oder Hausarztmodell dient der Vermeidung von Doppel- und Mehrfachdiagnostik sowie der nicht abgestimmten Behandlung durch verschiedene Fachärzte oder Krankenhausabteilungen. Der Erfolg einer entsprechenden Regelung ist jedoch nicht nur von den Vergütungsformen, sondern auch von entsprechend starken Anreizen für die Patienten abhängig, sich auf ein einschlägiges Modell einzulassen. Gleiches gilt für die Einführung der sog. inte- **104**

---

[321] Freilich ist im Hinblick auf Art. 3 Abs. 2 S. 2 GG zweifelhaft, ob das Ehegattensplitting verfassungsgemäß ist. In diesem Sinne s. insbesondere *Ute Sacksofsky*, Steuerung der Familie durch Recht, NJW 2000, S. 1896 ff.; *Franziska Vollmer*, Das Ehegattensplitting, 1998; *dies.*, Verfassungsrechtliche Fragen der Ehe- und Familienbesteuerung, in: Jörg Altmann/Ute Klammer (Hrsg.), Ehe und Familie in der Steuerrechts- und Sozialordnung, 2006, S. 73; *Annemarie Mennel*, Teilgutachten Steuerrecht, in: Verhandlungen des 50. DJT, Bd. I, 1974, S. 165 ff.; a. A.: *Wolfgang Scherf*, Das Ehegattensplitting aus finanzwissenschaftlicher Sicht, StuW 2000, S. 269 (277).

[322] *Ute Sacksofsky*, Reformbedarf in der Familienbesteuerung, Familie, Partnerschaft, Recht 2006, S. 395 ff.; *Renate Ahmann*, Die berufstätige Mutter – das Stiefkind im Steuerrecht, NJW 2002, S. 633 ff.; *Johanna Hey*, Der neue Abzug für Kinderbetreuungskosten, NJW 2006, S. 2001 ff.

[323] Vgl. dazu auch *Jörgen Dorbritz*, Demographisches Wissen, Einstellungen zum demographischen Wandel und Ursachen des Geburtenrückgangs, Zeitschrift für Bevölkerungswissenschaft 2004, S. 329 ff.; *Kerstin Ruckdeschel*, Determinanten des Kinderwunsches in Deutschland, ebd., S. 363 ff.

grierten Versorgung,³²⁴ der nicht zuletzt deswegen bisher der Erfolg versagt geblieben ist.

3. Fehlsteuerung

105 Steuerung durch Anreize ist **fehleranfällig.** Denn zu den schwierigsten Aspekten der Schaffung neuer Anreiz-Instrumente gehört die Prognose, wie die Adressaten der Anreize auf diese reagieren werden. Im (neo-)klassischen ökonomischen Modell scheint die Vorhersage häufig einfach, da das Modell unterstellt, dass die Präferenzstrukturen der Individuen genau zu erkennen wären. Gerade diese zentrale Information fehlt aber in der realen Welt, so dass die Vorhersage schon von daher ungenau ist.

Hinzu kommt aber noch ein zweites Problem: Menschen nehmen die Schaffung neuer Anreize zunächst als „Störung" wahr. Sie entwickeln daher **Kreativität** im Umgang mit dieser neuen Umweltbedingung. Eine Prognose des zu erwartenden Verhaltens wird daher häufig nicht einfach sein. Hübsch illustriert dies etwa das **Kobra-Beispiel:**³²⁵ Um einer Kobra-Plage Herr zu werden, lobte der Gouverneur im alten Indien eine Prämie für jeden Kobra-Schwanz aus. Er bezahlte unzählige Rupien, ohne dass die Kobra-Plage beseitigt wurde – viele Inder hatten begonnen, Kobras zu züchten. Die Realität hält eine Vielzahl von Beispielen bereit, in denen vorhersehbare und nicht vorhersehbare – oder nicht vorhergesehene – Reaktionen auf gesetzliche Steuerungsinstrumente zu Fehlentwicklungen geführt haben: So konnte mit Einführung der Mautgebühren für LKWs auf Autobahnen erwartet werden, dass in der Folge eine Reihe von Bundesstraßen von erheblichem LKW-Verkehr belästigt und überlastet werden würden – Nebenfolgen, auf die entsprechend reagiert werden musste.³²⁶ Wird eine Umweltabgabe auf die Emission eines bestimmten Schadstoffes in die Luft erhoben, besteht die Gefahr, dass – bei entsprechenden technischen Voraussetzungen – der Schadstoff stattdessen ins Wasser eingeleitet wird. Sogenannte Abschreibungsgesellschaften machen sich – eigentlich sinnvoll gedachte – Steuervergünstigungen zunutze. Die Liste der Beispiele fehlgeschlagener Anreize ließe sich noch über Seiten fortsetzen.

4. Kosten der Implementation

106 Auch die Kosten der Implementation eines Anreiz-Instruments müssen Berücksichtigung finden.

Dabei geht es zum einen um die **Kosten des Anreiz-Instrumentes selbst.** Steuervergünstigungen kosten den Staat ebenso wie Subventionen Geld; es ist daher

---

³²⁴ §§ 140 a ff. SGB V; vgl. hierzu etwa *Franz Knieps,* Neue Versorgungsformen, in: Friedrich E. Schnapp/Peter Wigge (Hrsg.), Handbuch des Vertragsarztrechts. Das gesamte Kassenarztrecht, 2. Aufl. 2006, § 12 Rn. 38 ff.

³²⁵ Das Beispiel stammt aus *Horst Siebert,* Der Kobra-Effekt. Wie man Irrwege der Wirtschaftspolitik vermeidet, 2001, S. 11.

³²⁶ Entsprechend sieht § 1 Abs. 4 des Gesetzes über die Erhebung von streckenbezogenen Gebühren für die Benutzung von Bundesautobahnen mit schweren Nutzfahrzeugen (vom 5. 4. 2002, BGBl I [2002], S. 1234; Neufassung vom 2. 12. 2004, BGBl I [2004], S. 3122) eine Verordnungsermächtigung vor, die die Erhebung von Mautgebühren auch auf diesen Straßen ermöglicht. Als technisch praktikabler hat sich allerdings die vollständige Sperrung der Landstraßen für den Schwerlastverkehr herausgestellt.

C. Normative Anforderungen und Wirkungsbedingungen

gegebenenfalls zu klären, wie diese Anreiz-Systeme finanziert werden sollen. Hinzu kommen die **Kosten der realen Durchführung** des Anreiz-Instrumentes. Anreiz-Instrumente sind nicht *self enforcing*, sondern müssen überwacht und durchgesetzt werden. Auch hierfür sind Ressourcen erforderlich.

Schließlich kann der Einsatz von Anreiz-Instrumenten auch **weitere immaterielle Kosten** zur Folge haben (die sich unter Umständen mittelbar materiell auswirken). So führt etwa die Budgetierung im Gesundheitswesen zur erwünschten Begrenzung der Ausgabensumme, bewirkt aber notwendig gleichzeitig eine Begrenzung der Leistungsmenge bzw. eine Absenkung des Leistungsniveaus. Hieraus entstehen zunächst dem Patienten „Kosten" an seiner Gesundheit, die aber im Fall vermehrter Folgeerkrankung zu neuen Problemen für das Gesundheitssystem führen können. Auch können sich monetäre Anreize negativ auf die Arbeitsmotivation auswirken. Anfällig für negative Rückwirkungen sind insbesondere intrinsische Motivationsfaktoren.[327] So wurde etwa ökonomisch untersucht, dass sich die Bezahlung von Kindern für bestimmte Haushaltstätigkeiten in der Familie dahingehend auswirkt, dass sie dann auch für Tätigkeiten, die sie bisher widerspruchslos als ihren Beitrag zum Familienleben geleistet haben, Geld bekommen wollen.[328] Auch der Versuch, durch die massiven Gehaltsanreize im Rahmen der W-Besoldung zu einer Leistungssteigerung im Wissenschaftsbereich zu kommen, ist daher skeptisch zu beurteilen.[329]

5. Kosten-Nutzen-Analyse

Die sich anschließende **Kosten-Nutzen-Analyse** bei der Schaffung eines Anreiz-Instruments enthält zwei Aspekte. **107**

Zum einen sind Kosten und Nutzen des einzelnen Anreiz-Instruments einander gegenüberzustellen. Nur wenn der Nutzen die Kosten überwiegt, sollte das Anreiz-Instrument eingesetzt werden. Zu warnen ist dabei freilich vor der rein quantitativen Kosten-Nutzen-Analyse.[330] Eine Übersetzung aller einzustellenden Faktoren in Geld, wie sie von Ökonomen verlangt wird, ist zwar ein Weg, um eine wirkliche Vergleichbarkeit herzustellen, doch vermittelt ein solches Vorgehen nur eine scheinbare mathematische Genauigkeit.[331] Denn die Übersetzung von immateriellen Gütern in Geld beinhaltet Wertungen und damit Ungenauigkeiten. Daher ist es sinnvoller, diese Wertungen auch konkret als politische Entscheidungen auszuweisen und eine **qualitative Abwägung** vorzunehmen. **108**

---

[327] *Frey*, Grenzen (Fn. 140).
[328] *Bruno S. Frey/Margit Osterloh,* Sanktionen oder Seelenmassage – Motivationale Grundlagen der Unternehmensführung, Die Betriebswirtschaft, Bd. 57 (1997), S. 307 (314).
[329] Siehe dazu *Florian Schramm/Ingrid Zeitlhöfler,* Personalpolitik an Hochschulen, 2004.
[330] Siehe dazu insbesondere die differenzierte Darstellung von *Michael Fehling,* Kosten-Nutzen-Analysen als Maßstab für Verwaltungsentscheidungen, VerwArch, Bd. 95 (2004), S. 443 ff.; vgl. auch von Seiten der volkswirtschaftlichen Umweltökonomie *Michael Getzner,* Verteilungsprobleme der monetären Bewertung von Umweltgütern, in: Junkernheinrich (Hrsg.), Ökonomisierung der Umweltpolitik (Fn. 252), S. 125 ff.
[331] Beispiele bei *Gerd Winter,* Über Nutzen und Kosten der Effizienzregel im öffentlichen Recht, in: Erik Gawel (Hrsg.), Effizienz im Umweltrecht, Baden-Baden 2001. Die Schwierigkeiten einer monetären Bewertung sieht inzwischen auch die Europäische Kommission, s. beispielsweise Commission Staff Working Document – Annex to the Communication from the Commission to the Council and the European Parliament on Thematic Strategy on the Urban Environment – Impact Assessment (SEC (2006), 16), http://ec.europa.eu/environment/urban/pdf/sec_2006_16_en.pdf.

109 Zum anderen muss sich das gewählte Instrument in einem **Alternativen-Vergleich** bewähren. Nur durch die Gegenüberstellung von Alternativen kann Effizienz erreicht werden. Dabei ist der hier vorzunehmende Alternativen-Vergleich weiter als die Prüfung der Erforderlichkeit im Rahmen der juristischen Verhältnismäßigkeitskontrolle. Zwar setzt auch die Überprüfung der Erforderlichkeit einen Alternativen-Vergleich notwendigerweise voraus, doch ist dieser eng begrenzt auf die Frage nach dem mildesten Mittel. Der effizienzorientierte Alternativen-Vergleich stellt demgegenüber idealtypisch unterschiedliche Kosten-Nutzen-Analysen einander gegenüber.

110 Die **effizienzorientierte Analyse** geht über die normativ gesteuerte Analyse weit hinaus. Viele Instrumente, die rechtlich zulässig sind, erweisen sich unter steuerungswissenschaftlicher Perspektive als nicht sinnvoll und sollten daher besser nur in veränderter Form (oder gar nicht) eingesetzt werden. Aus juristischer Perspektive ist hingegen die Priorität der normativen Analyse eindeutig. Auch ein sehr effizientes Mittel darf zur Steuerung nicht eingesetzt werden, wenn es juristischen, insbesondere verfassungs- oder europarechtlichen Maßstäben nicht genügt. Insoweit behauptet das Recht seinen Vorrang vor der Ökonomie.

Ausgewählte Literatur

van Aaken, Anne, „Rational Choice" in der Rechtswissenschaft, Baden-Baden 2003.
– Vom Nutzen der ökonomischen Theorie für das öffentliche Recht: Methode und Anwendungsmöglichkeiten, in: Marc Bungenberg u. a. (Hrsg.), Recht und Ökonomik, München 2004, S. 1–31.
Assmann, Hans-Dieter/Kirchner, Christian/Schanze, Erich (Hrsg.), Ökonomische Analyse des Rechts, Tübingen 1993.
Bitter, Melanie, Spieltheorie und öffentliche Verwaltung, Baden-Baden 2005.
Buchanan, James M., Politische Ökonomie als Verfassungstheorie, Zürich 1990.
Calabresi, Guido, Some Thoughts on Risk Distribution and the Law of Torts, Yale Law Journal 70 (1961), S. 499–553.
Coase, Ronald H., The Problem of Social Cost, Journal of Law & Economics 3 (1960), S. 1–44.
Eidenmüller, Horst, Effizienz als Rechtsprinzip, 3. Aufl., Tübingen 2005.
Endres, Alfred, Umweltökonomie, 3. Aufl., Stuttgart 2007.
Engel, Christoph (Hrsg.), Methodische Zugänge zu einem Recht der Gemeinschaftsgüter, Baden-Baden 1998.
– Rechtliche Entscheidungen unter Unsicherheit, in: Christoph Engel/Jost Halfmann/Martin Schulte (Hrsg.), Wissen-Nichtwissen-Unsicheres Wissen, Baden-Baden 2002, S. 306–350.
–/*Morlok, Martin* (Hrsg.), Öffentliches Recht als ein Gegenstand ökonomischer Forschung, Tübingen 1998.
–/*Englerth, Markus/Lüdemann, Jörn/Spiecker genannt Döhmann, Indra* (Hrsg.), Recht und Verhalten. Beiträge zu Behavioral Law and Economics, Tübingen 2007.
Erlei, Matthias/Leschke, Martin/Sauerland, Dirk, Neue Institutionenökonomik, 2. Aufl., Stuttgart 2007.
Feess, Eberhard, Umweltökonomie und Umweltpolitik, 3. Aufl., München 2007.
Fehling, Michael, Kosten-Nutzen-Analysen als Maßstab für Verwaltungsentscheidungen, VerwArch, Bd. 95 (2004), S. 443–470.
Fezer, Karl-Heinz, Aspekte einer Rechtskritik an der economic analysis of law und am property rights approach, JZ 1986, S. 817–824.
Gawel, Erik, Ökonomische Analyse des Umweltverwaltungsrechts, in: Staatswissenschaften und Staatspraxis 1993, S. 553–594.
–/*Lübbe-Wolff, Gertrude* (Hrsg.), Rationale Umweltpolitik – rationales Umweltrecht: Konzepte, Kriterien und Grenzen rationaler Steuerung im Umweltschutz, Baden-Baden 1999.
– Intrinsische Motivation und umweltpolitische Instrumente, Perspektiven der Wirtschaftspolitik, 2. Jahrgang (2001), S. 145–165.

Ausgewählte Literatur

Gröpl, Christoph, Ökonomisierung von Verwaltung und Verwaltungsrecht, VerwArch, Bd. 93 (2002), S. 459–484.
Gröschner, Rolf, Der homo oeconomicus und das Menschenbild des Grundgesetzes, in: Christoph Engel/Martin Morlok (Hrsg.), Öffentliches Recht als ein Gegenstand ökonomischer Forschung, Tübingen 1998, S. 31–48.
Hansjürgens, Bernd, Umweltabgaben im Steuersystem, Baden-Baden 1992.
Hansmeyer, Karl-Heinrich/Schneider, Hans-Karl, Umweltpolitik. Ihre Fortentwicklung unter marktsteuernden Aspekten, Göttingen 1990.
Hoffmann-Riem, Wolfgang, Risiko- und Innovationsrecht im Verbund, DV, Bd. 38 (2005), S. 145–176.
– Tendenzen in der Verwaltungsrechtsentwicklung, DÖV 1997, S. 433–442.
Junkernheinrich, Martin, Ökonomisierung der Umweltpolitik, 2. Aufl., Berlin 2002.
Kirchgässner, Gebhard, Homo oeconomicus: das ökonomische Modell individuellen Verhaltens und seine Anwendung in den Wirtschafts- und Sozialwissenschaften, 3. Aufl., Tübingen 2008.
– Führt der homo oeconomicus das Recht in die Irre?, JZ 1991, S. 104–111.
Kirchhof, Paul, Verfassungsrechtliche Grenzen von Umweltabgaben, in: ders. (Hrsg.), Umweltschutz im Abgaben- und Steuerrecht, Köln 1993, S. 3–31.
Köck, Wolfgang, Umweltordnungsrecht – ökonomisch irrational? Die juristische Sicht, in: Erik Gawel/Gertrude Lübbe-Wolff (Hrsg.), Rationale Umweltpolitik – rationales Umweltrecht: Konzepte, Kriterien und Grenzen rationaler Steuerung im Umweltschutz, Baden-Baden 1999, S. 323–360.
Lepsius, Oliver, Die Ökonomik als neue Referenzwissenschaft für die Staatsrechtslehre?, DV, Bd. 32 (1999), S. 429–444.
Mayntz, Renate/Scharpf, Fritz (Hrsg.), Gesellschaftliche Selbstregelung und politische Steuerung, Frankfurt am Main 1995.
Morlok, Martin, Vom Reiz und Nutzen, von den Schwierigkeiten und den Gefahren der Ökonomischen Theorie für das öffentliche Recht, in: Christoph Engel/Martin Morlok (Hrsg.), Öffentliches Recht als ein Gegenstand ökonomischer Forschung, Tübingen 1998, S. 1–29.
Ott, Claus/Schäfer, Hans-Bernd, Die ökonomische Analyse des Rechts – Irrweg oder Chance wissenschaftlicher Rechtserkenntnis, JZ 1988, S. 213–222.
Posner, Richard, Economic Analysis of Law, 7. Aufl., Aspen 2007 (1. Aufl., New York 1973).
Richter, Rudolf/Furubotn, Eirik G., Neue Institutionenökonomik, 4. Aufl., Tübingen 2010.
Rogall, Holger, Ökologische Ökonomie. Eine Einführung, 2. Aufl., Wiesbaden 2008.
Sacksofsky, Ute, Umweltschutz durch nicht-steuerliche Abgaben, Tübingen 2000.
– Verfolgung ökologischer und anderer öffentlicher Zwecke durch Instrumente des Abgabenrechts, NJW 2000, S. 2619–2626.
Schmidt-Aßmann, Eberhard, Regulierte Selbstregulierung als Element verwaltungsrechtlicher Systembildung, in: Regulierte Selbstregulierung als Steuerungskonzept des Gewährleistungsstaates, DV, Beiheft 4, 2001, S. 253–271.
Schmidt-Preuß, Matthias, Flexible Instrumente des Umweltschutzes, in: Klaus-Peter Dolde (Hrsg.), Umweltrecht im Wandel, Berlin 2001, S. 309–331.
Schneider, Jens-Peter, Zur Ökonomisierung von Verwaltungsrecht und Verwaltungsrechtswissenschaft, DV, Bd. 34 (2001), S. 317–345.
– EG-Vergaberecht zwischen Ökonomisierung und umweltpolitischer Instrumentalisierung, DVBl 2003, S. 1186–1191.
Siebert, Horst, Economics of the Environment, 7. Aufl., Berlin 2008.
Voßkuhle, Andreas, Gesetzgeberische Regelungsstrategien der Verantwortungsteilung zwischen öffentlichem und privatem Sektor, in: Gunnar Folke Schuppert (Hrsg.), Jenseits von Privatisierung und schlankem Staat, Baden-Baden 1999, S. 47–90.
– „Ökonomisierung" des Verwaltungsverfahrens, DV, Bd. 34 (2001), S. 347–369.
Weigel, Wolfgang, Rechtsökonomik, München 2003.
Weimann, Joachim, Umweltökonomik, 3. Aufl., Berlin 1995.
Wiesmeth, Hans, Umweltökonomie, Berlin 2003.
Winter, Gerd, Über Nutzen und Kosten der Effizienzregel im öffentlichen Recht, in: Erik Gawel (Hrsg.), Effizienz im Umweltrecht, Baden-Baden 2001, S. 97–126.

§ 41 Formen- und Instrumentenmix

Lothar Michael

Übersicht

	Rn.		Rn.
A. Einleitung: Thema und Fragestellung	1	2. Verfassungsrechtliche Einbindung	82
B. Begriffliche Fragen	4	3. Allgemeine Prinzipien des Verwaltungsrechts	85
I. Gegenstände des Mix	4	II. Die Frage des anwendbaren Rechts	86
1. Rechtsformen, -akte und -institute	4	1. Einheitliche oder getrennte Betrachtung	86
2. Handlungsformen, Instrumente und Steuerungsmedien	8	2. Lehren aus dem Streit um die Zweistufentheorie	88
3. Mix aus konkreten Rechts- und Realakten	15	3. Kompensationsprinzip	98
II. Der Begriff des Mix als verwaltungsrechtliche Kategorie	16	III. Unzulässigkeit und rechtliche Gebotenheit eines Mix	103
1. Herkunft und Konnotationen des Wortes Mix	16	1. Die Verknüpfungsgrenzen des § 36 VwVfG	103
2. Mix als Begriff des Verwaltungsrechts	19	2. Rechtliche Gebotenheit eines Mix	105
3. Definition und Merkmale des Mix	26	IV. Formelle Rechtmäßigkeit eines Mix	106
C. Bestandsaufnahme und Typisierung	34	1. Ermächtigungsnormen	106
I. Ausgewählte Beispiele für Mix	35	2. Zuständigkeitsordnung	108
1. Beispiele aus dem überkommenen Instrumentarium des Verwaltungsrechts	35	3. Formzwänge	109
2. Neuere Erscheinungsformen aus dem Umweltrecht als Referenzgebiet	41	4. Verfahrensrecht	113
II. Typisierung nach rechtlichen Kriterien	50	5. Transparenz	117
1. Personeller Mix aus einer Vielzahl von Beteiligten	51	V. Materielle Rechtmäßigkeit eines Mix	119
2. Konsekutiver Mix als Prozess	54	1. Schutz grundrechtlicher Freiheit und Gleichheit	119
3. Zwingender, möglicher und gegenläufiger Mix	58	2. Rechtsklarheit, Widerspruchsfreiheit und Willkürverbot	128
4. Mix aus Elementen unterschiedlicher Entwicklungsstufen	62	3. Entwicklungsgebote	129
III. Rechtliche Regelungen und Lücken	66	4. Koppelungsverbot	131
D. Verwaltungswissenschaftliche Einordnung	69	VI. Bestandskraft und Fehlerlehre	133
I. Ursachen, Funktionen und Ziele des Mix	69	1. Vertrauensschutz	133
II. Wirkungen des Mix	72	2. Konnexitäten der Bestandskraft?	135
E. Ansätze zu einer rechtlichen Dogmatik des Mix	77	3. Evaluations- und Nachbesserungspflichten wegen eines Mix	140
I. Methodische Fragen der Systembildung	77	VII. Rechtsschutz	141
1. Dogmatische Zielsetzung	77	Leitentscheidungen	
		Ausgewählte Literatur	

A. Einleitung: Thema und Fragestellung

1 Von einem „Instrumentenmix" im Zusammenhang mit verwaltungsrechtlichen Handlungsformen zu sprechen, ist **Mode**. Das Wort wird von Politikern, insbesondere von Umweltpolitikern[1] benutzt und von Rechtswissenschaftlern[2] wie Wirtschaftswissenschaftlern[3] aufgegriffen. Dabei fällt auf, dass der Begriff mal positiv[4], mal negativ[5] besetzt ist. Als **dogmatische Kategorie** des Verwaltungsrechts ist der Instrumentenmix bislang kaum erschlossen.[6] Bisweilen scheint sich die Rechtspraxis sogar bewusst vor dieser Herausforderung zu verschließen. So wird dem Bundesverfassungsgericht unterstellt, es verfolge ein „monoinstrumentelles Regulierungsmuster"[7]. Der vorliegende Beitrag soll – vielleicht untypisch für Handbücher – unerforschtes Terrain erschließen. Dabei stellen sich zunächst grundsätzliche Fragen: Welche Phänomene sind mit „Formen- und Instrumentenmix" gemeint und ist „Mix" der passende Begriff (dazu B)?[8] Ist eine dogmatische Erschließung solcher Mixe überhaupt möglich und ist sie wünschenswert? Sodann ist (gegebenenfalls) an eine Bestandsaufnahme (dazu C), an deren Typisierung und an die rechtliche Durchdringung (dazu E)[9] zu gehen.

---

[1] So etwa am 15. September 1993 beim „Ladenburger Kolleg Umweltstaat" vom damaligen Staatssekretär im BMU, *Clemens Stroetmann*, zitiert nach *Tobias Masing*, Auf dem Weg zum Umweltstaat, NVwZ 1994, S. 250 ff.; vgl. auch den Beitrag aus der Ministerialbürokratie von *Patrick Graichen/Enno Harders*, Die Ausgestaltung des internationalen Emissionshandels nach dem Kyoto-Protokoll und seine nationalen Umsetzungsvoraussetzungen, ZUR 2002, S. 73 (80).

[2] *Wolfgang Hoffmann-Riem*, Reform des Allgemeinen Verwaltungsrechts: Vorüberlegungen, DVBl 1994, S. 1381 (1385 f.); *Udo Di Fabio*, Das Kooperationsprinzip – ein allgemeiner Rechtsgrundsatz des Umweltrechts, NVwZ 1999, S. 1153 ff.; *Ute Sacksofsky*, Umweltschutz durch nichtsteuerliche Abgaben, 2000, S. 25, 256; *Michael Rodi*, Instrumentenvielfalt und Instrumentenverbund im Umweltrecht, ZG, Bd. 15 (2000), S. 231 (236, 241); *Heinrich Weber-Grellet*, Lenkungssteuern im Rechtssystem, NJW 2001, S. 3657 (3662); *Hans-Joachim Koch/Annette Wieneke*, Flughafenplanung und Städtebau: Die Zukunft des Fluglärmgesetzes, NuR 2003, S. 72 ff.

[3] Aus ökonomischer Perspektive: *Erik Gawel*, Umweltpolitik durch gemischten Instrumenteneinsatz – Allokative Effekte instrumentell diversifizierter Lenkungsstrategien für Umweltgüter, 1991; *OECD*, Taxation and the Environment. Complementary Policies, 1993, S. 99 ff.

[4] Ökologische Steuerreform: Intelligente Lösungen statt neuer Belastungen, Die VCI-Thesen zur Ökologisierung des Steuersystems, BB 1995, S. 2189: „um zu einem ausgewogenen Instrumentenmix zu gelangen", dem eine „sorgfältig wägende Instrumentendiskussion" (S. 2193) vorauszugehen habe. *Gerard C. Rowe*, Was könnte „modernes Recht" heißen? Das Beispiel des Umweltrechts, in: Voigt (Hrsg.), Evolution des Rechts, 1998, S. 155, 168, zählt die Kombination von Mitteln und Instrumenten zu den Effektivitätspotentialen modernen Rechts. *Sacksofsky*, Umweltschutz (Fn. 2), S. 256 konstatiert, dass „in der ökonomischen Diskussion weitgehend anerkannt [sei], dass nur ein Instrumenten-Mix optimal sein kann …".

[5] *Johannes Caspar*, Reformperspektiven im Umweltrecht, NVwZ 1997, S. 156, fordert mit skeptischer Grundhaltung ein Nachdenken „jenseits kurzweiliger Debatten um den richtigen Instrumentenmix".

[6] *Rodi*, Instrumentenvielfalt (Fn. 2), S. 231 ff.; *Michael Kloepfer*, Alte und neue Handlungsformen staatlicher Steuerung im Umweltbereich, in: Klaus König/Nicolai Dose (Hrsg.), Instrumente und Formen staatlichen Handelns, 1993, S. 329 (356 f.); *ders.*, Umweltschutz zwischen Ordnungsrecht und Anreizpolitik: Konzeption, Ausgestaltung, Vollzug, ZAU 1996, S. 54 ff.; *ders.*, UmweltR, § 5 Rn. 188.

[7] *Weber-Grellet*, Lenkungssteuern (Fn. 2), S. 3662 mit Blick auf *BVerfGE* 98, 83 – Landesabfallgesetz und 98, 106 – Verpackungssteuer.

[8] → Rn. 4 ff.

[9] → Rn. 77 ff.

B. Begriffliche Fragen

Das deutsche Verwaltungsrecht ist – seit *Otto Mayer* – geprägt durch die rechtsstaatliche Bemühung, das **Verwaltungshandeln in Formen** zu gießen. Die Vorteile einer Rationalisierung und Effektuierung der Massenverwaltung liegen auf der Hand:[10] Rechtsformen haben eine Speicherfunktion, indem sie fertige Zuordnungsmuster zum Auffinden konkreter Lösungen bieten. Das Rechtsformendenken ist auch im Unionsrecht stark ausgeprägt und findet einen positivrechtlichen Anknüpfungspunkt in Art. 288 AEUV. Im allgemeinen Verwaltungsrecht sind die Rechtsformen Schlüsselbegriffe des Verwaltungsverfahrens- und Verwaltungsprozessrechts sowie der Fehler- und Bestandskraftlehre. Zur strukturierten Abgrenzung und Konstruktion adäquater Rechtsfolgen kommt den Rechtsformen neben der Speicher- auch eine Ordnungsfunktion zu.

Modernes Verwaltungshandeln lässt sich aber immer weniger in Ordnungsmuster zwängen. Die Kehrseite der Perfektionierung der Formenlehre ist ihre **Entfremdung von der Wirklichkeit.** Die Flucht ins informelle Verwaltungshandeln[11] – zentraler Gegenstand der Verwaltungsrechtswissenschaft der letzten 20 Jahre – ist aber nur eine der Folgen. Beim Mix handelt es sich um ein **Parallelphänomen zur Informalisierung** des Verwaltungshandelns, das bislang kaum Aufmerksamkeit gefunden hat. Während das informelle Verwaltungshandeln den Formgedanken als solchen sprengt und verwirft, werden beim Mix die Ordnungsmuster der Formenlehre zum Steinbruch. Der Mix durchbricht die trennenden Momente, d.h. die differenzierten und differenzierenden Strukturen der Handlungsformen. Der Mix untergräbt die pauschalierenden Angebote der Formenlehre und bedient sich an den Bruchstücken ihrer Zerstörung. Ob die so entstehenden Splitter zusammenpassen, ob sich aus ihnen jedenfalls etwas rechtsstaatlich Haltbares formen lässt, bedarf der Untersuchung. Schon für die Vielfalt der Verwaltungsentscheidungen gilt: „Wenn man anerkennt, dass das einfache Modell „Gesetz – Vollzugsakt" die Vielfalt der Verwaltungsentscheidungen nur noch teilweise erfasst, dann muss man sich auch darum bemühen, die Methoden der Verwaltungsrechtswissenschaft darauf einzustellen."[12] Noch mehr ist die Verwaltungsrechtswissenschaft herausgefordert, wenn die vielfältigen Erscheinungsformen des Verwaltungshandelns wie beim Mix kombiniert werden. Beim Mix handelt es sich um **Kombinationen** von Formen und Instrumenten und damit um eine **Folgeerscheinung der Vielfalt** des Verwaltungshandelns.[13]

B. Begriffliche Fragen

I. Gegenstände des Mix

1. Rechtsformen, -akte und -institute

Im Zentrum der Betrachtung steht der Mix unterschiedlicher **Rechtsformen.**[14] Klassische Rechtsformen sind Gesetz, Verordnung, Richtlinie, Satzung, Verwal-

---

[10] *Schmidt-Aßmann*, Ordnungsidee, Kap. 6 Rn. 4 ff. S.a. → Bd. II *Hoffmann-Riem* § 33 Rn. 1 ff.
[11] → Bd. II *Fehling* § 38. Zur Problematik von Missbrauchs- und Fluchtformeln → Bd. II *Hoffmann-Riem* § 33 Rn. 110 ff.
[12] *Schmidt-Aßmann*, Ordnungsidee, Kap. 1 Rn. 49. Zu den Methoden s. a. → Bd. I *Möllers* § 3.
[13] Siehe a. → Bd. I *Hoffmann-Riem* § 10 Rn. 17 ff.
[14] Im konkreten Fall entstehen in diesen Rechtsformen **Rechtsakte bzw. Realakte** (→ Rn. 15).

§ 41 Formen- und Instrumentenmix

tungsakt, Verwaltungsvertrag, Verwaltungsvorschrift, Weisung und schlichte Willenserklärung, aber auch gegenstandsspezifische Ausprägungen wie der baurechtliche Dispens oder die verschiedenen polizeirechtlichen Standardmaßnahmen werden als eigenständige Rechtsformen begriffen.[15] Rechtsformen werden durch Kombination zu Elementen eines Mix.[16] Dabei sind viele Kombinationen denkbar:

5   Besonderes Augenmerk verdient der Mix aus **Verwaltungsakt und Verwaltungsvertrag.** Subordination und Koordination können beim Mix nebeneinandertreten. Der Mix aus beiden Formen kann eine Kombination **unterschiedlicher Art und Dichte** darstellen. Das reicht von einem **losen Zusammenhang** innerhalb eines Verwaltungsrechtsverhältnisses über den Verwaltungsakt als **Geschäftsgrundlage** eines Vertrages bis zu Verwaltungsverträgen, zu deren **Inhalt** die Pflicht zum Erlass eines Verwaltungsaktes gehört. Spinnt man diese Intensitätsskala fort, dann steht auf der einen Seite der Skala der (gegebenenfalls ausgehandelte) Verwaltungsakt und auf der anderen Seite der Skala der subordinationsrechtliche Vertrag, bei dem der Verwaltungsakt gleichsam im Vertrag aufgeht und von Letzterem substituiert (§ 54 S. 2 VwVfG) wird. So betrachtet ist der Mix, etwa der Typus des sogenannten **„hinkenden Austauschvertrages"**, eine ergänzende Ausdifferenzierung bereits kodifizierter Typen. Die Chance besonderer Gestaltungsmöglichkeiten bietet der Mix aus einem **Verwaltungsakt mit einem (verwaltungsrechtlichen oder privatrechtlichen) Vertrag zugunsten Dritter.**[17]

6   Informationsakt und der Plan[18] sind Beispiele für **Rechtsinstitute,** deren Kanon fester rechtlicher Gestaltungswirkungen (noch) nicht voll ausgebildet ist, denen aber gleichwohl einzelne disziplinierende und handlungsstrukturierende Rechtsfolgen zugeordnet werden können. Die Abgrenzung zur Rechtsform ist fließend. So wird der Plan als Beispiel für ein Rechtsinstitut[19] diskutiert, bisweilen aber auch schon – wie auch die Subvention – auf der Schwelle zur Rechtsform gesehen.[20]

7   Der Mix von Rechtsformen und -instrumenten ist somit ein i.e.S. „rechtlicher" Mix, der **rechtsdogmatische Fragen** aufwirft. Ein **Mix von Rechtsformen** wirft die Frage auf, ob und wie sich die Elemente einer hoch entwickelten und z.T. kodifizierten Rechtsdogmatik kombinieren lassen. Beim **Mix von Rechtsinstituten** ist zu fragen, ob und wie sich die Herausbildung einzelner Institute und Prozesse bei ihrer rechtlichen Durchdringung überlagern. In beiden Fällen muss die kritische Frage gestellt werden, ob der Mix mehr zerstörerische Kraft entfaltet oder aber ein positives Entwicklungspotential für die Verwaltungsrechtswissenschaft enthält. Auf eine rechtliche Durchdringung des Mix als eigenständiger

---

[15] → Bd. II *Hoffmann-Riem* § 33 Rn. 13.
[16] Unter dem Stichwort „Instrumenten-kombinierende Entscheidungen" konstatiert *Schmidt-Aßmann*, Ordnungsidee, Kap. 6 Rn. 111: „Komplexere Regelungssituationen lassen sich oft nicht durch Nutzung einer einzigen Entscheidungsform bewältigen. Sie verlangen vielmehr, unterschiedliche Rechtsformen zu einem Regelungswerk zusammenzustellen."
[17] *Schmidt-Aßmann*, Ordnungsidee, Kap. 6 Rn. 111.
[18] Dazu *Schuppert*, Verwaltungswissenschaft, S. 204 ff.; *Schmidt-Aßmann*, Ordnungsidee, Kap. 6 Rn. 35 und 97. S. a. → Bd. II *Köck* § 37 Rn. 30 ff.
[19] *Schmidt-Aßmann*, Ordnungsidee Kap. 6 Rn. 97.
[20] *Schuppert*, Verwaltungswissenschaft, S. 198.

B. Begriffliche Fragen

Kategorie kann jedenfalls bislang nicht verwiesen werden. Anstrengungen in dieser Richtung tun Not.

2. Handlungsformen, Instrumente und Steuerungsmedien

Die unter 1. genannten Rechtsformen und -institute können zugleich auch **Handlungsformen und Instrumente** sein. Diese Begriffe bezeichnen nicht notwendigerweise andere Phänomene. Bei der Frage nach den Handlungsformen und Instrumenten geht es weniger um eine rechtsdogmatische als vielmehr um eine **verwaltungswissenschaftliche Perspektive**.

So werden die Subvention, die behördliche Warnung, der Plan[21], aber auch der Verwaltungsakt, der Vertrag und informelles und schlichtes Verwaltungshandeln als **Handlungsformen** bezeichnet. Sie stellen eine geordnete, strukturierte Handlungspraxis dar, die ihre Gestalt von der **instrumentellen Seite** her gewinnt. So spricht man z. B. von den informationellen Handlungsformen (Hinweis, Empfehlung, Aufklärung, Warnung)[22], die von Handlungsformen der Kommunikation und der Transaktion abzugrenzen sind.[23] Ihre Gestalt wird nicht notwendigerweise durch Rechtskriterien geprägt.[24] Darin unterscheidet sich die Betrachtung von der Frage, ob es sich (zugleich) um Rechtsformen handelt. Ungeachtet der sich daraus ergebenden begrifflichen Überschneidungen werden als Handlungsformen häufig solche Phänomene bezeichnet, die (noch) nicht Rechtsform sind.[25] Gerade hier entfaltet der Begriff der Handlungsform seinen verwaltungswissenschaftlichen Mehrwert.

Noch weniger folgen- und rechtsschutzorientiert ist der Begriff des **Instruments**. Das Instrument ist vielmehr **handlungsorientiert**[26], wobei eine zielbezogene Betrachtung ins Zentrum rückt. Instrumente haben eine dienende Funktion. Wenn etwa Kontrollinstrumente, informationelle Beteiligungen[27], Aufsichtsinstrumente (Amts-, Behörden-, Körperschaftsaufsicht), haushaltsrechtliche und gesellschaftsrechtliche Instrumente sowie der Markt oder die Öffentlichkeit als Instrumente der Verwaltungskontrolle bezeichnet werden, stellt sich die Anschlussfrage, was Kontrolle bezweckt. Teil dieser Frage ist der Aspekt, welche Kontroll-Maßstäbe (Rechtmäßigkeit, Zweckmäßigkeit, Wirtschaftlichkeit) angelegt werden. Die Maßstabssanktion ist nichts anderes als die instrumentelle Seite der Maßstabslehre.[28]

Beim **Mix der Handlungsformen und Instrumente** ist die instrumentelle Perspektive von besonderer Bedeutung: Wenn Handlungsformen eine geordnete, strukturierte Handlungspraxis darstellen, wirft das die Frage auf, ob sich der

---

[21] *Schmidt-Aßmann*, Ordnungsidee, Kap. 6 Rn. 97.
[22] *Rainer Pitschas*, Entwicklung der Handlungsformen im Verwaltungsrecht – Vom Formendualismus des Verwaltungsverfahrens zur Ausdifferenzierung der Handlungsformen, in: Willi Blümel/ Rainer Pitschas (Hrsg.), Reform des Verwaltungsverfahrensrechts, 1994, S. 229 (248). Zur amtlichen Öffentlichkeitsarbeit s. a. → Bd. II *Gusy* § 23 Rn. 95 ff.
[23] So für den Einsatz von IKT in der öffentlichen Verwaltung → Bd. II *Britz* § 26 Rn. 22 ff.
[24] → Bd. II *Hoffmann-Riem* § 33 Rn. 14; *Martin Schulte*, Schlichtes Verwaltungshandeln, 1994, S. 17 ff.
[25] → Bd. II *Hoffmann-Riem* § 33 Rn. 14; *Schmidt-Aßmann*, Ordnungsidee, Kap. 6 Rn. 34.
[26] *Schmidt-Aßmann*, Ordnungsidee, Kap. 6 Rn. 36.
[27] → Bd. II *Rossen-Stadtfeld* § 29 Rn. 10; zur Unterscheidung zwischen Entscheidungsverfahren und Information und zur dienenden Funktion der Information → Bd. II *Gusy* § 23 Rn. 33.
[28] *Schmidt-Aßmann*, Ordnungsidee, Kap. 6 Rn. 62. S. a. → Bd. II *Pitschas* § 42 Rn. 26, 30 ff.

Mix von Handlungsformen solche Strukturen zunutze macht (oder sie zerstört) und ob sich dabei gegebenenfalls neue Strukturen herausbilden, die ihrerseits als Handlungsform bezeichnet werden könnten, wie das beim sogenannten „hinkenden Austauschvertrag" der Fall ist. Auch die Fragen nach den Zwecken und Maßstäben müssen für den Mix neu aufgeworfen werden.

12 Denkbar sind Verknüpfungen von **Ordnungsrecht,** d.h. zum Beispiel von Anordnungen, Verboten oder Auflagen, mit **Subventionen**[29], aber auch mit **informellen Instrumenten**[30] ebenso wie Kombinationen von **Zertifikat-** und **Abgabensteuerung** durch Lenkungsabgaben.[31] Positiv wird insbesondere die Kombination von **Ordnungsrecht** mit ökonomischen Anreizen durch **Abgaben**[32] oder[33] durch **Zertifikatelemente**[34] beurteilt.[35] In Betracht kommt auch ein Mix dieser drei Instrumente, d.h. von **Ordnungsrecht, Abgaben und Zertifikaten.**[36]

13 Zu untersuchen ist auch die **Art der Verknüpfung** zweier Instrumente zu einem Mix: Denkbar sind tatbestandliche Anknüpfungen, die zwei Instrumente rechtlich miteinander verknüpfen, wenn z.B. an ein verbotswidriges Verhalten erhöhte Abgaben geknüpft werden.[37] Denkbar sind aber auch teleologische oder funktionelle Zusammenhänge zwischen einzelnen Elementen eines Mix.

14 Neben Steuerungsinstrumenten ist auch ein **Mix aus Steuerungsmedien** (z.B. Markt, Finanzen, Personal, Organisation)[38] zu beobachten. Schließlich wird das Recht selbst als ein Steuerungsmedium neben Macht, Moral, Information und Geld gesehen.[39] Dabei ist die Einteilung von Steuerungsmedien in Geld, Macht, Einfluss und Ideologie (besser: Generalisierung von Wertbindungen) gängig.[40] Die Erforschung der Steuerungswirkungen bei Phänomenen des Mix steht noch aus. Dabei stellen sich vor allem folgende spezifische Fragen: Unter welchen Umständen eröffnet der Mix Steuerungschancen und wann birgt er die Gefahr von Steuerungsnachteilen, indem sich die Teilelemente gegenseitig schwächen?

3. Mix aus konkreten Rechts- und Realakten

15 Der Mix als Phänomen der Verwaltungswirklichkeit lässt sich nach alldem abstrakt umschreiben und wird noch an Beispielen[41] zu belegen sein. Der hier zugrunde gelegte Mix-Begriff **versteht sich** darüber hinaus **konkret.** Was abs-

---

[29] *Gawel,* Instrumenteneinsatz (Fn. 3), S. 177.
[30] → Bd. II *Fehling* § 38 Rn. 122, 132.
[31] *Gawel,* Instrumenteneinsatz (Fn. 3), S. 123 ff., 177.
[32] *Gawel,* Instrumenteneinsatz (Fn. 3), S. 84 ff., 178 f.
[33] *Gawel,* Instrumenteneinsatz (Fn. 3), S. 179, beurteilt dabei sogar die Abgabeneffizienz gegenüber den Zertifikatslösungen; anders *Dieter Cansier,* Steuer und Umwelt: Zur Effizienz von Emissionsabgaben, in: Karl-Heinrich Hansmeyer (Hrsg.), Staatsfinanzierung im Wandel, 1983, S. 765 ff. S. aber a. → Bd. II *Sacksofsky* § 40 Rn. 61.
[34] *Gawel,* Instrumenteneinsatz (Fn. 3), S. 136 f., 177 f.
[35] Siehe a. → Bd. II *Sacksofsky* § 40 Rn. 72.
[36] *Gawel,* Instrumenteneinsatz (Fn. 3), S. 160 ff., 179.
[37] *Michael Kloepfer,* Umweltschutz durch Abgaben, DÖV 1975, S. 593 (597), spricht in solchen Fällen von einer „formellen" Verknüpfung bzw. Verzahnung.
[38] *Schmidt-Aßmann,* Ordnungsidee, Kap. 1 Rn. 37.
[39] *Rüdiger Voigt,* Staatliche Steuerung aus interdisziplinärer Perspektive, in: Klaus König/Nicolai Dose (Hrsg.), Instrumente und Formen staatlichen Handelns, 1993, S. 289 (309).
[40] *Klaus König/Nicolai Dose,* Referenzen staatlicher Steuerung, in: Klaus König/Nicolai Dose (Hrsg.), Instrumente und Formen staatlichen Handelns, 1993, S. 519 (551, 556 ff.).
[41] → Rn. 35 ff.

B. Begriffliche Fragen

trakt als Mix von Formen und Instrumenten bezeichnet wird, stellt sich konkret als Mix von Rechts- bzw. Realakten dar. Rechts- und Realakte sind letztlich Gegenstand eines konkreten Formen-Mix. Wenn also im Folgenden von „einem Mix" die Rede ist, dann ist damit nicht das abstrakte Phänomen, sondern seine konkrete Erscheinung gemeint, die abstrakt betrachtet sehr vielgestaltige Typen aufweist.[42] Durch die konkrete Betrachtung geraten die verwaltungsrechtsdogmatischen Probleme in den Blick.

II. Der Begriff des Mix als verwaltungsrechtliche Kategorie

1. Herkunft und Konnotationen des Wortes Mix

Ist „Mix" – laut Duden ein Ausdruck des „Jargon"[43] – tatsächlich ein passender Begriff für die Verwaltungsrechtsdogmatik? Suggeriert „Mix" nicht rein sprachlich ein abwertendes **Moment der Beliebigkeit** – im Gegensatz zur überlegten, strukturierten „Kombination" und zum strategischen „Verbund"? 16

Die lateinische Herkunft des „Mix" ist neutral: „mixtura" ist mit Mischung zu übersetzen. Mix steht laut Duden sowohl für ein (undefiniertes) „Gemisch" als auch für eine **„spezielle Mischung"**. Während der bildungssprachliche Ausdruck des „mixtum compositum" ein Durcheinander, ein buntes Gemisch bezeichnet, steht „Mixtur" bildungssprachlich und in den Fachsprachen der Pharmazie und der Musik für Mischungen, die zu ganz bestimmten Zwecken hergestellt werden. 17

„Mix" ist ein durchaus **schillernder Ausdruck,** wobei bisweilen die Konnotationen selbst zum Mix werden.[44] Dabei rücken Phänomene der **Überlagerung** in den Blick. Auch Assoziationen mit dem „Mixer" sind ambivalent: Sie reichen vom Küchengerät über den Barkeeper bis zum Tontechniker und damit von der profanen Destruktion bis zur hochprofessionellen Konstruktion. 18

2. Mix als Begriff des Verwaltungsrechts

Warum also soll vom „Mix" und nicht von „Mixtur"[45], von der „Kombination"[46], dem „Instrumentenverbund"[47], von „Verbundlösungen"[48] und „Instru- 19

---

[42] → Rn. 50 ff.
[43] Duden, Das Fremdwörterbuch, 6. Aufl. 1997; in: Duden, Deutsches Universalwörterbuch, 2. Aufl. 1989: „Fachspr. Jargon".
[44] Zitiert sei hierzu der Titel eines Artikels in der SZ, Nr. 177 vom 3. August 2005, S. 8: „Religiöser Mix mit teuflischem Schnaps", der von einem im Text auch als „Mixtur" und „Mischung" bezeichneten Mix aus indianischer und christlicher Religion in San Juan Chamula (Mexiko) berichtet, von einem gesellschaftlichen System, in dem „alles miteinander verquickt" sei, und vom Nebeneinander von Getränken und Getränkeflaschen in der Kirche (nämlich „Posh", einem rituell verwendeten „teuflischen Zuckerrohrschnaps" sowie „Coca-Cola und Fanta").
[45] *Hans-Ulrich Derlien,* Staatliche Steuerung in Perspektive: Ein Gesamtkommentar, in: Klaus König/ Nicolai Dose (Hrsg.), Instrumente und Formen staatlichen Handelns, 1993, S. 503 (512).
[46] Von „Kombination" der Instrumente sprechen *Kloepfer,* Umweltschutz durch Abgaben (Fn. 37), S. 595 ff.; *Derlien,* Steuerung (Fn. 45), S. 512; „Kombinationen" verschiedener Rechtsformen der Verwaltung werden erwähnt („sind gelegentlich möglich") in *Wolff/Bachof/Stober,* VerwR I, § 23 II 4 Rn. 13, ohne diese Kategorie jedoch einer allgemeinen Untersuchung zu unterziehen (vielmehr wird auf die Ausführungen zur Beleihung und auf die Frage der Ausgestaltung von Benutzungsverhältnissen verwiesen). *Hoffmann-Riem,* Reform (Fn. 2), S. 1385 f., verwendet die Begriffe „Instrumentenmix" und „Kombination" synonym.
[47] Von „Instrumentenverbund" spricht *Rodi,* Instrumentenvielfalt (Fn. 2), S. 231 ff.; vgl. auch *Weber-Grellet,* Lenkungssteuern (Fn. 2), S. 3662, der diesen Begriff neben den des Instrumentenmix stellt, ohne jedoch beide näher zu bestimmen.
[48] *Gawel,* Instrumenteneinsatz (Fn. 3), S. 176.

mentenbündeln"⁴⁹ sowie vom „gemischten Instrumenteneinsatz"⁵⁰ oder der „Mischung"⁵¹ die Rede sein? Entscheidend für die Verwendung des Begriffs „Mix" als verwaltungsrechtliche Kategorie spricht, dass dieser Begriff gerade nicht positiv „wertgeladen"⁵² ist, sondern in ihm eine **Ambivalenz** zum Ausdruck kommt, die den hier zu untersuchenden Phänomenen eigen ist: Der Mix verwaltungsrechtlicher Formen bzw. Instrumente ist **Gemenge und Kombination** zugleich. Er ist Gemenge, insofern er als Spiegelbild komplexer Zusammenhänge experimentellen Charakter⁵³ trägt, nicht nur solange er dogmatisch unerschlossen bleibt. Er ist Kombination, weil seine Effekte und die damit verbundenen rechtlichen Probleme im je spezifischen Zusammenwirken liegen. Mag der Begriff des Mix auch wie eine Provokation gegen die überkommenen Begrifflichkeiten der Formenlehre wirken: Das mit ihm bezeichnete Phänomen ist tatsächlich eine solche Provokation, die – nicht zuletzt mangels einer adäquaten Begrifflichkeit – bislang unterschätzt, wenn nicht gar verdrängt wurde.

20 Das spezifische Zusammenwirken führt zum Kern des Problems, den Begriff des Mix für das Verwaltungsrecht zu prägen: Nicht jegliches Zusammenwirken beliebigen Verwaltungshandelns kann damit gemeint sein, sondern nur **spezifische Gemenge und Kombinationen**. Das „Schillernde" des zu erfassenden Phänomens spiegelt sich im Mix-Begriff wider. Diese Schwierigkeiten ändern nichts an der Notwendigkeit, den Mix auf den Begriff zu bringen.

21 Dabei ist es hilfreich, zunächst **negativ** auszuschließen, was nicht zum Mix-Begriff gehören soll. Die negative Begriffsumschreibung wirft uns zurück auf den Begriff der Verwaltung, der seinerseits negativ (als hoheitliche Tätigkeit, die nicht Legislative, nicht Rechtsprechung und nicht Regierungshandeln ist)⁵⁴ umschrieben wird. **Nicht** als Mix kann deshalb auch das klassisch gewaltenteilige Zusammenwirken von **Gesetz und Vollzug** bezeichnet werden, ebenso wenig das Verhältnis zwischen **Gesetz und Verordnung**. Vielmehr geht es hier nur um den Mix innerhalb des Bereichs der Verwaltung. Die Aussage, dass die Umweltpolitik einschließlich der Gesetzgebung insgesamt einen Instrumentenmix darstellt,⁵⁵ ist verwaltungsdogmatisch unergiebig. In solchem Zusammenhang sollte besser von „Policy-Mix"⁵⁶ gesprochen werden. Auch das umstrittene Phänomen

---

⁴⁹ *Gawel*, Instrumenteneinsatz (Fn. 3), S. 176.
⁵⁰ *Gawel*, Instrumenteneinsatz (Fn. 3).
⁵¹ Unter dem Stichwort „Allgemeine Regeln für gemischte Rechtsverhältnisse" wird von *Wolff/Bachof/Stober*, VerwR I, § 22 III 4 Rn. 70, nach vorangegangener Erörterung der Zweistufentheorie auf die Theorien des Sachzusammenhangs bzw. des Schwerpunktes zur Qualifizierung eines Rechtsverhältnisses als öffentlich-rechtlich verwiesen.
⁵² Kritisch gegen eine Verschleierung und Verdeckung von Interessengegensätzen durch wertgeladene Begriffe wie den des „Integrativen Umweltschutzes", gegen den Kritik untunlich erscheine: *Udo Di Fabio*, Integratives Umweltrecht, NVwZ 1998, S. 329 (337).
⁵³ „Experimentelle Züge" sieht *Di Fabio*, Kooperationsprinzip (Fn. 2), S. 1154, im „neuen Steuerungsansatz"; *Rodi*, Instrumentenvielfalt (Fn. 2), S. 247, sieht experimentelle Gesetzgebung als unumgänglichen Zwischenschritt und fordert einen Dreischritt (Planung – experimentelle Gesetzgebung – Evaluation) als „Königsweg zum Instrumentenverbund".
⁵⁴ *Dirk Ehlers*, in: Erichsen/Ehlers (Hrsg.), VerwR, § 1 Rn. 7. S. a. → Bd. I *Poscher* § 8 Rn. 56, *Hoffmann-Riem* § 10 Rn. 38.
⁵⁵ *Graichen/Harders*, Ausgestaltung (Fn. 1), S. 80: „Der Emissionshandel wird zu einem neuen, zentralen Instrument im Instrumentenmix der Umweltpolitik."
⁵⁶ So *Gawel*, Instrumenteneinsatz (Fn. 3), S. 176; *Sacksofsky*, Umweltschutz (Fn. 2), S. 25, die den Begriff neben den des „Instrumenten-Mix" stellt; vgl. auch *Öko-Institut/DIW/ECOFYS* (Hrsg.), Aus-

B. Begriffliche Fragen

der Zustimmungsvorbehalte des Bundestages bei Rechtsverordnungen soll an dieser Stelle nicht vertieft werden.

Der Mix ist auch **nicht die Beschreibung der Vielfalt** aller Maßnahmen der Verwaltung in einem **Regelungsbereich**. Die Handlungsformen bzw. Instrumente sind seit der dogmatischen Konzentrationsleistung *Otto Mayers* auf den Verwaltungsakt[57] immer vielfältiger geworden. Aber diese Vielfalt allein ist nicht der Grund, von Mix zu sprechen, sondern allenfalls Hintergrund für das Entstehen von Phänomenen, die wir als Mix bezeichnen wollen. Thema des vorliegenden Beitrages ist nicht der Überblick über diese Vielfalt. Jedes Zusammenwirken von Entscheidungen unterschiedlicher Hoheitsträger als Mix erfassen zu wollen, würde letztlich zu einer Gesamtbetrachtung allen Verwaltungshandelns (konsequenterweise über nationale Grenzen hinaus) führen. Ein derartig weiter Begriff des Mix verlöre jegliche Kontur und entzöge sich rechtswissenschaftlicher Durchdringung. 22

Die begriffliche Erfassung eines schillernden, sehr heterogenen Phänomens darf einerseits nicht verengend Aspekte ausblenden, die der Durchdringung bedürfen bzw. der dogmatischen Erschließung dienen. Andererseits verfehlt die Begriffsbildung ihren Sinn, wenn sie diffus bleibt, weil konturlose Begriffe kein Fundament für eine rechtliche Durchdringung sein können. Ausweg aus diesem Dilemma verspricht eine zweigleisige Begriffsbildung, die zwischen typischem Mix einerseits und atypischem Mix andererseits unterscheidet. Mit dem **typischen Mix** werden vor allem **neuartige** Phänomene erfasst, die bislang dogmatischer Erschließung harren. Daneben werden **überkommene,** dogmatisch bereits durchdrungene Phänomene, denen wesentliche Merkmale mit diesen neuartigen Phänomenen gemeinsam sind, als **atypischer Mix** bezeichnet. Letzteren in die Betrachtung einzubeziehen, verspricht doppelten Gewinn: Erstens gibt dies wertvolle Anhaltspunkte zur dogmatischen Erschließung des typischen Mix. Zweitens eröffnet dies die Möglichkeit, dass die dogmatische Figur des Mix nicht nur ein Verlegenheitsbegriff für ein Übergangsphänomen ist, sondern sich von vornherein als Begriff in die allgemeine Verwaltungsrechtsdogmatik integriert. 23

Im Anschluss an die negative Betrachtungsweise stellt sich die Frage, was das „Spezifische" ausmacht, das eine Kombination bestimmter Handlungsformen bzw. Instrumente im Einzelfall zum Mix macht. Die Begriffsbildung muss hier induktiv sein und sollte dabei funktional erfolgen, d.h. sie sollte Phänomene in einem Maße erfassen bzw. ausschließen, dass sich ein verwaltungswissenschaftlicher bzw. verwaltungsdogmatischer Mehrwert ergibt. Der **Mix im typischen Sinne** wird hier vor allem als ein Begriff zur Erfassung neuartiger Phänomene (wie z.B. dem Emissionshandel) verstanden. Im Vordergrund sollen Erscheinungen moderner Gesetzgebung und Verwaltungspraxis stehen, die in einem ersten Schritt zum Hinterfragen der überkommenen Formenlehre führen und im Bestfall die Formenlehre erweitern und bereichern werden. Es sei hier die Prognose gewagt, dass es sich auch beim typischen Mix nicht nur um ein Übergangsphänomen handelt. In einem zweiten Schritt sind rechtsdogmatische Fragen in 24

---

wirkungen des europäischen Emissionshandelssystems auf die deutsche Industrie, Endbericht 2003, S. 150, http://www.bmu.de/files/pdfs/allgemein/application/pdf/emissionshandel_endbericht.pdf.

[57] → Bd. II *Bumke* § 35 Rn. 5: Verwaltungsakt als „Fixpunkt der Verwaltungsrechtswissenschaft".

den Blick zu nehmen (Fragen der Kompetenz, der Form, des Verfahrens, der materiellen Maßstäbe, des Bestandsschutzes und des Rechtsschutzes). Beim Mix stellt sich stets die Frage des im Detail und im Ganzen anwendbaren Rechts und der Friktionen zwischen aufeinander prallenden Regeln und Theorien. Dogmatische Brüche gilt es nicht zu verschleiern, sondern aufzuspüren und zu überbrücken.[58]

25 Der Mix im hier verstandenen Sinne erfasst aber nicht ausschließlich neuartige Phänomene, sondern dient zugleich **auch als Sammelbegriff,** der mithin altbekannte Phänomene (z. B. den Verwaltungsakt mit Nebenbestimmungen) erfasst. Insoweit ist von einem **atypischen Mix** zu sprechen. Soll der Begriff des Mix eine **Scharnierfunktion** für die Verwaltungsrechtswissenschaft einnehmen, dann erweist sich eine nicht allzu enge Begriffsbildung mit typischen und atypischen Ausprägungen als vorteilhaft. Sie ermöglicht es, bei der rechtlichen Durchdringung auf bereits fortgeschrittene Diskussionen zurückzugreifen. Dogmatisch fruchtbare Ansätze können so eingeblendet werden. Es ist ein Mittelweg zwischen Verengung und Konturlosigkeit zu suchen.

3. Definition und Merkmale des Mix

26 Positiv formuliert lässt sich der Typus des Verwaltungs-Mix auf folgende **Begriffs-Formel** bringen: Ein Mix besteht typischerweise aus einer Mehrzahl verschiedenartiger Rechts- bzw. Realakte, an denen die Verwaltung mindestens indirekt beteiligt ist und die zumindest einen Zweck gemeinsam haben.

27 Der Mix wird somit durch **trennende** (Mehrzahl und Verschiedenartigkeit von Rechts- bzw. Realakten) und **verbindende** (Verwaltungsbeteiligung und Zwecküberschneidung) **Merkmale** geprägt. Hier wird bewusst ein begrifflich weiter Rahmen gespannt, der auch bekannte Phänomene erfasst. Im Folgenden wird gelegentlich zwischen typischen und atypischen Erscheinungsformen des Mix differenziert. Das ermöglicht es, einerseits den Blick auf typische Erscheinungsformen zu fokussieren, andererseits aber dort atypische Phänomene in die Betrachtung einzubeziehen, wo dies für die dogmatische Durchdringung Mehrwert bringt.

28 Ein Mix besteht typischerweise aus einer **Mehrzahl von Rechts- bzw. Realakten.** Das Phänomen der Doppelfunktion bzw. Doppelnatur eines **einzigen Rechtsaktes** ist hingegen als **atypischer** Mix zu charakterisieren. Das gilt etwa für das Beispiel eines Verwaltungsaktes im Gewande einer Norm, bei dem sich ein Teil der Probleme des Mix stellt: Handelt es sich um einen Planfeststellungsbeschluss im Gewande eines Parlamentsgesetzes, kann es zu einem Mix aus legislativer und exekutiver Gewalt ebenso wie aus Landes- und Bundesgewalt mit erheblichen rechtlichen Konsequenzen für die Maßstäbe des Verfahrens und des Rechtsschutzes kommen.[59] Rechtsstaatliche Grundsätze, das Gebot der Rechtsklarheit sowie das Verbot des Einzelfallgesetzes, aber auch das demokratische Gebot der Klarheit der Verantwortlichkeit, die sich hier aufdrängen, müssen für den Mix verallge-

---

[58] Nachdenklich gegenüber der Integrationsfähigkeit einer auf Differenzierung verpflichteten Rechtsordnung am Beispiel des Integrativen Umweltrechts: *Di Fabio,* Integratives Umweltrecht (Fn. 52), S. 337.
[59] BVerfGE 95, 1 – Südumfahrung Stendal.

B. Begriffliche Fragen

meinert werden. Die begriffliche Erfassung dieser Phänomene als atypischer Mix eröffnet die Chance, auf dogmatische Parallelen zurückzugreifen.

Ein Mix besteht aus **verschiedenartigen Rechts- bzw. Realakten.** Typischerweise handelt es sich dabei um verschiedenartige Formen und Instrumente. Mit Blick auf bereits existierende, rechtsdogmatisch fruchtbare Lösungsansätze sollen Beispiele, bei denen Entscheidungen und Rechtsakte aufeinanderfolgen, die ihrerseits **dieselbe Rechtsform** haben, begrifflich nicht ausgeschieden und bei der rechtlichen Durchdringung des Mix nicht ausgeblendet werden. Auch hier kann von einem atypischen Mix gesprochen werden. **29**

Zu denken ist hier an gestufte und vorläufige Verwaltungsakte.[60] In diesen Fällen liegt die **Verschiedenartigkeit** der gemixten Rechtsakte **innerhalb des Formtypus Verwaltungsakt,** der eben verschiedenartige Ausprägungen umfasst. Das gilt auch für Nebenbestimmungen[61]: Ob sich ein Verwaltungsakt mit einer Nebenbestimmung begrifflich als Mix darstellt, hängt also auch nicht davon ab, ob es sich bei der Nebenbestimmung um einen Verwaltungsakt handelt oder nicht – so stellt sich für die Diskussion um die isolierte Anfechtbarkeit von Nebenbestimmungen[62] in ihrer gesamten Breite die Frage der Verallgemeinerbarkeit für die Erscheinungsformen des Mix. Auch die Diskussion über das Verhältnis von Eingriffen zur Gefahrerforschung, zur Gefahrursachenerforschung und zur Gefahrenabwehr verspricht rechtstheoretischen Gewinn.[63] Schließlich kann der **Verwaltungsakt selbst Handlungsbündel**[64] sein. **30**

Auch Mixe innerhalb der Rechtsform des **Vertrages**[65] sind von Interesse, so z.B. die Gesamtverträge zwischen der kassenärztlichen Bundesvereinigung und den Spitzenverbänden der Krankenkassen („Bundesmantelverträge"). Auch hier lohnte die rechtliche Durchdringung: Diffus bleibt bislang der Rechtsschutz des einzelnen Arztes dagegen und das anzuwendende Rechtsregime.[66] Gefordert wird ein einheitlicher „Typus des komplexen Gesamtvertrags"[67]. Auch bei ihm würde es sich um einen atypischen Mix handeln. **31**

Es muss sich um Rechts- bzw. Realakte handeln, die **von der Verwaltung jedenfalls mitgeprägt** werden. Dabei reicht es aus, wenn eine Behörde bei einem der Akte direkt handelt. So können auch Rechtsakte von und zwischen Privaten in die Betrachtung einbezogen werden, die nur mittelbar durch die Verwaltung beeinflusst werden, wie z.B. beim Emissionshandel oder beim Umweltaudit. Auch ein Zusammenwirken der Verwaltung mit Akten der Gesetzgebung kann – als atypischer Mix – berücksichtigt werden, wie dies bei den Lenkungsabgaben und bei den normprägenden oder normflankierenden Absprachen der Fall ist. **32**

Das Element, das eine Mehrzahl von Rechtsakten zu einem Mix verbindet, besteht in ihrer **Zwecküberschneidung.** Diese zeigt sich darin, dass sich zumin- **33**

---

[60] Zu ihnen vgl. a. → Bd. II *Bumke* § 35 Rn. 109 ff., 217 f.
[61] Siehe a. → Bd. II *Bumke* § 35 Rn. 125 ff.
[62] Vgl. a. → Bd. II *Bumke* § 35 Rn. 150 ff.
[63] *Pitschas*, Formendualismus (Fn. 22), S. 254.
[64] *Pitschas*, Formendualismus (Fn. 22), S. 240.
[65] → Bd. II *Bauer* § 36.
[66] *Pitschas*, Formendualismus (Fn. 22), S. 249, fragt, ob es hier um Öffentliches Recht oder um Zivilrecht geht.
[67] *Pitschas*, Formendualismus (Fn. 22), S. 250.

dest einzelne **Zwecke überschneiden.** Anders ausgedrückt: Würde man die Zweck-Mittel-Relationen der einzelnen, zum Mix verbundenen Rechts- bzw. Realakte isoliert betrachten und dann miteinander vergleichen, müssten sich wenigstens partiell Parallelen ergeben. Es wäre nicht sinnvoll, zwei Akte, die ganz unterschiedliche Zwecke verfolgen, nur aufgrund der Tatsache, dass sie einem Rechtsverhältnis entspringen, als Mix zu bezeichnen. Nicht vorausgesetzt wird aber, dass sämtliche Zwecke der verschiedenen Elemente eines Mix identisch sind. Als Zwecke kommen dabei öffentliche Interessen und Aufgaben ebenso wie der Schutz privater Interessen und Rechte in Betracht. Auf der Seite der Privaten bietet sich als verbindendes Kriterium eine Anleihe an das Prozessrecht, nämlich den rechtlichen „Zusammenhang" i.S.d. Klagehäufung nach § 44 VwGO an.

C. Bestandsaufnahme und Typisierung

34 Sehr unterschiedliche Phänomene können als Formen- bzw. Instrumentenmix bezeichnet werden. Eine rechtswissenschaftliche Untersuchung muss sich ihrer Gegenstände vergewissern. Deshalb folgen der begrifflichen Erfassung des Mix eine Bestandsaufnahme mit Beispielen und eine Typisierung nach rechtlichen Kriterien.

I. Ausgewählte Beispiele für Mix

1. Beispiele aus dem überkommenen Instrumentarium des Verwaltungsrechts

35 Auch im **überkommenen Instrumentarium** des Verwaltungsrechts finden sich Beispiele, die unter die oben gefasste Definition des Mix fallen. Mag ihre Einordnung und Bezeichnung als Mix auch ungewohnt erscheinen, kann doch deren rechtliche Durchdringung bei der Erschließung des Mix von hohem Wert sein.[68] Auch Beispiele für einen atypischen Mix werden in die Betrachtung einbezogen, soweit sich aus deren rechtlicher Durchdringung exemplarisch Bausteine für die rechtliche Erschließung des typischen Mix gewinnen lassen.

36 Das gilt vor allem für die schon klassisch zu nennende Kombination von **Verwaltungsakten mit Nebenbestimmungen,** die in § 36 VwVfG sogar Eingang in die Kodifikation des allgemeinen Verwaltungsrechts gefunden hat. Die Regelung unterscheidet zwischen verschiedenen Arten selbstständiger und unselbstständiger Nebenbestimmungen[69] und setzt der rechtlichen Zulässigkeit von Nebenbestimmungen Grenzen. Außerdem existiert eine fortgeschrittene Diskussion um die Fragen der isolierten Anfechtbarkeit von Nebenbestimmungen.[70] Soweit Nebenbestimmungen ihrerseits Verwaltungsakte sind, handelt es sich um einen atypischen Mix, soweit dies nicht der Fall ist, um einen typischen Mix.

---

[68] Insofern gilt das *Marcel Proust* zugeschriebene Wort: „Die eigentliche Entdeckung besteht nicht darin, Neuland zu betreten, sondern mit neuen Augen zu sehen."

[69] Siehe a. → Bd. II *Bumke* § 35 Rn. 131 ff.

[70] Vgl. dazu → Bd. II *Bumke* § 35 Rn. 150 ff.

C. Bestandsaufnahme und Typisierung

Eine Fallgruppe besteht auch in der Abfolge von Verwaltungsakten innerhalb eines Verwaltungsrechtsverhältnisses. Zu denken ist hier an den **gestuften Verwaltungsakt** (Teilgenehmigung und Vorbescheid)[71], d.h. an die Teilakte eines gestuften Genehmigungsverfahrens, an den **vorläufigen Verwaltungsakt**[72] und an den **Rahmenverwaltungsakt.**[73] Ein Beispiel für einen Verwaltungsakt, der einen anderen Verwaltungsakt voraussetzt, ist etwa auch die an eine Ausnahmegenehmigung für Unionsbürger geknüpfte Einstellung als deutscher Beamter (§ 4 Abs. 4 LBG NW). Die sich hier beim atypischen Mix stellenden Fragen rechtlicher Vorwirkungen sind von grundlegender Bedeutung auch für andere Mix-Typen. 37

Besonderes Augenmerk verdient auch der Mix aus **Verwaltungsakt und Verwaltungsvertrag,** handelt es sich doch beim Verwaltungsakt um die seit *Otto Mayer* schlechthin klassische verwaltungsrechtliche Form und beim Verwaltungsvertrag um die Rechtsform, die dem Verwaltungsakt in der Kodifikation des VwVfG gleichsam alternativ an die Seite gestellt wurde. Als Beispiel eines Mix aus beiden sei hier auf den so genannten „hinkenden Austauschvertrag" verwiesen. 38

Eine auch schon überkommene, weil dem Instrument der Planung immanente Problematik, ist der Mix aus **Planung und Rechtsakten des Vollzugs.** Planungsentscheidungen kommen nicht ohne die stabilisierende Funktion des Verwaltungsaktes aus.[74] In diesen Zusammenhang lassen sich auch **Verwaltungsvorschriften** im Verhältnis zu späteren (Ermessens-)Entscheidungen stellen. Im Baurecht hat sich aus der Praxis die Kombination konsensualer Vereinbarungen zwischen Investor und Gemeinde mit Baugenehmigungen bzw. Bebauungsplänen entwickelt und wurde in §§ 11 f. BauGB **(städtebaulicher Vertrag bzw. vorhabenbezogener Bebauungsplan)** gesetzlich eingebunden. 39

Schließlich sind **Subventionen und Vergabeentscheidungen** typischerweise in einen verwaltungsrechtlichen Mix eingebunden, und zwar gegebenenfalls auf doppelte Weise: Zum einen, weil die Entscheidung über das „Ob" und die Ausgestaltung des „Wie" regelmäßig in verschiedene, aber in einem rechtlichen Zusammenhang stehende Rechtsakte zerfallen – woran sich die Fragen der sogenannten **Zweistufentheorie**[75] knüpfen. Zum anderen stellt sich die Frage eines Mix in der Verknüpfung mit dem **Ordnungsrecht,** d.h. zum Beispiel von Subventionen mit Anordnungen, mit Verboten oder mit Auflagen.[76] 40

2. Neuere Erscheinungsformen in ausgewählten Referenzgebieten

Anlass für die allgemeine Beschäftigung mit dem Phänomen des Mix im Verwaltungsrecht geben neuere Erscheinungsformen des Verwaltungshandelns. Auf der Suche nach Beispielen erweist sich v.a. das **Umweltrecht als Referenzgebiet.** Für den Mix aus Selbst- und Fremdkontrolle ist das in die Wirtschaftsaufsicht 41

---

[71] *Pitschas*, Formendualismus (Fn. 22), S. 244. S.a. → Bd. II *Bumke* § 35 Rn. 116 f.
[72] *Pitschas*, Formendualismus (Fn. 22), S. 243. Vgl. a. → Bd. II *Bumke* § 35 Rn. 110 ff.
[73] *Schmidt-Aßmann*, Ordnungsidee, Kap. 6 Rn. 106, verweist auf den Rahmenverwaltungsakt bei Produktionsverfahren, der z.B. Versuchsanordnungen, Selbstüberwachungs-, und Forschungspflichten festlegt.
[74] *Pitschas*, Formendualismus (Fn. 22), S. 244. S. aber a. → Bd. II *Köck* § 37 Rn. 32 ff.
[75] Vgl. a. → Bd. I *Burgi* § 18 Rn. 69, 71.
[76] *Gawel*, Instrumenteneinsatz (Fn. 3), S. 177.

zu integrierende Governance-Konzept exemplarisch, das hier am Beispiel des **Versicherungsaufsichtsrechts** beleuchtet werden soll. Als ein weiteres, noch mit Blick auf den Mix zu erschließendes Referenzgebiet zeichnet sich das sektorspezifische **Telekommunikationsrecht** ab.[77]

42 Ein Beispiel liefert der **integrierte Umweltschutz**.[78] Dabei wäre schon der von dem überkommenen und vielschichtigen Gedanken der **Integration** abgeleitete Begriff eine eigene Untersuchung wert. Ein integrativer Ansatz könnte von allgemeiner Bedeutung bei der Erschließung des Mix sein.

43 Einen eigenen Typus des Mix stellt der **Handel mit Zertifikaten** dar, wie er jetzt mit dem Emissionshandel in Deutschland und Europa eingeführt wurde[79] – nicht nur in der Gesamtschau der Instrumente des Umweltrechts,[80] sondern auch für sich betrachtet. Dieser Typus zeichnet sich durch eine besondere Vielfalt ganz unterschiedlicher rechtlicher Elemente aus. Dazu gehören vor allem die staatliche Verteilung der Zertifikate am Anfang der Zuteilungsperiode, der private Handel mit den Zertifikaten während der Zuteilungsperiode und die wiederum staatliche Einforderung der Zertifikate am Ende der Zuteilungsperiode. Daraus entsteht ein komplexes Geflecht von Rechtsverhältnissen, die ihrerseits noch neben die Rechtsverhältnisse des Immissionsschutzrechts treten. Die Idee des Handels mit fungiblen Umweltnutzungsrechten wie auch erste Schritte der Realisierung stammen aus den USA, deren restriktive Haltung zum Kyoto-Protokoll auf einem anderen Blatt steht. In der US-amerikanischen Luftreinhaltepolitik existiert ein so genannter „kontrollierter Umwelthandel" seit 1977.[81] In rudimentärer Form ist der Gedanke auch im deutschen Immissionsschutzrecht schon länger in der Ausgleichsregel nach Nr. 4. 2. 10 TA-Luft und der Großfeuerungsanlagen-VO verankert.

44 Als Beispiel eines Mix aus **Selbst- und Fremdkontrolle** kann das **Umweltaudit** gelten. Es handelt sich um eine formalisierte Selbstverpflichtung.[82] Die EG-EMAS-VO (2001[83]) sowie das deutsche UAG[84] stellen ein Modell dar, Selbstver-

---

[77] Dazu jetzt der Entwurf der *European Regulators Group* (ERG) „Appropriate remedies in the ECNS regulatory framework" vom November 2005. Zum Arbeiten mit Referenzgebieten s. a. → Bd. I *Voßkuhle* § 1 Rn. 43 ff.

[78] Dazu *Di Fabio*, Integratives Umweltrecht (Fn. 52), S. 329 ff. und die Nachweise bei *ders.*, Kooperationsprinzip (Fn. 2), S. 1154, Fn. 14.

[79] Siehe a. → Bd. II *Sacksofsky* § 40 Rn. 15, 61 ff.

[80] *Graichen/Harders*, Ausgestaltung (Fn. 1), S. 80: „Der Emissionshandel wird zu einem neuen, zentralen Instrument im Instrumentenmix der Umweltpolitik."

[81] *Gawel*, Instrumenteneinsatz (Fn. 3), S. 70.

[82] *Lothar Michael*, Rechtsetzende Gewalt im kooperierenden Verfassungsstaat – Normersetzende und normprägende Absprachen zwischen Staat und Wirtschaft, 2002, S. 153 ff. S. a. → Bd. I *Schuppert* § 16 Rn. 91 ff., *Eifert* § 19 Rn. 90 ff.

[83] Verordnung (EG) Nr. 761/2001 des Europäischen Parlaments und des Rates vom 19. März 2001 über die freiwillige Beteiligung von Organisationen an einem Gemeinschaftssystem für das Umweltmanagement und die Umweltbetriebsprüfung (EMAS = Environmental Management and Audit Scheme), ABl. EG 2001, Nr. L 114 S. 1, die die EG-UmwAuditVO (1993) (= Verordnung [EWG] Nr. 1836/93 des Rates vom 29. Juni 1990 über die freiwillige Beteiligung gewerblicher Unternehmen an einem Gemeinschaftssystem für das Umweltmanagement und die Umweltbetriebsprüfung, ABl. EG 1995, Nr. L 168 S. 1, ber. ABl. EG 1995, Nr. L 203 S. 17) ersetzte und im Wortlaut völlig, inhaltlich wesentlich neu fasste.

[84] Gesetz zur Ausführung der Verordnung (EWG) Nr. 1836/93 des Rates vom 29. Juni 1990 über die freiwillige Beteiligung gewerblicher Unternehmen an einem Gemeinschaftssystem für das Um-

C. Bestandsaufnahme und Typisierung

pflichtungen der Wirtschaft im Umweltbereich zu verrechtlichen, zu formalisieren und zu individualisieren. Die Kehrseite der Formalisierung sind rechtliche Konsequenzen der Teilnahme. Vorbild waren die „environment audits" in den USA.[85] Die Verrechtlichung, Formalisierung und Individualisierung durch die EG-EMAS-VO[86] sowie das deutsche Umweltauditgesetz (UAG) sowie mehrere nationale Rechtsverordnungen besteht in Folgendem: Jede Organisation kann sich, wenn sie „ihre Umweltleistung verbessern möchte" (Art. 3 Abs. 1 EG-EMAS-VO), am System des Umweltaudit beteiligen. Die Teilnehmer „müssen" (Art. 3 Abs. 2 EG-EMAS-VO) dann jedoch gegebenenfalls alle rechtlich vorgeschriebenen Maßnahmen ergreifen, um rechtlich anerkannt, nämlich in das EMAS-Register eingetragen, zu werden. Zwischen dem Unternehmen und dem Umweltgutachter wird ein rechtlich verbindlicher (privatrechtlicher[87]) *Vertrag* geschlossen. Für die Ausgestaltung dieses Vertrages gelten rechtliche Rahmenbedingungen. Um als auditiertes Unternehmen registriert zu werden (Art. 6 EG-EMAS-VO), muss die *Umwelterklärung* (Art. 3 Abs. 2 lit. c) EG-EMAS-VO) von einem Umweltgutachter für gültig erklärt werden (Art. 6 Abs. 1 EG-EMAS-VO). Die interne *Umweltbetriebsprüfung* (Anhang II zur EG-EMAS-VO) ist ein vorgeschriebenes periodisches *Selbstüberwachungssystem*.[88] Bemerkenswert kompliziert ist das gestaffelte System aus teils privatisierter, teils hoheitlicher und teils kooperativer *Kontrolle* und *Aufsicht* beim Umweltaudit. Dies wurde als „Scharnier einer ganzheitlichen Regulierungsstrategie"[89] bezeichnet.

Mit den vorgenannten Instrumenten der regulierten Selbstkontrolle verwandt sind Vorschriften zur **Betriebsorganisation**[90] (z.B. § 52a Abs. 2 BImSchG[91], § 53 KrW-/AbfG). Die Personalisierung der Verantwortung hat Vorläufer in den Vorschriften zum **Betriebsbeauftragten**[92] (z.B. für Immissionsschutz: §§ 53ff. BImSchG, 5. BImSchV[93], für Gewässerschutz: § 4 Abs. 2 Nr. 2, § 5 Abs. 1 Nr. 1a und §§ 21a ff. WHG oder für Abfall: §§ 54f. KrW-/AbfG, AbfBetrbV[94]). Gemeinsam ist all diesen Regelungen zur Betriebsorganisation der „Leitgedanke"[95], eine ständige, flexible Verbesserung des betrieblichen Umweltschutzes durch Deregulierung und durch Verlagerung staatlicher Kontrolle auf eigenverantwortliche Selbstkontrolle zu erreichen. Dabei sind Varianten und Mischformen direkter

45

---

weltmanagement und die Umweltbetriebsprüfung vom 7. Dezember 1995, BGBl I, S. 1591, geändert durch Gesetz vom 19. Dezember 1998, BGBl I, S. 3836.

[85] *Torsten Bartsch*, Erfahrungen mit Umwelt-/Öko-Audits in den USA, ZUR 1995, S. 14ff.

[86] Kritisch: *Rudolf Steinberg*, Diskussionsbeitrag, in: VVDStRL, Bd. 56 (1997), S. 289.

[87] *Wolfgang Köck*, Das Pflichten- und Kontrollsystem des Öko-Audit-Konzepts nach der Öko-Audit-Verordnung und dem Umweltauditgesetz – Zugleich ein Beitrag zur Modernisierungsdiskussion im Umweltrecht, VerwArch, Bd. 87 (1996), S. 644 (662).

[88] Zur Unterscheidung zwischen privater Selbst- und Fremdkontrolle *Michael Reinhard*, Die Überwachung durch Private im Umwelt- und Technikrecht, AöR, Bd. 118 (1993), S. 617ff.

[89] *Jens-Peter Schneider*, Öko-Audit als Scharnier in einer ganzheitlichen Regulierungsstrategie, DV, Bd. 28 (1995), S. 361ff.

[90] *Wolfgang Köck*, Die Entdeckung der Organisation durch das Umweltrecht, ZUR 1995, S. 1 (2). S.a. → Bd. I *Schuppert* § 16 Rn. 104ff.

[91] Mit dem Dritten Gesetz zur Änderung des BImSchG vom 11. Mai 1990, BGBl I, S. 870.

[92] Hierzu *Reinhard*, Überwachung durch Private (Fn. 88), S. 635ff.

[93] Fünfte Verordnung zur Durchführung des BImSchG: Verordnung über Immissionsschutz- und Störfallbeauftragte vom 30. Juli 1993, BGBl I, S. 1433.

[94] Verordnung über Betriebsbeauftragte für Abfall vom 26. Oktober 1977, BGBl I, S. 1913.

[95] *Michael Kloepfer*, UmweltR, § 5 Rn. 420.

und indirekter staatlicher Steuerung zu erkennen.⁹⁶ In der Entwicklung der Instrumente ist die Kombination aus Selbst- und Fremdkontrolle immer weiter ausgebaut und erstere verschärft worden. Das heißt aber nicht, dass die einfacheren, abgeschwächten und älteren Instrumente nur vorübergehende Übergangsphänomene darstellen. Vielmehr haben sich verschiedene Intensitäten je nach Regelungsbereich bewähren können. Die jüngere Entwicklung hat weitere Varianten hervorgebracht:

45a Sogar im **Chemikalienrecht**, also im Umgang mit gefährlichen Gütern, setzt die jüngere Gesetzgebung verstärkt auf den Grundsatz der Eigenverantwortung der Wirtschaft. Die Verordnung (EG) Nr. 1907/2006 (REACh-Verordnung) macht den Informationsaustausch zwischen Herstellern bzw. Importeuren untereinander sowie mit den Verwendern zur Rechtspflicht. Damit soll die Verwertung von Kenntnissen, Absichten und Erfahrungen optimiert werden. Ein obligatorisches Registrierungsverfahren zielt auf die Veröffentlichung der relevanten Gefahrendaten. Im Rahmen der Vorregistrierung sind Foren zum Austausch von Informationen zwischen verschiedenen Herstellern zu bilden. Berichtspflichten und die Erstellung von Datenblättern schaffen Transparenz. Unter dem Gesichtspunkt des Mix ist dieses Modell relevant, weil es mit den klassischen Möglichkeiten des staatlichen Zulassungsvorbehalts bzw. des Verbots bestimmter Verwendungen kombiniert ist. Diese klassischen Instrumente verlieren aber quantitativ an Bedeutung, weil sie auf wenige besonders gefährliche Stoffe bzw. Verwendungen beschränkt werden, während der Umgang mit den meisten Risiken dem systematisch informierten Markt anvertraut wird. Dadurch verschieben sich letztlich die Intensitäten der Verantwortung. In dem Maße, wie den Privaten die primäre Verantwortung zugesprochen wird, tritt die hoheitliche Verantwortung in den Hintergrund. Das ist bemerkenswert, weil dies zu einer relativ zurückgenommenen hoheitlichen Auffangverantwortung führt, die für das Risikorecht auf den ersten Blick überraschen mag. Die Wirksamkeit dieses Konzeptes bleibt abzuwarten. Die Negativerfahrungen von Defiziten im Umgang mit den Atomrisiken in Japan scheinen dafür zu sprechen, Private stärker in die Verantwortung einzubinden, den Informationsaustausch zu optimieren und keine übersteigerten Erwartungen in die Effektivität einer staatlichen Auffangverantwortung zu haben. Im Umgang mit erlaubten Risiken spricht vieles für die Konzeption der REACh-Verordnung. Freilich muss für jeden Risikobereich politisch die Frage beantwortet werden, wo die Grenzen zum Verbot liegen sollen – auch hierfür liefern die Reaktionen unterschiedlicher Staaten auf die japanische Atomkatastrophe viele Beispiele.

45b Als weiteres Beispiel für die wachsende Bedeutung des Mix seien hier die Entwicklungen im Finanzdienstleistungsaufsichtsrecht genannt. Exemplarisch sei hier das **Versicherungsaufsichtsrecht** herausgegriffen. Nach der Konzeption der Solvency II-Richtlinie⁹⁷ soll die dauerhafte und nachhaltige Erfüllbarkeit der Verpflichtungen der Versicherungsunternehmen durch ein Drei-Säulen-Modell garantiert werden. Die erste Säule beinhaltet quantitative Vorgaben an das Rechnungswesen und die versicherungstechnischen Rückstellungen. Es werden quan-

---

⁹⁶ *Michael*, Rechtsetzende Gewalt (Fn. 82), S. 157 f.
⁹⁷ Richtlinie 2009/138/EG des Europäischen Parlaments und des Rates vom 25. November 2009, ABl. EU 2009, Nr. L 335, S. 1.

titative Solvenzanforderungen aufgestellt. Die zweite Säule regelt die qualitativen Anforderungen an Versicherungsunternehmen und Aufsichtsbehörden. Den Versicherungsunternehmen wird die Pflicht auferlegt, eine Risikostrategie, eine angemessene Aufbau- und Ablauforganisation, ein internes Steuerungs- und Kontrollsystem sowie eine interne Revision nachzuweisen. Damit müssen die Unternehmen umfassenden Governance-Anforderungen genügen. Die dritte Säule enthält Informationspflichten gegenüber der Öffentlichkeit sowie gegenüber der Aufsichtsbehörde hinsichtlich der Anforderungen der Säulen eins und zwei. Es geht hierbei um die sogenannten Offenlegungspflichten. Nunmehr gilt es, dieses System mit den Instrumenten der nationalen Aufsicht zu verzahnen, das von Rundschreiben und informellen Gesprächen bis zu Verwaltungsakten reicht. Dadurch wird ein neuer Mix entstehen, der instrumentell vor allem wegen des Verhältnisses zwischen der Compliance als Selbstkontrollmechanismus und der Aufsicht als Fremdkontrolle neue Fragen aufwirft. Vor allem stellen sich bei diesem Mix Probleme der Verhältnismäßigkeit. Die Flexibilisierung der Maßstäbe könnte nicht nur den Unternehmen, sondern auch der Aufsicht neue Spielräume eröffnen. Umso wichtiger ist, dass der Grundsatz der Proportionalität als immanenter Maßstab des neuen Regimes in Art. 29 Abs. 3 und Abs. 4, Art. 41 Abs. 2 und Abs. 4 S. 2 der Solvency II-Richtlinie ausdrücklich betont wird. Der Ansatz von Solvency II will flexibel unternehmens- und risikobezogen sein. Dies wird mit den traditionellen, einheitlichen Aufsichtsanforderungen im Zusammenspiel abzustimmen sein. Zudem werden hier (künftige, z.T. auch schon nach § 64a VAG bestehende) Rechtspflichten noch durch Maßstäbe bereits länger bestehender freiwilliger Standards sowie durch das private Gesellschaftsrecht überlagert. Obwohl Aspekt des Aufsichtsrechts, wird das Thema nur vereinzelt überhaupt als Problem des Verwaltungsrechts erkannt und wenn überhaupt rechtswissenschaftlich, dann aus der Perspektive des Wirtschaftsprivatrechts behandelt.

Beispiele für einen Mix aus **informellem Verwaltungshandeln und formellen Rechtsakten** bieten die **normvollziehenden Absprachen,** die sich auf Modalitäten des Vollzugs geltender Normen beziehen, die die im Normvollzug rechtlich geregelten Verfahren und Rechtsfolgeentscheidungen modifizieren bzw. ersetzen.[98] Mixe sind auch die **normverdrängenden** Absprachen bzw. Selbstverpflichtungen[99], bei denen eine Norm zwar existiert, diese aber selbst ihre Rechtsfolgen für den Fall bestimmter Selbstverpflichtungen aussetzt oder modifiziert (z.B. § 6 und §§ 8f. VerpackV i.V.m. entsprechenden Selbstverpflichtungen). **Normflankierende Absprachen**[100] sind Absprachen, die notwendig sind, um die Anwendbarkeit und Wirkung von Normen zu realisieren. Sie ersetzen ergänzende Normen, die sonst diese Funktion erfüllen müssten. Aber nicht nur die Normen sind hier von Absprachen abhängig, sondern umgekehrt auch die Absprachen von Normen. Abspracheflankierende Normen können in verschiedener Weise infor- **46**

---

[98] Vgl. a. → Bd. II *Fehling* § 38 Rn. 34f.

[99] Dieses Modell ist (auch) rein einseitig denkbar; vgl. auch *Matthias Schmidt-Preuß*, Verwaltung und Verwaltungsrecht zwischen gesellschaftlicher Selbstregulierung und staatlicher Steuerung, VVDStRL, Bd. 56 (1997), S. 160 (215). Vgl. a. → Bd. I *Eifert* § 19 Rn. 73ff.; Bd. II *Fehling* § 38 Rn. 36f.; Bd. III *Waldhoff* § 46 Rn. 21 f.

[100] *Jürgen Fluck/Thomas Schmitt*, Selbstverpflichtungen und Umweltvereinbarungen rechtlich gangbarer Königsweg deutscher und europäischer Umweltpolitik?, VerwArch, Bd. 89 (1998), S. 220 (226).

male Absprachen unterstützen und steuern. So flankierte die AltautoV vom 4. Juli 1997[101] die Selbstverpflichtung der Automobilindustrie vom 21. Februar 1996.[102] Von den normersetzenden Absprachen sind die **normprägenden Absprachen** zu unterscheiden, wobei sich auch zwischen diesen Kategorien Überschneidungen ergeben. Die normprägende Absprache zeichnet sich dadurch aus, dass von vornherein – wie z. B. beim so genannten Atomkonsens von 2000/2001 – nicht geplant ist, auf formale Rechtsetzung zu verzichten.[103] Im Bereich informeller Absprachen gibt es auch **Mischformen**[104], wenn eine Absprache sowohl den Vollzug regeln als auch den Erlass von Normen abwenden soll.[105]

47 Die Kombination aus **Ordnungsrecht und Abgabenlösungen** wird explizit unter dem Stichwort „Instrumenten-Mix" behandelt:[106] Dazu gehört das Beispiel der wasserrechtlichen Bewilligung und einer daran anknüpfenden **Abwasserabgabe** (1981)[107], die zusätzliche Vermeidungsanreize induziert und deren umweltpolitisches Potential nicht ausgeschöpft ist,[108] sowie der **Wasserpfennig** nach § 17a WasserG BW, dessen Aufkommen u. a. zu Ausgleichszahlungen nach § 19 Abs. 4 WHG, die für umweltdienliche Einschränkungen der Landwirtschaft entschädigen, verwandt wird. In diesem Fall wurde eine Diskussion um das Verursacher- versus das Gemeinlastprinzip und Problem des Mischcharakters der Subvention im Rahmen eines Bewirtschaftungskonzeptes im Wasserrecht geführt.[109] Die zieladäquate Verwendung des Aufkommens bestimmter Abgaben wurde als eine eigenständige Instrumentenkomponente bezeichnet.[110] Auch die **Verpackungssteuer**[111], bei der eine Lenkungsabgabe mit kooperativen und ordnungsrechtlichen Instrumenten zusammentrifft, ist ein Beispiel für Instrumente auf verschiedenen, freilich wesentlich normativen Ebenen.[112] An diesem Beispiel hat sich auch eine Diskussion über die Widerspruchsfreiheit der Rechtsordnung[113] entzündet.

---

[101] Verordnung über die Überlassung und umweltverträgliche Entsorgung von Altautos, BGBl I, S. 1666.
[102] Vgl. hierzu *Matthias Schmidt-Preuß*, Duale Entsorgungssysteme als Spiegelbild dualer Verantwortung: Von der Verpackungsverordnung zum Kreislaufwirtschaftsgesetz, in: Gunnar Folke Schuppert (Hrsg.), Jenseits von Privatisierung und „schlankem" Staat, 1999, S. 195 (203 f.); *Michael*, Rechtsetzende Gewalt (Fn. 82), S. 43.
[103] *Michael*, Rechtsetzende Gewalt (Fn. 82), S. 44 f., 65 f., 105 ff.
[104] *Joachim Scherer*, Rechtsprobleme normersetzender „Absprachen" zwischen Staat und Wirtschaft am Beispiel des Umweltrechts, DÖV 1991, S. 1 ff. m. w. N.; kritisch *Ulrich Dempfle*, Normvertretende Absprachen, 1994, S. 15 Fn. 56; als Beispiel nennt *Hans-Günter Henneke*, Informelles Verwaltungshandeln im Wirtschaftsverwaltungs- und Umweltrecht – Zwischenbilanz zur Erfassung eines seit zehn Jahren benannten Phänomens, NuR 1991, S. 267 (271), die Belastungsgebietsabsprachen; zu den normvertretenden Absprachen vgl. *Ulrich Dempfle*, a. a. O.; *Michael Kohlhaas/Barbara Praetorius*, Selbstverpflichtungen der Industrie zur CO$_2$-Reduktion, 1994, S. 50.
[105] *Michael*, Rechtsetzende Gewalt (Fn. 82), S. 39 f. mit Beispielen; *Eberhard Bohne*, VerwArch, Bd. 75 (1984), S. 343 (345), spricht von „Absprachen mit normvollziehenden und normvertretenden Elementen".
[106] *Sacksofsky*, Umweltschutz (Fn. 2), S. 256.
[107] *Gawel*, Instrumenteneinsatz (Fn. 3), S. 69.
[108] *Sacksofsky*, Umweltschutz (Fn. 2), S. 34 ff.; *Rodi*, Instrumentenvielfalt (Fn. 2), S. 243.
[109] *Gawel*, Instrumenteneinsatz (Fn. 3), S. 69.
[110] *Gawel*, Instrumenteneinsatz (Fn. 3), S. 69.
[111] BVerfGE 98, 106 (118 ff.) – Kommunale Verpackungssteuer; *Michael Rodi*, Bundesstaatliche Kompetenzausübungsschranken für Lenkungssteuern, StuW 1999, S. 105 ff.
[112] *Rodi*, Instrumentenvielfalt (Fn. 2), S. 235.
[113] BVerfGE 98, 106 (118 ff.); kritisch zu dieser Rechtsprechung *Rodi*, Instrumentenvielfalt (Fn. 2), S. 237 f. S. a. → Bd. II *Sacksofsky* § 40 Rn. 85; Bd. III *Korioth* § 44 Rn. 90.

C. Bestandsaufnahme und Typisierung

Als Beispiel wird auch das „**Fluglärmgesetz als Instrumentenmix**"[114] genannt, nämlich als ein Mix aus Genehmigungs- und Planfeststellungsverfahren sowie einer Fülle flugbetrieblicher Maßnahmen, Regelungen der Landesplanung, Flughafen-Fachplanung, Bauleitplanung und Baugenehmigungsrecht, d.h. als Mix „auf allen maßgeblichen Regelungsebenen".[115] Was mit der Bezeichnung als Mix gemeint ist, muss der Leser aus dem Zusammenhang erschließen. Bemerkenswerterweise ist der Grundtenor des Aufsatzes, die Kritik am Gesetzgeber. Dabei wird das maßgebliche Fachplanungsprivileg als „mehr oder minder ‚durchnormiert'"[116] bezeichnet. 48

Als weitere Beispiele seien hier erwähnt: die gelungene Harmonisierung zwischen **öffentlichem Immissionsschutzrecht und privatem Umweltnachbarrecht**[117], die Koordination von Instrumenten im **Agrarrecht**[118], die Relation zwischen Umweltsubventionen und Umweltordnungsrecht[119] im **Beihilfekodex**[120] und das Verbundsystem[121] zur Förderung erneuerbarer Energien im Zusammenspiel von Ordnungsrecht und Lenkungsabgaben[122] im **Energierecht**. 49

II. Typisierung nach rechtlichen Kriterien

Die Erscheinungsformen und Beispiele für einen Mix sind so heterogen, dass sie unterschiedliche, sich freilich überschneidende Probleme aufwerfen. Deshalb bietet sich im Anschluss an die tatsächliche Bestandsaufnahme eine Typisierung nach rechtlichen Kriterien an, die also von den sich anschließenden rechtlichen Fragen geleitet ist. 50

1. Personeller Mix aus einer Vielzahl von Beteiligten

Ein „personeller Mix" spiegelt **Interessengeflechte** aus einer komplexen **Vielzahl von Beteiligten**. Das verbindende Element liegt dann darin, dass die den Mix bildenden mehreren Rechtsakte **einem gemeinsamen Verwaltungsrechtsverhältnis** entspringen. Dabei wird hier ein weiter Begriff des Verwaltungsrechtsverhältnisses zugrunde gelegt, der nicht auf zweipolige Beziehungen beschränkt ist. An den zum Mix verbundenen Rechtsakten müssen also nicht zwingend dieselben Personen beteiligt sein. Es reicht vielmehr aus, wenn zumindest eine Person an den verschiedenen Einzelakten beteiligt ist. **Multipolare Rechtsbeziehungen** werden also begrifflich einem Verwaltungsrechtsverhältnis zugeordnet und nicht „in selbstständige Zweierbeziehungen zerlegt"[123]. Die be- 51

---

[114] *Koch/Wieneke*, Flughafenplanung (Fn. 2), S. 72.
[115] *Koch/Wieneke*, Flughafenplanung (Fn. 2), S. 72.
[116] *Koch/Wieneke*, Flughafenplanung (Fn. 2), S. 72.
[117] *Kloepfer*, UmweltR, § 6 Rn. 40; *Rodi*, Instrumentenvielfalt (Fn. 2), S. 240.
[118] *Rodi*, Instrumentenvielfalt (Fn. 2), S. 239.
[119] *Rodi*, Instrumentenvielfalt (Fn. 2), S. 239.
[120] ABl. EG 1994, Nr. C, S. 12.
[121] Der Gesetzgeber bezweckt damit eine Kombination von Maßnahmen: vgl. BTDrucks 14/2341, S. 7 (Begründung zum EEG).
[122] *Rodi*, Instrumentenvielfalt (Fn. 2), S. 243; *Peter Salje*, Umweltaspekte der Reform des Energiewirtschaftsrechts, UPR 1998, S. 201 (205).
[123] So aber *Peter Krause*, Rechtsverhältnisse in der Leistungsverwaltung, VVDStRL, Bd. 45 (1987), S. 212 (222); dagegen *Matthias Schmidt-Preuß*, Kollidierende Privatinteressen im Verwaltungsrecht – das subjektive öffentliche Recht im multipolaren Verwaltungsrechtsverhältnis, 1992, S. 25.

teiligten Personen können beim Mix auch **wechseln.** Dann fällt der Typus des „personellen Mix" mit dem des „konsekutiven Mix" (dazu sogleich unter 2.) zusammen. Die Figur des „personellen Mix" erfasst insbesondere auch viele Ausprägungen eines **atypischen** Mix.

52 Entsprechendes muss für das Agieren **mehrerer Hoheitsträger** gelten, wenn sich eine öffentlich-rechtliche Genehmigung nicht auf einen privatrechtlichen Vertrag, sondern auf einen anderen öffentlich-rechtlichen Rechtsakt bezieht (z. B. bei der **Plangenehmigung, Genehmigung von Satzungen und Verordnungen**).

53 Besondere Probleme der Verantwortung wirft der Typus des personellen Mix bei Kombinationen aus **Selbst- und Fremdkontrolle** auf. Dazu gehören das Umweltaudit, aber auch Vorschriften zur Betriebsorganisation. Zum Typus des Mix mit wechselnden Beteiligten gehört auch der **Handel mit Zertifikaten.**

2. Konsekutiver Mix als Prozess

54 Der Typus des **konsekutiven Mix** erstreckt sich auf die zeitliche Achse. Ein Mix kann auch aus mehreren Rechtsakten bestehen, die im **zeitlichen Abstand** wirksam werden. Es muss sich also nicht notwendigerweise um einen Einzelfall oder Einzelsachverhalt handeln. So unterscheidet *Eberhard Schmidt-Aßmann*[124] zwischen dem „engeren Sachverhalt" des Prozessstoffs und dem „weiteren Sachverhalt", der auch Vorentscheidungen, flankierende Maßnahmen und Rahmenprogramme umfasst. Rechtliche Bedeutung hat dies vor allem für das (gegebenenfalls gestufte) Verfahren.

55 Auch hier ist der Begriff des Verwaltungsrechtsverhältnisses fruchtbar zu machen, wenn es gilt, **mehrere Entscheidungen** ein und desselben Verwaltungsträgers in einer Gesamtbetrachtung als Mix zu bezeichnen. Solche Phänomene hat *Eberhard Schmidt-Aßmann* im Blick: „Viele Implementationsprozesse sind zudem nicht linear, sondern iterativ angelegt: Dem Erlass der förmlichen Entscheidung folgen Phasen der Überprüfung und des Lernens."[125] Das Verwaltungsrechtsverhältnis ist hier als **zusammenhängender Prozess,** gegebenenfalls mit der Konsequenz eines Mix verschiedener Rechtsakte zu begreifen. Regelmäßig werden dabei Folgeentscheidungen in vorangegangenen Entscheidungen bereits angelegt sein. Ob sich ein Mix allerdings als notwendige, konsequente, mögliche oder gegenläufige Entwicklung darstellt, ist eine weitere Frage der Typisierung (dazu sogleich unter 3.). Begrifflich kann ein Mix auch ursprünglich isoliert ergangene Rechtsakte erfassen und integrieren.

56 Konsekutiven Charakter hat auch der Mix aus **Planung und Vollzug.**[126] Planungsentscheidungen kommen nicht ohne die stabilisierende Funktion des Verwaltungsaktes aus.[127] Pläne sind ihrerseits in vorhergehende und nachfolgende Entscheidungen einzubinden. Das führt zu Entwicklungs- und Anpassungsklauseln.[128] Bei diesem Mix-Typus stellen sich vor allem verfahrensrechtliche Fragen

---

[124] *Eberhard Schmidt-Aßmann,* Verwaltungsverantwortung und -gerichtsbarkeit, VVDStRL, Bd. 34 (1976), S. 221 (224); zum Rechtsverhältnisdenken siehe auch *ders.,* Ordnungsidee, Kap. 6 Rn. 112.

[125] *Schmidt-Aßmann,* Ordnungsidee, Kap. 6 Rn. 75.

[126] *Rainer Wahl,* Genehmigung und Planungsentscheidung – Überlegungen zu zwei Grundmodellen des Verwaltungsrechts und zu ihrer Kombination, DVBl 1982, S. 51 ff.

[127] *Pitschas,* Formendualismus (Fn. 22), S. 244.

[128] *Schmidt-Aßmann,* Ordnungsidee, Kap. 6 Rn. 97.

der Beteiligung und daran anknüpfend Fragen rechtlicher (Vor-)Wirkungen. So lassen sich z.B. im Bodenschutzrecht Sanierungsuntersuchungen und Sanierungsplan (§ 13 Abs. 1 BBodSchG), ein Sanierungsvertrag unter Einbeziehung Dritter (§ 13 Abs. 4 BBodSchG) und die Verbindlicherklärung des Sanierungsplans (§ 13 Abs. 6 BBodSchG) sowie Instrumente der behördlichen Überwachung und der Eigenkontrolle (§ 15 Abs. 1 BBodSchG) als Mix begreifen. Hierher gehören auch die baurechtlichen Instrumente des städtebaulichen Vertrags bzw. des vorhabenbezogenen Bebauungsplans (§§ 11 f. BauGB).

Auch „Kettenreaktionen"[129] lassen sich als Mix betrachten. Eine legislative Parallele bildet das im Grundgesetz ausnahmsweise vorgesehene (Art. 91a Abs. 2; Art. 109 Abs. 3 GG) Grundsatzgesetz und das für den Finanzausgleich vom Bundesverfassungsgericht[130] kreierte **Maßstäbegesetz**. Vieles spricht dafür, den Begriff des Mix auf derartige Phänomene nicht zu erstrecken, was nicht ausschließt, die Grundfrage des Zusammenwirkens verschiedener Rechtsakte – um das Problem unterschiedlicher Rechtsmaßstäbe reduziert – (auch) an diesen Beispielen zu erörtern.

3. Zwingender, möglicher und gegenläufiger Mix

Der Begriff des Mix umfasst Verwaltungsrechtsverhältnisse, deren Elemente mit **unterschiedlicher Intensität verknüpft** sind. Dabei lassen sich drei Typen, nämlich des „zwingenden Mix", des „möglichen Mix" und des „gegenläufigen Mix" unterscheiden.

Beim **zwingenden Mix** sind die Elemente rechtlich notwendig miteinander verknüpft. Diese enge Verknüpfung kann durch an bestimmte Rechtsakte anknüpfende Tatbestände erfolgen sowie durch die Gestaltung der Rechtsakte selbst. Je stärker die Teile eines Mix miteinander verbunden sind, desto eher drängt sich eine einheitliche rechtliche Betrachtung auf. Bedeutsam ist die enge Verknüpfung für die Frage der **Fehlerfolgen**. Aber auch die positiven rechtlichen Wirkungen eines Elementes auf ein anderes verdienen Aufmerksamkeit, z.B. **Entwicklungsgebote**, wie wir sie bei der Bauleitplanung kennen.[131] Ein zwingender Mix ist auch das klassische Beispiel einer Nebenbestimmung, die nach § 36 Abs. 1 VwVfG a.E. notwendig mit dem Haupt-Verwaltungsakt verknüpft ist, um die Erfüllung von dessen gesetzlichen Voraussetzungen sicherzustellen. Zum Typus des zwingenden Mix gehört auch der **privatrechtsgestaltende Verwaltungsakt**[132], z.B. die Grundstücksverkehrsgenehmigung. Bei diesem Phänomen existieren ein privatrechtliches Vertragsverhältnis und dessen öffentlich-rechtliche Genehmigung. Der verwaltungsrechtswissenschaftliche Begriff des Mix konzentriert sich auf das Verwaltungsrechtsverhältnis, bezieht in dieses jedoch die rechtliche Doppelnatur ein.

Der zweite Typus in dieser Reihe ist der **mögliche Mix**. So ist z.B. der Bebauungsplan zwar gegebenenfalls aus dem Flächennutzungsplan zu entwickeln (§ 8 Abs. 2 S. 1 BauGB), aber nicht notwendig von dessen Existenz abhängig (§ 8 Abs. 2 S. 2 BauGB). Umgekehrt kann ein Mix auch ursprünglich isoliert

---

[129] *Pitschas*, Formendualismus (Fn. 22), S. 244.
[130] *BVerfGE* 101, 158 – Finanzausgleich III.
[131] Siehe a. → Bd. II *Köck* § 37 Rn. 71.
[132] *Schmidt-Aßmann*, Ordnungsidee, Kap. 6 Rn. 28. S. a. → Bd. II *Bumke* § 35 Rn. 106 ff.

§ 41 Formen- und Instrumentenmix

ergangene Rechtsakte miterfassen, soweit es hinreichend gemeinsame Zwecke gibt.

61 Schließlich ist auch der Typus des **gegenläufigen Mix** denkbar, bei dem z.T. parallele, aber z.T. auch gegenläufige Ziele einander gegenüberstehen. Dabei können die Einzelakte in einem **kompensatorischen Ausgleichsverhältnis** stehen. Hierfür hat *Andreas Voßkuhle* **fünf Modelltypen** (nämlich die Modelle der Neutralisierung, der Saldierung, des Konzeptwechsels, der Abgaben sowie der Entschädigung) entwickelt, auf die gesondert einzugehen ist.[133] Es kann aber zwischen den Einzelakten auch zu **Spannungsverhältnissen** kommen, die besondere rechtliche Fragen aufwerfen. Zum einen ergibt sich das Problem einer Gesamtbetrachtung bei der Zweck-Mittel-Relation der Verhältnismäßigkeit. Zum anderen stellt sich die rechtsstaatlich bzw. gleichheitsrechtlich relevante Frage, ob sich ein Mix als widersprüchliche Entwicklung darstellt.

4. Mix aus Elementen unterschiedlicher Entwicklungsstufen

62 Für die dogmatische Erfassung des Mix ist es von entscheidender Bedeutung, auf welcher **Entwicklungsstufe der dogmatischen Durchdringung die Einzelelemente** erfasst sind. Die Jurisprudenz als praktische Wissenschaft greift gerne auf **„Schubladenlösungen"** zurück. Das gilt wegen ihrer dogmatischen Unerschlossenheit auch und gerade für Phänomene des Mix, obwohl diese in keine dogmatische „Schublade" zu passen scheinen. Ob dieser Weg zielführend ist, ob also die Dogmatik eines Elementes die Dogmatik des Mix gegebenenfalls dominieren kann, hängt von zwei Kriterien ab: von der **Ausgeprägtheit** des Rechtsregimes einerseits und von seiner **Anpassungsfähigkeit** andererseits.

63 Das lässt sich exemplarisch beobachten an der Diskussion um die Unterscheidung und Zuordnung der **Rechtsregime des Privatrechts und des öffentlichen Rechts**, die insbesondere unter dem Stichwort „Zweistufentheorie" geführt wird.[134] Im Ursprung der Theorie ging es um Defizite der dogmatischen Entwicklung, nämlich der Grundrechtsgeltung im Privatrecht auf der einen und des Vertragsrechts im Verwaltungsrecht auf der anderen Seite. Auf eine Weise ist die Zweistufentheorie nicht Folge, sondern Ursache eines Rechtsregime-Mix, der seinerseits hier als solcher ausgeblendet bleiben soll. Für die dogmatische Durchdringung des Mix im hier verstandenen Sinne ist es jedoch fruchtbar, die kontroverse Diskussion um die dogmatische Erfolgsgeschichte dieser Theorie zu reflektieren. Das gilt umso mehr, als es auch echte Überschneidungen zwischen den Gegenständen der Zweistufentheorie einerseits und dem Rechtsformen-Mix andererseits gibt, wenn nämlich auf der „ersten Stufe" ein Verwaltungsakt und auf der „zweiten Stufe" ein Vertrag steht. Nicht vertieft werden sollen hier rechtsdogmatische Berührungspunkte zwischen dem **Verwaltungsrecht** und dem **Strafrecht**, wie sie z.B. im Umweltstrafrecht bei der Pönalisierung der Verletzung verwaltungsrechtlicher Pflichten i.S.d. § 330d Nr. 4 StGB entstehen.[135]

---

[133] Hierzu unter → Rn. 98 ff.

[134] → Rn. 86 ff.

[135] Zum Umweltverwaltungsrecht und strafrechtlichen Sanktionen als Beispiel für eine Dopplung von Instrumenten in einem gezielten Institutionenwettbewerb: *Christoph Engel*, Nebenwirkungen wirtschaftsrechtlicher Instrumente, in: ders./Martin Morlok (Hrsg.), Öffentliches Recht als Gegen-

C. Bestandsaufnahme und Typisierung

Freilich können sich solche Ungleichzeitigkeiten in der dogmatischen Entwicklung mit der Zeit auch abschleifen oder umkehren. Von der instrumentellen Seite her gehört freilich die von *Wolfgang Hoffmann-Riem* formulierte Erkenntnis, dass die Rechtsregime unserer Rechtsordnung **wechselseitige Auffangordnungen**[136] darstellen, zu den Leitgedanken auch für die Beschäftigung mit dem Mix. Die gegenseitige **Verschränkung der Teilrechtsordnungen** nimmt zu, wie sich mit *Eberhard Schmidt-Aßmann*[137] an § 62 S. 2 VwVfG einerseits und dem privatrechtsgestaltenden Verwaltungsakt andererseits zeigen lässt. 64

Beim Mix kommt es außerdem auch zu vergleichbaren **Verschränkungen der Rechtsformenlehre**. Und bei Letzterer ist sicherlich eine weitere Ungleichzeitigkeit zu beobachten. So ist es kein Zufall, dass sich die dogmatische Erschließung des Phänomens der **„Nebenbestimmung"** (der Begriff deutet schon darauf hin!) eng an der Dogmatik des Verwaltungsaktes orientiert und auch in dessen Zusammenhang kodifiziert wurde (§ 36 VwVfG). Als Beispiel für einen Mix auf unterschiedlichen Entwicklungsstufen kann auch der Mix aus **informellem Verwaltungshandeln und formellen Rechtsakten** gelten. Zu nennen wären hier die normvollziehenden, normverdrängenden und normflankierenden Absprachen sowie die Mischformen der den Vollzug regelnden und normativen Absprachen, deren dogmatische Erfassung sich an der z.T. hoch entwickelten Dogmatik der formellen Rechtsakte orientiert. 65

III. Rechtliche Regelungen und Lücken

Mögen auch manche Mixe unions- bzw. gemeinschaftsrechtlichen Ursprungs sein, muss die Suche nach spezifischen Regelungen im Unionsrecht – abgesehen von den für den Mix gegebenenfalls maßgeblichen Kompetenzvorschriften – erfolglos bleiben. Häufig sind es Richtlinien, die die Formen und Instrumente den Mitgliedstaaten überlassen. In anderen Fällen entsteht der Instrumentenmix erst im Zusammenwirken des Unionsrechts mit dem Recht der Mitgliedstaaten (man denke etwa an das Versicherungsaufsichtsrecht). Freilich können sich dabei Fragen des Vorrangs des Unionsrechts und des „effet utile" entzünden, aber dabei handelt es sich um allgemeine Grundsätze, nicht um spezifische Regeln des Mix. Auch ist in diesem Zusammenhang auf die Europäisierung des Verwaltungsrechts hinzuweisen, die sich aber vorliegend nicht aus speziellen Regeln des Unionsrechts speist. 66

Ebenfalls allgemeine Regeln, die freilich auch für den Mix gelten müssen, enthält das **deutsche Verfassungsrecht.** Zu denken ist an das grundsätzliche Verbot des Einzelfallgesetzes (Art. 19 Abs. 1 S. 1 GG) und die Ausnahme der Legalenteignung (Art. 14 Abs. 3 S. 2 GG) – Regelungen, die über ihre direkte Anwendung hinaus Bedeutung für die Formenlehre haben. Hinzu kommen die Regelungen zur Kompetenzordnung und zur Gewaltenteilung sowie zu deren Durchbre- 67

---

stand ökonomischer Forschung, 1998, S. 173 (192). S. a. → Bd. III *Waldhoff* § 46 Rn. 53ff. Vgl. a. allg. → Bd. I *Burgi* § 18 Rn. 81 ff.

[136] *Hoffmann-Riem*, Reform (Fn. 2), S. 1386f.; *ders.*, Ökologisch orientiertes Verwaltungsverfahrensrecht – Vorklärungen, AöR, Bd. 119 (1994), S. 590 (609ff.); *ders./Eberhard Schmidt-Aßmann* (Hrsg.), Auffangordnungen, S. 7ff. und die weiteren Beiträge in diesem Band; *Schmidt-Aßmann*, Ordnungsidee, Kap. 6 Rn. 30.

[137] *Schmidt-Aßmann*, Ordnungsidee, Kap. 6 Rn. 28.

chungen. Begreift man die **Wandlungsfähigkeit des Rechtsstaates** als Auftrag[138], dann lassen sich daraus konstruktive Maßgaben für den Mix von Formen und Instrumenten ableiten, so wie dies inzwischen auch in der Grundsatzdiskussion[139] um den formalen und informalen Rechtsstaat gelungen ist. Dabei muss sich die **bewahrende Funktion** des Verfassungsrechts vor allen Dingen in der **Kompetenzordnung** und im **Grundrechtsschutz** beweisen. Auf die sich hieraus ergebenden dogmatischen Konsequenzen – insbesondere für die Grundrechtstheorie – wird noch einzugehen sein (s. u.).

68 An dieser Stelle sollen zunächst nur die spezialgesetzlichen Regelungen zum Mix zusammengetragen werden. Aus dem allgemeinen **Verwaltungsrecht** ist vor allem § 36 VwVfG zu nennen. Im besonderen Verwaltungsrecht finden sich vereinzelt Regelungen zu den oben aufgeführten Beispielen für den Mix, so etwa im Planungsrecht, zum Emissionshandel oder zum Umweltaudit, die damit zu **Referenzgebieten** des Instrumentenmix werden. Diese Regelungen zeigen immerhin, dass nicht nur die Verwaltung, sondern auch der moderne Gesetzgeber den Mix als Option nutzt. Es kommen also nicht nur bestimmte Mixe in der Verwaltungspraxis vor, sondern der Mix wird zum **Regelungsmodell**. Dabei wird aber das Verhältnis der gemixten Formen und Instrumente zueinander – eine zentrale rechtliche Frage des Mix[140] – kaum gesetzlich geregelt. Die verwaltungsrechtliche Durchdringung des Mix bleibt somit der Praxis und der Wissenschaft überlassen.

D. Verwaltungswissenschaftliche Einordnung

I. Ursachen, Funktionen und Ziele des Mix

69 Die letzte **Ursache** des Mix ist darin zu sehen, dass das herkömmliche Instrumentarium der **Komplexität heutiger Regelungssituationen** nicht (mehr) gerecht wird.[141] „Komplexe Sozialgefüge zeichnen sich durch eine Verschränkung mehrerer Steuerungsrelationen aus."[142] Offensichtlich besteht ein Bedürfnis, das rechtliche Instrumentarium insoweit fortzuentwickeln. So wird beklagt, es fehle für die infrastrukturelle Aufgabenwahrnehmung noch „ein ‚passendes' Arsenal entsprechender Handlungsformen"[143]. Ebenso werden „instrumentenkombinierende Entscheidungen" gefordert, weil sich „komplexere Regelungssituationen … oft nicht durch Nutzung einer einzigen Entscheidungsform bewältigen" las-

---

[138] *Michael*, Rechtsetzende Gewalt (Fn. 82), S. 460; zustimmend *Schmidt-Aßmann*, Ordnungsidee, Kap. 4 Rn. 5.
[139] Statt aller: *Eberhard Bohne*, Der informale Rechtsstaat, 1981; *Helmuth Schulze-Fielitz*, Der informale Verfassungsstaat, 1984; → Bd. II *Fehling* § 38; für den formalen Rechtsstaat jedoch: *Joachim Burmeister*, Verträge und Absprachen zwischen Verwaltung und Privaten, VVDStRL, Bd. 52 (1993), S. 190 ff.
[140] Vgl. für den Mix der Umweltabgaben mit Ge- und Verboten bereits *Kloepfer*, Umweltschutz durch Abgaben (Fn. 37), S. 596.
[141] In diese Richtung argumentieren *Pitschas*, Formendualismus (Fn. 22), S. 244 f.; *Weber-Grellet*, Lenkungssteuern (Fn. 2), S. 3659, 3661.
[142] *Schmidt-Aßmann*, Ordnungsidee, Kap. 1 Rn. 35.
[143] *Pitschas*, Formendualismus (Fn. 22), S. 246.

D. Verwaltungswissenschaftliche Einordnung

sen, sondern vielmehr „verlangen ..., unterschiedliche Rechtsformen zu einem Regelungswerk zusammenzustellen."[144]

Die **Funktion** des Mix muss darin liegen, solche Komplexität zu bewältigen.[145] Vor diesem Hintergrund muss der exekutive Bereich an Gestaltungsmöglichkeiten notwendig wachsen und mit ihm auch die denkbaren Handlungsformen. Insbesondere verschiebt sich dabei die Bedeutung der Regierungsgewalt. Wie sich das mit den verfassungsrechtlichen Postulaten der Gewaltenteilung und der richterlichen Kontrolldichte vereinbaren lässt, wird neu zu bestimmen sein. 70

Die **Ziele** eines Mix spiegeln diese Komplexität wider. Die Ziele der einzelnen Elemente sind nicht deckungsgleich, werden allerdings über (wenigstens) einen gemeinsamen Zweck miteinander verbunden. Das entbindet die Verwaltung jedoch nicht, sich der Ziele der einzelnen Rechts- bzw. Realakte wie auch des Mix zu vergewissern. Eine klare Zielfestlegung ist auch Voraussetzung für eine spätere Evaluation. Die Präzisionsbemühungen sollten nicht erst bei den Instrumenten beginnen. Der Vorwurf im Schrifttum, in Deutschland gelte „vage Ziele – präzise Instrumente"[146], sollte zu denken geben. Ein Grund hierfür liegt in der systembedingten Kurzatmigkeit[147] der Gesetzgebung, ein anderer in der Vielfalt der beteiligten Akteure,[148] die von Privaten über die Selbstverwaltung, den Staat und die EU bis völkerrechtlichen Bindungen und Bündnissen reicht. Der Mix birgt die Gefahr, dass auch die Instrumente ihre Rechtsklarheit einbüßen und das sollte dazu Anlass geben, umso mehr zunächst über die Ziele und sodann über die Instrumente nachzudenken. In Teilbereichen werden bereits planerische Konzepte gefordert: So seien planerische Festlegungen in umweltpolitischen Gesamtplanungen über die Umweltberichte und Umweltaktionsprogramme hinaus erforderlich.[149] 71

II. Wirkungen des Mix

Die Wirkungsforschung ist ein wichtiger Aspekt in der Auseinandersetzung mit dem Mix und kann – vor allem unter dem Aspekt der Rechtfertigung von Grundrechtseingriffen – zum **verfassungsrechtlichen Gebot** werden.[150] Ihre rechtliche Konsequenz kann sich zu Nachbesserungspflichten verdichten. **Steuerungswirkungen** und **Regulierungswirkungen** können durch Rechtsunklarheiten verfälscht und wesentlich geschwächt werden. Umgekehrt ist es auch denkbar, dass die Kombination von Instrumenten deren jeweilige **Anreizwirkung**[151] steigert. 72

---

[144] *Schmidt-Aßmann*, Ordnungsidee, Kap. 6 Rn. 111.
[145] *Schmidt-Aßmann*, Ordnungsidee, Kap. 6 Rn. 76: „Insgesamt führen die Fragen nach der Implementation der Rechtsformen- und die Verfahrens-, die Rechtsverhältnis- und die Maßstablehre auf ein Feld schwer zu bewältigender Komplexität."
[146] *Rodi*, Instrumentenvielfalt (Fn. 2), S. 245.
[147] *Rodi*, Instrumentenvielfalt (Fn. 2), S. 235.
[148] *Rodi*, Instrumentenvielfalt (Fn. 2), S. 235.
[149] *Rodi*, Instrumentenvielfalt (Fn. 2), S. 245 f.
[150] Aus der Rechtsprechung: BVerfGE 84, 239 – Kapitalertragssteuer; aus der Literatur: *Friedhelm Hufen*, Die Grundrechte und der Vorbehalt des Gesetzes, in: Dieter Grimm (Hrsg.), Wachsende Staatsaufgaben – sinkende Steuerungsfähigkeit des Rechts, 1990, S. 273 (283); *Rodi*, Instrumentenvielfalt (Fn. 2), S. 244.
[151] → Bd. II *Sacksofsky* § 40.

73   Die Wirkungsperspektive darf sich nicht nur auf die beabsichtigten Effekte konzentrieren, sondern muss auch **Nebenwirkungen** einbeziehen.[152] Beim Mix geht es um das Zusammenwirken, das oft nicht genug bedacht wird: Nicht selten entsteht der Mix nicht aus einem ursprünglichen Gesamtkonzept, sondern aus der Verlegenheit der Wirkungslosigkeit eines einzelnen Instruments. In solchen Situationen werden Instrumente häufig – statt sie auszutauschen – kumuliert. Vergleichbar ist solches Handeln mit dem Verschreiben neuer Medikamente, ohne die alten in Frage zu stellen.[153] Um Nebenwirkungen eines Instruments zu mildern, werden andere, begleitende Instrumente als Gegenmittel eingesetzt, die ihrerseits Nebenwirkungen haben können, die wiederum die Wirkungen des Hauptinstruments verändern. So kommt es zu „Streuwirkungen und Querschlägern"[154], das Ganze ähnelt einem Billardspiel.[155] Die Wirkungsprognose beim Mix ist indes wegen der dysfunktionalen Nebenwirkungen[156] ein sehr komplexes Unterfangen: „Insgesamt führen die Fragen nach der Implementation der Rechtsformen- und der Verfahrens-, der Rechtsverhältnis- und der Maßstablehre auf ein Feld schwer zu bewältigender Komplexität."[157]

74   Die **volkswirtschaftliche Leistungsfähigkeit** wird für unterschiedliche Kombinationen von Instrumenten differenziert beurteilt.[158] So wird der Verknüpfung von **Ordnungsrecht**, d.h. zum Beispiel von Anordnungen, Verboten oder Auflagen, mit **Subventionen** ein Effizienzvorteil abgesprochen.[159] Ökonomische Bedenken gegen Subventionen beruhen darauf, dass diese nicht dem Verursacher-, sondern dem Gemeinlastprinzip folgen, d.h. dass die Kosten für gemeinwohldienliches Verhalten durch Subventionen vom Fiskus getragen werden und damit nicht „internalisiert" werden. Ebenfalls kritisch wird die Kombination von **Zertifikat-** und **Abgabensteuerung** bewertet.[160] Positiver wird die Kombination von **Ordnungsrecht** mit ökonomischen Anreizen durch **Abgaben**[161] oder[162] durch **Zertifikatelemente**[163] beurteilt.[164] Dabei muss bei einer Kombination dieser drei Instrumente, d.h. von **Ordnungsrecht, Abgaben und Zertifikaten** beachtet werden, dass die Parallelsteuerungen leicht **gegenläufige Verhaltensimpulse** setzen.[165] Das Zusammenspiel von **Governance-Verpflichtungen** mit ordnungsrechtlichen Instrumenten der Wirtschaftsaufsicht wird sich beweisen müssen.

---

[152] *Engel*, Nebenwirkungen (Fn. 135), S. 173 ff. S.a. → Bd. I *Voßkuhle* § 1 Rn. 32, I *Franzius* § 4 Rn. 75 ff.

[153] *Michael Kloepfer*, Zu den neuen umweltrechtlichen Handlungsformen des Staates, JZ 1991, S. 737 (744); *ders.*, Steuerung (Fn. 6), S. 356 f.

[154] *Hufen*, Die Grundrechte und der Vorbehalt des Gesetzes (Fn. 150), S. 279.

[155] Vgl. *Martin Schulte*, Diskussionsbeitrag, DVBl 2000, S. 30 (33); zustimmend: *Rodi*, Instrumentenvielfalt (Fn. 2), S. 236.

[156] *Rodi*, Instrumentenvielfalt (Fn. 2), S. 244.

[157] *Schmidt-Aßmann*, Ordnungsidee, Kap. 6 Rn. 76.

[158] *Gawel*, Instrumenteneinsatz (Fn. 3), S. 176.

[159] *Gawel*, Instrumenteneinsatz (Fn. 3), S. 177.

[160] *Gawel*, Instrumenteneinsatz (Fn. 3), S. 123 ff., 177.

[161] *Gawel*, Instrumenteneinsatz (Fn. 3), S. 84 ff., 178 f.; *Cansier*, Steuer und Umwelt (Fn. 33), S. 765 ff.

[162] *Gawel*, Instrumenteneinsatz (Fn. 3), S. 179, beurteilt dabei sogar die Abgabeneffizienz gegenüber den Zertifikatslösungen; S. aber a. → Bd. II *Sacksofsky* § 40 Rn. 61.

[163] *Gawel*, Instrumenteneinsatz (Fn. 3), S. 136 f., 177 f.

[164] Siehe a. → Bd. II *Sacksofsky* § 40 Rn. 72.

[165] *Gawel*, Instrumenteneinsatz (Fn. 3), S. 160 ff., 179.

Dabei verbieten sich Verallgemeinerungen, die bestimmten Kombinationen vor anderen einen generellen Vorzug einräumen.[166]

Auch die Wirkungen **informeller bzw. formeller Rechtsetzung** und ihres Mix werden kontrovers diskutiert. Wo formale Verfahren ins Stocken geraten, ist informales Handeln ein willkommener Ausweg der Praxis.[167] Andere bezweifeln, ob z. B. Absprachen wirklich schneller und einfacher als im Gesetzgebungsverfahren verhandelbar sind.[168] Bezeichnenderweise wurde zu **Beschleunigungszwecken** gelegentlich sogar umgekehrt das Verfahren der Gesetzgebung als Ersatz für Planfeststellungsverfahren gewählt (Legalplanung).[169] 75

Die **Erkenntnisse der Sozialwissenschaften** über die Vielfalt verhaltensbestimmender Parameter sollten ebenso genutzt werden[170] wie Untersuchungen der „umweltpolitischen Wirksamkeit" im interdisziplinären Diskurs (Rechts-, Sozial-, Wirtschafts- und Naturwissenschaften)[171] sowie Erkenntnisse der Rechtsethologie[172] und der Verhaltensforschungen der Psychologie.[173] 76

E. Ansätze zu einer rechtlichen Dogmatik des Mix

I. Methodische Fragen der Systembildung

1. Dogmatische Zielsetzung

Der verwaltungsrechtliche Begriff des Mix vermag in einem ersten Schritt ein Phänomen zu beschreiben, soll aber in einem zweiten Schritt auch die dogmatische Durchdringung dieses Phänomens ermöglichen. Das setzt voraus, dass unter dem Mix kein beliebiges, ungeordnetes Gemisch und Gemenge und auch nicht die Vielfalt des gesamten Verwaltungshandelns verstanden wird, sondern – wie hier – eine jeweils spezifische Kombination rechtlicher Handlungsformen bzw. Instrumente. Die **rechtsdogmatischen Fragen**, die das Phänomen des Mix zu einem rechtlichen Problem machen, sollen im Folgenden aufgefächert und erste Lösungsansätze aufgezeigt werden. 77

Dabei ist an die vereinzelt existierenden Ansätze zu speziellen Beispielen anzuknüpfen, nach deren **Verallgemeinerungsfähigkeit** zu fragen, nach **verfas-** 78

---

[166] *Gawel*, Instrumenteneinsatz (Fn. 3), S. 180.

[167] *Udo Di Fabio*, Verwaltung und Verwaltungsrecht zwischen gesellschaftlicher Selbstregulierung und staatlicher Steuerung VVDStRL, Bd. 56 (1997), S. 235 (238).

[168] *Janbernd Oebbecke*, Die staatliche Mitwirkung an gesetzesabwendenden Vereinbarungen, DVBl 1986, S. 793 (794) m. w. N.; *Dempfle*, Normvertretende Absprachen (Fn. 103), S. 28.

[169] Vgl. hierzu BVerfGE 95, 1 – Südumfahrung Stendal; s. a. → Bd. II *Köck* § 37 Rn. 14 f.; auch hierbei wurden Zweifel am tatsächlichen Beschleunigungseffekt laut, vgl. *Willi Blümel*, Fachplanung durch Bundesgesetz (Legalplanung), DVBl 1997, S. 205 (211). Unter dem Aspekt der Flexibilität vgl. auch *Wilhelm Mößle*, Regierungsfunktionen des Parlaments, 1986, S. 224 ff. Zur Verfahrensbeschleunigung vgl. allg. a. → Bd. II *Schmidt-Aßmann* § 27 Rn. 86 ff.

[170] *Weber-Grellet*, Lenkungssteuern (Fn. 2), S. 3662.

[171] *Rodi*, Instrumentenvielfalt (Fn. 2), S. 241; vgl. auch *Hagen Hof/Gertrude Lübbe-Wolff* (Hrsg.), Wirkungsforschung zum Recht I, Wirkungen und Erfolgsbedingungen von Gesetzen, 1999; *Ulrich Karpen/Hagen Hof* (Hrsg.), Wirkungsforschung zum Recht IV, Möglichkeiten einer Institutionalisierung der Wirkungskontrolle von Gesetzen, 2003.

[172] *Hagen Hof*, Rechtsethologie, 1996.

[173] *Reinhard Steurer*, Psychologie der Umweltpolitik, 1998, S. 79 ff.

§ 41 Formen- und Instrumentenmix

sungsrechtlichen Vorgaben zu suchen und zu überlegen, ob **Grundsätze des allgemeinen Verwaltungsrechts** fortzuentwickeln sind. Ziel ist eine Koordination auf den verschiedenen Ebenen des Rechts.[174]

79 Es ist aber davor zu warnen, vorschnell durch „normativ-deduktive Kunstgriffe weitere Vorgaben für den Instrumentenverbund zu entwickeln"[175], die auch justitiabel sein könnten. Ziel solcher Dogmatik sollte es sein, die **Rationalität des Verwaltungshandelns** zu erhöhen, was nicht gleichbedeutend mit einer schematischen Verrechtlichung der Gewährleistungsverwaltung ist.[176] Vielmehr ist auch beim Mix die Eigenrationalität der Subsysteme der staatlichen Neutralität einerseits, und der gesellschaftlichen Spontaneität andererseits zu erhalten.[177] In die Rechtsmaßstablehre (die von der Rechtsformenlehre zu trennen ist), sind neben der Rechtmäßigkeit auch andere Richtigkeitsmaßstäbe, d.h. allgemeine Rechtsgrundsätze, aber auch Billigkeitsgesichtspunkte, Praktikabilität und Effizienz einzubeziehen.[178]

80 Ein solcher Versuch muss in Relation gesetzt werden zu den **Systembildungen** der überkommenen verwaltungsrechtlichen Systematik. Die Systematik des Verwaltungsrechts ist aufgerufen, sich – trotz und wegen ihrer Formengebundenheit – auch mit Verbindungen einzelner Formen und Instrumente zu beschäftigen.[179]

81 Bei der rechtlichen Behandlung eines Mix sind adäquate Maßstäbe zu suchen. Das **Adäquanzgebot** gilt für Rechtsmaßstäbe wie für Rechtsformen.[180] Dabei gilt es auch, die Dogmatik der Rechtsinstitute zu erhalten. Sie darf sich durch die Kombination im Mix nicht gegenseitig aufheben. Es stellt sich also die Frage der **Kompatibilität** der Rechtsdogmatik. Lässt sich die jeweilige Dogmatik nicht kombinieren, so ist eine eigene Dogmatik zu entwickeln. Auch soll die rechtliche Durchdringung des Instrumentenmix die Lernfähigkeit und Anpassungsfähigkeit unserer Rechtsordnung nicht einschränken, sondern aufgreifen und weiterentwickeln.[181] Soweit die jeweilige Dogmatik modifiziert bzw. übertragen werden soll, werden die **methodischen Figuren** der teleologischen Reduktion bzw. Analogie[182] eine besondere Rolle spielen, was im Bereich der Eingriffsverwaltung freilich an verfassungsrechtliche Grenzen stößt.

2. Verfassungsrechtliche Einbindung

82 Die verfassungsrechtliche Einbindung folgt dem Grundgedanken, dass Verwaltungsrecht „konkretisiertes Verfassungsrecht" *(Fritz Werner)* ist. Dabei ist Verfassungsrecht heute als **europäisches Verfassungsrecht** zu begreifen. Das gilt für die verfassungsrechtliche Einbindung des Mix umso mehr, als wesentliche

---

[174] *Rodi*, Instrumentenvielfalt (Fn. 2), S. 237 ff. unterscheidet Verfassungsrecht, Europarecht, einfaches Recht.
[175] Zu Recht kritisch: *Rodi*, Instrumentenvielfalt (Fn. 2), S. 241.
[176] *Schmidt-Aßmann*, Ordnungsidee, Kap. 6 Rn. 63.
[177] *Andreas Voßkuhle*, Beteiligung Privater an der Wahrnehmung öffentlicher Aufgaben und staatliche Verantwortung, VVDStRL, Bd. 62 (2003), S. 266 (307); *Schmidt-Aßmann*, Ordnungsidee, Kap. 3 Rn. 116.
[178] Vgl. dazu → Bd. II *Pitschas* § 42.
[179] *Schmidt-Aßmann*, Ordnungsidee, Kap. 6 Rn. 81.
[180] *Schmidt-Aßmann*, Ordnungsidee, Kap. 6 Rn. 63.
[181] Ähnlich *Weber-Grellet*, Lenkungssteuern (Fn. 2), S. 3662.
[182] Siehe aber a. → Bd. I *Möllers* § 3 Rn. 25.

Beispiele des Mix, zum Beispiel das Umweltaudit oder der Emissionshandel, von europäischem Recht geprägt wurden. Verfassungs- sowie verwaltungsrechtliche Fragen der Einbindung stellen sich zumindest in den Mitgliedstaaten der Europäischen Union gleichermaßen.

Zum einen sind Fragen der **formellen Rechtmäßigkeit** mit ihren verfassungsrechtlichen Implikationen aufzuwerfen. Dies betrifft erstens die **Kompetenzordnung.** Auch für den Mix müssen klare Antworten auf Kompetenzfragen gefunden werden, sei es unter Zuhilfenahme von Rechtsfiguren wie der Annexkompetenz oder der Kompetenz kraft Sachzusammenhangs. Zweitens ist die Grundfrage der **Form,** die beim Phänomen des Mix gleichsam aufgebrochen wird, vor dem Hintergrund der Diskussion um das Rechtsstaatsprinzip zu beantworten. Drittens sind auch die **verfahrensrechtlichen** Fragen vor dem Hintergrund rechtsstaatlicher Maßstäbe, insbesondere auch der verfahrensrechtlichen Seite der Grundrechte zu beleuchten. 83

Zum anderen stellen sich **materiell-verfassungsrechtliche Fragen:** Das sind erstens **freiheitsrechtliche** Probleme des Mix hinsichtlich des **Eingriffs** und der **Verhältnismäßigkeit,** insbesondere das Problem einer Einzel- oder aber Gesamtbetrachtung, aber auch Fragen des **Bestands- und Vertrauensschutzes.** Zweitens stellen sich **gleichheitsrechtliche** Fragen der **Verteilungsgerechtigkeit.**[183] 84

3. Allgemeine Prinzipien des Verwaltungsrechts

Allgemeine Prinzipien des Verwaltungsrechts lassen sich für den Mix von zwei Richtungen her entwickeln: Erstens durch induktive **Neugewinnung** aus der speziellen Dogmatik in Referenzgebieten (z. B. dem Umweltaudit oder Emissionshandel) und zweitens durch **Fortentwicklung** bestehender Figuren des allgemeinen Verwaltungsrechts. Zu Letzteren gehören die Zweistufentheorie, das Recht der Nebenbestimmungen, das Koppelungsverbot und die Bestandskraftlehre. 85

II. Die Frage des anwendbaren Rechts

1. Einheitliche oder getrennte Betrachtung

Die Frage nach dem auf einen Mix anwendbaren Recht eröffnet grundsätzlich zwei Lösungsoptionen: die **einheitliche Betrachtung** des Mix als Ganzes und die **getrennte Betrachtung** der gemixten Rechts- bzw. Realakte. Auf die Frage lässt sich keine pauschale Antwort geben, jedoch lassen sich Tendenzen formulieren: Je stärker die Teile eines Mix **miteinander verbunden** sind, desto eher drängt sich eine einheitliche rechtliche Betrachtung auf. Je **inkompatibler,** anders ausgedrückt: je stärker und detaillierter ausgeprägt **rechtliche Regelungen** und ihre dogmatische Durchdringung sind, desto eher drängt sich ihre jeweilige Anwendung, gegebenenfalls auch zulasten einer einheitlichen Betrachtung auf. Diese Grundsätze lassen sich über das Verwaltungsrecht hinaus verallgemeinern 86

---

[183] Nach *Rudolf Steinberg,* Der Ökologische Verfassungsstaat, 1998, S. 181 f., *Rodi,* Instrumentenvielfalt (Fn. 2), S. 236 f., stehen drei Gesichtspunkte für das Phänomen der Kombination von Instrumenten im Vordergrund: Effektivität bzw. Effizienz, Verteilungsgerechtigkeit und Freiheitlichkeit.

und werden zum Beispiel auch im **Privatrecht** durch die Lehre von den **gemischten Verträgen** bestätigt.[184] An dieser Stelle stellt sich die Frage, welche Lehren aus der sogenannten **Zweistufentheorie** zu ziehen sind.

87 Daran anknüpfend stellt sich die Anschlussfrage nach einer **Modifikation des anwendbaren Rechts.** Bei einer einheitlichen Betrachtung kann eine Ausdifferenzierung geboten sein. Auch bei einer getrennten Betrachtung stellt sich die Anschlussfrage, ob das grundsätzlich getrennt anwendbare Recht Modifikationen erfährt. Das ist auf zwei Weisen denkbar: Wenn rechtliche Konsequenzen im Zusammenhang des Mix **nicht passen,**[185] stellen sich methodische Fragen der teleologischen Reduktion bzw. der Analogie. Wenn es zu **Doppelungen** rechtlicher Konsequenzen kommt und soweit die Teilelemente eines Mix gleiche Ziele verfolgen, stellt sich die Frage, ob ein durch ein Teilelement rechtlich anerkanntermaßen **erreichtes Ziel** bei der rechtlichen Beurteilung eines anderen Teilelementes **anerkannt** werden kann. Aus der Perspektive des Rechts handelt es sich um die Frage der **Kompensation.**[186]

2. Lehren aus dem Streit um die Zweistufentheorie

88 Im Verwaltungsrecht unbestritten ist, dass es **zweistufige Rechtsverhältnisse** geben kann, d.h. eine Maßnahme und deren Vollzug nicht notwendigerweise zusammen fallen. Dass ein Verwaltungsakt sowohl eine Leistung gewähren kann als auch die bloße Voraussetzung hierfür sein kann, bestätigt ausdrücklich § 48 Abs. 2 S. 1 VwVfG. Umstritten ist hingegen die Frage, wann zweistufige Rechtsverhältnisse **verschiedenen Rechtsregimen** unterliegen. Die Ursprünge der Theorie liegen in einer Emanzipation des öffentlichen Rechts vom Privatrecht, d.h. in dem Bemühen, kooperative Verwaltungsrechtsverhältnisse nicht ganz dem Zivilrecht zu überlassen – die Alternative läge in der öffentlich-rechtlichen Überlagerung des Zivilrechts. Soweit man in den streitigen Fällen die erste Stufe des „ob" einer Maßnahme (stets) öffentlich-rechtlich beurteilt, lässt sich die Frage heute auch umgekehrt zuspitzen: Folgt daraus zwingend die öffentlich-rechtliche Qualifikation auch des „wie" der Maßnahme, sind also beide Stufen ein und demselben Rechtsregime unterstellt, oder bleibt es dabei, die zweite Stufe selbstständig zu qualifizieren (so die sogenannte Zweistufentheorie)?

89 Entwickelt wurde die Zweistufentheorie, die in verschiedenen Zusammenhängen vor allem bei der Leistungserbringung[187] ihre Wirkung entfaltet, im Zusammenhang mit der **Kreditsubvention.**[188] Danach ist die Entscheidung über das „Ob" der Subvention öffentlich-rechtlich, weil der Subventionszweck ein „originär öffentlicher Zweck"[189] ist. Neue Befürworter[190] hat die Theorie im Ver-

---

[184] *Reinhard Bork*, in: J.v. Staudinger u.a. (Hrsg.): Kommentar zum Bürgerlichen Gesetzbuch, vor § 145, Rn. 89; *Michael Martinek*, Moderne Vertragstypen, 1. Bd. 1991, 2. Bd. 1992, 3. Bd. 1993.
[185] Dazu unter → Rn. 88 ff.
[186] Dazu unter → Rn. 98 ff.
[187] *Schmidt-Aßmann*, Ordnungsidee, Kap. 6 Rn. 22; gegen eine Verallgemeinerung *BGHZ* 98, 140 (143 f.).
[188] *Hans P. Ipsen*, Öffentliche Subventionierung Privater, 1956, S. 61 ff.; vgl. zur weiteren Entwicklung *Michael Rodi*, Die Subventionsrechtsordnung, 2000, S. 644 ff.
[189] *Ipsen*, Subventionierung Privater (Fn. 188), S. 65.
[190] *Schmidt-Aßmann*, Ordnungsidee, Kap. 6 Rn. 22; *Dimitris Triantafyllou*, Europäisierungsprobleme des Verwaltungsprivatrechts am Beispiel des öffentlichen Auftragsrechts, NVwZ 1994, S. 943 (946);

E. Ansätze zu einer rechtlichen Dogmatik des Mix

gaberecht gefunden, wo der Zuschlag nach § 97 Abs. 7 GWB die Doppelfunktion als Auswahlentscheidung und Vertragsschlusserklärung haben soll. Hintergrund der dogmatischen Konstruktion ist damals wie heute das Bemühen um **effektiven Rechtsschutz**.[191] Aber auch im Vergaberecht ist der Trennungsansatz umstritten.[192] Alternativ werden sowohl einheitlich zivilrechtliche wie einheitlich öffentlich-rechtliche Konstruktionen vertreten,[193] auch Analogien zum Verwaltungsverfahrensrecht[194], wobei der Gesetzgeber durch die Sonderzuweisung an die ordentlichen Gerichte die Zersplitterung zumindest im überschwelligen Bereich verhindert hat. Ansätze, die die Anwendung der Zweistufentheorie zu vermeiden suchen, müssen Rechtsschutzdefizite auf andere Weise lösen.[195]

Gegen die Zweistufentheorie wird ein kaum bestreitbares **Folgenargument** angeführt: Die selbstständige Qualifikation der zweiten Stufe als privatrechtlich hat die **Zweispurigkeit des Rechtsweges** zur Folge.[196] Das macht die Prozessführung unökonomisch und erschwert sogar – entgegen der ursprünglichen Intention der Theorie – den Rechtsschutz. Dieses Argument ist schlüssig und setzt die Befürworter der Theorie unter Rechtfertigungszwang. So betrachtet erscheint die Diskussion dadurch verzerrt, dass die Befürworter der Theorie manch obergerichtliche Rechtsprechung[197] auf ihrer Seite haben und deshalb die Kritiker in der Defensive erscheinen. **90**

Für die Zweistufentheorie spricht indessen ein ebenso unbestreitbares Argument: Bisweilen entspricht die getrennte Qualifizierung eines zweistufigen Rechtsverhältnisses dem **Willen der Beteiligten.** Es bleibt ihnen grundsätzlich unbenommen, die zweite Stufe öffentlich-rechtlich auszugestalten. Soweit der Bürger hierauf nicht wirksam Einfluss nehmen kann, entspricht die Ausgestaltung jedenfalls dem Behördenwillen. Wer diesen Willen überwinden will, muss die Wahlfreiheit der Verwaltung beschränken. Hierüber wird eine eigene Diskussion geführt.[198] **91**

Bisweilen wird die Zweistufentheorie als **Übergangserscheinung,** als „Zwischenstadium" zur Überwindung von Rechtsschutzlücken gesehen, die zu „dogmatischen Verrenkungen"[199] geführt habe, die sich durch eine einheitliche Lösung in einem entsprechend fortentwickelten Verwaltungsrecht vermeiden ließen. Selbst wenn die Zweistufentheorie in der langfristigen dogmatischen Ent- **92**

Georg Hermes, Gleichheit durch Verfahren bei der staatlichen Auftragsvergabe, JZ 1997, S. 909 (914ff.); *Peter M. Huber,* Der Schutz des Bieters im öffentlichen Auftragswesen unterhalb der sog. Schwellenwerte, JZ 2000, S. 877 (882); *Jan Byok/Wolfgang Jaeger,* Kommentar zum Vergaberecht, 2000, zu § 114 GWB, Rn. 745; vgl. zum unterschwelligen Bereich: OVG RP, NZBau 2005, S. 411.
[191] Dazu *Jost Pietzcker,* Die Zweiteilung des Vergaberechts, 2001, S. 18ff., 58ff. mit Beispielen aus der Rechtsprechung.
[192] *Olaf Reidt/Thomas Stickler/Heike Glas,* Vergaberecht, 2. Aufl. 2003, Vorb. zu §§ 97ff. GWB, Rn. 8 und zu § 114 Rn. 31ff.
[193] Kritisch hierzu m.w.N.: *Arnold Boesen,* Vergaberecht, Kommentar, 2000, Einl. Rn. 5.
[194] Vgl. *Dirk Ehlers,* Verwaltung in Privatrechtsform, 1984, S. 226ff.
[195] *Reidt/Stickler/Glas,* Vergaberecht (Fn. 192), § 114 Rn. 31ff.
[196] BGH, NJW 1997, S. 328; *Schmidt-Aßmann,* Ordnungsidee, Kap. 6 Rn. 22.
[197] Vgl. hierzu: BVerwGE 1, 308; 7, 180; 13, 47; 13, 307; 35, 170; 45, 13; BGH, NJW 1997, S. 328; OVG Saarl, DVBl 1972, S. 616.
[198] *Bernhard Kempen,* Die Formenwahlfreiheit der Verwaltung, 1989, S. 73ff. S. aber a. → Bd. I *Burgi* § 18 Rn. 63, 69, 71.
[199] *Rodi,* Subventionsrechtsordnung (Fn. 188), S. 646.

§ 41 Formen- und Instrumentenmix

wicklung die Funktion einer Übergangslösung darstellen sollte, dann weist das nicht nur auf Schwächen, sondern auch auf Stärken der Theorie hin:

93 Was sich langfristig als vorläufig erweist, kann doch kurzfristig der **schnellstmögliche Weg zu praktikablen Lösungen** sein. Die Schwächen mögen in den Friktionen einer Zweistufigkeit liegen, seien dies materiellrechtliche Probleme des Verhältnisses der Stufen zueinander oder die prozessuale Zersplitterung des Rechtsweges. Die Stärken hingegen liegen in der Chance, auf **überkommene Regelungszusammenhänge** zugreifen zu können. Die Zweistufentheorie hat es immer wieder vermocht, dogmatische Defizite kurzfristig zu überwinden: Seien dies Rechtsschutzdefizite im Zivilrecht bei Konkurrentenklagen, die eine einheitlich privatrechtliche Lösung in Frage stellen oder seien dies Defizite der Ausgestaltung des Verwaltungsvertrages und bei den verwaltungsrechtlichen Regeln über den Gesetzesvollzug,[200] die einer einheitlich öffentlich-rechtlichen Lösung entgegenstehen. Gerade was die Überwindung von Rechtsschutzlücken betrifft, zwingen die Rechtsschutzgarantien des Verfassungsrechts (Art. 19 Abs. 4 GG[201]) und des Unionsrechts (Stichwort: Alcatel-Entscheidung[202]) die Gerichtspraxis dazu, kurzfristig Lösungen (beachte auch Art. 6 EMRK) zu finden. Wo **Schnelligkeit geboten** ist, drängt sich der **Zugriff auf überkommene Lösungen** auf. Für die Zweistufentheorie streiten so auch die Vorteile der Bündelungsfunktion ausgeprägter Rechtsdogmatik, die nicht nur für das „allgemeine Verwaltungsrecht als Ordnungsidee" (*Eberhard Schmidt-Aßmann*) gilt.

94 **Methodische Alternative** zur Zweistufigkeit wäre eine **Analogiebildung**, aber diese will vielleicht doch schon gründlicher überlegt sein, greift sie doch in den jeweiligen Regelungszusammenhang tief ein: Das gilt für Drittschutzklagen gegen den Abschluss privater Verträge (Stichwort: Kontrahierungszwang) ebenso wie für die Überwindung der in §§ 54 ff. VwVfG dem Verwaltungsvertrag gesetzlich normierten Grenzen (Stichwort: Schriftform). Hier liegt der kombinierte, zweistufige Zugriff auf Errungenschaften wie die der Dogmatik des Verwaltungsaktes und des verwaltungsgerichtlichen Individualrechtsschutzes sowie der privatrechtlichen Dogmatik des Vertragsrechts näher als die Analogiebildung.

95 Dies sollte freilich nicht davon abhalten, langfristig den Grundrechtsschutz und den Rechtsschutz für Dritte im Privatrecht ebenso zu stärken, wie das Recht der Verwaltungsverträge fortzuentwickeln und Analogien letztlich entbehrlich zu machen. Ziel ist die Suche nach einem **möglichst adäquaten Recht,** das bei komplexen, mehrstufigen Rechtsverhältnissen einerseits differenziert auf die Stufen eingeht und flexibel für den Einzelfall ist, andererseits auch der Klarheit der Rechtsinstitute und der Praktikabilität Rechnung trägt. Bereits *Hans Peter Ipsen* hat darauf hingewiesen, dass das Obligationenrecht der Schweiz öffentlich-rechtliche Vertragstypen normiert und deshalb eine öffentlich-rechtliche Qualifikation auch der zweiten Stufe nie bezweifelt wurde.[203] *Eberhard Schmidt-Aßmann* fordert eine Dogmatik mehrseitiger Verwaltungsverträge unter Einschluss der Rechtsschutz-

---

[200] *Wolff/Bachof/Stober*, VerwR I, § 22 III 4 Rn. 66.
[201] Siehe dazu → Bd. I *Schmidt-Aßmann* § 5 Rn. 71 ff.
[202] *EuGH*, Rs. C-81/98 – Alcatel Austria, Slg. 1999, I-7671.
[203] *Ipsen*, Subventionierung Privater (Fn. 188), S. 67 in Fn. 103 unter Verweis auf *Fleiner*, Institutionen des VerwR, S. 127 und *Dietrich Schindler*, Die Bundessubvention als Rechtsproblem, 1952.

probleme, bevor Subventionen in einer einheitlichen vertraglichen Rechtsform erfasst werden könnten.[204] Dazu gehören die vergaberechtlichen Kriterien der Auswahl des Vertragspartners ebenso wie die Gewährleistungsverantwortung zur Sicherung von Qualitätsstandards, soweit staatliche Leistungen substituiert werden.[205]

Aus dieser Problematik ergeben sich auch Forderungen **de lege ferenda:** Der Preis der Zersplitterung des Rechtswegs, den die Zweistufentheorie in Kauf nimmt, beruht letztlich auf einer historisch überkommenen **Gerichtsorganisation** im deutschen Recht. An dieser **Weichenstellung** kann nur der Gesetzgeber Wesentliches ändern. Die Sonderzuweisung des überschwelligen Vergaberechts an die ordentlichen Gerichte zeigt, wie der Gesetzgeber ein Auseinanderfallen des Rechtswegs vermeiden kann, ohne effektiven Rechtsschutz preiszugeben (§ 115 Abs. 1 GWB: Suspensiveffekt bis zur Entscheidung der Vergabekammer, § 118 Abs. 1 S. 1 GWB: aufschiebende Wirkung der sofortigen Beschwerde zu den Vergabesenaten und § 121 GWB: Vorabentscheidung über den Zuschlag durch die Vergabesenate). Andererseits ist auch vor übersteigerten Erwartungen an den Gesetzgeber zu warnen: Die Lösung aller Defizite, an deren Überwindung die Zweistufentheorie ansetzt, kann vom Gesetzgeber noch weniger als von der so umstrittenen Dogmatik erwartet werden. 96

Für den Mix aus Formen ist daraus zu lernen: „Schubladenlösungen", für die die Zweistufentheorie ein Beispiel ist, können ebenso wie Analogiebildungen kurzfristig praktikable Lösungen liefern. Diese sind auf ihre Adäquanz kritisch zu hinterfragen und langfristig stellt sich die Frage, ob eine Spezialdogmatik bzw. Modifizierungen an die Stelle von Schubladenlösungen treten sollen. 97

3. Kompensationsprinzip

Das **Kompensationsprinzip** wurde von *Andreas Voßkuhle*[206] für verschiedene, durchaus positiv bewertete „misch-instrumentelle Lösungen" entwickelt. Es handelt sich dabei um Mixe im hier verstandenen Sinne, die in **fünf Modelltypen** existieren: Es ist zwischen den Modellen der Neutralisierung, der Saldierung, dem Konzeptwechsel, der Abgaben sowie der Entschädigung zu differenzieren, denen die Kompensation als Leitgedanke gemein ist. 98

Beim **Neutralisierungsmodell**[207] wird eine bestimmte, rechtlich unerwünschte Beeinträchtigung zwar nicht vermieden, aber anderweitig nivelliert. Ein Beispiel sind die Schutzauflagen nach § 32 Abs. 2 S. 1 KrW-/AbfG bzw. § 74 Abs. 2 S. 2 VwVfG, mit denen nachteilige Wirkungen wenn nicht verhütet, so doch ausgeglichen werden können.[208] Denkbar wären etwa auch rechtliche Benutzungsvorteile für umweltfreundliche Produkte als Kompensation (z.B. Ausnahmen von smogbedingten Fahrverboten für schadstoffarme Autos oder von Nachtflugverboten für leise Flugzeuge).[209] 99

---

[204] *Schmidt-Aßmann*, Ordnungsidee, Kap. 6 Rn. 22.
[205] *Schmidt-Aßmann*, Ordnungsidee, Kap. 6 Rn. 121.
[206] *Andreas Voßkuhle*, Das Kompensationsprinzip, 1999, S. 74.
[207] *Voßkuhle*, Kompensationsprinzip (Fn. 206), S. 103 ff.
[208] *Ulf Hellmann Sieg*, in: Hans D. Jarass/Dietrich Ruchay/Clemens Weidemann, KrW-/AbfG, Bd. 2, Kommentar, zu § 32 Rn. 96 f.
[209] *Kloepfer*, UmweltR, § 5 Rn. 190 f.; *Rodi*, Instrumentenvielfalt (Fn. 2), S. 233.

100 Das **Saldierungsmodell**[210] unterscheidet sich vom Neutralisierungsmodell dadurch, dass eine bestimmte, rechtlich unerwünschte Beeinträchtigung zwar nicht nivelliert, wohl aber mit anderen Beeinträchtigungen bzw. Vorteilen saldiert wird. Beispiele gibt es aus dem Immissionsschutzrecht (§§ 7 Abs. 3, 17 Abs. 3a, 48 Nr. 4 BImSchG), wonach von Anforderungen im Einzelnen abgewichen werden kann, wenn insgesamt bestimmte Standards eingehalten werden. Dabei sind im Vorsorgebereich „Misch-Verrechnungen" von Emissionen zwischen verschiedenen Standorten möglich, während die Verrechnung von Immissionen nur bezogen auf ein bestimmtes Einsatzobjekt und auf eine bestimmte Immissionsart möglich ist, damit nicht ein Gebiet zulasten eines anderen unzumutbar belastet wird.[211]

101 Beim **Konzeptwechselmodell**[212] wird im Gesetz eine Alternativpflicht vorgeprägt. So stellt § 6 Abs. 1 und 2 und § 8 VerpackV Pflichten auf, die durch Selbstverpflichtungen nach § 6 Abs. 3 und § 9 VerpackV verdrängt werden können (Duales System). Ein Konzeptwechsel ist auch beim Umweltaudit denkbar, soweit die daran anknüpfenden Regelungen die Teilnahme am Audit zu normverdrängenden Selbstverpflichtungen machen. Aber die Einführung des Umweltaudits wurde v. a. in Deutschland mit einer Diskussion um Verwaltungsentlastung und Deregulierung verknüpft.[213] Art. 10 Abs. 2 EG-EMAS-VO (2001) gibt den Mitgliedstaaten nunmehr auf zu „prüfen, wie der EMAS-Eintragung nach dieser Verordnung bei der Durchführung und Durchsetzung der Umweltvorschriften Rechnung getragen werden kann, damit doppelter Arbeitsaufwand sowohl für die Organisationen als auch für die vollziehenden Behörden vermieden wird." Am weitesten geht der Bericht[214] der unabhängigen Expertenkommission zur Vereinfachung und Beschleunigung von Planungs- und Genehmigungsverfahren (Schlichter-Kommission) damit, den Unternehmen, die sich dem Umweltaudit unterwerfen, in einem abgestuften Genehmigungsverfahren Erleichterungen anzubieten. Danach könnten Teile der üblichen Genehmigungserfordernisse erst nachfolgend im Rahmen des Umweltaudits geprüft werden. Bei Neu- und Änderungsgenehmigungen sei künftig befristet die Nichteinhaltung materiellrechtlicher Standards zuzulassen, sofern mit dem Vorhaben insgesamt eine Verbesserung des bisherigen Zustandes erreicht werde.[215] Nach § 4 Abs. 1 S. 2 der 9. BImSchV „ist zu berücksichtigen, ob die Anlage Teil eines Standortes ist", der eine Umwelterklärung abgegeben hat. Dieses Gebot der Be-

---

[210] *Voßkuhle*, Kompensationsprinzip (Fn. 206), S. 171 ff.

[211] Zum Unterschied zwischen Emissions- und Immissionskompensation vgl. *Hans D. Jarass*, Bundes-Immissionsschutzgesetz, 6. Aufl. 2005, zu § 5 Rn. 35 f. und § 7 Rn. 15.

[212] *Voßkuhle*, Kompensationsprinzip (Fn. 206), S. 206 ff.

[213] *Wolfgang Köck*, Industrieanlagenüberwachung und Öko-Audit – Zur Einführung, ZUR 1997, S. 177 ff.

[214] Bundesministerium für Wirtschaft (Hrsg.), Investitionsförderung durch flexible Genehmigungsverfahren. Bericht der Unabhängigen Expertenkommission zur Vereinfachung und Beschleunigung von Planungs- und Genehmigungsverfahren, Bonn 1994; hierzu auch Bundesministerium für Wirtschaft (Hrsg.), Empfehlungen der Arbeitsgruppe aus Vertretern der Koalitionsfraktionen und der Bundesressorts zur Umsetzung der Vorschläge der Unabhängigen Expertenkommission zur Vereinfachung und Beschleunigung von Planungs- und Genehmigungsverfahren, Bonn 1995; vgl. dazu auch *SRU*, Umweltgutachten 1996, S. 68, Tz. 77 ff.; zur Kritik: *Gertrude Lübbe-Wolff*, Beschleunigung von Genehmigungsverfahren auf Kosten des Umweltschutzes, Anmerkungen zum Bericht der Schlichter-Kommission, ZUR 1995, S. 57 ff.

[215] Vgl. *Lübbe-Wolff*, Beschleunigungsverfahren (Fn. 214), S. 57.

rücksichtigung wurde als „undeutlich"[216], „kryptisch"[217], ja „höchst rätselhaft"[218] kritisiert.[219] Zu diesem Modell zählen auch normflankierte Absprachen.[220]

Das **Abgabenmodell**[221] führt zu Kompensationen, wenn Sonderabgaben auf Beeinträchtigungen erhoben und zweckgebunden zu deren Nivellierung verwendet werden. Beim **Entschädigungsmodell**[222] hingegen wird der Verursacher zum finanziellen Ausgleich verpflichtet. Genannt sei hier als Beispiel nur § 74 Abs. 2 S. 3 VwVfG.

III. Unzulässigkeit und rechtliche Gebotenheit eines Mix

1. Die Verknüpfungsgrenzen des § 36 VwVfG

Eine spezifisch rechtliche Fragestellung ist die nach der Rechtswidrigkeit der Teilelemente. Das Gesetz setzt der Verwaltung **ausdrückliche Grenzen,** um einen Verwaltungsakt mit einer Nebenbestimmung zu ergänzen. Zu einem gebundenen Verwaltungsakt muss eine solche Nebenbestimmung nach § 36 Abs. 1 **VwVfG durch Rechtsvorschrift zugelassen** sein oder die **Erfüllung der Voraussetzungen des Verwaltungsaktes sicherstellen.** Fünf Typen von Nebenbestimmungen können nach § 36 Abs. 2 VwVfG zu Ermessens-Verwaltungsakten nach **Ermessen** erlassen werden. Für alle Nebenbestimmungen stellt § 36 Abs. 3 VwVfG klar, dass sie dem **Zweck** des Verwaltungsaktes **nicht zuwiderlaufen** dürfen. Drei Grundgedanken dieser Regelung lassen sich für alle Typen des Mix verallgemeinern:

Die Erfordernisse **gesetzlicher Ermächtigungen** gelten grundsätzlich auch für den Mix. Unter den in § 36 Abs. 1 VwVfG genannten Voraussetzungen ist die Ermächtigung zum Mix unproblematisch. Ob Ermächtigungen zu bestimmten Handlungsformen darüber hinaus gleichsam als Annex auch zum Mix ermächtigen, ist jedenfalls zu verneinen, wenn auf einen bestimmten Hoheitsakt ein Anspruch besteht. Auch ist die **Ermessenslehre** auf den Mix zu erstrecken.[223] Die Verknüpfung zu einem Mix muss – vergleichbar § 36 Abs. 2 VwVfG – nach pflichtgemäßem Ermessen geschehen. Insoweit ist auf die Diskussion zum Handlungsformenermessen zu verweisen. Schließlich sind Elemente eines Mix auf ihre **Zweckkonformität** zu überprüfen. Nach dem Wortlaut des § 36 Abs. 3 VwVfG ist lediglich auszuschließen, dass die Zwecke eines Verwaltungsaktes und seiner Nebenbestimmung einander zuwiderlaufen. Nicht hingegen verlangt die Vorschrift die Identität der verfolgten Zwecke. Letzteres wird jedoch in der

---

[216] *SRU*, Umweltgutachten 1996, S. 72, Tz. 92.
[217] *Köck*, Öko-Audit-Konzept (Fn. 87), S. 680 f.
[218] *Gertrude Lübbe-Wolff*, Öko-Audit und Deregulierung, ZUR 1996, S. 173 (178).
[219] Zu weiteren, auch landesrechtlichen Regelungen in diese Richtung vgl. *Michael*, Rechtsetzende Gewalt (Fn. 82), S. 168 ff.
[220] *Rodi*, Instrumentenvielfalt (Fn. 2), S. 234; *Fluck/Schmitt*, Selbstverpflichtungen und Umweltvereinbarungen (Fn. 100), S. 226; *Schmidt-Preuß*, Duale Entsorgungssysteme (Fn. 102), S. 203 f.; *Michael*, Rechtsetzende Gewalt (Fn. 82), S. 43.
[221] *Voßkuhle*, Kompensationsprinzip (Fn. 206), S. 217 ff.
[222] *Voßkuhle*, Kompensationsprinzip (Fn. 206), S. 256 ff.
[223] Zu Ermessensreduktionen im mehrstufigen europäischen Verwaltungsverfahren: *EuGH*, Rs. C-6/99 – Greenpeace France, Slg. 2000, I-01651, Tz. 24 ff.; *Gernot Sydow*, Die Vereinheitlichung des mitgliedstaatlichen Vollzugs des Europarechts in mehrstufigen Verwaltungsverfahren, DV, Bd. 34 (2001), S. 517 (533).

Literatur[224] und Rechtsprechung[225] über den Wortlaut der Vorschrift hinaus für Nebenbestimmungen gefordert. Soweit nicht die Gründe der Zuständigkeitsordnung[226], des Gesetzesvorbehalts bzw. der Ermessenslehre, d.h. Zweckgrenzen der Ermächtigungsgrundlage dem entgegenstehen, ist beim Mix – und damit auch bei den Nebenbestimmungen – lediglich eine partielle Überschneidung der Zwecke geboten. Letztlich ist § 36 Abs. 3 VwVfG nicht mehr und nicht weniger als eine Ausprägung des **Koppelungsverbotes,** das in § 56 Abs. 1 S. 2 VwVfG für Verwaltungsverträge vielleicht unmissverständlicheren Ausdruck gefunden hat, indem dort ein sachlicher Zusammenhang gefordert wird.

2. Rechtliche Gebotenheit eines Mix

105   Der Typus des „**zwingenden Mix**"[227] macht einen Mix zum rechtlichen Gebot. Das kann positive Verknüpfungen, z.B. **Entwicklungsgebote,** implizieren. So wurde in letzter Zeit für bestimmte hoheitliche Maßnahmen die förmliche Gebotenheit einer **vorherigen Konzepterstellung**[228] (als schlichte Handlungsform), z.B. bei verdachtslosen Personenkontrollen behauptet.[229] Den Zweck der Konzeptualisierung verfolgen auch Instrumente der Planung, z.B. die Luftreinhaltepläne (§ 47 BImSchG) oder die Erstellung und Verbindlicherklärung eines Altlasten-Sanierungsplans (§ 13 Abs. 6 BBodSchG). Die rechtliche Gebotenheit eines Mix wirft aber auch die Frage der **Fehlerfolgen und der Bestandskraft** auf. Nicht geboten, aber nach §§ 11 und 12 BauGB gesetzlich erwünscht ist der Mix aus konsensualen und klassischen Instrumenten im Bauplanungsrecht.

IV. Formelle Rechtmäßigkeit eines Mix

1. Ermächtigungsnormen

106   Der Mix wirft die Frage auf, ob **für alle seine Elemente eine Ermächtigungsnorm** existieren muss. Auf den Rechtsgedanken des § 36 Abs. 1 VwVfG für einen Mix, auf dessen Teil ein Anspruch besteht, wurde schon hingewiesen. Unter den in § 36 Abs. 1 VwVfG genannten Voraussetzungen ist die Ermächtigung zum Mix unproblematisch. Bei der Frage, ob der **Gesetzesvorbehalt** greift bzw. ob ein grundrechtlicher Eingriff vorliegt, sollte eine **saldierende Gesamtbetrachtung ausgeschlossen** sein: Auch wenn Verwaltungsakt und Nebenbestimmung zusammengenommen „per Saldo" eine Vergünstigung des Bürgers darstellen, auf die dieser keinen Anspruch hat, sollte der Gesetzesvorbehalt (wenigstens) für den belastenden Teil des Mix greifen.[230]

---

[224] *Hans D. Jarass,* JuS 1980, S. 115 (117); *Hans-Uwe Erichsen,* in: ders./Ehlers (Hrsg.), VerwR, 13. Aufl. 2006, § 14 II Rn. 11.
[225] *BVerwGE* 51, 158 (166); 41, 178 (183); offen: *BVerwGE* 36, 145 (147).
[226] Anders: *Hess. VGH,* NVwZ 1987, S. 902.
[227] → Rn. 59.
[228] *Andreas Müller,* Konzeptbezogenes Verwaltungshandeln, 1992, S. 72 ff.
[229] *Sächs. VerfGH,* Beschluss vom 10. 7. 2003, Az.: Vf. 24-IV-02; *Christoph Möllers,* Polizeikontrollen ohne Gefahrenverdacht. Ratio und rechtliche Grenzen der neuen Vorsorgebefugnisse, NVwZ 2000, S. 382 ff.; *Schmidt-Aßmann,* Ordnungsidee, Kap. 6 Rn. 99.
[230] Anders die Saldo-Theorie: *Albrecht Schleich,* Nebenbestimmungen in Zuwendungsbescheiden des Bundes und der Länder, NJW 1988, S. 236 (237 ff.).

E. Ansätze zu einer rechtlichen Dogmatik des Mix

Daran schließt sich die Frage an, welche Anforderungen an die **Bestimmtheit** **107** **der Ermächtigungsgrundlage** zu stellen sind und ob auch implizite Annex-Ermächtigungen denkbar sind. Die Antwort darauf hängt von der Schwere der Grundrechtsbetroffenheit ab, die aber wiederum für die Einzelelemente des Mix zu bewerten ist. Die Frage der Saldierung darf sich also weder bei der Frage des Erfordernisses noch der Bestimmtheit einer Ermächtigungsnorm, sondern allenfalls bei der Verhältnismäßigkeit stellen. Die Anwendung der Zweistufentheorie im Vergaberecht, die im sogenannten „unterschwelligen", d.h. von §§ 97ff. GWB nicht erfassten Bereich diskutiert wird, führt zu dem Problem, dass für die erste Stufe, soweit im Zuschlag neben dem Vertragsschluss auch ein Verwaltungsakt gesehen wird, regelmäßig keine explizite Ermächtigungsgrundlage existiert. Zur Lösung dieses Problems wird auf die Ermächtigungsgrundlage i.V.m. der „implied powers"-Lehre zurückgegriffen.[231]

2. Zuständigkeitsordnung

An die Frage nach der Ermächtigung schließt sich die Frage an, welcher **108** Hoheitsträger gegebenenfalls zuständig ist. Dazu gehören die Probleme der **Verbandskompetenz**, die von den Schwierigkeiten der beschränkten Sachkompetenzen der EG[232] (mit Blick auf das integrative Umweltrecht v.a. im Energiebereich, besser gelöst im Agrarbereich) bis zum bundesstaatlichen Verbot der Mischverwaltung reichen. Aber auch die **sachliche, instanzielle und örtliche Zuständigkeit** ist in jedem Einzelfall zu klären. Dabei kann die Zuständigkeit für die einzelnen Elemente eines Mix **auseinanderfallen.** Das wirft Fragen der Koordination, auch der Verwischung von Verantwortlichkeiten, der Haftung und der Aufsicht auf. Auch das Verbot der Mischverwaltung (zwischen Bund und Ländern) kann hier Grenzen fordern. Die drohende Verunklarung der Verantwortlichkeit spricht auch gegen die Praxis von Zustimmungsvorbehalten des Bundestages zu Rechtsverordnungen. Während das BVerfG hierfür ein rechtfertigendes Bedürfnis anerkennen mag,[233] spricht vieles dafür, diese Praxis zu unterbinden. Der Gesetzgeber behält jederzeit seine Kompetenz, eine Regelung als Gesetz zu ändern oder auch zu bestätigen. Nach der Konzeption des Art. 80 GG darf er sich nicht selbst ermächtigen, durch einfachen Parlamentsbeschluss (indirekt) rechtsetzend tätig zu werden. Das Grundgesetz ermöglicht die gesetzliche Ermächtigung der Exekutive zur Rechtsetzung, aus gutem Grunde nicht aber derartige Mischformen (die spezielle Ermächtigung des Art. 104 Abs. 4 S. 4 GG a.F. wurde 2009 gestrichen), die ein aliud und kein minus zu Art. 80 GG darstellen. Zu diskutieren sind aber auch Möglichkeiten der **Zusammenführung der Kompetenzen sowie organisationsrechtliche Konsequenzen.** Zu denken ist dabei vor allem an die Figur der Annexkompetenz bzw. der Kompetenz kraft Sachzusammenhang.

---

[231] *Triantafyllou*, Europäisierungsprobleme (Fn. 190).
[232] *Rodi*, Instrumentenvielfalt (Fn. 2), S. 236, 239.
[233] *BVerfGE* 8, 274 (321); kritisch *Christoph Möllers*, Rechtsstaatliche Form versus sozialstaatliche Formlosigkeit, zu BVerfGE 114, 196, JURA 2007, S. 932 (936).

3. Formzwänge

109 Der Frage, ob einem Mix **Formzwänge entgegenstehen,** gehen zwei Fragestellungen voraus, die mit Blick auf die Zulässigkeit informellen Verwaltungshandelns bereits ausführlich in der Literatur diskutiert wurden:

110 Das ist zum einen die Frage, ob das **Rechtsstaatsprinzip als formales Prinzip** einen **Numerus clausus zulässiger Formen** zur Folge hat. Die strenge Lehre vom formalen Rechtsstaat hatte sich jedoch zu Recht nicht durchsetzen können. Die Zulässigkeit einer Form ist von deren gesetzlicher Normierung nicht zwingend abhängig.

111 Damit stellt sich zum anderen die Frage, ob sich gegebenenfalls aus dem **Regelungszusammenhang** eines Gesetzes durch Auslegung **Formzwänge** herleiten lassen. Ob und unter welchen Voraussetzungen dies möglich ist, ist sehr umstritten. Einerseits hat das Bundesverfassungsgericht[234] zum Beispiel aus dem Abfallrecht ein gesetzliches Kooperationsmodell hergeleitet und für den Regelungsbereich verallgemeinert; in diesem Rahmen wurden bestimmte Formen der Kooperation positiv begründet. Andererseits wird in der Literatur[235] gefordert, aus dem Gesetz müsse sich gegebenenfalls eindeutig eine Sperrklausel im Sinne eines Formzwangs herleiten lassen; nach dieser Ansicht sind also bestimmte Formen nicht positiv zu begründen, sondern Formzwänge negativ auszuschließen.

112 In der bislang geführten Diskussion ging es um die Frage der **Austauschbarkeit** von Formen und Instrumenten. Beim Mix stellt sich eine dritte Frage, nämlich ob – die Austauschbarkeit einmal unterstellt – verschiedene Formen und Instrumente auch miteinander kombinierbar[236] sind. Auch dem Aspekt der Kombinierbarkeit versucht die Rechtsprechung des Bundesverfassungsgerichts zur Verpackungssteuer Grenzen zu setzen. An Kombinationsverbote sind aber hohe Anforderungen zu stellen, noch höhere als an ein Formverbot: Sie aus dem Gesetzeszusammenhang zu erschließen, sollte über das Gebot der Widerspruchsfreiheit der Rechtsordnung hinaus allenfalls möglich sein, wenn sich das gegebenenfalls unzweifelhaft aus der Auslegung, insbesondere dem Sinn des Gesetzes ergibt. Dies kann für das Abfallrecht bezweifelt werden. Das schließt es natürlich nicht aus, dass der Gesetzgeber der „Zulässigkeit von Instrumentenverbindungen"[237] spezialgesetzliche Grenzen setzt. Aus allgemeinen Regeln lassen sich keine solchen Restriktionen ableiten. Auch die Aufzählung der Handlungsformen in Art. 288 AEUV ist nicht als Zeichen der Starrheit zu verstehen.[238] Allerdings ist das im Willkürverbot wurzelnde allgemeine Verbot des **Formenmissbrauchs**[239] zu beachten. So soll der Mix nicht zu Verschiebungen und Auflösungen der Rechtsformen führen, die nicht durch den Sachverhalt veranlasst sind.

---

[234] *BVerfGE* 98, 83 (97 ff.) – Landesrechtliche Abfallabgabe; 98, 106 (121 ff.) – Kommunale Verpackungssteuer.

[235] *Schmidt-Aßmann*, Ordnungsidee, Kap. 6 Rn. 77.

[236] In einem Atemzug stellt *Schmidt-Aßmann*, Ordnungsidee, Kap. 6 Rn. 77, die Frage, ob Instrumente „austauschbar oder kombinierbar" sind.

[237] *Schmidt-Aßmann*, Ordnungsidee, Kap. 6 Rn. 77.

[238] *Armin v. Bogdandy/Jürgen Bast/Felix Arndt*, Handlungsformen im Unionsrecht, ZaöRV 2002, S. 77 ff.; *Schmidt-Aßmann*, Ordnungsidee, Kap. 7 Rn. 48.

[239] Allgemein dazu: *Christian Graf v. Pestalozza*, Formenmissbrauch des Staates, 1973; *Schmidt-Aßmann*, Ordnungsidee, Kap. 6 Rn. 77. S. aber a. → Bd. II *Hoffmann-Riem* § 33 Rn. 110 ff.

4. Verfahrensrecht

Der Mix kann auch zu einer **Verschränkung** der für seine Elemente geltenden 113
Verfahren führen. Dabei tut die Entwicklung allgemeiner, über den unmittelbaren Geltungsbereich der §§ 9 ff. VwVfG hinaus wirksamer Grundsätze not. Sie sind aus grundrechtlichen Postulaten, allgemeinen Rechtsgrundsätzen und aus unionsrechtlichen Standards zu entwickeln:

An dieser Stelle ist die verfahrensrechtliche Seite der **Grundrechte** zu hinter- 114
fragen. Von der grundrechtlichen Seite erscheint es insbesondere geboten, dass der Mix das gleiche verfahrensrechtliche Niveau wie die Verwaltungsverfahren der Einzelakte erreicht. So gebietet der Grundrechtsschutz, dass erzwingbare Pflichten sowie Präklusionsregelungen stets gesetzlich begründet sein müssen.[240] Konsequenzen haben die Grundrechte aber auch, indem sie sogar die Verschränkung des Verfahrensrechts gebieten: So ist es gegebenenfalls geboten, dass sich verschiedene am Mix beteiligte Hoheitsträger **gegenseitig informieren,** damit sie ihre Maßnahmen aufeinander abstimmen können. Informationspflichten werden so zu Korrelaten von Befugnissen zum Informationsaustausch, deren Grenzen das Datenschutzrecht steckt.[241] Informationsbefugnisse, die der Verfahrensvereinfachung dienen, werden zu Voraussetzungen für eine grundrechtsschonende Abstimmung von Behördentätigkeiten.[242]

Weiter ist zu fragen, welche **allgemeinen Rechtsgrundsätze des Verwal-** 115
tungsverfahrens, auch und gerade soweit sie im VwVfG Ausdruck gefunden haben,[243] auf den Mix Anwendung finden. Dabei kann der Gedanke des **Verfahrensrechtsverhältnisses** nicht nur im Rahmen der systematischen und teleologischen Interpretation entsprechender gesetzlicher Tatbestände eine Rolle spielen, sondern auch Grundlage ungeschriebener verfahrensrechtlicher Nebenpflichten sein.[244] Als verfahrensrechtlicher Mindeststandard ist die Anwendung folgender **Verfahrensgrundsätze des VwVfG** gegebenenfalls über deren direkten Anwendungsbereich hinaus zu fordern: Neutralität (§ 20 VwVfG), rechtliches Gehör (§ 28 VwVfG), Akteneinsicht (§ 29 VwVfG), Begründungszwang (§ 39 VwVfG), Bekanntgabe (§ 41 VwVfG).

Schließlich sollten solche Bemühungen mit Blick auf einen **europäischen Stan-** 116
dard des Verwaltungsverfahrens erfolgen, wie er im Zusammenhang mit mehrstufigen und gemischten Verfahren diskutiert wird. Auch daraus ergeben sich Anhörungs-, Ermittlungs- und Begründungspflichten[245], insbesondere das Recht der Akteneinsicht bzw. auf Zugang zu Dokumenten, das rechtliche Gehör, der Untersuchungsgrundsatz und die Begründungspflicht für Entscheidungen.[246]

---

[240] *Schmidt-Aßmann,* Ordnungsidee, Kap. 6 Rn. 156.
[241] Vgl. a. → Bd. II *Albers* § 22.
[242] So für die Ermittlungstätigkeit verschiedener Sicherheitsbehörden: *BVerfGE* 112, 304 – GPS.
[243] Vgl. a. → Bd. II *Schneider* § 28 Rn. 27 ff., 42 ff.
[244] *Schmidt-Aßmann,* Ordnungsidee, Kap. 6 Rn. 156.
[245] *Hanns P. Nehl,* Europäisches Verwaltungsverfahren und Gemeinschaftsverfassung, 2002; *Sydow,* Vereinheitlichung des mitgliedstaatlichen Vollzugs (Fn. 223), S. 517 ff.; *Schmidt-Aßmann,* Ordnungsidee, Kap. 7 Rn. 50.
[246] *Nehl,* Gemeinschaftsverfassung (Fn. 245), S. 226 ff., 274 ff., 323 ff.

5. Transparenz

117 Jeder Mix als Phänomen der zunehmenden Komplexität des Verwaltungshandelns wirft Fragen des Transparenzgebotes[247] auf. Das heißt aber nicht, dass der Mix von vornherein einen Makel der Intransparenz in sich trüge. Im Gegenteil sollte seine verwaltungsrechtswissenschaftliche Erfassung dazu beitragen, verwobene Strukturen offen zu legen und damit die **Voraussetzungen für Transparenz** zu schaffen. Die Betrachtung mehrerer Einzelakte als Mix macht bereits vom Ansatz her Zusammenhänge zwischen ihnen transparent.

118 Zu diesen Voraussetzungen der Transparenz gehört auch, dass sich **verschiedene am Mix beteiligte Hoheitsträger** gegenseitig nicht nur in Grenzen des Datenschutzrechts informieren dürfen, sondern sogar informieren müssen, damit sie ihre Maßnahmen aufeinander abstimmen können und dabei auch dem Grundrechtsschutz gerecht werden können.[248]

V. Materielle Rechtmäßigkeit eines Mix

1. Schutz grundrechtlicher Freiheit und Gleichheit

119 Das grundrechtliche Problem der „**Gesamtverhältnismäßigkeit**"[249] ist beim Ausgleich von Grundrechtskollisionen, insbesondere beim Zusammentreffen von Schutzpflichten und Eingriffen bereits wohlbekannt, stellt sich aber beim Instrumentenmix neu und verschärft.[250] Es stellt sich nicht nur die Frage der **Kumulation von Belastungen**[251], sondern auch der Saldierung, wenn **Belastungen mit Begünstigungen** korrelieren.[252] Eine Gesamtbetrachtung setzt eine holistische Grundrechtsprüfung[253] voraus und wirft dogmatische Fragen auf allen Stufen der Verhältnismäßigkeit auf:

Ob eine Gesamtbetrachtung überhaupt in Frage kommt, sollte von der **Zurechenbarkeit**[254] eines Mix abhängig gemacht werden. Die Freiheitsbeschränkungen lassen sich erstens nur insoweit addieren bzw. saldieren, als sie **dieselben Grundrechtsträger** betreffen. Freiheitsbeschränkende Elemente sind zweitens nur einzubeziehen, soweit sie **Hoheitsträgern** zurechenbar sind. Beim Mix kann es sich dabei freilich gegebenenfalls um mehrere Hoheitsträger sowie um indirekte Zurechnungen handeln. Klassischerweise werden diese Fragen indirekter und

---

[247] Siehe a. → Bd. II *Pitschas* § 42 Rn. 218 ff.
[248] So für die Ermittlungstätigkeit verschiedener Sicherheitsbehörden: *BVerfGE* 112, 304 – GPS.
[249] *Hoffmann-Riem*, Reform (Fn. 2), S. 1384 ff.
[250] *Hoffmann-Riem*, Reform (Fn. 2), S. 1385 f.
[251] *Kloepfer*, Umweltschutz durch Abgaben (Fn. 37), S. 596; *ders.*, Handlungsformen (Fn. 6), S. 356; *Hoffmann-Riem*, Reform (Fn. 2), S. 1385 f.; *Rodi*, Instrumentenvielfalt (Fn. 2), S. 236; *Gregor Kirchhof*, Kumulative Belastung durch unterschiedliche staatliche Maßnahmen, NJW 2006, S. 732 ff.; aus der Rechtsprechung: *BVerfGE* 93, 121 (138) – Einheitswerte, formuliert Grenzen der steuerlichen Gesamtbelastung; kritisch dagegen, diese Grenze im „Halbteilungsgrundsatz" zu suchen, jetzt: *BVerfG*, 2 BvR 2194/99 vom 18. 1. 2006; *BVerfGE* 93, 319 (343) – Wasserpfennig, thematisiert die Doppelbelastung aus steuerlichen und nicht-steuerlichen Abgaben; zu den verfahrensrechtlichen Konsequenzen eines „additiven Grundrechtseingriffs" jetzt: *BVerfGE* 112, 304 – GPS; vgl. auch *Christoph Spielmann*, Konkurrenz von Grundrechtsnormen, 2008.
[252] *Hoffmann-Riem*, Reform (Fn. 2), S. 1386 ff.
[253] *Lothar Michael/Martin Morlok*, Grundrechte, 3. Aufl. 2012, Rn. 59 f., 519, 744.
[254] Vgl. *Lerke Schulze-Osterloh*, Das Prinzip der Eigentumsopferentschädigung im Zivilrecht und im öffentlichen Recht, 1980, S. 150.

E. Ansätze zu einer rechtlichen Dogmatik des Mix

kumulativer Zurechnung unter dem überkommenen **Eingriffsbegriff** und dessen Erweiterung bzw. Auflösung erörtert. Die viel diskutierte Finalität ist dabei nicht das einzige denkbare Kriterium. Insbesondere die Frage der Kausalität müsste stärker in den Mittelpunkt rücken. Wie uns das Zivil- und das Strafrecht lehren, kann Kausalität nicht nur Äquivalenz *(conditio sine qua non)* bedeuten, sondern auch Adäquanz-Gesichtspunkte berücksichtigen. Auch die Theorien des Normzwecks[255] oder der normativen Zurechnung nach der Risikoerhöhungslehre sind noch nicht auf ihre Übertragbarkeit auf die grundrechtliche Eingriffsdogmatik ausgelotet. Bei den kooperativen Mixtypen kann hierbei auf den „status negativus cooperationis"[256] abgestellt werden. Danach können dem Staat grundrechtsbeschränkende Wirkungen, die auf Kooperationen mit Privaten beruhen, zugerechnet werden. Kooperationsbefugnisse des Staates korrespondieren mit einer grundrechtlichen Mitverantwortung des Staates. Seine Grundrechtsbindung erfasst grundsätzlich alle absehbaren Grundrechtsbeeinträchtigungen, die aus Kooperationen erwachsen: sie sind dem Staat zuzurechnen. Die Grundrechtsdogmatik für Kooperationen muss zwischen verschiedenen Gruppen von Betroffenen differenzieren: den unmittelbar an Absprachen beteiligten Unternehmen, den Verbänden, den durch sie repräsentierten Unternehmen, den nicht durch sie repräsentierten Unternehmen, die mit jenen im Wettbewerb stehen (Außenseitern), den Zulieferern und Abnehmern und schließlich den Verbrauchern. Von vornherein zu einer wertenden Gesamtbetrachtung neigen Lösungsansätze, die stärker auf die Intensität[257] der (tatsächlichen) Grundrechtsbeeinträchtigung abstellen.

Bei der **Geeignetheit** stellt sich die Frage, ob sich Instrumente gegenseitig blockieren, wobei in der verfassungsgerichtlichen Überprüfung Einschätzungsprärogativen gegenüber gegebenenfalls dysfunktionalen Nebeneffekten einzuräumen sind.[258] Die Frage nach der **Erforderlichkeit** müsste in dem Sinne abgeschwächt werden, dass ein isoliert betrachtet milderes Mittel nicht zur Verfassungswidrigkeit einer im Mix mit Begünstigungen auftretenden Belastung führt.[259] Entsprechende Addierungen bzw. Saldierungen von Belastungen und Begünstigungen wären auch bei der **Angemessenheit** zu berücksichtigen.

Ähnliche Erwägungen wie bei den Freiheitsrechten sind auch bei den **Gleichheitsrechten** anzustellen. Eine Saldierung von Vor- und Nachteilen mehrerer zu-

---

[255] *Schulte*, Verwaltungshandeln (Fn. 24), S. 96, 101 und passim; zustimmend, aber ebenfalls ohne nähere Konsequenzen aufzuzeigen *Andreas Helberg*, Normabwendende Selbstverpflichtungen als Instrumente des Umweltrechts: verfassungs- und verwaltungsrechtliche Voraussetzungen und Grenzen, 1999, S. 191; zu einer grundrechtlichen Schutzzwecklehre vgl. *Ulrich Ramsauer*, Die faktischen Beeinträchtigungen des Eigentums, 1980, S. 54f.; *ders.*, Die Bestimmung des Schutzbereichs von Grundrechten nach dem Normzweck, VerwArch, Bd. 72 (1981), S. 89ff.; *Robert Alexy*, Theorie der Grundrechte, 1985, S. 278; *Rolf Eckhoff*, Der Grundrechtseingriff, 1992, S. 265ff.; grundlegend für das Zivilrecht: *Joseph G. Wolf*, Der Normzweck im Deliktsrecht, 1962.

[256] *Michael*, Rechtsetzende Gewalt (Fn. 82), S. 357ff., 364ff.; *Michael/Morlok*, Grundrechte (Fn. 253), Rn. 491; zustimmend *Schmidt-Aßmann*, Ordnungsidee, Kap. 2 Rn. 54; zur Figur eines „status activus cooperationis" jetzt *Julian Krüper*, Gemeinwohl im Prozess, 2009, S. 118, 316, 334.

[257] Hierzu statt aller *Arno Scherzberg*, Grundrechtsschutz und „Eingriffsintensität", 1989; vgl. auch *Karl Doehring*, Diskussionsbeitrag, VVDStRL, Bd. 57 (1998), S. 138f., zum umgekehrten Erfordernis eines Eingriffs an der Grenze des unerträglichen Freiheitsgebrauchs in Anlehnung an das Common Law; jetzt wieder *Tobias Köpp*, Normvermeidende Absprachen zwischen Staat und Wirtschaft, 2001, S. 226f., differenzierend *Michael/Morlok*, Grundrechte (Fn. 253), Rn. 519.

[258] *Hoffmann-Riem*, Reform (Fn. 2), S. 1381ff.

[259] *Hoffmann-Riem*, Reform (Fn. 2), S. 1381ff.

sammenwirkender Abgabenregelungen wird auch im Rahmen der Beurteilung eines (Gesamt-)Verstoßes gegen Art. 3 Abs. 1 GG für möglich gehalten, wenn die Vor- und Nachteile dieselben Personen und Sachverhalte betreffen, artgleich sind und in rechtssystematischem Zusammenhang stehen.[260] Insoweit sind die Zweckverwandtschaften zwischen den Einzelrechtsakten, die bereits begriffliche Voraussetzungen des Mix darstellen, für die gleichheitsrechtliche Saldierung zu präzisieren.

122 Weiter stellen sich Fragen der **Kontrolldichte:** Führt eine Gesamtbetrachtung der Verhältnismäßigkeit zu einer noch weiter gehenden Verdichtung verfassungsrechtlicher Maßstäbe? Müssen der Kontrolle durch Gerichte und insbesondere durch Verfassungsgerichte deshalb weitere Grenzen gesetzt werden, um einer Politisierung des Verfassungsrechts entgegenzuwirken? Sprechen die Probleme solcher Grenzziehung sogar dafür, eine solche Gesamtbetrachtung doch von vornherein auszublenden? In der Literatur wird bezweifelt, ob eine Gesamtfreiheitsbilanz justitiabel wäre.[261]

123 Die Antwort auf diese Fragen sollte berücksichtigen, dass eine Gesamtbetrachtung der Verhältnismäßigkeit beim Mix sowohl zu **Verschärfungen** als auch zu Entschärfungen verfassungsrechtlicher Maßstäbe führen kann: Strenger werden die Maßstäbe bei Kumulationen von Belastungen und dabei handelt es sich m. E. um eine nur konsequente Fortentwicklung der Grundrechtsdogmatik zugunsten des Bürgers, der sich einer immer weiter gehenden Verdichtung gemixten Instrumenteneinsatzes ausgesetzt sieht.[262] Die überkommene Dogmatik, nach der das Übermaßverbot auf das einzelne Instrument gerichtet ist, nicht auf die Gesamtwirkung von Maßnahmen,[263] d.h. nur auf Einzeleingriffe, nicht aber auf Kumulation von Eingriffsgesamtheiten angewandt wird,[264] ist zu überdenken. Eine Kumulation ist rechtsstaatlich unbedenklich, wenn verschiedene Ziele (z. B. Gefahrenabwehr einerseits und Vorsorge andererseits) mit verschiedenen Mitteln erreicht werden sollen.[265] Sie wird hingegen problematisch, wenn dasselbe Ziel mit unabgestimmten Mitteln oder sich widersprechende Ziele verfolgt werden.[266] Es ist – zwischen Einzelakten, die zu einem Mix verbunden sind – eine Gesamtfreiheitsbilanz[267] zu ziehen, die bei der Frage der Zumutbarkeit die Gesamtleistungsfähigkeit[268] der Betroffenen berücksichtigt.

124 Daran schließt sich die Frage an, wo solche **Grenzen der Zumutbarkeit** zu ziehen sind. Lösungen sind auf bestimmte Grundrechte bezogen und **bereichsspezifisch** zu suchen. Selbst wenn sich der auf Art. 14 Abs. 2 GG bezogene sogenannte „Halbteilungsgrundsatz" als zu eng erweisen und letztlich nicht durch-

---

[260] *Johanna Hey*, Saldierung von Vor- und Nachteilen in der Rechtfertigung von Grundrechtseingriffen, AöR, Bd. 128 (2003), S. 226 ff.
[261] *Rodi*, Instrumentenvielfalt (Fn. 2), S. 237.
[262] *Di Fabio*, Kooperationsprinzip (Fn. 4), S. 1153, sieht Bürger, die hellhörig werden, weil sie „gefangen im ‚Instrumentenmix' von hoheitlicher Überwachung, gelenkter Selbstregulierung, Absprachen und Lenkungsabgaben nach Handlungsfreiheit suchen".
[263] *Rodi*, Instrumentenvielfalt (Fn. 2), S. 237.
[264] *Kloepfer*, Handlungsformen (Fn. 6), S. 357.
[265] *Kloepfer*, Handlungsformen (Fn. 6), S. 357.
[266] *Kloepfer*, Handlungsformen (Fn. 6), S. 329, 357.
[267] *Kloepfer*, UmweltR, § 5 Rn. 189.
[268] *Klaus Vogel/Christian Waldhoff*, in: BK, vor Art. 104a ff. Rn. 528.

E. Ansätze zu einer rechtlichen Dogmatik des Mix

setzen sollte,²⁶⁹ ist damit nicht ausgeschlossen, dass Abgaben eine erdrosselnde Wirkung haben können und dann verfassungswidrig sind. Für das allgemeine Persönlichkeitsrecht gilt jedenfalls die Grenze einer stets unzulässigen „Rundumüberwachung"²⁷⁰.

Soweit allerdings beim Instrumentenmix Belastungen durch Begünstigungen ausgeglichen werden, **entschärfen** sich die verfassungsrechtlichen Maßstäbe durch eine Gesamtbetrachtung. Ein Instrumentenverbund kann rechtsstaatliche Probleme sogar verringern helfen, wenn nämlich ein Instrument die Mängel eines anderen korrigiert oder abmildert.²⁷¹ **125**

Eine solche Addition bzw. Subtraktion von Wirkungen hängt freilich von Wertungen und Einschätzungen ab. Gesteht man dem Gesetzgeber und der Verwaltung insoweit **Einschätzungsprärogativen** zu, dann werden sich die Verdichtungen verfassungsrechtlicher Maßstäbe – ähnlich der Schutzpflichtenlehre – auf Extremfälle beschränken. Schließlich sollten sich in solchen Fällen die Gerichte mit Kassationsentscheidungen zurückhalten und es dem Gesetzgeber bzw. der Verwaltung überlassen, einen insgesamt verfassungswidrigen Mix zu entschärfen – Stichwort: **Bloße Feststellung der Verfassungswidrigkeit.** Dabei bleibt das Bundesverfassungsgericht prozessrechtlich daran gebunden, gegebenenfalls nur den streitgegenständlichen Teil eines Mix zu kassieren, ist dadurch freilich aber nicht daran gehindert, Appellentscheidungen²⁷² zur Gesamtentlastung des Betroffenen zu treffen. Die Konsequenzen aus der Gesamtbetrachtung von Grundrechtseingriffen können darüber hinaus, vielleicht sogar primär in ihrer **verfahrensrechtlichen Einbindung, insbesondere im Gebot der Abstimmung verschiedener am Mix beteiligter Hoheitsträger** liegen.²⁷³ **126**

Schließlich stellt sich die Frage, ob das **Untermaßverbot** einerseits gebieten kann, bestimmte, den grundrechtlichen Schutzpflichten nicht genügende Hoheitsakte zu einem Mix zu ergänzen und ob andererseits ein Mix ausgeschlossen ist, wenn bestimmte Ziele auf bestimmtem, insbesondere ordnungsrechtlichem Weg zu garantieren sein sollen.²⁷⁴ **127**

2. Rechtsklarheit, Widerspruchsfreiheit und Willkürverbot

Auch wenn rechtliche Strukturen komplex werden, muss staatliches Handeln den Grundsätzen der **Verständlichkeit und Einfachheit des Rechts**²⁷⁵ Rechnung tragen. Vor allem beim Typus des gegenläufigen Mix ist die **Widerspruchsfreiheit**²⁷⁶ zu beachten. Das Rechtsstaatsgebot bzw. das Willkürverbot gebieten, dass die Elemente eines Mix nicht einander widersprechen. Wie weit indes das Gebot der Widerspruchsfreiheit reicht, ist umstritten, insbesondere ob es eine sogenannte **128**

---

²⁶⁹ Aus der Rechtsprechung zum Halbteilungsgrundsatz: *BVerfGE* 93, 121 (138) – Einheitswerte; kritisch: *BVerfGE* 115, 97 – Halbteilungsgrundsatz. Aus der Literatur zum Halbteilungsgrundsatz: *Hermann Butzer*, Der Halbteilungsgrundsatz und seine Ableitung aus dem Grundgesetz, StUW 1999, S. 227 ff.; *Roman Seer*, Der sog. Halbteilungsgrundsatz als verfassungsrechtliche Belastungsobergrenze der Besteuerung, Finanz-Rundschau 1999, S. 1280 f.
²⁷⁰ *BVerfGE* 65, 1 (43) – Volkszählung; 109, 279 (323) – Großer Lauschangriff; *BVerfGE* 112, 304 – GPS.
²⁷¹ *Kloepfer*, Handlungsformen (Fn. 6), S. 356.
²⁷² *G. Kirchhof*, Kumulative Belastung (Fn. 251), S. 733.
²⁷³ In diese Richtung der zutreffende Ansatz von *BVerfGE* 112, 304 – GPS.
²⁷⁴ *Rodi*, Instrumentenvielfalt (Fn. 2), S. 237, 243 m. w. N.
²⁷⁵ *Michael Rodi*, Umweltsteuern, 1993, S. 55 f.; *ders.*, Instrumentenvielfalt (Fn. 2), S. 243.
²⁷⁶ *Rodi*, Instrumentenvielfalt (Fn. 2), S. 237 f., 240.

Systemgerechtigkeit umfasst. Dabei wird unter diesem Begriff Unterschiedliches verstanden. Jedenfalls sind allgemeine Forderungen, dass die Verwaltung nur „systemkonforme Mittel" verwenden dürfe, rechtlich nicht begründbar.[277] Auch wenn zum Beispiel das Gesetz in einem Bereich nur Ordnungsrecht regelt, sind allein deshalb informelle Mittel nicht ausgeschlossen. Ebenso wenig widerspricht die Eröffnung von Handlungsfreiräumen der Lenkung des Verhaltens durch Abgaben.[278] Vorsicht ist auch dabei geboten, die Idee der **Einheit der Rechtsordnung**[279] überzustrapazieren.

3. Entwicklungsgebote

129   Entwicklungsgebote betreffen vor allem den Typus des **konsekutiven Mix**. Planerische Koordinationspflichten, Entwicklungs- und Anpassungsregeln[280] gelten insbesondere beim Mix aus Planung und Vollzug. Hierher gehören Forderungen nach einer Umweltleitplanung[281] und nach einer partizipativen Ausgestaltung[282] von Strukturkonzepten. Zum Mix kommt es, soweit sich das „Konzept als zusammengesetzte Handlungsform"[283] entpuppt. Im Rahmen der Konzeptumsetzung sind Koordination und Kooperation[284] gefragt. Das Verwaltungsrechtsverhältnis ist hier als zusammenhängender, iterativer Prozess zu begreifen. Gegebenenfalls sind auch Kettenreaktionen[285] denkbar.

130   Stringenz, Vertrauen, Vorhersehbarkeit sowie die Stimmigkeits- und Kontinuitätsverantwortung der Verwaltung[286] dienen der Verwirklichung des Rechtsstaatsprinzips und der Grundrechte. Etwaigen Selbstbindungen der Verwaltung und der Schaffung vollendeter Tatsachen[287] müssen verfahrensrechtliche Gebote frühzeitiger Partizipation, d.h. schon auf einer möglichst frühen Stufe korrelieren. Andererseits müssen Spielräume dafür erhalten werden, um konfligierende Interessen noch auf der Stufe berücksichtigen zu können, auf der sie konkret sichtbar werden.[288]

4. Koppelungsverbot

131   Rechtliche Grenzen für den Mix ergeben sich aus dem Koppelungsverbot. Das **Koppelungsverbot** ist als **allgemeiner Rechtsgrundsatz**[289] anerkannt, gilt also

---

[277] *Schmidt-Aßmann*, Ordnungsidee, Kap. 6 Rn. 77.
[278] *Rodi*, Instrumentenvielfalt (Fn. 2), S. 238.
[279] Dazu *Dagmar Felix*, Einheit der Rechtsordnung, 1998.
[280] *Schmidt-Aßmann*, Ordnungsidee, Kap. 6 Rn. 97.
[281] *Wilfried Erbguth*, Rechtssystematische Grundfragen des Umweltrechts, 1988, S. 146 ff.; *Rodi*, Instrumentenvielfalt (Fn. 2), S. 246.
[282] *Pitschas*, Formendualismus (Fn. 22), S. 245.
[283] *Pitschas*, Formendualismus (Fn. 22), S. 255.
[284] *Pitschas*, Formendualismus (Fn. 22), S. 256.
[285] *Pitschas*, Formendualismus (Fn. 22), S. 244.
[286] *Schmidt-Aßmann*, Verwaltungsverantwortung (Fn. 124), S. 232.
[287] *Willi Blümel*, Raumplanung, vollendete Tatsachen und Rechtsschutz, in: Karl Doehring (Hrsg.), FG Ernst Forsthoff, 1967, S. 133 ff.; *Rainer Wahl*, Der Regelungshaushalt von Teilentscheidungen in mehrstufigen Planungsverfahren, DÖV 1975, S. 373 ff.; *ders.*, Genehmigung und Planungsentscheidung (Fn. 126), S. 51 ff.
[288] *Di Fabio*, Integratives Umweltrecht (Fn. 52), S. 337.
[289] BVerwGE 92, 56 (65); *Schmidt-Aßmann*, Ordnungsidee, Kap. 6 Rn. 77, 118; *Willy Spannowsky*, Grenzen des Verwaltungshandelns durch Verträge und Absprachen, 1994, S. 339 ff., 359 ff. S. a. → Bd. II *Pitschas* § 42 Rn. 106.

auch über die geregelten Fälle der §§ 36 Abs. 3 und 56 Abs. 1 S. 2 VwVfG, § 124 Abs. 3 BauGB, § 51 Abs. 6 BauO NW hinaus und gilt unabhängig von der Frage, inwieweit ein Rechtsverhältnis als privat- oder öffentlich-rechtlich zu qualifizieren ist.[290] Der Grundsatz wurde von der Rechtsprechung[291] schon früh entwickelt. Er wird auf noch allgemeinere Rechtsgrundsätze gestützt, nämlich auf die Grundsätze der Sachgerechtigkeit und des Sachzusammenhangs[292] und wird verfassungsrechtlich aus dem Rechtsstaatsprinzip, insbesondere aus der Verhältnismäßigkeit, aus den Verboten des Rechtsmissbrauchs, des Übermaßes und der Willkür abgeleitet.[293]

Vier verschiedene **Aspekte des Koppelungsverbots** werden unterschieden[294]: **132** Erstens muss der **Zusammenhang** der Verknüpfung ein **innerer,** also nicht durch die Form erst begründeter sein. Zweitens darf ein gegebenenfalls wirtschaftlicher Zusammenhang nicht zum **Verkauf von Hoheitsrechten** führen. Drittens sind **sachwidrige Motive** und der Missbrauch von Macht auszuschließen. Viertens dürfen **vorbehaltlos bestehende rechtliche Ansprüche** nicht von Gegenleistungen abhängig gemacht werden. Einen hinreichenden rechtlichen Zusammenhang bietet jedenfalls eine Ermächtigungsnorm, soweit Leistung und Gegenleistung von ihr gedeckt sind,[295] ebenso bieten ihn die Fälle der Herstellung der gesetzlichen Voraussetzungen für die Leistung der Verwaltung (vgl. auch §§ 56 Abs. 2 i. V. m. 36 Abs. 1 VwVfG).

VI. Bestandskraft und Fehlerlehre

1. Vertrauensschutz

Beim Vertrauensschutz stellt sich die Frage der **Zurechenbarkeit:** Sind dem **133** Staat im Rahmen eines Mix auch vertrauensbegründende Umstände zurechenbar, auf die Hoheitsträger nur mittelbar Einfluss haben? Die Diskussion wird auch im Bereich des informellen Verwaltungshandelns geführt: Nicht die negative Inaussichtstellung, auf formale Rechtsetzung zu verzichten, sondern die positive Unterstützung normativer Absprachen kann Vertrauen begründen, das dem Staat zuzurechnen ist.[296]

Weiter stellt sich die Frage, ob gerade aus der **Verbundenheit mehrerer** **134** **Rechtsakte** bestimmte Verfestigungen entstehen, die Vertrauen begründen. Dabei geht es um sogenannte „Vorwirkungen", denen „Nachwirkungen" an die Seite zu stellen sind. Besonderes Vertrauen genießen Rechtsakte, auf denen andere Rechtsakte beruhen. Z. B. beruht der gesamte Emissionshandel einschließlich der Preisbildung für die Zertifikate auf den Bedingungen und dem Bestand der Zuteilungsregeln.

---

[290] *Jost Pietzcker,* Der Staatsauftrag als Instrument des Verwaltungshandelns, 1978, S. 390 ff.
[291] Vgl. etwa *PrOVG* 78, 370 (375 f.); *RGZ* 132, 174 (178); 133, 361 (363 f.); *BGH NJW* 1983, S. 2823 ff.; *BVerwGE* 42, 331; 90, 310.
[292] *Maurer,* VerwR, § 14 Rn. 34.
[293] *Heinz J. Bonk,* in: Stelkens/Bonk/Sachs (Hrsg.), VwVfG, § 56 Rn. 5.
[294] *Heinz J. Bonk,* in: Stelkens/Bonk/Sachs (Hrsg.), VwVfG, § 56 Rn. 4.
[295] *Elke Gurlit,* Verwaltungsvertrag und Gesetz, 2000, S. 338.
[296] In diese Richtung *Kloepfer,* Handlungsformen (Fn. 6), S. 356 f., der jedenfalls von einer verfassungsrechtlich problematischen Kumulation ausgeht.

2. Konnexitäten der Bestandskraft?

135 Die Frage der **Bestandskraft** ist auf eine **formale Betrachtung** angewiesen. Sie ist für **jeden Rechtsakt gesondert** zu beantworten. Die Frage der Bestandskraft ist also für einen Mix nicht insgesamt zu stellen, sondern für seine Teilelemente. Verschiedene Rechtsakte als Mix zu begreifen, legt es allerdings nahe, dass sich die für jedes Teilelement zu klärenden Fragen der Rechtmäßigkeit und der Bestandskraft **gegenseitig beeinflussen können.** So stellt sich z.B. die Frage, ob die Nichtigkeit eines Luftreinhalteplans (§ 47 BImSchG) auf Anordnungen durchschlägt und wie sich Fehler gegebenenfalls zur Bestandskraft einzelner Rechtsakte verhalten.

136 Die Lösung solcher Probleme muss im Zusammenhang mit den **allgemeinen Lehren der Bestandskraft** gesehen werden, die gerade dort ihre Schwächen zeigen, wo es um den Zusammenhang mehrerer Rechtsakte geht. Zu denken ist nur an das klassische Beispiel einer **Nebenbestimmung**[297], die nach § 36 Abs. 1 VwVfG a.E. notwendig mit dem Haupt-Verwaltungsakt verknüpft ist, um die Erfüllung von dessen gesetzlichen Voraussetzungen sicherzustellen. Wenn solch eine Nebenbestimmung rechtswidrig ist, stellt sich die Frage, ob der Haupt-Verwaltungsakt nach § 49 Abs. 2 (Nr. 1 bzw. 2) VwVfG widerrufen werden kann, d.h. entschädigungsfrei nach § 49 Abs. 6 VwVfG. Dagegen spricht, dass sich die Behörde somit durch rechtswidrige Nebenbestimmungen Widerrufsgründe schaffen könnte, die sie sonst nicht hätte und somit die Voraussetzungen und Rechtsfolgen des § 48 VwVfG (Vertrauensschutz, gegebenenfalls Entschädigung) umgehen könnte. Umgekehrt drohen die Voraussetzungen des § 49 VwVfG umgangen zu werden, wenn ein mit einer rechtswidrigen Nebenbestimmung verbundener Verwaltungsakt als insgesamt rechtswidrig i.S.d. § 48 VwVfG gewertet wird. Daraus folgt, dass nur eine rechtmäßige Nebenbestimmung Grundlage für einen Widerruf nach § 49 Abs. 2 (Nr. 1 bzw. 2) VwVfG wäre und eine rechtswidrige, auch eine bestandskräftige Nebenbestimmung insoweit unberücksichtigt bliebe. Die Behörde wäre dann auf die Widerrufsgründe nach § 49 Abs. 2 Nrn. 3–5, gegebenenfalls auch Abs. 3 VwVfG zu verweisen. Ob dieses an sich konsequente dogmatische Ergebnis aber für Nebenbestimmungen überzeugen kann, von denen der Haupt-Verwaltungsakt rechtlich abhängt, muss zweifelhaft erscheinen. Hier muss wohl die Rechtswidrigkeit der Nebenbestimmung (ausnahmsweise) auf die des Haupt-Verwaltungsaktes „durchschlagen", so dass dieser nach § 48 VwVfG zurückgenommen werden kann.

137 Die Frage, ob das Entfallen der Bestandskraft eines Teilelementes gegebenenfalls Auswirkungen auf andere Rechtsakte desselben Mix hat, stellt sich **vor allem beim** Typus des **notwendigen Mix.** Eine materiellrechtliche Abhängigkeit eines Rechtsaktes von einem anderen bezieht sich grundsätzlich auf das Entstehen eines Rechtsverhältnisses, bedeutet aber nicht, dass der Bestand der Rechtsakte voneinander abhängig ist. Es gibt jedenfalls keinen Grundsatz der Konnexität der Bestandskraft innerhalb eines Mix. Steht und fällt also die Bestandskraft der Teilelemente eines Mix nicht notwendigerweise miteinander, schließt das aber Rechtswirkungen von Bestandskraftdurchbrechungen innerhalb eines Mix

---

[297] Siehe dazu → Bd. II *Bumke* § 35 Rn. 125 ff.

E. Ansätze zu einer rechtlichen Dogmatik des Mix

nicht aus. Derartige Wirkungen sind – freilich als Ausnahmeregelungen – normiert im Verhältnis zwischen einem für nichtig erklärten Gesetz und den auf diesem Gesetz beruhenden bestandskräftigen Entscheidungen: Letztere bleiben unberührt (§ 79 Abs. 2 S. 1 BVerfGG), allerdings ist ihre Vollstreckung unzulässig (§ 79 Abs. 2 S. 2 BVerfGG). Eine bereicherungsrechtliche Rückabwicklung findet nicht statt (§ 79 Abs. 2 S. 4 BVerfGG). Bemerkenswerterweise regelt das Verfassungsprozessrecht auch den umgekehrten Fall, dass ein Gesetz aufgehoben wird, obwohl Ausgangspunkt des Verfahrens die Anfechtung eines darauf beruhenden Einzelaktes war: § 95 Abs. 3 S. 2 BVerfGG.

Die Bestandskraft und der Vertrauensschutz für jedes Teilelement eines Mix **wachsen mit fortschreitender Realisierung** eines Mix. Im Ansatz wird dieser Gedanke in § 49 Abs. 2 Nr. 4 VwVfG deutlich: Die Widerruflichkeit eines Verwaltungsaktes hängt danach in bestimmten Fällen u. a. davon ab, dass von ihm noch nicht „Gebrauch gemacht" wurde. Das macht deutlich, dass der Bestandsschutz jedes Teilaktes nicht losgelöst von seinem Kontext in einem Mix zu beurteilen ist. Noch allgemeiner gesprochen: „Vorentscheidungen, flankierende Maßnahmen, Richtzahlen und Rahmenprogramme erweisen sich als ein engmaschiges Netz, in das der engere Sachverhalt eingespannt ist."[298]

138

Besondere Probleme ergeben sich in diesem Zusammenhang bei Kombinationen eines Verwaltungsakts mit einem **Vertrag zugunsten Dritter**: „In all diesen Fällen muss die Dogmatik Aussagen zu den Rück- bzw. Vorwirkungen treffen, die aus Geltungszweifeln am Grundverwaltungsakt oder aus Leistungsstörungen auf der vertraglichen Ebene folgen können."[299] Die *clausula rebus sic stantibus* (§ 60 VwVfG) und die Fragen der Anwendbarkeit der Regeln der Leistungskondiktion wegen Entfallen des Rechtsgrundes (§ 62 S. 3 VwVfG i. V. m. § 812 Abs. 1 S. 1 BGB) sind insoweit auf ihre Relevanz zu prüfen.

139

3. Evaluations- und Nachbesserungspflichten wegen eines Mix

Evaluations- und Nachbesserungspflichten sind das Korrelat zu Entwicklungsgeboten. Sie werden beim Mix umso deutlicher, je mehr dieser experimentellen Charakter[300] hat. Nur bereichsspezifisch ist die Frage zu beantworten, ob sie wirklich rechtliches Gebot oder aber nur rechtspolitischer Auftrag sind.[301] Verfassungsrechtliche Anknüpfungen können die Grundrechte oder Staatszielbestimmungen geben. So zwingt das Gebot des effizienten Umgangs mit Umweltressourcen aus Art. 20a GG[302] dazu, einen umweltrechtlichen Mix gegebenenfalls auf seine Wirkungen zu überprüfen.[303] Um einen Maßstab für die Lernfähigkeit und Revisibilität des Rechts zu haben, ist die – möglichst vorherige – Zielfestlegung wichtig. Die Folgenabschätzung kann prospektiv, begleitend und

140

---

[298] *Schmidt-Aßmann*, Verwaltungsverantwortung (Fn. 124), S. 224.

[299] *Schmidt-Aßmann*, Ordnungsidee, Kap. 6 Rn. 111.

[300] „Experimentelle Züge" sieht *Di Fabio*, Kooperationsprinzip (Fn. 2), S. 1154, im „neuen Steuerungsansatz"; *Rodi*, Instrumentenvielfalt (Fn. 2), S. 247, sieht experimentelle Gesetzgebung als unumgänglichen Zwischenschritt und fordert einen Dreischritt (Planung – experimentelle Gesetzgebung – Evaluation) als „Königsweg zum Instrumentenverbund".

[301] *Rodi*, Instrumentenvielfalt (Fn. 2), S. 238, 246 f.

[302] Zu den Nachbesserungspflichten im Umweltrecht *Helmuth Schulze-Fielitz*, in: Dreier (Hrsg.), GG II, Art. 20a Rn. 72.

[303] *Rodi*, Instrumentenvielfalt (Fn. 2), S. 238.

VII. Rechtsschutz

141 Die **Rechtsschutzgarantie** des Art. 19 Abs. 4 GG und die grundrechtlichen Postulate **effektiven Rechtsschutzes** gebieten es, eine „mixende" Verwaltung nicht weniger gerichtlich zu kontrollieren als die klassische Verwaltung, die sich in den Gleisen der überkommenen Handlungsformen hält. Wenn bestehende Klagearten nicht ausreichen sollten, müssten gegebenenfalls Klagen sui generis angenommen werden. Probleme ergeben sich im deutschen subjektiven Rechtsschutzsystem insbesondere auch bei der Klagebefugnis – ein weiterer Grund, über Modifizierungen beim Zugang zu den Gerichten nachzudenken: So wird bei Umweltabgaben und anderen ökonomischen Instrumenten kritisiert, dass der Rechtsschutz betroffener Dritter geschwächt wird.[306] Eine denkbare Rechtsverletzung, die wiederum Rechtsschutz erforderte, könnte jedenfalls darin liegen, dass der Staat gerade deshalb zum Mix greift, weil er die Entstehung von Rechten scheut und die mit ihnen verbundene Rechtsschutzgarantie umgehen möchte.

142 Derartige Probleme sind aus dem **Bereich des informellen Verwaltungshandelns** bekannt: So wird in der Vermeidung von Rechtsstreitigkeiten einer der Vorteile informaler Kooperation gesehen. Der Staat will drohenden Rechtssatzverfassungsbeschwerden dadurch entgehen, dass er sich, statt die umstrittene Norm in Kraft treten zu lassen, auf eine unverbindliche Selbstverpflichtung einlässt. Darüber hinaus entgeht er dem Verwaltungsaufwand des Normvollzugs und dem gegen den Vollzug eröffneten Rechtsweg zu den Verwaltungsgerichten. Die Vermeidung von Rechtsstreitigkeiten kann die tatsächliche Durchsetzung der angestrebten Ziele effektivieren und beschleunigen.

143 Auch auf die Diskussion um die Fragen des **Formmissbrauchs** kann zurückgegriffen werden: Die Rechtsprechung des Bundesverfassungsgerichts hat Verkürzungen des Rechtsschutzes bisweilen mit dem Argument der Beschleunigung gerechtfertigt.[307] Es ist jedoch Vorsicht geboten, dabei nicht einem Zirkelschluss zu unterliegen: Die Verkürzung des Rechtsschutzes selbst hat Beschleunigungseffekt. Wenn dieser Beschleunigungseffekt allein die Verkürzung des Rechtsschutzes rechtfertigen könnte, wäre damit jede Verkürzung des Rechtsschutzes zu rechtfertigen und die Rechtsschutzgarantie wäre sinnentleert. Die Beschleunigung an sich kann also kein Rechtfertigungsgrund für die Verkürzung von Rechtsschutz sein. Es kommt vielmehr darauf an, dass für die Beschleunigung wiederum bedeutsame verfassungsrechtliche Gründe sprechen, die Beschleunigung also der Durchsetzung verfassungsrechtlicher Werte dient, wie es das Bundesverfassungsgericht im Falle der Wiedervereinigung zugunsten von Planungsgesetzen angenommen hat.[308]

---

[304] *Carl Böhret*, Gesetzesfolgenabschätzung: Soll sie institutionalisiert werden?, in: FS Willi Blümel, 1999, S. 51 ff.; zustimmend *Rodi*, Instrumentenvielfalt (Fn. 2), S. 246.
[305] *Rodi*, Instrumentenvielfalt (Fn. 2), S. 246.
[306] *Kloepfer*, Handlungsformen (Fn. 6), S. 355.
[307] BVerfGE 95, 1 – Südumfahrung Stendal.
[308] Zu einer solchen Argumentation vgl. *Lothar Michael*, Die Wiedervereinigung und die europäische Integration als Argumentationstopoi in der Rechtsprechung des Bundesverfassungsgerichts. Zur Bedeutung der Art. 23 S. 2 a. F. und 23 Abs. 1 S. 1 n. F. GG, AöR, Bd. 124 (1999), S. 583 (600).

E. Ansätze zu einer rechtlichen Dogmatik des Mix

Fraglich ist, inwieweit **wehrfähige Rechtspositionen** entstehen und deren Verletzung droht: Soweit z.B. informale Absprachen rechtlich unverbindlich sind, gibt es keinen Ansatz für die rechtliche Durchsetzung ihrer Inhalte. Wo keine Rechte entstehen, geht Rechtsschutz notwendig ins Leere. Bestehen Zweifel, ob eine Absprache ausnahmsweise ein verbindliches „Rechtsverhältnis" begründet hat, kann diese Frage gegebenenfalls mit der Feststellungsklage geklärt werden.[309] Wohl aber gilt Art. 19 Abs. 4 GG für die Grundrechtsbeeinträchtigungen insbesondere Dritter, die aus einem Mix erwachsen. Der Staat darf sich der Rechtsschutzgarantie nicht durch Formenwahl entledigen. Private dürfen, auch wenn sie selbst nicht formal i.S.d. VwVfG beteiligt sind, aber vom Mix betroffen werden, nicht mit Rechtsschutzverweigerung bestraft werden. **144**

Nicht weniger problematisch ist die Frage der **Ausgestaltung des Rechtsschutzes**.[310] Der verwaltungsgerichtliche Rechtsschutz differenziert zwischen **verschiedenen Klagearten,** die sich nach den unterschiedlichen Klagebegehren richten, die wiederum unterschiedliche Gegenstände, regelmäßig konkrete Rechtsakte betreffen. Diese Differenzierung hat zwar eine reichhaltige Abgrenzungsdogmatik hervorgebracht, setzt aber voraus, dass eine solche Abgrenzung überhaupt möglich ist, d.h. dass die Gegenstände in einem unterscheidbaren Entweder-oder-Verhältnis stehen. Beim Mix hingegen haben wir es mit Rechtsverhältnissen zu tun, bei denen typischerweise Rechtsakte unterschiedlicher Natur miteinander verbunden sind. Wollte man einen Mix als solchen zum Gegenstand einer Klage machen, stünden die Rechtsakte in einem **Sowohl-als-auch-Verhältnis** zueinander, d.h. wären z.B. teils vertraglicher Natur und teils als Verwaltungsakte zu qualifizieren. Die Festlegung auf eine Anfechtungs- oder eine Leistungsklage würde einer solchen Situation nicht gerecht. Hier ist an Klagen sui generis zu denken. **145**

In Betracht kommen auch **Klagehäufungen** i.S.d. § 44 VwGO. Insbesondere ist über Stufenklagen[311], sogenannte „uneigentliche" eventuale Klagehäufungen[312], nachzudenken, bei denen der Kläger mehrere Teilklagen gleichzeitig rechtshängig macht, dabei jedoch die Reihenfolge der Entscheidungen im Klageantrag festlegt. Das hätte verschiedene Vorteile für den Rechtsschutz: z.B. die Verwertbarkeit ein und derselben Beweiserhebung sowie die Geltendmachung für Prozesszinsen nach § 49a VwVfG schon für den Zeitraum der Anfechtungsklage gegen die Rücknahme beziehungsweise den Widerruf des Verwaltungsaktes. Geregelt sind derartige Verfahren nur allgemein hinsichtlich ihrer Häufung (§ 44 VwGO) und speziell hinsichtlich der Verknüpfung von Anfechtungs- und Leistungsbegehren in §§ 80 Abs. 5 S. 3, 113 Abs. 1 S. 2, Abs. 4 VwGO. Derartige Möglichkeiten setzen voraus, dass es sich um denselben Rechtsweg handelt – ein weiteres Argument gegen ein Auseinanderfallen, wie es die „Zweistufentheorie" zur Folge hat. Effektiver Rechtsschutz beginnt bei der Rechtswegklarheit.[313] **146**

---

[309] *Walter Frenz,* Selbstverpflichtungen der Wirtschaft, 2001, S. 289.
[310] Zu gerichtlichen Verwaltungskontrollen s.a. → Bd. III *Schoch* § 50.
[311] *Jost Pietzcker,* in: Schoch/Schmidt-Aßmann/Pietzner (Hrsg.), VwGO, § 44 Rn. 10; *Michael Gerhardt,* in: Schoch/Schmidt-Aßmann/Pietzner (Hrsg.), VwGO, § 113 Rn. 57; aus der Rechtsprechung für die stufenweise Verbindung zweier Anfechtungsklagen: BVerwGE 80, 178 (183).
[312] Dazu *Klaus Rennert,* in: Eyermann, VwGO, § 44 Rn. 5.
[313] *Schmidt-Aßmann,* Ordnungsidee, Kap. 6 Rn. 77.

Leitentscheidungen

BVerfGE 95, 1 – Südumfahrung Stendal (Mix aus legislativer und exekutiver Gewalt).
BVerfGE 112, 304 – GPS (Grundrechtliche Gesamtverhältnismäßigkeit)
BVerwGE 1, 308 (Erstmalige Anwendung der Zweistufentheorie).

Ausgewählte Literatur

Bohne, Eberhard, Der informale Rechtsstaat. Eine empirische und rechtliche Untersuchung zum Gesetzesvollzug unter Berücksichtigung des Immissionsschutzes, Berlin 1981.
Di Fabio, Udo, Das Kooperationsprinzip – ein allgemeiner Rechtsgrundsatz des Umweltrechts, NVwZ 1999, S. 1153–1158.
Gawel, Erik, Umweltpolitik durch gemischten Instrumenteneinsatz – Allokative Effekte instrumentell diversifizierter Lenkungsstrategien für Umweltgüter, Berlin 1991.
Hoffmann-Riem, Wolfgang, Reform des Allgemeinen Verwaltungsrechts: Vorüberlegungen, DVBl 1994, S. 1381–1390.
Kloepfer, Michael, Alte und neue Handlungsformen staatlicher Steuerung im Umweltbereich, in: Klaus König/Nicolai Dose (Hrsg.), Instrumente und Formen staatlichen Handelns, Köln u. a. 1993, S. 329–370.
Michael, Lothar, Rechtsetzende Gewalt im kooperierenden Verfassungsstaat – Normersetzende und normprägende Absprachen zwischen Staat und Wirtschaft, Berlin 2002.
Pitschas, Rainer, Entwicklung der Handlungsformen im Verwaltungsrecht – Vom Formendualismus des Verwaltungsverfahrens zur Ausdifferenzierung der Handlungsformen, in: Willi Blümel/ Rainer Pitschas (Hrsg.), Reform des Verwaltungsverfahrensrechts, Berlin 1994, S. 229–256.
Rodi, Michael, Instrumentenvielfalt und Instrumentenverbund im Umweltrecht, ZG, Bd. 15 (2000), S. 231–247.
Schmidt-Preuß, Matthias, Kollidierende Privatinteressen im Verwaltungsrecht – das subjektive öffentliche Recht im multipolaren Verwaltungsrechtsverhältnis, 2. Aufl., Berlin 2005.

§ 42 Maßstäbe des Verwaltungshandelns

Rainer Pitschas

Übersicht

	Rn.
A. Elemente und Funktionen einer allgemeinen Maßstabslehre	1
I. Maßstabsbegriff, -geltung und -struktur	1
1. Typologisches Begriffsverständnis und Rechtsgeltung	2
2. Spektrum der Maßstäbe	7
3. Erweiterung der Maßstabslehre	11
4. (Objektive) Rechtsmaßstäbe und Zweckmäßigkeitsdirektiven	25
5. Handlungs- und Kontrollmaßstäbe	28
6. Maßstabsgehalt und Maßstabsanktionen	30
II. Maßstabsbildung und -setzung	38
1. Maßstabsbildung und -setzung als Rechtsgewinnungsprozess	38
2. Legitime Maßstabskompetenz der Verwaltung	40
a) Verwaltungsermessen als rechtliches Gehäuse der Kompetenzausübung	41
b) Maßstabskonflikte als Optimierungsproblem der Ermessensausübung	43
3. Wertebezug und Subjektivierung von Maßstäben	45
a) Ethik in der öffentlichen Verwaltung	46
b) Verwaltungsrecht als materiale Werteordnung	48
c) Institutionalisierung von Subjektivität bei Maßstabsbildung und -setzung	49
d) Sicherung „guter Verwaltung" und „kluger" Verwaltungsentscheidungen	52
III. Funktionen der Maßstabslehre	54
1. Rationalisierung der Normkonkretisierung im Verwaltungsrecht	54
a) Rationalitätssicherung administrativen Handelns und Entscheidens	55

	Rn.
b) Materielles Konzept der Rationalität	56
c) Verfahrens- und Organisationsrationalität	58
2. Gewährleistung des verwaltungsrechtlichen Steuerungskonzepts	62
a) Steuerung als analytisches Konzept	62
b) Handlungsmaßstäbe als kontrollrelevante Steuerungsdirektiven	64
3. Systemfunktion der Maßstäbe	65
B. Optimierung des Verwaltungshandelns durch Maßstabsbildung	67
I. Maßstabskomplexe als mehrdimensionale Optimierungsmodelle	67
1. Maßstabsbildung und -anwendung als Optimierungsproblem	67
2. Der Rationalitätsgrundsatz als prinzipaler Handlungsmaßstab	68
II. Integrierte Maßstabsbildung und -anwendung als mehrdimensionales Optimierungsmodell	70
C. Rechtmäßigkeit als Maßstabskomplex	74
I. Rechtsstaatlichkeit öffentlichen Verwaltens	74
1. Rechtmäßigkeit als Optimierungsgebot	74
a) Rechtsstaatliche Verpflichtung zu Rationalität und Optimierung	74
b) Rechtmäßigkeit durch Maßstabsverbindung	75
2. Gesetzmäßigkeit der Verwaltung	78
a) Formelle Rechtmäßigkeitsvoraussetzungen	79
b) Insbesondere: Rechtsstaatliche Verfahrensordnung und Verfahrensmaßstäbe	82

	Rn.
c) Materielle Rechtmäßigkeitsvoraussetzungen	84
3. Rechtsstaatlich-materiale Handlungsmaßstäbe	93
a) Grundsatz von Treu und Glauben	94
b) Grundsatz des Vertrauensschutzes	95
c) Zusammenhang mit dem europäischen Verwaltungsrecht	98
II. Willkür- und Koppelungsverbot	99
1. Rechtsetzungsgleichheit	100
2. Rechtsanwendungsgleichheit	101
3. Diskriminierungsverbote im Gemeinschaftsrecht	104
4. Koppelungsverbot	106
III. Grundsatz der Verhältnismäßigkeit und Zumutbarkeit	107
1. Verhältnismäßigkeit im Spektrum der Rechtmäßigkeitsmaßstäbe	107
2. Verhältnismäßigkeit und Zumutbarkeit	109
3. Verwaltungshandeln zwischen Übermaß- und Untermaßverbot	110
D. Effizienz- und Gemeinwohlbindung des Verwaltungshandelns	111
I. Das Effizienzgebot als Maßstabsverbindung	111
1. Effizienz als ökonomisches Prinzip und Rechtsbegriff	112
2. Das Effizienzprinzip im Recht	116
II. Effizienzbindung aus administrativer Gemeinwohlverpflichtung	119
1. Gemeinwohlverpflichtung des Verwaltungshandelns	120
2. Gemeinwohlbindung als Strukturgebung des Effizienzurteils	121
III. Insbesondere: Wirtschaftlichkeit	122
1. Der Grundsatz der Wirtschaftlichkeit und Sparsamkeit	122
2. Wirtschaftlichkeit und Effizienzgebot	124
3. Auswirkungen auf die Verwaltungsmodernisierung	128
IV. Folgewirkungen für das Verwaltungsrecht	130
1. Effizienz im Verwaltungsverfahrensrecht	130
2. Organisationsrelevanz des Effizienzgebots	135

	Rn.
E. Zeitrichtigkeit des Verwaltungshandelns	139
I. Zeitrichtigkeit als Maßstab der Verfahrenseffizienz und allgemeiner Verfahrensgrundsatz	139
1. „Zeit im Recht" als prinzipales Rationalisierungsproblem	141
a) Rechtsschutz in angemessener Zeit	141
b) Zeitoffene Gesetzgebung und Verwaltung	143
c) Verwaltungshandeln zwischen Zeitknappheit und Zielelastizität	145
2. Zeitrichtigkeit bei subjektiviertem Verfahrensermessen	150
a) Das Verfahrensermessen der Verwaltung	151
b) Rechtsfolgen der Ermessensverletzung	152
II. Personelle Voraussetzungen der Zeitrichtigkeit	154
III. Präklusion als Maßstabsanktion	156
F. Effektivität des Verwaltungshandelns	157
I. Das Gebot der Zielkohärenz	157
1. Zusammenhang von Effizienz, Wirtschaftlichkeit und Effektivität	157
2. Effektivität als rechtlicher Handlungsmaßstab	159
a) Verwaltungseffektivität als Ziel- und Wirkungsorientierung des Verwaltungshandelns	159
b) Das Gebot des effektiven Rechtsschutzes	161
3. Zielgerichtetheit und Zieltauglichkeit des Verwaltungshandelns	163
a) Das Gebot der Zieltauglichkeit („Kohärenzgebot")	164
b) Öffentliche Verwaltung als multiples Zielsystem	165
II. Das Gebot der Vollzugstauglichkeit	168
1. Vollzugseffektivität ziel- und wirkungsorientierten Verwaltungsmanagements	168
2. Vollzugstauglichkeit der Verwaltungsentscheidung	171
a) Maßstabsbildung im Zeichen von „Public Governance"	172
b) Methodik wirkungsorientierter Qualitätssicherung	174

Übersicht

	Rn.
G. Risikoangemessenheit des Verwaltungshandelns	175
I. Risiko als Rechtsproblem	175
1. Das Risiko im Verwaltungsrecht	175
a) Risikogesellschaft und Risikorecht	175
b) Ausgestaltung des Risikorechts	177
c) Verknüpfung mit Innovationsrecht und Akzeptanz	181
d) Funktionsspezifische Risikogovernance	183
2. Risikobewältigung durch Verwaltungsentscheidung	185
a) Entscheidungsrationalität bei Ungewissheit	185
b) Bewältigung ungewisser Entscheidungslagen als Optimierungsproblem	187
c) Optimierung behördlicher Entscheidungsfindung durch Risikomanagement	189
II. „Risikoangemessenheit" als Handlungsmaßstab	191
1. Maßstabsbildung und -anwendung	191
2. „Risikoangemessenheit" als risikorechtliche Ausprägung des Verhältnismäßigkeitsprinzips	194
3. Sach- und Verfahrensrichtigkeit als Maßstabsdimensionen	196
4. Risikogovernance als Maßstabsarrangement in strukturierter Verwaltungspartnerschaft	198
H. Akzeptabilität des Verwaltungshandelns	201
I. Akzeptanz des Rechts – Akzeptabilität von Verwaltungsentscheidungen	201
1. Akzeptanz und Akzeptabilität	201
2. Akzeptabilität als nichtrechtliche Handlungsorientierung	203
II. Akzeptabilität von Verwaltungshandeln und Bürgerbeteiligung am Verwaltungsverfahren	205
1. Beteiligung, Betroffenheit und Öffentlichkeit	205
a) Arten von Betroffenheit	206
b) Mitgestaltung und Akzeptabilität des Verwaltungshandelns	208
2. Bürgerbeteiligung und Entscheidungsakzeptabilität im Gestaltwandel des Staates	210

	Rn.
III. Akzeptabilität als rechtlicher Handlungsmaßstab	212
1. Akzeptabilität als demokratie- und rechtsstaatliches Optimierungsgebot	212
2. Akzeptabilität der Dienstleistungen öffentlicher Verwaltung	214
3. Rechtsmaßstäbliche Transparenz und Einsichtigkeit als Mittler von Akzeptabilität	218
a) Transparenz als Rechtmäßigkeitsmaßstab	219
b) Transparenz und Öffentlichkeit	222
c) Einsichtigkeit des Verwaltungshandelns	223
I. Flexibilität und Innovationsoffenheit	226
I. Flexibilität als Gestaltungsprinzip des Verwaltungshandelns	226
1. Öffentliche Verwaltung „in der Zeit"	226
a) Flexibilisierungsbedarfe des Verwaltungshandelns	227
b) Flexibilisierung im Rahmen des Rechts	229
2. Flexibilität als Gestaltungsprinzip	230
a) Flexibilität als eigenständiger Handlungsmaßstab	230
b) Flexibilität als Komplementärprinzip zum Rechtmäßigkeitsgebot	232
II. Innovationen ermöglichendes Recht	233
1. Das Gefüge rechtlicher Innovationssteuerung	233
2. Formen und normative Ansatzpunkte reflexiven Innovationsrechts	235
III. Steuerung von Innovationsprozessen	237
1. Innovationsmanagement und Steuerungsmedien	237
2. Flexibilitätsspielräume prozeduraler Steuerung	238
3. Verzahnung öffentlich-rechtlicher und privatrechtlicher Steuerungsmaßgaben	240

Ausgewählte Literatur

Materialien

A. Elemente und Funktionen einer allgemeinen Maßstabslehre

I. Maßstabsbegriff, -geltung und -struktur

1   In dem Maße, in dem die Rechts- und Zweckkonkretisierung im Verwaltungsrecht das „Strukturgesetz" der Verwaltungsverantwortung verkörpert[1], leiten und formen die **Maßstäbe des Verwaltungsrechts** als ihr Strukturgerüst den Konkretisierungsprozess; sie sichern dessen Rationalität und Ergebnisorientierung.[2] Die eigenständige öffentliche Verwaltung hält dadurch den sowohl rechtlichen als auch außerrechtlichen Zweckbezug der „Rechtsgewinnung" im Richtsteig zwischen Ziel, Ergebnis und Folgen ihres Handelns. Denn bei dem Vollzug von Gesetz und Recht (Art. 20 Abs. 3 GG) handelt es sich nicht um eine gleichsam automatisierbare Subsumtion des fraglichen Lebenssachverhalts unter die (Tatbestands-)Merkmale eines auf ihn bezogenen Rechtssatzes. Es gibt keinen „bedenkenlosen" Vollzug.[3] Wer entscheidet, kann vielmehr zwischen Alternativen wählen – und welche von diesen zum Zuge kommt, hängt von der Gestaltung des Rechtssatzes, den zur Verfügung stehenden Informationen, dem Wirken der Verwaltungsorganisation und von den handelnden Personen ab.[4]

1. Typologisches Begriffsverständnis und Rechtsgeltung

2   Erweisen sich somit auch die rechtsgebundenen Entscheidungen der öffentlichen Verwaltung als Wahlhandlungen zwischen Alternativen, dann bedarf es für ihre Auswahl **leitender Maßstäbe.** Deren Verständnis changiert in Literatur und Rechtsprechung. Ihre Dogmatik ist bislang nicht vollständig ausgereift.[5] Die Rede ist von „Grundsätzen"[6], von „durchlaufenden Orientierungshilfen", die das Verwaltungshandeln außerhalb der Tatbestandsverwirklichung beeinflussen und auch auf Ermessens- und Abwägungsnormen sowie auf unbestimmte Rechtsbegriffe einwirken würden,[7] aber auch – bei Gelegenheit – von „Leitbil-

---

[1] *Rupert Scholz*, Verwaltungsverantwortung und Verwaltungsgerichtsbarkeit, VVDStRL, Bd. 34 (1976), S. 145 (170).
[2] *Matthias Jestaedt*, Maßstäbe des Verwaltungshandelns, in: Erichsen/Ehlers (Hrsg.), VerwR, § 11 Rn. 1 ff.; *Schmidt-Aßmann*, Ordnungsidee, 6. Kap. Rn. 32 f., 57; *Arno Scherzberg*, Rationalität – staatswissenschaftlich betrachtet, in: FS Hans-Uwe Erichsen, 2004, S. 177 (190, 201 f.); *Maximilian Wallerath*, Maßstäbe des Verwaltungshandelns, in: ders., VerwR, § 7 Rn 4 ff.
[3] *Niklas Luhmann*, Zweckbegriff und Systemrationalität, 1977, S. 317.
[4] *Rainer Pitschas*, Verwaltungsverantwortung und Verwaltungsverfahren. Strukturprobleme, Funktionsbedingungen und Entwicklungsperspektiven eines konsensualen Verwaltungsrechts, 1990, S. 12 f., 28 ff.; Ziel ist das „Gelingen rechtlicher Steuerung" durch fallbezogene Rechtsgewinnung, vgl. auch *Scherzberg*, Rationalität (Fn. 2), S. 194, 201 f. m. w. N.; → Bd. I *Hoffmann-Riem* § 10 Rn. 56 ff.
[5] So bereits die Kritik bei *Achterberg*, VerwR, § 19 Rn. 2 f.; *Franz Mayer/Ferdinand Kopp*, Allgemeines Verwaltungsrecht, 5. Aufl. 1985, S. 294; *Maurer*, VerwR, § 4 Rn. 36; *Pitschas*, Konsensuales Verwaltungsrecht (Fn. 4), S. 46; *Schmidt-Aßmann*, Ordnungsidee, 6. Kap. Rn. 57; zu den parallelen allgemeinen Rechtsgrundsätzen → Bd. I *Ruffert* § 17 Rn. 100 ff.
[6] Vgl. etwa *Maurer*, VerwR, § 4 Rn. 36, 37 ff.; *Fritz Ossenbühl*, Allgemeine Rechts- und Verwaltungsgrundsätze – eine verschüttete Rechtsfigur?, in: FS 50 Jahre BVerwG, 2003, S. 289 ff.; *Wolff/Bachof/Stober/Kluth*, VerwR I § 25 Rn. 2 ff.
[7] *Schmidt-Aßmann*, Ordnungsidee, 6. Kap. Rn. 58.

dern" der Rechtsanwendung.[8] In der Rechtsprechung wird u.a. im Zusammenhang der Beachtlichkeit von Wirtschaftlichkeitsgesichtspunkten darauf verwiesen, „bei der Gesetzesauslegung […] [könne] nicht unberücksichtigt bleiben, dass das Maß dessen, was der Einzelne von der Gemeinschaft vernünftigerweise verlangen kann, durch die Finanzierbarkeit der in Anspruch genommenen Leistungen bestimmt wird."[9]

Der Sache nach beleuchtet diese differenzierte Begriffsdeutung mehr als nur verschiedene Facetten ein und desselben Gegenstandes. Sie erhellt vielmehr die weitgespannte Bedeutung von „Maßstäben" als typologisch verankerte Eckpfeiler der verwaltungsrechtlichen Systembildung („Systemkoordinaten") und Rechtsgeltung.[10] Dem entspricht ihr hiesiges Verständnis als die Rechtsanwendung zugleich konkretisierende normative und disziplinäre Bindungen des Verwaltungshandelns, die über die jeweils einschlägigen Tatbestände des Besonderen Verwaltungsrechts hinaus – und von der Rechtsprechung ausgefaltet bzw. durchgebildet – den Konkretisierungsprozess dirigieren und an denen sich sowohl die gesetzesfreie als auch die gesetzesgebundene Verwaltung auszurichten haben. 3

In diesem Sinne stellt sich der „Maßstab" nicht nur als ein Sammelbegriff, sondern darüber hinausgehend als eine Rechtsquelle eigener Art mit **latentem Rechtsgehalt** dar. Er verweist kraft seiner Bedeutungstiefe sowohl auf den Typus und die Geltung der dem europäischen und dem mitgliedstaatlichen Verwaltungsrecht erspießenden allgemeinen Grundsätze für das Verwaltungshandeln, die mit den verfassungsrechtlichen Vorschriften und Prinzipien als Handlungsdirektiven[11] in einem inneren Zusammenhang stehen, als auch auf die Erscheinungsform der metajuristischen Maßstäbe wie z.B. denen der Effizienz[12], der Flexibilität[13] und der Akzeptanz[14]. Gemeinsam mit den Rechtsmaßstäben legen sie in ihrer wert- und effizienzorientierten Gesamtheit den Grundstein für die Rationalität des Verwaltungshandelns. Zu beachten ist freilich, dass es im **Maßstabsvollzug** nicht darum gehen darf, umstandslos die nichtrechtlichen Maßstäbe zu rechtlichen umzuformen. Wenn insoweit von einem „Primat des Rechts" gesprochen wird, soll das lediglich darauf hindeuten, dass auch die nichtrechtlichen (Wert-)Maßstäbe für ihre Geltung in der öffentlichen Verwal- 4

---

[8] *Susanne Baer*, Schlüsselbegriffe, Typen und Leitbilder als Erkenntnismittel und ihr Verhältnis zur Rechtsdogmatik, in: Schmidt-Aßmann/Hoffmann-Riem (Hrsg.), Methoden, S. 223 (230f., 235).
[9] *BVerwGE* 72, 113 (115); s. auch *BVerwGE* 97, 110 (114); *BSGE* 31, 247 (257); *BSGE* 55, 277 (280); *BSG*, SGb 1991, S. 487ff. m. Anm. *Rainer Pitschas*, SGb 1991, S. 492ff.; s. ferner *Ernst-Wilhelm Luthe*, Optimierende Sozialgestaltung. Bedarf – Wirtschaftlichkeit – Abwägung, 2001, S. 319ff., 346ff.
[10] *Maurer*, VerwR, § 4 Rn. 36; → Bd. I *Voßkuhle* § 1 Rn. 15.
[11] Maßstabsanwendung im Verwaltungsrecht bedeutet deshalb auch **Konkretisierung von Verfassungs- und Gemeinschaftsrecht**, vgl. *Maurer*, VerwR, § 4 Rn. 38; *Ossenbühl*, Verwaltungsgrundsätze (Fn. 6), S. 203f.; früher schon *Mayer/Kopp*, Verwaltungsrecht (Fn. 5), § 30: „Wichtige Handlungsgrundsätze von Verfassungsrang"; s. ferner *BVerwGE* 42, 222 (227); 82, 76, (95).
[12] Dazu der Überblick bei Hoffmann-Riem/Schmidt-Aßmann (Hrsg.), Effizienz, passim, sowie die w. N. unten → Rn. 111 ff.
[13] → Bd. I *Schulze-Fielitz* § 12 Rn. 94; *Wolfgang Hoffmann-Riem*, Ermöglichung von Flexibilität und Innovationsoffenheit im Verwaltungsrecht, in: Hoffmann-Riem/Schmidt-Aßmann (Hrsg.), Innovation, S. 9ff., sowie die N. unten → Rn. 226 ff.
[14] *Thomas Würtenberger*, Die Akzeptanz von Verwaltungsentscheidungen, 1996, sowie die N. unten → Rn. 201 ff.

§ 42 *Maßstäbe des Verwaltungshandelns*

tung in gewisser Weise der rechtlichen Absicherung bedürfen, z. B. durch Sanktionsmechanismen, die wiederum das Recht hervorbringen muss.[15]

5 Lassen sich auf diese Weise spezifische **Maßstabstypen** mit differenzierter Rechtsgeltung identifizieren, so fällt auf, dass einige der Einzelmaßstäbe mehrfach relevant sind, d. h. sich gegenseitig verschränken und nicht etwa ausschließen. Dies gilt z. B. für den **Grundsatz der Verhältnismäßigkeit**,[16] aber auch und ferner für den **binären Wirtschaftlichkeitsgrundsatz,** der dem Verwaltungshandeln sowohl eine ökonomische Orientierung auferlegt als auch selbst ein rechtliches Abwägungsprinzip[17] darstellt.[18] Es erscheint daher sinnvoll, solche Maßstäbe einem gesonderten Muster zuzuordnen. Als verbindende Klammer erweist sich das einem jedem dieser Maßstäbe innewohnende **allgemeine Optimierungsgebot** an die Rechts- und Zweckkonkretisierung.

6 Vor diesem Hintergrund zählen zu den Maßstäben im Verwaltungsrecht herkömmlich die Grundsätze der Rechtmäßigkeit, Zweckmäßigkeit, Wirtschaftlichkeit und Verantwortlichkeit sowie die Gemeinwohlverpflichtung des Verwaltungshandelns.[19] In der Literatur werden u. a. als weitere Handlungsmaßstäbe die Gleichbehandlung, Verhältnismäßigkeit, Effizienz, Transparenz oder Akzeptanz genannt.[20] Insbesondere der Grundsatz der Gemeinwohlbezüglichkeit der Verwaltung streitet dabei für die einheitliche, d. h. vor allem integrierende Verwirklichung der Verwaltungsziele; er tritt mit dem Auftrag an die öffentliche Verwaltung heran, im gemeinsamen Interesse aller Bürger ein effektives Ergebnis anzustreben.[21] Darin erschöpft sich der vorgenannte Handlungsgrundsatz freilich nicht. Er bezieht sich zwar auf den Verwirklichungsgrad des komplexen Verwaltungsauftrags, überschreitet diesen allerdings bei weitem: Die **Gemeinwohlbindung** der Verwaltung umschreibt mehr noch und zugleich ihre verfassungsmäßige Stellung und den ihr eigenen prinzipiellen Funktionsauftrag. Dies gilt auch für privatrechtsförmig organisierte Verwaltungsträger, soweit die staatliche Anteilseignerschaft reicht.[22]

2. Spektrum der Maßstäbe

7 Das Bild, das die Maßstabslehre nach diesem ersten Blick abgibt, ist bei weitem nicht konsistent. Zu Recht wird in der Literatur darauf hingewiesen, dass „Aus-

---

[15] *Michael Fehling*, Das Verhältnis von Recht und außerrechtlichen Maßstäben, in: Trute/Groß/Röhl/Möllers (Hrsg.), Allgemeines Verwaltungsrecht, S. 461 (469 ff., 476 ff.); *Schmidt-Aßmann*, Ordnungsidee, 2. Kap. Rn. 22; *Friedrich Schoch*, Außerrechtliche Standards des Verwaltungshandelns als gerichtliche Kontrollmaßstäbe, in: Trute/Groß/Röhl/Möllers (Hrsg.), a. a. O., S. 543 (552 f., 566 ff.).
[16] Ebenso *Ossenbühl*, Verwaltungsgrundsätze (Fn. 6), S. 290: „stets präsent", ferner S. 293, 296 m. w. N.
[17] Im Anschluss an *Robert Alexy*, Theorie der Grundrechte, 3. Aufl. 1996, S. 71 ff.
[18] *Hans H. v. Arnim*, Wirtschaftlichkeit als Rechtsprinzip, 1988; *Hermann Butzer*, Wirtschaftlichkeit im Verwaltungsrecht, in: Bernhard Blanke u. a. (Hrsg.), Handbuch zur Verwaltungsreform, 4. Aufl. 2011, S. 445 (447 f., 448 ff.); abw. *Fehling*, Recht (Fn. 15), S. 480 ff.
[19] *Achterberg*, VerwR, § 19 Rn. 3.
[20] Vgl. nur *Schmidt-Aßmann*, Ordnungsidee, 6. Kap. Rn. 57.
[21] *Detterbeck*, Allg. VerwR, Rn. 252 ff.; → Bd. I *Schulze-Fielitz* § 12 Rn. 148 ff.
[22] Jenseits dessen stellt sich **arbeitsteilige** Gemeinwohlverwirklichung als ein Merkmal des sog. Gewährleistungsstaates ein, vgl. *Gunnar Folke Schuppert*, Möglichkeiten und Grenzen der Privatisierung von Gemeinwohlvorsorge. Überlegungen zu Gemeinwohlverantwortung und Staatsverständnis, in: Hans H. v. Arnim/Karl-Peter Sommermann (Hrsg.), Gemeinwohlgefährdung und Gemeinwohlsicherung, 2004, S. 269 (290 ff.).

A. Elemente und Funktionen einer allgemeinen Maßstabslehre

sagegehalt, Rang und Einwirkungspfade der Maßstäbe noch manche Unsicherheit der Dogmatik" widerspiegelten.[23] So existieren neben **konkret-zweckbezogenen** Handlungsmaßstäben wie dem der Transparenz oder auch der Vorhersehbarkeit von Verwaltungshandeln andere Maßstäbe, denen nicht zuletzt unter dem Einfluss des Gemeinschaftsrechts der Charakter **allgemeiner Rechtsgrundsätze** zugeschrieben wird, die sich unmittelbar aus dem Gerechtigkeitsprinzip ergeben sollen. Ihnen erfließen dann aus eigenem Rechtsgrund Handlungsmaßgaben wie die allgemeinen Verwaltungsgrundsätze.[24] Vorzuziehen dürfte aber die Herleitung und stufenförmige Konkretisierung auf der Grundlage der jeweiligen Verfassungsrechtsquelle sein. Beispielsweise erspießt das Erfordernis der Rechtmäßigkeit des Verwaltungshandelns unmittelbar dem Rechtsstaatsprinzip, vermittelt durch den Grundsatz der Gesetzmäßigkeit der Verwaltung.[25]

Die Maßstäbe im Verwaltungsrecht stehen von daher – nicht nur als Rechtsmaßstäbe – in einem wenig ausgeleuchteten **Stufenverhältnis** zu ihrem jeweiligen Geltungsgrund und auch in ihrem Verhältnis zueinander: Jeder insofern nachfolgenden Stufe sind jeweils Maßstabsbündel wie die der Verhältnismäßigkeit, des Willkürverbots oder auch des Gebots der Rechtsanwendungsgleichheit und der Optimierung vorgeordnet, die als „Grundsatzmaßstäbe" je verschiedenen Rechtsquellen erfließen sowie das Verwaltungshandeln und -entscheiden ebenso national wie auch supranational **leitbildhaft** prägen. Zugleich entfalten sie in ihrer Gesamtheit eine strukturbestimmende Kraft. Vermöge dieser setzen sie einzelne, das demokratisch-rechtsstaatliche Verwaltungssystem als „arbeitender Staat" kennzeichnende „Verwaltungsmaximen" frei, die in den mitgliedstaatlichen Rechtsordnungen ebenso wie in der Rechtsprechung des Europäischen Gerichtshofs nachgewiesen werden.[26] Dabei wirken sie auch auf die Verwaltungsziele zurück.[27]

8

Die Maßstäbe formen weiterhin sogar **dimensional** das Verwaltungsrecht als **Verhaltensrecht** aus.[28] Sie enthalten schließlich als „Speicher" von Steuerungsimpulsen spezifische Maßgaben der „metajuristischen" Zweckordnung. In diesem Kontext dienen sie an der Schnittstelle von Verwaltungsrecht und empirisch-analytisch begründeten, wertbezogenen bzw. ökonomischen Leitmaßgaben

9

---

[23] *Schmidt-Aßmann*, Ordnungsidee, 6. Kap. Rn. 58.
[24] *Wolff/Bachof/Stober/Kluth*, VerwR I, § 25 Rn. 9; zurückhaltender *Maurer*, VerwR, § 4 Rn. 40.
[25] EGMR, NJW 2006, S. 2313 (2314); BVerfGE 20, 150 (157 f.); 80, 137 (161); *Achterberg*, VerwR, § 19 Rn. 4 ff.; *Stern*, StaatsR I, S. 607, 633 ff.; *Wallerath*, VerwR, § 7 Rn. 13 ff.
[26] *V. Danwitz*, Europäisches VerwR, S. 168 ff.; *Christian Koch*, Arbeitsebenen der Europäischen Union. Das Verfahrensrecht der Integrationsverwaltung, 2003, S. 422 ff., 438 ff. m. N. der Rspr. des *EuGH*; *Schwarze*, Europäisches VerwR I, S. 198 ff. („Gesetzmäßigkeit der Verwaltung") und durchgehend, z. B. S. 216 ff., 238 ff., 246 ff., 280 ff., 344 ff.; 374 ff.; *ders.*, Europäisches VerwR II, S. 661 ff., 690 ff. („Grundsatz der Verhältnismäßigkeit") und öfter; speziell zur Herleitung und Steuerungsfunktion gemeinschaftsrechtlicher **Verfahrensmaximen** s. *Hanns P. Nehl*, Europäisches Verwaltungsverfahren und Gemeinschaftsverfassung, 2002, S. 173 ff., 226 ff., 274 ff., 323 ff., 441 ff., 459 ff., 470 ff.; perspektivisch *Matthias Ruffert*, Von der Europäisierung des Verwaltungsrechts zum Europäischen Verwaltungsverbund, DÖV 2007, S. 761 (768).
[27] *Rainer Pitschas*, Europäisches Verwaltungsverfahrensrecht und Handlungsformen der gemeinschaftlichen Verwaltungskooperation, in: Hermann Hill/ders. (Hrsg.), Europäisches Verwaltungsverfahrensrecht, 2004, S. 301 (312 ff., 319 f., 327 ff.).
[28] *Wolfgang Hoffmann-Riem*, Risiko- und Innovationsrecht im Verbund, DV, Bd 38 (2005), S. 145 (160 m. Fn. 51); *Rainer Pitschas*, Dienstleistungsverwaltung und serviceorientierte Rechtskonkretisierung, BayVBl. 2000, S. 97 (102 f.).

für das Verwaltungshandeln in seiner Vernetzung mit gesellschaftlichen Aktivitäten als **Koordinationsmechanismen,** die das Zusammenspiel politischer Institutionen, nationaler und transnationaler Verbindungen sowie Kooperationen vor dem Hintergrund des Austauschs zwischen öffentlichen und privaten Akteuren im Mehr-Ebenen-System des kooperativen Staates rechtsförmig strukturieren („Governance") – insoweit geben sie zahlreichen Erscheinungsweisen der gesetzlichen und vertraglichen Koordination von Handlungen autonomer Akteure unter den Bedingungen begrenzter Informationen einen jeweils rechtlich spezifischen Rahmen.[29] Maßstäbe im Verwaltungsrecht verkörpern m.a.W. selbst eine **spezifische Regelungsstruktur;** sie bilden einen **„code of governance".**

10   Inmitten dieser gestuften und dimensionalen Bezüge verfließen die traditionellen Handlungsmaßstäbe wie z.B. jener der Gesetzmäßigkeit in dem Umfang zu allgemeinen Einschätzungs- und bilanziellen Abwägungsdirektiven, in dem sich die Rechtsdogmatik wie ein Delta verzweigt und sich Rechtsanwendung in „szenisches Verstehen" *(Winfried Hassemer)* auflöst. Zugleich emanzipiert sich die öffentliche Verwaltung auf diesem Weg vom sog. "Vollzugsparadigma".[30] Das **„Neue Verwaltungsrecht"**[31] nimmt diese Tendenz zur maßstäblichen Selbstprogrammierung in Eigenständigkeit gegenüber fremdgesetzten Maßstäben zunehmend auf. Die Bindungskraft der Rechtsmaßstäbe „verschwimmt" dadurch. Es kommt notwendigerweise zur **administrativen Maßstabsergänzung.**[32] Für die daraus entstehende eigenständige Binnenrechtsetzung qua Inanspruchnahme einer **originären Maßstabsetzungskompetenz** nutzt die Verwaltung die bedeutende und unentbehrliche Rolle der allgemeinen Rechtsgrundsätze. Darauf wird zurückzukommen sein.[33] Komplementär entstehen jedenfalls neue administrative Handlungs- und Kontrollmaßstäbe. Diese entwickeln sich „zweckimmanent".[34]

3. Erweiterung der Maßstabslehre

11   Die Handlungsmaßstäbe im Verwaltungsrecht unterliegen nach alledem einer dynamischen Entwicklung, für die bisher eine systematisch geschlossene Maßstabstypologie bzw. -lehre nicht existiert. Gleichwohl sind sie als Handlungsma-

---

[29] Zu Begriff und Reichweite von „Governance" s. statt anderer *Gunnar Folke Schuppert*, Staatswissenschaft, 2003, S. 395 ff.; *Hans-Heinrich Trute/Wolfgang Denkhaus/Doris Kühlers,* Governance in der Verwaltungsrechtswissenschaft, DV, Bd. 37 (2004), S. 451 ff.; → Bd. I *Voßkuhle* § 1 Rn. 68, *Schuppert* § 16 Rn. 20 ff.

[30] N. hierzu aus der älteren Debatte bei *Pitschas,* Konsensuales Verwaltungsrecht (Fn. 4), S. 12 f., 29 ff.; aus der jüngeren Diskussion s. nur *Scherzberg,* Rationalität (Fn. 2), S. 194 ff., 201 f.; **Maßstäbe** wären diesem zufolge „zusätzliche Richtigkeitskriterien für die Entfaltung der Entscheidungsprämissen" (S. 201); vgl. ferner *Oliver Lepsius,* Verfassungsrechtlicher Rahmen der Regulierung, in: Fehling/Ruffert (Hrsg.), Regulierungsrecht, § 4 Rn. 86 ff.

[31] Zu dieser Klassifikation s. bereits *Rainer Pitschas,* Verfassungs- und Verwaltungsrecht in Deutschland und Japan vor den Herausforderungen der internationalen Zusammenarbeit, in: ders./Shigeo Kisa (Hrsg.), Internationalisierung von Staat und Verfassung im Spiegel des deutschen und japanischen Staats- und Verwaltungsrechts, 2002, S. 11 (17 f.). Zur Neuen Verwaltungsrechtswissenschaft → Bd. I *Voßkuhle* § 1 Rn. 16 ff.

[32] Dies im Anschluss an *Scholz,* Verwaltungsverantwortung (Fn. 1), S. 174: „Die Verwaltung verfügt insoweit über eine legitime Maßstabskompetenz […] als implied power einer zur konkreten Rechtsetzung ermächtigten Exekutive"; zur Kritik u.a. *Lepsius,* Regulierung (Fn. 30), Rn. 87 ff.

[33] Vgl. dazu unten → Rn. 38 ff.; 40 ff.; ferner *Wolff/Bachof/Stober/Kluth,* VerwR I, § 25 Rn. 7, 9.

[34] *BVerfGE* 6, 177 (182); am Beispiel der Evaluation von wissenschaftlicher Lehre und Forschung *BVerfGE* 111, 333 (358 ff.).

A. Elemente und Funktionen einer allgemeinen Maßstabslehre

ximen angesichts der sich ändernden Staatsaufgaben, die zu einer **neuen Verantwortungsverteilung** zwischen Staat, Verwaltung und Zivilgesellschaft in der Aufgabenwahrnehmung führen, mehr als je zuvor unverzichtbar. Dies gilt zumal mit Blick auf die wachsende Eigenständigkeit und Steuerungsfunktion der Verwaltung bei nachlassender Steuerungskraft des Gesetzes[35] sowie wegen der starken Treibkraft des europäischen Verwaltungsrechts für die mitgliedstaatliche Verwaltungsrechtsdogmatik.[36] Eine Erweiterung der Maßstabslehre fordert ferner die rechtliche Anknüpfung nationaler bzw. europäischer **Governance** i.S. des Zusammenwirkens von Strukturen und Prozessen, Institutionen und Akteuren bei der Bewältigung von Verwaltungsaufgaben im Spannungsfeld zwischen Regeln und ihrer Konkretisierung.[37] Die darauf bezogene Anwendung administrativer Handlungsmaßstäbe hilft ebenso, die „innere Fragmentierung des Staates" zu überwinden, wie durch den Handlungsgrundsatz der „Verantwortlichkeit" die öffentliche Verwaltung **partnerschaftlich** in übergreifende gesellschaftliche und supranationale Zusammenhänge einbezogen wird.[38] Die Lehre von den Maßstäben des Verwaltungshandelns erweitert dadurch gleichzeitig ihre Basis. Sie lässt den alleinigen Bezug auf allgemeine Rechtsgrundsätze bzw. auf allgemeine Grundsätze des Verwaltungsrechts wie z.B. diejenigen zur Ermessensausübung, zur Verhältnismäßigkeit des Verwaltungshandelns, zum Folgenbeseitigungs- bzw. Herstellungsanspruch oder auch zum Verhalten nach Treu und Glauben bzw. auf herkömmliche Maßstabstypen zugunsten neuer Maßstabsfundamente hinter sich zurück. Dadurch „verschwimmt" allerdings auch ihre rechtsdogmatische Konsistenz. Sie ist deshalb neu im Verwaltungsrechtssystem zu verorten.

---

[35] *Friedhelm Hufen*, Über Grundlagengesetze, in: Gunnar Folke Schuppert (Hrsg.), Das Gesetz als zentrales Steuerungsinstrument des Rechtsstaates, 1998, S. 11 (15 ff.); *Wolfgang Hoffmann-Riem*, Gesetz und Gesetzesvorbehalt im Umbruch. Zur Qualitätsgewährleistung durch Normen, AöR, Bd. 130 (2005), S. 5 (28 ff., 30 ff., 36 ff.); → Bd. I *Reimer* § 9 Rn. 84 ff., 89 ff.

[36] Dazu *v. Danwitz*, Europäisches VerwR, S. 168 ff.; *Wolfgang Hoffmann-Riem*, Strukturen des Europäischen Verwaltungsrechts – Perspektiven der Systembildung, in: Schmidt-Aßmann/Hoffmann-Riem (Hrsg.), Strukturen, S. 317 (324 ff., 338 ff., 347 ff., 365 ff.); *Ingolf Pernice*, Europäisches Verwaltungsrecht in der Konsolidierungsphase, DV, Bd. 44 (2011), S. 577 ff.; vgl. ferner die Beiträge in *Eberhard Schmidt-Aßmann/Bettina Schöndorf-Haubold* (Hrsg.), Der Europäische Verwaltungsverbund. Formen und Verfahren der Verwaltungszusammenarbeit in der EU, 2005; *Gernot Sydow*, Verwaltungskooperation in der Europäischen Union, 2004, S. 21 ff., 126 ff., 141 ff., 160 ff., 190 ff., 222 ff.

[37] Vgl. *Kommission der Europäischen Gemeinschaften*, Europäisches Regieren – Ein Weißbuch, KOM (2001), 428 endg. vom 25. 7. 2001, S. 15 ff., 39 ff.; *Commission of the European Communities*, Report From The Commission on European Governance, COM (2002) 705 final vom 11. 12. 2002, S. 7, 13; *Wolfgang Hoffmann-Riem*, Governance im Gewährleistungsstaat – Vom Nutzen der Governance-Perspektive für die Rechtswissenschaft, in: Gunnar Folke Schuppert (Hrsg.), Governance-Forschung. Vergewisserung über Stand und Entwicklungslinien, 2005, S. 195 (200, 207 ff., 212); *Rainer Pitschas*, Nationale Gesundheitsreform und europäische „Governance" der Gesundheitspolitik – Zur Verpflichtung der Gemeinschaftsstaaten auf solidarischen Wettbewerb durch „offene Koordination", VSSR 2002, S. 75 (77 f., 88 ff.); *ders.*, Mediation als kollaborative Governance, DÖV 2011, S. 333 (334 ff.).

[38] Zu diesem Grundgedanken s. näher *Rainer Pitschas*, Neues Verwaltungsrecht im partnerschaftlichen Rechtsstaat?, DÖV 2004, S. 231 (237 f.); näher ausgemünzt zur „Public Private Partnership als Zusammenführung von Verantwortungen" bei *Jan Ziekow*, Public Private Partnership – auf dem Weg zur Formierung einer intermediären Innovationsebene?, VerwArch, Bd. 97 (2006), S. 626 (629) ff.; s. ferner *Tonio Gas*, Die gesetzliche Normierung des öffentlich-privaten Kooperationsvertrages. Handlungsbedarf im Gewährleistungsstaat, DV, Bd. 45 (2012), S. 43 ff.; vgl. aus europäischer Perspektive das Weißbuch der Kommission (Fn. 37), S. 13.

12 Der Ausgangspunkt hierfür liegt im **Gesamtauftrag** der öffentlichen Verwaltung.[39] Er umfasst die zu erfüllenden Verwaltungsaufgaben mit der dem Rechtsstaatsprinzip entwachsenen Verpflichtung der Verwaltung zur Rechtmäßigkeit ihres Handelns ebenso wie zur Wahrnehmung ihrer „metajuristischen" Verantwortung. Der daran anschließende Grundsatz der Gesetzmäßigkeit bietet die verfassungsrechtlich gespeiste Grundlage und Richtlinie aller Verwaltungstätigkeit.[40] Diese unterliegt darüber hinaus einer **Vielzahl** weiterer und je verschiedener maßstäblicher Anforderungen. Aus ihnen ergibt sich die voraufgehend dargestellte große Maßstabsvielfalt, der zufolge die Verwaltung zeitgleich auf das Ergebnis samt Folgen ihres Handelns schauen und dementsprechend das Verwaltungsverfahren als **„Geschäftsprozess"** im Gefüge des Verwaltungsmanagements restrukturieren muss. Denn dem gewandelten Vollzugsparadigma korrespondiert als Beitrag zur Staatsmodernisierung zugleich die gesteigerte Bedeutung von allgemeinen Verfahrensregeln. Nicht von ungefähr zeigen sich die nationale Rechtsprechung wie die europäische Gerichtsbarkeit bemüht, auch die Prozessaspekte staatlicher Handlungsprogramme näher an den inneradministrativen, d.h. organisatorischen, prozeduralen und personellen Bedingungsrahmen der Rechts- und Zweckkonkretisierung heranzuführen.[41] Im **Neuen Steuerungsmodell** der deutschen Verwaltung wird insbesondere die **dezentrale Verfahrensverantwortlichkeit** als Handlungsmaßstab auch gesetzlich konkretisiert.[42]

13 Andere **Erweiterungsbedarfe der Maßstabslehre** mit ihrer Anknüpfung an das Verhältnis von „Zweck und Recht" und an die hierauf gegründete Bezugnahme auf den „Gesamtauftrag" der öffentlichen Verwaltung rückt der bereits erwähnte grundlegende **Wandel der Verantwortungsverteilung**[43] zwischen Staat und Gesellschaft näher in den Blick.[44] Insofern es nämlich zwischen der

---

[39] *Rainer Wahl*, Verwaltungsverfahren zwischen Verwaltungseffizienz und Rechtsschutzauftrag, VVDStRL, Bd. 41 (1983), S. 151 (157); zu Veränderungen des Auftrags im Ablauf der Zeit s. *Heike Jochum*, Verwaltungsverfahrensrecht und Verwaltungsprozessrecht, 2004, S. 163 ff. m. zahlr. N.; *Schuppert*, Verwaltungswissenschaft, S. 102 ff., 111 ff.

[40] *Hans D. Jarass*, in: Jarass/Pieroth, GG, Art. 20 Rn. 31 ff.; *Fritz Ossenbühl*, Vorrang und Vorbehalt des Gesetzes, in: HStR III, § 62 Rn. 4, 5; s. auch die N. in → Fn. 25.

[41] Dazu allgemein *v. Danwitz*, Europäisches VerwR, S. 259 ff., 263 ff.; *Wolfgang Kahl*, Über einige Pfade und Tendenzen in Verwaltungsrecht und Verwaltungsrechtswissenschaft, DV, Bd. 42 (2009), S. 463 (474 f.); *Wolfgang Hoffmann-Riem*, Strukturen des Europäischen Verwaltungsrechts (Fn. 36), S. 317 (341 ff., 347 ff.); *Christian Koch*, Arbeitsebenen der Europäischen Union (Fn. 26), S. 507 ff.; *Karl-Peter Sommermann*, Das Verwaltungsverfahrensgesetz im europäischen Kontext: Eine rechtsvergleichende Bilanz, in: Hill/Sommermann/Stelkens/Ziekow (Hrsg.), 35 Jahre Verwaltungsverfahrensgesetz – Bilanz und Perspektiven, 2011, S. 191 ff.; am Beispiel des Umweltrechts s. ferner die Rechtsprechungsanalyse von *Dietrich Murswiek*, Ausgewählte Probleme des Allgemeinen Umweltrechts. Vorsorgeprinzip, Subjektivierungstendenzen am Beispiel der UVP, Verbandsklage, DV, Bd. 38 (2005), S. 243 (252 f., 257 f., 266 ff., 275 ff.).

[42] N. hierzu bei *Hermann Hill*, Neue Organisationsformen in der Staats- und Kommunalverwaltung, in: Schmidt-Aßmann/Hoffmann-Riem (Hrsg.), Verwaltungsorganisationsrecht, S. 65 (71 f., 77, 81 ff.); *Christoph Reichard*, Neues Steuerungsmodell – Anspruch und Wirklichkeit in: FS Heinrich Mäding, 2006, S. 183 (191); *Jens-Peter Schneider*, Das neue Steuerungsmodell als Innovationsimpuls für Verwaltungswissenschaften und Verwaltungsrecht, ebd., S. 103 (114 ff., 116 f.).

[43] Dazu oben → Rn. 11 um und zu Fn. 35.

[44] Zur einschlägigen Diskussion vgl. *Wolfgang Hoffmann-Riem*, Verantwortungsteilung als Schlüsselbegriff moderner Staatlichkeit, in: FS Klaus Vogel, 2000, S. 47 ff.; *Rainer Pitschas*, Verantwortungskooperation zwischen Staat und Bürgergesellschaft. Vom hierarchischen zum partnerschaftlichen Rechtsstaat am Beispiel des Risikoverwaltungsrechts, in: Karl-Peter Sommermann/Jan Ziekow (Hrsg.), Perspektiven der Verwaltungsforschung, 2002, S. 223 (238 f.); *Hans-Heinrich Trute*, Verantwortungstei-

A. Elemente und Funktionen einer allgemeinen Maßstabslehre

methodisch geleiteten offenen Rechtskonkretisierung und der einzelfallbezogenen Zweckverwirklichung (bzw. den von der eigenständigen Verwaltung oftmals selbst verantworteten Zwecksetzungen) weder eine gedankliche noch eine faktische Scheidung gibt,[45] zählen zu den Handlungsgrundsätzen der öffentlichen Verwaltung nunmehr auch jene Direktiven, die der Verantwortungskooperation mit der Bürgergesellschaft und dem hieran anschließenden Strukturwandel des Verwaltungsrechts im partnerschaftlichen Rechtsstaat erfließen.[46]

In diesem Strukturwandel unter Einbuße der materiell-handlungsanleitenden Kraft des Rechts gilt es, national wie supranational solche Handlungsmaßstäbe auszufiltern, die ihrem Inhalt nach und i.S. des Gewährleistungsstaats sowohl die rechtsförmige Regulierung privaten Handelns anleiten als auch dem Partnerschaftsgedanken entsprechen, um auf diese Weise zugunsten der Good-Governance-Idee den „richtigen" Strukturrahmen für die Entfaltung gesellschaftlicher Selbststeuerungspotentiale und der Verwaltungskooperation vorzugeben. Neben dem **Verhältnismäßigkeitsgrundsatz** begleiten dabei vornehmlich **prozedurale Maßstäbe** das „Interessenclearing" zwischen den staatlichen und privaten Kooperationspartnern. In diesem Zusammenhang stellt sich nicht zuletzt die Aufgabe, die in einem bisher inhaltlich weitgehend leeren Gehäuse von „Public Private Partnership" eingenistete Debatte um die Reichweite des öffentlichen Vertragsrechts[47] aus ihrer „staatszentrierten Introvertiertheit" zu lö- **14**

---

lung als Schlüsselbegriff eines sich verändernden Verhältnisses von öffentlichem und privatem Sektor, in: Gunnar Folke Schuppert (Hrsg.), Jenseits von Privatisierung und „schlankem" Staat, 1999, S. 13 ff. – Betont man im Begrifflichen statt der „Teilung" von Verantwortung aus einer Integrations- und Mehrebenenperspektive die „Verantwortungsgemeinschaft" (so auch *Hoffmann-Riem*, a.a.O., S. 48, 53 f. und öfter), also die Kooperation, dann fällt die Verknüpfung mit dem sog. **Gewährleistungsstaat** (zu diesem vgl. *Claudio Franzius*, Der „Gewährleistungsstaat" – ein neues Leitbild für den sich wandelnden Staat?, Der Staat, Bd. 42 (2003), S. 493 ff.; *ders.*, Der Gewährleistungsstaat, VerwArch, Bd. 99 (2008), S. 351 ff.) nicht schwer: Der **soziale** Staat springt (nur) als Ausfallbürge ein und gewährleistet auf der Grundlage der vernetzten Verantwortung von Staat und Zivilgesellschaft angemessene Problemlösungen dort, wo die gesellschaftliche Selbstregulierung in Eigenverantwortung versagt. Diese vertraute Verantwortungskooperation im sozialen Rechtsstaat widerstrebt aber dort und, entgegen der Auffassung von *Wolfgang Hoffmann-Riem*, „Das Recht des Gewährleistungsstaates", in: Gunnar Folke *Schuppert*, (Hrsg.), Der Gewährleistungsstaat – Ein Leitbild auf dem Prüfstand, 2005, S. 89 (90, 92 ff.) – aus freiheitlichen Gründen der Figur des „Gewährleistungsstaates", wo dem sozialen Staat auch **Vorsorge** obliegt. Im europäischen Mehrebenensystem besteht im Übrigen eine **Gewährleistungsgemeinschaft** von Europäischer Union, ihren Mitgliedstaaten und der Zivilgesellschaft, aber keine Steuerungseinheit des Einzelstaates; in diese Richtung auch *Franzius*, a.a.O., S. 516 f.

[45] Fallbezogene Normkonkretisierung verbindet vielmehr Zweck- (Nutzen-) und Regelorientierung zu einem **Miteinander,** in dem das „richtige" Normenverständnis im Herstellungsprozess der Verwaltungsentscheidung (auch) durch situative Zweckverwirklichung gewonnen wird, ebenso und m.w.N. *Scherzberg*, Rationalität (Fn. 2), S. 200.

[46] Dies gilt etwa für die Reichweite des Grundsatzes der **Verantwortlichkeit,** der im Rahmen der „Verantwortungspartnerschaft" als Hybridstruktur von Public Private Partnerships (vgl. oben → Rn. 11 bei Fn. 38) Teilmaßstäbe für den neu herausgebildeten Intermediärbereich freisetzt, wie z.B. die Maßgabe der **integrierten Folgenabschätzung** für die Wahrnehmung einzelner Aufgaben; vgl. dazu *Ziekow* Public Private Partnership (Fn. 38), S. 632, 633, 635 m. zahlr. N. sowie umfassend *Alexander Windoffer*, Verfahren der Folgenabschätzung als Instrument zur rechtlichen Sicherung von Nachhaltigkeit, 2011, passim.

[47] Dazu näher *Gunnar Folke Schuppert*, Grundzüge eines zu entwickelnden Verwaltungskooperationsrechts. Regelungsbedarf und Handlungsoptionen eines Rechtsrahmens für Public Private Partnership, in: BMI (Hrsg.), Verwaltungskooperationsrecht (Public Private Partnership), 2001, S. 1 (66 ff., 97 ff., 124 ff. und insbes. S. 130), s. ferner *Ingmar Fröhlich*, Vertragsstrukturen in der Arbeitsverwaltung, 2007.

sen.⁴⁸ Erst die spezifische Akzentuierung involvierter privater Interessen, Handlungszwecke wie -strukturen und Einstellungen – z.B. bei der Regulierung und Liberalisierung von Infrastrukturen⁴⁹ – legt darüber hinaus den Grundstein für einen verantwortungsadäquaten Rechtsrahmen notwendiger und innovationsfördernder Modelle öffentlich-privater Kooperation im Regulierungsstaat.

15 Vor allem bedarf es in diesem Rahmen genuiner Maßstäbe für die Realisierung komplexer Vereinbarungen zur Initiierung und Durchführung partnerschaftlicher Vorhaben.⁵⁰ Sie hätte etwa das vielfach angemahnte, aber dem Verwaltungsverfahrensrecht weitgehend noch fremde **Verwaltungskooperationsrecht** zu formulieren.⁵¹ Denn die „Partnerschaft" zwischen Verwaltung und Privaten setzt in diesem Sinne strukturierende und limitierende Grundsätze für ihre Ausgestaltung „nach innen" wie „nach außen" voraus. In deren Zentrum stehen nicht zuletzt die prozeduralen Maßgaben der **Akzeptabilität, Transparenz** und **Öffentlichkeit.** Mit Blick hierauf unterliegen dann auch Berichtspflichten bzw. qualifizierte Begründungslasten für die Ausübung dezentraler Entscheidungs- und Ressourcenverantwortung auf Verwaltungsseite sowie die mit den Verwaltungsangehörigen abzuschließenden Zielvereinbarungen ebenso einem spezifischen Rechtsregime wie die Nutzung privaten Kapitals und Sachverstandes bei der Verabredung und Durchführung gemeinsamer Projekte.⁵² Als überwölbender allgemeiner Handlungsgrundsatz dient schließlich auf der obersten Stufe das **europäische Kooperationsprinzip,** das unter Einbezug koordinierender Gehalte sowie in Verbindung mit hierarchischen Elementen auch dem „Europäischen Verwaltungsverbund" inhärent **erscheint.**⁵³ Gleichzeitig unterliegt dieser dadurch selbst einer diffundierenden Maßstabsbindung.

16 Entwicklungen wie diese dehnen zu Beginn des 21. Jahrhunderts die **Eigenständigkeit der öffentlichen Verwaltung** weiter aus.⁵⁴ Sie entgleitet im Zuge der Rücknahme staatlicher Verantwortung für die gesellschaftlichen Verhältnisse einerseits der umfassenden rechtlichen Determinierung durch den Gesetzgeber. An die Stelle dessen rückt vielmehr und im Rahmen der vorerwähnten öffent-

---

⁴⁸ Es entsteht vielmehr ein **intermediärer Handlungsraum,** vgl. *Rainer Pitschas,* Öffentlich-private Finanzierungs- und Kooperationsformen im Spannungsfeld zum Vorrangprinzip der freien Wohlfahrtspflege, in: Hoffer/Piontkowski (Hrsg.), PPP: Öffentlich-private Partnerschaften. Erfolgsmodelle auch für den sozialen Sektor?, 2007, S. 8 ff., und auch *Ziekow,* Public Private Partnership (Fn. 38), S. 633.

⁴⁹ Vgl. *EuGH,* Urt. vom 13. 1. 2005, Rs. C-84/03 zum Vergaberecht; *Ziekow,* Public Private Partnership (Fn. 38), S. 628 f. m. w. N. in Fn. 9 f., S. 630, 637 f.

⁵⁰ *Albert Hofmeister/Heiko Borchert,* Public-private partnerships in Switzerland: Crossing the bridge with the aid of a new governance approach, in: International Review of Administrative Sciences, Bd. 70 (2004), S. 217 (224); *Jan Ziekow/Alexander Windoffer,* Public Private Partnership als Verfahren – Struktur und Erfolgsbedingungen von Kooperationsarenen, NZBau 2005, S. 665 ff.

⁵¹ Siehe etwa *Schuppert* (Fn. 47), S. 96 und öfter; *Rainer Pitschas,* „Sicherheitspartnerschaften" der Polizei und Datenschutz, DVBl 2000, S. 1805 (1813 ff.); *ders.,* Verantwortungskooperation (Fn. 44), S. 260 ff.

⁵² Im Einzelnen näher *Jan Ziekow,* Verankerung verwaltungsrechtlicher Kooperationsverhältnisse (Public Private Partnership) im Verwaltungsverfahrensgesetz, in: BMI (Hrsg.), Verwaltungskooperationsrecht (Public Private Partnership), 2001, S. 1 (114 ff.).

⁵³ *Pitschas,* Verwaltungsverfahrensrecht (Fn. 27), S. 302 ff.; *Eberhard Schmidt-Aßmann,* Verwaltungskooperation und Verwaltungskooperationsrecht in der Europäischen Gemeinschaft, EuR 1996, S. 270 ff.; *Sydow,* Verwaltungskooperation (Fn. 36), S. 21 ff.; *Thorsten Siegel,* Entscheidungsfindung im Verwaltungsverbund, 2009, S. 111 ff.; *Wolfgang Weiß,* Der Europäische Verwaltungsverbund, 2010, S. 16 ff., 65 ff. und öfter.

⁵⁴ → Bd. I *Hoffmann-Riem* § 10 Rn. 56 ff.

lich-privaten Partnerschaft der gesellschaftlich selbstverantwortete Beitrag zur Rechtserzeugung und Zweckkonkretisierung im modernen Staat. Die öffentliche Verwaltung übernimmt im Zuge dieser Entwicklung einen qualitativ neuen Part im Zusammenspiel der Staatsfunktionen, nämlich als Entscheidungszentrum des politischen Gemeinwesens unserer Zeit – dies allerdings überaus differenziert, wie sich etwa an der sektorspezifischen Regulierung im Wirtschaftsverwaltungsrecht nach Maßgabe „regulierter Selbstregulierung" oder auch – ihren Anteil am „Government" stark betonend – im Finanzmarktrecht bzw. am Beispiel des Informationsrechts zeigt.[55] Zugleich und andererseits nimmt die Zivil- bzw. Bürgergesellschaft die ihr zugewiesene erweiterte Aufgabenverantwortung raumgreifend wahr. Der feste Kern dieser prozesshaften Entwicklung schält sich als Rechts- und Handlungsform der **Verwaltungspartnerschaft** auf der Grundlage **öffentlich-privater Konzepte** heraus.

Ihr gegenüber führt die Einordnung der Rücknahme staatlicher Verantwortung auf eine bloße „Gewährleistungsfunktion" des Staates in die Irre.[56] Vielmehr sieht sich die öffentliche Verwaltung sowohl wegen der ihr aufgebürdeten Vorsorgeverantwortung und durchgängigen Kunden- sowie Qualitätsorientierung („Verwaltung als Dienstleistungsunternehmen") als auch durch die ihr zufallende Regulierungsaufgabe hinsichtlich der Marktbeziehungen zwischen Verwaltung und privaten Wettbewerbern bzw. unter diesen zu einer aktiven und dauerhaften Regulierung unter Einbezug des „Verwaltungsvollzugs" veranlasst:[57] Das Ergebnis muss in jedem Falle zu einer „Good Governance" führen – also maßstäbliche Regierungs- und Verwaltungsführung im partnerschaftlichen

---

[55] *Johannes Masing*, Grundstrukturen eines Regulierungsverwaltungsrechts, DV, Bd. 36 (2003), S. 1 ff.; *ders.*, Soll das Recht der Regulierungsverwaltung übergreifend geregelt werden?, Gutachten D zum 66. DJT, 2006, S. D 9 ff., 38 ff.; *Joachim Wieland*, Regulierungsermessen im Spannungsverhältnis zwischen deutschem und Unionsrecht, DÖV 2011, S. 705 ff.; *Josef Ruthig/Stefan Storr*, Öffentliches Wirtschaftsrecht, 2. Aufl. 2008, § 6 Rn. 535 ff., 590 ff.; *Jörn A. Kämmerer*, Das neue Europäische Finanzaufsichtssystem (ESFS) – Modell für eine europäisierte Verwaltungsarchitektur?, NVwZ 2011, S. 1281 ff.; *Rolf Stober*, Zum Leitbild eines modernen Regulierungsverwaltungsrechts. Stand und Perspektiven des öffentlich-rechtlichen Privatisierungsfolgenrechts, in: FS Rupert Scholz, 2007, S. 943 ff.; *Andreas Voßkuhle*, Beteiligung Privater an der Wahrnehmung öffentlicher Aufgaben und staatliche Verantwortung, VVDStRL, Bd. 62 (2003), S. 266 (282 ff.). Zum Informationsverwaltungsrecht *Rainer Pitschas*, Das Informationsverwaltungsrecht im Spiegel der Rechtsprechung, DV, Bd. 33 (2000), S. 111 (114 ff.); dessen Wendung im Rahmen einer „informationellen Governance" zu einem **Gewährleistungsrecht** für den Zugang zu und Umgang mit Informationen begleitet das BVerfG mit seinen Entscheidungen *BVerfGE* 105, 252 (267, 268 ff.: „Marktbezogene Informationen des Staates") und *BVerfGE* 105, 279 (301 ff.: „Staatliche Teilhabe an öffentlicher Kommunikation"); zu Unrecht abl. diesen gegenüber *Dietrich Murswiek*, Das Bundesverfassungsgericht und die Dogmatik mittelbarer Grundrechtseingriffe, NVwZ 2003, S. 1 ff.; *Peter M. Huber*, Die Informationstätigkeit der öffentlichen Hand – ein grundrechtliches Sonderregime aus Karlsruhe?, JZ 2003, S. 290 ff.

[56] Zur Bedeutung öffentlich-privater Konzepte vgl. bereits *Pitschas*, Verantwortungskooperation (Fn. 44), S. 263; prononciert a. A. *Voßkuhle*, Beteiligung Privater (Fn. 55), S. 284 f. m. Fn. 63; dessen Gegenargumentation trifft leider nicht den Kern des Problems. Der **soziale Rechtsstaat** darf eben nicht durchweg und von vornherein die Verantwortung für bestimmte Inhalte, z. B. in der Daseinsvorsorge auf private Akteure „verlagern". Im Zweifelsfall muss er sie selbst von Grund auf und ggf. präventiv übernehmen, also von Anfang an – wie z. B. in der Gesundheitsvorsorge, vgl. *BVerfGE* 115, 25 (43 f.) – Grundrechtserfüllung „gewährleisten" – kraft der ihm zustehenden Kompetenz-Kompetenz.

[57] Zu diesem s. *Helge Rossen-Stadtfeld*, Die verhandelnde Verwaltung – Bedingungen, Funktionen, Perspektiven, in: VerwArch, Bd. 97 (2006), S. 23 (36 ff.); im hiesigen Sinne bereits *Pitschas*, Verantwortungskooperation (Fn. 44), S. 235 ff., 265.

Rechtsstaat i. S. einer „guten Verwaltung" zeigen, wie sie auch auf europäischer Ebene der Europäische Gerichtshof seit langem einfordert.[58]

17 Maßstäbe herauszuschälen, die i. d. Sinne der Eigenständigkeit und Prozessverantwortung der öffentlichen Verwaltung Rechnung tragen, wäre im Übrigen ohne Rücksicht auf deren bewusste („interne") Informatisierung und die („externe") informationelle Ausgestaltung der Beziehungen zur Bürgergesellschaft („Electronic Government") aussichtslos. Denn auf Informationen und ihrer „Verdichtung" zu Wissen beruhen sowohl die charakteristische eigenverantwortliche Sozialgestaltung durch Verwalten als auch die Verantwortungskooperation, von der schon die Rede war.[59] Beide brauchen Daten und Informationen. Namentlich unter den Bedingungen der Telekommunikation sowie des Überganges in den Verwaltungen zur Telekooperation wird es möglich, aber auch erforderlich sein, in den nächsten Jahren auf allen staatlichen Ebenen intern und extern die Kooperations- und Kommunikationsvorgänge durch Nutzung der Informationstechnik (IT) elektronisch zu führen.[60]

18 „Electronic government" als dementsprechend weitere Phase der Informatisierung von Staat und Gesellschaft zu verstehen, bedeutet einerseits, den Zugang aller Bürger zu Verwaltungsinformationen jenseits des bestehenden Akteneinsichtsrechts zu sichern sowie eine entsprechende Informations-Infrastruktur für die elektronische Regierungs- und Verwaltungsführung („electronic governance") zu entwickeln.[61] Dies bedingt allerdings auch und andererseits, sich der

---

[58] Vgl. *EuGH*, Rs. 32/62, Slg. 1963, 107 (123) – Alvis/Rat; Rs. 55/70, Slg. 1971, 379 Rn. 18 – Reinarz/Kommission – std. Rspr.; w. N. bei *Ralf Bauer*, Das Recht auf eine gute Verwaltung im Europäischen Gemeinschaftsrecht, 2002; *Martin Bullinger*, Das Recht auf eine gute Verwaltung nach der Grundrechtecharta der EU, in: FS Winfried Brohm, 2002, S. 25 ff.; *Helmut Goerlich*, Good Governance und Gute Verwaltung – Zum europäischen Recht auf gute Verwaltung (Art. 41 Grundrechte-Charta und Art. II – 101 VVE), DÖV 2006, S. 313 ff.; *Martina Lais*, Das Recht auf eine gute Verwaltung unter besonderer Berücksichtigung der Rechtsprechung des Europäischen Gerichtshofs, ZEUS 2002, S. 447 ff.; *Hans-Werner Laubinger*, Art. 41 GRCh (Recht auf eine gute Verwaltung) im Lichte des deutschen Verwaltungsrechts, in: FS Hans P. Bull, 2011, S. 659 ff.; *Kristin Pfeffer*, Das Recht auf eine gute Verwaltung. Art. II – 101 der Grundrechtecharta des Vertrages über eine Verfassung für Europa, 2006; *Rupert Scholz*, Nationale und europäische Grundrechte – unter besonderer Berücksichtigung der Europäischen Grundrechtecharta, in: HGR IV/2, § 170 Rn. 61 ff., 97 ff.; → Bd. II *Schmidt-Aßmann* § 27 Rn. 29 f.; zum „Kodex für gute Verwaltungspraxis in den Beziehungen der Bediensteten der Europäischen Kommission zur Öffentlichkeit" i. d. F. vom 28. 7. 1999 s. statt anderer *Christian Koch*, Ausbau des Europäischen Verfassungsverbands: Rechtliche Vorgaben und Programm-Perspektiven zum öffentlichen Dienst in den Mitgliedstaaten und zur Personalentwicklung im öffentlichen Sektor der Europäischen Union, in: Rainer Pitschas/Christian Koch (Hrsg.), Staatsmodernisierung und Verwaltungsrecht in den Grenzen der europäischen Integrationsverfassung, 2002, S. 51 (96 ff.).

[59] *Martin Brüggemeier/Manfred Röber*, Neue Modelle der Leistungserstellung durch E-Government – Perspektiven für das Public Management, dms, Bd. 4, H. 2/2011, S. 357 ff.; *Klaus Lenk*, Elektronic Government als Chance für den Staat der Zukunft, in: FS Christoph Reichard, 2006, S. 321 ff.; *Andreas Voßkuhle*, Der Wandel von Verwaltungsrecht und Verwaltungsprozessrecht in der Informationsgesellschaft, in: Hoffmann-Riem/Schmidt-Aßmann (Hrsg.), Informationsgesellschaft, S. 349 (365 ff.); s. ferner oben → Rn. 13 ff. bei Fn. 43 ff.

[60] *Indra Spiecker gen. Döhmann*, Rechtliche Begleitung der Technikentwicklung im Bereich moderner Infrastrukturen und Informationstechnologien, in: Hill/Schliesky (Hrsg.), Die Vermessung des virtuellen Raums, 2012, S. 137 ff.; *Martin Eifert*, Electronic Government. Das Recht der elektronischen Verwaltung, 2006, bes. S. 33 ff., 169 ff., 266 ff.; *Carl Böhret*, E-Government im Übergang zum 6. Zyklus, in: FS Heinricht Reinermann, 2005, S. 13 ff.

[61] *Eifert*, Government (Fn. 60), S. 38 ff., 51 ff., 64 ff., 72 ff., 81 ff., 169 ff., 177 ff.; *Klaus Lenk*, Perspektiven der ununterbrochenen Informatisierung der Verwaltung, dms, Bd. 4, H. 2/2011, S. 315 (325 ff.);

A. Elemente und Funktionen einer allgemeinen Maßstabslehre

leitenden Maßstäbe hierfür zu versichern. In deren Zentrum stehen das **Zugangsprinzip** als ein allgemeiner Rechtsgrundsatz einerseits, das **Schutz-** und **Vorsorgeprinzip** als weitere allgemeine Rechtsgrundsätze andererseits. Denn ohne die Gewährleistung des Informationszugangs der Bürger gegenüber der öffentlichen Verwaltung verkümmern der Teilhabe- und Partnerschaftsgedanke sowie deren Gestaltungsfunktion.[62] Darüber hinaus müssen für die Vermittlung von Informationen in die Zivilgesellschaft („Informationsvorsorge") entsprechende Vorkehrungen getroffen werden,[63] wobei Informationserhebung wie -verarbeitung dem **Datenschutz** unterliegen.[64]

Zusammenfassend lässt sich sonach die Notwendigkeit, die Maßstabslehre bei wachsender Eigenständigkeit der Verwaltung zu erweitern, auch als eine Folge **staatlicher Modernisierung** begreifen. Die Stichworte hierfür sind einerseits die „Ökonomisierung" der Verwaltung und des Verwaltungsrechts[65] bei damit einhergehender Verselbständigung von Verwaltungseinheiten aufgrund breitflächiger Privatisierung und Deregulierung insbesondere im Feld der Daseinsvorsorge.[66] Andererseits führt der gesellschaftliche Übergang zur verstärkten Eigenverantwortung und zu einer sektorspezifischen Selbstregulierung den oben skizzierten Wandel des Verwaltungsverständnisses herbei. Daran schließt die Entstehung neuartiger Maßgaben kooperativer Entscheidungsfindung und Beschlussfassung sowie von autonomer Regulierung und Interessenberücksichtigung an, während zugleich Modernisierungsmaßnahmen seltener dem Rechts-, jedoch ungleich häufiger als früher dem ökonomischen Effizienzmaßstab unterstellt werden. Denn es sind erhebliche Schwierigkeiten erkennbar, die Staats- und Verwaltungsmodernisierung vor allem an **Rechtsmaßstäben** zu orientieren.[67] Von

19

Hans-Heinrich Trute, Öffentlich-rechtliche Rahmenbedingungen einer Informationsordnung, VVDStRL, Bd. 57 (1998), S. 215 ff.; 252 f.; *Heinrich Reinermann,* Kann „Electronic Government" die öffentliche Verwaltung verändern?, VR 2002, 164 ff.; → Bd. II *Britz* § 26.

[62] *Rainer Pitschas,* E-Government and Democratic Legitimacy in the Partnership – Based European Constitutional State, in: ders., Trusted Governance Due to Public Value Management, 2006, S. 87 (92 f., 95 f.); *Trute,* Informationsordnung (Fn. 61), S. 252 ff., 257 ff.

[63] Dazu die N. aus der Rechtsprechung bei *Pitschas,* Informationsverwaltungsrecht (Fn. 55), S. 112 f., 122 ff., 124 ff.; sowie mit Blick auf die „Informationsrichtigkeit" *Gabriele Britz/Martin Eifert/Thomas Groß,* Verwaltungsinformation und Informationsrichtigkeit, DÖV 2007, S. 717 ff.

[64] *Jürgen Kühling,* Datenschutz gegenüber öffentlichen Stellen im digitalen Zeitalter, DV, Bd. 44 (2011), S. 525 ff.; *Volker Boehme-Neßler,* Datenschutz in der Informationsgesellschaft, K & R 2002, S. 217 ff.; *Eifert,* Government (Fn. 60), S. 181 f., 297 ff.; *Michael Kloepfer,* Informationsrecht, 2002, S. 317 Rn. 131. Vgl. a. → Bd. II *Albers* § 22.

[65] *Jens-Peter Schneider,* Zur Ökonomisierung von Verwaltungsrecht und Verwaltungsrechtswissenschaft, DV, Bd. 34 (2001), S. 317 ff.; *Christoph Gröpl,* Ökonomisierung von Verwaltung und Verwaltungsrecht, VerwArch, Bd. 93 (2002), S. 459 ff.; *Jens Harms/Christoph Reichard* (Hrsg.), Ökonomisierung des öffentlichen Sektors: Instrumente und Trend, 2003, S. 13 ff.; *Wallerath,* VerwR, § 2 Rn. 31; krit. etwa *Holger Mühlenkamp,* Zur „Ökonomisierung" des öffentlichen Sektors – Verständnisse, Missverständnisse und Irrtümer, Speyerer Vorträge, H. 82, 2005, passim.

[66] Dazu u. a. *Matthias Ruffert,* Die Methodik der Verwaltungsrechtswissenschaft in anderen Ländern der Europäischen Union, in: Schmidt-Aßmann/Hoffmann-Riem (Hrsg.), Methoden, S. 165 (187 f.); *Eberhard Schmidt-Aßmann,* Wohin steuert die Europäische Verwaltung?, ZHR, Bd. 168 (2004), S. 125 (127 ff.); ferner die Beiträge in *Rainer Pitschas/Jan Ziekow* (Hrsg.), Kommunalwirtschaft im Europa der Regionen, 2004, mit zahlr. N.

[67] *Eberhard Schmidt-Aßmann,* Verwaltungskontrolle: Einleitende Problemskizze, in: Schmidt-Aßmann/Hoffmann-Riem (Hrsg.), Verwaltungskontrolle, S. 9 (14 ff., 24 ff., 40 f.); *ders.,* Ordnungsidee, 1. Kap. Rn. 40, 43 ff., 47; *Pitschas,* Konsensuales Verwaltungsrecht (Fn. 4), S. 287 ff., 303 ff.; *Schneider,* Steuerungsmodell (Fn. 42), S. 114 ff., 116 ff.

einer „Flucht aus dem Recht" sollte allerdings schon deshalb nicht die Rede sein,[68] weil die Rechtsbindung aller Modernisierungsschritte außer Frage steht. Unzweifelhaft sind aber **neue Maßstabnormen** zur Vervollkommnung des rechtlichen Rahmens für das Verwaltungshandeln erforderlich. Am Ende ihrer Entwicklung dürfte – methodisch gesehen – eine zeitgemäße Maßstabslehre i. S. der umfassenden **Kodifikation** in einem neu zu schaffenden **Verwaltungsgesetzbuch** stehen.[69]

20 Das umfangreiche **Spektrum der Maßstäbe** im Verwaltungsrecht[70] reicht damit von den eher konkret-zweckbezogenen Handlungsmaßstäben bis hin zu den aus allgemeinen Rechtsgrundsätzen erfließenden Verwaltungsmaximen und zu „metajuristischen" Vollzugs- bzw. Struktur- und Modernisierungsmaßgaben. Zugleich aber und weitergehend lässt sich ein **„Muster"** der Maßstäbe des Verwaltungshandelns erkennen: Einerseits stehen Rechtsmaßstäbe solchen nichtrechtlicher Art gegenüber. Letztere zielen vor allem auf die Zweckmäßigkeit, Zieltauglichkeit, Vollzugseffektivität, Flexibilität, Wertebindung, Akzeptanz und Wirtschaftlichkeit („Effizienz") des Verwaltungshandelns, die als grundlegende Maximen anzusehen sind.[71] In der Literatur ist hierzu mit Blick auf das Verhältnis der rechtlichen Ordnung zur Zweckordnung die Rede von „zwei sich schneidenden Kreisen", von denen der eine die Rechtmäßigkeit, der andere die Zweckmäßigkeit umschreibe.[72]

Diese Sichtweise ist allerdings zu eng; sie lässt den **emotionalen** bzw. **Wertebezug des Verwaltungshandelns** zu Unrecht außen vor. Wie bereits oben angedeutet, ist ferner und andererseits zwischen verfahrensbezogenen und materiellen Maßstäben zu unterscheiden, bei denen je eigene Maßstabsbündel wie das Prinzip der Zügigkeit oder auch die Waffengleichheit einzelnen allgemeinen Grundsätzen des Verwaltungsrechts zur inhaltlichen Bestimmtheit des Verwaltungshandelns gegenüberstehen.[73] Auch die Unterscheidung von Handlungs- und Kontrollmaßstäben prägt das Maßstabsmuster bzw. -raster.[74] Es setzt in seiner „Verdichtung" einen **Maßstabcode** frei, der das Verwaltungshandeln – und indirekt auch das Verwaltungsverfahren und die Verwaltungsorganisation – systematisch erfasst und i. S. einer die administrativen Systemdimensionen integrierenden „guten" Verwaltung[75] zu steuern sucht. Die Steuerungseffekte dieses „codes" stehen in einem funktionalen Wechselverhältnis zum „Gesetz", insofern

---

[68] So aber *Ruffert*, Methodik (Fn. 66), S. 191 m. Fn. 160.

[69] Vgl. auch den rechtsvergleichenden Hinweis bei *Ruffert*, Methodik (Fn. 66), S. 182 m. Fn. 92, in Frankreich befinde sich „ein Code d'administration [...] im Entwurfsstadium".

[70] Dazu oben → Rn. 7 ff.

[71] Zustimmend *Wallerath*, VerwR, § 7 Rn. 4 m. w. N.; zum Teil ablehnend aber *Achterberg*, VerwR, § 19 Rn. 2, der lediglich die „Zweckmäßigkeit" und „Wirtschaftlichkeit" als vollgültige Grundsätze des Verwaltungshandelns bezeichnet; sehr eingeschränkt auch *Maurer*, VerwR, § 4 Rn. 36 ff.; *Wolfgang Kahl*, Die Staatsaufsicht, 2000, S. 540, erweitert diese eingeengte Perspektive zu Recht um die Pflicht zur „Integration der ‚neuen' Verwaltungsmaßstäbe"; zum „Wertebezug" öffentlichen Verwaltens auch *Hermann Hill*, Public Leadership – Wertebasierte Verwaltungsführung, in: FS Hans P. Bull, 2011, S. 611 ff.

[72] *Achterberg*, VerwR, § 19 Rn. 18; vgl. ferner in diese Richtung auch Christoph Engel/Wolfgang Schön (Hrsg.), Das Proprium der Rechtswissenschaft, 2007, passim; *Kahl*, Staatsaufsicht (Fn. 71), S. 537 ff., 542; *Schmidt-Aßmann*, Ordnungsidee, 6. Kap. Rn. 60 („gleitende Übergänge").

[73] So ebenfalls *Schmidt-Aßmann*, Ordnungsidee, 6. Kap. Rn. 59, 70 f.

[74] *Wolfgang Hoffmann-Riem*, Verwaltungsverfahren und Verwaltungsverfahrensgesetz – Einleitende Problemskizze, in: Hoffmann-Riem/Schmidt-Aßmann (Hrsg.), Verwaltungsverfahren, S. 9 (26 f.); → Rn. 26, 28 f.

[75] N. dazu bereits oben → Rn. 16 m. Fn. 58.

A. Elemente und Funktionen einer allgemeinen Maßstabslehre

letzteres den Maßstabgehalt entscheidend prägt, umgekehrt aber der Maßstabcode gesetzesergänzende bzw. -vertretende und -konkretisierende Funktionen wahrnimmt. In gewisser Weise verhält es sich damit wie mit den **allgemeinen Rechtsgrundsätzen,** die ebenfalls vor der Frage stehen, ob ihnen unmittelbare Geltung eigen ist und sie Rechtsquellen sind. Die Antwort hierauf ist auch deshalb so schwierig, weil – wie in der Literatur zutreffend angemerkt wird – eine „babylonische Sprachverwirrung" herrscht.[76]

Rechtsgrundsätze können als solche jedenfalls nur „Wegweiser" sein, aber 21 keine allgemeine Geltung als Normen beanspruchen. Dafür sind sie zu abstrakt gehalten, zu allgemein und unspezifisch.[77] Gleichwohl erlangen allgemeine Rechtsgrundsätze in jeglichen Rechtsgebieten Verbindlichkeit, während allgemeine „Verwaltungsgrundsätze" aus allgemeinen Rechtsgrundsätzen abgeleitet werden müssen und erst dann als „Ableitungen" für das Verwaltungsrecht eigene Geltung entfalten können.[78] Die funktionale Wechselwirkung zur materiellen Rechtsnorm hat das Bundesverfassungsgericht für die Rechtsgrundsätze prägnant herausgearbeitet, indem es feststellt, dass „die Entwicklung allgemeiner Rechtsgrundsätze […] zur Rechtsfindung [gehöre]; insbesondere in Entscheidungen der obersten Gerichte dienen sie der Einheit des Rechts und der Rechtssicherheit. Die Gerichte erfüllen damit eine legitime richterliche Aufgabe (vgl. BVerfG 18, 224 [237f.]), sofern die Grenzen herkömmlicher Gesetzesinterpretation und richterlicher Rechtsfortbildung beachtet" würden.[79]

Eben darin liegt das besondere Gewicht der allgemeinen Verwaltungsgrund- 22 sätze. Sie sind aus Rechtsgrundsätzen abgeleitet und ihnen wiederum erspießt konkretisiertes Recht. Es kehrt häufig zu seinen Wurzeln zurück, die gleichzeitig Anlass für Rechtsfortschreibung bzw. -korrektur geben. Im Folgenden werden deshalb und vor allem diejenigen „allgemeinen Grundsätze des Verwaltungsrechts" behandelt, die in Lehre und Rechtsprechung aus dem Verfassungsrecht entwickelt bzw. abgeleitet wurden und denen nach einhelliger Auffassung Verfassungsrang zukommt.[80] Maßgebliche Eckpunkte sind hier vor allem das **Verhältnismäßigkeitsprinzip** und das **Willkürverbot** zum einen, zum anderen das **Prinzip der freien Zweckmäßigkeit** mit **Effizienzbindung.**

Ein zum mitgliedstaatlichen Maßstabcode komplementäres „Leitmuster" des 23 europäischen und nationalen Verwaltungshandelns bilden schließlich die **gemeinschaftsrechtlichen Rechts- und Verwaltungsgrundsätze.** Zu ihnen zählen z.B. die aus dem Erfahrungsschatz allgemeiner Billigkeits- und Praktikabilitäts-

---

[76] *Ossenbühl*, Verwaltungsgrundsätze (Fn. 6), S. 289; problematisch insofern der gedankliche Ansatz von *Ulrich Stelkens*, Rechtsetzung der europäischen und nationalen Verwaltungen, VVDStRL, Bd. 71 (2012), S. 369 ff., 372, 380 ff. zum Umfang der Rechtsquellen bei „administrativer Rechtsetzung".

[77] *Ossenbühl*, Verwaltungsgrundsätze (Fn. 6), S. 291; differenzierend allerdings → Bd. I *Ruffert* § 17 Rn. 107 f.

[78] *Ossenbühl*, Verwaltungsgrundsätze (Fn. 6), S. 291; ähnlich *BVerwGE* 42, 222 (227) sowie *Maurer*, VerwR, § 4 Rn. 40 f.; *Wolff/Bachof/Stober/Kluth*, VerwR I, § 25 Rn. 8, 9 („Allgemeine Verwaltungsgrundsätze").

[79] *BVerfGE* 95, 48 (62).

[80] Hierzu mit teilweise abweichender Schwerpunktsetzung und statt anderer *Ulrich Battis*, Allgemeines Verwaltungsrecht, 3. Aufl. 2002, S. 40; *Detterbeck*, Allg. VerwR, Rn. 109 ff.; *Jörn Ipsen*, Allgemeines Verwaltungsrecht, 6. Aufl. 2009, Rn 141; *Maurer*, VerwR, § 4 Rn. 36 ff., 38; *Peine*, VerwR, 9. Aufl. 2008, Rn. 166; *Fritz Ossenbühl*, Rechtsquellen und Rechtsbindungen der Verwaltung, in: Erichsen/Ehlers (Hrsg.), VerwR, § 6 Rn. 72, 84 ff., 90; *Wallerath*, VerwR, § 7 Rn. 4 ff.

überlegungen in allen Mitgliedstaaten der EU erfließenden Handlungsgrundsätze der Gleichheit und Willkürfreiheit, Verhältnismäßigkeit und Zweckmäßigkeit sowie neben weiteren[81] auch verfahrensbezogene Grundsätze wie der Anspruch auf rechtliches Gehör, die Verpflichtung zur Mitwirkung im Verfahren und die Einbeziehung Dritter. Gleiches gilt für die Verpflichtung zum Schutz der Belange von Antragstellern vor den Informationsbedürfnissen Drittbetroffener.[82] Dem allen vorgeordnet sind europarechtliche Strukturprinzipien wie etwa das Kooperations-, Vorsorge- und Nachhaltigkeitsprinzip.[83] Das Gemeinschaftsrecht nutzt diese und andere Prinzipien bzw. Grundsätze als systemleitende Koordinierungsmechanismen für die Sicherung seiner Umsetzung und Durchsetzung in den Mitgliedstaaten der EU.[84]

24 Die Maßstabslehre enthält auf diese Weise eine prinzipiell **supranationale Strukturprägung.** Namentlich die Funktionsfähigkeit und Leistungskraft des Europäischen Verwaltungsverbundes werden durch in den Maßstäben geborgene allgemeine Rechtsgrundsätze gesichert. Diese wirken als **„Kooperationsstandards".** Verschiedentlich sahen sich als solche schon früher das „Gebot wirksamer Rechtsdurchsetzung" und auch das „Gebot der Verantwortungsklarheit" hervorgehoben.[85] Sie bedürfen heute allerdings jeweils noch weiterer Ergänzung bzw. Konkretisierung im Einzelfall. Mit ihnen verbunden ist wiederum das Recht auf eine „gute Verwaltung" gem. Art. 41 Charta der Grundrechte der EU, das als offener und mehrfach relevanter supranationaler Maßstabstyp auf der Grundlage des Art. 6 Abs. 1 EUV die aufgegebene „Koordination" und „Kooperation" sowie die „Kohärenz" im Vollzug des Gemeinschaftsrechts **auch rechtlich** als charakteristische Merkmale einer effektiven Verwaltung versteht.[86] Diese muss deshalb Bürgerangelegenheiten im Wege der Zusammenarbeit von Behörden im Mehr-Ebenen-System der Gemeinschaft sachgerecht, zügig und serviceorientiert behandeln.[87] Die Europäische Dienstleistungsrichtlinie greift

---

[81] Dazu die ausgreifende Darstellung bei *Jörg P. Terhechte*, Europäisches Verwaltungsrecht und europäisches Verfassungsrecht, in: ders. (Hrsg.), VerwREU, § 7 Rn. 19ff.; s. ferner *Schmidt-Aßmann*, Ordnungsidee, 6. Kap. Rn. 59f.; *Felix Weyreuther*, Bemerkenswertes über Grundsätzliches, DÖV 1989, S. 321 (327); eine Auflistung der in diesem Kraftfeld ausdifferenzierten „allgemeinen Grundsätze des Verwaltungsrechts" auch bei *Ossenbühl*, Rechtsquellen (Fn. 80), Rn. 85; *Weyreuther*, a.a.O., S. 321ff.
[82] Zu diesen *Koch*, Arbeitsebenen (Fn. 26), S. 241ff., 422ff.
[83] *Christian Koch*, Gemeinschaftliches Verfahrensrecht für die Integrationsverwaltung, ZÖR, Bd. 59 (2004), S. 233 (262); *Karl-Peter Sommermann*, Konvergenzen im Verwaltungsverfahrens- und Verwaltungsprozessrecht europäischer Staaten, in: ders./Jan Ziekow (Hrsg.), Verwaltungsforschung (Fn. 44), S. 163 (169f.).
[84] *Koch*, Integrationsverwaltung (Fn. 83), S. 262; *Murswiek*, Umweltrecht (Fn. 41), S. 244ff.; *Sommermann*, Konvergenzen (Fn. 83), S. 178f.; zur strukturprinzipiellen Nutzung des Konzepts eines „Europäischen Verwaltungsverbundes" s. schon oben *Ruffert*, Europäisierung (Fn. 26), S. 761ff.
[85] *Schmidt-Aßmann*, Verwaltungskooperation (Fn. 53), S. 296f.
[86] *Pitschas*, Verwaltungsverfahrensrecht (Fn. 27), S. 314ff., 239ff.; zur entsprechenden „Kohärenzvorsorge" s. *Wolfgang Hoffmann-Riem*, Kohärenzvorsorge hinsichtlich verfassungsrechtlicher Maßstäbe für die Verwaltung in Europa, in: Trute/Groß/Röhl/Möllers (Hrsg.), Allgemeines Verwaltungsrecht, S. 749ff.; die Konsequenz dessen ist der Europäische Verwaltungsbund, vgl. nur *Jens-Peter Schneider*, Strukuren des Europäischen Verwaltungsverbundes. Einleitende Bemerkungen, in: ders./Francisco Velasco Caballero (Hrsg.), Strukturen des Europäischen Verwaltungsverbundes, Beiheft 8, DV, Bd. 42 (2009), S. 9ff.
[87] *Pitschas*, Verwaltungsverfahrensrecht (Fn. 27), S. 332f.; am Beispiel des Produktzulassungsrechts auch *Sydow*, Verwaltungskooperation (Fn. 36), S. 126ff., 138ff., 174ff., 236ff., 248ff.

dieses Thema mit ihren Herausforderungen an die Umsetzung durch die mitgliedsstaatlichen Verwaltungsbehörden konsequent auf.[88]

4. (Objektive) Rechtsmaßstäbe und Zweckmäßigkeitsdirektiven

Hinter dieser dimensionalen Maßstabvielfalt offenbart sich eine integrierende Maßstabsteuerung öffentlicher Verwaltung. Ihr dient die schon erwähnte **Verschränkung** von Rechtsmaßstäben i. S. gestufter normativer Orientierungen mit „metajuristischen" Zweckmäßigkeitsgrundsätzen. Unter diesen letzteren ragt der in sich konkretisierungsbedürftige und in seiner Verwendung für die öffentliche Verwaltung wertungsgebundene Maßstab der **ökonomischen Effizienz** heraus. Er wird im Recht als „Verwaltungseffizienz" sowohl durch den Maßstab der Wirtschaftlichkeit, der das bloße Haushaltsrecht übersteigt, als auch durch Inbezugsetzung des Aufwands (bzw. des eingesetzten Mittels) für eine Verwaltungsmaßnahme im Verhältnis zu deren Ertrag (Nutzen) sowie darüber hinaus in der Gemeinwohlbindung allen öffentlichen Handelns abgebildet.[89] Insbesondere der rechtliche Grundsatz der Gemeinwohlbezüglichkeit der Verwaltung fordert insoweit die einheitliche Zielverwirklichung und ein den größtmöglichen **Nutzen** bewirkendes Ergebnis. Dies zu erreichen, müssen die **rechtlichen** Direktiven in das disziplinäre Eigenverständnis der realwissenschaftlich begründeten und z. B. als Element der in den ökonomischen Bewertungsrahmen einzustellenden unterschiedlichen Kontext- bzw. Nutzendimensionen „übersetzt" werden.[90]

Nicht nur im skizzierten Entsprechungsverhältnis ökonomischer Effizienz und Verwaltungseffizienz existieren solche inneren „Verschränkungen" zwischen den Maßstabstypen. Gleiches gilt, wie bereits ausgeführt, für eher verfahrensbezogene und eher materielle Maßstäbe, die ineinander verfließen. Beide fungieren wiederum und jeweils im Verwaltungsrechtsverhältnis als **Handlungs- und Kontrollmaßstäbe**. Denn zwischen dem Maßstabsgehalt, dessen Umsetzung, der Kontrollorientierung und Sanktionen für Maßstabsverletzungen („Maßstabsanktionen") muss getrennt werden.[91] Einzelne Maßstabsvernetzungen treten

---

[88] *Oppermann/Classen/Nettesheim*, EuropaR, § 25 Rn. 23 ff.; *Siegel*, Verwaltungsverbund (Fn. 53), S. 118 ff., 225 ff.

[89] *Martin Burgi*, Der Grundsatz der Wirtschaftlichkeit im Verwaltungsrecht, in: Hermann Butzer (Hrsg.), Wirtschaftlichkeit durch Organisations- und Verfahrensrecht, 2004, S. 53 (61 ff.); *Butzer*, Wirtschaftlichkeit (Fn. 18), S. 447 ff.; *Anne Peters*, Die Ausfüllung von Spielräumen der Verwaltung durch Wirtschaftlichkeitsüberlegungen, DÖV 2001, 749 ff. je m. zahlr. N. einerseits, andererseits *Hans H. v. Arnim*, Gemeinwohl im modernen Verfassungsstaat am Beispiel der Bundesrepublik Deutschland, in: ders./Karl-Peter Sommermann (Hrsg.), Gemeinwohlgefährdung und Gemeinwohlsicherung, 2004, S. 63 ff.; *Josef Isensee*, Gemeinwohl und Staatsaufgaben im Verfassungsstaat, in: HStR III, § 57 Rn. 78 ff.

[90] Zum **Gemeinwohl** als „inhaltlicher Maßstab des Handelns, dem die Ausübung von Kompetenzen und die Durchführung von Verfahren zu folgen hat", vgl. *Josef Isensee*, Konkretisierung des Gemeinwohls in der freiheitlichen Demokratie, in: v. Arnim/Sommermann (Hrsg.), Gemeinwohlgefährdung (Fn. 89), S. 95 (99); *Winfried Brugger*, Gemeinwohl im Kontext des modernen Staates, in: Rolf Gröschner/Oliver W. Lembcke (Hrsg.), Freistaatlichkeit. Prinzipien eines europäischen Republikanismus, 2011, S. 139 ff.; zur „Nutzenorientierung" aus ökonomischer Perspektive s. näher *Holger Mühlenkamp*, Zum grundlegenden Verständnis einer Ökonomisierung des öffentlichen Sektors – Die Sicht eines Ökonomen, in: Harms/Reichard (Hrsg.), Ökonomisierung (Fn. 65), S. 47 (65 ff.), der „Gemeinwohl" in gesellschaftlichen Nutzen – die sog. „Wohlfahrt" – übersetzt (S. 67, 69 f.) und damit die „vollkommene Effizienz" öffentlichen Handelns (S. 69) meint.

[91] *Schmidt-Aßmann*, Ordnungsidee, 6. Kap. Rn. 60, 62.

hinzu, wie etwa mit den europäischen Verwaltungsmaximen des Gleichheitsgebots und der Nichtdiskriminierung, der Verhältnismäßigkeit, Rechtssicherheit und des Vertrauensschutzes sowie mit den rechtsstaatlichen Grundsätzen des Verwaltungsverfahrens.[92]

27 Systematisierend sehen sich in diesem „Muster" der normativen und außerrechtlichen **Rahmensteuerung** des Verwaltungshandelns die rechtlichen Maßstäbe mit den realwissenschaftlichen und insbesondere ökonomischen Leitmaßgaben effektiver und effizienter öffentlicher Verwaltung vor allem durch den **Grundsatz der Verhältnismäßigkeit** verknüpft. Dieser bildet das „Bindeglied zwischen Rechtmäßigkeit und Zweckmäßigkeit".[93] Denn seine rechtlichen Aussagen nehmen sowohl materiell als auch prozedural die zahlreichen „metajuristischen" Kriterien und handlungsleitenden Gesichtspunkte auf, „die in dieser oder jener Hinsicht auch rechtliche Relevanz entfalten können, ohne stets in vollem Umfang zu einem Rechtsmaßstab erstarkt zu sein".[94] Rechtliche Verfestigung in diesem Sinne tritt jedoch dann – aber auch nur dann – ein, wenn durch Verwaltungs- oder gerichtliche Kontrollen die Verhältnismäßigkeit i.S. eines Adäquanzgebots der Relevanz nichtrechtlicher Maßgaben für den Kontrollgegenstand, -aufwand und die -sanktion zum rechtlichen Kontrollmaßstab berufen wird.[95]

5. Handlungs- und Kontrollmaßstäbe

28 Maßstäbe des Verwaltungshandelns enthalten deshalb nicht durchweg bloß juristische **Kontrollformationen**.[96] Der Grund hierfür liegt darin, dass sie sich eben nicht nur auf die rechtliche „Fehlerfreiheit" der Aufgabenerfüllung durch öffentliche Verwaltung erstrecken. Sie können vielmehr und ebenso die Beachtung nichtrechtlicher Handlungsdirektiven wie die der Effektivität, Effizienz, Akzeptanz oder Fairness sowie Transparenz einfordern. Diese werden ihrerseits nur teilweise in Recht „übersetzt".[97] Stattdessen erfließen aus ihnen weitere und eigenständige Handlungsmaßstäbe. Doch stellen auch diese „metajuristischen" Maßstabsformationen wirksame Handlungsgrundsätze dar, selbst wenn sie **nicht** als rechtliche Kontrollmaßstäbe ausgewiesen sind, an denen das Verwaltungshandeln in seinem rechtlichen Bestand überprüft werden kann.[98] Ihre prinzipielle Differenz zu den Rechtsmaßstäben kehrt in der Einordnung als Handlungs- oder Kontrollnormen in Bezug auf den konkreten Sachverhalt wieder. Erstere sind im Verwaltungsrechtsverhältnis auf das vorausschauend gesollte „Bewirken von Wirkungen" gerichtet; letztere lenken den Blick auf die **Verwaltungskontrolle**

---

[92] Siehe bereits oben → Rn. 20ff., vgl. ferner *Koch*, Arbeitsebenen (Fn. 26), S. 422ff., 438ff.

[93] *Achterberg*, VerwR, § 19 Rn. 18; *Schmidt-Aßmann*, Ordnungsidee, 6. Kap. Rn. 61 m. Fn. 165.

[94] *Schmidt-Aßmann*, Ordnungsidee, 6. Kap. Rn. 60; zum „offenen Spektrum" außerrechtlicher Maßstäbe s. näher *Fehling*, Recht (Fn. 15), S. 469ff.

[95] Zur Verbindung von Verwaltungskontrolle und Verwaltungsmaßstab vgl. auch *Schmidt-Aßmann*, Verwaltungskontrolle (Fn. 67), S. 42.

[96] Ebenso *Scholz*, Verwaltungsverantwortung (Fn. 1), S. 151f.; *Schmidt-Aßmann*, Verwaltungskontrolle (Fn. 67), S. 42; vgl. auch *Achterberg*, VerwR, § 18 Rn. 2.

[97] Dazu bereits oben → Rn. 11ff.; dem folgend *Fehling*, Recht (Fn. 15), S. 469; s. ferner *Erik Gawel*, Zur Ökonomisierung rechtlicher Technikanforderungen: das Beispiel des Wasserrechts, DÖV 2012, 298ff.; für das Verwaltungsverfahren im Verhältnis zur „Fairness" vgl. auch *Hans D. Jarass*, Das Recht auf eine gute Verwaltung, insb. auf ein faires Verwaltungsverfahren, FS Wolf-Rüdiger Schenke, 2011, S. 849ff.

[98] So schon *Scholz*, Verwaltungsverantwortung (Fn. 1), S. 218, 219.

anhand rechtsförmiger Orientierungen der öffentlichen Verwaltung[99] und damit auf die von Rechts wegen erreichte **maßstäbliche Wirklichkeit**.

Insofern diese zugleich **Zweckkonkretisierung** darstellt, kommt es zugunsten eines „kompetenz- und effizienzgerechten" Verwaltungsrechtsschutzes auch zur Kontrolle der nichtjuristischen, z. B. planerischen und ähnlich „offenen" Verwaltungsentscheidungen.[100] Einfallstore hierfür bieten u. a. die Ermessens- bzw. Beurteilungsspielräume der Verwaltung. Handlungs- und Kontrollmaßstäbe unterliegen damit auch insoweit einem „inneren" Wechselbezug: Der Handlungsmaßstab ermöglicht Kontrolle, aber erst der Kontrollmaßstab sichert die Durchsetzung des Handlungsmaßstabes.

6. Maßstabsgehalt und Maßstabsanktionen

Die bestehende Gesamtverantwortung auf Seiten der Verwaltung für die angestrebten **Wirkungen** des konkretisierten Sachrechts erstreckt sich einerseits sowohl **materiell** als auch **prozedural** darauf, den Gehalt der zuvor erörterten Maßstäbe umzusetzen. Komplementär hierzu und andererseits sind dem Maßstabsgehalt, um ihn zu verwirklichen, auch adäquate Sanktionsmechanismen zuzuordnen. Als „Maßstabsanktionen" bilden sie die **instrumentelle** Seite der Maßstäbe des Steuerungshandelns.[101]

Der **Maßstabsgehalt** entfaltet sich „vom Recht her" mittels verfassungsrechtlicher Leitaussagen und durch gesetzgeberische Maßstabsetzung, dann aber auch auf der Grundlage der Interpretationskompetenz öffentlicher Verwaltung (und richterlichen Rechtsfortbildung) für die allgemeinen Grundsätze im Verwaltungsrecht[102] sowie mittels allgemeiner Billigkeits- und Praktikabilitätsüberlegungen.[103] Seine Konkretisierung wird ebenso beeinflusst durch die Struktur von Verwaltungsentscheidungen, z. B. durch ihre Komplexität[104]; darüber hinaus spielen neben den „Entscheidungstypen"[105] ferner Verwaltungstypen wie die „Leistungs-" oder „Infrastrukturverwaltung" eine Rolle.[106]

Ob sich in der postulierten Trennung von Maßstabsgehalt und Maßstabsanktionen auch die Unterscheidung von Handlungs- und Kontrollmaßstäben widerspiegelt, ist dagegen fraglich. Denn zum Rechtsmaßstab wird ein „weiches" metajuristisches Sollkriterium nicht schon dadurch, dass es von der Gerichtsbarkeit als Kontrollmaßstab verwendet wird. Beispielhaft hierfür steht das **Wirtschaftlichkeitsprinzip**. Einerseits im Haushalts- und Gemeindewirtschaftsrecht verankert,[107] tritt es andererseits auch als ein nichtrechtlicher Handlungs-

---

[99] *Schmidt-Aßmann*, Verwaltungskontrolle (Fn. 67), S. 14 ff., 41 ff.
[100] *Scholz*, Verwaltungsverantwortung (Fn. 1), S. 219.
[101] *Schmidt-Aßmann*, Ordnungsidee, 6. Kap. Rn. 62.
[102] BVerfGE 95, 48 (62); *BSG*, DÖV 1963, S. 182; *BVerwG*, DÖV 1971, S. 857 m. Anm. *Bachof*; *Ossenbühl*, Rechtsquellen (Fn. 80), § 6 Rn. 84, 86 ff., 89.
[103] *Schmidt-Aßmann*, Ordnungsidee, 6. Kap. Rn. 57.
[104] *Gunnar Folke Schuppert*, Verwaltungsrechtswissenschaft als Steuerungswissenschaft. Zur Steuerung des Verwaltungshandelns durch Verwaltungsrecht, in: Hoffmann-Riem/Schmidt-Aßmann/Schuppert (Hrsg.), Reform, S. 65 (101 ff., 104, 106 f.).
[105] *Kahl*, Staatsaufsicht (Fn. 71), S. 537; *Schuppert*, Steuerungswissenschaft (Fn. 104), S. 101 ff.
[106] *Schmidt-Aßmann*, Ordnungsidee, 3. Kap. Rn. 99 ff., 103 ff., 114 ff.
[107] *Burgi*, Grundsatz (Fn. 89), S. 55 ff.; *Butzer*, Wirtschaftlichkeit (Fn. 89), S. 446 ff.; *Kahl*, Staatsaufsicht (Fn. 71), S. 543 f. m. je w. N.; s. ferner *Rainer Pitschas/Katrin Schoppa*, Kriterien für die Wahl der Rechtsform, in: HKWP II, § 43 Rn. 10, 21 f., 58 ff.

maßstab, nämlich als **Effizienzgebot** auf den Plan.[108] In dieser ökonomischen Relevanz wird es gleichzeitig als ein rechtlicher Prüfungsmaßstab durch das Verhältnismäßigkeitsprinzip vermittelt, dient also als Kontrollgrundsatz, ohne dadurch schon zu einem originären Rechtsmaßstab zu mutieren.[109]

33 **Maßstabsanktionen** sichern die Herstellung der maßstäblichen Verwaltungswirklichkeit.[110] Sie ergeben sich im Einzelnen aus dem Wirkungsreservoir der **Verwaltungskontrolle**.[111] Diese bildet mit der Verwaltungsverantwortung eine legitimatorische **und** funktionale Einheit. Einerseits muss der Eigenständigkeit der Verwaltung ein darauf abgestimmtes Kontrollsystem entsprechen: „Verantwortung und Kontrolle bilden Grundelemente einer demokratischen Verfassungsordnung".[112] Andererseits gewährleistet gerade auch Kontrolle – ihre Sonderform der **Evaluation** einbezogen – als eine Verlaufsphase in der Verwaltungssteuerung sowie als spezifische Steuerungsform die **Rationalität** des Verwaltungshandelns, d.h. in Ansehung der voraufgehend diskutierten Handlungsmaßstäbe deren strikte Beachtung i.S. einer „Optimierung" und Qualitätssicherung des Verwaltungshandelns. Widrigenfalls entstehen Konsequenzen, also materielle Sanktionsfolgen. Andernfalls bliebe Kontrolle nicht nur sinnlos; die Folgenlosigkeit widerspräche auch der Bindung an Verantwortung und Verantwortlichkeit, die für Kontrollergebnisse zu übernehmen sind.[113]

34 Zu den **Sanktionen** zählen u.a. die Nichtigkeit und Vernichtbarkeit von Staatsakten in Verbindung mit der Fehlerfolgenlehre, institutionelle Sanktionen, in personeller Hinsicht disziplinarische Konsequenzen, aber auch verfahrensbezogene Sanktionsfolgen wie z.B. Berichtspflichten, Gegenäußerungsrechte oder Aufsichtsmaßnahmen.[114] Ein scharfes „Sanktionsschwert" steht vor allem mit der **Staatshaftung** unter gemeinschaftsrechtlichem Einfluss zur Verfügung:[115] Hand-

---

[108] Hierzu aus der jüngeren betriebswirtschaftlichen Literatur mit je w.N. *Peter Eichhorn*, Das Prinzip Wirtschaftlichkeit, 3. Aufl. 2005, S. 153 ff., 162 ff. einschließlich Erläuterungen zur Differenz gegenüber Wirtschaftlichkeit; s. ferner *Mühlenkamp*, Öffentlicher Sektor (Fn. 90), S. 59 ff.; *ders.*, Wirtschaftlichkeit und Wirtschaftlichkeitsuntersuchungen im öffentlichen Sektor, Speyerer Arbeitshefte Nr. 204, 2011, S. 3 ff.; *ders.*, Zur relativen (In-)Effizienz öffentlicher (und privater) Unternehmen – Unternehmensziele, Effizienzmaßstäbe und empirische Befunde, in: Schaefer/Theuvsen (Hrsg.), Renaissance öffentlicher Wirtschaft, 2012, S. 21 ff., 22 ff., 42 f.; zur Verbindung mit dem Verwaltungsrecht vgl. näher *Wolfgang Hoffmann-Riem*, Effizienz als Herausforderung an das Verwaltungsrecht – Einleitende Problemskizze, in: ders./Eberhard Schmidt-Aßmann (Hrsg.), Effizienz, S. 11 ff.; zur Notwendigkeit, das Effizienzprinzip in die Lehre von den Verwaltungsmaßstäben zu integrieren, s. auch *Sebastian Müller-Franken*, Maßvolles Verwalten. Effiziente Verwaltung im System exekutiver Handlungsmaßstäbe am Beispiel des maßvollen Gesetzesvollzugs im Steuerrecht, 2004, S. 19 ff., 46 ff.; *Schmidt-Aßmann*, Ordnungsideen, 6. Kap. Rn. 65 ff.; a.A. *Achterberg*, VerwR (Fn. 5), Rn. 2.

[109] *VerfGH NRW* Urt. vom 2. 9. 2003 – Az. 6/02, NWVBl 2003, S. 419 (LS 2, 422 f.); *Rainer Pitschas*, Die Modernisierung der sozialen Sicherung im Zeichen von Effektivität und Effizienz – Zum Grundsatz der Wirtschaftlichkeit im Sozialrecht, in: Hermann Butzer (Hrsg.), Wirtschaftlichkeit durch Organisations- und Verfahrensrechts, 2004, S. 31 (39).

[110] Dazu schon oben → Rn. 30; vgl. ferner *Schmidt-Aßmann*, Ordnungsidee, 6. Kap. Rn. 62.

[111] Zu Verwaltungskontrollen vgl. auch → Bd. III §§ 47–50.

[112] *Ulrich Scheuner*, Verantwortung und Kontrolle in der demokratischen Verfassungsordnung, in: FS Gebhard Müller, 1970, S. 379 (384).

[113] Zu diesem Zusammenhang s. nur *Pitschas*, Konsensuales Verwaltungsrecht (Fn. 4), S. 396 f.; ebenso *Schmidt-Aßmann*, Verwaltungskontrolle (Fn. 67), S. 42; s. ferner *Veith Mehde*, Die Evaluation von Verwaltungsleistungen, DV, Bd. 44 (2011), S. 179 (183 ff.).

[114] *Kahl*, Staatsaufsicht (Fn. 71), S. 401 ff. S.a. → Bd. III *Waldhoff* § 46 Rn. 147 ff.

[115] Näher dazu sowie zum gemeinschaftsrechtlichen Staatshaftungsanspruch *Detterbeck/Windhorst/Sproll*, StaatshaftungsR, § 1 Rn. 1, 5 und 9 m. Fn. 20, § 6 Rn. 14 ff.; der verwaltungsrechtliche Hand-

A. Elemente und Funktionen einer allgemeinen Maßstabslehre

lungsmaßstäbe sind auch dadurch aus dem allgemeinen Ordnungsmuster des Handlungssystems der öffentlichen Verwaltung herausgehoben. Im Übrigen wird in der Literatur behauptet, Kontrolle sei streng zu unterscheiden von den aus Kontrollergebnissen zu ziehenden Konsequenzen.[116] Ich zweifle daran. Fehlt schon jegliche Begründung hierfür, so sollte jedenfalls, wie die hiesigen Überlegungen zeigen, von einem (mit dem bloßen Hinweis auf Disziplinarkontrollen unschlüssig begründeten) Prinzip der Trennung von Kontrolle und Sanktionen nicht gesprochen werden.

Dies gilt wegen ihrer „inneren" Verschränkung mit den Rechtsmaßstäben auch für **nichtrechtliche Handlungsmaßstäbe.** So wird etwa das Wirtschaftlichkeitsprinzip haushaltsrechtlich mit der Rechnungsprüfung verbunden; beide ergänzen einander. Überhaupt ist Verwaltungseffizienz als Sachmaßstab an zahlreiche rechtlich geordnete Kontrollen wie etwa an die Binnenrevision oder auch an ein „Controlling" sowie an weitere effizienzfördernde **und** rechtlich ausgestaltete Verfahrenskontrollen angeschlossen.[117] Auch die Grundsätze der Nichtförmlichkeit, der Einfachheit und der Zweckmäßigkeit des Verwaltungsverfahrens (§§ 10 S. 2 VwVfG, 9 SGB X) bilden nicht nur einen Sachmaßstab für das Entscheidungshandeln, sondern sie dienen ebenso als rechts-relevante Kontrollformationen. Ergänzend tritt das Gebot der Zügigkeit hinzu.[118] Freilich darf entsprechenden Sanktionsvorstellungen nicht ein verkürztes Effizienzverständnis zugrunde gelegt werden, das sich ausschließlich auf die zeitliche Dimension erstreckt. Vielmehr ist es das Wirkungsziel aller normativen und metajuristischen Orientierungen, die regel- wie nutzenbezogen und sowohl präventiv als auch im Anschluss an die Verwaltungstätigkeit in Gestalt von Kontrollmaßstäben Platz greifen, einen Beitrag zur **Gesamtrationalität** des Verwaltungshandelns zu leisten.[119]

Als **Sanktion** ist deshalb nur ein solcher Durchsetzungsmechanismus zu wählen, der den Steuerungsintentionen des jeweiligen Handlungsmaßstabs entspricht und der dessen Beachtung im Verwaltungsalltag auch wirksam zu sichern vermag. Dabei sollte es nicht das Ziel sein, möglichst alle Maßstäbe zum Prüfungsgegenstand in einer Kontrolle und ihre Nichtbeachtung zur Grundlage von **Staatshaftungsansprüchen** zu machen.[120] Auf die verschiedenen normativen Orientierungen der Steuerung durch Recht ist vielmehr mit differenzierten Kontroll-

---

lungsmaßstab erweist sich dadurch spiegelbildlich, d.h. kongruent zur Reichweite der Maßstäblichkeit als „Kontrollmaßstab", nämlich als „Maßstab einer das Verfahren begleitenden und einer gegebenenfalls im Gerichtsverfahren aktivierten nachfolgenden Fehlerkontrolle" (so zutr. *Hoffmann-Riem* [Fn. 74], S. 27). Zum Haftungskonzept der Gemeinschaft vgl. im Übrigen mit zahlr. N. *Jens Hofmann*, Rechtsschutz und Haftung im Europäischen Verwaltungsverbund, 2004, passim, sowie *Björn-Peter Säuberlich*, Legislatives Unrecht und EU-Amtshaftungsanspruch, 2005, insbes. S. 57 ff., 129 ff., 161 ff. Vgl. a. allg. → Bd. III *Höfling* § 51.

[116] *Günter Püttner*, Netzwerk der Verwaltungskontrolle, in: Klaus König/Heinrich Siedentopf (Hrsg.), Öffentliche Verwaltung in Deutschland, 1996/97, S. 663 (664).

[117] Ebenso *Schmidt-Aßmann*, Ordnungsidee, 6. Kap. Rn. 62; zum „Controlling" vgl. statt anderer *Kuno Schedler*, Verwaltungscontrolling, in: Blanke u.a. (Hrsg.), Verwaltungsreform (Fn. 18), S. 236 ff.

[118] *Rainer Pitschas*, Das sozialrechtliche Verwaltungsverfahren im „aktivierenden" Sozialstaat. Verfahrensrechtliche Konsequenzen der staatlichen Verantwortungspartnerschaft mit der Bürgergesellschaft, in: Matthias v. Wulffen/Otto E. Krasney (Hrsg.), FS 50 Jahre Bundessozialgericht, 2004, S. 765 (775 f.).

[119] *Pitschas*, Konsensuales Verwaltungsrecht (Fn. 4), S. 191 ff.; *Scherzberg*, Rationalität (Fn. 2), S. 194 ff., 199 f., 201 f.

[120] Wie hier auch *Schmidt-Aßmann*, Ordnungsidee, 6. Kap. Rn. 63.

ansätzen und Sanktionsmechanismen zu antworten. Es gilt der schon erwähnte **Grundsatz der Sanktionsadäquanz**. So geht es gerade in der „ökonomisierten" Verwaltung darum, für dezentralisierte Ressourcenverantwortung und eigenständige bzw. subjektivierte Steuerungsbefugnisse spezifische Anreize und Verfahrens- bzw. Aktionsparameter zu kreieren, die Kontrolle gleichsam **reflexiv** und **präventiv** zu gestalten – diese also „einzubauen" in das Verwaltungshandeln –, so dass sie das Rationalitätsniveau der Gesamtsteuerung erhöht.[121]

37 Die im Prozess der Staats- und Verwaltungsmodernisierung eingeschränkte Bedeutung hierarchischer Verwaltungssteuerung[122] verlangt somit nach kompensatorischen, d.h. prozedural und budgetär ansetzenden bzw. kostenbezogenen Kontrolldimensionen. Dabei überlagern sich Kontrolle und „Controlling".[123] Ferner bewirkt die Steuerung der Amtsausübung durch intrinsische und extrinsische Motivation der Amtswalter zu wirtschaftlichem Verwaltungshandeln eine **vorgreifliche** Wirtschaftlichkeitskontrolle; darin offenbart sich die Steuerungsfunktion einer entsprechend präventiv wirksamen Staatshaftung. In beiden Fällen lassen sich situativ adäquate Kontrollsanktionen für Maßstabsverfehlungen im Gehäuse des Rechts einer effizienz- und risikogesteuerten modernen Verwaltung vorstellen.

II. Maßstabsbildung und -setzung

1. Maßstabsbildung und -setzung als Rechtsgewinnungsprozess

38 In ihrer objektiven Reichweite entwickeln sich die **Rechtsmaßstäbe** aus der „Rechtsidee" sowie aus den allgemeinen Rechtsgrundsätzen.[124] Insofern diese „offen" gehalten sind, bilden sie den idealen Nährboden für die anwendungsbezogene „Feinsteuerung" des Rechts durch Kreation präzisierender, aber gleichwohl normativ-abstrakt bleibender Handlungsmaßgaben. Näherhin offenbart sich darin ein Prozess der Rechtsgewinnung i.S. rechtlich-methodisch geleiteter Auswahl und Zurichtung einzelner Maßstäbe.[125] Diese **Maßstabsbildung** gehört zu jener Kaskade juristischer Normkonkretisierung, die ihre Steuerungswirkung aus der Rechtsbindung von Akteuren in Staat und Gesellschaft als einer „auf die Berücksichtigung von Gruppeninteressen bezogenen Form menschlicher Entscheidungsrationalität" bezieht.[126]

---

[121] *Pitschas*, Konsensuales Verwaltungsrecht (Fn. 4), S. 396 f., 397 ff.; zur These von der „Rationalisierungsfunktion der Kontrolle" s. früher schon *Walter Krebs*, Kontrolle in staatlichen Entscheidungsprozessen, 1984, S. 13, 36 f., 49 f., 134 ff., 137 und öfter; von einem „Gebot hinreichender Kontrolleffektivität", zu dessen Verwirklichung auch das Sanktionensystem beiträgt, spricht *Schmidt-Aßmann*, Verwaltungskontrolle (Fn. 67), S. 40 f.

[122] Vgl. oben → Rn. 12 mit Fn. 42.

[123] Vgl. nur *Klaus Homann*, Verwaltungscontrolling. Grundlagen-Konzept-Anwendung, 2005, S. 13 ff., 65 ff., 162 ff.

[124] Dazu s. bereits oben → Rn. 2 ff., 7.

[125] *Rainer Pitschas*, Gerichtsautonomes Sozialrecht?, VSSR 1990, S. 241 (247 ff.); *Scherzberg*, Rationalität (Fn. 2), S. 189, 201 f. und öfter; dabei spielt die Innovationsverantwortung der Rechtswissenschaft eine besondere Rolle, vgl. *Wolfgang Hoffmann-Riem*, Innovationsoffenheit und Innovationsverantwortung durch Recht, AöR, Bd. 131 (2006), S. 255 (261 ff., 264); *Martin Kment*, Verwaltungsrechtliche Instrumente zur Ordnung des virtuellen Raums – auf den Spuren des E-Governments, in: Hill/Schliesky (Fn. 60), S. 307 ff.

[126] *Scherzberg*, Rationalität (Fn. 2), S. 199.

A. Elemente und Funktionen einer allgemeinen Maßstabslehre

Interpretatorisch verkörpern die herausgebildeten Rechtsmaßstäbe im Verwaltungsrecht eine Leitlinie für Argumentation und Wertung im Prozess der fallbezogenen Rechtskonkretisierung. Denn sie „gelten" zwar nach Maßgabe der jeweils einschlägigen Rechtsordnung; insofern stellen sie „zusätzliche" und überdies vorgeordnete Richtigkeitskriterien für die Entfaltung der Entscheidungsprämissen im Einzelfall dar.[127] Der Gesetzgeber selbst vermag sie, wie etwa die Verantwortlichkeit des Amtswalters, näher auszugestalten. Insoweit geht es um **legislative Maßstabsetzung.** Doch vermag auch der Normtext die Umsetzung der Maßstäbe nicht endgültig zu determinieren. Denn diese umschließen in ihrem Kern eben keine „Regeln", sondern sie sind „Prinzipien"[128], deren Reichweite im Konkretisierungsprozess, ähnlich wie die des Fallrechts, argumentativ zu begründen ist. Daher bestimmt sich die Wirkungsweise maßstäblicher Steuerung der Richtigkeit fallbezogenem Normverständnisses erst aus dem szenischen Verstehen des Einzelfalles und der auf ihn bezogenen Fallnorm unter gleichzeitiger Ausdeutung der orientierenden Innovationskraft des Rechtsmaßstabes.[129] Nur in Grenzen – nämlich unter Ausweis „guter Gründe" für den Vorrang des Maßstabsgehalts – lässt sich deshalb der Auffassung beitreten, an den Maßstäben des Verwaltungsrechts müsse die „Funktionalität kodifizierter Verfahrensregeln (ge)messen" werden.[130]

2. Legitime Maßstabskompetenz der Verwaltung

Immer aber bedarf es vor dem Hintergrund der prinzipienhaften Geltung von Rechtsmaßstäben deren mehrdimensionaler Geltungs**optimierung** für die Rechtskonkretisierung im Rahmen vorgegebener Handlungszwecke. Aufgegeben ist dabei der Abgleich von Rechtsmaßstäben untereinander und dieser mit nichtrechtlichen Maßstäben für die Zweckverwirklichung im Recht.[131] Als „Katalysatoren" in diesem Prozess fungieren die öffentliche Verwaltung und die Verwaltungsgerichtsbarkeit auf dem Boden ihrer je eigenen Konkretisierungsverantwortung.[132] Diese sieht sich mit unterschiedlichen Kompetenzen zur Rechts- und

---

[127] *Scherzberg*, Rationalität (Fn. 2), S. 201 f. m. w. N.; irritierend aber *Stelkens*, Rechtsetzung (Fn. 76), der die rechtlichen Maßstäbe des Verwaltungshandelns in seinen Überlegungen nicht berücksichtigt.
[128] Im Sinne von *Alexy*, Theorie (Fn. 17), S. 71 ff.; vgl. ferner zu diesem Verständnis der Maßstäbe *Achterberg*, VerwR, § 19 Rn. 1.
[129] *Wolfang Hoffmann-Riem*, Methoden einer anwendungsorientierten Verwaltungsrechtswissenschaft, in: Schmidt-Aßmann/ders. (Hrsg.), Methoden, S. 9 (19 ff., 28 ff., 31 ff.); *ders.*, Innovationsoffenheit (Fn. 125), S. 264; *Arno Scherzberg*, Die Öffentlichkeit der Verwaltung, 2000, S. 28 ff.; *Hubert Treiber*, Zur Umsetzung von Rechtsnormen, 1996, S. 5 ff., 24 ff., 28 ff.
[130] *Achterberg*, VerwR, § 19 Rn. 1.; etwas anderes dürfte für das Unionsrecht gelten, in dem der Verfahrensgedanke allgemein einen größeren Stellenwert einnimmt, vgl.*Terhechte*, Europäisches Verwaltungsrecht (Fn. 81), § 7 Rn. 26.
[131] *Wahl*, Verwaltungsverfahren (Fn. 39), S. 157; dies erfordert auch die zunehmende Orientierung des Verwaltungsrechts an Gesetzeszwecken, vgl. *Katharina Schober*, Der Zweck im Verwaltungsrecht, 2007, bes. S. 27 ff., 236 ff.: Die Konkretisierung dieser Zwecke durch die Verankerung entsprechender Leitvorschriften im Gesetz selbst gelingt nur unvollkommen, so dass die außergesetzlichen Rechtsmaßstäbe und metajuristischen Maßgaben eine Renaissance erleben.
[132] *Scholz*, Verwaltungsverantwortung (Fn. 1), S. 161; s. ferner *Rainer Pitschas*, Reform der Verwaltungsgerichtsbarkeit als „Ökonomisierung" des Rechtsstaates? Verfassungsrechtliche und verwaltungswissenschaftliche Eckwerte der Modernisierungsdiskussion, in: ders. (Hrsg.), Die Reform der Verwaltungsgerichtsbarkeit, 1999, S. 59 (73 ff.) m. w. N.; *Fabian Wittreck*, Die Verwaltung der Dritten Gewalt, 2006, S. 132 ff., 140 ff., 174 ff.

§ 42 *Maßstäbe des Verwaltungshandelns*

Zweckkonkretisierung verbunden. Soweit diesbezüglich der **Verwaltungsbehörde** die Zuständigkeit zur Rechtskonkretisierung im Rahmen gesetzlich vorgegebener Zweckbestimmung überantwortet ist, die Verwaltungsentscheidung also auf metajuristische Erwägungen im Gehäuse des Ermessens gegründet werden soll (§ 40 VwVfG, 114 VwGO),[133] verfügt sie über eine **legitime Maßstabskompetenz**.[134] Diese ist – verfassungsrechtlich gesehen – „implied power" der zur konkreten Rechtsetzung von Verfassungs wegen ermächtigten Exekutive.[135]

a) Verwaltungsermessen als rechtliches Gehäuse der Kompetenzausübung

41   Darin liegt kein Verstoß gegen Art. 19 Abs. 4 GG. Das „formelle Hauptgrundrecht" der Verfassung geht von der Befugnis der öffentlichen Verwaltung zur eigenen Rechtsetzung aus.[136] Dennoch bedeuten verfassungsrechtlich akzeptierte Maßstabsbildung und -setzung durch öffentliche Verwaltung nicht, dass sie sich im rechtsfreien Raum bewegen. Verwaltungsbehörden müssen sich dabei vielmehr an die **gesetzliche** Handlungsermächtigung bzw. an den Vorrang und Vorbehalt des Gesetzes halten. Sie unterliegen im Übrigen der normativen Rahmengebung des einheitlichen Verwaltungsermessens.[137] Der Gesetzgeber ermächtigt die Verwaltung dazu, eine nicht vollständige Rechtsnorm durch konkretisierende Rechtsanwendung („Rechtsgewinnung") zu „komplettieren", wobei die Unzulänglichkeiten dieser Norm in Tatbestand und/oder Rechtsfolge ausgeglichen werden sollen. Er legt den Rahmen dieser Rechtsetzungsbefugnis durch Ermessensgewährung fest und er bestimmt, welcher Spielraum der Verwaltung zustehen soll. In diesen Grenzen ist die Verwaltung primär zur Verfolgung metajuristischer Ziele, Zwecke, Grundsätze unter Bindung an rechtliche wie nichtrechtliche Maßstäbe bestellt.[138]

42   Das **Verwaltungsermessen** und mit ihm die Entscheidung über die Zweckmäßigkeit des Verwaltungshandelns (§ 68 Abs. 1 S. 1 VwGO) sind als Befugnis zur Konkretisierung rechtlicher und metajuristischer Zwecke (soziale, ökonomische, ökologische oder auch verwaltungspolitische Festlegungen)[139] bei der Rechtsge-

---

[133] Zum „Ermessen" als „eine besondere Zuständigkeit zur Rechtskonkretisierung" s. *Eckhard Pache*, Tatbestandliche Abwägung und Beurteilungsspielraum, 2001, S. 149 ff.

[134] *Scholz*, Verwaltungsverantwortung (Fn. 1), S. 174; am Beispiel der Einstrahlung grundrechtlicher Kompetenzzuweisung durch Art. 5 Abs. 3 GG auf die Koordinationskompetenz und „Auffangzuständigkeit" von Hochschulverwaltugen s. auch *BVerfGE* 111, 333 (356 ff.).

[135] *Scholz*, Verwaltungsverantwortung (Fn. 1), S. 174.

[136] → Bd. I *Franzius* § 4 Rn. 18, *Ruffert* § 17 Rn. 58 ff. Vgl. a. → Bd. II *Hill/Martini* § 34.

[137] Ausführlich dazu *Jestaedt*, Maßstäbe (Fn. 2), Rn. 10 ff., 23 ff., 55 ff.; *Maurer*, VerwR, § 7 Rn. 17 f., 19 ff.; dies betrifft insbes. die gesetzlichen Zielvorstellungen für die Ermessensausübung. Die Rspr. des BVerwG zum „intendierten Ermessen" lässt sich insoweit übertragen, vgl. *BVerwGE* 72, 1 (6); 105, 55 (57 f.). Umgekehrt sind auch die allgemeinen Grundsätze für das Verwaltungshandeln ihrerseits objektive Schranken des Ermessens, s. wiederum *Maurer*, a.a.O., Rn. 23.

[138] Vgl. § 40 VwVfG: Die Behörde hat „ihr Ermessen entsprechend dem Zweck der Ermächtigung auszuüben"; dabei sind die gesetzlichen Zielvorstellungen zu beachten, *BVerwGE* 26, 135 (140); *Jestaedt*, Maßstäbe (Fn. 2), Rn. 66; *Maurer*, VerwR, § 7 Rn. 22 f.; s. im Übrigen bereits *Scholz*, Verwaltungsverantwortung (Fn. 1), S. 128.

[139] *BVerwGE* 13, 95 (98); *Raimund Brühl*, Sachbericht, Gutachten und Bescheid im Widerspruchsverfahren, JuS 1994, 153 (158); *Hufen*, VerwaltungsprozessR, 7. Aufl. 2008, § 25 Rn. 22 ff.; *Robert Klüsener*, Die Bedeutung der Zweckmäßigkeit neben der Rechtmäßigkeit in § 68 I 1 VwGO, NVwZ 2002, S. 816 (817); *Schober*, Zweck im Verwaltungsrecht (Fn. 131), S. 3 ff., 17.

winnung anzusehen.¹⁴⁰ Es findet sich sowohl auf der Rechtsfolgenseite einer Norm als auch auf deren Tatbestandsseite. Ermessen und Beurteilungsspielraum sind deshalb keine streng voneinander geschiedenen Rechtsfiguren, sondern lediglich Ausfluss unterschiedlicher Formulierungstechniken der Rechtsetzung; sie sind unter Umständen sogar jeweils gegenseitig einsetzbar.¹⁴¹ Dies heißt freilich nicht, dass die Verwaltung ihr Ermessen beliebig einsetzen könnte. Ermessensausübung bedeutet Rechts- **und** Zweckkonkretisierung; sie muss sich daher an die Rechtsmaßstäbe und die nichtrechtlichen Handlungsorientierungen halten, die in die Rechtskonkretisierung involviert sind und insoweit verpflichtend wirken.¹⁴² Plausibilitätserwägungen sind darin einbeschlossen.

b) Maßstabskonflikte als Optimierungsproblem der Ermessensausübung

So gesehen, stellt das **Verwaltungsermessen** ein rechtlich vorgeformtes Gehäuse der administrativen Maßstabsanwendung dar. Diese hat nicht nur die Rechtmäßigkeit des Verwaltungshandelns i.S. der Vermeidung von Rechtsfehlern zu beobachten, sondern auch die nichtrechtlichen Maßstäbe wie z.B. solche der Ressourcenschonung oder Akzeptanzförderung zu berücksichtigen.¹⁴³ Die Kunst der öffentlichen Verwaltung liegt darin, hierbei entstehende **Maßstabskonflikte** auszutarieren. Es handelt sich dabei in der Tat, wie in der Literatur richtig hervorgehoben worden ist, um ein „Optimierungsproblem".¹⁴⁴ Der dementgegen erhobene Vorwurf, die öffentliche Verwaltung kapriziere sich vor allem auf die Rechtmäßigkeit ihres Handelns und vernachlässige andere, z.B. ökonomische Maßgaben des Verwaltens,¹⁴⁵ trifft jedenfalls nicht (mehr) zu. Rechtmäßigkeit ist kein K.O.-Maßstab. Die Wirtschaftlichkeit des Verwaltungshandelns, seine Zweckmäßigkeit sowie alle weiteren rechtlichen und nichtrechtlichen Maßstäbe stehen vielmehr in einem inneren Zusammenhang untereinander: Öffentliches Handeln, das rechtswidrig ist, kann z.B. nicht zweckmäßig sein – und umgekehrt.¹⁴⁶ Als **Vermittlungsnorm** dient insoweit, wie bereits erwähnt, das **Verhältnismäßigkeitsprinzip,** das angesichts der Zweck- und Wirksamkeitsbindung allen Rechts die Rechtmäßigkeit mit der Zweckmäßigkeit, d.h. den außerrechtlichen Handlungsorientierungen verbindet.¹⁴⁷ Dies führt dazu, dass in dem Mo-

43

---

¹⁴⁰ *Pache,* Beurteilungsspielraum (Fn. 133), S. 149 ff., 479 ff.; **unzweckmäßige** Entscheidungen verstoßen infolge dieser Eigenständigkeit der Zweckbindung gegen den Handlungsmaßstab der Verwaltungseffizienz (zu diesem näher noch unten → Rn. 111 ff.; vgl. auch *Hufen,* VerwaltungsprozessR, § 25 Rn. 24). Sie enthalten daher, wenn **rechtlich** geschützte Interessen verletzt sind, einen Ermessensfehler; ebenso *Maurer,* VerwR, § 7 Rn. 18; unklar *Peine,* VerwR, 8. Aufl. 2006, § 4 Rn. 214.
¹⁴¹ Zur umstrittenen Reichweite der „Verschränkung" vgl. näher und mit zahl. N. *Maurer,* VerwR, § 7 Rn. 47 ff., 52 ff. sowie mit eigener Stellungnahme Rn. 55 ff.; *Schmidt-Aßmann,* Ordnungsidee, 4. Kap. Rn. 48 m.w.N. in Fn. 140.
¹⁴² Ebenso *Schmidt-Aßmann,* Ordnungsidee, 4. Kap. Rn. 49 f.; a.A. etwa *Peine,* VerwR, 8. Aufl. 2006, § 4 Rn. 214.
¹⁴³ *Hoffmann-Riem,* Flexibilität und Innovationsoffenheit (Fn. 13), S. 27.
¹⁴⁴ *Wahl,* Verwaltungsverfahren (Fn. 39), S. 157; zur entsprechenden „Optimierungs- und Impulsfunktion von Verwaltungmaßstäben" s. *Reiner Schmidt,* Flexibilität und Innovationsoffenheit im Bereich der Verwaltungsmaßstäbe, in: Hoffmann-Riem/Schmidt-Aßmann (Hrsg.), Innovation, S. 67 (75 ff.).
¹⁴⁵ *Frido Wagener,* VVDStRL, Bd. 41 (1983), S. 272 (273).
¹⁴⁶ Dazu a. unter Einbezug der Kontrollperspektive → *Bumke* § 35 Rn. 155 m. Fn. 474.
¹⁴⁷ So schon *Achterberg,* VerwR, § 19 Rn. 18; vgl. ferner *Maurer,* VerwR, § 7 Rn. 23, § 10 Rn. 17.

ment, wo die Zwecke von Rechtsregeln verfehlt und die Rechtswidrigkeit von hoheitlichem Handeln in Gestalt von Nichtigkeit oder Vernichtbarkeit, Staatshaftung u.a.m. die Folge ist, der Zweck zur Rechtsfrage wird und der Maßstab zum *Rechts*maßstab heranreift. Wiederum und einerseits wird deutlich, dass Rechts- und andere Maßstäbe nicht streng zu trennen sind; andererseits ist erkennbar, dass die nichtrechtlichen Maßstäbe der rechtlichen Absicherung z.B. durch Sanktionsmechanismen bedürfen, die das Recht bereitstellen muss.[148]

44 Ob sich die Verwaltung tatsächlich in dem Rahmen des ihr eingeräumten Ermessens hält, obliegt in Grenzen der Prüfung durch die **Gerichtsbarkeit.** Diese kontrolliert zugleich, ob sich die Verwaltung in ihrer Entscheidung innerhalb der gesetzten Maßstäbe bewegt.[149] Damit untergliedert sich die je verwaltungsgerichtliche Kontrolltätigkeit zunächst in zwei Bereiche, nämlich einerseits in die Überprüfung der Maßstabsbildung und andererseits in die Kontrolle der Maßstabsbefolgung bei der konkreten Verwaltungsentscheidung.[150] In dieser Zweispurigkeit spiegeln sich die je unterschiedlichen Konkretisierungskompetenzen auf Seiten der Verwaltungsbehörde und der Verwaltungsgerichtsbarkeit. Denn die **Verwaltungsgerichte** sind in ihrer Prüfungszuständigkeit durch die Befugnis der Verwaltung beschränkt, in die Maßstabsbildung und -setzung metajuristische Zwecke einfließen zu lassen. Oder anders ausgedrückt: Im Bereich der Zweckverfolgung verfügt die öffentliche Verwaltung über die Entscheidungsprärogative, es sei denn, es liegt ein Fall der **Zweckverfehlung** vor.[151] Dagegen genießt die Verwaltungsgerichtsbarkeit einen Entscheidungsvorrang dort, wo die juristische Richtigkeitsgewähr zu prüfen ist. Auf der nicht immer einfachen Separierung beider Konkretisierungskompetenzen gründet die verbreitete Befürchtung, die Gerichte würden die Kontrolldichte zu eng ziehen und dadurch die Eigen- und Zweckverantwortung der Verwaltung zugunsten eines überbordenden Rechtsschutzes ausdehnen, wodurch bei der Handhabung von Maßstäben das „rechte Maß" verloren gehen würde.[152]

3. Wertebezug und Subjektivierung von Maßstäben

45 Das rechtsstaatliche Fundament der Maßstäbe im Verwaltungsrecht gewährleistet einen hohen Grad an **Objektivität des Verwaltungshandelns.** Namentlich das Prinzip der Gesetzmäßigkeit der Verwaltung, das Willkürverbot sowie die Haftung bei Amtspflichtverletzungen – die allesamt den Bogen zur „Verwaltungsverantwortung" schlagen lassen[153] –, aber auch das Vertrauensschutzprin-

---

[148] Siehe auch *Schmidt-Aßmann*, Ordnungsidee, 1. Kap. Rn. 44, 2. Kap. Rn. 22, sowie die N. oben → Rn. 30 ff. und Fn. 101 ff.
[149] *Maurer*, VerwR, § 7 Rn. 13, 14; *Scholz*, Verwaltungsverantwortung (Fn. 1), S. 218.
[150] *Scholz*, Verwaltungsverantwortung (Fn. 1), S. 174, 175 in präziser Ausdeutung dessen, woran gerichtliche Ermessenskontrolle „individueller" und „genereller" Ermessensausübung durch Verwaltung anzusetzen hat.
[151] So in bündiger Kürze bereits *Scholz*, Verwaltungsverantwortung (Fn. 1), S. 217; vgl. auch *Detterbeck*, Allg. VerwR, Rn. 324 ff., 331, 340.
[152] Hierzu und jeweils m. w. N. *Maurer*, VerwR, § 7 Rn. 56 ff., 61 f.; *Schmidt-Aßmann*, Ordnungsidee, 2. Kap. Rn. 22, 23; zum umgekehrten Vorwurf überbordender „Spielräume der Verwaltung" s. *Hufen*, VerwaltungsprozessR, 7. Aufl. 2008, § 25 Rn. 22 a. E.
[153] Im Sinne der „Verantwortung als Zurechnungsbegriff" und dazu *Hans C. Röhl*, Verwaltungsverantwortung als dogmatischer Begriff?, DV, Beiheft 2, 1999, S. 33 (35 f., 37 ff.).

zip, die Beschränkung rückwirkender Belastungen sowie die administrative Selbstbindung und die Regeln ordnungsgemäßer Ermessensausübung wollen als Schlüsselpotenzial der Rechtsbegriffe und Geltungsentwürfe die Recht- und Zweckmäßigkeit aller Verwaltungstätigkeiten sicherstellen.[154] Die öffentliche Verwaltung wird auf diese Weise, wie es scheint, ausschließlich an Gesetz und Recht gebunden, nicht etwa an Moral oder sonstige **Werte.** Allerdings ist daran zu erinnern, dass alles (un)geschriebene Recht und auch die förmlichen Gesetze verfassungsspezifischen Grundwerten und darüber hinaus dem jeweils aktuellen Kanon gesellschaftlicher Wertungen Ausdruck geben. Diese Wertemittlung bestätigt indes und einerseits, dass nichtkodifizierte Wertvorstellungen grundsätzlich unverbindlich sein sollen, weil entsprechende Rückbindungen des Verwaltungshandelns zu „exekutiver Willkür" führen könnten. Dadurch allerdings, dass der Gesetzgeber die verbindlichen Koordinationsmuster menschlichen Zusammenlebens i.S. zeitabhängiger gesetzlicher Vorstellungen repräsentativ stets von neuem entwirft, kann es andererseits im Wertewandel der Gesellschaft durch „Verspätung" zu einer Kluft zwischen rechtlichen und gesellschaftlichen Wertmaßstäben kommen.[155] Hinzu tritt der Einfluss gesellschaftlicher Wertungen in öffentlich-privaten (Verwaltungs-)Partnerschaften.

a) Ethik in der öffentlichen Verwaltung

46 Darüber hinausführend hat der Gesetzgeber für die öffentliche Verwaltung unter dem Gesichtspunkt der Werteorientierung ihres Handelns eine spezifische **Ethik des öffentlichen Dienstes** durch jene Rechtsnormen begründet, in denen – wie in den Beamtengesetzen des Bundes und der Länder – spezifische Einzelinstrumente material-rechtsstaatlichen, d.h. wertebezogenen, Verpflichtungen einzelner Verwaltungsangehöriger Rechnung tragen. Dazu zählt bspw. die Remonstrationspflicht; daneben seien die §§ 20, 21 VwVfG erwähnt.[156]

47 Dahinter scheinen als **Wertentscheidungen,** die das Verwaltungshandeln leiten sollen, auch die Unparteilichkeit, Neutralität und Professionalität öffentlicher Bediensteter auf. Darin enthaltene Werteorientierung lenkt das Handeln; sie ermöglicht Entscheidungen über Handlungsalternativen nach Maximen oder Normen der Kultur, Moral oder Sittenordnung. Mag auch hier und da die **Ethik des öffentlichen Dienstes** verblassen bzw. in der Modernisierung des öffentlichen Dienstes zurücktreten, so finden doch die genannten Wertmaßstäbe für das Verwaltungshandeln in der generalisierten **Verantwortung** der Amtswalter ein rechtliches Fundament. Denn diese verweist in Gestalt der individualisierten **Verantwortlichkeit** auf die immanente Begrenzung objektivierten Rechtsvollzugs. Der Verantwortungsbegriff schließt insoweit moralische oder ethische Elemente in seiner Tragweite ein: Der Kompetenzträger wird unter dem Aspekt einer „Legitimationsverantwortung" für Amtshandeln wertebezogen „in die Pflicht genom-

---

[154] Allgemein dazu *Susanne Baer,* Schlüsselbegriffe, Typen und Leitbilder als Erkenntnismittel und ihr Verhältnis zur Rechtsdogmatik, in: Schmidt-Aßmann/Hoffmann-Riem (Hrsg.), Methoden, S. 223 (225 ff., 228 ff., 232 ff., 235).
[155] Sehr schön herausgearbeitet bei *Wolfgang H. Lorig,* „Good Governance" und „Public Service Ethics". Amtsprinzip und Amtsverantwortung im elektronischen Zeitalter, in: Aus Politik und Zeitgeschichte, Heft B/18, 2004, S. 24 ff.
[156] Zu deren Verankerung im Prinzip der Gesetzmäßigkeit der Verwaltung und zur Verbindung mit dem Grundsatz der Fairness des Verfahrens s. nur *Kopp/Ramsauer,* VwVfG, § 20 Rn. 10.

men".[157] Das ist auch legitim; die Staatsgewalt soll sich am Gemeinwohl orientieren. Dementsprechend schränkt die **personale Legitimationsverantwortung** die Entscheidungsspielräume der Verwaltungsorgane auch auf rechtlicher Ebene ein. Auf diese Weise werden die „weichen" Werteorientierungen der Verwaltung und ihrer Akteure zu effektiven Handlungsmaßstäben umgeformt.

b) Verwaltungsrecht als materiale Werteordnung

48 Die seit einigen Jahren in Deutschland latent geführte Wertediskussion für die öffentliche Verwaltung wird **international** im Zeichen des Streits um die Reichweite von „Public Management" zugunsten eines „Ethik-Managements" offensiver geführt.[158] Ein Eckpunkt dieser Entwicklung war die Entscheidung der *American Society for Public Administration* (ASPA) im Jahr 1984, einen „Code of Ethics" zu verabschieden, der spätestens seit seiner Überarbeitung im Jahr 1994 die Ökonomisierung der öffentlichen Verwaltung in den USA begleitet hat.[159] Dieser Code nennt fünf Hauptprinzipien, die dem Verwaltungshandeln als **wertgebundene Richtigkeitskriterien** dienen sollen. Zu ihnen zählen die Verpflichtung des Handelns im Einzelfall auf das öffentliche Interesse, ferner das Gebot, die Verfassung und das Gesetz zu achten, persönliche Integrität zu fördern, Ethikorganisationen zu unterstützen sowie einen hohen Professionalitätsstandard anzustreben. In demselben Jahr setzte die englische Regierung ein „Committee on Standards in Public Life" ein, das im Jahr 1995 die „Standards in Public Life" sowie die „Seven Principles of Public Life" veröffentlichte.[160] Darunter finden sich als Werte im Einzelnen aufgeführt: „Selflessness", „Integrity", „Objectivity", „Accountability", „Openess", „Honesty" und „Leadership".[161] Diese Wertorientierungen des Verwaltungshandelns verweisen auf spezifische materiale Gehalte aller normativen Orientierungen der öffentlichen Verwaltung. Sie kennzeichnen das Verwaltungsrecht als eine materiale Werteordnung. Die bislang ausschließlich materiell und prozedural verstandene verwaltungsrechtliche Maßstabslehre offenbart damit eine bislang weitgehend verschwiegene dritte (Werte-)Dimension.[162]

---

[157] Seine Entscheidung muss zweck- *und* wertrational sein, vgl. *Pitschas,* Konsensuales Verwaltungsrecht (Fn. 4), S. 229f. u. öfter; daher richtig zum Verwaltungsrecht als „Ausdruck einer materialen Werteordnung" → Bd. I *Voßkuhle* § 1 Rn. 28; s. ferner *Karl-Peter Sommermann,* Brauchen wir eine Ethik des öffentlichen Dienstes?, VerwArch, Bd. 89 (1998), S. 290; *Röhl,* Verwaltungsverantwortung (Fn. 153), S. 40, 41.

[158] Vgl. etwa *Tony Bovaird/Elke Löffler,* The Role of Trust in Organizational Responses to Local Governance Failures, in: FS Peter Eichhorn, 2007, S. 371ff.; *Kathryn G. Denhardt,* The Ethics of Public Service, 1988; *OECD,* Ethics in the Public Service, Public Management Occasional Papers, Nr. 14 (1996), S. 19ff.; *Rainer Pitschas,* Trusted Governance due to Public Value Management. Public Governance in Europe between Economization and Common Weal: A Value-Based Concept of Public Administration, 2006; s. ferner *Hill,* Public Leadership (Fn. 71), S. 611ff.

[159] Vgl. *Sommermann,* Ethik (Fn. 157), S. 293; *Nathalie Behnke,* Alte und neue Werte im öffentlichen Dienst, in: Blanke u. a. (Hrsg.), Verwaltungsreform (Fn. 18), S. 340 (345f.).

[160] Der vollständige Text kann eingesehen werden unter: http://www.archive.official-documents.co.uk/document/parlment/nolan/nolan.htm.

[161] Dazu auch *Hermann Hill,* Public Value Management, in: FS Dietrich Budäus, 2007, S. 373ff.; *ders.,* Public Leadership (Fn. 71), S. 612; *Pitschas,* Trusted Governance (Fn. 158), S. 133ff.; *Sommermann,* Ethik (Fn. 157), S. 294.

[162] Vgl. aber im hiesigen Sinne auch → Bd. I *Voßkuhle* § 1 Rn. 28, *Hoffmann-Riem* § 10 Rn. 36 m. Fn. 170f.; zuvor bereits *Rainer Pitschas,* Staats- und Verwaltungsmodernisierung als Wertekonzept

c) Institutionalisierung von Subjektivität bei Maßstabsbildung und -setzung

Der Wertebezug von Handlungsmaßstäben führt in einem über die Rechtmäßigkeit hinausgreifenden, auf komplexe Gemeinwohlorientierung zielenden Sinne zu der bislang verdeckten **Institutionalisierung von Subjektivität** im Verwirklichungsauftrag von Recht und im Gesamtauftrag der Verwaltung.[163] Gleiches gilt für die Orientierung an Effektivitäts- und Effizienzmaßgaben. Entfaltet sich unter Berufung hierauf die Wirkungsweise von Recht über den (objektivierenden) Maßstab der Rechtmäßigkeit hinaus zugunsten einer kommunikativen Einbeziehung nichtrechtlicher Normen sowie der Bürger in den Konkretisierungsvorgang („kooperative Rechtsbildung"), wie dies z. B. im **Risikoverwaltungsrecht** der Fall ist,[164] so wird die Anerkennung einer **individualisierten Maßstabsbildungskompetenz** in der Entwicklung situativer Richtigkeitsmaßstäbe für das Verwaltungshandeln unausweichlich. In eben diese Richtung führt schließlich das „Neue Verwaltungsmanagement", das die offene rechtliche Infrastruktur zahlreicher Verwaltungssektoren nutzt – wofür die „Sozialrechtsinfrastruktur" des Betreuungsrechts und der neueren Sozialgesetzgebung insgesamt ein treffliches Beispiel bietet[165] –, um die Autonomie von Mitarbeiterinnen und Mitarbeitern innerhalb der öffentlichen Verwaltung zur Leistungserstellung als ein legitimes Verwaltungsziel zu deklarieren. Dessen Verwirklichung wird durch „Kundenbeziehungen" und subjektive Maßstabsbildung wie -anwendung im Rahmen der Vertragsbeziehungen zwischen Verwaltung und Bürgern sowie innerhalb der Verwaltung („Zielvereinbarungen") geprägt.[166] 49

Zwar ist schon bisher versucht worden, in Bezug auf die Rechtsfiguren des **Ermessens** und des **Beurteilungsspielraums** der materiellen Entwicklung eines finalen Verwaltungsrechts ein funktionell-adäquates Kompetenz- und Amtsrecht an die Seite zu stellen.[167] Der Übergang zum Kontraktmanagement durch Ziel- 50

---

des europäischen Rechts- und Sozialstaats, in: ders./Christian Koch (Hrsg.), Staatsmodernisierung und Verwaltungsrecht in den Grenzen der europäischen Integrationsverfassung, 2002, S. 13 (22, 24); *ders.*, Dienstleistungsverwaltung (Fn. 28), S. 102 f.

[163] *Ulrich Smeddinck*, Die Aufwertung des einzelnen im System des öffentlichen Rechts, RuP 2002, 33 ff.; zur „Institutionalisierung von Subjektivität" w. N. bei *Schmidt-Aßmann*, Verwaltungskontrolle (Fn. 67), S. 43.

[164] *Wolfgang Hoffmann-Riem*, Gesetz und Gesetzesvorbehalt im Umbruch. Zur Qualitäts-Gewährleistung durch Normen, AöR, Bd. 130 (2005), S. 5 (35 f., 37 f.); *Rainer Pitschas*, Staatliches Management für Risikoinformation zwischen Recht auf informationelle Selbstbestimmung und gesetzlichem Kommunikationsvorbehalt, in: Dieter Hart (Hrsg.), Privatrecht im „Risikostaat", 1997, S. 215 (225 ff., 244 ff.); *Helmuth Schulze-Fielitz*, Risikosteuerung von Hochrisikoanlagen als Verfassungsproblem, DÖV 2011, S. 785 (786 f., 789, 794 f.).

[165] *Brigitte Jährling-Rahnefeld*, Der Bürger als Partner der Verwaltung – Möglichkeiten und Grenzen eines kundenorientierten Verwaltungsverfahrens, VSSR 2003, 293 ff.; s. ferner am Bsp. von „Verwaltungs-Kodizes" *Franz L. Knemeyer*, Von der rechtmäßigen zur auch guten Verwaltung, in: FS Wolf-Rüdiger Schenke, 2011, S. 933 (943).

[166] „Zielvereinbarungen" untersucht z. B. *Josef Aulehner*, Zielvereinbarungen im öffentlichen Recht, in: FS Rupert Scholz, 2007, S. 451 ff.; zu den „Kundenbeziehungen" s. statt aller *Hill*, Organisationsformen (Fn. 42), S. 80 f. m. w. N.; zu der damit verknüpften Begründung und Reichweite „subjektiver Maßstabsbildung" als einem zentralen Element der „Neuen Verwaltungsrechtswissenschaft" ausf. *Rainer Pitschas*, Organisationsrecht als Steuerungsressource in der Sozialverwaltung, in: Schmidt-Aßmann/Hoffmann-Riem (Hrsg.), Verwaltungsorganisationsrecht, S. 151 (162 f., 172 f., 182 ff., 190, 201 ff.).

[167] *Wolfgang Loschelder*, Weisungshierarchie und persönliche Verantwortung in der Exekutive, in: HStR III, § 68 Rn. 72 ff., 85 ff., 94 ff.

vereinbarungen[168] einerseits, die Zuweisung persönlicher Verantwortung innerhalb der Exekutive für Dienstleistungen gegenüber Bürgern andererseits („dezentrale Ressourcenverantwortung"), hat nunmehr allerdings Handlungsspielräume der Beschäftigten zur Folge, die sich durch die genannten Rechtsfiguren nicht mehr „einfangen" lassen. Worum es stattdessen geht, ist die Anerkennung einer maßstäblich angeleiteten **Personalisierung** der Sachverhaltsermittlung und Rechtsfolgensetzung und insgesamt der **Verwaltungsführung,** die in ihrer Einflussnahme auf das Verwaltungsverfahren und die „Herstellung" der Verwaltungsentscheidung über die objektiv-rechtsnormative Vereinbarkeit mit der Rechtsordnung hinausreicht.[169]

51 Die schon früher damit verbundene „subjektive Maßstabssetzungskompetenz" *(Rupert Scholz)* verweist auf verwaltungsinterne und im Verhältnis zum Bürger bestehende individuelle Verhaltens-, Handlungs- und Einschätzungsspielräume der Amtswalter, die im Rahmen der jeweiligen „Kundenbeziehung" changieren und im konkreten Interaktionsprozess in jeweils neuer Weise vereinbart, ausgefüllt und gerechtfertigt werden müssen. Die dabei auf Seiten der Verwaltung handelnden Akteure sind insofern mehr als nur organisationsverankerte Funktionsträger einer juristischen Person („Amtswalter"). Stattdessen bilden die in der modernen Dienstleistungsverwaltung auf sie zugeschnittenen Handlungs- bzw. Interaktionszusammenhänge einschließlich deren sozio-emotionaler Grundlage den eigentlichen Zurechnungspunkt von Maßstabsetzung und Maßstabsgehalt. Dadurch wirken neben den rechtlich-generalisierten verhaltens- und werteorientierten Interaktions- und Entscheidungsmaßstäben weitere **personale „Richtigkeitsmaßstäbe"** auf das Verwaltungshandeln und -entscheiden im Rahmen von Governance ein. Sie geben nutzenbezogen und partnerschaftlich auch der Bürgermitverantwortung bei der Definition, Erstellung, Auslieferung und Verbesserung von Verwaltungsdienstleistungen Raum, lassen dabei aber individuelle Wertemuster im Mitarbeiterverhalten und im Bürgerengagement hervortreten.[170]

d) Sicherung „guter Verwaltung" und „kluger" Verwaltungsentscheidungen

52 In dieser Lage kommt es für das Verwaltungshandeln und -entscheiden darauf an, einerseits den Verwaltungsakteuren rechtsförmlich einen Kanon werthafter Standards im vorausgehend erwähnten Umfang der Aufgabenerfüllung durch **Zielvereinbarungen** und andere Verbindlichkeitsformen seitens der Verwaltungsführung vorzugeben.[171] Sie tragen dazu bei, den materiellen Steuerungsverlust des Verwaltungsrechts zu kompensieren. Andererseits verweist der Ver-

---

[168] Siehe a. → Bd. II *Bauer* § 36 Rn. 54 ff.
[169] Dazu treffend unter dem Stichwort „kooperative Sachverhaltskonkretisierung" *Ziekow,* VwVfG, § 24 Rn. 9; im Übrigen sehen sich durch diese Entwicklungen die Grundlagen gerichtlicher Verwaltungskontrolle im Rahmen des § 114 VwGO noch stärker als bisher in die Richtung der Abwägungskontrolle von behördlichen Einschätzungen bzw. Wertungen im Rahmen richterlicher „Rechtsergänzung" geführt, vgl. *Gerhardt,* in: Schoch/Schmidt-Aßmann/Pietzner (Hrsg.), VwGO, § 113 Rn. 20, 30.
[170] Näher noch *Martin Burgi,* Governance und Verwaltungsrechtsdogmatik-Skizze mit Fallstudie, in: FS für Hans P. Bull, 2011, S. 497 ff.; *Pitschas,* Organisationsrecht (Fn. 166), S. 182 ff., 201; *ders.,* Mediation als kollaborative Governance (Fn. 37), S. 334 ff.
[171] *Maximilian Wallerath,* Kontraktmanagement und Zielvereinbarungen als Instrumente der Verwaltungsmodernisierung, DÖV 1997, 57 (60 ff.).

A. Elemente und Funktionen einer allgemeinen Maßstabslehre

haltensauftrag des Rechts zugunsten der Rationalität von Verwaltungsmaßnahmen deutlicher als früher auf die notwendige Beachtung (subjektiver) nichtrechtlicher Steuerungsmaßstäbe und auf deren (begrenzte) Reichweite inmitten der vorgegebenen rechtlichen Normenfinalität und rechtlichen Infrastruktur des jeweiligen Verwaltungsrechtssektors. Auf diesem Hintergrund entfaltet sich erst „gute Verwaltung".[172]

Der Handlungsmaßstab der **Professionalität** des Amtswalters nimmt hierfür einen besonderen Stellenwert ein. Dieser ist auf der einen Seite objektiv ein hoher Grad an Fachlichkeit bei der Dienstleistungserbringung zu eigen. Sie umfasst andererseits die individuelle Verantwortlichkeit für eine spezifisch „kluge" Verhaltens- und Entscheidungsweise im öffentlichen Bereich. Die von ihr umschlossenen professionellen Werte im Verständnis von „Kompetenz" enthalten nämlich neben charakteristischen Merkmalen wie sachbezogenen Strategievorstellungen, der Bereitschaft zu wettbewerblichem Vergleich innerhalb der öffentlichen Verwaltung und ferner der Abwägung von Kosten und Nutzen und ständigem Bestreben nach einer Leistungsverbesserung auch bspw. Einflüsse von Emotion und Intuition sowie von Ungewissheit und Nichtwissen.[173] Solche komplexe Entscheidungsherstellung steht im Zusammenhang mit der gleichzeitigen Freisetzung demokratischer Werte im Zeichen von Professionalität wie der Unparteilichkeit, aber auch mit der persönlichen Orientierung an ethischen Werten wie Integrität und Fairness. Speziell diesen Werteaspekt greift der prozedural-rechtliche Maßstab der **fairen Verfahrensführung** in herausgehobener Weise auf. Professionelle Wertebindung umschließt ferner Exzellenzvorstellungen in der Leistungserbringung. Die Rückführung von Verwaltungsentscheidungen auf die Professionalität des Amtswalters bildet deshalb insgesamt ein unverzichtbares Element „klugen" Entscheidens.[174]

III. Funktionen der Maßstabslehre

1. Rationalisierung der Normkonkretisierung im Verwaltungsrecht

Die Maßstabslehre auf diese Weise materiell, prozedural und organisationsbezogen sowie personalisiert und insoweit sozio-emotional im Verwaltungsrecht zu entfalten, ist Teil einer ausgreifenderen Vergewisserung über die Aufgabenwahrnehmung und Handlungsorientierung der öffentlichen Verwaltung. Ihr geht es im Zuge der Staats- und Verwaltungsmodernisierung nicht nur darum, das privatwirtschaftliche Leitbild einer durch Kosten- und Leistungsrechnung gesteuerten Unternehmenswirtschaft auf den öffentlichen Sektor zu übertragen. Weiterreichend ist zu fragen, wie im partnerschaftlichen Rechtsstaat das **Konzept rationaler Normkonkretisierung,** das über den Normtext hinausreicht, un-

---

[172] Dazu schon oben → Rn. 16, 20.
[173] *Dieter Wagner,* Professionelles Personalmanagement als Erfolgspotential eines holistisch-voluntaristischen Managementkonzepts, in: Hartmut Wächter/Thomas Metz (Hrsg.), Professionalisierte Personalarbeit? Perspektiven der Professionalisierung des Personalwesens. Sonderband der Zs. für Personalforschung, 1995, S. 111 ff.
[174] Zu einer „Klugheitslehre organisationalen Entscheidens" s. die einzelnen Beiträge in dem Band von *Arno Scherzberg* (Hrsg.), Kluges Entscheiden. Disziplinäre Grundlagen und interdisziplinäre Verknüpfungen, 2006.

ter den aktuellen Herausforderungen eines governance-dirigierten Verwaltungshandelns beschaffen sein muss.[175]

a) Rationalitätssicherung administrativen Handelns und Entscheidens

55 Die Antwort nimmt ihren Ausgangspunkt in der Feststellung, dass der „soziale" Rechtsstaat die **Rationalität** verwaltungsmäßiger Aufgabenwahrnehmung im Gehäuse des Rechts unter Beachtung des gesellschaftlichen Nutzens sichern will. Deshalb ist der Rechtsstaat immer auch und nicht nur von Verfassungs wegen ein „sozialer" Staat – an gesellschaftlichen Handlungszwecken zugunsten aller Wohlfahrtsbindung orientiert. Die **Rechtsmaßstäbe** bilden hierfür gewissermaßen nur ein äußeres „Rationalitätskorsett". Sie sind zwar, weil Rechtsstaatlichkeit auch die öffentliche Verwaltung zur Rationalisierung von Handeln und Entscheiden verpflichtet, zentrale Richtpunkte des Rationalitätsanspruchs aller staatlichen Aktivitäten. Doch hat Verwaltung nicht allein Recht zu vollziehen, sondern sie dient eben auch dem „Zweck im Recht". Für dessen Realisierung bilden die **nichtrechtlichen** Maßstäbe wie z.B. Wirtschaftlichkeit und Effizienz ebenso rationalitätssichernde Handlungsorientierungen im Rahmen des Konzepts einheitlicher Rechts- und Zweckkonkretisierung.[176] Diese und weitere in ihrem Ausgangspunkt unterschiedliche Maßstabstypen gleichwohl miteinander im Gesamtauftrag der öffentlichen Verwaltung auf eine Weise zu verbinden, die Rechtmäßigkeit, Zweckmäßigkeit, Bürgernähe, Einsichtigkeit, Klugheit und Lernfähigkeit sowie weitere Maßgaben i.S. einer Gesamtrationalität umgreift, macht dann den Kern der eigenen Programmsteuerung öffentlicher Verwaltung aus. Sie speist sich aus den **Rationalisierungsdirektiven der administrativen Maßstabslehre.**

b) Materielles Konzept der Rationalität

56 Funktionale Fragestellungen wie die nach der **Rationalisierungsfunktion** von Handlungs- und Entscheidungsmaßstäben machen auf das eigentliche Bezugsproblem aufmerksam, zu dessen Lösung sie beitragen sollen. Es liegt vor dem Hintergrund der Existenz und Konkurrenz unterschiedlicher Maßstabstypen und administrativer Zwecksetzungen in der spezifischen Rationalitätsproblematik der Rechts- und Zweckkonkretisierung.[177] Diese beruht darauf, dass einerseits die Entscheidungsproduktion der Verwaltung den methodischen Leitlinien der Rechtsgewinnung verpflichtet ist. Letztere mündet in die materielle Geltungssicherung der jeweils anzuwendenden Verfassungs- und Gesetzesnormen ein. Doch bleibt die damit angestrebte „Rechtmäßigkeit" des Handelns und Entscheidens zugleich der **zweckrationalen** und **subjektivierten** Erfüllung einer Verwaltungsaufgabe unterstellt. Dabei geht es um die Unterwerfung des zu erbringenden „Verwaltungsprodukts" unter jene sozialen Gesetzmäßigkeiten bzw. sachimmanenten und fachbezogenen Anforderungen, die sich im Gehäuse des

---

[175] Vgl. den ähnlichen Ansatz bei *Scherzberg*, Rationalität (Fn. 2), passim, insbes. S. 194 ff., 201 f., 202 ff.

[176] *Schmidt-Aßmann*, Ordnungsidee, 1. Kap. Rn. 44.

[177] In diese Richtung auch *Wolfgang Hoffmann-Riem*, Die Klugheit der Entscheidung ruht in ihrer Herstellung – selbst bei der Anwendung von Recht, in: Scherzberg (Hrsg.), Kluges Entscheiden (Fn. 174), S. 3 (5 f., 6 ff., 9 ff.).

A. Elemente und Funktionen einer allgemeinen Maßstabslehre

Rechts erst bei der Produkterstellung und innerhalb sich konkretisierender bzw. wechselnder Zweck-Mittel- und Folgenrelationen nach Maßgabe der Eigenart des jeweils zu ordnenden Sozialbereichs personalgefiltert ergeben. Eine die Rechtskonkretisierung prägende „Rationalisierung" des Verwaltungshandelns und -entscheidens meint deshalb in den einzelnen Verwaltungssektoren, also in den Feldern der Technik, des wissenschaftlichen Forschens, des sozialen Helfens usw. jeweils divergierende **inhaltliche und prozedurale Optimierungen** der angestrebten Produktqualität. Eine nur „formale Rationalität" existiert nicht.[178]

Den in der Literatur behaupteten Dualismus von Verwaltungszweck und Rechtszweck gibt es daher und mit Blick auf die integrierte Rationalisierungsfunktion der Maßstäbe im Verwaltungsrecht nicht. Ganz im Gegenteil existiert zwischen der Rechtskonkretisierung und der konkreten Zweckverwirklichung weder eine gedankliche noch eine faktische Scheidung. Selbst dort, wo der Verwaltung technische Vorhaben, wirtschaftliche Ziele oder fürsorgerische Interventionen zu verwirklichen aufgeben sind, erfüllt sie diesen Auftrag zwar stets mit den Gestaltungsmitteln und in den Grenzen des rationalitätssichernden Rechts, dennoch aber unter den konkreten (personalisierten) Nutzenbedingungen der Verwirklichung jeweiliger Sachaufgaben, d.h. der „Sachrichtigkeit". Deren Anforderungen sind in den Rationalitätsmaßgaben der einschlägigen nichtrechtlichen Maßstäbe „geronnen". Die administrative Zweckkonkretisierung vollzieht sich also weder in einem rechtsfreien Raum sozialwissenschaftlich „inspirierter" Steuerung bzw. Governance – sie wird vielmehr von Verfassungs und Gesetzes wegen in den schon oben ausgeführten „Spielräumen" rechtlich determiniert –, noch entgeht sie der Festlegung auf Zweckrationalität und Subjektivierung. Im Ergebnis bildet dann das **Recht für alle** Maßstäbe des Verwaltungshandelns einen einheitlichen institutionellen Rahmen.[179]

57

c) Verfahrens- und Organisationsrationalität

Eine wesentliche Rolle spielen in diesem Rationalisierungsprozess des Verwaltungshandelns ferner und zum einen die **Verfahrensmaßstäbe.** Denn öffentliches Verwalten erweist sich im Kontext des prozeduralen Staatsverständnisses als ein eigenständiger Verfahrenstypus.[180] Für einen umfassenden Rationalisierungsansatz ist deshalb im Verwaltungssektor der Einbezug von Verfahren und Methodik der Aufgabenerfüllung in die Rechts- und Zweckkonkretisierung unverzichtbar. Im Rückbezug auf diese **Prozessform** offenbart sich öffentliches Verwalten als ein komplexer Verbund struktureller Dimensionen mit eigenständigen Verfahrens- und personalen Verhaltensweisen zur Sicherung der **Qualität** des zu erstellenden Verwaltungsprodukts. Zwar treten sachbezogene Maßstäbe der Qualitätssicherung hinzu. Gleichwohl bestimmt mit seiner aufgabenorien-

58

---

[178] *Wolfgang Meyer-Hesemann*, Methodenwandel in der Verwaltungsrechtswissenschaft, 1981, S. 165 ff., 169 ff.; → Bd. I *Reimer* § 9 Rn. 4; *Scherzberg*, Rationalität (Fn. 2), S. 189 ff.; wie hier auch *Georg Lienbacher*, Rationalitätsanforderungen an die parlamentarische Rechtssetzung im demokratischen Rechtsstaat, VVDStRL, Bd. 71 (im Erscheinen 2012), These 5: das Erreichen oder Unterschreiten der Rationalitätsanforderungen sei ein „Akt wertenden Erkennens".

[179] So zutr. *Schmidt-Aßmann*, Ordnungsidee, 1. Kap. Rn. 44 m. Fn. 86; in die hiesige Richtung auch *Hans-Heinrich Trute/Arne Pilniok*, Governance und Verwaltungs(rechts)wissenschaft, in: FS für Hans P. Bull, 2011, S. 849 ff.

[180] *Pitschas*, Konsensuales Verwaltungsrecht (Fn. 4), S. 39 ff., 541 ff.

tierten Ausgestaltung, der Art und Weise seiner Handhabung, seiner Zeitstruktur und seiner personellen Ausstattung das Verwaltungsverfahren den Verlauf und das Ergebnis staatlichen Handelns und Entscheidens wesentlich mit.[181]

59 Zum anderen bildet die **Verwaltungsorganisation** eine eigenständige Rationalisierungsressource des Verwaltungshandelns, insofern sie ein strukturbetontes Steuerungsmedium im Rahmen der Rechts- und Zweckkonkretisierung darstellt. Die „organisatorischen Bedingungen" des Verwaltungshandelns und -entscheidens umschreiben die realen Voraussetzungen, unter denen das Verwaltungsrecht im administrativen Alltag bei jedem Einzelfall implementiert wird. Deshalb erweist sich die Verwaltungsorganisation einschließlich der in ihr konzentrierten und mit ihr verbundenen institutionell-organisatorischen Situation als **Entscheidungsprämisse** für rechtlich gesteuertes Verwaltungshandeln und -entscheiden: Von ihr hängt es (mit) ab, **wie** und **wann** entschieden wird – wobei „Entscheidung" als Auswahl unter mehreren Entscheidungsalternativen zu verstehen ist.[182] Kraft dieser Funktion bildet die Verwaltungsorganisation eine entscheidende Rationalisierungsdimension für die effektive und effiziente Rechts- und Zweckkonkretisierung im kooperativen Staat durch die öffentliche Verwaltung und ihre wirksame Mitgestaltung durch die Bürger, gesellschaftlichen Interessengruppen und die Wirtschaft. Die Ausprägung eines Europäischen Verwaltungsverbundes verstärkt diese **funktionale** Rationalisierung noch, wie sich am Beispiel der gemeinschaftsrechtlichen Agenturen zeigt.

60 Nach welchen **Kriterien** organisiert werden soll, welche **Mittel** eingesetzt werden und wie auf die **Bedingungen** einzuwirken ist, die den Organisationsrahmen festlegen, ist allerdings Sache der Organisationspolitik. Freilich bleibt auch diese stets normativ-rechtlichen Organisationsmaßstäben verpflichtet.[183] Zu ihnen rechnet in erster Linie der Maßstab der **aufgabenbezogenen Organisationsgestaltung**: Das materielle Sachrecht trägt infolge des Zusammenhangs zwischen zu vollziehender Aufgabe und Verwaltungsorganisation deren Ausgestaltung von vornherein in sich. Zugleich tritt der Grundsatz der steuerungsgeeigneten Organisationsstrukturen hervor; die Organisation muss in ihrer Strukturgebung den jeweiligen Steuerungsanforderungen der Sachmaterie folgen, wenn sie erfolgreich und effektiv sein will. Darauf beruht das Prinzip der **funktionsgerechten Organisationsstruktur**.[184]

61 Beide Maßstäbe tragen zur Rationalisierung der Organisationsbildung und des Organisationswandels bei. Sie ergänzen den Grundsatz der **Gemeinwohlbindung aller Verwaltungsorganisation**. Dieser offenbart sich vor allem in den Ansätzen zu einem „neuen" Verwaltungsorganisationsrecht, das in der Folge der sich ändernden Verteilung von Verantwortung zwischen Staat und Gesell-

---

[181] Dies zählt heute zum gesicherten Erkenntnisstand der „Neuen Verwaltungsrechtswissenschaft"; vgl. nur die einzelnen Beiträge in *Wolfgang Hoffmann-Riem/Eberhard Schmidt-Aßmann* (Hrsg.), Verwaltungsverfahren und Verwaltungsgesetz, 2002, mit zahlr. N.

[182] *Thomas Groß*, Grundzüge der organisationswissenschaftlichen Diskussion, in: Schmidt-Aßmann/Hoffmann-Riem (Hrsg.), Verwaltungsorganisationsrecht, 1997, S. 139 (144); *Alfred Kieser*, Entscheiden Manager klug, wenn sie mit Hilfe von Unternehmensberatern oder Wissenschaftlern entscheiden?, in: Scherzberg (Hrsg.), Kluges Entscheiden (Fn. 174), S. 51 (62 ff.).

[183] → Bd. I *Wißmann* § 15 Rn. 53 ff., 56.

[184] BVerfGE 63, 1 (34); 68, 1 (89); *Thomas v. Danwitz*, Der Grundsatz funktionsgerechter Organstruktur, Der Staat, Bd. 35 (1996), S. 329 (340 ff.); *Pitschas*, Konsensuales Verwaltungsrecht (Fn. 4), S. 268 f., 539 ff.

schaft für Umweltschutz, Daseins- und Risikovorsorge wie auch in weiteren Politikfeldern den prinzipiellen Wandel des überkommenen bürokratischen Organisationsmodells anstrebt.[185] Doch gibt es für den kooperativ-partnerschaftlichen, moderierenden und kommunizierenden Staat nicht die Möglichkeit, rechtsstaatlich gefordertem Organisationsaufbau durch den Übergang zu allein interessengeprägten Organisationsstrukturen zu entweichen. Auch die partnerschaftliche Organisation von Verwaltung und Gesellschaft muss ihre Gestaltung am Gemeinwohl orientieren, weil sie nur so mit der generellen Anerkennung und Akzeptanz ihrer Entscheidungen rechnen kann. Die **Gemeinwohlorientierung** von öffentlicher Organisation und Organisationsrecht ist also nicht ersetzbar.[186] Sie verbindet sich darüber hinaus in der Verwaltung als einem „sozialen System" mit der beruflichen Professionalisierung der Amtswalter. Denn die das Organisationsverhalten prägenden Handlungen bzw. Entscheidungen jedes einzelnen Organisationsmitglieds auf der Grundlage ihrer beruflichen Motivation und individuellen Werthaltungen sind ebenso belangvoll für Organisationsentscheidungen wie die Organisationsstrukturen. So ersetzt etwa ein hoher Grad an Professionalisierung der individuellen Akteure, also die Übernahme beruflicher Leistungsstandards in die eigene Bedürfnisstruktur weitgehend die Feinstruktur der Organisation.[187] **Professionalisierte Amtsausübung** ist innerhalb gewisser Grenzen der rechtlichen Organisationssteuerung funktional äquivalent. Auch daran erweist sich die Bedeutung der Rationalisierung zeitgemäßen Verwaltungshandelns und -entscheidens durch Organisations- **und** Wertmaßstäbe.

2. Gewährleistung des verwaltungsrechtlichen Steuerungskonzepts

a) Steuerung als analytisches Konzept

Die Rationalisierungsfunktion der Handlungsmaßstäbe knüpft an die vorausgehend behandelte Eigenschaft von Personal, Organisation, Verfahren und Haushaltsmitteln der öffentlichen Verwaltung als **Steuerungsmedien** an. Sie ist ferner mit der Vorstellung vom **Verwaltungsrecht als Steuerungsressource** verbunden.[188] In dem Maße nämlich, in dem der Verwaltung eine eigenständige Steuerungsfunktion intern wie gegenüber der Gesellschaft zugeschrieben wird, versucht der Gesetzgeber, diese Funktion im Verwaltungsrecht abzubilden[189] sowie umgekehrt materielles Recht, Dienst-, Haushalts-, Organisations- und Verfahrensrecht als Steuerungsinstrumentarium bei der Wahrnehmung öffentlicher Aufgaben einzusetzen.[190] Dabei müssen freilich die **Leistungsgrenzen** aller Steuerungsintentionen berücksichtigt werden. Das Recht ist zwar Steuerungsmedium, reicht aber über eine bloße Instrumentalfunktion hinaus. Als materielle und werthafte

62

---

[185] *Schuppert*, Gemeinwohlvorsorge (Fn. 22), S. 278 ff.
[186] *Schuppert*, Gemeinwohlvorsorge (Fn. 22), S. 290 ff.; ebenso noch *Rolf Gröschner*, Der Freistaat des Grundgesetzes, in: ders./Oliver W. Lembcke (Hrsg.), Freistaatlichkeit (Fn. 90), S. 293 (336 ff.).
[187] *Horst Bosetzky/Peter Heinrich*, Mensch und Organisation, 4. Aufl. 1989, S. 280 f. m. w. N.
[188] Vgl. → Bd. I *Voßkuhle* § 1 Rn. 17 ff., *Franzius* § 4 Rn. 1, 37 ff.; *Schmidt-Aßmann*, Ordnungsidee, 1. Kap. Rn. 33 ff.; *Schuppert*, Verwaltungswissenschaft, S. 461 ff.
[189] → Bd. I *Hoffmann-Riem* § 10 Rn. 57 ff.
[190] Dazu am Beispiel des Verwaltungsorganisationsrechts *Hans-Heinrich Trute*, Funktionen der Organisation und ihre Abbildung im Recht, in: Schmidt-Aßmann/Hoffmann-Riem (Hrsg.), Verwaltungsorganisationsrecht, S. 249 (252 ff., 256 ff.); *Rainer Wahl*, Privatorganisationsrecht als Steuerungsinstrument bei der Wahrnehmung öffentlicher Aufgaben, ebd., S. 301 (315 ff., 325 ff.).

Ordnung unterliegt es der Vielfalt und Vielgliedrigkeit sozialer Prozesse ebenso wie den verwaltungsinternen Bedingungen seiner Verwirklichung i.S. einer spezifischen „Systemrationalität".[191]

63 Vor diesem Hintergrund erweist sich Steuerung durch Recht als ein eher unvollkommenes Konzept, das die **Wirksamkeit** aller getroffenen Regelungen anstrebt.[192] Es zielt sowohl auf den Nutzen-Wirkung-Zusammenhang der Rechts- und Zweckkonkretisierung als auch auf die Interaktionszusammenhänge zwischen der Verwaltung als Steuerungssubjekt (und -objekt) einerseits mit den Steuerungsmedien bzw. -instrumenten sowie weiteren Steuerungsakteuren aus der Sicht des akteurzentrierten Institutionalismus[193] andererseits; schließlich reflektiert es rechtliche und metajuristische Wirkungsdefizite und sucht diese durch die Dimension der **Governance** zu begrenzen. **Rechtliche Steuerung** lässt sich sonach als Handeln und Entscheiden in einem rechtlich vorgezeichneten Rahmen durch Programme und Strukturen sowie durch Nutzung der vom Recht zur Verfügung gestellten Steuerungsinstrumente mit dem Ziel verstehen, normativ gesollte Wirkungen zu erreichen sowie ungewollte zu vermeiden.[194] Allerdings existieren hierbei keine einfachen Ursache-Wirkung-Beziehungen, weil Wirkungsabläufe und -erfolge kaum präzise vorauszusehen sind: Wirkungen lassen sich zwar fördern oder blockieren, aber jedenfalls nur unvollkommen gegen die Verantwortung und den Willen ihrer Adressaten herbeiführen.[195] Die Konsequenz hieraus ist der Übergang im Verwaltungsrecht zu komplexeren Steuerungsansätzen. Sie verschränken die Programm-, Prozess-, Organisations-, Haushalts- und Personalsteuerung miteinander zu **„Steuerungsarrangements"**. Institutionen und die Pluralität hoheitlicher und nichtstaatlicher Akteure werden einbezogen; deren Auftrag sieht sich in hybriden „Regelungsstrukturen" ausgeformt.[196] Im dimensionalen **Governance-Begriff**[197] spiegelt sich diese Ausdifferenzierung der Steuerungsform wider.[198]

---

[191] *Schmidt-Aßmann*, Ordnungsidee, 1. Kap. Rn. 38 f.; zu den Leistungsgrenzen der verbreiteten Steuerungsvorstellung auch *Martin Burgi*, Verwaltungsorganisationsrecht, in: Erichsen/Ehlers (Hrsg.), VerwR, §6 Rn. 18 f.; *Rainer Pitschas*, Allgemeines Verwaltungsrecht als Teil der öffentlichen Informationsordnung, in: Hoffmann-Riem/Schmidt-Aßmann/Schuppert (Hrsg.), Reform, S. 219 (224); *Wallerath*, VerwR, § 1 Rn. 7, § 2 Rn. 24, § 3 Rn. 23 und 28, § 4 Rn. 2.

[192] „Alles zielt auf Wirksamkeit": *Schmidt-Aßmann*, Ordnungsidee, 1. Kap. Rn. 33, s. ferner 2. Kap. Rn. 20 ff.

[193] Dazu *Fritz W. Scharpf*, Der akteurzentrierte Institutionalismus, in: ders., Interaktionsformen. Akteurzentrierter Institutionalismus in der Politikforschung, 2000, S. 73 ff.

[194] Siehe dazu die Referate von *Udo Di Fabio* und *Matthias Schmidt-Preuß*, Verwaltung und Verwaltungsrecht zwischen staatlicher Steuerung und gesellschaftlicher Selbstregulierung, VVDStRL, Bd. 56 (1997), S. 135, 160 ff., sowie die von *Ivo Appel* und *Martin Eifert*, Das Verwaltungsrecht zwischen klassischem dogmatischem Verständnis und steuerungswissenschaftlichem Anspruch, VVDStRL, Bd. 67 (2008).

[195] *Wolfgang Hoffmann-Riem*, Risiko- und Innovationsrecht (Fn. 28), S. 163; *Rainer Pitschas*, Wirkungen des Verwaltungshandelns im internationalen Vergleich, in: Hermann Hill/Hagen Hof (Hrsg.), Wirkungsforschung zum Recht II. Verwaltung als Adressat und Akteur, 2000, S. 159 (160).

[196] *Hoffmann-Riem*, Risiko- und Innovationsrecht (Fn. 28), S. 159; *Schmidt-Aßmann*, Ordnungsidee, 1. Kap. Rn. 39 a. E.; *Trute/Denkhaus/Kühlers* (Fn. 29), S. 451 ff.; ein bezeichnendes Beispiel behandeln *Martin Führ/Kilian Bizer*, Zuordnung der Innovations-Verantwortlichkeiten im Risikoverwaltungsrecht – Das Beispiel der REACh-Verordnung, in: Martin Eifert/Wolfgang Hoffmann-Riem (Hrsg.), Innovationsverantwortung, 2009, S. 303 (309 ff., 330 f.).

[197] Vgl. dazu oben → Rn. 9; → Bd. I *Voßkuhle* § 1 Rn. 21, 68 ff., *Schuppert* § 16 Rn. 20 ff.

[198] *Gunnar Folke Schuppert*, Staatswissenschaft, 2003, S. 395 ff.; *Wolfgang Hoffmann-Riem*, Governance im Gewährleistungsstaat – Vom Nutzen der Governance – Perspektive für die Rechtswissenschaft, in:

b) Handlungsmaßstäbe als kontrollrelevante Steuerungsdirektiven

Auf der Grundlage dieses Steuerungsverständnisses liegt es nahe – wie bereits früher und an anderer Stelle angedeutet[199] – **rechtliche Steuerung** als einen „normativen Bewirkungsauftrag" zu verstehen. Dessen praktische Einlösung ist auf den Einsatz der **Handlungsmaßstäbe** angewiesen. Denn diese verkörpern differenziert Garantien der Rationalität des Verwaltungshandelns.[200] Sie sichern einerseits als Rationalitätsgaranten den Praxisbezug der Rechtsanwendung und die Verwirklichung der Verwaltungszwecke unter den gegebenen Rahmenbedingungen ebenso, wie sie andererseits die Konkretisierung der Rechtszwecke gewährleisten und dabei den Steuerungsverlust des Gesetzes kompensieren. Insoweit kommt dem Recht zwar eine zentrale, aber doch keine exklusive Steuerungsfunktion zu. Im effizienten Staat rücken stattdessen und vor allem das „Individuum" und der „Markt" mit seinen ökonomisch begründeten Nutzenerwartungen und Handlungsmustern der Privatwirtschaft in den Vordergrund von Steuerungsüberlegungen. Dementsprechend fungieren auch die nichtrechtlichen Maßstäbe als spezifische Instrumente der Nutzenoptimierung und Rationalitätsgewährleistung. Komplementär dazu – und in Anerkennung der Zweckkompetenz der Verwaltung (§ 68 Abs. 1 S. 1 VwGO) – nehmen die Rechtsmaßstäbe, ihrerseits durch das Verhältnismäßigkeitsprinzip kraft dessen Teilgrundsätze vermittelt, die metajuristische Zweckverwirklichung als institutionalisierte Rationalisierungsprinzipien in sich auf.[201] Vermöge dieser Verklammerung gewährleisten die Handlungsorientierungen **als Gesamtheit** den Erfolg des verwaltungsrechtlichen Steuerungskonzepts. Sie dienen der Verwaltung als Formungs-, Abwägungs-, Konkretisierungs- und auch als Korrekturinstrumente im Rahmen der Rechtsgewinnung, dabei zugleich die **Maßstabskontrolle** ermöglichend.[202]

3. Systemfunktion der Maßstäbe

Die Regel- und Zweck/Nutzenorientierung des Verwaltungshandelns bzw. -entscheidens in dem beschriebenen Sinn zuvorderst fallbezogen zu rationalisieren sowie das Steuerungskonzept des Verwaltungsrechts bei der konkreten Rechtsverwirklichung zu gewährleisten, sind zwei wesentliche Funktionen der Handlungsmaßstäbe. Beide beruhen allerdings auf strukturellen Voraussetzungen, deren Bestand das anzuwendende Recht nur bedingt zu sichern vermag: Zum einen unterliegt das juristische Rationalitätsverständnis spezifischen Grenzen rechtlich angeleiteten Entscheidens.[203] Zum anderen lässt sich die Wirkungs-

---

Gunnar Folke Schuppert (Hrsg.), Governance-Forschung. Vergewisserung über Stand und Entwicklungslinien, 2005, S. 195 (207 ff.); *Hermann Hill*, Good Governance – Konzepte und Kontexte, in: Schuppert (Hrsg.), Governance-Forschung, a.a.O., S. 220 ff.; *Rainer Pitschas*, Dezentralisierung und Good Governance – Zivilgesellschaftliche Entwicklung im Konflikt mit dem effizienten Staat, in: Walter Thomi/Markus Steinich/Winfried Polte (Hrsg.), Dezentralisierung in Entwicklungsländern, 2001, S. 125 (129 ff.); *ders.*, Kollaborative Governance (Fn. 37), S. 333 f.

[199] *Pitschas*, Wirkungen des Verwaltungshandelns (Fn. 195), S. 160.

[200] Ebenso *Schmidt-Aßmann*, Ordnungsidee, 2. Kap. Rn. 22; 6. Kap. Rn. 57; vgl. im Übrigen die N. oben in Fn. 2.

[201] *Klaus König*, Moderne öffentliche Verwaltung, 2008, S. 363 f.; *Jestaedt*, Maßstäbe (Fn. 2), Rn. 1–4; *Wallerath*, VerwR, § 7 Rn. 23 ff.

[202] Dazu bereits oben → Rn. 32 ff.

[203] *König*, Moderne öffentliche Verwaltung (Fn. 201), S. 357 ff., 363 ff.; *Helmuth Schulze-Fielitz*, Rationalität als rechtsstaatliches Prinzip für den Organisationsaufbau, in: FS Klaus Vogel, 2000, S. 311 (320 ff.); *Scherzberg*, Rationalität (Fn. 2), S. 189 ff.

weise rechtlicher Steuerung nicht abschließend bestimmen.[204] Das Konzept rationaler Normkonkretisierung einschließlich metajuristischer Zweckverfolgung muss jedenfalls davon ausgehen, dass die zweck- und rechtskonkretisierenden Verwaltungsentscheidungen nicht hinreichend genug durch den Normtext bzw. den (partiell) offenen Zweckentscheid des Gesetzes determiniert werden.[205] Deshalb bedarf es zusätzlicher und über den Einzelfall hinausreichender „Richtigkeitskriterien" bzw. Handlungsmaximen, um die erforderlichen Handlungsparameter sowie die Entscheidungsprämissen für die konkrete Situation zu entfalten. Bei der fallbezogenen Rechtsbildung ist ferner die eingeschlossene verwaltungseigene Maßstabsetzung für die Zweckverfolgung an der abstrakt-generellen gesetzlichen Ermächtigung und ihren Ermessensdirektiven zu orientieren. Hierfür ist fallübergreifend auf die funktionale **Systemwirkung der Handlungsmaßstäbe** zurückzugreifen. Denn als allgemeine Verwaltungsgrundsätze bieten sie die Gewähr dafür, im Rahmen von Rechtstheorie, Methodenlehre und Rechtsdogmatik die behauptete „Geltung" der jeweils hergestellten Entscheidung über den Einzelfall hinaus zu vermitteln, d.h. in die Rechtskommunikation einzufügen sowie umgekehrt allgemeine Rechtsgrundsätze und fachliche Maximen des Verwaltungshandelns im gegebenen Verwaltungsverfahren „auf den Punkt" zu bringen. Die Rationalität der Rechtsgewinnung verknüpft auf diese Weise das konkrete Verwaltungshandeln nach Maßgabe des einzelnen Verwaltungsverfahrens mit dem System des sozialen Rechts- und Verwaltungsstaates. Darin offenbart sich die **systemische Funktion** der Maßstäbe im Verwaltungsrecht; sie fungieren als „Systemkoordinaten".[206]

66   Die herausgearbeitete Systemfunktion der Handlungsmaßstäbe gibt mit ihrem Bezug auf den strukturellen Kontext maßstabsgerechter Rechts- und Zweckkonkretisierung gleichzeitig der inneren Bindung fallbezogener Rechtsgewinnung und Zweckentscheide an den **personalen Charakter** des Verwaltungshandelns und -entscheidens eigenen Ausdruck. Denn sie kann von den **emotionalen Beziehungen** der handelnden Akteure nicht abgelöst werden. Diesen ist im Gefüge des „professionalisierten Verwaltungsrechts" eine individualisierte Maßstabsbildungskompetenz zugeordnet.[207] Ihr wiederum ist eine eigenständige „sozioemotionale" Komponente beigemengt.[208] Diese verschmilzt mit dem Wertebezug und der Subjektivierung von Rechtsmaßstäben,[209] während diese ihrerseits die sozio-emotionale Rationalität in die **Gesamtrationalität** der fallbezogenen Rechtsgewinnung bzw. „-bildung" einbetten.[210]

---

[204] *Hoffmann-Riem*, Governance (Fn. 198), S. 209; *Pitschas*, Wirkungen des Verwaltungshandelns (Fn. 195), S. 163 ff., 170 ff., → Bd. I *Voßkuhle* § 1 Rn. 32 ff.

[205] *Klaus König*, Zur Rationalität öffentlicher Verwaltung, in: FS Hans H. v. Arnim, 2004, S. 87 ff.; *ders.*, Moderne öffentliche Verwaltung (Fn. 201), S. 364 f.

[206] → Bd. I *Voßkuhle* § 1 Rn. 15.

[207] So bereits *Pitschas*, Konsensuales Verwaltungsrecht (Fn. 4), S. 186 f., 353, 356; aus der neueren Literatur vgl. etwa *Scherzberg*, Rationalität (Fn. 2), S. 203 f. sowie die N. oben in Rn. 161.

[208] *Pitschas*, Konsensuales Verwaltungsrecht (Fn. 4), S. 186 f.; *Scherzberg*, Rationalität (Fn. 2), S. 197, 203 f.

[209] *Pitschas*, Konsensuales Verwaltungsrecht (Fn. 4), S. 187 f.

[210] Ebenso *Scherzberg*, Rationalität (Fn. 2), S. 204; *König*, Moderne öffentliche Verwaltung (Fn. 201), S. 527 f.

B. Optimierung des Verwaltungshandelns durch Maßstabsbildung

I. Maßstabskomplexe als mehrdimensionale Optimierungsmodelle

1. Maßstabsbildung und -anwendung als Optimierungsproblem

In der beschriebenen Mehrfunktionalität sehen sich die Maßstäbe für das Verwaltungshandeln einem doppelten **„Optimierungsproblem"** gegenüber. Einerseits erschöpft sich der Handlungsauftrag der Verwaltung nicht in der Beachtung des Grundsatzes der Gesetzmäßigkeit. Er unterliegt einer Vielzahl weiterer und je verschiedener Handlungsdirektiven, in deren Verfolg die jeweilige Behörde zielbewusst auf das Ergebnis, das angestrebt wird, hinwirken und die damit verbundenen Folgen einkalkulieren muss. Daraus entsteht zugleich und andererseits die Frage, ob sich die eingangs vorgestellten Maßstabskomplexe selbst optimal zueinander verhalten. Das ist der Fall, wenn sie im Blick auf die Ziele, den Verlauf und das Ergebnis des Verwaltungshandelns mitsamt dessen Folgen unter Würdigung der tatsächlichen Umstände auch bei gegebener Maßstabskonkurrenz **wirkungsvoll** zur Anwendung gebracht werden. Oder anders und beispielhaft gesagt: dass eine **optimale Verwaltungsentscheidung** unter **maßstabsgerechter** („kluger") Zweck- und Rechtskonkretisierung das Resultat ist. Im Vordergrund steht hierfür die Ausrichtung des Verwaltungshandelns auf die erzielbaren „Wirkungen". Diese erreichen ihr **Optimum,** wenn sie als Ziel eines diesbezüglichen „performance measurements" dem Leitbild von „good governance" als Abbild der rechtsstaatlichen Steuerung in einer institutionell-akteurzentrierten Struktur und darüber hinaus der **Gesamtrationalität** des Verwaltungshandelns entsprechen.[211]

67

2. Der Rationalitätsgrundsatz als prinzipaler Handlungsmaßstab

Auf die **Gesamtrationalität** öffentlichen Verwaltens beziehen sich letztlich alle Maßstäbe im Verwaltungsrecht. Sie sind zutreffend als Garantien der Rationalität des Verwaltungshandelns bezeichnet worden.[212] Diese wiederum verkörpert sozusagen Grundlage und Ziel aller Konkretisierungsprozesse im rechtlichen und metajuristischen Bereich der Rechtsanwendung. Vermöge seiner „systemischen Funktion"[213] ist der Rationalitätsgrundsatz denn auch in der Lage, rechtliche und nichtrechtliche Maßstäbe als handlungsleitende Kriterien zu einer Gesamtorientierung für das Verwaltungshandeln zusammenzuführen. Dadurch gibt er zugleich ihrer inneren Verbundenheit entsprechend Aus-

68

---

[211] Vgl. auch *Schmidt-Aßmann*, Ordnungsidee, 2. Kap. Rn. 22: „Gemeinsam begründen sie das, was in einem umgreifenden Sinne die Rationalität des Verwaltungshandelns ausmacht"; vgl. ferner → Bd. I *Reimer* § 9 Rn. 4 ff.; im Übrigen legt auch das BVerfG der Anwendung von Auslegungsmethoden ein „Optimierungsgebot" zugrunde, vgl. BVerfG, Beschl. v. 26. 9. 2011 – 2 BvR 2216/06 u. a. – Kammer (EuZW 2012, 196, 198), Rn. 46.
[212] *Schmidt-Aßmann*, Ordnungsidee, 2. Kap. Rn. 22, 75; 6. Kap. Rn. 57; freilich gelten die benannten Einschränkungen durch eine „bounded rationality", vgl. oben → Rn. 65 f.
[213] → Bd. 1 *Voßkuhle* § 1 Rn. 15, der von „Systemkoordinaten" spricht; vgl. ferner oben im Text zu → Rn. 65.

druck²¹⁴ – gelegentlich auch durch Nutzung entsprechender „Verbundkategorien" wie z.B. des Grundsatzes der Verhältnismäßigkeit²¹⁵ oder auch des Wirtschaftlichkeitsgrundsatzes, der als „besondere Ausprägung" des Rationalitätsprinzips im Grundgesetz angesehen wird.²¹⁶

69 Auf diese Weise bildet der **Rationalitätsgrundsatz** im Verhältnis zu den eingangs vorgestellten Maßstabskomplexen bzw. -typen den **prinzipalen Handlungsmaßstab** der Rechts- und Zweckkonkretisierung durch öffentliche Verwaltung sowie – bezogen auf seine entsprechende Umsetzung – eine kompetenzielle Aufgabe im System der gewaltengegliederten Staatszwecke unter Abgrenzung zu der Rationalitätsbindung von Gesetzgebung und Rechtsprechung. Allerdings bestehen Schnittstellen, z.B. im Verhältnis zu der materiellen Normsetzung durch Verwaltung. Die Rationalitätsdirektive formuliert damit ein gleichermaßen materielles wie materiales Rechtsgebot im Rahmen staatlicher Konkretisierungsverantwortung, nämlich den Auftrag an die Verwaltung zu einer zweckgerichteten, möglichst interessengerechten („reflexiven") und situativen (sachnahen), aber auch wertebezogenen (materialen) Konkretisierung der vorgeordneten rechtlichen Maßgaben und metajuristischen Zwecksetzungen. Die hierfür im Einzelnen näherhin verfügbaren Direktiven steuern die Verwaltungsverantwortung für die Sache, um die es geht.²¹⁷

II. Integrierte Maßstabsbildung und -anwendung als mehrdimensionales Optimierungsmodell

70 Die Gesamtheit der normativen Orientierungen für das Verwaltungshandeln im Rahmen des Rationalitätsgrundsatzes zum Tragen zu bringen und prozedural im jeweiligen Verwaltungsverfahren z.B. rechtliche, verwaltungspolitische, betriebswirtschaftliche, wissenschaftlich-technische und soziale Aspekte professionell miteinander zu verbinden, ruft allerdings nach einem **Optimierungsmodell**.²¹⁸ Es findet seinen verfassungsrechtlichen Grund im Optimierungsgebot des Gemeinwohls. Im Einzelfall geht es darum, die vorgegebenen Handlungsziele durch integrierende Maßstabsbildung und -anwendung unter den gegebenen Umständen bestmöglich zu verwirklichen. Hierzu bedarf es entsprechender

---

[214] Der „Zweck im Recht" wird dadurch zur Rechtsfrage, vgl. oben → Rn. 43; Beispiele bei *Jestaedt*, Maßstäbe (Fn. 2), Rn. 3 sowie zum Technikrecht als einem der „Gehäuse" zur Verrechtlichung außerrechtlicher Maßstäbe bei *Pitschas*, Technikentwicklung und -implementierung als rechtliches Steuerungsproblem: Von der administrativen Risikopotentialanalyse zur Innovationsfunktion des Technikrechts, in: *Kloepfer* (Hrsg.), Technikentwicklung und Technikrechtsentwicklung, 2000, S. 73 (80f.); vgl. ferner *König*, Moderne öffentliche Verwaltung (Fn. 201), S. 357ff.

[215] Er ist deshalb auch als „Sonderfall allgemeiner Zweckmäßigkeit" bezeichnet worden, vgl. *Achterberg*, VerwR, § 19 Rn. 18; zur Verhältnismäßigkeit als „Bindeglied" i.S. des Textes auch *Jestaedt*, Maßstäbe (Fn. 2), Rn. 4, 64f.; *Schmidt-Aßmann*, Ordnungsidee, 6. Kap. Rn. 61.

[216] *Schmidt-Aßmann*, Ordnungsidee, 2. Kap. Rn. 78 m. Fn. 198; *Philipp Dann*, Verfassungsgerichtliche Kontrolle gesetzgeberischer Rationalität, Der Staat, Bd. 49 (2010), S. 630ff., 631ff.

[217] Zur Verwaltungsverantwortung als in diesem Sinne **rationalitätsgebundenen Auftrag** s. näher noch *Pitschas*, Konsensuales Verwaltungsrecht (Fn. 4), S. 263ff.

[218] *Wahl*, Verwaltungsverfahren (Fn. 39), S. 157; vgl. ferner *Thomas v. Danwitz*, Rechtliche Optimierungsgebote oder Rahmensetzungen für das Verwaltungshandeln?, DVBl 1998, S. 928 (931ff.); *Kahl*, Staatsaufsicht (Fn. 71), S. 539f.; *Eibe Riedel*, Rechtliche Optimierungsgebote oder Rahmensetzungen für das Verwaltungshandeln?, VVDStRL, Bd. 58 (1999), S. 180 (184f.); *Thomas Würtenberger*, ebd., S. 139 (146f.).

B. Optimierung des Verwaltungshandelns

Bewertungskriterien, mit deren Hilfe zu bestimmen ist, wie durch eine entsprechend **gradualisierte Maßstabsbildung und -anwendung** die Wirkung des Verwaltungshandelns im Rahmen materialen Gemeinwohlverständnisses optimiert werden kann.[219]

Dabei brechen sich die unterschiedlichen Rationalitätsdimensionen inhaltlicher Optimierung Bahn, so etwa die **Fach-** bzw. **Zweckrationalität,** die nach Mitteln zur Erreichung des aufgegebenen Verwaltungszweckes suchen lässt, die **verwaltungspolitische Rationalität,** die **prozedurale Rationalität,** die auf die Wirkungsoptimierung des Verfahrens abstellt, sowie die substantielle **materiale Rationalität,** die in einer Art „Schlussprüfung" die inhaltliche Vernünftigkeit der getroffenen Entscheidung wertend ins Auge fasst. Doch sind – methodisch gesehen – die lediglich juristisch-rationalen Entscheidungen i.S. der Methodenlehre bzw. Rechtstheorie und Rechtsdogmatik von den fachwissenschaftlichen „außerrechtlichen" Rationalitäten nicht zu trennen. Die Optimierung des Verwaltungshandelns hat darüber hinaus den „Dreischritt von interner Rationalität im Sinne von rechtsdogmatischer systematischer Konsistenz, Normrationalität im Sinne der Rechtfertigung des Geltungsanspruchs und gesamtgesellschaftlicher Systemrationalität" zu bedenken.[220] Zwar droht inmitten dieser Vielfalt und Diffusität der Rationalitätsbegriff aussagearm zu werden. Ihn rechtsdogmatisch bzw. metajuristisch für das maßstabsgebundene Verwaltungshandeln fruchtbar zu machen gelingt aber dann, wenn man Rationalität in Bezug auf den jeweiligen Einzelfall zweckgerichtet „stipulatorisch" definiert oder jedenfalls „plausibel typologisch aufgefächert".[221]

71

In dem zuvor dargelegten Verständnis bezieht der Rationalitätsgrundsatz die Gesamtheit der normativen Orientierungen auf die Entscheidungsalternativen für das Verwaltungshandeln und drängt auf Optimierung der Zweck-Mittel-Orientierung. Er ist prinzipaler Handlungsmaßstab, der die zusammengeführten einzelnen Handlungsmaßstäbe rechtlicher und nichtrechtlicher Art in deren Zusammenwirken anzuwenden aufgibt. Zwar besteht insoweit die Gefahr der unangemessenen Bevorzugung einzelner Maßstabskomplexe. Deshalb muss darauf geachtet werden, dass allfälliges Bemühen um Optimierung einzelner Maßstabstypen nicht zur Vernachlässigung anderer Maßstäbe führt.[222] Dabei kommt der Verwaltung ein **Optionenermessen** zu.[223] Ihre Aufgabe liegt darin, die verschiedenen Orientierungen in der jeweiligen Einzelfallentscheidung angemessen ab-

72

---

[219] Ähnlich *Schulze-Fielitz,* Rationalität (Fn. 203), S. 315, 317.

[220] *Schulze-Fielitz,* Rationalität (Fn. 203), S. 320.

[221] So mit Recht *Schulze-Fielitz,* Rationalität (Fn. 203), S. 320 f.; → Bd. I *Reimer* § 9 Rn. 4; im Ansatz ebenso, aber mit anderer Typologie („Zweckrationalität", „prozedurale Rationalität", „Wertrationalität" und „sozio-emotionale Rationalität") *Pitschas,* Konsensuales Verwaltungsrecht (Fn. 4), S. 169 ff., 186 f., 191 ff., 263 ff.; anders wiederum *König,* Moderne öffentliche Verwaltung (Fn. 201), S. 357 ff., 361 ff., 365 ff., der die Handlungsalternativen der Verwaltung in Entscheidungsmodelle überführt (S. 365 ff.). Das BVerfG greift mitunter in seiner Argumentation auch auf den Rationalitätsmaßstab zurück, vgl. *BVerfGE* 56, 249 (273); 65, 1 (3); 90, 145 (200).

[222] Vgl. auch *Schulze-Fielitz,* Rationalität (Fn. 203), S. 315; das ist etwas anderes als bloßer „Inkrementalismus", wie *König,* Moderne öffentliche Verwaltung (Fn. 201), S. 367 f. meint.

[223] In Anlehnung an die von *Wolfgang Hoffmann-Riem* entwickelte Figur; vgl. *ders.,* Von der Antragsbindung zum konsentierten Optionenermessen – Überlegungen zum immissionsschutzrechtlichen Genehmigungsverfahren mit UVP, DVBl 1994, S. 605 ff.; zur maßgeschneiderten „Optionenwahl" auch → Bd. I *Franzius* § 4 Rn. 31 ff., 81 ff.; vgl. im Übrigen schon oben → Rn. 43.

zuwägen und auszugleichen. Diese Verantwortung, die der Gesetzgeber immer häufiger beruft,[224] verweist auf die schon erwähnte eigene „Programmfunktion" der öffentlichen Verwaltung.[225]

73 Die Handlungsmaßstäbe sind m.a.W. dazu prädestiniert, der Verwaltung als Formungs-, Abwägungs-, Konkretisierungs- und auch Korrekturinstrumente bei der materiell- und verfahrensrechtlichen Programmsteuerung zu dienen. Dies liegt an ihrer Flexibilität, ihrer Offenheit für Innovationsbedarfe bei der Rationalisierung des Verwaltungshandelns. Freilich bleibt die Rückbindung an den rechtlichen Gesamtkontext zu beachten: „Das Recht muss für alle Maßstäbe […] den institutionellen Rahmen bieten."[226]

C. Rechtmäßigkeit als Maßstabskomplex

I. Rechtsstaatlichkeit öffentlichen Verwaltens

1. Rechtmäßigkeit als Optimierungsgebot

a) Rechtsstaatliche Verpflichtung zu Rationalität und Optimierung

74 Der Rationalitätsgrundsatz als prinzipaler Handlungsmaßstab und die einzelnen Maßstabstypen bzw. -komplexe führen in diesem Sinne auf das **Rechtsstaatsprinzip** zurück. Denn der Rechtsstaat zielt – einem bekannten Diktum Konrad Hesses folgend – auf die „Rationalisierung des öffentlichen Gesamtzustandes".[227] Infolgedessen rechtsstaatlich gebotene Rationalität heißt jedoch nicht, „alle normativen Orientierungen staatlichen Handelns einem uniformen Verrechtlichungsgebot zu unterwerfen".[228] Ganz im Gegenteil fordert rechtsstaatlich bedingte Rationalität die zweckrationale Erfüllung der Verwaltungsaufgaben und damit ein **wirkungsoptimales** Verwaltungshandeln; der Rechtsstaat ist deshalb auch nicht effizienzblind.[229] Vielmehr ist der Rationalitätsbegriff aufgrund seiner Verwurzelung im Rechtsstaatsprinzip der Art. 20, 28 GG mit der hieraus erspießenden Transformationsfähigkeit und Kraft der ihm innewohnenden Bedeutungsvarianten[230] in der Lage, die Regeln des Rechts in weiterreichende handlungsleitende Kriterien einzugliedern, diese an das Recht rückzubinden sowie die Maßgaben rechtlicher und nichtrechtlicher Maßstäbe aufeinander zu beziehen. Der Maßstab der Wirtschaftlichkeit ist ein herausragendes Beispiel für diese **Maßstabsinterdependenz**.[231]

---

[224] Nachvollziehbar spricht deshalb *Würtenberger*, Optimierungsgebote (Fn. 218), davon, der „moderne Staat ist ein Abwägungsstaat" (S. 141).

[225] Dazu oben → Rn. 16, 62f.; s. ferner *Rainer Pitschas*, Verwaltungsmodernisierung im Spannungsfeld von öffentlichem Dienstleistungsmanagement und dem Steuerungsanspruch des Rechts, in: Joachim Merchel/Christian Schrapper (Hrsg.), „Neue Steuerung", 1996, S. 107 (123).

[226] *Schmidt-Aßmann*, Ordnungsidee, 1. Kap. Rn. 44 mit Fn. 86.

[227] *Konrad Hesse*, Der Rechtsstaat im Verfassungssystem des Grundgesetzes, in: FG Rudolf Smend, 1962, S. 71 (83).

[228] *Schmidt-Aßmann*, Ordnungsidee, 2. Kap. Rn. 22f., 75.

[229] *Hoffmann-Riem*, Effizienz (Fn. 108), S. 19ff.; *Rainer Pitschas*, Der Kampf um Art. 19 IV GG, ZRP 1998, S. 96 (98).

[230] Vgl. dazu bereits oben → Rn. 5, 25, 32, 35.

[231] Dazu bereits oben → Rn. 25ff., 32.

C. Rechtmäßigkeit als Maßstabskomplex

b) Rechtmäßigkeit durch Maßstabsverbindung

In herausragender Weise gründet die **Rechtmäßigkeit** des Verwaltungshandelns auf dem Rechtsstaatsprinzip. Dort folgt sie vor allem aus dem **Grundsatz der Gesetzmäßigkeit** der Verwaltung.[232] In dem durch diesen geschaffenen Gehäuse der Rechtmäßigkeit verbirgt sich ein wahres „Maßstabsbündel", das sich – wie im Folgenden noch zu zeigen sein wird – in formelle und materielle **Rechtmäßigkeitserfordernisse** zergliedern lässt. Diese betreffen die Rechtmäßigkeit des **Organhandelns** einerseits, des Handelns der **Organ- bzw. Amtswalter** andererseits.[233] Darin erschöpft sich freilich die Maßstäblichkeit des Rechtsstaates nicht. Sie greift desweiteren auf rechtsstaatlich-materiale Handlungsbedingungen sowie auf die Handlungsorientierungen des Willkürverbots und der rechtsstaatlichen Gleichheit,[234] nämlich auf die Grundsätze der Rechtsanwendungs- und Rechtsetzungsgleichheit aus. Zu dieser Maßstabsgruppe zählen ferner die Maßstäbe der Sachgerechtigkeit, Unparteilichkeit und der Neutralität. Eine Sonderstellung nimmt neben ihnen der in erster Linie aus dem Rechtsstaatsprinzip abgeleitete[235] und als rechtliches Optimierungsgebot[236] begriffene Grundsatz der Verhältnismäßigkeit und Zumutbarkeit ein. 75

Zu den Rechtmäßigkeitsmaßstäben als Optimierungsgeboten rechnen darüber hinaus die Grundsätze der **Publizität und Transparenz.** Ersterer sucht zu vermeiden, dass der Staat „den Bürger um seine Rechte bringen (kann), nicht nur indem er sie ihm entzieht, sondern auf viel subtilere Weise, indem er sie – jedenfalls vielen – unsichtbar macht."[237] Letzterer meint dagegen den Grad der Nachvollziehbarkeit einzelner Verwaltungstätigkeiten durch ihre Offenlegung und Durchschaubarkeit „innerhalb" der öffentlichen Verwaltung, aber auch „von außen" seitens des Bürgers.[238] 76

Schließlich rücken **Verantwortlichkeit und Kontrolle** in einen unauflöslichen Zusammenhang mit dem auf Optimierung ausgerichteten Maßstabskomplex der Rechtmäßigkeit. Denn einerseits bilden sie Grundelemente der rechtsstaatlichen Verfassungsordnung, andererseits bedürfen die Rechtmäßigkeitsmaßstäbe notwendig der **Verwaltungskontrolle,** während diese umgekehrt die Durchsetzung der Maßstäblichkeit des Verwaltungshandelns durch **Maßstabssanktionen**[239] si- 77

---

[232] *BVerfGE* 8, 155 (169); 40, 237 (247); 56, 216 (241); *Helmuth Schulze-Fielitz*, Art. 20 (Rechtsstaat), in: Dreier (Hrsg.), GG II, Rn. 92 m.w.N.; in Bezug auf die Maßstäbe des Verwaltungshandelns auch *Wallerath*, VerwR, § 7 Rn. 10 ff.

[233] *Achterberg*, VerwR, § 19 Rn. 6 ff., 15 ff.

[234] Zum „Willkürverbot" und zur „neuen Formel" in der Rechtsprechung s. statt aller *Werner Heun*, Art. 3, in: Dreier (Hrsg.), GG I, Rn. 19 ff., 25 ff.; zur Rechtsanwendungs- und Rechtsetzungsgleichheit ebd., Rn. 46 ff.; zur „Sachgerechtigkeit" s. nur *BVerfGE*, NJW 2000, 1325 (1326).

[235] Grdl. *Peter Lerche*, Übermaß und Verfassungsrecht, 1961, S. 53 ff. und passim; w.N. bei *Schulze-Fielitz*, Art. 20 (Fn. 232), Rn. 179 ff.

[236] Vgl. *v. Danwitz* (Fn. 218), 939 sowie *Peter Lerche*, Die Verfassung als Quelle von Optimierungsgeboten?, in: FS Klaus Stern, 1997, S. 197 (198).

[237] *Fritz Ossenbühl*, Die Erfüllung von Verwaltungsaufgaben durch Private, VVDStRL, Bd. 29 (1971), S. 137 (171); ausführlicher noch zur „Publizität als Prinzip der Republik" der gleichnamige Beitrag von *Günter Frankenberg*, in: Rolf Gröschner/Oliver W. Lembcke (Hrsg.), Freistaatlichkeit (Fn. 90), S. 269 ff.

[238] *Achterberg*, VerwR, § 19 Rn. 35; sehr klar m.w.N. aus der Verfassungsrechtsprechung *Gröschner*, Freistaat des Grundgesetzes (Fn. 186), S. 341 ff.

[239] Dazu schon oben → Rn. 33 ff.

chert. Kontrolle garantiert damit als eine Verlaufsphase in der Steuerung des Verwaltungshandelns sowie als spezifische Steuerungsform die Rationalität der Verwaltungsaktivitäten, d.h. in Ansehung der voraufgehend diskutierten Handlungsmaßstäbe deren strikte Beachtung i.S. einer Optimierung und widrigenfalls Konsequenzen, also materielle Sanktionsfolgen. Andernfalls bliebe Kontrolle nicht nur sinnlos, sie widerspräche auch der Bindung an **Verantwortung und Verantwortlichkeit,** die für Kontrollergebnisse zu übernehmen und ihrerseits auch Voraussetzung für die Rechtmäßigkeit der Optimierung von Verwaltungshandeln und -entscheiden sind.[240] Allerdings gehören sie nicht unmittelbar zu den Grundsätzen des Verwaltungshandelns.[241] Vielmehr liegen sie diesen noch voraus, denn alle Handlungsmaßstäbe müssen verantwortlich angewendet und konkretisiert werden.

2. Gesetzmäßigkeit der Verwaltung

78 Im Rechtsstaat bzw. unter der *rule of law* gilt der **Grundsatz der Gesetzmäßigkeit** öffentlicher Verwaltung als Voraussetzung ihrer Rechtmäßigkeit. Er bedeutet, dass jegliches Verwaltungshandeln nicht nur mit dem „Gesetz" i.S. des durch das Parlament formal gesetzten Rechts, sondern mit jeder höherrangigen Rechtsquelle übereinstimmen muss. Andernfalls geht diese vor (**„Vorrang des Gesetzes"**). Zugleich darf Verwaltungshandeln nur auf der Grundlage eines „Gesetzes" in die Freiheit und das Eigentum des einzelnen Bürgers eingreifen (**„Vorbehalt des Gesetzes"**).[242] Im Zusammenhang des Grundsatzes der Gesetzmäßigkeit lassen sich ferner und näherhin die materiellen Rechtmäßigkeitsvoraussetzungen des Verwaltungshandelns von den formellen Voraussetzungen der Rechtmäßigkeit unterscheiden.

a) Formelle Rechtmäßigkeitsvoraussetzungen

79 **Rechtmäßigkeit** als Grundsatz des Verwaltungshandelns umfasst zunächst und einerseits **formelle Rechtmäßigkeitsvoraussetzungen.** Dazu gehört in erster Linie, dass die handelnde Verwaltungsbehörde für die Aufgabenwahrnehmung **zuständig** sein muss.[243] Dies gilt sowohl für die Zuständigkeit der juristischen Person, deren Organ tätig geworden ist („Verbandskompetenz"), als auch für die Ressortkompetenz, d.h. für das Handeln innerhalb der Behörde durch einzelne Behördenteile oder Amtswalter. Die Zuständigkeit ist sowohl in sachlicher als auch in örtlicher Hinsicht auszuweisen.[244]

80 Die Verwaltungsbehörde muss ferner **verfahrensmäßig richtig** handeln. Zwar sind für weite Bereiche der tatsächlichen Geschäftsprozesse in der öffentlichen Verwaltung von Gesetzes wegen keine Verfahrensvorschriften aufgestellt. Sofern dies aber partiell geschehen ist – wie beispielsweise durch die Verwaltungsver-

---

[240] Näher noch *Pitschas*, Konsensuales Verwaltungsrecht (Fn. 4), S. 397 ff.
[241] Ebenso *Achterberg*, VerwR, § 19 Rn. 41 f.
[242] *Schulze-Fielitz*, Art. 20 (Fn. 232), Rn. 105 ff.
[243] So schon *Achterberg*, VerwR, § 19 Rn. 8; die Beachtung der Zuständigkeit ist m.a.W. kein bloßer Formalismus, sondern sie ist rechtsstaatlich geboten, vgl. BVerwGE 11, 195 (202); *Maurer*, VerwR, § 21 Rn. 46.
[244] *Kopp/Ramsauer*, VwVfG, § 3 Rn. 4, 5.

fahrensgesetze des Bundes und der Bundesländer[245] –, müssen deren einschlägige Bestimmungen eingehalten werden. Das „Verwaltungsverfahren" enthält insoweit als ein rechtlich geordneter und strukturierter Informations- und Entscheidungsprozess der Behörde ein maßgebliches normatives Modell, das sich allerdings in seinen Bezugspunkten zur Verwaltungsrealität mit dieser oft nur wenig deckt. Schon der **Begriff des Verwaltungsverfahrens** (§§ 9 VwVfG, 8 SGB X) weicht in häufig kritisierter Auffälligkeit von der Verwaltungswirklichkeit ab.[246] Darüber hinaus sind Verfahrensvorschriften keineswegs nur in Gesetzen und Rechtsverordnungen enthalten. Stattdessen finden sie sich auch in den schon erwähnten Verwaltungsvorschriften bzw. in Verwaltungsverordnungen. Deren mangelnde Einhaltung macht das Verwaltungshandeln formell rechtswidrig, auch wenn diese Rechtswidrigkeit nicht „nach außen", sondern nur „nach innen" besteht.[247]

Das Verwaltungshandeln muss schließlich der vorgeschriebenen **Form** entsprechen. Zwar wird für das allgemeine Verwaltungsverfahren eine besondere Form – anders als für das gerichtliche Verfahren und für die besonderen Verwaltungsverfahren – nicht vorgeschrieben. Es gilt der **Grundsatz der Formfreiheit**. Doch wird manchmal eine gewisse Formtreue – wie etwa in § 57 VwVfG für den öffentlich-rechtlichen Vertrag vorgesehen – auf gesetzlicher Grundlage festgelegt. Eine Formbindung kann aber auch mittels Vereinbarung unter Verwaltungen oder vertraglich zwischen diesen und Bürgern herbeigeführt werden.[248] So ist z. B. mit Blick auf die Vermeidung von Verwaltungskorruption vor allem die Vereinbarung der Schriftform bzw. deren gesetzliche oder sonstige rechtssatzmäßige Anordnung von Belang. Denn die Schriftform sichert Einsehbarkeit in die Akten und damit Transparenz als ein zentrales Hindernis der Korruption.[249] 81

b) Insbesondere: Rechtsstaatliche Verfahrensordnung und Verfahrensmaßstäbe

Ungeachtet der Tatsache, dass vom Verwaltungsverfahrensrecht bei weitem nicht alle Verfahrensgestaltungen und Handlungsformen der Verwaltung erfasst werden, darf seine Bedeutung nicht unterschätzt werden. Auf der einen Seite verbleibt ein weiter Bereich der Anwendung, weil jedenfalls der „Verwaltungsakt" noch immer das zentrale Instrument des Verwaltungshandelns in Deutsch- 82

---

[245] N. hierzu und zur Entwicklung des Verwaltungsverfahrensrechts sowie zur diesbezüglichen **Simultangesetzgebung** von Bund und Ländern s. statt anderer und m. w. N. *Kopp/Ramsauer*, VwVfG, Einführung I Rn. 5 ff., 26, 15 f., 24 ff.

[246] Vgl. dazu *Heike Jochum*, Verwaltungsverfahrensrecht und Verwaltungsprozessrecht, 2004, S. 7 ff.; *Jost Pietzcker*, Verwaltungsverfahren zwischen Verwaltungseffizienz und Rechtsschutzauftrag, VVDStRL, Bd. 41 (1983), S. 193 (215); *Stern*, StaatsR II, S. 801.

[247] *Maurer*, VerwR, § 24 Rn. 3, 20 ff., 27 ff.

[248] Dazu mit Beispielen und im Einzelnen *Kai-Holmger Kretschmer*, „Sozialhilfe" durch Vertrag, DÖV 2006, S. 893 ff.; *Rainer Pitschas*, Das sozialrechtliche Verwaltungsverfahren im „aktivierenden" Sozialstaat. Verfahrensrechtliche Konsequenzen der staatlichen Verantwortungspartnerschaft mit der Bürgergesellschaft, in: Matthias v. Wulffen/Otto E. Krasney (Hrsg.), FS 50 Jahre Bundessozialgericht, 2004, S. 765 (781).

[249] *Johann Graf Lambsdorff/Matthias Nell*, Korruption und ihre Bekämpfung – Wo steht Deutschland?, in: Hans H. v. Arnim (Hrsg.), Die deutsche Krankheit: Organisierte Unverantwortlichkeit?, 2005, S. 137 (141 f., 142 ff.).

land darstellt. Auf der anderen Seite enthält das Verwaltungsverfahrensrecht vor allem zahlreiche prozedurale Rechtmäßigkeitsmaßstäbe für das Verwaltungshandeln in Gestalt spezifischer **Verfahrensgrundsätze,** die – in weiten Teilen überlagert durch das Gemeinschaftsrecht – auch in jenen Feldern der öffentlichen Verwaltung und für die darin ablaufenden Geschäftsprozesse gelten, die nicht durch das aktuelle Verwaltungsverfahrensrecht erfasst werden. Auf diese Weise präsentieren sich die Verwaltungsverfahrensgesetze des Bundes und der Länder als ein **Modell** für die Anleitung aller Arten der administrativen Geschäftstätigkeit, so dass weitere rechtliche Regelungen zwar Details erfassen mögen, aber nicht die Reichweite der Verfahrensgrundsätze verdrängen können, wie sie vom Grundgesetz und den Gesetzgebern in das Verfahrensrecht eingeschrieben worden sind.[250]

83 Die gesetzlichen Orientierungen des Prozesses der Rechts- und Zweckkonkretisierung werden in diesem Sinne auch durch „ungeschriebene" Verfahrensmaximen des Grundgesetzes überlagert bzw. vorgeprägt.[251] Dies gilt etwa für das **Prinzip des rechtlichen Gehörs** als Kommunikationsgarantie und Argumentationsregel mit entsprechendem Legitimationsgehalt,[252] für die **Begründung** von Verwaltungsentscheidungen,[253] die Grundsätze der **Unparteilichkeit und Waffengleichheit**[254] sowie für das **Gebot fairer Verfahrensführung.**[255] Sie allesamt konstituieren gemeinsam mit anderen Verfahrensprinzipien eine genuine Verfahrensverantwortung der öffentlichen Verwaltung für Verfahrensgerechtigkeit, werden dabei aber wiederum durch die allgemeinen Grundsätze des **europäischen Verwaltungsverfahrensrechts** überlagert (vgl. auch Art. 41 Abs. 1 EU-Grundrechte-Charta).[256] Verfahrensstrukturell setzt auf diese Weise das (europäische) Rechtsstaatsprinzip diejenigen Bedingungen, unter denen der (nationale) Konkretisierungsprozess das Verwaltungshandeln optimal formieren soll und die von ihm erwarteten Legitimationsleistungen – speziell im Europäischen Verwal-

---

[250] Zu den verfassungsunmittelbaren Verfahrensgarantien sowie zu den schon vor Erlass des VwVfG entwickelten allgemeinen ungeschriebenen Rechtsgrundsätzen eines rechtsstaatlich geordneten Verfahrensrechts s. *Kopp/Ramsauer,* VwVfG, Einführung I Rn. 17 ff., 44, 48 f.; Einführung II Rn. 39, 45, 46 ff.

[251] *Kopp/Ramsauer,* VwVfG, Einführung I Rn. 21; *Pitschas,* Konsensuales Verwaltungsrecht (Fn. 4), S. 499 ff.; eine verfassungsrechtliche „Überhöhung" des Verwaltungsverfahrensrechts tritt dadurch aber nicht ein, vgl. *BVerfG,* NJW 1980, S. 239.

[252] *BVerfGE* 45, 297 (335); 101, 397 (405); zu eng daher *Ziekow,* VwVfG, § 28 Rn. 1 („Hinweis – und Warnfunktion").

[253] *BVerfGE* 84, 34 (46 f.); 84, 59 (72 f.); *Jörg Lücke,* Begründungszwang und Verfassung, 1987; die Begründungspflicht ist ein Element der „guten Verwaltung" (vgl. oben → Rn. 20, 23), denn erst sie „eröffnet dem Betroffenen die ihm in Art. 19 Abs. 4 Satz 1 GG gewährleistete Möglichkeit, wirksamen Rechtsschutz in der Sache selbst zu erreichen" (*BVerwGE* 75, 214 (239); s. ferner *BVerwGE* 91, 262 (265 ff.).

[254] *BVerwGE* 43, 42 (44); 69, 256 (266); die Rechtsprechung des EuGH sieht den **Grundsatz der Unparteilichkeit** im Verwaltungsverfahren im allgemeinen Grundsatz der Rechtsstaatlichkeit geborgen, vgl. *EuGH,* EuZW 1996, S. 660 (666); s. ferner Art. 41 Abs. 1 EU-Grundrechte-Charta; zur „Waffengleichheit" grdl. *Peter J. Tettinger,* Fairness und Waffengleichheit. Rechtsstaatliche Direktiven für Prozess und Verwaltungsverfahren, 1984, S. 49 ff. S. a. → Bd. II *Schneider* § 28 Rn. 32 ff.

[255] Dessen Reichweite bestimmt sich in Entsprechung zur jeweiligen Grundstruktur des Verfahrens, vgl. *BVerfGE* 57, 250 (276); 70, 297 (309); im Übrigen s. nur *Dieter Dörr,* Faires Verfahren, 1984, passim; w. N. bei *Kopp/Ramsauer,* VwVfG, Einführung I Rn. 21 m. Anm. 39.

[256] Dazu die N. oben in Fn. 250; vgl. ferner *Siegfried Magiera,* in: Meyer (Hrsg.), Charta, Art. 41 Rn. 9, 10 ff.

c) Materielle Rechtmäßigkeitsvoraussetzungen

Die materiellen Rechtmäßigkeitsvoraussetzungen finden ebenfalls ihren tieferen Grund im **Gesetzmäßigkeitsprinzip** der öffentlichen Verwaltung.[258] Dieses bezieht sich nicht nur auf die Vereinbarkeit des Verwaltungshandelns mit dem „Gesetz", sondern mit jeglichem höherrangigen Recht. Zugleich gilt der Gesetzmäßigkeitsgrundsatz für alle Rechts- und Handlungsformen der Verwaltung, also nicht nur in Bezug auf den Verwaltungsakt (§ 35 VwVfG). Der ihm erfließende **„Vorrang des Gesetzes"** bedeutet daher folgerichtig die Bindung der Verwaltung an das geltende Recht unter den methodologischen Voraussetzungen seiner materiellen und prozeduralen Konkretisierung.[259] Diese Bindung erstreckt sich auch auf begünstigende Verwaltungsmaßnahmen.[260] Ihr entspringt im Übrigen die Verpflichtung der Behörden, das im Einzelfall gewonnene Recht tatsächlich anzuwenden; umgekehrt entsteht daraus aber keine Verwerfungskompetenz für Normen des untergesetzlichen Rechts. Doch ist der **Anwendungsvorrang des Gemeinschaftsrechts** zu beachten. Nationalen Verwaltungsbehörden wächst kraft seiner Geltung ein Prüfungs- und Verwerfungsrecht zu, dass ihnen in der mitgliedstaatlichen Rechtsordnung nicht zukommt.[261]

84

Unter den **„Vorbehalt des Gesetzes",** der gleichfalls im Gesetzmäßigkeitsprinzip geborgen ist – ohne jedoch in Art. 20 Abs. 3 GG ausdrücklich erwähnt zu sein –, fällt das Erfordernis einer besonderen gesetzlichen Grundlage für Verwaltungshandeln, dass in „Freiheit und Eigentum" des Bürgers eingreift.[262] Es handelt sich dabei um einen allgemeinen Verfassungsgrundsatz, der letztlich auf der Überlegung beruht, dass die Rechtsbindung der Verwaltung folgenlos bliebe, könnte diese nach ihrem Dafürhalten ohne gesetzliche Ermächtigung tätig werden. Im Einzelnen fordert der Vorbehalt des Gesetzes hierzu aber **funktionale Differenzierungen** ein: Er gibt zu erkennen, welche hoheitlichen Entscheidungen eben nicht durch Verwaltungshandeln **aufgrund** des Gesetzes, sondern nur **durch das Gesetz** selbst geregelt werden können.[263] In Ausführung dieser differenzierenden Vorbehaltsgeltung hat das Bundesverfassungsgericht die so genannte „Wesentlichkeits-Rechtsprechung" bzw. „Wesentlichkeitstheorie" entwickelt.[264] Aus den Gewährleistungen der Grundrechte sowie aus dem Demokratie- und dem Rechtsstaatsprinzip hat das Gericht hergeleitet, dass der Gesetzgeber in den

85

---

[257] *Kopp/Ramsauer*, VwVfG, Einführung I Rn. 18 ff., 22 f.; Einführung II Rn. 46 ff., 53 ff.; § 20 Rn. 6a.
[258] Dazu bereits oben → Rn. 78.
[259] Vgl. oben → Rn. 4, 40 ff.; 43 ff.
[260] *Degenhart*, StaatsR I, § 4 Rn. 287.
[261] *EuGH*, Rs. 103/88, Slg. 1989, S. 1839 (Rn. 31) – Fratelli Constanzo; *Streinz*, EuropaR, § 3 Rn. 256; krit. *Thomas v. Danwitz*, Verwaltungsrechtliches System und Europäische Integration, 1996, S. 209 ff.; wie hier aber ebenfalls *Dirk Ehlers*, Verwaltung und Verwaltungsrecht im demokratischen und sozialen Rechtsstaat, in: Erichsen/Ehlers (Hrsg.), VerwR, § 2 Rn. 104 f.
[262] BVerfGE 8, 155 (166 f.); *Degenhart*, StaatsR I, § 4 Rn. 289; *Schulze-Fielitz*, Art. 20 (Fn. 232), Rn. 107.
[263] *Degenhart*, StaatsR I, § 4 Rn. 288; *Bodo Pieroth/Bernhard Schlink*, Grundrechte. Staatsrecht II, 26. Aufl. 2010, § 6 Rn. 273.
[264] Grdl. *BVerfGE* 33, 1 (9); 33, 125 (157); 33, 303 (346); w. N. → Bd. I *Reimer* § 9 Rn. 47 ff.; *Schulze-Fielitz*, Art. 20 (Fn. 232), Rn. 113 ff.

für das Verhältnis von Staat und Bürger grundlegenden Bereichen alle wesentlichen Entscheidungen selbst zu treffen habe – unabhängig davon, ob es sich bei den fraglichen hoheitlichen Handlungen um „Eingriffe" oder „Leistungen" handeln würde. Namentlich in Bereichen der Leistungsverwaltung wie den früher als solche bezeichneten besonderen Gewaltverhältnissen, aber auch im Verwaltungsverfahren und im Verwaltungsorganisationsrecht hat diese funktionale Lesart des Gesetzesvorbehalts zu zahleichen **gesetzlichen** Regelungen geführt. Denn „wesentlich" ist eine hoheitliche Maßnahme dann, wenn sie grundrechtsrelevant ist, also stets bei Eingriffen in Grundrechte oder auch bei Leistungs- bzw. Organisationshandeln, das für die Verwirklichung von Grundrechten relevant ist.[265]

86 Mit dieser Ausdeutung der Vorbehaltslehre hat die Rechtsprechung den **klassischen Eingriffsbegriff** erweitert. „Realakte" der Verwaltung werden ganz überwiegend als Eingriffe gewertet, wenn sie faktische Beeinträchtigungen enthalten, d.h., sie intensiv auf Grundrechte einwirken oder auch final auf bestimmte Grundrechtsträger ausgerichtet sind. Im Ergebnis umfasst daher heute der „moderne Eingriffsbegriff"[266] auch **mittelbar-faktische Beeinträchtigungen**.

87 In den letzten Jahren hat sich in diesem Zusammenhang das Bundesverfassungsgericht darum bemüht, die **Funktion** des Vorbehalts des Gesetzes zu präzisieren, diesen in seiner Eingriffsorientierung zurechtzurücken und seine Reichweite in Ansehung zunehmender Regulierungspolitik und besonders des staatlichen Informationshandelns der Tendenz nach zurückzuführen. Angelegt bereits in der Entscheidung des Bundesverfassungsgerichts zur **Rechtschreibreform**,[267] besteht die Verfassungsrechtsprechung nunmehr und am Beispiel **staatlicher Informationstätigkeit** darauf, dass die für Grundrechtseingriffe maßgeblichen rechtlichen Anforderungen des Gesetzesvorbehalts erst dann aktuell werden, wenn sich staatliches Handeln – wie die Informationstätigkeit – in seiner Zielsetzung und in seinen Wirkungen als Ersatz oder funktionales Äquivalent für eine staatliche Maßnahme erweist, die als Grundrechtseingriff zu qualifizieren wäre.[268] Weitergehend hat das Bundesverfassungsgericht herausgearbeitet, dass die Bundesregierung für ihr Informationshandeln keiner besonderen gesetzliche Ermächtigung bedürfe, weil ihre Befugnis hierzu und allgemein zur **Öffentlichkeitsarbeit** aus ihrer verfassungsrechtlichen Aufgabenstellung abzuleiten wäre; eine weitergehende gesetzliche Ermächtigung sei wegen des fehlenden Gewinns an Messbarkeit und Berechenbarkeit staatlichen Handelns nicht sachgerecht.[269]

88 Dieser Ansatz dürfte richtig sein: In der Aufgabenzuweisung liegt deshalb die Ermächtigungsgrundlage, weil sich **Informationshandeln** schon als solches aufgrund seiner vielgestaltigen Ausfächerung der überkommenen Einordnung als „Eingriff" oder „Leistung" entzieht. Das Informieren des Publikums bildet näm-

---

[265] *BVerfGE* 85, 386 (403); *Jürgen Staupe*, Parlamentsvorbehalt und Delegationsbefugnis, 1986, S. 239 ff.; *Wallerath*, VerwR, § 7 Rn. 21.
[266] Dazu näher *Pieroth/Schlink*, Grundrechte (Fn. 263), Rn. 251 ff.
[267] *BVerfGE* 98, 218 (250 ff.).
[268] *BVerfGE* 105, 252 (272 f.).
[269] *BVerfGE* 105, 279 (303, 305); → Bd. II *Gusy* § 23 Rn. 95 ff., 104 ff.; zur Kritik s. die N. in Fn. 55 sowie *Christoph Engel*, Öffentlichkeitsarbeit, in: HStR IV, § 80 Rn. 6; *Wolfgang Kahl*, Vom weiten Schutzbereich zum engen Gewährleistungsgehalt, Der Staat, Bd. 43 (2004), S. 167 ff. mit Erwiderung von *Wolfgang Hoffmann-Riem*, Grundrechtsanwendung unter Rationalitätsanspruch, Der Staat, Bd. 43 (2004), S. 203 ff. m. zahlr. N.

C. Rechtmäßigkeit als Maßstabskomplex

lich ein Querschnittsphänomen des schlichten Verwaltungshandelns. In Gestalt seiner Einordnung als Kommunikation folgt es nicht der rechtsstaatlichen „Eingriffslogik" *(Rainer Wolf)*, weil zwischen die Staats- und Kommunikationsvorsorge einerseits und daraus möglichen negativen Folgen für Dritte andererseits ebenso die Ungewissheit der Gefahrenverwirklichung wie die prinzipiell privatautonomen Meinungs- und Willensbildungsprozesse der Informationsadressaten bzw. der Öffentlichkeit treten.[270] Weder die Dogmatik des schlichten Verwaltungshandelns noch die Lehre über den faktischen Grundrechtseingriff formulieren hierzu rechtliche Kriterien, aus deren Anwendung sich ergäbe, wann und in welchem Ausmaß staatliche Informationstätigkeit „final" bzw. „intensiv" genug und also verfassungswidrig sein sollte, weil sie nicht gesetzlich legitimiert wäre. Zu Recht hat deshalb das Bundesverfassungsgericht argumentiert, dass sich die **faktisch-mittelbaren Wirkungen staatlicher Informationstätigkeit** „typischerweise einer Normierung" entziehen würden. Die Voraussetzungen dieser Tätigkeit ließen sich „gesetzlich nicht sinnvoll regeln".[271] Stattdessen gewährleistet die Bindung an die Aufgabenzuweisung jedenfalls ein Mindestmaß rechtsstaatlicher Vorbehaltssicherung.

Materielle Rechtmäßigkeitsvoraussetzungen des Verwaltungshandelns erfließen ferner dem **Grundsatz der inhaltlichen Bestimmtheit, Vorhersehbarkeit, Messbarkeit und Wägbarkeit** des Verwaltungshandelns. Er folgt aus der rechtsstaatlichen Bindung der Verwaltung an das Gesetz und er weist Verfassungsrang auf. Denn Rechtsstaatlichkeit erfordert, wie die Verfassungsrechtsprechung näher ausführt, „eine begrenzte und näher bestimmte Ermächtigung der Exekutive zur Vornahme belastender Verwaltungsakte". Das ermächtigende Gesetz muss die Tätigkeit der Verwaltung nach Inhalt, Gegenstand, Zweck und Ausmaß hinreichend bestimmen und begrenzen, so dass die Eingriffe messbar und in gewissem Umfang für den Staatsbürger voraussehbar und berechenbar werden.[272] Andernfalls sind Maßnahmen der Verwaltung und insbesondere Verwaltungsakte, deren Ermächtigungsgrundlagen diesem Gebot nicht entsprechen, entweder nichtig (vgl. § 44 VwVfG) oder – je nach der Schwere und Offensichtlichkeit des Fehlers – aufhebbar. Verordnungen und Satzungen, denen nicht hinreichend klar zu entnehmen ist, was vom Bürger verlangt, was ihm verboten oder versprochen wird, oder die widersprüchlich oder unverständlich sind, teilen ebenfalls das Schicksal der Nichtigkeit.[273] In diesen Zusammenhang gehört überdies das Gebot an die Verwaltung, sich in ihren Maßnahmen an das **richtige Rechts- oder Pflichtobjekt** zu wenden. So ist bspw. ein Verwaltungsakt demjenigen Beteiligten bekannt zu geben, für den er bestimmt ist oder der von ihm betroffen wird (§ 41 Abs. 1 S. 1 VwVfG).

Darüber hinaus hat die Verwaltung auch **Ermessensfehler**[274] zu vermeiden. Denn Verwaltungshandeln wird häufig nicht durch das Gesetz „gebunden", son-

---

[270] Vgl. hierzu → Bd. II *Gusy* § 23 Rn. 105 f.; s. auch *Pitschas*, Risikoinformation (Fn. 164), S. 241 m.w.N.; der allgemeinen Wendung zur „Freiheit durch Wettbewerb" in der Rspr. des BVerfG (E 105, 252) zustimmend *Pieroth/Schlink*, Grundrechte (Fn. 263), Rn. 884.
[271] *BVerfGE* 105, 279 (303).
[272] *BVerfGE* 8, 274 (325); 105, 279 (303 f.).
[273] *BVerwGE* 31, 15 (18); 38, 209 (211); zur Qualifikation als allgemeiner Rechtsgrundsatz im Unionsrecht wie innerstaatlich und zur Nichtigkeitsfolge auch *Kopp/Ramsauer*, VwVfG, § 37 Rn. 4, 17.
[274] Dazu schon oben → Rn. 41 ff.

dern in das Ermessen einer Behörde gestellt. **Gebundene Verwaltung** liegt dagegen immer dann vor, wenn der Bürger ein subjektiv-öffentliches Recht auf ein bestimmtes Verwaltungshandeln geltend machen kann. Selbst dann aber könnte der Gesetzgeber den Verwaltungsbehörden noch einen Beurteilungsspielraum zumessen, was meint, dass die Verwaltung in gewissem Rahmen frei ist, nach Zweckmäßigkeitsgesichtspunkten zu entscheiden.[275] Stets greift aber der Grundsatz der Gesetzmäßigkeit ein: Er beharrt auf der **Ermessensfehlerfreiheit** des Verwaltungshandelns, soweit die Behörde über Ermessen verfügt.[276]

91   Schließlich existieren neben den materiellen Rechtmäßigkeitsvoraussetzungen für das Organ- bzw. Behördenhandeln auch solche für das Handeln der Amtswalter im Rechtsverhältnis zum **Staatsbürger** einerseits, im Verhältnis zum **Dienstherrn** andererseits.[277] Es handelt sich um **personale Rechtmäßigkeitsbedingungen.** Gegenüber dem Bürger haben nämlich Verwaltungsangehörige auf die Sachlichkeit ihres Handelns in jeder Beziehung zu achten. Dies betrifft einerseits ihre **Unparteilichkeit**[278], andererseits die **Unbestechlichkeit** der handelnden Personen.[279] Hinzu treten die Nötigungsfreiheit, die Bedachtnahme auf das Wohl der Allgemeinheit und das Bekenntnis zur Verfassung.[280]

92   Im Rechtsverhältnis zum **Dienstherrn** trifft die Amtswalter die Pflicht zu vollem Einsatz ihrer Arbeitskraft, zu Beratung und Unterstützung der Vorgesetzten sowie zur Erfüllung von Weisungen ohne Rücksicht auf politische Vorbedingungen.[281] Deshalb verstößt z.B. **Ämterpatronage** gegen den Grundsatz der Gesetzmäßigkeit der Verwaltung.[282]

3. Rechtsstaatlich-materiale Handlungsmaßstäbe

93   Verwaltungsrecht beruht als eine „materiale" Werteordnung[283] auf dem Konzept des werthaft geprägten Rechtsstaats. Ihm erfließen Wertebezug und Subjektivierung der Handlungsmaßstäbe. Sie schaffen für das Verwaltungshandeln ein „Set" von Bedingungen materialer Rationalität, zu denen die Verpflichtung zur Beach-

---

[275] *Maurer*, VerwR, § 7 Rn. 31 ff.

[276] Zur Begrenzungsfunktion der allgemeinen Grundsätze des Verwaltungshandelns für die Ermessensausübung auch *Jestaedt*, Maßstäbe (Fn. 2), Rn. 63; *Maurer*, VerwR, § 7 Rn. 23; *Wallerath*, VerwR, § 7 Rn. 33 ff., 40 ff., 55 ff.

[277] *Achterberg*, VerwR, § 19 Rn. 6, 15.

[278] *Achterberg*, VerwR, § 19 Rn. 16; zum Ausschluss der Parteilichkeit und zur Besorgnis der Befangenheit bei Misstrauen gegen die unparteiliche Amtsausübung s. ferner *Kopp/Ramsauer*, VwVfG, § 20 Rn. 1, § 21 Rn. 5; *Klaus Ritgen*, in: Knack/Henneke, VwVfG, § 21 Rn. 6; vgl. im Übrigen die N. in Fn. 251.

[279] Vgl. §§ 299 f., 331 ff. StGB i.d.F. des Gesetzes zur Bekämpfung der Korruption vom 13. 8. 1997 (BGBl I [1997], S. 2038); „Übereinkommen über die Bekämpfung der Bestechung, an der Beamte der Europäischen Gemeinschaften oder der Mitgliedstaaten der Europäischen Union beteiligt sind" (ABl. C 195 vom 25. 6. 1997, S. 2); *Paul Noack*, Korruption – die andere Seite der Macht, 1985, S. 10; *Christoph Reichard*, Ökonomisierung von Staat und Verwaltung – Vorschub für Korruption?, in: Hans H. v. Arnim (Hrsg.), Defizite in der Korruptionsbekämpfung und der Korruptionsforschung, 2009, S. 95 (103 f.).

[280] *Achterberg*, VerwR, § 19 Rn. 16; *Isensee* (Fn. 90), S. 110.

[281] *Achterberg*, VerwR, § 19 Rn. 17.

[282] *Helmut Lecheler*, „Der öffentliche Dienst", in: HStR III, § 72 Rn. 104, 107 ff.; *Werner Schmidt-Hieber*, Ämterpatronage in Verwaltung und Justiz, in: Hans H. v. Arnim (Hrsg.), Korruption, 2003, S. 84 ff.; *Rainer Wahl*, Ämterpatronage – ein Krebsübel der Demokratie?, in: Hans H. v. Arnim (Hrsg.), Die deutsche Krankheit: Organisierte Unverantwortlichkeit?, 2005, S. 107.

[283] Dazu oben → Rn. 48.

tung des **Vertrauensschutzes**[284] ebenso rechnen wie der **Grundsatz von Treu und Glauben** und das **Verbot des Rechtsmissbrauchs**.[285] Rechts- und Zweckkonkretisierung sind diesen material-rationalen Handlungsmaßgaben verpflichtet.[286]

a) Grundsatz von Treu und Glauben

Der **Grundsatz von Treu und Glauben,** ursprünglich im Zivilrecht entwickelt, bindet als „ein eigenständiger Rechtssatz des öffentlichen Rechts"[287] sowohl die Verwaltung bei ihrer Aufgabenwahrnehmung als auch den Bürger bei der Durchsetzung bzw. dem Schutz seiner Rechte. So kann etwa ein Prüfungsausschuss in der juristischen Staatsprüfung „nach Treu und Glauben nicht erwarten, daß ein Prüfling in der für ihn vorgegebenen Lage mit seinen Bedenken [zur Beeinträchtigung der Prüfung durch Baulärm] schon mitten in der Prüfung gegenüber dem Prüfungsausschuss" hervortreten „und auf diese Weise vielleicht den Abbruch der Prüfung auch für die übrigen daran beteiligten Prüflinge" herbeiführen würde.[288] Umgekehrt muss ein Bürger den Grundsatz beachten – wobei vor allem das **Verbot des Rechtsmissbrauchs** einschlägig ist –, wenn er sich einer ihn benachteiligenden Entscheidung erwehrt oder eine ihn begünstigende Entscheidung erstreiten will.[289] Beide Grundsätze finden ihren Ursprung in der materialen Rechtsstaatlichkeit.[290]

94

b) Grundsatz des Vertrauensschutzes

Zu den tragenden Grundsätzen des öffentlichen Rechts mit Verfassungsrang – einerseits im Spannungsverhältnis mit dem Grundsatz der Gesetzmäßigkeit des Verwaltungshandelns befindlich, andererseits in enger Verwandtschaft zu dem Grundsatz von Treu und Glauben stehend[291] –, gehört auch das **Vertrauensschutzprinzip.** Es zählt zu den rechtsstaatlich-materialen Handlungsmaßstäben im Maßstabsbereich der Rechtmäßigkeit. Insoweit nämlich zu den wesentlichen Elementen des Rechtsstaatsprinzips die Rechtssicherheit gehört,[292] gebietet diese die Verlässlichkeit der Rechtsordnung. Der Bürger „soll", so formuliert das Bundesverfassungsgericht, „die ihm gegenüber möglichen staatlichen Eingriffe voraussehen können, sich dementsprechend einrichten und darauf vertrauen dürfen, dass sein dem jeweils geltenden Recht entsprechendes Verhalten auch fernerhin von der Rechtsordnung als Rechtens anerkannt bleibt."[293] Darüber hinaus muss

95

---

[284] *BVerfGE* 59, 128 (167); 72, 200 (257 f.); 97, 67 (78); 105, 17 (37); 126, 286 (313); *BVerwGE* 71, 85 (90); 112, 351 (357); *Elke Gurlit,* Verwaltungsrechtlicher Vertrag und andere verwaltungsrechtliche Sonderverbindungen, in: Erichsen/Ehlers (Hrsg.), VerwR, § 34 Rn. 19, 27; *Mayer/Kopp,* Verwaltungsrecht (Fn. 5), S. 300 ff.; *Wallerath,* VerwR, § 8 Rn. 46.

[285] Zum Grundsatz von Treu und Glauben vgl. *BVerwGE* 55, 337 (339); 101, 64 (71); 111, 162 (172 ff.); 118, 84 (89); *BVerwG,* NVwZ 2000, S. 993, 994; *Gurlit,* Sonderverbindungen (Fn. 284), Rn. 28; *Wallerath,* VerwR, § 4 Rn. 74 m. Anm. 186, § 8 Rn. 46, § 10 Rn. 98.

[286] *Mayer/Kopp,* Verwaltungsrecht (Fn. 5), S. 299 ff.; *Pitschas,* Konsensuales Verwaltungsrecht (Fn. 4), S. 182 ff.

[287] *Otto Bachof,* Diskussionsbeitrag, VVDStRL, Bd. 32 (1974), S. 228; vgl. ferner *BVerwGE* 101, 64 (71); 102, 194 (199); 118, 84 (89).

[288] *BVerwGE* 31, 190 (192); vgl. auch *BVerwGE* 66, 213 (215).

[289] *BVerfGE* 59, 128 (167); *BVerwGE* 19, 188 f.; 31, 190 (191); 44, 294 ff.; 66, 213 (215); 111, 162 (173 f.).

[290] *Mayer/Kopp,* Verwaltungsrecht (Fn. 5), S. 299; s. ferner *Wolff/Bachof/Stober/Kluth,* VerwR I, § 25 Rn. 4.

[291] *BVerfGE* 59, 128 (167); *BVerwGE* 41, 277 (279 f.); *Wallerath,* VerwR, § 8 Rn. 46.

[292] *BVerfGE* 45, 142 (167 f.); 59, 128 (164); 105, 48 (57); *BVerwGE* 41, 277 (279).

[293] *BVerfGE* 45, 142 (167 f.).

sich der Bürger darauf verlassen dürfen, „dass der Gesetzgeber an abgeschlossene Tatbestände nicht ungünstigere Folgen knüpft, als im Zeitpunkt der Vollendung dieser Tatbestände anhand der geltenden Rechtsordnung vorhersehbar war."[294] **Rechtssicherheit** bedeutet mithin und in erster Linie **„Vertrauensschutz",** der zumal durch die Grundrechte verbürgt wird, „in denen sich das Rechtsstaatsprinzip besonders nachdrücklich ausprägt."[295] Hieraus ergibt sich auch die Verpflichtung der öffentlichen Verwaltung zur Beachtung des Vertrauensschutzes, z.B. bei der Aufhebung von Verwaltungsakten, der Rückwirkung von Normsetzung oder der Plangewährleistung.[296]

96 Die Verpflichtung der Verwaltung, den Vertrauensschutz zu beachten, nötigt diese nach Maßgabe der Kriterien von Verhältnismäßigkeit und Zumutbarkeit zu der Prüfung im Einzelfall und damit zu einer von Verfassungs wegen gebotenen **Abwägung,** ob rechtlich an sich einwandfreies Verwaltungshandeln, das den Bürger – der damit nicht rechnen musste – entweder belastet oder ihm eine Begünstigung vorenthält, ohne dass diese Belastung für ein eindeutig höher zu bewertendes Interesse erforderlich ist oder in Kauf genommen werden muss, diesen nicht in seinem schutzwürdigen Vertrauen enttäuscht. Der dahinter aufscheinende Grundgedanke hat weitgehend in den Regelungen des Verwaltungsverfahrensrechts zum Widerruf bzw. zur Rücknahme von Verwaltungsakten seinen Niederschlag gefunden (§§ 48, 49 VwVfG), ohne jedoch durch diese gesetzgeberische Initiative bereits vollständig konsumiert zu sein. Jedenfalls entsprechen die in den vorgenannten Bestimmungen enthaltenen Grundsätze der Pflicht aller Behörden zur Beachtung des Vertrauensschutzes.[297]

97 Dessen verfassungsrechtliche Grundlegung führt dazu, dass Antragsteller von der Verwaltung verlangen können, ihr Vertrauen in den Bestand ihrer Rechtsposition nicht von vorneherein und ohne Prüfung als „nicht schutzwürdig" zu behandeln.[298] Dadurch wird auf die „Maßstabsreserve" des Art. 2 Abs. 1 GG[299] verwiesen, der den Vertrauensschutz partiell in das Grundrecht der allgemeinen Handlungsfreiheit integriert und in eine Verbindung mit dem Verfassungsprinzip „Sicherheit" rückt.[300] Die Maßstabswirkung des Vertrauensschutzgrundsat-

---

[294] *BVerfGE* 45, 142 (168).

[295] *BVerfGE* 45, 142 (168); zur Rückbindung an Art. 3 I GG vgl. *Achterberg*, VerwR, § 23 Rn. 59.

[296] *Gurlit*, Sonderverbindungen (Fn. 284), Rn. 27f.; *Maurer*, VerwR, § 11 Rn. 29ff. m. zahlr. N. aus der Literatur; s. ferner → Bd. I *Ruffert* § 17 Rn. 104 und speziell zur Plangewährleistung *Bernd Grzeszick*, Staatshaftungsrecht, in: Erichsen/Ehlers (Hrsg.), VerwR I, § 45 Rn. 9ff. Dieser „allgemeine Vertrauensschutz" steht dem „speziellen Vertrauensschutz" des Art. 103 Abs. 2 GG gegenüber, vgl. *BVerfG* (Fn. 211), Rn. 62.

[297] *BVerwGE* 66, 168 (171); *Maurer*, VerwR, § 11 Rn. 23ff., 28ff.; s. des Weiteren die entsprechenden Regelungen im Sozial- und Steuerrecht, §§ 45 SGB X, 130f. AO. Gemeinschaftsrechtlich wird § 48 Abs. 2 S. 2 VwVfG in seiner Regelvermutung suspendiert; die Rspr. des EuGH modifiziert insoweit den Vertrauensschutz, sie führt zu einer Regelabwägung nach § 48 II 1 VwVfG zugunsten des europarechtlichen Vereitelungsverbots, s. nur *EuGH*, Rs. C-24/95, Slg 1997, I-1591, Rn. 24f. – Alcan II; *BVerfGE*, EuZW 1995, S. 314, 319; zahlr. N. zu den Modifizierungen des Rücknahmerechts durch EU-Recht bei *Kopp/Ramsauer*, VwVfG, § 48 Rn. 8.

[298] *EuGH*, NVwZ 2008, S. 870ff.; *BVerfGE* 59, 128 (169); *BVerfG*, NVwZ 2008, S. 551.

[299] Ausdruck von *Udo Steiner*, Vertrauensschutz als Verfassungsgrundsatz, in: Henke (Hrsg.), Vertrauensschutz in der Europäischen Union, 1997, S. 31 (33).

[300] *Rainer Pitschas*, Der Sozialstaat in Deutschland und Europa. Die Zukunft der sozialen Sicherungssysteme, VVDStRL, Bd. 64 (2005), S. 109 (113ff., 136); *Ulrich Becker/Iris Meeßen u.a.*, Strukturen und Prinzipien der Leistungserbringung im Sozialrecht, VSSR, Jg. 30 (2012), S. 1ff., 31ff.

zes offenbart sich vor diesem Hintergrund häufig darin, dass der Gesetzgeber zugunsten der Betroffenen die rigorose Beeinträchtigung von Schutzpositionen durch die Verwaltung unterbindet und teilweise weitreichende **Übergangsregelungen** in Gestalt schonender Anpassungsfristen o. ä. trifft.

c) Zusammenhang mit dem europäischen Verwaltungsrecht

Das Vertrauensschutzprinzip muss allerdings, was im Übrigen für alle Rechtmäßigkeitsmaßstäbe gilt, in den größeren **Zusammenhang des europäischen Verwaltungsrechts** und seiner Ausstrahlung auf die Mitgliedstaaten der Europäischen Union eingeordnet werden. Dies hat sich beispielhaft und deutlich an der Problematik der Rücknahme gemeinschaftsrechtswidriger Beihilfebescheide gezeigt.[301] Folgerichtig sieht sich aus gemeinschaftsrechtlicher Perspektive und im Vergleich zur hiesigen (nationalen) Reichweite des Vertrauensschutzes dessen Geltungskraft reduziert. In den gebotenen Abwägungsvorgang[302] ist nicht mehr nur das öffentliche Interesse an einer ordnungsgemäßen Haushaltswirtschaft in der EU und an der Gesetzmäßigkeit der mitgliedstaatlichen Verwaltungen, sondern auch und darüber hinaus das Interesse an der Durchsetzung gemeinschaftsrechtlicher Ordnungsbestimmungen und die mitgliedstaatliche Pflicht zur Durchsetzung des Gemeinschaftsrechts einzustellen. Diese Belange drängen den Vertrauensschutz des Bürgers als Verfahrensbeteiligten zurück, ohne dass dadurch das ebenfalls gemeinschaftsrechtlich gewährleistete Vertrauensschutzprinzip[303] wirkungslos gestellt werden würde.

II. Willkür- und Koppelungsverbot

Neben die Maßstäblichkeit des Gesetzmäßigkeitsgrundsatzes und die rechtsstaatlich-materialen Handlungsbindungen der Verwaltung treten die Gleichheitsmaßstäbe des Grundgesetzes mit dem **Willkürverbot** als Zentrum. Es verpflichtet die Verwaltung dazu, sich in der jeweils gegebenen Handlungs- und Entscheidungssituation nur von rationalen Gesichtspunkten leiten zu lassen und hierfür in einer am Gerechtigkeitsgedanken orientierten Betrachtungsweise einen entsprechenden Vergleichsrahmen zu entwickeln.[304] Allerdings gibt der **Gleichheitssatz des Art. 3 Abs. 1 GG** selbst keinen Maßstab für die gerechte Gleichbehandlung bzw. die erforderlichen Differenzierungen vor. Seine Offenheit lässt deshalb den normativen Gehalt des Willkürverbots als Handlungsmaßstab für die Verwaltung erst durch den jeweiligen Kontext bestimmen.[305]

---

[301] Vgl. *Gurlit*, Sonderverbindungen (Fn. 284), Rn. 20; *Maurer*, VerwR, § 11 Rn. 38 a ff., 38 d; *Kopp/Ramsauer*, VwVfG, § 48 Rn. 9 ff. sowie die N. oben in Fn. 297.

[302] Siehe oben → Rn. 96; vgl. ferner *EuGH*, Urt. v. 16. 7. 2009 – C-12/08, Slg. 2009, I-6686, Rn. 61, 63 – Mono Car Styling.

[303] *EuGH*, EuZW 1998, S. 499 und 603; DVBl 2003, S. 319; DVBl 2004, S. 373; *Jürgen Schwarze*, Europäisches VerwR II, S. 1044 ff.; aus der Lit. m. w. N. s. im Übrigen *Maurer*, VerwR, § 11 Rn. 38 a ff., 38 c a. E. sowie 38 d; *Matthias Ruffert*, in: Erichsen/Ehlers (Hrsg.), VerwR, § 24 Rn. 32.

[304] *BVerfGE* 1, 264 (275 f.); 98, 365 (385); *Paul Kirchhof*, Allgemeiner Gleichheitssatz, in: HStR VIII, § 181 Rn. 19, 22, 28; *ders.*, Gleichheit in der Funktionenordnung, in: HStR V, § 125 Rn. 16 ff.; *Max-Jürgen Seibert*, Die Einwirkung des Gleichheitssatzes auf das Rechtsetzungs- und Rechtsanwendungsermessen der Verwaltung, in: FS 50 Jahre BVerwG, 2003, S. 536, 539.

[305] *Kirchhof*, Gleichheitssatz (Fn. 304), Rn. 23, 25; *Lerke Osterloh*, in: Sachs (Hrsg.), GG, Art. 3 Rn. 4 f.

1. Rechtsetzungsgleichheit

100   In Bezug auf die Verwaltung ist dabei deren **Rechtsetzung** von der **Rechtsanwendung** zu unterscheiden. Soweit die Verwaltung rechtsetzend tätig wird, verwirklicht sie den Gleichheitssatz durch den Erlass generell-abstrakter Regelungen mit einem großen Gestaltungsspielraum. Dem Normgeber bleibt überlassen, welche Sachverhaltselemente er für eine Gleich- oder Ungleichbehandlung als maßgeblich auswählt. Doch sind an die Rechtfertigung von Ungleichbehandlungen abgestufte Anforderungen je nach der Intensität zu stellen, mit der eine Ungleichbehandlung die Betroffenen beeinträchtigt. Die dirigierende **Rechtsetzungsgleichheit** als Handlungsmaßstab der Verwaltung nimmt auf diese Weise Elemente des **Verhältnismäßigkeitsgrundsatzes** in sich auf.[306] Überdies stellt die Rechtsprechung an untergesetzliche Normen und anders als bei der Prüfung von Gesetzen erhöhte Gleichheitsanforderungen. Denn Rechtsverordnungen und Satzungen ergehen regelmäßig in einem schon gesetzlich vorgeformten engeren Bereich, bei dem sich die Ungleichbehandlung auf die Ausübung grundrechtlich geschützter Freiheiten erheblich bzw. nachteilig auswirken kann. In der Folge dessen kann ein benachteiligter Bürger auch einen Anspruch auf Ergänzung der untergesetzlichen Norm aufgrund des Gleichheitssatzes geltend machen.[307]

2. Rechtsanwendungsgleichheit

101   Bei der **Rechtsanwendung** durch die Verwaltung gelangt das Willkürverbot vor allem bei Entscheidungen mit **Ermessens-** oder **Beurteilungsspielraum** zur Anwendung. Bei **gebundenen Entscheidungen** ist dagegen eher eine entsprechend verfassungskonforme Auslegung bzw. die Feststellung eines konkreten Normenverstoßes geboten.[308] Denn wenn die Verwaltung im Wege eigener Normkonkretisierung bei strikter Bindung durch das Gesetz zwei verschiedene Sachverhalte gleich oder zwei gleiche Sachverhalte ungleich behandelt, liegt zwar materiell eine Ungleichbehandlung vor, doch resultiert diese nicht aus dem Verstoß gegen den Gleichheitsmaßstab, sondern aus der fehlerhaften Anwendung vorrangigen Rechts. Liegt dagegen Rechtsanwendungsermessen vor, sieht sich der darauf bezogene **Grundsatz der Rechtsanwendungsgleichheit** verletzt. Er stellt strengere Anforderungen als die Rechtsetzungsgleichheit an den Erlass von Rechtsverordnungen oder Satzungen. Denn das Rechtsanwendungsermessen ist stärker auf den Einzelfall bezogen, woraus folgt, dass schon ein einziger atypischer Sonderfall zur Aufgabe einer eingefahrenen Verwaltungspraxis führen kann.[309]

102   In allgemeiner Wendung untersagt daher das Willkürverbot dort, wo **Verwaltungsermessen** eingeräumt ist, kraft seiner Ausformung als Rechtsanwendungsgleichheit nicht nur bewusst willkürliches, d.h. „ohne vertretbare zurei-

---

[306] *BVerfGE* 55, 72 (88), std. Rspr.: *BVerfGE* 102, 41 (54 ff., 61); *Seibert* (Fn. 304), S. 537 m.w.N. aus dem Schrifttum; s. ferner *Mayer/Kopp*, Verwaltungsrecht (Fn. 5), S. 296.

[307] *BVerwGE*, NVwZ 1990, S. 162 ff.

[308] *BVerfGE* 58, 369 (373 f.); 84, 197 (199): „Eine […] Grundrechtsverletzung kann nicht nur vom Gesetzgeber begangen werden".

[309] Vgl. *Kirchhof*, Gleichheit in der Funktionenordnung (Fn. 304), Rn. 16 ff.; mit Recht betont der Autor, das Gebot der Rechtsanwendungsgleichheit gewinne bei „offenen" Normen einen eigenen „über die Gesetzesbindung hinausgreifenden Gehalt" (Rn. 16; ferner Rn. 18).

chende sachliche Gründe" getroffene Entscheidungen und gedankenloses bzw. systemloses Verwaltungshandeln,[310] sondern es führt ebenso zur Eigenbindung der Verwaltung an die praktizierte Programmsteuerung ihrer Aktivitäten, z. B. durch Verwaltungsvorschriften (**Grundsatz der Programmkonformität**). Ferner bildet der Grundsatz der Rechtsanwendungsgleichheit den inhaltlichen Maßstab für die Gestaltung und notwendigen Differenzierungen der administrativen Handlungsprogramme.[311] So verbietet das Willkürverbot hinsichtlich des Entwurfs von Verwaltungsprogrammen, eine Gruppe von Programmadressaten im Vergleich zu einer weiteren anders zu behandeln, soweit zwischen beiden Gruppen keine Unterschiede von solcher Art und solchem Gewicht bestehen, dass sie die ungleiche Behandlung erfordern bzw. rechtfertigen.[312]

Die Berufung auf die Rechtsanwendungsgleichheit vermittelt gleichwohl dem Bürger nicht das Recht, eine Ermessenspraxis der Verwaltung mit der Begründung zu rügen, dass diese in anderen vergleichbaren Fällen rechtmäßig gehandelt habe, in seinem Fall jedoch rechtswidrig: Art. 3 Abs. 1 GG gewährt keinen Anspruch auf Einhaltung des objektiven Rechts.[313] Es gibt, wie ferner formuliert wird, keine „Gleichheit im Unrecht". Ebenso wenig kann sich ein Antragsteller mit Erfolg auf den Grundsatz der Rechtsanwendungsgleichheit gegenüber der Verwaltung berufen, wenn es an einer Rechtsgrundlage fehlt, die ihm dem Anspruch auf eine ermessenfehlerfreie Entscheidung zubilligen würde. Denn obschon der Gleichheitssatz die Ausübung des Verwaltungsermessens begrenzt, „sind die Verwaltungsbehörden dem Einzelnen gegenüber nur insoweit zur Beachtung des Gleichheitssatzes verpflichtet", als sie im Verhältnis zu ihm „überhaupt zur Ermessensausübung [angehalten] sind."[314]

103

3. Diskriminierungsverbote im Gemeinschaftsrecht

Im Anwendungsbereich des Willkürverbots überformt das **Gemeinschaftsrecht** mit seinen **Diskriminierungsverboten** die Grundsätze der Rechtsetzungs- und Rechtsanwendungsgleichheit. Sie verstärken die Wirkkraft beider Gleichheitsmaßstäbe durch Differenzierungsge- und verbote. Ähnlich wirken die Grundfreiheiten des Gemeinschaftsrechts maßstabsintensivierend.[315] Doch gilt auch hier, dass ohne entsprechende Schutznormen keine allgemeine Befugnis des Bürgers besteht, Ermessensentscheidungen der Verwaltung anzugreifen.

104

Unter dem Gesichtspunkt der Rechtmäßigkeit des Organwalterhandelns fordern das im allgemeinen Gemeinschaftsgrundsatz einer „guten Verwaltung" geborgene **Diskriminierungsverbot** gegenüber Antragstellern mit gleichartigen Belangen ebenso wie das **Gebot einer neutralen Verwaltungsführung** die Sachlichkeit des Verwaltungshandelns in allen ihren Ausformungen ein, insbesondere die **Unparteilichkeit**.[316] Diese zwingt die Verwaltung dazu, sämtlichen Beteilig-

105

---

[310] *Kirchhof*, Gleichheitssatz (Fn. 304), Rn. 41, 209 ff.: „Folgerichtigkeit"; *Seibert*, Einwirkung (Fn. 304), S. 539 f.
[311] *Kirchhof*, Gleichheit in der Funktionenordnung (Fn. 304), Rn. 17.
[312] *BVerwGE* 91, 159 (164).
[313] *BVerfGE*, DÖV 1979, S. 911; *BVerwGE* 65, 167 (173); 71, 63 (66); 92, 153 (157).
[314] *BVerwGE* 39, 235 (238 f.).
[315] Dazu schon oben → Rn. 23 f.
[316] Dazu s. *Koch*, Arbeitsebenen (Fn. 26), S. 442, 444 unter Zusammenführung im gemeinschaftsrechtlichen Gebot angemessener und fairer Verwaltungskommunikation; vgl. ferner *Siegfried Magiera*, in: Meyer (Hrsg.), Charta, Art. 41 Rn. 7, 8 (S. 521). Vgl. ferner a. → Bd. II *Schneider* § 28 Rn. 32 ff.

ten im Verwaltungsverfahren mit gleichviel Achtung und Wertschätzung zu begegnen. Zum Ringen darum gehören aufseiten der Antragsteller nicht eben seltene Versuche, den zuständigen Amtswalter – etwa durch Geschenke oder durch Zuwendung geldwerter Vorteile – zu gleichheitswidrigen Handlungen zu veranlassen. In der Regel paart sich die unbedingte Verpflichtung zur Unparteilichkeit (und Bestechungsfreiheit) mit der durch die Rechtmäßigkeitsanforderungen des Verwaltungshandelns gebotenen **Neutralität** der Amtspersonen.[317]

4. Koppelungsverbot

106   Gemeinsam mit dem Willkürverbot bilden die Gleichheitsmaßstäbe im Verwaltungsrecht einen Eckpfeiler für die direktive Einwirkung des „Maßstabsrechts" auf die Verwaltungsaktivitäten. Begrenzt wird dadurch gleichzeitig das Prinzip der freien Zweckmäßigkeit des Verwaltungshandelns. Ihm ist das Willkürverbot als **Komplement** zugeordnet: Metajuristische Zweckentscheide finden ihr Widerlager im Maßstabskomplex der Rechtmäßigkeit, zu dem auch die Gleichheitsmaßstäbe rechnen. Dazwischen existieren zahlreiche weitere handlungsleitende Orientierungen, in deren Ergänzung das Willkürverbot eine **regulierende Funktion** i.S. rechtlicher Grenzziehung entfaltet. Ein Beispiel neben anderen bildet das ihm erfließende sog. **Koppelungsverbot,** das auch als Gebot der „Bezüglichkeit" bezeichnet wird.[318] Es will unterbinden, dass Handlungen der Verwaltung von „Gegenleistungen" der Bürger, die sachlich und insbesondere von der gesetzlichen Ermächtigung her mit der begehrten Verwaltungsaktivität in keinem inneren Zusammenhang stehen, abhängig gemacht werden. Diese „Koppelung" gilt es zu vermeiden, um gleichheitswidrige Bevorzugungen bzw. Benachteiligungen – aus welchen Zweckentscheiden heraus auch immer – und ebenso dem Grundsatz von Treu und Glauben zuwiderlaufende Vereinbarungen bzw. den Anschein von Verwaltungskorruption auszuschließen.[319] In § 56 Abs. 2 VwVfG hat dieser Grundsatz für verwaltungsrechtliche Verträge seinen einfach-gesetzlichen Niederschlag gefunden.

III. Grundsatz der Verhältnismäßigkeit und Zumutbarkeit

1. Verhältnismäßigkeit im Spektrum der Rechtmäßigkeitsmaßstäbe

107   Unter den zu Rechtmäßigkeitsmaßstäben erstarkten allgemeinen Grundsätzen des Verwaltungsrechts ragt in seiner Sonderstellung das **Verhältnismäßigkeitsprinzip** hervor. Durch das Preußische Oberverwaltungsgericht ursprünglich im Polizeirecht entwickelt, überspannt es nunmehr kraft seiner Herleitung aus dem Rechtsstaatsgedanken sowie „aus dem Wesen der Grundrechte"[320] das gesamte Öffentliche Recht. Auf diesem Fundament aufsetzend, hat sich der Grundsatz der Verhältnismäßigkeit mittlerweile als ein die Rechts- und Zweckkonkretisie-

---

[317] Sie ist im „Kodex für gute Verwaltungspraxis in den Beziehungen der Bediensteten der Europäischen Kommission zur Öffentlichkeit" i.d.F. vom 28.7.1999 verankert, vgl. *Koch,* Arbeitsebenen (Fn. 26), S. 501, 502f.
[318] *BVerwGE* 42, 331 (338f.); *Mayer/Kopp,* Verwaltungsrecht (Fn. 5), S. 305; *Wallerath,* VerwR, § 7 Rn. 32.
[319] *BVerwGE* 23, 213 (216, 218f., 223); 42, 331 (338f.); *Maurer,* VerwR, § 14 Rn. 17.
[320] *BVerfGE* 19, 342 (348f.); 65, 1 (44); 76, 1 (50).

C. Rechtmäßigkeit als Maßstabskomplex

rung prägendes **Maßstabsbündel** erwiesen. Es umschließt die Gebote der **Geeignetheit,** der **Erforderlichkeit** und der **Proportionalität** – die sich ihrerseits bereichstypisch entfalten[321] – und es dient ganz allgemein als eine „Schranken-Schranke" gegenüber staatlichen Freiheitseingriffen bzw. als Ausgleichsgebot staatlicher Regulierungspolitik. Die spezifische Bezugnahme auf den „Eingriff" sowie dessen Austarierung werden gegenwärtig erneut unterstrichen. Dagegen verliert das frühere Plädoyer für die Rücknahme der Reichweite des Maßstabs i.S. einer „Respezifizierung" an Gewicht.[322] Doch erstreckt sich der Anwendungsbereich des Verhältnismäßigkeitsprinzips mit seinen Einzelmaßstäben, vielfach – aber zu stark vereinfachend – mit dem Übermaßverbot in eins gesetzt[323], „als übergreifende Leitregel allen staatlichen Handelns" schon seit langem und weit darüber hinaus.[324] Denn es umfasst ebenso die Leistungsverwaltung und die Regulierungsverwaltung, wie es haushaltsrechtliche Maßnahmen und das Risikoverwaltungsrecht prägt; selbst im Privatrecht findet der Verhältnismäßigkeitsgrundsatz weitreichenden Eingang.[325]

Erkennbar wird darin die sukzessive Ausdehnung des **Ausgleichsgedankens** 108 auch im Verwaltungsrecht. Sie geht mit der Berufung der öffentlichen Verwaltung zu vermehrten effizienz- und metajuristischen Zweckentscheiden bei entsprechender Ausdehnung der Staatseinwirkung auf die individuelle Freiheit im Zusammenhang mit öffentlicher Gewährleistungs- und Regulierungspolitik einher: „Das Gebot eines angemessenen Verhältnisses zwischen Mittel und Zweck ist der allgemeinste und früheste Ansatz zur einer Kontrolle des Staates".[326] Zugleich aber soll der Nutzen einer freiheitsbeschränkenden Maßnahme für den Staat nicht außer Verhältnis zum Schaden für den Bürger stehen.[327] Die **Proportionalität** des staatlichen Eingriffs in die Freiheitssphäre des Einzelnen zu wahren, macht somit schlussendlich den eigentlichen Kern des Übermaßverbots als Gesamtmaßstab des Verwaltungshandelns aus. Dem vorgelagert, besagt deshalb schon der Erforderlichkeitsgrundsatz als Element des Übermaßverbots und Einzelmaßstab, dass von mehreren möglichen Eingriffen der **schonendste** zu wählen sei („**Grundsatz des schonenden Ausgleichs**").[328] Dies wiederum lässt den Verhältnismäßigkeits-

---

[321] *Michael Kloepfer,* Die Entfaltung des Verhältnismäßigkeitsprinzips, in: FS 50 Jahre BVerwG, 2003, S. 329 (332f.); *Stern,* StaatsR III/2, § 84 II, S. 776ff.

[322] Zur Verknüpfung mit dem staatlichen „Eingriff" s. etwa *Lepsius,* Regulierung (Fn. 30), § 4 Rn. 74ff., 78ff.; für zurückhaltenden Einsatz plädiert u.a. *Fritz Ossenbühl,* Maßhalten mit dem Übermaßverbot, in: FS Peter Lerche, 1993, S. 151 (155); vgl. ferner zur „Respezifizierung" i.S. der Beschneidung „entstandene(r) Wucherungen" *ders.,* a.a.O., S. 158, 163f.; *Schmidt-Aßmann,* Kommunale Selbstverwaltung „nach Rastede", in: FS Horst Sendler, 1991, S. 121 (135).

[323] Vgl. *BVerfGE* 34, 261 (266); *BVerwGE* 30, 313 (316); 48, 299 (302); 49, 36 (43).

[324] *Ossenbühl,* Übermaßverbot (Fn. 322), S. 153f.

[325] *VerfGH NRW,* NWVBl 2003, S. 419 (422f.); *Claus-Wilhelm Canaris,* Grundrechtswirkungen und Verhältnismäßigkeitsprinzip in der richterlichen Anwendung und Fortbildung des Privatrechts, JuS 1989, S. 161 ff.; *Lothar Hirschberg,* Der Grundsatz der Verhältnismäßigkeit, 1981, S. 32; s. ferner und aus unterschiedlichen Verwaltungssektoren *Pitschas,* Modernisierung der sozialen Sicherung (Fn. 109), S. 37; *Klaus Vogel,* Begrenzung von Subventionen durch ihren Zweck, in: FS Hans P. Ipsen, 1977, S. 539 (553); ebenso für das Wirtschaftsrecht *Lepsius,* Regulierung (Fn. 30), Rn. 75f.

[326] *Görg Haverkate,* Rechtsfragen des Leistungsstaates, 1983, S. 13.

[327] *BVerfGE* 44, 353 (373); 81, 156 (194); 97, 228 (262f.); *Peter Lerche,* Übermaß und Verfassungsrecht, 1961, S. 19.

[328] *BVerfGE* 100, 313 (375); *Michael Jakobs,* Der Grundsatz der Verhältnismäßigkeit, 1985, S. 66f.; 68; *Stern,* StaatsR III/2, § 84 II 3., S. 779f.

grundsatz als „Brückenprinzip" zur Verbindung rechtlicher und nichtrechtlicher Maßstäbe im Verwaltungshandeln besonders geeignet erscheinen.

2. Verhältnismäßigkeit und Zumutbarkeit

109 Die Nähe des eigentlichen Proportionalitätsgebots zum **Grundsatz der Zumutbarkeit** als selbständiger Maßstab des Verwaltungshandelns[329] liegt nach alledem auf der Hand.[330] Letzterer fordert von der öffentlichen Verwaltung, dass deren Maßnahmen in ihren Auswirkungen auf den Bürger stets noch zumutbar sein müssen. Das aber bedingt, die mit einer Handlung der Verwaltung verfolgten Gemeinwohlinteressen gegen die schutzwürdigen Belange des betroffenen Bürgers unter Berücksichtigung der Wertentscheidungen des Grundgesetzes **abzuwägen.** Die Verhältnismäßigkeit im engeren Sinne („Proportionalitätsgebot") und der Grundsatz der Zumutbarkeit verfließen insofern ineinander; sie gerinnen beide zu Einstellgrößen eines noch vorausliegenden **allgemeinen Abwägungsgebots,** das an die Verwaltung adressiert wird.[331] Nicht von ungefähr ist hiergegen eingewendet worden, dass Verhältnismäßigkeit jedenfalls nicht als ein „Weichmacher" gesetzlicher Eingriffsermächtigungen gegenüber dem Bürger dienen dürfe.[332] Dementsprechend wird für die Rücknahme der Reichweite des Übermaßverbots plädiert, wodurch diesem „entstandene Wucherungen beschnitten" werden sollen.[333] Immerhin ließe sich auf diese Weise der Problematik begegnen, dass gerichtliche Judikate bei Gelegenheit der Berufung auf das Übermaßverbot im Rahmen der anzustellenden Abwägung häufig die „einzige verhältnismäßige Verwaltungsentscheidung" im Auge haben und dadurch die behördliche Befugnis zur eigenständigen Abwägung und zu Ermessensentscheidungen untergraben – eine Entwicklung, die konträr zur polizeirechtlichen Herkunft des Verhältnismäßigkeitsprinzips verläuft.[334]

3. Verwaltungshandeln zwischen Übermaß- und Untermaßverbot

110 Für ihr Handeln das **richtige Maß** zu finden, hält die Verwaltung dazu an, das (verbotene) Übermaß zu meiden, untersagt ihr aber auch und gleichzeitig störende Passivität, wenn staatlicher Schutz gegen nichtstaatliche Eingriffe Dritter zu gewähren sein sollte. Das insoweit von der Verfassungsrechtsprechung bejahte **Untermaßverbot**[335] gibt der Verwaltung auf, die Freiheit des Einzelnen aktiv gegen Eingriffe Dritter durch Gewährleistung eines Schutzminimums zu sichern.

---

[329] *Stern*, StaatsR III/2, § 84 II, S. 783 m. w. N.
[330] Vgl. nur *BVerfGE* 30, 292 (316); std. Rsprs.: *BVerfGE* 67, 157 (178); 79, 256 (270); 81, 70 (92); 83, 1 (19).
[331] *Mayer/Kopp*, Verwaltungsrecht (Fn. 5), S. 304; *Pitschas*, Konsensuales Verwaltungsrecht (Fn. 4), S. 508 f.; *Stern*, StaatsR III/2, § 84 IV, S. 814 ff.
[332] *Fritz Ossenbühl*, VVDStRL, Bd. 39 (1981), S. 189 (Diskussionsbeitrag); indes führt dieser Gedanke nicht so sehr weiter, weil zumindest im **Regulierungsverwaltungsrecht** die Prognose-, Beurteilungs- und Gestaltungsermächtigungen für die Verwaltung dieser aufgeben, „nach Optionen einer zumutbaren Interessenbalancierung zu suchen", vgl. *Hoffmann-Riem*, Flexibilität und Innovationsoffenheit (Fn. 13), S. 51. Um das abschätzig gemeinte „weich machen" geht es also nicht!
[333] *Ossenbühl*, Maßhalten (Fn. 322), S. 158.
[334] So *v. Danwitz*, Optimierungsgebote (Fn. 218), S. 939.
[335] *BVerfGE* 88, 203 (254); *Josef Isensee*, Das Grundrecht als Abwehrrecht und als staatliche Schutzpflicht, in: HStR V, § 111 Rn. 165 f.

Es erweist sich mit dieser Zweckzuschreibung als ein Komplement zum Übermaßverbot, nicht aber als dessen Antipode.[336] Denn beide Grundsätze nehmen als Einzelmaßstäbe Bezug auf dasselbe vom Grundgesetz gewollte „richtige Maß" des Verwaltungshandelns. Sie erspießen beide dem Gedanken des schonenden Ausgleichs nach allen Seiten, den die öffentliche Verwaltung auch im Grundrechtsschutz und bei Regulierungsakten, mit denen sie grundrechtliche Schutzpflichten erfüllt, zu berücksichtigen hat.

D. Effizienz- und Gemeinwohlbindung des Verwaltungshandelns

I. Das Effizienzgebot als Maßstabsverbindung

Dem Verhältnismäßigkeitsgrundsatz verbindet sich eng das **Effizienzgebot** des Verwaltungshandelns. Verantwortlich zeichnet hierfür und einerseits das Verständnis von Effizienz als Rechtsprinzip[337], andererseits deren rechtliche Ausformung als Grundsatz der Ressourcenschonung.[338] Beides ist umstritten. Manche verwechseln Effizienz mit der Leistungsfähigkeit oder auch der Effektivität bzw. mit der Funktionstüchtigkeit öffentlicher Verwaltung[339] und verstehen die erstere als „Trivialität" oder gar als ein Formalprinzip, das der Rechtsbindung des Verwaltungshandelns gegenübergestellt wird.[340]

111

1. Effizienz als ökonomisches Prinzip und Rechtsbegriff

In der Tat ist der normative Standort des Effizienzprinzips noch immer unklar.[341] Seine Deutung als Verhältnis der für eine Verwaltungsmaßnahme aufzuwendenden Kosten (Mittel, Ressourcen) zu dem anzustrebenden Ziel (Erfolg, Nutzen des

112

---

[336] A. A. *Detlef Merten*, Grundrechtliche Schutzpflichten und Untermaßverbot, in: GS Joachim Burmeister, 2005, S. 227 (239).

[337] So der Titel einer früheren Schrift von *Walter Leisner*, Effizienz als Rechtsprinzip, Recht und Staat, H. 402/403, 1971; N. zum einschlägigen frühen Schrifttum bei *Pitschas*, Konsensuales Verwaltungsrecht (Fn. 4), S. 57 ff.; 59, 102, speziell zur Verfahrenseffizienz S. 586 ff.; aus der jüngeren Diskussion vgl. neben → Bd. I *Ruffert* § 17 Rn. 105 bes. *Gabriele Britz*, Umweltrecht im Spannungsfeld von ökonomischer Effizienz und Verfassungsrecht, DV, Bd. 30 (1997), S. 185 (192 ff.); *Klaus Ritgen*, in: Knack/Henneke, VwVfG, Vor § 9 Rn. 15 ff.; *Horst Eidenmüller*, Effizienz als Rechtsprinzip, 2. Aufl. 1998, S. 463 ff.; *Martina R. Deckert*, Effizienz als Kriterium der Rechtsanwendung, Rechtstheorie, Bd. 26 (1995), S. 117 (127 ff.); *Eckhard Pache*, Verantwortung und Effizienz in der Mehrebenenverwaltung, VVDStRL, Bd. 66 (2007), S. 106 (115 f.); → Bd. I *Poscher* § 8 Rn. 28 f.; *Michael Sachs*, in: Stelkens/Bonk/Sachs, VwVfG, §§ 40 Rn. 65, 50 Rn. 5.

[338] Dazu näher *Schmidt-Aßmann*, Ordnungsidee, 6. Kap. Rn. 65 ff.

[339] Zur Begriffsklärung s. schon oben im Text zu → Rn. 19, 20 m.w.N.; vgl. ferner *Butzer*, Wirtschaftlichkeit (Fn. 18), S. 448 ff.; *Hoffmann-Riem*, Effizienz (Fn. 108), S. 16 ff.; *Pitschas*, Modernisierung (Fn. 109), S. 34; *Schmidt-Aßmann*, Ordnungsidee, 6. Kap. Rn. 64; völlig daneben aber *Hans C. Röhl*, Verantwortung und Effizienz in der Mehrebenenverwaltung, DVBl 2006, S. 1070 (1071): Recht könne von Effizienz absehen; s. demgegenüber auch *BVerwGE* 101, 64 (71 f.).

[340] So etwa *Achterberg*, VerwR, § 19 Rn. 19 ff.; *Herbert Krüger*, Allgemeine Staatslehre, 2. Aufl. 1966, S. 730 ff.; → Bd. I *Möllers* § 3 Rn. 6 spricht sogar von einem „Ersatzmaßstab".

[341] *Achterberg*, VerwR, § 19 Rn. 2, 19 ff.; *Bernd Becker*, Öffentliche Verwaltung, 1989, S. 442 f.; *Detterbeck*, Allg. VerwR, Rn. 255; *König*, Moderne öffentliche Verwaltung (Fn. 201), S. 357 ff., 361 und öfter; → Bd. I *Möllers* § 3 Rn. 6; *Friedrich Schnapp*, Der Haushaltsgrundsatz der Wirtschaftlichkeit und Sparsamkeit – im Sozialrecht und in anderen Rechtsgebieten, FS Bernd Baron v. Maydell, 2002, S. 621 ff.; zum Verfassungsrang s. jedoch *BVerfGE* 40, 272 (275); 61, 82 (110 f.); 107, 395 (401); 112, 185 (207 f.).

Mitteleinsatzes) ist bislang den Wirtschaftswissenschaften zu verdanken. Dort ist die Rede vom „Wirtschaftlichkeitsprinzip".[342] In der daran anknüpfenden Ausprägung als „Maximalprinzip" gibt das **Effizienzgebot** auf, mit feststehenden Mitteln den größtmöglichen Nutzen zu erreichen. Dagegen geht es dem „Minimalprinzip" darum, für den erwarteten (und qualitätsgesicherten) Nutzen bzw. für das festgelegte Verwaltungsziel den geringstmöglichen Aufwand zu betreiben.[343]

113 Mit dieser Maßgabe ist die angestrebte Effizienz des Verwaltungshandelns nach wissenschaftlichem Sprachgebrauch von dessen **Effektivität** zu unterscheiden: Diese betrifft die Zielerreichung; sie beschreibt deren Grad, also das Ausmaß, in dem gesetzgeberische oder Verwaltungsziele durch entsprechende Maßnahmen realisiert werden.[344] Der Mitteleinsatz bleibt hingegen unberücksichtigt. Effektivität rückt somit das **Ziel** des Verwaltungshandelns in den Vordergrund, während Effizienz die **Kostenentwicklung** in den Blick nimmt. Beide Grundsätze bleiben indes aufeinander bezogen: Jede Zielvorgabe findet ihre Verwirklichungschance oder -grenze im positiven oder negativen Ergebnis der Kostenanalyse, die Aussagen zur Herstellungseffizienz, Kosteneffizienz und allokativen Effizienz des Verwaltungshandelns enthält.[345]

114 Effizienzdenken in der Verwaltung will m.a.W. den möglichst günstigen Einsatz der verfügbaren Haushaltsressourcen fördern. Hierzu bedarf es der Bewertung derjenigen Entscheidungsalternativen, die für das Handeln der Verwaltung im jeweiligen Zielkorridor existieren, bezogen auf den einzelnen **Maßnahmezweck**. Darin ist der **Vergleich** mit alternativen Entscheidungs- und Handlungsmöglichkeiten eingewoben, d.h. eine **Abwägung** der erheblichen Belange bzw. Kostenfaktoren, die ihrerseits eine entsprechende Einschätzung bedingt. Das Effizienzgebot setzt somit einen **Einschätzungsspielraum** voraus. Es erweist sich deshalb und einerseits als ein „weicher" Maßstab, der wertungsabhängig ist und Abwägungsunterschieden Raum gibt.[346] Dies gilt insbesondere dann, wenn man aus volkswirtschaftlicher bzw. gesellschaftlicher Perspektive solche Kosten und Nutzen einbezieht, die über „betriebliche Kosten, Aufwendungen, Gewinne, Umsätze etc. bzw. marktliche Transaktionen hinausgehen und damit betriebswirtschaftlich nicht zu erfassen sind".[347] So gesehen, eröffnet sich eine beträchtliche Variationsbreite von Effizienzüberlegungen. Allesamt dienen sie der Zweckkonkretisierung im Recht. Umgekehrt kann diese nicht von Effizienzurteilen als Steuerungsinstrumenten der Realität absehen. Die hiesigen Überlegungen schließen es im Übrigen und mit ihrer Betonung von Wertebezug und subjektivpersonalen Einschätzungsparametern[348] aus, die Effizienzmaxime schlicht mit

---

[342] *Eichhorn*, Wirtschaftlichkeit (Fn. 108), bes. S. 153 ff.; zum ökonomischen Wirtschaftlichkeitsbegriff auch *Mühlenkamp*, Wirtschaftlichkeit (Fn. 108), S. 3 ff., 7 ff.; *Günter Wöhe/Ulrich Doering*, Einführung in die allgemeine Betriebswirtschaftslehre, 21. Aufl. 2002, S. 1 f., 47 f.; *Jürgen Schmidt*, Wirtschaftlichkeit in der öffentlichen Verwaltung, 6. Aufl. 2002, S. 20 ff.
[343] *Mühlenkamp*, Ökonomisierung (Fn. 90), S. 65 ff.
[344] *Eichhorn*, Wirtschaftlichkeit (Fn. 108), S. 162.
[345] Zu dieser Aufgliederung s. *Mühlenkamp*, Ökonomisierung (Fn. 90), S. 59 ff.
[346] So auch *Detterbeck*, Allg. VerwR, Rn. 255; *Karl-Jürgen Bieback*, Effizienzanforderungen an das sozialstaatliche Leistungsrecht, in: Hoffmann-Riem/Schmidt-Aßmann (Hrsg.), Effizienz, S. 127 ff.
[347] *Mühlenkamp*, Ökonomisierung (Fn. 90), S. 55; vgl. ferner *Schmidt-Aßmann*, Ordnungsidee, 6. Kap. Rn. 171.
[348] *Ulrich Battis/Jens Kesten*, Personalvermittlung in der öffentlichen Verwaltung am Beispiel des hessischen Zukunftssicherungsgesetzes, DÖV 2004, S. 569 (598); *Rainer Pitschas*, Reforms of Public

dem Erfordernis der Zweckmäßigkeit des Verwaltungshandelns in Eins zu setzen.³⁴⁹ Das Effizienzgebot verlangt vielmehr und in Ausdifferenzierung vom Zweckmäßigkeitsgrundsatz, seitens der Verwaltung nach einem **angemessenen Verhältnis** zwischen Mittel und Zweck, also nach deren **schonenden Ausgleich** i.S. der Verhältnismäßigkeit zu suchen.³⁵⁰

Dadurch offenbart sich aber auch und andererseits, dass es „Effizienz an sich" nicht geben kann. Diese stellt vielmehr in ihrem wirtschaftswissenschaftlichen Verständnis einen **Relationsbegriff** dar, der selbst über keine Bezugsparameter verfügt. Er verweist stattdessen auf solche Messgrößen wie z.B. Kosten und Nutzen, Aufwand und Ertrag, Mittel, (rechtlich verankerte) Zwecke und Aufgaben. Effizienz selbst bietet dagegen keinen Anhalt dafür, diese Größen zu ermitteln oder die der Rechtmäßigkeitsprüfung unterworfenen zweckorientierten Verwaltungsmaßnahmen hinsichtlich deren Effizienz oder Ineffizienz zu beurteilen.³⁵¹ Eigentlich verkörpert die Effizienzbetrachtung deshalb eher die Bezeichnung bzw. die Kurzform einer **Methode**, die auf die Herstellung einer situativ-optimalen Zweck-Mittel-Beziehung drängt.³⁵² 115

2. Das Effizienzprinzip im Recht

Das **Verwaltungsrecht** nimmt diese ökonomische Effizienzdeutung zunächst auf. Es geht jedoch mit der Verankerung einer eigenständigen Bedeutung des Effizienzprinzips im Recht darüber hinaus. Das rechtsdogmatische Verständnis von Effizienz orientiert sich zwar an der beschriebenen Zweck-Mittel-Relation zwischen Nutzen (Zielen) des Verwaltungshandelns einerseits, den eingesetzten Kosten bzw. Mitteln oder Ressourcen andererseits. Doch versucht die rechtliche Ausdeutung des Effizienzgebots dieses Verhältnis zu systematisieren und rechtlich anwendbar zu gestalten, wobei es im Einzelfall darauf ankommt, wie hinreichend verlässlich die Mittel und Zwecke im Recht gesetzgeberisch determiniert bzw. feststellbar sind.³⁵³ Hieran anschließend, ergibt sich die rechtsdogmatische Konturierung des Effizienzgebots als gleichfalls im Recht verankerter Handlungs- und Verfahrensmaßstab aus der verfassungsrechtlichen Grundlegung eines umfassenden Effizienzprinzips für alle staatlichen Tätigkeiten, das weit über den haushaltsrechtlich begründeten Wirtschaftlichkeitsgrundsatz hinausreicht.³⁵⁴ 116

Administration within the European Union: Why do we need more Ethics in Public Service?, in: *Pitschas*, Trusted Governance (Fn. 158), S. 17 ff.; s. ferner oben → Rn. 20.

³⁴⁹ Wie dies *Achterberg*, VerwR, § 19 Rn. empfiehlt; der von *Eichhorn*, Wirtschaftlichkeit (Fn. 108), S. 157 verwendete Begriff der „wirtschaftlichen Zweckmäßigkeit" wird deshalb richtigerweise von der rechtlichen Betrachtung getrennt, vgl. a.a.O., S. 161 f.; s. ferner *ders.*, Die Relativität der Wirtschaftlichkeit, in: FS Hans H. v. Arnim, 2004, S. 253 ff.

³⁵⁰ Ebenso *Schmidt-Aßmann*, Ordnungsidee, 6. Kap. Rn. 68 m. Fn. 175; vgl. ferner oben → Rn. 27, 32, 108 ff. Damit ist die „Brücke" zum Recht gegeben; unzutreffend daher → Bd. I *Möllers* § 3 Rn. 6 (Fn. 340) und *Röhl*, Mehrebenenverwaltung (Fn. 339), der sich schon selbst widerspricht: Effizienz sei doch „ein Thema der Rechtsanwendung", a.a.O., S. 1971 m. Fn. 16, ebd. im Gegensatz zu seinen vorausgegangenen Ausführungen.

³⁵¹ Das verkennt *Möllers* (→ Bd. I *Möllers* § 3 Rn. 6; s. Fn. 340), in seinen Methodenüberlegungen.

³⁵² So auch *Butzer*, Wirtschaftlichkeit (Fn. 18), S. 452.

³⁵³ *Schnapp*, Haushaltsgrundsatz (Fn. 341), S. 627 f. m. Fn. 16.

³⁵⁴ Wie hier *Butzer*, Wirtschaftlichkeit (Fn. 18), S. 446, 448 ff.; *Pitschas*, Modernisierung der sozialen Sicherung (Fn. 109), S. 34 ff., je m.w.N.; vgl. darüber hinaus *Hoffmann-Riem*, Effizienz (Fn. 108),

117 Die verfassungsrechtlichen Pfeiler dieser „Verrechtlichung" formuliert zum einen das Grundgesetz selbst, wenn und soweit es in Art. 114 Abs. 2 S. 1 GG die **Wirtschaftlichkeit** als einen der allgemeinen Prüfungsmaßstäbe für die Haushaltskontrolle durch den Bundesrechnungshof benennt. Wirtschaftlichkeit als Maßstab des Verwaltungshandelns gibt sich ferner in den weiteren grundgesetzlichen Bestimmungen der Art. 104a Abs. 5 S. 1, Art. 106 Abs. 3 S. 4 Nr. 2, Art. 111 Abs. 1, Art. 112, Art. 113 Abs. 1 und Art. 115 Abs 1 GG zu erkennen. Nicht zuletzt dadurch hat die umfassende Bindung aller Staatsorgane an Wirtschaftlichkeitsuntersuchungen auch Verfassungsrang erhalten. Die Folge ist eine durchgreifende rechtliche Wirtschaftlichkeitsverpflichtung sowohl für den Haushalts- wie für den Sachgesetzgeber.[355] Eine Konsequenz dessen ist die sog. „Schuldenbremse" im Grundgesetz. Ergänzt wird dieser Befund aus Art. 317 Abs. 1 S. 1 AEUV, §§ 6 HGrG und 7 BHO, die speziell die Bedeutung von Wirtschaftlichkeit und Sparsamkeit bei der Ausführung des Haushaltsplanes generalklauselartig hervorheben; sie stellen überdies verfahrensrechtliche Vorkehrungen zu ihrer Sicherung bereit.[356] Insgesamt zielen diese Aussagen des materiellen Verfassungsrechts aber nicht nur auf die günstigste Relation zwischen dem verfolgten Zweck und den einzusetzenden Ressourcen. Über einen Grundsatz der Wirtschaftlichkeit, Sparsamkeit und Ergiebigkeit hinaus verkörpern die dargestellten Festlegungen die Rechtspflicht der Verwaltung zu rationalen, nicht willkürlichen, deshalb (auch) kostenbewussten und ebenso klugen Entscheidungen.

118 Rechtliche Effizienz speist sich in ihrer Deutung als inhaltliches Prinzip[357] daneben und komplementär aus der dogmatischen Entfaltung des allgemeinen **staatsrechtlichen Treuhandgedankens:** der Staat ist als beitrags- und steuerfinanzierter Treuhänder der Bürgergesellschaft, die sich im Innenverhältnis ausgleichsverpflichtender Solidarität unterworfen sieht, unter Einsatz entsprechender Prüfverfahren und -methoden zum sorgsamen Umgang mit den von der Gesellschaft erhobenen Finanzmitteln verpflichtet und dazu angehalten, haushaltsgefährdende bzw. einzelne Interessen oder Interessengruppen bevorzugende Maßnahmen zu unterlassen. Umgekehrt wird die individuelle Verantwortlichkeit in der Gesellschaft für sparsame und wirtschaftliche Verhaltensweisen in Bezug auf staatliche Leistungen durch das Grundgesetz berufen.[358] Die überdies gegebene und schon zuvor erörterte Verknüpfung des Effizienzgedankens mit der Notwendigkeit eines schonenden Zweck-Mittel-Ausgleichs beruft zu guter Letzt als einen weiteren Tragpfeiler des rechtsstaatlichen Legitimationskonzepts von Effizienz den **Verhältnismäßigkeitsgrundsatz.** Er fungiert ebenso als dogmatischer Begründungsansatz wie zugleich als Legitimitätsreserve für die ratio-

---

S. 38 ff.; *Utz Schliesky*, Der Grundsatz der Wirtschaftlichkeit – vom Organisations- zum Verfahrensmaßstab, DVBl 2007, S. 1453 ff.; *Schmidt-Aßmann*, Ordnungsidee, 6. Kap. Rn. 66.

[355] *Luthe*, Sozialgestaltung (Fn. 9), S. 333 ff.; *v. Armin*, Wirtschaftlichkeit (Fn. 18), S. 67 ff., 72 f.; *ders.*, Betreuung und Eigentum, VVDStRL, Bd. 39 (1981), S. 286 (311 ff.); *Edzard Schmidt-Jortzig*, Der Grundsatz der Wirtschaftlichkeit – Verfassungsrechtliche Determinanten, in: Butzer (Hrsg.), Wirtschaftlichkeit (Fn. 89), S. 17 (21 ff.). Vgl. a. → Bd. III *Korioth* § 44 Rn. 70, 106.

[356] Dazu *Butzer*, Wirtschaftlichkeit (Fn. 18), S. 446, 447 ff., 451.

[357] I.S. von *Robert Alexy*, Theorien der Grundrechte, 1985, S. 75 ff.; s. auch *ders.*, Verfassungsrecht und einfaches Recht – Verfassungsgerichtsbarkeit und Fachgerichtsbarkeit, VVDStRL, Bd. 61 (2002), S. 7 (18 ff.).

[358] Dieser Gedanke geht auf *v. Arnim*, Wirtschaftlichkeit (Fn. 18), S. 74 zurück; s. auch *BSGE* 56, 197 ff.

D. Effizienz- und Gemeinwohlbindung des Verwaltungshandelns

nale (kluge) Verbindung der Ebenen von Zweckmäßigkeit und Rechtmäßigkeit bei Prüfung der jeweiligen Nutzen-Kosten-Relation.[359] Das Effizienzprinzip stellt sich insoweit und kraft dieser verfassungsrechtlichen Verankerung in der Verwaltungspraxis als handlungsleitender **Verwaltungsgrundsatz der Ressourcenschonung** dar.

II. Effizienzbindung aus administrativer Gemeinwohlverpflichtung

Auf dieser normativen Grundlage, die über das betriebswirtschaftliche Verständnis weit hinausreicht, fußt das – seinerseits enger auf Kostenwirtschaftlichkeit zielende – **Effizienzgebot** als rechtlich „direkt anwendbare Maxime für die konkrete Entscheidung des Amtswalters".[360] Sie führt jedwede Rechts- und Zweckkonkretisierung nahtlos zusammen. Für die Verwaltung ist deshalb der Maßstab der Effizienz eine Struktur-, Bindungs- wie Kontrollnorm zugleich, obschon deren Steuerungsintensität gemeinhin, aber zu Unrecht als gering eingeschätzt wird.[361] Die rechtsdogmatischen Konsequenzen aus dieser Reichweite des Effizienzprinzips im Recht sind für das Entscheidungshandeln der Verwaltung beträchtlich; sie lassen das Effizienzprinzip als Auslöser und integrierte Steuerungsdirektive auch für die Verwaltungsmodernisierung sowie als komplexes Steuerungskonzept für ziel- und wirkungsorientiertes öffentliches Verwalten diesseits einer bloßen „Ökonomisierungsfunktion" erkennen. Von Rechts wegen ist deshalb das Effizienzgebot maßgebliche Steuerungsnorm eines „New Public Management", das zugleich – und auf dem Gemeinwohlgebot gründend – ein „Public Value Management" sein muss.[362]

119

1. Gemeinwohlverpflichtung des Verwaltungshandelns

Zu dieser Wirkung rechnen ebenso die immanenten Nutzenmaßgaben, die aus der **Gemeinwohlverpflichtung** allen Verwaltungshandelns erwachsen. Sie prägen die „innere" Strukturgebung der Effizienz als Rechtsprinzip. Denn das Gebot des Gemeinwohlbezuges gehört im Maßstabskomplex der Effizienz zu den verfassungsrechtlichen Rahmenbedingungen ihrer Geltung. Seinen Ursprung findet der für das Verwaltungshandeln ebenfalls verbindliche Gemeinwohlgrundsatz[363] in dem in Art. 20 Abs. 1 GG verankerten **Demokratieprinzip.** Dieses verlangt, dass staatliches Handeln dem gesamten Volk und damit dem Gemeinwohl dient.[364] Mag dabei auch der Begriff des Gemeinwohls selbst nur schwer zu konturieren sein,[365] so ist doch einerseits unstreitig, dass der Staat nicht im speziellen

120

---

[359] Dazu schon oben → Rn. 27, 32, 108 ff.; zusammenfassend *Schmidt-Aßmann*, Ordnungsidee, 6. Kap. Rn. 68.
[360] *Butzer*, Wirtschaftlichkeit (Fn. 18), S. 446, 450 ff.
[361] Vgl. nur *Röhl*, Mehrebenenverwaltung (Fn. 339), S. 1071; näher dazu noch *Pitschas*, Modernisierung der sozialen Sicherung (Fn. 109), S. 35.
[362] *Pitschas*, Ethics in Public Service (Fn. 348), S. 26 ff.; s. auch *König*, Moderne öffentliche Verwaltung (Fn. 201), S. 870.
[363] Dazu bereits oben → Rn. 25, 61 m. w. N.
[364] VGH BW, DVBl 1985, S. 170; *Achterberg*, VerwR, § 19 Rn. 51; *Detterbeck*, Allg. VerwR, § 6 Rn. 252 f.; krit. *Horst Dreier*, Art. 20 (Republik), in: ders., GG II, Rn. 20 ff. zu der Ableitung aus dem republikanischen Prinzip, dafür *Rolf Gröschner*, Der Freistaat des Grundgesetzes (Fn. 186), S. 336 ff.
[365] *Peter Häberle*, Die Gemeinwohlproblematik in rechtswissenschaftlicher Sicht, Rechtstheorie, Bd. 14 (1983), S. 257 ff.; *Gunnar Folke Schuppert*, Gemeinwohl, das. Oder: Über die Schwierigkeiten,

Einzelinteresse handeln darf, sondern allein übergeordneten öffentlichen Interessen Rechnung zu tragen hat. Andernfalls sieht sich die „Treuhänderstellung" des Staates verletzt. Unter den Bedingungen allgegenwärtiger „Governance" wird indes und andererseits das Gemeinwohl zum Problem dezentraler Legitimation, multipolarer Steuerung und komplexer Verantwortung. Individuelle oder Gruppeninteressen müssen daher gegen das nicht von vorneherein definierbare Gemeinwohlinteresse in einem Prozess der Ausfilterung abgewogen werden. In der **Verwaltungspraxis** ist dabei namentlich der Vertrauensschutz des Individuums, wie ihn die §§ 48 ff. VwVfG in seiner gemeinschaftsrechtlichen Deutung ausformen, zu berücksichtigen. Im Einzelfall steht deshalb oftmals die Gemeinwohlbezüglichkeit mit dem Individualrechtsschutz im Konflikt; stets hat eine Abwägung stattzufinden.[366] Rechtswidrig wäre allerdings und z.B. die Aufstellung oder Abänderung eines Bebauungsplanes, um ausschließlich den privaten Interessen eines oder einiger weniger Grundstückseigentümer zu entsprechen.[367]

2. Gemeinwohlbindung als Strukturgebung des Effizienzurteils

121 Dem Staat kommen allerdings bei der Zweckkonkretisierung seines Handelns ein weiter Einschätzungsspielraum sowie eine entsprechende **Einschätzungsprärogative** zu. Für seine Maßnahmen müssen sich vernünftige und nachvollziehbare Gemeinwohlerwägungen finden lassen. Dies gilt auch im Zusammenhang mit der Anwendung des **Effizienzgebots.** Dann ist es in der Lage, metajuristische Zielvorstellungen und Zwecksetzungen in rechtliche Geltung umzuwandeln, so z.B. Kosten-Nutzen-Erwägungen in Rechtsverbindlichkeit zu transformieren. Denn als rechtsstaatliche Handlungsmaxime durchdringt es kraft seiner inneren Verschmelzung mit der Gemeinwohlidee und der gesellschaftlichen Teilverantwortung hierfür auch ohne ausdrückliche rechtliche Transformation gebieterisch alle Formenkreise ökonomischer Zweckmäßigkeit.[368] Die Effizienz des Verwaltungshandelns ist deshalb nur im jeweiligen Kontext der rechtlichen Normierung und nur dann zu bejahen, „wenn die Bedeutung der durch sie erreichbaren Ziele für das **Gemeinwohl** den eingesetzten Aufwand an Zeit, Arbeitskraft, Finanzmitteln usw. – unter Einschluss etwaiger abträglicher Nebenfolgen – als gerechtfertigt erscheinen lässt und wenn die gleichen Ziele nicht auch mit geringerem Aufwand erreicht werden könnten".[369] Die treuhänderische Ausrichtung staatlicher Gemeinwohlorientierung und mit ihr das davon durchdrungene Effizienzprinzip begründen folglich auch so etwas wie „soziale" Effizienz.[370] In die Kostenrechnung sind deshalb von Rechts wegen einzustellende („externe") Effekte auch solche nicht-monetärer Größen wie

---

dem Gemeinwohlbegriff Konturen zu verleihen, in: *Gunnar Folke Schuppert/Friedhelm Neidhard* (Hrsg.), Das Gemeinwohl – Auf der Suche nach Substanz, 2002, S. 12 ff.

[366] Zu den insoweit einschlägigen Gesichtspunkten s. statt vieler *Rolf Grawert*, Gemeinwohl. Ein Literaturbericht, Der Staat, Bd. 43 (2004), S. 434 (444 f.); *Dirk Uwer/Katharina Wodarz*, DÖV 2006, S. 989 ff.; aus der Rspr. vgl. nur BVerfG (Fn. 211), Rn. 46 f.

[367] Beispiel nach *Detterbeck*, Allg. VerwR, § 6 Rn. 253.

[368] Zu dieser überspannenden Funktion des Effizienzprinzips s. auch *Eichhorn*, Wirtschaftlichkeit (Fn. 108): Zweckmäßigkeitsaspekte bildeten „nur einen Betrachtungsausschnitt" (S. 161); von der rechtlichen Seite her vgl. ebenso *Hoffmann-Riem*, Effizienz (Fn. 108), S. 34 ff., 44 ff.

[369] *Klaus Vogel/Paul Kirchhof*, in: BK, Art. 114 Rn. 90.

[370] Vgl. *Pitschas*, Organisationsrecht (Fn. 166), S. 182 ff., 201.

D. Effizienz- und Gemeinwohlbindung des Verwaltungshandelns

z.B. die Bürgernähe, Transparenz oder Partizipation, die Professionalität des Verwaltungshandelns und das Vertrauens der Bürger.[371]

III. Insbesondere: Wirtschaftlichkeit

1. Der Grundsatz der Wirtschaftlichkeit und Sparsamkeit

Der **Grundsatz der Wirtschaftlichkeit** ist ein wesentlicher Bestandteil des Effizienzgebots. Er findet seinen Standort zunächst und vor allem im öffentlichen Haushaltsrecht, worauf schon hingewiesen wurde.[372] Als **rechtlicher Maßstab** wird der Wirtschaftlichkeitsgrundsatz vor allem durch Art. 114 Abs. 2 GG entfaltet, wonach der Bundesrechnungshof u.a. „die Wirtschaftlichkeit der Haushalts- und Wirtschaftsführung" der Bundesregierung prüft. Aber auch in anderen Verfassungsnormen zeigt sich (mittelbar) diese Indienstnahme für die „Haushalts- und Wirtschaftsführung" (Art. 104a Abs. 5 S. 1; 106 Abs. 3 S. 4 Nr. 2; 111 Abs. 1; 112 GG u. öfter). Der gleiche Befund ergibt sich aus dem EU-Haushaltsrecht (Art. 317 Abs. 1 S. 1 AEUV).

122

Das Wirtschaftlichkeitsgebot, das häufig mit dem **Sparsamkeitsprinzip** i.S. der Aufwandsminimierung für die angestrebte Zweckkonkretisierung verbunden wird,[373] folgt in Bezug auf die Haushaltswirtschaftlichkeit weitestgehend den Aussagen des Effizienzgrundsatzes, wie sich aus der Verwaltungsvorschrift zu § 7 BHO ergibt:[374] Dieser ist zu entnehmen, dass „nach dem Grundsatz der Wirtschaftlichkeit […] die günstigste Relation zwischen dem verfolgten Zweck und den einzusetzenden Mitteln (Ressourcen) anzustreben [ist]. Der Grundsatz der Wirtschaftlichkeit umfasst das Sparsamkeits- und das Ergiebigkeitsprinzip. Das Sparsamkeitsprinzip (Minimalprinzip) verlangt ein bestimmtes Ergebnis mit möglichst geringem Mitteleinsatz zu erzielen. Das Ergiebigkeitsprinzip (Maximalprinzip) verlangt, mit einem bestimmten Mitteleinsatz das bestmögliche Ergebnis zu erzielen". Auf dieser Grundlage bilden das Wirtschaftlichkeits- und Sparsamkeitsgebot einen dualen **Handlungsmaßstab** der Exekutive; sie ermöglichen dieser in der Verwaltungspraxis die nötige Ausgabenkontrolle und erteilen auf der Ebene des Haushaltsrechts einen entsprechenden Auftrag zur Prüfung jeglicher Mittelverwendung. Immer aber bleibt die **Haushaltswirtschaftlichkeit** Bezugspunkt für Geltung und Reichweite des Wirtschaftlichkeits- und Sparsamkeitsgrundsatzes.

123

2. Wirtschaftlichkeit und Effizienzgebot

Diese Schwerpunktsetzung verdeutlicht, warum es berechtigt ist, die Wirtschaftlichkeit des Verwaltungshandelns **neben** dem Effizienzgrundsatz als besondere Maxime aufzuführen. Zum einen verweist die Bindung des Wirtschaftlichkeitsgrundsatzes an die Haushaltswirtschaftlichkeit als seinen Bezugsrahmen darauf, dass die Legitimität des „Verbrauchs" öffentlicher Mittel durch Verwal-

124

---

[371] Zutr. *Burgi*, Grundsatz (Fn. 89), S. 66 f. zum Aspekt der „Bürgernähe".
[372] Siehe oben → Rn. 117; vgl. ferner *Burgi*, Grundsatz (Fn. 89), S. 56 f.; *Butzer*, Wirtschaftlichkeit (Fn. 18), S. 445, 446; *Christoph Gröpl*, Haushaltsrecht und Reform, 2001, S. 346 ff.
[373] Dazu die Verwaltungsvorschrift zu § 7 BHO (VV-BHO, GMBl 2001, S. 307 ff., § 7 Nr. 1 Abs. 2 BHO); *Becker* (Fn. 341), S. 701 ff.; *Klaus Vogel/Paul Kirchhof*, in: BK, Art. 114 Rn. 90; *Schmidt-Jortzig*, Determinanten (Fn. 355), S. 20 f. S.a. → Bd. III *Korioth* § 44 Rn. 70.
[374] A.a.O. (Fn. 373); vgl. ferner *Butzer*, Wirtschaftlichkeit (Fn. 18), S. 446.

tungsmaßnahmen im Zentrum der Wirtschaftlichkeitsprüfung steht, nicht aber die Erfüllung einer bestimmten öffentlichen Aufgabe schlechthin. Dies besagt freilich und zum anderen nicht, dass der Wirtschaftlichkeitsgrundsatz auf das Haushaltsrecht i. e. S. beschränkt bleiben müsste. Er entfaltet seine Wirkung auch außerhalb des Haushaltsrechts – allerdings nur dann und dort, wo es um die Nachprüfung **öffentlicher Ausgaben** geht, so z. B. im Kontext des anzuwendenden Sachrechts im Einzelfall. Hier entfaltet auch er seine Wirkung als direkt anwendbare Maxime für konkretisierende Sachentscheidungen der Verwaltung.[375] „Wirtschaftlichkeit" ist daher ganz selbstverständlich im Zuge der Verwaltungsmodernisierung zu der **Rechtspflicht** erstarkt, die gesamte Verwaltungstätigkeit (soweit den Ressourcenverbrauch betreffend) an den Grundsätzen der Wirtschaftlichkeit und Sparsamkeit auszurichten.[376]

125 In diesem Verständnis als **Spezifizierung des allgemeinen Effizienzgebots** (bei partieller Identität) verkörpert der Wirtschaftlichkeitsgrundsatz ein **komplexes Steuerungskonzept** für die haushaltswirtschaftlichen Belange des zweck-, kosten- und folgenorientierten Verwaltungshandelns,[377] das die „Ökonomisierung" des Verwaltungsvollzugs und die darin einbeschlossene Alternativenprüfung einbezieht.[378] Es dirigiert, wie sich am Beispiel der Sozialversicherung und -verwaltung zeigt, aus dieser Perspektive die reflexiv-kooperative Steuerungsverantwortung der Sozialleistungsträger und ihres Klientels für die Durchsetzung eines budgetär limitierten und durch Bezugnahme auf „Wirtschaftlichkeit" gestützten haushaltsrechtlichen Übermaßverbots, das z. B. in § 12 SGB V für die Gewährung von Ermessens- und Pflichtleistungen in der gesetzlichen Krankenversicherung normiert ist. Auf diese Weise soll der „Leistungsexzess" ausgeschlossen werden. Die damit verbundene Einwirkung des **Verhältnismäßigkeitsprinzips**[379] gibt dabei auf, im jeweiligen Haushaltsjahr die einschlägigen Verwaltungsmaßnahmen zu planen und hierbei die günstigste Relation zwischen den gesteckten Zielen und den einzusetzenden Ressourcen herauszufinden. Dementsprechend erstreckt sich die Reichweite der (haushaltbezogenen) Wirtschaftlichkeitssteuerung auf den gesamten Bogen der Zweckkonkretisierung, von

---

[375] Im Mittelpunkt stehen dabei die **Ermessensenscheidungen** der Verwaltung, vgl. *Burgi*, Grundsatz (Fn. 89), S. 61 f.; *Jestaedt*, Maßstäbe (Fn. 2), Rn. 3, 12 ff., 27 ff., 55 ff. „Wirtschaftlichkeit" des Verwaltungshandelns enthält in Bezug hierauf einen verrechtlichten, „offenen" Handlungsmaßstab, der als (unfertige) Ermessensrichtlinie der sachzuständigen Behörde aufgibt, das Ermessen in bestimmter Weise auszuüben; dazu am Beispiel des Leistungsvollzugs im früheren Arbeitsförderungsrecht *BSG*, SGb 1991, S. 487 ff. m. Anm. von *Pitschas*; s. ferner *Luthe*, Sozialgestaltung (Fn. 9), S. 346 ff.

[376] Ebenso *Burgi*, Grundsatz (Fn. 89), S. 64 f. m. Hinweisen auf die entsprechende Landesgesetzgebung in Berlin und Sachsen-Anhalt sowie auf die Gemeindeordnung in Schleswig-Holstein (ebd., Fn. 47, 48 und 49); *Butzer*, Wirtschaftlichkeit (Fn. 18), S. 449; vgl. auch *Rainer Pitschas*, Wirtschaftlichkeit in Staat und Verwaltung: Arbeitsverwaltung, in: Hans H. v. Arnim/Klaus Lüder (Hrsg.), Wirtschaftlichkeit in Staat und Verwaltung, 1993, S. 167 (172 ff., 181 f.).

[377] Dazu schon oben m. Einzel-N. bei → Rn. 20, 25, 32, 37, 116 ff.; s. auch *Pitschas*, Anmerkung (Fn. 375), S. 493, 494 und ders., Modernisierung sozialer Sicherung (Fn. 109), S. 37, 38 f.; *Burgi*, Grundsatz (Fn. 89), S. 65.

[378] *Burgi*, Grundsatz (Fn. 89), S. 66, der die anspruchsvolle Methodik der Wirtschaftlichkeitsprüfung diskutiert; dazu auch *Eichhorn*, Wirtschaftlichkeit (Fn. 108), S. 161 f.; *Pitschas*, Anmerkung (Fn. 376), S. 181 f.; gegen ein „verkürzte(s) betriebswirtschaftliche(s) Verständnis des Grundsatzes der Wirtschaftlichkeit" s. ferner *Utz Schliesky*, Kommunale Organisationshoheit unter Reformdruck, DV, Bd. 38 (2005), S. 339 (360).

[379] *BSG*, SGb 1991, S. 487; *VerfGH NRW*, NWVBl 2003, S. 419 (422 f.).

D. Effizienz- und Gemeinwohlbindung des Verwaltungshandelns

der Maßnahmenplanung über die Leistungsbewilligung und Erfolgskontrolle bis hin zur Folgenverantwortung. Zugleich wird deutlich, dass Wirtschaftlichkeit gerade nicht ein bloßer Bestandteil der Zweckmäßigkeit des Verwaltungshandelns (i.S. nur wirtschaftlicher und nicht rechtlich verbundener Deutung) ist.[380]

Dennoch und andererseits ist entgegen der h. A., die Wirtschaftlichkeit und Effizienz in eins setzt,[381] das Gebot wirtschaftlichen Verwaltungshandelns nicht durchweg lex specialis zum ausschließlich „ökonomischen" Effizienzgrundsatz. Dessen Reichweite als metajuristischer **und** rechtlicher Maßstab ist umfassender, weil nicht auf die Haushaltswirtschaftlichkeit des Vollzugshandelns der Verwaltung begrenzt. Er stellt vielmehr einen **Maßstabskomplex** der Ressourcenschonung und insofern überschießend – wie etwa für das Umweltrecht in der Wirkform als Nachhaltigkeitsgebot[382] – ein **aliud** zum Wirtschaftlichkeitsprinzip dar.[383] **126**

Die eigentliche Bedeutung dieser Erkenntnis liegt darin, dass sich der weitere Inhalt eines über haushaltswirtschaftliche Belange hinausführenden Effizienzverständnisses ergänzend zur Sicherung umweltpolitischer oder auch sozialer Nachhaltigkeit bzw. zur Ressourcenschonung erschließt. Offenkundig wird zudem der komplexe Rationalitätsmaßstab der Effizienz als Rechtsprinzip i.S. inhaltlicher Strukturgebung der **Gemeinwohlbindung.** Nutzenüberlegungen werden dadurch einer ausschließlich betriebswirtschaftlichen Kostenorientierung entzogen. Stattdessen wird das jeweilige Effizienzkalkül aus dem gegebenen Handlungskontext mit seiner gesamten Spannweite von Nutzenerwägungen gespeist. Der Handlungsmaßstab der Effizienz erweist sich somit als **Optimierungsgebot.**[384] Bestimmte **Werteorientierungen** können dabei von erheblicher Bedeutung sein. So lassen sich bspw. und i.S. **sozialer Effizienz** aus dem Abbau von Personal im öffentlichen Dienst erwartete „Effizienzrenditen" nicht ohne Berücksichtigung individueller und sozialer Gesichtspunkte wie z.B. Ausbildungsniveau, Beschäftigungsdauer, Arbeitserfahrung und Arbeitsleistung, Qualifikations- und Innovationswünsche ermitteln, wenn es um die Stellen- und Personalselektion im Einzelnen geht.[385] **127**

3. Auswirkungen auf die Verwaltungsmodernisierung

Die Auswirkungen des so verstandenen Effizienzgebots sind insbesondere für die **Verwaltungsmodernisierung** in Bund, Ländern und Kommunen bedeutsam. Denn der Gemeinwohlbezug des Effizienzdenkens setzt eine spezifische Systemrationalität frei,[386] der alle Modernisierungsmaßnahmen in Bezug auf Auf- **128**

---

[380] Dazu oben → Rn. 117, 118; ebenso *Ulrich Becker/Iris Meeßen u.a.*, Leistungserbringung im Sozialrecht (Fn. 300), D. II.1. und 2. sowie *Peter J. Tettinger*, Verwaltungsrechtliche Instrumente des Sozialstaates, VVDStRL, Bd. 64 (2005), S. 199 (228f.).

[381] So statt aller *Butzer*, Wirtschaftlichkeit (Fn. 18), S. 446ff., 448ff.; *Schnapp* (Fn. 341), S. 621ff.

[382] *Schmidt-Aßmann*, Ordnungsidee, 6. Kap. Rn. 67.

[383] So auch *Schmidt-Aßmann*, Ordnungsidee, 6. Kap. Rn. 68; aus ökonomischer Sicht komplementär *Eichhorn*, Wirtschaftlichkeit (Fn. 108), S. 163.

[384] So auch BVerfG (K), EuZW 2012, S. 196, 198 Rn. 46; *Hoffmann-Riem*, Effizienz (Fn. 108), S. 25f., 27ff.

[385] Vgl. *Battis/Kersten*, Personalvermittlung (Fn. 348), S. 598; *Rainer Pitschas*, Neues Personalmanagement im Wandel des deutschen Verwaltungsstaates und Beamtenrechts, in: Detlef Merten/Rainer Pitschas/Matthias Niedobitek, Neue Tendenzen im öffentlichen Dienst. Speyerer Forschungsberichte, Bd. 189, 2. Aufl. 1999, S. 29 (34, 42f., 46ff.); in diese Richtung letztlich auch *Hoffmann-Riem*, Effizienz (Fn. 108), S. 29.

[386] Vgl. oben → Rn. 65.

gabenträgerschaft und Dienstleistungsverständnis öffentlichen Verwaltens unterliegen: Sowohl die Weiterführung als auch die Übernahme einer bestimmten öffentlichen Aufgabe durch die Verwaltung, aber auch die Wahl der Leistungsformen bleiben nicht allein der Entscheidung aufgrund eines bloßen Kostenvergleichs und vermeintlich verbesserter Kosten-Nutzen-Relation privater Aufgabenträgerschaft bzw. Leistungserbringung überantwortet.[387] Rechtlich unzulässig wäre es deshalb für die Verwaltung, unter Berufung auf Effizienz aus dem materiell geprägten Gehäuse des Verwaltungsrechts und seinem bloßer Kostenwirtschaftlichkeit grenzziehenden Wertekanon durch Übergang zu allein marktökonomisch begründeten Alternativen bzw. privatrechtsförmigen Organisations- und Managementtechniken aussteigen zu dürfen. Deshalb kann es auch nicht gelingen, den öffentlichen Sektor ebenso „gut" zu steuern, wie dies ein Unternehmen des privatwirtschaftlichen Sektors für sich vermag. Die Systemsteuerung öffentlicher Einheiten durch **Gemeinwohl-(Organisations-)Recht** ist nicht ersetzbar. Nicht von ungefähr plädierte man deshalb für die Entwicklung eines sog. Gewährleistungsrechts, das freilich seinerseits auf gravierende Bedenken stößt.[388] Das alles schließt indes nicht aus, die erwähnten Rationalisierungsprozesse auf der Grundlage und im Rahmen des Wirtschaftlichkeitsgrundsatzes auch im Gefolge der Verwaltungsmodernisierung so weit wie zulässig ökonomischen Rationalitätskriterien zu unterwerfen.

129   Im Ergebnis ist sonach Wirtschaftlichkeit kein „K.O.-Prinzip" *(Frido Wagener)* rechtlichen Verwaltungshandelns. Sie findet sich vielmehr im Gedanken der Effizienz geborgen, der im Wege von Kosten-Nutzen-Analysen sowie über die Ausformung des Verhältnismäßigkeitsgrundsatzes als Gebot eines angemessenen Ausgleichs zwischen Mitteleinsatz und Zweckkonkretisierung bei Verwaltungsmaßnahmen[389] sowie über den Gemeinwohlbezug aller Effizienzvorstellungen zu wertenden Rechtsentscheidungen im Einzelfall gelangen lässt. Aufgrund dieses mehrdimensionalen Maßstabsgefüges ist umgekehrt der demokratische und soziale Rechtsstaat auch nicht effizienzblind.[390]

IV. Folgewirkungen für das Verwaltungsrecht

1. Effizienz im Verwaltungsverfahrensrecht

130   Effizienzvorschriften entfalten deshalb im **Allgemeinen Verwaltungsrecht** seit langem eine sich stetig vertiefende Bedeutung.[391] Dabei spielt vornehmlich das

---

[387] Am Beispiel der öffentlichen Unternehmen s. etwa *Holger Mühlenkamp,* Zur relativen (In-)Effizienz öffentlicher (und privater) Unternehmen – Unternehmensziele, Effizienzmaßstäbe und empirische Befunde, in: Christina Schaefer/Ludwig Theuvsen (Hrsg.), Renaissance öffentlicher Wirtschaft, 2012, S. 21 (22 ff.); irreführend daher *Achterberg,* VerwR, § 19 Rn. 2; unklar aber auch *Butzer,* Wirtschaftlichkeit (Fn. 18), S. 445 f., 446 ff., 449 r. Sp.

[388] Dazu die N. oben in → Fn. 44, 55 f.; zur Gegenposition auch *König,* Moderne öffentliche Verwaltung (Fn. 201), S. 361 ff.; *Pitschas,* Neues Verwaltungsrecht (Fn. 38), S. 232; ders., VVDStRL, Bd. 62 (2003), S. 355 (Diskussionsbeitrag); Bedenken etwa ferner bei *Christoph Engel,* ebd., S. 342 f. (Diskussionsbeitrag); *Tettinger,* Instrumente (Fn. 340), S. 231.

[389] Zusammenfassend *Schmidt-Aßmann,* Ordnungsidee, 6. Kap. Rn. 68.

[390] *Hoffmann-Riem,* Effizienz (Fn. 108), S. 40 ff., 46 f.; *Wahl,* Verwaltungsverfahren (Fn. 39), S. 157.

[391] Das Verwaltungsrecht wird demzufolge heute völlig zu Recht als „Wirtschaftlichkeitsreserve" betrachtet, vgl. explizit *Burgi,* Grundsatz (Fn. 89), S. 53, 57 f.

D. Effizienz- und Gemeinwohlbindung des Verwaltungshandelns

Verwaltungsverfahren eine besondere Rolle. Dies belegen beispielhaft die Regelungen über Verfahrensvereinfachungen für Massenverfahren (§§ 17, 18 VwVfG) sowie zum Verfahren über eine einheitliche Stelle (§ 71a VwVfG). Sondergesetzliche Normen zur Verfahrensbeschleunigung emissionsschutzrechtlicher, wasser- und baurechtlicher Zulassungsverfahren treten hinzu.[392] Weiterhin finden sich im Verfahrensrecht punktuelle Effizienzgebote, Effizienzoptionen, aber auch Effizienzschranken, so z. B. in den §§ 28 Abs. 2 Nr. 3, 39 Abs. 2 Nr. 2 VwVfG.[393]

Es würde diesem nach längerer „Umbauphase"[394] nunmehr insgesamt effizienzfördernden Verwaltungsverfahrensrecht nicht gerecht, wollte man einseitig nur seine Effizienzdefizite rügen. Die **Wirtschaftlichkeitssteuerung** des Verwaltungsverfahrens i.S. ausgreifender **Verfahrenseffizienz** findet im Gegenteil heute in den §§ 10 VwVfG, 9 SGB X eine übergreifende Verklammerung bzw. ein gemeinsames Fundament für die Entwicklung weiterer Elemente einer effizienten Verfahrensausgestaltung. Misslich erscheint allerdings, dass in diesen Vorschriften nur ein bestimmter Ausschnitt von Verfahrenseffizienz, nämlich die zeitliche Dauer von Verfahren explizit betont wird. Die verstärkte Ausrichtung an der vermeintlich nur „dienenden Funktion" des Verwaltungsverfahrens sowie an materiellen Rechtsvorstellungen kündet von einem veralteten Leitbild des Verfahrensgesetzgebers. Dieser bevorzugt ein verkürztes Effizienzdenken, das nicht einmal puren Wirtschaftlichkeitsüberlegungen völlig gerecht wird und sich ausschließlich auf die zeitliche Dimension erstreckt. Maßgeblich sollten stattdessen und vor allem die dem Verwaltungsverfahren eigenen sowie von den Rationalitätsbedingungen her je unterschiedlichen **Verfahrensphasen** sein: Während es in der Phase der Antragsstellung vor allem darauf ankäme, diese so einfach und übersichtlich wie möglich zu gestalten, ginge es in den anschließenden Verfahrensphasen darum, den Bürger bzw. sonstige Verfahrenspartner in den „Geschäftsprozess" der Verwaltung zur kommunikativen Rechts- und Zweckkonkretisierung gleichberechtigt einzubeziehen.[395] Nur so werden die weiteren „Nutzengehalte" des Effizienzprinzips erschlossen. Und erst sie verwirklichen die dem Verfahrensdenken inhärente prinzipielle Effizienzfunktion.[396]

---

[392] Vgl. nur *Jan Ziekow/Martin-Peter Oertel/Alexander Windoffer* unter Mitarbeit von *Mike Weber*, Dauer von Zulassungsverfahren. Eine empirische Untersuchung zu Implementation und Wirkungsgrad von Regelungen zur Verfahrensbeschleunigung, 2005.

[393] *Kopp/Ramsauer*, VwVfG, § 28 Rn. 64 zur Verfahrensökonomie durch „vorweggenommene Anhörung"; § 39 Rn. 31, 39: „Verwaltungsökonomie"; die Verfahrensdimension der Effizienz im Recht betont auch *Elke Gurlit*, Der Eigenwert des Verfahrens im Verwaltungsrecht, in: VVDStRL, Bd. 70 (2011), S. 227 (237).

[394] *Heribert Schmitz*, Fortentwicklung des Verwaltungsverfahrensgesetzes: Konkrete Gesetzgebungspläne und weitere Perspektiven, in: Hoffmann-Riem/Schmidt-Aßmann (Hrsg.), Verwaltungsverfahren, S. 135 ff.; s. ferner die Kritik an den derzeit existenten „Wunschlisten" für Reformen des Verwaltungsverfahrensrechts bei *Ulrich Stelkens*, Kodifikationssinn, Kodifikationseignung und Kodifikationsgefahren im Verwaltungsverfahrensrecht, in: Hermann Hill/Karl-Peter Sommermann u.a. (Hrsg.), 35 Jahre Verwaltungsverfahrensgesetz – Bilanz und Perspektiven, 2011, S. 271 (278 ff.).

[395] Zu einer derartigen „Wirtschaftlichkeitssteuerung nach Phasen" s. *Pitschas*, Verwaltungsverfahren (Fn. 118), S. 772 ff., 775 ff.

[396] Zum Grundsatz der „Verfahrenseffizienz" s. u. a. *Klaus Ritgen*, in: Knack/Henneke, VwVfG, § 10 Rn. 7; *Heribert Schmitz*, in: Stelkens/Bonk/Sachs, VwVfG, § 9 Rn. 76 ff., § 10 Rn. 16 ff., 23 f.; vgl. ferner *Hermann Hill*, Verfahrensermessen der Verwaltung, NVwZ 1985, S. 449 ff.; *Pitschas*, Konsensuales Verwaltungsrecht (Fn. 4), S. 187 f., 586 ff., 588.

132 Ungeachtet der gegebenen Effizienzorientierung des Verfahrensrechts wird in der Literatur bemängelt, dass es „zu einer konsistenten Fassung des Effizienzmaßstabs [...] bisher allerdings nicht gekommen" sei.[397] Das dürfte partiell richtig sein, was die **typisierende Sachverhaltsermittlung** anbelangt. Doch ist im Übrigen unter Belassung behördlicher Verfahrensspielräume die Komplexität der Verfahrensverantwortung für Problemdefinition und Sachaufklärung im Verwaltungsverfahren zu berücksichtigen; sie unterbindet einseitig verwaltungsbehördliche „Schnellschüsse".[398] Einen objektiv-rechtlichen Maßstab für die Zügigkeit der Sachverhaltsermittlung durch die Verwaltung gibt es nicht. Das schließt auf weiten Strecken typisierende Verfahrensweisen aus.[399] Da überdies Dialog und Kooperation zu den Grund- und Wirksamkeitsbedingungen des Verwaltungsverfahrens zählen und die daran beteiligten Bürger nahezu durchweg die maßgeblichen Wissensträger sind, bestehen außerdem im rechtlichen Bürgerstatus geborgene Berechtigungen und Verpflichtungen zur Informationsteilhabe und Informationsbeschaffung. Der Einzelne hat dementsprechend einen Anspruch „auf das offene Ohr der Verwaltung"; diese muss ihm über Akten- und Datenoffenbarung die Chance zur informationellen Kooperation einräumen.[400] Immerhin trägt zur Effizienzförderung bei der Sachverhaltsfeststellung bei, dass sowohl nach § 55 VwVfG als auch nach § 54 SGB X und auch im Steuerrecht ein **öffentlich-rechtlicher Vertrag** geschlossen werden darf, durch den eine bei verständiger Würdigung des Sachverhalts bestehende Ungewissheit im Tatsächlichen durch gegenseitiges Nachgeben beseitigt werden kann. Darin mag eine „Befugnis zu einer Verfügung über die Sachverhaltsfeststellung" *(Joachim Martens)* liegen. Gemeint ist jedenfalls, dass alle im jeweiligen Vergleichsvertrag bezeichneten tatsächlichen Umstände zu dem nach der Überzeugung des Rechtsanwenders maßgebenden, dementsprechend festgelegten und auf diese Weise vervollständigten Sachverhalt rechnen.[401]

133 Ähnlich erscheint die in der Literatur diagnostizierte „Verbannung sog. fiskalischer Gründe aus der Ermessenslehre"[402] seit längerem abgemildert. Aus der rechtlichen Perspektive der Effizienz sind es die bereits diskutierten Verfassungsgründe[403], die zur Integration haushaltsrechtlicher Erfordernisse und fiskalischer Vorgaben in das anzuwendende Sachrecht zwingen. So hat z.B. das Bundessozialgericht mit Recht die Bindungswirkung von Haushaltsplänen für den sachgesetzlichen Aufgabenvollzug nach dem ehemaligen Arbeitsförderungsgesetz unter Rückgriff auf verfassungs- und verwaltungsrechtliche Gesichtspunkte

---

[397] *Schmidt-Aßmann*, Ordnungsidee, 6. Kap. Rn. 69.
[398] *Klaus Ritgen*, in: Knack/Henneke, VwVfG, § 10 Rn. 7, 13; *Pitschas*, Konsensuales Verwaltungsrecht (Fn. 4), S. 687ff., 723ff., 725f., 727f.
[399] Differenzierend auch *Lerke Osterloh*, Gesetzesbindung und Typisierungsspielräume bei der Anwendung der Steuergesetze, 1992, S. 208ff., 451ff.; zu dem mit den Erörterungen zugleich angesprochenen Verhältnis zwischen Sachaufklärung, Reduzierung des Beweismaßes und Entscheidung nach den Regeln der Feststellungslast vgl. nur *BFH*, NJW 2011, S. 2687.
[400] Dazu *Christian Graf v. Pestalozza*, Der Untersuchungsgrundsatz, in: FS Richard Boorberg Verlag, 1997, S. 185 (190f.); zul. *Fritz Ossenbühl*, Verbraucherschutz durch Information, NVwZ 2011, S. 1357 (1360f.).
[401] Vgl. *Pitschas*, Konsensuales Verwaltungsrecht (Fn. 4), S. 731ff.
[402] *Schmidt-Aßmann*, Ordnungsidee, 6. Kap. Rn. 69 m. Fn. 178.
[403] Dazu oben → Rn. 16ff., 119ff., 121.

der Steuerung von Wirtschaftlichkeit bejaht.[404] Ebenso erkennt der Verfassungsgerichtshof NRW im Effizienzprinzip einen Handlungsmaßstab der Exekutive unter Anwendung des Verhältnismäßigkeitsprinzips.[405] Das in den §§ 10 VwVfG, 9 SGB X verankerte administrative **Verfahrensermessen** umschließt somit – freilich nicht nur – fiskalische Erwägungen schon derzeit.

Darin liegt gewiss noch kein Endpunkt der Effizienzorientierung des Verwaltungsverfahrensrechts. Doch wird deutlich, dass weder das Haushaltsverfahrensrecht so streng wie bislang von dem allgemeinen Verfahrensrecht getrennt werden darf,[406] noch weitere Effizienzforderungen gegenüber dem Verwaltungsverfahren wie z. B. diejenigen zur Entwicklung der elektronischen Auktionen im gemeinschaftsrechtlich unterlegten Vergaberecht[407] aufschiebend behandelt werden dürfen. Ob dieser neue Typus eines „Verteilungsverfahrens" dann auch so unproblematisch ist, wie behauptet wird, erscheint wegen der darin verborgenen Freiheitsgefährdungen für den Wettbewerb problematisch.[408] Dagegen dürfte es geboten sein, weitere Bauformen **effizienter Verfahrenspartnerschaft**, etwa im Bereich öffentlich-privater Risikovorsorge oder in Planungsverfahren unter den Gesichtspunkten der Akzeptanz bzw. Transparenz auszuprägen.[409]

2. Organisationsrelevanz des Effizienzgebots

Auf die Bedeutung des Effizienzprinzips für die Gestaltung der **Verwaltungsorganisation** wurde bereits hingewiesen. Die Struktur- und Aufbauorganisation von Verwaltungen kann in der Tat wirtschaftlich oder unwirtschaftlich sein.[410] Um letzteres zu vermeiden, ist auch das Recht der Verwaltungsorganisation stärker als bisher Wirtschaftlichkeitsüberlegungen i.S. eines „institutional choice" zu öffnen.[411] Unterschiedliche Organisationstypen und -formen sind dann bei der allfälligen Organisationswahl einem Nutzen- und Kostenvergleich zu unterziehen. Das Spektrum hierbei verfügbarer Organisationsalternativen ist außerordentlich breit. Es reicht von der Ministerialreform auf Bundesebene und der sog. Funktionalreform im föderativen Bereich bzw. im Bereich eines Bundeslandes bis zur Diskussion um die Formenwahl öffentlicher Aufgabenerfüllung einschließlich der Zusammenlegung von Behörden oder um die jeweilige Binnenorganisation von Verwaltungseinheiten.[412] Auch das Verwaltungsorganisa-

---

[404] *BSGE* 31, 247 (257); 55, 277 (280); *BSG*, SGb 1991, S. 487 ff. m. Anm. *Pitschas*; *Michael Jörg*, Der Umfang der vertragsärztlichen Versorgung, in: Friedrich E. Schnapp/Peter Wigge (Hrsg.), Handbuch des Vertragsarztrechts, 2. Aufl. 2006, § 11 Rn. 47 ff., 58 f.

[405] Vgl. N. oben → Fn. 379.

[406] So auch *Schmidt-Aßmann*, Ordnungsidee, 6. Kap. Rn. 70, 170.

[407] *Martin Müller*, Elektronische Auktionen und dynamische Beschaffungssysteme, in: Rainer Pitschas/Jan Ziekow (Hrsg.), Vergaberecht im Wandel, 2006, S. 125 ff.

[408] Vgl. nur *Martin Meißner*, Der Wettbewerbliche Dialog, in: Pitschas/Ziekow (Hrsg.), Vergaberecht (Fn. 407), S. 83 (96 f.).

[409] *Pitschas*, Verantwortungskooperation (Fn. 44), S. 255 f., 260 ff.; *Arno Scherzberg*, Risikosteuerung durch Verwaltungsrecht: Ermöglichung oder Begrenzung von Innovationen?, VVDStRL, Bd. 63 (2004), S. 214 (246 f.: „steuernde Rezeption"; 249 f.); *Ulrich Stelkens*, Kodifikationssinn (Fn. 394), S. 290 m. Anm. 88.

[410] Dazu bereits oben → Rn. 128; s. ferner → Bd. I *Wißmann* § 15 Rn. 14; *Erich Frese*, Grundlagen der Organisation, 5. Aufl. 1993, S. 269 ff.; *Christian Scholz*, Art. „Effektivität und Effizienz", in: Erich Frese (Hrsg.), Handwörterbuch der Organisation – HWO, 3. Aufl. 1992, Sp. 533 ff.

[411] Vgl. *Helmut Leipold*, Kulturvergleichende Institutionenökonomik, 2006, S. 53 ff., 56 ff.

[412] *Butzer*, Wirtschaftlichkeit (Fn. 18), S. 449; *Dieter Puschke*, Sozialverwaltung im aktivierenden Staat, 2006, bes. S. 279 ff., 407 ff.

136 Einbeschlossen in die namentlich im Zusammenhang der Verwaltungsmodernisierung vorgetragene organisatorische Effizienzoffensive ist auch die Diskussion um die **Zusammenlegung von Verwaltungs-, Sozial- und Finanzgerichtsbarkeit**.[414] Bloß instrumentell-kennziffernbezogenes bzw. eingleisiges Denken im Rückbezug auf formalisierte Kostenwirtschaftlichkeit reicht freilich für derartige Organisationsänderungen und die ihnen verbundene Organisationsentwicklung – wie zuvor gezeigt[415] – nicht aus. Staatlicher Organisationsverantwortung geht es ebenso sehr um „Machbarkeit" wie um „Begründbarkeit": Wo diese fehlt, hilft auch jene nicht weiter.

tionsrecht, das hierauf nicht vorbereitet ist, bedarf entsprechender Veränderungen, um als Steuerungsressource dienen zu können.[413]

137 Deshalb ist in die Wahrnehmung des **Organisationsermessens** bei prinzipieller Überwindung des überkommenen bürokratischen Organisationsmodells der öffentlichen Verwaltung stets die Frage einzubeziehen, welche Organisationsform bzw. welcher dieser vorgängige Organisationstypus zu wählen ist, um mit dem Bürger zu kooperieren, in Konflikten zu vermitteln, aus der staatlichen Distanz gesellschaftlicher Auseinandersetzungen kommunikativ zu moderieren oder auch in den Netzwerken einer „Public Private Partnership" bzw. „Verantwortungspartnerschaft" zu agieren.[416] Das Effizienzprinzip beeinflusst die entsprechende Wahl und bestätigt auch darin seine Funktion als mehrdimensionales (Organisations-)Optimierungsmodell, das dem vorgelagerten Rationalitätskonzept staatlichen Entscheidens ersprießt: Organisationen der öffentlichen Hand bzw. solche in Verwaltungspartnerschaften sowie ihre Organe müssen so verfasst und strukturiert sein, dass diese in der Lage sind, die ihnen zugewiesenen Aufgaben zielorientiert und effizient, also struktur- und funktionsgerecht wahrzunehmen.

138 Geht man den damit aufgeworfenen Reorganisationsfragen nach, so offenbaren sich mittlerweile Ansätze zu einem **„neuen" Verwaltungsorganisationsrecht**. In der Folge sich verlagernder Verantwortung sowohl im Bereich des Umweltschutzes[417] und der Risikovorsorge[418] als auch in weiteren Politikfeldern[419] wird der

---

[413] *Eberhard Schmidt-Aßmann*, Verwaltungsorganisationsrecht als Steuerungsressource – Einleitende Problemskizze, in: ders./Hoffmann-Riem (Hrsg.), Verwaltungsorganisationsrecht, 1997, S. 9 (33 ff., 55 ff.).

[414] *Rainer Pitschas*, Reform der Verwaltungsgerichtsbarkeit als „Ökonomisierung des Rechtsstaates". Verfassungsrechtliche und verwaltungswissenschaftliche Eckwerte der Modernisierungsdiskussion, in: ders. (Hrsg.), Die Reform der Verwaltungsgerichtsbarkeit, 1999, S. 59 ff. (85 f.); *ders.*, Reform des sozialgerichtlichen Verfahrens. Zur Integration von Sozial- und allgemeiner Verwaltungsgerichtsbarkeit, SGb 1999, S. 385 ff.; *Helmut Schulze-Fielitz/Carsten Schütz* (Hrsg.), Justiz und Justizverwaltung zwischen Ökonomisierungsdruck und Unabhängigkeit, DV, Beiheft 5, 2002; *Sibylle v. Heinburg*, Effizientere Rechtsprechung durch Zusammenlegung der öffentlich-rechtlichen Gerichtsbarkeiten?, in: FS Rupert Scholz, 2007, S. 483 ff.; *Wittreck*, Verwaltung der Dritten Gewalt (Fn. 132), S. 485 ff.

[415] Vgl. oben → Rn. 126, 127; s. ferner *Udo Steiner*, Staats- und verfassungsrechtliche Bedeutung einer umfassenden Verwaltungsgerichtsbarkeit, BayVBl. 1997, S. 11 ff.

[416] *Klaus König*, Konzepte der Verwaltungsorganisation, VerwArch, Bd. 97 (2006), S. 482 (483 ff., 491 ff.) zu den „Bezugsgrößen der Organisation"; *Ziekow*, Public Private Partnership (Fn. 38), S. 632 f.; *Gunnar Folke Schuppert*, Verwaltungswissenschaft, 2000, S. 831 ff.

[417] *Rainer Pitschas*, Duale Umweltverantwortung von Staat und Wirtschaft, in: FS 50 Jahre Hochschule für Verwaltungswissenschaften Speyer, 1997, S. 269 ff.

[418] *Udo Di Fabio*, Risikosteuerung im öffentlichen Recht, in: Hoffmann-Riem/Schmidt-Aßmann (Hrsg.), Auffangordnungen, S. 143 ff.; *Arno Scherzberg/Oliver Lepsius*, Risikosteuerung durch Verwal-

prinzipielle Wandel des überkommenen bürokratischen Organisationsmodells und des bislang darauf bezogenen starren Verwaltungsorganisationsrechts erkennbar: Die Zunahme individueller und gesellschaftlicher Aufgabenverantwortung mündet in eine breite Dezentralisierung der öffentlichen Verwaltung, in die intensive Verselbständigung und „Autonomisierung" von Verwaltungsträgern bei einhergehender „Public Private Partnership" und in den zunehmenden Übergang zu agenturgestützten Netzwerkorganisationen ein. Daneben lässt sich eine wachsende Dekonzentration von Behörden feststellen. In alledem offenbart sich der Gedanke des **bürgernahen** Rechtsstaates mit neuer Kraft. Die Entwicklung spiegelt die Organisationsrelevanz des Effizienzgebots, die sich – bezogen auf die Zweckrichtung und situative Konkretisierungsverantwortung der Verwaltung – in einzelnen spezifizierten rechtlichen **Organisationsgrundsätzen** niederschlägt.[420] Zu diesen gehören auch und wie selbstverständlich Grenzziehungen für das Organisationsermessen: Die Rationalität und Rechtmäßigkeit der Verwaltungsmodernisierung durch organisatorische Restrukturierung hängt im Einzelnen letztlich von der (verfassungs-)rechtlich zugewiesenen Aufgabe und der Gewährleistung einer funktionsgerechten Organstruktur für deren Wahrnehmung ab.[421]

E. Zeitrichtigkeit des Verwaltungshandelns

I. Zeitrichtigkeit als Maßstab der Verfahrenseffizienz und allgemeiner Verfahrensgrundsatz

Mit dem Effizienzgrundsatz verbindet sich die **Zeitrichtigkeit** des Verwaltungshandelns. Diese meint die Abhängigkeit der Verwaltungsentscheidung bzw. des zu ihr hinführenden Verwaltungsverfahrens sowie daran anschließender Handlungssequenzen von dem hierfür zu erbringenden zeitlichen Aufwand bzw. vom „richtigen" Zeitpunkt, zu dem die Entscheidung getroffen oder in dem die Verwaltungsmaßnahme durchgeführt wird. Denn jedes Entscheiden und Handeln der öffentlichen Verwaltung muss durch Fristen und Termine bestimmt werden. Seiner Wirkung wegen ist es in einem überschaubaren Zeitraum abzuschließen. Verwaltungseffizienz fordert deshalb auch, den Rechts- und Sachauftrag zeitlich angemessen zu verwirklichen.[422] Dazu drängen überdies die finanziellen Verfahrensaufwendungen (Prozesskosten), die durch überlange Verfahrensdauer verursacht werden würden.

---

tungsrecht: Ermöglichung oder Begrenzung von Innovationen?, in: VVDStRL, Bd. 63 (2004), S. 214 (225 ff.) und S. 264 (300 ff.).

[419] → Bd. I *Schuppert* § 16 Rn. 38 ff., 70 ff.; am Beispiel der inneren Sicherheit vgl. etwa *Rainer Pitschas*, Auf dem Weg zu einem „neuen" Polizeirecht. Vorbeugende Verbrechensbekämpfung durch Sicherheitsnetzwerke, in: ders./Rolf Stober (Hrsg.), Staat und Wirtschaft in Sicherheitsnetzwerken, 2000, S. 1 ff.; *Liv Jaeckel*, Gefahrenabwehrrecht und Risikodogmatik, 2010, S. 195 ff., 220 ff.

[420] Dazu näher *Thomas Groß*, Das Kollegialprinzip in der Verwaltungsorganisation, 1999, bes. S. 163 ff., 199 ff., 251 ff., 259 ff.; mit Blick auf die Mehrebenenverwaltung *ders.*, Verantwortung und Effizienz in der Mehrebenenverwaltung, VVDStRL, Bd. 66 (2007), S. 152 (157 f., 163 ff.).

[421] BVerfGE 68, 1 (86); *v. Danwitz*, Organstruktur (Fn. 184), S. 329 ff.; *Hans P. Bull*, Über Formenwahl, Formwahrheit und Verantwortungsklarheit in der Verwaltungsorganisation, in: FS Hartmut *Maurer*, 2003, S. 545 ff.; *Winfried Kluth*, Funktionsgerechte Organstrukturen – ein Verfassungsgebot?, VerwArch, Bd. 102 (2011), S. 525 (542 ff.).

[422] So bereits *Achterberg*, VerwR, § 19 Rn. 20, 21; m.w.N. auch *Ritgen*, in: Knack/Henneke, VwVfG, § 10 Rn. 8, 12.

140   Deshalb unterliegen namentlich **Verwaltungsverfahren** prozeduralen Maßnahmen zu ihrer Begrenzung, also Fristen und Förmlichkeiten, die nicht allein die Ordnungsmäßigkeit des Verfahrens sichern, sondern die Verfahrenskosten in Grenzen halten und den Verfahrensablauf straffen sollen, um dadurch für **Verfahrenseffizienz** zu sorgen.[423] Dementsprechend sind gem. den §§ 10 S. 2 VwVfG, 9 SGB X Verwaltungsverfahren „zügig" durchzuführen.[424] Freilich hat die Verankerung eines solchen Zeitmaßstabs für das Verfahren lediglich deklaratorische Bedeutung. Das Beschleunigungsgebot gehörte schon immer zu den Maximen des Verwaltungshandelns i.S. eines nicht geschriebenen **allgemeinen Verfahrensgrundsatzes**.[425] Dieser führt seine Existenz auf Verfassungsrecht zurück.

1. „Zeit im Recht" als prinzipales Rationalisierungsproblem

a) Rechtsschutz in angemessener Zeit

141   Für das **gerichtliche Verfahren** ist dies unstreitig: Art. 19 Abs. 4 GG enthält ein **effizienzsicherndes Beschleunigungsgebot.** Die Wirksamkeit des (verwaltungs-)gerichtlichen Rechtsschutzes wird durch die lange Dauer eines Gerichtsverfahrens bedroht. Das Bundesverfassungsgericht sieht deshalb in der Notwendigkeit einer rechtzeitigen gerichtlichen Entscheidung ein wesentliches Element der Justizgewährung: „Wirksamer Rechtschutz bedeutet zumal auch Rechtsschutz innerhalb angemessener Zeit".[426] M.a.W. gehört zur Justizgewährung für den Bürger auch und vor allem, verwaltungsgerichtlichen Rechtsschutz innerhalb angemessener Zeit und mit dazu in einem adäquaten Verhältnis stehenden Kosten zu ermöglichen.[427] In diesem Sinne hat auch der **Europäische Gerichtshof für Menschenrechte** aus gegebenem Anlass durch die Umstände des Falles eine nicht gerechtfertigte Verfahrensverzögerung und damit die Verletzung des Art. 6 Abs. 1 **EMRK** diagnostiziert.[428] Als „Gegenmittel" hat er den „Rechtsschutz in angemessener Zeit" verordnet.[429]

---

[423] *Hoffmann-Riem*, Effizienz (Fn. 108), S. 29; vgl. ferner *Kopp/Ramsauer*, VwVfG, § 10 Rn. 2 ff., 16a ff. und die N. in Fn. 393 sowie *Wahl*, Verwaltungsverfahren (Fn. 39), S. 163.

[424] *Kopp/Ramsauer*, VwVfG, § 10 Rn. 17 m.w.N., 18 ff. unter Einbezug der **Dienstleistungs-RL;** aus der Rspr. s. etwa BVerfGE 61, 82 (114 ff.); BVerfGE, NJW 1988, S. 1104 (1105); VGH BW, NVwZ 1987, S. 1087.

[425] *Eberhard Schmidt-Aßmann*, in: Maunz/Dürig, GG, Art. 19 IV Rn. 263; *Jan Ziekow*, Die Wirkung von Beschleunigungsgeboten im Verfahrensrecht, DVBl 1998, S. 1101 ff.; s. ferner *Pitschas*, Konsensuales Verwaltungsrecht (Fn. 4), S. 332 ff.

[426] BVerfGE 35, 382 (405), std. Rspr.: 63, 45 (68 f.); 88, 118 (124); 93, 1 (13); BVerfG (K), NJW 2008, S. 503 f.; *Pitschas*, Art. 19 IV GG (Fn. 229), S. 99 f.; *Schmidt-Aßmann*, in: Maunz/Dürig, GG, Art. 19 IV Rn. 262.

[427] BVerfGE, NJW 1997, S. 2811 f.; *Hans-Jürgen Papier*, Rechtsschutzgarantie gegen die öffentliche Gewalt, in: HStR VI, § 154 Rn. 77; *Michael Sachs*, in: ders. (Hrsg.), GG, Art. 19 IV Rn. 144; *Wolf-Rüdiger Schenke*, BK, Art. 19 IV Rn. 422 ff. m.w.N.; zur Kostendimension s. *Bernd Holznagel*, Verfahrensbezogene Aufgabenkritik und Änderungen von Verfahrensstandards als Reaktionen auf die staatliche Finanzkrise, in: Hoffmann-Riem/Schmidt-Aßmann (Hrsg.), Effizienz, S. 205 ff.; *Constanze Tiwisina*, Rechtsfragen überlanger Verfahrensdauer nach nationalem Recht und der EMRK, 2010.

[428] EGMR, NJW 1979, S. 477 und NJW 1989, S. 652 („Deumeland").

[429] N. bei *Peter Wilfinger*, Das Gebot effektiven Rechtsschutzes in Grundgesetz und Europäischer Menschenrechtskonvention, 1995, S. 136. Der deutsche Gesetzgeber ist dem mit dem „Gesetz über den Rechtsschutz bei überlangen Gerichtsverfahren" vom 24. 11. 2011 (BGBl. I S. 2302) gefolgt.

E. Zeitrichtigkeit des Verwaltungshandelns

Damit wird das dem gewaltenteiligen Rechtsstaat eigene Spannungsverhältnis zwischen Zeit und Recht offenbar, das dem materiellen Verfahrenskonzept des Grundgesetzes eingelagert ist.[430] Es gewährleistet Rationalitätsstandards der Verfahrensordnung für das staatliche Funktionenhandeln schlechthin, die sich auch auf die wechselseitige Zuordnung von Verfahrensfunktionen i.S. der Gewaltenteilung nach dem Grundgesetz erstrecken. Das Bundesverfassungsgericht hat dies u.a. für das Verhältnis von Verwaltungs- und Gerichtsverfahren herausgearbeitet. Es postuliert als Verfahrensfunktion des ersteren, **frühzeitig** einen Ausgleich der Betroffenen Interessen zu ermöglichen, der durch den Amtsermittlungsgrundsatz nicht gleich wirksam gewährleistet werden könne.[431] Die Zeitrichtigkeit des Sach- bzw. Verfahrenshandelns bestimmt sich hier m.a.W. aus der Zuordnung von Verfahrenszwecken, die bestimmten Verfahrenstypen von Verfassungs wegen zugewiesen sind. Zugleich sieht sich der **Gedanke des Freiheitsschutzes durch Interessenausgleich** unterstrichen. 142

b) Zeitoffene Gesetzgebung und Verwaltung

Auch die **Gesetzgebung** unterliegt den Herausforderungen der Rechts- und Zweckkonkretisierung in der Zeit. Folgerichtig ist in der Literatur die Rede von der „zeitoffenen Gesetzgebung".[432] Die Bemerkungen hierzu verweisen auf das vorerwähnte „Spannungsverhältnis zwischen einer auf Dauer angelegten Rechtsordnung und den Herausforderungen der Dynamik des Zeitfaktors" im sozialen Wandel, dem auch der Gesetzgeber seinen Tribut zollen müsse.[433] „Zeit" schlage als „Medium des Rechts" schließlich auch auf das Verwaltungshandeln in seiner Gesamtheit durch, wie aus der Feststellung ersichtlich werde, dass „mit den Bedürfnissen der Gesellschaft [...] sich die Aufgaben des Staates und die Verwaltungszwecke" wandeln würden: „Es gibt keinen zeitlosen, theoretisch ein für allemal erkennbaren Begriff von öffentlicher Verwaltung", wie *Peter Badura* ausführt.[434] 143

Die **Zeitrichtigkeit** des Verwaltungshandelns erweist sich damit als abhängige Variable der Entwicklung und Verfolgung materieller Verwaltungszwecke bzw. deren rechtlicher Grundlagen. Das (Formal-)Ziel ist dagegen die optimale Verwaltungsentscheidung. Dementsprechend ist der Grundsatz der Zeitrichtigkeit flexibel angelegt. Verfahrens- bzw. Prozessbeschleunigung darf demgemäß nicht als absoluter Wert missverstanden werden.[435] Denn die „Zeitgerechtigkeit" einer Entscheidung hängt nicht allein von ihrer Dauer, sondern von den gegenständlich betroffenen Rechtsgütern und Problemlagen ab, die einer rechtlichen Lösung angemessen zugeführt werden sollen. Der Zeitbedarf hierfür ergibt sich einerseits aus den zu klärenden einschlägigen materiellen Rechtsfragen, ande- 144

---

[430] *Pitschas*, Konsensuales Verwaltungsrecht (Fn. 4), S. 469 ff., 527 ff.; *Schmidt-Aßmann*, in: Maunz/Dürig, GG, Art. 19 IV Rn. 263: „Art. 19 Abs. 4 als Beschleunigungsgebot".
[431] *BVerfGE* 61, 82 (115).
[432] *Helmuth Schulze-Fielitz*, Zeitoffene Gesetzgebung, in: Hoffmann-Riem/Schmidt-Aßmann (Hrsg.), Innovation, S. 139 (148).
[433] *Schulze-Fielitz*, Zeitoffene Gesetzgebung (Fn. 432), S. 140 ff., 147 f.
[434] *Peter Badura*, Auftrag und Grenzen der Verwaltung im sozialen Rechtsstaat, DÖV 1968, S. 446.
[435] Näher dazu *Michael Kloepfer*, Verfahrensdauer und Verfassungsrecht, JZ 1979, S. 209 ff.; *Ritgen*, in: Knack/Henneke, VwVfG, § 10 Rn. 8, 12 unter Verweis auf das „Verfahrensermessen"; *Pitschas*, Konsensuales Verwaltungsrecht (Fn. 4), S. 333.

rerseits aus den grundgesetzlichen Verfahrensanforderungen. Es existiert deshalb auch kein Verfassungsgebot zu „schnellen Verwaltungsentscheidungen", so etwa im Zusammenhang mit dem formellen Rechtsstaatsverständnis.[436] Geboten sind vielmehr Rechtsentscheidungen, die den materiellen Problemen und prozeduralen Anforderungen jeweils zeitlich angemessen sind. Zeitrichtigkeit als Handlungsdirektive unterscheidet sich auch hierin von der Verfahrenseffizienz als einem ökonomischen Prinzip; sie kann im Einzelfall zu dieser und dem ihr vorgelagerten „Gebot der Verfahrensökonomie" gegenläufig sein.[437] So können u.a. Organisationsmaßnahmen die Schnelligkeit der Entscheidungsfindung einer Behörde bzw. eines Organs fördern, zugleich aber durch die Gestaltung der Organisation die notwendige Entscheidungsteilhabe der Organwalter bzw. die Akzeptanz oder auch Transparenz von Verwaltungsentscheidungen verkürzen.[438]

c) Verwaltungshandeln zwischen Zeitknappheit und Zielelastizität

145 Auf diese Weise kennzeichnet den Grundsatz der Zeitrichtigkeit eine eigentümliche „Maßstabsoffenheit". Als Verfahrensgrundsatz wohnt ihm eine typische Unschärfe inne, die mit der Formel seiner Programmierung auf „Zeitknappheiten und Zielelastizitäten im System" einigermaßen zutreffend ausgedrückt wird.[439] Hinzu kommt allerdings eine gewisse **Maßstabsflexibilität,** die ihre Steuerungsschwäche durch die Prüfung der Erforderlichkeit des jeweiligen Zeitaufwandes im Einzelfall abzustreifen sucht. Insoweit unterliegt die zeitliche Dauer von Verfahren dem Grundsatz der Verhältnismäßigkeit.[440]

146 „Offene" Verfahrensmaximen wie das Gebot der Zeitrichtigkeit bedürfen daher stets einer situativen Präzisierung i.S. der in ihnen verkörperten Grundaussagen zur Verfahrensgestaltung im Einzelfall und zum Verfahrensmanagement. Dann entfalten sie eine wertvolle Maßstabswirkung. Ihre wesentliche Wirkkraft beruht darauf, dass sie auf die Grundvoraussetzungen staatlicher Verfahrensorganisation nach Maßgabe gewaltenteiliger Aufgabenzuweisung rekurrieren: Sie stellen **Transformatoren** dar, mit deren Hilfe prozedurale Rationalitätserfordernisse und Legitimationsbedingungen in konkrete Verfahrensgestaltung bzw. -führung übersetzt werden. Dabei zählt vor allem, dass die Steuerung des Verfahrensablaufs durch seine Zeitbindung weder die Erfüllung der Sach- noch die der Verfahrenszwecke gefährden darf. So müssen z.B. Sachverhalte, worauf schon hingewiesen wurde, zureichend ermittelbar bleiben. Auch darf weder die Ausgleichsfunktion des Verfahrens hinsichtlich darin involvierter konfliktbehafteter Interessen noch seine Kompensations- und Integrationsfunktion beeinträchtigt werden.

---

[436] So auch *Schulze-Fielitz*, Zeitoffene Gesetzgebung (Fn. 432), S. 150.
[437] *Achterberg*, VerwR, § 19 Rn. 19, 20; *Ritgen*, in: Knack/Henneke, VwVfG, § 10 Rn. 8.
[438] *Achterberg*, VerwR, § 19 Rn. 20 (mit einem Bsp. zur Umsetzung von Art. 53a GG); vgl. ferner *Thomas Groß*, Grundzüge der organisationswissenschaftlichen Diskussion, in: Schmidt-Aßmann/Hoffmann-Riem (Hrsg.), Verwaltungsorganisationsrecht, S. 151 (149: „Die optimale Organisationsform existiert nicht").
[439] *Niklas Luhmann*, Zweckbegriff und Systemrationalität, 2. Aufl. 1977, S. 303 ff., 309.
[440] *Ritgen*, in: Knack/Henneke, VwVfG, § 10 Rn. 10; *Schmidt-Aßmann*, in: Maunz/Dürig, GG, Art. 19 IV Rn. 262; *Schulze-Fielitz*, Zeitoffene Gesetzgebung (Fn. 432), S. 150; das Verhältnismäßigkeitsprinzip setzt insoweit das prozedurale **Gebot des situativen Entscheidungsbezugs** frei, vgl. *Pitschas*, Konsensuales Verwaltungsrecht (Fn. 4), S. 339 m. Fn. 280.

E. Zeitrichtigkeit des Verwaltungshandelns

Die praktische Umsetzung all' dessen bereitet erhebliche Schwierigkeiten, wie sich am **Beschleunigungsgebot** im Verwaltungsverfahren zeigt (§ 10 S. 2 VwVfG). Einerseits kann die Zeitspanne, in der das Verwaltungsverfahren abzuwickeln ist, nicht abstrakt bestimmt werden. Auch sind häufig die Ursachen nicht zu ermitteln, die Verzögerungen im Einzelfall bewirken. Diese werden ggf. auf komplexen Wirkungsgründen beruhen. Der Entwicklung der Bürgergesellschaft entspricht es schließlich, dass Verwaltungsverfahren kommunikativ und kooperativ abgewickelt werden; der Aufschwung der **Mediation** als künftig gesetzlich vorgesehenes Schlichtungsinstrument in kontradiktorischen Verfahren resultiert hieraus.[441] Der Verfahrensgesetzgeber ist jedoch nicht daran gehindert, unter dem Gesichtspunkt der Verfahrensbeschleunigung spezielle Regelungen zu treffen und ggf. behördliche Entscheidungsfristen mit Sanktionen im Falle der Verfristung einzuführen (z.B. §§ 15 BImSchG; 27 AMG; 6, 10, 36 BauGB oder auch §§ 11, 16 GenTG). Auf die Verfahrensbeschleunigung bei Planfeststellungsverfahren wurde bereits hingewiesen.[442]

147

Ein weiteres Instrument zur Begrenzung überlanger Verfahrensdauer durch gesetzgeberische Maßnahmen ist die **Verfahrenskonzentration.** Gemeint ist damit die Verdichtung der Verfahrensaktivitäten, die ihre Aufgliederung bzw. Stufung in einzelne sich überschneidende Verfahrenskreise erlaubt.[443] Letztlich aber verwirklichen diese Sonderregeln zumeist nur einen Ausschnitt der Zeitrichtigkeit, nämlich den Grundsatz der Verfahrens- oder auch Prozessökonomie, der seinerseits die Verfahrenskonzentration und Verfahrensbeschleunigung als unselbständige Prinzipien mit umfasst, seinen eigentlichen Gehalt jedoch dem **allgemeinen Rationalitäts- (Wirtschaftlichkeits-)postulat** des modernen Staates entlehnt.[444] Schon diesem war – wie dargelegt – zu entnehmen, dass „effiziente Verwaltung" nicht allein rasche Verwirklichung von rechts- und metajuristischen Zwecken heißen darf. Vielmehr muss sie nach dem grundgesetzlichen Konzept eines konsensual zu verstehenden Verwaltungsrechts „die oft widerstreitenden

148

---

[441] *Viola Bölscher,* Die Flughafenerweiterung Frankfurt/M. – Spannungsfeld zwischen politischer Mediation und Verwaltungsverfahren, ZKM 2006, S. 116 ff.; *Joachim v. Bargen,* Mediation im Verwaltungsprozess, DVBl 2004, S. 468 ff.; *Markus Kaltenborn,* Streitvermeidung und Streitbeilegung im Verwaltungsrecht, 2007, bes. S. 106 ff.; *Klaus Krekel,* Mediative Aspekte im Verwaltungsverfahren, in: Roland Fritz/Bernd Karber/Rainer Lambeck (Hrsg.), Mediation statt Verwaltungsprozess?; 2004, S. 43 ff.; *Thomas Pfisterer,* Konsens und Mediation im Verwaltungsbereich, 2004, bes. S. 65 ff., 129 ff.; *Rainer Pitschas,* Mediation in komplexen Verwaltungsverfahren, NVwZ 2004, S. 396 ff.; ders./Harald Walther (Hrsg.), Mediation in der Verwaltungsgerichtsbarkeit, 2005; *ders.,* Mediationsgesetzgebung zwischen Entlastung der Justiz und kollaborativer Governance, ZG, Bd. 26 (2011), S. 136 ff.; *Hermann Pünder,* Kooperation statt Konfrontation. Möglichkeiten und Grenzen der Mediation bei Planfeststellungsverfahren, DV, Bd. 38 (2005), S. 1 ff.; *Ulrike Rüssel,* Mediation in komplexen Verwaltungsverfahren, 2004, passim.; *Christoph A. Stumpf,* Alternative Streitbeilegung im Verwaltungsrecht, 2006; *Eberhard v. Bargen,* Außergerichtliche Streitschlichtungsverfahren (Mediation) in rechtsvergleichender Perspektive, in: Jürgen Schwarze (Hrsg.), Bestand und Perspektiven des Europäischen Verwaltungsrechts, 2008, S. 319 ff. → Bd. II Appel § 32 Rn. 102 ff., 121, 124 ff.

[442] Vgl. oben → Rn. 130; dazu ferner *Pünder,* Kooperation (Fn. 441), S. 1 ff.; *Matthias Schmidt-Preuß,* Das Allgemeine des Verwaltungsrechts, in: FS Hartmut *Maurer,* 2001, S. 777 (782).

[443] *Hoffmann-Riem,* Verwaltungsverfahren (Fn. 74), S. 25, 45; *Pitschas,* Konsensuales Verwaltungsrecht (Fn. 4), S. 330 f.; *Eberhard Schmidt-Aßmann,* Verwaltungsverfahren, in: HStR III, § 70 Rn. 28 a. E.

[444] Näher dazu *Pitschas,* Konsensuales Verwaltungsrecht (Fn. 4), S. 333; s. auch *Schmidt-Preuß* (Fn. 442), S. 782; *Kopp/Ramsauer,* VwVfG, § 10 Rn. 16 („Verfahrensökonomie").

§ 42 Maßstäbe des Verwaltungshandelns

öffentlichen und privaten Belange aufeinander beziehen und nach dem Prinzip des schonenden Ausgleichs einander zuordnen".[445]

149 Zwischen Zeitknappheit und Zielelastizität bewegt sich ferner das **vorläufige Verwaltungshandeln** der Behörde. Es steht im Spannungsverhältnis zwischen Handlungs- bzw. Verfahrenseffizienz einerseits, den Anforderungen materieller und materialer Gerechtigkeit andererseits, wenn schnelles Handeln erforderlich sein sollte, eine endgültige und allseits abgewogene Verwaltungsentscheidung aber noch nicht getroffen werden kann.[446] Neben dem „vorläufigen Verwaltungsakt"[447] werden dabei als weitere Arten des vorläufigen Handelns der „Vorbescheid" und „Teilverwaltungsakt"[448] sowie die „Rahmengenehmigung"[449] unterschieden. Letztere ist jedoch (noch) nicht Gesetz geworden. Im Einzelfall kann freilich das Fachrecht dem Erlass von Vorbescheiden und Teilverwaltungsakten entgegenstehen.[450]

2. Zeitrichtigkeit bei subjektiviertem Verfahrensermessen

150 Die Zeitgerechtigkeit des Verwaltungshandelns ist zwar ein (ungeschriebener) Grundsatz des Verwaltungsrechts. Sie dürfte freilich ungeachtet aller erforderlichen Bemühungen um Präzisierung des (objektiven) Zeitbedarfs nicht abstrakt zu bestimmen sein. Schon die Zeitspanne, die als angemessene Verfahrensdauer zu bejahen wäre, unterliegt **subjektiver Einschätzung.** Stattdessen wird man, wie auch für das Gerichtsverfahren[451], auf die Formel zurückgreifen müssen, wonach sich die Angemessenheit der Dauer eines Verwaltungsverfahrens an den besonderen Umständen des einzelnen Falles ausrichtet. Verantwortlich hierfür zeichnen oftmals Verzögerungsgründe, die in der Verfahrenssituation begründet liegen, dann aber auch letztlich wenig transparenten Ursachenbündeln erspießen. Hinzu tritt der Umstand, dass im jeweiligen Verwaltungsverfahren die „wahren" Sach- bzw. Rechtschutzinteressen nicht offenbart werden – weshalb der Gedanke der **Mediation** seit einiger Zeit an Raum gewinnt.[452]

a) Das Verfahrensermessen der Verwaltung

151 Nicht von ungefähr räumt deshalb unter Anerkennung der Unmöglichkeit, die Verfahrensdauer abstrakt zu bestimmen, § 10 S. 1 VwVfG der Verwaltung ein **Verfahrensermessen** ein. Das Verfahrensrecht stellt mit seiner Hilfe die Einleitung und Durchführung des Verwaltungsverfahrens innerhalb des gesetzlich ausgezogenen Rahmens in die Verantwortlichkeit der zuständigen Be-

---

[445] *Hufen*, VerwaltungsprozessR, § 1 Rn. 7; in diese Richtung ferner *Bredemeier*, Kommunikative Verfahrenshandlungen (Fn. 131), passim.
[446] *Maurer*, VerwR, § 9 Rn. 63 b; *Hermann Pünder*, Grundmodell des Verwaltungsverfahrens, in: Erichsen/Ehlers, VerwR, § 14 Rn. 47.
[447] *BVerwGE* 67, 99 (101, 103); 74, 357 (360, 365); 135, 238 (241); *Pünder*, Grundmodell (Fn. 446), Rn. 47 m. Fn. 318; *Ulrich Stelkens*, in: Stelkens/Bonk/Sachs, VwVfG, § 35 Rn. 243 ff.
[448] *Kopp/Ramsauer*, VwVfG, § 9 Rn. 16; *Maurer*, VerwR, § 9 Rn. 63 a; *Pünder*, Grundmodell (Fn. 446), § 14 Rn. 47 m. Fn. 314 ff.
[449] *BVerwGE* 80, 207 (214); *Ulrich Stelkens*, in: Stelkens/Bonk/Sachs, VwVfG, § 35 Rn. 257 f.
[450] *BVerwGE* 91, 363 (368).
[451] *Schmidt-Aßmann*, in: Maunz/Dürig, GG, Art. 19 IV Rn. 262.
[452] Vgl. dazu die N. oben in Fn. 441 sowie ergänzend → Bd. II *Appel* § 32 Rn. 102 ff.; *Pünder*, Mediation in Verwaltungsverfahren (Fn. 446), § 16 Rn. 3, 5.

E. Zeitrichtigkeit des Verwaltungshandelns

hörde.[453] Darin liegt weder eine Ermächtigung zu willkürlicher Verfahrensgestaltung, noch wird die Behörde davon befreit, verbindliche Verfahrensnormen trotz ihrer Auswirkungen auf das Zeitkorsett des Verfahrens einzuhalten. Vielmehr setzen verfahrensrechtliche Einzelregelungen (z.B. §§ 22 Abs. 1, 24 Abs. 1, 26 Abs. 1, 37 Abs. 2 S. 1 VwVfG) der Ermessensausübung im Einzelfall einen festen Rahmen. Diese findet ihre Grenzen überdies an den allgemeinen Ermessensschranken (§ 40 VwVfG) sowie an den Leitbestimmungen der Einfachheit, Zweckmäßigkeit und Zügigkeit in § 10 S. 2 VwVfG.

b) Rechtsfolgen der Ermessensverletzung

Durch die Ausübung des Verfahrensermessens kommt es zur Steuerung des Verwaltungshandelns „über Zeit". Die Bemessung der Verfahrensdauer darf jedenfalls nicht in Folge unbedingter Zeitbindung die Erfüllung der Verfahrenszwecke gefährden. **Verfahrensflexibilität** ist deshalb geboten. Sie ist auch ein Ausdruck des Maßstabs der Zeitrichtigkeit des Verwaltungshandelns. Das Bedürfnis hiernach und nach „Zeitoffenheit" des Verwaltungsverfahrens wächst zudem, weil das Routinisierungspotential des Aufgabenvollzugs tendenziell abnimmt: Einerseits ist der Gesetzgeber immer häufiger in kooperativer Auflösung bestimmter Regelungskonflikte und zugunsten einer „good governance" dazu gezwungen, „offene" Rechtsnormen zu verabschieden; die öffentliche Verwaltung muss andererseits ihre Handlungs- und Entscheidungsprämissen immer stärker selbst bestimmen und mit der Zivilgesellschaft verhandeln.[454] Die darin aufscheinende funktionale Koppelung des Verfahrensermessens mit dem bereits erwähnten **Gebot situativen Entscheidungsbezugs** ist ihrerseits Voraussetzung für die Optimierung des Verwaltungshandelns.

152

Angesichts des Spielraums der Verwaltung für Ermessensentscheidungen über den Verfahrensgang besteht kein einklagbarer Rechtsanspruch auf eine bestimmte Verfahrensgestaltung bzw. -führung bzw. darauf, binnen einer bestimmten Frist beschieden zu werden. Allenfalls könnte sich ein **Verfahrensgestaltungsanspruch** im Fall einer Ermessensschrumpfung auf Null ergeben.[455] Ebenso kann aus Art. 3 GG ein Anspruch auf eine bestimmte Verfahrensgestaltung erwachsen, wenn das Verfahren durch Verwaltungsvorschrift geregelt sein sollte und diese Regelung bereits in anderen Fällen angewandt wurde.[456] Die Verletzung der Grundsätze zur Verfahrensbeschleunigung, Verfahrenskonzentration, Einfachheit und Zweckmäßigkeit des Verwaltungsverfahrens kann allerdings die Fehlerhaftigkeit der Verwaltungsentscheidung, die das Verfahren abschließt, zur Folge haben, wenn das Verfahrensermessen „auf Null" reduziert ist bzw. gegen das **kommunikative Verhältnismäßigkeitsgebot** verstoßen wurde.[457] Insoweit besteht zumindest ein subjektiver Anspruch auf fehlerfreie Ermessensausübung.

153

---

[453] Dazu grdl. *Hill*, Verfahrensermessen (Fn. 396), S. 449 (451 ff.); s. auch *Kopp/Ramsauer*, VwVfG, § 10 Rn. 1; *Ritgen*, in: Knack/Henneke, VwVfG, § 10 Rn. 12 ff.
[454] → Bd. I *Hoffmann-Riem* § 10 Rn. 56 ff. m. zahlr. N.
[455] *Ritgen*, in: Knack/Henneke, VwVfG, § 10 Rn. 13; *Ule/Laubinger*, VerwVerfR, § 19 Rn. 13.
[456] *Ritgen*, in: Knack/Henneke, VwVfG, § 10 Rn. 13.
[457] Differenzierend wie hier auch *Heribert Schmitz*, in: Stelkens/Bonk/Sachs, VwVfG, § 10 Rn. 6, 25; *Jan Ziekow*, VwVfG, § 10 Rn. 10; zur Bedeutung von Kommunikationsfehlern s. auch *Pitschas*, Verwaltungsverfahren (Fn. 118), S. 774.

II. Personelle Voraussetzungen der Zeitrichtigkeit

154 Zeitlich angemessene Verfahrensgestaltung und -führung bedingt neben den vorerwähnten Ermessensspielräumen auch eine entsprechende **Personalausstattung** der Behörden und **Professionalisierung der Amtswalter**.[458] Denn für die Einschätzung des Verfahrensaufwandes bedarf es auch in zeitlicher Hinsicht und zumindest in komplexen Verwaltungsverfahren spezialisierter Kenntnisse und Fähigkeiten. Nicht nur fehlt es häufig daran; immer wieder kommt es in der Verwaltungspraxis auch zur Personalknappheit, die den Abschluss komplexer Verwaltungsverfahren hinauszögert. Doch kann überlange Verfahrensdauer durch Knappheit personeller Ressourcen, soweit diese auf einer Fehleinschätzung der zeitlichen Anforderungen des Verwaltungsverfahrens beruht, zu einer Rechtsverhinderung und damit zu einem Verfassungsverstoß gegen das Effizienzgebot führen.[459] Eine zu starke Verzögerung des Verfahrens kann darüber hinaus und im Einzelfall die Grenze zum verfassungswidrigen Willkürverbot in der Verfahrensgestaltung überschreiten.[460] Zudem kommt bei schuldhafter Verzögerung des Verfahrens durch die Behörde ein Amtshaftungsanspruch nach § 839 BGB, Art. 34 GG in Betracht.[461]

155 Im Übrigen sind nach der Rechtsprechung Urlaub und Krankheit von Amtswaltern, allgemeine Arbeitsüberlastung oder das Zuwarten mit Verfahrensfortschritten auf Weisungen der vorgesetzten Behörde keine zureichenden Gründe für das Verzögern einer Entscheidung, wenn die Sache im Übrigen entscheidungsreif sein sollte. Hinreichende Gründe dafür liegen allerdings in besonderen Geschäftsbelastungen infolge Gesetzesänderungen oder in objektiven Verfahrensverzögerungen, z.B. wegen des Umzugs oder der Umorganisation von Verwaltungsstellen.[462]

III. Präklusion als Maßstabsanktion

156 Schließlich unterliegen Verstöße gegen den Grundsatz der Zeitgerechtigkeit des Verwaltungsverfahrens spezifischen **Maßstabsanktionen**.[463] Unter ihnen ragt die Folgenanordnung für Verletzungen des Beschleunigungsgebots hervor. So setzt die Wirksamkeit von Fristen und Terminen voraus, dass sie auch eingehalten werden. Die zeitliche Determinierung von Verfahrenshandlungen bedarf deshalb eines prozeduralen Sanktionsmechanismus, wie er – bei gesetzlicher Verankerung – im Instrument der **Präklusion** zur Verfügung steht.[464] Im

---

[458] Dazu näher *Rainer Pitschas*, Professionalism in Public Administration. An Indispensable Value for Restructuring Public Administration, in: ders., Trusted Governance (Fn. 158), S. 35 ff.; in diese Richtung auch *Schmitz*, in: Stelkens/Bonk/Sachs, VwVfG, § 10 Rn. 25; *Ritgen*, in: Knack/Henneke, VwVfG, § 10 Rn. 13. S. a. → Bd. III *Voßkuhle* § 43 Rn. 57 ff., 70 ff.

[459] Vgl. die N. in Fn. 425 f.; s. ferner *BVerfGE* 69, 161 (169, 170) sowie Urt. des *EGMR* vom 8. 6. 2006–75529/01 - (Sürmeli/Deutschland), NJW 2006, S. 2394; *Thür. VerfGH*, NJW 2001, S. 2708.

[460] *BVerfGE* 69, 161 (169, 170).

[461] *BGH*, NJW 1956, S. 1517; *BGHZ* 89, 96; *Ule/Laubinger*, VerwVerfR, § 19 Rn. 13.

[462] *BVerwGE* 42, 108 (110 f.); *Ritgen*, in: Knack/Henneke, VwVfG, § 10 Rn. 13.

[463] Zu deren Verknüpfung mit den Handlungsmaßstäben s. bereits oben → Rn. 30 ff., 33 ff.

[464] *Klaus Brandt*, Präklusion im Verwaltungsverfahren, NVwZ 1997, S. 33 ff.; *Maurer*, VerwR, § 19 Rn. 7 a, 7 e; *Pünder* (Fn. 446), § 14 Rn. 26 m. w. N. s. a. → Bd. II *Gusy* § 23 Rn. 57 f.

Übrigen sind Sanktionen bei Verletzung des Gebots zur Verfahrensbeschleunigung maßgeblich durch das jeweilige Verfahrensziel bestimmt. Dementsprechend ist in den einzelnen Verfahrensarten abzuwägen, ob der Ausschluss weiteren Vorbringens angesichts von Ziel und Zweck des Verwaltungsverfahrens **verhältnismäßig** ist.[465] Der Grundsatz der zeitlichen Bindung muss deshalb auch insoweit flexibel gestaltet werden. Verfahrenstaktische Verzögerungen durch die Beteiligten sind allerdings nicht hinzunehmen.

F. Effektivität des Verwaltungshandelns

I. Das Gebot der Zielkohärenz

1. Zusammenhang von Effizienz, Wirtschaftlichkeit und Effektivität

Die vorangegangenen Überlegungen führen auf den bereits erwähnten **Effektivitätsgrundsatz** zurück.[466] Er steht als prinzipaler Handlungsmaßstab neben dem Effizienzprinzip. Als solcher stellt er im Besonderen auf die Zielkonsistenz und -erreichung behördlicher Dienstleistungen, Eingriffs- und Infrastrukturmaßnahmen ab. Dementsprechend wird in wirtschaftswissenschaftlicher Ausdeutung unter „Effektivität" der **Grad der Zielerreichung** verstanden, also das Ausmaß, in dem gesetzgeberische Ziele durch entsprechende Maßnahmen realisiert werden.[467] Dabei bleiben zunächst die Beschaffenheit des jeweiligen Verwaltungsziels und die Wirkungskraft der Handlungsweise bzw. die Leistungsfähigkeit des Mitteleinsatzes bei der Zielverwirklichung unberücksichtigt. Sie zu bewerten, obliegt vielmehr dem Effizienzurteil, obschon Effektivität und Effizienz beidermaßen Wirtschaftlichkeitsaspekte einschließen und sich auf die **Wirksamkeit** des Verwaltungshandelns konzentrieren.

157

Vor dem Hintergrund dieses Zusammenhanges beider Maßstabskomplexe erstreckt sich die Frage nach der **Effizienz,** die – wie oben herausgearbeitet[468] – über den engeren Bereich ausschließlich wirtschaftlicher Zweckmäßigkeit zugunsten außerwirtschaftlicher Nutzenerwägungen hinausführt, auf das Verhältnis des Mitteleinsatzes (Input) zum Ergebnis (Output bzw. Outcome); es soll die Ergiebigkeit bzw. der **Wirkungsgrad** des Verwaltungshandelns beurteilt werden. **Effektivität** ermöglicht dagegen und einerseits eine „Aussage über das Verhältnis von Tatsächlichem (Ist) zum Erwünschten (Soll) oder auch darüber, ob mit einem bestimmten Output der angestrebte Nutzen gestiftet wurde. Setzt man das Erwünschte mit dem Ziel gleich, drückt die Effektivität den **Zielerreichungsgrad** aus."[469] Ferner und andererseits enthält diese Aussage ein Urteil über die **Zieltauglichkeit** des Verwaltungshandelns, womit der Zusammenhang

158

---

[465] Ähnlich *Maurer,* VerwR, § 19 Rn. 7 e; *Schmidt-Aßmann,* in: Maunz/Dürig, GG, Art. 19 IV Rn. 263, 263 a.

[466] Vgl. oben → Rn. 113.

[467] *Eichhorn,* Wirtschaftlichkeit (Fn. 108), S. 162; *Anne Müller-Osten/Christina Schaefer,* Effektivität im öffentlichen Sektor, DV, Bd. 39 (2006), S. 247 (248 f.).

[468] Vgl. → Rn. 116 ff., 119; zum Spannungsverhältnis von Effizienz und Effektivität s. auch *Müller-Osten/Schaefer,* Effektivität (Fn. 467), S. 259.

[469] *Eichhorn,* Wirtschaftlichkeit (Fn. 108), S. 162; aus rechtlicher Perspektive ebenso *Wallerath,* VerwR, § 2 Rn. 29, 34; anders offenbar *Schmitz,* in: Stelkens/Bonk/Sachs, VwVfG, § 10 Rn. 23, der „Effektivität" mit „Effizienz" gleichsetzt.

zwischen dem angestrebten Ergebnis, dem Weg dorthin und dem vorgegebenen Verwaltungsziel in das Auge gefasst wird: Nur wenn dieses sich unter Berücksichtigung der gebotenen Verfahrensschritte und aller Erforderlichkeit und Geeignetheit der behördlichen Maßnahmen bzw. Entscheidungen für die Zielerreichung überhaupt verwirklichen lässt, also ein „taugliches" Ziel darstellt, kann die Effektivität des Verwaltungshandelns bewertet werden.

2. Effektivität als rechtlicher Handlungsmaßstab

a) Verwaltungseffektivität als Ziel- und Wirkungsorientierung des Verwaltungshandelns

159 **Effektivität** bildet in diesem Verständnis zugleich ein **Rechtsprinzip,** das von Verfassungs wegen aus der Einordnung der öffentlichen Verwaltung als „vollziehende Gewalt" in das Grundgesetz folgt (Art. 20 Abs. 2 S. 2 GG). Der Vollzugsauftrag bezieht sich sowohl auf die vom Gesetzgeber vorgegebenen und dann partiell von der Verwaltung näherhin eigenständig konkretisierten **Verwaltungsziele** als auch auf die Umsetzung des „gesollten" Rechts in die soziale Wirklichkeit und die entsprechende Rechtsdurchsetzung **(Implementierung).** Zwar bleibt die Wirkung des Rechts zunächst auf die Ebene des Sollens beschränkt. Der öffentlichen Verwaltung ist aber durch Art. 20 Abs. 3 GG aufgegeben, ihre Bindung an „Gesetz und Recht" im Tatsächlichen zu konkretisieren, d.h. die reale Wirkung des Rechts einschließlich seiner Zielinhalte sicherzustellen.[470] Denn die Ziele verkörpern die künftig von Rechts wegen gesollten, angestrebten und möglichst genau beschriebenen Zustände nach Abschluss der Rechts- und Zweckkonkretisierung.

160 Die verfassungsbegründete **Wirkungsorientierung** der öffentlichen Verwaltung[471] umschließt aus rechtswissenschaftlicher Perspektive das an diese adressierte Rechtsgebot effektiven Handelns unter Einbezug seiner ökonomischen Grundlegung. „Effektivität" fungiert insoweit als ein interdisziplinärer „Brückenbegriff". Wie noch zu zeigen sein wird, erspießen deshalb dem Grundsatz der Verwaltungseffektivität verschiedene Maßgaben und Bewertungskriterien zur Beurteilung einzelner Verwaltungsentscheidungen und -tätigkeiten als mehr oder weniger wirksam. Der Maßstab der Effektivität staatlichen Handelns ist deshalb auch keine „Leerformel", wie verschiedentlich behauptet wurde.[472]

b) Das Gebot des effektiven Rechtschutzes

161 Sehr zur Recht hat denn auch das Bundesverfassungsgericht seit langem – allerdings auf den **Rechtsschutz** bezogen[473] – dessen „Effektivität" als verfassungs-

---

[470] → Bd. I *Voßkuhle* § 1 Rn. 32ff.; *Herbert Helmrich,* Wirkungsforschung zum Recht – Gesetzgebung, Rechtsprechung und Verwaltung, in: Hill/Hof (Hrsg.), Wirkungsforschung zum Recht II (Fn. 195), S. 471 (477ff.); zur „Effektivität des Rechts" s. statt aller *Klaus F. Röhl,* Allgemeine Rechtslehre, 2. Aufl. 2001, S. 305f.
[471] *Pitschas,* Wirkungen des Verwaltungshandelns (Fn. 195), S. 164ff., 169, 171ff.
[472] *Marcel Kaufmann,* Untersuchungsgrundsatz und Verwaltungsgerichtsbarkeit, 2002, S. 244ff.
[473] Die darin aufscheinende Verengung der Reichweite von Effektivitätsüberlegungen ruft denn auch die Frage hervor, ob bzw. wie das BVerfG die Gewährleistung der Effektivität des Rechtsschutzes auf das Verwaltungsverfahren mit Rücksicht auf dessen Rechtsschutzfunktion „vorverlagert" wissen will; dazu bereits *Pitschas,* Konsensuales Verwaltungsrecht (Fn. 4), S. 539ff., 543ff., 546ff., 559ff.: Die Frage ist partiell zu bejahen, vgl. unten → Rn. 163.

rechtlich garantiert angesehen. Eine typische Formulierung des Gerichts zur **Effektivität des Rechtsschutzes** lautet: „Das Verfahrensgrundrecht des Art. 19 Abs. 4 GG garantiert nicht nur das formelle Recht und die theoretische Möglichkeit, die Gerichte anzurufen, sondern auch die Effektivität des Rechtsschutzes; der Bürger hat einen substanziellen Anspruch auf eine **tatsächlich wirksame** gerichtliche Kontrolle."[474]

Die Entscheidung stellt auf die Gerichtspraxis gemünzte Anforderungen an die **Qualität** des dem Bürger zur Rechtsverfolgung eröffneten Rechtswegs. Dessen Ausgestaltung und Ausstattung mit Ressourcen haben sicherzustellen, dass der Bürger im Ergebnis auch tatsächlich in seinen Rechten geschützt wird. Zu diesem Zweck zielt die Maßstabverwendung nicht auf das Ergebnis in jedem Einzelfall, sondern auf den „Grad der Verwirklichung" des angestrebten Rechtschutzziels insgesamt.[475] Dementsprechend hat das gerichtliche Organisations- und Verfahrensrecht dem Ziel Rechnung zu tragen, dass durch das Gerichtsverfahren der Schutz der geltend gemachten Rechte erreicht wird. Die verfassungsrechtliche Begründung hierfür leitet sich aus Art. 19 Abs. 4 GG in Verbindung mit dem Gewaltenteilungsgrundsatz her.

3. Zielgerichtetheit und Zieltauglichkeit des Verwaltungshandelns

Die Rechtsprechung des Bundesverfassungsgerichts offenbart mit dem Rekurs auf die tatsächliche Wirksamkeit eingeräumter subjektiv-öffentlicher Rechte die innere Verbindung zwischen dem Gebot effektiven Rechtsschutzes einerseits und dem **Grundsatz der Verwaltungseffektivität** andererseits. Unschwer lassen sich daher im Rahmen des funktionalen Wechselspiels zwischen Verwaltungsprozess und Verwaltungsverfahren die Erkenntnisse zur Rechtsschutzeffektivität auf das Verfahrensrechtsverhältnis zwischen Bürger und Verwaltung übertragen. Auch deren Handeln unterliegt der Wirkungsorientierung bzw. -sicherung auf der Sollensebene und im Rechtstatsächlichen. Daraus leitet sich einerseits die Notwendigkeit entsprechender **Zielgerichtetheit** des Verwaltungshandelns her: Behördlicherseits muss feststehen, welche Ziele das administrative Entscheiden und Handeln auf welche Weise im Zuge der Rechts- und Zweckkonkretisierung zu verwirklichen hat. Um dies erreichen zu können, bedarf es der Folgerichtigkeit und Widerspruchsfreiheit administrativer Normkonkretisierung; die materielle Steuerungsnorm der Verwaltung darf nicht – ebenso wenig wie die des Gesetzgebers – als lex imperfecta angelegt sein. Andernfalls kann die Verwaltungstätigkeit nicht tatsächlich **zielwirksam** werden; der Gesetzgeber muss hierfür entsprechende Vorkehrungen treffen. Schließlich ist zu fragen, ob sich ein Verwaltungsziel auf andere Weise besser erreichen ließe. Sind diese Voraussetzungen erfüllt, lässt sich von der **Zieltauglichkeit** („Zielkohärenz") des Verwaltungshandelns sprechen. Wird sie verfehlt, ist das Verwaltungshandeln rechtswidrig. Es würde ein von Anfang an eingepflanztes **strukturelles Vollzugsdefizit** aufweisen.

---

[474] BVerfGE 35, 263 (274). – Hervorhebung durch Verf.; vgl. auch *Dann* (Fn. 216), S. 631 ff.
[475] *Michael Sachs*, Grundsatzfragen der Effektivität des Rechtsschutzes, in: Wilfried Erbguth (Hrsg.), Effektiver Rechtsschutz im Umweltrecht? Stand, aktuelle Entwicklungen, Perspektiven, 2005, S. 15 (24); vgl. ferner *Rainer Pitschas*, Brauchen wir ein neues Verwaltungsverfahrensgesetz?, in: Marcel Dalibor / Alfred G. Debus u. a. (Hrsg.), Perspektiven des Öffentlichen Rechts, 2011, S. 285 (294 f.).

a) Das Gebot der Zieltauglichkeit („Kohärenzgebot")

164   Der **Grundsatz der Zieltauglichkeit** des Verwaltungshandelns konkretisiert m. a. W. als Gebot der Zielkohärenz den prinzipalen Maßstab der Verwaltungseffektivität. Er setzt das Entscheiden und Handeln der öffentlichen Verwaltung auf einen Richtsteig zwischen Ziel, angestrebter Wirkung (Ergebnis), Wirkkraft der Handlungsweise (Effizienz) und Folgen. Im Einzelnen lassen sich die in diesen Zusammenhang eingestellten **Sachziele** des Verwaltungshandelns von **Formalzielen** trennen, zu deren Zielgrößen u. a. die Kostenwirtschaftlichkeit und andere erwünschte geldwerte Zustände zählen.[476] Die Sachziele der Verwaltung sind allerdings immer weniger vom Gesetzgeber vorgegeben; sie verbinden sich mit den daraus abgeleiteten öffentlichen Aufgaben bzw. Verwaltungszwecken. Durch die Verknüpfung mit den Formalzielen „ökonomisiert" die Behörde dann im Wege der finanziellen Zielkohärenz ihre Aufgabenerfüllung, z. B. über deren Bindung an ein Budget oder durch die dezentralisierte Ressourcenverantwortung.[477]

b) Öffentliche Verwaltung als multiples Zielsystem

165   Auf diese Weise die Wirksamkeit des Verwaltungshandelns und dessen Zieltauglichkeit sicherzustellen, ist allerdings ein mühevolles Unterfangen. Die Zielorientierung zahlreicher Verwaltungsmaßnahmen ist namentlich im Rahmen gesetzgeberischer Regulierung komplex. Für die Verwaltung des modernen Staates sind regelmäßig **multiple Zielsetzungen** kennzeichnend.[478] Beispielsweise ordnet § 2 SGB I als gesetzliche Ausprägung des Effektivitätsprinzips an, die Regelungsziele des gleichheitssichernden Sozialstaats, des Sozialgesetzbuchs wie auch die sozialen Rechte bei der Auslegung der Vorschriften des Sozialrechts und bei der Ermessensausübung zu beachten.[479] Darüber hinaus ist die Effektivität sozialer Leistungen nicht ohne entsprechende (Ziel-)Verständigung mit dem Bürger als „Kunden" zu erreichen. Insoweit die meisten Ziele überdies miteinander verknüpft sind, bedarf es der Festlegung von Art, Rang, Umfang, Qualität und Periode der Zielverwirklichung. In der Folge all dessen verkörpert die öffentliche Verwaltung ein eigenes multiples **Zielsystem,** in dem die Bedarfsdeckungs- bzw. Sachziele vor den als Nebenbedingungen zu berücksichtigenden Formalzielen dominieren. Im Vordergrund steht dabei, wie bereits dargelegt, die **Rechtmäßigkeit** des Verwaltungshandelns, unter Zielaspekten mithin der rechtstreue Vollzug der öffentlichen Aufgaben. Dahinter aber verbergen sich zahlreiche materielle Einzelziele wie etwa die **Gewährleistung** von Freiheitsspielräumen für den Bürger, von sozialer und innerer Sicherheit, von Infrastrukturangeboten, aber auch die Erfüllung von **Planungsaufgaben** in der Raumordnung, Landes- und Regionalentwicklung, **kundenfreundliche Dienstleistungen** u. a. m.[480]

---

[476] *Eichhorn,* Wirtschaftlichkeit (Fn. 108), S. 157, 186 f.
[477] Dazu s. oben → Rn. 124 f.; *Hill,* Organisationsformen (Fn. 42), S. 81 f.
[478] → Bd. I *Hoffmann-Riem* § 10 Rn. 58.
[479] *Pitschas,* Verwaltungsverfahren (Fn. 118), S. 767; *Wolfgang Fichte,* Die sozialen Rechte in der Rechtsprechung des Bundessozialgerichts, SGb 2011, S. 492 (493 f.).
[480] *Eichhorn,* Wirtschaftlichkeit (Fn. 108), S. 191 f.

F. Effektivität des Verwaltungshandelns

Die dem Handeln der Verwaltung solchermaßen mitgegebenen Ziele sind schließlich sehr oft so allgemein formuliert, dass aus ihnen konkrete Aktivitäten erst in einem komplizierten Prozess abgeleitet werden müssen, der sich seinerseits auf längere Strecken mit dem eigentlichen Konkretisierungsverfahren deckt. So liegt z.B. eine Verfeinerung der materiellen Verwaltungsziele in der verfassungsgeleiteten Entwicklung bzw. „Entdeckung" von staatlichen Aufgaben, die im Verwaltungsvollzug zu erledigen sind. Bei alledem die **Zielkohärenz** des Verwaltungshandelns zu erreichen, bleibt ein schwieriges Geschäft. Es wird noch dadurch erschwert, dass Zielerreichung bzw. Aufgabenerfüllung umfangreicher analytischer **Zielbildungsprozesse** bedürfen. Hierauf kann indes nicht verzichtet werden, weil nur eindeutig formulierte und aufeinander abgestimmte Ziele einen ergebnisorientierten und qualitätsgesicherten Einsatz der den Behörden zur Verfügung stehenden Ressourcen gewährleisten und der Tendenz entgegengewirkt werden kann, Aufgaben als Selbstzweck zu begreifen.[481]

166

Verwaltungshandeln muss deshalb unter dem Gebot der **Zielkohärenz** auf ein **Zielkonzept** zurückgreifen. Darin sind auch spezifische allgemeine und eigenständige **Verfahrensziele** wie z.B. die Verfahrenseffizienz[482] geborgen. Deshalb gehören zur Zielkohärenz des Verwaltungshandelns auch die Berücksichtigung von Verfahrensgerechtigkeit, der soziale Ausgleich der involvierten Interessen, die Ermöglichung von Interaktion und Konsens sowie die Akzeptanz des Verfahrensergebnisses.[483] Zugleich ist Vorsorge gegenüber allfälligen **Zielantinomien** zu treffen. Andernfalls erweist sich Verwaltungshandeln als ineffektiv.[484] Dagegen ist die Konkurrenz materieller Ziele des Verwaltungshandelns diesseits einer lex imperfecta nicht durchweg zu vermeiden. Hier verlangen seine Effektivität und Zieltauglichkeit eine entsprechende Zielabstimmung durch Koordination bzw. Kooperation.[485] Dabei darf Verwaltungseffektivität nicht zugunsten größerer Effizienz oder bloßer Einsparungsziele aufgegeben werden.

167

II. Das Gebot der Vollzugstauglichkeit

1. Vollzugseffektivität ziel- und wirkungsorientierten Verwaltungsmanagements

Wirkungsorientiertes Verwaltungsmanagement wird sich mit der Zielkohärenz des Handelns nicht zufrieden geben. Warum und wozu die Verwaltung handelt, ist nämlich von der Frage nach der Durchsetzbarkeit der Verwaltungsentscheidungen bzw. -maßnahmen („Implementierung"), also nach dem „Wie" des Handelns i.S. einer **Optionenwahl** nicht zu trennen. Dessen Gestaltung

168

---

[481] Zur Struktur der Zielbildung s. *Eichhorn*, Wirtschaftlichkeit (Fn. 108), S. 198; *Pitschas*, Konsensuales Verwaltungsrecht (Fn. 4), S. 312 ff.; vgl. ferner *Hermann Hill*, Das fehlerhafte Verfahren und seine Folgen im Verwaltungsrecht, 1986, S. 213.

[482] Dazu bereits oben → Rn. 130 ff.

[483] *Hill*, Organisationsformen (Fn. 42), S. 80 f.; *ders.*, Akzeptanz des Rechts – Notwendigkeit eines besseren Politikmanagements, JZ 1988, S. 377 ff.; *Hoffmann-Riem*, Verwaltungsverfahren (Fn. 74), S. 25, 41 ff.; *Pitschas*, Konsensuales Verwaltungsrecht (Fn. 4), S. 156, 317 u. öfter.

[484] *Müller-Osten/Schaefer*, Effektivität (Fn. 467), S. 259, 260 ff.; s. ebd. und in diesem Zusammenhang auch zum auswegsuchenden Rückzug des Staates auf eine bloße Gewährleistungsfunktion.

[485] *Eichhorn*, Wirtschaftlichkeit (Fn. 108), S. 182, 183, 184 f.; aus (gemeinschafts-)rechtlicher Perspektive *Groß*, Verantwortung und Effizienz (Fn. 420), S. 174 f.

muss daher sicherstellen, dass die Verwaltungszwecke und -ziele tatsächlich wirksam umgesetzt werden.[486] Das Recht als solches kann dies allerdings von selbst nicht erreichen; es verbleibt auf der Sollensebene. Vielmehr kommt es auf die der **Zieleffektivität** des Verwaltungshandelns zur Seite stehende und auf die Implementierung gerichtete **Vollzugseffektivität** an: Der Zielerreichungsgrad des Entscheidens und Handelns der Verwaltung hängt davon ab, dass die „richtige" Entscheidung getroffen wird und diese dann auch zielbezogen durchgesetzt werden kann.

169 Allerdings stellt der Gesetzgeber im Wege seiner „kaskadenartigen" Rechtsetzung häufig die Weichen schon so, dass es bei der Umsetzung normativer Ge- und Verbote in die Verwaltungspraxis zu **Zieldefiziten** kommt. So hat das Bundesverfassungsgericht für die Besteuerung bestimmter Einkommen festgestellt, dass ein Widerspruch „zwischen dem normativen Befehl der materiell pflichtbegründenden Steuernorm und der nicht auf Durchsetzung angelegten Erhebungsregel" bestehen kann.[487] Gleiches trifft auf Verwaltungshandeln zu, dass in seinem gesetzlich verankerten Zielbezug z. B. wegen fehlender Akzeptanz nicht wirksam durchgesetzt werden kann.

170 Von daher stößt die Zielrealisierung auf komplexe Vollzugsbedingungen. Nicht von ungefähr bestimmt deshalb das **Verwaltungsverfahren** in seiner aufgabenorientierten Ausgestaltung, der Art und Weise seiner Handhabung, kraft seiner Zeitstruktur und personellen Ausstattung das Ergebnis des Verwaltungshandelns wesentlich mit. Das zielorientiert angestrebte „Verwaltungsprodukt" entsteht erst im Zusammenwirken der prozedural gesteuerten Konkretisierungsressourcen. Die Implementierung der daraus entstandenen Verwaltungsentscheidung ist deshalb auf die Funktionsweisen und Wirkungssteuerung des Verfahrens angewiesen.[488] Damit geht unter den Rahmenbedingungen heutiger „Governance" die verbindliche Auslegung und Zielformulierung bei rechtlichen Handlungsprogrammen durch „bargaining"-Prozesse mit Institutionen, gesellschaftlichen Interessengruppen und anderen Dritten bzw. durch Kooperation mit dem Bürger als Ausfluss des Bürgerengagements einher.[489] Dementsprechend stellt sich das Problem, Verwaltungshandeln mit seinen Instrumenten und in seinen Formen auf diese gesteigerte Einflussvielfalt zielgerecht einzurichten.[490] Gleichermaßen müssen die **interne** Struktur der Verwaltung und das **Verhalten** der darin tätigen Akteure den Funktionserfordernissen einer solchen „Public Governance"[491] angepasst werden. Die Organisations- und Personalressourcen sowie die Rechtsetzungs-, Entscheidungs- und Kontrollverfahren der öffentlichen Hand werden nicht zuletzt deshalb immer stärker zum Gegenstand entsprechender Rationalisierungsbemühungen.

---

[486] *Hermann Hill*, Einführung in das 3. Kolloquium „Verwaltung als Adressat und Akteur", in: ders./Hof (Hrsg.), Wirkungsforschung zum Recht II (Fn. 195), S. 27 (39).

[487] *BVerfGE* 110, 94 (113).

[488] So bereits *Pitschas*, Konsensuales Verwaltungsrecht (Fn. 4), S. 22 f.

[489] Dazu statt anderer und m.w.N. *Martin Eifert*, Regulierte Selbstregulierung und die lernende Verwaltung, DV, Beiheft 4, 2001, S. 137 ff.; *Pitschas*, Kollaborative Governance (Fn. 37), S. 333 ff.; → Bd. I *Reimer* § 9 Rn. 112, *Ruffert* § 17 Rn. 18 ff., 21 f.

[490] → Bd. I *Franzius* § 4 Rn. 2 ff., 37 ff.

[491] → Bd. I *Voßkuhle* § 1 Rn. 68, 70.

2. Vollzugstauglichkeit der Verwaltungsentscheidung

Mit Blick auf diese und andere Voraussetzungen seiner „Implementationstauglichkeit" gerät „governance"-dirigiertes Verwaltungshandeln in die Gefahr, die Intentionen angestrebter Verwaltungsziele zu verfehlen. Denn sowohl dem Gesetzgeber wie auch der Verwaltung selbst, die weitgehend eigenständig agiert, ermangelt oft das notwendige Wissen, um die Adressaten des Verwaltungshandelns bzw. die Kooperationspartner von vorneherein und durchweg zielbezogen in den Herstellungsprozess von Verwaltungsentscheidungen einbeziehen zu können. **Behördlicherseits** ist deshalb dessen „modus" mit den strukturellen Gegebenheiten vernetzter Pluralität hoheitlicher und nichtstaatlicher Akteure im jeweiligen Handlungsfeld der Verwaltung zu koppeln: „Implementationstauglichkeit" des Verwaltungshandelns meint dann das „problemlösungsgeeignete Management solcher Interdependenzen"[492] zugunsten der gemeinsamen Ziel- und Wirkungsperspektive.

171

a) Maßstabsbildung im Zeichen von „Public Governance"

Diese gilt es zuvörderst in spezifischen Zielbildungs- bzw. Konkretisierungsprozessen zu erarbeiten. Hierfür bleibt auf einen **Set von Kriterien** zurückzugreifen, der die Vollzugstauglichkeit der Verwaltungsentscheidung als einen gemeinsamen Maßstab staatlicher und privater Akteure in strukturierten Regelungsarrangements begreifen lässt. Zu den entsprechenden Implementationsvorgaben zählen u.a. die den **Implementationsspielraum** ausprägende und der angestrebten Zielverwirklichung angemessene Problemorientierung, Sachaufklärung und Sachgerechtigkeit im Konkretisierungsverfahren, ebenso die entscheidungsbezogene und zielorientierte Folgenermittlung bzw. Folgenabschätzung. Hierzu setzt der Grundsatz der Vollzugstauglichkeit die Teil-Gebote der Zielgewährleistung und der Folgenabschätzung frei. Im Blick hierauf gerät die politikwissenschaftliche Lehre von der prognostischen Gesetzesfolgenabschätzung in die Gefahr, ihre normativ-rechtsstaatlich und parlamentarisch-demokratisch ausgeprägten Vorgaben aus der Verfassung zu verfehlen. Die jeweilige Verwaltungsentscheidung hat darüber hinaus – etwa bei „Public Private Partnership"-Projekten[493] – in „Herstellung" und „Darstellung"[494] sicherzustellen, dass die aufgegebenen Sach- und Formalziele auch tatsächlich erreicht werden. Dazu bedarf es u.a. der entsprechenden Prüfung und des Vergleichs der in Betracht kommenden Handlungs- und Entscheidungsalternativen im Hinblick auf die kohärente gesetzliche bzw. administrative Zielweisung. Nach dem „Durch-

172

---

[492] *Hoffmann-Riem*, Risiko- und Innovationsrecht (Fn. 28), S. 158.

[493] Dazu oben → Rn. 11, 138.

[494] Vgl. *Hans-Heinrich Trute*, Methodik der Herstellung und Darstellung verwaltungsrechtlicher Entscheidungen, in: Schmidt-Aßmann/Hoffmann-Riem (Hrsg.), Methoden, S. 293 ff. Die „Herstellung bindender Entscheidungen" ist der Auftrag öffentlicher Verwaltungen, wie – in heute zu enger Perspektive – *Niklas Luhmann*, Theorie der Verwaltungswissenschaft, 1966, S. 64 ff., zutr. betont hat – ihre „Darstellung" bezieht sich auf die Vermittlung und Bekanntgabe der Verwaltungsentscheidung als „Produkt" des Herstellungsprozesses, dazu näher vgl. bereits *Walter Schmidt*, Einführung in die Probleme des Verwaltungsrechts, 1982, S. 23 f.; s. im Übrigen → Bd. I *Möllers* § 3 Rn. 23 ff., 26. In die damit gegebene Situativität von Verwaltungsentscheidungen (dazu näher *Pitschas*, Verwaltungsverantwortung [Fn. 4], S. 189 ff.) fließen auch nicht-normative Handlungsmaßstäbe wie z.B. die (ökonomische) Effizienz ein, so mit Recht *Schmidt-Aßmann*, Ordnungsidee, 4. Kap. Rn. 55.

spielen" der Lösungsmöglichkeiten und Einbezug der Folgen des angestrebten Finalentschlusses käme es sodann zur Auswahl der „richtigen" Zielalternative und zu ihrer Durchführung. Deren **Verbindlichkeit** ist zu sichern.

173 Von erheblicher Bedeutung für das auf diese Weise in den Richtsteig von Zielen, Ergebnissen und Folgen gestellte Verwaltungshandeln sind überdies und zumindest bei komplexen Verwaltungsentscheidungen nicht nur die Akteure, sondern auch die **Akteursnetzwerke** und **institutionellen Arrangements.** Nur dann, wenn diese in den Implementationsprozess einbezogen werden, lassen sich allfällige Zieldivergenzen überwinden, Zielkompromisse finden und die Zielwirksamkeit des Verwaltungshandelns erreichen. Ob dann das Ergebnis mit dem verwirklichten Grad der Zielerreichung auch tatsächlich Bestand haben wird, hängt ferner davon ab, inwieweit alle wesentlichen Aspekte des Entscheidungsganges erfasst und (bestandssicher) verarbeitet worden sind, sowie davon, ob und inwieweit das „Produkt" auf Übereinstimmung mit den Erwartungen der Entscheidungsbetroffenen rechnen darf („Akzeptanz").[495]

b) Methodik wirkungsorientierter Qualitätssicherung

174 Im Ergebnis hat das Verwaltungshandeln durch die Art und Weise der entscheidungsbezogenen Rechts- und Zweckkonkretisierung sowie durch die gesamte Ausgestaltung des Organisations- und Verfahrensrechts als Entscheidungsprämissen den Sach- und Formalzielen, die ihm zu konkretisieren vorgegeben sind, tatsächliche Wirksamkeit zu verschaffen. Einen wesentlichen Stellenwert nimmt in diesem Kontext – wie insbesondere an Public-Private-Partnership-Projekten ersichtlich wird – die **Methodik wirkungsorientierter Qualitätssicherung** des Handelns und Entscheidens ein. Dabei spielen qualitative Maßstäbe[496], wie z.B. der ungehinderte Zugang zu Informationen in Netzwerkarrangements[497], eine zentrale Rolle. Auch die Entwicklung sog. Schlüsselindikatoren, anhand derer sich Wirkungen und deren Qualität eindeutig messen lassen können, gehört in diesen Zusammenhang. Auf ihre Messergebnisse gestützte zielorientierte Empfehlungen an die Verwaltung sollten es jedoch ermöglichen, das angestrebte Ziel auch auf andere Weise zu erreichen. Sie sollten ferner Anreize zur Optimierung des Verwaltungshandelns geben. Der erzielte Implementationserfolg ist dann „im Hinblick auf ein Gesamtniveau zu bewerten, dass auch der Mehrdimensionalität der Ziele der öffentlichen Verwaltung gerecht wird. Die Frage, wie Zukunft gewonnen werden kann, ist (nämlich) da-

---

[495] Aus der Perspektive der Mehrebenenverwaltung ebenso *Pache,* Verantwortung und Effizienz (Fn. 337), S. 132 ff.; die konkrete Entscheidungssituation der (Gewährleistungs-)Verwaltung wird damit selbst Teil des Effektivitätsmaßstabs; vgl. in diesem Kontext auch die Beobachtung von → Bd. I *Möllers* § 3 Rn. 24 m. Fn. 172.

[496] → Bd. I *Reimer* § 9 Rn. 114 spricht von der „Beobachtungs- und Nachbesserungspflicht" des Gesetzgebers und von einer „Wirkungskontrolle", doch reicht die Qualitätssicherung weiter; merkwürdigerweise ist auch sonst und vor allem in der Folgenbetrachtung zwar von einer „Ziel-Mittel-Wirkungs-Rationalität", nicht aber von „Qualität" die Rede, vgl. → Bd. I *Franzius* § 4 Rn. 66, 67 ff.; im hiesigen Sinne vgl. dagegen *Pitschas,* Wirkungen des Verwaltungshandelns (Fn. 195), S. 161 ff., 166 ff.; *Ziekow,* Public Private Partnership (Fn. 38), S. 631 ff.

[497] Dazu am Beispiel polizeilicher Informationsarbeit *Jörg Ziercke,* Polizeiföderalismus oder Bundeskriminalpolizei – Welche Organisationsstruktur verlangt die künftige polizeiliche Arbeit?, in: Rainer Pitschas/Harald Stolzlechner (Hrsg.), Auf dem Weg in einen „neuen Rechtsstaat", 2004, S. 63 (73 f.).

von abhängig, welche Zukunft für wen mit welchen Zielvorstellungen" zu gestalten war.[498]

G. Risikoangemessenheit des Verwaltungshandelns

I. Risiko als Rechtsproblem

1. Das Risiko im Verwaltungsrecht

a) Risikogesellschaft und Risikorecht

Die Zukunft von Staat und Gesellschaft zu gestalten, steht allerdings immer häufiger im Ungewissen. Selbst neues Wissen begründet nur neue Unsicherheit. Darauf verweist bereits die bekannte Deutung der modernen Gesellschaft als „Risikogesellschaft".[499] Deren rechtliche Steuerung steht vor der Aufgabe, den gesellschaftlichen und insbesondere technologischen Fortschritt mit den ihnen erfließenden Risikopotentialen im Blick auf die Folgen einzelner schädlicher Entwicklungen sozialverträglich zu begleiten.[500] Modernes **Recht** wandelt sich dadurch partiell zu einem risikosteuernden Recht, das einerseits sicherheitsbedrohliche Entwicklungsfolgen vermeiden helfen soll, andererseits der öffentlichen Verwaltung die Möglichkeit einräumen muss, über entsprechendes Wissen zu verfügen, d.h. zu lernen und spezifische Risikoentscheidungen zu treffen. „Neues Verwaltungsrecht" ist deshalb (auch) Risikorecht; Generierung und Transfer staatlichen Wissens müssen in das Verwaltungsrecht „eingebettet" werden.[501]

Der dabei maßgebliche **Risikobegriff** hat zahlreiche Facetten.[502] Verantwortlich hierfür zeichnet vor allem die empirische Struktur der Phänomene, die wir gewöhnlich als „Risiken" zu bezeichnen pflegen. Sie wird durch das hohe Ausmaß an Ungewissheit über die mit ihnen verbundenen Sicherheitsdefizite gekennzeichnet. Im Dilemma von Nichtwissen und Ungewissheit sind drohende Schäden ex-ante nicht voraussehbar und ex-post bestehen unklare Kausalverläufe. Die vermuteten Folgen eines sich verwirklichenden „Risikos" gestalten sich darüber hinaus individuell. Insbesondere existieren kaum linear nachvollziehbare Wirkungsketten; die darauf bezogene Kausalitätsdiskussion offenbart, dass

---

[498] *Hill*, Wirkungsforschung (Fn. 486), S. 38.

[499] Vgl. statt vieler *Ulrich Beck*, Risikogesellschaft – auf dem Weg in eine andere Moderne, 1990; *Alfons Bora* (Hrsg.), Rechtliches Risikomanagement, 1999; *Udo Di Fabio*, Risikoentscheidungen im Rechtsstaat, 1994; *Niklas Luhmann*, Ökologische Kommunikation, 1990. Vgl. a. → Bd. I *Franzius* § 4 Rn. 50, 80; Bd. II *Ladeur* § 21 Rn. 51, 69, *Röhl* § 30 Rn. 27.

[500] *Arno Scherzberg*, Risikosteuerung durch Verwaltungsrecht: Ermöglichung oder Begrenzung von Innovationen?, VVDStRL, Bd. 63 (2004), S. 214 (225 ff., 238 ff.); *Oliver Lepsius*, ebd., S. 264 (295 ff., 300 ff.); jüngst auch *Sebastian Mielke*, Risiken der Vorsorge, 2012, S. 46 ff.; *Schulze-Fielitz*, Risikosteuerung (Fn. 164), S. 787, 793 f.

[501] *Hoffmann-Riem*, Risiko- und Innovationsrecht (Fn. 28), S. 145; *Sebastian Mielke*, Risiken der Vorsorge, 2012, S. 46 ff., 98 ff.; *Schmidt-Aßmann*, Ordnungsidee, 3. Kap. Rn. 92 ff.; *Peter Collin/Indra Spiecker gen. Döhmann*, Generierung und Transfer staatlichen Wissens im System des Verwaltungsrechts – ein Problemaufriss –, in: dies. (Hrsg.), Generierung und Transfer staatlichen Wissens im System des Verwaltungsrechts, 2008, S. 3 ff.; → Bd. I *Voßkuhle* § 1 Rn. 11.

[502] *Di Fabio*, Risikoentscheidungen (Fn. 499), S. 52 ff.; *Lepsius*, Risikosteuerung (Fn. 500), S. 267 ff.; *Scherzberg*, Risikosteuerung (Fn. 500), S. 219 ff.; s. ferner die Beiträge in Michael Kloepfer (Hrsg.), Hochrisikoanlagen. Notfallschutz bei Kernkraft-, Chemie- und Sondermüllanlagen, 2012.

die Kausalzusammenhänge häufig dynamisch und rekursiv gestaltet sowie die Risikofolgen in ihren Vernetzungszusammenhängen weder leicht beobachtbar noch überhaupt vorhersehbar sind.[503] Es ist deshalb keineswegs erstaunlich, dass vor den Risiken der Technik keine endgültige Sicherheit existiert.[504] Stattdessen nimmt die Diagnose- und Prognoseunsicherheit gegenüber den Folgen solcher Entwicklungspotentiale zu, die ihren Ursprung in modernen, innovativen Produktionsverfahren oder allgemeiner noch im Einsatz moderner Technik finden, die von technischen Anlagen ausgehen bzw. aus „verfremdeten" Lebensformen der Industriegesellschaft entstehen – wie etwa durch die Verfütterung von Tiermehl aus Schafskadavern an tierische Pflanzenfresser („BSE-Krankheit").[505] „Risiko" bedeutet dann den Umgang mit dem Ungewissen, dass aus diesen Entwicklungspotentialen erspießt und ggf. zu Schäden führt – wobei sich mit der Ungewissheit weder zwingend eine negative Prognose im Sinne eines feststehenden Gefahrenpotentials verbinden muss, noch eine positive Aussage über eine chancenreiche Entwicklung mit Gewissheit zu treffen oder ausschließbar wäre.[506] Der durch solche Beurteilungs- und Kenntnislücken erschwerte Schutz der Umwelt steht stellvertretend für andere Politikfelder wie etwa die Informations- oder die Bio- und Gentechnologie, bei denen es ebenfalls um neue und noch wenig erprobte Entwicklungszusammenhänge geht.[507]

b) Ausgestaltung des Risikorechts

177 Erfolgreiche Risikovorsorge wird damit zur Schicksalsfrage des modernen Staates. Öffentliche Verwaltungen haben indes kein privilegiertes Wissen. Der Staat muss sich nicht zuletzt deshalb unter dem Einfluss von „Public Governance"[508] der Aufgabe stellen zu klären, wie Risiken von wem zu bewältigen sind, wer sie zu verantworten hat und wer präventiv tätig werden muss.[509] Als Partner der Wissensgenerierung und -nutzung ergeht an ihn von Verfassungs wegen der Auftrag zur Herbeiführung entsprechender Arrangements hoheitlicher und/oder privater Vorsorgemaßnahmen durch kooperative Regulierung. Staatliche Risiko(folgen)verantwortung bedarf insofern funktional-adäquater Konkretisierung im Rahmen der je verfassungsrechtlichen Kompetenzzuweisung sowie in einem Zusammenwirken von Staat und Gesellschaft, das sich nicht im Rechtsvollzug erschöpft, sondern auch kooperative und kommunikative „Rechtsbildung" um-

---

[503] *Karl-Heinz Ladeur*, Risikooffenheit und Zurechnung, in: Hoffmann-Riem/Schmidt-Aßmann (Hrsg.), Innovation, S. 111 (122).
[504] *Rainer Pitschas*, Die Bewältigung der wissenschaftlichen und technischen Entwicklungen durch das Verwaltungsrecht, DÖV 1989, S. 785 (793 f., 795 f.); *Rainer Wolf*, Zur Antiquiertheit des Rechts in der Risikogesellschaft, Leviathan 1987, S. 357 (385).
[505] *Pitschas*, Risikoinformation (Fn. 164), S. 222 ff.
[506] *Arno Scherzberg*, Risikomanagement vor der WTO, ZUR 2005, S. 1 (2 ff.); *Schulze-Fielitz*, Risikosteuerung (Fn. 164), S. 786; vgl. ferner *Pitschas*, Risikoinformation (Fn. 164), S. 223.
[507] *Arno Scherzberg/Stephan Meyer*, Risikomanagement in der Europäischen Union. Grüne Gentechnik und Nanotechnologie – retro- und prospektiver Blick auf das Vorsorgeprinzip, in: Klaus Vieweg (Hrsg.), Risiko – Recht – Verantwortung, 2006, S. 71 ff.; *Peter-Tobias Stoll*, Sicherheit als Aufgabe von Staat und Gesellschaft, 2003, S. 65 ff., 213 ff.
[508] Dazu oben → Rn. 11, 139, 172 f.
[509] *Daniela Winkler*, Die Verwaltung des Risikos, VerwArch, Bd. 103 (2012), S. 247 ff., 250 ff.; *Reinhard Damm*, Risikosteuerung im Zivilrecht, in: Hoffmann-Riem/Schmidt-Aßmann (Hrsg.), Auffangordnungen, S. 85 (112 f.).

fasst.⁵¹⁰ Die darin einbezogene **Rechtsetzung** unter Ungewissheitsbedingungen unterliegt der Forderung nach **reflexiver Rationalität**. Risikorecht muss „seine eigenen Wirkungen antizipieren" und dadurch „reflexiv" werden. In der Folge dessen befasst sich das Recht nicht mehr nur mit der Risikosteuerung, sondern es reagiert als „reflexives Recht" auf die Folgen, die dieser Normierung innewohnen.⁵¹¹ Aufgegeben ist durch entsprechende Rechtsgestaltung, die Plausibilität von Risikoentscheidungen zu steigern sowie die Zurechenbarkeit ihrer Folgen zu erleichtern. Dadurch lassen sich bestehende Ungewissheiten verringern und neues Wissen erzeugen.

Zu diesem Zweck ist zunächst der **Risiko- vom Gefahrenbegriff** abzugrenzen. Zwar verweisen beide auf Entscheidungen unter Ungewissheit. Doch kann eine „**Gefahr**" regelmäßig in ihren Auswirkungen abgeschätzt werden; der ihrer Erkenntnis vorgeschaltete „Gefahrenverdacht" stützt sich auf die Einsicht in lineare Kausalverläufe. In diesem Sinne umfasst die „Gefahr" den nach allgemeinen oder spezifischen Erfahrungswerten bevorstehenden Eintritt eines schädigenden Ereignisses; hierauf erstreckt sich auch der „Gefahrenverdacht".⁵¹² Demgegenüber zeichnet sich ein „Risiko" dadurch aus, dass Erfahrungen, die es abschätzbar machen würden, gerade nicht vorliegen. Es ist auf den Umgang mit **ungewissen** Entwicklungen bezogen, also auf solche, die sich in ihrem Verlauf, in ihrem Eintritt und in ihren Folgen kausal weder vorhersagen noch erkennen lassen.⁵¹³ Demgemäß sind in den (möglicherweise) vermutbaren Wirkungszusammenhängen sprunghafte neuartige Entwicklungen in Rechnung zu stellen. Man mag hierbei weitergehend unterschiedliche **Grade von Risiken** unterscheiden,⁵¹⁴ nämlich solche **erster Ordnung** in Bezug auf die Kalkulierbarkeit unerwünschter Folgen und das Bemühen um deren Vermeidung, während demgegenüber ein „**Risiko zweiter Ordnung**" die Irrtumskosten rechtlicher Regulierung bzw. ihres Unterlassens bilden. **178**

Rechtliche Risikosteuerung muss deshalb einerseits die Aussage treffen, welche in Umsetzung eines normativen Programms bei einer bestimmten Maßnahme verbleibenden Risiken noch hinzunehmen sind. (Ungeschriebene) **Maßstäbe** hierfür sind einerseits die „praktische Vernunft", andererseits wirken als Abwägungsregeln unter Ungewissheit das Über- und Untermaßverbot maßstabsbildend.⁵¹⁵ So werden z.B. im **Atomrecht** die Anforderungen an die Wahrscheinlichkeit eines **179**

---

⁵¹⁰ *Pitschas*, Entwicklungen (Fn. 504), S. 794ff.; *ders.*, Verantwortungskooperation (Fn. 44), S. 255f.; *Scherzberg*, Risikosteuerung (Fn. 500), S. 246f., 257.

⁵¹¹ Siehe bereits *Pitschas*, Entwicklungen (Fn. 504), S. 794ff. zum „Konzept des ‚reflexiven' Verwaltungsrechts" bei der Risikosteuerung; dem in der Sache folgend *Scherzberg*, Risikosteuerung (Fn. 500), S. 222 m. Fn. 47 und zahlr. N. auf S. 225ff., 257; *Schmidt-Aßmann*, Ordnungsidee, 3. Kap. Rn. 94.

⁵¹² Dazu allgemein *Friedrich Schoch*, Polizei- und Ordnungsrecht, in: Schmidt-Aßmann (Hrsg.), Bes. VerwR, 2. Kap. Rn. 95ff. m.w.N.; *Pieroth/Schlink/Kniesel*, PolizeiR, § 14 Rn. 50ff.; *Markus Thiel*, Die „Entgrenzung" der Gefahrenabwehr, 2011.

⁵¹³ *Schmidt-Aßmann*, Ordnungsidee, 3. Kap. Rn. 93, unterscheidet dabei zwischen „Ungewissheit im weiteren Sinne" und „Ungewissheit im engeren Sinne"; zur Abgrenzung gegenüber dem „Gefahrenverdacht" s. auch *Pitschas*, Risikoinformation (Fn. 164), S. 218.

⁵¹⁴ Vgl. insbes. *Scherzberg*, Risikosteuerung (Fn. 500), S. 219ff.; ihm folgend *Hoffmann-Riem*, Risiko- und Innovationsrecht (Fn. 28), S. 147f.

⁵¹⁵ Dazu s. einerseits und im Anschluss an BVerfGE 49, 89 (136); BVerwGE 72, 300 (315); 104, 36 (51); 106, 115 (121) die Hinweise bei *Lepsius*, Risikosteuerung (Fn. 500), S. 268f.; *Pitschas*, Risikoinformation (Fn. 164), S. 223f., 225ff.; andererseits und zur Maßstabsproblematik *Scherzberg*, Risikosteuerung (Fn. 500), S. 246ff., 249ff.

§ 42 Maßstäbe des Verwaltungshandelns

Schadenseintritts von empirisch begründetem Erfahrungswissen abgekoppelt. Es wird dasjenige, was auch nur im Entferntesten als Schadenseintritt – und sei er auch noch so unwahrscheinlich – in Betracht kommen könnte, als ausreichend für eine Maßnahme zur Risikovermeidung angesehen. Anders als bei der klassischen polizeirechtlichen Gefahrenabwehr wird also die Wahrscheinlichkeit des Einritts eines solchen geringen Risikos „vorverlagert" und mit Bewertungsbegriffen wie „Restrisiko" oder der „Grenze der praktischen Vernunft" in Verbindung gebracht. Einbezogen darin finden sich Elemente des traditionellen Kausalitätsdenkens. Darüber hinaus weist die Rechtsordnung auch Regelungen für den Umgang mit Risiken zweiten Grades auf, um allfällige Irrtumskosten zu berücksichtigen.[516]

180   Darüber hinaus muss die Rechtsordnung weitere Vorkehrungen für unvorhergesehene Entwicklungen treffen, also bspw. Flexibilität in Risikoentscheidungen ermöglichen,[517] Beobachtungspflichten normieren, Rückholoptionen bereitstellen oder auch Haftungsregeln schaffen. Im Zentrum der allfälligen Maßstabsentwicklung steht ferner das **Rechtsgebot zur kommunikativen Risikovorsorge,** wie die Analyse einer Reihe von Bereichen des Risikorechts zeigt.[518] Um sie herum entwickelt sich ein spezifisches **Risikoverwaltungsrecht.** Es geht als systematische Reaktion auf Ungewissheit namentlich zur Prozeduralisierung der Risikosteuerung über, d.h. zur Flexibilisierung und Temporalisierung rechtlicher Anordnungen (z.B. durch vorläufige Regelungen), zur Delegation von Entscheidungsbefugnissen (u.a. durch die Ausgründung von „Agenturen", etwa auf europäischer Ebene im Arzneimittelrecht[519]), umfasst die Prozeduralisierung der Entscheidungsherstellung (unter Einführung spezifischer Verfahrensstrukturen[520]) und es „externalisiert" ferner das staatliche Recht durch Heranziehung von Kenntnissen außerhalb der Staatssphäre.[521] Man darf insoweit von einem **Strukturwandel des**

---

[516] Vgl. *Hoffmann-Riem,* Risiko- und Innovationsrecht (Fn. 28), S. 148 f.; zuvor auch *Pitschas,* Konsensuales Verwaltungsrecht (Fn. 4), S. 272.

[517] Dazu etwa *Wolfgang Hoffmann-Riem,* Ermöglichung von Flexibilität und Innovationsoffenheit im Verwaltungsrecht – Einleitende Problemskizze, in: Hoffmann-Riem/Schmidt-Aßmann (Hrsg.), Innovation, S. 9 (39 f.); *Lepsius,* Risikosteuerung (Fn. 500), S. 293 f., 295 ff., 300 ff.

[518] *Rainer Pitschas,* Öffentlich-rechtliche Risikokommunikation, UTR, Bd. 36 (1996), S. 175 (187 ff., 193 ff.); s. ferner und m.w.N. *Scherzberg,* Risikosteuerung (Fn. 500), S. 255 f.

[519] Zu den insoweit ausdifferenzierten Reaktionen des Verwaltungsrechts s. insbes. *Arno Scherzberg,* Wissen, Nichtwissen und Ungewissheit im Recht, in: Christoph Engel/Jost Halfmann/Martin Schulte (Hrsg.), Wissen – Nichtwissen – Unsicheres Wissen, 2002, S. 113 (124 ff.); die „Folgenorientierung" des (Risiko-)Rechts hebt *Hoffmann-Riem,* Risiko- und Innovationsrecht (Fn. 28), S. 150 ff. hervor; zur Verwaltungsdezentralisierung durch Agenturen s. nur *Pache,* Verantwortung und Effizienz (Fn. 337), S. 133, sowie zur Risikopolitik speziell der Europäischen Arzneimittelagentur s. *Rainer Pitschas,* Rechtliche Verfassung der Arzneimittelrisikokommunikation in der EU und Staatshaftungsrecht, in: Dieter Hart/Wolfgang Kemmnitz/Christine Schnieders (Hrsg.), Arzneimittelrisiken: Kommunikation und Rechtsverfassung, 1998, S. 201 (207 f., 214 ff.).

[520] *Scherzberg,* Risikosteuerung (Fn. 500), S. 246 f.; zu entsprechenden **Sach- und Verfahrensmaßstäben,** zu denen auch die „Sozialverträglichkeit" gehört, vgl. *Pitschas,* Konsensuales Verwaltungsrecht (Fn. 4), S. 271 ff.; auf (fragwürdige) „Maßstabsregeln" für den Umgang mit Unsicherheit weist *Hoffmann-Riem,* Risiko- und Innovationsrecht (Fn. 28), S. 166 hin (z.B. „Regel der umgekehrten Proportionalität").

[521] *Matthias Schmidt-Preuß,* Technikermöglichung durch Recht, in: Michael Kloepfer (Hrsg.), Kommunikation – Technik – Recht, 2002, S. 175 ff.; *Birger P. Priddat,* Wissen, Recht und Organisation. Perspektiven der Politischen Ökonomie, in: Spiecker gen. Döhmann/Collin (Hrsg.), Generierung und Transfer staatlichen Wissens (Fn. 501), S. 295 (300 f.): aufzunehmen wären „die Erkenntnisse externer Expertise" durch „Netzwerke als Organisationsformen der Verwaltung der Wissensgesellschaft".

Verwaltungsrechts sprechen, der Risikosteuerung „im Gehäuse des Rechts" dem genuinen Regime einer **Risikogovernance** unterwirft.[522]

c) Verknüpfung mit Innovationsrecht und Akzeptanz

Risikorecht erhält im Übrigen durch vielfältige Innovationsbedarfe und durch die Förderung von **Innovationen** im Recht eine eigene, weitere Prägung. Denn der Wunsch nach und die Ermöglichung von Innovationen fordern das Risikorecht heraus: Ist dieses bemüht, Schäden durch ungewisse neue Entwicklungen abzuwenden, bevor sie eintreten, so zielen Innovationen – gestützt auf ein sie ermöglichendes eigenes Recht[523] – auf die Entwicklung von Neuem. Die Rechtsordnung muss sonach Wege bereitstellen, wie Risikovorsorge und -abwehr so zu gestalten sind, damit gleichwohl und trotz Nichtwissens bzw. unsicheren oder unvollständigen Wissens sowie im Wissen darum stets von neuem Innovationen möglich bleiben.[524] **181**

Im Zeichen auch darauf ausgerichteter „Public Governance"[525] bleiben die Risikoermittlung und -balancierung nicht ausschließlich binnenstaatlicher Rechtserzeugung vorbehalten. Der Umgang mit Risiken und Innovationen wirft vielmehr neben den Problemen von wissensbezogenen Netzwerken zwischen verwaltungsinternen und -externen Experten die Grundfrage nach der **gesellschaftlichen Risikoakzeptanz**[526] als eigenständiges, aber mit der Setzung von Risikorecht unlösbar verbundenes Problem auf. Die individuelle und gruppenbezogene Zumutbarkeit der Ungewissheit von Technik- oder Umweltfolgen einer Innovation bzw. innovativer Produkte, aber auch von staatlichen Risikoentscheidungen hängt weitgehend von der Akzeptanz einzelner Folgewirkungen bzw. des Nichtwissens um etwaige Auswirkungen auf das menschliche Leben ab. Diese bildet eine zentrale Voraussetzung „rationalen" Risikorechts und dessen Legitimität. Dementsprechend finden sich im Risikorecht durchgehend Handlungsformen und Verfahren der Risikokommunikation und -abstimmung zwischen Verwaltung, Sachverständigen, Unternehmen und Öffentlichkeit.[527] **182**

---

[522] Zur nachhaltigen Veränderung des Verwaltungsrechts in diesem Sinne vgl. m. je w. N. *Hoffmann-Riem*, Risiko- und Innovationsrecht (Fn. 28), S. 149 ff.; *Wolfang Kahl*, Risikosteuerung durch Verwaltungsrecht, DVBl 2003, S. 1105 ff.; *Lepsius*, Risikosteuerung (Fn. 500), S. 290 ff., 300 ff.; *Pitschas*, Verantwortungskooperation (Fn. 44), S. 240; *Schmidt-Aßmann*, Ordnungsidee, 3. Kap. Rn. 96 f.; → Bd. I *Schulze-Fielitz* § 12 Rn. 28 ff., 31.

[523] N. dazu bei *Hoffmann-Riem*, Risiko- und Innovationsrecht (Fn. 28), S. 165 ff. sowie in den Beiträgen zu den Sammelbänden von *Eifert/Hoffmann-Riem* (Hrsg.), Innovationsverantwortung (Fn. 196); dies. (Hrsg.), Innovationsfördernde Regulierung, 2009; s. ferner *Michael Kloepfer* (Hrsg.), Technikentwicklung und Technikrechtsentwicklung, 2000 und *Wolfgang Hoffmann-Riem/Jens-Peter Schneider* (Hrsg.), Rechtswissenschaftliche Innovationsforschung, 1998, bes. S. 171 ff.

[524] Dazu näher: *Hoffmann-Riem*, Risiko- und Innovationsrecht (Fn. 28), S. 165 ff., 168 f., 172 f.; *ders.*, Wissen als Risiko – Unwissen als Chance. Herausforderungen auch an die Rechtswissenschaft, in: Augsberg (Hrsg.), Ungewissheit als Chance, 2009, S. 17 ff.; *Stephan Meyer*, Risikovorsorge als Eingriff in das Recht auf körperliche Unversehrtheit, AöR, Bd. 136 (2011), S. 428 (438); am Beispiel des Technikrechts s. ferner *Rainer Pitschas*, Technikentwicklung und -implementierung (Fn. 214), S. 74 f., 81 ff.

[525] Dazu oben → Rn. 11, 137, 170 f., 178; zusammenfassend *Claudio Franzius*, Governance und Regelungsstrukturen, VerwArch, Bd. 97 (2006), S. 186 ff.

[526] *Pitschas*, Konsensuales Verwaltungsrecht (Fn. 4), S. 271; *Schmidt-Aßmann*, Ordnungsidee, 3. Kap. Rn. 94; *Hans F. Zacher*, Erhaltung und Verteilung der natürlichen Gemeinschaftsgüter, in: FS Peter Lerche, 1993, S. 107 (113); *Schulze-Fielitz*, Risikosteuerung (Fn. 164), S. 786 f., 789, 790 f.

[527] *Ladeur*, Risikooffenheit (Fn. 503), S. 122 ff.; *Pitschas*, Risikoinformation (Fn. 164), S. 232 ff.

d) Funktionsspezifische Risikogovernance

183 Im europäischen Verwaltungsraum ist auf diese Weise inzwischen eine **funktionsspezifische Risikogovernance** entstanden. Nicht nur für das Risikorecht der Technik sind in diesem Zusammenhang mehrstufige „Normenpyramiden" kennzeichnend, die in einer Art „rechtlicher Versäulung" Gesetze, Verordnungen, Verwaltungsvorschriften, technische Regeln und Empfehlungen von Beratungsgremien bis hin zur privaten überbetrieblichen technischen Normung mit organisatorisch-institutionellen Rahmenbedingungen zu einer strukturellen sowie akteursbezogenen öffentlich-privaten Gesamtheit der Risikosteuerung („Risikogovernance") verbinden. Deren Ziel ist die Feststellung auswirkungsbezogener Gefährdungspotentiale, die anschließende Risikobewertung sowie die Maßstabsbildung für Risikoentscheidungen im Einzelfall.[528] Als strukturelle Voraussetzung hierfür erweist sich immer mehr das **informationelle Netzwerk** von Akteuren der „Rechtsbildung" und Rechts- bzw. Zweckkonkretisierung; Forschung, Technik und Industrie sowie Staat und Öffentlichkeit sind hierin in Gestalt einer „Wissensgovernance" miteinander verbunden.[529] Diese Form der Risikosteuerung beruht auf dem **Risikopolitischen Mitwirkungsverhältnis** zwischen Staat und Risikoproduzenten bzw. Wirtschaft bei gleichzeitiger gesetzgeberischer Qualitätsgewährleistung.[530]

184 Eines der tragenden Elemente der rechtlich strukturierten Risikogovernance ist die **integrierte Risikokommunikation.** Denn Effektivität und Effizienz kooperativer Risikobewältigung gründen auf dem präzisierten Risikowissen, sind also informationsabhängig. Darüber hinaus bedeutet die Existenz einer Verantwortungsgemeinschaft für Risikovorsorge und -entscheidungen, sich über Risikowissen unter Partnern auszutauschen. In diesem Sinne struktur- und wirkungsbetonte kommunikative Risikogovernance fügt sich in die Notwendigkeit ein, rechtliche Risikovorsorge und -bewältigung strukturell mit der eigenorganisierten Selbststeuerung der Risikoproduzenten sowie der Verantwortungsteilhabe der Öffentlichkeit bzw. der Marktbürger an der Gewährleistung von Sicherheit vor Risiken zu einer **Steuerung in Gesamthand** zusammenzufassen. Ihre Wirksamkeit benötigt vor allem die öffentliche Debatte.[531]

2. Risikobewältigung durch Verwaltungsentscheidung

a) Entscheidungsrationalität bei Ungewissheit

185 Die Situation des Entscheidens unter Ungewissheit birgt auf dem Hintergrund der funktionsspezifischen Risikogovernance im modernen Staat für die öffentliche Verwaltung weitreichende Herausforderungen. Sie steht vor dem Problem, Ungewissheit, Risiko- und Wahrscheinlichkeitsannahmen in ihren Entscheidungen

---

[528] Näher noch *Pitschas*, Technikentwicklung (Fn. 214), S. 85; *ders.*, Risikokommunikation (Fn. 518), S. 194 ff., 208 ff.

[529] *Scherzberg*, Risikosteuerung (Fn. 500), S. 234.

[530] In diese Richtung auch *Hoffmann-Riem*, Risiko- und Innovationsrecht (Fn. 28), S. 149, 159, 160; *Schmidt-Aßmann*, Ordnungsidee, 3. Kap. Rn. 94, 97; → Bd. I *Schulze-Fielitz* § 12 Rn. 33.

[531] Dazu u.a. *Di Fabio*, Risikoentscheidungen (Fn. 499), S. 395 ff. („Risikodiskurs"); *Pitschas*, Technikentwicklung (Fn. 214), S. 177 f., 187.

kooperativ zu verarbeiten. Für die Lösung dieses Problems kann sich die Verwaltung nicht mehr auf die Funktionsgewissheit vertrauter rechtlicher Kategorien wie jene der „Zurechenbarkeit von Folgen" oder der „Plausibilität von Entscheidungen" stützen, weil diese eben auf die „Isolierbarkeit von Realfaktoren und Bewertungsrelationen ausgelegt" sind.[532] Ebenso sehr ermangelt es der Risikoverwaltung an materiell-normativer Entscheidungsbindung. Deshalb muss **administrative Entscheidungsrationalität** auf eine Weise hergestellt werden, die der oben skizzierten rechtlichen Rahmengebung für die struktur- und wirkungsbezogene kommunikative Risikogovernance entspricht. Nicht zu vermeiden sind allerdings dadurch entstehende neue „Ungewissheiten, Unsicherheiten und verstreutes Wissen, die mit der Auflösung, Erweiterung und Verschränkung von Rechtspositionen" einhergehen.[533] Auch das **Verhältnismäßigkeitsprinzip** büßt inmitten dieser dynamischen Mehrdimensionalität von Entscheidungsanforderungen seine stabilisierende Funktion ein; es verliert an Prüfungstauglichkeit, weil seine Kriterien „unschärfer" werden, wenn es bei der Abwägung von Entscheidungskriterien z. B. um ein Schutzziel wie das des Art. 20a GG geht.[534]

Insgesamt erlangt die **Exekutive** durch die Ausgestaltung des Risikorechts mit **186** Diagnose-, Prognose-, Abwägungs- und Konkretisierungsermächtigungen sowie durch die Zuerkennung weitreichender Kompetenzen zur eigenen Maßstabsbildung eine bislang unbekannte **Eigenständigkeit** bei der Risikosteuerung.[535] Allerdings sieht sich die hierfür erforderliche **Entscheidungsqualität**[536] dadurch noch nicht hinreichend gesichert. Denn die öffentliche Verwaltung entscheidet über „rationale" Risikobewältigung nicht allein: Die Frage, in welchem Ausmaß Risiken in Kauf genommen werden sollen, steht in einem untrennbaren Zusammenhang mit der kooperativen Verantwortung für risikoangemessenes Entscheiden, mit den involvierten Interessen, dem Wahrscheinlichkeitsgrad ihrer Verwirklichung oder Beeinträchtigung sowie mit entsprechenden Wahrscheinlichkeitseinschätzungen Dritter zur Sicherheitsgefährdung. Die Risikoentscheidung ist in alledem **sozial(-staatlich)** bestimmt. Risikobewertung und -balancierung werden zudem durch gesellschaftliche Werte und Vorstellungen nach dem jeweils erreichten kulturellen Stand beeinflusst. Risikoanalysen auf der Grundlage von Wahrscheinlichkeitsüberlegungen dürfen deshalb zwar nicht ausschließlich in die Verwaltungsverantwortung gegeben werden. Sie sind aber auch und ebenso wenig als eine Angelegenheit allein von Technikern, Statistikern oder anderen Experten im gesellschaftlichen Raum anzusehen, deren Risikoeinschätzungen durchaus lege artis vorgenommen sein mögen.

---

[532] *Schmidt-Aßmann*, Ordnungsidee, 3. Kap. Rn. 94; vgl. auch *Di Fabio*, Risikoentscheidungen (Fn. 499), S. 113 f.

[533] *Hermann Hill*, Leitbild der Ökologisierung des Rechts- und Verwaltungssystems, in: Carl Böhret/ders. (Hrsg.), Ökologisierung des Rechts- und Verwaltungssystems, 1994, S. 208 (209).

[534] So zu Recht *Schmidt-Aßmann*, Ordnungsidee, 3. Kap. Rn. 94; weitergehend noch *Johannes Saurer*, Die Globalisierung des Verhältnismäßigkeitsgrundsatzes, Der Staat, Bd. 51 (2012), S. 3 (31 f.); vgl. dazu auch oben → Rn. 107 ff., 177.

[535] Ähnlich *Di Fabio*, Risikoentscheidungen (Fn. 499), S. 460 ff.; *Hoffmann-Riem*, Risiko- und Innovationsrecht (Fn. 28), S. 149; *Ladeur*, Risikooffenheit (Fn. 503), S. 128 f.

[536] *Di Fabio*, Risikoentscheidungen (Fn. 499), S. 465 f.; zur „qualitativen" Risikokommunikation auch *Pitschas*, Technikentwicklung (Fn. 214), S. 187 f.; zur allgemeinen „Qualitäts-Gewährleistung" als Rechtspflicht vgl. ergänzend *ders.*, Verwaltungsverantwortung (Fn. 4), S. 271 ff., 281 ff.; *Franz Reimer*, Qualitätssicherung. Grundlagen eines Dienstleistungsverwaltungsrechts, 2010, S. 37 ff., 135 ff.

b) Bewältigung ungewisser Entscheidungslagen als Optimierungsproblem

187 Verwaltungsentscheidungen unter Ungewissheit zur Konkretisierung des Risikorechts stellen sich von daher als **komplexe Optimierungsaufgabe** dar. Sie haben unter dem Einfluss einer ausgeprägten Risikogovernance der kooperativen Verantwortung für Sachgerechtigkeit unter Einbezug der involvierten Interessen zu genügen, zugleich aber auch allfällige Innovationsbedarfe einzubeziehen. Öffentliche Verwaltung muss daher auf den Aufbau von Kooperationsbeziehungen zwischen staatlichen und gesellschaftlichen Akteuren bzw. von Netzwerken ebenso Wert legen wie auf die neutralisierende Verselbständigung fachlicher Verwaltungseinheiten durch Ausgliederung aus der unmittelbaren Staatsverwaltung.[537] Darüber hinaus erfordern Risikoermittlung und -einschätzung stets eine **Wertung,** wie sie bspw. in die Konkretisierung des Atomgesetzes durch die Verwaltung einzufließen hat und für die ein Wandel der gesellschaftlichen Anschauungen bzw. Risikoerkenntnisse und -einschätzungen bedeutungsvoll wird.[538]

188 Bei alledem handelt es sich um einen „offenen Prozess" der Entscheidungsherstellung, der entlang der beschriebenen Kategorien bzw. Dimensionen von Rechts- und Zweckkonkretisierung bei Ungewissheit, der Sachgerechtigkeit, wahrscheinlichkeitsgewichteten Abwägung sowie unter Einbeziehung von Wertungsaussagen verläuft. Darin ist die rechtliche Steuerung von Risikoentscheidungen als Bestandteil eines umfassenderen **Managements** der Risikoermittlung, -einschätzung, -balancierung und -entscheidung eingebettet.

c) Optimierung behördlicher Entscheidungsfindung durch Risikomanagement

189 Dieses **behördliche Risikomanagement** umfasst als spezifische Handlungsform zur Vorsorge gegen und in Risikolagen[539] die Gesamtheit des Handelns und Entscheidens der öffentlichen Verwaltung, die der Konkretisierung normativer Maßgaben und metajuristischer Zwecksetzungen im Risikorecht dient. Es verbindet i.S. eines „Bewirkens von Wirkungen" in spezifischen „Verantwortungskreisen" bzw. -netzwerken die Notwendigkeiten kooperativer Risikoermittlung und -einschätzung mit den Bedingungen integrierter Risikokommuni-

---

[537] Zum Aufbau von Kooperationsbeziehungen zwischen staatlichen und gesellschaftlichen Akteuren in Gestalt von Netzwerken unter Einbezug der Mehrebenen-Verflechtung in der EG s. etwa *Monika Böhm*, Risikoregulierung und Risikokommunikation als interdisziplinäres Problem, NVwZ 2005, S. 609 ff.; *Martin Eifert*, in: ders./Wolfgang Hoffmann-Riem (Hrsg.), Innovation und rechtliche Regulierung, 2002, S. 91 f.; *Pache*, Verantwortung und Effizienz (Fn. 337), S. 132 ff.; *Pitschas*, Verantwortungskooperation (Fn. 44), S. 255 f.; *Arno Waschkuhn*, Regimebildung und Netzwerke. Neue Ordnungsmuster und Interaktionsformen zur Konflikt- und Verantwortungsregulierung im Kontext politischer Steuerung, 2005, S. 20 ff., 38 ff., 41 f., 43 ff.

[538] *Klaus M. Meyer-Abich*, Technische und soziale Sicherheit: Lehren aus den Risiken der Atomenergie, in: Aus Politik und Zeitgeschichte, B 32/1986, S. 19 (24 ff.); *Helge Rossen-Stadtfeld*, Demokratische Staatlichkeit in Europa: ein verblassendes Bild, JöR N.F., Bd. 53 (2005), S. 45 (68 f.).

[539] *Christian Koenig*, Internalisierung des Risikomanagements durch neues Umwelt- und Technikrecht, NVwZ 1994, S. 937 (940 ff.); *Ladeur*, Risikooffenheit (Fn. 503), S. 122 ff.; *Pitschas*, Risikoinformation (Fn. 164), S. 232 ff.; *ders.*, Risikokommunikation (Fn. 518), S. 189 ff.; *Scherzberg*, Wissen (Fn. 519), S. 135 ff.; *ders./Meyer*, Risikomanagement (Fn. 507), S. 72 ff.; *Hans-Heinrich Trute*, Staatliches Risikomanagement im Anlagenrecht, in: Eibe H. Riedel (Hrsg.), Risikomanagement im öffentlichen Recht, 1997, S. 55 ff.; → Bd. I *Schulze-Fielitz* § 12 Rn. 33.

kation einschließlich sachgerechter und wertungsgetragener Risikodiskurse. Dabei hängt die rechtliche Regulierung der Konkretisierungsziele und -schritte in ihrer Reichweite und Wirksamkeit einerseits davon ab, dass die von ihr intendierte sowie „unterfangene" eigenorganisierte Selbststeuerung der Risikoproduzenten „gelingt". Voraussetzung hierfür ist auf deren Seite der Entwurf und die Umsetzung eines eigenen bzw. entsprechenden Managementkonzepts mit Öffentlichkeitsfunktionen (z.B. „Audits") sowie der Aufbau eines Risikocontrollings zur Generierung und Bewertung von Risikoinformationen.[540] Unter Rückgriff auf solche selbstregulativen Prozesse entwickelt sich rechtliche Risikosteuerung zum Funktionselement eines intersektoralen, kooperativen und kommunikativen Arrangements des Umgangs der Verwaltung mit Ungewissheit bzw. der Entscheidungsbildung („Entscheidungsherstellung").[541] Andererseits und umgekehrt erweist sich das Risikorecht selbst als eine „Rahmenordnung für [dieses] Risikomanagement".[542]

Zugunsten der Optimierung administrativer Risikoentscheidungen prägt praktische Machbarkeit („Vernunft") das Handlungskonzept des behördlichen Risikomanagements, nicht dagegen eine modellbezogene Idealvorstellung von unbeschränkter Rationalität.[543] Es geht in diesem Sinne um die **Angemessenheit** von Problemlösungen; das Risikorecht umschreibt die Handlungs- und Entscheidungsbefugnisse der Risikoverwaltung in „offener" Weise. Wenn aber normative Orientierungen die Rechts- und Zweckkonkretisierung nur unvollständig anleiten und diese selbst nur ein Funktionselement des Risikomanagements darstellen, bedarf es des Rückgriffs auf die vorerwähnten Netzwerkstrukturen und deren Wissen integrierender Maßstabsbildung und -anwendung.[544] Diese dient dann in ihren einzelnen Gehalten und als komplexe Leitmaßgabe der Verwirklichung des normativen Bewirkungsauftrags in Managementweise.[545]

190

II. „Risikoangemessenheit" als Handlungsmaßstab

1. Maßstabsbildung und -anwendung

Die einzelnen Handlungsorientierungen im **Risikoverwaltungsrecht** bilden in ihrer Gesamtheit ein eigenes **Maßstabsbündel**[546], das einerseits als Gesamtheit von Rechtsmaßstäben materielle und verfahrensbezogene Direktiven umfasst, andererseits aber auch und zugleich auf dem Hintergrund der differenzierten

191

---

[540] Vgl. *Pitschas*, Risikoinformation (Fn. 164), S. 233; *Scherzberg*, Risikosteuerung (Fn. 500), S. 244.

[541] Vgl. auch *Rainer Pitschas*, Kooperative Wissensgenerierung als Element eines neuen Staat-Bürger-Verhältnisses – Thesen zur Reformulierung des Verwaltungsrechts in der Wissensgesellschaft, in: Spiecker gen. Döhmann/Collin (Hrsg.), Generierung und Transfer staatlichen Wissens (Fn. 501), S. 29 (31 ff.); dabei verpflichten nach Ansicht von *Scherzberg*, Risikosteuerung (Fn. 500), S. 249, das Vorsorgeziel und der Gleichheitssatz die Verwaltung auf „Kohärenz" als einen **rationalisierenden Maßstab;** dieser verlange eine in „Konzepten" formalisierte (dazu auch *Pitschas*, Risikoinformation [Fn. 164], S. 260) „administrative Risikopolitik".

[542] *Schmidt-Aßmann*, Ordnungsidee, 3. Kap. Rn. 95.

[543] Dazu bereits oben → Rn. 179, 185; wie hier auch *Priddat*, Politische Ökonomie (Fn. 521), S. 300.

[544] Vgl. auch *Scherzberg*, Risikosteuerung (Fn. 500), S. 245 ff., 252 ff.; s. ferner oben → Rn. 70 ff.

[545] Dazu die N. in → Fn. 539.

[546] Zur Erscheinungsform des „Maßstabsbündels" bzw. eines „Maßstabkomplexes" s. oben → Rn. 8, 67 ff.

Rationalisierbarkeit von Entscheidungen unter Ungewissheit[547] andere und nichtrechtliche Maßstäbe wie die der Sachgerechtigkeit und Situationsbedingtheit als allgemeine Grundsätze der Risikoverwaltung – die sogleich noch näher zu präzisieren sind – umschließt. Diese zweckbezogenen Teil-Maßstäbe institutionalisieren zugleich ein erhebliches Maß an Subjektivität (Wertungen) im Rahmen der Maßstabsbildung und -anwendung.[548] Deren Reichweite ist im Zusammenführen der rechtlichen und nichtrechtlichen Maßstäbe als Gestaltungsaufgabe **reflexiver Netzwerkkooperation**[549] institutionell auszubalancieren.

192 Auch bei der Rechts- und Zweckkonkretisierung im Risikorecht verkörpern die differenten Maßstäbe keine zwei getrennten Gruppen. Sie fügen sich stattdessen zu einem **Spektrum** mit gleitenden Übergängen zusammen.[550] Inbegriff dessen ist die **Risikoangemessenheit** staatlichen Handelns und Entscheidens. Sie steht für einen komplexen Handlungsmaßstab, der sich – darin ganz dem Verhältnismäßigkeitsprinzip ähnlich[551] – als gegliederte Einheit von Rechtmäßigkeit und Zweckmäßigkeit bei der Konkretisierung des Risikorechts durch die öffentliche Verwaltung erweist. Die in diesen Vorgang eingebetteten nichtrechtlichen und vornehmlich prozeduralisierten, daneben aber auch die Zweckorganisation bestimmenden Leitmaßgaben entfalten dann **rechtliche** Bedeutung, wenn sie den „Zweck im Risikoverwaltungsrecht" zum Tragen bringen und auf das Rechtmäßigkeitsurteil überstrahlen – ohne selbst zu einem Rechtsmaßstab zu erstarken.[552]

193 Deutlich zeigt sich diese innere Verschränkung von Rechtmäßigkeit und Zweckmäßigkeit als Risikobalance in Bezug auf den Bewertungsbegriff des „Restrisikos".[553] Die Entscheidung darüber, welche Risiken bei einer bestimmten Maßnahme der Verwaltung bestehen bleiben bzw. neu entstehen und jedenfalls hinzunehmen sind, unterliegt in ihrer Folgenbewertung dem (weiteren) Risiko der Fehleinschätzung und Fehlsteuerung[554], das seinerseits einer **Abwägung** auf der Grundlage nichtrechtlicher Kriterien bedarf. Die Frage ist, in welchem Umfang dieser Vorgang wiederum rechtsgesteuert wird. Empirisch ermangelt er jedenfalls häufig normierter Vorgaben und spezieller Regeln, so dass es bei allgemeinen **Proportionalitätsüberlegungen** der Risikoverwaltung unter Einbezug externer Expertisen aus den Netzwerkstrukturen bleiben muss: Im Vordergrund steht insoweit die Einzelfallorientierung des Angemessenheitsmaßstabs, also die Überlegung, ob die Folgen der Risikoentscheidung eher oder weniger hinzunehmen sind im Verhältnis zu den Risiken einer anderen oder der Nicht-Ent-

---

[547] Dazu oben → Rn. 49, 179, 185, 190.
[548] *Pitschas*, Konsensuales Verwaltungsrecht (Fn. 4), S. 271 f.; vgl. auch *Arno Scherzberg*, Risikomanagement vor der WTO, ZUR 2005, S. 4 („Risikomanagement als politischer Prozess"), S. 4 f. („Risikobewertung als kulturell geprägter Prozess").
[549] *Waschkuhn*, Regimebildung (Fn. 537), S. 54 ff., 59 f.; *Priddat*, Politische Ökonomie (Fn. 521), S. 304 ff.
[550] Dazu schon oben → Rn. 7 f.; s. ferner *Achterberg*, VerwR, § 19 Rn. 18; *Kahl*, Staatsaufsicht (Fn. 71), S. 537 ff.
[551] Nämlich als „Bindeglied zwischen Rechtmäßigkeit und Zweckmäßigkeit", vgl. *Achterberg*, VerwR, § 19 Rn. 18; *Schmidt-Aßmann*, Ordnungsidee, 6. Kap. Rn. 61.
[552] Dazu s. oben → Rn. 26 ff., 43, 56 f., 65 f. und öfter.
[553] Vgl. *BVerfGE* 49, 89 (137 ff.); *Scherzberg*, Risikosteuerung (Fn. 500), S. 223.
[554] Also dem „Irrtums"-Risiko, vgl. dazu schon oben → Rn. 176 ff., 178.

scheidung.⁵⁵⁵ Die Verwaltung wird vor diesem Hintergrund auch und nicht zuletzt Aufgaben der Koordinierung, Moderation, des „auditing" und sehr oft der Mediation wahrnehmen müssen. Soweit der Gesetzgeber dazu aber Festlegungen getroffen haben sollte, bevorzugt er für die Reduktion von Risiken regelmäßig prozedurale Maßgaben; dies gilt auch für den Umgang mit Risiken zweiten Grades.⁵⁵⁶

2. „Risikoangemessenheit" als risikorechtliche Ausprägung des Verhältnismäßigkeitsprinzips

Der Maßstab der „Risikobalance" erweist sich insoweit als risikorechtliche **194** Ausprägung des **Verhältnismäßigkeitsprinzips**. Einschlägige Entscheidungen der öffentlichen Verwaltung unterliegen diesbezüglich dem Gebot, zwischen dem Erwartenswert eines Schadens und der Eingriffstiefe behördlicher Entscheidung ein angemessenes Verhältnis („Proportionalität") herbeizuführen. Andererseits ist die Risikoverwaltung dem Zwang zur Austarierung ihrer Entscheidung mit den Irrtumskosten ausgesetzt, die durch jene bzw. durch deren Unterlassen entstehen können. Auch insofern muss die Verwaltung mit dem Risiko umgehen, Risiken nicht rechtzeitig zu erkennen und bewerten zu können bzw. falsch einzuschätzen.⁵⁵⁷

Die Prüfungskriterien für die infolgedessen erforderliche Gesamtabwägung **195** sind zwar unscharf. Sie umfassen jedoch und immerhin zur „Herstellung" einer (beschränkt) rationalen Risikoentscheidung solche Prüfungselemente wie die vermutete Schadenshöhe und Eintrittswahrscheinlichkeit des gegebenen Risikos, die Möglichkeit weiterer Folgen wie etwa der Irrtumskosten, ferner die Sachgerechtigkeit und Situationsbedingtheit externer Expertisen sowie die austarierende Interessenbewertung von Wahrscheinlichkeitsaussagen, um willkürliches Risikohandeln der Verwaltung zu vermeiden. Für unterschiedliche Gefährdungssituationen kommen dadurch differenzierte Bewertungsrelationen in den Blick. Für diese spielt der Grundsatz der **Proportionalität von Risikoentscheidungen** eine wesentliche Rolle: Die administrative Entscheidungsfindung muss gegenüber den prognostizierten bzw. vermuteten oder auch nur befürchteten und ggf. unbekannten Risiken „angemessene" Maßnahmen treffen. Der Verhältnismäßigkeitsgrundsatz öffnet insoweit den Zugang zu einem **Prinzip der Risikoangemessenheit,** das seine Wurzeln letztlich im Sozial- und Rechtsstaatsprinzip findet.⁵⁵⁸

3. Sach- und Verfahrensrichtigkeit als Maßstabsdimensionen

Der Handlungsmaßstab der „Risikoangemessenheit" geht allerdings noch **196** über seine Verankerung im Verhältnismäßigkeitsgrundsatz hinaus. Er entfaltet eine eigenständige und weiterreichende **Inhaltsdimension** i.S. der verpflichtenden Orientierung des Verwaltungshandelns an der Sachrichtigkeit des Umgangs

---

⁵⁵⁵ So auch *Hoffmann-Riem*, Risiko- und Innovationsrecht (Fn. 28), S. 149.
⁵⁵⁶ Beispiele bei *BVerfGE* 107, 150 (179f.); *Hoffmann-Riem*, Risiko- und Innovationsrecht (Fn. 28), S. 148f. m. Fn. 15; *Pitschas*, Risikokommunikation (Fn. 518), bes. S. 210ff.
⁵⁵⁷ *Hoffmann-Riem*, Risiko- und Innovationsrecht (Fn. 28), S. 148.
⁵⁵⁸ In diese Richtung und ausgehend von der „Proportionalität" auch *Schmidt-Aßmann*, Ordnungsidee, 6. Kap. Rn. 59.

§ 42 Maßstäbe des Verwaltungshandelns

mit Ungewissheit, speziell was Schadensbedrohung, Risikoeinschätzung und Irrtumsfolgen anbelangt. Nicht nur die Proportionalität von Risiko und Entscheidung, sondern auch die kooperative Sachverantwortung für Risikovorsorge durch rationales Risikohandeln seitens der Behörde prägen diese **materielle Seite** des Angemessenheitsmaßstabs. Dabei geht es nicht etwa darum, für die anstehende Verwaltungsentscheidung im Risikosektor eine „Richtigkeitsgewähr" zu übernehmen. Stattdessen will der Maßstab der Risikoangemessenheit in seinem materiellen Gehalt die konkrete **Entscheidungsqualität** sichern.[559] Diese beruht komplementär zu den normativen Rechtsbindungen der Risikoverwaltung auf den einzelnen Ermittlungs- und Bewertungsrelationen zwischen Merkmalen des Risikopotentials, legislativen Steuerungszielen und professioneller Risikoeinschätzung seitens der eingebundenen Verantwortungskreise. Risikoangemessenheit i.d. Sinne setzt dann das **Gebot der Qualitätssicherung kooperativer Risikoregulierung** für den Betrieb von Hochrisikoanlagen nach Maßgabe der grundrechtlich involvierten Schutzpflichten frei, etwa in Gestalt der Verpflichtung zu sachgerechter Risikoermittlung und -bewertung oder zur Einrichtung kontinuierlicher und anlassbezogener Risikokommunikation, aber auch zur Entwicklung von Netzwerkstrukturen der Risikobalancierung und Berücksichtigung der Irrtumskosten – jeweils mit Begründung der Entscheidungsfindung.[560]

197 Gleichzeitig offenbart die Leitdirektive der „Risikoangemessenheit" spezifische Formen einer kompensatorischen „Verfahrensrichtigkeit". Denn eine ausschließlich an der überkommenen Systemfunktion des subjektiv-öffentlichen Rechts als „Risikoabwehr" sowie überhaupt nur an materiellen Vorgaben orientierte rechtliche Struktur der Steuerung von Risikoentscheidungen kann es im Umgang mit Ungewissheit kaum und sehr bedingt geben. Falsch wäre freilich auch die Annahme, an die Stelle von „Sachrichtigkeit" trete nunmehr und vor allem eine an politischer Kompromissfindung orientierte, gleichsam kompensatorische „Verfahrensrichtigkeit".[561] Vielmehr setzt der Maßstab der Risikoangemessenheit prozedurale Handlungsanweisungen frei, die sich mit den materiellen Gestaltungsmaßgaben **verbinden** und sich ebenso an die Risikoverwaltung wie an das Netzwerk der Akteure im gesellschaftlichen Sektor richten. Im Vordergrund stehen dabei **Verfahrensgebote** wie das der kooperativen Risikobewertung durch fachliche Expertise, zum Interessenclearing, zur Beobachtung der Risikoentwicklung und integrierten Risikokommunikation, zur Wertediskussion und Berücksichtigung von Innovationsfolgen im Risikodialog, aber auch zur Herbeiführung von Risikoakzeptanz.[562]

---

[559] Zu diesem Desiderat schon oben → Rn. 174 m. Fn. 496, 186 m. Fn. 536.
[560] Dies in Fortsetzung zu *Pitschas*, Risikoinformation (Fn. 164), S. 225 ff., 244 ff. und *Pitschas*, Risikokommunikation (Fn. 518), S. 181 ff.; vgl. auch *Hoffmann-Riem*, Risiko- und Innovationsrecht (Fn. 28), S. 153; *Schmidt-Aßmann*, Ordnungsidee, 6. Kap. Rn. 97; *Schulze-Fielitz*, Risikosteuerung (Fn. 164), S. 788, 789 f., 793.
[561] So schon *Pitschas*, Risikoinformation (Fn. 164), S. 226; *ders.*, Risikokommunikation (Fn. 518), S. 182.
[562] Ähnlich *Scherzberg*, Risikosteuerung (Fn. 500), S. 246 ff.

4. Risikogovernance als Maßstabsarrangement in strukturierter Verwaltungspartnerschaft

Die voraufgehend erörterten prozeduralen und materiellen Rationalitätsgebote für ausbalancierte „angemessene" administrative Risikoentscheidungen bedingen einander. Der Handlungsmaßstab der Risikoangemessenheit stellt auf diese Weise für die Risikovorsorge und -reaktion durch öffentliche Verwaltung ein **„rechtliches Gehäuse"** der Entscheidungsherstellung bereit, das die normativen Bindungen des Risikorechts[563] „verfeinert" und diese, wo nötig, ergänzt. Freilich lässt sich die auf das **Prozesshafte** ausgerichtete Schwerpunktsetzung des Maßstabsgehalts nicht übersehen. Sie verdichtet sich noch durch die **Governance-Perspektive** der Risikobewältigung.[564] Risikoeinschätzung und -bewertung sowie Entscheidungsbildung sind nämlich auch insofern ein „offener" Prozess, als sie ohne ständige Risikoabklärung, -kommunikation und Risikodialoge in Netzwerken von Verwaltung, Sachverständigen, Unternehmen und Öffentlichkeit bei gleichzeitiger Institutionalisierung eines sektorüberschreitenden Risikomanagements nicht zu leisten sind.[565] Dementsprechend prägt **Risikogovernance** die Maßstabsbildung und -anwendung in hohem Maße „über das Zusammenspiel von rechtsnormativen Programmen, verfügbaren Organisationen, maßgebenden Verfahren und insbesondere entscheidungsbezogenen Spielregeln und Handlungsanreizen" mit Auswirkungen auf die Interaktionen staatlicher und gesellschaftlicher Akteure.[566]

198

Darin offenbart sich einerseits und wiederum die bereits notierte **Erweiterung der Maßstabslehre**.[567] Die Verschränkung von Rechtsgehalten und nichtrechtlichen Direktiven sieht sich als ein **Maßstabsarrangement für strukturierte Verwaltungspartnerschaften** abgebildet.[568] Letztere fordern der Risikoverwaltung nicht allein kooperative Maßstabsbildung und -entfaltung ab, sondern setzen ebenso gemeinsame „Entscheidungsherstellung" voraus: Risikoabwägung und -angemessenheit als ihr Maßstab verlangen dann ebenso und vor allem, sich ausführlich mit den zweck- und wertbezogenen Auffassungen in der Gesellschaft auseinanderzusetzen, also den vernetzten Folgen- und Wertediskurs breit zu führen.

199

Andererseits und umgekehrt liegt in alledem auch ein Funktionswandel des Rechts bei gleichzeitigem Gestaltwandel des Staates.[569] Die Risikogesellschaft verschmilzt mit dem „Risikostaat". Neben das Recht tritt öffentliche **Risikogovernance als Rahmengebung für Risikomanagement**. Dieses verkörpert das Handeln der Verwaltung unter Ungewissheit als einen den öffentlichen Sektor übergreifenden Bewirkungsauftrag, der einen „weichen" Verbundmaßstab für

200

---

[563] Dazu oben → Rn. 175 ff.
[564] Vgl. oben → Rn. 49, 179, 185, 190, 191.
[565] Ähnlich *Schmidt-Aßmann*, Ordnungsidee, 3. Kap. Rn. 94; auch *Ivo Appel* hebt in seinem Beitrag zu den „Grenzen des Risikorechts", in: FS Rainer Wahl, 2011, S. 463 ff. die Bedeutung des Risikodiskurses hervor (S. 485).
[566] *Hoffmann-Riem*, Risiko- und Innovationsrecht (Fn. 28), S. 159.
[567] Dazu oben → Rn. 11 ff.
[568] Näher zur Handlungsform der „Verwaltungspartnerschaft" bereits oben → Rn. 16 sowie *Pitschas*, Verantwortungskooperation (Fn. 44), S. 258 f., 262 (mit Fn. 38), S. 237 f.; *ders.*, Neues Verwaltungsrecht im partnerschaftlichen Rechtsstaat?, DÖV 2004, S. 231 (237 f.).
[569] Zutr. *Hoffmann-Riem*, Risiko- und Innovationsrecht (Fn. 28), S. 149 f.

verwaltungsseitige Entscheidungen benötigt, wie ihn so nur die „Risikoangemessenheit" darstellt. Allerdings führt die Beschreibung des staatlichen Risikohandelns in diesem Zusammenhang als Funktion eines „Gewährleistungsstaates", der die „normativ erwünschten Wirkungen nicht oder nicht vorrangig durch Eigenleistungen [...] erbringt, sondern auch bei der Risikobewältigung und vor allem der Ermöglichung von Innovationen stark auf Dritte vertraut, also auf gesellschaftliche Handlungsträger oder auf Hybride"[570], vom Kern der Beobachtung weg: Dieser liegt vielmehr und statt dessen im **Risikopolitischen Mitwirkungsverhältnis,** das als rechtlich strukturiertes Regime den staatlichen Gestaltwandel und mit ihm den diesem gegenüber funktionalen Maßstab der Risikoangemessenheit konstituiert und ausprägt.[571]

H. Akzeptabilität des Verwaltungshandelns

I. Akzeptanz des Rechts – Akzeptabilität von Verwaltungsentscheidungen

1. Akzeptanz und Akzeptabilität

201 Am Maßstab der Risikoangemessenheit getroffene Verwaltungsmaßnahmen zur Risikovorsorge und -abwehr bedürfen, worauf oben hingewiesen wurde[572], u.a. der „Risikoakzeptanz". Sie müssen für Adressaten und Dritte hinnehmbar und i.d. Sinne akzeptabel sein. Darin liegt der allgemeine Gedanke, dass sich Verwaltungshandeln und -entscheiden auf vernünftige Gründe zurückführen lassen muss, so dass die Bereitschaft bei den davon Betroffenen zu unterstellen ist, in Frage stehende Entscheidungen als „richtig" zu bejahen, sie jedenfalls anzunehmen oder doch zumindest für noch anerkennenswert zu halten.[573] Diese Bereitschaft zur **Akzeptanz** kann sich auf das Ergebnis des Verwaltungshandelns, z.B. eine Entscheidung, aber auch auf das Gefüge und die Abläufe des Verfahrens beziehen, in dem die fragliche Entscheidung zustande kam. Ihr steht die **Akzeptabilität** von Entscheidungen und Verwaltungshandeln gegenüber, also deren Eigenschaft, bei ihren Adressaten auf Hinnahme zu stoßen – dies auch dann, wenn Akzeptanzmängel gegeben sein sollten. Diese können aus Verfahrensgründen auftreten, der jeweiligen Sachbehandlung oder auch dem Entscheidungsgehalt erfließen, aber ebenso auf einem grundlegenden Wertedissens[574] beruhen.[575] „Risikoakzeptanz" ist deshalb für das Risikomanagement ein Strukturziel, die Akzeptabilität von Risikoentscheidungen deren Erfolgsvoraussetzung.

202 Vor diesem Hintergrund bildet die **Akzeptabilität des Verwaltungshandelns** ein strukturelles Erfordernis „guter Verwaltung".[576] Zu dieser gehört zwar einer-

---

[570] *Hoffmann-Riem,* Risiko- und Innovationsrecht (Fn. 28), S. 150.
[571] Vgl. auch *Pitschas,* Risikoinformation (Fn. 164), S. 229.
[572] Vgl. → Rn. 182, 197.
[573] *Würtenberger,* Akzeptanz (Fn. 14), S. 61.
[574] Näher dazu oben → Rn. 45 ff.
[575] Ebenso *Schmidt-Aßmann,* Ordnungsidee, 2. Kap. Rn. 104; vgl. ferner → Bd. I *Reimer* § 9 Rn. 4 m. Fn. 14.
[576] Zu deren Sinngebung und Reichweite s. oben → Rn. 16, 23, 52 f.

seits die wirksame Rechtsdurchsetzung, die im Rechtsstaat wegen der von diesem geforderten Rechtsanwendungsgleichheit[577] unverzichtbar ist. Doch obliegt andererseits „gute Verwaltung" von Amts wegen im demokratischen Rechtsstaat auch der Pflicht, ihre Entscheidungen den Betroffenen zur Rechtswahrung **einsichtig** zu machen. Zu dieser rechtsstaatlich-informatorischen Verwaltungsfunktion, die an grundrechtliche Schutzüberlegungen wie an Effizienzgesichtspunkte gleichermaßen anknüpft,[578] gesellt sich im kooperativen Staat die Öffnung der Entscheidungsverfahren für Bürgerengagement und Verwaltungspartnerschaft als demokratiestaatliche Komponente.[579] Umgekehrt sind „Befehl und Zwang keine zuverlässigen Garanten von Gesetzestreue und -befolgung".[580]

2. Akzeptabilität als nichtrechtliche Handlungsorientierung

Akzeptanz des Verwaltungshandelns und Akzeptabilität der Verwaltungsentscheidung spiegeln als die zwei Seiten einer Medaille die **Doppelfunktion des Verwaltungsrechts** wider, öffentliche Verwaltung in deren Eingriffshandeln einzugrenzen und zugleich den Bewirkungsauftrag zu effektuieren. Gleichwohl verkörpert Akzeptabilität (Akzeptanz) keinen Rechtsmaßstab. Weder existiert eine allgemeine Verpflichtung der Behörden, vor der zwangsweisen Durchsetzung einer Maßnahme auf jeden Fall – etwa im Wege der **Mediation** – eine einvernehmliche Lösung zu suchen, noch handelt es sich bei der „Akzeptabilität" bisher um mehr als eine metajuristische Direktive. Akzeptabilität zu sichern, darf jedenfalls nicht mit rechtsdogmatisch zu begründender Entscheidungslegitimation verwechselt werden.[581] Stattdessen fügt sich das verwaltungsseitige Bemühen darum, Entscheidungen möglichst „richtig" zu treffen und zur Verständigung hierüber mit den Entscheidungsadressaten und Dritten auf Kooperation, Kommunikation und Konsens zu setzen, in die Phalanx nichtrechtlicher bzw. zweckhaft angelegter Orientierungen für das Verwaltungshandeln neben solchen wie z.B. der Effizienz und Flexibilität ein. Akzeptabilität wird dadurch zu einem Merkmal der „Richtigkeit" des Verwaltungshandelns, ohne indes im Falle ihres Fehlens der im Übrigen rechtmäßigen Verwaltungsentscheidung etwas von dieser Rechtmäßigkeit zu nehmen.[582]

203

Einige Einschränkungen sind gleichwohl zu treffen. Denn auch hier gilt, dass „innere" Verbindungslinien zwischen Rechtsmaßstäben und anderen Maßstäben bestehen. So wird ein nichtrechtlicher Verwaltungsgrundsatz dann zum Rechtsmaßstab, wenn er von den Gerichten als Kontrollmaßstab oder vom Gesetzgeber als ein „Leitbild" seiner Rechtsetzung anerkannt wird.[583] Beispielswei-

204

---

[577] Dazu im Einzelnen *Kirchhof*, Allgemeiner Gleichheitssatz (Fn. 304), § 181 Rn. 36 f.
[578] *Hermann Hill*, Akzeptanz des Rechts- Notwendigkeit eines besseren Politikmanagements, JZ 1988, 377 ff.; *Würtenberger*, Akzeptanz (Fn. 14), S. 54 ff.
[579] *Thomas Groß*, Stuttgart 21: Folgerungen für Demokratie und Verwaltungsverfahren, DÖV 2011, S. 510 ff.; *Pitschas*, Verantwortungskooperation (Fn. 44), S. 235 f., 248, 263; *Rossen-Stadtfeld*, Demokratische Staatlichkeit (Fn. 538), S. 76 ff.
[580] *Hill*, Akzeptanz (Fn. 578), S. 377.
[581] *Schmidt-Aßmann*, Ordnungsidee, 2. Kap. Rn. 103.
[582] Vgl. *Wolfgang Hoffmann-Riem*, Verwaltungsrechtsreform – Ansätze am Beispiel des Umweltschutzes, in: ders./Schmidt-Aßmann/Schuppert (Hrsg.), Reform, S 115 (133 ff., 134); ähnlich *Würtenberger*, Akzeptanz (Fn. 14), S. 61 f.
[583] Vgl. oben → Rn. 26 f.

se hat das Bundesverfassungsgericht der „Akzeptanz" rechtliche Bedeutung für Entscheidungen bei der kommunalen Gebietsreform zuerkannt. Das Gericht meint, in rechtlicher Sicht sei – ohne den „Unwillen im Sinne einer Stimmung der Unzufriedenheit" rechtlich zu prämiieren – von einem Defizit an Akzeptanz jedenfalls dann zu sprechen, wenn sich dieses auf vernünftige Gründe zurückführen lasse, so dass mit dem Wegfall der Mängel in einem überschaubaren Zeitraum nicht zu rechnen sei.[584] Mittelbar wird dadurch die Akzeptanz von Gebietsreformmaßnahmen zu einem **rechtlichen Legitimationsfaktor** und deren Akzeptabilität zu einem nichtgeschriebenen Tatbestandsmerkmal jedenfalls von Ermessens- und Abwägungsrelationen.[585] Hierauf gründet letztlich auch der Erfolg von **Mediation** als Instrument zur Bewirkung von Akzeptanz im Rahmen des Verwaltungsverfahrens.

II. Akzeptabilität von Verwaltungshandeln und Bürgerbeteiligung am Verwaltungsverfahren

1. Beteiligung, Betroffenheit und Öffentlichkeit

205 Die Akzeptabilität von Verwaltungshandeln gewinnt darüber hinaus an rechtlicher Wirkungstiefe, wenn die zunächst metajuristische Bewertung einer Verwaltungsmaßnahme mit der Spannbreite von „richtig" bis „inakzeptabel" in den Zusammenhang der **Bürgerbeteiligung an Verwaltungsverfahren** („Partizipation") gerückt wird. Denn die Beteiligung rechtlich betroffener Individuen und Kollektive an administrativen Entscheidungen sieht sich regelmäßig nicht nur auf verfahrenspraktische (Informationsfunktion), sondern auch auf rechts- und demokratiestaatliche Fundamente gegründet. Ist diesen zufolge das Verwaltungsverfahren als ein Vorgang kommunikativer Rechtsbildung und produktiver Konfliktbewältigung bei der Rechts- und Zweckkonkretisierung zu begreifen, dann treten insoweit und zum einen die „Systemfunktion" des subjektiv-öffentlichen Rechts mit den ihr eigenen Entwicklungslinien bis hin zur Repräsentation rechtlich geschützter Interessen,[586] zum anderen im Bereich offener gesetzlicher Programmierung sowie im kooperativen Staat auf der Grundlage der diesen nunmehr auszeichnenden „Public Governance" die Öffnung der Verwaltungsverfahren für die Präferenzen und Wertungen der Beteiligten in den Vordergrund. Dabei dürfte die Akzeptabilität von Entscheidungen als rechtliches Erwartungs- und Stabilisierungsmuster deren Kreis und die Verfahrensgestaltung mitbestimmen. Verfahrensbeteiligung ist jedenfalls als Ausübung eines ebenso rechtsstaatlich wie demokratisch begründeten Teilhaberechts an der „Herstellung" von Verwaltungsentscheidungen zu begreifen, das die fehlende bzw. mangelhafte Akzeptabilität des Verwaltungshandelns im Verfahrensablauf[587] als auch rechtlich

---

[584] *BVerfGE* 86, 90 (111).
[585] So zutr. *Schmidt-Aßmann*, Ordnungsidee, 2. Kap. Rn. 105; zutr. prüft deshalb *Reinhard Wulfhorst* in seinem gleichnamigen Beitrag „Konsequenzen aus ‚Stuttgart 21' – Vorschläge zur Verbesserung der Bürgerbeteiligung", DÖV 2011, S. 581 ff.
[586] *Scholz*, Verwaltungsverantwortung (Fn. 1), S. 198 m. Fn. 223; s. ferner *Matthias Knauff*, Öffentlichkeitsbeteiligung im Verwaltungsverfahren, DÖV 2012, 1 ff. und m. zahlr. N. → Bd. II *Rossen-Stadtfeld* § 29 Rn. 22 ff.
[587] Näher dazu *BVerfGE*, DVBl 1989, S. 658 (660), sowie an Beispielen aus dem Fachplanungsrecht *Schmidt-Aßmann*, Ordnungsidee, 2. Kap. Rn. 104 a. E.; an Beispielen aus dem Sozialrecht und dem so-

angreifbar erscheinen lässt, z. B. mit Blick auf Verfahrensfehler.[588] Für diesen Schritt bedarf es allerdings rechtlich installierter „Transformatoren", die den nichtrechtlichen Maßstab partiell zu einem Rechtsmaßstab werden lassen.

a) Arten von Betroffenheit

In diesem Sinne gilt **Verfahrensbeteiligung** heute über die Informationsvermittlung und Rechtschutzfunktion hinaus als Instrument der Konfliktbewältigung und der Optimierung von Regelungsintentionen des geschriebenen Rechts. Tiefergehende Akzeptabilitätsprobleme öffentlichen Verwaltens werden denn auch mehr und mehr der Konfliktmittlung in **Mediationsverfahren** überantwortet.[589] Gleichwohl bleibt immer danach zu fragen, wie die Beteiligung an Verfahren rechtlich organisiert ist, um evtl. Akzeptabilitätsdefizite im Einzelnen unter Rechtsschutzgesichtspunkten würdigen zu können. Zu unterscheiden ist insofern nach **Arten der Betroffenheit.** Neben den von einer Verwaltungsentscheidung in ihren **Rechten** Betroffenen mit Anknüpfung an grundrechtlich garantierte Verfahrenspositionen[590] steht die Betroffenheit von **Interessen.** Der Kreis der Beteiligten erweitert sich dadurch; er wird aber zugleich unbestimmter. Zu den Rechtsbetroffenen treten nämlich solche hinzu, die in ihren rechtlich geschützten Interessen oder auch nur in den durch die Rechtsordnung anderweitig besonders hervorgehobenen Interessen betroffen sind. Diese Ausweitung der Interessenberücksichtigung lässt Eingriffstatbestände, aber auch weniger intensive Formen der Beeinträchtigung bzw. marginaler Tangierung von Interessen als „Betroffenheit" erscheinen. Auf diese Weise können neben Individuen auch Vereinigungen, Verbände und Gruppen ihre Kollektivinteressen vertreten bzw. die Interessen ihrer Mitglieder repräsentieren. In der denkbar größten Elastizität formuliert beispielsweise § 73 Abs. 4 VwVfG, dass „jeder, dessen Belange durch das Vorhaben berührt werden", zur Erhebung von Einwendungen im Planfeststellungsverfahren berechtigt sei. Dies hat Folgewirkungen in der **Kontrollperspektive:** Einerseits wird das Verwaltungsverfahren dadurch über seine vorgelagerte Rechtsschutzfunktion hinaus („rechtliches Gehör") der Konfliktmittlung, also einem Mediationszweck geöffnet (vgl. auch § 73 Abs. 6 VwVfG). Allerdings und konsequenterweise liegt darin noch nicht die Möglichkeit, sog. **Jedermann-Einwendungen** zu erheben. Andererseits bedarf es aber eben auch nicht der Beeinträchtigung subjektiver öffentlicher Rechte. Deshalb steht diese frühzeitige Öffentlichkeits-Beteiligung im Verwaltungsverfahren in einem gewissen Gegensatz zu der für das gerichtliche Rechtsschutzverfahren der Normenkontrolle nunmehr strikt auf **Rechtsverletzungen** (und nicht mehr auf einen „Nachteil") ausgerichteten aktuellen Fassung des § 47 Abs. 2 S. 1 VwGO. Rechtsstaatlich ist das nur schwer erträglich. Aber auch insgesamt fehlt es an einem konsistenten Konzept der Rechtsordnung, dass Grade der Beeinträchtigung von Rechten und

206

---

zialrechtlichen Verwaltungsverfahren *Pitschas,* Verwaltungsverfahren (Fn. 118), S. 770 f., 773 f., 779 ff.; *Felix Welti,* Soziale Selbstverwaltung und Bürgerbeteiligung im sozialen Gesundheitswesen, in: FS Hans P. Bull, 2011, S. 903 ff.

[588] Vgl. *Hoffmann-Riem,* Verwaltungsrechtsreform (Fn. 582), S. 149, 150 f.
[589] Dazu die N. in Fn. 441; s. ferner *Pitschas,* Mediationsgesetzgebung (Fn. 441), S. 141 f.; *Schmidt-Aßmann,* Ordnungsidee, 2. Kap. Rn. 104, 6. Kap. Rn. 136 f.
[590] Siehe nur *Ziekow,* VwVfG, § 13 Rn. 3, § 76 Rn. 10.

Interessen in eine Relation zur Akzeptabilität von Verwaltungshandeln und -entscheiden rücken würde, woraus sich sodann das Gewicht von Akzeptanzdefiziten im Rahmen der Rechts- und Interessenbetroffenheit entnehmen sowie in eine rechtliche Abwägungskontrolle einführen ließe.[591]

207 Einen eigenen Stellenwert nimmt schließlich die **Betroffenheit der Öffentlichkeit** ein. Dieser liegt die überkommene Vorstellung von Öffentlichkeit als rechtsstaatlichem Instrument der Transparenz und Kontrollierbarkeit staatlicher Machtausübung sowie aus republikanischer Sicht als Forum politischer Kommunikation und Bildung von Gegenmacht zum Staat und kooperierenden Privaten zugrunde.[592] Doch geht es bei alledem auch um die Rationalisierung und Qualitätsverbesserung administrativer Entscheidungen, für die in unterschiedlicher Intensität bis hin zum gewollten **Bürgerengagement** einer informierten bzw. zu informierenden Öffentlichkeit – wie z. B. in Bezug auf die Umweltverträglichkeit von Verwaltungsmaßnahmen – eine spezifische Beobachtungsverantwortung zugewiesen, Kontrollfunktionen übertragen[593] und aktiv-partizipatorische Mitgestaltung eingeräumt wird. Darin wird ein erweiterter Funktionsnutzen von Öffentlichkeit für die Verwaltung und, wenn man so will, sogar deren erneuter Funktionswandel ersichtlich. Er verbindet sich nach wie vor – und verstärkt – mit politischer Teilhabe am Verwaltungsvollzug: In der Entwicklungsperspektive des gegenwärtigen Standes der Beteiligung von Öffentlichkeit an staatlichen Entscheidungsprozessen lässt sich näherhin ein Bestreben erkennen, das der Verfahrenspartizipation demokratische Gehalte („Rückbindung der Staatsgewalt an die Gesellschaft") zuweist und damit zugleich die Mediation i.S. gesellschaftlicher Selbstregulierung zu verbinden sucht.[594]

b) Mitgestaltung und Akzeptabilität des Verwaltungshandelns

208 Zieht man an dieser Stelle eine kurze **Zwischenbilanz,** so spiegelt Verfahrenspartizipation nach Maßgabe differenzierter Betroffenheit und Beteiligung die einzelnen Aggregatzustände der Teilhabe Privater an der verwaltungspartnerschaftlichen Ausarbeitung von Problemlösungen in allen Verwaltungssektoren der Eingriffs-, Leistungs-, Risiko- und Infrastrukturverwaltung wider. Das Spektrum insoweit gesetzlich anerkannter Formen reicht von der klassisch-rechtsstaatlichen Individualbeteiligung über die Verbands-, Gruppen- und Repräsentantenmitwirkung bis zur Öffentlichkeitsbeteiligung. Die einzelnen Formen beruhen

---

[591] *Annette Guckelberger,* Formen von Öffentlichkeit und Öffentlichkeitsbeteiligung im Umweltverwaltungsrecht, VerwArch, Bd. 103 (2012), S. 31 (35); *Schmidt-Aßmann,* Ordnungsidee, 2. Kap. Rn. 108; ebd. auch zur „Partizipation" (Rn. 106 ff.) und zu den „Arten von Betroffenheit" (Rn. 107 f.); teilweise anders → Bd. II *Rossen-Stadtfeld* § 29 Rn. 42 ff.

[592] *BVerfGE* 123, 39 (69 f.); *Gröschner,* Der Freistaat des Grundgesetzes (Fn. 186), S. 342 f.; *Friedhelm Neidhardt,* Öffentlichkeit, öffentliche Meinung, soziale Bewegungen, 1994, S. 7 ff.; → Bd. II *Rossen-Stadtfeld* § 29 Rn. 51 ff.

[593] *Rossen-Stadtfeld,* Demokratische Staatlichkeit (Fn. 538), S. 77; zur Rolle der Öffentlichkeit bei Fragen des Risikomanagements vgl. *Ralph A. Lorz,* Diskussionsbericht, in: Riedel (Hrsg.), Risikomanagement (Fn. 539), S. 221 ff.

[594] Zu diesem „Funktionsnutzen" s. etwa *Schmidt-Aßmann,* Ordnungsidee, 2. Kap. Rn. 116; weitergehend i.S. politischer Teilhabe vgl. *Rossen-Stadtfeld,* Die verhandelnde Verwaltung (Fn. 57), S. 43 ff.; in diese Richtung auch *Andreas Fisahn,* Demokratie und Öffentlichkeitsbeteiligung, 2002, S. 334 ff. sowie die N. in Fn. 579, 585, 589.

auf rechtsstaatlicher und demokratischer Einbindung, deren unterschiedliche Entwicklungslinien namentlich unter dem EU-Recht zusammenlaufen.[595] Vor allem in komplexen und risikobezogenen Verwaltungsverfahren werden darüber hinaus „Unzulänglichkeiten eines engen Beteiligungsverständnisses" deutlich, „weil in ihnen nicht feste und als solche isolierbare Rechtspositionen verteidigt, sondern offene Interessengefüge aufgehellt werden sollen".[596]

Vor diesem Hintergrund ändert sich nicht nur die Konzeption des Verwaltungsverfahrens in Richtung auf Kooperationsstrukturen und Verwaltungspartnerschaft. Die Frage ist zugleich, ob sich durch den Ausbau von Beteiligung und Mediation tatsächlich die „Herstellung" und Akzeptabilität der Verwaltungsentscheidungen verbessert oder ob sie durch die gewählten Verfahrenslösungen wegen der Machtfülle bzw. des Übergewichts privater Kooperationspartner nicht eher zurückgeht. 209

2. Bürgerbeteiligung und Entscheidungsakzeptabilität im Gestaltwandel des Staates

Schon die Bemerkungen zur Risikoverwaltung haben auf den **Gestaltwandel des Staates** insbesondere durch den Aufbau komplexer Strukturen einer „Public Governance" verwiesen.[597] Die Entwicklung von Kooperationsbeziehungen zwischen staatlichen und gesellschaftlichen Akteuren bzw. die Herausbildung von Netzwerken sind dafür ebenso kennzeichnend wie die Ausgliederung staatlicher Aufgabenträger aus der unmittelbaren Staatsverwaltung zugunsten der Einrichtung von Agenturen als verselbständigten Verwaltungseinheiten („agencies"). Die Rede ist denn auch von einem „agency"-Modell des modernen Staates bzw. vom Wandel der Staatlichkeit.[598] Erforderlich werde, so heißt es, der „Entwurf demokratischer Öffentlichkeit, die in und zwischen den Netzwerken bzw. Verhandlungssystemen staatlicher, suprastaatlicher und außerstaatlicher Akteure einzurichten und immer neu abzusichern sein wird"[599]. Dies sei eine der Reaktionen darauf, „dass die Grenzen zwischen Staat und Gesellschaft, zwischen öffentlicher Verantwortung und privatem Interesse, ja überhaupt zwischen öffentlichen und privaten Sphären immer undeutlicher" würden und „die Beteiligung unmittelbar und mittelbar Betroffener, und zwar über die nationalstaatlichen Grenzen hinaus, künftig vermehrt ein Kriterium verwirklichter Demokratie werden" müsse. 210

---

[595] Vgl. auch *Gerd Schmidt-Eichstaedt*, Das Bau- und Planungsrecht in der Europäischen Union, DÖV 1995, S. 969 (973).

[596] *Schmidt-Aßmann*, Ordnungsidee, 2. Kap. Rn. 110; *Andreas Voßkuhle*, Der Wandel von Verwaltungsrecht und Verwaltungsprozessrecht in der Informationsgesellschaft, in: Hoffmann-Riem/Schmidt-Aßmann (Hrsg.), Informationsgesellschaft, S. 349 (365 ff.).

[597] Siehe dazu oben → Rn. 177 ff., 185, 190; dazu umfassend auch *Gunnar Folke Schuppert*, „Neue" Staatlichkeit – „Neue" Staatswissenschaft? Zu den Aufgaben einer Staatswissenschaft heute, in: FS Rainer Wahl, 2011, S. 185 (197 ff.).

[598] *Rossen-Stadtfeld*, Demokratische Staatlichkeit (Fn. 538), S. 75; s. ferner *Pache*, Verantwortung und Effizienz (Fn. 337), S. 132 f.; *Rainer Pitschas*, Innere Sicherheit und Öffentlich-Private Partnerschaft. Von der Gewährleistungsverantwortung des Staates zur collaborativen Sicherheitsgovernance und zurück?, in: Jan Ziekow (Hrsg.), Wandel der Staatlichkeit und wieder zurück?, 2011, S. 255 ff.

[599] *Rossen-Stadtfeld*, Demokratische Staatlichkeit (Fn. 538), S. 76; das im Text nachfolgende Zitat findet sich ebd., S. 77.

211 Trifft dies zu – und es spricht unter dem Signum der Verantwortungskooperation als Code für diese Entwicklung alles dafür[600] –, dann wäre einerseits nach den verfassungsrechtlichen Grenzziehungen der im voraufgegangenen skizzierten „neuen" Beteiligung am Verwaltungshandeln zu fragen. Ebenso und andererseits wirft der prognostizierte Gestaltwandel des Staates erneut die Frage nach der **Rechtsmaßstäblichkeit** der Akzeptabilität von Verwaltungsentscheidungen bei Betroffenen und in der Öffentlichkeit auf: Der Strukturwandel der Rechts-, Interessen- und Öffentlichkeitsbeteiligung führt offenkundig zu neuen Legitimationsbedarfen bei der Umsetzung der kooperativen Verantwortung, die gedeckt werden müssen. Erforderlich sind deshalb kompensatorische rechtliche Leitdirektiven für das Verwaltungshandeln unter demokratisch-rechtsstaatlicher Mitgestaltung der Bürger bzw. gesellschaftlicher Formationen.[601]

III. Akzeptabilität als rechtlicher Handlungsmaßstab

1. Akzeptabilität als demokratie- und rechtsstaatliches Optimierungsgebot

212 Zu diesen Leitmaßgaben rechnet auch der **Verbundmaßstab** der **Akzeptabilität von Verwaltungsentscheidungen.** Er fungiert als demokratie- und rechtsstaatliches Optimierungsgebot, das sich als Bindeglied zwischen der Rechtmäßigkeit einer Entscheidung nach Maßgabe entsprechender rechtlicher Maßstabskomplexe einerseits und ihrer defizitären Rückbindung an die zweckbezogenen Präferenzen und politischen Eigenwertungen von Betroffenen und der Öffentlichkeit andererseits versteht. Seine rechtliche Verfestigung dient dem Strukturziel, die demokratiestaatlichen Defizite der Mitwirkung Privater am kooperierenden Verwaltungshandeln und die rechtsstaatlich zu vermeidende Gefährdung von subjektiv-öffentlichen Rechtspositionen zu kompensieren. Akzeptabilität fungiert insoweit unter den Bedingungen einer „Public Governance" als ein rechtlicher Legitimationsfaktor der Verantwortungskooperation. Wird diese im Rahmen der Gemeinwohlorientierung des Verwaltungshandelns objektiv defizitär, so kann fehlende Akzeptabilität zu einer **Maßstabsanktion** in Beteiligungsstreitigkeiten, Planungs- und Vergabeverfahren führen.[602]

213 Neben diese **instrumentelle** Funktion tritt der **sachliche Gehalt** der Akzeptabilität als genuiner Handlungsmaßstab. Dieser ergibt sich mittelbar aus dem Umstand, dass Verwaltungshandeln die Akzeptabilität entweder selbst zum Gradmesser seiner Bewertung macht, wie dies in der Leistungsverwaltung mit der rechtlichen Festlegung einer Serviceorientierung der Verwaltung in einzelnen Landesgesetzen zur Verwaltungsmodernisierung geschieht. Oder aber die partizipatorisch-kompensatorische Verfahrensteilhabe stützt sich auf rechtliche

---

[600] Vgl. die Analyse bei *Pitschas*, Verantwortungskooperation (Fn. 44), S. 225 ff., 241 ff.; *ders.*, Neue Öffentlichkeit und „Local Governance" im Zeitalter der politischen Dezentralisierung – Aktualisierungsbedarfe der Kommunalverfassungen in Deutschland, in: Jan Ziekow (Hrsg.), Entwicklungslinien der Verwaltungspolitik, 2007, S. 61 (75 f.).

[601] Siehe auch *Hoffmann-Riem*, Governance im Gewährleistungsstaat (Fn. 37), S. 213 ff.; speziell zur Legitimationsfrage *ders.*, Rezension, Der Staat, Bd. 44 (2005), S. 160 (163).

[602] Ebenso *Schmidt-Aßmann*, Ordnungsidee, 2. Kap. Rn. 105; zu Begriff und Reichweite der „Maßstabsanktion" s. bereits oben → Rn. 33 ff.

Transformatoren für nichtrechtliche Handlungskriterien. Das ist bspw. bei den rechtlichen Gestaltungsprinzipien der Öffentlichkeitsbeteiligung wie jenen der Transparenz und Einsichtigkeit der Fall.[603] In deren Kontext offenbart sich Akzeptabilität als ein (objektiviertes) handlungsleitendes Kriterium für die rechtliche Bewertung von Verfahrensteilhabe als gelungene oder misslungene Verfahrenspartizipation.

2. Akzeptabilität der Dienstleistungen öffentlicher Verwaltung

Nicht von ungefähr führt gerade die **Dienstleistungsfunktion** der öffentlichen Verwaltung, wie sie bspw. in den §§ 71a VwVfG für die Abwicklung eines Verwaltungsverfahrens über eine einheitliche Stelle vorgesehen ist, gem. § 71c VwVfG zu öffentlich-rechtlichen Informationsansprüchen und damit zur partiellen **Transformation der Akzeptabilität** in einen Rechtsmaßstab. Sie gilt nämlich – im Zentrum der Modernisierungsdiskussion in der öffentlichen Verwaltung stehend[604] – als Prüfstein für deren „Kundenorientierung". Diese wiederum hat in einzelnen Bundesländern ihren gesetzlichen Ausdruck in sog. Modernisierungsgesetzen gefunden.[605] Sie verallgemeinernd, bezeichnet die in die Kundenbeziehung eingebundene **Informationspflichtigkeit** und **Serviceorientierung** von Behörden die Verpflichtung öffentlicher Institutionen, ihr Handeln als spezifische Leistungsproduktion zu verstehen und sich den Ansprüchen von Bürgern oder Unternehmen an den Zugang zu Verwaltungsinformationen, die Beschleunigung von Verwaltungsverfahren, feste Bearbeitungsfristen, Leistungsqualität und Termintreue zu unterwerfen. Sie orientiert sich dabei am **Teil-Maßstab der Bürgerzufriedenheit** als Prüfungskriterium der Akzeptabilität von Dienstleistungen.[606]

214

Dieser Schritt bedingt die Öffnung der Verwaltung gegenüber den Bedürfnissen, Präferenzen und dem kritisch-innovativen Potential der Leistungsadressaten als Verwaltungspartner. Serviceorientierung benötigt „kundenbestimmte" Öffentlichkeit für die Ausdifferenzierung der Leistungsangebote, die Definition der „Verwaltungsprodukte" sowie für die Festlegung der Servicestandards. Sie „lebt" darüber hinaus von der konkreten Interaktion und Kommunikation mit dem Bürger. Erforderlich wird m.a.W. die Umorientierung der bisher bürokratischen Rechts- und Zweckkonkretisierung in ein Dienstleistungsangebot, das auch und ferner die **zufriedenheitsorientierte** Definition von Dienstleistungsqualität sowie die Entwicklung einzelner Qualitätskriterien umfasst.[607]

215

Die öffentlichen Dienstleistungen werden dadurch komplexer: Abzuwägen sind die Bedürfnisse der Bürger und sonstiger Leistungsadressaten, ihre Anforderungen und Erwartungen mit den administrativen Möglichkeiten zur Sicherung von Fachlichkeit und Qualität sowie mit der finanziellen Leistungskraft in Bund, Ländern und Kommunen. Einzubeziehen in diese Abstimmung sind ebenso die individuellen und kollektiven Kreativitätsressourcen, aber auch Prä-

216

---

[603] *Achterberg*, VerwR, § 19 Rn. 35 f., 39 f.
[604] *Hill*, Neue Organisationsformen (Fn. 42), S. 80 f.; *Pitschas*, Dienstleistungsverwaltung (Fn. 28), S. 97 ff.
[605] Vgl. die N. bei *Hill*, Neue Organisationsformen (Fn. 42), S. 74 ff.
[606] Vgl. *Pitschas*, Dienstleistungsverwaltung (Fn. 28), S. 98.
[607] *Pitschas*, Dienstleistungsverwaltung (Fn. 28), S. 100. „Die Grenzen privater Beteiligung an öffentlichen Aufgaben" heben *Erika Mezger/Karsten Schneider* in ihrem gleichnamigen Beitrag hervor, in: FS Christoph Reichard, 2006, S. 49 (54 f.).

ferenzen und Wertvorstellungen des Personals.[608] Dies geschieht durch Relationsaussagen und mündet in **Abwägungsentscheidungen** ein, die wettbewerbliche Elemente von Leistungsprozessen nutzen dürfen, freilich mehr noch die divergierenden Interessen, Bedarfe und Wertvorstellungen in einer nichtmarktlichen Arena auszubalancieren haben. Hierfür gegebene **Teil-Maßstäbe** wie z.B. jener der **Bürgerzufriedenheit** sind allerdings – für sich genommen – zu allererst nichtrechtlicher Art. Sie fließen im Gesamtmaßstab der **Akzeptabilität** einer Dienstleistung zusammen.

217 Da die **Serviceorientierung** aber zugleich im rechtlichen Auftrag der öffentlichen Verwaltung weithin verankert ist, verlässt sie als Bezugsmaß der Akzeptabilität – wie sich am Beispiel der Bürgerzufriedenheit zeigen lässt –, den metajuristischen Bereich der Maßstabsanwendung. Sie wird als eine auch rechtliche Kontrollgröße insoweit relevant, als die formalisierten Beteiligungsrechte bzw. -möglichkeiten im Übrigen wenig dazu beitragen können, das fragliche Leistungsergebnis zu rechtfertigen oder zu kritisieren. Stattdessen springt bei der rechtlichen Beurteilung der Qualität einer Dienstleistung kompensatorisch die Serviceorientierung mit der darauf bezogenen Akzeptabilität als **rechtliches Prüfkriterium** für erfolgreiche Leistungsdarbietung ein. Es versteht sich, dass die dadurch angestrebte Akzeptanz von Dienstleistungen der Verwaltung fordert, die ausschließliche Effizienzorientierung der Dienstleistungserbringung in der Verwaltungspraxis zu zügeln.[609]

3. Rechtsmaßstäbliche Transparenz und Einsichtigkeit als Mittler von Akzeptabilität

218 Allgemeiner noch setzt die Akzeptabilität von Verwaltungsmaßnahmen deren inhaltliche Beurteilbarkeit und Kontrolle u.a. im Wege der **Öffentlichkeitsbeteiligung** voraus. In der Reaktion hierauf bemüht sich die öffentliche Verwaltung im Rahmen ihrer Kooperation mit Privaten um Konsens und Akzeptanz. Eine gewichtige Rolle spielen dabei die rechtlichen Maximen der Transparenz und Einsichtigkeit des Verwaltungshandelns. Es handelt sich bei beiden Maßstäben um rechtliche Verwaltungsgrundsätze.

a) Transparenz als Rechtmäßigkeitsmaßstab

219 „Transparenz" meint den Grad an Nachvollziehbarkeit einzelner Verwaltungstätigkeiten durch ihre Offenlegung und Durchschaubarkeit innerhalb und außerhalb der öffentlichen Verwaltung. Sie ist damit Voraussetzung einerseits für Kontrolle, andererseits für Partizipation, d.h. für Mitwirkung der Bürger an öffentlichen Angelegenheiten durch teilnehmende Beobachtung, Beratung und Mitentscheidung. Dabei ist zwischen formeller und materieller Transparenz zu unterscheiden.[610]

---

[608] Näher zu dem damit kreierten Verfahrenstypus *Kopp/Ramsauer*, VwVfG, § 71 a Rn. 4 ff.; *Pitschas*, Dienstleistungsverwaltung (Fn. 28), S. 100; *Thorsten Siegel*, Entscheidungsfindung im Verwaltungsverbund, 2009, S. 118 ff.; das Personalmanagement wird deshalb zu einem entscheidenden Erfolgsfaktor der Dienstleistungsorientierung, vgl. auch *Dieter Wagner*, Personalmanagement in Öffentlichen Organisationen, in: FS Christoph Reichard (Fn. 607), S. 221 (231 f.).

[609] Dazu bereits oben → Rn. 119, 120 f. m. einzelnen N.

[610] Zurückgehend auf *Achterberg*, VerwR, § 19 Rn. 2, 35; zur Herleitung aus dem Grundsatz des rechtlichen Gehörs s. *BVerfGE* 63, 45 (59 f.); vgl. im Übrigen oben → Rn. 76.

Formelle Transparenz bedeutet, dem Bürger oder anderen Verwaltungsadressaten durch Tätigwerden der Verwaltung die Möglichkeit zu geben, sich über Verwaltungsvorgänge zu informieren. Dies geschieht etwa durch Verlautbarungen und andere Formen der Verwaltungskommunikation in Rechtsverhältnissen zwischen Staat und Bürger, z. B. zur Durchsetzung ihrer rechtlich geschützten Interessen Akteneinsicht zugestatten, oder außerhalb davon, so z. B. durch das Gespräch mit dem Bürger, aber auch durch die Bekanntgabe von Verwaltungsakten an den Adressaten. Allerdings ist diese (in-)formelle Transparenz dort begrenzt, wo ihr gegenläufige und rechtlich geschützte individuelle oder kollektive Interessen entgegentreten. Hierzu zählen Bank- und Steuergeheimnisse ebenso wie Staatsgeheimnisse. In diesen Fällen pflegt der Gesetzgeber, wie das Informationsfreiheitsgesetz des Bundes belegt,[611] das Interesse des Einzelnen oder der Allgemeinheit an der Geheimhaltung mit Rücksicht auf den Grundrechtsschutz der informationellen Selbstbestimmung höher zu bewerten als dasjenige an der Veröffentlichung von Verwaltungsvorgängen. Entsprechende Regelungen finden sich in allen Informationsfreiheitsgesetzen der europäischen Staaten. Gleiches gilt für das öffentliche Vergaberecht, das in § 97 Abs. 1 GWB ebenfalls zur Unterbindung von Korruption auf Transparenz als tragenden Grundsatz setzt.[612]

220

Es reicht allerdings nicht aus, Transparenz nur formell zu gewährleisten. Vielmehr müssen die Adressaten von Verwaltungsmaßnahmen bzw. Kooperationspartner der Verwaltung in die Lage versetzt werden, Positionen und Gegenpositionen innerhalb der öffentlichen Verwaltung zu erkennen, um zwischen diesen abwägen zu können. Solche **materielle Transparenz** zielt darauf ab, das Verwaltungshandeln verständlich zu machen. Sie entspricht den Anforderungen der Verfassung an die Verwaltungskommunikation.[613] In der Konsequenz dessen geht es darum, vor allem im Verwaltungsverfahren als einen geordneten Prozess der Informationsgewinnung und des Informationsaustausches durch einen entsprechenden Verwaltungsstil der wissensdurstigen Bürgergesellschaft die institutionelle und funktionelle Möglichkeit ihrer Mitwirkung am Handeln der Verwaltungsorgane zu eröffnen. Die Akzeptabilität von Verwaltungsentscheidungen wird dadurch gefördert, mehr noch: Transparenz wird zur Voraussetzung der Akzeptanz des Verwaltungshandelns. Auch unter Kontrollaspekten kann dies belangvoll werden.[614] Zugleich wird deutlich, dass der Verbundmaßstab der

221

---

[611] Gesetz zur Regelung des Zugangs zu Informationen des Bundes vom 5. 9. 2005 – IFG (BGBl I [2005], S. 2722); *Annette Guckelberger*, Informatisierung der Verwaltung und Zugang zu Verwaltungsinformationen, VerwArch, Bd. 97 (2006), S. 62 ff.; *Friedrich Schoch*, Das Recht auf Zugang zu staatlichen Informationen, DÖV 2006, S. 1 ff.
[612] Zur Korruptionsprävention durch Sicherung von Transparenz im Vergabeverfahren s. nur *Kirstin Pukall*, Der Stand der Umsetzung in das deutsche Recht und die Verschlankung des deutschen Vergaberechts, in: Pitschas/Ziekow (Hrsg.), Vergaberecht im Wandel (Fn. 407), S. 17 (19, 20 f.); vgl. zu den weiteren Gehalten des wettbewerbsrechtlichen Transparenzgebots auch *Rudolf Weyand*, Praxiskommentar Vergaberecht, § 97 GWB Rn. 218 ff., 219.
[613] *Alexander Rossnagel*, Möglichkeiten für Transparenz und Öffentlichkeit im Verwaltungshandeln – unter besonderer Berücksichtigung des Internet als Instrument der Staatskommunikation, in: Hoffmann-Riem/Schmidt-Aßmann (Hrsg.), Informationsgesellschaft, S. 257 (bes. S. 264 ff.).
[614] Dies betrifft die notwendigen Informationen, die bei den Kontrollinstanzen vorliegen müssen, um der Kontroll- und Sanktionsaufgabe gerecht werden zu können, vgl. *Eberhard Schmidt-Aßmann*, Verwaltungskontrolle: Einleitende Problemskizze, in: Schmidt-Aßmann/Hoffmann-Riem (Hrsg.),

Akzeptabilität auf spezifische Rechtsmaßstäbe wie den der Transparenz als Mittler von Rechtsmaßstäblichkeit zurückgreift, diese sich gewissermaßen „einbindet". Darin offenbaren sich neue Gestaltungs- und Anwendungsformen der Maßstäblichkeit des Verwaltungshandelns.[615]

b) Transparenz und Öffentlichkeit

222 In diesem Verständnis begegnen sich Transparenz und Öffentlichkeit des Verwaltungshandelns. Letztere erfließt in Bezug auf die Verwaltung aus den in Deutschland verfassungsgestaltenden Grundentscheidungen für die Demokratie und den Rechtsstaat. **Öffentlichkeit** gewährleistet von daher als Rechtsgebot die notwendige Information, Kommunikation, Partizipation und Integration sowie letztlich Kontrolle und Akzeptabilität – **Transparenz** ist ihrerseits eine Voraussetzung zu alledem. Sie ist gerade deshalb einer der Maßstäbe, die im Vergaberecht herangezogen werden, um der Korruption Einhalt zu gebieten.[616]

c) Einsichtigkeit des Verwaltungshandelns

223 Neben die Transparenz tritt die **Einsichtigkeit** des Verwaltungshandelns als rechtliche Verfahrensmaxime und Mittlerin von Rechtsmaßstäblichkeit für die Akzeptabilität des Verwaltungshandelns. Im Kern verkörpert sie eine Spielart des Prinzips der Transparenz. Ihrer Sinngebung nach muss die Verwaltung dem Betroffenen die Möglichkeit geben, zwischen mehreren Entscheidungsalternativen zu wählen, was nur möglich ist, wenn ihm die entscheidungsbeeinflussenden Faktoren offengelegt werden: „Ein-sichtigkeit als solche genügt also nicht, wenn sie nicht zugleich Durch-sichtigkeit bewirkt".[617]

224 **Formelle Einsichtigkeit** kann deshalb und z. B. durch „Bekanntmachungserfordernisse" in Rechtsverhältnissen zwischen Staat und Bürger – etwa bei Rechtsverordnungen durch Verkündung in Gesetz- und Verordnungsblättern, bei Satzungen durch Veröffentlichung in der vorgesehenen Form, bei Verwaltungsakten durch Bekanntgabe – sowie durch Veröffentlichung in Verwaltungspublikationen erreicht werden. Auch das Auslegen von Plänen (im Baurecht) oder die Gewährung von Akteneinsicht gehören hierher. Wie bei dem Transparenzgebot sind jedoch stets entgegenstehende Interessen von Individuen oder des Gemeinwohls zu berücksichtigen.[618]

225 „Durchsichtigkeit" im oben verdeutlichten Sinne ist dann zu bejahen, wenn der Bürger in die Lage versetzt wird, das ihn betreffende Verwaltungshandeln zu verstehen. Hierdurch soll die mögliche Frustration durch exekutivisches Handeln bekämpft werden.[619] Insofern ist „Durchsicht" als abgeleitete Einsichtigkeit ein

---

Verwaltungskontrolle, S. 9 (40 f.); zum Zentrum der Problematik auch *ders.*, In-camera-Verfahren, in: FS Wolf-Rüdiger Schenke, 2011, S. 1147 ff.; s. ferner *Achterberg*, VerwR, § 19 Rn. 36 m. Fn. 22.

[615] Zu der dadurch mitverursachten Erweiterung der Maßstabslehre vgl. näher oben → Rn. 11 ff.

[616] *Nathalie Behnke*, Ethik in Politik und Verwaltung, 2004, S. 249 f.; s. im Übrigen und allgemeiner *Gröschner*, Der Freistaat des Grundgesetzes (Fn. 186), S. 341 f.; vgl. überdies die N. in → Fn. 407 f. zum Vergaberecht.

[617] *Achterberg*, VerwR, § 19 Rn. 35.

[618] So besteht z. B. nach § 6 IFG (BGBl I [2005], S. 2722) kein Anspruch auf Informationszugang gegenüber der Verwaltung, soweit der Schutz geistigen Eigentums entgegensteht; dazu statt anderer *Matthias Rossi*, Informationsfreiheitsgesetz. Kommentar, 2006, § 6 Rn. 6 ff.

[619] *Achterberg*, VerwR, § 19 Rn. 40.

Mittel, um zu verhindern, dass Verwaltungsentscheidungen auf Akzeptanzprobleme stoßen. Der Rechtsmaßstab der Einsichtigkeit erweist sich somit ebenfalls als Mittler begrenzter Rechtsmaßstäblichkeit der Akzeptabilität des Verwaltungshandelns. Zugleich trägt er dazu bei, kooperative (undurchsichtige) Machtentfaltung privater Beteiligter im Rahmen zunehmender Governance zu „bremsen".[620] Darin scheint die latente **Doppelfunktion** des Maßstabs der Akzeptabilität im Gestaltwandel des modernen Staates auf.[621]

I. Flexibilität und Innovationsoffenheit

I. Flexibilität als Gestaltungsprinzip des Verwaltungshandelns

1. Öffentliche Verwaltung „in der Zeit"

Im Wandel zur „neuen Staatlichkeit"[622] steht neben der Steuerungsfähigkeit des Rechts auch die **Handlungsfähigkeit der Verwaltung** vor neuen Herausforderungen. So ist etwa auf die Risiken des Verwaltungshandelns abgestimmtes Recht notwendig folgenorientiertes Recht.[623] Die Verwaltung hat es mit Blick auf diese Folgen wirkungsbezogen („folgerichtig") umzusetzen.[624] Das administrative Handlungssystem ist damit dem **Gebot der Folgerichtigkeit** verpflichtet; dieses „bindet nicht an eine vorgefundene Wirklichkeit, sondern an einen vorherigen Rechtsgedanken" (*Paul Kirchhof*). Zwar gewährleistet auf diese Weise die Folgerichtigkeit der Rechtsanwendung die Gleichheit der vorgefundenen Ordnung. Sie verlangt einsichtige Konsequenz, doch immer stärker auch und mit der „Offenheit" des Sachrechts die wertungs- und begründungsrationale Weiterführung des Rechtsgedankens. Verwaltungshandeln ist dementsprechend dann neu auszurichten. Dies gilt ganz allgemein für die Handlungspraxis der Verwaltung: „Mit den Bedürfnissen der Gesellschaft wandeln sich die Aufgaben des Staates und die Verwaltungszwecke. Es gibt keinen zeitlosen, theoretisch ein für allemal erkennbaren Begriff von öffentlicher Verwaltung."[625]

226

---

[620] *Achterberg*, VerwR, § 19 Rn. 40.

[621] Vgl. auch *Schuppert*, Verwaltungswissenschaft, S. 772 ff., 815 ff.; zur Frage, wie die Machtausübung durch private Kooperationspartner „gebändigt" werden kann, s. auch *Hoffmann-Riem*, Rezension (Fn. 601), S. 161.

[622] Dazu die N. oben in Fn. 597; s. ferner die Beiträge in *Gunnar Folke Schuppert* (Hrsg.), Der Gewährleistungsstaat – ein Leitbild auf dem Prüfstand, 2005.

[623] Vgl. statt aller *Hoffmann-Riem*, Risiko- und Innovationsrecht (Fn. 28), S. 150 ff.; freilich hat die Folgendiskussion im Recht ihren Ursprung viel früher, s. nur *Gertrude Lübbe-Wolff*, Rechtsfolgen und Realfolgen, 1981; *Pitschas*, Konsensuales Verwaltungsrecht (Fn. 4), S. 269, dieser in Verbindung vor allem zu staatlichen Risikoentscheidungen (S. 273); vgl. schließlich → Bd. I *Franzius* § 4 Rn. 67 ff.

[624] Dazu die Beiträge in dem Sammelband von *Hill/Hof* (Hrsg.), Wirkungsforschung zum Recht II (Fn. 195); *Mehrdad Payandeh*, Das Gebot der Folgerichtigkeit: Rationalitätsgewinn oder Irrweg der Grundrechtsdogmatik?, AöR, Bd. 136 (2011), S. 578 (585 ff.).

[625] *Badura*, Rechtsstaat (Fn. 434), S. 446; vgl. demgegenüber *Kirchhof*, Allgemeiner Gleichheitssatz (Fn. 304), § 181 Rn. 209 ff.

a) Flexibilisierungsbedarfe des Verwaltungshandelns

227 Die **Zeitoffenheit** der Verwaltung[626] beeinflusst sonach die Rechts- und Zweckkonkretisierung durch öffentliches Verwalten. Darin liegt ebenfalls ein wesentlicher Bestandteil ihrer Rationalität. Öffentliche Verwaltung in der Zeit unterliegt dadurch aber auch einem erheblichen Flexibilitätsbedarf. Für dessen Sicherstellung übernehmen die Handlungsmaßstäbe als „Garantien der Rationalität des Verwaltungshandelns"[627] eine zentrale Funktion. Sie fordern in Verkörperung rechtsstaatlicher Rationalität nicht nur die zweckrationale – und d.h. auch: die zeitangepasste – Erfüllung der jeweiligen Verwaltungsaufgaben,[628] sondern sie geben in der rechtlichen Begleitung dessen auf, den notwendigen, aber eben auch vernünftigen einsichtigen Grund für bewusst verneinte Folgerichtigkeit zu prüfen. M.a.W. führt die „Zeitoffenheit" der Rechts- und Zweckkonkretisierung unter den gegebenen Anforderungen die nichtrechtlichen Verwaltungsmaßstäbe mit den rechtlichen zusammen; gesichert wird zugleich in der „zeitoffenen" Maßstabskonkretisierung deren je eigene Flexibilität.

228 Die Maßstäbe der Effizienz und Effektivität, der Wirtschaftlichkeit und Transparenz, aber auch jene der Risikoangemessenheit und Akzeptabilität ermöglichen es dem Rechtsanwender darüber hinaus, aufgrund ihrer Aufgeschlossenheit für gesellschaftliche Veränderungen und als Konsequenz mangelnder Kodifizierung sowie kraft ihrer Geschmeidigkeit, die ihnen erfließenden handlungsleitenden Orientierungen in der jeweiligen Einzelfallentscheidung situativ angemessen abzuwägen und ausgleichend einzusetzen. Darin liegt eine genuine, wenngleich latente Programmfunktion der öffentlichen Verwaltung.[629]

b) Flexibilisierung im Rahmen des Rechts

229 Diese bleibt allerdings nach wie vor in die Formungskraft des Rechts eingebunden, das auch im eigenen Funktionswandel unumstößlicher Garant der Maßstabsrationalität ist. Das bedeutet zwar nicht, „alle normativen Orientierungen staatlichen Handelns einem uniformen Verrechtlichungsgebot zu unterwerfen".[630] Denn vor allem prozedurale Rationalität verlangt danach, im Verwaltungsverfahren „rechtliche, verwaltungspolitische, betriebliche, professionelle, wissenschaftlich-technische und soziale Perspektiven in optimaler Weise zu entfalten".[631] Die Abwägung der einzelnen Kriterien bzw. Maßstäbe hat jedoch rechtlich gebunden und strukturiert zu verlaufen: „Das Recht muss allen (Teil-)Maßstäben des Verwaltungshandelns den institutionellen Rahmen bieten".[632]

---

[626] Vgl. dazu in Wendung auf die „Gesetzgebung", dann aber auch zum „Verwaltungsverfahren" *Schulze-Fielitz*, Zeitoffene Gesetzgebung (Fn. 432), S. 148 ff., der im Anschluss an die Literatur die „Zeit" als ein „Struktur- und Qualifikationselement des Rechts" bezeichnet (S. 149).

[627] *Schmidt-Aßmann*, Ordnungsidee, 6. Kap. Rn. 57.

[628] Am Beispiel von Rechtsstaat und Effizienz auch *Schulze-Fielitz*, Zeitoffene Gesetzgebung (Fn. 432), S. 149, 150.

[629] *Schmidt-Aßmann*, Ordnungsidee, 1. Kap. Rn. 44; → Bd. I *Franzius* § 4 Rn. 42 ff.

[630] *Schmidt-Aßmann*, Ordnungsidee, 2. Kap. Rn. 75.

[631] *Scherzberg*, Risikosteuerung (Fn. 409), S. 247.

[632] *Schmidt-Aßmann*, Ordnungsidee, 1. Kap. Rn. 44 m. Fn. 86.

I. Flexibilität und Innovationsoffenheit

2. Flexibilität als Gestaltungsprinzip

a) Flexibilität als eigenständiger Handlungsmaßstab

Unter dem Aspekt governanceorientierten Verwaltungshandelns zählt die Flexibilisierung als kategoriale Ausdrucksform zweckrationaler Steuerung zu jenem Bündel von rechtlichen und nichtrechtlichen Instrumenten, die als „Regelungsstruktur" die Grundlage für die materielle und prozedurale Programmierung der Verwaltung bilden.[633] Mit dieser Sinngebung offenbart sich Flexibilität als ein eigenes Gestaltungsprinzip des Verwaltungshandelns. Es vermittelt den Erträgen der „lernenden Verwaltung" einen strukturellen Rahmen, um innerhalb seiner Spannweite der Verwaltungsführung notwendige Änderungen in der (Selbst-)Programmierung des Verwaltungshandelns bzw. bei der Aufbau- und Ablauforganisation zu ermöglichen. 230

Für diese Anpassung stehen unterschiedliche Regelungsinstrumente zur Verfügung. Sie sind teils in Gesetzen ausdrücklich vorgesehen, teils von der Praxis, wie z.B. der vorläufige Verwaltungsakt, eigenständig ausgeformt worden.[634] Selbst der Verwaltungsakt, der als Handlungsform hin und wieder starrer Inflexibilität gescholten wird, lässt auf diese Weise ein Grundmaß an Flexibilisierung erkennen. Ihm wohnen – wie übrigens auch der Planung mit ihren Verfahren – in seinen Entstehungsbedingungen ebenso wie in seinen Regelungswirkungen erhebliche Flexibilisierungsreserven inne.[635] Allerdings lässt er als Handlungsform zur Bewältigung von Ungewissheit ebenso deutlich werden, dass Flexibilität der komplementären Stabilität bedarf. Zutreffend wird darauf hingewiesen, dass die für Verwaltungsakte geltende Bestandskraftlehre und weitere besondere Bestandsschutzlehren für einzelne Typen begünstigender Verwaltungsakte ein Gefüge abgestimmter Reaktionen auf **Stabilitäts- und Flexibilitätsanforderungen** bereithalten.[636] 231

b) Flexibilität als Komplementärprinzip zum Rechtmäßigkeitsgebot

Die Notwendigkeit hierzu ergibt sich aus den rechtsstaatlichen Grundsätzen der Rechtssicherheit und des Vertrauensschutzes.[637] Diese entfalten ihre Wirksamkeit als Elemente des Rechtsstaatsprinzips, das auf solche Weise die Verlässlichkeit der Rechtsordnung schützt. Erfasst wird einerseits die Bestandssicherung einer einmal getroffenen Verwaltungsentscheidung, zum anderen deren Vorhersehbarkeit. Eine gewisse Gegensätzlichkeit zum Gebot der Flexibilität (und der Innovationsoffenheit) ist dabei nicht zu leugnen. Die Notwendigkeit der Wandelbarkeit und Anpassungsfähigkeit des Verwaltungshandelns an neuere gesellschaftliche Entwicklungen, wie sie etwa die Handlungsform der **Verwaltungspartnerschaft** („Public Private Partnership") zum Ausdruck bringt, 232

---

[633] Vgl. *Schmidt-Aßmann*, Ordnungsidee, 6. Kap. Rn. 105; *Hans-Heinrich Trute*, Die Verwaltung und das Verwaltungsrecht zwischen gesellschaftlicher Selbstregulierung und staatlicher Steuerung, DVBl 1996, S. 950 (951).

[634] *Ulrich Stelkens*, in: Stelkens/Bonk/Sachs, VwVfG, § 35 Rn. 243 ff.; *Franz-Joseph Peine*, Entwicklungen im Recht des Verwaltungsakts, in: FS Werner Thieme, 1993, S. 563 ff.

[635] Vgl. BVerwGE 67, 99 (101 f., 103 f.); *Peine*, Verwaltungsakt (Fn. 634), S. 563 ff.; *Jörg Lücke*, Vorläufige Staatsakte, 1991, bes. S. 139 ff.

[636] *Schmidt-Aßmann*, Ordnungsidee, 6. Kap. Rn. 106.

[637] Dazu bereits oben → Rn. 95.

lässt sich eben nur schwer mit der Festlegung von Recht und Verwaltung auf Kontinuität, Berechenbarkeit und inhaltliche Bestimmtheit zur Übereinstimmung führen.[638] Flexibilität erweist sich deshalb in der Verbindungslinie des Rechtsstaates zu Rechtssicherheit und Vertrauensschutz als **Komplementärprinzip**: „Das Recht steht im Spannungsverhältnis von Stabilität und Flexibilität, von Tradition und Innovation."[639]

II. Innovationen ermöglichendes Recht

1. Das Gefüge rechtlicher Innovationssteuerung

233 Nicht zuletzt ist es der **Innovationsbedarf** der modernen Gesellschaft, der den Wandel und damit die innovationsgerechte Gestaltung von Verwaltungsrecht und Verwaltungstätigkeit erfordert. Rechtsetzung muss sich notwendig auf die entwicklungsbezogene Offenheit und Dynamik aller wissenschaftlich-technischen Entwicklungen einrichten und dementsprechend der Verwaltung das nötige Maß an reagierender Flexibilität einräumen sowie darauf abgestimmte tatbestandliche Offenheit an den Tag legen. Nur auf diese Weise lassen sich Innovationsprozesse in den Rahmen juristischer Sollenssätze eingliedern. Materiell geht es dabei um die Gesellschaftsverträglichkeit von Innovationen. Die darauf gerichtete **staatliche Steuerungsverantwortung** steht in ihrer Ausprägung als „Public Governance" insofern einerseits vor der Aufgabe, die mit Innovationen verbundenen Veränderungen der Wirklichkeit zu bewältigen und situativ zu gestalten; andererseits wird die Notwendigkeit erkennbar, **Verfahren** bereitzustellen bzw. **Maßstäbe** auszuprägen, mit denen sich Verwaltung und Gesellschaft kooperativ in die Lage versetzt sehen zu beurteilen, welche der vielfältigen innovatorischen Entwicklungen gesellschaftlich umgesetzt, angenommen und verwendet werden sollen.[640] **Innovationserhebliches Recht** gibt auf diese Weise den Bemühungen der öffentlichen Verwaltung, beide Aufgaben zu konkretisieren, einen konfliktsteuernden Rahmen; innerhalb dessen Spannbreite soll es gelingen, eingebettet in die öffentliche Governance letztlich Konsens über Innovationen herbeizuführen.[641]

234 Der partnerschaftlich in kommunikativen Netzwerken wahrgenommenen Innovationsverantwortung von Staat und Gesellschaft obliegt es, den normativen Bewirkungsauftrag so differenziert auszugestalten, dass sowohl die **Sozialverträglichkeit** innovatorischer Entwicklungen als auch die **Anpassungselastizität**, d.h. die Fähigkeit der Verwaltung, zum Zeitpunkt des Erlasses der Norm noch nicht gemachte Erkenntnisse später in ihre Entscheidungen zu integrieren, gesichert werden.[642] Beides geschieht – wie oben am Beispiel des Risikorechts ausge-

---

[638] *Schmidt*, Flexibilität (Fn. 144), S. 103 f.
[639] *Hartmut Maurer*, Kontinuitätsgewähr und Vertrauensschutz, in: HStR IV, § 79 Rn. 1 a. E.
[640] *Frauke Brosius-Gersdorf*, Verfassungsrechtliches Ressortprinzip als Hindernis staatlicher Innovationen?, in: Hill/Schliesky (Fn. 60), S. 23 ff.; *Jens-Peter Schneider*, Innovationsverantwortung in Verwaltungsverfahren, in: Eifert/Hoffmann-Riem (Hrsg.), Innovationsverantwortung (Fn. 196), S. 287 (295 ff., 299 ff.); s. zuvor bereits *Pitschas*, Technikentwicklung (Fn. 214), S. 75.
[641] *Hoffmann-Riem*, Innovationsoffenheit (Fn. 125), S. 255 ff.; *Pitschas*, Technikentwicklung (Fn. 214), S. 75 f.
[642] Vgl. zur Innovationsoffenheit des Rechts etwa *Hoffmann/Riem*, Innovationsoffenheit (Fn. 125), S. 265 ff.: *Christian Calliess*, Das Innovationspotential des Vorsorgeprinzips unter besonderer Berücksichtigung des integrierten Umweltschutzes, in: Eifert/Hoffmann-Riem (Hrsg.), Innovationsverant-

I. Flexibilität und Innovationsoffenheit

führt⁶⁴³ – durch eine neue Qualität von Steuerungsinstrumenten wie dem **Wissenschafts-** oder auch **Risikomanagement** und von Maßstäben des Verwaltungshandelns wie dem der **Flexibilität**.

2. Formen und normative Ansatzpunkte reflexiven Innovationsrechts

Innovationspolitik weist in diesem Zusammenhang dem Innovationsrecht spezifische Funktionen zu, nämlich u.a. eine **Verweisungs- und Managementfunktion**. Erstere meint innerhalb der Rechtsetzung und -anwendung den Rückbezug auf selbstregulative Prozesse unter Nutzung insbesondere anreizorientierten Rechts. Berufen wird damit die gesellschaftliche Teil-Verantwortlichkeit der Innovatoren sowie Nutzer von Innovationen i.S. einer Selbstverpflichtung zur Durchführung von Risikoabschätzungen und -beratungen. Das Ergebnis ist eine spezifische Verantwortungsverteilung hinsichtlich der Innovationsfolgen. In Rede steht ferner die Selbstverpflichtung zur Entwicklung sozialverträglicher Innovationsangebote. Dabei werden auch ökonomische Anreize eingesetzt, um die Innovationsverantwortung für Prävention effektiv zu gestalten.⁶⁴⁴ 235

Normative Ansatzpunkte rechtlich elastischer Innovationssteuerung sind zunächst die **Maßstabskoordinaten** für den Umgang der Verwaltung mit Innovationsbedarfen. Darunter fallen einerseits die von der Rechtsordnung bereitgehaltenen **Maßstabsregeln** für den Umgang mit Unsicherheit in Risikolagen. Eine zentrale Regel ist darunter das Bemühen um die Vermeidung irreversibler, negativer Innovationsfolgen.⁶⁴⁵ Daneben stehen **Suchregeln,** die zur Entfaltung weiteren Wissens auffordern, sowie **Stoppregeln,** die Verwaltungshandeln ohne weitere Aufklärung von Innovations- bzw. Risikolagen ermöglichen. Zu ihnen zählen u.a. Beweislastregeln, die einem Beteiligten die Folgen der Nichtaufklärung eines Risikos auferlegen.⁶⁴⁶ Weitere normative Ansatzpunkte für die reflexive Gestaltung des Innovationsrechts finden sich in der Verteilung von Zuständigkeiten im Verwaltungssektor sowie in Annahmen, die das Innovationsrecht über mögliche Kausalverläufe innovativen Handelns und Eintrittswahrscheinlichkeiten von Innovationsfolgen trifft. Bekannt ist dabei der Rückgriff auf Rechtsfiguren wie z.B. den „Stand der Wissenschaft und Technik" oder auf „Vermutungen".⁶⁴⁷ Doch kennt die Rechtsordnung mittlerweile auch andere Vorkehrungen zur Sicherung des Fortschritts u.a. im Risikowissen durch Bezugnahme auf die „lernende Verwaltung" sowie auf die Prozeduralisierung des Rechts.⁶⁴⁸ Diese ist von besonderem Stellenwert, weil regelmäßig im Innova- 236

---

wortung (Fn. 196), S. 119 ff.; *Pitschas*, Technikentwicklung (Fn. 214), S. 78; *Schmidt*, Flexibilität (Fn. 144), S. 76.

⁶⁴³ Dazu → Rn. 189 (Fn. 539) und Rn. 207 (Fn. 593).

⁶⁴⁴ Dazu näher *Erik Gawel*, Innovationsverantwortung durch Gemeinwohlverpflichtung rationaler Innovatoren-Ansätze der Institutionenökonomik, in: Eifert/Hoffmann-Riem (Hrsg.), Innovationsverantwortung (Fn. 196), S. 69 ff.; *Pitschas*, Technikentwicklung (Fn. 214), S. 89.

⁶⁴⁵ *Hoffmann-Riem*, Risiko- und Innovationsrecht (Fn. 28), S. 166.

⁶⁴⁶ Vgl. *Ivo Appel*, Methodik des Umgangs mit Ungewissheit, in: Schmidt-Aßmann/Hoffmann-Riem (Hrsg.), Methoden, S. 327 (350f.).

⁶⁴⁷ Dazu der Überblick bei *Peter Marburger*, Die Regeln der Technik im Recht, 1979, S. 145 ff.; *Rupert Scholz*, Technik und Recht, FS zum 125-jährigen Bestehen der Juristischen Gesellschaft zu Berlin, 1984, S. 691 ff.

⁶⁴⁸ Vgl. etwa *Führ/Bizer*, REACH-Verordnung (Fn. 196), S. 316 ff., 330 ff.; *Pascal Schumacher*, Überlegungen zum Energieinformationsnetz aus dem Blickwinkel der Innovationsregulierung, DV, Bd. 44

tionsrecht auf konditionale Programmierung verzichtet und stattdessen auf die von der Verwaltung i.S. des Flexibilitätsprinzips genutzte kooperative Regulierung auf der Grundlage von Governancestrukturen übergegangen wird.

III. Steuerung von Innovationsprozessen

1. Innovationsmanagement und Steuerungsmedien

237 Steuerung i.S. folgenorientierter Beeinflussung von Inventionsverhalten oder überhaupt von gesellschaftlichen Prozessen[649] bedient sich allerdings keineswegs nur des Rechts als Steuerungsmittel. Weitere Steuerungsmedien sind Geld, Informationen oder auch politische Absprachen bzw. Macht. Namentlich Informationen und Kommunikation sind zentrale Steuerungsressourcen des Innovationsrechts. Ein weiteres Medium ist die Organisation der Steuerung in Managementform, die sich der Informations- und Kommunikationsressource bedient. Man mag folglich in dem Übergang der Innovationspolitik zu einem spezifischen **Informationsmanagement**[650] den Versuch sehen, nicht ausschließlich risiko- und andere folgenbezogene Kriterien in die Steuerung des Innovationsprozesses sowie zur Rationalisierung der fälligen Verwaltungsentscheidungen einzubeziehen. Dies zeitigt freilich Konsequenzen: Für das Innovationsmanagement technologischer oder anderer Entwicklungen bedarf es der gesetzgeberischen Verankerung von **Konzepten** gegenstandsbezogener komplexer Innovationspolitik als Handlungsform, so z.B. von Grundsätzen des staatlichen Managements für Risikoinformationen oder auch des Verbraucherschutzes.[651] Auf die gleichlaufenden Forderungen nach einem Prinzip begrenzter Eingriffsermächtigung bzw. einem Gebot selbstregulativer Qualitätssicherung von Innovationspolitik durch inhaltliche, prozedurale und organisatorische Anforderungen an rechtliche Innovationssteuerung sei an dieser Stelle nur hingewiesen.[652]

2. Flexibilitätsspielräume prozeduraler Steuerung

238 „Public Governance" unterwirft überdies Innovationssteuerung dem Leitbild des kooperativen Staates der Gegenwart, nämlich im Rahmen der Verantwortungsverteilung zwischen Staat und Gesellschaft namentlich durch die von der öffentlichen Verwaltung geführten Prozesse des Aushandelns und der Konsensbildung. Die Steuerung von Innovationsprozessen vermag insoweit und zu einem Gutteil auf die **Verfahrensgrundsätze** im Verwaltungsverfahrensrecht zurückzugreifen, steht allerdings auch vor neuen prozeduralen Heraus-

---

(2011), S. 213 (222 ff.); zur „lernenden Verwaltung" in Bezug auf Risikolagen s. nur *Appel*, Ungewissheit (Fn. 646), S. 351 ff. sowie oben → Rn. 189 (Fn. 539 ff.).

[649] Zu Begriff und Reichweite von „Steuerung" vgl. → Bd. I *Voßkuhle* § 1 Rn. 17 ff., 22 ff., 68 m. zahlr. N.; zum Verhältnis von „Steuerung" und „Governance" s. nur *Trute/Denkhaus/Kühlers* (Fn. 29), S. 451 ff.; zutr. auch *Hoffmann-Riem*, Risiko- und Innovationsrecht (Fn. 28), S. 160 m. Fn. 50.

[650] *Pitschas*, Technikentwicklung (Fn. 214), S. 79 f., 94 ff.; *Schumacher*, Energieinformationsnetz (Fn. 648), S. 213 ff. am Beispiel der Energieerzeugung.

[651] Dazu schon oben → Rn. 189 (Fn. 539).

[652] Siehe näher *Scherzberg*, Risikosteuerung (Fn. 409), S. 257 („Gebot normativer Qualitätssicherung") m.w.N.; *Führ/Bizer*, REACH-Verordnung (Fn. 196), S. 331.

I. Flexibilität und Innovationsoffenheit

forderungen.⁶⁵³ Bei alledem ist das Verwaltungsverfahren nicht an bestimmte Formen gebunden, soweit keine besonderen Rechtsvorschriften für die Form des Verwaltungsverfahrens bestehen (u. a. §§ 10 VwVfG, 9 SGB X). Im Wesentlichen verbleibt daher die Gestaltung des Innovationsverfahrens im pflichtgemäßen Ermessen der Behörden. Vielfältige Formen der Kommunikation stehen insoweit zur Verfügung. Im Einzelnen sind Absprachen und Zusagen möglich; insgesamt geht es um ein Flexibilität ermöglichendes und akzeptanzsicherndes, auf Konsens und Kooperation angelegtes Verwaltungshandeln.⁶⁵⁴

Die zahlreichen Möglichkeiten der Kontaktaufnahme, Verständigung, Ansprache und anderen Formen der Kooperation eröffnen dem Verwaltungshandeln erhebliche Flexibilitätsspielräume. Sie geben einem ausgeprägten Dienstleistungs- und Kooperationsverständnis bei der Innovationsförderung zusätzlich Raum. Zugleich wachsen der Innovationsverwaltung dadurch erhebliche Steuerungsautonomien zu. In den Partnerschaftsbeziehungen entstehen darüber hinaus neue Bindungen von Gesetzgebung und Verwaltung an die Wünsche gesellschaftlicher Innovationspartner. Die darin eingelagerte partielle Rückgabe der Gestaltungsverantwortung für Innovationen an die Gesellschaft unter Einrichtung entsprechend „offener Kooperationsprozesse" veranlasst den Gesetzgeber immer häufiger dazu, von vorneherein den Gesetzesbefehl zu „entsubstanzialisieren". Das Ergebnis dieser grob skizzierten Entwicklung ist ein **kondominiales Innovationsrecht**.⁶⁵⁵

3. Verzahnung öffentlich-rechtlicher und privatrechtlicher Steuerungsmaßgaben

Der voraufgegangene Blick auf die Maßstäbe, Instrumente und Medien zur Steuerung von Innovationsprozessen belegt schließlich, dass es keineswegs nur um die traditionelle öffentlich-rechtliche Einflussnahme geht. Stattdessen wird im Zusammenhang des Ausbaus kooperativer Verantwortungsstrukturen zwischen Staat und Gesellschaft erkennbar, dass der Gesetzgeber öffentlich-rechtliche und privat-rechtliche Maßgaben der Steuerung, z. B. über den Einsatz von „Leitlinien", miteinander verzahnt.⁶⁵⁶ Darin liegt nicht zuletzt eine Folge des weitgehenden Rückbezugs auf gesellschaftliche Selbstregulierung, die mit der „angereizten" Nutzung privatautonomer Gestaltungen und deren rechtlicher Ordnung einhergeht. Zugleich greift innovationsförderndes Recht auf akzeptanz- bzw. konsensvermittelnde Steuerungsimpulse zurück, die eine unabdingbare Voraussetzung dafür sind, dass es zu dezentralen Konfliktlösungen kommt. Diese allerdings bedürfen ihrerseits in einem **Medien-Mix** der Ergänzung durch

---

⁶⁵³ *Schmidt*, Flexibilität (Fn. 144), S. 83 („Maßstäbe des Verwaltungsverfahrensrechts"); vgl. auch *Hermann Hill*, Das VwVfG vor neuen Herausforderungen, in: ders./Sommermann u. a. (Hrsg.), 35 Jahre VwVfG (Fn. 394), S. 351 (353 f.).

⁶⁵⁴ *Pitschas*, Konsensuales Verwaltungsrecht (Fn. 4), S. 285 m. Fn. 241; *Schmidt*, Flexibilität (Fn. 144), S. 83 f.

⁶⁵⁵ In diese Richtung auch *Führ/Bizer*, REACH-Verordnung (Fn. 196), S. 314, 317 f., 321 ff.; *Hoffmann-Riem*, Risiko- und Innovationsrecht (Fn. 28), S. 172 f.; schon früher *ders.*, Vorüberlegungen zur rechtswissenschaftlichen Innovationsforschung, in: Wolfgang Hoffmann-Riem/Jens-Peter Schneider (Hrsg.), Rechtswissenschaftliche Innovationsforschung, 1998, S. 11 (22 f.).

⁶⁵⁶ Ähnlich die Beobachtungen bei *Hoffmann-Riem*, Vorüberlegungen (Fn. 655), S. 22 f.; *Führ/Bizer*, REACH-Verordnung (Fn. 196), S. 314 ff., 321 ff.

die Steuerungsform eines „Innovationsmanagements", das die legislativ gesetzten und administrativ entfalteten prozeduralen sowie materiell-inhaltlichen Maßstäbe auf den Innovationsprozess umsetzt.[657]

Ausgewählte Literatur

Danwitz, Thomas v., Europäisches Verwaltungsrecht, Berlin – Heidelberg 2008.
Di Fabio, Udo, Risikoentscheidungen im Rechtsstaat, Tübingen 1994.
Eidenmüller, Horst, Effizienz als Rechtsprinzip. Möglichkeiten und Grenzen der ökonomischen Analyse des Rechts, 2. Aufl., Tübingen 1998.
Eifert, Martin/Hoffmann-Riem, Wolfgang, Innovationsverantwortung. Innovation und Recht III, Berlin 2009.
Fehling, Michael, Das Verhältnis von Recht und außerrechtlichen Maßstäben, in: Trute/Groß/Röhl/Möllers (Hrsg.), Allgemeines Verwaltungsrecht, S. 461–488.
Groß, Thomas, Das Kollegialprinzip in der Verwaltungsorganisation, Tübingen 1999.
Hill, Hermann, Akzeptanz des Rechts – Notwendigkeit eines besseren Politikmanagements, JZ 1988, S. 377–381.
–/*Pitschas, Rainer* (Hrsg.), Europäisches Verwaltungsverfahrensrecht, Berlin 2004.
Hoffmann-Riem, Wolfgang, Ermöglichung von Flexibilität und Innovationsoffenheit im Verwaltungsrecht – Einleitende Problemskizze, in: Hoffmann-Riem/Schmidt-Aßmann (Hrsg.), Innovation, S. 9–66.
– Governance im Gewährleistungsstaat – Vom Nutzen der Governance-Perspektive für die Rechtswissenschaft, in: Gunnar Folke Schuppert (Hrsg.), Governance-Forschung – Vergewisserung über Stand und Entwicklungslinien, Baden-Baden 2005, S. 195–219.
– Risiko- und Innovationsrecht im Verbund, DV, Bd. 38 (2005), S. 145–176.
Kahl, Wolfgang, Entwicklung des Rechts der Europäischen Union und der Rechtsprechung des EuGH, in: Hermann Hill/Karl-Peter Sommermann/Ulrich Stelkens/Jan Ziekow (Hrsg.), 35 Jahre Verwaltungsverfahrensgesetz – Bilanz und Perspektiven, Berlin 2011, S. 111–139.
Kirchhof, Paul, Allgemeiner Gleichheitssatz, HStR VIII, § 181.
Mühlenkamp, Holger, Zum grundlegenden Verständnis einer Ökonomisierung des öffentlichen Sektors – Die Sicht eines Ökonomen –, in: Jens Harms/Christoph Reichard (Hrsg.), Die Ökonomisierung des öffentlichen Sektors: Instrumente und Trends, Baden-Baden 2003, S. 47–73.
Ossenbühl, Fritz, Allgemeine Rechts- und Verwaltungsgrundsätze – eine verschüttete Rechtsfigur?, in: FG BVerwG, 2003, S. 289–304.
Pitschas, Rainer, Verwaltungsverantwortung und Verwaltungsverfahren. Strukturprobleme, Funktionsbedingungen und Entwicklungsperspektiven eines konsensualen Verwaltungsrechts, München 1990.
– Trusted Governance due to Public Value Management, Frankfurt a. M. 2006.
– Staatliches Management für Risikoinformation zwischen Recht auf informationelle Selbstbestimmung und gesetzlichem Kommunikationsvorbehalt, in: Dieter Hart (Hrsg.), Privatrecht im „Risikostaat", Baden-Baden 1997, S. 215–263.
– Neues Verwaltungsrecht im partnerschaftlichen Rechtsstaat?, DÖV 2004, S. 231–238.
– Mediationsgesetzgebung zwischen Entlastung der Justiz und kollaborativer Governance, Zeitschrift für Gesetzgebung, Bd. 26 (2011), S. 136–155.
Rossen-Stadtfeld, Helge, Die verhandelnde Verwaltung – Bedingungen, Funktionen, Perspektiven, VerwArch, Bd. 97 (2006), S. 23–48.
Scherzberg, Arno, Rationalität – staatswissenschaftlich betrachtet. Prolegomena zu einer Theorie juristischer Rationalität, in: FS Hans-Uwe Erichsen, 2004, S. 177–206.
Schmidt-Aßmann, Eberhard, Das allgemeine Verwaltungsrecht als Ordnungsidee, 2. Aufl., Berlin – Heidelberg 2004.
– Methoden der Verwaltungsrechtswissenschaft – Perspektiven der Systembildung, in: ders./Hoffmann-Riem (Hrsg.), Methoden, S. 387–413.

---

[657] Dazu näher die Beiträge in *Horst Albach* (Hrsg.), Innovationsmanagement, ZfB, Ergänzungsheft 1/1989; *Hoffmann-Riem*, Risiko- und Innovationsrecht (Fn. 28), S. 173; *Pitschas*, Technikentwicklung (Fn. 214), S. 89, 91 ff., 96.

Ausgewählte Literatur

Schoch, Friedrich, Außerrechtliche Standards des Verwaltungshandelns als gerichtliche Kontrollmaßstäbe, in: Trute/Groß/Röhl/Möllers (Hrsg.), Allgemeines Verwaltungsrecht, S. 543–573.
Schulze-Fielitz, Helmuth, Risikosteuerung von Hochrisikoanlagen als Verfassungsproblem, DÖV 2011, S. 785–794.
Schuppert, Gunnar Folke, Verwaltungsrechtswissenschaft als Steuerungswissenschaft, in: Hoffmann-Riem/Schmidt-Aßmann/Schuppert (Hrsg.), Reform, S. 65–114.
– Möglichkeiten und Grenzen der Privatisierung von Gemeinwohlvorsorge. Überlegungen zu Gemeinwohlverantwortung und Staatsverständnis, in: Hans H. v. Arnim/Karl-Peter Sommermann (Hrsg.), Gemeinwohlgefährdung und Gemeinwohlsicherung, Berlin 2004, S. 269–299.
– „Neue" Staatlichkeit – „Neue" Staatswissenschaft? Zu den Aufgaben einer Staatswissenschaft heute, in: FS Rainer Wahl, Berlin 2011, S. 185–209.
Terhechte, Jörg P. (Hrsg.), Verwaltungsrecht der Europäischen Union, Baden-Baden 2011.
Trute, Hans-Heinrich/Denkhaus, Wolfgang/Kühlers, Doris, Governance in der Verwaltungsrechtswissenschaft, DV, Bd. 37 (2004), S. 451–473.
Würtenberger, Thomas, Rechtliche Optimierungsgebote oder Rahmensetzung für das Verwaltungshandeln?, VVDStRL, Bd. 58 (1999), S. 139–176.

Materialien

Europäische Kommission, Europäisches Regieren – Ein Weißbuch, KOM (2001), 428 endg. vom 25. 7. 2001.
Commission of the European Communities, Report From The Commission On European Governance, COM (2002), 705 endg. vom 11. 12. 2002, S. 7, 13.

Sach- und Personenregister

Die Angaben beziehen sich auf die Paragraphen dieses Werkes (fett)
und die dazugehörigen Randnummern (mager).

Aarhus-Konvention 27 73, 28 86ff.
– exekutivische Normsetzung 34 14
– Prozeduralisierung 32 57
– Reformimpulse 28 86ff.
– Verfahrensfehler
  – absolute Verfahrensfehler 31 62
  – Rechtsschutz 32 57
Abgaben
– Steuerung durch ~ 40 15
– Umwelt~ 40 60ff.
  – Vor- und Nachteile 40 63ff.
– zur Kompensation von Beeinträchtigungen 41 102
Abhilfeverfahren 28 122
Abkommen, interne ~ 25 66
Ablehnungsrecht der Verfahrensbeteiligten 28 34
Abrufverfahren
– automatisiertes ~ 22 105, 140, 24 81
– Integrität der Datei 21 39
Absprachen 38 34ff., 41 46
– → Selbstverpflichtungen
– Austausch~ und Vergleichs~ 38 42
– informelles Verwaltungshandeln 36 78ff.
– normverdrängende/-ersetzende ~ 38 36f., 41 46
  – Organkompetenz 38 77
  – Unterschied zur normprägenden Absprache 41 46
– normvollziehende ~ 38 34f., 41 46
  – Beteiligung Drittbetroffener 38 94
– Vorabsprachen/-verhandlung 28 20, 29 29ff., 38 28f.
Abstimmungsgebot, interkommunales ~ 37 72
Abstraktionsprinzip, vollstreckungsrechtliches ~ 28 144
Abwägung 42 96 → Ermessen,
 → Informationszugang, → Kontrolldichte,
 → Verfahren, inneres
– Auswirkungen der Mediation auf die ~ 32 140f.
– Auswirkungen von Privatisierung auf die ~ 32 41f., 89ff., 100
– formal-numerische Methodik 37 111
– nachvollziehende ~ 32 92, 37 105, 38 9
– Paradigma der ~ 21 10
– planerische ~ 37 99ff.

– Aktenführung 21 16
– Heilung von Mängeln 35 184
– Planfeststellungsbeschluss 37 19
– Risikoentscheidung 27 80, 42 179, *193 ff.*
– Vertrauensschutz 42 96
Abwägungsgebot 42 109
– als Handlungs- und Kontrollnorm 37 106
– planerisches ~ 37 104ff.
– Alternativenprüfung und Privatisierung 32 42
Abwägungsmaterial
– Aufwands- und Sorgfaltsmaßstab 21 17
– Zusammenstellung 21 16
Abwasserabgabe 41 47
Abwasserentsorgung, Teilprivatisierung, Vertragsgestaltung 36 123f.
Adäquanzgebot, exekutivische Normsetzung 34 15
adjudication, formal ~ 28 168
administrative law judge 28 168
Administrativnormen → Exekutivrechtsetzung
Administrator, System~ als Gatekeeper 24 17
AFIS (Automatisiertes Fingerabdruck-Identifizierungs-System) 21 30
Agentur(en) 36 47ff. → Bundesagentur für Arbeit, → Bundesnetzagentur, → Umweltagentur, Europäische
– Europäische Arzneimittel~ 30 65f.
– Europäische Verwaltung 25 85ff., 34 82b
  → Europäischer Verwaltungsverbund
– als Rechtsträger 25 86
– Exekutivrechtsetzung 30 83, 34 82b
– Informations~ 25 85ff.
– institutionelle Verzahnung mit den Mitgliedstaaten 25 87ff.
– Kompetenz zur Gründung 25 86
– Nichtigkeitsklage 25 89a
– Regulierungs~ → Regulierungsagentur
– Verwaltungsvertrag 36 28
Agrarregelungen 25 68ff.
– Agrarbeihilfe, Transparenz 23 26a
– Agrarmarktfinanzierung 30 52
Agreement → Absprachen
Akkreditierung 30 66, 32 27f.
– demokratische Legitimation 34 71ff.
– Produktsicherheitsrecht 30 66, 32 27, 33 32
– Verwaltungsakt (§ 11 GPSG) 33 32, 93

Halbfette Zahl = §§; magere Zahl = Rn.; kursive Zahl = Hauptfundstelle; → *= s./s. auch*   1813

Sach- und Personenregister

- Qualitätssicherungsverfahren **27** 79
- Regulierung **32** 81 ff.
- Umweltaudit **32** 83

Akkreditierungsstelle 34 82 e
- Deutsche ~ GmbH **34** 82 e

Akten 21 1 ff. → Entwürfe, → Umgang mit personenbezogenen Informationen und Daten
- Anlage, Gesetzesvorbehalt **21** 13
- Begriff **21** 15, **28** 52
  - materieller Aktenbegriff **21** 15
- elektronische ~ **21** 41, **26** 32 f., 74 ff.
  - Archivierung **21** 39
- Erfahrungswissen **21** 3
- Geschichte **21** 5 ff., 19 f.
- Interna **21** 15
- Selbsterzeugung von Entscheidungswissen **21** 3
- Vernichtungspflicht und Dokumentationsfunktion **22** 138
- Wissensgenerierung **21** 2

Aktenbeständigkeit, elektronische Aktenführung **26** 78

Akteneinsicht 23 43 ff., **28** 51 ff.
→ Geheimnisschutz
- Abgabenordnung **23** 44
- Aktenverständlichkeit **26** 77
- Beteiligter **21** 11, **23** *43 ff.*
  - Verhältnis zum IFG **28** 59
- datenschutzrechtliches Recht auf ~ **22** 151 ff.
- elektronische Akten/Datenbanken **22** 151
- Heilung **32** 57
- Massenverfahren **28** 76
- nach Verfahrensabschluss **23** 45
- Nichtbeteiligter → Informationszugang
- Pflicht zur Aktenführung **21** 14
- Rechtsschutz **22** 154 f.
- Sozialverfahren **23** 44
- Stasi-Unterlagen-Gesetz **28** 57
- Vergabeverfahren **30** 22
- vorgelagerter Verwaltungsakt **23** 63 Fn. 253
- zwischen Abschluss des Verwaltungsverfahrens und Beginn eines Gerichtsverfahrens **23** 93

Aktenführung
- Aufwands- und Sorgfaltsmaßstab **21** 17
- Bedeutung **21** 7 ff.
- Datenschutzvorschriften **21** 18
- elektronische ~ **26** 32 f., 75 ff.
  - Archivierung **21** 39
  - Kodifikationsbedürftigkeit **26** 79
- Entscheidungsvorbereitung **21** 15
- Geschäftsordnungen **21** 6, 19
- Information
  - der Beteiligten **21** 11
  - der Öffentlichkeit **21** 10
  - der politischen Leitung **21** 9
  - des Vorgesetzten **21** 8
- mittelbare Regelung **21** 13 f.

- Pflicht zur ~ **21** 12, **28** 52
- Planungsrecht **21** 16
- private Vorhabenträger **21** 17
- Rechte Beteiligter **28** 51 ff.
- Vermerke **21** 7
- Vollständigkeit **21** 14, **22** 138
- Zügigkeit **21** 14

Aktennachweissystem 21 31
- für Zollzwecke (FIDE) **25** 77

Aktenöffentlichkeit 21 10
- beschränkte ~, Archive **21** 38

Aktenverständlichkeit, elektronische Aktenführung **26** 77

Aktenvollständigkeit 21 14, **22** 138
- Archivierung **21** 39
- elektronische Aktenführung **26** 76
- falsche Eintragungen **21** 13

Aktenwahrheit, elektronische Aktenführung **26** 76

Aktenzugangsrecht, allgemeines ~ **21** 10

Akteure
- intermediäre ~ → Hybridisierung
  - Einfluss auf Rechts- und Handlungsformen **33** 93

Aktionsplan 34 59, 82j, **37** 48 f.
- rechtliche Einordnung **33** 16 a

AKV-Prinzip → Neues Steuerungsmodell
- behördeninterne Entscheidungsbildung **28** 113
- Einfluss auf das innere Entscheidungsverfahren **28** 113

Akzeptabilität/Akzeptanz 42 201 ff.
- als Handlungsmaßstab **42** 212 ff.
- durch Beteiligung **42** 205 ff.
- Risiko~ **42** 182

Akzeptabilität, Begriff **42** 201

Akzeptanz, Begriff **42** 201

Allgemeinverfügung 35 59
- Abgrenzung zur Exekutivrechtsetzung **35** 32 f.

Allgemeinwohl → Gemeinwohl → Bindung

Allparteilichkeit, Mediator **32** 114

Ämterpatronage 42 92

Amtsermittlung 28 15 ff., 96 ff.
- ~sgrundsatz **23** *39 ff.*, **28** 15, 36
  → Untersuchungsgrundsatz
- Anregungen Privater **28** 16
- nachvollziehende ~ **28** 38, **32** 91, **38** 9
- Verfahrensprivatisierung **32** 68
- Vertraulichkeit von Mediation **32** 128 a

Amtsgeheimnis 24 69, **29** 74 → Arkantradition, → Geheimnisschutz

Amtshaftung → staatliche Einstandspflichten

Amtshilfe 24 *21 ff.*, **28** 97
- im Europäischen Verwaltungsverbund **25** 11
  - Zoll und Landwirtschaft **25** 70 ff.
- Zuständigkeit **24** 62

Amtssprache 27 94 f., **28** 99

Amtswalter, neutraler ~ → Unparteilichkeit

1814 *Halbfette Zahl = §§; magere Zahl = Rn.; kursive Zahl = Hauptfundstelle; → = s./s. auch*

Sach- und Personenregister

Analyse, ökonomische ~ des Rechts **40** 29 ff.
Änderung
– der Sach- oder Rechtslage **35** 205 ff., 227 ff.
Änderungsvorbehalt
– Erlass von Rechtsverordnungen **33** 106 Fn. 462, **34** *21a*
Anerkennung → Verwaltungsakt, transnationaler
– von Verwaltungsentscheidungen **27** 22
Anfechtbarkeit
– isolierte ~ → Nebenbestimmungen
– Nebenbestimmung **35** 150 ff.
Anfechtungsklage, formelle Rechtswidrigkeit **31** 89
Angemessenheit, Risiko~ **42** 191 ff.
Anhörung 23 48 ff., **28** 42 ff., **29** 22 ff.
– als Kommunikationsinstrument **23** 49
– Auskunftspflicht der Behörde **23** 49
– Äußerungsrecht des Betroffenen **23** 50
– Bestandteil des Rechts auf gute Verwaltung **27** 29
– Dienstleistungsorientierung **38** 124
– Durchführungsrechtsakt der Kommission **25** 43
– Einbringen des Mediationsergebnisses **32** 139
– Funktionen **23** 43, **28** 43
– Datenschutz **22** 150
– Gegenstand der Äußerung **23** 50, **28** *45*
– Grenzen **28** 46
  = unionsrechtliche Grenzen der Heilung **35** 185, 203
– grundrechtliche Absicherung **27** 39
– Grundsatz der substanziellen Anhörung **28** 45
– Heilung von Mängeln **28** 49, **31** 115 ff., **35** 179
  – Sozialrecht **31** 118
– im ergänzenden Verfahren **35** 184 Fn. 594
– im förmlichen Verfahren **28** 48, **29** 23
– Kenntnisnahmepflicht der Behörde **23** 51
– Sozial- bzw. Steuerverfahren **28** 48
– Staatshaftung als Sanktion bei Mängeln **31** 38 Fn. 99
– Übertragung auf Private und Vorformung der Sachentscheidung **32** 42
– unterlassene ~, exekutivische Normsetzung **34** 16
– vor Warnungen **39** 91
– Voraussetzungen **23** 48, **28** *44*
Anhörungsrecht
– als Auskunftspflicht der Behörde **23** 49
– in der Mediation **32** 138
– Rechtsstaatsprinzip **27** 31, 39
Ankauf, landwirtschaftliche Erzeugnisse **30** 14
Anonymisierung 22 109 ff.
Anonymität 23 17
– Anzeigeerstatter **23** 70
Anordnung, nachträgliche ~ **28** 154
Anpassung, Verwaltungsvertrag **36** 119

Anreize 40 1 ff.
– Begriff **40** 4 ff.
– Bewirkungsform **33** 18
– Diskriminierungsschutz **40** 91 ff.
– Grundrechtseingriff durch ~ **40** 78 ff.
– Kosten-Nutzen-Analyse **40** 107 ff.
– Kriterien für gute Anreizinstrumente **40** 99 ff.
– meritorische ~ **40** 25, 103
– monetäre ~ **40** *14ff.*, 102
– normative Anforderungen **40** 73 ff., 110
– Verhältnismäßigkeit **40** 86 ff.
– positive und negative ~ **33** 18, **40** 5
– Rechtspflichten und ~ **33** 17 Fn. 65, **40** 6
– Riester-Rente **40** 92
– Steuerung durch ~ **40** *9ff.*
– Effizienz **40** 99 ff.
– Fehleranfälligkeit **40** 73 ff., 105
– Vorteile gegenüber dem Stand der Technik **40** 70
Anscheinsvollmacht 28 68
Ansprechpartner → Einheitliche Stelle
– Einheitlicher ~ **34** 85 a, **38** 50
– Annäherung an Projektmanager **38** 50
Anstalt, Hybridformen → Hybridisierung
Anstellungsvertrag 36 24
Anti-Terrordatei 22 140
Antrag 23 38
– ~sstellung auf elektronischem Wege **26** 25
– fehlender ~ **35** 69
– mitwirkungsbedürftiger Verwaltungsakt
  – Abweichen **35** 70
  – Rücknahme **35** 70 Fn. 276
– Reihenfolge der Bearbeitung **28** 29
Antragsgegner, Begriff **28** 23
Antragskonferenz 28 94
Antragsteller, Pflichten zur Wissensgenerierung **30** 35
Antragstellerkonferenz 24 46, 48
Anzeigepflichten 23 75, **33** 54, 77
Äquivalent 33 28
Äquivalenzgebot 27 91 ff. → effet utile
Arbeitsagenturen, Eingliederungsvertrag **36** 38
Arbeitsgemeinschaften 36 50 ff.
– als Form internationaler Kooperation → Kooperation
– kommunaler Leistungsträger und Agenturen für Arbeit, Sozialrechtsmodernisierung **36** 47, *50ff.*
– gründungsbegleitende Vereinbarung **36** *53a*
Arbeitslosengeld und -hilfe 36 41, 50
arcana imperii → Arkantradition
Archive 21 35 ff.
– Datenschutz **21** 39 f.
– elektronische ~ **21** 42
– Gedächtnis des Staates **21** 35
– gesetzliche Regelung **21** 36 f.
– IKT und ~ **21** 41 f.
– Schriftlichkeit der Verwaltung **21** 35

Halbfette Zahl = §§; magere Zahl = Rn.; kursive Zahl = Hauptfundstelle; → = s./s. auch   1815

Sach- und Personenregister

Archivgesetz 21 37
ARGE → Arbeitsgemeinschaften
Arkantradition
- der deutschen Verwaltung **23** 2
- Archive **21** 35
- Wandel **29** 78 ff., 99 ff.

Arzneimittelagentur 30 *65 f.*
Arzneimittelrecht
- Datenbank **24** 55
- Überwachung **30** 40b ff.
- zentrale Arzneimittelzulassung **30** 65 f.

Assistance Mutuelle (AM)-Meldungen 25 72 f.
Atomrecht, Risiko **42** 179
Audit → Akkreditierung, → Umweltaudit, → Zertifizierung
- „Output-Bürokratie" **34** 93
- als Qualitätssicherungsverfahren **27** 79

Auffangordnungen
- wechselseitige ~ **33** *69 ff.*
  - Privat- und Öffentliches Recht **33** 69 f.
  - privatrechtsgestaltender Verwaltungsakt **35** 106 ff.
  - Straf- und Öffentliches Recht **33** 71 ff.

Auffangverantwortung 32 96
- Grenzen **32** 96

Aufgabe
- Beeinflussung des Wissens durch ~nfestlegung **22** 18
- Umgang mit personenbezogenen Informationen und Daten und ~ **22** 93

Aufgabenerfüllung 36 13, 129
- Bedeutung der Information **23** 11
- gemeinwohlorientierte ~ → Gemeinwohl
- unparteiische ~ → Unparteilichkeit

Aufhebung/Aufhebbarkeit 28 151 f., **35** 231 ff.
- → Unbeachtlichkeit von Fehlern/von Verfahrens-/Formfehlern
- aufgrund von Verfahrensfehlern **31** 89 ff.
- Ausschluss der ~ **31** 118 ff.
- fiktiver Verwaltungsakt **35** 63a
- im Widerspruchsverfahren **35** 170
- nicht begünstigender Verwaltungsakte **27** 92
- privatrechtsgestaltender Verwaltungsakte **35** 108
- Rücknahme **35** 164 ff.
- Widerruf **35** 205 ff., 226

Aufklärung
- des Sachverhalts **23** 40 ff. → Amtsermittlung, → Mitwirkung

Auflage 35 138, *142* → Nebenbestimmungen
- ~nvorbehalt **35** 143
- modifizierende ~ **35** *144 f.*

Aufmerksamkeit, ~sökonomik **28** 16
Aufrechnung, Abgrenzung zum Verwaltungsakt **35** 22
Aufsicht
- im Europäischen Verwaltungsverbund **30** 51 ff.
- informelle ~ **38** 38
- Recht des Umgangs mit personenbezogenen Informationen und Daten
- völlige Unabhängigkeit von Kontrollstellen **22** 53, 161
- Überwachungstätigkeit der Verwaltung, Genehmigung → Genehmigung

Auktion, elektronische ~ **42** 134
Ausfuhrerstattung, Ausschreibung **30** 14
Ausführung
- unmittelbare ~ im Polizeirecht **33** 29, **39** 12
- als schlichtes Verwaltungshandeln **39** 12

Ausführungsrechtsakt → Europäischer Verwaltungsverbund
Ausgleich
- schonender ~ **42** 108, 114

Aushandlungsprozesse 36 110
Auskunft
- ~serteilung als Verwaltungsakt? **39** 11
- als Handlungsform **39** 108

Auskunftsanspruch
- Archive **21** 40
- außerhalb des Verwaltungsverfahrens **23** 81, 92 f.
- datenschutzrechtlicher ~ **22** 151
- im Nachrichtendienstrecht **23** 93
- im Verwaltungsverfahren **23** 39, 43 ff.
- zur Vorbereitung berufsrelevanter Antragsverfahren **28** 18, 53

Auskunftspflicht 28 60 ff.
- behördliche ~ **23** 49
- im Europäischen Verwaltungsverbund **25** 13
- interbehördliche ~ **24** 34
- Privater **23** 23, 75

Auskunftsrecht
- hinsichtlich personenbezogener Daten für öffentliche Stellen **24** 83 f.
- ungeschriebenes ~ **23** 93

Auskunftsverlangen 23 75
Ausländerrecht
- Ausländerakten, Gesetzesvorbehalt **21** 13
- Ausländerzentralregister **21** 30
- Integrationsvereinbarung **36** 37

Auslegung
- ~s-Mitteilungen der Kommission **25** 24
- der Verfahrensunterlagen **23** 54
- → Öffentlichkeitskontrolle
- BauGB **28** 84
- Planfeststellung **28** 78

Ausnahmebewilligung 35 92
- Unterschied zur Kontrollerlaubnis **33** 12

Ausschlussgründe → Unparteilichkeit
- § 20 VwVfG **28** 33
- informelles Verwaltungshandeln **38** 90 f.

Ausschreibungspflicht 36 85
Ausschusswesen im Europäischen Verwaltungsverbund → Komitologie
Äußerungsrecht des Bürgers **23** 48 ff.

Sach- und Personenregister

Austauschabsprache 38 42
– hinkende ~ 38 42
Austauschmittel 33 96
Austauschvertrag 36 45
Ausweis, elektronischer Identitätsnachweis 22 100
Authentizität, IT-Sicherheit 22 105
Automatisierung
– automatisiertes Abrufverfahren 24 81
– des Entscheidungsprozesses 26 27
Autonomie, Verfahrens~ 34 74
Autopoiesis 20 2
Back Office 26 40
BaFin, Überwachung 30 40b ff.
Balanced Scorecard 34 64
Bankgeheimnis 22 *140*, 28 166, 42 220
bargaining power 36 112 m. Fn. 688
Barrierefreiheit 26 58
Bateson, George, Information 20 18
Baugenehmigung, Konzentrationswirkung 33 55
Bauleitplanung 37 71 ff. → Bebauungsplan, → Flächennutzungsplan
– Beteiligung 27 83
– E-Partizipation 26 24
– Fehlerfolgenregime 31 107 ff.
– Parallelverfahren 37 74
– Prozeduralisierung 27 83
– Vorabbindung 38 112 f.
– Flachglas-Urteil 38 112 f.
Bauordnungsrecht
– Abbau präventiver Kontrolle 32 14, 33 55
– Nachbarbeteiligung 32 26
Beachtlichkeit → Unbeachtlichkeit von Fehlern/von Verfahrens-/Formfehlern
– Verwaltungsakt 35 43
Beamte
– Auswahlentscheidung 30 13
– Vorabinformationspflicht 28 114
– der Kommission 25 37
Beanstandung → Aufsicht
Beauftragte 41 45
– Betriebs~ 41 45
– für Datenschutz und die Informationsfreiheit 22 154, *161 ff.*, 23 87
– als IT-Sicherheitsdienstleister 22 117
Bebauungsplan 37 76 ff. → Bauleitplanung
– Festsetzungen 37 78
– vorhabenbezogener ~ 37 77
Bedarfsplan/-ung 37 32, 40
Bedarfsprüfung, vorgelagerte ~ 37 98
Bedingung 35 138, 140 → Nebenbestimmungen
Befangenheit → Unparteilichkeit
– informelles Verwaltungshandeln 38 90 f.
– institutionelle ~ 28 33, 35
Beförderung, Diskriminierungsschutz 40 93
Befragungen von Mitarbeitern und Bürgern bzw. Kunden 34 66

Befreiung von Schutzgebietsfestsetzungen 37 55
Befristung → Frist
– Nebenbestimmung 35 139
Befugnisse
– Beeinflussung der Wissensproduktion 22 18
– Umgang mit personenbezogenen Informationen und Daten und ~ 22 93
Begründung 23 *59 ff.*, 28 116 f.
– ~spflicht 23 43, 60 f., 34 12
Behörde
– Informationsbeziehungen 24 1 ff.
– interne Verfahrensstufung 28 91 ff.
– mitwirkende ~ 28 22
– Trägerin des Verfahrens 28 22
– im Europäischen Verwaltungsverbund 30 54 ff., 64 ff.
Behördenbeteiligung 28 91 ff.
– Fachplanungsrecht 28 95
– grenzüberschreitende ~ 28 *96*
Behördenkooperation 36 28, 47 ff.
→ Kooperation, → Verbund
Behördennetz → Netz
– im Kartellrecht 30 57
– im Regulierungsverbund 30 63
Behördennetzwerke → Netzwerk(e)
– Überwachungsverfahren 30 46
– wissensbasierte ~ 23 99
Behördennummer, einheitliche ~ (115) 26 57
Behördenpräklusion 27 89, 28 95 f.
– nach § 73 Abs. 3a VwVfG 27 89
Beibringungsgrundsatz 23 *40 f.*, 29 27
Beihilfen → Vergaberecht
– Beihilfeaufsicht 30 51, 36 85
– Grenze für Anreizregelungen 40 96
– vertragliche Subventionsvergabe 36 85
– Leitlinien (Gemeinschaftsrahmen) 30 79
Beiladung 28 73
– notwendige ~ 28 73
Beistand 28 68
Bekanntgabe 23 59, 28 114
– Wirksamkeit des Verwaltungsakts 35 44
Bekanntmachung 42 224
Beleihung 32 15, 74 f.
– ~sverwaltungsakt/~svertrag 32 85 f.
– Flugplankoordinator 30 15
– Gesetzesvorbehalt 32 67
– Mediator 32 129 f.
– Sachverständige 21 64
– staatliche Einstandspflichten 32 99
Benachrichtigungspflicht
– datenschutzrechtliche ~ 22 150
– Kontrolle 22 154
Benannte Stelle 30 66, 34 82 e
→ Qualitätssicherung
– Informationsbeschaffung 25 98 ff.
Benchmarking 34 66
– compliance reports 34 82 f
Beobachtungspflicht des Gesetzgebers 33 77

Sach- und Personenregister

Beratung
- externe ~ → Sachverständige
- Risiken **21** 62
- im Verwaltungsverfahren **28** 60 ff.

Beratungspflichten 23 37 f.
- vorbereitende ~ **28** 18

Beratungsschreiben, informelles Verwaltungshandeln **38** 24

Beratungsverfahren, Komitologie **30** 75

Berichterstattungsregeln, öffentlich-rechtliche ~ **21** 25

Berichtigung
- von personenbezogenen Daten **24** 77
  - Ansprüche nach der EU-Datenschutzrichtlinie **22** 51

Berichtspflichten 21 *21 ff.*, **24** 36
- als Querschnitts-Steuerungselement **21** 22
- Berichterstattungsregeln **21** 25
- best practices und Benchmarks **21** 26
- Controlling **21** 25 f.
- Grenzen der Berichterstattung **21** 24, 26
- Hierarchie und ~ **21** 21
- im Europäischen Verwaltungsverbund **25** 13
- im Informationsverbund
  - Arbeitsbelastung/administrative Kosten **25** 16
  - Berichtsrichtlinie 91/692/EWG **25** 60 f.
  - Durchführungskontrolle **25** 59 b
  - Informationsagenturen **25** 87
- in Strafsachen **24** 45
- interbehördliche ~ **24** 36
- Nachberichtspflicht **22** 51, 137
- New Public Management **21** 22
- Organisationsprivatisierung **21** 24
- Public Private Partnership **21** 27 f.
- Überlastung der Verwaltung **21** 23

Berichtswesen → Berichtspflichten

Berufe, freie ~ **21** 59

Berufung, ~saussuchuss, Komitologie **30** 75

Beschaffungsverfahren 30 13, **36** 114
  → Vergaberecht

Beschleunigungsdiskussion 27 *86 ff.*, **34** 13
  → Unbeachtlichkeit von Fehlern/von Verfahrens-/Formfehlern

Beschleunigungsgebot
- Rechtsschutz **42** 141
- Verwaltungsverfahren **42** 147

Beschleunigungsgesetzgebung 29 29 ff.
- Erörterungstermin und ~ **28** 83

Beschluss
- Unionsrecht **33** 78, **34** 76

Beschlusskammerverfahren 28 168

Beschwerdemanagement, Alternative zum Widerspruchsverfahren **28** 130

Beseitigung/-sansprüche
- rechtswidriger hoheitlicher Beeinträchtigungen **31** 84
- schlichtes Verwaltungshandeln **39** 101 ff.

Besonderes Verwaltungsrecht, Formen/Rechtsinstitute **33** 13

best practice 21 51 ff., **36** 127
- Statistik **21** 81
- Verwaltungsvertrag **36** 127

Bestandskraft 35 48 ff., 205 ff. → Verwaltungsakt
- Anspruch auf Wiederaufgreifen des Verfahrens **35** 229
- rechtliche und tatsächliche Veränderung **35** 227 ff.

Bestellung, öffentliche ~ von Sachverständigen **21** 65

Bestimmtheit
- Satzung **34** 33
- Verordnungsermächtigung **34** 20
  - dynamische Verweisung **34** 20 b
  - Umsetzung von Unionsrecht **34** 20 a f.

Beteiligte 29 13 ff.
- Akteneinsichtsrecht **21** 11
- geborene ~ **28** 23
- gekorene ~ **28** 23
- Mitwirkung an der Sachverhaltsfeststellung → Mitwirkung
- Verfahrensrechte **28** 42 ff.

Beteiligung 29 1 ff. → Behördenbeteiligung, → Bürgerbeteiligung, → Öffentlichkeitsbeteiligung, → Partizipation
- ~söffentlichkeit **29** 73
- Risiken **29** 53 f.
- Akzeptabilität **42** 205 ff.
- Beteiligungsrecht **23** 18 ff.
- Diskussionsforen **21** 97, 104, **26** 24
- Drittbetroffener **28** 72 ff.
  - beim informellen Verwaltungshandeln **38** 92 ff.
- Dritter **28** 69 ff.
- exekutivische Normsetzung **34** 16
- Funktion **29** 1, 3, **42** 205 ff.
- Interessentenbeteiligung im Planfeststellungsverfahren **28** 78, 82 f.
- Kompensationsfunktion **29** 9
- Kooperationsprozess **29** 11
- Legitimation **29** 9 f.
- Öffentlichkeits~ **23** 53, **28** 84 f.
- Privater
  - Dokumentationspflichten **21** 27
  - schlichtes Verwaltungshandeln und ~ **39** 114
- Verbandsbeteiligung **28** 79
- Verfahrensrechte und -pflichten **23** 42

Beteiligungsverfassung 29 55

Betreibervertrag
- Vertragselemente **36** 126

Betreuungsgeld 40 81 a

Betriebsbeauftragte 41 45
- Mix und ~ **41** 45

Betriebsgeheimnis 23 103, **24** 69, **29** 87
  → Geheimnisschutz

Betroffene, Informationsrechte **22** 146 ff.
Betroffenenverwaltung → Selbstverwaltung
Betroffenheit 29 17 ff., **42** 206 f.
- Akzeptabilität und ~ **42** 206 ff.
- aufgrund von Mitwirkungs-, Informations- und Anhörungsrechten u. a. **33** 40 Fn. 182
- Plaumann-Formel **33** 40 Fn. 182

Bettermann, Karl A., Verwaltungsverfahren **27** 10 ff.
Beurteilungsspielraum → Abwägung,
  → Kontrolldichte, herabgesetzte,
  → Rechtsbegriff, unbestimmter
- Verwaltungsakt **35** 72

Beweiskraft, elektronische Dokumente **26** 53
Beweislast 28 39
Beweisverwertungsverbot 22 141 ff., **31** 34
- im europäischen Verwaltungsrecht **25** 27

Beweiswürdigung 28 39
Bewertung im Informationsverbund **25** 61 a
Bewirkung
- ~sdefizite **33** 71
- ~sdimensionen **33** 25, 29
- ~sebenen **33** 26, 28
- ~sformen **33** *16 ff.*
  - Begriff **33** 27, 29
  - des Privatrechts **33** 69
  - strafrechtliche ~ **33** 72
- ~shandlungen **33** 18
  - Begriff **33** 16, 23
- ersten Grades **39** 57
- ersten, zweiten und dritten Grades **33** 18 ff.

Bewirtschaftungskonzept 37 19
Big Brother 22 25, 75
Bildungswesen, staatliches ~ und schlichtes Verwaltungshandeln **39** 42
Bindung → Rechtsbindung, → Selbstbindung
- der Verwaltung
  - an Effizienz **42** 111 ff.
  - Weisungsgebundenheit → Hierarchie
  - Gemeinwohlbindung **42** 120 ff.
  → Gemeinwohl

Bindungswirkung
- europäische Exekutivrechtsetzung **30** 78 ff.
- faktische ~ **38** 7 ff.
- Planung **37** 42 ff.
  - Raumordnungsplan **37** 64 ff.
  - Sachverständigengutachten **21** 64 ff.
  - Verwaltungsakt **35** 53 f., *212 ff.*
    - Flexibilisierung **33** 88
    - keine ~ gegenüber Gerichten und Gesetzgeber **35** 221
  - Verwaltungsvorschrift **34** 38 f., 46 ff.
- Vorabbindung bei der Bauleitplanung **38** 112 f.

Binnenrechtsakt/-steuerung
  → Exekutivrechtsetzung
Blankettstrafnormen 33 74
Blauer Engel 40 21
- Gütesiegel/-zeichen **23** 102

Blogger 21 97
Bohne, Eberhard, informelles Verwaltungshandeln **38** 3
bounded rationality 40 37
- Regulierung **20** 40 ff.
- Rundfunkrecht **20** 43
- Telekommunikationsrecht **20** 42

BSI 26 9
Buchführung 34 63
Budgetierung 34 63
- Anreize **40** 26
- Gesundheitswesen **40** 106

Bundesagentur für Arbeit
- Arbeitsgemeinschaften (ARGE) **36** 47, *50 ff.*
  - Motive **36** 50 f.
  - Organisationsform **36** 52
  - Rahmenvereinbarung **36** 53
  - Sozialrechtsmodernisierung **36** 50
  - Vertragsmuster **36** 52
- Eingliederungsverträge **36** 38 ff.

Bundesamt für Sicherheit in der Informationstechnik (BSI) **22** 117
Bundesdatenschutzgesetz 22 89, *105 ff.*
- Erforderlichkeit **22** 130 ff.
- Technikgestaltung **22** 118 ff.
- Verarbeitungsphasen **22** 121 ff.
- Zweckfestlegung/-bindung/-änderung **22** 123 ff.

Bundeskartellamt → Kartellrecht
  Konsultationspflichten **24** 37
- Netzwerk **30** 55 ff.

Bundesmantelvertrag 41 31
Bundesnetzagentur 20 42 → Regulierung
- Beschlusskammerverfahren **28** 168
- Konsultationspflichten **24** 37
- Wissensgenerierung **21** 59, **30** *31 f.*

Bundesstatistikgesetz 21 73
Bundestreue 25 7
Bundesverwaltungsamt, Nutzung von IKT **24** 18
Bundeszentralregister 21 31, **24** 51 f.
Bürger 42 138
- Begriff **23** 14 Fn. 40
- gläserner ~ **22** 78
- Öffentlichkeitsstatus **23** 14 ff.
- statt Untertan **36** 9
- Wahlrechte **33** 8, 96

Bürgerbeteiligung 21 103 → Beteiligung
- elektronische ~, Planungsverfahren **21** 103
- Informationssystem **21** 103
- Planungsmodelle **21** 103
- über das Internet **26** 24

Bürgerbüro 26 40
Bürgerportale 22 95
Bürgerverantwortung 29 5
Bürokratie 34 93 → Prinzip, bürokratisches
- Output-~ **34** 93

Büroreform 21 19

Bürotechnik **21** 5, 19
Business Improvement District 21 28
capture
- agency ~ **34** 16, **38** 53
- clientele ~ **34** 91
- corporatistic ~ **33** 114
- regulatory ~ **28** 33
CE-Kennzeichnung, Herstellerdokumentation **30** 43
CEN 25 50
CENELEC 25 50
change management 34 61
Chatrooms 26 24
Checkliste 36 127
- Kritik **36** 127
Chemikalienrecht → REACh
chilling effect, absehbare Anpassung von Verhalten/Kommunikation **22** 72 Fn. 276
Chipkarten, intelligente ~, Datenschutz **22** 119
choice
- instrumental ~ **33** 98
- regulatory ~ **33** 98
CIA, ~-Entscheidung des EuGH **25** 55 ff.
cic → culpa in contrahendo
Citizen Charter 34 68
civil rights and obligations 27 27
clausula rebus sic stantibus 36 58, *88 Fn. 546, 119*
Cloud Computing 22 27, 95, **24** *18a*
Coase
- Ronald **40** 39 ff.
 - Verfügungsrechte (property rights) **40** 42
Coase-Theorem 40 42 ff.
Code
- Erhaltung von Diversität **20** 46
- Lawrence Lessing **20** 39
cognitive communities 21 93
Collaborative Governance 34 *85a*
comfort letters, informelles Verwaltungshandeln **38** 24
common knowledge 21 102
compliance report 34 82 f
Computerisierung → Electronic Government
- der Verwaltung **21** 88, **24** 85
Computertechnologie, Steuerungsleistung **20** 24
Controlling 28 113, **34** 66
- bürgergesteuertes Verwaltungs~ **34** 68, **42** 215
- inneres Entscheidungsverfahren **28** 113
- private Verfahrensleistungen **32** 94
- strategisches ~ **21** 82
- Vergleichbarkeit **21** 82
Corporate Governance Kodex 34 *71a*
Corporate Social Responsibility (CSR) 40 21
culpa in contrahendo 28 17 Fn. 79, **36** 113 m. Fn. 695, **38** *118 f.*
- informelles Verwaltungshandeln und ~ **38** *118 f.*
- Schuldrechtsreform **36** 113 Fn. 695

- Vertragsaufhebung **31** 97 m. Fn. 271
- vorvertragliches Rechtsverhältnis **36** 113
Dahrendorf, Ralf **40** 32
Darstellung → Flächennutzungsplan
- ~sorientierung **28** 104
- natürlich-sprachliche vs. formal-numerische ~ **37** 111
- verfahrensabschließender Entscheidungen **28** 114 ff.
Data Mining 21 *42*, 44, **22** *32*
Data Quality Act 21 51 Fn. 164
Data Warehouse 21 *42*, **22** *32*
Datei 21 39
- datenschutzrechtliche Einsichtsrechte in ~ **22** 151 ff.
- Löschungspflicht **21** 39
Daten 20 *11 ff.*, **22** *8 ff.*
- ~sicherheit **22** 105
- ~sparsamkeit **22** 106 ff.
- ~vermeidung **22** 106 ff.
- Begriff **20** 11 ff., **22** 11
- digitale Codeschrift **20** 14
- Erhebung
 - beim Betroffenen **22** 150, 159
 - offene ~ **22** 150
- Europäische ~netze **25** 28 ff., 95 ff.
- Formalisierbarkeit und Reproduzierbarkeit **20** 11
- interpretationsfreier Sinn **20** 11 f.
- Legaldefinition im BDSG **22** 8
- personenbezogene ~ **22** 29 ff. → Umgang mit personenbezogenen Informationen und Daten
 - Erhebung **22** 135
 - EU-Datenschutzrichtlinie **22** 47
 - gefährdungsabhängiger Schutz **22** 31, 35
 - Löschung **22** 138
 - Nutzung **22** 136
 - Speicherung **22** 136
 - Sperrung **22** 138
 - Übermittlung **22** 137
 - Veränderung **22** 136
 - Verwertungsverbote **22** 141 ff.
- polizeiliche Erhebung von ~ **33** 15
- Prozessdimension **22** 11, 19 ff.
- sensitive ~ **22** 31, 83
- Erhebung **22** 135
- Strukturdimension **22** 11, 14 ff.
- Unterschied zu Informationen **20** 25, **22** 7 ff.
- Verarbeitungsphasen **22** 19
- Zahlen **20** 12
- Zweckbindung **23** 74
Datenabgleich
- automatischer ~ **28** 67
- regelmäßiger ~ **21** 30
Datenbanken → Register
- Online-Zugriff **26** 22
Datennetz, IT-Planungsrat **26** *45a*

Datenrichtigkeit, Grundsatz der ~, Europäischer Verwaltungsverbund **25** 26
Datenschutz 22 42 f. → EU-Datenschutzrichtlinie
– Aktenführung **21** 18
– als Unionsgrundrecht **22** 42 ff.
– Archivierung und ~ **21** 39 f.
– behördliche Informationsbeziehungen **24** 74 ff.
– durch Technik **22** 27, 37
– Erweiterung des Einsatzbereichs **22** 26
– Genese **22** 1 ff., 9, 25, 88
– im Sozialrecht **28** 67
– im Verwaltungsverfahren **28** 64 ff.
– Informationsverwaltungsrecht und ~ **23** 65 ff.
– Kybernetik und ~ **22** 88
– Register **21** 32
– Schutzerfordernisse **22** 28
– Technikorientierung **22** 25 ff., 88 ff.
Datenschutzaudit 22 *164 f.,* **26** 79
Datenschutzbeauftragte → Beauftragte für Datenschutz und die Informationsfreiheit
– Beauftragte für die Informationsfreiheit **22** 161
Datenschutzkonvention
  des Europarates **22** 38 a f., 40
Datenschutzkonzept 22 165
Datenschutzmanagement 22 114
Datenschutzrecht 22 34 ff., 88 ff.
  → Bundesdatenschutzgesetz
– allgemeines ~ **22** 38
– als Reserve- und Rückfallordnung **22** 89, 146, 156
– europäisches ~ **22** 40 ff.
– Fortentwicklung **22** 1 ff.
  → Informationsverwaltungsrecht, → Umgang mit personenbezogenen Informationen und Daten
– Informationsverwaltungsrecht und ~ **23** 67, 114 f.
Datensicherheit 24 77
Datensparsamkeit 24 66 f.
Datenübermittlung an ausländische Stellen **24** 80 a
Datenverarbeitung
– als technisches Geschehen **20** 13
– automatische ~, Entstehung des Datenschutzes **22** 25
– Einwilligung **22** 158
– elektronische ~ **21** 88
Datenverarbeitungssystem 22 106
Datenvergleich, Aufgabe der Agenturen **25** 91
DAU → Umweltaudit
Dauer, ~aufgabe
  – Verwaltungsmodernisierung **34** 55, **36** 18 Fn. 118
  – ~rechtsverhältnis **28** 157
  – Überwachung **30** 40
  – ~verwaltungsakt **35** 65 f., 65 f.
  – Sozialrecht **35** 56, 65 f.

Dazwischentreten Dritter 33 28
Deals im Strafverfahren **38** 28
DEGES 32 74, 82
Delegation
– ~sbefugnis des Gesetzgebers, Art. 80 GG → Exekutivrechtsetzung
– Europäische Exekutivrechtsetzung **30** 70
– konservierende ~ **34** 19
delegierter Rechtsakt, Unionsrecht **33** 78
De-Mail 26 25
Demokratie → demokratische Legitimation
– elektronische ~ **26** 1 Fn. 3
– responsive ~ **23** 20
Demokratieprinzip → Gleichheit
– Gemeinwohlbestimmung **29** 58, **42** 120
– Gesetz als Steuerungsmittel **29** 8
– Informationsbeziehungen **23** 20 f.
– Nation, Deutsch als Verfahrenssprache **28** 99
demokratische Legitimation
– Akkreditierung **34** 71 ff.
– Akzeptanz/Akzeptabilität **42** 212 f.
– Europäischer Verwaltungsverbund **30** 68 f., **34** 85 d
– Globalisierung **29** 79 ff.
– informationelle Beteiligung **23** 20 f., 95 f., **29** 6 ff., 9 ff.
– innere Struktur der Interessenorganisation **29** 55
– Legitimationsmodi, Output-Legitimation **38** 113
– Öffentlichkeit **23** 17, 20 f., **29** 79 ff., **42** 222
– Partizipation **23** 21, **29** *65 ff.,* **30** 69, **42** 205
– Private und ~
  – Gutachter **21** 64
  – Privatverfahren **32** 70
– rechtsstaatliche Maximen
  – Verwaltungsvertrag **36** 86
– sachlich-inhaltliche Legitimation
  → Gesetzesvorbehalt, → Gesetzesvorrang
– Sachverständige **21** 57
– Selbstverwaltung, Satzungsgewalt **34** 28 ff.
– Zielvereinbarung **36** 58 Fn. 343
Deregulierung als Reregulierung **33** 54
Derrida, Jacques **20** 34
Desinformation, Informationsfülle **21** 26
deutsch
– als Amtssprache **27** 95, **28** 99
– als Verfahrenssprache **27** 95 f.
– Dokumentation der Verwaltungszusammenarbeit **28** 97 a
Deutscher Städtetag 24 60
Devolutiveffekt 28 123
Dezentralisierung, Internet **21** 89 ff.
Dezisionismus, administrativer ~, Gefahr **21** 45
Diagnosis Related Groups 40 19
Dialog → Wettbewerblicher Dialog
Dienst
– ~besprechung **24** 11

- ~fahrt **39** 87
- Öffentlicher ~, Diskriminierungsschutz **40** 93
- **Dienstbetrieb,** interner ~, schlichtes Verwaltungshandeln **39** 48
- **Dienstleistung**
- ~sparadigma **38** 49 f., **42** 214 ff.
- Vergabe von ~skonzessionen **38** 87 f.
- Zulassung zur Erbringung von ~ **30** 66
- **Dienstleistungsparadigma 42** 214 ff.
- **Dienstleistungsrichtlinie** → Ansprechpartner, Einheitlicher, → Einheitliche Stelle
- Aufhebung fiktiver Verwaltungsakte **35** 63 a
- Effektivitätsziel **27** 93
- Einheitlicher Ansprechpartner **38** 50
- elektronische Verfahrensabwicklung **26** 41
- Europäische Verwaltungszusammenarbeit **26** 51 b
- Informationsaustausch **26** 43 ff.
- Umsetzung, Einsatz von IKT **26** 19
- Verfahrensbeschleunigung **27** 93
- Verwaltungszusammenarbeit **28** 97 a
- **Dienstweg**
- „kurzer ~" **24** 40
- E-Mail **26** 69
- vertikaler Informationsfluss **21** 22, **24** 19
- **digital divide 26** 57, **29** 81
- **digital governance 22** 3
- Personalausweis **22** 100
- **DIMDI 24** 55
- **DIN-Normen 21** 65
- **Direktvergabe,** Dienstleistungskonzession **38** 87 f.
- **Diskriminierungsschutz 40** 91 ff.
- Betreuungsgeld **40** 81 a
- geschlechtsspezifischer Versicherungsvertrag **40** 92
- Unionsrecht **42** 104 f.
- **Diskussionsforen 21** 97, 104, **26** 24
- **Dispens 33** 12
- baurechtlicher ~ **37** 55
- **Distanzschutz** → Unparteilichkeit
- **Dogmatik 33** 43
- **Dokumentationspflicht 21** 17
- Beteiligung Privater **21** 27 f.
- elektronische Vorgangsbearbeitung **26** 71
- **Dolmetscher 27** 95
- Kosten **27** 95
- **Doppelbesteuerungsabkommen 25** 63
- **Doppelcharakter** des Widerspruchsverfahrens **28** 120
- **Doppik 34** 63
- **Download**
- von Formularen **26** 22 → Electronic Government
- **Drei-Säulen-Modell 27** 12, **28** 11
- **Dresdner Hochschulzulassungsvergleich 36** 65
- **Drittbetroffene 28** 72 ff. → Beteiligung
- Multipolarität **33** 40 f.
- **Dritte** → Multipolarität
- Dazwischentreten eines ~n **33** 28
- Zwischenschaltung eines ~n **33** 53
  → Effizienz
- **Drittschutz 33** 40 f.
- im Privatverfahrensrecht **32** 86
- Mediation **32** 135
- **Drittwirkung 33** 70
- allgemeines Persönlichkeitsrecht **22** 67
- **Drohpotenzial**
- hoheitlicher Ersatzlösungen **33** 92, **38** 25
- **Dualismus**
- des Öffentlichen und des privaten Rechts **33** 70, 82
- **due process 27** 3, **34** 13
- Verfahrensgedanke
  → Selbstprogrammierung/-steuerung
- **Duldung** als Teil einer Absprache **38** 34
- **Duldungsverfügung 39** 12
- **Duldungsvollmacht 28** 68
- **Durchführungskontrolle 25** 59 b
- **Durchführungsrechtsakt 30** 72 ff., **33** 78, **34** 81
- **Durchführungsvertrag**
- Städtebaurecht **36** 82
- **Durchsichtigkeit** des Verwaltungshandelns **42** 225
- **Dynamisierung** der Überwachung **30** 36
- **early adopters 21** 90
- **EBDD 25** 102 f.
- **E-Democracy 26** 1 Fn. 3
- **EDV 21** 90, **26** 16 ff.
- **Effekte,** externe ~ **40** 56, **42** 121
- **Effektivität 42** 113, *157 ff.* → Effizienz
- ~sgebot, Unionsrecht → effet utile
- Dienstleistungsrichtlinie **27** 93
- ökologische ~ **40** 68 f.
- **Effektivitätsgebot,** ~sgebot, Unionsrecht **27** 91 ff.
- **effet utile 27** 91 ff.
- Verfahrensfehler **27** 110 ff.
- **Effizienz 42** *111 ff.*
- Anreize **40** 99 ff.
- Begriff **42** 112 ff.
- Effektivität und ~ **42** 113, 157 f.
- Effizienzprinzip im Recht **42** 116 ff.
- Grundsatz der ~ und Informationsbeziehungen **24** 65 ff.
- im Verwaltungsverfahrensrecht **42** 130 ff.
- Infrastrukturvorhaben **39** 94
- ökonomische ~ **40** 64 ff., **42** 112 ff.
- Organisationsrelevanz **42** 135 ff.
- Pareto-Effizienz **40** 54
- **EG** → Europäischer Verwaltungsverbund, → Unionsrecht
- **eGovernment/E-Government** → Electronic Government
- **Ehrenschutz 23** 105

Sach- und Personenregister

Ehrentitel/Ehrenpositionen 40 25
Eigenhandeln, schlichtes Verwaltungshandeln **39** 48
Eigenheimzulage 40 5, 7
Eigenrationalität
– administrative ~ **21** 46
– prozedurale ~ des Entscheidens **21** 54
Eigenständigkeit der Verwaltung
→ Kontrolldichte
– Behördennetzwerke/Verwaltungsverbund **30** 63
– Ermächtigung zur Optionenwahl **33** 109
– gegenüber der Legislative, Maßstabskompetenz **42** 40 ff.
– Selbstprogrammierung **42** 10 ff.
Eigenständigkeit der verschiedenen (Be-)Wirkungsebenen **33** 26
Eigenüberwachung 30 43
Eigenverantwortlichkeit, regulierte ~, REACh **32** 24 a
Eigenverwaltungsrecht der EU-Administration, Formenlehre **33** 78 ff.
Eignungsgebiete 37 65
Eilrechtsschutz → Rechtsschutz, einstweiliger
Einflussrechte
– beim Umgang mit personenbezogenen Informationen und Daten **22** 156 ff.
– datenschutzrechtliche ~, EU-Datenschutzrichtlinie **22** 51
Eingabekontrolle 26 71
Eingliederungsvereinbarung 36 37 ff.
– Kontrahierungsdruck, Sanktionsmechanismus **36** 41
Eingriff 42 86 → Informationstätigkeit, staatliche, Eingriff
– Anreize **40** 77 ff.
– durch Informationserhebung **23** 73 ff.
– funktionales Äquivalent **33** 28, 113
– mittelbar-faktischer ~ **33** 53, **39** 82, **42** 86
– Recht auf informationelle Selbstbestimmung **22** 59, 73
– Satzung **34** 32
Einheitliche Stelle 24 48 a, **26** 51 a, **28** *23 a f.*
– elektronische Datenvernetzung **24** 48 a
– Unterstützungspflichten anderer Behörden **28** *23 b*
Einheitlicher Ansprechpartner
→ Ansprechpartner, Einheitlicher
Einheitlichkeit des Staates in den Außenbeziehungen **25** 31
Einleitungsermessen 28 15 → Ermessen
Einleitungsverbote für Eingriffsverfahren **28** 15
Einrichtungen
– öffentliche ~ **39** 46, 77 f.
Einschätzungsprärogative 21 53, **41** 126, **42** 121
→ Beurteilungsspielraum
– angesichts von Ungewissheit **21** *45 ff.*
– Anreizsteuerung **40** 87

Einsichtigkeit 42 223 ff.
Einsichtsrecht
– Datenschutz und ~ **26** 37
– Planfeststellungsverfahren **23** 54
– ungeschriebenes ~ **23** 93
Einspruchsverfahren, Alternative zum Widerspruchsverfahren **28** 130
Einstandspflichten → staatliche Einstandspflichten
Einstellung des Verfahrens **28** 102
Einvernehmen 27 100, **28** *91*
– fehlendes ~, absoluter Verfahrensfehler **31** 61
– gemeindliches ~, § 36 BauGB **28** 22, 91 Fn. 430
– Rechtsschutz des Bürgers **35** 28
– Problem der Verwaltungsverflechtung **30** 49
Einwilligung, Datenverarbeitung **22** 158
Einzelverfügung 35 59
EIONET 25 95 ff., 99
EIRO 25 95 ff.
E-Justice 26 1 Fn. 3
Electronic Government 21 *88 ff.*, **26** *1 ff.*, **42** 18
→ information overflow /-load
– Entwicklung **21** 88 ff.
– Leitbild **26** 2 ff.
E-Mail 24 16
– als Kommunikationsmittel **26** 24
– im europäischen Verwaltungsrecht **25** 31
– intrabehördliche Informationsbeziehungen **24** 16
EMAS → Umweltaudit
EMCDDA 25 102 f.
Emissionsrechtehandel 40 16, 61 ff.
Emotion 33 60
– emotionaler Bezug des Verwaltungshandelns **42** 20
– Systemfunktion der Maßstäbe **42** 66
Empfehlung 23 102, **34** 62
→ Informationstätigkeit, staatliche
– Unionsrecht **33** 78, **34** 77 f.
Empirie, informelles Verwaltungshandeln **38** 21 ff.
EMRK
– Recht des Umgangs mit personenbezogenen Informationen und Daten **22** 38 b, 43 f.
– Verfahrensgarantien **27** 25 ff.
Energierecht
– Energienovelle **28** 90 a
– frühzeitige Öffentlichkeitsbeteiligung **37** 26
– Regulierungsverbund **30** 63 a
Entformalisierung → informelles Verwaltungshandeln
Entgeltregulierung 30 32
Entgrenzung, funktionale ~ von Verwaltungsverfahren **28** 147 ff.
Enthierarchisierung → Hierarchie, Abbau von
Entschädigung zur Kompensation von Beeinträchtigungen **41** 102
Entscheiden, kluges ~ **42** 52 f.

Entscheidung → Bekanntgabe, → Darstellung
- Automatisierung **26** 59 f.
- Herstellung **28** 104 ff., **33** 47 b
- Klugheit des Entscheidens **33** 60
- Optionenentscheidungen **33** 58
- Phasen der Entscheidungsfindung **33** 48
- Prozeduralisierung **27** 1
  → Prozeduralisierung
- steuernde Wirkung der Ausgestaltung des Entscheidungsprozesses **33** 47 b
- unter Ungewissheitsbedingungen **21** 52 f., **30** 27, **42** 185 ff. → Ungewissheit
- Wissensmanagement **21** 69
- verfahrensabschließende ~ **28** 101 ff.
- Verwaltungsverfahren und ~ **23** 32 f., **27** 61
- vor- und nachgelagerte Phasen **28** 15, 118 ff., 147 ff., **33** 48

Entscheidungsbildung 28 104 ff.
Entscheidungsmonitoring 28 155 f.
Entscheidungsumsetzung 28 140 ff.
Entscheidungsverantwortung
- Einsatz von IKT **26** 67 ff., 72 f.
- keine gesamthänderische ~ von Verwaltung und Verwaltungsgerichtsbarkeit **28** 131

Entscheidungsvorbereitung, schlichtes Verwaltungshandeln und ~ **39** 54 f.
Entscheidungswissen
- Selbsterzeugung von ~ und Akten **21** 3
  → Wissen

Entschließung des Rates **25** 25
Entschlüsselungsrechte, Datenschutz und ~ **26** 37
Entsteinerungsklausel 34 21 c
Entwicklungskonzept, städtebauliches ~ **37** 85
Entwürfe
- Aktenführung **21** 15, **23** 45

Erdgasbinnenmarkt, Beteiligungsverfahren **30** 51
Erfahrung 20 9, **21** 48
- funktionale Äquivalente **21** 51
- Selbstdefinition des Richtigen **21** 48
Erfahrungsbericht 21 23
Erfahrungsorientierung 33 42 f.
Erfahrungswissen 21 3
- Wissensmanagement als funktionales Äquivalent **21** 69 → Wissen
Erforderlichkeit 42 107
- Recht des Umgangs mit personenbezogenen Daten und Informationen **22** 130 ff.
Erfüllungshandlung 39 75
- als Realakt **39** 57
Ergebnisverantwortung 32 85
- Übertragung auf Private **32** 85
Erhebung
- personenbezogener Daten **22** 135
  - beim Betroffenen **22** 135, 159
  - heimliche ~ **22** 140, **23** 75
  - offene ~ **22** 135, **24** 76

- rechtliche Regelung **23** 75 ff.
- zwangsweise ~ **24** 76
Erlaubnis 35 58
Ermächtigungslehre, normative ~, Verwaltungsvertrag **36** 4
Ermessen 37 93 f. → Kontrolldichte,
  → Maßstäbe, → Verfahrensermessen
- ~slenkende Verwaltungsvorschrift **34** 42
- Einleitungs~ **28** 15
- Ermittlungs~ **28** 36
- fiskalische Gründe **42** 133
- intendiertes ~ **27** 104
- Maßstabskompetenz **42** 41 ff.
- Maßstabskonflikte **42** 43
- Organisations~ **42** 137
- Planungs~ **37** 93 f., *99 ff.*
- Regulierungs~ **34** 92
- Satzungs~ **34** 34
- Verordnungs~ **34** 22
- Verwaltungsakt **35** 72
- Wissensgenerierung unter Ungewissheitsbedingungen **20** 44

Ermessensrichtlinien 34 42
- Mitteilungen der Kommission **30** 78
Ermittlungsermessen 28 36
Eröffnungskontrollen 33 54 f.
Erörterung 23 54
Erörterungspflichten, vorbereitende ~ **28** 18
Erörterungstermin 28 *82 f.,* **29** 24, 97
- in der Beschleunigungsdiskussion **28** 83
  → Beschleunigungsdiskussion
Erstattungsanspruch, öffentlich-rechtlicher ~, informelles Verwaltungshandeln **38** 121
Erwägungsgründe, Richtlinien, Bestimmung der Verbindlichkeit **33** 56
Erzeugerpreis 30 14
Ethik in der öffentlichen Verwaltung **42** 46 f.
ETSI 25 50
EU → Europäischer Verwaltungsverbund,
  → Unionsrecht
EU-Datenschutz-Grundverordnung 22 41 a, 46 a
EU-Datenschutzrichtlinie 22 42, 46 ff.
- Datenverarbeitung im Mittelpunkt **22** 19
- Entstehung **22** 40
- Verarbeitung **22** 122
EU-Grundrechtecharta, Recht auf gute Verwaltung **27** 29 f.
EU-Recht → Unionsrecht
EU-Richtlinien
- relatives Rechtsformverbot für die Umsetzung von ~ **33** 106, **34** 45
Eurojust, eigenständiges Datenschutzregime **22** 40
Europäische Umweltagentur (EEA) 25 92, 98 f.
Europäische Verwaltungszusammenarbeit
  → Verwaltungszusammenarbeit
Europäischer Verwaltungsverbund
  → Regulierungsverbund

Sach- und Personenregister

- als „Mischverwaltung" **30** 49
- Begriff **34** 82
- Informationsbeziehungen **25** 1 ff.
- Informationsverbund **25** 1 ff.
- Informationsverwaltung **34** 89
- Interadministratives Vertrauen als Grundlage **27** 18 ff.
- Legitimation **34** 85 d
- Verbundverfahren **27** 81, **30** 48 ff.
- Verfahrensbezug **27** 16 f.
- Verfahrensverbund **27** 15, **30** 48 ff.

Europäisches Statistisches System (ESS) 25 30

Europäisierung
- Auswirkungen **34** 84 ff.
- Exekutivrechtsetzung **34** 74 ff.
- Formenlehre **33** 81 ff.
- Governancearchitektur → Governance
- Recht des Umgangs mit personenbezogenen Informationen und Daten **22** 38 a ff.

Europäisierungsdruck 34 74
Europarecht → Unionsrecht
Europol
- eigenständiges Datenschutzregime **22** 40
- Rechtsschutz **25** 89 a

Evaluation
- Informationsverbund **25** 59 b
- Zielvereinbarung **34** 66

Evaluationsklauseln 33 8
Exekutive → Verwaltung
Exekutivrechtsetzung 34 1 ff.
→ Selbstprogrammierung/-steuerung
- Abgrenzung zum Verwaltungsakt **35** 32 f.
- europäische ~ **30** 70 ff., **34** 74 ff.
→ Durchführungsrechtsakt, → Rechtsetzung, delegierte
- formell rechtswidrige Administrativnormen **31** 99 ff.
  - Fehlerbehebungsverfahren **31** 124
- Funktionen **34** 5 ff.
- Gesetzgebung und ~ **31** 3
- in der Formenlehre **33** 36
- kooperative ~, demokratische Legitimation **34** 71 ff.
- Übermaßverbot **23** 26 a
- Verfahren **27** 49
  - Fehlerfolgen **31** 76 ff.

Experte → Sachverständige
Expertengemeinschaften 21 93, 95
- Umweltrecht **21** 99

Expertengremien der Kommission **25** 42
Expertensysteme 26 27
Expertenwissen
- Sachverständiger **21** 49 → Wissen

Fachplanung 37 87 ff.
- Krankenhausplanung **37** 87 ff.
- raumbedeutsame ~ **37** 39 f.

Fahndungsaufrufe, staatliches Informationshandeln **23** 97

Fahndungssystem, polizeiliches ~ **25** 81
fair trial
- Verfahrensgedanke **34** 13, **42** 53, 83

Fallpauschale 40 19
Fehler → Verfahrensfehler
Fehleranfälligkeit von Verwaltungsverfahren, empirische Kategorie **31** 22 f.
Fehlerbegriff 31 4 ff.
Fehlerfolgen 37 104 ff. → Ordnungsvorschriften
- abgestufte Rechtsfolgenanordnung **36** 92 ff.
- Planfeststellungsbeschluss **35** 103
- Privatverfahren **32** 100 f.
- schlichtes Verwaltungshandeln **39** 100 ff.
- Verfahrensfehler → Verfahrensfehlerfolgen
- Verwaltungsakt **35** 153 ff.
- Verwaltungsvertrag, rechtswidriger Vertrag **36** 92 ff.

Fehlerfolgenbestimmung, Gebot abwägender ~ **27** 106
Fehlerfolgenlehre 27 105 ff.
- dienende Funktion des Verfahrensrechts **27** 107
- effet utile und ~ **27** 110 ff.
- Sanktionierungsspielraum **27** 109

Fehlerkausalität → Kausalität
Fernmeldegeheimnis 22 71
Festsetzungen → Bebauungsplan
- Bebauungsplan **37** 78

Feststellung, feststellender Verwaltungsakt **35** 62
Feststellungsklage 33 49
- Rechtsverordnung **34** 19

Feststellungswirkung 35 219
FIDE, Aktennachweissystem für Zollzwecke (FIDE) **25** 77

Fiktion
- Asylantrags~ **33** 8 Fn. 42
- fiktiver Verwaltungsakt **35** 63 a
- Genehmigungs~ **33** 55

Final-/Zweckprogramm 37 17
Finanzaufsicht
- informelles Verwaltungshandeln **38** 23
- Überwachung systemischer Risiken **30** 40 b ff.

Finanzen als Steuerungsfaktor **33** 66
Finanzkontrolle
- Rechnungshof **42** 122 ff.
- systematische ~ **28** 21

Finanzmarktregulierung, Wissensmanagement **21** 69
Finanzsteuerung 34 63
Flächennutzungsplan 37 72 ff.
→ Bauleitplanung
- Konzentrationszonen **37** 75
- Rechtsnatur **37** 36
- Rechtsschutz **37** 36

Flächenverbrauch, Reduzierung **37** 58
Flexibilisierung
- Bedarf **33** 7

Halbfette Zahl = §§; magere Zahl = Rn.; kursive Zahl = Hauptfundstelle; → = s./s. auch   1825

Sach- und Personenregister

- der Entscheidung unter Ungewissheitsbedingungen 30 36 → Ungewissheit
- des Entscheidungsverfahrens 21 56

Flexibilität 42 226 ff.
- Formung **33** 88

Flexibilitätsvorsorge
- vertragliche ~ **36** 13, 129

Fluchtformeln 33 110 ff.

Folgen
- Abgrenzung zwischen Handeln, Unterlassen und ~ **39** 24
- beabsichtigte/unbeabsichtigte ~ **33** 22

Folgenbeseitigungsansprüche, Rechtswidrigkeitsfolgen beim Umgang mit personenbezogenen Informationen und Daten **22** 142

Folgenorientierung 33 16 ff. → Output
- Komplexität **33** 26

Folgerichtigkeit 42 226

Folgesfolgen, beabsichtigte/unbeabsichtigte ~ **33** 22

Form 28 100 → Schriftformerfordernis

formal adjudication 28 168

Formalisierung
- des Verwaltens **21** 6
- informellen Verwaltungshandelns **38** 84 ff.

Formen des Verwaltungshandelns 33 7 f., 9 ff., 13 → Bewirkungsformen, → Handlungsform(en), → Rechtsform(en)
- „normative Wirklichkeitskonstruktion" **33** 43
- „Zweckschöpfungen" **33** 79
- Auswahl → Formenwahl
- bereichsspezifische ~ **33** 13
- Formenmix **41** 1 ff.
- Funktionen **33** 3, 45, 105
- Kombination unterschiedlicher ~ **33** 109, 117 → Mix
- neuartige/neue ~ **33** 85
- Rechtswirkungen **33** 52
- Sperren für einzelaktbezogene ~ **33** 106
- Überlappungen und fließende Übergänge **33** 29

Formenlehre 33 1 ff., 7, 10, 22
- Abstraktionsgrad der traditionellen ~ **33** 32
- Berücksichtigung von Multipolarität **33** 40
- Erfahrungs- und Zukunftsorientierung **33** 42 f.
- Flexibilitätsbedarfe **33** 88
- Funktionen **33** 3, 44
- Leistungsfähigkeit **33** 2
- moderne ~ **33** 36, 47, 94
- Modernisierungsbedarf **33** 2
- Orientierung der ~ am Rechtlichen **33** 56
- Rechtsschutz und ~ **33** 49 ff.
- Revisionsnotwendigkeiten **33** 88
- verhaltensorientierte ~ **33** 87

Formenmissbrauch 33 97
- Verbot des ~s **33** 110

Formenmix → Mix

Formen-Typen 33 45

Formenwahl 33 4, 97 ff.
- ~freiheit **33** 97, 100 ff.
- Formsperren **33** 102
- absolute Grenzen **33** 101
- Aufhebung/Relativierung der gesetzl. Bindungswirkung **33** 88
- bereichsspezifische Beschränkungen **33** 105
- Grundsatz freier Auswahl **33** 109
- Orientierung an Zwecken **33** 109
- rechtliche Grenzen **33** 99
- Verwaltungsakt **35** 20 ff.
- Vorrangregeln **33** 104
- Verwaltungsvertrag **36** 124
- Willkürverbot **33** 115

Formfehler → Unbeachtlichkeit von Verfahrens-/Formfehlern

Formsperren 33 102

Formvorschriften 28 115

Frage
- schlecht strukturierte (ill-structured) ~ **21** 50
- von gemeinsamem Interesse **34** 82 a

Fragmentierung, Recht der Informationsbeziehungen **23** 29 f.

Frauenförderplan 40 28

freedom of information 23 82 ff.
- Freedom of Information Act **21** 10

Freiheit
- Eingriff → Eingriff
- Formenwahlfreiheit → Formenwahl
- Gemeinwohl und ~ → Gemeinwohl
- Gleichheit und ~ → Gleichheit
- Kommunikation und ~ **23** 15 f.
- Grundrechte **23** 24

Freistellung, von der Genehmigungspflicht
- im Bauordnungsrecht **33** 55
- keine Verfahrensprivatisierung **32** 14

Frequenzzuteilung 30 15, **33** 32

Frist
- Normenkontrollantrag **31** 111
- Rücknahme~ **35** 175 f.
- verfristeter Widerspruch **28** 125

Front Office 26 40
- Einheitlicher Ansprechpartner **38** 50

Funktionslosigkeit 37 33, 42

Funktionsvorbehalt, beamtenrechtlicher ~, Verfahrensprivatisierung **32** 71

Funktionszusammenhang, Rechtswegzuweisung **39** 51

Gatekeeper
- Abteilungsleiter als ~ **24** 14
- Systemadministrator als ~ **24** 17

Geeignetheit 42 107

Gefahr 42 178
- Risiko und ~ **42** 178
- Vermutungsregeln **21** 47

Gefährderanschreiben 39 101

Gefahrenabwehr
- Bürgerinformationen **23** 4

- Risikoverwaltungsrecht und ~ → Risikorecht
Gefahrenverdacht 42 178
Gefahrenvorsorge → Vorfeld
- schlichtes Verwaltungshandeln **39** 35
Gefangenen-Dilemma 40 49 ff.
Gegenöffentlichkeit 29 106
Gegenstromprinzip 37 23, *62 f.*
Gehalt, Gerichtsvollzieher **40** 27
Geheimnisschutz 21 10, **22** 72, 96, 152, **23** 2 f., 85, *94*, **24** *69 ff.*, 74, **28** 58, **29** 87, **42** 220
  → Arkantradition
- § 17 UWG **29** 87
- § 203 StGB **24** 71
- § 30 VwVfG **23** 47, **24** 71, **27** *51*, **28** 54, *64 ff.*
- Archive **21** 38
- Beweisverwertungsverbot **22** 141 ff.
- Folgen des Geheimnisbruchs **24** 72
- Informationsverbund **25** 26 a
- personenbezogene Daten und Informationen **23** 79 f.
  - Schutzpositionen und Grundrechte **22** 71 ff.
- Sozialrecht **28** 56
- staatliches Informationshandeln **23** 103
- Statistik **21** 73
- Terrorlisten **25** 33 Fn. 128
- Urheberrecht **29** 87
- wettbewerblicher Dialog **38** 88
Gehör
- rechtliches ~ **31** 12 Fn. 41, **42** 83
Geld, ~leistungen der Verwaltung **39** 40
Gemeinde → kommunale Selbstverwaltung
Gemeingebrauch 39 67
Gemeinschaften, virtuelle ~ (cognitive communities) **21** 93
Gemeinschaftsrahmen, Leitlinien im Beihilferecht **30** 79
Gemeinschaftsrecht → Unionsrecht
Gemeinwohl 29 60 ff., **34** 72 f., **42** 120 ff.
  → demokratische Legitimation
- Effizienzgebot und ~ **42** 119 ff.
- europäisches ~ → Europäischer Verwaltungsverbund
- Verwaltungsorganisation und ~ **42** 61
Gender-Mainstreaming 40 94
Genehmigung 33 12, **35** 58, *90 ff.* → Freistellung, → Verbot
- ~sfiktion **33** 55, **35** *63 a*
- Freistellungen/vereinfachte Verfahren **33** 55
- Konzentrationswirkung **33** 55
- Legalisierungswirkung **35** 53
- Teilgenehmigung **35** 116 f.
- unionsweit geltende ~ → Verwaltungsakt, transnationaler
Genehmigungsketten 28 157
Gentechnikrecht, Risikoentscheidung **30** 30
Geo-Daten-Systeme 21 98, **24** 54
Gericht → Judikative

Gerichtsbarkeiten, Zusammenlegung **42** 136
Gerichtskontrolle
- informationstheoretische Perspektive **20** 54
- Informationsverwaltungsrecht **20** 54
- informelles Verwaltungshandeln **38** 114 f.
- Richtervorbehalt **33** 13
Gerichtsmediation 36 63
Gerichtsschutzgarantien 27 27 → Rechtsschutz
Gerichtsurteil, Rechtskraft, Einschränkung durch Wiederaufgreifen des Verwaltungsverfahrens **35** 230 a
Gerichtsvollzieher, Gehalt **40** 27
Gesamtplanung
- räumliche ~ **37** 39
  - integrale Raumpläne **37** 59 ff.
  - Steuerungswirkung **37** 57
Gesamtrechtsverhältnis
  → Sachzusammenhang, Rechtsweg
Gesamtverhältnismäßigkeit 41 119
Geschäftsgeheimnis 24 69, **29** 87
  → Geheimnisschutz
Geschäftsordnung
- Aktenführung und ~ **21** 19
- elektronische Verfahren **21** 19 f.
Gesellschaft
- Netzwerke → Netzwerk(e)
- Staat und ~ → Verantwortungs(ver)teilung
Gesellschaftsrecht, Europäisches ~, Informationsregeln **25** 13 a
Gesellschaftsvertrag 36 45
Gesetz → Parlamentsgesetz
- als Handlungsform **33** 36
- verordnungsänderndes ~ **34** 21 b f.
- Verwaltung und ~ → Verwaltung
- Vollziehungsgesetz **33** 39
Gesetzesakzessorietät, Modell der ~ **34** 25 a
Gesetzesbindung
- als Prozess interner Informations- und Wissensverarbeitung **20** 3
- der Verwaltung → Gesetzesvorbehalt, → Gesetzesvorrang
Gesetzesvorbehalt 41 106, **42** 78 ff.
- Anreize **40** 84
- Bestimmtheit des Gesetzes → Bestimmtheit
- Eigenständigkeit der Verwaltung und ~ → Eigenständigkeit der Verwaltung
- Erstreckung auf Handlungsform? **35** 29
- Grundrechte und ~ → Grundrechtseingriff
- informelles Verwaltungshandeln **38** 71 ff.
- Multifunktionalität **22** 84 f.
- Recht auf informationelle Selbstbestimmung **22** 60, 74 → informationelle Selbstbestimmung
- Recht des Umgangs mit personenbezogenen Informationen und Daten **22** 84 ff.
- Rechtswidrigkeit des Verfahrensergebnisses und ~ **31** 48
- schlichtes Verwaltungshandeln **39** 81 ff.
- spezifisches Rechtsformgebot **33** 106

Sach- und Personenregister

- staatliche Informationstätigkeit **23** 98 ff., 110
- Statistik **21** 76
  - Verwaltungsdatengesetz **21** 83
- Verwaltungsorganisationsrecht als funktionales Äquivalent **20** 41

Gesetzesvorrang 42 78 ff.
- Anreize **40** 83
- Eigenständigkeit der Verwaltung und ~
  → Eigenständigkeit der Verwaltung
- Fehlerfolgen und ~ **31** 46, 83
- Fehlerfolgen, Rechtswidrigkeit des Verfahrensergebnisses **31** 49
- informelles Verwaltungshandeln **38** 76 ff.
- relatives Rechtsformgebot **33** 106
- schlichtes Verwaltungshandeln **39** 85 ff.

Gesetzgebung, zeitoffene ~ **42** 143
Gesetzgebungsakt, Unionsrecht **33** 78
Gesetzmäßigkeit 42 78 ff. → Rechtsbindung
Gestaltungsbefugnis, Begriff **35** 72 Fn. 278
Gestaltungsspielräume → Ermessen
Gestaltungsverfahren 28 169
Gestattung 35 58
Gesundheitswesen
- Gesundheitskarte **21** 33, **22** 120
- Gesundheitstelematik **21** 33
- monetäre Anreize im ~ **40** 19

Gewährleistungsaufsicht 32 87 ff.
Gewährleistungspflicht 32 18
Gewährleistungsstaat 42 14 m. Fn. 44
- Statistik **21** 77 ff.

Gewährleistungsverantwortung
- Grenzen **32** 96
- Privatverfahrensrecht **32** 77 ff.

Gewährleistungsverwaltungsrecht 32 73 ff., **33** 70, 111
- (Be-)Wirkungsdimensionen **33** 25
- bounded rationality **20** 40 f., **40** 37
- Privatrecht und ~ **33** 70
- Prozeduralisierung des Rechts **20** 40
- Unionsrecht **32** 61

Gewährung 35 58
Gewaltengliederung/-teilung, informelle ~ **22** 95
Gewaltverhältnis, besonderes ~ **39** 43
Gewerbezentralregister 21 31
Gleichbehandlung, haftungsrechtliche ~ **39** 87
Gleichheit
- ~sgrundsatz im Verwaltungsverfahren **28** 29
- Art. 3 Abs. 1 GG **42** 99 ff.
- Art. 3 Abs. 3 GG → Diskriminierungsschutz
- Barrierefreiheit **26** 58
- Betreuungsgeld **40** 81 a
- Diskriminierungsverbote im Unionsrecht **42** 104 f.
- im Unrecht **42** 103
- Rechtsanwendungsgleichheit **42** 101 ff.
- Rechtsetzungsgleichheit **42** 100

Gleichordnung
- der Rechtssubjekte beim Verwaltungsvertrag **36** 108, 135

Good Governance 29 68, 76, **42** 16
good judgement 21 51, 54
good practice guidelines 34 82 f
Governance 29 68, **33** 67
- abnehmende Prägung durch Hierarchien **38** 63
- Adaptive ~ **34** 67 a
- code of ~ **42** 9
  - Maßstäbe als ~ **42** 9
- Digital ~ **22** 3
- Erweiterung der Maßstabslehre **42** 11
- Gemeinwohl und ~ **42** 120
- good ~ → Good Governance
- informationelle ~ **42** 16 m. Fn. 55
- informelles Verwaltungshandeln **38** 63
- new modes of ~ **33** 80, **34** 82 g
- Public ~ **42** 170, 172 f.
  - Maßstabsbildung **42** 172 ff.
- Risiko~ **42** 183 f., 198 ff.
- Wissensbasis **21** 108

Government, Electronic ~ → Electronic Government
grandfathering 40 61
Gremium Europäischer Regulierungsstellen für elektronische Kommunikation (GEREK) 24 48 b
Großprojekte
- Mediation **32** 117, 135, **36** 61

Großrechenanlagen
- Datenschutz **22** 1, 3

Groupware 26 31
Grünbücher 23 97, **25** 39 ff.
Grundakt 33 79
Grundrecht(e)
- anreizfeindliches ~ **40** 81 a
- auf informationelle Selbstbestimmung **22** 76 ff. → informationelle Selbstbestimmung
- Bedeutung für Verfahrensfehler **31** 57, 61
- Brief-, Post- und Fernmeldegeheimnis, Recht des Umgangs mit personenbezogenen Informationen und Daten **22** 71
- Informationszugangsfreiheit **29** 102 f.
- IT-Grundrecht **22** 68 a ff.
- Öffentlichkeit **23** 24
- Schutz durch Verfahren **27** 33 ff., **29** 39
- Schutz im Verfahren **29** 39 ff.
- verfahrensrechtliche Gewährleistungen **27** 33 ff., 39

Grundrechtecharta → EU-Grundrechtecharta
Grundrechtseingriff → Eingriff
- Anreize als ~ **40** 77 ff.
- durch Informationserhebung **23** 75, 77 ff.
- durch Umgang mit personenbezogenen Informationen und Daten **22** 73

Sach- und Personenregister

Grundrechtskooperation
– allgemeines Persönlichkeitsrecht und Einzelgrundrechte **22** 83
– Schutz personenbezogener Informationen und Daten **22** 83
Grundrechtsrelevanz des Verfahrens und Fehlerfolgenlehre **27** 108
Grundrechtsschutz, bestmöglicher ~ **27** 37
Grundsätze der Raumordnung **37** 64
Grundsatzentscheidungen, Gesetzesvorbehalt **21** 53
Gubernative, Präponderanz **34** 18
Gutachten, Sachverständigen~
– antizipiertes ~ **21** 65
– Bindungswirkung **21** 64 ff.
Güter, öffentliche ~ **40** 57
Gütesiegel/-zeichen 23 102, **40** 21
→ Zertifizierung
Gütliche Einigung 36 60 ff.
– Vermögensrecht **36** 60
HACCP-System 30 43
Haftung → staatliche Einstandspflichten
– haftungsrechtliche Gleichbehandlung **39** 87
– Privatverfahrensrecht **32** 98 f.
Hamburger Deichurteil 27 34
Handakten 21 15, **28** 52
Handbuch zur Rechtsförmlichkeit **21** 20
Handeln
– Abgrenzung zwischen ~, Unterlassen und Folgen von ~ **39** 24
– tatsächliches ~, Regelungscharakter **35** 25 ff.
Handlung, unerlaubte ~ **39** 96
Handlungsform(en) 33 9 ff., 14 f., **37** 1 ff.
→ Formen des Verwaltungshandelns
– „neue" ~ **33** 54
– als Instrumente der Information **25** 17
– des Privatrechts **33** 69
– Entwicklung **33** 15
– Fehler, Verwaltungsakt **35** 29
– Formüberschneidungen beim Verwaltungsakt **35** 30 ff.
– Gesetz als ~ **33** 36
– gesetzliche Ausgestaltung **33** 15
– Rechtsform, Unterscheidung **33** 10
– Rechtsvergleich **33** 79
– typische ~ **33** 5
– Unionsrecht **33** 78 ff., **34** 76 ff.
– Verbot der Nutzung bestimmter ~ **33** 110
– Zuordnung **33** 4
Handlungsmaßstab 42 28 f.
Handlungsraum, intermediärer ~ **42** 14 m. Fn. 48
Hartz IV 36 47
– Eingliederungsvereinbarung **36** 37 ff.
Hassemer, Winfried, scenisches Verstehen **42** 10
Hausarztmodell 40 19
Haushalt, ~swirtschaftlichkeit **42** 123
Haushaltsordnung, Bewertungen **25** 61 a

Haushaltsrecht als Steuerungsfaktor **33** 66
Haushaltssteuerung 34 63
Haushaltsverfahren, inneres Verfahren **27** 62
Heilung 28 131 ff., **35** 177 ff.
– effet utile **27** 110 ff.
– prozessbegleitende ~ **28** 131 ff.
– Verfahrensfehler **31** 115 ff.
  – Aarhus-Konvention und ~ **28** 90
  – Anhörungsmängel **28** 49
Herkunftslandprinzip → Verwaltungsakt, transnationaler
Herstellung 28 104 ff., **33** 47 b
Hierarchie, Abbau von ~
– E-Mail **26** 28
– Ersetzung durch Netzwerk **21** 101, 107
– IKT-Einsatz **26** 68 ff.
– Aktenführung **21** 8
– Berichtspflichten **21** 21
– Durchbrechung von ~, E-Mail **26** 69
– nicht als Normalfall der Verwaltung **20** 4
– vertikaler Informationsfluss **24** 14
Hinzuziehung 28 72 ff., **29** 14
Hochschule, Ökonomisierung **40** 22
Hochschulzulassung, Dresdner ~svergleich **36** 65
Höflichkeit im Verwaltungsverfahren **28** 100
Hofmann, Ekkehard, formal-numerische Methodik **37** 111
homo oeconomicus 40 31 ff.
homo sociologicus 40 32
Hybridakte 26 33
Hybridisierung
– öffentlicher Aufgabenträger → Public Private Partnership
  – Computernetze/Internet **20** 45
  – Netzwerk → Netzwerk(e)
  – Regulierungsbehörde/ Bundesnetzagentur **20** 42
  – Verantwortlichkeit **42** 13
Hypertext 21 101
IDA-Programm (Interchange of Data between Administrations) 25 28
IKT → Electronic Government
– Einsatz in der Verwaltung **26** 1 ff.
  – Entwicklung **26** 15 ff.
  – elektronische Kommunikationsinfrastruktur **21** 85 ff.
– IT-Outsourcing **22** 27
– IT-Sicherheit **22** 105, **26** 9
– virtuelles schwarzes Brett **24** 18
– Zusammenwirken von Bund und Ländern, Art. 91 c GG **24** 18 b, **26** 45 a
– IT-Staatsvertrag **21** 91
ill-structured 21 50
Impact 33 23
– Bewirkungen und ~ **33** 23
Implementation 28 140 ff.
– ~sdefizite → Vollzugsdefizit

Sach- und Personenregister

– ~skosten, Anreizsteuerung **40** 106
– ~stauglichkeit **42** 168 ff. → Folgenorientierung
implied powers 41 107, **42** 40
implizites Wissen 20 9
– Kontextabhängigkeit **22** 14
In-camera-Verfahren bei abgelehnten Informationsansprüchen **22** 155
Indienstnahme
– Privater **32** 74
– Steuerverfahren **28** 165
Individualnichtigkeitsklage 33 40 Fn. 182
Individualrechtsschutz → Rechtsschutz
– Europäisierung → Europäisierung
– rechtliche Maßstäbe und ~ → Maßstäbe
Informalität → informelles Verwaltungshandeln
information overflow/-load 26 37
– durch IKT **26** 37
Information 20 *18 ff.*, **22** *7 ff.*, *12*
→ Informationstätigkeit, staatliche
– ~sgeschichte **22** 141
– ~sgesellschaft **20** 36 f.
– ~sökonomie **20** 38 ff.
– ~sordnung **22** 4 f.
– ~stheoretische Perspektive **20** 1 ff.
– Bedeutung des Verfahrens **20** 8
– Interdisziplinarität **20** 47 f.
– Lernprozess **20** 5
– Rechtsbindung **20** 34 f.
– Daten
– Datenverarbeitung und ~ **22** 20
– Unterschied zu Daten **20** 25, **22** 8 ff.
– der Beteiligten im Verwaltungsverfahren **28** 42 ff.
– Interpretationsleistung **22** 12
– personenbezogene ~ **22** 29 ff. → Umgang mit personenbezogenen Informationen und Daten
– gefährdungsabhängiger Schutz **22** 31, 35
– Gewinnen oder Verwenden **22** 136
– Verwertungsverbote **22** 141 ff.
– Regelungscharakter **35** 25 ff.
– sensitive ~ **22** 31
– Umsetzung in Entscheidungen oder Handlungen **22** 20
– Verhalten und ~ **22** 12
informationelle Selbstbestimmung 22 56 ff., **23** 73 ff., **29** 86
– auf europäischer Ebene **22** 45
– Eingriff **22** 73
– mittelbare Drittwirkung **22** 67
– Schutzpositionen und Grundrechte **22** 71 ff.
– Konzeption des BVerfG **22** 58 ff.
– Landesverfassungen **22** 57
– Verhältnis zu Einzelgrundrechten **22** 70 ff.
– Zwei-Ebenen-Konzeption **22** 69 ff.
Informations- und Datenverarbeitungsprozesse, Verknüpfung mit Verfahrenstypus **22** 21

Informations- und Kommunikationstechnologien → IKT
Informations-/Kommunikationspläne 22 149
Informationsagentur 25 *85 ff.*
Informationsbegriff 20 20, **22** 12, **25** 3
– Computertechnologie **20** 24
– differenztheoretischer ~ **20** 18 ff.
– Doppelstatus **20** 21 f.
– Indifferenzkonzept (Niklas Luhmann) **20** 24 Fn. 52
– Karriere des ~s **20** 1
– Kybernetik **20** 21 f.
– menschliche Sprache **20** 25
Informationsbeschaffung 22 135
– Bedeutung für das Verwaltungsrecht **20** 50
– Strukturierung **20** 50
Informationsbeschaffungspflichten
– im Europäischen Verwaltungsverbund **25** 13
– interbehördliche ~ **24** 38
Informationsbeziehungen
– außerhalb des Verwaltungsverfahrensrechts **23** 65 ff.
– der Kommission **25** 37 ff.
– Europäisches Gesellschaftsrecht, Informationsregeln **25** 13a
– im Europäischen Verwaltungsverbund **25** 1 ff. → Informationsverbund
– im Verwaltungsverfahrensrecht **23** 32 ff.
– in und zwischen Behörden **24** 1 ff.
– interadministrative ~ **24** 20 ff.
– interbehördliche ~, Verfahren über eine einheitliche Stelle **24** 48a
– intrabehördliche ~ **24** 9 ff.
– E-Mail **24** 16
– informelle ~ **24** 15 f.
– multipolare ~ **24** 42 ff.
– verfahrensbeendende ~ **23** 59 ff.
– verfahrenseinleitende ~ **23** 37 f.
– verfahrensverwirklichende ~ **23** 39 f.
– zu Behörden außerhalb der EU **25** 6
– zwischen Bund und Ländern
– Art. 91c GG **24** 18b, **26** 45a
– zwischen Staat und Bürger **23** 1 ff.
Informationserhebung 23 75 ff.
– doppelte Zielsetzung: Vorbereitung präventiver sowie repressiver Bewirkungsformen **33** 75 f.
Informationsfreiheit 23 87
– Beauftragte **22** 161
Informationsfreiheitsgesetz 21 10, **23** 82 ff., **28** 58 f., **29** 100
– Akteneinsichtsrecht nach § 29 VwVfG und ~ **28** 59
– Antrag **23** 87
– Einwilligung **22** 96
– Gebühren und Auslagen **23** 88
– Grenzen des Anspruchs **23** 85
– Interessenabwägung **22** 96

Informationsfreiheitsrecht 21 10, **23** *82 ff.*, **27** 51, **28** 30, **29** 99 ff. → Informationszugang
– Auswirkung auf Aktenführung **28** 52
Informationsgehalt, Kontextabhängigkeit **22** 14 ff.
Informationsgenerierung, Einflüsse der Beteiligten und der Öffentlichkeit **21** 10
Informationshilfe 24 21 ff.
Informationslasten, Antrag **23** 38
Informationsöffentlichkeit 29 73
Informationsökonomie, Herausforderungen an das Verwaltungsrecht **20** 40 ff.
Informationsoptimierung 23 33 f.
Informationspflicht
– behördliche ~ **23** 37 f., 49, 54
　– Verfahren über eine einheitliche Stelle **28** 60
– im Europäischen Verwaltungsverbund **25** 12 ff.
– in der Vorbereitungsphase
　→ Vorabinformationspflicht
– Privater **23** 39 ff.
– staatliche ~ **23** 18 ff.
Informationsrechte 23 5 ff. → informationelle Selbstbestimmung
– Asymmetrie **23** 113
– Betroffener **22** 146 ff.
　– datenschutzrechtliche ~ **22** 146 ff.
　– datenschutzrechtliche Beteiligungspflichten/-rechte **22** 150
– des Bürgers **23** 43 ff., 81 ff.
– des Staates **23** 19, 68 ff.
– EU-Datenschutzrichtlinie **22** 50 f.
– im Staat-Bürger-Verhältnis **23** 9 ff.
– interadministrative ~ im Europäischen Verwaltungsverbund **25** 104
– Nichtbeteiligter **23** 53 ff.
– Volksvertreter **23** 21
Informationsregeln, Europäisches Gesellschaftsrecht **25** 13 a
Informationsrichtlinie 98/34 25 45 f.
Informationsselektionsfunktion des Verfahrens **23** 33
Informationssystem(e) 21 97 ff., **24** 49 ff.
– Arzneimittel **24** 55
– Datenschutzrecht und ~ **24** 74 ff.
– Geodaten **24** 54
– im Bereich der Freiheit, der Sicherheit und des Rechts **25** 78 ff.
– im Polizei- und Ordnungsrecht sowie bei der Strafverfolgung **24** 51 ff.
– im Umweltbereich **24** 56
– landesweites ~ **21** 74
– Medizinprodukte **24** 55
– nationales ~ **24** 49 ff.
– Schengener ~ **25** 78 ff.
　– eigenständiges Datenschutzregime **22** 40
– universal vernetztes ~ **21** 102

Informationstätigkeit
– staatliche ~ **23** *95 ff.*, **39** 52 f., **42** 87 f.
– Abgrenzung zum informellen Verwaltungshandeln **38** 14 ff.
– Annexcharakter **23** 98
– Ausübungsbedingung von Freiheit **23** 16, **42** 16 Fn. 55
– der Kommission **25** 17 ff.
– Ehrenschutz **23** 105
– Eingriff **22** 72 f., **23** *104 ff.*, **33** 28, 33, **42** 87 f.
– Gesetzesvorbehalt **23** *98 ff.*, 110
– Rechtmäßigkeitsbedingungen **23** 109 ff., **39** 79 ff.
– schlichtes Verwaltungshandeln **39** 6, 36, 52
– Sozialstaatsprinzip **23** 23
– Verbindung mit informellem Verwaltungshandeln **38** 16
Informationsüberfluss 26 70
Informationsübermittlung
– an ausländische Stellen **25** 6
– freiwillige ~ **23** 69, 72
Informationsverarbeitung
– Hierarchie nicht als Normalfall **20** 4
– in der und durch die Verwaltung **20** 2
– neue Grundlegung des Verwaltungsrechts **20** 5
Informationsverbund 25 *1 ff.*
– diagonaler ~ **25** 85 ff.
– horizontaler ~ **25** 62 ff.
– im Europäischen Kartellrecht **30** 58
– Kompetenzgrundlage **25** 15 f.
– vertikaler ~ **25** 34 ff.
Informationsverfahren, Informationsrichtlinie 98/34 **25** 47 ff.
Informationsverwaltungsrecht 20 5 ff., *47 ff.*, **22** 4 ff., **23** 28 ff. → Umgang mit personenbezogenen Informationen und Daten
– Aufgabe des ~s **20** 49 f.
– außerhalb des Verwaltungsverfahrensrechts **23** 65 ff.
– Begriff **20** 25, **22** 4
– Felder **20** 51 ff.
– kein erweitertes Datenschutzrecht **20** 6
– Notwendigkeit **20** 47 f.
– Rechtsverwirklichung **23** 33
– Regelungssektoren **20** 55 ff.
Informationsvorsorge 22 78
Informationszugang 22 96, **23** *82 ff.*, **29** 100
　→ Arkantradition
– Informationsfreiheitsgesetze, Verhältnis zu § 29 VwVfG **28** 59
– zu Daten
　– Grundrecht **23** 21, **29** 102 f.
　– Informations-/Kommunikationspläne **22** 149
Informationszugangsfreiheit 23 82 ff., **29** 102 f.
– Informations- und Kommunikationspläne **22** 149

Sach- und Personenregister

informelles Verwaltungshandeln 33 34 f., 86 f.,
  37 81 ff., **38** *1 ff.*, 97 f., **41** 46 → Absprachen,
  → Informationstätigkeit, staatliche,
  → Zielvereinbarung
- Abgrenzung
  - schlichtes Verwaltungshandeln **38** *14 ff.*,
    39 30 f.
  - Verwaltungsvertrag **36** *78 ff.*, **38** 17
- als Handlungsform 33 5
- Aufsicht **38** 24, 38
  - Kommission 30 57
- Einsatz elektronischer Kommunikation **24** 16,
  26 19, 24, 69
- empirischer Befund **38** 21 ff.
- Entdeckung durch die Verwaltungsrechtswissenschaft **38** 1 ff.
- faktische Vorabbindungen **38** 8 f.
- gerichtliche Kontrolle **38** 114 f.
- good practice guidelines, Regulierungsforen
  34 *82 f.*
- Haftung **38** 116 ff.
- instrumental choice **38** 130 ff.
- Kennzeichen **38** 6 ff.
- Kooperation und ~ **36** 10, **38** 2, *12 f.*
  - informelle Informationsbeziehungen
    24 *39 ff.*, *57 ff.*
  - Leitlinien/Bekanntmachungen der Kommission **30** 57, *76 ff.*
  - Strukturfonds 30 53
- Mediation **32** *102 ff.*, **33** 59, **38** *30 ff.*
- Netzwerke → Netzwerk(e)
- Notwendigkeit von Spielräumen **38** 78 f.
- Rechtmäßigkeitsbedingungen **27** 69, **38** *67 ff.*
  - Ausschluss- und Befangenheitsvorschriften
    38 90 f., 109
- Entscheidungskompetenzen **28** 112
- rechtsförmliche Alternative und ~ **38** 10 f.
- Rechtsverhältnislehre **38** *67 f.*
- Risiken **29** 71, **38** *53 ff.*
  - corporatistic capture **33** 114
  - Präklusion **29** 21
- Schutz Drittbetroffener **38** *100 ff.*
- Schutz von Allgemeininteressen **38** 104 ff.
- staatliche Einstandspflichten **38** 116 ff.
- Strukturierungsleistung des Informationsrechts **20** 50
  - Veröffentlichung **21** 27, **29** 85
- Transparenz **38** 111
- Typisierung **38** *28 ff.*
  → Vorabinformationspflicht
  - Selbstverpflichtungen **33** 92, **38** 42
  - Vorabsprachen/Vorverhandlungen **28** 20,
    29 *29 ff.*, **38** *28 f.*
- unionale Politikentwicklung **25** 43
- Verantwortung **38** 110 f.
- Verbindung mit staatlicher Informationstätigkeit **38** 16
- Verrechtlichung **38** *83 ff.*

- Verteilungsentscheidungen im Sozial-,
  Gesundheits- und Katastrophenschutzrecht
  30 16
- Vorteile **38** 51 f.
Infrastruktur
- ~regulierung **33** 94
- Begriff **21** 85
- Bereitstellung von ~, schlichtes Verwaltungshandeln **39** 44 ff.
- informationelle ~ → IKT
  - Statistik **21** *77 f.*
- Verteilungsverfahren **30** 15
Infrastrukturverantwortung 39 45
Infrastrukturverwaltung, Planung **37** *20 f.*
Inhaltsbestimmung 35 129 ff.
- modifizierende Auflage und ~ **35** *144 f.*
In-House-Geschäfte 36 85 Fn. 529
Innenrecht, Verwaltungsvorschrift
  → Verwaltungsvorschrift
Innovationen
- durch ermöglichendes Recht **42** 233 ff.
- Risiko **42** *181 f.*
- Stimulierung **33** 21
Innovationsmanagement 42 237 ff.
Innovationsrecht 42 235 ff.
- Grundsätze der Datenvermeidung und
  Datensparsamkeit **22** 106
Input 33 61
Inquisitionsmaxime → Amtsermittlung
Institutionalisierung von Kontrollen, Umgang
  mit personenbezogenen Informationen und
  Daten **22** 82
Institutionenökonomik 40 *39 ff.*
Instrument
- Begriff **41** 10
- ökonomisches ~
  - im Umweltrecht **40** *52 ff.*
  - Vorteile **40** *63 ff.*
instrumental choice 33 98
Instrumentalisierung des Verfahrensrechts
  27 71
Instrumentenbündel 41 19
Instrumentenmix 41 1 ff. → Mix
- Verwaltungsvertrag und ~ **36** 73, 81 ff.
Instrumentenverbund 41 19
Integrationsvereinbarung 36 37
Integrität
- IT-Sicherheit **22** 105
- Recht auf Gewährleistung der Vertraulichkeit und Integrität informationstechnischer
  Systeme **22** 68a ff.
Intelligenz
- der Netze **21** 86, 91
- kollektive ~ **21** 108
Interactive-Voice-Response-Systeme 26 24
Interdisziplinarität
- informationstheoretische Perspektive **20** *47 f.*
- mit Sozialwissenschaften **40** *29 ff.*

– mit Wirtschaftswissenschaften **40** 29 ff.
 → Ökonomisierung
Interesse(n) 29 48 ff., **42** 206
– Frage von gemeinsamem ~ (Art. 197 AEUV) **27** 21
– Gemeinwohl und ~ **29** 60 ff.
– privates und öffentliches ~ **29** 56 ff.
Interessenabwägung, Informationsfreiheitsgesetz **22** 96
Interessenclearing 32 103
Interessentenbeteiligung 28 77 ff.
Interessentenklage 33 40
intern, Dienstbetrieb, Verrichtungen etc., schlichtes Verwaltungshandeln **39** 48
Internationalisierung, Formenlehre **33** 78 ff.
Internet 20 39, **26** 18 f. → Electronic Government
– ~portale **26** 23
– Erhaltung von Diversität **20** 46
– qualitative Veränderung des Wissensprozesses **21** 89
– Verwaltungsrecht **20** 45
– Wissen **20** 39
– Zugang zum ~ **26** 57, **29** 81
Internetauftritt
– staatliches Informationshandeln **23** 97
– Zugangseröffnung für elektronische Kommunikation **26** 48
Intimsphäre → Privatsphäre
Intuition 33 60
IT → IKT
IT-Grundrecht, Recht auf Gewährleistung der Vertraulichkeit und Integrität informationstechnischer Systeme **22** 68 a ff.
IT-Outsourcing 22 27
IT-Planungsrat 21 91, **24** 18 b, **26** 11, *45 a*
– Sicherung der Kompatibilität technischer Lösungen **26** 41
IT-Sicherheit 22 105, **26** 9
IT-Staatsvertrag 21 91, **24** 18 b
Jedermannbeteiligung 28 84 f., **29** 97
joint administration 21 95
Judikative → Gerichtskontrolle
– Elektronisierung **26** 1 Fn. 3
– Informationsbeziehungen **24** 43 ff.
– Normverwerfungskompetenz **34** 19, 21 b
juristische Person, Weiterentwicklung **20** 43
Justiz → Judikative
Justizverwaltung, Informationsbeziehungen **24** 43 ff.
Justizvorbehalt 33 102
Karenztage 40 20
Karte
– administrative ~ (Gesundheitskarte) **21** 33, **22** 120
Kartellrecht 30 55 ff. → Bundeskartellamt, → Vergaberecht
– im Europäischen Verwaltungsverbund **30** 55 ff.

– Selbsteintrittsrecht der Kommission **30** 57
– Wissensgenerierung **30** 33
Kaskadentechnik, Vergabeverfahren **27** 50
Katasteramt 21 98
Katastrophenschutz 30 16
Kausalität
– Beachtlichkeit von Fehlern **35** 199 ff.
– von Verfahrensfehlern **31** 52
 – Binnenrechtsakte **31** 79 f.
 – Verwaltungsakt **31** 66 ff.
Kautelarjurisprudenz
– verwaltungsvertragliche ~ **36** 12, 121 ff.
Kaution zur Durchsetzung unionsrechtlicher Pflichten **33** 80 a
KEK 20 43
Kelsen, Hans, Verwaltungsaktsbefugnis **35** 18
Kenntnisrechte, Einschränkungen **22** 85
Kennzahl/-Ziffer
– Risiken **42** 136
– Überkomplexität **34** 93
Kernbereich, unantastbarer ~ der Persönlichkeit **23** 77
Kernenergierecht, Risiko **42** 179
Klagearten 33 49 ff.
Klagebefugnis, Unionsrecht, Individualnichtigkeitsklage **33** 40 Fn. 182
Klagehäufung 41 146
Klugheit 28 100, **33** 60, **42** *52 f.*
– Anforderungen administrativer ~ **33** 87
Kodex 34 62
– Corporate Governance ~ **34** 71 a
– Europäischer ~ für gute Verwaltung **27** 30, **34** 62
Kodifizierung → Informationsfreiheitsgesetz
– Kooperationsvertrag **36** 130
– Verwaltungsverfahrensrecht **23** 35, **27** *9 ff.*, **28** *9 f.*, **30** 9
Kohärenz 42 164
Kollegialverfahrensrecht 28 110 ff.
Komitologie 25 42, **30** 74 f., **34** 82 c
– Informationsbeziehungen **25** 42
Kommerzialisierung, Funktion von Informationsbeziehungen **23** 29
Kommission, Informationsbeziehungen **25** 37 ff.
kommunale Selbstverwaltung
– demokratische Legitimation, Satzungsgewalt **34** 28 ff.
– interkommunale Zusammenarbeit **36** 47
Kommunen → kommunale Selbstverwaltung
Kommunikation 20 28 ff., **23** 28 ff.
– ~sverantwortung **29** 33
– Begriff **20** 28 ff., **23** 2 Fn. 12
– Eingriff **23** 105 ff.
– Freiheitsschutz und ~ **23** 15 f.
– Grundrechte **23** 24
– Niklas Luhmann **20** 28 f.
– Selektion und ~ **20** 30
– Verstehen und ~ **20** 30

Sach- und Personenregister

Kommunikations- und Datenverarbeitungstechniken und -netze, Umgang mit Daten und Informationen **22** 24
Kommunikationsinfrastruktur 21 1 ff.
– elektronische ~ **21** 85 ff.
Kommunikationslasten 29 27 f.
Kommunikationssteuerung 34 65 f.
Kommunikationsteilhabe
– chancengleiche ~ **29** 32 f. → Digital Divide
Kommunikationstheorie 20 25
Kompatibilitätsprobleme, Archivierung **21** 79
Kompensation durch Beteiligung **29** 9
Kompensationsprinzip 41 98 ff.
– Abgabemodell **41** 102
– Entschädigungsmodell **41** 102
– Konzeptwechselmodell **41** 101
– Neutralisierungsmodell **41** 99
– Saldierungsmodell **41** 100
Komplementarität → Auffangordnungen, wechselseitige
Kondominialverwaltung, Partizipation und ~ **29** 69
Konfliktlagen, multidimensionale und multipolare ~ **33** 110
Konfliktmittlung, Partizipation und ~ **29** 69
Konsistenzgebot 33 117
Konsolidierungsverfahren 30 60
Konstitutionalisierung
– der Rechtsordnung **33** 40
– Verfahrensprivatisierung **32** 63
Konsultationen, Verhaltenskodex **25** 43
Konsultationspflichten 24 37, **25** 14 Fn. 55
– im Europäischen Verwaltungsverbund **25** 14
Kontaktmanagement 34 66
Kontextabhängigkeit, Datenschutzrecht **22** 13 ff.
Kontextsteuerung 27 38
– Umgang mit personenbezogenen Daten und Informationen **22** 79, 104
Kontrahierungsdruck, Eingliederungsvereinbarung **36** 41
Kontraktmanagement 36 54 ff.
– Funktionen und Gegenstände **36** 55 ff.
– inneres Entscheidungsverfahren **28** 113
– Rechtsnatur von Kontrakten **36** 57 f.
Kontroll-
– ~management **33** 95
– ~pläne **30** 44
Kontrolldichte 41 122 ff. → Abwägung, → Gerichtskontrolle
– gerichtliche ~
– Abstufung der ~ bei informellem Verwaltungshandeln **38** 114 ff.
– Verfahren der Wissensgenerierung **30** 39
– herabgesetzte ~ **38** 114 f.
– Aufwertung der Verfahrenskontrolle **20** 54
– Verfahrensprivatisierung **32** 43 ff.
– Mediation **32** 143
– rechtliche und außerrechtliche Maßstäbe **42** 44

Kontrolle → Gerichtskontrolle, → Öffentlichkeitskontrolle, → Vorwirkung der Kontrollperspektive
– Abbau präventiver ~ **33** 55
 → Bauordnungsrecht
– Bewirkungen und ~ **33** 18
– der Satzung **34** 35
– durch Verbände und Organisationen **23** 91
– Eröffnungskontrollen **33** 54 f.
– Gewährleistungsaufsicht **32** 87 ff.
– informelle ~ durch professionelle Gemeinschaften **21** 59
– institutionalisierte ~
– EU-Datenschutzrichtlinie **22** 53
– Umgang mit personenbezogenen Informationen und Daten **22** 86
– Institutionalisierung von ~, Umgang mit personenbezogenen Informationen und Daten **22** 82
– Öffentlichkeit **23** 12
– Privatverfahrensrecht **32** 89
– Umgang mit personenbezogenen Daten und Informationen **22** 154 f.
Kontrollerlaubnis 33 12, **35** 90 ff., 92 ff. → Verbot
Kontrollinstanz, Entscheidungsbefugnisse, Recht des Umgangs mit personenbezogenen Informationen und Daten **22** 86
Kontrollmaßstab 42 28 f., 33 ff.
Kontrollstellen, Recht des Umgangs mit personenbezogenen Informationen und Daten
– völlige Unabhängigkeit **22** 53, 161
Konzentration, Verfahrens~ **42** 148
Konzentrationswirkung 28 80
– Baugenehmigung **33** 55
– Behördenbeteiligung **28** 95
– Planfeststellungsbeschluss **28** 80, **35** 56
– Präklusion und ~ **28** 80
Konzept 30 37, **34** 58
– als Teil der Regierungsplanung **37** 82
– bei Entscheidung unter Ungewissheitsbedingungen → Ungewissheit
– Datenschutzaudit **22** 165
– der informierten Öffentlichkeit **27** 73 ff.
– im Regulierungsrecht **30** 32, 37
– im Überwachungsverfahren **30** 44
– im Verteilungsverfahren **30** 18
– Innovationsmanagement **42** 237
– Programmpläne **37** 82, 85
– städtebauliches Entwicklungs~ **37** 85
Konzeptpflicht 34 6
– im Verteilungsverfahren **30** 18
– Vorsorgestrategie **21** 51
Konzeptvorgaben 33 116
Konzeptwechsel 37 83, **41** 101
Konzession 35 90 ff., 95
Kooperation → Informationsverbund
– Erfolgsbedingungen **38** 62 ff.
– Formung **33** 89 ff.

- im Europäischen Verwaltungsverbund **25** 2, **30** 48 ff.
- Informationsbeziehungen **23** 70 ff., 76
- Informationsverwaltungsrecht und ~ **20** 52
- informelles Verwaltungshandeln und ~ **36** 10, **38** 2, *12 f.*
- intrabehördlicher Informationsaustausch **24** 12
- mit Privaten
  - kooperativer Staat **36** 10
  - kooperatives Regieren **34** 83
  - Verwaltungskooperationsrecht **36** 15, 90
- mit Sachverständigen **21** 54 ff., 61, 67
- polizeiliche ~ im Europäischen Verwaltungsverbund **25** 2

Kooperationsformen, interorganisationale ~ **21** 105

Kooperationsprinzip 38 130
- europäisches ~ **42** 15

Kooperationsstandards 42 24

Kooperationsverfahren 33 64
- im Regulierungsverbund **30** 60

Kooperationsvertrag 36 15, 130 f., 19

Kooperationsverwaltungsrecht, Europäischer Verwaltungsverbund **25** 16

Koordinierung 33 80
- Kompetenz der Union **34** 82 a
- Offene Methode der ~ **34** 82 h

Kopfpauschale 40 19

Koppelung
- Leistungsvergabe und Informationen **23** 73 f.
- strukturelle ~ **21** 86

Koppelungsverbot 38 80 ff., **41** 104, 131 f., **42** 106
- § 36 VwVfG **41** 103 f.
- informelles Verwaltungshandeln und ~ **38** 80 ff.

Koregulierung 33 80, 89, **34** 82 i → Regulierung

Korrespondenzrecht 27 95

Korruptionsbekämpfung → Unparteilichkeit
- Transparenz im Vergaberecht **42** 220

Kosten
- Antrag nach dem IFG **23** 88
- externe Effekte **42** 121

Kosteneffizienz 40 64 ff.

Kostenfolgen von Verfahrensfehlern **31** 37

Kosten-Nutzen-Analyse, Anreize **40** *107 ff.*

Kosten-Nutzen-Kalkül 40 36

Krankenhausplanung 37 32, *87 ff.*

Krankenversicherung, administrative Karte **21** 33

Krebsregister 21 31

Kundenorientierung 28 31
- Neues Steuerungsmodell **21** 107, **28** 113

Kündigung, Verwaltungsvertrag **36** 119 f.

Laband, Paul, Kommunikation **20** 29

Lamfalussy-Prozess 30 71 b

Landesentwicklungsplan 37 48

Landesinformationssystem 21 74
- im engeren Sinne **21** 91

Landespläne, Rechtsnatur **37** 36

Landschaftsplanung 37 46

Lastenverbünde, IKT-Einsatz **26** 28

Lebensmittel- und Futtermittelrecht
- systematische Lebensmittelkontrollen **28** 21
- Überwachung **30** 40 b ff.
- Zulassung genetisch veränderter Lebens- und Futtermittel **30** 65 f.

Legalisierungswirkung
- einer Genehmigung **35** 53
- einer Zulassungsentscheidung und Verfahrensprivatisierung **32** 43

Legalplanung 37 15

Legitimation → demokratische Legitimation
- durch Berichte **21** 22
- durch Verfahren **28** 1

Leibniz, Gottfried Wilhelm **20** 12

Leistungsansprüche, derivative ~ **39** 67

Leistungsfähigkeit, Steigerung der technischen ~ **21** 87

Leistungsstörung, Verwaltungsvertrag **36** 117

Leistungsvereinbarung 36 57
→ Kontraktmanagement, → Zielvereinbarung

Leistungsverwaltung
- Informationsgewinnung **23** 72
- schlichtes Verwaltungshandeln und ~ **39** 39 ff., 65
- Verfahren **28** 170 ff.

Leitbild 33 38, **42** 204
- Electronic Government **26** 2 ff.

Leitbilder, change management **34** 61

Leitfäden 36 127
- informelles Verwaltungshandeln **38** 13
- Kritik **36** 127

Leitlinien 30 81, **34** 82 f
- der Kommission **30** 77 ff.
- im Beihilferecht **30** 79
- im Europäischen Energierecht **30** 81
- im Europäischen Telekommunikationsrecht **30** 81
- im Europäischen Wettbewerbsrecht **30** 79

Lenkungsplanung 37 44, 81 ff.

Lernen
- Strukturierung **21** 51
- Wissensbasis **21** 101

Lohnsteuerabzugsverfahren 28 165

Löschung
- von Daten **24** 77
  - Ausschluss gegenüber Archiven **21** 40
- von personenbezogenen Daten **22** 138

Löschungsanspruch, EU-Datenschutzrichtlinie **22** 51

Luftreinhalterecht, Aktionsplan **37** 48 f.

Luhmann, Niklas **20** 24 Fn. 52, **21** 69
- Her-/Darstellung von Entscheidungen **42** 172
- Kommunikation **20** 29, **25** 32

Sach- und Personenregister

- strukturelle Kopplung **21** 86, **29** 96
- Verwaltung als Organisation **20** 2 f.
- Wissen **22** 15

Managementkonzept, rechtliche Einordnung **33** 16a

MARisk 38 39 Fn. 109

Markt → Ökonomisierung
- ~aufsichtsverwaltung **33** 94
- ~regulierung **33** 94
- ~steuerung **30** 14
- Ankauf landwirtschaftlicher Erzeugnisse **30** 14
- Ausfuhrerstattungen **30** 14
- Zollkontingente **30** 14
- staatenloser ~ **25** 32

Massenmedien 29 93

Massenverfahren 28 76
- Sozialrecht, Verwaltungsvertrag **36** 37 ff.
    → Eingliederungsvereinbarung
- Steuerrecht **35** 105

Maßgaberecht, Planfeststellungsrecht **27** 88

Maßnahme
- Bewirkungsmaßnahmen **33** 17 f.
- janusköpfige ~ **33** 24
- Kategorisierung einer ~ → Rechtsform(en)
- regelungsvorbereitende, regelungsersetzende und regelungsausführende ~ **39** 109
- unselbstständige ~ **35** 28
- Verwaltungsakt **35** 22

Maßnahmenplan 34 82j

Maßstäbe 33 56 ff., **42** 1 ff.
- Begriff **42** 2 ff.
- Bildung und Setzung von ~ **42** 38 ff.
- nichtrechtliche/außerrechtliche ~ **33** 56 ff., **42** 4
- normative Umhegung **34** 52 ff.
- Rechts~ **42** 25 ff.
- Subjektivität **42** 49 ff.
    - subjektive Maßstabssetzungskompetenz **42** 50

Maßstabsanktionen 42 33 ff.

Maßstabsgehalt 42 31

Maßstabskompetenz der Verwaltung **42** 40 ff.

Maßstabslehre 42 1 ff.
- Funktion **42** 54 ff.
- Rationalitätssicherung **42** 54 ff.

Maut 40 18
- Zweckbestimmung der Daten **22** 127

Mayer, Otto
- Rechtsformenlehre **33** 1, 30
- Rechtsinstitute **35** 8
- Verwaltungsakt **33** 9, **35** 6 ff.
- Verwaltungsvertrag **36** 1 ff.

Mediation 32 102 ff., **33** 59
- administrative Richtigkeit und ~ **33** 59
- als informelles Verwaltungshandeln **38** 30 ff.
- Dokumentation **21** 27
- gerichtsnahe ~ **28** 139
- Grenzen **32** 124 ff.

- Haftung **32** 144
- im Umfeld von Verwaltungsverfahren **32** 107 ff.
- Besonderheiten **32** 103a
- Differenzen zu privater Konfliktmittlung **32** 121
- Notwendigkeit spezifischer Regelungen **32** 132
- Rechtsschutz **32** 143
- Verrechtlichung **38** 85
- Vertraulichkeit **21** 27, **32** 115, 128a
    - Relativierung im Öffentlichen Recht **32** 138a
- Verwaltungsrecht und ~ **32** 122 ff.
- Vollstreckbarerklärung des Ergebnisses, Besonderheiten im Öffentlichen Recht **32** 120a
- Voraussetzungen **32** 110 ff.

Mediationsergebnis, Einbringen in das Verwaltungsverfahren **32** 139 ff.

Mediationsgesetz 32 109a

Mediationsrichtlinie 32 109a

Mediationsverfahrensrecht 32 131 ff.

Mediationsverträge, Prozessvergleiche **36** 61 ff., 66
- Gegenstände **36** 66

Mediator als Verwaltungshelfer **32** 130

Medien 23 20
- staatliches Informationshandeln und ~ **23** 97

Medienrecht 20 55 ff.

Medizinprodukte, Datenbank **24** 55

Mehrebenensystem der Europäischen Union → Europäischer Verwaltungsverbund

Meinungsfreiheit der öffentlichen Hand **23** 24

Meldepflicht, Finanzdienstleistungsaufsicht **30** 43

Melderecht, Referenzgebiet
- Umgang mit personenbezogenen Informationen und Daten **22** 100, 140

Melderegister 21 30

Menschenbild des GG, Kommunikation **23** 24

Menschenwürde, Umgang mit personenbezogenen Informationen und Daten **22** 76

Metadaten, Archivierung **21** 43

Methode → Interdisziplinarität
- formal-numerische ~ **37** 111
- Offene ~ der Koordinierung **33** 80, **34** 82h

Mikrozensus 21 80

Minderheitenvotum im Kollegialverfahrensrecht **28** 111

Mindestinhaltsklauseln, Verwaltungsvertrag **36** 122

Mischverwaltung
- Europäischer Verwaltungsverbund **30** 49
- Informationstechnische Systeme, Art. 91c GG **24** 18b, **26** 45a
- kommunaler Leistungsträger und Agenturen für Arbeit **36** 53a

Missbrauchformeln 33 110 ff.

Sach- und Personenregister

Mitbestimmung, Demokratieprinzip und
  ~ → Partizipation
Mitteilung
– der Kommission **25** 24, **30** 77 ff.
Mitteilungspflicht 24 33 ff.
Mittel → Erforderlichkeit
Mittelvergabe, leistungsbezogene ~, Hochschulbereich **40** 22
Mittelverwaltung, geteilte **30** 52
Mitwirkung 33 8
– ~spflichten **28** 38, **30** 35
– Fiktion **33** 8
– Sachverhaltsfeststellung **23** 40 ff., **28** 37, **32** 24 f.
– Schule **39** 69
– Verwaltungsakt **35** 68 ff.
Mitwirkungslast, Beteiligter **28** 37
Mitwirkungsrechte
– von Behörden **28** 91 ff.
– grenzüberschreitend **28** 96
Mix 33 25, **41** 1 ff., *16 ff.*, 109 ff. → Formen des Verwaltungshandelns
– Begriff **41** 16 ff.
– Bestandskraft und Fehlerlehre **41** 133 ff.
– Funktion **41** 70
– gegenläufiger ~ **41** 61
– Handlungsformen~ **36** 81 ff.
– konsekutiver ~ **41** 54 ff.
  – Entwicklungsgebote **41** 129 f.
– Merkmale **41** 26 ff.
– möglicher ~ **41** 60
– Rechtmäßigkeit
  – formelle ~ **41** 106 ff.
  – materielle ~ **41** 119 ff.
– Rechtsschutz **41** 141 ff.
– städtebaulicher ~ **36** 82
– Verwaltungsvertrag und ~ **36** 81 ff.
– zwingender ~ **41** 59, 105
Mobilfunktechnologie 26 18, 25
Mobilisierung
– Aarhus-Konvention **28** 89
– des Bürgers **23** 90
  – Informationserlangung **23** 70
  – zur Durchsetzung von Informationspflichten **25** 55 ff.
– Funktion der Informationsbeziehungen **23** 29
– Verfahrenseinleitung **28** 16
Modernisierung, Verwaltungs~gesetze **34** 55
Möglich, Vorbehalt des ~en **33** 119
Monitoring 28 155 f., **30** 42
– Gesundheits~ **21** 33
– Risikoentscheidungen **21** 52, **30** 35
– Statistik und ~ **21** 82
Mühlheim-Kärlich-Entscheidung 27 34
Multipolarität 33 40 f.
– Verwaltungsakt **35** 67
Mustervertrag 36 126
– Leitfäden und Modelle **36** 126
Nachbarschutz, baurechtlicher ~ **32** 26

Nachberichtspflicht 22 51, 137
Nachhaltigkeitsgebot 42 126
Nachrichtendienstrecht, Referenzgebiet
  – Umgang mit personenbezogenen Informationen und Daten **22** 100, 140
Nachschau 23 75
Natura 2000 37 70
Naturschutzverträge 36 82
Neapel II-Übereinkommen 25 69 ff.
Nebenbestimmungen 35 125 ff.
– Auflage **35** 138, 142
  – modifizierende ~ **35** 144 f.
– Auflagenvorbehalt **35** 143
– Bedingung **35** 138, 140
– Befristung **35** 139
– Bestandskraft **41** 136
– Funktionen **35** 125 ff.
– Inhaltsbestimmung und ~ **35** 129 ff.
– Rechtsschutz **35** 148 ff.
– Widerrufsvorbehalt **35** 141
– Zulässigkeit **35** 146 ff.
Netz, administratives ~ → Behördennetz
– Europäischer Verwaltungsverbund als ~ **25** 32
– Intelligenz der ~e **21** 86, 91
Netzarchitektur, Electronic Government **21** 91
Netzentgelt 40 24
Netzinfrastrukturverwaltung, kostengünstiger Netzzugang, Anreize **40** 24
Netzwerk(e) 20 53, **34** 90
– ~staat **21** 107
– Kartellrecht **30** 55 ff.
– lernende ~ **21** 93
– nationaler Behörden **34** 82b
– überlappende ~ **20** 38, 53
– Wissen
  – Wissensbasis **21** 101
  – Wissensproduktion **20** 38, 50
Netzwerkbeziehungen, Multipolarität **33** 41
Netzwerkstruktur 26 68
– Verbundverfahren **27** 81
– Vorteil **21** 107
Netzwirtschaften → Netzzugang
– Recht der ~ **33** 93
Netzzugang → Regulierung des ~s
– Anreize **40** 24
Neue Verwaltungsrechtswissenschaft
  → Auffangordnungen, wechselseitige,
  → Eigenständigkeit der Verwaltung,
  → Wissen
– Formenlehre **33** 2
– Interaktionszentrierung **33** 47a
– Kritik Verwaltungsvertrag **36** 136 f.
– rechtsetzungsorientierte Handlungs- und Entscheidungswissenschaft **33** 47 f.
Neues Steuerungsmodell 26 7
– behördeninterne Entscheidungsbildung **28** 113
– Berichtspflichten **21** 22

Halbfette Zahl = §§; magere Zahl = Rn.; kursive Zahl = Hauptfundstelle; → = s./s. auch   1837

Sach- und Personenregister

- Handlungsmaßstab **42** 12
- Haushaltssteuerung **34** 63
- inneres Entscheidungsverfahren **28** 113
- Kontraktmanagement **36** 54 ff.
- Output-Bürokratie **34** 93
- Statistik **21** 82

Neutralisierungsmodell 41 99
Neutralität 42 105 → Unparteilichkeit
- Mediator **32** 115
- Trennung von Ermittlung und Analyse **30** 45

New Public Management
- Berichtspflichten **21** 22
- Statistik **21** 82

NGO → Nichtregierungsorganisation
Nichtigkeit
- Verwaltungsakt **35** 160 ff.
  - formell rechtswidriger ~ **31** 88
- Verwaltungsvertrag, rechtswidrige Verträge **31** 71, **36** 93 ff.
- von Administrativnormen bei verfahrensfehlerhafter Entstehung **31** 76 ff.

Nichtigkeitsdogma 31 76 ff., 99
- Rechtsnorm **37** 113

Nichtigkeitsklage 33 40 Fn. 182
- Akt von Agenturen **25** 89 a

Nichtregierungsorganisation 21 103
Nichtverwaltungsakt 35 22
Norm
- als administratives Steuerungselement **33** 37
- Formung **33** 36 ff.
- in der Formenlehre **33** 6, 36 ff.
  - Sperren für einzelaktbezogene Formen **33** 105
- nichtige Administrativnorm, verfahrensfehlerhafte Entstehung **31** 76 ff.
- self-executing **33** 39
- Steuerungswirkung **33** 39
- Transformations~ **33** 92

Normenklarheit 34 21 b
Normenkontrolle, Flächennutzungsplan **37** 36
Normenverträge 36 82
Normierung
- ~sgremien **25** 50
- Informationsverfahren **25** 47 ff.

Normsetzung → Rechtsetzung
- exekutive **34** 1 ff. → Exekutivrechtsetzung
- kooperative ~, demokratische Legitimation **34** 71 ff.

Normsetzungsvertrag, demokratische Legitimation **34** 71
Normungsgremien, europäische **25** 50
Normungsprogramm 25 47
Normvertrag 36 82 f.
Normverwerfungskompetenz
- Rechtsverordnung **34** 19, 21 b

Notifizierung 25 51
- ~spflicht **25** 46 ff.

- im Europäischen Verwaltungsverbund **25** 13
- ~sverfahren **25** 55 ff.

Novel-Food-Verordnung 30 66
NSM → Neues Steuerungsmodell
Nullvariante 37 28
Nutzung von personenbezogenen Daten **22** 136
Offenlegungspflichten, Versicherungsrecht **41** 45 b
Öffentlich Öffentliche Partnerschaft (ÖÖP) 36 47 ff.
Öffentlich Private Partnerschaft (ÖPP)
→ Public Private Partnership
Öffentlichkeit 23 10 ff., **29** 72 ff.
→ demokratische Legitimation, Öffentlichkeit
- ~sgrundsatz, exekutivische Normsetzung **34** 16
- ~sstatus des Bürgers **23** 14 ff.
- betroffene ~ **28** 87 f.
- des Verwaltungshandelns **29** 95 ff.
- Formen **29** 73 ff.
- Grenzen **29** 83 ff.
- informierte ~ **27** 73 ff., **34** 16
- Medienöffentlichkeit **23** 20
- Vertraulichkeit von Mediation **32** 128 a

Öffentlichkeitsarbeit → Informationstätigkeit, staatliche
- staatliche ~ **23** 95 ff.

Öffentlichkeitsbeteiligung 21 103, **28** 84 ff.
- Aarhus-Konvention **28** 86 ff.
- elektronische ~, Planungsverfahren **21** 103
- europäische Impulse **28** 85
- frühzeitige ~ **37** 26
- grenzüberschreitende ~ **28** 85
- in der Planung **37** 26
- Informationssystem **21** 103
- Lamfalussy-Prozess **30** 71 b
- Planungsmodelle **21** 103
- Verfahrensrecht **23** 53
- vorgelagerte ~ **28** 90 a
- Wissensgenerierung **30** 35

Öffentlichkeitskontrolle
- Grenzen **29** 83 ff.
- Vermachtungsgefahr **29** 29 ff.

öffentlich-rechtlicher Vertrag
→ Verwaltungsvertrag
Offizialmaxime → Amtsermittlung
Ökoaudit → Umweltaudit
Ökonomie 40 29 ff.
Ökonomisierung 33 82, **34** 88
- ökonomische Analyse des Rechts **40** 29 ff.
- ökonomische Instrumente → Anreize
  - im Umweltrecht **40** 52 ff.
- Vorteile **40** 63 ff.
- ökonomische Rationalitätskonzepte und ~ **33** 60

OLAF 25 27 Fn. 102
One-Stop-Government 22 95, **26** 39 ff.
- Einheitliche Stelle **28** 23 a f.

Sach- und Personenregister

One-Stop-Shop 25 51
Online-Zugriff 26 22
ÖPP-Beschleunigungsgesetz 36 15
Opportunitätsprinzip 28 15 ff.
Optimierung des Verwaltungshandelns **42** 67 ff.
Optimierungsgebot 27 37, **37** 102 f.
Optionenentscheidungen 33 58
Optionenermessen 42 72
Optionenraum, offener ~, Wissensmanagement **21** 94
Optionenwahl 33 96 ff., 119
– Formenwahl → Formenwahl
– Grundsätze **33** 109
– informelles Verwaltungshandeln **38** 122 ff.
– rechtliche Überprüfung **33** 114
– rechtsfehlerhafte ~ **33** 120
– relative Grenzen **33** 108
– Verwaltungsakt **35** 35 ff.
– zwingender Mix **41** 105
Ordnungsidee, Vertrag, normergänzende Funktion **36** 33
Ordnungsmuster, administrative ~ **33** 96
Ordnungsplanung 37 43
Ordnungsrecht
– Ordnungsverfahren **28** 162 ff.
– schlichtes Verwaltungshandeln **39** 34 ff.
– Steuerungsfähigkeit **38** 45 f.
Ordnungsvorschriften 35 194
– formelle Rechtswidrigkeit und ~ **31** 65, **35** *159*, 190
Organisationsbefugnis 24 63
Organisationsermessen 42 137
Organisationspflichten → Beauftragte
Organisationsprivatisierung
– Berichtspflichten **21** 24 f.
– Transparenz **21** 24 f.
Organisationsrecht als Steuerungsfaktor **33** 62
Orientierungen
– präskriptive ~ **33** 56 ff., 119 → Maßstäbe
OSHA-Netzwerk 25 95 ff., 100
Outcome 33 23
Output 33 27
– ~-Bürokratie **34** 93
– ~-Legitimation **38** 113
– ~-Orientierung **34** 88
Outsourcing 21 27 f., **22** 27
Ozonsmog 40 51
Parallelprozessieren von Information **21** 106
Parallelverfahren, Bauleitplanung **37** 74
Pareto-Effizienz 40 54, 59
Parlamentsgesetz → Gesetzesvorbehalt, → Gesetzesvorrang
– Umdeutung in Satzung (hamb. Bebauungsplan) **33** 113 Fn. 492
Partizipation 21 103, **29** 1 ff., 65 ff., **30** 69
→ demokratische Legitimation, Partizipation
– Akzeptabilität und ~ **42** 205 ff.
– elektronische ~, Planungsverfahren **21** 103

– Funktion **29** 1, 3
– Informationssysteme **21** 103 f.
– Planungsmodelle **21** 103
– Risiken und Chancen **29** 70 f.
Partizipationsdilemma 29 53, 71
Partizipationserzwingungsklage 28 75
– isolierte ~ **28** 74 f.
Partnerschaft
– Öffentlich Öffentliche ~ **36** 47 ff.
– Öffentlich Private ~ → Public Private Partnership
Pass, biometrische Merkmale **22** 120
Pauschale, Kopf- und Fall~ im Gesundheitswesen **40** 19
PC 21 90 → IKT
peer review
– Regulierungsverbund **34** 82 f
– zwischen den Mitgliedstaaten **34** 82 h
Performance-Management 34 93
Person → Bürger
– personenbezogene Informationen und Daten **22** 29 ff. → Umgang mit personenbezogenen Informationen und Daten
Personal
– als Steuerungsressource **33** 65
– Dauer der Verwaltungsaufgabe **42** 154 f.
– Selbstprogrammierung der Verwaltung und ~ **34** 60
– Bedeutung für die erfolgreiche Umsetzung von Electronic Government **26** 10
– Bedeutung für die Verwaltungskooperation **25** 105
Personalakte 21 13
Personalauswahl
– Auswahlentscheidung **30** 13
– Diskriminierungsschutz **40** 93
Personalausweis
– elektronischer Identitätsnachweis **22** 100, 120
– Signaturfunktion **26** 54
Personalwechsel, Wissensbasis **21** 101
Personenstandsregister 21 30
Persönlichkeitsrecht
– allgemeines ~ **22** 64, *75 ff.*
– mittelbare Drittwirkung **22** 67
Pflanzenschutzrecht
– Wissensgenerierung **30** 30, 35
Pflege-TÜV 34 71 a
Pharmakovigilanz 30 40 b, 43
Phasenregulierung, Recht des Umgangs mit personenbezogenen Daten und Informationen **22** 135 ff.
Pigou, Arthur C., Pigou-Steuer **40** 59
Plan- und Planungsgesetz 37 15
Planänderung 28 153
Planergänzung 28 135 ff., **37** 114
Planerhaltung 28 134, **35** 103, **37** 112 ff.
Planfeststellung 35 103, **37** 32
– als Fachplanung **37** 40

- als Plan **37** 19
- Änderung **28** 153
- Fehlerbehebungsverfahren **28** 134 ff.
  - Heilung von Mängeln **35** 184
- Interessentenbeteiligung **28** 78
- Konzentrationswirkung **28** 80, **35** 56
- materiale Verwirklichungsdimension **37** 60
- Planrechtfertigung **37** 97 f.
- Unterscheidung zur Kontrollerlaubnis **35** 93 f.
- Verwaltungsaktstyp **35** 103

Plangenehmigung 35 94
Plangewährleistung 37 34, 117 ff.
Planrechtfertigung 37 96 ff.
- Abwägungsgebot und ~ **37** 98

Planulismus 37 55
Planung 37 1 ff. → Abwägung, → Abwägungsgebot, → Bauleitplanung
- als Handlungsform **33** 5 f., **37** *1 ff.*, 30 f.
  - Infrastrukturverwaltung **37** 20 f.
- als Rechtsform? **37** 18
- Begriff **37** 9 ff., 18 f.
- Bindungswirkung **37** 48 ff.
- Datenbestandsaufnahme und Prognose **37** 26
- Fehler und Fehlerfolgen **37** 104 ff., 112 ff.
- Funktionslosigkeit **37** 33, 42
- Gesetzgebung und ~ **37** 13 ff.
- historische Entwicklung **37** 2 ff.
- im Europäischen Verwaltungsverbund **30** 53
- Instrumente zur Sicherung und Durchsetzung **37** 54
- Kontrolle **37** 56
- Phasen der ~ **37** 24
- Pläne
  - funktionslose ~ **37** 42
  - imperative ~ **37** 48
  - indikative ~ **37** 35, 46
  - influenzierende ~ **37** 47
  - Informations- und Kommunikationspläne **22** 149
  - Maßnahmen~ **34** 82 j
  - Programmpläne **37** 84
  - sektorale ~ **37** 70
  - staatsleitende ~ **37** 22
- Problemidentifikation **37** 25
- Rechtsformen **37** 32 ff.
- Rechtsschutz **37** 33
- schlichtes Verwaltungshandeln **39** 73
- Steuerungsfunktionen **37** 42 ff.
- Steuerungsleistung **37** 51 ff.
- Strukturfonds **30** 53
- Unionsrecht **37** 7

Planungsabrede 36 82
Planungsentscheidungen, Vollzug durch schlichtes Verwaltungshandeln **39** 77 f.
Planungsermessen 37 93 f., *99 ff.*
- Grenzen **37** 99 ff.

Planungseuphorie 37 2 f.
Planungsleitsatz 37 99

Planungsmodelle 21 103
Planungsrat → IT-Planungsrat
Planungsrechtsverhältnis 37 21
Platzverweis 35 33 Fn. 143
Plaumann-Formel 33 40 Fn. 182 → Betroffenheit
Pluralismus, inszenierter ~ **34** 70
policy making 34 82 k
policy mix 41 21
Politik, Recht und ~ **29** 48
Politikentwicklung, unionale ~ **25** 35 ff.
Polizeipflicht des Straßenbaulastträgers **39** 98
Polizeirecht → Europol, → Vorfeld
- Angebot eines Austauschmittels **33** 96
- Datenerhebung **33** 15
- Informationssysteme **24** 51 ff.
- Polizeiverfügung **35** 102
- Referenzgebiet
  - Umgang mit personenbezogenen Informationen und Daten **22** 100, 140
- Sicherungsfunktion des traditionellen ~ **33** 76
- Standardmaßnahmen **33** 13, 29
- schlichtes Verwaltungshandeln **39** 38

Polizey, Tabellen **21** 70
Pönalisierung 33 71, 77
- EU-Recht **33** 72

Portale 34 67
PortalU 24 56
PPP → Public Private Partnership
Präferenzen 40 34 f.
Präklusion 23 *57 f.*, **28** 80, **35** 191 Fn. 625, **42** 156 → Behördenpräklusion
- als Maßstabsanktion **42** 156
- formelle ~ **23** 57
- Gesetzesvorbehalt **27** 102, **41** 114
- informelles Verwaltungshandeln **29** 21
- keine ~ aufgrund Mitwirkungslasten **28** 37
- materielle ~ **23** 57, **28** 80 f., **29** 21
- Planfeststellungsverfahren **28** 80 f., **29** 21
- prozessuale Wirkung **35** 191 Fn. 625
- Unionsrecht **28** 81, **35** 202
- Verbände **28** 80
- Zuweisung phasenspezifischer Mitwirkungslasten **27** 98

Praxis
- Entwicklung von Handlungsformen **33** 15
- Konkretisierungsleistung **33** 9
- ständige Verwaltungs~ **42** 101
- antizipierte ~ **34** 42

Praxisgebühr 40 20
Praxisnähe durch Einbeziehung der Folgendimension **33** 26
Preis, Stützung von Erzeugerpreisen **30** 14
Presse
- ~konferenz/~mitteilungen **23** 97
- Medienöffentlichkeit und ~ **23** 20
- staatliches Informationshandeln und ~ **23** 97

Pressestelle → Informationstätigkeit, staatliche

Prinzip, bürokratisches ~
– Formalisierung und Standardisierung **21** 5 f.
– Max Weber **21** 5
Prinzipal-Agent-Theorie 40 45 ff.
Privacy Enhancing Technologies 22 117
Private
– Auskunftspflichten **23** 23
– Beteiligung ~r, schlichtes Verwaltungshandeln **39** 114
– Erlass von Verwaltungsakten **35** 22
– Mitwirkung im Informationsverbund **25** 51 f.
– Sachverhaltsermittlung unter Mitwirkung ~r → Mitwirkung
– Verwaltungsvertrag zwischen ~ **36** 59 f.
– Vollzug von Unionsrecht **34** 82 e
Privatisierung → Verfahrensprivatisierung
– Voll-~, Vorrang des Verwaltungsvertrags **36** 124
Privatleben 22 38 b
Privatrecht 33 69 f.
– Flucht in das ~ **33** 110
– haftungsrechtliche Gleichbehandlung **39** 87
– privatrechtsgestaltender Verwaltungsakt **35** 106 ff.
– Publifizierung **33** 70
– Rechts-, Handlungs- und Bewirkungsformen des ~s **33** 69
Privatrechtsgeschäfte, Rechtswidrigkeit verfahrensfehlerhafter ~ **31** 82
Privatsphäre 22 72
– EU-Datenschutzrichtlinie **22** 47
– grundrechtlicher Datenschutz und ~ **22** 58
– Transparenz **23** 26 a
Privatverfahren 27 54 f., **32** 1 ff.
– Begriff **32** 5
– Fehlerfolgen und Rechtsschutz **32** 100 f.
Privatverfahrensrecht 32 73 ff.
Produkt → Neues Steuerungsmodell
– ~beobachtung **30** 43
– ~scorecard **34** 64
Produktsicherheitsrecht → Zertifizierung
– Akkreditierung **30** 66, **32** 27, **33** 32 → Akkreditierung
– Benannte Stellen **30** 66
– Kontrolle der Kontrolleure **32** 83
– Konzepte im ~ **30** 44
– Leitlinie **30** 81
– Rechts- und Handlungsformen **33** 32
– Überwachungsverfahren **30** 42 ff.
– Zertifizierung **30** 66, **32** 27 f., **33** 32, 93
 – Umgang mit personenbezogenen Informationen und Daten **22** 164 f.
Professionalität 39 97, 97, **42** 53
– Verfahrensdauer **42** 154
Prognoseentscheidung → Risikorecht
Programmhaushalt 34 63
Programmierung, finale ~
– Planung **37** 17, 93

Programmkonformität 42 102
Programmpläne 37 81 ff.
Programmproduktion 29 8
Projektmanagement 32 26, **38** 33, 85
– Amtsermittlungsgrundsatz **32** 68
– Dokumentationspflichten **21** 27
– Unterschied zur Mediation **38** 33
property rights 40 41 ff.
Proportionalität 42 107 f.
Prozeduralisierung 27 1 ff.
– europäische Einflüsse **34** 14
– exekutivische Normsetzung **34** 16
– Gewährleistungsverwaltungsrecht **20** 40
– Risikorecht **21** 52, **42** 180
– Strukturierung von Wissen **21** 52
Prozessbibliothek, Nationale ~ **34** 67 a
Prozessmanagement, technikunterstütztes ~ **34** 67
Prozessvergleich 36 64 ff.
– Dresdner Hochschulzulassungsvergleich **36** 65
Prüfung, summarische ~ **33** 51
Prüfverfahren, Komitologie **30** 75
Pseudonymisierung 22 109 ff.
Public Governance 42 170, 172 f.
Public Private Partnership 36 42 ff.
– Begriff **36** 42 ff.
– Business Improvement District **21** 28
– Dokumentation **21** 28
– Dokumentationspflichten **21** 27 f.
– Kooperationsformen **33** 47 ff.
– Motive **33** 47 ff.
– Öffentlich Private Partnerschaft (ÖPP) **36** 43 f.
 – Begriff **36** 43
 – ÖPP-Beschleunigungsgesetz **36** 43
– Privatrecht und ~ **33** 69
– Verträge, Vertragsgestaltung **36** 45 f.
Public Public Partnership 36 47 ff.
Public Service 29 76
Public Value Scorecard 34 64
Public-Key-Infrastruktur 26 9, 49
Publikumsinformation 23 95
 → Informationstätigkeit, staatliche
– Übergang zur Handlungsform **39** 107
Publikumsöffentlichkeit 29 73
Publizität 23 18
Qualifikation 32 82 ff.
Qualifikationssicherung 32 83
Qualitätsgewährleistung 23 66, **34** 73
– exekutivische Normsetzung **34** 5
Qualitätsmanagement
– ~systeme **34** 59, 66
– durch Recht **23** 66
Qualitätssicherung 42 174, 196
 → Akkreditierung, → Benannte Stelle, → Benchmarking, → Controlling, → Evaluation, → Zertifizierung
– ~ssysteme **28** 113

Sach- und Personenregister

- ~sverfahren **27** 79
- Arzneimittelrecht **24** 58
- interne Kommunikation über „gute" Verwaltung **34** 66
- Preiswettbewerb und nachlassende Qualität **32** 40
- Qualifikationssicherung **32** 82 f.
- staatliche Datenverarbeitung und -erhebung **22** 164 f.
  - Qualitätsgrundsätze **22** 49
Qualitätsziele, nachhaltige Entwicklung **37** 6
Quellenbesteuerungsverfahren 28 165
Querschnittsmaterie
- Datenschutzrecht **22** 34
- Probleme **20** 56
Rahmengenehmigung 42 149
Rahmenplan 30 53
Rahmenverwaltungsakt 41 37
Rasterfahndung, Recht auf informationelle Selbstbestimmung **22** 65
Rat für Sozial- und Wirtschaftsdaten **21** 79
Rational-Choice-Modelle 38 62
Rationalität 33 60, **40** 36 ff., **42** 54 ff.
  → Eigenrationalität
- als Analysemodell **40** 38
- als Handlungsmaßstab **42** 68 f.
- durch Gewaltengliederung/-teilung **20** 40 ff., **40** 37
- eingeschränkte ~ (bounded rationality) **20** 40, **40** 37
- formale und materiale ~ **33** 60
- irrationales Verhalten und ~ **40** 37
- ökonomische ~skonzepte **33** 60
  - homo oeconomicus **40** 36 ff.
- prozedurale ~ **27** 61 f.
Raumentwicklungskonzept
- europäisches ~ (EUREK) **37** 7, 47
Raumordnungspläne 37 48, *61 ff.*
- Bindungswirkung **37** 64 ff.
- länderübergreifende Standortkonzepte **37** 62
Raumordnungsverfahren 37 23
Raumpläne 37 59 ff.
REACh 30 42 a
- Informationsaustausch **41** 45 a
- Informationsübermittlung **32** 25 a
- Ko-Produktion von Risikowissen **33** 95
- Registrierung **41** 45 a
- regulierte Eigenverantwortlichkeit **32** 24 a
- Sicherheitsbericht **30** 43
- Verantwortung **41** 45 a
Realakt 39 1, 56 ff. → schlichtes Verwaltungshandeln
- Zuordnung zum Öffentlichen Recht **39** 86 f.
Realbereich, Formenlehre **33** 42
Rechenfehler 31 5
Rechnungsabschlussverfahren 30 52
Rechnungshof, Kontrolle und ~, Prüfungsmaßstab Wirtschaftlichkeit **42** 122 ff.

Recht 33 57 → Privatrecht, → Grundrecht(e), → Strafrecht
- Art des gesollten Seins **33** 57
- auf Gegendarstellung **21** 40
- auf Gewährleistung der Vertraulichkeit und Integrität informationstechnischer Systeme **22** 68 a ff.
- auf gute Verwaltung, Grundrechte-Charta **27** 29 f.
- auf informationelle Selbstbestimmung → informationelle Selbstbestimmung
- des Umgangs mit personenbezogenen Informationen und Daten → Umgang mit personenbezogenen Informationen und Daten
- Grenzziehung zwischen ~ und dem Nichtrechtlichen **33** 56 → Maßstäbe
- innovatives ~ → Innovationsrecht
- Öffentliches ~ **33** 69 ff. → Auffangordnungen, wechselseitige, → Verwaltungsrecht
- ökonomische Analyse des ~s **40** 29
- Publizität **23** 18
Rechtmäßigkeit 31 21, **42** 74 *ff.*
- als Maßstab des Verwaltungshandelns **42** 74 ff.
Rechtmäßigkeitsfiktion 35 63 a
Rechtsakt
- „habilitierter" ~ **30** 70 Fn. 329
- Delegierter ~ **34** 80
- Unionsrecht **34** 77
Rechtsanerkennungsnormen 31 43
- negative ~ **31** 51 f.
Rechtsanwendung, ~sgleichheit **42** 101 ff.
Rechtsausschüsse, Widerspruchsverfahren **28** 123
Rechtsbegriff → Beurteilungsspielraum
- unbestimmter ~, Wissensgenerierung **30** 28
Rechtsbehelf → Widerspruchsverfahren
Rechtsbindung → Bindung, → Bindungswirkung
- der Verwaltung **42** 74 *ff.*
  - Eigenständigkeit der Verwaltung und ~ → Eigenständigkeit der Verwaltung
- informationstheoretische Perspektive **20** 34 f.
Rechtschreibreform 42 87
Rechtsdogmatik 33 43
Rechtsetzung → Exekutivrechtsetzung
- ~sgleichheit **42** 100
- arbeitsteilige ~ **34** 25
- delegierte ~ **30** 71 ff.
- Informationsgewinnung **25** 42
- Einbeziehung ins Verwaltungsrecht **25** 35 Fn. 130
- Informationsgrundlage, Anforderungen **25** 35 f.
- nationale ~, Kontrolle im Informationsverbund **25** 45 ff.
- private ~ **32** 29 ff.
- Unionsrecht

Sach- und Personenregister

- Rolle der Kommission **25** 36
- unionale Politikentwicklung **25** 35 ff.

Rechtsfolgen, rechtsgebietsbezogene typische ~ **33** 33

Rechtsform(en) 33 9 ff. → Formen des Verwaltungshandelns
- angemessene Zuordnung **33** 4
- des Privatrechts **33** 69
- Fehlerfolgen **33** 3
- Funktionen **33** 3, 105
- Handlungsform, Unterscheidung und ~ **33** 10
- Rechtmäßigkeitsbedingungen **33** 3
- Rechtmäßigkeitsvoraussetzungen **33** 11, 13
- Rechtsfolgen **33** 11 ff.
- Rechtsschutzmöglichkeiten **33** 3
- Rechtswirkungen **33** 3
- typische ~ **33** 3
- Unionsrecht **34** 76 ff.

Rechtsformenlehre 33 1 f., 31 → Formenlehre
- „europäisierte" ~ **33** 84

Rechtsformenmanipulation, Verbot der ~ **33** 110

Rechtsformgebot
- Gesetzesvorbehalt **33** 106
- relatives ~ **33** 102 f., 106
- Vorrang des Gesetzes **33** 106

Rechtsformsperren/-verbot
- Ergebnis einer Auslegung **33** 105
- relatives Verbot **33** 106
- Umsetzung von EU-Richtlinien **33** 106, **34** 45

Rechtsgleichheit → Gleichheit

Rechtsgrundsätze
- allgemeine ~ **42** 20 ff.
- unionsrechtliche ~ **42** 23 f.

Rechtsinstitute, Otto Mayer **35** 8

Rechtsakt → Durchführungsrechtsakt

Rechtskraft 35 230 a

Rechtslehre
- allgemeine ~ **36** 30, 88, 138

Rechtsmaßstäbe 42 25 ff. → Maßstäbe

Rechtsmissbrauch, Verbot **42** 94

Rechtsordnung
- Angewiesensein auf gegenstandsspezifisch geprägte Handlungstypen **33** 46
- Konstitutionalisierung **33** 40

Rechtsprechung → Judikative

Rechtsregime → Auffangordnungen, wechselseitige
- Zuordnung der Rechtssätze, schlichtes Verwaltungshandeln **39** 85 ff.

Rechtsregimewahl 33 96 f., 110, 113

Rechtsschutz 27 27, **41** 141 ff.
- ~dimension der Verfahrensbeteiligung **29** 35 ff.
- effektiver ~ **42** 161 f.
  - Beschleunigungsgebot **42** 141
  - Formenwahl **33** 112

- einstweiliger ~ **33** 51
- Formen des Verwaltungshandelns **33** 112
- Formung unterschiedlicher Rechtsbehelfsarten **33** 49
- im Europäischen Verwaltungsverbund **30** 67 ff.
- Konzentration auf verfahrensabschließende Entscheidung **35** 28
- Nebenbestimmung **35** 148 ff.
- Privatverfahren **32** 100 f.
- schlichtes Verwaltungshandeln **39** 100 ff.
- Subjektivierung des ~ **33** 40
- Umgang mit personenbezogenen Daten und Informationen **22** 154 f.
- Vorwirkungen **27** 68
- EMRK **27** 27

Rechtsschutzgarantie, Verwaltungsverfahren und ~ **27** 39

Rechtsstaatsprinzip
- Determinante für das Verwaltungsverfahren **27** 31, 39
- Informationsbeziehungen **23** 18 f.
- Öffentlichkeit **23** 18 f.

Rechtstatsachenforschung
- informelles Verwaltungshandeln **38** 21 ff.
- Vertrag **36** 11

Rechtsverhältnis 35 19
- Dauer~ **28** 157, **36** 104
- Informations~ **23** 28
- multipolares ~ **33** 40
- nachvertragliches ~ **36** 120
- polygonales ~ **37** 21
- Subventions~ **36** 81
- Überwachungs~ **30** 40 ff.
- Verfahrens~ **27** 102 f., **28** 17
- verwaltungsvertragliches ~ **36** 103 ff.
  - Anpassung **36** 119
  - Entwicklungsphasen **36** 116 ff., 137
  - Gestaltung **36** 137
  - Kündigung **36** 119
- vor Verfahrensbeginn **28** 17
- vorvertragliches ~ **36** 110 ff.
  - Maxime rechtsdirigierter Vertragsverhandlungen **36** 110
- Zuteilungs~ **30** 17 ff.

Rechtsverhältnislehre 36 103 ff., 137 f.
- informelles Verwaltungshandeln **38** 67 f.
- Ordnungsrahmen **36** 103 ff.
- Perspektiverweiterung **36** 104 f.
- Verwaltungsvertrag **36** 106 ff., 137 f.

Rechtsverordnung 34 18 ff.
→ Exekutivrechtsetzung
- Änderungsvorbehalt **33** 106 Fn. 462, **34** 21 a f.
- Entsteinerungsklauseln **34** 21 c
- Feststellungsklage **33** 49
- Gesetzesvorbehalt **33** 106 Fn. 462
- Normverwerfungskompetenz **34** 19, 21 b
- opting-out **38** 129

Halbfette Zahl = §§; magere Zahl = Rn.; kursive Zahl = Hauptfundstelle; → = s./s. auch   1843

Sach- und Personenregister

- originäres Verordnungsrecht der Exekutive **34** 24
- praktische Bedeutung **34** 18
- Rechtsschutz **33** 3
- Verbindlichkeitsanspruch **34** 19
- Verfahrensfehler **31** 76
- verfahrensrechtliche Sicherungen bei nachlassender inhaltlicher Programmierungsdichte **34** 21 ff.
- Verfassungstradition **34** 18
- Zustimmungsvorbehalt **34** 21 a, **41** 108

Rechtsverwirklichung, Unionsrecht
→ Mobilisierung

Rechtsweg 39 85 ff. → Vergaberecht, Rechtsweg/Zwei-Stufen-Lehre

Rechtswegzuweisung, Funktionszusammenhang **39** 51

Rechtswidrigkeit
- Administrativnormen
  → Exekutivrechtsetzung
- Begriff **31** 41 ff.
- Exekutivrechtsetzung **31** 76 ff.
- Folgen beim Umgang mit personenbezogenen Informationen und Daten **22** 141 ff.
- Folgen der verfahrensfehlerbedingten ~ **31** 83 ff.
- formelle ~
  - Binnenrechtsakt **31** 79 f.
  - Realakt **31** 81
  - Verwaltungsakt **31** 63 ff.
- Privatrechtsgeschäfte **31** 82
- Realakt → schlichtes Verwaltungshandeln
- Verfahrensfehler **31** 40 ff.
- Verwaltungsakt **31** 58 ff. → Verwaltungsakt
- Verwaltungsvertrag **31** 71 f.
  → Verwaltungsvertrag

Rechtswidrigkeitszusammenhang, Beachtlichkeit von Fehlern **35** 192

Rechtswissenschaft
- Konkretisierungsleistung **33** 9
- Systematisierungsleistungen **33** 26

Referenzentscheidung 30 66

Referenzgebiete
- Recht des Umgangs mit personenbezogenen Informationen und Daten **22** 100, 140

Referenzkonstellation 36 36 ff.

Reformalisierung durch verfahrensrechtliche Vorkehrungen **27** 69

reformatio in peius 28 125

Regelung 33 52 f., **35** *25 ff.*
- Fehlen beim schlichten Verwaltungshandeln **39** 9 ff.
- Verwaltungsakt **35** 22

Regelungsgehalt 35 42 ff. → Verwaltungsakt

Regelungsstruktur 33 67

Regelungstypen als Rechtsformen **33** 12

Regelungsverfahren, Komitologie **30** 75

Regieren
- Europäisches ~, Collaborative Governance **34** 85 a
- kooperatives ~ **34** 83

Regierung → Exekutivrechtsetzung

Regierungsplanung 37 22, 82

Regionalplan 37 48

Register 21 29 ff.
- Datenschutz **21** 32
- Funktion **21** 30
- Geschichte **21** 29
- horizontale Koordination **21** 30
- nationale ~ **24** 51
- Online-Zugriff **26** 22

Registraturrichtlinie 21 19 f.

Registrierung 30 42 a, **32** 24 a, 25 a, **41** 45 a

regulation-inside-government 34 93

regulatory capture 28 33

regulatory choice 33 98

Regulierung 33 94 ff. → Koregulierung,
→ Selbstregulierung
- ~sstrategie **33** 96
- Begriff **33** 94 Fn. 407
- bounded rationality **20** 40 ff.
- des Netzzugangs **32** 14 m. Fn. 53
  - Anreize **40** 24
  - Erdgas **30** 51
  - neuartige Rechts- und Handlungsformen **33** 83
- Intelligente ~ **25** 43
- Reregulierung und Formenlehre **33** 54

Regulierungsagentur, Energierecht **30** 63 a

Regulierungsbehörde, Kooperation **30** 61 ff.

Regulierungsermessen 34 92

Regulierungsplanung 37 39

Regulierungsverbund 30 *59 ff.*, **34** *82 f*
- Energierecht **30** 37, 63 a
- Informationsbeziehungen **24** 48 b
- Leitlinie **30** 81
- peer review **34** 82 f
- Telekommunikationsrecht **20** 42
- Wissensgenerierung **20** 53, **30** 24 ff., 31 f.

Regulierungsverfügung 35 102 Fn. 354

Reichsabgabenordnung (1919), Rechtswirkungen des Verwaltungsakts **35** 11

REITOX 25 95 ff., 101

Rekursverfahren 29 36 ff.

Reregulierung 33 54 ff.

Reserveordnung, datenschutzrechtliche Informationsansprüche **22** 146

Ressourcen
- als Steuerungsfaktor **33** 66
- Grundsatz der ~schonung **42** 118

Restrisiko 42 179

retrieval systems 21 96

Revisionsvorbehalte 33 77

Rezeptionsklauseln → Technik, Stand der ~,
→ Wissenschaft, Stand der ~

1844 *Halbfette Zahl = §§; magere Zahl = Rn.; kursive Zahl = Hauptfundstelle;* → = *s./s. auch*

Richter → Judikative
Richtervorbehalte 27 35, **33** 13
– schlichtes Verwaltungshandeln **39** 68
Richtigkeit 33 57
– ~sgewähr durch Verfahren **27** 65
– „weiche" ~kriterien/~garanten **33** 58, 60
– administrative ~ **33** 56 ff.
Richtlinien → EU-Richtlinien
Risiko
– ~kommunikation **42** 184
– Begriff **42** 176
– erster und zweiter Ordnung **42** 178
– Gefahr und ~ **42** 178
Risikoangemessenheit 42 175 ff.
– als Handlungsmaßstab **42** 191 ff.
Risikobewältigungsverfahren 27 80
Risikoentscheidungen
– Grundsatzentscheidungen **21** 53
– Proceduralisierung **21** 52
– Rolle des Gesetzgebers **21** 53
Risikogovernance 42 180, 183 f., 198 ff.
Risikomanagement 42 189 f.
– ~systeme **34** 59
– REACh, regulierte Eigenverantwortlichkeit **32** 24a
Risikorecht 30 30, **42** 177 ff.
– Risikoverwaltungsrecht **42** 180
 – Risikobewältigungsverfahren **27** 80
– Überwachung **30** 40b
– Wissensgenerierung → Ungewissheit, → Wissen
 – Generierung von Risikowissen **28** 41
Risikovorsorge, schlichtes Verwaltungshandeln **39** 35
Rollenverteilung, überkommene ~ **40** 81a
Rückholoptionen 32 88
– Flexibilisierung **33** 88, **42** 180
– Verwaltungsvertrag **36** 123
Rücknahme 35 164 ff., 175 f.
– effet utile **27** 92, **35** 173
– formell rechtswidriger Verwaltungsakte **31** 95 f.
– Geldleistungsverwaltungsakt **35** 172 f.
– nichtiger Verwaltungsakte **35** 164 Fn. 517
– Rücknahme der ~ **35** 231 Fn. 722
Rücksichtnahmegebot, institutionelles ~ **27** 68
Rückverfolgbarkeit, System zur ~ im Lebensmittel- und Futtermittelverkehr **30** 43
Ruf, einer Person, Ehrenschutz **23** 105 ff.
rulemaking record 34 12
Rundfunkrecht
– als Vorbild für das Recht des Internets **20** 46
– bounded rationality **20** 43, **40** 37
Rundschreiben, informelles Verwaltungshandeln **38** 13
Saalöffentlichkeit 29 73
Sache
– öffentliche ~ **39** 67

– sachbezogene Allgemeinverfügung/dinglicher VA **35** 59
Sachverhaltsermittlung 23 40, **28** 36 ff.
– Beiträge Privater **32** 24 f.
– Effizienz **42** 132
Sachverhaltsfeststellung 23 40
– öffentlich-rechtlicher Vertrag zur ~ **42** 132
Sachverständige 21 *45 ff.* → Gutachten
– anschlussfähige Formulierung des Expertenwissens **21** 49
– Auswahl **21** 60
– Bindungswirkung des Gutachtens **21** 64 ff.
– externer Sachverstand, unionale Politikentwicklung **25** 41 ff.
– institutionalisierter Sachverstand, Lamfalussy-Prozess **30** 71b
– interessierter Sachverstand **21** 59
– Kooperation mit der Verwaltung **21** 54, 61, 67
– Legitimation **21** 57
– öffentliche Bestellung **21** 65
– Risiken **21** 62
– Selbstkontrolle **21** 59 f.
– wissenschaftlicher Sachverstand, Integration in Zulassungsverfahren **30** 35
– Wissensmanagement **21** 69
Sachzusammenhang
– Nebenbestimmung **35** 147
– Rechtsweg, schlichtes Verwaltungshandeln **39** 86
Safe Harbour-Abkommen 24 80a
Saldierungsmodell 41 100
Sanktionen 42 33 ff.
– Absicherung materiellen Rechts durch strafrechtliche ~ **33** 72
– bei verfahrensfehlerhaften Staatsakten **31** 125 ff.
– für Verfahrensfehler **31** 38 ff.
Sanktionenlehre 27 105 ff.
Sanktionierungsspielraum 27 109
Sanktionswirkung im Strafrecht, Forcierung durch die EU **33** 72
Satzung 34 26 ff.
– ~sermessen **34** 34
– Abrundungs- und Einbeziehungssatzungen **37** 55
– Verfahrensfehler **31** 76
Schaden, immaterieller ~, EuGH **31** 39
Schadensfreiheitsrabatte 40 104
Scheinverwaltungsakt 35 22
Schengener Durchführungsübereinkommen (SDÜ) 25 79
– Weitergabe von Informationen **25** 27
Schengener Informationssystem (SIS) 25 78 ff.
– eigenständiges Datenschutzregime **22** 40
schlichtes Verwaltungshandeln 39 *1 ff.*
– Abgrenzung zum informellen Verwaltungshandeln **38** *14 ff.*, **39** 30 f.
– administrative Praxis **39** 3 ff.

- als Handlungsform 33 5, 34 f.
- Begriff 39 20 ff.
- fehlende intendierte Rechtswirkung 39 9 ff.
- Fehlerfolgen 39 100 ff.
- Gesetzmäßigkeit 39 80 ff.
- rechtliche Formung 33 34
- Rechtsschutz 39 100 ff.
- Rechtsweg 39 86 f.
- Rechtswidrigkeit 31 81
- Steuerung 39 60 ff.
- Typisierung 39 32 ff.

Schlichtung 28 90 a
Schock 40 45
Schreibfehler 31 5
Schriftform, Verwaltungsakt **35** 71
Schriftformerfordernis 26 49, 53 f.
- Verwaltungsakt → Verwaltungsakt, elektronischer Erlass
- Verwaltungsvertrag **36** 115

Schriftlichkeit, Prinzip der ~ **21** 7
Schuldrechtsreform 36 117
- culpa in contrahendo **36** 113 Fn. 695

Schule
- Mitwirkung **39** 69
- schlichtes Verwaltungshandeln **39** 42

Schutzerfordernisse, Informationen und Daten **22** 28 ff.
Schutzklauselverfahren 30 66
Schutzpflichten, grundrechtliche ~, Informationspflichten **23** 24
schwarzes Brett, virtuelles ~ **24** 18

Schwellenwerte
- Vergaberecht **30** 13, **36** 85 Fn. 524

Scoping 23 37, **28** 19, **37** 26
- → Umweltverträglichkeitsprüfung
- Dokumentation **21** 17
- Verrechtlichung **38** 84

Scoring 22 32
Sekundärzwecke
- Vergaberecht **40** 17, 97

Selbstbestimmung, informationelle ~
- → informationelle Selbstbestimmung

Selbstbeteiligung 40 20
Selbstbindung 28 29, **33** 52, 52
- → Bindungswirkung
- Auswahl von Software/Programmcode **26** 62
- der Kommission **30** 78
- faktische ~ **29** 31, **38** *8*
- Informations-/Wissensverarbeitung und ~ **20** 49
- Informationsverarbeitung und ~ **20** 44
- Rechtsanwendungsgleichheit **42** 101 ff.
- Servicegarantien **34** 68
- ständige Verwaltungspraxis **42** 101
- Umgang mit Ungewissheit **20** 49
- Verwaltungsvorschrift **34** 42
- Vorabkommunikation **29** 31

Selbsteintritt, ~srecht der Kommission im Kartellrecht **30** 57
Selbstkontrolle → Mitwirkung, → Selbstregulierung
- private ~ **21** 63
- von Sachverständigen **21** 60

Selbstprogrammierung/-steuerung 34 1 ff.
- → Exekutivrechtsetzung
- Electronic Government **34** 67
- fortlaufende ~ **34** 69
- Personalsteuerung **34** 60

Selbstregulierung 33 80, 89
- regulierte ~
  - Anreize und ~ **40** 10
  - Dokumentationspflicht **21** 28
  - Folgendimension **33** 25
  - Mediation **32** 106
  - Selbstkontrolle **21** 63
- Unionsrecht **34** 82 i
- vertragliche ~ **36** 39, 68
- Steuerung **36** 39

Selbststeuerung, kognitive ~ **21** 67
Selbstverpflichtungen 33 92, **38** 36 f., 42
- als Mix **41** 46
- Einhaltung von Unionsrecht **38** 70
- Konzeptwechselmodell **41** 101
- Viertschutz & Information der Öffentlichkeit **38** 106

Selbstverwaltung → kommunale Selbstverwaltung
- informelles Verwaltungshandeln **38** 23 f.
- Partizipation und ~ **29** 69

self-executing 33 39
Service, Funktion von Informationsbeziehungen **23** 29
Servicegarantie 34 68
Serviceorientierung 42 214 ff.
Sevilla-Prozess 34 82 b
Shannon, Claude E. **20** 25
Sicherheit 26 9
Sicherheitsbericht 30 43
Sicherheitsrecht, Referenzgebiet
  - Umgang mit personenbezogenen Informationen und Daten **22** 100, 140

Sicherstellung der Vertragserfüllung **36** 117
Signatur
- Aufbewahrung digital signierter Dokumente **26** 78
- qualifizierte elektronische ~ **26** 49, 53 f.
- datenschutzrechtliche Funktion **22** 119

Simon, Herbert A.
- bounded rationality **20** 40, **40** 37

SIRENE-Büros 25 83
Situationsbezug der Planung **37** 14
smart regulation 34 92
Sofortvollzug → Ausführung, unmittelbare
soft law 33 57, **34** 82 g
- Unionsrecht **33** 78

Sach- und Personenregister

Software 26 29 ff., 64 ff.
- Archivierungsbedürfnisse 21 43
- Einfluss auf das Verwaltungsverfahren 26 61 ff.
- Einfluss auf die Entscheidung 26 59 f., 34 67
- Funktionalitäten 26 29 ff., 33
- Standards 34 67 f.
- Wissen 20 39

Solvency II 41 45 b
Sonderrechtstheorie 39 87
Sondersprache 20 32
Sozialpflege, schlichtes Verwaltungshandeln und ~ 39 41
Sozialpolitik, Statistik 21 72
Sozialrecht
- Beschaffungsverfahren im ~ 30 13
- Referenzgebiet
  - Umgang mit personenbezogenen Informationen und Daten 22 100, 140
- sozialrechtlicher Verwaltungsakt 35 104
- Verträge 36 37 ff.

Sozialstaat, ~sprinzip
- Informationsbeziehungen 23 22 f.
- Planungsaufträge 37 2

Sozialverfahrensrecht 28 171 f.
Sparsamkeit 42 123
Speicher- und Verarbeitungsmedien, mobile ~ 22 119
Speicherformen, Unterscheidung zu Wissen 22 17
Speicherung
- von Daten 24 77
- von personenbezogenen Daten 22 136
- auf Vorrat 22 78

Sperre der nationalen Rechtsetzung durch die Kommission 25 48
Sperrung
- von personenbezogenen Daten 22 138, 24 77
- EU-Datenschutzrichtlinie 22 51

Sperrwirkung, Art. 80 Abs. 1 GG 34 19
Spezifikation des technologischen Systems 21 96
Spieltheorie 40 48 ff.
- Schwächen 38 62

Sprache 27 94 f., 28 99
- menschliche ~ und Informationsbegriff 20 25

Staat
- aktivierender ~ 36 15, 39, 68
- kooperativer ~ 36 10, 38 2 → Kooperation
- verhandelnder ~ 23 4
- virtueller ~ 21 105 ff.
- Netzwerkstaat 21 107

staatliche Einstandspflichten
- informelles Verwaltungshandeln 38 116 ff.
- rechtswidriges Handeln, Verfahrensfehler 31 126 f.

Staatlichkeit des Verwaltens 25 32

Staatsaufsicht
- informelles Verwaltungshandeln 38 24, 38

Staatsbild des GG, Kommunikation 23 24
Staatshaftungsrecht → staatliche Einstandspflichten
Staatshistoriker 21 36
Staatsräson 29 56
Staatsvertrag 36 29
- IT-Staatsvertrag 21 91, 24 18 b

Städtetag 24 60
Stand → Technik, Stand der ~, → Wissenschaft, Stand der ~
Standardisierung
- des Verwaltens 21 6
- Electronic Government 21 91
- interner Abläufe 20 23
- Risiken und Chancen 34 67 a
- Statistik und ~ 21 71
- Statistik 21 77 f.
- Übertragungsformate 26 37
- Umgang mit Daten und Informationen 22 117
- von Software 26 64

Standardmaßnahmen
- polizeirechtliche ~ 33 13, 29, 35 102
- schlichtes Verwaltungshandeln 39 38

Standard-Preis-Ansatz 40 60
Standards
- Einsatz von IKT 26 35
- für die einheitliche Datenintegration und nutzung 24 68
- für die elektronische Bearbeitung 34 67

Standardsetzung
- Agentur 30 83
- halbstaatliche ~ 33 92
- Private ~ 33 74
- demokratische Legitimation 34 71 ff.

Standardtechnologie, Fehlen einer einheitlichen ~ 26 9
Standardverfahren
- des VwVfG 27 48, 28 14 ff.

Standortkonzepte, länderübergreifende ~ 37 62
Stasi-Unterlagen-Gesetz 28 57
Statistik 21 70 ff.
- als informationelle Infrastruktur 21 77 f.
- best practice 21 81
- Europäisches Statistisches System 25 30
- Forschungszwecke 21 79 f.
- Gefahr der Konstruktion 21 71
- Gesetzesvorbehalt 21 76
- Verwaltungsdatengesetz 21 83
- gesetzliche Regelungen 21 73 ff.
- kommunale Zwecke 21 74
- Vereinheitlichung und Standardisierung 21 77 f.

Statistikregistergesetz 21 75
Stelle → Benannte Stelle, → Einheitliche Stelle
Stellungnahme
- Unionsrecht 25 21 ff., 33 78, 34 78

Sach- und Personenregister

Sternverfahren 24 46 f., 28 94
Steuer, ~vergünstigung
– als Anreiz 40 14
– unionsrechtliche Beihilfeaufsicht 40 96
Steuererklärung, elektronische Dokumentenübermittlung 26 25
Steuergeheimnis 28 67, 42 220
Steuerrecht
– Steuerverwaltungsakt 35 105
– Verfahrensrecht 28 164 ff.
Steuerung → Personal als Steuerungsressource
– ~smöglichkeiten durch Abbau der traditionellen Handlungsformen 33 54
– durch Organisation 33 62
– durch Verfahren → Verwaltungsverfahren, Funktion
– indirekte ~, Anreize und ~ 40 9 ff.
– Phasen der Entscheidungsfindung 33 48
– Struktur~ 33 94
Steuerungsansatz 42 62 f.
– schlichtes Verwaltungshandeln und ~ 39 26 ff.
Steuerungsbegriff, informationstheoretische Anreicherung 20 52
Steuerungsfähigkeit des traditionellen Ordnungsrechts 38 45 f.
Steuerungsfaktoren
– „weiche" ~ 33 38, 80
– administrativer Einsatz von ~ 33 67
– Verzahnung unterschiedlicher ~ 33 61
Steuerungsmodell, Neues ~ → Neues Steuerungsmodell
Steuerungswirkung, Einsatz von IKT und ~ 26 59 f.
Steuerveranlagungsverfahren 28 165
Steuerverwaltungsakt 35 105
Stillhaltepflicht 25 46 ff., 48
Stoffstrommanagement 33 95
Stoppregeln 28 41, 42 236
– Innovationsrecht 42 236
Störung, Leistungs-~, Verwaltungsvertrag 36 117
Strafrecht 33 71 ff.
– Auffangordnung für Steuerungsversagen 33 71
– Blankettstrafnormen 33 74
– Ergänzungs- und Auffangfunktion 33 71
– Forcierung strafrechtlicher Sanktionen durch die EU 33 72
– Rechts-, Handlungs- und Bewirkungsformen des ~s 33 73 f.
Straftaten, Recht des Umgangs mit personenbezogenen Informationen und Daten 22 46 a
Strategie 37 81 ff. → Konzept
– administrative ~ 33 116
– Programmpläne 37 82
Streitbeilegung 28 168 → Mediation
Strukturfonds 30 52
– Bewertungen 25 61 a
– Kontrolle durch Informationsverfahren 25 59 a

Stufenklage 41 146
Stuttgart 21 28 90 a, 32 117, 36 61, 37 26
Subjektivität
– Maßstäbe 42 49 ff.
– Systemfunktion 42 66
Subjektvorstellung
– Ersatzlösungen 20 3 ff.
– Unbrauchbarkeit für die verwaltungsrechtliche Systembildung 20 3
Subvention(en) 40 7, 14, 41 40
– als januskörpfige Maßnahme 33 24
– Bewirkungen und ~ 33 19
– ökonomische Bedenken 41 74
– Unionsrecht 40 96
– vertragliche ~svergabe, Unionsrecht 36 85
– Völkerrecht 40 98
– Zwei-Stufen-Lehre 41 88 ff.
Subventionsbericht 21 23
Suchregeln 42 236
Suchsysteme 21 96
Suchverfahren, Archivierung 21 41 f.
System(e)
– informationstechnisches ~, Zusammenwirken von Bund und Ländern, Art. 91 c GG 24 18 b
– Recht auf Gewährleistung der Vertraulichkeit und Integrität informationstechnischer ~ 22 68 a ff.
– virtuelles ~, vernetzte Informationssysteme 21 91
Systemadministrator als Gatekeeper 24 17
Systemaudit, Datenschutzaudit 22 164
Systemdatenschutz 22 37, *102 ff.*
– bereichsspezifische Ausgestaltung 22 112 f.
– Funktionen 22 103
– Perspektivenerweiterungen 22 114
– Verwaltungsorganisation und ~ 22 95
– Wissensmanagement und ~ 22 114
Tagebuchaufzeichnungen, Schutz 22 72
Tatbestandswirkung 35 213 ff.
Tatsachenfeststellung → Amtsermittlung
Taxonomien, dynamische ~ 21 96
Technik
– Datenschutz durch ~ 22 27, 115 ff.
– spezifische Schutzerfordernisse für Daten 22 27
– Stand der ~ 30 28
– innovationsermöglichendes Recht 42 236
– Schweigekartell der Oberingenieure 40 70
– Transformationsnormen 33 92
– Veränderung der Rechtslage 35 227
Technikentwicklung 22 115 ff. → IKT
– Verwaltung und ~ 21 87
Technikfolgenabschätzung, institutionalisierte ~, Systemaudit 22 164
Technikgestaltung 22 115 ff.
– Standards 22 118 ff.
Teilgenehmigung 28 102, 35 116 f.

Teilhabe an der informationellen Infrastruktur
- digital divide **26** 57, **29** 81

Teilverwaltungsakt 42 149

Telekommunikations- und Telemedienrecht
- bounded rationality **20** 42
- Informationsaustausch **24** 48 b
- Mediation **32** 109
- Referenzgebiet, Umgang mit personenbezogenen Informationen und Daten **22** 100
- Wissensgenerierung **30** 31 f.

Telematik, Gesundheits~ **21** 33

Temporalisierung
- der Entscheidung unter Ungewissheitsbedingungen **30** 36 → Ungewissheit

Terminal, ~-Arbeitsplätze **26** 17

Terrorismusbekämpfung
- Umgang mit personenbezogenen Informationen und Daten **22** 54
  - Terrorlisten **25** 33 Fn. 128

Tertiärrecht 30 71 Fn. 331

Tetlock, Philip **21** 54

Titelfunktion des Verwaltungsakts **35** 84

Toll Collect 36 42

Trägerverfahren 37 26

Transaktionskosten 40 40
- Schwächen des ~ansatzes **38** 62

Transdisziplinarität → Interdisziplinarität

Transformationsnormen 33 92

Transnationalität 20 53, **30** 66
  → Verwaltungsakt, transnationaler,
  → Europäisierung

Transparenz 23 13 f., 29 ff., 91, **28** 30, **42** 76, *218 ff.*
  → Arkantradition, → Berichtspflichten
- Akzeptanz und ~ **23** 13, **42** 218 ff.
- durch Aktenführung **26** 74 ff.
- EU-Datenschutzrichtlinie **22** 53
- exekutivische Normsetzung **34** 16
- in Netzwerkstrukturen **26** 68
- IT-Sicherheit **22** 105
- Legitimation und ~ **30** 69
- Vergabeverfahren **38** 88

Transparenzprinzip 23 25 f.

Transparenzverordnung 23 25

Transplantationsgesetz 30 16

Trennung
- ~sgrundsatz, Verwaltungsverfahren und Gerichtsverfahren **27** 66
- ~sprinzip im europäischen Rechtsschutzsystem **30** 63
- Grundsatz der informationellen ~ **23** 9

Treu und Glauben 36 105 Fn. 637, **42** 94

Triage 30 16

trickling down von Wissen **21** 92

TRIS 25 51 f.

Trittbrettfahrer 40 57

Übergangsregelung 42 97

Übermaßverbot 42 110
- Krankenversicherung **42** 125

- Umgang mit personenbezogenen Informationen und Daten **22** 79

Übermittlung
- elektronische Dokumente **26** 48
- von Daten **24** 78 ff.
  - mit Personenbezug **22** 137

Überwachung 28 145 f.
- akzessorische ~ **30** 40 b
- anlassunabhängige ~ **28** 21
- Beteiligung Privater → Mitwirkung
- entpersonalisierte/-individualisierte ~ **30** 41, 42 b
- fortlaufende ~ **30** 40
- nicht akzessorische ~ **30** 41
- Rundum~ **22** 72
- systemische Risiken **30** 40 b

Überwachungsverfahren 30 *40 ff.*

Überwachungsverhältnisse 30 3

UMAS → Umweltaudit

Umdeutung 35 186 ff.
- formelle Rechtswidrigkeit **31** 123
- in andere Handlungsform **35** 29

Umgang mit personenbezogenen Informationen und Daten 22 1 ff., 34 ff.
  → Bundesdatenschutzgesetz
- Abgleichung mit Datenzugangsrechten **22** 96
- Allgemeiner Teil **22** 97 ff.
- Archive **21** 38
- bereichsspezifische Regelungskomplexe **22** 97 ff.
- EMRK **22** 38 b, 43 f.
- Erforderlichkeit **22** 130 ff.
- Europäisierung **22** 39 ff.
- Gewährleistung individueller Einflusschancen **22** 81
- Gewährleistung individueller Kenntnismöglichkeiten **22** 80
- Informationssysteme **24** 74 ff.
- Kontextsteuerung **22** 79
- Kontrolle und Rechtsschutz **22** 154 f.
  - Institutionalisierung adäquater Kontrollen **22** 82, 86
  - völlige Unabhängigkeit von Kontrollstellen **22** 53, 161
- personenbezogene Informationen und Daten **22** 29 ff.
- Phasensteuerung **22** 79
- Querschnittsdimension **22** 34
- Recht auf Gewährleistung der Vertraulichkeit und Integrität informationstechnischer Systeme **22** 68 a ff.
- Rechtmäßigkeitsanforderungen und Fehlerfolgen **22** 141 ff.
  - Bindung durch Kompetenzen **22** 78
  - sachgerechte und transparenzsichernde Gestaltung **22** 78
- Verwaltungsverfahrensrecht **22** 33
- Unionsrecht

Sach- und Personenregister

- AEUV **22** 41 a, 43
- GRCh **22** 43
- Unionsgrundrecht **22** 42 ff.
- Verwendungskontext **22** 78 f.
- Wechselbeziehungen
  - zum Verwaltungsverfahren **22** 94
  - zur Verwaltungsorganisation **22** 95
- Zweck
  - ~änderungen **22** 128 f.
  - ~bindung **22** 123 ff.
  - ~festlegung **22** 123 ff.

Umweltabgaben
- Standard-Preis-Ansatz **40** 60
- Vergleich mit Zertifikatslösungen **40** 61
- Vor- und Nachteile **40** 63 ff.

Umweltagentur
- Europäische ~ **25** *92*, 98 f.

Umweltaudit 32 28, **40** 23, **41** 44 → Audit
- Akkreditierung **32** 83
- als Mix **33** 25, **41** *44*
- Anreize **40** 21, 23, 102
- Kontrolle der Kontrolleure **32** 83
- Konzeptwechselmodell **41** 101
- Privilegierungen **41** 101
- regulierte Selbstregulierung und ~ **27** 76

Umweltberichte-Richtlinie 25 59 ff.
Umweltbeschreibung 37 28
Umweltdatenkataloge 24 56
Umweltinformationsrecht 23 90
- Umweltinformationsgesetz (UIG) **21** 10

Umweltinformationsrichtlinie, Konzept der informierten Öffentlichkeit **27** 75
Umweltinformationssystem 21 99 f., **24** 56
- Europäisches ~ **25** 29

Umweltkartierung 28 21
Umweltministerkonferenz (UMK) 24 59
Umweltökonomie 40 53 ff.
Umweltportal 24 56

Umweltprüfung
- Strategische ~ (SUP) **37** 26 f.
- Planung **37** 7

Umweltrecht
- integrierter Umweltschutz **41** 42
- ökonomische Instrumente **40** 52 ff.
- stoffbezogenes ~, Wissensgenerierung **30** 30

Umwelt-Rechtsbehelfsgesetz
- absolute Verfahrensfehler **31** 62
- Verbandsklage **28** 90

Umweltverträglichkeitsprüfung
- absolute Verfahrensfehler **31** 119
- als formalisierte Vorverhandlung **38** 84
- Alternativenprüfung **37** 27
- Einfluss des Europarechts **23** 25, **32** 37
- Fehlerfolgen **27** 111
- grenzüberschreitende Behördenbeteiligung **28** 96
- grenzüberschreitende Öffentlichkeitsbeteiligung **28** 96

- Informationsbeschaffung durch Private **32** 24
- inneres Verfahren **27** 61, **28** 106
- Konzept der informierten Öffentlichkeit **27** 74
- Mediation und ~ **32** 109
- offene Beteiligungsstruktur **29** 51
- Planung **37** 7, 26
- Scoping **23** 37, **28** 19, **37** 26, **38** 84
- Verbandsklagerecht **31** 62
- Verfahrensfehler **28** 90, **31** 62
- Verfahrensprivatisierung **32** 21

Umweltzeichen, „Blauer Engel" **40** 21
Unabhängigkeit
- Mediator **32** 115
- völlige ~
- staatliche Aufsicht und ~ **22** 53, 161

Unanfechtbarkeit, Bestandskraft und ~ **35** 52
Unbeachtlichkeit von Fehlern 35 192
  → Verfahren, ergänzendes
- §§ 214 ff. BauGB **31** *107 ff.*, **37** 33, 112 ff.

Unbeachtlichkeit von Verfahrens-/Formfehlern 28 90, **31** 62
- § 46 VwVfG **31** *118 ff.*, **35** *196 ff.*
- dienende Funktion des Verfahrens **27** 64 f.
- Rücknahme **31** 95
- Verbandsmitwirkung im Naturschutzrecht **28** 79, *89 f.*
- verfassungs-/europarechtskonforme Interpretation **27** 89, 110 ff., **35** *202 ff.*
- Verwendung personenbezogener Informationen und Daten **22** 144
- Wert nachträglicher Informationsgewinnung **23** 52
- Aarhus-Konvention **28** 90

Unbestechlichkeit 42 91 → Unparteilichkeit
Ungewissheit 20 7, 50, **21** 51, 69, **30** *25 ff.*, **42** *185 f.* → Entscheidung unter Ungewissheitsbedingungen, → Wissen
- Einbeziehung Sachverständiger **21** 61 f.
- Flexibilisierung des Entscheidungsverfahrens **21** 56
- gerichtliche Kontrolle **20** 54
- gesteigerte ~ **20** 7
- Grade von Risiken **42** 178
- Informationsverwaltungsrecht und ~ **20** 9 f.
- Management von ~ **21** 69
- Monitoring **21** 52
- Risikobegriff **42** 176 → Risiko
- Wissensgenerierung **20** 44 ff.

Unionsgrundrechte, Datenschutz **22** 42 ff.
Unionsrecht
- Anwendungsvorrang **33** 102
- Durchführung, Verfahrensfehlerfolgen bei indirektem Vollzug **31** 128
- Formungen **33** 78 ff., **34** *75 ff.*
- Handlungsformen **33** 78 ff.
- Heilung von Fehlern **35** 185
- interne Abkommen zwischen den Mitgliedstaaten und ~ **25** 66

1850   *Halbfette Zahl = §§; magere Zahl = Rn.; kursive Zahl = Hauptfundstelle; → = s./s. auch*

Sach- und Personenregister

- Planung **37** 7
- Prozeduralisierung **34** 14
- Übermaßverbot **23** 26a
- Umsetzung, Bestimmtheitsgebot **34** 20a f.
- Verfahrensrecht **30** 7
- Vertragsrecht **36** 27

Unionstreue 25 7 ff.
- Informationspflichten **25** 9 ff.

Unionsverwaltung, private ~ **30** 66

Unparteilichkeit 28 *32 ff.*, **42** 83
- Aktenführung **21** 7
- als personale Rechtmäßigkeitsbedingung **42** 91
- Ämterpatronage **42** 92
- informelles Verwaltungshandeln und ~ **38** 109
- personell-individuelle ~ **28** 35
- Unionsrecht **42** 105
- Verfahren „in eigener Sache" **28** 35

Unrichtigkeit 31 5

Unterlagen, Begriff **21** 36

Unterlassen
- Abgrenzung zwischen Handeln, ~ und Folgen von Handeln **39** 24
- Anspruch auf ~, schlichtes Verwaltungshandeln **39** 102

Untermaßverbot 42 110

Unternehmen
- gemischtwirtschaftliche ~ → Public Private Partnership
- öffentliche ~, Berichtspflicht **21** 24 f.

Unternehmensberater 21 58

Unternehmensregister 21 31, 75

Unterredungspflichten im Europäischen Verwaltungsverbund **25** 13

Unterrichtungspflichten
- datenschutzrechtliche ~ **22** 150
- interbehördliche ~ **24** 35

Untersagung 33 12

Unterstellungen, Erwartungen **22** 16

Unterstützungspflichten, Einheitliche Stelle **28** 23b

Untersuchungsausschuss
- Aktenzugriff **21** 9, **23** 2

Untersuchungsgrundsatz 23 39 f., **28** 36 ff.
- → Amtsermittlung
- förmliches Verfahren **28** 40
- Heranziehung der Beteiligten **23** 40
- Kommunikationspflicht und Beibringungsgrundsatz **23** 40 f., **29** 27
- Modifizierung in Verteilungsverfahren **30** 22
- Vorrangregel bei Verarbeitung personenbezogener Daten **22** 94

Unwirksamkeit, Verwaltungsakt **35** 239

Veränderung
- rechtliche und tatsächliche ~ **35** 227 ff.
- → Bestandskraft
- von personenbezogenen Daten **22** 136

Verantwortung
- → Gewährleistungsverantwortung,
- → Entscheidungsverantwortung
- Auffang~ **32** 96
- Bürger~ **29** 5
- Ergebnis~ **32** 85
- Infrastruktur~ **39** 45
- Verfahrens~
  - Privater **32** 9 f., 52 ff.

Verantwortungs(ver)teilung 32 9, **34** 72 f., **41** 45a, **42** 13

Verantwortungsbilanz 28 106

Verantwortungsklarheit im Verwaltungsverbund **30** 69

Verarbeitung
- Daten **22** 19
  - Verarbeitungsphasen **22** 121 ff.

Verbandsbeteiligung 28 77 ff.

Verbandsklage 28 90
- bei Verfahrensfehlern **31** 94
- Betroffenheit **33** 40 Fn. 182
- Naturschutzrecht **28** 79
- Umweltverträglichkeitsprüfung **31** 62

Verbot
- Kopplung mit positivem Verhaltensanreiz **33** 21
- präventives ~ mit Erlaubnisvorbehalt **35** 90 ff.
- repressives ~ mit Befreiungsvorbehalt **35** 90 ff.

Verbraucherinformationsrecht
→ Informationsfreiheitsrecht

Verbund 41 19 → Europäischer Verwaltungsverbund
- Rechtsregime → Auffangordnungen, wechselseitige

Verbundidee, Konstitutionalisierung im EUV **25** 2

Verbundverfahren 27 81

Verdingungsordnung → Vergaberecht

Verfahren → Verwaltungsverfahren
- anlassunabhängige ~ **27** 51 ff., **28** 21
- automatisiertes ~, Archivierung **21** 39
- Bedeutungszuwachs **20** 8, **27** 46, **30** 8
- der Wissensgenerierung im Risiko- und Regulierungsrecht **30** 3, 24 ff.
- „dienende" Funktion **30** 8, 38
- Disziplinierung durch Präklusion **23** 58
- elektronische ~ **21** 19
- ergänzendes ~ **28** 136 ff., **35** 184
- Beständigkeit der Planung **35** 103
- inneres ~ **27** 61, **28** 26, 104 ff., **34** 12
- Haushaltsverfahren **27** 62
- Umweltverträglichkeitsprüfung **27** 61, **28** 106
- Verwaltungsvorschrift und ~ **28** 108
- Kooperations~ **33** 64
- materielles Recht und ~ **27** 3
- Problemlösungsfähigkeit im ~ **33** 109
- Überwachungs~ **30** 3, 40 ff.

Halbfette Zahl = §§; magere Zahl = Rn.; kursive Zahl = Hauptfundstelle; → = s./s. auch 1851

Sach- und Personenregister

– Verteilungs ~ **30** 10 ff.
– Verzögerungschance und ~ **27** 90
Verfahrensabschnitte, unselbstständige ~,
 Rechtsschutz des Bürgers **35** 28
Verfahrensautonomie 34 74
Verfahrensbegriff 27 *44 ff.,* **28** 2, **31** 10 f.
– Verwaltungsverfahren **31** 13 ff.
– weiter ~ **27** *47 ff.,* **32** 20
Verfahrensbeschleunigung 27 86 ff.
 → Beschleunigungsdiskussion
– Beratungspflichten **28** 18
Verfahrenseffektivität, Grundsatz der ~ **27** 85 ff.
Verfahrenseffizienz, Gebot der ~ **28** 27
Verfahrenselemente 30 6
Verfahrensergebnis, Implementation **28** 140 ff.
Verfahrenserleichterungen als Anreize **40** 23
Verfahrensermessen 27 104, **28** 24 ff.
– Effizienz **42** 133
– Verfahrensdauer **42** 150 ff.
– Zeitrichtigkeit **42** 150 ff.
Verfahrensfairness, Grundsatz der ~ **28** 30
Verfahrensfehler 27 105 ff., **31** *1 ff.*
 → Fehlerfolgen, → Heilung, → Unbeachtlichkeit von Verfahrens-/Formfehlern
– absolute ~ **31** 59 ff.
 – Verwaltungsvertrag **31** 73
– Begriff **31** 4 ff.
– effet utile **27** 110 ff.
– exekutivische Normsetzung, Unwirksamkeit **34** 16
– Fehlerbehebungsverfahren im Planfeststellungsrecht **28** 134 ff.
– Privatverfahren **32** 100 f.
– softwarebedingte ~ **26** 65
– Verwaltungsakt **35** 153 ff.
 – folgenlose Fehler **35** 189 ff.
– Verwaltungsvertrag **36** 92 ff.
– wesentliche ~ **31** 52 ff., 101
Verfahrensfehlerfolgen 27 105 ff., **31** 24 ff.
 → Fehlerfolgen
– Binnenrechtsakte **31** 79 f.
– Exekutivrechtsetzung **31** 76 ff.
– Pläne, Bauleitpläne **31** 106 ff.
– Privatrechtsgeschäfte **31** 44, 82
– Realakte **31** 45, 81
– Rechtswidrigkeit des Verfahrensergebnisses **31** 40 ff.
– Unionsrecht **31** 128
– Verwaltungsakt **31** 58 ff.
– Verwaltungsvertrag **31** 71 ff., 97 f.
– vom Verfahrensergebnis unabhängige ~ **31** 28 ff.
– Wissensgenerierung **30** 39
Verfahrensgarantien 27 23 ff., *25 ff.*
Verfahrensgedanke 27 1 ff.
– im europäischen Entwicklungszusammenhang **27** 15 ff.
Verfahrensgrundrechte 23 43

Verfahrensgrundsätze 28 27 ff., **42** 82 f.
Verfahrenshindernis 31 33
Verfahrenskonzentration 42 148
Verfahrenslehre, allgemeine ~ **27** 96 ff.
Verfahrensmanagement
– privates ~ **32** 26
 – Abgrenzung zu Sachverstand **21** 58
Verfahrensmittler 38 85
Verfahrensöffentlichkeit 23 53 ff., **29** 73, 95 ff.
Verfahrensprinzipien, gemeineuropäische ~ **27** 40 ff.
Verfahrensprivatisierung 20 44, **32** 2, *6 ff.*
– ~sfolgenrecht **32** 73 ff.
– Begriff **32** 2, 12 ff.
– Einordnung in die Grundsystematik der Privatisierung **32** 45 ff.
– Entscheidungsverzicht und ~ **32** 14 f.
– Erscheinungsformen **32** 21 ff.
– Grenzen **32** 56 ff.
– Motive **32** 36 f.
– Netzausbau **27** 90
– Pflicht zur ~ **32** 53 ff.
– staatliche Verfahrensverantwortung und ~ **32** 16 ff.
– Unionsrecht und ~ **32** 57 ff.
– Wirkungen und Gefahren **32** 38 ff.
Verfahrensrecht → Verwaltungsverfahrensrecht
– ~slehre **27** 23 ff., 84 ff.
– als Steuerungsfaktor **33** 63 f.
 – Kontextsteuerung **27** 38
– Bauformen **27** 84 ff.
– dienende Funktion **27** 4, 64 ff., **28** 1
– exekutivische Normsetzung **34** 15
– methodische Eigenheiten **27** 37 ff.
Verfahrensrechte, Beteiligter **28** 42 ff.
Verfahrensrechtsverhältnis 27 102 f.
Verfahrenssprache 27 94 f., **28** 99
Verfahrensstufung → Teilgenehmigung, → Vorbescheid
– äußere ~ **28** 102
– interne ~ **28** 91
– Planungsverfahren **21** 16
Verfahrenssubjekte 27 99 ff., **28** 22 f.
Verfahrensteilhabe, chancengleiche ~ **29** 54
Verfahrensverantwortung
– Privater **32** 9 f., 52 ff.
Verfahrensverbund 27 15
Verfügung, wiederholende ~ **35** 61
Verfügungsrechte 40 41 ff.
– Coase-Theorem **40** 42 f.
Vergaberecht 26 25, **30** *13*, **36** 85 Fn. 529, 114
 → Wettbewerblicher Dialog
– anonyme Anzeigen **23** 70
– Anreizsteuerung **40** 17
– Beschaffungsverfahren **30** 13
– Dienstleistungskonzession **38** 87 f.
– elektronische Auktionen **42** 134
– Europäisierung **36** 85, **38** 87 f.

1852 *Halbfette Zahl* = §§; *magere Zahl* = Rn.; *kursive Zahl* = Hauptfundstelle; → = s./s. auch

Sach- und Personenregister

- gestufte Entscheidungsgestaltung **28** 106
- In-House-Geschäfte **36** 85 Fn. 529
- Konzeptpflicht **30** 18
- Korruptionsbekämpfung **42** 220
  → Unparteilichkeit
- oberhalb der Schwellenwerte (Kartellvergaberecht) **30** 13, **36** 85, **38** *86 ff.*
- Rechtsschutz **27** 68, **28** 114, **36** 85 Fn. 529
  - oberhalb der Schwellenwerte (Kartellvergaberecht) **41** 96
  - Vorabinformationspflicht **30** 20
- Rechtsweg/Zwei-Stufen-Lehre **36** 71 m. Fn. 424, **41** 89 ff.
- Reformalisierung **38** 86 ff.
- Spielraum **30** 18
- Unionsrecht **36** 85
- unterhalb der Schwellenwerte **36** 85 Fn. 524, 114, **41** 107
- Verfahrenspflichten **36** 114
- Verfahrensprivatisierung und ~ **32** 72, 84
- Vergabekriterien **30** 18
- Verhandlungsverfahren **36** 110 Fn. 669
- Verteilungsgerechtigkeit **39** 93
- Verteilungsverfahren **27** 78, **30** 10 ff.
- wirtschaftlichstes Angebot
  - Sekundär-/vergabefremde Zwecke **40** 17, 97

Vergabeverfahren 30 13, **36** 85, 114
- Anreize im ~ **40** 17
- Formalisierung und Flexibilisierung **38** 87 f.
- Transparenz **38** 88
- Verfahrensarten **36** 114
- vorvertragliche Pflichten **36** 114

Vergleichsabsprache 38 42
Verhaltenskodizes 33 38
Verhaltenssteuerung durch Information **23** 101
Verhältnismäßigkeit 28 28, **42** *107 ff.*
- Bezugspunkt für die Optionenwahl **33** 116
- Gesamt~ **41** 119
- Maßstabskonflikte **42** 43
- Risikoangemessenheit **42** 194 f.

Verhandeln, erfolgreiches ~ **36** 112
Verkehrsschild/-zeichen
- Begründung **28** 116
- Bekanntgabe **35** 44 Fn. 171
- Verwaltungsakt **35** 32 Fn. 131, 59

Verkehrssicherungspflicht 39 96
Verkehrswegeplanung 37 23
Verkehrszentralregister 21 31
Verknüpfung
- finale ~ von Staat und Gesellschaft **23** 11
- legitimatorische ~ von Staat und Bürgern **23** 12

Verlustaversion 40 37
Vermachtungsgefahren 29 29 ff.
Vermerk
- Aktenführung **21** 7
- bei unrichtigen Daten **21** 40

Vermutungsregeln 21 47, 55

Vernetzung 26 68 ff.
Verordnung → Rechtsverordnung
- ~sermessen **34** 22
- ~sphobie **34** 18

Verordnungsrecht, originäres ~ **34** 24
Verpackungssteuer 41 47
Verpackungsverordnung 38 129
  → Selbstverpflichtungen
Verpflichtungsklage, gegenüber formell rechtswidrigen Verwaltungsakten **31** 91
Verrechtlichung
- Informationsverwaltungsrecht **23** 66 f.
- informellen Verwaltungshandelns **38** 83 ff.

Versagung 35 58
Versammlungen, Erhebung von personenbezogenen Informationen und Daten **22** 72
Verschlusssachen → Geheimnisschutz
Verschwiegenheitspflicht, Mediator **32** 115
Versicherung, ~smodelle
- Privatverfahrensrecht **32** 94, 98 f.

Versicherungsaufsicht 41 45 b
Versicherungsvertrag, geschlechtsspezifischer ~, Gleichbehandlungsgebot **40** 92
Verständigung, tatsächliche ~ **36** 36 Fn. 203
Verständlichkeit 28 100
Versteigerung
- als Alternative zur Lizenzerteilung **33** 32
- von Frequenzen **30** 18, **33** 32

Verteilungsverfahren 27 78, **30** 3, *10 ff.*
- Durchführung durch Private **30** 23
- öffentliche Einrichtungen der Gemeinde **30** 15

Vertrag
- Kategorie der Allgemeinen Rechtslehre **36** 30
- öffentlich-rechtlicher ~ → Verwaltungsvertrag
- städtebaulicher ~ **37** 77
- subordinationsrechtlicher ~ **33** 90
- unionsrechtlicher ~ **33** 78, **36** 22 ff.
  - europäische Verwaltungsverträge **36** 24 ff., 138
- Rechtsregime **36** 26
- verfassungsrechtlicher ~ **36** 29
- völkerrechtlicher ~ **36** 21
- zivilrechtlicher ~ **36** 32

Vertragsanbahnung 36 110 ff.
- vorvertragliches Rechtsverhältnis **36** 110 ff.

Vertragscontrolling 36 118
Vertragsfreiheit 36 107, 122
Vertragsgestaltung 36 122 ff.
- ~slehre **36** 121 ff.
- gesetzesdirigierte ~ **36** 13
- rechtsdirigierte ~ **36** 122

Vertragsmanagement 36 118
Vertragsmuster 36 126
Vertragsrecht, dualistisches ~ **36** 87
Vertragsrechtslehre
- allgemeine ~, Fehlen einer ~ **36** 88
- als Rechtsverhältnislehre **36** 103 ff.
  → Rechtsverhältnis

Vertragsverfahren 28 173
Vertrauen
– interadministratives ~ **27** 18 ff.
  – Anerkennung von Verwaltungsentscheidungen **27** 22
  – Frage von gemeinsamem Interesse (Art. 197 AEUV) **27** 21
  – Grundlage des Verwaltungsverbunds **27** 19 f.
  – Kontrollerfordernisse **27** 21
– Rücknahme von Verwaltungsakten **35** 173
Vertrauensschutz 42 95 ff.
– europäisches Verwaltungsrecht **42** 98
– informelles Verwaltungshandeln **38** 118 f.
– Sozialrecht **35** 104
Vertraulichkeit
– IT-Sicherheit **22** 105
  – Recht auf Gewährleistung der Vertraulichkeit und Integrität informationstechnischer Systeme **22** 68 a ff.
– Mediation **32** 115, 128 a
– Relativierung im Öffentlichen Recht **32** 138 a
Vertreter in Massenverfahren **28** 76
Verwaltung → Selbstbindung,
→ Eigenständigkeit der Verwaltung
– allwissende ~ **22** 78
– als autopoietisches System **20** 2
– als informationsverarbeitendes System **20** 1 ff., **22** 2, 5, **27** 1
– als Kommunikationsnetzwerk **20** 2
– als Kommunikationssystem **20** 3, **22** 22 f.
– als Zielsystem **42** 165 ff.
– Bedeutung der Rationalität der Aktenführung für die ~ **21** 1
– elektronische ~ **26** 1 ff. → Electronic Government
– fusionierte ~ **25** 32
– gemeinsame ~ **30** 52
– gesetzesdirigierte ~ → Rechtsbindung
– gute ~ **27** 29 f., 41, **33** 58, **42** 52 f.
  – Grundsätze **27** 41
– im Europäischen ~sverbund **30** 64 ff.
  → Europäischer Verwaltungsverbund
– Kommunikationsinfrastruktur **21** 1 ff.
– Rollendifferenz zwischen ~ und Verwaltungsgerichtsbarkeit **28** 131
– unionsweite ~ **30** 64 ff.
– verhandelnde ~ **23** 64
Verwaltungsabkommen 36 29
Verwaltungsakt 35 1 ff., 71
→ Aufhebung/Aufhebbarkeit,
→ Nebenbestimmungen, → Rücknahme
– „ausgehandelter" ~ **33** 90
– Abgrenzung **35** 22, 30 ff.
  – Verwaltungsvertrag **36** 74 ff.
– adressatenloser ~ **35** 59 Fn. 215
– als Rechtsform **33** 30 ff.
– Begriff **35** 20 ff.
– begünstigender ~ **35** 60

– Bestandskraft **35** 226
– Rücknahme **35** 165, 174
– Bekanntgabe **35** 44
– belastender ~ **35** 60
– Bestandskraft **35** 48 ff., *205 ff.*
– beurkundender ~ **35** 62
– Bindungswirkung **35** 53 f., *212 ff.*
– deklaratorischer ~ **35** 61
– dinglicher ~ **35** 59 Fn. 215
– elektronischer Erlass **26** 50, **35** 71
– Erlass durch Private? **35** 22
– Fehlerfolgen **35** 153 ff.
  – folgenlose Fehler **35** 189 ff.
  – Rechtswidrigkeit bei Verfahrensfehlern **31** 58 ff.
– feststellender ~ **35** 62
– fiktiver ~ **35** 63 a
– Formüberschneidungen **35** 30 ff.
– Funktionen **35** 73 ff.
– gebundener ~ **35** 72
– gestaltender ~ **35** 63
– gestufter ~, Tatbestandswirkung **35** 217
– Handlungsformfehler **35** 29
– Heilung **35** 177 ff.
– historische Entwicklung **35** 6 ff.
  – erste gesetzliche Definition (1948) **35** 13
– konsentierter ~ **36** 76
– konstitutiver ~ **35** 61
– Kritik **33** 31, **35** *17 ff.*
– mehrstufiger ~ **35** 68
– mitwirkungsbedürftiger ~ **33** 8, **35** *68 ff.*
  – Verwaltungsvertrag und ~ **36** 75
– nichtiger ~ **35** 160 ff.
– privatrechtsgestaltender ~ **35** *106 ff.*
– Prototyp der Rechtsformenlehre **33** 30
– punktueller ~ **35** 64
– Regelungsgehalt **35** 42 ff.
– relativer ~ **35** 34
– schriftlicher ~ **35** 71
– sozialrechtlicher ~ **35** 104
– statusgestaltender ~ **35** 63
– streitentscheidender ~ **35** 58 Fn. 210
– transnationaler ~ **27** 22, **30** 64 ff., **33** 84, **34** 82 d, **35** *119 ff.*
– Umdeutung **35** 186 ff.
– Verfahrensfehlerfolgen **31** 87 ff.
– verwaltungsverfahrensgestaltender ~ **35** 61
– Vollstreckungsfunktion **35** 83 f.
– Vorbildfunktion **33** 30 ff., 36
– vorläufiger ~ **28** 103, **35** *110 ff.*
  – Steuerrecht **35** 105
– vorsorglicher ~ **35** 109 Fn. 384
– Wirksamkeit **35** 43 ff.
Verwaltungsaktsbefugnis, feststellender Verwaltungsakt **35** 62
Verwaltungsaktstypen 33 12, **31** f., **32** Fn. 119, **35** *87 ff.*
– Regelungsprofile **35** 55 f.

Sach- und Personenregister

Verwaltungsbinnenrechtsverträge 36 57
Verwaltungscontrolling → Controlling
Verwaltungsdaten, Nutzung in Statistiken 21 83
Verwaltungsdatengesetz 21 83
Verwaltungserklärung, Abgrenzung zum Verwaltungsakt 35 22
Verwaltungsgerichtsbarkeit → Judikative
Verwaltungshandeln → Maßstäbe
- betriebsbezogenes ~ 39 111
- Fehleranfälligkeit 33 114
- Fehlerfolgen, Rechtsform 33 3
- flexibles ~ 33 88
- Funktionsbedingungen modernen ~s 33 118
- informales/informelles ~ → informelles Verwaltungshandeln
- informationsverarbeitendes und informierendes → Informationstätigkeit, staatliche
- innovationssteuerndes ~ 42 233 ff.
  → Innovationen
  - Folgendimension 33 25
- Kontextbedingungen 33 118
- koordinierendes/kooperatives ~ 33 90
  → Kooperation
- Optimierung 42 67 ff.
- Rechtmäßigkeitsbedingungen, Rechtsform 33 3
- Rechtsschutzmöglichkeiten 33 3
- Rechtswirkungen 33 3
- schlichtes ~ → schlichtes Verwaltungshandeln
- stimulierendes ~ → Anreize
  - Folgendimension 33 25
- transnationales ~, polizeiliche Zusammenarbeit 25 65
- Vollstreckbarkeit, Rechtsform 33 3
- vorläufiges ~ 42 149
Verwaltungshilfe 32 74 ff.
- betriebliche Fremdüberwachung und ~ 32 25 Fn. 87, 74
- Gesetzesvorbehalt 32 67
  - Verträge 36 99
- Mediator 32 130
- staatliche Einstandspflichten 32 99
Verwaltungsinformationsrecht 23 33 Fn. 135
Verwaltungskontrolle → Gerichtskontrolle,
  → Öffentlichkeitskontrolle, → Selbstkontrolle
Verwaltungskooperation → Kooperation
- ~srecht 36 15, 90
- Europäischer Verwaltungsverbund 34 82a ff.
Verwaltungskultur 34 61
- Verwaltungsverfahrensrecht und ~ 27 12
Verwaltungslegitimation → demokratische Legitimation
Verwaltungsmitarbeiter → Personal
Verwaltungsmodernisierung 34 55
- ~sgesetze 34 55
- Electronic Government 26 5 ff.
- nicht-rechtliche Maßstäbe 34 55
- Selbstprogrammierung 34 69

- Vertragsrechtslehre 36 18 f.
- Wirtschaftlichkeit und ~ 42 128 f.
Verwaltungsorganisation → Hierarchie
- als Netzwerk von Kommunikationen 20 31
- als Steuerungsfaktor 33 62
- Effizienzgebot und ~ 42 135 ff.
- Maßstäbe 42 59 ff.
- Technikschübe 21 6
- transnationale ~, Mehrebenensystem
  → Europäischer Verwaltungsverbund
- Umgang mit personenbezogenen Informationen und Daten 22 95
Verwaltungspraxis
- ständige ~ 42 110 → Bindungswirkung, Verwaltungsvorschrift
- antizipierte ~ 34 42
Verwaltungsprivatrecht 33 69
Verwaltungsprozess, Aarhus-Konvention 28 87 f.
Verwaltungspublizität, rezeptive ~ 29 74
Verwaltungsrecht → Europäisierung
- „europaoffenes" ~ 33 81
- Bedeutung von Information und Kommunikation 20 1 ff.
- Besonderes ~, Formen 33 13
- Gerichtsschutzperspektive 33 47
- Hinwendung zur Arbeitsperspektive der Verwaltung 33 47
- Internationales ~ 25 63
- Rechtsaktzentrierung 33 47
Verwaltungsrechtsschutz → Rechtsschutz
Verwaltungsrechtswissenschaft → Methode,
  → Neue Verwaltungsrechtswissenschaft
Verwaltungssanktion → Sanktionen
Verwaltungsverbund → Europäischer Verwaltungsverbund
Verwaltungsverfahren 27 1 ff., 28 1 ff.
  → Proceduralisierung, → Verfahren,
  → Vorwirkung der Kontrollperspektive
- anlassbezogene ~ 27 48 ff.
- anlassunabhängige ~ 28 21
- Ausschluss von Rechtsbehelfen gegen Verfahrenshandlungen (§ 44 a VwGO) 31 31, 35 28
- Bauformen 27 84 ff.
- Bedeutung von Kommunikation und Information 23 34, 27 1
- Beginn 28 17
- Begriff 27 1, 47 ff., 31 13 ff.
  - nach § 9 VwVfG 31 18 f.
- Eigenwert 34 11
- Einstellung 28 102
- Entscheidung und ~ 28 2, 32 7 f.
  → Entscheidung
- Eröffnung 28 15 ff.
- Funktion 27 56 ff., 28 1 ff., 33 63 f.
  - dienende Funktion 27 64 f., 30 38, 34 11
- funktionale Entgrenzung 28 118 ff.
- Gerichtsverfahren und ~ 27 66 ff.

Halbfette Zahl = §§; magere Zahl = Rn.; kursive Zahl = Hauptfundstelle; → = s./s. auch   1855

- gestuftes ~, Tatbestandswirkung **35** 217
- Grundrechtsrelevanz **27** 32 ff.
- Grundsatz der Nichtförmlichkeit **33** 109
- im Europäischen Verwaltungsverbund **30** 48 ff.
- Informationsoptimierung und ~ **23** 34
- Maßstäbe **42** 58 ff.
- Richtigkeitsgewähr **27** 65
- Typenbildung **28** 158 ff., **33** 63 Fn. 272, 64
- Umgang mit personenbezogenen Informationen und Daten, Vorrangklausel des BDSG **22** 94
- Wiederaufgreifen **28** 148 ff.

Verwaltungsverfahrensgesetz 27 12 ff.
- Änderungen **27** 12
- Einsatz von IKT **26** 48 ff.
- Entstehungsgeschichte **28** 9 f.
- Kern: Standardverfahren **28** 14 ff.
- Konzeption **27** 13

Verwaltungsverfahrensrecht 27 1 ff., **30** 7
- als Reserve- und Rückfallordnung **23** 62
  - Datenschutzrecht **22** 89
- Bauformen **27** 84 ff.
- Drei-Säulen-Architektur **27** 12, **28** 11
- Empfehlungen des Europarates **27** 41
- europäische Dimensionen **27** 15 ff.
- Europäisierung **27** 71 ff.
- historische Entwicklung **27** 4 ff.
- Kodifizierung unter dem Grundgesetz **27** *9 ff.*, **28** 9 f.
  - ergänzende Kodifikation **30** 9
  - Gesetzgebungskompetenz des Bundes **27** 11
- Verfahrensrechtsverhältnis **27** 102 f., **28** 17
- Verwaltungskultur und ~ **27** 12

Verwaltungsvertrag 28 173, **36** *1 ff.* → Vertrag, → Vertragsfreiheit
- Abgrenzungen **36** 73 ff.
  - informelles Verwaltungshandeln **36** 78 ff., **38** 17
- als Rechtsform **33** 5
- Anpassung **36** 119
- Beendigung **36** 120
- Begriff **36** 70 ff.
- Begründung **36** 115
- Erfahrungsberichte, Checklisten und Best-Practice-Empfehlungen **36** 127
- Fehlerfolgen **31** 71 ff., 97 f., **36** 92 ff.
- historische Entwicklung **36** 1 ff.
- Inhalt **36** 109
- Kritik **36** 6 f.
- Kündigung **36** 119 f.
- Leistungsstörung **36** 117
- Massenverwaltung **36** 37 ff.
- Mindestinhaltsklauseln **36** 122, 130
- Rechtsregime **36** 84 ff.
- Rechtssubjekte **36** 106
- Referenzgebiete **36** 34 f.
- Referenzkonstellationen **36** 36 ff.

- Rücktritt und Schadensersatz **36** 117
- Schriftform **36** 115
- Steuerungsleistung, -medien, -ziel, -wissen **36** 98 ff.
- Typisierung **36** 128, 131 f.
- Verstoß gegen ein gesetzliches Verbot **36** 95
- Vertragsanbahnung **36** 113
- Vertragsdurchführung **36** 117
- Vertragsformverbot **33** 103
- Vertragsgestaltungslehre **36** 121 ff.
- Vertragsmuster, Leitfäden und Modelle **36** 126
- Vertragsstrafe **36** 117
- zwischen Privaten **36** 32, 59 f.
- zwischen Verwaltungsträgern **36** 3 f., 32, 47 ff.

Verwaltungsvertragslehre 36 16 ff., 69 ff., 137

Verwaltungsvertragsrecht
- rechtsformunabhängiges ~ **36** 88 ff.
- Auffangordnung **36** 88 ff.

Verwaltungsvollstreckung 28 144
- ~shandlung als schlichtes Verwaltungshandeln **39** 76
- Bewirkungsformen **33** 18
- Pönalisierung durch die EG und ~ **33** 72
- verwaltungseigene ~ **33** 107
- Vollstreckungstitel, Verwaltungsakt **35** *84*

Verwaltungsvollzug, Unionsrecht, indirekter Vollzug **33** 78 a

Verwaltungsvorschrift 34 37 ff., 40 ff.
- Abgrenzung zur Rechtsverordnung **34** 46 ff.
- behördeninterne Entscheidungsbildung **28** 108
- Bindungswirkung **34** 38 f., 46 ff.
- der Kommission **25** 24
- ermessenslenkende ~ **34** 42
- gesetzesvertretende ~ **34** 43
- im UGB-KomE **34** 44
- in der Formenlehre **33** 36
- norminterpretierende ~ **34** 41
- normkonkretisierende ~ **34** 44
- Rechtsnatur **34** 38 f.
- Umsetzung von EU-Richtlinien **33** 106, **34** *45*

Verwaltungszusammenarbeit
- Europäische ~ **26** 51 b, **28** 97 a
  - Elektronisierung der Kommunikation **26** 51 b

Verweisung
- dynamische ~ → Technik, Stand der ~, → Wissenschaft, Stand der ~
  - private Regelwerke **34** 71 b
  - Umsetzung von Unionsrecht **34** 20 b
- statische ~, private Regelwerke **34** 71 b

Verwendungszusammenhang, Datenschutzrecht **22** 13

Verwertungsverbot 22 141 ff., **28** 66, **31** 34
- beim Umgang mit personenbezogenen Informationen und Daten **22** 141 ff.
- im europäischen Verwaltungsrecht **25** 27

Verwirklichungsmodus
- Verfahrensrecht als ~ **27** 65, **28** 1

Verwirklichungsplanung, materiale ~ **37** 43
Verzögerung
- keine ~ durch Öffentlichkeitsbeteiligung **28** 83
- Verfahrensrecht **27** 90

Vetorechte im Kollegialverfahrensrecht **28** 111
Videokonferenzsysteme 26 24
Videoüberwachung, Technikgestaltung und ~ **22** 120
Vielsprachigkeit, Prinzip gleichrangiger ~ **27** 95
Viertschutz 38 104 ff.
Vismann, Cornelia **21** 1
Volk als Legitimationssubjekt **29** 80
Völkerrecht, Verträge **36** 21
Volkszählung 21 80
- Auswirkungen des ~surteils **21** 76, **22** 88

Vollprivatisierung, Vorrang des Verwaltungsvertrags **36** 124
- Abfallentsorgung **36** 124

Vollstreckbarerklärung, Mediationsvereinbarung, Besonderheiten im Öffentlichen Recht **32** 120a
Vollstreckung → Verwaltungsvollstreckung
Vollstreckungstitel, Verwaltungsakt **35** 84
Vollziehungsgesetze 33 39
Vollzug
- ~ssperre **33** 107
- indirekter ~ **33** 78a
- sofortiger ~ im Polizeirecht **33** 29
- Unionsbefugnis zur Unterstützung **34** 82a
- Vollzugsprogrammierung im/durch Unionsrecht **34** 79 ff.

Vollzugsdefizit 28 16
- Umweltabgaben **40** 69

Vollzugseffektivität 42 168 ff.
Vorabbindung
- Bauleitplanung **38** 112 f.
- faktische ~ **38** 8
- Flachglas-Urteil **38** 112 ff.

Vorabinformationspflicht 28 114
- § 71 c VwVfG a. f. **28** 18
- Vergabeverfahren **30** 20

Vorabsprachen 38 28 f.
Vorbehalt → Richtervorbehalte
- Auflagen~ **35** 143
- des Gesetzes → Gesetzesvorbehalt
- des Möglichen **33** 119
- Erlass von Rechtsverordnungen **34** 21a
- Verbote mit ~ → Verbot
- Widerrufs~ **35** 141

Vorbereitungsphase 28 18 ff.
Vorbescheid 28 102, **35** *116f.*, **42** 149
Vorfeld
- ~- und Gefahrenabwehraktivitäten **33** *75 f.*, **39** 34 f.
  - Umgang mit personenbezogenen Informationen und Daten **22** 78, 140

Vorgangsbearbeitung
- IKT-gestützte ~ **26** 27 ff.
- Archivierungsbedürfnisse **21** 43

Vorhersehbarkeit, Verwaltungshandeln **42** 89
Vorläufigkeit → Verwaltungsakt, vorläufiger
Vorprägung
- faktische ~ bei Verfahrensprivatisierung **32** 41 f.
- informelles Verwaltungshandeln **38** 8 f.
- Mediation und ~ **32** 141

Vorrang des Gesetzes
- informationstheoretische Perspektive **20** 3
- Normverwerfungskompetenz **34** 19

Vorranggebiete 37 65, 75
Vorrangverhältnis, Bundesdatenschutzgesetz **22** 94
Vorratsspeicherung 22 78
Vorsorge → Vorfeld- und Gefahrenabwehraktivitäten
- durch Planung **37** 42
- Konturierung **21** 51
- schlichtes Verwaltungshandeln **39** 35

Vorsorgeuntersuchung 40 19
Vorverfahren → Widerspruchsverfahren
- als Alternative zum Widerspruchsverfahren **28** 129
- informelles ~ **28** 19 f.

Vorwirkung
- der Kontrollperspektive **27** 68
- EMRK **27** 27
- Rechtsschutzgarantie **27** 39

Waffengleichheit, Grundsatz der ~ **28** 30
Wahlfreiheit → Formenwahl
Wahlrecht im Hinblick auf Leistungen **33** 8
Warnpflicht 24 35
Warnsystem, automatisiertes ~ vor neuen Notifizierungen **25** 51
Warnung 23 100 ff., *104 ff.*
→ Informationstätigkeit, staatliche
- Anhörung **39** 91
- Handlungsform **39** 107
- interbehördliche Warnpflichten **24** 35

Wasserpfennig 41 47
Web 2.0 26 24
Weber, Max **21** 5
Weblog 21 97
Weißbücher 23 97, **25** 39 ff.
Weisung, Abgrenzung zum Verwaltungsakt **35** 31
Werte
- ~bezug des Verwaltungshandelns **42** 20, *45 ff.*

Wertordnung, materiale ~ des Verwaltungsrechts **42** 48
Wertung, Risikoermittlung/-einschätzung **42** 187

Wesentlichkeit
– von Verfahrensfehlern **31** 52 ff., 101, **35** 194 f.
  → Unbeachtlichkeit von Fehlern/von Verfahrens-/Formfehlern
– Unionsrecht **35** 204
Wesentlichkeitstheorie, Anreize **40** 84
Wessels, Wolfgang, fusionierte Verwaltung **25** 32
Wettbewerb 33 94
– unerlaubter ~ **39** 96
Wettbewerblicher Dialog 28 19, 106, **36** 111, **38** 88
Wettbewerbsnetz, Europäisches ~ **25** 27
Wettbewerbsrecht, Leitlinien **30** 79
Widerruf 35 226
– erhebliche Veränderung **35** 205 ff.
Widerrufsvorbehalt 35 141
  → Nebenbestimmungen
Widerspruch, verfristeter ~ **28** 125
Widerspruchsrecht
– datenschutzrechtliches ~ **22** 159
– EU-Datenschutzrichtlinie **22** 51
Widerspruchsverfahren 28 120 ff., **33** 49
– Abschaffung **28** 128
– Alternativen **28** 129 f.
– Aufhebung des Verwaltungsakts **35** 170
– Entbehrlichkeit **28** 126 ff.
– Funktionen **28** 121
– Widerspruchsausschuss **28** 123
Widmung, Verwaltungsakt **35** 59
Wiederaufgreifen des Verfahrens **35** 229 ff.
Wiederaufnahme
– Dauerverwaltungsakt **35** 65 f.
– Verwaltungsverfahren **28** 148 ff., **35** 227 ff.
Wiederholung
– Verwaltungsakt **35** 213 ff.
– wiederholende Verfügung **35** 61
Wiener Vertragsrechtskonvention 36 21
Willenserklärung, öffentlich-rechtliche ~ **33** 11
Willkürverbot 42 99 ff.
Windhundprinzip 30 14
Wirklichkeitskonstruktion 33 43
– normative ~ **33** 43
Wirksamkeit 35 43 ff., 157 f. → Verwaltungsakt
– relative ~ **28** 114
– zeitliche ~ **35** 235 ff.
Wirkung 33 16 ff. → Bewirkung
– Begriff **33** 16
– faktische ~ **33** 53
– mittelbare ~ **33** 53
– Wirkungschancen **33** 17
– Wirkungsebene von Verfahren **33** 64
Wirkungsdimensionen 33 22, 25, 41
Wirkungsorientierung 42 160
  → Folgenorientierung
Wirtschaftlichkeit 42 112 ff., 117, *122 f.*
– Haushaltskontrolle **42** 117

Wirtschaftsrecht, öffentliches ~, Wissensgenerierung **30** 33
Wirtschaftswissenschaft 40 29 ff.
  → Ökonomisierung
Wissen 20 *26 f.,* **22** *14 ff.*
– ~sgesellschaft **20** 36 f.
– Instabilität **21** 105
– Ungewissheit **21** 69
– ~snetzwerke **20** 38, 50
– common knowledge **21** 102
– als Macht im Europäischen Verwaltungsverbund **25** 5
– Definition **20** 26 f.
– fehlendes ~ **30** 25 → Ungewissheit
– Handeln und ~ **22** 18
– implizites ~ **20** 9
– Wissensmanagement **21** 94
– Kontextabhängigkeit **22** 14
– Ko-Produktion (REACh) **33** 95
– Mitwirkung privater Akteure **33** 91
– Organisations~ **22** 18
– Personalwechsel **21** 101
– Relationsbegriff **20** 27
– Speicherformen/~sgrundlagen **22** 17
– trickling down **21** 92
– Wissensmöglichkeit „auf Vorrat" **33** 75
– zweiter Ordnung **22** 17
Wissenschaft
– ~spluralismus **21** 53
– Stand der ~ **30** 28
  – innovationsermöglichendes Recht **42** 236
  – Transformationsnormen **33** 92
Wissensentwicklung 21 92 f.
Wissenserklärung 39 52 f.
Wissensgenerierung 21 92 f., **30** 42a
– im Verfahren **30** 24 ff.
– Ko-Produktion (REACh) **33** 95
Wissensmanagement 21 68 f.
– auf der kommunalen Ebene **21** 74, 97
– IKT **26** 36 f.
– Systemdatenschutz und ~ **22** 114
– Systeme **21** 94
Wissensordnung, neue ~ **21** 68
Wissensplattform 21 93
Wissenspool 21 93, 95
Wissensportale 21 93
Wissensprozess, qualitative Veränderung **21** 89
Wissensregeln, Umgang mit Sachverständigen **21** 55
Workflow-Management-Systeme 26 30
Zahlen 20 12
Zand, Dale E., Wissensgesellschaft **20** 36
Zeitrichtigkeit 42 139 ff.
– Personalausstattung **42** 154 f.
Zentrales Staatsanwaltschaftliches Verfahrensregister (ZStV) 24 51 f.
Zentralisierung, Informationssysteme **21** 89 ff.

Zentralstelle der Länder für Gesundheitsschutz bei Arzneimitteln und Medizinprodukten (ZLG) **24** 58
Zertifikate 40 61
– Emissionsrechtehandel **40** 16
– als Mix **41** 43
Zertifizierung 30 66, **32** 27f., **33** 32, 93
→ Audit
– elektronische Aktenführung **26** 79
– Software **26** 65
Zeugnisverweigerungsrecht, Mediator **32** 115
ZEVIS 26 38
Ziele
– der Raumordnung **37** 64
– Zielabweichungsverfahren **37** 55
Zielkohärenz 42 157ff.
Zielsystem 42 165ff.
Zieltauglichkeit 42 163ff.
Zielvereinbarung 34 65f., **36** 55ff., 57f., **42** 52
→ Kontraktmanagement
– Anreize **40** 22
– Berichtswesen **21** 22
– gute Verwaltung **42** 52
– im Hochschulbereich **40** 22
– Rechtsnatur **36** 57f.
– regulation inside government **34** 93
Zivilrecht → Privatrecht
Zollinformationssystem (ZIS) ~ 25 74ff.
Zollkontingente 30 14
Zollkriminalamt, Informationsbeschaffungspflichten **24** 58
Zollregelungen 25 68ff.
Zollverfahren 30 51
Zugang → Informationszugang
– zum Internet **26** 57, **29** 81
– zur Verwaltung **26** 57f.
– Barrierefreiheit **26** 58
Zugangsbarrieren, Absenkung von ~, Kommunikation **23** 70
Zukunftsorientierung 33 42f.
Zukunftsvorsorge durch Planung **37** 42
Zulassung der vorzeitigen Anlagenerrichtung **28** 103
Zulassungsverfahren, zentrale ~ **30** 65
Zumutbarkeit 42 109

Zurechnung, schlichtes Verwaltungshandeln **39** 114
Zusage 35 118
Zusammenarbeit
– benachbarter europäischer Regionen, Vertrag **36** 29
– Bund und Länder **26** 45a
– interadministrative ~, zwischen den Mitgliedstaaten **25** 62ff.
– interkommunale ~ **36** 47
– justizielle ~ **25** 65
– loyale ~ **25** 7ff., 64, **33** 78a
– polizeiliche ~ **25** 65
Zusicherung 35 118
Zuständigkeit
– Einsatz von IKT **26** 55
– Informationsbeziehungen und ~ **24** 62ff.
Zustimmung 35 69
– als Rechtsform **33** 12
– Drittbetroffener bei normvollziehenden Absprachen **38** 94
– fehlende ~ beim mitwirkungsbedürftigen Verwaltungsakt **35** 69
Zustimmungsvorbehalt
– Rechtsverordnung **34** 21a, **41** 108
Zwangsgeld, Bewirkungen und ~ **33** 19
Zwangsmittel, Regelungscharakter **35** 25
Zweckfestlegung und Zweckbindung, Datenschutzrecht **22** 95
Zweckfestlegung/-bindung/-änderung, personenbezogene Informationen und Daten **22** 123ff.
Zweckmäßigkeit 34 50f. → Maßstäbe, → Richtigkeit
– Verfahrenseffektivität **27** 85
– Verschränkung mit Rechtsmaßstäben **42** 25ff.
– Restrisiko **42** 193
Zweckverfehlung 42 44
Zwei-Ebenen-Konzeption, Recht auf informationelle Selbstbestimmung **22** 69ff.
Zwei-Stufen-Lehre 36 81, **41** 63, *88ff.*
Zweitbescheid 35 61 Fn. 229
Zwischenbewertung, formalisierte ~ **28** 106
Zwischenverfahren bei abgelehnten Informationsansprüchen **22** 155